D1287770

NUEVO DICCIONARIO CUYÁS

Inglés-Español y Español-Inglés

de APPLETON

FIFTH EDITION REVISED

APPLETON'S NEW CUYÁS

English-Spanish and Spanish-English

DICTIONARY

by ARTURO CUYÁS

revised and enlarged by
LEWIS E. BRETT (Part I)
and HELEN S. EATON (Part II)
with the assistance of Walter Beveraggi-Allende

Revision editor, Fifth Edition, CATHERINE B. AVERY

APPLETON-CENTURY-CROFTS
DIVISION OF MEREDITH PUBLISHING COMPANY
New York
1972

QUINTA EDICIÓN REVISADA

NUEVO DICCIONARIO CUYÁS

Inglés-Español y Español-Inglés

de APPLETON

por ARTURO CUYÁS

corregido y aumentado por
LEWIS E. BRETT (Parte I)
y HELEN S. EATON (Parte II)
con la colaboración de Walter Beveraggi-Allende

Quinta edición, revisión editorial de CATHERINE B. AVERY

APPLETON-CENTURY-CROFTS
DIVISION OF MEREDITH PUBLISHING COMPANY
New York
1972

762-2

Library of Congress
Catalog Card Number: 75–182137

PRINTED IN THE UNITED STATES OF AMERICA
IMPRESO EN LOS ESTADOS UNIDOS DE AMERICA
390-25222-0

PARTE I

PART II

PARTE I

Inglés-Español

PART I

English-Spanish

PREFACIO DE LA PRIMERA EDICIÓN

Los prodigiosos descubrimientos e invenciones que marcan el progreso realizado de medio siglo a esta parte en todos los ramos de la actividad humana, y sus múltiples aplicaciones a los usos de la vida, han enriquecido de tal modo el vocabulario de las lenguas modernas, y muy particularmente de la inglesa, que cada día se hace sentir más la necesidad de un diccionario que responda a las exigencias del creciente intercambio de ideas y productos entre los pueblos de la raza anglosajona y los que hablan la armoniosa lengua castellana.

A mediados del siglo XIX vió la luz el diccionario bilingüe de Velázquez, basado sobre el antiguo de Seoane, Neuman y Baretti, y aumentado con multitud de vocablos que lo ponían a la altura de aquella época.

Cuantos diccionarios se han publicado posteriormente, tanto en Europa como en América, han sido meras copias del famoso léxico de Velázquez, o, a lo sumo, revisiones más o menos concienzudas, con aditamento de algunas palabras modernas. Pero, por muy meritorias que sean algunas de esas revisiones, resultan deficientes en la práctica para los que tienen ocasión de consultar con frecuencia el diccionario.

Esa experiencia ha evidenciado la necesidad de compilar un diccionario bilingüe enteramente nuevo, trazado sobre un patrón más moderno y más exacto que el que ha servido para los publicados hasta hoy día.

El propósito a que se ha ajustado la presente obra ha sido reunir en un volumen manuable el más nutrido, completo y correcto vocabulario de los idiomas inglés y español que pueda hallarse en un diccionario bilingüe, descartando un sinnúmero de arcaísmos, vocablos desusados, provincialismos y palabras de incorrecta ortografía de que suelen estar plagados otros diccionarios y que sólo contribuyen a engrosar su tamaño.

Con este fin, y para que el diccionario resulte enteramente nuevo y contenga los más recientes y autorizados neologismos de uno y otro idioma, el autor ha adoptado como base y punto de partida, para la parte española-inglesa, la reciente edición del Diccionario de la Academia, transcribiendo palabra por palabra cuantos vocablos contiene aquel léxico, así como todos los más usuales modismos, con la sola excepción de las voces anticuadas y de las que han caído totalmente en desuso, y anotando los equivalentes ingleses de las diversas acepciones de cada palabra. Igual procedimiento se ha seguido para la parte inglesa-española, sirviendo de base el admirable *Standard Dictionary,* también de reciente publicación, cuyos vocablos, acepciones y modismos se han transcrito con sus equivalencias castellanas.

El convencimiento de que el oficio y la verdadera utilidad de todo diccionario bilingüe consisten en dar equivalencias en lugar de definiciones, que en nada auxilian al traductor y que éste puede buscar en el diccionario de su propio idioma, ha hecho necesaria una cuidadosa y ardua labor de investigación para hallar los equivalentes exactos en una y otra lengua, especialmente de las voces de tecnología científica y de los tecnicismos mercantiles e industriales que en gran número se han incluido en esta obra, por considerarlos de suma utilidad, dado el creciente desarrollo de las relaciones entre los Estados Unidos y los países hispanoamericanos.

Para tener una idea de lo nutrida que va esta obra en punto a tecnicismos, bastará cotejar las voces cuyas raíces son *electr-*, *hydr-*, *micro-*, *photo-*, con las de otros diccionarios bilingües, sin contar los innumerables términos que figuran entre las acepciones de muchos vocablos y cuyo carácter técnico se indica por medio de una abreviatura entre paréntesis, lo cual, sobre economizar espacio y hacer inútiles otras explicaciones, es de gran auxilio para el traductor.

Multum in parvo ha sido el ideal que ha perseguido el autor en la compilación de esta obra, y al logro de este empeño han coadyuvado eficazmente los editores produciendo un libro que contiene, en forma compacta y de esmerada tipografía, mayor suma de información que otros voluminosos diccionarios.

ARTURO CUYÁS.

PREFACIO DE LA CUARTA EDICIÓN

Esta edición (la cuarta) del diccionario de Cuyás, en su parte primera, «Inglés-Español,» es fruto de varios años de esfuerzo asiduo y representa, en el sentido más estricto de la palabra, una revisión completa de las anteriores. Con el fin de modernizar todos los aspectos de la misma, se ha revisado escrupulosamente cada uno de los términos que lo componen, de acuerdo con las autoridades máximas para las dos lenguas.

Con respecto a las autoridades inglesas, puede recordarse aquí que Cuyás basaba su obra en el *Standard Dictionary*, en tanto que Antonio Llano, en su revisión de ella, adoptó el *New International Dictionary* de Webster, aunque consultó también obras como el *Century* y el *Oxford*. La presente edición, necesariamente teniendo muy en cuenta el material ya existente, ha sacado provecho también de su referencia continua al *New Century Dictionary* y a otros de reciente publicación. Para la parte española se han consultado la última edición del *Diccionario* de la Academia, así como el de José Alemany, el *Pequeño Larousse ilustrado*, la grande *Enciclopedia Espasa-Calpe*, el *Diccionario general de americanismos*, de Santamaría, y especialmente la muy moderna y completa obra Sapiens, *Enciclopedia ilustrada de la lengua castellana*. También se han estudiado con provecho numerosas obras técnicas, revistas y diccionarios que tratan de materias más especializadas (derecho, medicina, química, comercio, arte, pedagogía, etc.), tomando de allí neologismos que se usan corrientemente en sus respectivos campos, aunque no se encuentran todavía en los diccionarios usuales.

Por otra parte, la experiencia de muchos años de cátedra, de publicaciones y de viajes y estudios en el extranjero me han sugerido la inclusión de multitud de vocablos, modismos y otras expresiones de gran utilidad no ya sólo para el estudiante o lector ocasional sino también para el investigador serio o traductor escrupuloso que busca, y a menudo necesita, matices precisos en el sentido y el uso de las expresiones. En suma, se han tenido en cuenta constantemente las necesidades de cuantos buscan una guía en una de las tareas más difíciles y delicadas: la de verter una lengua en otra; y se ha hecho todo lo posible para ayudarles a evitar muchos de los escollos encontrados en su labor. Para ello no sólo se han añadido miles de expresiones nuevas, sino que muy a menudo se ha dado a los términos existentes un orden más lógico; se ha tenido gran esmero en hacer resaltar los grupos que guardan relación entre sí mediante una puntuación clara e inequívoca; en lo posible se han indicado las preposiciones adecuadas, y para facilitar la rápida identificación de los usos especiales de un vocablo se han puesto entre paréntesis las palabras explicatorias. Asimismo se verá que para muchos vocablos se ha encontrado y dado por primera vez aquí el equivalente exacto en español, sustituyendo la antigua circunlocución o palabra sinónima.

Todavía otros cambios pueden mencionarse brevemente. En esta revisión se ha incorporado en el cuerpo de la obra la masa considerable de materias que antes figuraba en el *Suplemento.* Asimismo se ha aumentado notablemente el número de abreviaturas que figuran en el texto mismo para denotar las partes de la oración y la función gramatical de ciertas voces, o para indicar el uso técnico y especializado de otras. Este sistema utilísimo que ya se inició en el Cuyás original se ha extendido hasta abarcar muchos centenares de casos adicionales, contribuyendo así a precisar la acepción o función exacta de un vocablo determinado. Y se han extendido además las materias presentadas en el *Apéndice,* v. gr., la lista de nombres geográficos, la de nombres propios ordinarios de personas y nombres de personajes notables, y la de abreviaturas más usuales.

Otra innovación de la presente edición, de gran utilidad, es el método sencillísimo que se ha ideado para indicar el género de los substantivos—indicación punto menos que indispensable para la correcta versión del inglés al español. Los detalles de esta innovación se hallan en la ADVERTENCIA (pág. xxv).

Finalmente, uno de los aspectos en que se ha mejorado más la presente edición es un sistema completamente nuevo de anotación fonética que permite una pronunciación mucho más exacta del inglés de lo que ha sido posible hasta ahora en cualquier diccionario inglés-español. Después de varias tentativas de adaptación del sistema Cuyás y de las modificaciones introducidas en ediciones posteriores, parecía aconsejable formular un sistema virtualmente nuevo. En esta tarea han colaborado valiosamente ciertos miembros del *Department of Speech,* de Queens College, particularmente las profesoras Dr. Beatrice Jacoby y Dr. Lois Rossignol Mayper, quienes además de contribuir a la elaboración del sistema fonético usado en esta edición han efectuado gran parte de la labor necesaria para las nuevas transcripciones fonéticas de cada uno de los vocablos incluidos en este diccionario. Para una explicación detallada del nuevo sistema, véase la sección PRONUNCIACIÓN INGLESA y su CLAVE correspondiente (páginas xiii–xxiv).

Al terminar este prefacio el autor desea expresar su profundo agradecimiento a cuantos de un modo u otro han contribuido generosamente en la preparación de esta revisión. Entre ellos figuran sus colegas los doctores y profesores Isabel Brugada, Zenia Da Silva, Frederick Fales, Angel Flores, Francisco García-Lorca, Helena Percas y Juan Sesplugues.

LEWIS E. BRETT.

Queens College, New York.

PREFACIO DE LA QUINTA EDICIÓN

El vocabulario del mundo moderno crece constantemente. Nuevas palabras surgen, cada vez en mayor número, para describir los acontecimientos que se suceden con tanta rapidez en el presente. Las disciplinas científicas y la tecnología por sí solas han contribuido una cantidad asombrosa de términos nuevos. El desarrollo y la evolución en otros campos de actividad humana exigen nuevas formas de expresión. Muchas palabras, hasta hace poco en uso corriente, han perdido su utilidad o han adoptado nuevas significaciones. De manera que en esta revisión del Cuyás hemos añadido palabras nuevas, provenientes de todas las ramas del quehacer social, omitido aquellas que han caído en desuso y modificado el significado de aquellas que así lo demandaban, ofreciendo equivalentes más precisos en español.

Se han utilizado todas las fuentes a nuestro alcance para añadir nuevos vocablos y modificar otros; nos hemos servido de diarios, tanto en español como en inglés, de periódicos, boletines de las Naciones Unidas e infinidad de publicaciones diversas, así como también de varios diccionarios de las lenguas inglesa y española. Valga mencionar que ha sido de uso constante el *Diccionario* de la Real Academia (18va edición) y que se han seguido, fielmente, las *Nuevas normas de prosodia y ortografía* (1959) de la misma institución.

Ofrecemos al público esta nueva edición aumentada del diccionario Cuyás—que incluye además una lista ampliada de abreviaturas generales—con la esperanza de que los miles de palabras nuevas que contiene y las mejoras en él introducidas contribuyan a mantener la tradición de calidad y eficiencia que ha caracterizado todas las ediciones anteriores de este ya bien acreditado instrumento de consulta léxica.

Revisión editorial de
Catherine B. Avery

PRONUNCIACIÓN INGLESA

El alfabeto inglés consta de 26 letras, de las cuales cinco son vocales, veinte consonantes y una—la *y*—puede, como en español, hacer ambos oficios.

Pero, al paso que el alfabeto español tiene 28 letras para expresar los 25 sonidos que constituyen la fonética del idioma, las 26 letras del alfabeto inglés no bastan para representar los numerosos sonidos que se emplean en la complicada pronunciación de esa lengua. Ni siquiera están acordes los ortólogos ingleses respecto del número de sonidos de su fonética, ascendiendo éstos, según ciertos peritos, a 43 o 46 sonidos distintos, casi la mitad de ellos asignados a las solas vocales.

Son tantas, en efecto, las dificultades prosódicas que presenta el idioma, que los lexicógrafos ingleses se ven en la necesidad de representar en sus diccionarios la correcta pronunciación de cada vocablo por medio de una clave fonética. Pero tampoco en esto se encuentra concordancia en los varios léxicos, porque cada uno de ellos ha adoptado un sistema de representación fonética distinto que exige larga y detallada explicación. Y si esto es así tratándose de diccionarios destinados a personas para quienes el inglés es idioma vernáculo, resulta doblemente necesaria alguna explicación gráfica de los sonidos ingleses a personas de habla distinta, para quienes muchos de esos sonidos son desconocidos y de difícil pronunciación.

Por eso presentamos aquí un nuevo sistema de representación fonética destinado a indicar la pronunciación casi exacta de todas las palabras inglesas que figuran en este diccionario. Con el doble fin de evitar los extremos de una simplificación peligrosa y de un refinamiento excesivo, hemos procurado usar símbolos fonéticos (entre los cuales entran bastantes letras del alfabeto ordinario, de inmediata comprensión por parte del lector de habla española) sacados en su mayor parte del alfabeto fonético de la Asociación Fonética Internacional, de aceptación universal. Sólo unos pocos fueron tomados de otros sistemas, notablemente los ocho símbolos [ā̤] [a̤] [ä̤] [ē̤] [e̤] [o̤] [ṳ̄] [ṳ] que se emplean según el sistema adoptado por el *New Century Dictionary* para representar la pronunciación algo relajada o imprecisa cuando las vocales indicadas se encuentran en posición átona.

A continuación, pues, damos una clave que explica los signos fonéticos de que nos hemos servido para este nuevo sistema de pronunciación inglesa. Guiándose por esta clave, con las explicaciones y ejemplos que la acompañan, y consultando además las materias tratadas en el ALFABETO INGLÉS, el lector de habla española, no lo dudamos, llegará a una comprensión e imitación bastante correctas de la pronunciación inglesa, tan difícil de por sí.

Clave de los signos fonéticos empleados en este diccionario, con explicación de los sonidos que más se diferencian del castellano

§ 1. *a* = [æ]

El signo fonético [æ] representa un sonido entre la *a* española en *caso* y el de la *e* española en *guerra*, parecido al de la *a* francesa en *patte*. Ejemplos: **has, man, that, balcony, matrimony.**

§ 2. *a, e, u* = [ɛ]

El signo fonético [ɛ] representa un sonido parecido al de la *e* española en *guerra, papel, perla*, pero más breve. Ejemplos: **any, many, Thames; let, mend, epidemic, heritage; bury, burial.**

§ 3. *e, i, o, u, y* = [œ]

El signo fonético [œ] representa un sonido parecido al del diptongo francés *eu* en *peur*, o a la *ö* alemana en *schön*. Lo tienen las vocales indicadas principalmente en posición tónica y delante de una *r*, o *r* más otras consonantes al final de dicción o sílaba. Ejemplos: **her, discern, person, term; bird, fir, first, stir, third, virgin; word, worm, worship, worst, figwort; burn, current, fur, hurt, surge, surplus; gyrfalcon, myrrh, myrtle.**

§ 4. *a, o* = [ɔ]

El signo fonético [ɔ] representa el sonido de la *o* española en *sol*, pero más prolongado. Ejemplos: **all, call, quart, ward; cost, horse, loft, song.** Debe notarse que en palabras como **fore, four, floor, more, swore,** es tan frecuente como la [ɔ] el sonido del diptongo [oʉ], que combina la *o* española en *sola* con la *u* española en *burro*.

§ 5. *o, u* = [ʌ]

El signo fonético [ʌ] representa un sonido parecido al de la *o* francesa en *homme, donne*. Ejemplos: **come, done, ton, won, mother, oven, blood, flood; crush, cup, just, public, rumble, supper, under, ungrateful.**

§ 6. *e, i, y* = [i] *o* [i̧]

Es de la mayor importancia hacer la distinción debida entre estos dos sonidos.

(1) El signo fonético [i] representa el sonido de la *i* española en *vida* pero más cerrado y más tenso, hasta producir a veces, en posición tónica, el efecto de [ii] o [ii̧]. Ejemplos: **be, she, adhesion, wheel; machine, police, valise.**

(2) El signo fonético [i̧] representa un sonido parecido al de la *i* española en *sin* pero más breve y más abierto. Ejemplos: **mere, dear, deer, becloud, blanket, ticket; bridge, pin, finish, mirror; lyric, pyramid, physics, fancy, very.**

§ 7. *o, u* = [u] *o* [ʉ]

Es de la mayor importancia hacer la distinción debida entre estos dos sonidos.

(1) El signo fonético [u] representa un sonido parecido al de la *u* española en *suyo*. Ejemplos: **do, to, too, two, food, fool; rude, rule, rumor, tuna.**

(2) El signo fonético [ʉ] representa un sonido parecido al de la *u* española en *burro* pero más abierto. Ejemplos: **cook, foot, good, wolf, woman, would; bull, bush, pull, put.** Debe observarse que delante de una *r*, la *u* adquiere generalmente el valor abierto de [ʉ]. Ejemplos: **poor, plural, rural.** Véase además lo dicho de estos dos sonidos en el ALFABETO INGLÉS debajo de las vocales indicadas.

§ 8. *c, ch, s, ss, sc, sh, t, x* = [ŝ]

El signo fonético [ŝ] representa un sonido igual al de la *ch* francesa en *pêche*; al de la *sc* italiana en *scivolare*; al de la *sch* alemana en *schiff*; o al de la *x* catalana en *caixal*: lo tiene la *sh* siempre; lo tienen las otras letras en muchos casos sin regla fija pero sobre todo cuando van seguidas de *e* o *i* más otra vocal, o de *ur* más vocal. La palabra **anxious** ofrece el caso aislado de una *x* que se pronuncia como [ŝ], o más generalmente, como [kŝ]. Ejemplos: **ocean, social; chagrin, charade, crochet; nausea, dimension, sure, insurance; mission, fissure; conscience; fish, ship; action, partial; anxious.**

§ 9. *s, ss, x, z* = [z]

El signo fonético [z] representa un sonido parecido al de la *s* española en *desde, mismo, isla*; al de la *s* o *z* francesa en *maison, gazon*; al de la *s* catalana e italiana en *rosa*; o al de la *s* alemana en *nase*: lo tiene la *s* en muchas palabras sin regla fija; la *ss* en muy pocos casos; la *x* cuando principia una palabra (también en el caso aislado de **anxiety**); y la *z* en casi todos los casos menos cuando va seguida de *ure*. Ejemplos: **has, noise, rose, dregs; dessert, possess, scissors; xylophone, xanthic; prize, zeal, dazzle.**

§ 10. *g, s, z* = [ẑ]

El signo fonético [ẑ] representa un sonido parecido al de la *g* o *j* francesa en *genre, ajouter*: lo tiene la *g* en ciertas palabras de origen francés; la *s* en muchas palabras sin regla fija; y la *z* sobre todo cuando va seguida de *ure*. Ejemplos: **camouflage, garage, mirage, rouge; pleasure, vision; azure, seizure, brazier.**

§ 11. *d, g, j* = [dẑ]

El signo fonético [dẑ] representa un sonido parecido al de la *y* española en *conyugal*, o al de la *g* italiana en *cortigiani*: lo tiene la *j* siempre; lo tienen la *d* y la *g* en varias palabras sin regla fija. Ejemplos: **arduous, educate, grandeur, soldier; agility, age, college, giant, gymnast, magic; John, join, judge, juice.**

§ 12. *th* = [ð] *o* [θ]

(1) El signo fonético [ð] representa un sonido parecido al de la *d* castellana en *cada*, pero más interdental, fuerte y largo, y por lo tanto menos relajado. Ejemplos: **this, that, them, there, although.**

(2) El signo fonético [θ] representa un sonido parecido al de la *c* o *z* castellana en *vecino, zorra*, pero menos interdental y menos enérgico: lo tiene en la mayoría de los casos. Ejemplos: **theatre, thick, throat, both, truth, worth, youth.**

§ 13. *wh* = [h] *o* [hw]

(1) El signo fonético [h] representa un sonido que es una aspiración laríngea bastante más suave que la de la *j* española: lo tienen pocas palabras, en que es verdaderamente muda la *w*. Ejemplos: **who, whole, whoop.**

(2) El signo fonético [hw] representa un sonido que combina el de la *h* con el de la *w* (o sea, la *u* española en *cuatro* o la *ou* francesa de *oui*): lo tiene la *wh* en la mayoría de los casos. Ejemplos: **what, when, white, whopper, why.** En el habla corriente se pierde a veces el elemento de *h*, quedando tan sólo la *w*.

§ 14. *n* = [ŋ]

El signo fonético [ŋ] representa un sonido parecido al de la *n* española en *banco, lengua*: lo tiene la *n* cuando va seguida del sonido de la *k* o de una *g* velar, que a veces se pierden en la pronunciación. Ejemplos: **anchor, anxious, drink, think; angle, English, gong, sing, tongue.**

Alfabeto inglés

No obstante lo expuesto, sería incompleta nuestra labor si no apuntásemos a continuación, siquiera someramente y por vía de inventario, los diversos sonidos que tienen cada letra del alfabeto inglés, los diptongos y triptongos, y algunas otras combinaciones. Entiéndase que lo dicho en cuanto a los casos en que las letras tienen los sonidos expresados son sólo generalidades, no *reglas*. En inglés no hay reglas de pronunciación.

Letra	Nombre fonético	Signo fonético	Sonidos	Ejemplos
a	ei̯		tiene ocho sonidos, prescindiendo de ciertas gradaciones difíciles de distinguir; a saber:	
"	"	[a]	(1) sonido parecido al de la *a* española en *caso*, que a veces se acerca a la *a* velar de *bajo*. Es de notar que en muchas palabras como **quality, wander, watch,** etc., la vocal acentuada suele o puede pronunciarse también con el sonido representado por [ɔ] (véase § 4), o con un sonido que fluctúa entre la [a] y la [ɔ].	car, art, army, calm, gargle, father; quality, quantity, squat, wander, wash, watch.
"	"	[æ]	(2) sonido descrito en § 1.	has, man, that, balcony.
"	"	[ɛ]	(3) sonido descrito en § 2.	any, many; bare, daring.
"	"	[ei̯]	(4) sonido de la *ei* española en *seis*. Se oye como diptongo sobre todo cuando la vocal es tónica.	baby, bale, case, fame, say, table, (fe)male.
"	"	[ɔ]	(5) sonido descrito en § 4.	all, almighty, call, quart, war, ward.
"	"	[e̯]	(6) sonido algo parecido al descrito arriba (4), más breve y atenuado, pero sin pérdida completa de su calidad distintiva: ocurre sólo en sílabas inacentuadas.	centenary, certain, legitimacy, militarism.
"	"	[a̯]	(7) sonido vago e impreciso de la vocal mencionada arriba (2): se encuentra sólo en posición átona.	attire, errant, final, fiscal.
"	"	[ă̯]	(8) sonido que representa una articulación muy relajada de la vocal descrita arriba (1): se encuentra las más veces al final de sílaba inacentuada o delante de *r*.	forward, opera, sofa, cellar.

Letra	Nombre fonético	Signo fonético	Sonidos	Ejemplos
b	bi	[b]	(1) sonido de la *b* española en *lumbre*.	babble, baby, bobbin.
"	"		(2) es muda cuando va seguida de *t* o precedida de *m* en la misma sílaba.	debt, doubt(ful); comb(er), lamb(kin).
c	si	[k]	(1) sonido de la *c* española en *casa*: lo tiene cuando va seguida de *a, o, u,* o una consonante, excepto a veces en la combinación *ch.* (Véase § 8).	car, corn, cut, clam, crib, fact, chaos, ache, acme.
"	"	[s]	(2) sonido de la *s* española en *sala*: lo tiene generalmente delante de *e, i, y,* o *e* muda.	cent, city, society, fancy, place, benefice.
"	"	[ŝ]	(3) sonido descrito en § 8. Lo tiene delante de *e* o *i* en ciertos casos.	ocean, social, beneficial, precious.
"	"		(4) la *c* es muda cuando va precedida de *s* y va seguida de *e, i,* o *y*.	abscess, scent, science, scion, scythe.
d	di	[d]	(1) sonido de la *d* española en *onda*: lo tiene en la mayoría de los casos.	den, did, dude, cadet, add, meddle.
"	"	[t]	(2) sonido de la *t* española en *tus* más una aspiración laríngea: lo tiene en los tiempos pretéritos y los participios terminados en *ed*, cuando precede una consonante sorda.	fixed, advanced, barefaced, beached, disliked.
"	"	[dẑ]	(3) sonido descrito en § 11.	arduous, grandeur.
e	i		tiene siete sonidos, prescindiendo de ciertas gradaciones difíciles de distinguir; a saber:	
"	"	[ɛ]	(1) sonido descrito en § 2.	bell, let, mend, epidemic.
"	"	[ei̯]	(2) sonido de la *ei* española en *seis*; ocurre en muy pocas palabras, generalmente de origen francés.	crochet, café, éclair, éclat, étude, eight(een).
"	"	[œ]	(3) sonido descrito en § 3.	her, discern, person, term.
"	"	[i]	(4) sonido descrito en § 6.	be, she, adhesion, deem, peep.
"	"	[i̯]	(5) sonido descrito en § 6.	been, blanket, affected; mere, deer.

Letra	Nombre fonético	Signo fonético	Sonidos	Ejemplos
"	"	[ẹ̄]	(6) sonido algo parecido al mencionado arriba (4), muy breve y atenuado, pero sin pérdida completa de su calidad distintiva: ocurre sólo en sílabas inacentuadas.	adequate, courtesy, disintegrate, senility.
"	"	[e̤]	(7) sonido vago e impreciso de la vocal mencionada arriba (1): ocurre sólo en sílaba inacentuada.	ardent, accident, gravel, lacerate.
"	"		(8) la *e* es muda al final de dicción o sílaba en muchas palabras sin regla fija.	face, lie, rue, sense, ladle, here(after), table(spoon).
f	ɛf	[f]	sonido parecido al de la *f* española en *fama*, pero labiodental en vez de bilabial: lo tiene siempre.	far, fell, fib, fulfill, roof.
g	dẑi	[g]	(1) sonido semejante al de la *g* española en *tengo*: lo tiene en la mayoría de los casos.	agnostic, anger, begin, get, gone, gun, glass, grit.
"	"	[dẑ]	(2) sonido descrito en § 11.	gem, gin, gymnast.
"	"	[ẑ]	(3) sonido descrito en § 10.	mirage, rouge.
"	"		(4) la *g* es muda cuando va seguida de *m* o *n* en la misma sílaba.	paradigm; gnat, gnome, design, malign.
h	eịch	[h]	(1) sonido que es una aspiración laríngea, bastante más suave que la *j* española: lo tiene cuando forma principio de dicción o de sílaba.	here, hum, abhor, behave.
"	"		(2) la *h* es muda en algunas palabras sin regla fija. (Para las combinaciones *ch, gh, ph, rh, sh, th,* y *wh,* véanse §§ 12 y 13).	chaos, ghost, rhetoric, myrrh, messiah, John, Thomas.
i	aị		tiene cuatro sonidos, prescindiendo de ciertas gradaciones difíciles de distinguir; a saber:	
"	"	[i]	(1) sonido descrito en § 6.	machine, police, valise.
"	"	[ị]	(2) sonido descrito en § 6.	bridge, pin, finish, mirror.
"	"	[aị]	(3) sonido de la *a* española en *caso* más el de la *i* de *sin*.	high, life, time; fire, admire, wire, wiry.
"	"	[œ]	(4) sonido descrito en § 3.	fir, bird, first, stir, third, virgin, flirt(atious).

Letra	Nombre fonético	Signo fonético	Sonidos	Ejemplos
j	dẑei̯	[dẑ]	sonido descrito en § 11.	join, judge, juice, major.
k	kei̯	[k]	(1) sonido igual al de la *c* española en *casa*: lo tiene en todos los casos menos cuando es muda.	joke, kill, oak.
”	”		(2) la *k* es muda cuando precede a una *n*.	knight, knew, knot.
l	ɛl	[l]	(1) sonido semejante al de la *l* española en *lado*, pero más velar: lo tiene en la mayoría de los casos.	lard, ale, cold, salad, molten, talc, almoner, call, small.
”	”		(2) la *l* es muda cuando va seguida de *f*, *k*, *m* o *v*, y en otros casos sin regla fija.	calf, calves, caulk, chalk, talk, becalm, palm, alms; could, should, would.
m	ɛm	[m]	sonido igual al de la *m* española en *mano*: lo tiene en todos los casos, excepto en *mnemonics*, donde es muda.	amount, cameo, ham, man.
n	ɛn	[n]	(1) sonido igual al de la *n* española en *nota*: lo tiene en la mayoría de los casos.	any, can, done, no, nun.
”	”	[ŋ]	(2) sonido descrito en § 14.	anchor, angle, singing, sink.
”	”		(3) la *n* es muda al final de dicción cuando va precedida de *m* en la misma sílaba. Como caso aislado la palabra **kiln** se pronuncia a discreción *kịl* o *kịln*.	condemn, limn.
o	oụ		tiene diez sonidos, prescindiendo de ciertas gradaciones difíciles de distinguir; a saber:	
”	”	[o]	(1) sonido de la *o* española en *sola* pero más breve: suele tenerlo en posición átona.	obey, obese, notation, nobility, polemic.
”	”	[oụ]	(2) sonido que combina el de la *o* española de *sola* con el de la *u* española en *burro*: lo tiene en posición tónica, y a menudo al final de dicción aun en posición átona.	alone, dole, bold, colt, mode, note, poll, motive; Negro, tango, tempo.
”	”	[ɔ]	(3) sonido descrito en § 4.	cost, loft, song; for, horse; fore, four, floor.
”	”	[œ]	(4) sonido descrito en § 3. Lo tiene delante de una *r*, en palabras o sílabas que principian con *w*.	word, worm, worship, figwort.

Letra	Nombre fonético	Signo fonético	Sonidos	Ejemplos
"	"	[u]	(5) sonido descrito en § 7.	do, to, too, two, food, hoop, fool, cool, tomb.
"	"	[ų]	(6) sonido descrito en § 7.	cook, foot, good, wood, would, wolf, woman.
"	"	[ʌ]	(7) sonido descrito en § 5.	come, done, ton, won, blood, flood, mother, oven.
"	"	[a]	(8) sonido parecido al de la *a* española en *caso*, pero más breve: lo tiene sin regla fija en muchas palabras, todas las cuales pueden o suelen pronunciarse también con un sonido que fluctúa entre la [a] y la [ɔ].	cobble, dock, got, hot, modern.
"	"	[aų]	(9) sonido que combina el de la *a* española en *caso* con el de la *u* española en *burro*. Forma un verdadero diptongo y se pronuncia así en muchas palabras sin regla fija, donde la *o* va seguida de una *u* o *w* muda.	house, mouth, hour; cow, how, now, powder.
"	"	[o̤]	(10) denota una articulación relajada de los sonidos representados por los signos fonéticos [o], [ɔ], [ʌ] y [a] descritos arriba (1, 3, 7, 8): se encuentra sólo en posición átona.	succotash; factor, flavor; abbot, atom, mission, station; obscure, occur, connect.
p	pi	[p]	(1) sonido parecido al de la *p* española en *pan*, añadiendo una aspiración laríngea: lo tiene en todos los casos menos cuando es muda.	apart, map, people, pepper, sop, top.
"	"		(2) la *p* es muda cuando precede a una *n, s, t* al principio de dicción o sílaba.	pneumonia; psalm, pseudo, pshaw, psychology; ptomaine.
q	kįu	[kw]	(1) sonido igual al de la *cu* española en *cual*: lo tiene en todos los casos cuando va seguida de una *u* que se pronuncia.	acquire, inquire, quality, queen, quit, quote, request.
"	"	[k]	(2) sonido de la *qu* española en *que*: lo tiene cuando va seguida de una *u* muda.	antique, coquette, masquerade, piquant, lacquer, Basque.

Letra	Nombre fonético	Signo fonético	Sonidos	Ejemplos
r	ar	[r]	sonido fricativo, distinto no sólo de la simple *r* vibrante del español sino también de su variante fricativa. Se pronuncia sin vibración alguna, y la *rr* inglesa es igual a la *r* simple excepto en las combinaciones como **earring, far-reaching,** etc. Suele perderse en muchísimos casos en el habla corriente; v. gr., en palabras aisladas como **iron, irony** (pero no en **ironical**); delante de una o más consonantes (**hark, north, sparks**); delante de *e* muda (**fire, bare, core, pure**); y especialmente en la sílaba final de palabras que terminan en vocal inacentuada más *r* (**dollar, pitcher, color, satyr**). Pero se oye la *r* siempre que va eslabonada con una vocal siguiente que se pronuncia (**coloring, bearable, purify, laborer, mother and child,** etc.). Por eso la transcripción fonética que damos en este diccionario indica entre paréntesis la *r* final que se pronuncia o no según las circunstancias; por ej., **color,** *kʌ́lo̜(r)*.	rat, rose, berate; arrogant, marriage, merry; car, far; care, mire, fear, poor; barter, suitor.
s	ɛs	[s]	(1) sonido de la *s* española en *sala*, pero más tenso y más largo: lo tiene siempre al principio de dicción; generalmente cuando se escribe *ss*, y en muchas palabras sin regla fija.	satire, settle, sin, son, sun; lass, missive; us, yes, also, ask, castle.
”	”	[z]	(2) sonido descrito en § 9.	has, noise, dregs.
”	”	[ŝ]	(3) sonido descrito en § 8.	mission, fissure.
”	”	[ẑ]	(4) sonido descrito en § 10.	pleasure, vision.
”	”		(5) la *s* es muda en algunas palabras sin regla fija.	demesne, island, viscount.
t	ti	[t]	(1) sonido parecido al de la *t* española en *tal*, pero la punta de la lengua se retira hacia los alvéolos y se añade una aspiración laríngea: lo tiene en la mayoría de los casos.	amount, cat, grotto, master, tea, title, total, tub.
”	”	[ch]	(2) sonido de la *ch* española en *mucho*: lo tiene en la terminación *ture*, y en otros casos sin regla fija.	furniture, picture; actual, christian, virtuous, natural, catch.

Letra	Nombre fonético	Signo fonético	Sonidos	Ejemplos
"	"	[ŝ]	(3) sonido descrito en § 8.	action, partial.
"	"		(4) la *t* es muda en ciertas palabras sin regla fija.	often, soften; hasten, listen; castle, bustle.
u	yu, i̯u		tiene ocho sonidos, prescindiendo de ciertas gradaciones difíciles de distinguir; a saber:	
"	"	[u]	(1) sonido de la *u* española en *suyo*. Conviene notar que existen muchas palabras para las cuales no hay regla determinada que indique cuándo se pronuncia la [u] pura, o bien un sonido representado por [i̯u] o [yu] (véase el número 2 a continuación). En ciertos casos son igualmente correctas o aceptables las tres pronunciaciones; por ej., **duty** = *dútį, di̯útį, dyútį*. Pero hay casos en que nunca se oye la [u] pura; v. gr., **music, mute, muse, accuse.**	ruby, rude, rumor, rule, ruse, tuna.
"	"	[i̯u] [i̯u̧] *o* [yu][yu̧]	(2) sonidos que corresponden respectivamente a los de *ciudad* y *yugo* en español, la [i̯] teniendo articulación semivocal y la [y] siendo de articulación semiconsonante. Debe observarse que en posición átona o delante de una *r*, la [u] de este diptongo adquiere a menudo el valor abierto de la [u̧]. En la práctica, sin embargo, tan escasa resulta la diferencia entre estos sonidos que se pueden usar casi indiferentemente, excepto que para las palabras que comienzan con la vocal *u* en inglés se usará siempre aquí el signo fonético [yu] o [yu̧].	accuse, confusion, music, mute, pupil; united, use; cure, curious, fury, furious, pure, purify.
"	"	[u̧]	(3) sonido descrito en § 7.	bull, bush, pull, pulpit, put, plural, sure, umlaut.
"	"	[œ]	(4) sonido descrito en § 3.	burn, current, fur, hurt.
"	"	[ʌ]	(5) sonido descrito en § 5.	crush, just, public, rumble, supper, under.
"	"	[ɛ]	(6) sonido descrito en § 2. Ocurre en pocos casos.	bury, burial, burier.

Letra	Nombre fonético	Signo fonético	Sonidos	Ejemplos
"	"	[ụ̄]	(7) sonido parecido al descrito arriba (2), muy breve y atenuado, pero sin pérdida completa de su calidad distintiva: ocurre sólo en sílabas inacentuadas.	commensurate, corduroy, secular, tabular.
"	"	[ụ̄]	(8) sonido semejante al descrito anteriormente (7), pero más relajado.	censure, natural, transfigure.
"	"		(9) la *u* es muda en muchas palabras cuando va precedida de *g* o *q*, sin regla fija, o cuando va seguida de *y*.	guard, guess, guide; antique, coquette, masquerade; buy, guy.
v	vi	[v]	sonido parecido al de la *v* española en *ave*, pero labiodental en vez de bilabial: lo tiene siempre.	advice, over, velvet, vivid.
w	dʌblyu *o* dʌb(l)i̥u	[w]	(1) sonido igual al de la *u* española en *cuatro*, o al de la *ou* francesa en *oui*: lo tiene en la mayoría de los casos.	we, win, worm, awake, swoon, backward.
"	"		(2) la *w* es muda cuando va seguida de *r* a principio de dicción o de sílaba, y en ciertas palabras sin regla fija.	write, wrong, unwritten; answer, sword, who, whole, follow, elbow, owe.
"	"		(3) para el sonido de *wh* en ciertas palabras, véase § 13.	
x	ɛks	[ks]	(1) sonido parecido al de la *x* española en *flexión* o *examen*, en dicción fuerte o enfática: lo tiene cuando precede a una consonante; cuando es final de dicción, y generalmente cuando precede a una vocal inacentuada.	next, sexton, excuse, extoll; box, ox, tax; execution, exegesis.
"	"	[gz]	(2) sonido que combina el de la *g* fricativa con el de la *z* (véase § 9): lo tiene generalmente cuando precede a una vocal tónica.	exact, examine, example, exist.
"	"	[ŝ]	(3) sonido descrito en § 8.	anxious.
"	"	[z]	(4) sonido descrito en § 9.	xylophone, xanthic, anxiety.
y	wai̥		tiene cuatro sonidos, tres como vocal y uno como consonante; a saber:	
"	"	[i]	(1) sonido descrito en § 6.	lyric, pyramid, fancy, very.

Letra	Nombre fonético	Signo fonético	Sonidos	Ejemplos
"	"	[ai̯]	(2) sonido que combina el de la *a* española en *caso* con el de la *i* española en *sin*.	by, sky, dye, style, type, nylon, typhoon, lyre.
"	"	[œ]	(3) sonido descrito en § 3.	myrrh, myrtle.
"	"	[y]	(4) sonido semejante al de la *y* española en *ayer*, pero más relajado: lo tiene como consonante, o sea, cuando empieza una palabra o sílaba.	year, yard, yes; halyard.
"	"		(5) la *y* es muda cuando es final de dicción o de sílaba y va precedida de una vocal pronunciada.	day, say, whey; saying, daytime.
z	zi	[z]	(1) sonido descrito en § 9.	prize, size, zeal.
"	"	[ẑ]	(2) sonido descrito en § 10.	azure, seizure.

ADVERTENCIA

Para la mejor comprensión del plan de la obra

La tendencia a simplificar la ortografía ha hecho que en los Estados Unidos se elimine alguna letra innecesaria en ciertas palabras, como **clamor, honor,** que en Inglaterra continúan escribiéndose en su integridad (**clamour, honour**). En tales casos hemos suprimido completamente la *u*, con poquísimas excepciones (v. gr.: **glamour, labor** *o* **labour**). Estas y otras supresiones parecidas, autorizadas por el uso y por los lexicógrafos, se indican encerrando entre paréntesis la letra que suele o puede suprimirse, v. gr.: **glamo(u)r, jewel(l)er, jewel(le)ry, judg(e)ment, rat(t)an, gast(e)ropod.**

Asimismo, para economizar espacio, se marcan con un paréntesis algunos substantivos y los numerosos adjetivos que tienen dos terminaciones, v. gr.: **gelatin(e, knur(l, labiate(d, comic(al,** que pueden escribirse íntegramente o bien **gelatin, knur, labiate, comic.**

En la representación fonética de los vocablos que tienen dos terminaciones, se suprimen las sílabas idénticas que ya sabrá suplir el buen sentido del lector, v. gr.: **abstinence, abstinency** [ǽbstįne̤ns, -į], pronúnciese [ǽbstįne̤ns, ǽbstįne̤nsį].

Análogamente, al dar palabras que tienen una misma parte común que se pronuncia de igual manera en todas ellas, la pronunciación completa no siempre se indica sino en la primera, y con las otras se da únicamente la de la parte no común precedida de un guión. Así, **censorial** [sɛnsɔ́ria̤l], **censorious** [-ʌs], **censoriously** [-lį], **censoriousness** [-nįs], indica que las tres últimas deben pronunciarse [sɛnsɔ́rįʌs], [sɛnsɔ́rįʌslį], [sɛnsɔ́rįʌsnįs].

En cuanto a palabras compuestas, debe observarse que existe en inglés la mayor variedad y confusión respecto de su ortografía y orden de presentación, que en el uso pueden cambiar rápida y a veces caprichosamente. Por ejemplo, muchas palabras como **classroom, class-room** o **class room** siguen encontrándose en las tres formas indicadas, aunque el uso actual puede favorecer una de ellas (en este caso es la primera). Por consiguiente, lo importante es atenerse a esta regla general, en que seguimos el atinado ejemplo dado en la edición anterior: se debe buscar toda frase en que entran dos o más términos, sea que éstos formen o no una palabra compuesta con sus elementos divididos por un guión, en el artículo correspondiente al *primer* elemento, con el cual principia la frase o palabra respectiva, haciendo caso omiso de cuál de dichos elementos sea el más importante—problema a veces imposible de resolver. Por ejemplo, **cast iron** se da en el artículo **cast,** y no en **iron; carbon steel,** en **carbon,** y no en **steel; broad-faced,** en **broad: folding bed,** en **folding: easy chair,** en **easy.** Si el lector tiene presente esta regla fija, no perderá tiempo buscando frases donde no están. Hay unas pocas excepciones, como el substantivo **close-up,** provenientes de la dificultad de clasificación gramatical; mas ellas no causarán dificultad alguna, si el lector observa la regla adicional, también muy útil, de buscar toda expresión compuesta de dos palabras separadas primero como frase, bajo el primer elemento, y luego como voz independiente. Otras excepciones se deben a que el segundo elemento es el que casi seguramente buscará el lector. Recíprocamente, si no encontrare como voz independiente una palabra compuesta que se le presente, puede hallarla como frase bajo el primer elemento. Si, por ejemplo, viere en alguna parte **waterwheel,** y no hallare esta voz en el lugar que le corresponde como palabra indivisa, puede buscar la frase **water wheel** en el artículo **water.**

A propósito de frases, inclusas las formadas por verbos modificados por partículas, se ha adoptado el orden alfabético para los elementos que siguen a la palabra principal. Después de las frases que principian con la palabra principal, se dan, también en orden alfabético, los idiotismos en que ella entra, si los hay, que no empiecen con ella. Para ahorrar espacio, la palabra que encabeza el artículo no se repite en cada frase, poniendo solamente su inicial. Véanse, por ejemplo, los artículos **back** y **cat.**

Cuando en un mismo párrafo se dan los equivalentes de una palabra que pertenece a dos o más partes de la oración, los correspondientes a cada una de éstas van encabezados por un número romano impreso en letra gruesa, que se destaca claramente, facilitando así el trabajo de buscar los equivalentes en la división del caso.

Indicación del género: Como nuestro propósito es facilitar la tarea del lector y no confundirle con una serie de clasificaciones ingeniosas pero complicadas e inútiles, nos limitamos aquí a establecer casi al desnudo las sencillas reglas siguientes:

(1) si no hay indicación contraria, debe considerarse como *femenino* todo nombre que termine en *-a*, *-d* (especialmente *-dad*, *-tad*, *-tud*), *-ión* (especialmente *-ción*), *-ie*, *-is*, *-umbre* y *-z*. Ejemplos: **cara; bondad, libertad, virtud; lección; serie; crisis; muchedumbre; cruz.** Sólo las excepciones van indicadas con la abreviatura *m*. Ejemplos: **clima, mapa, planeta; abad; avión, gorrión; pie, balompié; paréntesis; alumbre; juez.**

(2) salvo contadas excepciones y categorías que se mencionan a continuación, todos los otros vocablos, sea cual fuere su desinencia, deben considerarse como *masculinos* si no hay contraria indicación. Ejemplos: **remo; accidente; papel; rey; orador.** Las excepciones van indicadas con la abreviatura *f*. Ejemplos: **mano; clase; cárcel; ley; flor.**

(3) también son masculinos, y usados comúnmente en forma singular a pesar de su apariencia, muchos vocablos que reúnen en sí un elemento verbal con otro substantivo. Ejemplos: **cortabolsas, cortacircuitos, limpiabotas, paracaídas, rascacielos.**

(4) ciertas palabras suelen o pueden usarse casi indiferentemente en ambos géneros, y por lo tanto van indicadas con la abreviatura *mf*. Ejemplos: **análisis, arte, azúcar, calor, camarada, colega, dote, mar, mártir, puente, radio, reo, testigo.**

(5) no llevan ni necesitan indicación de género los vocablos que terminan en *-ante*, *-iente*, *-ista*, porque refiriéndose a personas son de ambos géneros. Ejemplos: **acompañante, visitante, pariente, periodista.**

(6) otras palabras se usan en los dos géneros, pero con cambio completo de sentido; éstas llevan una indicación del género en los casos o usos que violan las reglas ya indicadas (1 y 2) o que se prestan a equívocos. Ejemplos: **capital, clave, cólera, corte, cura, haz, orden, parte, pez.**

(7) las letras del alfabeto son todas femeninas; las notas musicales son masculinas.

UNIDADES MONETARIAS DE LAS AMÉRICAS Y DE LA PENÍNSULA IBÉRICA

Argentina	100 centavos	=	1 peso
Bolivia	100 centavos	=	1 boliviano
Brazil	100 centavos	=	1 cruzeiro
Canada	100 centavos	=	1 dólar
Chile	100 centesimos	=	1 escudo
Colombia	100 centavos	=	1 peso
Costa Rica	100 centimos	=	1 colon
Cuba	100 centavos	=	1 peso
Dominican Republic	100 centavos	=	1 peso
Ecuador	100 centavos	=	1 sucre
El Salvador	100 centavos	=	1 colon
Guatemala	100 centavos	=	1 quetzal
Haiti	100 céntimos	=	1 gourde
Honduras	100 centavos	=	1 lempira
Mexico	100 centavos	=	1 peso
Nicaragua	100 centavos	=	1 córdoba
Panama	100 centésimos	=	1 balboa
Paraguay	100 céntimos	=	1 guaraní
Peru	100 centavos	=	1 sol
Portugal	100 centavos	=	1 escudo
Spain	100 céntimos	=	1 peseta
United States	100 centavos	=	1 dólar
Uruguay	100 centavos	=	1 peso
Venezuela	100 céntimos	=	1 bolívar

TABLAS DE PESOS Y MEDIDAS

Avoirdupois Weight

1 grain (gr.) = 0,064 gramo (g.)
1 dram (dr.) = 1,77 gramo (g.)
1 ounce (oz.) = 28,35 gramos (g.)
1 pound (lb.) = 453,59 gramos (g.)
1 hundredweight (cwt.) = 50,8 kilogramos (kg.)
1 ton (t.) = 1,016,05 kilogramos (kg.)

Troy Weight

1 grain (gr.) = 0,064 gramo (g.)
1 pennyweight (pwt. o dwt.) = 1,555 gramo (g.)
1 ounce (oz.) = 31,10 gramos (g.)
1 pound (lb.) = 373,24 gramos (g.)

Apothecaries' Weight

1 grain (gr.) = 0,064 gramo (g.)
1 scruple (℈) = 1,295 gramo (g.)
1 dram (ʒ) = 3,887 gramos (g.)
1 ounce (℥) = 31,10 gramos (g.)
1 pound (lb.) = 373,24 gramos (g.)

Liquid Measure

1 pint (pt.) = 0,473 litro (l.)
1 quart (qt.) = 0,946 litro (l.)
1 gallon (gal.) = 3,785 litros (l.)
1 barrel (b.) = 119,07 litros (l.)
1 hogshead (hhd.) = 238,14 litros (l.)

Dry Measure

1 pint (pt.) = 0,55 litro (l.)
1 quart (qt.) = 1,1 litro (l.)
1 peck (pk.) = 8,81 litros (l.)
1 bushel (bu.) = 35,24 litros (l.)

Linear Measure

1 inch (in.) o 1″ = 2,54 centímetros (cm.)
1 foot (ft.) o 1′ = 30,48 centímetros (cm.)
1 yard (yd.) = 91,44 centímetros (cm.)
1 rod (rd.) = 5,0292 metros (m.)
1 pole (p.) = 5,0292 metros (m.)
1 perch (p.) = 5,0292 metros (m.)
1 furlong (fur.) = 201,16 metros (m.)
1 mile (m.) = 1,609 kilómetro (km.)

Nautical Measure

1 fathom = 1,853 metro (m.)
1 cable's-length = 185,3 metros (m.)
1 nautical mile or knot = 1,853 kilómetro (km.)
1 league = 5,559 kilómetros (km.)

Square Measure

1 square inch (sq. in.) = 6,452 centímetros cuadrados ($cm.^2$)
1 square foot (sq. ft.) = 929 centímetros cuadrados ($cm.^2$)
1 square yard (sq. yd.) = 0,836 metro cuadrado ($m.^2$)
1 square rod (sq. rd.) = 25,293 metros cuadrados ($m.^2$)
1 acre (a.) = 0,405 hectáreas
1 square mile (sq. m.) = 2,590 kilómetros cuadrados ($km.^2$)

TERMÓMETRO

32° Fahrenheit (punto de congelación) = 0° centígrado
212° Fahrenheit (punto de ebullición) = 100° centígrados

N. B. Para convertir grados Fahrenheit a grados centígrados, dedúzcase 32, multiplíquese por 5 y divídase por 9.

ABREVIATURAS DE LA PARTE INGLESA-ESPAÑOLA

Fuera de estas abreviaturas, se usan las bien conocidas del sistema métrico. A propósito de éstas bueno es advertir que, cuando se refieren a un número decimal, se escriben siempre después del número completo, y no hacia arriba de los enteros; así: 4,75 m., y no 4^{m},75.

a.	adjetivo.
abrev.	abreviatura.
adv.	adverbio.
aer.	aeronáutica.
agr.	agricultura.
alb.	albañilería.
alem.	alemán.
álg.	álgebra.
Am.	América.
Am. C.	América Central.
anat.	anatomía.
ant.	anticuado.
Ant.	Antillas (Cuba, etc.).
antig. gr. o rom.	antigüedad griega o romana.
api.	apicultura.
apl.	aplícase.
Arg.	Argentina.
arit.	aritmética.
arm.	armadura; armas de fuego.
arq.	arquitectura.
arqueol.	arqueología.
art.	artículo.
art(i).	artillería, armas de fuego.
ast(r).	astronomía, astrología.
astronáut.	astronáutica.
aut.	automovilismo.
aux.	auxiliar.
azú.	industria azucarera.
b. a.	bellas artes.
bact.	bacteriología.
bib.	bíblico, Biblia.
biol.	biología.
bioquím.	bioquímica.
blas.	blasón.
bot.	botánica.
cant.	cantería.
carp.	carpintería.
carr.	carruajería.
caz.	caza.
cer(á).	cerámica.
cerr.	cerrajería.
cetr.	cetrería.
cir.	cirugía.
coc.	cocina.
com.	comercio.
comp.	comparativo.
conj.	conjunción.
const(r).	construcciones.
contr.	contracción.
cost.	costura.
crist.	cristalografía.
Ch.	Chile.
danz.	danza.
def.	definido.
defect.	defectivo.
dem.	demostrativo.
dent.	dentistería.
dep.	deportes.
der.	derecho.
desp(ec).	despectivo.
dib.	dibujo.
dim.	diminutivo.
dipl.	diplomacia.
elec.	electricidad.
electrón.	electrónica.
embr.	embriología.
en. atóm.	energía atómica.
enc.	encuadernación.
ent.	entomología.
e. p.	economía política.
equit.	equitación.
esc.	escultura.
Esco.	Escocia.
esgr.	esgrima.
esp.	especialmente.
estad.	estadística.
E. U.	Estados Unidos.
f.	femenino.
fam.	familiar.
farm.	farmacia.
f. c.	ferrocarriles.
fig.	figurado.
Fil.	Filipinas.
filol.	filología.
fil(os).	filosofía.
fís.	física.
fisiol.	fisiología.
fon.	fonética.
for.	voz forense.
fort.	fortificación.
fot(o).	fotografía.
fr.	francés.
frec.	frecuentemente.
fund.	fundición.
gal.	galicismo.
gen.	generalmente.
genét.	genética.
geog.	geografía.
geol.	geología.
geom.	geometría.
ger.	gerundio.
gram.	gramática.
herr.	herrería.
hidr.	hidráulica.
hist.	historia.
hist. n.	historia natural.
hort.	horticultura.
ict.	ictiología.
igl.	iglesia.
imp.	imperfecto.
impers.	impersonal.
imp(r).	imprenta.
impv.	imperativo.
ind.	industria.
indef.	indefinido.
indic.	indicativo.
inf.	infinitivo.
ing.	ingeniería.
Ing(l).	Inglaterra.

interj.	interjección.
int(ern).	internacional.
Irl.	Irlanda.
irón.	irónico.
irr.	irregular.
ital.	italiano.
joy.	joyería.
lat.	latín.
leng. ord.	lenguaje ordinario.
liter.	literatura.
locom.	locomotora.
lóg.	lógica.
ll.	llámase, llamado.
m.	masculino.
magn.	magnetismo.
m. comb. int.	máquinas de combustión interna.
maq.	maquinaria.
mar.	marina.
mat.	matemáticas.
mec.	mecánica.
med.	medicina.
met(al).	metalurgia.
meteor.	meteorología.
Méx.	México.
mf.	masculino y femenino.
mil.	milicia.
min(er).	minería, minerología.
mit.	mitología.
mol.	molinería.
mús.	música.
m. v.	máquinas de vapor.
N. A.	Norte América.
naveg.	navegación.
obst.	obstetricia.
ópt.	óptica.
orn.	ornitología.
pa.	participio activo.
pal.	paleontología.
pap.	fabricación del papel.
pat.	patología.
p. ej.	por ejemplo.
period.	periodismo.
pers.	personal.
pert.	perteneciente (a).
petr.	petrografía.
pint.	pintura.
piro.	pirotecnia.
pl.	plural.
poét.	poética.
pol.	política.
pos.	posesivo.
pp.	participio pasado.
pref.	prefijo.
prep.	preposición.
pret.	pretérito.
P. Rico	Puerto Rico.
pron.	pronombre.
pros.	prosodia.
psic.	psicología.
quím.	química.
rad.	radiocomunicación.
radtlf.	radiotelefonía.
radtlg.	radiotelegrafía.
refl.	reflejo o reflexivo.
rel.	relativo (gram.).
rel.	relativo (a).
relig.	religión.
reloj.	relojería.
ret.	retórica.
s.	substantivo.
S. A.	Sud América.
sast.	sastrería.
sing.	singular.
sociol.	sociología.
somb.	sombrerería.
subj.	subjuntivo.
super.	superlativo.
t.	también.
tal.	talabartería.
teat.	teatro.
tec(n).	tecnología.
tej.	tejidos.
ten.	tenería.
teo(l).	teología.
teos.	teosofía.
term.	terminación.
tint.	tintorería.
tlf.	telefonía.
tlg.	telegrafía.
ton.	tonelería.
top.	topografía.
trig.	trigonometría.
Ú., ú.	Úsase, úsase.
u. refl.	usado reflexivamente.
V., *v.*	Véa(n)se, véa(n)se.
va.	verbo activo.
Venez.	Venezuela.
vet.	veterinaria.
vg., v.g., v.gr.	*verbi gratia*
vid.	vidriería.
vn.	verbo neutro.
vr.	verbo reflexivo o recíproco.
vulg.	vulgarismo.
zap.	zapatería.
zool.	zoología.

NUEVO DICCIONARIO BILINGÜE

DE LAS

LENGUAS INGLESA Y ESPAÑOLA

PARTE INGLESA-ESPAÑOLA

Las abreviaturas y los nombres propios van al final.

---

a [eị], *s.* a; (mús., A) la.—**A 1, A number 1,** de primera calidad o categoría, de lo mejor.—**from A to Z,** desde el alfa hasta la omega, de pe a pa.

a [ạ *o, si es enfático,* eị]. **I.** *art. indef.* un, una (antes de *sonido* consonante; v.g. *a man,* un hombre; *a woman,* una mujer; *a unit,* una unidad); por, cada; v.g. *ten dollars a pound,* diez dólares por libra. Se pospone a los adjetivos *many, such, what,* y a adjetivos precedidos de *as, how, so, too;* v.g. *many a man,* muchos hombres (*v.* MANY); *such a man,* un hombre tal, semejante hombre; *what a man!* ¡qué hombre! *as old a man,* un hombre tan viejo; *too old a man,* un hombre demasiado viejo. Interpuesto entre el adjetivo *half* y un substantivo, no se traduce (*half a pound,* media libra; *half a month,* medio mes). **II.** *prep.* Se usaba, y aún se usa a veces, antes del gerundio para indicar acción o proceso, en casos en que hoy se emplea el gerundio solo o el infinitivo; v.g. *he went a hunting,* él fué a cazar.—**a.-maying** (*v.* MAY).

A [eị], *a.* en A, en forma de A.

aardvark [árdvark], *s.* oricteropo del Cabo, especie de mamífero hormiguero sudafricano.

aardwolf [árdwụlf], *s.* prótel, hiena sudafricana.

Aaronic(al [eránịk(ạl], *a.* aarónico, aaronita; levítico pontifical.

Aaron's-beard [érọnz bírd], *s.* (bot.) barba de Aarón; zumillo; saxífraga de China; también se da este nombre a varias otras plantas.

abaca [abaká], *s.* (bot.) abacá; cáñamo de Manila.

aback [ạbǽk], *adv.* detrás, atrás; hacia atrás; (mar.) en facha.—**to take a.,** turbar, desconcertar, coger de improviso.

abacist [ǽbạsịst], *s.* abacista.

abacus [ǽbạkʌs], *s.* (arit.) ábaco; (arq.) loseta rectangular; aparador; báculo.

abaft [ạbǽft]. **I.** *adv.* (mar.) hacia la popa, a popa, en popa; atrás. **II.** *prep.* detrás de.

abalone [æbạlóunị], *s.* (zool.) oreja marina.

abandon [ạbǽndọn]. **I.** *va.* abandonar, dejar, desertar, desamparar; renunciar, dar de mano a; entregar, ceder; desmantelar.—**to a. oneself,** entregarse (al vicio, gozo, etc.). **II.** *s.* indiferencia, naturalidad, desenfado, desenfreno, abandono, abandonamiento.

abandoned [-d], *a.* abandonado; encenagado (en los vicios); malvado.

abandonment [-mẹnt], *s.* abandono, abandonamiento, desamparo, deserción, desvalimiento, dejación; (for.) deserción (de una apelación).

abase [ạbéịs], *va.* abatir, humillar, degradar, envilecer.

abasement [-mẹnt], *s.* abatimiento, humillación, degradación, envilecimiento.

abash [ạbǽŝ], *va.* avergonzar, correr, confundir, cortar, sonrojar.

abashment [-mẹnt], *s.* confusión, vergüenza, embarazo, sonrojo.

abate [ạbéịt]. **I.** *va.* disminuir, reducir, rebajar; (for.) suprimir, impedir; suspender; condonar; anular; (metal.) reducir el temple. **II.** *vn.* menguar, moderarse, apaciguarse, calmarse; (for.) frustrarse, no surtir efecto, fallar; ocupar sin derecho fincas tras la muerte de su último dueño.

abatement [-mẹnt], *s.* extenuación, rebaja, disminución o supresión; (for.) anulación; cesación; cantidad rebajada o condonada; usurpación u ocupación, sin derecho, de una finca tras la muerte de su último dueño.

abater [-œ(r)], *s.* (for.) el que suprime o mitiga (un estorbo, impedimento, etc.); intruso, usurpador.

abatis [ǽbạtịs], *s.* (mil.) tala, valla defensiva de árboles enteros cortados.

abattoir [æbætwár], *s.* matadero, desolladero.

abb [æb], *s.* urdimbre; lana para la urdimbre; lana en borra.

abbacy [ǽbạsị], *s.* abadía, dignidad de abad.

abbatial [æbéịŝạl], *a.* abacial, abadengo.

abbé [ǽbeị], *s.* abate.

abbess [ǽbịs], *s.* abadesa, prelada, superiora.

abbey [ǽbị], *s.* abadía, monasterio, convento.

abbot [ǽbọt], *s.* abad, superior.

abbotship [ǽbọtŝịp], *s.* abadía (dignidad), abadiato.

abbreviate [ạbríviẹit], *va.* abreviar, reducir, compendiar.

abbreviation [-éịŝọn], *s.* abreviación; abreviatura; cifra, compendio, epítome.

abbreviator [-eịtọ(r)], *s.* abreviador, compendiador; (igl.) abreviador.

abbreviatory [-ạtọrị], *a.* abreviativo, abreviador.—**abbreviature** [-ạchụ(r)], *s.* abreviatura, compendio, epítome.

A B C, a-b-c [éị bí sí], *s.* alfabeto; abecedario, abecé; cartilla; rudimentos.

abdicant [ǽbdịkạnt], *s.* y *a.* abdicante, que abdica o renuncia.

abdicate [-keịt]. **I.** *va., vn.* abdicar, renunciar, dimitir. **II.** *va.* (for.) desheredar.

abdication [-kéịŝọn], *s.* abdicación, renuncia; dimisión; dejamiento, dejación.

abdicative [ǽbdịkạtịv], *a.* abdicativo, renunciativo, que implica abdicación.

abdomen [ǽbdomɛn], *s.* abdomen, vientre.
abdominal [æbdámi̥nḁl]. **I.** *a.* abdominal. **II.** *s.* y *a.* (zool.), abdominal, malacopterigio.
abduce [æbdi̥ús], *va.* (fisiol.) abducir.
abducent [-e̥nt], *s.* y *a.* (anat.) abductor.
abduct [æbdʌ́kt], *va.* secuestrar, raptar, arrebatar, robar (a alguien); plagiar; (anat.) abducir.
abduction [æbdʌ́kŝo̥n], *s.* robo, rapto, secuestro (de una persona); plagio; (anat. y lóg.) abducción.
abductor [æbdʌ́kto̥(r)]. **I.** *s.* raptor, secuestrador. **II.** *a.* (anat.) abductor (músculo).
abeam [ḁbím], *adv.* (mar.) por el través; en ángulo recto con la quilla.
abecedarian [ei̥bi̥si̥dérian], *s.* y *a.* que aprende o enseña el alfabeto; novicio, bisoño.
abed [ḁbéd], *adv.* en cama, acostado.
abele [ḁbíl], *s.* (bot.) álamo blanco.
abelmosk [éi̥be̥lmask], *s.* (bot.) abelmosco.
aberrance, aberrancy [æbérḁns, -i̥], *s.* error, desvío, extravío.
aberrant [æbérḁnt], *a.* extraviado; anormal, anómalo.
aberration [æbe̥réi̥ŝo̥n], *s.* error; extravío; desliz, desviación; (astr. y ópt.) aberración.
abet [ḁbét], *va.* instigar, excitar, inducir, apoyar, favorecer.
abetment [-me̥nt], *s.* instigación, excitación, apoyo.
abetter, abettor [-œ(r)], *s.* (for.) fautor, instigador; cómplice.
abeyance [ḁbéi̥ḁns], *s.* inacción transitoria, suspensión; estado latente; (for.) expectativa, espera.—**in a.,** en suspenso; latente; (for.) en espera de su dueño o reclamante legítimo (dícese de bienes mostrencos, cargos vacantes, etc.).
abeyant [-ḁnt], *a.* yacente, vacante, mostrenco, expectante.
abhor [æbhór], *va.* aborrecer, derrenegar, repugnar, detestar, abominar, odiar.
abhorrence [-e̥ns], *s.* aborrecimiento, detestación, aversión, execración, repugnancia.
abhorrent [-e̥nt], *a.* aborrecible, repugnante, detestable, odioso; contrario, opuesto; que detesta.
abhorrently [-li̥], *adv.* aborreciblemente, odiosamente.
abhorrer [-œ(r)], *s.* aborrecedor.
abidance [ḁbái̥dḁns], *s.* permanencia, residencia. —**a. by,** adhesión a.
abide [ḁbái̥d] (*pret.* y *pp.* ABODE). **I.** *va.* esperar; soportar, sufrir. **II.** *vn.* habitar, morar; permanecer; perdurar.—**to a. by,** sostenerse en; estar con; sujetarse a, obrar de acuerdo con, cumplir con, acatar, atenerse a.
abiding [-i̥n̥]. **I.** *s.* permanencia; residencia, morada. **II.** *a.* durable, perdurable, permanente.
abigail [ǽbi̥gei̥l], *s.* doncella (criada), camarera.
ability [ḁbíli̥ti̥], *s.* poder, facultad, habilidad, capacidad, talento, ingenio, aptitud, disposición.—**to the best of one's a.,** lo mejor que se pueda, a más y mejor.
abiogenesis [æbi̥ou̥dẑéni̥si̥s], *s.* abiogénesis, generación espontánea.
abiological [-ládẑikal], *a.* abiológico, inorgánico.
abiosis [æbi̥óusi̥s], *s.* abiosis, ausencia de vida.
abiotic [ei̥bai̥áti̥k], *a.* abiótico.
abirritant [æbíri̥tḁnt], *s.* y *a.* contrairritante.
abirritate [æbíri̥tei̥t], *va.* (med.) abirritar.
abject [ǽbdẑɛkt], *a.* abyecto, servil, bajo; desanimado, abatido.
abjection [æbdẑékŝo̥n], *s.* abyección, servilismo, bajeza.
abjectly [æbdẑéktli̥], *adv.* abyectamente.
abjuration [æbdẑu̥réi̥ŝo̥n], *s.* abjuración, retractación; renuncia.
abjure [æbdẑú̥r]. **I.** *va.* abjurar, retractarse de; renunciar solemnemente a. **II.** *vn.* retractarse; hacer renuncia solemne (del reino, etc.).
ablactation [æblæktéi̥ŝon], *s.* ablactación, destete; manera de injertar los árboles por aproximación.
ablation [æbléi̥ŝo̥n], *s.* (cir.) ablación, extirpación; (geol.) erosión, desgaste (de una roca); merma, reducción (de un helero por derretimiento).
ablative [ǽblḁti̥v], *s.* y *a.* (gram.) ablativo.
ablaut [áblau̥t], *s.* variación de la raíz de una palabra.
ablaze [ḁbléi̥z], *a.* en llamas, ardiendo.
able [éi̥bl], *a.* capaz, apto, hábil, competente, idóneo, diestro, poderoso; (for.) capaz, competente, legalmente habilitado o capacitado.—**a.-bodied,** robusto, sano, físicamente capaz.—**able-bodied seaman,** marinero capaz de ejecutar todas las maniobras del oficio.—**a.-minded,** de gran talento.—**to be a.,** poder, saber.
ablegate [ǽble̥gei̥t], *s.* (igl.) ablegado, nuncio.
ablepsia [ei̥blépsi̥ḁ], *s.* (med.) ablepsia, ceguera.
abloom [ḁblúm], *a.* en flor; floreciente.
abluent [ǽblu̥e̥nt], *s.* y *a.* (med.) abluente, detersivo, detergente.
ablush [ḁblʌ́ŝ], *a.* y *adv.* avergonzado, ruborizado.
ablution [æblúŝo̥n], *s.* ablución; lavamiento.
ably [éi̥bli̥], *adv.* hábilmente.
abnegate [ǽbni̥gei̥t], *va.* renunciar a; abjurar, negar, repudiar.
abnegation [-géi̥ŝo̥n], *s.* abnegación; renuncia, repudiación.
abnormal [æbnórmḁl], *a.* anormal, irregular, disforme, heteróclito.
abnormality [-mǽli̥ti̥], *s.* irregularidad, anomalía, anormalidad, deformidad, monstruosidad.
abnormally [-mḁli̥], *adv.* anormalmente.
abnormity [-mi̥ti̥], *s.* = ABNORMALITY.
aboard [ḁbórd], *adv.* (mar.) a bordo.—**to fall a.,** abordar, chocar.—**to go a.,** ir a bordo, embarcarse.—**to take a.,** embarcar.—**all a!,** ¡viajeros al tren!, (Méx.) ¡vámonos!
abode [ḁbóu̥d], *s.* domicilio, residencia, habitación, mansión, morada; estancia, permanencia.
abode, *pret.* y *pp.* de TO ABIDE.
abolish [ḁbáli̥ŝ], *va.* abolir, suprimir, derogar, anular, revocar.
abolishable [-ḁbl], *a.* abolible, derogable.
abolisher [-œ(r)], *s.* derogador, anulador, revocador, destructor.
abolition [æbolíŝo̥n], *s.* abolición, derogación, extinción.
abolitionism [-i̥zm], *s.* abolicionismo.
abolitionist [-i̥st], *s.* abolicionista; (E. U.) abolicionista, enemigo de la esclavitud.
abomasum [æboméi̥sʌm], *s.* (anat.) abomaso.
abominable [ḁbámi̥nḁbl], *a.* abominable, execrable, detestable; nefando, aborrecible.
abominably [-bli̥], *adv.* abominablemente.
abominate [ḁbámi̥nei̥t], *va.* abominar, detestar, aborrecer, execrar.
abomination [-néi̥ŝo̥n], *s.* abominación, odio, detestación; enormidad, maldad.
aboriginal [æborídẑi̥nḁl], *a.* aborigen, primitivo, originario.
aborigines [æborídẑi̥ni̥z], *s. pl.* aborígenes.
abort [ḁbórt], *vn.* abortar, malparir; (biol.) atrofiarse o cesar prematuramente de crecer; (med.) acortar o impedir el desarrollo de una enfermedad; (fig.) fracasarse.
aborted [-i̥d], *a.* nacido prematuramente; (biol.) de desarrollo incompleto; fracasado.
aborticide [-i̥sai̥d], *s.* aborticidio, destrucción del feto; lo que destruye el feto y causa aborto.
abortifacient [-i̥féi̥ŝe̥nt], *s.* y *a.* abortifaciente, abortivo, que causa aborto.
abortion [ḁbórŝo̥n], *s.* aborto, malparto; abortón, muévedo; fiasco, fracaso.
abortionist [-i̥st], *s.* abortista o malpartista.
abortive [ḁbórti̥v]. **I.** *s.* y *a.* abortivo. **II.** *a.* infructuoso, malogrado; (biol.) imperfectamente desarrollado; estéril; (med.) que acorta la duración (de una enfermedad).
abortiveness [-ni̥s], *s.* abortamiento; fracaso, mal éxito, malogro.

abound [ąbáųnd], *vn.* abundar, verbenear, manar, rodar.—**to a. with,** abundar en, rebosar de.—**abounding in or with,** abundante en, nutrido de.

about [ąbáųt]. **I.** *adv.* casi; poco más o menos, como (*about six hours,* como seis horas); alrededor, por todos lados, a la redonda; acá y acullá, de Ceca en Meca; por aquí, por ahí (en el lugar, edificio, etc.); en la dirección opuesta; por turnos, en rotación.—**a. face,** (mil.) media vuelta (voz de mando).—**all a.,** por todas partes.—**to be a.,** estar levantado y andando (dícese de un enfermo). **II.** *prep.* de, cerca de, sobre; con respecto a; alrededor de, en torno de; por, en (*to walk about town,* andar o pasear por el pueblo; *to quarrel about,* reñir por; *to think about,* pensar en); cerca de, cosa de, unos, unas (*about two miles,* cosa de dos millas); como de, poco más o menos de (*the book is about this size,* el libro es como de este tamaño); ocupado en, atendiendo a; con (*I have no money about me,* no tengo dinero conmigo, o aquí).—**to be a. to,** estar para, al punto de, o al (hacer algo).—**what a.?** *V.* WHAT.

about-face [-féįs]. **I.** *s.* media vuelta; (fig.) cambio de opinión o de conducta, cambio al partido contrario (*to do an about-face,* pasarse al partido opuesto, decir o hacer lo contrario, desdecirse). **II.** *vn.* dar media vuelta.

above [ąbʌ́v]. **I.** *a.* dicho, susodicho, supradicho, precitado; superior, anterior, precedente.—**the above (-mentioned) figures,** dichas cifras, las cifras precedentes o susodichas. **II.** *s.* lo dicho, lo antedicho, etc., lo precedente, lo anterior. **III.** *adv.* y *prep.* sobre, arriba (de), (por) encima (de), superior (a), fuera de, más que o de, anteriormente.—**from a.,** de lo alto, del cielo.—**a. my reach,** fuera de mi alcance.—**a. my strength,** superior a mis fuerzas.—**a. all (else),** sobre todo, más que todo.—**a. ten members,** más de diez socios.—**six degrees a. zero,** seis grados sobre cero.—**to be a. something,** ser incapaz de, estar por encima de algo.

aboveboard [-bɔrd], *a.* y *adv.* franco, sincero; sin dolo, a vista de todos, a las claras, al descubierto.

aboveground [-graųnd]. **I.** *a.* y *adv.* sobre la superficie de la tierra o arriba de ella. **II.** *a.* vivo, con vida.

abovestairs [-stɛrz], *adv.* = UPSTAIRS.

abracadabra [æbrąkądǽbrą̈], *s.* abracadabra; palabra altisonante y misteriosa.

abradant [ąbréįdąnt], *s.* y *a.* = ABRASIVE.

abrade [ąbréįd], *va.* raer, desgastar por rozamiento, raspar, descarnar, desmoronar.

abrader [-œ(r)], *s.* material rayente.

abrasion [ąbréįžǫn], *s.* desgaste (esp. por rozamiento); rozadura, raspadura; (geol. y med.) abrasión.

abrasive [ąbréįsįv]. **I.** *a.* rayente, raspante. **II.** *s.* abrasivo, substancia raspante.

abreast [ąbrést], *adv.* de frente, en fila, al lado (uno de otro); (mar.) por el través.—**four a.,** cuatro de frente, de cuatro en cuatro.—**to keep a. of something,** estar al tanto (al día, al corriente o al nivel) de algo.

abridge [ąbrídž], *va.* abreviar, compendiar, sincopar, resumir, reducir, recopilar; privar, despojar.

abridgment [-męnt], *s.* compendio, recopilación, epítome, resumen; abreviación, diminución, contracción.

abroad [ąbród], *adv.* en el extranjero, fuera del país; fuera de su morada ordinaria (como los animales); en grande espacio; entre el público, del dominio público, en público. (A veces no se traduce, o se emplea otra forma; *there is a rumor abroad,* hay un rumor, se dice; *to set abroad,* hacer público, divulgar.)—**to go a.,** ir al extranjero.—**to be all a.,** estar errado, extraviado o perplejo.

abrogate [ǽbrogeįt], *va.* abrogar, abolir, anular, revocar.

abrogation [-éįšǫn], *s.* abrogación, abolición, anulación, revocación, rescisión.

abrupt [ąbrʌ́pt], *a.* brusco, repentino, súbito; quebrado, áspero, precipitoso, desigual; grosero, bronco.

abruption [ąbrʌ́pšǫn], *s.* separación violenta; (cir.) abrupción.

abruptness [-nįs], *s.* precipitación, inconsideración; prontitud; brusquedad.

abscess [ǽbsɛs], *s.* absceso, (a)postema.

abscissa [æbsísą̈], *s.* (mat.) abscisa.

abscission [æbsíšǫn], *s.* corte, abscisión.

abscond [æbskánd], *vn.* esconderse, evadirse, fugarse; substraerse a la justicia.

absconder [æbskándœ(r)], *s.* desaparecido, prófugo, contumaz.

absence [ǽbsęns], *s.* ausencia; falta; distracción de ánimo.—**in the a. of,** a falta de.

absent [ǽbsęnt], *a.* ausente; no existente; distraído, abstraído.—**to be a.,** faltar.—**a.-minded,** distraído, absorto, encantado, abstraído, (estar) en Babia.—**a.-mindedness,** distracción, enajenamiento, desatención.

absent [æbsént], *vr.* ausentarse, retirarse (de), dejar de concurrir.

absentee [æbsęntí], *s.* y *a.* absentista, ausente; el que permanece o está ausente de su tierra, empleo, etc.

absenteeism [-įzm], *s.* absentismo.

absinthe [ǽbsįnθ], *s.* absenta, licor de ajenjo, absintio.—**absinthian** [æbsínθįąn], *a.* perteneciente al ajenjo.

absinthin [-įn], *s.* (quím.) absintina.

absinthism [ǽbsįnθįzm], *s.* (med.) absintismo, enfermedad debida al abuso del ajenjo.

absinthium [æbsínθįʌm], *s.* (bot.) ajenjo.

absolute [ǽbsolut], *a.* absoluto; completo, positivo; categórico, perentorio; (for.) absoluto, sin restricción; (quím.) puro.—**the a.,** lo absoluto.—**a. alcohol,** alcohol absoluto, alcohol puro.—**a. ceiling,** (aer.) techo, altura máxima que un avión puede alcanzar en una atmósfera tipo.—**a. electrometer,** (elec.) electrómetro absoluto.—**a. pressure,** (fís.) presión absoluta, en que cero corresponde al vacío.—**a. scale,** (fís.) escala termométrica absoluta, o de temperaturas absolutas.—**a. temperature,** (fís.) temperatura absoluta.—**a. term,** (mat.) término absoluto o independiente (que no contiene la incógnita).—**a. unit,** (fís.) unidad absoluta.—**a. value,** (mat.) valor absoluto.—**a. weed,** (agr.) maleza perjudicial y sin valor intrínseco.—**a. zero,** (fís.) cero absoluto.

absolutely [-lį], *adv.* absolutamente; de todo punto, positivamente, sin reserva; terminante o categóricamente.

absolution [æbsolúšǫn], *s.* absolución.

absolutism [ǽbsolutizm], *s.* absolutismo, despotismo, poder absoluto y autocrático, autocracia.

absolutist [-ist], *s.* y *a.* absolutista, autócrata.

absolutory [æbsályṷtɔrį], **absolvatory** [-vątɔrį], *a.* absolutorio.

absolve [æbsálv], *va.* absolver, justificar, dispensar, remitir los pecados; desligar, exentar.

absolved [-d], *pp.* absuelto.

absolver [-œ(r)], *s.* absolvedor, dispensador.

absolving [-įŋ], *a.* absolutorio.

absorb [æbsórb]. **I.** *va.* absorber; empapar, embeber, chupar; ocupar (el ánimo) intensamente, preocupar; incorporar; amortiguar. **II.** *vr.* abstraerse, enfrascarse, ensimismarse.

absorbability [-ąbílįtį], *s.* absorbibilidad, propiedad o capacidad de ser absorbido o empapado.

absorbable [-ąbl], *a.* absorbible.

absorbed [-d], *a.* absorbido; absorto.

absorbefacient [-įféįšęnt], *s.* y *a.* que causa absorción.

absorbency [-ęnsį], *s.* absorbencia.

absorbent [-ęnt], *a.* absorbente.—**a. cotton,** (med.) algodón hidrófilo.—**a. gland,** glándula linfática.
absorber [-œ(r)], *s.* absorbente; (mec.) amortiguador; economizador (de energía).
absorbing [-įŋ], *a.* absorbente; interesante; (fig.) cautivante.
absorption [æbsórpŝǫn], *s.* absorción, absorbimiento, absorbencia, sorbo; concentración, preocupación.—**a. coefficient,** (fís.) coeficiente de absorción.—**a. lines,** (fís.) rayas oscuras (del espectro), rayas de Fraunhofer.—**a. spectrum,** (fís.) espectro de absorción o de rayas oscuras.
absorptive [-tįv], *a.* absorbente.
abstain [æbstéįn], *vn.* abstenerse, privarse.
abstainer [-œ(r)], *s.* abstemio, abstencionista, el que se abstiene.
abstemious [æbstímįʌs], *a.* sobrio, abstemio, templado, abstinente, continente.
abstemiously [-lį], *adv.* sobriamente.
abstemiousness [-nįs], *s.* sobriedad, templanza.
abstention [æbsténŝǫn], *s.* abstención, abstinencia.
absterge [æbstœ́rdž], *va.* (med.) absterger; enjugar, limpiar.
abstergent [-ęnt], *s.* y *a.* abstergente.
abstersion [æbstœ́rŝǫn], *s.* abstersión.
abstersive [-sįv], *s.* y *a.* abstersivo, abstergente.
abstinence, abstinency [ǽbstįnęns, -į], *s.* abstinencia, ayuno, inedia, sobriedad.—**day of a.,** día (*m.*) de ayuno.—**total a.,** abstinencia absoluta de bebidas alcohólicas.
abstinent [ǽbstįnęnt], *a.* abstinente, sobrio.
abstinently [-lį], *adv.* abstinentemente.
abstract [ǽbstrækt]. **I.** *s.* sumario, resumen, compendio, extracto, epítome, término abstracto; abstracción.—**in the a.,** en abstracto. **II.** *a.* abstracto; distraído.—**a. number,** número abstracto.
abstract [æbstrǽkt], *va.* abstraer (t. *vn.*); compendiar, resumir, extractar, epitomar, trasuntar; quitar, sustraer, hurtar; separar, alejar; distraer; (quím.) extraer.
abstracted [-įd], *a.* distraído, olvidadizo (= ABSENT-MINDED); separado, desligado.
abstracter, abstractor [-œ(r)], *s.* compendiador, extractador; ratero, ladrón.
abstraction [æbstrǽkŝǫn], *s.* abstracción; separación: retraimiento, recogimiento; distracción, desatención, descuido; ratería, hurto; extracción.
abstractionist [-įst], *s.* (b.a.) abstraccionista.
abstractive [æbstrǽktįv], *a.* abstractivo.
abstractly, abstractively [-lį, -įvlį], *adv.* en abstracto, abstractivamente.
abstruse [æbstrús], *a.* abstruso, recóndito.
abstrusely [-lį], *adv.* abstrusamente.
abstruseness [-nįs], *s.* obscuridad, dificultad, reconditez; calidad de abstruso.
absurd [æbsœ́rd], *a.* absurdo, irracional, ridículo, disparatado, descabellado, prepóstero.
absurdity [-įtį], *s.* absurdo, despropósito, disparate, dislate, absurdidad, contrasentido.
absurdly [-lį], *adv.* absurdamente, disparatadamente.—**to act a.,** disparatar.
absurdness [-nįs], *s.* = ABSURDITY.
abulia [æbįúlįä], *s.* (med.) abulia, falta de voluntad.
abundance [ąbʌ́ndąns], *s.* abundancia, copia, acopio, plenitud, exuberancia, afluencia; caudal.
abundant [ąbʌ́ndant], *a.* abundante, abundoso, copioso, rico.
abundantly [-lį], *adv.* abundante, abundosa o copiosamente; (fam.) a chorros; asaz.
abuse [ąbįúz]. **I.** *va.* abusar de; engañar; profanar, violar; denostar, insultar, injuriar; ultrajar, seducir, maltratar. **II.** [ąbįús], *s.* abuso; corruptela; seducción, engaño; injuria, contumelia, denuesto; ultraje, maltrato; violación, estupro.
abuser [ąbįúzœ(r)], *s.* abusador; ultrajador; denostador, insultador; embaucador, engañador.
abusive [ąbįúsįv], *a.* abusivo, ofensivo, insultante, injurioso.
abusiveness [-nįs], *s.* vituperación; vituperio, injuria, ofensa, insulto; abuso, uso impropio.
abut [ąbʌ́t], *vn.* terminar, confinar, (co)lindar, parar, rematar, comarcar, descabezar.—**to a. upon, on, against,** terminar en, confinar con, (co)lindar con, empalmar con; (mar.) topar.
abutilon [ąbįútįlǫn], *s.* (bot.) abutilón, malvavisco.
abutment [ąbʌ́tmęnt], *s.* contigüidad; remate; refuerzo; confín, linde, lindero; (constr.) estribo, pilar, contrafuerte, macho, botarel.
abuttal [ąbʌ́tąl], *s.* límite, linde; contigüidad, contacto.—*pl.* partes (*f. pl.*) salientes de tierras.
abutter [-œ(r)], *s.* tierra o persona colindante.
abutting [-įŋ], *a.* confín, confinante, (co)lindante.
abysm [ąbízm], **abyss** [ąbís], *s.* abismo; sima; báratro, infierno; las profundidades del mar.
abysmal [ąbízmąl], *a.* abismal, insondable; de las profundidades del mar.
abyssal [ąbísąl], *a.* abismal, insondable.—**a. zone,** la región profunda del mar.
Abyssinian [æbįsínįąn], *s.* y *a.* abisinio.
acacia [ąkéįŝä], *s.* (bot.) acacia; guacia.
acacin(e) [ǽkąsįn], *s.* acacina, guacia.
academic [ækądémįk], *s.* académico; estudiante, colegial.
academic(al [-(ąl], *a.* académico, colegial, de colegio, universitario; convencional, tradicional, de usanza; teórico; (A.) platónico.
academically [-ąlį], *adv.* académicamente.
academician [ąkædęmíŝąn], *s.* académico, miembro de una academia.
academist [ąkǽdęmįst], *s.* academista.
academy [ąkǽdęmį], *s.* academia, colegio, liceo; gimnasio.—**a. figure,** (b. a.) dibujo del natural.
Acadian [ąkéįdįąn], *s.* y *a.* acadiense, de Acadia.
acaleph [ǽkąlɛf], *s.* (zool.) acalefo, medusa.
acantha [ækǽnθä], *s.* (bot.) espina, pincho; (zool.) aleta; (anat.) columna vertebral.
acanthaceous [ækænθéįŝʌs], *a.* (bot.) acantáceo.
acanthine [ækǽnθįn], *a.* acantino, espinoso.
acanthocarpous [ækænθokárpʌs], *a.* (bot.) acantocarpo.
acanthocephalan [-séfąląn], *s.* y *a.* (zool.) acantocéfalo.
acanthopterygian [ækænθaptęrídžįąn], *s.* y *a.* (zool.) acantopterigio.
acanthus [ækǽnθʌs], *s.* (bot. y arq.) acanto.
acardia [eįkárdįä], *s.* (med.) acardia, falta congénita del corazón.
acariasis [ækąráįąsįs], *s.* (med.) acariasis, sarna, comezón.
Acarida [ąkǽrįdą], *s. pl.* (zool.) acáridos ácaros.
acarpous [eįkárpʌs], *a.* (bot.) acarpo; que no da fruto.
acarus [ǽkąrʌs], *s.* (ent.) ácaro, arador.
acatalectic [eįkætąléktįk], *s.* y *a.* (pros.) acataléctico.
acatalepsia [-lépsįä], *s.* (med.) acatalepsia; deficiencia mental; inferioridad mental.
acatalepsy [eįkǽtąlɛpsį], *s.* (fil.) acatalepsia; escepticismo; duda filosófica.
acataleptic [-léptįk], *s.* y *a.* (med. y fil.) acataléptico.
acaudal [eįkɔ́dąl], *a.* acáudeo, sin cola.
acaulescent [ækɔlésęnt], *a.* (bot.) acaule.
accede [æksíd], *vn.* acceder; asentir, consentir, convenir en; llegar a, subir, ascender (al trono, etc.).
accelerant [æksélęrąnt], *s.* acelerador; (quím.) catalizador.
accelerate [æksélęreįt]. **I.** *va.* acelerar, apresurar. **II.** *vn.* apresurarse, darse prisa.
accelerating [-įŋ], *a.* acelerador, aceleratriz.
acceleration [-éįŝǫn], *s.* aceleración; prisa,

aumento de velocidad.—**poor a.,** (aut.) pique pobre.
accelerative [-ịv], *a.* acelerador.—**a. force,** fuerza aceleratriz.
accelerator [-ọ(r)], *s.* acelerador; cualquier cosa que sirve para acelerar; (aut.) acelerador.
accelerograph [-ogræf], *s.* (fís.) acelerógrafo.
accelerometer [-ámɛtœ(r)], *s.* (aer.) acelerómetro.
accent [ǽksɛnt], *s.* acento, inflexión, dejo.—**a. mark, written a., graphic a.,** acento ortográfico.
accent [æksɛ́nt], *va.* acentuar, recalcar.
accented [-ịd], *a.* acentuado; (gram.) tónico.
accentual [æksɛ́nchuạl], *a.* rítmico, relativo al acento.
accentuate [æksɛ́nchueịt], *va.* acentuar; cargar (una sílaba); hacer más patente; dar mayor fuerza a.
accentuation [-éịʃọn], *s.* acentuación.
accept [æksɛ́pt], *va.* aceptar, recibir, admitir, creer en; abrazar, acoger bien; reconocer; entender, interpretar; (com.) aceptar (un giro, etc.); (for.) adir (la herencia).
acceptable [-ạbl], *a.* aceptable, acepto, grato, admisible; bien recibido, de recibo.
acceptableness, acceptability [-nịs, -ạbílịtị], *s.* aceptabilidad; agrado, gracia.
acceptably [-ạblị], *adv.* aceptablemente, gustosamente, agradablemente.
acceptance [-ạns], *s.* aceptación; buena acogida; admisión; (com.) giro aceptado.—**a. house,** casa de aceptación de giros.
acceptation [-éịʃọn], *s.* acepción, significado; aceptación, recepción, recibimiento.
acceptor [-ọ(r)], *s.* (com.) aceptante, aceptador; (fís.) aceptor.
access [ǽksɛs], *s.* acceso, entrada; aumento, acrecentamiento, añadidura; (med.) accesión, acceso, ataque, paroxismo.
accessary [æksɛ́sạrị], *s.* y *a.* = ACCESSORY.
accessibility [-ịbílịtị], *s.* accesibilidad, asequibilidad.
accessible [æksɛ́sịbl], *a.* accesible, conquistable, asequible, alcanzadizo.
accession [æksɛ́ʃọn]. **I.** *s.* aumento, acrecentamiento; advenimiento, ascenso (al trono); accesión; asentimiento, consentimiento; adquisición nueva (de libros en una biblioteca, etc.); (med.) acceso.—**a. book,** registro. **II.** *va.* registrar, catalogar.
accessorial [æksɛsóriạl], *a.* accesorio.
accessory [æksɛ́sọrị]. **I.** *a.* accesorio; concomitante, contribuyente, secundario; adicional, adjunto. **II.** *s.* dependencia; accesorio; adminículo; (for.) cómplice, fautor, instigador.—**a. after (before) the fact,** encubridor (instigador) de un delito.—*pl.* accesorios, repuestos, arreos, enseres, dependencias, guarniciones.—**a. store,** casa de venta de repuestos o accesorios.
accidence [ǽksịdẹns], *s.* libro de rudimentos de la gramática; (gram.) accidente.
accident [ǽksịdẹnt], *s.* accidente, casualidad; accidente, contratiempo, lance, paso, incidente, peripecia, percance; cosa o suceso insubstancial; (mar. y com.) siniestro; (gram.) accidente, inflexión.—**a. insurance,** seguro contra accidentes.—**by a.,** accidentalmente, por casualidad.—**traffic a.,** accidente de circulación o tránsito.
accidental [æksịdɛ́ntạl]. **I.** *a.* accidental, casual, contingente, fortuito.—**a. color,** (fís.) color accidental (el de la imagen que persiste tras retirar la vista de un objeto brillante).—**a. image,** (fís.) imagen accidental. **II.** *s.* (mús.) accidente.
accidentally [-ị], *adv.* accidentalmente, casualmente.
accident-prone [ǽksịdẹntproụn], *a.* con propensión a accidentes.
accipiter [æksípịtœ(r)], *s.* (orn.) accípitre, ave (*f.*) de rapiña.—**accipitral** [æksípịtrạl], *a.* accipitrino.
acclaim [ækléịm], *va.* y *vn.* aclamar, aplaudir, proclamar, vitorear, vocear.
acclamation, acclaim [æklạméịʃọn], *s.* aclamación, aplauso, celebración, proclamación.
acclamatory [æklǽmạtɔrị], *a.* aclamatorio.
acclimate [ækláịmịt], *va.* aclimatar, connaturalizar.
acclimated [-ịd], *pp.* y *a.* aclimatado.
acclimation, o **acclimatization** [æklịméịʃọn, æklaịmạtịzéịʃọn] *s.* aclimatación, connaturalización.
acclimatize [ækláịmạtaịz]. **I.** *va.* aclimatar, acostumbrar a otro clima. **II.** *vn.* aclimatarse, connaturalizarse.
acclivity [æklívịtị], *s.* subida, cuesta ascendiente.
acclivous [ækláịvʌs], *a.* inclinado hacia arriba, empinado.
accolade [ækoléịd], *s.* acolada; espaldarazo dado al caballero al armarlo; (mús.) corchete, barra; (arq.) moldura de dos curvas unidas en forma de corchete.
accommodate [ạkámodeịt]. **I.** *va.* acomodar, ajustar, adecuar; componer, arreglar (una disputa, etc.); servir, complacer; hacer un favor a; hospedar; tener espacio o capacidad para; (com.) prestar dinero a. **II.** *vn.* conformarse, adaptarse, avenirse.
accommodating [-ịŋ], *a.* bondadoso, servicial, complaciente, acomodadizo, acomodaticio, oficioso.
accommodation [-éịʃọn], *s.* acomodación, acomodamiento; servicio, favor; adaptación, adecuación; ajuste, arreglo, componenda, acuerdo; aplicación o interpretación errónea (de un escrito, pasaje, etc.); cuarto, localidad, habitación.—*pl.* facilidades, comodidades, alojamiento.—**a. and board,** alojamiento y manutención.—**a. bill, draft, note,** (com.) giro, pagaré de favor.—**a. ladder,** (mar.) escalera real.—**a. train,** tren de escala, tren ómnibus, tren carreta.—**sleeping car a.,** localidad en coche dormitorio.
accommodator [-ọ(r)], *s.* acomodador, arreglador, etc.; aparato para adaptar.
accompaniment [ạkʌ́mpạnịmẹnt], *s.* acompañamiento, concomitancia.
accompanist [-ịst], *s.* (mús.) acompañador, acompañante.
accompany [ạkʌ́mpạnị], *va.* acompañar, concomitar, conducir, ir con; (mús.) acompañar.
accomplice [ạkámplịs], *s.* cómplice, correo.
accomplish [ạkámplịʃ], *va.* efectuar, cumplir, verificar, llevar a cabo; completar; lograr, realizar.
accomplished [-t], *a.* perfecto, acabado, cabal, cumplido, consumado; culto.
accomplishment [-mẹnt], *s.* consumación, realización, ejecución, logro, efectuación, cumplimiento.—*pl.* conocimientos, prendas, habilidades.
accord [ạkórd]. **I.** *va.* conceder, otorgar, tributar; ajustar, conciliar, concordar, acordar, poner de acuerdo. **II.** *vn.* concordar; convenir, avenirse, concertar, acordar, estar de acuerdo.
accord, *s.* acuerdo, convenio; concierto, buena inteligencia; armonía; (mús.) diapasón, acorde.—**in a.,** de consuno.—**in a. with,** de acuerdo con, acorde con.—**of one's own a.,** espontáneamente.—**with one a.,** unánimemente, de consuno.
accordance, accordancy [-ạns, -ị], *s.* conformidad, buena inteligencia, armonía, acuerdo concesión.—**in a. with,** de acuerdo o de conformidad con.
accordant [-ạnt], *a.* acorde, conforme, propio, en armonía, conveniente, en consonancia con.
according [-ịŋ], *a.* conforme; acorde.—**a. as,** *conj.* según que, a medida que, como.—**a. to,**

segun, conforme a, con arreglo a.—*p.a.* que concede.
accordingly [-li], *adv.* en conformidad; en efecto, de consiguiente; por lo tanto; por ende, pues.
accordion [ąkórdiǫn], *s.* (mús.) acordeón.—**a.-pleated,** afollado, acordonado.
accordionist [-ist], *s.* acordeonista.
accost [ąkóst], *va.* dirigirse a, hablar a, abordar, emprender a o con.
accosted [-id], *a.* (blas.) acostado.
accouchement [ąkúšmęnt], *s.* parto, alumbramiento.
accoucheur [ækušœ́r], *s.* comadrón, partero.
accoucheuse [ækušœ́z], *s.* partera, comadre, *f.*
account [ąkáunt]. **I.** *va.* tener por, considerar, estimar, juzgar. **II.** *vn.* dar cuenta y razón.—**to a. for,** dar razón de; responder de; explicar, dar cuenta de. **III.** *s.* narración, relato, informe, relación; importancia, mérito, valor, monta, posición; explicación, cuenta, razón, motivo; cómputo, cálculo, manera de contar o de medir (el tiempo, etc.); consideración, aprecio; (com.) cuenta.—**a. book,** libro de cuentas.—**a. current,** cuenta corriente.—**a. payable,** cuenta a pagar.—**a. receivable,** cuenta a cobrar.—**a. rendered,** cuenta girada o enviada.—**a. sales,** cuenta de ventas, estado de ventas (hechas por un comerciante por cuenta de otro).—**a. settled, a. stated,** cuenta convenida.—**charge a.,** cuenta abierta o corriente.—**by all accounts,** según el decir o la opinión general.—**for a. of,** en favor de; por cuenta de.—**in a. with,** en cuenta con.—**of a.,** de nota, de importancia; imaginaria (se dice de la moneda).—**of no a.,** de poco más o menos, de poca monta (*people of no account,* gente de poca monta, gentuza).—**on a.,** a cuenta.—**on a. of,** a causa de; con motivo de; por amor de (*on your account,* por amor de usted, por usted); por cuenta de.—**on my own a.,** por mi propio bien; por mi cuenta, por mi cuenta y riesgo.—**on no a.,** de ninguna manera, por ningún motivo.—**to keep an a.,** llevar cuenta, tener cuenta abierta.—**to take into a.,** tener en cuenta, contar con.—**to turn to a.,** aprovechar, sacar provecho de.
accountability, accountableness [-ąbíliti, -ablnis], *s.* contabilidad; responsabilidad.
accountable [-ąbl], *a.* responsable; explicable.
accountancy [-ąnsi], *s.* contabilidad.
accountant [-ąnt], *s.* contador, contabilista, tenedor de libros.—**a. general,** jefe de contabilidad.
accounting [-iŋ], *s.* contabilidad, contaduría; estado de cuentas; explicación.—**a. machine,** máquina de contabilidad.—**to ask an a.,** pedir rendición de cuentas.
accouter, accoutre [ąkútœ(r)], *va.* aviar, equipar, vestir, ataviar.
accouterment, accoutrement [-męnt], *s.* avío, equipo, apresto, atavío, pertrechos, *m. pl.*
accredit [ækrédit], *va.* acreditar; dar credenciales; autorizar; dar crédito, creer, confiar en; atribuir a.
accredited [-id], *a.* acreditado; autorizado; (dipl.) provisto de credenciales.
accrescent [ækrésęnt], *a.* creciente, acrescente, que aumenta; (bot.) que sigue creciendo después de florecer.
accrete [ækrít]. **I.** *va.* y *vn.* acrecer(se), aumentar(se), adherirse. **II.** *a.* acrecido, aumentado, adherido.
accretion [ækríšǫn], *s.* acrecentamiento, aumento; (for.) acrecencia (derecho de); (min.) acreción; (med.) adherencia de órganos normalmente separados.
accretive [ækrítiv], *a.* aumentativo, creciente, que aumenta (otra cosa) agregándose.
accrual [ækrúąl], *s.* aumento, incremento; rédito.—*pl.* acumulaciones (de intereses).
accrue [ækrú], *vn.* crecer, aumentar, tomar incremento; agregarse; acumularse; redituarse (interés); resultar, provenir, originarse; (for.) ser otorgado.
accubation [ækyųbéišǫn], *s.* reclinación; parto.
accumbent [ækʌ́mbęnt], *a.* reclinado; (bot.) acumbente.
accumulate [ąkiúmiuleit]. **I.** *va.* acumular, amontonar, atesorar, hacinar, reunir, recoger. **II.** *vn.* crecer, acumularse, amontonarse. **III.** *a.* juntado, acumulado, amontonado.
accumulation [-léišǫn], *s.* acumulación, amontonamiento, hacinamiento.
accumulative [-iv], *a.* acumulativo, acumulado, añadido.
accumulator [-ǫ(r)], *s.* acumulador, amontonador; (mec. y elec.) acumulador.
accuracy [ǽkyųrąsi], *s.* exactitud, precisión, esmero, puntualidad.—**minute a.,** menudencia, impertinencia.
accurate [ǽkyųrit], *a.* exacto, preciso, puntual; certero (en el tiro); exacto, afinado o seguro (en los cálculos).
accurately [-li], *adv.* con exactitud, con esmero, correctamente.
accursed, accurst [ąkœ́rst], *a.* maldito, maldecido; detestable, execrable; desventurado; perverso; infausto, fatal; anatematizado, excomulgado.—**a. be,** mal haya, maldito sea.
accusant [ąkiúząnt], *s.* acusador.
accusation [ækiuzéišǫn], *s.* acusación, imputación, cargo, inculpación, delación, denuncia.
accusative [ąkiúzątiv], *a.* y *s.* acusativo.
accusatory [ąkiúzątori], *a.* acusatorio, acusador.
accuse [ąkiúz], *va.* acusar, delatar, denunciar, (in)culpar, tachar, sindicar, tildar (de), levantar cargo.
accused [-d]. **I.** *s.* y *a.* acusado, (for.) procesado, inculpado. **II.** *s.* (for.) reo.
accuser [-œ(r)], *s.* acusador, delatante, delator, denunciador, denunciante.
accustom [ąkʌ́stǫm], *va.* y *vn.* acostumbrar(se), avezar(se), habituar(se), hacer(se).
accustomed [-d], *a.* acostumbrado; de costumbre, habitual, sólito, hecho, cursado.—**to be a.,** acostumbrar, soler.—**to become a.,** acostumbrarse, etc.
ace [eis]. **I.** *s.* as (de naipe o dado); migaja, partícula; (en tenis, etc.) un solo tanto; mala suerte; lo peor; lo mejor; (aer.) as, aviador militar que ha puesto cinco enemigos fuera de combate; aviador sobresaliente.—**within an a. of,** muy cerca de, por poco, en un tris, a dos dedos de. **II.** *a.* sobresaliente.—**a.-high,** (tenido) en grandísima estima, muy favorecido, de primera.
acedia [æsídią], *s.* acidia, desidia, flojedad, pereza; [asidíą], (ict.) acedía, especie de platija.
acentric [eiséntrik], *a.* sin centro; fuera del centro, excéntrico; (med.) acéntrico, que no se origina en un centro nervioso.
acephalous [-ʌs], *a.* acéfalo.
acerate, acerated [ǽsęreit, -id], *a.* puntiagudo.
acerb [ąsœ́rb], *a.* acerbo, ácido, agrio, áspero.
acerbate [ǽsœrbeit], *va.* agriar, exasperar.
acerbity [ąsœ́rbiti], *s.* acerbidad, amargura, agrura, aspereza, dureza.
acerose [ǽsęrous], *a.* (bot.) aciculado.
acerous [ǽsęrʌs], *a.* sin antenas; sin astas.
acescency [æsésęnsi], *s.* acescencia, acedía.
acescent [æsésęnt], *a.* acescente, repuntado, agriado, agrete.
acetabulum [æsętǽbyųlʌm], *s.* (anat.) acetábulo en que encaja la cabeza del fémur.
acetal [ǽsętąl], *s.* (quím.) acetal.
acetamide [æsetǽmaid], *s.* (quím.) acetamida.
acetanilid(e [æsetǽnilaid], *s.* (quím.) acetanilida, antifebrina.
acetate [ǽsęteit], *s.* (quím.) acetato.
acetic [æsítik], *a.* acético.—**a. acid,** (quím.) ácido acético.
acetification [æsetifikéišǫn], *s.* acetificación.

acetify [æsétịfaị], *va.* acetificar.
acetimeter [æsẹtímitœ(r)], *s.* (quím.) acetímetro.
acetimetry [-trị], *s.* (quím.) acetimetría.
acetin [ǽsẹtịn], *s.* (quím.) acetina.
acetol [ǽsẹtoụl], *s.* (quím.) acetol.
acetone [ǽsẹtoụn], *s.* (quím.) acetona.
acetous, acetose [ǽsẹtʌs, -toụs], *a.* acetoso.
acetyl [ǽsẹtịl]. **I.** *s.* (quím.) acetilo. **II.** *a.* de acetilo.
acetylcholine [æsẹtịlkóụlin], *s.* (quím.) acetilcolina.
acetylene [æsétịlin]. **I.** *a.* acetilénico. **II.** *s.* (quím.) acetileno.—**a. torch,** pico de acetileno.
acetylic [-ịk], *a.* acetílico.
acetylsalicylic [ǽsẹtịlsælịsílịk], *a.* (quím.) acetilsalicílico.—**a. acid,** (quím.) ácido acetilsalicílico, aspirina.
ache [eịk]. **I.** *s.* dolor, dolencia, mal; aflicción, pena, pesar.—*pl.* agujetas. **II.** *vn.* doler (*my head aches,* me duele la cabeza).
Achean, Achæan [ạkíạn], *a.* y *s.* aqueo.
achievable [ạchívạbl], *a.* acabable, ejecutable, hacedero, factible.
achieve [ạchív], *va.* acabar, realizar, ejecutar, llevar a cabo; lograr, alcanzar; obtener, ganar.
achievement [-mẹnt], *s.* realización, ejecución, logro; hecho muy notable o meritorio, proeza, hazaña; (blas.) timbre.
aching [éịkịŋ]. **I.** *a.* doliente, dolorido, que duele. **II.** *s.* dolencia, mal continuo.
achor [éịkor], *s.* (med.) acores.
achroma, achromia [eịkróụmạ, -mịạ], *s.* acromia.
achromatic [ækromǽtịk], *a.* (ópt.) acromático.
achromatism [ækróụmạtịzm], *s.* (ópt.) acromatismo.
achromatize [-taịz], *va.* acromatizar.
achromic [eịkróụmịk], *a.* acrómico, descolorido.
achy [éịkị], *a.* (a)dolorido, con dolor.
acicular [æsíkịulạ(r)], **aciculate** [æsíkịuleịt], *a.* acicular.
acid [ǽsịd], *s.* y *a.* ácido.
acid, *s.*—**a.-forming,** acidógeno, que produce gas.—**a. proof,** a prueba de ácidos, resistente a los ácidos.—**a. steel,** acero (hecho por el procedimiento) ácido.—**a. test,** prueba rigurosa decisiva.
acidification [æsịdịfịkéịṡọn], *s.* acidificación.
acidify [æsídịfaị], *va.* acidificar, acidular.
acidimeter [æsịdímɛtœ(r)], *s.* (quím.) acidímetro.
acidimetry [-trị], *s.* (quím.) acidimetría.
acidity, acidness [æsídịtị, ǽsịdnịs], *s.* acidez, agrura, acedía.
acidosis [æsịdóụsịs], *s.* (med.) asescencia, acidismo, exceso de acidez en la sangre.
acidulate [æsídžụleịt], *va.* acidular; agriar, avinagrar.
acidulous [-ʌs], *a.* agrio, acídulo.
acierage [ǽsịẹrịdž], *s.* (met.) aceración.
acierate [-eịt], *va.* (met.) acerar.
aciform [ǽsịfɔrm], *a.* (bot.) aciforme, de forma de aguja.
aciniform [æsínịfɔrm], *a.* (bot.) aciniforme.
acinose [ǽsịnoụs], **acinous** [-ʌs], *a.* (bot.) acinoso.
acinus [ǽsịnʌ], *s.* (anat. y bot.) acino.
ack-ack [ǽkæk], *s.* (mil.) fuego concentrado de baterías antiaéreas.
acknowledge [æknálịdž], *va.* reconocer; confesar, admitir; (for.) certificar, testificar, confirmar.—**to a. receipt,** acusar recibo.
acknowledgment [-mẹnt], *s.* reconocimiento; confesión, admisión; acuse de recibo; confirmación; (for.) testificación, testificata.
aclastic [eịklǽstịk], *a.* (ópt.) aclasto.
aclinic [eịklínịk], *a.* (fís.) aclínico.
acme [ǽkmị], *s.* cima, pináculo, cumbre; (fig.) apogeo, auge, culminación, colmo; (med.) acmé o acme.
acne [ǽknị], *s.* (med. y vet.) acné o acne, *mf.*, barros, pústulas.
acock [ạkák], *a.* ladeado (el sombrero, etc.); avisado.
acologic [ækoládžịk], *a.* acológico.
acology [ækálodžị], *s.* (med.) acología.
acolyte [ǽkolaịt], *s.* acólito; monacillo, misario, monaguillo.
aconite [ǽkonaịt], **aconitum** [ækonáịtʌm], *s.* (med. y bot.) acónito.
aconitic [ækonítịk], *a.* (quím.) aconítico.
aconitine [ækánịtịn], *s.* (quím.) aconitina.
acorn [éịkɔrn], *s.* (bot.) bellota.—**a. barnacle** o **shell,** lapa.
acotyledon [eịkatịlídọn], *s.* acotiledón.
acotyledonous [-ʌs], *a.* acotiledóneo.
acoustic [ạkústịk], *a.* acústico.
acoustician [ækustíṡạn], *s.* acústico, versado en acústica.
acoustics [ạkústịks], *s.* acústica.
acquaint [ạkwéịnt], *va.* instruir, familiarizar; enterar, informar, hacer saber a, imponer, advertir.—**to a. oneself with,** familiarizarse con, ponerse al corriente de, informarse de.
acquaintance [-ạns], *s.* conocimiento (**a. with,** conocimiento de); familiaridad, relaciones, relacionado; conocimiento mutuo (de dos personas), hecho de conocerse entre sí; conocido (persona a quien se conoce).
acquainted [-ịd], *a.* conocido (*are you two acquainted?* ¿se conocen Vds. dos?); impuesto, enterado.—**a. with,** impuesto o enterado (de algo).—**to be a. with,** conocer (algo o a una persona).—**to make a. with,** relacionar con; enterar de.
acquiesce [ækwịés], *vn.* asentir; consentir, conformarse.
acquiescence [-ẹns], *s.* aquiescencia, asenso, consentimiento, conformidad; sumisión, resignación.
acquiescent [-ẹnt], *a.* condescendiente, acomodadizo, conforme, sumiso.
acquirable [ạkwáịrabl], *a.* adquirible, asequible.
acquire [ạkwáịr], *va.* adquirir, obtener, aquistar, alcanzar, ganar, contraer (hábitos, etc.).
acquirement [-mẹnt], *s.* adquisición.—*pl.* conocimientos, saber.
acquirer [-œ(r)], *s.* adquiridor.
acquiring [-ịŋ], *a.* adquiridor, adquir(i)ente.
acquisition [ækwịzíṡọn], *s.* adquisición, consecución.
acquisitive [ækwízịtịv], *a.* capaz de adquirir dispuesto a adquirir; adquisitivo.—**a. prescription,** (for.) prescripción adquisitiva.
acquisitively [-lị], *adv.* por adquisición.
acquisitiveness [-nịs], *s.* adquisividad; calidad de adquisitivo; tendencia a adquirir.
acquit [ạkwít], *va.* absolver, exculpar, dispensar, libertar; exonerar, descargar, relevar; pagar.—**to a. oneself,** portarse, conducirse, desempeñar su trabajo, salir, hacerlo (bien, mal).
acquittal [-ạl], **acquitment** [-ment], *s.* absolución; descargo; pago.
acquittance [-ạns], *s.* descargo de una deuda; recibo, quita, carta de pago.
acquitted [-ịd], *pp.* absuelto.
acre [éịkœr], *s.* acre (medida de superficie-40,47 áreas).—**a. foot,** (ing.) acrepié, cantidad de agua suficiente para cubrir un acre hasta una altura de 1 pie.—**a. inch,** acrepulgada.—**God's a.,** camposanto.
acreage [éịkœrịdž], *s.* número de acres; extensión de tierra o de terreno; superficie medida en acres.
acrid [ǽkrịd], *a.* acre, mordaz, picante, agrio mordicante.
acridity, acridness [ækrídịtị, ǽkrịdnịs], *s.* acritud, acrimonia.
acriflavine [ækrịfléịvin], *s.* (farm.) acriflavina.
Acrilan [ǽkrịlæn], *s.* acrilán (marca de fábrica).
acrimonious [ækrịmóụnịʌs], *a.* acrimonioso, sarcástico, mordaz, picante.
acrimoniousness [-nịs], **acrimony** [ǽkrịmoụnị],

s. acrimonia, acritud, amargura, aspereza, mordacidad, virulencia.
acritical [eįkrįtįkąl], *a.* (med.) acrítico, que no tiene crisis.
acroamatic [ækroąmǽtįk], *a.* acroamático, oral.
acrobat [ǽkrobæt], *s.* acróbata, volatín, volteador, (Méx.) cirquero.
acrobatic [ækrobǽtįk], *a.* acrobático.—**a. feat,** volatín.
acrobatics [-s], **acrobatism** [ǽkrobætįzm], *s.* acrobatismo, acrobacia.
acrocarpous [ækrokárpʌs], *a.* (bot.) acrocárpeo.
acrocephalous [-séfąlʌs], *a.* (med.) acrocéfalo.
acrogen [ǽkrodžįn], *s.* acrógena.
acrolein [ąkróųlįįn], *s.* (quím.) acroleína, acrol.
acrolith [ǽkrolįθ], *s.* (arqueol.) acrólito.
acromegaly [ækromégąlį], *s.* (med.) acromegalia.
acromial [ækróųmįąl], *a.* (anat.) acromiano, acromial.
acromion [ækróųmįan], *s.* (anat.) acromio(n).
acronycal [ækránįkąl], *a.* (astr.) acrónico.
acronym [ǽkronįm], *s.* acrónimo.
acropolis [ækrápolįs], *s.* acrópolis.
acrosporous [ækrospóųrʌs], *a.* (bot.) acrósporo.
across [ąkrós]. **I.** *adv.* de través, a través, transversalmente; de una parte a otra; al otro lado; en cruz. **II.** *prep.* a través de; al otro lado de; por.—**a. the way,** frente.—**to come** o **run a.,** encontrarse (algo); encontrarse con, topar o tropezar con.—**to lay** o **place a.,** cruzar.
acrostic [ąkróstįk], *s.* y *a.* acróstico.
acroterium [ækrotírįʌm], *s.* (arq.) acrotera.
acrylic [ækrílįk], *a.* (quím.) acrílico (ácido).
act [ækt]. **I.** *vn.* obrar, actuar, funcionar, oficiar de, operar; representar (en el teatro); fingir, simular; conducirse, portarse, andar.—**to a. for someone,** representar a uno.—**to a. against,** oponerse a.—**to a. as (a notary),** hacer de (notario).—**to a. as if,** hacer como que, o como si.—**to a. to no purpose,** hacer por hacer.—**to a. up,** jaranear, travesear. **II.** *va.* hacer o desempeñar el papel de (vg.: *to act the buffoon,* hacer de bufón).—**to a. on,** o **upon,** influir en, obrar sobre.—**to a. out,** representar dramática o teatralmente.—**to a. the part of,** hacer el papel de, hacer las veces de, reemplazar.
act [ækt], *s.* acción, acto, hecho, obra; (teat.) acto o jornada; (for.) ley, *f.,* disposición, decreto, acta; instrumento, documento.—**a. of God,** (for.) caso fortuito, fuerza mayor.—**a. of grace,** acto de clemencia.—**a. of honor,** (com.) acto o protesta de intervención.—**a. of indemnity,** bill de indemnidad.—**a. of settlement,** (Ing.) ley que ha fijado la sucesión en la casa de Hánover.—**Acts, Acts of the Apostles,** (bib.) Actos o Hechos de los Apóstoles.—**in the (very) a.,** en flagrante.
acting [ǽktįŋ]. **I.** *s.* acción, efecto; (teat.) representación, desempeño. **II.** *a.* interino, suplente, obrante.
actinia [æktínįä], *s.* (zool.) actinia, estrellamar, *f.,* anemone (*f.*) de mar, ortiga de mar.
actinic(al [æktínįk(ąl], *a.* actínico.
actinides [ǽktįnaįdz], *s.pl.* (quím.) actínides.
actinism [ǽktįnįzm], *s.* actinismo.
actinium [æktįnįʌm], *s.* (quím.) actinio.
actinograph [æktínogræf], *s.* actinógrafo.
actinolite [-laįt], *s.* (min.) actinota.
actinometer [æktįnámetœ(r)], *s.* actinómetro.
actinometric [æktįnométrįk], *a.* actinométrico.
actinometry [æktįnámɛtrį], *s.* actinometría.
actinomorphic [æktįnomórfįk], **actinomorphous** [-ʌs], *a.* (bot.) actinomorfo.
actinomycin [æktįnomáįsin], *s.* (farm.) actinomicina.
actinomycosis [-maįkóųsįs], *s.* (med. y vet.) actinomicosis.
actinon [ǽktįnan], *s.* (quím.) actinón.
action [ǽkŝǫn], *s.* acción, acto, obra, hecho; operación, golpe, funcionamiento, accionamiento; actividad; actuación; movimiento; gesto; (teat.) argumento, acción; (mil.) acción, batalla; (mec.) marcha, mecanismo; (for.) acción, demanda, proceso, expediente, proceder; (b. a.) actitud, ademán.—**to bring an a.,** (for.) entablar un pleito.—**to put in a.,** actuar.—**to take a.,** proceder (contra).—**to take a. on,** dar curso a, tomar medidas acerca de.
actionable [-ąbl], *a.* (for.) punible, justiciable, procesable.
actionably [-ąblį], *adv.* de un modo procesario.
activate [ǽktįveįt], *va.* activar, hacer activo; tratar (aguas inmundas) por aeración prolongada. —**activated sludge,** residuo lodoso de la aeración prolongada.
activation [-éįŝǫn], *s.* activación.
activator [-ǫ(r)], *s.* (quím.) activador.
active [ǽktįv], *a.* activo, ejecutivo, agencioso.—**a. bond,** bono que devenga interés fijo desde que se emite.—**a. duty,** (mil.) servicio activo. —**a. list,** lista de oficiales militares en servicio. —**a. voice,** (gram.) voz activa.
activist [ǽktįvįst], *s.* activista.
activity [æktívįtį], *s.* actividad, diligencia, vigor, agilidad, vida.—*pl.* ocupaciones, actividades.
actor [ǽktǫ(r)], *s.* agente; (teat.) cómico, actor, comediante, histrión, *m.,* representante; (for.) actor, demandante; apoderado.
actress [ǽktrįs], *s.* (teat.) actriz, cómica, comediante, histrionisa; (for.) actora, etc.
actual [ǽkchųąl], *a.* real, verdadero; existente, efectivo; propiamente dicho; actual. (Hoy apenas si se usa en este último sentido.)—**a. sin,** (teol.) pecado actual.
actuality [ækchųǽlįtį], **actualness** [ǽkchųąlnįs], *s.* realidad; actualidad.
actualize [ǽkchųąlaįz], *va.* realizar, dar realidad a, llevar a cabo; (for.) actuar, proceder judicialmente.
actually [ǽkchųąlį], *adv.* realmente, en realidad, verdaderamente, de hecho; en o con efecto, efectivamente.
actuarial [ækchųérįąl], *a.* rel. al actuario de seguros; (for.) actuario.
actuary [ǽkchųɛrį], *s.* actuario (especialista en cálculos de seguros); (for.) actuario, escribano, registrador.
actuate [ǽkchųeįt]. **I.** *va.* mover, impulsar, excitar, animar, poner en acción. **II.** *vn.* obrar.—**actuated** [-įd], *a.* movido, animado.—**actuation** [-éįŝǫn], *s.* actuación, operación; impulsión; puesta en acción.
acuity [ąkįúįtį], *s.* acuidad, agudeza.
aculeate [ąkįúlįeįt]. **I.** *a.* (zool.) aculeado, acúleo; (bot.) espinoso, provisto de púas. **II.** *s.* (zool.) aculeado, aculeata, *m.*
aculeiform [ąkįúlįįfɔrm], *a.* aculeiforme.
acumen [ąkįúmįn], *s.* cacumen; agudeza, sutileza, perspicacia, penetración; (fam.) caletre, pesquis; (bot.) punta aguda.
acuminate [-eįt]. **I.** *a.* (bot.) acuminado, que termina en punta. **II.** *va.* aguzar, afilar. **III.** *vn.* rematar en punta.
acumination [-éįŝǫn], *s.* punta aguda.
acuminous [-ʌs], *a.* = ACUMINATE.
acupressure [ǽkįupreŝų(r)], *s.* (cir.) acupresión.
acupuncture [ǽkįupʌŋkchųr], *s.* (cir.) acupuntura.
acute [ąkįút]. **I.** *a.* agudo; ingenioso, perspicaz, vivo, fino, delgado, sutil, penetrante; crítico; (med.) agudo.—**a. angle,** ángulo agudo.—**a.-angled,** (geom.) acutángulo, oxigonio. **II.** *s.* (gram.) acento agudo.
acuteness [-nįs], *s.* agudeza; delgadez, sutileza; perspicacia, viveza, penetración; discreción, violencia de una enfermedad.
acyclic [eįsáįklįk], *a.* (elec.) acíclico (se aplica a dínamos); (bot.) acíclico o no verticilado.
ad [æd], *s.* anuncio, aviso.
adactylous [eįdǽktįlʌs], *a.* (zool.) adáctilo.
adage [ǽdįdž], *s.* adagio, refrán, proverbio.
adagio [ądádžoų], *s.* (mús.) adagio.
Adam [ǽdąm], *s.* Adán; pecado original, depravación humana.—**A.'s ale,** (fam.) agua.—**A.'s apple,** nuez de la garganta, manzana de Adán;

una variedad de plátano.—A.'s **needle and thread,** una especie de yuca.—**not to know from A.,** (fam.) no conocer absolutamente.
adamant [ǽdamænt]. I. *s.* (ant.) adamante. substancia sumamente dura; diamante; (poét.) dureza. II. *a.* firme, inexorable.
adamantine [ædamǽntin], *a.* diamantino, adiamantado, adamantino; indisoluble; inflexible, impregnable.—**a. spar,** corindón de la India.
Adamite [ǽdamait], *s.* adamita, *mf.*
adapt [adǽpt], *va.* adaptar, acomodar, ajustar, proporcionar, amoldar; tomar y compendiar (un escrito); (teat.) refundir, arreglar.
adaptable [-abl], **adaptive** [-iv], *a.* adaptable, aplicable, acomodable.
adaptability [-abíliti], *s.* adaptabilidad.
adaptation [ædæptéiŝon], **adaption** [ædǽpŝon], *s.* adaptación; ajuste; (teat.) arreglo, refundición.
adapter [adǽptœ(r)], *s.* el o lo que adapta; (tec.) adaptador; (quím.) alargadera, tubo que comunica una retorta con otra vasija; (mec.) ajustador, manguito de reducción.
add [æd]. I. *va.* sumar, adicionar, totalizar; agregar, añadir.—**to a. up,** sumar. II. *vn.* sumar.—**to a. to,** aumentar.
addend [ǽdend], *s.* (arit.) sumando.
addenda [ædéndä], *s.* (pl. de ADDENDUM) aditamentos; apéndice.
addendum [-ʌm], *s.* adición, apéndice; (mec.) cabeza de un diente de engranaje.—**a. circle, a. line** o **a.** simplemente, (mec.) periferia de una rueda dentada.
adder [ǽdœ(r)], *s.* víbora; serpiente.—**puff a.,** víbora sudafricana.—**a.'s grass** o **a.'s tongue,** (bot.) lengua de sierpe.—**a.'s wort,** (bot.) escorzonera.
addible [ǽdibl], *a.* añadible.
addict [adíkt]. I. *va.* dedicar, consagrar, aplicar. II. *vn.* entregarse, dedicarse, darse, abandonarse (al vicio, placer, etc.). III. [ǽdikt], *s.* adicto, aficionado; enviciado, morfinómano.
addicted [-id], *a.* adicto, dado, entregado o afecto a, apasionado por, partidario de.
addictedness [-nis], **addiction** [adíkŝon], *s.* inclinación, propensión, afición, apego; entrega, dedicación a.
adding machine [ǽdiŋ maŝín], *s.* sumadora, máquina de sumar.
additament [ædítament], *s.* aditamento.
addition [ædíŝon], *s.* adición, añadidura, agregación; aditamento, adjunto; (arit.) adición, suma.—**in a.,** por añadidura, además, fuera de esto.—**in a. to,** además de, fuera de.
additional [-al], *a.* adicional.
additionally [-i], *adv.* adicionalmente, en adición.
additive [ǽditiv], *a.* y *s.* aditivo.
addle [ǽdl]. I. *a.* huero, gárgol, podrido (esp. de huevos); estéril, infecundo, vacío. II. *va.* y *vn.* echar(se) a perder; confundir, embrollar.
addle-brained [-breind], **addle-pated** [-peitid], *a.* (fam.) estúpido, mentecato, chalado, atontado.
address [adrés]. I. *va.* dirigir la palabra, arengar o hablar a uno; emprender (a o con uno); enderezar; dirigir, sobrescribir o poner el sobrescrito (a una carta); obsequiar, requebrar (a uno); (com.) consignar. II. *vn.* dirigirse a uno (de palabra o por escrito); aplicarse, consagrarse, dedicarse (a algo).
address [adrés *o* ǽdres], *s.* dirección, señas, *f. pl.;* sobrescrito; membrete; discurso, alocución, plática; petición, solicitud, memorial; trato, tratamiento; tono, talante, gracia; manera de hablar o conversar; habilidad, destreza, maña. —**Address to the Crown,** contestación al discurso de la Corona.—*pl.* galanteo, requiebros, obsequios amorosos.
addressee [adresí], *s.* destinatario (de una carta, mercancías, etc.).
addresser [adrésœ(r)], *s.* expedidor, remitente; peticionario, suplicante, exponente.
addressing machine, *s.* máquina para imprimir sobres.
Addressograph [adrésogræf], *s.* adresógrafo (marca de fábrica).
adduce [ædiús], *va.* aducir, alegar, traer (razones o pruebas).
adducent [-ent], *a.* (anat.) aductor.
adduct [ædʌ́kt], *va.* (fisiol.) causar aducción.
adduction [ædʌ́kŝon], *s.* presentación, exposición, alegación (de hechos, etc.); (anat.) aducción.
adductor [ædʌ́kto(r)], *s.* (anat.) músculo aductor.
adenia [adíniä], *s.* (med.) adenia, adenopatía.
adenitis [ædenáitis], *s.* (med.) adenitis.
adenography [ædenágrafi], *s.* (anat.) adenografía.
adenoid, adenoidal [ǽdenɔid, ædenɔ́idal], *a.* adenoideo, glandiforme.
adenoid, *s.* (anat. y med.) vegetación o tumor adenoideo.—*pl.* (med.) hipertrofia del tejido adenoideo de la faringe nasal.
adenoidectomy [ædenɔidéktomi], *s.* (cir.) adenoidectomía.
adenology [ædenálodẑi], *s.* (anat.) adenología.
adenoma [ædenóumä], *s.* (med.) adenoma, *m.*
adenopathy [ædenápaθi], *s.* adenopatía.
adenose [ǽdinous], *a.* adenoso, glandular.
adept [adépt], *s.* y *a.* adepto, perito.
adequacy [ǽdekwasi], *s.* calidad de adecuado, suficiencia, adecuación.
adequate [ǽdekwit], *a.* adecuado, proporcionado, suficiente, a propósito, idóneo, competente.
adequately [-li], *adv.* adecuadamente.
adhere [ædhír], *vn.* adherirse, unirse; allegarse; (a)pegarse; aficionarse.
adherence [-ens], **adherency** [-i], *s.* adhesión, apego, adherencia.
adherent [-ent], *a.* adherente, adicto; adhesivo, pegajoso.
adherent, adherer [-œ(r)], *s.* adherente, secuaz, partidario, parcial, sectario.
adherently [-entli], *adv.* con adhesión, parcialmente.
adhesion [ædhíŝon], *s.* adhesión, adherencia.
adhesive [ædhísiv]. I. *s.* adhesivo, substancia adhesiva. II. *a.* adhesivo, adherente, pegadizo, conglutinante; tenaz; engomado (sello).—**a. tape,** o **plaster,** esparadrapo, tafetán inglés, cinta adherente. *V.* FRICTION TAPE.
adhesiveness [-nis], *s.* calidad de adhesivo; adhesividad, adherencia; tenacidad; propensidad a la amistad y a la sociabilidad.
adhibit [ædhíbit], *va.* dejar entrar, admitir; aplicar, dar; unir, agregar.
adiabatic [ædiabǽtik], *a.* (fís.) adiabático.
adiantum [ædiǽntʌm], *s.* (bot.) adianto, culantrillo.
adiaphoresis [ædiæforísis], *s.* (med.) adiaforesis.
adieu [adiú]. I. *interj.* adiós. II. *s.* despedida; adiós.—**to bid a.,** despedirse (de).
adipocere [ǽdiposir], *s.* adipocira.
adipose [ǽdipous]. I. *a.* adiposo, seboso. II. *s.* grasa, sebo, unto, gordura.
adiposis [ædipóusis], *s.* gordura; (med.) adiposis.
adiposity [ædipásiti], *s.* adiposidad, obesidad.
adit [ǽdit], *s.* acceso o entrada (esp. de una mina); (min.) socavón.
adjacence [ædẑéisens], **adjacency** [-i] *s.* adyacencia, contigüidad, proximidad, vecindad.
adjacent [ædẑéisent], *a.* adyacente, contiguo, colindante; limítrofe.—**a. angles,** (geom.) ángulos adyacentes.
adjectival [ædẑektáival], *a.* (gram.) adjetival.
adjective [ǽdẑektiv], *s.* (gram.) adjetivo, adjunto.
adjoin [adẑɔ́in]. I. *va.* juntar, unir, asociar. II. *vn.* (co)lindar (con), estar contiguo (a) o en proximidad (a).
adjoining [-iŋ], *a.* contiguo; inmediato.
adjourn [adẑœ́rn]. I. *va.* diferir, aplazar, clausurar, trasladar, suspender o levantar la sesión

(de un cuerpo deliberante). **II.** *vn.* levantarse o suspenderse (una sesión); terminarse las sesiones (de un cuerpo deliberante); retirarse o trasladarse (a otro sitio).
adjournment [-mẹnt], *s.* aplazamiento, traslación, suspensión, clausura; (for.) espera.
adjudge [ạdžʌ́dž]. **I.** *va.* adjudicar; aplicar, conceder (premio); decidir, juzgar, sentenciar, condenar; decretar. **II.** *vn.* dictar sentencia.
adjudger [-œ(r)], *s.* adjudicador.
adjudgment [-mẹnt], **adjudication** [ạdžudịkéịŝọn], *s.* adjudicación; (naut.) enjagüe.
adjudicate [ạdžúdịkeịt]. **I.** *va.* determinar judicialmente; adjudicar. *V.* ADJUDGE. **II.** *vn.* ejercer las funciones de juez.
adjudicative [-ịv], *a.* adjudicativo.
adjudicator [-ọ(r)], *s.* adjudicador.
adjunct [ǽdžʌŋkt]. **I.** *s.* aditamento, adjunto; ayudante, coadjutor; subalterno; (gram.) modificante, modificativo, atributo. **II.** *a.* adjunto, auxiliar, subordinado.
adjunction [ædžʌ́ŋkŝọn], *s.* unión, adición; (for.) adjunción.
adjunctive [ædžʌ́ŋktịv], *s.* y *a.* que junta o une; adjunto; agregado.
adjuration [ædžuréịŝọn], *s.* conjuro, ruego encarecido, impetración; orden (*f.*) solemne.
adjure [ạdžúr], *va.* conjurar, implorar, impetrar, suplicar; mandar, ordenar solemnemente.
adjust [ạdžʌ́st], *va.* ajustar, acomodar, adaptar, concertar, igualar; ajustar, arreglar, componer, dirimir (disputas, etc.); finiquitar, ajustar (cuentas); regular, graduar; verificar, corregir (un instrumento).
adjustable [-ạbl], *a.* ajustable, arreglable, componible; regulable, graduable, adaptable.
adjuster [-œ(r)], *s.* ajustador, mediador, concertador, componedor, tasador; (mec.) armador; mecanismo regulador.
adjustment [-mẹnt], *s.* arreglo, adaptación; arreglo, ajuste, ajustamiento, composición (de disputas, etc.); (com.) finiquito (de cuentas); prorrateo (de pérdidas, ganancias, etc.); regulación; corrección, verificación (de un instrumento).
adjutancy [ǽdžutạnsị], *s.* (mil.) ayudantía.
adjutant [ǽdžutạnt], *s.* (mil.) ayudante.—**a. bird,** (orn.) marabú, grulla de la India.
adjuvant [ǽdžuvạnt], *a.* y *s.* adjutor.
ad-lib [ædlíb], *va.* y *vn.* (fam.) improvisar, repentizar, interpolar (en discurso, pieza teatral, etc.).
adminicle [ædmínịkl], *s.* adminículo, ayuda; (for.) prueba corroborante.
administer [ædmínịstœ(r)]. **I.** *va.* administrar, manejar; desempeñar o ejercer (un cargo); suministrar, proveer, surtir; dar, aplicar (remedios, un golpe, un castigo, etc.).—**to a. an oath,** tomar juramento. **II.** *vn.* servir, auxiliar (= MINISTER); contribuir; obrar en calidad de administrador.
administerial [-tírịạl], *a.* administrativo.
administrable [ædmínịstrạbl], *a.* que se puede administrar.
administrant [-trạnt], *a.* y *s.* director, jefe ejecutivo; administrador.
administration [-treịŝọn], *s.* administración; ministerio, gobierno, dirección; intendencia, mayordomía; manejo; distribución.
administrative [ædmínịstreịtịv], *a.* administrativo; gubernativo.
administrator [-treịtọ(r)], *s.* administrador, curador; albacea, *mf.*, testamentario; gobernante.—**public a.,** fideicomisario abintestato.
administratorship [-ŝịp], *s.* administración, empleo o dignidad de administrador.
administratrix [-tréịtrịks], *s.* administradora; curadora, albacea: fideicomisaria abintestato.
admirable [ǽdmịrạbl], *a.* admirable, admirativo.
admiral [ǽdmịrạl], *s.* almirante; almiranta o capitana (nave); jefe de una flota mercante.
admiralship [-ŝịp], *s.* almirantazgo (título o grado).
admiralty [-tị], *s.* almirantazgo (tribunal); departamento o ministerio de marina.—**a. alloy, brass,** o **metal,** latón estañoso (contiene como 1% de estaño, y en el comercio se llama *latón* "*admiralty*").—**a. law,** derecho marítimo; código marítimo.
admiration [ædmịréịŝọn], *s.* admiración.—**a. mark, a. point,** o **note of a.,** punto de admiración (!).
admire [ædmáịr]. **I.** *va.* admirar; estimar en alto grado; contemplar con placer, sorpresa y aprobación. **II.** *vn.* admirarse de; sentir admiración por.
admirer [-œ(r)], *s.* admirador; enamorado, pretendiente; apasionado, gran aficionado.
admiring [-ịŋ], *a.* admirativo; admirado.
admissibility [ædmịsịbílịtị], *s.* admisibilidad.
admissible [ædmísịbl], *a.* admisible, aceptable; permitido, lícito.
admission [ædmíŝọn], *s.* admisión, entrada; recepción, acceso; precio de entrada; concesión, reconocimiento.—**a. ticket,** billete o boleto de entrada, boletín, póliza.—**a. fee,** cuota de ingreso (en un club, etc.).—**no a.,** se prohibe la entrada (t. a veces, entrada libre).—**a. port,** (m.v.) lumbrera de admisión.
admissive [ædmísịv], **admissory** [-orị], *a.* que implica admisión; concesivo.
admit [ædmít], *va.* admitir; recibir, dar entrada; permitir; conceder, confesar, reconocer; (mec.) introducir.
admittable [-ạbl], *a.* admisible.
admittance [-ạns], *s.* admisión; entrada; derecho de entrada; (elec.) admitancia.—**no a.,** se prohibe la entrada.
admitted [-ịd], *a.* aceptado, concedido, de validez reconocida.
admittedly [-lị], *adv.* reconocidamente, concedidamente.
admitter [-œ(r)], *s.* el que admite, concede, etc.
admix [ædmíks], *va.* mezclar, incorporar (con algo).
admixtion [-chọn], **admixture** [-chụ(r)], *s.* admixtión, mixtura, mezcla; ingrediente agregado a algo.
admonish [ædmánịŝ], *va.* amonestar; advertir, prevenir; exhortar; reprender sin dureza.
admonisher [-œ(r)], *s.* amonestador.
admonishment [-mẹnt], **admonition** [ædmoníŝọn], *s.* admonición, amonestación; advertencia, prevención; exhortación, parénesis; reprensión suave.
admonitor [ædmánịtọ(r)], *s.* admonitor, censor.
admonitory, admonitive [-torị, -tịv], *a.* exhortatorio, parenético.
adnascence [ædnǽsẹns], *s.* (bot. y zool.) adhesión de partes entre sí por toda su superficie.
adnascent [-ẹnt], **adnate** [ǽdneịt], *a.* (bot. y zool.) adnato; adherente a otra cosa.
ado [ạdú], *s.* alharaca, bulla, bullicio; pena, trabajo, dificultad.—**much a. about nothing,** nada entre dos platos, más es el ruido que las nueces.—**without more a.,** sin más ni menos, sin más rodeos.
adobe [ạdóụbị], *s.* adobe.—**a. wall,** tapia.
adolescence [ædolésẹns] o **adolescency** [-ị], *s.* adolescencia.
adolescent [-ẹnt], *a.* y *s.* adolescente.
Adonic [ạdánịk], *a.* y *s.* adónico; verso adónico.
adopt [ạdápt], *va.* adoptar, prohijar, ahijar; (for.) arrogar; asumir; aceptar, tomar.
adoptable [-ạbl], *a.* adoptable.
adopted [-ịd], *a.* adoptivo, adoptado.
adopter [-œ(r)], *s.* adoptador, adoptante, prohijador.
adopting [-ịŋ], *a.* adoptante, adoptador.
adoption [ạdápŝọn], *s.* adopción, prohijamiento; arrogación; aceptación.
adoptive [ạdáptịv], *a.* adoptivo.
adorable [ạdórạbl], *a.* adorable.

adoration [ædoréiŝon], *s.* adoración; idolatría.
adore [adór], *va.* adorar; idolatrar; glorificar.
adorer [-œ(r)], *s.* adorador, adorante; amante.
adorn [adórn], *va.* adornar, (ex)ornar, ornamentar, embellecer, hermosear, ataviar, acicalar, aderezar, pulir.
adorned [adórnd], *a.* adornado, ataviado, ornamentado, engalanado.
adornment [-mẹnt], *s.* adorno, atavío, ornamento, aderezo, aciclamiento.—*pl.* arrequives.
adrenal [ædrínal], *a.* (anat., zool.) suprarrenal, situado cerca o sobre el riñón.—**a. gland,** (anat., zool.) glándula suprarrenal.
adrenalin(e [ædrénalin], *s.* adrenalina.
Adriatic [eidriǽtik], *a.* adriático, del mar Adriático.
adrift [adríft], *adv.* (mar.) al garete; a la deriva; sin amarras; flotando a merced de las olas; (fig.) abandonado, a la ventura.
adrip [adríp], *a.* goteando.
adroit [adróit], *a.* diestro, hábil, listo, mañoso.
adroitly [-li], *adv.* hábilmente, diestramente.
adroitness [-nis], *s.* destreza, habilidad, maña, prontitud, (fam.) ten con ten.
adscititious [ædsitíŝʌs], *a.* completivo, adicional, añadido; adventicio; extrínseco.
adscript [ǽdskript]. **I.** *a.* y *pp.* adscrito; escrito después. **II.** *s.* siervo de la gleba.
adscription [ædskrípŝon], *s.* adscripción.
adsorb [ædsórb], *va.* adsorber.
adsorbate [-eit], *s.* adsorbato.
adsorbent [-ẹnt], *s.* adsorbente.
adsorption [ædsórpŝon], *s.* adsorción.
adsorptive [-tiv], *a.* adsorbente.
adulate [ǽdẑuleit], *va.* adular, lisonjear.
adulation [-éiŝon], *s.* adulación, lisonja.
adulator [ǽdẑuleito(r)], *s.* adulador.
adulatory [ǽdẑulatori], *a.* adulatorio.
adult [adʌ́lt], *a.* y *s.* adulto; persona mayor.
adulterant [adʌ́ltœrant], *s.* y *a.* adulterante.
adulterate [-eit]. **I.** *va.* adulterar, impurificar, falsear, falsificar, viciar. **II.** *a.* adulterado, falso, impuro, espurio; adúltero.
adulteration [-éiŝon], *s.* adulteración, corrupción, impureza, falsificación.
adulterator [-eito(r)], *s.* adulterador.
adulterer [-œ(r)], *s.* adúltero.
adulteress [-is], *s.* adúltera.
adulterine [-in]. **I.** *a.* espurio. **II.** *s.* hijo adulterino.
adulterize [-aiz], *vn.* cometer adulterio.
adulterous [-ʌs], *a.* adúltero; adulterino, espurio.
adultery [-i], *s.* adulterio.
adulthood [adʌ́lthud], **adultness** [-nis], *s.* edad adulta.
adumbrant [ædʌ́mbrant], *a.* (pint.) bosquejado; ligeramente sombreado.
adumbrate [-breit], *va.* esquiciar, bosquejar, sombrear; presagiar, anunciar.
adumbration [-bréiŝon], *s.* esquicio, bosquejo, esbozo; presagio; (pint.) adumbración.
aduncate [ædʌ́ŋkeit]. **I.** *vn.* encorvarse como un garfio, engarabatarse. **II.** *a.* adunco, combo, encorvado.
aduncity [ædʌ́nsiti], *s.* corvadura, comba.
aduncous [ædʌ́ŋkʌs], *a.* adunco, encorvado.
adust [adʌ́st], *a.* cálido; adusto; tostado, requemado, moreno.
advance [ædvǽns]. **I.** *va.* avanzar, poner más adelante; adelantar, promover, ascender; mejorar, aventajar; acelerar, apresurar; (com.) anticipar dinero, pagar adelantado; proponer, ofrecer, insinuar; encarecer, subir el precio de. **II.** *vn.* avanzar, adelantarse; adelantar, progresar; subir de valor o precio. **III.** *s.* avance; delantera; mejora, adelanto, progreso; (*pl.*) propuestas, solicitudes, insinuaciones; requerimientos amorosos; (com.) adelanto, anticipo, préstamo; alza; recargo de precio, precio adicional (= EXTRA); (mec.) avance a la admisión. **IV.** *a.* previo, anticipado.—**a. base,** (mil.) base de vanguardia.—**a. guard,** (mil.) avanzada.—**a. payment,** (com.) adelanto, anticipo.—**a. sale,** venta anticipada.—**a. sheet,** (impr.) capilla; *pl.* pliegos sueltos impresos anticipados de un libro que se envían a los críticos, revistas, etc., antes de la publicación.—**a day in a.,** con un día de anticipación.—**in a.,** anticipadamente; antes; al frente; adelante; de antemano; (com.) por adelantado, anticipado.—**sent in a.,** premiso.
advanced [-t], *a.* avanzado, adelantado, desarrollado; anticipado.—**a. in years,** entrado en años, de edad madura.—**a. studies,** estudios superiores.
advancement [-mẹnt], *s.* adelantamiento, progreso; promoción, ascenso; elevación, subida, prosperidad.
advancer [-œ(r)], *s.* adelantador; promotor, impulsor.
advantage [ædvǽntidẑ]. **I.** *s.* ventaja, superioridad, delantera; facilidad, comodidad, conveniencia; ganancia, provecho, partido, beneficio, pro, *mf.*, (Col.) gabela.—**a. ground,** puesto ventajoso, situación favorable.—**to have the a. over,** llevar la ventaja a.—**to show to a.,** lucirse, salir airoso.—**to take a. of,** aprovechar(se de), valerse de, sacar partido de; engañar, embaucar.—**to a.,** ventajosamente, con provecho; en circunstancias o condiciones ventajosas.—**to one's a.,** con ventaja o provecho para uno. **II.** *va.* adelantar, mejorar, beneficiar, favorecer; remunerar; promover. **III.** *vn.* medrar, sacar ventaja.
advantageous [ædvantéidẑʌs], *a.* provechoso, ventajoso, conveniente, aventajado, útil.
advection [ædvékŝon], *s.* (meteor.) advección.
advent [ǽdvɛnt], *s.* venida, advenimiento, llegada; (A.) adviento.
Adventism, Adventist [-izm, -ist]. *V.* SECOND.
adventitious [ædvɛntíŝʌs], *a.* adventicio, extraño, accidental, espontáneo.
adventive [ædvéntiv], *a.* (biol.) advenedizo; accidental, casual.
adventure [ædvénchu(r)]. **I.** *s.* aventura; casualidad, contingencia; lance; (com.) ancheta, pacotilla. **II.** *va.* aventurar, arriesgar. **III.** *vn.* aventurarse (a). osar, atreverse, arriesgarse.
adventurer [-œ(r)], *s.* aventurero.
adventuresome [-sʌm], **adventurous** [-ʌs], *a.* aventurero, audaz, emprendedor, arrojado, intrépido; arriesgado, aventurado, peligroso.
adventuress [-is], *s.* aventurera.
adventurously [-ʌsli], *adv.* aventureramente, arriesgadamente, arrojadamente.
adventurousness, adventuresomeness [-nis, -sʌmnis], *s.* intrepidez, arrojo, temeridad, osadía.
adverb [ǽdvœrb], *s.* (gram.) adverbio.
adverbial [ædvœ́rbial], *a.* adverbial.
adverbially [-i], *adv.* adverbialmente.
adversary [ǽdvœrsɛri], *s.* adversario, enemigo, antagonista, contrario.—**the A.,** Satanás, el diablo.
adversative [ædvœ́rsativ], *a.* (gram.) adversativo.
adverse [ædvœ́rs], *a.* adverso, contrario, opuesto, hostil, enemigo; funesto, aciago, desgraciado.
adversely [-li], *adv.* adversamente.
adverseness [-nis], *s.* oposición, contrariedad, resistencia.
adversity [-iti], *s.* adversidad, desgracia, calamidad, infortunio.
advert [ædvœ́rt], *vn.* y *va.* (con **to**) referirse a, hacer referencia a, llamar o dirigir la atención a; (hacer) notar, advertir, reparar.
advertence [-ẹns], **advertency** [-i], *s.* advertencia; aviso, observación; atención, cuidado, vigilancia.
advertent [-ẹnt], *a.* avisado, atento.
advertise [ǽdvœrtaiz], *va.* avisar, anunciar, poner anuncios, hacer propaganda o publicidad.
advertisement [ædvœ́rtizmẹnt], *s.* aviso, anuncio, notificación, reclamo.

advertiser [ǽdvœrtaịzœ(r)], *s.* anunciante, avisador.
advertising [-iŋ], *s.* propaganda, publicidad.
advice [ædváịs], *s.* consejo; aviso, noticia, informe, notificación, dictamen, parecer, advertencia, admonición.—**a. boat,** (mar.) aviso.—**to take a.,** pedir o seguir consejo.
advisability [ædvaịzạbílịtị], **advisableness** [ædváịzạblnịs], *s.* prudencia, cordura; conveniencia, propiedad; ventaja.
advisable [ædváịzạbl], *a.* aconsejable, prudente; deseable, conveniente.—**to be a.,** convenir.
advise [ædváịz]. **I.** *va.* aconsejar; avisar, informar, notificar, advertir, amonestar, denunciar, comunicar; asesorar. **II.** *vn.* consultar, aconsejarse, pedir o tomar consejo; aconsejar.
advised [-d], *a.* premeditado, deliberado; avisado, aconsejado, advertido, orejeado.—**to keep a.,** tener al corriente.
advisedly [-ịdlị], *adv.* deliberadamente, advertidamente, avisadamente, prudentemente; adrede, aposta.—**advisedness** [-ịdnịs], *s.* juicio, cordura; reflexión, deliberación.
advisement [-mẹnt], *s.* deliberación, consideración.—**to take under a.,** someter a consideración, estudio o deliberación.—**under a.,** en tela de juicio.
adviser [-œ(r)], *s.* consejero, aconsejador, consultor, monitor; informante.—**legal a.,** abogado, asesor.
advisory [-orị], *a.* aconsejador; de carácter de consejo; consultivo, asesor.—**a. board,** consejo, junta consultiva.
advocacy [ǽdvokạsị], *s.* abogacía; defensa (de una doctrina, de un reo); vindicación, apología, intercesión.
advocate [ǽdvokeịt]. **I.** *va.* defender, abogar por, propugnar, apoyar, vindicar, interceder. **II.** *s.* abogado, letrado; defensor, intercesor, medianero, partidario.
advocateship [-ŝịp], *s.* abogacía.
advowson [ædváụzọn], *s.* (igl.) colación; patronato.
adynamia [ædịnéịmịạ], *s.* adinamia.
adynamic [ædịnǽmịk], *a.* débil, adinámico.
adytum [ǽdịtʌm], *s.* ádito. *V.* SANCTUM.
adz, adze [ædz]. **I.** *s.* azuela.—**cooper's a.,** doladera. **II.** *va.* azolar, desbastar.
æ [i], diptongo de origen latino, equivalente al griego *ai;* en muchos derivados se reemplaza *æ* por la *e* sola; por ej. *ædile* or *edile.*
ædile [ídaịl], *s.* edil.—**ædileship** [-ŝịp], *s.* edilidad.
ædilian [idílịạn], **ædilitian** [idịlíẑạn], *a.* edilicio.
Ægean [idẑíạn], *a.* del mar Egeo.
ægis [ídẑịs], *s.* escudo, broquel, égida, amparo.
Æolian, [ióụlịạn], **Æolic** [-ịk], *a.* eolio, eólico.—**Æ. harp,** arpa eolia.
æolipile [iálịpaịl], *s.* (fís.) eolípila.
æon [íọn], *s.* evo, eón.
aerate [éịẹreịt], *va.* airear, ventilar, orear; cargar de aire, o de ácido carbónico (como el pan, aguas gaseosas, etc.); producir aeración en el agua potable; (med.) arterializar la sangre; (fig.) hacer etéreo.—**aerated waters,** aguas gaseosas.
aeration [eịẹréịŝọn], *s.* aeración; ventilación, oreo; arterialización de la sangre.
aerator [éịẹreịtọ(r)], *s.* aparato para la aeración.
aerial [eíịrịạl]. **I.** *a.* aéreo, elevado; etéreo.—**a. camera,** aparato de fotografía aérea.—**a. ladder,** escalera alargable del servicio de bomberos.—**a. photography,** aerofotografía.—**a. survey,** prospección aérea, aerofotogrametría.—**a. torpedo,** torpedo aéreo. **II.** *s.* (aer.) antena.
aerialist [-ịst], *s.* equilibrista, volatinero.
aerie [éri], *s.* nido de águila.
aeriferous [eịẹrífẹrʌs], *a.* aerífero.
aeriform [éịẹrịfɔrm], *a.* aeriforme; gaseiforme.
aerify [-faị], *va.* aerificar; gasificar.
aerobatics [eịẹrobǽtiks], *s.* acrobacia aérea.
aerobe [éịẹroụb], *s.* (biol.) aerobio.
aerobic [eịẹróụbịk], *a.* (biol.) aerobio.
aerobiosis [eịẹrobaịóụsịs], *s.* (biol.) aerobiosis.
aeroboat [éịẹroboụt], *s.* hidroaeroplano.
aerobus [-bʌs], *s.* aeroplano de viajeros, aerobús.
aerocraft [-kræft], *s.* = AIRCRAFT.
aerocyst [-sịst], *s.* (bot.) aerocisto.
aerodrome [-droụm], *s.* aeródromo.
aerodynamic [-daịnǽmịk], *a.* aerodinámico.
aerodynamics [-s], *s.* aerodinámica.
aeroembolism [-émbolịzm], *s.* (med.) aeroembolismo.
aerofoil [-fɔịl], *s.* (aer.) superficie de sustentación.
aerogram [-græm], *s.* radiotelegrama, aerograma.
aerographer [eịẹrágrạfœ(r)], *s.* aerógrafo.
aerography [eịẹrágrạfị], *s.* aerografía.
aerogun [éịẹrogʌn], *s.* cañón antiaéreo.
aerolite [-laịt], *s.* aerolito.
aerologist [eịẹrálodẑịst], *s.* aerólogo.
aerology [eịẹrálodẑị], *s.* aerología.
aeromancer [éịẹromænsœ(r)], *s.* aeromántico.
aeromancy [éịẹromænsị], *s.* aeromancia.
aeromechanical [-mẹkǽnịkạl], *a.* aeromecánico.
aeromechanics [-mẹkǽnịks], *s.* aeromecánica.
aeromedicine [-médịsịn], *s.* aeromedicina.
aerometer [eịẹrámɛtœ(r)], *s.* aerómetro.
aerometric [eịẹromɛ́trịk], *a.* aerométrico.
aerometry [eịẹrámɛtrị], *s.* aerometría.
aeromotor [éịẹromoụtọ(r)], *s.* motor de aeroplano; aeroplano impulsado por motor.
aeronaut [-nɔt], *s.* aeronauta, *m.* y *f.*
aeronautic [-nɔ́tịk], *a.* aeronáutico, aéreo.
aeronautics [-s], *s.* aeronáutica, aerostación.
aeronef [-nɛf], *s.* aeronave, *f.*
aeropause [-pɔz], *s.* (meteor.) aeropausa.
aerophagia [-féịdẑịạ], *s.* (med.) aerofagia.
aerophobia [-fóụbịạ], *s.* aerofobia.
aerophore [-fɔr], *s.* (med.) aeróforo.
aerophotograph [-fóụtogræf], *s.* aerofotografía, aerofoto.
aerophotography [-fotágrạfị], *s.* aerofotografía.
aerophyte [-faịt], *s.* (bot.) epífita.
aeroplane [-pleịn], *s.* aeroplano, avión, *m.*
aeroscope [-skoụp], *s.* aeroscopio, aeróscopo.
aeroscopy [eịẹráskopị], *s.* aeroscopia.
aerosol [-soụl], *s.* aerosol.
aerospace [-speịs], *a.* aeroespacial.
aerostat [éịẹrostæt], *s.* aeróstato, globo dirigible; globo aerostático.—**aerostatic** [-stǽtịk], *a.* aerostático.—**aerostatics,** *s.* aerostática.—**aerostation** [-stéịŝọn], *s.* aerostación, navegación aérea en globos dirigibles.
aerotherapeutics [-θɛrạpịútịks], *s.* (med.) aeroterapia.
aeroview [-vịu], *s.* vista aérea, vista tomada desde un avión.
æruginous, *V.* ERUGINOUS.
Æsculapian [ɛskịuléịpịạn]. **I.** *s.* Esculapio, médico. **II.** *a.* esculapiano, de Esculapio; médico; medicinal.
Æsopian, Æsopic [isápịạn, -ịk], *a.* esópico.
æsthesia, æsthete, etc., **æstival, æther, ætiology,** *V.* ESTHESIA, ESTHETE, etc.
afar [ạfár], *adv.* lejos, distante, a gran distancia.—**from a.,** de lejos, desde lejos, a distancia.—**a. off,** muy distante, remoto.
afebrile [eịfébrịl], *a.* sin fiebre; apirético.
Afer [éịfœ(r)], *s.* ábrego, áfrico; viento sudoeste.
affability [æfạbílịtị], **affableness** [ǽfạblnịs], *s.* afabilidad, agrado, dulzura, amabilidad.
affable [ǽfạbl], *a.* afable, amable, atento.
affably [-blị], *adv.* afablemente.
affair [ạfér], *s.* asunto, negocio, cuestión, lance; cosa; diligencia; (mil.) acción, encuentro.—**a. of honor,** lance de honor, duelo.—**a. of the heart,** amorío, intriga amorosa.—**to be one's a.,** correr por cuenta de uno.
affect [ạfékt], *va.* afectar, influir en, hacer efecto o mella en; afectar, conmover, impresionar; imitar, remedar, tomar la forma o el carácter de; afectar, fingir; frecuentar; gustar de, tener afición a; (com.) hipotecar.

affectation [æfɛktéi̯ŝǫn], *s.* afectación; dengue, melindre, remilgo; (lit.) culteranismo; (Am.) mitote.
affected [ąféktịd], *a.* emocionado, conmovido, enternecido; afectado, artificioso, remilgado, relamido, denguero; inclinado, afecto; afectado, alterado; atacado (de enfermedad).—**a. quadratic,** (mat.) ecuación completa de segundo grado.
affectedly [-li̯], *adv.* afectadamente.
affectedness [-nịs], *s. V.* AFFECTATION.
affecter [ąféktœ(r)], *s.* afectador, fingidor.
affecting [ąféktiŋ], *a.* conmovedor, patético, lastimero.
affectingly [-li̯], *adv.* conmovedoramente.
affection [ąfékŝǫn], *s.* afecto, cariño, (bien)querencia, afición, amor, terneza, devoción; emoción, sentimiento; inclinación, propensidad; impresión, afección; estado transitorio; cualidad, propiedad; (med.) afección.
affectionate [-ịt], *a.* afectuoso, cariñoso, amoroso.
affectionately [-li̯], *adv.* afectuosamente.
affectionateness [-nịs], *s.* cualidad de afectuoso.
affective [ąféktịv], *a.* afectivo; conmovedor; emotivo.
afferent [ǽfęrent], *a.* (fisiol.) aferente.
affiance [ąfái̯ąns]. **I.** *s.* palabra de casamiento, esponsales; confianza. **II.** *va.* dar palabra de casamiento; dar prenda.—**affianced bride,** novia desposada, prometida.—**to become affianced,** comprometerse.
affiant [ąfái̯ąnt], *s.* (for.) deponente, declarante.
affidavit [æfịdéi̯vịt], *s.* (for.) declaración o deposición jurada, af(f)idávit; atestación, testimonio, certificación, acta.
affiliate [ąfíli̯eịt]. **I.** *va.* afiliar; prohijar, ahijar, adoptar; asociar; aclarar la filiación de; (for.) legitimar. **II.** *vn.* y *vr.* afiliarse, asociarse, unirse (a un partido, etc.). **III.** *s.* afiliado; afiliada (sociedad o compañía).
affiliate(d [-ịd], *a.* prohijado, afiliado.
affiliation [-éi̯ŝǫn], *s.* afiliación; adopción (de un hijo); asociación; (for.) legitimación de un hijo.
affinity [ąfínịti̯], *s.* afinidad, atracción; conformidad, semejanza o analogía; amor; persona que inspira enamoramiento; conexión, enlace; parentezco por matrimonio; (biol. y filol.) analogía que indica origen común; (quím.) afinidad.
affirm [ąfœ́rm]. **I.** *va.* afirmar, aseverar; confirmar. **II.** *vn.* afirmarse en alguna cosa; declarar formalmente ante un juez.
affirmable [-ąbl], *a.* que se puede afirmar.
affirmably [-ąbli̯], *adv.* afirmativamente.
affirmance [-ąns], *s.* afirmación; confirmación, ratificación.
affirmant [-ąnt], *s.* afirmante.
affirmation [æfœrméi̯ŝǫn], *s.* afirmación, aserto, aserción; palabra que se da solemnemente en vez de juramento; confirmación, ratificación.
affirmative [ąfœ́rmątịv]. **I.** *a.* afirmativo. **II.** *s.* aserción; afirmativa.
affirmatively [-li̯], *adv.* afirmativamente, aseveradamente, asertivamente.
affirmatory [-ątori̯], *a.* asertorio, afirmativo.
affirmer [-œ(r)], *s.* afirmante, afirmador.
affix [ąfíks], *va.* anexar, fijar, añadir, pegar, unir; poner (firma, sello).
affix [ǽfịks], *s.* añadidura; (gram.) afijo, prefijo, sufijo.
afflation [æfléi̯ŝǫn], *s.* resuello, inspiración.
afflatus [æfléịtʌs], *s.* (poét.) estro, aflato, inspiración divina; (med.) golpe de aire; eructo.
afflict [ąflíkt], *va.* afligir, angustiar, (a)congojar, acuitar, atribular, desconsolar, causar dolor o pena a; castigar.—**to be afflicted with,** sufrir de.
afflicting [-iŋ], *a.* aflictivo, penoso.
afflictingly [-li̯], **afflictively** [ąflíktịvli̯], *adv.* aflictivamente.
affliction [ąflíkŝǫn], *s.* aflicción; cuita, angustia, duelo, pena, tribulación; desgracia, calamidad, plaga; (med.) mal, achaque; afección.
afflictive [ąflíktịv], *a.* aflictivo, congojoso.
affluence [ǽflu̯ęns], *s.* abundancia, copia, opulencia, riqueza; afluencia, aflujo.
affluent [ǽflu̯ęnt]. **I.** *a.* opulento, afluente, abundante, copioso. **II.** *s.* afluente, tributario.
affluently [-li̯], *adv.* copiosamente.
aflutter [ąflʌtœ(r)], *a.* y *adv.* con aleteos (aves); con palpitaciones.
afflux [ǽflʌks], **affluxion** [æflʌ́kŝǫn], *s.* aflujo, afluencia; (med.) aflujo.
afforce [æfórs], *va.* (for.) reforzar (un jurado, etc.).
afforcement [-męnt], *s.* (for.) refuerzo.
afford [ąfórd], *va.* producir, proporcionar, proveer, facilitar, brindar, deparar; tener medios o recursos para una cosa, permitirse el lujo de. [Con **can,** indica capacidad—generalmente financiera—de hacer algo sin perjuicio propio, v.g., *I cannot afford to buy that,* no me conviene (o no tengo con que) comprar eso.]
afforestation [æfarịstéi̯ŝǫn], *s.* aforestación, cultivo de bosques.
affranchise, affranchisement, *V.* ENFRANCHISE, ENFRANCHISEMENT
affray [ąfréi̯], *s.* riña, pendencia, refriega.
affreight [æfréi̯t], *va.* fletar.
affreightment [-męnt], *s.* (com.) fletamento.
affricate [ǽfrịkịt], *s.* (fon.) africada.—**affricative** [ąfríkątịv]. **I.** *a.* africado. **II.** *s.* africada.
affright [ąfrái̯t]. **I.** *va.* (poét.) aterrar, espantar, asustar. **II.** *s.* terror repentino, susto.
affrighted [-ịd], *a.* aterrorizado, asustado.
affrightedly [-li̯], *adv.* con espanto.
affront [ąfrʌ́nt]. **I.** *va.* afrentar, insultar, ultrajar. **II.** *s.* afrenta, insulto, ultraje, agravio.
affronter [ąfrʌ́ntœ(r)], *s.* agresor, provocador.
affronting, affrontive [-iŋ, -ịv], *a.* insultante, injurioso.
affusion [æfi̯úžǫn], *s.* afusión.
afghan [ǽfgąn], *s.* cubrecama de punto; **(A-)** *s.* y *a.* afgano, de Afganistán.
Afghanistan [æfgǽnịstæn], *s.* Afganistán.
afield [ąfíld], *adv.* en el campo; al campo; lejos de casa; lejos del camino, descarriado; lejos del asunto.
afire [ąfái̯r], *adv.* ardiendo.
aflame [ąfléi̯m], *adv.* en llamas; (fig.) inflamado.—**to be a. with,** arder de. o en, (ira, amor, etc.).
afloat [ąflóu̯t], *a.* y *adv.* (mar.) a flote, flotante, a nado; a bordo; sin rumbo; inundado; en circulación (apl. a rumores, etc.).—**to keep a.,** mantenerse a flote.
afoot [ąfút], *a.* y *adv.* a pie; en movimiento; en preparación.
afore [ąfóu̯r]. **I.** *prep.* antes de; delante. **II.** *adv.* (poco u.) en otro tiempo; (mar.) a proa.
aforegoing [-gou̯iŋ], *a.* antedicho, precedente, anterior.
aforehand [-hænd], *adv.* de antemano; con preparación.
aforementioned [-menchǫnd], **aforenamed** [-nei̯md], **aforesaid** [-sɛd], *a.* dicho, susodicho, mencionado, consabido, referido, el tal
aforethought [-θɔt]. **I.** *a.* premeditado. **II.** *s.* premeditación.—**with malice a.,** con premeditación.
aforetime [-tai̯m], *adv.* en otro tiempo, antiguamente.
afoul [ąfáu̯l], *adv.* y *a.* (mar.) en colisión; enredado.
afraid [ąfréi̯d], *a.* amedrentado, atemorizado, temeroso, tímido, miedoso.—**to be a.,** tener miedo, temer, acoquinarse.—**to become a.,** amedrentarse, sobrecogerse.
afresh [ąfréŝ], *adv.* de nuevo, otra vez.
Africa [ǽfrịką], *s.* África.
African [ǽfrịkąn], *s.* y *a.* africano; negro.
Africander, Afrikander [æfrịkǽndœ(r)], *s.* africánder, el nacido en el África del Sur de raza europea.
Afro-American [ǽfroąmérịkąn], *s.* y *a.* afroamericano, negro americano.
Afro-Brazilian [-brązíli̯ąn], *a.* y *s.* afrobrasileño.

Afro-Cuban [-kiúbạn], *a.* y *s.* afrocubano.
afront [ạfrʌ́nt], *adv.* enfrente, al frente, de cara.
aft [æft], *adv.* (mar.) a popa o en popa.—**a. deck,** cubierta de popa.
after [ǽftœ(r)]. **I.** *prep.* después de; detrás de, tras (de); al cabo de; en pos de, en seguimiento de; por (= en busca de); respecto de; según, a la manera de. **II.** *adv.* después, en seguida, seguidamente. **III.** *conj.* después (de) que, así que; una vez que. **IV.** *a.* posterior, siguiente; consiguiente, subsiguiente, resultante; (mar.) de popa.—**a. all,** después de todo.—**a. the example of,** a ejemplo de.—**a. the manner of,** a la manera de.—**a. the Spanish fashion,** a la española.—**day a. day,** día (*m.*) tras día.—**day a. tomorrow,** pasado mañana.—**the day a.,** el día siguiente; al otro día.—**soon** (o **shortly**) **a.,** poco después.—**to be a. something,** buscar algo. NOTA. **After** entra en la composición de muchas palabras y significa después de, nuevo, posterior, subsiguiente; los principales compuestos, fuera de los que se dan después como voces separadas, son: **a.-acceptation,** aceptación tardía.—**a.-account,** cuenta nueva.—**a.-act,** acto subsiguiente.—**a.-age,** posteridad.—**a.-attack,** (mil.) segundo ataque.—**a.-blossom,** o **fruit,** redrojo.—**a.-clap,** golpe inesperado, revés.—**a.-comer,** sucesor.—**a.-cost,** gasto extraordinario.—**a.-crop,** segunda cosecha.—**a.-damp,** mofeta.—**a.-deck,** (mar.) cubierta de popa.—**a.-dinner,** sobremesa (**a.-dinner speech,** brindis, *m.*, discurso de sobremesa).—**a.-game,** desquite.—**a.-gathering,** espigueo.—**a.-glow,** resplandor crespuscular.—**a.-hope,** esperanza renovada.—**a.-hours,** deshora, tarde.—**a.-image,** imagen (*f.*) accidental (que persiste como estado psicológico).—**a.-life,** vida futura.—**a.-love,** segunda pasión, nuevos amores.—**a.-pains,** (obst.) entuertos.—**a.-reckoning,** nueva cuenta.—**a.-repentance,** arrepentimiento tardío.—**a.-state,** estado o vida futura.—**a.-swarm,** (api.) escamocho.—**a.-taste,** resabio, dejo.—**a.-times,** tiempos venideros, porvenir.—**a.-tossing,** marejada.—**a.-touch,** (pint.) retoque.—**a.-wit,** entendimiento tardío.
afterbirth [-bœrθ], *s.* secundinas, pares, *f. pl.*, placenta, que se expelen en el alumbramiento.
afterburner [-bœrnœ(r)], *s.* (aer.) posquemador.
aftercare [-kɛr], *s.* (med.) cuidado o tratamiento de un convalesciente.
aftereffect [-ɛfɛkt], *s.* efecto secundario, resulta secundaria.
aftermath [-mæθ], *s.* segunda siega; otoño; resultados, consecuencias.
aftermost [-moụst], *a.* postrero, último, trasero; (naut.) popel.
afternoon [-nún], *s.* tarde, *f.*
afterpeak [-pik], *s.* (mar.) racel o delgado de popa.
afterpiece [-pis], *s.* (teat.) sainete, entremés, fin de fiesta; (mar.) talón del timón.
aftershock [-ŝak], *s.* movimiento sísmico secundario.
afterthought [-θɔt], *s.* idea tardía; algo que se ocurrió más tarde.
afterward o **afterwards** [-wạrd, -z], *adv.* después.—**long a.,** mucho tiempo después.
afterwise [-waịz], *a.* discreto pasada la ocasión, o después de tiempo.
afterworld [-wœrld], *s.* mundo por venir.
again [ạgɛ́n], *adv.* otra vez, segunda vez, aun, nuevamente, de nuevo; por otra parte, además; asimismo.—**a. and a.,** muchas veces.—**as much a.,** otro tanto más.—**now and a.,** a veces, de vez en cuando.—**once and a.,** repetidas veces.—**never a.,** nunca más.—**come a.,** vuelva Vd.—**to do a.,** hacer de nuevo, volver a hacer o rehacer (algo).
against [ạgɛ́nst], *prep.* contra; enfrente de; junto a (una pared, etc.); en contraste con, comparado con; listo para.—**a. time,** dentro de tiempo limitado (apl. a carreras); (hacer algo) tratando de terminar (llegar, etc.) antes de cierto tiempo, o a tiempo.—**a. the grain,** a contrapelo, al redopelo; de mal grado.
agalloch(um [ạgǽlok(ʌm], *s.* (bot.) agáloco.
agama [ǽgạmạ], *s.* (zool.) ágama, *m.*
agami [ǽgạmi], *s.* (orn.) agamí, ave zancuda.
agamic [æǵæmịk], **agamous** [ǽgạmʌs], *a.* (biol.) ágamo, asexual; (bot.) criptógamo.
agamogenesis [ægạmoụdẑɛ́nɛsịs], *s.* (biol.) agamogénesis.
agape [ạgéịp], *adv.* con la boca abierta.
agape [ǽgạpi], *s.* ágape, convite de fraternidad y caridad de los primeros cristianos.
agar-agar [ágar-ágar], *s.* agar-agar, *mf.*
agaric [ǽgạrịk], *s.* agárico, garzo.
agasp [ạgǽsp], *adv.* y *a.* jadeante; anhelante, ansioso.
agate [ǽgịt], *s.* ágata; (imp.) tipo de 5½ puntos.—**a.-ware,** utensilios de imitación de ágata.
agave [ægéịvị], *s.* (bot.) agave, *f.*, maguey, cabuya, pita, piñuela.
agaze [ạgéịz], *a.* y *adv.* en el acto de mirar.
age [éịdẑ]. **I.** *s.* edad; época, período, era, siglo; vejez, ancianidad, senectud, envejecimiento.—**ages,** (fam.) larguísimo tiempo, una eternidad.—**a.-old,** secular, centenario, milenario.—**full a.,** mayoría, mayor edad.—**golden a.,** edad de oro; siglo de oro.—**of a.,** mayor (de edad).—**under a.,** menor (de edad); menoría.—**to become of a.,** llegar a mayor edad. **II.** *vn.* envejecerse; deteriorar (a veces mejorar) por envejecimiento. **III.** *va.* (tec.) acelerar artificialmente el desarrollo de ciertas propiedades; curar; dar su punto a, sazonar, perfeccionar (a veces dejando en reposo por algún tiempo, como el vino y ciertas substancias químicas).
aged [-(ị)d], *a.* anciano, viejo, añejo, envejecido.—**a. ten years,** de la edad de (o que tiene) diez años.
ageing [-ịŋ]. **I.** *ger.* de TO AGE. **II.** *s.* envejecimiento; cambio debido a la acción del tiempo; acción de sazonarse o llegar a su punto.
ageless [-lịs], *a.* sempiterno; que no tiene edad.
agelong [-lɔŋ], *a.* que dura mucho tiempo.
agency [éịdẑẹnsị], *s.* acción, operación, obra; instrumento; agencia; diligencia, gestión, influencia, medio, mediación, órgano, fuerza; factoraje.—**a. office,** oficina de negocios.—**authorized a.,** agencia oficial o autorizada.—**free a.,** libre albedrío.
agenda [ạdẑɛ́ndạ], **agendum** [ạdẑɛ́ndʌm], *s.* agenda, memorándum; orden (*m.*) del día; programa, *m.* (de deliberaciones, etc.); (igl.) ritual. (La primera palabra, que es el plural de la segunda, es más usada.)
agent [éịdẑẹnt]. **I.** *a.* activo, operativo. **II.** *s.* agente, el que o lo que obra y tiene facultad para hacer algo; representante, comisionado, factor, gestor; solicitador. (fís.) agente; (for.) mandatario, apoderado.—**a. provocateur** (se pronuncia como en francés), agente provocador, agente que secreta y fingidamente instiga a la ejecución de actos punibles, a fin de obtener pruebas de culpabilidad.
agentship [-ŝịp], *s.* agencia, factoría.
ageratum [ædẑẹréịtʌm], *s.* (bot.) variedad de agérato.
agglomerate [ạglámẹreịt], *va.* y *vn.* aglomerar(se), amontonar(se).
agglomerate, agglomeration [-éịŝọn], *s.* aglomeración, amontonamiento.
agglutinant [ạglútịnạnt], *a.* y *s.* aglutinante.
agglutinate [-eịt], *va.* aglutinar, pegar, encolar.
agglutination [-éịŝọn], *s.* aglutinación.
agglutinative [-eịtịv], *a.* aglutinativo, adhesivo, pegante.—**a. language,** lengua aglutinante.
aggrandize [ǽgrændaịz], *va.* agrandar, engrandecer; elevar, exaltar, relevar, ensalzar.
aggrandizement [ạgrǽndịzmẹnt], *s.* engrandecimiento; elevación, exaltación.
aggrandizer [ǽgrændaịzœ(r)], *s.* ensalzador.

aggravate [ǽgrąveįt], *va.* aumentar, agravar; empeorar; (fam.) irritar, exasperar.
aggravating [-įŋ], *a.* agravante; irritante, provocativo.
aggravatingly [-lį], *adv.* agravantemente.
aggravation [-éįšǫn], *s.* agravación, agravamiento; empeoramiento; (for.) circunstancia agravante; (fam.) provocación, vejación; irritación.
aggregate [ǽgrįgeįt]. I. *a.* agregado, juntado, unido; aglomerado; mezclado. II. *s.* agregado, suma, conjunto, totalidad; mezcla, materias mezcladas; (ing.) agregado, material duro (apl. al hormigón).—**in the a.,** en conjunto. III. *va.* y *vn.* agregar, sumar, juntar; ascender a.
aggregately [-lį], *adv.* colectivamente, en junto.
aggregation [-éįšǫn], *s.* agregación; agregado, colección; masa, conjunto, total.
aggregative [-įv], *a.* colectivo.
aggress [ągrés], *vn.* ser el agresor; cometer una agresión o invasión; acometer, agredir; invadir.
aggression [ągréšǫn], *s.* agresión, ataque u ofensa sin provocación; acometida; intrusión.
aggressive [ągrésįv], *a.* agresivo, acometedor.
aggressively [-lį], *adv.* agresivamente.
aggressiveness [-nįs], *s.* agresividad, acometividad, carácter agresivo.
aggressor [ągrésǫ(r)], *s.* agresor, atacador, acometedor.
aggrieve [ągrív], *va.* afligir, apenar, apesadumbrar; vejar, oprimir, perjudicar, dañar, agraviar.—**to be, o feel one's self, aggrieved,** agraviarse.
aghast [ągǽst], *a.* horrorizado, despavorido, estupefacto.
agile [ǽdžįl], *a.* ágil, pronto, listo.
agility [ądžílįtį], *s.* agilidad, ligereza, expedición, soltura, prontitud.
aging [éįdžįŋ] = AGEING.
agio [ǽdžįoų], *s.* (com.) agio; agiotaje.
agiotage [-tįdž], *s.* (com.) agiotaje.
agitable [ǽdžįtąbl], *a.* agitable.
agitate [ǽdžįteįt]. I. *va.* agitar, revolver, menear; inquietar, perturbar, solevantar, conmover, alborotar; discutir o debatir con ahinco; tramar, urdir, maquinar. II. *vn.* excitar la opinión pública; alborotar, encresparse.
agitation [-éįšǫn], *s.* agitación; discusión, ventilación; perturbación, ajetreo, conmoción.
agitator [-ǫ(r)], *s.* agitador, revolvedor; perturbador, alborotador; demagogo, incitador.
agleam [ąglím], *a.* (poét.) fulguroso, centelleante.
aglet [ǽglįt], *s.* herrete de agujeta o cordón.—*pl.* (mil.) cordones.
aglow [ąglóų], *adv.* y *a.* fulgurante, en fulguración, encendido.
aglutition [æglutíšǫn], *s.* (med.) aglutición, incapacidad de tragar.
agnail [ǽgneįl], *s.* panadizo, uñero.
agnate, agnatic [ǽgneįt, ægnǽtįk], *a.* agnado, agnaticio.
agnate, *s.* (for.) agnado.
agnation [ægnéįšǫn], *s.* agnación; parentesco.
agnomen [ægnóųmįn], *s.* sobrenombre.
agnostic [ægnástįk], *a.* y *s.* agnóstico.
agnosticism [-tįsįzm], *s.* agnosticismo.
agnus [ǽgnʌs], **Agnus Dei,** [-déįi], *s.* agnusdéi.—**A. bell,** toque (de campana) de agnusdéi.—**a. castus,** (bot.) agnocasto o sauzgatillo.
ago [ągóų], *adv.* (contr. de AGONE) hace, ha; *a long time ago,* hace mucho tiempo; *long ago,* tiempo ha; *how long ago?* ¿cuánto ha?
agog [ągág], *adv.* y *a.* ansioso, anhelante; ansiosamente, con viva curiosidad; (Cuba) con embullo.
agoing [ągóųįŋ], *adv.* en acción, en movimiento. —**to set a.,** poner en marcha.
agon [ǽgon], *s.* fiesta agonal.
agonic [ægánįk], *a.* (geom.) ágono.
agonist [ǽgonįst], *s.* atleta o combatiente.
agonistic(al [ægonístįk(ąl], *a.* agonístico, agonal.
agonistics [-s], *s.* agonística.
agonize [ǽgonaįz]. I. *va.* angustiar; causar gran pena, atormentar. II. *vn.* agonizar; penar, sufrir intensamente, retorcerse de dolor; luchar; hacer grandes esfuerzos.
agonizing [-įŋ], *a.* angustioso, agonizante.
agonizingly [-lį], *adv.* en agonías.
agony [ǽgonį], *s.* agonía; angustia, zozobra; intensa emoción.—**a. column,** (fam.) columna o sección (de un periódico) de anuncios personales, sobre todo los relativos a personas desaparecidas.
agora [ǽgorą], *s.* (hist. griega) ágòra.
agoraphobia [-fóųbįą], *s.* (pat.) agorafobia.
agouti [ągútį], *s.* (zool.) agutí, acutí, acure.
agraffe [ągrǽf], *s.* broche; grapita que sujeta cada cuerda del piano.
agraphia [ægrǽfįą], *s.* (pat.) agrafia.
agrarian [ągréįrįąn]. I. *a.* y *s.* agrario. II. *s.* agrarista.—**agrarianism** [-įzm], *s.* agrarismo; (pol.) división y reparto igual de tierras.
agree [ągrí], *vn.* concordar, acordar, coincidir, estar conforme o de acuerdo; entenderse, conformarse, concertarse, avenirse, ponerse de acuerdo; consentir; quedar o convenir (en) (*we agreed to go,* convinimos en ir; *we agreed on the price,* convinimos en el precio); sentar, probar, venir (bien o mal), hacer provecho (*this climate agrees with me,* este clima me sienta bien; *wine does not agree with me,* el vino me hace daño, o no me prueba); dar la razón a (*I agree with you,* te doy la razón, soy de tu parecer); (gram.) concordar.
agreeability [-ąbílįtį], *s.* *V.* AGREEABLENESS.
agreeable [-ąbl], *a.* agradable, ameno; satisfactorio, aceptable; afable, simpático; condescendiente, complaciente.—**a. to,** de acuerdo con.
agreeableness [-nįs], *s.* agrado, amenidad, afabilidad; placibilidad, deleite.
agreeably [-ąblį], *adv.* agradablemente; complacientemente; conformemente.
agreed [-d], *a.* convenido, concedido; reconocido; ajustado, acordado; de acuerdo, conforme.
agreement [-męnt], *s.* acuerdo, convenio, pacto, ajuste, concierto, avenencia; consentimiento; armonía; conformidad, acomodamiento; (gram.) concordancia.—**a. of opinion,** consenso.—**in a. (with),** de acuerdo, acorde con.—**to reach an a.,** ponerse de acuerdo.
agrestic [ągréstįk], *a.* agreste, rústico, tosco, campestre.
agricultural [ægrįkʌ́lchų̈rąl], *a.* agrícola, agrario, geopónico.—**a. engineer,** ingeniero agrónomo.
agriculture [ǽgrįkʌlchų̈(r)], *s.* agricultura; agronomía; geoponía o geopónica.
agricultur(al)ist [ægrįkʌ́lchų̈r(ąl)įst], *s.* agricultor, agrónomo, agrícola, *mf.*
agrimony [ǽgrįmonį], *s.* (bot.) agrimonia.
agriology [ægrįálodžį], *s.* estudio de los pueblos no civilizados.
agrology [ægrálodžį], *s.* agrología.
agronomic(al [ægronámįk(ąl)], *a.* agrónomo, agronómico.
agronomics [-s], *s.* agronomía (considerada como parte de la economía política).
agronomist [ągránomįst], *s.* agrónomo.
agronomy [ągránomį], *s.* agronomía.
aground [ągráųnd], *adv.* (mar.) varado, encallado. —**to run a.,** encallar, vararse, enarenarse.
ague [éįgįu], *s.* (med.) fiebre palúdica, calentura intermitente; calofrío, escalofrío.—**a. tree,** (bot.) sasafrás.
aguish [-įš], *a.* palúdico, escalofriado.
aguishness [-nįs], *s.* (med.) paludismo.
ah! [a], *interj.* ¡ah! ¡ay!
aha! [ahá], *interj.* ¡ajá!
ahead [ąhéd], *adv.* delante, al frente, a la cabeza; adelante; hacia delante; (mar.) por la proa, avante.—**to be a.,** ir a la cabeza, ir delante.—**to get a.,** adelantarse, ganar la delantera; empujarse.—**to go a.,** avanzar.—**go a.!,** ¡adelante! ¡avance!—**a. of time,** por anticipado, con anticipación.

ahem! [ahém], *interj.* ¡oiga! ¡hola!
ahoy [ahói], *interj.* ¡ah del barco! ¡ha!
aid [eid]. **I.** *va.* y *vn.* ayudar, socorrer, auxiliar, coadyuvar, apoyar. **II.** *s.* ayuda, auxilio, concurso, socorro, apoyo, amparo; subsidio; auxiliador; (mil.) ayudante.—**first a.,** primeros auxilios (en accidentes).
aide [eid], *s.* (mil.) ayudante.
aide-de-camp [éiddekǽmp], *s.* (mil.) edecan, ayudante de campo.
aider [éidœ(r)], *s.* auxiliador, auxiliante, socorredor.
aidless [éidlis], *a.* desvalido, desamparado.
aigret(te [éigrɛt], *s.* (orn.) garzota; airón, garzota, cresta, copete, penacho; plumero.
aiguillette [eigwilét], *s.* (mil.) herrete, agujeta.—*pl.* cordones.
ail [eil]. **I.** *va.* afligir, molestar, inquietar.—**what ails you?** ¿qué tiene Vd? ¿qué le pasa a Vd? **II.** *vn.* sufrir, estar enfermo, indispuesto.
ailanthus [eilǽnθʌs], *s.* (bot.) ailanto.
aileron [éileran], *s.* (aer.) alerón.
ailing [éiliŋ], *a.* doliente, achacoso, enfermizo.
ailment [éilment], *s.* dolencia, achaque, padecimiento, indisposición.
aim [eim]. **I.** *va.* apuntar (un arma); dirigir, largar, asestar, encarar. **II.** *vn.* (con *at*) hacer puntería; aspirar a, pretender, tratar de, proponerse, tender a, tirar a.—**to a. high,** picar alto. **III.** *s.* puntería, encaro; blanco; designio, mira, propósito, fin, finalidad.—**accurate a.,** tino.—**to miss one's a.,** errar el tiro.—**to take one's a. well,** tomar bien sus medidas.
aimless [éimlis], *a.* sin objeto, sin designio, sin rumbo, a la ventura.
ain't [eint], *contr. vulg.* de *am not, is not, are not, has not, have not.*
air [ɛr]. **I.** *va.* airear, ventilar, orear, aventar, ventear; secar (al aire o por calor); ostentar; sacar a lucir, pregonar, divulgar (opiniones propias). **II.** *s.* aire; atmósfera; brisa; semblante, ademán, talante; (mús.) aire, tonada; *pl.* ínfulas (*to put on airs,* darse tono o ínfulas).—**in the a.,** en vilo, en volandas; incierto, indeciso.—**in the open a.,** al aire libre, al raso, a la intemperie, al fresco.—**to be on the a.,** estar (hablando) en la radio; estar(se) transmitiendo por radio.—**to go on the a.,** hablar o dedicarse a hablar por radio para el público.—**up in the a.,** indeciso; perplejo; muy enojado o agitado. **III.** de aire; neumático; para aire; aéreo; aeronáutico, de aviación.
air arm, *s.* = AIR FORCE.
air attack, *s.* ataque aéreo.
air balloon, *s.* globo aerostático.
air base, *s.* base (*f.*) de (operaciones de) aviación.
air beacon, *s.* faro aéreo.
air bladder, *s.* (ict.) vejiga natatoria; (bot.) ampolla o vesícula de aire.
air blast, *s.* (mec.) chorro de aire.
air-borne [érbɔrn], *a.* aerotransportado; transmitido o llevado por aire.
air brake, *s.* freno neumático.
airbrush [-brʌŝ], *s.* pulverizador de aire comprimido, aerógrafo.
air bubble, *s.* burbuja de aire.
air-built [-bilt], *a.* quimérico, vano, sin fundamento.
airburst [-bœrst], *s.* explosión en el aire.
air cannon, *s.* cañón aéreo.
air casing, *s.* cámara de aire aisladora.
air castle, *s.* castillo de naipes; castillo en el aire, ilusión.
air chamber, *s.* cámara de aire.
air cleaner, *s.* depurador de aire.
air coach, *s.* avión (*m.*) de pasaje a precios económicos; avión (*m.*) de turismo.
air cock, *s.* llave (*f.*) de escape de aire.
air compressor, *s.* compresor de aire.
air condenser, *s.* condensador de aire por enfriamiento.
air-condition [-kondíŝon], *va.* proveer de aire acondicionado.
air-conditioned [-d], *a.* de (con) aire acondicionado.
air conditioner, *s.* acondicionador de aire.
air-conditioning [-iŋ], *s.* acondicionamiento del aire.
air-cool [-kul], *va.* enfriar por aire.
air-cooled [-kuld], *a.* enfriado por aire.
air-cooling [-kuliŋ], *s.* enfriamiento por aire.
Air Corps, *s.* cuerpo de aviación.
aircraft [-kræft], *s.* máquina(s) de volar (aeroplanos, dirigibles, etc.).
aircraft carrier, *s.* portaaviones.
aircraft plant, *s.* taller de aviación.
air cushion, *s.* almohada neumática, cojín de viento.
air drain, *s.* conducto de ventilación; conducto de escape de gases.
air-dried [-draid], *a.* secado al aire.
air drill, *s.* taladro neumático.
airdrome [-droum], *s.* aeródromo, aeropuerto, campo de aviación; cobertizo o hangar.
airdrop [-drap]. **I.** *s.* lanzamiento (de provisiones, municiones, etc.) desde un avión (*m.*). **II.** *va.* lanzar (provisiones, municiones, etc.) desde un avión (*m.*).
air duct, *s.* canal de aire.
Airedale [-deil], *s.* variedad de perro de origen inglés.
airfield [-fild], *s.* campo de aviación.
air fleet, *s.* cuerpo de aviación, fuerzas militares aéreas.
airfoil [-foil], *s.* (aer.) superficie de sustentación; plano aerodinámico; ala.
air force o **service,** *s.* fuerzas aéreas militares; ejército aéreo; servicio militar de la aviación.
airframe [-freim], *s.* armazón de un avión (*m.*), proyectil o cohete.
air furnace, *s.* horno de tiro natural; horno de calentar aire.
air gap, *s.* (elec.) entrehierro.
air gun, *s.* escopeta de aire comprimido.
air hole, *s.* respiradero, registro, resolladero, ventosa; (fund.) sopladura; (aer.) vacío, región de extrema rarefacción del aire.
air hostess, *s.* azafata.
airily [-ili], *adv.* airosamente, ligeramente, viva mente, alegremente; (fam.) pomposamente con ínfulas.
airiness [-inis], *s.* ventilación, oreo; airosidad, vivacidad, viveza; ligereza, actividad.
airing [-iŋ], *s.* ventilación, oreo; caminata, paseata, paseo para tomar el aire.—**to take an a.,** dar una vuelta; orearse.
air intake, *s.* entrada de aire.
air jacket, *s.* (mec.) camisa de aire.
air lane, *s.* (aer.) vía aérea.
airless [-lis], *a.* sin aire; falto de ventilación.
air level, *s.* nivel de burbuja de aire.
airlift [-lift]. **I.** *s.* transporte aéreo. **II.** *va.* transportar por vía aérea.
airlike [-laik], *a.* tenue o ligero como el aire.
air-line [-lain], *a.* aeroviario, aéreo.
air line, *s.* línea recta; (aer.) línea de aviones, línea (empresa) aérea o de transporte aéreo.
air liner, *s.* avión (*m.*) de una empresa de transporte aéreo.
air lock, *s.* acumulación de aire, e interrupción que causa; cámara bajo presión (de un cajón sumergido).
air-mail [-meil], *a.* aeropostal.
air mail, *s.* correo aéreo.—**by a. mail,** por vía aérea, por avión (*m.*).
airman [-mæn], *s.* aviador, aeronauta.
air meter, *s.* contador de aire o de gas.
air-minded [-maindid], *a.* interesado en aeronáutica.
air motor, *s.* motor de aire comprimido.
airometer [-ámɛtœ(r)], *s.* aerómetro; gasómetro.
air passage, *s.* respiradero.
air pilot, *s.* piloto aviador.

air pipe, *s.* tubo de aire o de ventilación; tubo para dar aire a los buzos.
airplane [-plein], *s.* aeroplano, avión, *m.*
airplane carrier, *s.* portaaviones.
airplane fabric o **cloth,** *s.* tela de avión, *m.*
air plant, *s.* (bot.) planta aerícola o epífita (que se alimenta de aire).
air pocket, *s.* (aer.) bache o bolsa de aire; depresión.
airport [-port], *s.* aeropuerto; puerto aéreo; paradero o estación para aeroplanos.
air pressure, *s.* presión atmosférica.
airproof [-pruf], *a.* hermético.
air pump, *s.* (fís.) máquina neumática; (m.v.) bomba de aire, bomba de aspiración del condensador.
air raid, *s.* ataque aéreo, incursión aérea.
air-raid alarm, *s.* aviso o señal de ataque aéreo.
air-raid drill, *s.* ejercicio antiaéreo.
air-raid shelter, *s.* refugio contra ataques aéreos.
air-raid warden, *s.* jefe de manzana.
air-raid warning, *s.* = AIR-RAID ALARM.
air rifle, *s.* escopeta de aire comprimido.
air sac, *s.* (orn.) célula aérea o (p)neumática.
air screw, *s.* hélice (*f.*) de avión (*m.*).
air service, *s.* servicio aéreo; fuerza aérea.
air shaft, *s.* respiradero, pozo de ventilación.
airship [-ŝip], *s.* aeronave, *f.*, dirigible.
airsick [-sik], *a.* que sufre o padece de mal de altura cuando viaja en avión.
airsickness [-siknis], *s.* mareo en viaje aéreo.
air-slaked [-sléikd], *a.* apagada al aire (apl. a la cal).
air sleeve o **sock,** *s.* (aer.) indicador de la dirección del viento.
air space, *s.* espacio aéreo.
air speed, *s.* (aer.) velocidad de un avión con respecto al aire.
air-speed indicator, *s.* (aer.) indicador de velocidad.
air squadron, *s.* escuadrilla aérea.
airstrip [-strip], *s.* pista de aterrizaje.
airtight [-táit], *a.* hermético, a prueba de aire.
air trap, *s.* sifón obturador, tubo en U.
air tube, *s.* = AIR PIPE.
air valve, *s.* válvula (de admisión o de salida) de aire.
air vesicle, *s.* (anat.) vesícula aérea; (bot.) ampolla o vesícula de aire.
airway [-wei], *s.* conducto para aire; pozo o galería de ventilación; (aer.) ruta de aviación, vía aérea.—*pl.* red aérea.
air well, *s.* respiradero, pozo de ventilación.
airwoman [érwuman], *s.* aviadora.
airworthiness [érwœrðinis], *s.* aeronavegabilidad.
airworthy [érwœrði], *a.* (aer.) apto o seguro para el servicio (apl. a aeroplanos y dirigibles).
airy [éri], *a.* aéreo, airoso; bien ventilado; aeriforme, etéreo, vaporoso, tenue; ligero, trivial; vivaz, alegre; visionario; vanidoso, estirado.
aisle [áil], *s.* pasillo, pasadizo, corredor; (arq.) nave, *f.* (lateral), ala.
aisled [-d], *a.* provisto de pasillos.
ait [eit], *s.* mejana, isleta (en un río).
aitch [eich] *s.* hache, *f.* (letra).
ajar [adžár], *adv.* y *a.* entreabierto, entornado; en pugna.—**to set a.,** entornar, entreabrir.
akimbo [akímbou], *a.* en jarras.
akin [akín], *a.* consanguíneo, emparentado, afín; análogo, semejante.
akinesia [ækinísiä], *s.* (med.) acinesia.
alabamine [ælabǽmin], *s.* (quím.) alabamio.
alabaster [ǽlabæstœ(r)], *s.* alabastro.
alabastrine [ælabǽstrin], *a.* alabastrino.
a la carte [alakárt], según la lista (de comidas), según se pida. (En casi todas partes se dice *a la carta*, aunque esta expresión se tacha de galicismo.)
alack! alackaday! [alǽk, -adéi], *interj.* ¡ay! ¡ay de mí! ¡guay!
alacrity [alǽkriti], *s.* alacridad, presteza, oficiosidad, vivacidad.
a la king [alakíŋ], (coc.) con salsa de hongos y pimientos.
a la mode [alamóud], *adv.* (fam.) a la moda.
alanin(e [ǽlanin], *s.* (quím.) alanina.
alar [éilä(r)], *a.* alado, alígero; (bot., anat.) axilar.
alarm [alárm]. **I.** *s.* alarma; despertador; mecanismo de alarma; señal de alarma; rebato.—**a. bell,** campana o timbre de alarma.—**a. clock,** (reloj) despertador.—**to sound the a.,** dar la alarma, tocar a rebato. **II.** *va.* alarmar; dar la alarma a; asustar, turbar, inquietar. **III.** *vn.* dar la alarma; asustarse, alebrarse.
alarming [-iŋ], *a.* alarmante.
alarmingly [-li], *adv.* alarmantemente.
alarmist [-ist], *s.* alarmista.
alarum [alǽrʌm], *s.* rebato; despertador.
alas! [alǽs], *interj.* ¡ay! ¡guay!—**a. for,** guay de, pobre de.
Alaskan [alǽskan], *a.* y *s.* alaskense, de Alaska.
alate, alated [éileit, -id], *a.* (bot.) alado.
alaternus [ælatœ́rnʌs], *s.* (bot.) aladierna, aladierno, ladierno.
alb [ælb], *s.* (igl.) alba.
albacore [ǽlbakour], *s.* (ict.) albacora, bonito.
Albania [ælbéiniä], *s.* Albania.
Albanian [ælbéinian], *s.* y *a.* albanés, albano.
albata [ælbéitä], *s.* plata blanca de Alemania.
albatross [ǽlbatros], *s.* (orn.) albatros.
albedo [ælbídou], *s.* (fís.) albedo.
albeit [olbíit], *adv.* aunque, bien que, si bien.
albescent [ælbésent], *a.* blanquecino, emblanqueciéndose, albicante.
Albian [ǽlbian], *a.* y *s.* (geol.) alb(i)ense.
Albigenses [ælbidžénsiz], *s. pl.* albigenses.
Albigensian [-sian], *s.* y *a.* albigense.
albinism [ǽlbinizm], *s.* albinismo.
albino [ælbáinou], *s.* albino; (Am.) bebeco.
Albion [ǽlbion], *s.* Albión, Inglaterra.
albite [ǽlbait], *s.* (min.) albatita.
albuginea [ælbiudžíniä], *s.* (anat.) albugínea.
albugineous [ælbiudžíniʌs], *a.* albugíneo.
albugo [ælbiúgou], *s.* (med.) albugo.
album [ǽlbʌm], *s.* álbum.
albumen [ælbiúmen], *s.* (bot.) albumen.
albumenize [-aiz], *va.* albuminar; impregnar con albumen.
albumin [ælbiúmin], *s.* (bioquím.) albúmina.
albuminate [-eit], *s.* albuminato.
albuminin [-in], *s.* (bioquím.) albuminina.
albuminize [-aiz], *va.* = ALBUMENIZE.
albuminoid [-oid]. **I.** *a.* albuminoideo, albuminoide. **II.** *s.* albuminoide.
albuminous [-ʌs] *a.* albuminoso.
albuminuria [-iúriä], *s.* (med.) albuminuria.
albumose [ǽlbiumous], *s.* (bioquím.) albumosa.
albumosuria [-iúriä], *s.* (med.) albumosuria.
alburnum [ælbœ́rnʌm], *s.* (bot.) albura, alburno o alborno; madera alburente.—*V.* SAPWOOD.
Alcaic [ælkéiik]. **I.** *s.* verso alcaico. **II.** *a.* alcaico.
alchemic(al [ælkémik(al], *a.* alquímico.
alchemically [-li], *adv.* alquímicamente.
alchemist [ǽlkemist], *s.* alquimista.
alchemistic(al [ælkemístik(al], *a.* alquímico.
alchemy [ǽlkemi], *s.* alquimia.
alcohol [ǽlkohol], *s.* alcohol.—**absolute a.,** alcohol absoluto o puro.—**denatured a.,** alcohol desnaturalizado, alcohol de arder.—**wood a.,** alcohol metílico.
alcoholate [-eit], *s.* (med.) alcoholato.
alcoholic [ælkohólik]. **I.** *a.* alcohólico. **II.** *s.* (en *pl.*) líquidos alcohólicos.
alcoholism [ǽlkoholizm], *s.* alcoholismo.
alcoholization [-izéiŝon], *s.* (quím.) alcoholización.
alcoholize [-aiz], *va.* alcoholar o alcoholizar.
alcoholometer [-ámetœ(r)], *s.* alcoholímetro.
alcoholometry [-tri], *s.* alcoholimetría.
Alcoran [ælkorán], *s.* Alcorán, Corán.
Alcoranic [-ik], *a.* alcoránico.
Alcoranist [-ist], *s.* alcoranista.

alcove [ǽlkoụv], *s.* alcoba, retrete; (Am.) dormida.
Aldebaran [ældébạrạn], *s.* (ast.) Aldebarán.
aldehyde [ǽldẹhaịd], *s.* (quím.) aldehido.
alder [óldœ(r)], *s.* (bot.) aliso, arraclán, frángula.
alderman [óldœrmạn], *s.* regidor, concejal.
aldermanship [-ŝịp], *s.* regiduría, concejalía.
aldermanic [-mǽnịk], *a.* perteneciente al regidor.
Aldine [óldaịn], *a.* aldino.
ale [eịl], *s.* ale, *f.*, cerveza inglesa muy fuerte.—**a. conner,** inspector de cervecerías.
aleak [ạlík], *adv.* y *a.* que se sale o deja fugar (el agua, etc.); saliéndose, goteando.
aleatory [éịlịạtorị], *a.* (for.) aleatorio; de azar.
aleberry [éịlbɛrị], *s.* bebida de cerveza hervida con pan y especias.
alecost [éịlkast], *s.* (bot.) atanasia.
alee [ạlí], *adv.* (mar.) a sotavento.
alegar [ǽlẹgạ(r)], *s.* cerveza agria.
alehoof [éịlhụf], *s.* (bot.) hiedra terrestre.
alehouse [éịlhaụs], *s.* taberna, cervezería.—**a. keeper,** tabernero.
alembic [ạlémbịk], *s.* alambique, retorta, destiladera, destilador.
alert [ạlœ́rt]. **I.** *a.* alerto, vigilante; vivo, activo. —**on the a.,** sobre aviso, en guardia. **II.** *s.* alarma; (mil.) sorpresa. **III.** *va.* poner sobre aviso.
alertness [-nịs], *s.* vigilancia, cuidado; viveza, actividad, prontitud.
alette [ạlét], *s.* (arq.) aleta.
aleurone [ælịúroụn], *s.* (bot., bioquím.) aleurona.
aleurometer [ælurámɛtœ(r)], *s.* aleurómetro.
alewife [éịlwaịf], *s.* tabernera; (ict.) especie de sábalo o arenque norteamericano.
Alexandrian [ælɛgzǽndrịạn], *s.* y *a.* alejandrino.
Alexandrine [-drịn], *s.* verso alejandrino.
alexipharmic, alexiteric(al [ælɛksịfármịk, -térịk(ạl], *a.* alexifármaco.
alfalfa [ælfǽlfạ], *s.* alfalfa, mielga.—**a. field,** alfalfal, alfalfar.
alga [ǽlgạ], *pl.* **algae** [ǽldẑi], *s.* (bot.) alga.
algal [ǽlgạl], *a.* algáceo.
algebra [ǽldẑɛbrạ], *s.* álgebra.
algebraic(al [ældẑɛbréịịk(ạl], *a.* algebraico.
algebraist [ǽldẑɛbreịịst], *s.* algebrista.
Algeria [ældẑírịạ], *s.* Argelia.
Algerian [ældẑírịạn], **Algerine** [ældẑɛrín], *a.* y *s.* argelino.
algid [ǽldẑịd], *a.* álgido.
algidity [ældẑídịtị], *s.* (med.) algidez.
algology [ælgálodẑị], *s.* algología, ficología.
Algonkin [ælgáŋkịn], **Algonquian** [-k(w)ịạn], **Algonquin** [-k(w)ịn], *s.* y *a.* algonquino.
algor [ǽlgɔr], *s.* (med.) algidez.
algorism [ǽlgorịzm], *s.* (mat.) algoritmia.
algorithm [ǽlgorịðm], *s.* (mat.) algoritmo.
algorithmic [ælgoríðmịk], *a.* algorítmico.
alguazil [ælgwạzíl], *s.* alguacil, corchete, esbirro.
alias [éịlịạs]. **I.** *adv.* alias, por otro nombre. **II.** *s.* alias, nombre ficticio.
alibi [ǽlịbaị], *s.* prueba de ausencia; disculpa, excusa; (for.) coartada.—**to prove an a.,** probar la coartada.
alible [ǽlịbl], *a.* alible, nutritivo.
alidade [ǽlịdeịd], *s.* alidada.
alien [éịlyẹn]. **I.** *a.* ajeno, no pertinente, extraño; extranjero, forastero; de extranjeros; discorde, contrario. **II.** *s.* extranjero, forastero.—**a. laws,** leyes (*f. pl.*) de extranjería.
alienable [-ạbl], *a.* enajenable, traspasable.
alienage [-ịdẑ], **alienship** [-ŝịp], *s.* extranjía, extranjería.
alienate [-eịt], *va.* enajenar, traspasar; quitar, indisponer, robar (el amor, etc.); alejar, hacer indiferente; (for.) alienar.
alienation [-éịŝọn], *s.* enajenamiento, enajenación, desapropio, traspaso de dominio; extrañación, desapego, alejamiento, desunión, desvío; alienación, enajenación mental.
alienee [-í], *s.* (for.) aquel a quien pasa la propiedad de una cosa.
alienism [-ịzm], *s.* = ALIENAGE; (med.) frenopatía, frenopatología.
alienist [-ịst], *s.* alienista, frenópata, *mf.*
alienor [-ọ(r)], *s.* (for.) enajenante; enajenador.
aliferous [ạlífẹrʌs], *a.* alífero; (poét.) alígero.
aliform [ǽlịfɔrm], *a.* aliforme.
alight [ạláịt]. **I.** *vn.* descender, bajar, apearse, desmontar(se); (con **on**) posarse (sobre); dar (con), tropezar con; (aer.) aterrizar; acuatizar, amarar (un hidroavión). **II.** *a.* y *adv.* ardiendo; encendido; iluminado.
alighting [-ịŋ], *s.* descenso, bajada; (aer.) aterrizaje; acuatizaje, amaraje.
align [ạláịn], *va.* alinear(se); poner en línea recta.
alignment [-mẹnt], *s.* alineación, alineamiento.
alike [ạláịk]. **I.** *adv.* igualmente, del mismo modo; a la par. **II.** *a.* semejante; igual, conforme.
aliment [ǽlịmẹnt]. **I.** *s.* alimento, nutrimento; sustento. **II.** *va.* alimentar; sustentar.
alimental [ælịméntạl], *a.* nutritivo, alimenticio.
alimentally [-ị], *adv.* nutritivamente.
alimentary [ælịméntạrị], *a.* de nutrición, de alimentación. *V.* ALIMENTAL.—**a. tract** o **canal,** tubo digestivo, conducto alimenticio.
alimentation [-éịŝọn], *s.* alimentación.
alimentiveness [ælịméntịvnịs], *s.* instinto de la alimentación; apetito.
alimony [ǽlịmonị], *s.* (for.) alimentos, asistencias de divorcio o separación.
aline [ạláịn], *va.* y *vn.* alinear(se). *V.* ALIGN.
alinement [-mẹnt] = ALIGNMENT.
aliped [ǽlịpɛd], *a.* y *s.* alípedo, quiróptero.
aliquant [ǽlịkwạnt], *a.* alicuanta.
aliquot [ǽlịkwọt], *a.* alícuota.—**a. parts,** (arit.) partes alícuotas.
alit [ạlít], *pret.* y *pp.* de TO ALIGHT.
alive [ạláịv], *a.* vivo, viviente; vivo, no apagado; activo, animado, concurrido, en vivo; sensible. —**a. with,** lleno de, pululante o plagado de.—**man a.!** ¡hombre!.—**while a.,** en vida.
alizarine [ạlízạrịn], *s.* alizarina.
alkalescence [ælkạlésẹns], *s.* alcalescencia.
alkalescent [-ẹnt], *a.* alcalescente.
alkali [ǽlkạlaị], *s.* (quím.) álcali o cali.—**a. soil,** (agr.) suelo con gran cantidad de sales solubles eflorescentes.
alkalify [-lịfaị], *va.* alcalizar.
alkaligenous [-lídẑɛnʌs], *a.* alcalígeno.
alkalimeter [-límɛtœ(r)], *s.* alcalímetro.
alkalimetry [-límɛtrị], *s.* alcalimetría.
alkaline [-laịn], *a.* alcalino.
alkalinity [-línịtị], *s.* alcalinidad.
alkalization [-lịzéịŝọn], *s.* alcalización.
alkalize [-laịz], *va.* alcalizar.
alkaloid [-lɔịd], *s.* alcaloide, base orgánica.
alkaloid(al [-lɔ́ịd(ạl], *a.* alcaloideo.
alkanet [ǽlkạnɛt], *s.* (bot.) orcaneta, buglosa, onoquiles, melera; ancusa.
alkermes [ælkœ́rmiz], *s.* (farm.) alquermes.
all [ɔl]. **I.** *a.* todo, todos; todo, lleno de (*he was full of promises,* era todo promesas).—**a. others,** los demás, todos los otros.—**a. that,** todo el (o lo) que, todos los que, cuanto(s).—**a. the way,** por, *o* en, todo el camino (o viaje, marcha, travesía, etc.); en todo, enteramente. —**a. the way (up** o **down) to,** hasta (*he went all the way up to the roof,* subió hasta el tejado). —**at a. hours,** a toda(s) hora(s); a altas horas de la noche, tarde por la noche.—**of a. (people, things,** etc.). Esta frase se usa a menudo para expresar sorpresa, o sorpresa y desprecio, y puede traducirse, cambiando un poco el giro, por medio de ¡qué cosa! ¡quién lo creyera! ¿habráse visto? no faltaba más, etc. (*they appointed John, of all people!* nombraron a Juan, ¡quién lo hubiera creído! *o* ¡qué cosa! *he asked me to marry him, of all things!* me propuso casamiento, ¿habráse visto? *o* no faltaba más). **II.** *s.* y *pron. indef.* todo, totalidad, conjunto; todos, todo el mundo; todo lo.—**a. and sundry,** (for.) todos y cada uno, colectiva e individualmente.—**a. around,** por todas partes;

en todo respecto.—**a. in a.**, en (con)junto, en todo; completamente.—**a. of**, todo(s); por lo menos (*all of them*, todos ellos; *all of two miles*, por lo menos dos millas).—**above a.**, sobre todo, ante todo.—**after a.**, después de todo, al fin y al cabo.—**and a.**, y demás, y otras cosas por el estilo, etcétera.—**at a.**, absolutamente; de alguna (o ninguna) manera, en absoluto; siquiera algo, siquiera un poco (a menudo empleado enfática o expletivamente y puede dejarse sin traducir; v.g. *has he any money at all?* ¿él tiene dinero? o, más explícitamente, ¿él tiene siquiera algún dinero? *was he there at all?* ¿él (siquiera) estuvo allí?).—**for a. I know**, quizá, posiblemente, eso no es imposible.—**for a. that**, con todo, a pesar de eso.—**for good and a.**, una vez por todas; definitivamente; para siempre.—**in a.**, por todo, en (con)junto.—**not at a.**, de ninguna manera, nada de eso; no por cierto, no tal; no hay de qué.—**once and for a.**, una vez por todas; por última vez.—**that's a. there is to it**, eso es todo; no es, *o* no hay, más que eso; no hay más que hablar, (fam.) sanseacabó.—**to lose one's a.**, perder todo lo que se tiene.—**to stake one's a.**, arriesgar todo lo que se tiene. **III.** *adv.* completamente, enteramente; muy, -ísimo; exclusivamente, sólo, no más.—**a. abroad**, (fam.) defectuoso, equivocado; confundido, perplejo.—**a. along**, siempre, constantemente, sin cesar; de un extremo a otro de, por todo (el camino, tiempo, etc.).—**a. but**, todo(s) menos, o sino; casi, poco menos que, por poco (*I fell and all but killed myself*, caí y por poco me mato).—**a. day** (**night**, etc.), todo el día (toda la noche, etc.).—**a. in**, (fam.) agotado, molido, muerto o rendido de cansancio.—**a. of a sudden**, repentinamente, de repente; de un golpe; a un tiempo.—**a. off**, abandonado, frustrado (viaje, plan, etc.); completamente erróneo.—**a. one**, del mismo tenor; una misma cosa; igual, indiferente, que no importa (*it is all one to me*, me es igual; lo mismo da).—**a. out**, (fam.) completamente; apagado (el fuego, un incendio); agotado, rendido; equivocado, confundido.—**a. out of**, sin, desprovisto de (*I am all out of tobacco, patience*, etc., se me ha acabado o agotado el tabaco, la paciencia, etc.).—**a. over**, terminado, acabado (*it is all over*, ha acabado, se acabó, o ha pasado, etc.); por todas partes; (fam.) exactamente, como, copia de.—**a. right**, sano y salvo; sin duda, ciertamente; está bien, corriente, bueno; (con **to be**) satisfactorio, apropiado, aceptable, bueno (buen sujeto, buena persona), competente.—**a. set**, listo, dispuesto.—**a. the better** (**worse**), tanto mejor (peor).—**a. the same**, a pesar de eso, *o* de todo; sin embargo; todo igual.—**a. told**, en (con)junto, por todo; teniéndolo(s) todo(s) en cuenta.—**a. too**, demasiado; muy; perfectamente, evidentemente; desgraciadamente (*it is all too true that my son did it*, desgraciadamente es verdad que mi hijo lo hizo).—**not to be a. there**, no estar en su juicio cabal, estar un poco chiflado.—**to be a. up with**, haber fracasado enteramente; (fig.) estar de baja, haberlo perdido todo, estar caído por completo; estar desahuciado.

Allah [ǽlạ̈], *s.* Alá.

all-American [ǫlạmérịkạn], *a.* (E. U., dep.) escogido como el mejor de todas las regiones de los Estados Unidos (*an all-American player*, un jugador escogido como el mejor de todas las regiones de los Estados Unidos); típicamente estadounidense (*all-American boy*, niño típicamente estadounidense); americano (exclusivamente); representativo de América.

allantois [ælǽntoịs], *s.* (zool.) alantoides.

allay [ạléị], *va.* aliviar, aquietar; apaciguar, calmar, mitigar, templar.

allayment [-mẹnt], *s.* alivio, desahogo.

all-clear [ólklír], *s.* señal que indica el fin de un ataque aéreo.

all-consuming [ǫlkonsịúmịŋ], *a.* que todo lo consume.

allegation [ælẹgéịšọn], *s.* alegación, argumento; (for.) alegato.

allege [ạlédž], *va.* alegar; declarar o afirmar; sostener; pretender; (for.) deducir.

allegeable [-ạbl], *a.* que se puede alegar.

alleged [-d], *a.* alegado; supuesto, pretendido.

allegedly [-ịdlị], *adv.* según se afirma, según se pretende (gen. insinuando que sin razón).

alleger [-œ(r)], *s.* alegador, afirmante, declarante.

allegiance [ạlídžạns], *s.* lealtad, homenaje, fidelidad, obediencia (a un país o gobierno).—**to swear a.**, hacer pleito homenaje, jurar obediencia, etc.

allegiant [ạlídžạnt]. **I.** *a.* leal. **II.** *s.* súbdito.

allegoric(al [ælẹgórịk(ạl], *a.* alegórico.

allegorically [-ị], *adv.* alegóricamente.

allegoricalness [-nịs], *s.* calidad de alegórico.

allegorist [ǽlẹgọrịst], **allegorizer** [ælẹgọráịzœ(r)], *s.* alegorista, el que alegoriza.

allegorization [-ịzéịšọn], *s.* alegorización.

allegorize [ǽlẹgoraịz]. **I.** *va.* alegorizar. **II.** *vn.* usar alegorías.

allegory [ǽlẹgọrị], *s.* alegoría.

allegretto [alẹgrétoụ], *s.* (mús.) alegreto.

allegro [aléịgroụ], *s.* (mús.) alegro.

allele [ạlíl], *s.* (biol.) alelo.

allelism [-ịzm], *s.* (biol.) alelismo.

allelujah [ælịlúlyạ̈], *s.* e *interj.* aleluya.

allemande [ælmánd], *s.* (danz.) aleman(d)a.

all-embracing [ǫlɛmbréịsịŋ], *a.* omnímodo, que lo abraza y comprende todo.

allergen [ǽlœrdžɛn], *s.* alergeno.

allergic [ạlœ́rdžịk], *a.* alérgico.—**allergist** [ǽlœrdžịst], *s.* alergista, especialista en alergia. —**allergy** [ǽlœrdžị], *s.* alergia, susceptibilidad anormal a ciertas substancias.

alleviate [ạlívịeịt], *va.* aliviar, aligerar, mitigar, calmar, desahogar.—**alleviation** [-éịšọn], *s.* alivio, paliativo, calmante, aligeramiento, mitigación; relevación.

alleviative [ạlívịạtịv], *a.* y *s.* paliativo.

alley [ǽlị], **alley-way** [-weị], *s.* calle estrecha, callejuela, callejón; paseo arbolado (de jardín o parque); caminillo; pasillo, pasadizo; bola (de vidrio, alabastro, etc., con que juegan los niños).—**to be up one's a.**, (fam.) hacerse fácil o agradable para alguién.

All Fools' Day, *s.* día (*m.*) de engañabobos (el primero de abril en varios países); día (*m.*) de los inocentes (el 28 diciembre).

all fours, *s.pl.* las cuatro patas; cierto juego de naipes.—**to go on all fours**, gatear, andar a gatas.

all hail! *interj.* ¡salud! ¡bienvenido!

Allhallowmass [ǫlhǽloụmạs], *s.* festividad de Todos los Santos.—**Allhallows** [ǫlhǽloụz], *s.* día (*m.*) de Todos los Santos (primero de noviembre).—**Allhallowstide** [-taịd], *s.* época de Todos los Santos.

alliaceous [ælịéịšịʌs], *a.* aliáceo.

alliance [ạláịạns], *s.* alianza, unión, fusión, liga, asociación; conexión o parentesco.

allied [ạláịd], *a.* aliado, unido; relacionado.

allies [ǽlaịz *o* ạláịz], *s.* (*pl.* de ALLY) aliados.

alligation [ælịgéịšọn], *s.* (arit.) aligación.

alligator [ǽlịgeịtọ(r)], *s.* (zool.) caimán; (Am.) lagarto (de Indias), (Arg.) yacaré.—**a. apple**, anona de los pantanos.—**a. pear**, aguacate, palta.—**a.-tree**, ocozol, árbol que da el liquidámbar.

all-inclusive [ǫlịnklúsịv], *a.* omnímodo, todo incluído o comprendido.

alliterate [ạlítẹreịt], *vn.* usar aliteración.

alliteration [ạlitẹréịšọn], *s.* aliteración.

alliterative [ạlítẹrạtịv], *a.* aliterado.

all-knowing [ǫlnóụịŋ], *a.* omnisciente.

allobar [ǽlobar], *s.* (meteor.) alobaro.

allocate [ǽlokeit], *va.* colocar; señalar, asignar.
allocation [ælokéiŝǫn], *s.* colocación; asignación, distribución.
allochroite [ælákroait], *s.* (min.) alocroíta.
allocution [ælokiúŝǫn], *s.* alocución.
allod [ǽlad], *s. V.* ALLODIUM.
allodial [ælóudial], *a.* (for.) alodial.
allodium [ælóudiʌm], *s.* (for.) alodio.
allogamy [ælágami], *s.* (bot.) alogamia (= CROSS-FERTILIZATION).
allopath [ǽlopæθ], **allopathist** [alápaθist], *s.* (med.) alópata, *mf.*
allopathic [ælopǽθik], *a.* alopático, alópata.
allopathy [ælápaθi], *s.* (med.) alopatía.
allophane [ǽlofein], *s.* (min.) alófana.
allophone [ǽlofoun], *s.* (fon.) forma variante de fonema.
allot [alát], *va.* distribuir por suerte, destinar, adjudicar, repartir, asignar.
allotment [-mǫnt], *s.* lote, parte, *f.*, porción; asignación, repartimiento, adjudicación.
allotrope [ǽlotroup], *s.* forma alotrópica.
allotropic [ælotrápik], *a.* alotrópico.
allotropism [ælátropizm], **allotropy** [ælátropi], *s.* (quím.) alotropía.
allottable [alátabl], *a.* repartible, asignable.
all-out [óláut], *a.* (fam.) con toda energía, resuelto, total, completo (*an all-out effort*, un esfuerzo total).
allover [ólóuvœ(r)], *a.* (tej.) estampado (sobre toda la superficie) (*a skirt with an allover pattern*, una falda estampada).
allow [aláu]. **I.** *va.* permitir, consentir, dejar, conceder; dar, ceder; confesar, admitir; aprobar; (com.) rebajar, descontar, deducir. **II.** *vn.* (con **for**) tener en cuenta; dejar (espacio, etc.) para.
allowable [-abl], *a.* admisible, permisible.
allowance [-ans], *s.* concesión; asignación; ración, gajes, pensión, abono, alimentos, mesada; permiso; indulgencia; (com.) descuento, rebaja, bonificación, refacción; (tecn.) tolerancia, discrepancia permitida.—**to make a. for,** hacerse cargo de; tener en cuenta.—**annual a.,** anualidad.—**baggage a.,** concesión de equipaje.—**monthly a.,** mensualidad.—**retirement a.,** jubilación; pensión de retiro.
alloy [ælói]. **I.** *s.* mezcla; impureza; (fund.) aleación; liga.—**a. steel,** acero de aleación. **II.** *va.* desvirtuar con elementos impuros o de inferior calidad (literal y figuradamente); (fund.) alear, ligar (los metales).
alloyage [-idẑ], *s.* (fund.) aleación.
all-possessed [ɔlpozést], *a.* (fam.) maniático, destornillado, (fig.) loco.
all-powerful [-páuœ(r)ful], *a.* omnipotente, todopoderoso, poderosísimo.
all-purpose [-pœ́rpos], *a.* de múltiples utilidades; útil para muchas cosas.
all-round [ólráund], *a.* de idoneidad general; versátil.
All Saints' Day, *s.* día (*m.*) de todos los santos (primero de noviembre).
all-seeing [-síiŋ], *a.* omnividente, que todo lo ve.
All Souls' Day, *s.* día (*m.*) de (los) fieles difuntos (dos de noviembre).
allspice [ólspais], *s.* pimienta de Jamaica; (bot.) calicanto.
all-star [ólstár], *a.* compuesto de los mejores (jugadores, actores, músicos, etc.).
all-steel [ólstíl], *a.* todo de acero.
allude [aliúd], *vn.* aludir, referirse a (indirecta o casualmente, o con insinuación).
allure [aliúr]. **I.** *va.* halagar, atraer, tentar, seducir; cebar. **II.** *s.* porte, continente, talante. *V.* ALLUREMENT.
allurement [-mǫnt], *s.* tentación, seducción; atractivo, halago; aliciente, cebo, añagaza.
allurer [-œ(r)], *s.* seductor, engañador.
alluring [-iŋ], *a.* seductivo, tentador.
allusion [aliúẑǫn], *s.* alusión; insinuación indirecta.
allusive [aliúsiv], *a.* alusivo.
allusiveness [-nis], *s.* calidad de alusivo.
alluvial [aliúvial], *a.* aluvial.—**a. cone,** o **fan,** abanico aluvial (apl. al formado por un arroyo al entrar en un valle).
alluvion [aliúviǫn], *s.* avenida, inundación; (geol.) aluvión, *m.*; (for.) derrubio.
alluvium [aliúviʌm], *s.* (geol.) aluvión, *m.*; terrero, derrubio.
all-weather [ólwéðœ(r)], *a.* apropiado o adaptable para cualquier tiempo.
all-wise [ólwáiz], *a.* sapientísimo, que lo sabe todo.
ally [alái]. **I.** *va.* unir. **II.** *vn.* aliarse, coligarse, confederarse. **III.** *s.* aliado; pariente, allegado, confederado, compañero; auxiliador; cuerpo u organismo análogo.
allyl [ǽlil], *s.* (quím.) alilo.
alma mater [ǽlmä méitœ(r)], *s.* la universidad o colegio donde uno se ha educado.
almanac [ólmanæk], *s.* almanaque, calendario.—**a. pad,** taco.—**ecclesiastical a.,** añalejo.
almandite [ǽlmandait], *s.* (min.) almandina.
almighty [ɔlmáiti]. **I.** *a.* todopoderoso, omnipotente. **II.** *s.* **-the A.,** Dios.
almond [ámǫnd], *s.* (bot.) almendra, alloza; almendro, allozo; (anat.) amígdala.—**a. brittle,** crocante, guirlache.—**a.-like, a.-shaped,** almendrado, amigdáleo.—**a. milk,** almendrada.—**a. paste,** turrón.
almoner [ǽlmǫnœ(r)], *s.* limosnero.
almonry [-ri], *s.* lugar donde se reparten limosnas.
almost [ólmoust], *adv.* casi, cerca de, por poco.
alms [ámz], *s.* limosna.—**a. basket, box,** etc., limosnera, cepillo o cepo, bacinilla, plato o cesto para limosna; (Am.) alcancía, macuto.
almsdeed [-did], *s.* obra de caridad.
almsgiver [-givœ(r)], *s.* limosnero; el que da limosna.
almsgiving [-giviŋ], *s.* acto de dar limosna.
almshouse [-haus], *s.* hospicio, casa de caridad.
alnage [ǽlnidẑ], *s.* aneaje, medida por anas.
alod(ial), alodium. *V.* ALLODIAL, etc.
aloe [ǽlou], *s.* (bot.) áloe, lináloe, azabara, zabida o zabila.—**aloes,** (*sing.* y *pl.*) áloe o acíbar.—**a. wood,** palo (de) áloe, agáloco o calambac.—**American a.,** *V.* CENTURY PLANT.
aloetic(al [æloétik(al], *a.* aloético.
aloft [alóft], *adv.* arriba, en alto, en los aires; (mar.) arriba; en la arboladura superior.—**to be a.,** (aer.) estar en vuelo, o volando.—**to set a.,** elevar, subir.
aloin [ǽloin], *s.* (quím.) aloína.
alone [alóun], *a.* y *adv.* solo, solitario, señero, sin compañía, a solas; único; solamente, tan sólo.—**to let a.,** dejar en paz, no molestar, no tocar, etc.
aloneness [-nis], *s.* soledad; el estado de ser solo, sin compañía, o sin igual.
along [alóŋ]. **I.** *prep.* a lo largo de; en todo el largo de; al lado de. **II.** *adv.* a lo largo; adelante.—**a. with,** con, junto con.—**to get a.,** adelantar, ir tirando o pasando; llevarse (bien o mal).—**to go a. with,** acompañar, ir con; estar conforme con.—**a. about ten,** a eso de las diez.—**a. about Christmas,** por Navidad.—**a. these lines,** en este sentido.—**come a.,** venga Vd. conmigo.—**move a.,** váyase, ¡largo de aquí!—**go a. this street,** siga Vd. por esta calle.—**he fooled us all a.,** nos engañó desde el principio.
alongshore [-ŝɔr], *adv.* a lo largo de la costa, a la orilla.
alongside [-said], *adv.* y *prep.* a lo largo de, al lado, costado con costado, junto a (*alongside a ship,* al bordo, al costado de un buque).—**to bring a.,** (mar.) abarloar.
aloof [alúf], *adv.* lejos, de lejos, apartado, a distancia.—**to stand** o **keep a.,** mantenerse apartado, no mezclarse, no tomar parte, retraerse, aislarse.
aloofness [-nis], *s.* alejamiento, aislamiento, retraimiento; no participación; indiferencia, huraña.

alopecia [ælopíŝịä], *s.* (med.) alopecia, peladera.
aloud [ạláụd], *adv.* alto, en voz alta, recio.
alpaca [ælpǽkä], *s.* alpaca, paco; (tej.) alpaca.
alpenglow [ǽlpịngloụ], *s.* resplandor rojizo que se ve en las montañas al amanecer o a la puesta del sol.
alpenhorn [-hɔrn], *s.* (alem.) corneta alpestre.
alpenstock [-stak], *s.* (alem.) bastón de pincho, palo con punta de hierro que se emplea en la ascensión de los Alpes u otras montañas.
alpestrine [ælpéstrịn], *a.* alpestre, alpino.
alpha [ǽlfä], *s.* alfa (letra griega); (fig.) principio. **—a. and omega,** el primero y el último, el principio y el fin.**—a. particle,** (fís.) partícula alfa.**—a. rays,** (fís.) rayos alfa.
alphabet [ǽlfạbɛt], *s.* alfabeto, abecedario, abecé.
alphabet, alphabetize [-aịz], *va.* alfabetizar, ordenar alfabéticamente.
alphabetarian [-éịrịạn], *s.* el que aprende el alfabeto.
alphabetic(al [ælfạbétịk(ạl], *a.* alfabético.
alphenic [ælfénịk], *s.* alfeñique; azúcar candi.
alpine [ǽlpaịn], *a.* alpino, alpestre; de las grandes alturas.
alpinist [ǽlpịnịst], *s.* alpinista, aficionado a excursiones en las montañas.
alpist [ǽlpịst], *s.* (bot.) alpiste.
alquifou [ælkịfú], *s.* (min.) alquifol.
already [ɔlrédị], *adv.* ya, antes de ahora.
Alsatian [ælséịŝạn], *s.* y *a.* alsaciano.
alsike [ǽlsịk], *s.* (bot.) trébol sueco.
also [ólsoụ], *adv.* también, igualmente, además, asimismo; (for.) ítem (más); otrosí.
alt [ælt]. **I.** *s.* la parte más alta de la gama musical. **II.** *a.* (mús.) alto; agudo.
Altaic [æltéịịk], *s.* y *a.* altaico.
Altar [óltä(r)], *s.* (astr.) el Altar, Ara.
altar [óltä(r)], *s.* altar; ara; árula.**—a. boy,** acólito.**—a. bread,** pan eucarístico; hostia.**—a. cloth,** sabanilla, mantel, palia.**—a.-piece,** retablo.**—a. screen,** contrarretablo.**—a. slab,** ara.**—a. table,** mesa del altar.
altarage [-ịdẑ], *s.* (igl.) pie (*m.*) de altar.
alter [óltœ'r)]. **I.** *va.* alterar, cambiar, modificar, mudar, inmutar, variar; (E. U.) castrar.**—to a. one's condition,** tomar estado, casarse. **II.** *vn.* alterarse, cambiar, variar.
alterability [-ạbílịtị], *s.* alterabilidad.
alterable [-ạbl], *a.* alterable; mudable.
alterableness [-nịs], *s.* alterabilidad.
alterably [-ạbli], *adv.* mudablemente.
alterant [-ạnt], *a.* alterante.
alteration [-éịŝọn], *s.* alteración, cambio, muda, inmutación, reforma, corrección.
alterative [-ātịv]. **I.** *a.* alterativo. **II.** *s.* alterante.
altercate [ǽltœrkeịt], *vn.* altercar, controvertir.
altercation [-éịŝọn], *s.* altercación, altercado, controversia, disputa; (fam.) agarrada.
alterer [óltẹrœ(r)], *s.* alterador.
altern [ǽltœrn], *a.* alterno.
alternant [æltœ́rnạnt], *a.* alternante.
alternate [ǽltœrneịt]. **I.** *va.* alternar; revezar. **II.** *vn.* alternar, turnar; (elec.) alternar. **III.** [-ịt], *a.* alterno o alternativo.**—a. angles,** (geom.) ángulos alternos. **IV.** *s.* suplente, substituto.
alternately [ǽltœrnịtli], *adv.* alternadamente, por turno.
alternating [ǽltœrneịtịŋ], *a.* alternante, alternativo.**—a. current,** (elec.) corriente alterna.
alternation [-éịŝọn], **alternateness** [ǽltœrnātnịs], *s.* alternación; turno, revezo.
alternative [æltœ́rnātịv]. **I.** *s.* alternativa. **II.** *a.* alternativo.**—a. conjunction,** (gram.) conjunción disyuntiva.
alternatively [-lị], *adv.* alternativamente, por turno.
alternativeness [-nịs], *s.* alternativa.
alternator [ǽltœrneịtọ(r)], *s.* (elec.) alternador.
althea [ælθíä], *s.* (bot.) malvavisco; rosa de Siria; malva rósea.
altho, although [ɔlðóụ], *conj.* aunque, si (bien), bien que, no obstante, aun cuando.
althorn [ǽlthɔrn], *s.* (mús.) alto (ll. t. **alto horn**).
altigraph [ǽltịgræf], *s.* altímetro registrador, aneroide registrador.
altimeter [æltímɛtœ(r)], *s.* altímetro.
altimetry [-trị], *s.* altimetría.
altiscope [ǽltịskoụp], *s.* (ópt.) altiscopio.
altisonant [æltísonạnt], **altisonous** [-ʌs], *a.* altisonante, pomposo, retumbante; altísono.
altitude [ǽltịtịud], *s.* altura, altitud, elevación; cumbre, cima.
alto [ǽltoụ], *a.* y *s.* (mús.) contralto; viola.
alto-cumulus [æltokịúmyų̈lʌs], *s.* (meteor.) altocúmulo.
altogether [ɔltugéðœ(r)]. **I.** *adv.* en (con)junto; enteramente, totalmente, del todo; para siempre. **II.** *s.* conjunto, totalidad.**—in the a.,** (fam.) enteramente desnudo, en cueros.
alto-relievo [æltorịlívoụ], *s.* (b. a.) alto relieve.
alto-stratus [æltostréịtʌs], *s.* (meteor.) altoestrato.
altruism [ǽltruịzm], *s.* altruísmo.
altruist [-ịst], *s.* altruísta.
altruistic [-ístịk], *a.* altruísta, perteneciente al altruísmo; benévolo, desinteresado.
aludel [ǽlịudɛl], *s.* (quím.) aludel.
alum [ǽlʌm]. **I.** *s.* alumbre, *m.*, (en)jebe.**—a. flower,** alumbre calcinado en polvo.**—a. mine, a. works,** alumbrera.**—a. stone,** alunita.**—concentrated a.,** sulfato de aluminio. **II.** *va.* (tint.) alumbrar.
alumina [ælịúmịnä], *s.* (quím.) alúmina.
aluminate [-eịt], *s.* aluminato.
aluminiferous [-ífẹrʌs], *a.* aluminífero.
aluminite [-aịt], *s.* (min.) aluminita.
aluminium [ælịumínịʌm], **aluminum** [ælịúmịnʌm], *s.* (quím.) aluminio.**—a. bronze, a. gold,** bronce de aluminio (aleación de cobre y aluminio).
aluminous [-ʌs], *a.* aluminoso, alumínico, arcilloso; alumbroso, alumbrado.
alumish [ǽlʌmịŝ], *a.* alumbroso, alumbrado.
alumna [ạlʌ́mnä], *s.* (*pl.* **alumnae**) alumna, estudiante; esp. la graduada de una universidad o escuela.
alumnus [-ʌs], *s.* (*pl.* **alumni**) alumno, estudiante; esp. el graduado de una universidad o escuela.
alunite [ǽlịunaịt], *s.* (min.) alunita.
alveary [ǽlvịɛrị], *s.* colmena; (anat.) alveario.
alveolar [ælvíolä(r)], *a.* alveolar.
alveolate [ælvíoleịt], *a.* alveolado.
alveolus [ælvíolʌs], *s.* alvéolo; celdilla, cavidad.
alvine [ǽlvịn], *a.* (anat.) alvino.
alway (poét.) [ólwei], **always** [-z], *adv.* siempre.
alyssum [ạlísʌm], *s.* (bot.) alisón.
am [æm], *1a. pers. pres. ind.* de TO BE.
amadou [ǽmạdu], *s.* yesca, hupe, *f.*
amain [ạméịn], *adv.* con vehemencia, vigorosamente, con todas sus fuerzas; sin demora.
amalgam [ạmǽlgạm], *s.* amalgama; mezcla.**—a. arc,** (elec.) arco formado en un tubo de vacío con electrodos de amalgama.
amalgamate [-eịt], *va.* y *vn.* amalgamar; unir, incorporar.
amalgamation [-éịŝọn], *s.* amalgamación; mezcla.**—a. works,** azoguería.
amalgamator [-eịtọ(r)], *s.* amalgamador; azoguero.
amanita [æmạnáịtä], *s.* (bot.) amanita.
amanous [ǽmạnʌs], *a.* sin manos.
amanuensis [ạmænyuénsịs], *s.* amanuense, escribiente, memorialista, notario.
amaranth [ǽmạrænθ], *s.* (bot.) amaranto, moco de pavo; color carmesí o purpúreo.
amaranthine [æmạrǽnθịn], *a.* de amaranto; encarnado, purpurino; inmarcesible.
Amaryllis [æmạrílịs], *s.* (bot.) familia de las amarilídeas; (a-) planta amarilídea; amarilis.

amass [ąmǽs], *va.* acumular, amontonar, amasar.
amassment [-męnt], *s.* cúmulo, montón.
amateur [ǽmątįur], *s.* y *a.* aficionado; de afición.
amateurish [æmątįúrįš], *a.* como de aficionado; superficial; torpe, desmañado; novicio.
amateurishly [-lį], *adv.* chapuceramente.
amateurism [æmątįúrįzm], *s.* estado o carácter de aficionado, no profesional.
amative [ǽmątįv], *a.* amatorio.
amativeness [-nįs], *s.* amatividad.
amatorial [æmątórįąl], **amatory** [ǽmątorį], *a.* amatorio, erótico.
amaurosis [æmoróųsįs], *s.* (med.) amaurosis, gota serena.
amaurotic [æmorátįk], *a.* amaurótico.
amaze [ąméįz], *va.* asombrar, aturdir, helar, pasmar, dejar atónito, admirado o maravillado.
amazed [-d], *a.* atónito, pasmado, absorto, asombrado.
amazedly [-įdlį], *adv.* pasmadamente.
amazedness [-nįs], **amazement** [-męnt], *s.* asombro, pasmo, aturdimiento.
amazing [-įŋ], *a.* pasmoso, asombroso, admirable.
amazingly [-lį], *adv.* pasmosamente, asombrosamente.
Amazon [ǽmązan], *s.* amazona; (**a-**) marimacho; (orn.) papagayo del Amazonas.—**A. stone,** (min.) amazonita.
Amazonian [æmązóųnįąn], *a.* amazónico, amazonio.
amazonite [ǽmązanaįt], *s.* (min.) amazonita.
ambage [ǽmbįdž], *s.* ambages, *m. pl.;* camino tortuoso.
ambagious [æmbéįdžʌs], *a.* ambagioso, ambiguo.
ambary [æmbárį], *s.* cáñamo de la India (ll. t. *gambo, bangue*).
ambassador [æmbǽsądǫ(r)], *s.* embajador.
ambassadorship [-šįp], *s.* embajada (cargo).
ambassadress [-drįs], *s.* embajadora.
amber [ǽmbœ(r)]. **I.** *s.* ámbar, electro, cárabe; color de ámbar.—**a. seed,** semilla del abelmosco o de la algalia.—**a. varnish,** barniz de succino. —**black a.,** azabache.—**yellow a.,** succino. **II.** *a.* ambarino. **III.** *va.* cubrir con ámbar; ambarar.
ambergris [-gris], *s.* ámbar gris.
amberoid [-ɔįd], *s.* ámbar prensado.
ambidexter [æmbįdékstœ(r)], *s.* persona ambidextra; (fig.) el que obra con doblez o come a dos carrillos.
ambidexterity [-stérįtį], **ambidextrousness** [æmbįdékstrʌsnįs], *s.* igual manejo de ambas manos; doblez, simulación.
ambidextrous [-strʌs], *a.* ambidextro; falso, hipócrita.
ambience [ǽmbįęns], *s.* ambiente.
ambient [ǽmbįęnt], *a.* ambiente.
ambiguity [æmbįgįúįtį], **ambiguousness** [æmbígįuʌsnįs], *s.* ambigüedad, dilogía.
ambiguous [æmbígįuʌs], *a.* ambiguo, equívoco, ambagioso, enigmático.
ambiguously [-lį], *adv.* ambiguamente.
ambit [ǽmbįt], *s.* ámbito, recinto, contorno.
ambition [æmbíšǫn], *s.* ambición, codicia; aspiración; energía, determinación.
ambitious [æmbíšʌs], *a.* ambicioso, codicioso; de aspiraciones; enérgico, emprendedor.
ambitiously [-lį], *adv.* ambiciosamente; anhelosamente.
ambitiousness [-nįs], *s.* calidad de ambicioso; energía.
ambitus [ǽmbįtʌs], *s.* borde; ámbito; extensión.
ambivalence [æmbívąlęns], *s.* ambivalencia.
ambivalent [æmbívąlęnt], *a.* ambivalente.
amble [ǽmbl]. **I.** *vn.* amblar. **II.** *s.* (paso de) andadura, ambladura.
ambler [ǽmblœ(r)], *s.* caballo que ambla.
amblingly [ǽmblįŋlį], *adv.* a paso de andadura.
amblyopia [æmblįóųpįą], *s.* (med.) ambliopía.
ambo [ǽmboų], *s.* (igl.) ambón.
ambroid [ǽmbrɔįd], *s.* ámbar prensado.
ambrosia [æmbróųžįą], *s.* ambrosía.
ambrosial [-l], *a.* ambrosíaco, delicioso, deleitable; celestial, divino.
Ambrosian [-žįąn], *a.* ambrosiano.
ambry [ǽmbrį], *s.* despensa; aparador; armario; alacena.
ambulacrum [æmbįuléįkrʌm], *s.* (zool.) ambulacro.
ambulance [ǽmbįuląns], *s.* hospital de sangre; ambulancia.
ambulant [-ąnt], *a.* ambulante.
ambulate [-eįt], *vn.* ambular; andar, caminar.
ambulation [-éįšǫn], *s.* ambulación, paseo.
ambulative [-ątįv], *a.* ambulante, ambulativo, mudable.
ambulatory [-ątorį]. **I.** *s.* (arq.) paseo, galería, corredor; ambulatorio, ambulante, que puede andar. **II.** *a.* (for.) alterable.
ambuscade [æmbʌskéįd]. **I.** *s.* emboscada, asechanza, asecho. **II.** *va.* atacar desde una emboscada. **III.** *vn.* estar en o preparar una emboscada, emboscarse.
ambush [ǽmbųš]. **I.** *va.* acechar, poner celada; asechar, insidiar. **II.** *s.* (mil.) emboscada, celada, zalagarda; insidia. *V.* AMBUSCADE.—**to lie in a.,** asechar, estar emboscado o en asecho.
amebic [æmíbįk], *a.* = AMŒBIC.
ameer, amir [ąmír], *s.* amir, emir.
ameliorable [ąmílyǫrąbl], *a.* mejorable, perfeccionable, corregible.
ameliorate [ąmílyǫreįt], *va., vn.* mejorar(se), adelantar(se).
amelioration [-éįšǫn], *s.* mejora, adelanto; mejoría, alivio, mejoramiento.
ameliorator [-eįtǫ(r)], *s.* mejorador.
amen [eįmén *o* amén], *interj., adv.* y *s.* amén.—**a. corner,** (E. U.) rincón de una iglesia en cuyos bancos siéntanse los devotos más fervorosos.—**to say a. to,** sancionar, aprobar; terminar.
amenability [ąminąbílįtį], *s.* responsabilidad; docilidad, sumisión.
amenable [ąmínąbl], *a.* responsable; sujeto **a;** tratable, dócil.
amenableness [-nįs], *s. V.* AMENABILITY.
amend [ąménd]. **I.** *va.* enmendar, rectificar, modificar, corregir, reformar. **II.** *vn.* enmendarse, reformarse, restablecerse.
amendable [-ąbl], *a.* enmendable, reparable, reformable, corregible.
amendatory [-ątorį], *a.* correctivo, reformatorio. —**a. deed,** (for.) escritura de modificación.
amender [-œ(r)], *s.* enmendador, reformador, corrector.
amending [-įŋ], *s.* la acción de enmendar.
amendment [-męnt], *s.* enmienda, reforma; cambio, modificación; remedio, remiendo; (agr.) substancia que mejora el suelo cambiando sus propiedades físicas no nutritivas.
amends [ąméndz], *s.* compensación, satisfacción, reparación.—**to make a.,** dar cumplida satisfacción; compensar, reparar, expiar, resarcir.
amenity [ąménįtį], *s.* amenidad; afabilidad.
amenorrhea [eįmɛnǫríą], *s.* (med.) amenorrea; menostasia, opilación.
ament [éįmęnt], *s.* idiota, *mf.,* imbécil.
ament [ǽmɛnt], **amentum** [ąméntʌm], *s.* (bot.) amento.
amentaceous [æmɛntéįšįʌs], *a.* (bot.) amentáceo.
amental [eįméntąl], *a.* no mental; sin mente.
amentia [eįménšįą], *s.* demencia, locura.
amerce [ąmœ́rs], *va.* multar; castigar; despojar.
amerceable [-ąbl], *a.* digno de ser multado.—**amercement** [-męnt], *s.* multa a discreción del juez.—**amercer** [-œ(r)], *s.* multador.
American [ąmérįkąn], *s.* y *a.* americano; norteamericano, estad(o)unidense.—**A. plan,** plan americano (en los hoteles); habitación con pensión.—**A. Union,** Unión Norteamericana, Estados Unidos.
Americana [ąmɛrįkéįną], *s. pl.* colección de objetos o escritos americanos.

Americanism [ąmérįkąnįzm], *s.* americanismo; instituciones norteamericanas; fidelidad a estas instituciones.
Americanist [-įst], *s.* americanista.
Americanistic [-ístįk], *a.* americanista.
Americanization [-įzéįšǫn], *s.* americanización.
Americanize [-aįz], *va.* y *vn.* americanizar(se).
americium [æmęríšʌm], *s.* (quím.) americio.
Amerind [ǽmęrįnd], *s.* amerind(i)o, indígena americano.
Amerindian [æmęríndįąn], *a.* y *s.* amerind(i)o.
amethyst [ǽmęθįst], *s.* (min.) amatista; color de amatista.—**amethystine** [æmęθístįn], *a.* parecido a la amatista.
ametropia [æmętróųpįą], *s.* (med.) ametropia.
amiability [eįmįąbílįtį], **amiableness** [éįmįąblnįs], *s.* amabilidad, afabilidad.
amiable [-bl], *a.* amable, afable.
amiably [-blį], *adv.* amablemente.
amianthus [æmįǽnθʌs], *s.* (min.) amianto.
amicable [ǽmįkąbl], *a.* amigable, amistoso.
amicability [-bílįtį], **amicableness** [-blnįs], *s.* afecto, cariño, amistad, amigabilidad.
amicably [-blį], *adv.* amigablemente.
amice [ǽmįs], *s.* (igl.) amito.
amid [ąmíd], **amidst** [ąmídst], *prep.* entre, en medio de; mezclado con; rodeado por.
amid(e [ǽmaįd], *s.* (quím.) amida.
amidin(e [ǽmįdįn], *s.* (quím.) amidina.
amidogen [æmídodžen], *s.* (quím.) amidógeno.
amidol [ǽmįdɔl], *s.* (quím.) amidol.
amidships [ąmídšįps], *adv.* (mar.) en medio del navío.
amin(e [ąmín], *s.* (quím.) amina.
aminic [ąmínįk], *a.* amínico.—**amino acid** [æmíno ǽsįd], *s.* (bioquím.) aminoácido.
amir [ąmír], *s.* = AMEER.
amiss [ąmís]. **I.** *adv.* fuera de lugar o de sazón, mal, impropiamente, fuera del caso, de más.—**to take a.**, llevar o tomar a mal. **II.** *a.* inoportuno; impropio; malo, errado.—**to be a.**, venir mal; estar de más (hacer algo).
amitosis [æmįtóųsįs], *s.* (biol.) amitosis.
amitotic [æmįtátįk], *a.* amitótico.
amity [ǽmįtį], *s.* amistad, bienquerencia, concordia, armonía.
ammeter [ǽmitœ(r)], *s.* (elec.) amperímetro.
ammonia [æmóųnįą], *s.* (quím.) amoníaco.—**a. water,** agua amoniacal.
ammoniac [æmóųnįæk], *s.* amoníaco (goma.).
ammoniac(al [æmonáįæk(ąl], *a.* amoniacal.
ammonic [æmóųnįk], *a.* amónico.
ammonification [-fįkéįšǫn], *s.* (agr.) saturar de amoníaco o sales amoniacales; formación de amoníaco por acción microbiana.
ammonify [-ífaį], *va.* tratar con amoníaco o sales amoniacales.
Ammonite [ǽmǫnaįt], *s.* y *a.* (hist.) amonita, descendiente de Amón.
ammonite, *s.* (pal.) amonita (molusco fósil); (quím.) amonita (explosivo); (agr.) abono obtenido de residuos animales.
ammonium [æmóųnįʌm], *s.* (quím.) amonio.—**a. chloride,** (quím.) cloruro amónico.—**a. hydroxide,** (quím.) hidrato amónico.
ammunition [æmyuníšǫn]. **I.** *s.* (mil.) munición, municiones, pertrechos.—**a. belt,** banda de cartuchos.—**a. dump,** depósito de municiones. **II.** *va.* (a)municionar.
amnesia [æmnížįą], *s.* (med.) amnesia.
amnesty [ǽmnestį]. **I.** *s.* amnistía, indulto.—**to receive a.**, amnistiarse. **II.** *va.* amnistiar, indultar.
amnion [ǽmnįǫn], *s.* (anat.) amnios, *f.*
amniotic [æmnįátįk], *a.* amniótico.
amock, amok(e, *a.* y *adv. V.* AMUCK.
amœba [æmíbą], *s.* (zool.) amiba, amibo.
amœbic [æmíbįk], *a.* amibiano, amiboideo.—a. **dysentery,** (med.) disentería amibiana.
amœboid [æmíbɔįd], *a.* (biol.) amiboideo.
amomum [æmóųmʌm], *s.* (bot.) amomo.
among [ąmʌ́ŋ], **amongst** [ąmʌ́ŋst], *prep.* entre, mezclado con, en medio de.
amoral [eįmárąl], *a.* amoral, sin moralidad.
amoralism [-įzm], *s.* amoralismo.
amorality [eįmɔrǽlįtį], *s.* amoralidad.
amorist [ǽmorįst], *s.* amante, galán.
Amorite [ǽmoraįt], *s.* y *a.* amorreo, amorita, *mf.*
amorous [ǽmorʌs], *a.* enamorado, amoroso, tierno, apasionado, cariñoso, enamoradizo.
amorously [-lį], *adv.* amorosamente.
amorousness [-nįs], *s.* calidad de amoroso; enamoramiento.
amorphism [ąmɔ́rfįzm], *s.* amorfía, amorfismo; nihilismo; anarquismo.
amorphous [ąmɔ́rfʌs], *a.* amorfo, informe; anómalo, heterogéneo; (quím.) amorfo.
amortizable [ąmɔ́rtaįząbl], *a.* amortizable.
amortization [ąmɔrtįzéįšǫn], **amortizement** [ąmɔ́rtįzmęnt], *s.* (for. y com.) amortización.
amortize [ąmɔ́rtaįz], *va.* (for. y com.) amortizar.
amount [ąmáųnt]. **I.** *s.* cantidad, monta(nte), valor, importe, suma; monto (capital más intereses). **II.** *vn.* (con **to**) montar, subir ascender (a), valer, importar.
amour [ąmúr], *s.* amores, *m. pl.*, amorío, lío.—**a.-propre,** amor propio.
amourette [æmųrét], *s.* amorcillo.
amperage [æmpírįdž], *s.* (elec.) amperaje, amperios.
ampere [ǽmpir], *s.* (elec.) amperio.—**a. centimeter,** amperio-centímetro.—**a. foot,** amperio-pie.—**a. hour,** amperio-hora.—**a. turn,** amperio-vuelta.—**back a. turn,** contra-amperio-vuelta.
amperemeter [-mitœ(r)], *s.* (elec.) amperímetro.
ampersand [ǽmpœrsænd], *s.* el signo &, y.
amphetamine [æmfétąmin], *s.* (farm.) anfetamina.
Amphibia [æmfíbįą], *s. pl.* anfibios.
amphibian [-ąn]. **I.** *s.* y *a.* anfibio. **II.** *s.* (aer.) anfibio, aeroplano de tierra y agua.—**a. tank,** (mil.) tanque anfibio.
amphibion [-ǫn], *s.* (aer.) = AMPHIBIAN.
amphibious [æmfíbįʌs], *a.* anfibio.
amphibiousness [-nįs], *s.* calidad de anfibio.
amphibole [ǽmfįboųl], *s.* (min.) anfíbol.
amphibolite [æmfíbolaįt], *s.* (petr.) anfibolita.
amphibological [æmfįboládžįkąl], **amphibolic** [æmfįbálįk], *a.* (min.) anfibólico; ambiguo; (med.) de pronóstico incierto, anfibológico, dudoso, obscuro.
amphibologically [-į], *adv.* anfibológicamente.
amphibology [æmfįbálodžį], *s.* anfibología, doble sentido, ambigüedad.
amphibolous [æmfíbolʌs], *a.* (lóg.) de doble sentido.
amphiboly [æmfíbolį], *s.* ambigüedad, equívoco.
amphibrach [ǽmfįbræk], *s.* (pros.) anfíbraco.
amphictyon [æmfíktįǫn], *s.* anfictión, *m.*
amphictyonic [-ánįk], *a.* anfictiónico.
amphictyony [æmfíktįǫnį], *s.* anfictionía.
amphimacer [æmfímąsœ(r)], *s.* (pros.) anfímacro.
amphioxus [æmfįáksʌs], *s.* (zool.) anfioxo.
amphipod [ǽmfįpad], *s.* y *a.* (zool.) anfípodo.—**amphipodal** [æmfípodąl], *a.* anfípodo.
amphiprostyle [æmfíprostaįl], *s.* (arq.) anfipróstilo.
amphisbæna [æmfįsbíną], *s.* (zool.) anfis(i)bena.
amphiscii [æmfíšįaį], *s. pl.* anfiscios.
amphitheater, amphitheatre [ǽmfįθįątœ(r)], *s.* anfiteatro, circo.—**amphitheatric(al** [-θįǽtrįk(ąl], *a.* anfiteatral, de forma de anfiteatro.
Amphitryon [æmfítrįǫn], *s.* anfitrión, *m.*
amphora [ǽmforą], *s.* ánfora.
amphoric [æmfárįk], *a.* anfóreo; (med.) anfórico.
ample [ǽmpl], *a.* amplio; anchuroso, extensivo, lato, bastante, suficiente, abundante; capaz, cumplido.
ampleness [-nįs], *s.* amplitud, anchura, capacidad, holgura, abundancia, profusión.
amplexicaul [æmpléksįkɔl], *a.* (bot.) amplexicaulo.

ampliation [æmpliéiʃon], *s.* ampliación; (for.) aplazamiento de fallo, demora, prórroga.
ampliative [ǽmplieitiv], *a.* ampliativo.
amplification [-fikéiʃon], *s.* amplificación, ampliación; (ópt.) aumento (del microscopio, etc.).
amplificative [ǽmplifikeitiv], **amplificatory** [æmplífikatori], *a.* amplificativo, amplificador.
amplificator [ǽmplifikeito(r)], *s.* amplificador.
amplifier [ǽmplifaiœ(r)], *s.* amplificador, ampliador, aumentador; (elec.) amplificador; (rad.) altavoz, altoparlante.—**a. tube,** válvula o lámpara amplificadora.
amplify [-fai], *va.* amplificar; ampliar, extender, dilatar, agrandar, aumentar.
amplitude [-tiud], *s.* amplitud, extensión, dilatación; (fís., astr.) amplitud.—**a. modulation,** (rad.) modulación de amplitud.
amply [ǽmpli], *adv.* ampliamente; latamente, suficientemente; abundantemente; con creces.
ampoule [æmpúl], **ampule** [ǽmpul], *s.* ampolleta o tubo de jeringa hipodérmica.
ampulla [æmpʌ́lä], *s.* (anat.) ampolla; (igl.) ampolla, vinajera.
ampullaceous [æmpʌléiʃʌs], *a.* ampollar.
amputate [ǽmpiuteit], *va.* amputar, desmembrar.
amputation [-téiʃon], *s.* (cir.) amputación, ablación; desmembración.
amputator [-teito(r)], *s.* amputador, operador de una amputación.—**amputee** [-tí], *s.* persona a quien se ha hecho amputación.
amuck [amʌ́k]. **I.** *a.* frenético. **II.** *adv.* furiosamente.—**to run a.,** correr amok, atacar a ciegas, a troche y moche.
amulet [ǽmiulit], *s.* amuleto, talismán, dije.
amuse [amiúz], *va.* entretener, distraer, divertir, hacer gracia (a); embobar.—**to a. oneself,** distraerse, divertirse, holgarse, recrearse.
amused [-d], *a.* entretenido.
amusement [-ment], *s.* diversión, pasatiemp , distracción, divertimiento, entretenimiento.—**a. park,** parque de atracciones o diversiones.
amuser [-œ(r)], *s.* entretenedor.
amusing [-iŋ], *a.* divertido, recreativo, entretenido; risible, gracioso.—**to be a.,** tener gracia.
amusingly [-li], *adv.* divertidamente, entretenidamente.
amygdala [amígdalä], *s.* (anat.) amígdala.
amygdalaceous [-léiʃʌs], *a.* (bot.) amigdaláceo.
amygdalate [-leit], *a.* almendrado; amigdáleo; hecho de, o semejante a, almendras.
amygdalin [-lin], *s.* (quím.) amigdalina.
amygdaline, amigdaloid [-loid], *a.* almendrado; amigdaloide.
amygdaloid, *s.* (geol.) roca amigdaloide.
amyl [ǽmil]. **I.** *s.* (quím.) amilo. **II.** *a.* amílico.—**a. alcohol,** alcohol amílico.
amylaceous [-éiʃiʌs], *a.* amiláceo.
amylase [ǽmileis], *s.* (bioquím.) amilasa.
amylene [ǽmilin], *s.* (quím.) amileno.
amylic [æmílik], *a.* amílico.
an [æn], *art. indef.* un, uno, una (antes de *sonido* vocal, excepto la *u* de **unit, eulogy,** etc.; v.g. *an enemy,* un enemigo; *an hour,* una hora). *V.* A.
ana [ǽnä], *adv.* (med.) ana.
ana [éinä], *s.* (colección de) apuntes curiosos.
Anabaptism [ænabǽptizm], *s.* anabaptismo.
Anabaptist [-tist], *s.* anabaptista.
anabasis [ænǽbasis], *s.* (med.) anábasis; (mil.) invasión; (A.) (hist.) Anábasis.
anabatic [ænabǽtik], *a.* ascendente (viento, etc.); anabático.
anabolic [ænabálik], *a.* anabólico.
anabolism [ænǽbolizm], *s.* (biol.) anabolismo, metabolismo constructivo.
anacamptic [ænakǽmptik], *a.* (fís.) anacámptico, referente a la reflexión de la luz o del sonido.
anacanth [ǽnakænθ], *s.* (ict.) anacant(in)o.
anacardiaceous [ænakardiéiʃʌs], *a.* (bot.) anacardiáceo.
anacardic [ænakárdik], *a.* anacardino.
anacardium [-diʌm], *s.* (bot.) anacardo.
anachronism [ænǽkronizm], *s.* anacronismo.
anachronistic [-ístik], *a.* anacronístico.
anachronous [ænǽkronʌs], *a.* anacrónico.
anaclastics, *s. V.* DIOPTRICS.
anacoluthon [ænakolúθan], *s.* (gram.) anacoluto.
anaconda [ænakándä], *s.* (zool.) anaconda, boa.
Anacreontic [anækriántik], *a.* anacreóntico.
anadromous [anǽdromʌs], *a.* anadromo.
anæmia [ænímiä], *s.* (med.) anemia.
anæmic [-ik], *a.* anémico.
anaerobe [ænéieroub], *s.*, **anaerobic** [-óubik], *a.* (biol.) anaerobio.
anæsthesia [ænɛsθíẑiä], *s.* (med.) anestesia.
anæsthetic [ænɛsθétik], *a.* y *s.* anestésico.
anæsthetist [ænɛ́sθetist], *s.* anestesiador.
anæsthetize [ænɛ́sθetaiz], *va.* anestesiar.
anaglyph [ǽnaglif], *s.* (b.a., arq., fot.) anáglifo.
anagoge [ænagóudẑi], *s.* anagoge.
anagogic(al [ænagádẑik(al], *a.* anagógico, místico.
anagogics [-s], *s.* anagogía.
anagram [ǽnagræm], *s.* anagrama, *m.*
anagrammatical [ænagramǽtikal], *a.* anagramático, que forma anagrama.
anagrammatist [ænagrǽmatist], *s.* anagramatista, el que hace anagramas.
anagrammatize [-taiz], *va.* y *vn.* **anagramatizar,** componer anagramas.
anal [éinal], *a.* (anat.) anal, relativo al ano.
analecta [ænaléktä], **analects** [ǽnalɛkts], *s. pl.* analectas.—**analectic** [-léktik], *a.* analéctico.
analeptic [ænaléptik], *a.* (med.) analéptico, restaurativo.
analgesia [ænældẑíẑiä], *s.* (med.) analgesia.
analgesic [-dẑízik], *a.* y *s.* analgésico, anodino.
analogical [ænaládẑikal], *a.* analógico.
analogically [-i], *adv.* analógicamente.
analogicalness [-nis], *s.* calidad de analógico.
analogize [anǽlodẑaiz], *va.* explicar por analogía.
analogous [anǽlogʌs], *a.* análogo, semejante, parecido; congenial.
analogously [-li], *adv.* análogamente.
analogue [ǽnalag], *s.* análogo.—**a. computer,** computador analógico.
analogy [anǽlodẑi], *s.* analogía, semejanza, correlación, afinidad, conformidad.
analysis [anǽlisis], *s.* análisis, *mf.*
analyst [ǽnalist], *s.* analizador; (mat.) analista.
analytic(al [ænalítik(al], *a.* analítico, resolutivo. —**a. geometry,** geometría analítica.
analytically [-i], *adv.* analíticamente.
analytics [-s], *s.* ciencia del análisis; (filos.) analítica; (mat.) geometría analítica.
analyze [ǽnalaiz], *va.* analizar, resolver.
analyzer [-œ(r)], *s.* analizador.
Anamese, *V.* ANNAMESE.
anamnesis [ænæmnísis], *s.* anamnesia; recuerdo; (med.) antecedentes de una enfermedad.
anamorphosis [ænamórfosis], *s.* anamorfosis.
anandrous [ænǽndrʌs], *a.* (bot.) anandro, que carece de estambres.
ananthous [ænǽnθʌs], *a.* (bot.) ananto, que carece de flores.
anap(a)est [ǽnapɛst], *s.* (pros.) anapesto (◡ ◡ —).
anap(a)estic [ænapɛ́stik], *a.* y *s.* (verso) anapéstico.
anaphase [ǽnafeiz], *s.* (biol.) anafase.
anaphora [ænǽforä], *s.* (ret.) anáfora.
anaphrodisia [ænæfrodíziä], *s.* anafrodisia.
anaphrodisiac [-ziæk], *s.* y *a.* (med.) anafrodisíaco, antiafrodisíaco.
anaphylaxis [ænafilǽksis], *s.* (med.) anafilaxis.
anaplastic [ænaplǽstik], *a.* anaplástico, relativo a la anaplastia.
anaplasty [ǽnaplæsti], *s.* (cir.) anaplastia.
anarchic(al [ænárkik(al], *a.* anárquico.
anarchism [ǽnarkizm], *s.* anarquismo; anarquía
anarchist [-kist], *s.*, **anarchistic** [-kístik], *a.* anarquista.

anarchy [ǽnärkį], *s.* anarquía.
anasarca [ænąsárkä], *s.* (med.) anasarca.
anasarcous [-ʌs], *a.* hidrópico.
anastasis [ąnǽstąsįs], *s.* (med.) convalescencia.
anastatic [ænąstǽtįk], *a.* grabado en relieve.
anastigmatic [ænæstįgmǽtįk], *a.* anastigmático, sin astigmatismo.
anastomose [ænǽstomoųs], *vn.* (anat., bot.) anastomosarse, anastomizarse.
anastomosis [-móųsįs], *s.* anastomosis.
anastomotic [-mátįk], *a.* anastomótico.
anastrophe [ænǽstrofį], *s.* (ret.) anástrofe.
anathema [ænǽθęmä], *s.* anatema, *mf.*; excomunión; maldición, imprecación.
anathematic(al [-mǽtįk(ąl], *a.* perteneciente al anatema.—**anathematically** [-į], *adv.* a modo de anatema.
anathematization [-mątįzéįşǫn], *s.* anatema, *mf.*, anatematismo.
anathematize [-mątaįz], *va.* anatematizar; excomulgar; maldecir.
anathematizer [-œ(r)], *s.* anatematizador.
Anatolian [ænątóųlįąn], *s.* y *a.* anatolio.
anatomical [ænątámįkąl], *a.* anatómico.
anatomically [-į], *adv.* anatómicamente.
anatomist [ąnǽtomįst], *s.* anatomista; disector.
anatomize [-maįz], *va.* anatomizar; disecar, analizar minuciosamente.
anatomy [-mį], *s.* anatomía; disección; disecación; esqueleto.
ancestor [ǽnsɛstǫ(r)], *s.* progenitor, antecesor, antepasado, ascendiente.—*pl.* padres, mayores.
ancestral [ænsέstrąl], *a.* de los antepasados; hereditario.—**a. mansion**, solar, casa solariega.
ancestry [ǽnsɛstrį], *s.* linaje, prosapia, abolengo, alcurnia, ascendencia, estirpe, *f.*
anchor [ǽŋkǫ(r)]. **I.** *va.* (mar.) sujetar con el ancla, poner (el barco) sobre el ancla, aferrar; (tec.) sujetar; asegurar, atirantar, empotrar. **II.** *vn.* (mar.) anclar, fondear, surtir. **III.** *s.* (mar.) ancla, ancora, ferro; (constr.) riostra, tirante, soporte; (tec.) artificio de sujeción o amarre (áncora, perno, tornillo, etc.); áncora (de escape de reloj); (fig.) áncora, amparo.—**a. arms**, brazos del ancla.—**a. back**, galga del ancla.—**a. beam**, serviola.—**a. bill**, pico del ancla.—**a. bolt**, tornillo o perno de anclaje o de cimiento.—**a. chocks**, calzos de ancla.—**a. crown**, cruz del ancla.—**a. drag**, rastra.—**a. escapement**, escape de áncora (de reloj).—**a. flukes**, uñas del ancla.—**a. forge**, ancorería.—**a. ground**, fondeadero, tenedero.—**a. ice**, hielo esponjoso formado en el fondo del agua.—**a. light**, linterna de un buque anclado.—**a. mast**, (aer.) = MOORING MAST.—**a. ring**, arganeo.—**a. shank**, caña del ancla.—**a. stock**, cepo del ancla.—**a. stopper**, capón.—**a. tripper**, disparador.—**a. watch**, guardia de cubierta de un barco anclado.—**at a.**, al ancla, anclado.—**best bower a.**, ancla de ajuste.—**bower a.**, ancla de proa.—**drag a.**, ancla de arrastre.—**foul a.**, ancla enredada.—**kedge a.**, anclote.—**sheet a.**, ancla mayor.—**small bower a.**, ancla sencilla.—**stream a.**, anclote.—**to drop** o **cast a.**, dar fondo, anclar, echar anclas.—**to ride at a.**, estar fondeado o anclado.—**to stock the a.**, encepar el ancla.—**to weigh a.**, zarpar, levar anclas.
anchorable [-ąbl], *a.* fondable, propio para anclaje.
anchorage [-įdž], *s.* (mar.) ancladero, agarradero, fondeadero; anclaje, ancoraje.—**a. fees**, (derechos de) anclaje.
anchored [-d], *a.* anclado, surto; asegurado, sobre las anclas; de forma de ancla.
anchoress [ǽŋkǫrįs], *s.* ermitaña.
anchoret [ǽŋkǫret], **anchorite** [-aįt], *s.* ermitaño, anacoreta, *mf.*
anchoritic(al [-ítįk(ąl], *a.* anacorético.
anchorless [ǽŋkǫrlįs], *a.* sin ancla; inseguro.
anchorsmith [-smįθ], *s.* ancorero.
anchovy [ǽnchoųvį], *s.* (ict.) ancho(v)a, boquerón, haleche, lacha.
anchusin [æŋkįúsįn], *s.* (quím.) ancusina.
ancient [éįnşęnt]. **I.** *a.* antiguo, vetusto. **II.** *s.* (en *pl.*) antepasados, mayores; la antigüedad.
anciently [-lį], *adv.* antiguamente.
ancientness [-nįs], *s.* antigüedad.
ancillary [ǽnsįlɛrį], *a.* ancilario; subordinado, subsidario, dependiente, auxiliar; sucursal.
ancipital, ancipitous [ænsípįtąl, -tʌs], *a.* de dos caras; de doble filo.
ancon [ǽŋkan], *s.* (anat.) codo; (arq.) ancón, ménsula.
ancoral [ǽŋkɔrąl], *a.* perteneciente o semejante a una áncora; (zool.) encorvado.
and [ænd], *conj.* y, e.—**and so forth**, o **and so on**, etcétera; y así sucesivamente.—**ifs and ands**, dimes y diretes. Se emplea a veces antes del infinitivo, sobre todo después de *to go, to come, to try*, para indicar acción o propósito, vg. *I must go and see*, debo ir a ver; *I shall try and speak to him*, trataré de hablarle.
Andalusian [ændąlįúžąn], *a.* y *s.* andaluz.
andalusite [ændąlįúsaįt], *s.* (min.) andalucita.
andante [ændǽntį], *a., adv.* y *s.* (mús.) andante.
andantino [-tínoų], *a., adv.* y *s.* (mús.) andantino.
Andean [ændíąn], *a.* y *s.* andino; (Am.) collą, *mf.*
andesite [ǽndįzaįt], *s.* (min.) andesita.
andiron [ǽndaįœrn], *s.* morillo.
androecium [ændríşįʌm], *s.* (bot.) androceo.
androgen [ǽndrodžɛn], *s.*, **androgenous** [ændrádžęnʌs], *a.* (bioquím.) andrógeno.
androgenesis [ændrodžέnɛsįs], *s.* (biol.) androgénesis.
androgyne [ændrodžįn], *s.* hermafrodita; hombre afeminado; mujer ahombrada; eunuco.
androgynous [ændrádžįnʌs], *a.* (bot., zool.) andrógino, hermafrodita.
androgyny [ændrádžįnį], *s.* androginia, hermafroditismo.
android [ǽndrɔįd], *s.* androide, autómata de forma humana.
androsterone [ændrástœroųn], *s.* (bioquím.) androsterona.
anecdotal [ǽnįkdoųtąl], **anecdotic(al** [ænįkdátįk(ąl], *a.* anecdótico.
anecdote [ǽnįkdoųt], *s.* anécdota.
anecdotist [-įst], *s.* anecdotista.
anemia [ænímįä], *s.* (med.) anemia.
anemic [ænímįk], *a.* anémico.
anemobiagraph [ænęmobáįągræf], *s.* (meteor.) anemobiágrafo.
anemograph [ænέmogræf], *s.* (meteorol.) anemógrafo, anemómetro registrador.
anemographic [-grǽfįk], *a.* anemográfico.
anemography [ænɛmágrąfį], *s.* anemografía.
anemometer [ænɛmámɛtœ(r)], *s.* anemómetro.
anemometrograph [ænɛmométrogræf], *s.* anemometrógrafo.
anemometry [ænɛmámɛtrį], *s.* anemometría.
anemone [ąnέmonį], *s.* (bot.) anemone, *f.*, anémona.—**sea a.**, (zool.) actinia, anémona de mar.
anemoscope [ænέmoskoųp], *s.* anemoscopio.
anent [ąnέnt], *prep.* tocante a, concerniente a.
aneroid [ǽnęrɔįd], *a.* aneroide.—**a. barometer**, barómetro aneroide.
aneroidograph [ænęrɔ́įdogræf], *s.* aneroidógrafo.
anesthesia, etc. *V.* ANÆSTHESIA, etc.
aneurism [ǽnįurįzm], *s.* (med.) aneurisma, *mf.*
aneurismal [ænįurízmąl], *a.* aneurismal.
anew [ąnįú], *adv.* de nuevo, otra vez; nuevamente, de un modo nuevo, de refresco.
anfractuous [ænfrǽkchuʌs], **anfractuose** [-oųs], *a.* anfractuoso, sinuoso, tortuoso.
anfractuosity [-ásįtį], *s.* anfractuosidad, sinuosidad.
angel [éįndžęl]. **I.** *s.* ángel, serafín, etc.; antigua moneda inglesa; (fam.) caballo blanco.—**a. cake** o **a. food cake**, bizcochuelo blanco de clara de huevo, azúcar y harina. **II.** *a.* angelical.
angelfish [-fįş], *s.* (ict.) angelote o peje angel; cierto pez (*m.*) tropical.
angelhood [-hųd], *s.* condición de ángel.

angelic(al [ændžélįk(ąl], *a.* angelical, angélico, seráfico.
angelica [-ą], *s.* (bot.) angélica; (A.) vino dulce de California.
angelically [-lį], *adv.* angélica o angelicalmente.
Angelus [ǽndžɛlʌs], *s.* (igl.) ángelus.
anger [ǽŋgœ(r)]. **I.** *s.* ira, cólera, enojo.—**to provoke to a.**, encolerizar, causar ira. **II.** *va.* enfadar, provocar, enfurecer, enojar, airar.
Angevin(e [ǽndžęvįn], *s.* y *a.* angevino.
angina [ændžáįną *o* ǽndžįną], *s.* (med.) angina. —**a. pectoris**, angina de pecho.
angiology [ændžįálodžį], *s.* (anat.) angiología.
angiosperm(ous [ændžįospœ́rm(ʌs], *s.* y *a.* (bot.) angiospermo.
angle [ǽŋgl]. **I.** *vn.* pescar con caña; intrigar, insinuarse, buscar solapadamente. **II.** *s.* ángulo; esconce; esquina, rincón, recodo; (arq.) encuentro; (tec.) codo; hierro en ángulo; avíos (*m. pl.*) de pescar; (fig.) punto de vista.—**a. bar**, = A. IRON.—**a. block,** (carp.) coda; bloque o zapata en la unión de dos piezas; polea de cambio de dirección.—**a. brace,** (constr.) cuadral; escuadra; (mec.) berbiquí de manivela para esquinas.—**a. bracket,** consola o soporte angular, escuadra saliente de esquina; escuadra de unión.—**a. brick,** ladrillo de aristas oblicuas. —**a. bulb,** hierro en ángulo con un borde ensanchado.—**a. float,** (alb.) palustrillo.—**a. gauge,** goniómetro.—**a. iron,** esquinal, hierro angular, escuadra, cantonera.—**a. line,** (top.) poligonal, línea quebrada.—**a. plate,** plancha en ángulo, o angular.—**a. rafter,** (arq.) lima, par o alfarda (de un tejado).—**a. tie,** (constr.) cuadral.—**a. valve,** válvula de conductos en ángulo recto.—**a. of advance,** (m. v.) ángulo de avance (de la excéntrica).—**a. of attack,** (aer.) ángulo de ataque.—**a. of bank,** (aer.) ángulo de balance o de escora lateral.—**a. of contact,** (mec.) ángulo o arco de contacto (de una correa).—**a. of deflection,** (arti.) ángulo de elevación.—**a. of depression,** ángulo de depresión.—**a. of draft** = ANGLE OF TRACTION. —**a. of elevation,** ángulo de elevación, ángulo con el horizonte.—**a. of entrance,** (m. v.. hidr.) ángulo de entrada.—**a. of friction,** ángulo de rozamiento.—**a. of incidence,** ángulo de incidencia.—**a. of intersection,** (f. c.) ángulo de contingencia.—**a. of lag,** (elec.) ángulo de retraso.—**a. of lead,** (elec.) ángulo de avance.—**a. of pitch,** (aer.) ángulo de cabeceo.—**a. of reflection,** (fís.) ángulo de reflexión.—**a. of refraction,** (fís.) ángulo de refracción.—**a. of repose** = ANGLE OF FRICTION.—**a. of roll,** (aer.) = A. OF BANK.—**a. of torsion,** ángulo de torsión.—**a. of traction,** ángulo de tracción, ángulo entre la fuerza de tracción y la superficie de arrastre.—**a. of twist,** ángulo de torsión.—**a. of yaw,** (aer.) ángulo de derrape.—**a. of zero lift,** (aer.) ángulo de resistencia nula.—**at an a.**, en ángulo, inclinado.—**at right angles,** en ángulo recto.
Angle, *s.* y *a.* anglo.
angled [ǽŋgld], *a.* anguloso, esquinado.
angler [ǽŋglœ(r)], *s.* pescador (de caña); (ict.) pejesapo, pescador, rape.
anglesite [ǽŋglęsaįt], *s.* (min.) anglesita.
angleworm [ǽŋglwœrm], *s.* lombriz de tierra.
Anglican [ǽŋglįkąn], *a.* y *s.* anglicano.
Anglicanism [-įzm], *s.* anglicanismo.
Anglicism [ǽŋglįsįzm], *s.* anglicismo, inglesismo.
Anglicize [-aįz], *va.* inglesar.
angling [ǽŋglįŋ], *s.* pesca (gen. con caña).
Anglo-American [ǽŋglo-ąmérįkąn], *a.* y *s.* angloamericano.
Anglomania [-méįnįą], *s.* anglomanía.
Anglomaniac [-méįnįæk], *a.* y *s.* anglómano.
Anglo-Norman [-nórmąn], *s.* y *a.* anglonormando.
Anglophile [-faįl], *s.* y *a.* anglófilo.
Anglophobe [-foųb], *s.* y *a.* anglófobo.
Anglophobia [-fóųbįą], *s.* anglofobia.
Anglo-Saxon [-sǽksǫn], *s.* y *a.* anglosajón.
Angola cat, etc., *s.* = ANGORA CAT, etc.
Angora [æŋgóųrą], *s.* angora, *mf.*—**A. cat, goat,** gato, cabra de Angora o Angola (Ankara).
angostura (bark) [æŋgǫstįúrą(bark)], *s.* (bot. y farm.) corteza de angostura.
angrily [ǽŋgrįlį], *adv.* colérica o airadamente.
angry [ǽŋgrį], *a.* enojado, encolerizado, bravo, airado; (med.) irritado, inflamado.—**to be-(come) a.**, enfadarse, airarse, quemarse, atufarse, sulfurarse.
angstrom [ǽŋstrom], **angstrom unit,** *s.* (fís.) angstrom.
anguilliform [æŋgwílįtorm], *a.* anguiliforme, en forma de anguila.
anguish [ǽŋgwįŝ], *s.* ansia, angustia, zozobra.
anguished [-t], *a.* atormentado, angustiado, afligido, acongojado.
angular [ǽŋgįulą(r)], *a.* angular, anguloso.—**a. advance, a. lead,** (m. v.) ángulo de avance, o de calado (de la excéntrica).
angularity [-lǽrįtį], **angularness** [ǽŋgįuląrnįs], *s.* cualidad de angular o anguloso; esquinadura.
angulate, angulated [ǽŋgįuleįt, -įd], *a.* (bot.) anguloso, angular.
angulation [-léįŝǫn], *s.* formación angular.
anhelation [ænhįléįŝǫn], *s.* (med.) anhélito.
anhydride [ænháįdrįd], *s.* (quím.) anhídrido.
anhydrite [-draįt], *s.* (min.) anhidrita.
anhydrous [-drʌs], *a.* (quím.) anhidro.
ani [aní], *s.* (Am.) (orn.) aní, ave trepadora.
anil [ǽnįl], *s.* (bot.) añil, índigo.
anile [ǽnaįl], *a.* chocha; como una vieja que chochea.
anilin(e [ǽnįlįn], *s.* (quím.) anilina.—**a. dye,** tinte de anilina.—**a. poisoning,** anilismo.
anility [æníįtį], *s.* chochera, chochez.
animadversion [ænįmædvœ́rŝǫn], *s.* animadversión, censura, reproche, reprensión.
animadvert [-vœ́rt], *vn.* censurar, reprochar, criticar.
animadverter [-œ(r)], *s.* censurador, criticastro.
animal [ǽnįmąl], *s.* y *a.* animal; bruto, bestia.— a. **husbandry,** zootecnia.—**a. magnetism,** mesmerismo.—a. **spirits,** vivacidad, ardor, exuberancia vital.
animalcule [ænįmǽlkįul], *s.* animálculo.
animalism [ǽnįmąlįzm], *s.* animalismo; estado o actividad animal; sensualidad.—**animality** [ænįmǽlįtį], *s.* animalidad.
animalization [-įzéįŝǫn], *s.* animalización.
animalize [-aįz], *va.* animalizar.
animate [ǽnįmeįt], *va.* animar; infundir ánimo o valor, excitar, alentar; vivificar.
animate [ǽnįmįt], *a.* viviente, animado.
animated [ǽnįmeįtįd], *a.* vivo, vivaz, animado. —**a. cartoon,** dibujo animado.
animating [-įŋ], *a.* animante, vivificante, excitante; alegre, divertido.
animation [-éįŝǫn], *s.* animación; (fig.) movimiento, calor, fuego; viveza, espíritu.
animative [ǽnįmeįtįv], *a.* animador, inspirador.
animator [-ǫ(r)], *s.* animador, alentador.
animé [ǽnįmeį], *s.* anime (resina del curbaril).
animism [ǽnįmįzm], *s.* animismo.—**animist** [-įst], *s.* animista, que profesa el animismo.
animosity [ænįmásįtį], *s.* animosidad, rencor.
animus [ǽnįmʌs], *s.* ánimo, intención; animosidad, tema, mala voluntad, inquina, odio.
anion [ǽnaįǫn], *s.* (quím. física) anión, *m.*
anise [ǽnįs], *s.* (bot.) anís, matalahuva.
aniseed [ǽnįsid], *s.* anís, grano de anís.
anisette [ænįsét], *s.* (Fr.) anisete, (aguardiente) anisado.
anisomerous [ænaįsámęrʌs], *a.* (bot.) anisómero.
anisometric [-sométrįk], *a.* anisométrico.
anisopetalous [-sopétalʌs], *a.* (bot.) anisopétalo.
anisophyllous [-sofílʌs], *a.* (bot.) anisófilo.
anisotropic [-trápįk], *a.* (fís.) anisotrópico.
anisotropy [ænaįsátropį], *s.* (fís) anisotropía.
anisyl [ǽnįsįl], *s.* (quím.) anisilo.

ankle [æŋkl], *s.* (anat.) tobillo.—**a. bone,** astrálago.—**a. strap,** correílla de zapato que cruza el pie un poco arriba del empeine.
anklet [ǽŋklit], *s.* (joy.) ajorca, carcax; calcetín corto, tobillera; (cir.) vendaje para el tobillo; calceta o grillo(s).
ankylose [ǽŋkilous], *va.* y *vn.* anquilosar(se).
ankylosis [-lóusis], *s.* (med., anat.) anquilosis.
annalist [ǽnalist], *s.* analista, cronista, cronógrafo.
annals [ǽnalz], *s. pl.* anales, crónicas, fastos.
Annamese [ænamíz], *s.* y *a.*, **Annamite** [ǽnamait], *s.* y *a.* anamita (pueblo, raza, lengua).
annates [ǽneits], **annats** [ǽnæts], *s. pl.* (igl.) anata.
annatto [ænǽtou], *s.* (bot.) achiote, bija (ll.t. **annotto** y **arnotto**).
anneal [aníl], *va.* (fund.) recocer; templar; fijar (colores, esmalte) por calor; (fig.) fortalecer.
annealing [-iŋ], *s.* recocción, recocido, temple; esmaltación.—**a. furnace,** carquesa, horno de recocido.—**a. pot,** crisol de templar.
annelid [ǽnɛlid], *a.* y *s.* anillado; anélido.
annex [anέks]. **I.** *va.* anexar, anexionar, adjuntar, agregar, unir. **II.** [ǽnɛks], *s.* aditamento, anexo, adición, apéndice; dependencia, edificio anexo. —*pl.* anexidades.
annexation [ænɛkséiŝon], **annexment** [anέksmɛnt], *s.* anexión, adición, unión.
annexationist [ænɛkséiŝonist], *s.* anexionista.
Annie Oakley, *s.* (E. U., fam.) entrada o pasaje gratuito.
annihilable [anáiilabl], *a.* aniquilable.
annihilate [-leit], *va.* aniquilar, anonadar, demoler o destruir por completo.
annihilation [-léiŝon], *s.* aniquilación, anonadamiento.
annihilator [-leito(r)], *s.* aniquilador.—**annihilative** [-leitiv], *a.* aniquilador.
anniversary [ænivǿersari]. **I.** *s.* aniversario. **II.** *a.* anual, añal.—**a. funeral,** añal, cabo de año.
annonaceous [ænonéiŝʌs], *a.* (bot.) anonáceo.
annotate [ǽnoteit], *va.* anotar, comentar, acotar, apostillar, glosar.
annotation [-éiŝon], *s.* nota, notación; anotación, apunte, acotación, apostilla.
annotator [ǽnoteito(r)], *s.* anotador, comentador, postillador, glosador.
announce [anáuns], *va.* anunciar, notificar, declarar, avisar, dar parte de; pregonar.
announcement [-mɛnt], *s.* aviso o anuncio; declaración, proclama; prospecto.
announcer [-œ(r)], *s.* anunciador, publicador, avisador; (rad.) anunciador o anunciante, noticiador, locutor o prologuista de radio.
annoy [anói], *va.* molestar, incomodar, vejar, fastidiar, cargar, aburrir, encocorar.
annoyance [-ans], *s.* molestia, pena, incomodidad; disgusto, fastidio, aburrimiento; lata, engorro, pejiguera, chinchorrería.
annoying [-iŋ], *a.* fastidioso, molesto, incómodo, importuno, engorroso.
annual [ǽnyual]. **I.** *a.* anual, añal, cadañal. **II.** *s.* (igl.) añal, aniversario.
annually [-i], *adv.* anualmente.
annuitant [aniúitant], *s.* rentista, censualista, vitalicista.
annuity [aniúiti], *s.* anualidad, juro, renta vitalicia, pensión, censual.
annul [anʌ́l], *va.* anular, invalidar, rescindir, derogar, irritar, revocar, abolir; anonadar.
annular [ǽnyulä(r)], **annulary** [-lɛri], *a.* anular.
annulate(d [-leit(id], *a.* anuloso, anillado.
annulet [-lit], *s.* anillejo, sortijilla; (arq.) anillo, filete o listel.
annulment [anʌ́lmɛnt], *s.* anulación, rescisión, cancelación, revocación, derogación.
annulose [ǽnyulous], *a.* anuloso, anillado.
annulus [ǽnyulʌs], *s.* (bot., zool., astr., etc.) anillo; (geom.) corona circular; (arq.) = ANNULET.
annunciation [-siéiŝon], *s.* anunciación, proclamación; promulgación; (A., igl.) Anunciación.
annunciator [anʌ́nŝieito(r)], *s.* anunciador, avisador; proclamador; (elec.) anunciador o indicador de timbres (en los hoteles, etc.).
anodal [ænóudal], **anodic** [ænádik], *a.* anódico.
anode [ǽnoud], *s.* (elec.) ánodo.—**a. battery,** (rad.) batería de la lámpara termiónica.—**a. rays,** rayos anódicos de un tubo de vacío.
anodyne [ǽnodain], *a.* y *s.* (med.) anodino, calmante.
anodynia [-díniä], *s.* (med.) anodinia, falta de dolor.
anoint [anóint], *va.* untar, pringar; (igl.) ungir, olear; signar con óleo.—**to a. a dying person,** administrar la extremaunción.—**to a. the palm,** (fam.) untar la mano, sobornar.
anointing [-iŋ], **anointment** [-mɛnt], *s.* unción; untadura, untamiento, óleo.
anomalism [anámalizm], **anomalousness** [-ʌsnis], **anomaly** [-i], *s.* anomalía, anormalidad, irregularidad.
anomalistic(al [-ístik(al], *a.* anomalístico.—**anomalistic year,** año anomalístico.
anomalous [-ʌs], *a.* anómalo, irregular.
anon [anán], *adv.* pronto, a poco, luego, en seguida, inmediatamente.—**ever and a.,** una y otra vez, a menudo.
anonym [ǽnonim], *s.* persona o escritor anónimo; seudónimo.
anonymity [ænonímiti], *s.* (carácter de) anónimo
anonymous [anánimʌs], *a.* anónimo.
anonymously [-li], *adv.* anónimamente.
anopheles [ænáfɛliz], *s.* (zool.) anofeles, género de mosquitos que transmiten la malaria.
anorthite [ænórθait], *s.* (min.) anortita.
another [anʌ́ðœ(r)]. **I.** *a.* otro, distinto, diferente.—**a. time,** otra vez. **II.** *pron.* otro, uno más.—**a. 's,** ajeno, de otro.—**a. such,** (fam.) otro que tal.—**one a.,** uno(s) a otro(s), etc.—**give me a.,** déme otro, o uno más.
ansate(d [ǽnseit(id], *a.* con asas.
Anser [ǽnsœ(r)], *s.* (zool.) género de los ánsares.
anserine [-ain], *a.* (zool.) ansarino; como ganso; tonto, necio, mentecato.
answer [ǽnsœ(r)], *va.* y *vn.* responder, contestar, reponer; refutar; corresponder, satisfacer; obedecer; llenar el objeto, servir, convenir; (for.) replicar; comparecer.—**to a. back,** replicar, refunfuñar.—**to a. for,** abonar, acreditar, fiar, salir fiador de, respaldar, responder de; ser responsable de; hacer oficio de.—**to a. to the name of,** tener por nombre, llamarse; reconocer como nombre suyo.
answer, *s.* respuesta, contestación; refutación; (for.) réplica, dúplica; defensa; (mat.) solución, resultado.
answerable [-abl], *a.* responsable; correspondiente; equivalente; conforme; discutible, refutable.
answering service, *s.* servicio telefónico contratado para responder llamadas.
ant [ænt], *s.* (ent.) hormiga.—**a. bear,** (zool.) oso hormiguero.—**a. bird,** (orn.) pájaro hormiguero.—**a. cow,** (ent.) pulgón.—**a. hill,** hormiguero en forma de montículo.—**a. lion,** (ent.) hormiga león.—**white a.,** hormiga blanca, termes.
anta [ǽntä], *s.* (arq.) anta, pilastra, parástade.
antacid [æntǽsid], *a.* y *s.* antiácido.
antagonism [æntǽgonizm], *s.* antagonismo, contienda, oposición.
antagonist [-ist], *s.* antagonista, contrario, contendor, adversario.
antagonistic [-ístik], *a.* antagónico, contrario, opuesto, hostil.
antagonize [-aiz]. **I.** *va.* contender con, oponerse a; contrariar. **II.** *vn.* ser antagónico.
antalgic [æntǽldžik], *a.* antálgico, anodino.
antaphrodisiac [æntæfrodíziæk], *s.* y *a.* (med.) antiafrodisíaco.
antapoplectic [æntæpopléktik], *a.* (med.) antiapopléctico.

antarctic [-árktįk], *a.* antártico.
antarthritic [-arθrítįk], *a.* (med.) antiartrítico.
antasthmatic [-æzmǽtįk], *a.* (med.) antiasmático.
ante [ǽntį]. **I.** *prefijo,* ante, antes, antes de.—**a. bellum,** antes de la guerra.—**a. meridiem** (A. M.), antes del mediodía.—**a. mortem,** antes de morir. **II.** *vn.* (generalmente con *up*), poner su tanto o apuesta (en el juego); pagar la apuesta. **III.** *s.* tanto, suma que se apuesta y se pone sobre la mesa.
anteater [ǽntitœ(r)], *s.* (zool.) mamífero hormiguero; oso hormiguero; (Am.) tamanduá.
antecede [æntįsíd], *vn.* anteceder, preceder.
antecedence [-ęns], **antecedency** [-į], *s.* antecedencia, precedencia.
antecedent [-ęnt], *a.* y *s.* antecedente, precedente.
antecessor [æntįsésǫ(r)], *s.* antecesor, predecesor.
antechamber [ǽntįcheįmbœ(r)], *s.* antecámara, antesala.
antechapel [-chæpęl], *s.* (arq.) antecapilla.
antechoir [-kwaįr], *s.* (arq.) antecoro.
antechurch [-chœrch], *s.* (arq.) anteiglesia.
antedate [-déįt]. **I.** *va.* antedatar; (for.) retrotraer. **II.** [ǽntįdeįt], *s.* anticipación; antedata.
antedating [-déįtįŋ], *s.* (for.) retrotracción.
antediluvian [-dįlįúvįan], *a.* y *s.* antediluviano.
antelope [ǽntęloųp], *s.* antílope; gacela, gamuza.
antemeridian [æntįmęrídįan], *a.* antemeridiano.
antemetic [-métįk], *s.* y *a.* (med.) antiemético.
antemundane [-mʌ́ndeįn], *a.* antemundano, que antecedió a la creación del mundo.
antenatal [-néįtal], *a.* antenatal.
antenna [ænténä], *s.* (zool. y rad.) antena.—**a. (grounding) switch,** (rad.), interruptor de conexión de la antena con tierra.—**a. resistance,** (rad.) resistencia del circuito de la antena.
antennae [ænténi], *s. pl.* (zool.) antenas.
antenuptial [æntįnʌ́pŝal], *a.* antenupcial.
antepaschal [-pǽskal], *a.* antepascual.
antependium [-péndįʌm], *s.* (igl.) antependio.
antepenult [-pínʌlt] *o* **antepenultimate** [-pįnʌ́ltįmįt], *a.* y *s.* (gram.) antepenúltimo.
antepileptic [æntepįléptįk], *a.* (med.) antiepiléptico.
anteprandial [-prǽndįal], *a.* de antes de comer.
anterior [æntírįǫ(r)], *a.* anterior, delantero, de adelante, precedente.
anteriority [æntįrįárįtį], *s.* anterioridad, precedencia, antelación.
anteroom [ǽntįrum], *s.* antecámara.
anteversion [-vœ́rŝǫn], *s.* (med.) anteroversión.
antevert [-vœ́rt], *va.* volver hacia adelante.
anthelion [ænθílįǫn], *s.* (meteor.) antihelio.
anthelmintic [ænθɛlmíntįk], *a.* y *s.* antihelmíntico.
anthem [ǽnθɛm], *s.* antífona, motete, himno.
anther [ǽnθœ(r)], *s.* (bot.) antera, borlilla.
antheral [ǽnθœral], *a.* referente a anteras.
antheridium [ænθęrídįʌm], *s.* (bot.) anteridio.
anthological [ænθoládžįkal], *a.* antológico.
anthology [ænθálodžį], *s.* antología, florilegio.
anthophagous [ænθáfagʌs], *a.* antófago.
Anthozoa [ænθozóųä], *s. pl.* (zool.) antozoarios.
anthracene [ǽnθrasin], *s.* (quím.) antraceno.
anthracic [ænθrǽsįk], *a.* (med.) antrácico.
anthracite [ǽnθrasaįt], *s.* antracita.
anthracnose [ænθrǽknoųs], *s.* antracnosis.
anthrax [ǽnθræks], *s.* (med.) ántrax, carbunclo, avispero; fiebre esplénica; (vet.) bacera, lobado.
anthropocentric [ænθroposéntrįk], *a.* antropocéntrico.
anthropogeny [-pádžɛnį], *s.* antropogenia.
anthropography [-págrafį], *s.* antropografía.
anthropoid [ǽnθropoįd], *s.* y *a.* antropoide(o).
anthropologic(al [-poládžįk(al], *a.* antropológico.
anthropologist [-pálodžįst], *s.* antropólogo.
anthropology [-pálodžį], *s.* antropología.
anthropometric [-pométrįk], *a.* antropométrico.
anthropometrist [-pámɛtrįst], *s.* antropómetra, *m.*
anthropometry [-pámɛtrį], *s.* antropometría.
anthropomorphic [-pomórfįk], *a.* antropomórfico.
anthropomorphism [-pomórfįzm], *s.* antropomorfismo.
anthropomorphite [-pomórfaįt], *s.* antropomorfita.
anthropomorphous [-pomórfʌs], *a.* antropomorfo.
anthropophagi [-páfodžaį], *s. pl.* antropófagos.
anthropophagous [-páfagʌs], *a.* antropófago.
anthropophagy [-páfadžį], *s.* antropofagía.
anthropophobia [-pofóųbįa], *s.* antropofobia.
anthroposophy [-pásofį], *s.* antroposofía.
anthropozoic [-pozóųįk], *a.* (geol.) antropozoico.
anti [ǽntį], *afijo,* contra o contrario a.—NOTA. Con este afijo se forman muchos compuestos, cuyo significado es lo contrario de lo que expresa el segundo elemento.
antiaircraft [-érkræft], *a.* (mil.) de defensa contra fuerzas aéreas, antiaéreo.
antialcoholic [-ælkohólįk], *a.* antialcohólico.
antiar [ǽntįar], *s.* (bot.) antiar.
antiarin [ǽntįarįn], *s.* (quím.) antiarina.
antibacchius [-bǽkįʌs], *s.* (pros.) antibaquio.
antibacterial [-bæktírįal], *a.* antibactérico.
antibilious [-bílyʌs], *a.* (med.) antibilioso.
antibiotic [-baįátįk], *s.* y *a.* antibiótico.
antibody [-badį], *s.* (fisiol.) anticuerpo.
antic [ǽntįk]. **I.** *a.* extraño, ridículo, grotesco. **II.** *s.* zapateta, cabriola; (gen. *pl.*) travesuras, adefesios, extravagancias; bufón, gracioso. **III.** *vn.* hacer travesuras, etc.; cabriolar.
anticathode [-kǽθoųd], *s.* (fís.) anticátodo.
antichresis [-krísįs], *s.* (for.) anticresis.
Antichrist [-kraįst], *s.* antecristo, anticristo.
antichristian [-krįschan], *s.* y *a.* anticristiano.
anticipate [æntísįpeįt], *va.* esperar, prever; prevenir, anticipar(se), adelantar(se) a; impedir.
anticipation [-éįŝǫn], *s.* anticipación, adelantamiento, previsión; expectación.
anticipator [-ǫ(r)], *s.* anticipador.
anticipatory [æntísįpātorį], *a.* anticipante.
anticlerical [æntįklérįkal], *a.* anticlerical.
anticlericalism [-įzm], *s.* anticlericalismo.
anticlimax [-kláįmæks], *s.* (ret.) anticlímax.
anticlinal [-kláįnal], *a.* y *s.* (geol.) anticlinal.
anticoherer [-kohírœ(r)], *s.* (radtlg.) anticohesor.
anticoincidence [-koųínsįdęns], *s.* (fís., elec.) anticoincidencia.
anticommunist [-kámyųnįst], *s.* y *a.* anticomunista.
anticyclone [-sáįkloųn], *s.* anticiclón.
antidiphtheritic [-dįfθęrítįk], *s.* y *a.* (med.) antidiftérico.
antidotal [-doųtal], *a.* alexifármaco.
antidote [-doųt], *s.* antídoto, contraveneno.
antifebrile [-fíbrįl], *a.* (med.) antifebril.
antiforeignism [-fárįnįzm], *s.* xenofobia, odio o aversión a los extranjeros.
antifreeze [-fríz], *s.* y *a.* anticongelante.
antifriction [-fríkŝǫn], *a.* contra el rozamiento. —**a. compound,** lubricante.—**a. metal,** metal antifricción.—**a. wheels,** rodillos de fricción.
antigen [ǽntįdžɛn], *s.* (fisiol.) antígeno.
antiherpetic [-hœrpétįk], *a.* y *s.* (med.) antiherpético.
antihistamine [-hístamįn], *s.* (farm.) antihistamina.
antihysteric [-hįstérįk], *a.* y *s.* (med.) antihistérico.
anti-imperialism [-įmpírįalįzm], *s.* antiimperialismo.
anti-imperialist(ic [-įst(įk], *s.* y *a.* antiimperialista.
anti-inflationary [-įnfléįŝǫnɛrį], *a.* antiinflacionista.
antiknock [-nák], *a.* antidetonante (gasolina).

Antillean [æntịlíạn], *s.* y *a.* antillano.
antilogarithm [-lágạrịðm], *s.* (mat.) antilogaritmo, número correspondiente a un logaritmo.
antilogy [æntílodžị], *s.* antilogía.
antimacassar [æntịmạkǽsä(r)], *s.* antimacasar, cubierta del respaldo de un sofá o sillón.
antimalarial [-mạlérịạl], *a.* (med.) antipalúdico.
antimask o **antimasque** [-mæsk], *s.* (teat.) especie de entremés.
antimatter [-mǽtœ(r)], *s.* (fís.) antimateria.
antimeson [-mésan], *s.* (fís.) antimesón.
antimilitarist(ic [-mílịtạrịst(ịk], *s.* y *a.* antimilitarista.
antimissile [-mísịl], *a.* antiproyectil.
antimonarchic(al [-monárkịk(ạl], *a.*, **antimonarchist** [-mánạrkịst], *s.* antimonárquico.
antimonial [-móụnịạl], *a.* (quím.) antimonial.
antimon(i)ate [-(ị)eit], *s.* (quím.) antimoniato.
antimonic [-mánịk], *a.* (quím.) antimónico.
antimonious [-móụnịʌs], *a.* (quím.) antimonioso.
antimony [ǽntịmoụnị], *s.* antimonio.
antinephritic [-nịfrítịk], *a.* (med.) antinefrítico.
antineutrino [-nịutrínoụ], *s.* (fís.) antineutrino.
antineutron [-nịútran], *s.* (fís.) antineutrón.
antinode [-noụd], *s.* (fís.) sección ventral, o de entre nodos (de una cuerda que vibra).
antinomy [æntínomị], *s.* antinomia; paradoja.
antinucleon [-nịúklịan], *s.* (fís.) antinucleón.
Antiochian [æntịóụkịạn], *s.* y *a.* antioqueno.
antipapacy [-péịpạsị], *s.* antipapado.
antipapal [-péịpạl], *a.* antipapal.
antipapist [-péịpịst], *a.* y *s.* antipapista.
antiparallel [-pǽrạlel], *s.* (fís.) antiparalelo.
antiparticle [-pártịkl], *s.* (fís.) antipartícula.
antipathetic(al [-paθétịk(ạl], *a.* antipático; contrario, opuesto; adverso.
antipathy [æntípạθị], *s.* antipatía, antagonismo, tirria, repugnancia.
antiperistaltic [-pɛrịstǽltịk], *a.* antiperistáltico.
antipharmic [-fármịk], *a.* (med.) alexifármaco.
antiphlogistic [-flodžístịk], *s.* y *a.* antiflogístico.
antiphon [ǽntịfọn], **antiphony** [æntífonị], *s.* (igl.) antífona.
antiphonal [æntífonạl], **antiphonary** [-nɛrị], *s.* y *a.* (libro) antifonal o antifonario.
antiphrasis [æntífrạsịs], *s.* (ret.) antífrasis.
antipodal [æntípodạl], **antipodean** [-díạn], *a.* antípoda; contrario; opuesto.
antipode [ǽntịpoụd], *s.* antípoda, *m.*
antipodes [æntípodiz], *s. pl.* antípodas.
antipoison [ǽntịpọịzọn], *s.* antídoto, contraveneno.
antipope [-poụp], *s.* antipapa, *m.*
antiproton [-próụtan], *s.* (fís.) antiprotón.
antiputrefactive [-pịutrẹfǽktịv], *a.* y *s.* (med.) antipútrido, antiséptico.
antipyretic [-paịrétịk], *a.* y *s.* (med.) antipirético, febrífugo.
antipyrine [-páịrịn], *s.* (farm.) antipirina; analgesina.
antiquarian [-kwérịạn], *s.* y *a.* anticuario.
antiquarianism [-ịzm], *s.* afición a las antigüedades.
antiquary [ǽntịkwɛrị], *s.* anticuario.
antiquate [ǽntịkweịt], *va.* anticuar.
antiquated [-ịd], *a.* anticuado.
antique [æntík]. **I.** *a.* antiguo. **II.** *s.* antigüedad, antigualla.—**a. shop,** tienda de antigüedades.
antiquity [æntíkwịtị], *s.* antigüedad; ancianidad, vejez, vetustez.
antirabic [-réịbịk], *a.* antirrábico.
antirachitic [-rækítịk], *a.* y *s.* antirraquítico.
antirevolutionary [æntịrɛvolúŝọnạrị], **antirevolutionist** [-ịst], *a.* y *s.* antirrevolucionario.
antirheumatic [-rumǽtịk], *a.* y *s.* antirreumático.
antirrhinum [-ráịnʌm], *s.* (bot.) antirrino.
anti-saloon [-sạlún], *a.* enemigo de las tabernas y de la venta de licores; prohibicionista.—**A. League,** Liga antialcohólico.
antiscians [æntíŝạnz] *o* **antiscii** [æntíŝịaị], *s. pl.* (geog.) antiscios.
antiscorbutic(al [æntịskọrbịútịk(ạl], *a.* y *s.* (med.) antiescorbútico.
antiscrofulous [-skráfyụlʌs], *a.* antiescrofuloso.
anti-Semite [-sémaịt], *s.* antisemita.
anti-Semitic [-sẹmítịk], *a.* antisemítico.
anti-Semitism [-sémịtịzm], *s.* antisemitismo.
antisepsis [-sépsịs], *s.* (med.) antisepsia.
antiseptic [-séptịk], *a.* y *s.* antiséptico, antipútrido, desinfectante.
antiserum [-sírʌm], *s.* antisuero.
antiskid [-skịd], *a.* antideslizante (llantas, etc.).
antislavery [-sléịvœrị]. **I.** *s.* antiesclavismo, oposición a la esclavitud. **II.** *a.* antiesclavista.
antisocial [-sóụŝạl], *a.* antisocial.
antispasmodic [-spæzmádịk], *a.* y *s.* antiespasmódico.
antispastic [-spǽstịk], *a.* y *s.* (med.) antispástico.
antistrophe [æntístrofị], *s.* antistrofa.
antisubmarine [-sʌbmạrin], *a.* (mil.) (de defensa) contra submarinos.
antisyphilitic [-sịfịlítịk], *a.* y *s.* (med.) antisifilítico.
antitank [-tǽŋk], *a.* (mil.) antitanque.
antitetanic [-tịtǽnịk], *a.* (med.) antitétano.
antithesis [æntíθɛsịs], *s.* (ret.) antítesis; retruécano; oposición, contraste.
antithetical [-θétịkạl], *a.* antitético.
antitoxic [-táksịk], *a.* antitóxico, antivenenoso.
antitoxin [-táksịn], *s.* (med.) antitoxina.
antitrade [-treịd], *a.* y *s.* (viento) contraalisio.
antitragus [æntítrạgʌs], *s.* (anat.) antitrago.
anti-Trinitarian [-trịnịtérịạn], *s.* antitrinitario.
antitrust [æntịtrʌst], *s.* antimonopolio; contra u opuesto a los trusts.
antitype [-taịp], *s.* antitipo.
antivenereal [-vẹnírịạl], *a.* (med.) antivenéreo.
antivenin [-vénịn], *s.* antiveneno.
antler [ǽntlœ(r)], *s.* asta, cuerna o cornamenta del ciervo.
antlered [-d], *a.* que tiene astas, astado.
antoeci [æntísaị], *s. pl.* (geog.) antecos.
antonomasia [æntonoméịžịä], *s.* (ret.) antonomasia.
antonomastic [-mǽstịk], *a.* antonomástico.
antonym [ǽntonịm], *s.* antónimo, vocablo de significación opuesta a otro.
antrum [ǽntrʌm], *s.* antro, cueva; (anat.) antro.
anuran [-ạn], *a.* y *s.* (zool.) anuro (sin cola).
anuria [ạnịúrịä], *s.* (med.) anuria.
anus [éịnʌs], *s.* (anat.) ano, sieso, orificio.
anvil [ǽnvịl]. **I.** *s.* yunque; (anat.) yunque.—**double-beak a.,** bigornia.—**to be on the a.,** estar sobre el tapete (en discusión o preparación). **II.** *va.* formar o trabajar sobre el yunque; martillar.
anxiety [æŋzáịẹtị], *s.* ansia, ansiedad, inquietud, afán, desasosiego, cuidado; anhelo.
anxious [ǽŋkŝʌs], *a.* inquieto, impaciente, ansioso; anheloso, deseoso; angustioso, aflictivo.—**to be a.,** no tenerlas todas consigo.
anxiously [-lị], *adv.* ansiosa o impacientemente.
anxiousness [-nịs], *s.* ansiedad, solicitud; anhelo.
any [énị]. **I.** *a.* y *pron.* cualquier(a), cualesquier(a); algún, alguno; todo (*any child knows that,* todo, o cualquier, niño sabe eso).—**a. way (at all),** de cualquier modo, no importa cómo; así como así.—**at a. rate,** o **in a. case,** de todos modos, sea como fuere.—**not a.,** ninguno (más enfático, alguno, después del sustantivo; v.g. *I haven't any money* (*at all*), no tengo dinero alguno).—[Cuando *any* se usa partitiva o negativamente, por lo común no se traduce; v.g. *have you any money?* ¿tiene Vd. dinero? *I have not any money,* no tengo dinero.] **II.** *adv.* Como adverbio, *any* es a menudo expletivo o enfático, y no se traduce; v.g. *any farther,* más lejos.—**a. longer,** más tiempo, todavía; más.—**a. more,** más, aún; todavía.—**not a. longer, not a. more,** ya no, no más.—**not a.,** no . . . nada (*he didn't work a.,* no trabajó nada).—**not a. too** (seguido de *a.* o *adv.*), no . . . ni con mucho, no . . . ni mucho menos (*that is not any too easy,* eso no es fácil, ni con mucho, *o,*

eso no es tan fácil); no más de lo absolutamente necesario (*I did not come any too early*, no vine más temprano de lo absolutamente necesario, *o*, apenas tuve tiempo para llegar, *o*, llegué precisamente a tiempo); no más de lo que conviene, o de lo debido. (Gen., al traducir esta locución, es mejor cambiar el giro.)—**to be a. good,** servir para algo o en algo, valer algo (*nada* en oración negativa).

anybody [énibadi], *pron.* alguno, alguien, cualquiera; todo el mundo, toda persona.—**not a.,** nadie, ninguno.

anyhow [énihau], *adv.* de cualquier modo, a todas luces; en cualquier caso; sin embargo, con todo, como quiera que sea; de todos modos; salga lo que saliere, sea lo que (se) fuere.

anyone [éniwʌn], *pron. indef.* = ANYBODY.

anyplace [énipleis], *adv.* = ANYWHERE.

anything [éniθiŋ], *pron.* algo, alguna cosa, cualquier cosa; todo, todo lo que; (con negación) nada.—**a. else,** otra cosa.—**like a.** (*V.* LIKE).—**to be a. but,** ser todo menos, no ser absolutamente, o de ninguna manera, o ni con mucho (*he is anything but rich*, no es rico, ni con mucho).

anyway [éniwei]. *V.* ANYHOW.

anywhere [énihwer], *adv.* dondequiera, en cualquier parte; adondequiera, a cualquier parte.—**not a.,** en ninguna parte.—**not a. near,** no próximo, no en lugar cercano.

anywise [éniwaiz], *adv.* de cualquier manera.

Anzac [ǽnzæk], *s.* ejército expedicionario de Australia y Nueva Zelandia en la guerra mundial de 1914; soldado de este ejército.

aorist [éiorist], *s.* (gram.) aoristo.

aorta [eiórtä], *s.* (anat.) aorta.

aortic [eiórtik], *a.* aórtico.

apace [apéis], *adv.* aprisa, aceleradamente.

Apache [apǽchi], *s.* y *a.* apache.

apart [apárt], *adv.* aparte, a un lado; separadamente, de por sí; además; dejando a un lado, prescindiendo de; en pedazos, en partes.

apartheid [apárthait], *s.* sistema de segregación y discriminación contra la población no europea en África del Sur.

apartment [apártment], *s.* aposento; piso, cuarto, apartam(i)ento, departamento.—**a. building** = A. HOUSE.—**a. hotel,** casa de apartamentos donde se sirven comidas.—**a. house,** casa de apartamentos, de departamentos o de pisos.—**rear a.,** trascuarto.

apathetic [æpaθétik], *a.* apático, indiferente.

apathy [ǽpaθi], *s.* apatía, flema, indiferencia, insensibilidad, dejadez.

apatite [ǽpatait], *s.* (min.) apatita.

ape [eip]. **I.** *s.* (zool.) mono, simio; imitador.—**a.-like,** simiesco, símico. **II.** *va.* imitar, remedar.

apeak [apík], *adv.* (mar.) en posición vertical.

Apennine [ǽpenain], *a.* de los Apeninos.

apepsy [eipépsi], **apepsia** [-siä], *s.* (med.) apepsia.

aperient [apírient], **aperitive** [apéritiv], *a.* y *s.* (med.) aperitivo, laxante.

aperiodic [eipiriádik], *a.* aperiódico.

apéritif [æpeiritíf], *s.* aperitivo.

aperture [ǽpœrchur], *s.* abertura, paso, rendija, buco, portillo, vacío, orificio.

apetalous [eipétalʌs], *a.* (bot.) apétalo.

apex [éipeks], *s.* (*pl.* -XES *o* APICES) ápice, cúspide, *f.*, punta, vértice; fastigio, cima.

aphæresis [æférɛsis], *s.* (gram.) aféresis.

aphasia [æféižiä], *s.* (med.) afasia.

aphasic [æféizik], *a.* afásico.

aphelion [æfílion], *s.* (astr.) afelio.

aphesis [ǽfɛsis], *s.* (gram.) afesis.

aphid [éifid], **aphis** [éifis], *s.* (ent.) áfido, afídido, pulgón.

aphonia [eifóuniä], *s.* afonía, ronquera crónica.

aphonic [eifánik], *a.* sin sonido; afónico, afono; mudo.—**a. letter,** letra muda.

aphorism [ǽforizm], *s.* aforismo.

aphoristical [æforístikal], *a.* aforístico.

aphoristically [-i], *adv.* sentenciosamente.

aphrodisia [æfrodíziä], *s.* (pat.) afrodisia.

aphrodisiac [-díziæk], *a.* y *s.* afrodisíaco; lascivo, lujurioso.

aphtha [ǽfθä], *s.* (med.) afta.

aphthous [ǽfθʌs], *a.* (med.) aftoso.

aphyllous [æfílʌs], *a.* (bot.) áfilo, sin hojas.

apiarian [eipiérian], *a.* apiario; apícola.—**apiarist** [éipiarist], *s.* apicultor.—**apiary** [éipieri], *s.* apiario, colmenar, abejar, abejera.

apical [ǽpikal], *a.* apical, cimero.

apiculate [æpíkyuleit], *a.* (bot.) apiculado.

apiculture [éipikʌlchu(r)], *s.* apicultura.

apiculturist [-kʌ́lchurist], *s.* apicultor.

apiculus [æpíkyulʌs], *s.* (bot.) apículo.

apiece [apís], *adv.* por persona, por cabeza o barba; cada uno; sendos (*they had a lance apiece*, tenían sendas lanzas).

apiology [eipiálodži], *s.* estudio de las abejas.

apish [éipiš], *a.* monesco, simiesco, símico.

aplanatic [æplanǽtik], *a.* (ópt.) aplanético.

aplenty [aplénti], *a.* y *adv.* en abundancia; mucho; muy.

aplomb [aplóm], *s.* aplomo, seguridad; posición vertical; verticalidad.

apnea, apnoea [æpníä], *s.* (med.) apnea.

Apocalypse [apákalips], *s.* Apocalipsis.

apocalyptic(al [-líptik(al], *a.* apocalíptico.

apochromatic [æpakromǽtik], *a.* apocromático.

apocopate [apákopeit], *va.* (gram.) apocopar.

apocopation [-éišon], *s.* apócope, *f.*

apocope [æpákopi], *s.* (gram.) apócope, *f.*

apocrypha [apákrifä], *s. pl.* libros apócrifos.

apocryphal [-l], *a.* apócrifo.

apod(al [ǽpad(al], **apodous** [-ʌs], *a.* (zool.) ápodo.

apodictic(al [æpodíktik(al], *a.* apodíctico.

apodosis [æpádosis], *s.* (ret.) apódosis.

apogee [ǽpodži], *s.* (astr.) apogeo; auge.

apograph [ǽpogræf], *s.* apógrafo.

apolitical [eipolítikal], *a.* apolítico.

Apollonian [æpalóunian], *a.* apolíneo, de Apolo.

apologetic(al [apalodžétik(al], *a.* apologético.

apologetically [-i], *adv.* apologéticamente.

apologetics [-iks], *s.* (teo.) apologética.

apologia [æpolóudžiä], *s.* justificación o defensa.

apologist [apálodžist], *s.* apologista.

apologize [-aiz]. **I.** *va.* excusar, disculpar. **II.** *vn.* disculparse, excusarse, dar satisfacción.

apologue [ǽpolag], *s.* apólogo, fábula.

apology [apálodži], *s.* apología, defensa; excusa, disculpa, justificación; satisfacción.

apomorphin(e [æpomórfin], *s.* (quím.) apomorfina.

aponeurosis [-niuróusis], *s.* (anat.) aponeurosis.

aponeurotic [-niurátik], *a.* aponeurótico.

apophasis [æpáfasis], *s.* (ret.) insinuación por pretendida omisión.

apophyge [æpáfidži], *s.* (arq.) apófige, *f.*, imoscapo.

apophysis [æpáfisis], *s.* (anat.) apófisis.

apoplectic(al [æpopléktik(al], *a.* apoplético.

apoplexy [ǽpoplɛksi], *s.* (med.) apoplejía.

aport [apórt], *adv.* (mar.) a babor (el timón).

aposiopesis [æposaiopísis], *s.* (ret.) reticencia.

apostasy [apástasi], *s.* apostasía.

apostate [apásteit]. **I.** *s.* apóstata, *mf.*, elche. **II.** *a.* falso, pérfido.

apostatical [æpostǽtikal], *a.* apostático.

apostatize [apástataiz], *vn.* apostatar, renegar.

apostem [ǽpastɛm], o **aposteme** [-im], *s.* (med.) apostema, absceso.

apostematous [-témətʌs], *a.* apostemoso.

apostle [apástl], *s.* apóstol.—**Apostles' Creed,** Credo, símbolo de la fe.

apostleship [-šip], **apostolate** [apástoleit], *s.* apostolado.

apostolic(al [æpostálik(al], *a.* apostólico.—**A. See,** (igl.) sede apostólica, la Santa Sede.

apostolicity [apastolísiti], *s.* apostolicidad.

apostrophe [apástrofi], *s.* (ret.) apóstrofe, *mf.*; (gram.) apóstrofo, virgulilla.

apostrophic(al [æpostráfik(al], *a.* perteneciente al apóstrofe.

apostrophize [apástrofaiz]. I. *va.* y *vn.* apostrofar. II. *vn.* (gram.) hacer una elisión; usar el apóstrofo.
apothecary [apáθekeri], *s.* boticario, farmacéutico.—**a.'s file,** recetario.—**a.'s measure,** sistema de medidas para líquidos usado en farmacia.—**a.'s shop,** botica, farmacia.—**a.'s weight,** sistema de pesos usado en farmacia.
apothecium [æpoθíšiʌm], *s.* (bot.) apotecia.
apothegm [ǽpoθem], *s.* apotegma, *m.*, proloquio.
apothegmatical [æpoθegmǽtikal], *a.* sentencioso.
apothem [ǽpoθem], *s.* (geom.) apotema; (farm.) sedimento de una pócima.
apotheosis [æpaθióusis], *s.* apoteosis.
apotheosize [æpáθiosaiz], *va.* deificar.
apozem [ǽpozem], *s.* (farm.) (a)pócima, apócema.
Appalachian [æpaléichian], *a.* apalache, de los montes Apalaches o Alleghanys de los E. U.
appal(l [apól], *va.* espantar, aterrar; consternar, desmayar, desanimar.
appalling [-iŋ], *a.* espantoso, aterrador.
appanage [ǽpanidž], *s.* dependencia; infantado; don o condición natural o concomitante.
apparatus [æparéitʌs], *s.* instrumento, dispositivo, aparejo, aparato.
apparel [apǽrel]. I. *s.* ropa; vestiduras; (mar.) aparejo y demás accesorios (de un barco).—**wearing a.,** ropa, ropaje, traje, indumentaria, vestidos, *m. pl.* II. *va.* vestir, trajear; adornar; proveer.
apparent [apérent], *a.* aparente; claro, manifiesto; especioso.—**a. horizon,** horizonte sensible.—**a. time,** tiempo solar verdadero.—**heir a.,** heredero forzoso.
apparently [-li], *adv.* evidentemente, claramente; al parecer, aparentemente.
apparition [æparíšon], *s.* aparición, aparecimiento; visión, fantasma, *m.*, espectro.
apparitor [apǽrito(r)], *s.* ministril, esbirro, muñidor; bedel.
appeal [apíl]. I. *vn.* (seguido de **to**) mover, despertar, excitar, hacer llamamiento a; interesar a; llamar la atención de; atraer a; apelar o recurrir a; pedir a, suplicar a; poner por testigo a; exhortar a; (for.) apelar, acudir en apelación; alzarse; suplicar de la sentencia.—**to a. from the chair,** apelar de la resolución o del fallo del presidente (o de quien preside).—**to a. to the country,** (pol.) apelar al pueblo disolviendo el parlamento para hacer nuevas elecciones. II. *va.* apelar de, llevar a un tribunal superior. III. *s.* simpatía, atracción; halago, incentivo, estímulo; súplica, instancia; llamamiento; exhortación; recurso a decisión ajena; (for.) apelación, recurso (de alzada).—**without a.,** (for.) sin recurso, inapelable.
appealable [-abl], *a.* apelable.—**appealer** [-œ(r)], *s.* apelante.—**appealing** [-iŋ], *a.* suplicante; atrayente, que despierta simpatía o aprobación.
appear [apír], *vn.* aparecer(se), mostrarse, (a)personarse, presentarse; brotar, surgir; parecer, semejar; rayar, nacer; (for.) comparecer, (a)personarse.—to a. to be, aparentar, representar.
appearance [-ans], *s.* apariencia, cosa que parece; apariencia, aspecto, (fam.) pergeño, facha; aparición; surgimiento; (for.) comparecencia.—*pl.* **to all a.,** al parecer, a lo que parece, según todas las apariencias.—**to save a.,** por el bien parecer.
appease [apíz], *va.* aplacar, apaciguar, desenojar, pacificar; calmar, mitigar.
appeasement [-ment], *s.* apaciguamiento, aplacación, desenojo, pacificación; alivio.
appeaser [-œ(r)], *s.* apaciguador, reconciliador, pacificador, aplacador.
appellable [apélabl], *a.* apelable.
appellancy [apélansi], *s.* apelación.
appellant [apélant]. I. *s.* apelante, recurrente; demandante. II. *a.* perteneciente al apelante o a la apelación.
appellate [apélit], *a.* (for.) de apelación; que tiene jurisdicción en las apelaciones.—**a. court,** tribunal de apelaciones o de casación.
appellation [æpeléišon], *s.* nombre (apelativo), denominación; título, tratamiento.
appellative [apélativ]. I. *s.* apelativo; sobrenombre; apellido; (gram.) apelativo. II. *a.* apelativo, común.
appellee [æpelí], *s.* (for.) apelado, demandado.
append [apénd], *va.* añadir, anexar; atar; colgar.
appendage [-idž], *s.* pertenencia, dependencia, accesorio; colgajo; apéndice.
appendant [-ant]. I. *a.* pendiente, colgante; anexo, adjunto; puesto, pegado; accesorio. II. *s.* accesorio; dependencia.
appendectomy [æpendéktomi], **appendicectomy** [-diséktomi], *s.* (cir.) apend(ic)ectomía, operación para extraer el apéndice vermiforme.
appendices [apéndisiz], *s. pl.* de APPENDIX.
appendicitis [apendisáitis], *s.* (med.) apendicitis.
appendicular [æpendíkiulă(r)], *a.* apendicular; relativo al apéndice vermiforme.
appendiculate [-lit], *a.* apendiculado.
appendix [apéndiks], *s.* apéndice, anexo, suplemento; aditamento; (bot. y zool.) apéndice; (anat.) apéndice vermiforme; (aer.) apéndice (de un dirigible).
apperceive [æpœrsív], *va.* (psic.) percibir y reconocer las relaciones del objeto percibido con percepciones o ideas anteriores, conocer por apercepción.
apperception [-sépšon], *s.* (psic.) apercepción, conciencia.
appertain [æpœrtéin], *vn.* pertenecer, tocar, relacionarse (con), atañer, concernir.
appetence [ǽpitens], **appetency** [-i], *s.* anhelo, avidez; apetencia, inclinación, propensión.
appetite [ǽpetait], *s.* apetito, hambre, apetencia, gana; deseo, anhelo.—**inordinate a.,** caninez.—**lack of a.,** desgana, inapetencia.—**without a.,** desganado.
appetize [ǽpetaiz], *va.* abrir o excitar el apetito.
appetizer [-œ(r)], *s.* aperitivo; apetite.
appetizing [-iŋ], *a.* apetitivo; apetitoso, aperitivo; tentador, excitante.
Appian Way [ǽpian wéi], *s.* Vía Apia.
applaud [aplód], *va.* y *vn.* aplaudir, palm(ot)ear, vitorear, aclamar, alabar; dar palmadas.
applauder [-œ(r)], *s.* aplaudidor, aclamador.
applause [aplóz], *s.* aplauso, palmada, palmoteo; alabanza, aclamación.
apple [ǽpl], *s.* (bot.) manzana, poma.—**a. butter,** mermelada de manzanas.—**a. green** (color), verde manzana.—**a. of discord,** manzana de la discordia.—**a. of love,** tomate.—**a. of the eye,** niña del ojo.—**a. orchard,** manzanal, pomar.—**a. pie** o **tart,** (coc.) pastel(illo) de manzanas.—**a.-pie order,** (fam.) orden perfecto.—**a. tree,** manzano.
applejack [-džæk], *s.* aguardiente de manzana.
applesauce [-sos], *s.* compota de manzana; (fam.) tonterías.
appliance [apláians], *s.* herramienta, instrumento, utensilio, aparato, adminículo, artificio, artefacto; accesorio, dispositivo; aplicación.
applicability [æplikabíliti], **applicableness** [ǽplikablnis], *s.* aplicabilidad.
applicable [ǽplikabl], *a.* aplicable; pertinente.
applicant [ǽplikant], *s.* suplicante, peticionario, solicitante, aspirante, pretendiente, candidato.
application [-éišon], *s.* aplicación; uso, empleo; consagración; medicamento aplicado; súplica; petición, solicitud, memorial, (Méx.) ocurso.—**a. blank,** o **form,** formulario.—**to fill out an a.,** llenar un formulario.—**to make a.,** formular solicitud.—**to make a. to,** recurrir a; dirigirse a.
applicative [ǽplikeitiv], **applicatory** [ǽplikători], *a.* aplicable, aplicativo.
applied [apláid], *a.* aplicado; adaptado, utilizado.—**a. for,** pedido, encargado.—**patent a. for,**

se ha solicitado patente.—**a. mathematics,** matemáticas aplicadas.
applier [aplái̯œ(r)], *s.* el que aplica, adapta o solicita algo.
appliqué [æpli̯kéi̯], *s.* (cost.) aplicación.
apply [aplái̯]. **I.** *va.* aplicar; dar, administrar; poner; fijar; apropiar; (refl.) darse, aplicarse o consagrarse; ponerse a.—**to a. the brake(s to),** frenar. **II.** *vn.* dirigirse, acudir, ir; ser aplicable o pertinente.—**to a. for,** solicitar, pedir.
appoggiatura [apadžatúra], *s.* (mús.) apoyatura.
appoint [apói̯nt], *va.* nombrar, designar, elegir, comisionar, destinar, adscribir; señalar, asignar; (for.) discernir (tutor); ordenar, prescribir, resolver; amueblar, equipar, proveer de lo necesario o de accesorios (en este sentido generalmente no se usa sino el participio **appointed,** v.g., *a well-appointed room,* un cuarto bien amueblado y provisto); establecer, sentar.—**appointed day,** día (a)diado.
appointee [-í], *s.* persona nombrada o electa; (for.) aquel a quien se asigna el derecho de disponer de bienes ajenos total o parcialmente.
appointer [-œ(r)], *s.* el que nombra, ordena, designa; nominador, etc.
appointive [-i̯v], *a.* designado.
appointment [-mg̡nt], *s.* nombramiento, señalamiento; puesto, empleo, destino; cita, compromiso; acuerdo, convenio; orden, mandato, decreto; *pl.* equipo; mobiliario; accesorios.
apportion [apóršo̡n], *va.* (pror)ratear, repartir; adjudicar; derramar (tributos).
apportionment [-mg̡nt], *s.* (pror)rateo; prorrata; repartimiento, distribución.
appose [æpóu̯z], *va.* poner o fijar lado a lado, aplicar; yuxtaponer.
apposite [ǽpozi̯t], *a.* adaptado, propio, oportuno, a propósito; yuxtapuesto.
appositely [-li̯], *adv.* convenientemente, a propósito.
appositeness [-ni̯s], *s.* adaptación; propiedad.
apposition [æpozí̯šo̡n], *s.* (gram.) aposición; adición, añadidura, yuxtaposición.
appositive [apázi̯ti̯v], *a.* (gram.) apositivo.
appraisable [apréi̯za̡bl], *a.* tasable, apreciable.
appraise [apréi̯z], *va.* (a)valuar, valorar, justipreciar, aforar, tasar; estimar, apreciar.
appraisal [-a̡l], **appraisement** [-mg̡nt], *s.* tasa (-ción), avalúo, valuación, aprecio, aforo.
appraiser [-œ(r)], *s.* tasador, avaluador, apreciador.
appraisingly [-i̯ŋli̯], *adv.* tasativamente.
appreciable [aprísi̯a̡bl], *a.* apreciable, estimable; perceptible, sensible, notable.
appreciate [aprísi̯ei̯t]. **I.** *va.* apreciar, estimar; valuar, tasar; encarecer. **II.** *vn.* subir en valor.
appreciation [-éi̯šo̡n], *s.* valuación, tasa, avalúo; alza, aumento de precio; aprecio, apreciación; sensibilidad, estimativa.
appreciative, appreciatory [aprísi̯a̡ti̯v, -tori̯], *a.* apreciativo, comprensivo.
appreciator [aprísi̯ei̯to̡(r)], *s.* avaluador, tasador; el que reconoce los méritos de algo.
apprehend [æpri̯hénd], *va.* y *vn.* comprender, entender, percibir; temer, sospechar, maliciar, recelar; aprehender, asir; prender, capturar.
apprehensible [æpri̯hénsi̯bl], *a.* comprensible.
apprehension [-šo̡n], *s.* aprensión, recelo, cuidado, malicia; comprensión; aprehensión, estimación, idea; presa, prisión, captura.—**to be dull of a.,** tener la cabeza dura.
apprehensive [-si̯v], *a.* aprensivo, receloso, tímido, sobrecogido; aprehensivo, agudo, penetrante, perspicaz; consciente.
apprehensively [-li̯], *adv.* aprehensivamente.
apprehensiveness [-ni̯s], *s.* aprensión, recelo.
apprentice [apréntis]. **I.** *s.* aprendiz *m.*, novicio, principiante; meritorio.—**a. seaman,** grumete, aprendiz de marinero. **II.** *va.* alquilar o contratar como aprendiz.
apprenticeship [-ši̯p], *s.* aprendizaje, noviciado.
apprise, apprize [apráiz], *va.* informar, avisar, comunicar, dar parte (de algo); valuar, tasar.
apprizement [-mg̡nt], *s.* aviso, notificación.
apprizer [-œ(r)], *s.* el que informa, avisa, etc.; (raro) valuador, tasador.
approach [apróu̯ch]. **I.** *va.* y *vn.* aproximar(se), acercar(se); allegar(se); hacer propuestas, insinuaciones a uno. **II.** *s.* acercamiento; acceso; proximidad; *pl.* (fort.) aproches, ataques; *pl.* (const.) accesos, vía de entrada o de acceso.
approachable [-a̡bl], *a.* accesible, atracable; abordable, comunicativo.
approaching [-i̯ŋ]. **I.** *a.* próximo, cercano, venidero. **II.** *s.* acercamiento, apropincuación.
approbate [ǽprobei̯t], *va.* (E. U.) aprobar; licenciar, autorizar.
approbation [-éi̯šo̡n], *s.* aprobación, aplauso, aceptación, beneplácito.
approbative [ǽproba̡ti̯v], **approbatory** [-tori̯], *a.* aprobatorio.
appropriable [apróu̯pri̯a̡bl], *a.* apropiable.
appropriate [apróu̯pri̯ei̯t]. **I.** *va.* apropiar(se), destinar, consignar; posesionarse, incautarse, adjudicarse; votar, asignar (una partida). **II.** [-pri̯i̯t], *a.* apropiado, apto, a propósito, pertinente.—**to be a.,** caer bien, venir al pelo.
appropriately [-li̯], *adv.* apropiadamente, propiamente, aptamente.
appropriateness [-ni̯s], *s.* aptitud; propiedad.
appropriation [-éi̯šo̡n], *s.* apropiación, consignación; suma votada o consignada para algún objeto; (for.) enajenación de un beneficio.
appropriator [apróu̯pri̯ei̯to̡(r)], *s.* apropiador.
approvable [aprúva̡bl], *a.* aprobable.
approval [-a̡l], *s.* aprobación; beneplácito, visto bueno; consentimiento.—**on a.,** (com.) a prueba.
approve [aprúv]. **I.** *va.* aprobar, sancionar, confirmar, ratificar; dar el visto bueno a; probar, demostrar; (for.) apropiarse.—**to a. one's self worthy,** demostrar que uno es digno. **II.** *vn.* (seguido de **of**), aprobar, sancionar.
approver [-œ(r)], *s.* aprobador, aprobante.
approximate [apráksi̯mi̯t]. **I.** *a.* próximo, inmediato, cercano; aproximado. **II.** [-ei̯t], *va.* y *vn.* aproximar(se), acercar(se).
approximately [-mi̯tli̯], *adv.* aproximadamente.
approximation [-éi̯šo̡n], *s.* aproximación, acercamiento; cálculo aproximado o prudencial.
appulse [apʌ́ls], *s.* choque, encuentro; aproximación; (astr.) apulso.
appurtenance [apœ́rtg̡na̡ns], *s.* (for.) adjunto; pertenencia, dependencia.—*pl.* (com.) incidentes; arreos; anexidades.
appurtenant [-a̡nt]. **I.** *a.* perteneciente, anejo, accesorio. **II.** *s.* = APPURTENANCE.
apricot [éi̯pri̯kat], *s.* (bot.) albar(i)coque, damasco.—**a. tree,** albar(i)coquero.
April [éi̯pri̯l], *s.* abril.—**A. Fools' Day,** primer día de abril.—**A. fool,** el que es burlado en ese día.
apriorism [ei̯prai̯óu̯ri̯zm], *s.* (filos.) apriorismo.—**apriorist** [-i̯st], *s.* apriorista.
aprioristic [-i̯sti̯k], *a.* apriorístico.
apron [éi̯pro̡n], *s.* delantal, devantal, excusalí; mandil, plastrón; batiente de un dique; plancha de protección; plancha de guía; cubierta, manta; (art.) planchada o plomada de cañón; (mec.) cubierta protectora de palastro; portaherramienta; correa sin fin; plancha delantera de un torno; (hidr.) entablado, empedrado u otra obra de protección al pie de una presa, muro de defensa, etc.—**a. conveyor,** transportador de cadena sin fin.—**a. of the stem,** (mar.) albitana, contrabranque.—**a. stage,** (teat.) primer plano.—**a. strings,** cintas del delantal.—**tied to the a. strings,** dominado por la mujer o madre.
aproned [-d], *a.* vestido con delantal.
apropos [æpropóu̯], *adv.* y *a.* a propósito, oportunamente, oportuno, pertinente.
apse, apsis [æps, ǽpsi̯s], *s.* (arq.) ábside, *mf.;* (astr.) ápside.—**a. aisle,** girola.—**western a.,** contraábside.
apsidal [ǽpsi̯da̡l], *a.* del ábside.
apt [æpt], *a.* apto, idóneo, capaz; propio, perti-

nente; propenso, listo, inclinado; fácil, dispuesto, pronto, vivo.
apterous [-ʌs], *a.* (zool.) áptero, sin alas.
apteryx [-iks], *s.* (zool.) ápterix o aptérix, ave (*f.*) de Nueva Zelandia de alas rudimentarias.
aptitude [ǽptitiud], **aptness** [ǽptnis], *s.* aptitud, capacidad, idoneidad; tendencia, disposición, facilidad.
aptly [ǽptli], *adv.* aptamente; prontamente.
Apulian [apiúlian], *s.* y *a.* pullés, de la Pulla (Apulia).
apyretic [eipairétik], *a.* (med.) apirético, sin fiebre.
apyrexia [-réksiä], *s.* apirexia, período sin fiebre.
aqua [ǽkwä], *s.* agua.—**a. ammoniæ,** agua amoniacal.—**a. fontana,** agua de manantial.—**a. fortis,** agua fuerte.—**a. pura,** agua destilada.—**a. regia,** agua regia.—**a. tofana,** tofana.—**a. vitæ,** alcohol, licor.
aquafortist [-fórtist], *s.* (b.a.) aguafuertista, acuafortista.
aqualung [-lʌŋ], *s.* equipo para respirar bajo el agua (empleado por buzos).
aquamarine [-marín], *s.* (min.) aguamarina.
aquaplane [-plein], *s.* (dep.) acuaplano.
aquapuncture [-pʌŋkchū(r)], *s.* (med.) acupuntura.
aquarelle [ækwarél], *s.* (pint.) acuarela.
aquarellist [-ist], *s.* acuarelista.
aquarium [akwériʌm], *s.* acuario, pecera.
Aquarius [akwériʌs], *s.* (astr.) Acuario.
aquatic(al [akwǽtik(al], *a.* acuático, acuátil.
aquatint [ǽkwatint], *s.* acuatinta, aguatinta, grabado al agua tinta.
aqueduct [ǽkwidʌkt], *s.* acueducto.
aqueous [éikwiʌs], **aquose** [éikwous], *a.* ácueo, acuoso, aguoso, aguazoso.—**a. humor,** humor ácueo, aguaza.
aquiline [ǽkwilin], *a.* aguileño, aquilino.
Aquitanian [ækwitéinian], *a.* y *s.* aquitano, aquitánico.
Ara [éirä], *s.* (astr.) Ara, el Altar.
Arab [ǽrab], **Arabian** [aréibian], *s.* y *a.* árabe, arábigo.—**street A.,** pillete de calle, golfo.—**The Arabian Night** , las Mil y una Noches.
arabesque [ærabésk], *s.* y *a.* (b.a.) arabesco.—**a. work,** aceituní.
Arabic [ǽrabik]. **I.** *s.* árabe, lengua arábiga. **II.** *a.* arábigo.—**A. numeral,** cifra arábiga, número arábigo.
Arabism [-izm], *s.* arabismo.
Arabist [-ist], *s.* arabista.
arable [ǽrabl], *a.* labrantío, cultivable.
Arachnida [ærǽknidä], *s. pl.* arácnidos.
arachnid(an [-nid(an], *s.* y *a.* (zool.) arácnido.
arachnoid [-noid]. **I.** *a.* semejante a una telaraña; (zool.) arácnido, aracnoideo; (anat.) aracnoideo; (bot.) aracnoide. **II.** *s.* (zool.) arácnido, aracnoideo; (anat.) aracnoides, *f.* (ll. t. **a. membrane**).
arachnoiditis [-aitis], **arachnitis** [ærækná́itis], *s.* (med.) aracnoiditis.
arachnology [æræknálodži], *s.* aracnología.
Aragonese [æragoníz], *a.* y *s.* aragonés.
aragonite [ærǽgonait] *s.* (min.) aragonito.
Aramaic [æraméiik], **Aramean** [æramían], *a.* y *s.* arameo.
araneous [æréiniʌs], *a.* semejante a la telaraña.
Araucanian [ærokéinian], *a.* y *s.* araucano.
arbalest, arbalist [árbalist], *s.* ballesta.
arbalester, arbalister [-œ(r)], *s.* ballestero.
arbiter [árbitœ(r)], *s.* arbitrador, árbitro.
arbitrable [-trabl], *a.* arbitrable.
arbitrage [-tridž], *s.* (com., etc.) arbitraje.
arbitral [-tral], *a.* arbitral; arbitrable.
arbitrament [arbítrament], *s.* arbitraje; arbitramento; arbitrio.
arbitrarily [árbitrerili], *adv.* arbitrariamente.
arbitrariness [-inis], *s.* arbitrariedad.
arbitrary [-i], *a.* arbitrario, despótico, absoluto; (for.) discrecional.
arbitrate [árbitreit], *va.* y *vn.* arbitrar, terciar, componer; decidir como árbitro.
arbitration [-éišon], *s.* arbitramento, arbitraje, arbitración, componenda, tercería.—**a. of exchange,** (com.) arbitraje de cambio.
arbitrator [-to(r)], *s.* arbitrador, árbitro; tercero, componedor; ponente.
arbitratrix [-triks], **arbitress** [árbitris], *s.* arbitradora.
arbor [árbo(r)], *s.* (mec.) árbol, eje; tambor; (bot.) árbol; emparrado, bacelar; glorieta, cenador.—**a. shaft** = CARDAN JOINT.—**a. vitæ,** (bot.) tuya, árbol conífero, árbol de la vida; (anat.) aspecto ramoso de la sección vertical del cerebelo, centro medular, árbol de la vida.
arboreal, arboreous [arbórial, -iʌs], **arborous** [árborʌs], *a.* arbóreo.
arbored [árbord], *a.* arbolado.
arborescence [arborésens], *s.* arborescencia.
arborescent [-ent], *a.* arborescente.
arboretum [arboritʌm], *s.* plantel, almáciga, criadero de árboles; jardín botánico.
arboriculture [árborikʌlchū(r)], *s.* arboricultura.
arboriculturist [-ist], *s.* arboricultor.
arborist [arborist], *s.* arbolista, arborista.
arbuscle [árbʌsl], *s.* arbustillo.
arbutus [arbiútʌs], *s.* (bot.) madroño, gayuba.—**trailing a.,** epigea.
arc [ark]. **I.** *s.* (geom., elec., astr.) arco.—**a. lamp,** o **light,** lámpara o luz de arco voltaico.—**a. lighting,** alumbrado de arco.—**a. process,** (quím.) fijación del nitrógeno del aire combinándolo con el oxígeno por medio del arco eléctrico.—**a. welding,** soldadura de arco. **II.** *vn.* (elec.) formar arco.
arcade [arkéid], *s.* arcada; arquería, porche, soportales, *m. pl.*, galería.
Arcadian [arkéidian], *a.* y *s.* arcadio, árcade, arcádico; simple, pastoral.
arcane [arkéin], *a.* arcano, misterioso.
arcanum [-ʌm], *s.* arcano, misterio, secreto.—*pl.* arcana, arcanos.
arch [arch]. **I.** *va.* (arq.) arquear, encorvar, enarcar, voltear, montear; abovedar. **II.** *vn.* formar bóveda. **III.** *s.* (geom. y arq.) arco; bóveda.—**the a. of heaven,** la bóveda celeste.—**a. of the aorta,** (anat.) la curvatura de la aorta.—**Gothic a., pointed a.,** arco ojival, arco gótico.—**horseshoe a.,** arco de herradura.—**round** o **semicircular a.,** arco de medio punto.—**segmental a.,** arco rebajado.—**three-center a.,** arco apainelado. **IV.** *a.* travieso; picaresco, socarrón, astuto; principal, insigne, de primer orden, grande.
Arch(a)ean [arkían], *a.* (geol.) arqueano.
archæologic(al [arkiolád̂žik(al], *a.* arqueológico.
archæologist [arkiálodžist], *s.* arqueólogo.
archæology [arkiálodži], *s.* arqueología.
archaic [arkéiik], *a.* arcaico, anticuado, desusado.
archaism [árk(e)iizm], *s.* arcaísmo.
archaist [-ist], *s.* arcaísta.
archaistic [-ístik], *a.* arcaizante.
archaize [-aiz], *vn.* y *va.* arcaizar.
archangel [árkéindžel], *s.* arcángel.
archangelic [arkændžélik], *a.* arcangélico.
archbishop [árchbíšop], *s.* arzobispo, metropolitano.—**archbishopric** [-rik], *s.* arzobispado.
archdeacon [árchdíkon], *s.* arcediano; archidiácono.
archdeaconry [-ri]. **archdeaconship** [-šip], *s.* arcedianato.
archdiocese [-dáiosiz], *s.* archidiócesis, arquidiócesis.
archducal [-diúkal], *a.* archiducal.
archduchess [-dʌ́chis], *s.* archiduquesa.
archduchy [-dʌ́chi], *s.* archiducado.
archduke [-diúk], *s.* archiduque.
archdukedom [-dom], *s.* archiducado.
arched [archt], *a.* arqueado, abovedado, corvo.
archenemy [árchénimi], *s.* el enemigo malo, el demonio, satanás.
archeologist, etc. *V.* ARCHÆOLOGIST. etc.
Archeozoic [arkiozouik], *a.* (geol.) arqueozoico.

archer [árchœ(r)], *s.* arquero, ballestero, flechero.
archeress [-is], *s.* ballestera, flechadora.
archery [-i], *s.* ballestería.
archetypal [árkitaipal], *a.* arquetípico, perteneciente al arquetipo.
archetype [árkitaip], *s.* arquetipo, prototipo.
archfiend [árchfínd], *s.* el demonio, el diablo.
archidiaconal [arkidaiǽkonal], *a.* perteneciente al arcediano.
archiepiscopacy [arkiipískopasi], **archiepiscopate** [-peit], *s.* arzobispado.
archiepiscopal [-pal], *a.* arquiepiscopal o arzobispal.—**a. diocese,** arquidiócesis.—**a. church,** metrópoli, *f.*
archil [árkil], *s.* (bot.) orchilla, urchilla.
archimandrite [arkimǽndrait], *s.* archimandrita, *m.*
Archimedean [arkimídian], *a.* arquimédico, de Arquimedes.
arching [árchiŋ]. **I.** *a.* arqueado. **II.** *s.* arqueo, curvatura.
archipelago [arkipélagou], *s.* archipiélago.
architect [árkitekt], *s.* arquitecto; (fig.) artífice.
architectonic [-tektánik], *a.* arquitectónico.
architectonics [-s], *s.* arquitectura, arte arquitectónico; (filos.) arquitectónica (término kantiano).
architectural [-tékchūral], *a.* arquitectural, arquitectónico.
architecture [árkitekchū(r)], *s.* arquitectura.
architrave [árkitreiv], *s.* (arq.) arquitrabe.
archive [árkaiv], *s.* archivo; documento archivado.—*pl.* estaneo.
archivist [árkivist], *s.* archivero, archivista.
archivolt [árkivoult], *s.* (arq.) archivolta, arquivolta.
archlike [árchlaik], *a.* en forma de arco.
archly [árchli] *adv.* jocosamente, sutilmente.
archness [árchnis], *s.* travesura, astucia, sutileza de ingenio.
archon [árkan], *s.* arconte.
archpriest [árchpríst], *s.* gran sacerdote; arcipreste.
archpriesthood [-hud], *s.* arciprestazgo.
archvillain [archvílan], *s.* bellaconazo, picarón.
archvillainy [-i], *s.* gran bellaquería.
archway [árchwei], *s.* arcada; pasadizo bajo un arco; pasaje abovedado.
archwise [árchwaiz], *a.* en figura de arco.
arciform [ársifɔrm], *a.* en forma de arco.
arcing [árkiŋ]. **I.** *s.* (elect.) formación de arco. **II.** *a.* (elec.) que forma arco.
arcograph [árkogræf], *s.* arcógrafo.
arctic [árktik]. **I.** *a.* ártico, septentrional; frígido. —**a. fox,** (zool.) zorro azul. **II.** *s.* región ártica, círculo ártico.—*pl.* zapato(ne)s de goma o de abrigo.
Arcturus [arktiúrʌs], *s.* (astr.) Arturo.
arcuate [árkiuit], *a.* arqueado.
arcuation [arkiuéiʃon], *s.* arqueo, encorvamiento, curvatura; (agr.) acodadura.
arcubalist [árkiubalist], *s.* ballesta.
arcubalister [-bǽlistœ(r)], *s.* ballestero.
ardency [árdensi], **ardentness** [árdentnis], *s.* ardor, vehemencia, anhelo, calor, ansia.
ardent [árdent], *a.* ardiente; vehemente, apasionado, vivo.—**a. spirits,** licores espirituosos.
ardently [-li], *adv.* apasionadamente, ardientemente, calurosamente, fogosamente.
ardor [árdo(r)], *s.* ardor, calor, fuego; pasión, ahinco, vehemencia, fervor; acaloramiento.
arduous [árdžuʌs], *a.* arduo, difícil, laborioso; alto, escabroso, enhiesto.
arduously [-li], *adv.* arduamente.
arduousness [-nis], *s.* arduidad.
are [ar]. 2*a. pers. sing.*, 1 *a.*, 2 *a.* y 3 *a. pers. pl. pres. ind.* de TO BE.
are [er], *s.* área (medida de cien metros cuadrados).
area [éria], *s.* área; extensión, superficie; región, zona; comarca; terreno, tierra; (geom.) área, superficie.
areaway [-wei], *s.* pasadizo entre edificios; entrada de un sótano (para penetración de aire, luz, etc.).
areca [ǽrikä], *s.* (bot.) areca y su fruto; bonga.
arena [arínä], *s.* arena, liza, redondel, ruedo.
arenaceous [ærinéiʃiʌs], **arenose** [ǽrinous], *a.* arenisco, arenoso, arenáceo.
areola [æríolä], *s.* (anat.) aréola.
areolar [-(r)], *a.* areolar.
areometer [æriámetœ(r)], *s.* areómetro, pesalicores.
Areopagite [æriápadžait], *s.* areopagita, *m.*
Areopagus [æriápagʌs], *s.* Areópago.
argal, argali [árgal, -i], *s.* (zool.) argalí, carnero salvaje de Siberia y de las Montañas Rocosas.
argala [-ä], *s.* (orn.) marabú; garza carroñera de la India.
Argand lamp [árgænd læmp], *s.* quinqué.
argent [árdžent]. **I.** *a.* argénteo, argentino. **II.** *s.* (poét.) plata; blancura; (blas.) argén.
argentation [-éiʃon], *s.* plateadura, baño de plata.
argenteous [ardžéntiʌs], *a.* argénteo, argentino.
argentiferous [ardžentíferʌs], *a.* argentífero.
Argentina [ardžentína], *s.* Argentina.
argentine [árdžentin]. **I.** *a.* argentino. **II.** *s.* metal blanco plateado; precipitado de estaño y cinc; materia plateada de las escamas de los peces.
Argentine, Argentinean [-tin, -tínian], *s.* y *a.* argentino, de la Argentina.
argentite [-tait], *s.* (min.) argirosa.
argil [árdžil], *s.* argil(l)a, arcilla; alumunita.
argillaceous [-éiʃiʌs], **argillous** [ardžílʌs], *a.* arcilloso.
argol [árgal], *s.* tártaro, rasuras, *f. pl.*; estiércol seco.
argon [árgan], *s.* (quím.) argón, argo.
Argonaut [árgonɔt], *s.* (mit.) argonauta, *m.*; (a.) (zool.) argonauta, *m.*
Argonautic [argonɔ́tik], *a.* (mit.) argonáutico.
argosy [árgosi], *s.* bajel con cargamento valioso.
argot [árgot], *s.* jerga, jerigonza; germanía; lenguaje vulgar, caló.
argue [árgiu]. **I.** *va.* debatir, disputar, discutir, argüir, razonar; sostener; demostrar, indicar. **II.** *vn.* disputar, argüir, argumentar.
arguer [-œ(r)], *s.* argumentador, arguyente, razonador, opinante; discutidor, ergotista.
arguing [-iŋ], *s.* razonamiento, argumento.
argument [-ment], *s.* argumento, tema, *m.*, asunto; debate, controversia, disputa; prueba, demostración; (for.) alegación, alegato.
argumentation [-mentéiʃon], *s.* argumentación, raciocinio.
argumentative [-méntativ], *a.* demostrativo; argumentador, argumentativo.
Argus [árgʌs], *s.* (mit.) Argos; (fig.) persona muy vigilante; (orn.) faisán de Oceanía.—**A.-eyed,** lince, de vista penetrante.
argute [argiút], *a.* agudo, sutil; astuto, perspicaz, penetrante (sonido); (bot.) dentado.
arguteness [-nis], *s.* argucia, agudeza, sutileza, perspicacia.
aria [ária], *s.* (mús.) aria.
Arian [érian], *a.* y *s.* arriano. *V.* ARYAN.—**Arianism** [-izm], *s.* arrianismo (herejía).
arid [ǽrid], *a.* árido, seco.
aridity [aríditi], o **aridness** [ǽridnis], *s.* aridez, sequedad, enjutez.
Aries [ériiz], *s.* (astr.) Aries.
arietta [arietä], *s.* (mús.) arieta.
aright [aráit], *adv.* acertadamente, rectamente, justamente.—**to set a.,** rectificar.
aril [ǽril], *s.* (bot.) arilo.
arillate(d [-eit(id], *a.* arilado, que tiene arilo.
arise [aráiz], *vn.* (*pret.* AROSE, *pp.* ARISEN) subir, elevarse; surgir, aparecer; levantarse, ponerse en pie; proceder, provenir o emanar (de); presentarse, ofrecerse; suscitarse; originarse, producirse, sobrevenir; resucitar.
arista [arístä], *s.* (bot.) arista.
aristocracy [æristákrasi], *s.* aristocracia.
aristocrat [ǽristokræt], *s.* aristócrata, *mf.*

aristocratic(al [-krǽtįk(ąl], *a.* aristocrático.
aristocratically [-į], *adv.* aristocráticamente.
aristolochiaceous [-lokįéįŝʌs], *a.* (bot.) aristoloquiáceo.
Aristophanic [ærįstofǽnįk], *a.* aristofánico.
Aristotelian [-tílįąn], **Aristotelic** [-tílįk], *a.* y *s.* aristotélico.
Aristotelianism [-įzm], *s.* aristotelismo.
arithmetic [ąríθmętįk], *s.* aritmética.
arithmetical [ærįθmétįkąl], *a.* aritmético.
arithmetician [ąrįθmętíŝąn], *s.* aritmético.
arithmometer [ærįθmámɛtœr], *s.* aritmómetro.
ark [ark], *s.* arca; (mar.) lanchón; (E. U.) bote de fondo plano para transporte interior.—**A. of the Covenant,** arca de la alianza.
arm [arm]. **I.** *s.* brazo (del cuerpo, de una silla, de mar); pata delantera; rama; canal; arma (instrumento e instituto); (fig.) brazo, mano (de la ley, etc.); (mar.) cabo de una verga; brazo de ancla; (mec.) brazo, palanca; brazo de palanca.—*pl.* armas, servicio militar; ramos del servicio militar; ciencia o profesión de las armas; blasones.—**a. band,** brazal, faja que ciñe la manga, en señal de luto, dignidad, etc.—**a. bone,** (anat.) canilla o caña del brazo.—**a. in a.,** de bracero, de bracete, del brazo.—**a.'s reach,** alcance del brazo.—**at a.'s length,** a una brazada; a distancia prudente.—**call to arms,** rebato.—**fire arms,** armas de fuego.—**in arms,** en hostilidad armada; en fuerte oposición; de pecho, de teta (niño).—**side arms,** armas de cinto, armas de oficiales.—**to arms!** ¡a las armas!.—**under arms,** sobre las armas. **II.** *va.* armar; fortalecer; proveer de medios o elementos. **III.** *vn.* armarse.
armada [armádą], *s.* armada, flota.
armadillo [armądíloų], *s.* (zool.) armadillo, tatú, vergonzoso.—**giant a.,** prio(no)donte.
armament [ármąmęnt], *s.* armamento; equipo.
armature [ármąchųr], *s.* (elec.) armadura (de un imán); inducido (de una dínamo); (mil.) armadura; armamento, equipo; (hist. nat.) armas naturales, medios de defensa (de los animales y plantas).
armchair [ármchɛr], *s.* sillón, butaca, silla de brazos, silla poltrona.
armed [armd], *pp.* y *a.* armado, provisto de armas.
Armenian [armínįąn], *a.* y *s.* armenio.
armful [ármfųl], *s.* brazada, brazado.
armhole [ármhoųl], *s.* (sast.) sobaquera.
armiger [ármįdžœ(r)], *s.* armígero, caballero; escudero que llevaba las armas de su señor.
armillary [ármįlerį], *a.* armilar, anular.—**a. sphere,** (astr.) esfera armilar.
arming [ármįŋ], *s.* acto de armar(se) o de proveer(se) de armas; armamento; (elec.) armadura (de imán).—*pl.* (mar.) empavesadas.
armipotent [armípotęnt], *a.* armipotente.
armistice [ármįstįs], *s.* armisticio.
armless [ármlįs], *a.* desarmado; manco.
armlet [ármlįt], *s.* brazuelo; brazal o brazalete, avambrazo (del arnés); ensenada pequeña (del mar).
armor [ármǫ(r)]. **I.** *s.* armadura, arnés; acorazamiento; coraza, blindaje.—**a. bearer,** escudero.—**a. belt,** cintura acorazada.—**a.-clad,** *a.* provisto de blindaje; *s.* (buque de guerra) acorazado.—**a.-piercing,** taladrante; que atraviesa una armadura o coraza.—**a. plate,** coraza, plancha de blindaje. **II.** *va.* acorazar, blindar.
armored [-d], *pp.* y *a.* armado, blindado, acorazado.—**a. car** o **train,** automóvil, camión o tren blindado.—**a. concrete,** hormigón o cemento armado.—**a. cruiser,** crucero acorazado.
armorer [ármǫrœ(r)], *s.* armero; mallero.
armorial [armórįąl], *a.* heráldico.—**a. ensigns,** blasón, armas.
armoring [ármǫrįŋ], *s.* acorazamiento, blindaje; armadura.
armory [ármǫrį], *s.* armería; (E. U.) arsenal; maestranza; cuartel; armadura, armas; blasón, heráldica; escudo de armas.
armpit [ármpįt], *s.* (anat.) sobaco, axila.
armscye [ármsaį], *s.* (sast.) sobaquera.
army [ármį], *s.* ejército, tropas; multitud, muchedumbre.—**a. chaplain,** capellán castrense.—**a. corps,** cuerpo de ejército.—**a. register,** escalafón.—**a. worm,** (ent.) larva o gusano de la esciara, noctua, etc.
arnatto [arnǽtoų], **arnotto** [arnátoų], (bot.) bija, achiote. *V.* ANNATTO.
arnica [árnįką], *s.* (bot., farm.) árnica.
aroma [ąróųmą], *s.* aroma, *m.*; fragancia.
aromatic(al [æromǽtįk(ąl], *a.* aromático.
aromatics [-s], *s. pl.* aromas, especias.
aromatization [-zéįŝǫn], *s.* aromatización.
aromatize [ąróųmątaįz], *va.* aromatizar, aromar.
aromatizer [-œ(r)], *s.* aromatizador.
arose [ąróųz], *pret.* de TO ARISE.
around [ąráųnd]. **I.** *adv.* alrededor o en derredor, a la redonda; a la vuelta; por todos lados; de un lado para otro.—**the other way a.,** al contrario, viceversa, al revés. **II.** *prep.* al volver de, alrededor de, cerca de, en torno de.—**a. the corner,** (fam.) a la vuelta de la esquina.—**a. Christmas,** (fam.) por Navidad.—**all a. the town,** (fam.) por toda la ciudad.
arousal [ąráųząl], *s.* despertamiento.
arouse [ąráųz], *va.* despertar; mover, excitar, alborotar; suscitar (interés, etc.).
arow [ąróų], *adv.* (poét.) en fila, en línea.
arpeggio [arpédžįoų], *s.* (mús.) arpegio.
arquebus [árkwįbʌs], *s.* arcabuz, *m.*
arquebusier [-ír], *s.* arcabucero.
arrack [ǽrąk], *s.* arac o raque, licor espiritoso.
arraign [ąréįn], *va.* (for.) procesar criminalmente, instruir de cargos; acusar, denunciar.
arraignment [-męnt], *s.* (for.) proceso, instrucción de cargos, procesamiento, causa criminal; acusación, denuncia.
arrange [ąréįndž]. **I.** *va.* arreglar, acomodar, preparar, aprestar; hacer arreglos para; colocar, ordenar; disponer, convenir, concertar; (mús.) arreglar, adaptar. **II.** *vn.* prevenir, hacer arreglos; concertarse, convenir.
arrangement [-męnt], *s.* colocación; orden, ordenación, arreglo, distribución; preparativo, medida, providencia, disposición, convenio.
arranger [-œ(r)], *s.* arreglador, ordenador.
arrant [ǽrąnt], *a.* notorio, redomado, insigne, consumado, de siete suelas.—**a. fool, (fam.)** tonto de marca.
arrantly [-lį], *adv.* redomadamente.
arras [ǽrąs], *s.* tapicería de Arras.
array [ąréį]. **I.** *s.* orden de batalla, formación, ordenación; pompa, aparato; adorno, gala, atavío; conjunto, colección.—**to challenge the a.,** (for.) recusar todo el jurado. **II.** *va.* poner en orden de batalla; formar las tropas; guarnecer, adornar; (for.) colocar los jurados; (estad.) clasificar por orden de magnitud, ordenar.
arrayal [-ąl], *s.* acción de formar las tropas y prepararlas para la batalla; acción de guarnecer o adornar.
arrear [ąrír], *s.* (ú. más en *pl.*) atrasos, caídos; cantidades vencidas y no pagadas.
arrearage [-įdž], *s.* atrasos, caídos.
arrest [ąrést], *s.* prisión, arresto, reclusión; detención; aprehensión; (mec.) parada, interrupción.
arrest, *va.* impedir, detener, retener, atajar, reprimir; arrestar, prender, recluir, capturar; atraer y fijar (la atención).
arrester [-œ(r)], *s.* detenedor, aprehensor.
arresting [-įŋ], *a.* impresionante, llamativo.
arrhizous [aráįzʌs], **arrhizal** [-ąl], *a.* sin raíces.
arrhythmia [ąríðmįą], *s.* (med.) arritmia.
arrhythmic [ąrįðmįk], *a.* (med.) arrítmico.
arris [ǽrįs], *s.* (arq.) esquina, ángulo externo; filo; lima tesa, lima hoya.
arrival [ąráįvąl], *s.* arribo, llegada; entrada; logro, consecución; advenimiento; persona que llega.—**a new a.,** un recién venido; advenedizo.
arrive [ąráįv], *vn.* llegar, arribar; advenir.—**to a.**

at, llegar a (un resultado, etc.).—**to a. at, o in,** llegar a (un pueblo, un punto).
arrogance [ǽrogans], **arrogancy** [-i], *s.* arrogancia, soberbia, altivez(a).
arrogant [ǽrogant], *a.* arrogante, soberbio.
arrogantly [-li], *adv.* arrogantemente.
arrogate [ǽrogeit], *va.* arrogarse, usurpar.
arrogation [-éiŝon], *s.* arrogación.
arrow [ǽrou], *s.* flecha, saeta, vira, virote.—**a. grass,** trigloquín, planta acuática.—**a.-headed** o **-shaped,** aflechado, sagital; cuneiforme (ú. de ciertos caracteres).—**a. wood,** (bot.) especie de viburno.—**a. wound,** flechazo.
arrowhead [-hɛd], *s.* punta de flecha, casquillo (de hierro); (bot.) sagitaria.
arrowroot [-rut], *s.* (bot.) arrurruz, *m.*
arrowy [ǽrouwi], *a.* en forma de flecha o saeta; rápido como la flecha.
arroyo [arójiou], *s.* arroyo; barranco, torrentera.
arsenal [ársinal], *s.* arsenal; maestranza, atarazana, armería.
arsenate [ársineit], *s.* (quím.) arseniato.
arsenic [ársinik], *s.* (quím.) arsénico.
arsenic(al [arsénik(al], *a.* (quím.) arsénico, arsenical.
arsenid(e [ársinaid], *s.* (quím.) arseniuro.
arsenious [arsíniʌs], *a.* (quím.) arsenioso.
arsenite [ársinait], *s.* (quím.) arsenito.
arseniuret [arsínyūrɛt], *s.* (quím.) arseniuro.
arsenopyrite [arsinopáirait], *s.* arsenopirita, piritas arsenicales.
arsis [ársis], *s.* sílaba acentuada; inflexión de voz; (mús.) parte no acentuada de un compás.
arson [árson], *s.* incendio premeditado.
arsphenamine [arsfénamin], *s.* (farm.) arsfenamina.
art [art], 2 *a. pers. pres. ind.* de TO BE.
art, *s.* arte, *mf.*, habilidad, maña, destreza; astucia, artificio; oficio, gremio.—**a. gallery,** pinacoteca, galería o salón de pintura(s).—**arts and crafts,** artes y oficios.
arterial [artírial], *a.* arterial, arterioso.
arterialize [-aiz], *va.* arterializar.
arterialization [-izéiŝon], *s.* arterialización.
arteriography [-ágrafi], *s.* arteriografía.
arteriole [artíriol], *s.* arteriola, arteria pequeña.
arteriology [-álodẑi], *s.* arteriología.
arteriosclerosis [-osklerόusis], *s.* arteriosclerosis.
arteriotomy [-átomi], *s.* (cir.) arteriotomía.
arteritis [arteráitis], *s.* arteritis.
artery [ártery], *s.* arteria.
artesian [artíẑan], *a.* artesiano.—**a. well,** pozo artesiano.
artful [ártful], *a.* artificial, artificioso; artero, mañero, ladino, astuto; diestro, ingenioso.
artfully [-i], *adv.* artificiosamente, diestramente, con arte; insidiosa, socarronamente.
artfulness [-nis], *s.* artería, astucia, amaño; habilidad, industria, alicantina; socarronería.
arthralgia [arθrǽldẑä], *s.* (med.) artralgia.
arthritic(al [arθrítik(al)], *a.* artrítico; artético.
arthritis [arθráitis], *s.* (med.) artritis, *m.*
arthritism [árθritizm], *s.* (med.) artritismo.
arthrography [arθrágrafi], *s.* (anat.) artrografía.
arthrology [arθrálodẑi], *s.* (anat.) artrología.
arthropod [árθropad], *s.* y *a.* (zool.) artrópodo.
arthropodal [arθrápadal], **arthropodous** [-dʌs], *a.* artrópodo, relativo a los artrópodos.
arthrosis [arθróusis], *s.* (anat.) articulación.
arthrotomy [arθrátomi], *s.* (cir.) artrotomía.
artichoke [ártichouk], *s.* (bot.) alcachofa, cardo alcachofero, alcaucil cultivado.—**Jerusalem a.,** (bot.) especie de girasol tuberoso; aguaturma, cotufa, pataca.—**wild a.,** (bot.) alcaucil, arcacil.
article [ártikl]. **I.** *s.* artículo (literario, definido, indefinido, de una ley, de doctrina, de comercio); escrito; pacto, convenio; cosa, objeto; parte, *f.*—*pl.* escritura, cédula; constitución; reglamento, ordenanza.—**articles of marriage,** capítulos matrimoniales, carta de dote.—**articles of partnership,** (for.) escritura de sociedad.—**articles of religion,** reglas o constitución (de una iglesia o secta); declaración de fe.—**articles of war,** código militar.—**small articles,** menudencias.—**to be under articles,** estar escriturado.—**to sign articles,** escriturarse.—**to surrender under articles,** capitular. **II.** *va.* formular en artículos; escriturar; contratar, dividir o colocar en artículos; acusar por escrito; comprometer (a un abogado, aprendiz, etc.) por contrato. **III.** *vn.* pactar, capitular.
articular [artíkiulä(r)], *a.* articular.—**articularly** [-li], *adv.* articuladamente.
Articulata [-léitä], *s. pl.* (zool.) articulados.
articulate [artíkiuleit]. **I.** *va.* articular, enunciar, pronunciar; unir, atar. **II.** *vn.* articular, enunciar; estar unido por articulación. **III.** [-lit], *s.* (zool.) articulado. **IV.** *a.* articulado; claro, distinto.
articulately [-li], *adv.* articuladamente.
articulateness [-nis], *s.* la calidad de ser articulado.
articulation [-léiŝon], *s.* (anat.) articulación, coyuntura; (bot.) nudo; (pros.) articulación, pronunciación.
artifact [ártifækt], *s.* artefacto.
artifice [ártifis], *s.* artificio; ardid, maña, artería.
artificer [artífisœ(r)], *s.* artífice; inventor, autor; artesano hábil, oficial, mecánico.
artificial [artifíŝal], *a.* artificial, fabricado; imitado, falso; ficticio, fingido; postizo; afectado, artificioso.—**a. fertilizer,** abono químico.—**a. light,** luz artificial.—**a. person,** (for.) persona jurídica.
artificiality [-iǽliti], **artificialness** [artifíŝalnis], *s.* calidad de artificial o artificioso; apariencia; afectación.
artificially [artifíŝali], *adv.* artificialmente.
artillerist [artílerist], *s.* artillero.
artillery [artíleri], *s.* artillería.—**a. park,** parque de artillería.
artilleryman [-man], *s.* artillero.
artiodactyl [artiodǽktil], *a.* y *s.* (zool.) artiodáctilo.
artisan [ártizan], *s.* artesano, artífice, oficial.
artist [ártist], *s.* artista; artífice; actor, músico.
artistic [artístik], *a.* artístico.
artistically [-ali], *adv.* artísticamente.
artistry [ártistri], *s.* arte, *mf.*, habilidad artística.
artless [ártlis], *a.* natural, sin arte, sencillo; cándido, ingenuo, sin dolo; (fam.) chabacano.
artlessly [-li], *adv.* sencillamente, cándidamente; chabacanamente, sin arte.
artlessness [-nis], *s.* sencillez, candidez, naturalidad.
artocarpeous [artokárpiʌs], *a.* (bot.) artocárpeo.
arty [árti], *a.* (fam.) seudo-artístico, rebuscado, ostentativo, afectado.
arum [érʌm], *a.* (bot.) aro, yaro, tragontina, malanga; especie de cala.
arundinaceous [arʌndinéiŝʌs], **arundineous** [arʌndíniʌs], *a.* (bot.) arundíneo; perteneciente o semejante a las cañas.
aruspex [ærʌ́spɛks], **aruspice** [-pis], *s.* arúspice.
Aryan [érian], *s.* y *a.* ario (pueblo, idioma).
as [æs], *s.* as, primitiva moneda romana; peso romano de una libra.
as [æz]. **I.** *adv., conj.* y *pron. rel.* como; a medida que, mientras (que), según, conforme; cuando, en el momento en que, al (+ inf.), vg. *as he entered the room,* al entrar en la sala, o entrando en la sala; como, ya que, porque, por (+ inf.), vg. *as it was the first time,* por ser la primera vez.—**a. . . . a.,** tan . . . como; a pesar de lo . . . que, vg. *as large as this one,* tan grande como éste; *as weak as he was, he got up,* a pesar de lo débil que estaba, se levantó, o débil y todo, se levantó.—**a. . . . again a.,** dos veces más . . . que, vg. *as large again as this room,* dos veces más grande (o mayor) que este cuarto. —**a. against,** por, comparado con.—**a. . . . a. anything, a. . . . a. can be,** muy . . . , sumamente . . . , vg. *as pretty as can be,* sumamente bonita.—**a. a friend,** como (a guisa de, a fuer de, en son de, o en calidad de) amigo.

—**a. best he can,** como mejor pueda.—**a. early a.** (antes de una expresión de tiempo), ya en, allá, remontando hasta (la época designada).—**a. far a.,** hasta.—**a. far a. I know,** que yo sepa, hasta donde yo puedo juzgar, según se me alcanza.—**a. far a. it goes,** hasta donde va, en lo que contiene, etc. (subentendiéndose que hay alguna deficiencia).—**a. far back a.** (antes de una expresión de tiempo) = A. EARLY A.—**a. for,** en cuanto a, por lo que toca o respecta a, referente a.—**a. from** (antes de una expresión de tiempo), a partir de.—**a. good a.,** expresión que se usa para indicar que algo puede darse por hecho o seguro, vg. *that is as good as lost,* eso puede darse por perdido.—**a. if,** como, como si, vg. *as if jesting,* como bromeando; *as if it were true,* como si fuera verdad.—**a. if to,** como para, como tratando de.—**a. is,** (com. fam.) como está.—**a. it is,** como está, como están las cosas; así como así.—**a. it were,** por decirlo así.—**a. late a.** (antes de una expresión de tiempo), tan recientemente como, apenas, no más, no hace más que, etc., vg. *I saw her as late as last Friday,* no hace más que el viernes pasado que la vi.—**a. many a.,** tantos como, cuantos; hasta, vg. *I have as many as you,* tengo tantos como Vd.; *as many as arrived,* cuantos llegaron; *as many as 10 men,* hasta diez hombres.—**a. much,** tan; tanto; otro tanto; eso en substancia.—**a. much a.,** tanto como, tanto cuanto, cuanto; hasta, vg. *you're worth as much as you have,* tanto vales cuanto tienes; *as much as you want,* cuanto Vd. quiera.—**a. much a. to say,** como quien dice.—**a. of,** con fecha de.—**a. per,** según, de acuerdo con.—**a. regards** = A. FOR.—**a. soon a.,** así que, luego que, tan pronto como, en cuanto.—**a. soon a. possible,** cuanto antes.—**a. such,** como tal.—**a. the case may be,** según el caso.—**a. though** = A. IF.—**a. to** = A. FOR.—**a. well,** también, además, vg. *pretty and useful as well,* bonito y útil también.—**a. well a.,** tan bien como; lo mismo que; así como, vg. *the men as well as the women,* tanto los hombres como las mujeres, los hombres lo mismo que las mujeres.—**you might,** o **may, as well** (+ inf.), lo mismo da que, es mejor que, vg. *you might as well say you did it,* lo mismo da que Vd. diga que lo hizo.—**a. yet,** aún, todavía, hasta ahora.—**strange a. it seems,** o **may appear,** etc., aunque parece extraño, por extraño que parezca.

asaf(o)etida [æsi̥fétịdạ̈], *s.* asafétida.

asarabacca [æsạrạbǽkạ̈], **asarum** [ǽsạrʌm], *s.* (bot.) ásaro, asarabácara.

asbestic [æsbéstịk], **asbestine** [-tịn], *a.* asbestino; incombustible.

asbestos [-tọs], *s.* asbesto, amianto.

ascarid [ǽskạrịd], *s.* (zool.) ascáride, *f.*, lombriz intestinal.

ascend [ạsénd], *va.* y *vn.* ascender, subir; adelantar; elevar(se), encumbrar(se); subir de grado.

ascendable [-ạbl], *a.* accesible, que se puede subir.

ascendant [-ạnt], **ascendent** [-ẹnt]. **I.** *s.* altura, elevación; ascendiente, influjo, poder; predominio; padre, antepasado; (astr.) ascensión. **II.** *a.* ascendente; superior, predominante.

ascendancy [-ạnsi̥], **ascendency** [-ẹnsi̥], *s.* ascendiente, influjo, poder.

ascending [-i̥ŋ], *a.* ascendente.

ascension [ạsénŝọn], *s.* ascensión, subida; (igl.) la Ascensión de Jesucristo.

ascensional [-ạl], *a.* (astr.) ascensional.

ascent [ạsént], *s.* subida, elevación, ascensión; asunción, ascenso, promoción; cuesta, pendiente.

ascertain [æsœrtéi̥n]. **I.** *va.* averiguar, descubrir, determinar, indagar. **II.** *vr.* cerciorarse (de).

ascertainable [-ạbl], *a.* averiguable, descubrible.

ascertainer [-œ(r)], *s.* averiguador, indagador.

ascertainment [-mẹnt], *s.* averiguación, indagación, determinación.

ascetic [ạsétịk]. **I.** *a.* ascético. **II.** *s.* asceta, *mf.*

asceticism [ạsétịsịzm], *s.* ascetismo, ascética.

ascians [ǽŝ(i)ạnz], *s.pl.* (geog.) ascios.

ascidian [ạsídi̥ạn], *s.* (zool.) ascidia.

ascidium [ạsídi̥ʌm], *s.* (bot.) ascidia.

ascites [ạsái̥tiz], *s.* (med.) ascitis.

ascitic(al [ạsítịk(ạl], *a.* ascítico, hidrópico.

ascorbic acid [æskórbịk], *s.* (quím.) ácido ascórbico.

ascot [ǽskot], *s.* corbata de estilo inglés.

ascribe [ạskrái̥b], *va.* atribuir, imputar, achacar.

ascription [ạskrípŝọn], *s.* atribución.

ascus [ǽskʌs], *s.* (bot.) teca, asco.

asea [ạsí], *adv.* en el mar, al mar.

asepsis [ạsépsịs], *s.* (med.) asepsia.

aseptic [ạséptịk], *a.* aséptico.

asepticism [-tịsịzm], *s.* tratamiento aséptico.

asepticize [-ai̥z], *va.* (med.) aseptizar, hacer aséptico.

asexual [ei̥sékŝụạl], *a.* asexual; sin sexo.

ash [æŝ], (sing. de ASHES), *s.* ceniza, cenizas.—**a.-colored,** cenizo, ceniciento.—**a. fire,** fuego lento cubierto con cenizas.—**a. hole, a. pan, a. pit,** cenicero.—**a. tray,** cenicero.—**a. tub,** coladero, cubeta de lejía.—**A. Wednesday,** miércoles de ceniza.

ash, *s.* (bot.) fresno.

ashamed [ạŝéi̥md], *a.* avergonzado, corrido.—**to be a., avergonzarse,** sonrojarse, correrse, tener vergüenza.

ashen [ǽŝẹn], *a.* de fresno; ceniciento; pálido.

ashery [ǽŝœri̥], *s.* fábrica de potasa.

ashes [ǽŝi̥z], *s. pl.* ceniza(s); restos mortales.

ashlar, ashler [ǽŝlạ̈(r)], *s.* (const.) sillar, canto o carretal, piedra de talla; sillería.

ashlaring, ashlering [-i̥ŋ], *s.* (carp.) ligazones de los cabrios del techo; (const.) sillería, cantería.

ashore [ạŝór], *adv.* en tierra, a tierra.—**to get** o **put a.,** desembarcar.—**to go a.,** desembarcar(se).—**to run a.,** encallar, varar; irse a la costa.

ashy [ǽŝi̥], *a.* cenizoso, ceniciento.—**a.-pale,** pálido, lívido.

Asia [éi̥ẑạ], *s.* Asia.

Asian [éi̥ẑạn], **Asiatic** [ei̥ẑi̥ǽtịk], *a.* y *s.* asiático.—**A. cholera,** (med.) cólera(-morbo) o tifo asiático.—**A. flu,** (med.) influenza asiática.

Asiaticism [ei̥ẑi̥ǽtịsịzm], *s.* imitación de las costumbres asiáticas o algo rel. a éstas.

aside [ạsái̥d]. **I.** *adv.* a un lado, al lado; aparte.—**a. from,** aparte de, además de. **II.** *s.* (teat.) aparte.

asinine [ǽsịnai̥n], *a.* as(i)nino, asnal, borriqueño.

asininity [æsịníni̥ti̥], *s.* asnería, tontería, necedad, bobería.

ask [æsk]. **I.** *va.* preguntar; pedir, solicitar, suplicar; invitar, convidar.—**to a. a question,** hacer una pregunta. **II.** *vn.* preguntar; pedir.—**to a. for,** preguntar por; pedir.—**to a. one down, in, up,** rogar a uno que baje, entre, suba.

askance [ạskǽns], *adv.* al sesgo, de soslayo, de reojo, de refilón; con desdén; con recelo.

asker [ǽskœ(r)], *s.* inquiridor; suplicante.

askew [ạski̥ú], *a.* y *adv.* sesgado, oblicuo, desviado; sesgadamente, de soslayo.

asking [ǽski̥ŋ], *s.* súplica, ruego; publicacion (de amonestaciones).—**for the a.,** sin más que pedirlo.—**third time of a.,** tercera amonestación.

aslant [ạslǽnt]. **I.** *adv.* y *a.* oblicuamente, inclinado, sesgo, al soslayo. **II.** *prep.* al través de.

asleep [ạslíp], *adv.* y *a.* dormido, durmiendo; entumecido.—**to fall a.,** dormirse, quedarse dormido.

aslope [ạslóụp], *adv.* en declive, en pendiente.

asp [æsp], *s.* (zool.) áspid(e); (bot.) *V.* ASPEN.

aspalathus [æspǽlạ̈θʌs], *s.* (bot.) aspálato.

asparagin(e [æspǽrạdẑịn], *s.* (quím.) aspar(a)gina.

asparagus [æspǽrạgʌs], *s.* (bot.) espárrago.
aspect [ǽspɛkt], *s.* aspecto, semblante, traza, (fam.) pergeño; apariencia; fase, *f.*, faceta, faz, ver.
aspen [ǽspịn]. **I.** *s.* (bot.) tiemblo. **II.** *a.* perteneciente al álamo temblón; tembloroso.
asper [ǽspœ(r)], *s.* aspro, moneda turca.
asperate [ǽspẹreịt], *va.* hacer áspera alguna cosa.
asperges [æspœ́rdžịz], *s.* (igl.) hisopo; (A.) asperges.
aspergill(um [ǽspœrdžịl, -džílʌm], *s.* (igl.) hisopo.
asperity [æspérịtị], *s.* aspereza; rudeza, acrimonia.
aspermatous, aspermous [eịspœ́rmạtʌs, -mʌs], *a.* (bot.) aspermo, sin semilla.
asperse [æspœ́rs], *va.* difamar, calumniar, denigrar, infamar; rociar; asperjar, hisopear.
asperser [-œ(r)], *s.* infamador; rociador; hisopo.
aspersion [æspœ́ržọn], *s.* difamación, calumnia; rociad(ur)a, aspersión; (igl.) asperges; (fam.) rociada, reprensión.
aspersive [æspœ́rsịv], *a.* calumnioso, defamatorio.
aspersorium [æspœrsóụrịʌm], *s.* (igl.) acetre; hisopo.
asphalt [ǽsfɔlt], *va.* asfaltar.
asphalt o **asphaltum** [æsfǽltʌm], *s.* asfalto, betún judaico; (Cuba) chapapote.
asphaltic [æsfóltịk], *a.* asfáltico, bituminoso.
asphodel [ǽsfodɛl], *s.* (bot.) asfódelo o gamón.
asphyxia [æsfíksịä] (med.), **asphyxiation** [-éịŝọn], *s.* asfixia, sofocación.
asphyxial [æsfíksịạl], *a.* asfíctico, asfíxico.
asphyxiant [-ạnt], *a.* y *s.* asfixiante.
asphyxiate [-eịt], *va.* asfixiar, sofocar.
asphyxiating [-ịŋ], *a.* asfixiante.
aspic [ǽspịk], *s.* (bot.) espliego; (zool.) áspid(e); (coc.) especie de gelatina con tomate, carne, etc.
aspidistra [æspịdístrạ], *s.* (bot.) aspidistra.
aspirant [ạspáịrạnt]. **I.** *s.* aspirante, pretendiente, candidato. **II.** *a.* aspirante.
aspirate [ǽspịreịt]. **I.** *va.* aspirar, pronunciar con aspiración; (fisiol.) aspirar. **II.** [-ịt], *a.* aspirado.
aspiration [-éịŝọn], *s.* aspiración, anhelo, deseo, ambición; (gram., fisiol.) aspiración.
aspirator [-ọ(r)], *s.* (fís.) aspirador.
aspiratory [ạspáịrạtɔrị], *a.* aspiratorio.
aspire [ạspáịr], *vn.* (gen. con **to**) aspirar, ambicionar, pretender; subir, ascender.
aspirer [-œ(r)], *s.* aspirante.
aspirin [ǽspịrịn], *s.* (quím., farm.) aspirina.
aspiring [ạspáịrịŋ], *a.* ambicioso; aspirante.
asquint [ạskwínt], *adv.* al soslayo, de través.
ass [æs], *s.* (zool.) asno, burro, borrico, jumento; (fig.) asno, bestia, porro.—**a.-like,** asinino.
assagai, assegai [ǽsạgaị], *s.* azagaya, venablo sudafricano; (bot.) árbol de azagayas, de que éstas se hacen.
assail [ạséịl], *va.* asaltar, atacar, arremeter, acometer, embestir, sobresaltar.
assailable [-ạbl], *a.* que puede ser asaltado.
assailant [-ạnt], **assailer** [-œ(r)], *s.* y *a.* asaltador, asaltante, acometedor, embestidor, agresor.
assailment [-mẹnt], *s.* asalto, agresión.
assart [æsárt]. **I.** *s.* (agr.) roza. **II.** *va.* rozar.
assassin [ạsǽsịn], *s.* asesino.
assassinate [-eịt]. **I.** *va.* asesinar. **II.** *vn.* ser asesino, cometer asesinato.
assassination [-éịŝọn], *s.* asesinato; magnicidio (asesinato de un personaje público).
assassinator [-eịtọ(r)], *s.* asesino.
assault [ạsólt]. **I.** *s.* asalto, ataque, acometida, agresión, embestid(ur)a; violación; salte(amient)o; atraco.—**a. and battery,** (for.) amenaza y perpetración de acometimiento, amenaza y perpetración de agresión. **II.** *va.* asaltar, atacar; violar o tratar de violar (a una mujer); atracar. *V.* TO ASSAIL.
assaulter [-œ(r)], *s.* asaltador, agresor; atracador.
assay [ạséị]. **I.** *va.* probar, examinar, investigar; tratar de; verificar, contrastar (moneda, pesas); (metal.) ensayar, (a)quilatar; (quím.) analizar. **II.** *s.* prueba, determinación, verificación; contraste (de pesas, moneda, etc.); (metal., quím.) ensaye, ensayo, aquilatamiento; substancia que se ensaya; muestra de ensaye, resultado de un ensaye.—**a. master,** ensayador, contraste, marcador.
assayer [-œ(r)], *s.* (met.) ensayador, contraste, (a)quilatador, (Am.) ensayista.
assaying [-ịŋ], *s.* (met.) ensaye; docimasia.
assemblage [ạsémblịdž], *s.* reunión, asamblea junta; grupo; asociación; arreglo (de partes, datos, etc.); (mec.) montaje.
assemble [ạsémbl]. **I.** *va.* juntar; allegar; convocar, congregar, aunar; (mec.) montar, armar. **II.** *vn.* reunirse, juntarse, convenir, afluir.
assembler [-blœ(r)], *s.* el que junta o reúne; miembro de una junta o asamblea; (mec.) montador (de máquinas, etc.).
assembling [-blịŋ], *s.* acción de juntar(se) o de reunir; (mec.) montaje, montadura.
assembly [-blị], *s.* reunión, asamblea, junta, convención; (mec.) montaje, conjunto de piezas; asamblea, cuerpo legislativo de un estado, etc.; (mil.) asamblea (llamada).—**a. line,** línea de montaje.—**a. line production,** producción en gran serie, trabajo en cadena.—**a. plant** o **shop,** taller de montaje.—**a. room,** sala de sesiones, conferencias, juntas, diversiones, etc.; salón de actos; paraninfo (de una universidad).
assemblyman [-mạn], *s.* individuo de un congreso o asamblea; asambleísta; concejal de ayuntamiento.
assent [ạsént]. **I.** *vn.* asentir, convenir. **II.** *s.* asenso, asentimiento, aquiescencia; beneplácito.
assentation [æsɛntéịŝọn], *s.* condescendencia o complacencia servil.
assentient [æsénŝẹnt]. **I.** *a.* que conviene o asiente. **II.** *s.* consentidor.—**assentingly** [ạséntịŋlị], *adv.* con asenso, mostrando asentimiento.
assentor [ạséntọ(r)], *s.* (for. Ingl.) sancionador, confirmante (de un nombramiento, etc.).
assert [ạsœ́rt], *va.* afirmar, asegurar, aseverar; mantener, defender; hacer valer.—**to a. oneself,** hacerse sentir, hacer valer sus derechos.
asserter, assertor [-œ(r)], *s.* afirmador, defensor.
assertion [ạsœ́rŝọn], *s.* aserción, aseveración, aserto, afirmación, deposición, fe, *f.*
assertive [ạsœ́rtịv], *a.* asertivo; dogmático.
assertory [ạsœ́rtorị], *a.* afirmativo; declaratorio.
assess [ạsés], *va.* amillarar, gravar con impuesto, imponer contribución; fijar o determinar (un impuesto, una indemnización); tasar, avaluar.
assessable [-ạbl], *a.* gravable, sujeto a contribución o impuesto.
assessment [-mẹnt], *s.* imposición o distribución de contribuciones, etc., avalúo; impuesto o contribución amillaramiento, tasa de tributación; (com.) dividendo pasivo.
assessor [-ọ(r)], *s.* imponedor o repartidor de contribuciones; (for.) asesor.
assessorship [-ọrŝịp], *s.* asesoría.
asset [ǽsɛt], *s.* (com.) cada partida del activo; (fig.) posesión, ventaja, elemento de buen éxito.—*pl.* **assets,** (com.) activo; haber; capital; (for.) haberes disponibles que deja una persona.—**active,** o **current a.,** activo corriente.—**fixed a.,** activo fijo.—**(in)tangible a.,** activo (in)tangible.—**personal a.,** bienes muebles y personales.—**real a.,** bienes raíces.
asseverate [ạsévẹreịt], *va.* aseverar, afirmar.
asseveration [-éịŝọn], *s.* aseveración, fe, *f.*
assibilate [æsíbịleịt], *va.* (fon.) asibilar.
assibilation [-éịŝọn], *s.* (fon.) asibilación.
assiduity [æsịdịúịtị], *s.* asiduidad, diligencia, laboriosidad, aplicación, constancia.
assiduous [æsídžụʌs], *a.* asiduo, constante, aplicado, hacendoso, diligente, laborioso.
assiduously [-lị], *adv.* asidua o diligentemente.
assiduousness [-nịs], *s.* *V.* ASSIDUITY.
assign [ạsáịn]. **I.** *va.* asignar, fijar, señalar, destinar, adjudicar, transferir; adscribir (a un cargo); (for.) consignar, ceder, traspasar. **II.** *vn.*

hacer traspaso o cesión de bienes. **III.** *s.* (for.) cesionario; apoderado; (Am.) asignatario.
assignable [-ạbl], *a.* asignable, transferible, negociable, cesible.
assignat [ǽsịgnæt], *s.* asignado.
assignation [-éịŝọn], *s.* asignación, consignación; cesión, traspaso; cita, señalamiento de hora y lugar (ú. esp. de amor ilícito).
assignee [ạsáịni *o* ạsaịní], *s.* cesionario; poderhabiente, apoderado; síndico. *V.* ASSIGN.
assigner [ạsáịnœ(r)], **assignor** [æsịnór], *s.* cesionista, cedente, asignante, transferidor.
assignment [ạsáịnmẹnt], *s.* asignación, señalamiento, cesión; encargo (periodístico, etc.); (for.) escritura de cesión de bienes, dejación, traspaso, renuncia, o traslación de dominio.
assimilable [ạsímịlạbl], *a.* asimilable; semejable.
assimilate [-leịt]. **I.** *va.* asimilar; asemejar, comparar. **II.** *vn.* (fisiol.) asimilarse.
assimilation [-léịŝọn], *s.* asimilación; semejanza.
assimilative [ạsímịleịtịv], *a.* asimilativo.
assist [ạsíst]. **I.** *va.* asistir, socorrer; auxiliar, ayudar. **II.** *vn.* ayudar; asistir, concurrir.
assistance [-ạns], *s.* auxilio, socorro, ayuda, asistencia; concurso, acudimiento.
assistant [-ạnt]. **I.** *s.* ayudante, auxiliar, agregado, adjunto, asistente, adjutor, portanveces; (igl.) acólito. **II.** *a.* ayudador, auxiliar; segundo; sub- (vg. *a. cashier*, cajero auxiliar; *a. engineer*, segundo maquinista; *a. editor*, subredactor o subdirector; *a. secretary*, subsecretario).
assize [ạsáịz], *s.* tasa.—*pl.* sesión de un tribunal.
associable [ạsóụŝạbl], *a.* asociable.
associate [ạsóụŝieịt]. **I.** *va.* asociar, juntar, unir. **II.** *vn.* asociarse, juntarse, mancomunarse.
associate [-ịt]. **I.** *a.* asociado; confederado. **II.** *s.* compañero, (con)socio, aparcero, coadjutor; miembro, individuo de una sociedad; cómplice; (filos.) imagen asociada.
association [-éịŝọn], *s.* asociación; unión; conjunción; (com.) sociedad, compañía.—**A. football,** balompié, *m.*, juego del fútbol.—**a. of ideas,** asociación de ideas.—**Bar a.,** colegio de abogados.
associationism [-ịzm], *s.* (psic.) asociacionismo.
associative [ạsóụŝieịtịv], *a.* asociativo.
assonance [ǽsonạns], *s.* asonancia.
assonant [-ạnt], *a.* y *s.* asonante.
assonate [-eịt], *vn.* asonar, asonantar.
assort [ạsórt]. **I.** *va.* ordenar, clasificar, separar, surtir con variedad. **II.** *vn.* asociarse; conformarse, concordar.
assorted [-ịd], *a.* variado, mezclado, surtido.
assortment [-mẹnt], *s.* clasificación, distribución; surtido variado, acopio.
assuage [ạswéịdẑ], *va.* mitigar, calmar, ablandar, aliviar, acallar, atemperar, apaciguar.
assuagement [-mẹnt], *s.* mitigación, alivio.
assuasive [ạswéịsịv], *a.* mitigativo, calmante.
assume [ạsúm]. **I.** *va.* tomar, asumir, arrogar; apropiar, usurpar; presumir, suponer, dar por sentado, poner por caso. **II.** *vn.* arrogarse, atribuirse, apropiarse.
assumed [-d], *a.* supuesto, dado por sentado; falso, fingido, pretendido, supositicio.
assuming [-ịŋ], *a.* arrogante, altivo, presuntuoso. —**a. that,** dado o supuesto que.
assumpsit [ạsʌ́mpsịt], *s.* (for.) promesa o pacto verbal; reclamación judicial.
assumption [-ŝọn], *s.* suposición, supuesto; toma, asunción, arrogación; arrogancia; (A., igl.) asunción; fiesta de la asunción de la Virgen.—**a. of office,** toma de posesión.
assumptive [-tịv], *a.* supuesto; que puede asumirse; arrogante, presuntuoso.
assurance [ạŝúrạns], *s.* declaración, manifestación; seguridad, certeza, confianza, convicción; audacia, arrojo, resolución; descoco, descaro, desvergüenza; (com.) seguro. *V.* INSURANCE.
assure [ạŝúr], *va.* asegurar, afirmar; cerciorar, protestar; infundir confianza; confirmar; (com.) asegurar contra algún riesgo.—**to a. of,** asegurar, manifestar.
assured [-d]. **I.** *a.* seguro, cierto; descarado, atrevido, audaz. **II.** *s.* y *a.* (com.) asegurado (contra algún riesgo).
assuredly [-ịdlị], *adv.* cierta o indubitablemente, sin duda; con toda seguridad, de fijo.
assuredness [-ịdnịs], *s.* certeza, seguridad.
assurer [ạŝúrœ(r)], *s.* asegurador.
Assyrian [ạsírịạn], *a.* y *s.* asirio; de Asiria.
Assyriologist [-álodẑist], *s.* asiriólogo.
Assyriology [-dẑị], *s.* asiriología.
astasia [æstéịẑịạ], *s.* (med.) astasia.
astatic [eịstǽtịk], *a.* (fís.) astático.—**a. pair,** par de agujas astáticas.
astatine [ǽstạtin], *s.* (quím.) astato o astatino.
astatize [ǽstạtaịz], *va.* hacer astático.
aster [ǽstœ(r)], *s.* (bot.) aster, planta asteroidea; (biol.) aster.—**a. ray** (biol.), estría radial que parte de la esfera atractiva.
Asterias [æstírịạs], *s. pl.* (zool.) astéridos, asterídeos; clase (*f.*) de estrellamares.
asteriated [æstírịeịtịd], *a.* (min.) que tiene la propiedad del asterismo.—**a. sapphire,** zafiro que tiene esta propiedad.
asterisk [ǽstẹrịsk], *s.* asterisco.
asterism [ǽstẹrịzm], *s.* (astr.) asterismo; constelación; grupo de estrellas; (impr.) grupo triangular de tres asteriscos; (min.) asterismo, reflexión de la luz en forma de estrella.
astern [ạstǿrn], *adv.* (mar.) por la popa, a popa.
asteroid [ǽstẹrọid], *s.* (astr.) asteroide; (zool.) asteroideo, estrellamar.
asteroidean [æstịróịdịạn], *a.* y *s.* (zool.) asteroideo, estelárido.
asthenia [æsθíniạ], *s.* (med.) astenia, debilidad general.
asthenic [æsθénịk], *a.* asténico, flaco, débil.
asthma [ǽzmạ], *s.* (med.) asma.—**a. paper,** papel impregnado de salitre.
asthmatic(al [æzmǽtịk(ạl)], *a.* y *s.* asmático.
astigmatic [æstịgmǽtịk], *a.* astigmático.
astigmatism [æstígmạtịzm], *s.* (ópt. y med.) astigmatismo.
astigmometer [æstịgmámɛtœ(r)], *s.* astigmómetro.
astir [ạstǿr], *adv.* activo, en movimiento.
astomatous [eịstámạtʌs], *a.* (biol., zool.) sin boca ni poros respiratorios.
astonish [ạstánịŝ], *va.* asombrar, pasmar, helar.
astonished [-t], *pp.* y *a.* asombrado, atónito, pasmado, estupefacto, helado.
astonishing [-ịŋ], *a.* sorprendente, asombroso, pasmoso.—**astonishingly** [-lị], *adv.* pasmosamente, asombrosamente.
astonishment [-mẹnt], *s.* pasmo, asombro, espanto, sorpresa.
astound [ạstáụnd], *va.* y *vn.* pasmar, sorprender; aturdir, confundir, helar, sacar de tino.
astounding [-ịŋ], *a.* asombroso, pasmoso, sorprendente; (fam.) despampanante.
astraddle [ạstrǽdl], *adv.* a horcajadas.
astragal [ǽstrạgạl], *s.* (arq. y arti.) astrágalo, tondino, anillo; (anat.) astrágalo.—*pl.* dados.
astragalus [æstrǽgạlʌs], *s.* (anat.) astrágalo, talón, empeine, taba, chita; (bot.) astrágalo, tragacanto, alquitira.
astrakhan [ǽstrạkạn], *s.* astracán (piel); tela astracán (imitación de la piel).
astral [ǽstrạl]. **I.** *a.* astral, estelar, sidéreo, sideral.—**a. body,** teos.) cuerpo astral; fantasma.—**a. lamp,** lámpara astral (que no arroja sombras). **II.** *s.* lámpara astral.
astrand [ạstrǽnd], *a.* (mar.) encallado, varado.
astray [ạstréị], *adv.* y *a.* desviada o descarriadamente; por el mal camino; desviado, errado.—**to go a.**, extraviarse, perderse, errar el camino.
astriction [ạstríkŝọn], *s.* astricción.
astrictive [-tịv], *a.* astrictivo, constrictivo.
astride [ạstráịd], *adv.* a horcajadas.
astringe [ạstríndẑ], *va.* astringir; apretar, comprimir; restringir.

astringency [-ęnsį], *s.* astricción, astringencia; aspereza de carácter.
astringent [-ęnt], *a.* y *s.* astringente, estíptico; austero; áspero, agrio.
astrionics [æstrįánįks], *s.* electrónica astronáutica.
astrobotany [æstrobátąnį], *s.* astrobotánica.
astrochemistry [æstrokémįstrį], *s.* astroquímica.
astrogeology [-dẑįálodẑį], *s.* astrogeología.
astrography [æstrágrąfį], *s.* astrografía.
astrolabe [ǽstroleįbl, *s.* astrolabio.
astrologer [æstrálodẑœ(r)], *s.* astrólogo, judiciario.
astrologic(al [æstroládẑįk(ąl)], *a.* astrológico, judiciario.—**astrologically** [-į], *adv.* astrológicamente.
astrology [æstrálodẑį], *s.* astrología.
astrometer [æstrámɛtœ(r)], *s.* astrómetro.
astrometry [-trį]. *s.* astrometría.
astronaut [ǽstronɔt], *s.* astronauta.—**astronautic** [-nɔ́tįk], *a.* astronáutico.—**astronautics** [-nɔ́tįks], *s.* astronáutica.
astronavigation [æstronævįgéįṡǫn], *s.* astronavegación.
astronomer [æstránomœ(r)], *s.* astrónomo.
astronomic(al [æstronámįk(ąl)], *a.* astronómico. —**astronomically** [-į], *adv.* astronómicamente.
astronomy [æstránomį], *s.* astronomía.
astrophotography [æstrofotágrąfį], *s.* astrofotografía, fotografía de los astros.
astrophotometry [-fotámɛtrį], *s.* astrofotometría.
astrophysical [-fízįkąl], *a.* astrofísico.
astrophysicist [-fízįsįst], *s.* astrofísico.
astrophysics [-fízįks], *s.* astrofísica.
astrosphere [ǽstrosfir], *s.* (biol.) esfera atractiva del aster.
astute [ąstįút], *a.* astuto, agudo, sagaz.
astuteness [-nįs], *s.* astucia, sagacidad.
asunder [ąsʌ́ndœ(r)], *adv.* separadamente; en dos, a pedazos.—**to put a.**, separar.
asyllabic [eįsįlǽbįk], *a.* no silábico.
asylum [ąsáįlʌm], *s.* asilo, refugio, amparo; acogida, sagrado; casa de beneficencia.
asymmetric(al [eįsįmétrįk(ąl)], *a.* asimétrico.
asymmetry [eįsímįtrį], *s.* asimetría.
asymptote [ǽsįmptoųt], *s.* (geom.) asíntota.
asymptotic [æsįmptátįk], *a.* asintótico.
asynchronism [eįsíŋkronįzm], *s.* asincronismo.
asynchronous [-nʌs], *a.* asincrónico.
asyndeton [æsíndɛtan], *s.* (ret.) asíndeton.
at [æt], *prep.* a; con; de; por; de acuerdo con; vg. *at the door*, a, o en, la puerta; *at six dollars*, a seis dólares; *at your disposal*, a su disposición; *at nine o'clock*, a las nueve; *angry at me*, enfadado conmigo; *surprised at his conduct*, sorprendido de su conducta; *at one stroke*, de un golpe; *at Rome*, en Roma; *at that time*, en ese tiempo; *at war*, en guerra; *enter at this gate*, entre por esta puerta; *I did it at his command*, lo hice por orden suya, o según sus órdenes. Con un substantivo de acción, *at* forma frases adverbiales que se traducen por el gerundio: vg. *at play*, jugando; *at work*, trabajando. En lenguaje fam., se usa por sí solo después de *where* y *to be* para indicar confusión, atolondramiento, o simplemente lugar (como en una narración); vg. *I didn't know where I was at*, yo estaba perplejo, o confundido; no sabía por dónde andaba; *where were we at in the story?* ¿por dónde íbamos en el cuento? Antes de nombres propios en el caso posesivo forma expresiones elípticas en que se sobrentiende *casa*, *tienda*, etc.; vg. *I bought this at Johnson's*, compré esto en la tienda de Johnson; *we were at Porter's*, estábamos en la casa (o restaurante, hotel, tienda, etc.) de Porter.
atabal [ǽtąbæl], *s.* atabal, timbal moro.
atacamite [ątǽkąmaįt], *s.* (min.) atacamita.
ataghan [ǽtągæn], *s.* yatagán.
ataman [ǽtąmæn], *s.* atamán, jefe cosaco.
ataunt [ątɔ́nt], *adv.* (mar.) enteramante aparejado.
atavism [ǽtąvįzm], *s.* atavismo.
atavistic [ætąvístįk], **atavic** [ætǽvįk], *a.* atávico.
ataxia [ætǽksįą], *s.* (med.) ataxia.
ataxic [ætǽksįk], *a.* atáxico.
ate [eįt], *pret.* de TO EAT.
atelier [ǽtœlyeį], *s.* taller, estudio.
athanasia [æθąnéįẑįą], *s.* inmortalidad.
atheism [éįθįįzm], *s.* ateísmo.
atheist [éįθįįst], *s.* ateísta, ateo.
atheistic(al [eįθįístįk(ąl)], *a.* ateo, ateísta, ateístico, impío.
atheneum [æθęníʌm], *s.* ateneo.
Athenian [æθínįąn], *a.* y *s.* ateniense.
athermancy [eįθœ́rmąnsį], *s.* atermancia, impermeabilidad al calor radiante.—**athermanous** [-mąnʌs], *a.* atérmano, atérmico.
athirst [ąθœ́rst], *a.* sediento.
athlete [ǽθlit], *s.* atleta, *m.*; gimnasta, *m.*; deportista.—**a.'s foot**, (med.) tricotifosis de los pies.—**a.'s heart**, (med.) corazón atlético, hipertrofia del corazón.
athletic [æθlétįk], *a.* atlético; fornido, lacertoso. —**a. contest**, concurso atlético.—**a. event**, prueba de atletismo.—**a. field**, campo atlético o de deporte.
athletics [-s], *s. pl.* deportes, deportismo, atletismo; agonística, gimnasia.
athodyd [ǽθodįd], *s.* (aer.) estatorreactor.
at-home [æthóųm], *s.* reunión informal.
athwart [ąθwɔ́rt]. **I.** *prep.* al o a través de, por el través de; contra.—**a. ship(s)**, (mar.) de babor a estribor. **II.** *adv.* contrariamente, a tuertas.
atilt [ątílt], *adv.* en postura inclinada; en ristre.
Atlantean [ætlæntíąn], *a.* atlántico.
atlantes [ætlǽntiz], *s. pl.* (arq.) atlantes. *V.* ATLAS.
Atlantic [ætlǽntįk]. **I.** *a.* atlántico.—**A. Charter**, (pol.) carta del Atlántico (1941). **II.** *s.* el mar Atlántico.
atlas [ǽtląs], *s.* atlas; (arq.) atlante o telamón; (anat.) atlas.
atmometer [ætmámɛtœ(r)], *s.* atmómetro.
atmosphere [ǽtmǫsfir], *s.* atmósfera, aire, medio ambiente; alcance, esfera de influencia; (fís.) atmósfera, unidad de presión.
atmospheric(al [-férįk(ąl)], *a.* atmosférico.
atmospherics [-férįks], *s.* (rad.) parásitos atmosféricos.
atoll [ǽtal], *s.* atolón, isla madrepórica.
atom [ǽtǫm], *s.* (fís., quím.) átomo, corpúsculo; (fig.) átomo, pizca, jota.—**a. bomb**, bomba atómica.—**a. smasher**, (fís.) ciclotrón, aparato para desagregar los átomos.—**a. splitting**, fisión del átomo.
atomic [ątámįk], *a.* atómico; diminuto.—**a. beam**, haz atómico.—**a. clock**, reloj atómico. —**a. energy**, (fís.) energía atómica.—**a. heat**, (fís.) calor atómico.—**a. number**, (quím.) número atómico.—**a. pile**, (fís.) pila atómica, reactor.—**a. submarine**, submarino atómico. —**a. theory**, teoría atómica.—**a. weight**, (quím.) peso atómico.
atomicity [ætǫmísįtį], *s.* (quím.) atomicidad.
atomism [ǽtǫmįzm], *s.* atomismo.
atomist [ǽtǫmįst], *s.* atomista.
atomistic [ætǫmístįk], *a.* atómico; atomístico.
atomization [ætǫmaįzéįṡǫn], *s.* atomización, pulverización.
atomize [ǽtǫmaįz], *va.* atomizar, pulverizar, rociar.—**atomizer** [-œ(r)], *s.* pulverizador, vaporizador; aromatizador, perfumador.
atomy [ǽtǫmį], *s.* átomo; motita; (ant.) esqueleto; enano, pigmeo.
atonal [eįtóųnąl], *a.* (mús.) atonal.
atonalism [-įzm], *s.* (mús.) atonalismo.
atonality [ætonǽlįtį], *s.* (mús.) atonalidad.
atone [ątóųn], *va.* y *vn.* (gen. con **for**) expiar, purgar; reparar, compensar, dar reparación, satisfacer; propiciar, aplacar.
atonement [-męnt], *s.* expiación, reparación; compensación, satisfacción; propiciación, sacrificio.

atonic [ætáni̜k]. **I.** *a.* (med.) atónico, débil, falto de vigor; (gram.) átono, sin acento prosódico; (fon.) sordo. **II.** *s.* (med.) calmante; (gram.) sílaba inacentuada; (fon.) consonante sorda.
atony [ǽtọni̜], *s.* (med.) atonía.
atop [ạtáp], *adv.* y *prep.* encima (de).
atrabilarian [ætrạbi̜léi̜ri̜ạn], *a.* y *s.*, **atrabilarious** [-ʌs], *a.* atrabiliario, atrabilioso; melancólico, hipocondríaco.
atrabilious [ætrạbílyʌs], *a.* *V.* ATRABILARIAN.
atrichia [ạtríki̜ạ], **atrichosis** [ætri̜kóu̜si̜s], *s.* pérdida o ausencia de pelo; calvicie; alopecia.
atrium [éi̜tri̜ʌm], *s.* atrio.
atrocious [ạtróu̜ŝʌs], *a.* atroz, nefando, execrable. —**atrociously** [-li̜], *adv.* atrozmente.—**atrociousness** [-ni̜s], **atrocity** [ạtrási̜ti̜], *s.* atrocidad, enormidad, maldad horrible.
atrophic [ætráfi̜k], *a.* atrófico, descaecido.
atrophied [ǽtrofi̜d], *a.* atrofiado; enflaquecido.
atrophy [ǽtrofi̜]. **I.** *s.* (med.) atrofia. **II.** *va.* atrofiar. **III.** *vn.* atrofiarse.
atropin(e [ǽtropi̜n], *s.* (quím., farm.) atropina.
attach [ạtǽch]. **I.** *va.* pegar, juntar, atar, vincular, fijar, conectar; enganchar; prender, coger; asignar; dar, atribuir (importancia, etc.); ganar, granjearse; acompañar, adjuntar; (elec.) enchufar; (for.) embargar, secuestrar, decomisar, incautarse (de bienes, etc.). **II.** *vr.* pegarse, adherirse.
attachable [-ạbl], *a.* pegadizo; secuestrable.
attaché [ataŝéi̜], *s.* (dipl.) agregado.
attached [ạtǽcht], *pp.* y *a.* fijo; anejo o anexo; contiguo; adicto, devoto.
attachment [ạtǽchmẹnt], *s.* unión, enlace, vinculación, fijación; adminículo, accesorio; afecto, cariño; adhesión, apego, devoción, ley, *f.*, fidelidad; (elec.) enchufe; (for.) secuestro, embargo, incautación.
attack [ạtǽk]. **I.** *va.* y *vn.* atacar, acometer, agredir, arremeter, asaltar, atentar, embestir; abordar (un asunto). **II.** *s.* ataque, agresión, asalto, atentado, arremetida, embestid(ur)a; (med.) acceso.
attain [ạtéi̜n], *va.*, *vn* lograr, alcanzar, obtener.
attainable [-ạbl], *a.* asequible, accesible, realizable.—**attainableness** [-ni̜s], *s.* accesibilidad; calidad de alcanzable o realizable.
attainder [ạtéi̜ndœ(r)], *s.* (for.) proscripción o muerte civil.—**bill of a.**, decreto de proscripción y confiscación.
attainment [ạtéi̜nmẹnt], *s.* logro, consecución, obtención, adquisición.—*pl.* dotes, prendas.
attaint [ạtéi̜nt]. **I.** *va.* deshonrar, infamar; corromper, viciar; (for.) condenar, proscribir. **II.** *s.* mancha, baldón; (for.) muerte civil.
attar [ǽtạ(r)], *s.* aceite esencial (de rosas, etc.).
attemper [ạtémpœ(r)], *va.* atemperar, diluir, molificar; acomodar; harmonizar. *V.* TEMPER.
attempt [ạtémpt]. **I.** *va.* intentar, atentar; aventurar; tentar; probar, ensayar; procurar o querer (hacer algo). **II.** *vn.* probar, pretender. **III.** *s.* prueba, ensayo, esfuerzo, tentativa, atentado, conato (de rebelión, etc.).—**attemptability** [-ạbíli̜ti̜], *s.* la calidad de poderse intentar.—**attemptable** [-ạbl], *a.* intentable.
attend [ạténd]. **I.** *va.* atender, cuidar; servir; acompañar, asistir o concurrir a, presenciar; oír(misa); auxiliar (a un moribundo); cortejar (a una dama); seguir (como efecto o consecuencia). **II.** *vn.* atender; acudir; prestar atención, oír; asistir, concurrir.—**to a. on,** *o* **upon,** servir a.—**to a. to,** despachar· entender u ocuparse en.—**well attended,** muy concurrido (espectáculo, etc.).
attendance [-ạns], *s.* presencia, asistencia; (for.) comparecencia; corte, *f.*, obsequio; tren, séquito, comitiva, acompañamiento; público, concurrencia, auditorio; servidumbre, asistencia, servicio.—**to dance a. on,** servir obsequiosamente.
attendant [-ạnt]. **I.** *s.* sirviente, servidor; encargado; cortesano; seguidor, concomitante, acompañante; cortejo, galán, obsequiante.—*pl.* subalternos, tren, séquito, servidumbre. **II.** *a.* concomitante, acompañante, concurrente.—**attending physician,** médico de cabecera.
attention [ạténŝọn], *s.* atención, miramiento, esmero, cuidado, ojo; (med.) asistencia; (mil.) voz de mando ¡atención!—*pl.* cortejo; galanteo, agasajo, obsequio.
attentive [ạténti̜v], *a.* atento, solícito, aplicado; galante, obsequioso, cortés.—**attentively** [-li̜], *adv.* atentamente, con atención y cuidado.—**attentiveness** [-ni̜s], *s.* cuidado; miramiento; cortesía, finura.
attenuant [ạtényuạnt], *a.* y *s.* atenuante.
attenuate [ạtényuei̜t]. **I.** *va.* atenuar, adelgazar, diluir, disminuir; extenuar. **II.** *vn.* atenuarse, adelgazarse, etc. **III.** *a.* atenuado, delgado.
attenuating [-i̜ŋ], *a.* extenuativo.
attenuation [-ei̜ŝọn], *s.* atenuación, adelgazamiento, flaqueza; extenuación; dilución.
attest [ạtést], *va.* atestiguar, atestar, deponer, declarar, certificar; garantizar; autenticar, confirmar; dar testimonio (de); (for.) dar fe.
attest, attestation [ætɛstéi̜ŝọn], *s.* atestación, deposición, testimonio, confirmación, auténtica, certificado, certificación.
attestor [ætéstọ(r)], *s.* testigo; certificador.
attic [ǽti̜k], *s.* desván, guardilla, sotabanco, buhardilla, camaranchón; (arq.) ático.
Attic, *a.* ático, clásico.—**A. salt** *o* **wit,** sal ática.
Atticism [ǽti̜sizm], *s.* aticismo.
attire [ạtái̜(r)]. **I.** *va.* vestir, ataviar, adornar. **II.** *s.* atavío, adorno, traje, ropa; astas (*f. pl.*) de ciervo.
attitude [ǽti̜ti̜ud], *s.* actitud, ademán, postura; (aer.) posición.—**attitudinal** [æti̜ti̜údi̜nạl], *a.* referente a la actitud.
attitudinarian [-nérị̜ạn], **attitudinizer** [æti̜ti̜údi̜nai̜zœ(r)], *s.* el que se coloca en posturas afectadas.—**attitudinize** [-nai̜z], *vn.* entonarse, pavonearse, tomar posturas afectadas.
attorney [ạtœ́rni̜], *s.* (for.) abogado, apoderado, poderhabiente.—**a. at law,** procurador público, procurador de oficio en los tribunales.—**a. general,** (Ingl.) fiscal de la corona; (E. U.) fiscal del estado, ministro de justicia, que actúa como consejero y apoderado o abogado de la nación.—**a. in fact** = PRIVATE ATTORNEY.—**district a.,** fiscal de un distrito judicial.—**private a.,** apoderado, agente, representante, encargado por otro de asuntos extrajudiciales. —**public a.** = A. AT LAW.—**by a.,** por poder (P. P.).—**to act as a.,** procurar.
attorneyship [-ŝi̜p], *s.* procuraduría.
attract [ạtrǽkt], *va.* y *vn.* atraer; captar; cautivar, seducir.—**to a. attention,** llamar la atención.
attractability [-ạbíli̜ti̜], *s.* calidad de atraíble.
attractable [-ạbl], *a.* atraíble.
attracter, attractor [-œ(r)], *s.* el que atrae.
attraction [ạtrǽkŝọn], *s.* atracción; atractivo, aliciente, interés.
attractive [ạtrǽkti̜v], *a.* atractivo, atrayente, interesante; agradable, simpático.—**attractively** [-li̜], *adv.* atractivamente.—**attractiveness** [-ni̜s], *s.* atracción, calidad de atractivo; gracia; hechizos.
attributable [ạtríbi̜utạbl], *a.* atribuible, imputable.
attribute [ạtríbi̜ut], *va.* atribuir, imputar, achacar.
attribute [ǽtri̜bi̜ut], *s.* atributo; característica, distintivo; (gram.) atributo.
attribution [ætri̜bi̜úŝọn], *s.* atribución, atributo.
attributive [ạtríbi̜uti̜v]. **I.** *a.* atributivo; (b.a.) atribuído. **II.** *s.* (gram.) calificativo.
attrite [ạtrái̜t], *a.* (teol.) pesaroso, atrito.
attrition [ætríŝọn], *s.* roce, rozadura, frotación, frote, refregón, desgaste; (teol.) atrición.
attune [ạti̜ún], *va.* armonizar, acordar, afinar.
atwirl [ạtwœ́rl], *a.* y *adv.* en rotación, girando, dando vueltas.—**atwist** [ạtwi̜st], *adv.* y *a.* torcidamente, al través, sesgado.
atypical [ei̜típ̜i̜kạl], *a.* atípico.

aubade [oubád], *s.* (mús. y poét.) alborada, albada.
auburn [óbœrn], *a.* castaño rojizo.
auction [ókŝon]. I. *s.* almoneda, subasta, remate; (Am.) venduta.—**a. room,** martillo.—**to put up at a.,** poner en pública subasta. II. *va.* almonedear, subastar, rematar.
auctioneer [ɔkŝonír]. I. *s.* subastador, pregonero, rematador; (Am.) martillero, vendutero. II. *va.* vender en pública subasta.
audacious [ɔdéiŝʌs], *a.* audaz, osado; descarado.
audaciously [-li], *adv.* audaz, osada, arrojada o atrevidamente; descaradamente.
audaciousness [-nis], **audacity** [ɔdǽsiti], *s.* audacia, osadía, arrojo; impudencia, descaro.
audibility [ɔdibíliti], **audibleness** [ódiblnis], *s.* audibilidad, perceptibilidad.
audible [ódibl], *a.* audible, oíble, perceptible.
audibly [ódibli], *adv.* audiblemente.
audience [ódiens], *s.* auditorio, concurso, concurrencia, público; los oyentes o circunstantes; audición; audiencia o entrevista.—**a. chamber,** sala o cámara de recepción; (for.) audiencia.
audient [ódient], *a.* oyente; que escucha.
audio-frequency [ódiou fríkwensi], *s.* (rad.) audio-frecuencia; frecuencia auditiva.
audiometer [ɔdiámεtœ(r)], *s.* audiómetro, instrumento para probar la audición.
audion [ódion], *s.* (rad.) audión, *m.* (marca de fábrica).
audiophile [ódiofail], *s.* audiófilo, entusiasta por las reproducciones de alta fidelidad.
audio-visual [-víẑual], *a.* audiovisual.
audiphone [ódifoun], *s.* audífono, aparato para transmitir el sonido a los sordos por los dientes.
audit [ódit]. I. *s.* intervención y ajuste de cuentas. II. *va.* intervenir, revisar o glosar una cuenta.—**auditing of accounts,** intervención de cuentas.
audition [ɔdíŝon], *s.* audición; prueba de idoneidad, examen de prueba (a menudo en concurso) a que se somete a quien solicita un puesto como músico, etc.
auditive [óditiv], *a.* auditivo, auditorio.
auditor [óditọ(r)], *s.* interventor, revisor o glosador de cuentas; contador, perito contabilista; ordenador de pagos; oyente, oidor, auditor.
auditorium [ɔditóriʌm], *s.* auditorio; salón de actos; sala de espectáculos; cualquier sala, teatro o edificio destinado a reuniones y funciones públicas.
auditorship [óditorŝip], *s.* oficio de interventor; intervención; contaduría.
auditory [óditori]. I. *s.* auditorio, público; sala, teatro. II. *a.* auditorio, auditivo.
Augean [ɔdẑían], *a.* referente a Augías; sucísimo; corrompidísimo.—**the A. stables,** los establos de Augías (apl. a lugares muy sucios y a gente o asociaciones corrompidas o desmoralizadas).
auger [ógœ(r)], *s.* barrena; taladro; sonda de taladrar.—**a. bit,** (carp.) gusanillo de taladro.—**a. worm,** (ent.) gusano horadador.
aught [ɔt]. I. *s.* algo; cero; (con negación) nada. II. *adv.* absolutamente; en cualquier respecto; en cualquier, o algún, grado.
augite [ódẑait], *s.* (min.) augita.
augment [ɔgmént], *va.* y *vn.* aumentar; crecer.
augmentable [-abl], *a.* aumentable.
augmentation [-éiŝon], *s.* aumentación, aumento, acrecentamiento; creces, *f. pl.*
augmentative [-ativ], *a.* aumentativo.
augur [ógœ(r)], *s.* augur, agorero, adivino, arúspice.
augur, *va.* y *vn.* augurar, pronosticar, predecir, agorar, ominar.—**to a. ill (o well),** ser de mal (o buen) agüero.
augural [ógyūral], **augurial** [ɔgyúrial], *a.* augural.
augury [ógyūri], *s.* augurio, agüero, pronóstico.
august [ɔgʌ́st], *a.* augusto, majestuoso.
August [ógʌst], *s.* agosto (mes).
Augustan [ɔgʌ́stan], *a.* augustal, de Augusto.
Augustinian [ɔgʌstínian], *a.* y *s.* agustiniano; agustino (monje, orden).
augustness [ɔgʌ́stnis], *s.* majest(uosid)ad.
auk [ɔk], *s.* (orn.) alca, ave marítima relacionada a los pingüinos.
auld [ɔld], *a.* (Esco.) viejo, antiguo.—**a. lang syne** [-læŋ sáin], antaño, tiempos que fueron.
aulic [ólik], *a.* áulico, palaciego.
aunt [ænt *o* ant], *s.* tía.—**aunty, auntie** [ǽnti], *s. dim.* tía; vieja; (E. U. del Sur) negra vieja.
aura [óra], *s.* magnetismo animal; influencia psíquica; aura, céfiro; (med.) aura epiléptica o histérica.
aural [óral], *a.* auditivo, auricular, del oído.
aurantiaceous [ɔræntiéiŝʌs], *a.* (bot.) auranciáceo.
aurate [órit], *s.* (quím.) aurato.
aurated [óreitid], *a.* con orejas. *V.* AUREATE.
aureate [óriit], *a.* áureo, dorado; espléndido.
aurelia [ɔrília], *s.* (ent.) crisálida, ninfa.
aureola [ɔríola], **aureole** [órioul], *s.* aureola, auréola, corona.
aureomycin [ɔrioumáisin], *s.* (bioquím.) aureomicina.
auric [órik], *a.* de oro, del oro; (quím.) áurico.
auricle [órikl], *s.* (anat.) aurícula o ala del corazón; aurícula o pabellón de la oreja.
auricula [ɔríkyūla], *s.* (bot.) oreja de oso; (zool.) apéndice en forma de oreja.
auricular [ɔríkyūla(r)], *a.* auricular; oíble; confidencial, secreto, dicho al oído.
auricularly [-li], *adv.* al oído, secretamente.
auriculate(d [ɔríkyūleit(id], *a.* orejudo; en forma de oreja.
auriferous [ɔríferʌs], *a.* (poét.) aurífero.
auriform [órifɔrm], *a.* en forma de oreja.
Auriga [ɔráiga], *s.* (astr.) Auriga.
aurist [órist], *s.* (med.) aurista, otólogo.
aurochs [óraks], *s.* (zool.) uro, bizonte europeo.
aurora [ɔróra], *s.* aurora, alba, alborada.—**a. australis,** aurora austral.—**a. borealis,** aurora boreal.
auroral [ɔróral], *a.* matutino; rosáceo.
aurum [órʌm], *s.* (quím.) oro.
auscultate [óskʌlteit], *va.* y *vn.* (med.) auscultar.
auscultation [-éiŝon], *s.* (med.) auscultación; atención.
auspicate [óspikeit], *va.* inaugurar o principiar con buenos auspicios.
auspice [óspis], *s.* auspicio, presagio; protección, favor, dirección, auspicio (gen. *pl.*).—**under the auspices of,** bajo los auspicios de, (Am.) auspiciado por.
auspicial [ɔspíŝal], *a.* perteneciente al auspicio.
auspicious [ɔspíŝʌs], *a.* feliz, favorable; benigno, propicio.
auspiciously [-li], *adv.* con buenos auspicios, auspiciosamente, felizmente.
auspiciousness [-nis], *s.* prosperidad; buenos auspicios.
austere [ɔstír], *a.* austero, severo, rígido; rudo, adusto; agrio, ácido, acerbo.—**austerely** [-li], *adv.* austeramente.—**austereness** [-nis], **austerity** [ɔstériti], *s.* austeridad, rigorismo, severidad.
Austin Friars [óstin fráiarz], *s. pl.* frailes Agustinos.
austral [óstral], *a.* austral, meridional.
Australia [ɔstréilya], *s.* Australia.
Australian [ɔstréilyan], *a.* y *s.* australiano.
Austria [óstria], *s.* Austria.
Austrian [óstrian], *a.* y *s.* austríaco.
Austro-Hungarian [óstrouhʌŋgérian], *a.* y *s.* austrohúngaro.
autarchy, autarky [ótarki], *s.* autarquía, independencia económica (de un país).
authentic(al [ɔθéntik(al], *a.* auténtico, legítimo, fehaciente, original.
authentically [-i], **authenticly** [-li], *adv.* auténticamente.
authenticalness [-alnis], **authenticity** [ɔθεntísiti], *s.* autenticidad.

authenticate [ɔθéntịkeịt], *va.* autenticar, autorizar, refrendar.
authentication [-éịŝọn], *s.* (for.) autenticación, refrendación.
author [ɔ́θọ(r)], *s.* autor; escritor.
authoress [-ịs], *s.* autora, escritora.
authoritarian [ɔθarịtérịan], *s.* y *a.* autoritario, autoritarista, defensor de la autoridad absoluta o excesiva.—**authoritarianism** [-ịzm], *s.* autoritarismo.
authoritative [ɔθárịteịtịv], *a.* autorizado, que autoriza; autoritario; positivo, perentorio, terminante.—**authoritatively** [-lị], *adv.* autorizadamente.—**authoritativeness** [-nịs], *s.* calidad de autorizado o autoritario.
authority [ɔθárịtị], *s.* autoridad; autorización; dominio, jurisdicción, mando, poder, férula; perito, experto; facultad; representación; junta, comisión, cuerpo directivo, departamento.—*pl.* funcionarios, autoridad pública.—**I have it from the best a.**, lo sé de buena tinta; lo tengo de buena fuente o mano.—**printed by a.**, impreso con licencia.
authorization [ɔθọrịzéịŝọn], *s.* autorización, sanción, legalización.
authorize [ɔ́θọraịz], *va.* autorizar, facultar, apoderar, sancionar, acreditar, otorgar, legalizar.
authorized [-d], *a.* que está autorizado.
authorship [ɔ́θọrŝịp], *s.* estado, calidad o profesión de autor; invención; paternidad literaria.
auto [ɔ́toụ]. **I.** *s.* (fam.) automóvil, auto.—**a. court** = MOTEL. **II.** *vn.* (fam.) pasear o viajar en automóvil.
autobiographer [ɔtobaịágrạfœ(r)], *s.* autobiógrafo.
autobiographic(al [ɔtobaịogrǽfịk(ạl], *a.* autobiográfico.
autobiography [ɔtobaịágrạfị], *s.* autobiografía.
autoboat [ɔ́toboụt], *s.* lancha o bote automóvil.
autobus [-bʌs], *s.* bus, autobús, autoómnibus.
autocade [-keịd], *s.* desfile de automóviles.
autocar [-kar], *s.* (coche) automóvil; autocar.
autocatalytic [-kætạlítịk], *a.* (quím.) autocatalítico.
autochthon [ɔtákθọn], *s.* autóctono.
autochthonal, autochthonous [-ạl, -ʌs], *a.* autóctono.
autochthonism [-ịzm], **autochthony** [-ị], *s.* autoctonía.
autoclave [ɔ́tokleịv], *s.* autoclave, *f.*, marmita hermética.
autocracy [ɔtákrạsị], *s.* autocracia.
autocrat [ɔ́tokræt], *s.* autócrata, *m.f.*
autocratic(al [ɔtokrǽtịk(ạl], *a.* autocrático.
auto-da-fé [ɔtoụdaféị], *s.* auto de fe.
autodidact [ɔ́todịdækt], *s.* autodidacto.—**autodidactic** [-dǽktịk], *a.* autodidacto; autodidáctico.
autodrome [ɔ́todroụm], *s.* (dep.) autódromo.
autodyne [ɔ́todaịn], *a.* (rad.) autodino.
autogamous [ɔtágạmʌs], *a.* (bot.) autógamo, autofecundante.
autogamy [ɔtágạmị], *s.* (bot., zool.) autogamia, autofecundación.
autogenesis [ɔtodžénɛsịs], *s.* (biol.) autogénesis.
autogenous [ɔtádžẹnʌs], *a.* autógeno.—**a. soldering**, (elec.) soldadura eléctrica autógena.
autogiro, autogyro [ɔtodžáịroụ], *s.* (aer.) autogiro (es marca de fábrica).
autograph [ɔ́togræf]. **I.** *a.* y *s.* autógrafo. **II.** *va.* autografiar; escribir o inscribir una celebridad su autógrafo o firma (en un libro, etc.).
autographic(al [ɔtogrǽfịk(ạl], *a.* autógrafo; autográfico; (tlg.) autorregistrador; que recibe o transmite en facsímile.
autography [ɔtágrạfị], *s.* autografía.
autohypnosis [ɔtohịpnóụsịs], *s.* autohipnosis.
autoinfection [ɔtoụịnfékŝọn], *s.* autoinfección.
autointoxication [-ịntaksịkéịŝọn], *s.* autointoxicación, autoenvenenamiento del organismo.
autoist [ɔ́toịst], *s.* (fam.) automovilista.
automat [ɔ́tomæt], *s.* artificio o mecanismo automático; restaurante de servicio mecánico.
automate [ɔ́tomeịt], *va.* hacer automático, automatizar.
automatic [ɔtomǽtịk], *a.* automático.—**a. pilot**, (aer.) piloto automático.
automation [ɔtoméịŝọn], *s.* automatización, automación.
automatism [ɔtámạtịzm], *s.* (fisiol., filos. y psic.) automatismo.
automaton [ɔtámạtan], *s.* autómata, *m.*
automobile [ɔtomoụbil]. **I.** *s.* automóvil, coche.—**a. horn**, bocina, klaxon. **II.** *a.* = AUTOMOTIVE.
automobiling [-ịŋ], *s.* automovilismo.
automobilism [-ịzm], *s.* automovilismo.
automobilist [-ịst], *s.* automovilista.
automotive [ɔtomóụtịv], *a.* automotor, automotriz, automóvil, automovilista.
autonomic [ɔtonámịk], *a.* autonómico.
autonomist [ɔtánomịst], *s.* autonomista.
autonomous [-mʌs], *a.* autónomo.
autonomy [-mị], *s.* autonomía.
autoplastic [ɔtoplǽstịk], *a.* autoplástico.
autoplasty [ɔ́toplæstị], *s.* (cir.) autoplastia.
autopsy [ɔ́tapsị], *s.* autopsia, necropsia.
autosuggestion [-sʌgdžéschọn], *s.* autosugestión.
autotherapy [-θérạpị], *s.* (med.) autoterapia.
autotomy [ɔtátomị], *s.* (biol.) autotomía.
autotoxemia [ɔtotaksímịą], *s.* autointoxicación.
autotrophic [ɔtotráfịk], *a.* autótropo.
autotropism [ɔtátropịzm], *s.* (bot.) autotropismo.
autotruck [ɔ́totrʌk], *s.* autocamión, *m.*
autotype [-taịp], *s.* facsímil(e), copia exacta.
autotypy [-ị], *s.* autotipia.
autumn [ɔ́tʌm], *s.* otoño.
autumnal [ɔtʌ́mnạl], *a.* otoñal, autumnal.—**a. equinox**, equinoccio otoñal.
auxiliary [ɔgzílyạrị]. **I.** *a.* auxiliar; auxiliatorio, subsidiario. **II.** *s.* auxiliador, coadyuvante, sufragáneo.
avail [ạvéịl]. **I.** *va.* aprovechar, beneficiar, valer. **II.** *vn.* valer, servir, ser útil o ventajoso.—**to a. oneself of**, valerse de, aprovecharse de, servirse de.—**not to a. oneself of**, desperdiciar.—**it avails nothing**, de nada sirve. **III.** *s.* provecho, utilidad; eficacia.—*pl.* beneficios, producto (de una venta).—**to no a.**, en vano; sin resultado.
available [-ạbl], *a.* aprovechable, disponible, asequible, accesible, utilizable.
availableness [-nịs], **availability** [-bịlịtị], *s.* disponibilidad, calidad de aprovechable; eficacia, valor.
availably [-ạblị], *adv.* eficazmente, provechosamente, útilmente.
avalanche [ǽvạlænch], *s.* lurte, alud, *m.*; (fig.) torrente, torbellino; (gal.) avalancha.
avant-garde [avangárd]. **I.** *a.* vanguardista, de vanguardia. **II.** *s.* vanguardismo.
avant-gardist [-ịst], *s.* vanguardista.
avarice [ǽvạrịs], *s.* avaricia, codicia, sordidez.
avaricious [ævạríŝʌs], *a.* avaro, avariento, codicioso, miserable.—**avariciously** [-lị], *adv.* avaramente, avarientamente.—**avariciousness** [-nịs], *s.* avaricia.
Avars [avárz], *s. pl.* (hist.) ávaros.
avast [ạvǽst], *interj.* (mar.) ¡forte! ¡basta!
avatar [ævạtár], *s.* (mit.) avatar (encarnación de Vichnú); encarnación.
avaunt [ạvɔ́nt], *interj.* (ant.) ¡fuera! ¡atrás! ¡vete!
Ave Maria, Ave Mary [ávịmaríạ o éịvị mérị], *s.* (igl.) avemaría.
avenaceous [ævẹnéịŝʌs], *a.* (bot.) avenáceo; de avena.
avenge [ạvéndž], *va.* y *vn.* vengar, vindicar.
avengement [-mẹnt], *s.* venganza.
avenger [-œ(r)], *s.* vengador.
avens [ǽvịnz], *s.* (bot.) gariofilea.
aventail, *s.* = VENTAIL.
aventurin(e [ạvénchụrịn], *s.* (min.) venturina.
avenue [ǽvenịu], *s.* avenida, calzada; alameda.

carrera; vía, entrada, pasadizo.—**a. of trade,** ruta comercial.
aver [avœ́r], *va.* asegurar, afirmar; declarar.
average [ǽveridž]. **I.** *s.* promedio, término medio; cosa o persona ordinaria o de término medio; (com.) avería; compensación por averías.—**a. bond,** fianza que se da al capitán de un barco por indemnización de averías.—**general a.,** (mar.) avería gruesa o común.—**on an a.,** como promedio, por término medio.—**petty a.,** avería ordinaria, gastos menores. **II.** *a.* medio, de término medio; común, ordinario, corriente, típico.—**a. speed,** velocidad media. **III.** *va.* calcular el término medio o hallar el promedio de; prorratear, promediar, tantear; ascender por término medio a (tanto).—**to a. 50 miles per hour,** sacar un promedio de 50 millas por hora. **IV.** *vn.* ser por término medio.
averment [avœ́rment], *s.* aseveración, declaración, afirmación; (for.) alegato, adveración.
Avernus [avœ́rnʌs], *s.* averno; (poét.) Infierno.
Averr(h)oism [æveróuizm], *s.* averroísmo.—**Averr(h)oist(ic** [-ístik], *s.* y *a.* averroísta.
averse [avœ́rs], *a.* adverso, contrario, enemigo.
aversely [-li], *adv.* con repugnancia.
averseness [-nis], *s.* *V.* AVERSION.
aversion [avœ́ržon], *s.* aversión, aborrecimiento, repugnancia, antipatía, renuencia, mala gana, despego, desvío; inquina, tirria, odio.
avert [avœ́rt], *va.* desviar, apartar, separar; prevenir, impedir, conjurar.
avian [éivian], *a.* perteneciente a las aves; avícola.
aviary [éivieri], *s.* pajarera, avería, averío.
aviate [éivieit], *vn.* volar en avión.
aviation [eiviéišon], *s.* aviación.
aviator [éivieito(r)], *s.* aviador.—**aviatress** [-tris], **aviatrix** [-triks], *s.* aviadora, aviatriz.
aviculture [éivikʌlchū(r)], *s.* avicultura.
aviculturist [-kʌ́lchūrist], *s.* avicultor, ra.
avid [ǽvid], *a.* ávido, ansioso, codicioso.
avidity [avíditi], *s.* avidez, ansia, codicia.
avitaminosis [eivaitaminóusis], *s.* (med.) avitaminosis.
avocado [ævǒkádou], *s.* (bot.) aguacate, palta.
avocation [ævokéišon], *s.* distracción, diversión, pasatiempo; (úsase incorrectamente en lugar de **vocation** para denotar una profesión u ocupación seria); avocamiento o avocación.
avocet, avoset [ǽvoset], *s.* (orn.) avoceta.
avoid [avóid], *va.* evitar, salvar, eludir, esquivar, evadir; guardarse, librarse o zafarse de; (for.) anular, invalidar, dejar sin efecto.
avoidable [-abl], *a.* evitable, eludible; (for.) anulable, revocable, que puede ser cancelado.
avoidance [-ans], *s.* evitación, acción de evitar o de eludir; (for.) anulación, invalidación.
avoider [-œ(r)], *s.* el que evita o evade.
avoidless [-lis], *a.* (poét.) inevitable, irremediable.
avoirdupois [ævodūpóiz], *s.* sistema de pesos vigente en Inglaterra y los E. U., cuya unidad es la libra de 16 onzas; (fam.) peso, gordura.
avouch [aváuch], *va.* afirmar, sostener; alegar, testimoniar, protestar; confesar, reconocer.
avow [aváu], *va.* reconocer, admitir, confesar.
avowable [-abl], *a.* que se puede declarar.
avowal [-al], *s.* confesión, admisión.
avowed [-d], *a.* reconocido, admitido.
avowedly [-idli], *adv.* sin rebozo, reconocida o confesadamente
avulsion [avʌ́lšon], *s.* arrancamiento o separación violenta; (cir. y for.) avulsión.
avuncular [avʌ́ŋkyūlä(r)], *a.* de o como un tío.
await [awéit], *va.* y *vn.* aguardar, esperar, estar aguardando.—**awaiting,** en espera de.
awake [awéik], **awaken** [-en]. **I.** *va.* (*pret.* AWOKE; *pp.* AWAKED) despertar (al que está dormido); mover, excitar. **II.** *vn.* despertar(se), dejar de dormir.
awake, *a.* despierto, desvelado.—**to be a.,** velar.
awakener [-enœ(r)], *s.* despertador.
awakening [-iŋ], *s.* despertamiento.
award [awórd], *va.* y *vn.* otorgar, conferir, conceder, (Am.) discernir; premiar; (for.) adjudicar.
award, *s.* sentencia, laudo, decisión, adjudicación, concesión; premio.
awarder [-œ(r)], *s.* juez árbitro.
aware [awɛ́r], *a.* enterado, sabedor.
awareness [-nis], *s.* conocimiento; (filos.) mera conciencia de un hecho, sin atención.
awash [awáš], *a.* y *adv.* (mar.) a flor de agua.
away [awéi]. **I.** *adv.* lejos; a lo lejos; ausente, fuera; de distancia, vg. *two miles away,* a dos millas de distancia; alejándose, en dirección opuesta, vg. *away from the sun,* alejándose del sol, en dirección opuesta a la del sol; continuamente, con empeño, vg. *he is working away,* él está trabajando con ahinco; (fam.) sin empacho, lo que, o cuanto, se quiera (a veces enfático y no se traduce), vg. *talk away,* diga lo que quiera, eche usted lo que quiera, diga usted. Se usa después de muchos verbos para indicar alejamiento o acción lenta continua, vg. *to go away,* alejarse, irse; *to take away,* arrebatar, quitar; *to wither away,* irse marchitando. Frases de esta clase se dan bajo los verbos respectivos. A veces el verbo se suprime por elipsis, vg. *let us (go) away,* vámonos; *whither (are you going) away?* ¿adónde va Vd.? **II.** *interj.* ¡fuera de aquí! ¡márchese Vd.! ¡vámonos!—**a. with you!** ¡márchese Vd.! ¡lárguese Vd.!
awe [ɔ]. **I.** *s.* temor reverente; pavor.—**a.-inspiring,** imponente.—**a.-struck,** despavorido, aterrado, espantado.—**to stand in a. of,** temer; reverenciar sumisamente. **II.** *va.* aterrar, infundir miedo o respeto, aterrorizar.
aweary [awíri], *a.* (poét.) cansado, fatigado.
aweather [awéðœ(r)], *adv.* (mar.) a barlovento.
aweigh [awéi], *adv.* (mar.) ú. del ancla cuando suelta el fondo y está pendiente.
awesome [ɔ́sʌm], *a.* terrible, aterrador, pavoroso; que infunde temor reverencial.
awful [ɔ́ful], *a.* tremendo; terrible; majestuosamente abrumador; (fam.) muy malo, enorme.
awfully [-i], *adv.* terriblemente, horrorosamente; (fam.) muy, excesivamente.
awfulness [-nis], *s.* veneración, respeto o temor reverencial; (fam.) enormidad.
awhile [ahwáil], *adv.* un rato, algún tiempo.—**not yet a.,** por ahora no, todavía no.
awhirl [ahwœ́rl], *adv.* en rotación; en giro, en torbellino.
awkward [ɔ́kwärd], *a.* desmañado, desgarbado, torpe, chambón, chabacano; embarazoso, difícil, delicado, peliagudo.
awkwardly [-li], *adv.* torpemente, desmañadamente; embarazosamente, en una posición difícil, delicada.
awkwardness [-nis], *s.* torpeza, desmaña.
awl [ɔl], *s.* lezna, (a)lesna; subilla, punzón; (mec.) lengüeta.
awn [ɔn], *s.* (bot.) arista.
awning [ɔ́niŋ], *s.* toldo, tendal, entalamadura, marquesina; toldo voladizo (sobre puertas y ventanas); (Am.) carpa; (mar.) toldo, toldilla, cenefa, tienda, carroza.—**to cover with an a.,** entoldar, entalamar.
awoke [awóuk], *pret.* de TO AWAKE.
awry [arái], *adv.* y *a.* oblicuo, sesgado, torcido, oblicuamente, de través; fuera de razón, erradamente, descaminadamente.
ax, axe [æks], *s.* (*pl.* **axes** [ǽksiz]) hacha, segur, *f.*—**to have an a. to grind,** tener algún fin interesado, ir taimadamente tras algo.
axes [ǽksiz], *s. pl.* de AXIS.
axhammer [ǽkshæmœ(r)], *s.* (alb.) piqueta o martillo de dos bocas o filos.—**axhammered** [-d], *a.* (piedra) trabajada con tal herramienta.
axial [ǽksial], *a.* axial.—**a.-flow turbine,** turbina paralela o axial.
axil [ǽksil], *s.* (bot.) axila.
axile [ǽksil], *a.* (bot.) axilar.
axilla [æksílä], *s.* (anat., zool., bot.) axila; sobaco.
axillar(y [ǽksilɛr(i], *a.* (anat., zool., bot.) axilar; sobacal.

axinite [ǽksinait], *s.* (min.) axinita.
axiom [ǽksiom], *s.* axioma, *m.*, postulado, sentencia.
axiomatic(al [-ǽtik(al], *a.* axiomático.
axiometer [æksiámɛtœ(r)], *s.* (mar.) axiómetro.
axis [ǽksis], *s.* (mat., bot., etc.) eje; (anat.) axis, segunda vértebra cervical; (zool.) venado o ciervo de manchas blancas de la India; (**A.**) Eje, alianza militar entre Alemania, Italia y el Japón.—**a.-cylinder,** (anat.) eje de una fibra nerviosa.—**axes of coordinates,** (mat.) ejes de coordenadas.
axle [ǽksl], *s.* eje (de un vehículo); eje, árbol, peón (de una rueda o máquina).—**a. bar,** eje de hierro de una rueda.—**a. box,** (mec.) caja de eje, buje.—**a. shaft,** (aut.) puente o eje trasero.
axletree [-tri], *s.* eje (de ruedas de carruaje).
axman [ǽksman], *s.* hachero; leñador.
axoid [ǽksoid], **axoidean** [æksóidian], *a.* (anat.) axoideo.
axolotl [ǽksolatl], *s.* (zool.) (Am.) ajolote.
axon(e [ǽksan], *s.* (anat.) axón.
axonometry [æksonámɛtri], *s.* (mat.) axonometría.
ay [ei], *interj.* (ant.) ¡ay!—**ay me!** ¡ay de mí!
ay, aye [ei], *adv.* (poét.) siempre, por siempre.—**for aye,** por siempre jamás.
aye, ay [ai]. **I.** *adv.* sí. **II.** *s.* voto afirmativo.
aye-aye [áiai], *s.* (zool.) aye-aye.
azalea [azéiliä], *s.* (bot.) azalea.
azarole [ǽzaroul], *s.* (bot.) acerola.
azimuth [ǽzimʌθ], *s.* (astr. y top.) acimut, azimut.—**a. compass,** brújula de azimut.—**a. dial,** gnomon.
azimuthal [-mʌ́θal], *a.* acimutal, azimutal.
azoic [azóuik], *a.* (geol.) azoico; sin vida; (quím.) azoico.
azonic [eizánik], *a.* que no es local.
azote [ǽzout], *s.* (quím.) ázoe, nitrógeno.
azoth [ǽzaθ], *s.* (alquimia) azogue, mercurio.
azotic [azátik], *a.* (quím.) azoico, azoado, nítrico.
azotize [ǽzotaiz], *va.* (quím.) azoar, nitrogenar.
Aztec [ǽztɛk], *a.* y *s.* azteca, *mf.*
azure [ǽžūr]. **I.** *a.* y *s.* azulado, claro, azul celeste, cerúleo; (blas.) azur, blao. **II.** *va.* azular.
azurine [ǽžūrin]. **I.** *a.* azulado. **II.** *s.* (quím.) azurina.
azurite [ǽžūrait], *s.* (min.) azurita, malaquita azul.
azygous [ǽzigʌs], *a.* y *s.* (anat.) (vena) ácigos.
azym [ǽzim], **azyme** [ǽzaim], *s.* pan ázimo o ácimo, pan sin levadura.
azymic [æzímik], *a.* azímico.
azymous [ǽzimʌs], *a.* ázimo, sin levadura.

B

b [bi], *s.* b; (mús., **B**) si.
baa [ba]. **I.** *s.* be (balido). **II.** *vn.* balar.
Baalist, Baalite [béialist, -ait], *a.* y *s.* baalita, *mf.*
babbitt [bǽbit]. **I.** *s.* metal antifricción para cojinetes (ll. t. **B. metal**). **II.** *va.* revestir de metal antifricción, forrar con metal blanco.
babble [bǽbl], *va.* y *vn.* balbucear; charlar, parlar, bachillerear, garlar; murmurar (un arroyo).
babble, *s.* charla, parla, balbuceo, bachillería, charlatanería; susurro, murmullo.
babbler [bǽblœ(r)], *s.* charlador, garlador, charlatán, hablador; parlero, bachiller, trapalón.
babbling [bǽbliŋ]. **I.** *a.* murmurante, balbuciente. **II.** *s.* cháchara, garrulería, balbucencia.
babe [beib], *s.* criaturita, nene, bebé, rorro.
Babel, Babeldom [béibel, -dom], *s.* Babel; **b.,** confusión, desorden.
babirous(s)a, babirus(s)a [bæbirúsä], *s.* (zool.) babirusa.
Babism [bábizm], *s.* babismo, doctrina persa.
baboon [bæbún], *s.* (zool.) mandril, papión, *m.*
baboosh, babouche [bæbúŝ], *s.* babucha, pantufla.
baby [béibi]. **I.** *s.* criatura, crío, nene, nena, pequeñuelo, rorro, bebé, (Am.) guagua, *mf.* **II.** *a.* de niño, semejante a un niño; de, para o como nene; pequeño; de tierna edad; infantil.—**b. act,** acción infantil; ley (*f.*) de exculpación de menores.—**b. basket,** cesto de ajuar para nene.—**b. beef,** ternerillo para el matadero; su carne.—**b. blue,** azul claro.—**b. bond,** bono de bajo valor nominal (gen. 50 o 100 dólares).—**b. buggy, b. carriage,** cochecillo de nene.—**b. farm,** casa en que se crían por paga niños ajenos.—**b. grand piano,** piano de media cola.—**b. ribbon,** bocadillo, cintilla muy angosta.—**b. talk,** habla de nene o de chiquillo, media lengua, tono infantil.—**b. tooth,** diente de leche o mamón. **III.** *va.* tratar como niño; mimar.
babyhood [-hud], *s.* niñez, infancia.
babyish [-iŝ], *a.* niñero; pueril, infantil.
babyishness [-iŝnis], *s.* puerilidad, niñada.
Babylonian [bæbilóunian], *a.* babilónico; fastuoso.
baby-sit [béibisit], *vn.* cuidar de niños en ausencia de sus padres.—**baby sitter** [-œ(r)], *s.* persona que cuida niños durante la ausencia de sus padres; niñera por hora.
baccalaureate [bækalóriit], *s.* bachillerato.
baccara(t [bækará], *s.* bacará, *m.*, juego de naipes.
baccate [bǽkeit], *a.* (bot.) abayado, parecido a una baya.
bacchanal [bǽkanæl], **bacchanalian** [-éilian]. **I.** *s.* bacanal, *f.* **II.** *a.* bacanal, báquico; ebrio.
Bacchanalia [-éiliä], **Bacchanals** [bǽkanælz], *s. pl.* bacanales, *f.*
bacchant, bacchante [bǽkant, bækǽnti], *s.* bacante, ménade; persona disoluta o borracha.
Bacchic(al [bǽkik(al], *a.* báquico.
bacciferous [bæksífɛrʌs], *a.* que produce bayas.
baccivorous [bæksívorʌs], *a.* que se alimenta de bayas.
bachelor [bǽchelo(r)], *s.* soltero, (fam.) celibato, mancebo; bachiller.—**b.'s-button,** (bot.) aciano, azulejo.—**bachelors' apartments, rooms,** etc., apartamientos, cuartos, etc., para solteros.—**to receive the b.'s degree,** bachillerarse.
bachelordom [-dom], *s.* el mundo de los solteros; soltería.
bachelorhood [-hud], **bachelorship** [-ŝip], *s.* celibato, soltería; bachillerato.
bacillary [bǽsilɛri], *a.* bacilar.
bacillus [bæsílʌs], *s.* (*pl.* BACILLI) bacilo, bacteria.
back [bæk], *s.* espalda; lomo, espinazo (de un animal); respaldo, (r)espaldar (de un asiento, etc.); dorso, envés, revés (de la mano, letra de cambio, etc.); reverso, lado de atrás; parte posterior o de atrás, trasera; lomo (de una montaña, de un cuchillo, de un libro); (teat.) foro; (arq.) trasdós (de un arco); (dep.) zaguero, defensa, *m.* (fútbol, pelota).—**b. to b.,** espalda con espalda.—**at one's b.,** detrás de uno (sea persiguiéndolo, sea apoyándolo).—**behind one's b.,** por detrás, a espaldas de uno, sin conocimiento de uno (con la implicación de perfidia o cobardía).—**in the b. of one's mind,** en lo recóndito del pensamiento.—**on one's b.,** a cuestas, boca arriba, de espaldas.—**to be,** *o* **lie, on one's b.,** estar en cama; estar postrado, ser impotente.—**to break the b. of,** deslomar, agobiar.—**to carry on the b.,** llevar o traer a lomo o a cuestas.—**to cast behind the b.,** olvidar y perdonar, echar pelillos a la mar.—**to get,** *o* **put, one's b. up,** (fam.), obstinarse.—**to see the b. of,** deshacerse o librarse de.—**to turn one's b. (on),** volver la(s) espalda(s) (a); irse; huir; abandonar, desdeñar o negarse (a uno).—**to turn one's b. to,** volverse de espaldas a.—**with one's b. to the wall,** acosado, a raya, en situación desesperada.
back, *a.* trasero, posterior, de atrás; dorsal; del interior; atrasado; anterior, pasado (apl. al

tiempo); apartado, lejano.—**b. door,** puerta de atrás, puerta falsa o de servicio; (fig.) surtida; modo indirecto e indigno.—**b. comb,** peineta.—**b. court,** trascorral.—**b. draft,** explosión de gases de combustión; corriente de aire invertida.—**b. excentric,** (m. v.) excéntrica de inversión o de cambio de marcha.—**b. electromotive force,** fuerza contraelectromotriz.—**b. filling,** (const.) relleno de respaldo.—**b. number,** número atrasado (de un periódico); persona desprestigiada o rezagada.—**b. page,** página izquierda.—**b. pay,** sueldo retrasado.—**b. pitch,** distancia entre dos hileras paralelas de remaches.—**b. pressure,** (m. v.) contrapresión.—**b. seat,** asiento de atrás; posición inferior o de poca monta.—**b. sight,** (top.) visual inversa, visual de comprobación u orientación dirigida hacia atrás.—**b. stairs,** escalera de atrás; escalera secreta; medios indirectos y solapados.—**b. step,** (mil.) marcha atrás, paso a retaguardia.—**b. stream,** contracorriente; remolino.—**b. street,** calle apartada o no central.—**b. stroke,** revés; (en el nadar) de espaldas.—**b. talk,** respuesta insolente.—**b. tooth,** muela, diente molar.—**b. yard,** trascorral.

back. I. *adv.* atrás, detrás; a alguna distancia (de); otra vez, de nuevo; de vuelta, de regreso. Después de un verbo indica en general retrocesión, y a veces equivale al prefijo *re*, vg. *to come back,* regresar; *to give back,* devolver; *to beat back,* rechazar.—**b. and forth,** de arriba para abajo, de una parte a otra; de uno a otro.—**b. in 1800,** allá por el año de 1800.—**as far b. as 1800,** ya en 1800, desde 1800.—**in b. of,** detrás de, tras de. **II.** *interj.* ¡atrás!

back. I. *va.* mover, empujar o tirar hacia atrás; hacer retroceder, acular; reforzar; (a veces con **up**) sostener, apoyar, defender, respaldar, guardar las espaldas (a uno); favorecer, apostar a (en carreras, etc.); endosar, certificar al reverso; montar (un caballo).—**to b. the wrong horse,** apostar por el mal caballo; apoyar el partido o bando que pierde; escoger mal. **II.** *vn.* (a veces con **up**) recular, retroceder, ciar.—**to b. and fill,** (mar.) fachear y marcar en el viento; ir de un lado a otro; vacilar.—**to b. down, to b. out,** volverse atrás, abandonar una empresa o resolución.—**to b. water,** (mar.) impulsar un barco hacia atrás, recular, ciar; (fig.) retractarse, desdecirse, cantar la palinodia.

backache [bǽkeįk], *s.* dolor de espalda.

backbite [-baįt], *va.* y *vn.* (*pret.* BACKBIT; *pp.* BACKBITTEN) difamar, calumniar solapadamente, murmurar, maldecir, morder.—**backbiter,** *s.* murmurador, calumniador, detractor, maldecidor, malsín, tijera.—**backbiting,** *s.* murmuración, difamación, calumnia.—**backbitingly,** *adv.* calumniosamente.

backboard [-bɔrd], *s.* respaldo, forro, espaldar.

backbone [-boųn], *s.* (anat.) espina, espinazo, columna vertebral, cerro, raquis; firmeza, nervio; fundamento; sostén.—**to the b.,** hasta la médula.

backbreaking [-bréįkįŋ], *a.* agobiante, abrumador.

backdown [-daųn], *s.* (fam.) cesión; rendición; palinodia, retractación.

backdrop [-drap], *s.* (teat.) telón de fondo.

backed [-t], *a.* apoyado, respaldado.

backer [-œ(r)], *s.* sostenedor, defensor, auxiliador, partidario; (com.) refaccionista, aviador; (fam.) caballo blanco; (dep.) sostenedor, apostador.

backfield [-fild], *s.* en el fútbol, terreno detrás de la línea; los defensas que ocupan tal posición.

backfire [-faįr]. **I.** *s.* quema que se hace para detener otra; medida o acción defensiva; (m. comb. int.) encendido o explosión prematura en el cilindro o tubo de escape; explosión en la parte de atrás de un arma de fuego. **II.** *vn.* hacer una quema para detener otra; (m. comb. int.) tener explosiones prematuras; (fig.) ser contraproducente, salir el tiro por la culata, fracasar.

backgammon [-gæmǫn], *s.* juego de chaquete.—**b. board,** tablas reales.

background [-graųnd], *s.* antecedentes, *m. pl.*; fundamento, raíz, base, *f.*; medio, circunstancias rodeantes; formación; posición subordinada; olvido, oscuridad; (b.a.) fondo; trasfondo; último término, lontananza, lejos.

backhanded [-hændįd], *a.* dado con el revés de la mano; inclinado a la izquierda; falto de sinceridad; irónico.—**b. blow** o **stroke,** revés.

backhouse [-haųs], *s.* trascuarto; dependencia que sirve de retrete; el común, la necesaria.

backing [-įŋ], *s.* apoyo, sostén, garantía; refuerzo; (Am.) refacción, avío; retroceso; respaldo, forro, espaldar; (enc.) lomera; (meteor.) rolada levógira (del viento).

backlash [-læŝ], *s.* (mec.) marcha muerta, juego entre dientes; retroceso con sacudimiento y vibración; (fig.) reacción.

backlog [-lag], *s.* tronco trasero en una hoguera; soporte; (com.) cúmulo de pedidos por llenar.

backmost [-moųst], *a. super.* de más atrás.

backpiece [-pis], **backplate** [-pleįt], *s.* (arm.) espaldar, espaldarón.

backsaw [-sɔ], *s.* sierra de trasdós.

backset [-sɛt], *s.* contratiempo, contrariedad, revés, infortunio, recaída; remolino.

backshop [-ŝap], *s.* trastienda; rebotica.

backside [-saįd], *s.* envés, revés, vuelta, espalda; trasero, culo, nalgas, *pl.*

backslide [-slaįd], *vn.* reincidir, volver a las andadas.

backslider [-œ(r)], *s.* apóstata, *mf.*; reincidente.

backsliding [-įŋ], *s.* apostasía; reincidencia.

backspacer [-spéįsœ(r)], *s.* tecla de retroceso.

backstage [-steįdẑ]. **I.** *adv.* (teat.) en el camarín; al fondo del escenario. **II.** *a.* (teat.) detrás del telón.

backstairs [-stérz], *a.* (fig.) secreto, clandestino.

backstay [-steį], *s.* soporte, refuerzo posterior; tirante; (mar.) burda, brandal, traversa.

backstitch [-stįch]. **I.** *s.* pespunte, punto atrás. **II.** *va.* y *vn.* pespuntar.—**backstitching** [-įŋ], *s.* pespunte, acción de pespuntar.

backstop [-stap], *s.* (dep.) reja o valla para detener la pelota; zaguero (en la pelota); *catcher* (en el béisbol).

backswept [-swɛpt], *a.* (aer.) que tiene el borde delantero inclinado hacia el eje lateral del avión.

backsword [-sɔrd], *s.* sable, alfanje.

backtrack [-træk], *vn.* desandar, volver atrás en el camino ya andado; retirarse.

backward [bǽkwạrd], *a.* vuelto o dirigido hacia atrás; retrógrado, que retrocede; retraído, corto; lerdo, pesado, tardo, atrasado, tardío.—**b. motion,** retroceso, retrocesión.—**backward(s,** *adv.* de espaldas, (hacia) atrás; atrasadamente, (fam.) redro, a reculones.—**to go b. and forward,** ir y venir, adelantar y retroceder.—**to go o move b.,** cejar, retroceder.

backwardation [-éįŝǫn], *s.* (en la bolsa) aplazamiento de la entrega de acciones, con premio pagado por el vendedor por la demora; dicho premio.

backwardly [-lį], *adv.* con repugnancia, de mala gana; torpemente.

backwardness [-nįs], *s.* torpeza, pesadez; negligencia; atraso, retraso.

backwash [bǽkwaŝ], *s.* agua lanzada hacia atrás por remos, hélices, etc.

backwater [-wɔtœ(r)], *s.* contracorriente, *f.*, remolino; agua de rechazo (de una turbina, etc.); remanso.

backwoods [-wụdz], *s.* región apartada, gen. en lo más denso de un bosque; fragosidades, *f. pl.*

bacon [béįkǫn], *s.* tocino.—**to bring home the b.,** (fam.) tener éxito; ganar el premio gordo.

—**to save one's b.**, (fam.) salvar el pellejo.—**to sell one's b.**, (fam) venderse.
Baconian [beįkóuniạn], *a.* y *s.* baconiano, baconista.
bacteria [bæktíriạ], *s. pl.* de BACTERIUM.
bacterial [-l], *a.* bacteriano, bactérico.
bactericidal [-įsáįdạl], *a.* bactericida.
bactericide [bæktírįsaįd], *s.* bactericida.
bacterin [bǽktẹrįn], *s.* vacuna bacteriana.
bacteriological [bæktįrioládžįkạl], *a.* bacteriológico, microbiológico.
bacteriologist [-álodžįst], *s.* bacteriólogo.
bacteriology [-álodžį], *s.* bacteriología, microbiología.
bacteriolysis [-álįsįs], *s.* bacteriólisis.
bacteriophage [-ofeįdž], *s.* (bact.) bacteriófago.
bacterioscopy [-áskopį], *s.* bacterioscopia, estudio microscópico de las bacterias.
bacteriostasis [-ostéįsįs], *s.* (bact.) bacteriostasis.
bacteriostatic [-ostǽtįk], *a.* bacteriostático.
bacteriotherapy [-oθérạpį], *s.* bacterioterapia.
bacterium [bæktíriʌm], *s.* (*pl.* BACTERIA) bacteria, microbio.
Bactrian [bǽktriạn], *a.* y *s.* bactriano.
baculiform [bækįúlįform], *a.* derecho, recto.
bad [bæd]. **I.** *a.* mal(o), perverso, depravado; infeliz, desgraciado; dañado, podrido; nocivo, dañoso; indispuesto, enfermo.—**b. blood,** animosidad, encono, mala sangre.—**b. child,** niño travieso, pilluelo.—**b. coin,** moneda falsa.—**b. debt,** deuda incobrable.—**b. form,** mala educación, mal gusto, falta de formalidad o de etiqueta, cosa que no se mira bien.—**b.-tempered,** de mal genio, irritable.—**from b. to worse,** de mal en peor.—**very b.,** pésimo.—**with b. grace,** de mala gana. **II.** *s.* (con **the**) lo malo; la perdición; gente mala.—**to the b.** (con **to be**), (estar o quedar) peor; perder o salir perdiendo.
bade [bæd], *pret.* de TO BID.
badge [bǽdž], *s.* escarapela, insignia, condecoración, divisa, distintivo, símbolo, placa.
badge, *va.* condecorar, dar una insignia.
badger [-œ(r)]. **I.** *s.* (zool.) tejón, tasugo. **II.** *va.* molestar, cansar, fatigar, fastidiar.
badigeon [bạdídžọn], *s.* (alb.) gabarro.
badinage [bædįnáž], *s.* jocosidad, burla, chanza, chirigota; cháchara.
badly [bǽdlį], *adv.* mal, malamente.—**b. off,** mal en sus negocios; mal de fortuna; maltrecho.—**to need b.,** necesitar con urgencia.—**very b.,** pésimamente.
badminton [bǽdmįntọn], *s.* (juego de) raqueta y volante; cierta bebida o refresco.
badness [bǽdnįs], *s.* maldad; demasía.
baffle [bǽfl]. **I.** *va.* frustrar, impedir, desconcertar, desbaratar, contrariar. **II.** *vn.* luchar en vano. **III.** *s.* (mec.) cualquier artificio que sirve para desviar, guiar o regular el flujo de un gas o líquido; (m. v.) contrapuerta (del hogar); placa de desviación o de choque (llamada t. **b. plate**); reductor de velocidad o de tiro.—**b. tube,** conducto con placas de desviación para reducir la temperatura de los gases.—**b. wall,** superficie o tabique de choque o desviación.
baffler [bǽflœ(r)], *s.* impedimento, contrariedad; desconcertador, desbaratador; el que desbarata o frustra.
baffling [bǽflįŋ], *a.* desconcertador, desconcertante.
bag [bæg]. **I.** *s.* saco, costal, talega, fardel; bolsa, bocha (en la ropa); zurrón; cogida, redada (caza, pesca); presa, botín; saquito de mano; (zool.) bolsita o vejiguilla de algunos animales; ubre; bolsa (de un marsupial).—**b. net,** nasa.—**to be in the b.,** (fam.) ser cosa segura.—**to hold the b.,** (fam.) quedar manivacío; pagar los vidrios rotos.—**to pack up bag and baggage,** liar el hato, liar el petate, tomar el tole. **II.** *va.* ensacar, enzurronar, entalegar, imbursar; coger, capturar, cazar, cobrar. **III.** *vn.* hacer bolsa o pliegue (la ropa); abotagarse, hincharse.
bagasse [bạgǽs], *s.* bagazo, gabazo (de azúcar); brisa, orujo (de uvas); (b)orujo (de oliva).
bagatelle [bægạtél], *s.* bagatela, fruslería.
bagful [bǽgfụl], *s.* saco, zurronada, talega.
baggage [bǽgįdž], *s.* equipaje, maletas, *pl.*, etc., (fam.) petate; (mil.) bagaje; (fam.) ramera, prostituta.—**b. car,** o **wagon,** furgón, vagón de equipajes.—**b. check,** marbete, placa, contraseña de equipaje.—**b. master,** (f.c.) factor.—**b. room,** depósito de equipajes.
bagging [bǽgįŋ], *s.* arpillera, malacuenda.—**b. at the knees,** rodillera.
baggy [bǽgį], *a.* flojo; bombacho, holgado(ropa).
bagman [bǽgmạn], *s.* (Ingl.) agente viajero.
bagnio [bǽnyoụ], *s.* lupanar, burdel; cárcel, *f.*; casa de baños.
bagpipe [bǽgpaįp], *s.* gaita, cornamusa.
bagpiper [-œ(r)], *s.* gaitero.
bah! [ba], *interj.* ¡bah!
bail [béįl]. **I.** *s.* (for.) caución, fianza; fiador; anillo, aro; soporte arqueado de un toldo; pared exterior (de un castillo); patio; tabique de tablas suspendidas; asa, cogedero (de cubo, caldero); división entre los compartimentos de un establo; achicador, cubo o vertedor para achicar (agua).—**b. bond,** (for.) caución, escritura de fianza.—**on b.,** (for.) bajo fianza.—**to go b. for,** salir fiador de. **II.** *va.* (for.) caucionar, dar fianza o salir fiador por otro; poner en libertad bajo fianza; entregar (mercancías) bajo contrato de depósito; afianzar, asegurar, zunchar con aros o fajas; desaguar, vaciar.—**to b. out,** achicar, baldear, sacar el agua de.—**to b. up,** zunchar; detener. **III.** *vn.* —**to b. out,** (aer.) descender o saltar en paracaídas.
bailable [-ạbl], *a.* caucionable.
bailee [beįlí], *s.* (for.) depositario.
bailer, bailor [béįlœ(r)], *s.* (for.) fiador; el que entrega mercancías a otro bajo contrato de depósito.
bailey [béįlį], *s.* pared exterior, o patio de un castillo feudal; tribunal de justicia; cárcel, *f.*
bailie, baillie [béįlį], *s.* alcalde, baile.
bailiff [béįlįf], *s.* alguacil, corchete; baile, ministril; mayordomo.
bailing [béįlįŋ], *s.* (mar.) achique, achicadura.
bailiwick [béįlįwįk], *s.* alguacilazgo, bailiazgo; bailía; mayordomía; (fig.) especialidad.
bailment [béįlmẹnt], *s.* (for.) depósito, entrega en calidad de depósito; libertad bajo fianza.
bailsman [béįlzmạn], *s.* (for.) fiador.
bairn [bern], *s.* (Esco.) niño.
bait [beįt]. **I.** *va.* cebar, dar un pienso; poner cebo para atraer animales; azuzar; atormentar, molestar, acosar. **II.** *vn.* hacer parada o alto para tomar un refrigerio; (cetr.) aletear. **III.** *s.* cebo, carnada; anzuelo, añagaza, señuelo; refrigerio o refresco en una jornada; pienso.—**to take the b.,** tragar el anzuelo, caer en un lazo.
baize [beįz], *s.* bayeta.—**green b.,** tapete verde.
bake [beįk]. **I.** *va.* cocer o asar en horno; (Am.) hornear; desecar, endurecer, calcinar. **II.** *vn.* hornear (como oficio). **III.** *s.* cosa cocida en horno.
baked [-t], *pp.* y *a.* (coc.) al horno; asado o cocido en horno.—**b. eggs,** huevos al plato.—**b. on,** (ind.) aplicado en caliente.
bakelite [béįkẹlaįt], *s.* bakelita o baquelita [marca de fábrica].
baker [béįkœ(r)], *s.* hornero, panadero, tahonero.—**a b.'s dozen,** trece, docena de fraile.—**b.'s peel,** pala de horno.
bakery [-į], **bakehouse** [béįkhaụs], *s.* horno, panadería, tahona.
baking [béįkįŋ], *s.* hornada; cocimiento; cocción.—**b. pan,** tortera o tartera.—**b. powder,** levadura en polvo.—**b. soda,** bicarbonato de sosa.—**b. tin,** chapa de enhornar.
baksheesh, bakshish [bǽkšįš], *s.* propina.
balance [bǽlạns]. **I.** *s.* (fís.) balanza; cotejo; equilibrio; balance; péndola, volante de reloj;

(astr.) Libra; (com.) balance; saldo, resto, alcance.—**b. of power,** (pol.) equilibrio militar y económico.—**b. of trade,** balanza del comercio.—**b. sheet,** balance, avanzo.—**b. weight,** contrapeso.—**b. wheel,** balancín, rueda catalina, volante, péndola de reloj.—**to strike a b.,** hacer o pasar balance. **II.** *va.* equilibrar, poner en equilibrio; balancear, contrapesar; (com.) dar finiquito, saldar; nivelar (el presupuesto, etc.); pesar; considerar, examinar. **III.** *vn.* equilibrarse, estar en equilibrio, ser de igual peso, etc.; contrarrestarse; (com.) igualarse, saldarse; vacilar, dudar; balancearse, agitarse, mecerse.
balanced [bǽlạnst], *a.* balanceado, equilibrado.
balancer [-œ(r)], *s.* pesador; fiel de balanza; equilibrista.
balancing [-ịŋ]. **I.** *s.* equilibrio; balance; balanceo, nivelación. **II.** *a.* compensador, equilibrador.—**b. flap,** (aer.) alerón. **b. pole,** balancín.
balas [bǽlạs], *s.* balaj(e), rubí de color morado.
balata [bǽlạtạ̈], *s.* (bot.) balata; su jugo.
balbriggan [bælbrígạn], *s.* cierto tejido de algodón (o lana) para ropa interior, medias, etc.
balcony [bǽlkonị], *s.* balcón; antepecho; galería; (teat.) galería, anfiteatro.
bald [bɔld], *a.* calvo, morondo; escueto, pelado, desnudo, pelón, raído; desabrido, grosero.—**b.-faced,** cariblanco, careto.—**b.-headed,** calvo. —**to become b.,** calvar, encalvecer.
baldachin [bǽldạkịn], *s.* (arq.) dosel, baldaquín; (igl.) palio, pabellón.
balderdash [bɔ́ldœrdæš], *s.* (fam.) disparate, jerigonza; mezcolanza, calabriada.
baldhead [bɔ́ldhɛd], *s.* persona calva.
baldly [-lị], *adv.* chabacanamente, groseramente.
baldness [-nịs], *s.* calvicie, alopecia, pelona.
baldpate [-pẹịt], *s.* = BALDHEAD; (orn.) cerceta norteamericana.
baldric [bɔ́ldrịk], *s.* tahalí; (astr.) zodíaco.
bale [béịl]. **I.** *s.* fardo, frangote; tercio (de tabaco); bala, paca (de algodón); bala (de papel). —**b. fire,** lumbrada, luminaria; pira funeraria. **II.** *va.* embalar, empaquetar, enfard(el)ar. *V.* BAIL.
baleen [bạlín], *s.* (com.) ballena.
baleful [béịlfụl], *a.* funesto, maligno, pernicioso.
baling [béịlịŋ], *s.* embalaje, enfardeladura. *V.* BAILING.—**b. press,** prensa para balas.
balk, baulk [bɔk]. **I.** *va.* frustrar, desbaratar, impedir, poner obstáculo; amontonar formando lomo. **II.** *vn.* plantarse, (Am.) empacarse, rebelarse (un caballo); resistirse.
balk, *s.* obstáculo, impedimento, contrariedad, fracaso, yerro; lomo entre surcos; (carp.) viga. —**b.-line,** cabaña, casa (en el billar).
Balkan [bɔ́lkạn], *a.* y *s.* balcánico, balkánico.
balky [bɔ́kị], *a.* rebelón; harón; (Am.) empacón.
ball [bɔl]. **I.** *s.* bola, pelota, globo; bala de cañón; juego de pelota, de béisbol, etc.; manera de arrojar la pelota; yema (del dedo); copa, trago de licor con hielo y agua (llamado también **high b.**); baile; (agr.) cepellón.—**b.-and-socket joint,** articulación esférica, rótula.—**b. bearing,** cojinete de bolas.—**b. blue,** añil. —**b. cartridge,** cartucho o cápsula con bala. —**b. cock,** llave o válvula de flotador.—**b. extractor,** (cir.) sacabala.—**b. flower,** (arq.) decoración en forma de bola con flores.—**b. governor,** regulador de bolas o de fuerza centrífuga.—**b. gown,** traje de baile.—**b. mold,** balero.—**b. of yarn,** ovillo (de hilo).—**b. valve,** válvula esférica; válvula de flotador. **II.** *va.* y *vn.* apelotonar(se), convertir o convertirse en bolas.—**to b. up,** (fam.) embrollar, confundir.
ballad [bǽlạd], *s.* balada, copla, trova, cantinela, canción, chanzoneta; jácara, romance.—**b. monger,** coplista, vendedor de coplas o canciones, etc.—**b. singer,** jacarero, cantor de coplas, jácaras, etc.—**b. writer,** coplero, escritor de canciones, romances, etc.
ballast [bǽlạst]. **I.** *s.* (mar.) lastre, zahorra; (f. c.) balasto.—**b. bed,** firme (de carretera). —**b. lighter,** lanchón de deslastrar.—**b. ports,** portas de lastrar.—**to go in b.,** ir en lastre.—**washed b.,** lastre lavado, o guijarro. **II.** *va.* (mar.) lastrar; (f. c.) balastar; (fig.) asegurar, sostener, reforzar.
ballasting [-ịŋ], *s.* acto de lastrar o balastar; (f. c.) balasto; (mar.) lastre.
ballerina [bælẹrínạ̈], *s.* bailarina.
ballet [bǽleị], *s.* baile, bailable, bailete, ballet; cuerpo de baile.—**b. dancer,** bailarín, bailarina.
ballista [bạlístạ̈], *s.* ballesta; balista.
ballistic [bạlístịk], *a.* balístico.—**b. missile,** proyectil balístico.
ballistic [bạlístịk], *a.* balístico.
ballistics [-s], *s.* balística.
ballonet [bælonét], *s.* (aer.) globillo compensador, que va dentro de un dirigible para regular el ascenso, etc.
balloon [bạlún]. **I.** *s.* globo aerostático, aeróstato; (quím.) redoma, balón.—**b. barrage,** (mil.) barrera de globos cautivos contra ataques aéreos.—**b. bed,** amarradero para dirigibles.—**b. jib,** (mar.) foque balón.—**b. tire,** neumático o llanta balón. **II.** *vn.* ascender o viajar en un globo aerostático; hincharse como globo.
balloonist [-ịst], *s.* aeronauta, *mf.*
ballot [bǽlọt]. **I.** *s.* balota; papeleta, cédula o boleta para votar; (Am.) bolita; voto; votación, (Am.) balotaje.—**b. box,** urna electoral, cántaro. **II.** *vn.* y *va.* balotar; insacular, sacar; votar.—**balloting** [-ịŋ], *s.* votación, insaculación, (Am.) balotaje.
ballplayer [bɔ́lpleịœ(r)], *s.* basebolista; jugador de béisbol, etc.; pelotari (de pelota vascuence).
ballroom [-rum], *s.* sala o salón de baile.
ballyhoo [bǽlịbu]. **I.** *s.* (fam.) alharaca; bombo. **II.** *va.* bombear, dar bombo, ensalzar exageradamente.
balm [bám], *s.* bálsamo, ungüento balsámico y fragante; balsamita mayor; (bot.) cidronela, melisa, toronjil.—**b. of Gilead,** opobálsamo, bálsamo de Judea, o de la Meca; bálsamo de Canarias; abeto balsámico.
balmy [-ị], *a.* balsámico; aromático, fragante; calmante, reparador; (fam.) tonto, alocado.
balneary [bǽlnịạ̈rị], *a.* y *s.* balneario.
balneotherapy [bælnịoθérạpị], *s.* (med.) balneoterapia.
baloney [bạlóụnị], *s.* (E. U.) = BOLONEY.
balsa [bɔ́lsạ̈], *s.* balsa; (Am., bot.) balso.
balsam [bɔ́lsạm]. **I.** *s.* bálsamo; ungüento.—**b. apple,** (bot.) balsamina, momórdiga.—**b. fir,** (bot.) abeto balsámico.—**b. of fir,** bálsamo del Canadá.—**b. of Mecca** = BALM OF GILEAD. —**b. of Peru,** bálsamo del Perú. **II.** *va.* untar con bálsamo, embalsamar.
balsamic [bɔlsǽmịk], *a.* balsámico. *V.* BALMY.
balsamiferous [bɔ́lsạmífẹrʌs], *a.* balsamífero.
balsamine [bɔ́lsạmịn], *s.* (bot.) balsamina.
Baltic [bɔ́ltịk], *a.* báltico.
baluster [bǽlʌstœ(r)], *s.* (arq.) balaustre.
balustered [-d], *a.* balaustrado, barandado.
balustrade [-tréịd], *s.* balaustrada, barandilla.
bamboo [bæmbú], *s.* (bot.) bambú, bambuc.
bamboozle [bæmbúzl], *va.* (fam.) capotear, engañar; burlar, embaucar.
bamboozler [-lœ(r)], *s.* (fam.) engañador, embaucador.
ban [bæn]. **I.** *s.* bando, edicto, proclama, pregón, excomunión; entredicho; tejido de abacá.—**bans of marriage,** amonestaciones, proclamas.—**to publish the bans,** amonestar, correr las amonestaciones. **II.** *va.* encartar, proscribir; prohibir; excomulgar, anatematizar
banal [béịnạl], *a.* trivial, vulgar; feudal.
banality [bạnǽlịtị], *s.* trivialidad, vulgaridad.—*pl.* lugares comunes.
banana [banǽnạ̈], *s.* (bot.) plátano, guineo;

banana, banano; cambur.—**b. oil,** acetato de amilo.—**b. plantation,** platanar.—**b. tree,** banano, bananero, plátano.—**red b.,** cambur morado.
banc [bæŋk], *s.* (for.) tribunal.—**court in b.,** tribunal en pleno.
band [bænd]. **I.** *s.* banda; faja, venda, tira, lista, vencejo, cordón, correa, cinta, franja, precinta; abrazadera, zuncho; lazo, enlace, unión, conexión, coyunda; cuadrilla, gavilla, partida, bandería; (mús.) banda, charanga, música; murga; (arq.) filete, listón.—**b. brake,** freno de cinta.—**b.-pass filter,** (elec.) filtro de banda.—**b. spread,** (rad.) ensanche de banda.—**b. saw,** sierra de cinta, sierra sin fin.—**b. wagon,** carro de banda de música; (fig.) partido o bando de la multitud (**to get on the b. wagon,** adherirse a la causa popular, seguir la corriente).—**b. wheel,** rueda de la correa o de transmisión. **II.** *va.* congregar, abanderizar; fajar, vendar, atar, precintar. **III.** *vn.* asociarse, ir en pandilla o en manada.
bandage [bǽndidž]. **I.** *s.* (cir.) vendaje, venda, faja, longuetas. **II.** *va.* (cir.) vendar.
bandanna [bændǽnä], *s.* pañuelo de hierbas.
bandbox [bǽndbaks], *s.* caja redonda u ovalada para sombreros, gorras, cuellos, etc.
bandeau [bændóu], *s.* cinta o faja para la cabeza.
banderole [bǽnderoul], *s.* banderola, corneta.
bandit [bǽndit], *s.* bandido, bandolero, atracador.
banditry [-ri], *s.* bandolerismo, bandidaje.
bandlet [bǽndlit], *s.* (arq.) filete, listón.
bandmaster [bǽndmæstœ(r)], *s.* músico mayor.
bandog [bǽndɔg], *s.* mastín, perro de presa atado.
bandoleer, bandolier [bændolír], *s.* bandolera.
bandoline [bǽndolin], *s.* bandolina.
bandore [bǽndɔr], *s.* (mús.) bandurria.
bandsman [bǽndzman], *s.* músico de banda.
bandstand [bǽndstænd], *s.* quiosco de música.
bandy [bǽndi]. **I.** *va.* cambiar, trocar; pelotear; pasar de uno a otro. **II.** *s.* juego parecido al **hockey;** palo corvo para ese juego. **III.** *a.* arqueado, combado; estevado.—**b.-legged,** estevado, zámbigo o zambo, zanquituerto.
bane [béin], *s.* tósigo, veneno; ruina, daño.
baneberry [-beri], *s.* (bot.) hierba de San Cristóbal.
baneful [-ful], *a.* pernicioso, dañino, mefítico, ponzoñoso, mortal, funesto.
banewort [-wœrt], *s.* (bot.) cualquiera planta venenosa (belladona, dulcamara, etc.).
bang [bæŋ]. **I.** *va.* arrojar, disparar, golpear con ruido; cascar, sacudir, zurrar; cortar el cabello en cerquillo; derrabar (un caballo, etc.). **II.** *vn.* hacer estrépito; saltar. **III.** *s.* puñada, porrazo; detonación; ruido de un golpe; (gen. *pl.*) fleco, flequillo o cerquillo de cabello sobre la frente; salto, brinco. **IV.** *adv.* con un golpe violento; con estrépito; de repente. **V.** *interj.* ¡pum!
bangle [bǽŋgl], *s.* ajorca, brazalete sin cierre.
bang-up [bǽŋʌp], *a.* (fam.) de primera; por todo lo alto.
banian [bǽnyan], *s.* (bot.) baniano, higuera de Bengala; baniano, comerciante de la India oriental; bata, ropón.
banish [bǽniš], *va.* desterrar, deportar, proscribir, confinar; relegar, ahuyentar.
banishment [-ment], *s.* destierro, deportación, extrañación, expulsión.
banister [bǽnistœ(r)], *s.* baranda, pasamano.
banjo [bǽndžou], *s.* (E. U.) banjo, especie de guitarra con caja redonda a modo de pandero.
bank [bǽŋk], *s.* orilla, ribera, margen, *mf.* (de un río, lago, arroyo, etc.); terreno, loma; bajo, bajío, banco (de arena, etc.); banda (de mesa de billar); banca (dinero del banquero en el juego); banco de remeros en una galera; serie, hilera; (mús.) teclado; (aer.) inclinación lateral de un aeroplano en una curva; (com.) banco, casa de banca, mesa de cambios; (elec.) batería (de lámparas).—**b. acceptance,** giro contra un banco aceptado por éste.—**b. account,** cuenta de banco, o en un banco.—**b. bill,** billete de banco; obligación de banco (expedida o aceptada por un banco).—**b. book,** libreta de depósitos del depositante.—**b. discount,** descuento en el cual se deduce del valor nominal el interés de éste hasta la fecha de vencimiento.—**B. for,** u **of, International Settlements,** Banco de Arreglos Internacionales.—**b. guaranty,** seguro (de un depositante) contra quiebra (del banco).—**b. holiday,** día de fiesta para los bancos, en que éstos se cierran; período en que los bancos están cerrados.—**b. money,** valores de banco.—**b. note,** billete de banco.—**b. of circulation** = B. OF ISSUE.—**b. of deposit,** banco de depósito.—**b. of issue,** banco de emisión.—**b. paper,** papel moneda; obligaciones negociables en los bancos.—**b. rate,** tipo de descuento de un banco, o de los bancos.—**b. roll,** rollo de billetes de banco; (fig.) caudal, fortuna.
bank [bǽŋk]. **I.** *va.* represar, estancar o resguardar con dique o reparo; amontonar, apilar; (agr.) acogombrar, aporcar (plantas); depositar en un banco.—**to b. (up) a fire,** cubrir un fuego (con cenizas). **II.** *vn.* ocuparse en negocios de banca, ser banquero; (aer.) inclinar al virar.—**to b. on,** (fam.) apostar a; tener absoluta confianza en. **III.** *va.* y *vn.* (aer.) ladear(se).
bankable [-abl], *a.* recibidero por un banco.
banker [-œ(r)], *s.* banquero; cambista.
banking [-iŋ]. **I.** *s.* banca, operaciones de banco.—**b. indicator,** (aer.) inclinómetro, indicador de inclinación lateral o de viraje.—**b. rudder,** (aer.) alerón. **II.** *a.* bancario.—**b. house,** casa de banca.
bankrupt [-rʌpt]. **I.** *s.* y *a.* quebrado, en quiebra, fallido, insolvente.—**fraudulent b.,** alzado.—**to go,** o **become b.,** hacer bancarrota, quebrar. **II.** *va.* hacer quebrar, arruinar.
bankruptcy [-si], *s.* (com.) bancarrota, quiebra.
banner [bǽnœ(r). **I.** *s.* bandera, insignia, estandarte, pendón, gonfalón. **II.** *a.* excelente, sobresaliente, principal, digno de llevar la bandera. **III.** *va.* proveer de una bandera.
banneret [bǽnœrɛt], *s. dim.* bandereta, pendoncito; caballero con bandera.
bannerol [bǽnerouI], *s.* banderola.
banns [bænz], *s. pl.* amonestaciones. *V.* BAN.
banquet [bǽŋkwit]. **I.** *s.* banquete, festín. **II.** *va.* y *vn.* banquetear.
banquette [bæŋkét], *s.* (fort.) banqueta, terraplén; (E. U. del Sur) acera; andén; cupé.
banshee o **banshie** [bǽnši], *s.* (Irl., Esco.) espíritu que augura con sus lamentos una muerte en la familia.
bantam [bǽntam]. **I.** *s.* gallinilla de Bantam; persona pequeña y pendenciera. **II.** *a.* diminutivo.—**bantamweight** [-weit], *s.* boxeador de peso gallo (que no pasa de 118 libras).
banter [bǽntœ(r)], *va.* y *vn.* zumbar(se), dar matraca, fisgar, chotear, torear, tomar el pelo a, embromar.
banter, *s.* zumba, burla, fisga, matraca, chunga.
banterer [-œ(r)], *s.* zumbón, burlón, fisgador.
bantling [bǽntliŋ], *s.* chicuelo, rapaz, mocoso.
banyan, *s. V.* BANIAN.
baobab [béioubæb], *s.* (bot.) baobab.
baptism [bǽptizm], *s.* (igl.) bautismo; bautizo.
baptismal [bæptízmal], *a.* bautismal.—**b. name,** nombre de bautismo o de pila.
Baptist [bǽptist], *s.* bautista.—**Saint John the B.,** San Juan Bautista.
baptist(e)ry [-ri], *s.* (igl.) bautisterio.
baptize [bæptáiz], *va.* bautizar, (fam.) (a)cristianar.
baptizer [-œ(r)], *s.* bautizante, bautista.
bar [bar], *s.* barra; varilla; barr(ill)a, tabl(ill)a o pastilla (de chocolate, etc.); palanca; lista, faja; valla, barrera; bocado (del freno); barra, banco de arena, lodo, etc.; cantina; bar, mostrador de taberna; obstáculo, impedimento; reja; tranca, barrote; balaústre; tribunal (de

justicia, de la opinión pública); abogacía, foro, curia, cuerpo de abogados licenciados; (for.) foro, estrados; recinto de los acusados; (mús.) barra, raya de compás; (arq.) listón de marco de ventana; (metal.) barra, lingote; (fís.) = ATMOSPHERE, unidad de presión.—**b. association,** colegio de abogados.—**b. bell,** palanqueta de gimnasio.—**b. iron,** hierro forjado en barras. —**b. loom,** telar de barras.—**b. magnet,** barra imanada.—**b. shot,** (arti.) bala enramada, palanqueta.—**b. sight,** mira de atrás (de un cañón).—**b. winding,** (elec.) arrollamiento de barras.—**b. silver,** plata en barras.—**at b.,** (for.) en pleno tribunal.—**in b. of,** para impedir; como razón suficiente para impedir.—**to be admitted,** *o* **called, to the b.,** recibirse de abogado.
bar, *va.* (a)trancar, barrear, impedir, estorbar, obstruir, obstar, prohibir; exceptuar, excluir. —**to b. out,** excluir, cerrarle la puerta a.
bar, *prep.* excepto, salvo.—**b. none,** sin excepción.
barb [barb]. I. *s.* púa; lengüeta (de saeta, anzuelo, etc.); caballo berberisco; (bot.) barba, arista; (vet.) tolano.—*pl.* cendal (de pluma). —**b. bolt,** perno dentado, garfio. II. *va.* armar con lengüetas; hacer incisivo o mordaz.
barbarian [barbérịan], *a.* y *s.* bárbaro, barbárico.
barbaric [barbǽrịk], *a.* de ruda magnificencia.
barbarism [bárbarịzm], *s.* barbarie; barbarismo.
barbarity [barbǽrịtị], *s.* barbaridad, ferocidad.
barbarize [bárbaraiz], *va.* y *vn.* barbarizar.
barbarous [bárbarʌs], *a.* bárbaro, inculto; barbárico; cruel, inhumano; de sonido áspero y bronco.—**barbarously** [-lị], *adv.* bárbaramente.
barbate [bárbeịt], *a.* barbado; (bot.) barbado, aristado.
barbecue [bárbịkịu]. I. *va.* asar un animal entero; (Am.) hacer barbacoa. II. *s.* animal asado entero; barbacoa; asado al asador.
barbed [barbd], *a.* barbado, armado con lengüetas o púas; bardado. *V.* BARD.—**b. wire,** alambre de púas (para cercas).
barbel [bárbẹl], *s.* barbilla de ciertos peces; (ict.) barbo, comiza; (vet.) tolano.
barber [bárbœ(r)]. I. *s.* barbero, peluquero; (fam.) rapador, rapista.—**b. fish** (ict.) barbero.—**b.'s itch,** herpes o tiña tonsorial.—**b. shop,** peluquería, barbería. II. *va.* afeitar y cortar el pelo.
barberry [bárbẹrị], *s.* (bot.) bérbero, agracejo.
barbet [bárbẹt], *s.* (orn.) ave tropical; variedad del perro de lanas.
barbette [barbét], *s.* (fort.) barbeta.—**en b.,** a barbeta.
barbican [bárbịkạn], *s.* (fort.) barbacana; tronera, aspillera.
barbital [bárbịtæl], *s.* (quím.) barbital.
barbiturate [barbíchụreịt], *s.* (quím.) barbiturato.
barbituric [barbịchúrịk], *a.* (quím.) barbitúrico. —**b. acid,** (quím.) ácido barbitúrico.
barcarol(l)**e** [bárkaroụl], *s.* (mús.) barcarola.
bard [bárd]. I. *s.* poeta, *m.*, bardo, vate; barda, arnés, jaez, arreo; (coc.) albardilla; (ict.) mustela de río. II. *va.* poner barda a un caballo; enjaezar; (coc.) emborrazar, poner albardilla.
bare [bér]. I. *a.* desnudo; raso, pelado; raído, gastado, usado; liso, llano; sencillo, simple; desarmado; descarnado; descubierto; público; mero, puro, solo.—**b. of money,** sin un cuarto, sin blanca.—**to be b. of,** estar desprovisto de. —**to lay b.,** desnudar, descubrir. II. *va.* desnudar, descubrir, despojar.—**to b. one's head,** descubrirse.
bareback [-bæk], *a.* y *adv.* (montado) en pelo, en cerro, sin silla.—**barebacked** [-bækt], *a.* desensillado, sin silla, en cerro.
bareboned [-boụnd], *a.* muy flaco, descarnado.
barefaced [-feịst], *a.* descarado, desfachatado, insolente, atrevido; raído.—**barefacedly** [-lị], *adv.* descaradamente; a cara descubierta.—
barefacedness [-nịs], *s.* descaro, descoco, desfachatez.
barefoot, barefooted [-fụt, -ịd], *a.* descalzo.
barehanded [-hændịd], *a.* sin guantes; con las manos descubiertas; con las manos vacías, desarmado.
bareheaded [-hɛdịd], *a.* descubierto, sin sombrero.
barelegged [-lɛgịd], *a.* en pernetas, en piernas.
barely [-lị], *adv.* sola, mera, escasamente.
barenecked [-nɛkt], *a.* descotado, con escote.
bareness [-nịs], *s.* desnudez, desabrigo; flaqueza; laceria, miseria.
bargain [bárgịn]. I. *s.* convenio, concierto, pacto; negocio, trato de compra o venta; ganga, barata, chiripa, precio muy ventajoso para el comprador; artículo a precio reducido.—**b. day,** día de gangas, día de precios rebajados.—**b. driver,** regateador.—**b. sale,** venta a precios rebajados, saldo, barato.—**at a b.,** baratísimo, con gran rebaja, de lance o de ocasión.—**to give into the b.,** dar de más o de ñapa, o por añadidura.—**to make a b.,** hacer un convenio o un trato.—**to strike a b.,** cerrar un trato, llegar a un convenio; hallar una ganga, comprar muy barato. II. *va.* y *vn.* concertar, contratar, negociar, tratar; regatear.—**to b. away,** permutar, vender; dar por una bicoca, sacrificar, vender regalado.
bargainee [-i], *s.* (for.) el que pacta para comprar; el contratante comprador.
bargainer [-œ(r)], *s.* el que hace un pacto de compra o venta.
bargaining [-ịŋ], *s.* regateo; trato.
bargainor [-ọ(r)], *s.* (for.) el que pacta para vender; el contratante vendedor.
barge [bárdž], *s.* (mar.) alijador, bombo, lanchón, barcaza, gabarra; chata.—**b. board,** (arq.) alero.—**b. canal,** canal interior para barcos de carga.—**bargeman** [-mạn], **barger** [-œ(r)], *s.* barquero, lanchero.—**bargemaster** [-mæstœ(r)], *s.* patrón de barca o lanchón.
baric [bǽrịk], *a.* barométrico; (quím.) de bario.
barilla [barílä], *s.* barrilla (planta o cenizas), sosa, mazacote, natrón.—**b. pits, b. plantation,** barrillar.
barite [béraịt], *s.* (min.) baritina. *V.* BARYTES.
baritone [bǽrịtoun], *s.* (mús.) barítono, bajete.
barium [bérịʌm], *s.* (quím.) bario.—**b. sulfate,** (quím.) sulfato de bario.
bark [bark]. I. *s.* corteza, cáscara (de árbol); ladrido, ladra, latido (del perro, etc.); (mar.) barca, buque de tres palos; (fam.) tos, *f.*—**b. beetle,** escarabajo horadador que ataca el abeto.—**b. mill,** triturador de casca.—**his b. is worse than his bite,** perro ladrador, poco mordedor. II. *va.* descortezar, raspar, raer; cubrir con corteza; encostrar; curtir o teñir en una infusión de cortezas. III. *vn.* ladrar, latir; vociferar; (fam.) toser.—**to b. up the wrong tree,** (fam.) ir descaminado, tomar el rábano por las hojas.
barkeeper [bárkipœ(r)], *s.* tabernero, cantinero.
barkentine [bárkẹntin], *s.* (mar.) bergantín.
barker [bárkœ(r)], *s.* ladrador; descortezador; vociferador; (fam.) gritón, esp. el que vende o anuncia algo a gritos.
barking [bárkịŋ]. I. *s.* ladrido, ladra, latido. II. *a.* ladrador, ladrante.
barky [bárkị], *a.* cortezudo.
barley [bárlị], *s.* cebada, alcacer.—**b. dealer,** cebadero.—**b. field,** cebadal.—**b. sugar,** una especie de alfeñique.—**b. water,** hordiate.
barleycorn [-kɔrn], *s.* grano de cebada; tercio de pulgada; ancho de un grano de cebada (como 4 mm.).—**B.,** o **John B.,** personificación del licor, Baco.
barm [barm], *s.* jiste; levadura; espuma.
barmaid [bármeịd], cantinera, moza de taberna.
barman [bármæn], *s.* *barman*, cantinero.
barmy [bármị], *a.* espumoso; activo; veleidoso.
barn [barn], *s.* granero, pajar, troje, *f.*, henil,

hórreo; establo (para ganado); cobertizo para coches de tranvía.—**b. dance,** fiesta en un granero; fiesta campestre, charrada.—**b. owl,** (orn.) autillo, especie de lechuza.—**b. swallow,** (orn.) golondrina norteamericana.
barnacle [bárnakl], *s.* (zool.) broma, lapa, escaramujo, percebe; (orn.) barnacla; (herr.) acial.—*pl.* (fam.) anteojos, antiparras.
barnstorm [bárnstorm], *vn.* andar representando en poblaciones pequeñas.
barnstormer [-œ(r)], *s.* actorzuelo, actor de poca monta; actor ambulante, cómico de la legua.
barnyard [bárnyard], *s.* patio de granja.—**b. fowl,** aves (*f. pl.*) de corral.
barograph, barometrograph [bǽrogræf, bærométrogræf], *s.* barógrafo, barometrógrafo.
barology [barálodži], *s.* barología.
barometer [barámetœ(r)], *s.* barómetro.
barometrical [bærométrikal], *a.* barométrico.
barometry [barámetri], *s.* barometría.
baron [bǽron], *s.* barón.
baronage [-idž], **barony** [-i], *s.* baronía.
baroness [-is], *s.* baronesa.
baronet [-et], *s.* título hereditario de barón en Inglaterra.—**baronetage** [-idž], **baronetcy, baronetship** [-si, -ŝip], *s.* dignidad o patente de *baronet.*
baronial [baróunial], *a.* pert. a barón o baronía.
baroque [baróuk], *a.* (b. a.) barroco.
baroscope [bǽroskoup], *s.* baroscopio.
barouche [barúŝ], *s.* birlocho, milord.
barque [bark], *s.* barca, buque.
barracan [bǽrakæn], *s.* barragán.
barracks [bǽraks], *s. pl.* (mil.) cuartel; caserna; barracas.—**b. bag,** saco de paño usado por los soldados (para guardar ropas y equipos).
barracoon [bærakún], *s.* barracón.
barracuda [bærakúda], *s.* (ict.) barracuda.
barrage [baráž], *s.* (hidr.) presa de contención; (mil.) cortina de fuego, fuego concentrado de artillería, fuego de barrera.—**b. balloon,** globo de cortina contra aeroplanos, del cual van suspendidos alambres o redes.
barrator [bǽrato(r)], *s.* picapleitos; trapacero; camorrista; (for.) el culpable de baratería.
barratry [-tri], *s.* (for.) baratería.
barrel [bǽrel]. **I.** *s.* barril o barrica, candiota, bocoy, tonel; tambor de reloj; tímpano del oído; capacidad de un barril; cubeta, rodillo, tambor de cabrestante o molinete; cañón de escopeta; cañón de pluma; cuerpo de bomba.—**b. maker,** barrilero.—**b. organ,** organillo.—**b. process,** (min.) extracción del oro y la plata por tratamiento en cilindros giratorios.—**b. roll,** vuelta de un avión alrededor de su eje longitudinal.—**b. vault,** (arq.) bóveda en cañón. **II.** *va.* envasar, embarrilar, entonelar.
barren [bǽren]. **I.** *a.* estéril, infructuoso, árido, improductivo, infecundo. **II.** *s.* (gen. *pl.*) tierras estériles; eriales.—**barrenly** [-li], *adv.* infructuosamente, estérilmente.—**barrenness** [-nis], *s.* esterilidad, infecundidad, aridez.
barrette [barét], *s.* broche para el cabello.
barretter [bǽritœ(r)], *s.* (elec.) detector de oscilaciones eléctricas.
barricade [bærikéid]. **I.** *s.* barrera, empalizada, barricada, valla. **II.** *va.* obstruir; cerrar con barricadas, barr(e)ar.
barrier [bǽriœ(r)], *s.* barrera, valla; cerca; (fort.) espaldón; fortaleza; impedimento, obstáculo, estacada, atasco; término, límite.
barring [báriŋ], *prep.* salvo, excepto, quitando.
barrister [bǽristœ(r)], *s.* abogado.
barroom [bárrum], *s.* taberna, cantina, bar.
barrow [bǽrou], *s.* angarillas, *f. pl.*; parihuela(s); carretilla; madriguera (de animal); vestido de niño; túmulo; escurridor; marrano o puerco castrado.
barshot [bárŝat], *s.* (arti.) palanqueta.
bartender [bártendœ(r)], *s.* tabernero, cantinero.
barter [bártœ(r)]. **I.** *vn.* baratar, traficar, feriar, trujamanear. **II.** *va.* trocar, cambiar, conmutar, cambalachear, permutar. **III.** *s.* cambio, trueque, permuta, barata, cambalache.
barterer [-œ(r)], *s.* traficante, baratador, cambalachero.
bartizan [bártizan], *s.* garita (de un castillo).
baryta [bærái̯tä], *s.* (quím.) barita.
barytes [bæráitiz], *s.* (min.) baritina.
barytic [bærítik], *a.* barítico.
barytone [bǽritoun], *s.* (mús.) barítono, bajete.
basal [béisal], *a.* fundamental, básico; basal.—**b. metabolism,** metabolismo basal.
basalt [bǽsolt], *s.* basalto.
basaltic [bæsóltik], *a.* basáltico.
bascule [bǽskiul], *s.* palanca basculante u oscilante.—**b. bridge,** puente levadizo.
base [béis]. **I.** *a.* que sirve de base; de referencia; bajo, ruin, vil, villano, rastrero; humilde; bajo de ley, de mala ley; (mús.) bajo, grave.—**b. bullion,** plomo en bruto que contiene plata, antimonio, etc.—**b. circle,** (mec.) círculo primitivo (de una rueda dentada).—**b. course,** (arq.) hilada inferior, primera hilada.—**b. court,** patio; tribunal inferior.—**b. line,** (top.) línea de base; línea del saque (tenis).—**b. metal,** metal común (no precioso); (fig.) cosa o persona de poco mérito. **II.** *s.* base, *f.*, cimiento, fundamento; (arg. y mec.) basa, base, fundación, lecho, pedestal, pie, *m.*, zócalo; (mil., quím., mat.) base; (mús.) bajo, grave; (béisbol) base.—**b. hit,** (béisbol) golpe por el cual el bateador alcanza la primera base (sin el beneficio de un error del oponente).—**b. pay,** sueldo base. **III.** *va.* (a menudo con **on**) basar, apoyar, fundar o fundamentar (en).
baseball [-bol], *s.* béisbol; pelota de béisbol.—**b. player,** beisbolero, beisbolista.
baseboard [-bord], *s.* (arq.) zócalo; plancha que sirve de base; tabla o listón de resguardo en la base de una pared; rodapié, *m.*, friso inferior.
baseborn [-bórn], *a.* bajo, plebeyo; bastardo.
baseburner [-bœrnœ(r)], *s.* horno de alimentación automática.
baseless [-lis], *a.* desfondado; infundado, sin fundamento o base.
basely [-li], *adv.* bajamente, vilmente.
basement [-ment], *s.* (arq.) basamento; cuarto bajo, sótano.
baseness [-nis], *s.* bajeza, vileza, ruindad.
bash [bǽŝ]. **I.** *s.* golpe aplastante. **II.** *va.* golpear fuertemente; despedazar, quebrar a golpes.
bashaw [baŝó], *s.* bajá, *m.*
bashful [-ful], *a.* vergonzoso, ruboroso, tímido, corto, encogido; esquivo.—**bashfully** [-li], *adv.* tímidamente, turbadamente, modestamente.—**bashfulness** [-nis], *s.* vergüenza, timidez, cortedad, encogimiento; esquivez.
basic [béisik], *a.* fundamental; (quím.) básico.
basidium [basídiʌm], *s.* (bot.) báside, célula esporífera de algunos hongos.
basify [béisifai], *va.* (quím.) basificar.
basil [bǽzil], *s.* (bot.) albahaca, alábega; (carp.) filo achaflanado de escoplo o cepillo; badana.
basilar [bǽsilä(r)], **basilary** [-eri], *a.* basilar.
Basilian [bæsílian], *a.* y *s.* (igl.) basilio.
basilic [basílik], *s.* (arq.) basílica; (anat.) vena basílica.
basilica [basílikä], *s.* (arq.) basílica; túmulo endoselado; (B.) basílicas (leyes).
basilicon [-on], *s.* (farm.) ungüento basilicón.
basilisk [bǽsilisk], *s.* (zool.) basilisco, régulo.
basin [béisin], *s.* (al)jofaina, bacía, palangana (para lavar, etc.); cubeta; pila (para agua bendita); pila(r), pilón, taza, tazón (de fuente, etc.); estanque, represa, dársena; charca, laguna; (geog.) cuenca de un río, hoya, valle; (anat.) cavidad de la pelvis; platillo de balanza.
basinet [bǽsinet], *s.* (arm.) bacinete, capacete.
basis [béisis], *s.* base, *f.*, fundación; fundamento, principio fundamental; elemento principal.
bask [bæsk]. **I.** *va.* asolear, calentar al sol. **II.** *vn.* tomar el sol.—**basking shark,** tiburón gigante del Atlántico septentrional.
basket [bǽskit]. **I.** *s.* cesta, cesto, canasta,

cuévano; cestada; guarnición reticulada o cazoleta de la espada (llamada también **b. hilt**); la espada que la tiene; (aer.) barquilla (de un dirigible o globo).—**b. carriage,** jardinera, carrito de junco.—**b. maker,** o **seller,** canastero, cestero.—**b. making,** cestería.—**b. work,** (labor de) cestería. **II.** *va.* encestar, encanastar.
basketball [-bɔl], *s.* baloncesto, basketbol, basquetbol.—**b. player,** basquetbolista.
basketful [-fụl], *s.* cestada.
basketry [-rị], *s.* fabricación de cestas.
Basque [bæsk], *a.* y *s.* vasco, vascongado (apl. esp. a las personas); vascuence, éuscaro, éusquero (apl. esp. al idioma).
basque, *s.* especie de jubón o chaqueta de mujer.
bas-relief [barịlíf], *s.* (b. a.) bajo relieve o bajorrelieve, entretalladura.
bass [bæs], *s.* (ict.) lobina; (bot.) tilo (= BASSWOOD); líber (= BAST).
bass [beịs]. **I.** *a.* (mús.) bajo, grave.—**b. drum,** bombo.—**b. horn,** tuba.—**b. string,** bordón.—**b. viol,** violón; violoncelo. **II.** *s.* bajo (apl. a la voz, instrumento o músico.)
basset [bǽsịt]. **I.** *s.* juego de naipes, algo parecido al faraón o las pintas; tipo de pachón, casta de perro de caza, de piernas cortas y orejas largas; (geol., min.) afloramiento.—**b. horn,** (mús.) clarinete de tenor. **II.** *vn.* (min., geol.) aflorar, campear.
bassinet [bæsịnét], *s.* cuna; cesto de ajuar para nene; cochecillo de niño; (arm.) *V.* BASINET.
basso [bǽsoụ], *s.* (mús.) bajo.—**b.-rilievo** [-rịlívoụ], *s.* (b. a.) bajo relieve.
bassoon [bæsún], *s.* (mús.) bajón, fagot, piporro.
basswood [bǽswụd], *s.* (bot.) tilo americano.
bast [bæst], *s.* (bot.) líber; estera, cuerda, etc., hecha de líber.
bastard [bǽstạrd]. **I.** *s.* bastardo, hijo natural. **II.** *a.* bastardo, borde, ilegítimo, noto; falso, espurio; degenerado; anormal; (impr.) bastardo.—**b. file,** lima bastarda.—**b. title,** (impr.) anteportada.
bastardize [-aịz], *va.* y *vn.* probar que alguno es bastardo; bastardear; abastardar.
bastardy [-ị], *s.* bastardía.
baste [beịst], *va.* (cost.) hilvanar, bastear, embastar; (coc.) pringar, lard(e)ar, emborrazar; (fam.) dar de palos.
bastile, bastille [bæstíl], *s.* bastilla, castillo, fortaleza; prisión.
bastinado [bæstịnéịdoụ]. **I.** *s.* paliza, bastonazo. **II.** *va.* bastonear, dar una paliza.
basting [béịstịŋ], *s.* (cost.) hilván, basta, embaste; (coc.) emborrazamiento, acto de pringar o lardear; (fam.) paliza.—**b. thread,** hilo de hilvanar.
bastion [bǽschọn], *s.* (fort.) bastión, *m.*, baluarte.
bat [bæt]. **I.** *s.* garrote, palo con que se juega baseball (ll. t. *bate* en algunas partes); paleta (para el juego de cri(c)quet); raqueta (para ciertos juegos); (zool.) murciélago; algodón o lana en hojas (= BATTING); tejoleta, pedazo de ladrillo; albarda; (fam.) parranda. —**to go on a b.,** (fam.) ir de parranda.—**to go to b. for,** (fam.) volver por, salir a la defensa de. **II.** *va.* y *vn.* dar, golpear, volear o batear con un *bat;* pestañear (los ojos).
Batavian [bạtéịvịạn], *a.* y *s.* bátavo, de Batavia.
batch [bæch], *s.* cochura, hornada, tanda; número o cantidad de cosas que se reciben, se despachan o se confeccionan de una vez.
bate [beịt]. **I.** *va.* minorar, disminuir; rebajar el precio; (ten.) poner en remojo; separar y ablandar (yute).—**with bated breath,** pasmado, con aliento entrecortado. **II.** *vn.* minorarse, mermar; aletear (= TO BAIT).
batfowling [bǽtfaụlịŋ], *s.* caza nocturna de aves con lumbre.
bath [bæθ], *s.* baño; cuarto de baño; bañadera; (fot., quím.) baño, solución.—*pl.* balneario, establecimiento de baños.—**b. keeper** o **attendant,** bañero.—**Knight of the B. (K. B.),** Caballero de la Orden del Baño.—**to take a b.,** bañarse.
bathe [béịð]. **I.** *va.* bañar, lavar. **II.** *vn.* bañarse.
bather [-œ(r)], *s.* bañista, bañador.
bathhouse [bǽθhaụs], *s.* casa de baños; casilla o desvestidero en un balneario.
bathing [béịðịŋ]. **I.** *s.* baño. **II.** *a.* de baño.—**b. place** o **resort,** bañadero, baño, balneario.—**b. robe** = BATHROBE.—**b. suit,** traje o malla de baño.—**b. trunks,** calzón de baño.
bathometer [bæθámɛtœ(r)], *s.* batómetro.
bathorse [bǽthɔrs], *s.* acémila.
bathos [béịθas], *s.* paso de lo sublime a lo ridículo.
bathrobe [bǽθroụb], *s.* bata de baño, albornoz, *m.*
bathroom [-rum], *s.* (cuarto de) baño.
bathtub [-tʌb], *s.* bañadera, baño, bañera, tina.
bathymeter [bæθímɛtœ(r)], *s.* batómetro.
bathymetry [-trị], *s.* batimetría.
bathyscafe [bǽθịskeịf], *s.* batiscafo.
bathysphere [-sfịr], *s.* batisfera.
bathythermograph [-θœ́rmogræf], *s.* batitermógrafo.
batik [batík], *s.* y *a.* batik.
bating [béịtịŋ], *prep.* excepto, exceptuando, deduciendo.
batiste [bætíst], *s.* (tej.) batista, holán, holanda.
baton [bætán]. **I.** *s.* bastón de mando; (mús.) batuta. **II.** *va.* bastonear.
Batrachia [bætréịkịä], *s. pl.* (zool.) batracios.
batrachian [-n], *a.* y *s.* batracio.
batsman [bǽtsmạn], *s.* = BATTER (dep.).
battalion [bætǽlyọn], *s.* (mil.) batallón.
batten [bǽtẹn]. **I.** *s.* lata, tabla de chilla, listón, alfa(r)jía, taujel, tablilla, tejamanil. **II.** *va.* cebar, engordar; (agr.) abonar la tierra; (carp.) listonar, construir con lata, tablillas, o tablas de chilla.—**to b. down the hatches,** (mar.) cerrar las escotillas y asegurarlas con listones de madera. **III.** *vn.* engordar, ponerse gordo; medrar a expensas de otro; saciar un deseo malsano.
batter [bǽtœ(r)]. **I.** *va.* apalear, cascar, golpear batir, cañonear; romper, desmenuzar; destruir, demoler, derribar, mellar, estropear, majar. **II.** *vn.* golpear, majar; inclinarse hacia arriba y atrás. **III.** *s.* (coc.) albard(ill)a; batido, pasta culinaria; golpeo, golpeadura; batidor de yeso; (tip.) estropeo de tipos o de una plancha; (ing. y arq.) talud, *m.*, declive de un parapeto; (béisbol) bateador.
batterer [-œ(r)], *s.* apaleador.
battering piece [-iŋ pis] *o* **gun** [gʌn], *s.* (arti.) pieza de batir.—**b. ram,** ariete, brigola.—**b. train,** batería de sitio.
battery [bǽtœrị], *s.* (arti. y mec.) batería; (for.) agresión; (elec.) pila; batería, acumulador.
batting [bǽtịŋ], *s.* el acto de apalear, golpear, etc.; guata, algodón o lana en hojas o en rama; (dep.) voleo.
battle [bǽtl]. **I.** *s.* batalla, combate; lucha, lidia.—**b. array,** orden de batalla.—**b. ax(e),** hacha de armas.—**b. cruiser,** crucero acorazado o de combate.—**b. cry,** grito de guerra.—**b. fleet,** escuadra o flota de combate.—**b. front,** frente de combate.—**b. piece,** (b. a.) cuadro que representa una batalla.—**b. royal,** riña promiscua, pelotera.—**to do b.,** batallar, luchar.—**to offer b.,** presentar batalla. **II.** *vn.* batallar, luchar, combatir. **III.** *va.* luchar o batirse con; (fort.) almenar.
battledore [-dɔr], *s.* raqueta.—**b and shuttlecock,** raqueta y volante (juego).
battlefield [-fild], **battleground** [-graụnd], *s.* campo de batalla.
battlement [-mẹnt], *s.* muralla almenada, almenaje; pretil con crestería.
battlemented [-ịd], *a.* almenado.
battleplane [-pleịn], *s.* avión (*m.*) de combate.
battler [bǽtlœ(r)], **battling** [bǽtlịŋ], *a.* y *s.* batallador
battleship [-ŝịp], *s.* acorazado.
battlewagon, (fam.) = BATTLESHIP.

battology [bætálodži], *s.* batología.
battue [bætú], *s.* batida (de caza); matanza inicua.
batty [bǽti], *a.* de o como el murciélago; (fam.) chiflado.
bauble, bawble [bóbl], *s.* bujería, chuchería, fruslería, futesa, friolera; varilla de bufón.
baulk, *vn.* = BALK.
bauxite [bóksajt], *s.* (min.) bauxita.
Bavarian [bavérian], *a.* y *s.* bávaro.
bawd [bód]. **I.** *s.* alcahuete, alcahueta, rufián, tercero. **II.** *vn.* alcahuetear.
bawdiness [-inis], *s.* alcahuetería; obscenidad.
bawdry [-ri], *s.* alcahuetería, rufianería.
bawdy [-i], *a.* indecente, obsceno, impúdico.—**b. house,** lupanar, burdel, mancebía.
bawl [ból]. **I.** *va.* pregonar.—**to b. someone out,** (fam.) regañar; poner como chupa de dómine. **II.** *vn.* gritar, vocear, chillar, desgañitarse; (fam.) llorar a moco tendido. **III.** *s.* gritería, vocería.
bawler [-œ(r)], *s.* voceador, vocinglero, alborotador, gritador, chillón.
bay [bei]. **I.** *a.* bayo. **II.** *va.* ladrar a, acorralar. **III.** *vn.* ladrar, aullar. **IV.** *s.* bahía, ancón, cala, ensenada, rada; abra; entrada (de agua en tierra, de un valle en el flanco de una montaña, etc.); ladrido, aullido; caballo bayo; acorralamiento; pajar de almacenar heno; corona de laurel; (bot.) laurel; (*pl.*) corona de laurel, renombre; (arq.) intercolumnio, crujía, entrepaño; vano; recuadro; (hidr.) agua de una entrada o compartimiento a la cabeza de una esclusa, a la entrada de una turbina, etc.; (ing.) ojo de puente; (mar.) cierta parte del buque que sirve de hospital.—**b. rum,** ron con aceite esencial de laurel o de malagueta. —**b. salt,** sal marina.—**B. State,** estado de Massachusetts (E. U.).—**b. tree,** laurel.—**b. window,** mirador, ventana saliente, baloón cerrado.—**b. work,** entramado.—**at b.,** acosado, acorralado; a raya.
bayadere [beiadír], *s.* bayadera.
bayberry [béiberi], *s.* (bot.) fruto o baya del laurel; variedad de arrayán brabántico o de mírica cerífera.—**b. tallow,** cera del arrayán brabántico o de la mírica cerífera.
baying [béiiŋ], *s.* ladrido.
bayonet [béionit]. **I.** *s.* bayoneta. **II.** *va.* cargar o herir con bayoneta.
bayou [báiu], *s.* (E. U. del Sur) ensenada, brazo de río, etc., de aguas algo estancadas.
baywood [béiwud], *s.* caoba tosca de Campeche y Honduras.
baza(a)r [bazár], *s.* bazar, feria; a veces, tómbola.
bazooka [bazúkä], *s.* (mil.) bazuco, cierto cañón antitanque portátil que dispara cohetes.
bdellium [déliʌm], *s.* bedelio, gomorresina.
be [bi], *vn.* (*ind.* AM, ART, IS; ARE; *pret.* WAS, WAST, WERT; WERE; *subj.* BE, WERE, WERT; *pp.* BEEN) ser; estar; haber; hacer; tener; existir; encontrarse, hallarse, verse, andar, resultar. Son éstos los verbos más empleados. Ejemplos generales del uso de *ser* y *estar*: *he is a doctor,* es médico; *he is old,* es viejo; *he is from Madrid,* es de Madrid; *it is I,* soy yo; *it is they,* son ellos; *it is 2 o'clock,* son las dos; *ice is cold,* el hielo es frío; *it is possible,* es posible; *the door was opened by,* la puerta fué abierta por; *so be it* (o *be it so*), sea, así sea; *he is tired,* él está cansado; *he is in Sevilla,* está en Sevilla; *he is about to do it,* está para hacerlo; *he is for doing it,* está por hacerlo; *he is dead,* está muerto; *the coffee is cold,* el café está frío; *it's all right,* está bien; *the door is open,* la puerta está abierta. Con el expletivo *there* equivale al impersonal *haber,* pero concuerda en número con el substantivo que le sigue, vg., *there is a man in the room,* hay un hombre en el cuarto; *there are two men,* hay dos hombres. Con ciertas expresiones impersonales se emplea el verbo *hacer,* vg., *it is cold today,* hace frío hoy; *it is good weather,* hace buen tiempo; *it is sunny,* hace sol; *it is a long time,* hace mucho tiempo. Con algunos adjetivos, esp. cuando indican sensaciones, forma frases que se traducen por *tener* seguido del substantivo correspondiente, vg., *to be hungry and cold,* tener hambre y frío; *to be desirous of,* tener ganas de; *to be successful,* tener éxito; *to be unlucky,* tener mala suerte; *to be right,* tener razón; *to be in a hurry,* tener prisa; *to be 10 years old,* tener *10* años. Con algunos verbos neutros es equivalente al auxiliar *to have,* haber: *he was gone,* se había ido; *the time is come,* ha llegado el tiempo. Seguido de infinitivo equivale a veces a: 1) deber, tener que, vg., *I am to be there,* debo (o tengo que) estar allí. 2) *can, could,* vg., *how am I to know it?* ¿cómo puedo saberlo? *what were we to do?* ¿qué podíamos hacer? 3) *to be going to,* ir a, vg., *he was to speak that evening,* iba a hablar esa noche. Seguido de *being* y un participio forma frases de construcción pasiva, vg., *the house is being built,* la casa se está construyendo. Seguido de gerundio, forma frases equivalentes a estas últimas, vg., *the house is building,* la casa se está construyendo. También seguido de gerundio, indica a veces un acto que acaba de ejecutarse o se piensa ejecutar pronto, vg., *I am sending you the book under separate cover,* le envío el libro en otra cubierta; *we are dining at home tonight,* esta noche comemos (o comeremos) en casa. Seguido de *to be* y un participio en frases impersonales equivale a *ser de* seguido de infinitivo reflexivo, vg., *it is to be regretted,* es de sentirse; *it is to be noted,* es de notarse. En otros casos se emplea gran variedad de verbos para traducir el verbo *to be.* Ejemplos de éstos se dan a continuación: *how much is it* (*worth*)? ¿cuánto vale? *it's all over,* se acabó; *I am very sorry,* lo siento mucho; *we are agreed,* quedamos de acuerdo o conformes; *he is obliged to go,* se ve obligado a ir; *she is disposed to sell it,* se halla dispuesta a venderlo; *they are here,* se encuentran aquí; *English is spoken here,* aquí se habla inglés; *he is looking for it,* va (anda, sigue) buscándolo; *two were hurt and one killed,* resultaron dos heridos y un muerto; *have you been here long?* ¿lleva Ud. mucho tiempo aquí? *I'm not too well these days,* no ando muy bueno estos días; *they are no more,* ya no existen. Para las expresiones **to be in, off, out, up,** *V.* IN, OFF, etc.
beach [bich]. **I.** *s.* costa, ribera, playa, orilla.—**b. comber,** vago de las playas o puertos; buscador de pecios, etc.; (E. U.) ola encrestada. —**b. robe,** albornoz, *m.*—**b. wagon,** cierto tipo de automóvil. **II.** *va.* impeler o arrastrar a la playa. **III.** *vn.* varar, encallar o dar en la playa.
beached [-t], *a.* varado, encallado.
beachhead [-hed], *s.* (mil.) cabeza de playa; punto de avanzada establecido en una playa al efectuarse una invasión.
beachy [bíchi], *a.* playado.
beacon [bíkon]. **I.** *s.* (mar.) baliza, boya; faro, fanal, almenara, ángaro, alcandora, atalaya; señal luminosa, luz; guía.—**b. fire,** fuego de señal o alarma. **II.** *va.* (mar.) abalizar; señalar con almenara; iluminar, guiar.
bead [bid]. **I.** *s.* cuenta, cañutillo, chaquira, agallón, rocalla, abalorio; burbuja; espuma; bolita, gota, glóbulo; saliente, pestaña, listoncillo o tira convexa; mira globular de un arma; (aut.) pestaña o reborde de un neumático; (arq.) moldura convexa; (quím.) botón, glóbulo de bórax, etc. empleado en el análisis al soplete para determinaciones por el color; (min.) glóbulo de metal precioso obtenido por copelación.—*pl.*, rosario.—**b. tree,** (bot.) cinamomo.—**to draw a b. on,** apuntar a con un arma de fuego.—**to say,** *o* **tell, one's beads,** rezar el rosario. **II.** *va.* adornar con abalorios; redondear los bordes (de un tubo ensanchado, etc.); proveer de molduras convexas, pestañas,

etc. (*v.* **I.**). **III.** *vn.* ser espumoso, formar espuma; burbujear.
beading [bídiŋ], *s.* abalorio; preparación para formar espuma en los licores; (arq.) listón, astrágalo, tondino; moldura convexa; pestaña, reborde.
beadle [bídl], *s.* pertiguero o macero, muñidor, bedel, alguacil, ministril.
beadleship [-ŝip], *s.* bedelía.
beadwork [bídwœrk], *s.* *V.* BEADING.
beady [bídi], *a.* parecido a abalorio; que tiene espuma o jiste.
beagle [bígl], *s.* especie de sabueso pequeño; (fig.) alguacil, corchete; (ict.) tiburón pequeño.
beak [bik], *s.* (zool.) pico, hocico, rostro; (fam.) rostro; cabo, promontorio (de tierra); pico (de jarro, retorta o vaso); (mar.) beque, espolón, rostro (de navío).—**b. iron,** (pico de) bigornia.
beaked [-t], *a.* picudo.
beaker [bíkœ(r)], *s.* vaso o copa de boca ancha; (quím.) vaso picudo para los análisis.
beam [bím]. **I.** *s.* viga, tablón, trabe, *f.*; (*pl.*) envigado; vigueta; rayo, destello; (fís.) haz; (mar.) bao; manga de un buque; (tej.) enjulio, vara o plegador (de telar); astil o cruz de balanza; brazo de una báscula o romana; palanca oscilante; lanza de coche; (rad.) rayo radiogoniométrico.—**b. balance,** balanza de cruz o de brazos.—**b. compass,** compás de regla o de barra.—**b. engine,** máquina de balancín.—**b. sea,** mar de costado.—**b. tree,** (bot.) mostajo, mostellar.—**on the b.,** (mar.) por el través; (fam.) listo, al tanto o al corriente.—**to be on her b. ends,** (mar.) estar de costado, estar ladeado (apl. a los barcos). **II.** *vn.* destellar, fulgurar; estar rebosando de alegría. **III.** *va.* envigar; emitir, despedir (rayos de luz, etc.).—**to b. a broadcast,** (rad.) dirigir una radiodifusión hacia un punto determinado.
beaming [-iŋ], *a.* radiante; brillante; alegre.
beamy [-i], *a.* radiante; alegre, vivo; macizo, como viga; astado (venado); (mar.) ancho de manga.
bean [bin]. **I.** *s.* (bot.) haba, habichuela, alubia, judía, frijol, fréjol (*V.* KIDNEY B., STRING B.); grano, semilla, almendra (de café, cacao, etc.); (fam.) cabeza, testa.—**b. pole,** rodrigón.—**in the b.,** en grano. **II.** *va.* (fam.) dar en la cabeza con la pelota (béisbol).
beanball [bínbol], *s.* (E. U., fam., béisbol) pelota arrojada a la cabeza del bateador.
bear [ber], *va.* (*pret.* BORE; *pp.* BORNE, O BORN) sostener, aguantar, sustentar; llevar, cargar; mostrar, dar muestras; soportar, sufrir, tolerar, conllevar, sobrellevar; sufragar (los gastos); asumir o tener una obligación, carga o responsabilidad; usar alguna insignia de autoridad o distinción; (com)portarse, conducirse (como *vr.*); profesar o tener (amor, odio); tener, guardar (relación, etc.); producir, rendir; parir, dar a luz (en este sentido, el *pp.* es **born**); dar (testimonio); ejercer por derecho o autoridad; ser susceptible de, admitir; llevar, tener (una marca, inscripción, etc.); impeler, empujar; deprimir; (com.) hacer bajar el valor, jugar a la baja.—**to b. a hand,** ayudar, echar una mano.—**to b. arms,** servir de soldado.—**to b. away,** llevarse; ganarse.—**to b. company,** acompañar.—**to b. date,** estar fechado.—**to b. down,** reducir a un lugar inferior, hundir, deprimir; derribar, vencer, postrar.—**to b. in,** socavar, aflojar (el carbón de una mina).—**to b. in mind,** tener presente o en cuenta.—**to b. interest,** devengar interés.—**to b. off,** contener, separar; ganar, llevarse (un premio, etc.); (mar.) salvar, apartarse de, para no rozar o chocar.—**to b. out,** sostener, apoyar; confirmar; hacer llevadero.—**to b. the bag,** tener la bolsa, dominar o manejar los fondos.—**to b. up,** sostener.—**to b. witness,** atestiguar, testimoniar.
bear, *vn.* padecer, sufrir; aguantar, soportar; fructificar, dar fruto; dirigirse o encaminarse; tener o llevar cierta dirección, señalar (vg. *the ship bears north,* el barco lleva dirección norte; *this line bears east,* esta línea tiene dirección, o rumbo, este); demorar.—**to b. away,** (mar.) desatracar, cambiar la dirección de un barco, sobre todo a sotavento.—**to b. back,** retroceder, retirarse.—**to b. down on,** *o* **upon,** acosar, atacar despiadadamente, caer sobre.—**to b. off,** (mar.) alejarse.—**to b. on,** referirse a, atañer.—**to b. up,** cobrar ánimo, resignarse; (mar.) = TO B. AWAY.—**to b. upon,** (mil.) estar dirigido a, dominar.—**to b. with,** tener paciencia con, ser indulgente con.
bear, *s.* (zool.) oso; (com.) bajista.—(**B.,** astr.) Osa.—**b. account,** (com.) cuenta de especulación a la baja.—**b.-baiting,** deporte de atormentar osos cautivos, gen. con perros.—**b. cub,** osezno.—**b. den,** osera.—**b. garden,** patio de osos; (fam.) Babel, campo de Agramante.—**b.'s-breech,** (bot.) branca ursina, acanto.—**b.'s-ear,** (bot.) oreja de oso, aurícula.—**b.'s-foot,** (bot.) eléboro negro.
bearable [bérabl], *a.* sufrible, soportable.
bearberry [bérberi], *s.* (bot.) gayuba, aguavilla, uvaduz.
bearbind [-baind], *s.* (bot.) correhuela.
beard [bírd]. **I.** *s.* barba o barbas; (bot.) raspa, arista; lengüeta de flecha; barbas de pluma. **II.** *va.* arrancar las barbas, mesar; retar.
bearded [-id], *a.* barbado; barbudo; (bot.) aristado; (astr.) caudato.
beardless [-lis], *a.* imberbe, barbilampiño, (cari)-lampiño; (bot.) derraspado.—**b. wheat,** trigo chamorro.—**b. youth,** rapagón.
bearer [bérœ(r)], *s.* portador, dador; faquín; andero, camillero; árbol fructífero; (tec. y mec.) soporte, caballete; asiento; viga maestra de apoyo; (print.) calzo. *V.* PALLBEARER.—**b. stock,** acciones (*f. pl.*) al portador.
bearing [bériŋ]. **I.** *s.* aguante, paciencia, sufrimiento; porte, maneras, presencia, talante; relación, conexión; fuerza, sentido, valor de una expresión; producción, fructificación, cosecha; gestación, preñez; (mec.) punto de apoyo; cojinete; soporte; (rad.) marcación; (arq.) apoyo, sostén; (mar.) orientación, marcación, situación, arrumbamiento, demora; (top. y mar.) rumbo.—*pl.* orientación, rumbo; línea de flotación (de un barco).—**b. cloth,** capa de cristianar.—**b. metal,** metal para cojinetes; metal antifricción.—**to find one's bearings,** orientarse.—**to have no b. on,** no tener relación con, no concernir.—**to lose one's bearings,** desorientarse; confundirse, aturdirse.—**to take a b.,** (top.) determinar un rumbo (de una línea).—**to take bearings,** abalizarse, marcarse; orientarse. **II.** *a.* de apoyo, de contacto; productivo.—**b. rein,** gamarra.—**b. surface,** superficie de apoyo; superficie de contacto o de rozamiento. A veces equivale a la *term.* "-ífero," vg., *gold-bearing,* aurífero.
bearish [bériŝ], *a.* osuno; rudo, áspero.
bearskin [bérskin], *s.* piel (*f.*) de oso; birretina, morrión de granadero o húsar, etc.; cierto género lanudo para sobretodos.
bearwood [bérwud], *s.* (bot.) arbusto cuya corteza es la cáscara sagrada. *V.* BUCKTHORN.
beast [bíst], *s.* bestia, bruto, res, *f.*, cuadrúpedo; hombre brutal.—**b. of burden,** acémila, cabalgadura, bestia de carga.—**b. of prey,** animal de rapiña.
beastly [-li]. **I.** *a.* bestial, brutal; (fam.) muy malo, detestable. **II.** *adv.* brutalmente; (fam.) sumamente.
beat [bít], *va.* (*pret.* BEAT; *pp.* BEATEN, BEAT) batir (un metal, huevos, la costa, las alas, etc.); revolver; sacudir; percutir; pegar, aporrear, batanear, moler a palos; golpear; vencer, derrotar, ganarle a; llegar o acabar primero que; correr, recorrer, andar por; indicar, marcar (tiempo, el compás, etc.); (fam.) sobrepasar, dejar atrás (en cuanto a calidad, etc.); con-

fundir, estar más allá de los alcances o capacidad de; (vulg.) engañar; (caz.) ojear, montear, dar una batida; (mil.) tocar (tambor u otro instrumento); (agr.) trillar; (ind.) abatanar; espadillar, agranar, majar.—**to b. all hollow,** (fam.) dejar tamañito.—**to b. an alarm,** (mil.) tocar alarma.—**to b. a parley,** (mil.) pedir parlamento.—**to b. a retreat,** batirse en retirada, emprender la retirada.—**to b. black and blue,** acardenalar.—**to b. down,** abatir; regatear, lograr rebaja regateando.—**to b. off,** rechazar.—**to b. out of,** privar de.—**to b. the band,** (fam.) hasta más no poder, con sumo ahinco o empeño.—**to b. the Dutch,** (fam.) ser extraordinario o sorprendente.—**to b. the record,** sobrepujar el record, alzar el record.—**to b. time,** marcar el compás.—**to b. up,** sorprender (al enemigo); batir (huevos, etc.)

beat, *vn.* latir, palpitar, pulsar; batir (el sol, las olas, etc.); golpear repetidamente; ganar, vencer; dar un toque (de tambor, etc.); poderse batir o revolver; sonar; (mar.) tentar el vado; voltejear; (caz.) correr; mover las matas, ramas, etc., para levantar la caza.—**to b. about,** barloventear; andar buscando.—**to b. about the bush,** andarse por las ramas; divagar, andar con rodeos.—**to b. against,** chocar contra.—**to b. it,** (fam.) escurrirse; poner pies en polvorosa.

beat. **I.** *s.* golpe; pulsación, latido; sonido repetido; toque de tambor; (mil.) ronda; distrito vigilado por un sereno o policía; (fam.) noticia que publica un periódico antes que los demás. —**b. reception,** (radtlf.) recepción heterodina. **II.** *a.* (fam.) fatigado, rendido de cansancio.

beaten [-ẹn]. **I.** *pp.* de TO BEAT. **II.** *a.* trillado, asendereado; batido, vencido; (met.) batido.

beater [-œ(r)], *s.* martillo, maza, pisón, golpeador; batidor, batidera, agitador, sacudidor, molinillo; apaleador; (caz.) ojeador, batidor.

beatific(al [biatífik(al], *a.* (teol.) beatífico.

beatification [biætifikéiŝon], *s.* beatificación.

beatify [biǽtifai], *va.* (teol.) beatificar.

beating [bítiŋ], *s.* paliza, zurra, somanta, tunda; latido, pulsación; golpeo, batidura; (caz.) ojeo.

beatitude [biǽtitiud], *s.* beatitud; beatificación. —**the Beatitudes,** las bienaventuranzas.

beatnik [bítnik], *s.* persona rebelde de la sociedad, que actúa y viste de manera singular; (fam.) existencialista; excéntrico.

beat-up [-ʌp], *a.* (E.U., fam.) usado, gastado, desgastado, deteriorado.

beau [bou], *s.* (*pl.* BEAUX *o* BEAUS) galán, petimetre, lindo, pisaverde, currutaco; cortejo; (fam.) cuyo.—**b. ideal,** bello ideal.—**b. monde,** gente de moda.

beauteous [biútiʌs], *a.* bello, hermoso.

beautician [biutíŝan], *s.* embellecedor, persona que se ocupa en el trabajo de salones de belleza.

beautification [-fikéiŝon], *s.* embellecimiento.

beautifier [biútifaiœ(r)], *s.* hermoseador.

beautiful [biútiful], *a.* bello, hermoso, precioso, venusto, pulcro.—**the b.,** lo bello.

beautifully [-i], *adv.* bellamente.

beautifulness [-nis], *s.* belleza.

beautify [biútifai], **I.** *va.* hermosear, embellecer, acicalar, adornar. **II.** *vn.* hermosearse, pulirse, maquillarse.

beauty [biúti], *s.* belleza, beldad, hermosura, venustidad, preciosidad.—**b. contest,** concurso de pulcritud.—**b. parlor,** o **salon,** salón de belleza.—**b. sleep,** primer sueño, el de antes de media noche.—**b. spot,** parche o lunar postizo.

beaver [bívœ(r)], *s.* (zool.) castor; piel (*f.*) de castor; (arm.) babera, baberol; (fam.) chistera, sombrero de copa; (tej.) cierto paño grueso de lana.

beaverboard [-bord], *s.* cartón de fibras para tabiques, paredes interiores, etc. [marca de fábrica].

beavered [-d], *a.* con babera; acastorado.

bebeerine [bibírin], *s.* (quím.) bebirina.

becalm [bikám], *va.* y *vn.* calmar, serenar, sosegar; encalmarse (tiempo o viento).—**becalmed,** *a.* y *pp.* (mar.) quedado sin viento.

became [bikéim], *pret.* de TO BECOME.

because [bikóz], *conj.* y *adv.* porque, pues, que. —**b. of,** a causa de, por causa o motivo de.

beccafico [bekafíkou], *s.* (orn.) papafigo.

bechance [bichǽns], *va.* y *vn.* acaecer, acontecer.

beck [bek]. **I.** *va.* y *vn.* = BECKON. **II.** *s.* señas, ademán; riachuelo; valle; (tint.) cubeta.—**at one's b. and call,** a disposición de uno, a la mano.

beckon [-on]. **I.** *va.* llamar o mandar con (o por) señas. **II.** *vn.* hacer señas o ademanes. **III.** *s.* seña, ademán, indicación de cabeza o mano.

becloud [bikláud], *va.* obscurecer, anublar.

become [bikʌ́m]. **I.** *va.* (*pret.* BECAME; *pp.* BECOME) convenir a, sentar a; caer o ir bien a; ser propio de. **II.** *vn.* hacerse, ponerse, tornarse, volverse; convertirse en, llegar o pasar a ser; (fil.) devenir. Seguido de un adjetivo, se traduce a veces por un solo verbo que indica el cambio correspondiente: vg., *to b. acute,* agudizarse; *to become angry,* enojarse; *to b. excited,* agitarse; *to b. exhausted,* agotarse; *to b. grave,* agravarse; *to b. hard,* endurecerse; *to b. intimate,* intimarse; *to b. longer,* alargarse; *to b. impatient,* impacientarse; *to become old,* envejecer; *to b. poor,* empobrecer(se); *to b. shorter,* acortar(se); *to b. soft,* suavizarse; *to b. stout,* engordar; *to b. sour,* agriarse; *to b. thin,* adelgazar(se), enflaquecer(se); *to become useless,* inutilizarse; *to b. worse,* empeorar(se).—**to b. of,** ser de, hacerse: *what will become of me?* ¿qué será de mí? *what has become of John?* ¿qué se ha hecho (o qué hay de) Juan?

becoming [-iŋ]. **I.** *a.* correcto, decoroso, propio; decente, conveniente; que sienta bien, que va bien.—**to be b.,** caer, ir o sentar bien. **II.** *s.* transformación, paso de un estado a otro.

becomingly [-li], *adv.* decorosamente, correctamente; a propósito.

becquerelite [bekerélait], *s.* (min.) becquerelita.

bed [bed]. **I.** *s.* cama, lecho, yacija; (geol.) capa, estrato, yacimiento; madre, *f.*, álveo, cauce (de río); (mec.) asiento, banco, lecho, fondo; armadura, fundación, base, *f.*, cimiento; arriate, cama, macizo (de jardín); tablar de una huerta; tonga, tongada, camada; (min.) yacimiento, capa, venero, veta; (aib.) capa; (ing.) firme; (impr.) carro, tabla.—**b. joint,** (const.) junta horizontal; (geol.) grieta paralela al terreno. —**b. linen,** ropa de cama.—**b. of roses,** (fig.) canonjía, situación de holganza.—**to go to b.,** acostarse.—**to keep to one's b.,** guardar cama. **II.** *va.* acostar, poner en cama; cohabitar; dar cama a; sembrar en un macizo; meter; asentar, apoyar; (const.) labrar o preparar la superficie de. **III.** *vn.* acostarse; cohabitar; descansar, apoyarse.

bedabble [bidǽbl], *va.* rociar, mojar, salpicar.

bedaub [bidób], *va.* salpicar, ensuciar, embarrar, embadurnar; vilipendiar.

bedazzle [bidǽzl], *va.* deslumbrar.

bedbug [bédbʌg], *s.* (ent.) chinche, *f.*

bedchamber [bédcheimbœ(r)], *s.* dormitorio, alcoba; (Méx.) recámara.

bedclothes [bédklouðz], *s. pl.* ropa de cama (sábanas, mantas, etc.); (Am.) cobijas.

bedding [bédiŋ], *s.* colchones y ropa de cama; paja para el ganado; asiento, fundamento; (arq.) empotramiento; (geol.) estratificación.

bedeck [bidék], *va.* adornar, engalanar, acicalar.

bedevil [bidévil], *va.* endemoniar, endiablar, maleficiar; hechizar; enloquecer; atormentar.

bedew [bidiú], *va.* rociar, regar.

bedfellow [bédfelou], *s.* compañero o compañera de cama; asociado.

bedhangings [bédhæŋiŋz], *s.* pabellón, cortinas de cama.
bedhead [bédhɛd], *s.* cabecera de cama.
bedight [bidáit], *a.* (ant.) adornado, ataviado engalanado.
bedim [bidím], *va.* obscurecer, ofuscar.
bedizen [bidáizn], *va.* acicalar, ataviar vistosamente.
bedlam [bédlam], *s.* casa de orates; manicomio; bullicio, Babel; desbarajuste.
bedlamite [-ait], *s.* loco, orate.
Bedouin [béduin], *s.* beduíno; vago.
bedpan [bédpæn], *s.* silleta para enfermos, chata.
bedplate [bédpleit], *s.* (mec.) bancaza, cama, platina, plancha de asiento.
bedpost [bédpoust], *s.* poste de la cama.
bedquilt [bédkwilt], *s.* cubrecama, colcha.
bedraggle [bidrǽgl], *va.* ensuciar o manchar arrastrando por el suelo o el lodo, etc.
bedrid(den [bédrid(ɛn], *a.* postrado en cama.
bedrench [bɛdrénch], *va.* calar, empapar.
bedrock [bédrak], *s.* (min.) lecho de roca; roca firme; (fig.) fundamento, base, *f.;* lo último.
bedroom [bédrum], *s.* alcoba, cuarto de dormir, dormitorio; (Méx.) recámara.
bedside [bédsaid], *s.* lado de cama; cabecera.
bedsore [bédsɔr], *s.* llaga causada por la prolongada permanencia en el lecho.—**to contract bedsores,** decentarse, encentarse.
bedspread [bédsprɛd], *s.* sobrecama, cobertor, vánova.
bedspring [bédspriŋ], *s.* colchón de muelles o de tela metálica.
bedstead [bédstɛd], *s.* cuja, armadura de la cama.
bedtick(ing [bédtik(iŋ], *s.* cotí, cutí.
bedtime [bédtaim], *s.* hora de acostarse.
bee [bi], *s.* (ent.) abeja; (fam.) reunión, tertulia; manía, chifladura; (mar.) aleta del bauprés (ll. t. **b. block**).—**b. bread,** polen almacenado por las abejas.—**b. eater,** (orn.) abejaruco.—**b. fly,** (ent.) mosca abeja.—**b. glue,** cera aleda, tanque.—**b. line,** línea recta, derechura.—**to have a b. in one's bonnet,** *o* **head,** estar destornillado; estar haciendo castillos en el aire o lleno de esperanzas vanas.
beech [bích], *s.* (bot.) haya.—**b. forest,** hayal, hayedo.—**b. mast** = BEECHNUT.—**b. oil,** aceite de fabuco.
beechen [-ɛn], *a.* de haya.
beechnut [-nʌt], *s.* fabuco, hayuco, nuez de haya.
beef [bíf]. **I.** *s.* carne (*f.*) de vaca o de res; res, *f.* (buey, toro, vaca); (fam.) fuerza muscular; jactancia; queja.—**b. cattle,** ganado vacuno de ceba, o de engorde.—**b. extract,** extracto de carne (de buey).—**b. stew,** platillo.—**b. tea,** caldo, cocina.—**b.-witted,** lerdo, estúpido. **II.** *vn.* (fam.) jactarse; quejarse.
beefeater [bífitœ(r)], *s.* el que come carne de vaca; persona rolliza; (fam.) un inglés (apodo); (Ingl.) alabardero de palacio; guardia de la Torre de Londres.
beefsteak [bífsteik], *s.* bistec, biftec, (Am.) bife.
beefy [bífi], *a.* (fam.) carnoso; fuerte, robusto; pesado, musculoso.
beehive [bíhaiv], *s.* colmena, corcho.
beekeeper [bíkipœ(r)], **beemaster** [bímæstœ(r)] *s.* colmenero, abejero, apicultor.—**b.-keeping** [-iŋ], *s.* cría de abejas, apicultura.
been [bin], *pp.* de TO BE.
beer [bir], *s.* cerveza, malta.—**b. garden** o **parlor,** cervecería (lugar donde se sirve cerveza).—**b. leaven,** cerevesina.—**b. saloon,** taberna, cantina.
beery [bíri], *a.* cervecero; embriagado.
beestings [bístiŋz], *s.* calostro.
beeswax [bízwæks]. **I.** *s.* cera de abejas. **II.** *va.* encerar.
beeswing [bízwiŋ], *s.* flor (*f.*) o nata (de vino añejo).
beet [bit], *s.* (bot.) remolacha, betarraga; (Méx.) betabel, *f.*—**b. root,** *o* **beetroot,** (raíz de la) remolacha.—**b. sugar,** azúcar de remolacha.
beetle [bítl]. **I.** *s.* (ent.) escarabajo, coleóptero; pisón, pala, moza, maza, aplanadera; martinete; mallo; batán; estúpido, imbécil.—**b.-browed,** cejudo; adusto.—**b.-headed,** lerdo, pesado. **II.** *vn.* combar, sobresalir; (ind.) abatanar. **III.** *va.* golpear o majar con pisón, etc.; (ind.) (a)batanar; estampar (paño).
beetling [bítliŋ]. **I.** *a.* saliente, pendiente, colgante. **II.** *s.* (tej.) bataneo, estampación.—**b.-machine,** (tej.) batán; máquina de estampar
beetradish [bítrædiš], **beetrave** [bítreiv], *s. V.* BEET.
beeves [bivz], *s.* (*pl.* de BEEF) ganado; reses, *f. pl.*
befall [bifól], *vn.* (*pret.* BEFELL; *pp.* BEFALLEN) suceder, acontecer, sobrevenir.
befit [bifít], *va.* convenir, sentar o venir bien, cuadrar, ser propio o digno de.
befitting [-iŋ], *a.* conveniente, propio, digno.
befog [bifág], *va.* aneblar, envolver en niebla; confundir, obscurecer.—**to b. the issue,** salirse por la tangente.
befool [bifúl], *va.* engañar, embaucar; entontecer.
before [bifór]. **I.** *adv.* delante, al frente; antes, anteriormente, con prioridad; (mar.) de proa.—**b.-cited** o **-mentioned,** antemencionado, susodicho. **II.** *prep.* delante de, enfrente de, frente a; ante, en presencia de; antes de.—**b. the mast,** (mar.) a proa del palo.—**b. the wind,** viento en popa. **III.** *conj.* antes que, primero.
beforehand [-hænd]. **I.** *adv.* de antemano, a prevención, previamente, con antelación. **II.** *a.* acomodado, con recursos.
befoul [bifául], *va.* ensuciar, emporcar.
befriend [bifrénd], *va.* favorecer, patrocinar, amparar, proteger.
befuddle [bifʌ́dl], *va.* confundir, ofuscar.
beg [bɛg]. **I.** *vn.* mendigar, pordiosear, vivir de limosna.—**to b. off from,** rogar (uno) que se le exima de; excusarse de; evadir con súplicas. **II.** *va.* rogar, pedir, suplicar, implorar, mendigar.—**to b. the question,** cometer petición de principio.—**to b. (leave) to,** permitirse.
began [bigǽn], *pret.* de TO BEGIN.
beget [bigét]. **I.** *va.* (*pret.* BEGOT—*ant.* BEGAT; *pp.* BEGOTTEN) engendrar, procrear; producir, causar, suscitar (odios, etc.). **II.** *vn.* padrear.
begetter [-œ(r)], *s.* engendrador, procreador.
beggar [bégă(r)]. **I.** *s.* mendigo, mendigante, pobre, pordiosero; gallofo.—**beggardom, beggarhood** [-dʌm, -hud], pobrismo o pobrería; (Méx.) chinaca. **II.** *va.* empobrecer, arruinar; apurar, agotar.—**to b. description,** no haber palabras para describir.
beggarliness [-linis], **beggary** [-i], *s.* mendicidad o mendiguez, pordiosería, pobreza absoluta.
beggarly [-li]. **I.** *a.* pobre, miserable. **II.** *adv.* pobremente.
begging [bégiŋ]. **I.** *a.* mendicante. **II.** *s.* mendicación, pordioseo.—**to go b.,** andar mendigando.
begin [bigín], *va.* y *vn.* (*pret.* BEGAN O BEGUN; *pp.* BEGUN) comenzar, empezar, principiar o ponerse (a); iniciar, entablar (un negocio, etc.); (for.) incoar (un pleito); nacer; salir (en el juego).—**cannot to b. to,** no . . . ni con mucho (*he cannot begin to do what we need,* él no puede hacer lo que necesitamos, ni con mucho).—**to b. with,** en primer lugar, para empezar.
beginner [-œ(r)], *s.* iniciador, originador; principiante; novicio, neófito, novato; (com.) meritorio.
beginning [-iŋ], *s.* comienzo, iniciación, principio, origen; albor(es); génesis.—**from b. to end,** de pe a pa, de cabo a rabo.—**in the b.,** al principio.
begone! [bigón], *interj.* ¡fuera! ¡vete! ¡largo!
begonia [bigóuniă], *s.* (bot.) begonia.
Begoniaceæ [bigouniéjšii], *s. pl.* (bot.) begoniáceas.
begot [bigát], *pret.;* **begotten** [-gn], *pp.* de TO BEGET.
begrime [bigráim], *va.* ensuciar, tiznar.

begrudge [bigrÁdž], *va.* envidiar el bien ajeno; regatear, repugnar, tasar.
beguile [bigáil], *va.* engañar, seducir; defraudar; entretener, pasar el tiempo, divertir.
begun [bigÁn], *pp.* y *pret.* de TO BEGIN.
behalf [bihǽf], *s.* (precedido de **in, on** *o* **upon**) por; a favor, en nombre, interés o defensa de, en pro de; de parte de.
behave [bihéiv], *va.* y *vn.* proceder, obrar, conducirse, (com)portarse (bien o mal), vadearse. —**b.!** ¡estése Vd. quieto! ¡pórtate bien!
behavior [-yo(r)], *s.* proceder, porte, conducta, comportamiento; (mec.) funcionamiento.
behaviorism [-yorizm], *s.* (psic.) sistema que sostiene que la psicología debe fundarse exclusivamente en el análisis de los actos objetivamente observables.—**behaviorist** [-yorist], *s.* partidario de esta teoría.
behead [bihéd], *va.* decapitar, descabezar, degollar.
beheading [-iŋ], *s.* decapitación, degüello.
beheld [bihéld], *pret.* y *pp.* de TO BEHOLD.
behest [bihést], *s.* mandato, precepto, requerimiento.—**at the b. of,** a instancia de.
behind [biháind]. **I.** *adv.* atrás, detrás; en os a la zaga; hacia atrás; por detrás; en pos; con retraso. **II.** *prep.* tras, detrás de; después de.—**b. one's back,** en ausencia o a espaldas de uno.—**b. time,** tarde.—**b. the times,** atrasado (de noticias).—**b. the scenes,** entre bastidores.
behindhand [-hænd]. **I.** *adv.* con atraso, con retraso, atrasadamente. **II.** *a.* atrasado, retrasado.—**to be b.,** atrasarse, retrasarse.
behold [bihóuld], *va.* (*pret.* y *pp.* BEHELD) mirar, ver, contemplar, catar.—**b.!** *interj.* ¡mirad! ¡mire Vd.! ¡he aquí!
beholden [-en], *a.* obligado por gratitud.
beholder [-œ(r)], *s.* espectador.
behoof [bihúf], *s.* provecho, utilidad, ventaja.
beho(o)ve [bihúv, bihóuv], *vn. impers.* tocar, corresponder, incumbir, importar, ser útil o necesario.
beige [beiž]. **I.** *a.* de color de lana, entre gris y pardo; de color rojo amarillento o de canela; (neol.) beige. **II.** *s.* cierto tejido de lana.
being [bíiŋ]. **I.** *ger.* de TO BE.—**for the time b.,** por el momento, por ahora; por entonces.—**it b. that,** siendo así que. **II.** *s.* ser, ente, criatura; existencia, vida.—**the Supreme B.,** Dios.
bejewel [bidžúel], *va.* enjoyar.
belabor [biléibo(r)], *va.* apalear, pegar, cascar; trabajar, elaborar.
belated [biléitid], *a.* demorado, atrasado, tardío; cogido o sorprendido por la noche.
belay [biléi], *va.* (*pret.* y *pp.* BELAYED O BELAID) amarrar dando vueltas a una cabilla, etc.; bloquear, cercar.—**belaying pins,** (mar.) cabillas.
belch [bélch]. **I.** *va.* arrojar, echar de sí; vomitar. **II.** *vn.* regoldar, eructar; vomitar; salir con fuerza (una llama, etc.).
belch(ing [-iŋ], *s.* regüeldo, eructo, eructación.
beldam(e [béldam, -eim], *s.* vieja bruja.
beleaguer [bilígœ(r)], *va.* sitiar, bloquear.
beleaguerer [-œ(r)], *s.*; **beleaguering** [-iŋ], *a.* sitiador.
belemnite [bélemnait], *s.* (min.) belemnita.
belfry [bélfri], *s.* campanario, torre, *f.*
Belgian [béldžan]. **I.** *a.* belga, bélgico. **II.** *s.* belga.
Belgium [béldžʌm], *s.* Bélgica.
Belial [bílial], *s.* Belial; Satanás; ángel caído.
belie [bilái], *va.* desmentir; dar un mentís a; calumniar; disfrazar; defraudar (una esperanza).
belief [bilíf], *s.* fe, *f.*, creencia, crédito; confianza; convencimiento; credo, religión; opinión, parecer.
believable [bilívabl], *a.* creíble.
believe [bilív], *va.* y *vn.* creer; confiar en o fiarse de; opinar; tener por.—**to b. in,** creer en; ser partidario de; aprobar; tener fe en o a.
believer [-œ(r)], *s.* creyente, fiel.
belittle [bilítl], *va.* deprimir, achicar, rebajar, dar escasa importancia a.
bell [bɛl], *s.* campana; campanilla; (elec.) timbre; esquila, cencerro (de ganado); cascabel; campanada; (mús.) pabellón (de instrumento de viento); címbalo; brama (ú. esp. del ciervo en celo).—**b. bird,** (orn.) campanero.—**b.-bottomed trousers,** pantalón acampanado.—**b. boy,** botones, mozo de hotel encargado de llevar recados, transportar equipaje, etc.—**b. buoy,** (mar.) boya sonora o de campana.—**b. clapper,** badajo.—**b. cow, horse, mule,** julo, manso.—**b. crank,** cigüeña, torniquete; palanca angular.—**b. founder,** campanero.—**b. glass,** campana de cristal.—**b. hop** = B. BOY.—**b. metal,** bronce de campanas.—**b.-mouthed,** abocinado, acampanado.—**b.-ox,** cabestro.—**b. pull,** cuerda o tirador de campana.—**b. ringer,** campanero.—**b. ringing,** campaneo.—**b. rope** = B. PULL.—**b.-shaped,** acampanado, campanudo.—**b.-shaped curve,** (estad.) curva acampanada.—**b. stroke,** campanada.—**b. tower,** campanario.—**to bear away the b.,** ganar el premio, llevarse la palma. —**to bear the b.,** ser el primero, ir en la delantera.
bell. **I.** *va.* acampanar; encascabelar, poner campana a.—**to b. the cat,** poner el cascabel al gato. **II.** *vn.* (bot.) crecer en figura de campana; acampanarse; florecer; bramar (ciervo, etc.).
belladonna [bɛladána], *s.* (bot.) belladona.
belle [bɛl], *s.* beldad, mujer bella.
belleric [bɛlérik], *s.* (bot.) belérico, mirobálano.
belles-lettres [bɛllétr], *s.* bellas letras.
bellflower [bélflauœ(r)], *s.* (bot.) ruiponce o rapónchigo; campánula; variedad de manzana.
bellhanger [bélhæŋœ(r)], *s.* campanillero.
bellhanging [-iŋ], *s.* instalación de campanas.
bellicose [bélikous], *a.* belicoso, bélico, guerrero.
bellicosity [bɛlikásiti], *s.* belicosidad.
bellied [bélid], *a.* ventrudo, barrigón; panzudo; combado, convexo.
belligerence, -cy [bilídžerens, -i], *s.* beligerancia.
belligerent [-ent]. **I.** *s.* beligerante. **II.** *a.* beligerante, belicoso, guerrero.
bellman [bélman], *s.* campan(ill)ero, pregonero.
bellow [bélou]. **I.** *vn.* bramar, berrear, mugir, rugir; vociferar, gritar. **II.** *s.* bufido, bramido, rugido.
bellower [-œ(r)], *s.* bramador; vociferador.
bellowing [-iŋ]. **I.** *s.* *V.* BELLOW. **II.** *a.* bramador, rugiente.
bellows [-z], *s.* (*sing.* y *pl.*) fuelle, barquín, pava. —**b. maker,** folle(te)ro, barquinero.—**b. pocket,** (sast.) bolsillo de fuelle.—**to blow with b.,** (a)follar.
bellwether [bélwɛðœ(r)], *s.* (carnero o morueco) manso.
belly [béli]. **I.** *s.* (*pl.* BELLIES) vientre; barriga, tripa, panza; estómago; entrañas; combadura, barriga de una botella, etc.; pandeo; seno (de vela); frente, parte (*f.*) anteror; caja de eje; (min.) ensanche (de una veta).—**b. god,** glotón; epicúreo.—**b.-pinched,** hambriento.—**b. worm,** lombriz intestinal. **II.** *vn.* pandear. **III.** *va.* combar, inflar, hinchar.
bellyache [-eik], *s.* dolor de vientre.
bellyband [-bænd], *s.* cincho, ventrera, tripero; cincha, barriguera (para caballo, etc.).
bellybound [-baund], *a.* estreñido de vientre.
bellyful [-ful], *s.* panzada, hartazgo; suficiencia.
belong [bilóŋ], *vn.* pertenecer; tocar, atañer, convenir, concernir, incumbir; residir en, ser (natural) de.—**to b. in,** pertenecer a (una clase, etc.).
belonging [-iŋ]. **I.** *a.* perteneciente. **II.** *s.* per-

tenencia, propiedad.—*pl.* posesiones, anexos, anexidades; bártulos.

beloved [bịlʌ́v(ị)d]. **I.** *a.* caro, dilecto, querido, amado. **II.** *s.* persona amada.

below [bịlóu]. **I.** *adv.* abajo, bajo, debajo, más abajo; en el infierno. **II.** *prep.* bajo, debajo de; después de.—**b.-cited** o **-stated,** mas adelante, o más abajo mencionado.—**b. par,** a descuento, a menos de su valor nominal.—**b. zero,** bajo zero.

belt [bélt]. **I.** *s.* cinto o cinturón, faja, ceñidor, cincho, pretina; estrecho; tira; (mec.) correa de transmisión; (geog.) zona, faja; (mar.) faja de la coraza en la línea de flotación; (fam.) golpe.—**b. course,** (arq.) faja o banda horizontal.—**b. line,** *o* **b. railroad,** vía de circunvalación.—**b. saw,** sierra sin fin o de cinta.—**b. shaft,** árbol de transmisión. **II.** *va.* fajar; ceñir; cercar, rodear; poner correa a (una máquina); unir o conectar por correa; (fam.) golpear, herir.

belting [-iŋ], *s.* correaje, correas de transmisión.

beluga [bịlúgạ], *s.* (zool.) ballena blanca; (ict.) esturión blanco.

belvedere [bɛlvịdír], *s.* torre, *f.*, mirador.

bemire [bịmáịr], *va.* enlodar, embarrar, entarquinar, encenagar, emporcar.

bemoan [bịmóun], *va.* lamentar, deplorar.

bemoaner [-œ(r)], *s.* lamentador, plañidor.

bemoaning [-iŋ], *s.* lamento, lamentación.

bemuse [bịmiúz], *va.* enturbiar, embrollar; confundir, enredar.

bench [bénch]. **I.** *s.* banco, banca; bancada, banqueta, escaño; banco de carpintero; serie de bancos para la exhibición de animales; ramo, división (de un cuerpo deliberante, etc.); (for.) tribunal.—**b. mark,** (top.) punto de referencia de cota conocida.—**b. plane,** (carp.) garlopa.—**b. root,** (agr.) raíces trabadas o deformadas.—**b. screw** o **vise,** tornillo de banco.—**b. show,** exposición de perros u otros animales.—**b. warrant,** auto de prisión.—**the King's,** *o* **Queen's, B.,** tribunal superior de justicia. **II.** *va.* exhibir (animales); asentar sobre un banco; proveer de bancos, etc.; poner en un tribunal; (dep.) sacar del juego (a un jugador). **III.** *vn.* ocupar un banco.

bencher [-œ(r)], *s.* (Ingl.) decano de los colegios de abogados; frecuentador de tabernas; barquero.

bend [bénd]. **I.** *va.* (*pret.* y *pp.* BENT) encorvar, curvar, cimbrar, doblar, plegar, torcer, combar, empandar, pandear, acodillar; dirigir o encaminar; inclinar (la cabeza); dedicar, aplicar; doblegar, sujetar, vencer; humillar, hacer bajar; (mar.) entalingar, amarrar, envergar (vela, cable, etc.).—**to b. the brow,** fruncir el entrecejo.—**to b. the oars,** hacer fuerza de remos. **II.** *vn.* encorvarse, doblarse, agarbarse, combarse, torcerse; doblegarse, someterse. **III.** *s.* comba(dura), corva, encorvadura, curvatura; vuelta, curva; recodo; codillo; (mar.) nudo, gaza; cinta; (blas.) barra diagonal.

bendable [-ạbl], *a.* flexible, plegable.

bender [-œ(r)], *s.* torcedor; doblador; flexor.

bending [-iŋ]. **I.** *s.* comba; codillo; doblamiento, encorvadura, (in)flexión, cimbra, cimbreo; declive; rodeo, vuelta. **II.** *a.* flexor, de flexión.—**b. hammer,** copador.—**b. machine,** máquina de curvar.—**b. moment,** (mec.) momento flexor.—**b. strength,** resistencia a la flexión.

bends [-z], *s.* (med.) *V.* CAISSON DISEASE.

beneath [bịníθ], *adv.* y *prep.* bajo, abajo, debajo (de); en lo más hondo; indigno de.

benedick [bénịdịk], **benedict** [-t], *s.* (recién) casado.

Benedictine [-díktin], *s.* y *a.* benedictino, benito.

benediction [-díkṣọn], *s.* bendición; gracia.

benefaction [-fǽkṣọn], *s.* beneficio, favor, gracia, merced, beneficiación.

benefactor [bénịfæktọ(r)], *s.* benefactor, bienhechor, beneficiador; fundador; patrón.—**benefactress** [-trịs], *s.* bienhechora; fundadora, patrona.

benefice [bénịfịs], *s.* (igl.) beneficio, prebenda.

beneficed [-t], *a.* (igl.) beneficiado, prebendado.

beneficence [bịnéfịsẹns], *s.* beneficencia; caridad.

beneficent [-ẹnt], *a.* benéfico; caritativo.

beneficently [-lị], *adv.* benéficamente.

beneficial [benịfíṣạl], *a.* beneficioso, provechoso, útil, ventajoso.—**beneficially** [-ị], *adv.* beneficiosamente, provechosamente.

beneficiary [benịfíṣịerị]. **I.** *s.* beneficiario; (igl.) beneficiado; feudatorio. **II.** *a.* beneficial.

benefit [bénịfịt]. **I.** *s.* beneficio, servicio; disfrute, logro, valimiento, utilidad, provecho, ventaja; pro, bien, privilegio; gracia; (teat.) función de beneficio.—**b. society,** sociedad benéfica o de beneficencia.—**for the b. of,** en pro de, a beneficio de.—**b. of clergy,** cierta inmunidad del clero.—**without b. of clergy,** (casamiento) sin sanción de la iglesia. **II.** *va.* beneficiar, aprovechar. **III.** *vn.* aprovecharse o utilizarse; prevalerse o disfrutar (de).

benevolence [bịnévolẹns], *s.* benevolencia; bondad, caridad; gracia, merced.—**b. society** = BENEFIT SOCIETY.

benevolent [-ẹnt], *a.* benévolo, caritativo.

Bengal [bɛngól], *s.* (tej.) especie de muselina (antes ll. bengala).—**B. light,** luz de Bengala.

Bengalese [bɛngạlíz], **Bengali** [bɛngólị], *s.* y *a.* bengalí.

bengaline [béngạlin], *s.* (tej.) bengalina.

benighted [bịnáịtịd], *a.* anochecido, sorprendido por la noche; rodeado de tinieblas; ignorante.

benign [bịnáịn], *a.* benigno, afable, humano; saludable (clima, etc.); (med.) benigno, ligero.

benignant [bịnígnạnt], *a.* benéfico, propicio, saludable; benigno.

benignity [bịnígnịtị], *s.* benignidad, bondad, dulzura; salubridad.

benignly [bịnáịnlị], *adv.* benignamente.

benison [bénịsọn], *s.* bendición.

benjamin [béndžạmịn], *s.* (bot.) benjuí; (**B.**) hijo menor y favorito.

benne [bénị], *s.* (bot.) alegría, ajonjolí, sésamo.

bent [bɛnt]. **I.** *s.* encorvadura, curvatura, comba; afición, genio, inclinación, propensión, tendencia; grado máximo de tensión; (ing.) palizada o sostén de viaducto; (bot.) especie de hierba. **II.** *a.* curvo, encorvado, torcido, combo, gacho; inclinado, determinado, resuelto; (mar.) amarrado, entalingado.—**b. on,** *o* **upon,** resuelto a, empeñado en, propenso a. **III.** *pret.* y *pp.* de TO BEND.

benthos [bénθas], *s.* (biol.) fauna y flora del fondo del mar.

benumb [bịnʌ́m], *va.* entorpecer, pasmar, entumecer, envarar, aterir.

benzaldehyde [bɛnzǽldẹhaịd], *s.* (quím.) benzaldehido, aldehido benzoico.

benzamide [bɛnzǽmịd], *s.* (quím.) benzamida.

benzedrine [bénzẹdrin], *s.* (farm.) bencedrina (marca de fábrica).

benzene [bénzin], *s.* benceno, bencina (C_6H_6).—**b. nucleus, b. ring,** núcleo o anillo bencénico, en forma de hexágono.

benzil, benzyl [bénzịl], *s.* (quím.) bencilo.—**benzilic** [bɛnzílịk], *a.* bencílico.

benzin(e [bénzin], *s.* bencina (gen. del petróleo).

benzoate [bɛnzóuịt], *s.* (quím.) benzoato.

benzoic [bɛnzóuịk], *a.* (quím.) benzoico.—**b. acid,** (quím.) ácido benzoico.

benzoin [bénzoịn], *s.* (quím.) benzoína; (bot.) benjuí. *V.* SPICEBUSH.

benzol(e [bénzoul], *s.* (quím.) benzol, benceno.

bequeath [bịkwíð], *va.* (for.) dejar, legar, mandar, donar (en testamento); transmitir.

bequeather [-œ(r)], *s.* testador; el que lega o dona.

bequest [bịkwést], *s.* (for.) manda, donación o legado.

berate [bįréįt], *va.* zaherir, reñir, regañar, poner a uno como nuevo.
Berber [bœ́rbœ(r)], *s.* y *a.* bereber, berberisco, berberí.
berberidaceous [bœrbęrįdéįŝʌs], *a.* (bot.) berberídeo.
berberin(e [bœ́rbęrįn], *s.* (quím.) berberina.
bereave [bįrív], *va.* (*pret.* y *pp.* BEREFT) despojar, privar; desolar, acongojar, afligir (esp. por la muerte).
bereavement [-męnt], *s.* pérdida muy sensible, privación, despojo, desamparo; aflicción, desgracia, luto, duelo.
beret [beréį], *s.* boina; gorra vizcaína.
berg [bœrg], *s.* témpano de hielo.
bergamot [bœ́rgąmat], *s.* (bot.) bergamota; el bergamoto y su fruto; rapé perfumado con bergamota; tapiz ordinario.—**b. mint,** (bot.) sándalo (especie de hierbabuena).
beriberi [béribéri], *s.* (med.) beriberi.
berkelium [bœ́rklįʌm], *s.* (quím.) berkelio.
Berlin [bœrlín], *s.* berlina (coche y auto); estambre.—**B. blue,** azul de Prusia.—**B. wool,** estambre.
berm [bœrm], *s.* (fort.) lisera, berma.
Bernardine [bœ́rnąrdįn], *a.* y *s.* bernardo (monje o monja).
bernicle [bœ́rnįkl], *s.* *V.* BARNACLE.
berry [bérį]. **I.** *s.* baya; grano (de café, etc.)—**Avignon berries,** granas de Aviñón.—**b. bush,** arbusto frutal.—**b.-like,** abayado. **II.** *vn.* producir bayas; coger fresas, moras, etc.
berserk [bœ́rsœrk], *a.* frenético, enloquecido.—**to go b.,** enloquecerse con violencia.
berserker [-œ(r)], *s.* fiero guerrero escandinavo.
berth [bœrθ]. **I.** *s.* (mar., f.c., aer.) cama, litera; camarote; (mar.) anclaje, amarradero, atracadero, dársena; (fam.) empleo, destino.—**to give a wide b. to,** apartarse de, ponerse a resguardo de. **II.** *va.* (mar.) atracar, llevar al puerto; dar anclaje a; dar camarote, pasaje o empleo a. **III.** *vn.* atracar, llegar a puerto; ocupar un camarote, etc.; proporcionar o dar litera, anclaje o empleo.
bertha, *s.* cuello ancho o capita de mujer.
berthage [bœ́rθądž], *s.* anclaje.
berthing [bœ́rθįŋ], *s.* disposición de los camarotes y literas; (mar.) anclaje; obra muerta.
beryl [béril], *s.* (min.) berilo.
beryllate [bérįleįt], *s.* (quím.) berilato.
beryllium [berílįʌm], *s.* (quím.) berilio, glucinio.
beseech [bįsích], *va.* (*pret.* y *pp.* BESOUGHT) suplicar, rogar, implorar, exhortar, conjurar.
beseecher [-œ(r)], *s.* rogador, suplicante.
beseeching [-įŋ]. **I.** *s.* ruego, súplica, instancia. **II.** *a.* suplicante, de súplica.
beseem [bįsím]. **I.** *va.* cuadrar, parecer bien. **II.** *vn.* parecer; ser decente o decoroso.
beset [bįsét]. **I.** *va.* (*pret.* y *pp.* BESET) acosar, perseguir; bloquear, obstruir; rodear; engastar, adornar o aderezar (con piedras preciosas, etc.). **II.** *a.* acosado; obseso; adornado, engastado. —**besetting sin,** vicio habitual y dominante.
beside [bįsáįd]. **I.** *adv.* cerca, al lado, a la mano. **II.** *prep.* al lado de; junto a; en comparación de.—**b. himself,** fuera de sí.—**b. the mark o the point,** impertinente, que no viene al caso.
besides [-z]. **I.** *adv.* también, además, (de)más, a más. **II.** *prep.* además de, a más de, amén de; sobre, por encima de; excepto, fuera de.
besiege [bįsídž], *va.* (mil.) sitiar; (fig.) asediar, acosar.—**besieger** [-œ(r)], *s.* sitiador; asediador.
besmear [bįsmír], *va.* ensuciar, embadurnar.
besmirch [bįsmœ́rch], *va.* manchar, ensuciar.
besom [bízʌm]. **I.** *s.* escoba; (bot.) retama. **II.** *va.* barrer.
besot [bįsát], *va.* embeleñar; entontecer; embrutecer; infatuar.
besottedly [-įdlį], *adv.* estúpida o fatuamente.
besottedness [-nįs], *s.* entontecimiento, embrutecimiento, fatuidad.
besought [bįsót], *pret.* y *pp.* de TO BESEECH.
bespangle [bįspǽŋgl], *va.* adornar con lentejuelas o brichos.
bespatter [bįspǽtœ(r)], *va.* salpicar, manchar; di(s)famar.
bespeak [bįspík], *va.* (*pret.* BESPOKE; *pp.* BESPOKE o BESPOKEN) encomendar, encargar o apalabrar algo de antemano; indicar, demostrar; predecir, adivinar; (poét.) hablar a.
bespectacled [bįspéktąkld], *a.* que lleva gafas.
bespread [bįspréd], *va.* (*pret.* y *pp.* BESPREAD) cubrir.
besprinkle [bįsprínkl], *va.* rociar, regar.
Bessemer steel [bésęmœ(r) stil], *s.* acero fundido según el procedimiento Béssemer.
bessemerize [-ąįz], *va.* (fund.) someter al procedimiento Béssemer.
best [best]. **I.** *a.* y *adv.* *super.* de GOOD y WELL: mejor, del mejor modo, óptimo, óptimamente, superior(mente).—**b. bower,** (juego) = JOKER; (mar.) ancla de ayuste.—**b. girl,** (fam.) amiga preferida, novia.—**b. man,** padrino de boda. —**b. seller,** favorito, el que más se vende o de los que más se venden (apl. sobre todo a libros). —**b. of all,** lo mejor de todo, lo mejor es que. —**as b. one can,** como mejor pueda uno.—**it is b.,** eso es lo mejor; lo mejor es.—**the b. part of,** lo mejor de; la mayor parte de, casi todo (*the best part of a month,* casi todo un mes). —**you had b. do it,** mejor sería que Vd. lo hiciera.—**you know b.,** Vd. sabe mejor que nadie (lo que conviene hacer, etc.) **II.** *s.* el (lo) mejor, los mejores, etc.—**at (the) b.,** a lo más, cuando más o mucho, a mejor andar, aun en el mejor caso o en las mejores circunstancias. —**for the b.,** con las mejores intenciones; conducente o encaminado al bien o a buenas cosas (*everything is for the best,* todo sucede para los mejores fines, todo resulta bien a la larga).—**to be at one's b.,** lucirse, estar uno en su máximo, obrar con su acostumbrada habilidad o maestría, hacer lo mejor.—**to do one's b.,** hacer lo posible, esmerarse.—**to get the b. of,** llevar(se) la ventaja o la mejor parte a, vencer a.—**to make the b. of,** sacar el mejor partido de, aprovechar bien; salir lo mejor posible (de un mal paso o negocio).—**to the b. of my knowledge,** según mi leal saber y entender.—**with the b.,** como el que más. **III.** *va.* aventajar, vencer, ganar a.
bestead [bįstéd], *va.* y *vn.* (*pret.* BESTEADED; *pp.* BESTEADED o BESTED) beneficiar, aprovechar, servir.
bestead, *a.* (ú gen. con **ill** o **sore**) colocado, situado; acosado, cercado.
bestial [béschąl], *a.* bestial, brutal; abrutado.— **bestiality** [-įǽlįtį], *s.* bestialidad, brutalidad. —**bestialize** [-ąįz], *va.* embrutecer.—**bestially** [-į], *adv.* bestialmente.
bestir [bįstœ́r], *va.* mover, menear, incitar.—**to b. one's self,** menearse, afanarse.
bestow [bįstóu], *va.* conceder, conferir, cola(ciona)r (un beneficio eclesiástico o grado de universidad); otorgar, agraciar; dar, donar, regalar; dedicar, emplear, gastar.—**to b. in abundance,** colmar (de).
bestowal [-ąl], *s.* dádiva, presente, gracia; colación (de grados, etc.).
bestower [-œ(r)], *s.* donador, regalador.
bestraddle [bįstrǽdl], *va.* *V.* BESTRIDE.
bestrew [bįstrú], *va.* (*pret.* BESTREWED; *pp.* BESTREWED, BESTREWN) rociar, esparcir, derramar.
bestride [bįstráįd], *va.* (*pret.* BESTRODE o BESTRID; *pp.* BESTRID(DEN) montar o colocarse a horcajadas en (o sobre); cruzar de un tranco.
bet [bet]. **I.** *s.* apuesta, postura, parada.—**it's a good b.,** es cosa segura. **II.** *vn.* apostar.—**to b. on,** apostar a. **III.** *va.* apostar, poner, ir (en el juego).—**how much do you b.?** ¿cuánto va? ¿cuánto apuesta Vd.?—**what do**

you bet that John won't come? ¿a que no viene Juan?—**you b.,** (fam.) claro, ya lo creo.
beta [béitạ], *s.* beta (letra griega).—**b. particle,** (fís.) partícula beta.—**b. rays,** (fís.) rayos beta.
betaine [bitéiin], *s.* (quím.) betaína.
betake [bitéik], *vr.* (*pret.* BETOOK; *pp.* BETAKEN) recurrir, acudir; irse, trasladarse; aplicarse a, darse a, emprender.
betatron [béitạtran], *s.* (fís.) betatrón.
bête noir [beit nwár], *s.* (fr.) coco; cosa o persona detestada o temida.
betel [bítẹl], *s.* (bot.) betel.—**b. nut,** fruto de la areca o bonga.—**b. palm,** areca, (Fil.) bonga.
bethel [béθẹl], *s.* capilla para marineros; lugar santificado; (Ingl.) capilla de los disidentes.
bethink [biθíŋk]. **I.** *va.* y *vr.* (*pret.* y *pp.* BETHOUGHT) recordar, acordarse de; recapacitar, hacer memoria; considerar. **II.** *vn.* pensar, reflexionar.
Bethle(he)mite [béθli(hɛ)mait], *s.* betlemita. *V.* t. BEDLAMITE.
betide [bitáid], *va.* y *vn.* suceder (a), acontecer (a); (*a veces erróneamente*) presagiar, indicar.
betimes [bitáimz], *adv.* con tiempo, en sazón; pronto, temprano.
betoken [bitóukẹn], *va.* significar, prometer, dar muestras de, presagiar.
betony [bétoni], *s.* (bot.) betónica.
betook [bitúk], *pret.* de TO BETAKE.
betray [bitréi], *va.* traicionar, vender; revelar, descubrir; engañar; seducir; mostrar, dejar ver.
betrayal [-ạl], *s.* traición, perfidia; engaño; seducción, abuso de confianza; prevaricación.
betrayer [-œ(r)], *s.* traidor; seductor; prevaricador.
betroth [bitróθ], *va.* y *vr.* desposar(se), contraer esponsales; comprometerse, dar palabra de casamiento.—**betrothal** [-ạl], *s.* esponsales, desposorio, compromiso, noviazgo.—**betrothed** [-t], *pp.* y *s.* prometido, novio, futuro.
better [bétœ(r)]. **I.** *a.* y *adv. compar.* de GOOD y WELL: mejor, de mejor modo; más bueno o bien; superior(mente).—**b. and b.,** de mejor a mejor.—**b. half,** cara mitad (esposo o esposa), costilla, oíslo, media naranja (ú. gen. de la esposa).—**b. late than never,** más vale tarde que nunca.—**b. off,** en mejores circunstancias; más acomodado; mejor librado.—**it is b. that,** más vale que.—**no b. and no worse,** ni mejor ni peor.—**the b. part of,** la mayor parte de, casi todo.—**to be b.,** estar mejor (de salud).—**to be b. than,** ser mejor que; valer más que.—**to know b.,** estar mejor enterado; saber que no se deben hacer ciertas cosas.—**to think b. of,** tener mejor opinión de (uno); repensar (algo) y mudar de parecer, plan, etc.—**you (had) b. do it,** más vale hacerlo; sería mejor, o prudente, que Vd. lo hiciera. **II.** *s.* superioridad, ventaja; persona superior (a uno).—**for the b.,** hacia cosas o condiciones mejores.—**so much,** o **all the b.,** tanto mejor, mejor que mejor.—**to change for the b.,** mejorar(se).—**to get the b. of,** aventajar, ganarle a, vencer a.—**our betters,** nuestros superiores. **III.** *va.* mejorar; aventajar, exceder.—**to b. oneself,** mejorar de situación, adelantar. **IV.** *vn.* mejorarse, progresar.
better *o* **bettor,** *s.* apostador, ponedor.
betterment [-mẹnt], *s.* mejora, mejoría; mejoramiento, adelantamiento, superación.
betting [bétiŋ], *s.* apuesta; (el) apostar.
betulaceous [betiuléišʌs], *a.* (bot.) betuláceo.
betulin [bétiulin], *s.* (quím.) betulina.
between [bitwín]. **I.** *adv.* en medio, de por medio, entremedias, entre los dos. **II.** *prep.* entre.—**b. decks,** (mar.) entrepuentes.—**b. now and then,** de aquí a entonces, de acá para allá.—**b. the devil and the deep (blue) sea,** entre la espada y la pared.—**b. you and me,** entre nos, entre usted y yo; en confianza; acá para los dos. A veces se agregan palabras expletivas, que no se traducen, vg., **b. you and me and the lamppost.**—**in b.,** en medio (de).
betwixt [bitwíkst], *adv.* y *prep.* *V.* BETWEEN.—**b. and between,** a medias; así así; ni lo uno ni lo otro.
bevatron [bévạtran], *s.* (fís.) bevatrón.
bevel [bévẹl]. **I.** *s.* bisel, chaflán; derrame, sesgo (de puerta o ventana); falsa escuadra; rueda dentada cónica.—**b. gear(ing,** engranaje cónico.—**b. protractor, b. square,** falsa escuadra, falsarregla, saltarregla.—**b. wheel,** rueda cónica de engranaje. **II.** *a.* sesgo, chaflanado, biselado. **III.** *va.* sesgar, (a)chaflanar, (a)biselar; inclinar; (arq.) falsear. **IV.** *vn.* inclinarse.
bevelling [bévẹliŋ], *s.* chaflán, bisel; (arq.) falseo.
beverage [bévirạdẑ], *s.* brebaje, bebida, po(ta)-ción.
bevy [bévi], *s.* bandada; hato; grupo de mujeres.
bewail [biwéil]. **I.** *va.* lamentar, deplorar, llorar. **II.** *vn.* plañir, querellarse.
bewailing [-iŋ], *s.* lamentación, lloro.
beware [biwér], *va.* y *vn.* (*defect.; sólo se usan el inf. y el impv.*) guardarse, cuidarse de, estar alerta contra; recelarse, precaverse; *impv.* ¡guarda! ¡cuidado (con)! ¡ojo alerta! ¡mucho ojo!
bewilder [biwíldœ(r)], *va.* aturdir, aturrullar, desatinar, azorar, dejar perplejo.—**bewilderment** [-mẹnt], *s.* aturdimiento, azoramiento, perplejidad.
bewildering [-iŋ], *a.* que pone a uno perplejo.
bewitch [biwích], *va.* embrujar, aojar, maleficiar; encantar, hechizar, arrobar, fascinar, embelesar.—**bewitcher** [-œ(r)], *s.* encantador, brujo, hechicero.—**bewitchment** [-mẹnt], *s.* encantamiento, hechizo; aojo; embeleso, encanto.—**bewitching** [-iŋ], *a.* encantador, hechicero.—**bewitchingly** [-li], *adv.* hechiceramente, de un modo encantador.
bey [bei], *s.* bey.
beyond [biyánd]. **I.** *adv.* más allá, más lejos; allende, allá lejos. **II.** *s.* lo que está más allá; vida futura. **III.** *prep.* más allá de, tras; después de; sobre; fuera de; superior a; no capaz o susceptible de.—**b. compare,** incomparable(mente).—**b. (a) doubt,** fuera de duda, sin lugar de duda.—**b. dispute,** incontestable.—**b. expression,** indecible(mente).—**b. measure,** sobremanera, desmesuradamente.—**b. my reach,** fuera de mi alcance.—**b. question,** indiscutible.—**b. the hour,** después de (o pasada) la hora.—**b. the seas,** ultramarino.—**(from) b. the grave,** de ultratumba.—**it is b. me,** no está en mi mano; es cosa que no entiendo, etc.
bezant [bézạnt], *s.* besante, moneda bizantina; (blas. y arq.) bezante, roel.
bezel [bézẹl]. **I.** *va.* sesgar, (a)biselar, (a)chaflanar. **II.** *s.* bisel; (joy.) engaste, chatón; faceta o bisel; sello de oro grabado.
bezique [bẹzík], *s.* juego de naipes.
bezoar [bízouṛ], *s.* bezar o bezoar; antídoto.
bezoardic [bezoárdik], *a.* bezoárico.
bi- [bai], *prefijo* que significa dos o doble; (quím.) bi-, di-.
biangular [-ǽŋgiulạ(r)], *a.* biangular.
biannual [-ǽnyuạl], *a.* semianual, semestral; (*t. a veces,* bienal, dosañal).
bias [báiạs]. **I.** *s.* sesgo, oblicuidad; parcialidad, preferencia, predisposición, prejuicio.—**to cut on the b.,** sesgar, cortar al sesgo, o al soslayo. **II.** *a.* sesg(ad)o, diagonal, terciado. **III.** *va.* (*pret.* y *pp.* BIAS(S)ED) influir, predisponer, torcer.
biaxial [baiǽksiạl], *a.* biaxil, biaxial.
bib [bib]. **I.** *s.* babador, babero, pechero; grifo, espita (*V.* BIBCOCK); (ict.) faneca. **II.** *va.* y *vn.* beber a menudo, beborrotear, empinar el codo.
bibasic [baibéisik], *a.* (quím.) bibásico.
bibb [bib], **bibcock** [-kak], *s.* **grifo o espita** de boca dirigida hacia abajo.

bibber [-œ(r)], *s.* bebedor.
bibelot [bíblou], *s.* pequeño objeto (bello o raro).
Bible [báibl], *s.* Biblia; historia sagrada.—**B.**, *o* **b., paper,** papel indio, especie de papel para libros ligero, delgado, opaco y durable.
Biblical [bíblikal], *a.* bíblico.
bibliographer [bibliágrafœ(r)], *s.* bibliógrafo.
bibliographic(al [-ográefik(al], *a.* bibliográfico.
bibliography [-ágrafi], *s.* bibliografía.
bibliomania [-oméinia], *s.* bibliomanía.
bibliomaniac [-iæk], *s.* biblíómano.
bibliophile [bíbliofail], *s.* bibliófilo.
bibliopole [-opoul], **bibliopolist** [-ápolist], *s.* librero (esp. de libros raros).
bibulous [bíbyulʌs], *a.* bebedor, borrachín; relativo al beber; absorbente.
bicameral [baikǽmeral], *a.* bicameral.
bicapsular [baikǽpsiulä(r)], *a.* (bot.) bicapsular.
bicarbonate [baikárbonit], *s.* (quím.) bicarbonato.—**b. of soda,** (quím.) bicarbonato sódico.
bice [bais], *s.* color azul o verde pálido.
bicentenary [baiséntenɛri], **bicentennial** [-ténial]. **I.** *a.* que ocurre cada 200 años. **II.** *s.* segundo centenario.
bicephalous [baiséfalʌs], *a.* bicéfalo, bicípite.
biceps [báiseps], *a.* y *s.* (anat.) bíceps, lagarto
bichloride [baiklóraid], *s.* (quím.) bicloruro.—**b. of mercury,** (quím.) bicloruro mercúrico.
bichromate [baikróumeit], *s.* (quím.) bicromato.
bicipital [baisípital], *a.* (anat.) bicípite.
bicker [bíkœ(r)]. **I.** *vn.* altercar, repiquetearse, argumentar trivialmente; murmurar (arroyo); charlar, gorjear (pájaros); brillar, flamear, chisporrotear (llama). **II.** *s.* altercado, quisquilla, discusión ociosa; corrida.
bickerer [-œ(r)], *s.* camorrista.—**bickering** [-iŋ], *s.* riña o disputa ociosa, guerra de palabras.
bickern [bíkœrn], *s.* pico de bigornia o yunque.
bicolor, bicolored [baikʌ́lo(r), -d], *a.* bicolor, de dos colores.
biconcave [baikánkeiv], *a.* bicóncavo.
biconvex [-veks], *a.* biconvexo.
bicornous [baikɔ́rnʌs], *a.* bicorne.
bicron [báikran], *s.* (fís.) bicrón, milimicrón, millonésima de milímetro.
bicuspid [baikʌ́spid]. **I.** *a.* bicúspide. **II.** *s.* una de las dos muelas inmediatas al colmillo.
bicycle [báisikl]. **I.** *s.* bicicleta, biciclo, velocípedo. **II.** *vn.* andar o montar en bicicleta.
bicycling [-liŋ], *s.* (bi)ciclismo.
bicyclist, [-list], **bicycler** [-lœ(r)], *s.* biciclista.
bid [bíd]. **I.** *s.* postura, licitación, propuesta, oferta.—**higher b.,** alzamiento, mejora, puja. **II.** *va.* (*pret.* BADE o BID; *pp.* BIDDEN *o* BID) ofrecer, pujar, licitar; decir (en el juego); pedir, rogar; convidar; mandar, ordenar; proclamar; dar (la bienvenida, el saludo, etc.).—**to b. adieu, farewell, good-bye,** decir adiós a, despedirse de.—**to b. defiance,** desafiar.—**to b. up,** pujar u ofrecer más. **III.** *vn.* hacer una oferta.—**to b. fair,** prometer, dar indicios de o tener probabilidad de.
bidder [-œ(r)], *s.* postor, licitador, pujador.—**the highest b.,** el mejor postor, rematante.
bidding [-iŋ], *s.* orden, *f.*, mandato; invitación; licitación, postura.
biddy [bídi], *s.* (fam.) gallina; (fam.) criada (irlandesa).
bide [baid]. **I.** *va.* (*pret.* BODE o BIDED; *pp.* BIDED) (ant.) encontrar; sufrir, aguantar. —**to b. one's time,** esperar o aguardar el momento oportuno. **II.** *vn.* (ant.) residir; quedarse.—**to b. by,** sostenerse en, cumplir con.
bident [báident], *s.* bidente.
bidental [baidéntal], **bidentate** [-teit], *a.* bidente, bidentado.
bidet [bidét], *s.* caballito, jaca; bidé.
biding [báidiŋ], *s.* espera; residencia, estancia.
biennial [baiénial]. **I.** *a.* bienal, dosañal; (bot.) bienal, bisanuo, bisanual. **II.** *s.* planta bienal; exámenes bienales.
bier [bir], *s.* andas funerales, féretro.—**b. bearer,** andero.
biestings, *V.* BEESTINGS.
bifer [báifœ(r)], *s.* planta bífera.—**biferous** [-ʌs], *a.* que fructifica dos veces.
biff [bif]. **I.** *s.* (fam.) bofetada, manotada, manotazo. **II.** *va.* (fam.) abofetear, dar una manotada a.
bifid [báifid], *a.* (bot.) bífido, bipartido.
bifilar [baifáilä(r)], *a.* bifilar.
biflorous [baiflórʌs], *a.* (bot.) bifloro.
bifocal [baifóukal]. **I.** *a.* bifocal. **II.** *s. pl.* anteojos de lentes bifocales.
biform(ed [báifɔrm(d], *a.* biforme, de dos formas.
bifront [báifrʌnt], *a.* bifronte, de dos frentes.
bifurcate [báifœrkeit], *vn.* bifurcarse.
bifurcate(d [-(id], *a.* bifurcado.
bifurcation [-éiʃon], *s.* bifurcación.
big [big], *a.* grande, gordo, grueso, abultado, voluminoso; lleno; noble, magnánimo; hinchado, fatuo.—**b. brother,** hermano mayor o grande, considerado como protector, etc.—**b. bug,** (fam.) persona de influencia o importancia.—**b. business,** el alto comercio; negocio en gran escala; (fam.) empresas acaparadoras. —**B. Dipper,** (astr.) Osa Mayor.—**b. end,** (m. v.) cabeza (de la biela).—**b. finger,** dedo pulgar o gordo.—**b. game,** animales de caza mayor.—**b. gun, b. shot,** (fam.) persona de alto coturno; gran punto.—**b. prize,** el gordo (lotería).—**b.-sounding,** altisonante.—**b. stick,** garrote, machete; (fig.) poder de coacción.—**b. talk,** baladronadas, bravatas, roncas, *f. pl.*; lenguaje altisonante.—**b. toe,** dedo pulgar del pie.—**b. top,** (E. U.) tienda principal (de un circo).—**b. with,** (fig.) preñado o lleno de, que encierra mucho o muchos (resultados, etc.).—**b. with child, b. with young,** preñada.—**b. words,** disputa acalorada, palabras mayores; palabras campanudas.—**to speak,** *o* **talk, b.,** (fam.) echarla de sabihondo o importante; echar roncas o bravatas, baladronear, fanfarronear. Con participios derivados de substantivos, indica gran tamaño del objeto denotado por el substantivo: *big-mouthed,* boquigrande; *big-bellied,* barrigón, ventrudo; *big-boned,* huesudo; *big-footed,* de pies grandes; *big-headed,* cabezón; engreído; *big-hearted,* valeroso; magnánimo.
bigamist [bígamist], *s.* bígamo.—**bigamous** [-mʌs], *a.* bígamo.—**bigamy** [-mi], *s.* bigamia.
bigger [bígœ(r)], *a. compar.* de BIG: mayor, más grande.—**biggest** [bígist], *a. superl.* de BIG: (el) mayor, (el) más grande.
biggin [bígin], *s.* cafetera; gorra; capillo de niño.
biggish [bígiʃ], *a.* grandote.
big-hearted [bighártid], *a.* (fam.) bondadoso, generoso, magnánimo.
bighorn [bíghɔrn], *s.* (zool.) carnero de grandes cuernos de las Montañas Roqueñas (E. U.).
bight [bait], *s.* (anat.) codillo; (mar.) presilla, seno de un cabo; (geog.) caleta, ensenada, (Cuba) caney.
bigly [bígli], *adv.* pomposa o engreídamente.
bigness [bígnis], *s.* grandor; grandeza; tamaño (grande o pequeño); importancia.
bignonia [bignóunia], *s.* (bot.) bignonia.
bigot [bígot], *s.* fanático, persona intolerante.
bigoted [-id], *a.* fanático, intolerante.
bigotry [-ri], *s.* fanatismo, intolerancia.
bigwig [bígwig], *s.* (fam.) hombre de fuste.
bijou [bíʒu], *s.* joya; alhaja, dije, dij.
bijouterie [biʒúteri], *s.* bisutería.
bike [baik], *s.* (fam.) bicicleta.
bilabial [bailéibial], *a.* (fon.) bilabial (como la *b* y la *p*).
bilabiate [-iit], *a.* (bot.) bilabiado.
bilander [bílandœ(r)], *s.* (mar.) balandra.
bilateral [bailǽteral], *a.* bilateral.
bilberry [bílbɛri], *s.* (bot.) arándano.

bilbo [bílbou], *s.* (poét.) espada (de Bilbao, España.)
bilboes [-z], *s. pl.* (mar.) cepo con grillos.
bile [báil], *s.* bilis, hiel, *f.*; cólera, ira, mal genio. —**b. duct,** (anat.) conducto biliar.
bilestone [-stóun], *s.* = GALLSTONE.
bilge [bildž]. **I.** *vn.* (mar.) abrirse una vía de agua, hacer agua; combar; hacer barriga. **II.** *va.* (mar.) quebrar el pantoque (de un buque); hacer combar. **III.** *s.* (mar.) pantoque, sentina; (ton.) barriga de barril.—**b. keel,** quilla de pantoque.—**b. pump,** bomba de carena.—**b. water,** agua de pantoque.
biliary [bílieri], *a.* biliar, biliario.
bilingual [bailíngwal], *a.* bilingüe.
bilingualism [-izm], *s.* bilingüismo.
bilious [bílyʌs], *a.* bilioso.
biliousness [-nis], *s.* estado bilioso.
biliteral [bailítəral], *a.* bilítero, de dos letras.
bilk [bilk]. **I.** *va.* engañar, defraudar, estafar. **II.** *s.* trampista, estafador; estafa, trampa.
bill [bil]. **I.** *s.* proyecto de ley; ley, *f.*; certificado; escrito, documento; declaración, formulación; pedimento; lista, cédula; cartel, aviso; pico o rostro (de ave); uña (de ancla); (agr.) podón, podadera, hocino; pica (arma); alabarda (arma); billete de banco; (com.) cuenta, factura, nota, minuta; letra; giro; (Ingl.) pagaré; (for.) pedimento, reclamo; (teat.) cartel, programa, *m.*—**b. book,** (com.) libro de obligaciones (cuentas por pagar, por cobrar, etc.).—**b. broker,** corredor o agente de cambios, agiotista.—**b. form** = BILLHEAD.—**b. of attainder,** (for.) decreto de proscripción y confiscación.—**b. of credit,** carta de crédito; (E. U.) billete de banco emitido por un estado. —**b. of debt,** pagaré en pago de una deuda.—**b. of entry,** cuenta o lista de artículos recibidos en la aduana.—**b. of exchange,** letra de cambio, cambial, libranza.—**b. of fare,** lista de platos o comidas, minuta, menú.—**b. of particulars,** (for.) declaración o exposición detallada del demandante o demandado.—**bills payable,** efectos a pagar.—**bills receivable,** efectos a cobrar.—**b. rendered,** cuenta antes girada.—**b. of health,** patente o certificado de sanidad.—**b. of indictment,** (for.) acusación oficial escrita.—**b. of lading,** conocimiento de embarque.—**b. of material,** (const.) lista de material o de piezas.—**b. of rights,** declaración de derechos; ley fundamental.—**b. of sale,** escritura de venta. **II.** *va.* cargar en cuenta; enviar una cuenta a; anunciar por carteles; (com.) facturar, adeudar. **III.** *vn.* juntar el pico (las palomas, etc.); (fig.) acariciarse, besarse (a veces **b. and coo**).
billboard [-bɔrd], *s.* cartelera, valla anunciadora; (mar.) apeadero de la uña del ancla.
billed [-d], *a.* picudo.
billet [-it]. **I.** *s.* billete, esquela; (mil.) boleta; (fam.) colocación, empleo; zoquete de leña; (arq.) tipo de moldura; (fund.) lingote, tocho, changote.—**b. doux,** carta amorosa. **II.** *va.* (mil.) alojar, aposentar.
billfold [-fould], *s.* cartera para billetes, (Am.) billetera.
billhead [-hed], *s.* modelo o encabezamiento de factura.
billhook [-huk], *s.* (agr.) hocino, (navaja) podadera.
billiard [bílyärd]. **I.** *s.* (E. U., fam.) carambola. **II.** *a.*—**b. ball,** bola de billar.—**b. cue,** taco. —**b. hall,** o **room,** (sala de) billar.—**b. player,** billardista.—**b. table,** (mesa de) billar.
billiards [-z], *s.* billar.
billingsgate [-iŋzgeit], *s.* lenguaje bajo y soez (como el que usan las pescaderas en el mercado **Billingsgate** de Londres).
billion [bílyon], *s.* (arit.) billón, bicuento; millón de millones (en España e Inglaterra); mil millones (en Francia y los E. U.).
billionaire [-ér], *s.* billonario.
billionth [-θ], *a.* y *s.* billonésimo; (en Francia y los E. U.) milmillonésimo.
billow [bílou]. **I.** *s.* oleada, ola; onda; golpe de mar. **II.** *vn.* undular o hincharse como una ola.
billowy [-i], *a.* ondulado, ondeante, undísono.
billposter [bílpoustœ(r)], **billsticker** [-stikœ(r)], *s.* cartelero, fijador de carteles.
billy [bíli], *s.* porra, cachiporra (de policía, etc.) —**b. goat,** (fam.) cabra macho, cabrón.
bilobate [bailóubeit], *a.* bilobulado, de dos lóbulos.
bilocular [bailákyulä(r)], *a.* (bot.) bilocular.
bimanous [bímanʌs], *a.* bímano.
bimembral [baimémbral], *a.* bimembre.
bimestrial [baiméstrial], *a.* bimestre, bimestral.
bimetallic [baimetǽlik], *a.* bimetálico; bimetalista.—**bimetallism** [baimétalizm], *s.* bimetalismo.—**bimetallist** [-ist], *s.* bimetalista.
bimonthly [baimʌ́nθli], *a.* y *adv.* bimestral(mente), cada dos meses; a veces, bimensual(mente), dos veces cada mes.
bimotored [baimóutœrd], *a.* de dos motores.
bin [bin]. **I.** *s.* hucha, arcón, arca; depósito; barril, cajón; sección de una bodega. **II.** *va.* ahuchar, guardar en hucha o arcón, etc.
binary [báinari], *a.* binario, doble.—**b. measure,** (mús.) compás binario.—**b. star,** estrella doble.
binate [báineit]. **I.** *a.* (bot.) doble, apareado. **II.** *vn.* (igl.) binar.
binaural [binɔ́ral], *a.* de dos orejas; para ambos oídos.—**b. stethoscope,** fonendoscopio.
bind [báind]. **I.** *va.* (*pret.* y *pp.* BOUND) atar, liar, precintar, apretar, amarrar; juntar, unir, enlazar, vincular; ligar; ceñir; envolver; obligar, precisar, comprometer; (cir.) vendar; (cost.) ribetear, guarnecer; (med.) constipar, estreñir; trabar, trincar; encuadernar, empastar; (agr.) agavillar (las mieses); escriturar o contratar (a alguno); (for.) compeler.—**to b. over,** obligar a comparecer ante el juez.—**to b. up in,** dedicarse con afán a (una cosa). **II.** *vn.* endurecerse; trabarse; pegarse; ser obligatorio; comprometerse. **III.** *s.* lazo, ligadura; (mús.) ligado.
binder [-œ(r)], *s.* encuadernador, (Am.) empastador; atadero; enlazador; capa interior, sobretripa (de cigarro); (agr.) atador, agavilladora; (carp.) traviesa, ligazón, *f.*; (cost.) ribeteador.
bindery [-œri], *s.* taller de encuadernación.
binding [-iŋ]. **I.** *s.* ligazón, *f.*; ligamiento; enlazamiento, atadura; venda, tira, faja, cinta, ligadura; encuadernación, empastadura; (cost.) ribete, guarnición; galón; (mar.) ligazón.—**full b.,** pasta entera.—**half b.,** media pasta. **II.** *a.* obligatorio; valedero, válido; constipante, que estriñe.—**b. beam,** (carp.) crucero.—**b. post, b. screw,** (elec.) tornillo de conexión o de contacto, borne.—**b. streaks,** (mar.) cuerdas o esloras.—**b. wire,** alambre para atar.
bindweed [-wid], *s.* (bot.) correhuela o corregüela, enredadera, altabaquillo.
binge [bindž], *s.* (fam.) parranda.
bingo [bíngou], *s.* especie de lotería (juego casero).
binnacle [bínakl], *s.* (mar.) bitácora.
binocle [bínokl], *s.* (ópt.) binóculo, gemelos.
binocular [binákyulä(r)]. **I.** *a.* binocular. **II.** *s.* anteojo, microscopio, gemelos, lente, *mf.*, etc., para ambos ojos.
binomial [bainóumial]. **I.** *a.* de dos nombres.—**b. theorem,** binomio de Newton. **II.** *s.* (álg.) binomio.
binoxide [baináksaid] *s.* (quím.) bióxido.
bioblast [báioblæst], *s.* bioblasto.
biochemical [-kémikal], *a.* bioquímico.—**biochemist** [-kémist], *s.* bioquímico.—**biochemistry** [-tri], *s.* bioquímica.
bioclimatology [-klaimatálodži], *s.* bioclimatología.
biodynamics [-dainǽmiks], *s.* biodinámica.
biogenesis [-dženesis], *s.* (biol.) biogénesis.
biogeny [baiádženi], *s.* biogenia.

biogenous [bajádžęnʌs], *a.* (bot.) biógeno.
biographer [bajágrąfœ(r)], *s.* biógrafo.
biographical [bajogrǽfįkąl], *a.* biográfico.—**b. sketch,** semblanza.
biography [bajágrąfį], *s.* biografía.
biologic(al [bajoládžįk(ąl], *a.* biológico.
biology [bajálodžį], *s.* biología.
biologist [-džįst], *s.* biólogo.
biomechanics [bajomēkǽniks], *s.* biomecánica.
biometeorology [-mitįorálodžį], *s.* biometeorología.
biometry [bajámetrį], *s.* cálculo de la duración probable de la vida; estadística biológica.
bionomy [bajánomį], *s.* bionomía.
biophysics [bajofįsiks], *s.* biofísica.
bioplasm [-plæzm], *s.* (biol.) bioplasma.
biopsy [bájapsį], *s.* biopsia.
biostatics [-stǽtįks], *s.* (biol.) estudio de la relación entre estructura y función, biostática.
biostatistics [-stątístįks], *s.* estadísticas vitales.
biota [bajóųtą], *s.* seres organizados, o flora y fauna (de una región, época, etc.).—**biotic** [bajátįk], *a.* (biol.) biótico, propio de la vida.
biotite [bájotajt], *s.* (min.) biotita.
bipartible [bajpártįbl], *a.* divisible en dos.
bipartisan, bipartizan [-tįząn], *a.* compuesto de o representante de dos partidos políticos.
bipartite [-tajt], *a.* bipartido, bífido.
biped [bájpɛd], *s.* bípedo.
bipedal [-ąl], *a.* bípede, bípedo.
bipetalous [bajpétąlʌs], *a.* (bot.) bipétalo.
bipinnate [bajpíneįt], *a.* (bot.) bipinado.
biplane [bájplejn]. **I.** *a.* biplano. **II.** *s.* (aer.) biplano.
bipolar [bajpóųlą(r)], *a.* bipolar.
biquadratic [bajkwadrǽtįk]. **I.** *s.* (álg.) ecuación del cuarto grado. **II.** *a.* del cuarto grado.
birch [bœ́rch]. **I.** *s.* (bot.) abedul y su madera; vara de abedul (como férula).—**b. bark,** corteza de abedul. **II.** *va.* castigar, fustigar.
birchen [-ęn], *a.* de abedul.
bird [bœ́rd], *s.* ave, *f.*, pájaro; (fam.) tipo, persona rara o singular.—**b. bath,** alberquilla o pila de baño para pájaros.—**b. bolt,** saetilla roma de matar pájaros.—**b. cage,** jaula.—**b. dog,** perdiguero, perro de ajeo, perro c obrador (de aves).—**b. fancier** o **seller,** pajarero.—**b. of freedom,** (E. U.) águila.—**b. of Jove,** águila.—**b. of Juno,** pavo real.—**b. of Minerva,** buho.—**b. of paradise,** ave del paraíso, manucodiata.—**b. of passage,** ave de paso.—**b. of prey,** ave de rapiña.—**b.'s-eye,** moteado; visto de arriba y rápidamente; general, o sin pormenores; (bot.) ojo de pájaro; especie de primavera o verónica.—**b.'s-eye view,** vista de pájaro.—**b.'s-foot,** (bot.) pie de pájaro.—**b.'s nest,** nido de pájaro.—**b. shot,** perdigón.—**b. spider,** (ent.) migala.—**a b. in the hand is worth two in the bush,** más vale pájaro en mano què buitre volando.—**birds of a feather flock together,** cada cual con los de su oficio; Dios los cría y ellos se juntan.
bird, *vn.* pajarear, andar a caza de pájaros.
birdcall [-kɔl], *s.* reclamo; (a)ñagaza.
birdcatcher [-kæchœ(r)], **birder** [-œ(r)], *s.* pajarero, parancero, chuchero.
bird-dog [-dɔg], *va.* (E. U., fam.) husmear, buscar o averiguar (algo) cuidadosamente.
birdie [-į], *s.* pajarillo, avecilla, avecica; (golf) agujero logrado con un golpe de menos que lo normal; (rad.) chirrido, silbido.
birding [-įŋ], *s.* caza de pájaros.—**b. piece,** escopeta.
birdlime [-lajm], *s.* liga, liria, hisca, ajonje, almuérdago.
birdling [-lįŋ], **birdlet** [-lįt], *s.* pajarillo.
birdman [-mæn], *s.* pajarero; ornitólogo; aviador.
birdseed [-sid], *s.* alpiste; cualquier grano menudo de alimentar pájaros.
birdwoman [-wųmąn], *s.* vendedora de pájaros; aviatriz.
birectangular [bajrɛktǽŋgyųlą(r)], *a.* (mat.) birrectángulo.
birefringence [bajrēfríndžęns], *s.* (ópt.) birrefringencia, doble refracción.—**birefringent** [-ęnt], *a.* birrefringente, de doble refracción.
bireme [bájrim], *s.* (mar.) birreme (galera).
biretta [bįrétą], *s.* (igl.) birreta, birrete, bonete.
birl [bœrl], *va.* y *vn.* pararse sobre un tronco flotante y hacerlo rodar.
birr [bœr]. **I.** *s.* zumbido. **II.** *vn.* zumbar.
birth [bœrθ], *s.* nacimiento, natío, natal; principio, origen, *f.*; parto, alumbramiento; camada, lechigada; linaje, alcurnia.—**b. certificate,** acta, fe, *f.*, o partida de nacimiento.—**b. control,** limitación del número de nacimientos, o de la fecundidad, prevención voluntaria de la preñez; esterilidad voluntaria.—**b. rate,** natalidad, proporción de nacimientos.—**by b.,** de nacimiento.—**to give b. to,** parir, dar a luz.
birthday [-dej], **birthnight** [-najt], *s.* cumpleaños, natal, natalicio.—**b. present,** cuelga.
birthmark [-mark], *s.* estigma, *m.*, marca de nacimiento.
birthplace [-plejs], *s.* suelo nativo, patria, cuna.
birthright [-rajt], *s.* derechos de nacimiento; naturalidad; primogenitura, mayorazgo.
birthstone [-stoųn], *s.* gema que simboliza el mes en que se nace.
birthwort [-wɔrt], *s.* (bot.) guaco, aristoloquia.
bis [bįs], *adv.* e *interj.* bis; repítase; ¡otro!
Biscayan [bįskéjąn], *a.* y *s.* vizcaíno.
biscuit [bískįt], *s.* galleta; bizcocho, molleta, bollo; (cerá.) bizcocho; color moreno pálido.
bisect [bajsékt], *va.* bisecar, dividir en dos partes iguales.—**bisecting line,** (geom.) bisectriz.
bisection [-ŝǫn], *s.* bisección.
bisector [-tǫ(r)], *s.* (geom.) bisectriz.
bisexual [bajsékŝųąl], *a.* y *s.* bisexual, hermafrodita.
bishop [bíŝǫp]. **I.** *s.* (igl.) obispo, diocesano; alfil (en el ajedrez); bebida de vino caliente con especias.—**to become a b.,** obispar. **II.** *va.* hacer obispo.
bishopric [-rįk], *s.* obispado, episcopado, mitra.
bisk [bįsk], *s.* = BISQUE.
bismuth [bízmʌθ], *s.* bismuto.
bison [bájsǫn], *s.* (zool.) bisonte.
bisque [bįsk], *s.* sopa o caldo; guisado a modo de pepitoria; (cerá.) bizcocho; ventaja (en el tenis y otros juegos).
bissextile [bajsékstįl], *a.* y *s.* (año) bisiesto.
bister, bistre [bístœ(r)], *s.* bistre.
bistort [bístɔrt], *s.* (bot.) bistorta.
bistoury [bístorį], *s.* (cir.) bisturí.
bisulcate [bajsʌ́lkejt], *a.* bisulco; de pesuñas partidas.
bisulfate, bisulphate [-fejt], *s.* (quím.) bisulfato.
bisulfide, bisulphide [-fajd], *s.* (quím.) bisulfuro.
bisulfite, bisulphite [-fajt], *s.* (quím.) bisulfito.
bit [bįt]. **I.** *s.* (mec.) taladro, broca, lengüeta; hoja de corte; bocado o embocadura del freno; paletón de una llave; parte o porción pequeña; trozo, miaja, pizca, triza, jota, ápice; bocadito; poquito; momento; moneda pequeña, ardite.—**b. by b.,** a poquitos.—**not a b.,** nada, ni miaja, ni pizca.—**to do one's b.,** ayudar uno en lo que pueda; servir uno a su patria.—**to smash to bits,** hacer añicos.—**to take the b. between the teeth,** rebelarse; desbocarse.—**two bits,** (E. U., fam.) 25 centavos. **II.** *va.* enfrenar; refrenar. **III.** *pret.* y *pp.* de TO BITE.
bitbrace [-brejs], *s.* = BITSTOCK.
bitch [bįch], *s.* perra; (vulg.) ramera, zorra.
bite [bájt]. **I.** *va.* y *vn.* (*pret.* BIT; *pp.* BITTEN o BIT) morder, mordiscar, atarazar, dentellear; picar, mordicar (un insecto); picar (el pez); picar, re(s)quemar (la pimienta, etc.); (mec.) agarrar, sujetar; corroer (un ácido); murmurar o satirizar, hincar el diente; engañar, clavar, defraudar.—**to b. the dust,** morder el polvo, morir, caer vencido. **II.** *s.* mordedura, tarascada, dentellada; mordisco; bocad(ill)o, pisco-

labis, tentempié, *m.*; picada, picadura; resquemo; (mec.) asimiento, cogedura.
biter [-œ(r)], *s.* mordedor.
biting [-iŋ], *a.* penetrante; mordaz, mordedor mordiente, picante, cáustico.—**bitingly** [-li], *adv.* mordazmente, con mofa; satíricamente.—**bitingness** [-nis], *s.* resquemo, causticidad, mordacidad.
bitstock [bítstak], *s.* manubrio de taladro, berbiquí.
bitt [bit]. **I.** *va.* (mar.) abitar, tomar la bitadura. **II.** *s.* (mar.) abitón, bita (*ú. gen. en plural*).
bitten [bítn], *pp.* de TO BITE.
bitter [bítœ(r)]. **I.** *a.* agrio, amarg(os)o, áspero; agudo, cruel, severo; mordaz, satírico; rudo; enconado, encarnizado; penoso, desagradable. —**b. apple,** (bot.) coloquíntida, tuera, alhandal.—**b. cold,** frío picante.—**b.-sweet,** agridulce.—**to the b. end,** sin tregua, hasta vencer o morir, sin piedad. **II.** *s.* amargor, amargo, amargura.—*pl.* **bitters,** bíter, amargos, licor de raíces amargas. **III.** *va.* y *vn.* agriar(se), amargar(se).
bitter-ender [-éndœ(r)], *s.* persona porfiada e intransigente.
bitterish [-iŝ], *a.* amargoso.
bitterly [-li], *adv.* amarga, agriamente.
bittern [-n], *s.* (orn.) avetoro, alcaraván, bitor, árdea; agua madre de sal; composición amarga para adulterar la cerveza.
bitterness [-nis], *s.* amargo(r) o amargura; acritud; acíbar, hiel, *f.*; angustia, aflicción; odio, rencor o encono; severidad, dureza de genio; mordacidad.
bittersweet [-swit], *s.* (bot.) dulcamara.
bittervetch [-vɛch], *s.* (bot.) alcarceña.
bitterwood [-wud], *s.* (bot.) tiquistiquis.
bitterwort [-wort], *s.* (bot.) genciana.
bitumen [bitiúmen], *s.* betún.
bituminize [-aiz], *va.* embetunar, bituminizar.
bituminous [-ʌs], *a.* bituminoso, abetunado.—**b. coal,** carbón bituminoso, hulla grasa.
bivalence, bivalency [baivéilens, -i], *s.* (quím.) bivalencia.—**bivalent** [-ent], *a.* bivalente.
bivalve [báivælv], **bivalvular** [baivælviulä(r)], *a.* bivalvo, bivalvular.—**bivalve,** *s.* molusco bivalvo.
bivariate [-vérieit], *a.* (estad.) de dos variables.
bivouac [bívuæk]. **I.** *s.* (mil.) vivac o vivaque. **II.** *vn.* vivaquear.
biweekly [baiwíkli], *a.* quincenal, de cada dos semanas; (erróneamente) bisemanal.
bizarre [bizár], *a.* grotesco, caprichoso, fantástico.
blab [blæb]. **I.** *va.* revelar, divulgar indiscretamente. **II.** *vn.* chismear, comadrear, parlar ociosamente.
blab, blabber [-œ(r)], *s.* chismoso, parlador, hablador, descosido.
blab, blabbing [-iŋ], *s.* habladuría.
black [blæk]. **I.** *va.* dar o teñir de negro; dar betún y lustre a (los zapatos), embetunar, dar bola, embolar, tiznar.—**to b. out,** apagar las luces (en precaución contra bombardeo aéreo). **II.** *vn.* ennegrecerse, negrear, atezarse.—**to b. out,** apagarse las luces (de tablero de instrumentos, etc.); desmayarse, privarse.—**to b. up,** pintarse de negro.
black. I. *s.* negro, atramento (color); (blas.) sable; negro (hombre); luto; mancha.—**in b. and white,** por escrito.—**in the b.,** (com.) del lado del haber, sin deudas. **II.** *a.* negro, obscuro; puro (café); (a)tezado, tiznado; horrible, atroz, funesto; triste; ominoso, tétrico; perverso.—**b. and blue,** acardenalado, amoratado, lívido. —**b. art,** nigromancia, magia negra.—**b. bass,** (Am., ict.) perca (micróptero).—**b. beetle,** (ent.) cucaracha.—**b. belt,** (E.U.) región muy fértil; (E.U.) región de los negros.—**b. bile,** atrabilis.—**b. book,** lista negra.—**to be in someone's black book,** estar en la lista negra de alguien.—**b. bread,** pan de centeno.—**b. death,** la peste europea del siglo XIV.—**b. diamond,** carbonado, diamante negro; *pl.* carbón mineral.—**b. eye,** ojo amoratado por un golpe. —**b. flag,** bandera (de) pirata.—**B. Friar,** (igl.) fraile dominicano.—**B. Friday,** viernes santo; viernes aciago o fatal.—**B. Hand,** sociedad anarquista y gen. terrorista.—**b. knot,** (bot.) enfermedad que ataca a árboles frutales.—**b. lead,** grafito, plombagina; lápiz (*m.*) negro.—**b. letter,** (impr.) letra gótica; (impr.) letra negrilla, negrilla.—**b. light,** rayos ultravioletados (del espectro).—**b. list,** lista negra (de personas sospechosas, enemigas, etc.). —**b.-list,** *va.* poner en lista negra; proscribir. —**b. magic,** magia negra, nigromancia, teurgia.—**B. Maria,** coche celular, vagón negro de prisión.—**b. mark,** marca o mancha negra, marca o mancha desfavorable; estigma.—**b. market,** bolsa negra, venta clandestina de artículos de contrabando o fuera de la ley; estraperlo.—**b. marketeer,** estraperlista.—**b. mass,** misa de difuntos.—**B. Monk,** (igl.) benedictino.—**b. nightshade,** (bot.) hierba mora.—**b. oak,** (bot.) roble negro americano, quercitrón o cuercitrón.—**b. pepper,** pimienta negra; (bot.) pimentero.—**b. pope,** papa negro. —**b. pudding,** morcilla.—**b. rust,** (agr.) carbón (honguillo y enfermedad que causa).—**b. sheep,** el hijo malo, oveja negra.—**B. Shirt,** camisanegra (fascista italiano).—**b. spruce,** (bot.) abeto falso o negro.—**b. tie,** *smoking.* —**b. vomit,** (med.) vómito negro, fiebre amarilla.—**b. walnut,** (bot.) noguera negra.—**b. widow,** (ent.) viuda negra, cierta araña hembra muy venenosa.
blackamoor [-amur], *s.* negro, esp. el de Africa; persona de piel negra o morena.
blackball [-bol]. **I.** *s.* bola negra; bola de betún. **II.** *va.* dar bola negra; votar en contra de; dar bola o betún a (los zapatos).
blackberry [-bɛri], *s.* (bot.) (zarza)mora.
blackbird [-bœrd], *s.* (orn.) mirlo o merla.
blackboard [-bord], *s.* pizarra, encerado.
blackcap [-kæp], *s.* el que lleva gorra negra; (orn.) paro, silvia; (bot.) frambueso negro y su fruta.
blackcock [-kak], *s.* gallo silvestre.
blackdamp [-dæmp], *s.* mofeta, anhídrido carbónico.
blacken [-en]. **I.** *va.* dar de negro o teñir de negro; betunar; atezar; ennegrecer u obscurecer; difamar, denigrar. **II.** *vn.* ennegrecerse, obscurecerse.
blackener [-enœ(r)], *s.* ennegrecedor; denigrador, difamador.
blackening [-iŋ], *s.* ennegrecimiento, atezamiento.
black-eyed [-aid], *a.* ojinegro.
black-eyed pea, *s.* (bot.) especie de judía, judía de carita.
blackface [-feis]. **I.** *a.* carinegro. **II.** *s.* actor que se tizna la cara de negra; pintura usada por el actor para hacer el papel de negro; (imp.) letra negrilla, negrilla.
blackfish [-fiŝ], *s.* (ict.) pez negruzco; (ict., Cuba) guasa.
blackguard [blægärd]. **I.** *s.* canalla, hombre vil y desvergonzado, pelagatos. **II.** *va.* denostar, abusar vilmente.
black-haired [blækhɛrd], *a.* pelinegro.
blackhead [blækhɛd], *s.* (med.) espinilla, comedón; enfermedad infecciosa de los pavos; (orn.) pato marino.
black-hearted [-hártid], *a.* perverso, malvado.
blacking [-iŋ], *s.* betún, bola de zapatos.
blackish [-iŝ], *a.* negruzco, bruno.
blackjack [-dẑæk]. **I.** *s.* (bot.) pequeño roble; (min.) blenda; pabellón pirata; cachiporra pequeña de mango flexible; escudilla de metal charolado. **II.** *va.* atracar con cachiporra.
blackleg [-lɛg], *s.* petardista; fullero, tramposo; (fam.) esquirol, trabajador amarillo; (vet.) morriña negra.
blacklist [-list], *va.* *V.* BLACK LIST

blackly [-lị], *adv.* tétrica o lúgubremente; airada u hoscamente; atroz o perversamente.
blackmail [-meịl]. **I.** *s.* chantaje, exacción por medio de amenazas. **II.** *va.* arrancar dinero por chantaje, o sea, con amenaza de escándalo o de denuncia.
blackmailer [-œ(r)], *s.* chantajista.
blackness [-nịs], *s.* negrura; obscuridad.
blackout [-aụt], *s.* apagón, apagamiento total de luces (como defensa contra ataque aéreo); censura de noticias, movimientos de buques, etc., por razones de seguridad; (teat.) mutación al oscuro; desmayo o vértigo (de los aviadores, etc.).
blacksmith [-smịθ], *s.* herrero, herrador, chispero, forjador.—**b.'s shop,** herrería.
blacksnake [-sneịk], *s.* culebra negra; **látigo,** fuete de cuero retorcido o acordonado.
blackthorn [-θɔrn], *s.* (bot.) endrino.
bladder [blǽdœ(r)], *s.* (anat.) vejiga, vesícula; bolsa; ampolla.—**b. senna,** (bot.) espantalobos.
bladderwort [-wœrt], *s.* (bot.) utricularia.
blade [bléịd], *s.* hoja (de espada, navaja, etc.); pala (de remo, etc.); ala o (p)aleta (de hélice, turbina o ventilador); (bot.) brizna, mata, paja; espada, espadachín; calavera, tronera.
bladebone [-boụn], *s.* (anat.) omóplato, escápula.
bladed [-ịd], *a.* que tiene hojas.
bladesmith [-smịθ], *s.* espadero.
blain [bleịn], *s.* (med.) llaga, ampolla.
blamable [bléịmạbl], *a.* culpable, censurable.
blamableness [-nịs], *s.* culpabilidad.
blamably [-blị], *adv.* culpablemente.
blame [bléịm]. **I.** *va.* (in)culpar, echar la culpa a, censurar, tachar. **II.** *s.* (in)culpación, reproche, reprobación, censura; culpa, falta, delito.
blameful [-fụl], *a.* censurable, culpable; censurador.—**blameless** [-lịs], *a.* inculpable, inculpado, intachable.—**blamelessly** [-lị], *adv.* inculpablemente.—**blamelessness** [-nịs], *s.* inculpabilidad.—**blamer** [-œ(r)], *s.* censurador, tachador.
blameworthy [-wœrðị], *a.* culpable, censurable.—**blameworthiness** [-nịs], *s.* culpabilidad, censurabilidad.
blanch [blǽnch]. **I.** *va.* blanquear; hacer palidecer; (coc.) pelar, mondar; escaldar; (fig.) paliar. **II.** *vn.* albear, blanquear, perder el color; palidecer.
blancher [-œ(r)], *s.* blanqueador.
blanching [-ịŋ], *s.* blanquecimiento, blanqueo.—**b. liquor,** agua de blanquear.
blancmange [blạmánž], *s.* (Fr.) manjar blanco.
bland [blǽnd], *a.* blando, suave, dulce, fonje.
blandish [-ịš], *va.* engatusar, acariciar, halagar o lisonjear.—**blandisher** [-œ(r)], *s.* zalamero, halagador, lisonjeador.—**blandishment** [-mẹnt], *s.* blandura, halago, requiebro, zalamería.
blandly [-lị], *adv.* blandamente, suavemente.
blandness [-nịs], *s.* suavidad, blandura.
blank [blæŋk]. **I.** *a.* en blanco, no escrito; vacío, sin adorno; sin interés; confuso, turbado; pálido, descolorido.—**b. cartridge,** cartucho sin bala.—**b. check,** cheque en blanco; carta blanca.—**b. endorsement,** endoso al portador.—**b. form,** blanco, esqueleto.—**b. page,** (impr.) guarda.—**b. signature,** firma en blanco.—**b. verse,** verso blanco, libre o suelto. **II.** *s.* blanco, espacio, laguna, hueco; (arq.) vano; suerte o cédula de la lotería que no gana nada; papel o forma en blanco; pedazo de tejo o metal de forma apropiada para trabajarlo, cospel (de moneda); centro de blanco (en el tiro). **III.** *va.* (gen. con **out**), obstruir; borrar; sacar o cortar a punzón o a troquel; (fam.) maldecir, renegar; (dep.) vencer al contrario, impidiendo que éste gane un solo tanto.
blanket [blǽŋkịt]. **I.** *s.* manta, frazada, cubierta de lana o algodón, cobertor; manto, velo que oculta o cubre; (Am.) cobija; mantilla, envoltura para las criaturas; (imp.) mantilla, bayeta; (ing.) capa bituminosa.—**to throw a wet b. on,** poner peros a; aguar la fiesta. **II.** *va.* cubrir con manta; mantear; (mar.) quitar el viento un buque a otro; (rad.) paralizar (un radiorreceptor) por medio de fuertes señales o interferencia. **III.** *a.* general; comprensivo; irrestricto, incondicional, absoluto.—**b. ballot,** papeleta que tiene los nombres de todos los candidatos.—**b. clause,** (for.) cláusula referente a una clase entera de objetos o condiciones, que no se especifican una por una.
blanketing [-ịŋ], *s.* manteamiento.
blankly [blǽŋklị], *adv.* en blanco; confusa o estúpidamente; directamente, sin ambages.
blankness [-nịs], *s.* blanco, hueco, laguna, espacio; turbación, confusión.
blare [blɛr]. **I.** *va.* y *vn.* hacer sonar a modo de trompeta. **II.** *s.* sonido como de trompeta; fragor.
blarney [blárnị]. **I.** *s.* adulación, lisonja, zalamería. **II.** *va.* y *vn.* lisonjear, engatusar, engaitar.
blasé [blazéị], *a.* hastiado, gastado.
blaspheme [blæsfím], *va.* y *vn.* vilipendiar; blasfemar, decir blasfemias, renegar.
blasphemer [-œ(r)], *s.* blasfemo, blasfemador, renegador.—**blaspheming** [-ịŋ]. **I.** *s.* blasfemia, acto de blasfemar. **II.** *a.* blasfemo.
blasphemous [blǽsfịmʌs], *a.* blasfemo, impío.—**blasphemously** [-lị], *adv.* blasfemamente.
blasphemy [blǽsfịmị], *s.* blasfemia, reniego.
blast [blǽst]. **I.** *s.* ráfaga, golpe de aire, bocanada, ventada, ventolera; resoplido; soplo (de un fuelle, soplete, etc.); (min.) carga de un taladro; voladura (de roca, etc.); explosión; sonido o toque repentino (de corneta, etc.); influjo maligno; (agr.) tizón, añublo; (fund.) carga, hornada; inyección de aire.—**b. draft,** tiro forzado o de ventilador.—**b. furnace,** horno de cuba, alto horno.—**b. hole,** (min., etc.) taladro (agujero), barreno, hornillo; (hidr.) agujero de entrada de una bomba.—**b. indicator, b. meter,** indicador de tiro.—**b. pipe,** tubo de escape.—**at full b.,** a todo tiro, a pleno tiro (apl. a hornos, hogares de caldera, etc.).—**in full b.,** en pleno ejercicio, en plena marcha. **II.** *va.* volar, reventar, hacer saltar, barrenar (roca o mina); secar, agostar; añublar, atizonar los granos; maldecir, infamar. **III.** *vn.* (agr.) añublarse, secarse, marchitarse, perderse.
blasted [-ịd], *a.* añublado, marchito; maldito.
blastema [blæstímạ], *s.* (biol.) blastema, *m.*
blaster [blǽstœ(r)], *s.* (min.) barrenero, pegador.
blasting [blǽstịŋ], *s.* (min. y mil.) voladura; (ing.) trabajo con barrenos; (agr.) marchitamiento, marchitez.—**b. cap,** cápsula de explosión, detonador.—**b. charge,** carga explosiva.—**b. fuse,** espoleta de barreno.—**air b.,** sopladura.
blastocyst [blǽstosịst], *s.* (embr.) blastocisto.
blastoderm [-dœrm], *s.* (embr.) blastodermo.
blastogenesis [-dženesịs], *s.* (biol.) blastogénesis.
blastomere [-mir], *s.* (embr.) blastómero.-
blastula [blǽschụlạ], *s.* (embr.) blástula.
blat [blæt], *va.* y *vn.* balar, mugir; (fam.) **decir o** hablar sin consideración.
blatant [bléịtạnt], *a.* bramante; vocinglero.
blather [blǽðœ(r)]. **I.** *va.* y *vn.* charlar, charlatanear. **II.** *s.* charla, charlatanería, tonterías.
blatherskite [-skaịt], *s.* fanfarrón; fanfarronada.
blaze [bléịz]. **I.** *s.* llama, llamarada, fogarada, fogata, hoguera; incendio; luz brillante; ardor; estrella o mancha blanca en la frente del caballo o la vaca; señal hecha en los troncos de los árboles, para servir de guía en un bosque; arranque (de ira, etc.).—**blazes!** (fam.) ¡chispas! ¡maldito sea!—**in a b.,** en llamas, resplandeciente. **II.** *va.* templar (acero); encender, inflamar; publicar, proclamar; marcar los árboles para que sirvan de guía en un bosque. **III.** *vn.* encenderse en llama; arder con llama; inflamarse, llamear o flamear, resplandecer, lucir.—**to b. away,** ir disparando.
blazer [-œ(r)], *s.* chaqueta ligera de franela o seda; brasero, braserillo.

blazing [-iŋ], *a.* flameante; en llamas.
blazon [bléizon]. I. *va.* blasonar; adornar, decorar, publicar, proclamar. II. *s.* blasón, heráldica; divulgación, publicación.
blazoner [-œ(r)], *s.* autor de heráldica; heraldo; blasonador.
blazonry [-ri], *s.* blasón, heráldica; boato.
bleach [blích]. I. *va.* blanquear al sol, emblanquecer, colar (ropa), curar (tela), aclarar (el pelo); descolorar. II. *vn.* ponerse blanco, descolorirse; palidecer. III. *s.* blanquimiento.
bleacher [-œ(r)], *s.* blanqueador.—*pl.* (E. U.) gradería, gradas o tendido de sol (para ver los deportes).
bleachery [-eri], *s.* blanquería.
bleaching [-iŋ], *s.* blanqueo, blanqueamiento.—**b. powder,** cloruro de cal.
bleak [blík]. I. *a.* desierto, desabrigado, yermo; frío, helado.—**b. region,** páramo, paramera, (Am.) puna. II. *s.* (ict.) albur, breca, dardo.
bleakness [-nis], *s.* desolación; intemperie, destemplanza; frío, frialdad.
blear [blír], **bleared** [-d], *a.* legañoso; nublado; bañado en lágrimas.—**b.-eye,** *s.* (med.) legaña, blefaritis.—**b.-eyed,** *a.* legañoso, pitarroso, cegajoso; torpe de entendimiento.
blear, *va.* hacer legañoso; ofuscar; nublar.
blear(i)ness [-(i)nis], *s.* legaña, turbación de la vista.
bleat [blít]. I. *s.* balido. II. *vn.* balar.—**bleating** [-iŋ]. I. *s.* balido. II. *a.* balante, balador.
bleb [bleb], *s.* ampolla, vejiga, burbuja.
bleed [blíd]. I. *va.* (*pret.* y *pp.* BLED) sangrar (a una persona, una planta, etc.); arrancar dinero a; (fam.) pegar un sablazo.—**to b. white,** desangrar; agotar; arrancar hasta el último céntimo a. II. *vn.* sangrar, desangrarse, echar sangre; derramar su sangre; sufrir; exudar (apl. a las plantas).—**to b. at,** echar sangre por.—**to b. to death,** morir desangrado.
bleeder [-œ(r)], *s.* sangrador, sajador, flebótomo; persona que padece de hemofilia.
bleeding [-iŋ], *s.* (cir.) sangría; sangradura; flujo de sangre.—**b. heart,** (bot.) dicentra.
blemish [blémiš]. I. *va.* dañar, manchar, empañar; denigrar, infamar. II. *s.* tacha, defecto, desperfecto, lunar, borrón, maca; deshonra.
blemishless [-lis], *a.* sin tacha, inmaculado.
blench [blench]. I. *vn.* cejar, recular, retroceder, acobardarse. II. *va.* y *vn.* = TO BLANCH.
blend [blénd]. I. *va.* (*pp.* BLENDED o BLENT) mezclar, combinar; (pint.) casar o matizar colores; templar. II. *vn.* mezclarse, fundirse. III. *s.* mezcla, mixtura; (pint.) degradación, matiz, *m.*
blende [blénd], *s.* (min.) blenda.
blender [-œ(r)], *s.* mezclador.
blennorrhagia [blenoréidžiä], *s.* (med.) blenorragia.
blennorrhea [blenoríä], *s.* (med.) blenorrea.
blenny [bléni], *s.* (ict.) blenia.
blent [blent], *pret.* y *pp.* de TO BLEND.
blepharitis [blefaráitis], *s.* (med.) blefaritis.
bless [blés], *va.* bendecir; hacer feliz; santiguar; santificar, consagrar; alabar, exaltar, glorificar. —**b. me!** *interj.* ¡válgame Dios!—**God bless him,** que Dios lo bendiga, bendito sea.
blessed [-id], *a.* bendito, santo, santísimo; glorioso, beato, bienaventurado; feliz; escogido; (irón.) condenado, maldito, ni un solo. . . .—**b. be!,** ¡bien haya . . . !
blessedly [-li], *adv.* bienaventuradamente, dichosamente, felizmente.
blessedness [-nis], *s.* felicidad, santidad, beatitud, gloria, bienaventuranza.
blessing [-iŋ], *s.* bendición; beneficio, bien; gracia, favor divino; santiguada; culto.
blesser [-œ(r)], *s.* bendecidor; bienhechor.
blest [-t], *part. adj.* = BLESSED.
blet [blet]. I. *vn.* pasarse, echarse a perder, podrirse (la fruta). II. *s.* podredumbre incipiente.
blew [blu], *pret.* de TO BLOW.
blight [bláit]. I. *s.* (agr.) añublo, tizón; alheña, roya; (ent.) pulgón; (fig.) contratiempo, mala suerte, plaga. II. *va.* atizonar, agostar, esterilizar, añublar; ajar, marchitar (esperanzas o expectativas). III. *vn.* atizonarse, añublarse, agostarse.
blimp [blimp], *s.* (aer.) pequeño dirigible fláccido.
blind [bláind]. I. *va.* cegar, enceguecer, quitar la vista a; vendar; obcecar, ofuscar; deslumbrar, (mil.) blindar. II. *a.* ciego; obcecado, ignorante, insensato; confuso, difícil de entender, ilegible, ininteligible; tapado, sin salida; oculto, secreto; obscuro, tenebroso.—**b. alley,** callejón sin salida.—**b. asylum,** asilo de (o para) ciegos. —**b. flying,** (aer.) vuelo a ciegas, o sin visibilidad.—**b. gut,** (anat.) intestino ciego.—**b. man's buff,** juego de la gallina ciega, (Méx.) moma.—**b. of one eye,** tuerto.—**b. side,** el lado débil o de menor peligro aparente.—**b. spot,** (anat.) punto ciego; (rad.) lugar donde la recepción es mala.—**b. window,** (arq.) ventana figurada. III. *s.* biombo, pantalla, venda, velo, cualquiera cosa que estorba la vista o quita la luz; celosía, persiana (de ventana); persona ciega; huta, paranza o tollo donde se esconde el cazador; evasiva, pretexto, engaño; disfraz, *m.*, tapujo; anteojera (de caballo).—*pl.* (fort.) blindajes, blinda.
blindage [-idž], *s.* (mil.) blindaje, blinda.
blinded [-id], *a.* enceguecido, cegado.
blinder [-œ(r)], *s.* anteojera, (Am.) visera (de caballo).
blindfold [-fould]. I. *va.* vendar de ojos; despistar, ofuscar. II. *a.* con los ojos vendados; ofuscado; a ciegas, sin saber. III. *s.* ardid, *m.*, engaño, superchería.
blinding [-iŋ]. I. *a.* que ciega; cegador; deslumbrador. II. *s.* acción de cegar; (ing.) guijo (para carreteras).
blindly [-li], *adv.* ciegamente, a ciegas.
blindness [-nis], *s.* ceguedad o ceguera.
blindstitch [-stich], *va.* (cost.) coser de modo que no se vean las puntadas.
blink [blíŋk]. I. *vn.* pestañear, parpadear; disimular; fulgurar, centellear. II. *va.* guiñar; mirar con los ojos entreabiertos; eludir, hacer la vista gorda; paliar, cohonestar. III. *s.* pestañeo, guiñada; destello, reflejo, ardentía.
blinker [-œ(r)], *s.* el que pestañea, guiña, etc.; lo que fulgura o centellea; aparato que transmite señales por lámparas eléctricas; anteojera (de caballo); (fig.) pantalla; coqueta.—*pl.* (fam.) gafas.
blip [blip], *s.* señal detectable, indicación visual (radar).
bliss [blís], *s.* gloria, bienaventuranza; felicidad, arrobamiento, deleite.
blissful [-ful], *a.* bienaventurado, dichoso.—**blissfully** [-li], *adv.* felizmente.—**blissfulness** [-nis], *s.* suprema felicidad.
blister [blístœ(r)], *s.* ampolla, vejiga, flictena (en la piel); ampolla, burbuja (en el metal, esmalte, etc.); (mar.) cámara de aire o de agua que protege de torpedos la quilla de un acorazado.—**b. beetle** o **fly,** (ent.) cantárida, carraleja, cubillo.—**b. copper,** cobre metálico de superficie negra ampollada, refinado por calcinación.—**b.,** *o* **blistering, plaster,** vejigatorio, (parche de) cantárida(s).—**b. steel,** acero cementado. II. *vn.* ampollarse, avejigarse. III. *va.* ampollar, avejigar; aplicar vejigatorio o cantárida.
blistering [-iŋ], *a.* vejigatorio; que levanta ampollas.
blistery [-i], *a.* vejigoso.
blithe(ful [bláið(ful], *a.* alegre, contento, gozoso, jacarandoso.—**blithely** [-li], *adv.* alegremente.
blitheness [-nis], **blithesomeness** [-sʌmnis], *s.* alegría, júbilo, gozo, jovialidad, despejo.
blithesome [-sʌm], *a.* = BLITHE.
blitzkrieg [blítskrig], *s.* (mil.) guerra relámpago.
blizzard [blízärd], *s.* ventisca; chubasco de

nieve; descarga cerrada; golpe violento; desastre.
bloat [blóut]. I. *va.* hinchar, henchir; ahumar, curar (arenques, etc.). II. *vn.* entumecerse hincharse, abotagarse; engreírse. III. *s.* (med., vet.) timpanitis; (fam.) calavera, borrachín.
bloated [-id], *a.* hinchado, abotagado, túmido.
bloatedness [-nis], *s.* turgencia, hinchazón, *f.*, tumefacción.
bloater [-œ(r)], *s.* (ict.) arenque ahumado.
blob [bláb], *s.* gota, burbuja, pompa; ampolla.
blobber, blobber lip. *V.* BLUBBER, etc.
bloc [blak], *s.* grupo político, "bloc."—**en b.**, en conjunto, global; enterizo, de una pieza.—**in b.**, en una pieza, en monobloque (apl. a los cilindros de un motor, etc.)
block [blak], *s.* cualquier obstáculo, obstrucción o impedimento; bloque, trozo, canto; toza, zoquete (de madera); témpano (de hielo); bloque de cilindros de un motor (llám. t. **cylinder b.** y **motor b.**); manzana de casas, (Am.) cuadra; isla; horma de sombrero; estampa, dado; cepo (de yunque); tajo, tajón; garrucha; caja o cepo de polea; (mar.) cuadernal, motón; refuerzo (tira, tabla, etc.), cuña, calzo (de un cañón, etc.); soporte; armazón de soporte para trozas de madera; (carp.) cuña, zapata; lote o partida de varias cosas de una misma clase (acciones, etc.); tableta o bloc de papel; división, compartimento; hilera, fila; boliche o bolín, en el juego de bochas; plataforma en que se vendían los esclavos en subasta; banco patibulario, patíbulo; (fam.) testa, cabeza; zopenco; (f. c.) tramo, sección o block en un sistema de señales; (imp.) montadura de una plancha electrotípica; plancha o estampa grabada para imprimir en tela o en papel.—**b. and tackle,** aparejo de poleas.—**b. anesthesia,** (med.) anestesia por bloqueo.—**b. booking,** (cine.) colocación de las películas en bloque.—**b. letter,** letra mayúscula, versal; (impr.) tipo de madera.—**b. plane,** (carp.) cepillo de contrafibra.—**b. printing,** estampado con molde.—**b. pulley,** motón, cuadernal. —**b. signal,** (f.c.) señal de bloque, señal de tramo.—**b. system,** (f.c.) sistema de señales por tramos de vía.—**b. tin,** estaño puro o en lingotes.—**on the b.**, puesto en pública subasta; de venta.
block, *va.* bloquear, obstruir, cerrar; (alb.) tapar, tapiar, condenar; (tip.) montar una plancha; cerrar una forma; (sombr.) conformar; (carp.) reforzar un ángulo; calzar una rueda; (dep.) parar la pelota.—**to b. in,** *o* **out,** delinear, esbozar.—**to b. up,** (en)tupir.—**to b. the way,** cerrar el paso.
blockade [-éid]. I. *s.* bloqueo, asedio, cerco; bloque; obstrucción.—**b. runner,** buque o persona que intenta forzar un bloqueo. II. *va.* bloquear, asediar, poner cerco a.
blockbuster [-bʌstœ(r)], *s.* (fam.) bomba de demolición (con capacidad para destruir una manzana).
blockhead [-hɛd], *s.* tonto, estúpido, mentecato, zopenco, zoquete, camueso.
blockhouse [-haus], *s.* (fort.) blocao, fortín.
blockish [-iŝ], *a.* estúpido, tonto.
blocky [-i], *a.* rechoncho, fornido; (min.) de fractura en bloque.
blond, blonde [bland], *a.* y *s.* rubio, blondo, (Am.) catire.—**b. lace** o **blonde,** blonda, blondina.
blood [blʌ́d]. I. *s.* sangre, *f.*; (poét.) púrpura; linaje o parentesco; ira, cólera; vida, temperamento, pasión; hombre animoso; jugo, o zumo (de plantas), savia (de árboles).—**b. bank,** depósito de sangre para transfusiones.—**b. bath,** (fig.) carnicería, matanza.—**b. brother,** hermano carnal; hermano por mezcla de sangre. —**b. clot,** coágulo.—**b. count,** hemograma, fórmula sanguínea.—**b. donor,** donante de sangre.—**b. feud,** venganza de sangre.—**b. group,** grupo sanguíneo.—**b. heat,** calor de sangre.—**b. money,** precio que se pagaba como indemnización por un asesinato; dinero que se recibe por ayudar a la muerte o ruina de otro. —**b. plasma,** plasma sanguíneo.—**b. poisoning,** (med.) septicemia, toxemia.—**b. pressure,** presión arterial.—**b. pudding,** morcilla.—**b. red,** color de sangre.—**b. relative,** pariente consanguíneo.—**b. relationship,** consanguinidad.—**b. serum,** suero sanguíneo.—**b. smear,** frotis sanguíneo.—**b. stream,** caudal sanguíneo.—**b. test,** análisis de sangre, prueba sanguínea.—**b. transfusion,** transfusión de sangre.—**b. type** = BLOOD GROUP.—**b. vessel,** vaso sanguíneo.—**bad b.**, mala sangre.—**in cold b.**, a sangre fría.—**to get one's b. up,** encendérsele a uno la sangre.—**to make one's b. boil,** bullirle a uno la sangre.—**to make one's b. run cold,** sudar frío. II. *va.* sangrar; hacer olfatear sangre a un perro de caza.
bloodcurdling [-kœrdliŋ], *a.* horripilante; que hiela la sangre.
blooded [-id], *a.* que tiene sangre o temperamento de tal o cual carácter; de pura casta, de buena raza.
bloodflower [-flauœ(r)], *s.* (bot.) flor de la sangre.
bloodguilt, bloodguiltiness [-gilt, -inis], *s.* culpable de homicidio; asesinato.
bloodhound [-haund], *s.* sabueso.
bloodily [-ili], *adv.* sangrientamente, cruentamente, encarnizadamente.
bloodiness [-inis], *s.* ensangrentamiento, sanguinolencia; calidad de sangriento.
bloodless [-lis], *a.* exangüe, desangrado, muerto; incruento.
bloodletter [-lɛtœ(r)], *s.* sangrador, flebótomo.
bloodletting [-iŋ], *s.* sangría, flebotomía.
bloodroot [-rut], *s.* (bot.) sanguinaria.
bloodshed(ding [-ŝɛd(iŋ)], *s.* efusión o derramamiento de sangre; matanza.
bloodshedder [-œ(r)], *s.* homicida, *mf.*, asesino.
bloodshot [-ŝat], *a.* ensangrentado, inyectado de sangre.
bloodstain [-stein], *s.* mancha de sangre.
bloodstained [-steind], *a.* manchado de sangre.
bloodstone [-stoun], *s.* (min.) hematites, *f.*, sanguinaria, albín, heliotropo.
bloodsucker [-sʌkœ(r)], *s.* sanguijuela; usurero.
bloodthirstiness [-θœrstinis], *s.* encarnizamiento, sed de sangre.
bloodthirsty [-θœrsti], *a.* sanguinario, carnicero.
bloody [blʌ́di]. I. *a.* sangriento; sanguinario, encarnizado, cruento; ensangrentado; sanguinolento; mezclado con sangre.—**b. flux,** flujo de sangre, disentería.—**B. Mary,** (hist.) María la Sanguinaria (María I de Ingl.).—**b.-minded,** cruel, sanguinario. II. *va.* ensangrentar.
bloom [blúm]. I. *s.* (bot.) floración, florecimiento, florescencia; cualquiera flor; vello o pelusilla de algunas frutas y hojas; belleza, lozanía; pasa de calidad superior; (fund.) tocho, lingote, changote.—**b. of youth,** lozanía de la juventud, flor (*f.*) de la edad.—**in b.**, florido, en flor. II. *va.* hacer florecer; aviciar; abigarrar. III. *vn.* florecer, florar, desabotonar; ostentar lozanía, lozanear.—**to b. out,** eflorecerse.
bloomer [-œ(r)], *s.* traje de mujer de falda corta y calzones anchos.—*pl.* calzones cortos y holgados; pantalones de mujer.
bloomery [-œri], *s.* (metal.) forja; horno de pudelar.
blooming [-iŋ], *a.* en flor; lozano, fresco; próspero.—**bloomingly** [-li], *adv.* florida, prósperamente.
bloomy [-i], *a.* florido; cubierto de pelusilla.
blooper [blúpœ(r)], *s.* (E. U., fam.) patochada, disparate, error craso; (béisbol) bola golpeada a gran altura.
blossom [blásom]. I. *s.* (bot.) flor, *f.*, capullo, botón; floración. II. *vn.* florecer, echar flor, florar, desabotonar, reventar.

blossomy [-i], *a.* lleno de flores, floreciente.

blot [blat]. **I.** *va.* emborronar, manchar de tinta; chafarrinar, ensuciar, empañar; denigrar; secar con papel secante; obscurecer.—**to b. out,** rayar lo escrito, tachar; borrar. **II.** *vn.* correrse la tinta; pasarse (el papel). **III.** *s.* borrón; mancha, mancilla; testación, testadura; en ciertos juegos, peón o jugada arriesgada; lado flaco.

blotch [blach]. **I.** *s.* mancha, borrón, pintarrajo; pústula, roncha. **II.** *va.* marcar o cubrir con manchas o ronchas.

blotter [blátœ(r)], *s.* (papel) secante, teleta; borrador (para apuntar transacciones, arrestos, etc.).

blotting paper [blátiŋ péipœ(r)], *s.* (papel) secante.

blouse [blaus], *s.* blusa; (mil.) guerrera.

blow [blóu], *s.* golpe; revés o contratiempo; ventarrón, vendaval; (re)soplido; trompada; tromp(et)azo; (bot.) floración, florescencia; (met.) mineral fundido de una hornada; (ing.) rotura de una ataguía; salida de gas; (fam.) fanfarronada; fanfarrón; (fam.) holgorio, parranda. Esta voz se traduce a menudo por medio del sufijo *-azo: blow with the fist,* puñetazo; *blow with a club,* porrazo.—**b. lamp,** lámpara de soldar.—**b.-off,** expulsión del agua, vapor, etc., por presión; aparato que sirve para esta operación.—**b.-off valve,** válvula de descarga o de purga.—**b.-out** = BLOWOUT.—**at a (single) b.,** de un golpe, de una vez, repentinamente.—**to come to blows,** venir a las manos, pelear.

blow. I. *va.* (*pret.* BLEW; *pp.* BLOWN) soplar, afollar; inflar, henchir (con aire); tocar o hacer sonar (un instrumento de viento); (bot.) aviciar; soplar (vidrio); limpiar con un chorro de vapor, aire, etc.; quitar soplando o por presión de vapor, etc.; depositar huevos en (apl. a insectos); divulgar; (fam.) gastar con profusión; (fam.) convidar (a tomar algo).—**to b. away,** quitar soplando.—**to b. down,** derribar (apl. al viento).—**to b. in,** meter soplando; (metal.) poner a funcionar; (fam.) despilfarrar (dinero).—**to b. off,** (m. v.) vaciar, descargar o purgar (una caldera); limpiar con un chorro de vapor, aire, etc.—**to b. off steam,** dejar salir vapor; (fam.) desfogarse, soltar la lengua.—**to b. one's brains out,** levantarse la tapa de los sesos, darse un tiro.—**to b. one's nose,** sonarse, mocarse.—**to b. one's own horn,** *o* **trumpet,** alabarse, celebrar uno sus propias acciones.—**to b. out,** hacer salir soplando; apagar soplando; apagar, o suspender el funcionamiento de (un horno); vaciar o expeler por un chorro de vapor, etc.; (elec.) quemar (un fusible).—**to b. up,** inflar (sentido recto y figurado); volar o hacer saltar (una roca, un fuerte); (fam.) regañar; (foto.) hacer una ampliación de. **II.** *vn.* soplar; sonar (una corneta, etc.); jadear, bufar; ventear, correr (el viento); hacer viento (*it blows,* hace viento); ser llevado o levantado por el viento (polvo, etc.); salir, escapar (un gas); quemarse (un fusible); desabotonarse (una flor); (fam.) fanfarronear, echar roncas; (fam.) irse, marcharse.—**to b. great guns,** soplar (el viento) violentamente.—**to b. hot and cold,** estar entre sí y no, vacilar.—**to b. off,** (m. v.) descargarse.—**to b. out,** apagarse por causa del viento; (aut.) estallar, reventar; (elec.) quemarse, fundirse (un fusible).—**to b. over,** disiparse, pasar.—**to b. shut,** cerrarse por el viento (*the door blew shut,* el viento cerró la puerta).—**to b. up,** estallar, reventarse, hacer explosión; (fig.) frustrarse; fracasar.—**to b. upon,** desacreditar; denunciar.

blower [-œ(r)], *s.* soplador, aventador, fuelle; soplete; ventilador; tapadera de chimenea.

blowfly [-flai], *s.* (ent.) moscarda.

blowgun [-gʌn], *s.* cerbatana, bodoquera.

blowhole [-houl], *s.* respiradero; (fund.) escarabajo, ampolla, burbuja.

blowing [-iŋ]. **I.** *s.* soplo, soplido; sopladura. **II.** *a.* soplador.—**b. weather,** tiempo tempestuoso.—**b. fan,** soplador rotatorio, soplillo, aventador.

blown [-n], *pp.* de TO BLOW; *a.* jadeante; rendido.

blowout [-aut], *s.* limpia (de una caldera, etc.) por un chorro de vapor; (elec.) fundición (de fusible); bobina apagachispas (ll. t. **b. coil**); (aut.) revent(az)ón (de llanta); (fam.) festín francachela.

blowpipe [-paip], *s.* soplete.

blowtorch [-torch], *s.* lámpara de soldar, soplete.

blowtube [-tiub], *s.* caña de vidriero, cañón de soplar; cerbatana.

blowup [-ʌp], *s.* explosión; (fam.) acceso de ira.

blowy [-i], *a.* ventoso.

blowzy [bláuzi], *a.* coloradote; desaliñado, sucio.

blubber [blʌ́bœ(r)], *s.* esperma o grasa de ballena; (bot.) ortiga marina.—**b.-lip,** bezo, jeta, morro; (Cuba) bembo.—**b.-lipped,** befudo, jetón, hocicudo.

blubber. I. *vn.* llorar hasta hincha-se los carrillos; berrear, gimotear ruidosamente. **II.** *s.* gimoteo.

bluchers [blúchœrz], *s.* borceguíes; botines o medias botas.

bludgeon [blʌ́dźon]. **I.** *s.* porra, garrote, clava, estaca. **II.** *va.* apalear o aporrear; intimidar.

blue [blú]. **I.** *s.* azul; mujer pedante, doctora.—**the b.,** el cielo; el mar.—**out of the b.,** inesperado; de fuente desconocida.—*pl.* **the blues,** esplín, morriña, murria, melancolía. **II.** *a.* azul, indio, cerúleo, zarco; triste, melancólico; severo, estricto, puritano; fiel, leal; genuino; lívido, amoratado; literata, bachillera, erudita, sabida (mujer).—**b. baby,** criatura que padece de cianosis congénita.—**b.-black,** azul muy obscuro.—**b. blood,** sangre (*f.*) azul.—**b.-blooded,** de sangre azul.—**B. Book,** (Ingl.) Libro Azul (de informes oficiales); (E. U.) registro de los empleados del gobierno.—**b. devils,** melancolía; hipocondría; delírium tremens.—**b.-eyed,** garzo, ojiazul, ojizarco.—**b. fox,** zorro azul, raposo ferrero.—**b. gum,** (bot.) eucalipto; (med. *pl.*) descoloración de las encías.—**b. laws,** leyes puritánicas severas, sobre todo las relativas a la observancia del domingo.—**b. lead,** (min.) galena.—**b. ointment,** ungüento mercurial.—**b. paper,** papel heliográfico.—**b.-pencil,** *va.* marcar o corregir con lápiz azul; (fam.) desaprobar, criticar.—**b. plate,** plato grande, gen. azul, dividido en compartimentos, en los cuales se sirven a un tiempo varios alimentos que forman una comida.—**b. ribbon,** primer premio; de la mayor excelencia.—**b.-ribbon jury,** jurado especial, compuesto de personas selectas.—**b. streak,** relámpago, rayo; cosa hecha con gran rapidez; como un relámpago, a la carrera (*to talk a b. streak,* hablar por los codos, soltar la tarabilla).—**b. vitriol,** vitriolo azul.

blue. I. *va.* azular; pavonar (hierro y acero); añilar, lavar en agua de añil o azulada. **II.** *vn.* ponerse azul.

bluebell [-bɛl], *s.* (bot.) campanilla; almizcleña.

blueberry [-bɛri], *s.* (bot.) variedad de arándano.

bluebird [-bœrd], *s.* (orn.) azulejo norteamericano.

bluebottle [-batl], *s.* (ent.) moscón; (bot.) azulejo, liebrecilla, aciano, aldiza.

bluecoat [-kout], *s.* (E. U., fam.) policía.

bluefish [-fish], *s.* (ict.) pez azulado y plateado de la costa norteamericana del Atlántico.

bluegrass [-græs], *s.* cualquiera de las gramíneas norteamericanas de tallo verde azulado.

blueing, *s. V.* BLUING.

bluejacket [-dźækit], *s.* marinero de buque de guerra.

bluejay [-dźei], *s.* (E. U., orn.) pájaro azul con copete.

bluenose [-noụz], *s.* (fam.) persona demasiadamente puritana; (B., fam.) neoescocés.
blueprint [-prịnt], *s.* heliografía; dibujo de ejecución.
blue-sky law, *s.* (E. U., fam.) ley para regularizar y supervisar la venta de acciones, bonos, etc.
bluestocking [-stakịŋ], *s.* mujer docta; bachillera, literata, (fam.) marisabidilla.
bluestone [-stoụn], *s.* (quím.) sulfato de cobre, vitriolo azul; (min.) arenisca arcillosa azulosa.
bluet [blúịt], *s.* (bot.) planta de flores azuladas.
bluff [blʌ́f]. **I.** *a.* francote; escarpado, enhiesto. **II.** *s.* escarpa(dura), risco, morro, farallón; fanfarronada; fanfarrón; (E. U.) lance del *poker.* **III.** *va.* rechazar o impedir algo, valiéndose de una baladronada; conseguir algo a fuerza de descaro. **IV.** *vn.* alardear, baladronar.
bluffer [-œ(r)], *s.* baladrón, fanfarrón.
bluffness [-nịs], *s.* franqueza; asperidad, rudeza.
bluing [blúịŋ], *s.* azul o añil para lavandera; (Am.) azulillo; azulete; (metal.) pavón, pavonado.
bluish [blúịŝ], *a.* azulado, azulino.
bluishness [-nịs], *s.* color azulado.
blunder [blʌ́ndœ(r)]. **I.** *va.* y *vn.* desatinar, disparatar, trabucar; divulgar sin consideración; equivocarse, confundir las especies. **II.** *s.* disparate, equivocación, error craso, patochada, trabucación.
blunderbuss [-bʌs], *s.* trabuco, encaro.
blunderer [-œ(r)], **blunderhead** [-hɛd], *s.* desatinado, chapuceador, trabucador; trabuco.
blunderingly [-ịŋlị], *adv.* desatinadamente.
blunge [blʌ́ndẑ], *va.* (cerá.) mezclar la pasta.
blunger [-œ(r)], *s.* (cerá.) paleta para mezclar la pasta o arcilla con agua.
blunt [blʌ́nt]. **I.** *a.* boto, embotado, romo, obtuso; brusco, descortés; lerdo.—**to grow b.,** entorpecerse; embotarse. **II.** *va.* embotar, enromar, desafilar, despuntar; calmar o mitigar.
bluntly [-lị], *adv.* sin filo; lisa y llanamente, claramente; bruscamente.
bluntness [-nịs], *s.* embotadura; grosería, brusquedad, aspereza.
blur [blœr]. **I.** *s.* trazo borroso o confuso; borrón, mancha. **II.** *va.* hacer borroso o indistinto; embotar, entorpecer; empañar, manchar. **III.** *vn.* ponerse borroso.
blurb [blœrb], *s.* (fam.) bombo; noticia encomiástica de un autor o producto; advertencia que va en el forro de un libro.
blurred [blœrd], *a.* borroso, confuso.
blurt [blœrt], *va.* decir o soltar abruptamente.—**to b. out,** hablar sin consideración.
blush [blʌ́ŝ]. **I.** *vn.* ruborizarse, sonroj(e)arse, sonros(e)arse, abochornarse. **II.** *va.* enrojar, embermejar; sonroj(e)ar. **III.** *s.* rubor, bochorno, sonrojo, sonroseo; color rojo.—**at, o on, first b.,** a primera vista.—**to put to the b.,** sacar los colores a la cara.—**blushful** [-fụl], *a.* modesto, ruboroso; encarnado.—**blushing** [-ịŋ]. **I.** *s.* sonrojo, rubor, erubescencia. **II.** *a.* erubescente; sonrosado.—**blushingly** [-lị], *adv.* ruborosamente.—**blushless** [-lịs], *a.* desvergonzado, descarado.
bluster [blʌ́stœ(r)]. **I.** *s.* ruido, tumulto; jactancia, fanfarria. **II.** *vn.* soplar con furia; fanfarrear, bravear. **III.** *va.* proferir con ira.
blusterer [-œ(r)], *s.* fanfarrón.
blustering [-ịŋ]. **I.** *s.* = BLUSTER. **II.** *a.* fanfarrón; jactancioso, hinchado, truculento; tempestuoso, ruidoso; tumultuoso; ventoso.
blusterous [-ʌs], **blustery** [-ị], *a.* *V.* BLUSTERING.
boa [bóụä], *s.* boa (sierpe); boa, *m.*, prenda de piel o pluma para adorno o abrigo del cuello.
boar [bɔr], *s.* verraco; (S. A.) pecarí, saíno.—**wild b.,** jabalí, jabalina.
board [bórd], *s.* tabla; tablero; tablilla; mesa; comida, comidas, alimentos; hospedaje, pensión, pupilaje; tribunal, consejo, junta; cartón; (mar.) bordo; borda(da).—*pl.* tablazón, *f.*; (teat.) escenario, las tablas.—**b. and lodging,** mesa y habitación, cuarto y comidas, pensión completa.—**b. foot** (*pl.* **b. feet**), unidad de medida para madera— omo 2360 cm. cúb. o 144 pulgs. cúb.—**b. meeting,** sesión de la directiva.—**b. of admiralty,** almirantazgo.—**b. of aldermen,** consejo municipal.—**b. of directors,** junta directiva; dirección, directorio.—**b. of education,** junta de educación.—**b. of health,** junta de sanidad.—**b. of trade,** (E. U.) junta de comercio; (Ingl.) ministerio de comercio.—**b. of trustees,** junta directiva, junta de síndicos.—**b. wages,** alojamiento y comida en pago de servicios; dinero que se da a los criados para mantenerse; sueldo o salario que escasamente alcanza para vivir.—**b. walk,** entablado de paseo, sobre todo a la orilla del mar.—(**bound**) **in boards,** (enc.) encartonado.—**on b.,** a bordo.—**to go by the b.,** (mar.) caer un mástil roto por el costado del buque; (fig.) arruinarse por completo, frustrarse, fracasar.
board. I. *va.* (mar.) abordar; subir (a un tren, etc.); (carp.) entablar, entarimar, enmaderar; dar manutención por dinero, hospedar, tomar a pupilaje. **II.** *vn.* ir a bordo; estar a pupilaje, posar.
boardable [-ạbl], *a.* accesible, abordable.
boarder [-œ(r)], *s.* huésped, pupilo, pensionista; (mar.) abordador.
boarding [-ịŋ], *s.* tablazón, *f.*; entablado; tabique de tablas; pupilaje; (mar.) abordaje.—**b. house,** casa de huéspedes, pensión, pupilaje.—**b. pike,** (mar.) botavante, chuzo de abordar.—**b. pupil,** *o* **student,** estudiante interno, pensionista.—**b. school,** escuela de internos, internado.
boarhound [bórhaụnd], *s.* perro jabalinero.
boarish [bórịŝ], *a.* cochino, sucio; brutal, cruel.
boast [bóust]. **I.** *vn.* alardear, blasonar, cacarear; jactarse, preciarse, ufanarse, vanagloriarse (de).—**it is nothing to b. of,** no es gran cosa.—**to b. of being,** echarla de, echárselas de. **II.** *va.* decantar, ponderar, exaltar, ostentar; (esc. y cant.) desbastar. **III.** *s.* jactancia, ostentación, baladronada, bravata; alarde, vanagloria, cacareo.
boaster [-œ(r)], *s.* fanfarrón, jaque, baladrón.
boastful [-fụl], *a.* jactancioso.
boasting [-ịŋ], **boastfulness** [-fulnis], *s.* *V.* BOAST.
boastingly [-ịŋlị], **boastfully** [-fụlị], *adv.* jactanciosamente, ostentosamente, ufanamente.
boat [bóụt]. **I.** *s.* (mar.) buque, barco, bajel, navío, nave, *f.*; bote, barca, lancha, batel, chalupa.—**b. hook,** bichero, botador.—**b. race,** regata.—**b. song,** barcarola.—**b. train,** tren que enlaza con un barco.—**in the same b.,** en iguales circunstancias o apuros. **II.** *va.* poner o llevar a bordo.—**to b. oars,** desarmar los remos. **III.** *vn.* navegar, remar, ir en bote, barquear.
boatable [-ạbl], *a.* navegable para botes; que se puede transportar en botes.
boatage [-ịdẑ], *s.* barcaje, lanchaje; cabida o capacidad total de los botes de un buque.
boatful [-fụl], *s.* barcada.
boathouse [-haụs], *s.* cobertizo para botes.
boating [-ịŋ], *s.* ir o pasear en bote; manejo de un bote; transporte en bote.
boatload [-loụd], *s.* barcada.
boatman [-mạn], *s.* barquero, botero, lanchero, batelero, chalupero.
boatswain [bóụsn, bóụsʌn], *s.* contramaestre.—**b.'s chair,** balso.—**b.'s mate,** segundo contramaestre.
bob [bab]. **I.** *va.* y *vn.* menear(se) o mover(se) con sacudidas, o de arriba abajo; subir y bajar; pescar con corcho y cebo; desmochar, descolar, cercenar; cortar corto (apl. esp. a la piel y al rabo); golpear con algún objeto redondeado o nudoso; tocar ligeramente; dar con el codo o

la mano.—**to b. up,** presentarse inesperadamente, surgir. **II.** *s.* corcho (en la pesca con anzuelo); cebo (gen. un manojo de lombrices o trapos); perendengue, zarcillo; borla; plomo de plomada; lenteja o disco del péndulo; (maq.) balancín; saludo, cortesía; cierto toque de campanas; (fam.) chelín (en Inglaterra); cola cortada de un caballo; pelo cortado corto.

bobbin [bábịn], *s.* canilla, broca; devanadera, carrete(l), argadijo, huso; bolillo, palillo, majaderillo (para hacer encaje); (elec.) carrete, bobina.—**b. winder,** devanador.

bobbinet (*o* **bobbin net**) [babịnét], *s.* encaje de imitación; punto de bobiné o de algodón.

bobble [bábl]. **I.** *s.* equivocación, confusión, manipulación insegura de una cosa. **II.** *vn.* equivocarse, confundirse, tantear, manipular inseguramente.

bobby [bábị], *s.* (Ingl., fam.) policía (agente).—**b. pin,** especie de horquilla para sujetar el pelo.—**b. sox,** calcetines muy cortos.—**b. soxer,** (fam.) polla, mocita.

bobcat [bábkæt], *s.* (E. U., zool.) lince o gato montés.

bobolink [bábọlịŋk], *s.* = REEDBIRD.

bobsled [bábslɛd], **bobsleigh** [-sleị], *s.* rastra corta; trineo de dos rastras.

bobstay [-steị], *s.* (mar.) barbiquejo.

bobtail [-teịl]. **I.** *va.* cortar la cola a. **II.** *a.* rabón, rabicorto; incompleto. **III.** *s.* animal rabicorto; rabo mocho.

bobwhite [-hwáịt], *s.* (E. U., orn.) codorniz común.

bobwig [-wịg], *s.* peluquín.

Boche, boche [baŝ], *s.* y *a.* (despec.) alemán.

bock [bák], **bock beer** [-bír], *s.* cerveza extrafuerte.

bode [boụd]. **I.** *pret.* y *pp.* de TO BIDE. **II.** *va.* presagiar, pronosticar, presentir. **III.** *vn.* predecir; prometer.—**to b. ill** (o **well**), ser de mal (o buen) agüero.

bodice [bádịs], *s.* corpiño, jubón, cuerpo de vestido, almilla, monillo; (Am.) talle.

bodied [bádịd], *a.* corpóreo; que tiene cuerpo.

bodiless [bádịlịs], *a.* incorpóreo; sin cuerpo.

bodiliness [bádịlịnịs], *s.* corporalidad, corporeidad—**bodily** [bádịlị]. **I.** *a.* corpóreo, corporal, físico. **II.** *adv.* corporalmente; en persona; en conjunto, en peso.

boding [bóụdịŋ]. **I.** *a.* ominoso, presagioso. **II.** *s.* presagio, pronóstico, (mal) agüero.

bodkin [bádkịn], *s.* (cost.) punzón; pasacintas pasador o aguja de jareta; alfiler, espadilla o rascamoño para el tocado o sombrero; lezna para la cestería; (impr.) punzón o punta.

body [bádị], *s.* cuerpo; tronco; torso (de estatua); cadáver; realidad; una persona, un individuo; cuerpo, gremio, corporación; colección, agregado; cuerpo, consistencia, densidad, espesor, fortaleza; caja o cama de un carruaje; cuerpo (de prenda de vestir); (aut.) carrocería (sólo se aplica a coches, no a camiones, de los cuales se dice *caja*); parte (*f.*) principal o central; (mar.) quilla; vista de la quilla; (aer.) armazón (*f.*) de un aeroplano; (impr.) cuerpo (del tipo).—**b. cloth,** manta para caballos.—**b. exercises,** ejercicios corporales.—**b. of a church,** nave (*f.*) de una iglesia.—**b. of water,** extensión de agua.—**b. plan,** (mar.) corte transversal de un buque.—**b. politic,** estado o nación; entidad política.—**b. snatcher,** ladrón de cadáveres.—**in a b.,** en masa.

body, *va.* dar cuerpo o forma a; representar; formar un cuerpo, gremio, etc., de.

bodyguard [-gard], *s.* guardaespaldas; guardia de corps.

Bœotian [bịóụŝạn], *a.* y *s.* beocio; (fig.) palurdo, estúpido.

Boer [bor], *a.* y *s.* bóer, del Transvaal.

bog [bag]. **I.** *s.* pantano, fangal, atolladero, ciénaga, lodazal.—**b. bean,** (bot.) trifolio fibrino.—**b. oak,** lignito de encina.—**b. ore,** (min.) limonita.—**b. trotter,** (fam.) campesino irlandés. **II.** *va.* y *vn.* (a veces con **down**), hundir(se); atollar(se), atascar(se).

bogey, bogy [bóụgị], *s.* espectro, espantajo, coco.

boggle [bágl]. **I.** *va.* hacer una patochada. **II.** *vn.* recular, retroceder; cejar, vacilar.

boggle, *s.* retroceso de un caballo asustado; objeción, dificultad; patochada.

boggy [bágị], *a.* pantanoso, palustre, cenagoso.

bogie [bóụgị], *s.* carretilla de un taller de aserrar madera; vagoneta de carga; (f. c.) *bog(g)ie, m., truck,* carro giratorio.

bogland [báglænd], *s.* tierra pantanosa.

bogus [bóụgʌs], *a.* (fam. E. U.), falso, espurio.

bohea [boụhí], *s.* té de calidad inferior.

Bohemian [boụhímịạn], *a.* y *s.* bohemi(an)o.

boil [bóịl]. **I.** *va.* y *vn.* hervir; bullir; cocer, salcochar o sancochar, herventar; (farm.) elijar; (fig.) agitarse, hervirle a uno la sangre.—**to b. away,** consumir un líquido a fuerza de cocerlo.—**to b. down,** reducir por cocción; reducir(se) a su más simple forma o expresión.—**to b. over,** borbotar, hervir hasta rebosar.—**to b. clear,** (azú.) melar. **II.** *s.* hervor, ebullición; (med.) divieso, furúnculo; (Cuba) nacido; (Méx.) clacota.

boiled [-d], *a.* (coc.) cocido, salcochado.

boiler [-œ(r)], *s.* marmita, olla, caldero; paila, (m. v.) caldera; (azú.) tacho.—**b. compound,** (m. v.) antiincrustante, desincrustante.—**b. head,** fondo de caldera.—**b. iron, steel,** palastro de hierro, acero, para calderas.—**b. jacket,** camisa de caldera.—**b. maker,** calderero.—**b. plant,** instalación de calderas.—**b. room,** cámara o sala de calderas.—**b. shell,** cuerpo de caldera.

boiling [-iŋ], *s.* hervor, ebullición, cocción, cochura; hervidero.—**b. flask,** (quím.) balón.—**b. kettle,** caldero, marmita, hervidor.—**b. point,** punto de ebullición.

boisterous [bóịstœrʌs], *a.* turbulento, ruidoso, revuelto, estrepitoso, tumultuoso, borrascoso, bullicioso.—**boisterously** [-lị], *adv.* ruidosamente, tumultuosamente.—**boisterousness** [-nịs], *s.* turbulencia, tumulto, vocinglería, bulla.

bola(s [bóụlạ̈(s)], *s.* (Am.) boleadoras, *f. pl.*, aíllo.

bold [bóụld], *a.* arrojado, denodado, valiente; atrevido, audaz, osado, temerario; impudente, fresco, descarado; (mar.) escarpado, acantilado.—**b.-faced,** descarado, desvergonzado, insolente.—**b.-faced type,** (imp.) letra negra, negrilla.

boldface [-feịs], *s.* descaro; persona desfachatada; (imp.) = BOLD-FACED TYPE.

boldly [-lị], *adv.* libremente; osadamente, audazmente; descaradamente.

boldness [-nịs], *s.* arrojo, intrepidez; atrevimiento, osadía, audacia, denuedo; descaro.

bole [boụl], *s.* tronco de un árbol; especie de arcilla (ll. t. **Armenian bole,** bol(o) arménico).

bolero [bolέroụ], *s.* bolero (baile y chaquetilla).

bolide [bóulaịd], *s.* bólido, meteoro.

Bolivia [bolívịạ], *s.* Bolivia.

Bolivian [bolívian], *s.* y *a.* boliviano.

boll [boụl]. **I.** *s.* antigua medida; (bot.) cápsula (de algodón, etc.).—**b. weevil,** gorgojo del algodón.—**b. worm,** gusano del maíz (que ataca también el algodón). **II.** *vn.* formarse en cápsulas; producir cápsulas.

bolo [bóụloụ], *s.* bolo (cuchillo).

Bolognese [boụloníz], *a.* y *s.* boloñés; de Bolonia.

bolometer [boụlámɛtœ(r)], *s.* (elec.) bolómetro, detector bolométrico de ondas.—**bolometric** [boụlométrik], *a.* bolométrico.

boloney [bolóụnị], *s.* especie de salchicha; (fam.) tonterías, hojarasca.

Bolshevik [bálŝɛvịk], *s.* y *a.* bolchevique.—**Bolshevism** [-vịzm], *s.* bolchevismo.—**Bolshevist** [-vịst], *a.* y *s.* bolchevista.—**bolshevize** [-vaịz], *va.* hacer bolchevique.

bolster [bóụlstœ(r)]. **I.** *s.* travesero, almohadón; cabecero, cabezal; larguero, soporte, refuerzo; (cir.) cabezal; (mar.) almohada de los palos;

borrenes de la silla de montar; (f. c.) solera de carro; (constr.) travesaño; canecillo; caballete. **II.** *va.* sostener, reforzar, auxiliar, apoyar.
bolstering [-iŋ], *s.* apoyadero, apoyo.
bolt [bóult]. **I.** *s.* (cerr.) cerrojo, pasador, pestillo, falleba; (carp.) perno, tornillo, chaveta, clavija; (arti.) lingote, proyectil cilíndrico; dardo, flecha; centella, rayo; suceso repentino; salto rápido; fuga; pieza o rollo (de paño); (mar.) perno, cabilla; tamiz muy fino para harina; (pol. E. U.) disidencia.—*pl.* (mar.) pernería.—**b. and nut,** perno y tuerca.—**b. clasp,** hembra.—**b. staple,** cerradero, picolete.—**b. from the blue,** suceso inopinado. **II.** *adv.* recto como una flecha, rígidamente.—**b. upright,** enhiesto, empinado. **III.** *va.* acerrojar, cerrar con cerrojo, echar el cerrojo; empernar; encabillar; cerner (harina); examinar, escudriñar; (pol. E. U.) disidir de; engullir, tragar sin mascar; soltar; arrojar, echar. **IV.** *vn.* saltar de repente; lanzarse; desbocarse (caballo); resistirse; caer como rayo.—**to b. in,** entrar de repente.—**to b. out,** salir de golpe.
bolter [-œ(r)], *s.* cedazo, criba; cordel de pescar; caballo que se desboca; (pol. E. U.) disidente.
bolthead [-hɛd], *s.* cabeza de perno; (quím.) matraz, *m.*
bolting [-iŋ], *s.* cerramiento; cernido o cernidura.—**b. cloth,** tela de cedazo, tamiz, *m.*—**b.-house,** cernedero.
boltrope [-roup], *s.* (mar.) relinga.
bolus [bóulʌs], *s.* bolo, píldora gruesa; bola.
bomb [bam]. **I.** *s.* bomba; granada; (piro.) petardo; (fig.) rayo, suceso inesperado y perturbador.—**b. bay,** (aer., mil.) recipiente o compartimiento para bombas, de apertura automática.—**b. carrier,** portabombas, *m.*—**b. ketch,** (mar.) bombarda, lancha bombardera o cañonera.—**b. rack,** (aer.) portabombas, *m.*—**b. release,** (aer.) lanzabombas, *m.*—**b. shelter,** refugio contra bomba(rdeo)s.—**b. thrower,** (arti.) mortero; (aer.) lanzabombas, *m.* **II.** *va.* (arti.) bombear; bombardear, sobre todo desde un avión.
bombacaceous [bambąkéįŝʌs], *a.* (bot.) bombáceo.
bombard [bambárd], *va.* (arti.) bombardear, bombear.
bombardier [bambąrdír], *s.* bombardero.—**b. beetle,** (ent.) escarabajo bombardero o escopetero.
bombardment [bambárdmęnt], *s.* bombardeo.
bombardon [bámbąrdǫn], *s.* (mús.) bombardón.
bombast [bámbæst], *s.* ampulosidad.—**bombastic** [-bǽstįk], *a.* ampuloso, altisonante, retumbante, campanudo, culterano, (Am.) bombástico.
bombax [bámbæks], *s.* (bot.) ceiba.
bombazine [bambązín], *s.* (tej.) bombasí; alepín.
bomber [bámœ(r)], *s.* avión (*m.*) de bombardeo; bombardero (avión o aviador).
bombing [bámiŋ], *s.* bombardeo.
bombproof [bámpruf], **I.** *a.* a prueba de granadas o de bombas. **II.** *s.* abrigo contra bombas.
bombshell [bámŝel], *s.* bomba, granada.
bombsight [bámsait], *s.* (aer.) mira o visor de bombardeo.
bombyx [bámbįks], *s.* (ent.) gusano de seda, bómbice.
bona fide [bóuną fáįdį], *a.* y *adv.* de buena fe, sin engaño, honradamente.
bonanza [bonǽnzą], *s.* bonanza; mina o veta rica en mineral; (com. y fig.) operación lucrativa.
Bonapartist [bóunąpartįst], *a.* y *s.* bonapartista.
bonbon [bánban], *s.* bombón, confite, dulce.
bonbonnière [-yér], *s.* bombonera.
bond [bánd]. **I.** *s.* lazo, vínculo; unión, ligazón, *f.;* ligam(i)ento, nexo, nudo; traba, trabadura; cualquier cosa que une o liga; (arq.) aparejo, trabazón, *f.;* (elec.) conexión eléctrica de dos rieles; (quím.) grado de afinidad, enlace; (com.) bono, obligación, vale; título de la deuda; fiador; fianza, dita, recaudo.—*pl.* cadenas. cautiverio; (const.) maderamen, enmaderado.—**b. issue,** emisión de bonos.—**in b.,** en depósito; afianzado. **II.** *a.,* siervo; esclavizado, cautivo. **III.** *va.* unir; ligar estrechamente; conectar eléctricamente; afianzar, dar fianza; obligar por fianza; hipotecar; poner mercancías en depósito afianzado. **IV.** *vn.* unirse, adherirse.
bondage [-idz], *s.* cautiverio, esclavitud, servidumbre; obligación.
bonded [-id], *a.* garantido por obligación escrita; hipotecado; asegurado; depositado bajo fianza para el pago de derechos arancelarios.—**b. goods,** mercancías en depósito.—**b. warehouse,** almacén de depósito.
bonded debt, deuda consolidada.
bonder [-œ(r)], *s.* depositante de mercancías; (alb.) perpiaño.
bondholder [-houldœ(r)], *s.* tenedor de bonos, obligacionista, rentista.
bondmaid [-meid], *s.* esclava, sierva.
bondman [-mąn], *s.* esclavo, siervo.
bondsman [-zmąn], *s.* fiador, dita, garante.
bondstone [-stoun], *s.* (arq.) perpiaño, tizón.
bondswoman [-zwumąn], *s.* fiadora, dita.
bone [bóun], *s.* hueso; espina del pez; cuesco de fruta; barba de ballena.—*pl.* esqueleto; dados; especie de castañuelas.—**b. black,** carbón o negro animal.—**b. dust, b. meal,** huesos molidos, harina de huesos.—**b.-dry,** enteramente seco; (fam.) que no vende ni gota (de licor); absolutamente temperante.—**b. of contention,** manzana de la discordia, asunto de disputa o desavenencia.—**b. porcelain,** porcelana de fosfato de cal, hecha con polvo de huesos.—**a b. to pick,** una cuestión que averiguar o arreglar.—**to have a b. to pick with someone,** tener alguna queja de él o satisfacción que pedirle.—**to make no bones of,** no andarse con rodeos, no tener empacho en.
bone. I. *va.* deshuesar, desosar; emballenar, poner ballenas (a un corsé, etc.); abonar con polvo de huesos; nivelar; alinear. **II.** *vn.* (fam.) quemarse las cejas estudiando.
boneache [-eik], *s.* dolor de huesos.
boneblack [-blæk], *s.* = BONE BLACK. *V.* BONE.
boned [-d], *a.* osudo, huesudo; sin huesos.
bonehead [-hɛd], *s.,* **boneheaded** [-id], *a.* (fam.) mentecato, imbécil.
bonelace [-leis], *s.* encaje de bolillos.
boneless [-lis], *a.* mollar, sin huesos.
boner [-œ(r)], *s.* (fam.) patochada, disparate.
boneset [-sɛt], *s.* (bot.) eupatorio.
bonesetter [-œ(r)], *s.* algebrista, ensalmador.
bonfire [bánfair], *s.* hoguera, fogata, fogarada.
bonhomie [banǫmí], *s.* afabilidad.
Boniface [bánifeis], *s.* hostelero, mesonero.
boning [bóuniŋ], *s.* acción de deshuesar o de emballenar; abono de tierras; nivelación por medio de estacas.
bonito [bonítou], *s.* (ict.) bonito, biza, especie de atún.
bon mot [ban móu], *s.* (fr.) agudeza, dicho agudo.
bonnet [bánit]. **I.** *s.* gorra, gorro, toca, boneta, sombrero de mujer; solideo, bonete; (fort.) bonete; (mec.) sombrerete; (mar.) boneta; (aut.) cubierta del motor. **II.** *va.* cubrir; apabullar. **III.** *vr.* tocarse, cubrirse.
bonnet rouge [banɛ rúž], *s.* (fr.) gorro encarnado; ultrarradical.
bonny [báni], *a.* bonito, lindo, gentil; alegre.
bonnyclabber [-klæbœ(r)], *s.* cuajo, leche cuajada.
bon ton [ban tán], *s.* el gran mundo; buen tono.
bonus [bóunʌs], *s.* bonificación, adehala; prima; dividendo; sobresueldo, sobresalario; (Am.) ñapa, contra.
bony [bóuni], *a.* osudo, huesudo, óseo, ososo.
bonze [banz], *s.* bonzo (sacerdote budista).
boo [bu]. **I.** *s.* abucheo, grita, rechifla. **II.** *va.* y *vn.* abuchear, sisear, silbar, dar grita. **III.** *interj.* ¡fuera! ¡mira! ¡qué va! ¡bu!
boob [búb], *s.* (fam.) bobo, zoponco, papanatas.

booby [-i̦], *s.* y *a.* zote, bobo, pajuncio, papamoscas, gaznápiro; (orn.) pájaro bobo.—**b. prize,** premio que se da al peor jugador, en ciertos juegos.—**b. trap,** engañabobos.
boodle [búdl], *s.* (fam. E. U.) ganancias ilícitas; soborno; moneda falsa; (Am.) chanchullo; hato, partida, cuadrilla. *V.* CABOODLE.
boodler [búdlœ(r)], *s.* (fam. E. U.) el que se deja sobornar o practica desfalcos, etc.
book [bu̦k]. **I.** *s.* libro; obra, tomo; libreta; libreto (de ópera).—**b. end,** sujetalibros.—**b.-learned,** erudito, leído; de ciencia aprendida en libros.—**b. learning,** saber aprendido en libros, teoría.—**b. lover,** bibliófilo.—**B. of Common Prayer,** ritual de la secta anglicana o episcopal.—**b. of pilotage,** derrotero.—**b. of rates,** arancel de aduana.—**b. of reference,** libro de consulta.—**b. plate,** ex libris.—**b. review,** reseña.—**b. satchel,** cartapacio.—**b. stand** o **stall,** puesto de libros.—**b. trade,** comercio de libros.—**by the b.,** según las reglas; con exactitud.—**to bring to b.,** traer a capítulo. **II.** *va.* asentar o notar en un libro o registro; inscribir; retener o sacar (pasaje, etc.), tomar (localidades); contratar o apalabrar (a un artista, conferenciante, etc.).
bookbinder [-bai̦ndœ(r)], *s.* encuadernador.
bookbinding [-bai̦ndi̦ŋ], *s.* encuadernación.
bookcase [-kei̦s], *s.* armario o estante para libros, librería.
bookie [-i̦], *s.* (fam.) bolitero.
booking [-i̦ŋ], *s.* registro, asiento; compra o venta de billetes.—**b. clerk,** vendedor de billetes de pasaje o teatro; taquillero.—**b. office,** despacho o expendeduría de billetes; taquilla.
bookish [-i̦ŝ], *a.* estudioso; libresco, versado en libros; pedante, teórico.
bookishness [-ni̦s], *s.* estudiosidad; afición a los libros; falta de sentido práctico.
bookkeeper [-kipœ(r)], *s.* tenedor de libros.
bookkeeping [-kipi̦ŋ], *s.* teneduría de libros, contabilidad.—**b. machine,** máquina contable.
booklet [-li̦t], *s.* libretín, folleto, opúsculo.
bookmaker [-mei̦kœ(r)], *s.* el que hace libros; (dep.) corredor de apuestas (en las carreras de caballos), (fam.) bolitero.
bookmaking [-mei̦ki̦ŋ], *s.* ocupación del *bookmaker.*
bookmark [-mark], *s.* señal o marcador de libro.
bookrack [-ræk], *s.* atril; sostén para libros.
bookseller [-sɛlœ(r)], *s.* librero.
bookstore [-stɔr], *s.* librería, almacén de libros.
bookworm [-wœrm], *s.* polilla o gusano que roe los libros; bibliófilo, ratón de biblioteca.
boom [bum]. **I.** *s.* (mar.) botalón; botavara; rescante, aguilón (de grúa); cordón, cabeza (de puente); cadena para cerrar un puerto o río, o para detener trozas; estampido; torrente crecido y bramador; (fig.) auge, actividad o prosperidad repentina.—**b. iron,** (mar.) zuncho de botalón.—**b. town,** poblado que experimenta repentina expansión económica. **II.** *vn.* hacer estampido; moverse con violencia; ir a velas desplegadas; (fam., E.U.) estar en auge, medrar. **III.** *va.* fomentar, anunciar, dar bombo.
boomerang [búmęræŋ], *s.* bumerang (arma); (fig.) plan, argumento, etc., que resulta contraproducente.
boon [bun]. **I.** *s.* dádiva, don; gracia, merced; dicha, bendición. **II.** *a.* genial, festivo, convival.
boondocks [búndaks], *s.pl.* (fam.) región apartada o desolada, monte; (fam.) ciudad pequeña o apartada.
boondoggle [búndagl]. **I.** *s.* (fam.) trabajo insignificante o sin valor. **II.** *vn.* hacer trabajo insignificante o sin valor.
boor [búr], *s.* patán, palurdo, rústico, villano.
boorish [-i̦ŝ], *a.* rústico, agreste, grosero, tosco, villanesco; (Am.) guajiro, jíbaro.—**boorishly** [-li̦], *adv.* rústicamente, toscamente.—**boorishness** [-ni̦s], *s.* rusticidad, tosquedad, grosería, patanería.
boost [búst]. **I.** *va.* (fam. E. U.) empujar, levantar; alzar desde abajo; fomentar, promover, bombear; hacer subir. **II.** *s.* alza; ayuda, asistencia.
booster [-œ(r)], *s.* impulsador, fomentador; (elec.) elevador de potencial o de tensión.—**b. battery,** (elec.) batería elevadora de voltaje; (rad.) batería de conservación del voltaje en el detector.—**b. rocket,** cohete acelerador, cohete de refuerzo.
boot [bút]. **I.** *va.* y *vn.* aprovechar, valer, servir, importar; calzarse uno las botas; (fam.) dar patadas a. **II.** *s.* bota, botín, botina (de mujer); calzado; borceguí; ganancia, provecho; adehala, refacción, (Am.) ñapa.—**b. hook,** tirabotas.—**b. maker,** zapatero.—**b. tree,** horma de botas.—**boots and saddles,** (mil.) botasilla (toque de clarín).—**bet your boots,** (fam.) no cabe duda; es cosa segura.—**to be in another's boots,** estar en el pellejo de otro.—**to b.,** además; por añadidura, de ñapa.—**to put the b. on the wrong leg,** culpar al inocente.
bootblack [-blæk], *s.* limpiabotas, (Am.) lustrabotas, embolador.
booted [-i̦d], *a.* calzado con botas; (fam.) embotado.
bootee [-í], *s.* bota corta de mujer; calzado plástico para niños.
booth [buθ], *s.* garita, casilla; puesto o mesilla de venta; (tlf.) cabina; reservado en ciertos restaurantes, etc.
boothose [búthou̦z], *s.* calcetones.
bootjack [bútdẑæk], *s.* sacabotas, descalzador.
bootleg [bútlɛg]. **I.** *va.* y *vn.* (fam. E. U.) contrabandear, esp. en licores. **II.** *a.* de contrabando. —**bootlegger** [-œ(r)], *s.* contrabandista de licores.—**bootlegging** [-i̦ŋ], *s.* contrabando de licores.
bootless [bútli̦s], *a.* descalzo; inútil, sin provecho.
bootlick [bútli̦k], *va.* y *vn.* (fam.) adular.
bootlicker [-œ(r)], *s.* (fam.) adulador, zalamero, quitamotas.
boots [buts], *s.* limpiabotas de hotel.
bootstrap [bútstræp], *s.* tirilla.
booty [búti̦], *s.* botín, despojo, presa.
booze [búz]. **I.** *vn.* embriagarse, emborracharse. **II.** *s.* bebida alcohólica; (fam.) borrachera, pítima.
boozer [-œ(r)], *s.* (fam.) bebedor, borrachín.
boozy [-i̦], *a.* (fam.) borracho, achispado, calamocano.
bopeep [bou̦píp], *s.* escondite (juego de niños).
boracic [borǽsi̦k], *a.* bórico.
boracite [bóu̦rạsai̦t], *s.* (min.) boracita, borato de magnesio.
borage [bɔ́ri̦dẑ], *s.* (bot.) borraja.
boraginaceous [borædẑi̦néi̦ŝʌs], *a.* (bot.) borragíneo.
borate [bɔ́rei̦t], *s.* (quím.) borato.—**borated** [-i̦d], *a.* boratado.
borax [bɔ́ræks], *s.* (quím.) bórax, borraj, atíncar.
border [bɔ́rdœ(r)]. **I.** *s.* orilla, (re)borde, faja, margen, *mf.;* arriate de un jardín; frontera, límite, confín; comarca, raya; (cost.) orla, guarnición, banda, cenefa, cerco, ribete, franja, farfalá, *f.,* dobladillo, repulgo; (blas.) bor(da)dura. **II.** *vn.* confinar, comarcar, lindar; rayar, aproximarse, acercarse.—**to b. on,** *o* **upon,** lindar con, tocar; rayar en. **III.** *va.* (cost.) orlar, repulgar, guarnecer, ribetear; tocar o lindar con.
borderer [-œ(r)], *s.* habitante de tierras limítrofes o comarcanas; (cost.) orlador, ribeteador.
bordering [-i̦ŋ]. **I.** *s.* (cost.) orladura. **II.** *a.* fronterizo, contiguo, lindante, confín, rayano.
borderland [-lænd], *s.* frontera, límite, confín.
borderline [-lai̦n]. **I.** *s.* límite. **II.** *a.* limítrofe; dudoso.
bore [bɔr]. **I.** *va.* taladrar; barrenar, trepar, horadar, perforar; hacer o abrir a taladro o

barrena; (ing., min.) sondear; (fam.) aburrir, fastidiar, cargar, dar la lata a. **II.** *vn.* hacer agujeros; adelantarse, avanzar.—**to b. from within,** atacar desde adentro por traición. **III.** *pret.* de TO BEAR. **IV.** *s.* taladro, barreno, agujero que se hace taladrando o barrenando; (arti.) calibre, alma, ánima; (mec.) diámetro interior (de un cilindro); luz o diámetro (de un pozo); ola grande causada por la marea; (fam.) machaca, pelmazo, latoso, chinche, postema.
boreal [bórịạl], *a.* septentrional, boreal.
Boreas [bórịạs], *s.* cierzo, bóreas.
borecole [bórkoụl], *s.* (bot.) variedad de col.
bored [bɔrd], *pp.* y *a.* taladrado; aburrido, fastidiado.
boredom [bórdọm], *s.* fastidio, aburrimiento, hastío, tedio; gente pesada en general.
borer [bórœ(r)], *s.* horadador; barrena; taladro, perforadora, broca; (min.) sonda; cualquier animal que horada; (ent.) barrenillo, insecto xilófago (horadador); (fam.) pelmazo, latoso, chinche.
boresome [bórsʌm], *a.* aburrido, cansado, fastidioso.
boric [bórịk], *a.* bórico.—**b. acid,** (quím.) ácido bórico.
boride [bóraịd], *s.* (quím.) boruro.
boring [bórịŋ]. **I.** *s.* trepa, horadación; taladro, barrenado, perforación; sondeo.—*pl.* taladrados; partículas que se desprenden al taladrar o barrenar.—**b. machine,** taladradora, etc. **II.** *a.* de taladrar; xilófago, horadador (insecto); pesado, aburrido(r). *V.* BORESOME.—**b. bar,** barra o árbol portabarrenas.—**b. block,** bloque de barrenar; portabarrena.—**b. frame,** bastidor de perforadora.—**b. rod,** tientaguja, barra de perforadora.
born [bɔrn], *a.* nacido, nato; de nacimiento, por naturaleza, destinado.—**to be b.,** nacer.—**to be b. again,** renacer, volver a nacer.
born, borne [bɔrn], *pp.* de TO BEAR.
borneol [bórnịoụl], *s.* (quím.) borneol, producto del alcanforero de Borneo.
boron [bóran], *s.* (quím.) boro.
borough [bʌ́roụ], *s.* villa; municipio incorporado; barrio; distrito administrativo de una ciudad.—**municipal b.,** (Ingl.) corporación municipal.—**parliamentary b.,** (Ingl.) pueblo con derecho de representación en el Parlamento.
borrow [bároụ], *va.* y *vn.* pedir o tomar prestado (algo a alguien); tomar a préstamo; (fam.) sablear, sangrar (dinero); apropiarse, hacerse suyo; copiar.
borrow (pit) [-pịt], *s.* (ing.) zanja de préstamo, zanja de que se saca tierra para terraplenes.
borrower [-œ(r)], *s.* prestatario, comodatario; el que pide o toma prestado; (fam.) sablista.
borrowing [-ịŋ], *s.* acto de pedir o conseguir prestado; (fam.) sablazo.—*pl.* cantidades adeudadas.
boscage [báskịdž], *s.* boscaje, espesura.
bosh [báŝ], *s.* (fam.) palabrería, tontería; (metal.) etalaje de alto horno.
bosk(et [básk(ịt], *s.* matorral, bosquete.
bosky [-ị], *a.* frondoso, nemoroso; (Am.) boscoso.
bo's'n, bosun [bóụsn], *s.* (mar.) *abrev. de* BOATSWAIN.
Bosnian [báznịạn], *s.* y *a.* bosnio.
bosom [búzọm]. **I.** *s.* seno, pecho, corazón; (fam.) buche, pechera, pechugo; amor, inclinación, cariño; (cost.) pechera. **II.** *a.* íntimo, querido; secreto.—**b. friend,** amigo íntimo; (fam.) amigote, compinche. **III.** *va.* abrazar; guardar en el pecho; ocultar.
boss [bós]. **I.** *s.* clavo o tachón; giba, joroba, corcova, protuberancia; copa (de freno); lomo (de libro); (arq.) pinjante; realce (de una piedra); (fam. E. U.) amo, capataz, *m.*, patrón; jefe, cabecilla; (pol.) cacique, (Am.) gamonal.—**b.-like, b.-ridden,** caciquil. **II.** *va.* trabajar en relieve, abollonar, relevar (*v.* EMBOSS); (fam. E. U.) regentear, mandar; dominar.
bossage [-ịdž], *s.* (arq.) almohadilla.
bossed [-t], **bossy** [-ị], *a.* tachonado; turgente, abultado, saliente.
bossism [-ịzm], *s.* caciquismo, caudillismo, caudillaje, (Am.) gamonalismo.
bossy [-ị], *a.* (fam.) mandón, autoritario.
bot, bott [bat], *s.* rezno, larva de estro.
botanic(al [botǽnịk(ạl], *a.* botánico.
botanically [-ị], *adv.* botánicamente.
botanist [bátạnịst], *s.* botánico, botanista.
botanize [-aịz], *vn.* herborizar.
botany [-ị], *s.* botánica, fitología.
botch [bách]. **I.** *s.* remiendo, chapucería, chafallo. **II.** *va.* remendar, chapucear, chafallar.
botcher [-œ(r)], *s.* remendón, chapucero, chambón, chafallón.—**botchery** [-ị], *s.* corcusido, culcusido.
botfly [bátflaị], *s.* (ent.) estro, moscardón.
both [boụθ]. **I.** *a.* y *pron.* ambos (a dos), entrambos, los dos, dos [*both his sons are here,* sus dos hijos están (ambos) aquí].—**b. of,** los dos, ellos dos, ambos, etc.: *both of them,* ellos dos, los dos, ambos; *both of us,* nosotros dos. **II.** *conj.* y *adv.* tanto como, así como, a un mismo tiempo.—**both . . . and,** tanto . . . como, a un mismo tiempo . . . y, lo mismo . . . que: *both cheap and durable,* a un mismo tiempo barato y durable.
bother [báðœ(r)]. **I.** *va.* y *vn.* incomodar(se), molestar(se); (fam.) marear.—**to b. about, o with,** molestarse o preocuparse con; hacer caso de. **II.** *s.* molestia, incomodidad, (fam.) lata, pejiguera.
botheration [-éịŝọn], *s.* molestia, fastidio, vejación, disgusto, lata.
bothersome [-sʌm], *a.* molesto, fastidioso.
botryoidal [batrịóịdạl], *a.* arracimado, botriforme.
bottle [bátl]. **I.** *s.* botella; frasco.—**b. capper,** capsuladora.—**b. gourd,** (bot.) güira, calabaza vinatera.—**b. green,** verde botella.—**b. imp,** (fís.) diablillo de Descartes. **II.** *va.* (a veces con **up**) embotellar (un líquido, un ejército, una armada); envasar; enfrascar.
bottleflower [-flaụœ(r)], *s.* (bot.) = BLUE BOTTLE.
bottleful [-fụl], *s.* (contenido de una) botella.
bottleholder [-hoụldœ(r)], *s.* portabotellas; (fam.) partidario; padrino (en duelo); asistente o segundo de un pugilista.
bottleneck [-nɛk], *s.* cuello de botella; estrechura; obstrucción, impedimento, dificultad.
bottlenose [-noụz], *s.* (ict.) especie de delfín, marsopa o cachalote; nariz hinchada por el beber excesivo.
bottler [bátlœ(r)], *s.* embotellador.
bottling [bátlịŋ], *s.* envase, acción de embotellar.—**b. machine,** embotelladora.
bottom [bátọm]. **I.** *s.* fondo; suelo; lecho (de un río, lago, etc.); parte (*f.*) inferior, lo más bajo, pie, *m.*; (fam.) trasero, nalgatorio, culo, posa(dera)s; zanja, cimiento, fundamento; (mar.) casco, barco, buque; base, *f.*, motivo; hez, poso, sedimento (de licores); asiento de una silla; pie, *m.* (de página); (f. c.) balasto; (gen. *pl.*) tierra(s) baja(s).—**at b.,** en el fondo, en realidad.—**b. ice** = ANCHOR ICE.—**b. side up,** (fam.) patas arriba; (mar.) quilla arriba.—**to be at the b. of,** ser causa de; tener la culpa de.—**to go to the b.,** profundizar; (mar.) irse a pique.—**to touch b.,** tocar fondo. **II.** *a.* hondo, bajo; inferior, de abajo; ínfimo; fundamental; (fam.) último. **III.** *va.* poner fondo o asiento a; cimentar, fundar, apoyar, basar; (tec.) acabar, repasar. **IV.** *vn.* apoyarse.
bottomless [-lịs], *a.* sin fondo; insondable.
bottomry [-rị], *s.* (com.) préstamo o contrato a la gruesa, o sobre casco y quilla.
botulism [báchụlịzm], *s.* (med.) botulismo.
boudoir [budwár], *s.* gabinete de señora, tocador.
bouffe [buf], *a.* bufo, cómico.
bough [báụ], *s.* (bot.) rama, ramo, cepo, brazo (de árbol).—**boughpot** [-pat], *s.* florero; ramillete.
bought [bót], *pret.* y *pp.* de TO BUY.

boughten [-ẹn], *a.* (fam.) comprado (a diferencia de lo casero).
bougie [búdži], *s.* (cir.) candelilla, tienta, sonda.
bouillon [búlyan], *s.* caldo, consumado.
boulder [bóuldœ(r)], *s.* canto rodado, pedrejón.
boulevard [búlẹvard], *s.* bulevar.
bounce [báuns]. **I.** *vn.* rebotar; brincar, saltar; lanzarse; echar fieros o bravatas; fanfarronear. **II.** *va.* hacer saltar o botar; (fam. E. U.) despedir, echar con cajas destempladas, poner de patitas en la calle. **III.** *s.* salto, brinco; (re)bote, repullo, respingo; golpazo, porrazo; fanfarronada; bola, mentira, filfa; echada, despedida.
bouncer [-œ(r)], *s.* guapo, fanfarrón; bola, filfa; embustero; (fam. E. U.) guardián fornido que echa a los alborotadores de un café.
bouncing [-iŋ], *a.* fuerte, vigoroso, robusto; gordiflón (bebé); exagerado; fanfarrón.
bound [báund]. **I.** *s.* límite, término, lindero; bote, brinco, corcovo, salto, resalto, rebote. **II.** *va.* deslindar, parcelar, confinar, limitar, ceñir; hacer saltar, botar. **III.** *vn.* saltar, brincar; botar; corvetear.
bound. **I.** *pret.* y *pp.* de TO BIND. **II.** *a.* atado, amarrado, sujeto, ligado; confinado; moral o legalmente obligado; encuadernado (libro); destinado; sentenciado; decidido, resuelto (a); puesto en aprendizaje; (med.) estreñido, estíptico.—**b. for,** (mar.) con destino a, rumbo a.—**b. up in,** absorto, engolfado, enfrascado en; inseparable de; muy consagrado a.—**it is b. to happen,** sucederá fatalmente o seguramente.—**to be b. for,** (fam.) ir a, ir para.
boundary [-ari]. **I.** *s.* límite, linde, lindero, frontera, confín, meta; término, coto; muga, mojón.—**b. line,** ámbito.—**b. marker,** o **stone,** cipo, hito, mojón. **II.** *a.* limítrofe, fronterizo, divisorio.
bounded [-id], *a.* limitado, circunscrito.
bounden [-ẹn], *a.* obligatorio, preciso.
bounder [-œ(r)], *s.* (fam.) persona mal vestida o sin modales; presuntuoso.
bounding [-iŋ], *a.* que mueve a saltos; exuberante; que deslinda, limita, etc.
boundless [-lis], *a.* ilimitado, infinito.—**boundlessness** [-nis], *s.* inmensidad, infinidad.
bounteous [báuntiʌs], *a.* liberal, generoso, dadivoso, largo.—**bounteously** [-li], *adv.* liberalmente, generosamente.—**bounteousness** [-nis], *s.* munificencia o liberalidad, generosidad, largueza.
bountiful [báuntiful], *a.* liberal, dadivoso, generoso, copioso.—**bountifully** [-i], *adv.* liberalmente, generosamente.—**bountifulness** [-nis], *s.* generosidad, liberalidad, largueza, copiosidad.
bounty [báunti], *s.* generosidad, liberalidad, dadivosidad, munificencia; merced, gracia; concesión, subvención, prima.—**b. money,** (mil.) enganche.
bouquet [bukéi], *s.* ramo o ramillete de flores; aroma, *m.*, perfume o nariz (del vino).
Bourbon [búrbọn], *s.* Borbón; conservador, recalcitrante.—**B. whisky,** aguardiente de maíz o de centeno.—**Bourbonic** [-bánik], *a.* borbónico.—**Bourbonism** [búrbọnizm], *s.* borbonismo.
bourdon [búrdọn], *s.* bordón; roncón de gaita; registro de órgano.—**B. ga(u)ge,** manómetro de Bourdon.
bourgeois [bœrdžóis], *s.* (impr.) tipo de nueve puntos.
bourgeois [buržwá], *a.* y *s.* burgués; ordinario; comerciante, industrial.
bourgeoisie [-zí], *s.* clase media, burguesía.
bourgeon [bœ́rdžọn], *V.* BURGEON.
bourn(e [bourn], *s.* límite, linde; meta; arroyo, riachuelo.
bourse [burs], *s.* (com.) bolsa, lonja.
bouse [búz], **bousy** [-i], *V.* BOOZE, BOOZY.
bout [baut], *s.* vez, turno; ataque (de borrachera, de enfermedad); curva o vuelta; encuentro, combate; asalto de esgrima o boxeo.
Bovidæ [bóuvidi], *s. pl.* (zool.) bóvidos.
bovine [bóuvain]. **I.** *a.* bovino, boyuno, vacuno; paciente, sufrido; lerdo, bruto. **II.** *s.* bovino, bóvido.
bow [bau]. **I.** *va.* saludar; hacer reverencia o cortesía; doblar, inclinar; agobiar, oprimir, agravar. **II.** *vn.* inclinarse, arquearse, agacharse; doblarse, torcerse; agobiarse; ceder, someterse. **III.** *s.* saludo, reverencia, cortesía, venia, zalema; (mar.) proa, amura.—**b. chaser,** cañón de caza o de tiro hacia adelante.—**b. oar,** remo o bogador más cercano a la proa.—**on the b.,** (mar.) por la amura.—**to make one's b.,** presentarse, entrar; ser presentado.
bow [bou]. **I.** *s.* arco (para disparar flechas); (mús.) arco de violín; moño; lazada; lazo (de corbata, de cinta, etc.); arzón o fuste de silla.—*pl.* gafas (de anteojos). **II.** *a.* arqueado, encorvado.—**b. compass(es),** bigotera, compás de bomba (compás pequeño de resorte).—**b. hand,** la mano del arco; (mús.) la mano derecha; (ballestería) la mano izquierda (de donde **on the b. hand,** erradamente, por el mal camino).—**b.-legged,** (pati)estevado, perniabierto.—**b. net,** nasa; red de pescar langostas; red para coger pájaros.—**b. pen** = B. COMPASS.—**b. saw,** sierra de arco.—**b. tie,** corbata en forma de lazo.—**b. window,** ventana saliente o arqueada; mirador. **III.** *va.* y *vn.* arquear(se), encorvar(se); tocar (el violín, etc.) con el arco.
bowdlerize [báudlœraiz], *va.* recortar, mutilar o expurgar (un escrito).
bowel [báuẹl]. **I.** *s.* intestino, tripa.—*pl.* entrañas; (fam.) bandullo, mondongo. **II.** *va.* destripar.
bower [báuœ(r)]. **I.** *s.* glorieta, emparrado, cenador, enramada; morada retirada; (mar.) ancla de proa o de leva (ll. t. **b. anchor**).—**b. bird,** tilonorinco (pájaro australiano). **II.** *va.* emparrar.
bower [bóuœ(r)], *s.* músico de arco; arquero, hacedor de arcos.
bowery [báuẹri]. **I.** *s.* cortijo, granja.—**the B.,** calle de Nueva York frecuentada en otros días por el pueblo bajo. **II.** *a.* frondoso, sombreado.
bowie knife [bói naif], *s.* cuchillo de monte.
bowknot [bóunat], *s.* nudo corredizo, lazada.
bowl [boul]. **I.** *s.* escudilla, cuenco; hueco, concavidad; tazón de fuente; palangana, jofaina (para lavarse); bolo, bola, bocha, boliche (juego); copa, vaso (de vino, etc.); bol, ponchera; tabaquera (de pipa); paleta (de cuchara).—*pl.* juego de bolos; rodillos de calandria. **II.** *va.* (a veces con **over**) tumbar con una bola; derribar, abatir; hacer rodar; tirar las bolas. **III.** *vn.* bolear, jugar a las bochas.—**to b. along,** rodar rápida y llanamente (un coche, etc.).
bowlder [bóuldœ(r)], *s.* = BOULDER.
bowleg [bóulɛg], *s.* pierna corva o estevada.
bowler [bóulœ(r)], *s.* jugador de bolos o bochas; (Ingl.) sombrero hongo; (Am.) bombín.
bowline [bóulin], *s.* (mar.) bolina, boliche.
bowling [bóuliŋ], *s.* juego de bolos; bola, boleo, chirinola.—**b.-alley, b.-green,** bolera, boleo, boliche, mallo.
bowman [bóumạn], *s.* arquero, flechero, asaeteador.
bowshot [bóušat], *s.* tiro de flecha.
bowsprit [báusprit], *s.* (mar.) bauprés.
bowstring [bóustriŋ]. **I.** *s.* cuerda de arco; dogal para ahorcar. **II.** *va.* estrangular con cuerda.
bowwow [báuwáu], **I.** *s.* ladrido, guau; (fam.) perro. **II.** *vn.* ladrar.
bowyer [bóuyœ(r)], *s.* arquero.
box [baks], *s.* caja, cajón; estuche; cofre, arca; palco de teatro; apartado (de correos); bofetada, manotazo, puñada, revés; establo; casilla; compartimento, sección, recinto; cavidad, corte (en un árbol); (mar.) bitácora; (carr.) pescante; (impr.) cajetín; (mec.) buje, caja, cojinete, manguito; (bot.) boj(e).—**b. calf,** cuero de becerro curtido con cromo.—**b. camera,** cámara rígida o de cajón.—**b. car,** (f. c.)

furgón, vagón cubierto.—**b. coat,** sobretodo (apl. esp. al de viaje).—**b. coupling,** acoplamiento de manguito.—**b. girder,** viga de cajón o tubular.—**b. kite,** cometa celular.—**b. office,** (teat.) taquilla, casilla, contaduría, (Am.) boletería.—**b. office success,** éxito de taquilla.—**b. plaiting,** (cost.) plegado, pliegue de tabla.—**b. seat,** (teat.) asiento de palco.—**to be in a b.,** hallarse en un aprieto o brete.
box. **I.** *va.* encajonar, embalar; apuñear, abofetear, sobar.—**to b. the compass,** (mar.) cuartear la aguja. **II.** *vn.* boxear.
boxer [-œ(r)], *s.* boxeador, púgil; embalador; (perro) bóxer; (**B.**) bóxer, miembro de la sociedad patriótica china de los boxers.
boxhaul [-hɔl], *va.* (mar.) virar en redondo; abroquelar.
boxing [-iŋ], *s.* encajonamiento, empaque, embalaje; madera para encajonar; box(eo), pugilato; pugilismo; (carp.) marco de puerta o de ventana; (mar.) escarpe.
boxthorn [-θɔrn], *s.* (bot.) arto(s), cambronera, tamujo.
boxwood [-wud], *s.* (bot.) boj(e); especie de cornejo u otros arbustos; madera de boj.
boy [bói], *s.* muchacho, niño, chico, rapaz, *m.;* hijo varón; mozo; criado, lacayo; (mar.) grumete.—**b. friend,** (fam.) amigo; (fam.) compañero; (fam.) enamorado; (fam.) novio.—**b. scout,** niño explorador.
boycott [-kat]. **I.** *va.* excluir, boicotear, boycot(e)ar. **II.** *s.* exclusión, boicoteo o boicot.
boyhood [-hud], *s.* muchachez, puericia.
boyish [-iŝ], *a.* amuchachado, mucheril, pueril.
boyishly [-li], *adv.* como muchacho.
boyishness [-nis], *s.* muchachada, niñada, niñería, puerilidad; talante de muchacho.
bra [bra], *s.* *V.* BRASSIÈRE.
braccate [brǽkeit], *a.* (orn.) (pati)calzado.
brace [bréis]. **I.** *va.* ligar, asegurar; reforzar; fortalecer, vigorizar; (carp.) ensamblar, (Am.) empatar; (arq.) (ar)riostrar, atirantar; (mar.) bracear; cercar, rodear; (impr.) abrazar con llave o corchete. **II.** *vn.* (con **up**) (fam.) animarse, rehacerse. **III.** *s.* abrazadera, laña, grapón, broche, manija, traba, braza; (carp.) berbiquí; tornapunta; (arq.) riostra, tirante, puntal, viento; anclaje, silla, mordaza; can, canecillo; (carr.) sopanda; un par (de pistolas, perdices, etc.); (cir.) braguero; (impr.) corchete, llave, { }; (mús.) ligadura.—**b. bit,** taladro o barrena de berbiquí.—**b. drill,** parahuso.—*pl.* tirantes o tiradores del pantalón; (mar.) brazas.
bracelet [-lit], *s.* brazalete, ajorca, pulsera, manilla; (arm.) brazal.
bracer [-œ(r)], *s.* brazal; (med.) medicament tónico y fortificante; (fam.) bebida fortificante, copa, trago; abrazadera, afianzador, laña; cinto, venda.
brachial [bréikiąl], *a.* braquial.
brachiopod [-opad], *s.* y *a.* (zool.) braquiópodo.
brachium [bréikiʌm], *s.* (anat.) brazo superior.
brachycephalic [brækisɛfǽlik], **brachycephalous** [-séfąlʌs], *a.* (anat.) braquicéfalo.
brachygrafy [brækígrąfi], *s.* braquigrafía.
bracing [bréisiŋ]. **I.** *a.* fortificante, tónico. **II.** *s.* amarra, ligazón, *f.,* refuerzo, trabazón, *f.,* arriostramiento; (mar.) braceaje.—**b. rope,** viento.
bracken [brǽkęn], *s.* (bot.) helecho; helechal.
bracket [brǽkit]. **I.** *s.* ménsula, soporte asegurado en la pared; brazo o sostén de lámpara, candelabro, mechero de gas, etc., asegurado en la pared; consola, repisa, rinconera; (arq.) modillón, ménsula; clase, *f.,* grupo; categoría.—*pl.* corchetes, paréntesis angulares [ ]. **II.** *va.* poner entre paréntesis; unir, juntar; poner en una misma clase.
brackish [brǽkiŝ], *a.* salobre, salado.
brackishness [-nis], *s.* sabor salobre, salobridad.
bract [brǽkt], *s.* (bot.) bráctea.
bractlet [-lit], *s.* (bot.) bractéola.
brad [brǽd], *s.* clavo de ala de mosca; puntilla, agujuela, hita, espiga, saetín.
bradawl [-ɔl], *s.* lesna o punzón para agujeros de clavos, etc.
bradypepsia [brædipépsią], *s.* (med.) bradipepsia.
brag [bræg]. **I.** *s.* jactancia, fanfarronada; farolero, fanfarrón; juego de naipes. **II.** *va.* y *vn.* jactarse (de), fanfarronear, blasonar, baladronear, darla (de), hacer alarde (de), preciarse (de); (fam.) farolear.
braggadocio [brægądóuŝiou], *s.* fanfarria, ronca, bravata; fanfarrón, baladrón, farolón.
braggart [brǽgärt], *a.* jactancioso, bravucón.
braggart, bragger [brǽgœ(r)], *s.* jaque, matasiete.
braggartism [-izm], *s.* jactancia o fanfarronería, vana ostentación.
braggingly [brǽgiŋli], *adv.* jactanciosamente.
Brahman, Brahmin [brámin], *s.* bracmán, brahmán, brahmín.
Brahmanic(al, Brahminic(al [bramǽnik(ąl, -ínik(ąl], *a.* bracmánico, brahmánico, brahmínico.
Brahmanism [brámiṇizm], *s.* brahmanismo.
braid [breid]. **I.** *va.* trenzar, entrelazar; (cost.) acordonar, trencillar, bordar con cordoncillo o de realce; galonear. **II.** *s.* galón, alamar, trencilla; trenza, crizneja.
brail [breil]. **I.** *va.* (mar.) cargar las velas. **II.** *s.* (ú. gen. en *pl.*) candaliza, cargadera.
braille [breil], *s.* escritura en relieve para uso de los ciegos.
brain [bréin]. **I.** *s.* (anat.) cerebro, seso; encéfalo, meollo, sesera.—*pl.* sesos; (fig.) inteligencia, juicio.—**to have on the b.,** tener una obsesión por, tener (algo) fijo en la mente.—**to rack one's brains,** (fam.) quebrarse uno la cabeza. **II.** *va.* hacer saltar los sesos a; romper la crisma a.
brain child, *s.* (fam.) realización concreta de una idea o inspiración.
brain fever, *s.* (med.) fiebre (*f.*) cerebral.
brainless [-lis], *a.* sin sesos; tonto, insensato.
brainpan [-pæn], *s.* (anat.) cráneo, sesera.
brain power, *s.* capacidad mental.
brainsick [-sik], *a.* chiflado.
brainstorm [-stɔrm], *vn.* dar o sugerir ideas (en reunión, conferencia, etc.).
brain storm, *s.* acceso violento pero transitorio de locura; confusión; (fam.) buena idea.
brain trust, *s.* (E. U., fam.) grupo advisorio o consejero de intelectuales.
brain tumor, *s.* (med.) tumor cerebral.
brainwash [-waŝ], *va.* (fam.) lavar el cerebro; adoctrinar.
brainwashing [-waŝiŋ], *s.* (fam.) lavado cerebral.
brain wave, *s.* (fam.) idea o inspiración repentina; (med.) impulso eléctrico cerebral.
brain work, *s.* trabajo u ocupación intelectual.
brainy [-i], *a.* (fam.) sesudo, inteligente.
braise [breiz], *va.* (coc.) perdigar la carne y ponerla a hervir a fuego lento en cazuela.
braize [breiz], *s.* (ict.) pargo.
brake [bréik]. **I.** *s.* (bot.) helecho (*v.* BRACKEN); agramadera, agramador (para lino, cáñamo); jaral, matorral, mato, soto; (f. c., aut., etc.) freno; plancha (de diligencia); (mar.) guimbalete de bomba; amasadera; (agr.) grada, rastra; palanca, espeque.—**b. band,** cinta de freno.—**b. beam,** barra del freno.—**b. block,** portazapata de freno; zapata, mordaza.—**b. drum,** tambor de freno.—**b. efficiency,** rendimiento al freno.—**b. horsepower,** potencia al freno.—**b. lever,** palanca de freno.—**b. lining,** forro de freno.—**b. pedal,** (aut.) pedal de freno.—**b. rod,** varilla de freno.—**b. shoe,** zapata de freno, calzo. **II.** *va* (f. c., aut.) (en)frenar; espad(ill)ar, tascar (cáñamo, lino); amasar pan; (agr.) gradar, desterronar con la grada.
brakeman [-man], *s.* (f. c., etc.) guardafrenos.
braky [-i], *a.* espinoso, jaroso, matoso.

bramble [brǽmbl], *s.* (bot.) zarza, cambrón.—*pl.* jijallar, zarzal.—**b. berry,** (zarza)mora.
brambled [-d], *a.* breñoso, zarzoso.
brambling [-bliŋ], *s.* (orn.) pinzón.
brambly [-bli], *a.* zarzoso.
bran [bræn], *s.* salvado, afrecho.—**b. bread,** acemita.
branch [brǽnch]. **I.** *s.* rama (de árbol o familia); ramo (de árbol, ciencia, arte o industria); dependencia, división o sección; sarmiento (de vid, etc.); ramal, brazo; afluente, tributario (de río); (com.) sucursal, *f.;* (f. c.) ramal, bifurcación; (mil.) arma (de las fuerzas armadas); (elec.) derivación.—*pl.* ramas, ramaje. **II.** *a.* dependiente, tributario, sucursal.—**b. post office,** estafeta. **III.** *vn.* ramificarse; echar pitones, astas o ramas; (f. c.) empalmar.—**to b. off,** bifurcarse, separarse, dividirse.—**to b. out,** divergir, ampliar, extenderse. **IV.** *va.* ramificar, dividir en ramas; (elec.) derivar; (cost.) bordar.
brancher [-œ(r)], *s.* (cetr.) halcón ramero.
branchia [brǽŋkiä], *s.* branquia (de pez, etc.).
branchial [-l], *a.* branquial.
branchiferous [-kífęrʌs], *a.* branquífero.
branchiness [brǽnchinis], *s.* frondosidad.
branching [-iŋ], *s.* bifurcación, ramificación.
branchless [-lis], *a.* sin ramas, desramado.
branchlet [-lit], *s. dim.* ramita.
branchy [-i], *a.* ramoso.
brand [brǽnd]. **I.** *s.* tizón o tea; (poét.) espada, rayo; sello o marca de fábrica; calidad; hierro de marcar reses y la marca; estigma, mancha, baldón.—**b. goose,** (zool.) oca silvestre.—**brand(ing) iron,** hierro de marcar, (Am.) calimba, carimbo.—**b.-new,** enteramente nuevo, nuevecito, flamante. **II.** *va.* herrar, marcar con hierro candente, grabar a fuego, (Am.) calimbar; tildar, tiznar (de malo, etc.); infamar, desdorar.
branding [-iŋ], *s.* herradero, (Am.) hierra.
brandish [brǽndiŝ]. **I.** *va.* blandir, blandear, cimbrar, florear. **II.** *s.* (esgr.) floreo, molinete.
brandling [brǽndliŋ], *s.* (ent.) gusano para cebo; (ict.) esg ín.
brandy [brǽndi]. **I.** *s.* brandy, coñac, aguardiente. **II.** *va.* conservar, mezclar o saborear con aguardiente.
bran-new [brǽnniú], *a.* nuevecito, enteramente nuevo.
branny [brǽni], *a.* parecido al salvado.
brant [brænt], *s.* (orn.) oca silvestre.
brash [bræŝ]. **I.** *a.* quebradizo (madera); (fam.) impetuoso; temerario; descarado, insolente. **II.** *s.* (med.) acedía; erupción; montón de escombros.
brasier [bréiẑœ(r)], *s. V.* BRAZIER.
brass [bræs]. **I.** *s.* latón; bronce, azófar; cualquier objeto de latón; (fam.) descaro, desfachatez; calderilla (dinero); (fam.) el alto mando, la oficialidad (ll. t. **b. hats**).—*pl.* (mec.) bronces, (anillos de) cojinetes; (mús.) cobres (instrumentos).—**b. band,** banda (militar), charanga, murga.—**b. knuckles,** (Am.) manopla.—**b. works,** latonería.—**to get down to b. tacks,** entrar en materia, ir al grano. **II.** *va.* revestir de latón.
brassard [brǽsard], *s.* (arm.) brazal, brazalete; brazal, faja que ciñe la manga.
brassart [brǽsärt], *s.* (arm.) = BRASSARD.
Brassicaceæ [bræsikéiŝii], *s. pl.* (bot.) crucíferas.
brassie [brǽsi], *s.* uno de los palos o mazos en el juego de golf (ll. t. **brassy**).
brassiere [brązír], *s.* sostén, portasenos.
brassiness [brǽsinis], *s.* calidad de bronceado; (fam.) desfachatez, descaro, caradura; bajeza.
brassware [-wɛr], *s.* objetos de latón, latonería.
brassy [-i], **brassish** [-iŝ] *a.* de latón; (fam.) descarado, descocado, desvergonzado.
brat [bræt], *s.* (despec.) rapaz, mocoso.
brattice [brǽtis]. **I.** *s.* (min.) ademe. **II.** *va.* ademar.
bravado [bravádou], *s.* bravata, baladronada.
brave [bréiv]. **I.** *a.* bravo, valiente, denodado, alentado, animoso, esforzado; bizarro, gallardo. **II.** *va.* desafiar, arrostrar, acarar. **III.** *s.* valiente; guerrero (apl. a los indios norteamericanos).
bravely [-li], *adv.* brava, esforzada, valerosa o valientemente; bizarra o gallardamente.
bravery [-ęri], *s.* valentía, valor, ánimo, aliento; bizarría, proeza, heroísmo; esplendor, magnificencia.
bravo [brávou]. **I.** *s.* asesino pagado o asalariado. **II.** *interj.* ¡bravo!
bravura [bravįúrą], *s.* (mús.) bravura; corage, arrojo, osadía, intrepidez.
brawl [brǫl]. **I.** *s.* alboroto, disputa, camorra quimera, pendencia, trapisonda. **II.** *vn.* alborotar, armar camorra, trapisondear, vociferar, vocinglear. **III.** *va.* decir gritando.
brawler [-œ(r)], *s.* camorrista, pendenciero.
brawling [-iŋ]. **I.** *s.* alboroto, vocinglería. **II.** *a.* pendenciero, vocinglero.
brawn [brǫn], *s.* músculo, fuerza muscular; pulpa; carne dura; carne de verraco.
brawniness [-inis], *s.* fortaleza, musculatura.
brawny [-i], *a.* fuerte, musculoso, membrudo.
braxy [brǽksi]. **I.** *s.* fiebre (*f.*) carbuncular del ganado lanar; res (*f.*) lanar atacada de este mal. **II.** *a.* atacado de dicha fiebre.
bray [bréi]. **I.** *va.* majar, triturar, moler, pulverizar; emitir ruidos discordes. **II.** *vn.* rebuznar, roznar. **III.** *s.* rebuzno, roznido; ruido bronco.
brayer [-œ(r)], *s.* rebuznador; (impr.) rodillo.
braying [-iŋ], *s.* rebuzno, roznido; ruido bronco.
braze [bréiz], *va.* soldar con soldadura fuerte o de latón; broncear; hacer duro o descocado.
brazen [-ęn]. **I.** *a.* (como) de latón; broncíneo; bronco; descarado.—**b.-browed, b.-faced,** *a.* descocado.—**b. face,** *s.* cara de vaqueta, sinvergüenza. **II.** *va.* hacer desvergonzado.—**to b. it out,** *o* **through,** hacer frente a; sostener o llevar a cabo con desfachatez.
brazenness [-nis], *s.* descaro, desvergüenza, caradura.
brazier [breiẑœ(r)], *s.* latonero, calderero; brasero, copa, maridillo, rejuela.
braziery [-i], *s.* latonería.
Brazil [brązíl], *s.* Brasil.
brazil, brazilwood [brązíl, -wud], *s.* palo brasil.—**Brazil nut** [-nʌt], nuez del Brasil.
braziletto [-étou], *s.* (bot.) brasilete, brasil.
Brazilian [brązílian], *a.* y *s.* brasileño.
brazilin [brǽzilin], *s.* (quím.) brasilina.
brazing [bréiziŋ], *s.* soldadura fuerte.—**b. metal,** latón de soldar, soldadura de latón.
breach [brich]. **I.** *s.* rotura, fractura; quebrantamiento; infracción, violación; brecha, abertura; disensión, escisión, rompimiento de las relaciones; (mar.) rompiente, oleaje; salto de ballena.—**b. of faith,** *o* **of trust,** abuso de confianza, prevaricación.—**b. of promise,** incumplimiento de la palabra de casamiento.—**b. of the peace,** perturbación del orden público.—**more honored in the b. than in the observance,** que descuella más por lo que se viola que por lo que se observa (precepto, principio, etc.). **II.** *va.* hacer brecha; batir en brecha; aportillar.
bread [bréd], *s.* pan.—**b. and butter,** pan con mantequilla; (fig.) sustento diario; (usado como adjetivo, mercenario; menesteroso; relativo a la subsistencia).—**b. basket,** panera; (fam.) panza.—**b. corn,** *o* **grain,** cualquier grano de que se hace pan.—**b. crumb,** miga de pan; pan desmigado o rallado.—**b. line,** fila de menesterosos que piden pan donde se distribuye gratis.—**to earn one's b.,** *o* **one's b. and butter,** ganarse el pan o la vida.—**to know on which side one's b. is buttered,** saber dónde aprieta el zapato. **II.** *va.* dar pan

a; (coc.) empanar, envolver en masa de harina. —**breaded cutlet,** chuleta empanada.
breadboard [-bɔrd], *s.* tabla para amasar o cortar pan.
breadfruit [-frut], *s.* (bot.) árbol del pan y su fruto.
breadstuff [-stʌf], *s.* cereales, granos, harinas, etc., que sirven para pan.—*pl.* panes.
breadth [brédθ] *s.* anchura, ancho; holgura; envergadura; latitud; liberalidad; (cost.) paño, ancho de una tela.—**b. of beam,** (mar.) manga.
breadthwise [-wa̧iz], *adv.* a lo ancho.
breadwinner [brédwi̧nœ(r)], *s.* el que se gana la vida (para sí o para su familia); productor.
break [bréi̧k], *va.* (*pret.* BROKE o BRAKE (poét.); *pp.* BROKEN o BROKE) romper, quebrar, fracturar, partir; romper, suspender (relaciones, etc.); infringir, violar (la ley, etc.); abrir brecha en; domar, amansar; degradar (a un oficial, etc.); quebrar, arruinar; cortar, interrumpir; dividir, reducir a fragmentos o partes, quebrantar; cambiar (un billete, etc.); moderar, amortiguar; exceder, ir más allá de; dar o comunicar suave o cautelosamente (una mala noticia, etc.); picar (piedra); descifrar (una llave); descomponer; anular (un testamento).—**to b. a house,** entrarse a una casa con intentos criminales.—**to b. a lance with,** batirse con.—**to b. a straw,** reñir.—**to b. asunder,** separar, partir, dividir.—**to b. bread,** comulgar o dar de comulgar.—**to b. bread with,** sentarse a la mesa o a comer con; gozar de la hospitalidad de.—**to b. camp,** levantar el campo.—**to b. down,** destruir, demoler, aportillar; desmembrar; descomponer (cifras, etc.).—**to b. ground,** abrir o remover la tierra, roturar; empezar a cavar; principiar una empresa; (mar.) levar ancla.—**to b. in,** forzar, romper o abrir empujando hacia adentro; domar, amansar, desbravar (caballos, etc.); adiestrar.—**to b. in** o **to pieces,** despedazar, hacer añicos, cascar, desbaratar, destrozar, frangir.—**to b. jail,** escaparse de la cárcel.—**to b. of a habit,** desacostumbrar(se), deshabituar(se).—**to b. off,** cortar; desgajar (un ramo); desentablar (un pacto, etc.); dejar sin concluir.—**to b. one's neck,** desnucarse; (fam.) romperse el alma, desalarse, precipitarse.—**to b. open,** abrir a la fuerza, forzar, descerrajar.—**to b. out,** forzar, quitar; aflojar, abrir; (mar.) sacar (carga) de la bodega. —**to b. the back,** derrengar, quebrar la espalda; agobiar, postrar; pasar de lo peor o más difícil (de un apuro).—**to b. the bank,** hacer saltar la banca (en el juego).—**to b. the heart of,** acongojar, matar (fig.) de dolor.—**to b. the ice,** pasar de las primeras dificultades; cobrar confianza; comenzar.—**to b. the record,** exceder o sobrepujar el record, superar la marca. —**to b. the tape,** llegar el primero a la meta (en una carrera).—**to b. up,** dividir en partes, desmenuzar, fraccionar, fragmentar; roturar (la tierra); abrir (una mina, etc.); desbaratar, desguazar (un buque); forzar (una puerta, etc.); disolver (un parlamento, etc.); desconcertar, confundir; levantar (casa, el campo, etc.).—**to b. upon the wheel,** enrodar.
break, *vn.* romperse, quebrarse, partirse; reventar (una apostema, etc.); quebrar, hacer bancarrota; descomponerse; fracasar, frustrarse; romper (con una persona, la costumbre, etc.); separarse, desprenderse violentamente; salir, brotar; apuntar, rayar (el día); saltar (un pez); estallar; brotar, florecer; desfallecer, descaecer; fallar (la voz); ceder, dispersarse; partir antes de tiempo.—**to b. apart,** desunirse.—**to b. away,** desprenderse; zafarse; escaparse; desaparecer, disiparse.—**to b. cover(t),** salir (la caza) de su escondite.—**to b. down,** desbaratarse; irse abajo; perder la salud, el valor o el ánimo; abatirse, desesperarse; (mec.) descomponerse, sufrir una avería.—**to b. even,** (fam.) salir sin ganar ni perder.—**to b. forth,** salir, brotar; exclamar; prorrumpir.—**to b. from,** desprenderse de, desasirse.—**to b. in,** entrarse (sobre todo forzando puertas, etc.).—**to b. in upon,** aparecerse a de sopetón, sorprender; irrumpir; meter baza (en una conversación).—**to b. into,** soltarse en (risa, llanto), pasar repentinamente a; forzar, violentar.—**to b. loose,** separarse, desprenderse; escaparse o fugarse.— —**to b. off,** separarse, desprenderse; desistir; interrumpirse; romper (con alguien).—**to b. open,** cascarse.—**to b. out,** brotarse; estallar (una guerra); empezar (una epidemia); echar a hablar, soltarse; (med.) salpullir, salir granos en el cuerpo; (arq.) sobresalir.—**to b. through,** abrirse paso o camino por (entre); salvar.—**to b. up,** desmenuzarse, hacerse pedazos o fragmentos; dispersarse; disolverse; levantarse (una sesión).—**to b. wind,** ventosear, peer.
break, *s.* rotura, rompimiento, ruptura; abertura, grieta, raja; comienzo, principio; pausa, intervalo, interrupción, solución de continuidad; vacío, claro, hueco; pifia, disparate (**to make a b.,** cometer un disparate o pifia, obrar con desacierto); gallo, nota falsa (en el canto); (elec.) interruptor; abertura, distancia entre contactos; (com.) baja (en el mercado); (fam.) chiripa, casualidad o coyuntura feliz.—**an even b.,** oportunidad igual o justa; empate; (salir, estar, etc.) sin ganar ni perder.—**b. of day,** alba, amanecer.—**to give one a b.,** mostrarse compasivo o servicial al que se halla en un apuro.
breakable [-a̧bl], *a.* quebradizo, frágil, frangible, rompible.
breakage [-i̧dẑ], *s.* fractura, rotura, rompimiento; desbarate, destrozo, estropicio; indemnización por cosas quebradas (en el tránsito, etc.).
breakax(e [-æks], *s.* (bot.) quiebrahacha, *m.*, jabí.
breakbone fever [-bou̧n fívœ(r)], *s.* (med.) dengue.
breakdown [-dau̧n], *s.* vuelco, caída, derrumbamiento; desbarajuste, trastorno, fracaso; interrupción, paralización (de servicio, etc.); (mec.) avería (de motor, etc.); (com.) descomposición (de cifras, etc.); (E. U.) zapateado de negros; debilidad, agotamiento, postración.
breaker [-œ(r)], *s.* roturador; infractor; quebrantador, rompedor; (máquina) quebrantadora; (elec.) disyuntor; (mar.) bota de agua.—*pl.* rompientes, cachones (olas).
breakfast [brékfa̧st]. **I.** *vn.* desayunarse, almorzar. **II.** *s.* desayuno, almuerzo.
breaking [bréi̧ki̧ŋ]. **I.** *s.* fractura, quebradura, quebrant(amient)o; desgaje; rompimiento, ruptura (a veces con **off**); interrupción; doma, amansamiento (de caballos); (agr.) tierra roturada.—**b. load,** (ing.) carga de fractura.— **b. up,** cierre, disolución, dispersión; (agr.) rotura(ción), (mar.) desguace. **II.** *a.* quebrantante, quebrantador, rompiente, saltadizo.
breakneck [-nɛk]. **I.** *s.* despeñadero, precipicio. **II.** *a.* precipitado, rápido.
breakthrough [-θru], *s.* (mil.) brecha, rompimiento (de una trinchera, línea de batalla, etc.); avance sensacional (esp. en investigaciones científicas).
breakup [-ʌp], *s.* separación, disolución; dispersión; cesación, terminación; colapso, postración
breakwater [-wɔtœ(r)], *s.* quebrantaolas, rompeolas, malecón, escollera, espolón.
bream [brim], *s.* (ict.) brema, pez (*m.*) de agua dulce. *V.* SEA BREAM.
bream, *va.* (mar.) limpiar fondos.
breast [brést]. **I.** *s.* pecho, seno; teta; pechuga de ave; pecho, corazón, interior del hombre; (arm.) peto; (arti.) testera; (arq.) toro; (min.) frente o cara de veta o filón; (carr.) comba del cubo de una rueda.—**b. collar,** (tal.) collera.—**b.-deep,** de hondura que llega o da al pecho.—**b. drill,** (mec.) berbiquí.—**b.-fed,** amamantado, criado a los pechos.—**b. harness,** (tal.) arnés de pretal. —**b.-high,** a altura de pecho; alto hasta el pecho.—**b. pump,** mamadera.—**b. strap,** (tal.) pechera, petral, zambarco.—**b. stroke**

swimming, natación de pecho.—**b. wheel,** (hidr.) rueda de costado.—**to make a clean b. of,** confesar, reconocer con franqueza. **II.** *va.* arrostrar resueltamente; amamantar, dar el pecho a.
breastband [-bænd], *s.* (tal.) petral o pretal.
breastbone [—boun], *s.* (anat.) esternón.
breastfast [-fæst], *s.* (mar.) amarra del través.
breasthooks [-huks], *s. pl.* (mar.) buzardas.
breastpin [-pin], *s.* broche, prendedor.
breastplate [-pleit], *s.* peto; pretal; pectoral.
breastplow [-plau], *s.* arado de pecho.
breastrail [-reil], *s.* antepecho.
breastsummer [-sʌmœ(r)], *s.* (arq.) solera, cabio superior de puerta o ventana.
breastwork [-wœrk], *s.* (mil., gen. *pl.*) trinchera, parapeto; antepecho; (mar.) propao.
breath [brɛθ], *s.* aliento, respiración, resuello; hálito, soplo; pausa, respiro; instante, momento.—**b.-taking,** conmovedor, pasmoso, sorprendente.—**in a b.,** de un resuello.—**in the same b.,** al mismo tiempo, a renglón seguido. —**out of b.,** sin aliento, sofocado, jadeante.—**under one's b.,** en voz baja.
breathable [bríðabl], *a.* respirable.
breathe [brío]. **I.** *vn.* respirar, resollar, alentar; vivir; descansar, tomar aliento; soplar, avahar; aspirar, exhalar. **II.** *va.* inspirar, respirar; exhalar; dar aire o desahogo; sugerir, revelar.—**to b. one's last,** dar el último suspiro, boquear, morir, expirar.—**to b. upon,** (fig.) empañar.
breather [-œ(r)], *s.* respirador; viviente; inspirador; tregua, descanso; (fam.) ejercicio violento.
breathing [-iŋ], *s.* respiración, respiro, resuello, vaharada; aire suave; inspiración; aspiración; comunicación; (fon.) aspiración.—**b. hole,** respiradero.—**b. place,** pausa, cesura; lugar de descanso.—**b. spell,** tregua, descanso, respiro, reposo.
breathless [bréθlis], *a.* falto de aliento, sin resuello; jadeante; intenso, expectante; muerto.
breathlessness [-nis], *s.* desaliento; muerte, *f.*
breccia [bréchiä], *s.* (min.) (mármol) brecha.
bred [brɛd], *pret.* y *pp.* de TO BREED.
breech [brích]. **I.** *s.* trasero, posaderas, nalgas; (arti.) recámara, culata, cierre.—**b. block,** (arti.) obturador.—**b. cloth, b. clout,** culero, taparrabo.—**b.-loading,** (arti.) de retrocarga. **II.** *va.* poner calzones; zurrar; poner recámara a un arma.
breeches [-iz], *s. pl.* calzones, bragas, pantalones. —**b. buoy,** salvavidas en forma de bragas, boya pantalón.—**to wear the b.,** llevar los calzones.
breeching [-iŋ], *s.* (tal.) retranca, cejadero del arnés; zurra; (mar.) bragueros (*m. pl.*) de cañón.
breechloader [-lóudœ(r)], *s.* arma de retrocarga.
breed [bríd]. (*pret.* y *pp.* BRED). **I.** *va.* criar, engendrar, multiplicar, procrear; empollar; parir; ocasionar, producir; educar.—**to b. in-and-in,** procrear sin mezclar razas. **II.** *vn.* multiplicarse; padrear; empollar (abejas); parir; sacar cría. **III.** *s.* casta, raza, progenie, prole, *f.;* generación; lechigada; ralea.
breeder [-œ(r)], *s.* criador (de ganado, etc.), ganadero; padre, (animal) reproductor o semental; paridera (hembra).—**b. reactor,** (fís.) reactor reproductor, regenerador, regenerativo.
breeding [-iŋ]. **I.** *s.* cría; crianza, educación; modales, *m.pl.*, urbanidad; (fís.) reproducción. **II.** *a.* de criar, que cría.—**b. ground,** criadero.
breeze [bríz], *s.* brisa, aura, airecillo, oreo, orilla; (fam.) agitación, excitación; vago rumor, murmuración; cisco de coque; (ent.) tábano.
breezeless [-lis], *a.* sin aire.
breezy [-i], *a.* airoso, ventilado; animado, garboso, vivo.—**it is b.,** hace brisa.
bregma [brégmä], *s.* (anat.) bregma, *m.*
brethren [bréðrin], *s. pl.* hermanos, cofrades (miembros de una fraternidad, iglesia, etc.).
Breton [brétọn], *a.* y *s.* bretón.
breve [briv], *s.* (mús.) breve; (pros.) marca de sílaba breve; (for.) escrito.
brevet [brẹvét]. **I.** *s.* (mil.) graduación honoraria (sin el sueldo correspondiente), grado. **II.** *a.* (mil.) graduado; honorario, de grado. **III.** *va.* (mil.) graduar, conferir grado honorario a.
breviary [bríviẹri], *s.* (igl.) breviario.
brevier [brẹvír], *s.* (impr.) breviario, tipo de ocho puntos.
brevipennate [brɛvipéneit], *s.* y *a.* (orn.) brevipenne, corredor.
brevirostral, brevirostrate [-rástrạl, -reit], *a.* (orn.) corto de pico.
brevity [bréviti], *s.* brevedad; concisión.
brew [brú]. **I.** *va.* hacer cerveza o té, etc.; fraguar, urdir, tramar. **II.** *vn.* elaborar cerveza; formarse, prepararse: *a storm is brewing,* se prepara, o amenaza, una tormenta. **III.** *s.* mezcla.
brewage [-idž], *s.* brebaje.
brewer [-œ(r)], *s.* cervecero.—**b.'s grains,** hez o heces.—**b.'s yeast,** jiste, levadura de cerveza.
brewery [-i], *s.* cervecería, fábrica de cerveza.
brewhouse [-haus], *s.* = BREWERY.
brewing [-iŋ], *s.* elaboración de cerveza; cantidad de cerveza que se hace de una vez; señales de borrasca.
brewis [brúis], *s.* sopa; caldo espeso.
briar [bráiä(r)]. *V.* BRIER.
bribe [bráib]. **I.** *s.* cohecho, soborno.—**b. money** (fam.) unto amarillo.—**to take bribes,** dejarse sobornar. **II.** *va.* cohechar, sobornar; (fam.) untar las manos o el carro.
briber [-œ(r)], *s.* cohechador, sobornador.
bribery [-ẹri], *s.* cohecho, soborno.
bric-a-brac [bríkabræk], *s.* objetos de arte, artículos curiosos y de gusto; baratijas, chucherías.
brick [brík]. **I.** *s.* ladrillo; aglomerado (de carbón); (fam.) buen chico, persona simpática.—**b. clay, b. earth,** arcilla o barro de ladrillos.—**b. hammer,** aciche.—**b. ice-cream,** queso helado.—**b. pavement,** enladrillado.—**b. tea,** té prensado. *V.* BRIQUET(TE. **II.** *va.* (en)ladrillar.
brickbat [-bæt], *s.* tejoleta, tejuela.
brickkiln [-kil], *s.* horno de cocer ladrillos.
bricklayer [-leiœ(r)], *s.* albañil, (en)ladrillador.
brickmaker [-meikœ(r)], *s.* ladrillero.
brickmaking [-iŋ], *s.* fabricación de ladrillos.
brickwork [-wœrk], *s.* enladrillado, enladrilladura, albañilería, mampostería, obra de fábrica.
bricky [-i], *a.* ladrilloso.
brickyard [-yard], *s.* ladrillar; adobería.
bridal [bráidạl]. **I.** *a.* nupcial.—**b. bed,** tálamo. —**b. song,** epitalamio.—**b. trip,** viaje de novios. **II.** *s.* boda, fiesta nupcial.
bride [bráid], *s.* novia, desposada.—**bridecake,** torta o pan de la boda.—**bridechamber,** tálamo.
bridegroom [-grum], *s.* novio, desposado.
bridesmaid [-zmeid], *s.* madrina de boda, (poét.) prónuba.
bridesman [-zmạn], *s.* padrino de boda.
bridewell [-wɛl], *s.* casa de corrección, calabozo.
bridge [brídž]. **I.** *s.* (ing., mar., mús., dent., etc.) puente, *mf.*; caballete de la nariz; diablo o violín (del billar); bridge (juego de naipes); (m. v.) altar (del hogar); (fund.) tabique; (f. c.) puente o travesaño elevado de señales.—**b. of boats,** puente de barcas.—**B. of Sighs,** Puente de los Suspiros.—**b. toll,** peaje, pontazgo.—**b. truss,** (ing.) viga.—**in b.,** (elec.) en paralelo. **II.** *va.* (a menudo con *over*), tender un puente sobre; salvar (un obstáculo); llenar (un vacío, etc.); ayudar a salir del paso; (elec.) conectar en paralelo.
bridgehead [-hɛd], *s.* (mil.) cabeza o cabecera de puente (defensas a la entrada de un puente).
bridgeward [-wɔrd], *s.* custodio de puente; (cerr.) guarda principal de una llave.
bridgework [-wœrk], *s.* (ing.) construcción de puentes; puente dental.
bridging [-in], *s.* (ing.) construcción de puentes;

(arq.) puntales separadores.—**b. brace,** péndola.
bridle [bráidl]. **I.** *s.* brida o freno del caballo; freno, sujeción; (mar.) frenillo.—**b. curb,** barbada.—**b. hand,** mano izquierda.—**b. path,** camino de herradura.—*pl.* **bridles,** (mar.) poas. **II.** *va.* embridar, enfrenar; arrendar; reprimir, refrenar. **III.** *vn.* levantar la cabeza, erguirse; (mar.) afrenillar, acorullar (los remos).
bridler [bráidlœ(r)], *s.* enfrenador; refrenador.
bridoon [bridún], *s.* (tal.) bridón, filete.
brief [bríf]. **I.** *a.* breve, conciso, corto, lacónico, sucinto, sumario; fugaz, pasajero, rápido. **II.** *s.* epítome, resumen; (for.) escrito, relación, alegato, memorial, informe; (igl.) breve o buleto apostólico.—**b. case,** cartera, portadocumentos, portapapeles.—**in b.,** en resumen, concisamente.—**to hold no b. for,** no ser defensor de, no estar defendiendo a. **III.** *va.* abreviar, epitomar; (mil.) dar instrucciones.
briefing [-iŋ], *s.* (mil.) instrucciones, órdenes; información preliminar.
briefless [-lis], *a.* (abogado) de secano, sin clientes.
briefly [-li], *adv.* brevemente, sucintamente, someramente; en resumen.
briefness [-nis], *s.* brevedad, concisión, laconismo.
brier [bráiœ(r)], *s.* (bot.) escaramujo, agavanzo, rosal silvestre; zarza.
briery [-i], *a.* zarzoso, espinoso.
brig [brig], *s.* (mar.) bergantín; prisión militar.
brigade [brigéid], *s.* brigada.
brigadier [brigadír], *s.* (mil.) brigadier.—**b. general,** general de brigada.
brigand [brígand], *s.* bandido, bandolero.
brigandage [-idž], *s.* salteamiento, bandolerismo, bandidaje.
brigandine [-in], *s.* cota de malla.
brigantine [brígantin], *s.* (mar.) bergantín goleta.
bright [bráit], *a.* claro, lustroso, brillante, (re)-luciente; subido (apl. a colores); preclaro, eximio; vivo, alegre; talentoso, inteligente, listo; halagüeño, feliz.—**b.-eyed,** ojialegre.
brighten [-en]. **I.** *va.* pulir o abrillantar; alegrar, consolar; ennoblecer o hacer ilustre; mejorar; avivar. **II.** *vn.* (a veces con **up**) aclarar, despejarse (el cielo); avivarse, animarse.
brightly [-li], *adv.* brillante o lucidamente.
brightness [-nis], *s.* lustre, esplendor, brillantez, luz, lucidez; resplandor, claridad; agudeza o viveza de ingenio.
Bright's disease [bráits dizíz], *s.* (med.) albuminuria, nefritis.
brill [bril], *s.* (ict.) especie de rodaballo.
brilliance [brílyans], **brilliancy** [-i], *s.* brillantez, brillo, fulgor, resplandor; esplendor, lustre.
brilliant [brílyant]. **I.** *a.* brillante, refulgente; talentoso; excelente. **II.** *s.* (joy.) brillante; diamante; (impr.) tipo de 3½ puntos.
brilliantine [-in], *s.* brillantina.
brilliantly [-li], *adv.* espléndidamente, brillantemente.
brilliantness [-nis], *s.* brillantez, brillo.
brim [brím]. **I.** *s.* borde, orilla, margen, *mf.*, labio de un vaso; ala de sombrero. **II.** *va.* llenar hasta el borde. **III.** *vn.* rebosar; estar de bote en bote.
brimful [-fúl], *a.* lleno hasta el borde; colmo.
brimless [-lis], *a.* sin labio, borde o ala.
brimmer [-œ(r)], *s.* copa o vaso lleno.
brimming [-iŋ], *a.* lleno hasta el borde.
brimstone [-stoun], *s.* azufre; marimacho.
brinded [bríndid], *a.* moteado, mosqueado.
brindle [bríndl], *s.* remiendo; animal mosqueado. —**brindled** [-d], *a.* mosqueado, abigarrado.
brine [bráin]. **I.** *s.* salmuera, agua cargada de sal; el mar; (poét.) lágrimas, *f. pl.* **II.** *va.* salar, remojar en salmuera.
brinepit [-pit], *s.* pozo de agua salada.
bring [briŋ]. **I.** *va.* (*pret.* y *pp.* BROUGHT) traer; llevar; conducir; inducir, persuadir; aportar; causar, producir, rentar, valer, venderse a (buen precio, etc.).—**to b. about,** efectuar, poner por obra; lograr, realizar; dar lugar u origen a, causar.—**to b. around** = TO B. ROUND.—**to b. away,** llevarse una cosa de donde estaba.—**to b. back,** traer de vuelta, devolver.—**to b. down,** matar (caza); hacer bajar; deprimir, humillar; continuar, prolongar.—**to b. down the house,** promover grandes aplausos.—**to b. forth,** producir; parir; dar a luz; poner de manifiesto.—**to b. forward,** empujar; (com.) llevar una suma a otra cuenta (**brought forward,** suma y sigue, suma anterior).—**to b. home,** demostrar indisputablemente; hacer sentir o ver claramente.—**to b. home the bacon,** (fam.) llevarse el premio.—**to b. in,** presentar (una cuenta, etc.); producir; recoger; entrar, meter; servir (una comida); introducir (una moda, etc.); dar (un fallo); presentar, entablar (juicio, queja, etc.).—**to b. into play,** poner en juego.—**to b. near,** acercar, llegar, arrimar.—**to b. off,** llevar a cabo, lograr el éxito de; llevarse; librar, rescatar; disuadir.—**to b. on,** acarrear; causar; comenzar; ocasionar; inducir.—**to b. oneself to,** resolverse a.—**to b. out,** presentar; sacar a luz; publicar; sacar; poner de manifiesto; hacer resaltar; (teatro) poner en escena; revelar, descubrir.—**to b. over,** persuadir, convertir; traer.—**to b. round,** ganar, convertir, persuadir; curar, sacar bien.—**to b. suit,** entablar o seguir pleito. —**to b. to,** sacar de un desmayo; reanimar; (mar.) ponerse a la capa o en facha.—**to b. to book,** obligar a dar cuenta.—**to b. to light,** descubrir, revelar; hacer ver.—**to b. to pass,** realizar, efectuar.—**to b. to ruin,** perder, arruinar.—**to b. to task,** reprender, regañar, censurar.—**to b. to terms,** hacer ceder o convenir; someter.—**to b. under,** sojuzgar, someter.—**to b. up,** (hacer) subir; criar, educar; traer a colación o discusión; hacer parada. —**to b. upon one's self,** acarrearse, buscarse, incurrir (en).—**to b. up the rear,** cubrir o ir a la retaguardia.
bringer [-œ(r)], *s.* portador.
bringing-up [-iŋ ʌp], *s.* crianza, educación.
brininess [bráininis], *s.* salobridad, sabor de sal.
brinish [bráiniš], *a.* salado, salobre.
brink [briŋk], *s.* orilla, margen, *mf.*, borde, extremidad.—**on the b. of,** al borde de; a punto de.
briny [bráini], *a.* salado, salobre.—**the b. deep,** el mar.
brioche [brióuš], *s.* brioche, pasta de harina, huevos y mantequilla.
briquet(te [brikét], *s.* aglomerado (de carbón).
brisk [brisk]. **I.** *a.* vivo, activo, animado, avispado, enérgico; rápido; efervescente (licor); frescachón (viento). **II.** *va.* (con **up**), avivar, animar, acelerar; atizar. **III.** *vn.* (con **up**), animarse.
brisket [brískit], *s.* pecho de un animal o un pedazo cortado de él.
briskly [brískli], *adv.* vivamente, aprisa.
briskness [brísknis], *s.* viveza, actividad, vivacidad, despejo, gallardía.
bristle [brísl]. **I.** *s.* cerda; seda o seta (de jabalí); (fam.) porcipelo.—*pl.* cerdamen (para brochas, etc.). **II.** *va.* erizar, poner tieso. **III.** *vn.* erizarse. —**to b. up,** montar en cólera, encresparse; hacer ademán de resolución.—**to b. with,** estar erizado o rodeado de (dificultades, etc.).
bristletail [-teil], *s.* (ent.) lepisma.
bristly [brísli], *a.* cerdoso, hirsuto, erizado.
Bristol board [brístol bord], *s.* bristol, cartulina brístol.—**B. brick,** piedra silícea para limpiar cuchillos.—**B. paper** = B. BOARD.
britannia [britǽnia], *s.* (metal.) metal inglés; aleación de estaño, cobre, antimonio, bismuto, etc.
Britannic [britǽnik], *a.* británico.
British [brítiš]. **I.** *a.* británico; inglés. **II.** *s. pl.* el pueblo inglés.
Briton [bríton], *a.* y *s.* britano, inglés.
brittle [brítl], *a.* quebradizo, quebrantable, friable, frágil, frangible, bronco, vidrioso.—**b.**

star, *s.* (zool.) ofiuro.—**brittleness** [-nįs], *s.* fragilidad, friabilidad.
broach [brouch]. **I.** *s.* (carp.) broca, mecha; escariador; espetón, lezna, punzón; terraja de relojero; (joy.) prendedor, broche; (arq.) aguja, chapitel. **II.** *va.* mencionar por primera vez; introducir; hacer público; espetar, ensartar; espitar un tonel; decentar, encentar; escariar.
broad [brɔ́d], *a.* ancho, anchuroso, amplio, extenso, vasto; claro; general, comprensivo; liberal, tolerante; descomedido, rudo, tosco, indelicado; lleno, abierto (apl. a letras y sonidos); pronunciado, marcado (apl. a la pronunciación, tono, etc.); pleno (*in broad daylight*, en pleno día, a la luz del sol).—**b.-backed**, lomudo.—**b.-blown**, enteramente formado. —**b.-breasted**, ancho de pechos.—**b.-brimmed**, de borde ancho; de alas anchas.—**b.-chested**, ancho de pecho.—**B. Church**, iglesia o doctrina liberal o tolerante.—**b.-faced, b.-fronted**, cariancho; frontudo (de animales).—**b. gauge**, *s.* (f. c.) vía ancha; *a.* de vía ancha.—**b.-horned**, corniabierto.—**b. jump**, (dep.) salto largo o de longitud.—**b.-leafed, b.-leaved**, de hojas anchas.—**b.-minded**, tolerante, liberal, despreocupado, de manga ancha.—**b. seal**, sello real o nacional. —**b.-shouldered**, espaldudo, costilludo.—**as b. as (it is) long**, igual en todos los sentidos, lo mismo del un modo que del otro.
broadax(e [-æks], *s.* hacha de carpintero; doladera.
broadbrim [-brįm], *s.* sombrero de ala ancha; sombrero de cuáquero.—**broadbrimmer** [-brį́mœ(r)], *s.* (fam.) cuáquero.
broadcast [-kæst]. **I.** *va.* y *vn.* (*pret.* y *pp.* BROADCASTED), esparcir, diseminar; propalar; (agr.) sembrar al voleo; (rad.) perifonear, (ir)radiar. (radio)difundir, emitir, transmitir. **II.** *s.* (agr.) siembra al voleo; (rad.) emisión, transmisión, (radio)difusión, perifonía. **III.** *adv.* esparcidamente; por todas partes. **IV.** *a.* esparcido, difundido; (rad.) radiado, radioemitido, etc.
broadcaster [-œ(r)], *s.* (rad.) radiodifusor.
broadcasting [-kæstįŋ]. **I.** *s.* (agr.) siembra al voleo; (rad.) perifonía, (radio)difusión, transmisión. **II.** *a.* (rad.) emisor, (radio)difusor.—**b. station**, difusora, emisora.
broadcloth [-klɔθ], *s.* (tej.) cierto paño fino.
broaden [-ęn], *va.* y *vn.* ensanchar(se), engrosar(se), ampliar(se), dilatar(se).
broadening [-įŋ], *s.* ensanchamiento, ensanche, ampliación.
broadish [-įŝ], *a.* algo ancho.
broadloom [-lum], *a.* (alfombra) tejida en telar ancho y en color sólido.
broadly [-lį], *adv.* anchamente, ampliamente; de una manera general; groseramente.
broadness [-nįs], *s.* ancho o anchura; liberalidad, liberalismo; amplitud; grosería.
broadside [-saįd], *s.* (mar.) costado de un buque; (mar. y arti.) andanada, batería; (fam.) reprensión severa; (impr.) pliego suelto; hoja grande impresa en un solo lado (ll. t. **broadsheet**).
broadsword [-sɔrd], *s.* espadón, montante, (fam.) chafarote.
broadtail [-teįl], *s.* carnero de Bujaria; caracul (astracán de la mejor calidad).
broadwise [-waįz], *adv.* a, o por, lo ancho.
brocade [brokéįd]. **I.** *s.* brocado. **II.** *va.* espolinar; decorar con brocado.
brocaded [-įd], *a.* espolinado.
brocage [bróųkįdẑ], *s.* = BROKERAGE.
brocatel [brakątél], *s.* (tej.) brocatel.
broccoli [brákolį], *s.* (bot.) bróculi, brécol, brecolera.
brochure [broŝúr], *s.* folleto; bosquejo.
brock [brák], *s.* (zool.) tejón.
brocket [-įt], *s.* gamo de dos años.
brogan [bróųgąn], *s.* zapato basto.
brogue [broųg], *s.* abarca; zapato grueso; acento o pronunciación dialectal (apl. esp. al acento irlandés).
broil [brɔ́įl]. **I.** *s.* riña, camorra, pendencia; alboroto, tumulto; carne, etc., asada al fuego o a la parrilla; calor intenso. **II.** *va.* asar sobre las ascuas o en parrillas; emparrillar, soasar, tostar, turrar. **III.** *vn.* asarse; padecer calor.
broiler [-œ(r)], *s.* parrilla(s); pollo asadero; camorrista; (fam.) día muy caluroso.
broiling [-įŋ], *a.* extremamente cálido; tórrido.
brokage [bróųkįdẑ], *s.* = BROKERAGE.
broke [bróųk]. **I.** *vn.* hacer de corredor. **II.** *pret.* de TO BREAK. **III.** *a.* (fam.), sin blanca, sin un real, pelado, tronado; (Am.) en la lata.
broken [-ęn], *a.* y *pp.* de TO BREAK; quebrado, roto; imperfecto; suelto, separado; interrumpido; domado; mal pronunciado, chapurrado; barrancoso; irregular, áspero, disparejo; quebrado (apl. al terreno); desalentado; debilitado, agotądo; arruinado. (*V.* BROKE).—**b. ashlar**, mampostería de piedras de distintos tamaños. —**b.-backed**, deslomado; (mar.) quebrantado. —**b.-down**, decrépito, estropeado, agotado; descorazonado, afligido; arruinado.—**b.-faced**, desbocado (herramienta).—**b.-hearted**, angustiado, traspasado de dolor.—**b. language**, lenguaje chapurrado, hablado con acento extranjero.—**b. line**, línea quebrada.—**b.-lipped**, desbocado (jarro).—**b. sleep**, sueño interrumpido o intranquilo.—**b.-up**, desguazado (buque).—**b. voice**, voz cascada.—**b. wind**, (vet.) huélfago.—**b.-winded**, falto de resuello; (vet.) atacado de huélfago.—**b.-winged**, aliquebrado.
brokenly [-lį], *adv.* interrumpida o desbaratadamente, etc.; a ratos.—**brokenness** [-nįs], *s.* desigualdad.
broker [bróųkœ(r)], *s.* (com.) corredor; cambista.
brokerage [-įdẑ], *s.* (com.) corretaje, correduría.
broma [bróųmą], *s.* harina de cacao; bebida que con ella se hace; (med.) alimento sólido.
bromal [bróų.ıæl], *s.* (quím.) bromal.
bromate [bróųmeįt]. **I.** *va.* tratar con bromo. **II.** *s.* (quím.) bromato.
bromatology [broųmątálodẑį], *s.* bromatología.
brome grass [bróųm græs], *s.* (bot.) bromo.
bromeliaceous [broųmilįéįŝįʌs], *a.* (bot.) bromeliáceo.
bromic [bróųmįk], *a.* (quím.) brómico.
bromide [bróųmaįd], *s.* (quím.) bromuro; (fam.) Perogrullo, formalista; perogrullada.—**b. paper**, (fot.) papel de gelatinobromuro.
bromidic [bromį́dįk], *a.* (fam.) trivial, cansado.
bromine [bróųmin], *s.* (quím.) bromo.—**b. water**, agua bromurada.
brom(in)ism [bróųm(įn)įzm], *s.* (med.) bromismo.
bromoform [bróųmofɔrm], *s.* (quím.) bromoformo.
bronchi [bráŋkaį], *s. pl.* de BRONCHUS.
bronchia [bráŋkįą], *s. pl.* (anat.) subdivisiones de los bronquios.
bronchial [-l], *a.* bronquial.—**b. pneumonia**, (med.) bronconeumonía, broncopulmonía (ll. t. **bronchopneumonia**).—**b. tubes**, bronquios.
bronchiole [-kįoųl], *s.* (anat.) bronquíolo.
bronchitis [-káįtįs], *s.* (med.) bronquitis.
bronchorrhea [-koríą], *s.* (med.) broncorrea.
bronchoscope [-koskoųp], *s.* broncoscopio.
bronchotomy [-kátomį], *s.* (cir.) traqueotomía, broncotomía.
bronchus [-kʌs], *s.* (anat.) bronquio.
bronco, broncho [bráŋkoų], *s.* (E. U. del oeste) potro cerril o mesteño.—**b.-buster**, (fam.) domador de tales caballos; vaquero.
brontometer [brantámetœ(r)], *s.* brontómetro.
bronze [bránz]. **I.** *s.* bronce; (b. a.) objeto de bronce; color de bronce.—**b.-colored**, bronceado. **II.** *va.* broncear; pavonar; tostar por el sol.
bronzing [-įŋ], *s.* bronceado.
brooch [broųch], *s.* (joy.) broche, prendedero, alfiler de pecho, pasador.
brood [brúd]. **I.** *va.* empollar, incubar; cobijar; acariciar; tolerar. **II.** *vn.* empollar, aclocar(se).

—**to b. over,** cavilar o rumiar (con cuidado, melancolía, amargura, etc.). **III.** *s.* cría, pollada; empolladura (de abejas); nidada, camada, ventregada; progenie, raza, ralea. **IV.** *a.* clueca. —**b.-mare,** yegua madre o paridera.—**brooding hen,** clueca, llueca.
brooder [-œ(r)], *s.* clueca; incubadora; rumiador.
broodiness [-inis], *s.* cloquera; melancolía.
broody [-i], *a.* clueca; rumión, rumiador.—**to become b.,** enclocar(se), encloquecer.
brook [brúk]. **I.** *s.* arroyo, riachuelo; (Am.) cañada, quebrada. **II.** *va.* sufrir, aguantar, tolerar.
brooklet [-lit], *s.* arroyuelo.
brooklime [-laim], *s.* (bot.) becabunga.
brooky [-i], *a.* lleno de arroyos.
broom [brúm]. **I.** *s.* (bot.) hiniesta, retama; escoba.—**b. brush** = BRUSH BROOM.—**b. corn,** (bot.) variedad de sorgo, millo de escoba, carquexia.—**b. maker,** escobero.—**b. rape,** (bot.) orobanca. **II.** *va.* barrer.
broomstick, broomstaff [-stik, -stæf], *s.* palo de escoba.
broomy [brúmi], *a.* retamero.
broth [broθ], *s.* caldo.
brothel [bráðel], *s.* burdel, lupanar, mancebía.
brother [brʌ́ðœ(r)]. **I.** *s.* hermano; cofrade, colega, *m.*; fraile, fray.—**b.-in-law,** cuñado, hermano político.—**B. Jonathan,** (fam.) el hermano Jonatás (los E. U.). **II.** *va.* hermanar; llamar, tratar o recibir como a un hermano.
brotherhood [-hud], *s.* fraternidad; hermandad; hermanazgo; confraternidad, cofradía, congregación.—**brotherless** [-lis], *a.* que no tiene hermanos.—**brotherlike** [-laik], *a.* fraternal.—**brotherliness** [-linis], *s.* fraternidad.—**brotherly** [-li]. **I.** *a.* fraternal, fraterno. **II.** *adv.* fraternalmente.
brougham [brúam], *s.* (carr. y aut.) berlina.
brought [brot], *pret.* y *pp.* de TO BRING.
brow [bráu], *s.* ceja; (fig.) sienes, *f. pl.*, frente, *f.*, rostro, semblante; cresta, cima, cumbre.—**b. band,** (tal.) frontalera.
browbeat [-bit], *va.* imponerse a; intimidar, acobardar; mirar con ceño torvo.
browbeating [-bitin]. **I.** *s.* ceño, capote; intimidación. **II.** *a.* ceñudo, ceñoso.
brown [bráun]. **I.** *a.* pardo, castaño, moreno.—**b. bear,** oso pardo.—**b. Betty,** pudín de manzana y pan.—**b. bread,** pan bazo o moreno.—**b. coal,** lignito.—**b. coat,** (alb.) segunda capa de enlucido.—**b.-eyed,** ojimoreno.—**b. holland,** holanda cruda.—**b. ochre,** ocre carmelita.—**b. paper,** papel de estraza.—**b. race,** raza malaya.—**b. shirt,** camisaparda, nazi.—**b. study,** ensimismamiento, meditación profunda. —**b. sugar,** azúcar moreno, negro o terciado. —**to do (up) b.,** (fam.) engañar como a un chino; poner los puntos sobre las íes. **II.** *s.* color pardo, moreno o castaño. **III.** *va.* poner moreno o tostado; broncear; quemar (el sol); (coc.) perdigar.
brownie [-i], *s.* duende moreno y benéfico.
brownish [-iŝ], *a.* que tira a moreno.
brownness [-nis], *s.* color moreno.
brownout [-aut], *s.* apagamiento parcial de luces como medida de conservación de electricidad.
brownstone [-stoun], *s.* piedra arenisca de color pardo rojizo.
brownwort [-wœrt], *s.* (bot.) escrofularia.
browse [bráuz]. **I.** *va.* y *vn.* ramonear, rozar, tascar, herbajar; (a veces con **around, about** u **on**) curiosear (en una biblioteca, librería o tienda); hojear (un libro). **II.** *s.* pimpollos, renuevos o ramones que roza el ganado.
browsing [-in], *s.* ramoneo, ramón.
brucite [brúsait], *s.* (min.) brucita.
bruin [brúin], *s.* oso.
bruise [brúz]. **I.** *va.* magullar, golpear, contundir, machacar, machucar, abollar, majar; pulverizar. **II.** *s.* magulladura, contusión; maca (del fruto); abolladura, cardenal; (med.) equimosis.
bruiser [-œ(r)], *s.* púgil; machacador, majador.
bruising [-in], *s.* pugilato; magullamiento, machucamiento; (ten.) majadura del cuero; acto de agramar; prensado de uvas.
bruit [brut]. **I.** *s.* (ant.) ruido, rumor, noticia, fama; [brwi] (med.) sonido que se oye por la auscultación. **II.** *va.* esparcir, divulgar, publicar.
Brumaire [brumér], *s.* brumario (mes).
brumal [brúmal], *a.* brumal, invernal, invernizo.
brume [brúm], *s.* bruma, neblina.
brumous [-ʌs], *a.* brumoso.
brunet(te [brunét], *a.* y *s.* moreno, trigueño.
brunt [brʌnt], *s.* embate más fuerte; lo más reñido o duro (de un ataque, choque, etc.).
brush [brʌ́ŝ]. **I.** *s.* cepillo, escobilla, bruza; (pint.) brocha, pincel; cola (de zorro, etc.); (elec.) escobilla; escaramuza, pelea, haz (*m.*) de leña menuda; matorral, monte, breñal.—**b. broom,** escobilla, cepillo. **II.** *va.* (a)cepillar; limpiar con cepillo; quitar frotando (con un trapo, la mano, etc.); frotar, rozar, restregar; bruzar, (impr.) brozar; rasar; pintar con brocha. **III.** *vn.* moverse apresuradamente.—**to b. aside,** echar a un lado.—**to b. away,** restregar duro.—**to b. up,** retocar, refrescar, repasar.
brush discharge, *s.* (elec., fís.) descarga en abanico, descarga radiante.
brusher [-œ(r)], *s.* acepillador; (impr.) brozador.
brushwood [-wud], *s.* matorral, breñal, zarzal; broza, ramojo, ramalla.
brushy [-i], *a.* matoso, cubierto de matojos.
brusk *o* **brusque** [brʌsk]. **I.** *a.* brusco, rudo. **II.** *va.* tratar con rudeza.
brusqueness [-nis], *s.* brusquedad.
Brussels [brʌ́selz], *s.* Bruselas.—**B. carpet,** alfombra de Bruselas.—**B. lace,** encaje de Bruselas.—**B. sprouts,** (bot.) bretones.
brutal [brútal], *a.* brutal, bestial, cruel, salvaje.
brutality [brutǽliti], *s.* brutalidad; barbaridad.
brutalize [brútalaiz]. **I.** *va.* embrutecer; tratar con crueldad. **II.** *vn.* embrutecerse.
brutally [brútali], *adv.* brutalmente.
brute [brút]. **I.** *s.* bruto, bestia. **II.** *a.* brutal; bruto.—**b. force,** fuerza bruta.
brutify [-ifai], *va.* y *vn.* embrutecer(se), (fam.) arrocinar(se).
brutish [-iŝ], *a.* brutal, bestial; abrutado; irracional; sensual, salaz.
bryology [braiálodži], *s.* briología.
bryonin [bráionin], *s.* (quím.) brionina.
bryony [bráioni], *s.* (bot.) brionia, nueza.
bryophyte [bráiofait], *s.* (bot.) briofita.
bryozoan [braiozóuan], *a.* y *s.* (zool.) briozoario.
bub, bubby [bʌ́b, -i], *s.* (fam.) hermanito; chicuelo.
bubal, bubalis, [biúbal, -is], *s.* (zool.) búbalo.
bubble [bʌ́bl]. **I.** *s.* burbuja, ampolla; borbollón; engañifa; ilusión; pompa.—**b. gum,** chicle de balón.—**b. tube,** tubo de nivel de burbuja. **II.** *vn.* burbujear, hacer ampollas; bullir, hervir; murmurar (el agua); brotar, surgir (el agua).—**to b. over,** (fig.) rebosar, estar en efervescencia.—**to b. up,** ampollarse.
bubbler [bʌ́blœ(r)], *s.* surtidor de beber agua.
bubbling [bʌ́blin]. **I.** *s.* burbujeo. **II.** *a.* burbujeante.
bubbly [bʌ́bli], *a.* burbujeante, espumoso.
bubo [biúbou], *s.* (med.) incordio, bubón, caballo.
bubonic [biubánik], *a.* bubónico.
buccal [bʌ́kal], *a.* bucal.
buccaneer [bʌkanír], *s.* bucanero, filibustero.
Buccinum [bʌ́ksinʌm], *s.* (zool.) buccino.
bucentaur [biuséntor], *s.* bucentauro.
Bucephalus [biuséfalʌs], *s.* bucéfalo; (fam.) caballo malo.
buck [bʌk]. **I.** *s.* (zool.) gamo; buco o macho (de) cabrío, cabrón; macho de algunos otros animales (ciervo, antílope, liebre, *f.*, conejo, etc.); (E. U.) indio o negro varón y adulto; petimetre; banquillo de aserrar leña; lejía; colada; corcovo, salto de carnero del potro cerril; potro (de gimnasio); caja de carruaje; (fam.) dólar.—**b. private,** soldado raso. **II.** *va.* colar, enjebar,

enlejiar; empuchar; (mil.) castigar atando los codos, muñecas y rodillas; topetar, acornear; tirar el caballo al jinete por las orejas; romper mineral con martillo. **III.** *vn.* corcovear, saltar violentamente; (fam.) resistir tenazmente.—**to b. up,** (fam.) animarse, rehacerse; acicalarse.

buckaroo [bʌkąrú], *s.* vaquero; amansador.

buckbasket [bʌ́kbæskįt], *s.* cesto de la colada.

buckbean [bʌ́kbin], *s.* (bot.) trébol de pantano.

buckboard [bʌ́kbɔrd], *s.* (E. U.) carretón o carruaje sin muelles o ballestas.

bucket [bʌ́kįt], *s.* cubo, cubeta, balde, pozal; contenido de un balde; (hidr.) cangilón; arcaduz, *m.*; paleta o álabe (de turbina u otra rueda); émbolo de (con) válvula de una bomba elevadora; (ing.) cucharón, cubo (de draga, excavadora, etc.); cuja (de lanza).—**b. chain,** (ing.) cadena o transportador de cangilones.—**b. excavator,** excavadora de cucharón.—**b. shop,** (E. U.) oficina o agencia donde se hacen apuestas relativas a los valores de la lonja, en forma de transacciones ficticias (la ley la prohibe como casa de juego).—**b. wheel,** rueda de cangilones, noria.

bucket, *va.* y *vn.* sacar o llevar (agua, etc.) en cubos; (fam.) cabalgar duro, precipitarse; dirigir un *bucket shop*; estafar.

bucketful [-fųl], *s.* contenido de un balde; cantidad que cabe un cubo.

buckeye [bʌ́kaį], *s.* (bot.) castaño de Indias.

buckhorn [bʌ́khɔrn], *s.* cuerno de gamo.—**b. plantain,** (bot.) estrellamar (ll. t. **buck's thorn**).

buckle [bʌ́kl]. **I.** *s.* hebilla; arricés; comba, pandeo. **II.** *va.* (en)hebillar, abrochar con hebilla; embrazar. **III.** *vn.* doblarse, encorvarse; combarse, pandearse; prepararse.—**to b. (down) to,** dedicarse con empeño a.—**to b. with,** empeñarse, encontrarse con.

buckler [bʌ́klœ(r)], *s.* escudo, broquel, adarga, rodela.—**b. maker** o **wearer,** broquelero.

buckling [-įŋ], *s.* comba, pandeo.

buckram [bʌ́kram], *s.* (tej.) bucarán, bocací, zangala; tiesura, arrogancia, excesiva formalidad.

bucksaw [bʌ́ksɔ], *s.* sierra bracera o de bastidor.

buckshot [bʌ́kšat], *s.* posta, perdigón grande.

buckskin [bʌ́kskįn], *s.* piel (*f.*) de ante.—*pl.* calzones de ante o de badana.

buckthorn [bʌ́kθɔrn], *s.* (bot.) ladierno, tamujo, cambrón, espino.

bucktooth [bʌ́ktuθ], *s.* diente saliente.

buckwheat [bʌ́khwit], *s.* (bot.) alforfón, trigo sarraceno.—**b. coal,** antracita menuda.

bucolic]bįukálįk]. **I.** *a.* bucólico, pastoril. **II.** *s.* bucólica.

bud [bʌd]. **I.** *s.* pimpollo, brote, cogollo, botón, gema o yema de las plantas; capullo de una flor; niña que entra en la sociedad. **II.** *vn.* brotar, germinar, crecer, florecer, abotonar, pimpollecer. **III.** *va.* (agr.) injertar o ingerir de escudete.

Buddha [bų́dą], *s.* Buda.—**Buddhic** [bų́dįk]. **Buddhistic** [bųdístįk], *a.* búdico.—**Buddhism** [bų́dįzm], *s.* budismo.—**Buddhist** [-įst], *s.* y *a.* budista.

budding [bʌ́dįŋ]. **I.** *a.* en capullo. **II.** *s.* brotadura; injerto de escudete; (bot.) gemación.

buddle [bʌ́dl]. **I.** *s.* (min.) lavadero, artesa. **II.** *va.* lavar el mineral.

buddy [bʌ́dį], *s.* (fam.) camarada, *m.*, compañero; soldado; niño, muchachito.

budge [bʌdž]. **I.** *va.* mover. **II.** *vn.* moverse, menearse; hacer lugar. **III.** *a.* guarnecido con piel de cordero. **IV.** *s.* piel (*f.*) de cordero, baldés.

budget [bʌ́džįt]. **I.** *s.* presupuesto; colección de noticias, etc.; morral, saco. **II.** *va.* presuponer, presupuestar.

budgetary [-ɛrį], *a.* presupuestario, presupuestal.

buff [bʌf]. **I.** *s.* piel (*f.*) de ante, búfalo, etc.; pulidor rotatorio, rueda pulidora; color de ante; (med.) linfa cuajada.—**b. coat,** coleto; (fig.) soldado.—**in b.,** en cueros. **II.** *a.* de ante; anteado. **III.** *va.* pulimentar, pulir o bruñir; (ten.) raer el cuero; parar un golpe; amortiguar un choque.

buffalo [bʌ́fąloų]. **I.** *s.* (zool.) búfalo; bisonte norteamericano.—**b. moth,** (ent.) antreno, polilla de las alfombras.—**b. robe,** piel (*f.*) de búfalo o bisonte con pelo. **II.** *va.* (fam.) confundir; intimidar; capotear.

buffer [bʌ́fœ(r)], *s.* pulidor; rueda de pulir; amortiguador de choques, parachoques; (f. c.) tope.—**b. block,** (f. c.) tope.—**b. state,** estado o país que sirve de valla entre dos naciones rivales.

buffet [bųféį], *s.* aparador, copero; repostería, alacena; caja de órgano.—**b. car,** (f. c.) vagón donde se sirven refrigerios.—**b. lunch,** *o* **supper,** comida de fiambres, etc., en que cada cual se sirve.

buffet [bʌ́fįt]. **I.** *s.* bofetada; (fam.) sopapo; embate. **II.** *va.* abofetear; dar golpes; luchar contra. **III.** *vn.* combatir a puñadas.

buffeter [-œ(r)], *s.* púgil, abofeteador.

buffeting [-įŋ], *s.* mano (*f.*) de bofetadas; zurra.

buffing [bʌ́fįŋ]. **I.** *s.* (ten.) raspado del cuero; separación de dicho raspado; pulimentación.—**b. block,** (f. c.) = BUFFER BLOCK.—**b. spring,** resorte amortiguador. **II.** *a.* de pulir; pulidor.

buffoon [bʌfún], *s.* bufón, juglar, histrión, *m.*, truhán.—**to act** o **play the b.,** chocarrear, truhanear, bufonearse.—**buffoonery** [-ęrį], *s.* bufonada, chocarrería, juglaría, truhanería.—**buffoonlike, buffoonish,** [-laįk], [-įš], *a.* bufo, bufonesco, truhanesco, chocarrero, burlesco.

buffy [bʌ́fį], *a.* anteado.—**b. coat,** (med.). *V.* BUFF.

bug [bʌ́g], *s.* cualquier insecto; bicho, sabandija (cucaracha, chinche, etc.); (fam.) microbio.—**to be a b. for,** (fam.) ser entusiasta de.—**to be bugs about,** (fam.) enloquecer o apasionarse por.—**b. house,** (vulg.) manicomio.

bugaboo, bugbear [-ąbu, -bɛr], *s.* espantajo, coco, bu.

buggery [bʌ́gęrį], *s.* vicio contra natura; sodomía; bestialidad.

buggy [bʌ́gį]. **I.** *s.* coche ligero, calesa; carro; (f. c.) vagón de cola. **II.** *a.* lleno de chinches u otros insectos; (vulg.) bobo, destornillado.

bugle [bįúgl], **bugle horn** [-hɔrn], *s.* cuerno de caza, bocina; (mil.) corneta, trompeta, clarín.—**b. call,** toque o llamada de corneta; clarinada.

bugle. **I.** *s.* cañutillo; abalorio; (bot.) consuelda menor. **II.** *a.* de abalorio.

bugler [bįúglœ(r)], *s.* trompetero, clarín, corneta, *m.*

bugloss [bįúglas], *s.* (bot.) buglosa, lengua de buey.

buhl [búl], **buhlwork** [-wœrk], *s.* taracea.—**b.-saw,** segueta.

buhrstone [bœ́rstoųn], *s.* *V.* BURRSTONE.

build [bįld]. **I.** *va.* y *vn.* (*pret.* y *pp.* BUILT) edificar, fabricar, construir, erigir, labrar, obrar; formar; cimentar; fundar.—**to b. on** *o* **upon,** edificar o levantar sobre; contar con, confiar en.—**to b. up,** reconstruir, vigorizar; formar de piezas; (mec.) armar; hacer la propaganda, o crear la atmósfera por. **II.** *s.* estructura; forma, figura, hechura o fachada (de una persona).—**b.-up,** noticias halagadoras de alguien o de algo.

builder [-œ(r)], *s.* arquitecto, maestro de obras, constructor.

building [-įŋ]. **I.** *s.* casa, fábrica, edificio, local; obra, construcción, edificación. **II.** *a.* constructor; de construcción; para construcciones; de o relativo a casas o edificios.—**b. site,** terreno para construir.—**b. tile,** bloque hueco de hormigón o de arcilla.—**b. trade,** ramo de la construcción.

built [bįlt], *pret.* y *pp.* de TO BUILD.—**b.-in,** como parte de la estructura, hecho en la estructura misma.—**b.-up,** compuesto de varias partes, piezas o capas; armado.

bulb [bʌ́lb], *s.* (bot.) bulbo o cebolla; (anat.) bulbo; (fís.) cubeta, bola, ampolleta (de termómetro o barómetro); lámpara termiónica; (elec.) ampolla, bomb(ill)a, foco, lámpara (de luz eléctrica); pera de goma (de jeringa o pipeta); pelota de goma (de vaporizador, etc.); ensanche, protuberancia.—**b. angle,** (constr.) escuadra con un ala ensanchada.—**b. syringe,** jeringa de pera.

bulbar [-ä(r)], *a.* bulbar; pert. a un bulbo.

bulbose [-ous], **bulbous** [-ʌs], **bulby** [-i], *a.* bulboso; que produce o nace de bulbos.

Bulgar [bʌ́lgar], *s.* y *a.* búlgaro.

Bulgaria [bʌlgéria], *s.* Bulgaria.

Bulgarian [bʌlgérian], *s.* y *a.* búlgaro.

bulge [bʌ́ldž]. **I.** *s.* pandeo, comba, saliente, teso; (mar.) *V.* BILGE.—**to get the b. on one,** (fam.) aventajar a uno. **II.** *va.* y *vn.* combar(se), pandear(se).

bulgy [-i], *a.* combo, pandeado; saliente.

bulimia [biulímia], *s.* (med.) bulimia, hambre canina.

bulimic [biulímik], *a.* bulímico; voraz.

bulk [bʌ́lk]. **I.** *s.* volumen, tamaño, bulto, masa, mole, *f.*, tomo; balumba; corpulencia; parte principal, tronco; la mayor parte, el grueso; la mayoría; (mar.) capacidad o carga de un buque; (mar.) bodega; barriga o comba en un edificio; tabanco.—**in b.,** a granel, suelto; en grueso, en globo. **II.** *va.* amontonar; estimar la capacidad o carga. **III.** *vn.* hincharse; aumentar de bulto; cobrar o ser de peso o importancia.

bulkhead [-hɛd], *s.* (mar.) mamparo; muro de contención ribereño; entrada exterior, gen. inclinada, que da acceso a una bodega, sótano, etc.

bulkiness [-inis], *s.* volumen o bulto, masa, magnitud.

bulky [-i], *a.* voluminoso, abultado; corpulento, macizo, pesado, difícil de manejar.

bull [bul]. **I.** *s.* (zool.) toro; macho (de elefante, ballena, etc.); (**T.**, astr.) Tauro; diploma, *m.*; bula pontificia; (fam.) disparate, pata de gallo; palabras pomposas y vanas; detective; (com.) alcista.—**b. account,** (com.) cuenta de especulación al alza.—**b. baiting,** combate de toros y perros.—**b. calf,** ternero.—**b. chain,** cadena para arrastrar trozas con perros.—**b.-faced,** carianacho.—**b. moose,** macho de anta; (fam. pol., E. U., **B. M.**) progresista (partido fundado por Teodoro Roosevelt).—**b. ring,** plaza de toros, redondel.—**b. snake,** (zool.) serpiente toro.—**b.'s eye,** claraboya, tragaluz; linterna sorda; centro de blanco; tiro que da en el blanco; (astr.) Aldebarán; (mar.) guardacabo, motón ciego. **II.** *va.* (com.) jugar al alza; hacer subir el valor.

bulla [búlä], *s.* bula (medalla; sello de documento pontificio); (med.) flictena, ampolla.

bullary [búlari], *s.* (igl.) bulario.

bulldog [búldɔg], *s.* perro dogo o de presa, buldog; revólver de calibre grande.

bulldoze [búldouz], *va.* (E. U.) intimidar.

bulldozer [-œ(r)], *s.* rasadora.

bullet [búlit], *s.* bala (de fusil o pistola); plomada de pescador.—**b. mold,** turquesa.—**b. screw,** sacabalas.—**b.-proof,** a prueba de bala.

bulletin [búlitin], *s.* boletín; comunicado.—**b. board,** tablilla en que se fijan listas, noticias, etc.

bullfight [búlfait], *s.* corrida de toros, lidia.—**bullfighter** [-œ(r)], *s.* torero, toreador, diestro. —**b.'s garb,** traje de luces.—**bullfighting** [-iŋ], *s.* tauromaquia, toreo, toros.

bullfinch [búlfinch], *s.* (orn.) pinzón real.

bullfrog [búlfrag], *s.* rana toro, mugidora o bramadora.

bullhead [búlhɛd], *s.* (ict.) siluro, bagre; (orn.) chorlito; (fam.) zote, torpe.

bullheaded [-id], *a.* de cabeza grande o ancha (como el toro); obstinado, terco.

bullion [búlyon], *s.* (com.) metálico; oro o plata en barras.—**b. fringe,** galón o franja de oro.

bullish [búliŝ], *a.* disparatado; (com.) en alza.

bullock [búlok], *s.* (zool.) buey, toro castrado.—**b.'s heart,** (bot.) guanábana.

bullpen [búlpɛn], *s.* toril; (fam.) prevención de policía; (béisbol) área del cuadro en que los lanzadores hacen ejercicios para entrar en calor.

bullwhip [búlhwip], *s.* corbacho, zurriago.

bully [búli]. **I.** *s.* espadachín, fanfarrón, jaque, matón, rufián, matasiete.—**b.** (**beef**), carne (*f.*) de vaca en lata o en adobo. **II.** *a.* (fam.) magnífico, excelente. **III.** *va.* intimidar, amedrentar. **IV.** *vn.* bravear, gallear, fanfarronear.

bullyrag [-ræg], *va.* molestar, atormentar; dar una broma a.

bulrush [búlrʌŝ], *s.* (bot.) junco, enea; (bib.) papiro.

bulwark [búlwärk]. **I.** *s.* (fort.) baluarte, bastión, *m.*; malecón; (fig.) propugnáculo; (mar.) amurada. **II.** *va.* abaluartar, poner baluartes.

bum [bʌm]. **I.** *va.* (fam.) sablear, obtener (algo) de gorra o de sablazos. **II.** *vn.* (fam.) holgazanear, parrandear; vivir a expensas de otro. **III.** *s.* (fam.) holgazán, vago; borrachín; sablacista, gorrón; borrachera. **IV.** *a.* (fam.) de calidad muy inferior.

bumbailiff [bʌmbéilif], *s.* corchete, alguacil.

bumblebee [bʌ́mblbi], *s.* (ent.) abejorro, abejarrón.

bumbling [bʌ́mbliŋ], *a.* chapucero, jactancioso, fanfarrón.

bumboat [bʌ́mbout], *s.* (mar.) bote vivandero.

bumkin [bʌ́mkin], *s.* (mar.). *V.* BUMPKIN.—**b. shrouds,** obenques de los pescantes de amura.

bummer [bʌ́mœ(r)], *s.* (fam.) holgazán.

bump [bʌ́mp]. **I.** *s.* tope(tazo), porrazo, choque, encontrón, sacudida, trompazo, coscorrón; chichón; protuberancia. **II.** *va.* y *vn.* chocar contra; entrechocarse; topar o topetar(se) con.—**to b. off,** (fam.) matar, despachar; morirse.

bumper [-œ(r)]. **I.** *s.* copa o vaso lleno; lo que da golpes; (f. c. y mar.) tope; (aut.) parachoques, paragolpes. **II.** *a.* (fam.) lleno; excelente, muy grande o abundante.

bumpiness [-inis], *s.* (meteor.) meneo.

bumpkin [-kin], *s.* patán, rústico; (mar.) pescante de la amura del trinquete.

bumptious [-ŝʌs], *a.* engreído, envanecido, presuntuoso —**bumptiousness** [-nis], *s.* presunción, engreimiento.

bumpy [-i], *a.* desigual, que tiene baches (camino).

bun, bunn [bʌn], *s.* bollo, buñuelo; (rabo de) conejo o ardilla; moño o castaña (de pelo).

buna [búna], *s.* (quím.) buna, *m.*

bunch [bʌ́nch]. **I.** *s.* haz, *m.*, manojo, atado; ristra (de cebollas, etc.); mazo, montón; racimo; macolla; bulto o tumor; (fam.) manada (de gente). **II.** *va.* agrupar, juntar, amontonar. **III.** *vn.* arracimarse, amacollarse.

bunchy [-i], *a.* racimoso o arracimado, amacollado.

bunco [bʌ́ŋkou] = BUNKO.

buncombe, bunkum [bʌ́ŋkʌm], *s.* palabrería.

bundle [bʌ́ndl]. **I.** *s.* atado, lío, mazo, haz, *m.*, manojo, paquete, envoltorio, fardo, bulto. **II.** *va.* liar, atar, enfardelar, empaquetar, envolver; (con **off**), despedir con cajas destempladas o con prisa; (con **up**), arropar bien. **III.** *vn.* (gen. con **off**), liar y marcharse; liarlas; escabullirse, largarse.

bung [bʌ́ŋ]. **I.** *s.* tapón, tarugo, bitoque. **II.** *va.* atarugar.

bungalow [bʌ́ŋgalou], *s.* en la India, choza con galerías; (E. U.) casa de un piso.

bunghole [bʌ́ŋhoul], *s.* boca de tonel, canillero.

bungle [bʌ́ŋgl]. **I.** *va.* chapucear, chafallar, estropear. **II.** *vn.* hacer chapucerías. **III.** *s.* chapucería, chabacanería.—**bungler** [bʌ́ŋglœ(r)], *s.* chapucero, chambón.—**bungling** [bʌ́ŋgliŋ], *a.* chapucero, chambón.—**bunglingly** [-li], *adv.* chapuceramente, chabacanamente.

bunion [bʌ́nyon], *s.* adrián, juanete (del pie).

bunk [bʌ́ŋk]. **I.** *s.* tarima, litera; (fam.) bala-

dronada, faramalla, palabrería vana; hojarasca. —**b. bed,** cama compuesta de dos literas (una sobre la otra). **II.** *vn.* (fam.) dormir en litera.
bunker [-œ(r)]. **I.** *s.* arcón; carbonera; (mar.) pañol del carbón; (fort.) fortín; (golf) hoya de arena. **II.** *vn.* (mar.) rellenar las carboneras.
bunko [-oụ]. **I.** *va.* (fam.) estafar. **II.** *s.* estafa.
bunny [bʌ́nị], *s.* (fam.) gazapo, conejito; ardilla.
Bunsen burner [bʌ́nsẹn bœ́rnœ(r)], *s.* lámpara o mechero (de) Bunsen.
bunt [bʌnt]. **I.** *va.* topetar; empellar; (baseball) golpear ligeramente la pelota para que ruede muy poco. **II.** *vn.* (mar.) hincharse. **III.** *s.* hinchazón, *f.*; barriga o seno de una vela o una red; (agr.) añublo, tizón; empellón, topetazo; (baseball) golpecito muy suave.
bunting [-ịŋ], *s.* lanilla, estameña, colgaduras, banderas; (orn.) calandria.—**b. iron,** caña para soplar vidrio.
buntline [-laịn], *s.* (mar.) briol.
buoy [bói̯ *o* búị]. **I.** *s.* (mar.) boya, baliza.—**b. rope,** orinque. **II.** *va.* aboyar, abalizar; mantener a flote.—**to b. up,** apoyar o sostener. **III.** *vn.* boyar, flotar.
buoyage [-ịdž], *s.* sistema (*m.*) de boyas; abalizamiento.
buoyancy [-ạnsị], *s.* flotabilidad; flotación; alegría, animación; (aer.) fuerza ascensional; (fís.) presión o empuje hacia arriba.
buoyant [-ạnt], *a.* boyante; campante, alegre, animado, vivaz.
buprestid beetle [bịuprέstịd], *s.* (ent.) escarabajo bupréstido.
bur, burr [bœr]. **I.** *s.* (bot.) escobilla, carda, cabeza erizada de la cardencha; capullo de la castaña, etc.; (tej.) nudillo; vilano o milano del cardo; mota; (mec.) disco; arandela. **II.** *va.* (tej.) desmotar; (dent.) raspar con el buril.
burbot [bœ́rbọt], *s.* (ict.) mustela.
burden [bœ́rdẹn]. **I.** *s.* carga, peso, gravamen; cuidados y aflicciones del ánimo; (mar.) porte, capacidad, tonelaje; (poét.) estribillo, bordón, retornelo. **II.** *va.* cargar, agobiar, gravar.
burdensome [-sʌm], *a.* gravoso, pesado, oneroso, molesto.—**burdensomeness** [-nịs], *s.* molestia, pesadez.
burdock [bœ́rdak], *s.* (bot.) bardana, lampazo.
bureau [bịúroụ], *s.* cómoda, tocador; buró, escritorio, bufete; oficina, agencia, negociado, despacho; ramo, división, departamento.
bureaucracy [bịụrákrạsị], *s.* burocracia.
bureaucrat [bịúrəkræt], *s.* burócrata, *m.*
bureaucratic [-krǽtịk], *a.* burocrático.
burette [bịụrέt], *s.* (quím.) bureta, probeta.
burg [bœrg], *s.* villa, aldea, ciudad.
burgeon [bœ́rdžọn]. **I.** *vn.* y *va.* brotar, retoñar, germinar. **II.** *s.* retoño, yema.
burgess [bœ́rdžịs], *s.* burgués, ciudadano libre; (pol.) diputado por un *borough.*
burgh [bœrg], *s.* = BOROUGH.
burgher [-œ(r)], *s.* ciudadano, vecino de un *burgh.*—**burghership** [-ŝịp], *s.* ciudadanía.
burglar [bœ́rglạr], *s.* ladrón.—**b. alarm,** alarma contra ladrones.—**b.-proof,** a prueba de ladrones.
burglarious [bœrglέrịʌs], *a.* referente a un escalo.
burglary [bœ́rglạrị], *s.* robo con escalo; hurto.
burgomaster [bœ́rgomæstœ(r)], *s.* burgomaestre.
burgonet [bœ́rgonεt], *s.* (arm.) borgoñeta.
burgrave [bœ́rgreịv], *s.* burgrave.
burgraviate [-gréịvịạt], *s.* burgraviato.
Burgundian [bœrgʌ́ndịạn], *s.* y *a.* borgoñón.
Burgundy [bœ́rgʌndị], *s.* Borgoña.—**B. helmet,** celada borgoñona.—**B. wine,** vino de Borgoña.
burial [bέrịạl], *s.* entierro, inhumación.—**b. ground, b. place,** cementerio, camposanto.
burier [bέrịœ(r)], *s.* enterrador, sepulturero.
burin [bịúrịn], *s.* (b. a.) buril, cincel.
burl [bœrl]. **I.** *va.* (tej.) desmotar, despinzar, desborrar. **II.** *s.* (tej.) borra, nudillo, mota; (carp.) nudo; chapa de madera nudosa.
burlap [bœ́rlæp], *s.* (h)arpillera, cañamazo, rázago.
burler [bœ́rlœ(r)], *s.* desmotador.
burlesque [bœrlέsk]. **I.** *a.* burlesco, paródico.—**b. show,** (teat.) espectáculo de variedades (o *varietés*) de carácter burlesco. **II.** *s.* parodia. **III.** *va.* chufar, parodiar.
burletta [bœrlέtạ], *s.* zarzuelita.
burling iron [bœ́rlịŋ áịœrn], *s.* (tej.) despinzadera, (des)pinzas, desmotadera.
burly [bœ́rlị], *a.* corpulento, fornido; nudoso.
Burma [bœ́rmạ], *s.* Birmania.
Burman [bœ́rmạn], *a.* y *s.* birmano.
Burmese [bœrmís], *a.* y *s.* birmanés.
burn [bœrn]. **I.** *va.* (*pret.* y *pp.* BURNED *o* BURNT) quemar, abrasar; incendiar; cocer (ladrillos, etc.), calcinar; (cir.) cauterizar.—**to b. away,** quemar o disipar lentamente por el calor o el fuego.—**to b. daylight,** perder tiempo.—**to b. on,** (tec.) soldar.—**to b. one's boats,** quemar las naves.—**to b. out,** quemar, destruir quemando; hacer salir con fuego.—**to b. the midnight oil,** quemarse las cejas.—**to b. to a crisp,** carbonizar.—**to b. to ashes,** reducir a cenizas. **II.** *vn.* quemarse; arder; consumirse; encenderse; abrasarse; (elec.) formar arco en las escobillas.—**to b. out,** quemarse; apagarse; pasarse (el fuego); (elec.) fundirse (un fusible, etc.). —**to b. up,** quemarse o consumirse por completo.—**to b. with,** arder de, abrasarse de (celos, ira, etc.). **III.** *s.* quemadura; marca de hierro candente.
burnable [-ạbl], *a.* combustible.
burner [-œ(r)], *s.* quemador, abrasador; quemador de lámpara, mechero (de gas, etc.).
burnet [bœ́rnịt], *s.* (bot.) pimpinela.
burning [bœ́rnịŋ]. **I.** *s.* ardor; quemadura; quemazón, *f.*, abrasamiento; quema, incendio; (cer.) cocción. **II.** *a.* abrasador, ardiente; quemante, vehemente.—**b. glass,** espejo o vidrio ustorio.
burnish [bœ́rnịŝ]. **I.** *va.* bruñir, pulir, acicalar, pulimentar, (fot.) satinar. **II.** *vn.* tomar lustre. **III.** *s.* bruñido, satinado.—**burnisher** [-œ(r)], *s.* bruñidor, pulidor; acicalador; (fot.) satinador.
burnoose, burnous [bœrnús], *s.* albornoz, *m*
burnout [bœ́rnaụt], *s.* (aer.) agotamiento del combustible.
burnsides [bœ́rnsaịdz], *s. pl.* patillas.
burnt [bœrnt], (*pret.* y *pp.* de TO BURN) quemado, abrasado; cocido; calcinado.—**b. offering,** *o* **sacrifice,** holocausto.
burp gun [bœrp], *s.* pistola automática.
burr [bœr]. **I.** *s.* (*V.* BUR) rebaba del metal; zumbido; (dent.) buril; (carp.) roldana de perno, virola; canal auricular; sonido fuerte de la **r**; protuberancia; nudo (de un árbol); raíz de las astas de un ciervo. **II.** *va.* y *vn.* pronunciar la erre con sonido gutural; zumbar.
burro [bœ́roụ], *s.* burro.
burrow [bœ́roụ]. **I.** *s.* madriguera, conejera; cueva, vivar. **II.** *va.* hacer cueva(s) en; hacer (ex)cavando. **III.** *vn.* amadrigarse; encuevarse; minar, horadar.
burrstone [bœ́rstoụn], *s.* piedra de molino.
bursa [bœ́rsạ], *s.* (anat.) bolsa o saco.
bursar [bœ́rsạ(r)], *s.* tesorero (esp. de una universidad u orden religiosa); (Esco.) becario.
bursary [-ị], *s.* tesorería; (Esco.) beca. *V.* BURSAR.
burse [bœrs], *s.* bolsa; (igl.) bolsa del corporal.
bursitis [bœrsáịtịs], *s.* (med.) bursitis.
burst [bœrst]. **I.** *va.* (*pret.* y *pp.* BURST) romper; reventar.—**to b. open,** forzar, romper (una puerta, etc.). **II.** *vn.* reventar(se); estallar; volarse; hacer explosión.—**to b. into,** deshacerse en (lágrimas), desatarse en (improperios, amenazas, etc.).—**to b. out,** reventarse, estallar; desatarse, prorrumpir, soltar.—**to b. through,** irrumpir. **III.** *s.* reventón, estallido, explosión; supremo esfuerzo; (mil.) sucesión de tiros de una arma automática.

burthen [bœ́rðe̜n], *s.* y *v.* = BURDEN.
burton [bœ́rto̜n], *s.* (mar.) polispasto.
Burundi [burʌ́ndi̜]. **I.** *s.* Burundi. **II.** *s.* y *a.* (de) Burundi.
bury [bé̜ri̜], *va.* enterrar, inhumar, sepultar; soterrar, esconder, ocultar.—**to be buried in thought,** estar absorto en la meditación.—**to b. the hatchet,** hacer la paz.
burying [-i̜ŋ], *s.* entierro; exequias.—**b. ground, b. place,** cementerio, camposanto.
bus [bʌs], *s.* (aut.) ómnibus, bus, autobús, (Am.) camión, *m.*, (Cuba) guagua.—**b. bar,** (elec.) barra colectora.—**b. boy,** ayudante de restaurante.—**b. line,** ruta, línea o compañía de autobuses.
busby [bʌ́zbi̜], *s.* gorra de húsar.
bush [bu̜ŝ]. **I.** *s.* arbusto, mata; matorral; terreno cubierto de malezas; (Cuba) manigua; ramo colgado a las puertas de las tabernas; hopo de zorra; (mec.) *V.* BUSHING.—**b. bean,** frijol enano. **II.** *vn.* crecer espeso o contiguo. **III.** *va.* forrar con metal; poner grano a un cañón, buje a una rueda, tejuelo a un eje, etc.; apoyar, sostener con matas; (agr.) gradar o igualar el terreno arrastrando matas; labrar (piedra) a escuadra con martillo.
bushel [bú̜ŝe̜l], *s.* medida de áridos (Ingl., 36.35 litros; E. U., 35 litros).
bushhammer [bú̜ŝhæmœ(r)], *s.* pica, escoda.
bushing [bú̜ŝi̜ŋ], *s.* (mec.) forro de metal; manguito; casquillo de cojinete; boquilla, guía, dado, tejo, tejuelo; (arti.) grano de un cañón.
bushman [bú̜ŝma̜n], *s.* campesino; habitante del bosque; (**B.**) salvaje nómada sudafricano.
bushmaster [bú̜ŝmæstœ(r)], *s.* (zool.) serpiente muy grande y venenosa de la América tropical.
bush pilot, *s.* piloto que vuela sobre región poco habitada.
bushwhacker [bú̜ŝhwækœ(r)], *s.* montonero; guerrillero; cuchillo para cortar malezas, etc.
bushy [bú̜ŝi̜], *a.* matoso; copudo; peludo.
busily [bí̜zi̜li̜], *adv.* solícitamente, diligentemente; atareadamente.
business [bí̜zni̜s], *s.* oficio; asunto, cuestión; tarea, trabajo; (com.) negocio(s), comercio.—**b. man,** comerciante, negociante, hombre de negocios.—**b. suit,** terno, traje ordinario o de calle.—**b. transaction,** contratación, negociación.—**b. is b.,** la cuenta es cuenta.—**to be one's b.,** importarle o atañerle a uno.—**to make it one's b.,** proponerse.—**to mean b.,** hablar en serio; formalizarse.—**to send about one's b.,** enviar a paseo.
businesslike [-lai̜k], *a.* formal, directo; práctico, sistemático, bien ordenado o administrado.
busk [bʌsk], *s.* ballena o acero de corsé.
buskin [bʌ́ski̜n], *s.* borceguí; coturno; (teat.) tragedia.
buskined [-d], *a.* de alto coturno; trágico.
busman [bʌ́sma̜n], *s.* conductor de autobús.
buss [bʌs]. **I.** *va.* y *vn.* (fam.) besar. **II.** *s.* beso sonado.
bust [bʌst], *s.* (b. a.) busto; retrato o fotografía de busto; pecho de mujer; (fam.) fracaso; borrachera.
bust, (fam. y vulgar). **I.** *va.* reventar; degradar (a un oficial); domar (un potro). **II.** *vn.* reventarse; quebrarse; arruinarse, quedar sin un real; salir mal.
bustard [bʌ́sta̜rd], *s.* (orn.) avutarda.
buster [bʌ́stœ(r)], *s.* (vulg. o fam.) cosa notable, maravilla. *V.* BRONCO y TRUST.
bustle [bʌ́sl]. **I.** *vn.* bullir, menearse, no parar. **II.** *s.* bullicio, animación, bulla, ruido; (cost.) caderillas, tontillo, polisón.
bustler [bʌ́slœ(r)], *s.* bullebulle, *mf.*
busy [bí̜zi̜]. **I.** *a.* ocupado; activo, laborioso; bullicioso; entremetido. **II.** *va.* ocupar, emplear. **III.** *vr.* ocuparse.—**busybody** [-badi̜], *s.* entremetido, refitolero, chismoso.—**busybrain** [-brei̜n], *s.* proyectista.—**busyness** [-nis], *s.* ocupación.

but [bʌt]. **I.** *conj., prep.* y *adv.* pero, mas; sin embargo; excepto, menos; solamente, no más que; sino; que no (*there was nobody* **but** *was tired,* no había nadie que no estuviese cansado); sin que, sin (*he never speaks* **but** *he yells,* nunca habla sin gritar, o sin que grite).—**b. for,** a no ser por.—**b. that,** que no; sino que; si no fuera porque.—**cannot b.,** no puedo (puede, etc.) menos de, o dejar de (*I could not* **but** *laugh,* no pude menos de reír; *it cannot* **but** *be true,* no puede dejar de ser cierto).—**none b.,** solamente. **II.** *s.* pero, objeción.
butadiene [bi̜uta̜dái̜in], *s.* (quím.) butadieno.
butane [bi̜útei̜n], *s.* (quím.) butano.
butcher [bú̜chœ(r)]. **I.** *s.* carnicero, cortador, jifero; hombre sanguinario; (fam.) chapucero.—**b. bird,** (orn.) alcaudón, desollador.—**b.'s block,** tajo.—**b.'s broom,** (bot.) brusco.—**b.'s knife,** jifero.—**b.'s shop,** carnicería. **II.** *va.* matar reses; dar muerte cruel; hacer una carnicería en; (fam.) chapucear.—**butchering** [-i̜ŋ], *s.* carnicería, matanza.—**butcherly** [-li̜], *a.* perteneciente al carnicero; cruel, inhumano, sangriento.—**butchery** [-i̜], *s.* carnicería, matanza; oficio de carnicero; matadero.
butler [bʌ́tlœ(r)], *s.* despensero, mayordomo; repostero; cillerero (de un monasterio).—**b.'s pantry,** despensa, repostería.—**butlerage** [-i̜dẑ], *s.* departamento del despensero; (Ingl.) antiguo derecho sobre vinos.—**butlership** [-ŝi̜p], *s.* oficio de despensero.—**butlery** [-i̜], *s.* despensa.
butt [bʌt]. **I.** *s.* cabo, extremo; (carp.) cabeza o tope de tablón; empalme plano; (arm.) culata, coz; mocho de un taco de billar; mango de látigo, etc.; blanco, hito; límite, fin, término; bota, pipa, tonel; topetada, topetazo, mochada; estocada; punta o colilla (de cigarro).—**b. and b.,** a(l) tope.—**b. cut,** primera troza arriba de la cepa.—**b. end,** cabo, mango, mocho, tope, extremo mayor; cabeza (de biela).—**b. hinge,** bisagra.—**b. joint,** junta a tope o de yuxtaposición.—**b. maker,** pipero, tonelero.—**b. of ridicule,** hazmerreír.—**b. weld,** soldadura a tope. **II.** *va.* top(et)ar; (mar.) topar; acornear, mochar; apoyar; (mec.) juntar a tope. **III.** *vn.* top(et)ar, embestir, acornear; sobresalir.—**to b. against,** confinar o empalmar con; estrellarse contra.—**to b. in,** (fam.) entremeterse, meter baza, meter su cuchara(da).
butte [bi̜ut], *s.* monte aislado.
butter [bʌ́tœ(r)]. **I.** *s.* mantequilla, manteca de vaca; (quím.) manteca; topador, acorneador, el que da topetazos.—**b. bowl** o **dish,** mantequ(ill)era.—**b. knife** o **spreader,** cuchillo mantequillero.—**b. mold** o **print,** molde para mantequilla. **II.** *va.* untar con manteca; (fam.) adular.
buttercup [-kʌp], *s.* (bot.) ranúnculo, botón de oro.
butterfat [-fæt], *s.* grasa de mantequilla.
butterfingers [-fi̜ŋgœrz], *s.* (fam.) desmañado, persona torpe de manos.
butterfly [-flai̜], *s.* (ent.) mariposa.—**b.-like,** (bot.) amariposado.—**b. screw,** tornillo con aletas.—**b. valve,** válvula de mariposa o de estrangulación.
butterine [-in], *s.* (oleo)margarina.
butteris [-i̜s], *s.* (herr.) pujavante.
buttermilk [-mi̜lk], *s.* suero de manteca.
butternut [-nʌt], *s.* (bot.) nogal blanco americano; nuez oleosa del mismo.
butterscotch [-skach], *s.* dulce de azúcar con mantequilla; bombón escocés.
buttery [-i̜]. **I.** *s.* despensa; bodega, botillería. **II.** *a.* mantecoso; (fam.) adulador, zalamero.
buttock [bʌ́to̜k], *s.* nalga, trasero; anca; *pl.* posaderas, (fam.) asentaderas; (mar.) llenos de popa.
button [bʌ́to̜n]. **I.** *s.* botón; tirador de puerta; (elec.) botón de timbre; botón o zapatilla de florete; cascabel de crótalo; (arti.) cascabel; (agr.) botón o capullo.—*pl.* **buttons,** paje, lacayo, (fam.) botones.—**b. maker** o **seller,**

botonero. **II.** *va.* abotonar. **III.** *vn.* abotonarse. —**buttonhole** [-houl]. **I.** *s.* ojal, presilla. **II.** *va.* (cost.) hacer o abrir ojales; abrochar, atacar; importunar, fastidiar; (esgr.) dar botonazos.
buttonhook [-huk], *s.* abotonador, abrochador.
buttonwood [-wud], *s.* (bot.) plátano de Occidente; plátano falso, sicómoro.
buttress [bÁtris]. **I.** *s.* sostén, apoyo, refuerzo; (arq.) contrafuerte, estantal, machón, botarel, estribo; (geog.) contrafuerte, estribo. **II.** *va.* afianzar, apoyar, estantalar, sostener.
butyl [bjútil], *s.* (quím.) butilo.—**b. alcohol,** alcohol butílico (ll. t. **butylic alcohol**).
butylene [-in], *s.* (quím.) butileno.
butyraceous [bjutiréishʌs], *o* **butyrous** [bjútirʌs], *a.* mantecoso, butiráceo.
butyric [bjutírik], *a.* butírico.—**b. acid,** (quím.) ácido butírico.
butyrin(e [bjútirin], *s.* (quím.) butirina.
butyrometer [bjutirámetœ(r)], *s.* butirómetro, medidor de la grasa de la leche.
butyryl [bjútiril], *s.* (quím.) butirilo.
buxom [bÁksom], *a.* frescachona, rolliza, mocetona; alegre, jovial, retozona.
buy [bái]. **I.** *va.* (*pret.* y *pp.* BOUGHT) comprar, mercar; sobornar.—**to b. a pig in a poke,** cerrar un trato a ciegas.—**to b. in,** comprar (en una subasta) por cuenta del dueño; comprar acciones (en una compañía, etc.).—**to b. off,** librarse de, con dinero, comprar (a una persona). —**to b. on credit** o **trust,** comprar al fiado.— **to b. out,** comprar la parte de (un socio).—**to b. up,** acaparar. **II.** *vn.* hacer compras, comprar. **III.** *s.* compra; (fam.) compra ventajosa, ganga.
buyable [-abl], *a.* comprable.
buyer [-œ(r)], *s.* comprador, marchante.— **buyers' market,** mercado abundante en mercancía a bajo precio.—**buyers' strike,** boicot de consumidores (para baja del precio de géneros, mercancías, etc.).
buzz [bʌz]. **I.** *s.* zumbido; susurro, murmurio.— **b. bomb,** bomba planeadora o voladora. *V.* ROBOT BOMB.—**b. saw,** sierra circular. **II.** *vn.* zumbar, zurri(a)r; cuchichear, susurrar.
buzzard [bÁzärd], *s.* (orn.) especie de halcón o milano; gallinazo.
buzzer [bÁzœ(r)], *s.* zumbador; murmurador; (elec.) zumbador.
buzzing [-iŋ]. **I.** *a.* zumbador. **II.** *s.* zumbido, zurrido.
by [bai]. **I.** *prep.* por (cuando denota el agente, el instrumento, la causa, el modo y el medio por el cual se ejecuta alguna cosa); a, en; para; por, junto a, cerca de, al lado de (cuando denota proximidad); a, de, con, en; según, de acuerdo con. Antes de gerundio indica manera, y no se traduce (*by studying, you will learn,* estudiando, Vd. aprenderá). **II.** *adv.* cerca, al lado; aparte, a un lado.—**b. and b.,** pronto, luego.—**b. and large,** en todo respecto, de una manera general. —**b. day, b. night,** de día, de noche.—**b. God!,** ¡por Dios!—**b. heaven!,** ¡vive Dios!—**b. itself,** de por sí.—**b. means of,** mediante.— **b. much,** con mucho.—**b. one's self,** solo, sin ayuda.—**b. the dozen,** por docenas.—**b. the light of,** a la luz de.—**b. the way,** en el camino; entre paréntesis; de paso.—**b. then,** para entonces.—**b. this time,** ahora, a la hora de ésta, ya.—**b. way of,** por vía de.
by, bye [bai]. **I.** *a.* apartado, secundario; incidental; secreto. **II.** *s.* asunto secundario; (dep.) meta; jugador no pareado (en un torneo, etc.). —**by the bye,** de paso, entre paréntesis. **III.** *interj.* **by(e)-by(e)!,** (fam.) ¡adiós!
by-bidder [báibidœ(r)], *s.* postor simulado (en una subasta).
by-blow [báiblou], *s.* golpe de lado o accidental; hijo ilegítimo.
by-channel [báichænel], *s.* contracanal.
by-election [baiiléksħon], *s.* elecciones especiales, sobre todo para llenar puestos vacantes.
Byelorussia [byɛlorÁshä], *s.* Bielorrusia.
Byelorussian [-n], *s.* y *a.* bielorruso.
bygone [báigon], *a.* pasado.—**let bygones be bygones,** olvidemos lo pasado; pelillos a la mar.
by-lane [báilein], *s.* vereda, camino retirado.
by-law [báilo], *s.* estatutos o reglamentos.
by-line [báilain], *s.* signatura del autor (de un artículo de periódico o revista).
by-name [báineim], *s.* sobrenombre; apodo.
by-pass [báipæs]. **I.** *s.* camino de paso o al largo de una carretera, etc.; desvío; (mec. y elec.) derivación.—**b.-pass valve,** (m. v.) válvula auxiliar o de derivación; (hidr.) válvula de sobrecarga o adicional. **II.** *va.* desviar; evitar; pasar por alto o alrededor de (un obstáculo, etc.).
by-path [báipæθ], *s.* senda, vereda.
by-play [báiplei], *s.* (teat.) escena muda, juego escénico; pasatiempo; diversión.
by-product [báipradʌkt], *s.* subproducto, derivado.
by-road [báiroud], *s.* atajo, andurrial.
Byronic [bairánik], *a.* byroniano; romántico, apasionado, cínico, libre.
bystander [báistændœ(r)], *s.* mirón.—*pl.* circunstantes.
by-street [báistrit], *s.* callejuela, calle desviada.
by-view [báivju], *s.* fin particular, propio interés.
byway [báiwei], *s.* camino desviado.
byword [báiwœrd], *s.* objeto de burla u oprobio; apodo; mote; máxima, refrán; perogrullada.
Byzantian, Byzantine [bizǽnshian, bizǽntin], *a.* y *s.* bizantino.—**B. Greek,** romeo.
Byzantinism [-izm], *s.* bizantinismo.

C

c [si], *s.* c; (mús., **C**) do.
cab [kæb], *s.* cab, cabriolé; coche de punto, simón; taxi; (f. c.) puesto del maquinista; casilla del conductor de un autocamión.—**c. stand,** punto de coches.
cabal [kabǽl]. **I.** *s.* cábala, intriga, maquinación. **II.** *vn.* intrigar, maquinar, tramar.
cabala [kǽbalä], *s.* cábala (entre los judíos).
cabalism [-izm], *s.* cabalismo.—**cabalist** [-ist], *s.* cabalista.—**cabalistic(al** [-ístik(al], *a.* cabalístico.—**cabalistically** [-i], *adv.* cabalísticamente.
caballer [kabǽlœ(r)], *s.* cabalista, maquinador.
cabaret [kæbaréi], *s.* cabaret, café cantante, café concierto.
cabaret [kǽbarɛt], *s.* taberna; juego de té o de café.
cabas [kǽbä], *s.* cabás; bolsa de labor.
cabbage [kǽbidž]. **I.** *s.* (bot.) berza, col, repollo; sisa.—**c. beetle, c. bug, c. worm,** etc., nombres de varios insectos y orugas que atacan la col.—**c. butterfly,** piéride (*f.*) de las coles; mariposa blanca.—**c.-headed,** repolludo. **II.** *va.* sisar (los sastres); hurtar. **III.** *vn.* (agr.) repollar.
cabby [kǽbi], *s.* (fam.) cochero de punto.
cabin [kǽbin]. **I.** *s.* barraca, cabaña, choza, tugurio; (mar.) cabina, cámara, camarote.—**c. boy,** (mar.) paje de escoba; camarero.—**c. class,** (mar.) de una sola clase.—**c. cruiser,** crucero de placer. **II.** *vn.* vivir en cabaña o choza. **III.** *va.* encerrar en cabaña o choza.
cabinet [kǽbinit]. **I.** *s.* (pol.) gabinete, ministerio; sala donde se exhiben objetos artísticos; escaparate, vitrina, estuche; armario; estante; caja o mueble (de radio, etc.); (impr.) chibalete. —**c. council,** consejo de ministros o de gabinete.—**c. wood,** madera de ebanistería. **II.** *a.* ministerial; (b. a.) digno de figurar en una sala; secreto, reservado.
cabinetmaker [-méikœ(r)], *s.* ebanista.—**cabinetmaking** [-iŋ], *s.* ebanistería.—**cabinetwork** [-wœrk], *s.* ebanistería, marquetería.
cable [kéibl]. **I.** *s.* cable, *m.*; (mar.) cable, maroma, amarra; telégrafo submarino; cablegrama, *m.*— **c. address,** dirección cablegráfica.—**c. bitt,** bitadura.—**c. car,** vagón movido por tracción de

cable.—**c. grip,** grapa, fiador de cable.—**c. railroad,** ferrocarril de tracción o de cable; ferrocarril funicular.—**c.'s length,** cable, medida longitudinal (1/10 de milla náutica). **II.** *va.* y *vn.* cable(grafi)ar, telegrafiar por cable; proveer de o atar con cables.
cablegram [-græm], *s.* cablegrama, *m.*, cable.
cablet [kéịblet], *s.* (mar.) estacha.
cableway [-weị], *s.* alambrecarril, cable aéreo de transporte.
cabman [kǽbmạn], *s.* cochero de punto, simón.
cabochon [kǽbạŝan], *s.* (joy.) cabujón.
caboodle [kạbúdl], *s.* (fam.) hato, cuadrilla, conjunto de gente o cosas.
caboose [kạbús], *s.* (mar.) fogón o cocina; (f. c.) vagón de cola en un tren de carga.
cabotage [kǽbotaẑ], *s.* (mar.) cabotaje.
cabriolet [kæbriọléị], *s.* cabriolé.
cacao [kạkéịoụ], *s.* (bot.) cacao (árbol y semillas).—**c. butter,** manteca de cacao.—**c. plantation,** cacahual.
cachalot [kǽŝạlat], *s.* (zool.) cachalote.
cache [kæŝ]. **I.** *va.* depositar en un escondrijo. **II.** *s.* escondite, escondrijo; víveres, *m. pl.*, tesoro, etc., escondidos en tal sitio.
cachectic(al [kạkéktịk(ạl], *a.* caquéctico.
cachet [kæŝéị], *s.* sello (de carta, etc.); distintivo.
cachexia [kækéksịạ], *s.* (med.) caquexia.
cachinnation [kækịnéịŝọn], *s.* carcajada.
cacique [kạsík], *s.* cacique; (orn.) oropéndola.
caciquism [-ịzm], *s.* caciquismo.
cackle [kǽkl]. **I.** *vn.* cacarear; reírse; chacharear. **II.** *s.* cacareo; charla, cháchara.
cackler [kǽklœ(r)], *s.* cacareador; chacharero, parlanchín.
cackling [-ịŋ], *s.* cacareo; cháchara.
cacochymia [kækokímịạ], *s.* (med.) cacoquimia.
cacodemon [kækodímọn], *s.* diablo, espíritu malo.
cacodyl [kǽkodịl], *s.* (quím.) cacodilo.
cacodylate [-eịt], *s.* (quím.) cacodilato.
cacodylic [kækodílik], *a.* (quím.) cacodílico.
cacography [kækágrạfị], *s.* cacografía.
cacomistle [kǽkomịsl], *s.* (zool.) basáride, *f.*, (Mex.) cacomixtle.
cacophonous [kækáfonʌs], *a.* cacofónico.
cacophony [kækáfonị], *s.* cacofonía.
cactaceous [kæktéịŝʌs], *a.* cácteo.
cactus [kǽktʌs], *s.* (bot.) cacto.
cad [kæd], *s.* persona de modales groseros.
cadastral [kạdǽstrạl], *a.* catastral.
cadastre, cadaster [kạdǽstœ(r)], *s.* catastro.
cadaver [kạdǽvœ(r)], *s.* cadáver.
cadaverous [-ʌs], *a.* cadavérico.
caddie, caddy [kǽdị]. **I.** *s.* muchacho que en el juego de golf lleva los palos.—**c. bag** = GOLF BAG. **II.** *vn.* servir de *caddie.*
caddis [kǽdịs], *s.* lana de algodón; tejido de lana.
caddis fly, *s.* (ent.) frigáneo.
caddish [kǽdịŝ], *a.* grosero, mal educado.
caddis worm, *s.* (ent.) larva del frigáneo.
caddy [kǽdị], *s.* bote, lata, cajita para té.
cade [keịd]. **I.** *a.* manso, domesticado; mimado. **II.** *s.* cordero manso; (bot.) variedad de enebro.
cadence, cadency [kéịdẹns, -ị], *s.* cadencia, ritmo, modulación.—**cadent, cadential** [-ẹnt, kạdénŝạl], *a.* cadente, cadencioso.
cadenza [kạdénzạ], *s.* (mús.) cadencia.
cadet [kạdét], *s.* (mil.) cadete; segundón, hijo o hermano menor; (fam.) alcahuete.
cadge [kædẑ], *va.* y *vn.* (fam.) pedir; vivir de gorra.
cadi [kádị], *s.* cadí.
cadmia [kǽdmịạ], *s.* cadmía.
cadmium [kǽdmịʌm], *s.* (quím.) cadmio.
cadre [kǽdr(ị)], *s.* núcleo; armazón, *f.*, plan; (mil.) cuadro, conjunto de jefes.
caduceus [kạdúsịʌs], *s.* caduceo.
caducous [kạdúkʌs], *a.* caduco; perecedero; transitorio; (bot.) caduco.
caducity [kạdúsịtị], *s.* caducidad; caduquez; senectud; (for.) caducidad.
cæcal [síkạl], *a.* cecal.
cæcum [síkʌm], *s.* (anat.) (intestino) ciego.
Cæsarean [sịzérịạn], *a.* cesáreo.—**C. operation, C. section,** (cir.) operación cesárea; histerotomía.
Cæsarism [sízạrịzm], *s.* cesarismo.
cæsura [sịẑúrạ], *s.* (poét.) cesura.
cæsium [síziʌm], *s.* (quím.) cesio.
café [kæféị], *s.* café, cantina, restaurante.—**c. au lait,** café con leche.—**c. chantant,** café cantante.—**c. noir,** café puro, negro o tinto.
caffein [kǽfin], *s.* cafeína.
cafeteria [kæfẹtírịạ], *s.* cafetería, restaurant donde los parroquianos se sirven a sí mismos.
caftan [kǽftạn], *s.* vestimenta turca.
cage [kéịdẑ]. **I.** *s.* jaula, gayola; (fam.) trena, prisión; camarín de ascensor; fogaril. **II.** *va.* enjaular.
cageling [-lịŋ], *s.* pájaro enjaulado.
cagey [kéịdẑị], *a.* (fam.) astuto, listo, vivo.
cahoot [kạhút], *s.* (fam.) compañía; colusión.—**to be in** o **to go cahoots,** formar compañía, asociarse, confabularse.
caïque [kaík], *s.* (mar.) caique.
cairn [kɛrn], *s.* montón de piedras para señál.
caisson [kéịsọn], *s.* arcón; (mil.) furgón; cajón de municiones; (ing.) cajón neumático y sumergible dentro del cual se hacen cimientos bajo el agua; (mar.) camello; compuerta de dique; (arq.) artesón.—**c. disease,** (med.) parálisis que afecta a veces a los que trabajan en cámaras de sumersión.
caitiff [kéịtịf], *a.* y *s.* vil, miserable, belitre.
cajole [kạdẑóụl], *va.* lisonjear, dular; halagar, engatusar, lagotear, gitanear.
cajoler [-œ(r)], *s.* adulador, zalamero.
cajolery [-ị], *s.* adulación, lisonja; requiebro, zalamería, carantoñas, engatusamiento.
cajuput [kǽdẑụpụt], *s.* (bot.) cayeputi.
cake [kéịk]. **I.** *vn.* conglutinarse, aterronarse (apl. al carbón), formar costra. **II.** *s.* tort(it)a, bizcocho, bollo, pastel, hojaldre, *mf.*, pastelillo; tabl(et)a (de chocolate, etc.); pastilla o pan de jabón, de cera, etc.; terrón.
cakewalk [-wɔk], *s.* cierto baile; orig., marcha o danza de negros, en que se premiaba con un pastel a la pareja que mejor se contoneaba.
calaba [kǽlạbạ], *s.* (bot.) calaba, *m.*, calambuco.
calabash [-bæŝ], *s.* (bot.) calabacera (planta cuyo fruto es la calabaza); calabaza (planta y fruto); (Am.) calabaza, güiro (árbol y fruto).—**c. bottle,** calabacino, güiro.—**bottle c.,** calabaza vinatera.
calaboose [kǽlạbus], *s.* (fam.) calabozo, cárcel, *f.*
Calabrian [kạléịbrịạn], *a.* y *s.* calabrés.
caladium [kạléịdịʌm], *s.* (bot.) caladio.
calamanco [kælạmǽŋkoụ], *s.* (tej.) calamaco.
calamar, calamary [kǽlạmar, -mɛrị], *s.* (zool.) calamar, chipirón. *V.* SQUID.
calamine [kǽlạmaịn], *s.* (min.) calamina.
calamint [kǽlạmịnt], *s.* (bot.) calamento.
calamitous [kạlǽmịtʌs], *a.* calamitoso.
calamity [kạlǽmịtị], *s.* calamidad.
calamus [kǽlạmʌs], *s.* (bot.) cálamo aromático.
calash [kạlǽŝ], *s.* calesa, carretela; capota de carruaje; capota de señora.
calcaneum [kælkéịnịʌm], *s.* (anat.) calcáneo; calcañar.
calcar [kǽlkar], *s.* (zool., bot.) espolón; (vid.) carquesa; (met.) horno de reverbero.
calcareous [kælkérịʌs], *a.* calcáreo, calizo, calero.
calceate, calced [kǽlsịeịt, kælst], *a.* (igl.) calzado.
calcic [kǽlsịk], *a.* cálcico.
calciferous [kælsífẹrʌs], *a.* que contiene cal.
calcification [-fịkéịŝọn], *s.* calcificación; petrificación.
calcify [kǽlsịfaị], *va.* y *vn.* calcificar; hacer(se) pétreo, depositando cal, *f.*
calcimine [kǽlsịmaịn]. **I.** *s.* lechada.—**coat of c.,** tendido. **II.** *va.* (alb.) dar lechada, tender.
calcinable [kælsáịnạbl], *a.* calcinable.
calcinate [kǽlsịneịt], *va.* = CALCINE.
calcination [-éịŝọn], *s.* calcinación.
calcinatory [kælsínạtọrị], *s.* calcinatorio.

calcine [kǽlsain], *va.* y *vn.* calcinar(se).
calcite [kǽlsait], *s.* (min.) calcita.
calcium [kǽlsiʌm], *s.* (quím.) calcio.—**c. carbide,** (quím.) carburo de calcio.—**c. carbonate,** (quím.) carbonato de calcio.—**c. chloride,** (quím.) cloruro de calcio.—**c. cyanamide,** (quím.) cianamido de calcio.—**c. hydroxide,** (quím.) hidróxido de calcio.—**c. light,** luz de calcio.—**c. oxide,** (quím.) óxido de calcio.—**c. phosphate,** (quím.) fosfato de calcio.
calcspar [kǽlkspar], *s.* (min.) calcita, espato calizo.
calculable [kǽlkiulabl], *a.* calculable.
calculate [-leit]. **I.** *va.* calcular, computar, tantear; preparar, disponer, proyectar; (fam.) suponer, creer. **II.** *vn.* calcular.
calculated [-id], *pp.* de TO CALCULATE; proyectado, ideado.—**to be c. to,** tener la probabilidad de, conducir a, ser a propósito para.
calculating [-iŋ], *ger.* y *a.* de calcular; que calcula; interesado, artero.—**c. machine,** aritmómetro, máquina de calcular, calculadora.
calculation [-léiŝon], *s.* cálculo, cómputo.
calculative [-lativ], *a.* pert. al cálculo.
calculator [-leito(r)], *s.* calculista; calculador, (máquina) calculadora; libro de cálculos hechos.
calculi [-lai], *s. pl.* de CALCULUS.
calculous [-lʌs], *a.* (med.) calculoso.
calculus [-lʌs], *s.* (mat. y med.) cálculo.
Calderonian [kælderóunian], *a.* calderoniano.
caldron [kóldron], *s.* caldera o caldero, paila.
Caledonian [kæledóunian], *a.* y *s.* caledonio, escocés.
calefacient [kælifé iŝent], *a.* calentador.
calefaction [-fǽkŝon], *s.* calefacción.
calefactory [-fǽktori]. **I.** *a.* calentador. **II.** *s.* (igl.) calefactorio.
calembour [kælembúr], *s.* equívoco, retruécano.
calendar [kǽlindä(r)]. **I.** *s.* calendario; almanaque; lunario; lista o tabla de pleitos; orden (*f.*) del día.—**c. day,** día civil.—**c. month,** mes periódico.—**c. year,** año civil, año corriente o natural (el que principia el 1° de enero). **II.** *va.* poner en el calendario o en una lista.
calender [kǽlindœ(r)]. **I.** *s.* calandria, satinador. **II.** *va.* aprensar, calandrar, cilindrar, satinar.—**calenderer** [-œ(r)], *s.* aprensador, el que calandra.
calends [kǽlindz], *s. pl.* calendas.—**on the Greek c.,** en las calendas griegas, nunca.
calendula [kaléndźulä], *s.* (bot.) caléndula, maravilla.
calf [kæf], *s.* (*pl.* CALVES [kævz]), (zool.) becerro, ternero; cervatillo, ballenato, etc.; piel (*f.*) de becerro; (anat.) pantorrilla; (fam.) bobo, mentecato.—**c.-bound,** encuadernado en piel.—**c. love,** (fam.) amor pueril.—**c.'s foot jelly,** gelatina de manos de ternera.
calfskin [-skin], *s.* (ten.) becerrillo, piel (*f.*) de becerro, curtida.
caliber, calibre [kǽlibœ(r)], *s.* (arti.) calibre; diámetro interior (de cañón, bala, etc.); calibre, aptitud, capacidad.—**ball c.,** vitola.—**calibrate** [-breit], *va.* calibrar; graduar; regular; rectificar (graduaciones, dimensiones, etc.).—**calibration** [-bréiŝon], *s.* calibración; rectificación, corrección.
calico [kǽlikou], *s.* (tej.) calicó, indiana, zaraza; percal, estampado, cotonada, angaripola.
calif, califate, *s.* = CALIPH, CALIPHATE.
Californian [kælifórnian]. **I.** *s.* y *a.* californiano, californio. **II.** *a.* califórnico.
californium [kælifórniʌm], *s.* (quím.) californio.
caliga [kǽligä], *s.* cáliga.
caliginous [kalídźinʌs], *a.* caliginoso.
calipash [kǽlipæŝ], *s.* substancia verdusca gelatinosa de la tortuga próxima a la concha superior.
calipee [kǽlipi], *s.* substancia amarillenta de la tortuga próxima a la concha inferior.
caliper [kǽlipœ(r)], *s.* (gen. *pl.*) calibrador, calibre.—**inside c.,** compás de calibres.—**outside c.,** compás de gruesos.
caliph [kéilif], *s.* califa, *m.*
caliphate [-eit], *s.* califato.
calisaya [kælisé iyä], *s.* (bot.) calisaya.
calisthenic [kælisθénik], *a.* calisténico.
calisthenics [-s], *s.* calistenia; gimnasia.
calix [kéiliks], *s.* (igl.) = CHALICE; (bot., anat.) = CALYX.
calk, caulk [kɔk], *va.* calafatear, acollar (buques, etc.); rellenar, tapar; (mec.) apretar a martillo; hacer ramplón en la herradura; (vet.) herir con el ramplón.
calk [kælk], *va.* marcar con tiza; calcar.
calk, calkin [kók, -in], *s.* ramplón de herradura.
ca(u)lker [-œ(r)], *s.* calafate, calafateador.—**c.'s boy,** calafatín.
ca(u)lking [-iŋ]. **I.** *s.* calafateadura, calafateo. **II.** *a.* de calafatear.—**c. auger,** aviador.—**c. chisel,** o **iron,** calador, escoplo de calafatear.—**c. hammer,** martillo de biselar.
call [kɔl]. **I.** *va.* llamar (*he called me,* me llamó; *he called me his friend,* me llamó su amigo; *they called him John,* lo llamaron Juan; *this is called cement,* esto se llama cemento); decir, denominar, nombrar, apellidar, titular; calificar (de), tratar (de); citar; convocar; invocar; telefonear; llamar, atraer; pronunciar, enunciar, o decir en alta voz; suponer aproximadamente, dar como valor aproximado; exigir el pago de, cobrar; pasar (lista); recibir, admitir (de abogado, etc.).
call. II. *vn.* llamar, dar voces, gritar; ir, venir (a ver a alguien), estar (en alguna parte a ver a alguien); personarse, presentarse.—**to c. a bluff,** cogerle la palabra a un baladrón.—**to c. a bond,** avisar que un bono se pagará.—**to c. a halt,** detenerse, parar; (con **on**) detener, poner fin a.—**to c. after,** llamar a.—**to c. again,** llamar de nuevo; volver.—**to c. at,** ir a; parar en; (mar.) hacer escala, tocar (en un puerto).—**to c. attention to,** llamar la atención sobre.—**to c. away,** llamar (a alguien de alguna parte; *I was called away to Boston,* me llamaron de Boston.—**to c. back,** mandar volver; revocar, retirar.—**to c. down,** hacer bajar; (fam.) regañar, reñir.—**to c. for,** requerir, pedir; exigir, necesitar; ir o venir por.—**to c. forth,** hacer salir, sacar, poner de manifiesto; provocar, originar.—**to c. in,** hacer entrar, pedir (a uno) que entre; recoger; llamar (un médico, etc.); (com.) retirar; exigir la presentación (de bonos, etc.).—**to c. in doubt,** *o* **in question,** poner en duda.—**to c. into (being, existence,** etc.) dar el ser, producir, crear; poner en.—**to c. it a day,** (fam.) parar (en el trabajo).—**to c. it quits,** (fam.) parar (en el trabajo); dejar la reyerta, dejar de reñir o de altercar.—**to c. names,** insultar con epítetos ofensivos.—**to c. off** = TO C. AWAY; distraer; suspender; aplazar; desistir de.—**to c. on,** *o* **upon,** visitar a; pedir a, exhortar, exigir; pedir la cooperación de; invocar, apelar a; en la voz pasiva, **to be called on** o **upon,** tener la obligación de.—**to c. one's own,** disponer de, tener.—**to c. out,** gritar, vocear; hacer salir; llamar de afuera; poner de manifiesto; desafiar.—**to c. the roll,** pasar lista.—**to c. together,** convocar.—**to c. to account,** llamar a cuentas; censurar, impugnar, regañar.—**to c. to meeting,** citar a junta.—**to c. to memory,** *o* **to mind,** recordar.—**to c. to order,** llamar al orden; abrir la sesión, dar principio a las deliberaciones.—**to c. to the bar,** recibir de abogado; en la voz pasiva, **to be called to the bar,** ser admitido como abogado, recibirse de abogado.—**to c. to the colors,** llamar al servicio militar.—**to c. to witness,** tomar por testigo.—**to c. up,** hacer subir; recordar, evocar; citar, llamar a comparecencia; poner (un proyecto) en discusión; exigir la consideración o discusión de (un proyecto, etc.); llamar por teléfono.
call, *s.* llamada; llamamiento; citación; convoca-

toria; reclamo de un ave; vocación; seña, señal, *f.*, aviso; silbo, señuelo, balitadera; visita; (mil.) toque, llamada; acción de pasar lista; exigencia; (com.) demanda, pedido; contrato, obligación; mandato de presentación de bonos, etc., para redimirlos; conversación o llamada telefónica. —**c. bell,** timbre de llamada.—**c. bird,** pájaro de reclamo.—**c. boy,** (teat.) traspunte; (fam.) botones.—**c. button,** botón de llamada.—**c.-down,** (fam.) regaño.—**c. loan,** préstamo pagadero a solicitud.—**c. money,** dinero listo para prestar cuando se pida, o a la orden.—**c. note,** reclamo (de ave).—**at c.,** *o* **on c.,** a requerimiento, a solicitud, al pedir (apl. a obligaciones de pago).—**to make** o **pay a c.,** hacer una visita; (mar.) hacer escala.—**to sound a c.,** hacer llamamiento.—**within c.,** al alcance de la voz.
calla (lily) [kǽlą], *s.* (bot.) cala, lirio de agua.
callable [kóląbl], *a.* que puede ser llamado, etc.; (com.) pagadero o amortizable a solicitud.
caller [[kólœ(r)], *s.* llamador; visita, visitante.
calligraph [kǽligræf], *s.* ejemplar o muestra de caligrafía.—**calligrapher** [kąlígrąfœ(r)], *s.* calígrafo.—**calligraphic** [-grǽfįk], *a.* caligráfico.—**calligraphy** [kąlígrąfį], *s.* caligrafía.
calling [kólįŋ], *s.* profesión, vocación, oficio, empleo; llamamiento; acción de llamar, visitar, etc. *V.* CALL.—**c. card,** tarjeta de visita.
calliope [kæláįopi], *s.* (mús.) especie de órgano con una serie de silbatos de vapor.
calliper, *s.* = CALIPER.
callisthenic(s, *a.* y *s.* = CALISTHENIC(S.
callosity [kælásįtį], **callousness** [kǽlʌsnįs], *s.* callo, callosidad, dureza; insensibilidad.
callous [kǽlʌs], *a.* calloso, córneo, encallecido.—**callously** [-lį], *adv.* insensiblemente, duramente.
callow [kǽloų], *a.* implume; joven, inexperto.
callus [kǽlʌs], *s.* callo, dureza; (cir.) callo.
calm [kám]. **I.** *s.* calma, serenidad, sosiego, tranquilidad; sangre fría. **II.** *a.* calmado, calmoso, compuesto, quieto, tranquilo, sereno, bonancible. **III.** *va.* tranquilizar, aquietar; apaciguar, calmar; aplacar, sosegar. **IV.** *vn.* (gen. con **down**), calmarse, componerse, serenarse; abonanzarse.—**calmer** [-œ(r)], *s.* apaciguador, pacificador.—**calmly** [-lį], *adv.* sosegadamente. —**calmness** [-nįs], *s.* = CALM.
calmative [-ątįv], *a.* y *s.* calmante, sedante.—**calmy** [-į], *a.* (poét.) tranquilo, apacible.
calomel [kǽlomɛl], *s.* calomel, calomelanos, *m. pl.*
calorescence [kælorésęns], *s.* conversión de rayos caloríficos en rayos luminosos.
caloric [kąlórįk]. **I.** *a.* referente al calor. **II.** *s.* calórico; calor.
caloricity [kælorísįtį], *s.* (fisiol.) caloricidad.
calorie [kǽlorį], *s.* (fís.) caloría.
calorific [kælorífįk], *a.* calorífico.
calorification [-kéįšon], *s.* calorificación.
calorifics [-s], *s.* termología, ciencia del calor.
calorimeter [-ímɛtœ(r)], *s.* calorímetro.
calorimetric [-įmétrįk], *a.* calorimétrico.
calorimetry [-ímɛtrį], *s.* calorimetría.
calorize [kǽloraįz], *va.* alear superficialmente con aluminio por tratamiento térmico.
calory [kǽlorį], *s.* = CALORIE.
calotte [kąlát], *s.* solideo; (arq.) sombrerete; cascarón o casquete.
caltha [kǽlθą], *s.* (bot.) calta.
caltrop [kǽltrop], *s.* (mil.) abrojo; (bot.) tríbulo, abrojo.
calumet [kǽlyųmɛt], *s.* calumet, pipa ceremonial de los indios de Norte América.
calumniate [kąlʌ́mnįeįt], *va.* y *vn.* calumniar.
calumniation [-éįšon], *s.* calumnia.
calumniator [-eįto(r)], *s.* calumniador.
calumniatory [-ątorį], **calumnious** [-ʌs], *a.* calumnioso, injurioso, difamatorio.—**calumniously** [-lį], *adv.* injuriosamente, calumniosamente.—**calumniousness** [-nįs], *s.* calumnia, maledicencia, infamación.
calumny [kǽlʌmnį], *s.* calumnia, difamación.
calutron [kǽlyųtran], *s.* (fís.) calutrón.
Calvary [kælvąrį], *s.* Calvario.
calve [kæv], *vn.* parir la vaca.
Calvinism [kǽlvįnįzm], *s.* calvinismo.
Calvinist [-įst], *a.* y *s.* calvinista.—**Calvinize** [-aįz], *va.* enseñar la doctrina de Calvino.
calvities [kælvíšįiz], *s.* (med.) calvicie.
calx [kælks], *s.* (*pl.* CALXES o CALCES) (min.) cenizas o residuos; cal, *f.*, yeso.
calycle [kǽlikl], *s.* (bot.) calículo.
calypso [kąlípsoų], *s.* (mús.) calipso.
calyx [kéįlįks], *s.* (bot.) cáliz, *m.*; (anat.) pelvis del riñón.
calycular [kąlíkyųlą(r)], *a.* (bot.) calicular.
cam [kæm], *s.* (mec.) leva, levador, cama.—**c. gear,** (aut.) engranaje del eje de levas; (mec.) distribución por levas.—**c. shaft,** (aut.) eje de levas.—**c. wheel,** rueda de (con) levas.
camaraderie [kamąrádęrį], *s.* camaradería, compañerismo.
camber [kǽmbœ(r)]. **I.** *s.* comba, combadura, convexidad, curvatura, peralte, alabeo. **II.** *vn.* y *va.* combar(se), arquear(se).
cambist [kǽmbįst], *s.* (com.) cambista.
Cambodia [kæmbóųdią], *s.* Camboya.
Cambodian [-n], *s.* y *a.* camboyano.
Cambrian [kǽmbrįan], *s.* y *a.* (geol.) cámbrico, cambriano; pert. a, o habitante del país de Gales.
cambric [kéįmbrįk], *s.* batista, holanda, cambray.
came [keįm], *pret.* de TO COME.
camel [kǽmęl], *s.* (zool.) camello; (mar.) cajón sumergible para alzar un buque hundido; camello.
camellia [kąmílią], *s.* (bot.) camelia.
camelopard [kąmélopard], *s.* (zool.) camello pardal, camelopardal, jirafa; (**C.,** astr.) Camaleopardo.
camel's-hair [kǽmęlzhɛr], *a.* de pelo de camello.
Camembert [kǽmęmbɛr], *s.* queso camembert.
cameo [kǽmįoų], *s.* camafeo.
camera [kǽmęrą], *s.* cámara fotográfica; (arq.) sala abovedada; (anat.) cavidad; (for.) cámara particular para los jueces.—**c. lucida,** cámara lúcida.—**c. obscura,** cámara obscura.
cameral [kǽmęrąl], *a.* relativo a una cámara, oficina o tesorería.
cameraman [kǽmęrąmæn], *s.* camarógrafo, tomavistas, operador cinematográfico.
Cameroon, Cameroun [kæmęrún], *s.* Camerún.
Cameroonian [-įan], *s.* y *a.* camerunés.
camion [kǽmįon], *s.* camión, *m.*; autocamión militar.
camisado [kæmįséįdoų], *s.* (mil.) encamisada.
camise [kąmís], *s.* camisón o bata holgada.
camisole [kǽmįsoųl], *s.* cubrecorsé; camiseta; bata.
camlet [kǽmlįt], *s.* (tej.) c(h)amelote; barragán.
camomile [kǽmomaįl], *s.* (bot.) camomila, manzanilla.
camouflage [kǽmųflaž]. **I.** *s.* (mil.) camuflaje, disfraz (*m.*) de protección; simulación, fingimiento, engaño. **II.** *va.* (mil.) camuflar, disfrazar con camuflaje; encubrir bajo falsas apariencias.
camp [kæmp]. **I.** *s.* (mil.) campo, (a)campamento, real(es); vida o servicio militar, vida de cuartel; tienda(s) o cabaña(s) donde se vive transitoriamente en el campo; caserío, ranchería, alojamientos (como cerca de las minas); colonia (como las escolares de verano); campo, terreno (de actividad, de acción); cuerpo, agrupación, partido; división (de una confraternidad).—**c. chair,** silla ligera plegadiza de tijera.—**c. follower,** acompañante civil, persona que, sin ser militar, acompaña a un ejército (criado, vendedor, mujer de soldado, etc.).—**c. meeting,** reunión religiosa en el campo.—**c. stool,** catrecillo. **II.** *vn.* acampar; (gen. con **out**) vivir transitoriamente en tiendas. **III.** *va.* acampar, alojar.
campaign [kæmpéįn]. **I.** *s.* (mil.) campaña; (pol.,

etc.) campaña; propaganda. **II.** *vn.* hacer campaña o propaganda.—**campaigner** [-œ(r)], *s.* el que hace campaña; propagandista; veterano.
campanero [kæmpanéjrou], *s.* (orn.) campanero.
campaniform [kæmpǽnjfɔrm] = CAMPANULATE.
campanile [kæmpanílj], *s.* campanario, campanil.
campanologist [kæmpanálodžjst], *s.* campanólogo.
campanology [-džj], *s.* arte de fundir y de tañer las campanas; campanología.
campanula [kæmpǽnyulä], *s.* (bot.) campánula.
campanulate [-lejt], *a.* (bot.) acampanado, campanudo.
campeachy, campeche [kæmpíchj], *s.* = LOGWOOD.
camper [kǽmpœ(r)], **camper-out** [-áut], *s.* persona que acampa o vive transitoriamente en tienda (toldo), choza rústica o campamento (gen. por placer).
campestral [kæmpéstral], *a.* campesino, campestre.
campfire [kǽmpfajr], *s.* hoguera o fogata que se enciende en el campo o en un campamento, sea por placer, sea para cocinar; reunión.—**c. girl,** niña de la organización **Camp Fire Girls,** que es semejante a la de las niñas exploradoras (*girl scouts*).
campground [-graund], *s.* campo, terreno (usado para campamento o reunión religiosa).
camphene [kǽmfin], *s.* (quím.) canfeno.
camphine [kǽmfin], *s.* aceite de trementina rectificado.
camphor [kǽmfo(r)]. **I.** *s.* alcanfor.—**c. ball** = MOTH BALL.—**c. oil,** esencia de alcanfor.—**c. tree,** (bot.) alcanforero. **II.** *va.* alcanforar.
camphorate [-ejt]. **I.** *a.* alcanforado. **II.** *s.* canforato. **III.** *va.* alcanforar.
camphoric [kæmfárjk], *a.* (quím.) canfórico.
campus [kǽmpʌs], *s.* (E. U.) terreno de un colegio o universidad.
camshaft [kǽmšæft], *s.* = CAM SHAFT.
camwood [kǽmwud], *s.* madera roja de Angola.
can [kæn]. **I.** *s.* lata, bote de lata.—**c. hooks,** (mar.) gafas.—**c. opener,** abrelatas. **II.** *vn. defectivo usado como verbo auxiliar sólo con las formas* CAN *y* COULD *en el pres. y pret. de indicativo o subjuntivo y en el condicional* poder; saber (*I can go,* puedo ir; *I can read,* sé leer; *I can but speak,* sólo puedo, o no puedo más que, hablar; *I cannot but do it,* no puedo menos de hacerlo; *could I but speak!* ¡si pudiera hablar siquiera! *if I could only write!* ¡quién supiera escribir! *I could do it,* pod(r)ía o sab(r)ía hacerlo. **III.** *va.* enlatar, envasar o conservar en latas; (fam.) despedir (de un empleo). *V.* CANNED.
Canaanite [kéjnanajt], *s.* cananeo.
Canada [kǽnada], *s.* Canadá.
Canadian [kanéjdjan], *a.* y *s.* canadiense.
canaille [kanéjl], *s.* canalla, gentuza.
canal [kanǽl]. **I.** *s.* canal; buzón, cacera, caz, *m.*; (anat.) canal, conducto, meato; (arq.) estría, media caña.—**c. rays,** (fís.) iones positivos de un tubo de vacío con un cátodo perforado. **II.** *va.* acanalar, canalizar.
canalage [-jdž], *s.* construcción de canales; canalización; sistema (*m.*) de canales; derechos de transporte por un canal.
canaliculate [kænalíkjulejt], *a.* acanalado, estriado.
canalization [kanæljzéjšon], *s.* canalización.
canalize [kanǽlajz], *va.* canalizar.
canapé [kǽnapej], *s.* canapé (aperitivo).
canard [kanárd], *s.* canard, embuste, filfa, bulo, camelo.
canary [kanérj], *s.* (orn.) canario; color de canario; vino de Canarias.—**c. seed,** alpiste, triguera.
canasta [kanǽsta], *s.* canasta (juego de naipes).
cancan [kǽnkæn], *s.* cancán (baile).
cancel [kǽnsel]. **I.** *va.* cancelar, revocar, rescindir; tachar, borrar; invalidar, anular; (mat.) suprimir; matasellar (sellos). **II.** *s.* (impr. y enc.) supresión; (mús.) becuadro.
cancellate [-ejt], *a.* reticular, celular, poroso.
cancellation [-éjšon], *s.* cancelación, rescisión; retículo; (mat.) supresión de factores comunes.
cancer [kǽnsœ(r)], *s.* (med.) cáncer, cancro; (astr., C.) Cáncer.
cancerate [-ejt], *vn.* cancerarse.
canceration [-éjšon], *s.* principio o formación de cáncer.—**cancerism** [-jzm], *s.* (med.) cancerismo.—**cancerous** [-ʌs], *a.* canceroso.—**cancerousness** [-njs], *s.* cancerismo, calidad de canceroso.
cancriform [kǽŋkrjfɔrm], *a.* cancriforme, cancroideo.
cancroid [kǽŋkrɔjd]. **I.** *s.* (med.) cancroide; cancro. **II.** *a.* cancroideo.
candelabrum [kændeléjbrʌm], *s.* candelabro.
candent [kǽndent], *a.* candente.
candescence [kændésens], *s.* candencia.
candid [kǽndjd], *a.* cándido, candoroso, sincero.
candidacy [kǽndjdasj], **candidature** [-dachur], *s.* candidatura.
candidate [-dejt], *s.* candidato, pretendiente.
candid camera, *s.* cámara pequeña para tomar fotos informales y sin posar.
candidly [kǽndjdlj], *adv.* cándidamente, candorosamente, ingenuamente.—**candidness** [-njs], *s.* candidez, ingenuidad, sinceridad.
candied [kǽndjd], *a.* confitado, almibarado, garapiñado, escarchado.
candle [kǽndl]. **I.** *s.* vela, bujía, candela; (fís.) bujía, unidad lumínica.—**c. drippings,** moco.—**c. end,** cabo de vela.—**c. extinguisher,** matacandelas.—**c. foot,** (fís.) bujía-pie; *V.* FOOT CANDLE.—**c. grease,** sebo.—**c. hour,** bujía-hora.—**c. power,** intensidad de la luz, o potencia lumínica, expresada en bujías.—**c. snuff,** pabilo.—**c. snuffer,** despabilador.—**not to hold a c. to someone,** (fam.) no llegar a la suela del zapato de uno.—**the game is not worth the c.,** no vale la pena.—**to hold a c. to,** comparar una persona o cosa con otra. **II.** *va.* probar (huevos, etc.) al trasluz.
candleberry [-berj], *s.* (bot.) mírica cerífera, árbol de la cera (ll. t. **c. myrtle, c. tree**); especie de aleutina (ll. t. **candlenut tree**).
candleholder [-houldœ(r)], *s.* portavela, candelero.
candlelight [-lajt], *s.* luz de vela; luz artificial; oración, entrada de la noche.
candlelighter [-lajtœ(r)], *s.* encendedor de velas; (igl.) acólito.
Candlemas [-mas], *s.* Candelaria.
candlestick [-stjk], *s.* candelero, palmatoria.
candlewick [-wjk], *s.* pabilo.
candor [kǽndo(r)], *s.* candidez, candor, sinceridad.
candy [kǽndj]. **I.** *s.* bombón, dulce.—**c. pull,** (fam.) tertulia en que se hace melcocha.—**c. shop** o **store,** bombonería, confitería, dulcería. **II.** *va.* almibarar, confitar, garapiñar. **III.** *vn.* acaramelarse.
candytuft [-tʌft], *s.* (bot.) carraspique.
cane [kéjn]. **I.** *s.* caña; bengala; bejuco; bastón, báculo; caña de azúcar; pezón; tallo; (tej.) urdimbre.—**c. chair,** silla de junco.—**c. juice,** guarapo.—**c. knife,** machete.—**c. maker** o **seller,** bastonero.—**c. mill,** trapiche, ingenio de azúcar.—**c. press,** prensa de exprimir caña.—**c. rack** o **stand,** bastonera.—**c. sugar,** azúcar de caña. **II.** *va.* bastonear, apalear; poner asiento o espaldar de mimbre, bejuco, etc.
canebrake [-brejk], *s.* cañaveral.
canella [kanélä], *s.* (bot.) canela (ll. t. **c. bark**).
canephoros [kanéforas], *s.* canéfora.
Canicula [kaníkjulä], *s.* (astr.) Canícula, Sirio.
canicular [-(r)], *a.* canicular.
Canidæ [kǽnjdi], *s. pl.* (zool.) cánidos, *m. pl.*
canine [kéjnajn]. **I.** *a.* canino, perruno.—**c. appetite,** hambre canina.—**c. tooth,** colmillo, (diente) canino. **II.** *s.* perro, can; colmillo (diente).
Canis [kéjnjs], *s.* (zool.) género de los cánidos;

(astr.) el Can.—**C. Major,** (astr.) Can Mayor. —**C. Minor,** Can Menor.
canister [kǽnįstœ(r)], *s.* bote, frasco o lata para té, tabáco, etc.—**c. shot,** (bote de) metralla.
canities [kąníŝįiz], *s.* canicie.
canker [kǽŋkœ(r)]. **I.** *s.* (med.) llaga gangrenosa; úlcera en la boca; (bot.) cancro, enfermedad de los árboles frutales. **II.** *vn.* gangrenarse. **III.** *va.* gangrenar, roer, corromper; contaminar.—**cankered** [-d], *a.* ulcerado; maligno, corrompido.—**cankerous** [-ʌs], *a.* gangrenoso, corrosivo.
cankerworm [-wœrm], *s.* (ent.) especie de oruga.
canna [kǽną̈], *s.* (bot.) planta de las canáceas.
cannabic [kænǽbįk], *a.* cañameño, canabíneo.
Cannabis [kǽnæbįs], *s.* (bot.) cáñamo.—**c. indica,** cáñamo de la India; haxix.
Cannaceæ [kąnéįŝįi], *s. pl.* (bot.) canáceas.
cannaceous [kąnéįŝʌs], *a.* (bot.) canáceo.
canned [kænd], *pp.* y *a.* en conserva, en lata(s).—**c. goods,** conservas alimenticias, alimentos enlatados.—**c. music,** (fam.) música en discos.
cannel [kǽnęl], **cannel coal** [-koųl], *s.* carbón mate, hulla de llama brillante, rica en substancias volátiles.
canner [kǽnœ(r)], *s.* el que enlata conservas.
cannery [-į], *s.* fábrica de conservas.
cannibal [kǽnįbąl], *s.* caníbal, antropófago.—**cannibalism** [-įzm], *s.* canibalismo.
cannibalize [kǽnįbąlaįz], *vn.* utilizar piezas de una máquina destruída o desgastada para arreglar otra.
cannikin [kǽnįkįn], *s.* lato o vaso de metal; balde de madera.
cannily [kǽnįlį], *adv.* sagazmente. (*V.* CANNY.)
canning [kǽnįŋ], *s.* envasado de alimentos.
cannon [kǽnǫn]. **I.** *s.* oreja de campana; (arti.) cañón; (mec.) manguito, cañón, guardaeje; (billar) carambola.—**c. ball,** (arti.) bala de cañón.—**c. bone,** (anat.) canilla, caña.—**c. metal,** bronce de cañón.—**c. shot,** bala de cañón; alcance de un cañón. **II.** *va.* y *vn.* cañonear.
cannonade [-éįd]. **I.** *va.* cañonear. **II.** *s.* cañoneo.
cannoneer [-ír], *s.* artillero.
cannonry [-rį], *s.* cañonería; cañoneo.
cannot [kǽnat], *contr.* de CAN y NOT. *V.* CAN.
cannula [kǽnųlą̈], *s.* (med.) cánula.
canny, cannie [kǽnį], *a.* (Esco.) sagaz, prudente, cuerdo; agradable; garboso; digno.
canoe [kąnú]. **I.** *s.* canoa, piragua; (Méx.) chalupa. **II.** *va.* y *vn.* llevar o pasear en canoa.
canoeist [-įst], *s.* canoero, piragüero.
canon [kǽnǫn], *s.* canon; regla o precepto; (igl.) canon o cánones; canónigo; (impr.) canon, tipo grande; (mús.) canon.—**c. law,** derecho canónigo.
canoness [-įs], *s.* (igl.) canonesa.
canonic(al [kąnánįk(ąl], *a.* canónico.—**canonically** [-į], *adv.* canónicamente.
canonicals [-z], *s. pl.* hábitos eclesiásticos.
canonicate [-eįt], *s.* canonjía.
canonist [kǽnǫnįst], *s.* canonista.—**canonization** [-įzéįŝǫn], *s.* canonización.—**canonize** [-aįz], *va.* canonizar.—**canonry** [-rį], **canonship** [-ŝįp], *s.* canonjía, canonicato, prebenda.
canopied [kǽnopįd], *a.* endoselado.
canopy [kǽnopį]. **I.** *s.* dosel, pabellón (de cama, etc.); baldaquín, palio; cielo; (arq.) cobertizo de puerta, etc.; (elec.) campana (de una guarnición, etc.).—**c. of heaven,** capa del cielo. **II.** *va.* endoselar.
canorous [kąnóųrʌs], *a.* canoro.
can't [kænt], (fam.) *contr.* de CANNOT.
cant [kænt]. **I.** *s.* canto, esquina, chaflán; desplomo, sesgo, inclinación, oblicuidad; tumbo, vaivén; tabla, toza, etc., descanteada; hipocresía, gazmoñería; jerga, jerigonza, germanía, caló; lenguaje afectado o hipócrita.—**c. hook,** garfio. *V.* PEAVEY. **II.** *va.* poner al sesgo o inclinar; oblicuar; ladear; arrojar, lanzar; voltear, invertir; chaflanar, descantear. **III.** *vn.* hablar con gazmoñería; hablar en jerga.
cantabile [kantábįleį], *a., adv.* y *s.* (mús.) cantable.
cantaloupe [kǽntąloųp], *s.* (bot.) variedad de melón.
cantalever, cantaliver, *s. V.* CANTILEVER.
cantankerous [kæntǽŋkęrʌs], *a.* avinagrado, quisquilloso, quimerista, pendenciero.
cantata [kæntátą̈], *s.* (mús.) cantata.
canted [kǽntįd], *a.* oblicuo, inclinado; (arq.) chaflanado.
canteen [kæntín], *s.* cantina, taberna; cantimplora.
canter [kǽntœ(r)]. **I.** *s.* medio galope. **II.** *vn.* andar el caballo a paso largo y sentado.
canterbury [kǽntęrbɛrį], *s.* estante para música, libros, etc.—**c. bell,** (bot.) campánula.
cantharides [kænθǽrįdiz], *s. pl.* (farm.) cantáridas.
cantharis [kǽnθą̈rįs], *s.* (zool.) cantárida, insecto coleóptero que se emplea en la medicina como vejigatorio.
canthus [kǽnθʌs], *s.* (anat.) ángulo o rabo del ojo.
canticle [kǽntįkl], *s.* cántico, canto.—*pl.* **Canticles,** el Cantar de los Cantares.
cantilever [kǽntįlɛvœ(r)], *s.* (ing.) viga voladiza; (arq.) canecillo, modillón; voladizo; consola, soporte.—**c. bridge,** puente de contrapeso o de vigas voladizas.—**c. roof,** cubierta volada.
cantle, cantlet [kǽntl, -lɛt], *s.* trozo, pedazo, fragmento, porción; arzón trasero de la silla.
canton [kǽntǫn], *s.* cantón, distrito; (blas.) cantón.—**C. crêpe,** burato.—**C. flannel,** moletón o muletón.
canton [kæntán], *va.* acantonar, acuartelar.—**cantonal** [kǽntǫnąl], *a.* cantonal.—**cantonalism** [-įzm], *s.* (pol.) cantonalismo.—**cantonment** [kæntánmęnt], *s.* (mil.) acuartelamiento, acantonamiento.
cantor [kǽntɔr], *s.* chantre.
Canuck [kąnʌ́k] *s.* y *a.* (fam.) (E. U.) canadiense; (Can.) canadiense de origen francés.
canvas [kǽnvąs], *s.* (tej.) lona; cañamazo; (pint.) lienzo, cuadro; (mar.) lona, vela, velamen.
canvasback [-bæk], *s.* (orn) variedad de pato marino norteamericano.
canvass. I. *s.* correría en solicitud de votos, opiniones, pedidos, etc.; examen, inspección; investigación, escrutinio; encuesta. **II.** *va.* escudriñar, examinar; recorrer un distrito o comarca solicitando votos, pedidos, etc.
canvasser [-œ(r)], *s.* solicitador (de votos, pedidos, etc.); (E. U.) agente electoral.
cany [kéįnį], *a.* lleno de, o hecho de, cañas.
canyon, cañon [kǽnyǫn], *s.* garganta, congosto, desfiladero, (Am.) cañón.
canzonet [kænzǫnét], *s.* cancioncilla, copla.
caoutchouc [kaųchúk], *s.* caucho, goma elástica.
cap [kæp]. **I.** *s.* gorro, gorra, montera; casquete, birrete; tapa; bonete, capelo; cima, cumbre, *f.*; (arq.) capitel; (mec.) casquete, casquillo, coronilla, sombrerete, chapaleta; guardapolvo de reloj; cápsula (de botella); chapa (de brújula); (fot.) tapa (de lente); (mar.) tamburete (de palo); (aut.) tapa (de biela).—**c. and gown,** toga y bonete (traje académico).—**c. paper,** papel de estraza. El nombre se aplica además a ciertos tamaños de papel de escribir.—**c. screw,** tornillo grande sin tuerca; tornillo con ranura. —**c. of liberty,** gorro frigio.—**the c. fits,** viene de perilla.—**to make the c. fit,** darse por aludido.—**to set one's c. for,** proponerse conquistar a uno para novio.—**to put on one's thinking c.,** reflexionar con madurez. **II.** *va.* cubrir con gorra; poner tapa; coronar, poner cima o remate; saludar a uno; dar la última mano, acabar; sobrepujar.—**to c. the climax,** pasar del límite, para colmo (de ridiculez, sinrazón, etc.). **III.** *vn.* descubrirse para saludar.
capability [keįpąbílįtį], *s.* capacidad, idoneidad, aptitud, inteligencia.

capable [kéipabl], *a.* capaz; apto, hábil, idóneo, competente; suficiente.—**capableness** [-nis], *s.* capacidad, idoneidad, competencia.

capacious [kapéiŝʌs], *a.* capaz, espacioso.—**capaciously** [-li], *adv.* capazmente, holgadamente.

capacitance [kapǽsitans], *s.* (elec.) capacitancia.

capacitate [-teit], *va.* capacitar, habilitar, hacer capaz, autorizar.

capacitive [-itiv], *a.* (elec.) relativo a la capacidad.—**c. coupling,** (radtlg.) acoplamiento de (por) condensadores.

capacity [-iti], *s.* capacidad, cabida, espacio(sidad), porte; inteligencia, aptitud, disposición, suficiencia; alcance; facultad, poder; potencia(lidad), rendimiento; calidad, condición, carácter; empleo, destino; (mar.) tonelaje, buque.—**c. load,** carga máxima; capacidad de transporte.—**in the c. of,** en calidad de.

cap-a-pie [kæpapí], *adv.* de pies a cabeza; (armado) de punta en blanco.

caparison [kapǽrison]. **I.** *s.* caparazón, paramento, gualdrapa, telliz, *m.* **II.** *va.* enjaezar, engualdrapar; (fam.) vestir soberbiamente.

cape [keip], *s.* (geog.) cabo, angla; capa corta, capotillo, esclavina, manteleta. *V.* CAPESKIN.

caper [kéipœ(r)]. **I.** *s.* cabriola, zapateta; travesura; (bot.) alcaparra, tápara.—**to cut a c.,** cabriolar; corcovear, trenzar. **II.** *vn.* cabriolar; triscar, chozpar; travesear.

caperbush [-buŝ], *s.* (bot.) alcaparro.

caperer [-œ(r)], *s.* bailarín, chozpón, saltarín.

capeskin [kéipskin], *s.* cierta piel de cabra, ovejas, etc., para guantes.

capias [kéipias], *s.* (for.) orden de arresto.

capillaceous [kæpiléiŝiʌs], *a.* capilar.

capillarimeter [-arímɛtœ(r)], *s.* (fís.) capilarímetro.

capillarity [-ǽriti], *s.* capilaridad.

capillary [kǽpilɛri]. **I.** *a.* capilar. **II.** *s.* (anat.) (vaso) capilar.—**c. attraction,** capilaridad.

capilliform [kapíliform], *a.* (bot.) capiliforme.

capital [kǽpital]. **I.** *a.* capital; principal; excelente, magnífico. **II.** *s.* capital, *f.* (ciudad), cabecera (de un territorio o distrito); (arq.) capitel o chapitel; (com.) capital, *m.* fondo, principal; caudal, recursos; (fort.) capital.—**to make c. of,** aprovecharse de.

capital account, *s.* cuenta de capital, valor total de la propiedad en un negocio.

capital expenditure, *s.* inversión de capital para incrementar la producción.

capital gains, *s.pl.* ganancias de capital.

capital goods, *s.pl.* bienes utilizados en la producción.

capitalism [-izm], *s.* capitalismo.

capitalist [-ist], *s.* capitalista.—**capitalistic** [-ístik], *a.* capitalista (sistema, teoría, etc.).

capitalization [-izéiŝon], *s.* capitalización; empleo de letras mayúsculas.

capitalize [-aiz], *va.* capitalizar; principiar una palabra con mayúscula.

capital letter, *s.* (letra) mayúscula o versal.

capital levy, *s.* impuesto sobre la propiedad.

capitally [-i], *adv.* excelente o capitalmente.

capital punishment, *s.* pena capital o de muerte.

capital ship, *s.* acorazado mayor.

capital sin, *s.* pecado mortal.

capital stock, *s.* (com.) capital; capital nominal en acciones, o valor nominal total de las acciones (de una compañía).

capital surplus, *s.* superávit de capital.

capitate [kǽpiteit], *a.* (bot.) capitado.

capitation [-éiŝon], *s.* capitación.

capitol [kǽpitol], *s.* capitolio.

Capitoline [-ain], *a.* capitolino.

capitula [kapíchulä], *s. pl.* de CAPITULUM.

capitular [-(r)], *a.* y *s.* capitular.

capitularly [-li], *adv.* capitularmente.

capitulary [-lɛri]. **I.** *a.* capitular. **II.** *s.* capitular; ordenanza real (gen. *pl.*).

capitulate [kapíchuleit], *vn.* (mil.) capitular.

capitulation [-éiŝon], *s.* capitulación.

capitulum [-ʌm], *s.* (bot., anat.) cabezuela, capítulo; (igl.) capítula.

capon [kéipan], *s.* capón.

caponier(e [kæponír], *s.* (fort.) caponera.

caponize [kéiponaiz], *va.* capar (gallos).

capote [kapóut], *s.* capote; especie de bonete ajustado con cintas; (carr.) capota.

cappadine [kǽpadin], *s.* cadarzo.

Cappadocian [kæpadóuŝian], *a.* y *s.* capadocio.

capparidaceous [kæparidéiŝiʌs], *a.* (bot.) caparídeo.

capper [kǽpœ(r)], *s.* gorrero; soldador de latas de conserva.

capping [kǽpiŋ], *s.* (arq.) coronamiento.

capreolate [kǽprioleit], *a.* (bot.) que tiene zarcillos.

capriccio [kapríchiou], *s.* (mús.) capricho.

caprice [kaprís], *s.* capricho, antojo, fantasía.

capricious [kapríŝʌs], *a.* caprichoso, antojadizo.

capriciously [-li], *adv.* caprichosamente.

Capricorn [kǽprikorn], *s.* (astr.) Capricornio; (ent.) especie de escarabajo cerambícido.

caprificate [kǽprifikeit], *va.* (agr.) cabrahigar.

caprification [-éiŝon], *s.* (agr.) cabrahigadura, caprificación.

caprifig [kǽprifig], *s.* cabrahigo (árbol y fruto).

capriform [-form], *a.* capriforme.

Caprifoliaceæ [kæprifouliéiŝii], *s. pl.* (bot.) caprifoliáceas.—**caprifoliaceous** [-ŝiʌs], *a.* caprifoliáceo.

caprine [kǽprain], *a.* caprino; caprario.

capriole [kǽprioul], *s.* capriola; zapateta.

capsicum [kǽpsikʌm], *s.* (bot.) pimiento, ají.

capsize [kæpsáiz], *va.* y *vn.* volcar(se); trastornar, poner patas arriba; (mar.) zozobrar.

capstan [kǽpstan], *s.* cabrestante, argüe; (min.) malacate.—**c. barrel,** cuerpo de cabrestante. —**c. bars,** barras del cabrestante.—**to rig the c.,** guarnir el cabrestante.

capstone [kǽpstoun], *s.* (arq.) coronamiento.

capsular(y [kǽpsiulär(i)], *a.* capsular.

capsulate(d [-eit(id)], *a.* cerrado en forma de cápsula; encerrado en una cápsula.

capsule [kǽpsiul], *s.* (bot.) cápsula, cajilla, celdilla, vaina; (anat., zool., quím., farm.) cápsula.

captain [kǽptin]. **I.** *s.* capitán. **II.** *va.* capitanear. —**captaincy** [-si], **captainship** [-ŝip], *s.* capitanía.

caption [kǽpŝon], *s.* encabezamiento; título; (cine) subtítulo; captura, prisión.

captious [kǽpŝʌs], *a.* quisquilloso, caviloso; capcioso.—**captiously** [-li], *adv.* cavilosamente; capciosamente.—**captiousness** [-nis], *s.* cavilosidad; capciosidad.

captivate [kǽptiveit], *va.* cautivar, captar, fascinar.

captivating [-iŋ], *a.* cautivador, cautivante, encantador, seductivo, atractivo.—**captivation** [-éiŝon], *s.* encanto, fascinación.

captive [kǽptiv], *s.* y *a.* cautivo.

captive audience, *s.* personas que son forzadas a ver o escuchar algo que no desean (como publicidad en un ómnibus, tren, etc.).

captive balloon, *s.* globo cautivo o de observación atado a tierra.

captivity [kæptíviti], *s.* cautiverio o cautividad, prisión; obsesión, fascinación.

captor [kǽpto(r)], *s.* apresador, aprehensor.

capture [kǽpchü(r)]. **I.** *s.* captura, apresamiento, aprehensión, prisión; captación; (mil.) toma; presa, botín. **II.** *va.* capturar, apresar, prender; (mil.) tomar; (mar.) detener.

capturer [-œ(r)], *s. V.* CAPTOR. (Am.) captor.

capuche [kapúŝ], *s.* capucha, capucho.

capuchin [kǽpiuchin], *s.* monje capuchino; capuchón o capotillo con capucha; (orn.) paloma copetuda; (zool.) mono capuchino, cébido o sapajú; **C.,** (monje) capuchino, (monja) capuchina.

capucin [kǽpiusin], *s.* color anaranjado; (bot.) capuchina.

capybara [kæpibárä], *s.* (zool.) capibara, ca(r)pincho, capiguara.

car [kar], *s.* coche; automóvil; tranvía; carro, carreta; coche, vagón; furgón (de f. c.); barquilla (de globo); camarín o caja (de ascensor).
carabao [karąbáoụ], *s.* (zool.) carabao.
Carabidae [kąrǽbịdi], *s. pl.* (ent.) carábidos.
carabineer [kærąbịnír], *s.* (mil.) carabinero.
caracal [kǽrąkæl], *s.* (zool.) caracal.
carack [kǽræk], *s.* (mar.) carraca.
caracara [karąkárą], *s.* (orn.) caracará.
caracole [kárąkoụl]. **I.** *s.* escalera de caracol; (equit.) caracoleo. **II.** *vn.* caracolear.
caracul [kǽrąkụl], *s.* caracul, astracán (piel).
carafe [karǽf], *s.* garrafa.
caramel [kǽrąmɛl], *s.* caramelo; azúcar quemado; dulce de azúcar, leche, mantequilla, etc.
caramelization [-ịzéịŝǫn], *s.* caramelización.
caramelize [-aịz], *va.* caramelizar, acaramelar.
carapace [kǽrąpeịs], *s.* carapacho, concha, coraza.
carat [kǽrąt], *s.* (joy.) quilate; silicua (peso).
caravan [kǽrąvæn], *s.* caravana; cáfila.
caravaneer [-ír], *s.* caravanero.
caravansary [-vǽnsąrị], *s.* caravanera, caravasar, caravanseray; posada grande.
caravel [kǽrąvɛl], *s.* (mar.) carabela.
caraway (seed) [kǽrąweị sid], *s.* (bot.) alcaravea, carvi.
carbamid(e [karbǽmaịd], *s.* (quím.) carbamida, urea.
carbarn [kárbarn], *s.* cochera de tranvías.
carbid(e [kárbaịd], *s.* (quím.) carburo.
carbine [kárbaịn], *s.* carabina.—**carbineer** [karbịnír], *s.* (mil.) carabinero.
carbinol [kárbịnoụl], *s.* (quím.) carbinol.
carbo [kárboụ], *s.* residuo carbonoso de destilación.
carbohydrate [-háịdreịt], *s.* (quím.) hidrato de carbono.
carbolic [karbálịk], *a.* (quím.) carbólico, fénico.—**c. acid,** carbol, fenol, ácido fénico.
carbolize [kárbolaịz], *va.* impregnar con fenol.
carbon [kárbǫn], *s.* copia en papel carbón; (quím.) carbono; (elec.) carbón (de batería, de filamento, de lámpara de arco.)—**c. black,** negro animal o de humo.—**c. copy,** copia en papel carbón.—**c. diamond,** carbonado.—**c. dioxide,** anhídrido carbónico.—**c. light,** (elec.) lámpara de arco.—**c. monoxide,** (mon)óxido de carbono.—**c. paper,** papel carbón, usado en máquinas de escribir y en fotografía.—**c. pencil,** carbón, carboncillo.—**c. steel,** acero ordinario (no de aleación; puede llamarse acero carbono).—**c. tetrachloride,** (quím.) tetracloruro de carbono.
carbonaceous [-éịŝịʌs], *a.* carbonoso.
carbonado [-éịdoụ], *s.* carbonado, diamante negro.
Carbonarism [-árịzm], *s.* carbonarismo.
carbonate [-eịt]. **I.** *s.* carbonato. **II.** *va.* carbonatar.
carbonic [karbánịk], *a.* carbónico.—**c. acid,** ácido carbónico, (impropia pero muy comúnmente) anhídrido carbónico (ll. t. **c.-acid gas**).
carboniferous [karbǫnífęrʌs], *a.* carbonífero; (geol., **C.**) carbonífero.
carbonite [-aịt], *s.* carbonita (explosiva).
carbonization [-ịzéịŝǫn], *s.* carbonización, carboneo.—**carbonize** [-aịz], *va.* carbonizar.
carbonyl [-ịl], *s.* (quím.) carbonilo.
carborundum [karbǫrʌ́ndʌm], *s.* carborundo (carburo de silicio). (Es nombre de fábrica.)
carboy [kárbɔị], *s.* garrafón, damajuana.
carbuncle [kárbʌŋkl], *s.* (joy.) carbúnculo o carbunclo; (med.) carbunc(l)o, avispero.
carbuncular [karbʌ́ŋkịulą(r)], *a.* carbuncal.
carburate, carburation, carburator = CARBURET, *va.*, CARBURETION, CARBURETOR.
carburet [kárbịurɛt]. **I.** *s.* carburo. **II.** *va.* carburar.
carburetant [-ąnt], *s.* (quím.) carburante.
carbureter, carburet(t)or [-œ(r)], *s.* (m. comb. int.) carburador.
carburetion [-réŝǫn], *s.* carburación.
carburize [kárbịuraịz], *va.* carburar.
carcajou [kárkadẑu], *s.* (zool.) carcayú, (Am.) glotón.
carcass, carcase [kárkąs], *s.* res muerta; armazón, *f.*, corpanchón, caparazón (de ave); esqueleto; (mar.) casco o armazón; (arti.) carcasa; (aut.) armazón o esqueleto (de neumático).
carcel [kársɛl], *s.* (elec.) carcel, patrón Carcel de intensidad lumínica.—**c. lamp,** lámpara Carcel.
carcinogen [karsínodẑɛn], *s.* (med.) carcinógeno.
carcinogenesis [karsịnodẑénɛsịs], *s.* carcinogénesis.
carcinogenic [karsịnodẑénịk], *a.* carcinogénico.
carcinoma [karsịnóụmą], *s.* (med.) carcinoma, *m.*, cáncer.
carcinomatous [-tʌs], *a.* canceroso.
card [kard]. **I.** *s.* tarjeta, papeleta; ficha; aviso, anuncio; programa, *m.*; naipe, carta; (fam.) chusco, persona rara; cartón, cartulina; cardencha, carda; almohaza; peine.—**c. catalogue,** fichero.—**c. game,** juego de naipes.—**c. index,** índice en tarjetas, fichero.—**c. party,** tertulia de baraja, partida de juego.—**c. sharp,** fullero, tahur.—**c. table,** tapete verde, mesa de juego.—**to be in** u **on the cards,** ser probable; figurar en el programa.—**to have a c. up one's sleeve,** tener algo (plan, etc.) en reserva.—**to lay** o **put one's cards on the table,** revelar uno francamente sus designios, recursos, etc.—**to play (at) cards,** jugar a los naipes.—**to speak by the c.,** hablar con conocimiento de causa. **II.** *va.* cardar, carduzar; almohazar.
cardamom [kárdąmǫm], *s.* (bot.) cardamomo.
Cardan joint [kárdɛn], *s.* junta universal, articulación o junta cardánica.—**C. shaft,** eje cardánico.—**C.'s suspension,** cardán.
cardboard [kárdbɔrd], *s.* cartón, cartulina.
cardcase [kárdkeịs], *s.* tarjetero.
carder [kárdœ(r)], *s.* card(uz)ador.—**c. bee,** abejorro.
cardia [kárdịą], *s.* (anat.) cardias.
cardiac [kárdịæk]. **I.** *a.* cardíaco; rel. al cardias o al corazón. **II.** *s.* cordial; (fam.) persona afecta de enfermedad cardíaca.
cardialgia [kardịǽldẑịą], *s.* (med.) cardialgia, acedía.
cardigan [kárdịgąn], *s.* chaqueta o chaleco de punto.
cardinal [kárdịnąl]. **I.** *a.* cardinal, fundamental; rojo vivo; (igl.) cardenalicio.—**c. number, point, virtue, wind,** número, punto, virtud, viento cardinal. **II.** *s.* (igl.) cardenal; púrpura; capa de mujer del siglo XVIII.—**c. bird,** (orn.) cardenal.—**c.'s hat,** capelo.
cardinalate [-eịt], **cardinalship** [-ŝịp], *s.* cardenalato, capelo.
carding [kárdịŋ], *s.* cardadura; cardón.—**c. machine,** carda mecánica.
cardiograph [kárdịogræf], *s.* cardiógrafo.
cardiography [kardịágrąfị], *s.* cardiografía.
cardiology [-álodẑị], *s.* cardiología.
cardiopathy [-ápąθị], *s.* cardiopatía.
cardioscope [kárdịoskoụp], *s.* cardioscopio.
carditis [kardáịtịs], *s.* (med.) carditis.
cardmaker [kárdmeịkœ(r)], *s.* fabricante de naipes o de cardas, cardero.
cardoon [kardún], *s.* (bot.) cepacaballo, cardo.
care [kɛr]. **I.** *s.* cuidado, solicitud; atención, cautela, detenimiento, mira, pulso, vigilancia; ansiedad, inquietud, zozobra; cargo, custodia; cuenta.—**(in the) c. of,** al cuidado de.—**take c.!,** ¡cuidado!, ¡mira!, ¡ojo!.—**under his c.,** a su cargo.—**without c.,** sin cuidado(s).—**to take c.,** tener cuidado.—**to take c. of,** cuidar de, correr con, guardar, encargarse de, mirar por.—**to take c. not to,** guardarse de. **II.** *vn.* tener cuidado, ansiedad o interés por algo o alguien; querer, tener ganas de (hacer algo); importarle a uno; estimar, apreciar, hacer caso.—**to c. for,** cuidar de; desear, gustar; interesarse en; gustarle a uno (una cosa, una persona).

careen [kąrín]. I. *va.* (mar.) carenar. II. *vn.* echarse de costado, dar a la banda. III. *s.* carena(dura).—**careenage** [-įdž], *s.* (mar.) carenero; gasto de carena.—**careening** [-įŋ], *s.* (mar.) carena(dura).—**c. gear,** aparejo de carenar.—**c. wharf,** carenero, despalmador.
career [kąrír]. I. *s.* carrera, curso, corrida; profesión.—**c. diplomat,** diplomático profesional. II. *vn.* correr a carrera tendida.
carefree [kérfrí], *a.* sin cuidados, alegre.
careful [kérfųl], *a.* cuidadoso; curioso, esmerado; solícito; cauteloso, prudente.—**to be c.,** tener cuidado.—**carefully** [-į], *adv.* cuidadosamente, detenidamente, esmeradamente.—**carefulness** [-nįs], *s.* cuidado, cautela, atención.
careless [kérlįs], *a.* descuidado, negligente, indiferente, remiso; desatento, desaplicado, atolondrado; inconsiderado.—**to be c.,** descuidar.
carelessly [-lį], *adv.* descuidadamente, negligentemente; sin esmero.
carelessness [-nįs], *s.* descuido, negligencia, indiferencia; desaseo, desaliño.
caress [kąrés]. I. *va.* acariciar, halagar, mimar. II. *s.* caricia, halago, mimo, cariño.
caresser [-œ(r)], *s.* acariciador.
caressing [-įŋ], *a.* acariciador, mimador.
caressingly [-lį], *adv.* cariñosamente, con mimo.
caret [kǽręt], *s.* (impr.) signo de intercalación (∧).
caretaker [kérteįkœ(r)], *s.* curador, celador, guardián, vigilante, velador, casero.
careworn [kérwɔrn], *a.* cargado de cuidados; agobiado de inquietud; trasojado.
carfare [kárfɛr], *s.* dinero para el tranvía, autobús, etc.; pequeña cantidad de dinero.
cargo [kárgoų], *s.* (com.) carga(zón), *f.*, cargamento; consignación.—**c. boat,** barco de carga.
Carib [kǽrįb], **Caribbean** [kærįbíąn], *s.* y *a.* caribe.—**C. sea,** mar Caribe o de las Antillas.
caribou [kǽrįbu], *s.* (zool.) caribú.
caricatural [kǽrįkąchųrąl], *a.* caricatural, caricaturesco.—**caricature** [kǽrįkąchųr]. I. *s.* caricatura. II. *va.* caricaturar, caricaturizar.—**caricaturist** [-įst], *s.* caricaturista.
caries [kéįrįiz], **cariosity** [keįrįásįtį], *s.* (med.) caries, *f.*; cariadura (del hueso); neguijón (de los dientes).
carillon [kǽrįlan], *s.* carillón, conjunto de campanas acordadas; toque o sonido de ellas.
carinate [kǽrįneįt], *a.* aquillado.
carious [kéįrįʌs], *a.* (med.) cariado.—**to grow c.,** cariarse.—**cariousness** [-nįs], *s.* (med.) caries, *f.*
carking [kárkįŋ], *a.* penoso, inquietante.
carl [karl], *s.* (ant.) patán, rústico; villano.
carline thistle [kárlįn θįsl], *s.* (bot.) carlina.
Carlism [kárlįzm], *s.* carlismo.
Carlist [-įst], *a.* y *s.* carlista.
carload [kárloųd], *s.* galerada; (f. c.) vagonada, furgón entero.
Carlovingian [karlovíndžįąn], *a.* y *s.* carlovingio.
carmagnole [karmanyóųl], *s.* carmañola.
carman [kármæn], *s.* empleado de tranvía; carretero, carromatero, carretonero.
Carmelite [kármęlaįt]. I. *s.* carmelita (monje o monja). II. *a.* carmelito, carmelitano.—**C. order,** Carmen.
carminative [karmínątįv], *a.* y *s.* (med.) carminativo.
carmine [kármįn], *s.* carmín, carmesí, albín.
carminic [karmínįk], *a.* carmínico.
carminite [kármįnaįt], *s.* (min.) carminita.
carnage [kárnįdž], *s.* carnicería, matanza.
carnal [kárnąl], *a.* carnal; lascivo, sensual.—**c. knowledge** o **union,** coito, cópula; comercio sexual.
carnality [karnǽlįtį], *s.* carnalidad, lujuria, concupiscencia, lascivia.
carnalize [kárnąlaįz], *va.* excitar la sensualidad.
carnally [kárnąlį], *adv.* carnalmente.
carnation [karnéįšǫn], *s.* (pint.) encarnación, encarnado; (bot.) clavel doble, clavellina.
carnelian [karnílyąn], *s.* (min.) cornalina, carniola.
carneous [kárnįʌs], *a.* carnoso; encarnado.
carnification [karnįfįkéįšǫn], *s.* carnificación.
carnify [kárnįfaį], *va.* y *vn.* criar carne, carnificarse.
carnine [kárnaįn], *s.* (quím.) carnina.
carnival [kárnįvąl], *s.* carnaval, carnestolendas, *f. pl.*; holgorio.
Carnivora [karnívorą], *s. pl.* (zool.) carnívoros.
carnivorous [-ʌs], *a.* carnívoro, carnicero.
carnose [kárnoųs], *a.* carnoso, carnudo.
carnosity [karnásįtį], *s.* carnosidad.
carnotite [kárnotaįt], *s.* (min.) carnotita.
carob [kǽrǫb], *s.* (bot.) algarrobo.—**c. bean,** algarroba, garrofa.
caroche [kąróųch], *s.* carroza.
carol [kǽrǫl]. I. *s.* villancico; canto alegre. II. *va.* cantar villancicos. III. *vn.* gorjear.
Carolingian [kærolíndžįąn], *a.* y *s.* carolingio.
Carolinian [kærolínįąn], *a.* y *s.* natural de la Carolina.
carom [kǽrǫm]. I. *s.* carambola. II. *vn.* carambolear, hacer carambola.
carotid(al [kąrátįd(ąl], *a.* y *s.* (anat.) carótida.
carousal [kąráųząl], *s.* festín, holgorio, parranda, francachela, (fam.) juerga, jarana.
carouse [kąráųz]. I. *vn.* jaranear, andar de parranda; (fam.) correrla; embriagarse. II. *s.* parranda, francachela.
carousel, *s.* = CARROUSEL.
carouser [-œ(r)], *s.* bebedor, jaranero.
carp [karp]. I. *s.* (ict.) carpa. II. *vn.* censurar, criticar, vituperar.
carpal [kárpąl]. I. *a.* (anat.) carpiano. II. *s.* hueso carpiano.
carpel [kárpęl], *s.* (bot.) carpelo.
carpellary [-ɛrį], *a.* (bot.) carpelar.
carpenter [kárpęntœ(r)]. I. *s.* carpintero; (mar.) carpintero de ribera; (min.) ademador.—**c. bee,** abeja carpintera.—**c. bird,** (pájaro) carpintero.—**c.('s) scene,** (teat.) sala corta.—**c.'s shop,** carpintería.—**c.'s square,** cartabón. II. *vn.* carpintear.—**carpentry** [-trį], *s.* carpintería; obra de carpintero.
carper [kárpœ(r)], *s.* criticón; reparón, reparador
carpet [kárpįt]. I. *s.* alfombra, tapete.—**c. beetle,** (ent.) antreno.—**c. knight,** soldado de gabinete o de parada.—**c. maker,** alfombrero.—**c. sweeper,** barredera doméstica, abarredera de alfombras.—**to be on the c.,** estar sobre el tapete; (fam.) ser llamado a capítulo. II. *va.* alfombrar, entapizar.
carpetbag [-bæg]. I. *s.* saco de noche. II. *a.* (fam.) explotador; aventurero.
carpetbagger [-œ(r)], *s.* explotador; aventurero; (hist. E. U.) politicastros del norte que tras la guerra de secesión iban al sur a intrigar y enriquecerse.
carpeting [-įŋ], *s.* tela o tejido para alfombras; alfombrado.
carpincho [karpínchoų], *s.* (zool.) capibara, carpincho.
carping [kárpįŋ], *a.* caviloso, criticón, reparón.
carpology [karpálodžį], *s.* (bot.) carpología.
carpophagous [karpáfągʌs], *a.* frugívoro.
carpophore [kárpofoųr], *s.* (bot.) carpóforo.
carport [kárpɔrt], *s.* garaje sin puertas, colgadizo (para automóvil).
carpus [kárpʌs], *s.* (anat.) carpo, muñeca.
carrack [kǽrąk], *s.* (mar.) carraca; galeón.
carrag(h)een [kǽrągin], *s.* musgo de Irlanda.
carriage [kǽrįdž], *s.* carruaje, coche, carroza; vehículo; (Ingl. f. c.) vagón; cochecillo de niño; (arti.) cureña; (mec.) carro, carretilla, soporte; (com.) conducción, porte, acarreo, transporte; presencia, continente, (com)porte, aire de una persona; (aer.) barquilla; tren de aterrizaje.—**c. bolt,** perno de coche.—**c. door,** portezuela.—**c. and four,** carroza de cuatro caballos.—**c. free,** franco de porte.—**c. horse,** caballo de tiro.—**c. maker,** carrocero.—**c. paid,** porte pagado.—**c. pole,** pértigo.—**c. porch,** puerta cochera.—**c. shop,** carrocería.

carrier [kǽrįœ(r)], *s.* (trans)portador; acarreador, trajinante, faquín; arriero, ordinario, carretero, cargador o conductor de carga o mercaderías; empresa de transporte (gen. se aplica a los ferrocarriles); mensajero, mandadero; (aer.) portaaviones, portavión, *m.;* (mec.) guiadera; portacaja; soporte; (med.) portador de gérmenes; agente transmisor o de propagación (de una enfermedad); (rad.) onda de transmisión.—**c. pigeon,** paloma mensajera o correo.

carrion [kǽrįǫn]. **I.** *s.* carroña. **II.** *a.* que se alimenta de carroña; mortecino; podrido; asqueroso; vil.—**c. crow,** cuervo negro europeo.—**c. buzzard,** caracará, *m.;* aura, gallinazo.

carronade [kærǫnéįd], *s.* (arti.) carronada.

carrot [kǽrǫt], *s.* (bot.) zanahoria, azenoria.

carroty [-į], *a.* amarillo rojizo; rufo, pelirrojo.

carrousel [kæruzél], *s.* tiovivo, carrusel; justa, torneo.

carry [kǽrį], *va.* (*pret.* y *pp.* CARRIED) llevar, conducir, transportar, acarrear; cargar, ajobar; traer, llevar encima, tener consigo; contener; incluir, comprender; llevar aparejado; implicar, entrañar; dirigir, impulsar, mover, influir; aprobar (una moción); ganar (las elecciones); tomar, conquistar, conseguir, lograr; mantener; aguantar, sostener; portarse, comportarse; (com.) tener existencia o surtido de.—**to c. about,** llevar de un lado a otro, de acá para acullá.—**to c. all,** *o* **everything, before one,** vencer toda dificultad.—**to c. along,** llevarse consigo.—**to c. arms,** llevar armas; ser militar; cuadrarse.—**c. away,** llevar(se), quitar; arrebatar (de la vida); seducir, encantar, entusiasmar.—**to c. away the palm,** llevarse la palma, triunfar.—**to c. back,** (de)volver.—**to c. coals to Newcastle,** llevar hierro a Vizcaya, llevar leña al monte, perder el tiempo.—**to c. forward,** llevar, pasar ("suma y sigue," en las cuentas).—**to c. into effect,** realizar, ejecutar, llevar a cabo.—**to c. it,** ganar, quedar victorioso.—**to c. off,** alzar, llevar(se), retirar; ganar.—**to c. on,** continuar; ocuparse en, practicar, ejercer.—**to c. one's point,** ganar, triunfar; salirse uno con la suya.—**to c. out,** llevar a cabo, cumplir, desempeñar, verificar, realizar; llevarse, retirar, sacar; llevar hasta el fin.—**to c. over,** ganar (a una persona); traspasar; trasladar, pasar a otra cuenta o página; guardar, tener para más tarde; aplazar, dar plazo a.—**to c. the day,** salir adelante, ganar, triunfar.—**to c. the prize,** etc., ganar el premio, etc.—**to c. through,** llevar a cabo; tramitar; sostener, ayudar hasta el fin.—**to c. up,** llevar arriba; erigir.—**to c. up to,** ajustar o amoldar a.—**to c. weight,** ser de peso o de influencia.

carry, *vn.* portear (como oficio); alcanzar, llegar, tener alcance (voz, tiro, etc.).—**to c. on,** continuar, funcionar, permanecer en el puesto o en la tarea; (fam.) travesear, comportarse escandalosamente.—**to c. over,** continuar, persistir, durar.—**to c. through,** conducir a algo, ser eficaz.

carry, *s.* transporte de una canoa en hombros; trecho no navegable de un río; alcance (de arma de fuego, pelota, etc.); (Esco.) celaje.

carryall [-ɔl], *s.* (carr.) faetón, góndola; maleta de gran cabida.

carry-over [-oųvœ(r)], *s.* sobrante; reserva; (contabilidad) suma que viene o pasa de la cuenta o página anterior; saldo anterior.

cart [kárt]. **I.** *s.* carro, carromato, carreta, carretón; tílburi; carretilla (de mano).—**c. horse,** caballo de tiro.—**c. load,** carretada.—**c. wheel,** rueda (de carro o carreta); salto mortal, voltereta (de lado); moneda grande (esp. dólar).—**to put the c. before the horse,** trastrocar; empezar la casa por el tejado. **II.** *va.* carretear, acarrear.

cartage [-įdž], *s.* carretaje, acarreamiento, acarreo, conducción, porteo, transporte.

carte [kart], *s.* tarjeta; papeleta; lista de platos; carta, mapa, *m.;* (esgr.) cuarta.—**a la c.,** a la carta.—**c. blanche,** carta blanca.—**c. de visite,** tarjeta de visita; (fot.) retrato de tarjeta.

cartel [kartél], *s.* cartel (para cambio de prisioneros; de desafío); (e. p.) sindicato o asociación comercial, trust; (pol.) convenio, acuerdo.—**cartelize** [kártẹlaįz], *va.* y *vn.* incorporar(se) en un sindicato.

carter [kártœ(r)], *s.* carretero, carromatero.

Cartesian [kartížạn], *s.* y *a.* cartesiano.—**C. devil, diver,** o **imp,** (fís.) diablillo cartesiano.

Cartesianism [-įzm], *s.* cartesianismo.

cartful [kártfųl], *s.* carretada.

Carthaginian [karθạdzínįạn], *a.* y *s.* cartaginés.

carthamus [kárθạmʌs], *s.* (bot.) cártamo, alazor.

Carthusian [karθįúžạn], *a.* y *s.* (igl.) cartujo, cartujano.—**C. order,** Cartuja.

cartilage [kártįlįdž], *s.* (anat.) cartílago, ternilla.

cartilaginous [-ǽdžįnʌs], *a.* cartilaginoso.

cartman [kártmæn], *s.* carretero.

cartogram [kártogræm], *s.* cuadro gráfico estadístico comparativo.

cartographer [kartágrạfœ(r)], *s.* cartógrafo.—**cartography** [kartágrạfį], *s.* cartografía.

cartographic(al [kartogrǽfįk(ạl], *a.* cartográfico.

cartomancy [kártomænsį], *s.* cartomancia.

carton [kártǫn], *s.* (caja de) cartón fino.

cartoon [kartún]. **I.** *s.* (pint.) cartón, boceto; caricatura. **II.** *va.* y *vn.* caricaturizar, hacer caricaturas; bosquejar.—**cartoonist** [-įst], *s.* caricaturista.

cartouch(e [kartúŝ], *s.* (arq.) cartela; (mil.) cartucho; cartuchera.

cartridge [kártrįdž], *s.* (armas) cápsula; cartucho.—**c. bag,** (arti.) saquete.—**c. belt,** canana, cartuchera.—**c. box,** cartuchera; caja de municiones.—**c. case,** cápsula de proyectil.—**c. clip,** peine para cartuchos.—**c. fuse,** (elec.) tapón fusible.

cartulary [kárchųlerį], *s.* cartulario.

cartway [kártweį], *s.* carril, camino carretero.

cartwright [kártraįt], *s.* carretero.

caruncle [kǽrʌŋkl], *s.* carúncula, carnecilla.

caruncular [kærʌ́ŋkįulạ(r)], *a.* caruncular, parecido a una carúncula.—**caruncúlate** [-leįt], *a.* carunculado, que tiene carúnculas.

carve [karv], *va.* y *vn.* esculpir; cincelar, tallar; labrar; entallar, grabar; cortar, trinchar carne.—**carved work,** entallado, obra de talla, escultura.

carvel [kárvẹl], *s.* (mar.) carabela.—**c.-built,** (mar.) con juntas a tope.—**c. joint,** junta a tope.

carven [kárvẹn], *a.* (poét.) esculpido, entallado, grabado.

carver [kárvœ(r)], *s.* escultor; grabador, entallador, tallista; trinchador; trinchante.

carving [kárvįŋ], *s.* escultura, entalladura, talla; arte de trinchar.—**c. knife,** trinchante.—**c. table,** trinchero.

caryatid [kærįǽtįd], *s.* (arq.) cariátide, *f.*

caryophyllaceous [kærįofįléįŝįʌs], *a.* (bot.) cariofileo.

caryophyllin [-fílįn], *s.* (quím.) cariofilina.

caryopsis [kærįápsįs], *s.* (bot.) cariópside, *f.*

casaba, cassaba [kạsábạ], *s.* (bot.) variedad de melón.

casal [kéįsạl], *a.* (gram.) perteneciente a los casos.

cascabel [kǽskạbɛl], *s.* (arti.) cascabel.

cascade [kæskéįd]. **I.** *s.* cascada, catarata.—**in c.,** (elec.) en cascada. **II.** *vn.,* caer en forma de cascada.

cascara sagrada [kæskérạ̈ sạgrádạ̈], *s.* (farm.) cáscara sagrada.

cascarilla [kæskạrílạ̈], *s.* (bot.) cascarillo (arbusto); (farm.) cascarilla.

case [keįs]. **I.** *s.* caso; ejemplo; asunto; acontecimiento, suceso; condición, estado, situación; argumento; (for.) causa, acción, pleito, proceso; (med.) caso; (gram.) caso; caja, estuche; vaina, funda, cubierta; caja de reloj, guardapolvo; (com.) cajón, caja de mercancías; (mec.) chaqueta, camisa, manguito, forro, cubierta; (carp.) cerco o marco (de ventana, puerta, etc.), bastidor; (impr.) caja; (fam.) persona rara o difícil.—**c. knife,** cuchillo de mesa; cuchillo provisto de vaina.—**c. law,** ley de precedentes, o fundada en decisiones y sentencias.—**c. of pistols** = BRACE OF PISTOLS.—**c. shot,** metralla.—**c. system,** sistema inductivo de enseñar el derecho basado en casos particulares más bien que en libros de texto.—**a c. in point,** ejemplo a la mano.—**in c.,** caso (de) que, por si (acaso).—**in any c.,** en todo caso, de todos modos, sea como fuere.—**in such a c.,** en tal caso.—**in the c. of,** en cuanto a, respecto a.—**such being the c.,** siendo así.—**the c. in point,** el caso en cuestión.—**to make out one's c.,** demostrar lo que uno se proponía. **II.** *va.* embalar, encajonar; enfundar; cubrir.

caseate [kéisieit]. **I.** *s.* (quím.) caseato. **II.** *vn.* caseificar(se).—**caseation** [-éiŝon], *s.* caseación, caseificación; (med.) degeneración en materia parecida al queso.

casefy [kéisifai], *va.* y *vn.* caseificar(se).

caseharden [kéishárdœn], *va.* (met.) templar superficialmente.—**casehardening** [-iŋ], *s.* temple superficial.

caseic [kéisiik *o* kasíik], *a.* (quím.) caseico.

casein [kéisiin], *s.* caseína.

casemate [kéismeit], *s.* (fort.) casamata.

casemated [-id], *a.* acasamatado.

casement [kéisment], *s.* puerta ventana; ventano; cubierta, caja.

caseous [kéisiʌs], *a.* caseoso, quesero.

caserne [kazœ́rn], *s.* (mil.) caserna, cuartel.

cash [kǽŝ]. **I.** *s.* dinero contante, numerario, efectivo; pago al contado; (com.) caja.—**c. account,** cuenta de caja.—**c. and carry,** pago al contado con transporte por el comprador.—**c. box,** caja.—**c. down,** dinero en mano; al contado, (fam.) a toca teja.—**c. keeper,** cajero.—**c. on hand,** (com.) efectivo en caja.—**c. payment,** pago al contado.—**c. register,** caja registradora (de dinero).—**c. store,** tienda de ventas al contado.—**for c.,** al contado.—**in c.,** en efectivo.—**c. balance,** saldo (en) efectivo.—**c. on delivery (C.O.D.),** entrega contra reembolso, pago contra entrega. **II.** *adv.* al contado. **III.** *va.* cambiar, cobrar, hacer efectivo (un cheque, etc.).—**to c. in** (a veces con **on**), cambiar por dinero, hacer efectivo; sacar provecho (de).

cashbook [-buk], *s.* libro de caja.

cashew, cashew nut [kǽŝiu], *s.* (bot.) anacardo, (Am.) marañón, acajú, merey, pajuil.

cashier [kæŝír]. **I.** *s.* cajero, contador.—**c.'s check,** cheque de caja.—**c.'s office,** caja; contaduría. **II.** *va.* destituir; (mil.) desaforar, degradar.

cashmere [kǽŝmir], *s.* (tej.) casimir, cachemir(a).

cashoo [kaŝú], *s.* = CATECHU.

casing [kéisiŋ], *s.* camisa, cubierta, funda, enfundadura, envoltura, forro; marco de ventana o puerta; (aut.) cubierta (de neumático); entubado de retención (en los pozos de petróleo, etc.).—*pl.* **casings,** tripas para embutidos.

casino [kasínou], *s.* casino, círculo; quinta de recreo; casino (juego de naipes).

cask [kæsk]. **I.** *s.* pipa, barril, tonel, barrica, bocoy; cuba; casco; tina de tintoreros; contenido de una pipa, etc. **II.** *va.* entonelar, envasar, encubar.

casket [kǽskit], *s.* arquilla, cofrecito, escriño, estuche, joyelero; (E. U.) ataúd, *m.*, féretro.

casque [kæsk], *s.* casco, almete, capacete.

cassation [kæséiŝon], *s.* (for.) casación, anulación, revocación, abrogación.

cassava [kasávä], *s.* (bot.) mandioca, (Am.) yuca; harina de la raíz de estas plantas.—**c. bread,** cazabe, casabe.

casserole [kǽseroul], *s.* cacerola; (coc.) plato cocido en cacerola; (quím.) platillo con mango.

cassette [kæsét], *s.* cajita; (fot.) chasis o chasí.

cassia [kǽŝä], *s.* (bot.) casia; cañafístula.

cassimere [kǽsimir], *s.* (tej.) casimir.

cassiterite [kæsítœrait], *s.* (min.) casiterita.

cassock [kǽsok], *s.* sotana, balandrán, casacón.

cassowary [kǽsowɛri], *s.* (orn.) casuario.

cast [kæst], *va.* (*pret.* y *pp.* CAST) tirar, arrojar, botar, disparar, emitir, lanzar; soltar, despedir; echar, verter, derramar; tumbar, derribar; echar, bajar (el ancla) tirar (dados), echar (suertes); mudar (la piel); perder (pelo, dientes, etc.); desechar; volver, dirigir (la mirada o el pensamiento); colar, fundir, vaciar, moldear (metales); electrotipar, estereotipar; calcular; imputar, echar la culpa; (teat.) repartir (papeles de un drama); (for.) ganar un pleito; (agr.) aventar; dar (un voto); echar, depositar (una balota, etc.).—**to c. a glance** o **an eye over,** echar una ojeada a.—**to c. a shoe,** desherrarse, perder una herradura.—**to c. aside,** desechar.—**to c. away,** desechar, abandonar; echar a pique (un buque) (**to be c. away,** naufragar).—**to c. down,** abatir, derribar; descorazonar.—**to c. forth,** exhalar, despedir.—**to c. headlong,** precipitar.—**to c. in one's teeth,** echar en cara.—**to c. in the rôle of,** adjudicar el papel de.—**to c. lots,** echar suertes, sortear.—**to c. off,** abandonar, soltar; mudar (la pluma, etc.); descartar; desechar.—**to c. out,** echar fuera, arrojar.—**to c. up,** calcular, sumar (cuentas).

cast, *vn.* hacerse al molde; calcular, sumar; pronosticar, suponer; alabearse; pescar con caña, especialmente con cebo artificial.—**to c. about,** buscar medios, o trazas.—**to c. anchor,** anclar, dar fondo, fondear.—**to c. off,** (mar.) desamarrar, largar.

cast (*pp. de* TO CAST), *a.* vaciado, fundido.—**c. iron,** hierro colado, fundición.—**c.-iron,** *a.* de hierro colado; rígido; inflexible.—**c. net,** atarraya.—**c.-off,** *a.* descartado, (des)echado, de desecho (ropa, etc.). *s.* persona o cosa que no se necesita; (imp.) cálculo de espacio.—**c. steel,** acero colado, acero fundido.

cast, *s.* echada, lanzamiento, tiro, tirada; distancia, alcance; lo que se tira; fundición, pieza fundida o vaciada; plancha estereotipada; molde, forma; mascarilla; estampa, aspecto, formación; tinte, tono, matiz, *m.;* tendencia; (b. a.) impronta; (teat.) reparto de papeles; conjunto de actores en un drama o compañía; elenco.—**c. maker,** moldeador.—**a c. of the eye,** defecto en la mirada, ligero estrabismo.

castanets [kæstanéts], *s. pl.* castañuelas, castañetas, palillos, (ant.) crótalos.

castaway [kǽstawei]. **I.** *s.* náufrago; réprobo, malhechor; proscrito. **II.** *a.* desechado, abandonado; perdido.

caste [kæst], *s.* casta; clase (*f.*) social.—**to lose c.,** desprestigiarse.

castellan [kǽstelan], *s.* castellán, castellano.

castellany [-i], *s.* castellanía.

castellated [kǽsteleitid], *a.* encastillado.

caster [kǽstœ(r)], *s.* tirador, echador; adivino; calculador; fundidor, vaciador, moldeador.

caster, castor, *s.* rued(ecill)a o rodaja de mueble; ampolleta; *pl.* aceiteras, vinagreras, angarillas, convoy de mesa, taller.

castigate [kǽstigeit], *va.* castigar; corregir.

castigation [-éiŝon], *s.* castigo, castigación.

castigator [-o(r)], *s.* castigador.

Castile soap [kæstíl soup], *s.* jabón de Castilla

Castilian [kæstílian], *s.* y *a.* castellano.

casting [kǽstiŋ]. **I.** *V.* CAST (*v.* y *s.*). fundición, vaciado; pieza fundida o vaciada; sorteo (de suertes); (teat.) distribución (de papeles); arreglo; plan, modelo. **II.** *a.*—**c. line,** sedal, tanza.—**c. net,** atarraya, esparavel.—**c. vote,** voto decisivo o de calidad.

castle [kǽsl]. **I.** *s.* castillo; alcázar, palacio; torre (*f.*) o roque de ajedrez.—**c. builder,** proyectista imaginario, visionario.—**c. in the air** o **in Spain,** castillo en el aire. **II.** *vn.* enrocar (ajedrez).

castled [-d], *a.* fortificado, encastillado.
castlet [kǽslit], *s.* castillejo.
castor [kǽstǫ(r)], *s. V.* CASTER. (zool.) castor; pelo, paño o sombrero de castor; castóreo.—(**C.**, astr.) Cástor.—**C. and Pollux,** (mar.) fuego de Santelmo; (astr.) Astillejos.—**c. bean** [bin], **c.-oil plant,** (bot.) ricino, higuera infernal; semilla de esta planta.—**c.-oil,** aceite de ricino, carapato.
castoreum [kæstóụrịʌm], *s.* castóreo.
castorin [kǽstọrịn], *s.* (quím.) castorina.
castrametation [kæstrąmętéịšọn], *s.* (mil.) castrametación.
castrate [kǽstreịt], *va.* castrar, capar.—**castration** [-éịšọn], *s.* capadura, castración.—**castrator** [-ǫ(r)], *s.* castrador, capador.
castrensian [kæstrénšąn], *a.* (mil.) castrense.
casual [kǽžụąl], *a.* casual, fortuito, ocasional; indiferente, de paso, como de paso (a veces con fingimiento), parentético; advenedizo, extraño; (víctima) de accidente.—**casually** [-ị], *adv.* casualmente.—**casualness** [-nịs], *s.* contingencia.
casualism [-ịzm], *s.* casualismo.
casualist [-ịst], *s.* casualista.
casualty [-tị], *s.* accidente, desastre; siniestro; víctima (de un accidente, etc.); muerte violenta; (mil.) baja; casualidad, acaso, contingencia; (for.) caso fortuito.
casuist [kǽžụịst], *s.* casuísta.
casuistic(al [-ístịk(ąl], *a.* casuístico.
casuistry [-trị], *s.* casuística, casuísmo.
cat [kæt]. **I.** *s.* (zool.) gato, (fam.) morrongo; mujer maliciosa y chismera, (fam.) perra, (mar.) gata.—**c.-o'-nine-tails,** disciplina o azote con nueve ramales.—**c.'s-eye,** (min.) cimófana, asteria, ojo de gato.—**c. nap,** sueño ligero y corto.—**c.'s paw,** (fam.) mano (*f.*) de gato; el inocente que sirve de instrumento a otro, para sacarle las castañas del fuego, etc.; (mar.) ventolina; cierto nudo.—**c. tackle,** (mar.) aparejo de gata.—**cats and dogs,** (fam., com.) acciones o títulos de poco o ningún valor.—**to rain c. and d.,** llover a cántaros.—**to bell the c.,** poner el cascabel al gato.—**to let the c. out of the bag,** revelar un secreto.—**to see which way the c. will jump,** ver qué sesgo toma un asunto. **II.** *va.* azotar con *cat-o'-nine-tails;* (mar.) izar (el ancla) a la serviola con la gata.
catabolic [kætąbálịk], *a.* catabólico.—**catabolism** [kætǽbolịzm], *s.* (biol.) catabolismo o metabolismo destructivo del protoplasma.
catachresis [kætąkrísịs], *s.* (ret.) catacresis.
catachrestic(al [-kréstịk(ąl], *a.* forzado, traído por los cabellos.
cataclysm [kǽtąklịzm], *s.* cataclismo; diluvio, inundación; catástrofe, *f.*—**cataclysmal, cataclysmic** [kætąklízmąl, -mịk], *a.* referente al cataclismo; catastrófico.—**cataclysmist** [-mịst], *s.* = CATASTROPHIST.
catacombs [kǽtąkoụmz], *s. pl.* catacumbas.
catacoustics [kætąkústịks], *s.* (fís.) catacústica.
catadioptric(al [kætądaịáptrịk(ąl], *a.* (ópt.) catadióptrico.
catadioptrics [-trịks], *s.* (ópt.) catadióptrica.
catafalque [kǽtąfælk], *s.* catafalco, túmulo.
Catalan [kǽtąląn], *s.* y *a.* catalán.
Catalanism [-ịzm], *s.* catalanismo.
Catalanist [-ịst], *a.* y *s.* catalanista.
catalectic [kætąléktịk], *a.* (poét.) cataléctico.
catalepsy [kǽtąlɛpsị], *s.* (med.) catalepsia.—**cataleptic** [-léptịk], *a.* cataléptico.
catalog(ue [kǽtąlag]. **I.** *s.* catálogo, lista, nómina, nomenclatura, elenco. **II.** *va.* catalogar.
catalog(u)er [-œ(r)], **catalog(u)ist** [-ịst], *s.* catalogador.
cataloguing [-ịŋ], *s.* catalogación.
Catalonian [kætąlóụnịąn], *a.* y *s.* catalán.
catalpa [kątǽlpą], *s.* (bot.) catalpa.
catalysis [kætǽlịsịs], *s.* (quím.) catálisis.
catalyst [kǽtąlịst], *s.* (quím.) catalizador.
catalytic [-lítịk]. **I.** *a.* (quím.) catalítico. **II.** *s.* (quím.) catalizador.
catalyze ([-laịz], *va.* (quím.) catalizar.
catalyzer [-laịzœ(r)], *s.* (quím.) catalizador.
catamaran [kætąmąrǽn], *s.* (mar.) catimarón; balsa o jangada de tozas o de dos cascos unidos.
catamenia [kætąmínịą], *s. pl.* menstruación.
catamite [kǽtąmaịt], *s.* sodomita, *m.*
catamount [-maụnt], *s.* (zool.) gato montés, lince, puma.
catamountain [-máụntịn], *s.* (zool.) pantera, leopardo, gato montés.
cataphoresis [-forísịs], *s.* (quím.) cataforesis.
cataphract [-frækt], *s.* armadura de escamas de metal.
cataplasm [-plæzm], *s.* cataplasma.
catapult [-pʌlt]. **I.** *s.* catapulta, trabuquete; tirador; (aer.) aparato para lanzar al aire un avión desde la cubierta de un portaaviones. **II.** *va.* arrojar con catapulta, o con violencia.
cataract [-rækt], *s.* catarata, cascada; (med.) catarata.
catarrh [kątár], *s.* (E. U.) catarro crónico; (Ing.) catarro o romadizo fuerte.
catarrhal [-ąl], *a.* catarral, catarroso.
catarrhine [kǽtąraịn], *a.* y *s.* (zool.) catirrino.
catastasis [kætǽstąsịs], *s.* (ret. y drama) catástasis.
catastrophe [kątǽstrofị], *s.* catástrofe, *f.;* cataclismo.—**catastrophic** [kætąstráfịk], *a.* catastrófico.—**catastrophism** [kątǽstrofịzm], *s.* (geol.) teoría que atribuye a catástrofes repentinas los cambios geológicos.—**catastrophist** [-fịst], *s.* partidario de esa teoría.
catbird [kǽtbœrd], *s.* (orn.) tordo mimo.
catboat [-boụt], *s.* (mar.) laúd, *m.*
catcall [-kɔl]. **I.** *s.* silba, grita, pito, (re)chifla. **II.** *vn.* silbar, rechiflar, sisear.
catch [kǽch]. **I.** *va.* (*pret.* y *pp.* CAUGHT) coger, agarrar, asir; atrapar; alcanzar; prender, capturar; pillar, pescar; sorprender, coger desprevenido; (mec.) enganchar, endentar, engarzar; comprender, discernir; contraer, ser atacado o contagiarse de (una enfermedad).—**to c. cold,** resfriarse, tomar frío, constiparse.—**to c. fire,** inflamarse, encenderse.—**to c. hold of,** agarrar(se a), asir(se de).—**to c. it,** (fam.) ganarse una zurra, un regano, etc.—**to c. one's eye,** llamar la atención; ver por casualidad.—**to c. sight of,** ver, alcanzar a ver.—**to c. the,** o **one's, breath,** suspender el resuello.—**to c. up,** alcanzar; acoger con entusiasmo. **II.** *vn.* enredarse, engancharse; (mec.) endentar, engranar; prender (fuego); agarrar; ser contagioso.—**to c. at,** tratar de coger o agarrarse de, echar mano de.—**to c. on,** (fam.) comprender, ver, caer en la cuenta.—**to c. up,** salir del atraso; ponerse al día.—**to c. up with,** alcanzar; marchar (con la época, etc.); comprender.
catch, *s.* acción de coger; lo que se coge (pescados, etc.); cogida, pesca, pez, *m.*, redada; toma(dura); presa, botín; captura, prendimiento; enganche; trampa, engañifa; (dep.) acto de parar la pelota al vuelo; (cost.) gancho, corchete; (mec.) leva, tope, retén; pasador, botón, fiador, tarabilla, pestillo, cerradera, detenedor, trinquete; alzaprima; lengüeta (de trampa); triquiñuela, trampa; impedimento, obstrucción; atractivo; buen partido.
catch, *a.*—**c. basin,** cisterna de desagüe a la cloaca (gen. en las esquinas).—**c. bolt,** picaporte.—**c. crop,** (agr.) siembra intermedia entre dos cosechas o siembras, o entre las hileras de la siembra principal.—**c. drain,** colector, cuneta o tubo de desagüe.
catchall [-ɔl], *s.* armario, cesto u otro receptáculo para varios objetos o retazos.
catcher [-œ(r)], *s.* el que o lo que coge, etc.; cogedor, prendedor, etc.; (baseball) catcher, parador o receptor de la pelota, situado detrás del *batter.*

catching [-iŋ]. **I.** *s.* (mec.) engranaje. **II.** *a.* contagioso, pegadizo, infectivo; cautivante.
catchment [-mẹnt], *s.* desagüe; acción de coger.
catchpenny [-pɛni]. **I.** *s.* baratija, engañifa, sacadinero(s). **II.** *a.* de pacotilla.
catchpole, catchpoll [-poul], *s.* alguacil, agarrador.
catchup [-ʌp], *s.* = CATSUP.
catchword [-wœrd], *s.* (impr.) reclamo; (teat.) pie, *m.*
catchy [-i], *a.* atractivo; engañoso; irregular, interrumpido.
catechesis [kætẹkísis], *s.* catequesis.
catechetic(al [-kétik(ạl], *a.* catequístico.
catechetics [-kétiks], *s.* catequismo.
catechism [kǽtẹkizm], *s.* catecismo.
catechist [-kist], *s.* catequista, catequizante.—**catechistical** [-kístikạl], *a.* catequístico.—**catechize** [-kaiz], *va.* catequizar.—**catechizer** [-œ(r)], *s.* catequizante.—**catechizing** [-iŋ]. **I.** *s.* catequismo. **II.** *a.* catequizante.
catechu [kǽtẹchu], *s.* cato, cachú, cachunde.
catechumen [kætẹkiúmɛn], *s.* catecúmeno.
catechumenical [-ménikạl], *a.* catecuménico.
categorematic [kætẹgarimǽtik], *a.* (lóg.) categoremático.
categoric(al [kætẹgárik(ạl], *a.* categórico, rotundo.—**categorically** [-i], *adv.* categóricamente.
category [kǽtẹgori], *s.* categoría, clase, *f.*
catenarian [kætinéirịạn], *a.* catenaria; catenular; eslabonado.
catenary [kǽtinări], *s.* y *a.* (geom.) catenaria
catenate [kǽtineit], *va.* encadenar, concatenar
catenation [-éiŝọn], *s.* encadenamiento, encadenadura, engarce.
catenulate [kæténiuleit], *a.* catenular.
cater [kéitœ(r)], *vn.* y *va.* abastecer, proveer, surtir (de víveres, etc.); (con **to**) complacer a uno en sus gustos, etc.
cater-cornered [-kornœrd], *a.* y *adv.* (fam.) en ángulo.
caterer [-œ(r)], *s.* (pro)veedor, surtidor, abastecedor, despensero.—**cateress** [-is], *s.* proveedora, etc.
catering [-iŋ], *s.* provisión de alimento.
caterpillar [kǽtœrpilă(r)], *s.* (ent.) oruga, gusano.—**c. tractor,** tractor (de) oruga (es nombre de fábrica).
caterwaul [kǽtœrwol], *vn.* maullar.
caterwauling [-iŋ], *s.* maullido (del gato en celo).
catfish [kǽtfiŝ], *s.* (ict.) siluro, barbo, (Am.) bagre.
catgut [kǽtgʌt], *s.* cuerda de tripa usada en suturas quirúrgicas (ll. **catgut**) y en instrumentos músicos de cuerda.
Catharine wheel [kǽθrin hwil], *s.* rueda catalina; (arq.) rosa, rosetón; (piro.) rueda de fuegos artificiales.
catharsis [kaθársis], *s.* (med.) catarsis, purga.
cathartic [kaθártik]. **I.** *a.* catártico, purgante. **II.** *s.* purga, purgante.
cathead [kǽthɛd], *s.* (mar.) serviola.
cathedra [kaθídră], *s.* cátedra; sillon episcopal.
cathedral [kaθídrạl]. **I.** *s.* catedral, seo, *f.* **II.** *a.* catedral(icio), episcopal; dogmático.—**c. chimes,** tubos metálicos acordados que se tañen con un martillo e imitan las campanas.
catheretic [kæθẹrétik], *a.* caterético, cáustico.
Catherine wheel, *s.* = CATHARINE WHEEL.
catheter [kǽθɛtœ(r)], *s.* (cir.) catéter, candelilla, algalia, sonda, tienta.
catheterization [-izéiŝọn], *s.* cateterismo.
catheterize [-aiz], *va.* cateterizar.
cathetometer [kæθɛtámɛtœ(r)], *s.* catetómetro.
cathode [kǽθoud], *s.* (elec.) cátodo.—**c. ray,** rayo catódico.
cathodic [kæθádik], *a.* catódico.
cathole [kǽthoul], *s.* gatera; (mar.) gatera.
catholic [kǽθọlik]. **I.** *a.* católico, universal; liberal. **II.** *s.* y *a.* (**C.**) católico romano.
Catholicism [kaθálisizm], *s.* catolicismo.
catholicity [kæθọlísiti], *s.* catolicidad.
catholicize [kaθálisaiz]. **I.** *va.* catolizar, convertir al catolicismo. **II.** *vn.* hacerse católico.
catholicly [kaθálikli], *adv.* católicamente.
catholicon [kaθálikọn], *s.* catolicón; panacea.
cation [kǽtaiọn], *s.* (fís.) catión, *m.*
catkin [kǽtkin], *s.* (bot.) amento, candelilla.
catlike [kǽtlaik], *a.* gatesco, gatuno; furtivo.
catling [kǽtliŋ], *s.* gatito; (cir.) legra, bisturí.
catmint [kǽtmint], **catnip** [-nip], *s.* (bot.) calamento, nébeda.
Catonian [keitóuniạn], *a.* catoniano.
catoptrical [kætáptrikạl], *a.* catóptrico.
catoptrics [-triks], *s.* (ópt.) catóptrica.
catsup [kǽtsʌp], *s.* salsa de setas o de tomate.
cattail [kǽtteil], *s.* (bot.) espadaña, enea; amento.
cattish [kǽtiŝ], *a.* gatuno, gatesco. *V.* CATTY.
cattle [kǽtl], *s.* ganado (gen. se aplica sólo al vacuno), res, *f.*—**c. barn,** establo.—**c. bell,** esquilón.—**c. dealer,** ganadero.—**c. pest** o **plague,** morriña; comalia; glosopeda.—**c. pump,** bomba automática para ganado.—**c. raising,** ganadería.—**c. ranch,** ganadería, hacienda de ganado.—**c. rancher,** ganadero.—**c. range,** o **run,** potrero o campo para el ganado.—**c. rustler,** o **thief,** abigeo, cuatrero, ladrón de ganado.—**c. rustling,** o **stealing,** abigeato, hurto de ganado.—**c. show,** exposición de ganado.—**c. tick,** garrapata.—**c. wire,** alambre de púas.
cattleman [-mæn], *s.* ganadero.
catty [kǽti], *a.* gatesco; maliciosa y chismera.
catty-cornered = CATER-CORNERED.
catwalk [kǽtwok], *s.* acera o andén angosto de un puente; corredor o pasillo por la quilla de un dirigible.
Caucasian [kokéiẑạn], *a.* y *s.* caucásco, caucásico.
caucus [kókʌs], *s.* junta de un grupo o partido político para designar candidatos, discutir medidas, etc.
caudad [kódæd], *adv.* (anat.) hacia la cola.
caudal [kódạl], *a.* caudal (de la cola).
caudate [kódeit], *a.* caudato, raboso.
caudex [kódɛks], *s.* (bot.) tallo; tronco.
caudicle [kódikl], *s.* (bot.) caudícula.
caudle [kódl], *s.* cordial, bebida caliente de vino, huevos, etc.
caught [kot], *pret.* y *pp.* de TO CATCH.
caul [kol], *s.* (anat.) omento, redaño; **amnios,** *f.*
cauldron, *s.* = CALDRON.
caulescent [kolésẹnt], *a.* (bot.) caulescente.
caulicle [kólikl], *s.* (bot.) rejo.
cauliculus [kolíkiulʌs], *s.* (arq.) caulículo.
cauliflower [kóliflauœ(r)], *s.* coliflor, *f.*
cauliform [kóliform], *a.* (bot.) cauliforme.
cauline [kólin], *a.* (bot.) caulífero.
caulk, caulker, etc. = CALK, CALKER, etc.
causal [kózạl], *a.* causal.
causality [kozǽliti], **causation** [kozéiŝọn], *s.* causalidad; causa, origen, principio.
causally [kózạli], *adv.* de un modo causal.
causative [kózạtiv], *a.* causante, causativo.
cause [kóz]. **I.** *s.* causa; autor; motivo, origen, porqué, razón, *f.*; (for.) causa, litigio, proceso. **II.** *va.* causar; acarrear, dar lugar a, motivar, ocasionar; hacer (*to cause to move,* hacer mover); mover, inducir, compeler.
causeless [-lis], *a.* sin causa; infundado, sin razón.—**causelessly** [-li], *adv.* infundadamente.
causerie [kouzẹrí], *s.* conversación, charla; discusión o deliberación de confianza; artículo breve.
causeway [kózwei], **causey** [kózi], *s.* arrecife; arriate, calzada, terraplén; acera.
causidical [kozídikạl], *a.* (for.) causídico.
caustic [kóstik], *s.* y *a.* cáustico.
causticity [kostísiti], *s.* causticidad, mordacidad.
caustic soda, *s.* (quím.) sosa cáustica, hidróxido de sodio.
cauter [kótœ(r)], *s.* (cir.) instrumento para cauterizar; cauterio.

cauterization [kotœrizéiŝon], *s.* cauterización, cauterio.
cauterize [kótœraiz], *va.* cauterizar.
cauterizing [-iŋ]. **I.** *s.* cauterización. **II.** *a.* cauterizante.
cautery [kótœri], *s.* cauterio.
caution [kóŝon]. **I.** *s.* cautela, precaución; cuidado, recato; amonestación, advertencia, aviso. **II.** *va.* caucionar, precaver, prevenir, amonestar.
cautionary [-ɛri], *a.* preventivo, admonitorio, avisador.
cautious [kóŝʌs], *a.* cauto, cauteloso, circunspecto, precavido, prudente.
cautiously [-li], *adv.* cautamente, prudentemente.—**cautiousness** [-nis], *s.* cautela, previsión, prudencia, precaución.
cavalcade [kævalkéid], *s.* cabalgata.
cavalier [kævalír]. **I.** *s.* caballero; jinete; galán, cortejo; escolta, pareja de baile. **II.** *a.* caballeresco; altivo, desdeñoso; alegre, desenvuelto. —**cavalierly** [-li], *adv.* caballerescamente; altiva o desdeñosamente.
cavalla, cavally [kavǽlä, -li], *s.* (ict.) caballa.
cavalry [kǽvalri], *s.* (mil.) caballería, caballos.
cavalryman [-man], *s.* (mil.) jinete; soldado de caballería.
cavatina [kævatínä], *s.* (mus.) cavatina.
cave [keiv]. **I.** *s.* cueva, caverna.—**c.-in,** hundimiento, atierre.—**c. dweller, c. man,** cavernícola; troglodita. **II.** *vn.* (gen. con **in**) hundirse; (fam.) ceder, rendirse; sufrir colapso. **III.** *va.* excavar; hacer hundirse.
caveat [kéiviæt], *s.* (for.) intimación a un juez o funcionario para que suspenda un procedimiento; (E. U.) inscripción previa en la oficina de patentes de un invento no perfeccionado todavía; amonestación, advertencia.
cavern [kǽvœrn], *s.* caverna, antro, gruta.—**cavernous** [-ʌs], *a.* cavernoso.
cavesson [kǽveson], *s.* cabezón.
cavetto [kavétou], *s.* (arq.) caveto.
caviar [kǽviar], *s.* cavial, caviar.
cavicorn [kǽvikorn], *a.* y *s.* (zool.) cavicornio.
cavil [kǽvil]. **I.** *s.* cavilosidad, cavilación, vanas sutilezas. **II.** *vn.* cavilar, sutilizar, buscar quisquillas.
cavil(l)er [-œ(r)], *s.* hombre caviloso, reparón.—**cavil(l)ing** [-iŋ]. **I.** *s.* cavilación, cavilosidad. **II.** *a.* caviloso, reparón.—**cavil(l)ingly** [-li], *adv.* cavilosamente.
cavity [kǽviti], *s.* cavidad; hueco, oquedad; seno.
cavort [kavórt], *vn.* (fam. E. U.) corvetear, travesear.
cavy [kéivi], *s.* (zool.) (Am.) agutí, cobayo, conejillo de Indias, paca, tepeizcuinte; ca(r)pincho, capiguara o capibara.
caw [kɔ]. **I.** *vn.* graznar. **II.** *s.* graznido.
cay [kei *o* ki], *s.* cayo, peñasco o isleta.
cayenne [keién], *s.* (bot.) pimentón.—**c. pepper,** pimentón (ll. t. **red pepper**).
cayman [kéiman], *s.* (zool.) caimán.
cazique [kazík], *s.* = CACIQUE.
cease [sís]. **I.** *vn.* cesar, desistir o dejar de, parar; fenecer. **II.** *va.* discontinuar, parar, suspender. —**without c.,** sin cesar.
cease-fire [-fair], *s.* (mil.) suspensión de fuego, tregua; (mil.) cesación de hostilidad, suspensión de armas.
ceaseless [-lis], *a.* incesante.—**ceaselessly** [-li], *adv.* perpetuamente, incesantemente.
cebid [síbid], *a.* y *s.* (zool.) cébide.
cecum, *s.* = CÆCUM.
cedar [sídä(r)], *s.* (bot.) cedro (árbol y madera); tuya.—**c. bird,** (orn.) pájaro del cedro.—**c. chest,** cajón de cedro a prueba de la polilla.—**c. cone,** cédride, *f.*—**c. of Lebanon,** cedro de Líbano.—**c. oil,** cedrelón, cedróleo.
cedarn [-n], *a.* (poét.) cedrino.
cede [sid], *va.* ceder, traspasar, transferir.
cedilla [sidílä], *s.* zedilla, cedilla.
cedrine [sídrin], *a.* (bot.) cedrino.
cedrium [sídriʌm], *s.* cedria.
cedrol [sídrɔl], *s.* (quím.) cedróleo.
ceil [síl], *va.* entablar; poner cielo raso.
ceiling [-iŋ], *s.* techo interior o cielo raso; forro; cima; límite superior, colmo; (mar.) entabladura interior; (aer.) techo; altura máxima que un avión puede alcanzar; límite de visibilidad. —**c. price,** precio máximo.
ceilometer [-ámɛtœ(r)], *s.* medidor de techo (de nubes).
celadon [séladan], *s.* verdeceledón.
celandine [séländain], *s.* (bot.) celidonia, glaucio, golondrinera.
celature [sélachur], *s.* arte de grabar o repujar los metales; repujado.
celebrant [sélębrant], *s.* celebrante.—**celebrate** [sélębreit]. **I.** *va.* celebrar, solemnizar; festejar; alabar, encomiar. **II.** *vn.* celebrar; (fam.) ir de parranda, echar una cana al aire.—**celebrated** [-id], *a.* célebre, famoso.—**celebration** [-éiŝon], *s.* celebración.—**celebrator** [-o(r)], *s.* celebrador, celebrante.
celebrity [sęlébriti], *s.* celebridad, fama, renombre; persona célebre.
celeriac [sęlériæk], *s.* (bot.) arracacha.
celerity [sęlériti], *s.* celeridad, prontitud.
celery [séleri], *s.* (bot.) apio.
celestial [sęléschal]. **I.** *a.* celeste; celestial, empíreo, divino. **II.** *s.* morador del cielo; (C) chino.
Celestial Empire, *s.* imperio celeste, China.
celestial globe, *s.* globo celeste.
celestial mechanics, *s.* mecánica celestial, astronomía gravitacional.
celestial navigation, *s.* astronavegación.
celestial sphere, *s.* esfera celeste.
celestite [sélɛstait], *s.* (min.) celestina.
celiac [síliæk], *a.* (anat.) celíaco. *V.* COELIAC.
celibacy [sélibäsi], *s.* celibato, soltería.—**celibate** [sélibit], *a.* y *s.* célibe, soltero.
cell [sel], *s.* celda (de convento); (pol.) célula (comunista, etc.); celda, calabozo; (biol.) célula, glóbulo; nicho, cavidad; alvéolo; (api.) celdilla, vasillo; castillo (de la reina); (elec.) par, elemento de una pila; (aer.) celda.
cellar [sélä(r)], *s.* sótano, bodega, cueva, cillero.
cellarage [-idž], *s.* cueva, sótano, candiotera; almacenaje en una bodega o gastos de esto.
cellarer [-œ(r)], **cellarman** [-man], *s.* bodeguero; cillerero (de monasterio); repostero.
cellaret(te [selärét], *s.* armario para licores.
cellist [chélist], *s.* violoncelista.
cello [chélou], *s.* (mús.) violoncelo.
cellophane [sélofein], *s.* celofán o celofano (es nombre de fábrica), papel transparente impermeable de envolver.
cellular [séliulä(r)], *a.* celular, celuloso.
cellulate(d [séliuleit(id], *a.* celulado.
cellule [séliul], *s.* celulilla.
celluloid [séliuloid], *s.* celuloide (es nombre de fábrica); (fam.) película de cinema.
cellulose [séliulous]. **I.** *a.* celular, celuloso.—**c. acetate,** (quím.) acetocelulosa. **II.** *s.* celulosa.
Celt [sɛlt], *s.* celta; hacha prehistórica de piedra.
Celtiberian [sɛltibérian], *a.* y *s.* celtíbero, celtibérico, celtibero.
Celtic [séltik], *a.* céltico.
Celt(ic)ism [sélt(is)izm], *s.* celtismo.
Celt(ic)ist [sélt(is)ist], *s.* celtista.
cement [sęmént]. **I.** *s.* cemento; mortero, argamasa; cemento (del diente); aglutinante; vínculo; (fund.) cemento.—**c.-like,** cementoso.—**c. steel,** acero cementado.—**c. tile,** baldosín o loseta de cemento, mosaico. **II.** *va.* pegar, aglutinar, argamasar; estrechar, asegurar; (fund.) cementar. **III.** *vn.* pegarse, aglutinarse; unirse.
cementation [semęntéiŝon], *s.* ligazón, *f.*, aglutinación; (fund.) cementación.
cementite [siméntait], *s.* (metal.) carburo de hierro del acero antes de endurecerse.
cemetery [sémęteri], *s.* cementerio, campo santo.
cenacle [sénakl], *s.* cenáculo.
cenobian [senóubian], *a.* cenobial.

cenobite [sénobaịt], *s.* cenobita, *m.*
cenobitic(al [senobítịk(ạl], *a.* cenobítico.
cenobitism [sénobaịtịzm], *s.* cenobitismo.
cenobium [senóụbịʌm], **cenoby** [sénobị], *s.* cenobio, monasterio.
cenotaph [sénotæf], *s.* cenotafio.
Cenozoic [sinozóụịk], *a.* (geol.) cenozoico; terciario.—**C. Age,** época cenozoica.
cense [séns], *va.* incensar, turibular.
censer [-œ(r)], *s.* (igl.) incensario, turíbulo, naveta.—**c. bearer,** turibulario, turiferario.
censor [-ọ(r)]. **I.** *s.* censor; censurador, crítico; escrutinador. **II.** *va.* censurar, someter a la censura.
censorial [sensórịạl], *a.* censorio.
censorious [-ʌs], *a.* severo, rígido; crítico, hipercrítico.—**censoriously** [-lị], *adv.* severamente, críticamente.—**censoriousness** [-nịs], *s.* inclinación a censurar.
censorship [sénsọrŝịp], *s.* censura; censoría.
censual [sénŝụạl], *a.* censual (pert. al censo).
censurable [sénŝụrạbl], *a.* censurable.—**censurableness** [-nịs], *s.* calidad de censurable.—**censurably** [-blị], *adv.* censurablemente.
censure [sénŝụ(r)]. **I.** *s.* censura, reprimenda, reprobación, crítica, zaherimiento. **II.** *va.* censurar, reprender, criticar, reprobar, fiscalizar, tachar, zaherir.—**censurer** [-œ(r)], *s.* censurador, reprensor, criticador, zaheridor.—**censuring** [-ịŋ], *a.* censurante, zaheridor.
census [sénsʌs]. **I.** *s.* censo, empadronamiento, registro.—**c. list,** padrón.—**c. taker,** empadronador.—**c. taking,** encabezamiento. **II.** *va.* empadronar, encabezar, hacer el censo.
cent [sént], *s.* centavo (moneda).
cental [-ạl], *s.* quintal. *V.* HUNDREDWEIGHT.
centare [séntɛr], *s.* = CENTIARE.
centaur [séntɔr], *s.* centauro; (**C.**, astr.) centauro.
centaury [-ị], *s.* (bot.) centaura.
centenarian [sentenérịạn], *s.* y *a.* centenario, quintañón.
centenary [séntenạrị], **centennial** [senténịạl]. **I.** *a.* centenario, secular. **II.** *s.* centenar(io).
center, centre [séntœ(r)]. **I.** *s.* centro; medio, mitad, corazón, eje, yema; (arq.) cimbra; (top.) eje vertical (de un teodolito, etc.); (mec.) punta (de torno); centro, portapuntas (de torno).—**c. of curvature,** (mat.) centro de curvatura.—**c. of figure,** centro de figura, centro geométrico.—**c. of gravity,** centro de gravedad.—**c. of gyration,** (mec.) centro de giro.—**c. of inertia, c. of mass,** centro de masa, centro de gravedad.—**c. of lift,** (aer.) punto de sustentación.—**c. of motion,** centro de rotación, punto fijo.—**c. of population,** centro de población, centro de gravedad de una región cuya superficie se considera proporcional a la población. **II.** *a.* central; relativo al centro.—**c. bit,** barrena de guía, broca de guía.—**c. drill,** broca de centrar.—**c. field,** (béisbol) medio o centro del jardín.—**c. lathe,** torno de puntos.—**c. line,** eje (de una vía, una caldera, etc.); línea central.—**c. mark,** granetazo.—**c. punch,** punzón de marcar o de perforar; granete.—**c. rail,** (f.c.) riel central (para corriente eléctrica, cremallera, etc.).—**c. tap,** derivación central. **III.** *va.* centrar, centralizar; concentrar; determinar el centro de; (arq.) cimbrar. **IV.** *vn.* concentrarse; estar o colocarse en el centro.—**to c. round,** girar en torno de; versar sobre.
centerboard [-bɔrd], *s.* (mar.) orza de deriva o de quilla.
centering [-ịŋ], *s.* enfocamiento; determinación del centro de un objeto; acción de centrar; (arq.) cimbra de arco; maderamen de cimbra.
centerpiece [-pis], *s.* paño (gen. encaje u otra labor) para el centro de la mesa; cualquier cosa que va en el centro; centro de mesa (vaso, florero, ramillete, etc.).
centesimal [sentésịmạl]. **I.** *a.* centesimal; centésimo, centeno, céntimo. **II.** *s.* centésimo.
centiare [séntịɛr], *s.* centiárea.
centigrade [-greịd], *a.* centígrado.—**c. scale,** escala centígrada.
centigram(me [-græm], *s.* centigramo.
centile [séntaịl], *s.* (estad.) centil.
centiliter, centilitre [-litœ(r)], *s.* centilitro.
centimeter, centimetre [séntịmitœ(r)], *s.* centímetro.—**c.-gram-second** (**C. G. S.**), (fís.) centímetro-gramo-segundo; cegesimal.
centipede [-pid], *s.* (zool.) centípedo, ciempiés.
centner [séntnœ(r)], *s.* quintal; dracma.
cento [séntoụ], *s.* centón.
central [séntrạl]. **I.** *a.* central, céntrico.—**C. American,** centroamericano.—**c. heating,** calefacción central.—**c. station,** central (*f.*) de electricidad. **II.** *s.* central (*f.*) de teléfono; telefonista; (com.) caucho.—**centralism** [-ịzm], *s.* (pol.) centralismo.—**centralist** [-ịst], *s.* centralista.—**centrality** [sentrǽlịtị], *s.* centralidad.—**centralization** [sentrạlịzéịŝọn], *s.* centralización.—**centralize** [-aịz], *va.* centralizar.—**centralizer** [-œ(r)], *s.* centralizador.—**centrally** [-ị], *adv.* centralmente.
centre [séntœ(r)] = CENTER.
centric(al [séntrịk(ạl], *a.* central, céntrico.
centrically [-lị], *adv.* centralmente.
centrifugal [sentrífịugạl]. **I.** *a.* centrífugo.—**c. force,** fuerza centrífuga.—**c. pump,** bomba centrífuga.—**c. sugar,** azúcar separada del líquido por acción centrífuga. **II.** *s.* máquina centrífuga, o su cilindro; (Am., azú.) centrífuga. —*pl.* azúcar centrífuga.
centrifugalize [-aịz], *va.* centrifugar.
centrifuge [séntrịfịudẑ]. **I.** *a.* centrífugo. **II.** *s.* (máquina) centrífuga o separadora. **III.** *va.* centrifugar, someter a acción centrífuga.
centripetal [sentrípetạl], *a.* centrípeto.—**c. force,** fuerza centrípeta.
centrist [séntrịst], *s.* (pol.) centrista, del centro.
centrobaric [sentrobǽrịk], *a.* (mec.) centrobárico.
centroid [séntrɔịd], *s.* centroide.—**centroidal** [sentrɔ́ịdạl], *a.* relativo al centroide.
centrosome [séntrosoụm], *s.* (biol.) centrosoma, *m.*
centrosphere [séntrosfir], *s.* (geol.) la parte central o núcleo de la tierra; (biol.) esfera de atracción.
centumvir [sentʌ́mvịr], *s.* centunviro.—**centumvirate** [-eịt], *s.* centunvirato.
centuple [séntịupl]. **I.** *a.* céntuplo, centuplicado. **II.** *va.* centuplicar.
centuplicate [sentịúplịkeịt]. **I.** *a.* y *s.* céntuplo, centuplicado. **II.** *va.* centuplicar.
centuplication [-kéịŝọn], *s.* centuplicación.
centurial [sentịúrịạl], *a.* secular.
centurion [sentịúrịọn], *s.* centurión, *m.*
century [sénchụrị], *s.* centuria; siglo.—**c.-old,** secular.—**c. plant,** (bot.) pita, maguey, agave, *f.* (ll. t. **c. aloe**).
cephalad [séfạlæd], *adv.* (anat.) hacia la cabeza.
cephalalgia [sefạlǽldẑịạ], *s.* (med.) cefalalgia.
cephalic [sefǽlịk], *a.* (anat.) cefálico.
cephalic index, *s.* índice cefálico.
cephalitis [sefạláịtịs], *s.* (med.) cefalitis.
cephalopod [séfạlopad], *a.* y *s.* (zool.) cefalópodo.
cephalothorax [-θóụræks], *s.* (zool.) cefalotórax.
cephalous [séfạlʌs], *a.* (zool.) que tiene cabeza.
Cepheus [sífịʌs], *s.* (astr.) Cefeo.
ceraceous [sịréịŝịʌs], *a.*ceráceo.
cerambycid [serǽmbịsịd], *a.* y *s.* (ent.) cerambícido.
ceramic [sịrǽmịk], *a.* cerámico.
ceramics [-s], *s.* cerámica; alfarería.
ceramist [sérạmịst], *s.* ceramista.
cerargyrite [serárdẑịraịt], *s.* (min.) plata córnea.
cerastes [serǽstiz], *s.* (zool.) cerasta, ceraste.
cerate [síreịt], *s.* (farm.) cerato, ceroto.
cerated [-ịd], *a.* encerado.
Cerberean [sœrbírịạn], *a.* parecido al (can)-cerbero o relativo a él.
cercopithecus [sœrkopịθíkʌs], *s.* (zool.) cercopiteco.

cere [sir], *va.* envolver (esp. un cadáver) en un lienzo impregnado con cera. *V.* CERECLOTH y CEREMENT.
cereal [síri̯al]. I. *a.* cereal. II. *s.* cereal, grano.
cerebellar [serębélą(r)], *a.* cerebeloso, perteneciente al cerebelo.
cerebellitis [-ái̯tis], *s.* (med.) cerebelitis.
cerebellum [serębélʌm], *s.* (anat.) cerebelo.
cerebral [sérēbral], *a.* cerebral.
cerebral palsy, *s.* (med.) parálisis cerebral.
cerebrate [sérębrei̯t], *vn.* exhibir o experimentar actividad mental; pensar.
cerebration [-éi̯ŝon], *s.* cerebración, actividad funcional del cerebro; función cerebral.
cerebrin [sérębrin], *s.* (quím.) cerebrina.
cerebritis [serębrái̯tis], *s.* (med.) cerebritis.
cerebrospinal [serębrou̯spái̯nal], *a.* cerebroespinal.—**c. axis,** eje cerebroespinal.
cerebrum [sérębrʌm], *s.* (anat.) cerebro, encéfalo.
cerecloth [sírkloθ], *s.* encerado, hule.
cerement [sírmęnt], *s.* enceramiento; mortaja encerada.
ceremonial [seręmóu̯nial], *a.* y *s.* ceremonial; rito externo o ritual.
ceremonious [-móu̯niʌs], *a.* ceremonial; ceremonioso.—**ceremoniousness** [-nis], *s.* ceremonia.—**ceremoniously** [-li], *adv.* ceremoniosamente.
ceremony [séręmou̯ni], *s.* ceremonia, ceremonial; cumplido, formalidad, etiqueta.
cereous [síriʌs], *a.* cereo, de cera.
Cereus [síriʌs], *s.* (bot.) género de cactos.
ceric [sírik], *a.* (quím.) cérico.
ceriferous [sęrífęrʌs], *a.* cerífero.
cerin [sírin], *s.* (quím.) cerina.
cerise [sęrís], *s.* y *a.* color de cereza.
cerite [sírai̯t], *s.* (min.) cerita.
cerium [síriʌm], *s.* (quím.) cerio.
cernuous [sœ́rniuʌs], *a.* (bot.) inclinado.
cero [sírou̯], *s.* (ict.) priste, pez sierra.
cerograph [sírogræf], *s.* grabado sobre cera.
cerography [sirágrafi], *s.* cerografía.
ceroplastics [siroplǽstiks], *s.* ceroplástica.
cerotic [sirátik], *a.* (quím.) cerótico.
cerolein [sírolin], *s.* (quím.) ceroleína.
ceromancy [síromænsi], *s.* ceromancia, ceromancía.
cerotate [sírotei̯t], *s.* (quím.) cerotato.
certain [sœ́rtān], *a.* cierto, alguno, un tal; seguro; cierto, evidente, inevitable, indudable, positivo; certero, puntual; fijo, determinado; vg. *c. friends of mine,* ciertos amigos míos, *c. ones say so,* ciertos (o algunos) lo dicen, *he owes me a c. sum,* me debe cierta suma (o un tanto), *a c. Mr. X,* un tal Sr. X; *I am c. of it,* estoy seguro de ello; *war is c.,* la guerra es cierta (inevitable, etc.), *it is c. that we exist,* es cierto (evidente) que existimos; *he is c. to do it,* no puede menos de hacerlo (o lo hará con toda seguridad); *with c. aim,* con puntería certera; *at a c. hour,* en hora determinada o fija.—**for c.,** de fijo, de seguro, con seguridad.—**certainly** [-li], *adv.* (por) cierto, ciertamente, sin duda; seguramente, sin falta; con mucho gusto.—**certainty** [-ti], *s.* certeza, certidumbre; seguridad, cosa segura.—**to a c.,** indubitablemente.—**with c.,** a ciencia cierta.
certifiable [sœ́rtifai̯abl], *a.* certificable.
certificate [sœrtífikit], **certification** [-éi̯ŝon], *s.* certificado, testimonio; atestiguación; (for.) adveración, auténtica, atestado, certificación, fe (*f.*), partida; acta notarial; (com.) bono, obligación.—**c. of baptism,** fe de bautismo.—**c. of death,** partida de defunción.—**c. of genuineness,** certificación de legitimidad (de firma); volante de autenticación.—**c. of marriage,** certificado de matrimonio, fe de casado.—**c. of residence,** carta de vecindad.
certificate [sœrtífikei̯t], *va.* certificar. *V.* CERTIFY.
certificatory [-kātori], *a.* certificatorio.
certify [sœ́rtifai̯], *va.* certificar, atestiguar, adverar, dar fe; afirmar, garantizar, responder de o por.
certiorari [sœrŝiorérai̯], *s.* (for.) auto de avocación.
certitude [sœ́rtitiud], *s.* certidumbre, certeza.
cerulean [sęrúlian], *a.* cerúleo.
cerumen [sęrúmęn], *s.* cerumen, cerilla.
ceruse [sírus], *s.* cerusa, albayalde.
cerussite [-ai̯t], *s.* (min.) cerusita, cerusa.
Cervantine [sœrvǽntin], *a.* cervantesco, cervantino.
Cervantist [-ist], *a.* y *s.* cervantista.
cervical [sœ́rvikal], *a.* (anat.) cervical, cérvico.
cervine [sœ́rvin], *a.* cervino, cervuno, cérvido.
cervix [sœ́rviks], *s.* (anat.) cerviz, nuca.
Cesarean, *a.* = CÆSAREAN.
cesium [síziʌm], *s.* (quím.) cesio.
cespitose [séspitou̯s], *a.* cespitoso, de cesped.
cess [ses]. I. *va.* amillarar. II. *s.* amillaramiento.
cessation [seséi̯ŝon], *s.* cese, cesación, paro, discontinuación.
cession [séŝon], *s.* cesión, traspaso.
cessionary [-eri], *a.* y *s.* cesionario.
cesspipe [séspai̯p], *s.* tubo de desagüe.
cesspool [séspul], *s.* pozo negro de letrina.
cestode [séstou̯d], *s.* y *a.* cestodo.
cestus [séstʌs], *s.* cesto de púgil; ceñidor, cinturón.
cesura, *s.* = CÆSURA.
cetacean [sitéi̯ŝan], *a.* y *s.* (zool.) cetáceo.
cetaceous [sitéi̯ŝʌs], *a.* cetáceo.
cetane [sítein], *s.* (quím.) cetano.
cetane rating, *s.* cetanaje.
cetyl [sétil], *s.* (quím.) cetilo.
Ceylon [silán], *s.* Ceilán.
Ceylonese [siloníz], *s.* y *a.* ceilanés.
chacma [chǽkmą], *s.* variedad de mandril o papión, *m.*
chaconne [ŝækán], *s.* chacona (baile y música).
Chad [chæd]. I. *s.* Chad. II. *s.* y *a.* chadiano.
chafe [chéi̯f]. I. *va.* excoriar, rozar; calentar frotando; enfadar, irritar. II. *vn.* desgastarse, raerse; sahornarse; irritarse, acalorarse. III. *s.* sahorno, excoriación; acaloramiento, rabia.—**chafer** [-œ(r)], *s.* lo que roza o excoria; estufilla; (ent.) escarabajo.—**chafery** [-œri], *s.* fragua o forja.
chaff [chæf]. I. *s.* barcia, ahechaduras, granzas, paja, tamo; desperdicios, broza; cascabillo; burla, fisga.—**c. cutter,** (agr.) cortadora de forraje. II. *va.* y *vn.* fisgar, dar matraca.
chaffer [-œ(r)]. I. *vn.* regatear, baratear; andar en dimes y diretes. II. *s.* regateo.—**chafferer** [-œ(r)], *s.* regatero.
chaffinch [chǽfinch], *s.* (orn.) pinzón.
chafing [chéi̯fiŋ], *s.* sahorno, excoriación, rozadura; irritación, impaciencia.—**c. dish,** escalfeta, escalfador, chufeta.
chagrin [ŝagrín]. I. *s.* mortificación, sofocón, disgusto, desazón, *f.* II. *va.* mortificar, enfadar.
chain [chéi̯n]. I. *s.* cadena; grillo; lazo; serie o sucesión, encadenación; cordillera (de montañas); (tej.) urdi(e)mbre, *f.;* (top.) cadena (la cadena misma y su longitud tomada por unidad): cadena de Gunter (66 pies ing., o como 20.117 m.); *pl.* prisiones; esclavitud.—**c. cable,** (mar.) cadena de ancla.—**c. conveyer,** cadena transportadora.—**c. drive,** (aut.) transmisión por cadenas.—**c. gang,** cuadrilla de presidiarios encadenados entre sí.—**c. gear, c. gearing,** (mec.) transmisión por rueda y cadena.—**c. lightning,** relámpagos o relampagueo en zigzag.—**c. mail,** cota de malla.—**c. of command,** vía jerárquica.—**c. plate,** (mar). cadenote.—**c. pump,** noria, bomba de cangilones.—**c. reaction,** (fís.) reacción en cadena; (fig.) reacción progresiva.—**c. riveting,** remachado paralelo o de cadena.—**c. saw,** sierra de cadena.—**c. shot,** (mil.) bala encadenada o de cadena.—**c. stitch,** (cost.) punto de cadeneta.—**c. store,** tienda en cadena.—**c. wheel,** rueda dentada para cadena. II. *va.* encadenar, aherrojar; esclavizar; enlazar, unir; (top.) medir con cadena.
chainless [-lis], *a.* desencadenado; sin cadenas.

chainman [-mạn], *s.* cadenero.

chain-smoke [-smouk], *va.* y *vn.* fumar continuamente, fumar un cigarrillo tras otro; encender un cigarrillo tras otro.

chain-smoker [-smoukœ(r)], *s.* persona que fuma sin cesar.

chainwork [-wœrk], *s.* cadeneta.

chair [chér], *s.* silla, asiento; silla de manos; cátedra (de profesor); sillón de la presidencia; por extensión, presidencia, presidente (de una junta, etc.); (f. c.) cojinete; base, *f.*, asiento.—**c. car,** (f. c.) coche salón.—**to take the c.,** presidir (una junta).

chairman [-mạn], *s.* presidente de una junta, persona que preside; silletero; sillero.—**chairmanship** [-ŝịp], *s.* presidencia (de una junta directiva).—**chairwoman** [-wụmạn], *s.* presidenta.

chaise [ŝeịz], *s.* silla volante, calesín, carrocín; silla de posta.—**c. longue,** especie de sofá, meridiana.

chalcedony [kǽlsẹ̄douṇi], *s.* (min.) calcedonia.

chalcocite [kǽlkosaịt], *s.* (min.) calcosina o calcocita (mineral de sulfuro de cobre).

chalcograph [kǽlkogræf], *s.* grabado calcográfico.

chalcographer [kælkágrạfœ(r)], *s.* calcógrafo.

chalcography [-fi], *s.* calcografía.

chalcopyrite [kælkopáịraịt], *s.* (min.) calcopirita.

Chaldaic [kældéịik], **Chaldean** [kældíạn], *a.* **Chaldee** [kældí], *a.* y *s.* caldeo, caldaico.

chalet [ŝæléị], *s.* chalet; casita de campo.

chalice [chǽlịs], *s.* (igl.) cáliz, *m.*

chalk [chók]. **I.** *s.* creta, greda; tiza, yeso.—**c. for cheese,** (fam.) gato por liebra.—**c. rock,** roca cretácea. **II.** *va.* enyesar, engredar; marcar o dibujar con tiza; poner tiza (al taco); apuntar, llevar cuenta. **III.** *vn.* ponerse gredoso.

chalkiness [-ịnịs], *s.* calidad de gredoso.

chalkstone [-stouṇ], *s.* tiza; (med.) concreción gotosa en las coyunturas.

chalky [-i], *a.* cretáceo, gredoso, yesoso.

challenge [chǽlịndẑ]. **I.** *va.* desafiar, retar; repugnar, poner en tela de juicio; merecer o exigir (atención, respeto, etc.); disputar, contradecir; (for.) recusar, tachar (testigos); (mil.) dar el quién vive, exigir el santo. **II.** *s.* desafío, reto; cartel de desafío; (for.) recusación, objeción; (mil.) quién vive; (dep.) concurso, oposición.—**beyond c.,** irrefutable.—**challengeable** [-ạbl], *a.* expuesto a desafío; recusable.—**challenger** [-œ(r)], *s.* desafiador, retador; demandante.

challis, challie [ŝǽlị], *s.* (tej.) chalí.

chalybeate [kạlíbịeịt]. **I.** *a.* calibeado, ferruginoso. **II.** *s.* agua ferruginosa.

Chalybes [kǽlịbiz], *s. pl.* cálibes.

chalybite [kǽlịbaịt], *s.* (min.) siderita.

chamade [ŝạmád], *s.* (mil.) llamada.

chamber [chéịmbœ(r)]. **I.** *s.* cámara; gabinete, cuarto, alcoba, dormitorio; (for.) cámara, tribunal o sala de justicia; (arti.) cámara; (mec.) depósito, cilindro.—**c. concert,** concierto de salón.—**c. council,** junta secreta.—**c. counsel,** abogado consultor.—**c. music,** música de salón.—**c. of commerce,** cámara de comercio.—**C. of Deputies,** cámara de diputados.—**c. pot** o **vessel,** orinal, bacín, vaso de noche.—**c. practice,** práctica (de la abogacía) de oficina, profesión de abogado consultor. **II.** *va.* hacer la cámara de un cañón; proveer de cámara; ahuecar; ajustar a la cámara. **III.** *vn.* (arti.) ajustarse la carga en un cartucho.

chamberlain [-lịn], *s.* camarero; chambelán; camarlengo.—**chamberlainship** [-ŝịp], *s.* oficio o dignidad de camarero, chambelán, etc.

chambermaid [-meịd], *s.* camarera.

chameleon [kạmílịọn], *s.* (zool.) camaleón.

chambray [ŝæmbréị], *s.* (tej.) cierta tela de algodón.

chamfer [chǽmfœ(r)]. **I.** *va.* (carp.) acanalar; (a)chaflanar, biselar, descantear. **II.** *s.* (carp.) canal, estría; bisel, chaflán.

chamfering [-ịŋ], *s.* (arq.) derrame, derramo.

chamfrain [chǽmfreịn], **chamfron** [chǽmᶠrọn], *s.* (arm.) testera (del caballo). *V.* CHANFRIN.

chamois [ŝǽmị], *s.* (zool.) ante, gamuza; piel (*f.*) de ante.—**c.-colored,** agamuzado.

champ [chæmp]. **I.** *va.* morder, mascar, mordiscar. **II.** *vn.* bocezar (el caballo, etc.).—**to c. at restrictions,** (fig.) irritarse, impacientarse por trabas de una índole u otra. **III.** *s.* (fam.) campeón.

champagne [ŝæmpéịn], *s.* champaña, *m.*

champaign [ŝæmpéịn]. **I.** *s.* campiña. **II.** *a.* abierto o llano.

champak, champac [chǽmpæk], *s.* (bot.) champaca.

champion [chǽmpịọn]. **I.** *s.* campeón, paladín, adalid, *m.*; defensor, abogado; (dep.) campeón. **II.** *a.* supremo, sin par, de primera. **III.** *va.* defender, abogar por.—**championess** [-ɛs], *s.* campeona; defensora, abogadora.—**championship** [-ŝịp], *s.* campeonato.

chance [chæns]. **I.** *s.* azar, acaso, casualidad; fortuna, ventura; ocasión, oportunidad, coyuntura; riesgo, peligro; billete de lotería, rifa, etc., probabilidad.—**by c.,** por casualidad, por ventura; de chiripa.—**c. medley,** (for.) accidente u homicidio en defensa propia, en una reyerta; (fig.) pura casualidad o confusión.—**there is no c.,** no hay esperanza.—**to take chances,** correr un albur, aventurarse; confiar en la suerte. **II.** *a.* casual, accidental, fortuito. **III.** *vn.* acaecer, suceder, acontecer.—**to c. to have,** tener por casualidad.—**to c. upon,** topar (con). **IV.** *va.* (fam.) probar, arriesgar.

chancel [chǽnsẹl], *s.* (igl.) presbiterio, antealtar.

chancellery [-ẹri], *s.* cancillería.

chancellor [-ọ(r)], *s.* canciller o chanciller; magistrado (de ciertos tribunales); presidente o rector (de ciertas universidades).—**C. of the Exchequer,** (Ingl.) Ministro de Hacienda.—**chancellorship** [-ŝịp], *s.* cancillería, cancillerato.

chancery [chǽnsẹri], *s.* chancillería; tribunal (de varias clases).—**in c.,** en litigio; en aprietos; debajo del brazo del contrario (dícese de la cabeza de un boxeador).

chancre [ŝǽŋkœ(r)], *s.* (med.) chancro.—**chancrous** [-krʌs], *a.* chancroso.

chancroid [-krọịd], *s.* (med.) chancroide, chancro blando.

chancy [chǽnsi], *a.* (fam.) arriesgado, incierto; (Esco.) de buena suerte; que promete.

chandelier [ŝændẹlír], *s.* araña, lucerna, lustro; candelabro que se cuelga del techo.

chandler [chǽndlœ(r)], *s.* cerero o velero; tendero, vendedor; abastecedor de buques, proveedor de granos, etc.—**c.'s shop,** abacería, mercería, (Am.) pulpería.

chandlery [-i], *s.* almacén, tienda, mercancías o comercio de un *chandler.*

change [chéịndẑ]. **I.** *va.* cambiar, alterar, modificar, transformar, variar, convertir; reemplazar, substituir, trocar; cambiar (moneda).—**to c. color,** ruborizarse; demudarse, inmutarse, palidecer.—**to c. face,** o **front,** cambiar de opinión o de conducta, desdecirse, virar de bordo (fig.).—**to c. hands,** cambiar de dueño.—**to c. one's clothes,** mudarse.—**to c. one's mind,** mudar de opinión.—**to c. one's tune,** cambiar de tono o actitud.—**to c. trains,** cambiar de tren. **II.** *vn.* mudar, cambiar, alterarse; corregirse, transformarse, trocarse. **III.** *s.* cambio; alteración, cambiamiento, demudación, mutación, mudanza; substitución, reemplazo, permutación, trueque; muda (de ropa, voz, etc.); vuelta o sobrante de un pago; menudo, suelto o moneda suelta; novedad, variedad; vaivén, vicisitud; (com.) lonja o bolsa.—**c. of heart,** arrepentimiento.—**c. of life,** (med.) menopausia.—**c. of venue,** (for.) cambio de tribunal (en un pleito).—**for a c.,** para variar, por cambiar, por variedad.—**keep the c.!** ¡quédese con el cambio! ¡quédese con el vuelto!

changeability [-abíliti], *s.* mutabilidad.
changeable [-abl], *a.* variable; inconstante, veleidoso, voluble; alterable, cambiable, mudable; (tej.) cambiante, tornasolado.—**changeableness** [-nis], *s.* mutabilidad; volubilidad; instabilidad.—**changeably** [-abli], *adv.* inconstantemente; variablemente.—**changeful** [-ful], *a.* inconstante, variable, veleidoso; variado.—**changeless** [-lis], *a.* inmutable.—**changeling** [-lin], *s.* niño cambiado por otro.
changeover [-ouvœ(r)], *s.* cambio, permuta.
changer [-œ(r)], *s.* cambiador; cambista.
channel [chǽnel]. **I.** *s.* canal; álveo, cauce, lecho, madre (*f.*) de un río; arroyada; (geog.) canalizo, estuario, estrecho; zanja, caño, cacera, saetín; conducto; (carp.) cacera, ranura; (arq.) estría; (tec.) hierro en U (ll. t. **c. iron**).—*pl.* (mar.) mesas de guarnición.—**c. of a block,** (mar.) cajera de motón.—**c. wale,** (mar.) cinta de la segunda cubierta. **II.** *va.* acanalar, estriar; surcar; encauzar, conducir.
channeling [-in], *s.* canal o sistema (*m.*) de canales, etc.; encauzamiento; (arq.) estriadura.
channelization [-izéišon], *s.* canalización, encauzamiento.
channelize [-aiz], *va.* canalizar, encauzar.
chant [chænt]. **I.** *va.* y *vn.* cantar; discantar. **II.** *s.* canto llano; salmo; sonsonete.
chantage [šantáž], *s.* chantaje, explotación con amenazas de difamación. *V.* BLACKMAIL.
chanter [chǽntœ(r)], *s.* cantor, chantre, primicerio.
chantey [chǽnti], *s.* (mar.) saloma.
chanticleer [chǽntiklir], *s.* gallo.
chantlate [chǽntlit], *s.* (arq.) alero.
chantress [chǽntris], *s.* cantora, cantatriz.
chantry [chǽntri], *s.* capilla; dotación (de una capilla o altar) para celebrarse misas, gen. en sufragio del fundador; la capilla o los sacerdotes dotados así.
chaos [kéios], *s.* el caos; gran confusión o desorden.—**chaotic** [keiátik], *a.* caótico.
chap [chæp]. **I.** *va.* hender, rajar, resquebrajar, agrietar. **II.** *vn.* rajarse, agrietarse, cuartearse; ponerse áspero el cutis por la frialdad.—**chapping of the hands,** grietas en las manos.—**to become chapped,** (a)grietarse. **III.** *s.* grieta, raja, rendija, hendidura; (fam.) mozo, chico; tipo.
chap, chop [chæp *o* chap], *s.* mandíbula; quijada (de animal); quijada o mordaza de un tornillo de banco.
chaparajos [chaparáhous], **chaparejos** [-éihous], *s. pl.* (Am.) chaparreras, zamarros.
chapbook [chǽpbuk], *s.* librito de romances, etc., antes vendido por los buhoneros. *V.* CHAPMAN.
chape [cheip], *s.* chapa; contera, regatón; patilla o charnela de hebilla.
chapel [chǽpel], *s.* capilla; coro u orquesta de una capilla; (impr.) personal de una imprenta.—**c. of ease,** ayuda de parroquia.—**chapelmaster,** [-mæstœ(r)], maestro de capilla. *V.* KAPELLMEISTER.
chaperon [šǽperoun]. **I.** *s.* acompañadora de señoritas; señora de compañía. **II.** *va.* acompañar y escudar a una o más señoritas en lugares públicos.
chapfallen, chopfallen [chǽpfolen, chápfolen], *a.* boquihundido; (fig.) cariacontecido, alicaído.
chaplain [chǽplin], *s.* capellán; capellán castrense.—**chaplaincy** [-si], **chaplainship** [-šip], *s.* capellanía.
chaplet [chǽplit], *s.* guirnalda, corona de flores; rosario; gargantilla, collar; (arq.) moldura de cuentas.
chapman [chǽpman], *s.* buhonero.
chappy [chǽpi], *a.* agrietado, rajado.
chaps [chæps], *s. pl.* = CHAPARAJOS.
chapter [chǽptœ(r)], *s.* capítulo; (igl.) capítulo, cabildo; sucursal (*f.*) de una confraternidad.—**c. and verse,** con sus pelos y señales.—**c. house,** sala capitular.—**to read one a c.,** leer a uno la cartilla.—**to the end of the c.,** hasta el fin.
char [char]. **I.** *va.* y *vn.* carbonear; carbonizar(se), chamuscar(se). **II.** *s.* carbón de leña.
char-à-banc, charabanc [šær a bǽn(k)], *s.* (fr.) charabán.
character [kǽriktœ(r)]. **I.** *s.* carácter, índole (*f.*), genio; fama, reputación; referencia; testimonio de conducta; clave secreta; marca, distintivo; persona, sujeto; (lit.) personaje, parte, *f.*, papel; carácter de letra; (fam.) tipo raro u original.—**c. actor** o **part,** (teat.) característico. **II.** *va.* grabar, esculpir, imprimir; caracterizar.
characteristic(al [-ístik(al], *a.* característico, distintivo, propio.—**characteristic,** *s.* característica, distintivo, peculiaridad; (mat.) característica.—**characteristically** [-ali], *adv.* característicamente.—**characterization** [-izéišon], *s.* caracterización, descripción, representación.—**characterize** [-aiz], *va.* caracterizar.—**characterless** [-lis], *a.* sin carácter.
charactery [kǽriktœri], *s.* simbolismo; uso de señales o símbolos para representar una idea.
charade [šaréid], *s.* charada.
charbon [šárban], *s.* (vet.) fiebre esplénica, ántrax.
charcoal [chárkoul], *s.* carbón de leña, carbón vegetal o animal; carboncillo de dibujos; dibujo al carbón.—**c. burner,** carbonero (que hace carbón).—**c. burning,** quema de madera para hacer carbón.—**c. drawing,** dibujo al carbón.—**c. furnace,** o **oven,** horno de hacer carbón por destilación.—**c. iron,** hierro de carbón de leña (en que éste es el combustible).
chard [chard], *s.* (bot.) acelga; hoja de alcachofa.
chare [cher], *s.* tarea suelta o de ocasión, trabajo por ratos. *V.* CHARWOMAN.
charge [chárdž]. **I.** *va.* cargar (un horno, un acumulador, etc.); gravar, imponer a; instruir, dar órdenes o instrucciones; exhortar, pedir a, mandar; cobrar, pedir, llevar (precio); (com.) cargar, endeudar, poner en cuenta; atacar, embestir; preparar, apuntar (un arma); blasonar.—**to c. with,** confiar, encargar, recomendar; acusar o tildar de, imputar o hacer cargo a uno (de algo). **II.** *vn.* fijar, pedir (precio); cargarse; cargar (a la bayoneta, etc.); agacharse, tenderse (los perros).
charge [chárdž], *s.* carga, embestida, ataque; carga, tiro (de cañón); carga (de un horno, un acumulador, etc.); cargo, custodia; comisión, encargo, encomienda; persona o cosa de que uno está encargado; obligación; (com.) precio, costa, (gen. *pl.*) honorarios, costos, gastos; partida o suma cargada en cuenta; impuesto, gravamen; instrucciones (a un jurado, etc.), admonición, orden, *f.*, mandato; cargo, acusación.—**c. account,** (com.) cuenta abierta.—**in c.,** encargado; interino.—**to lay the c. at one's door,** echarle a uno la culpa.—**to take c. of,** encargarse o hacerse cargo de.
chargeable [-abl], *a.* que puede cargarse o atribuirse; acusable, imputable; obligado, sujeto.
chargé d'affaires [šaržéidæfér], *s.* encargado de negocios (de una legación).
charger [chárdžœ(r)], *s.* cargador; el o lo que carga, etc.; corcel, caballo de guerra.
charily [chérili], *adv.* cautelosamente. *V.* CHARY.
chariness [-nis], *s.* cautela; frugalidad.
chariot [chǽriot], *s.* carro (de dos ruedas); carroza.
charioteer [-ír], *s.* cochero; (poét.) automedonte, auriga, *m.*; (**C.**, astr.) Auriga.
charism [kǽrizm], *s.* (teol.) carisma, *m.*
charitable [chǽritabl], *a.* caritativo, benéfico, limosnero.—**c. funds** o **establishments,** obras pías.—**charitableness** [-nis], *s.* caridad.—**charitably** [-bli], *adv.* caritativamente.
charity [chǽriti], *s.* caridad; limosna; benevolencia.—**c. box,** cepillo de los pobres.—**c. child** o **pupil,** doctrino, niño de la doctrina.
charivari [šarivarí *o* šarivári], *s.* cencerrada.
charlatan [šárlatan], *s.* charlatán, curandero.

charlatanic [-tǽnik], *a.* empírico.—**charlatanism** [-izm], **charlatanry** [-ri], *s.* charlatanería, charlatanismo, embaimiento.
charley horse, *s.* (fam.) calambre, rampa.
charlock [chárlok], *s.* (bot.) mostaza silvestre.
charlotte (russe) [ŝárlot (rús)], *s.* carlota (rusa); natilla o compota rodeada de bizcochuelo.
charm [chárm]. **I.** *s.* encanto, embeleso, hechizo; ensalmo, encantamiento, maleficio; talismán, amuleto; (joy.) dije. **II.** *va.* ensalmar, hechizar; aojar; cautivar, encantar, embelesar, prendar.
charmer [-œ(r)], *s.* encantador, hechicero, fascinador, seductor.
charming [-iŋ], *a.* encantador; fascinante, seductor.—**charmingly** [-li], *adv.* encantadoramente.
charnel [chárnel]. **I.** *a.* sepulcral. **II.** *s.* (ll. t. **c. house**) carnero, osario.
charpie [ŝarpí], *s.* (cir.) hilas.
charring [cháriŋ], *s.* carboneo, carbonización.
charry [chári], *a.* carbonoso.
chart [chart]. **I.** *va.* poner en una carta hidrográfica; trazar en un diagrama, etc. **II.** *s.* (mar.) carta de navegar o de marear; carta hidrográfica; mapa, *m.*, cuadro, plano.—**c. recorder,** registro gráfico.—**c. room,** (mar.) caseta de derrota.
charter [chártœ(r)]. **I.** *s.* cédula, título, encartación, carta de privilegio; carta constitucional; (com.) fletamento.—**c. member,** miembro fundador u originario.—**c. party,** contrata de fletamento. **II.** *va.* estatuir; (com.) fletar un barco; alquilar un tren, etc.—**charterage** [-idž], *s.* fletamento.—**chartered** [-d], *a.* privilegiado; (mar.) fletado.—**charterer** [-œ(r)], *s.* fletador.
charterhouse [-haus], *s.* cartuja.
chartless [chártlis], *a.* sin rumbo, desorientado.
chartographer, etc. *V.* CARTOGRAPHER, etc.
chartreuse [ŝartrœ́z], *s.* licor preparado por los cartujos; color verdoso pálido; (**C.**) cartuja.
chartulary [kártiulări], *s.* cartulario.
charwoman [chárwuman], *s.* fregatriz, mujer asalariada por hora o día para faenas domésticas.
chary [chéri], *a.* cuidadoso, cauteloso, circunspecto; económico, frugal, parco.
chase [chéis]. **I.** *va.* cazar; perseguir; (joy.) engastar, montar; cincelar; encajar; acanalar.—**to c. away,** o **off,** ahuyentar, espantar; disipar. **II.** *s.* caza; persecución; montería, partida de caza; cinegética; cazadero; (impr.) rama; (mec.) ranura, muesca, encaje; (art.) caña de un cañón.
chaser [-œ(r)], *s.* cazador; perseguidor; (joy.) encajador, engastador, recercador; cincelador, persona o caballo que se dedica a carreras de obstáculos; (mar.) cazasubmarinos; cañón de caza (de proa) o guardatimón; (aer.) avión ligero de defensa y persecución.
chasing [-iŋ], *s.* caza, seguimiento; (joy.) encajadura, engarce; cinceladura.—**c. tool,** encajador.
chasm [kǽzm], *s.* abismo, precipicio, sima, grieta, hendidura, quiebra; vacío, laguna, blanco.
chasseur [ŝæsœ́r], *s.* cazador; (mil.) cazador.
chassis [ŝǽsi], *s.* armazón, *f.*, bastidor, marco; (art.) riel de cureña; (aut.) chasis, *m.*; (fot.) chasis, portaplacas.
chaste [chéist], *a.* casto; virtuoso, continente, púdico; puro; castizo, neto (estilo, etc.).—**c. tree,** (bot.) agnocasto, sauzgatillo.—**chastely** [-li], *adv.* castamente, púdicamente; correctamente.
chasten [chéisen], *va.* corregir, castigar; depurar, limpiar, purificar (estilo, etc.).
chastener [-œ(r)], *s.* castigador, corrector; depurador.—**chasteness** [chéistnis], *s.* pureza, castidad.—**chastening** [chéiseniŋ], *s.* castigo, corrección; disciplina.
chastise [chæstáiz], *va.* castigar, corregir.—**chastisement** [-ment], *s.* castigo, corrección.—**chastiser** [-œ(r)], *s.* castigador.
chastity [chǽstiti], *s.* castidad, pureza, pudicicia.
chasuble [chǽsiubl], *s.* (igl.) casulla.
chat [chæt]. **I.** *vn.* charlar, platicar. **II.** *s.* conversación, plática, charla; (orn.) pájaro.
chatelaine [ŝǽtelein], *s.* castellana; (joy.) muelle de dijes.
chattels [chǽtelz], *s. pl.* bienes muebles, enseres.
chatter [chǽtœ(r)]. **I.** *vn.* castañetear o rechinar (los dientes); cotorrear, parlotear, charlar, (fam.) hablar por los codos; (mec.) vibrar. **II.** *s.* rechinido; garla, charla, cháchara; garrulería; vibración.—**chatterbox** [-baks], *s.* charlador, tarabilla, trápala, *mf.*—**chatterer** [-œ(r)], *s.* charlador, gárrulo, hablistán.—**chattering** [-iŋ]. **I.** *s.* chirrido; rechinamiento; garrulidad, cotorreo, picotería. **II.** *a.* locuaz, hablanchín.
chatty [chǽti], *a.* hablantín, picotero, gárrulo.
chauffeur [ŝoufœ́r], *s.* chófer o chofer, conductor de automóvil.
chauvinism [ŝóuvinizm], *s.* patriotería, chauvinismo.
chauvinist [-ist], *a.* y *s.* patriotero, chauvinista.
chaw [cho]. **I.** *va.* (vulg.) mascar. *V.* CHEW. **II.** *s.* (vulg.) mascada, bocado.
cheap [chíp], *a.* barato; de pacotilla; común, vulgar.—**c. skate,** (fam.) tacaño.—**to feel c.,** avergonzarse, sentirse inferior.—**to hold c.,** tener en poco.
cheapen [-en], *va.* y *vn.* abaratar(se), despreciar(se).
cheaply [-li], *adv.* barato, a bajo precio.
cheapness [-nis], *s.* baratura, modicidad.
cheat [chít]. **I.** *va.* engañar, defraudar; timar, trampear; enfullar (en el juego); chasquear.—**to c. out of,** sacarle o quitarle (a uno) por engaño; privar de (gen. por engaño). **II.** *s.* trampa, fraude, engaño; trampista, timador. *V.* CHEATER.
cheater [-œ(r)], *s.* trampista, tramposo, fullero; estafador, embustero, engañador, defraudador.
cheating [-iŋ], *s.* engaño, fraude, trampería.
check [chek]. **I.** *va.* contener, contrarrestar, detener, parar, poner coto o freno a, refrenar, reprimir; moderar, reportar; comprobar, confrontar, verificar y marcar; registrar, facturar (equipajes, etc.); dar a guardar (el sombrero, etc.), recibiendo una contraseña de reclamo; rajar, agrietar; jaquear, dar jaque a (ajedrez).—**to c. off,** verificar y dar el visto bueno a. (*V.* t. C.-OFF).—**to c. up,** verificar, comprobar.—**to c. up on,** comprobar lo hecho por; seguir la pista a. **II.** *vn.* detenerse, pararse; corresponder, estar conforme; rajarse, agrietarse; dar jaque. **III.** *s.* lo que contiene o detiene; detención, contrarresto, refrenamiento, represión; rechazo; obstáculo, impedimento; contratiempo; verificación, comprobación, ensayo, prueba; (com)probador; contraseña, billete de reclamo (de equipajes, etc.); cuadro, jaquel (en tela, etc., de cuadros); jaque (ajedrez); ficha (en el juego); grieta, grietecilla filiforme (en acero, hormigón, etc.); (carp.) muesca, entalladura; cuenta (de restaurante); (mec.) tope; (com.) cheque; póliza, talón.—**c. boy (girl),** mozo (moza) que recibe y guarda los sombreros, abrigos, etc. en restaurantes, etc. y da las contraseñas.—**c. list,** lista para la confrontación de nombres, etc.—**c. mark,** marca.—**c. nut,** contratuerca.—**c.-off,** recaudación de contribuciones de los obreros a los gremios, haciendo que los patrones las rebajen de los salarios.—**c. protector,** (com.) protectógrafo.—**c.-up,** examen, comprobación.—**c. valve,** válvula de retención.—**c. writer,** máquina de estampar cheques.—**in c.,** contenido, refrenado.
checkbook [-buk], *s.* (libro) talonario, librete de cheques.
checker [chékœ(r)], *s.* refrenador; verificador, etc.
checker, chequer [chékœ(r)]. **I.** *va.* (a)taracear; formar escaques o cuadros; diversificar. **II.** *s.* cada pieza del juego de damas; escaque.—*pl.* juego de damas.
checkerberry [-beri], *s.* (bot.) gaulteria y su baya.
checkerboard [-bord], *s.* tablero de damas.
checkered [-d], *a.* escaqueado, jaquelado, ajedrezado; variado; de fortuna inconstante.
checking [chékiŋ], *s.* refrenamiento, etc.; com-

probación, etc.; agrietamiento.—**c. account,** cuenta corriente (en un banco).
checkmate [-meit]. **I.** *va.* dar (jaque) mate; desconcertar, derrotar. **II.** *s.* (jaque) mate.
checkpoint [-point], *s.* punto de referencia, de comprobación o de orientación; (mil.) puesto de control.
checkrein [-rein], *s.* (tal.) engallador; gamarra.
checkroom [-rum], *s.* guardarropa, *m.*; cuarto donde se deja algo a guardar, recibiendo una contraseña.
cheek [chík], *s.* carrillo, mejilla, cachete; (art.) gualdera de cureña; (mec.) quijada, montante, larguero; banzo, cárcel, *f.*; (fam.) tupé, descaro, desfachatez; jamba (de puerta o ventana), derrame; cachola (de mástil).—**c. by jowl,** (fam.) cara a cara; en estrecha intimidad.—**c. piece** o **strap,** (tal.) quijera.—**c. pouch,** (zool.) abazón.—**with (one's) tongue in (one's) c.,** fingidamente, irónicamente.
cheekbone [-boun], *s.* pómulo, juanete.
cheeky [-i], *a.* (fam.) descarado, desfachatado.
cheep [chip]. **I.** *vn.* piar, pipiar; chirriar. **II.** *s.* pío, pïada; chirrido.
cheer [chír]. **I.** *s.* alegría, regocijo; banquete, festín.—*pl.* vivas, vítores, aplausos.—**to be of good c.,** estar alegre, o de buen ánimo. **II.** *va.* alentar, consolar, alegrar, regalar; vitorear, aplaudir. **III.** *vn.* alegrarse.—**to c. up,** animarse, avivarse, cobrar ánimo.—**c. up!** ¡ánimo, valor!
cheerful [-ful], *a.* alegre, animado, genial, gozoso, jovial.—**cheerfully** [-i], **cheerily** [-ili], *adv.* alegremente, con júbilo.—**cheerfulness** [-nis], *s.* alegría, gozo, jovialidad.—**cheering** [-iŋ], *a.* alentador, confortativo.—**cheerless** [-lis], *a.* triste, melancólico; inhospitalario.
cheery [-i], *a.* = CHEERFUL.
cheese [chíz]. **I.** *s.* queso; (fam.) cosa o persona que vale.—**c. curds,** cuajadas.—**c. dish,** quesera.—**c. mite,** ácaro de queso.—**c. mold,** cincho, encella.—**c. parings,** cortezas de queso; (fig.) tacañería, mezquindad.—**c. rennet,** cuajaleche, *f.*—**c. vat,** quesera, formaje. **II.** *va.* (fam.)—**c. it,** calle, déjese de eso; márchese.
cheesecake [-keik], *s.* quesadilla.
cheesecloth [-klɔθ], *s.* estopilla de algodón.
cheesemonger [-mʌŋgœ(r)], *s.* quesero.
cheesy [-i], *a.* caseoso, quesero; (fam.) sin valor.
cheeta(h [chítä], *s.* (zool.) especie de leopardo de Asia y África que se adiestra para la caza.
chef [ŝɛf], *s.* jefe; maestro de cocina; cocinero.
chef-d'œuvre [ŝɛdœ́vr], *s.* obra maestra.
chela [kílä], *s.* (zool.) quelícero; pinza de langosta.
chela [chéilä], *s.* En India, semiesclavo, esclavo que se cría con una familia; discípulo; novicio.
cheloid o **keloid** [kélɔid], *s.* (med.) queloide.
chelonian [kelóunian] *a.* y *s.* (zool.) quelonio.
chemical [kémikal]. **I.** *a.* químico. **II.** *s.* producto químico; reactivo.—**chemically** [-i], *adv.* químicamente.
chemical engineer, *s.* ingeniero químico.
chemical engineering, *s.* ingeniería química.
chemical warfare, *s.* guerra química.
chemise [ŝemíz], *s.* camisa de mujer; (fort.) camisa.
chemisette [ŝɛmizét], *s.* camiseta o camisolín de mujer.
chemism [kémizm], *s.* afinidad o actividad química; fenómenos químicos.
chemist [kémist], *s.* químico; farmacéutico.
chemistry [-ri], *s.* química.
chemotherapeutic [kɛmoθerapiútik], *a.* quimioterapéutico.
chemotherapy [-θérapi], *s.* quimioterapia.
chemurgy [kémœrdži], *s.* quimurgia.
chenille [ŝeníl], *s.* (tej.) felpilla.
chenopod [kínopad], *s.* (bot.) quenopodio.
chenopodiaceous [kinopodiéiŝʌs], *a.* (bot.) quenopodiáceo.
cheque [chɛk], *s.* (Ingl.) (com.) cheque o talón.
chequer, *va.* y *s.* = CHECKER.
cherish [chériŝ], *va.* apreciar, estimar, fomentar; alimentar, abrigar, acariciar, regalar.
cheroot [ŝerút], *s.* (Filip.) trompetilla (cigarro).
cherry [chéri]. **I.** *s.* (bot.) cereza; cerezo (árbol y madera). **II.** *a.* hecho de cereza o de cerezo; de color de cereza.—**c. red,** rojo cereza.
chert [chœ́rt], *s.* (min.) variedad de calcedonia.
cherub [chérʌb], *s.* (*pl.* CHERUBIM) querubín, querub(e); (*pl.* CHERUBS) niño angelical, o sonrosado y mofletudo.
cherubic(al [cherúbik(al], *a.* querúbico.
chervil [chœ́rvil], *s.* (bot.) cerafolio, perifollo.
chess [chés], *s.* ajedrez, *m.*, escaques, *pl.*; (bot.) bromo.—**c. player,** ajedr(ec)ista.—**chessboard** [-bɔrd], tablero de ajedrez.—**chessman** [-man], trebejo, pieza de ajedrez.
chest [chɛst], *s.* arca, baúl, cofre, caja, cajón; (anat.) pecho, seno, tórax; tesoro; (mec.) receptáculo para gases o líquidos.—**c. cavity,** (anat.) cavidad torácica, caja del pecho.—**c. cold,** catarro bronquial.—**c. of drawers,** cómoda, buró.—**c. protector,** pechera, peto de lana para abrigo.
chesterfield [chéstœrfild], *s.* tipo de abrigo; tipo de sofá.
chestnut [chésnʌt]. **I.** *s.* (bot.) castaña; castaño (árbol y madera); color de castaña o marrón; (fam.) broma o frase gastada; (vet.) excrecencia córnea.—**to take,** o **pull, another's c.'s out of the fire,** sacarle a otro el ascua, dejar que otro saque el ascua por mano de uno. **II.** *a.* castaño; zaino.
chesty [chésti], *a.* (fam.) hinchado, arrogante, engreído, orgulloso, vanidoso.
chetah [chítä], *s.* (zool.) = CHEETAH.
cheval [ŝevǽl], *s.* caballo, caballete; apoyo, sostén.—**c.-de-frise** = CHEVAUX-DE-FRISE.—**c. glass,** psique o psiquis, espejo móvil de cuerpo entero.
chevalier [ŝɛvalír], *s.* caballero; galán.—**c. of industry,** caballero de industria, estafador.
chevaux-de-frise [ŝœvóudœfríz], *s. pl.* (mil.) caballo de Fris(i)a.
Cheviot [chéviot], *s.* (zool.) cordero de Escocia.
cheviot [ŝéviot], *s.* (tej.) cheviot.
chevron [ŝévron], *s.* (mil.) sardineta; (blas.) cheurón, cabrio; (arq.) cheurón; cabrio.
chevrotain [ŝévrotein], *s.* (zool.) trágulo.
chevy [chévi], **chiv(v)y** [chívi]. **I.** *va.* (Ingl.) acosar; cazar. **II.** *s.* caza; seguimiento; grito de caza.
chew [chú]. **I.** *va.* y *vn.* mas(ti)car; rumiar; (fig.) rumiar, meditar; (fam.) mascar tabaco o goma.—**to c. the cud,** rumiar; considerar despacio.—**to c. the rag,** (fam.) charlar, machacar o porfiar, dale que dale. **II.** *s.* mascadura; mascada (de tabaco).
chewing [-iŋ]. **I.** *s.* masticación, mascadura; rumia. **II.** *a.* mascador; de o para mascar.—**c. gum,** chicle, goma de mascar.
chewink [chiwíŋk], *s.* (orn.) variedad de pinzón.
chi [kai], *s.* ji (letra griega).
Chianti [kiánti], *s.* quianti (vino italiano).
chiaroscuro [kiaroskiúrou], *s.* claroscuro.
chiasm [káiæzm], **chiasma** [kaiǽzmä], *s.* (anat., biol.) quiasma, *m.*, decusación.
chibouk [chibúk], *s.* chibuquí, pipa turca.
chic [ŝik *o* ŝik]. **I.** *a.* gentil, elegante, mono. **II.** *s.* elegancia, buen tono, gentileza.
chicane [ŝikéin]. **I.** *s.* tramoya, trampa, argucia, sofistería. **II.** *va.* y *vn.* trampear, embrollar, cavilar, sutilizar, buscar escapatorias, (Am.) chicanear.
chicanery [-œri], *s.* trapacería, trampería, sofistería, sutileza, embrollo, trampa legal, cavilación, (Am.) chican(ead)a.
chick, chicken [chík, -en], *s.* polluelo o pollo, pollito; (fig.) jovencito, niño; (fam.) chica, polla.—**c. breast,** (med.) deformidad del pecho causada por la raquitis.—**c. coop,** pollera.—**c.-hearted,** cobarde, gallina, medroso.—**c. pox,** (med.) varicela, viruelas locas.

chickadee [-ạdi], *s.* (orn.) paro americano.
chickpea [-pi], *s.* (bot.) garbanzo.
chickweed [-wid], *s.* (bot.) pamplina.
chicle [chịkl], *s.* (bot.) chicle (ll. t. **c. gum**).
chicory [chíkorị], *s.* (bot.) achicoria.
chide [cháịd]. **I.** *va.* (*pret.* CHID o CHIDED; *pp.* CHID, CHIDDEN o CHIDED) increpar, reprender, regañar; ahuyentar. **II.** *vn.* regañar, refunfuñar.
chiding [-iŋ]. **I.** *s.* increpación, regaño, reprimenda. **II.** *a.* increpador, increpante, regañón.
chidingly [-lị], *adv.* en tono de reprensión.
chief [chíf]. **I.** *a.* principal, capital; primero, en jefe.—**c. clerk,** oficial mayor.—**c. executive,** (Am.) primer mandatario.—**c. justice,** presidente de sala; (E. U.) presidente de la corte suprema. **II.** *s.* jefe; adalid, *m.*, cabeza, cabecilla; caudillo; cacique.—**c. of staff,** (mil.) jefe de estado mayor.—**in c.,** en jefe.
chiefly [-lị], *adv.* principalmente, mayormente.
chieftain [chíftịn], *s.* jefe, comandante; caudillo, capitán; cabeza.—**chieftaincy** [-sị], **chieftainship** [-ŝịp], *s.* jefatura.
chiffon [ŝịfán], *s.* (tej.) gasa, soplillo.
chiffonier [ŝịfonír], *s.* mueble de cajonería, cómoda alta, a veces con espejo.
chigger, chigre [chígœ(r)], *s.* = CHIGOE.
chignon [ŝínyan], *s.* moño, castaña, (Fil.) posó.
chigoe [chígoụ], *s.* (ent.) nigua, pique.
chilblain [chílblein], *s.* (med.) sabañón.
child [cháịld]. **I.** *s.* (*pl.* CHILDREN) niño o niña; hijo o hija; infante, párvulo, criatura; chiquillo.—**c.'s play,** niñería; de clavo pasado, muy fácil.—**with c.,** preñada, embarazada. **II.** *a.* del niño, de (los) niños.—**c. care,** puericultura.—**c. labor,** trabajo de menores.—**c. welfare,** bien del niño, beneficencia infantil.
childbearing [-beriŋ], *s.* parto.
childbed [-bed], *s.* parto; sobreparto, puerperio.—**c. fever,** fiebre puerperal.
childbirth [-bœrθ], *s.* parto, alumbramiento.
Childermas Day [chíldœrmạs deị], **Childermastide** [-taịd], *s.* día (*m.*) de los inocentes.
childhood [cháịldhụd], *s.* infancia, niñez.
childish [cháịldịŝ], *a.* pueril, aniñado; frívolo, trivial.—**c. action,** chiquillada, muchachada, niñería.—**childishly** [-lị], *adv.* puerilmente.—**childishness** [-nịs], *s.* puerilidad, niñada.
childless [cháịldlịs], *a.* sin hijos.
childlike [-laịk], *a.* pueril, infantil.
children [chíldrẹn], *s. pl.* de CHILD.
Chile [chílị], *s.* Chile.
Chilean [chílịạn], *a.* y *s.* chileno.
chile, chili [chílị], *s.* (bot.) chile, ají.—**c. sauce,** ajiaco, ají, salsa de chile.
chiliad [kílịæd], *s.* mil; mil años.
chiliasm [kílịæzm], *s.* doctrina milenaria.
chill [chịl]. **I.** *a.* frío, desapacible, desalentador. **II.** *s.* frío, (es)calofrío; tiritón; enfriamiento; estremecimiento.—**chills and fever,** fiebre (*f.*) intermitente. **III.** *va.* enfriar, resfriar, pasmar, helar; desanimar, desalentar; (fund.) templar superficialmente por enfriamiento rápido. **IV.** *vn.* calofriarse.
chilli [chílị], *s.* = CHILI.
chill(i)ness [chíl(ị)nịs], *s.* frialdad, calidad de frío.
chilly [chílị]. **I.** *a.* frío, calofriado; friolento. **II.** *adv.* fríamente.
chimb, chime [chaịm], *s.* (ton.) cabo o remate de barril o tina, más allá del jable o gárgol.
chime [chaịm]. **I.** *s.* juego de campanas; campaneo, repique, repiquete; armonía, ritmo; conformidad, analogía. **II.** *va.* tocar, tañer las campanas. **III.** *vn.* repicar, repiquetear (las campanas); sonar con armonía; convenir, concordar (frec. con **with,** o **in with**).
chimera, chimæra [kaịmírạ], *s.* (mit.) quimera; monstruo imaginario; ilusión; (ict.) quimera, pez de los holocéfalos.
chimere [chịmír], *s.* sobrepelliz.
chimerical [kaịmérịkạl], *a.* quimérico, imaginario.—**chimerically** [-ị], *adv.* quiméricamente.
chimney [chímnị], *s.* chimenea; bombillo o tubo de lámpara.—**c. cap,** o **pot,** = C. TOP.—**c. corner,** chimenea, hogar.—**c. flue,** cañón, humero de chimenea.—**c. piece,** campana o repisa de chimenea.—**c. swallow,** (orn.) golondrina.—**c. sweep(er),** limpiachimeneas, deshollinador.—**c. swift,** (orn.) especie de vencejo.—**c. top,** caperuza, remate o sombrerete de chimenea.
chimpanzee [chịmpænzí], *s.* (zool.) chimpancé.
chin [chịn]. **I.** *s.* barba, barbilla, mentón.—**c. band,** barbicacho.—**c. cloth,** babador.—**c. music,** (fam.) charla, cotorreo.—**c. strap,** carrillera, barboquejo.—**to keep one's c. up,** (fam.) no desanimarse. **II.** *vn.* (fam.) charlar, chismear.
china [cháịnạ], *s.* (C) China; china, porcelana, loza.—**C. clay,** caolín.—**c. closet,** chinero.—**C. ink,** tinta china.—**c. orange,** naranja china; naranja dulce.—**C. silk,** china.—**C. tree, chinaberry,** acederaque, cinamomo.—**c. wedding,** vigésimo aniversario.
Chinaman [-mạn], *s.* chino.
chinaroot [-rut], *s.* (bot.) china.
chinaware [-wer], *s.* = CHINA.
chinch [chịnch], *s.* (ent.) chinche, *f.*—**c. bug,** (ent.) insecto hemíptero muy nocivo para el trigo, etc.
chinchilla [chịnchílạ], *s.* (zool.) chinchilla y su piel; (tej.) cierto paño de lana a imitación de esta piel.
chine [chaịn]. **I.** *s.* espinazo; lomo; solomo; (top.) cumbre, cerro. **II.** *va.* deslomar.
Chinese [chaịníz]. **I.** *a.* chino, chinesco, sínico.—**C. anise,** badián.—**C. lantern,** farolillo de papel.—**C. paper,** papel de China o de arroz, *m.*—**C. puzzle,** problema arduo o enredado.—**C. white,** blanco u óxido de cinc. **II.** *s.* chino, lengua china.
chink [chịŋk], *s.* grieta, hendedura, resquebradura, rajadura; sonido metálico; tintín; (fam.) dinero, blanca.—**C.** (desp.) chino. **II.** *va.* hender, rajar; llenar los resquicios en. **III.** *va.* y *vn.* (hacer) sonar, retiñir o tintinar (copas, monedas, etc.).
chinkapin, chinquapin [chíŋkạpịn], *s.* (bot.) castaño enano, y su fruto.
chinky [chíŋkị], *a.* hendido, rajado, resquebrajadizo.
chinned [chịnd], *a.* barbado.
chintz [chịnts], *s.* (tej.) quimón, zaraza.
chip [chịp]. **I.** *va.* desmenuzar, picar; astillar, descantillar. **II.** *vn.* romperse, quebrarse, desconcharse.—**to c. in,** (fam.) poner la apuesta (en el juego); contribuir. **III.** *s.* brizna, astilla; pedacito; viruta; ficha, tanto (en el juego).—*pl.* chamada, doladura; támaras; patatas a la inglesa.—**c. ax,** o **axe,** azuela.—**a c. of(f) the old block,** de tal palo, tal astilla.—**to carry a c. on one's shoulder,** ser belicoso, contencioso o pendenciero.
chip, *vn.* y *s.* = CHIRP.—**chipping sparrow, chippy,** (orn.) variedad de gorrioncillo.
chipmunk [chípmʌŋk], *s.* (zool.) especie de ardilla.
chipper [chípœ(r)]. **I.** *s.* el o lo que desmenuza, etc. **II.** *a.* (E. U. fam.) vivo, alegre.
chirk [chœrk]. **I.** *a.* (fam.) alegre, jovial. **II.** *va.* y *vn.* (fam.) (con **up**) alegrar(se), avivar(se).
chirograph [káịrogræf], *s.* quirógrafo.
chirographer [kaịrágrạfœ(r)], *s.* escribano, escribiente.—**chirography** [-fị], *s.* quirografía; carácter de letra.
chiromancer [káịromænsœ(r)], *s.* quiromántico.
chiromancy [káịromænsị], *s.* quiromancía.
chiropodist [kaịrápodịst], *s.* pedicuro, callista.
chiropodous [-dʌs], *a.* (zool.) quirópodo.
chiropody [-dị], *s.* quiropodia.
chiropractic [kaịropræktịk], *s.* quiropráctica (método de tratamiento médico manipulando la columna vertebral); quiropráctico.—**chiropractor** [káịropræktọ(r)], *s.* quiropráctico.
chiropter [kaịráptœ(r)], *s.* **chiropterous** [-ʌs], *a.*

(zool.) quiróptero, alípedo (apl. a los murciélagos).
chirp [chœ́rp]. **I.** *vn.* chirriar, gorjear, pipiar, piar, chicharrear. **II.** *s.* chirrido; gorjeo; canto.
chirper [-œ(r)], *s.* chirriador, piador; pajarillo.
chirping [-iŋ]. **I.** *s.* chirrido, piada, parlería. **II.** *a.* que pía; parlero, gárrulo.
chirrup [chírʌp]. **I.** *va.* y *vn.* chirriar repetidas veces; gorjear, trinar. **II.** *s.* gorjeo, trino.
chisel [chízel]. **I.** *s.* escoplo, cincel, formón, buril. **II.** *va.* y *vn.* escoplear, cincelar, esculpir, burilar; (fam.) engañar, embaucar, obtener con fraude.—**chisel(l)er** [-œ(r)], *s.* el que escoplea, etc.; (fam.) engañador; oportunista.
chit [chit]. **I.** *s.* (despec.) chiquilla, muchacha descarada; vale; apunte, billete; (bot.) tallo, botón. **II.** *va.* quitar los brotes o renuevos.
chitchat [chítchæt], *s.* cháchara, charla, palique.
chitin [káitin], *s.* (bioquím.) quitina.
chiton [káiton], *s.* túnica; (zool.) chitón.
chitterlings [chítœrliŋz], *s. pl.* intestinos menudos del puerco, etc., cocidos o fritos.
chivalric [ŝívalrik], *a.* caballeresco.—**chivalrous** [-rʌs], *a.* caballeroso.—**chivalry** [-ri], *s.* caballería; caballerosidad, hidalguía.
chive [chaiv], *s.* (bot.) cebollino, cebollana.
chiv(v)y [chívi], *va.* y *s.* *V.* CHEVY.
chlamys [kléimis *o* klǽmis], *s.* clámide, *f.*
chloral [klóral], *s.* (quím.) (hidrato de) cloral.
chloramine [klóramin], *s.* (quím.) cloramina.
chlorate [klóreit], *s.* (quím.) clorato.
chloric [klórik], *a.* clórico.—**c. acid,** (quím.) ácido clórico.
chlorid, chloride [klórid, klóraid], *s.* (quím.) cloruro.—**c. of lime,** cloruro de cal.
chloridize [klóridaiz], **chlorinate** [-neit], *va.* clorar, tratar con cloro; (metal.) clorurar.
chlorination [-néiŝon], *s.* cloración; cloruración. —**chlorinator** [klórineito(r)], *s.* clorador, aparato de clorar.
chlorine [klórin], *s.* (quím.) cloro.
chlorite [klórait], *s.* (min.) clorita; (quím.) clorito.
chloroform [klóroform]. **I.** *s.* (quím.) cloroformo. **II.** *va.* cloroformizar.—**chloroformic** [-fórmik], *a.* clorofórmico.—**chloroformization** [-izéiŝon], *s.* cloroformización.
chlorometer [klorámetœ(r)], *s.* (quím.) clorómetro.—**chlorometry** [-tri], *s.* clorometría.
chloromycetin [kloromáisitin], *s.* (farm.) cloromicetina.
chlorophyl(l [klórofil], *s.* clorofila.
chlorophyllous [klorofílʌs], *a.* clorofílico.
chloropicrin [-píkrin], *s.* (quím.) cloropicrina.
chloroplast [klóroplæst], *s.* (bot.) cloroplasto.
chloroprene [-prin], *s.* (quím.) cloropreno.
chloroquine [-kwin], *s.* (farm.) cloroquina.
chlorosis [kloróusis], *s.* (med.) clorosis.
chlorothiazide [kloroθáiazaid], *s.* (farm.) clorotiacida.
chlorotic [klorátik], *a.* clorótico.
chlorous [klórʌs], *a.* cloroso.
chlorpromazine [klorprámazin], *s.* (farm.) clorpromasina.
chock [chák]. **I.** *s.* calzo, cuña, tornapunta; (mar.) calzo; choque; cornamusa de guía. *V.* CHUCK. **II.** *va.* afianzar, soportar, calzar.
chock-full [-fúl], *a.* colmado, atestado, repleto, de bote en bote.
chocolate [cháklit], *s.* chocolate, (Am.) cacao.—**c.-colored,** achocolatado.—**c. cup,** pocillo, jícara.—**c. pot,** chocolatera.—**c. tree,** cacao (árbol).
choice [chóis]. **I.** *s.* elección, escogimiento, preferencia, selección; alternativa; opción; cosa elegida; lo selecto, lo más escogido; variedad, abundancia. **II.** *a.* escogido, selecto, exquisito, florido, granado.
choicely [-li], *adv.* escogidamente, primorosamente.—**choiceness** [-nis], *s.* delicadeza; discernimiento.
choir [kwair], *s.* (igl. y mús.) coro.—**c. boy,** infante o niño de coro.—**c. loft,** coro.—**c. master,** maestro de capilla.—**c. stalls,** sillería.
choke [chóuk]. **I.** *va.* y *vn.* ahogar, sofocar; asfixiar, estrangular; agarrotar; suprimir, oprimir, tupir; atragantarse, atorarse; (m. comb. int.) ahogar, obturar o cerrar (el carburador).—**to c. up,** cerrar, obstruir, obturar, tapar. **II.** *s.* estrangulación.—**c. coil,** (elec.) bobina de reactancia o de reducción.—**c.-full** = CHOCK-FULL.
chokedamp [-dæmp], *s.* (min.) gas asfixiante y no combustible (de anhídrido carbónico) de las minas de carbón, etc.
choker [-œ(r)], *s.* ahogador, agarrotador; (fam.) corbatín; cuello alto; corbata blanca; tapaboca, bufanda; gargantilla; (aut.) regulador de aire, obturador del carburador.
choking [-iŋ]. **I.** *a.* que ahoga, etc.; sofocante. **II.** *s.* ahogo; atragantamiento; estrangulación; obturación.—**c. coil,** (elec.) = CHOKE COIL.
choky [-i], *a.* sofocante.
cholagogue [kálagag], *a.* y *s.* (farm.) colagogo.
choler [kálœ(r)], *s.* cólera, ira.
cholera [kálerä], *s.* (med.) cólera, *m.*; cólera-morbo; cólera asiático.—**c. morbus,** cólera-morbo.—**c. infantum,** cólera infantil, enteritis coleriforme de los niños.
choleraic [kaleréiik], *a.* colérico (referente al cólera).
choleric [kálerik], *a.* colérico, irascible.
choleriform [káleriform], *a.* coleriforme.
cholerine [kálerin], *s.* (med.) colerín o colerina.
cholesterin [koléstérin], **cholesterol** [-ol], *s.* (bioquím.) colesterina.
choline [kóulin], *s.* (bioquím.) colina.
chondrology [kandrálodži], *s.* condrología, condrografía.
choose [chúz]. **I.** *va.* (*pret.* CHOSE; *pp.* CHOSEN) escoger, elegir, preferir, seleccionar, triar, optar por; desear.—**cannot c. but,** no poder menos de. **II.** *vn.* preferir, querer.
chooser [-œ(r)], *s.* escogedor; elector.
choos(e)y [-i], *a.* (fam.) remilgado, melindroso.
choosing [-iŋ], *s.* escogimiento, (s)elección.
chop [cháp]. **I.** *va.* tajar, cortar, separar; picar carne; (carp.) desbastar; rajar, hender; hablar a borbotones.—**to c. off,** tronchar. **II.** *vn.* dar cuchilladas; interrumpir; virar (el viento).—**to c. about,** girar, virar.—**to c. in,** interrumpir.—**to c. logic,** discutir, disputar con argucias, sofistería o casuística. **III.** *s.* porción, parte, *f.*; tajada, posta de carne; chuleta o costilla; (mec.) quijada, mandíbula (de tornillo, etc.).—*pl.* quijadas; boca, entrada (de cañón, canal, valle, etc.).
chopfallen, *a.* = CHAPFALLEN.
chophouse [-haus], *s.* bodegón, figón.
chopine [chopín], *s.* chapín.
chopped [chapt], *pp.* de TO CHOP.—**c. meat,** carne picada; picadillo.
chopper [chápœ(r)], *s.* tajador; cuchilla de carnicero.
chopping [chápiŋ]. **I.** *a.* variable (viento); picado (mar). **II.** *s.* tajadura, cortadura.—**c. block,** tajo de cocina, tajadero, picador.—**c. board,** tajadera.—**c. knife,** cuchilla, tajadera.—**c. bowl, c. tray,** artesilla de picar (carne, etc.).
choppy [chápi], *a.* rajado, hendido; picado, agitado (mar); variable (viento); (fig.) incoherente, abrupto.
chopsticks [chápstiks], *s. pl.* palillos chinos para comer.
choral [kóral], *a.* y *s.* (mús.) coral.
chord [kord]. **I.** *s.* cuerda, cordón; (mús.) cuerda; acorde; armonía; (geom.) cuerda; (aer.) cuerda del ala; (ing.) cordón, cabeza (de un puente de celosía); (fig.) fibra, cuerda sensible. **II.** *va.* (mús.) encordar. **III.** *va.* y *vn.* templar; armonizar.
chordate [kórdeit], *a.* y *s.* (zool.) cordado.
chore [chor], *s.* tarea doméstica; quehacer, faena.
chorea [koríä], *s.* (med.) corea, baile de San Vito.
choree, choreus [korí, koríʌs], *s.* (pros.) coreo, troqueo, pie de verso (—◡).

choregraphy [korégrạfi], *s.* = CHOREOGRAPHY.
choreographer [kọriágrạfœ(r)], *s.* coreógrafo.
chore(o)graphic [kori(o)grǽfịk], *a.* coreográfico.
choreography [kọriágrạfi], *s.* coreografía.
choriamb [kóriæmb], *s.* (pros.) coriambo.
choriambic [kọriǽmbịk]. **I.** *s.* (pros.) coriambo, pie de verso (—⏑⏑—). **II.** *a.* coriámbico.
chor(i)oid [kór(i)ọid]. **I.** *a.* (anat.) coroideo.—**c. coat,** coroides, *f.*—**c. plexus,** plexo coroideo. **II.** *s.* coroides, *f.*
chorion [kórịon], *s.* (anat.) corión, *m.*
chorist [kórịst], **chorister** [kórịstœ(r)], *s.* corista; clerizón.
chorographer [kọrágrạfœ(r)], *s.* (geog.) corógrafo.
chorographical [kọrogrǽfịkạl], *a.* corográfico.
chorography [kọrágrạfi], *s.* corografía.
chortle [chórtl], *vn.* y *s.* *V.* CHUCKLE.
chorus [kórʌs]. **I.** *va.* y *vn.* corear; componer o cantar música coreada; cantar o hablar a coro; hacer coro a. **II.** *s.* (mús. y teat.) coro; (poét.) estrambote, estribillo.—**c. girl,** (teat.) corista (cantante o bailadora).—**c. singer,** corista.—**in c.,** al unísono, todos juntos.
chose, chosen [chóuz, -ẹn], *pret.* y *pp.* de TO CHOOSE.—**chosen people,** pueblo escogido.
chose [šouz], *s.* (for.) cualquier objeto de propiedad personal.
chough [chʌf], *s.* (orn.) chova.
chouse [cháus]. **I.** *va.* engañar, estafar. **II.** *s.* engaño, fraude, estafa; bribón, estafador.
chow [chau], *s.* perro de raza china; (fam.) comida.
chowchow [cháuchau], *s.* mezcla de encurtidos con mostaza. *V.* CHOW.
chowder [cháudœ(r)], *s.* sancocho de almejas, pescado o maíz, gen. con leche y patatas, etc.
chrestomathy [krestámạθi], *s.* crestomatía.
chrism [krízm], *s.* (igl.) crisma, *mf.*
chrismatory [krízmạtori], *s.* (igl.) crismera.
chrisom [krízọm], *s.* (igl.) ropaje de bautizar.
Christ [kraịst], *s.* Cristo; el Mesías.—**the C. child,** el Niño Jesús.
christcross [krískrọs], *s.* cristus (cruz puesta al principio del abecedario); señal (*f.*) de la cruz.
christen [krísẹn], *va.* bautizar, cristianar.
Christendom [-dọm], *s.* cristiandad, cristianismo.
christening [-iŋ]. **I.** *s.* bautizo; bautismo, cristianismo. **II.** *a.* bautismal.
Christian [kríschạn], *a.* y *s.* cristiano.—**C. name,** nombre de bautismo o de pila.
Christianism, Christianity [-izm, krịschiǽnịti], *s.* cristianismo, cristiandad.
Christianize [-aiz], *va.* cristianizar.
Christianlike [-laịk], *a.* cristiano.
Christianly [-li], *adv.* cristianamente.
Christless [kráistles], *a.* anticristiano, herético.
Christlike [-laịk], *a.* semejante a Jesucristo.
Christly [-li], *a.* propio de o semejante a Jesucristo.
Christmas [krísmạs], *s.* natividad de Jesús; (pascua de) Navidad.—**C. carol,** villancico, cántico de Navidad.—**C. Eve,** víspera de Navidad, nochebuena.—**C. gift** o **present,** aguinaldo.—**C. tree,** árbol de Navidad.
Christmastide [-taịd], *s.* pascuas, *f. pl.*
chroma [króumạ], *s.* pureza o intensidad de color.
chromate [króumeịt], *s.* (quím.) cromato.
chromatic [kroumǽtịk], *a.* cromático; (mús.) cromático.—**c. aberration,** (ópt.) cromatismo.—**c. scale,** (mús.) escala cromática.
chromatics [-s], *s.* cromática, ciencia del colorido.
chromatid [króumạtịd], *s.* (biol.) cromatida.
chromatin [króumạtịn], *s.* (biol.) cromatina.
chromatism [-tịzm], *s.* (ópt.) cromatismo.
chromatology [-tálodži], *s.* cromatología.
chrome [kroum]. **I.** *s.* (quím.) cromo; (tint.) dicromato potásico.—**c. steel,** acero cromo (aleación de acero y cromo).—**c. yellow,** amarillo de cromo, cromato de plomo. **II.** *va.* (tint.) tratar con dicromato potásico.—**chromic** [-ik], *a.* crómico.—**c. acid,** (quím.) ácido crómico.
chromite [-aịt], *s.* (min., quím.) cromito.
chromium [-iʌm], *s.* (quím.) cromo.—**c. steel,** = CHROME STEEL.—**to c. plate,** cromar.
chromo [króumo], *s.* cromo, cromolitografía.
chromogenic [-džénịk], *a.* cromógeno.
chromolithograph [-líθogræf]. **I.** *s.* cromo, cromolitografía. **II.** *va.* cromolitografiar.—**chromolithographer** [-liθágrạfœ(r)], *s.* cromolitógrafo.—**chromolithography** [-fi], *s.* cromolitografía.
chromoplasm [-plæzm], *s.* = CHROMATIN.
chromoscope [-skoup], *s.* cromoscopio.
chromosome [-soum], *s.* (biol.) cromosoma, *m.*
chromosphere [-sfịr], *s.* (astr.) cromosfera.
chromotype [-taịp], *s.* cromotipia; cromolitografía.
chromotypography [-taịpágrạfi], *s.* cromotipografía.
chromous [króumʌs], *a.* cromoso.
chronic [kránịk], *a.* crónico, inveterado.
chronicle [kránịkl]. **I.** *s.* crónica.—**Chronicles,** Paralipómenos. **II.** *va.* escribir, registrar o narrar en forma de crónica. **III.** *vn.* escribir crónicas.
chronicler [-klœ(r)], *s.* cronista, historiador.
chronogram [kránogræm], *s.* cronograma.
chronograph [-græf], *s.* cronógrafo.
chronographer [kranágrạfœ(r)], *s.* cronologista.
chronography [-fi], *s.* cronografía.
chronologer [kronálodžœ(r)], *s.* cronologista, cronólogo.—**chronologic(al** [kranoládžịk(ạl], *a.* cronológico.—**chronologically** [-i], *adv.* cronológicamente.—**chronology** [kronálodži], *s.* cronología.—**chronologist** [-džịst], *s.* = CHRONOLOGER.
chronometer [kronámetœ(r)], *s.* cronómetro.
chronometric(al [kranométrịk(ạl], *a.* cronométrico.
chronometry [kronámetri], *s.* cronometría.
chronoscope [kránoskoup], *s.* cronoscopio.
chronotron [kránotran], *s.* cronotrón.
chrysalid [krísạlịd], **chrysalis** [-lịs], *s.* (ent.) crisálida, palomilla.
chrysanthemum [krịsǽnθẹmʌm], *s.* (bot.) crisantemo, santimonia.
chrysoberyl [krísoberịl], *s.* (min.) crisoberilo.
chrysolite [-laịt], *s.* (min.) crisólito o crisolito; peridoto.
chrysoprase [-preịz], *s.* (min.) crisoprasa.
chub [chʌb], *s.* (ict.) leucisco.—**c.-faced,** cariancho.
chubby [-i], *a.* regordete, gordiflón, rechoncho.—**c.-cheeked,** mofletudo, molletudo.
chuck [chʌk]. **I.** *vn.* cloquear. **II.** *va.* sopapear, hacer la mamola; echar, tirar; sujetar o poner en el manguito portaherramienta. **III.** *s.* mamola, sopapo; echada; cloqueo; golpe seco; (mec.) manguito portaherramienta; cuña; calzo; mandril (de un torno); la carne (de res) entre el pescuezo y la espaldilla. *V.* WOODCHUCK.—**c.-full** = CHOCK-FULL.—**c. hole,** bache, hoyo en una rodada.—**c. wagon,** (E. U., fam.) carreta (para proveer de comida a leñadores, vaqueros, etc.).
chuckle [chʌ́kl]. **I.** *vn.* reír entre dientes; cloquear. **II.** *s.* risa ahogada, risita.
chucklehead [-hed], *s.* (fam.) tonto, cabezota, *mf.*
chug [chʌg]. **I.** *s.* ruido sordo explosivo intermitente, resoplido (de locomotora, etc.), traqueteo (ll. t. **chug-chug**). **II.** *vn.* traquear.
chum [chʌm]. **I.** *vn.* (fam.) ser camarada. **II.** *s.* (fam.) camarada, *mf.*, compinche; condiscípulo.
chummy [-i], *a.* (fam.) íntimo, sociable.
chump [chʌmp], *s.* zoquete, tronco, trozo de madera; lomo del carnero; (fam.) mastuerzo; cholla.
chunk [chʌ́ŋk], *s.* pedazo corto y grueso, trozo, zoquete; animalote; (fam.) persona fornida.
chunky [-i], *a.* fornido, trabado, rechoncho.
church [chœrch]. **I.** *s.* iglesia (institución y edificio); templo; cualquier edificio consagrado al culto; culto público; el clero.—**c. book** o **register,** becerro, registro de parroquia.—**c.**

burial, entierro según los ritos de la iglesia. —**c. calendar,** santoral.—**c. militant,** iglesia militante.—**C. of England,** iglesia anglicana. —**c. music,** música sagrada.—**c. school,** institución de enseñanza mantenida por una secta religiosa.—**c. triumphant,** iglesia triunfante. —**to go to c.,** asistir al servicio de iglesia (ir a misa, si es éste el servicio). **II.** *va.* llevar (una persona) a la iglesia a ciertos ritos practicados en su beneficio; ejecutar estos ritos.
churchgoer [-goụœ(r)], *s.* persona que asiste regularmente a la iglesia.
churchlike [-laịk], *a.* como iglesia, propio de iglesia; eclesiástico.
churchman [-mạn], *s.* miembro de alguna iglesia; sacerdote, eclesiástico, clérigo.
churchwarden [-wɔrdẹn], *s.* (igl.) capillero, obrero, fabriquero.
churchyard [-yard], *s.* cementerio (de parroquia).
churl [chœ́rl], *s.* patán, palurdo, paleto; avaro.
churlish [-ịŝ], *a.* grosero, patán, rudo, rústico; ruin, avaro.—**churlishly** [-lị], *adv.* rudamente. —**churlishness** [-nịs], *s.* patanería, rusticidad, tosquedad; rudeza, grosería.
churn [chœ́rn]. **I.** *s.* mantequera. **II.** *va.* agitar, menear, revolver; mazar, batir manteca. **III.** *vn.* agitarse, revolverse.—**churning** [-ịŋ], *s.* batido; cantidad de manteca batida de una vez. —**churnstaff** [-stæf], *s.* batidera.
chute [ŝut], *s.* saetín; conducto, tubo; canal, *f.*; sumidero, vertedero; rabión, *m.*, rápidos; tobogán; paracaídas.
chutney [chʌ́tnị], *s.* (coc.) condimento o salsa (compuesto de frutas, vegetales y especias).
chylaceous [kaịléịŝʌs], *a.* quiloso.
chyle [káịl], *s.* (fisiol.) quilo.
chyliferous [-ífẹrʌs], *a.* quilífero.
chylifactive [-ịfǽktịv], *a.* quilifactivo, quilifaciente.
chylification [-ịfịkéịŝọn], *s.* quilificación.
chylify [káịlịfaị], *va.* y *vn.* quilificar(se).
chylous [káịlʌs], *a.* quiloso.
chyme [káịm], *s.* (fisiol.) quimo.
chymiferous [-ífẹrʌs], *a.* quimífero.
chymification [-ịfịkéịŝọn], *s.* quimificación.
chymify [káịmịfaị], *va.* y *vn.* quimificar(se).
chymous [káịmʌs], *a.* quimoso.
ciborium [sịbóụrịʌm], *s.* (arq.) dosel de altar, ciborio; (igl.) copón, sagrario.
cicada [sịkéịdä], *s.* (ent.) cigarra o chicharra.
cicatrice [síkạtrịs], *s.* (med.) cicatriz.
cicatricial [-tríŝạl], *a.* cicatrizal.
cicatricle [síkạtrịkl], **cicatricula** [-tríkịulä], *s.* (embr.) cicatrícula, galladura, meaja de huevo.
cicatrisive [-tráịsịv], *a.* cicatrizativo.
cicatrix [síkạtrịks], *s.* cicatriz.
cicatrizant [-tráịzạnt], *a.* y *s.* cicatrizante.
cicatrization [-trịzéịŝọn], *s.* cicatrización.
cicatrize [síkạtraịz], *va.* y *vn.* cicatrizar(se).
cicely [sísẹlị], *s.* (bot.) perifollo.
cicerone [sịsẹróụnị], *s.* cicerone, guía, *mf.*
Ciceronian [sịsẹróụnịạn], *a.* ciceroniano.
cicuta [sịkịútä], *s.* (bot.) cicuta.
cider [sáịdœ(r)], *s.* sidra.
cigar [sịgár], *s.* cigarro, puro, tabaco, habano.—**c. case,** petaca, cigarrera.—**c. cutter,** cortacigarros, cortapuros.—**c. holder,** boquilla.—**c. lighter,** mechero automático; chofeta.—**c. maker,** cigarrero, tabaquero.—**c. store** *o* **shop,** tabaquería, cigarrería, estanco.
cigarette [sịgạrét], *s. dim.* cigarrillo, pitillo, pito. —**c. case,** pitillera, cigarrera.—**c. holder,** boquilla.—**c. paper,** papel de fumar.
cilia [sílịä], *s. pl.* de CILIUM.
ciliary [sílịẹrị], *a.* ciliar.
ciliate [sílịịt], *a.* (bot., zool.) ciliado, pestañoso.
cilice [sílịs], *s.* cilicio.
cilium [sílịʌm], *s.* (bot., zool.) pelito; pestaña.
Cimbri [símbraị], *s. pl.* cimbros.
Cimbrian [símbrịạn], **Cimbric** [-ịk]. **I.** *s.* cimbro, címbrico. **II.** *a.* cimbr(i)o, címbrico.
Cimmerian [sịmírịạn], *a.* cimerio.—**C. darkness,** obscuridad espantosa.
cinch [sịnch]. **I.** *va.* cinchar; (fam.) apretar, forzar. **II.** *s.* cincha, cincho; (fam.) ganga, breva, cosa fácil o segura.
cinching [-ịŋ], *s.* cinchadura.
cinchona [sịnkóụnä], *s.* (bot.) quina, cincona.
cinchonin(e [sínkoụnin], *s.* (quím.) cinconina.
cinchonism [sínkonịzm], *s.* (med.) quinismo.
cinchonize [sínkonaịz], *va.* poner bajo la influencia de la quinina; tratar con quinina.
cincture [síŋkchū(r)]. **I.** *s.* cinto, ceñidor, cincho; cercado, cerca. **II.** *va.* ceñir, cercar, rodear.
cinder [síndœ(r)]. **I.** *s.* carbón; cernada; escoria; brasa; rescoldo.—*pl.* cenizas, pavesas; escarbillos, carbón a medio quemar; escoria volcánica. —**c. track,** (dep.) pista para carreras a pie. **II.** *va.* reducir a cenizas, etc.
Cinderella [sịndœrélä], *s.* la Cenicienta.
cinema [sínẹmä], *s.* cine.
cinematograph [sịnẹmǽtogræf], *s.* cinematógrafo.—**cinematographer** [-mạtágrạfœ(r)], *s.* cinematografista.—**cinematographic** [-mætogrǽfịk], *a.* cinematográfico.—**cinematography** [-mạtágrạfị], *s.* cinematografía.—**cinem(at)ize** [sínẹm(ạt)aịz], *va.* filmar, adaptar para el cine.
cineraceous [sịnẹréịŝʌs], *a.* ceniciento.
cineraria [sịnẹrérịä], *s.* (bot.) cineraria.
cinerary [sínẹrẹrị], *a.* cinerario.
cinereous [sịnírịʌs], *a.* ceniciento, cinéreo.
cineritious [sịnẹríŝʌs], *a.* cenizoso.
cingulum [síŋgịulʌm], *s.* cíngulo; (anat.) cordón de fibras que une las circunvoluciones del cerebro.
cinnabar [sínạbar], *s.* (min.) cinabrio.
cinnamate [sínạmeịt], *s.* (quím.) cinamato.
cinnamic [sịnǽmịk], *a.* (quím.) cinámico; de canela.
cinnamon [sínạmọn], *s.* (bot.) canela; canelo (árbol).—**c. bear,** (zool.) variedad de oso norteamericano.—**c.-colored,** canelo, acanelado.—**c. stone** = ESSONITE.
cinquecento [chiŋkwẹchéntoụ], *s.* siglo XVI del arte y la literatura italianos.
cinquefoil [síŋkfɔịl], *s.* (arq.) ventana de cinco puntas; (bot.) cincoenrama, quinquefolio.
cion [sáịọn], *s.* (anat.) úvula; (agr.) = SCION.
cipher [sáịfœ(r)]. **I.** *s.* (arit.) cero; cifra arábiga; nulidad; cifra, clave, *f.*; monograma, *m.* **II.** *va.* calcular; cifrar con clave. **III.** *vn.* numerar.
cipolin [sípolịn], *s.* cipolino (mármol).
Circassian [sœrkǽŝịạn], *a.* y *s.* circasiano.
Circensian [sœrsénŝạn], *a.* circense.
circinate [sœ́rsịneịt], *a.* (bot.) circinado.
circle [sœ́rkl]. **I.** *s.* (geom.) círculo; circunferencia, (fam.) redondel; esfera; anillo; disco; cerco, ruedo; ciclo; círculo (social), rueda, corro, agrupación, clase, *f.*; circunloquio, rodeo; (lóg.) círculo vicioso; (top., astr.) limbo, placa (de instrumento). **II.** *va.* circundar, ceñir, cercar, rodear.—**to c. the globe,** dar la vuelta al mundo. **III.** *vn.* dar vueltas, remolinear.
circled [-d], *a.* redondo; rodeado.
circlet [sœ́rklịt], *s.* círculo, anillo; collar, brazalete; faja circular; cinta; corona.
circuit [sœ́rkịt], *s.* circuito; vuelta, rodeo; gira; radio, ámbito; distrito, partido, jurisdicción (de juez, etc.); contorno; (elec.) circuito.—**c. breaker,** (elec.) contracircuitos, disyuntor, interruptor automático.—**c. court,** tribunal itinerario, corte (*f.*) de circuito.
circuitous [sœrkịúịtʌs], *a.* tortuoso.—**circuitously** [-lị], *adv.* tortuosamente.—**circuitousness** [-nịs], *s.* tortuosidad, rodeo.
circular [sœ́rkịulä(r)]. **I.** *a.* circular; redondo; indirecto.—**c. letter,** circular, *f.*—**c. measure,** (geom.) medida (de un ángulo) en radianes.—**c. mil,** milipulgada circular.—**c. motion,** cerco, movimiento giratorio.—**c. plate,** disco.—**c. ring,** (geom.) corona circular.—**c. saw,** sierra circular o giratoria. **II.** *s.* circular, *f.*; carta, aviso o folleto circular.
circularity [-ǽrịtị], *s.* circularidad.
circularize [-aịz], *va.* hacer circular; enviar circulares a; anunciar por circulares.

circularly [-li], *adv.* circularmente.
circulate [sœ́rkiuleit]. I. *va.* propalar, propagar, diseminar, divulgar; poner en circulación. II. *vn.* circular; propagarse.
circulating [-iŋ], *a.* circulante.—**c. decimal,** fracción decimal periódica.—**c. library,** librería circulante.—**c. medium,** moneda corriente.
circulation [-éiŝọn], *s.* circulación; propaganda; moneda corriente.
circulatory [sœ́rkiuläṭọri], *a.* circulatorio, circulante, circular.
circumambiency [sœrkʌmǽmbiẹnsi], *s.* medio ambiente.—**circumambient** [-biẹnt], *a.* circumambiente.
circumambulate [-biuleit], *vn.* andar al rededor.
circumcise [sœ́rkʌmsaiz], *va.* circuncidar, retajar.—**circumcised** [-d], *a.* circunciso.—**circumciser** [-œ(r)], *s.* circuncidante.—**circumcision** [-síẑọn], *s.* circuncisión.
circumference [sœrkʌ́mfẹrẹns], *s.* circunferencia, periferia; perímetro, contorno; circuito, ruedo.
circumferential [-énŝạl], *a.* circunferencial, referente a la circunferencia, periférico; con rodeo.
circumflex [sœ́rkʌmflɛks]. I. *s.* acento circunflejo; (impr.) capucha. II. *a.* (gram.) pronunciado con, o que lleva, acento circunflejo; (anat.) circunflejo, encorvado. III. *va.* marcar con acento circunflejo.
circumfluence [sœrkʌ́mfluẹns], *s.* derrame circular.—**circumfluent** [-ẹnt], **circumfluous** [-ʌs], *a.* circunfluente.
circumfuse [sœrkʌmfiúz], *va.* verter o derramar al derredor.—**circumfusion** [-ẑọn], *s.* esparcimiento en derredor.
circumjacent [-dẑéisẹnt], *a.* circunyacente, circunstante, circunvecino.
circumlocution [-loukiúŝọn], *s.* circunlocución, circunloquio, rodeo, requilorios, ambages.
circumlocutory [-lákiutọri], *a.* circunlocutorio, perifrástico.
circumnavigable [-nǽvigạbl], *a.* circunnavegable.
circumnavigate [-nǽvigeit], *va.* circunnavegar. —**circumnavigation** [-éiŝọn], *s.* circunnavegación, periplo.—**circumnavigator** [-ọ(r)], *s.* circunnavegante.
circumpolar [-póulä(r)], *a.* circumpolar.
circumscissile [-sísil], *a.* (bot.) dehiscente transversalmente.
circumscribable [-skráibạbl], *a.* circunscribible. circunscriptible.
circumscribe [-skráib], *va.* circunscribir, circunferir, fijar, limitar.—**circumscribed** [-d], *a.* circunscri(p)to.—**circumscribing** [-iŋ], *a.* circunferente, circunscriptivo.
circumscription [-skrípŝọn], *s.* circunscripción; limitación, restricción; periferia.
circumspect [sœ́rkʌmspɛkt], *a.* circunspecto, discreto.—**circumspection** [-spékŝọn], *s.* circunspección, prudencia, reserva, cautela; recato, decoro, compostura.—**circumspectly** [sœ́rkʌmspɛktli], *adv.* circunspectamente, con cautela.
circumstance [-stæns], *s.* circunstancia, incidente, acontecimiento; detalle, menudencia.—*pl.* medios, recursos.—**in easy circumstances,** acomodado.—**under no c.,** jamás; de ningún modo; sean lo que fueren las condiciones, etc.—**under the c.,** en las circunstancias presentes, siendo así las cosas.
circumstantial [-stǽnŝạl], *a.* circunstanciado, minucioso; indirecto, circunstancial.—**c. evidence,** prueba circunstancial o indiciaria. indicios vehementes. — **circumstantiality** [-ŝiǽliti], *s.* minuciosidad.
circumstantially [-stǽnŝạli], *adv.* circunstanciadamente, minuciosamente.
circumstantiate [-stǽnŝieit], *va.* relatar o apoyar circunstanciadamente, detallar.
circumvallate [-vǽleit], *va.* (fort.) circunvalar.—**circumvallation** [-éiŝọn], *s.* circunvalación.
circumvent [-vént], *va.* cercar o estrechar con artificio engañoso; entrampar, enredar, embaucar; evadir, evitar; pasar alrededor de.—**circumvention** [-vénŝọn], *s.* trampa, enredo, estratagema.—**circumventive** [-véntiv], *a.* engañoso, delusorio.
circumvolution [-volúŝọn], *s.* circunvolución; vuelta, rodeo.
circumvolve [-válv], *va.* y *vn.* revolver, voltear, (hacer) girar, dar vueltas (a).
circus [sœ́rkʌs], *s.* circo; compañía (actores) y animales de circo; arena; hipódromo; plaza circular, redondel.—**c. track,** pista.
cirque [sœrk], *s.* círculo, anillo; circo; (geol.) anfiteatro natural (de erosión glaciaria).
cirrhose [sírous], *a.* cirroso.
cirrhosis [siróusis], *s.* (med.) cirrosis.
cirrhotic [sirátik], *a.* (med.) cirrótico.
cirriped [síripɛd], *a.* y *s.* (zool.) cirrípedo.
cirro-cumulus [sírokiúmyūlʌs], *s.* (meteor.) cirrocúmulo.
cirrose, cirrous [sírous, sírʌs], *a.* cirroso.
cirro-stratus [sírostréitʌs], *s.* (meteor.) cirroestrato.
cirrus [sírʌs], *s.* (bot.) cirro, zarcillo; (zool.) cirro; (meteor.) cirros.
cisalpine [sisǽlpain], *a.* cisalpino.
cisandine [sisǽndin], *a.* cisandino.
cisatlantic [sisætlǽntik], *a.* cisatlántico.
cislunar [sisliúnạ(r)], *a.* cislunar.
cissoid [sisɔid], *s.* (geom.) cisoide.
cist [sist], *s.* arquilla, estuche; sepulcro.
Cistercian [sistœ́rŝạn], *a.* y *s.* cisterciense.
cistern [sístœrn], *s.* cisterna, aljibe.
cistus [sístʌs], *s.* (bot.) cisto, cergazo.
citadel [síṭạdẹl], *s.* ciudadela, presidio.
citation [saitéiŝọn], *s.* cita, mención; excerta; (for.) citación, comparendo, emplazamiento.
citatory [sáitäṭọri], *a.* (for.) citatorio.
cite [sáit], *va.* citar, sacar, referirse a; (for.) citar.
cithara [síθạrä], *s.* (mús.) lira griega; cítara.
cithern [síθœrn], *s.* (mús.) cítara.
citified [sítifaid], *a.* que tiene las costumbres y maneras de la ciudad; urbanizado.
citizen [sítizẹn], *s.* ciudadano; munícipe, vecino. —**citizenry** [-ri], *s.* la masa de ciudadanos.—**citizenship** [-ŝip], *s.* ciudadanía, avecindamiento; nacionalidad.—**c. papers,** carta de ciudadanía.
citrate [sítreit], *s.* (quím.) citrato.
citric [sítrik], *a.* (quím.) cítrico.
citrine [sítrin], *a.* cetrino.
citron [sítrọn], *s.* (bot.) cidra; cidro.—**candied c.,** acitrón, cidra confitada; espejuelo.
citronella [-élä], **citronella grass** [-græs], *s.* (bot.) cidronela, toronjil.
citr(o)us [sítrʌs], *a.* (bot.) auranciáceo.—**citrus fruit,** cidra, limón, naranja, toronja, etc.
cittern [sítœrn], *s.* = CITHERN.
city [síti]. I. *s.* ciudad, población, urbe, *f.* II. *a.* municipal, ciudadano, de (la) ciudad; urbano. —**c. block,** isla, manzana.—**c. council,** ayuntamiento.—**c. editor,** (E. U.) redactor encargado de las noticias locales; (Ingl.) redactor financiero.—**c. father,** miembro del ayuntamiento o cabildo; regidor.—**c. hall,** casa municipal o del ayuntamiento; casa consistorial.—**c. manager,** (E. U.) administrador municipal (nombrado por el ayuntamiento). —**c. planner,** urbanista.—**c. planning,** urbanismo, urbanización.
city-state [-steit], *s.* ciudad-estado.
civet [sívit], *s.* algalia, civeto (para los perfumes); (zool.) (ll. t. **c. cat**) algalia, *m.*, gato de algalia, civeta.
civic [sívik], *a.* cívico; ciudadano, municipal.—**civicism** [sívisizm], *s.* civismo; principios de los derechos y deberes cívicos.—**civics** [síviks], *s.* cívica, ciencia del gobierno civil.
civies [síviz], *s. pl.* (fam.) traje de paisano. *V.* CIVVIES.
civil [sívil], *a.* civil, de lo civil, ciudadano; intestino, doméstico; civil, cortés, urbano.—**c. death,** (for.) muerte (*f.*) civil.—**c. defense,**

defensa civil.—c. **disobedience,** resistencia pasiva.—c. **engineer,** ingeniero civil.—c. **engineering,** ingeniería civil.—c. **law,** derecho civil.—c. **liberty,** libertad civil.—c. **marriage,** matrimonio civil.—c. **procedure,** (for.) enjuiciamiento civil.—c. **rights,** derechos civiles.—c. **servant,** funcionario.—c. **service,** servicio civil oficial, ramo civil de la administración pública.—c. **war,** guerra civil.—c. **year,** año civil.

civilian [sivílyan]. I. *s.* paisano (no militar): civilista, jurisperito, jurisconsulto.—*pl.* los civiles, la población civil. II. *a.* civil.

civility [sivíliti], *s.* civilidad, cortesía, urbanidad.

civilization [sivilizéiŝon], *s.* civilización.

civilize [sívilaiz], *va.* civilizar.—**civilized** [-d], *a.* civilizado, culto.—**civilizer** [-œ(r)], *s.* civilizador.

civilly [sívili], *adv.* civilmente; cortésmente.

civism [sívizm], *s.* civismo, patriotismo.

civvies [síviz], *s. pl.* de CIVVY; (fam.) traje de paisano (a distinción del militar).

civvy [sívi], *s.* paisano (no militar).

clabber [klǽbœ(r)]. I. *vn.* cuajarse. II. *s.* cuajo.

clack [klæk]. I. *s.* ruido, golpeo; charla; triquitraque; tarabilla, cítola (de molino).—c. **valve,** válvula de charnela, chapaleta. II. *vn.* restallar; repiquetear, castañetear; charlar, picotear.

clad [klæd], *a.* vestido, aderezado. *V.* CLOTHE.

cladding [-iŋ], *s.* (elec., mec.) revestimiento metálico.

claim [kléim]. I. *va.* demandar, pedir en juicio; reclamar, recabar, reivindicar; denunciar (una mina); alegar, sostener, pretender.—**to c. to be,** (fam.) echarla o echárselas de. II. *s.* demanda, pedimento; reclamación, reclamo, petición; pretensión, título, derecho; (min.) pertenencia, denuncia.—c. **agent,** agente de reclamaciones.

claimant [-ant], **claimer** [-œ(r)], *s.* reclamante; demandante, pretensor, actor; (min.) denunciante.

clairvoyance [klervóians], *s.* clarividencia.

clairvoyant [-ant], *a.* clarividente.

clam [klæm]. I. *s.* almeja, tel(l)ina, chirla.—c. **bed,** almejar. II. *vn.* pescar almejas.

clamant [kléimant], *a.* clamante; urgente.

clambake [klǽmbeik], *s.* partida de campo en que se cuecen almejas sobre piedras muy calientes en un hoyo.

clamber [klǽmbœ(r)], *vn.* gatear, trepar, encaramarse.

clamminess [klǽminis], *s.* viscosidad.

clammy [klǽmi], *a.* viscoso, pegajoso.

clamor [klǽmo(r)]. I. *s.* clamor(eo), grita, alharaca, vocería, vocinglería, algarabía; estruendo, fragor. II. *vn.* clam(ore)ar, gritar, vociferar.

clamorous [-ʌs], *a.* clamoroso, ruidoso, estruendoso, tumultuoso.—**clamorously** [-li], *adv.* clamorosamente; ruidosamente.

clamp [klæmp]. I. *s.* montón (de mineral, de ladrillos, etc.); pisoteo, pisadas recias; (mec.) abrazadera; grapa, grampa; cárcel, *f.;* barrilete, prensa de sujeción; tornillo de banco; tornillo de sujeción, de fijación o de ajuste (ll. t. c. **screw**); sujetador, afianzador; brida; collar; pinzas, tenazas; mordaza. II. *va.* empalmar; lañar, asegurar, afianzar, abrazar; imponer con rigidez (una ley, restricción, etc.), sujetar. III. *vn.* pisar recio.—**to c. down (on),** (fam.) ponerse severo; apretar los tornillos (a).

clamshell [klǽmŝel], *s.* concha de almeja; (ing.) cucharón de quijadas (ll. t. c. **bucket**).

clan [klæn], *s.* tribu, *f.;* clan; fratría; casta; asociación, cuerpo o sociedad exclusivista.

clandestine [klændéstin], *a.* clandestino, furtivo, secreto, subrepticio, (fam.) de extranjis.—**clandestinely** [-li], *adv.* clandestinamente.—**clandestineness** [-nis], *s.* clandestinidad.

clang [klæŋ]. I. *s.* sonido metálico o retintín (de trompetas, campanas, armas, etc.). II. *va.* y *vn.* (hacer) sonar, resonar o retumbar.

clangor [klǽŋgo(r)], *s.* estruendo, estrépito; (poét.) clangor. *V.* CLANG.—**clangorous** [-ʌs], *a.* estruendoso, estrepitoso.

clank [klæŋk]. I. *s.* rechinamiento, ruido estridente o de choque de metales (cadenas, armas, etc.). II. *va.* y *vn.* (hacer) rechinar o resonar.

clannish [klǽniŝ], *a.* ref. o parecido al clan; gregario, unido; exclusivista.

clansman [klǽnzman], *s.* miembro de un clan.

clap [klæp]. I. *va.* batir, golpear; cerrar de golpe; aplicar, pegar; aplaudir.—**to c. eyes on,** (fam.) echar la vista encima.—**to c. the hands,** batir palmas. II. *vn.* aplaudir, dar palmadas, palm(ot)ear; cerrarse ruidosamente; guachapear. III. *s.* ruido o golpe seco; trueno; palmada, palmoteo, aplauso; (med.) gonorrea.

clapboard [klǽbord], *s.* (tabla de) chilla.

clapper [klǽpœ(r)], *s.* palmoteador; badajo; tarabilla, cítola; tableta, tejoleta; aldaba; chapaleta.

clapping [klǽpiŋ], *s.* aleteo; palmoteo.

claptrap [klǽptræp], *s.* artificio para alcanzar popularidad; faramalla, música celestial.

claque [klæk], *s.* (teat.) claque, *f.*, alabarderos o aplaudidores de oficio; clac, sombrero de copa alta, que puede plegarse.

clarence [klǽrens], *s.* carruaje, clarens.

clarendon [klǽrendon], *s.* (impr.) letra negrilla.

claret [klǽrit], *s.* clarete, vino tinto.

clarification [klærifikéiŝon], *s.* clarificación.

clarify [klǽrifai], *va.* clarificar, defecar, purgar; aclarar; esclarecer.—**clarifying** [-iŋ], *a.* clarificativo; aclaratorio.

clarinet [klærinét], *s.* (mús.) clarinete.

clarinet(t)ist [-ist], *s.* clarinete.

clarion [klǽrion], *s.* (mús.) clarín.—c. **call,** clarinada. II. *a.* claro, sonoro, agudo o penetrante.

clarionet [klærionét], *s.* = CLARINET.

clarity [klǽriti], *s.* claridad.

clary [kléri], *s.* (bot.) a(l)maro, salvia silvestre.

clash [klæŝ]. I. *vn.* chocar, entrechocarse, encontrarse, batir; oponerse. II. *va.* batir, golpear. III. *s.* choque, fragor, encontrón, colisión; oposición, antagonismo, disputa, discordia.

clasp [klæsp]. I. *s.* broche, chapeta, corchete, presilla, gafete, traba, hebilla, abrazadera; cierre, cerradero; (mec.) grapa, cárcel, *f.* manija; abrazo.—c. **knife,** navaja, sobre todo la grande de una cuchilla. II. *va.* abrochar, encorchetar, enganchar; asegurar; abarcar, abrazar, embrazar, ceñir.

class [klæs]. I. *s.* clase, *f.;* condición, categoría, grado, rango; (mil.) promoción; orden, linaje, género; clase en las escuelas; (fam.) excelencia, elegancia.—c. **struggle,** c. **war,** lucha o guerra de clases (gen. se aplica a la entre el capital y el trabajo). II. *va.* clasificar, calificar, ordenar.

classic [klǽsik], *s.* autor clásico; obra clásica (apl. esp. a las griegas y latinas).

classic(al [-(al], *a.* clásico.—c. **scholar,** humanista, erudito en las lenguas clásicas (latín y griego).—c. **style,** clasicismo.

classically [-ali], *adv.* clásicamente.—**classicism** [klǽsisizm], *s.* clasicismo.—**classicist** [-sist], *s.* clásico, clasicista.

classifiable [-fáiabl], *a.* clasificable; calificable.

classification [-fikéiŝon], *s.* clasificación.

classify [klǽsifai], *va.* clasificar, graduar, ordenar.—**classified advertisement section,** sección de anuncios (de un periódico).

classis [klǽsis], *s.* junta directiva en ciertas iglesias reformadas; (hist. romana) clase, *f.*

classmate [klǽsmeit], *s.* condiscípulo.

classroom [-rum], *s.* (sala de) clase, aula.

classy [klǽsi], *a.* (fam.) excelente; elegante.

clastic [klǽstik], *a.* clástico, quebradizo; compuesto de fragmentos.

clatter [klǽtœ(r)]. I. *vn.* resonar ruidosamente, matraquear, guachapear; chacolotear; gritar, charlar. II. *s.* ruido, estruendo; martilleo; gritería, charla ruidosa u ociosa; gresca, alboroto, bulla.

claudicant [klódikant], *a.* claudicante, cojo.—

claudicate [-keįt], *vn.* claudicar, cojear.—**claudication** [-kéįŝon], *s.* claudicación, cojera.
clause [kloz], *s.* cláusula; (gram.) cláusula, período, proposición de relativo, oración; (for.) artículo, condición, estipulación, inciso (de un documento).
claustral [klóstral], *a.* claustral.
claustrophobia [-rofóubįä], *s.* claustrofobia.
clavate(d [kléįveįt(įd], *a.* en forma de maza o clava; claveteado.
clavichord [klǽvįkord], *s.* (mús.) clave, clavicordio.
clavicle [klǽvįkl], *s.* (anat.) clavícula, islilla.
clavicular [klævíkįulä(r)], *a.* clavicular.
clavier [klavír], *s.* (mús.) teclado; instrumento con teclado (clavicordio, piano, etc.).
claw [klo]. **I.** *s.* garra, garfa, presa, uña; pinza o tenaza (del cangrejo, etc.); (mec.) gancho, garfio, uña, diente, garabato; (bot.) pecíolo.—**c. bar,** sacaclavos de horquilla; espeque o pie (*m.*) de cabra con uña.—**c. coupling,** (aut.) acoplamiento de diente.—**c. hammer,** martillo de orejas; (fam.) casaca, frac.—**c. hand,** (med.) gafedad. **II.** *va.* arpar, gafar; desgarrar; arañar; rasgar, despedazar. **III.** *vn.* arañar.
clay [kléį]. **I.** *s.* arcilla, argil(l)a, greda, barro, tiza; (fig.) el cuerpo humano.—**c.-cold,** frío helado; sin vida.—**c. marl,** marga.—**c. pigeon,** disco de arcilla, pichón de barro.—**c. pigeon shooting,** tiro de pichón.—**c. pit,** gredal, barrizal, barrera.—**c. stone,** piedra arcillosa. **II.** *va.* engredar; filtrar en barro (apl. al azúcar); (agr.) *V.* MARL.
clayey [-į], **clayish** [-įŝ], *a.* arcilloso, gredoso.
claymore [kléįmor], *s.* espada escocesa.
clean [klín]. **I.** *a.* limpio; puro, inocente, honesto; aseado; desembarazado, despejado; neto, distinto, nítido; perfecto; completo; bien hecho; bien formado, simétrico; diestro; no endorsado (bono, etc.); con pocas correcciones o sin ellas (prueba de imprenta).—**c. acceptance,** (com.) aceptación absoluta o incondicional.—**c. bill,** o **c. bill of health,** patente limpia de sanidad.—**c. bill of lading,** conocimiento de embarque limpio o sin restricciones.—**c.-bred,** de pura raza.—**c.-cut,** bien definido, claro.—**c.-handed,** con las manos limpias, sin culpa.—**to make c.,** limpiar.—**to make a c. breast of it,** confesar de plano.—**to show a c. pair of heels,** tomar las de Villadiego. **II.** *adv.* limpiamente; enteramente.—**to come c.,** (fam.) confesar de plano. **III.** *va.* limpiar, asear, aderezar; purificar; abalear (el grano); depurar (oro, aire, etc.); mondar; escombrar; desengrasar, desenlodar, desempolvar; abrir, sacar el menudo a (un pollo, un pescado, etc.).—**to c. house,** (fig.) poner en orden; extirpar vicios, abusos, etc.—**to c. out,** vaciar; (fam.) sacarle hasta el último céntimo a.—**to c. up,** limpiar completamente, sanear; acabar, salir de (una tarea, etc.); recoger; desembarazar; (mec.) corregir, rectificar; (min.) recoger; (fam.) ganar, sacar de ganancia. **IV.** *vn.* (gen. con **up**) limpiar(se), asear(se).—**to c. up after one,** limpiar lo que uno ha ensuciado, o después que uno ha acabado (de hacer algo).
cleaner [-œ(r)], *s.* limpiador; mondador; sacamanchas; depurador (de aire, etc.).—**c's. (shop),** tintorería, tinte.
cleaning [-įŋ], *s.* aseo, limpia(miento), limpieza; monda(dura); desengrase; abaleo (del grano).
cleanliness [-lįnįs], *s.* limpieza, aseo, aliño; pulidez; compostura, decencia; tersura.
cleanly [-lį]. **I.** *a.* limpio, aseado; puro, delicado. **II.** *adv.* [klínlį] limpiamente, pulidamente, primorosamente, aseadamente.
cleanness [klínnįs], *s.* limpieza, aseo; pureza.
cleansable [klénzabl], *a.* limpiable; purificable.
cleanse [klénz], *va.* limpiar, purificar; purgar, expurgar, absterger, depurar, mundificar.
cleanser [-œ(r)], *s.* evacuante, purgante; limpiador, purificador.
cleansing [-įŋ]. **I.** *s.* limpiamiento, detersión, purificación. **II.** *a.* detersorio, mundificativo.
clean-up [klínʌp], *s.* recogida; aseo o limpia general; recogida de metal o residuos útiles en molinos, etc.; (fam.) extirpación de enfermedades, vicios, etc.; (fam.) ganancia.
clear [klįr]. **I.** *a.* claro; diáfano, lúcido, transparente; despejado, (d)escampado; raso, abierto, franco, libre; limpio, inocente; (com.) neto, líquido; desempeñado, sin deudas; puro, sin mezcla; sin desperfectos; cierto, seguro; claro, distinto, constante, evidente, palmario, patente; sonoro; gráfico; completo, total.—**c.-cut,** bien cortado o definido, claro.—**c.-eyed,** penetrante, perspicaz.—**c.-headed,** inteligente, listo.—**c. of,** libre o separado de, a distancia de, sin tocar; salvando, evitando.—**c. profit,** beneficio neto.—**c.-sighted,** clarividente, perspicaz.—**c.-sightedness,** clarividencia.—**c. track,** vía libre.—**to be c.,** constar. **II.** *s.* claro, espacio entre objetos; tranzón; clara (del tiempo o cielo). **III.** *adv.* claramente; enteramente (gen. con *away, off, out*).
clear, *va.* desembarazar, despejar, quitar estorbos; limpiar, purificar, aclarar, disipar; justificar; absolver; desenredar, desembrollar (un negocio); satisfacer (una hipoteca); saltar o pasar por encima o un lado de, salvar, franquear; (agr.) tumbar, desmontar, desbrozar, rozar, mondar; (com.) despachar en la aduana; ganar, sacar, obtener una ganancia líquida.—**to c. away,** quitar (estorbos).—**to c. (a ship) for action,** ejecutar el zafarrancho de combate, despejar las cubiertas, alistar (un buque de guerra) para el combate.—**to c. (an equation) of fractions,** quitar los denominadores (de una ecuación).—**to c. out,** echar, sacar; vaciar, desocupar; despachar (un barco) en la aduana.—**to c. the decks** = TO C. FOR ACTION.—**to c. the table,** levantar la mesa.—**to c. up,** sacar estorbos de, desembarazar, escampar; apurar, dilucidar, explicar; arreglar (una deuda, etc.).
clear, *vn.* aclarar(se), serenar(se); clarear; desembarazarse, desenredarse; despacharse en la aduana; liquidar cuentas.—**to c. off,** o **up,** aclarar, abonanzar; despejarse o escampar (el cielo).—**to c. out,** despacharse y salir (un barco); irse, escabullirse, salirse.
clearage [klírįdž], *s.* despejo; desmonte.
clearance [klírans], *s.* despejo; despacho de aduana; beneficio líquido; (mec., ing.) juego, espacio libre; (m. v.) espacio muerto (del cilindro); (hidr.) intersticio (de una turbina).—**c. papers,** certificación del pago de derechos de aduana.—**c. sale,** liquidación, (venta de) realización.
clearing [klíriŋ], *s.* aclaramiento, despejo; calva; escampo; desmonte; (agr.) desbrozo, roza; claro, raso; espacio libre; justificación, vindicación; (com.) liquidación de balances.—**c. for action,** (mar.) zafarrancho.—**c. of fractions,** (álg.) supresión de denominadores.—**c. house,** banco de liquidación (entre bancos); bolsa de compensación.—**c. pan,** (azú.) paila de clarificar, clarificadora.
clearly [klírlį], *adv.* claramente; evidentemente; libremente; llanamente; abiertamente.
clearness [klírnįs], *s.* claridad; luz; perspicuidad.
clearstarch [klírstarch], *va.* y *vn.* almidonar.
clearstory [klírstorį], *s.* = CLERESTORY.
cleat [klit]. **I.** *s.* listón; abrazadera, manija, fiador, afianzador; mordaza; cepo; (mar.) cornamusa; tojino; castañuela; galápago; (elec.) puente, *mf.* **II.** *va.* abrazar, afianzar (a o con listón, etc.).
cleavage [klívįdž], *s.* hendidura, resquebradura; (min.) crucero; (biol.) segmentación; (quím.) desdoblamiento, descomposición.
cleave [klív]. **I.** *va.* (*pret.* CLEFT, CLEAVED o CLOVE; *pp.* CLEFT, CLEAVED o CLOVEN) partir, tajar, rajar, hender; abrir en canal; penetrar, abrirse paso. **II.** *vn.* resquebrar, henderse, partirse. **III.** *vn.* (*pret.* y *pp.* CLEAVED) pegarse, unirse, ajustarse, adherirse.
cleaver [-œ(r)], *s.* hendedor, partidor; hacha, destral; cuchilla o cortante de carnicero.
cleavers [-œrz], *s.* (bot.) presera.

clef [klɛf], *s.* (mús.) clave, *f.*, llave, *f.*
cleft [kléft]. **I.** *pret.* y *pp.* de TO CLEAVE. **II.** *a.* agrietado, hendido, partido.—**c. grafting,** injerto de hendidura. **III.** *s.* grieta. fisura, abertura, rajadura, rendija.—**c. palate,** fisura palatina, paladar hendido.
clematis [klémątįs], *s.* (bot.) clemátide, *f.*
clemency [klémęnsį], *s.* clemencia, piedad, misericordia, indulgencia.
clement [klémęnt], *a.* clemente, misericordioso, indulgente.—**clemently** [-lį], *adv.* clementemente.
clench [klénch]. **I.** *va.* agarrar; apretar o cerrar el puño o los dientes; asegurar; remachar. *V.* CLINCH. **II.** *s.* agarro.—**clencher** [-œ(r)], *s.* agarrador; remachador; (fig.) argumento sin réplica.
clepsydra [klépsįdrą], *s.* clepsidra.
clerestory [klírstorį], *s.* (arq.) piso más alto de una iglesia, etc., con una serie de pequeñas ventanas.
clergy [klœ́rdžį], *s.* clero, clerecía; clericatura.
clergyman [-mąn], *s.* clérigo; cura, *m.*, sacerdote, eclesiástico, ministro de Dios.
cleric [klérįk]. **I.** *s.* clérigo. **II.** *a.* clerical.
clerical [-ąl]. **I.** *a.* clerical, eclesiástico; de dependientes (apl. al trabajo de oficinas).—**c. error,** error de copista o empleado. **II.** *s.* clérigo; (**C.**, pol.) clerical.—*pl.* (fam.) traje de clérigo, ropa clerical.
clericalism [-įzm], *s.* clericalismo.
clericalist [-įst], *s.* clerical, partidario del clericalismo.
clerk [klœrk], *s.* oficial de secretaría; amanuense, escribiente; dependiente, empleado de oficina; clérigo; escolar, estudiante; (for.) escribano, ɛctuario.
clerkship [-šįp], *s.* oficio u ocupación de dependiente, clérigo, o escribiente; escribanía; secretaría.
clever [klévœ(r)], *a.* diestro, hábil; avisado, listo, mañoso; inteligente.—**cleverly** [-lį], *adv.* diestramente, hábilmente.—**cleverness** [-nįs], *s.* talento; destreza, maña, habilidad, amaño.
clevis [klévįs], *s.* abrazadera (del arado, etc.).
clew [klu]. **I.** *s.* ovillo; pista, indicio (gen. = CLUE); (mar.) puño (de vela).—**c. garnet,** palanquín, cargapuños.—**c. lines,** chafaldetes. **II.** *va.* (mar.) ovillar.
cliché [klišéį], *s.* frase gastada; (impr.) clisé.
click [klįk]. **I.** *s.* golpe seco; (mec.) trinquete, seguro, gatillo, fiador, linguete; chasquido de lengua.—**c. beetle,** (ent.) escarabajo de resorte. **II.** *va.* y *vn.* (hacer) sonar con uno o más golpes secos; hacer tictac; piñonear (un arma de fuego); (fam.) venir pintiparado; dar golpe; tener buen éxito.
client [kláįent], *s.* cliente; parroquiano.
clientele [-él], *s.* clientela.
clientship [-šįp], *s.* clientela, patrocinio.
cliff [klįf], *s.* risco, farallón, escarpa, escollera, acantilado, tajo.—**c. dweller,** hombre de las rocas, antiguo indio norteamericano que vivía en las rocas.
cliffy [-į], **clifty** [-tį], *a.* acantilado, escarpado, riscoso; escabroso.
climacteric [klaįmǽktɛrįk], *s.* período climatérico.
climacteric(al [-térįk(ąl], *a.* climatérico.
climactic [klaįmǽktįk], *a.* que tiene carácter de clímax.
climate [kláįmįt], *s.* clima, *m.*
climatic(al [klaįmǽtįk(ąl], *a.* climático.
climatologic(al [klaįmątoládžįk(ąl], *a.* climatológico.
climatology [-tálodžį], *s.* climatología.
climax [kláįmæks], *s.* clímax; punto culminante o crítico; colmo, culminación; (ret.) catástasis.
climb [kláįm]. **I.** *va.* trepar, subir, escalar. **II.** *vn.* trepar, subir, gatear, encaramarse, elevarse.—**to c. down,** bajar; (fam.) desistir de una empresa o demanda, volverse atrás. **III.** *s.* trepa; subida, ascenso.—**c. indicator,** (aer.) indicador de ascensión.—**climber** [-œ(r)], *s.* trepador, escalador; trepadera; (bot.) enredadera, trepadora; (orn.) trepador; arribista o arrivista, oportunista.—**climbing** [-įŋ]. **I.** *s.* trepa, subida, gateamiento.—**c. angle,** (aer.) ángulo de subida.—**c. irons,** trepadores, clavos para subir a los árboles, etc.—**c. rope,** cuerda de nudos. **II.** *a.* trepante, trepador; de subir; de ascensión.
clime [klaįm], *s.* clima, *m.*; (poét.) región.
clinch [klínch]. **I.** *va.* remachar, roblar, rebotar (clavos, etc.); agarrar; afirmar, fijar, afianzar; establecer, confirmar; (mar.) entalingar. **II.** *vn.* agarrarse; (fam.) abrazarse estrechamente; acapizarse. **III.** *s.* remache, robladura; (mar.) entalingadura; forcejeo, lucha cuerpo a cuerpo (esp. en el boxeo); (fam.) abrazo estrecho.
clincher [-œ(r)], *s.* rebotador, remachador; clavo remachado; clavo de remachar; (fam.) argumento decisivo.—**c. rim,** (aut.) aro con pestaña para neumático de talón.—**c. tire,** (aut.) neumático de talón.—**c. work,** obra con juntas de solapa; (mar.) tingladillo.
clinching [-įŋ], *s.* remachado o robladura; (mar.) solapadura.
cling [klíŋ], *vn.* (*pret.* y *pp.* CLUNG) asirse, adherirse, pegarse; persistir (memoria, olor, etc.); unirse.—**to c. to,** perseverar o persistir en; confiar en.
clinging [-įŋ], *a.* colgante, pendiente; adhesivo.
clingstone [-stoụn], *s.* (bot.) violeto, peladillo, pavía (ll. t. **c. peach**).
clinic [klínįk], *s.* (med.) clínica, consultorio, dispensario; (igl.) clínico.—**clinical** [-ąl], *a.* clínico.—**c. chart,** gráfica de un enfermo, en que se representan gráficamente la temperatura, pulso, etc.—**c. medicine,** clínica.—**c. thermometer,** termómetro clínico, o médico.—**c. ward,** clínica.
clinician [klįníšąn], *s.* clínico, médico que practica.
clink [klíŋk]. **I.** *va.* hacer sonar metales o chocar copas, etc. **II.** *vn.* retiñir, tintin(e)ar, resonar. **III.** *s.* tañido, (re)tintín, tintineo; (fam.) calabozo, cárcel, *f.*
clinker [-œ(r)]. **I.** *s.* lo que retiñe; escoria; pedazo de escoria o de lava porosa; ladrillo vítreo; ladrillo holandés; remachador; clavo de remachar. *V.* CLINCH.—**c.-built,** (mar.) de tingladillo.—**c. work,** = CLINCHER WORK. **II.** *vn.* formar escorias; obstruirse con escorias. **III.** *va.* causar la formación de escorias en.
clinkstone [-stoụn], *s.* (petr.) perlita, fonolita.
clinometer [klaįnámɛtœ(r)], *s.* clinómetro.
clinometry [-ámɛtrį], *s.* clinometría.
clip [klíp]. **I.** *va.* esquilar, trasquilar; tijeretear; cortar a raíz; (a veces con **off**) cercenar, recortar; podar, mondar; pellizcar, escatimar, acortar; chapurrear; abrazar, ceñir, agarrar; (fam.) apuñear. **II.** *vn.* moverse o deslizarse con rapidez. **III.** *s.* tijeretada, tijeretazo, talla; recorte; trasquila, esquileo; cantonera; grapa, mordaza, pinza, sujetapapeles; sujetador; abrazadera; celeridad, rapidez; (fam.) puñada.
clipper [-œ(r)], *s.* cercenador, recortador; esquilador, trasquilador; maquinilla para cortar el pelo; cizalla; (mar., aer.) clíper; (electrón.) circuito recortador.—*pl.* tijeras podadoras o de trasquilar, etc.; maquinilla para cortar el pelo.
clipping [-įŋ], *s.* trasquileo; recorte; cercenadura, retal; pellizcamiento; tijereteo.—**c. machine,** maquinilla de repelar.—*pl.* recortes; (agr.) desbroce; (met.) cizalla; (sast.) sisas.
clique [klik]. **I.** *s.* pandilla, camarilla, asociación exclusivista, compadraje. **II.** *vn.* (fam.) apandillarse.
clitoris [kláįtorįs], *s.* (anat.) clítoris, *m.*
cloaca [kloụéįką], *s.* cloaca; retrete; (zool.) cloaca.
cloak [klóụk]. **I.** *s.* capa, manto; velo; palio; excusa, disimulo.—**c.-and-sword play,** comedia de capa y espada.—**c. hanger,** cuelgacapas.—**c. rack,** capero. **II.** *va.* encapotar; embozar; ocultar, encubrir, paliar.

cloakroom [-rum], *s.* guardarropa, ropería.
clobber [klábœ(r)], *va.* (fam.) apalear, tundir, batanear, zurrar.
cloche [klouŝ], *s.* cobertura de forma acampanada; sombrero de mujer muy ajustado a la cabeza; (aer.) palanca de mando de campana.
clock [klák]. I. *s.* reloj (de mesa o pared); cuadrado (de las medias).—**c. dial** o **face,** esfera, muestra de reloj.—**c. weight,** pesa. II. *va.* medir o contar el tiempo de un acto.
clockmaker, clocksmith [-meikœ(r), -smiθ], *s.* relojero.
clockwise [-waiz]. I. *a.* destrorso, destrogiro. II. *adv.* en el sentido de las agujas del reloj.
clockwork [-wœrk]. I. *s.* movimiento de reloj.—**like c.,** con gran regularidad y precisión. II. *a.* de movimiento regular.
clod [klád]. I. *s.* terrón, gleba; tierra, suelo, césped; masa, trozo; gaznápiro, zoquete.—**c. crusher,** desterronador, rodillo. II. *vn.* aterronarse; coagularse. III. *va.* tirar terrones.
cloddish [-iŝ], **cloddy** [-i], *a.* terroso; rústico.
clodhopper [-hapœ(r)], *s.* destripaterrones, patán; papanatas.—*pl.* zapatos para trabajos duros.
clodpate [-peit], **clodpoll** [-poul], *s.* mentecato.
clog [klág]. I. *va.* cargar, embarazar, empachar; obstruir, entorpecer; apiñar, amontonar. II. *vn.* apiñarse, atestarse; agolparse, amontonarse; atorarse; obstruirse; atascarse. III. *s.* traba, obstáculo; carga, hipoteca; galocha, chapín, chanclo, zueco, zoclo.—**c. dance,** zapateado.—**c. dancer,** zapateador.
cloister [klóistœ(r)]. I. *s.* claustro; monasterio, convento. II. *va.* enclaustrar; proveer de claustros.—**cloistered** [-d], *a.* enclaustrado.—**cloisterer** [-œ(r)], *s.* monje, religioso.—**cloistral** [-tral], *a.* claustral; retirado, solitario.—**cloistress** [-tris], *s.* monja.
clonic [klánik], *a.* (med.) clónico, convulsivo.
close [klouz]. I. *va.* cerrar; obstruir, tapar; concluir, terminar; clausurar; levantar (una sesión); fenecer; finiquitar (una cuenta).—**to c. out,** vender en liquidación; saldar por ventas (mercancías, géneros, etc.).—**to c. up,** cerrar, cerrar por completo. II. *vn.* cerrar(se); juntarse, unirse; terminar; fenecer; arreglarse (a veces con *on, upon* antes del sustantivo o frase que indica lo convenido).—**to c. in,** acercarse rodeando; cerrar (la noche).—**to c. in on, to c. on,** o **upon,** rodear, estrechar.—**to c. with,** cerrar con (el adversario). III. *s.* fin, conclusión, terminación; caída (de la tarde); clausura; cierre, unión; lucha cuerpo a cuerpo; [klous], cercado; atrio; recinto; coto; solar, parcela.
close [klous], *a.* cerrado; apretado, ajustado; justo, premioso; íntimo o estrecho (amistad, etc.); sofocante, pesado (tiempo); ahogado, mal ventilado; tupido, compacto, denso; incomunicado; inmediato, contiguo, cercano; unido; estrecho, angosto; breve, compendioso, sucinto; oculto, secreto; callado, reservado; limitado, restringido; avaro, tacaño; retirado, solitario; aplicado, atento, concienzudo; perfecto; notable, marcado; casi igual, casi empatado; parejo, igual; reñido (combate, elección, etc.); (com.) difícil de obtener (dinero).—**at c. range,** a quema ropa, a boca de jarro.—**c.-bodied,** ajustado; tupido.—**c. call,** (fam.) escape difícil o milagroso (**to have a c. call,** escapar en una tabla).—**c. combat,** combate cuerpo a cuerpo.—**c. corporation,** compañía o sociedad anónima cuyos dignatarios son por lo general dueños de las acciones.—**c.-coupled circuit,** (elec.) circuito compuesto de dos, uno abierto y otro cerrado.—**c. fertilization,** (bot.) autofecundación, fecundación por polen de la misma flor.—**c.-fisted,** tacaño, cicatero, apretado, miserable.—**c.-fitting,** ceñido al cuerpo, ajustado, entallado.—**c. formation,** (mil.) columna cerrada.—**c.-grained,** compacto, denso, tupido.—**c.-hauled,** (mar.) de bolina, ciñendo el viento.—**c.-lipped, c.-mouthed,** callado, reservado, cauteloso en el hablar.—**c. order** = C. FORMATION.—**c.-packed,** apretado.—**c. quarters,** lugar estrecho; contacto íntimo en la lucha.—**c. season,** veda.—**c. shave,** afeitada lisa, a ras o a contrapelo; (fam.) = C. CALL.—**c. stool,** sillico, silla-retrete.—**c. study,** aplicación.—**c.-tongued** = C.-MOUTHED.—**c.-woven,** tupido, acipado.
close [klous], *adv.* cerca, de cerca; estrechamente, apretadamente.—**c. by,** muy cerca.—**c. to,** muy cerca de; junto a; arrimado o pegado **a;** a raíz de; en relaciones muy íntimas con.
closed [klouzd], *a.* cerrado; cerrada (vocal); concluso; vedado.—**c. car,** (aut.) coche cerrado.—**c. chapter,** asunto concluído.—**c. circuit,** (elec.) circuito cerrado.—**c. corporation,** = CLOSE CORPORATION.—**c. door,** (der. int.) puerta cerrada, restricción de derechos, etc. *V.* OPEN DOOR.—**c. issue,** asunto concluído.—**c. sea,** (der. int.) mar enteramente jurisdiccional.—**c. season,** veda.—**c. shop,** taller exclusivo, que no admite sino miembros de los gremios obreros; agremiación obligatoria.—**c. syllable,** (fon.) sílaba cerrada o trabada (que termina en consonante).
closely [klóusli], *adv.* de cerca; estrechamente, contiguamente; fuertemente, sólidamente; atentamente; cuidadosamente.
closeness [-nis], *s.* contigüidad; estrechez; densidad; apretamiento; falta de ventilación; solidez, firmeza; reclusión, soledad; reserva; avaricia, tacañería; conexión, dependencia, unión; exactitud, fidelidad (de copia o traducción).
close-out [klóuz aut], *s.* (com.) liquidación.
closet [klázit]. I. *s.* gabinete; tocador; armario, alacena; común, excusado, retrete. II. *a.* secreto, confidencial; propio del gabinete; teórico, especulativo, contemplativo.—**c. drama,** comedia más para leída que para representada. III. *va.* encerrar o esconder en un retrete; encerrar a uno para conferenciar a puerta cerrada.
close-up [klóus ʌp], *s.* fotografía a quema ropa, o de cerca; cosa vista o examinada de cerca.
closing [klóuziŋ]. I. *s.* cierre, acción de cerrar; final, conclusión; clausura; remate (de cuentas). II. *a.* de cierre; último, final; de clausura.—**c. price,** último curso (en la bolsa).
closure [klóuẑū(r)]. I. *s.* procedimiento parlamentario para poner término a un debate; clausura; encierro; cierre; fin, conclusión; (fon.) oclusión. II. *va.* y *vn.* poner fin a un debate, aplicando el *closure.*
clot [klat]. I. *s.* grumo, coágulo, cuajarón. II. *vn.* coagularse, cuajarse, aburujarse, engrumecerse.
cloth [klóθ], *s.* paño, tela, género tejido; mantel; vestido o ropa clerical; el clero; (mar.) paño de vela.—**c. binding,** encuadernación en tela.—**c. press,** prensa de paños.—**c. prover,** cuentahilos.—**c. yard,** yarda de 36 pulgadas, o tres pies.
clothbound [-baund], *a.* encuadernado en tela.
clothe [klouð], *va.* (*pret.* y *pp.* CLOTHED o CLAD) vestir; cubrir, arropar, apañar; trajear; revestir.—**to c. with authority,** investir de autoridad.
clothes [klóuz], *s. pl.* vestido, vestuario, indumentaria, vestimenta; ropaje; paños; ropa de toda especie; ropa de cama.—**c. beetle,** moza.—**c. cleaner,** quitamanchas, sacamanchas, *mf.*—**c. chest,** guardarropa, ropero, armario.—**c. closet,** cuarto guardarropa.—**c. dryer,** camilla; secadora (máquina).—**c. hamper,** canasta de la ropa.—**c. hanger,** colgador de ropa, percha.—**c. moth,** (ent.) polilla.—**c. pole,** apoyo de la tendedera.—**c. pounder,** moza.—**c. rack** o **tree,** percha, perchero.—**c. room,** ropería.—**c. wringer,** secadora, exprimidor.
clothesbasket [-bæskit], *s.* cesta de la ropa o colada.
clothesbrush [-brʌŝ], *s.* cepillo de ropa.
clotheshorse [-hors], *s.* camilla, percha.
clothesline [-lain], *s.* tendedera, cuerda.—**c. post,** poste, berlinga.

clothespin [-pin], *s.* pinzas de tendedera o para sujetar ropa.
clothespress [-pres], *s.* guardarropa, armario.
clothier [klóuðiœ(r)], *s.* pañero, ropero.—**c.'s store** o **trade**, ropería.
clothing [klóuðiŋ], *s.* vestidos, ropa; vestuario, indumentaria; ropaje.—**c. store,** pañería; ropería.
clotted, clotty [klátid, kláti], *a.* grumoso, coagulado.
cloture [klóuchur], *s. V.* CLOSURE (proced. parl.).
cloud [kláud]. **I.** *s.* nube, *f.;* nublado, nubarrón; (joy.) mancha, nube; muchedumbre, multitud, enjambre.—**c.-capped,** altísimo, coronado de nubes.—**c. chamber,** (fís.) cámara de niebla.—**c. seeding,** siembra en las nubes para inducir lluvia artificial.—**in the clouds,** quimérico, ilusorio; abstraído.—**under a c.,** desacreditado, sospechoso. **II.** *va.* anublar, aneblar, enturbiar, obscurecer, cegar; abigarrar, motear; empañar, manchar, difamar. **III.** *vn.* anublarse; obscurecerse.
cloudburst [-bœrst], *s.* turbión, *m.*, chaparrón.
cloudily [-ili], *adv.* obscuramente; con mucha niebla.
cloudiness [-inis], *s.* nubosidad, nebulosidad; obscuridad.
cloudless [-lis], *a.* sin nubes, despejado, claro.
cloudy [-i], *a.* nublado, nubloso, encapotado; nebuloso, vaporoso; turbio; obscuro, sombrío; lóbrego, tétrico; sospechoso; (pint.) nubarrado; (fot.) velado.
clout [klaut]. **I.** *s.* (mec.) cibica, cibicón; (ballestería) blanco, o tiro que da en el blanco; (ant.) rodilla o trapo para limpiar; remiendo; pañal, culero, metedor; (fam.) golpe; bofetada; zoquete, gaznápiro.—**c. nails,** clavos de zapato. **II.** *va.* cubrir con paño, cuero, etc.; remendar o vendar (gen. toscamente) con trapo; tachonar con clavos; proteger con cibica; (fam.) golpear, abofetear.
clove, *pret;* **cloven,** *pp.* de TO CLEAVE.
clove [klouv], *s.* clavo de especia; diente de ajo.—**c. pink** o **gillyflower,** (bot.) variedad de clavel.—**c. tree,** (bot.) clavero, giroflé o jiroflé.
cloven [klóuvęn], *pp.* y *a.* partido, hendido.—**c.-foot, c.-footed, c.-hoofed,** patihendido, bisulco; diabólico.—**to betray,** o **show, the c. foot,** (fam.) sacar la pata, enseñar la oreja.
clover [klóuvœ(r)], *s.* (bot.) trébol.—**to be,** o **live, in c.,** vivir en la abundancia.
clown [kláun], *s.* patán, paleto; bufón, payaso, hazmerreír, truhán, (teat.) bobo, gracioso, bufo.
clownery [-œri], *s.* rusticidad; payasada.
clownish [-iŝ], *a.* rudo, grosero, tocho, zafio; tosco, basto; bufonesco, truhanesco.—**clownishly** [-li], *adv.* toscamente, groseramente.—**clownishness** [-nis], *s.* rusticidad, grosería; bufonada, bufonería, payasada.
cloy [klói], *va.* empalagar; saciar, hartar, hastiar.
club [klʌ́b]. **I.** *s.* clava, (cachi)porra, garrote, maza, tranca; club, círculo, tertulia; centro de reunión; palo o mazo (de golf); maza de gimnasia.—*pl.* bastos (de baraja).—**c. car,** (f. c.) coche club, arreglado como cuarto de club, con mesas de escribir, periódicos, etc.—**c. chair,** sillón de club, butaca.—**c. grass** o **rush,** (bot.) espadaña.—**c. law,** la ley del más fuerte; gobierno tiránico.—**c. moss,** (bot.) licopodio.—**c. steak,** pequeño biftec (del filete). **II.** *vn.* contribuir, o concurrir a gastos comunes; unirse o juntarse para un mismo fin. **III.** *va.* aporrear, golpear con garrote; escotar, pagar a prorrata la parte que a cada uno le toca.
clubbed [-d]. **I.** *pp.* de TO CLUB. **II.** *a.* en forma de clava o maza; ahusado; de extremo ensanchado; (bot.) de raíces atacadas de hongos.
clubfoot [-fut], *s.* pateta, *m.*, pie zambo, torcido o de piña.—**clubfooted** [-id], *a.* patituerto.
clubhouse [-haus], *s.* casino, club.
clubman, clubwoman, [-(wu)męn], *s.* clubista; miembro de un club o círculo, o adicto a la vida social.
cluck [klʌk]. **I.** *va.* y *vn.* cloquear; hacer *clo clo* la gallina clueca; imitar este sonido. **II.** *s.* cloqueo.
clue [klu], *s.* guía, norte; indicio, pista. *V.* CLEW.
clump [klʌmp]. **I.** *s.* grupo (de árboles o arbustos); zoquete, tarugo; aglutinación, masa; suela gruesa; pisada recia. **II.** *va.* y *vn.* aglutinar(se), arracimarse; andar torpemente con fuertes pisadas.
clumsily [klʌ́mzili], *adv.* zafiamente, groseramente; chapucera, chabacana o torpemente.
clumsiness [-inis], *s.* zafiedad, desmaña.
clumsy [-i], *a.* desmañado, chapucero, chabacano; incómodo, difícil de manejar.
clung [klʌŋ], *pret.* y *pp.* de TO CLING.
Cluniacensian [kluniasénŝan], *a.* y *s.* cluniacense.
cluster [klʌ́stœ(r)]. **I.** *s.* racimo; piña; ramo, ramillete, macolla; grupo, agrupación; caterva, hato; enjambre (de abejas).—**c. pine** = SEASIDE PINE. **II.** *vn.* arracimarse, agruparse.—**clustered pier** o **column,** (arq.) pilar en haz, columnas agrupadas. **III.** *va.* apiñar, amontonar.
clutch [klʌch]. **I.** *va.* agarrar; empuñar, apretar; embragar. **II.** *vn.* (con **at**) echar la garra a, tratar de empuñar. **III.** *s.* agarro, presa; uña, grapa, garra; nidada; (aut.) embrague.—**c. coupling,** (mec.) acoplamiento por garras; conexión de engranaje.—**to fall in the clutches of,** caer en las garras de.
clutter [klʌ́tœ(r)]. **I.** *s.* (fam.) baraúnda, batahola; desorden, confusión. *V.* CLATTER. **II.** *vn.* alborotar, hacer ruido o estrépito, menearse con bullicio, atropellarse. **III.** *va.* poner en desorden, trastornar.
clyster [klístœ(r)], *s.* clister o clistel, ayuda, enema, lavativa.
clyster(ize [-aiz], *va.* (med.) clisterizar.
coach [kóuch]. **I.** *s.* coche, carruaje; carroza; automóvil de dos puertas; (f. c.) vagón, coche ordinario de viajeros; preceptor; (dep.) entrenador.—**c.-and-four,** coche o carroza de cuatro caballos.—**c. box,** pescante.—**c. dog,** perro dalmático.—**c. horse,** caballo de coche.—**c. house,** cochera.—**c. step,** zancajera. **II.** *va.* llevar en coche; enseñar, preparar; aleccionar, amaestrar; (dep.) entrenar. **III.** *vn.* (fam.) pasear en coche; prepararse con un preceptor; (dep.) entrenarse; servir de preceptor o entrenador.
coacher [-œ(r)], *s.* preceptor; (dep.) entrenedor; caballo de coche.
coachmaker [-meikœ(r)], *s.* carrocero.
coachman [-męn], *s.* cochero; (poét.) auriga, *m.*
coachwhip [-hwip], *s.* manopla (látigo).
coact [kouǽkt], *va.* y *vn.* promulgar (una ley) u obrar de concierto; cooperar.
coaction [kouǽkŝon], *s.* coacción; compulsión, fuerza; acción concertada.
coactive [kouǽktiv], *a.* coactivo; cooperante.
coadjument [kouǽdẑument], *s.* mutua y recíproca asistencia.—**coadjutant** [-tent], *a.* coadyuvante, auxiliar.—**coadjutor** [-to(r)], *s.* coadjutor.—**coadjutrix** [-triks], *s.* coadjutora.—**coadjuvancy** [-vensi], *s.* coadjutoría.—**coadjuvant** [-vent], *a.* coadyuvante, coadyutorio.
coadministrator [kóuædmínistreito(r)], *s.* coadministrador.
coadunate [kouǽdẑuneit], *va.* coadunar.
coadunation [-néiŝon], *s.* coadunación.
coagent [kouéidẑent], *s.* coagente, cooperador.
coagulability [kouægiulabíliti], *s.* propiedad de coagularse; calidad de coagulable.
coagulable [kouǽgiulabl], *a.* coagulable.
coagulant [-lant], *a.* y *s.* coagulante.—**coagulate** [-leit]. **I.** *va.* coagular, cuajar. **II.** *vn.* coagularse, cuajarse, espesarse.—**coagulation** [-léiŝon], *s.* coagulación; cuajamiento; coágulo.—**coagulative** [-lativ], *a.* coagulativo.—**coagulator** [-leito(r)], *s.* coagulante, coagulador.—**coagulin** [-lin], *s.* (quím.) coagulina.—**coagulum** [-lʌm], *s.* coágulo, cuajarón.

coal [koul]. **I.** *s.* hulla, carbón, carbón de piedra o mineral, antracita; brasa.—**c. bin,** o **box,** arca o depósito de carbón, carbonera.—**c. black,** negro como tinta, absolutamente negro.—**c. breaker,** molino de carbón.—**c. brick,** aglomerado, carbón prensado.—**c. bunker,** (mar.) carbonera, pañol del carbón.—**c.-burning,** de combustión a carbón.—**c. dust,** polvo de hulla, cisco.—**c. field,** yacimiento de carbón.—**c. gas,** gas de hulla; gas del alumbrado.—**c. heaver,** cargador de carbón.—**c. man,** carbonero.—**c. measures,** (geol.) yacimientos de carbón; estratos carboníferos explotables.—**c. mine** o **pit,** carbonera, mina de carbón.—**c. miner,** carbonero.—**c. oil,** petróleo (esp. kerosina).—**c. pipe,** (min.) veta de carbón delgada e irregular.—**c. rake,** badila, hurgón.—**c. scuttle,** cubo de (para) carbón.—**c. ship,** barco carbonero.—**c. tar,** alquitrán de hulla, coáltar.—**c. tongs,** tenazas de chimenea. **II.** *va.* y *vn.* carbonear, carbonizar; proveer(se) de carbón.
coalesce [koualés], *vn.* unirse, juntarse, soldarse.
coalescence [-ens], *s.* coalescencia, unión.
coalescent [-ent], *a.* coalescente.
coaling [kóulin]. **I.** *s.* toma de carbón. **II.** *a.* de toma o aprovisionamiento de carbón.—**c. station,** puerto de toma de carbón.
coalition [koualíšon], *s.* coalición, liga.
coalitionist [-ist], *s.* coalicionista.
coaly [kóuli], *a.* carbonoso, hornaguero.
coaming [kóumin], *s.* brazola, brocal.
coaptation [kouæptéišon], *s.* (cir.) coaptación.
coarse [kórs], *a.* basto, ordinario; tosco; vulgar, soez; grueso, burdo.—**c. count,** (tej.) número grueso o bajo (del hilo).—**c. file,** lima de desbastar.—**c.-grained,** de fibra o granulación gruesa.—**c. wool,** lana burda.
coarsely [-li], *adv.* toscamente; groseramente.
coarsen [-n]. **I.** *va.* volver basto o tosco. **II.** *vn.* hacerse basto; volverse burdo o soez.
coarseness [-nis], *s.* calidad de basto o burdo; tosquedad, vulgaridad.
coast [kóust]. **I.** *s.* costa; litoral.—**c. guard,** guarda de costas, servicio costanero; carabineros, *m. pl.*—**c. guard cutter,** guardacostas.—**c. trade,** cabotaje.—**the c. is clear,** ha pasado el peligro; no hay moros en la costa. **II.** *va.* (mar.) costear. **III.** *vn.* (mar.) navegar a lo largo de la costa; deslizarse cuesta abajo en un trineíllo raso u otro vehículo movido únicamente por la gravedad; seguir rodando libremente en bicicleta, automóvil, etc.
coastal [-al], *a.* cost(an)ero, costeño.
coaster [-œ(r)], *s.* piloto práctico; barco de cabotaje; habitante de la costa; deslizador.—**c. brake,** freno de bicicleta para marchar cuesta abajo (freno de retroceso con piñón libre).
coasting [-in], *s.* (mar.) cabotaje; acto o diversión de deslizarse cuesta abajo.
coastland [-lænd], *s.* litoral, costa, orilla del mar.
coastline [-lain], *s.* costa, litoral.
coastward [-ward]. **I.** *a.* que se dirige a costa. **II.** *adv.* hacia la costa.
coastwards [-wardz], *adv.* hacia la costa.
coastwise [-waiz], *a.* y *adv.* a lo largo de la costa; costanero.
coat [kout]. **I.** *s.* americana, chaqueta, saco (traje usual); frac, levita, casaca (traje ceremonial); abrigo, paletó, capote; pelo, lana, pelaje; (mec.) cubierta o envoltura, funda, caperuza; túnica del ojo; revestimiento; (alb.) tendido; baño, capa o mano (de pintura, alquitrán, etc.).—**c. card,** figura (de la baraja).—**c. hanger,** percha, colgador.—**c. of arms,** (escudo de) armas.—**c. of mail,** arnés, cota (de malla).—**c. rack** o **stand,** perchero.—**c. room,** guardarropa; cuarto donde se dejan abrigo, sombrero, etc.—**c. tail,** faldón; *pl.* faldillas.—**to turn one's c.,** volver casaca, cambiar de partido. **II.** *va.* cubrir, vestir, revestir; bañar, dar una mano o capa de; azogar; (alb.) tender.
coatee [koutí], *s.* chaquet(ill)a, casaquilla.
coati [koáti], *s.* (zool.) coatí.
coating [kóutin], *s.* revestimiento, capa, mano de pintura, etc.; (alb.) blanqueo, jalbegue; enlucido; (tej.) bayetón.
coax [kóuks], *va.* y *vn.* instar; engatusar, enga(i)tar, lagotear.—**to like,** o **wait, to be coaxed,** hacerse de rogar.
coaxer [-œ(r)], *s.* engatusador, marrullero.
coaxial [kouǽksial], *a.* coaxil, coaxial.
coaxial cable, *s.* cable coaxial.
coaxing [kóuksin], *s.* ruego; engatusamiento.
cob [kab], *s.* tusa o carozo de maíz; jaca, caballito; cisne macho; cierta gaviota negra; araña; peso duro o fuerte español; mezcla de arcilla y paja; azotazo.—**c. coal,** hulla en pedazos redondos.
cobalt [kóubolt], *s.* (quím.) cobalto.—**c. blue,** azul de cobalto.—**c. bomb,** bomba de cobalto.
cobaltic [kobóltik], *a.* (quím) cobáltico.—**cobaltine** [kóuboltin], **cobaltite** [kobóltait], *s.* (min.) cobaltina.—**cobaltous** [-tʌs], *a.* (quím.) cobaltoso.
cobble [kábl], *va.* remendar zapatos; chapucear; empedrar con guijarros.
cobble, cobblestone [-stoun], *s.* guijarro.
cobbler [káblœ(r)], *s.* zapatero de viejo, remendón; chapucero.—**c. fish,** (ict.) zapatero.
cobelligerent [koubelídžerent], *a.* y *s.* cobeligerante.
cobnut [kábnʌt], *s.* (bot.) avellana grande.
cobra [kóubra], **cobra de capello** [-dikapélou], *s.* (zool.) cobra, cobracapelo.
cobweb [kábweb], *s.* telaraña; añagaza.
cobwebbed, cobwebby [-d, -i], *a.* telarañoso.
cobwork [kábwœrk], *s.* estructura de trozas horizontales.
coca [kóuka], *s.* (bot.) coca, (Am.) cuca, hayo.
cocain, cocaine [koukéin], *s.* (quím.) cocaína.
cocainism [-izm], *s.* (med.) cocainismo.
cocainize [-aiz], *va.* poner bajo la influencia anestésica de la cocaína.
coccid [káksid], *s.* (ent.) insecto de los cóccidos.
cocciferous [kaksíferʌs], *a.* que produce bayas.
cocculus [kákiulʌs], *s.* (bot.) coca de levante.
coccus [kákʌs], *s.* (biol.) coco (bacteria).
coccygeal [kaksídžial], *a.* (anat.) coccígeo, coxígeo; pert. al cóccix o coxis, *m.*
coccyx [káksiks], *s.* (anat.) cóccix, coxis, *m.*
cochin [kóuchin], *s.* y *a.* cochinchino (aplícase a las gallinas).
cochineal [kachinil], *s.* cochinilla, grana, quermes (insecto y tinte o materia colorante).
cochlea [kákliä], *s.* (anat.) caracol (del oído).
cochlear [-(r)], *a.* coclear.
cock [kak]. **I.** *s.* (orn.) gallo; macho de cualquier ave (en palabras compuestas); caudillo, campeón; veleta, giraldilla; llave, *f.* grifo, espita (de agua, etc.); llave, percusor o martillo de armas de fuego; seguro (de armas de fuego); vuelta del ala del sombrero; montón de paja, heno, etc.; saeta, estilo o gnomon de reloj de sol.—**c. and bull story,** patraña, cuento exagerado o increíble.—**c.-brained,** temerario.—**c.-eyed,** bizco; (fam.) extravagante, loco, achispado.—**c. of the walk,** o **of the loft,** (fam.) gallito del lugar, quiquiriquí.—**c. robin,** (orn.) petirrojo (macho). **II.** *va.* montar o amartillar (un arma de fuego); levantar, erguir, enderezar; encandilar el sombrero; hacinar o amontonar heno. **III.** *vn.* entonarse, engreírse, gallear.
cockade [kakéid], *s.* escarapela, cucarda, pedrada.
cock-a-doodle-doo [kákadudldú], *s.* quiquiriquí, canto del gallo.
cock-a-hoop [kakahúp], *a.* alegre, triunfante, achispado, engreído.
cockatoo [kakatú], *s.* (orn.) cacatúa.
cockatrice [kákatris], *s.* (mit.) basilisco.
cockboat [kákbout], *s.* (mar.) barquilla.
cockchafer [kákcheifœ(r)], *s.* (ent.) abejorro (coleóptero), variedad de escarabajo.
cockcrow(ing [kákkrou(in)], *s.* canto del gallo; la aurora.

cocked hat [kákt hǽt], *s.* sombrero de candil o de tres picos.—**to knock into a c. h.,** (fam.) destrozar, apabullar.
cocker [kákœ(r)]. **I.** *va.* acariciar, mimar. **II.** *s.* gallero; el que pelea gallos.—**c. spaniel,** perro cócker (apl. a una casta de perros de caza, de origen español).
cockerel [kákęrɛl], *s.* pollo, gallo joven.
cockfight(ing [kákfaįt(įŋ], *s.* riña de gallos.—**cockfighter** [-œ(r)], *s.* gallero.
cockhorse [kákhórs], *s.* caballito (juguete).
cockish [kákįŝ], *a.* (fam.) engreído, hinchado.
cockle [kákl]. **I.** *s.* coquina (molusco); cúpula de horno; barquichuelo; (bot.) vallico, zizaña, joyo; neguilla (del trigo). *V.* CORN C.—**c. hat,** sombrero de peregrino (esp. el de Santiago de Compostela).—**the cockles of the heart,** (fig.) las entretelas del corazón. **II.** *va.* y *vn.* arrugar, hacer arrugas, plegarse; encresparse (olas).
cocklebur [-bœ(r)], *s.* (bot.) bardana o cadillo.
cockleshell [-ŝɛl], *s.* concha de coquina.
cockloft [káklɔft], *s.* desván, zaquizamí.
cockmatch [kákmæch], *s.* riña de gallos.
cockney [káknį], *s.* londinense de clase popular y de dialecto o acento característico.
cockpit [kákpįt], *s.* gallera; reñidero de gallos; (mar.) entarimado del sollado; parte baja de popa de la cubierta (de un yate); (aer.) cabina del piloto y copiloto; cámara, casilla.
cockroach [kákroųch], *s.* (ent.) cucaracha, curiana, corredera.
cockscomb [kákskoųm], *s.* cresta (de gallo); gorro de bufón; bufón; (bot.) cresta de gallo o gallocresta, amaranto, (Am.) moco de pavo. *V.* COXCOMB.
cockspur [kákspœ(r)], *s.* espolón o navaja de gallo.
cocksure [kákŝųr]. **I.** *a.* absolutamente seguro. **II.** *adv.* con entera seguridad.
cockswain [káksn], *s.* = COXSWAIN.
cocktail [kákteįl], *s.* cocktail, coctel.
cocktail shaker, *s.* coctelera.
cocky [kákį], *a.* confiado, engreído, hinchado.
coco(a, coco(a-palm [kóųkoų], *s.* (bot.) coco, cocotero (árbol); coco (fruto).
cocoa, *s.* cacao molido o en polvo; bebida de cacao.—**c. bean,** grano de cacao, cacao en grano.—**c. butter,** manteca de cacao.
coco(a)nut [kóųkonʌt], *s.* (bot.) coco (fruto).—**c. palm** o **tree,** coco(tero).—**c. plantation,** cocotal.
cocobolo [koųkobóųloų], *s.* (bot.) cocobolo.
cocoon [kǫkún], *s.* capullo del gusano de seda y de ciertos otros insectos u orugas.
cod [kad], *s.* (ict.) abadejo, bacal(l)ao, curadillo; truchuela (bacalao curado).—**c.-liver oil,** aceite de hígado de bacalao.
coda [kóųdą], *s.* (mús.) coda.
coddle [kádl], *va.* criar con mimo o ternura excesiva; cocer a fuego lento (huevos, frutas, etc.).
code [koųd]. **I.** *s.* (for.) código, compilación; (tel., com., mil., etc.) código, cifra, clave, *f.* (*V.* SIGNAL CODE).—**c. letter,** carta en clave.—**c. of honor,** código del honor.—**c. word,** palabra en clave (de una cifra), cifra. **II.** *va.* cifrar, meter en forma de clave o cifra.
codefendant [koųdįféndąnt], *s.* (for.) coacusado, acusado con otro u otros.
codein(e [kóųdin], *s.* (quím.) codeína.
codex [kóųdɛks], *s.* códice.
codfish [kádfįŝ], *s.* (ict.). *V.* COD.
codfish cake, *s.* croqueta o fritura de bacalao.
codger [kádẑœ(r)], *s.* (despec.) chiflado; tipo.
codicil [kádįsįl], *s.* (for.) codicilo.
codification [kadįfįkéįŝǫn], *s.* codificación (de las leyes).—**codifier** [kádįfaįœ(r)], *s.* codificador.—**codify** [kádįfaį], *va.* codificar, compilar (leyes).
codling [kádlįŋ], *s.* (ict.) pijota; (bot.) manzana.
codling moth, *s.* (ent.) eucósmido, gusano del manzano.
coed, co-ed [kóųéd], *s.* alumna de un plantel de coeducación.
coeducation [koųɛdẑųkéįŝǫn], *s.* coeducación; educación de ambos sexos en comunidad.
coeducational [-ąl], *a.* coeducacional.
coefficiency [koųįfíŝęnsį], *s.* coeficiencia.
coefficient [-ęnt]. **I.** *a.* coeficiente; cooperador. **II.** *s.* (mat.) coeficiente.—**c. of discharge,** (hidr.) coeficiente de salida.—**c. of efficiency,** (mec.) rendimiento.—**c. of expansion,** coeficiente de dilatación.—**c. of friction,** (mec.) coeficiente de rozamiento.—**c. of (magnetic) leakage,** coeficiente de dispersión magnética.—**c. of safety,** coeficiente o factor de seguridad.—**c. of sensitiveness,** (elec.) coeficiente de sensibilidad.
coelacanth [síląkænθ], *s.* (ict.) celecantos.
coelenterate [sįlentęreįt], *a.* y *s.* (zool.) celenterado.
coeliac [sílįæk], *a.* (anat.) celíaco.—**c. artery,** (arteria) celíaca.—**c. flux** o **passion,** (med.) celíaca.
cœnesthesis [sinɛsθísįs], *s.* (psic.) cinestesia.
coequal [koųíkwąl], *a.* mutuamente igual.
coerce [koųœ́rs], *va.* forzar, obligar; coercer, constreñir; contener, refrenar; restringir.
coercible [-įbl], *a.* coercible, coactible.
coercion [koųœ́rŝǫn], *s.* coerción, coacción.
coercive [koųœ́rsįv], *a.* coercitivo; coactivo, obligatorio.
coessential [koųɛsénŝąl], *a.* coesencial.
coetaneous [koųįtéįnįʌs], *a.* coetáneo.
coeternal [koųįtœ́rnąl], *a.* coeterno.
coeternity [-įtį], *s.* coeternidad.
coeval [koųívąl], *s.* y *a.* coevo, contemporáneo.
coexecutor [koųįgzékįųtǫ(r)], *s.* coalbacea, *m.*
coexist [koųįgzíst], *vn.* coexistir.—**coexistence** [-ęns], *s.* coexistencia.—**coexistent** [-ęnt], *a.* coexistente.
coextend [koųįksténd], *vn.* coextenderse.—**coextension** [-sténŝǫn], *s.* coextensión.—**coextensive** [-sténsįv], *a.* coextensivo.—**coextensively** [-lį], *adv.* coextensivamente.
coffee [kɔ́fį], *s.* café (grano, bebida y árbol).
coffee bean, *s.* grano de café.
coffeeberry [-bɛrį], *s.* fruto, cereza del cafeto.
coffee break, *s.* breve descanso en el trabajo (para tomar el café).
coffee cake, *s.* rosca que se come con el café.
coffee grinder o **mill,** *s.* molinillo de café.
coffee grounds, *s. pl.* posos, heces o asientos del café.
coffee grower o **planter,** *s.* cafet(al)ero, (Am.) cafetalista.
coffeehouse [-haųs], *s.* café (establecimiento).
coffee plantation, *s.* cafetal.
coffeepot [-pat], *s.* cafetera.
coffee roaster, *s.* tambor, tostador.
coffee shop, *s.* (Am.) cafetería, lugar donde se sirven refrescos y comestibles.
coffee spoon, *s.* cucharita de (o para) café.
coffee table, *s.* mesa de café.
coffee tree, *s.* (bot.) café, cafeto.
coffer [kɔ́fœ(r)]. **I.** *s.* arca, cofre; (arq.) artesón hondo. *V.* CAISSON.—*pl.* tesoro, fondos. **II.** *va.* meter en arca; atesorar; (arq.) artesonar.—**coffered ceiling,** artesonado.
cofferdam [-dæm], *s.* (hidr.) ataguía.
coffin [kɔ́fįn]. **I.** *s.* ataúd, *m.*, féretro, caja (mortuoria); (vet.) uña del casco del caballo.—**c. bone,** (vet.) bolillo.—**c. nail,** (fam.) cigarillo. **II.** *va.* meter en ataúd; (fig.) encerrar, ocultar.
cog [kag]. **I.** *va.* puntear o poner dientes a una rueda; (carp.) ensamblar con espigas; (met.) desbastar con rodillo; engañar.—**to c. a die,** cargar un dado. **II.** *vn.* trampear, hacer fullerías. **III.** *s.* (mec.) diente, punto o álabe de rueda; cama, leva; (carp.) espiga; fraude, engaño; (mar.) botequín.—**c. railway,** ferrocarril de cremallera.
cogency [kóųdẑęnsį], *s.* fuerza lógica o moral.
cogent [-ęnt], *a.* convincente, persuasivo.
cogged [kagd], *a.* dentado, engranado; fraudu-

lento.—**c. dice,** brocha, dados cargados o falsos.
cogitable [kádźitabl], *a.* cogitable.
cogitate [-teit], *vn.* pensar, meditar, reflexionar.—**cogitation** [-téiŝon], *s.* cogitación, reflexión, meditación, discurso.—**cogitative** [-teitiv], *a.* cogitativo, reflexivo.
cognac [kóunyæk], *s.* coñac.
cognate [kágneit], *a.* y *s.* cognado, consanguíneo; pariente, deudo; afín; semejante, análogo.
cognatic [kagnǽtik], *a.* cognaticio.
cognation [-éiŝon], *s.* cognación; origen común; afinidad, entronque.
cognition [-íŝon], *s.* cognición, conocimiento.
cognitive [kágnitiv], *a.* cognoscitivo.
cognizable [kágnizabl], *a.* conocible; (for.) de la competencia de.—**cognizance** [-ans], *s.* conocimiento, comprensión; divisa, señal, *f.*; (for.) competencia, jurisdicción.—**cognizant** [-ant], *a.* sabedor, informado, impuesto (de).—**cognize** [kágnaiz], *va.* (re)conocer.
cognomen [kagnóumen], *s.* apellido, sobrenombre; apodo.—**cognominal** [kagnáminal], *a* ref. al apellido, etc.—**cognominate** [-eit], *va* apellidar.—**cognomination** [-éiŝon], *s.* sobrenombre, cognomento.
cognoscible [kagnásibl], *a.* cognoscible, conocible.
cognoscitive [-tiv], *a.* cognoscitivo.
cograil [kágreil], *s.* riel dentado, cremallera.
cogwheel [kághwil], *s.* rueda dentada.
cohabit [kouhǽbit], *vn.* cohabitar.
cohabitant [-ant], *s.* convecino.
cohabitation [-éiŝon], *s.* cohabitación, contubernio.
coheir [kouér], *s.* coheredero.
coheiress [-is], *s.* coheredera.
cohere [kohír], *vn.* adherirse, pegarse, unirse; enlazarse, adaptarse; conformar(se).
coherence, coherency [-ens, -i], *s.* cohesión, coherencia, enlace; consecuencia; conformidad.
coherent [-ent], *a.* coherente; consecuente.
coherer [-œ(r)], *s.* (rad.) cohesor, radioconductor.
cohesion [kohíźon], *s.* cohesión, adhesión, unión.
cohesive [kohísiv], *a.* cohesivo, coherente, adherente.—**cohesively** [-li], *adv.* coherentemente.
cohibit [kohíbit], *va.* cohibir; restringir.
cohibition [-bíŝon], *s.* cohibición.
cohobate [kohóubeit], *va.* (quím., farm.) cohobar.
cohort [kóuhort], *s.* cohorte, *f.*
coif [kóif], *s.* cofia, escofieta, toca, gorro, papalina.
coiffeur [kwafœ́r], *s.* peluquero, peinador.
coiffeuse [kwafœ́z], *s.* peluquera, peinadora.
coiffure [kwafyúr], *s.* tocado, peinado.
coign [koin], *s.* esquina; saliente; cuña.—**c. of vantage,** posición ventajosa.
coil [koil]. **I.** *s.* rollo; rosca, espiral; arrollamiento o muelle espiral; vuelta (de tal arrollamiento); serpentín; (mar.) aduja; (elec.) arrollamiento; bobina, carrete. **II.** *va.* enrollar, arrollar; (mar.) adujar (un cable). **III.** *vn.* enrollarse; enroscarse.
coin [kóin]. **I.** *s.* moneda acuñada, numerario; (fam.) blanca, dinero; (arq.) *V.* QUOIN.—**c. box,** (tel., etc.) caja recaudadora.—**c. holder** o **purse,** monedero.—**in c.,** en efectivo.—**to pay one in his own c.,** pagar a uno en la misma moneda. **II.** *va.* acuñar; amonedar o moned(e)ar; inventar, forjar (palabras, mentiras).—**to c. money,** batir dinero; (fam.) enriquecerse rápidamente; (Ingl., fam.) falsificar dinero.
coinage [-idź], *s.* acuñación; braceaje; monedaje; moneda; sistema monetario; invención.
coincide [kouinsáid], *vn.* coincidir, concurrir; convenir (con); estar de acuerdo.
coincidence [kouínsidens], **-cy** [-i], *s.* coincidencia, concurrencia; casualidad; conformidad.
coincident [-dent], **coincidental** [-déntal], *a.* coincidente, concurrente; acorde.
coincidentally [-i], **coincidently** [-dentli], *adv.* coincidentalmente; al mismo tiempo.
coiner [kóinœ(r)], *s.* acuñador; monedero falso; inventor, fabricador.
coinheritance [kouinhéritans], *s.* herencia en común.—**coinheritor** [-to(r)], *s.* coheredero.
coinsurance [kouinŝúrans], *s.* seguro en que el asegurado figura como coasegurador.
coir [koir], *s.* bonote, fibra extraída del coco.
coition [koíŝon], *s.* coito, concúbito, cópula.
coitus [kóuitʌs], *s.* = COITION.
coke [kouk]. **I.** *s.* cok, coque; (fam.) *coca cola* (marca de fábrica); (fam.) cocaína. **II.** *va.* y *vn.* convertir(se) en coque, coquizar.
cola [kóulä], *s.* (bot., farm.) cola. *V.* KOLA.
colander [kʌ́landœ(r)], *s.* colador, coladera, coladero; espumadera, escurridor.
colatitude [koulǽtitiud], *s.* (astr., naveg.) colatitud.
colchicine [kálchisin], *s.* (quím.) colquicina.
colchicum [kálchikʌm], *s.* (bot.) cólquico.
colcothar [kálkoθä(r)], *s.* (quím.) colcótar.
cold [kóuld]. **I.** *a.* frío; frígido, enfriado, helado; indiferente; esquivo; insensible; muerto; apartado, lejos (del objeto buscado); débil (rastro o pista); (pint.) frío, que tira a azul.—**in c. blood,** a sangre fría.—**to be c.,** tener frío (persona); hacer frío (tiempo).—**to be c. comfort,** tener poco consuelo, no servir de consolación.—**to blow hot and c.,** estar a favor y después en contra (de algo); vacilar.—**to get c. feet,** volverse tímido.—**to know c.,** (fam.) saber al dedillo.—**to leave one c.,** dejar frío o indiferente.—**to turn down c.,** (fam.) rechazar sin consideración, rehuzar categóricamente. **II.** *s.* frío, frialdad; enfriamiento; esquivez; (med.) resfrío, resfriamiento, resfriado, catarro, constipado.—**to catch** o **take c.,** resfriarse, constiparse, acatarrarse.—**to leave out in the c.,** dejar colgado, dejar a la luna de Valencia.
cold-blooded [-blʌ́did], *a.* impasible, inhumano, cruel; a sangre fría; friolento; (zool.) de sangre fría.
cold chisel, *s.* cortafrío.
cold cream, *s.* colcrén, crema (cosmético).
cold cuts, *s. pl.* carnes fiambres variadas.
cold dish o **lunch,** *s.* fiambre.
cold-drawn [-drón], *a.* estirado en frío.
cold frame, *s.* invernáculo pequeño (para proteger plantas nuevas).
cold front, *s.* (meteor.) frente frío.
cold-hearted [-hártid], *a.* insensible, impasible.
coldly [-li], *adv.* fríamente, indiferentemente.
cold meat, *s.* carne fría, carne fiambre.
coldness [-nis], *s.* frialdad, frigidez, frío; tibieza, indiferencia, despego, esquivez.
cold pack, *s.* (med.) compresa fría.
cold press, *s.* prensa de satinar en frío.
cold-roll [-róul], *va.* laminar en frío.
cold saw, *s.* sierra de cortar en frío.
cold scent, *s.* rastro o pista débil.
cold-short [-ŝort], *a.* (metal.) frágil, quebradizo.
cold shoulder, *s.* (fam.) frialdad, indiferencia.—**to give one the cold shoulder,** (fam.) tratar a uno con frialdad, despedirlo con cajas destempladas, o con desaire.
cold snap, *s.* (meteor.) período breve y repentino de frío.
cold sore, *s.* (med.) herpe labial, flictena en los labios, escupidura, afta.
cold steel, *s.* armas blancas (espada, bayoneta, etc.).
cold storage, *s.* conservación en frigoríficos o instalaciones refrigerantes.—**to put in cold storage** (fam.) dejar momentáneamente a un lado (un problema), dar carpetazo.
cold storage plant, *s.* frigorífico, instalación refrigerante, enfriadero.
cold sweat, *s.* sudor frío; (med.) escalofrío.
cold war, *s.* guerra fría.
cold wave, *s.* ola de frío; permanente (del pelo).
cole [koul], *s.* (bot.) col, *f.*, berza, colza.
colectomy [kolέktomi], *s.* (cir.) colectomía.
colegatee [koulegatí], *s.* colegatario.
Coleoptera [kouliáptœrä], *s. pl.* (ent.) coleópteros.—**coleopterous** [-ʌs], *a.* coleóptero.

coleorhiza [kouliorájzä], *s.* (bot.) coleorriza.
coleseed [kóulsid], *s.* semilla de col o colza.
coleslaw [kóulslo], *s.* ensalada de col picada.
colessee [koulesí], *s.* coarrendatario; mediero.
colessor [koulésq(r)], *s.* coarrendador.
coleus [kóuliʌs], *s.* (bot.) coleo.
colewort [kóulwœrt], *s.* (bot.) colza, berza.
colic [kálik], *s.* (med.) cólico, cólica; (vet.) torozón.—*a.* cólico (del colon); relativo al cólico.
colicky [-i], *a.* que tiene o produce cólico; parecido al cólico.
coliseum [kalisíʌm], *s.* coliseo.
colitis [koláitis], *s.* colitis, inflamación del colon.
collaborate [kolæboreit], *va.* colaborar.—**collaboration** [-éiŝon], *s.* colaboración.—**collaborationist** [-ist], *s.* colaboracionista.—**collaborator** [-o(r)], *s.* colaborador; coartífice.
collagen [kálадžen], *s.* (bioquím.) colágeno.
collapse [kolæps]. **I.** *s.* aplastamiento; derrumbamiento, desplome; hundimiento; fracaso, ruina; (med.) colapso, postración.—**c. ring,** (m. v.) anillo de refuerzo. **II.** *va.* hacer caer o arruinar; aplastar, juntar los lados opuestos de (un tubo, etc.); plegar, reducir a menor volumen doblando o desarmando (un bote portátil, etc.). **III.** *vn.* derrumbarse, desplomarse, caerse, hundirse, venirse abajo; arruinarse, fracasar; desfallecer, sufrir colapso; aplastarse; plegarse, doblarse.
collapsible [-ibl], *a.* que puede aplastarse, desarmarse, etc.; plegable (bote, etc.).—**c. hat,** clac. *V.* COLLAPSE, *va.*
collar [kálä(r)]. **I.** *s.* cuello (de camisa, levita, etc.); cuello postizo; cabezón; golilla; collar, collarín; collera, horcajo; (mec.) aro, anillo, cárcel, *f.*, zuncho, reborde, virola, manguito; (mar.) collar, encapilladura, gaza; (arq.) anillo, collarín.—**c. beam,** (arq.) entrecinta.—**c. button** o **stud,** botón del cuello.—**c. plate,** arandela.—**to slip the c.,** escaparse, desenredarse. **II.** *va.* poner cuello, collar, zuncho, etc.; arrollar y ceñir (carne, pescado); agarrar del cuello; (fam.) apercollar, acogotar.
collarband [-bænd], *s.* (cost.) tirilla de camisa.
collarbone [-boun], *s.* (anat.) clavícula, islilla.
collards [kálärdz], *s. pl.* (bot.) variedad de col rizada.
collaret(te [kalärét], *s.* collarín, collarejo.
collate [koléit], *va.* comparar, cotejar, compulsar, confrontar; (igl.) colacionar, colar.
collateral [kolætęral]. **I.** *a.* colateral; subordinado, accesorio.—**c. loan,** (com.) préstamo colateral.—**c. security,** garantía subsidiaria. **II.** *s.* (com.) garantía, resguardo.
collaterally [-i], *adv.* colateralmente, subsidiariamente.
collation [koléiŝon], *s.* cotejo, comparación; (igl.) colación; colación, merienda, refacción.
collator [koléito(r)], *s.* el que coteja; (igl.) colador.
colleague [kálig]. **I.** *s.* colega, *mf.*, compañero. **II.** *vr.* coligarse; conspirar.
collect [kolékt]. **I.** *va.* (re)coger; acopiar, reunir, congregar, juntar; coleccionar; (re)copilar; cobrar, recaudar, percibir, colectar.—**to c. one's self,** volver en sí; reponerse. **II.** *vn.* congregarse, reunirse; acumularse. **III.** *a.* cobrable. —**c. on delivery (C.O.D.),** entrega contra reembolso; cóbrese al entregar. **IV.** [kálekt], *s.* (igl.) colecta.
collectable [koléktabl], *a.* cobrable, cobradero.
collected [-tid], *a.* reunido, juntado; sosegado, vuelto en sí.
collectible [-tibl], *a.* cobrable, cobradero.
collection [-ŝon], *s.* colección, conjunto, acopi(amient)o, agregación; cobro, cobranza, recaudación (impuestos, etc.); cuestación, colecta (para obras pías, etc.); compilación, (re)copilación.
collective [koléktiv]. **I.** *s.* (gram.) nombre o substantivo colectivo. **II.** *a.* colectivo; agregado, congregado.—**c. bargaining,** (e. p.) (con)-trato colectivo (entre patronos y gremios, etc.). —**c. noun,** (gram.) nombre colectivo.—**c. security,** seguridad colectiva.
collectively [-li], *adv.* colectivamente, en masa. —**collectiveness** [-nis], *s.* colectividad.
collectivism [-izm], *s.* colectivismo.—**collectivist** [-ist], *a.* y *s.* colectivista.
collectivity [-tíviti], *s.* colectividad.
collectivization [-zéiŝon], *s.* colectivización.
collectivize [koléktivaiz], *va.* colectivizar.
collector [koléktq(r)], *s.* colector, coleccionador, coleccionista; cobrador, recaudador; compilador, recopilador; (elec.) colector.—**c. of customs** o **of a port,** administrador de aduanas. —**c. of taxes,** recaudador de contribuciones. —**c. of tithes,** diezmero.
collectorship [-ŝip], *s.* colecturía.
colleen [kálin *o* kalín], *s.* niña, muchacha.
collegatary [kolégateri], *s.* (for.) colegatario.
college [kálidž]. **I.** *s.* colegio superior; colegio (de cardenales, etc.). **II.** *a.* de colegio; estudiantil.
collegial [kolídžial], *a.* colegial.
collegian [kolídž(i)an], **collegiate** [-dž(i)it], *s.* colegial, estudiante.—**collegiate,** *a.* colegiado. —**c. church,** colegiata.
collet [kálit], *s.* (mec.) collar, mandril, boquilla; (joy.) engaste.
collide [koláid], *vn.* chocar, topar; contradecir, estar en conflicto.
collie [káli], *s.* perro de pastor.
collier [kályœ(r)], *s.* obrero de las minas de carbón; barco carbonero; mercader de carbón.
colliery [-i], *s.* mina de carbón, (mina) hullera.
colligate [káligeit], *va.* coligar, atar, juntar.
colligation [-éiŝon], *s.* coligación.
collimate [kálimeit], *va.* (ópt.) ajustar la visual de (un anteojo); alinear.—**collimation** [-éiŝon], *s.* colimación.—**collimator** [-o(r)], *s.* (ópt.) colimador.
collinear [kalíniä(r)], *a.* en línea recta; (mec.) que obran según una misma línea (apl. a fuerzas).
collision [kolížon], *s.* colisión, choque; impacción; encontrón, (fam.) trompada; oposición, antagonismo.
collocate [kálokeit], *va.* colocar.
collocation [-éiŝon], *s.* colocación.
collodion [kolóudion], *s.* (quím.) colodión, *m.*
colloid [káloid]. **I.** *a.* coloide, coloidal, coloideo; gelatinoso; no cristalizable; amorfo en parte. **II.** *s.* coloide, substancia gelatinosa.
colloidal [kalóidal], *a.* (quím.) coloide, coloidal. —**c. fuel,** combustible coloide (polvo de carbón suspendido en petróleo, alquitrán, etc.).
collop [kálop], *s.* bocado, tajada; pedacito.
colloquial [kolóukwial], *a.* familiar, dialogal.—**colloquialism** [-izm], *s.* expresión familiar.—**colloquially** [-i], *adv.* en lenguaje familiar, familiarmente.
colloquy [kálokwi], *s.* coloquio, conversación.
collotype [kálotaip], *s.* fotografía de colotipia.—**collotypy** [-i], *s.* colotipia.
collude [kolúd], *vn.* coludirse, confabularse, obrar de connivencia.
collusion [kolúžon], *s.* colusión, confabulación, connivencia.—**collusive** [kolúsiv], *a.* colusorio. —**collusively** [-li], *adv.* colusoriamente.
collyrium [kalíriʌm], *s.* (med.) colirio.
colocynth [kálosinθ], *s.* (bot.) coloquíntida.
cologne [kolóun], *s.* agua de Colonia (ll. t. **C. water**).
Colombia [kolʌ́mbia], *s.* Colombia.
Colombian [kolʌ́mbian], *s.* y *a.* colombiano.
colon [kóulon], *s.* (gram.) dos puntos (:); (anat.) colon.
colonel [kœ́rnel], *s.* coronel.—**colonelcy** [-si], **colonelship** [-ŝip], *s.* coronelía, (Am.) coronelato.
colonial [kolóunial], *a.* colonial.—**c. period,** (Am.) coloniaje.
colonialism [-izm], *s.* colonialismo.
colonic [kolánik], *a.* colónico.
colonist [kálonist], *s.* colono.—**colonize** [-aiz]. **I.** *va.* colonizar, poblar. **II.** *vn.* establecerse en

colonia.—**colonization** [-ịzéịŝọn], *s.* colonización.—**colonizer** [-œ(r)], *s.* colonizador.
colonnade [kalọnéịd], *s.* (arq.) peristilo, columnata.
colony [kálonị], *s.* colonia.
colophon [kálofan], *s.* (impr.) colofón.
colophony [kálofouni], *s.* colofonia.
color [kʌ́lọ(r)]. **I.** *s.* color, colores, pintura; matiz, *m.*, tinta o tinte; (pint.) colorido; pretexto, tinte, viso, socolor; palo (en los naipes). —*pl.* bandera, estandarte; pabellón, insignia, enseña; servicio militar.—**c. bearer,** abanderado, portaestandarte.—**c.-blind,** daltoniano, acromatopo, acromatópsico.—**c.-blindness,** daltonismo, acromatopsia, incapacidad de distinguir los colores.—**c. chart,** cuadro de colores.—**c. filter,** (fot.) filtro cromofotográfico.—**c. guard,** guardia de la bandera.—**c. index,** índice colorimétrico.—**c. line,** línea de demarcación (esp. de distinción social y política) entre la raza blanca y las de color.—**c. photography,** cromofotografía, fotografía en colores.—**c. plate,** placa o grabado a color, o en colores.—**c. rinse,** teñido (para el pelo).—**c. screen,** (fot.) pantalla de color, pantalla de intercepción de colores.—**c. sergeant,** sargento abanderado.—**under c. of,** so color de, con pretexto de.—**with flying colors,** a banderas desplegadas; triunfantemente. **II.** *va.* colorar, dar color, colorir, teñir; iluminar; exagerar, embellecer, paliar, desfigurar. **III.** *vn.* colorearse; ruborizarse, encenderse, ponerse colorado.
colorable [kʌ́lọrạbl], *a.* que puede ser colorado; especioso, plausible.—**colorably** [-ạblị], *adv.* especiosamente.
coloration [-éịŝọn], *s.* coloración; colorido.
coloratura [-ạchúrạ], *s.* (mús.) floreos y cadencias en el canto; música de esta índole.
coloratura soprano, *s.* tiple o soprano (*f.*) especialista en dicha música.
colorcast [-kæst], *s.* (televisión) transmisión en colores.
colored [-d], *a.* colorado; de color; negro (apl. a personas); especioso, engañoso; disfrazado, desfigurado, exagerado; adornado.
colorful [-fụl], *a.* lleno de colorido; vívido, dramático, pintoresco, variado.
colorific [-ífịk], *a.* colorativo.
colorimeter [-ímetœ(r)], *s.* colorímetro.—**colorimetric** [-imétrịk], *a.* colorimétrico.—**colorimetry** [-ímetrị], *s.* colorimetría.
coloring [-iŋ]. **I.** *s.* colorante, color; coloración; estilo o aire particular; (pint.) colorido. **II.** *a.* colorante, colorativo.
colorist [-ịst], *s.* colorista.
colorless [-lịs], *a.* descolorido, incoloro.
colossal [kolásạl], **colossean** [kalosíạn], *a.* colosal, descomunal.
colosseum [kalọsíʌm], *s.* coliseo.
Colossian [koláŝạn], *s.* y *a.* colosense.
colossus [kolásʌs], *s.* coloso.
colostomy [kolástomị], *s.* (cir.) colostomía.
colostrum [kolástrʌm], *s.* calostro.
colporteur [kálpɔrtœ(r)], *s.* vendedor o repartidor de escritos religiosos.
colpotomy [kalpátomị], *s.* (cir.) colpotomía.
colt [kóụlt], *s.* (zool.) potro; mozuelo sin juicio; (mar.) azote con un nudo.
colter [-œ(r)], *s.* reja del arado.
coltish [-ịŝ], *a.* juguetón, retozón.
coltsfoot [-sfụt], *s.* (bot.) fárfara, tusilago.
Colubridae [kolúbrịdi], *s. pl.* (zool.) colúbridos.
colubrine [káljụbrịn], *a.* culebrino; astuto.
columbarium [kalʌmbéịrịʌm], *s.* columbario; (alb.) mechinal.
columbary [kálʌmbạrị], *s.* palomar.
Columbian [kolʌ́mbịan], *a.* relativo a Cristóbal Colón; colombino.
columbine [kálʌmbaịn], *a.* columbino.
columbine, *s.* (bot.) aguileña o pajarilla.
columbium [kolʌ́mbịʌm], *s.* (quím.) columbio.
columella [kalịumélạ], *s.* eje central, columnilla.
column [kálʌm], *s.* columna; pilar; (mil.) columna.
columnar [kolʌ́mnạ(r)], *a.* columnario.
columned [kálʌmd], *a.* con columnas.
columniation [kolʌmnịéịŝọn], *s.* columnata.
columnist [kálʌm(n)ịst], *s.* colaborador de un periódico encargado de una columna o sección permanente especial.
colure [koljúr], *s.* (astr.) coluro.
colza [kóụlzạ], *s.* (bot.) colza.
coma [kóụmạ], *s.* (med.) coma, *m.*; (astr.) cabellera, cola; (bot.) manojito de hebras sedosas.
comaker [kóụmeịkœ(r)], *s.* (com.) fiador, dita, garante.
comate [koụméịt], *s.* camarada, *mf.*, compañero.
comate [kóụmeịt], *a.* cabelludo.
comatose [kóụmạtoụs], *a.* (med.) comatoso, letárgico.
comb [koụm]. **I.** *s.* peine; peineta; almohaza; carda, rastrillo, carducha; cresta; (api.) panal; avispero.—**c.-brush,** limpiadera, bruza para limpiar peines.—**c. foundation,** (api.) panal artificial.—**c. maker,** peinero. **II.** *va.* peinar; cardar, carduzar; rastrillar; buscar por todas partes. **III.** *vn.* encresparse y romper las olas.
combat [kámbæt]. **I.** *s.* combate, lucha, batalla, pelea, pugna. **II.** *va.* combatir, resistir, oponerse a, luchar contra. **III.** *vn.* combatir, contender, luchar, pelear.
combatable [-ạbl], *a.* combatible.
combatant [kámbạtạnt], *s.* y *a.* luchador, combatiente; *s.* combatidor, campeón.
combat duty, *s.* (mil.) servicio en el frente.
combat fatigue, *s.* fatiga mental de combatir (en el frente).
combative [kʌmbǽtịv], *a.* combativo, belicoso.
combativeness [-nịs], *s.* combatividad, acometividad, predisposición a la lucha.
combat team, *s.* (mil.) cuerpo o equipo de combate.
combat-worthy [-wœrðị], *a.* apto para el combate.
comber [kóụmœ(r)], *s.* cardador; ola encrestada, cabrilla, rompiente.
combinable [kọmbáịnạbl], *a.* combinable.
combination [kambịnéịŝọn], *s.* combinación; unión, liga; mezcla; cábala; reunión.
combination last, *s.* horma compuesta o de combinación.
combination lock, *s.* cerradura de combinación.
combinative [kámbịneịtịv], *a.* combinatorio.
combinatorial [kọmbaịnạtórịạl], *a.* (mat.) combinatorio.
combine [kámbaịn], *s.* combinación; monopolio; (fam.) monipodio, pastel; (agr.) segadora con trituradora, máquina de segar provista de un mecanismo de trituración y limpia.
combine [kọmbáịn]. **I.** *va.* combinar; mezclar; reunir, aunar. **II.** *vn.* combinarse, unirse, aunarse, mancomunarse; maquinar, conspirar.
combined [-d], *a.* juntos, unidos; aunado, unido; compuesto; mixto.
combing [kóụmiŋ], *s.* peinad(ur)a; cardadura.—*pl.* peinadura.
combustibility [kọmbʌstịbílịtị], *s.* combustibilidad.—**combustible** [kọmbʌ́stịbl], *a.* y *s.* combustible.—**combustion** [-chọn], *s.* combustión; tumulto, alboroto.—**c. chamber,** (m.v.) cámara de combustión; cámara de explosión.—**c. engine,** motor de combustión.
come [kʌm], *vn.* (*pret.* CAME; *pp.* COME) venir, llegar, acercarse, acudir, avanzar; aparecer, salir; acontecer, suceder; entrar (en acción, etc.).—**c. what will,** venga lo que viniere.—**coming!** ¡voy!—**to c. about,** rodear; acaecer; efectuarse; (mar.) virar.—**to c. across,** atravesar; encontrarse, dar o topar con; (fam.) (a veces con **with**) pagar, entregar, desembolsar. —**to c. after,** seguir, venir detrás o después; venir por, en busca de.—**to c. again,** volver.—**to c. along,** venir; andar, caminar.—**c. along!** ¡ven! ¡anda! ¡vamos!—**to c. apart,** dividirse, partirse.—**to c. around** = TO C. ROUND.—**to**

c. asunder, deshacerse, desunirse.—**to c. at,** alcanzar; conseguir; llegar a; atacar.—**to c. away,** retirarse, irse.—**to c. back,** retroceder volver; (fam.) rehabilitarse, recobrarse; reflorecer; dar una réplica mordaz.—**to c. back again,** volver, tornar a venir.—**to c. before,** venir antes, anteponerse.—**to c. between,** interponerse, inmiscuirse.—**to c. by,** pasar junto a; venir por; hacerse a, obtener.—**to c. down,** bajar, descender; desplomarse, demolerse; (fam.) perder fortuna, rango, etc.—**to c. down on,** *o* **upon,** caer sobre; (fam.) regañar. —**to c. downstairs,** bajar (de un piso a otro). —**to c. down with,** (fam.) enfermar de.—**to c. for,** venir a buscar; venir por.—**to c. forth,** salir; aparecer; adelantarse.—**to c. forward,** avanzar, medrar; adelantarse; ofrecerse.—**to c. from,** proceder, provenir o emanar de; ser o resultar de.—**to c. high or low,** venderse caro o barato.—**to c. home,** volver a casa; (fig.) tocar la cuerda sensible.—**to c. in,** entrar; llegar; desembocar; consentir, acceder; introducirse; empezar; encajar; parir la vaca; empezar a dar leche.—**c. in!** ¡pase Ud.! ¡adelante! —**to c. in for,** pretender, reclamar; corresponderle a uno; tener parte en, tocarle a uno.—**to c. in,** *o* **into, sight,** *o* **view,** aparecer, asomar, empezar a verse.—**to c. into,** entrar a; heredar, obtener.—**to c. into one's own,** recobrar uno o hacer reconocer sus derechos; ser reconocido, hacer valer sus méritos.—**to c. into the world,** venir al mundo, nacer.—**to c. into trouble,** meterse en trabajos; tener algún percance.—**to c. near,** acercarse; faltar poco para (*he came near killing himself,* faltó poco para que se matara; por poco se mata).—**to c. next,** venir después, ser el que sigue.—**to c. of,** proceder, venir de.—**to c. of age,** llegar a mayor edad.—**to c. off,** zafarse, soltarse, salir, separarse; salir (una mancha); salir (bien o airoso, etc.); verificarse, tener efecto.—**c. off!,** (fam.) ¡déjate de tonterías!.—**to c. on,** avanzar; marchar; medrar; (teat.) salir.—**c. on!,** ¡vamos! ¡ven! ¡venga! ¡ea!—**to c. one's way,** caerle a uno en suerte.—**to c. out,** salir; crecer; resultar, finalizar; trascender; ver la luz; hacerse público; manifestarse, declararse; debutar.—**to c. out at the small end of the horn,** salir perdiendo, llevarse lo peor.—**to c. out with,** publicar, revelar; decir, echar afuera.—**to c. over,** venir, cruzar; pasarle a uno.—**to c. over to,** pasarse a.—**to c. round,** acontecer o efectuarse; convenir, asentir; restablecerse; volver en sí; engatusar.—**to c. short of,** faltar (cambiando un poco el giro), no llegar a; estar lejos de; no tener más o suficiente.—**to c. through,** salir bien.—**to c. to,** recobrar los sentidos; ascender a; parar en.—**to c. to a head,** madurar, llegar a condición decisiva o definitiva, definirse; (med.) madurar.—**to c. to anchor,** anclar.—**to c. to an end,** acabarse; morir.—**to c. to an estate,** heredar.—**to c. to blows,** *o* **to close quarters,** venirse a las manos.—**to c. to grief,** fracasar; salir mal parado.—**to c. to grips with,** afrontar, atacar, habérselas con.—**to c. to hand,** llegar a manos (de uno), recibirse; venir a la mano.—**to c. to life,** nacer.—**to c. to life again,** renacer; revivir; resucitar.—**to c. to light,** descubrirse, darse a luz.—**to c. to mind,** venir a la memoria, ocurrirse.—**to c. to naught, to nothing,** *o* **to nought,** frustrarse, reducirse a nada; no quedar en nada.—**to c. to one's self,** volver en sí.—**to c. to pass,** suceder, acaecer, ocurrir.—**to c. to stay,** llegar para no volver más; ser permanente.—**to c. together,** venir juntos; juntarse, reunirse.—**to c. to terms,** aceptar condiciones; convenirse; zanjar un negocio.—**to c. to the point,** llegar al punto; venir al caso; venir al grano.—**to c. to the rescue,** acudir (a uno).—**to c. true,** realizarse, resultar cierto.—**to c. under,** figurar entre.—**to c. undone,** deshacerse, desatarse.—**to c. up,** subir; aparecer; brotar; nacer; surgir; presentarse, ocurrir.—**to c. upon,** encontrarse con, dar con.—**to c. upstairs,** subir (de un piso a otro).—**to c. up to,** acercarse a; estar a la altura de; dar alcance; abordar (un buque).—**to c. up with,** alcanzar (a uno).—**to c. within,** estar abarcado o incluído en.

come-at-able [kʌmǽtạbl], *a.* (fam.) accesible; asequible, procurable.

comeback [kʌ́mbæk], *s.* (fam.) rehabilitación, vuelta al puesto u oficio (ú. gen. en dep.); respuesta aguda; motivo de queja.

comedian [kọmídịạn], *s.* comediante, cómico, actor, recitante; autor cómico, comediógrafo. —**comedienne** [kọmídịen], *s.* comedianta, cómica, actriz.

comedo [kámịdoụ], *s.* (med.) comedón, espinilla.

comedown [kʌ́mdaụn], *s.* (fam.) revés de fortuna; humillación, chasco.

comedy [kámẹdị], *s.* comedia.

comeliness [kʌ́mlịnịs], *s.* gracia, donaire.

comely [kʌ́mlị], *a.* gentil, donoso, bien parecido.

come-on [kʌ́mɔn], *s.* (fam.) añagaza, cebo; desafío; blanco, persona fácil de engañar.

comer [kʌ́mœ(r)], *s.* llegado; recién venido; (fam.) persona o cosa que promete.—**all comers,** (dep.) todos los aspirantes o contendientes.

comestible [kọméstịbl], *a.* y *s.* comestible.

comet [kámịt], *s.* (astr.) cometa, *m.*

cometary [kámịtạrị], *a.* (astr.) cometario.

comether [kọméðœ(r)], *s.* asunto, cuestión; relaciones de amistad; compañerismo.—**to put the c. on,** inducir a, ganarse a, engatusar a.

cometography [kamịtágrạfị], *s.* cometografía.

comfit [kʌ́mfịt], *s.* confite, dulce.

comfort [kʌ́mfọrt]. **I.** *va.* confortar, vivificar; animar, alentar, consolar; alegrar, solazar; (for.) ayudar, apoyar. **II.** *s.* confortación, consuelo, alivio; solaz, *m.*, satisfacción; bienestar, confort; comodidad, conveniencia, regalo; (for.) ayuda, colcha.—**c. station,** lavatorio con excusado.

comfortable [-ạbl]. **I.** *a.* confortativo; confortable, cómodo; consolador; adecuado. **II.** *s.* cobertor, colcha.—**comfortableness** [-nịs], *s.* comodidad, bienestar.—**comfortably** [-blị], *adv.* cómodamente, confortablemente.

comforter [-œ(r)], *s.* confortador, consolador; (C.) el Espíritu Santo; (E. U.) cobertor, colcha; (Ingl.) bufanda, tapabocas; chupete.

comforting [-ịŋ], *a.* consolador, consolante, consolativo; confortador, confortante.

comfortless [-lịs], *a.* desconsolado, sin consuelo, inconsolable; sin confort, sin comodidades.

comfrey [kʌ́mfri], *s.* (bot.) consuelda.

comic [kámịk]. **I.** *a.* cómico; burlesco, bufo, bufón; alegre, jocoso, gracioso. **II.** *s.* actor cómico; bufo; comicidad, lo cómico (en la vida, arte, etc.); película chistosa.—*pl.* (fam.) tiras cómicas.

comical [-ạl], *a.* cómico.

comically [-ạlị], *adv.* burlescamente, cómicamente.

comic book, *s. pl.* muñequitos.

comic opera, *s.* ópera bufa, ópera cómica.

comic strip, *s.* tira cómica.

coming [kʌ́mịŋ]. **I.** *s.* venida, llegada; advenimiento.—**c. back,** vuelta, regreso.—**c. out,** (fam.) entrada en la sociedad; estreno, *debut.* **II.** *a.* próximo, que viene, venidero, entrante; (fam.) en camino de la fama o del poder.—**c. from,** procedente de.

comitia [komíṣịạ], *s. pl.* comicios.

comitial [komíṣạl], *a.* comicial.

comity [kámịtị], *s.* cortesía, urbanidad, bienquerencia; (der. intern.) cortesía, deferencia.

comma [kámạ], *s.* (gram.) coma (,); (mús.) coma. —**c. bacillus,** (biol.) microbio del cólera.

command [kọmǽnd]. **I.** *va.* mandar, ordenar, dictar, disponer, gobernar, imponer, regir; acaudillar, capitanear; (mil.) comandar; atraer; (fort.) dominar. **II.** *vn.* mandar, imperar, gobernar, reinar; imponerse. **III.** *s.* mando; mandamiento, mandato, orden, *f.*, ordenanza; autori-

dad, cargo, dirección, gobierno, imperio; comandancia, dominación; (mil.) comando; alcance, perspectiva; facilidad, recursos; disposición, órdenes.—**at one's c.,** a la disposición de uno; de que uno dispone.—**under the c. of,** al mando de.
commandant [kamandǽnt], *s.* comandante.
commandeer [kamandír], *va.* reclutar forzosamente; expropiar, sobre todo para usos militares.
commander [komǽndœ(r)], *s.* comandante, capitán, caudillo, jefe; teniente de navío; comendador; maza para empedrar.—**c. in chief,** generalísimo, general en jefe, jefe supremo.
commandery [-i], *s.* comandancia; encomienda.
commanding [-iŋ], *a.* dominante, imperante, imperativo; imponente; convincente, atrayente; que manda.—**c. officer,** comandante en jefe.
commandment [-mẹnt], *s.* mandato, precepto. —**the Commandments,** los mandamientos.
commando [komǽndou], *s.* cuerpo militar; comando(s), tropas especialmente adiestradas para realizar misiones difíciles y audaces, como incursiones repentinas, etc.; miembro de tales grupos (ll. t. **commandoman**); invasión.
command performance, *s.* función ejecutada por orden (del rey, presidente, etc.).
commeasurable [koméžūrabl], *a.* conmensurable.
commemorable [komémorabl], *a.* (con)memorable, memorando.—**commemorate** [-eit], *va.* conmemorar, rememorar, recordar.—**commemoration** [-éišon], *s.* conmemoración.—**commemorative** [-ātiv], *a.* conmemorativo. —**commemoratory** [-ātori], *a.* conmemoratorio.
commence [koméns]. **I.** *va.* comenzar, empezar, entablar, iniciar, (for.) incoar. **II.** *vn.* comenzar, empezar, principiar, ponerse (a hacer algo).
commencement [-mẹnt], *s.* principio, comienzo; inauguración; (escuelas, etc.) función de fin de año o de distribución de diplomas.
commend [koménd], *va.* encomendar, recomendar, encargar; alabar, ensalzar, loar.
commendable [-abl], *a.* recomendable, loable, plausible; autorizado.
commendably [-abli], *adv.* loablemente.
commendation [kamendéišon], *s.* recomendación, encomio, alabanza.
commendatory [koméndatori], *a.* (re)comendatorio; de comendatario; comendaticio.
commensal [kaménsal], *s.* y *a.* comensal; (biol.) asociado.—**commensalism** [-izm], *s.* comensalía.
commensurability [komenšūrabíliti], **commensurableness** [koménšūrablnis], *s.* conmensurabilidad.—**commensurable** [-abl], *a.* conmensurable, conmensurativo; proporcionado.
commensurate [koménšūreit, -it]. **I.** *va.* conmensurar. **II.** *a.* proporcionado.—**commensurately** [-li], *adv.* proporcionadamente.
commensuration [-éišon], *s.* conmensuración, proporción.
comment [káment]. **I.** *va.* comentar; glosar, explicar, anotar; discutir, juzgar, tratar de. **II.** *vn.* comentar.—**to c. on,** comentar, juzgar, expresar opinión acerca de. **III.** *s.* comentario, comento, glosa, explicación; observación.
commentary [kámenteri], *s.* comentario, glosa, anotación, interpretación.
commentator [-eito(r)], **commenter** [-œ(r)], *s.* comentador, comentarista, glosador.
commerce [kámœrs], *s.* comercio, negocio, tráfico o tráfago; trato, correspondencia, conversación.—**c. destroyer** o **raider,** buque ligero y rápido para atacar o capturar buques mercantes.
commercial [komœ́ršal]. **I.** *a.* comercial, mercantil; de negocios. **II.** *s.* (rad., televisión) programa (*m.*) comercial, anuncio o propaganda comercial.
commercial art, *s.* arte comercial o publicitario.
commercialism [-izm], *s.* mercantilismo, comercialismo.
commercialization [-izéišon], *s.* comercialización.
commercialize [-aiz], *va.* mercantilizar, comercializar.
commercial law, *s.* derecho comercial.
commercial paper, *s.* (com.) instrumentos o valores negociables.
commercial traveler, *s.* viajante de comercio.
comminate [kámineit], *va.* conminar; anatematizar.—**commination** [-éišon], *s.* conminación, amenaza.
comminatory [komínatori], *a.* conminatorio.
commingle [komíŋgl]. **I.** *va.* mezclar. **II.** *vn.* mezclarse, compenetrarse, unirse; barajarse.
comminute [káminiut], *va.* moler, triturar.—**comminuted fracture,** fractura conminuta.
comminution [-iúšon], *s.* trituración, división; atenuación; (cir.) fractura conminuta.
commiserable [komízerabl], *a.* lastimoso.
commiserate [-eit], *va.* apiadarse, compadecerse (de uno).—**commiseration** [-éišon], *s.* conmiseración, piedad.
commissar [kamisár], *s.* comisario de gobierno, miembro del gabinete soviético.
commissariat [kamisériat], *s.* (mil.) comisaría, comisariato; Administración Militar; departamento de gobierno (en Rusia).
commissary [kámiseri], *s.* comisario, delegado; (mil.) comisario de guerra; proveeduría de ferrocarriles, colonias de mineros, etc.; *commissar* (en Rusia).—**c. general,** jefe superior de Administración Militar.—**commissaryship** [-šip], *s.* comisaría, comisariato.
commission [komíšon]. **I.** *s.* comisión; misión, encomienda, encargo; cometido; patente, *f.*, despacho, nombramiento; (com.) comisión; (for.) comisión, perpetración; (E. U.) junta de gobierno municipal.—**c. government** o **plan,** (E. U.) gobierno municipal dirigido por un administrador o gerente nombrado por una junta municipal o por el alcalde y un concejo. —**c. merchant,** (com.) comisionista.—**out of c.,** (fam.) inservible, inutilizado, arruinado.—**to put into c.,** poner (un buque) en servicio activo.—**to put out of c.,** jubilar, retirar del servicio; (fam.) arruinar; poner fuera de combate (en los dep.), acabar con, despachar. **II.** *va.* comisionar, encargar, autorizar, capacitar, facultar; diputar, nombrar; poner en servicio activo.—**commissioned officer,** (mil.) oficial (apl. al alférez y los oficiales y jefes de mayor grado, que son nombrados por escrito).
commissionnaire [-ér], *s.* mensajero; (Ingl.) soldado pensionado empleado como mensajero o en tareas sencillas.
commissional [-al], *a.* comisionado.
commissioner [-œ(r)], *s.* comisario; comisionado, apoderado, factor; (E. U.) miembro de la junta municipal. (*V.* COMMISSION GOVERNMENT).—**c. of deeds,** notario federal autorizado.—**c. of patents,** comisionado de patentes.
commissure [kámišur], *s.* (anat.) comisura.
commit [komít], *va.* cometer, perpetrar; confiar, depositar, entregar; encarcelar, encerrar; encargar, encomendar; trasladar, pasar, someter (a una comisión, etc.).—**to c. one's self,** soltar prenda, comprometerse, empeñarse; declararse. —**to c. to memory,** aprender de memoria.—**to c. to writing,** poner por escrito.
commitment [-mẹnt], **committal** [-al], *s.* perpetración, comisión; traslado a una comisión; (for.) auto de prisión; encierro, encarcelamiento; compromiso, promesa.
committee [komíti], *s.* comité, comisión, diputación, delegación; junta.—**c. of the whole,** comisión de la totalidad de los miembros de una asamblea reunidos en junta con carácter puramente deliberativo.—**C. of Ways and Means,** comisión de arbitrios.
committeeman [-man], *s.* miembro de una comisión.

commix [kǫmíks], *va.* y *vn.* mezclar(se), unir(se).
commixture [-chų̄(r)], *s.* conmistión, mezcla.
commode [kǫmóųd], *s.* cómoda; lavabo cubierto (con jofaina, bacín, etc.); sillico.
commodious [kǫmóųdiʌs], *a.* cómodo, conveniente, espacioso, holgado.—**commodiously** [-lį], *adv.* cómodamente, holgadamente.—**commodiousness** [-nįs], *s.* conveniencia, comodidad; holgura.
commodity [kǫmádįtį], *s.* comodidad, conveniencia; artículo de comercio o de consumo (apl. gen. a los de primera necesidad), mercancía, mercadería, géneros.—**c. money,** (E. U.) propuesta moneda variable cuyo valor se fija en función del precio de los artículos de consumo de primera necesidad.
commodore [kámodər], *s.* (mar.) comodoro; jefe de escuadra.
common [kámǫn]. **I.** *a.* común, corriente, familiar, frecuente, usual, ordinario; vulgar, trivial; público, general, comunal, concejil; bajo, inferior; adocenado; (gram.) común o apelativo. —**c. carrier,** cargador, port(e)ador, empresa de transporte público (no oficial).—**c. council,** ayuntamiento, concejo.—**c. councilman,** concejal.—**c. crier,** pregonero.—**c. denominator,** (arit.) común de denominadores.—**C. Era,** era vulgar o cristiana.—**c. fraction,** (arit.) quebrado.—**c. herd,** gentuza, común de las gentes.—**c. law,** derecho consuetudinario.—**c.-law marriage,** matrimonio consensual.—**c. noun,** (gram.) apelativo.—**c. pleas,** causas ajenas al dominio de la corona. *V.* COURT OF COMMON PLEAS.—**c. sense,** sentido común; (fam.) gramática parda.—**c. school,** escuela primaria elemental.—**c. soldier,** soldado raso. —**c. stock,** (com.) acciones ordinarias.—**in c.,** comunalmente; de mancomún. **II.** *s.* común, comunal; pastos comunes, (terrenos) baldíos.—**commonable** [-ąbl], *a.* común, comunal.—**commonage** [-įdž], *s.* derecho de pasta en común; comunal o común.—**commonalty** [-ąltį], *s.* comunal, común, comunidad.
commoner [-œ(r)], *s.* plebeyo, pechero, villano; comunero; el que tiene derecho de pastar en común; (Ingl.) miembro de la Cámara de los Comunes.
commonly [-lį], *adv.* comúnmente, usualmente; vulgarmente.
commonness [-nįs], *s.* comunidad; frecuencia; ordinariez, vulgaridad.
commonplace [-pleįs]. **I.** *a.* común, vulgar, trivial. **II.** *s.* apunte, nota; *pl.* lugares comunes. —**c. book,** minuta, libro de memoria.
commons [-z], *s. pl.* el vulgo o pueblo bajo; (Ingl.) la cámara baja; mesa redonda (esp. en una universidad); víveres, bucólica; baldíos, pastos comunes.—**the C.,** (Ingl.) la Cámara baja; (miembros de) la Cámara de los Comunes.
commonweal [-wil], *s.* el bien público.
commonwealth [-wɛlθ], *s.* estado; nación; cosa pública; república.—**the C.,** (hist.) la república de Cromwell.
commorant [kámorąnt], *s.* y *a.* (for.) vecino.
commotion [kǫmóųšǫn], *s.* conmoción, perturbación, tumulto, alteración, escándalo, revuelo.
communal [kámyųnąl], *a.* comunal, público.
communalism [-įzm], *s.* teoría o sistema (*m.*) de gobierno por *comunas* independientes dentro de una federación.
commune [kámyun]. **I.** *s.* comunión, intimidad; (pol.) comuna (apl. esp. a la de París); la menor división política de ciertos países; distrito municipal, (gal. y Am.) comuna. **II.** *vn.* [kǫmįún], conversar, platicar; comunicarse, ponerse en contacto; (igl.) comulgar.
communicability [kǫmįunįkąbílįtį], *s.* comunicabilidad.—**communicable** [kǫmįúnįkąbl], *a.* comunicable; comunicativo.
communicant [-kąnt], *s.* comunicante; (igl.) comulgante.
communicate [-keįt]. **I.** *va.* comunicar, participar, dar parte de, hacer partícipe, notificar; transmitir, pegar (una enfermedad); (igl.) dar la comunión, comulgar. **II.** *vn.* comunicarse, tener correspondencia o ponerse al habla con; abrir, dar a; (igl.) comulgar.—**communication** [-kéįšǫn], *s.* comunicación; participación, transmisión; transfusión; comunicado, mensaje, parte; comercio, trato; acceso, paso.
communication satellite, *s.* (astronáut.) satélite de comunicación.
communicative [-kątįv], *a.* comunicativo; expansivo.—**communicativeness** [-nįs], *s.* comunicabilidad.—**communicatory** [-kątorį], *a.* comunicatorio.
communion [kǫmįúnyǫn], *s.* comunión; contacto, intimidad; confraternidad; (igl.) comunión, eucaristía; congregación.—**c. altar,** comulgatorio.—**c. cup,** cáliz, *m.*
communiqué [kǫmįunįkéį], *s.* comunicación, oficio.
communism [kámyųnįzm], *s.* (pol.) comunismo.
communist [-įst], *s.* y *a.* comunista, (fig.) rojo.
communistic [-ístįk], *a.* comunista.
community [kǫmįúnįtį], *s.* comunidad, común, público; colectividad, cuerpo social; sociedad, generalidad; corporación, sociedad; comunidad, propiedad o goce común.—**c. center** o **house,** centro social, casa o sala de reuniones de una población, asociación, etc.—**c. chest,** fondo de contribuciones voluntarias para gastos municipales de caridad.—**c. of interest,** solidaridad.
communize [kámyųnaįz], *va.* comunizar, hacer común; hacer comunista.
commutability [kǫmįutąbílįtį], *s.* conmutabilidad.
commutable [kǫmįútąbl], *a.* conmutable.
commutate [kámyųteįt], *va.* (elec.) cambiar la dirección de una corriente.
commutation [-éįšǫn], *s.* conmutación; cambio, permuta, trueque; iguala; (elec.) conmutación o cambio de corriente; (for.) conmutación de pena, indulto parcial.—**c. ticket,** (f. c.) billete de abono.
commutative [kamįútątįv], *a.* conmutativo.
commutator [kámyųteįtǫ(r)], *s.* (elec.) conmutador; colector.—**c. bar,** *o* **segment,** segmento colector.
commute [kǫmįút]. **I.** *va.* conmutar, cambiar, permutar, rescatar, substituir; igualar, ajustar; reducir (una pena); (elec.) cambiar. **II.** *vn.* conmutar, pagar por medio de conmutación; (f. c.) abonarse, viajar de un sitio a otro con billete de abono.
commuter [-œ(r)], *s.* (f. c.) viajero abonado; (elec.) conmutador.
comose [kóųmoųs], *a.* (bot.) cabelludo.
compact [kámpækt]. **I.** *s.* pacto, avenencia, convenio, ajuste; neceser, cajita o estuche de afeites (polvo y colorete para la cara), polver(it)a de bolsillo; (cir.) compresa. **II.** *a.* [kǫmpǽkt] compacto, firme, denso, apelmazado; cerrado, apretado; breve, compendioso; (con **of**) compuesto de. **III.** *va.* [kǫmpǽkt] consolidar, apretar, comprimir; compaginar, componer.
compacted [kǫmpǽktįd], *a.* consolidado, apretado, firme.
compactly [-lį], *adv.* sólidamente, densamente; reducidamente.
compactness [-nįs], *s.* compactibilidad, densidad, apelmazamiento, estrechez; tamaño reducido.
companion [kǫmpǽnyǫn], *s.* compañero; consorte, *mf.;* (con)socio; camarada, *mf.;* acompañante; caballero de una orden.—**c. hatch,** (mar.) cubierta de escotilla.—**c. ladder,** (mar.) escala de toldilla. *V.* COMPANIONWAY.
companionable [-ąbl], *a.* sociable.
companionably [-ąblį], *adv.* sociablemente.
companionate [-įt], *a.* propio de, o compartido entre, compañeros.—**c. marriage,** matrimonio de compañerismo, en que los cónyuges no tienen hijos, impidiendo la concepción, pueden divorciarse por mutuo consentimiento, y no tienen obligaciones pecuniarias mutuas.

companionship [-ŝịp], *s.* compañerismo; camaradería; unión; compañía.
companionway [-weị], *s.* (mar.) escalera de la cámara.
company [kʌ́mpạnị], *s.* compañía, acompañamiento; visitante, huésped, *mf.;* visita (personas); asociación, gremio; compañero, acompañante; (com.) compañía, empresa; (mil., teat.) compañía; (mar.) tripulación.—**c. union,** (E. U.) gremio interno, asociación de todos los obreros de una fábrica o compañía en forma de gremio particular, gen. controlado por los patronos para hacer oposición a los gremios o sindicatos generales.—**to bear** o **keep c. (with)**, acompañar, asociarse (con); (fam.) cortejar, galantear.—**to part c.,** separarse; terminar una relación.
comparable [kámpạrạbl], *a.* comparable.
comparably [-blị], *adv.* comparablemente.
comparative [kǫmpǽrạtịv], *a.* comparativo, relativo; comparado; (gram.) comparativo.—**c. literature,** literatura comparada.—**c. science,** ciencia de observación (esp. biol.).
comparatively [-lị], *adv.* comparativamente, relativamente.
comparator [kámpạreịtǫ(r)], *s.* comparador.
compare [kǫmpér]. **I.** *va.* comparar; comprobar, compulsar, confrontar, cotejar, equiparar, graduar.—**to c. notes,** comparar datos e informes; atar cabos (dos o más personas). **II.** *vn.* poderse comparar; ser comparable; ser igual. —**not to be compared to,** o **with,** no poder compararse con, ir muy en zaga a.—**to c. favorably,** o **well, with,** no perder por comparación con, no ser inferior a.—**to c. with,** poderse comparar con, ser comparable con; ser o valer por comparación o comparado con (*how does this house compare with mine?* ¿qué tal es esta casa comparada con la mía?). **III.** *s.* comparación.—**beyond c.,** sin igual o rival; incomparablemente.
comparison [kǫmpǽrịsǫn], *s.* comparación, confrontación, cotejo, equiparación; (ret.) comparación, símil; metáfora.—**beyond c.,** sin comparación, incomparablemente; incomparable.—**in c. with** o **to,** comparado con.
compartment [kǫmpártmẹnt], *s.* compartimiento, división, departamento; tablero; cajoncito, gaveta; (her.) cuartel.
compass [kʌ́mpạs]. **I.** *va.* conseguir, lograr; idear, maquinar; concebir, comprender; circundar, circuir, cercar; sitiar. **II.** *s.* círculo, circuito, ámbito; recinto; alcance; extensión; moderación límites; (mús.) cuerda; extensión de la voz o de un instrumento; brújula; (gen. *pl.* **compasses**) compás.—**c. card,** rosa de los vientos.—**c. needle,** aguja de brújula; aguja imanada.—**c. saw,** serrucho de calar o de puñal, sierra de punta.—**c. surveying,** levantamiento de planos con la brújula.—**c. timber,** madera curvada.—**to box the c.,** (mar.) cuartear la aguja; (fig.) dar una vuelta completa.
compassable [-ạbl], *a.* asequible.
compassion [kǫmpǽŝǫn], *s.* compasión, conmiseración, enternecimiento, lástima, piedad.
compassionable [-ạbl], *a.* lastimoso, digno de compasión.—**compassionate** [-ịt]. **I.** *a.* compasivo, compasible, misericordioso. **II.** [-eịt] *va.* compadecer.—**compassionately** [-ịtlị], *adv.* compasivamente.
compatibility [kǫmpætịbílịtị], **compatibleness** [kǫmpǽtịblnịs], *s.* compatibilidad.
compatible [kompǽtịbl], *a.* compatible.
compatibly [-blị], *adv.* compatiblemente.
compatriot [kǫmpéịtrịǫt], *s.* compatriota, *mf.,* compatricio; *a.* y *s.* paisano, conterráneo.
compeer [kǫmpír], *s.* igual; compañero.
compel [kǫmpél], *va.* compeler, obligar, apremiar, constreñir, forzar, precisar; arrancar por la fuerza; dominar, someter.—**compellable** [-ạbl], *a.* que puede ser compelido.—**compellably** [-ạblị], *adv.* a viva fuerza.
compellation [kampɛléịŝǫn], *s.* tratamiento; acción o modo de dirigir la palabra a una persona.
compelling [-ịŋ], *a.* apremiante, constrictivo, preciso, urgente.
compend [kámpɛnd], *s.* compendio.
compendious [kǫmpéndịʌs], *a.* compendioso, breve, sumario.—**compendiously** [-lị], *adv.* compendiosamente.—**compendiousness** [-nịs], *s.* brevedad.—**compendium** [kǫmpéndịʌm], *s.* compendio, epítome, resumen, sumario, extracto.
compensable [kǫmpénsạbl], *a.* compensable.
compensate [kámpɛnseịt]. **I.** *va.* compensar indemnizar; remunerar; (mec.) compensar. **II.** *vn.* compensar; (con *for*), igualar, equivaler.
compensating [-ịŋ], *a.* (fís., mec., etc.) compensador, compensativo, de compensación.
compensation [-séịŝǫn]. **I.** *s.* compensación; remuneración; resarcimiento, indemnización, reparación, desagravio; (psic.) neutralización. **II.** *a.* (tec.) compensador, de compensación.
compensative [kǫmpénsạtịv], *a.* = COMPENSATORY.
compensator [kámpɛnseịtǫ(r)], *s.* compensador.
compensatory [kǫmpénsạtɔrị], *a.* compensatorio, compensativo, equivalente.
compete [kǫmpít], *vn.* competir, concurrir, contender, rivalizar; (con **for**) disputarse.
competence, competency [kámpẹtẹns, -ị], *s.* suficiencia, competencia; subsistencia; (for.) competencia, capacidad.
competent [-ẹnt], *a.* competente, capaz, apto, adecuado, calificado; (for.) competente.
competently [-lị], *adv.* competentemente.
competition [-tíŝǫn], *s.* competición, competencia, concurrencia; rivalidad; certamen, concurso, oposición.
competitive [kǫmpétịtịv], *a.* que compite, competidor.—**c. examination,** examen de concurso u oposición.
competitor [kǫmpétịtǫ(r)], *s.* competidor, rival; antagonista, contrario, opositor.
compilation [kampịléịŝǫn], *s.* compilación, recopilación, recolección.
compile [kǫmpáịl], *va.* compilar, recopilar.
compiler [-œ(r)], *s.* compilador; recopilador.
complacence, complacency [kǫmpléịsẹns, -ị], *s.* complacencia; satisfacción serena (de sí mismo).
complacent [-ẹnt], *a.* complaciente; satisfecho. —**complacently** [-lị], *adv.* complacientemente; con satisfacción.
complain [kǫmpléịn], *vn.* quejarse, lamentarse; (for.) querellarse, demandar.
complainant [-ạnt], *s.* (for.) querellante, demandante, demandador.
complainer [-œ(r)], *s.* querellador, lamentador.
complaint [kǫmpléịnt], *s.* queja; lamento; querella, agravio; mal, enfermedad; (for.) demanda, queja.
complaisance [kǫmpléịzạns], **complaisantness** [-ạntnịs], *s.* afabilidad, cortesía, complacencia, contemplación; atención, cumplimiento. —**complaisant** [-ạnt], *a.* cortés, complaciente.— **complaisantly** [-lị], *adv.* cortésmente.
complected [kǫmpléktịd], *a.* entretejido, enlazado; (fam.) = COMPLEXIONED.
complement [kámplẹmẹnt]. **I.** *s.* complemento; accesorio; cantidad o número completo; (biol., gram., geom.) complemento; (mar.) dotación. **II.** *va.* complementar, completar.
complemental [-méntạl], *a.* completivo.
complementary [-méntạrị], *a.* complementario. —**c. angles, arcs, colors,** ángulos, arcos, colores complementarios.
complete [kǫmplít]. **I.** *a.* completo; acabado, cabal, consumado, perfecto; entero, íntegro, lleno, plen(ari)o. **II.** *va.* completar, acabar, concluir, rematar, terminar; perfeccionar; complementar; cumplir (años).—**completely**

[-li], *adv.* completamente, enteramente.—**completeness** [-nis], *s.* integridad, entereza, calidad de completo.
completion [kǫmplíŝǫn], *s.* acabamiento, cumplimiento, terminación, consumación, fin.
completive [kǫmplítiv], *a.* completivo.
complex [kámplɛks]. **I.** *a.* complejo, complexo; complicado, intrincado; múltiple, compuesto. —**c. fraction,** (arit.) fracción de términos fraccionarios.—**c. sentence,** (gram.) oración que contiene una o más proposiciones subordinadas. **II.** *s.* complexo, complejo; (psic.) complejo; grupo de ideas o tendencias reprimidas asociadas con un estado afectivo o emocional; (fam.) tema, *m.*, obsesión.
complexion [kǫmplékŝǫn], *s.* tez; cutis (gen. *m.*), color; naturaleza; estado; carácter, calidad; (fisiol. ant.) complexión, constitución.
complexional [-al], *a.* complexional.
complexioned [-d], *a.* de tal o cual tez.
complexity [kǫmpléksiti], **complexness** [-nis], *s.* complexidad, complejidad.
complexus [-ʌs], *s.* complexo, complicación; (anat.) músculo complexo.
compliable [kǫmpláiabl], *a.* = COMPLIANT.
compliance [-ans], *s.* docilidad, sumisión; complacencia; acatamiento; contemplación, condescendencia, anuencia, consentimiento.—**in c. with,** de acuerdo con, accediendo a; a tenor de.
compliant [-ant], *a.* dócil, obediente, sumiso; condescendiente, complaciente.—**compliantly** [-li], *adv.* rendidamente, complacientemente.
complicate [kámplikeit]. **I.** *va.* complicar, enredar. **II.** *a.* complicado; (hist. nat.) plegado.
complicated [-id], *a.* complicado, enredado, revesado; complejo.
complication [-éiŝǫn], *s.* complicación; (med.) enfermedad concurrente con otra afección.
complicity [kǫmplísiti], *s.* complicidad, calidad de cómplice; complejidad, complicación.
complier [kǫmpláiœ(r)], *s.* consentidor, contemporizador.
compliment [kámpliment]. **I.** *s.* galantería, lisonja, requiebro, flor, *f.*, (fam.) piropo, chicoleo; favor, fineza; cumplimiento; cumplido; obsequio, regalo.—*pl.* recados, memorias; saludo. **II.** *va.* lisonjear, requebrar, galantear, (fam.) piropear, echar flores a; cumplimentar, felicitar; obsequiar. **III.** *vn.* hacer cumplimientos.
complimentary [-méntari], *a.* lisonjero, galante; cumplido, cortés, obsequioso; de obsequio, de regalo (billete, etc.).
complimentary ticket, *s.* billete de cortesía o regalo.
complin(e [kámplin], *s.* (igl.) completas.
complot [kámplat]. **I.** *s.* conspiración, conjura(ción), cábala, trama, (fam.) complot. **II.** [kamplát], *va.* tramar. **III.** *vn.* conspirar, conjurar.
comply [kǫmplái], *vn.* obedecer, cumplir con, acatar, condescender, consentir.—**to c. with,** obrar de acuerdo con, acceder a, satisfacer.
component [kǫmpóunent], *a.* y *s.* componente.
comport [kǫmpórt], *vn.* y *va.* convenir, concordar; portarse, comportarse.
comportment [-ment], *s.* comportamiento.
compose [kǫmpóuz]. **I.** *va.* componer, formar, integrar; redactar, escribir; ajustar, arreglar, ordenar; apaciguar, conciliar, sosegar. **II.** *va.* y *vn.* (mús. e impr.) componer.
composed [-d], *a.* sosegado, tranquilo, sereno; compuesto (de).—**composedly** [-idli], *adv.* tranquilamente, sosegadamente, con calma, serenamente.—**composedness** [-idnis], *s.* compostura, tranquilidad, serenidad, calma, mesura.
composer [-œ(r)], *s.* autor, escritor; conciliador, mediador; (mús.) compositor.
composing [-iŋ], *ger.* de TO COMPOSE.—**c. frame** o **stand,** (impr.) chibalete.—**c. rule,** (impr.) regleta, filete.—**c. stick,** (impr.) componedor.
composite [kǫmpázit]. **I.** *a.* compuesto, formado de partes; mixto; (arq.) compuesto; (bot.) compuesta.—**c. carriage,** (Ingl., f. c.) coche mixto.—**c. number,** (arit.) número no primo. —**c. photograph,** o **c. portrait,** retrato compuesto o de superposición. **II.** *s.* compuesto, cosa compuesta; mixtura; (bot.) (planta) compuesta.
composition [kampozíŝǫn], *s.* (en casi todas las acepciones) composición; tema, *m.*, ensayo (estudiantil); componenda, arreglo, ajuste.—**c. book,** cuaderno.
compositive [kǫmpázitiv], *a.* compositivo.
compositor [kǫmpázitǫ(r)], *s.* (impr.) cajista.
compost [kámpoust]. **I.** *s.* mezcla; (agr.) mantillo, abono, estiércol. **II.** *va.* abonar la tierra.
composure [kǫmpóuẑū(r)], *s.* compostura, serenidad, calma, sangre fría.
compote [kámpout], *s.* compota, dulce.
compotier [kampatír], *s.* dulcera, compotera.
compound [kampáund]. **I.** *va.* componer, combinar, mezclar, confeccionar; transigir, componer.—**to c. a felony,** (for.) dejar de procesar por soborno. **II.** *vn.* avenirse, transigir, arreglarse.
compound [kámpaund]. **I.** *s.* compuesto; mezcla, mixtura; preparación; palabra compuesta; (quím.) cuerpo compuesto, combinación; recinto, empalizada. **II.** *a.* compuesto; mezclado.
compoundable [kampáundabl], *a.* componible.
compound circuit, *s.* (elec.) circuito compuesto de uno cerrado conectado con uno abierto, circuito combinado.
compound engine, *s.* (m.v.) máquina compund.
compounder [kampáundœ(r)], *s.* mezclador; (for.) componedor, árbitro, mediador.
compound fraction, *s.* (arit.) fracción compuesta, quebrado compuesto.
compound fracture, *s.* (cir.) fractura complicada o abierta (en la que el hueso rompe los tejidos).
compound interest, *s.* (com.) interés compuesto.
compound number, *s.* (arit.) número denominado o complejo.
compound sentence, *s.* (gram.) cláusula compuesta.
compound steel, *s.* acero de aleación.
compound winding, *s.* (elec.) devanado mixto.
comprehend [kamprihénd], *va.* comprender, concebir, alcanzar; contener, encerrar, abarcar.
comprehensible [-sibl], *a.* comprensible, inteligible.—**comprehensibleness** [-nis], *s.* comprensibilidad.—**comprehensibly** [-sibli], *adv.* comprensiblemente.
comprehension [-ŝǫn], *s.* comprensión, entendimiento, inteligencia.
comprehensive [-siv], *a.* compre(he)nsivo, amplio; perspicaz.—**comprehensively** [-li], *adv.* comprensivamente. — **comprehensiveness** [-nis], *s.* extensión, alcance; comprensión, entendimiento.
compress [kǫmprés], *va.* comprimir, apretar, estrechar, condensar; abreviar, reducir.—**compressed-air brake, drill, etc.,** freno, taladro, etc., de aire comprimido.
compress [kámprɛs], *s.* (med.) compresa, cabezal; prensa de embalar algodón, etc.
compressibility [kǫmprɛsibíliti], **compressibleness** [-présiblnis], *s.* compresibilidad.
compressible [-présibl], *a.* compresible, comprimible, apretadizo.
compression [-préŝǫn], *s.* compresión, apretadura; condensación.
compressive [-présiv], *a.* compresivo.
compressor [-présǫ(r)], *s.* compresor.
comprisal [kǫmpráizal], *s.* inclusión, comprensión.
comprise, comprize [-práiz], *va.* comprender, contener, incluir, abarcar, abrazar; constar de.
compromise [kámpromaiz]. **I.** *s.* arreglo, acomodo, transacción, avenencia, componenda; término medio; compromiso, obligación. **II.** *va.*

arreglar, acomodar, componer, zanjar; comprometer, exponer. **III.** *vn.* transigir, avenirse.
compromiser [-œ(r)], *s.* el que arregla o compone, etc.; comprometedor; compromisario.
compromising [-iŋ], *a.* comprometedor; transigente.
comptometer [kamptámɛtœ(r)], *s.* contómetro; (máquina) calculadora. (Es nombre de fábrica.)
comptroller [kontróulœ(r)], *s.* contralor, interventor; sobrestante.—**C. of the Currency,** (E. U.) interventor de los bancos nacionales.—**comptrollership** [-ŝip], *s.* contraloría, intervención.
compulsion [-ŝon], *s.* compulsión, apremio, coacción, precisión, constreñimiento.
compulsive [-siv], *a.* compulsivo.—**compulsively** [-li], *adv.* compulsivamente.—**compulsiveness** [-nis], *s.* calidad de compulsivo.
compulsory [-sori], *a.* obligatorio.—**compulsorily** [-li], *adv.* obligatoriamente.
compunction [kompʌ́ŋkŝon], *s.* compunción, contrición, remordimiento, escrúpulo.—**to feel c.,** compungirse.—**compunctious** [-ŝʌs], *a.* compungido, contrito; compungivo.
compurgation [kampœrgéiŝon], *s.* compurgación.—**compurgator** [kámpœrgeito(r)], *s.* compurgador.
computable [kompiútabl], *a.* calculable.
computation [kampiutéiŝon], *s.* computación, cálculo.—**compute** [kompiút], *va.* computar, calcular.—**computer** [-œ(r)], *s.* calculador, calculista.
comrade [kámræd], *s.* camarada, *mf.*, compañero.
comradeship [-ŝip], *s.* compañerismo, camaradería.
con [kan], *va.* estudiar, leer con atención; (mar.) gobernar (el buque).
con, *adv.* y *s.* contra. *V.* PRO.
con. **I.** *a.* (fam., abrev. de CONFIDENCE).—**c. game,** estafa, timo, embaucamiento.—**c. man,** estafador. **II.** *va.* (fam.) estafar.
conation [konéiŝon], *s.* (psic.) voluntad, esfuerzo; cualquier inquietud o impulso mental.
concatenate [kankǽteneit]. **I.** *va.* concadenar, concatenar, encadenar. **II.** *a.* eslabonado.
concatenation [-éiŝon], *s.* concatenación, eslabonamiento, sucesión, serie.
concave [kánkeiv]. **I.** *a.* cóncavo. **II.** *s.* cóncavo, concavidad; línea o superficie cóncava.—**concaveness** [-nis], calidad de cóncavo, concavidad.—**concavity** [kankǽviti], *s.* concavidad.—**concavo-concave** [kankéivoukankéiv], *a.* cóncavo-cóncavo, bicóncavo.—**concavo-convex** [-kanvéks], cóncavo-convexo.
conceal [konsíl], *va.* ocultar, esconder, encubrir, callar, tapar, disimular.—**concealable** [-abl], *a.* ocultable, escondible.—**concealer** [-œ(r)], *s.* ocultador, encubridor.—**concealment** [-ment], *s.* ocultación, escondimiento; secreto, encubrimiento; reticencia; escondrijo, escondite.
concede [konsíd]. **I.** *va.* conceder, admitir. **II.** *vn.* asentir, convenir.
conceit [konsít]. **I.** *s.* presunción, engreimiento, fatuidad, ínfulas, *f. pl.*, vanagloria; noción, idea, fantasía; pensamiento; capricho, chifladura; concepción, comprensión. **II.** *va.* conceptuar, concebir, imaginar; engreírse; encapricharse.
conceited [-id], *a.* vanidoso, engreído, fatuo, presumido, presuntuoso, pagado.—**conceitedly** [-li], *adv.* engreídamente.—**conceitedness** [-nis], *s.* presunción, vanidad.
conceivable [konsívabl], *a.* concebible, concepti ble, imaginable.—**conceivableness** [-nis], *s.* conceptibilidad; calidad de concebible.—**conceivably** [-bli], *adv.* de un modo conceptible.
conceive [konsív]. **I.** *va.* concebir, comprender, idear, formar idea; coger (odio, etc.); expresar; engendrar, concebir. **II.** *vn.* concebir, imaginar, pensar; concebir, quedar preñada la hembra.
concenter [konséntœ(r)]. **I.** *va.* concentrar, enfocar. **II.** *vn.* reconcentrarse.
concentrate [kánsentreit]. **I.** *va.* (re)concentrar; enfocar. **II.** *vn.* reunirse; reconcentrarse. **III.** *a.* concentrado. **IV.** *s.* (quím.) substancia o producto concentrado; (met.) gandinga; resultado de la concentración de minerales.
concentrated [-id], *a.* concentrado.
concentration [-éiŝon], *s.* (re)concentración; recogimiento, abstracción.—**c. camp,** campo de concentración.—**concentrator** [-o(r)], *s.* concentrador.
concentre [konséntœ(r)], *v.* = CONCENTER.
concentric(al [konséntrik(al], *a.* concéntrico.
concentrically [-i], *adv.* concéntricamente.
concentricity [-trísiti], *s.* concentricidad.
concept [kánsept], *s.* concepto, noción, idea.
conceptacle [konséptakl], *s.* (bot.) conceptáculo.
conception [konsépŝon], *s.* concepción, idea, concepto, sentimiento; conocimiento, comprensión; (biol.) concepción, preñez.
conceptive [konséptiv], *a.* conceptivo.
conceptual [konsépchual], *a.* conceptual, relativo al concepto; de carácter de concepto.—**conceptualism** [-izm], *s.* (fil.) conceptualismo.—**conceptualist** [-ist], *a.* y *s.* conceptualista.
concern [konsœ́rn]. **I.** *va.* concernir, importar, interesar, tocar, atañer o incumbir, rezar con, pertenecer; afectar; mover, excitar, preocupar, inquietar, desasosegar.—**as concerns** = CONCERNING. **II.** *s.* asunto, negocio, ocupación; interés, incumbencia; empresa, establecimiento, casa de comercio; importancia, consecuencia; inquietud, ansiedad.—**of what c. is it to you?** ¿qué le importa? ¿qué más le da a Vd.?
concerned [-d], *a.* interesado; comprometido; ansioso, intranquilo.—**as far as I am c.,** en cuanto a mí.—**concernedly** [-idli], *adv.* ansiosamente, etc.—**concerning** [-iŋ], *prep.* por lo concerniente a, respecto a, por (o en) lo que respecta a, sobre, acerca de, tocante a.
concernment [-ment], *s.* concernencia, interés; asunto; importancia; ansiedad, cuidado.
concert [konsœ́rt], *va.* concertar, acordar, ajustar.
concert [kánsœrt], *s.* concierto, convenio, acuerdo; (mús.) concierto.
concerted [konsœ́rtid], *a.* concertado, proyectado mutuamente.
concertina [kansœrtína], *s.* (mús.) concertina.
concertmaster, concertmeister [kánsœrtmæstœ(r), kántsœrtmáistœ(r)], *s.* (mús.) concertino.
concerto [konchértou], *s.* (mús.) concierto.
concession [konséŝon], *s.* concesión, privilegio.
concessionaire [-ér], *s.* concesionario.
concessionary [-ɛri]. **I.** *s.* concesionario. **II.** *a.* otorgado por concesión.
concessive [konsésiv], *a.* concesivo, concedente.
conch [káŋk o kanch], *s.* caracol marino; concha; caracola, (Ant.) fotuto; (arq.) concha.
concha [-ä], *s.* (anat.) cavidad del pabellón de la oreja.
conchiferous [kaŋkíferʌs], *a.* conchífero.
conchiform [káŋkifɔrm], *a.* conquiforme.
conchoid [káŋkɔid], *s.* (geom.) concoide, *f.*
conchoidal [kaŋkɔ́idal], *a.* concoideo.
conchologist [kaŋkálodẑist], *s.* conquiliólogo.
conchology [-dẑi], *s.* (zool.) conquiliología.
conchy [kánchi], *s.* (fam.) = CONSCIENTIOUS OBJECTOR.
concierge [kansiérẑ], *s.* conserje, portero.—**conciergerie** [-œri], *s.* portería, conserjería.
conciliar [konsília(r)], *a.* conciliar.
conciliate [konsílieit], *va.* conciliar, propiciar; granjear, ganar, atraer.
conciliation [-éiŝon], *s.* conciliación.
conciliative [-eitiv], *a.* conciliativo.
conciliator [-eito(r)], *s.* conciliador.
conciliatory [-atori], *a.* conciliatorio.
concise [konsáis], *a.* conciso, breve, sucinto.—**concisely** [-li], *adv.* concisamente.—**conciseness** [-nis], *s.* concisión, brevedad, laconismo.
concision [konsíẑon], *s.* concisión; corte, cortadura; circuncisión.
conclave [kánkleiv], *s.* conclave.
conclavist [-ist], *s.* conclavista.

conclude [kǫnklúd]. **I.** *va.* concluir, acabar, dar cima a; inferir, colegir, sacar en limpio; decidir; hacer (arreglo, etc.); excluir; restringir, coartar. **II.** *vn.* finalizar, fenecer; inferir.
concluding [-iŋ], *a.* concluyente; último.
conclusion [kǫnklúžǫn], *s.* conclusión; desenlace; determinación, decisión; deducción, inferencia. —**in c.,** en conclusión, por último.—**to a c.,** hasta el fin, hasta llegar a un resultado definitivo.
conclusive [kǫnklúsįv], *a.* concluyente; conclusivo, decisivo; terminante.—**conclusively** [-lį], *adv.* concluyentemente.—**conclusiveness** [-nįs]. *s.* calidad de concluyente o terminante.
concoct [kankákt], *va.* mezclar, confeccionar, forjar, fraguar, maquinar, trazar, proyectar, urdir.
concoction [-ŝǫn], *s.* mezcla o mixtura; maquinación, trama; trazo.
concomitance, concomitancy [kǫnkámįtąns, -į], *s.* concomitancia.—**concomitant** [-tąnt]. **I.** *a.* concomitante. **II.** *s.* concomitante, acompañamiento.—**to be a c. of,** concomitar.—**concomitantly** [-lį], *adv.* acompañadamente.
concord [kánkɔrd], *s.* concordia; armonía, buena inteligencia; (mús. y gram.) concordancia.
concordance [kankɔ́rdąns], *s.* concordancias (índice); concordancia, conformidad, armonía.
concordant [-dąnt], *a.* concordante, concorde consonante, conforme.—**concordantly** [-lį]. *adv.* concordemente, de común acuerdo.
concordat [kankɔ́rdæt], *s.* concordato.
concourse [kánkɔrs], *s.* concurso, concurrencia, gentío; confluencia; campo o lugar de reunión; gran salón (de estación, etc.).
concrescence [kǫnkrésęns], *s.* concrescencia; coalescencia; crecimiento.
concrete [kǫnkrít]. **I.** *va.* concretar; concrecionar, espesar; (alb.) cubrir con hormigón. **II.** *vn.* cuajar, condensarse, coagularse.
concrete [kánkrit]. **I.** *a.* concreto; cuajado; de hormigón. **II.** *s.* masa de azúcar que se forma hirviendo guarapo; concreción; término o número concreto; (constr.) hormigón, (Am.) concreto.—**c. block,** bloque hueco de hormigón.—**c. mixer,** hormigonera.—**c. steel,** hormigón armado.
concretion [kǫnkríŝǫn], *s.* concreción; concreto, cuajo; (med.) cálculo.
concretive [kǫnkrítįv], *a.* formando concreciones.
concubinage [kankįúbįnįdž], *s.* concubinato, amancebamiento, abarraganamiento, barraganería.—**to live in c.,** amancebarse, abarraganarse.
concubine [kánkįubaįn], *s.* concubina, manceba, barragana, amiga, daifa, coima.
concupiscence [kankiúpįsęns], *s.* concupiscencia.
concupiscent [-ęnt], *a.* concupiscente.
concur [kǫnkœ́r], *vn.* concurrir, encontrarse, confluir; convenir, conformarse, hallarse de acuerdo; unirse, juntarse, adunarse.
concurrence, concurrency [-ęns, -į], *s.* concurrencia; coincidencia, casualidad; acuerdo, cooperación, ayuda; punto de intersección.
concurrent [-ęnt]. **I.** *a.* concurrente; concomitante, coexistente. **II.** *s.* concurrente; rival, competidor.—**concurrently** [-lį], *adv.* concurrentemente.
concuss [kǫnkʌ́s], *va.* sacudir, perturbar; coercer, coaccionar.—**concussion** [kǫnkʌ́ŝǫn], *s.* concusión, sacudida; golpe; (med.) desorden funcional debido a concusión o golpe; (arti.) rebufo. —**c. of the brain,** conmoción cerebral.—**concussional** [-ąl], *a.* (med.) causado por o relativo a concusión.—**concussive** [-kʌ́sįv], *a.* concusionario; (med.) que causa concusión.
condemn [kǫndém], *va.* condenar, afear, censurar, desaprobar; prohibir oficialmente el uso de; (for.) condenar; confiscar, expropiar.
condemnable [-nąbl], *a.* culpable, censurable, condenable.
condemnation [kandemnéįŝǫn], *s.* condenación; confiscación.
condemnatory [kǫndémnątɔrį], *a.* condenatorio.
condemner [kǫndémœ(r)], *s.* condenador.
condensability [kǫndensąbílįtį], *s.* condensabilidad.
condensate [-seįt], *s.* objeto condensado.
condensation [kandensé̜įŝǫn], *s.* condensación.
condensative [kǫndénsątįv], *a.* condensativo.
condense [kǫndéns]. **I.** *va.* condensar, comprimir; espesar; reducir, abreviar. **II.** *vn.* condensarse, comprimirse, espesarse.—**condensed milk,** leche condensada.
condenser [-œ(r)], *s.* (mec., elec. y ópt.) condensador; refrigerador.
condensing [-iŋ], *a.* condensante.—**c. coil,** serpentín refrigerante.—**c. engine,** máquina de condensación.
condescend [kandįsénd], *vn.* condescender.
condescendence [-ęns], *s.* condescendencia.
condescending [-iŋ], *a.* condescendiente.
condescension [-sénŝǫn], *s.* condescendencia, complacencia, dignación.
condign [kǫndáįn], *a.* condigno, merecido.
condignity [kǫndígnįtį] (teol.), **condignness** [kǫndáįnnįs], *s.* merecimiento.—**condignly** [kǫndáįnlį], *adv.* merecidamente, condignamente.
condiment [kándįmęnt], *s.* condimento, guiso.
condition [kǫndíŝǫn]. **I.** *s.* condición; estado, disposición, calidad, situación, paraje, circunstancia; categoría, linaje; estipulación; requisito; examen de habilitación por presentar (apl. gen. al nuevo examen cuando el alumno ha fracasado en el ordinario). **II.** *va.* estipular, convenir; determinar, modificar; depender, hacer depender (gen. con **on**, vg. *his position is conditioned on his competence,* su puesto depende de su competencia); reprobar (a un estudiante); (com.) probar (telas, etc. para determinar su humedad); (ind.) rehumedecer (telas, etc.) por tratamiento químico; (a)condicionar (el aire, etc.).
conditional [-ąl], *a.* condicional.—**c. mode,** (gram.) modo potencial.
conditionality [-ǽlįtį], *s.* limitación.
conditionally [-ąlį], *adv.* condicionalmente.
conditioned [-d], *a.* condicionado, condicional; acondicionado.
conditioning [-iŋ], *s.* (a)condicionamiento.
condole [kǫndóųl], *vn.* condolerse, dar el pésame.
condolement [-męnt], **condolence** [-ęns], *s.* condolencia, pésame.
condom [kándǫm], *s.* condón, preservativo.
condominium [kandomínįʌm], *s.* condominio.
condonation, condonement [kandoųnéįŝǫn, kǫndóųnmęnt], *s.* condonación, perdón, indulto.
condone [kǫndóųn], *va.* condonar, perdonar.
condor [kándǫ(r)], *s.* (orn.) cóndor.
condottiere [kandattįéįrei], *s.* condotiero, condottiere, jefe de mercenarios; soldado mercenario.
conduce [kǫndiús], *vn.* conducir, tender.
conducive [-įv], *a.* conducente.—**conduciveness** [-nįs], *s.* conducencia, tendencia.
conduct [kándʌkt], *s.* conducta, comporte, proceder; dirección, manejo, gobierno, gestión; conducción; (mil.) escolta, conducta, convoy.
conduct [kǫndʌ́kt]. **I.** *va.* conducir, guiar, dirigir, gestionar, manejar. **II.** *vr.* comportarse, proceder; llevar; mandar (un ejército). **III.** *vn.* (fís.) ser conductor; (mús.) llevar la batuta.
conductance [-ąns], *s.* conducción, transmisión; (elec.) potencia conductora.
conductibility [-įbílįtį], *s.* conductibilidad.
conductible [-įbl], *a.* conductible.
conduction [kǫndʌ́kŝǫn], *s.* transmisión, conducción, traída.
conductive [-tįv], *a.* conductivo; (elec.) que obra por conducción.
conductivity [kandʌktívįtį], *s.* conductividad; conductibilidad.
conductor [kǫndʌ́ktǫ(r)], *s.* conductor, guía, *m.;* director de orquesta; (f. c., etc.) recogedor de billetes, cobrador, revisor; (arq.) canalón; (cir.)

(con)ductor, sonda acanalada; (elec.) conductor.
conductress [-tris], *s.* conductora, directora.
conduit [kándit], *s.* conducto; arcaduz, *m.*, caño, cacera, canal, *f.*; presera; cañería, encañado, tubería; (elec.) tubo, caja o túnel para conductores.
condyle [kándil], *s.* (anat.) cóndilo.
condyloma [kandilóumä], *s.* (med.) condiloma, *m.*
cone [koun]. **I.** *s.* (geom., geol.) cono; cucurucho; pan (de azúcar); (bot.) cono, piña.—**c.-bearing,** (bot.) conífero.—**c. bearing,** (mec.) cojinete de cono.—**c. brake,** freno de cono.—**c. clutch,** embrague de cono.—**c. coupling,** acoplamiento de cono.—**c. gear,** engranaje cónico.—**c. pulley,** polea escalonada o múltiple.—**c.-shaped,** cónico, coniforme. **II.** *va.* dar forma cónica; ahusar; biselar; arrollar en carrete cónico. **III.** *vn.* (bot.) producir piñas.
conelrad [kánelræd], *s.* sistema de cambiar señales de radio para que el enemigo no localize el objetivo.
conepate [kóuneipátei], *s.* (Am. C.) (zool.) mapurite.
coney, *s.* = CONY.
confab, *contr.* de CONFABULATION, CONFABULATE.
confabulate [konfæbiuleit], *vn.* confabular; platicar, departir, conferir.—**confabulation** [-éiŝon], *s.* confabulación, plática, conferencia.
confarreation [konfærıéiŝon], *s.* confarreación.
confect [konfékt], *va.* confitar, confeccionar.
confection [konfékŝon]. **I.** *s.* confitura, dulce; (farm.) confección. **II.** *va.* confeccionar, confitar.—**confectionary** [-ari]. **I.** *a.* confitado. **II.** *s.* confitería; dulces.—**confectioner** [-œ(r)], *s.* confitero, repostero, dulcero.—**confectionery** [-eri], *s.* dulces, confites; confitería, repostería.—**c. shop,** *o* **store,** confitería, dulcería.
confederacy [konfédœrasi], *s.* confederación, alianza, coalición, liga; cábala.
confederate [-eit]. **I.** *va.* y *vn.* confederar(se), coligar(se), unirse. **II.** [-it]. *a.* y *s.* confederado, aliado; compinche, socio.
confederation [-éiŝon], *s.* confederación.
confederative [-eitiv], *a.* confederativo.
confer [konfœ́r]. **I.** *vn.* conferenciar; conferir, tratar, consultar. **II.** *va.* (gen. con **on** o **upon**) conferir, dar, otorgar (a), investir (con o de); colar o colacionar (un beneficio eclesiástico o grado de universidad).—**to c. holy orders,** conferir órdenes sagradas, ordenar.
conferee [kanfœrí], *s.* el que participa en una conferencia; el investido de algo.
conference [kánferens], *s.* conferencia, consulta, deliberación, entrevista, junta; conversación; el acto de conferir (*vn.* y *va.*).—**c. table,** mesa verde.
conferment [konfœ́rment], *s.* el acto de conferir.
conferrable [-abl], *a.* que puede conferirse.
confess [konfés]. **I.** *va.* confesar, reconocer. **II.** *vn.* confesarse; hacer una confesión, (fam.) cantar.
confessed [-t], *a.* confesado, declarado, reconocido.
confessedly [-idli], *adv.* reconocidamente, admitidamente, según se admite.
confession [konféŝon], *s.* confesión; credo; (igl.) confesión.—**confessional, confessionary** [-al, -eri]. **I.** *s.* confes(i)onario. **II.** *a.* confesional, referente a la confesión.
confessor [konféso(r)], *s.* confesor; penitente; confesante.
confetti [konféti], *s. pl.* confet(t)i; confites.
confidant(e [kanfidǽnt], *s.* confidente, confidenta.
confide [konfáid]. **I.** *vn.* confiar, fiarse. **II.** *va.* fiar, confiar, depositar.
confidence [kánfidens], *s.* confianza, fe, *f.*, hoto; seguro, seguridad; presunción; confidencia, secreto.—**c. game, c. man,** *V.* CON GAME, etc. —**in c.,** en confianza.—**in strict c.,** con la mayor reserva.
confident [-ent]. **I.** *a.* cierto, seguro, confiado; presumido.—**to be c.,** confiarse. **II.** *s.* confidente.
confidential [-énŝal], *a.* reservado, secreto, confidencial; íntimo.—**confidentially** [-i], *adv.* en confianza, confidencialmente, en secreto.
confidently [-li], *adv.* confiadamente.
confiding [-iŋ], *a.* confiado; crédulo.
configurate [konfígiureit], *va.* configurar.
configuration [-éiŝon], *s.* configuración; (astr.) aspecto, plantilla.
confinable [konfáinabl], *a.* limitable.
confine [kánfain]. **I.** *s.* (gen. *pl.*) confín, límite, término. **II.** [konfáin], *va.* confinar; encerrar, aprisionar; limitar, restringir.—**to be confined,** estar de parto. **III.** *vn.* confinar, comarcar, lindar.
confinement [-ment], *s.* prisión, encierro, emparedamiento; confinamiento; destierro, cautiverio; restricción; parto; sobreparto.
confirm [konfœ́rm], *va.* confirmar, corroborar; verificar, establecer; sancionar, revalidar o ratificar; fortalecer; (igl.) confirmar.—**confirmable** [-abl], *a.* capaz de ser confirmado o ratificado.
confirmation [kanfœrméiŝon], *s.* confirmación; ratificación, revalidación; (igl.) confirmación.
confirmative [konfœ́rmativ], *a.* confirmativo.
confirmatory [-atori], *a.* confirmativo, confirmatorio.
confirmed [-d], *a.* comprobado, corroborado; ratificado; establecido, demostrado; inveterado, consumado.
confiscable [konfískabl], *a.* confiscable.
confiscate [kánfiskeit], *va.* confiscar, comisar.
confiscation [-éiŝon], *s.* confiscación.
confiscator [-o(r)], *s.* confiscador.
confiscatory [konfískatori], *a.* que confisca.
confiteor [kanfítio(r)], *s.* (igl.) confíteor.
confiture [kánfichur], *s.* confitura, dulce.
conflagration [kanflagréiŝon], *s.* conflagración, incendio.
conflict [kánflikt], *s.* conflicto, oposición, pugna, contienda, antagonismo; lucha.
conflict [konflíkt], *vn.* luchar; contender, chocar, pugnar, estar en pugna.—**conflicting** [-iŋ], *a.* antagónico, encontrado; contradictorio.
confluence [kánfluens], *s.* confluencia; concurso, concurrencia.
confluent [-ent]. **I.** *a.* confluente. **II.** *s.* río confluente.
conflux [kánflʌks], *s.* = CONFLUENCE.
conform [konfórm]. **I.** *va.* conformar, ajustar, concordar. **II.** *vn.* conformarse, ajustarse, amoldarse; allanarse, acatar, someterse.
conformability, conformableness [-abíliti, -ablnis], *s.* conformidad.
conformable [-abl], *a.* conforme, acorde, consonante, conveniente, correspondiente, proporcionado; sumiso.—**conformably** [-abli], *adv.* conformemente.
conformance [-ans], *s.* conformidad.
conformation [kanfɔrméiŝon], *s.* conformació figura, arreglo.
conformist [konfórmist], *s.* conformista.
conformity [-iti], *s.* conformidad, avenencia, conveniencia, concordancia; sumisión, acatamiento.—**in c. with,** en consonancia con, con arreglo a.
confound [konfáund], *va.* confundir, embrollar; turbar, aturrullar, azorar, desconcertar; mezclar, trabucar.—**c. it!,** ¡caramba! ¡maldito sea!
confounded [-id], *a.* (fam.) maldito, condenado, (irón.) dichoso.—**confoundedly** [-li], *adv.* detestable, execrable u odiosamente.
confraternity [kanfratœ́rniti], *s.* cofradía, confraternidad, hermandad.
confrere [kánfrer], *s.* compañero, colega, *m.*, socio.
confront [konfrʌ́nt], *va.* afrontar, arrostrar, hacer frente a; carear; confrontar, cotejar, comparar.
confrontation [kanfrʌntéiŝon], **confrontment,** [konfrʌ́ntment], *s.* confrontación; careo.

Confucian [kǫnfi̯úŝi̯an], *s.* y *a.* confuciano; partidario de Confucio.—**Confucianism** [-i̯zm], *s.* confucianismo, doctrina de Confucio.
confuse [kǫnfi̯úz], *va.* confundir; aturdir, desorientar, distraer, (per)turbar, trastornar; desbarajustar, desordenar; mezclar, trabucar; obscurecer.
confused [-d], *a.* confuso, azarado, corrido, distraído, (per)turbado; turbio, indistinto.
confusedly [-i̯dli̯], *adv.* confusamente; atropelladamente.—**confusedness** [-ni̯s], *s.* = CONFUSION.
confusion [kǫnfi̯úžǫn], *s.* confusión, desorden, baraúnda, desbarajuste, trastorno; desorientación, (per)turbación, aturdimiento, azoramiento; vergüenza.—**c. of tongues,** confusión de las lenguas; torre (*f.*) de Babel.
confutation [kanfi̯utéi̯ŝǫn], *s.* confutación.
confute [kǫnfi̯út], *va.* confutar, refutar, impugnar.
confuter [-œ(r)], *s.* confutador.
congé [kánžei̯], *s.* despedida, despido; cortesía.
congeal [kǫndžíl]. **I.** *va.* congelar, helar; cuajar, coagular. **II.** *vn.* congelarse, helarse, cuajarse.
congealing [-i̯ŋ], **congealment** [-mǫnt], *s.* congelación, congelamiento.
congelation [kandžǫléi̯ŝǫn], *s.* congelación.
congener [kándžǫnœ(r)], *s.* congénere.—**congeneric** [kandžǫnéri̯k], **congenerous** [kandžénǫrʌs], *a.* congénere, congenérico.
congenial [kǫndžíni̯al], *a.* congenial, análogo; simpático.—**congeniality** [-i̯æli̯ti̯], **congenialness** [-ni̯s], *s.* congenialidad, simpatía.
congenital [kǫndžéni̯tal], *a.* congénito.
conger, conger eel [káŋgœ(r), -il], *s.* (ict.) congrio.
congeries [kǫndžíri̯iz], *s.* congerie, cúmulo.
congest [kǫndžést]. **I.** *va.* apiñar, aglomerar; (med.) congestionar. **II.** *vn.* congestionarse.—**congested** [-i̯d], *a.* (med.) congestionado; hiperémico; apretado, apiñado, obstruído.—**congestion** [kǫndžéschǫn], *s.* (med.) congestión; apiñamiento.—**congestive** [kǫndžésti̯v], *a.* (med.) congestivo.
conglobate [kǫnglóu̯bei̯t]. **I.** *a.* conglobado. **II.** *va.* y *vn.* conglobar(se).
conglobation [kanglou̯béi̯ŝǫn], *s.* conglobación.
conglomerate [kǫnglámǫrei̯t]. **I.** *va.* y *vn.* conglomerar(se), aglomerar(se), redondear(se). **II.** [-i̯t], *a.* conglomerado; congregado, redondeado. **III.** [-i̯t], *s.* conglomeración; (geol.) conglomerado.
conglomeration [-éi̯ŝǫn], *s.* conglomeración.
conglomeratic [-æti̯k], *a.* conglomerado.
conglutinate [kǫnglúti̯nei̯t]. **I.** *va.* y *vn.* conglutinar(se); pegar(se). **II.** *a.* conglutinado.
conglutination [-éi̯ŝǫn], *s.* conglutinación.
conglutinative [kǫnglúti̯nǫti̯v], *a.* conglutinativo.
Congo [káŋgou̯], *s.* Congo.—**c. eel** o **snake,** (E. U., zool.) cierta anguila anfibia.—**c. monkey,** (Am., zool.) congo.—**C. red,** rojo de Congo (tinte y reactivo).
Congo(l)ese [kaŋgo(l)íz], *a.* y *s.* congo(leño), congolés.
congratulant [kǫngræchulant]. **I.** *a.* (con)gratulorio. **II.** *s.* congratulador.
congratulate [-lei̯t], *va.* (con)gratular, felicitar, cumplimentar.—**to c. on,** felicitar por.
congratulation [-léi̯ŝǫn], *s.* congratulación; felicitación, enhorabuena, parabién.—**congratulator** [-lei̯tǫ(r)], *s.* congratulador.—**congratulatory** [-lǫtori̯], *a.* congratulatorio.
congregate [káŋgri̯gei̯t]. **I.** *va.* congregar, convocar, juntar, reunir. **II.** *vn.* congregarse, juntarse, afluir. **III.** *a.* agregado, reunido.
congregation [-éi̯ŝǫn], *s.* concurso, auditorio; asamblea, reunión; agregado, colección; (igl.) congregación; grey, *f.*, conjunto de los fieles o miembros de una iglesia; feligreses.
congregational [-al], *a.* perteneciente a una congregación; (C.) congregacionalista.—**Congregationalism** [-i̯zm], *s.* congregacionalismo.—**Congregationalist** [-i̯st], *a.* y *s.* congregacionalista.
congress [káŋgri̯s], *s.* congreso, convención, concilio, asamblea; junta, conferencia; (C.) congreso, asamblea nacional; (E. U.) el senado y la cámara de representantes.—**in c. assembled,** en sesión plenaria.
congressional [kǫngréŝǫnal], *a.* perteneciente o relativo al congreso.—**C. district,** (E. U.) distrito electoral que envía un diputado a la cámara de representantes.
congressman [káŋgri̯sman], *s.* miembro de un congreso cualquiera; diputado al congreso; congresista. (En los E. U. apl. esp. a los miembros de la cámara de representantes).—**c. at large,** (E. U.) diputado que representa todo un estado, en vez de un distrito electoral.
congresswoman [-wụman], *s.* mujer congresista.
congruence [káŋgruǫns], **congruency** [-i̯], *s.* congruencia, armonía, consonancia, conveniencia, conformidad; (álg.) congruencia; (geom.) coincidencia, superponibilidad, igualdad.—**congruent** [-ǫnt], **congruous** [káŋgruʌs], *a.* congruente, congruo, apto, apropiado; (álg.) congruente; (geom.) superponible, igual.—**congruously** [-li̯], *adv.* congruentemente, apropiadamente, armónicamente.—**congruousness** [-ni̯s], *s.* = CONGRUENCE.
congruity [kǫngrúi̯ti̯], *s.* = CONGRUENCE.
conic [káni̯k]. **I.** *a.* cónico, coniforme.—**c. section,** sección cónica. **II.** *s.* cónica, sección cónica.
conical [-al], *a.* cónico.—**conically** [-ali̯], *adv.* a manera de cono.—**conicalness** [-ni̯s], *s.* conicidad.
conics [-s], *s.* teoría de las cónicas.
conidium [koni̯di̯ʌm], *s.* (bot.) conidio.
conifer [kóu̯ni̯fœ(r)], *s.* (bot.) conífero.
coniferous [koni̯fǫrʌs], *a.* conífero.
coniform [kóu̯ni̯fɔrm], *a.* coniforme, cónico.
con(i)ine [kóu̯n(i̯)in], *s.* (quím.) conicina, cicutina.
conirostral [koni̯rástral], *a.* (orn.) conirrostro.
conium [konái̯ʌm], *s.* (bot.) cicuta.
conjecturable [kǫndžékchūrabl], *a.* conjeturable, presumible.
conjectural [-chūral], *a.* conjetural.—**conjecturally** [-i̯], *adv.* conjeturalmente, presunt(iv)amente.
conjecture [-chū(r)]. **I.** *s.* conjetura, presunción, barrunto. **II.** *va.* conjeturar, presumir, barruntar.—**conjecturer** [-rœ(r)], *s.* conjeturador.
conjoin [kǫndžói̯n]. **I.** *va.* juntar, unir; asociar; conectar. **II.** *vn.* confederarse, unirse, ligarse.
conjoint [kǫndžói̯nt], *a.* asociado, confederado.
conjointly [-li̯], *adv.* unidamente, de mancomún.
conjugable [kándžugabl], *a.* (gram.) conjugable.
conjugal [kándžugal], *a.* conyugal, connubial, matrimonial, maridable, marital.—**c. bond,** maridaje.—**conjugally** [-i̯], *adv.* conyugalmente.
conjugate [kándžugei̯t]. **I.** *va.* (gram.) conjugar. **II.** *vn.* (biol.) unirse en conjugación. **III.** *s.* palabra análoga. **IV.** *a.* apareado; (mat.) conjugado.
conjugation [-éi̯ŝǫn], *s.* conjunción, unión; (gram.) conjugación; (biol.) unión o fusión.
conjunct [kǫndžʌ́ŋkt], *a.* conjunto, allegado, unido.
conjunction [kǫndžʌ́ŋkŝǫn], *s.* conjunción, unión, liga; (gram. y astr.) conjunción.
conjunctiva [kǫndžʌŋktái̯vä], *s.* (anat.) conjuntiva.—**conjunctival** [-l], *a.* conjuntival.
conjunctive [-ti̯v]. **I.** *a.* conjunto; conjuntivo; (gram.) de carácter de conjunción; conjuntivo o subjuntivo (modo). **II.** *s.* (gram.) palabra conjuntiva; conjunción.—**conjunctively** [-li̯], *adv.* conjuntamente, de mancomún.
conjunctivitis [-ti̯vái̯ti̯s], *s.* (med.) conjuntivitis.
conjuncture [-chū(r)], *s.* coyuntura, oportunidad; unión, conexión.
conjuration [kandžuréi̯ŝǫn], *s.* conjuro; sortilegio, encantación; arte de prestidigitación.
conjure [kǫndžúr]. **I.** *va.* rogar o pedir con instancia, conjurar; [kándžu(r)] exorcizar. **II.** *vn.* [kándžu(r)] conjurar; escamotear, hacer juegos

de manos.—**to c. away,** exorcizar.—**to c. up,** evocar; suscitar.
conjurer [-œ(r)], *s.* conjurador, brujo, nigromante, sortílego; prestidigitador, jugador de manos.
conn [kan], *va.* (mar.) gobernar el buque.
connate [kanéit], *a.* congénito; innato; cognado; (bot.) connato.
connation [kanéiŝon], *s.* calidad de connato; unión congénita.
connatural [kanǽchūral], *a.* connatural.
connect [konékt]. **I.** *va.* juntar, unir; relacionar; poner en comunicación; coordinar; aparear, reunir; (mec.) conectar, ensamblar, acoplar; (elec.) conectar. **II.** *vn.* unirse, juntarse; relacionarse; comunicarse; entroncarse, enlazarse, encadenarse; (f. c., etc.) empalmar.
connected [-id], *a.* unido, conexo; relacionado; encadenado, hilado; asociado; emparentado; coherente.—**to be c. with (a firm,** etc.), estar asociado con o empleado por (una casa, etc.).—**connectedly** [-li], *adv.* coherentemente; con ilación.
connecting [-iŋ], *a.* que une, conecta, etc.; de unión, conexión, etc.; conect(ad)or, conectivo; comunicante, comunicado.—**c. link,** nexo, eslabón.—**c. rod,** (m. v.) biela.
connection [konékŝon], *s.* conexión; unión o enlace; encadenamiento, ilación, coherencia; relación; parentesco; asociación, filiación; entronque; pariente; coito; (mec.) acoplamiento, junta, unión; (elec.) conexión; (f. c.) empalme.—**in c. with,** con respecto a, hablando de, a propósito de.—**in this c.,** con respecto a esto.
connective [konéktiv]. **I.** *a.* conectivo, conexivo, conjuntivo. **II.** *s.* (bot.) conectivo; (gram.) palabra conjuntiva (conjunción, preposición, relativo).—**c. tissue,** (anat.) tejido conjuntivo.
connectively [-li], *adv.* conjunta, unidamente.
connector [konékto(r)], *s.* conector, conectador.
connexion [konékŝon], *s.* = CONNECTION.
conning tower [kániŋ táuœ(r)], *s.* timonera blindada de un buque de guerra.
conniption [konípŝon], *s.* (fam.) berrinche, pataleta, histerismo (ll. t. **c. fit**).
connivance [konáivans], *s.* connivencia, consentimiento.—**connive** [konáiv], *vn.* tolerar, consentir, disimular, hacer la vista gorda; coludirse.—**conniver** [-œ(r)], *s.* cómplice, *mf.*; consentidor.
connoisseur [kanisœ́r], *s.* perito, conocedor.
connotation [kanotéiŝon], *s.* connotación.
connotative [kánoteitiv], *a.* (gram.) connotativo.
connote [konóut], *va.* connotar.
connubial [koniúbial], *a.* conyugal, connubial.
conoid [kóunoid], *s.* (geom.) conoide, *f.*—**conoidal** [konóidal], *a.* conoidal.
conquer [káŋkœ(r)]. **I.** *va.* conquistar; vencer, superar. **II.** *vn.* triunfar.—**conquerable** [-abl], *a.* vencible, conquistable, domable.—**conquering** [-iŋ], *a.* victorioso; conquistador.
conqueror [-o(r)], *s.* conquistador; vencedor.
conquest [káŋkwest], *s.* conquista.—**the C.** (hist.) la conquista de Inglaterra por Guillermo el Conquistador.
consanguineous [kansæŋgwíniʌs], *a.* consanguíneo.
consanguinity [-niti], *s.* consanguinidad.
conscience [kánŝens], *s.* conciencia (moral).—**c. clause,** cláusula de conciencia, cláusula de una ley que exime de observarla a aquellos a quienes su conciencia (sobre todo en materias religiosas) no se lo permita.—**c.-stricken o smitten,** remordido por la conciencia.—**in (all) c.,** en conciencia; en verdad; ciertamente.—**with c.,** a conciencia.
conscienceless [-lis], *a.* desalmado, sin conciencia.
conscientious [kanŝiénŝʌs], *a.* concienzudo, escrupuloso; detenido.—**c. objector,** pacifista por conciencia; recalcitrante por conciencia (apl. esp. al que rehusa servir de soldado por dictarle su conciencia que la guerra es una acción inmoral).—**conscientiously** [-li], *adv.* concienzuda o escrupulosamente; a conciencia.—**conscientiousness** [-nis], *s.* rectitud, equidad; escrupulosidad.
conscionable [kánŝonabl], *a.* justo, razonable.
conscious [kánŝʌs], *a.* consciente.
consciously [-li], *adv.* conscientemente, con conocimiento, a sabiendas.—**consciousness** [-nis], *s.* conocimiento, sentido; (psic.) conciencia (de sí mismo), estado consciente.
conscript [kánskript]. **I.** *a.* conscripto.—**c. fathers,** padres conscriptos (apl. esp. a la Roma antigua); senadores o legisladores. **II.** *s.* conscripto, recluta, *m.*, quinto.
conscript [konskrípt], *va.* reclutar, alistar.
conscription [konskrípŝon], *s.* conscripción, reclutamiento, quinta, alistamiento.
consecrate [kánsekreit]. **I.** *va.* consagrar, santificar; ungir; dedicar, ofrecer; canonizar. **II.** *a.* (poét.) consagrado.—**consecration** [-éiŝon], *s.* consagración; dedicación; canonización.—**consecrator** [-o(r)], *s.* consagrante.
consecution [kansikiúŝon], *s.* sucesión; ilación; (mús.) serie de intervalos similares.
consecutive [konsékyutiv], *a.* consecutivo; sucesivo.—**consecutively** [-li], *adv.* consecutivamente, de seguida.
consensual [konsénŝual], *a.* (for.) consensual, (fisiol.) excitado por medio de acción simpática o refleja.
consensus [konsénsʌs], *s.* consenso; acuerdo general; (fisiol.) simpatía.—**c. of opinion,** opinión general.
consent [konsént]. **I.** *s.* consentimiento, anuencia, permiso, beneplácito, aquiescencia, asenso.—**by common c.,** de común acuerdo.—**silence gives c.,** quien calla otorga. **II.** *vn.* consentir, condescender, acceder.
consentient [konsénŝient], *a.* anuente, consintiente; unánime.
consequence [kánsekwens], *s.* consecuencia, resulta(do), conclusión; importancia, entidad.—**as a c. of,** por resultas de.—**in c.,** por consiguiente; de resultas (de).
consequent [-kwent]. **I.** *a.* consecuente, consectario, consiguiente, lógico. **II.** *s.* (lóg.) consiguiente; (mat.) consecuente.
consequential [-kwénŝal], *a.* consecuente, consiguiente; fachendista, engreído; importante.—**consequentialness** [-nis], *s.* calidad de consecuente; fachenda, engreimiento.
consequently [kánsekwentli], *adv.* por lo tanto, por ende, por consiguiente, en consecuencia.
conservable [konsœ́rvabl], *a.* conservable.
conservancy [-ansi], *s.* conservación; junta para la conservación y fomento de viveros y pesquerías, etc.
conservation [kansœrvéiŝon], *s.* conservación, preservación; manutención; conservación e inspección de bosques, ríos, etc.
conservation of energy, *s.* (fís.) conservación de la energía.
conservation of mass, *s.* (fís.) conservación de la masa.
conservatism [konsœ́rvatizm], *s.* conservatismo, conservadurismo; (pol.) moderantismo.
conservative [-tiv]. **I.** *a.* y *s.* conservador, moderado; preservativo. **II.** *a.* conservativo.
conservatoire [-twár], *s.* conservatorio de música.
conservator [kánsœrveito(r)], *s.* conservador, defensor, protector.
conservatory [konsœ́rvatori]. **I.** *a.* conservatorio. **II.** *s.* invernáculo, invernadero, jardín de invierno; conservatorio, academia.
conserve [konsœ́rv], *va.* conservar, preservar; hacer conserva.
conserve [kánsœrv], *s.* conserva, dulce; (farm.) confección.
conserver [konsœ́rvœ(r)], *s.* conservador, conservante; conservero.
consider [konsídœ(r)]. **I.** *va.* considerar, pensar, pesar, reparar o parar mientes (en); tomar en cuenta; distinguir, tratar con respeto; creer,

opinar, tener por, dar por. **II.** *vn.* pensar, reflexionar, deliberar.
considerable [-ąbl], *a.* considerable; notable; cuantioso, no poco; atendible.—**considerably** [-blį], *adv.* considerablemente.
considerate [-įt], *a.* considerado, (muy) mirado.
considerately [-lį], *adv.* consideradamente.
consideration [-éįŝǫn], *s.* consideración; miramiento; deliberación; entidad, importancia; retribución, retorno, remuneración.
considering [-įŋ], *prep.* en atención a, considerando, visto que, en vista de.—**consideringly** [-lį], *adv.* seriamente, atinadamente.
consign [kǫnsáįn], *va.* confiar, traspasar; relegar; (com.) consignar.
consignatary [kǫnsígnąterį], *s.* = CONSIGNEE.
consignation [kansįgnéįŝǫn], *s.* consignación.
consignee [kǫnsaįní], *s.* consignatario; depositario, destinatario, receptor.
consigner, *s.* = CONSIGNOR.
consignment [kǫnsáįnmęnt], *s.* (cóm.) consignación, partida, envío.
consignor [kǫnsáįnǫ(r)], *s.* consignador.
consist [kǫnsíst], *vn.* consistir; armonizar, ser compatible con.—**to consist in,** consistir en, depender de.—**to c. of,** constar o componerse de, ser integrado por.
consistence, consistency [-ęns, -ęnsį], *s.* consistencia; correspondencia, compatibilidad, conveniencia; permanencia, estabilidad.
consistent [-ęnt], *a.* consecuente, conveniente, armonizable; coherente, consistente, denso, uniforme.—**c. with,** compatible con, conforme a; sin detrimento de.
consistently [-lį], *adv.* conformemente; consecuentemente; firmemente, sin cejar.
consistorial [kansįstóurįąl], *a.* consistorial.
consistory [kǫnsístorį], *s.* consistorio; asamblea, junta, congreso.
consociate [kǫnsóuŝįeįt] **I.** *va.* y *vn.* asociar(se), congregar(se). **II.** *a.* y *s.* asociado.—**consociation** [-éįŝǫn], *s.* asociación, sociedad.
consolable [kǫnsóuląbl], *a.* consolable.
consolation [kansoléįŝǫn], *s.* consolación, consuelo, alivio, confortación, solaz, *m.*
consolatory [kǫnsóulątorį], *a.* consolatorio.
console [kǫnsóul], *va.* consolar; confortar.
console [kánsoul], *s.* consola, mesa sostenida por cartelas o arrimada a la pared (ll. t. **c. table**); (mús.) caja del órgano; (arq.) cartela, ancón, canecillo, ménsula.
consoler [kǫnsóulœ(r)], *s.* consolador, confortador.
consolidate [kǫnsálįdeįt]. **I.** *va.* consolidar; solidar, unir. **II.** *vn.* consolidarse, endurecerse.—**consolidated annuities** = CONSOLS; consolidados.
consolidation [-éįŝǫn], *s.* consolidación, unión, conjunción.
consolidative [-įv], *a.* consolidativo.
consoling [kǫnsóulįŋ], *a.* consolador, consolante, consolativo, confortador.
consols [kánsoulz], *s. pl.* (Ingl.) títulos de la deuda consolidada.
consommé [kansǫméį], *s.* consumado, caldo.
consonance [kánsonąns], **consonancy** [-i], *s.* consonancia, conformidad, armonía.
consonant [-ąnt]. **I.** *a.* consonante, cónsono, conforme, armonioso. **II.** *s.* (gram.) consonante, *f.*
consonantal [kansonǽntąl], *a.* pert. a las consonantes.—**consonantly** [kánsonąntlį], *adv.* conformemente, consonantemente.—**consonantness** [-nįs], *s.* consonancia, conformidad.
consort [kánsort], *s.* consorte o cónyuge, *mf.*; compañero, socio; (mar.) buque que acompaña a otro.
consort [kǫnsórt]. **I.** *vn.* asociarse, acompañarse, ir (con); armonizar. **II.** *va.* casar, juntar, asociar.
consortium [kǫnsórŝįʌm], *s.* consorcio, unión o asociación (esp. la marital); consorcio comercial o financiero (apl. esp. a la asociación de bancos).
conspectus [kǫnspéktʌs], *s.* ojeada, vista general; sumario, digesto.
conspicuous [kǫnspíkyuʌs], *a.* conspicuo, visible, llamativo; descollante, eminente, notable.—**conspicuously** [-lį], *adv.* visiblemente, claramente.—**conspicuousness** [-nis], *s.* claridad, visibilidad; evidencia; fama, nombradía.
conspiracy [kǫnspírąsį], *s.* conspiración, complot, conjura(ción), cábala, trama; concurrencia.
conspirator [kǫnspírątǫ(r)], *s.* conspirador.
conspire [kǫnspáįr]. **I.** *vn.* conspirar, conjurar(se), ligarse; concurrir, juntarse. **II.** *va.* maquinar, tramar, urdir; preparar.
constable [kánstąbl], *s.* condestable; alguacil, ministril.—**constableship** [-ŝįp], *s.* condestablía.
constabulary [kǫnstǽbyulerį]. **I.** *a.* perteneciente a los alguaciles. **II.** *s.* cuadrilla de alguaciles; guardia civil.
constancy [kánstąnsį], *s.* constancia; lealtad.
constant [kánstąnt]. **I.** *a.* constante, continuo, firme, invariable, leal, perseverante, permanente. **II.** *s.* y *a.* (mat.) constante, *f.*
constantly [-lį], *adv.* constantemente, de continuo.
constellation [kanstεléįŝǫn], *s.* (astr.) constelación, asterismo; (fig.) pléyade, *f.*
consternate [kánstœrneįt], *va.* consternar.—**to be consternated,** consternarse.
consternation [-éįŝǫn], *s.* consternación, terror, horror, aturdimiento.
constipate [kánstįpeįt], *va.* estreñir, constipar.—**constipation** [-éįŝǫn], *s.* (med.) estreñimiento de vientre, constipación.
constituency [kǫnstíchuęnsi], *s.* (pol.) distrito electoral; grupo de comitentes o electores.
constituent [-ęnt]. **I.** *s.* elemento, ingrediente o componente; (pol.) elector, votante; (for.) poderdante, causante, comitente, delegante, diputador, mandante, principal. **II.** *a.* constitutivo; elemental, esencial; constituyente (asamblea, etc.); elector.
constitute [kánstįtįut], *va.* constituir, formar; nombrar, diputar; hacer, dar poder a; establecer, dar, ejecutar (una ley, etc.).
constitution [kanstįtįúŝǫn], *s.* constitución; complexión, condición, físico, naturaleza, temperamento (de una persona); (for.) ley, *f.*, estatutos.
constitutional [-ąl]. **I.** *a.* constitucional; constituyente; complexional; legal.—**c. law,** derecho constitucional o político; constitución, ley orgánica. **II.** *s.* (fam.) caminata, paseo higiénico.
constitutionalism [-įzm], *s.* (pol.) constitucionalismo.—**constitutionalist** [-įst], *s.* constitucional.—**constitutionality** [-ǽlįtį], *s.* constitucionalidad, conformidad con la constitución.—**constitutionally** [-i], *adv.* constitucionalmente, legalmente.
constitutive [kánstitiutiv], *a.* constitutivo; esencial, elemental; legislativo.
constrain [kǫnstréįn], *va.* constreñir, compeler, obligar, forzar; restringir, impedir, detener; estrechar, comprimir, apretar.
constrainedly [-įdlį], *adv.* constreñidamente, coactivamente, por fuerza.
constraint [-t], *s.* constreñimiento, coacción, compulsión, apremio; coartación, represión.
constrict [kǫnstríkt], *va.* apretar, estrechar, ligar.
constriction [kǫnstríkŝǫn], *s.* constricción, contracción, encogimiento.
constrictive [-tįv], *a.* constrictivo.
constrictor [-tǫ(r)], *s.* constrictor; (zool.) boa constrictor.
constringe [kǫnstríndẑ], *va.* constreñir, comprimir, estrechar, ligar.
constringent [-ęnt], *a.* constrictivo, constringente.
construct [kǫnstrʌ́kt], *va.* construir; edificar, fabricar, obrar; proyectar, idear, inventar, componer; (gram., geom.) construir.
constructer, constructor [-œ(r)], *s.* constructor.
construction [kǫnstrʌ́kŝǫn], *s.* construcción; edificación, estructura, obra, fabricación; interpretación, explicación; (gram.) construcción.

constructional [-al], *a.* referente a la construcción o a la interpretación.
constructive [kǫnstrʌ́ktįv], *a.* constructivo, constructor; implícito, tácito, sobrentendido.
constructively [-lį], *adv.* constructivamente; por deducción.—**constructiveness** [-nįs], *s.* facultad de construcción; ingeniosidad, aptitud mecánica.
construe [kǫnstrú], *va.* construir, interpretar, explicar; traducir (esp. oralmente).
consubstantial [kansʌbstǽnŝal], *a.* consubstancial, coesencial.—**consubstantialism** [-įzm], *s.* (teol.) doctrina de la consubstanciación.—**consubstantiality** [-ŝįǽlįtį], *s.* consubstancialidad.
consubstantiate [-ŝieįt], *va.* unir en una misma substancia o naturaleza.
consubstantiation [-ŝįéįŝǫn], *s.* (teol.) consubstanciación.
consuetude [kánswįtįud], *s.* costumbre, hábito.
consuetudinary [-tįúdįnɛrį], *a.* consuetudinario, habitual.
consul [kánsʌl], *s.* cónsul.—**c. general,** cónsul general.
consular [kánsįulą(r)], *a.* consular.—**c. agent,** agente consular.—**c. invoice,** factura consular.
consulate [kánsįulįt], *s.* consulado.—**c. general,** consulado general.
consulship [kánsʌlŝįp], *s.* consulado (dignidad o puesto).
consult [kǫnsʌ́lt]. **I.** *va.* consultar; considerar, estudiar, examinar. **II.** *vn.* consultarse, asesorarse, aconsejarse (con); conferenciar.
consultant [-ant], *s.* consultante, consultor.
consultation [kansʌltéįŝǫn], *s.* consulta(ción), junta; deliberación, sesión; (med.) junta de médicos.
consultative [kǫnsʌ́ltatįv], **consultatory** [-ɔrį], *a.* consultivo.—**consulter** [-œ(r)], *s.* consultor, consultante.—**consulting** [-įŋ], *a.* consultor, consultante.—**c. office,** consultorio.—**c. physician,** médico de apelación.
consumable [kǫnsįúmabl], *a.* consumible.
consume [kǫnsįúm]. **I.** *va.* consumir, apurar comer, devorar; deshacer, desgastar, (mal)gastar, disipar. **II.** *vn.* consumirse, deshacerse.—**consumed** [-d], *a.* (fig.) absorto (por), entregado por completo (a), muy metido (en), muerto (de).—**consumedly** [-įdlį], *adv.* excesivamente, extremamente.—**consumer** [-œ(r)], *s.* consumidor; disipador, destructor.—**consumers' goods,** (e. p.) bienes de consumo.—**consuming** [-įŋ], *a.* consumidor, consuntivo.
consummate [kánsʌmeįt]. **I.** *va.* consumar, acabar, completar. **II.** [kansʌ́mįt], *a.* consumado, cabal, completo.—**consummately** [-lį], *adv.* consumadamente.—**consummation** [kansʌméįŝǫn], *s.* consumación, acabamiento.
consumption [kǫnsʌ́mpŝǫn], *s.* consunción, apuramiento, destrucción, desgaste, gast(amient)o expendio, extinción; (e. p.) consumo; (med.) consunción, tisis, tuberculosis, tabes, *f.*
consumptive [kǫnsʌ́mptįv]. **I.** *a.* consuntivo, destructivo; rel. a la tisis. **II.** *s.* y *a.* (med.) (h)ético, tísico.—**consumptively** [-lį], *adv.* consuntivamente.—**consumptiveness** [-nįs], *s.* consunción.
contabescence [kantabésęns], *s.* (med.) contabescencia, tabes, *f.*, marasmo, atrofia.
contact [kántækt]. **I.** *s.* contacto; tocamiento.—*pl.* relaciones. **II.** *va.* y *vn.* tocar(se); poner(se) en contacto; (fam.) establecer relaciones comerciales o sociales con.
contact breaker, *s.* (elec.) interruptor automático.
contact insecticide, *s.* insecticida de contacto.
contact lens, *s.* lente de contacto.
contact man, *s.* representante (de un negocio o una agencia).
contactor [-ǫ(r)], *s.* (elec.) contactor, interruptor automático.
contact print, *s.* (fot.) prueba por contacto.
contact rail, *s.* (elec.) carril conductor.
contagion [kǫntéįdžǫn], *s.* contagio; infección, peste, *f.*; virus; contaminación.
contagious [kǫntéįdžʌs], *a.* contagioso, infeccioso, pegadizo, pegajoso, pestilencial.
contagiousness [-nįs], *s.* contagiosidad.
contain [kǫntéįn], *va.* contener, caber, tener cabida para; abarcar, incluir, envolver; encerrar, refrenar, reprimir; (mat.) ser exactamente divisible.—**containable** [-abl], *a.* contenible.
container [-œ(r)], *s.* recipiente, vasija; envase.
containment [-męnt], *s.* refrenamiento, represión.
contaminant [kǫntǽmįnant], *s.* contaminante.
contaminate [kǫntǽmįneįt], *va.* contaminar, corromper, apestar, infestar; contagiar o inficionar; depravar, manchar, pervertir.
contamination [-éįŝǫn], *s.* contaminación.
conte [kɔnt], *s.* cuento; narración breve.
contemn [kǫntém], *va.* despreciar, menospreciar.—**contemner** [-(n)œ(r)], *s.* despreciador, menospreciador.
contemplate [kántɛmpleįt]. **I.** *va.* contemplar, estudiar, meditar; proponerse, proyectar, tener la intención de. **II.** *vn.* meditar, reflexionar.
contemplation [-éįŝǫn], *s.* contemplación, especulación, meditación; intención, proyecto; expectación.
contemplative [kǫntémplątįv], *a.* contemplativo.
contemplatively [-lį], *adv.* con atención y cuidado; contemplativamente.
contemplator [kántɛmpleįtǫ(r)], *s.* contemplador.
contemporaneity [kǫntɛmporąníįtį], **contemporaneousness** [-réįnįʌsnįs], *s.* contemporaneidad, calidad de contemporáneo.—**contemporaneous** [-réįnįʌs], *a.* contemporáneo.—**contemporaneously** [-lį], *adv.* contemporáneamente.—**contemporary** [kǫntémporɛrį]. **I.** *a.* y *s.* contemporáneo, coetáneo. **II.** *s.* colega (apl. a periódicos).
contempt [kǫntémpt], *s.* desprecio, menosprecio, desdén.—**c. of court,** (for.) contumacia, desacato a la autoridad del tribunal.
contemptibility [-įbílįtį], **contemptibleness** [-įblnįs], *s.* vileza, bajeza, ruindad.
contemptible [-įbl], *a.* despreciable, desdeñable.
contemptibly [-įblį], *adv.* vilmente.
contemptuous [kǫntémpchuʌs], *a.* desdeñoso, despectivo, despreciativo.—**contemptuously** [-lį], *adv.* desdeñosamente.—**contemptuousness** [-nįs], *s.* desdén, desprecio, altanería.
contend [kǫnténd]. **I.** *va.* sostener o afirmar. **II.** *vn.* contender, disputar; competir, lidiar, forcejear, bregar, altercar.—**contending parties,** partes contenciosas o litigantes.
contendent, contender [-ęnt, -œ(r)], *s.* contendedor, contendiente, competidor.
content [kántɛnt], *s.* cantidad, proporción; (gen. *pl.*) contenido; cabida, capacidad; área; volumen.
content [kǫntént]. **I.** *a.* contento, satisfecho.—**c.** o **not c.,** (Ingl.) voto en pro o en contra. **II.** *va.* (com)placer, contentar, satisfacer. **III.** *s.* contento, contentamiento, satisfacción.
contented [-įd], *a.* contento, satisfecho, placentero, tranquilo; resignado.—**contentedly** [-lį], *adv.* tranquilamente, contentamente.—**contentedness** [-nįs], *s.* contento, satisfacción.
contention [kǫnténŝǫn], *s.* contención, contienda, disputa; tema; pretensión; lo que se pretende o sostiene; argumento.
contentious [kǫnténŝʌs], *a.* contencioso, litigioso, disputador, pugnaz.—**contentiously** [-lį], *adv.* contenciosamente.—**contentiousness** [-nįs], *s.* espíritu de contradicción, pugnacidad.
contentment [kǫnténtmęnt], *s.* contentamiento, contento, satisfacción.
conterminal [kantœ́rmįnal], **conterminous** [-nʌs], *a.* contérmino, vecino, limítrofe; coextensivo.
contest [kántɛst], *s.* contienda, debate, disputa;

batalla, conflicto, pugna, lid, torneo; certamen, competencia, concurso, oposición; litigio, pleito.
contest [kontést]. I. *va.* disputar; discutir, debatir; impugnar; litigar, pleitear. II. *vn.* contender, combatir, lidiar; competir, emular o rivalizar (con uno).
contestable [-abl], *a.* contestable.
contestant [-ant], *s.* contendiente, disputador; opositor; litigante.
contestation [kantestéiŝon], *s.* contestación.
context [kántekst], *s.* contexto.
contextual [kontékschual], *a.* relativo al contexto.
contexture [-ū(r)], *s.* contextura; entretejido, enlazamiento.
contiguity [kantigiúiti], *s.* contigüidad, inmediación, adyacencia, vecindad; continuidad.
contiguous [kontígiuʌs], *a.* contiguo, adyacente, afín, (co)lindante, inmediato, rayano, vecino.
continence [kántinens], **continency** [-i], *s.* continencia, castidad, moderación, templanza.
continent [-ent]. I. *a.* continente, moderado, casto. II. *s.* (geog.) continente.—**the C.**, la Europa continental (en que se excluyen las Islas Británicas).
continental [kantinéntal], *a.* continental; de la Europa continental.
continental divide, *s.* divisoria continental.
continental shelf, *s.* plataforma continental.
contingence [kontíndẑens], *s.* contacto, tangencia. (Rara vez hoy = CONTINGENCY.)
contingency [-i], *s.* contingencia, eventualidad, evento, casualidad, caso fortuito.
contingency fund, *s.* (com.) fondo para imprevistos.
contingent [-ent]. I. *a.* contingente, contingible, eventual, casual, fortuito.—**c. liabilities**, pasivo eventual; compromisos imprevistos.—**c. (up)on**, dependiente de. II. *s.* contingencia, casualidad; contingente, cuota.—**contingently** [-li], *adv.* contingentemente.
continual [kontínyual], *a.* continuo, incesante.
continually [-i], *adv.* continuamente.
continuance [-ans], *s.* continuación; persistencia; prolongación; (for.) aplazamiento.
continuation [-éiŝon], *s.* continuación, prolongación.—**continuative** [-eitiv], *a.* continuativo. —**continuator** [-eito(r)], **continuer** [-œ(r)], *s.* continuador.
continue [kontínyu]. I. *va.* continuar; mantener, perpetuar, prolongar, vincular; (for.) aplazar. II. *vn.* continuar; durar, mantenerse, permanecer, persistir, quedar; (pro)seguir (con *pa.*).
continued [-d], *a.* continuo, continuado, prolongado, seguido.—**c. fraction**, (mat.) fracción continua.—**to be c.**, continuará.
continuity [kantiniúiti], *s.* continuidad; continuación, perennidad; coherencia, enlace; serie o sucesión ininterrumpida; (cine y radio) *V.* SCENARIO Y SCRIPT.
continuous [kontínyuʌs], *a.* continuo, ininterrumpido, sin solución de continuidad.—**continuously** [-li], *adv.* continuamente.
continuum [kontínyuʌm], *s.* continuo, cosa continua (en el sentido matemático).
contort [kontórt], *va.* torcer, retorcer.
contortion [kontórŝon], *s.* contorsión.
contortionist [-ist], *s.* contorsionista.
contour [kántur]. I. *s.* contorno, perfil, ámbito; (top.) curva de nivel; (meteor.) isohipsa. II. *va.* contorn(e)ar, perfilar.
contraband [kántrabænd]. I. *s.* contrabando. II. *a.* prohibido, ilegal.—**contrabandism** [-izm], *s.* contrabando, matute.—**contrabandist** [-ist], *s.* contrabandista, matutero.
contrabass [kántrabeis], *s.* (mús.) contrabajo.
contraception [kantrasépŝon], *s.* contraconcepción, anticoncepción.
contraceptive [-séptiv], *s.* y *a.* contraceptivo, anticonceptivo.
contract [kontrækt]. I. *va.* contraer, reducir, apretar; fruncir, arrugar; abreviar, compendiar; contraer (una enfermedad, una deuda, esponsales); contratar, pactar. II. *vn.* contraerse, encogerse, acortarse; comprometerse por contrato.
contract [kántrækt], *s.* contrato, convenio, pacto, ajuste; contrata, escritura; esponsales.—**c. of bargain and sale**, contrato de compraventa.
contracted [kontræktid], *a.* contraído, contracto, abreviado; fruncido; estrecho; escaso.—**contractedly** [-li], *adv.* estrechamente; de manera mezquina.—**contractedness** [-nis], *s.* contracción; estrechez; mezquindad.
contractile [kontræktil], *a.* contráctil.
contractility [-tíliti], *s.* contractilidad.
contracting [-tiŋ], *a.* contractivo; contrayente; contratante.—**the c. parties**, los contratantes; los contrayentes (ú. esp. del matrimonio).
contraction [-ŝon], *s.* contracción; abreviación, encogimiento, estrechamiento, reducción.
contractive [-tiv], *a.* contractivo.
contractor [-to(r)], *s.* contratista, contratante; asentista; empresario, concesionario.
contractual [-chual], *a.* contractual, relativo a contratos; de o por contrato.
contracture [-chur], *s.* (med.) contractura.
contradance [kántradæns], *s.* contradanza.
contradict [kantradíkt], *va.* contradecir, desmentir, negar; impugnar, repugnar, oponerse, contrariar, llevarle la contraria a uno.
contradicter [-œ(r)], *s.* contradictor.
contradiction [-díkŝon], *s.* contradicción; contrariedad, impugnación, oposición; repugnancia; (fam.) renuncio.
contradictious [-díkŝʌs], *a.* contradictor.
contradictorily [-díktorili], *adv.* contradictoriamente.
contradictoriness [-díktorinis], *s.* espíritu de contradicción; calidad de contradictorio.
contradictory [-díktori]. I. *a.* contradictorio; contrario, opuesto. II. *s.* (lóg.) contradictoria.
contradistinction [-distíŋkŝon], *s.* distinción por contraste o calidades opuestas.—**in c. to**, a distinción de, a diferencia de, en contraste con.
contradistinguish [-distíŋgwiŝ], *va.* distinguir por el contraste de calidades opuestas.
contrail [kántreil], *s.* (aer.) estela de vapor o de condensación.
contraindicant [-índikant], **contraindication** [-indikéiŝon], *s.* (med.) contraindicante, contraindicación.
contraindicate [-índikeit], *va.* (med.) contraindicar.
contralto [kontræltou], *s.* y *a.* (mús.) contralto; de contralto.
contraposition [-pouzíŝon], *s.* contraposición; contraste; antítesis.
contraption [kontræpŝon], *s.* (fam.) artefacto.
contrapuntal [kantrapúntal], *a.* (mús.) pert. al contrapunto; polifónico.—**contrapuntist** [-púntist], *s.* (mús.) contrapuntista.
contrariety [kantraráieti], *s.* contrariedad; oposición.
contrarily [kántrerili], *adv.* contrariamente, opuestamente.—**contrariness** [-nis], *s.* contrariedad, oposición; testarudez.—**contrariwise** [-waiz], *adv.* al contrario, al revés, a tuertas, inversamente, viceversa; perversamente.
contrary [kántreri]. I. *a.* contrario; adverso; contradictorio; divergente.—**c.-minded**, de diversa opinión.—**c. to**, en oposición a; en violación de; al contrario de, al revés de, contra. II. *s.* contrario; contraria.—**on the c.**, al o por el contrario; antes bien.—**to the c.**, en contrario.
contrast [kántræst], *s.* contraste, contraposición.
contrast [kontræst], *va.* y *vn.* contrastar.
contrasting [-iŋ], *a.* contrastador; contrastante; de contraste.
contravallation [kantravæléiŝon], *s.* (fort.) contravalación.
contravene [kantravín], *va.* contravenir.
contravention [-vénŝon], *s.* contravención o infracción.
contrayerva [-yœrva], *s.* (bot.) contrahierba.
contredance [-dáns], *s.* contradanza.

contribute [kontríbiut]. I. *va.* contribuir, aportar, donar, ofrendar. II. *vn.* contribuir, cooperar, concurrir; colaborar.
contribution [kantribiúšon], *s.* contribución, cooperación, aportación, aporte; cuota, dádiva, donativo; colaboración; artículo, escrito (con que se colabora).
contributive [kontríbiutiv], **contributory** [-tori], *a.* cooperante o contribuyente.
contributor [-to(r)], *s.* contribuidor, contribuyente; colaborador.
contrite [kántrait], *a.* contrito, atrito, penitente. —**contritely** [-li], *adv.* contritamente.—**contriteness, contrition** [-nis, kontríšon], *s.* contrición.
contrivance [kontráivans], *s.* idea, plan, invención; utensilio, aparato, artefacto, dispositivo; traza, ingenio, artificio, artilugio.
contrive [kontráiv]. I. *va.* idear, inventar, ingeniar, arbitrar; tramar, urdir. II. *vn.* darse maña o trazas (de), buscar un medio, maquinar.
control [kontróul]. I. *s.* mando, dirección, dominio, control; influencia predominante; regulación, inspección, intervención; restricción, freno; contrarregistro, regulador; (mec., aut.) mando, gobierno; aparato o mecanismo de mando, gobierno o regulación; *pl.* mandos; (fís.) factor, causa, agente; (espiritismo) comunicante, agente que informa al médium. II. *a.* regulador; de gobierno; de comprobación. III. *va.* dominar, dirigir, gobernar, regular, controlar; comprobar, verificar, intervenir; tener a raya; tener predominancia en; reprimir, restringir.—**to c. one's self,** contenerse, refrenarse.
control board, *s.* cuadro de gobierno, cuadro de control.
control car, *s.* (aer.) barquilla de gobierno o de dirección (de un dirigible).
control experiment, *s.* experimento de eliminación, en que se omiten ciertos elementos o circunstancias cuya influencia se trata de estudiar.
control gear, *s.* (aut.) mecanismo de mando.
control knob, *s.* perilla de reglaje.
controllable [-abl], *a.* gobernable, dominable, manejable.
controller [-œ(r)], *s.* interventor, contralor; director, superintendente, inspector, registrador; regulador; (fís.) factor, causa, agente; (mar.) retén de cadena; (elec.) combinador (de coche eléctrico). *V.* COMPTROLLER.
controllership [-šip], *s.* contraloría, mayordomía, veeduría; oficio y oficina de *controller.*
controlling [-iŋ], *a.* que manda, que gobierna; decisivo, determinante; predominante.—**c. interest,** (com.) mayoría, interés predominante.
control panel, *s.* panel de mando.
control room, *s.* sala de maniobra o de control.
control station, *s.* puesto de mando.
control stick, *s.* (aer.) palanca de mando o de gobierno.
control switch, *s.* conmutador de mando.
control tower, *s.* torre de mando.
control valve, *s.* válvula de maniobra o de control.
controversial [kantrovœ́ršal], *a.* polemístico, contencioso.—**controversialist** [-ist], *s.* polemista.
controversy [kántrovœrsi], *s.* controversia, disputa, debate, polémica.—**controvert** [kantrovœ́rt], *va.* y *vn.* controvertir, disputar.—**controverter** [-œ(r)], **controvertist** [-ist], *s.* controversista, argumentador, polemista.—**controvertible** [-ibl], *a.* controvertible, disputable, discutible.
contumacious [kantiuméišʌs], *a.* contumaz, rebelde, tenaz.—**contumaciously** [-li], *adv.* contumazmente.—**contumaciousness** [-nis], **contumacy** [kántiumasi], *s.* contumacia, terquedad.
contumelious [kantiumílijʌs], *a.* contumelioso, injurioso, ofensivo.—**contumeliously** [-li], *adv.* contumeliosamente.—**contumeliousness** [-nis], **contumely** [kántiumili], *s.* contumelia, ultraje, injuria.
contuse [kontúz], *va.* contundir, magullar.
contusion [kontúžon], *s.* contusión.
conundrum [konʌ́ndrʌm], *s.* acertijo, adivinanza.
convalesce [kanvalés], *vn.* convalecer.
convalescence [-ens], *s.* convalecencia.
convalescent [-ent], *a.* y *s.* convaleciente.
convection [konvékšon], *s.* conducción, transmisión; (fís.) convección, difusión del calor por circulación.
convene [konvín]. I. *va.* convocar, citar; aplazar, emplazar. II. *vn.* juntarse, reunirse.
convener [-œ(r)], *s.* convocador.
convenience, conveniency [konvínyens, -i], *s.* conveniencia, comodidad, confort; lugar, oportunidad, utilidad.—**at one's c.,** cuando le sea cómodo a uno.—**at one's earliest c.,** a la primera oportunidad que uno tenga, tan pronto como le sea posible.—**to suit one's c.,** convenir algo a uno; hacer uno lo que le guste.
convenient [-ent], *a.* conveniente, cómodo, útil, oportuno.—**c. (to),** cerca (de), a la mano.—**conveniently** [-li], *adv.* cómodamente; convenientemente.
convent [kánvent], *s.* convento, monasterio.
conventicle [konvéntikl], *s.* conventículo, conciliábulo.
convention [konvénšon], *s.* convención, asamblea, congreso, junta; convenio, avenimiento, pacto; costumbre, precedente; convencionalismo, formalismo.
conventional [-al], *a.* convencional; estipulado, convenido, corriente, tradicional; formalista.
conventionalism [-izm], *s.* convencionalismo; formalismo; respeto a las costumbres.
conventionality [-ǽliti], *s.* formalidad; regla impuesta por la costumbre.
conventionalize [-aiz], *va.* hacer convencional; (b. a.) estilizar, representar de modo convencional.
conventionally [-i], *adv.* convencionalmente.
conventual [konvénchual], *a.* y *s.* conventual.
converge [konvœ́rdž], *vn.* convergir, converger.
convergence, convergency [-ens, -i], *s.* convergencia.
convergent [-ent], **converging** [-iŋ], *a.* convergente.
conversable [konvœ́rsabl], *a.* conversable; sociable.—**conversableness** [-nis], *s.* sociabilidad. —**conversably** [-bli], *adv.* sociablemente, afablemente.
conversant [kánvœrsant], *a.* (gen. seguido de *with*) versado, experimentado, experto (en), ocupado (en), conocedor o entendido (de).
conversation [-éišon], *s.* conversación, plática, tertulia; conferencia; trato carnal.
conversational [-al], *a.* perteneciente a la conversación; de conversación.
conversationalist [-ist], *s.* conversador; el que conversa con gusto o facilidad notable.
converse [konvœ́rs], *vn.* conversar; platicar; hacer tertulia; departir, tener trato.
converse [kánvœrs]. I. *s.* conversación, plática, (fam.) conversa; familiaridad, trato; (mat., lóg.) recíproca. II. *a.* traspuesto, inverso.—**conversely** [-li], *adv.* a la inversa, recíprocamente.
conversion [konvœ́ršon], *s.* conversión, transformación; mudanza; (mil., relig.) conversión; (for.) apropiación ilícita de los bienes de otro; (com.) conversión, canje, mudanza.
conversive [konvœ́rsiv], *a.* conversivo.
convert [kánvœrt], *s.* neófito, converso, prosélito.
convert [konvœ́rt]. I. *va.* convertir; transmutar, transformar, cambiar, reducir (a); (fund.) convertir, cementar; (com.) convertir o cambiar (valores). II. *vn.* convertirse, mudar.
converter, convertor [-œ(r)], *s.* (lenguaje común, fund., elec.) convertidor.
convertibility [-ibíliti], *s.* convertibilidad.
convertible [-ibl], *a.* convertible, conversible,

cambiable, reducible; (aut.) transformable (de cerrado en abierto y recíprocamente).—**convertibly** [-ịblị], *adv.* recíproca o mutuamente.
convex [kánvɛks]. **I.** *a.* convexo, abombado; combado. **II.** *s.* convexidad.—**convexo-concave,** convexocóncavo.—**convexo-convex,** biconvexo.
convexity [kọnvéksịtị], **convexness** [kánvɛksnịs], *s.* convexidad, comba(dura).
convexly [kánvɛkslị], *adv.* convexamente.
convey [kọnvéị], *va.* conducir, acarrear, transportar, llevar; transmitir; enviar; ceder, transferir, traspasar; comunicar; causar, dar (a entender).
conveyable [-ạbl], *a.* conductible.
conveyance [-ạns], *s.* conducción, transporte; conducta; vehículo; entrega, cesión, traspaso, traslación de dominio; escritura de traspaso.
conveyancer [-œ(r)], *s.* escribano que hace escrituras de traspaso.—**conveyancing** [-ịŋ], *s.* oficio de preparar escrituras de traspaso.
conveyer, conveyor [-œ(r)], *s.* conductor, mensajero; portador; cedente; (mec.) transportador.
convict [kọnvíkt], *va.* (for.) condenar; convencer de culpa o delito; probar la culpabilidad.
convict [kánvịkt], *s.* reo convicto; penado, presidiario.—**c. system,** sistema (*m.*) penal.
convictable, convictible [kọnvíktạbl], *a.* a quien se le puede probar un crimen.
conviction [kọnvíkŝọn], *s.* convicción, convencimiento; persuasión; (for.) convicción, prueba y fallo de culpabilidad; fallo condenatorio.
convince [kọnvíns], *va.* convencer, persuadir.
convincible [-ịbl], *a.* convencible, que puede convencerse; convincente.
convincing [-ịŋ], *a.* convincente, persuasivo.
convincingly [-lị], *adv.* convincentemente.
convivial [kọnvívịạl], *a.* convival.
conviviality [-ǽlịtị], *s.* jovialidad, buen humor.
convocation [kanvokéịŝọn], *s.* convocación; aplazamiento, llamamiento; asamblea.
convoke [kọnvóuk], *va.* convocar, citar, aplazar.
convolute(d [kánvolịut(ịd]. **I.** *a.* convolut(ad)o, arrollado sobre sí mismo. **II.** *s.* enroscadura. **III.** *va.* y *vn.* *V.* CONVOLVE.
convolution [-lịúŝọn], *s.* repliegue, pliegue; enroscadura; (anat.) circunvolución (cerebral).
convolve [kọnválv]. **I.** *va.* arrollar, enrollar, retorcer. **II.** *vn.* retorcerse, enroscarse.
convolvulaceous [-vịuléịŝʌs], *a.* (bot.) convolvuláceo.
convolvulus [-vịulʌs], *s.* (bot.) convólvulo.
convoy [kọnvóị], *va.* convoyar, escoltar.
convoy [kánvọị], *s.* convoy, conducta, escolta; (mar.) conserva.
convulse [kọnvʌ́ls], *va.* convulsionar, dar convulsiones, crispar; agitar violentamente.—**convulsed** [-d], *a.* convulso.—**to be c. with laughter,** morirse o desternillarse de risa.—**to be c. with pain, rage,** etc., crisparse de dolor, ira, etc.
convulsion [kọnvʌ́lŝọn], *s.* convulsión, espasmo; conmoción; (geol.) cataclismo.
convulsionary [-ɛrị], **convulsive** [kọnvʌ́lsịv], *a.* convulsionario, convulsivo, espasmódico.
convulsively [-lị], *adv.* convulsivamente.
cony [kóunị], *s.* (zool.) gazapo, conejo; especie de damán; piel (*f.*) de conejo.
coo [kú]. **I.** *vn.* arrullar; decir ternezas. **II.** *s.* arrullo.
cooing [-ịŋ], *s.* arrullo; halago, requiebro.
cook [kụk], *va.* y *vn.* cocer, cocinar; guisar, aderezar, adobar; (fam.) echar a perder (un proyecto, etc.).—**to c. one's goose,** (fam.) arruinar o matar a uno.—**to c. up,** (fam.) tramar; falsear.—**what's cooking?,** (fam.) ¿qué se trama? ¿qué pasa?
cook, *s.* cocinero, cocinera.
cookbook [-bụk], *s.* libro de cocina.
cooker [-œ(r)], *s.* cocina eléctrica; estufa, hornillo, fogón; caldera, olla, puchero.
cookery [-œrị], *s.* arte de cocina; cocina.
cooking [-ịŋ]. **I.** *s.* arte culinario; cocina; cocción. **II.** *a.* de o para la cocina.—**c. pan,** cacerola, cazuela.—**c. range** o **stove,** cocina (económica), fogón.—**c. utensils,** batería o utensilios de cocina.
cookout [-aụt], *s.* comida cocinada al aire libre.
cookshop [-ŝap], *s.* casa de comidas, bodegón.
cookstove [-stouv], *s.* = COOKING RANGE.
cooky, cookie [kụkị], *s.* gallet(it)a, bizcochito, pasta o torta para el té, etc.; pequeño bollo dulce.
cool [kúl]. **I.** *a.* fresco; tibio, indiferente.—**c.-headed,** sereno. **II.** *s.* frescura o fresco(r). **III.** *va.* enfriar, refrescar, refrigerar, orear, entibiar, atemperar; calmar.—**to c. one's heels,** (fam.) hacer antesala, esperar largo tiempo. **IV.** *vn.* refrescar, enfriarse, templarse, apaciguarse.
coolant [-ạnt], *s.* agente de refrigeración, refrigerante.
cooler [-œ(r)], *s.* enfriadera, cantimplora, garapiñera; enfriadero, refrigerador; (med.) refrigerante; (fam.) calabozo.
coolie, cooly [kúlị], *s.* culí, peón chino o indio.
cooling [kúlịŋ]. **I.** *a.* refrescante, refrigerativo, refrigerante, frigorífico; atemperante, oreante. **II.** *s.* enfriamiento, refrigeración.—**c. coil,** serpentín refrigerante.—**c. system,** sistema (*m.*) de refrigeración.
coolish [kúlịŝ], *a.* fresco, fresquito.
coolly [kúlị], *adv.* frescamente, fríamente, serenamente, a sangre fría.
coolness [kúlnịs], *s.* fresco; frialdad, despego, tibieza; frescura, calma, serenidad, sangre fría.
coon [kun], *s.* (zool.) mapache (*V.* RACCOON); (E. U. fam. y desp.) negro.—**c. dog,** sabueso de cazar mapaches.—**c. skin,** piel (*f.*) de mapache.—**c.'s age,** (fam.) mucho tiempo.—**old c.,** viejo marrullero.
coop [kup]. **I.** *s.* caponera, gallinero; (fam.) cárcel, *f.*—**to fly the c.,** (fam.) fugarse, evadirse. **II.** *va.* (gen. con **in** o **up**) enjaular; encarcelar.
co-op, co-öp [kóuap], *s.* abrev. de COOPERATIVE.
cooper [kúpœ(r)]. **I.** *va.* y *vn.* hacer barriles, cubas, toneles, etc. **II.** *s.* barrilero, cubero, tonelero.
cooperage [-ịdẑ], *s.* tonelería, cubería.
coöperate [koáperẹịt], *vn.* cooperar, coadyuvar.
coöperation [-réịŝọn], *s.* cooperación.
coöperative [-rạtịv]. **I.** *a.* cooperativo; cooperante, coadyutorio, coadyuvante. **II.** *s.* cooperativa (empresa, compañía, asociación cooperativa).
coöperator [-reịtọ(r)], *s.* cooperador.
coopering, coopery [kúpœrịŋ, kúpœrị], *s.* = COOPERAGE.
coördinate [koórdịneịt]. **I.** *va.* coordinar. **II.** [-ịnịt], *s.* igual, semejante; (mat.) coordenada. **III.** *a.* coordenado; (mat.) relativo a las coordenadas.—**c. axes,** (mat.) ejes de las coordenadas.—**c. geometry,** geometría analítica.
coördinateness [-nịs], **coördination** [-néịŝọn], *s.* coordinación, coordinamiento.
coördinative [-nạtịv], *a.* coordinativo.
coördinator [-neịtọ(r)], *s.* coordinador.
coot [kut], *s.* (orn.) negreta; fúlica, foja, falaris; especie de pato marino; (fam.) zoperco.
cootie [kúti], *s.* (ent., fam.) piojo.
co-owner [kouóunœ(r)], *s.* condueño, copropietario; (for.) condómino.
cop [kap]. **I.** *s.* montón; rimero; husada, rollo ahusado; tubo de enrollar (seda, etc.); (E. U. fam.) polizonte. **II.** *va.* (fam.) hurtar, llevarse; coger.
copaiba [kopáịbạ], *s.* (farm.) copaiba (bálsamo).—**c. tree,** copayero, copaiba.
copal [kóupạl], *s.* copal (resina).
coparcen(ar)y [koupársẹn(ɛr)ị], *s.* (for.) participación en una herencia de bienes raíces.
coparcener [koupársẹnœ(r)], *s.* (for.) coheredero.
copartner [koupártnœ(r)], *s.* copartícipe; (con)-socio.
copartnership [-ŝịp], *s.* (co)participación; compañía, sociedad, asociación.
cope [koup] **I.** *s.* arco, bóveda, cúpula; cielo;

(alb., arq.) albardilla; (igl.) capa pluvial. **II.** *vn.* (con **with**) contender o competir con, habérselas con, hacer frente a. **III.** *va.* (alb.) poner albardilla o caballete; (igl.) poner la capa pluvial.
copeck [kóupek], *s.* copec (moneda rusa).
copepod [kóupepad], *a.* y *s.* (zool.) copépodo.
Copernican [kopœ́rnikan], *a.* copernicano.
copestone [kóupstoun], *s.* (alb.) piedra de albardilla o caballete; (fig.) remate, última mano.
copier [kápiœ(r)], *s.* copiante, copista; copiador, plagiario.
copilot [kóupailot], *s.* (aer.) segundo piloto.
coping [kóupiŋ], *s.* (alb.) albardilla; brocal, pozal.
copious [kóupiʌs], *a.* copioso, abundante, caudaloso, cuantioso, fecundo, fértil, profuso.
copiously [-li], *adv.* copiosamente.
copiousness [-nis], *s.* copia, copiosidad, abundancia, fertilidad, profusión.
coplanar [koupléinä(r)], *a.* (mat.) en un mismo plano.
copper [kápœ(r)]. **I.** *s.* cobre; vasija de cobre; caldera; hierro de soldar, soldador con puntas de cobre; lámina de cobre; grabado en cobre; penique; (E. U.) centavo; (E. U., fam.) polizonte.—**c.-bottomed,** de fondo de cobre.—**c.-colored,** cobrizo, acobrado, acijado.—**c. glance,** (min.) calcocita.—**c. money,** calderilla.—**c. pyrites,** pirita de cobre, calcopirita.—**c. sulphate,** sulfato de cobre, cobre quemado, vitriolo azul. **II.** *a.* de cobre; cobrizo (en color). **III.** *va.* revestir de cobre.
copperas [-as], *s.* caparrosa, aceche, acije.
copperhead [-hed], *s.* culebra norteamericana muy venenosa; (E. U. pol.) apodo que se daba durante la guerra civil al habitante de los Estados del norte que simpatizaba con los confederados del sur.
copperish [-iŝ], **coppery** [-i], *a.* cobrizo, cobreño, encobrado.
copperplate [-pleit]. **I.** *s.* lámina de cobre para grabar; grabado en cobre (ll. t. **c. engraving**). **II.** *va.* grabar en cobre.
coppersmith [-smiθ], *s.* artífice en cobre, calderero.
coppice [kápis], **coppice woods** [-wudz], *s.* soto, tallar, maleza, bosquecillo, mato.
copra [kápră], *s.* (com.) almendra del coco puesta a secar, copra.
coprolite [káprolait], **coprolith** [-liθ], *s.* (pal. y pat.) coprolito.
coprophagous [kaprăfagʌs], *a.* coprófago.
coproprietor [kouproprájetọ(r)], *s.* copropietario.
copse [kaps], *s.* matorral, mata. *V.* COPPICE.
Copt [kápt], *s.* copto.
Coptic [-ik]. **I.** *a.* copto, cóptico. **II.** *s.* copto.
copula [kápyŭlă], *s.* (gram., lóg.) cópula; (anat.) ligamento.
copulate [-leit]. **I.** *va.* unir, juntar. **II.** *vn.* juntarse, copularse.
copulation [-léiŝọn], *s.* cópula o coito; unión, ayuntamiento.
copulative [-lătiv]. **I.** *a.* (gram.) copulativo, conjuntivo. **II.** *s.* (gram.) palabra copulativa.
copy [kápi]. **I.** *s.* copia, traslado, trasunto; imitación, remedo; ejemplar (de una obra), número (de un periódico); muestra o modelo, plana; (impr.) original, material, manuscrito. **II.** *va.* y *vn.* copiar, trasladar, transcribir; imitar, remedar, contrahacer.
copybook [-buk]. **I.** *s.* (com.) copiador (de cartas, cuentas, etc.); cuaderno de escritura. **II.** *a.* trivial, vulgar.
copy editor, *s.* comprobador y corrector de manuscritos.
copygraph [-græf], *s.* hectógrafo.
copyhold [-hould], *s.* (for.) especie de enfiteusis.
copyholder [-œ(r)], *s.* lector de pruebas (que lee al corrector); (imp.) divisorio, sujetacuartillas.
copying [-iŋ]. **I.** *a.* de copiar; para copias.—**c. ink,** tinta de copiar.—**c. machine,** ciclóstilo, hectógrafo; pantógrafo.—**c. press,** prensa de copiar. **II.** *s.* transcripción; imitación.
copyist [-ist], *s.* = COPIER.
copyright [-rait]. **I.** *s.* (derechos de) propiedad literaria; privilegio. **II.** *va.* sacar la propiedad literaria.—**c.** (**by**), es propiedad (de).—**copyrighted,** derechos registrados.
coquet [kokét], *vn.* coquetear, hacer cocos o coqueterías, flirtear; jugar o entretenerse (con).
coquetry [kóuketri], *s.* coqueteo, coquetería.
coquette [kokét], *s.* coqueta, carantoñera.
coquettish [-iŝ], *a.* coquetón, coquet(on)a.
coracle [kárakl], *s.* barquilla de cuero o hule.
coracoid [kárakoid], *a.* y *s.* (anat.) coracoides.
coral [káral]. **I.** *s.* coral. **II.** *a.* coralino, de coral.—**c.-bearing,** coralífero.—**c. reef,** arrecife o banco de coral.—**c. snake,** (Am., zool.) coral; coralillo.
coralline [-in]. **I.** *a.* coralino, de coral. **II.** *s.* coralina.
coralloid [-oid], *a.* coralino.
corban [kɔ́rbæn], *s.* (igl.) ofrenda, exvoto.
corbel [kɔ́rbel]. **I.** *s.* (arq.) modillón, can, voladizo, repisa, saliente, *f.*, retallo; zapata de sustentación bajo una viga. **II.** *va.* apoyar por medio de zapatas; disponer en forma de saliente o retallo; proveer de zapatas o de salientes. **III.** *vn.* sobresalir.
corbie [kɔ́rbi], *s.* (orn.) cuervo.—**c. steps, corbiesteps,** (arq.) retallos o salientes escalonados.
cord [kɔrd]. **I.** *s.* cordel, cuerda, cordón; soga; torzal; cordoncillo; (tej.) pana; (anat.) cuerda, cordón, tendón; (elec.) flexible; cuerda (medida de leña).—**c. tire,** (aut.) neumático de cordones. **II.** *va.* encordelar; acordonar, encordonar.
cordage [-idź], *s.* cordaje, cord(el)ería; (mar.) jarcias; cantidad de leña medida en cuerdas.
cordate [-eit], *a.* cordiforme.
corded [-id], *a.* encordelado; acordonado, encordonado, barrado, hecho de cuerdas.
cordial [kɔ́rdźal]. **I.** *s.* cordial, licor. **II.** *a.* sincero, cordial; confortativo, vigorizante.
cordiality [-ǽliti], **cordialness** [-alnis], *s.* cordialidad, sinceridad.—**cordially** [-ali], *adv.* cordialmente, sinceramente.
cordite [kɔ́rdait], *s.* cordita (explosivo).
cordon [kɔ́rdon], *s.* cordón; cíngulo; (mil.) cordón; (arq.) cordón.—**to form** o **throw a c.** (**a**)**round,** acordonar.
cordovan [kɔ́rdovan], *s.* cordobán (cuero); (**C.**) *a.* y *s.* cordobés.
corduroy [kɔ́rdŭroi], *s.* (tej.) pana.—**c. road,** camino con piso de troncos, estriberón.
cordwood [kɔ́rdwud], *s.* leña apilada o vendida en cuerdas (*v.* CORD), o de apilar en cuerdas.
core [kɔr]. **I.** *s.* centro, corazón, alma; parte (*f.*) central; esencia, substancia; fondo, núcleo; (bot.) corazón (de manzana, etc.); (med.) foco (de absceso); (ing.) cilindro de roca sacado con un taladro anular; pared (*f.*) central (de una presa, etc.); interior, núcleo de un terraplén; (fund.) macho o ánima (de molde); (elec.) núcleo (de bobina, etc.); alma (de cable); (vet.) enfermedad de las ovejas causada por gusanos en el hígado.—**c. bit, c. drill,** taladro o barrena tubular.—**c. transformer,** (elec.) transformador de núcleo. **II.** *va.* quitar el corazón o centro (a menudo con *out*); despepitar (fruta); (fund.) formar con un macho.
coreligionary [kourilídźonări], **coreligionist** [-ist], *s.* correligionario.
coreopsis [koriápsis], *s.* (bot.) coreopsis, *m.*
corer [kɔ́rœ(r)], *s.* despepitador(a).
corespondent [kourispándent], *s.* (for.) cómplice del demandado en una demanda de divorcio.
coriaceous [koriéiŝiʌs], *a.* coriáceo, correoso.
coriander [koriǽndœ(r)], *s.* (bot.) coriandro, cilantro, culantro.
Corinthian [korínθiai]. **I.** *a.* y *s.* corintio, coríntico. **II.** *a.* (arq.) corintio; libidinoso, licencioso.
cork [kɔrk]. **I.** *s.* (bot.) corcho, corcha; tapón.—**c. cutter** o **seller,** taponero.—**c. factory, industry** o **shop,** taponería.—**c. jacket,** (chaleco) salvavidas de corcho.—**c. oak, c. tree,**

(bot.) alcornoque. **II.** *va.* tapar con corcho; proveer de tapón; tiznar con corcho quemado.
corkage [-ịdž], *s.* acción de tapar con corcho; derechos de descorche, estipendio que se exige por descorchar una botella (en realidad, recargo de precio por botella).
corker [-œ(r)], *s.* tapador; (fam.) argumento irrefutable; cosa o persona extraordinaria.—**corking** [-ịŋ], *a.* (fam.) magnífico, de primera.
corkscrew [-skru]. **I.** *s.* tirabuzón, sacacorchos. **II.** *a.* en forma de tirabuzón, en espiral.
corkwood [-wud], *s.* (bot.) balso.
corky [kórkị], *a.* de corcho, suberoso.
corm [kɔrm], *s.* (bot.) bulbo, cebolla.
cormorant [kórmorant], *s.* (orn.) cormorán, cuervo marino, corvejón; glotón o avaro.
corn [kórn], *s.* grano, cereal; (E. U.) maíz, *m.;* mies (no segada); callo (dureza en los pies).
corn, *va.* curar, salar, acecinar; granular.
cornaceous [-éịšịʌs], *a.* (bot.) cornáceo, córneo.
corn borer, *s.* (ent.) plaga del maíz (larva de mariposa nocturna).
corn bread, *s.* pan de maíz, borona.
corncake [-keịk], *s.* torta o pan de maíz, polenta.
corncob [-kab], *s.* tusa de maíz, carozo, zuro.
corn cockle, *s.* (bot.) neguilla.
corn crake, *s.* (orn.) ave zancuda que habita los maizales.
corncrib [-krịb], *s.* granero para maíz, hórreo.
corn cure, *s.* callicida.
corn cutter, *s.* máquina de cortar maíz; pedicuro, callista.
cornea [kórnịä], *s.* (anat.) córnea.
corned [kɔrnd], *a.* acecinado.—**c. beef,** cecina.—**c. pork,** puerco salado.
cornel [kórnɛl], *s.* (bot.) cornejo, sanguiñuelo, sangüeño.
cornelian [kɔrnílyan], *s.* (min.) cornalina, cornelina (= CARNELIAN).—**c. cherry, c. tree,** (bot.) = CORNEL.
corneous [kórnịʌs], *a.* córneo; calloso.
corner [kórnœ(r)]. **I.** *s.* esquina; esconce; rincón; cantón; encuentro; recodo, escondrijo; aprieto o apuro; (com.) acaparamiento, monopolio.—**c. bracket, cabinet, cupboard,** etc., cantonera, rinconera, consola angular, armario rinconero.—**c. plate,** cantonera, esquinal.—**to cut corners,** atajar, echar por el atajo; economizar.—**to drive into a c.,** poner entre la espada y la pared. **II.** *va.* arrinconar; acochinar (en el juego de damas); acorralar, poner en aprieto; copar; (com.) monopolizar, acaparar.
cornered [-d], *a.* anguloso, angulado, esquinado; copado; acorralado, en aprieto.
cornerstone [-stoun], *s.* piedra angular o fundamental; primera piedra; recantón; mocheta.
cornerwise [-waịz], *adv.* diagonalmente.
cornet [kɔrnét], *s.* (mil.) corneta; portaestandarte; (mús.) cornetín; cucurucho, cartucho.
cornet(t)ist [-ịst], *s.* cornetín (el que lo toca).
cornfield [-fild], *s.* maizal.
corn-flour [-flaur], *s.* harina de maíz u otro grano.
cornflower [kórnflauœ(r)], *s.* (bot) aciano, azulejo, botoncillo, liebrecilla.
cornhusk [-hʌsk], *s.* perfolla del maíz.
cornice [kórnịs], *s.* (arq.) cornisa; sobrepuerta.
cornicle [kórnịkl], *s.* cuernecillo.
corniculate [kɔrnĭkịulịt], *a.* (bot.) corniculado.
Cornish [kórnịš]. **I.** *a.* de Cornualles. **II.** *s.* dialecto de Cornualles.
Corn Laws, *s.pl.* (Ingl.) leyes de granos.
corn liquor, *s.* whisky; chicha.
corn meal, *s.* harina de maíz.
corn on the cob, *s.* (Am.) mazorca tierna de maíz, elote.
corn plaster, *s.* emplasto para los callos.
corn pone, *s.* pan de maíz, borona.
corn popper, *s.* tostador de maíz.
corn sheller, *s.* desgranadora de maíz.
corn shock, *s.* hacina de tallos de maíz.
corn silk, *s.* cabellos o barbas del maíz.
corn sirup, *s.* jarabe de maíz.
cornstalk [kórnstɔk], *s.* tallo del maíz.
cornstarch [kórnstarch], *s.* maicena, almidón de maíz, esp. el purificado para la mesa.
corn sugar, *s.* dextrosa hecha de almidón de maíz.
cornucopia [kɔrnyụkóupịä], *s.* cornucopia, cuerno de la abundancia; alcartaz, *m.*, cucurucho.
corn whisky, *s.* whisky; chicha.
corn worm, *s.* (ent.) gusano del maíz.
corny [kórnị], *a.* córneo; calloso; (fam.) cursi.
corolla [korálä], *s.* (bot.) corola.
corollary [kárọlɛrị], *s.* corolario.
corona [koróunä], *s.* (arq.) corona, alero; (astr.) corona, halo; (anat.) coronilla; (bot.) corona; (elec.) descarga luminosa de un conductor.—**C. Australis,** (astr.) Corona austral.—**C. Borealis,** Corona boreal.
coronal [káronạl]. **I.** *s.* (anat.) coronal; corona, guirnalda. **II.** [koróunạl], *a.* coronal.
coronary [káronɛrị], *a.* (anat., etc.) coronario.
coronary thrombosis, *s.* (med.) trombosis coronaria.
coronation [karonéịšọn], *s.* coronación.
coroner [káronœ(r)], *s.* médico forense, coroner. —**coroner's inquest,** pesquisa dirigida por el coroner.
coronet [káronɛt], *s.* corona de un título nobiliario; guirnalda, cintillo; (vet.) corona del casco.
coronium [koróunịʌm], *s.* (quím., astr.) coronio.
corporal [kórporạl]. **I.** *s.* (mil.) cabo; (igl.) corporal (paño). **II.** *a.* corporal, corpóreo.—**corporality** [-ǽlịtị], *s.* corporalidad, corporeidad.—**corporally** [-ạlị], *adv.* corporalmente.
corporate [kórporịt], *a.* social; corporativo; colectivo; incorporado.—**c. name,** nombre de una corporación, compañía, etc.—**corporately** [-lị], *adv.* corporal o corporativamente; en corporación.
corporation [kɔrporéịšọn], *s.* corporación; sociedad mercantil (apl. esp. a las muy grandes); cabildo; cuerpo, sociedad, gremio.
corporative [kórporeịtịv], *a.* corporativo.
corporeal [kɔrpóurịạl], *a.* corpóreo, material, tangible.—**corporeally** [-ị], *adv.* materialmente, corporalmente.
corporeity [kɔrporíịtị], *s.* corporeidad, materialidad.
corposant [kórpozæ̀nt], *s.* (mar.) fuego de Santelmo, Cástor y Pólux, helena.
corps [kour], *s.* cuerpo, corps.—**c. de ballet,** cuerpo de baile.
corpse [kɔrps], *s.* cadáver, cuerpo, difunto.
corpulence, corpulency [kórpịulẹns, -ị], *s.* corpulencia.—**corpulent** [-ẹnt], *a.* corpulento.
corpus [kórpʌs], *s.* cuerpo; (anat.) lóbulo, tubérculo; (for.) bienes tangibles, corporales.—**C. Christi,** (igl.) Corpus.—**c. delicti,** (for.) cuerpo del delito.—**c. juris,** (for.) cuerpo legal.
corpuscle [kórpʌsl], *s.* (fisiol.) corpúsculo, célula sanguínea; (fís., quím.) átomo; electrón.
corpuscular [kɔrpʌ́skịulä(r)], *a.* corpuscular.
corral [kọrǽl]. **I.** *va.* acorralar. **II.** *s.* corral.
correct [kọrékt]. **I.** *va.* corregir, enmendar, rectificar, reformar; reprender, castigar; reparar, subsanar, remediar. **II.** *a.* correcto; exacto, justo; visto bueno (abrev. V° B°); bueno, bien hecho; propio; culto (estilo, etc.).
correction [kọrékšọn], *s.* corrección, enmienda, rectificación; castigo, reforma; censura, pena.
correctional [-ạl]. **I.** *a.* correccional, penal. **II.** *s.* casa de corrección, reformatorio.
corrective [kọréktịv]. **I.** *a.* correctivo, correccional, reformatorio. **II.** *s.* correctivo, castigo.
correctly [kọréktlị], *adv.* correctamente; bien, apropiadamente.—**correctness** [-nịs], *s.* corrección; exactitud; validez.
corrector [kọréktọ(r)], *s.* corrector, corregidor, reformador, revisor, enmendador.
correlate [kárẹleịt]. **I.** *va.* correlacionar, poner en correlación. **II.** *vn.* tener correlación.—**corre-**

late, **correlative** [korélativ], *a.* y *s.* correlativo. —**correlation** [karelé̜iŝon], *s.* correlación.
correspond [karespánd], *vn.* corresponder, convenir, adaptarse; mantener correspondencia, escribirse.—**correspondence, correspondency** [-ens, -i], *s.* correspondencia; relación; reciprocidad; (com.) correspondencia.—**correspondent** [-ent]. **I.** *a.* correspondiente; conforme, conveniente. **II.** *s.* correspondiente, corresponsal.—**correspondently** [-li], *adv.* correspondientemente.
corresponding [-iŋ], *a.* correspondiente; corresponsal; similar; conforme, congruente.—**c. secretary,** secretario correspondiente.
correspondingly [-li], *adv.* correspondientemente.
corridor [kárido(r)], *s.* corredor, galería, pasillo, pasadizo; (fort.) galería; (geol.) paso, vía de salida; tira de tierra de una nación que atraviesa el territorio de otra.
corrie [kóri], *s.* (geol.) = CIRQUE.
corrigible [káridźibl], *a.* corregible.
corrival [koráival], *a.* y *s.* émulo, rival.
corroborant [kováborant], *a.* y *s.* corroborante; tónico.
corroborate [-eit], *va.* corroborar, confirmar.—**corroboration** [-éiŝon], *s.* corroboración, confirmación, fe, *f.*—**corroborative** [-ativ], *a.* corroborativo, corroborante, confirmativo.—**corroboratively** [-li], *adv.* corroborativamente.
corroborator [-eito(r)], *s.* corroborante.
corroboratory [-atori], *a.* = CORROBORATIVE.
corrode [koróud], *va.* y *vn.* corroer(se).
corrodibility [-ibíliti], **corrosibility** [korousibíliti], *s.* calidad de corrosible.
corrodible, corrosible [koróudibl, -sibl], *a.* corrosible.
corrosion [koróuźon], *s.* corrosión.
corrosive [koróusiv], *a.* corrosivo, corroyente, mordicante; mordaz.—**c. sublimate,** sublimado corrosivo, solimán.—**corrosively** [-li], *adv.* corrosivamente.—**corrosiveness** [-nis], *s.* corrosividad, calidad de corrosivo o mordicante.
corrugate [kárugeit], *va.* arrugar, acanalar; rizar, encarrujar.—**corrugate(d** [-id], *a.* corrugado, arrugado, ondulado (apl. al hierro en lámina, etc.); acanalado, encarrujado.—**c. sheet-iron,** chapa ondulada.—**corrugation** [-éiŝon], *s.* corrugación, arruga(miento).—**corrugator** [-o(r)], *s.* lo que arruga, etc.; (anat.) corrugador.
corrupt [korʌ́pt]. **I.** *a.* corrompido, corrupto; contaminado, infecto, podrido, putrefacto, pútrido; (fig.) desmoralizado, depravado, sobornado, viciado. **II.** *va.* corromper; contaminar, depravar, infectar, podrir o pudrir; malear, adulterar; sobornar, seducir, pervertir, viciar. **III.** *vn.* corromperse, podrirse o pudrirse.—**corrupter** [-œ(r)], *s.* corruptor, corrompedor, seductor, pervertidor, sobornador.—**corruptibility** [-ibíliti], *s.* corruptibilidad.—**corruptible** [-ibl], *a.* corruptible.—**corruptibleness** [-nis], *s.* corruptibilidad.—**corruptibly** [-ibli], *adv.* corruptiblemente.—**corrupting** [-iŋ], *a.* corruptor, corrompedor, corrumpente.—**corruption** [korʌ́pŝon], *s.* corrupción, corruptela, descomposición, podredura; contagio, inmoralidad; cohecho, soborno; depravación, maldad; perversión; pus, materia.—**corruptive** [korʌ́ptiv], *a.* corruptivo.—**corruptless** [-lis], *a.* incorruptible, íntegro, recto.—**corruptly** [-li], *adv.* corruptamente, corrompidamente.—**corruptness** [-nis], *s.* corrupción, putrefacción, infección; vicio.—**corruptress** [-ris], *s.* corruptora, corrompedora.
corsage [korsáź], *s.* corpiño, cuerpo; ramillete para la cintura, etc.
corsair [kórser], *s.* corsario, pirata, *m.*
corselet [kórslit], *s.* (arm.) coselete, peto; (ent.) coselete; [kórselet], faja o corsé ligero.
corset [kórsit], *s.* corsé; cotilla.—**c. cover,** cubrecorsé, corpiño, canesú, corpecico, justillo.—**c. factory** o **shop,** corsetería.—**c. maker** o **seller,** corsetero, corsetera.
Corsican [kórsikan], *a.* y *s.* corso (de Córcega).
cortege [kortéź], *s.* comitiva, séquito.
cortex [kórteks], *s.* (bot.) corteza; (anat.) capa externa de un órgano.
cortical [kórtikal], *a.* cortical.
corticate(d [-keit(id], *a.* cortezudo.
cortisone [kórtisoun], *s.* (farm.) cortisona.
corundum [korʌ́ndʌm], *s.* (min.) corindón.
coruscate [kórʌskeit], *vn.* coruscar, fulgurar
coruscation [-éiŝon], *s.* coruscación, fulgor.
corvette [korvét], *s.* (mar.) corbeta.
corvetto [korvétou], *s.* (equit.) corveta.
corvine [kórvain], *a.* corvino.
corymb [kórimb], *s.* (bot.) corimbo.
coryphæus [korifíʌs], *s.* corifeo.
coryphée [korifé̜i], *s.* primera bailarina.
coryza [koráizä], *s.* (med.) coriza.
cosecant [kosíkant], *s.* (geom.) cosecante.
cosey [kóuzi], *a.* y *s.* = COZY.
cosher [kóuŝœ(r)]. **I.** *va.* acariciar, mimar. **II.** *vn.* (fam.) charlar, comadrear, chismear.
cosignatory [kousígnatori], **cosigner** [kousáinœ(r)], *s.* y *a.* cosignatario, cofirmante.
cosine [kóusain], *s.* (geom.) coseno.
cosmetic [kazmétik], *a.* y *s.* cosmético; *s.* afeite.
cosmic(al [kázmik(al], *a.* cósmico, vasto; armonioso, metódico, ordenado.
cosmic dust, *s.* (astr.) polvo cósmico.
cosmic radiation, *s.* (fís.) radiación cósmica.
cosmic rays, *s. pl.* (fís.) rayos cósmicos.
cosmism [kázmizm], *s.* teoría de la evolución cosmogónica.
cosmogonal, cosmogonic(al [kazmágonal, kazmogánik(al], *a.* cosmogónico.
cosmogony [kazmágoni], *s.* cosmogonía.
cosmographer [kazmágrafœ(r)], *s.* cosmógrafo.
cosmographical [kazmográfikal], *a.* cosmográfico.
cosmography [kazmágrafi], *s.* cosmografía.
cosmological [kazmoládźikal], *a.* cosmológico.
cosmologist [kazmálodźist], *s.* cosmólogo.
cosmology [-dźi], *s.* cosmología.
cosmonaut [kázmonot], *s.* cosmonauta.
cosmonautics [kazmonótiks], *s.* cosmonáutica.
cosmopolitan [kazmopálitan], **cosmopolite** [kazmápolait], *a.* y *s.* cosmopolita, *mf.*
cosmopolitanism [-izm], *s.* cosmopolitismo.
cosmorama [kazmorámä], *s.* cosmorama, *m.*
cosmos [kázmas], *s.* cosmos, universo.
cosmotron [kázmotran], *s.* cosmotrón.
Cossack [kásæk], *a.* y *s.* cosaco.
cosset [kásit]. **I.** *s.* cordero criado sin la madre. **II.** *va.* acariciar, mimar.
cost [kóst]. **I.** *s.* costa, coste, costo; precio, importe; gasto.—*pl.* (for.) costas, gastos.—**c., insurance and freight** (*c. i. f.*), costo, seguro y flete (c. s. f.).—**c. of living,** coste de la vida. —**c. price,** precio de coste.—**at all costs,** cueste lo que cueste, a toda costa, a todo trance. —**at c.,** a coste y costas.—**to my c.,** a mis expensas; por mi daño. **II.** *vn.* (*pret.* y *pp.* COST) costar.—**c. what it may,** cueste lo que cueste. —**to c. dear,** costar caro, costar un ojo de la cara. **III.** *va.* calcular el coste de.—**costing** [-iŋ], *s.* cálculo de costes o gastos.
costal [kástal], *a.* (anat.) costal.
costard [kástärd], *s.* (bot.) variedad de manzana inglesa; (fam.) cabeza, cholla.
Costa Rica [kástaríka], *s.* Costa Rica.
Costa Rican [-kan], *s.* y *a.* costarricense, costarriqueño.
costate [kásteit], *a.* con costillas.
coster(monger [kástœr(mʌŋgœ(r)], *s.* vendedor ambulante de frutas, legumbres, pescado, etc.
costive [kástiv], *a.* estreñido, estíptico.
costliness [kóstlinis], *s.* calidad de costoso; suntuosidad.
costly [kóstli], *a.* costoso, caro; suntuoso.
costmary [kástmeri], *s.* (bot.) atanasia.
costume [kástium]. **I.** *s.* traje, ropa, vestido; disfraz, *m.;* traje de época.—*pl.* indumentaria, (teat.) vestuario.—**c. ball,** baile de trajes. **II.** *va.* proveer de traje, disfraz, etc.

costumer [-œ(r)], *s.* sastre de teatro; el que hace, vende o alquila trajes para bailes, etc.
costus(root [kástʌs(rut], *s.* (bot.) costo.
cosy [kóuzi], *a.* y *s.* = COZY.
cot [kat], *s.* cabaña, choza; catre, camilla; dedal.
cotangent [koutǽndžent], *s.* (geom.) cotangente.
cote [kout], *s.* corral, aprisco.
cotemporaneous, cotemporary, *V.* CONTEMPORANEOUS, etc.
cotenancy [kouténansi], *s.* coinquilinato.
cotenant [-ant], *s.* coinquilino.
coterie [kóuteri], *s.* camarilla, círculo, tertulia.
coterminous [koutœ́rminʌs], *a.* = CONTERMINOUS.
cothurnus [koθœ́rnʌs], *s.* coturno.
cotill(i)on [kotílyon], *s.* (danz.) cotillón.
cotrustee [koutrʌstí], *s.* fideicomisario o curador en unión de otro.
cotta [kátä], *s.* (igl.) sobrepelliz.
cottage [kátidž], *s.* casita, cabaña, choza, casucha; casa de campo, quinta.—**c. cheese,** requesón; queso de bola.
cottager [-œ(r)], **cotter** [kátœ(r)], *s.* el que vive en una cabaña, casa de campo, etc.
cotter [kátœ(r)], *s.* (mec.) chaveta, llave, *f.*, pasador.—**c. pin,** chaveta.
cotton [káton]. **I.** *s.* algodón (planta y fibra); tela de algodón; hilo de algodón; lanilla o pelillo vegetal algodonoso.—*pl.* géneros de algodón; ropa de algodón. **II.** *a.* de(l), para o rel. al algodón; algodonero. **III.** *vn.* (con **to**) (fam.) tomar afición a.
cotton bagging, *s.* lienzo de algodón para sacos, y los sacos mismos.
cotton batting, *s.* algodón en hojas o en rama.
Cotton Belt, *s.* (E. U.) región algodonera.
cotton cake, *s.* torta de harina de semillas de algodón.
cotton field, *s.* algodonal.
cotton flannel, *s.* (tej.) moletón, franela de algodón.
cotton gin, *s.* despepitadora o (Am.) desmotadora de algodón.
cotton mill, *s.* algodonería.
cotton moth, *s.* mariposa del gusano del algodón.
cottonmouth [-mauθ], *s.* (zool.) mocasín (serpiente).
cotton picker, *s.* máquina segadora de algodón.
cotton plant, *s.* (bot.) algodonero.
cotton plantation, *s.* algodonal.
cotton press, *s.* prensa o instalación de embalar algodón.
cotton print, *s.* (tej.) cotón estampado.
cottonseed [-sid], *s.* semilla del algodón.
cottonseed meal, *s.* harina de orujo o borujo de algodón.
cottonseed oil, *s.* aceite de semillas de algodón.
cottontail [-teil], *s.* (E. U., zool.) conejo común.
cotton thistle, *s.* (bot.) toba, acantio, cardo borriqueño.
cotton tree, *s.* (bot.) viburno; ceiba y otros árboles bombáceos análogos; álamo.
cotton waste, *s.* desperdicios de hilaza de algodón.
cottonwood [-wud], *s.* (bot.) álamo americano.
cotton wool, *s.* algodón en rama; (Ingl.) algodón hidrófilo o absorbente.—**to wrap in cotton wool,** mimar.
cotton worm, *s.* (ent.) gusano de las hojas (no de la cápsula) del algodón.
cottony [-i], *a.* algodonoso.
cotton yarn, *s.* hilaza de algodón.
cotyledon [katilídon], *s.* (bot.) cotiledón.
cotyledonous [-ʌs], *a.* cotiledóneo.
couch [káuch]. **I.** *va.* acostar; poner en capas o tongadas; depositar; indicar, expresar; enristrar, poner (la lanza) en ristre; (cir.) batir las cataratas o nubes de los ojos. **II.** *vn.* acostarse, recostarse, tenderse, echarse; agacharse; agobiarse, doblarse. **III.** *s.* canapé, cama, lecho, reclinatorio, sofá, yacija; cubil, guarida (de fieras); tonga, tongada, capa.—**c. fellow,** compañero de cama.—**c. grass,** (bot.) grama.
couchant [-ant], *a.* (blas.) acostado.
coucher [-œ(r)], *s.* cartulario.
cougar [kúgä(r)], *s.* (zool.) cuguar(do), puma, *m.*
cough [kóf]. **I.** *s.* tos, *f.*, pechuguera.—**c. drop,** pastilla para la tos. **II.** *vn.* toser. **III.** *va.* (con **up**) esputar; arrojar del pecho tosiendo; (fam.) pagar, entregar.—**to c. down,** hacer callar (a un orador) a fuerza de toses.
coughing [-iŋ], *s.* (acceso de) tos, *f.*, tosidura.
could [kud], *pret.* de CAN.
coulee [kúli], *s.* quebrada, cañada; río de lava.
coulisse [kulís], *s.* ranura de corredera; (teat.) bastidor.
coulomb [kulám], *s.* (elec.) culombio.
coulter [kóultœ(r)], *s.* = COLTER.
coumaric [kumárik], *a.* (quím.) cumárico.—**coumarin** [kúmarin], *s.* (quím.) cumarina.
coumarou [kúmaru], *s.* (bot.) cumarú (árbol y semillas).
council [káunsil], *s.* concilio; consejo; concejo; cabildo, ayuntamiento, junta.—**c. board** o **table,** sesión del consejo; mesa del consejo.—**c. of war,** consejo de guerra.
councilman [-man], *s.* concejal, regidor.
council(l)or [-o(r)], *s.* concejal; consejero.
counsel [káunsel]. **I.** *s.* consejo; deliberación, determinación; secreto, sigilo; trama, plan, designio; abogado consultor, asesor.—**c. for the defense,** defensor.—**c. for the prosecution,** acusador; fiscal.—**to keep one's c.,** ser reservado, no decir nada.—**to take c.,** deliberar, aconsejarse. **II.** *va.* aconsejar, dirigir, guiar, asesorar.
counsel(l)or [-o(r)], *s.* consultor, consejero, consiliario; confidente; abogado, causídico; asesor.—**c. at law,** abogado.
counsellorship [-ŝip], *s.* cargo o dignidad de consejero, etc.
count [káunt]. **I.** *va.* contar, numerar; considerar, reputar; imputar, atribuir; escrutar (votos).—**to c. noses,** contar cabezas (personas).—**to c. out,** no contar (votos, etc.); declarar vencido (a un pugilista que no se levanta tras contarle diez segundos). **II.** *vn.* contar; valer.—**to c. on** o **upon,** contar con, confiar en. **III.** *s.* cuenta, cuento, cómputo, cálculo; partida, cláusula; valor, cuantía; atención, cuidado; conde (título); (for.) demanda, cargo, capítulo; (tej.) número o tamaño (del hilo).—**c. palatine,** conde palatino.
countable [-abl], *a.* contadero, contable.
countdown [-daun], *s.* recuento descendente hasta cero (en las explosiones nucleares, lanzamientos de cohetes, experiencias críticas).
countenance [káuntenans]. **I.** *s.* semblante, cara, talante, aspecto; continente, talante; protección, apoyo.—**out of c.,** desconcertado, turbado, corrido.—**to give c.,** apoyar, favorecer, proteger, auxiliar. **II.** *va.* sostener, apoyar, fomentar, aprobar.
counter [káuntœ(r)]. **I.** *s.* calculista; contador; mostrador, tablero (de tienda, etc.); ficha, tanto; (mar.) bovedilla; lo opuesto, lo contrario; (zap.) contrafuerte, calcañar; pecho del caballo; (mús.) contrapunto; (esgr.) contra. **II.** *adv.* contra, al contrario.—**c. electromotive force,** fuerza contraelectromotriz.—**to run c.,** oponerse a, violar. **III.** *a.* contrario, opuesto.—**IV.** *va.* combatir; contradecir. **V.** *vn.* contraatacar; oponerse.
counteract [-ǽkt], *va.* contrariar, impedir; neutralizar, contrarrestar.
counteraction [-ǽkŝon], *s.* oposición; impedimento.
counteractive [-ǽktiv]. **I.** *a.* contrario, opuesto. **II.** *s.* opositor.
counterapproach [-aprouch], *s.* (fort.) contraaproches o contraataques (*pl.*), contratrinchera.
counterattack [-atǽk]. **I.** *s.* contraataque, ataque de reacción. **II.** *va.* y *vn.* contraatacar, hacer un contraataque.

counterattraction [-ạtrǽkŝọn], *s.* atracción contraria.
counterbalance [-bǽlạns]. **I.** *va.* contrabalancear, contrapesar, equilibrar; compensar. **II.** [-bælạns], *s.* contrapeso, equilibrio, compensación.
counterbore [-bóụr]. **I.** *s.* ensanche de la boca (de un tubo, agujero, etc.); barreno de ensanchar. **II.** *va.* ensanchar la boca de.
counterbrace [-breịs]. **I.** *va.* (mar.) contrabracear. **II.** *s.* contrabraza, contraamantillo.
countercharge [-chardẑ]. **I.** *s.* recriminación; (mil.) contraataque. **II.** *va.* (for.) reconvenir; (mil.) contraatacar.
countercheck [-chék]. **I.** *va.* contrastar, contrarrestar. **II.** *s.* oposición, repulsa, rechazo.
counterclaim [-kleịm], *s.* contrarreclamación.
counterclockwise [-klákwaịz]. **I.** *a.* sinistrorso, levógiro. **II.** *adv.* en sentido contrario al de las agujas del reloj.
countercurrent [-kœrẹnt], *s.* contracorriente, *f.*
counterdie [-daị], *s.* contramatriz, punzón.
counterespionage [-éspịọnịdẑ], *s.* contraespionaje.
counterfeit [-fịt]. **I.** *va.* falsear, falsificar, forjar, contrahacer, imitar fraudulentamente. **II.** *vn.* fingir, disimular. **III.** *s.* impostura, contrahechura, falsificación; copia, imitación; moneda falsa. **IV.** *a.* falsificado, espurio, contrahecho.
counterfeiter [-œ(r)], *s.* falsario, falsificador; falseador, imitador; monedero falso.
counterfort [-fɔrt], *s.* contrafuerte, estribo.
counterguard [-gard], *s.* (fort.) contraguardia.
counterinformation [-ịnfɔrméịŝọn], *s.* contraaviso.
counterirritant [-írịtạnt], *s.* (med.) contrairritante, revulsivo.
countermand [-mǽnd]. **I.** *va.* contramandar, desmandar; revocar, invalidar, cancelar. **II.** *s.* contramandato, contraorden, *f.*
countermarch [-march]. **I.** *s.* contramarcha. **II.** *vn.* contramarchar.
countermark [-mark]. **I.** *s.* contramarca, contraseña. **II.** *va.* contramarcar, resellar.
countermine [-maịn]. **I.** *s.* contramina. **II.** *va.* contraminar; contravenir.
countermove [-múv]. **I.** *va.* y *vn.* mover(se) en dirección contraria; usar de represalias. **II.** *s.* movimiento en dirección contraria; represalia.
counteroffensive [-ọfénsịv], *s.* (mil.) contraofensiva.
counteropening [-oụpẹnịŋ], *s.* (cir.) contraabertura.
counterpane [-peịn], *s.* colcha de cama, cubrecama; cobertor.
counterpart [-part], *s.* contraparte, *f.*; duplicado; equivalencia; copia, imagen, *f.*
counterplea [-pli], *s.* (for.) reconvención.
counterplot [-plat]. **I.** *s.* contratreta. **II.** *va.* contraminar.
counterpoint [-pɔịnt], *s.* (mús.) contrapunto.
counterpoise [-pɔịz]. **I.** *va.* equilibrar, contrapesar, contrabalancear. **II.** *s.* contrapeso; compensación, equilibrio; pilón de una romana.
counterpoison [-pɔịzọn], *s.* contraveneno; antídoto.
counterproposition [-prapozíŝọn], *s.* contraproposición.
counterpunch [-pʌnch], *s.* contrapunzón.
counterreformation [-rɛfɔrméịŝọn], *s.* contrarreforma.
counterrevolution [-rɛvolịúŝọn], *s.* contrarrevolución.
counterscarp [-skarp], *s.* (fort.) contraescarpa.
counterseal [-síl]. **I.** *va.* contrasellar. **II.** *s.* contrasello.
countersense [-sɛns], *s.* contrasentido, sentido opuesto.
countershaft [-ŝæft], *s.* contraeje, eje intermedio; (aut.) eje secundario del cambio de marcha.
countersign [-saịn]. **I.** *va.* visar, refrendar. **II.** *s.* (mil.) santo y seña, contraseña.
countersignature [-sígnạchur], *s.* refrendata.
countersink [-sịŋk]. **I.** *va.* abocardar, avellanar. **II.** *s.* avellanador, punzón, granete, fresa.
counterstroke [-stroụk], *s.* contragolpe, revés; (m. v.) golpe o carrera de retroceso.
countersunk [-sʌŋk], *pp.* de COUNTERSINK.—**c. rivet,** remache fresado o de cabeza embutida. —**c. screw,** tornillo avellanado.
countertenor [-tɛnọr], *s.* (mús.) contralto.
countertide [-taịd], *s.* (mar.) contramarea.
countertrench [-trɛnch], *s.* (mil.) contratrinchera.
countervail [-véịl]. **I.** *va.* contrapesar, compensar. **II.** *s.* *V.* COUNTERBALANCE.
counterweight [-weịt], *s.* contrapeso, pesa.
counterwork [-wœrk], *va.* contrarrestar, contrariar; contraminar.
countess [káụntịs], *s.* condesa.
countinghouse [káụntịŋhaụs], *s.* despacho, escritorio, oficina.
countless [káụntlịs], *a.* innumerable, sin cuento.
countrified [kʌ́ntrịfaịd], *a.* rústico, campesino, campestre, agreste.
country [kʌ́ntrị]. **I.** *s.* país, nación; región, tierra; patria; campo, campiña. **II.** *a.* rústico, rural, campesino; rudo o agreste; campestre, de campo.—**c. club,** club campestre.—**c. dance,** baile campestre, charrada; (Am.) changüí, guateque.—**c. gentleman,** propietario rico que vive en sus tierras.—**c. house,** casa de campo, quinta, villa.—**c. road,** camino vecinal.—**c. rock,** (min.) roca madre.—**c. squire,** caballero de provincia.
countryfolk [-foụk], *s.* campesinos, labradores, gente (*f.*) del campo.
countryman [-mạn], *s.* paisano compatriota, conciudadano, conterráneo; campesino, labrador, labriego, paisano, aldeano, patán, paleto.
countryseat [-sit], *s.* casa de campo, quinta(na), villa.
countryside [-saịd], *s.* campo; distrito rural.
countrywoman [-wụmạn], *s.* paisana, compatriota; aldeana, campesina, labriega.
countship [káuntŝịp], *s.* condado.
county [káụntị], *s.* condado, distrito territorial, jurisdicción.—**c. clerk,** secretario del condado. —**c. palatine,** palatinado.—**c. seat,** capital de condado, cabecera o cabeza de distrito.
coup [ku], *s.* estratagema, golpe maestro.—**c. de grâce,** golpe de gracia.—**c. d'état,** golpe de Estado.—**c. de main,** ataque o movimiento repentino e imprevisto.—**c. d'oeil,** mirada.
coupé [kupéị], *s.* cupé, berlina.
couple [kʌ́pl]. **I.** *s.* par, pareja; yunta (de bueyes, etc.); (mec.) par (de fuerzas, motor).—**married c.,** matrimonio, marido y mujer. **II.** *va.* acoplar, (a)parear, conectar, embragar, empalmar, ensamblar, enganchar; unir, juntar, casar. **III.** *vn.* juntarse, unirse formando un par; tener cópula o coito.
coupler [kʌ́plœ(r)], *s.* aparato de conexión o de acoplamiento; manguito; enganche.
couplet [kʌ́plịt], *s.* par, pareja; copla; cuplé; pareado, dístico, dos versos pareados.
coupling [kʌ́plịŋ], *s.* acoplamiento; pareo; junta o unión; conjunción, cópula; enlazamiento, embrague, empalmadura, ensamblaje, enganche. —**c. pin,** (f. c.) pasador del enganche.
coupon [kúpan], *s.* cupón, talón.—**c. ticket,** billete talonario.
courage [kœ́rịdẑ], *s.* coraje, valor, denuedo, ánimo.
courageous [kʌréịdẑʌs], *a.* animoso, valiente, valeroso.—**courageously** [-lị], *adv.* valerosamente.—**courageousness** [-nịs], *s.* valor, intrepidez, brío.
courbaril [kúrbarịl], *s.* (bot.) curbaril.
courier [kúrịœ(r)], *s.* correo, estafeta, expreso, ordinario.
course [kɔrs]. **I.** *s.* marcha; recorrido; vía, ruta, rumbo, dirección; serie; asignatura, curso (de estudios); curso, marcha (de los sucesos); transcurso (de tiempo); camino, proceder, conducta; método, sistema, *m.*; plato (cada uno de los que forman una comida); (dep.) carrera, corrida;

estadio; cancha de golf; carga, encuentro (en un torneo, etc.); (mar.) deriva, derrota, derrotero, rumbo; (top.) línea (determinada por rumbo y distancia); (arq., alb.) capa, mampuesta, hilada; (min., geol.) buzamiento, dirección de un afloramiento según la horizontal transversal del filón; (min.) galería; (mar.) papahigo.—*pl.* menstruación, regla.—**in due c.,** a su tiempo, oportunamente.—**in the c. of time,** andando el tiempo.—**matter of c.,** cosa común y corriente, cosa de cajón.—**of c.,** por supuesto, naturalmente, desde luego, claro, por de contado.—**the last c.,** los postres. **II.** *va.* correr por, o sobre; hacer correr; cazar, dar caza, perseguir. **III.** *vn.* dirigirse o encaminarse; correr; dedicarse a la caza con perros.

courser [kórsœ(r)], *s.* (poét.) corcel; cazador de liebres, etc.; (orn.) especie de avefría, ave zancuda y corredora.

coursing [kórsiŋ], *s.* caza de liebres; (min.) ventilación.

court [kɔrt]. **I.** *s.* (for.) tribunal, juzgado, (Am.) corte, *f.;* audiencia; sala de justicia; juez; corte; palacio; comitiva, séquito, cortejo; patio, atrio; frontón; cancha, campo o pista (de tenis); mansión suntuosa; callejuela; plazoleta; cortejo, galanteo.—**c. card,** figura (en la baraja). —**c. day,** día (*m.*) de reunión del tribunal; (día de) besamanos.—**c. dress,** traje de corte.—**c. guide,** guía oficial, guía de forasteros.—**c. lands,** tierras señoriales.—**c.-martial,** *s.* consejo de guerra, tribunal militar; *va.* seguir o someter a consejo de guerra.—**c. of appeal(s),** audiencia; tribunal de apelaciones.—**c. of first instance,** tribunal de primera instancia.—**c. of last appeal,** tribunal supremo.—**c. of record,** tribunal de registro o de actas perpetuas.—**c. officer,** alguacil, ministril.—**c. plaster,** esparadrapo, tafetán inglés.—**to pay c. to,** hacer la corte a; cortejar, galantear.—**to put out of c.,** demostrar la falsedad de, invalidar. **II.** *va.* enamorar, galantear; hacer la corte; solicitar, pretender, buscar; inducir, incitar.

courteous [kœ́rtiʌs], *a.* cortés, atento, comedido.

courteously [-li], *adv.* cortésmente.

courteousness [-nis], *s.* cortes(an)ía, comedimiento.

courtesan [kóurtezan], *s.* dama cortesana; mujer pública, prostituta.

courtesy [kœ́rtesi]. **I.** *s.* cortesía, atención, obsequio, urbanidad, finura; gracia, favor, merced; consentimiento, beneplácito; cortesía, reverencia. **II.** *vn.* hacer una cortesía o reverencia. *V.* CURTSY.

courtezan, *s.* = COURTESAN.

courthand [kórthænd], *s.* letra gótica o de curia.

courthouse [-haus], *s.* audiencia; palacio de justicia, tribunal.

courtier [-iœ(r)], *s.* cortesano o palaciego; cortejante, galán, obsequiante.

courtliness [-linis], *s.* cortesanía, cortesía, urbanidad; elegancia.

courtly [-li]. **I.** *a.* cortesano, elegante, galante, cortés. **II.** *adv.* cortésmente.

courtroom [-rum], *s.* sala de tribunal.—*pl.* estrados.

courtship [-ŝip], *s.* corte, *f.*, cortejo; galanteo; noviazgo, enamoramiento.

courtyard [-yard], *s.* patio, atrio.

cousin [kʌ́zin], *s.* primo o prima.—**c. german,** primo hermano o carnal.—**cousinhood** [-hud], **cousinship** [-ŝip], *s.* primazgo.

covariance [kouvériạns], *s.* (mat., estad.) covariancia.

cove [kouv]. **I.** *s.* abra, ancón, caleta, ensenada; (arq.) bovedilla. **II.** *va.* abovedar, arquear.

covenant [kʌ́venant]. **I.** *s.* contrato, ajuste, convenio, pacto; escritura de contrato; (bib.) alianza; testamento.—**C. of the League of Nations,** pacto fundamental de la Sociedad de las Naciones.—**the New C.,** el Nuevo Testamento. **II.** *va.* prometer, empeñar. **III.** *vn.* convenir, pactar, estipular.

covenantee [-í], *s.* (for.) contratante, pactante.

covenanter [-œ(r)], *s.* contratante, pactante; (**C.**) firmante del pacto escocés de la reforma religiosa.

covenantor [-o(r)], *s.* el que debe cumplir lo estipulado en un pacto.

cover [kʌ́vœ(r)]. **I.** *va.* cubrir; tapar, ocultar; cobijar, abrigar, proteger; recubrir, revestir; forrar (un libro, paraguas, etc.); abarcar, abrazar; describir o investigar (apl. al trabajo de repórters); resarcir, compensar, indemnizar; recorrer, andar (distancias, etc.); cubrir (el macho a la hembra); empollar (huevos); cubrirse, ponerse el sombrero; (gen. con **up**) paliar, disimular, encubrir (delitos, etc.); copar (en el juego); (com.) cubrir, remesar fondos; (arti.) apuntar a, dominar, cubrir. **II.** *s.* cubierta, tapa, tapadera, cobertera, envoltura; sobre, sobrecarta; capa, pretexto, velo; abrigo, techado, albergue; cubierto (tenedor, cuchillo y cuchara); funda; forro, portada (de una revista, periódico, etc.); tapete, cobertor; (caz.) huidero, guarida; (bot., zool.) opérculo.—**to take c.,** buscar abrigo.—**under c.,** bajo techado, al abrigo; oculto, cubierto.—**under separate c.,** en sobre aparte, por separado.

coverage [-idẑ], *s.* (com.) amplitud o extensión del seguro abarcado por una póliza; fondos de reserva para hacer frente a obligaciones; reportaje periodístico o por radio o televisión; (estad.) campo de aplicación.

coveralls [-ɔlz], *s.pl.* monos, traje de mecánico.

cover charge, *s.* precio del cubierto (en un restaurante, cabaret, etc.).

cover crop, *s.* (agr.) siembra de abono o de protección.

covered [-d], *a.* cubierto; (com.) asegurado, respaldado.

covered bridge, *s.* puente cubierto.

covered wagon, *s.* carromato, carro con toldo.

covered way, *s.* (fort.) camino cubierto, estrada encubierta.

covered wire, *s.* (elec.) alambre aislado.

cover girl, *s.* (fam.) muchacha de una portada (de una revista); (fam.) muchacha bella; (Arg.) preciosa.

cover glass, *s.* tapa de vidrio (de la platina de un microscopio).

covering [-iŋ]. **I.** *s.* ropa, abrigo; funda, cubierta, cobija, cobertura, envoltura; tegumento; cubrimiento; arropamiento. **II.** *a.* cubriente, cobijador, ocultador.

coverlet, coverlid [-lit, -lid], *s.* cobertura, colcha, sobrecama, cubrecama, cobertor, vánova.

coversed sine [kóuvœrst sain], *s.* (geom.) cosenoverso.

covert [kʌ́vœrt]. **I.** *s.* cubierto o cubierta; refugio, asilo; guarida, huidero. **II.** *a.* cubierto, tapado; secreto, escondido; (for.) que está bajo la autoridad o protección del marido (apl. a la mujer casada).—**c. cloth,** (tej.) cierta tela asargada.—**c. coat,** gabán ligero.—**c. way** = COVERED WAY.

covertly [-li], *adv.* secretamente, en secreto.

coverture [kʌ́vœrchur], *s.* cubierto; escondrijo, escondite; ocultación; (for.) estado o condición de una mujer casada.

covet [kʌ́vit]. **I.** *va.* codiciar, apetecer, ambicionar, anhelar o aspirar con ansia. **II.** *vn.* ser codicioso, suspirar por.

covetable [-abl], *a.* codiciable.—**covetous** [-ʌs], *a.* codicioso, ambicioso, sórdido.—**covetously** [-li], *adv.* codiciosamente, avariciosamente.—**covetousness** [-nis], *s.* codicia, avaricia; ambición, avidez, sordidez.

covey [kʌ́vi], *s.* banda(da), nidada, pollada.

cow [kau]. **I.** *va.* acobardar, intimidar. **II.** *s.* vaca; hembra de otros cuadrúpedos grandes.—**c. bell,** cencerro, esquila.—**c. dung,** boñiga.—**c. hand** = COWBOY.—**c. house,** boyera; establo para ganado; lechería.

coward [káuard], *a.* y *s.* cobarde.—**cowardice** [-is], **cowardliness** [-linis], *s.* cobardía.—

cowardly [-lį]. I. *a.* cobarde. II. *adv.* cobardemente.
cowbane [káųbeįn], *s.* (bot.) cicuta.
cowboy [-bɔį], *s.* vaquero, gaucho (jinete ganadero), (Am.) tropero, hatero.
cowcatcher [-kæchœ(r)], *s.* (f. c.) trompa, rastrillo, quitapiedras, barredor (de locomotora).
cower [káųœ(r)], *vn.* agacharse, alebrarse.
cowherd [káųhœrd], *s.* vaquero, boyero, pastor de ganado vacuno.
cowhide [-haįd]. I. *s.* cuero, vaqueta; penca, zurriaga, corbacho. II. *va.* azotar, zurriagar.—**cowhiding** [-iŋ], *s.* zurribanda, pencazo.
cowl [kaųl], *s.* cogulla, capucha, capilla, capuz, *m.;* cubierta; sombrerete de chimenea; (aut.) bóveda del tablero; (aer.) cubierta o caja del motor.
cowled [-d], *a.* encapuchado, encapuzado.
cowlick [káųlįk], *s.* mechón de pelo, remolino.
cowlike [-laįk], *a.* avacado.
cowling [káųliŋ], *s.* (aer.) cubierta o tapa. *V.* COWL.
cowman [káųmąn], *s.* ganadero, hacendado.
coworker [koųwœ́rkœ(r)], *s.* coadjutor, colaborador.
cowpea [káųpi], *s.* (bot.) especie de garbanzo.
cowpox [-paks], *s.* (med.) vacuna.
cowpuncher [-pʌnchœ(r)], *s.* (E. U., fam.) = COWBOY.
cowrie *o* **cowry** [káųrį], *s.* (zool.) ciprea o porcelana (molusco).
cowshed [-šed], *s.* establo de vacas, boyera.
cowslip [-slįp], *s.* (bot.) vellorita, hierba centella; (Ingl.) primavera o prímula.
cox [kaks], *s.* (fam.) = COXSWAIN.
coxa [káksą], *s.* (anat.) cadera; hueso innominado.—**coxal** [-l], *a.* coxal, de la cadera.—**coxalgia** [kaksáldžįą], *s.* (med.) coxalgia.—**coxalgic** [-džįk], *a.* coxálgico.
coxcomb [kákskoųm], *s.* mequetrefe, petimetre, narciso, lindo, sietemesino; fantasmón, farolón, fachendista; (bot.) = COCKSCOMB.—**coxcombical** [kakskámįkąl], *a.* fachendoso, fatuo.—**coxcombry** [kákskoųmrį], *s.* fachenda, fatuidad.
coxswain [káksn *o* kákswe̜in], *s.* (mar.) patrón, nostramo, batelero, timonel (ll. t. fam. **cox**).
coy, coyish [kɔ́į, -įš], *a.* recatado, modesto; tímido, esquivo.
coyly [-lį], *adv.* con esquivez.—**coyness** [-nįs], *s.* timidez, esquivez; recato, modestia.
coyote [kajóųtį], *s.* (zool.) coyote.
coypu [kɔ́įpu], *s.* (zool.) coipo, coipú.
coz [kʌz], *s.* (fam.) primo, prima.
cozen [kʌ́zęn], *va.* engañar.—**cozenage** [-įdž], *s.* engaño, trampa, superchería.—**cozener** [-œ(r)], *s.* engañador, embaucador.
cozily [kóųzįlį], *adv.* cómoda, agradablemente.
coziness [-nįs], *s.* comodidad, intimidad.
cozy, cozey [kóųzį]. I. *a.* cómodo, agradable, íntimo, abrigado. II. *s.* abrigo de la cafetera, tetera, etc.
crab [krǽb]. I. *a.* agrio, áspero. II. *s.* (zool.) cámbaro, cangrejo de mar, (Am.) jaiba; (mec.) molinete, malacate, torno, cabrestante; (**C.**, astr.) Cáncer; gruñón, persona malhumorada.—**c. apple,** (bot.) manzana silvestre.—**c. grass,** (bot.) hierba rastrera; (bot.) garranchuelo.—**c. louse,** (ent.) ladilla. III. *vn.* pescar cangrejos; (fam.) regañar, estar de mal hųmor.
crabbed [-įd], *a.* avinagrado, áspero, ceñudo, bronco, hosco; enmarañado, escabroso, desigual.
crabby [-į], *a.* malhumorado, de mal genio.
crack [krǽk]. I. *s.* hendedura, grieta, raja(dura), cuarteadura, rendija, resquebradura; (alb.) llaga; crujido, chasquido, estallido; traque, trique, tris, *m.;* mentecatez, chifladura; mudanza de la voz.—**c. of doom,** juicio final. II. *a.* (fam.) de calidad superior, de primer orden, granado.—**c.-brained,** *a.* alelado, chiflado, mentecato.—**c. shot,** tirador certero. III. *va.* hender, rajar, (res)quebrajar; partir, romper, destruir; hacer chasquear restallar o crujir; trastornar, enloquecer; decir con gracejo; craquear (petróleo).—**to c. a bottle,** abrir una botella.—**to c. a joke,** decir un chiste.—**to c. jokes,** gastar bromas.—**to c. up,** (fam.) elogiar, bombear o dar bombo a; echar a pique (un avión), hacer pedazos (un auto). IV. *vn.* reventar, abrirse, (a)grietarse; cuartearse, partirse, rajarse, resquebra(ja)rse; crujir, estallar, traque(te)ar.—**to c. down on,** (fam.) tratar con dureza, apretar los tornillos a.—**to c. up,** (fam.) estrellarse (un auto o avión).
crackajack, crackerjack [-ądžæk]. I. *s.* (fam.) persona o cosa de marca mayor. II. *a.* muy superior, de primera, de más de marca.
crackbrain [-bre̜in], *s.* (fam.) loco; destornillado.
cracked [-t], *a.* (a)grietado, cuarteado; (fam.) destornillado, chiflado; (voz) desapacible.
cracker [-œ(r)], *s.* especie de galleta o bizcocho; triquitraque (*V.* FIRECRACKER).—**c. bonbon,** bombón sorpresa.
cracking [-iŋ], *s.* agrietamiento; craqueo (de petróleo).
crackle [krǽkl]. I. *va.* hacer crujir. II. *vn.* crujir, crepitar, chasquear, chascar, chillar, restallar. III. *s.* crujido, crepitación; superficie finamente estriada o rayada.—**c. ware,** artículos (de porcelana, vidrio, etc.) de superficie estriada o rayada.
crackling [krǽkliŋ]. I. *s.* crepitación, crujido; estall(id)o; chicharrón. II. *a.* crepitante.
cracknel [krǽknęl], *s.* galleta o bizcocho seco, (prov.) coscarana.—*pl.* chicharrones.
crackpot [krǽkpat]. I. *s.* (fam.) loco inofensivo; pobre diablo. II. *a.* extravagante, excéntrico.
cracksman [krǽksmąn], *s.* (fam.) ladrón.
crackup [krǽkʌp], *va., vn.* y *s.* *V.* CRASH.
cradle [kré̜idl]. I. *s.* cuna, brizo; infancia, niñez; origen; (cir.) tablilla para fracturas; arco de protección para una herida; (agr.) armadura (de guadaña); guadaña agavilladora (ll. t. **cradle scythe**); (min.) artesa oscilante; (mar.) cuna o basada; (const.) plataforma colgante; (arti.) armazón de retroceso de la cureña; (m. v.) caballete de soporte (de una caldera). II. *va.* cunear. III. *vn.* mecerse en la cuna; segar con guadaña agavilladora.
cradlesong [-sɔŋ], *s.* arrullo.
craft [krǽft], *s.* arte (gen. *f.*); artificio, astucia, treta; maña; habilidad, pericia; arte u oficio; gremio; (mar.) embarcación, barco (ú. t. como *pl.*).—**c. guild, c. union,** gremio de artesanos de un mismo oficio.—**the c.,** la masonería.
craftily [-įlį], *adv.* astuta o mañosamente.
craftiness [-įnįs], *s.* astucia, maña.
craftsman [-smąn], *s.* artífice, artesano.
craftsmanship [-šįp], *s.* habilidad en el oficio, artificio, mano (*f.*) de obra.
crafty [-į], *a.* astuto, taimado, ladino, artificioso.
crag [krǽg], *s.* despeñadero, risco.—**cragged** [-įd], *a.* escabroso, peñascoso.—**craggedness** [-nįs], **cragginess** [-įnįs], *s.* escabrosidad o fragosidad; aspereza, desigualdad.
craggy [-į], *a.* escabroso, escarpado, desigual.
crake [kre̜ik], *s.* (orn.) ave zancuda; (Ingl.) cuervo.
cram [krǽm]. I. *va.* rellenar, henchir, atestar, atracar, apretar, embaular, embutir; hartar, cebar; (fam.) preparar (a un estudiante) o aprender (un asunto) a la carrera. II. *vn.* hartarse, darse un atracón; (fam.) leer o estudiar con empeño. III. *s.* atracón, atestamiento, apret(ad)ura; (fam.) persona que se aprende atropelladamente algo o se lo hace aprender a otra (ú. esp. de estudiantes y maestros); (fam.) mentira, embuste.
crambo [-boų], *s.* (desp.) consonante (en verso); juego de hallar consonantes.
crammer [-œ(r)], *s.* = CRAM (persona); (fam.) mentiroso; (fam.) mentira, engaño; (mec.) apretador, comprimidor.
cramming [-iŋ], *s.* atestamiento, atestadura, apretamiento, apret(ad)ura; atracón, engullimiento, hartazgo; (fam.) repaso.
cramp [krǽmp]. I. *s.* (med.) calambre, rampa, retortijón; entumecimiento; sujeción; estrechez,

aprieto; (mec., carp.) cárcel, *f.*, prensa de tornillo; gra(m)pa, laña.—**c. iron**, laña, grapa, gatillo. **II.** *a.* contraído; apretado. **III.** *va.* entumecer; dar calambre; sujetar; lañar; engrapar, engatillar; apretar.
crampfish [-fiŝ], *s.* (ict.) torpedo, tremielga.
crampon, crampoon [krǽmpǫn, kræmpún], *s.* (bot.) raicilla trepadora de la hiedra; (gen. *pl.*) púa o espolón para trepar o andar sobre el hielo; tenazas de garfios.
cranberry [krǽnbɛri], *s.* (bot.) arándano agrio de los pantanos.
crane [krein]. **I.** *s.* (orn.) grulla; (mec.) grúa, cabria; sifón o cantimplora; cigüeña o aguilón de chimenea; brazo de soporte; (mar.) abanico, arbotante.—**c. fly,** (ent.) típula.—**c.'s-bill,** (bot.) geranio, pico de cigüeña (ll. t. **cranesbill**). **II.** *va.* levantar con la grúa; estirar, extender (el cuello). **III.** *vn.* estirarse, alargarse.
cranial [kréiniąl], *a.* craneal, craneano, craniano.
craniological [-oládžikąl], *a.* craneológico.
craniology [-álodži], *s.* craneología.
craniometer [-ámɛtœ(r)], *s.* craneómetro.
craniometry [-ámɛtri], *s.* craneometría.
craniotomy [-átomi], *s.* craneotomía; perforación del cráneo del feto. *V.* TREPANATION.
cranium [kréiniʌm], *s.* cráneo, casco, sesera.
crank [krǽŋk]. **I.** *s.* (mec.) manubrio, manija; cigüeña, manivela; (fam.) maniático: chiflado, persona caprichosa o malhumorada; capricho, chifladura.—**c. arm,** (brazo de la) manivela.—**c. axle,** eje motor acodado; (aut.) cigüeñal.—**c. brace,** berbiquí.—**c. pin,** perno, botón de manivela. **II.** *a.* inseguro; (mar.) mal lastrado, instable. *V.* CRANKY.—**c.-sided,** (mar.) celoso, que aguanta poca vela por falta de estabilidad. **III.** *va.* (aut.) voltear el cigüeñal para hacer arrancar el motor.
crankcase [-keis], *s.* (aut.) cárter de cigüeñal.
crankiness [-inis], *s.* mal humor; chifladura; desequilibrio; calidad de caprichoso o singular.
crankshaft [-ŝæft], *s.* (aut.) cigüeñal.—**c. gear,** (aut.) engranaje del cigüeñal.
cranky [-i], *a.* chiflado, lunático; torcido; destartalado, inseguro; caprichoso, testarudo.
crannied [krǽnid], *a.* grietoso, hendido.
cranny [krǽni], *s.* grieta, hendedura, raja.
crape [kreip]. **I.** *s.* (tej.) crespón. *V.* CREPE. **II.** *va.* poner crespón (como señal de luto).
crapefish [kréipfiŝ], *s.* bacalao seco.
crappie [krǽpi], *s.* (ict.) pomosio.
craps [kræps], *s.* juego de azar, jugado con dados (ll. t. **crap game** y **crap shooting**).
crapulence [krǽpyulęns], *s.* crápula.
crapulent [-ęnt], **crapulous** [-ʌs], *a.* crapuloso.
crash [krǽŝ]. **I.** *vn.* romperse, caerse estrepitosamente, estrellarse; estallar; fracasar; (com.) quebrar; (aer.) aterrizar bruscamente. **II.** *va.* romper o despedazar estrepitosamente, estrellar; abrirse (paso); (aer.) echar a pique.—**to c. the gate,** (fam.) colarse.
crash, crashing [-iŋ], *s.* estallido, estampido, estrépito, fragor; fracaso; (com.) crac, quiebra o bancarrota; (tej.) cutí burdo, lienzo basto; (aer.) aterrizaje violento.—**c. dive,** sumersión rápida (de un submarino).—**c. helmet,** casco.—**c. landing,** (aer.) aterrizaje de barriga.—**c. program,** (fam.) programa de urgencia.
crass [krǽs], *a.* grueso, gordo; basto; craso.
crassulaceous [-yųléiŝʌs], *a.* (bot.) crasuláceo.
crate [kreit]. **I.** *s.* embalaje de tablas; cuévano, canasta, banasta; (Am.) guacal. **II.** *va.* entablar, embalar con tablas.
crater [kréitœ(r)], *s.* cráter; hoyo de bomba o mina; (arqueol.) crátera.
craunch [krɔnch], *va.* = CRUNCH.
cravat [krąvǽt], *s.* corbata, corbatín; chalina.
crave [kreiv]. **I.** *va.* pedir humilde pero vehementemente; anhelar, desear. **II.** *vn.* (con **for**) pedir o desear con vehemencia, suspirar por.
craven [kréivin], *s.* y *a.* cobarde, pusilánime.
craving [kréiviŋ]. **I.** *s.* (con **for**), regosto, sed, anhelo, deseo vehemente (de). **II.** *a.* insaciable; pedigüeño.
craw [krɔ], *s.* buche.
crawfish [krɔ́fiŝ]. **I.** *s.* (zool.) cangrejo de río, ástaco, langostín, langostino. **II.** *vn.* (fam.) volverse atrás, faltar a lo prometido.
crawl [krɔl]. **I.** *vn.* arrastrarse; andar a gatas, gatear; serpear; hormiguear; humillarse, pedir o someterse abyectamente; marchar paso a paso, a paso de tortuga; (fam.) volverse atrás. **II.** *s.* arrastramiento; pozo, corral (de agua); crol (estilo de natación).
crawler [-œ(r)], *s.* reptil; persona rastrera; (bot.) planta rastrera.
crawly [-i], *a.* (fam.) pavoroso; de pavor; que causa hormigueo.
crayfish [kréifiŝ], *s.* = CRAWFISH.
crayon [kréiǫn]. **I.** *s.* lápiz, *m.*, creyón; **gis,** *m.*, tiza; dibujo al creyón. **II.** *va.* lapizar.
craze [kréiz]. **I.** *va.* enloquecer; dementar, enajenar; cuartear, grietar. **II.** *vn.* perder la razón; cuartearse, grietarse. **III.** *s.* locura, manía, demencia; delirio, furor; antojo, capricho, moda; grieta, cuarteadura (en la cerámica).
crazed [-d], *a.* enloquecido, loco, demente; grietoso.
crazily [-ili], *adv.* loca o insensatamente.
craziness [-inis], *s.* locura, insania, demencia; desequilibrio mental; inseguridad.
crazy [-i], *a.* loco; extravagante; desvencijado, roto, dilapidado; (fam.) exageradamente deseoso o ansioso.—**c. quilt,** (cost.) centón.
creak [krík], *vn.* crujir, rechinar, chirriar.
creaking [-iŋ]. **I.** *s.* crujido, rechinamiento, chirrido, estridor. **II.** *a.* crujidero, chirriadero.
creaky [-i], *a.* crujidero, chirriador.
cream [krím]. **I.** *s.* crema, nata; lo mejor, la nata y flor.—**c. cheese,** queso de nata.—**c. of tartar,** crémor tártaro.—**c. puff,** bollo de crema.—**c. sauce,** salsa de crema o leche, harina y manteca, etc.—**c. separator,** desnatadora. **II.** *vn.* criar nata. **III.** *va.* desnatar.
creamer [-œ(r)], *s.* jarrito para crema; desnatadora.
creamery [-œri], *s.* lechería, mantequería.
creamy [-i], *a.* que parece o contiene nata.
crease [krís]. **I.** *s.* pliegue, repliegue, doblez, *m.*, arruga, plegadura; raya (del pantalón, etc.). **II.** *va.* plegar, doblar; acanalar, estriar; arrugar; (enc.) filetear.
create [kriéit], *va.* criar o crear, producir, causar, originar, ocasionar; engendrar, procrear; crear, establecer; constituir, elegir, nombrar.
creatine [kríątin], *s.* (bioquím.) creatina.
creation [kriéiŝǫn], *s.* creación; universo; producción; obra; fundación; nombramiento, elección.
creationism [-izm], *s.* doctrina de la creación divina tanto del mundo como de las especies opuesta a la teoría de la evolución.—**creationist** [-ist], *s.* partidario de dicha doctrina.
creative [kriéitiv], *a.* creador, criador.
creativeness [-nis], *s.* facultad creadora, genio inventivo.
creator [kriéitǫ(r)], *s.* creador, criador.—**the C.,** el Criador, el Creador, Dios.
creature [kríchų(r)], *s.* criatura; ser viviente; animal; bicho; hechura, paniaguado.
crèche [kreiŝ *o* kreŝ], *s.* = DAY NURSERY; inclusa, casa de expósitos; nacimiento, belén.
credence [krídęns], *s.* creencia, asenso, fe, *f.*; crédito.
credential [krędénŝąl]. **I.** *a.* credencial. **II.** *s.* título.—*pl.* (cartas) credenciales.
credibility [kredibíliti], *s.* credibilidad, verosimilitud.
credible [krédibl], *a.* creíble.—**credibleness** [-nis], *s.* credibilidad; veracidad.—**credibly** [-bli], *adv.* creíblemente.
credit [krédit]. **I.** *s.* crédito, fe, *f.*; reputación; encomio; buen nombre; confianza; influencia o autoridad; (com.) crédito; haber; saldo a favor; plazo.—**c. balance,** saldo acreedor.—**c. man,**

investigador de créditos, o de ventas al fiado, que averigua hasta dónde puede concederse crédito.—**c. union,** banco cooperativo (gen. de obreros).—**on c.,** al fiado, a plazo(s).—**to give c.,** dar crédito; abonar; reconocer el mérito; hacer justicia; reconocer o nombrar como autor (de una obra, cita, etc.); citar o nombrar (una obra de que se copia, etc.). **II.** *va.* creer; atribuir; reconocer; acreditar, (con)fiar, dar fama o fe, honrar; (com.) abonar, (a)datar, bonificar, imputar; dar al fiado.—**to c. one with,** atribuir a uno; reconocer a uno (como autor, inventor, etc.); (com.) abonarle a uno.
creditable [-ąbl], *a.* estimable, honroso, apreciable, loable.—**creditability** [-ąbíl̦iți], *s.* crédito, reputación.—**creditably** [-ąbl̦i], *adv.* honorablemente, honrosamente; hábilmente.
credited [-id], *a.* acreditado, estimado, reputado; creído; (com.) acreditado, abonado en cuenta; pasado al haber.
creditor [krédițǫ(r)], *s.* acreedor; (com.) haber.
credo [krídou̦], *s.* (igl.) credo.
credulity [kredjúl̦iți], **credulousness** [krédjulʌsnis], *s.* credulidad.
credulous [-lʌs], *a.* crédulo.
creed [krid], *s.* credo, creencia, profesión de fe, doctrina, religión.
creek [krik], *s.* abra, cala, caleta, ensenada; estero; riachuelo, rivera.
creel [kril], *s.* nasa o cesta de pescador; jaula de mimbres.
creep [kríp]. **I.** *vn.* (*pret.* y *pp.* CREPT) arrastrarse, serpear; gatear; deslizarse, insinuarse; sentir hormigueo; moverse o acercarse lenta y cautelosa o furtivamente; pedir o someterse abyectamente; humillarse; trepar; correrse (una cosa sobre otra); (elec.) desviarse (una corriente).—**to c. on,** acercarse insensiblemente.—**to c. out,** escurrirse; resbalarse hacia afuera.—**to c. up,** encaramarse, treparse; subir gradualmente. **II.** *s.* arrastramiento.—*pl.* (fam.) pavor, sobrecogimiento, crispatura; hormigueo.
creepage [-idž], *s.* (elec.) fluencia.
creeper [-œ(r)], *s.* el que o lo que se arrastra; reptil; (bot.) enredadera, trepadora; (orn.) trepador; garfio, garabato; ramplón o espolón de zapato (para andar sobre el hielo).—*pl. V.* ROMPERS.
creephole [-hou̦l], *s.* huronera; escapatoria, evasiva, pretexto.
creeping [-iŋ]. **I.** *a.* que se arrastra; rastrero; lento; pavoroso, crispador; (bot.) rastrera.—**c. palsy,** o **paralysis,** atrofia muscular progresiva.—**c. sickness,** (med.) ergotismo. **II.** *s.* pavor, crispatura, horror; hormigueo; escurrimiento, deslizamiento; arrastramiento; abyección; corredura (de una cosa sobre otra); (elec.) desviación (de una corriente); (fís.) ascenso por atracción capilar; (f. c.) resbalamiento longitudinal (de los rieles); (mec.) resbalamiento (de una correa).
creepy [-i], *a.* = CRAWLY.
creese [kris], *s.* (Filip.) cris.
cremate [krímeiț], *va.* cremar, incinerar.—**cremation** [krimé¡ʃǫn], *s.* cremación, incineración.—**crematorium** [krimątóurįʌm], **crematory** [krímątori], *s.* crematorio; horno crematorio o de incineración.
Cremona [krimóuną], *s.* violín de Cremona.
crenate(d [kríneit(id], *a.* (bot.) dentado.
crenel(l)ate [krénɛleit], *va.* almenar; aspillerar.
crenel(le) [krénɛl *o* krinél], *s.* (fort.) almena; aspillera.
creole [kríou̦l], *s.* y *a.* criollo.
creosol [kríosol], *s.* (quím.) creosol.
creosote [kríosou̦t]. **I.** *s.* creosota.—**c. oil,** creosota cruda, sin refinar. **II.** *va.* creosotar.
crepe, crêpe [kreip], *s.* (tej.) crespón. *V.* CRAPE.—**c. de Chine,** crespón de China o de seda.—**c. paper,** papel delgado semejante al crespón.
crepitate [krépiteit], *vn.* crepitar, chasquear; chisporrotear.—**crepitation** [-éįʃǫn], *s.* crepitación, chasquido; chisporroteo.
crept [krɛpt], *pret.* y *pp.* de TO CREEP.
crepuscular [krɛpʌ́skįulą(r)], *a.* crepuscular.
crepuscule [krɛpʌ́skįul], *s.* crepúsculo.
crescendo [krɛʃéndou̦], *a.* y *s.* (mús.) crescendo.
crescent [krésǫnt]. **I.** *a.* creciente. **II.** *s.* lúnula; creciente, *f.* (de la luna); media luna; (astr.) cuarto de luna; (blas.) creciente.
cresol [krísou̦l], *s.* (quím.) cresol.
cress [krɛs], *s.* (bot.) lepidio, mastuerzo, berro.
cresset [krésit], *s.* fanal o farol, fogaril; hachón, antorcha, antorchero.
crest [krést]. **I.** *s.* cresta; copete, penacho; crestón; cimera; (blas.) timbre; cima, cumbre; cresta de una ola. **II.** *va.* coronar; (blas.) timbrar. **III.** *vn.* encrestarse; encresparse; encopetarse.
crested [-id], *a.* crestado, encopetado, penachudo, moñudo; (blas.) timbrado.—**c. heron,** airón.
crestfallen [-folǫn], *a.* cabizbajo, abatido.
cretaceous [krǫtéįʃiʌs], *a.* cretáceo, gredoso.
Cretan [krítąn], *a.* y *s.* cretense, crético.
cretin [krítin], *s.* cretino.
cretinism [-izm], *s.* cretinismo.
cretonne [krítan], *s.* (tej.) cretona.
crevasse [krǫvás], *s.* hendedura profunda en un helero o glaciar; (E. U.) brecha en un malecón.
crevice [krévis], *s.* hendedura, grieta, rendija.
crew [kru], *s.* (mar.) tripulación o dotación; equipaje, marinería; tripulantes; cuadrilla, banda, hato.
crew, *pret.* de TO CROW.
crew cut, *s.* pelado corto.
crewel [krúǫl], *s.* ovillo de estambre.
crew member, *s.* tripulante.
crib [krib]. **I.** *s.* pesebre; pesebrera; camita de niño; arcón, artesa; granero; (min.) brocal de entibación; (hidr.) cofre, cajón; (constr.) armazón o cajón de sustentación; balsa pequeña; estribo flotante; choza, casucha, chiribitil; (fam.) ratería; plagio. **II.** *va.* estribar; entibar; enjaular; (fam.) hurtar; plagiar.
cribbage [kríbidž], *s.* juego de naipes.
cribble [kríbl], *s.* criba, harnero.
cribwork [kríbwœrk], *s.* cajón o armazón de apoyo, gen. lleno de piedra.
crick [krik], *s.* (med.) tortícoli; calambre muscular.
cricket [kríkit], *s.* (ent.) grillo; (dep.) cri(c)quet; (fam.) juego limpio; cáncana, banquillo, taburete.
cricketer [-œ(r)], *s.* jugador de cri(c)quet.
cricoid [kráįkɔid], *a.* y *s.* (anat.) cricoides.
cried [kraid], *pret.* y *pp.* de TO CRY.
crier [kráįœ(r)], *s.* pregonero; baladrero.
crime [kráim], *s.* crimen, delito; pecado.
criminal [kríminąl], *a.* y *s.* criminal, criminoso, facineroso, reo.—**c. case,** proceso, causa criminal.—**c. conversation,** adulterio.—**c. law,** derecho penal.—**criminalist** [-ist], *s.* criminalista.—**criminality** [-ǽliti], *s.* criminalidad.—**criminally** [-li], *adv.* criminalmente.
criminate [krímineit], *va.* acriminar, acusar.
crimination [-éįʃǫn], *s.* acriminación, acusación.
criminative [-ątiv], *a.* acusatorio.—**criminator** [-eitǫ(r)], *s.* acriminador, acusador.
criminologist [-álodžist], *s.* criminólogo.
criminology [-álodži], *s.* criminología.
crimp [krímp]. **I.** *va.* rizar, encrespar, engrifar; alechugar; doblar hacia dentro (el borde de un tubo, etc.); dar forma doblando; hacer incisiones en; enganchar (soldados y marineros). **II.** *a.* rizado; quebradizo, desmenuzable. **III.** *s.* rizador; el que sirve de señuelo en garitos, etc. (para enganchar marineros, etc.).—**to put a c. in,** (fam.) estorbar, poner obstáculos a.
crimper [-œ(r)], *s.* = CRIMPING MACHINE; máquina para cerrar cápsulas doblando los bordes hacia adentro; rizador.
crimping [-iŋ], *ger.* de TO CRIMP.—**c. iron,** tenacillas de rizar.—**c. machine,** máquina de combar u ondular.
crimple [krímpl], *va.* y *vn.* encrespar, arrugar, rizar.

crimpy [krímpi], *a.* encrespado.
crimson [krímzon]. **I.** *a.* y *s.* carmesí. **II.** *va.* teñir de carmesí. **III.** *vn.* enrojecerse; sonrojarse.
cringe [kríndž]. **I.** *vn.* retroceder, encogerse o temblar (ante un peligro, dolor, etc.); rebajarse, adular. **II.** *s.* adulación, bajeza.
cringing [-iŋ], *a.* bajo, rastrero.
cringle [kríŋgl], *s.* (mar.) garrucho.
crinite [kráinait], *a.* crinado, peludo.
crinkle [kríŋkl]. **I.** *vn.* serpentear; crujir (como la seda), crepitar. **II.** *va.* arrugar, rizar, acanalar. **III.** *s.* recodo; sinuosidad, ondulación.
crinkly [-kli], *a.* arrugado; ondulado; crujiente.
crinoid [kráinoid], *a.* y *s.* (zool.) crinoideo.
crinoline [krínolin], *s.* (tej.) crinolina; ahuecador o miriñaque.
cripple [krípl]. **I.** *s.* zopo, cojo o manco, tullido, estropeado, inválido. **II.** *va.* lisiar, derrengar, mutilar, estropear, encojar; tullir, baldar; descabalar.
crippled [-d], *a.* lisiado, estropeado, derrengado, zopo, mútilo; tullido; (mar.) desmantelado.
crisis [kráisis], *s.* crisis; (med.) acme; (teat.) nudo.
crisp [krísp]. **I.** *a.* quebradizo, frágil; tostado, quemado; crespo, rizado; terso; vigoroso; refrescante. **II.** *va.* encrespar, engrifar, torcer, rizar; undular; hacer quebradizo o frágil.
crispation [-éišon], *s.* crispatura.
crisping [-iŋ], *ger.* de TO CRISP.—**c. iron, c. pin,** *s.* encrespador, rizador.
crispness [-nis], *s.* rizado, encrespadura; fragilidad.
crispy [-i], *a.* crespo, rizado; desmenuzable, frágil; fresco, vigorizante.
crisscross [krískros]. **I.** *a.* cruzado o entrelazado. **II.** *s.* cruz o firma del que no sabe escribir; líneas cruzadas; juego del tres en raya. **III.** *adv.* en cruz. **IV.** *va.* y *vn.* formar o marcar con líneas cruzadas.
crissum [krísʌm], *s.* (orn.) región anal; plumas anales.
criterion [kraitírion], *s.* criterio.
critic [krítik], *s.* crítico; censor; crítica.
critical [-al], *a.* crítico; criticón, criticador; exacto, escrupuloso; difícil, peligroso; decisivo; (med.) crítico.
critical fission energy, *s.* (fís.) energía crítica de fisión.
criticality [kritikǽliti], *s.* (quím.) criticalidad, estado crítico, punto crítico.
critical loading, *s.* carga crítica.
critically [krítikali], *adv.* críticamente; exactamente, rigurosamente.
critical mass, *s.* (fís.) masa crítica.
critical point, *s.* (mat., quím.) punto crítico.
critical reactor, *s.* (fís.) reactor crítico.
critical state, *s.* (quím.) estado crítico.
critical temperature, *s.* (quím.) temperatura crítica.
critical velocity, *s.* (fís.) velocidad crítica.
criticaster [krítikæstœ(r)], *s.* criticastro.
criticism [krítisizm], *s.* crítica; juicio crítico (de un libro, etc.); censura.
criticize, criticise [-saiz]. **I.** *vn.* criticar; critiquizar. **II.** *va.* censurar, fiscalizar; poner reparos a.—**criticizer** [-œ(r)], *s.* crítico, criticador.
critique [kritík], *s.* crítica; revista, juicio crítico.
croak [króuk]. **I.** *vn.* graznar, crascitar; croar; gruñir; (fam.) morir. **II.** *s.* graznido; canto de ranas.
croaker [-œ(r)], *s.* graznador; gruñidor, refunfuñador; (ict.) especie de roncador.
Croat [króuæt], **Croatian** [krouéišian], *a.* y *s.* croata, *mf.*
crocein [króusiin], *s.* (quím.) croceína.
croceus [króušʌs], *a.* crocino, azafranado.
crochet [kroušéi]. **I.** *va.* y *vn.* hacer ganch(ill)o o crochet. **II.** *s.* labor (*f.*) de gancho o crochet.—**c. needle,** aguja de gancho, ganchillo.
crock [krak], *s.* cazuela, orza; tiesto, casco; olla de barro; hollín; (fam.) bestia o persona agotada.
crockery [krákœri], *s.* loza, vidriado, cacharros.
crocodile [krákodail], *s.* (zool.) cocodrilo o crocodilo; caimán.—**c. tears,** (fig.) lágrimas de cocodrilo, dolor fingido.
crocus [króukʌs], *s.* (bot.) azafrán, croco.
croft [kroft], *s.* (Ingl.) pegujal, llosa.
croissant [krwasán], *s.* (Am., coc.) media luna, cuernito.
cromlech [krámlɛk], *s.* (arqueol.) crónlech, monumento megalítico; dolmen.
crone [kroun], *s.* vieja arrugada.
crony [króuni]. **I.** *s.* compinche, camarada, *mf.* **II.** *vn.* ser camarada(s); amigarse íntimamente.
crook [krúk]. **I.** *s.* curva(tura); gancho, garfio; cayado; (fam.) fullero, petardista. **II.** *va.* y *vn.* encorvar(se), corcovarse; doblar(se), torcer(se).
crooked [-id], *a.* corvo, encorvado, curvo; torcido; oblicuo, ladeado; pícaro, avieso, deshonesto, pervertido.—**c. legs,** patituerto.
crookedly [-li], *adv.* torcidamente, de través; de mala manera; pícaramente.—**crookedness** [-nis], *s.* (en)corvadura, corcova; corcovo, claudicación, perversidad; vuelta, sinuosidad.
crooklegged [-lɛgid], *a.* patituerto, pernituerto.
crookneck [-nɛk], *s.* (bot.) calabaza de cuello retorcido.
croon [krún], *va.* y *vn.* canturrear; cantar canciones sentimentales con emoción exagerada.—**crooner** [-œ(r)], *s.* canturreador; cantante popular.—**crooning** [-iŋ], *s.* canturreo.
crop [kráp]. **I.** *s.* cosecha, recolección, agosto; siembra, lo que se siembra; crecimiento de cabellos o barba; cortadura; látigo mocho; buche de ave.—*pl.* mieses, *f. pl.*; producción.—**c.-eared,** desorejado. **II.** *va.* segar, cosechar, recoger los frutos; pacer; cultivar; (a veces con **off**) (re)cortar, repelar, motilar, desorejar, rapar, trasquilar, rabotear, desmochar. **III.** *vn.* dar frutos, producir mieses; pacer; (gen. con **forth, out, up**) descubrirse, dejarse ver.—**to c. out,** (min.) aflorar.
cropper [-œ(r)], *s.* cultivador (*V.* t. SHARE CROPPER), planta de cosecha; obrero recortador; máquina recortadora; (fam.) caída de cabeza; (orn.) *V.* POUTER.—**to come, fall, get, a c.,** (fam.) caer de cabeza; fracasar.
croquet [kroukéi]. **I.** *s.* juego de croquet, argolla. **II.** *va.* apartar de una bolada la bola del contrario.
croquette [kroukét], *s.* (coc.) croqueta.
crosier [króužœ(r)], *s.* báculo pastoral, cayado del obispo; (**C.,** astr.) Cruz del Sur.
cross [krós]. **I.** *s.* cruz (sentidos recto y figurado); guión; (fig.) aflicción, pena; (**C.,** astr.) cruz; aspa; mercado (donde hay cruz); pieza en cruz; tubo de unión en cruz; cruce; querella, encuentro; cruzamiento (de razas); (top.) escuadra de agrimensor; (elec.) cruzamiento o contacto de dos conductores. **II.** *a.* relativo o perteneciente a la cruz; atravesado; transversal, travesero, travieso; cruzado; opuesto, contrario, adverso; contradictorio; malhumorado, de mal genio; serio, enojado, enfadado. **III.** *va.* cruzar; atravesar, salvar, traspasar; marcar con una cruz; cruzar o mestizar (las castas); oponerse a, contrariar; hacer frente a.—**to c. off** o **out,** tildar, tachar, borrar con una raya.—**to c. one's heart,** hacerse la señal de la cruz sobre el corazón como juramento.—**to c. one's mind,** ocurrírsele a uno, pasarle a uno por la imaginación.—**to c. one's palm,** untar las manos.—**to c. one's path,** cruzar el camino de. encontrarse con.—**to c. one's self,** persignarse; santiguarse; hacerse la señal de la cruz.—**to c. swords,** medir las armas, reñir, contender.—**to c. the t's and dot the i's,** poner los puntos sobre las íes. **IV.** *vn.* cruzar(se); cortarse, intersecarse (líneas, etc.).—**to c. over,** pasar de un lado a otro, ir al otro lado, pasar por encima.
cross action, *s.* (for.) reconvención.
crossarm [-arm], *s.* cruceta, brazo en cruz; (elec., teleg.) traviesa de poste.

crossbar [-bar], *s.* travesaño; tranca, aldaba; (impr.) crucero, medianil.
crossbeam [-bim], *s.* viga transversal; travesaño; aldabía, través; puente, *mf.*
cross-bedded [-bɛdịd], *a.* (geol.) de láminas o capas cruzadas.
crossbill [-bịl], *s.* (orn.) piquituerto.
crossbolt [-boụlt], *s.* macho doble de dos direcciones (de una cerradura).
cross bond, *s.* (elec.) conexión entre el riel y el alimentador.
crossbones [-boụnz], *s.pl.* canillas o tibias cruzadas (símbolo de la muerte).
crossbow [-boụ], *s.* ballesta (arma).
crossbowman [-boụmạn], *s.* ballestero (soldado).
cross brace, *s.* riostra.
crossbred [-brɛd], *s.* y *a.* cruzado (de raza), mestizo, mixto.
crossbreed [-brid]. **I.** *s.* planta o animal cruzados o mixtos; híbrido; mezclado. **II.** *va.* cruzar (animales o plantas).
cross-breeding [-bridịŋ], *s.* cruzamiento o mestizaje (de razas).
cross bun, *s.* bollo de viernes santo (marcado con una cruz).
cross claim, *s.* (for.) contraquerella.
cross-country [-kʌ́ntrị], *a.* a campo traviesa.
crosscurrent [-kœrẹnt], *s.* contracorriente, corriente contraria; tendencias o ideas encontradas.
crosscut [-kʌt], *s.* corte transversal; corte en cruz; atajo; (min.) galería transversal.
crosscut file, *s.* lima de picadura cruzada.
crosscut saw, *s.* sierra de trozar (al través de la fibra).
crosse [krɔs], *s.* vilorto.
crossed [-t], *a.* cruzado; de través; transversal.
crossed belt, *s.* (mec.) correa cruzada.
cross-examination [-ɛgzæmịnéịŝọn], *s.* (for.) repregunta, interrogatorio.
cross-examine [-ɛgzǽmịn], *va.* (for.) repreguntar; interrogar.
cross-eyed [-aịd], *a.* bizco, bisojo, estrábico.
cross-fertilization [-fœrtịlịzéịŝọn], *s.* (bot.) alogamia, fecundación por polinización cruzada (de una planta por otra); fertilización cruzada.
cross-fertilize [-fœ́rtịlaịz], *va.* y *vn.* fecundar(se) por fertilización cruzada.
cross fire, *s.* (mil.) fuego cruzado; ataque por varios lados.
cross-grained [-greịnd], *a.* vet(e)ado; repeloso, de fibra transversal u oblicua; intratable, terco.
cross hair, *s.* hilo, pelo (del retículo de un anteojo).
crosshatch [-hæch], *va.* marcar con líneas que se entrecrucen.
crosshead [-hɛd], *s.* (mec.) cruceta (esp. la de la biela); (impr.) título de columna (de periódico).
cross-index [-índɛks], *va.* referir (al lector) de un lugar a otro por medio de un índice.
crossing [-ịŋ], *s.* cruce, intersección; paso, vado (de un río); travesía, acción de cruzar; travesío, lugar por donde se cruza; cruzamiento o mestizaje (de razas); (f.c.) paso; cruce o cruzamiento (de dos vías).—**c. one's self,** santiguada, santiguamiento.
crossing gate, *s.* (f.c.) barrera levadiza, barrera de paso a nivel.
crossjack [-dẑæk], *s.* (mar.) vela cuadrada de mesana.
cross-legged [-lɛgịd], *a.* con las piernas cruzadas.
cross-lots [-lats], *adv.* a campo traviesa; (fam.) derecho, del modo más corto.
crossly [-lị], *adv.* enojadamente, con enfado.
crossness [-nịs], *s.* enfado; mal humor.
crosspatch [-pæch], *s.* (fam.) gruñón, persona de mal genio.
crosspiece [-pịs], *s.* pieza transversal; cruceta; travesaño; (carp.) crucero; peinazo (de puerta); (mar.) cruz de las bitas.
cross-pollinate [-pálịneịt], *va.* y *vn.* fecundar(se) por polinización de una planta por otra.
cross-pollination [-palịnéịŝọn], *s.* polinización cruzada (de una planta por otra).
cross-purpose [-pœ́rpọs], *s.* propósito o hecho contrario.—**to be at cross-purposes,** estar involuntariamente en pugna.
cross-question [-kwéschọn]. **I.** *s.* (for.) repregunta. **II.** *va.* repreguntar.
cross-refer [-rịfœ́r], *va.* referir (al lector) de un lugar a otro (en un libro, catálogo, etc.).
cross reference, *s.* referencia de una parte de un libro a otra, remisión, interreferencia; contrarreferencia.
crossroad [-roụd], *s.* cruce o junta de dos caminos, travesía.—*pl.* encrucijada.—**to be at the crossroads,** estar en una encrucijada, estar en un punto crítico.
crossruff [-rʌf], *s.* (bridge) jugada en la cual cada uno de dos participantes alternadamente juega un naipe que el otro puede triunfar.
cross section, *s.* sección o corte transversal.
cross-sectional [-sékŝọnạl], *a.* transversal; de la sección transversal.
cross-sectional paper, *s.* papel cuadriculado.
cross-staff [-stæf], *s.* (top.) escuadra de agrimensor.
cross-stitch [-stịch]. **I.** *s.* punto cruzado o de cruz, punto de escapulario. **II.** *vn.* hacer punto de cruz.
cross street, *s.* travesía, calle traviesa.
cross stud, *s.* aspa, riostra.
crosstie [-taị], *s.* (f.c.) traviesa, durmiente.
cross-town [-taụn], *a.* que atraviesa una población de un extremo al otro; que la atraviesa por sus principales vías de tránsito (como un ómnibus).
crosstree [-tri], *s.* (mar.) cruceta, bao de gavia.
cross-voting [-vóụtịŋ], *s.* votación en la que individuos de un partido votan con los de otro en las elecciones primarias.
crossways [-weịz] o **crosswise** [-waịz], *adv.* de través, al través; de parte a parte; en cruz.
cross wire, *s.* hilo o pelo del retículo.
crossword puzzle [-wœrd pʌ́zl], *s.* crucigrama, *m.*, rompecabezas, palabras cruzadas.
crosswort [-wœrt], *s.* (bot.) cruciata.
crotalum [krátạlʌm], *s.* crótalo.
crotch [krach], *s.* bifurcación, cruce, cruz; (anat., sast.) bragadura, entrepierna(s); (mar.) pique.
crotchet [kráchịt], *s.* rareza, excentricidad, chifladura; (mús.) semínima, negra; ganchito; instrumento de obstetricia.
crotchety [-ị], *a.* excéntrico, raro, chiflado.
croton [króụtọn], *s.* (bot.) crotón.—**C. bug,** (ent.) cucaracha.—**c. oil,** aceite de crotontiglio o de crotón.
crouch [kraụch], *vn.* agacharse, agazaparse, acuclillarse; (re)bajarse.
croup [krup], *s.* rabadilla, obispillo (de ave); anca, grupa (de caballo); (med.) crup o garrotillo.
croupier [krúpịœ(r)], *s.* (gal.) crupié, gurupié (el que ayuda al banquero en una casa de juego).
croupous [krúpʌs], **croupy** [-ị], *a.* crupal, como de crup.—**c. cough,** tos perruna o crupal.
crouton [krútan], *s.* miga de pan tostada.
crow [kroụ]. **I.** *s.* (orn.) cuervo; corneja; cacareo, canto del gallo. *V.* CROWBAR.—**c.-quill,** pluma de ave; pluma fina de canutillo para dibujar.—**c.'s foot,** pata de gallo (arrugas); marca en forma de pata de gallo, o de rayas convergentes; (mil.) abrojo; (aer.) bolina. *V.* CROWFOOT.—**c.'s nest,** (mar.) cofa para la vigía.—**as the c. flies,** a vuelo de pájaro, en línea recta.—**to eat c.,** (fam.) cantar la palinodia. **II.** *vn.* (*pret.* CROWED o CREW) cacarear, cantar el gallo; (*pret.* CROWED) gallear, alardear, cantar victoria; bravear.
crowbar [króụbar], *s.* pie (*m.*) de cabra; barra o palanca de hierro; descalzador.
crowd [kráụd]. **I.** *s.* gentío, multitud, muchedumbre, tropel, tropa, turba(multa); bulla, tumulto; agolpamiento, apiñamiento, apretura; caterva,

populacho, vulgo; antiguo instrumento parecido al violín. II. *va.* amontonar, atestar, apretar, apiñar.—**to c. sail,** (mar.) hacer fuerza de vela. III. *vn.* apiñarse, agolparse, (ar)remolinarse.
crowded [-ịd], *a.* apiñado, apretado, atestado, amontonado; lleno, tupido, de bote en bote.
crowfoot [króufụt], *s.* (bot.) ranúnculo, botón de oro, arañ(uel)a; (mar.) araña; (mil.) abrojo.
crown [kráụn]. I. *s.* corona; diadema; guirnalda, láurea; premio, galardón; monarca, *m.*, soberano; soberanía; coronilla, mollera, testa (de la cabeza); copa, cima; complemento, colmo; (Ingl.) moneda de plata (cinco chelines); copa de sombrero; corona del diente; (arq.) corona, coronamiento; (bot.) unión de tallo y raíz; (blas.) coronel; (fort.) corona.—**c. glass,** crown glass, vidrio de ornamentación y de instrumentos ópticos.—**c. grafting,** injerto de coronilla.—**c. lands,** (Ingl.) patrimonio de la corona.—**c. law,** (Ingl.) derecho penal.—**c. prince,** príncipe heredero.—**c. princess,** princesa heredera, o consorte del príncipe heredero.—**c. saw,** sierra tubular giratoria.—**c. wheel,** rueda coronaria o de escape; rueda de dientes perpendiculares a su plano. II. *va.* coronar; recompensar, premiar; completar.—**crowned head,** testa coronada.
crowner [-œ(r)], *s.* coronador; remate.
crowning [-ịŋ], *s.* remate; coronamiento; coronación.
crownland [-lænd], *s.* patrimonio o tierras de la corona.
crownwork [-wœrk], *s.* (dent.) corona artificial, trabajo en coronas artificiales; (fort.) corona, obra de corona(s).
croze [króuz]. I. *s.* (ton.) gárgol, jable, ruña(dura); argallera, jabladera. II. *va.* ruñar.
crozier [króužœ(r)], *s.* = CROSIER.
crucial [krúŝạl], *a.* crucial, decisivo, conclusivo; cruzado, atravesado.
cruciate [krúŝịeịt], *a.* cruciforme; (bot.) crucífero.
crucible [krúsịbl], *s.* crisol; prueba severa.—**c. steel,** acero de crisol.
crucifer [krúsịfœ(r)], *s.* (igl.) cruciferario, crucero, crucífero; (bot.) planta crucífera.
Cruciferæ [krusífœri], *s. pl.* (bot.) crucíferas.
cruciferous [-ʌs], *a.* (igl., bot.) crucífero.
crucified [krúsịfaịd], *pp.* y *a.* crucificado.
crucifix [-fịks], *s.* crucifijo, Cristo.—**crucifixion** [-fíkŝọn], *s.* crucifixión.—**cruciform** [-fɔrm], *a.* cruciforme.—**crucify** [-faị], *va.* crucificar; aspar; atormentar; mortificar (las pasiones, etc.).
crude [krúd]. I. *a.* crudo; imperfecto; no sazonado, no refinado; tosco, mal acabado; bruto; zafio.—**c. gypsum,** aljez. II. *s.* petróleo bruto.
crudely [-lị], *adv.* crudamente.—**crudeness** [-nịs], **crudity** [-ịtị], *s.* crudeza, dureza.
cruel [krúẹl], *a.* cruel, cruento, duro, fiero, inhumano, sin entrañas.—**cruelly** [-ị], *adv.* cruelmente.—**cruelty** [-tị], *s.* crueldad, dureza, inhumanidad.
cruet [krúịt], *s.* ampoll(et)a, vinagrera.—**c. stand,** angarillas, vinagreras, convoy de mesa.
cruise [krúz]. I. *vn.* (mar.) cruzar; viajar por mar, tierra o aire; (fam.) andar de arriba para abajo, vagar. II. *s.* crucero; viaje por mar, tierra o aire; (mar. mil.) acción de cruzar.—**cruising speed,** velocidad de crucero.
cruiser [-œ(r)], *s.* navegante; (mar.) crucero.
cruller [krʌ́lœ(r)], *s.* buñuelo, churro, almojábana.
crumb [krʌ́m]. I. *s.* miga, migajón; pizca, miaja, brote. II. *va.* migar, desmig(aj)ar; desmenuzar; (coc.) *V.* BREAD.
crumble [-bl]. I. *va.* desmig(aj)ar, desmenuzar, destrizar. II. *vn.* desmigajarse; desmoronarse, derrumbarse, hundirse.
crumbly [-blị], *a.* desmenuzable; friable.
crumby [-ị], *a.* blando, miguero.
crumpet [krʌ́mpịt], *s.* bollo blando.
crumple [krʌ́mpl]. I. *va.* arrugar, apañuscar, ajar. II. *vn.* contraerse, encogerse, aovillarse.
crunch [krʌnch], *va.* ronchar, tascar, cascar.
cruor [krúɔr], *s.* crúor, coágulo sanguíneo.
crupper [krʌ́pœ(r)], *s.* (tal.) grupera, baticola, ataharre, sotacola; grupa (de caballo).
crural [krúrạl], *a.* (anat.) crural, femoral.
crus [krʌs], *s.* (anat.) caña de la pierna; pedúnculo.
crusade [kruséịd]. I. *s.* cruzada. II. *vn.* cruzarse; hacer una campaña (contra algún abuso, etc.).
crusader [-œ(r)], *s.* cruzado.
cruse [krus], *s.* ampolleta, cantarillo, frasco, redomita, botellita.
crush [krʌ́ŝ]. I. *va.* romper por compresión; aplastar, machacar; quebrantar, triturar; moler, majar; abrumar; vencer; debelar, reprimir; anonadar. II. *vn.* aplastarse; romperse o deformarse por compresión; avanzar empujando o aplastando.—**crushed rock o stone,** grava, piedra machacada o picada. III. *s.* estrujamiento o deformación por compresión o choque; apiñamiento, aglomeración (de gente); (fam.) afición súbita y violenta; el objeto de tal apasionamiento.—**c. hat,** sombrero flexible (que puede doblarse), clac.
crusher [-œ(r)], *s.* triturador; trituradora, quebrantadora (máquina); molino; (fam.) polizonte; (fam.) argumento o acontecimiento decisivo o abrumador.
crushing [-ịŋ]. I. *a.* triturador, quebrantante o quebrantador; moledor o de moler; de compresión; abrumador, aplastante. II. *s.* trituración; quebrant(amient)o; anonadación.—**c. strength,** resistencia a la compresión.
crust [krʌst]. I. *s.* costra, encostradura, postilla (de llaga, etc.); corteza, canto, mendrugo de pan; pasta de una torta o pastel; capa (de terreno); sarro (de una vasija); (ent., zool.) caparazón, carapacho, concha. II. *va.* encostrar, incrustrar. III. *vn.* encostrarse.
crustacean [krʌstéịŝịạn], *a.* y *s.* (zool.) crustáceo.
crustaceous [-ŝịʌs], *a.* crustáceo; conchado.
crustation [-éịŝọn], *s.* incrustación, formación de costras; cobertura.
crustily [krʌ́stịlị], *adv.* enojada o broncamente.
crustiness [-nịs], *s.* dureza de la costra; mal genio, aspereza.
crusty [-ị], *a.* costroso; sarroso; rudo, brusco.
crutch [krʌch]. I. *s.* muleta; arrimo; muletilla, horquilla.—**crutches,** (mar.) horquillas. *V.* CROTCH. II. *va.* ahorquillar.
crux [krʌks], *s.* enigma, *m.*, misterio; problema arduo o peliagudo; lo esencial, el punto de partida.
cry [kráị]. I. *va.* y *vn.* (*pret.* y *pp.* CRIED) gritar, vocear; pregonar; exclamar; lamentarse; llorar; aullar, bramar.—**to c. down,** culpar; hacer callar a uno a fuerza de voces; menospreciar; reprimir.—**to c. for,** clamar; pedir llorando; llorar de.—**to c. off,** renunciar; deshacer un trato, etc.—**to c. one's eyes out,** llorar amargamente.—**to c. out,** exclamar, gritar, vocear. —**to c. up,** alabar, decantar. II. *s.* (*pl.* CRIES) alarido, bramido, grito; lamento, lloro; gritería, clamor; pregón, promulgación; muta, cuadrilla de perros de caza.—**a far c.,** camino largo, gran distancia o diferencia.—**in full c.,** acosando de cerca.—**within c.,** al alcance del oído.
crybaby [-beịbị], *s.* niño llorón y gimoteador.
crying [-ịŋ]. I. *s.* grito; llanto, lloro, lamento; pregoneo. II. *a.* llorón; enorme, atroz; urgente.
cryogenics [kraịodžénịks], *s.* (fís.) cryogénica.
cryolite [kráịolaịt], *s.* (min.) criolita.
cryometer [kraịámɛtœ(r)], *s.* criómetro.
cryoscopy [kraịáskopị], *s.* (fís.) crioscopia.
crypt [krípt], *s.* gruta, cripta; (med.) cripta, folículo, cavidad glandular.
cryptanalysis [-ạnǽlịsịs], *s.* criptoanalítica.
cryptic(al [-ịk(ạl], *a.* escondido, secreto.
cryptically [-ị], *adv.* ocultamente.
cryptogam [-ogæm], *s.* (bot.) criptógama.
Cryptogamia [-ogǽmịạ], *s. pl.* (bot.) acotiledóneas.

cryptogamous [-ágạmʌs], *a.* (bot.) criptógamo.
cryptogram [-ogræm], *s.* cifra, criptograma, *m.*
cryptography [-ágrạfị], *s.* criptografía.
crystal [krístạl], *s.* (quím.) cristal; (min.) cristal de roca; cristal de reloj.—**c. ball,** bola de cristal del adivino.—**c. detector, c. tube,** (rad.) detector de cristales; galena.—**c. gazing,** adivinación por medio de la bola de cristal.—**c. glass,** cristal.—**c. wedding,** décimoquinto aniversario.
crystal, *o* **crystalline** [-ịn], *a.* cristalino; claro, transparente.—**c. lens,** (anat.) cristalino (del ojo).
crystallizable [-aịzạbl], *a.* cristalizable.
crystallization [-ịzéịṣọn], *s.* cristalización.—**crystallize** [-aịz]. **I.** *va.* cristalizar. **II.** *vn.* cristalizarse.—**crystallography** [-ágrạfị], *s.* cristalografía.—**crystalloid** [-ɔịd], *a.* y *s.* cristaloide.
cub [kʌb], *s.* cachorro; osezno; ballenato; (fam.) mozalbete torpe o inexperto.—**c. reporter,** aprendiz (*m.*) de repórter.
Cuba [kịúbạ], *s.* Cuba.
Cuban [kịúbạn], *s.* y *a.* cubano.
cubature [kịúbạchur], *s.* (geom.) cubicación.
cubbyhole [kʌ́bịhoụl], *s.* armario o sitio pequeño y encerrado.
cube [kịub]. **I.** *s.* (geom. y mat.) cubo; sólido en forma de dado o hexaedro regular.—**c. root,** raíz cúbica. **II.** *va.* cubicar; elevar al cubo.
cubeb [kịúbɛb], *s.* (bot.) cubeba; cigarrillo medicinal.
cubic [kịúbịk], *a.* cúbico.—**c. content,** volumen; capacidad cúbica.—**c. equation,** ecuación del tercer grado.—**c. measure,** medida de capacidad.
cubical [-ạl], *a.* cúbico. *V.* CUBIC.
cubically [-ị], *adv.* cúbicamente.
cubicle [-l], *s.* cubículo, alcoba; compartimiento.
cubicular [kịubíkyụlä(r)]. **I.** *a.* perteneciente a la alcoba; privado. **II.** *s.* (hist.) cubiculario.
cubiculum [-lʌm], cubículo; (arqueol.) cámara de entierro.
cubiform [kịúbịfɔrm], *a.* cúbico.
cubism [kịúbịzm], *s.* (b. a.) cubismo.—**cubist** [kịúbịst], *a.* y *s.* cubista.
cubit [kịúbịt], *s.* codo, antigua medida.
cubital [-ạl], *a.* cubital; codal..
cuboid [kịúbɔịd]. **I.** *a.* cúbico; (anat.) cuboides. **II.** *s.* (anat.) (hueso) cuboides; (geom.) paralelepípedo rectangular.
cuckold [kʌ́kọld]. **I.** *s.* marido cornudo; cabrón, cuclillo. **II.** *va.* encornudar.
cuckoo [kúku]. **I.** *s.* (orn.) cuclillo o cuco; cucú (canto); (fam.) tonto, papanatas.—**c. clock,** reloj de cuclillo, etc. **II.** *a.* (fam.) loco, chiflado.
cucullate(d [kịúkụleịt(ịd], *a.* en forma de capucha; con capucha, encapuchado.
cuculliform [kịukúlịfɔrm], *a.* de forma de capucha. *V.* CUCULLATE(D.
cucumber [kịúkʌmbœ(r)], *s.* (bot.) cohombro, pepino.
cucurbit [kịukœ́rbịt], *s.* cucúrbita, retorta de alambique; (bot.) planta de las cucurbitáceas.
cucurbitaceous [-éịṣịʌs], *a.* (bot.) cucurbitáceo.
cud [kʌd], *s.* alimento que mastican por segunda vez los rumiantes.—**c.-chewing,** rumiante, rumiador.—**chewing the c.,** rumia(dura).—**to chew the c.,** rumiar; (fig.) meditar despacio; charlar.
cudbear [kʌ́dbɛr], *s.* (bot.) orchilla; (tint.) orcina.
cuddle [kʌ́dl]. **I.** *va.* abrazar con ternura, acariciar, mimar. **II.** *vn.* estar abrazados; arrimarse; ponerse juntitos. **III.** *s.* abrazo.
cuddy [kʌ́dị], *s.* (mar.) tumbadillo; fogón; armario, aparador.
cudgel [kʌ́dẑẹl]. **I.** *s.* garrote, estaca, palo, porra; (Am.) tolete.—**c. play,** lid deportiva con garrotes.—**to take up the cudgels,** (fig.) entrar en una controversia, entrar en la lucha; (con *for*) salir a la defensa (de). **II.** *va.* apalear, tundir, aporrear.—**to c. one's brains,** devanarse los sesos.
cudweed [kʌ́dwid], *s.* (bot.) lanaria, perpetua.
cue [kịu], *s.* cola, rabo; coleta, trenza de cabello (*v.* QUEUE); (teat.) pie, apunte; indirecta, sugestión; genio, humor; taco de billar.—**c. ball,** pinta.
cuff [kʌf]. **I.** *s.* trompada, bofetón, manotada; puño de camisa; bocamanga; vuelta de pantalón.—*pl.* esposas, manillas.—**off the c.,** (E. U., fam.) espontáneo, informal, sin preparación previa.—**on the c.,** (E. U., fam.) gratis, sin pagar. **II.** *va.* abofetear, manotear; maniatar.
cuff button, *s.* botón del puño.
cuff links, *s.pl.* gemelos, (Cuba) yugos, (Puerto Rico) yuntas, (Mex.) mancuernas, (Pan.) cuencas.
cuirass [kwịrǽs], *s.* coraza.
cuirassier [kwịrạsír], *s.* coracero.
cuish [kwịṡ], **cuisse** [kwịs], *s.* (arm.) escarcela, muslera, quijote.
cuisine [kwịzín], *s.* cocina, arte culinario.
cul-de-sac [kʌ́l dœ sǽk], *s.* callejón o conducto cerrado o tapado en un extremo.
culex [kịúlɛks], *s.* (ent.) mosquito.
culinary [kịúlịnerị], *a.* culinario.
cull [kʌl]. **I.** *va.* escoger, elegir, entresacar. **II.** *s.* cosa o animal inferior o sin valor.
cullender [kʌ́lẹndœ(r)], *s.* = COLANDER.
cullet [kʌ́lịt], *s.* (vid.) vidrio de desecho.
cullis [kʌ́lịs], *s.* canal de tejado.
culm [kʌlm], *s.* (bot.) caña, tallo; antracita inferior; polvo o desperdicios de carbón; cisco.
culminate [kʌ́lmịneịt], *vn.* culminar; lograr o alcanzar, terminar (en); (astr.) culminar.
culmination [-éịṣọn], *s.* culminación, auge.
culottes [kulấts], *s. pl.* falda pantalón.
culpability [kʌlpạbílịtị], *s.* culpabilidad.
culpable [kʌ́lpạbl], *a.* culpable.—**culpableness** [-nis], *s.* culpa, culpabilidad.—**culpably** [-blị], *adv.* culpablemente.
culprit [kʌ́lprịt], *s.* reo, delincuente, criminal.
cult [kʌlt], *s.* culto; homenaje; devoción.
cultism [-ịzm], *s.* devoción a un culto; (lit.) cult(eran)ismo, gongorismo.
cultch [kʌlch], *s.* basura; nueva de molusco.
cultivable [kʌ́ltịvạbl], *a.* cultivable.
cultivate [kʌ́ltịveịt], *va.* cultivar, culturar, beneficiar, lab(o)rar; estudiar, ejercer, practicar; darse a; criar (gusanos de seda, etc.); (agr.) dar las labores a.—**cultivated** [-ịd], *a.* cultivado, culto (ú. de plantas, tierras, etc.); labrado; culto, ilustrado, instruido.
cultivation [-éịṣọn], *s.* cultivación, cultivo; labranza; labor, *f.*, mejora, adelantamiento; cultura; (agr.) labores.
cultivator [-ọ(r)], *s.* cultivador, labrador, agricultor; cultivadora; escarificador, extirpador; azadilla.
cultural [kʌ́lchụ̈rạl], *a.* cultural, perteneciente a la cultura o al cultivo.
culture [kʌ́lchū(r)]. **I.** *s.* cultura; cultivación; cultivo (de bacterias, etc.); civilización; ilustración. **II.** *va.* educar, enseñar, criar; refinar.
cultured [-d], *a.* culto, ilustrado.
culverin [kʌ́lvẹrịn], *s.* (arti.) culebrina, moyana.
culvert [kʌ́lvœrt], *s.* alcantarilla, atarjea.
cumber [kʌ́mbœ(r)], *va.* oprimir, obstruir, embrollar, estorbar; molestar, incomodar.
cumbersome [-sʌm], **cumbrous** [kʌ́mbrʌs], *a.* pesado, engorroso, enfadoso, incómodo, fastidioso, molesto, difícil de manejar.
cumbrance [kʌ́mbrạns], *s.* carga, impedimento, molestia. *V.* ENCUMBRANCE.
cum(m)in [kʌ́mịn], *s.* (bot.) comino (planta y semilla).
cumulate [kịúmyụleịt], *va.* y *vn.* acumular(se), amontonar(se), hacinar(se).
cumulation [-léịṣọn], *s.* acumulación, amontonamiento, hacinamiento.
cumulative [-lạtịv], *a.* (a)cumulativo.
cumulo-cirrus [kịumyụlosírʌs], *s.* (meteor.) cumulocirro, nubes (*f.pl.*) que los marinos llaman *colas de gato.*
cumulo-nimbus [-nímbʌs], *s.* (meteor.) cumulonimbo, nube de lluvia.

cumulo-stratus [-streitʌs], *s.* (meteor.) cumulostrato.
cumulus [kiúmyulʌs], *s.* montón; (meteor.) cúmulo.
cuneal [kiúnial], **cuneate(d** [kiúnieit(id], **cuneiform** [kiúniiform], *a.* cuneiforme.
cunner [kʌ́nœ(r)], *s.* (ict.) pez lábrido o labroideo.
cunning [kʌ́niŋ]. **I.** *a.* astuto, artero, marrullero; socarrón, ladino, solapado; artificioso; hábil, sutil; sagaz; (E. U.) gracioso, divertido, mono (apl. gen. a los niños). **II.** *s.* astucia, ardid, *m.*, disimulo, artificio; bellaquería, malicia, marrullería; sagacidad.
cunningly [-li], *adv.* astuta, hábil, graciosamente.
cup [kʌ́p]. **I.** *s.* copa; taza, jícara, pocillo; cubeta; (igl.) cáliz, *m.;* (bot.) cúpula; (fig.) suerte, *f.*, fortuna; trago; (dep.) copa que se da como premio; (med.) ventosa.—**c.-shaped,** acopado. —**in his cups,** ebrio, chispo. **II.** *va.* aplicar ventosas; ahuecar en forma de taza, acopar.
cupbearer [-bɛrœ(r)], *s.* copero o escanciador.
cupboard [kʌ́bord], *s.* aparador, alacena, armario.
cupcake [kʌ́pkeik], *s.* pequeño bollo en forma de taza.
cupel [kiúpɛl]. **I.** *s.* (metal.) copela. **II.** *va.* copelar.
cupellation [-éiŝon], *s.* (metal.) copelación.
cupful [kʌ́pful], *s.* contenido de una taza.
cupid [kiúpid], *s.* cupido.
cupidity [kiupíditi], *s.* codicia, avaricia.
cupola [kiúpolä], *s.* (arq.) cúpula, domo, cimborrio, media naranja; (fund.) cubilote, horno de manga; (mar.) cúpula, torre blindada (de acorazado).
cupper [kʌ́pœ(r)], *s.* aplicador de ventosas.
cupping [kʌ́piŋ], *s.* reducción a forma acopada; (med.) sajadura o escarificación para ventosa; aplicación de ventosa.—**c. glass,** ventosa.
cupreous [kiúpriʌs], *a.* cobrizo, cobreño; cúprico.
cupric [kiuprik], *a.* (quím.) cúprico.
cupriferous [kiupríferʌs], *a.* cuprífero.
cuprite [kiúprait], *s.* (min.) cuprita, mineral de óxido de cobre.
cupronickel [kiupronikel], *s.* cuproníquel (aleación de cobre y níquel).
cuprous [kiúprʌs], *a.* (quím.) cuproso.
cupule [kiúpiul], *s.* hueco acopado; (bot.) cúpula.
cupuliferous [-íferʌs], *a.* (bot.) cupulífero.
cur [kœr], *s.* perro de mala ralea, gozque; canalla.
curable [kiúrabl], *a.* curable, sanable.—**curableness** [-nis], *s.* curabilidad.
curaçao, curaçoa [kiurasóu], *s.* curasao, curazao.
curacy [kiúrasi], *s.* (igl.) curato, oficio de cura.
curare [kurári], *s.* curare (planta y veneno).
curassow [kiúrasou], *s.* (orn.) guaco.
curate [kiúrit], *s.* teniente de cura; cura, *m.*
curateship [-ŝip], *s.* = CURACY.
curative [kiúrativ], *a.* curativo, sanativo.
curator [kiuréito(r)], *s.* curador; guardián, conservador, celador, encargado.
curb [kœ́rb]. **I.** *s.* barbada; freno con barbada; (fig.) sujeción, restricción; brocal de pozo; bordillo, orilla, encintado, o flanco (de acera); bolsín, lugar de la calle donde se hacen transacciones de lonja (ll. t. **c. market**); (vet.) corvaza. **II.** *va.* refrenar, contener, reprimir, poner freno o coto a.
curbing [-iŋ], *s.* refrenamiento. *V.* CURBSTONE. —**curbstone** [-stoun], *s.* piedra que forma el reborde o flanco de la acera; encintado; guardacantón; brocal de pozo.
curculio [kœrkiúliou], *s.* (ent.) curculio, especie de escarabajo.
curcuma [kœ́rkiumä], *s.* (bot.) cúrcuma.
curd [kœrd]. **I.** *s.* cuajada; requesón; grumo. **II.** *va.* cuajar, coagular.
curdle [kœ́rdl]. **I.** *vn.* cuajarse, coagularse, engrumecerse, arrequesonarse; (fig.) helarse (la sangre). **II.** *va.* coagular, cuajar, espesar.
curd(l)y [kœ́rd(l)i], *a.* cuajado, coagulado.
curé [kiuréi], *s.* (igl.) cura, *m.*
cure [kiúr]. **I.** *s.* cura, curación; remedio; cura (de la madera, etc.); cura, cuidado (del hormigón, etc.); vulcanización (del caucho o goma). —**c.-all,** panacea, catolicón, sánalotodo. **II.** *va.* curar, sanar; curar (la madera, la carne, etc.); vulcanizar. **III.** *vn.* curar, sanar; curarse (la madera, etc.); vulcanizarse.
curer [-œ(r)], *s.* sanador, remediador; ahumador, salador; preparador de salazones y conservas.
curettage [kiurétidž], *s.* (cir.) curetaje.
curfew [kœ́rfiu], *s.* toque de queda.
curia [kiúriä], *s.* curia.
curial [-l], *a.* y *s.* curial.
curie [kiúri], *s.* (fís.) curie, *m.*, unidad de masa de emanación de radio.
curio [kiúriou], *s.* objeto curioso y raro.
curiosity [kiuriásiti], *s.* curiosidad; rareza.
curious [kiúriʌs], *a.* curioso; entremetido, preguntón; cuidadoso, exacto; raro, singular; (fam.) excéntrico.—**curiously** [-li], *adv.* curiosamente; singularmente.—**curiousness** [-nis], *s.* curiosidad; extrañeza.
curite [kiúrait], *s.* (min.) curita.
curium [kiúriʌm], *s.* (quím.) curio.
curl [kœrl]. **I.** *s.* bucle, rizo, sortija, tirabuzón (del cabello); (Am.) crespo; tortuosidad, sinuosidad, ondulación; enfermedad de árboles y plantas; alabeo (de la madera).—**c. paper,** papelito para rizar el pelo. **II.** *va.* rizar, encrespar, ensortijar, alechugar, ondear.—**to c. the lip,** fruncir el labio. **III.** *vn.* rizarse, enroscarse, encarrujarse.
curled [-d], *a.* rizado, crespo, ensortijado, escarolado.—**c. up,** abarquillado.
curler [-œ(r)], *s.* tenacilla para rizar; encrespador; (dep.) jugador de *curling.*
curlew [kœ́rliu], *s.* (orn.) zarapito, chorlito.
curlicue [kœ́rlikiu], *s.* retortijón, enroscadura.
curliness [kœ́rlinis], *s.* ensortijamiento.
curling [kœ́rliŋ], *s.* ensortijamiento; (dep.) juego parecido al chito, que se juega con piedras sobre el hielo.—**c. irons,** o **c. tongs,** encrespador, rizador, tenacillas.—**c. stone,** piedra con agarradera para el juego de *curling.*
curly [kœ́rli], *a.* rizado, crespo, rizo, rizoso.—**c.-hair(ed,** de pelo crespo.
curmudgeon [kœrmʌ́džʌn], *s.* tacaño, cicatero; persona displicente e irascible.
currant [kœ́rant], *s.* (bot.) grosella; uva o pasa de Corinto.—**c. bush,** grosellero.
currency [kœ́rensi], *s.* moneda corriente; dinero en circulación; uso corriente; valor corriente.
current [kœ́rent]. **I.** *a.* corriente, común; admitido, en boga; general, popular; circulante, correntío; presente, del día, de actualidad, actual, en curso.—**c. account,** cuenta corriente (en un banco).—**c. events,** sucesos del día, asuntos de la actualidad.—**c. exchange,** cambio corriente.—**c. money,** moneda legal. —**c. rate,** (com.) curso. **II.** *s.* corriente, *f.* (de agua, aire, etc.); rebalaje (de agua); (elec.) corriente; intensidad de la corriente; curso, marcha, progreso.—**c. meter,** (elec.) contador de intensidad; (hidr.) molinete hidrométrico, medidor de corriente; hidrómetro.—**c. wheel,** (hidr.) rueda de paletas planas movida por la corriente.
currently [-li], *adv.* corrientemente; generalmente; a la moda.—**currentness** [-nis], *s.* circulación; calidad de actual; aceptación general.
curricle [kœ́rikl], *s.* carrocín, carriola.
curricular [kʌríkyulä(r)], *a.* del plan de estudios o relativo a él.
curriculum [-lʌm], *s.* plan de estudios.
currier [kœ́riœ(r)], *s.* (ten.) curtidor, zurrador, noquero; almohazador (de caballos).
curriery [-ri], *s.* tenería.
currish [kœ́riŝ], *a.* perruno; arisco; brutal.
curry [kœ́ri]. **I.** *va.* (ten.) zurrar, adobar; (fam.) zurrar a uno la badana; almohazar (caballos); (coc.) condimentar con *curry.*—**to c. favor,** pedir o buscar favores adulando o abyectamente. **II.** *s.* (coc.) salsa usada en la India como condimento; plato sazonado con esta salsa.—**c. powder,** polvo de ciertas especias para preparar el *curry.*

currycomb [-koụm], *s.* almohaza, rascadera.
curse [kœrs]. **I.** *va.* maldecir, anatematizar, execrar, imprecar. **II.** *vn.* renegar, echar ternos, blasfemar. **III.** *s.* maldición; imprecación, anatema, *mf.*; terno, reniego, blasfemia; calamidad, azote.—**a c. on!**, ¡mal haya!
cursed [-ịd], *a.* maldito, abominable, execrable. —**cursedly** [-lị], *adv.* miserablemente; abominablemente.—**cursedness** [-nịs], *s.* malicia, perversidad; abominación, execración.
curser [-œ(r)], *s.* maldiciente.
cursing [-ịŋ]. **I.** *s.* execración, maldición. **II.** *a.* maldiciente, blasfemador.
cursive [kœ́rsịv], *a.* y *s.* cursivo, corriente.—**c. hand,** letra cursiva.
cursorily [kœ́rsorịlị], *adv.* precipitadamente, de paso, de carrera.—**cursoriness** [-ịnịs], *s.* precipitación, prisa; descuido.
cursory [-ị], *a.* sumario, rápido, precipitado, de carrera, por encima.
curt [kœ́rt], *a.* corto, conciso; brusco, rudo, seco.
curtail [kœrtéịl], *va.* cortar, abreviar, reducir, escatimar, cercenar, desmembrar; restringir.
curtailment [-mẹnt], *s.* reducción, abreviación, rebajamiento.
curtain [kœ́rtịn]. **I.** *s.* cortina, *pl.* cortinaje; velo; (gal.) estor, transparente; (teat.) telón; (fort.) cortina.—**c. call,** llamada a la escena para recibir los aplausos.—**c. lecture,** regaño privado.—**c. of fire** = BARRAGE.—**c. raiser,** (teat.) pieza o representación preliminar.—**behind the c.,** entre bastidores; en secreto.—**to draw the c.,** correr un velo, ocultar. **II.** *va.* poner cortinas.—**to c. off,** separar por cortinas.
curtation [kœrtéịŝọn], *s.* (astr.) curtación.
curtly [kœ́rtlị], *adv.* brevemente; secamente; lacónica y bruscamente.
curtness [kœ́rtnịs], *s.* concisión, brevedad; brusquedad, rudeza, sequedad.
curtsy, curtsey [kœ́rtsị]. **I.** *s.* reverencia, cortesía. **II.** *vn.* hacer una cortesía o reverencia.
curule [kịúrul], *a.* curul.—**c. chair,** silla curul.
curvaceous [kœrvéịŝʌs], *a.* (fam.) de muchas curvas y redondeces (apl. a la mujer frescachona y rolliza).
curvation [kœrveịŝọn], *s.* curvidad, encorvadura, curvatura.
curvature [kœ́rvạchụ(r)], *s.* curvatura, (en)corvadura, encorvamiento, corcova, comba; (arq.) cintra.
curve [kœrv]. **I.** *va.* combar, curvar, encorvar, torcer. **II.** *vn.* encorvarse, torcerse; voltear en curva. **III.** *a.* = CURVED. **IV.** *s.* curva; comba; combadura.
curved [-d], *a.* curvo, corvo, torcido, encorvado.
curvet [kœ́rvịt]. **I.** *s.* corveta, corcovo. **II.** *va.* y *vn.* corcovear, corvetear, cabriolar.
curvilinear [kœrvịlíniạ(r)], *a.* curvilíneo.
cushat [kʌ́ŝạt], *s.* (orn.) paloma torcaz.
cushion [kụ́ŝọn]. **I.** *s.* cojín; almohadilla; bolo; b(ar)anda (de mesa de billar); (mec.) amortiguador; blandura o suavidad elástica. **II.** *va.* cubrir con cojines, poner cojines a; acojinar, amortiguar, suavizar; someter a acción amortiguadora.
cushy [kụ́ŝị], *a.* (fam.) fácil, descansado, cómodo.
cusp [kʌsp], *s.* cúspide, *f.*; (astr.) cuerno de la luna.
cuspid [kʌ́spid], *s.* colmillo, (diente) canino.
cuspidal [-ạl], *a.* puntiagudo.
cuspidate(d [kʌ́spịdeịt(ịd], *a.* cuspidado, cuspídeo.
cuspidor [kʌ́spịdor], *s.* escupidera.
cuss [kʌ́s]. **I.** *s.* (fam.) terno, reniego; individuo o animal tunante o de poca monta. **II.** *va.* y *vn.* (fam.) maldecir.
cussedness [-ịdnịs], *s.* (fam.) malicia, tunantería.
custard [kʌ́stạrd], *s.* (coc.) flan, natillas.—**c. apple,** (bot.) guanábana, jachalí, anona.
custodial [kʌstóụdịạl], *a.* del custodio o de la custodia.
custodian [-dịạn], *s.* custodio.
custody [kʌ́stodị], *s.* custodia; guardia; cárcel, *f.*, prisión; cuidado; seguridad; recaudo.
custom [kʌ́stọm], *s.* costumbre, usanza, uso, hábito; clientela o parroquia de una tienda; venta, salida, despacho.—*pl.* (derechos de) aduana; derechos arancelarios o aduaneros.—**c.-built,** hecho a la orden.—**c.-free,** libre de derechos.—**c.-made,** hecho a la medida.—**c. tailor,** sastre ordinario (que hace ropa a la medida).—**c. work,** trabajo de cualquier clase hecho según pedido.—**to have the c. of,** soler, acostumbrar (hacer algo).—**customs union,** unión aduanera.
customarily [-erịlị], *adv.* comúnmente, habitualmente, ordinariamente.
customariness [-erịnịs], *s.* frecuencia, hábito, costumbre.
customary [-erị], *a.* usual, habitual, acostumbrado; (for.) consuetudinario, a fuero.
customary law, *s.* derecho consuetudinario.
customer [-œ(r)], *s.* parroquiano, cliente, marchante.
customhouse [-haụs], *s.* aduana.—**c. broker,** corredor de aduana.—**c. duty,** adeudo; *pl.* derechos arancelarios o de aduana.—**c. manifest,** manifiesto.—**c. officer,** o **inspector,** aduanero, vista, *m.*—**c. seal,** marchamo.
cut [kʌt], *va.* (*pret.* y *pp.* CUT) cortar; dividir, hender, partir, tajar; picar; rebanar; lastimar, herir; cincelar, grabar, labrar, tallar; desbastar; segar; recortar; negar el saludo a, extrañar; castrar (panales de miel, animales); levantar, alzar o cortar (los naipes); rebajar, reducir (los sueldos, gastos, etc.); faltar o no asistir a (la escuela, etc.); cortar (un traje); ejecutar, hacer (piruetas, etc.).—**to c. across,** cortar al través. —**to c. a figure,** descollar; hacer papel.—**to c. asunder,** separar cortando, despedazar.—**to c. away,** recortar, cercenar, quitar cortando. —**to c. capers,** cabriolar, hacer cabriolas.—**to c. down,** derribar cortando, tumbar; mermar, disminuir, rebajar, cercenar.—**to c. ice,** (fam.) valer, ser de importancia.—**to c. in,** (elec.) intercalar, conectar, introducir.—**to c. off,** quitar cortando; amputar; aislar, incomunicar; (tel.) cortar la comunicación; interrumpir, suspender el abastecimiento (de vapor, agua, etc.); segar (fig.), destruir, arrebatar; interceptar; desheredar; terminar.—**to c. one's wisdom teeth,** (fam.) salirle a uno la muela del juicio, llegar a la edad de la prudencia, tener uso de razón.—**to c. open,** abrir cortando, dividir.—**to c. out,** quitar o sacar cortando; recortar; dar forma a (traje, bosque) cortando; preparar; labrar (el porvenir, etc.); (elec.) poner fuera de circuito, desconectar; (fam.) desbancar, suplantar (apl. gen. a asuntos de amores); excluir; suprimir; separar; (fam., con *it* por acusativo) no hablar más de eso, callarse, dejarse de eso.—**to c. short,** interrumpir; terminar repentina o prematuramente; abreviar.—**to c. teeth,** echar los dientes.—**to c. the Gordian knot,** cortar el nudo gordiano, no pararse en pelillos.—**to c. the throat,** degollar.—**to c. through,** surcar (las olas).—**to c. to pieces,** destrozar.—**to c. to the quick,** herir en lo vivo.—**to c. under,** vender a menos precio que (un rival); salir de (un rival) vendiendo barato.—**to c. up,** trinchar; cortar en pedazos; cortar a raíz; despedazar (fig., un libro, una reputación); (fam.) afligir, acongojar.
cut, *vn.* hacer un corte o incisión; cortar, ser cortante; poderse cortar; cortar (los naipes); (fam.) escurrirse, escabullirse.—**to c. across,** atravesar; tomar por el atajo.—**to c. in,** interrumpir, interponer interrumpiendo, meter baza; cortar (en un baile).—**to c. loose,** escaparse; soltarse; echar de lado toda restricción.—**to c. teeth,** endentecer, salirle (a uno) dientes.—**to c. up,** ser divisible, poderse dividir (entre herederos, etc.); (fam.) travesear, jaranear; hacer piruetas.
cut. I. *s.* corte; cortadura, (Am.) cortada; incisión; tajo, tajadura; ofensa, zaherimiento, cosa o palabra hiriente; desaire; falta, ausencia (de una clase, etc.); pedazo, cosa cortada; tajada,

rebanada; atajo; figura, hechura; moda; forma; reducción, rebaja (de sueldos, gastos, etc.); (impr.) clisé; grabado, figura; (joy.) talla. **II.** *a.* cortado, tajado; labrado, tallado; capado, castrado; reducido, rebajado (apl. a precios); (fam.) achispado.—**c. and dried,** preparado, arreglado o convenido de antemano; de ordenanza.—**c. diamond,** diamante tallado.—**c. gear,** (mec.) dientes tallados a máquina.—**c. glass,** cristal tallado.—**c.-price, c.-rate,** a precio reducido.—**c. sugar,** azúcar en terrones. —**c. tobacco,** picadura de tabaco.

cutaneous [kiutéiniʌs], *a.* cutáneo.

cutaway [kʌ́tawei], **c. coat,** *s.* chaqué o chaquet, levita de faldones sesgados o abiertos.

cute [kiut], *a.* (fam.) cuco, mono, lindo; listo.

cuticle [kiútikl], *s.* cutícula; película.

cuticular [kiutíkyūlā(r)], *a.* cuticular.

cutis [kiútis], *s.* cutis, *mf.*; dermis, *mf.*

cutlass [kʌ́tlas], *s.* alfanje, machete, chafarote.

cutler [kʌ́tlœ(r)], *s.* cuchillero.

cutlery [kʌ́tlœri], *s.* cuchillería.

cutlet [kʌ́tlit], *s.* (coc.) chuleta, costilla.

cutoff [kʌ́tɔf], *s.* brazo de río que atraviesa una punta de tierra; laguna que queda cuando un río cambia su cauce; atajo; (m. v.) cortavapor; cierre a la admisión; punto de expansión; punto de cierre a la admisión; grado de admisión.—**c. valve,** válvula de expansión; válvula de cierre a la admisión.

cutout [kʌ́taut], *s.* recortado; (elec.) cortacircuitos, fusible, disyuntor, interruptor, desconectador; (mec., aut.) escape libre.—*pl.* figuras recortables (para niños).—**c. muffler,** silenciador con válvula de escape libre en el tubo de escape.

cutpurse [kʌ́tpœrs], *s.* cortabolsas, carterista.

cutter [kʌ́tœ(r)], *s.* cortador; herramienta o máquina para cortar; cuchilla; fresa; hierro, hoja (parte cortante de una herramienta); grabador, tallador; pequeño trineo; (mar.) cúter; escampavía, guardacostas.—**c. bar,** portacuchilla portahierro.

cutthroat [kʌ́tθrout], *s.* asesino.

cutting [kʌ́tiŋ]. **I.** *a.* cortante; de cortar; incisivo hiriente, mordaz; penetrante; amargo, penoso **II.** *s.* cortadura; corte; incisión; sección; recorte; viruta, retazo; alce (de naipes); (joy.) talla; (agr.) plantón, estaca de plantar.—**c. edge,** corte, filo, tajador.—**c. tool,** herramienta de filo.

cuttlebone [kʌ́tlboun], *s.* jibión, *m.*

cuttlefish [-fiŝ], *s.* (ict.) pulpo, jibia, sepia.

cutup [kʌ́tʌp], *s.* (fam.) = PRANKSTER.

cutwater [kʌ́twɔtœ(r)], *s.* (mar.) tajamar; nariz de puente.

cutwork [kʌ́twœrk], *s.* (cost.) calado.

cutworm [kʌ́twœrm], *s.* (ent.) agrotis, *m.*, larva destructora de las plantas tiernas.

cyanamide [saianǽmaid], *s.* cianamido.

cyanate [sáianeit], *s.* (quím.) cianato.

cyanic [saiǽnik], *a.* (quím.) ciánico; (bot.) azul.

cyanic acid, *s.* (quím.) ácido ciánico.

cyanid(e [sáianaid], *s.* (quím.) cianuro.

cyaniding [-iŋ], *s.* (metal.) cianuración.

cyanite [sáianait], *s.* (min.) cianita.

cyanogen [saiǽnodẑin], *s.* cianógeno.

cyanosis [saianóusis], *s.* (med.) cianosis.

cyanotype [saiǽnotaip], *s.* fotografía de cianuro.

cyanuric [saianiúrik], *a.* cianúrico.

cybernetics [saibœrnétiks], *s.* cibernética.

cycad [sáikæd], *s.* (bot.) cicadácea.—**Cycadaceæ** [-éiŝii], *s. pl.* (bot.) cicadáceas.

cyclamen [síklamin], *s.* (bot.) ciclamino, pamporcino, artanica o artanita.

cycle [sáikl]. **I.** *s.* ciclo; período; (elec.) período; bicicleta, triciclo, velocípedo. **II.** *vn.* mover o pasar por ciclos; andar en bicicleta, etc.

cyclic(al [síklik(al], *a.* cíclico.

cycling [sáikliŋ], *s.* (dep.) ciclismo, velocipedismo.

cyclist [sáiklist], *s.* ciclista, velocipedista.

cycloid [sáiklɔid], *s.* (geom.) cicloide, *f.*

cycloid(al [saiklɔ́id(al], *a.* cicloidal, cicloideo.

cyclometer [saiklámetœ(r)], *s.* ciclómetro u odómetro.

cyclometric [saiklométrik], *a.* ciclométrico.

cyclometry [saiklámetri], *s.* ciclometría.

cyclonal [saiklóunal], **cyclonic** [saiklánik], *a.* ciclonal.

cyclone [sáikloun], *s.* ciclón, prester, huracán.—**c. cellar,** sótano de refugio contra un ciclón.

cyclopedia [saiklopídiā], *s.* enciclopedia.

cyclopedic [-pídik], *a.* enciclopédico.

Cyclopeán [-pían], **Cyclopic** [saiklápik], *a.* gigantesco; ciclópeo, pert. a los cíclopes.

Cyclops [sáiklaps], *s.* (mit.) Cíclope.

cyclorama [saiklorámā], *s.* ciclorama, *m.*, panorama, *m.*

Cyclostomata [-stóumatā], *s. pl.* (ict.) ciclóstomos.

cyclostyle [-stail], *s.* ciclostilo, ciclóstilo.

cyclotron [-tran], *s.* (fís.) ciclotrón.

cygnet [sígnit], *s.* (orn.) pollo del cisne.

cylinder [sílindœ(r)]. **I.** *s.* cilindro; rodillo, rollo; tambor.—**c. block,** bloque de cilindros.—**c. bore,** diámetro interior del cilindro.—**c. head,** fondo del cilindro; culata del cilindro (esp. en aut.).—**c. metal,** hierro de cilindros; ferromanganeso.—**c. oil,** aceite de cilindros, aceite lubricante espeso. **II.** *va.* cilindrar; proveer de cilindro(s).

cylindric(al [silíndrik(al], *a.* cilíndrico.

cylindricity [-drísiti], *s.* cilindricidad.

cylindroid [sílindrɔid]. **I.** *s.* (geom.) cilindroide. **II.** *a.* cilindroideo.

cyma [sáimā], **cymatium** [siméiŝiʌm], *s.* (arq.) cimacio, gola.—**c. reversa,** talón.

cymbal [símbal], *s.* (mús.) címbalo, platillo.

cymbalist [-ist], *s.* cimbalero, cimbalista.

cyme [saim], *s.* (bot.) cima.

cymophane [sáimofein], *s.* (min.) cimófana, crisoberilo.

cynegetic [sinedẑétik], *a.* cinegético.

cynegetics [-s], *s.* cinegética.

cynic [sínik], *s.* cínico.—**cynic(al** [sínik(al], *a.* cínico, sarcástico, pesimista.—**cynically** [-i], *adv.* cínica o sarcásticamente.—**cynicism** [sínisizm], *s.* cinismo.

cynosure [sáinoŝur], *s.* miradero, blanco; lo que sirve de guía; (astr.) Cinosura, Osa Menor.

cyperaceous [saiperéiŝiʌs], *a.* (bot.) ciperáceo.

cypher [sáifœ(r)], *s.*, *va.* y *vn.* = CIPHER.

cypress [sáipres], *s.* (bot.) ciprés.—**c. nut,** piñuela.

Cypriot [sípriot], *s.* y *a.* chipriota, *mf.*

Cyprus [sáiprʌs], *s.* Chipre.

Cyrenaic [sirenéiik], *a.* y *s.* cirenaico, cireneo.

cyrtolite [sírtolait], *s.* (min.) cirtolita.

cyst [síst], *s.* (med., zool.) quiste; zurrón.

cystectomy [sistéktomi], *s.* (cir.) cistectomía.

cystic [sístik], **cystous** [sístʌs], *a.* cístico.

cystitis [sistáitis], *s.* (med.) cistitis.

cystocarp [sístokarp], *s.* (bot.) cistocarpo.—**cystocele** [-sil], *s.* (med.) cistocele, *f.*, hernia de la vejiga.—**cystoma** [sistóumā], *s.* (med.) cistoma, *m.*—**cystoscope** [sístoskoup], *s.* cistoscopio.

cystotomy [sistátomi], *s.* (cir.) cistotomía.

Cytherean [siθerían], *a.* citéreo.

cytisus [sítisʌs], *s.* (bot.) cítiso, borne, codeso.

cytoblast [sáitoblæst], *s.* (biol.) citoblasto, núcleo (de una célula).

cytology [saitálodẑi], *s.* (biol.) citología.

cytoplasm [sáitoplæzm], *s.* (biol.) citoplasma, *m.*

czar [zar], *s.* zar.—**czarevitch** [zárevich], *s.* zarevitz, hijo del zar.—**czarevna** [zarévnā], *s.* hija del zar.—**czarina** [zarínā], *s.* zarina.—**czarism** [zárizm], *s.* zarismo.

Czech [chék], *s.* y *a.* checo.

Czechoslovakia [-oslovákia], *s.* Checoslovaquia.

Czechoslovakian [-oslovákian], *s.* y *a.* checo(e)slovaco.

D

d [di], *s.* d; (mús., **D**) re.
D, *a.* en D, de forma de D.—**D valve,** válvula de corredera.
dab [dæb]. **I.** *va.* frotar suavemente con algo blando; picar, golpear. **II.** *s.* mamola, sopapo, golpecito; picada, picotazo; untadura; brochazo; punzón(azo); (fam.) perito; (ict.) barbada.
dabber [-œ(r)], *s.* (impr.) bala.
dabble [dæbl]. **I.** *va.* rociar, salpicar; mojar. **II.** *vn.* chapotear; meterse en algún asunto o negocio; especular, jugar a la bolsa.
dabbler [dæblœ(r)], *s.* aficionado; el que se dedica a algún negocio, arte, etc., de modo superficial o inexperto.
dabster [dæbstœ(r)], *s.* = DABBLER; (fam.) perito.
dace [deis], *s.* (ict.) albur, dardo, breca.
dachshund [dákshunt], *s.* especie de pachón, perro de patas muy cortas y torcidas.
Dacian [déiŝian], *s.* y *a.* dacio.
Dacron [déikran], *s.* dacrón (marca de fábrica).
dactyl [dæktil], *s.* (pros.) dáctilo (—◡◡).
dactylic [dæktílik], *a.* dactílico.
dactylography [-lágrafi], *s.* dactiloscopia (sistema de identificación por las impresiones digitales); dactilología. *V.* DACTYLOLOGY.
dactylology [-lálodẑi], *s.* dactilología.
dactyloscopy [-láskopi], *s.* dactiloscopia.
dad, daddie, daddy [dæd, -i], *s.* (fam.) papá, papaíto, taita, (Am.) tata.—**daddy-longlegs,** (zool.) falangio, segador, arácnido de cuerpo corto y largas patas; (ent.) típula.
dado [déidou], *s.* (arq.) dado, neto; friso, rodapié, arrimadillo.
daedal [dídal], *a.* primoroso, intrincado; artístico, ingenioso.
daemon [dímon], *s.* numen; demonio, familiar.
daffodil [dæfodil], *s.* (bot.) narciso atrompetado.
daffy [dæfi], *a.* (fam.) = DAFT.
daft [dæft], *a.* bobo; venático, chiflado; demente.
dagger [dægœ(r)], *s.* daga, puñal; (impr.) cruz, obelisco [†].—**to be at daggers drawn,** estar a matar(se), o de uñas.—**to look daggers at,** mirar con odio.
daggle [dægl]. **I.** *va.* embarrar, enfangar, ensuciar arrastrando. **II.** *vn.* embarrarse, enfangarse.
daguerreotype [dagérotaip], *s.* daguerrotipo.
dahlia [dályä], *s.* (bot.) dalia; pigmento violado.
Dahomey [dahóumi], *s.* Dahomey.
Dahomeyan [-an], *s.* y *a.* dahomeyano.
daily [déili]. **I.** *a.* diario, cotidiano, diurno. **II.** *s.* diario (periódico). **III.** *adv.* diariamente.
dainties [déintiz], *s.* chochos, confites, golosinas.
daintily [déintili], *adv.* delicadamente; regaladamente.—**daintiness** [-nis], *s.* pulidez, delicadeza.
dainty [déinti]. **I.** *a.* delicado, exquisito, refinado; regalado, gustoso, sabroso; melindroso; afectado. **II.** *s.* regalo, bocado exquisito, gollería, golosina.
dairy [déri], *s.* lechería, mantequería; quesera o quesería; vaquería, (Arg.) tambo.
dairy cattle, *s.* ganados lecheros.
dairy farm, *s.* granja lechera.
dairymaid [-meid], *s.* lechera, mantequera, vaquera.
dairyman [-man], *s.* lechero, mantequero, vaquero, (Arg.) tambero.
dais [déiis], *s.* tablado, grada, estrado; dosel, pabellón, palio, baldaquín.
daisy [déizi], *s.* (bot.) margarita; (fam.) primor.
dale [deil], *s.* vallecico, valle.
dalles [dælz], *s. pl.* cañada; recial.
dalliance [dælians], *s.* tardanza, dilación; regodeo, retozo, jugueteo; coqueteo.
dally [dæli], *vn.* tardar, entretenerse; perder el tiempo, holgar, retozar.
Dalmatian [dælméiŝian], *a.* y *s.* dálmata, dalmático; perro dalmático.
dalmatic [dælmætik], *s.* dalmática.
daltonism [dáltonizm], *s.* (med.) daltonismo, acromatopsia.
dam [dæm]. **I.** *s.* madre (en ganadería); yegua; (hidr.) (re)presa, embalse, pantano, dique; (fund.) dama. **II.** *va.* (hidr.) represar, estancar, embalsar; cerrar, tapar.
damage [dæmidẑ]. **I.** *s.* daño, perjuicio, deterioro, estropeo, damnificación; pérdida; (com.) avería, siniestro, quebranto.—*pl.* daños y perjuicios; indemnización. **II.** *va.* dañar, averiar, deteriorar, estropear, lesionar, perjudicar, empecer, damnificar. **III.** *vn.* dañarse, averiarse.
damageable [-abl], *a.* susceptible de daño o de indemnización.—**damaged** [-d], *pp.* y *a.* averiado, deteriorado, etc.
damaging [-in], *a.* perjudicante, perjudicial.
daman [dæman], *s.* (zool.) damán (especie de marmota de Asia y África).
Damascene [dæmasín]. **I.** *va.* *V.* DAMASKEEN. **II.** *a.* damasceno, amaceno; damasquino.
damask [dæmask]. **I.** *s.* (tej.) damasco. **II.** *a.* adamascado, damasquinado.—**d. rose,** rosa de damasco o encarnada.—**d. steel,** acero damasquino. **III.** *va.* hacer labor de ataujía; (tej.) adamascar; florear, matizar.
damaskeen [dæmaskín], *va.* hacer labor de ataujía.—**damaskeening** [-in], *s.* ataujía.
damassin [dæmasin], *s.* (tej.) damasina.
dame [deim], *s.* dama, señora; (fam.) tía.
damn [dæm]. **I.** *va.* condenar a pena eterna; maldecir; reprobar; vituperar.—**d. it!** (fam. o vulg.) ¡maldito sea! ¡cáspita! **II.** *vn.* echar ternos, renegar. **III.** *s.* maldición; (fam.) ardite, pito (**that is not worth a damn,** eso no vale un pito).
damnable [dæmnabl], *a.* condenable; detestable, infame.—**damnably** [-abli], *adv.* horriblemente, de un modo abominable.—**damnation** [-éiŝon], *s.* condenación, maldición.—**damnatory** [-atori], *a.* condenatorio.
damned [dæmd]. **I.** *a.* condenado, réprobo; maldito; detestable, vil, del diablo.—**the people be d.,** llévese el diablo al pueblo, un pito me importa el pueblo, al diablo con el pueblo. **II.** *adv.* (fam.) sumamente; como un diablo.
damnify [dæmnifai], *va.* (for.) dañar, perjudicar, lastimar, injuriar.
damp [dæmp]. **I.** *a.* húmedo, mojado. **II.** *s.* humedad; exhalación deletérea; desaliento, abatimiento.
damp, dampen [-en]. **I.** *va.* humedecer, mojar; enfriar, desanimar, desalentar; apagar; amortiguar; cubrir el fuego. **II.** *vn.* humedecerse.—**to d. off,** (agr.) podrirse por el pie, por los ataques de honguillos.
dampening [-enin]. **I.** *s.* humectación o humedecimiento. **II.** *a.* humectativo.
damper [-œ(r)], *s.* apagador; amortiguador; registro, regulador de tiro de chimenea; apagador del piano, sordina; desalentador.
damping [-in], *s.* (elec.) amortiguación, diminución de la amplitud de las ondas.
dampness [-nis], *s.* humedad; relente.
damsel [dæmzel], *s.* damisela, doncella.
damson [dæmzon], *s.* (ciruela) damascena, damasco.
dance [dæns]. **I.** *vn.* bailar, danzar, tripudiar; saltar, brincar. **II.** *va.* hacer bailar o saltar.—**to d. attendance,** servir humilde y constantemente. **III.** *s.* danza, baile, tripudio.—**d. hall,** salón de baile.
danceable [-abl], *a.* bailable.
dancer [-œ(r)], *s.* danzante, bailador; bailarina; bailarín, saltarín.—*pl.* parejas de baile.
dancing [-in]. **I.** *s.* baile. **II.** *a.* de baile; que baila; danzante.—**d. girl,** bayadera; bailarina.—**d. master,** maestro de baile.—**d. partner,** pareja (de baile).—**d. pumps,** escarpines.—**d. school,** escuela de baile.
dandelion [dændilaion], *s.* (bot.) diente de león, o amargón.

dander [dǽndœ(r)], *s.* caspa; (fam.) ira, enojo.—**to get one's d. up,** (fam.) irritar a uno.
dandify [dǽndįfaį], *va.* acicalar, repulir, vestir como un lechuguino o petimetre.
dandle [dǽndl], *va.* mecer; hacer saltar sobre las rodillas; mimar, acariciar.
dandler [dǽndlœ(r)], *s.* niñero.
dandruff [dǽndrʌf], *s.* caspa, fúrfura.
dandy [dǽndį]. **I.** *s.* petimetre, currutaco, lechuguino, gomoso, caballerete. **II.** *a.* (fam.) magnífico, rebueno, de (re)chupete.—**d. fever,** dengue.
dandyism [-įzm], *s.* dandismo.
Dane [deįn], *s.* danés, dinamarqués.
danger [déįndžœ(r)], *s.* peligro, riesgo.—**there is no d.,** no hay miedo, no hay cuidado.
dangerous [-rʌs], *a.* peligroso, arriesgado; grave, serio, de cuidado.—**dangerously** [-lį], *adv.* peligrosamente, gravemente, seriamente.—**dangerousness** [-nįs], *s.* peligro, gravedad.
dangle [dǽŋgl]. **I.** *va.* colgar, suspender, columpiar. **II.** *vn.* pender, columpiarse, bambolearse; andar al retortero; irse tras una dama.
Danish [déįniŝ]. **I.** *a.* danés, dánico, dinamarqués. **II.** *s.* danés, lengua dinamarquesa.
dank(ish [dǽŋk(įŝ], *a.* húmedo, liento.
dank(ish)ness [-(įŝ)nįs], *s.* = DAMPNESS.
danseuse [dansœ́z], *s.* bailarina, saltatriz.
Dantean [dǽntįan]. **I.** *a.* dantesco. **II.** *s.* **dantista.**
Dantesque [dæntésk], *a.* dantesco.
Danubian [dænįúbįan], *a.* danubiano.
Daphne [dǽfnį], *s.* (bot.) rododafne.
dapper [dǽpœ(r)], *a.* apuesto, gallardo, gentil; limpio, aseado; vivaracho.
dapple [dǽpl], *va.* salpicar, pintar con manchas redondas, motear.
dapple(d [-(d], *a.* rodado, habado, tordo, salpicado.—**d.-gray, d.-grey,** rucio moteado.
dare [dér]. **I.** *vn.* (*pret.* DURST O DARED; *pp.* DARED) osar, atreverse, arriesgarse.—**I dare say,** me figuro; no tengo duda. **II.** *va.* arrostrar, hacer frente a; desafiar, retar. **III.** *s.* reto, desafío.
daredevil [-dɛvįl], *a.* y *s.* atrevido, temerario, osado.
daring [dériŋ]. **I.** *a.* osado, atrevido, temerario; emprendedor; (fam.) de pelo en pecho. **II.** *s.* osadía, bravura, atrevimiento.—**daringly** [-lį], *adv.* atrevidamente, osadamente.
dark [dárk]. **I.** *a.* obscuro; negro (sentido recto y fig.); negruzco; pardo, trigueño, moreno; enigmático; secreto; ciego, ignorante; triste; desconsolador; atroz, siniestro, funesto.—**D. Ages,** edad del obscurantismo, edad media.—**d. horse,** caballo que no promete pero que sale ganador; (pol. E. U.) competidor o candidato desconocido o inesperado, candidato de componenda.—**d. lantern,** linterna sorda.—**d. meat,** (coc.) carne del ave fuera de la pechuga.—**d. slide,** (foto.) portaplacas.—**to grow d.,** anochecer, o(b)scurecer.—**to keep it d.,** ocultar algo. **II.** *s.* obscuridad; tinieblas, *f. pl.;* noche, *f.;* anochecer; ignorancia; secreto; (pint.) sombra muy obscura.—**in the d.,** a o(b)scuras; a ciegas, a tientas.—**to be (left) in the d.,** ignorar, no comprender, quedarse en ayunas o a buenas noches.
darken [-ęn]. **I.** *va.* obscurecer, ennegrecer, ensombrecer, cegar, obcecar, ofuscar; confundir, embrollar; denigrar, manchar; (fig.) contristar, entristecer. **II.** *vn.* obscurecerse, anochecerse.
darkling [-liŋ]. **I.** *adv.* a obscuras. **II.** *a.* obscuro, obscurecido; que pasa o está a obscuras.
darkly [-lį], *adv.* obscuramente; secreta u ocultamente; con misterio o amenaza.
darkness [-nįs], *s.* obscuridad, sombra, tinieblas; opacidad; obcecación u ofuscación; ceguera; ignorancia; secreto.
darkroom [-rum], *s.* (foto.) cámara o(b)scura.
darksome [-sʌm], *a.* (poét.) obscuro, opaco, sombrío; malvado, perverso.
darky [dárkį], *s.* (fam.) negro, (Cuba) moreno.
darling [dárliŋ]. **I.** *a.* querido, amado. **II.** *s.* el predilecto, el querido, el favorito; (fam.) pichón, pichona.—**my d.,** vida mía, amor mío.
darn [darn]. **I.** *va.* zurcir, remendar; (fam.) maldecir. En leng. fam. ú. eufemísticamente en vez de DAMN en imprecaciones, reniegos, etc. *V.* DAMN, DAMNED. **II.** *s.* (fam.) ardite, pito.—**I don't give a d.,** no me importa un bledo.
darned [-d]. **I.** *a.* (fam.) maldito; dichoso. **II.** *adv.* (fam.) sumamente.—**a d. sight (more),** (fam.) muchísimo (más).
darnel [dárnęl], *s.* (bot.) cizaña, cominillo, rabillo, joyo.
darner [dárnœ(r)], *s.* zurcidor o zurcidora.
darning [dárniŋ]. **I.** *a.* de zurcir.—**d. needle,** aguja de zurcir, aguja capotera; (ent.) libélula. **II.** *s.* zurcidura, zurcido, remiendo, recosido.
dart [dárt]. **I.** *s.* dardo, saeta, flecha, venablo, virote; tragacete; banderilla (de torero); movimiento rápido; (cost.) sisa.—**d. thrower,** banderillero. **II.** *va.* lanzar, tirar; flechar. **III.** *vn.* lanzarse, arrojarse, precipitarse; volar como dardo o saeta.
darter [-œ(r)], *s.* flechador, flechero; (ict.) pez pequeño americano; (orn.) pájaro-culebra.
Darwinian [darwínįan]. **I.** *a.* darwiniano o darviniano. **II.** *a.* y *s.* darwinista o darvinista.
Darwinism [dárwįnizm], *s.* darwinismo.
dash [dǽŝ]. **I.** *va.* arrojar, tirar, lanzar; quebrar, estrellar, romper; magullar; reprimir, desanimar; frustrar; desvanecer (esperanzas); rociar, salpicar; mezclar; adulterar; sazonar.—**to d. off,** escribir de prisa.—**to d. out,** tachar.—**to d. to pieces,** hacer añicos. **II.** *vn.* chocar, estrellarse, romperse (olas, etc.); arrojarse, lanzarse; saltar; zabullirse.—**to d. out,** salir precipitadamente. **III.** *s.* arremetida, arranque, ataque; incursión; colisión, choque, embate; revés, contrariedad; guión, *m.*, raya o línea; tilde, *f.*, tildón; fachenda, gran papel, ostentación, rumbo; brío, energía, empuje; mezcla, condimento, sabor; poquito, pequeña cantidad; (dep.) carrera corta y rápida (*100 meter dash,* 100 metros planos); (aut.) tablero de instrumentos.—**at one d.,** de un golpe.—**to cut a d.,** hacer gran papel.
dashboard [-bɔrd], *s.* guardafango o parafango; (aut.) tablero de instrumentos.
dashing [-iŋ]. **I.** *a.* precipitado, arrojado; vistoso, aparatoso, ostentoso; brioso, vivo; animoso, arrollador. **II.** *s.* embate, reventazón, maretazo (de las olas).
dashpot [-pat], *s.* (mec.) amortiguador.
dastard [dǽstąrd], *s.* collón, cobarde.
dastardize [-aįz], *va.* acobardar, amedrentar.
dastardliness [-nįs], *s.* cobardía, pusilanimidad.
dastardly [-lį], *a.* cobarde, pusilánime, tímido.
dasyure [dǽsįyur], *s.* dasiuro (marsupial arbóreo).
data [dǽtą *o* déįtą], *s.* (*pl.* de DATUM) datos, detalles; antecedentes.
dataria [dątérįą], *s.* (igl.) dataría (tribunal).—**datary** [déįtąrį], *s.* datario (prelado).
date [déįt]. **I.** *s.* data, fecha; plazo; cita, compromiso; período, duración; tiempo, época; (bot.) dátil.—**d. line,** línea de cambio de fecha; data (de carta, documento, etc.).—**d. palm,** (bot.) datilera, palmera.—**d. shell,** (zool.) dátil de mar.—**at an early d.,** en próxima fecha.—**(down) to d.,** hasta la fecha, hasta ahora.—**out of d.,** anticuado, desusado, atrasado, pasado de moda.—**up to d.,** hasta ahora; al día, a la última.—**to make a d.,** (fam.) citar a uno. **II.** *va.* datar, fechar, poner fecha a; contar, computar; (fam.) dar cita a uno. **III.** *vn.* (con **from**) datar (de), remontarse a.
dated [-įd], *a.* fechado; (fam.) citado.—**to be d.,** tener fecha de; estar pasado de moda. *V.* OUT OF DATE.
dateless [-lįs], *a.* sin fecha.
dater [-œ(r)], *s.* fechador, estampilla de fechar.
dative [déįtįv], *a.* y *s.* (gram.) dativo.
datum [déįtʌm], *s.* dato.—**d. plane,** (top.) plano de referencia, plano de cota cero, plano de nivel.
Datura [dątįúrą], *s.* (bot.), datura, estramonio.
daub [dɔ́b]. **I.** *va.* embadurnar; untar, manchar.

embarrar; pintorrear; dar lechada; cubrir, disfrazar. **II.** *s.* unto, embarradura; mezcla o argamasa barata; pintarrajo, mamarrachada.
dauber [-œ(r)], *s.* embadurnador, pintor de brocha gorda, pintorreador, mamarrachista; cepillo para dar betún al calzado, etc.
daubing [-iŋ], *s.* mortero, estuco; afeite; mamarracho.
dauby [-i], *a.* viscoso, pegajoso; pintarrajado.
daughter [dótœ(r)], *s.* hija.—**d.-in-law,** nuera.
daughterly [-li], *a.* como (una) hija; filial.
daunt [dónt], *va.* acobardar, desanimar; espantar, intimidar, atemorizar.
dauntless [-lis], *a.* intrépido, impávido.
dauphin [dófin], *s.* delfín.
dauphiness [-ɛs], *s.* delfina.
davenport [dǽvenport], *s.* canapé cama; escritorio pequeño adornado.
davit [dǽvit], *s.* (mar.) pescante de bote.
Davy Jones' locker, *s.* océano, el fondo del océano.—**to go to Davy Jones' locker,** ahogarse en el mar.
daw [dɔ], *s.* (orn.) corneja.
dawdle [dódl], *vn.* perder tiempo, haronear.
dawdler [dódlœ(r)], *s.* haragán, gandul.
dawn [dón]. **I.** *vn.* amanecer, alborear, clarear, rayar o romper el alba; apuntar, asomar, mostrarse.—**to d. on, o upon one,** caer uno en la cuenta, empezar uno a ver o comprender. **II.** *s.* alba, aurora, madrugada; principio, comienzo, albores, crepúsculo (matutino).—**at d.**—al amanecer; de madrugada.
dawning [-iŋ], *s.* alborada.
day [déi], *s.* día, *m.;* luz del día; período, época; jornada, horas de trabajo; lid, lucha, combate; vida.—**d. after d.,** día tras día.—**d. after tomorrow,** pasado mañana.—**d. bed,** sofá cama.—**d. before yesterday,** anteayer.—**d. blindness,** (med.) hemeralopia. *V.* NYCTALOPIA.—**d. coach,** coche de viajeros.—**d. by d.,** día por día.—**d. in, d. out,** día tras día, sin cesar.—**d. labor,** trabajo a jornal.—**d. laborer,** jornalero, peón, bracero.—**d. letter,** telegrama largo que se envía con ciertas restricciones por precio menor que el corriente.—**d. nursery,** lugar donde se cuidan niños durante las horas de trabajo de los padres, casa o sala de cunas.—**d. of doom,** día del juicio.—**d. of reckoning,** día de ajustar cuentas; (fig.) día de la justicia.—**days of grace,** días de gracia.—**days of obligation,** fiestas de guardar.—**d. scholar,** alumno externo.—**d. school,** escuela de externos; escuela de semana (no dominical); escuela diurna (en que se enseña de día).—**d. star,** lucero del alba.—**d. telegram** = D. LETTER.—**d. wages,** jornal.—**a d. off,** un día de asueto o de descanso.—**by d.,** de día.—**every other d.,** un día sí y otro no, cada dos días.—**from d. to d.,** de día en día, de un día para otro.—**in our day**(s), en nuestro tiempo.—**in (the) days of old,** en la antigüedad.—**on the following d.,** al otro día.—**one of these days,** un día de éstos.—**some fine d.,** el día menos pensado; el mejor día.—**the d. before,** la víspera.—**this d. week,** hace ocho días; de hoy en ocho días.—**to call it a d.,** (fam.) cesar de trabajar.—**to gain the d.,** salir vencedor, triunfar.—**to this d.,** hasta el día de hoy.
daybook [-buk], *s.* diario (libro); libro de cuentas diarias.
daybreak [-breik], *s.* amanecer. *V.* DAWN.—**at d.,** al amanecer, al alba, al romper el día, a primera luz.
daydream [-drim], *s.* ensueño, ilusión, quimera.
dayfly [-flai], *s.* (ent.) efímera, cachipolla.
daylight [-lait], *s.* luz del día, luz natural.—**d.-saving time,** tiempo (hora) de verano (en que los relojes se ponen con una hora de adelanto).—**in broad d.,** en pleno día.
daylong [-lɔŋ]. **I.** *a.* de todo el día. **II.** *adv.* el día entero; (fam.) todo el santo día.
dayspring [-spriŋ], *s.* aurora, amanecer, alba.
daytime [-taim], *s.* día.—**in the d.,** de día.
daze [deiz]. **I.** *va.* ofuscar, aturdir, privar, trastornar. **II.** *s.* deslumbramiento, ofuscamiento.
dazzle [dǽzl], *va.* deslumbrar, ofuscar, encandilar; (mil.) camuflar, disfrazar.—**dazzlement** [-ment], *s.* deslumbramiento; traslumbramiento.—**dazzling** [dǽzliŋ], *a.* deslumbrador.
D-Day [dídei], *s.* (mil.) día (*m.*) señalado (en secreto) para una maniobra militar; (fig.) día señalado para ejecutar algo.
deacon [díkon], *s.* diácono.—**deaconess** [-is], *s.* diaconisa.—**deaconry** [-ri], **deaconship** [-ŝip], *s.* diaconato, diaconado, diaconía.
deactivate [diǽktiveit], *va.* desactivar.
deactivation [-éiŝon], *s.* desactivación.
dead [déd], *a.* muerto, difunto, fallecido, finado; inerte; inanimado; entumecido; inactivo; sin uso; marchito, seco (flores, hojas, etc.); completo; silencioso; certero, seguro, indudable; absoluto; monótono; profundo, hondo (silencio, calma); (for.) privado de derechos civiles; apagado (carbón, sonido, etc.); mortal; desechado, descartado, inútil; insensible; estéril; (elec.) inactivo, sin corriente (apl. a alambres desconectados y a accesorios, como ciertas lámparas, puramente ornamentales).—**d. beat,** (fam.) gorrero, petardista.—**d. block,** (f. c.) bloque amortiguador.—**d. calm,** calma profunda; (mar.) calma chicha.—**d. center,** (m. v.) punto muerto.—**d. certainty,** certeza completa.—**d. earth,** (elec.) tierra (conexión con tierra) perfecta.—**d. end,** extremo cerrado; callejón sin salida.—**d. ground,** (elec.) = D. EARTH.—**d. freight,** (mar.) falso flete.—**d. heat,** carrera que resulta en un empate.—**d. letter,** letra muerta (ley, etc.); carta devuelta o no reclamada.—**d.-letter office,** oficina de cartas no reclamadas, sección de rezagos.—**d. lift,** acto de alzar a pura fuerza de brazo; grande urgencia o emergencia.—**d. load,** (ing.) carga fija.—**d. man's handle,** (elec.) manubrio de interrupción automática (que corta la corriente cuando el conductor lo suelta).—**d. march,** marcha fúnebre.—**d. point** = DEAD CENTER.—**d. reckoning,** (mar.) estima.—**d. rising,** (mar.) delgado, línea del arrufo.—**d. short circuit,** (elec.) cortocircuito sin resistencia.—**d. shot,** tirador certero.—**d. stick,** (aer.) hélice parada.—**d.-stick landing,** (aer.) aterrizaje con motor muerto.—**d. stop,** parada repentina o en seco.—**d. water,** agua tranquila; marea muerta; (mar.) reveses, estela.—**d. weight,** carga onerosa; peso muerto, peso propio de un vehículo (sin la carga).—**d. work,** trabajo preliminar.—**to be d.,** haber muerto; no existir ya; estar muerto.—**to be d. against,** ser completamente opuesto a.
dead. **I.** *adv.* entera o absolutamente; del todo; brusca o repentinamente; sumamente; (mar.) exactamente.—**d.-beat, d.-tired,** (fam.) agotado, muerto de cansancio.—**d.-broke,** (fam.) sin tener para un bocado.—**d.-drunk,** borracho de remate.—**d.-hearted,** empedernido.—**d. (-set) against,** completamente hostil u opuesto a. **II.** *s.* (con *the*) lo más silencioso, desolador, etc. (vg. *the dead of night,* el profundo silencio de la noche; *in the dead of winter,* en la yema o lo más inclemente del invierno).—**the d.,** los muertos.
deadbeat [-bit], *a.* (elec.) aperiódico (apl. a galvanómetros, descargas, etc.).
deaden [-en], *va.* amortiguar, amortecer; desvirtuar; retardar, parar; apagar, quitar brillo, sonido, etc.; hacer insípido (el vino, la cerveza).
deadeye [-ai], *s.* (mar.) vigota, liebre, *f.*
deadfall [-fɔl], *s.* cierta trampa que aplasta con su peso a la caza.
deadhead [-hɛd], *s.* (fam.) gorrero, parásito, sanguijuela; (mar.) boya en forma de bloque de madera; poste o bloque de amarra; (fund.) mazarota; depósito de mazarota.

deadlight [-lait], *s.* (mar.) postigo o porta de correr.
deadline [-lain], *s.* límite absoluto; línea vedada; fin del plazo, término.
deadliness [-linis], *s.* calidad de mortífero.
deadlock [-lak], *s.* detención, paro; estancación, desacuerdo insuperable o persistente que interrumpe una negociación, etc.
deadly [-li]. **I.** *a.* mortal, mortífero, letal; (med.) fulminante.—**d. nightshade,** (bot.) belladona. —**d. sin,** pecado mortal. **II.** *adv.* mortalmente; sin vigor; excesivamente.
deadpan [-pæn], *a.* (fam.) de cara inexpresiva.
deadwood [-wud], *s.* leña y ramas secas (en un árbol); (fig.) persona o cosa inútil.
deaerator [diéigreito(r)], *s.* (quím.) desgasificador.
deaf [déf], *a.* sordo.—**d. and dumb, d.-mute,** sordomudo.—**d.-mutism,** (med.) sordomudez. —**to make** o **become d.,** ensordecer.
deafen [-en], *va.* asordar, ensordecer.
deafening [-in], *a.* ensordecedor.
deafness [-nis], *s.* sordera; ensordecimiento.
deal [díl], *s.* parte, *f.*, porción, cantidad indefinida; turno o acción de tallar (en el juego); pacto o convenio secreto; (com.) trato, negociación.—*pl.* tablones de pino.—**a d., a good,** o **great d.** (**of**), mucho, bastante.—**a square d.,** (fam.) *V.* SQUARE.
deal. I. *va.* (*pret.* y *pp.* DEALT) distribuir, repartir; dar, tallar (naipes); dar, asestar (un golpe, etc.). —**to d. out,** dispensar. **II.** *vn.* traficar, tratar, gestionar, negociar; intervenir, mediar; ser mano (en el juego de baraja).—**to d. by,** portarse para con, tratar a.—**to d. in,** negociar o comerciar en.—**to d. with,** tratar con o a; tratar de; ocuparse en o de; entenderse con; habérselas con; entender en; versar sobre; abordar (un tema o problema).
dealer [-œ(r)], *s.* comerciante, negociante, mercante, traficante; expendedor; tallador (en el juego). *V.* JOBBER.
dealing [-in], *s.* proceder, conducta, comportamiento; trato, comunicación; tráfico, comercio, negocio.—*pl.* negocios; relaciones; transacciones.
dean [dín], *s.* (igl.) deán; decano.
deanery [-œri], **deanship** [-ŝip], *s.* (igl.) deanato: decanato.
dear [dír]. **I.** *a.* querido, amado, caro; amable; caro, costoso (ú. t. como *adv.*). **II.** *s.* persona querida, bien amado, dueño.—**d. me!** ¡Dios mío! ¡válgame Dios!—**my d.,** querido mío; amigo mío. —**my d. sir**(s), (com., etc.) muy señor(es) mío(s), o nuestro(s).
dearly [-li], *adv.* tiernamente, cariñosamente; costosamente.—**dearness** [-nis], *s.* cariño, amor, afecto; benevolencia; carestía.
dearth [dœrθ], *s.* carestía, escasez; hambre, *f.*
deary, dearie [díri], *s.* (fam.) queridito, corazón.
death [déθ], *s.* muerte, *f.*; (fig.) la descarnada, parca; defunción, fallecimiento; asesinato; mortalidad; mortandad, estrago; condenación, muerte eterna.—**d. benefit fund,** fondo de defunción.—**d. certificate,** partida de defunción, fe de óbito.—**d.-dealing,** mortífero.—**d. knell** = D. TOLL.—**d. mask,** mascarilla.—**d. penalty,** pena de muerte; pena capital o de la vida.—**d. rate,** mortalidad, proporción de defunciones.—**d. rattle,** estertor.—**d.'s-head,** calavera.—**d. to!,** ¡muera!—**d. toll,** doble, toque de difuntos.—**d. trap,** casa o lugar peligroso o inseguro, amenaza constante.—**d. warrant,** sentencia de muerte; fin de toda esperanza.—**d. wound,** herida mortal.—**to (the) d.,** hasta la muerte; muchísimo, sumamente.—**to be in the d. house,** estar (un reo) en (la) capilla.
deathbed [-bed], *s.* lecho mortuorio o de muerte.
deathful [-ful], *a.* mortal; mortífero.
deathless [-lis], *a.* inmortal.—**deathlike** [-laik], *a.* sepulcral; cadavérico; mortal.—**deathly** [-li]. **I.** *a.* como la muerte; letárgico; cadavérico; mortal; fatal. **II.** *adv.* mortalmente, gravemente.
deathwatch [-wach], *s.* vela(ción) de un moribundo o cadáver; guardia de un reo de muerte; (ent.) anobio.
debacle [dibákl], *s.* desbordamiento; derrumbamiento; alud, *m.*; desastre, caída, ruina.
debar [dibár], *va.* excluir, privar.
debark [dibárk], *va.* y *vn.* desembarcar(se).
debarkation [-éiŝon], *s.* desembarque.
debase [dibéis], *va.* rebajar, abatir, deshonrar, envilecer, degradar, prostituir; adulterar o falsificar.—**debasement** [-ment], *s.* envilecimiento, degradación; adulteración, falsificación.—**debaser** [-œ(r)], *s.* el que degrada o envilece; falsificador.—**debasing** [-in], *a.* degradante, envilecedor.
debatable [dibéitabl], *a.* discutible, disputable.
debate [dibéit]. **I.** *s.* discusión, debate, disputa, polémica. **II.** *va.* disputar, controvertir; considerar. **III.** *vn.* deliberar, discutir; pensar, reflexionar.
debater [-œ(r)], *s.* polemista, ergotista.
debauch [dibóch], *va.* corromper, relajar, pervertir; seducir, violar; sobornar, sonsacar.—**debauch(ery** [-(œri], *s.* libertinaje, licencia, vicio; lujuria; crápula; seducción; corrupción. —**debauchedly** [-idli], *adv.* licenciosamente.—**debauchee** [debochí], *s.* calaverón, libertino. —**debaucher** [dibóchœ(r)], *s.* corruptor; seductor, burlador.
debenture [dibénchū(r)], *s.* (com.) obligación; bono, vale, acción; abonaré expedido por la aduana para el reintegro de derechos pagados; abonaré u orden de pago del gobierno.
debilitant [dibílitant], *a.* y *s.* (med.) debilitante, calmante.
debilitate [-teit], *va.* debilitar, enervar, extenuar, aflojar.—**debilitation** [-téiŝon], *s.* debilitación, extenuación, enflaquecimiento.—**debility** [-ti], *s.* debilidad, extenuación, descaecimiento, languidez.
debit [débit]. **I.** *s.* (com.) débito, cargo, adeudo; egreso; data; debe (de una cuenta).—**d. balance,** saldo deudor. **II.** *va.* adeudar, cargar en cuenta.
debonair(e [debonér], *a.* afable, cortés, complaciente; alegre, vivo; garboso.
debonairly [-li], *adv.* cortésmente; complacientemente; alegremente.
debouch [dibúŝ], *vn.* desembocar, descargar; salir.
debouchment [-ment], *s.* desembocadura; boca de un desfiladero, etc.; salida.
debris, débris [dabrí], *s.* enrona, escombros, desecho, ripio, restos, ruinas; (geol.) despojos, deyecciones.
debt [dét], *s.* deuda, débito; obligación.—**to run into d.,** endeudarse, entramparse.
debtor [-o(r)], *s.* deudor; cargo, "Debe."
debunk [dibáŋk], *va.* (fam.) bajar del pedestal; poner en su sitio verdadero; traer a la realidad.
debut, début [dabiú], *s.* debut; (teat.) estreno.—**to make one's d.,** debutar.
débutant, *m.* **débutante,** *f.* [déibiutant], debutante, principiante, el o la que se estrena.
decade [dékeid], *s.* decenio, década.
decadence, decadency [dikéidens(i *o* dékadens(i], *s.* decadencia, ocaso.
decadent [-ent], *a.* decadente, decaído.
decagon [dékagan], *s.* (geom.) decágono.
decagram(me [dékagræm], *s.* decagramo.
decahedron [dekahídron], *s.* decaedro.
décalage [dekaláž], *s.* (aer.) decalaje, ángulo entre las alas (de un aeroplano).
decalcomania [dikælkouméiniä], *s.* calcomanía.
decaliter, decalitre [dékalitœ(r)], *s.* decalitro.
decalogue [dékalag], *s.* decálogo.
decameter, -metre [dékamitœ(r)], *s.* decámetro.
decamp [dikǽmp], *vn.* decampar; huir, fugarse, tomar las de Villadiego.
decampment [-ment], *s.* acción de decampar.

decanal [dékąnąl], *a.* que pertenece al deanato o al decanato.
decant [dįkǽnt], *va.* decantar, trasegar.
decantation [dikæntéįŝǫn], *s.* decantación; trasiego.
decanter [dįkǽntœ(r)], *s.* garrafa, ampolla.
decapitate [dįkǽpįteįt], *va.* decapitar, degollar, descabezar.—**decapitation** [-éįŝǫn], *s.* decapitación, degüello, descabezamiento.
decapod [dékąpad], *s.* y *a.* (zool.) decápodo.
decarbonate [dikárbǫneįt], *va.* descarbonatar, eliminar el anhídrido carbónico de.
decarbonize, decarburize [-bǫnaįz, -byųraįz], *va.* descarbonizar, descarburar.
decarbonization, decarburization [-éįŝǫn], *s.* descarburación.
decare [dékɛr], *s.* decárea.
decastere [dékąstįr], *s.* decastéreo.
decasyllable [dɛkąsíląbl], *s.* decasílabo.
decay [dįkéį]. **I.** *vn.* decaer, declinar, venir a menos, desmoronarse; deteriorarse; carcomerse; cariarse (dientes, huesos); pudrirse, dañarse; picarse; pasarse, marchitarse. **II.** *va.* arruinar, destruir, echar a perder, cariar. **III.** *s.* decaimiento, menoscabo, decadencia, mengua; corrupción, descomposición, podredumbre, putrefacción; caries, *f.* (de dientes, huesos); vejez; pobreza.
decay chain, *s.* (fís. nuclear) cadena de desintegración.
decay product, *s.* (fís. nuclear) desintegración.
decease [dįsís]. **I.** *s.* muerte, *f.*, fallecimiento, defunción, óbito. **II.** *vn.* morir, fallecer.
deceased [-t], *s.* y *a.* muerto, difunto, finado.
decedent [dįsídęnt], *s.* (for.) finado.
deceit [dįsít], *s.* engaño, dolo, fraude, embuste(ría), falacia, impostura, trampa, supercherìa.
deceitful [-fųl], *a.* engañoso, falso; mentiroso, solapado; ilusorio, engañador.
deceitfully [-lį], *adv.* engañosamente.
deceivable [dįsívąbl], *a.* engañadizo, cándido.
deceive [dįsív], *va.* engañar, embaucar, embelecar, defraudar, burlar, seducir.
deceiver [-œ(r)], *s.* engañador, impostor, embelecador, tramoyista, burlador, seductor.
decelerate [disélęreįt], *va.* y *vn.* retardar(se), disminuir la velocidad.
deceleration [-éįŝǫn], *s.* deceleración, aceleración negativa.
December [dįsémbœ(r)], *s.* diciembre; (fig.) vejez.
decemvir [dįsémvœ(r)], *s.* decenviro.—**decemviral** [-ąl], *a.* decenviral, pert. al decenvirato. —**decemvirate** [-eįt], *s.* decenvirato.
decency [dísęnsį], **decentness** [dísęntnįs], *s.* decencia, recato, decoro; pudor, honestidad.
decennary [dįsénąrį], *a.* y *s.* decenario.—**decennial** [-įąl]. **I.** *a.* decenal, decenario. **II.** *s.* decenio, decen(ar)io.—**decennium** [-įʌm], *s.* decenio, década.
decent [dísęnt], *a.* decente, honesto, decoroso; razonable, módico.
decently [-lį], *adv.* decentemente.
decentralization [disentrąlįzéįŝǫn], *s.* descentralización.—**decentralize** [diséntrąlaįz], *va.* descentralizar.—**decentralizing** [-įŋ], *a.* descentralizador.
deception [dįsépŝǫn], *s.* decepción, engaño, impostura, fraude, supercherìa, trapisonda.
deceptive [dįséptįv], *a.* falaz, engañoso, ilusorio.
deceptively [-lį], *adv.* falaz o engañosamente.
dechristianize [dikrístyąnaįz], *va.* descristianizar.
deciare [désįɛr], *s.* deciárea.
decibel [désįbɛl], *s.* (fís.) decibel o decibelio.
decide [dįsáįd], *va.* y *vn.* decidir, determinar, concluir, venir en, resolver, juzgar, sentenciar.
decided [-įd], *a.* decidido; determinado, resuelto; incontestable, indudable; categórico, inequívoco.—**decidedly** [-lį], *adv.* decididamente, categóricamente, indudablemente.
decidua [dįsídžuą], *s.* (anat.) (membrana) caduca.
deciduous [-ʌs], *a.* deciduo, caduco, caedizo.
decigram(me [désįgræm], *s.* decigramo
decile [désaįl], *s.* (estad.) decil.
deciliter, decilitre [désįlitœ(r)], *s.* decilitro.
decimal [désįmąl], *s.* y *a.* decimal.—**decimally** [-į], *adv.* decimalmente.
decimal point, *s.* punto decimal; coma (en español).
decimate [désįmeįt], *va.* diezmar.—**decimation** [-éįŝǫn], *s.* gran mortandad; diezmo.—**decimator** [-ǫ(r)], *s.* gran destructor.
decimeter, decimetre [désįmitœ(r)], *s.* decímetro.
decipher [dįsáįfœ(r)], *va.* descifrar, interpretar; desenvolver, aclarar.—**decipherable** [-ąbl], *a.* descifrable.—**decipherer** [-œ(r)], *s.* descifrador.
decision [dįsížǫn], *s.* decisión, resolución, determinación; firmeza, entereza; (for.) decreto, fallo, auto, sentencia, definición, providencia, laudo.
decisive [dįsáįsįv], *a.* decisivo; conclusivo, terminante, perentorio.—**decisively** [-lį], *adv.* decisivamente.—**decisiveness** [-nįs], *s.* autoridad decisiva; firmeza, entereza.
decistere [désįstįr], *s.* decistéreo.
deck [dék]. **I.** *va.* vestir, ataviar, engalanar. **II.** *s.* (arq.) cubierta; baraja, monte; (mar.) cubierta; puente, *mf.*; (f. c.) techo de un vagón.—**d. bridge,** (f. c.) puente de tablero superior.—**d. cabin,** camareta.—**d. chair,** silla de cubierta. —**d. compartment,** (aut.) compartimiento de equipajes.—**d. hand,** marinero de cubierta. —**on d.,** (mar.) sobre cubierta; (fam.) listo para la acción; disponible.
decker [-œ(r)], *s.* el o lo que adorna, atavía, etc. —**two-d., three-d.,** (mar.) navío de dos o tres puentes.
deckhouse [-haųs], *s.* (mar.) camareta alta.
deckle [dékl], *s.* (pap.) cubierta, bastidor rectangular.—**d. edge,** barba, borde sin cortar del papel hecho a mano.—**d.-edged paper,** papel de barbas.
declaim [dįkléįm]. **I.** *va.* recitar. **II.** *vn.* declamar, perorar, arengar.
declaimer [-œ(r)], *s.* declamador, perorador.
declamation [dɛkląméįŝǫn], *s.* declamación, peroración, arenga.
declamatory [dįklǽmątorį], *a.* declamatorio.
declarable [dįklǽrąbl], *a.* declarable.
declaration [dɛkląréįŝǫn], *s.* declaración; aserción; explicación, exposición; manifiesto.
declarative [dįklǽrątįv], *a.* declarativo, expositivo, testificativo.—**declaratorily** [-torįlį], *adv.* en forma de declaración.—**declaratory** [-torį], *a.* declaratorio; afirmativo, demostrativo.
declare [dįklér], *va.* y *vn.* declarar, afirmar, manifestar, proclamar; deponer, testificar.
declaredly [-įdlį], *adv.* declaradamente, abiertamente, explícitamente.
declarer [-œ(r)], *s.* declarador; declarante, deponente.
declassify [diklǽsįfaį], *va.* desclasificar; hacer público material previamente secreto.
declension [dįklénŝǫn], *s.* (gram.) declinación, desinencia; decadencia, decremento, menoscabo; inclinación, declive.
declinable [dįkláįnąbl], *a.* declinable.
declination [dɛklįnéįŝǫn], *s.* declinación; descenso, declive; inclinación; decadencia; decremento, deterioro; excusa; renuncia; desviación; descarrío; (astr., fís.) declinación.
declinatory [dįkláįnątorį], *a.* que envuelve excusa o renuncia.
decline [dįkláįn]. **I.** *va.* no aceptar; rehusar, rehuir, rechazar; (gram.) declinar. **II.** *vn.* rehusar, negarse; no aceptar; declinar, inclinarse hácia abajo, bajar; menguar, decaer, desmejorar, venir a menos; desviarse, apartarse. **III.** *s.* declinación, decadencia, menoscabo, descaecimiento; descenso, declive; caída (de la tarde, etc.); (med.) consunción; período en que una enfermedad va cediendo.
declinometer [dɛklįnámɛtœ(r)], *s.* declinómetro; declinatorio.

declivity [dįklívįtį], *s.* declive, declividad.
declivitous, declivous [-tʌs, dįkláįvʌs], *a.* inclinado, clivoso.
declutch [diklʌ́ch], *vn.* (mec.) desembragar.
decoct [dįkákt], *va.* hacer un cocimiento de; reducir por medio de la cocción; condensar.
decoction [dįkákšǫn], *s.* cocimiento; decocción; cocción o hervor.
decode [dikóųd], *va.* descifrar.
decohere [dikohír], *va.* y *vn.* (elec.) volver el cohesor a su posición normal.—**decoherence** [-ęns], **decohesion** [dikohížǫn], *s.* descohesión. —**decoherer** [-œ(r)], *s.* descohesor, aparato para restablecer el cohesor a su posición normal.
decollate [dįkáleįt], *va.* degollar.—**decollation** [dikaléįšǫn], *s.* degollación, degüello.
décolletage [deįkaltáž], *s.* (cost.) escotadura, escote; traje escotado.
décolleté [deįkaltéį], *a.* (cost.) escotado.
decolor, decolorate [dikʌ́lǫ(r), -eįt], **decolorize** [-aįz], *va.* de(s)colorar, descolorir; blanquear; clarificar (azúcar).
decolorant [-ąnt], *a.* y *s.* descolorante.
decoloration [-éįšǫn], *s.* descoloramiento, descolorimiento, decoloración.
decompose [-póųz]. **I.** *va.* descomponer; pudrir. **II.** *vn.* pudrirse, corromperse.
decomposite [-pázįt]. **I.** *a.* compuesto de compuestos. **II.** *s.* palabra o cosa compuesta así.
decomposition [dikampozíšǫn], *s.* descomposición; corrupción, putrefacción.
decompound [dikǫmpáųnd]. **I.** *va.* componer de cosas ya compuestas; descomponer. **II.** *a.* (bot.) varias veces compuesto. **III.** *s.* = DECOMPOSITE.
decompression [dikǫmpréšǫn], *s.* descompresión.
decontaminate [dikǫntǽmįneįt], *va.* desinfectar; descontaminar; neutralizar (gases tóxicos, etc.).
decontamination [-éįšǫn], *s.* desinfección; descontaminación; neutralización.
decontamination squad, *s.* equipo de descontaminación.
decontrol [dikǫntróųl]. **I.** *s.* terminación del control. **II.** *va.* terminar el control de.
décor [deįkór], *s.* decorado, decoración; (teat.) escenografía.
decorate [dékoreįt], *va.* decorar, adornar, embellecer, guarnecer; condecorar.
decoration [-éįšǫn], *s.* decoración, ornamentación; adorno, ornamento; (cost.) guarnición; condecoración, insignia.—**D. Day,** (E. U.) el 30 dę mayo, día señalado para decorar las tumbas de los soldados muertos en campaña.
decorative [dékorątįv], *a.* decorativo, ornamental.
decorator [dékoreįtǫ(r)], *s.* decorador, adornista.
decorous [dékorʌs], *a.* decoroso, púdico; correcto.
decorously [-lį], *adv.* decorosamente, correctamente.—**decorousness** [-nįs], *s.* decoro. *V.* DECORUM.
decorticate [dįkórtįkeįt], *va.* descortezar, descascarar; pelar, mondar.—**decortication** [-kéįšǫn], *s.* descortezamiento, peladura.—**decorticator** [-ǫ(r)], *s.* descortezador mondador, pelador.
decorum [dįkórʌm], *s.* decoro, honor, honestidad, pudor; corrección, circunspección, conveniencia.
decoy [dįkóį]. **I.** *va.* atraer con señuelo o añagaza, reclamar (pájaros); (fam.) entruchar. **II.** *s.* añagaza, señuelo, reclamo; (fam.) entruchón; lazo, trampa; entruchada.—**d. duck,** o **pigeon,** cimbel.—**d. partridge,** perdigón.
decrease [dįkrís]. **I.** *vn.* decrecer, menguar, mermar, minorarse, disminuir. **II.** *va.* disminuir, reducir, mermar. **III.** [díkris], *s.* decremento, di(s)minución; merma, mengua; menguante, *f.* (de la luna); descaecimiento, decadencia.
decreasing [-įŋ], *a.* decreciente, menguante.
decree [dįkrí]. **I.** *va.* y *vn.* decretar, determinar, mandar, ordenar. **II.** *s.* decreto, edicto, mandato, ley, *f.*; auto, pragmática.
decrement [dékrēmęnt], *s.* decremento.
decrepit [dįkrépįt], *a.* decrépito, caduco.
decrepitate [-eįt], *va.* y *vn.* (hacer) decrepitar.
decrepitation [-éįšǫn], *s.* (quím.) decrepitación.
decrepitude [-tįud], *s.* decrepitud, senectud, caducidad.
decrescendo [deįkrɛšéndoų], (mús.) = DIMINUENDO.
decrescent [dįkrésęnt], *a.* menguante.
decretal [dįkrítąl]. **I.** *a.* decretal. **II.** *s.* decretal, *f.*, decretero (gen. *pl.*).
decretist [dįkrítįst], *s.* decretista, decretalista.
decretive [dįkrítįv], *a.* decretal; decretorio.
decretorily [dɛkrętórįlį], *adv.* definitivamente.
decretory [dékrętorį], *a.* decretorio, definitivo, decisivo, crítico.
decrial [dįkráįąl], *s.* vituperio; censura.
decrier [dįkráįœ(r)], *s.* vituperador, censurador.
decry [dįkráį], *va.* desacreditar, vituperar, afear, rebajar; condenar o desvalorizar oficialmente.
decubitus [dįkįúbįtʌs], **decumbence, decumbency** [dįkʌ́mbęns, -į], *s.* decúbito.
decumbent [-bęnt], *a.* decumbente; recostado.
decuple [dékyupl]. **I.** *a.* y *s.* décuplo. **II.** *va.* decupl(ic)ar.
decurion [dįkįúrįǫn], *s.* decurión, *m.*
decurionate [-įt], *s.* decurionato.
decurrent [dįkœ́ręnt], **decursive** [dįkœ́rsįv], *a.* (bot.) decurrente.
decury [dékyūrį], *s.* decuria.
decussate [dįkʌ́seįt]. **I.** *va.* y *vn.* cruzar(se), entrelazar(se). **II.** *a.* entrecruzado; (bot.) decus(ad)o.—**decussation** [dįkʌséįšǫn], *s.* cruzamiento; decusación.
dedicate [dédįkeįt], *va.* dedicar; aplicar, consagrar, destinar, enderezar, ofrecer.—**dedication** [-éįšǫn], *s.* dedicación, consagración; dedicatoria.—**dedicative** [-tįv], *a.* dedicativo.—**dedicator** [-tǫ(r)], *s.* dedicante.—**dedicatory** [dédįkątorį], *a.* dedicatorio.
deduce [dįdįús], *va.* deducir, colegir, concluir, inferir; sacar; derivar.
deducible [-įbl], *a.* deducible.
deduct [dįdʌ́kt], *va.* deducir, restar, su(b)straer, rebajar, descontar.
deduction [dįdʌ́kšǫn], *s.* deducción; su(b)stracción; descuento, rebaja; conclusión, inferencia.
deductive [dįdʌ́ktįv], *a.* deductivo.—**deductively** [-lį], *adv.* deductivamente, por deducción.
deed [did]. **I.** *s.* acto, hecho; realidad; hazaña, proeza; (for.) escritura.—**d. of gift,** instrumento o escritura de donación.—**d. of release,** acta de cesión.—**in d.,** de veras, en verdad; de hecho. **II.** *va.* (for.) hacer una escritura de cesión o traspaso.
deem [dim], *va.* y *vn.* juzgar, considerar, creer, estimar.
deep [díp]. **I.** *a.* profundo, hondo; sagaz, astuto; subido, intenso (color); excesivo; concienzudo, profundamente aplicado o consagrado; ronco; (mús.) grave, profundo.—**d. in,** absorto en (la meditación, el estudio); cargado o lleno de (deudas); muy metido o envuelto en (política, etc.).—**to go off the d. end,** (fam.) arrojarse temerariamente en algo; quemarse, atufarse. **II.** *adv.* profundamente; (con *into*) hasta tarde (de la noche, etc.). **III.** *s.* profundidad(es); piélago, mar, *mf.*; fondo del mar; abismo, sima.
deep-chested [-chéstįd], *a.* de pecho corpulento; grave (voz).
deep-dyed [-daįd], *a.* cabal, completo, consumado.
deepen [-ęn]. **I.** *va.* profundizar, ahondar; obscurecer; entristecer. **II.** *vn.* hacerse más hondo, más profundo o más intenso.
deep-freeze [-friz]. **I.** *s.* congeladora; (**D,** marca de fábrica). **II.** *va.* congelar.
deep-laid [-leįd], *a.* dispuesto con sagacidad o astucia.
deeply [-lį], *adv.* profundamente, hondamente, a fondo; sumamente, intensamente.
deep mourning, *s.* luto riguroso.
deepness [-nįs], *s.* profundidad, hondura, intensidad.

deep-rooted [-rútịd], *a.* arraigado, con raíces profundas.
deep-sea [-si], *a.* de las profundidades del mar; de aguas profundas del mar.
deep-sea lead o **line**, *s.* sondaleza de mar para grandes profundidades.
deep-seated [-sítịd], *a.* arraigado profundamente.
deep-set [-sɛt], *a.* colocado profundamente; fijo; sólidamente establecido.
deep South, *s.* región meridional de los Estados Unidos (gen. los estados de Georgia, Alabama, Mississippi y Louisiana).
deep water, *s.* agua profunda; (fig.) camisa de once varas, apuro, dificultad.
deer [dír], *s.* venado, ciervo.—**d. lick**, salegar.
deerhound [-haụnd], *s.* galgo de cazar venados.
deerskin [-skịn], *s.* piel (*f.*) de venado, correal.
deerstalking [-stokịŋ], *s.* caza de venados al acecho.
deface [dịféịs], *va.* mutilar, estropear, afear.
defacement [-mẹnt], *s.* deterioro, estropeo, mutilación, afeamiento, deformación.
de facto [difǽktoụ], (for.) de hecho.
defalcate [dịfǽlkeịt], *vn.* desfalcar, malversar.
defalcation [-éịŝọn], *s.* desfalco, malversación, defraudación.—**defalcator** [dífælkeịtọ(r)], *s.* desfalcador.
defamation [dɛfạméịŝọn], *s.* di(s)famación, infamación, denigración, calumnia.
defamatory [dịfǽmạtorị], *a.* calumnioso, difamatorio.
defame [dịféịm], *va.* di(s)famar, infamar, amenguar, desacreditar, deshonrar, denigrar; calumniar.
defamer [-œ(r)], *s.* infamador, calumniador.
default [dịfólt]. **I.** *s.* omisión, descuido, negligencia; incumplimiento (de una obligación, pago, etc.); insolvencia; defecto, falta; (for.) rebeldía, contumacia.—**by d.**, (for.) en rebeldía.—**in d. of**, por falta de; por faltar.—**in d. whereof**, en cuyo defecto. **II.** *va.* y *vn.* faltar; delinquir; dejar de cumplir; no pagar; (for.) condenar en rebeldía.
defaulter [-œ(r)], *s.* delincuente; defraudador, desfalcador; (for.) rebelde, contumaz.
defeasance [dịfízạns], *s.* anulación, abrogación, revocación, nulidad.
defeasible [dịfízịbl], *a.* anulable, revocable.
defeat [dịfít]. **I.** *s.* derrota; frustración; (for.) anulación; rechazamiento. **II.** *va.* derrotar, vencer; frustrar; desechar; (for.) anular, abrogar.
defeatism [-ịzm], *s.* actitud o confesión de derrota o impotencia; derrotismo.—**defeatist** [-ịst], *s.* y *a.* (el) que se declara vencido o impotente, o desea la derrota (de la patria, causa, etc.); derrotista.
defecate [déf̣ẹkeịt]. **I.** *va.* defecar, clarificar, purgar, purificar, depurar. **II.** *vn.* purificarse, clarificarse; exonerar el vientre.
defecation [-éịŝọn], *s.* defecación, purificación, clarificación; exoneración del vientre.
defecator [-ọ(r)], *s.* (azú.) defecadora.
defect [dịfékt], *s.* defecto, falta, imperfección, tacha; pero; omisión.
defection [dịfékŝọn], *s.* defección, apostasía; deserción, abandono.
defective [dịféktịv]. **I.** *a.* defectivo, defectuoso; falto, corto; anormalmente escaso o falto de inteligencia; (gram.) defectivo. **II.** *s.* persona de baja mentalidad o físicamente defectuosa. —**defectively** [-lị], *adv.* defectuosamente, deficientemente.—**defectiveness** [-nịs], *s.* deficiencia, falta, imperfección.
defence, defenceless, etc. = DEFENSE, etc.
defend [dịfénd], *va.* defender, amparar, proteger, guardar; mantener, propugnar.—**defendable** [-ạbl], *a.* defendible, defendedero.—**defendant** [-ạnt]. **I.** *a.* que defiende; que está a la defensiva; (for.) acusado. **II.** *s.* (for.) demandado, acusado, reo, procesado.—**defender** [-œ(r)], *s.* defensor, defendedor, campeón, protector, patrono.
defense [dịféns], *s.* defensa, amparo, protección; vindicación o justificación; resistencia, resguardo o reparo; (for.) defensa.—*pl.* (fort.) defensas, obras de fortificación.—**d. attorney**, (for.) abogado defensor.—**defenseless** [-lịs], *a.* indefenso o inerme.—**defenselessly** [-lị], *adv.* indefensamente.—**defenselessness** [-nịs], *s.* desvalimiento, desamparo, abandono.—**defensible** [-ịbl], *a.* defendible, defendedero; sustentable.
defensive [-ịv]. **I.** *a.* defensivo; vindicativo. **II.** *s.* defensiva.—**to be,** o **stand, on the d.**, estar, o ponerse, a la defensiva.—**defensively** [-lị], *adv.* defensivamente.
defer [dịfœ́r]. **I.** *va.* diferir, dilatar, aplazar, postergar, retrasar; remitir. **II.** *vn.* demorarse; aguardar; (con **to**) deferir, ceder, acatar, asentir, consentir.
deference [déf̣ẹrẹns], *s.* deferencia, acatamiento, condescendencia, obsequio, respeto.
deferent [-ẹnt], **deferential** [-énŝạl], *a.* deferente, respetuoso.
deferentially [-ị], *adv.* deferentemente.
deferment [dịfœ́rmẹnt], *s.* aplazamiento, dilación, postergación.
deferred [dịfœ́rd], *a.* y *pp.* de TO DEFER.—**d. payment**, pago aplazado; pago a plazos.—**d. shares**, o **stock**, acciones postergadas.
deferrer [dịfœ́rœ(r)], *s.* tardador; hombre moroso.
defiance [dịfáịạns], *s.* desafío, reto; oposición obstinada.—**in d. of**, a despecho de.—**to bid d. to**, o **to set at d.**, desafiar; despreciar.
defiant [-ạnt], *a.* desafiador, retador.
deficiency [dịfíŝẹnsị], *s.* defecto, imperfección; deficiencia, falta, carencia; déficit.
deficiency disease, *s.* enfermedad por carencia.
deficient [-ẹnt], *a.* deficiente; defectuoso.
deficiently [-lị], *adv.* deficientemente.
deficit [déf̣ịsịt], *s.* déficit; descubierto.
defier [dịfáịœ(r)], *s.* desafiador, retador.
defilade [dɛfịléịd], *va.* (mil.) desenfilar, proteger contra fuego de enfilada.—**defilading** [-ịŋ], *s.* desenfilada, desenfilamiento.
defile [dịfáịl *o* dífaịl]. **I.** *vn.* (mil.) desfilar. **II.** *s.* desfiladero, hoz.
defile [dịfáịl], *va.* manchar, profanar, viciar; corromper, violar, estuprar.—**defilement** [-mẹnt], *s.* contaminación, violación, profanación.—**defiler** [-œ(r)], *s.* corruptor, violador, estuprador.
definable [dịfáịnạbl], *a.* definible.
define [dịfáịn]. **I.** *va.* definir, describir, explicar; circunscribir; delimitar, determinar, fijar. **II.** *vn.* definir.—**definer** [-œ(r)], *s.* definidor.—**defining** [-ịŋ], *a.* definidor.
definite [déf̣ịnịt], *a.* definido, determinado, preciso.—**d. article**, (gram.) artículo definido o determinado.
definitely [-lị], *adv.* definidamente, determinadamente, ciertamente.—**definiteness** [-nịs], *s.* exactitud, precisión.
definition [dɛfịníŝọn], *s.* definición; decisión o determinación; (ópt.) precisión.
definitive [dịfínịtịv]. **I.** *a.* definitivo, decisivo, perentorio, terminante; en firme. **II.** *s.* lo que define.—**definitively** [-lị], *adv.* definitivamente. —**definitiveness** [-nịs], *s.* calidad de definitivo.
deflagrate [-greịt], *va.* y *vn.* (hacer) deflagrar.
deflagration [-gréịŝọn], *s.* deflagración.
deflagrator [-greịtọ(r)], *s.* deflagrador.
deflate [dịfléịt], *va.* desinflar, deshinchar; contraer, reducir (valores, etc.).—**deflation** [-éịŝọn], *s.* desinflación, deshinchadura; contracción.
deflect [dịflékt], *va.* y *vn.* desviar(se), apartar(se), ladear(se), torcer(se).
deflection [dịflékŝọn], *s.* desviación, deflexión, desvío, torcimiento; (ing.) flecha.
deflection angle, *s.* ángulo de desviación.
deflective [dịfléktịv], *a.* que desvía, desviador.
deflector [dịfléktọ(r)], *s.* deflector.
deflorate [dịflóụreịt]. **I.** *a.* (bot.) que ha cesado de florecer. **II.** *va.* = DEFLOWER.

defloration [dɛfloréi̯ŝo̤n], *s.* desfloración, desflorecimiento; selección; epítome.
deflower [di̯fláu̯œ(r)], *va.* desflorar; ajar, quitar la flor o lustre; desvirgar, estuprar, violar.—**deflowerer** [-œ(r)], *s.* estuprador, violador.
defluxion [di̯flÁkŝo̤n], *s.* destilación; reuma.
defoliate [di̯fóu̯li̯ei̯t]. **I.** *a.* deshojado. **II.** *va.* y *vn.* deshojar(se).
defoliation [-éi̯ŝo̤n], *s.* (bot.) defoliación.
deforce [di̯fórs], *va.* (for.) detentar, usurpar.—**deforcement** [-me̤nt], *s.* usurpación, detentación.—**deforciant** [di̯fórŝa̤nt], *s.* detentador.
deforest [difári̯st], *va.* talar bosques, desmontar, (Am.) desboscar.
deforestation [-éi̯ŝo̤n], *s.* desmonte, despoblación arbórea.
deform [di̯fórm], *va.* de(s)formar, disformar, desfigurar, degradar, afear.
deformability [-a̤bíli̯ti̯], *s.* deformabilidad.
deformable [-a̤bl], *a.* deformable.
deformation [difɔrméi̯ŝo̤n], *s.* deformación, alteración, desfiguración; (mec.) deformación.
deformed [di̯fórmd], *a.* deformado, desfigurado; deforme, contrahecho, disforme.—**deformedly** [-i̯dli̯], *adv.* feamente, deformemente.—**deformedness** [-i̯dni̯s], *s.* deformación.
deforming [-i̯ŋ], *a.* deformador, afeador.
deformity [-i̯ti̯], *s.* deformidad, disformidad; deformación; fealdad; persona o cosa disforme.
defraud [di̯fród], *va.* defraudar, estafar, engañar.
defrauder [-œ(r)], *s.* defraudador; estafador.
defraudment [-me̤nt], *s.* defraudación.
defray [di̯fréi̯], *va.* costear, sufragar, subvenir.—**defrayer** [-œ(r)], *s.* el que costea o sufraga.—**defrayment** [-me̤nt], **defrayal** [-a̤l], *s.* pago o subvención de gastos.
defrock [difrák], *va.* = UNFROCK.
defrost [difróst], *va.* descongelar, deshelar.
deft [déft], *a.* diestro, hábil; mañoso, apto.
deftness [-ni̯s], *s.* destreza; habilidad; maña.
defunct [di̯fÁŋkt], *a.* y *s.* difunto.
defy [di̯fái̯], *va.* desafiar, retar, atreverse con; arrostrar; despreciar; contravenir.
degaussing [di̯gáu̯si̯ŋ], *s.* desgausamiento, desgausaje, neutralización de un campo magnético.
degeneracy [di̯dẑéne̤ra̤si̯], *s.* degeneración; degradación, depravación.—**degenerate** [-ei̯t]. **I.** *vn.* degenerar; (biol.) bastardear. **II.** [-i̯t], *s.* y *a.* degenerado.—**degenerately** [-li̯], *adv.* degeneradamente; indignamente; vilmente.—**degenerateness** [-ni̯s], *s.* degeneración.
degeneration [-éi̯ŝo̤n], *s.* degeneración.
degenerative [-ei̯ti̯v], *a.* degenerativo.
deglutinate [di̯glúti̯nei̯t], *va.* despegar; extraer o separar el gluten (del trigo, etc.).
deglutition [di̯glutíŝo̤n], *s.* deglución.
degradation [dɛgra̤déi̯ŝo̤n], *s.* degradación; deposición; degeneración; diminución; descenso; corrupción; (pint.) degradación.
degrade [di̯gréi̯d]. **I.** *va.* degradar, privar, deponer; minorar, rebajar, reducir; (pint.) degradar, atenuar; (biol.) reducir de clase superior a inferior. **II.** *vn.* degenerar; abellacarse, envilecerse.
degrading [-i̯ŋ], *a.* degradante.—**degradingly** [-li̯], *adv.* degradantemente.
degree [di̯grí], *s.* grado (en todas sus acepciones); título; cuantía.—**by degrees,** de grado en grado, gradualmente, poco a poco.—**in the highest d.,** en sumo grado.—**to a d.,** algo, bastante, hasta cierto punto; sumamente.—**to take a d.,** graduarse.
degression [di̯gréŝo̤n], *s.* decrecimiento; descenso; disminución progresiva (en los impuestos).
degressive [di̯grési̯v], *a.* decreciente; que disminuye progresivamente, o por grados.
dehisce [di̯hís], *vn.* (bot.) abrirse.
dehiscence [-e̤ns], *s.* hendedura, grieta; (bot.) dehiscencia.—**dehiscent** [-e̤nt], *a.* dehiscente.
dehorn [dihórn], *va.* descornar.
dehumanize [dihi̯úma̤nai̯z], *va.* deshuman(iz)ar, embrutecer.
dehydrate [diháidrei̯t], *va.* deshidratar.
dehydration [-éi̯ŝo̤n], *s.* deshidratación.
dehydrator [diháidrei̯to̤(r)], *s.* deshidratador.
dehydrogenize [diháidrodẑɛnai̯z], *va.* (quím.) deshidrogenar, quitar el hidrógeno a.
deice [diái̯s], *va.* (aer.) descongelar.—**deicer** [-œ(r)], *s.* descongelador, dispositivo antihielo.
deicide [díi̯said], *s.* deicida, *m.;* deicidio.
deictic [dái̯ktik], *a.* demostrativo; (lóg.) directo.
deific [di̯ífi̯k], *a.* deífico, apoteósico.
deification [-éi̯ŝo̤n], *s.* deificación, divinización; apoteosis.
deifier [díi̯fai̯œ(r)], *s.* el que deifica; idólatra, *m.*
deiform [díi̯fɔrm], *a.* deiforme, divino.
deify [díi̯fai̯], *va.* deificar, divinizar, endiosar.
deign [dei̯n], *va.* y *vn.* dignarse, condescender.
deism [díi̯zm], *s.* deísmo.—**deist** [díi̯st], *s.,* **deistic(al** [di̯ísti̯k(a̤l], *a.* deísta.
deity [díi̯ti̯], *s.* deidad, divinidad, numen.—**the D.,** Dios.
deject [di̯dẑékt], *va.* abatir, afligir; desanimar, desalentar, descorazonar.—**dejected** [-i̯d], *a.* acongojado, abatido, desalentado, desanimado.
dejecta [-ä], *s. pl.* excrementos.
dejectedly [-i̯dli̯], *adv.* abatidamente, descorazonadamente, afligidamente.
dejection [di̯dẑékŝo̤n], *s.* melancolía, desaliento; (med.) deyección, deposición, evacuación.
de jure [didẑúri], (for.) legalmente, legítimamente; de derecho.
dekagram, dekaliter, etc. = DECAGRAM, etc.
delaine [di̯léi̯n], *s.* (tej.) muselina de lana.
delate [di̯léi̯t], *va.* delatar, denunciar; divulgar.
delation [di̯léi̯ŝo̤n], *s.* (for.) delación, acusación, denunciación.
delay [di̯léi̯]. **I.** *va.* dilatar, diferir, demorar, retardar, postergar, atrasar, retrasar; entretener. **II.** *vn.* tardar, demorarse. **III.** *s.* dilación, tardanza, demora, retraso, atraso, retardación.
dele [díli̯]. **I.** *va.* (impr.) suprimir. **II.** *s.* dele, signo (δ).
delectable [di̯léktabl], *a.* deleitable, delicioso.
delectably [-bli̯], *adv.* deleitosamente.
delectate [di̯léktei̯t], *va.* deleitar.
delectation [-éi̯ŝo̤n], *s.* deleitación, deleite.
delegacy [déle̤ga̤si̯], *s.* delegación; carácter de delegado; cuerpo de delegados.
delegant [déle̤ga̤nt], *s.* delegante.
delegate [déle̤gei̯t]. **I.** *va.* delegar, diputar, comisionar. **II.** *a.* y *s.* delegado, diputado; comisario.—**delegation** [-éi̯ŝo̤n], *s.* delegación, diputación, representación; comisión.
delegatory [déle̤ga̤tɔri̯], *a.* delegatorio.
delete [di̯lít], *va.* suprimir, borrar, tachar.
deleterious [dɛle̤tíri̯ʌs], *a.* deletéreo, nocivo, perjudicial, pernicioso.
deletion [di̯líŝo̤n], *s.* supresión, borradura.
delf(t [dɛlf(t], *s.* loza fina.
deliberate [di̯líbe̤rei̯t]. **I.** *va.* y *vn.* deliberar, considerar, reflexionar; consultar, aconsejarse; vacilar. **II.** [di̯líbe̤ri̯t], *a.* pensado, reflexionado, premeditado; circunspecto, cauto.—**deliberately** [-li̯], *adv.* deliberadamente o con premeditación.—**deliberateness** [-ni̯s], **deliberation** [-éi̯ŝo̤n], *s.* deliberación, reflexión; premeditación; intención.—**deliberative** [di̯líbe̤ra̤ti̯v], *a.* deliberativo.
delible [déli̯bl], *a.* deleble.
delicacy [déli̯ka̤si̯], *s.* delicadeza, finura; suavidad, sensibilidad; ternura; delicadez, fragilidad o friabilidad; nimiedad, escrupulosidad; miramiento o consideración; bocado exquisito, golosina, gollería.
delicate [déli̯ki̯t], *a.* delicado; fino, suave, ligero; pulido, fino (como modales, etc.); tierno; escrupuloso; mirado, considerado; de buen gusto, exquisito.
delicately [-li̯], *adv.* delicadamente, sutilmente.
delicatessen [dɛli̯ka̤tése̤n], *s.* manjares delicados, esp. fiambres; tienda donde se venden.
delicious [di̯líŝʌs], *a.* delicioso, sabroso, exquisito, rico.—**deliciously** [-li̯], *adv.* deliciosamente; sabrosamente.—**deliciousness** [-ni̯s], *s.* calidad de ser delicioso; delicia.

delight [diláit]. I. *s.* delicia, deleite, delectación, encanto. II. *va.* deleitar, encantar, recrear. III. *vn.* deleitarse, recrearse, complacerse (en).
delighted [-id], *a.* encantado, contentísimo.—**to be d. to** (seguido de infinitivo), tener mucho gusto en; alegrarse muchísimo de, estar encantado de.
delightful [-ful], *a.* delicioso, deleitable, encantador.—**delightfully** [-i], *adv.* deliciosamente, deleitosamente.—**delightfulness** [-nis], *s.* delicia, deleite, encanto.—**delightsome** [-sʌm], *a.* = DELIGHTFUL.
delimit [dilímit], *va.* delimitar, fijar límites.—**delimitation** [-éiŝon], *s.* delimitación.
delineament [dilíniamẹnt], **delineation** [-éiŝon], *s.* delineación, delineamiento; boceto, diseño, bosquejo, esquicio; descripción.
delineate [dilínieit], *va.* delinear, trazar, diseñar; describir.
delineator [-o(r)], *s.* delineador, delineante, diseñador, dibujante, descriptor.
delinquency [dilíŋkwẹnsi], *s.* delincuencia.
delinquent [-ẹnt]. I. *a.* delincuente; descuidado, negligente; culpable; adeudado y no pagado; moroso en el pago. II. *s.* delincuente.
deliquesce [delikwés], *vn.* liquidarse, derretirse, licuarse.—**deliquescence** [-ẹns], *s.* (quím.) delicuescencia o licuación.—**deliquescent** [-ẹnt], *a.* delicuescente.
delirious [dilíriʌs], *a.* delirante, desvariado.
delirium [dilíriʌm], *s.* delirio, desvarío; devaneo.—**d. tremens,** (med.) delírium tremens.
deliver [dilívœ(r)], *va.* librar, libertar; entregar, rendir; comunicar, etc.; recitar, pronunciar, decir; dictar (una conferencia); descargar; dar, asestar (un golpe, etc.); despachar (un pedido); transmitir (energía, etc.).—**to d. of a baby,** partear.—**to d. over,** entregar; traspasar.—**to d. the goods,** (fam.) cumplir; hacer lo prometido o esperado.—**to d. up,** entregar.—**to be delivered (of a child),** alumbrar, parir; dar a luz, dar nacimiento a.
deliverance [-ans], *s.* rescate; liberación, salvación; dictamen, declaración formal.
deliverer [-œ(r)], *s.* entregador, librador; libertador, salvador; relator, comunicante.
delivery [-i], *s.* liberación, rescate; entrega; lo entregado; capacidad; producción; salida (vg. *d. pipe,* tubo de salida); traspaso, dación; rendición; alumbramiento, parto; modo de obrar, expresarse o cantar; expedición, desembarazo; (for.) entrega, cesión; (com.) remesa; distribución o reparto (del correo); (mec.) descarga, impulsión, proyección.—**d. room,** sala de alumbramiento (en un hospital).—**d. truck,** camión (*m.*) o camioneta de reparto.
deliveryman [-man], *s.* recadero, entregador.
dell [del], *s.* vallejuelo, cañada.
delouse [diláus], *va.* despiojar, espulgar.
Delphian, Delphic [délfian, délfik], *a.* délfico.
delphinium [delfíniʌm], *s.* (bot.) = LARKSPUR.
delta [déltạ], *s.* delta (letra griega); (geog.) delta, *mf.*—**d. connection,** (elec.) conexión en triángulo o en delta.
deltaic [deltéiik], **deltic** [déltik], *a.* deltaico.
delta-wing [déltawiŋ], *a.* (aer.) con las alas en delta.
deltoid(al [déltoid(al], I. *a.* deltoideo, deltoides, triangular. II. *s.* (anat.) deltoides.
delude [diliúd], *va.* deludir, engañar, alucinar.
deluded [-id], *a.* y *pp.* iluso, engañado.
deluder [-œ(r)], *s.* delusor, engañador.
deluge [déliudẑ]. I. *s.* diluvio, inundación; golpe, calamidad. II. *va.* inundar.
delusion [diliúẑon], *s.* error, embaimiento; ilusión; decepción, engaño.
delusive [diliúsiv], **delusory** [diliúsori], *a.* engañoso, delusivo, delusor(io), ilusivo, ilusorio.
de luxe [dilúks], *a.* de lujo, lujoso, ostentoso.
delve [delv], *va.* y *vn.* cavar; penetrar, ahondar; sondear, inquirir.
demagnetization [dimægnetizéiŝon], *s.* desiman(t)ación.—**demagnetize** [dimǽgnetaiz], *va.* desiman(t)ar.
demagogic(al [demagádẑik(al], *a.* demagógico.
demagogism [démagagizm], **demagoguery** [-gagẹri], **demagogy** [-gadẑi], *s.* demagogia.
demagog(ue [démagag], *s.* demagogo.
demain [diméin], *s.* = DEMESNE.
demand [dimǽnd]. I. *va.* exigir, reclamar o pedir perentoriamente; (for.) demandar, requerir, recuestar; interrogar. II. *s.* demanda, exigencia; petición; (for., e. p.) demanda; pedido.—**on d.,** a la presentación; a solicitud.—**to be in d.,** tener demanda, ser solicitado.—**demandant** [-ant], *s.* (for.) demandante, demandador.—**demander** [-œ(r)], *s.* exactor; demandador; pedigüeño, pedigón.—**demanding** [-iŋ], *a.* demandante, exigente.
demarcate [dimárkeit], **demark** [dimárk], *va.* demarcar, deslindar; separar, distinguir.
demarcation, demarkation [-éiŝon], *s.* demarcación, deslinde; limitación.
démarche [demárŝ], *s.* proceder, medida; diligencia; cambio de proceder o de política.
demean [dimín], *vr.* portarse, conducirse; *va.* y *vr.* rebajar(se), degradar(se).
demeanor [-o(r)], *s.* conducta, comportamiento, proceder; porte, aire, semblante.
dement [dimént], *va.* y *vn.* dementar(se), enloquecer(se).
demented [-id], *a.* demente, falta de juicio.
dementia [diménŝiạ], *s.* demencia, locura.—**d. præcox,** demencia precoz.
demerit [dimérit], *s.* demérito, desmerecimiento.
demersed [dimœ́rst], *a.* (bot.) sumergido.
demesne [diméin, dimín], *s.* heredad; tierra solariega; región; dominio, reino. *V.* DOMAIN.
demi [démi], *prefijo,* semi, medio.
demigod [-gad], *s.* semidiós, (poét.) semideo.
demigorge [-gordẑ], *s.* (fort.) semigola.
demijohn [-dẑan], *s.* castaña, damajuana.
demilitarization [dimilitarizéiŝon], *s.* desmilitarización.
demilitarize [dimílitaraiz], *va.* desmilitarizar.
demilune [démiliun], *s* (astr. y fort.) media luna.
demimondaine [demimandéin], *s.* mujer mundana, dama cortesana.—**demimonde** [démimand], *s.* mujeres de la vida airada.
demise [dimáiz]. I. *s.* muerte, *f.,* defunción, fallecimiento; sucesión o transmisión de la corona; (for.) traslación de dominio. II. *va.* legar, dejar en testamento; transferir, ceder, arrendar.
demisemiquaver [démisemikweivœ(r)], *s.* (mús.) fusa.
demission [dimíŝon], *s.* dimisión, abdicación.
demit [dimít], *va.* y *vn.* dimitir, renunciar, hacer dejación de un empleo o comisión.
demitasse [démitæs], *s.* tacita de (o para) café.
demiurge [démiœrdẑ], *s.* (fil.) demiurgo.
demobilization [dimoubilizéiŝon], *s.* desmovilización.—**demobilize** [dimóubilaiz], *va.* (mil.) desmovilizar, poner (un ejército) en pie de paz.
democracy [dimákrasi], *s.* democracia.—**democrat** [démokræt], *s.* demócrata, *mf.*—**democratic(al** [demokrǽtik(al], *a.* democrático, demócrata.—**democratically** [-i], *adv.* democráticamente.—**democratization** [-izéiŝon], *s.* democratización.—**democratize** [dimákrataiz], *va.* y *vn.* democratizar(se).
demographic [dimogrǽfik], *a.* demográfico.
demographist [dimágrafist], *s.* demógrafo.
demography [-fi], *s.* demografía.
demolish [dimáliŝ], *va.* demoler, arruinar, arrasar, derribar, derrocar, derruir.—**demolisher** [-œ(r)], *s.* destructor, demoledor.—**demolishing** [-iŋ], *a.* demoledor, destructor.—**demolishment** [-mẹnt], **demolition** [demolíŝon], *s.* demolición, destrucción, derribo, arrasamiento.
demon [dímon], *s.* demonio, diablo, familiar.
demonetization [dimanetizéiŝon], *s.* desmonetización.
demonetize [dimánetaiz], *va.* desmonetizar;

suspender la circulación de (una moneda); quitar el valor normal a.
demoniac(al [dimóuniæk, dimonáiakal], *a.* demoníaco, endemoniado.—**demoniac,** *s.* energúmeno; demoníaco.
demonism [dímonizm], *s.* creencia en demonios; demonología; demonolatría.
demonolatry [-álatri], *s.* demonolatría.
demonology [-álodži], *s.* demonología.
demonstrability [dimanstrabíliti], *s.* demostrabilidad, calidad de demostrable.
demonstrable [dimánstrabl], *a.* demostrable.
demonstrate [démonstreit], *va.* (de)mostrar, probar, hacer ver, poner de manifiesto.
demonstration [-éišon], *s.* demostración; muestra, manifestación; exposición, presentación; (mil.) demostración de fuerza; manifestación pública.
demonstrative [dimánstrativ], *a.* demostrativo.
demonstratively [-li], *adv.* demostrativamente.
demonstrator [démonstreito(r)], *s.* el que demuestra; expositor (el que explica); maestro o profesor de una ciencia objetiva, demostrador (apl. esp. al de anatomía); manifestante.
demoralization [dimaralizéišon], *s.* desmoralización.
demoralize [dimáralaiz], *va.* desmoralizar, corromper; descorazonar; (fam.) desarreglar o desbarajustar.—**demoralizing** [-iŋ], *a.* desmoralizador.
demote [dimóut], *va.* rebajar en grado o en clase.
demotic [dimátik], *a.* demótico.
demotion [dimóušon], *s.* descenso de rango, categoría o empleo; (mil.) degradación.
demount [dimáunt], *va.* desmontar, desarmar (una máquina, un mueble, etc.).
demountable [-abl], *a.* desmontable, desarmable.
demulcent [dimʌ́lsent], *a.* y *s.* (med.) emoliente, demulcente, dulcificante.
demur [dimœ́r]. **I.** *vn.* y *va.* objetar, poner dificultades; vacilar; aplazar o suspender (ante una duda, etc.); (for.) excepcionar, alegar excepción en el juicio. *V.* DEMURRER. **II.** *s.* duda; escrúpulo; vacilación; objeción.
demure [dimiúr], *a.* serio, formal, grave; recatado, modesto; gazmoño, pacato.—**demurely** [-li], *adv.* modestamente; con gazmoñería.—**demureness** [-nis], *s.* gravedad, recato; gazmoñería.
demurrage [dimœ́ridž], *s.* demora, detención; (com.) estadía.—**demurral** [-al], *s.* demora, detención; vacilación; objeción.—**demurrer** [-œ(r)], *s.* el que alega excepción o pone objeciones; (for.) excepción; admisión de los hechos aducidos por la parte contraria, pero negando que sean causa suficiente de litigio.
demy [dimái], *s.* papel (de) marquilla; becario de Oxford.
den [dɛn], *s.* caverna, guarida, escondrijo; rincón, retrete; (fam.) cuchitril, pocilga, gazapera.
denarius [dinériʌs], *s.* denario.
denary [dénari]. **I.** *a.* decimal, denario. **II.** *s.* decena.
denationalization [dinæšonalizéišon], *s.* desnaturalización, pérdida o cambio de nacionalidad.
denationalize [-laiz], *va.* desnacionalizar, desnaturalizar; cambiar la nacionalidad.
denaturalization [dinæchūralizéišon], *s.* desnaturalización.
denaturalize [-laiz], *va.* desnaturalizar; desfigurar.
denature [dinéichū(r)], *va.* (quím.) desnaturalizar, alterar (el alcohol, etc., esp. haciendo que no se pueda comer o beber).
dendriform [déndriform], *a.* dendriforme.
dendrite [déndrait], *s.* (min.) dendrita, planta fósil; arborescencia; (anat., fisiol.) prolongación arborizada de la célula nerviosa.
dendritic [dendrítik], *a.* dendrítico.
dendroid [déndroid], *a.* dendroide(o), arborescente.
dendrolite [déndrolait], *s.* dendrita, planta o rama fósil o petrificada.
dendrology [dendrálodži], *s.* dendrografía.
dendrometer [dendrámitœ(r)], *s.* dendrómetro.
denegation [denegéišon], *s.* denegación.
dengue [déŋgei], *s.* (med.) dengue.
deniable [dináiabl], *a.* negable.
denial [dináial], *s.* negación, negativa, desmentida, contradicción; negativa, denegación.
denier [dináiœ(r)], *s.* negador, contradictor.
denier [denír], *s.* antiguo penique de plata; (tej.) unidad de peso del hilo de seda, rayón, etc.
denigrate [dénigreit], *va.* ennegrecer; denigrar.
denigration [-éišon], *s.* denigración.
denim [dénim], *s.* (tej.) cierta tela basta y resistente de algodón.
denitrification [dináitrifikéišon], *s.* desnitrificación, eliminación del nitrógeno.—**denitrify** [-fai], *va.* desnitrificar.
denization [denizéišon], *s.* naturalización, ciudadanía.
denizen [dénizen]. **I.** *s.* ciudadano, habitante, residente; (Ingl.) extranjero naturalizado; planta, palabra, etc., naturalizadas. **II.** *va.* naturalizar.
Denmark [dénmark], *s.* Dinamarca.
denominate [dinámineit]. **I.** *va.* denominar, nombrar. **II.** *a.* denominado.
denomination [-éišon], *s.* denominación, título, designación; secta; religión.—**denominational** [-al], *a.* sectario.—**denominationalism** [-izm], *s.* sectarismo.
denominative [-eitiv], *a.* denominativo.
denominator [-eito(r)], *s.* (arit.) denominador.
denotable [dinóutabl], *a.* capaz de ser denotado o distinguido.
denotation [dinotéišon], *s.* denotación.
denotative [dinóutativ], *a.* denotativo.
denote [dinóut], *va.* denotar, designar, marcar, señalar, simbolizar.
denouement [deinúman], *s.* éxito; desenlace, desenredo, solución, catástrofe, *f.*
denounce [dináuns], *va.* denunciar, delatar, (fig.) soplar; denunciar (una mina); atacar, censurar; amenazar; significar la resolución de terminar (un pacto, tratado); promulgar.
denouncement [-ment], *s.* denuncia, denunciación, soplo; ataque, censura; declaración de la intención de terminar (un tratado, etc.); (min.) denuncio.
denouncer [-œ(r)], *s.* denunciador. delator.
de novo [di nóuvou], *adv.* (lat.) de nuevo; desde el principio.
dense [déns], *a.* denso, compacto, espeso, tupido; cerrado, estúpido.
densely [-li], *adv.* densamente.
denseness [-nis], **density** [-iti], *s.* densidad; espesura; estupidez.
densimeter [densímetœ(r)], *s.* (fís.) densímetro.
densitometer [densitámetœ(r)], *s.* (ópt., fís.) densitómetro.
dent [dent]. **I.** *s.* abolladura; mella; hendidura; hoyo; (mec.) diente, indentación.—**d. corn,** (bot.) maíz dentado o hendido, maíz ordinario de forraje. **II.** *va.* y *vn.* abollar(se), mellar(se).
dental [dental]. **I.** *a.* dental, dentario.—**d. chair,** sillón de dentista.—**d. floss,** seda floja dental.—**d. plate,** dentadura postiza. **II.** *s.* (fon.) (letra) dental.
dentalization [-izéišon], *s.* (fon.) dentalización.
dentate(d [dénteit(id], *a.* dentado; (blas.) danchado, dantellado o dentellado, endentado.
dented [déntid], *a.* abollado; mellado, dentellado.
denticle [déntikl], *s.* dientecillo; (arq.) dentículo.
denticulate(d [dentíkyuleit(id], *a.* (bot.) dentado, dentellado, denticular; (arq.) con dentículos, de dentículos.—**denticulation** [-éišon], *s.* (arq.) formación de dentículos; obra de dentículos, que tiene dentículos; (anat., zool.) denticulación.
dentiform [déntiform], *a.* denticular.
dentifrice [-fris], *a.* y *s.* dentífrico.

dentil [déntil], *s.* (arq.) dentículo, dentellón.
dentilabial [dentiléibial], *a.* y *s.* (fon.) (letra) labiodental.—**dentilingual** [-língwal], *a.* linguodental.
dentin(e [déntin], *s.* (anat.) dentina.
dentirostral [dentirástral], *a.* (zool.) dentirrostro.
dentist [déntist], *s.* dentista, odontólogo.
dentistry [-ri], *s.* cirugía dental, odontología.
dentition [dentíshon], *s.* dentición; dentadura.
dentoid [déntoid], *a.* denticular; parecido a un diente.
denture [dénchu(r)], *s.* dentadura (esp. la postiza).
denudate [diniúdeit]. **I.** *va.* = DENUDE. **II.** *a.* desnudo; despojado, deshojado.
denudation [-éishon], *s.* denudación.
denude [diniúd], *va.* desnudar, despojar, desvestir; dejar desnudo.
denunciate [dinánshieit], *va.* y *vn.* denunciar, amenazar.—**denunciation** [-éishon], *s.* denunciación, acusación.—**denunciator** [-eito(r)], *s.* denunciador, denunciante.—**denunciatory** [-atori], *a.* denunciatorio, conminatorio.
denutrition [dinutríshon], *s.* (med.) desnutrición.
deny [dinái]. **I.** *va.* negar; rehusar o denegar; renunciar, desconocer; negarse a, no dejarse ver de.—**to d. one's self,** hacer abnegación de sí mismo; negarse. **II.** *vn.* negar.
deobstruent [diábstruent], *a.* y *s.* (med.) desopilativo, desobstruyente; aperitivo.
deodar [díodar], *s.* (bot.) cedro deodara o de la India.
deodorant [dióudorant], *a.* y *s.*, **deodorizer** [-raizœ(r)], *s.* desodorante, desinfectante.—**deodorization** [-rizéishon], *s.* desinfección, sahumerio.—**deodorize** [-oraiz], *va.* desinfectar, sahumar.
deontology [diantálodži], *s.* deontología.
deoxid(iz)ation [diaksid(iz)éishon], **deoxygenation** [-džinéishon], *s.* desoxidación, desoxigenación.
deoxidize [diáksidaiz], **deoxidate** [-deit], **deoxygenate** [-dženeit], **deoxygenize** [-dženaiz], *va.* (quím.) desoxigenar, desoxidar.
depart [dipárt], *vn.* irse, marchar(se), partir, salir; apartarse, desviarse, salirse; morir.—**the departed,** los difuntos o muertos.
department [-ment], *s.* departamento; compartimiento; división, ramo; sección (en una tienda, etc.); oficina, despacho, negociado; ministerio; distrito, provincia.—**d. store,** bazar, tienda mixta, almacén de departamentos.—**D. of Justice,** Ministerio de (Gracia y) Justicia.—**D. of Labor,** M. del Trabajo.—**D. of Public Works,** etc., M. de Fomento.—**D. of State,** M. de Estado.—**D. of the Interior,** M. de la Gobernación o de lo Interior.
departmental [-méntal], *a.* departamental; del departamento, ramo, etc.; divido u organizado en departamentos; oficinesco, ministerial.
departure [dipárchu(r)], *s.* partida, salida, ida, marcha; desviación, divergencia; (mar. y top.) coordenada de longitud, distancia entre los dos meridianos que pasan por el extremo de una recta; (mar.) posición o coordenadas (longitud y latitud) de un barco a su salida.
depauperate [dipópœreit], *va.* empobrecer, depauperar.
depauperize [-aiz], *va.* sacar del pauperismo; limpiar de pobres o indigentes.
depend [dipénd], *vn.* pender, colgar.—**to d. (up)on,** depender de; atenerse a, confiar en, contar con, estar seguro de; tener por necesario; necesitar (de); ser mantenido por.
dependability [-abíliti], *s.* confiabilidad.
dependable [-abl], *a.* confiable, seguro.
dependance, dependancy, dependant. *V.* DEPENDENCE, DEPENDENCY, etc.
dependence [-ens], *s.* confianza, seguridad; dependencia; posesión, colonia; subordinación; sostén, apoyo; (for.) litispendencia.
dependency [-i], *s.* dependencia, pertenencia, sucursal; edificio anexo; posesión, colonia.—*pl.* anexidades.
dependent [-ent]. **I.** *a.* dependiente, subalterno; subordinado, sujeto; condicional, contingente; necesitado; pendiente, colgante. **II.** *s.* dependiente, subalterno; persona a cargo.
depending [-iŋ], *a.* pendiente; colgante, suspendido; dependiente.—**d. on,** según.
depict [dipíkt], **depicture** [dipíkchu(r)], *va.* pintar; representar; retratar; describir.
depilate [dépileit], *va.* depilar, quitar o hacer caer el vello o pelo.
depilation [-éishon], *s.* depilación.
depilatory [dipílatori]. **I.** *s.* depilatorio, atanquía. **II.** *a.* depilatorio.
deplete [diplít], *va.* agotar, disipar; vaciar; (med.) depauperar.—**depletion** [diplíshon], *s.* vaciamiento; agotamiento; (med.) depauperación, depleción.
depletive, depletory [diplítiv, -ori], *a.* depletivo, depletorio; que vacía o agota.
deplorable [diplórabl], *a.* deplorable, lamentable; lastimoso.—**deplorableness** [-nis], *s.* estado deplorable.—**deplorably** [-bli], *adv.* deplorable o lastimosamente.
deplore [diplór], *va.* deplorar, lamentar, dolerse (de), sentir en el alma.
deploy [diplói], *va.* y *vn.* (mil.) desplegar(se).
deploy, deployment [-ment], *s.* (mil.) despliegue.
deplumate [diplúmeit], *a.* sin plumas, desplumado.
deplumation [-éishon], *s.* (zool.) muda, desplumadura.
deplume [diplúm], *va.* desplumar.
depolarization [dipóularizéishon], *s.* (fís.) despolarización.—**depolarize** [-aiz], *va.* despolarizar.—**depolarizer** [-aizœ(r)], *s.* despolarizador.
depone [dipóun], *va.* y *vn.* (for.) deponer. *V.* DEPOSE.
deponent [-ent], *a.* y *s.* (for.) deponente, declarante; (gram.) verbo deponente.
depopulate [dipápyuleit], *va.* y *vn.* despoblar(se).
depopulation [-léishon], *s.* despoblación; despueble, despueblo.—**depopulator** [-leito(r)], *s.* despoblador.
deport [dipórt]. **I.** *va.* deportar, desterrar, extrañar, relegar. **II.** *vr.* (com)portarse, conducirse.
deportation [-éishon], *s.* deportación, destierro, extrañamiento, relegación.
deportee [-í], *s.* deportado, desterrado.
deportment [-ment], *s.* proceder; conducta, comportamiento; porte.
deposable [dipóuzabl], *a.* capaz o digno de ser depuesto.—**deposal** [dipóuzal], *s.* = DEPOSITION.
depose [dipóuz]. **I.** *va.* deponer, destituir; destronar; degradar; (for.) deponer, declarar, atestiguar. **II.** *vn.* deponer, testificar.
deposit [dipázit]. **I.** *va.* depositar; consignar, confiar; (quím.) precipitar, asentar. **II.** *vn.* depositarse, sedimentarse. **III.** *s.* depósito; sedimento, poso, heces, *f. pl.;* (quím.) precipitado; (geol., min.) yacimiento, filón; (com. y for.) depósito; prenda, señal, *f.*, arras, *f. pl.*
depositary [-ari], *s.* depositario, guardián; almacén, depósito.
deposition [depozíshon], *s.* (for.) deposición o testimonio, declaración; deposición o destitución; depósito, acumulación; (b. a.) descendimiento de la cruz; (igl.) deposición eclesiástica.
depositor [dipázito(r)], *s.* depositador o depositante; cuentacorrentista.
depository [-tori], *s.* depositaría, depósito, almacén; depositario, guardián.
depot [dípou], *s.* pósito, depósito, almacén; (f. c. E. U.) estación, paradero.
depravation [depravéishon], *s.* depravación, corrupción, perversión, estragamiento, vicio.
deprave [dipréiv], *va.* depravar, corromper, estragar, pervertir, viciar.—**depraved** [-d], *a.* depravado, perverso.—**depravedly** [-idli], *adv.*

depravadamente.—**depravedness** [-ịdnịs], *s.* depravación, estragamiento, corrupción.
depraver [-œ(r)], *s.* depravador.
depravity [dịprǽvịtị], *s.* depravación.
deprecate [déprẹkeịt], *va.* deprecar; lamentar, desaprobar.
deprecation [-kéịŝọn], *s.* deprecación; desaprobación.—**deprecative** [-keịtịv], **deprecatory** [-kạtorị], *a.* deprecativo; de desaprobación.—**deprecator** [-keịtọ(r)], *s.* deprecador, deprecante; desaprobador.
depreciate [dịpríŝịeịt]. **I.** *va.* depreciar, rebajar, abaratar; menospreciar, desapreciar. **II.** *vn.* bajar de precio, abaratarse; depreciarse.
depreciation [-éịŝọn], *s.* depreciación; desaprecio, descrédito, desestimación; baja, reducción de precio.
depreciative, depreciatory [-ŝạtịv, -ạtorị], *a.* despreciativo, despectivo.
depreciator [-eịtọ(r)], *s.* despreciador.
depredate [déprịdeịt], *va.* y *vn.* depredar, pillar, saquear.
depredation [-déịŝọn], *s.* depredación, pillaje.
depredator [-tọ(r)], *s.* depredador.
depredatory [-torị], *a.* de depredación.
depress [dịprés], *va.* deprimir, abatir; bajar, inclinar; abaratar, rebajar el precio de; desalentar o desanimar; humillar; (mat.) reducir el grado de.
depressant [-ạnt], *s.* y *a.* (med.) deprimente, debilitante; sedativo, calmante.
depressed [-t], *a.* deprimido; rebajado; desanimado, alicaído; (bot.) deprimido, hundido.
depressed area, *s.* zona de crisis económica o de depresión económica.
depression [dịpréŝọn], *s.* depresión; abatimiento; hondonada, bajo; (com., mar., ast.) depresión.—**d. of the horizon,** o **of the visible horizon,** (mar.) depresión de horizonte.
depressive [-sịv], *a.* depresivo; deprimente.
depressor [-ọ(r)]. **I.** *a.* depresor.—**d. nerve,** nervio depresor o de Cyon. **II.** *s.* depresor; (anat.) músculo depresor; (cir.) depresor.
deprivable [dịpráịvạbl], *a.* amovible, revocable.
deprivation [deprịvéịŝọn], *s.* privación, carencia; pérdida.
deprivation of civil rights, *s.* (for., E. U.) inhabilitación.
deprive [dịpráịv], *va.* privar, despojar; excluir; impedir; destituir.
depth [depθ], *s.* profundidad; hondura; fondo; espesor, grueso (de una cosa); parte interior o recóndita; lo más profundo o intenso; viveza (del color); gravedad (del sonido); sagacidad, penetración; (mar.) puntal.—**d. bomb,** o **d. charge,** carga de profundidad, bomba o granada contra submarinos.—**d. of field,** o **focus,** (ópt., fot.) profundidad de foco.—**d. of the hold,** puntal de la bodega.—**beyond,** o **out of one's d.,** en agua más honda que uno, o que se lo traga; más allá de los alcances de uno.
depurant [dépịurạnt], **depurative** [-eịtịv], *a.* y *s.* (med.) depurativo, depurador, que purifica.
depurate [-eịt], *va.* (med.) depurar, purificar.
depuration [-éịŝọn], *s.* depuración, purificación.
deputation [depịutéịŝọn], *s.* diputación, delegación, comisión.
depute [dịpịút], *va.* diputar, delegar, comisionar.
deputize [dépịutaịz]. **I.** *va.* = DEPUTE. **II.** *vn.* hacer de diputado o delegado.
deputy [dépịutị], *s.* diputado; delegado, comisionado, enviado, agente; (for.) (lugar)teniente, personero.—**d. governor,** teniente gobernador.
deracinate [dirǽsịneịt], *va.* desarraigar.
deraign [dịréịn], *va.* probar; vindicar; reclamar.
derail [dịréịl], *va.* y *vn.* (hacer) descarrilar.
derailment [-mẹnt], *s.* descarrilamiento.
derange [dịréịndẑ], *va.* desarreglar, desordenar; descomponer; trastornar.—**derangement** [-mẹnt], *s.* desarreglo, desorden; descompostura; desbarajuste; locura, enajenación mental, desvarío.
derby [(E. U.) dœ́rbị, (Ingl.) dárbị], *s.* sombrero hongo; (D.) carrera Derby, famosa carrera anual de caballos; (alb.) llana.
derelict [dérẹlịkt]. **I.** *a.* negligente, remiso; derrelicto. **II.** *s.* delincuente; persona negligente, infiel, o abandonada; (for.) derrelicto, buque u objeto abandonado.
dereliction [derẹlíkŝọn], *s.* negligencia culpable; desamparo, abandono; dejación.
deride [dịráịd], *va.* ridiculizar, escarnecer, burlarse o mofarse de.—**derider** [-œ(r)], *s.* burlón, zumbón; ridiculizador, mofador, escarnecedor.—**deriding,** [-ịŋ], *a.* mofador.—**deridingly** [-lị], *adv.* irrisoriamente, con mofa.
derision [dịríẑọn], *s.* irrisión, mofa, escarnio.
derisive [dịráịsịv], **derisory** [-sorị], *a.* irrisorio, burlesco.
derisively [-lị], *adv.* irrisoriamente.
derivable [dịráịvạbl], *a.* derivable, deducible.
derivation [derịvéịŝọn], *s.* derivación; deducción; (gram.) derivación, etimología; (biol.) descendencia; (med.) derivación, revulsión.
derivative [dịrívạtịv]. **I.** *a.* derivativo; derivado. **II.** *s.* derivativo; (gram., quím.) derivado; (mat.) derivada.
derive [dịráịv]. **I.** *va.* deducir (una conclusión, una fórmula); establecer (una fórmula); (gram.) derivar; (quím.) derivar, obtener (un compuesto de otro); (elec.) derivar.—**to d. from,** deber a; hacer provenir de; sacar (ganancia, etc.) de. **II.** *vn.* provenir, emanar, descender.
derived [-d], *a.* derivado; obtenido; originario; resultante; (elec.) derivado.
derm [dœrm], **derma, dermis** [-ạ, -ịs], *s.* dermis, *f.*, cutis, *mf.*
dermal, dermic [-ạl, -ịk], *a.* dérmico, cutáneo.
dermatitis [-ạtáịtịs], *s.* (med.) dermitis, dermatitis, inflamación de la piel.
dermatologist [-tálodẑịst], *s.* dermatólogo.
dermatology [-tálodẑị], *s.* dermatología.
derogate [dérogeịt], *vn.* (con **from**) detraer, detractar.—**derogation** [derogéịŝọn], *s.* detracción; derogación.—**derogative** [dịrágạtịv], **derogatory** [-torị], *a.* derogatorio.
derrick [dérịk], *s.* grúa, cabria, trucha, (mar.) abanico; percha de carga; torre o armazón de taladrar (situada en la boca de un pozo artesiano, de petróleo, etc.).
dervish [dœ́rvịŝ], *s.* derviche, santón.
descant [déskænt]. **I.** *s.* comentario, disertación; (mús.) discante. **II.** [deskǽnt], *vn.* discurrir, comentar; (mús.) discantar.
descend [dịsénd], *va.* y *vn.* descender, bajar; (con **from**) descender, desviarse; (con **to**) rebajarse a, descender a; (con **on** o **upon**) invadir, caer en o sobre; (astr.) declinar, ponerse.
descendant [-ạnt]. **I.** *s.* descendiente, vástago. **II.** *a.* = DESCENDENT.
descendent [-ẹnt], *a.* descend(i)ente; originario (de).—**descendible** [-ịbl], **descendable,** *a.* que se puede descender o heredar; heredable; legable.
descending [-ịŋ], *a.* descend(i)ente.
descent [dịsént], *s.* descenso, bajada; descendimiento; descensión; declive; alcurnia, origen, descendencia, posteridad, sucesión; rebajamiento, humillación, degradación; (for.) herencia; (mil.) invasión, incursión.
describable [dịskráịbạbl], *a.* descriptible.
describe [dịskráịb], *va.* describir, pintar, retratar.
describer [-œ(r)], *s.* descriptor.
description [dịskrípŝọn], *s.* descripción; trazado; representación; clase, *f.*, género, naturaleza.
descriptive [-tịv], *a.* descriptivo.—**d. anatomy, geometry,** etc., anatomía, geometría, etc., descriptiva.
descry [dịskráị], *va.* columbrar, avistar, divisar; descubrir.
desecrate [désịkreịt], *va.* profanar, violar.
desecration [-éịŝọn], *s.* profanación, desacato.
desegregate [diségrẹgeịt], *va.* desegregar.
desegregation [-géịŝọn], *s.* desegregación.
desensitize [disénsịtaịz], *va.* desensibilizar.
desert [dézœrt]. **I.** *s.* desierto, yermo; páramo.

II. *a.* desierto, yermo, desolado; del desierto.
desert [dįzœ́rt]. I. *s.* merecimiento o mérito.—**to get one's d.**, llevar su merecido. II. *va.* desamparar, dejar solo, abandonar. III. *va.* y *vn.* (mil.) desertar, desbandarse.—**deserter** [-œ(r)], *s.* desertor.—**desertion** [dįzœ́rŝǫn], *s.* deserción, defección, abandono.
deserve [dįzœ́rv]. I. *va.* merecer. II. *vn.* tener merecimientos.—**deserved** [-d], *a.* merecido, condigno.—**deservedly** [-įdlį], *adv.* merecidamente, condignamente.
deserving [-įŋ]. I. *a.* meritorio; acreedor, merecedor o digno. II. *s.* mérito, merecimiento.—**deservingly** [-lį], *adv.* dignamente, merecidamente.—**deservingness** [-nįs], *s.* merecimiento.
desiccant [désįkąnt], *a.* y *s.* (med.) desecante.
desiccate [-keįt]. I. *va.* desecar, enjugar; secar, pasar. II. *vn.* resecarse.
desiccation [-éįŝǫn], *s.* desecación; resecación.
desiccative [-keįtįv], **desiccatory** [-kątorį], *a.* desecativo.
desiccator [désįkeįtǫ(r)], *s.* aparato para desecar; (azú.) evaporadora.
desiderate [dįsídęreįt], *va.* desear, querer, apetecer, anhelar; faltar, necesitar.—**desiderative** [-įv]. I. *a.* desiderativo. II. *s.* objeto de deseo; (gram.) verbo desiderativo.—**desideratum** [-réįtʌm], *s.* desiderátum.
design [dįzáįn]. I. *va.* idear, inventar, concebir; proyectar, calcular (una máquina, un puente); destinar, dedicar; diseñar, delinear. II. *vn.* hacer proyectos, diseños, planos, planes. III. *s.* proyecto, cálculo (de máquinas, puentes, etc.); disposición, arreglo, hechura, construcción; plan; propósito, intención, motivo, fin, designio; plano; diseño, croquis, *m.*, trazo, delineación.—**by** o **through d.**, intencionalmente, adrede.—**to have designs on**, tener la mira en.
designate [dézįgneįt], *va.* apuntar, señalar; distinguir; designar, nombrar, destinar.
designation [-éįŝǫn], *s.* designación, señalamiento, título, nombramiento.
designative [-eįtįv], *a.* designativo, especificativo.
designedly [dįzáįnįdlį], *adv.* adrede, de propósito, de industria, de intento, intencionadamente.
designer [dįzáįnœ(r)], *s.* dibujante; diseñador; proyectista (de máquinas, obras, etc.); delineador, tracista; inventor; maquinador.
designing [-įŋ], *a.* insidioso, astuto, artero, intrigante.
desilverize [disílvœraįz], *va.* desplatar, extraer o separar la plata de.
desinence [désįnęns], *s.* (gram.) desinencia.
desirability [dįzaįrąbílįtį], **desirableness** [dįzáįrąblnįs], *s.* calidad de deseable, apetecible o provechoso; conveniencia.
desirable [-ąbl], *a.* deseable, de desearse, apetecible, conveniente.
desirably [-blį], *adv.* deseablemente.
desire [dįzáįr]. I. *s.* deseo, anhelo, apetencia, antojo, gana, voluntad. II. *va.* desear, anhelar, apetecer, querer. III. *vn.* sentir deseo.
desirous [-ʌs], *a.* deseoso, anheloso.—**desirously** [-lį], *adv.* deseablemente, ansiosamente, con deseo.—**desirousness** [-nįs], *s.* deseo vivo, anhelo.
desist [dįzíst], *vn.* desistir, cesar; pararse.—**desistance** [-ąns], *s.* desistencia, cesación.
desk [dɛsk], *s.* escritorio, pupitre, bufete, buró; mesa, carpeta.—**d. clock**, reloj de sobremesa.—**d. pad**, carpeta.—**d. work**, trabajo de escritorio.
desman [désmąn], *s.* (zool.) desmán.
desmography [dɛsmágrąfį], *s.* (anat.) desmografía.
desmoid [désmɔįd], *a.* (anat. y med.) ligamentoso; fibroso.
desolate [désoleįt]. I. *va.* desolar o arrasar; despoblar, devastar, arruinar; desconsolar; abandonar. II. [désǫlįt], *a.* desolado; desierto, solitario; solo, abandonado, triste.—**desolately** [-lį], *adv.* desoladoramente.—**desolateness** [-nįs], *s.* desolación; desconsuelo; soledad.
desolater, desolator [désoleįtœ(r)], *s.* desolador, asolador.—**desolation** [-éįŝǫn], *s.* desolación, asolación; aflicción, desconsuelo, soledad.
despair [dįspér]. I. *s.* desesperación. II. *vn.* desesperar, perder toda esperanza, desesperanzarse.
despairing [-įŋ], *a.* desesperante; desesperado; sin esperanza.—**despairingly** [-lį], *adv.* desesperadamente.
despatch, despatcher = DISPATCH, etc.
desperado [dɛspęréįdoų], *s.* malhechor, bandido temerario.
desperate [déspęrįt], *a.* desesperado; arrojado, arriesgado o temerario; irremediable, desesperanzado, perdido; furioso, violento, terrible; (for.) incobrable.—**desperately** [-lį], *adv.* desesperadamente; perdidamente.—**desperateness** [-nįs], *s.* temeridad, arrojo, furia, violencia.—**desperation** [-éįŝǫn], *s.* desesperación, furor, encarnizamiento.
despicable [déspįkąbl], *a.* despreciable, vil.
despicably [-blį], *adv.* vilmente, bajamente.
despise [dįspáįz], *va.* despreciar, menospreciar.
despisement [-męnt], **despisal** [-ąl], *s.* desprecio.—**despiser** [-œ(r)], *s.* despreciador.
despite [dįspáįt]. I. *s.* despecho, malquerencia, aversión, inquina. II. *prep.* a despecho de, a pesar de, pese a, no obstante.
despiteful [-fųl], *a.* malicioso, rencoroso, vengativo, maligno.—**despitefully** [-į], *adv.* malignamente, maliciosamente.—**despitefulness** [-nįs], *s.* malignidad, rencor, odio, inquina.
despoil [dįspɔ́įl], *va.* despojar, expoliar; robar.
despoiler [-œ(r)], *s.* pillador, saqueador, robador.
despoliation [dįspoųlįéįŝǫn], *s.* despojo.
despond [dįspánd], *vn.* desalentarse, abatirse; perder la esperanza, desesperarse, abandonarse.
despondence, despondency [-ęns(į), *s.* desaliento, descaecimiento, abatimiento, melancolía.
despondent [-ęnt], **desponding** [-įŋ], *a.* desalentado, abatido, desesperanzado.
despondently, despondingly [-lį, -įŋlį], *adv.* desalentadamente.
despot [déspat], *s.* déspota, *m.*, tirano.—**despotic(al** [dɛspátįk(ąl], *a.* despótico.—**despotically** [-į], *adv.* despóticamente.—**despoticalness** [-nįs], *s.* despotismo.—**despotism** [déspǫtįzm], *s.* despotismo, tiranía; absolutismo; cesarismo; autocracia.—**despotize** [-aįz], *vn.* despotizar.
despumation [dɛspįųméįŝǫn], *s.* despumación.
desquamate [déskwąmeįt], *vn.* (med.) exfoliarse.
desquamation [-éįŝǫn], *s.* (med.) descamación, exfoliación.
dessert [dįzœ́rt], *s.* postre, sobrecomida.—**dessertspoon** [-spun], *s.* cuchara de postre, cuchara de tamaño intermedio entre la de sopa y la cafetera.
destination [dɛstįnéįŝǫn], *s.* destinación, destino; paradero; meta.
destine [déstįn], *va.* destinar; dedicar, consagrar; predestinar.
destiny [-į], *s.* destino, hado, sino, suerte, *f.*
destitute [déstįtiut], *a.* destituído, indigente, necesitado, menesteroso; (con **of**) falto, desprovisto de.
destitution [-tįúŝǫn], *s.* destitución, privación; miseria, indigencia, inopia.
destroy [dįstrɔ́į], *va.* destruir, destrozar, desbaratar, consumir, acabar con, dar al traste con; invalidar; exterminar, matar.
destroyer [-œ(r)], *s*, destruidor, destructor; (mar.) cazatorpedero, destróyer, destructor.
destructibility [dįstrʌktįbílįtį], *s.* destructibilidad.—**destructible** [-įbl], *a.* destructible.
destruction [dįstrʌ́kŝǫn], *s.* destrucción, ruina, demolición, desolación, destrozo, exterminio.
destructionist [-įst], *s.* destructor; revolucionario, enemigo de las instituciones actuales.
destructive [dįstrʌ́ktįv], *a.* destructor, destructivo, destruyente; dañino; fatal, ruinoso; subversivo.—**d. distillation**, (quím.) destilación seca.
destructively [-lį], *adv.* destructivamente.—**de-**

structiveness [-nis], *s.* espíritu de destrucción; destructividad.
desuetude [déswitiud], *s.* desuso.
desulfur(ize, desulphur(ize [disʌ́lfiur(aiz], *va.* (quím.) desulfurar, desazufrar.
desulphurization [-izéiŝon], *s.* desulfuración.
desultorily [désʌltorili], *adv.* sin plan ni ilación, inconexamente, inmetódicamente.—**desultoriness** [-nis], *s.* falta de plan; desconexión.
desultory [désʌltori], *a.* inconexo; caprichoso, variable, casual, sin método; parentético.
detach [ditǽch], *va.* separar, despegar o desprender; (mil.) destacar.
detachable [-abl], *a.* separable, desmontable, de quita y pon, de quitapón.
detached [-t], *a.* suelto, distinto, separado.
detachment [-ment], *s.* separación, despegadura; (mil.) destacamento.
detail [ditéil]. **I.** *va.* detallar, particularizar, pormenorizar, razonar, circunstanciar; (mil.) destacar. **II.** *s.* detalle, pormenor; (mil.) destacamento; (b. a.) detalle.—**d. drawing,** dibujo especificado.—**in d.,** en detalle, por menudo, detallada o minuciosamente.
detain [ditéin], *va.* detener, retardar, contener, atrasar; represar, retener.—**detainer** [-œ(r)], *s.* (for.) detentador, retenedor; detención.
detect [ditékt], *va.* descubrir, averiguar, echar de ver; hallar; (rad.) rectificar.
detecter [-œ(r)], *s.* = DETECTOR.
detection [ditékŝon], *s.* averiguación, descubrimiento; detección; (rad.) rectificación.
detective [-tiv]. **I.** *a.* hábil para descubrir o averiguar.—**d. story,** novela policíaca.—**d. work,** detectivismo. **II.** *s.* detective, agente de policía particular o secreta.
detector[-to(r)],*s.*descubridor,averiguador;(m.v.) indicador de nivel; (mar.) detector de torpedos; (elec.) detector; (rad.) rectificador.
detent [ditént], *s.* (mec.) retén, trinquete; fiador, seguro; escape de un reloj.
detention [diténŝon], *s.* detención, retención; arresto, encierro; (com. y mar.) estadía; (for.) detentación.
deter [ditœ́r], *va.* disuadir; acobardar; desanimar.—**to d. from,** disuadir de, impedir.
deterge [ditœ́rdẑ], *va.* deterger; (med.) absterger.
detergent [-ent], *a.* y *s.* detergente, detersivo; detersorio; abstergente.
deteriorate [ditírioreit], *va.* y *vn.* deteriorar(se), menoscabar(se), desmejorar(se), empeorar(se).—**deteriorating** [-iŋ], *a.* que deteriora, perjudicial.—**deterioration** [-réiŝon], *s.* deterioro, deterioración, desperfecto, desmejora, empeoramiento, menoscabo.—**deteriorative** [-reitiv], *a.* = DETERIORATING.
determent [ditœ́rment], *s.* disuasión.
determinable [ditœ́rminabl], *a.* determinable; terminable.—**determinably** [-bli], *adv.* determinablemente.
determinant [-ant]. **I.** *a.* determinativo. **II.** *s.* causa determinante; (mat.) determinante.
determinate [-it], *a.* determinado, definido; decidido, resuelto; concluyente; (bot.) de inflorescencia limitada.—**determinately** [-li], *adv.* determinadamente.—**determinateness** [-nis], *s.* calidad de determinado.
determination [-éiŝon], *s.* determinación, empeño; resolución, decisión; definición; (for.) decisión, fallo, sentencia; (lóg.) especificación; (med.) congestión.
determinative [ditœ́rminâtiv], *a.* determinativo, determinante.
determine [ditœ́rmin]. **I.** *va.* determinar, decidir, resolver; (for.) definir, sentenciar, concluir, terminar; restringir. **II.** *vn.* (for.) terminar, acabar, concluir; resolverse, decidirse.
determined [-d], *a.* determinado, decidido, empeñado, resuelto.
determinism [-izm], *s.* (fil.) determinismo, negación del libre albedrío.—**determinist** [-ist], *s.* y *a.* (fil.) determinista.
deterrent [ditœ́rent], *a.* y *s.* (lo) que disuade.
detersion [ditœ́rŝon], *s.* (med.) detersión.
detersive [ditœ́rsiv], *a.* y *s.* detersivo, detersorio, detergente, abstergente.
detest [ditést], *va.* detestar, aborrecer, abominar, odiar.—**detestable** [-abl], *a.* detestable, aborrecible.—**detestableness** [-nis], *s.* calidad de detestable, odiosidad.—**detestably** [-abli], *adv.* detestablemente.—**detestation** [-éiŝon], *s.* detestación, execración.
dethrone [diθróun], *va.* destronar, desentronizar.
dethronement [-ment], *s.* destronamiento.
detinue [détiniu], *s.* (for.) detentación; auto contra el detentador de alguna cosa.
detonate [détoneit]. **I.** *vn.* detonar, estallar, hacer explosión. **II.** *va.* hacer estallar.
detonating [-iŋ], *a.* detonante.—**d. fuse,** mecha de explosión o detonante.—**d. gas,** gas o mezcla detonante (dos volúmenes de hidrógeno y uno de oxígeno).—**d. powder,** pólvora detonante.—**d. tube,** eudiómetro detonante.
detonation [-éiŝon], *s.* detonación.
detonator [-eito(r)], *s.* explosivo detonante o de explosión instantánea; detonador, explosor, mezcla o artefacto para producir explosión; (f. c.) señal detonante.
detorsion [ditórŝon], *s.* acto de destorcer; destorcedura; (med.) destorsión.
detour [ditúr]. **I.** *s.* desviación, vuelta, rodeo. **II.** *va.* y *vn.* (hacer) desviar o rodear.
detract [ditrǽkt]. **I.** *va.* detraer, disminuir o quitar. **II.** *vn.* detraer, detractar, denigrar.—**to d. from,** disminuir, hacer desmerecer, calumniar, desvirtuar, quitar mérito a, afear.
detracter, detractor [-œ(r)], *s.* detractor, di(s)famador, infamador, calumniador, murmurador.
detraction [ditrǽkŝon], *s.* detracción, denigración; calumnia, maledicencia, difamación.
detractive [ditrǽktiv], **detractory** [-ori], *a.* difamatorio, derogatorio, denigrante.—**detractively** [-ivli], *adv.* difamatoriamente.
detrain [ditréin], *va.* y *vn.* (hacer) salir del tren.
detriment [détriment], *s.* detrimento; daño, perjuicio; desmedro.—**to the d. of,** con menoscabo de, en daño de.
detrimental [-méntal], *a.* perjudicial, dañoso; nocivo; desventajoso.
detrital [ditráital], *a.* detrítico.
detrition [ditríŝon], *s.* desgaste.
detritus [ditráitʌs], *s.* (geol., med.) detrito, detritus; escombros, desperdicios.
detrude [ditrúd], *va.* empujar o lanzar hacia abajo o hacia afuera; hundir, derribar.
detruncate [ditrʌ́ŋkeit], *va.* destroncar, mochar, cercenar, recortar, podar; decapitar.
detruncation [-éiŝon], *s.* destroncamiento, recorte, poda.
detrusion [ditrúẑon], *s.* empuje hacia afuera o hacia abajo.
detune [ditiún], *va.* (rad.) desintonizar, destemplar, poner fuera de sintonización.
deuce [diús], *s.* dos (en naipes o dados); pata (en otros juegos); (fam.) demonio, diantre, demontre, pateta.
deuced [-id], *a.* maldito, endemoniado; excesivo.
deuteride [diúteraid], *s.* (quím.) deuteruro.
deuterium [diutíriʌm], *s.* (quím.) deuterio.
deuteron [diúteran], *s.* (quím.) deuterión.
Deuteronomy [-ánomi], *s.* Deuteronomio.
deuton [diútan], *s.* (fís.) deutón.
deutoplasm [diútoplæzm], *s.* (embr.) deutoplasma, *m.*
deutoxide [diutáksaid], *s.* (quím.) deutóxido.
devaluate [divǽlyueit], *va.* depreciar, desvalorizar, rebajar el valor.—**devaluation** [-éiŝon], *s.* depreciación, desvalorización.—**devalue** [divǽlyu], *va.* depreciar.
devastate [dévasteit], *va.* devastar, asolar.—**devastating** [-iŋ], *a.*, **devastator** [-o(r)], *s.* devastador, asolador.—**devastation** [-éiŝon], *s.* devastación, desolación, asolación, ruina.
develop [divélop]. **I.** *va.* desenvolver, desarrollar; desplegar; descubrir; fomentar; producir; per-

feccionar, mejorar; ensanchar; urbanizar; establecer; realizar, efectuar; explotar (minas, etc.); (fot.) revelar.—**developing bath,** (fot.) baño revelador. **II.** *vn.* progresar; avanzar; formarse, crecer, desarrollarse, evolucionar.
developer [-œ(r)], *s.* (fot.) revelador, baño.
development [-mentl], *s.* desarrollo, evolución; fomento; producción; cambio; acontecimiento nuevo; explotación; mejora; ensanche; urbanización, caserío nuevo, colonia; (f. c.) desarrollo (vía curva en pendiente); (fot.) revelado, revelamiento.
developmental [-méntal], *a.* relativo al desarrollo; evolucionista.
devest [divést], *va.* y *vn.* (for.) enajenar(se).
deviate [díviejt], *va.* y *vn.* desviar(se), apartar(se), divergir, descarriar(se), extraviar(se).
deviation [-éjšon], *s.* desviación, divergencia; deriva; desvío, extravío, error; (astr.) receso.
device [diváis], *s.* invento, invención; aparato, dispositivo, artefacto, artificio; plan, traza, proyecto; expediente, recurso; ardid; dibujo o patrón (de tela o bordado); lema, *m.*, divisa, mote, cifra, empresa.—*pl.* voluntad, deseo, inclinación.
devil [dévil]. **I.** *s.* diablo; demonio; (fam.) pateta; aprendiz (*m.*) de imprenta; manjar muy sazonado con picante; (mec.) terraja para labrar tornillos de madera; máquina de moler o desgarrar; máquina de descargar granos. (Apl. a varias otras máquinas, cuya clase gen. se indica por un modificativo.)—**d. dog,** (fam.) soldado de marina norteamericana.—**d. worship,** adoración de espíritus malos; demonolatría.—**d.'s advocate,** (igl. y fig.) abogado del diablo.—**d.'s darning needle,** (ent.) caballito del diablo, libélula; (bot.) peine de Venus.—**a poor d.,** un pobre diablo.—**between the d. and the deep sea,** entre la espada y la pared.—**the d.!** (fam.) ¡caramba! ¡diablos!—**the D.,** Satanás.—**the d. take the hindmost,** quien se quede atrás, que pague el pato; quien se quede en zaga, con el diablo se las haya; el que venga atrás, que arree.—**the d. to pay,** la(s) de Dios es Cristo. **II.** *va.* condimentar con mucho picante; someter a la acción de una máquina *devil;* (fam.) atormentar.
devilfish [-fiš], *s.* (zool.) raya grande del golfo de México y otras mares calientes; pulpo.
deviling [-iŋ], **devilkin** [-kin], *s.* diablillo.
devilish [-iš], *a.* diabólico; perverso; travieso; excesivo.—**devilishly** [-li], *adv.* diabólicamente, endiabladamente.—**devilishness** [-nis], *s.* diablura; perversidad.
devilment [-ment], **devilry** [-ri], **deviltry** [-tri], *s.* diablura; travesura; conducta atolondrada; maldad; demonología.
devious [díviʌs], *a.* desviado, descarriado, extraviado; tortuoso; errante.—**deviously** [-li], *adv.* tortuosamente.—**deviousness** [-nis], *s.* extravío, descarrío; desviación.
devisable [diváizabl], *a.* que se puede inventar; (for.) que se puede legar.
devisal [diváizal], *s.* invención; (for.) legado o manda.
devise [diváiz]. **I.** *va.* idear, inventar, proyectar; (for.) legar. **II.** *vn.* formar proyectos; maquinar. **III.** *s.* (for.) legado de bienes raíces.
devisee [-í], *s.* (for.) legatario.
deviser [-œ(r)], *s.* inventor, autor.
devisor [-o(r)], *s.* testador que lega bienes raíces.
devitalize [diváitalaiz], *va.* quitar vitalidad.
devitrification [divítrifikéjšon], *s.* desvitrificación.—**devitrify** [-fai], *va.* desvitrificar, quitar al vidrio su transparencia.
devoid [divóid], *a.* libre, exento; desprovisto (de).
devoir [devwár], *s.* homenaje; deber.—*pl.* recados.
devolution [devoliúšon], **devolvement** [diválvment], *s.* entrega, traspaso; (for.) devolución; (biol.) degeneración.
devolve [diválv]. **I.** *va.* transmitir, traspasar, entregar. **II.** *vn.* (seguido de **to, on** o **upon**) recaer, pasar a, tocar, incumbir a.
Devonian [devóunian], *a.* y *s.* devoniano, devónico.
devote [divóut]. **I.** *va.* dedicar; consagrar; condenar. **II.** *vr.* dedicarse, entregarse, consagrarse (a).
devoted [-id], *a.* devoto, ferviente; adicto, afecto; condenado.—**devotedly** [-li], *adv.* devotamente.
devotee [devotí], *s.* devoto; adicto, aficionado; beato; fanático.
devotion [divóušon], *s.* dedicación; devoción, piedad; celo; afecto; constancia.—*pl.* preces, rezo.—**devotional** [-al], *a.* devoto, piadoso, religioso.
devour [diváur], *va.* devorar, tragar, engolfar, engullir; consumir, destruir.—**devourer** [-œ(r)], *s.* devorador, engullidor, tragón; destructor.—**devouring** [-iŋ], *a.* devorador.—**devouringly** [-li], *adv.* devoradoramente.
devout [diváut], *a.* devoto, pío, piadoso.
devoutly [-li], *adv.* devotamente, piadosamente.
devoutness [-nis], *s.* piedad, devoción.
dew [diu]. **I.** *s.* rocío, relente, sereno.—**d. point,** temperatura a que se forma el rocío. **II.** *va.* rociar; apaciguar, refrescar. **III.** *vn.* rociar.
Dewar vessel [diúä(r) vésel], *s.* (quím.) frasco de Dewar, frasco Dewar.
dewberry [diúberi], *s.* (bot.) zarzamora.
dewclaw [-klɔ], *s.* dedo rudimentario, uña, espolón o casco falso que tienen ciertos animales.
dewdrop [diúdrap], *s.* gota de rocío; (poét.) aljófar.
dewlap [diúlæp], *s.* papada.
dewlapped [-t], *a.* papudo.
dewy [diúi], *a.* rociado; lleno de rocío; (poét.) aljofarado.
dexiocardia [deksiokárdiä], *s.* (med.) dexiocardia, desviación del corazón hacia la derecha.
dexter [dékstœ(r)]. **I.** *a.* diestro o derecho; favorable, propicio. **II.** *adv.* a la derecha.
dexterity [dekstériti], **dexterousness** [dékstərʌsnis], *s.* destreza, habilidad, acierto, maña, tino, (Am.) atingencia.
dexterous [dékstərʌs], *a.* diestro, hábil, experto, mañero.—**dexterously** [-li], *adv.* diestramente.
dextrad [dékstræd], *adv.* (anat.) a la derecha.
dextral [dékstral], *a.* derecho; diestro; propicio.
dextrin(e [dékstrin], *s.* (quím.) dextrina.
dextrocardia [dekstrokárdiä], *s.* = DEXIOCARDIA.
dextrose [dékstrous], *s.* (quím.) dextrosa o glucosa.
dey [dei], *s.* bey o dey.
diabase [dáiabeis], *s.* (geol.) diabasa.
diabetes [daiabítiz], *s.* (med.) diabetes, *f.*
diabetic [daiabétik], *a.* y *s.* (med.) diabético.
diabolic(al [daiabálik(al], *a.* diabólico.
diabolically [-li], *adv.* diabólicamente.
diabolism [daiǽbolizm], *s.* perversidad, iniquidad; acción diabólica; hechicería, brujería; demonolatría; posesión demoníaca.
diabolo [diǽbolou], *s.* diábolo (juego y juguete).
diacaustic [daiakɔ́stik], *a.* (fís.) diacáustico.
diachylon [daiǽkilan], **diachylum** [-ʌm], *s.* (farm.) diaquilón.
diaconal [daiǽkonal], *a.* diaconal.
diaconate [-neit], *s.* diaconato.
diacoustics [daiakústiks], *s.* (fís.) diacústica.
diacritic(al [daiakrítik(al]. **I.** *a.* (gram. y med.) diacrítico; diagnóstico. **II.** *s.* (gram.) signo diacrítico.
diactinic [daiæktínik], *a.* (fot.) diactínico.
diadelphous [daiadélfʌs], *a.* (bot.) diadelfo.
diadem [dáiadem], *s.* diadema.
diæresis *o* **dieresis** [daiéresis], *s.* (gram.) diéresis; crema, puntos diacríticos.
diagnose [daiægnóus], *va.* (med.) diagnosticar.
diagnosis [-is], *s.* (med.) diagnosis, diagnóstico.
diagnostic [daiægnástik]. **I.** *s.* (med.) diagnóstico. **II.** *a.* diagnóstico, diacrítico.
diagnosticate [-eit], *va.* = DIAGNOSE.
diagnostician [-tíšon], *s.* diagnosta, *mf.*—**diagnostics** [-iks], *s.* diagnosis, arte de diagnosticar.

diagonal [daiǽgonal], *a.* y *s.* diagonal, *f.*; (mat.) diagonal.—**d. cloth,** diagonal (tela).
diagonally [-i], *adv.* diagonalmente.
diagram [dáiagræm], *s.* diagrama, *m.*, esquema, *m.*, gráfico.
diagrammatic [daiagramǽtik], *a.* esquemático, gráfico.
diagraph [dáiagræf], *s.* diágrafo.
dial [dáial]. **I.** *s.* reloj de sol, cuadrante, gnomon; muestra, esfera de reloj; (rad., neol.) dial, conmutador; (tel.) disco de llamada; (min.) brújula.—**d. hum,** (tel.) señal (*f.*) de llamada. —**d. telephone,** teléfono automático. **II.** *va.* (rad.) sintonizar; (tel.) señalar, discar, marcar el disco de llamada.
dialect [dáialɛkt]. **I.** *s.* dialecto. **II.** *a.* dialectal.
dialectic(s [-léktik(s], *s.* dialéctica, lógica.
dialectic(al [-(al], *a.* dialéctico, lógico.
dialectician [-tíŝon], *s.* dialéctico, lógico.
dialectology [-tálodži], *s.* (filol.) dialectología.
dial(l)ing [-liŋ], *s.* gnomónica, levantamiento del plano de una mina; (rad.) sintonización; (tel.) acción de discar o de marcar el número de llamada.
dialog, *s.* y *v.* = DIALOGUE.
dialogic(al [-ládžik(al], *a.* dialogal, dialogístico.
dialogism [daiǽlodžizm], *s.* dialogismo.
dialogist [-ist], *s.* dialoguista.
dialogize [daiǽlodžaiz], *vn.* dialogar, dialogizar.
dialogue [dáialag]. **I.** *s.* diálogo, coloquio, interlocución. **II.** *va.* y *vn.* dialogar, dialogizar.
dialysis [daiǽlisis], *s.* solución de continuidad; (quím.) diálisis; (gram.) diéresis, crema; (ret.) asíndeton.
dialytic [daialítik], *a.* dialítico.
dialyze [dáialaiz], *va.* (quím.) dializar.
dialyzer [-œ(r)], *s.* dializador.
diamagnetic [daiamægnétik], *a.* diamagnético.—**diamagnetism** [-mǽgnetizm], *s.* diamagnetismo.
diamantine [dáiamæntin], *a.* diamantino.
diameter [daiǽmetœ(r)], *s.* diámetro, calibre.
diametral [daiǽmetral], **diametrical** [daiamétrikal], *a.* diametral.—**diametrically** [-i], *adv.* diametralmente.
diamide [daiǽmaid], *s.* (quím.) diamida.
diamine [dáiamin], *s.* (quím.) diamina.
diamond [dáiamond]. **I.** *s.* diamante; brillante; cortavidrios; oros (de baraja); (impr.) tipo de letra de 4 o 4½ puntos; (geom.) rombo.—**d. anniversary,** aniversario 60 o 75.—**d.-bearing,** diamantífero.—**d. chip,** chispa.—**d. cutter,** diamantista.—**d. drill,** taladro de punta de diamante.—**d. wedding,** aniversario 60 o 75. **II.** *a.* (a)diamantado; rombal. **III.** *va.* adiamantar, adornar con diamantes.
diandrous [daiǽndrʌs], *a.* (bot.) diandro.
dianthus [daiǽnθʌs], *s.* (bot.) clavel de China.
diapason [daiapéizon], *s.* (mús.) diapasón.
diaper [dáiapœ(r)]. **I.** *s.* lienzo adamascado; servilleta; culero, pañal, braga; (b. a.) arabesco, adorno, labor, *f.* **II.** *va.* y *vn.* labrar, formar arabescos, adamascar; poner pañales (a una criatura).
diaphaneity [daiafaníiti], *s.* diafanidad.
diaphanous [daiǽfanʌs], *a.* diáfano o transparente; terso, claro.
diaphoresis [daiaforísis], *s.* (med.) diaforesis, sudor.—**diaphoretic(al** [-rétik(al], *a.* y *s.* diaforético, sudorífico.
diaphragm [dáiafræm], *s.* (anat., fot., mec., etc.) diafragma, *m.*—**d. pump,** bomba de membrana.
diaphragmatic [-frægmǽtik], *a.* diafragmático.
diaphysis [daiǽfisis], *s.* (anat.) diáfisis.
diapophysis [daiapáfisis], *s.* (anat.) diapófisis.
diapositive [-pázitiv], *s.* (foto.) diapositiva.
diarchy [dáiarki], *s.* diarquía.
diarist [dáiarist], *s.* diarista.
diarrhea, diarrhœa [daiaríà], *s.* (med.) diarrea.
diarrheal [-l], **diarrheic** [-ik], *a.* diarreico, diárrico.
diarthrosis [daiarθróusis], *s.* (anat.) diartrosis.
diary [dáiari], *s.* diario, jornal, efemérides.
diaspore [dáiaspɔr], *s.* (min.) diásporo.
diastase [dáiasteis], *s.* (bioquím.) diastasa.
diastasis [daiǽstasis], *s.* (cir.) diastasis.
diastole [daiǽstoli], *s.* (fisiol., pros.) diástole, *f.*
diastolic [daiastálik], *a.* (fisiol.) diastólico.
diastrophism [daiǽstrofizm], *s.* dislocación; (geol.) deformación o transformación de la corteza terrestre.
diastyle [dáiastail], *s.* (arq.) edificio diástilo.
diatessaron [daiatésaran], *s.* (mús.) diatesarón.
diathermancy [daiaθœ́rmansi], *s.* diatermancia.
diathermanous [daiaθœ́rmanʌs], *a.* diatérmano.
diathermia [-miä], **diathermy** [-mi], *s.* (med.) diatermia, termopenetración eléctrica.
diathermic [-mik], *a.* diatérmico.
diathesis [daiǽθesis], *s.* (med.) diátesis.
diathetic [daiaθétik], *a.* (med.) diatésico.
diatom [dáiatoum], *s.* diatomea.
diatomaceous [daiatoméiŝʌs], *a.* pert. a, o que contiene, diatomeas o sus restos fósiles.
diatomic [daiatámik], *a.* (quím.) diatómico.
diatonic [daiatánik], *a.* (mús.) diatónico.
diatonically [-ali], *adv.* diatónicamente.
diatribe [dáiatraib], *s.* diatriba.
dibasic [daibéisik], *a.* (quím.) dibásico.
dibble [díbl]. **I.** *s.* (agr.) plantador, punzón de madera para plantar; almocafre. **II.** *va.* plantar con el punzón de madera; almocafrar.
dibstone [díbstoun], *s.* taba.
dice [dais]. **I.** *s.* (*pl.* de DIE) dados; terna (juego). —**d. box,** cubilete de dados. **II.** *vn.* jugar a los dados. **III.** *va.* cortar en forma de cubos menudos.
dicer [-œ(r)], *s.* jugador de dados.
dichotomize [daikátomaiz], *va.* separar, dividir.
dichotomous [-mʌs], *a.* dicotómico.
dichotomy [-mi], *s.* dicotomía.
dichroic [daikróuik], **dichroitic** [-kroítik], *a.* (fís.) dicroico.
dichroism [dáikroizm], *s.* (fís.) dicroísmo.
dichromate [daikróumeit], *s.* (quím.) dicromato, bicromato.
dichromatism [-matizm], *s.* dicromatismo, incapacidad de percibir más de dos colores del espectro.
dichromic [-mik], *a.* dicromático, de dos colores; que sufre dicromatismo.
dick [dik], *s.* (fam.) detective; mozo, hombre.
dickens [díkenz], *s.* (fam.) el diablo, el demontre, mengue.—**the d.!,** *interj.* ¡caramba!, ¡diantre!
dicker [díkœ(r)]. **I.** *va.* regatear, (fam.) cambalachear. **II.** *s.* cambalache, chama; decena; partido.
dick(e)y [díki], *s.* camisola; pechera postiza; delantal; babero; asno; (carr.) zaga.—**d.-bird,** pajarito.
dick(e)y, *a.* (fam.) dudoso, arriesgado; inseguro; mal de salud.
diclinous [dáiklinʌs], *a.* (bot.) diclino.
dicotyledon [daikatilídon], *s.* (bot.) dicotiledón(eo).
dicotyledonous [-ʌs], *a.* dicotiledón(eo).
dicta [díktä], *s. pl.* de DICTUM.
dictaphone [díktafoun], *s.* dictáfono, fonógrafo de dictado (es nombre de fábrica).
dictate [díkteit]. **I.** *va.* y *vn.* dictar; mandar, imponer(se). **II.** *s.* dictamen; máxima, precepto, dictado (ú. gen. en el *pl.*).
dictation [-éiŝon], *s.* dictado; mando arbitrario. —**dictator** [díkteito(r)], *s.* dictador; el que dicta o prescribe.
dictatorial [diktatórial], *a.* dictatorial, dictatorio.
dictatorially [-i], *adv.* dictatorialmente.
dictatorship [diktéitorŝip], *s.* dictadura.
dictatory [díktatori], *a.* dictatorio, dominante.
diction [díkŝon], *s.* dicción, estilo; locución, lenguaje.
dictionary [-ɛri], *s.* diccionario, léxico.
Dictograph [díktogræf], *s.* dictógrafo (marca de fábrica).

dictum [díktʌm], *s.* sentencia, aforismo; (for.) fallo.
did [did], *pret.* de TO DO.
didactic(al [daidǽktik(al], *a.* didáctico.
didactically [-i], *adv.* didácticamente.
didactics [-s], *s.* didáctica.
didapper [dáidæpœ(r)], *s.* (orn.) somormugo.
diddle [dídl]. **I.** *va.* (fam.) engañar, entrampar. **II.** *vn.* perder tiempo; vacilar; menearse con sacudidas.
didst [didst], (ant. y poét.) 2a. *pers. pret.* de TO DO.
didymium [daidímiʌm], *s.* (quím.) didimio.
die [dái], *vn.* (*ger.* DYING) morir(se), expirar, fallecer; marchitarse, secarse; pasarse, desvirtuarse (un licor, un reactivo).—**to d. away, down,** o **out,** acabarse o desaparecer gradualmente; pasar.—**to d. hard,** luchar hasta la muerte.—**to d. the death,** sufrir la pena de muerte.—**to be dying,** estar agonizante.—**to be dying to,** (fig., fam.) estarse muriendo (de curiosidad, deseo, etc.) por, anhelar.
die. I. *s.* (*pl.* DICE) dado (para jugar); suerte, *f.*, azar.—**the d. is cast,** la suerte está echada. —(*pl.* DIES) cuño, matriz, troquel; molde, estampa; cojinete o caja de terraja; (arq.) cubo. **II.** *va.* cortar o estampar con troquel.
die-hard [-hard], *a.* y *s.* reaccionario, irreconciliable, intransigente, (fam.) cavernícola.
dielectric [daielέktrik], *a.* dieléctrico.
dieresis [daiέresis], *s.* = DIÆRESIS.
dies [dáiz], *s.* día, días.—**d. non,** (for.) día feriado.
Diesel engine o **motor** [dízel], *s.* motor Diésel.—**dieselize** [-aiz], *va.* proveer de motor(es) Diésel.
diesinker [dáisiŋkœ(r)], *s.* grabador en hueco.
diesis [dáiesis], *s.* (mús.) diesi, *f.*; (impr.) obelisco doble.
diestock [dáistak], *s.* (mec.) terraja, portacojinete.
diet [dáiet]. **I.** *s.* (med.) dieta, régimen alimenticio; dieta (asamblea).—**d. kitchen,** cocina de hospital, o institución de caridad donde se preparan alimentos especiales para los enfermos pobres. **II.** *va.* adietar, poner a dieta. **III.** *vn.* adietarse, estar a dieta.
dietary [dáieteri]. **I.** *a.* dietético; alimenticio. **II.** *s.* dieta medicinal.
dietetic(al [daietétik(al], *a.* dietético.
dietetics [-s], *s.* (med.) dietética.
dietician, dietitian [daietíŝan], *s.* dietista, dietético, especialista o versado en dietética.
dieting [dáietiŋ], *s.* dieta.
differ [dífœ(r)], *vn.* diferir; diferenciarse, distinguirse; disentir, discrepar.—**to d. from,** diferir de.—**to d. from, o with,** no estar de acuerdo con; contender, desavenirse.
difference [-ens]. **I.** *s.* diferencia; distinción (de personas, etc.); discrepancia; desacuerdo, disputa; (arit.) residuo.—**it makes no d.,** no importa. **II.** *va.* diferenciar, distinguir.
different [-ent], *a.* diferente, distinto, vario.
differential [-énŝal]. **I.** *s.* (mat., mec.) diferencial, *f.* **II.** *a.* (fís., mat., mec., etc.) diferencial; preferente.—**d. calculus,** (mat.) cálculo diferencial. —**d. duties,** (e. p.) derechos diferenciales de entrada, en que se tienen en cuenta no sólo la naturaleza de los artículos gravados, sino también su procedencia.—**d. gear,** (mec.) engranaje diferencial.—**d. rates,** (f. c.) flete preferente o rebajado (concedido a determinadas regiones); flete menor o rebajado (de dos o más vías competidoras).
differentially [-i], *adv.* diferencialmente.
differentiate [-énŝieit], *va.* y *vn.* diferenciar(se), distinguir(se); cambiar(se), modificar(se).
differentiation [-éiŝon], *s.* diferenciación.
differently [díferentli], *adv.* diferentemente.
difficult [dífikʌlt], *a.* difícil; apurado, penoso.
difficulty [-i], *s.* dificultad; obstáculo, tropiezo; inconveniente, objeción, reparo; riña o pelea.—*pl.* aprieto, apuro, brete.
diffidence [dífidens], *s.* falta de confianza en sí mismo; timidez, modestia, encogimiento, cortedad, apocamiento, vergüenza.—**diffident** [-ent], *a.* desconfiado de sí mismo; tímido o modesto.—**diffidently** [-li], *adv.* tímidamente, modestamente.
diffract [difrǽkt], *va.* (fís.) difractar.
diffraction [difrǽkŝon], *s.* (fís.) difracción.
diffraction grating, *s.* (ópt., fís.) red de difracción.
diffractive [-tiv], *a.* difrangente, difringente.
diffuse [difiúz]. **I.** *va.* difundir, esparcir; desparramar, disipar; derramar o verter; repartir; divulgar, propagar. **II.** *vn.* difundirse; disiparse. **III.** [difiús], *a.* difundido, esparcido; difuso, prolijo; (med.) no localizado.
diffused [difiúzd], *a.* difundido o extendido; difuso.—**d. light,** luz difusa.—**diffusedly** [difiúzidli], *adv.* difusamente.—**diffusedness** [-nis], *s.* dispersión, esparcimiento; prolijidad.
diffusely [difiúsli], *adv.* difusamente, copiosamente; prolijamente.—**diffuseness** [-nis], *s.* prolijidad, difusión.
diffuser [difiúzœ(r)], *s.* difundidor, esparcidor; difusor.
diffusible [difiúzibl], *a.* difusible.
diffusion [difiúẑon], *s.* difusión; dispersión, esparcimiento, propagación; prolijidad.
diffusive [difiúsiv], *a.* difusivo.—**diffusively** [-li], *adv.* difusamente.—**diffusiveness** [-nis], *s.* dispersión; difusión.
dig [dig]. **I.** *va.* (*pret.* y *pp.* DUG o DIGGED) cavar, excavar; ahondar; escarbar; jadiar, mullir; minar; extraer.—**to d. out,** desentrañar.—**to d. up,** desenterrar (sentidos recto y fig.); (fam.) aflojar la mosca; reunir (dinero).—**to d. up the hatchet,** o **the tomahawk,** declarar o emprender la guerra. **II.** *vn.* cavar; (fam.) trabajar (esp. estudiar) con desafuero, como un peón, sudar la gota gorda; (mec.) entrar demasiado (apl. a herramientas cortantes).—**to d. in,** (mil., fam.) afosarse, enterrarse, abrirse trincheras. **III.** *s.* empuje; puñetazo; (fam.) observación sarcástica; estudiantón.
digastric [daigǽstrik], *a.* (anat.) digástrico.
digest [dáidẑest], *s.* compendio, resumen; recopilación, digesto (de leyes, etc.).
digest [daidẑést]. **I.** *va.* recopilar, abreviar y clasificar; codificar; asimilar; meditar, rumiar; sufrir, tolerar; (fisiol., quím. y fig.) digerir; cocer. **II.** *vn.* digerirse; asimilarse.
digestant [-ant], *s.* digestivo.
digester [-œ(r)], *s.* digestor (aparato).
digestibility [-ibiliti], *s.* digestibilidad.
digestible [-ibl], *a.* digerible, digestible.
digestion [daidẑéschon], *s.* digestión; asimilación; (quím.) digestión; absorción.
digestive [daidẑéstiv], *a.* y *s.* digestivo.
digger [dígœ(r)], *s.* cavador; azadón; excavadora.
digging [dígiŋ], *s.* acción de cavar; cavadura.—*pl.* lo que se saca excavando; minas, lavaderos de oro, etc.; (fam.) domicilio, vivienda.
digit [dídẑit], *s.* dedo; (astr. y mat.) dígito.
digital [-al]. **I.** *a.* digital, dígito, dactilar. **II.** *s.* tecla (de piano); (fam.) dedo.
digital computer, *s.* calculadora digital, calculadora numérica.
digitalin [-téilin], *s.* (quím., farm.) digitalina.
digitalis [-téilis], *s.* (bot.) dedalera, digital, *f.*
digitate(d [-teit(id], *a.* (bot., zool.) digitado.
digitation [-téiŝon], *s.* (biol.) digitación.
digitigrade [-tigreid], *a.* (zool.) digitígrado.
digiting [-tiŋ], *s.* (estad.) acción de dar valores numéricos.
diglot [dáiglat], *a.* bilingüe.
diglyph [dáiglif], *s.* (arq.) diglifo.
dignified [dígnifaid], *a.* serio, grave; digno, decoroso; augusto, majestuoso, noble.
dignify [dígnifai], *va.* dignificar, honrar, exaltar.
dignitary [dígniteri], *s.* dignatario.
dignity [dígniti], *s.* dignidad; elevación, nobleza, majestuosidad; rango, puesto o cargo elevado.
digraph [dáigræf], *s.* (fon.) grupo indivisible de dos letras, y con un solo sonido (v.g. la **ch** española o la **th** inglesa).

digress [digrés], *vn.* divagar.—**digression** [digréŝon], *s.* digresión o divagación.—**digressional** [-al] o **digressive** [digrésiv], *a.* digresivo.—**digressively** [-li], *adv.* digresivamente.
dihedral [daihídral], *a.* (geom., aer.) diedro.—**d. angle,** diedro, ángulo diedro.
dike [daik]. **I.** *s.* dique, malecón, represa; zanja, acequia; (geol.) veta. **II.** *va.* represar; canalizar; avenar, desaguar con zanjas.
dilacerate [dilǽsereit], *va.* dilacerar.—**dilaceration** [-éiŝon], *s.* dilaceración, desgarro.
dilapidate [dilǽpideit]. **I.** *va.* dilapidar. **II.** *vn.* arruinarse.—**dilapidated** [-id], *a.* dilapidado, arruinado.—**dilapidation** [-éiŝon], *s.* dilapidación, ruina, estado ruinoso.—**dilapidator** [-eito(r)], *s.* dilapidador.
dilatability [dailéitabíliti], *s.* dilatabilidad.
dilatable [-abl], *a.* dilatable.
dilatant [-ant], *a.* y *s.* dilatador.
dilatation [dilatéiŝon], **dilation** [dailéiŝon], *s.* dilatación, ensanche, ensanchamiento.
dilate [dailéit]. **I.** *va.* dilatar, amplificar, explayar, ensanchar, espaciar. **II.** *vn.* dilatarse, espaciarse, extenderse.
dilated [-id], *a.* dilatado, extendido; hinchado, prolijo, difuso.
dilater [-œ(r)], *s.* dilatador.—**dilative** [-iv], *a.* dilatativo.—**dilator** [-o(r)], *s.* (anat., cir.) dilatador.
dilatorily [dílatorili], *adv.* dilatoria, lenta o detenidamente.—**dilatoriness** [-nis], *s.* dilación; lentitud, tardanza.—**dilatory** [-ori], *a.* dilatorio; tardo, lento.
dilemma [dilémä], *s.* dilema, *m.*; disyuntiva.
dilettante [diletǽnti], *s.* y *a.* diletante, aficionado.
dilettant(e)ism [-t(i)izm], *s.* diletantismo.
diligence [dílidẑens], *s.* diligencia, asiduidad; diligencia, coche grande.
diligent [-ent], *a.* diligente, aplicado, asiduo, negocioso, solícito; incansable, activo.—**diligently** [-li], *adv.* diligentemente, solícitamente.
dill [dil], *s.* (bot.) eneldo.—**d. pickle,** pepino encurtido y sazonado con semillas del eneldo.
dillydally [dílidæli], *vn.* (fam.) perder el tiempo; holgazanear, perecear; vacilar.
diluent [dílyuent], *a.* y *s.* diluente.
dilute [diliút]. **I.** *va.* desleír, diluir; aguar; rarificar. **II.** *vn.* desleírse, diluirse. **III.** *a.* diluído.
dilution [diliúŝon], *s.* desleidura, desleimiento, dilución; solución atenuada; (e. p.) reemplazo de obreros expertos por inexpertos.
diluvial, diluvian [diliúvial, -an], *a.* diluvial, diluviano.—**diluvium** [-ʌm], *s.* (geol.) diluvial; depósito no estratificado; depósito arrastrado por fuertes corrientes o por glaciares.
dim [dim]. **I.** *a.* obscuro, poco claro; borroso, confuso, indistinto; empañado; deslustrado, lerdo; cegato, turbio de vista; (fot.) velado. **II.** *va.* obscurecer; ofuscar; empañar; deslustrar; amortiguar o reducir la intensidad (de una luz); ensombrecer. **III.** *vn.* obscurecerse, etc.
dime [daim], *s.* (hist.) diezmo; decena; (E. U. y Canadá) moneda de diez centavos.—**d. novel,** novela barata y sensacional.
dimension [diménŝon], *s.* dimensión, extensión, tamaño.—**dimensional** [-al], *a.* dimensional.
dimethyl [daiméθil], *s.* (quím.) dimetilo.
dimidiate [dimídieit]. **I.** *va.* dimidiar, demediar, promediar. **II.** *a.* partido por la mitad.
dimidiation [-éiŝon], *s.* acto de partir en dos mitades.
diminish [dimíniŝ]. **I.** *va.* disminuir, amenguar, (a)minorar; acortar; reducir; rebajar, degradar. **II.** *vn.* disminuir(se), menguar, (a)minorarse, decrecer.
diminishing [-iŋ], *a.* decreciente; diminutivo.—**d. return.** *V.* LAW.—**diminishingly** [-li], *adv.* decrecientemente.
diminuendo [diminyuéndou]. **I.** *a.* y *adv.* (mús.) que va disminuyendo. **II.** *s.* decrescendo.
diminution [diminiúŝon], *s.* di(s)minución, amenguamiento, atenuación, rebaja, reducción, desmedro.
diminutive [dimínyutiv]. **I.** *a.* diminuto; diminutivo; pequeño, mezquino. **II.** *s.* (gram.) diminutivo.
diminutively [-li], *adv.* diminutamente, diminutivamente.—**diminutiveness** [-nis], *s.* pequeñez.
dimissory [dímisori], *a.* dimisorio; que despide o traslada.—**d. letter,** dimisorias, *f. pl.*
dimity [dímiti], *s.* (tej.) cotonía.
dimly [dímli], *adv.* obscuramente.
dimmer [dímœ(r)], *s.* lo que obscurece, mitiga o reduce (gen. la luz); (elec.) bobina de reacción reguladora; (aut.) reductor de intensidad (de las luces).
dimness [dímnis], *s.* ofuscamiento; obscuridad u obscurecimiento; deslustre.
dimorph [dáimorf], *s.* (min.) una de las dos formas de una substancia dimorfa.
dimorphism [daimórfizm], *s.* dimorfismo.
dimorphous [-fʌs], *a.* dimorfo.
dim-out [dim aut], *s.* obscurecimiento parcial de luces; alumbrado reducido (como medida de seguridad).
dimple [dímpl]. **I.** *s.* hoyuelo. **II.** *va.* y *vn.* formar o formarse hoyuelos.—**dimpled** [-d], **dimply** [-pli], *a.* que tiene hoyuelos.
din [din]. **I.** *s.* ruido, estrépito, clamoreo, alboroto. **II.** *va.* ensordecer, asordar; clamorear, aturdir. **III.** *vn.* alborotar; (re)sonar con estrépito.
dine [dáin]. **I.** *vn.* comer (la comida principal).—**to d. out,** comer fuera de casa. **II.** *va.* dar de comer; dar un convite a.
diner [-œ(r)], *s.* el que come; (f. c.) coche comedor, vagón restaurante; restaurante construído a imitación de éstos.—**d.-out,** (fam.) persona que come fuera de casa.
dinette [dainét], *s.* comedorcillo; (Ingl.) almuerzo.
ding [diŋ]. **I.** *va.* y *vn.* repicar, (re)sonar (las campanas); (fam.) instar, urgir, reiterar fastidiosamente. **II.** *s.* tintineo, sonido de las campanas.—**d.-a-ling,** tintín.
dingdong [díŋdaŋ]. **I.** *s.* dindán, tintín (sonido de las campanas), repique(teo). **II.** *a.* repetido; (fam.) reñido, disputado con calor. **III.** *va.* y *vn.* repiquetear; repetir con insistencia; fastidiar, machacar.
dinghy, ding(e)y, [díŋgi], *s.* lancha, bote, chinchorro; (f. c.) vagón del servicio.
dinginess [díndẑinis], *s.* obscuridad; deslustre.
dingle [díŋgl], *s.* cañada, vallejuelo umbroso.
dingo [díŋgou], *s.* dingo, perro salvaje australiano.
dingy [díndẑi], *a.* empañado, deslustrado, deslucido; manchado, sucio; obscuro.
dining [dáiniŋ], *ger.* de TO DINE.—**d. car,** (f. c.) coche comedor.—**d. room,** comedor.
dinkey [díŋki], *s.* (fam.) locomotora pequeña.
dinky [díŋki], *a.* (fam.) pequeño, insignificante.
dinner [dínœ(r)], *s.* comida (principal); cubierto.—**d. coat** o **jacket,** smoking.—**d. pail,** portaviandas, o fiambrera.—**d. set,** vajilla.—**d. time,** hora de la comida, hora de comer.
dinosaur [dáinosɔr], *s.* (pal.) dinosauro.
dinothere [dáinoθir], *s.* (pal.) dinoterio.
dint [dint]. **I.** *s.* abolladura; fuerza.—**by d. of,** a fuerza de, a puro, de puro. **II.** *va.* abollar.
diocesan [daiásesan], *a.* y *s.* diocesano.
diocese [dáiosis], *s.* diócesis, obispalía.
diode [dáioud], *s.* (electrón.) díodo.
diœcious, diecious [daiíŝʌs], *a.* (bot.) dioico.
Dionæa [daioníä], *s.* (bot.) dionea, atrapamoscas.
Dionysiac [daionísiæk], **Dionysian** [-níŝan], *a.* dionisíaco.
diopter [daiáptœ(r)], *s.* (ópt.) dioptra.
dioptric(al [-trik(al], *a.* dióptrico.
dioptrics [-triks], *s.* (ópt.) dióptrica.
diorama [daiorámä], *s.* diorama, *m.*
dioramic [-rǽmik], *a.* diorámico.
diorite [dáiorait], *s.* (min.) diorita.

diosmose [daiásmous], **diosmosis** [-móusis], *s.* (fís.) ósmosis.
dioxide [daiáksaid], *s.* (quím.) bióxido.
dip [dip]. I. *va.* meter, sumergir; bañar, humedecer, mojar, zambullir; saludar con (la bandera); (mar.) achicar, vaciar. II. *vn.* sumergirse, zambullirse; hundirse; penetrar; empeñarse o meterse en algún negocio; hojear (en un libro, etc.); inclinarse hacia abajo. III. *s.* inmersión, zambullida; baño corto; vela de sebo chorreada; depresión; baño o líquido en que algo está sumergido; inclinación; caída, declivio o declive, pendiente, *f.*; (fam.) carterista, ratero o rata, *m.*; sombrero.—**d. of the horizon,** (mar.) depresión de horizonte.—**d. of the needle,** inclinación de la brújula.
dipetalous [daipétalʌs], *a.* (bot.) dipétalo.
diphase [dáifeiz], *a.* (elec.) bifásico.
diphtheria [difθíriä], *s.* (med.) difteria.
diphtherial [-l], **diphther(it)ic** [difθérik, difθirítik], *a.* diftérico.
diphthong [dífθɔŋ], *s.* (gram.) diptongo.
diphthongization [-izéiŝon], *s.* diptongación.
diphthongize [-aiz], *va.* diptongar.
diploid [díploid], *s.* y *a.* (biol.) diploide.
diploma [diplóumä], *s.* diploma, *m.*; pergamino, título.
diplomacy [-si], *s.* diplomacia; tacto, cautela.
diplomat [díplomæt], **diplomatist** [diplóumatist], *s.* diplomático.—**diplomatic(al** [diplomǽtik(al], *a.* diplomático.—**d. body** o **corps,** cuerpo diplomático.—**diplomatically** [-i], *adv.* diplomáticamente.—**diplomatics** [-s], *s.* diplomática.
diplopia [diplóupiä], *s.* (med.) diplopía.
dipper [dípœ(r)], *s.* cazo, cucharón, cacillo.—**Big D.,** (astr.) Carro, Osa Mayor.—**Little D.,** Osa Menor.
dipping [dípiŋ], *a.* que se inclina; inclinado; de inclinación; de sumergir.—**d. compass,** brújula de inclinación.—**d. needle,** aguja (magnética) de inclinación.
dipsacaceous [dipsakéiŝʌs], *a.* (bot.) dipsáceo.
dipsomania [dipsoméiniä], *s.* dipsomanía.—**dipsomaniac** [-méiniæk], *s.* dipsómano.—**dipsomaniacal** [-manáiakal], *a.* dipsomaníaco, dipsómano.
dipter [díptœ(r)], *s.* (ent.) díptero.—**Diptera** [-ä], *s. pl.* dípteros.—**dipteran** [-æn], *s.* y *a.* díptero.—**dipterocarpaceous** [-rokarpéiŝʌs], *a.* (bot.) dipterocárpeo.—**dipterology** [-rálodẑi], *s.* dipterología.—**dipterous** [-rʌs], *a.* (ent., bot.) díptero.
diptych [díptik], *s.* (igl.) díptica, díptico.
dire [dair], *a.* horrendo u horrible; de mal agüero; deplorable, lamentable.
direct [dirékt]. I. *a.* directo; derecho; claro, inequívoco; en línea recta (descendencia, sucesión, etc.).—**d. action,** acción directa, métodos sindicalistas extremos (huelgas generales, sabotaje, y aun la fuerza), a diferencia de métodos políticos.—**d. current,** (elec.) corriente continua.—**d. drive,** (aut., mec.) toma directa, de mando directo.—**d. examination,** primer interrogatorio (de un testigo).—**d. hit,** blanco directo.—**d. object,** (gram.) acusativo, complemento directo.—**d. primary,** (E. U.) comicios que nombran candidatos directamente.—**d. tax,** contribución directa. II. *va.* dirigir; encaminar, encauzar, orientar; gobernar, regentar; enviar (una persona a otra, a un lugar, etc.). III. *vn.* dirigir; servir de guía. IV. *adv.* directamente.—**d.-acting,** (mec.) de acción directa.—**d.-connected, d.-coupled,** (mec.) acoplado directamente, de acoplamiento directo; (elec.) conectado directamente; de conexión directa.
directer [-œ(r)], *s.* = DIRECTOR.
direction [dirékŝon], *s.* dirección; rumbo; sentido; gobierno, administración; orden, *f.*, instrucción, mandato; designio, mira, fin; tendencia; sobrescrito, señas, *f. pl.*—*pl.* instrucciones.—**d. finder,** (rad.) radiogoniómetro.—**directional** [-al], *a.* director, directriz.—**d. aerial,** (rad.) antena directriz.—**d. loop,** (rad.) radiogoniómetro.
directive [diréktiv]. I. *a.* directivo, directorio. II. *s.* instrucción, mandato.
directly [diréktli], *adv.* directamente; inmediatamente, en seguida, al instante; exactamente, precisamente; sin ambages.—**d. after(ward),** acto continuo.—**d. opposite,** frente por frente (de).
directness [-nis], *s.* derechura, rectitud.
director [diréktọ(r)]. I. *s.* director; regente; administrador; caudillo, guía; vocal de una junta directiva; director de orquesta. II. *a.* (mat.) director, directriz.—**directorate** [-rit], *s.* dirección o junta directiva, directorio.
directorial [direktóriạl], *a.* directorio, directivo; directorial.—**directorship** [diréktọrŝip], *s.* directorado, rectorado.
directory [-ori], *s.* directorio; guía comercial; (igl.) añalejo.
directress [-ris], *s.* directora.
directrix [-riks], *s.* (geom. y arti.) directriz.
direful [dáirful], *a.* horrible, calamitoso, terrible.
dirge [dœrdẑ], *s.* endecha; canto fúnebre.
dirigible [díridẑibl]. I. *a.* dirigible. II. *s.* (aer.) dirigible, aeronave, *f.*, aeróstato, globo aerostático.
diriment [díriment], *a.* (for.) dirimente.
dirk [dœrk], *s.* daga, puñal; cutó.
dirt [dœrt]. I. *s.* lodo, barro; polvo; partículas extrañas; basura, porquería; mugre, *f.*; excremento; tierra, marga; vileza, bajeza; calumnia. II. *a.* hecho de tierra.—**d.-cheap,** baratísimo.—**d. farmer,** (fam.) agricultor que se ocupa él mismo en el trabajo material de la labranza.
dirtily [-ili], *adv.* puercamente, suciamente, vilmente.—**dirtiness** [-inis], *s.* suciedad; desaseo; inmondicia; porquería; bajeza, villanía.
dirty [-i]. I. *a.* sucio; manchado, enlodado; indecente; puerco, cochino, bajo.—**d. trick,** (fam.) perrada. II. *va.* emporcar, ensuciar, manchar.
disability [disabíliti], *s.* impotencia; inhabilidad, inhabilitación; incapacidad, invalidez.
disable [diséibl], *va.* imposibilitar; inhabilitar, incapacitar; (for.) incapacitar legalmente.
disabled [-d], *a.* incapacitado; lisiado.
disablement [-ment], *s.* impedimento; inhabilitación, invalidez.
disabuse [disabiúz], *va.* desengañar, desilusionar, sacar de un error.
disaccustom [disakʌ́stʌm], *va.* desacostumbrar.
disadjust [disadẑʌ́st], *va.* desajustar, trastornar.
disadvantage [disadvǽntidẑ]. I. *s.* desventaja, menoscabo; detrimento, disconveniencia.—**at a d.,** en situación o circunstancias desventajosas. II. *va.* perjudicar, menoscabar, dañar; estorbar.
disadvantageous [disædvantéidẑʌs], *a.* desventajoso.
disadvantageously [-li], *adv.* desventajosamente.
disaffect [disafékt], *va.* descontentar; desaficionar; hacer desleal; indisponer(se con); malquistar.—**disaffected** [-id], *a.* desafecto.—**disaffectedly** [-li], *adv.* con desafecto.—**disaffection** [-fékŝon], *s.* desafección, desafecto, desafición, desamor, descontento; deslealtad.
disaffirm [disafœ́rm], *va.* contradecir, negar, impugnar; (for.) anular; renunciar, rechazar.
disaffirmance [-ans], **disaffirmation** [disæfœrméiŝon], *s.* confutación, impugnación; anulación; renuncia.
disafforest [disafárist], *va.* desacotar; desboscar.
disagree [disagrí], *vn.* desconvenir; disonar; disentir, discrepar, diferir, desavenirse; contender, altercar, estar en pugna.—**to d. with,** no estar de acuerdo con; no sentar bien a, no probar, hacer daño a (apl. a comidas, etc.).
disagreeable [-abl], *a.* desagradable; repugnante; descortés, desapacible, rudo.—**disagreeableness** [-nis], *s.* desagrado; desabrimiento; desapacibilidad, rudeza.—**disagreeably** [-abli], *adv.* desagradablemente.

disagreement [-mẹnt], *s.* desconformidad, desacuerdo, desavenencia; discordia; disensión; discordancia, discrepancia, disonancia.
disallow [dịsạláu̯], *va.* y *vn.* denegar, desaprobar; rechazar.—**disallowable** [-ạbl], *a.* negable; inadmisible; censurable.—**disallowance** [-ạns], *s.* denegación, prohibición, vedamiento.
disappear [dịsạpír], *vn.* desaparecer(se).
disappearance [-ạns], *s.* desaparición.
disappearing [-iŋ], *a.* que desaparece.—**d. bed,** cama engoznada que se oculta de día.—**d. gun,** cañón de cureña movible verticalmente, la cual baja y oculta el cañón después de la descarga.
disappoint [dịsạpóịnt], *va.* chasquear, frustrar; faltar a una cita con o promesa a; defraudar una esperanza; decepcionar, desilusionar.—**to be disappointed,** llevarse chasco o camelo; verse contrariado; quedar plantado o colgado. —**disappointment** [-mẹnt], *s.* desengaño, desilusión, decepción, contratiempo; chasco, camelo.
disapprobation [dịsæprobéịŝọn], **disapproval** [dịsạprúvạl], *s.* desaprobación, censura.
disapprobatory [dịsǽprobạtorị], *a.* desaprobador, que desaprueba.
disapprove [dịsạprúv], *va.* y *vn.* desaprobar.
disapprovingly [-iŋlị], *adv.* con desaprobación.
disarm [dịsárm]. **I.** *va.* desarmar; desguarnecer; (fig.) apaciguar, sosegar. **II.** *vn.* deponer las armas; licenciar tropas; reducir o limitar las fuerzas armadas de una nación.
disarmament [-ạmẹnt], *s.* desarme, desarmadura.
disarming [-iŋ]. **I.** *s.* desarme, desarmamiento. **II.** *a.* que priva de armas, defensa, etc.; que quita ira o sospecha; ingenuo.
disarrange [dịsạréịndž], *va.* desarreglar, descomponer, des(bar)ajustar, desordenar, trastornar. —**disarrangement** [-mẹnt], *s.* desarreglo, desorden.
disarray [dịsạréị]. **I.** *s.* desarreglo, desorden, confusión; desaliño, desatavío, (de) trapillo. **II.** *va.* desordenar, derrotar; desarreglar; desaliñar; desnudar.
disarticulate [dịsartíkyu̥leịt], *va.* y *vn.* desarticular(se), descoyuntar(se), desencajar(se).
disarticulation [-éịŝọn], *s.* desarticulación.
disassemble [dịsạsémbl], *va.* desarmar, desmontar (un reloj, una máquina, etc.).
disassembly [-blị], *s.* desarme (de una máquina).
disassociate [dịsạsóu̯ŝịeịt], *va.* disociar; desasociar.—**disassociation** [-éịŝọn], *s.* disociación.
disaster [dịzǽstœ(r)], *s.* desastre; siniestro.
disastrous [-trʌs], *a.* desastroso, funesto.—**disastrously** [-lị], *adv.* desastrosamente.
disavow [dịsạváu̯], *va.* repudiar, desconocer; desaprobar; desautorizar.
disavowal [-ạl], **disavowment** [-mẹnt], *s.* repudiación; desautorización.
disband [dịsbǽnd]. **I.** *va.* (mil.) licenciar las tropas, desbandar; despedir, expulsar. **II.** *vn.* dispersarse, desbandarse.
disbandment [-mẹnt], *s.* licenciamiento, desbandada.
disbar [dịsbár], *va.* (for.) excluir del foro.
disbarment [-mẹnt], *s.* (for.) exclusión del foro.
disbelief [dịsbịlíf], *s.* incredulidad, escepticismo. —**disbelieve** [dịsbịlív], *va.* y *vn.* descreer.—**disbeliever** [-œ(r)], *s.* descreído, incrédulo.
disburden [dịsbœ́rdẹn]. **I.** *va.* descargar, aligerar. **II.** *vn.* quitarse un peso de encima.
disbursable [dịsbœ́rsạbl], *a.* desembolsable, pagable.—**disburse** [dịsbœ́rs], *va.* desembolsar, pagar, gastar.—**disbursement** [-mẹnt], *s.* desembolso; gasto.—*pl.* (com.) egresos.—**d. office,** pagaduría.
disburser [-œ(r)], *s.* pagador.
disc [dịsk], *s.* = DISK. (anat.) disco.
discalceate [dịskǽlsịeịt], **discalced** [dịskǽlst], *a.* (relig.) descalzado.
discant, *s.* y *verbo* = DESCANT.
discard [dịskárd]. **I.** *va.* descartar; despedir, deponer. **II.** [dịskárd], *vn.* descartarse (en el juego). **III.** [dískard], *s.* descarte (en el juego). —**to put,** o **throw, into the d.,** (fam.) echar a un lado, descartar.
discern [dịzœ́rn], *va.* y *vn.* discernir, percibir, columbrar, distinguir.
discerner [-œ(r)], *s.* discernidor.
discernible [-ịbl], *a.* perceptible, discernible.
discerning [-iŋ], *a.* discernidor, discerniente, juicioso, sagaz, perspicaz.—**discerningly** [-lị], *adv.* juiciosamente, sagazmente.
discernment [-mẹnt], *s.* discernimiento; criterio.
discharge [dịschárdž]. **I.** *va.* (arti., com., elec., mar., etc.) descargar; disparar; pagar, saldar; desempeñar, ejecutar, cumplir; relevar, exonerar, eximir, dispensar; absolver, dar libertad; desembarazar de alguna dificultad; despedir, remover; lanzar, arrojar; vomitar; vaciar; emitir, dar salida a; (tint.) descolorar, desteñir; (mil.) licenciar, dar de baja. **II.** *vn.* descargarse, soltarse; salir, vaciarse; desaguar; (tint.) correrse la tinta. **III.** *s.* (arti., elec., mar.) descarga; disparo; (com.) descargo; finiquito, carta de pago, quitanza; desempeño; separación, remoción, despedida, despido, deposición; (mil.) licencia absoluta; absolución, exoneración: derrame, desagüe; (for.) excarcelación; (hidr.) salida; gasto (cantidad que sale por unidad de tiempo).
discharger [-œ(r)], *s.* descargador, disparador; (fís.) excitador (de una botella de Leyden).
discharging arch [-iŋ arch], *s.* (arq.) sobrearco.
disciple [dịsáịpl]. **I.** *s.* discípulo; apóstol; secuaz. **II.** *va.* hacer discípulos, convertir.
discipleship [-ŝịp], *s.* discipulado.
disciplinable [dísịplịnạbl], *a.* disciplinable.
disciplinal [dísịplịnạl], **disciplinarian** [-érịạn], **disciplinary** [-ɛrị], *a.* disciplinal o disciplinario. —**disciplinant** [-ạnt], *s.* (igl.) disciplinante, flagelante.—**disciplinarian,** *s.* ordenancista; el que gobierna o enseña con rigor y exactitud.
discipline [dísịplịn]. **I.** *s.* disciplina; instrucción, enseñanza; orden, regla, conducta; educación; castigo; curso, materia (de estudio). **II.** *va.* disciplinar, instruir; castigar; corregir, reformar.
disclaim [dịskléịm], *va.* repudiar, desconocer, rechazar; (for.) renunciar.—**disclaimer** [-œ(r)], *s.* negador; (for.) renuncia, abandono.
disclose [dịsklóu̯z], *va.* descubrir, destapar, desvelar; exponer, revelar, publicar.
disclosure [dịsklóu̯žu̥(r)], *s.* descubrimiento, revelación, declaración.
discobolus [dịskábolʌs], *s.* discóbolo, atleta que arroja el disco.
discoid [dískọịd], **discoidal** [dịskóịdạl], *a.* discoidal, discoide, discoideo, de forma de disco.
discolor [dịskʌ́lọ(r)], *va.* y *vn.* descolorar(se), descolorir(se), desteñir(se).—**discoloration** [-éịŝọn], *s.* descoloramiento, descolorimiento; mancha.—**discolored** [-d], *a.* descolorido, descolorado, desteñido, pocho.—**discolorer** [-œ(r)], *s.*, **discoloring** [-iŋ], *a.* descolorante.
discomfit [dịskʌ́mfịt], *va.* derrotar; desconcertar, frustrar.—**discomfiture** [-fịchu̥(r)], *s.* derrota, desconcierto, desbarato, confusión.
discomfort [dịskʌ́mfọrt]. **I.** *s.* incomodidad; malestar, molestia. **II.** *va.* incomodar; molestar; apenar, afligir.
discommode [dịskọmóu̯d], *va.* incomodar, molestar, hacer mala obra o mal tercio.
discommodity [-mádịtị], *s.* incomodidad; desventaja, inconveniencia, inconveniente.
discompose [dịskọmpóu̯z], *va.* turbar, desconcertar; descomponer, desarreglar.
discomposure [-póu̯žu̥(r)], *s.* descompostura, agitación, desorden; inquietud, destemple.
disconcert [dịskọnsœ́rt], *va.* desconcertar, (per)turbar, confundir; correr; descomponer; destemplar.
disconcerted [-ịd], *a.* desconcertado; confuso, corrido.
disconcerting [-iŋ], *a.* desconcertador, desconcertante.

disconformity [-fórmiti], *s.* desconformidad.
disconnect [diskonékt], *va.* desunir o separar; desarticular; disociar; (mec.) desacoplar, desconectar, desembragar, desencajar; (elec.) desconectar, desenchufar.
disconnected [-id]. **I.** *pp.* de DISCONNECT. **II.** *a.* inconexo, incoherente.
disconnection, disconnexion, [-nékŝon], *s.* desconectación; desunión, separación; desembrague, desacoplamiento, desencajamiento; inconexión; (elec.) desconexión.
disconsolate [diskánsolit], *a.* desconsolado, inconsolable, desolado.—**disconsolately** [-li], *adv.* desconsoladamente.—**disconsolateness** [-nis], *s.* tristeza, desconsuelo, desconsolación.
discontent [diskontént]. **I.** *s.* descontento, disgusto, desagrado. **II.** *a.* descontento; quejoso, disgustado. **III.** *va.* descontentar, desagradar, disgustar.
discontented [-id], *a.* descontent(adiz)o; disgustado, malcontento.—**discontentedly** [-li], *adv.* de mala gana, a regañadientes.—**discontentedness** [-nis], **discontentment** [-mẹnt], *s.* descontento, mal humor.—**discontenting** [-iŋ], *a.* descontentador; que desagrada o no satisface.
discontinuance [diskontínyuans], **discontinuation** [-éiŝon], *s.* des-(o dis)continuación, cesación, interrupción, intermisión; suspensión; desabono.—**discontinuance,** (for.) sobreseimiento.
discontinue [diskontínyu], *va.* y *vn.* descontinuar o discontinuar, interrumpir, parar, cesar; suspender; desabonarse.
discontinuity [diskantiniúiti], *s.* discontinuidad.
discontinuous [diskontínyuʌs], *a.* descontinuo.
discord [dískord], *s.* discordia; desacuerdo, desavenencia, cizaña; (mús.) discordancia, disonancia.—**to sow d.,** cizañar.
discord [diskórd], *vn.* desconvenir; discordar.
discordance, discordancy [-ans, -i], *s.* discordia; discordancia; desafinación; disensión.—**discordant** [-ant], *a.* discorde, desacorde, desconforme; desavenido; discordante, disonante, desentonado.—**discordantly** [-li], *adv.* discordemente.
discount [dískaunt]. **I.** *va.* (com.) descontar; rebajar, deducir; desestimar, dar poca importancia a. considerar exagerado; anticipar. **II.** *s.* descuento; rebaja, menoscuenta.—**at a d.,** al descuento; bajo la par; depreciado.
discountable [diskáuntabl], *a.* (com.) descontable.
discountenance [diskáuntẹnans], *va.* desconcertar, correr; desfavorecer, desaprobar.
discount house, *s.* tienda de descuento.
discount rate, *s.* tipo de descuento; tanto de descuento.
discourage [diskœ́ridž], *va.* desalentar, desanimar, descorazonar, desmayar; desaprobar, oponerse a.
discouraged [-d], *a.* desanimado, desmayado.
discouragement [-mẹnt], *s.* desaliento, desánimo, desmayo.
discouraging [-iŋ], *a.* desalentador.
discourse [diskórs]. **I.** *s.* discurso; plática, conversación; disertación; (lóg.) raciocinación. **II.** *vn.* discurrir, discursar; disertar; conversar, razonar. **III.** *va.* hablar de; proferir, expresar.
discourteous [diskœ́rtiʌs], *a.* descortés, grosero. —**discourteously** [-li], *adv.* descortésmente.—**discourteousness** [-nis], **discourtesy** [diskœ́rtẹsi], *s.* descortesía, desatención, grosería.
discous [dískʌs], *a.* (bot.) = DISCOID.
discover [diskʌ́vœ(r)], *va.* descubrir, averiguar.
discoverable [-abl], *a.* que se puede descubrir.
discoverer [-œ(r)], *s.* descubridor; explorador.
discovery [-i], *s.* descubrimiento, hallazgo.
discredit [diskrédit]. **I.** *s.* descrédito, desconfianza; deshonra, oprobio. **II.** *va.* descreer, dudar; desautorizar, desvirtuar; desacreditar, difamar.
discreditable [-abl], *a.* vergonzoso, ignominioso.
discreet [diskrít], *a.* discreto, circunspecto, cuerdo, juicioso, prudente, sesudo.
discreetly [-li], *adv.* discretamente, cuerdamente.
discreetness [-nis], *s.* discreción, prudencia.
discrepance, discrepancy [diskrépans, -i], *s.* discrepancia, diferencia; variante.
discrepant [-ant], *a.* discrepante.
discrete [diskrít], *a.* distinto, desunido, separado; opuesto, contrario; (mat. y med.) discreto.
discretion [diskréŝon], *s.* discreción, prudencia, sindéresis; albedrío; juicio.—**age of d.,** edad de discreción; (for.) edad legal.—**at d.,** a discreción; a voluntad.
discretional [-al], **discretionary** [-ɛri], *a.* discrecional.—**discretionally** [-ali], *adv.* discrecionalmente, a discreción.
discretive [diskrítiv], *a.* disyuntivo; separado; diferencial; que distingue.
discretively [-li], *adv.* disyuntivamente, separadamente, de por sí.
discriminable [diskríminabl], *a.* discernible, distinguible, (Am.) discriminable.
discriminate [diskrímineit]. **I.** *va.* discernir, distinguir; diferenciar, (Am.) discriminar; entresacar. **II.** [diskrímineit], *vn.* distinguir; hacer distinciones parciales o injustas.—**to d. against,** hacer distinción en perjuicio de, tratar desfavorablemente o sin equidad. **III.** [-nit], *a.* definido, distinguible; discernidor, discerniente.
discriminately [-li], *adv.* con discernimiento; con distinciones; con parcialidad.
discriminating [-neitiŋ], *a.* discerniente; mirado, capaz de distinguir claramente; característico, diferencial; preferente, parcial.
discrimination [-néiŝon], *s.* discernimiento, sindéresis; distinción, diferencia, (Am.) discriminación; parcialidad, favoritismo.
discriminative [-nativ], **discriminatory** [-natori], *a.* discerniente, discernidor, (Am.) discriminador; parcial, injusto.
discriminatively [-li], *adv.* con discernimiento; con parcialidad.
discrown [diskráun], *va.* destronar, derrocar.
discursive [diskœ́rsiv], *a.* digresivo; discursivo; razonador, razonado.—**discursively** [-li], *adv.* razonadamente, o con ilación.—**discursiveness** [-nis], *s.* calidad de digresivo; ilación.
discus [dískʌs], *s.* disco.—**d. thrower,** discóbolo. *V.* DISK.
discuss [diskʌ́s], *va.* discutir, debatir, argüir, ventilar; tratar; (fam.) probar; catar.
discussion [diskʌ́ŝon], *s.* discusión, debate; exposición, presentación, ventilación.
discutient [diskiúŝient], *s.* y *a.* (med.) discusivo, resolvente, resolutivo.
disdain [disdéin]. **I.** *va.* desdeñar, despreciar. **II.** *vn.* desdeñarse, esquivarse. **III.** *s.* desdén, desprecio, esquivez.—**disdainful** [-ful], *a.* desdeñoso; altivo, altanero.—**disdainfully** [-i], *adv.* desdeñosamente, con desprecio.—**disdainfulness** [-nis], *s.* desprecio altanero.
disease [dizíz]. **I.** *s.* enfermedad, mal, afección, morbo, dolencia.—**d. germ,** germen o microbio patógeno. **II.** *va.* enfermar, hacer daño.—**diseased** [-d], *a.* enfermo; morboso, mórbido.
diselectrify [diziléktrifai], *va.* deselectrizar.
disembark [disɛmbárk], *va.* y *vn.* desembarcar(se).
disembarkation [-éiŝon], *s.* desembarque o desembarco.
disembarrass [-bǽras], *va.* desembarazar; desenredar; descombrar, despejar, zafar.
disembarrassment [-mẹnt]. *s.* desembarazo. desenredo. desencogimiento.
disembody [-bádi]. *va.* librar. separar del cuerpo o de la carne; (mil.) licenciar. dispersar.
disembogue [-bóug], *va.* y *vn.* desembocar; descargar, desaguar, vaciar, derramar(se).
disembosom [-búzom]. **I.** *va.* separar o sacar del pecho; revelar, (fam.) desembuchar. **II.** *vr.* desahogarse.
disembowel [-báuẹl], *va.* desentrañar, destripar.

sacar las entrañas a.—**disembowelment** [-mɛnt], *s.* desentrañamiento, destripamiento.
disembroil [-brɔ́il], *va.* desembrollar; restablecer el orden de o en.
disemploy [-plɔ́i], *va.* privar de empleo o de trabajo.
disenchant [-chǽnt], *va.* desencantar, deshechizar; desilusionar.
disenchantment [-mɛnt], *s.* desencant(amient)o, deshechizo; desilusión, desengaño.
disencumber [-kʌ́mbœ(r)], *va.* desembarazar, descombrar.—**disencumbered** [-d], *a.* escueto. —**disencumbrance** [-brans], *s.* desembarazo, descombro.
disendow [-dáu], *va.* retirar la subvención a.
disengage [-géidž]. **I.** *va.* desunir; desasir; soltar, desembarazar; (mec.) desembragar; desenganchar; librar, eximir. **II.** *vn.* librarse, zafarse, soltarse, desligarse; (mil.) romper el contacto con el enemigo.
disengaged [-d], *a.* desembarazado, libre; suelto; vacante; desocupado; sin empleo; manumiso.
disengagement [-mɛnt], *s.* soltura; desempeño, desembarazo, desocupación, ocio; desembrague.
disentail [-téil]. **I.** *va.* (for.) desvincular; desamortizar. **II.** *s.* desvinculación; desamortización.
disentangle [-tǽŋgl], *va.* desenredar, desenmarañar, desanudar, desembrollar.—**disentanglement** [-mɛnt], *s.* desenredo, desembarazo.
disenthral(l [-θrɔ́l], *va.* libertar, emancipar, manumitir.—**disenthral(l)ment** [-mɛnt], *s.* emancipación, manumisión.
disentomb [-túm], *va.* desenterrar, exhumar.
disentombment [-mɛnt], *s.* = DISINTERMENT.
disentrance [-trǽns], *va.* deshechizar, desilusionar; hacer volver en sí.
disestablish [disɛstǽbliŝ], *va.* separar (la iglesia del Estado).—**disestablishment** [-mɛnt], *s.* privación del apoyo de un Estado; separación (de la iglesia y el Estado).
disesteem [disɛstím]. **I.** *s.* desestima(ción). **II.** *va.* desestimar; desaprobar.
disfavor [disféivo(r)]. **I.** *va.* desairar; desfavorecer. **II.** *s.* disfavor, malquerencia; desgracia; desaprobación.
disfiguration [disfigyūréiŝon], **disfigurement** [-mɛnt], *s.* desfiguración, deformidad; daño, deterioro.
disfigure [disfígyū(r)], *va.* desfigurar, afear.
disfigured [-d], *a.* desfigurado, deformado.
disforest [disfárist], *va.* desmontar, talar; (for.) desacotar. *V.* DEFOREST y DISAFFOREST.
disfranchise [disfrǽnchaiz], *va.* privar de derechos civiles, franquicias u otros privilegios.—**disfranchisement** [-mɛnt], *s.* privación de los derechos civiles, etc.
disgorge [disgɔ́rdž], *va.* vomitar; arrojar; desembuchar; devolver lo robado.
disgorgement [-mɛnt], *s.* vómito; entrega, devolución.
disgrace [disgréis]. **I.** *s.* ignominia, vergüenza; deshonra, estigma, *m.*, oprobio, mengua.—**in d.,** con ignominia; desacreditado, deslucido. **II.** *va.* deshonrar, causar oprobio; despedir con ignominia.
disgraceful [-ful], *a.* vergonzoso, oprobioso.
disgregation [disgrɛgéiŝon], *s.* disgregación.
disgruntle [disgrʌ́ntl], *va.* poner de mal humor, descontentar, disgustar, enfadar.
disguise [disgáiz]. **I.** *va.* disfrazar, enmascarar, embozar; desfigurar; encubrir, ocultar. **II.** *s.* disfraz, *m.*, máscara; embozo, velo.
disgust [disgʌ́st]. **I.** *s.* repugnancia; asco, náusea; disgusto, fastidio, hastío. **II.** *va.* repugnar, inspirar repugnancia o aversión; fastidiar, hastiar.—**disgusted** [-id], *a.* disgustado, fastidiado, chocado.—**disgusting** [-iŋ], *a.* repugnante; odioso; asqueroso, nauseabundo.—**disgustingly** [-li], *adv.* repugnantemente, asquerosamente.
dish [diŝ]. **I.** *s.* plato, fuente, *f.*; manjar, plato; vasija de bordes bajos; (quím.) cápsula (de evaporar, etc.); concavidad; artesa, gamella (de lavar mineral); caja de medir mineral.—*pl.* loza, vajilla de mesa.—**d. drainer** o **rack,** escurreplatos.—**d. warmer,** calientaplatos. **II.** *va.* servir en platos; formar una concavidad en; (fam.) engañar, burlar; (mec.) avellanar.—**to d. out,** servir (manjares); acanalar, ahondar. **III.** *vn.* deprimirse, ahondarse.
dishabille [disabíl], *s.* desabillé, vestido llano y casero; paños menores.—**in d.,** (fam.) de trapillo.
dishabituate [dishabíchueit], *va.* deshabituar.
disharmony [dishármoni], *s.* falta de armonía; discordia; incongruencia.
dishcloth [díŝkləθ], **dishclout** [-klaut], *s.* albero, estropajo, paño para lavar los platos.
dishearten [dishártɛn], *va.* desanimar, desalentar, descorazonar.
disheartened [-d], *a.* desanimado, abatido, deprimido.
dished [diŝt], *a.* cóncavo; ahondado.
dishevel [diŝévɛl], *va.* desgreñar, desmelenar.
dishevel(l)ed [-d], *a.* desgreñado, despeinado; desarreglado; desaseado.
dishful [díŝful], *s.* contenido de un plato lleno; fuente, *f.*, fuentada.
dishonest [disánist], *a.* no honrado, ímprobo, malo, pícaro; fraudulento, falso.—**dishonestly** [-li], *adv.* fraudulentamente, de mala fe.—**dishonesty** [-i], *s.* improbidad, picardía; dolo, fraude.
dishonor [disáno(r)]. **I.** *s.* deshonor, deshonra, desdoro, ignominia, infamia, mancha; afrenta. **II.** *va.* deshonrar, infamar; afrentar; profanar; (com.) no aceptar o no pagar (un giro).
dishonorable [-abl], *a.* deshonroso, indecoroso, ignominioso, vil; deshonrado, infamado.
dishonorably [-abli], *adv.* ignominiosamente, deshonrosamente.
dishpan [díŝpæn], *s.* paila de fregar platos.
dishrag [-ræg], *s.* = DISHCLOTH.
dishtowel [-tauɛl], *s.* albero, rodilla, paño para secar los platos.
dishwasher [-waŝœ(r)], *s.* fregador(a) de platos; máquina de lavar platos.
dishwater [-wɔtœ(r)], *s.* agua de lavar platos.
disillusion [disiliúžon], **disillusionize** [-aiz], *va.* desilusionar, desengañar; desencantar.—**disillusion(ment** [-mɛnt], *s.* desilusión, desengaño, decepción; desencanto.
disimpassioned [disimpǽŝond], *a.* desapasionado, sin pasión, sereno.
disimprison [disimprízon], *va.* desencarcelar.
disinclination [disinklinéiŝon], *s.* desafecto o desamor; aversión, desinclinación, mala gana.
disincline [-kláin]. **I.** *va.* desinclinar, malquistar, indisponer. **II.** *vn.* estar desinclinado, no tener ganas de.
disincorporate [-kɔ́rporeit], *va.* desincorporar.—**disincorporation** [-éiŝon], *s.* desincorporación.
disinfect [-fékt], *va.* desinfectar, desinficionar.—**disinfectant** [-ant], *a.* y *s.* desinfectante.—**disinfection** [-fékŝon], *s.* desinfección, desinficionamiento.—**disinfector** [-fékto(r)], *s.* agente o aparato desinfectante.
disingenuous [-džényuʌs], *a.* doble, falso, disimulado.—**disingenuously** [-li], *adv.* doblemente, falsamente.—**disingenuousness** [-nis], *s.* doblez, astucia, mala fe.
disinherit [-hérit], *va.* desheredar, exheredar.
disinheritance [-ans], *s.* desheredación, exheredación.
disintegrate [disíntɛgreit], *va.* y *vn.* desintegrar(se), desagregar(se), disgregar(se); desmoronarse, deshacerse.
disintegration [-éiŝon], *s.* desagregación, disgregación, desintegración.
disinter [disintœ́r], *va.* exhumar, desenterrar.
disinterest [disíntœrɛst], *s.* desinterés; indiferencia, apatía; desventaja.
disinterested [-id], *a.* desinteresado, desprendido, imparcial, sin interés personal; indiferente.

disinterment [disintœ́rmęnt], *s.* exhumación, desenterramiento.
disjoin [disdẑóin], *va.* desunir, apartar, separar, despegar, disgregar.
disjoint [disdẑóint]. **I.** *va.* descoyuntar, dislocar, desarticular; desgonzar, desunir, desarreglar; trinchar (un ave). **II.** *vn.* descoyuntarse, etc.—**disjointed** [-id], *a.* dislocado, descoyuntado; desarticulado.—**disjointedness** [-nis], *s.* descoyuntamiento.
disjunct [disdẑʌ́ŋkt], *a.* descoyuntado, dislocado.
disjunction [disdẑʌ́ŋkŝǫn], *s.* disyunción, descoyuntamiento, dislocación, disgregación.
disjunctive [disdẑʌ́ŋktiv], *a.* y *s.* disyuntivo.
disjunctively [-li], *adv.* disyuntivamente.
disk [disk], *s.* disco; redondo, rodaja, tejo; lenteja (de péndola); (igl.) patena; (bot., zool.) disco.
disk harrow, *s.* (agr.) cultivadora o escarificador de discos, grada de discos.
disk jockey, *s.* (fam., rad.) narrador de un programa de discos.
disk plow, *s.* arado de discos.
disk saw, *s.* sierra circular, sierra giratoria.
disk wheel, *s.* rueda de disco, rueda de plato.
dislike [disláik]. **I.** *s.* aversión, antipatía, tirria. **II.** *va.* tener aversión a, no gustar de, querer mal.
disliked [-t], *a.* malquisto, malmirado.
dislocate [díslokeit], *va.* dislocar, descoyuntar.
dislocation [-éiŝǫn], *s.* dislocación, descoyuntamiento, luxación.
dislodge [disládẑ]. **I.** *va.* desalojar, echar fuera. **II.** *vn.* desalojar, mudarse.
disloyal [dislóiąl], *a.* desleal, falso, infiel, pérfido, traidor.—**disloyally** [-i], *adv.* deslealmente.—**disloyalty** [-ti], *s.* deslealtad.
dismal [dízmąl]. **I.** *a.* triste, funesto, lúgubre. **II.** *s.* pantano, ciénago (del sur de los E. U.).—*pl.* (fam.) esplín, morriña, zangarriana.—**dismally** [-i], *adv.* funesta o tristemente.—**dismalness** [-nis], *s.* tristeza, melancolía; lobreguez.
dismantle [dismǽntl], *va.* desguarnecer, desamueblar; desmantelar; (mar.) desaparejar; (mec.) desmontar.
dismast [dismǽst], *va.* (mar.) desarbolar.
dismay [disméi]. **I.** *s.* desaliento, desánimo, desmayo, congoja; espanto, consternación. **II.** *va.* desanimar, espantar, aterrar.
dismember [dismémbœ(r)], *va.* desmembrar.
dismemberment [-męnt], *s.* desmembración.
dismiss [dismís], *va.* despedir, echar, destituir, remover; descartar, echar a un lado; disolver (una junta, jurado, etc.); (mil.) licenciar, dar de baja.
dismissable, dismissible [-ąbl, -ibl], *a.* destituíble.
dismissal [-ąl], **dismission** [dismíŝǫn], *s.* despedida, remoción, destitución, deposición; liberación; (mil.) licenciamiento; despido.
dismissory, dismissive [dismísori, -siv], *a.* que despide, destituye o licencia; dismisorio.
dismount [dismáunt]. **I.** *va.* desmontar; (mec.) desarmar; (arti.) desplantar. **II.** *vn.* desmontar o descabalgar, apearse; bajar.
disobedience [disobídięns], *s.* desobediencia.
disobedient [-ent], *a.* desobediente.
disobediently [-li], *adv.* desobedientemente.
disobey [disobéi], *va.* y *vn.* desobedecer.
disoblige [disobláidẑ], *va.* desobligar, desplacer, no complacer.—**disobliging** [-iŋ], *a.* poco complaciente, poco servicial.—**disobligingly** [-li], *adv.* desatentamente.
disorder [disórdœ(r)]. **I.** *s.* desorden, desarreglo, desbarajuste, barullo; irregularidad; alboroto o motín; enfermedad; enajenación mental.—**in d.,** en desorden; a la desbandada. **II.** *va.* desordenar, desarreglar, desbarajustar; inquietar; perturbar.
disorderliness [-linis], *s.* desorden, confusión; perturbación, turbulencia.
disorderly [-li]. **I.** *a.* desordenado, desarreglado; turbulento, alborotador; escandaloso; inmoral; perturbador.—**d. conduct,** conducta escandalosa o contra la moral pública; desvergüenza.—**d. house,** casa de vicio (esp. burdel). **II.** *adv.* desordenadamente; turbulentamente; escandalosamente.
disorganization [disorgąnizéiŝǫn], *s.* desorganización; desarreglo, desorden.
disorganize [disórgąnaiz], *va.* desorganizar.
disorganizer [-œ(r)], *s.* desorganizador.
disorientate [disórienteit], *va.* desorientar.
disorientation [-éiŝǫn], *s.* desorientación.
disown [disóun], *va.* repudiar, negar, desconocer; renunciar, renegar de.
disparage [dispǽridẑ], *va.* rebajar, menospreciar, deprimir, desdorar, desacreditar.
disparagement [-męnt], *s.* rebajamiento, menosprecio, detracción.
disparaging [-iŋ], *a.* menospreciativo, detractivo.—**disparagingly** [-li], *adv.* desdeñosamente; con desdoro.
disparate [dísp ąreit], *a.* desigual, discorde; desemejante, diferente.
disparity [dispǽriti], *s.* disparidad, desemejanza, desigualdad, diferencia, desproporción.
dispart [dispárt]. **I.** *va.* despartir, apartar, dividir, separar. **II.** *vn.* partirse, dividirse, rajarse. **III.** *s.* (arti.) punto de mira.
dispassionate [dispǽŝǫnit], *a.* desapasionado, imparcial.—**dispassionately** [-li], *adv.* imparcialmente, sin pasión, desapasionadamente.
dispatch [dispǽch]. **I.** *va.* despachar, expedir; enviar, remitir; despedir; aviar, apresurar; concluir, rematar; matar. **II.** *s.* despacho; expedición, prontitud; parte, mensaje, comunicación, telegrama, *m.;* despedida, destitución; ejecución, muerte, *f.;* medio rápido de transporte.—**d. boat,** (mar.) aviso.
dispatcher [-œ(r)], *s.* despachador; expedidor; (f. c.) director del movimiento de trenes.
dispauperize [dispópœraiz], *va.* suprimir el pauperismo en.
dispel [dispél], *va.* dispersar; disipar, desvanecer.
dispensable [dispénsąbl], *a.* dispensable.
dispensary [dispénsąri], *s.* dispensario: botiquín.
dispensation [dispenséiŝǫn], *s.* distribución, reparto; administración, gobierno; dispensación, dispensa o exención; (teo.) designio divino; acto o plan providencial; ley divina.
dispensator [díspenseitǫ(r)], *s.* dispensador.
dispensatory [dispénsątori]. **I.** *s.* farmacopea; dispensario. **II.** *a.* dispensador.
dispense [dispéns], *va.* distribuir, repartir; administrar (justicia); dispensar, excusar, eximir.—**to d. with,** hacer caso omiso de, renunciar a, pasar sin, prescindir de.
dispenser [-œ(r)], *s.* dispensador.
dispeople [dispípl], *va.* despoblar, yermar.
dispersal [dispœ́rsąl], *s.* dispersión.
disperse [dispœ́rs]. **I.** *va.* dispersar; disipar, esparcir; propalar; (ópt.) separar (la luz) en sus colores componentes. **II.** *vn.* dispersarse; disiparse; desaparecer. **III.** *a.* disperso.—**dispersed phase,** (quím.) estado coloide (el de una substancia suspendida en un líquido).
disperser [-œ(r)], *s.* dispersador.
dispersion [dispœ́rŝǫn], *s.* dispersión; esparcimiento; difusión.
dispersive [dispœ́rsiv], *a.* dispersivo.—**d. power,** (ópt.) poder dispersivo.
dispirit [dispírit], *va.* desalentar, descorazonar.
dispiritedness [-idnis], *s.* desaliento, desánimo.
dispiriting [-iŋ], *a.* desalentador.
displace [displéis], *va.* dislocar; remover; desalojar, quitar el puesto a; (mar. y fig.) desplazar; (quím., farm.) colar.—**displaced persons,** personas desplazadas, los que huyen de su patria ante una invasión, o que son llevados por el enemigo para trabajos forzados.—**displacement** [-męnt], *s.* desalojamiento; remoción; cambio de situación; (mar.) desplazamiento, tonelaje; (med.) desplazamiento, ectopia; (quím.) coladura; (geol.) falla, quiebra.—**displacer** [-œ(r)], *s.* (quím.) colador.
displant [displǽnt], *va.* desarraigar.

display [dįspléį]. I. *va.* desplegar, abrir, extender; exhibir, mostrar, lucir, exponer; poner de manifiesto; (impr.) componer con tipo grande o de adorno. II. *s.* despliegue; exhibición, ostentación, manifestación; pompa o fausto.—**d. type,** (impr.) tipo de adorno.—**d. window,** escaparate.—**on d.,** en exhibición.
displease [dįsplíz], *va.* y *vn.* desagradar, desplacer, descontentar, disgustar.—**displeasing** [-įŋ], *a.* desagradable, antipático, displicente.
displeasure [dįsplέžũ(r)], *s.* desagrado, disfavor.
displume [dįsplúm], *va.* desplumar; degradar.
disport [dįspórt]. I. *vn.* y *vr.* entretenerse, retozar, divertirse. II. *s.* diversión, pasatiempo.
disposable [dįspóuząbl], *a.* disponible.
disposal [dįspóuząl], *s.* disposición; colocación, arreglo; distribución, repartimiento; venta; donación; enajenación.—**at your d.,** a su disposición.
dispose [dįspóuz]. I. *va.* disponer, arreglar, adaptar; inclinar el ánimo; ordenar, mandar. II. *vn.* disponer.—**to d. of,** acabar con, poner fin a; deshacerse o desprenderse de, dar, vender, enajenar, traspasar; disponer de, tener a su disposición.
disposition [dįspozíŝǫn], *s.* disposición; arreglo, orden(ación); genio, natural, índole, *f.*, modo de ser; inclinación, ánimo, propensión; tendencia.
dispositive [dįspázįtįv], *a.* dispositivo.
dispossess [dįspǫzés], *va.* desposeer, desalojar, desaposentar; (for.) desahuciar, lanzar.—**to d. one's self of,** desprenderse de.
dispossession [-zéŝǫn], *s.* desposeimiento; (for.) desahucio, lanzamiento.
dispossessor [-zésǫ(r)], *s.* desposeedor; desahuciador; quien desposee o desahucia.
dispraise [dįspréįz]. I. *va.* menospreciar; criticar, censurar. II. *s.* menosprecio; censura o desaprobación.
disproof [dįsprúf], *s.* confutación, refutación.
disproportion [dįspropórŝǫn]. I. *s.* desproporción, desigualdad. II. *va.* desproporcionar.
disproportional [-ąl], *a.* desproporcionado.
disproportionally [-ąlį], *adv.* desproporcionadamente.
disproportionate [-įt], *a.* desproporcionado.
disproportionately [-įtlį], *adv.* desproporcionadamente.
disproportionation [-éįŝǫn], *s.* (quím.) dismutación.
disprovable [dįsprúvąbl], *a.* refutable.
disproval [dįsprúvąl], *s.* confutación, refutación.
disprove [dįsprúv], *va.* confutar, refutar.
disputability [dįspįutąbílįtį], **disputableness** [díspįutąblnįs], *s.* calidad de disputable, discutible, controvertible, contestable, opinable.
disputable [-ąbl], *a.* disputable.—**disputant** [-ąnt], *a.* y *s.* disputador.—**disputation** [-éįŝǫn], *s.* disputa.—**disputatious** [-éįŝʌs], **disputative** [dįspįútątįv], *a.* disputador, litigioso, polémico.
dispute [dįspįút]. I. *va.* refutar, impugnar; disputar, luchar por. II. *vn.* disputar, discutir, controvertir, pleitear. III. *s.* disputa, discusión, altercado, contienda, controversia, polémica, reyerta; (for.) litigio, pleito.
disputer [-œ(r)], *s.* disputador; controversista.
disqualification [dįskwálįfįkéįŝǫn], *s.* descalificación, inhabilitación; impedimento.
disqualified [-faįd], *a.* descalificado, inhabilitado; incompetente.
disqualify [-faį], *va.* descalificar, inhabilitar.
disquiet [dįskwáįεt]. I. *s.* inquietud, intranquilidad, desasosiego. II. *va.* inquietar, intranquilizar, desasosegar, (per)turbar.
disquieting [-įŋ], *a.* inquietante.
disquietness [-nįs], **disquietude** [-įud], *s.* inquietud, desasosiego, intranquilidad.
disquisition [dįskwįzíŝǫn], *s.* disertación, disquisición.
disregard [dįsrįgárd]. I. *va.* desatender, desconocer, hacer caso omiso de, no hacer caso de; descuidar; desairar, despreciar. II. *s.* desatención, descuido, omisión; desprecio, desaire.—**disregardful** [-fųl], *a.* desatento; negligente.—**disregardfully** [-į], *adv.* desatentamente.
disrelish [dįsrélįŝ]. I. *s.* repugnancia, aversión, disgusto; desazón, *f.*, desabrimiento. II. *va.* sentir repugnancia o aversión a; desazonar.
disrepair [dįsrįpέr], *s.* desarreglo, descompostura.
disreputability [dįsrépyųtąbílįtį], *s.* mala reputación.
disreputable [-ąbl], *a.* deshonroso, desdoroso; desacreditado, despreciable, bajo, vergonzoso; (fig.) desgarbado, dilapidado.
disreputably [-ąblį], *adv.* deshonrosamente.
disrepute [dįsrįpįút], *s.* descrédito, mala fama, mal nombre, desprestigio.—**to bring into d.,** desprestigiar, desacreditar.
disrespect [dįsrįspékt]. I. *s.* desatención, desacato, falta de respeto. II. *va.* desacatar, desairar; faltar al respeto a.—**disrespectful** [-fųl], *a.* irrespetuoso, irreverente.—**disrespectfully** [-į], *adv.* irrespetuosamente.
disrobe [dįsróųb]. I. *va.* desnudar, desvestir; (fig.) despojar. II. *vn.* desnudarse.
disroot [dįsrút], *va.* desarraigar; desalojar.
disrupt [dįsrʌ́pt], *va.* romper; rajar, reventar, hacer pedazos; desorganizar, desbaratar.
disruption [dįsrʌ́pŝǫn], *s.* desgarro, rotura; reventazón, *f.*; separación; desorganización o rompimiento; (elec.) interrupción (de un arco).
disruptive [dįsrʌ́ptįv], *a.* desgarrador, destrozador, destructor, quebrantador, rajante.—**d. discharge,** (elec.) descarga violenta que vence la resistencia del aislamiento.—**d. spark,** (elec.) chispa de descarga.—**d. strength,** (elec.) resistencia dieléctrica, resistencia a la perforación por chispas.
dissatisfaction [dįsætįsfǽkŝǫn], *s.* descontento, disgusto.—**dissatisfactoriness** [-torįnįs], *s.* incapacidad de contentar.—**dissatisfactory** [-torį], *a.* poco o nada satisfactorio.
dissatisfy [dįsǽtįsfaį], *va.* descontentar o desagradar.
dissect [dįsékt], *va.* anatomizar, disecar, dividir o cortar en pedazos; (fig.) criticar, analizar.—**dissecting knife,** escalpelo.—**d. room,** sala de disección, anfiteatro anatómico.
dissection [dįsékŝǫn], *s.* disección, disecación, anatomía; análisis, *mf.*; objeto disecado.
dissector [dįséktǫ(r)], *s.* disecador, disector.
disseize [dįsíz], *va.* (for.) usurpar el dominio.
disseizin [dįsízįn], *s.* (for.) usurpación de tierras o heredades, o del dominio de éstas.
disseizor [-ǫ(r)], *s.* (for.) usurpador.
dissemble [dįsémbl], *va.* y *vn.* disimular, fingir, disfrazar, embozar, desmentir, encubrir; hacer la vista gorda.—**dissembler** [-blœ(r)], *s.* hipócrita, *mf.*, fingidor, disimulador.—**dissemblingly** [-blįŋlį], *adv.* fingidamente, disimuladamente.
disseminate [dįséminejt], *va.* diseminar, esparcir, propagar, sembrar; divulgar, propalar.—**dissemination** [-éįŝǫn], *s.* diseminación.—**disseminator** [-ejtǫ(r)], *s.* diseminador; propalador.
dissension [dįsénŝǫn], *s.* disensión, desunión, desacuerdo, discordia; oposición.
dissent [dįsént]. I. *vn.* disentir, diferir, disidir; rehusar adhesión. II. *s.* disensión, disentimiento, desavenencia; disidencia.
dissenter [-œ(r)], *s.* disidente.
dissentient [dįsénŝįęnt]. I. *a.* desconforme u opuesto. II. *s.* disidente.
dissentious [dįsénŝʌs], *a.* contencioso, pendenciero.—**dissentiously** [-lį], *adv.* contenciosamente.
dissertate [dísœrtejt], *vn.* disertar.
dissertation [-éįŝǫn], *s.* disertación, tesis.
dissertator [-ǫ(r)], *s.* disertador.
disserve [dįsœ́rv], *va.* deservir.—**disservice** [-įs], *s.* deservicio.—**disserviceable** [-ąbl], *a.* perjudicial, dañoso.

dissever [dįsévœ(r)], *va.* partir, dividir, separar, desmembrar.
disseverance [-ąns], *s.* división, separación.
dissidence [dísįdęns], *s.* disidencia.
dissident [-ęnt], *a.* y *s.* disidente.
dissilience, dissiliency [dįsílięns, -i], *s.* (bot.) dehiscencia.—**dissilient** [-ęnt], *a.* dehiscente.
dissimilar [dįsímįlą(r)], *a.* disímil, desemejante.
dissimilarity [-lǽrįtį], *s.* desemejanza, disimilitud, diferencia, desconformidad, desigualdad.
dissimilate [dįsímįleįt], *va.* y *vn.* (fon.) disimilar(se).
dissimilation [-éįšǫn], *s.* (fon.) disimilación; (biol.) catabolismo.
dissimilitude [dįsįmílįtįud], *s.* = DISSIMILARITY.
dissimulate [dįsímyųleįt], *va.* y *vn.* = DISSEMBLE.
dissimulation [-éįšǫn], *s.* disimulo, disimulación, disfraz, *m.*, hipocresía: tolerancia afectada.
dissimulative [-tįv], *a.*, **dissimulator** [-tǫ(r)], *s.* disimulador.
dissipate [dísįpeįt]. **I.** *va.* y *vn.* disipar(se), dispersar(se); desintegrar(se), desvanecer(se), evaporar(se). **II.** *va.* desperdiciar, derrochar, malgastar. **III.** *vn.* ser pródigo o disoluto.
dissipated [-įd], *a.* disipado, disoluto, crapuloso, relajado.—**dissipation** [-éįšǫn], *s.* disipación; libertinaje.
dissociable [dįsóųšąbl], *a.* incongruo; insociable; separable.
dissocial [dįsóųšąl], *a.* insociable, huraño.
dissociate [dįsóųšįeįt], *va.* disociar, dividir, separar, desunir, disgregar.—**dissociation** [-éįšǫn], *s.* disociación, separación, desunión, disgregación.
dissociative [-ątįv], *a.* disociador.
dissolubility [dįsályųbílįtį], *s.* disolubilidad.
dissoluble [-bl], *a.* disoluble.
dissolute [dísolįut], *a.* disoluto, distraído, libertino, licencioso.—**dissolutely** [-lį], *adv.* disolutamente.—**dissoluteness** [-nįs], *s.* disolución, disipación, relajación, enviciamiento.
dissolution [-lįúšǫn], *s.* disolución; muerte, *f.*
dissolvable [dįzálvąbl], *a.* disoluble.
dissolve [dįzálv]. **I.** *va.* disolver; disipar; dispersar; deshacer, desunir; derretir, desleír; (for.) derogar, revocar, anular; (fot.) desvanecer gradualmente una fotografía cinematográfica e irla cambiando en otra. **II.** *vn.* disolverse; descomponerse; descaecer, languidecer; desvanecerse.
dissolvent [-ęnt], *a.* y *s.* disolvente.
dissolving [-iŋ], *ger.* de TO DISSOLVE.—**d. view,** (fot.) fotografía cinematográfica que gradualmente se desvanece y se va cambiando en otra.
dissonance, dissonancy [dísonąns, -i], *s.* disonancia, desentonación; desconcierto, discordia.
dissonant [-ąnt], *a.* disonante, discordante; contrario, discorde, opuesto.
dissuade [dįswéįd], *va.* disuadir, desaconsejar, desviar, apartar.—**dissuasion** [-žǫn], *s.* disuasión.—**dissuasive** [-sįv]. **I.** *a.* disuasivo. **II.** *s.* disuasión, consejo.
dissyllabic [dįsįlǽbįk], *a.* disílabo.
dissyllable [dįsíląbl], *s.* (gram.) disílabo.
dissymmetric(al [dįsįmétrįk(ąl], *a.* disimétrico, no simétrico.—**dissymmetry** [dįsímɛtrį], *s.* disimetría, falta de simetría.
distaff [dístæf], *s.* rueca.—**d. side,** línea femenina.
distal [dístąl], *a.* (biol.) distante del centro.
distance [dístąns]. **I.** *s.* distancia; alejamiento; lejanía, lontananza; tirada, trecho; intervalo; respeto, miramiento; esquivez, frialdad, altivez. —**at a d.,** lejos, remoto; a lo largo.—**in the d.,** en lontananza, a lo lejos.—**to keep one's d.,** mantenerse a distancia; no familiarizarse. **II.** *va.* alejar, apartar; espaciar; tomar la delantera, dejar atrás, (sobre)pasar; adelantarse (a).
distant [dístąnt], *a.* distante, alejado, apartado, lejano, remoto; serio, esquivo, extraño.—**to be d. with one,** tratar a uno con frialdad.
distantly [-lį], *adv.* a distancia, de lejos; en lontananza.
distaste [dįstéįst], *s.* fastidio, aversión, disgusto.
distasteful [-fųl], *a.* desabrido, desagradable.
distemper [dįstɛmpœ(r)]. **I.** *s.* destemplanza o destemple; mal, morbo; (vet.) moquillo; enfermedad infecciosa; (fig.) mal humor, destemplanza; perturbación política; (pint.) templa; pintura al temple. **II.** *va.* destemplar, desordenar, perturbar; enfermar.
distend [dįsténd], *va.* tender, ensanchar, dilatar, inflar, hinchar; (med.) distender.
distensibility [-sįbílįtį], *s.* dilatabilidad.
distensible [dįsténsįbl], *a.* dilatable, (med.) distensible.—**distension, distention** [-šǫn], *s.* dilatación, inflación, (med.) distensión.
distich [dístįk], *s.* (poét.) dístico.
distichous [-ʌs], *a.* (bot.) dístico.
distil(l [dįstíl]. **I.** *va.* destilar; alambicar, alquitarar. **II.** *vn.* destilar; exudar, gotear.—**distillable** [-ąbl], *a.* destilable.—**distillate** [dístįleįt], *s.* líquido o producto de destilación.—**distillation** [-éįšǫn], *s.* destilación; alambicación.
distillatory [-ątorį], *a.* destilatorio.
distiller [-œ(r)], *s.* destilador, refinador; condensador de alambique.
distillery [-œrį], *s.* destilería, destilatorio, refinería.—**distilling** [-iŋ], *a.* destilador, destilatorio.—**d. vessel,** destiladera.
distinct [dįstíŋkt], *a.* distinto, claro, preciso; diferente, diverso.—**d. from,** distinto a.
distinction [dįstíŋkšǫn], *s.* distinción; discernimiento, juicio; distintivo; honor, alto rango.—**in d. from** o **to,** a distinción de.
distinctive [dįstíŋktįv], *a.* distintivo, característico, privativo, de distinción.
distinctively [-lį], **distinctly** [-lį], *adv.* distintamente, claramente.
distinctness [-nįs], *s.* distinción, claridad.
distinguish [dįstíŋgwįš], *va.* distinguir, diferenciar, discernir; clasificar, marcar; honrar; individuar, singularizar.—**distinguishable** [-ąbl], *a.* distinguible, discernible, perceptible.
distinguished [-t], *a.* distinguido, notable, famoso, prestigioso; caracterizado; especial, marcado, señalado.—**as d. from,** a distinción de, a diferencia de.
distomatous [daįstámatʌs], *a.* (zool.) dístomo.
distort [dįstórt], *va.* (re)torcer; deformar; falsear, pervertir, tergiversar.—**distortion** [dįstóršǫn], *s.* esguince, contorsión, torcimiento; deformación; perversión, tergiversación; (med.) detorsión.
distract [dįstrǽkt], *va.* distraer; perturbar, interrumpir; enloquecer, volver loco.—**distracted** [-įd], *a.* aturrullado, aturdido; demente.—**distractedly** [-lį], *adv.* locamente.—**distraction** [dįstrǽkšǫn], *s.* distracción, confusión, perturbación; frenesí, locura; desorden, alboroto; diversión, pasatiempo.—**distractive** [-tįv], *a.* que distrae, perturba o enloquece.
distrain [dįstréįn], *va.* y *vn.* (for.) embargar, secuestrar.
distrainer [-œ(r)], *s.* (for.) embargador.
distraint [-t], *s.* (for.) embargo, secuestro.
distraught [dįstrót], *a.* = DISTRACTED.
distress [dįstrés]. **I.** *s.* pena, dolor; angustia, zozobra; desgracia, miseria, apuro, escasez; peligro; (for.) embargo, secuestro.—**d. signals,** señales (*f.*) de socorro o de peligro.—**to put in in d.,** (mar.) entrar de arribada. **II.** *va.* angustiar, afligir; poner en aprieto; (for.) embargar, secuestrar.
distressful [-fųl], *a.* = DISTRESSING.
distressfully [-i], *adv.* acongojadamente, desdichadamente.
distressing [-iŋ], *a.* penoso, congojoso, aflictivo.
distributary [dįstríbįuterį]. **I.** *a.* distributivo. **II.** *s.* brazo de río que no se reúne con éste.
distribute [dįstríbįut]. **I.** *va.* distribuir, (re)partir; clasificar, arreglar, disponer. **II.** *vn.* hacer distribución; (impr.) distribuir.—**distributer** [-œ(r)], *s.* distribuidor, repartidor, dispensador.
distribution [-bįúšǫn], *s.* distribución, (re)partición, repartimiento; colocación, arreglo, disposición, clasificación; esparcimiento; (arq., impr.) distribución.

distributive [dįstrĭbiutįv], *a.* distributivo.
distributively [-lį], *adv.* distributivamente.
district [dĭstrįkt], *s.* distrito, comarca, partido o territorio; barriada, barrio (de ciudad); región, jurisdicción.—**d. attorney,** fiscal de un distrito judicial.
distrust [dįstrʌ́st]. **I.** *va.* desconfiar, recelar, sospechar. **II.** *s.* desconfianza, recelo, sospecha, suspicacia, cavilación; descrédito.
distrustful [-fųl], *a.* desconfiado, receloso, caviloso; suspicaz, sospechoso; difidente o modesto.
disturb [dįstœ́rb], *va.* disturbar, alborotar, alterar, conmover, (per)turbar; distraer, interrumpir; inquietar, desasosegar; desordenar, revolver.—**disturbance** [-ąns], *s.* disturbio, conmoción, perturbación, confusión, desorden, alboroto, tumulto, revuelo; perplejidad, irresolución.—**d. of the peace,** alteración del orden.—**disturber** [-œ(r)], *s.* perturbador, inquietador, desbaratador.—**disturbing** [-įŋ], *a.* perturbador, inquietante.
disulfate, disulphate [daisʌ́lfeįt], *s.* (quím.) bisulfato.—**disulfid(e** [-fįd, -faįd], *s.* (quím.) bisulfuro.
disunion [dįsyúnyǫn], *s.* desunión; disociación, separación; discordia, desavenencia.
disunionist [-įst], *s.* (pol.) separatista.
disunite [dįsyunáįt]. **I.** *va.* desunir; disociar, separar; dividir; desavenir. **II.** *vn.* desunirse, separarse; desavenirse.
disunity [dįsyúnįtį], *s.* desunión, separación.
disuse [dįsyús]. **I.** *s.* desuso, deshabituación. **II.** [dįsyúz], *va.* desusar, desacostumbrar; cesar de usar; desechar (ropa, etc.).
disutility [dįsyutĭlįtį], *s.* (e. p.) incomodidad; inconveniencia, impedimento.
disutilize [dįsyútįlaįz], *va.* inutilizar.
disyoke [dįsyóųk], *va.* desuncir.
ditch [dĭch]. **I.** *s.* zanja, caz, *m.*, acequia, regadero; cuneta; trinchera; (fort.) foso, cárcava; (hidr.) presa, badén.—**to the last d.,** hasta quemar el último cartucho, sin cejar. **II.** *va.* zanjar, acequiar, abarrancar; (fam.) abandonar, desembarazarse de, dar calabazas a.
ditcher [-œ(r)], *s.* cavador de zanjas; máquina de hacer zanjas.
ditheism [dáįθįizm], *s.* diteísmo, creencia en un dios bueno y uno malo.
dither [dĭðœ(r)]. **I.** *s.* temblor; (fam.) agitación. —**to be (all) in a d.,** (fam.) estar sumamente nervioso o agitado. **II.** *vn.* temblar, tiritar; vibrar; molestarse.
dithionic [daįθaįánįk], *a.* (quím.) ditiónico, hiposulfúrico.
dithyramb [dĭθįræm(b)], *s.* ditirambo.
dithyrambic [dįθįrǽmbįk]. **I.** *s.* ditirambo. **II.** *a.* ditirámbico.
ditone [dáįtoųn], *s.* (mús.) dítono.
dittany [dĭtąnį], *s.* (bot.) díctamo.
ditto [dĭtoų]. **I.** *s.* ídem; el o lo mismo; marca (") o abreviatura (*id.*) que se usa en lugar de *ídem;* (fam.) duplicado, copia fiel. **II.** *va.* duplicar, copiar. **III.** *adv.* como ya se dijo; asimismo.
ditty [dĭtį], *s.* (mús.) cantinela.—**d. bag, d. box,** (mar.) saco, caja de costura.
diuresis [daįyųrĭsįs], *s.* (med.) diuresis.
diuretic [daįyųrétįk], *a.* y *s.* (med.) diurético.
diurnal [daįœ́rnąl]. **I.** *a.* diurno; de día. **II.** *s.* (igl.) diurno.
diurnally [-į], *adv.* diariamente.
diva [dívą], *s.* diva, cantatriz afamada.
divagate [dáįvągeįt], *vn.* vagar perdido; divagar. —**divagation** [-éįšǫn], *s.* divagación.
divalent [daįvéįlęnt], *a.* (quím.) bivalente.
divan [dáįvæn *o* dįvǽn], *s.* diván; cámara; café, fumadero; otomana.
divaricate [daįvǽrįkeįt]. **I.** *va.* y *vn.* bifurcar o bifurcarse. **II.** *a.* esparrancado.
divarication [-éįšǫn], *s.* bifurcación.
dive [dáįv]. **I.** *vn.* za(m)bullirse, echarse o tirarse de cabeza; bucear; sumergirse, enfrascarse, profundizar; (aer.) picar, descender en fuerte declive con la cabeza hacia abajo. **II.** *s.* za(m)bullidura, buceo; enfrascamiento; (fam.) garito, leonera, lupanar; (aer.) picada, descenso rápido de cabeza.—**d. bomber,** (aer.) avión (*m.*) de bombardeo en picada.—**d. bombing,** (mil.) bombardeo en picada.
diver [-œ(r)], *s.* za(m)bullidor, buceador, buzo; (orn.) somorgujo.
diverge [dįvœ́rdž], *vn.* divergir, diferir, desviarse.
divergence, divergency [-ęns, -į], *s.* divergencia. —**divergent** [-ęnt], *a.* divergente.
divers [dáįvœrz], *a.* varios, diversos.
diverse [dįvœ́rs], *a.* diverso; multiforme, polifacético, variado.—**diversely** [-lį], *adv.* diversamente, distintamente.
diversification [-įfįkéįšǫn], *s.* diversificación, variación.—**diversify** [-įfaį], *va.* diversificar, variar, matizar.
diversiform [-įfɔrm], *a.* diversiforme.
diversion [dįvœ́ršǫn], *s.* desviación; diversión, divertimiento, distracción, entretenimiento; (mil.) diversión.
diversionary [-ɛrį], *a.* (mil.) de o semejante a diversión.
diversity [dįvœ́rsįtį], *s.* diversidad, variedad; diferencia, desemejanza, distinción, divergencia.
divert [dįvœ́rt], *va.* desviar, apartar; divertir, distraer, recrear.—**diverting** [-įŋ], *a.* divertido, entretenido, recreativo.
divertisement [-įzmęnt], *s.* diversión, holgura; divertimiento; intermedio de baile.
divertissement [divɛrtismán], *s.* (teat.) entretenimiento; pieza o representación ligera; (mús.) divertimiento, pieza ligera; baturrillo.
divertive [dįvœ́rtįv], *a.* diversivo; recreativo, divertido.
divertor [-ǫ(r)], *s.* (elec.) desviador.
divest [dįvést], *va.* desnudar; despojar; desposeer.
divestiture [-įchų(r)], *s.* despojo; (for.) desposeimiento.
dividable [dįváįdąbl], *a.* divisible.
divide [dįváįd]. **I.** *va.* dividir; (des)partir, desmembrar, desunir, separar; deslindar; graduar; repartir, compartir. **II.** *vn.* dividirse. **III.** *s.* (geog.) vertiente, *f.;* divisoria; cordillera o cresta divisorias de dos cuencas o valles.—**the Great D.,** (E. U.) los montes Rocosos.
divided [-įd], *pp.* de TO DIVIDE.—**d. skirt,** falda pantalón.
dividend [dĭvįdend], *s.* (arit. y com.) dividendo.
divider [dįváįdœ(r)], *s.* (re)partidor, distribuidor, desmembrador; divisor.—*pl.* compás de división, compás de punta fija o seca.
dividing [-įŋ], *a.* divisor(io).
divi-divi [dĭvį-dĭvį], *s.* (bot.) dividivi.
divination [dįvįnéįšǫn], *s.* (a)divinación.
divine [dįváįn]. **I.** *a.* divino. **II.** *s.* sacerdote, ministro del culto; teólogo. **III.** *va.* adivinar; vaticinar.
divinely [-lį], *adv.* divinamente.—**divineness** [-nįs], *s.* divinidad.
diviner [-œ(r)], *s.* adivino, agorero; adivinador, conjeturador.—**divineress** [-ɛs], *s.* adivina, profetisa, sibila.
diving [dáįvįŋ], *s.* za(m)bullida, za(m)bullimiento; buceo; (aer.) picada (= DIVE).—**d. beetle,** escarabajo acuático.—**d. bell,** campana de buzo.—**d. board,** trampolín o plataforma de saltar al agua.—**d. suit** o **dress,** escafandra o vestidura de bucear.
divining [dįváįnįŋ], *ger.* de TO DIVINE.—**d. rod,** vara de adivinar, vara mágica; (min.) vara buscadora, que sirve para determinar la presencia de agua o mineral subterráneos.
divinity [dįvĭnįtį], *s.* divinidad; deidad, numen; teología; atributo divino.
divinize [dĭvįnaįz], *va.* divinizar.—**divinization** [-nįzéįšǫn], *s.* divinización.
divisibility [dįvįzįbĭlįtį], **divisibleness** [dįvĭzįblnįs], *s.* divisibilidad.
divisible [-bl], *a.* divisible; (for.) dividuo.
division [dįvĭžǫn], *s.* división; distribución, repart(imient)o; ramo, negociado, departamento;

sección; parte, *f.*, grupo; desunión; desacuerdo, disensión; (pol.) votación por grupos; (arit., mil., mar.) división.—**d. of labor,** (e. p.) división del trabajo.
divisional, divisionary [-al, -ɛri], *a.* divisional, divisorio.
divisive [diváisiv], *a.* divisivo.
divisor [diváizo(r)], *s.* (arit.) divisor.
divorce [divórs]. **I.** *s.* divorcio. **II.** *va.* divorciar; divorciarse de.—**divorceable, divorcible** [-abl], *a.* que se puede divorciar.—**divorcee** [-í], *s.* esposa divorciada.—**divorcement** [-ment], *s.* divorcio.—**divorcer** [-œ(r)], *s.* divorciador.
divot [dívot], *s.* (golf) tepe arrancada con un golpe de palo.
divulgation [divʌlgéišon], *s.* divulgación.
divulge [divʌ́ldž], *va.* divulgar, revelar, propalar.
divulsion [divʌ́lšon], *s.* arrancamiento; (cir.) dilaceración, divulsión, desgarro.
Dixie [díksi], *s.* el sur de los Estados Unidos.
Dixiecrat [díksikræt], *s.* (E. U., pol.) demócrata sureño que aboga por los derechos estatales.
dixit [díksit], *s.* afirmación dogmática.
dizen [dízen], *va.* ataviar, adornar.
dizzily [dízili], *adv.* vertiginosamente.
dizziness [dízinis], *s.* vértigo, vahido o vaguido; desvanecimiento.
dizzy [dízi]. **I.** *a.* vertiginoso, vaguido, desvanecido. **II.** *va.* causar vértigos o vahidos; aturdir.
do [du], *va.* (*pret.* DID; *pp.* DONE), hacer (justicia, bien, mal, un favor, el honor, daño, etc.); ejecutar; causar (peligro, daño, etc.); cumplir con (un deber, etc.); rendir, tributar (homenaje, etc.); cocinar (*to be done,* estar suficientemente cocinado, asado, etc.); componer, arreglar (la cama, un cuarto); aprender (una lección); hacer, ejecutar (un ejercicio, una suma); terminar; dejar de (*she has done weeping,* ella ha dejado de llorar); traducir; hacer de, desempeñar el papel de; agotar, abrumar; recorrer, andar (una distancia); (fam.) visitar, explorar, ver (como turista, etc.); (fam.) engañar, estafar; (fam.) (seguido de una expresión de tiempo) cumplir una condena de (el tiempo mencionado), estar o pasar en la cárcel o el presidio (el tiempo mencionado), vg., *he did a year in the penitentiary,* estuvo un año en la penitenciaría. —**to d. away with,** quitar, suprimir.—**to d. down,** (fam.) ganar a; engañar, embaucar.—**to d. in,** (fam.) pegarle a; despachar, matar; embaucar.—**to d. one's best, one's level best,** o **one's utmost,** hacer uno cuanto pueda, hacer lo posible.—**to d. over,** volver a hacer, hacer de nuevo; repetir; cubrir, revestir.—**to d. reverence,** rendir homenaje; inclinarse.—**to d. sewing, washing,** etc., coser, lavar, etc. —**to d. to death,** matar, despachar.—**to d. up,** componer, arreglar, poner en orden; planchar; envolver; (fam.) fatigar, cansar.—**to d. (up) brown,** (fam.) hacer perfectamente; embaucar.—**to have nothing (something) to d.,** no tener nada (tener algo) que hacer.
do, *vn.* conducirse; hacerlo, pasarlo (bien o mal); hallarse, estar (bien, mal, etc.: *to be doing,* ir; vg. *the patient is doing well,* el enfermo va bien); moverse, hacer algo, no estar ocioso; obrar, actuar; ser suficiente; servir; (con *to*) que hacer (*what is to do?* ¿qué hay que hacer?).—**to do by,** tratar a, portarse con.—**to d. for,** servir o bastar para; (en la voz pasiva, **to be done for,** estar arruinado o echado a perder; estar muerto o desahuciado).—**to d. with,** tratar, entenderse, habérselas con.—**to d. without,** pasarse sin; prescindir de.—**to have done,** haber terminado; desistir; no seguir adelante.—**to have done with,** haber terminado con; no tener más que ver con.—**to have to d. with,** tener que ver con; tener que entenderse o habérselas con; tratar de (*arithmetic has to do with numbers,* la aritmética trata de los números).—**how do you do?** (saludo) ¿cómo está Vd.? buenos días, etc.—**that will d.,** eso basta; eso sirve; (fam.) deja, déjate de eso; calla, no digas más.—**that will never d., that won't d.,** eso no se hace; eso no se hace así; así no se irá a ninguna parte.—**what are you going to d. about it?,** ¿qué piensa Vd. hacer? ¿qué puede Vd. hacer? ¿qué (se) le ha de hacer?
do, *aux.* Como auxiliar, *do* se emplea:—1°. Para indicar interrogación o negación: *do you see?* ¿ve usted? *I do not see,* no veo; *she did not come,* ella no vino. 2°. Como reproductor del verbo, para evitar su repetición; puede entonces traducirse repitiendo el verbo, o por los adverbios *sí, no,* o por el verbo *hacer: do you see him?* ¿lo ve usted?—*I do, I do not,* lo veo, no lo veo (o sí, no); *he was working busily, as he was in the habit of doing,* trabajaba activamente, como lo solía hacer. 3°. Antes de un verbo, para dar mayor fuerza a su significado: *he does write well,* él ciertamente escribe bien; *I do tell the truth,* yo sí digo la verdad; *do sing for us,* le ruego que nos cante; *do come tomorrow,* venga mañana sin falta. El traductor puede escoger la palabra o forma enfática que le parezca más apropiada. 4°. Expletivamente, después de adverbios y conjunciones, cuando el sujeto va después del verbo: *nor do I believe,* ni creo yo; *seldom did he complain,* él rara vez se quejaba.
do [dou], *s.* (mús.) do.
doable [dúabl], *a.* factible.
do-all [dúɔl], *s.* factótum.
doat, doating, doaty = DOTE, DOTING, etc.
dobbin [dábin], *s.* caballo dócil y fiel; caballo de labor; rocín.
docile [dásil], *a.* dócil, sumiso; fácil de manejar. —**docility** [dasíliti], *s.* docilidad.
docimastic [dasimǽstik], *a.* docimástico.
docimasy [dásimasi], *s.* docimasia, docimástica.
dock [dak]. **I.** *s.* (bot.) bardana, lampazo; muñón de la cola cercenada de un caballo; (tal.) codón; (mar.) dique, dársena; desembarcadero, muelle; (for.) barra; banquillo de los acusados. —**d.-tailed,** o **docked,** curto, rabón, rabicorto. **II.** *va.* cortar, cercenar; descolar, derrabar; reducir, rebajar (sueldo, etc.); (for.) rescindir; (mar.) poner en dique; (*va.* y *vn.*) entrar en muelle, atracar.
dockage [dákidž], *s.* entrada de un buque en dique; muellaje; reducción, rebaja; impurezas.
docker [dákœ(r)], **dockman** [dákman], *s.* estibador, trabajador de muelle.
docket [dákit]. **I.** *s.* minuta, sumario, extracto; rótulo, marbete; (for.) lista, turno, orden del día. **II.** *va.* extractar, hacer el sumario o minuta; rotular; dar turno, poner en el orden del día.
dockyard [dákyard], *s.* (mar.) astillero, arsenal.
doctor [dákto(r)]. **I.** *s.* doctor; médico. **II.** *va.* (fam.) medicinar, recetar; alterar y adulterar; reparar, componer. **III.** *vn.* tomar medicinas; practicar la medicina.
doctoral [-al], *a.* doctoral.—**doctorate** [-it], *s.* doctorado.—**doctoress** [-is], *s.* doctora o médica.—**doctorship** [-šip], *s.* doctorado.
doctrinaire [daktrinér], **doctrinarian** [-ian], *a.* y *s.* doctrinario; visionario, teorista.
doctrinairism [-izm], *s.* doctrinarismo.
doctrinal [dáktrinal], *a.* doctrinal; didáctico o instructivo.
doctrine [dáktrin], *s.* doctrina, dogma, *m.;* teoría.
document [dákyument]. **I.** *s.* documento. **II.** *va.* documentar; probar con documentos.
documental [-méntal], *a.* documental.
documentary [-ménteri]. **I.** *a.* documental. **II.** *s.* película documental.
documentation [-éišon], *s.* documentación.
dodder [dádœ(r)], *s.* (bot.) cúscuta.
dodder [dádœ(r)], *vn.* temblar, vacilar.
doddered [-d], *a.* decrépito, quebrantado.
doddering [-iŋ], *a.* temblón, senil; sandio.
dodecagon [dodékagan], *s.* **dodecagonal** [dodikǽgonal], *a.* (geom.) dodecágono.—**dodecahedron** [dodɛkahídron], *s.* (geom.) dodecaedro. —**dodecasyllable** [-sílabl], *s.* (verso) dodecasílabo.
dodge [dádž]. **I.** *va.* escabullirse, regatear (el

cuerpo); esquivar, soslayar (una dificultad), evadir; seguir con disimulo. **II.** *vn.* hacer quites; dar un quiebro o esquinazo; trampear, entrampar. **III.** *s.* regate; evasiva; esquinazo.
dodger [-œ(r)], *s.* trampista, sablacista; cartel o anuncio pequeño.
dodo [dóudou], *s.* (orn.) cierta ave ya extinta; (fam.) vejestorio.
doe [dou], *s.* (zool.) gama; hembra del gamo, de la liebre, del conejo, del canguro y del antílope. —**d. rabbit,** coneja.
doer [dúœ(r)], *s.* hacedor; actor, agente; persona activa.
does [dʌz], 3*a. pers. del pres. de indic. de* TO DO.
doeskin [dóuskin], *s.* ante, piel (*f.*) de gama; tejido fino de lana.
doff [daf], *va.* quitar; quitarse (el sombrero, la ropa, etc.).
dog [dóg], *s.* (zool.) perro, can; macho de algunos cuadrúpedos (zorro, lobo, chacal, etc.); sujeto despreciable, calavera o ligero de cascos; (mec.) grapa, cárcel, *f.*, barrilete; fiador, garra, trinquete; diente, perno; morillo; (astr.) Can (Mayor o Menor).—*pl.* tenazas de tracción.—**d. ape** o **baboon,** (zool.) mandril.—**d. biscuit,** canil, moyana.—**d.-cheap,** muy barato, regalado.—**d. days,** canícula, días caniculares. —**d. dung** o **excrement,** canina.—**d.-ear** = DOG'S EAR.—**d. fancier,** perrero.—**d. fennel,** (bot.) = MAYWEED.—**d. fox,** zorro macho; zorro azul.—**d. grass,** grama y otras clases de yerba.—**d. hook,** gancho, gancho de arrastre. —**d. iron,** morillo; llave de destornillar; gafa; grapa.—**d. kennel,** perrera.—**d. Latin,** latinajo, latín macarrónico.—**d.-rose,** (bot.) escaramujo, zarzaperruna, zarzarrosa.—**d.'s age,** (fam.) mucho tiempo.—**d.'s ear,** esquina doblada de una hoja de un libro.—**d. sledge** o **sled,** trineo tirado por perros.—**d.'s life,** (fam.) vida miserable.—**d.'s meat,** comida de perros; comida de desperdicios para perros.—**D. Star,** (astr.) Sirio; Proción, *m.*—**d.'s tongue,** (bot.) cinoglosa.—**d.'s tooth,** (bot.) diente de perro. —**d.-tired,** cansadísimo.—**a dead d.,** (fam.) una persona caída (que ha perdido su importancia o influencia).—**a d. in the manger,** el perro del hortelano.—**d. eat d.,** destrucción mutua.—**every d. has his day,** a cada cual le llega su turno o su San Martín.—**to drive to the dogs,** arruinar.—**to go to the dogs,** estar arruinado o perdido.—**to throw to the dogs,** tirar o descartar como inútil.—**to put on (the) d.,** (fam.) darse ínfulas.
dog, *va.* seguir los pasos o pisadas de alguno a, espiar, perseguir; (mec.) asegurar o afianzar con grapa, barrilete, etc.
dogbane [-bein], *s.* (bot.) matacán.
dogberry [-beri], *s.* (bot.) cornejo y su fruto.
dogbolt [-boult], *s.* (mec.) perno dobladizo para unir piezas en ángulo recto.
dogcart [-kart], *s.* carrito tirado por perro(s); dócar o dogcart, coche de dos ruedas con dos asientos situados espalda con espalda.
doge [doudž], *s.* dux.
dogfight [dógfait], *s.* riña de perros; refriega; (mil.) combate violento entre aviones de caza, etc.
dogfish [dógfiš], *s.* (ict.) lija, cazón, melgacho, tollo; tiburón pequeño.
dogged [dógid], *a.* terco, tenaz.—**doggedly** [-li], *adv.* tenazmente.—**doggedness** [-nis], *s.* tenacidad, terquedad, pertinacia.
dogger [dógœ(r)], *s.* (mar.) dogre, urca.
doggerel [dógœrel], *s.* coplas de ciego, aleluyas.
doggery [dógœri], *s.* los perros; farsante, trampista; conducta soez; (vulg.) garito, leonera.
doggish [dógiš], *a.* perruno; gruñón, regañón.
doggy [dógi], *s.* (fam.) perro; perrito.
doghouse [dóghaus], *s.* perrera, caseta de perro. —**in the d.,** (fam.) en disfavor.
dogie [dóugi], *s.* (E. U.) becerro descarriado, becerro sin madre.
dogma [dógmä], *s.* dogma, *m.*
dogmatic(al [dogmǽtik(al], *a.* dogmático.
dogmatically [-i], *adv.* dogmáticamente.—**dogmaticalness** [-nis], *s.* magisterio; calidad de dogmático.—**dogmatics** [-s], *s.* (teol.) estudio de los dogmas y doctrinas de una religión.—**dogmatism** [dógmatizm], *s.* dogmatismo.—**dogmatist** [-tist], *s.* dogmatizador; dogmatista. —**dogmatize** [-taiz], *va.* y *vn.* dogmatizar.—**dogmatizer** [-œ(r)], *s.* dogmatizador, dogmatizante.
do-gooder [dúgudœ(r)], *s.* (fam.) benefactor, bienhechor (término usado con sentido irónico).
dogsleep [-slip], *s.* sueño fingido, sueño intranquilo o interrumpido.
dogtooth [-tuθ], *s.* diente canino, colmillo.
dogtrick [-trik], *s.* perrada, perrería.
dogtrot [-trat], *s.* trote suave.
dogvane [-vein], *s.* (mar.) cataviento.
dogwatch [-wach], *s.* (mar.) guardia de cuartillo.
dogwood [-wud], *s.* (bot.) cornejo, sanguiñuelo.
doily [dóili], *s.* paño pequeño de adorno o para poner platos; frutero, servilletita.
doing [dúin]. **I.** *ger.* de TO DO.—**nothing d.** (a menudo con **there is, was,** etc.) (fam.) no hay (había, etc.) nada; nada de eso.—**something d.,** (fam.) algo pasa (pasaba, etc.).—**to be d.,** estarse haciendo.—**to be up and d.,** moverse, darse prisa, rebullirse. **II.** *s.* acción, hecho.—*pl.* acciones, obras; (fam.) acontecimientos, cosas (que ocurren).—**great d.,** (fam.) grande actividad; grandes (o muchas) cosas; tremolina.
doit [doit], *s.* blanquillo (moneda); pizca, ápice.
dolce [dóulchi], *a.* (mús.) dolce, dulce.—**d. far niente** [-farniénti], dulce ociosidad.
doldrums [dáldrʌmz], *s. pl.* (mar.) zona de calmas ecuatoriales; (fam.) murria.—**to be in the d.,** tener murria.
dole [dóul]. **I.** *s.* distribución, repartimiento en raciones o pequeñas porciones; dádiva, don, limosna; (poét.) suerte, *f.*, hado; angustia, congoja. **II.** *va.* (gen. con *out*) repartir, distribuir, dar (gen. de limosna).
doleful [-ful], **dolesome** [-sʌm], *a.* dolorido, lúgubre, funesto, melancólico, triste.—**dolefully** [-i], **dolesomely** [-li], *adv.* tristemente.—**dolefulness** [-nis], **dolesomeness** [-nis], *s.* tristeza.
dolerite [dálerait], *s.* (min.) dolerita.
dolichocephalic, dolichocephalous [dalikosεfǽlik, -séfalʌs], *a.* (anat.) dolicocéfalo, dolicocefálico.
doll [dal]. **I.** *s.* muñeca. **II.** *va.* y *vn.* (gen. con *up*), (fam.) engalanar(se), acicalar(se), emperejilar(se).
dollar [dálä(r)], *s.* dólar; duro, peso.—**d. diplomacy,** diplomacia del dólar o mercantilista, cuyo único móvil son los intereses comerciales; imperialismo del dólar, que se aprovecha del poder o la superioridad financieros.—**d. gap,** escasez de dólares (debido a desproporción entre lo importado y lo exportado).—**d. mark,** el signo $.
dolly [dáli], *s.* (fam.) muñequita; (min.) revolvedor de mineral; (mec.) cazoleta de remachar; remachador; rodillo, plataforma de (con) rodillo; (constr.) bloque de protección para la cabeza de un pilote; (f. c.) locomotora de maniobras o de arrastrar mineral.—**d. tub,** tina de lavar mineral.
dolman [dálman], *s.* dormán, dolmán.
dolmen [dálmεn], *s.* (arqueol.) dolmen.
dolomite [dálomait], *s.* (min.) dolomía.
dolomitic [dalomítik], *a.* dolomítico.
dolor [dóulo(r)], *s.* (poét.) dolor, pena.
dolorous [-ʌs], *a.* lastimoso; triste.
dolphin [dálfin], *s.* (zool.) delfín, golfín, puerco marino, tonina; (mar.) poste de amarra; boya de anclaje; (astr.) Delfín.—**d. striker,** (mar.) moco del bauprés.
dolt [dóult], *s.* bobalicón, mastuerzo, bodoque.
doltish [-iš], *a.* lerdo, estúpido, memo, tonto.
domain [doméin], *s.* dominio; imperio, soberanía; propiedad, heredad, finca.

dome [doum], *s.* (arq.) cúpula, cimbor(r)io, dom(b)o; (m. v., fund.) cúpula; (geol.) techo, bóveda (de una caverna, etc.); (aut.) techo; (poét.) edificio majestuoso.—**d. light,** (aut.) lámpara de techo.
domesday [dúmzdei], *s.* = DOOMSDAY.
domestic [doméstik]. **I.** *a.* doméstico, casero; hogareño; nacional, interior, interno; intestino. —**d. commerce,** comercio interior. **II.** *s.* doméstico, criado, fámulo, sirviente.—*pl.* artículos del país.
domestically [-ali], *adv.* domésticamente.
domesticate [-eit], *va.* domesticar; amansar, domeñar, desembravecer; hacer adquirir costumbres domésticas.
domestication [-éišon], *s.* domesticación.
domesticity [domestísiti], *s.* domesticidad.
domical [dóumikal], *a.* en forma de cúpula o que la tiene.
domicile [dámisil]. **I.** *s.* domicilio, residencia. **II.** *va.* y *vn.* domiciliar(se), tener domicilio (en).
domiciliary [-síljeri], *a.* domiciliario.
domiciliate [-síljeit], *va.* y *vn.* domiciliar(se), avecindar(se), establecer(se); domesticar.
domiciliation [-éišon], *s.* fijación de domicilio.
dominant [dáminant]. **I.** *a.* dominante. **II.** *s.* (mús.) dominante, *f.*
dominate [dámineit], *va.* y *vn.* dominar.
domination [-éišon], *s.* dominación, dominio, imperio; tiranía; gobierno, autoridad.—*pl.* (rel.) dominaciones.
dominative [-tiv], *a.* dominativo, dominante; imperioso, altivo.
dominator [-to(r)], *s.* dominador.
domineer [daminír], *va.* y *vn.* dominar, tiranizar. —**domineering** [-iŋ], *a.* dominante, tiránico, mandón.
dominical [domínikal], *a.* dominical.
Dominican [domínikan], *a.* y *s.* dominicano (natural de la República Dominicana); (igl.) dominic(an)o (de la orden de Santo Domingo).
Dominican Republic, *s.* la República Dominicana.
dominie [dámini], *s.* dómine; (fam.) clérigo.
dominion [domínyon], *s.* dominio; territorio; distrito; (for.) posesión, propiedad, dominio.
dominium [domíniʌm], *s.* (for.) dominio.
domino [dáminou], *s.* dominó (disfraz); persona que lo lleva; máscara; ficha del juego de dominó.—*pl.* **dominoes,** dómino o dominó (juego).
don [dan], *va.* vestirse, ponerse, calar.
don [dan], *s.* caballero, señor; don (título); personaje de alta categoría; (Ingl.) rector de universidad.
donate [dóuneit], *va.* donar, contribuir.
donation [-éišon], *s.* donación, don(ativo), dádiva.
Donatism [dánatizm], *s.* donatismo.
Donatist [-ist], *a.* y *s.* donatista.
donative [dánativ], *s.* donativo.
donator [dóuneito(r)], *s.* donador.
done [dʌn], *pp.* de TO DO y *a.* hecho, ejecutado; dado (decreto, etc.); fecho; convenido; acabado, concluído; bien cocido o asado; (fam.) fatigado, consumido.—**d. for,** (fam.) agotado, rendido; desahuciado; vencido, fuera de combate; muerto.—**d. up,** envuelto; (fam.) fatigado.
donee [douní], *s.* donatario.
donjon [dʌ́ndžon], *s.* = DUNGEON.
donkey [dáŋki], *s.* (zool.) asno, burro, borrico, jumento, pollino; persona tonta o terca.—**d. boiler,** (mar.) caldera auxiliar.—**d. engine,** máquina pequeña auxiliar; (m. v.) máquina de alimentación.
donor [dóuno(r)], *s.* donador, donante.
donship [dánšip], *s.* nobleza, caballería.
don't [dount], *abrev.* de **do not.**
doodad [dúdæd], *s.* cosa (usado para substituir un nombre que se ha olvidado); dije, bujería, chuchería.
doodle [dúdl], *va.* y *vn.* (fam.) garrapatear.
doodlebug [dúdlbʌg], *s.* (ent.) larva de la hormiga león.
doom [dum]. **I.** *va.* sentenciar a muerte; predestinar a la ruina o destrucción; condenar, destinar. **II.** *s.* sentencia, juicio, condena; predestinación; sino, hado; perdición, ruina.
doomsday [dúmzdei], *s.* día del juicio universal. —**D. Book,** (Ingl.) registro del gran catastro hecho por orden del rey Guillermo el Conquistador.
door [dɔ́r], *s.* puerta; portal, zaguán; entrada; acceso.—**d. catch,** golpete; cierre.—**d. check,** amortiguador de puerta (para cerrarla suavemente).—**d. closer,** cierrapuertas.—**d. latch,** pestillo.—**d. mat,** felp(ud)o, ruedo.—**d. panel,** tablero.—**out of doors,** afuera, al aire libre.—**to lay at one's d.,** echarle a uno la culpa de.—**to lie at one's d.,** tener uno la culpa de.—**within doors,** adentro (de la casa).—**without doors,** afuera (de la casa).
doorbell [-bɛl], *s.* timbre de llamada.
doorcase [-keis], *s.* marco de puerta, jambaje.
doorframe [-freim], *s.* marco de puerta.
doorjamb [-džæm], *s.* jamba, batiente, quicial.
doorkeeper [-kipœ(r)], *s.* portero; (igl.) ostiario.
doorknob [-nab], *s.* tirador, botón o perilla de puerta.
doorman [-man], *s.* portero.
doornail [-neil], *s.* clavo grande de clavar puertas. —**as dead as a d.,** (fam.) absolutamente muerto.
doorplate [-pleit], *s.* placa de puerta, con el nombre del dueño de la casa.
doorpost [-poust], *s.* jamba de puerta.
doorsill [-sil], *s.* umbral, solera de puerta.
doorstep [-stɛp], *s.* escalón de la puerta delantera.
doorstop [-stap], *s.* tope de puerta.
doorway [-wei], *s.* entrada, puerta; vano de puerta; portal.
dooryard [-yard], *s.* patio de entrada, enfrente de la puerta principal.
dope [dóup]. **I.** *s.* pasta o preparación semiflúida; grasa lubricante; pasta de opio; material absorbente que se mezcla con los explosivos; (aer.) material para revestir la tela de aeroplanos y dirigibles; (fam.) narcótico, estimulante; informes, datos, *m. pl.;* tonto, lerdo.—**d. fiend,** (fam.) morfinómano, persona que tiene el vicio de los narcóticos o estimulantes. —**d. racket,** tráfico ilícito en narcóticos. **II.** *va.* (fam.) pronosticar; formar el plan de (gen. con *out*); (fam.) estimular o entorpecer con un estimulante o narcótico. **III.** *vn.* (fam.) tener el vicio de los narcóticos.
dop(e)y [-i], *a.* (fam.) narcotizado; aletargado.
Doppler [dáplœr] **effect,** *s.* (fís.) efecto Doppler.
dor, dorbug [dɔ́r, -bʌg], *s.* escarabajo.
Dorian [dɔ́rian], **Doric** [dɔ́rik], *a.* dórico, dorio.
dorm [dɔrm], *s.* (fam.) dormitorio.
dormancy [dɔ́rmansi], *s.* sueño, letargo; quietud; suspensión, estado latente.
dormant [dɔ́rmant], *a.* durmiente; latente; inactivo.—**d. partner** = SILENT PARTNER.
dormer [dɔ́rmœ(r)], *s.* (arq.) viga maestra; gablete.—**d. window,** buharda, lumbrera, ventana vertical de buhardilla de gablete.
dormitive [dɔ́rmitiv], *a.* y *s.* dormitivo, soporífero.
dormitory [dɔ́rmitori], *s.* dormitorio.
dormouse [dɔ́rmaus], *s.* (zool.) lirón.
dorp [dɔrp], *s.* aldea, lugarcito.
dorr, dorrbeetle = DOR.
dorsad [dɔ́rsæd], *adv.* (anat.) hacia la espalda.
dorsal [dɔ́rsal], *a.* dorsal, espinal.
dorsum [dɔ́rsʌm], *s.* (anat.) dorso, espalda, lomo.
dory [dɔ́ri], *s.* (ict.) gallo, ceo; (mar.) bote pescador de fondo plano y estrecho, costados altos y acampanados, proa aguda y popa en V.
dosage [dóusidž], *s.* (med., farm.) dosificación, posología; toma de un medicamento en dosis regulares.

dose [doụs]. **I.** *s.* (med.) dosis; (fig.) píldora, mal trago; ingrediente que se agrega al vino. **II.** *va.* administrar una dósis; dividir en porciones dosimétricas. **III.** *vn.* medicarse con frecuencia.
dosimeter [dosímɛtœ(r)], *s.* dosímetro.
dosimetric [dosịmétrịk], *a.* dosimétrico.
dosimetry [dosímɛtrị], *s.* (med.) dosimetría.
doss [das], *s.* (Ingl., fam.) dormidero, lugar donde dormir (gen. se entiende que es malo); cama; sueño.—**d. house,** posada de mala muerte.
dossal, dossel [dásạl], *s.* (igl.) dosel, colgadura.
dosser [dásœ(r)], *s.* cuévano, serón. *V.* DOSSAL.
dossier [dásịer], *s.* (for.) pieza de autos, expediente, documentos, papeles; historial.
dossil [dásịl], *s.* (cir.) lechino; tarugo.
dost [dʌst], (ant.) *2da. pers. pres. ind. de* TO DO.
dot [dat]. **I.** *s.* punto; (mús.) puntillo; dote, *mf.*—**d. and dash,** punto y raya.—**on the d.,** en punto, a la hora exacta.—**to a d.,** perfectamente, absolutamente. **II.** *va.* punt(e)ar; poner punto a (una letra).
dotage [dóụtịdž], *s.* chochera, chochez, ñoñería, ñoñez; cariño excesivo; extravagancia.
dotal [dóụtạl], *a.* dotal.
dotard [dóụtạrd], *s.* viejo chocho, ñoño.
dotation [dotéịšọn], *s.* dotación.
dote [dóụt], *vn.* chochear, caducar; devanear.—**to d. upon,** amar con exceso, estar chiflado por.
doter [-œ(r)], *s.* = DOTARD.
doth [dʌθ], (ant.) *3a. pers. pres. ind. de* TO DO.
doting [dóụtịŋ], *a.* locamente cariñoso o enamorado, caducante, bobo, chocho; podrido o pudriéndose de viejo (apl. a las plantas).—**dotingly** [-lị], *adv.* con cariño excesivo, ciegamente.
dotted [dátịd], *a.* punteado, de puntos; mosqueado.—**d. line,** línea de puntos, línea para la firma.
dotterel [dátẹrɛl], *s.* (orn.) variedad de chorlito o ave fría.
dotty [dátị], *a.* punteado, puntado; (fam.) vacilante, tambaleante; (fam.) imbécil; (fam.) loco.
doty [dóụtị], *a.* manchado, descolorido por putrefacción incipiente (apl. a la madera).
double [dʌ́bl], *a.* doble, doblado, dupl(icad)o, dúplice; dos veces; ambiguo; engañoso; (bot.) doble; (mús.) una octava más baja.
double, *adv.* doblemente; dos veces; dos juntos; en par. Empléase sobre todo en adjetivos compuestos, como los que se dan anteriormente, con el adjetivo.
double. I. *s.* doble, duplo; pliegue, plegadura, doblez, duplicado; (teat.) contrafigura; copia, retrato (persona muy parecida a otra); (fig.) aparecido, fantasma; (béisbol) golpe por el cual el bateador alcanza la secunda base.—*pl.* (en el tenis) juego de dobles. **II.** *va.* doblar, duplicar; redoblar; pasar por, remontar.—**to d. up u over,** doblar, plegar, replegar. **III.** *vn.* doblarse, duplicarse; volver atrás.—**to d. up,** doblarse; dormir dos en una misma cama o cuarto.
double-acting [-ǽktịŋ], *a.* (mec.) de doble efecto.
double bar, *s.* (mús.) barra doble.
double-barreled [-bǽrẹld], *a.* de dos cañones.
double bass, *s.* (mús.) contrabajo, violón.
double-beat [-bit] **valve,** *s.* válvula de campana.
double bed, *s.* cama camera o ancha (para dos personas).
double bill, *s.* (cine) programa doble.
double boiler, *s.* baño de María.
double-break [-breịk] **switch,** *s.* (elec.) interruptor bipolar.
double-breasted [-bréstịd], *a.* (sast.) cruzado, de dos hileras de botones (saco, americana, etc.).
double chin, *s.* papada.
double consciousness, *s.* (psic.) doble personalidad.
double cross, *s.* traición a un cómplice.
double-cross [-krɔs], *va.* traicionar (a un cómplice).
double-current [-kœrẹnt] **dynamo,** *s.* dínamo (*f.*) doble o de dos corrientes (continua y alterna).
double dagger, *s.* (impr.) obelisco doble.
double date, *s.* (fam.) cita de dos parejas.
double-dealer [-dílœ(r)], *s.* hombre falso, traidor.
double-dealing [-dílịŋ], *s.* doblez, segunda intención, falsía, perfidia.
double-decker [-dékœ(r)], *s.* ómnibus de dos pisos; buque de dos cubiertas.
double eagle, *s.* (E. U.) doble águila, moneda de oro de 20 dólares.
double-edged [-ɛdžd], *a.* de dos filos.
double-ended [-éndịd], *a.* de extremos iguales.
double-ender [-éndœ(r)], *s.* cosa que tiene extremos iguales; (f.c.) locomotora de dos direcciones; (mar.) barco de dos direcciones (de timón en ambos extremos).
double entry, *s.* partida doble (en contabilidad).
double exposure, *s.* (fot.) doble exposición, sobreimpresión.
double-faced [-feịst], *a.* de dos caras; acabado por ambos lados; doble, falso, hipócrita.
double feature, *s.* (cine) programa doble.
double flat, *s.* (mús.) doble bemol.
double-flow [-floụ] **turbine,** *s.* turbina de dos corrientes contrarias.
double harness, *s.* doble guarnición (de caballo); (fig.) unión íntima o estrecha (como en el matrimonio).
double-header [-hédœ(r)], *s.* (béisbol) dos partidos jugados sucesivamente; tren con dos locomotoras.
double house, *s.* casa doble, morada separada de otra idéntica por una pared medianera.
double indemnity, *s.* doble indemnización, cláusula en una póliza de seguro para garantir al asegurado (en caso de muerte) el doble del valor del contrato.
double-jointed [-džóịntịd], *a.* de articulaciones dobles.
double-lock [-lak], *va.* echar dos vueltas a la llave, cerrar con dos machos; asegurar doblemente.
double meaning, *s.* equívoco, ambigüedad, segunda intención, doble sentido.
double-minded [-máịndịd], *a.* vacilante, inconsecuente.
double-park [-park], *va.* y *vn.* (aut.) estacionar en doble fila.
double play, *s.* (béisbol) jugada que saca fuera dos jugadores.
double pneumonia, *s.* (med.) neumonía doble, neumonía en los dos pulmones.
double-pole [-poụl] **switch,** *s.* (elec.) interruptor bipolar.
double-quick [-kwịk]. **I.** *s.* (mil.) paso ligero o rápido. **II.** *a.* y *adv.* a paso ligero. **III.** *vn.* (mil.) marchar a paso ligero.
doubler [dʌ́blœ(r)], *s.* doblador, plegador, plegadera; duplicador; (elec.) excitador.
double-ripper [-rípœ(r)], *s.* doble trineo, trineo de dos rastras.
double-riveting [-rívẹtịŋ], *s.* remachado doble.
double room, *s.* doble habitación; habitación para dos personas; habitación con dos camas.
double sharp, *s.* (mús.) doble sostenido.
double-spaced [-spéịst], *a.* a dos espacios.
double standard, *s.* criterio moral que permite más libertad al hombre que a la mujer (esp. en cuestiones sexuales).
double star, *s.* (astr.) estrella doble.
double-stop [-stap]. **I.** *s.* (mús.) dos tonos (en un instrumento de cuerdas) que suenan al mismo tiempo. **II.** *vn.* (mús.) tocar o producir dos tonos (en un instrumento de cuerdas) al mismo tiempo.
doublet [dʌ́blịt], *s.* par, pareja; jubón, ropeta; (joy.) doblete.
double take, *s.* (fam.) reacción tardía ante una sorpresa u otra situación inesperada.
double talk, *s.* habla ambigua, lenguaje ambiguo; galimatías.

double-throw [-θroų] **switch,** *s.* (elec.) interruptor o conmutador de dos direcciones.
double time, *s.* (mil.) paso ligero; pago doble (por tiempo en exceso de las horas regulares de trabajo).
doubleton [-tǫn], *s.* (bridge) dos cartas solamente (del mismo palo).
double-tongued [-tʌŋd], *a.* falso, pérfido.
double track, *s.* (f.c.) vía doble.
double-track [-træk], *a.* de doble vía.
doubletree [-trį], *s.* travesaño (en un carruaje, arado, etc.).
double vision, *s.* (med.) diplopía, visión doble.
double-wound [-waųnd], *a.* (elec.) bifilar, de doble arrollamiento.
doubling [dʌ́blįŋ], *s.* doblez, pliegue; vuelta para huir; rodeo, artificio; (cost.) forro; (mar.) embono.
doubloon [dʌblún], *s.* doblón español.
doubly [dʌ́blį], *adv.* doblemente, dobladamente, al o en doble; por duplicado; con dolo.
doubt [dáųt]. **I.** *va.* y *vn.* dudar; desconfiar. **II.** *s.* duda, dubitación; incertidumbre, irresolución; (for.) dubio.—**if,** o **when, in d.,** en caso de duda.—**no d., without d.,** sin duda.—**there can be no d.,** no cabe duda.
doubtable [-ąbl], *a.* dudable.—**doubter** [-œ(r)], *s.* el que duda.
doubtful [-fųl], *a.* dudoso, dudable, dubitable, dubitativo; ambiguo; incierto.—**doubtfully** [-į], *adv.* dudosamente.—**doubtfulness** [-nįs], *s.* duda, difidencia; calidad de dudoso.
doubtless [-lįs]. **I.** *a.* cierto; confiado. **II.** *adv.* indubitablemente, sin duda.—**doubtlessly** [-lį], *adv.* indubitablemente; presumible o probablemente.
douceur [dusœ́r], *s.* (fr.) dulzura; recompensa, gratificación; soborno.
douche [duŝ]. **I.** *s.* ducha, regadera. **II.** *va.* y *vn.* duchar(se).
dough [dóų], *s.* pasta, masa, amasijo; cochura; (fam.) pecunia.—**d.-faced,** de cara pastosa.
doughboy [-bɔį], *s.* (fam.) soldado norteamericano de infantería.
doughnut [-nʌt], *s.* buñuelo, rosca, especie de churro o rosquilla frita.
doughtily [dáųtįlį], *adv.* con denuedo.
doughtiness [dáųtįnįs], *s.* valentía, denuedo.
doughty [dáųtį], *a.* bravo, valeroso, denodado.
doughy [dóųį], *a.* pastoso.
douma [dúma], *s.* = DUMA.
dour [dųr *o* daųr], *a.* terco; difícil, trabajoso; riguroso, fuerte; hosco.
dourine [dųrín], *s.* (vet.) durina, sífilis equina.
douse [daųs]. **I.** *va.* za(m)bullir, empapar, meter en el agua; (mar.) recoger; arriar (velas); (fam.) extinguir, apagar (luces); (fam.) quitar(se) (el sombrero, etc.). **II.** *vn.* caer al agua.
dove [dʌ́v], *s.* (orn.) paloma, tórtola; persona pura y amante; símbolo de la paz. (**D.,** igl.) Espíritu Santo.—**dovecot, dovecote** [-kat, -koųt], *s.* palomar.—**dovelike** [-laįk], *a.* columbino.
dovetail [dʌ́vteįl]. **I.** *s.* (carp.) ensambladura a cola de milano; cola de milano, o de pato.—**d. hinges,** bisagras de cola de pato.—**d. plane,** guillame de ensamblar. **II.** *va.* machihembrar o ensamblar a cola de milano; ajustar, amoldar. **III.** *vn.* (a veces con *into*) unirse a cola de milano; ajustarse; corresponder, estar de acuerdo.
dovetailed [-d], *a.* machihembrado; denticulado.
dowable [dáųąbl], *a.* capaz de ser dotado.
dowager [dáųądžœ(r)], *s.* viuda con viudedad (apl. esp. a reinas, etc., vg. **d. queen,** reina viuda); (fam.) matrona respetable.
dowdy [dáųdį]. **I.** *a.* zafio, desaliñado, sucio. **II.** *s.* pazpuerca, estropajosa, maritornes.
dowel [dáųęl]. **I.** *s.* (carp.) taco, tarugo, clavija, espiga; nudillo; torillo; barra de alineación que atraviesa una junta de dilatación (ll. t. **d. pin**). **II.** *va.* sujetar o alinear con tarugos, etc.; empernar, enclavijar.
dower [dáųœ(r)]. **I.** *s.* viudedad; bienes gananciales de una viuda; don, beneficio; prendas personales. **II.** *va.* señalar viudedad o legar bienes gananciales; (fig.) dotar, adornar, favorecer.—**dowerless** [-lįs], *a.* sin viudedad.
dowery [dáųęrį], *s.* = DOWRY.
down [dáųn]. **I.** *adv.* abajo; hacia abajo; (mar.) a o hacia sotavento (el timón). Después de un verbo indica a menudo diminución, reducción, etc., vg. *to boil down,* reducir o mermar hirviendo; (fig.) compendiar, reducir a su más simple expresión; *to cut down,* recortar, rebajar. En leng. familiar se usa (sobre todo con referencia a posición en el mapa) en el sentido de "allá," "por allá," "en," y a veces no se traduce; vg. *down South,* (allá) en el sur; *I went down to Texas,* fuí a Tejas.—**d. below,** allá abajo; más abajo.—**d. from,** desde.—**d. grade** = DOWNGRADE.—**d. the river, the stream,** etc., río abajo, agua(s) abajo, etc.—**d. to,** hasta.—**d. to date,** hasta la fecha, hasta nuestros días.—**d. on one's knees,** de rodillas. **II.** *interj.* ¡abajo!, ¡a tierra!—**d. the helm!,** (mar.) ¡la caña a sotavento!—**d. with . . . !** ¡abajo! ¡muera! **III.** *prep.* en sentido descend(i)ente; por, al largo de, hacia, bajo. **IV.** *a.* pendiente; descendente; abatido, alicaído; de abajo; (dep.) atrasado, atrás.—**d. and out,** (fam.) fuera de combate (esp. en el boxeo); vencido irremisiblemente; arruinado.—**d. in the mouth,** cariacontecido.—**d. payment,** primer plazo, paga al contado.—**d. train,** tren descendente.—**to be d. on,** (fam.) tener inquina a. **V.** *s.* plumón, flojel; bozo, vello; lana fina o pelo suave, pelusa; (bot.) vilano o milano (de cardo, etc.); revés de fortuna, baja, caída; colina, duna; (football) colocación de la pelota en el suelo para una rebatiña.—**d. bed,** edredón, colchón de pluma. **VI.** *va.* derribar, echar por tierra; vencer; beber; (fam.) tragar, aceptar o creer sin examen.—**to d. tools,** declararse en huelga.
downcast [-kæst]. **I.** *a.* inclinado, descendente; bajo; cabizbajo, mustio, deprimido, abatido. **II.** *s.* derribo; ruina; (min.) pozo de ventilación.
downcomer [-kʌmœ(r)], *s.* (m. v.) tubo de descenso; (metal.) tubería de gases combustibles.
downed [-d], *a.* cubierto o henchido con plumón.
downfall [-fɔl], *s.* caída; ruina.
downflow [-floų], *s.* circulación descendente.
downgrade [-greįd]. **I.** *a.* y *adv.* pendiente abajo, cuesta abajo. **II.** *s.* cuesta abajo, bajada, descenso.
downhaul [-hɔl], *s.* (mar.) cargadera.
downhearted [-hartįd], *a.* abatido, desmayado, descorazonado.
downhill [-hįl]. **I.** *a.* pendiente, inclinado, en declive. **II.** *s.* declive, bajada. **III.** *adv.* cuesta abajo, ladera abajo.
downiness [dáųnįnįs], *s.* vellosidad.
down-lead [dáųnlid], *s.* (rad.) = LEAD-IN.
downpour [-pɔr], *s.* aguacero, chaparrón.
downright [-raįt]. **I.** *a.* vertical; claro, categórico; absoluto, completo. **II.** *adv.* claramente; completamente.
downstairs [-stérz]. **I.** *adv.* abajo, en el piso de abajo. **II.** *s.* piso inferior, primer piso.
downstream [-strím], *adv.* agua(s) o río abajo.
downthrow [-θroų], *s.* derribo.
downtown [-táųn]. **I.** *a.* y *adv.* de o en la parte baja de la ciudad; del centro. **II.** *s.* parte baja de la ciudad; distrito del comercio.
downtrod(den [-trad(ęn], *a.* pisoteado, atropellado; oprimido, esclavizado.
downward [-wąrd], *a.* inclinado, descendente.
downward(s [-z], *adv.* hacia abajo.
downy [dáųnį], *a.* velloso, felpudo; blando, suave; dulce, tranquilo.
dowry [dáųrį], *s.* dote, *mf.*; dotación; arras, *f. pl.*
dowse [daųs], *va.* = DOUSE.
doxology [daksálodžį], *s.* (igl.) gloria; Gloria Patri; Gloria in excelsis.
doxy [dáksį], *s.* opinión; doctrina, creencia; (fam.) amante, querida; ramera.

doze [douz]. **I.** *vn.* dormitar, adormitarse. **II.** *s.* sueño ligero; sopor, adormecimiento.
dozen [dʌzen], *s.* docena.
dozy [dóuzi], *a.* adormecido, soñoliento, amodorrado.
drab [dræb]. **I.** *a.* pardusco; monótono; seco, ordinario, sin atractivos. **II.** *s.* color entre gris y amarillento; pipa de saladar; mujer desaliñada; ramera.
drabble [drǽbl], *va.* arrastrar, embarrar.
drabbler [drǽblœ(r)], *s.* (mar.) vela barredera.
drachm [dræm], *s.* = DRAM Y DRACHMA.
drachma [drǽkmä], *s.* dracma; **antigua medida griega de peso; en griego moderno, gramo.**
Draconian [dreikóunian], *a.* draconiano, cruel.
dracunculus [dreikúŋkyulʌs], *s.* (bot.) dragontea; (zool.) dracúnculo, parásito nemátodo.
draff [drǽf], *s.* desperdicios; heces.
draffy [-i], *a.* inútil, despreciable.
draft, draught [drǽft]. **I.** *s.* corriente (*f.*) de aire; tiro (de chimenea, etc.); succión, aspiración; trago, bebida; (mar.) calado; tracción, tiro, tirón, estirón; estiramiento; (mil.) atelaje (esp. de la artillería); carga, carretada; redada; traza, trazado, delineación, dibujo, esquicio; plan, plano; anteproyecto; borrador, minuta, apuntación; esquema; proyecto, propuesta (de ley, reglamento, etc.); (com.) giro, libranza, letra de cambio; libramiento, póliza, orden (*f.*) de pago; (mil.) reclutamiento, quinta, conscripción, leva; destacamento.—*pl.* juego de damas. —**d. ale,** cerveza del tonel.—**d. animal,** animal de tiro.—**d. board,** (mil.) junta de reclutamiento.—**d. dodger,** (mil.) el que rehuye el servicio militar obligatorio.—**d. furnace,** alto horno.—**d. gauge,** indicador de tiro.—**d. horse,** caballo de tiro.—**on draught,** por vaso, sacada del barril (cerveza). **II.** *va.* hacer un borrador, minuta, apuntación de; redactar, escribir; bosquejar, delinear; dibujar; (mil.) reclutar, quintar; destacar; (tej.) hacer pasar entre los lizos del telar.
draftboard, draughtboard [-bord], *s.* tablero de damas.
draftee [dræftí], *s.* recluta, *m.*, conscripto, quinto.
draftsman, draughtsman [drǽftsman], *s.* dibujante, dibujador, diseñador, delineante, delineador; peón o pieza en el juego de damas.
drafty, draughty [drǽfti], *a.* que causa, o está expuesto a, una corriente de aire.
drag [drǽg]. **I.** *va.* arrastrar, tirar; (mar.) rastrear; (agr.) rastrillar.—**to d. in,** traer por los cabellos.—**to d. on o out,** prolongar. **II.** *vn.* arrastrar por el suelo; (mar.) garr(e)ar; ir tirando, avanzar penosa o lentamente; atrasarse, ir en zaga; retrasarse; (fig.) decaer la acción o interés; pasar con penosa lentitud, ser interminable. **III.** *s.* (mar.) rastra; draga; jábega, brancada; (agr.) rastrillo; rastra; (carr.) galga; narria; carruaje alto de cuatro caballos; rastro, pista; caza con perros que siguen un rastro artificial; (fund.) marco o parte inferior de una caja de moldear; (min.) hierro de limpiar pozos; (fig.) rémora, traba; cosa que retarda el movimiento o acción; (aer.) resistencia al avance. —**d. anchor,** (mar.) ancla flotante.—**d. chain,** (f. c.) cadena de acoplamiento.—**d. hook,** garfio, rebañadera.—**d. link,** (mec.) contramanivela; (f.c.) barra de enganche.—**d. race,** (E.U., fam.) carrera donde se compara la aceleración entre dos automóviles.
dragbar [-bar], *s.* (f. c.) barra de enganche.
dragbolt [-boult], *s.* (f. c.) pasador de enganche.
dragging [-iŋ], *s.* arrastre, rastra.
draggle [drǽgl], *va.* y *vn.* ensuciarse arrastrando.
draggletail [-teil], *s.* mujer desaliñada o puerca.
dragline [drǽglain], *s.* draga o cangilón de arrastre; (aer.) = GUIDE ROPE.
dragnet [drǽgnet], *s.* brancada, red barredera, boliche; (fig.) pesquisa, sistema o artificio para recoger datos, coger personas sospechosas, etc.
dragoman [drǽgoman], *s.* dragomán, trujamán.
dragon [drǽgon], *s.* dragón; (zool.) dragón; hombre o mujer feroz; (bot.) dragontea; (**D.**, astr.) Dragón.—**d. balloon,** (aer.) globo cometa.—**d.'s blood,** (bot.) sangre de drago.—**d.'s mouth,** (bot.) dragón, becerra, boca de dragón. —**d. tree,** drago.
dragonfly [-flai], *s.* (ent.) libélula, caballito del diablo.
dragoon [dragún]. **I.** *s.* (mil.) dragón. **II.** *va.* acosar, intimidar.
dragrope [drǽgroup], *s.* (aer.) sonda.
drain [dréin]. **I.** *va.* desaguar, (de)secar, encañar, avenar; escurrir, apurar, sacar (el agua, aceite, etc.); sanear; (min.) achicar; (mec.) purgar; agotar, (de)sangrar, empobrecer, disipar.—**to d. off,** sacar, vaciar. **II.** *vn.* desaguarse, vaciarse; (a veces con *off*) escurrirse, salir (el agua). **III.** *s.* desagüe; desaguadero, cacera, reguera; tubería o zanja de desagüe; escurridor; sumidero; desangre; agotamiento; (cir.) desagüe. **IV.** *a.* de desagüe, de drenaje o avenamiento.—**d. cock,** (m. v.) llave (*f.*) de purga. —**d. plug,** tapón de desagüe.
drainable [-abl], *a.* desaguable.
drainage [-idž], *s.* desagüe, avenamiento, drenaje; saneamiento; arroyada, cuenca de un río.
drainboard [-bord], *s.* escurridero para fuentes y platos.
drainer [-œ(r)], *s.* coladero, colador.
drainpipe [-paip], *s.* tubo o tubería de desagüe.
draintile [-tail], *s.* atanor, tubo de desagüe o drenaje hecho de barro cocido u hormigón.
drake [dreik], *s.* (orn.) pato o ánade macho.
dram [dræm], *s.* dracma (⅛ de onza) (*v.* DRACHMA); trago de aguardiente; porción pequeña.
drama [drámä], *s.* drama, *m.*
Dramamine [drǽmamin], *s.* (farm.) dramamina (marca de fábrica).
dramatic(al [dramǽtik(al], *a.* dramático.—**d. art,** dramática.—**d. quality,** dramatismo.
dramatically [-ali], *adv.* dramáticamente.
dramatics [-s], *s.* dramática, dramaturgia.—*pl.* piezas representadas por aficionados.
dramatis personæ [drǽmatis pœrsóuni], *s. pl.* (teat.) personajes dramáticos.
dramatist [drǽmatist], *s.* dramaturgo, comediógrafo.—**dramatize** [-taiz], *va.* dramatizar.—**dramatization** [-tizéišon], *s.* dramatización.
dramaturge, dramaturgist [-tœrdž, -ist], *s.* dramaturgo.
dramaturgy [-i], *s.* dramática, dramaturgia.
dramshop [drǽmŝap], *s.* cantina.
drank [dræŋk], *pret.* de TO DRINK.
drape [dréip], *va.* vestir; colgar, entapizar; formar ropaje o pliegues artísticos en un ropaje o colgadura.—**draper** [-œ(r)], *s.* pañero.—**drapery** [-i], *s.* ropaje, cortinas, colgaduras, tapicería; pañería; paños.
drastic [drǽstik]. **I.** *a.* extremo, fuerte; (med.) drástico. **II.** *s.* (med.) drástico, purgante poderoso.
draught [dræft], *s.* y *v.* = DRAFT.
draughtsman [drǽftsman], *s.* peón del juego de damas. *V.* DRAFTSMAN.
Dravidian [dravídian], *s.* y *a.* dravidiano, drávida.
draw [dró], *va.* (*pret.* DREW; *pp.* DRAWN) tirar, arrastrar; atraer; estirar; sacar (clavo, agua, pistola, consecuencia); inferir, deducir, colegir; desenvainar (espada o daga); hacer salir; chupar o mamar; aspirar, respirar, inspirar (apl. al aliento); cobrar (un sueldo); sacarse (un premio); sortear (lotería, jurado, etc.); procurarse, proporcionarse (medios o recursos); correr o descorrer (cortinas); dibujar; trazar, hacer (descripción, etc.); redactar, escribir o extender; alargar, estirar (metales, tejidos, etc.); (com.) devengar, redituar (intereses); retirar (fondos); girar, librar; tender (un arco); hacer un cocimiento; destripar (aves, etc.); (en el billar) picar bajo; (mar.) calar.—**to d. along,** arrastrar.—**to d. aside,** correr (un telón); llevar aparte.—**to d. asunder,** separar.—**to d. away,** quitar, llevarse; disuadir; distraer.—

to d. back, reintegrarse de, recibir devuelto.—**to d. breath,** respirar, tomar aliento, resollar.—**to d. forth,** hacer salir, sacar.—**to d. in,** atraer; seducir, embaucar.—**to d. it fine,** (fam.) hilar muy delgadito.—**to d. it mild,** decir sin exagerar, moderarse.—**to d. lots,** echar suertes, sortear.—**to d. near,** acercar, arrimar.—**to d. off,** sacar, extraer; retirar; trasegar, vaciar, decantar (licores); distraer; disuadir.—**to d. on,** ocasionar.—**to d. out,** sacar; alargar, extender; sondear; sonsacar.—**to d. over,** persuadir, sonsacar.—**to d. the curtain,** correr el telón; (fig.) correr el velo (ya para tapar, ya para destapar).—**to d. the line** (a menudo con *at*) hacer la cruz, no pasar o ir más allá (de).—**to d. the long bow,** exagerar.—**to d. to an issue,** acabar, concluir.—**to d. up,** tirar hacia arriba, subir tirando; redactar; extender (un giro o documento); (mil.) formar; (for.) levantar (acta).

draw, *vn.* tirar arrastrando; atraer gente, concurrencia; tirar bien (el fuego, la chimenea); encogerse, arrugarse; adelantarse, moverse; dibujar; echar suertes; sacar la espada; ir al robo (en los naipes); (mar.) calar; (com.) girar. Con ciertos adverbios indica movimiento, vg., *to draw nigh,* o *near,* acercarse; *to draw away,* alejarse.—**to d. against,** (com.) girar contra o sobre (fondos).—**to d. aside,** hacerse a un lado, retirarse.—**to d. back,** retroceder; cejar.—**to d. off,** retirarse.—**to d. on,** acercarse; (com.) girar contra (persona, casa).—**to d. to a head,** (med.) madurar, empezar a supurar; aproximarse o llegar a un estado, situación, etc., definitivos, estar al culminar o (fig.) al reventar.

draw, *s.* tirada, tiro, tracción, arrastre; función muy favorecida, que atrae mucha gente; (en el billar) retroceso; (en los naipes) robo; (en damas y ajedrez) tablas; (en dep., votaciones) empate; (en juegos de azar) suerte, *f.*, premio; (tej.) pasada, carrera; parte levadiza o giratoria de ciertos puentes; (E. U.) barranco, arroyo.—**d. poker,** juego de *poker,* con opción de descartarse e ir al robo.—**d.-well,** pozo de noria.

drawback [-bæk], *s.* (com.) rebaja, descuento; reintegro de derechos de aduana; desventaja, inconveniente.

drawbar [-bar], *s.* (f. c.) barra de tracción.

drawbench [-bench], *s.* (mec.) hilera (máquina de estirar); banco de estirar.

drawbridge [-bridž], *s.* puente levadizo o giratorio.

drawee [droí], *s.* (com.) girado, librado.

drawer [drɔ́œ(r)], *s.* gaveta, cajón; extractor; (com.) librador, girador.—*pl.* calzoncillos; pantalón.

drawing [drɔ́iŋ]. **I.** *s.* dibujo; tiro, tirante; (met., tej.) estiramiento, estirado; sorteo (de lotería, jurado, etc.); extracción, saca. **II.** *ger.* de TO DRAW.—**d. account,** cuenta corriente.—**d. awl,** lezna de ojo.—**d. bench** = DRAWBENCH.—**d. block,** tambor de estirar.—**d. board,** tablero de dibujar; (tej.) = DRAWING FRAME.—**d. compass,** compás portalápiz.—**d. frame,** (tej.) estirador; carda mecánica.—**d. knife** = DRAWKNIFE.—**d. paper,** papel de dibujo.—**d. pen,** tiralíneas.—**d. press,** prensa de cortar y estampar metal en lámina.—**d. room,** sala (de una casa), estrado; recibimiento (sala y acción o función); (f. c.) compartimiento particular de un coche dormitorio.—**d. table,** mesa de dibujar.—**d. triangle,** escuadra.

drawknife [drɔ́naif], *s.* cuchilla desbastadora de dos mangos (ll. t. **drawshave**).

drawl [drɔl]. **I.** *va.* pronunciar despacio. **II.** *vn.* arrastrar las palabras. **III.** *s.* enunciación penosa y lenta.

drawn [drɔn], *pp.* de TO DRAW y *a.* desenvainado; destripado, desentrañado; movido, inducido; (dib.) tirado, trazado; contraído, ojeroso (de dolor, cansancio, etc.); empatado (deportes, tablas, etc.); (mil.) indeciso (el triunfo); abierto (un puente); estirado; fundido, derretido.—**d. butter,** mantequilla derretida.—**d.-out,** estirado; extendido, prolongado; fastidioso, latoso.—**d. work,** (cost.) labor de calado.

drawplate [drɔ́pleit], *s.* (mec.) hilera (placa perforada de estirar); (f. c.) plancha de enganche (de la locomotora).

drawtube [drɔ́tiub], *s.* tubo telescópico de enchufe, esp. el portalentes del microscopio.

dray [dréi]. **I.** *s.* carro, carretón, camión pequeño, rastra; narria. **II.** *va.* acarrear.

drayage [-idž], *s.* acarreo, carretaje, arrastre.

drayhorse [-hors], *s.* caballo de tiro.

drayman [-man], *s.* carromatero, carret(on)ero.

dread [dréd]. **I.** *s.* miedo, terror, pavor, espanto; asombro. **II.** *a.* terrible, espantoso; venerable. **III.** *va.* y *vn.* temer, tener miedo o temor (de).

dreadful [-ful], *a.* terrible, espantoso, medroso.

dreadfully [-li], *adv.* terrible u horrendamente.

dreadnaught, dreadnought [drédnɔt], *s.* el que nada teme; paño muy doble; capote de capucha; (mar.) dreadnaught, grande acorazado.

dream [drím]. **I.** *s.* sueño, ensueño.—**d. world** = DREAMLAND. **II.** *va.* y *vn.* (*pret.* y *pp.* DREAMED y DREAMT) soñar; ver en sueños; (a veces con *up*) idear, imaginar, forjar, fantasear.—**to d. of,** soñar con.

dreamer [-œ(r)], *s.* soñador; visionario, utopista.

dreamily, dreamingly [-ili, -iŋli], *adv.* como en sueños.

dreamland [-lænd], *s.* región de los sueños.

dreamless [-lis], *a.* sin sueños.

dreamlike [-laik], *a.* como soñado; vaporoso, nebuloso, vago.

dreamt [dremt], *pret.* y *pp.* de TO DREAM.

dreamy [drími], *a.* desvariado; soñador, contemplativo; propio de un sueño.

drear [drír], *a.* (poét.) = DREARY.—**drearily** [-ili], *adv.* funestamente, tristemente.—**dreariness** [-inis], *s.* tristeza; lobreguez.

dreary [-i], *a.* triste, melancólico; monótono, pesado.

dredge [drédž]. **I.** *va.* dragar; rastrear; (coc.) polvorear. **II.** *s.* draga; pontón de dragar; rastra; brancada.

dredger [-œ(r)], *s.* el que draga o rastrea; pescador de ostras; draga; pontón de limpia; (coc.) polvorera.

dredging [-iŋ], *pa.* y *s.* dragado.—**d. box,** (coc.) polvorera.—**d. bucket, grab** o **scoop,** cucharón o cubo de draga.—**d. machine,** draga.—**d. tube,** caño o tubo de una draga de succión.

dregs [dregz], *s. pl.* hez, heces; poso, sedimento; madre (del vino); feculencia; escoria, barreduras, desperdicio; chusma, gentuza, populacho.

drench [drénch]. **I.** *va.* empapar, ensopar, calar, mojar; (vet.) purgar con violencia. **II.** *s.* tragantada; mojada; (vet.) bebida purgante; inundación, diluvio; (ten.) solución para remojar pieles.

drenching [-iŋ]. **I.** *a.* mojador.—**a d. rain,** una lluvia torrencial, chaparrón. **II.** *s.* mojad(ur)a, empapamiento.

dress [drɛs]. **I.** *va.* (*pret.* y *pp.* DRESSED y DREST) vestir; ataviar, adornar, engalanar; (mar.) empavesar (un buque); curar (las heridas); almohazar (las caballerías); preparar, arreglar; cocinar, guisar; aderezar, aliñar (la ensalada); poner (la mesa); amortajar (un cadáver); peinar, arreglar (el pelo); podar; cultivar (un jardín); (ten.) adobar y curtir (pieles); preparar, agramar, tascar, rastrillar (lino, cáñamo); (carp.) desbastar o azolar (madera); (cant.) labrar (piedra); (albañ.) allanar, aplanar, revocar; (mil.) alinear.—**to d. down,** (fam.) poner como nuevo, o como chupa de dómine. **II.** *vn.* vestirse; componerse, ataviarse; (mil.) formar en línea, alinearse.—**d. left, right!** (mil.) ¡a la izquierda, a la derecha, alinearse!—**to d. up,** (fam.) vestirse de etiqueta, prenderse de veinticinco alfileres, endomingarse. **III.** *s.* vestido, traje, hábito; ropa(je), indumentaria; vestuario. —**d. ball,** sarao, baile de etiqueta.—**d. circle,** (teat.) anfiteatro, galería o grada principal.—**d. coat,** frac, casaca.—**d. form,** (cost.) maniquí.—**d. goods,** géneros para vestidos.—**d. hanger,** percha.—**d. parade,** (mil.) parada. —**d. rehearsal,** (teat.) ensayo final o general. —**d. suit,** traje de etiqueta.—**d.-suitcase,** maleta plana.

dresser [drésœ(r)], *s.* el que suele acicalarse; ayuda de cámara, moza de cámara; tocador; mesa de cocina; aparador; cocinero; (ten.) zurrador, adobador de pieles.

dressing [drésiŋ], *s.* y *pa.* adorno, aderezamiento; desbaste (de la madera, piedra, etc.); peinadura (del pelo); (mar.) empavesado; (tej.) aderezo; (ten.) adobo; (coc.) condimento, aliño, salsa; relleno; (cir.) hilas, vendajes, etc.; (agr.) abono, estercoladura; poda; (fam.) (gen. con *down*) rapapolvo, regaño.—*pl.* (arq.) molduras, adornos.

dressing case, *s.* neceser, tocador.

dressing chisel, *s.* desbastador.

dressing-down [-daun], *s.* (fam.) regaño, reprimenda, amonestación.

dressing gown, *s.* peinador, bata.

dressing room, *s.* trasalcoba, cuarto de vestir o de tocador; vestuario; (teat.) camarín.

dressing table, *s.* mesa de tocador; (min.) mesa de limpiar y concentrar (mineral, etc.).

dressmaker [drésmeikœ(r)], *s.* modista; costurera.

dressmaking [-iŋ], *s.* arte de modista; oficio de costurera; corte y confección de vestidos.

dressy [drési], *a.* (fam.) acicalado, peripuesto; elegante, vistoso, que viste mucho.

drew [dru], *pret.* de TO DRAW.

dribble [dríbl]. **I.** *vn.* gotear; escurrir; bab(os)ear. *V.* DRIVEL. **II.** *va.* hacer gotear; (dep.) avanzar el fútbol o baloncesto a trechos. **III.** *s.* goteo; baba; llovizna. *V.* DRIBLET.

driblet [dríblit], *s.* trozo, pedacito, pizca; pico (de dinero); gota.

dried [draid]. **I.** *pret.* y *pp.* de TO DRY. **II.** *a.* seco; (de)secado; enjuto; paso (ú. de la fruta).—**d. beef,** tasajo, cecina, (Am.) charque o charqui. —**d. fig,** higo paso.—**d. peaches,** orejones.— **d. plums,** ciruelas pasas.

drier [dráiœ(r)], *s.* enjugador; (de)secante; desecativo; (de)secador; secadora, secadero.

drier, driest, *a.* y *comp.* y *superl.* de DRY.

drift [dríft]. **I.** *s.* todo objeto llevado por una corriente (nubes, restos de un naufragio, etc.); montón formado por el viento, el mar o el deshielo (ventisquero, dunas, alud, témpano, etc.); rumbo, tendencia, objeto; impulso, impulsión; móvil; (mec.) mandril de ensanchar (agujeros para remaches, etc.); escariador; (min.) galería horizontal; socavón; rumbo (de una galería); (geol.) terrenos de acarreo, esp. los arrastrados por ventisqueros; (ing.) túnel de comunicación (entre otros dos) o de exploración; (arq.) empuje horizontal de un arco; (aer.) deriva, abatimiento, movimiento o velocidad lateral; (mar.) deriva, abatimiento; dirección de la corriente; red flotante (ll. t. **d. net**).—**d. anchor,** ancla flotante.—**d. angle,** (aer.) ángulo de deriva.— **d. avalanche,** alud, *m.*—**d. bar,** (aer.) varilla de deriva.—**d. ice,** hielo flotante o a la deriva. —**d. meter** o **indicator,** (aer.) derivómetro, indicador de deriva.—**to get the d.,** comprender (el objeto o lo esencial de algo). **II.** *va.* impeler, llevar; apilar, amontonar; (min.) abrir un socavón o galería. **III.** *vn.* (aer., mar.) abatir, derivar, devalar o davalar; apilarse, amontonarse; flotar a la ventura o sin rumbo; ir arrastrado por la corriente; ventiscar (nieve).

driftage [-idž], *s.* (mar., aer.) deriva; (arti.) desviación; lo llevado por una corriente, etc.

driftbolt [-boult], *s.* perno largo; botapernos, clavo o perno para sacar pernos empujándolos.

drifting [-iŋ]. **I.** *a.* flotante, a flote; movedizo (arena, etc.); (fig.) instable, errante, vagabundo. **II.** *s.* (aer., mar.) deriva, abatimiento.

driftway [-wei], *s.* (min.) galería horizontal (gen. galería de avance o exploración); socavón, rompimiento, contramina; (mar.) deriva.

driftwind [-wind], *s.* ventisca.

driftwood [-wud], *s.* madera flotante o arrojada a la playa por el agua; cosa instable; basura.

drill [dríl]. **I.** *va.* (mec.) taladrar, perforar, horadar, fresar, barrenar; hacer a barrena; (agr.) sembrar, plantar en hileras o surcos; derramar gota a gota; disciplinar, ejercitar, instruir; (mil.) enseñar el ejercicio. **II.** *vn.* (mil.) hacer el ejercicio; plantar en surcos; gotear. **III.** *s.* (mec.) taladro, perforadora, fresa, broca, barrena; parahuso; (min.) sonda; (joy.) árbol; (agr.) sembradora mecánica; hilera de semillas sembradas con esa máquina; (zool.) dril, especie de mono; (mil.) ejercicio; disciplina, pericia; (tej.) dril, tela cruda.—**d. brace,** berbiquí.— **d. instructor** o **sergeant,** (mil.) sargento instructor.—**d. plow,** arado sembrador.—**d. press,** taladradora, perforadora.

driller [-œ(r)], *s.* taladrador, etc.

drilling [-iŋ], *s.* barrenado, perforación, trepa; material extraído por un taladro; instrucción; (mil.) ejercicio; (tej.) dril.—**d. machine,** taladradora.—**d. rig,** perforadora.

drillmaster [-mæstœ(r)], *s.* el que enseña el ejercicio militar u otros ejercicios.

drillstock [-stak], *s.* portabarrena; mango de taladro.

drink [dríŋk]. **I.** *va.* y *vn.* (*pret.* DRANK, (ant.) DRUNK; *pp.* DRUNK, (ant.) DRUNKEN) beber; brindar por; (fam.) trincar, empinar el codo, echar un trago; chupar, absorber (agua, como la tierra).—**to d. away,** beberse (su sueldo, etc.), gastar en beber.—**to d. down,** tragar; beber; ahogar (el dolor, etc.) en vino.—**to d. in,** chupar; absorber.—**to d. off,** o **up,** beber de un trago o a grandes tragos.—**to d. (to) the health of,** beber a la salud de, brindar por. **II.** *s.* bebida; poción; trago, copa.—**d. money,** propina.

drinkable [-abl]. **I.** *a.* potable, bebedero, bebedizo, bebible. **II.** *s.* bebida.

drinker [-œ(r)], *s.* bebedor; borracho, borrachín.

drinking [-iŋ]. **I.** *s.* acción de beber (apl. esp. a las bebidas alcohólicas). **II.** *a.* de beber, para beber.—**d. cup, glass,** taza, vaso de beber agua.—**d. fountain,** surtidor; fuente pública (para beber agua).—**d. place, trough,** abrevadero.—**d. water,** agua potable.

drip [dríp]. **I.** *va.* y *vn.* (*pret.* y *pp.* DRIPPED o DRIPT) verter o caer gota a gota, gotear, chorrear, destilar, rezumar; escurrir. **II.** *s.* gotera; reguero; humedad condensada; chorrera; goteadero, escurridero; (arq.) alero, vierteaguas.— **d. band,** o **flap,** faldilla de escurrimiento (de un dirigible).

dripping [-iŋ], *s.* chorreo, chorreadura; gotera; rezumadero.—*pl.* (coc.) pringue.—**d. pan,** grasera, pringuera.—**d. place,** rezumadero.

dripstone [-stoun], *s.* (arq.) alero, vierteaguas, escurridero (cuando es de piedra).

drive [dráiv]. **I.** *va.* (*pret.* DROVE; *pp.* DRIVEN) empujar, impeler, impulsar; echar, arrojar; estimular; llevar, conducir, gestionar; compeler, forzar, inducir (a); esclavizar, arrear; meter, clavar, hincar; guiar, conducir, manejar (caballos, coche, automóvil, etc.); abrir (un túnel, socavón); (mec.) actuar, mover.—**to d. a good bargain,** hacer un buen negocio.—**to d. a hard bargain,** regatear mucho.—**to d. a point home,** remachar el clavo.—**to d. away,** ahuyentar, desterrar.—**to d. back,** rechazar.—**to d. crazy,** sacar de sus casillas, o de tino.—**to d. in,** o **into,** meter a macha martillo.—**to d. mad,** volver loco.—**to d. off,** ahuyentar, apartar.—**to d. to cover,** poner fin o coto a.—**to d. to the dogs,** arruinar, desesperar.—**to d. to the wall,** acosar, poner entre la espada y la pared. **II.** *vn.* ser impelido o empujado; arrojarse o moverse violentamente; andar o ir de paseo (en coche, etc.), cochear; (saber) conducir o manejar (un automóvil, etc.).—**to d. at,** aspirar a, tender a, proponerse.—**to d. away,** trabajar asiduamente.—**to let d.** (at), asestar un golpe, etc., (a). **III.** *s.* jornada o paseo en coche; calzada para coches; urgencia, presión, exigencia; impulso, tendencia, anhelo; manada de reses; montón de leños o trozas de árboles (que flotan en un río); (com.) saldo, liquidación, venta a bajo precio; (mil.) rebato, embate, ataque violento y rápido; (fig.) campaña vigorosa para lograr algún fin; (aut.) conducción, gobierno; mecanismo de dirección o de transmisión; asiento del conductor; (mec.) accionamiento, mando; mecanismo de transmisión o de impulsión (ll. t. **d. gear,** o **driving gear**).—**d. lever,** palanca de impulsión.—**d. shaft,** árbol o eje de transmisión.

drive-in [-in], *s.* cine al aire libre, o puesto de refrescos, cuyos clientes no necesitan dejar sus automóviles.

drivel [drível]. **I.** *vn.* babear, babosear, desbabar; bobear, chochear. **II.** *s.* baba; ñoñería, cháchara.

drivel(l)er [-œ(r)], *s.* fatuo, simple; baboso.

driveling [-iŋ], *a.* baboso; ñoño, chocho.

driven [dríven], *pp.* de TO DRIVE.—**d. pulley,** polea impulsada.—**d. snow,** nieve apretada.—**d. well,** pozo perforado o de tubo.

driver [dráivœ(r)], *s.* el que conduce o gobierna un vehículo; cochero, carruajero; mayoral (de diligencia); carret(on)ero; (aut.) conductor, chofer o chófer, piloto, guía, *mf.;* (f. c.) maquinista; rueda motriz (de locomotora); (mec.) rueda (o cualquiera otra pieza) impulsora; polea impulsora; hincador, martinete; (mar.) maricangalla.—**d.'s seat,** pescante (de un coche de tiro); (aut.) asiento del conductor.

driveway [dráivwei], *s.* vía de acceso a una cochera o garaje; calzada para coches.

drivewell [-wel], *s.* = DRIVEN WELL.

driving [dráiviŋ]. **I.** *s.* conducción, manejo de coches u otros vehículos; hincadura; acción de impulsar, actuar y demás acciones comprendidas en TO DRIVE. **II.** *a.* motor, motriz; impulsor; enérgico; batiente, impetuoso, violento (lluvia, tempestad, etc.); (mec.) de actuación, de dirección, de mando, etc. (*V.* TO DRIVE).—**d. axle,** eje de las motrices.—**d. belt,** correa de transmisión.—**d. gear, d. shaft,** *V.* DRIVE.—**d. license** o **permit,** (aut.) licencia de conductor.—**d. pulley,** polea impulsora.—**d. wheel,** rueda motriz; volante.—to go d., ir de paseo.

drizzle [drízl]. I. *va.* rociar, salpicar. II. *vn.* lloviznar, molliznar, pintear, (Am.) garuar, (fam.) orvallar.—drizzling rain, llovizna. III. *s.* llovizna, molli(z)na, cernidillo, calabobos, (Am.) chipichipi, garúa.

drizzly [drízli], *a.* lloviznoso.

drogue [drouɡ], *s.* (aer., mar.) ancla flotante.

droll [dróul]. **I.** *a.* drolático, festivo, jocoso, chancero, chistoso; raro. **II.** *s.* chusco, bufón. **III.** *vn.* bromear, chancear, chocarrear.

drollery [-œri], *s.* chuscada, chocarrería, bufonería.

dromedary [drámederi], *s.* (zool.) dromedario.

drone [droun]. **I.** *s.* (ent.) zángano, abejón; zangandungo, haragán; roncón de gaita; zumbido.—**d. fly,** abejorro, moscardón. **II.** *vn.* zanganear, holgazanear; zumbar; producir un ruido zumbador, sordo o monótono.

drool [drul]. **I.** *vn.* babear. **II.** *s.* babeo. *V.* DRIVEL.

droop [drup]. **I.** *va.* inclinar, bajar. **II.** *vn.* inclinarse, caer; colgar, pender; descaecer, decaer; desanimarse; consumirse, marchitarse.—**drooping lashes,** pestañas caídas. **III.** *s.* inclinación, caimiento.

drop [dráp]. **I.** *s.* gota; pizca; (joy.) pendiente, *f.,* zarcillo; caída, caimiento; pendiente, declive; pastilla; (com.) baja, caída; (mec.) artefacto (plataforma, martillo, etc.) que cae o se abre hacia abajo; (elec.) indicador de disco levadizo (en el tablero de un ascensor, hotel, etc.).—*pl.* (med.) dosis en gotas.—**d. annunciator,** (elec.) indicador de disco.—**d. box,** buzón.—**d. by d.,** gota a gota.—**d.-center rim,** llanta de canal.—**d. cover,** tapa caediza.—**d. curtain,** (teat.) telón de boca.—**d.-forge,** *va.* forjar a martinete; forjar a troquel.—**d. forging,** forjadura o forjado a martinete.—**d. glass,** cuentagotas, bureta, pipeta.—**d. hammer,** martinete.—**d. of a sail,** (mar.) caída de una vela.—**d. press** = DROP HAMMER.—**d. scene,** (teat.) telón de foro.—**d. sulphur, tin,** azufre, estaño granulado vaciándolo fundido en agua fría.—**d. valve,** válvula de cierre por gravedad.—**to get,** o **have, the d. on,** (fam.) tener indefenso, o en posición desventajosa. **II.** *va.* (*pret.* y *pp.* DROPPED o DROPT) verter a gotas; soltar, dejar caer; abandonar, desprenderse de· renunciar a, desistir de; despedir, echar; (ant.) polvorear, rociar; escribir (una esquela); parir los animales; (fam.) tumbar, derribar de un tiro.—**dropped eggs,** huevos escalfados.—**to d. a courtesy,** hacer una cortesía.—**to d. a hint,** soltar una indirecta.—**to d. anchor,** anclar.—**to d. a subject,** poner fin a una cuestión, cambiar de asunto.—**to d. the curtain,** correr el telón, echar un velo. **III.** *vn.* gotear, chorrear; bajar, descender; caer; cejar, parar, detenerse.—**to d. in,** entrar al pasar.—**to d. off,** decaer; dispersarse; quedar dormido; morir de repente.—**to d. out,** desaparecer; separarse, retirarse; quedarse atrás.

droplet [-lit], *s.* gotita.

droplight [-lait], *s.* (elec.) lámpara movible unida a un cordón de derivación; lámpara colgante; cordón para dichas lámparas.

dropper [-œ(r)], *s.* cuentagotas.

dropping [-iŋ], *s.* acción o resultado de caer, gotear, etc.; estilicidio.—**d. bottle,** o **tube,** (frasco) cuentagotas, bureta, (Am.) gotero.—*pl.* excrementos de animales.

dropsical [drápsikal], **dropsied** [drápsid], *a.* (med.) hidrópico.

dropsy [drápsi], *s.* (med.) hidropesía.

dropwort [drápwœrt], *s.* (bot.) filipéndula.

drosophila [drousáfila], *s.* (ent.) drosófila, mosca de fruta.

dross [drós], *s.* escoria; horrura, espuma; basura, borra; sedimento, hez.

drossiness [-inis], *s.* calidad de impuro.

drossy [-i], *a.* que tiene escoria, espuma o heces; impuro.

drought, drouth [draut, drauθ], *s.* seca, sequía; aridez, sequedad; (raro) carestía, escasez; sed.—**droughty, drouthy** [-i, -i], *a.* seco; árido; (raro) sediento.

drove [dróuv], *s.* manada, recua, arria, piara, tropa, vacada; gentío, muchedumbre; cincel de pedrero.

drove [dróuv], *pret.* de TO DRIVE.

drover [-œ(r)], *s.* ganadero.

drown [draun]. **I.** *va.* ahogar, anegar; sumergir; inundar. **II.** *vn.* anegarse; ahogarse.

drowning [-iŋ], *s.* ahogamiento, anegación.

drowse [dráuz]. **I.** *va.* adormecer, modorrar. **II.** *vn.* amodorrarse, adormecerse. **III.** *s.* modorra.

drowsily [-ili], *adv.* soñolientamente.

drowsiness [-inis], *s.* somnolencia o soñolencia, modorra, letargo, pesadez.

drowsy [-i], *a.* soñoliento, amodorrado; soporífero.

drub [drʌb]. **I.** *va.* apalear, sacudir, pegar, tundir, zurrar. **II.** *s.* porrazo.—**drubbing** [-iŋ], *s.* paliza, zurra, tunda, azotaina; derrota decisiva.

drudge [drʌdž]. **I.** *vn.* afanarse, fatigarse; insudar. **II.** *s.* ganapán; marmitón, galopín.

drudgery [-œri], *s.* faena o trabajo penoso, tráfago.

drug [drʌg]. **I.** *s.* droga, medicamento; artículo de poca venta o demanda; narcótico; estimulante.—**d. fiend,** morfinómano.—**d. habit,** morfinomanía, vicio de los narcóticos.—**d.**

store, farmacia, botica, droguería. II. *va.* mezclar con drogas; narcotizar; poner narcótico en. III. *vn.* tomar drogas (esp. narcóticos).
drugget [drágit], *s.* (ant., tej.) droguete; cierta alfombra de India.
druggist [drágist], *s.* droguero, droguista, (E. U.) boticario, farmacéutico.
Druid [drúid], *s.* druida, *m.*—**Druidess** [-is], *s.* druidesa, sacerdotisa entre los druidas; profetisa.—**druidic(al** [druídik(al], *a.* druídico.—**druidism** [drúidizm], *s.* druidismo.
drum [drám]. I. *s.* tambor, redoblante, caja, (fig.) parche; (mec.) tambor, cilindro, rodillo; bobina (de cable); (com.) cuñete o barrilito; (arq.) campana; vaso de capitol, cuerpo de columna; (anat.) tímpano (del oído).—**d. major,** (mús., mil.) jefe o director de una banda en las paradas, etc.; (ant.) tambor mayor. II. *va.* y *vn.* tocar el tambor; tamborilear, repetir, machacar; teclear; (com.) solicitar parroquianos o pedidos.—**to d. out,** (mil.) expeler a tambor batiente.
drumbeat [-bit], *s.* toque de tambor.
drumfire [-fair], *s.* (mil.) fuego graneado.
drumhead [-hed], *s.* piel, *f.*, parche, cara o cabeza del tambor; (anat.) tambor, tímpano (del oído).—**d. courtmartial,** consejo de guerra de campaña, en el campamento o en la línea de batalla.
drummer [-œ(r)], *s.* tambor, redoblante; (com.) viajante.
drumstick [-stik], *s.* palillo, baqueta o bolillo de tambor; (fam.) pierna (de un ave cocida).
drunk [drányk]. I. *pp.* de TO DRINK. II. *a.* borracho, ebrio, beodo. III. *s.* (fam.) borrachín, cuba, pellejo; (fam.) borrachera, holgorio, parranda.
drunkard [-ärd], *s.* borracho, borrachín.
drunken [-en], *a.* ebrio, borracho.
drunkenly [-li], *adv.* ebriamente.—**drunkenness** [-nis], *s.* embriaguez, beodez; crápula.
drupaceous [drupéishas], *a.* (bot.) drupáceo.
drupe [drup], *s.* (bot.) drupa.
drupelet [drúplit], *s.* (bot.) drupa pequeña.
dry [drai]. I. *a.* árido, seco, sediento; pobre, estéril, frío; jocoso, satírico; chocarrero; agudo, incisivo; seco (hablando de vinos); (b. a.) duro, crudo; (met.) impuro y basto; (fam. y pol.) prohibicionista, partidario u observante de la temperancia; (quím.) por vía seca.—**d. battery,** batería seca, pila seca.—**d. beef,** cecina, charqui. *V.* DRIED BEEF.—**d. casting,** fundición en arena seca.—**d. cell,** (elec.) pila seca, elemento seco.—**d. cleaner,** tintorero.—**d. cleaner's,** tintorería.—**d. cleaning,** limpi(ez)a en seco (*to dry-clean(se)*, limpiar en seco).—**d. concentration,** (met.) separación por gravedad al aire.—**d. cup,** (med.) ventosa seca.—**d. cupping,** aplicación de ventosas secas.—**d. distillation,** (quím.) destilación seca.—**d. dock,** dique de carena.—**d. farming,** cultivo seco (sin riego).—**d. fruit,** frutas pasas.—**d. goods,** (E. U.) mercancías generales, esp. telas, ropa y menudencias; géneros; lencería, mercería; (Ingl.) víveres, comestibles, etc.—**d. goods store,** lencería, mercería.—**d. ice,** hielo seco, anhídrico carbónico solidificado (es nombre de fábrica).—**d. kiln,** horno (para secar madera aserrada).—**d. law,** ley prohibicionista (contra bebidas alcohólicas).—**d. masonry,** construcción de fábrica a hueso.—**d. mass,** (igl.) misa en seco.—**d. measure,** medida o sistema de medidas para áridos.—**d. nurse,** niñera (*to dry-nurse,* ser niñera de, o cuidar de un niño sin darle de mamar).—**d. plate,** (fot.) placa o plancha seca.—**d. point,** (b.a.) punta seca; grabado a punta seca.—**d. rot,** pudrición seca; pudrimiento de la madera debido a honguillos; (fig.) deterioro, desintegración o corrupción interna y oculta.—**d. run,** sesión de práctica o prueba; (mil.) simulacro.—**d. season,** seca, sequía.—**d.-shod,** a pie enjuto.—**d. weight,** peso seco.—**as d. as dust,** sumamente árido o pesado. II. *s.* (fam., pol.) prohibicionista, nefalista. III. *va.* secar, desecar; pasar (fruta); enjutar, enjugar; desaguar; dar sed; acecinar. IV. *vn.* secarse, enjugarse.—**to d. up,** secarse (esp. completa o rápidamente).
dryad [dráiæd], *s.* (mit.) dríada, dríade, *f.*
dryer [dráiœ(r)], *s.* = DRIER.
drying [dráiiŋ]. I. *s.* secamiento, desecación; pasera (de frutas). II. *a.* (de)secante, secador.—**d. chamber,** estufa.—**d. kiln,** horno secador.—**d. room, shed, floor,** etc., secadero, sequera, (de)secador; pasera (para frutas).
dryly [dráili], *adv.* secamente, fríamente.
dryness [dráinis], *s.* sequedad, aridez.
dual [diúal], *a.* binario, doble; (gram.) dual.—**d. control,** (aut., aer.) mando o control doble, mandos gemelos.—**d. ignition,** (m. comb. int.) encendido doble.—**d. personality,** personalidad doble o múltiple.—**d.-purpose,** que sirve dos fines o funciones.
dualism [-izm], *s.* dualismo; dualidad.
dualist [-ist], *s.* dualista.
duality [diuǽliti], *s.* dualidad.
dub [dáb]. I. *va.* apellidar, dar apodo; armar caballero; alisar; (carp.) aparar, azolar; (mar.) aparar; (cine) doblar.—**to d. out,** (alb.) repellar, revocar. II. *vn.* redoblar. III. *s.* golpe, empuje; toque de tambor; (fam.) chambón, persona torpe.—**d.-a-d.,** rataplán.
dubbing [-iŋ], *pa.* y *s.* ceremonia de armar caballero; (ten.) adobo impermeable; (mar.) aparado; (cine) doblaje.—**d. tool,** azuela.
dubiety [diubáieti], *s.* duda, incertidumbre.
dubious [diúbias], *a.* dudoso, dudable, dubitativo, indeciso, irresoluto; incierto; ambiguo.
dubiously [-li], *adv.* dudosamente.—**dubiousness** [-nis], *s.* duda, incertidumbre.
dubitable [diúbitabl], *a.* dubitable, dudable.
dubitably [-bli], *adv.* dudosamente.
dubitation [diubitéishon], *s.* dubitación.
ducal [diúkal], *a.* ducal.
ducat [dákat], *s.* ducado (moneda).
duchess [dáchis], *s.* duquesa.
duchy [dáchi], *s.* ducado.
duck [dak]. I. *s.* (orn.) ánade, pato; acción de agacharse; capuz o chapuz, *m.*; (tej.) dril, brin, lona fina, loneta; (fam.) pichona, vida mía; (mil., fam.) camión anfibio.—*pl.* (fam.) pantalones de dril.—**to make** o **to play at ducks and drakes,** hacer saltar una piedra sobre el agua; (fig.) derrochar. II. *va.* chapuzar, za(m)bullir; evitar (un golpe, deber, etc.). III. *vn.* chapuzar(se), za(m)bullirse; agacharse.
duckbill [dákbil], *s.* (zool.) ornitorrinco, platipo.
ducking [dákiŋ], *s.* chapuz, *m.*, zambullida.—**d. stool,** silla de chapuzar (antiguo castigo).
duckling [dákliŋ], *s.* anadino, anadeja, patito; monina (voz cariñosa).
duckweed [dákwid], *s.* (bot.) lenteja de agua.
duct [dákt], *s.* conducto, canal, tubo.
ductile [-il], *a.* dúctil, flexible, blando, correoso, dócil, tratable.—**ductility** [-íliti], *s.* ductilidad; docilidad.
ductless [-lis], *a.*—**d. gland,** (anat.) glándula endocrina (de secreción interna).
dud [dad]. I. *s.* (fam.) persona o cosa floja o inútil; fiasco; (fam.) bomba o granada que no estalla.—*pl.* (fam.) trapos, ping(aj)os, andrajos; ropa vieja; bártulos. II. *a.* (fam.) sin fibra, falto de energía.
dude [diúd], *s.* petimetre, pisaverde, lechuguino.
dude ranch, *s.* (E. U.) rancho de recreo.
dudgeon [dádzhon], *s.* inquina; enojo; (ant.) puño de daga.—**in high d.,** muy enojado.
dudish [diúdish], *a.* lechuguino, afectado.
due [diu]. I. *a.* debido, cumplido, vencido; pagadero; apto, propio, conveniente, oportuno; legítimo; esperado, que debe llegar.—**d. bill,** pagaré, abonaré.—**d. to,** ocasionado por, debido a, con motivo de.—**in d. time,** a su debido tiempo.—**to become** o **fall d.,** correr, cumplir, vencer. II. *adv.* exactamente.—**d.**

west, (mar.) poniente derecho. **III.** *s.* deuda u obligación; derechos, tributo, impuesto.—*pl.* cuota.—**to get one's d.,** llevar su merecido (castigo).—**to give the devil his d.,** ser justo hasta con el diablo.
duel [diúel]. **I.** *s.* duelo, desafío; certamen. **II.** *vn.* batirse en duelo.—**duel(l)er** [-œ(r)], **duel(l)ist** [-ist], *s.* duelista.—**duel(l)ing** [-iŋ], *s.* desafíos, duelos.
duenna [diuénä], *s.* dueña.
duet [diuét], *s.* (mús.) dúo, dueto; pieza a cuatro manos.
duffel [dʌ́fel], *s.* (tej.) paño de lana basta; equipo, pertrechos.—**d. bag,** (mil.) talego para llevar efectos de uso personal.
duffer [dʌ́fœ(r)], *s.* (fam.) estúpido; inútil, chambón; vendedor ambulante de artículos de imitación o de relumbrón; estafador, farsante; cosa que no vale nada, basura.
dug [dʌg]. **I.** *pret.* y *pp.* de TO DIG. **II.** *s.* teta, ubre, *f.*
dugong [dúgaŋ], *s.* (zool.) dugong(o), vaca marina.
dugout [dʌ́gaut], *s.* (mar.) piragua; cueva; (mil.) defensa subterránea, cueva de protección.
duke [diúk], *s.* duque.—**dukedom** [-dʌm], *s.* ducado.
dulcet [dʌ́lsit], *a.* dulce, suave, armonioso.
dulcification [dʌlsifikéishon], *s.* dulcificación.
dulcify [dʌ́lsifai], *va.* dulcificar, endulzar.
dulcimer [dʌ́lsimœ(r)], *s.* (mús.) dulcémele.
dulia [diuláiä], *s.* (igl.) dulía.
dull [dʌl]. **I.** *a.* embotado, obtuso, sin punta, sin filo, desafilado, romo (herramientas, etc.); apagado, sordo; lerdo, negado; insípido, soso, insulso; flojo, perezoso, pesado; lánguido; desvaído, mate, bajo (colores); insensible; triste, murrio; lento pero no intenso (dolor); deslustrado, empañado; opaco, obscuro, ofuscado, nebuloso; soñoliento, modorro; (com.) desanimado, paralizado, inactivo, muerto.—**d.-brained,** estúpido, tonto, lerdo.—**d.-browed,** cejijunto.—**d.-eyed,** ojiapagado.—**d. of hearing,** duro de oído, medio sordo.—**d. pain,** dolor sordo.—**d.-sighted,** cegato.—**d.-witted,** lerdo estúpido. **II.** *va.* embotar, desafilar; enromar; entontecer; entorpecer, obstruir; contristar; amortiguar, aliviar, moderar, mitigar; ofuscar, deslumbrar; empañar, deslustrar; mermar, enfriar (el entusiasmo, etc.). **III.** *vn.* embotarse; ponerse romo, gastarse la punta o el filo; empañarse; apagarse, mitigarse.
dullard [-ärd]. **I.** *s.* bestia, estólido. **II.** *a.* estúpido.
dullhead [-hed], *s.* tonto, zopenco.
dully [-i], *adv.* lentamente; estúpidamente; sin brillo.
dul(l)ness [-nis], *s.* falta de punta o filo; estupidez; somnolencia, pereza, pesadez; prosaísmo; deslustre; (com.) depresión, desanimación.
dulse [dʌls], *s.* alga marina comestible.
duly [diúli], *adv.* debidamente, puntualmente, a su tiempo.
Duma [dúma], *s.* duma, parlamento ruso.
dumb [dʌm], *a.* mudo; callado; (fam.) estúpido.—**d. creature,** bestia, bruto.—**d. motions,** señas.—**d. show,** pantomima, signo, gesto.—**d.-waiter,** ascensor o estante giratorio para el servicio del comedor; montaplatos; especie de montacargas pequeño.—**to strike d.** = TO DUM(B)FOUND.—**dumbly** [-li], *adv.* mudamente.—**dumbness** [-nis], *s.* mudez; silencio; estupidez.
dumbbell [-bel], *s.* pesa o palanqueta de gimnasia; (fam.) tonto, zopenco.
dumdum, dumdum bullet [dʌ́mdʌm búlit], *s.* (mil.) bala dumdum o bala de expansión.
dum(b)found [dʌmfáund], *va.* confundir, pasmar, dejar turulato o sin habla.
dummy [dʌ́mi]. **I.** *a.* fingido, falseado, imitado.—**d. car,** vagón que lleva su propio motor o locomotora. **II.** *s.* mudo; (fam.) estúpido, imbécil; testaferro; (teat.) personaje que no habla; ascensor doméstico; objeto simulado; maniquí para vestidos, cabeza para pelucas, etc.; figurón; (imp.) libro en blanco con o sin páginas de muestra que enseña la forma general de un libro; libro u hojas con galeras recortadas, ilustraciones, etc., pegadas por páginas; (f. c.) DUMMY CAR; locomotora de máquina condensadora; (en ciertos juegos) naipes que están sobre la mesa; jugador inactivo o imaginario.
dump [dʌmp]. **I.** *va.* vaciar de golpe; descargar, verter; (com.) vender a precios inferiores a los corrientes. **II.** *s.* vaciadero; vaciamiento; (min.) terrero; (mil.) centro de allegamiento y distribución de pertrechos, depósito de municiones, etc.—*pl.* melancolía, morriña.—**d. body,** caja de volteo (de un camión).—**d., o dumping car, truck** o **wagon,** carro o vagón de volteo o de fondo caedizo, camión de volquete.—**to be in the dumps,** tener murria.
dumping [-iŋ], *s.* vaciamiento; (com.) inundación del mercado con artículos de precios rebajados, esp. para suprimir la competencia.
dumpish [dʌ́mpish], *a.* estúpido, lerdo; murrio.—**dumpishness** [-nis], *s.* estupidez; murria.
dumpling [dʌ́mpliŋ], *s.* pudín de pasta rellena de fruta o carne.
dumpy [dʌ́mpi], *a.* regordete; melancólico; descontento, enfurruñado. *V.* DUMPISH.—**d. level,** (top.) nivel de Troughton (nivel de anteojo corto).
dun [dʌn]. **I.** *va.* importunar a un deudor; apremiar; salar y conservar pescado; obscurecer. **II.** *a.* bruno, pardo, castaño obscuro; sombrío. **III.** *s.* acreedor importuno; apremio; (arqueol.) loma fortificada.
dunce [dʌns], *s.* zote, zopenco, bolo, tonto.—**d. cap,** coroza (para los alumnos estúpidos o perezosos).
dunderhead, dunderpate [dʌ́ndœrhed, -peit], *s.* zamacuco, bodoque, badulaque. *V.* DUNCE.
dune [diun], *s.* duna, médano (medaño).
dunfish [dʌ́nfish], *s.* bacalao seco.
dung [dʌŋ]. **I.** *s.* estiércol, fimo.—**d. heap, d. yard,** estercolero, muladar. **II.** *va.* y *vn.* estercolar.
dungaree [dʌŋgarí], *s.* (tej.) cierto paño basto de algodón.—*pl.* pantalones, zahones, mono, etc.
dungeon [dʌ́ndźon]. **I.** *s.* calabozo, mazmorra. **II.** *va.* encalabozar.
dungfork [dʌ́ŋfork], *s.* horca para estiércol.
dunghill [dʌ́ŋhil]. **I.** *s.* estercolero, muladar, basurero. **II.** *a.* bajo, vil.
dunk [dʌŋk], *va.* mojar, ensopar; tirar al agua.
dunnage [dʌ́nidź], *s.* equipaje; (mar.) abarrote.
dunnite [dʌ́nait], dunita, explosivo Dunn (explosivo compuesto en gran parte de ácido pícrico).
duo [diúou], *s.* (mús.) dúo.
duodecimal [-désimal], *a.* (arit.) duodecimal.
duodecimo [-désimou], *s.* libro en dozavo.
duodenum [-dínʌm], *s.* (anat.) duodeno.
duogravure [-greivur], *s.* fotograbado en un color con dos placas.
duologue [-log], *s.* diálogo.
duotype [-taip], *s.* fotografía obtenida de dos fotograbados a media tinta.
dupe [diup]. **I.** *s.* incauto, primo, víctima de engaño o dolo. **II.** *va.* engañar, embaucar.
duple [diúpl], *a.* doble, duplo.
duplex [diúpleks], *a.* duplo; doble, dúplice; (tec.) dúplex.—**d. house,** casa para dos familias.—**d. iron,** fundición recalentada en horno eléctrico.—**d. telegraphy,** telegrafía dúplex.
duplicate [diúplikeit]. **I.** *va.* duplicar, copiar, reproducir; repetir. **II.** [diúplikit], *s.* duplicado, copia.—**in d.,** por duplicado. **III.** [diúplikit], *a.* duplicado, doble, en pares.—**d. part,** pieza de recambio o de repuesto.—**duplication** [-éishon], *s.* duplicación; repetición, reduplicación; plegadura, pliegue, doblez, *m.*
duplicative [-eitiv], *a.* duplicativo.
duplicator [-eito(r)], *s.* duplicador(a), copiador.
duplicity [diuplísiti], *s.* duplicidad, doblez, engaño, segunda intención.

durability [dịurąbíl̦ịtị], *s.* estabilidad, permanencia; duración, durabilidad.
durable [dịúrąbl], *a.* durable, duradero.
durably [-blị], *adv.* duraderamente.
duralumin [dịuræ̂lyūmịn] (nombre de fábrica), *s.* duraluminio, cuproaluminio, aleación de aluminio y cobre.
dura mater [dịúrą méịtœ(r)], *s.* (anat.) duramáter o duramadre, *f.*
duramen [dịuréịmɛn], *s.* (bot.) duramen.
durance [dịúrąns], *s.* cautividad, prisión; (tej.) sempiterna (ll. t. **durant**).
duration [dịuréịŝọn], *s.* duración, dura.
duress [dịúrịs, dịurés], *s.* compulsión, coacción; prisión, encierro.
during [dịúrịŋ], *prep.* durante, mientras.
durst [dœrst], *pret. irr.* de TO DARE.
durum [dúrʌm], *s.* (bot.) trigo duro.
dusk [dʌ́sk]. **I.** *a.* (poét.) obscuro. **II.** *s.* crepúsculo vespertino, oraciones; obscuridad.—**d.-to-dawn,** de(l) anochecer a (la) madrugada.—**at d.,** al anochecer.
duskily [-ịlị], *adv.* obscuramente.
duskiness [-ịnịs], *s.* obscuridad.
dusky [-ị], *a.* fusco, obscuro; moreno, pardo.
dust [dʌ́st]. **I.** *s.* polvo; polvareda; altercado; cenizas, restos mortales; (fig.) abyección, humillación; basura, barreduras, tamo; escombros; oro en polvo; (fam.) dinero.—**d. band,** guardapolvo (de reloj).—**d. bowl,** región en que se producen a veces grandes vendavales de polvo.—**d. brush,** plumero, cepillo de despolvar.—**d. cloak** o **coat,** guardapolvo.—**d. cloud,** polvareda.—**d. devil,** remolino móvil de arena.—**d. guard,** guardapolvo.—**d. storm,** vendaval de polvo.—**to bite the d.,** morder el polvo, morir o caer vencido.—**to kick up,** o **raise, a d.,** armar un alboroto.—**to lick the d.,** morder el polvo; humillarse con abyección.—**to shake off the d.,** sacudir el polvo.—**to throw d. in one's eyes,** embaucar. **II.** *va.* despolvorear, despolvar, desempolv(or)ar, sacudir o quitar el polvo; espolvorizar, (es)polvorear, aplicar polvos.—**to d. one's jacket,** zurrar a uno.
dustbin [-bịn], *s.* basurero, receptáculo para polvo, barreduras, ceniza, etc.
dustcloth [-klɔθ], *s.* paño o trapo de despolvar.
duster [-œ(r)], *s.* el, la o lo que quita el polvo; sacudidor; plumero; guardapolvo (prenda de vestir); utensilio para espolvorear (insecticidas, etc.).
dustiness [-ịnịs], *s.* calidad de empolvado o polvoroso.
dusting [-ịŋ], *s.* desempolvoradura; polvoreamiento.—**d. powder,** polvo fino, talco; (med.) epítema.
dustman [-mąn], *s.* basurero, barrendero.
dustpan [-pæn], *s.* pala de recoger la basura.
dusty [-ị], *a.* empolvado, polvoroso, polvoriento.
Dutch [dʌ́ch], *s.* y *a.* holandés; (fam.) alemán.—**D. bond,** (alb.) aparejo longitudinal o de sogas y tizones alternados.—**D. brass,** tombac (aleación de cobre y cinc).—**D. cheese,** queso de Flandes o de bola; especie de requesón.—**D. foil, gold, leaf** o **metal,** hoja de tombac.—**D. tile,** azulejo.—**D. treat,** (fam.) convite a escote, convite en que cada cual paga por lo que bebe o come.—**D. uncle,** mentor o crítico severo.—**D. wife,** (Fil.) abrazador.—**in D.,** (fam.) en disfavor.—**to beat the D.,** (fam.) ser cosa sorprendente o inaudita.—**to go D.,** (fam.) ir a medias. *V.* D. TREAT.
Dutchman [-mąn], *s.* holandés; (fam.) alemán.
duteous [dịútịʌs], *a.* obediente, obsequioso, respetuoso.
dutiable [dịútịąbl], *a.* imponible; sujeto a adeudo o derechos de aduana.
dutiful [dịútịfụl], *a.* deferente, respetuoso; concienzudo.—**dutifully** [-ị], *adv.* obedientemente, respetuosamente; concienzudamente.—**dutifulness** [-nịs], *s.* obediencia; respeto; escrupulosidad.
duty [dịútị], *s.* deber, obligación; cargo, incumbencia, quehacer(es); obediencia, sumisión, acatamiento; (mil.) facción, servicio; carga, impuesto, adeudo, derechos de aduana o de puertas; (mec.) trabajo, servicio; (mec.) rendimiento; (ing.) cantidad de agua necesaria para el riego de un área dada (gen. 1 acre).—**d.-free,** (com.) franco, libre de derechos.—**in d. bound,** moralmente obligado.—**off d.,** libre.—**on d.,** de guardia o de servicio.—**to do d. for,** servir de, hacer las veces de.
duumvir [dịuʌ́mvœ(r)], *s.* duunvir(o).
duumvirate [-rịt], *s.* duunvirato.
duvetyn, duvetyne o **duvetine** [dúvẹtịn], *s.* tejido suave y aterciopelado.
dwale [dweịl], *s.* (bot.) belladona.
dwarf [dwɔ́rf]. **I.** *s.* enano, pigmeo. **II.** *a.* diminuto, enano, pigmeo. **III.** *va.* impedir el crecimiento de; empequeñecer, achicar. **IV.** *vn.* empequeñecerse, achicarse.
dwarfish [-ịŝ], *a.* enano, pequeño, diminuto.—**dwarfishly** [-lị], *adv.* como un enano.—**dwarfishness** [-nịs], *s.* pequeñez de estatura, (e)nanismo.
dwell [dwɛ́l], *vn.* (*pret.* y *pp.* DWELT o DWELLED) habitar, morar, residir, vivir; (con **on** o **upon**) espaciarse (en), tratar (de).
dweller [-œ(r)], *s.* morador, habitante.
dwelling [-ịŋ]. **I.** *s.* morada, residencia; casa, domicilio, vivienda. **II.** *a.* de habitación.
dwindle [dwíndl]. **I.** *vn.* menguar, disminuirse; degenerar; decaer; consumirse. **II.** *va.* mermar.
dyad [dáịæd]. **I.** *a.* (quím.) bivalente. **II.** *s.* (quím.) díada, átomo o cuerpo bivalente.
dye [dáị]. **I.** *va.* (*pp.* y *pret.* DYED; *ger.* DYEING) teñir, tinturar, (en)tintar, colorar. **II.** *s.* tinte; tintura; color, matiz, *m.*—**to d. in (the) grain,** o **in the wool,** teñir (la lana) en rama.—**dyed-in-the-wool,** acérrimo, intransigente.
dyehouse [-haụs], *s.* tintorería.
dyeing [-ịŋ]. **I.** *s.* tintorería; tinte, teñidura, tintura. **II.** *a.* colorante.
dyer [-œ(r)], *s.* tintorero.—**d.'s broom,** (bot.) ginesta, retama de tintes o de tintoreros.—**d.'s shop,** tintorería, tinte.—**d.'s weed,** (bot.) gualda.
dyestuff [-stʌf], *s.* materia de tinte.
dyewood [-wụd], *s.* madera de tinte.
dying [dáịịŋ]. **I.** *ger.* de TO DIE. **II.** *a.* moribundo, agonizante; mortecino; mortal. **III.** *s.* muerte, *f.*
dyke [daịk], *s.* = DIKE.
dynameter [daịnǽmɛtœ(r)], *s.* (ópt.) dinámetro.
dynamic(al [daịnǽmịk(ąl], *a.* dinámico; eficaz.
dynamics [-s], *s.* dinámica; mecánica (estática y dinámica).
dynamism [dáịnąmịzm], *s.* (filos.) dinamismo.—**dynamist** [-ịst], *s.* dinamista.
dynamite [dáịnąmaịt]. **I.** *s.* dinamita. **II.** *va.* volar con dinamita.—**dynamiter** [-œ(r)], *s.* dinamitero.
dynamo [dáịnąmoụ], *s.* (elec.) dínamo, *f.*, generador.
dynamoelectric(al [-ịléktrịk(ąl], *a.* dinamoeléctrico.
dynamogenesis [-dẑénɛsịs], *s.* (psic.) dinamogénesis, actividad muscular debida a estimulación de los sentidos.
dynamometer [daịnąmámɛtœ(r)], *s.* dinamómetro.
dynamometric(al [-mométrịk(ąl], *a.* dinamométrico.
dynamotor [dáịnąmoụtọ(r)], *s.* (elec.) dinamotor.
dynast [dáịnæst], *s.* dinasta, *m.*
dynastic(al [daịnǽstịk(ąl], *a.* dinástico.
dynasty [dáịnąstị], *s.* dinastía.
dyne [daịn], *s.* (fís.) dina (unidad de fuerza).
dynode [dáịnoụd], *s.* (fís. nuclear) dinodo.
dyscrasia [dịskréịẑịą], *s.* (med.) discrasia.
dysenteric [dịsẹntérịk], *a.* disentérico.
dysentery [dísẹntɛrị], *s.* (med.) disentería.
dyspepsia [dịspépŝịą], *s.* (med.) dispepsia.

dyspeptic [dispéptik], *a.* y *s.* dispéptico; mórbido, quejoso; indigesto.
dysphagia [disféidžiä], *s.* (med.) disfagia.
dysphasia [disféižiä], *s.* (med.) disfasia.
dysphonia [disfóuniä], *s.* (med.) disfonía.
dyspnea, dyspnœa [dispníä], *s.* (med.) disnea.
dyspneal, dyspneic [-l, dispníik], *a.* disneico.
dysprosium [disprǿusiʌm], *s.* (quím.) disprosio.
dystrophy [dístrofi], *s.* (med.) distrofia.
dysuria [disyúriä], *s.* (med.) disuria.

E

e [i], *s.* e; (mús., E) mi.
each [ich]. **I.** *a.* cada, todo. **II.** *pron.* cada uno, cada cual, todos.—**e. for himself,** cada cual por su cuenta, o por su lado.—**e. other,** mutuamente, el uno al otro; unos a otros. **III.** *adv.* por persona, por cabeza, cada cual.
eager [ígœ(r)], *a.* ansioso, anhelante, deseoso; vehemente, impaciente.—**eagerly** [-li], *adv.* ansiosamente, con anhelo, afanadamente.—**eagerness** [-nis], *s.* ansia, avidez, anhelo, afán, ahinco; vehemencia.
eagle [ígl], *s.* (orn.) águila; (E. U.) águila, moneda de oro ($10); (E., astr.) Águila.—**e. boat,** especie de cazasubmarinos.—**e.-eyed,** de ojo avizor, vista de lince.—**e. owl,** (orn.) buharro, curuca, curuja.—**e. ray,** (ict.) águila, *m.*
eaglet [íglit], *s.* (orn.) aguilucho.
eaglestone [íglstoun], *s.* (min.) etites.
eaglewood [-wud], *s.* (bot.) palo (de) áloe, palo de águila, agáloco, calambac.
ear [ír]. **I.** *s.* (anat.) oreja, pabellón; oído; asa, asidero (de jarro, etc.); (bot.) mazorca; espiga.—**e. muff,** orejera.—**e.-piercing,** penetrante (sonido).—**e. trumpet,** trompetilla, cuerno acústico, (Am.) bocina.—**by e.,** de oído; de oídas.—**by the ears,** en pugna abierta.—**to be all ears,** (fam.) abrir tanto oído; aguzar los oídos o las orejas.—**to have a good e.,** tener buen oído (para la música).—**to have one's e.,** tener influencia con uno, gozar de su confianza.—**to set by the ears,** enemistar, malquistar.—**up to the ears,** (fam.) en calzas prietas. **II.** *vn.* espigar, (Am.) muñequear (el maíz, etc.).
earache [íreik], *s.* (med.) otalgia, dolor de oído.
eardrop [írdrap], *s.* arete con adorno colgante.
eardrum [írdrʌm], (anat.) tímpano (del oído).
eared [ird], *a.* espigado; en mazorca.
earflap [írflæp], *s.* orejera (para proteger las orejas).
earing [íriŋ], *s.* (mar.) empuñidura.
earl [œrl], *s.* conde.—**e.-marshal,** rey de armas.
earlap [írlæp], *s.* = EARFLAP; (anat.) lóbulo o perilla de la oreja; pabellón.
earldom [œ́rldʌm], *s.* condado.
earlier [œ́rliœ(r)], *a.* y *adv. comp.* de EARLY: más temprano, antes; anterior, antiguo.—**earliest** [œ́rliest], *a.* y *adv. super.* de EARLY: más temprano; más antiguo, más remoto; antiguo, primitivo.
earliness [œ́rlinis], *s.* precocidad, anticipación; presteza, prontitud; calidad de temprano.
early [œ́rli]. **I.** *a.* primitivo; tempran(er)o; avanzado, precoz, anticipado; matinal; cercano, próximo.—**e. bird,** (fig.) madrugador; el que llega temprano.—**e. fruit,** fruto temprano.—**e. riser,** madrugador.—**e. rising,** madrugada.—**the e. part of,** el principio de. **II.** *adv.* temprano, tempranamente, antes de la hora; al principio.—**as e. as possible,** lo más pronto posible.—**e. in,** a principios de, a primeras horas de.—**to be e.,** llegar temprano.
earmark [írmark]. **I.** *s.* marca en la oreja; señal inequívoca. **II.** *va.* señalar, marcar el ganado en la oreja para identificarlo; asignar o destinar fondos, etc., para un fin particular.
earn [œrn], *va.* ganar; merecer; captarse; devengar.
earned [-d], *a.* ganado; merecido; devengado.
earned income, *s.* rentas del trabajo.
earnest [œ́rnist]. **I.** *a.* serio, formal; extremo, fervoroso; activo, celoso, diligente; atento, cuidadoso; grave, importante. **II.** *s.* seriedad, buena fe; arras, *f. pl.*, caparra, prenda, señal, *f.* (ll. t. **e. money**).—**e. money,** caparra.—**in (good) e.,** de buena fe, en conciencia; en serio, con formalidad, resuelto a perseverar.
earnestly [-li], *adv.* seriamente, de veras; encarecidamente.—**earnestness** [-nis], *s.* seriedad, formalidad, buena fe, ahinco, veras, *f. pl.*
earnings [œ́rniŋz], *s. pl.* salario, estipendio, jornal, paga; (com.) ganancias, ingresos.
earphone [írfoun], *s.* (tlf., rad.) auricular; audífono. *V.* HEADPHONE.
earpick [írpik], *s.* mondaoídos, escarbaorejas.
earpiece [írpis], *s.* (tlf.) auricular, receptor.
earring [íriŋ], *s.* pendiente, arete, zarcillo.
earshot [írŝat], *s.* alcance del oído.
earsplitting [írsplitiŋ], *a.* penetrante, ensordecedor.
earth [œ́rθ]. **I.** *s.* tierra (globo terráqueo); orbe; suelo; mundo, gente, *f.*; madriguera (de zorra, etc.); (elec.) tierra; (quím.) óxido metálico terroso.—**e.-eating,** geófago. **II.** *va.* cubrir con tierra; (elec., rad.) conectar con tierra. **III.** *vn.* retirarse debajo de tierra.
earthboard [-bord], *s.* orejera del arado.
earthborn [-born], *a.* terrígeno; bajo, innoble.
earthen [-en], *a.* térreo, terreno, terrizo; de barro.
earthenware [-wɛr], *s.* loza de barro, cacharros.
earthiness [-inis], *s.* terrosidad.
earthliness [-linis], *s.* terrenidad, mundanalidad.
earthling [-liŋ], *s.* habitante de la tierra, ser mortal; persona mundana.
earthly [-li], *a.* terreno, terrero; terrenal, mundano.
earthnut [-nʌt], *s.* (bot.) castañuela; chufa; trufa; cacahuete, (Am.) maní.
earthquake [-kweik], *s.* temblor de tierra, terremoto, sacudimiento terrestre.
earthward [-wärd], *a.* y *adv.* hacia la tierra.
earthwork [-wœrk], *s.* (fort. e ing.) terraplén.
earthworm [-wœrm], *s.* lombriz de tierra.
earthy [-i], *a.* terroso, terrizo; mundano; grosero.
earwax [írwæks], *s.* cerumen, cera de oído.
earwig [írwig], *s.* (ent.) tijereta, cortapicos.
ease [iz]. **I.** *s.* tranquilidad; ocio, reposo; comodidad, alivio, descanso; holgura; facilidad, desembarazo o desenvoltura, naturalidad.—**at e.,** con desahogo, descansadamente, a sus anchas.—**with e.,** con facilidad. **II.** *va.* aliviar, mitigar, suavizar, aligerar, descargar, desembarazar, facilitar.—**to e. away,** u **off,** aflojar gradualmente; (mar.) amollar, lascar, arriar (cable, cadena).—**to e. nature,** o **one's self,** hacer del cuerpo.—**to e. of,** (fam.) quitar por la fuerza; robar. **III.** *vn.* disminuir, apaciguarse.
easel [ízel], *s.* caballete de pintor; atril.
easement [ízment], *s.* alivio, apoyo, descarga; (for.) servidumbre.
easily [ízili], *adv.* fácilmente, aína; sobradamente.
easiness [ízinis], *s.* facilidad; suavidad; holgura, comodidad; tranquilidad, quietud; despejo, desembarazo, soltura.
east [ist]. **I.** *s.* este, levante, oriente, (mar.) leste.—**the E.,** el Oriente, el Levante; el este (de los E. U.).—**e. wind,** (l)este, levante, oriente. **II.** *a.* oriental, de oriente, levantino; del este. **III.** *adv.* hacia el este.
Easter [ístœ(r)], *s.* Pascua florida o de Resurrección.—**E. day,** día de Pascua.—**E. eve, E. Saturday,** Sábado Santo o de Pasión.—**E. Sunday,** Domingo de Resurrección.
easterly [ístœrli], *a.* y *adv.* oriental, del este, al este; hacia el este.—**e. wind,** aire de levante, solano.
eastern [ístœrn], *a.* oriental, (astr.) ortivo.
Easterner [ístœrnœ(r)], *s.* oriental; habitante del este (de los E. U.).
Eastertide [ístœrtaid], *s.* aleluya, *m.*, tiempo de Pascua.
eastward [ístwärd]. **I.** *a.* de o en dirección oriental o este. **II.** *adv.* hacia el este.
easy [ízi]. **I.** *a.* fácil; cómodo, holgado; acomodado; complaciente, condescendiente; accesible

o asequible; suelto, libre; tranquilo; aliviado; simple, natural; suave; manual, mañero; quedo; (com.) flojo; abundante; (fam.) blanco, confiado, fácil de engañar.—**on e. street,** (fam.) en buenas circunstancias, acomodado. **II.** *adv.* e *interj.* despacio, qued(it)o.
easy chair, *s.* butaca, sillón, poltrona.
easy-going [-góuiŋ], *a.* de movimiento fácil o suave; lento, despacioso; calmado, sereno, filosófico.
easy labor, *s.* parto feliz.
easy mark, *s.* (E. U., fam.) persona bonachona.
eat [ít]. **I.** *va.* (*pret.* ATE, *pp.* EATEN) comer; corroer; consumir.—**to e. away, into,** o **through,** corroer, destruir.—**to e. breakfast, lunch, dinner, supper,** desayunarse, almorzar, comer, cenar.—**to e. crow,** (fam.) tragarse, tragar saliva.—**to e. humble pie,** humillarse y dar excusas.—**to e. one's heart,** sufrir uno la amargura en silencio.—**to e. one's words,** retractarse, cantar la palinodia.—**to e. up,** devorar, tragar, comer completamente. **II.** *vn.* comer; alimentarse, sustentarse; (fam.) ser comible; saber (a). **III.** *s. pl.* (fam.) refrescos, comestibles.
eatable [ítabl]. **I.** *a.* comestible, comedero. **II.** *s. pl.* comestibles, víveres, vituallas.
eater [ítœ(r)], *s.* comedor.
eating [ítiŋ]. **I.** *s.* la acción de comer; cosa de comer; comidas. **II.** *a.* de comer; corrosivo; consumidor.—**e. house,** restaurante, bodegón, figón.
eaves [ívz], *s. pl.* socarrén, alero, tejaroz, *m.*
eavesdrop [-drap]. **I.** *s.* estilicidio. **II.** *vn.* escuchar a las puertas, fisgonear.—**eavesdropper** [-œ(r)], *s.* el que escucha escondido.
ebb [ɛb]. **I.** *vn.* menguar la marea, desplayar; decaer, disminuir. **II.** *s.* (mar.) menguante, reflujo; decadencia.—**e. of life,** vejez.—**e. tide,** (mar.) marea menguante.
ebenaceous [ɛbenéiŝʌs], *a.* (bot.) ebenáceo.
ebonite [-ait], *s.* ebonita, vulcanita.—**ebonize** [-aiz], *va.* ebanizar, dar la apariencia del ébano.
ebony [-i], *s.* (bot.) ébano.
ebullience, ebulliency [ibʌ́lyens, -i], *s.* ebullición; entusiasmo.
ebullient [-ent], *a.* hirviente; entusiasta.
ebullition [ɛbʌlíŝon], *s.* ebullición; (fig.) viva emoción o agitación; entusiasmo.
eburnated [ébœrneitid], *a.* (med.) endurecido como hueso.
eburnean [ibœ́rnian], **eburneous** [-iʌs], *a.* ebúrneo, marfileño.
écarté [eikartéi], *s.* ecarté, juego de naipes.
eccentric [iksέntrik], *s.* persona excéntrica o rara; (mec.) excéntrica.
eccentric(al [-al], *a.* (geom. y mec.) excéntrico; extravagante, excéntrico, estrambótico, estrafalario, raro.
eccentrically [-i], *adv.* excéntricamente.
eccentricity [iksɛntrísiti], *s.* excentricidad.
ecchymosis [ɛkimóusis], *s.* (med.) equimosis, *mf.*, moretón, aporisma, *m.*
ecclesia [iklízia], *s.* (hist.) asamblea popular; iglesia, cuerpo de los fieles.
Ecclesiastes [iklizi̯ǽstiz], *s.* (bib.) Eclesiastés.
ecclesiastic(al [-ǽstik(al], *a.* eclesiástico.—**ecclesiastic,** *s.* eclesiástico, clérigo.—**ecclesiastically** [-i], *adv.* eclesiásticamente.—**ecclesiasticism** [-ǽstisizm], *s.* clericalismo, espíritu eclesiástico.
Ecclesiasticus [-ǽstikʌs], *s.* (bib.) Eclesiástico.
ecclesiolatry [-álatri], *s.* devoción excesiva a la Iglesia y a sus ritos.
ecclesiology [-álodẑi], *s.* ciencia del arte, arquitectura y decorado de iglesias.
echelon [éŝelan]. **I.** *s.* (mil.) escalón. **II.** *va.* (mil.) escalonar.
echidna [ikídna], *s.* (zool.) equidna, *m.* (mamífero).
echinate(d [ékineit(id], *a.* erizado.
echinococcus [ikainokákʌs], *s.* equinococo.
echinoderm [ikáinodœrm], *a.* y *s.* equinodermo.
echinoid [ikáinɔid], *a.* y *s.* (zool.) equinoideo.
echinus [ikáinʌs], *s.* (arq.) equino, gallón; (zool.) erizo, equino.
echo [ékou]. **I.** *s.* eco, retumbo; (mús.) eco (de órgano).—**e. sounder,** (mar.) sonda acústica.—**to the e.,** estrepitosamente. **II.** *vn.* formar eco, repercutir, resonar, reverberar. **III.** *va.* repetir con aprobación; imitar servilmente; hacer eco a.
echoic [ɛkóuik], *a.* (filol.) ecoico; onomatopéyico.—**echoism** [ékouizm], *s.* onomatopeya.
éclair [eiklér], *s.* bollo de crema o de natas.
éclaircissement [eiklɛrsismán], *s.* aclaración, explicación, ilustración.
éclat [eiklá], *s.* esplendor, magnificencia; aclamación, aplauso; renombre, celebridad.
eclectic [iklέktik], *s.* y *a.* ecléctico.
eclecticism [-sizm], *s.* eclecticismo.
eclipse [iklíps]. **I.** *s.* eclipse. **II.** *va.* eclipsar.
ecliptic [iklíptik]. **I.** *s.* (astr.) eclíptica. **II.** *a.* eclíptico.
eclogue [éklag], *s.* égloga, écloga.
ecologic(al [ɛkoládẑik(al], *a.* ecológico.
ecologist [ikálodẑist], *s.* ecólogo.
ecology [ikálodẑi], *s.* ecología.
economic(al [ikonámik(al], *a.* económico; moderado, módico (ú. de precios, etc.); frugal, parco.
economically [-ali], *adv.* económicamente.
economics [-s], *s.* economía política.
economist [ikánomist], *s.* economista.—**economize** [-maiz], *va.* y *vn.* economizar, ahorrar, endurar.—**economy** [-mi], *s.* economía; ahorro.
écraseur [eikrazœ́r], *s.* (cir.) triturador.
ecru, écru [ékru, éikru]. **I.** *a.* crudo, sin blanquear. **II.** *s.* color de lino o seda sin blanquear; géneros de lino crudo.
ecstasied [ékstasid], *a.* extático.
ecstasy [ékstasi], *s.* éxtasi(s), *m.*, rapto, transporte, embeles(amient)o, arrebat(amient)o, arrobamiento.—**ecstatic(al** [ɛkstǽtik(al], *a.* extático.
ectasis [éktasis], *s.* (pros.) éctasis; (med.) ectasia.
ecthyma [ɛkθáima], *s.* (med.) ectima, *m.*
ectoblast, ectoderm [éktoblæst, -dœrm], *s.* (biol.) ectoblasto, ectodermo.—**ectodermal** [-dœ́rmal], **ectodermic** [-ik], *a.* ectodérmico.
ectogenous [ɛktádẑenʌs], *a.* (bact.) ectógeno.
ectoparasite [ɛktopǽrasait], *s.* ectoparásito.
ectopia [ɛktóupia], *s.* (med.) ectopia.
ectoplasm [éktoplæzm], *s.* (zool., biol., bot.) ectoplasma, *m.;* (espiritismo) emanación o exhalación que, según algunos, se desprende del cuerpo del médium.
ectropion, ectropium [ɛktróupion, -piʌm], *s.* (med.) ectropión, *m.*, inversión de los párpados.
Ecuador [ékwadɔr], *s.* Ecuador.
Ecuadorian [ɛkwadɔ́rian], *a.* y *s.* ecuatoriano.
ecumenical [ɛkyuménikal], *a.* ecuménico.
eczema [ékzima], *s.* (med.) eczema.
eczematous [ɛkzématʌs], *a.* eczematoso.
edacious [idéiŝʌs], *a.* voraz.—**edaciousness** [-nis], **edacity** [idǽsiti], *s.* voracidad, glotonería.
Edam cheese, *s.* queso Edam; queso amarillo holandés.
eddy [édi]. **I.** *s.* remolino.—**e. current,** (elec). corriente (*f.*) de Foucault, corriente parásita. **II.** *vn.* remolinar. **III.** *va.* remolinear.
edelweiss [éidelvais], *s.* (bot.) planta alpina.
edema [idíma], *s.* (med.) edema, *m.*
edematous [idématʌs], *a.* (med.) edematoso.
Eden [ídẹn], *s.* Edén.
Edentata [identéita], *s.* (zool.) desdentados.
edentate [identeit], *a.* desdentado.
edge [édẑ]. **I.** *s.* filo, corte; canto; borde, orilla, margen, *mf.*, arcén; ribete; ventaja.—**e. tool,** herramienta o instrumento de filo.—**on e.,** de canto; impaciente, irritable; ansioso, perturbado.—**to have the e. on,** llevar ventaja a.—**to set the teeth on e.,** dar dentera. **II.** *va.* afilar, aguzar; (a menudo con *on*) aguijonear, incitar; (cost.) orlar, ribetear, guarnecer;

abrirse (paso) marchando de lado. **III.** *vn.* avanzar de lado, escurrirse.

edged [-d], *a.* afilado, cortante.

edgeways, edgewise [-weiz, -waiz], *adv.* de filo o de canto, de lado o sesgo.

edging [-iŋ], *s.* orla(dura), orilla, ribete, trepado, pestaña, guarnición.

edgy [-i], *a.* afilado: irritable, impaciente.

edibility [ɛdibíliti], **edibleness** [édiblnis], *s.* calidad de comestible.

edible [édibl], *a.* y *s.* comestible.

edict [ídikt], *s.* edicto, decreto, mandato, orden(amiento); ordenación; ordenanza, bando; auto.

edification [ɛdifikéiŝon], *s.* edificación.

edificatory [édifikatori], *a.* edificativo, edificante.

edifice [édifis], *s.* edificio.

edifier [édifaiœ(r)], *s.* edificante, edificador.

edify [édifai], *va.* edificar; instruir.

edifying [-iŋ], *a.* edificante, edificativo.—**edifyingly** [-li], *adv.* edificantemente, ejemplarmente.

edile [ídail], *s. V.* AEDILE.

edit [édit], *va.* redactar; dirigir (un periódico); corregir.

editing [-iŋ], *s.* redacción; corrección.

edition [idíŝon], *s.* edición; impresión; tirada.

editor [éditọ(r)], *s.* redactor, compilador; director de un periódico o revista, etc.—**e. in chief,** jefe de redacción, redactor (en) jefe.

editorial [ɛditórial]. **I.** *a.* editorial.—**e. rooms** o **staff,** redacción.—**e. writer,** editorialista. **II.** *s.* editorial, artículo de fondo.

editorialize [-aiz]. **I.** *va.* escribir críticamente acerca de, en estilo de editorial. **II.** *vn.* (con **about** u **on**) escribir un editorial acerca de.

editorship [éditorŝip], *s.* cargo de redactor; dirección de un periódico.

educable [édẑukabl], *a.* educable.

educate [édẑukeit], *va.* educar, instruir, enseñar, doctrinar, dirigir, disciplinar, dar crianza a.

education [-éiŝon], *s.* educación, enseñanza, instrucción, crianza; ilustración, cultura.

educational [-al], *a.* docente; cultural; de enseñanza; educativo, (Am.) educacional.—**e. institution,** plantel.

educationalist [-alist], **educationist** [-ist], *s.* pedagogo, persona versada en asuntos de educación, educador, educacionista.

educative [édẑukeitiv], *a.* educativo, educador.

educator [-keitọ(r)], *s.* educador, pedagogo.

educe [idiús], *va.* educir; sacar, extraer.

eduction [idákŝon], *s.* educción; (m. v.) = EXHAUST.

edulcorate [idálkoreit], *va.* (quím.) edulcorar, dulzurar, endulzar.—**edulcoration** [-éiŝon], *s.* edulcoración, dulcificación.—**edulcorative** [-iv], *a.* dulcificante.

eel [íl], *s.* (ict.) anguila, (Am.) anguilla.

eelpot [-pat], *s.* nasa para anguilas.

eelpout [-paut], *s.* (ict.) zoarces. *V.* BURBOT.

e'en [in], *adv. contracción de* EVEN.

e'er [ɛr], *adv. contracción de* EVER.

eerie, eery [íri], *a.* pavoroso, misterioso; atemorizado.

efface [ɛféis], *va.* borrar, raspar, destruir, tachar.

effaceable [-abl], *a.* deleble, que puede borrarse.—**effacement** [-mɛnt], *s.* tachón, raspadura.

effect [ɛfékt]. **I.** *s.* efecto; impresión; eficacia, eficiencia; tenor, significado, substancia; fuerza, vigor, operación; realización, cumplimiento.—*pl.* efectos, bienes, caudal.—**for e.,** para causar efecto.—**in e.,** en operación, vigente; en substancia, en realidad (nunca *en efecto,* en el razonamiento).—**into e.,** en vigor, en vigencia, en práctica, en operación.—**of no e.,** sin resultado, vano.—**to take e.,** salir bien, producir su efecto; ponerse en vigor.—**to the e. that,** de que, en el sentido de que. **II.** *va.* efectuar, realizar, ejecutar, llevar a cabo.

effecter [-œ(r)], *s.* causador, hacedor.

effective [-iv]. **I.** *a.* efectivo, eficaz; vigente, en vigor; de buen efecto, que causa buena impresión; real, verdadero; (mec.) útil, efectivo.—**e. weight,** peso útil.—**to make e.,** llevar a efecto; hacer cumplir. **II.** *s.* (com. y e. p.) metálico, numerario; (mil.) (gen. *pl.*) soldados o marineros disponibles para el servicio; ejército.—**effectively** [-li], *adv.* eficazmente.—**effectiveness** [-nis], *s.* eficacia, eficiencia, efectividad.

effectual [ɛfékchual], *a.* eficaz.—**effectually** [-i], *adv.* eficazmente; efectivamente, de hecho.

effectuate [-chueit], *va.* efectuar, ejecutar.

effeminacy [ɛféminasi], **effeminateness** [-itnis], *s.* afeminamiento, afeminación, molicie.

effeminate [ɛféminit], *a.* afeminado, adamado, amujerado, barbilindo.—**to make** o **become e.,** afeminar(se), adamarse.

effeminately [-li], *adv.* afeminadamente.

effendi [ɛféndi], *s.* efendi, título turco.

efferent [éfɛrɛnt], *a.* (fisiol.) eferente.

effervesce [ɛfœrvés], *vn.* hervir, fermentar, estar en efervescencia.—**effervescence** [-ɛns], *s.* efervescencia.—**effervescent** [-ɛnt], *a.* efervescente.

effete [ɛfít], *a.* usado, gastado, cascado; estéril, infructuoso.

efficacious [ɛfikéiŝʌs], *a.* eficaz.—**efficaciously** [-li], *adv.* eficazmente.—**efficaciousness** [-nis].

efficacy [éfikasi], *s.* eficacia, eficiencia; fuerza, validez, virtud, virtualidad.

efficiency [ɛfíŝɛnsi], *s.* eficacia; eficiencia; fuerza, virtud; habilidad, competencia; economía; (mec.) rendimiento.

efficiency expert, *s.* (E. U.) consejero en eficiencia.

efficiency factor, *s.* (estad.) factor de eficiencia.

efficient [-ɛnt], *a.* eficiente, eficaz, competente; (mec.) de gran rendimiento.

efficiently [-li], *adv.* eficientemente; eficazmente; con buen rendimiento.

effigy [éfidẑi], *s.* efigie, retrato, imagen, *f.*—**to burn** o **hang in e.,** quemar o ahorcar en efigie.

effloresce [ɛflorés], *vn.* florecer(se), echar flor; (quím.) eflorecerse.

efflorescence, efflorescency [-ɛns, -i], *s.* eflorescencia; (med.) roncha; erupción; (bot.) florescencia.—**efflorescent** [-ɛnt], *a.* (quím.) eflorescente; (bot.) en flor.

effluence [éfluɛns], *s.* emanación, efluvio; efusión; efluxión.—**effluent** [-ɛnt]. **I.** *a.* efluente. **II.** *s.* líquido que sale.

effluvium [ɛflúviʌm], *s.* efluvio, exhalación, emanación, tufo, vaho.

efflux [éflʌks], *s.* efusión, emanación; flujo, derrame.—**effluxion** [ɛflʌ́kŝon], *s.* emanación, efluvio, exhalación, efluxión.

effort [éfort], *s.* esfuerzo, conato, empeño, gestión.

effortless [-lis], *a.* sin esfuerzo, fácil.

effrontery [ɛfrʌ́ntœri], *s.* desfachatez, impudencia, descaro, desvergüenza.

effulge [ɛfʌ́ldẑ], *va.* y *vn.* lucir, brillar, resplandecer.

effulgence [-ɛns], *s.* esplendor, fulgor, brillantez.—**effulgent** [-ɛnt], *a.* resplandeciente, refulgente.

effuse [ɛfiúz]. **I.** *va.* derramar, verter, esparcir, efundir. **II.** *vn.* emanar. **III.** *a.* (bot.) esparcido.

effusion [ɛfiúẑon], *s.* efusión, derrame; expansión; desahogo.

effusive [ɛfiúsiv], *a.* efusivo; expansivo, comunicativo, demostrativo.

effusively [-li], *adv.* efusivamente.

eft [ɛft], *s.* (zool.) lagartija (acuática). *V.* NEWT.

egest [idẑést], *va.* excretar, expeler.—**egesta** [-ä], *s. pl.* excremento.—**egestion** [idẑéschon], *s.* defecación.

egg [ég]. **I.** *s.* huevo, postura, (Méx.) blanquillo.—**e. beater,** batidor de huevos.—**e. cell,** (biol.) célula reproductiva o embrionaria, huevo.—**e. coal,** antracita gruesa.—**e. cup,** huevera.—**e. dealer,** huevero.—**e. glass,** reloj de arena de 3 minutos para hervir huevos; huevera de vidrio.—**e.-laying,** *a.* ovíparo, ponedor, ponedero.—**e. laying,** *s.* postura.—**e.-shaped,** oviforme.—**e. stand,** huevera.—

e. store, huevería.—**bad e.,** huevo podrido; (fam.) mala persona. **II.** *va.* (coc.) mezclar o cubrir con huevo; (E. U.) arrojar huevos a una persona; (seguido de **on**) hurgar, incitar, provocar. **III.** *vn.* coleccionar huevos de aves.
egghead [-hɛd], *s.* (E. U., fam.) intelectual.
eggnog [-nag], *s.* ponche de huevo; yema mejida.
eggplant [-plænt], *s.* (bot.) berenjena.
eggshell [-ŝɛl], *s.* cáscara de huevo, cascarón.—**e. china,** loza muy fina.
egis, ægis [ídẑis], *s.* égida, escudo.
eglantine [églantain], *s.* (bot.) eglantina; escaramujo, agavanzo, galabardera, zarzarrosa.
ego [ígou], *s.* (filos.) el yo.
egocentric [-séntrik], *s.* y *a.* egocéntrico.
egoism [ígouizm], *s.* egoísmo.—**egoist** [-ist], *s.* egoísta.—**egoistic** [-ístik], *a.* egoísta.—**egotism** [ígoutizm], *s.* egotismo, egolatría.—**egotist** [-ist], *s.*, **egotistic(al** [-ístik(al], *a.* egotista, ególatra.—**egotize** [-aiz], *vn.* hablar o escribir mucho de sí mismo.
egregious [igrídẑʌs], *a.* egregio; (desp.) extraordinario, insigne, estupendo, atroz, escandaloso.—**egregiously** [-li], *adv.* egregiamente.
egress [ígrɛs], **egression** [igréŝon], *s.* salida.
egret [ígrɛt], *s.* moño, penacho, plumero; (orn.) airón.
Egyptian [idẑípŝan], *a.* y *s.* egipci(an)o, egipcíaco, egiptano; gitano.
Egyptologist [idẑiptálodẑist], *s.* egiptólogo.
Egyptology [-dẑi], *s.* egiptología.
eh [ei], *interj.* ¿qué? ¿eh? ¿no?
eider, eider duck [áidœ(r), -dʌk], *s.* (orn.) pato de flojel, eidero.—**e. down** [-daun], edredón, plumazón, plumón; colcha de edredón.
eidograph [áidogræf], *s.* = PANTOGRAPH.
eidolon [aidóulan], *s.* representación, imagen, *f.*; fantasma, *m.*
eight [eit], *s.* y *a.* ocho.—**e. o'clock,** las ocho.
eight ball, *s.* bola negra de billar.—**to be behind the eight ball,** (E. U., fam.) estar en una situación difícil.
eighteen [éitín], *s.* y *a.* diez y ocho, dieciocho.
eighteenth [-θ], *a.* décimoctavo; dieciochavo; dieciocho (ordinal).
eightfold [éitfould], *a.* óctuple, ocho veces tanto.
eighth [eitθ], *s.* y *a.* octavo.
eighth note, *s.* (mús.) nota musical que es un octavo el valor de una semibreve.
eight hundred, *s.* y *a.* ochocientos.
eightieth [éitiɛθ], *a.* octogésimo; ochenta (ordinal); ochentavo.
eight-sided [-sáidid], *a.* octágono, ochavado.
eighty [éiti], *s.* y *a.* ochenta.
einsteinium [ainstáiniʌm], *s.* (quím.) einsteinio.
either [íðœ(r)]. **I.** *a.* y *pron.* uno u otro, cualquiera de los dos. **II.** *conj.* o.—**e. . . . or,** o . . . o (*either his mother or his father will go,* o su madre o su padre irá). **III.** *adv.* (después de *not, nor*) tampoco.
ejaculate [idẑǽkyuleit], *va.* exclamar, proferir; (fisiol.) eyacular.
ejaculation [-éiŝon], *s.* jaculatoria (oración); exclamación; (fisiol.) eyaculación.
ejaculatory [-atori], *a.* jaculatorio.
eject [idẑékt], *va.* arrojar, lanzar, expeler, echar.
ejecta [-ä], *s. pl.* materias expelidas.
ejection [idẑékŝon], *s.* expulsión, evacuación.
ejectment [idẑéktment], *s.* (for.) desahucio; expulsión, exclusión.
ejector [idẑékto(r)], *s.* expulsador; (armas) eyector; (mec.) bomba de chorro (ll. t. **e. pump**).
eke [ik], *va.* (gen. con **out**) suplir lo que falta a; ganar (la vida) a duras penas.
elaborate [ilǽboreit]. **I.** *va.* labrar, elaborar. **II.** [ilǽborit], *a.* elaborado, trabajado, detallado, primoroso; esmerado; estudiado.—**elaborately** [-li], *adv.* primorosamente, con muchos detalles.—**elaborateness** [-nis], *s.* primor, perfección.—**elaboration** [-éiŝon], *s.* elaboración; obra acabada.—**elaborative** [ilǽborativ], *a.* elaborativo.—**elaborator** [-eito(r)], *s.* elaborador; artífice.
élan [eilán], *s.* entusiasmo, ardor, excitación.
eland [íland], *s.* (zool.) grande antílope sudafricano.
elapse [ilǽps], *vn.* mediar, pasar, transcurrir.
elasmobranch [ilǽsmobræŋk], *s.* (ict.) elasmobranquio.
elastic [ilǽstik]. **I.** *a.* elástico.—**e. gum,** caucho.—**e. limit,** (tecn.) límite elástico; (com.) límite variable de emisión (de un banco).—**e. webbing,** elástico. **II.** *s.* cinta de goma, faja o tira de caucho.
elasticity [ilæstísiti], *s.* elasticidad.
elate [iléit], *va.* exaltar, endiosar; alborozar; engreír, ensoberbecer.—**elated** [-id], *a.* exaltado, triunfante, gozoso, alborozado.—**elatedly** [-li], *adv.* exaltadamente, triunfantemente.
elaterin [ɛlǽterin], *s.* (quím.) elaterina.
elaterium [ɛlatíriʌm], *s.* (bot.) elaterio; (farm.) purgante extraído del jugo de esta planta.
elation [iléiŝon], *s.* júbilo, elación.
elbow [élbou]. **I.** *s.* codo; recodo, ángulo, codillo; brazo de sillón.—**e. grease,** (fam.) trabajo asiduo.—**e. pipe,** codo, tubo acodado.—**e. rest,** ménsula.—**at one's e.,** a la mano, muy cerca.—**out at e.,** andrajoso.—**up to the elbows,** hasta los codos. **II.** *va.* dar codazos; dar de(l) codo.—**to e. one's way,** abrirse paso codeando. **III.** *vn.* codear; formar recodos o ángulos.
elbowchair [-chɛr], *s.* silla de brazos, poltrona.
elbowed [-d], *a.* acodado.
elbowroom [-rum], *s.* espacio suficiente; amplia oportunidad; libertad de acción.
elder [éldœ(r)]. **I.** *a. comp. irr.* de OLD: mayor, de más edad, más viejo; antiguo, anterior (ú. de tiempos, etc.).—**Pliny the E.,** Plinio el Viejo. **II.** *s.* anciano; señor mayor; jefe de tribu o familia; dignatario; funcionario eclesiástico, presbítero; (bot.) saúco, yezgo.—*pl.* ancianos, mayores, antepasados.
elderberry [-bɛri], *s.* (bot.) baya del saúco.
elderly [-li], *a.* mayor, de edad madura o avanzada.—**an e. man,** un señor mayor.—**eldership** [-ŝip], *s.* ancianidad; primogenitura presbiterado.
eldest [éldist], *a. super.* de OLD: el mayor, primogénito.
Eleatic [ɛliǽtik], *s.* y *a.* (fil.) eleático.
elecampane [ɛlikæmpéin], *s.* (bot.) énula campana, olivarda.
elect [ilékt]. **I.** *va.* elegir, escoger, sacar (por votación). **II.** *a.* y *s.* (gen. *pl.*) electo o elegido; escogido, predestinado.—**bishop-e.,** obispo electo.
election [ilékŝon], *s.* elección; (teol.) predestinación.
electioneer [-ír], *vn.* (pol.) solicitar votos; hacer campaña electoral.
elective [iléktiv], *a.* electivo; facultativo (curso, etc.).—**electively** [-li], *adv.* electivamente.
elector [ilékto(r)], *s.* elector.
electoral [-al], *a.* electoral.—**e. college,** (E. U.) colegio electoral, asamblea de electores que elige al presidente.
electorate [-it], *s.* electorado; cuerpo o distrito electoral.
electric(al [iléktrik(al], *a.* eléctrico; electricista; (fig.) vivo, fogoso, magnético; conmovedor, emocionante, excitante.
electrical engineer, *s.* ingeniero electricista.
electrical engineering, *s.* electrotecnia, ingeniería eléctrica.
electrically [-i], *adv.* por electricidad.
electrically-controlled [-kontrould], *a.* con o de mando eléctrico.
electrically-driven [-drivn], *a.* electroaccionado, electroimpulsado.
electrical transcription, *s.* transcripción eléctrica.
electric appliances, *s.pl.* aparatos eléctricos.
electric balance, *s.* puente de Wheatstone; electrómetro de balanza.
electric blanket, *s.* manta eléctrica.

electric blue, *s.* azul brillante.
electric boiler, *s.* electrocaldera.
electric brake, *s.* freno eléctrico.
electric bulb, *s.* bombilla, lámpara eléctrica.
electric cable, *s.* cable eléctrico.
electric car, *s.* tranvía (*m.*) eléctrico.
electric cell, *s.* pila eléctrica.
electric chair, *s.* sillón eléctrico, sillón de electrocución.
electric clock, *s.* reloj eléctrico.
electric column, *s.* pila voltaica.
electric cooker, *s.* cocina eléctrica.
electric current, *s.* corriente eléctrica.
electric drill, *s.* taladradora eléctrica.
electric eel, *s.* (ict.) gimnoto.
electric eye. *s.* célula fotoeléctrica.
electric fan, *s.* ventilador eléctrico, electroventilador.
electric field, *s.* campo eléctrico.
electric fixtures, *s.pl.* instalación eléctrica.
electric frying pan, *s.* sartén (*f.*) eléctrica.
electric furnace, *s.* horno eléctrico, electrohorno.
electric generator, *s.* generador eléctrico, dínamo.
electric guitar, *s.* guitarra eléctrica.
electric heating, *s.* calefacción eléctrica.
electric heating pad, *s.* almohadilla eléctrica.
electrician [ilɛktríšan], *s.* electricista.
electricity [ilɛktrísiti], *s.* electricidad.
electric light, *s.* luz eléctrica.
electric lighting, *s.* alumbrado eléctrico.
electric meter, *s.* contador eléctrico.
electric motor, *s.* electromotor.
electric needle, *s.* electrodo acicular (usado en cirugía).
electric organ, *s.* órgano eléctrico.
electric percolator, *s.* cafetera eléctrica.
electric plant, *s.* instalación eléctrica.
electric power, *s.* energía eléctrica.
electric power station, *s.* central de electricidad.
electric ray, *s.* (ict.) torpedo, tremielga, raya eléctrica.
electric razor, *s.* maquinilla eléctrica de afeitar.
electric refrigerator, *s.* nevera eléctrica, heladora automática.
electric rings, *s.pl.* anillos de Nobili.
electric shaver, *s.* electroafeitadora.
electric starter, *s.* (aut.) arranque eléctrico.
electric steel, *s.* acero de horno eléctrico, electroacero.
electric stove, *s.* cocina eléctrica.
electric switch, *s.* interruptor eléctrico.
electric tape, *s.* cinta aisladora.
electric toaster, *s.* tostador eléctrico.
electric typewriter, *s.* máquina de escribir eléctrica.
electric vane, *s.* molinete eléctrico.
electric varnish, *s.* barniz aislador.
electric wave, *s.* onda eléctrica, onda herziana.
electric welding, *s.* soldadura eléctrica, electrosoldadura.
electrification [ilɛktrifikéišon], *s.* electrización; electrificación (aplicación de energía eléctrica a un f. c., etc.).
electrify [-fai], *va.* electrizar; electrificar (un ferrocarril, etc.); (fig.) avivar, inflamar el ánimo.
electrize [ilɛ́ktraiz], *va.* electrizar.—**electrization** [-trizéišon], *s.* electrización.—**electrizer** [ilɛ́ktraizœ(r)], *s.* electrizador.
electro- [ilɛ́ktro], *pref.* electro- (electricidad).
electroanalysis [ilɛ́ktroanǽlisis], *s.* análisis electrolítico, electroanálisis.
electrobus [ilɛ́ktrobʌs], *s.* electrobús.
electrocardiogram [-kárdiogræm], *s.* electrocardiograma.
electrocardiograph [-kárdiogræf], *s.* electrocardiógrafo.
electrochemical [-kémikal], *a.* electroquímico.
electrochemistry [-kémistri], *s.* electroquímica.
electrocute [ilɛ́ktrokiut], *va.* electrocutar.—**electrocution** [-kiúšon], *s.* electrocución.
electrode [ilɛ́ktroud], *s.* electrodo.
electrodeposit [-dipázit]. **I.** *va.* depositar electrolíticamente. **II.** *s.* deposición electrolítica.
electrodeposition [-dɛpozíšon], *s.* electrodeposición.
electrodynamic [-dainǽmik], *a.* electrodinámico.
electrodynamics, [-s], *s.* electrodinámica.
electrodynamometer [-dainamámɛtœ(r)], *s.* electrodinamómetro.
electroencephalogram [-ɛnsɛ́falogræm], *s.* electroencefalograma.
electroencephalograph [-ɛnsɛ́falogræf], *s.* electroencefalógrafo.
electrograph [-græf], *s.* electrógrafo, telégrafo registrador; gráfico de funcionamiento de un electromotor; cámara cinematográfica de luz de arco; radiografía.
electrogun [-gʌn], *s.* (fís.) cañón de electrones.
electrokinetic [-kinétik], *a.* electrodinámico o electrocinético.—**electrokinetics** [-s], *s.* electrocinética, electrodinámica.
electrolier [-lír], *s.* candelabro o araña de lámparas eléctricas.
electrolysis [ilɛktrálisis], *s.* (quím.) electrólisis.
electrolyte [ilɛ́ktrolait], *s.* (quím.) electrólito.
electrolytic [-lítik], *a.* electrolítico.
electrolyzation [-lizéišon], *s.* electrolización.
electrolyze [-laiz], *va.* electrolizar.
electrolyzer [-œ(r)], *s.* electrolizador; (cir.) instrumento para el tratamiento electrolítico de la estrechez uretral.
electromagnet [-mǽgnit], *s.* (fís.) electroimán.
electromagnetic [-mægnétik], *a.* (elec.) electromagnético.
electromagnetic wave, *s.* (rad., televisión) onda electromagnética.
electromagnetism [-mǽgnɛtizm], *s.* electromagnetismo.
electrometallurgy [-mɛ́talœrdži], *s.* electrometalurgia.
electrometer [ilɛktrámɛtœ(r)], *s.* electrómetro.
electrometric(al [-métrik(al], *a.* electrométrico.
electrometry [ilɛktrámɛtri], *s.* electrometría.
electromotion [-móušon], *s.* circulación de una corriente eléctrica; movimiento producido por energía eléctrica.
electromotive [-móutiv], *a.* electromotor, electromotriz.—**e. force,** fuerza electromotriz.
electromotor [-móutor], *s.* motor eléctrico, electromotor.
electron [ilɛ́ktran], *s.* (fís., quím.) electrón.
electron beam, *s.* haz electrónico.
electronegative [ilɛktronɛ́gativ], *a.* electronegativo.
electronic [ilɛktránik], *a.* electrónico.
electronic brain, *s.* calculador electrónico.
electronics [ilɛktrániks], *s.* electrónica.
electron microscope, *s.* microscopio electrónico.
electron tube, *s.* (elec.) tubo de vacío; (rad.) tubo termiónico, válvula.
electron-volt [ilɛ́ktranvoult], *s.* electrón-voltio.
electropathy [ilɛktrápaθi], *s.* (med.) electroterapia.
electrophoresis [ilɛktroforísis], *s.* electroforesis.
electrophorus [-tráforʌs], *s.* (fís.) electróforo.
electrophysiology [ilɛktrofiziálodži], *s.* electrofisiología.
electroplate [-pleit]. **I.** *va.* galvanizar. **II.** *s.* artículo galvanizado.—**electroplating** [-iŋ], *s.* galvanoplastia.
electropositive [-pázitiv], *a.* y *s.* electropositivo.
electropuncturation [-pʌŋkturéišon], *s.* (cir.) electropuntura.
electroscope [-skoup], *s.* (fís.) electroscopio.
electrostatic [-stǽtik], *a.* electrostático.—**electrostatics** [-s], *s.* electrostática.
electrosurgery [-sœ́rdžœri], *s.* electrocirugía.
electrosynthesis [-sínθɛsis], *s.* electrosíntesis.
electrotechnics [-tékniks], *s.* electrotecnia.
electrotherapeutic(al [-θɛrapiútik(al], *a.* electroterápico.—**electrotherapeutics** [-s], **electrotherapy** [-θérapi], *s.* electroterapia.

electrotonus [ilɛktrátonʌs], *s.* (fisiol.) cambio producido en un nervio por la corriente eléctrica.
electrotype [-taịp]. **I.** *s.* electrotipo; impresión de dicho grabado. **II.** *va.* electrotipar, reproducir por la electrotipia.—**electrotyper** [-taịpœ(r)], *s.* el que hace electrotipos; baño para la electrotipia.—**electrotypic** [-típịk], *a.* electrotípico.—**electrotypy** [-taịpị]. **electrotyping** [-taịpịŋ], *s.* electrotipia, galvanoplastia.
electrum [ịléktrʌm], **electron** [ịléktran], *s.* plata alemana; oro argentífero; electro.
electuary [ịlékchụɛrị], *s.* (farm.) confección, electuario.
eleemosynary [ɛlịmásịnɛrị], *a.* caritativo; de caridad; que deriva o vive de limosna.
elegance, elegancy [élịgạns, -ị], *s.* elegancia.
elegant [-ạnt], *a.* elegante.—**elegantly** [-lị], *adv.* elegantemente, galanamente.
elegiac [ɛlịdẑáịæk], *s.* verso o poema elegíaco.
elegiac(al [-(ạl], *a.* elegíaco.
elegize [élịdẑaịz], *va.* y *vn.* hacer una elegía; lamentar, deplorar.
elegy [élịdzị], *s.* elegía, epicedio.
element [élịmẹnt], *s.* elemento; componente, ingrediente; medio ambiente, centro, esfera de acción; celdilla o unidad morfológica; (elec.) elemento, par; (quím.) cuerpo simple.—*pl.* nociones, elementos, principios, rudimentos; intemperie; naturaleza, agentes naturales; los cuatro elementos (tierra, aire, fuego y agua); (igl.) el pan y el vino de la misa.—**to be in one's e.,** estar en su centro o elemento.
elemental [ɛlịméntạl], **elementary** [-tạrị], *a.* elemental, primordial, rudimentario.—**elementary school,** escuela primaria.
elemi [élịmị], *s.* elemí.
elephant [élịfạnt], *s.* (zool.) elefante.
elephantiasis [ɛlịfæntáịạsịs], *s.* (med.) elefancía, elefantíasis.
elephantine [ɛlịfǽntịn], *a.* elefantino.
Eleusinian [ɛlyụsínịạn], *a.* eleusino.
elevate [élịveịt], *va.* elevar; alzar, levantar, encumbrar, exaltar; animar, alegrar; inspirar.
elevated [-ịd]. **I.** *a.* elevado, alzado, excelso, levantado, encumbrado, exaltado.—**e. railroad,** ferrocarril aéreo o elevado. **II.** *s.* (fam.) = E. RAILROAD.
elevation [ɛlịvéịŝọn], *s.* elevación; exaltación, encumbramiento; altura; eminencia; alteza; (top.) cota; (dib.) alzado, proyección vertical; (igl.) elevación (de la hostia; ll. **t. E. of the Host**).
elevator [élịveịtọ(r)], *s.* ascensor; montacargas; elevador (esp. de granos); almacén o depósito de granos; noria; (aer.) timón de profundidad o elevador.—**e. operator,** ascensorista.—**e. shaft,** caja o pozo de ascensor.
eleven [ịlévẹn], *a.* y *s.* once.
eleventh [-θ]. **I.** *a.* onceno, undécimo, once (ordinal).—**at the e. hour,** al último momento. **II.** *s.* y *a.* onzavo.
elf [élf], *s.* (*pl.* ELVES) elfo, duende, trasgo, hada, peri, *f.*; diablillo; enano.
elfin [-ịn]. **I.** *a.* de duendes. **II.** *s.* duendecillo; diablillo; niño travieso.
elfish [-ịŝ], *a.* aduendado, fantástico; travieso.
elfland [-lænd], *s.* tierra de las hadas, etc.
elflock [-lak], *s.* greña de pelo.
elicit [ịlísịt], *va.* (son)sacar, educir, atraer; producir, despertar.
elide [ịláịd], *va.* (gram.) elidir; (for.) anular.
eligibility [ɛlịdẑịbílịtị], *s.* elegibilidad.
eligible [élịdẑịbl], *a.* y *s.* elegible, preferible, deseable.—**eligibleness** [-nịs], *s.* elegibilidad.
eligibly [-blị], *adv.* de modo elegible.
eliminate [ịlímịneịt], *va.* eliminar, suprimir, quitar, prescindir de.—**elimination** [-éịŝọn], *s.* eliminación; supresión.—**eliminator, (-ing)** [-ọ(r), -ịŋ], *a.* y *s.* eliminador.—**eliminatory** [-ạtọrị], *a.* eliminatorio.
elision [ịlíẑọn], *s.* (gram.) elisión.
elite [eịlít], *s.* lo selecto, lo mejor, la flor y nata.
elixir [ịlíksœ(r)], *s.* elixir, elíxir; cordial, tónico.
Elizabethan [ịlịzạbíθạn], *a.* isabelino (apl. esp. a la reina Isabel de Inglaterra o su tiempo).
elk [ɛlk], *s.* (zool.) alce o anta; (N. A.) uapití.
ell [ɛl], *s.* ana (medida de longitud); cualquier cosa en forma de L (ú. esp. de las alas de un edificio).
ellipse [ɛlíps], *s.* (geom.) elipse, *f.*
ellipsis [ɛlípsịs], *s.* (gram.) elipsis, eclipsis.
ellipsoid [ɛlípsọịd], *s.* (geom.) elipsoide.
ellipsoidal [ɛlịpsóịdạl], *a.* elipsoidal.
elliptic(al [ɛlíptịk(ạl], *a.* elíptico.
elliptically [-ị], *adv.* elípticamente.
ellipticity [ɛlịptísịtị], *s.* elipticidad.
elm [élm], *s.* (bot.) olmo.
elmy [-ị], *a.* ulmáceo.
elocution [ɛlokịúŝọn], *s.* elocución; declamación.
elocutionary [-ɛrị], *a.* declamatorio.
elocutionist [-ịst], *s.* declamador.
elongate [ịlóŋgeịt]. **I.** *va.* alargar; extender. **II.** *vn.* alargarse, prolongarse. **III.** *a.* = ELONGATED.
elongated [-ịd], *a.* alargado, extendido; apaisado.
elongation [-éịŝọn], *s.* alargamiento, prolongación; extensión; (astr.) elongación.
elope [ịlóụp], *vn.* fugarse con un amante; escapar, huir, evadirse.—**elopement** [-mẹnt], *s.* fuga.
eloquence [élokwẹns], *s.* elocuencia, oratoria, facundia, (fam.) labia.—**eloquent** [-ẹnt], *a.* elocuente.—**eloquently** [-lị], *adv.* elocuentemente.
El Salvador [ɛl sǽlvạdɔr], *s.* El Salvador.
else [éls]. **I.** *a.* otro; más.—**anything e.,** algo más; cualquiera otra cosa.—**nobody e., no one e.,** ningún otro.—**nothing e.,** nada más.—**what e.?,** ¿qué más?—**who e.?,** ¿quién más? **II.** *adv.* y *conj.* más, además; en vez de.—**or e.,** o bien, o en su lugar, de otro modo, en otro caso; si no.—**how e.?,** ¿de qué otro modo?
elsewhere [-hwɛr], *adv.* en, a o de otra parte.
elucidate [ịliúsịdeịt], *va.* elucidar, dilucidar, aclarar, explanar, ilustrar.—**elucidation** [-déịŝọn] *s.* elucidación, dilucidación, explanación, ilustración.—**elucidative, elucidatory** [-deịtịv, -dạtọrị], *a.* dilucidador, explicativo.—**elucidator** [-deịtọ(r)], *s.* dilucidador, expositor.
elude [ịliúd], *va.* eludir, evadir, esquivar, evitar sortear, su(b)straerse (a), dar esquinazo (a).
eludible [-ịbl], *a.* eludible, evitable.
elusion [ịliúẑọn], *s.* evasión, escapatoria, fuga; esquinazo; fraude.
elusive [ịliúsịv], **elusory** [ịliúsorị], *a.* evasivo, esquivo, fugaz.
elver [élvœ(r)], *s.* (ict.) angula, anguila joven.
elves [ɛlvz], *s. pl.* de ELF.—**elvish,** *a.* = ELFISH.
Elysian [ịlíẑịạn], *a.* ameno, delicioso.—**E. fields,** campos elíseos.
elytron, elytrum [élịtran, -trʌm], *s.* (ent.) élitro.
Elzevir [élzẹvịr], *a.* elzeviriano.
em [ɛm], *s.* eme, *f.*, nombre de la letra *M*; (impr.) eme, unidad de medida.
'em [ɛm], *pron. pl.* (fam.) elisión de THEM.
emaciate [ịméịŝịeịt]. **I.** *va.* extenuar, adelgazar. **II.** *vn.* enflaquecer(se).—**emaciate(d** [-(ịd], *a.* enflaquecido, flaco; (med.) extenuado.—**to be emaciated,** estar en los huesos.—**emaciation** [-éịŝọn], *s.* emaciación, enflaquecimiento, demacración, extenuación, acabamiento.
emanant [émạnạnt], *a.* emanante.—**emanate** [émạneịt], *vn.* emanar, derivar(se), proceder.—**emanation** [-éịŝọn], *s.* emanación, exhalación, efluvio, gas, tufo.—**emanative** [émạnạtịv], *a.* emanante.
emancipate [ịmǽnsịpeịt], *va.* emancipar; libertar, manumitir.—**emancipation** [-éịŝọn], *s.* emancipación; manumisión.—**emancipationist** [-ịst], *a.* y *s.* antiesclavista.—**emancipator** [-tọ(r)], *s.* emancipador, libertador.
emarginate [ịmárdẑịneịt]. **I.** *va.* quitar el margen, recortar. **II.** *a.* (bot.) recortado.
emasculate [ịmǽskyụleịt]. **I.** *va.* castrar, capar; afeminar, enervar; mutilar. **II.** *a.* afeminado;

viciado; castrado.—**emasculation** [-léiŝon], *s.* castradura, castración; afeminación; mutilación.
embalm [ɛmbám], *va.* embalsamar, conservar; (poét.) perfumar.—**embalmer** [-œ(r)], *s.* embalsamador.—**embalmment** [-ent], *s.* embalsamamiento.
embank [ɛmbǽŋk], *va.* represar, terraplenar.
embankment [-mɛnt], *s.* malecón, riba, presa, dique; terraplén.
embargo [ɛmbárgou]. I. *s.* embargo, detención; prohibición. II. *va.* embargar, detener.
embark [ɛmbárk], *va.* y *vn.* (mar.) embarcar(se); aventurarse o lanzarse (a una política o empresa).
embarkation, embarcation [-éiŝon], *s.* embarco; embarque.
embarrass [ɛmbǽras], *va.* turbar, aturdir, desconcertar; poner en aprieto; estorbar, embarazar.
embarrassing [-iŋ], *a.* embarazoso.
embarrassment [-mɛnt], *s.* turbación, perturbación, perplejidad; compromiso; embarazo, estorbo; (com.) apuros, dificultades.
embassador [ɛmbǽsado(r)] = AMBASSADOR.
embassy [émbasi], *s.* embajada.
embay [ɛmbéi], *va.* encerrar o abrigar (una armada) en una bahía; (fig.) rodear.
embattle [ɛmbǽtl], *va.* (mil.) formar en batalla; (fort.) almenar.—**embattled** [-d], *a.* en orden de batalla; ocupado por combatientes; (fort. y blas.) almenado.—**embattlement** [-mɛnt], *s.* almena; almenaje.
embed [ɛmbéd], *va.* encajar, encastrar, meter, enclavar, empotrar.—**embedment** [-mɛnt], *s.* empotramiento, encaje, enclavadura.
embellish [ɛmbéliŝ], *va.* hermosear, embellecer.
embellishment [-mɛnt], *s.* embellecimiento.
ember [émbœ(r)], *s.* ascua, pavesa, chispa.—*pl.* rescoldo.—**e. days**, (igl.) cuatro témporas.
embezzle [ɛmbézl], *va.* desfalcar.—**embezzlement** [-mɛnt], *s.* desfalco, peculado.—**embezzler** [-lœ(r)], *s.* desfalcador.
embitter [ɛmbítœ(r)], *va.* amargar, agriar, acibarar.
emblaze [ɛmbléiz], *va.* adornar o embellecer suntuosamente; ensalzar; encender, inflamar.
emblazon [ɛmbléizon], *va.* blasonar; esmaltar con colores brillantes; ensalzar, alabar.
emblazoner [-œ(r)], *s.* blasonador, decorador; heraldo.—**emblazonment** [-mɛnt], *s.* blasonamiento.—**emblazonry** [-ri], *s.* blasón.
emblem [émblɛm], *s.* emblema, *m.*, símbolo.
emblematic(al [ɛmblɛmǽtik(al], *a.* emblemático.
emblematically [-i], *adv.* emblemáticamente.
emblematicize [-mǽtisaiz], *va.* dar carácter emblemático; alegorizar.
emblematize [ɛmblémataiz], *va.* representar por medio de un emblema; simbolizar.
emblements [émblɛmɛnts], *s. pl.* (for.) cosecha; derecho de un arrendatario a su cosecha.
embodiment [ɛmbádimɛnt], *s.* incorporación; encarnación; personificación.
embody [ɛmbádi]. I. *va.* dar cuerpo, informar; encarnar; incorporar; incluir, englobar, formular, sintetizar. II. *vn.* unirse, incorporarse.
embolden [ɛmbóuldɛn], *va.* animar, envalentonar.
embolism [émbolizm], *s.* (astr.) embolismo, intercalación; (med.) embolia.
embolismic [-ízmik], *a.* (astr.) embolismal.—**e. year,** año embolismal o de trece lunaciones.
embolus [émbolʌs], *s.* (med.) émbolo, coágulo u obstrucción que causa embolia.
embonpoint [anbonpwán], *s.* (fr.) redondez de cuerpo, gordura, corpulencia.
embosom [ɛmbúzom], *va.* poner en el seno; envolver, encerrar, ocultar; querer, proteger.
emboss [ɛmbós], *va.* abollonar, repujar, relevar, realzar, estampar en relieve.
embossment [-mɛnt], *s.* abolladura, realce, relieve, resalte.
embouchure [ambuŝúr], *s.* boca, desembocadura; (mús.) embocadura.
embower [ɛmbáuœ(r)], *va.* emparrar, enramar.
embrace [ɛmbréis]. I. *va.* abrazar; abarcar, rodear, ceñir, contener, comprender; admitir, recibir, adoptar, aceptar, aprovechar; (for.) cohechar, sobornar (un jurado, etc.). II. *vn.* abrazarse. III. *s.* abrazo.—**embrace(ment** [-mɛnt], *s.* abrazo.—**embracer** [-œ(r)], *s.* abrazador; (for.) cohechador, sobornador.—**embracery** [-œri], *s.* (for.) cohecho, soborno.—**embracing** [-iŋ]. I. *s.* abrazamiento; abarcamiento, abarcadura. II. *a.* comprehensivo.
embrasure [ɛmbréiẑū(r)], *s.* (fort.) tronera, aspillera, cañonera; (arq.) alféizar.
embrocate [émbrokeit], *va.* (med.) embrocar, sobar con emolientes.—**embrocation** [-kéiŝon], *s.* embroca(ción).
embroider [ɛmbróidœ(r)]. I. *va.* bordar, labrar, recamar; adornar retóricamente.—**embroidered by hand,** bordado a mano. II. *vn.* hacer bordadura o labor.
embroiderer, embroideress [-œ(r), -is], *s.* bordador, recamador; bordadora, labrandera.
embroidery [-i], *s.* bordado, bordadura, labor, *f.*; argentería (de plata u oro).—**e. frame,** bastidor.—**e. yarn,** hilo de bordar.—**quill e.,** cañutería.
embroil [ɛmbróil], *va.* embrollar, enredar, (fam.) liar; confundir; desentablar.
embroilment [-mɛnt], *s.* alboroto, confusión; embrollo, intriga.
embrown [ɛmbráun], *va.* y *vn.* hacer o volverse moreno u obscuro.
embryo [émbriou]. I. *s.* embrión, *m.*; rudimento, germen, machuelo; principio. II. *a.* embrionario.
embryogeny [-ádẑeni], *s.* (biol.) embriogenia.
embryologic [ɛmbrioládẑik], *a.* embriológico.
embryologist [-álodẑist], *s.* embriólogo.
embryology [-álodẑi], *s.* embriología.
embryonic [-ánik], *a.* embrionario; rudimentario.
emcee [émsí]. I. *s.* maestro de ceremonias. II. *vn.* (E. U., fam.) actuar como maestro de ceremonias.
emeer [ɛmír], *s.* *V.* EMIR.
emend [iménd], *va.* enmendar, corregir.
emendable [-abl], *a.* enmendable, corregible.
emendation [imɛndéiŝon], *s.* enmienda, enmendación, corrección.—**emendator** [ímɛndeito(r)], *s.* corrector, enmendador.
emendatory [iméndatori], *a.* enmendador.
emerald [émerald]. I. *s.* (min.) esmeralda; color de esmeralda; (Ingl.) tipo de 6½ puntos. II. *a.* de color de esmeralda.—**e. green** = PARIS GREEN.—**E. Isle,** Irlanda.
emerge [imœ́rdẑ], *vn.* emerger, salir, brotar, surgir.
emergence [-ens], *s.* emergencia, salida, surgimiento; aparición.
emergency [-i], *s.* emergencia, aprieto o necesidad urgente.—**e. brake,** freno de auxilio o de emergencia.—**e. hospital,** hospital de urgencia, casa de socorro.—**e. landing,** aterrizaje forzoso.—**emergent** [-ent], *a.* emergente; urgente, perentorio, repentino, subitáneo.
emeritus [iméritʌs], *a.* emérito, jubilado, retirado.
emersion [imœ́rŝon], *s.* emersión; (astr.) emersión, reaparición.
emery [émeri]. I. *va.* esmerilar. II. *s.* esmeril.—**e. cloth,** tela de esmeril.—**e. paper,** papel (de) esmeril.—**e. stone,** muela de esmeril.—**e. wheel,** rueda de esmeril, disco de esmerilar.
emesis [émɛsis], *s.* (med.) vómito.
emetic(al [imétik(al], *a.* y *s.* emético, vomitivo.
emetin(e [émɛtin], *s.* (quím.) emetina.
emeu [ímiu], *s.* (orn.) = EMU.
emigrant [émigrant]. I. *a.* emigrante, (e)migratorio. II. *s.* emigrante, emigrado.—**emigrate** [-greit], *vn.* emigrar, expatriarse.—**emigration** [-gréiŝon], *s.* emigración.
émigré [éimigréi], *s.* emigrado.

eminence [émịnẹns], *s.* altura, cima, eminencia, encumbramiento, distinción; (**E.**, igl.) eminencia (título).
eminent [-nẹnt], *a.* eminente; prócer, relevante, supremo.—**e. domain,** (for.) dominio eminente.
eminently [-lị], *adv.* eminentemente, en sumo grado.
emir [ɛmír], *s.* emir o amir.
emissary [émịsɛrị]. **I.** *s.* emisario; agente secreto, espía, *mf.*; canal, desaguadero; orificio de salida; (anat.) conducto excretorio. **II.** *a.* perteneciente al emisario; enviado.
emission [ịmíŝọn], *s.* emisión, salida; (com., med.) emisión; (mec.) escape.
emissive [ịmísịv], *a.* emisivo.—**e. power,** (fís.) poder de irradiación.
emissivity [ịmịsívịtị], *s.* (fís. nuclear) emisividad.
emit [ịmít], *va.* emitir, arrojar, despedir, echar, exhalar; (com.) emitir.
emitter [-œ(r)], *s.* emisor.
emmenagogue [ɛménạgag], *s.* y *a.* (med.) emenagogo.
emmetropia [ɛmɛtróụpịä], *s.* emetropia, visión normal.—**emmetropic** [-trápịk], *a.* emétrope, normal (apl. al ojo).
emollient [ịmályẹnt], *s.* y *a.* emoliente.
emolument [ịmályụmẹnt], *s.* emolumento, gaje; utilidad, provecho.
emote [imóụt], *vn.* (E. U., fam.) sobreactuar, actuar de manera emotiva.
emotion [ịmóụŝọn], *s.* emoción.—**emotional** [-ạl], *a.* emocional, emotivo, impresionable, sensible; sentimental.—**emotionalism** [-ịzm], *s.* sentimentalismo.—**emotive** [ịmóụtịv], *a.* emotivo; impresionable; emocionante.
empale [ɛmpéịl], *va.* = IMPALE.
empanel [ɛmpǽnel], *va.* = IMPANEL.
empathy [émpạθị], *s.* empatía.
empennage [anpɛnáẑ], *s.* cola de un avión.
emperor [émpœrọ(r)], *s.* emperador.—**e. moth,** mariposa nocturna grande.
emperorship [-ŝịp], *s.* imperio, dignidad imperial.
empery [émpœrị], *s.* (poét.) soberanía, dominio; imperio.
emphasis [émfạsịs], *s.* énfasis, *m.*, relieve; intensidad; (fam.) recancanilla.—**emphasize** [-saịz], *va.* recalcar, acentuar, poner de relieve; hacer
emphatic(al [ɛmfǽtịk(ạl], *a.* enfático, categórico.
emphatically [-ị], *adv.* enfáticamente.
emphraxis [ɛmfrǽksịs], *s.* (med.) infarto, opilación.
emphysema [ɛmfịsímä], *s.* (med.) enfisema, *m.*, tumefacción.—**emphysematous** [-sémạtʌs], *a.* enfisematoso, hinchado.
emphyteusis [ɛmfịtịúsịs], *s.* (for.) enfiteusis.
emphyteuta [-tịútä], *s.* (for.) enfiteuta, *mf.*
emphyteutic [-tịútịk], *a.* (for.) enfitéutico.
empire [émpaịr], *s.* imperio.—**e. cloth,** tela barnizada aisladora.
empiric(al [ɛmpírịk(ạl]. **I.** *a.* empírico. **II.** *s.* empírico, medicastro, curandero.
empirically [-ị], *adv.* empíricamente.
empiricism [ɛmpírịsịzm], *s.* empirismo.
empiricist [-ịst], *s.* empírico; charlatán.
emplacement [ɛmpléịsmẹnt], *s.* emplazamiento; (fort.) posición destinada a un cañón o batería.
emplastic [ɛmplǽstịk]. **I.** *a.* emplást(r)ico, glutinoso, pegajoso; estreñido. **II.** *s.* emplasto.
employ [ɛmplóị]. **I.** *va.* emplear; encargar; dar trabajo a; servirse o valerse de, usar; aplicar, dedicar, ocupar. **II.** *s.* empleo; servicio, encargo, ocupación, oficio.
employable [-ạbl], *a.* empleable.
employee, employé [-í], *s.* empleado, obrero; asalariado; oficinista, dependiente.
employer [-œ(r)], *s.* empleador; amo, jefe, patrón.
employment [-mẹnt], *s.* empleo, destino, puesto, plaza, colocación, uso, aplicación.
employment agency, *s.* agencia de colocación.
empoison [ɛmpóịzọn], *va.* corromper; inficionar.
emporium [ɛmpórịʌm], *s.* emporio, plaza; bazar.
empower [ɛmpáụœ(r)], *va.* autorizar, facultar, comisionar, habilitar, dar poder, apoderar.
empress [émprịs], *s.* emperatriz.
emptier [émptịœ(r)], *s.* vaciador, vertedor.
emptiness [-nịs], *s.* vacío, vacuidad; futilidad.
empty [émptị]. **I.** *a.* vacío; desocupado; vaco, vacante; vano, inútil; ignorante; hambriento; frívolo, superficial.—**e.-handed,** manivacío.—**e.-headed,** tonto. **II.** *va.* vaciar, evacuar, desocupar, descargar. **III.** *vn.* vaciarse; desaguar, desembocar.
emptying [-ịŋ], *s.* vaciamiento.—*pl.* (fam.) heces de la cerveza usadas como levadura (ll. t. **emptings**).
empurple [ɛmpœ́rpl], *va.* purpurar, teñir de púrpura.
empyema [ɛmpịímä], *s.* (med.) empiema, *m.*
empyreal [ɛmpírịạl], *a.* empíreo.
empyrean [ɛmpịríạn], *s.* y *a.* empíreo.
empyreuma [ɛmpịrúmä], *s.* empireuma, *m.*
emu [ímịu], *s.* (orn.) ave (*f.*) grande de Australia parecida al avestruz o casuario.
emulate [émyụleịt], *va.* emular, competir o rivalizar con, imitar.
emulation [-éịŝọn], *s.* emulación, rivalidad.
emulative [émyụlạtịv], *a.* emulador, émulo.
emulator [-leịtọ(r)], *s.* émulo, rival, competidor, emulador.
emulgent [ịmʌ́ldẑẹnt], *a.* (anat.) emulgente.
emulous [émyụlʌs], *a.* émulo, rival.
emulsifier [ịmʌ́lsịfaịœ(r)], *s.* substancia emulsiva; emulsor, máquina para emulsionar.
emulsify [-sịfaị], *va.* emulsionar, convertir en emulsión, formar emulsión con o de.—**emulsion** [-ŝọn], *s.* emulsión.—**emulsive** [-sịv], *a.* emulsivo.
emunctory [ịmʌ́ŋktọrị]. **I.** *a.* (anat.) excretorio. **II.** *s.* (anat.) emuntorio.
en [ɛn], *s.* ene, *f.*, nombre de la letra *N;* (impr.) mitad de una eme.
enable [ɛnéịbl], *va.* habilitar, hacer capaz, capacitar, permitir, poner en situación de.
enact [ɛnǽkt], *va.* establecer, estatuir, promulgar, dar (una ley); decretar; (teat.) hacer el papel o desempeñar la parte de.
enactable [-ạbl], *a.* que puede ser estatuído, efectuado o representado.
enactment [-mẹnt], *s.* ley, *f.*, estatuto; promulgación (de una ley).
enallage [ɛnǽlạdẑị], *s.* (gram.) enálage, *f.*
enamel [ɛnǽmẹl]. **I.** *va.* esmaltar; (a)charolar (cuero). **II.** *s.* esmalte; charol; esmalte (de los dientes).—**e. work,** esmalte.
enameler [-œ(r)], *s.* esmaltador.
enameling [-ịŋ], *s.* esmaltadura.
enamelware [-weịr], *s.* utensilios (*m. pl.*) de hierro esmaltado.
enamor [ɛnǽmọ(r)], *va.* enamorar.—**enamored (of),** enamorado o prendado (de).
enarthrosis [ɛnarθróụsịs], *s.* (anat.) enartrosis.
enate [íneịt], *s.* pariente por descendencia materna común.—**enation** [inéịŝọn], *s.* parentesco por madre.
encage [ɛnkéịdẑ], *va.* enjaular.
encamp [ɛnkǽmp], *va.* y *vn.* (mil.) acampar.
encamping [-ịŋ], *s.* castrametación.
encampment [-mẹnt], *s.* (a)campamento, real; ranchería.
encase [ɛnkéịs], **encasement** = INCASE, etc.
encaustic [ɛnkóstịk]. **I.** *a.* (pint.) encáustico. **II.** *s.* encausto, adustión, combustión.—**e. painting,** pintura al encausto.—**e. tile,** azulejo de colores.
encave [ɛnkéịv], *va.* encovar.
enceinte [ansǽnt]. **I.** *a.* (fr.) preñada, embarazada, encinta. **II.** *s.* (fort., arq.) recinto.
encephalic [ɛnsɛfǽlịk], *a.* (anat.) encefálico.
encephalitis [ɛnsɛfạláịtịs], *s.* (med.) encefalitis, inflamación del cerebro.—**e. lethargica** [-lịθárdẑịkä], encefalitis letárgica o epidémica.
encephaloid [ɛnséfạlọịd], *a.* encefaloideo.
encephalon [-lan], *s.* (anat.) encéfalo, cerebro.
enchain [ɛnchéịn], *va.* encadenar.
enchainment [-mẹnt], *s.* encadenamiento.

enchant [enchǽnt], *va.* encantar, hechizar; ensalmar; deleitar, fascinar, embelesar.—**enchanter** [-œ(r)], *s.* encantador, hechicero.—**enchanting** [-iŋ], *a.* encantador.—**enchantingly** [-li], *adv.* encantadoramente.—**enchantment** [-mẹnt], *s.* encantamiento, hechicería, hechizo; ensalmo, fascinación, encanto, embeleso.—**enchantress** [-rịs], *s.* maga, bruja; encantadora, seductora, hechicera.
enchase [enchéịs], *va.* engastar, embutir o incrustar, embeber.
enchorial [ɛnkóụrịạl], *a.* peculiar de un país, demótico; endémico; indígena, autóctono.
encircle [ɛnsœ́rkl], *va.* cercar, circuir, circundar, circunscribir, circunvalar, rodear, circunvolar.
encirclement [-mẹnt], *s.* circunvalación; circunscripción; encerramiento, encierro, cerco, aislamiento.
enclave [énkleịv]. **I.** *s.* región enclavada en territorio extranjero; barrio o distrito habitado por extranjeros o destinado a un objeto especial; (anat.) órgano enclavado en otro. **II.** [ɛnkléịv], *va.* establecer o encerrar dentro de territorio extranjero.
enclitic [ɛnklítịk], *a.* y *s.* (gram.) enclítico.
enclose [ɛnklóụz], *va.* cercar, circunvalar, circuir; rodear, circundar; encerrar; acompañar, incluir, remitir, adjuntar o enviar adjunta una cosa.
enclosure [ɛnklóụžụ̈(r)], *s.* circamiento; cerca, vallado, tapia; cercado, corral; coto; recinto; (com.) adjunta, carta (etc.) inclusa, contenido.
encomiast [ɛnkóụmịæst], *s.* encomiasta, elogiador, panegirista.
encomiastic(al [ɛnkoụmịǽstịk(ạl], *a.* encomiástico.
encomium [ɛnkóụmịʌm], *s.* encomio, elogio.
encompass [ɛnkʌ́mpạs], *va.* cercar, circundar, rodear, encerrar; abarcar.—**to e. the globe,** dar la vuelta al mundo.
encore [áŋkoụr]. **I.** *adv.* otra vez, de nuevo. **II.** *interj.* ¡otra! ¡que se repita! **III.** *s.* (teat.) repetición. **IV.** *va.* (teat.) pedir la repetición.
encounter [ɛnkáụntœ(r)]. **I.** *s.* encuentro, choque; combate. **II.** *va.* y *vn.* encontrar; salir al encuentro de; dar, topar o tropezar con; batirse.
encourage [ɛnkœ́rịdž], *va.* animar, alentar, confortar, fortalecer; estimular, incitar, fomentar; aprobar; dar pábulo, ánimos o alas a.
encouragement [-mẹnt], *s.* aliento, estímulo, incentivo, pábulo; fomento; tolerancia.
encouraging [-iŋ], *a.* animador, confortativo, alentador, halagüeño, favorable.—**encouragingly** [-li], *adv.* alentadoramente.
encrinite [énkrịnaịt], *s.* (zool.) crinoideo fósil.
encroach [ɛnkróụch], *vn.* (con **on**) pasar los límites de, inmiscuirse en, intrusarse, usurpar.
encroachingly [-iŋli], *adv.* por usurpación o intrusión.—**encroachment** [-mẹnt], *s.* usurpación, intrusión, abuso.
encrust [ɛnkrʌ́st], *va.* = INCRUST.
encumber [ɛnkʌ́mbœ(r)], *va.* embarazar, sobrecargar, gravar, estorbar, afectar, (fam.) entrampar.
encumbrance [-brạns], *s.* embarazo, impedimento, estorbo; pensión, carga, gravamen.—**free from encumbrances,** libre de gravamen
encyclical [ɛnsíklịkạl]. **I.** *a.* encíclico. **II.** *s.* encíclica.
encyclopædia, encyclopedia [ɛnsaịklopídịạ̈], *s.* enciclopedia.
encyclopedic(al [-pídịk(ạl], *a.* enciclopédico.
encyclopedism [-pídịzm], *s.* enciclopedismo.
encyclopedist [-pídịst], *s.* y *a.* enciclopedista.
encyst [ɛnsíst], *va.* y *vn.* (cir., biol.) enquistar(se).
end [énd]. **I.** *s.* fin; extremidad; punta; cabo (del mundo); remate; conclusión, desenlace, efecto, final; fondo; finalidad, objeto, propósito; división, parte o ramo (de un negocio, empresa, etc.).—**e. for e.,** con los extremos invertidos.—**e. line,** línea de límite.—**e. on,** de punta; (mar.) de frente.—**e. paper,** (impr.) hoja en blanco.—**e. play,** (mec.) juego longitudinal.—**e. point,** (quím.) punto de evaporación completa.—**e. product,** resultado; resultado de un proceso; (fís.) último miembro estable en una serie de isótopos.—**e. reaction,** (quím.) reacción al final del procedimiento.—**e. to e.,** cabeza con cabeza, punta con punta.—**at loose ends,** en desorden, desarreglado.—**at the e. of,** al cabo de.—**in the e.,** al fin, a la larga, al fin y al cabo.—**no e. of,** un sinfín de, muchísimo(s), la mar de.—**on e.,** de cabeza, de pie, derecho; de punta, erizado (el pelo).—**to make an e. of,** acabar con.—**to make both ends meet,** pasar con lo que se tiene.—**to no e.,** sin efecto, en vano.—**to put an e. to,** poner fin a.—**to the e. that,** a fin de que, para que, con objeto de. **II.** *va.* y *vn.* acabar, concluir, terminar, finalizar, cesar, fenecer, parar (en); morir(se).
end-all [-ɔl], *s.* conclusión definitiva, punto final.
endanger [endéịndžœ(r)], *va.* poner en peligro, arriesgar, comprometer.
endear [ɛndír], *va.* hacer(se) querer.
endearing [-iŋ], *a.* cariñoso.—**endearment** [-mẹnt], *s.* encariñamiento; caricia, fiesta.
endeavor [ɛndévọ(r)]. **I.** *s.* esfuerzo, conato, empeño. **II.** *va.* intentar, probar, pretender, tratar de. **III.** *vn.* esforzarse, hacer un esfuerzo (por).
endemic(al [ɛndémịk(ạl]. **I.** *a.* endémico. **II.** *s.* (med.) endemia.
endermic [ɛndœ́rmịk], *a.* endérmico.
ending [éndiŋ], *s.* fin, conclusión; cesación; terminación, suspensión; desenlace; (mús.) coda; (gram.) terminación, desinencia.
endive [éndaịv], *s.* (bot.) escarola, endibia.
endless [éndlịs], *a.* sin fin; infinito; interminable, inacabable, continuo, perpetuo.—**e. cable, chain, screw,** cable, cadena, tornillo sin fin.
endlessly [-li], *adv.* infinitamente, sin fin, perpetuamente.—**endlessness** [-nịs], *s.* perpetuidad; calidad de interminable.
endmost [éndmoust], *a.* extremo, último.
endoblast [éndoblæst], *s.* (biol.) endoblasto.
endocardiac, endocardial [-kárdịæk, -dịạl], *a.* endocardíaco.—**endocarditis** [-dáịtịs], *s.* (med.) endocarditis.—**endocardium** [-dịʌm], *s.* (anat.) endocardio.—**endocarp** [-karp], *s.* (bot.) endocarpio.
endocrine [éndokraịn], *s.* y *a.* endocrina (glándula).—**endocrinic** [-krínịk], **endocrinous** [endákrịnʌs], *a.* endocrino.—**endocrinology** [-álodžị], *s.* endocrinología.
endoderm [éndodœrm], *s.* endodermo, endoblasto.
endogamy [endágạmị], *s.* endogamia, matrimonio dentro de la clase, casta, tribu, fratría, clan, etc.
endogen [éndodžịn], *s.* (bot.) planta que se desarrolla por endogénesis.
endogenous [ɛndádžɛnʌs], *a.* (bot.) monocotiledóneo.
endogeny [-džɛnị], *s.* (biol.) endogénesis, reproducción por división interior.
endolymph [éndolịmf], *s.* (anat.) endolinfa.
endometritis [-mɛtráịtịs], *s.* (med.) endometritis, inflamación de la mucosa uterina.
endoparasite [-pǽrạsaịt], *s.* endoparásito.
endoplasm [-plæzm], *s.* (biol.) endoplasma, *m.*
endorse, endorsee, etc. = INDORSE, etc.
endoscope [-oskoụp], *s.* (med.) endoscopio.
endoskeleton [-skélẹtọn], *s.* (anat., zool.) neuroesqueleto.
endosmosis [ɛndasmóụsịs], *s.* endósmosis.
endosmotic [-mátịk], *a.* endosmótico.
endosperm [éndospœrm], *s.* (bot.) endospermo.
endosteum [ɛndástịʌm], *s.* (anat.) endosteo.
endothelium [ɛndoθílịʌm], *s.* (anat.) endotelio.
endothermic [-θœ́rmịk], *a.* (quím.) endotérmico.
endow [ɛndáụ], *va.* dotar; fundar.
endower [-œ(r)], *s.* dotador.
endowment [-mẹnt], *s.* dotación; fundación.—*pl.* dotes, *f.*, prendas, gracias.—**e. insurance policy,** seguro, póliza dotal.

endue [endiú], *va.* (gen. con **with**) dotar, privilegiar; investir; poner(se), vestir(se); asumir.
endurable [endiúrabl], *a.* sufrible, soportable.
endurance [-ans], *s.* paciencia, sufrimiento; resistencia; duración, continuación.—**to be beyond o past e.**, ser insoportable o inaguantable.
endure [endiúr]. **I.** *va.* soportar, sufrir, resistir, sostener, (sobre)llevar, aguantar, tolerar. **II.** *vn.* durar, perdurar; sufrir, tener paciencia.
enduring [-iŋ], *a.* paciente, sufrido; durable, permanente; constante.
endways, endwise [éndweiz, -waiz], *adv.* de punta, de pie, derecho; longitudinalmente; cabeza con cabeza.
enema [énema], *s.* (med.) enema, lavativa, ayuda.
enemy [énemi], *s.* enemigo, adversario; diablo.
energetic(al [enœrdžétik(al], *a.* enérgico, vigoroso.
energetically [-i], *adv.* enérgicamente.
energetics [-s], *s.* (mec.) ciencia de la energía.
energize [énœrdžaiz]. **I.** *va.* excitar o dar energía; dar vigor o actividad. **II.** *vn.* obrar con energía.
energumen [enœrgiúmen], *s.* energúmeno, endemoniado.
energy [énœrdži], *s.* energía, vigor, carácter, fibra; actividad; (mec.) energía, fuerza, potencia.
enervate [énœrveit]. **I.** *va.* enervar o desnervar, debilitar, desmadejar; desvirtuar, embotar. **II.** [inœ́rveit], *a.* debilitado, enervado.
enervating [énœrveitiŋ], *a.* enervante, debilitante.
enervation [-éišon], *s.* enervación; debilidad, desmadejamiento.
enfeeble [enfíbl], *va.* debilitar, enervar.
enfeeblement [-ment], *s.* debilidad, desfallecimiento, endeblez, enervación, flojedad.
enfeoff [enféf], *va.* (for.) enfeudar.
enfeoffment [-ment], *s.* (for.) enfeudación.
enfilade [enfiléid]. **I.** *s.* fuego o tiro de enfilada; ringlera, fila, hilera. **II.** *va.* (mil.) enfilar.
enfold [enfóuld], *V.* INFOLD.
enforce [enfórs], *va.* dar fuerza o vigor; poner en vigor; cumplimentar o hacer cumplir, observar o ejecutar (una ley); obtener o exigir por fuerza; hacer valer; hacer hincapié en.
enforcement [-ment], *s.* ejecución de una ley; observancia forzosa o coercitiva, coacción.
enfranchise [enfrǽnchaiz], *va.* franquear, conceder franquicia o derechos civiles; libertar, manumitir, emancipar; adoptar, dar carta de naturaleza.—**enfranchisement** [-izment], *s.* franquicia, ciudadanía; manumisión, emancipación.
engage [engéidž]. **I.** *va.* ajustar, apalabrar, comprometer; contratar, escriturar; tomar en alquiler o a su servicio; ocupar, emplear; entretener, distraer; atraer, halagar, ganar; (mil.) librar o trabar (batalla o combate), entrar en lucha con, combatir; (arq.) empotrar, embeber; (mec.) engranar con, endentar con. **II.** *vn.* empeñarse, obligarse, dar palabra, comprometerse; ocuparse, estar atareado, entregarse a; pelear, venir a las manos.
engaged [-d], *a.* ocupado; comprometido, apalabrado; comprometido para casarse; (arq.) empotrado, embebido; (mec.) engranado, endentado (con).
engagement [-ment], *s.* ajuste, contrato; palabra de casamiento, esponsales, compromiso, noviazgo; cita, compromiso; obligación; (mec.) engranaje; (teat.) escritura, ajuste, contrato; (mil.) acción, batalla.—**e. ring,** anillo o sortija de esponsales.
engaging [-iŋ], *a.* atractivo, insinuante, agraciado, simpático.
engender [endžéndœ(r)]. **I.** *va.* engendrar, procrear. **II.** *vn.* engendrarse, producirse, causarse.
engine [éndžin], *s.* máquina, ingenio; locomotora; motor (esp. los de combustión interna); cualquier artefacto mecánico; instrumento, agente.—**e. builder,** fabricante de máquinas.—**e. driver,** (f. c.) maquinista.—**e. fitter,** montador.—**e. house,** casa de máquinas; estación de bomberos.—**e. lathe,** torno mecánico ordinario.—**e. room,** sala de máquinas; cuarto de la máquina.—**e.-room telegraph,** (mar.) campana o mecanismo de señales (entre el timonel o el puente y el maquinista).—**e. running,** manejo de máquinas.—**e.-sized,** aprestado a máquina (apl. al papel).—**e. trouble,** avería de motor.
engineer [-ír]. **I.** *s.* ingeniero; maquinista, mecánico.—**E. Corps,** (E. U.) Cuerpo de Ingenieros del ejército o de la armada.—**e.'s chain,** (top.) cadena de 100 pies, con eslabones de 1 pie.—**e.'s level,** nivel ordinario de topografía (a distinción de los de carpinteros, albañiles, etc.). **II.** *va.* gestionar, manejar, dirigir. **III.** *vn.* hacer de ingeniero o maquinista; darse maña.
engineering [-iŋ]. **I.** *s.* ingeniería; dirección, manejo. **II.** *a.* de o relativo a la ingeniería.
engineman [-man], *s.* maquinista.
enginery [-ri], *s.* artillería; maquinaria, ingenios de guerra; astucias, tretas.
engird [engœ́rd], *va.* ceñir, cercar, rodear.
engirdle [-l], *va.* circundar, ceñir, rodear.
Englander [íŋglandœ(r)], *s.* natural de Inglaterra.
English [íŋgliš]. **I.** *s.* y *a.* inglés; (en el billar) efecto. **II.** *va.* traducir al inglés.
English bond, *s.* (alb.) aparejo inglés.
English Channel, *s.* Canal de la Mancha.
English horn, *s.* (mús.) corno o cuerno inglés.
English ivy, *s.* (bot.) hiedra inglesa.
Englishman [-man], *s.* inglés (hombre); (mar.) buque inglés.
English sparrow, *s.* (orn.) gorrión.
English type, *s.* (impr.) atanasia.
Englishwoman [-wuman], *s.* inglesa.
engorge [engórdž], *va.* y *vn.* atracar, engullir.
engraft [engrǽft], *va.* (agr.) injertar; injerir o ingerir, inculcar.—**engraftment** [-ment], *s.* injerto.
engrail [engréil]. **I.** *va.* dentar. **II.** *vn.* tener o formar borde dentellado o angrelado.
engrain [engréin], *va.* pintar imitando la trepa de la madera. *V.* INGRAIN.
engrave [engréiv], *va.* grabar; cincelar, burilar, esculpir; tallar; (fig.) grabar (en la memoria, etc.).—**engraver** [-œ(r)], *s.* grabador.—**engraving** [-iŋ], *s.* grabado, grabación; lámina, estampa.
engross [engróus], *va.* poner en limpio, copiar o transcribir caligráficamente; absorber, embargar, preocupar; acaparar, monopolizar.—**engrosser** [-œ(r)], *s.* pendolista, calígrafo; monopolista, acaparador.—**engrossment** [-ment], *s.* monopolio; transcripción caligráfica; embebecimiento, embelesamiento, abstracción.
engulf [engʌ́lf], *va.* engolfar, sumergir, sumir.
enhance [enhǽns], *va.* mejorar, acrecentar, encarecer, aumentar el valor de; realzar.
enhancement [-ment], *s.* acrecentamiento, encarecimiento, mejoría; realce.
enharmonic [enharmánik], *a.* (mús.) enarmónico.
enigma [inígma], *s.* enigma, *m.*, (fam.) intríngulis, quisicosa.—**enigmatic(al** [enigmǽtik(al], *a.* enigmático.—**enigmatically** [-i], *adv.* enigmáticamente.—**enigmatize** [inígmataiz], *vn.* usar de enigmas.
enjoin [endžóin], *va.* mandar, ordenar, prescribir; imponer.—**to e. from,** (for.) prohibir.
enjoy [endžói], *va.* gozar de, gozarse en; gustar de, gustarle a uno; disfrutar de, tener, poseer; saborear.—**to e. one's self,** gozar, divertirse.
enjoyable [-abl], *a.* deleitable, agradable.
enjoyment [-ment], *s.* goce, disfrute, placer; uso, usufructo.
enkindle [enkíndl], *va.* y *vn.* encender(se); arder.
enlace [enléis], *va.* enlazar, entrelazar.
enlarge [enlárdž]. **I.** *va.* agrandar, aumentar, ensanchar; abultar, engrosar; ampliar o amplificar. **II.** *vn.* ensancharse o agrandarse; (gen.

con **on**) explayarse (en), tratar detalladamente; exagerar.
enlargement [-mẹnt], *s.* agrandamiento, ensanchamiento, ensanche, aumento, ampliación; liberación; dilatación, expansión; amplificación; (fot.) ampliación.
enlarger [-œ(r)], *s.* (fot.) ampliador(a), amplificador.
enlarging [-iŋ], *a.* ampli(fic)ador, ampliativo.
enlighten [ɛnláitẹn], *va.* iluminar, instruir, informar, ilustrar, alumbrar, aclarar, esclarecer. —**enlightened** [-d], *a.* ilustrado, culto.—**enlightener** [-œ(r)], *s.* instructor, esclarecedor.—**enlightenment** [-mẹnt], *s.* instrucción, ilustración, esclarecimiento; civilización, cultura.—**the E.**, el renacimiento del siglo XVIII.
enlist [ɛnlíst]. **I.** *va.* alistar; (mar. y gal.) enrolar; (mil.) enganchar, reclutar; atraer, conseguir. **II.** *vn.* enrolarse; (mil.) sentar plaza; poner empeño en algo.
enlisted man, *s.* (E. U., mil.) miliciano, soldado (que no es un oficial).
enlistment [-mẹnt], *s.* alistamiento, enganche, enrolamiento.
enliven [ɛnláivẹn], *va.* vivificar, animar, alentar; avivar, alegrar, regocijar.
enmesh [ɛnméŝ], *va.* coger en la red; entrampar.
enmity [énmiti], *s.* enemistad, enemiga, desamor.
ennead [éniæd], *s.* grupo de nueve; novena.
ennoble [ɛnóubl], *va.* ennoblecer; esclarecer.
ennoblement [-mẹnt], *s.* ennoblecimiento o esclarecimiento.
ennui [ánwi], *s.* aburrimiento, tedio, fastidio.
enologic(al [inoládẑik(al], *a.* enológico.—**enologist** [inálodẑist], *s.* enólogo.—**enology** [inálodẑi], *s.* enología.
enormity [inórmiti], **enormousness** [-mʌsnis], *s.* enormidad, demasía; atrocidad.—**enormous** [-mʌs], *a.* enorme, descomunal; perverso, atroz. —**enormously** [-li], *adv.* enormemente.
enostosis [ɛnastóusis], *s.* (med.) enostosis.
enough [inʌ́f]. **I.** *a.* bastante, suficiente, asaz, harto.—**to be e.**, bastar. **II.** *s.* lo suficiente. **III.** *interj.* ¡basta! ¡no más! **IV.** *adv.* bastante, harto, suficientemente.—**curiously e., strange e.,** etc., cosa curiosa, extraña, etc. Estas expresiones pueden a veces traducirse cambiando un poco el giro: lo curioso es que, es curioso que, lo cual no deja de ser curioso, etc.
enounce [ináuns], *va.* declarar; anunciar.
enquire, enquirer, etc. = INQUIRE, etc.
enrage [ɛnréidẑ], *va.* enfurecer, encolerizar.
enrapt [ɛnrǽpt], *a.* arrebatado, extasiado.
enrapture [ɛnrǽpchū(r)], *va.* arrebatar, enajenar, embriagar, embelesar, arrobar, extasiar.
enrich [ɛnrích], *va.* enriquecer; fecundar, fertilizar; adornar, embellecer.
enrichment [-mẹnt], *s.* enriquecimiento; abono, beneficio; adorno, embellecimiento.
enrobe [ɛnróub], *va.* vestir, adornar.
enrol(l) [ɛnróul]. **I.** *va.* alistar, (gal.) enrolar; empadronar, encartar, matricular; envolver, enrollar. **II.** *vn.* alistarse, enrolarse; inscribirse, matricularse; (mil.) sentar plaza.—**enrol(l)er** [-œ(r)], *s.* registrador, empadronador.—**enrol(l)ment** [-mẹnt], *s.* alistamiento, enrolamiento; empadronamiento, inscripción, matriculación; matrícula, padrón, registro.
enroot [ɛnrút], *va.* arraigar, radicar.
en route [an rút], *adv.* en el camino; de tránsito.
ens [ɛnz], *s.* (*pl.* **entia** [énŝĭa]) ente, ser.
ensanguine [ɛnsǽŋgwin], *va.* ensangrentar.
ensconce [ɛnskáns], *va.* acomodar, situar; ocultar, poner en seguro.
ensemble [ansámbl], *s.* conjunto; grupo; traje de mujer compuesto de dos o más piezas.
ensheathe [ɛnŝíð], *va.* envainar.
enshrine [ɛnŝráin], *va.* guardar como reliquia.
enshroud [ɛnŝráud], *va.* amortajar; envolver; ocultar, tapar.
ensiform [énsiform], *a.* (bot.) ensiforme.
ensign [énsain], *s.* bandera, pabellón, enseña; insignia, divisa; [énsin] (mil.) alférez, *m.*; subteniente.—**e. bearer,** abanderado.
ensigncy [-si], *s.* alferazgo.
ensilage [énsilidẑ]. **I.** *s.* (agr.) ensilaje. **II.** *va.* ensilar.
enslave [ɛnsléiv], *va.* esclavizar, avasallar.
enslavement [-mẹnt], *s.* esclavitud, cautiverio, servidumbre; avasallamiento.
ensnare [ɛnsnér], *va.* entrampar, atrapar, enredar, insidiar; tender un lazo; engañar, embair.
ensoul [ɛnsóul], *va.* dar alma a; llevar al alma.
ensphere [ɛnsfír], *va.* colocar en esfera; redondear.
ensue [ɛnsiú], *vn.* seguir, suceder, sobrevenir.
ensure [ɛnŝúr], *va.* asegurar; garantizar.
entablature [entǽblachū(r)], *s.* (arq.) entablamento, cornisamento, solera.
entail [ɛntéil]. **I.** *s.* (for.) vinculación, vínculo, mayorazgo; herencia. **II.** *va.* vincular, asegurar, perpetuar, transmitir, legar; acarrear, imponer, ocasionar; envolver; (for.) vincular.
entangle [ɛntǽŋgl], *va.* enredar, embrollar, enmarañar; intrincar; implicar.—**entanglement** [-mẹnt], *s.* enredo, embrollo, complicación.
entasis [éntasis], *s.* (arq.) éntasis.
entelechy [entélẹki], *s.* (filos.) entelequia.
entente [antánt], *s.* pacto; alianza.—**e. cordiale,** (fr.) pacto o convenio cordial o de amistad.
enter [éntœ(r)]. **I.** *va.* entrar a, por o en; penetrar; meter, introducir; ingerir, insertar; asentar, anotar, registrar; hacerse miembro de, ingresar en; alistarse en, matricularse, afiliarse; (com.) declarar, aduanar; (for.) incoar; registrar. **II.** *vn.* entrar, introducirse, ingresar; (teat.) salir, entrar en escena.—**to e. into,** entrar en; formar parte de; hacer, celebrar (un contrato, etc.).—**to e. on,** o **upon,** comenzar, emprender.
enteralgia [ɛntẹrǽldẑiä], *s.* (med.) enteralgia.
enteric [ɛntérik], *a.* (anat.) entérico.—**e. fever,** fiebre tifoidea.
entering [éntœriŋ], *a.* que entra; de entrada.—**e. chisel,** gubia, cincel de mediacaña.—**e. edge,** (aer.) borde de ataque (el anterior de un plano). —**e. file,** lima plana de punta.—**e. tap,** macho de aterrajado preliminar.—**e. wedge,** (fig.) operación o medida que abre camino o prepara el terreno; primer paso.
enteritis [ɛntẹráitis], *s.* (med.) enteritis.
enterocele [énterosil], *s.* (med.) enterocele.
enterocolitis [-koláitis], *s.* (med.) enterocolitis.
enteron [éntẹran], *s.* (anat.) canal intestinal.
enterotomy [entẹrátomi], *s.* (cir.) enterotomía.
enterprise [éntœrpraiz], *s.* empresa, demanda, arresto; actividad, calidad de emprendedor.—**enterpriser** [-œ(r)], *s.* emprendedor; progresista. *V.* ENTREPRENEUR.—**enterprising** [-iŋ], *a.* emprendedor, acometedor, esforzado.
entertain [ɛntœrtéin]. **I.** *va.* hospedar, festejar, agasajar u obsequiar; entretener o divertir; tomar en consideración; acariciar, abrigar. **II.** *vn.* dar saraos, tertulias, comidas, etc.
entertainer [-œ(r)], *s.* anfitrión, *m.*; festejador.
entertaining [-iŋ], *a.* entretenido, chistoso, gracioso, alegre, divertido, jovial.—**entertainingly** [-li], *adv.* divertidamente, entretenidamente.
entertainment [-mẹnt], *s.* recibimiento, hospitalidad; convite, agasajo, festín, festejo, fiesta; entretenimiento, diversión, pasatiempo, (Am.) entretención; consideración.
enthetic [ɛnθétik], *a.* proveniente de agentes externos; comunicado por inoculación (apl. a enfermedades infecciosas).
enthral(l [ɛnθról], *va.* dominar (el ánimo); esclavizar, sojuzgar.
enthrone [ɛnθróun], *va.* entron(iz)ar.
enthronement [-mẹnt], **enthronization** [-izéiŝọn], *s.* entronización.
enthuse [ɛnθiúz], *va.* y *vn.* (fam.) entusiasmar(se).
enthusiasm [-iæzm], *s.* entusiasmo.
enthusiast [-iæst], *s.* entusiasta, *mf.*; fanático.
enthusiastic(al [-iǽstik(al], *a.* entusiástico, entusiasta; entusiasmado; caluroso.
enthymeme [énθimim], *s.* (lóg.) entimema, *m.*

entice [ɛntáis], *va.* tentar, seducir, halagar, atraer, sonsacar, (fam.) engatusar, entruchar.
enticement [-mẹnt], *s.* tentación, seducción, sonsaca; reclamo, añagaza; atractivo.—**enticer** [-œ(r)], *s.* seductor, tentador.—**enticing** [-iŋ], *a.* seductor.—**enticingly** [-li], *adv.* seductoramente.
entire [ɛntáir], *a.* entero, cabal, completo, íntegro, intacto, todo, total; (vet.) entero, cojudo. —**entirely** [-li], *adv.* enteramente, íntegramente; del todo, de todo punto, por completo; a fondo.—**entireness** [-nis], *s.* entereza, calidad de entero.—**entirety** [-ti], *s.* entereza, integridad, totalidad; cosa entera; todo.
entitle [ɛntáitl], *va.* titular; intitular; dar derecho; habilitar; autorizar.
entity [éntiti], *s.* entidad; ente, ser.
entoblast [éntoblæst], **entoderm** [-dœrm], *s.* endodermo.
entomb [ɛntúm], *va.* enterrar, sepultar.
entombment [-mẹnt], *s.* entierro, sepultura.
entomogenous [ɛntomádžɛnʌs], *a.* (bot.) parásito de insectos (apl. a ciertos hongos).
entomologic(al [-moládžik(ạl], *a.* entomológico.
entomologist [-málodžist], *s.* entomólogo.
entomology [-dži], *s.* entomología.
entomophagous [-máfạgʌs], *a.* (zool.) entomófago, insectívoro.
entomophilous [-máfilʌs], *a.* (bot.) entomófilo, de polinización por insectos.—**entomophily** [-fili], *s.* entomofilia, polinización por insectos.
entourage [anturáž], *s.* (fr.) compañía, cortejo, séquito; medio ambiente.
entozoa [ɛntozóuạ], *s. pl.* entozoarios.—**entozoan** [-n], *a.* y *s.* entozoario.—**entozoic** [-ik], *a.* entozoico.
entr'acte [antrǽkt], *s.* (fr.) entreacto.
entrails [éntreilz], *s. pl.* entrañas, vísceras; tripas, intestinos.
entrain [ɛntréin], *va.* y *vn.* despachar o ir por tren.
entrance [éntrạns], *s.* entrada; puerta, portal; zaguán; embocadura; ingreso; entrada en la aduana; (teat.) salida.—**e. examination,** examen de admisión, entrada o ingreso.—**e. fee,** cuota de entrada.—**e. forbidden, o no e.,** se prohibe la entrada.
entrance [ɛntrǽns], *va.* extasiar, fascinar, arrebatar, embelesar, hechizar.
entrancing [-iŋ], *a.* fascinador, hechicero.
entrant [éntrạnt]. **I.** *a.* entrante. **II.** *s.* principiante, novicio; (dep.) competidor.
entrap [ɛntrǽp], *va.* coger con trampa, entrampar.
entreat [ɛntrít]. **I.** *va.* rogar, suplicar, implorar, impetrar, instar, solicitar, conjurar. **II.** *vn.* hacer una súplica, pedir un favor.
entreaty [-i], *s.* ruego, súplica, instancia, conjuro.
entree, entrée [ántrei], *s.* (fr.) entrada; privilegio de entrar; (coc.) principio o entrada.
entremets [ántrœmei], *s.* (coc., teat.) entremés.
entrench [ɛntrénch]. **I.** *va.* atrincherar. **II.** *vn.* atrincherarse; (con **on** o **upon**) invadir, infringir.
entrenchment [-mẹnt], *s.* atrincheramiento, trinchera; parapeto, reparo; infracción, invasión, transgresión.
entrepôt [ántrœpou], *s.* (fr.) factoraje; almacén.
entrepreneur [antrœprœnœ́r], *s.* empresario (esp. de teatro), contratista.
entresol [éntrœsal], *s.* (arq.) entresuelo.
entropion [ɛntróupian], *s.* (med.) entropión, *m.*, inversión de los párpados.
entropy [éntropi], *s.* (fís.) entropía.
entrust [ɛntrʌ́st], *va.* (con **to** o **with**) entregar, encargar (de), (con)fiar, depositar.
entry [éntri], *s.* entrada; acceso; vestíbulo, portal, pórtico, zaguán; ingreso; asiento, anotación o apuntamiento; (min.) bocamina; (mar.) registro, declaración de entrada; (com.) partida.
entwine [ɛntwáin], *va.* entrelazar, entretejer.
entwist [ɛntwíst], *va.* torcer; ensortijar.
enucleate [injúklieit]. **I.** *va.* descascarar; desenvolver; explicar; extraer el núcleo de; (cir.) extirpar, extraer sin cortar. **II.** *a.* sin núcleo.
enucleation [-éiŝọn], *s.* (cir.) extracción de un tumor entero.
enumerate [injúmẹreit], *va.* enumerar, contar.
enumeration [-éiŝọn], *s.* enumeración, recuento, detalle; lista, catálogo; (ret.) recapitulación.
enumerative [-tiv], *a.* enumerativo.
enunciate [inʌ́nŝieit], *va.* pronunciar, articular (palabras); enunciar (teorías); proclamar.
enunciation [-éiŝọn], *s.* pronunciación, articulación; enunciación; manifiesto.
enunciative [-ŝieitiv], **enunciatory** [-ŝiạtori], *a.* enunciativo, declarativo.
enure [ɛnyúr], *va.* y *vn.* = INURE.
envelop [ɛnvélọp], *va.* envolver; aforrar, cubrir.
envelope [énvẹloup], *s.* envoltura; funda; cubierta; sobre(carta); (mat.) envolvente (curva); (bot.) túnica, envoltura.—**e. opener,** abrecartas.
envelopment [ɛnvélọpmẹnt], *s.* envolvimiento; forro, funda, cubierta.
envenom [ɛnvénọm], *va.* envenenar, emponzoñar, atosigar.
enviable [énviạbl], *a.* envidiable.
envious [énviʌs], *a.* envidioso.—**enviously** [-li], *adv.* envidiosamente.—**enviousness** [-nis], *s.* envidia; calidad de envidioso.
environ [ɛnváirọn], *va.* rodear, ceñir, envolver.
environment [-mẹnt], *s.* cercanía; ambiente o medio ambiente.
environs [-z], *s. pl.* alrededores, suburbios, contornos, cercanías, inmediaciones, afueras.
envisage [ɛnvízidž], *va.* hacer frente a; mirar; contemplar, representarse mentalmente.
envoy [énvoi], *s.* enviado, agente diplomático; mensajero; (poét.) tornada (ll. t. **envoi**).
envy [énvi]. **I.** *va.* envidiar; codiciar. **II.** *s.* envidia, emulación; (fam.) dentera; objeto de envidia.
enwrap [ɛnrǽp], *va.* envolver; absorber, embargar.
enwreathe [ɛnríð], *va.* enguirnaldar.
enzootic [ɛnzoátik]. **I.** *a.* enzoótico, endémico (apl. a las enfermedades de los animales). **II.** *s.* (vet.) enzootia, enfermedad enzoótica o de carácter local (ll. t. **enzooty**).
enzym(e [énzaim, énzim], *s.* (bioquím.) enzima, fermento; (igl.) pan de levadura; pan eucarístico (en la iglesia oriental).
Eocene [íosin], *a.* y *s.* (geol.) eoceno.
Eolian [ióulian], **Eolic** [iálik], *a.* y *s.* eolio, eólico. —**E. harp,** arpa eolia.
eolith [íoliθ], *s.* (arqueol.) eolito.
eolithic [iolíθik], *a.* eolítico, relativo al principio de la edad de piedra.
eon, æon [íọn], *s.* evo; eón.
eosin [íosin], *s.* (quím.) eosina.
eosinophil(e [iosínofil], *a.* y *s.* eosinófilo.
epact [ípækt], *s.* (astr.) epacta.
epaulet [épolɛt], *s.* (mil.) charretera, capona.
ependyma [ɛpéndimạ], *s.* (anat.) epéndimo.
epenthesis [ɛpénθɛsis], *s.* (gram.) epéntesis.
epenthetic [ɛpɛnθétik], *a.* (gram.) epentético.
epergne [ipœ́rn], *s.* centro de mesa.
ephebe [ɛfíb], *s.* (hist.) efebo, joven griego.
ephedrine [éfẹdrin], *s.* (quím.) efedrina.
ephemera [ɛfémẹrạ], *s.* (med.) (fiebre) efémera o efímera; (fam.) causón; insecto efímero; cosa efímera.
ephemeral [-l]. **I.** *a.* efímero. **II.** *s.* cosa efímera.
ephemerid [ɛfémẹrid], *s.* (ent.) efímera.
ephemeris [ɛfémẹris], *s.* (*pl.* EPHEMERIDES) efemérides, *f. pl.*, tablas astronómicas.
Ephesian [ɛfížian], *a.* y *s.* efesio, de Efeso.
ephete [éfit], *s.* (hist.) éfeta, *m.*, juez griego.
ephod [éfad], *s.* (igl.) efod, *m.*; superhumeral.
ephor [éfọ(r)], *s.* éforo (magistrado griego); superintendente de obras públicas.
epiblast [épiblæst], *s.* (biol.) ectodermo.
epic(al [épik(ạl]. **I.** *a.* épico.—**e. poetry,** épica. **II.** *s.* poema épico, epopeya.
epicardium [ɛpikárdiʌm], *s.* (anat.) epicardio.
epicarp [épikarp], *s.* (bot.) epicarpio.
epicedium [ɛpisídiʌm], *s.* epicedio, elegía.
epicene [épisin], *a.* (gram.) epiceno.

epicenter [épįsɛntœ(r)], *s.* (geol.) epicentro.
epicure [épįkįur], *s.* epicúreo; sibarita, *mf.; gas*trónomo.—**epicurean** [-íạn], *a.* y *s.* epicúreo.
Epicureanism [-įzm], **epicurism** [épįkįurįzm], *s.* epicureísmo; gastronomía.
epicycle [épįsaįkl], *s.* epiciclo.
epicyclic [ɛpįsáįklįk], *a.* epicíclico.
epicycloid [ɛpįsáįklọįd], *s.* (geom.) epicicloide, *f.*
epidemic(al [ɛpįdémįk(ạl]. **I.** *a.* epidémico, epidemial. **II.** *s.* epidemia, peste, *f.*, plaga.
epidemiologist [ɛpįdɛmįálodžįst], *s.* epidemiólogo.
epidemiology [-álodžį], *s.* epidemiología.
epidermal [ɛpįdœ́rmạl], *a.* epidérmico.
epidermic(al [-mįk(ạl], *a.* epidérmico.
epiderm(is [épįdœrm, -dœ́rmįs], *s.* (anat.) epidermis, cutícula; piel, *f.*; (bot.) epidermis.
epidermoid [ɛpįdœ́rmọįd], *a.* epidermoide.
epididymis [ɛpįdídįmįs], *s.* (anat.) epidídimo.
epidote [épįdoụt], *s.* (min.) epidota.
epigastric [ɛpįgǽstrįk], *a.* (anat.) epigástrico.
epigastrium [ɛpįgǽstrįʌm], *s.* (anat.) epigastrio.
epigenesis [ɛpįdžénɛsįs], *s.* (biol.) epigénesis.
epiglottis [ɛpįglátįs], *s.* (anat.) epiglotis, lengüeta.
epigram [épįgræm], *s.* epigrama, *m.*—**epigrammatic(al** [ɛpįgrạmǽtįk(ạl], *a.* epigramático.—**epigrammatically** [-į], *adv.* epigramáticamente.—**epigrammatist** [ɛpįgrǽmạtįst], *s.* epigramatario, epigram(at)ista.
epigraph [épįgræf], *s.* epígrafe, título; inscripción, epitafio.—**epigrapher,** (**-ist**) [ɛpígrạfœ(r), -įst], *s.* epigrafista.—**epigraphic** [ɛpįgrǽfįk], *a.* epigráfico.—**epigraphy** [ɛpígrạfį], *s.* epigrafía.
epilation [ɛpįléįšọn], *s.* epilaje.
epilepsy [épįlɛpsį], *s.* (med.) epilepsia, alferecía, gota caduca o coral.—**epileptic(al** [ɛpįléptįk(ạl], *a.* y *s.* epiléptico.
epilogistic [ɛpįlodžístįk], *a.* epilogal.
epilogize [ɛpílodžaįz], *va.* y *vn.* epilogar; proveer (una obra) de un epílogo; (teat.) recitar un epílogo.
epilogue [épįlag], *s.* epílogo.
epineurium [ɛpįnįúrįʌm], *s.* (anat.) epineuro, envoltura de tejido conjuntivo que rodea un haz de nervios.
epinicion [ɛpįníšįọn], *s.* epinicio, himno triunfal.
Epiphany [įpífạnį], *s.* (igl.) Epifanía, día de los Reyes.
epiphenomenon [ɛpįfįnámɛnan], *s.* fenómeno secundario concomitante; (med.) epifenómeno.
epiphonema [ɛpįfonímạ̈], *s.* (ret.) epifonema.
epiphysis [ɛpífįsįs], *s.* (anat.) epífisis.—**e. cerebri,** glándula pineal.
epiphyte [épįfaįt], *s.* (bot.) epífita, planta no parásita que vive en otra; hongo parásito de un animal.
epiphytic [-fítįk], *a.* (bot.) epífito, epifito.
epiploon [įpíploọn], *s.* (anat.) epíploon, epiplón.
episcopacy [įpískopạsį], *s.* episcopado.
episcopal [-pạl], *a.* episcopal; obispal.
Episcopalian [-péįlįạn], *a.* y *s.* episcopal, perteneciente a la secta protestante episcopal.—**Episcopalianism** [-įzm], *s.* episcopalismo, doctrina de la secta protestante episcopal.
episcopalism [-pạlįzm], *s.* episcopalismo.
episcopally [-pạlį], *adv.* episcopalmente.
episcopate [-peįt], *s.* obispado, episcopado.
episode [épįsoụd], *s.* episodio, lance, peripecia; digresión; (cine) *V.* SERIAL.
episod(i)al [-(į)ạl], **episodic(al** [ɛpįsádįk(ạl], *a.* episódico.—**episodically** [-į], *adv.* episódicamente.
epispastic [ɛpįspǽstįk], *a.* y *s.* (med.) epispástico; vejigatorio, vesicante.
epistaxis [ɛpįstǽksįs], *s.* (med.) epistaxis.
epistemology [ɛpįstįmálodžį], *s.* epistemología, teoría del conocimiento.
epistle [įpísl], *s.* epístola, carta, misiva.
epistler [įpíslœ(r)], *s.* escritor de epístolas o cartas; (igl.) epistolero.
epistolary [įpístolɛrį]. **I.** *a.* epistolar. **II.** *s.* (igl.) epistolario.
epistrophe [ɛpístrofį], *s.* (ret.) epístrofe, *f.*, conversión; (mús.) estribillo.
epistyle [épįstaįl], *s.* (arq.) arquitrabe.
epitaph [épįtæf], *s.* epitafio.
epitaphic [ɛpįtǽfįk], *a.* relativo al epitafio.
epitasis [ɛpítạsįs], *s.* (teat.) epítasis.
epithalamium [ɛpįθạléįmįʌm], *s.* epitalamio.
epithelial [ɛpįθílįạl], *a.* epitelial.
epithelioma [ɛpįθilįóụmạ̈], *s.* (med.) epitelioma, *m.*
epithelium [ɛpįθílįʌm], *s.* (anat.) epitelio.
epithem [ɛpįθɛm], *s.* (med.) epítema.
epithet [épįθɛt], *s.* epíteto.
epitome [įpítomį], *s.* epítome, resumen, sumario, compendio.—**epitomize** [-maįz], *va.* epitomar, abreviar.—**epitomizer** [-œ(r)], **epitomist** [-mįst], *s.* epitomador, abreviador, compendiador.
epizoan [ɛpįzóụạn], *a.* y *s.* epizoario.
epizootic [ɛpįzoátįk]. **I.** *a.* epizoótico. **II.** *s.* (vet.) epizootia (ll. t. **epizooty**).
epoch [épọk], *s.* época, era, edad, período, siglo. —**e.-making,** que forma época, trascendental.
epochal [-ạl], *a.* que forma época, trascendental, memorable.
epode [époụd], *s.* (poét.) epodo.
eponym [éponįm], *s.* héroe, epónimo.
eponymous [ɛpánįmʌs], **eponymic** [ɛponímįk], *a.* epónimo.
epopee [épopi], *s.* epopeya, poema épico.
epsilon [épsįlan], *s.* épsilon (letra griega).
Epsom salt(s [épsọm sǫlt(s], *s.* (quím.) sulfato de magnesia, sal de la Higuera, epsomita.
equability [ɛkwạbílįtį], **equableness** [ékwạblnįs], *s.* igualdad, uniformidad; ecuanimidad.—**equable** [ékwạbl], *a.* igual, uniforme, ecuable, tranquilo.—**equably** [-blį], *adv.* igualmente.
equal [íkwạl]. **I.** *a.* igual; parejo; adecuado, suficiente, adaptado.—**e. rights,** igualdad de derechos.—**to be e. to,** ponerse al nivel de, ser capaz de, sentirse con fuerzas para, servir para, poder hacer frente a, poder desempeñar o ejecutar. **II.** *s.* igual; cantidad igual. **III.** *va.* ser igual a; igualarse a, ponerse al nivel de; igualar, emparejar; compensar.—**not to be equalled,** sin igual. **IV.** *vn.* ser igual.
equalitarian [įkwalįtérįạn], *a.* igualitario.
equality [įkwálįtį], *s.* igualdad; uniformidad; paridad; lisura.
equalization [ikwạlįzéįšọn], *s.* igualamiento, igualación, compensación.—**equalize** [íkwạlaįz], *va.* igualar, hacer uniforme; compensar.
equalizer [-œ(r)], *s.* igualador, compensador; (elec.) conductor compensador o de compensación; dínamo compensadora.
equalizing [-įŋ], *a.* igualador; (tec.) compensador, de compensación.
equally [íkwạlį], *adv.* igualmente; por igual.
equanimity [ikwạnímįtį], *s.* ecuanimidad.
equate [įkwéįt], *va.* igualar, poner en ecuación.
equation [įkwéįšọn], *s.* ecuación; igualdad; equilibrio.—**e. of time,** (astr.) ecuación de tiempo.
equator [įkwéįtọ(r)], *s.* ecuador, línea.
equatorial [ikwạtórįạl], *a.* y *s.* ecuatorial, *f.*
equerry [ékwɛrį], *s.* caballerizo, palafrenero mayor.
equestrian [įkwéstrįạn]. **I.** *a.* ecuestre. **II.** *s.* jinete.
equestrianism [-įzm], *s.* equitación.
equestrienne [įkwɛstrįén], *s.* amazona.
equiangular [ikwįǽŋgįulạ̈(r)], *a.* (geom.) equiángulo.
equidistance [ikwįdístạns], *s.* equidistancia.
equidistant [-ạnt], *a.* equidistante.
equidistantly [-lį], *adv.* a una misma distancia.
equilateral [ikwįlǽtɛrạl], *a.* y *s.* (geom.) equilátero.
equilibrant [ikwílįbrạnt], *s.* (mec.) fuerza igual y contraria a la resultante de un sistema, fuerza equilibrante.

equilibrate [ikwiláibreit]. I. *va.* equilibrar; compensar. II. *vn.* equilibrarse; estar en equilibrio.
equilibration [ikwilibréiŝon], *s.* equilibración; equilibrio.
equilibrator [ikwiláibreito(r)], *s.* equilibrador; compensador.
equilibrist [ikwílibrist], *s.* equilibrista.
equilibrium [ikwilíbriʌm], *s.* equilibrio, balance.
equine [íkwain]. I. *a.* caballar, hípico, equino. II. *s.* caballo.
equinoctial [ikwinákŝal]. I. *a.* equinoccial.—**e. circle** o **line**, línea equinoccial, ecuador. II. *s.* línea equinoccial; tempestad equinoccial.
equinoctially [-i], *adv.* en dirección equinoccial.
equinox [íkwinaks], *s.* (astr.) equinoccio.
equip [ikwíp], *va.* equipar, pertrechar, aprestar, aparejar, proveer, dotar, habilitar, aviar.
equipage [ékwipidẑ], *s.* equipaje, equipo; **tren**; carruaje.
equipment [ikwípmẹnt], *s.* equipo, equipaje, habilitación; apresto, armamento; avíos; vestuario; adherentes, arreos; (mec.) equipo, **tren**, juego, conjunto de aparatos, accesorios, etc.
equipoise [íkwipoiz], *s.* equilibrio; contrapeso.
equipollence, equipollency [ikwipálẹns, -i], *s.* equipolencia o equivalencia.—**equipollent** [-ẹnt], *a.* y *s.* equipolente.
equiponderance, equiponderancy [ikwipándœrans, -i], *s.* equiponderancia.
equiponderant [-ant], *a.* equiponderante.
equiponderate [-eit], *vn.* y *va.* equiponderar; hacer equiponderante; contrapesar.
equisetaceous [ɛkwisẹtéiŝʌs], *a.* (bot.) equisetáceo.
equisetum [ɛkwisítʌm], *s.* (bot.) equiseto.
equitable [ékwitabl], *a.* equitativo.—**equitableness** [-nis], *s.* equidad, imparcialidad, justicia. —**equitably** [-bli], *adv.* equitativamente.
equitant [ékwitant], *a.* (bot.) acaballado.
equitation [-éiŝon], *s.* equitación.
equity [ékwiti], *s.* equidad, justicia; diferencia entre el valor de una propiedad y la cantidad por que está hipotecada.
equivalence, *o* **equivalency** [ikwívalẹns, -i], *s.* equivalencia.—**equivalent** [-ẹnt], *a.* y *s.* equivalente.—**to be e. (to)**, equivaler (a).—**equivalently** [-li], *adv.* equivalentemente.
equivocal [ikwívokal]. I. *a.* equívoco, ambiguo. II. *s.* equívoco.—**equivocally** [-i], *adv.* equívocamente, ambiguamente.—**equivocalness** [-nis], *s.* ambigüedad.
equivocate [ikwívokeit], *vn.* usar palabras o frases equívocas o ambiguas.—**equivocation** [-éiŝon], *s.* equivocación, equívoco, anfibología. —**equivocator** [-to(r)], *s.* equivoquista, el que usa de equívocos.
era [íra], *s.* era, época; (geol.) edad, época.
eradiate [iréidieit], *va.* y *vn.* radiar, irradiar.
eradiation [-éiŝon], *s.* radiación.
eradicate [irǽdikeit], *va.* desarraigar, erradicar; destruir, extirpar.—**eradication** [-kéiŝon], *s.* erradicación, desarraigo, extirpación.—**eradicative** [-kativ], *a.* erradicativo.
erasable [iréisabl], *a.* borrable.
erase [iréis], *va.* borrar, raspar, raer, tachar.
eraser [-œ(r)], *s.* raspador; goma de borrar.
erasion [iréiẑon], *s.* (med.) extirpación o eliminación por raspadura.
Erasmian [irǽzmian], *a.* y *s.* erasmiano, erasmista.
erasure [iréiẑū(r)], *s.* raspadura, borradura.
erbium [œ́rbiʌm], *s.* (quím.) erbio.
ere [ɛr]. I. *prep.* antes de. II. *conj.* antes que.
erect [irékt]. I. *va.* erigir, levantar, edificar, construir; enderezar; montar, instalar; erguir, enhestar o alzar; enaltecer. II. *a.* (e)recto, derecho, erguido, enhiesto; vertical; engallado, firme.
erectile [-il], *a.* eréctil.
erectility [-íliti], *s.* erectilidad.
erecting [-iŋ], *a.* edificante; (ópt.) de imagen recta (apl. a lentes, anteojos, telescopios).
erection [irékŝon], *s.* erección; montaje, instalación; elevación, erguimiento; estructura.
erective [-tiv], *a.* que tiende a erigir, etc.
erectness [-nis], *s.* erección, erguimiento.
erector [-o(r)]. I. *s.* erector, edificador, montador. II. *a.* y *s.* (anat.) erector.
erelong [ɛrlóŋ], *adv.* antes de mucho.
eremite [érimait], *s.* ermitaño, eremita.
eremitic(al [ɛrimítik(al], *a.* eremítico.
erenow [ɛrnáu], *adv.* antes de ahora.
erethism [érɛθizm], *s.* (med.) eretismo.
erg [œrg], *s.* (fís.) erg o ergio, unidad de energía.
ergosterin [œrgástẹrin], **ergosterol** [-ol], *s.* (quím.) ergosterina.
ergot [œ́rgot], *s.* (bot.) cornezuelo de centeno.
ergotin(e [-in], *s.* (quím.) ergotina.
ergotinine [œrgátinin], *s.* (quím.) ergotinina.
ergotism [œ́rgotizm], *s.* (med. y fil.) ergotismo.
ergotize [-aiz], *vn.* (fil.) ergotizar.
ericaceous [ɛrikéiŝʌs], *a.* (bot.) ericáceo.
eristic [ɛrístik], *a.* erístico; pendenciero.
ermine [œ́rmin], *s.* (zool.) armiño; piel (*f.*) de armiño; (fig.) toga, judicatura; pureza del cargo judicial.
ermined [-d], *a.* armiñado.
ern(e [œrn], *s.* (orn.) halieto.
erode [iróud]. I. *va.* corroer, roer; comer. II. *vn.* (geol.) desgastarse.—**erodent** [-ẹnt], *a.* (med.) corrosivo, cáustico.
erogenous [irádẑɛnʌs], *a.* que despierta el deseo erótico.
erose [iróus], *a.* (bot.) recortado (irregularmente).
erosion [iróuẑon], *s.* corrosión; desgaste; (geol.) erosión.
erosive [iróusiv], *a.* (med.) caterético; desgastador o corroedor.
erotic(al [ɛrátik(al], *a.* y *s.* erótico.—**eroticism** [ɛrátisizm], **erotism** [érotizm], *s.* erotismo.—**erotomania** [ɛroutoméinia], *s.* erotomanía.
err [œr], *vn.* errar, equivocarse; descarriarse, pecar; errar, no dar en el blanco.
errancy [éransi], *s.* propensión a errar.
errand [érand], *s.* recado, mensaje, mandado, diligencia.—**e. boy**, mandadero, recadero.
errant [érant], *a.* errante, andante, errabundo, vagabundo, vagaroso; errático.—**errantry** [-ri], *s.* vida errante; caballería andante.
errata [iréita], *s. pl.* de ERRATUM; fe de erratas.
erratic(al [irǽtik(al]. I. *a.* errático, excéntrico; errante, vagabundo; (med.) errático. II. *s.* persona excéntrica; (geol.) canto rodado.—**erratically** [-i], *adv.* de un modo errático; irregularmente.
erratum [iréitʌm], *s.* (*pl.* ERRATA) errata.
errhine [érain], *a.* y *s.* (med.) estornutatorio.
erring [œ́riŋ], *a.* errado, errante, descarriado.
erroneous [ɛróuniʌs], *a.* errado, erróneo, falso.
error [éro(r)], *s.* error, equivocación, yerro; engaño; pecado.
ersatz [ɛrsáts], *a.* y *s.* sintético, **artificial**; substitut(iv)o.
Erse [œrs], *s.* gaélico; lenguaje de los montañeses de Escocia.
erst [œ́rst], **erstwhile** [-hwail], *adv.* y *a.* (ant.) antiguamente, antes; en otro o de otro tiempo.
erubescence, erubescency [ɛrubésẹns, -i], *s.* erubescencia, rubor.
erubescent [-ẹnt], *a.* erubescente, ruboroso.
eruct(ate [irʌ́kt(eit], *vn.* y *va.* eructar, regoldar; arrojar, expeler, echar de sí.
eructation [-éiŝon], *s.* eructación, eructo, regüeldo.
erudite [érudait], *a.* y *s.* erudito, letrado.
erudition [ɛrudíŝon], *s.* erudición; conocimientos.
eruginous [irúdẑinʌs], *a.* ruginoso.
erupt [irʌ́pt], *vn.* salir con fuerza; hacer erupción.
eruption [irʌ́pŝon], *s.* erupción; irrupción.
eruptive [irʌ́ptiv], *a.* eruptivo.
eryngo [iríŋgou], *s.* (bot.) eringe, *f.*, cabezuela, cardo corredor (ll. t. **eringo**).
erysipelas [ɛrisípẹlas], *s.* (med.) erisipela.
erysipelatous [ɛrisipélatʌs], *a.* erisipelatoso.

erythema [ɛrįθímą], *s.* (med.) eritema, *m.*
erythr(a)ean [ɛrįθríąn], *a.* de color rojo; **(E.)** *a.* y *s.* eritreo; rel. o pert. al Mar Rojo.
erythrin [ɛríθrįn], *s.* (quím.) eritrina.
erythroblast [ɛríθroblæst], *s.* (fisiol.) eritroblasto.
erythrocyte [-saįt], *s.* (fisiol.) eritrocito, hematíe.
erythromycin [ɛrįθromáįsįn], *s.* (farm.) eritromicina.
escadrille [ɛskądríl], *s.* escuadrilla aérea o naval.
escalade [ɛskąléįd]. **I.** *s.* (mil.) escalada. **II.** *va.* (mil.) escalar.
escalator [éskąleįtǫ(r)], *s.* escalera mecánica, que funciona como una correa sin fin.
escalator clause, *s.* cláusula de un contrato que ajusta el sueldo al costo de vida.
escal(l)op [ɛskálǫp], *va.* y *s.* (coc.) = SCALLOP.
escapade [ɛskąpéįd], *s.* escapada, travesura; correría, aventura; fuga.
escape [ɛskéįp]. **I.** *va.* escaparse o librarse de; evadir, evitar, eludir, esquivar, salvar.—**to e. notice,** pasar inadvertido. **II.** *vn.* escapar(se), fugarse, huir(se), zafarse. **III.** *s.* escapada, huída, fuga; escapatoria, evasión, zafada; derrame; fuga o escape (de gas o líquido); escape (de reloj).—**to have a narrow e.,** escaparse en una tabla, salvarse por un pelo.
escape clause, *s.* cláusula de un contrato que libera al firmante de ciertas responsabilidades en determinadas circunstancias.
escapee [-í], *s.* escapado.
escape hatch, *s.* (mar.) escotilla de emergencia.
escapement [-męnt], *s.* escape de reloj.
escape outlet, *s.* (m.v.) salida.
escape velocity, *s.* velocidad de liberación.
escapism [-įzm], *s.* escapismo.
escapist [-įst], *s.* escapista.
escarole [éskąroųl], *s.* (bot.) escarola.
escarp [ɛskárp]. **I.** *va.* (mil.) escarpar. **II.** *s.* escarpa.
escarpment [-męnt], *s.* escarpa, acantilado.
eschalot [ɛŝąlát], *s.* (bot.) escaloña.
eschar [éskar], *s.* (cir.) escara, costra.
escharotic [ɛskąrátįk]. **I.** *a.* escarótico. **II.** *s.* cáustico.
eschatologic [ɛskątoládẑįk], *a.* escatológico.
eschatology [ɛskątálodẑį], *s.* (teol.) escatología.
escheat [ɛschít]. **I.** *s.* (for.) reversión de bienes mostrencos o abintestatos al estado; confiscación de bienes. **II.** *va.* confiscar, apropriarse el estado de bienes mostrencos o abintestatos. **III.** *vn.* revertir al estado (bienes mostrencos o abintestatos).—**escheatable** [-ąbl], *a.* confiscable; revertible al estado.
eschew [ɛschú], *va.* huir de, evitar, evadir.
escort [éskɔrt]. **I.** *s.* escolta, convoy; acompañante.—**e. ship,** barco escolta. **II.** [ɛskɔ́rt], *va.* escoltar, convoyar; acompañar, cortejar.
escritoire [ɛskrįtwár], *s.* escritorio, escribanía, buró, arquimesa.
escrow [ɛskróų], *s.* (for.) plica.
escudo [ɛskúdoų], *s.* escudo (unidad monetaria de Portugal).
esculent [éskįųlęnt], *a.* y *s.* comestible; comedero.
escutcheon [ɛskʌ́chǫn], *s.* escudo de armas; guarnición.—**escutcheoned** [-d], *a.* blasonado.
Eskimo, Eskimau [éskimoų], *s.* y *a.* esquimal.
esophageal [isofǽdẑįąl], *a.* esofágico.
esophagus [įsáfągʌs], *s.* (anat., zool.) esófago, gola.
esoteric [ɛsotérįk], *a.* esotérico; oculto, reservado; confidencial.
espalier [ɛspǽlyœ(r)]. **I.** *s.* espaldar, espaldera, varaseto. **II.** *va.* hacer o formar espalderas.
esparto (grass) [ɛspártoų], *s.* (bot.) esparto.
especial [ɛspéŝąl], *a.* especial, particular; notable, sobresaliente.—**especially** [-į], *adv.* especialmente, señaladamente, sobre todo, máxime.
Esperantist [ɛsperántįst], *a.* y *s.* esperantista.
Esperanto [-toų], *s.* esperanto (lengua universal).
espial [ɛspáįąl], *s.* espionaje.
espionage [éspįonįdẑ], *s.* espionaje; acecho.
esplanade [ɛspląnéįd], *s.* ribera; (fort.) explanada, glacis.
espousal [ɛspáųząl], *s.* (a veces *pl.*) desposorio, esponsales, bodas; adhesión a una causa.
espouse [ɛspáųz], *va.* desposarse, casarse (con), contraer esponsales o matrimonio; defender, abogar por, abrazar (una causa).
espresso [ɛsprésoų], *s.* café expreso (italiano).
esprit [ɛsprí], *s.* (fr.) espíritu; chiste, agudeza.—**e. de corps,** compañerismo; espíritu de partido o de solidaridad.
espy [ɛspáį]. **I.** *va.* divisar, alcanzar a ver, columbrar, descubrir. **II.** *vn.* mirar alrededor, observar.
esquire [ɛskwáįr], *s.* título honorífico (se usa pospuesto al apellido y gen. se escribe **Esq.**); acompañante de una dama; (Ingl.) (ant.) hacendado; (hist.) escudero al servicio de un caballero.
essay [ɛséį], *va.* ensayar, probar, (in)tentar.
essay [ései], *s.* ensayo (literario); conato, esfuerzo, ensayo.—**e. writing,** ensayismo.—**essayist** [-įst], *s.* ensayista, escritor de ensayos.
essence [ésęns], *s.* esencia (de una cosa), ser, substancia; medula; (quím.) esencia; perfume.—**in e.,** en el fondo, esencialmente.
Essene [ɛsín], **Essenian** [-įąn], *s.* y *a.* esenio.
essential [ɛsénŝąl]. **I.** *a.* esencial, vital, indispensable, imprescindible, capital; constitutivo.—**e. oil,** aceite esencial. **II.** *s.* (gen. *pl.*) lo esencial, la substancia, los elementos, las necesidades.—**to stick to e.,** ir al grano.
essentiality [-ŝįǽlįtį], *s.* calidad de esencial.—**essentially** [-į], *adv.* esencialmente.
essoin [ɛsɔ́įn], *s.* (for.) excusa.
essonite [ésǫnaįt], *s.* (min.) grosularia canela.
establish [ɛstǽblįŝ]. **I.** *va.* establecer, fundar, crear, constituir, erigir; sentar; consagrar; probar, demostrar; restablecer, solidar; ratificar, sancionar. **II.** *vr.* establecerse, instalarse, arraigarse, radicarse.
establishment [-męnt], *s.* establecimiento (comercial, de educación, etc.); erección, fundación; institución; pensión o renta vitalicia.
estafet [ɛstąfét], *s.* estafeta, correo.
estate [ɛstéįt], *s.* bienes, propiedades, patrimonio, herencia; heredad, finca, fundo, hacienda; estado, clase o condición, posición.
esteem [ɛstím]. **I.** *va.* estimar, apreciar, hacer caso de; reputar, juzgar; tener en o por, creer. **II.** *s.* estima(ción), aprecio; mérito; juicio, opinión.
ester [éstœ(r)], *s.* (quím.) éster.
esthesia [ɛsθíẑįą], *s.* estesia, sensibilidad; capacidad de sentir.
esthete [ésθit], *s.* esteta, *mf.*, admirador del arte o de la estética.
esthetic [ɛsθétįk]. **I.** *a.* estético. **II.** *s.* esteta (persona), *mf.*; (fil.) estética.
esthetically [-ąlį], *adv.* estéticamente.
esthetics [-s], *s.* (fil.) estética.
estimable [éstįmąbl], *a.* benemérito, estimable; calculable.
estimate [éstįmeįt]. **I.** *va.* apreciar, (a)valuar o valorar, estimar, tantear, tasar; calcular (gen. aproximadamente); hacer un presupuesto. **II.** [éstįmąt], *s.* avalúo, estimación, tanteo, tasa, cálculo; opinión; (com.) presupuesto.
estimation [ɛstįméįŝǫn], *s.* cálculo; presupuesto; estima, aprecio; opinión; suposición.
estimator [éstįmeįtǫ(r)], *s.* estimador, calculador.
estival [éstįvąl], *a.* estival, estivo, veraniego.—**estivate** [-veįt], *vn.* veranear.—**estivation** [-véįŝǫn], *s.* veraneo; veranada; (bot.) prefloración; (zool.) letargo o adormecimiento estival.
Est(h)onian [ɛstóųnįąn], *a.* y *s.* estoni(an)o.
estop [ɛstáp], *va.* (for.) impedir una afirmación contraria a otras anteriores.
estoppel [-ęl], *s.* (for.) acto o afirmación que no puede negarse posteriormente ante la ley; imposibilidad en que se coloca uno de negar lo que ha afirmado previamente.

estrange [ɛstréi̯ndẑ], *va.* extrañar, apartar, alejar, malquistar o malmeter; enajenar.
estrangement [-mẹnt], *s.* enajenamiento; extrañamiento, desvío, alejamiento.
estray [ɛstréi̯], *s.* (for.) animal descarriado o mostrenco.
estrogen [éstrodẑɛn], *s.* (bioquím.) estrógeno.
estrone [éstrou̯n], *s.* (bioquím.) estrona.
estuary [éschi̯u̯ɛri̯], *s.* estuario, estero, ría.
eta [éi̯tạ], *s.* eta (letra griega).
étagère [ei̯tæẑér], *s.* (fr.) estante, juguetero.
et cetera, etc. [ɛt sétẹrä], (lat.) etcétera, etc.
etch [ɛch], *va.* y *vn.* grabar, o hacer grabados, al agua fuerte.—**etcher** [-œ(r)], *s.* aguafuertista, acuafortista, grabador al agua fuerte.—**etching** [-i̯ŋ], *s.* aguafuerte, *f.*, grabado al agua fuerte.
eternal [itœ́rnạl], *a.* eterno, eternal, inmortal, sempiterno.—**e. flower,** (bot.) perpetua.—**the E.,** Dios.—**the E. City,** Roma.—**eternally** [-i̯], *adv.* eternamente.—**eternity** [-i̯ti̯], *s.* eternidad.—**eternize** [-ai̯z], *va.* eternizar; perpetuar; inmortalizar.
etesian [i̯tíẑạn], *a.* y *s.* etesio, periódico (viento).
ethane [éθei̯n], *s.* (quím.) etano, dimetilo.
ether [íθœ(r)], *s.* éter.—**ethereal** [i̯θíri̯ạl], **ethereous** [i̯θíri̯ʌs], *a.* etéreo.
etherealize [-ai̯z], *va.* hacer etéreo, espiritualizar; (quím.) convertir en éter.
etherification [iθɛri̯fi̯kéi̯ŝọn], *s.* (quím.) eterificación.
etherify [i̯θéri̯fai̯], *va.* (quím.) eterificar.
etherism [íθœri̯zm], *s.* (med.) eterismo.
etherization [iθœri̯zéi̯ŝọn], *s.* (med.) eterización.
etherize [íθœrai̯z], *va.* (med.) eterizar; (quím.) convertir en éter.
ethic [éθi̯k]. **I.** *a.* = ETHICAL. **II.** *s.* = ETHICS.
ethical [éθi̯kạl], *a.* ético, moral.—**ethically** [-i̯], *adv.* ética o moralmente.
ethicize [éθi̯sai̯z]. **I.** *va.* dar carácter ético a. **II.** *vn.* tratar de la ética; discurrir sobre la moral.
ethics [éθi̯ks], *s. pl.* ética, moral, *f.*
Ethiop [íθi̯ap]. **I.** *s.* y *a.* etíope, etiopio. **II.** *a.* etiópico.
Ethiopia [iθi̯óu̯pi̯ạ], *s.* Etiopía.
Ethiopian [-ạn]. **I.** *s.* y *a.* etíope, etiopio. **II.** *a.* etiópico.
ethmoid [éθmɔi̯d], *s.* y *a.* (anat.) etmoides.
ethnarch [éθnark], *s.* etnarca, *m.*—**ethnarchy** [-i̯] *s.* etnarquía.
ethnic(al [éθni̯k(ạl], *a.* étnico; pagano, gentil.
ethnogeny [ɛθnádẑɛni̯], *s.* estudio del origen de las razas. *V.* ETHNOGRAPHY Y ETHNOLOGY.
ethnographer [ɛθnágrạfœ(r)], *s.* etnógrafo.
ethnographic(al [ɛθnogrǽfi̯k(ạl], *a.* etnográfico.
ethnography [ɛθnágrạfi̯], *s.* etnografía.
ethnologic(al [ɛθnoládẑi̯k(ạl], *a.* etnológico.
ethnologist [ɛθnálodẑi̯st], *s.* etnólogo.
ethnology [-dẑi̯], *s.* etnología.
ethological [ɛθoládẑi̯kạl], *a.* que trata del carácter.
ethology [i̯θálodẑi̯], *s.* etología.
ethos [íθas], *s.* carácter, genio (de un pueblo, de una colectividad); rasgo distintivo.
ethyl [éθi̯l], *s.* (quím.) etilo.—**e. alcohol,** alcohol etílico.—**e. ether,** éter.
ethylene [-in], *s.* (quím.) etileno.
ethylic [ɛθíli̯k], *a.* etílico.
etiolate [íti̯olei̯t], *va.* y *vn.* blanquear(se).
etiolation [-éi̯ŝọn], *s.* (bot.) palidez, descoloración.
etiology [iti̯álodẑi̯], *s.* (med. y fil.) etiología.
etiquette [éti̯kɛt], *s.* etiqueta.
Etruscan [i̯trʌ́skạn], **Etrurian** [i̯trúri̯ạn], *a.* y *s.* etrusco.
étude [ei̯ti̯úd], *s.* (mús.) estudio.
etui, etwee [ɛtwí], *s.* estuche, caja.
etymological [ɛti̯moládẑi̯kạl], *a.* etimológico.
etymologically [-i̯], *adv.* etimológicamente.
etymologist [ɛti̯málodẑi̯st], *s.* etimologista, etimólogo.
etymologize [-dẑai̯z], *va.* etimologizar.
etymology [-dẑi̯], *s.* etimología.
etymon [éti̯man], *s.* (gram.) raíz.
Euboean, Euboic [yubíạn, yubóu̯i̯k], *a.* y *s.* eubeo, euboico.
eucaine [yukéi̯n], *s.* eucaína, base de ciertos anestésicos locales.
eucalyptus [yukạlíptʌs], *s.* (bot.) eucalipto.
Eucharist [yúkạri̯st], *s.* eucaristía.
Eucharistic(al [-ísti̯k(ạl], *a.* eucarístico.
euchology [yukálodẑi̯], *s.* (igl.) eucologio.
euchre [yúkœ(r)]. **I.** *s.* juego de naipes. **II.** *va.* en dicho juego, dar codillo; (fig.) ganar, vencer.
Euclidean, Euclidian [yuklídi̯ạn], *a.* euclidiano, de Euclides.—**E. geometry,** geometría euclidiana.
eudemonic(al [yudi̯máni̯k(ạl], *a.* relativo a la felicidad; que tiene por fin la felicidad.
eudemonics [-s], *s.* tratado de la felicidad.—**eudemonism** [yudímọni̯zm], *s.* eudemonismo, doctrina según la cual la felicidad es el sumo bien.—**eudemonist** [-i̯st], *s.* eudemonista.
eudiometer [yudi̯ámɛtœ(r)], *s.* (quím.) eudiómetro.
eugenic [yudẑéni̯k], *a.* eugenésico.—**eugenics** [-s], *s.* eugenesia (apl. esp. a la humana, que trata del perfeccionamiento de la raza).
eugenism [yúdẑɛni̯zm], *s.* condiciones eugenésicas; eugenesia.—**eugenist** [-i̯st], *s.* persona versada en eugenesia.
eugenol [yúdẑɛnal], *s.* (quím.) eugenol.
eulogist [yúlodẑi̯st], *s.* elogiador, panegirista.
eulogistic [-dẑísti̯k], *a.* laudatorio, encomiástico, (Am.) elogioso.—**eulogize** [-dẑai̯z], *va.* elogiar, loar, encomiar, ensalzar, panegirizar, preconizar.—**eulogy, eulogium** [-dẑi̯, yulóu̯dẑi̯ʌm], *s.* elogio, encomio, panegírico, apología.
eunuch [yúnʌk], *s.* eunuco, capón, espadón.
eupatorium [yupạtóu̯ri̯ʌm], *s.* (bot.) eupatorio.
eupepsia [yupépŝi̯ä], *s.* (med.) eupepsia, digestión normal.—**eupeptic** [-ti̯k], *a.* eupéptico.
euphemism [yúfi̯mi̯zm], *s.* (ret.) eufemismo.
euphemist [-i̯st], *s.* el que emplea el eufemismo.—**euphemistic(al** [-ísti̯k(ạl], *a.* eufemístico.—**euphemize** [-ai̯z], *vn.* hacer uso del eufemismo.
euphonic(al [yufáni̯k(ạl], **euphonious** [yu̯fóu̯ni̯ʌs], *a.* eufónico.—**euphoniously** [-li̯], *adv.* eufónicamente.—**euphonize** [yúfonai̯z], *va.* eufonizar.—**euphony** [yúfoni̯], *s.* eufonía.
euphorbia [yu̯fɔ́rbi̯ä], *s.* (bot.) euforbio.
euphorbiaceous [-éi̯ŝi̯ʌs], *a.* euforbiáceo.
euphorbium [yufɔ́rbi̯ʌm], *s.* (farm.) euforbio.
euphoria [yufɔ́ri̯ä], **euphory** [yúfɔri], *s.* (psic.) euforia.
euphuism [yúfi̯u̯i̯zm], *s.* eufuismo, culteranismo, alambicamiento, gongorismo.—**euphuist** [-i̯st], *s.* eufuista, gongorista, culterano.—**euphuistic** [-ísti̯k], *a.* culterano, gongórico, alambicado.
Eurasian [yuréi̯ẑi̯ạn], *s.* y *a.* eurasio, eurasiático; apl. a lo relativo a Eurasia (Europa y Asia) y también al mestizo de europeo y asiático.
eureka [yuríkä], *interj.* ¡eureka! (¡lo he hallado!)
Europe [yúrop], *s.* Europa.
European [yuropíạn], *s.* y *a.* europeo.—**E. concert,** concierto europeo (relativo a la política europea en el Oriente).—**E. plan,** hospedaje sin alimentos, cuarto sin comida.—**Europeanize** [-ai̯z], *va.* europeizar.
europium [yuróu̯pi̯ʌm], *s.* (quím.) europio.
eurythmic [yuríðmi̯k], *a.* eurítmico.
eurythmy [yuríðmi̯], *s.* (b. a.) euritmia.
Eustachian tube [yustéi̯ki̯ạn ti̯ub], *s.* (anat.) trompa de Eustaquio.
eustyle [yústai̯l], *s.* (arq.) éustilo.
eutectic [yu̯tékti̯k], *a.* (fís.) eutéctico, de máxima fusibilidad (apl. a aleaciones en que ciertas proporciones de los componentes dan el punto mínimo de fusión).
euthanasia [yu̯θạnéi̯ẑi̯ä], *s.* eutanasia, muerte tranquila.
euthenics [yu̯θéni̯ks], *s.* ciencia que trata de mejorar la raza humana mejorando las condiciones de la vida.

Eutychian [yutíkian], *s.* y *a.* eutiquiano.
euxenite [yúksenait], *s.* (min.) euxenita.
evacuant [ivækyuant], *a.* y *s.* (med.) evacuante.
evacuate [-eit]. **I.** *va.* evacuar, desocupar, vaciar; sacar. **II.** *vn.* vaciarse; desalojarse, retirarse.—**evacuation** [-éishon], *s.* evacuación, desocupación.—**evacuative** [-ativ], *a.* purgativo, evacuativo.—**evacuator** [-eito(r)], *s.* evacuador.
evacuee [ivækyuí], *s.* evacuado.
evade [ivéid]. **I.** *va.* evadir, eludir o iludir, burlar, evitar, esquivar, rehuir. **II.** *vn.* usar de evasivas o efugios; deslizarse, escabullirse.
evaginate [ivædzineit], *va.* volver al revés, de adentro afuera.
evaluate [ivælyueit], *va.* avaluar, (e)valuar, valorar, tasar; (mat.) hallar el valor numérico de.—**evaluation** [-éishon], *s.* avalúo, valoración; (mat.) determinación del valor numérico.
evanesce [evanés], *vn.* desaparecer, disiparse, esfumarse; desvanecerse, evaporarse.—**evanescence** [-ens], *s.* disipación.—**evanescent** [-ent], *a.* evanescente, que se disipa o desvanece; (mat.) que se aproxima a cero; (biol.) instable.
evangel [ivéndzel], *s.* buena nueva, evangelio; evangelista.
evangelic(al [-dzélik(al], *a.* evangélico.
evangelically [-i], *adv.* evangélicamente.
evangelism [ivéndzelizm], *s.* evangelismo.
evangelist [-list], *s.* evangelista; evangelizador.
evangelization [-lizéishon], *s.* evangelización.
evangelize [-laiz]. **I.** *va.* evangelizar. **II.** *vn.* predicar el evangelio.—**evangelizer** [-œ(r)], *s.* evangelizador.
evaporable [ivæporabl], *a.* evaporable.
evaporate [-reit], *va.* y *vn.* evaporar(se), (e)vaporizar(se); (de)secar(se); desvanecer(se).—**evaporation** [-réishon], *s.* evaporación.—**evaporative** [-rativ], *a.* evaporatorio.—**evaporator** [-reito(r)], *s.* evaporador; desecador; (azú.) desecadora, evaporadora.
evasion [ivéizhon], *s.* evasión, evasiva, efugio, escape, escapatoria.—**evasive** [ivéisiv], *a.* evasivo.—**evasively** [-li], *adv.* evasivamente.
eve [iv], *s.* (poét.) noche, *f.*; vigilia; víspera.—**on the e. of,** la víspera de, en vísperas de.
evection [ivékshon], *s.* (astr.) evección.
even [íven]. **I.** *a.* llano, plano, liso, nivelado; igual; uniforme; imparcial; apacible, inmutable; par (divisible por dos); recto, justo; constante, firme; redondo (número); situado al mismo nivel, parejo (con).—**of e. date,** de la misma fecha.—**to be e. with,** estar en paz con, estar mano a mano.—**to be e. with one,** cancelar la cuenta con uno; vengarse, pagar en la misma moneda.—**to make e.,** allanar, igualar, nivelar; compensar. **II.** *adv.* aun, hasta, también; incluso; siquiera; exactamente, precisamente, enteramente; de un modo igual y fácil.—**e. as,** así como.—**e. if,** aun cuando, aunque.—**e. now,** ahora mismo.—**e. so,** así; aun así, suponiendo que así sea.—**e. though** = EVEN IF.—**not e.,** ni siquiera, ni aun. **III.** *va.* (a veces con *up*) igualar, emparejar, allanar, enrasar, nivelar; unir; desquitar, liquidar cuentas.
evenhanded [-hændid], *a.* imparcial; justo.
evening [ívnin]. **I.** *s.* tarde, *f.*; noche, *f.* (primeras horas); vísperas. **II.** *a.* ocurriendo o visto de noche; vespertino.—**e. clothes,** o **dress,** traje de etiqueta, de ceremonia o de serio; frac; traje de noche o de cola (para señoras).—**e. party,** sarao, velada.—**e. star,** estrella vespertina, lucero de la tarde.
evenly [ívenli], *adv.* llanamente; igualmente; con suavidad; a nivel; imparcialmente.
evenness [-nis], *s.* igualdad, uniformidad; llanura, lisura; imparcialidad.
evensong [ívenson], *s.* vísperas, oraciones.
event [ivént], *s.* acontecimiento, acaecimiento, suceso; evento; consecuencia, resultado.—**after the e.,** ya pasado, o ejecutado, el hecho.—**at all events, in any e.,** sea lo que fuere, en todo caso, de cualquier modo.—**in the e. of,** en caso de.
even-tempered [íventémpœrd], *a.* calmado; de buena disposición.
eventful [-ful], *a.* lleno de acontecimientos; memorable.
eventide [íventaid], *s.* (poét.) caída de la tarde.
eventual [ivénchual], *a.* consiguiente; eventual, contingente, fortuito.—**eventuality** [-æliti], *s.* eventualidad.—**eventually** [-i], *adv.* eventualmente, finalmente; con el tiempo.
eventuate [-eit], *vn.* acontecer, acaecer, suceder.
ever [évœ(r)], *adv.* siempre; alguna vez, en cualquier tiempo; en la (mi, su) vida; nunca (vg.: *the best book ever written,* el mejor libro que se haya escrito nunca). En oraciones interrogativas se emplea a veces como expletivo enfático para expresar sorpresa, dificultad, impaciencia, etc., y o no se traduce o se traduce introduciendo el verbo *poder* o el adverbio *nunca;* vg. *how did you ever do it?* ¿cómo lo hizo usted? o ¿cómo puede usted haberlo hecho?; *are you ever going to finish?* ¿no terminará usted nunca?.—**e. and anon,** de cuando en cuando, de vez en cuando.—**e. since,** desde que; desde entonces, después.—**e. so,** muy, -ísimo (*I am ever so happy,* soy muy feliz; *we saw ever so many things,* vimos muchísimas cosas; *I thank you ever so much,* muchísimas gracias, le agradezco mucho).—**as e.,** como siempre; (con *as*) tanto como, lo más, vg.: *run as fast as ever you can,* corra lo más aprisa que pueda.—**did you e.?** (fam.) ¿habráse visto? ¡qué cosa! ¡qué ocurrencia!—**for e. and a day,** interminablemente, eternamente.—**for e. and e.,** por siempre jamás, por los siglos de los siglos.—**hardly e.,** casi nunca.—**nor e.,** ni nunca.—**not e.,** nunca.—**scarcely e.,** casi nunca.
everglade [-gleid], *s.* terreno pantanoso cubierto de altas hierbas; paúl.
evergreen [-grin]. **I.** *a.* siempre verde, vivaz. **II.** *s.* (bot.) cualquier planta, arbusto o árbol que mantiene su verdor en todas las estaciones.
everlasting [-læstin]. **I.** *a.* eterno, sempiterno, perdurable, perpetua; fastidioso, pesado. **II.** *s.* eternidad; (tej.) sempiterna; (bot.) siempreviva, perpetua.—**the E.,** Dios, el Ser eterno.
everlastingly [-li], *adv.* eternamente.
evermore [-mor], *adv.* eternamente; de todo tiempo.—**e.,** o **for e.,** para siempre jamás.
eversion [ivœ́rshon], *s.* eversión; vuelta al revés.
evert [ivœ́rt], *va.* trastornar; voltear al revés.
every [évri], *a.* cada; todo, todos los.—**e. bit,** (fam.) enteramente.—**e. day, month,** etc., todos los días, meses, etc.—**e. now and then,** o **e. once in a while,** de cuando en cuando.—**e. one,** cada uno, cada cual; todos, todo el mundo.—**e. one of them,** todos, todos sin excepción.—**e. other,** cada dos, uno sí y otro no (*every other day,* un día sí y otro no).—**e. so often,** cada cierto tiempo, a intervalos fijos.—**e. which way,** (fam.) por todas partes, en toda dirección.—**e. whit,** enteramente.
everybody [-badi], *pron. indef.* todos; todo el mundo.
everyday [-déi], *a.* de cada día, ordinario, diario, cuotidiano.
everyone [-wʌn], *pron. indef.* todo el mundo; todos; cada uno, cada cual.—**e. for himself,** cada cual por su cuenta; sálvese el que pueda.
everything [-θin], *pron. indef.* y *s.* todo, cada cosa.
everywhere [-hwer], *adv.* en o por todas partes, por do(nde)quiera.
evict [ivíkt], *va.* desalojar, desaposentar, desahuciar; excluir, expulsar.
eviction [ivíkshon], *s.* desalojamiento; (for.) desahucio, evicción.
evidence [évidens]. **I.** *s.* evidencia; demostración; (for.) prueba; testimonio, deposición, declaración.—**to be in e.,** dejarse ver, mostrarse.—**to give e.,** dar testimonio, deponer, declarar. **II.** *va.* evidenciar, patentizar, probar.

evident [-ent], *a.* evidente, claro, manifiesto, palmario, palpable, patente.—**to be e.,** resaltar, saltar a la vista o a los ojos.

evidential [evidénŝal], *a.* indicativo; de carácter de prueba, probatorio.

evidently [évidentli], *adv.* evidentemente.

evil [ívil]. **I.** *a.* malo; maligno, perverso; nocivo, perjudicial, pernicioso; aciago.—**e. deed,** malhecho.—**e. fame, e. repute,** mala reputación. —**e. speaking,** maledicencia, murmuración.—**e. spirit,** demonio.—**the e. eye,** aojo, aojadura. **II.** *s.* mal; maldad, perversidad.—**sufficient unto the day is the e. thereof,** le basta al día su propio afán.—**the E. One,** el diablo, Satanás, el malo.—**the social e.,** la prostitución. **III.** *adv.* mal; malignamente.—**e.-eyed,** aojador.—**e.-favored,** repugnante, feo.—**e.-minded,** malicioso, mal intencionado.—**e.-starred,** desafortunado, de mala suerte.

evildoer [-duœ(r)], *s.* malhechor, persona perversa.

evilly [-i], *adv.* malamente; perversamente.

evince [ivíns], *va.* hacer patente, probar terminantemente; revelar, indicar.—**evincible** [-ibl], *a.* demostrable.—**evincibly** [-ibli], *adv.* demostrablemente.—**evincive** [-iv], *a.* convincente.

eviscerate [ivísereit], *va.* destripar, desentrañar.

evisceration [-éiŝon], *s.* destripamiento.

evocation [evokéiŝon], *s.* evocación o llamamiento; (for.) avocación.

evocative [ivákativ], *a.* evocador.

evoke [ivóuk], *va.* evocar, llamar.

evolution [evoliúŝon], *s.* evolución, desarrollo; (mil.) evolución, maniobra; (mat.) extracción de raíces.—**evolutional** [-al], **evolutionary** [-eri], *a.* evolucionista, evolucionario, evolutivo. —**evolutionism** [-izm], *s.* evolucionismo, teoría de la evolución.—**evolutionist** [-ist], *s.* y *a.* evolucionista.—**evolutive** [évoliutiv], *a.* evolutivo.

evolve [iválv]. **I.** *va.* desenvolver. desarrollar; (biol.) producir por evolución; despedir (gases). **II.** *vn.* desarrollarse; evolucionar.

evolvent [-ent], *s.* y *a.* (geom.) evolvente.

evulsion [ivÁlŝon], *s.* (cir.) evulsión, arranque.

ewe [yu], *s.* oveja.—**e. lamb,** cordera, borrega.

ewer [yúœ(r)], *s.* aguamanil, jarro, (Am.) múcura.

ex [eks]. **I.** *a.* ex, que fué. **II.** *prep.* (com. y fin.) sin incluir; sin participación en; libre de cargo o gravamen hasta salir de (un almacén, etc.). **III.** *s.* nombre de la letra *X*.

exacerbate [egzǽsœrbeit], *va.* exacerbar; agravar.

exacerbation [-éiŝon], *s.* exacerbación; agravación; exasperación, irritación.

exact [egzǽkt]. **I.** *a.* exacto, cabal, correcto, fiel; justo, puntual; estrecho, estricto, riguroso. **II.** *va.* exigir, imponer.

exacter, exactor [-œ(r)], *s.* exactor, opresor.

exacting [-iŋ], *a.* exigente.

exaction [egzǽkŝon], *s.* exacción, extorsión.

exactitude [-titiud], *s.* exactitud, precisión, puntualidad, rectitud, fidelidad.—**exactly** [-li], *adv.* exactamente.—**exactness** [-nis], *s.* = EXACTITUDE.

exaggerate [egzǽdẑereit], *va.* y *vn.* exagerar, encarecer, engrandecer, ponderar.—**exaggeration** [-éiŝon], *s.* exageración, encarecimiento, ponderación.—**exaggerative** [-iv], *a.* exagerativo.—**exaggeratively** [-li], *adv.* exagerativamente.—**exaggerator** [-o(r)], *s.* exagerador.

exalt [egzólt], *va.* exaltar, elevar, enaltecer, empinar, ensalzar, promover, glorificar; alegrar o regocijar; reforzar, sublimar.

exaltation [-éiŝon], *s.* exaltación, elevación; enaltecimiento, ensalzamiento, promoción; contento, regocijo.

exalted [-id], *a.* exaltado, elevado, eminente.

exam [egzǽm], *s.* (fam.) examen.

examinable [-inabl], *a.* que se puede examinar; investigable, averiguable.

examination [-inéiŝon], *s.* examen; indagación, investigación; inspección, reconocimiento, registro; ensayo, prueba; (for.) interrogatorio.

examine [egzǽmin], *va.* examinar; indagar, inspeccionar; reconocer, registrar, revisar; explorar; preguntar, inquirir; ensayar, aquilatar, analizar; (for.) interrogar.—**examinee** [-í], *s.* examinando.—**examiner** [-œ(r)], *s.* examinador, indagador, inspector, escrutador.

example [egzǽmpl], *s.* ejemplo, ejemplar; paradigma, *m.*; muestra, dechado; escarmiento, lección.—**for e.,** por ejemplo, verbigracia.—**to set an e.,** dar ejemplo.

exanimate [egzǽnimit], *a.* exánime; sin ánimo.

exanimation [-éiŝon], *s.* exanimación, muerte, *f.*; desmayo, síncope.

exanthem(a [eksǽnθem, -θímä], *s.* (med.) exantema, *m.*, erupción, sarpullido.

exanthematous [-θématʌs], *a.* exantemático.

exarch [éksark], *s.* exarca, *m.*

exarchate [-eit], *s.* exarcado.

exasperate [egzǽspereit], *va.* exasperar, exacerbar, amostazar; irritar; agravar, amargar, agriar.—**exasperation** [-éiŝon], *s.* exasperación, exacerbación, provocación, enojo; agravación, recargo.

excavate [ékskaveit], *va.* excavar, (so)cavar, zanjar; vaciar, ahondar.

excavation [-éiŝon], *s.* excavación; desmonte; zanja; material extraído por excavación; (agr.) excava; (arq.) vaciado, excavación.

excavator [-o(r)], *s.* excavador; (ing.) excavadora (máquina).

exceed [eksíd]. **I.** *va.* exceder; aventajar, sobrepujar, (sobre)pasar, superar; rebasar. **II.** *vn.* excederse, propasarse; preponderar.

exceeding [-iŋ], *a.* excesivo; extraordinario.

exceedingly [-li], *adv.* excesivamente, por demás; sumamente, muy, -ísimo (*he is exceedingly rich,* él es sumamente rico, o riquísimo).

excel [eksél], *va.* y *vn.* aventajar, superar, vencer; ser superior a; campar, sobresalir.

excellence, excellency [ékselens, -i], *s.* excelencia.—**His E.,** Su Excelencia.—**Your E.,** Vuestra Excelencia, vuec(el)encia; usía.

excellent [-ent], *a.* excelente, admirable, sobresaliente.—**excellently** [-li], *adv.* excelentemente.

excelsior [eksélsio(r)]. **I.** *a.* más alto; hacia arriba. **II.** *s.* madera en hebras para empaquetar.

excentric [ekséntrik], *a.* = ECCENTRIC.

except [eksépt]. **I.** *va.* exceptuar, excluir, eximir, omitir. **II.** *vn.* (for.) excepcionar; recusar. **III.** *prep.* excepto, con excepción de, fuera de, menos. **IV.** *conj.* sino; fuera de que.—**excepting** [-iŋ], *prep.* a excepción de, salvo, exceptuando. —**exception** [ekséppŝon], *s.* excepción, salvedad; (for.) excepción, recusación; objeción.—**to take e.,** objetar, oponerse, desaprobar.

exceptionable [-abl], *a.* recusable, tachable.

exceptional [-al], *a.* excepcional.

exceptionally [-i], *adv.* excepcionalmente.

exceptive [-tiv], *a.* que implica excepción; susceptible, quisquilloso.

exceptor [-to(r)], *s.* el que pone excepciones.

excerpt [eksœ́rpt]. **I.** *va.* extractar. **II.** [éksœrpt], *s.* extracto, excerta.

excerption [eksœ́rpŝon], *s.* acto de extractar; extracto, excerta.

excerptive [-tiv], *a.*, **excerptor** [-to(r)], *s.* extractador.

excess [eksés]. **I.** *s.* exceso, demasía, nimiedad, sobra, superfluidad; excedente; inmoderación o destemplanza; desorden; transgresión; (com.) sobrante, superávit.—**to e.,** con, o en, demasía; en exceso; inmoderadamente. **II.** *a.* excesivo, sobrante; suplemental, de recargo.—**e. baggage** o **weight,** exceso de equipaje o de peso. —**e. fare,** suplemento (de trayecto o de cambio de clase).—**e. profits tax,** impuesto sobre ganancias excesivas, superiores al promedio durante cierto período de condiciones normales.

excessive [-iv], *a.* excesivo, demasiado, desmedido, inmoderado, nimio, sobrado.—**excessively** [-li], *adv.* excesiva, demasiada o nimiamente; en demasía.

exchange [ɛkschéındž]. I. *va.* cambiar; canjear, conmutar, trocar, permutar; hacerse, darse, etc. (vg. *to exchange bows,* hacerse cortesías).—**to e. cards,** desafiarse.—**to e. shots,** darse o tirarse pistoletazos o tiros.—**to e. signs,** hacerse señas. —**to e. words,** cambiar, cruzar, decirse algunas palabras. II. *vn.* hacer un cambio; recibirse en cambio. III. *s.* cambio, trueque, permuta, conmutación; canje (de periódicos, prisioneros, credenciales); periódico de canje; (com.) bolsa, lonja; cambio (de la moneda); centro; central (*f.*) telefónica o de teléfonos.—**e. on checks,** comisión de cobro de cheques foráneos. —**e. rate,** (com.) tipo de(l) cambio.—**in e. for,** a cambio de; a, o en, trueque de.
exchangeable [-ąbl], *a.* cambiable.
exchanger [-œ(r)], *s.* cambista, cambiante.
exchequer [ɛkschékœ(r)], *s.* real hacienda, erario, tesorería; fondos; (E., Ingl.) tribunal de hacienda.—**e. bill,** (Ingl.) abonaré de la Tesorería.
excipient [ɛksípiẹnt], *s.* (farm.) excipiente.
excisable [ɛksáiząbl], *a.* sujeto al derecho de sisa.
excise [ɛksáiz]. I. *s.* alcabala, sisa, impuesto sobre consumos o artículos de comercio interior; (Ingl.) oficina de recaudación de impuestos interiores. II. *a.* de o relativo a impuestos interiores. III. *va.* cortar; extirpar; borrar, expurgar; gravar, sisar, someter a impuesto.
exciseman [-mąn], *s.* oficial del resguardo.
excision [ɛksížǫn], *s.* (cir.) excisión; extirpación.
excitability [ɛksáitąbíliti], *s.* excitabilidad.
excitable [-tąbl], *a.* excitable.—**excitant** [-tąnt], *a.* y *s.* excitante.
excitation [ɛksitéišǫn], *s.* excitación; instigación, incitamiento, suscitación.
excitative, excitatory [ɛksáitątiv, -tɔri], *a.* excitativo, provocativo.
excite [ɛksáit], *va.* excitar; acalorar, provocar, suscitar, animar, estimular; (elec.) excitar.
excited [-id], *a.* excitado, agitado, acalorado.—**excitedly** [-li], *adv.* agitadamente, acaloradamente.
excitement [-mẹnt], *s.* excitación; estimulación; agitación, conmoción; acaloramiento.
exciter [-œ(r)], *s.* incitador, agitador, instigador; (elec.) excitador, excitatriz, máquina excitadora.
exciting [-iŋ], *a.* excitante, estimulante, incitante, provocativo; excitador; emocionante.
excitingly [-li], *adv.* de un modo excitante o provocativo.
exclaim [ɛkskléim], *va.* y *vn.* exclamar, clamar.
exclamation [ɛkskląméišǫn], *s.* exclamación; (gram.) interjección.—**e. point,** punto de admiración (!).
exclamative, exclamatory [ɛksklæmątiv, -tɔri], *a.* exclamativo, exclamatorio; admirativo.
exclave [ékskleiv], *s.* parte de un país enclavada en otro, o situada dentro de otro.
exclude [ɛksklúd], *va.* excluir, desechar, rechazar; (biol.) expeler, arrojar.
exclusion [ɛksklúžǫn], *s.* exclusión; exclusiva; eliminación; recusación; expulsión.
exclusionist [-ist], *s.* el que quiere excluir a otros.
exclusive [ɛksklúsiv], *a.* exclusivo, exclusivista; privativo; exceptuado; único; de moda.—**e. of,** exclusive, sin contar.—**exclusively** [-li], *adv.* exclusivamente, exclusive.—**exclusiveness** [-nis], *s.* exclusividad; exclusiva, repulsa; calidad de exclusivo.—**exclusivism** [-izm], *s.* exclusivismo.—**exclusivist** [-ist], *s.* exclusivista.
excogitate [ɛkskádžiteit]. I. *va.* excogitar, inventar. II. *vn.* meditar.—**excogitation** [-éišǫn], *s.* acción de excogitar.
excommunicable [ɛkskǫmiúnikąbl], *a.* digno de excomunión.—**excommunicate** [-keit]. I. *va.* excomulgar. II. *a.* y *s.* excomulgado.—**excommunication** [-kéišǫn], *s.* excomunión.—**excommunicator** [-keitǫ(r)], *s.* excomulgador.
excoriate [ɛkskórieit], *va.* desollar, excoriar; sahornarse.—**excoriation** [-éišǫn], *s.* desolladura, excoriación; sahorno.
excorticate [ɛkskórtikeit], *va.* descortezar.
excortication [-éišǫn], *s.* descortezadura.
excrement [ékskrimẹnt], *s.* excremento, heces, *f. pl.*
excremental, excrementary [-méntąl, -tąri], **excrementitial, excrementitious** [-tíšąl, -tíšʌs], *a.* excrementicio, excrementoso.
excrescence, excrescency [ɛkskrésẹns, -i], *s.* excrecencia, carnosidad, fungosidad.
excrescent [-ẹnt], *a.* superfluo, que forma excrecencia.
excreta [ɛkskrítą], *s. pl.* excreciones.
excrete [ɛkskrít], *va.* excretar.—**excretion** [ɛkskríšǫn], *s.* excreción; excremento; (med.) emunción.—**excretive** [-tiv], **excretory** [ékskritɔri], *a.* excretorio.—**e. organs,** emuntorios.
excruciate [ɛkskrúšieit], *va.* atormentar.
excruciating [-iŋ], *a.* agudísimo (dolor), penosísimo; (fam. E. U.) extremado, afectado.—**excruciatingly** [-li], *adv.* extremadamente, vivísimamente.—**excruciation** [-éišǫn], *s.* tormento.
exculpate [ékskʌlpeit], *va.* exculpar, disculpar, justificar, sincerar.
exculpation [-péišǫn], *s.* exculpación, disculpa.
exculpatory [ɛkskʌ́lpątɔri], *a.* exculpador, disculpador, justificativo, sincerador.
excursion [ɛkskœ́ršǫn], *s.* excursion, romería, viajata; (mil.) correría; expedición, salida; digresión; (fís.) mitad del movimiento de oscilación; (mec.) recorrido, curso.—**e. train,** tren botijo o de recreo (con rebaja de precios).
excursionist [-ist], *s.* excursionista, viajero.
excursive [ɛkskœ́rsiv], *a.* errante, vagante; (fig.) digresivo, errático.—**excursively** [-li], *adv.* de un modo vago, digresivo.—**excursiveness** [-nis], *s.* calidad de digresivo o errante.
excursus [ɛkskœ́rsʌs], *s.* apéndice explicativo; digresión.
excusable [ɛkskiúząbl], *a.* excusable, disculpable.
excusableness [-nis], *s.* disculpabilidad.
excusably [-bli], *adv.* disculpablemente.
excusatory [-tɔri], *a.* apologético.
excuse [ɛkskiúz]. I. *va.* excusar, disculpar, dispensar; sincerar, justificar; eximir, exentar; paliar; despedir. II. [ɛkskiús], *s.* excusa, justificación; disculpa; pretexto.
execrable [éksikrąbl], *a.* execrable, execrando, vitando, aborrecible, abominable.
execrably [-bli], *adv.* execrablemente.
execrate [éksikreit]. I. *va.* execrar, aborrecer, abominar; maldecir. II. *vn.* maldecir.—**execration** [-éišǫn], *s.* execración, aborrecimiento; maldición.
executant [ɛgzékyutąnt], *s.* (mús.) ejecutante.
execute [éksikiut], *va.* ejecutar, llevar a cabo; cumplir; (mús. y teat.) ejecutar, desempeñar; (for.) legalizar, formalizar, otorgar un documento; ejecutar, ajusticiar (a un reo).
executed [-id], *a.* ejecutado; legalizado; fecho.
executer [-œ(r)], *s.* ejecutor; verdugo.
execution [ɛksikiúšǫn], *s.* ejecución, cumplimiento; (for.) ejecución, mandamiento judicial; legalización, otorgamiento de un documento; ejecución (de la pena de muerte); (b. a.) ejecución, desempeño.
executioner [-œ(r)], *s.* verdugo; ejecutor.
executive [ɛgzékyutiv]. I. *a.* ejecutivo.—**e. board** o **committee,** junta directiva, (consejo de) dirección.—**E. Mansion,** Casa Blanca (del Presidente); casa oficial de un gobernador.—**e. power,** poder ejecutivo; gobierno.—**e. officer,** (mil.) oficial de mando. II. *s.* poder ejecutivo o la persona que lo representa (el Presidente, etc.); funcionario ejecutivo.
executor [-tǫ(r)], *s.* ejecutor; (for.) albacea, *mf.*, testamentario.
executorship [-šip], *s.* albaceazgo.—**executory** [-tɔri], *a.* ejecutorio, ejecutivo; administrativo. —**executrix** [-triks], *s.* albacea (mujer), testamentaria.
exegesis [ɛksidžísis], *s.* exégesis.—**exegete** [éksi-

džit], *s.* exegeta, *m.*—**exegetic(al** [-džétįk(ąl], *a.* exegético.—**exegetically** [-lį], *adv.* exegéticamente.
exegetics [-džétįks], *s.* ciencia de la exégesis, o interpretación, sobre todo de la bíblica.
exemplar [ɛgzémplą(r)], *s.* ejemplar, modelo o dechado.—**exemplarily** [-plɛrįlį], *adv.* ejemplarmente.—**exemplariness** [-nįs], *s.* ejemplaridad.—**exemplary** [-į], *a.* ejemplar.
exemplification [ɛgzémplįfįkéįšǫn], *s.* ejemplificación; (for.) copia certificada.—**exemplify** [-faį], *va.* ejemplificar, declarar, manifestar; trasladar, copiar.
exempt [ɛgzémpt]. **I.** *va.* exentar, eximir, franquear. **II.** *a.* exento; libre, franco, inmune.
exemptible [-įbl], *a.* exento, privilegiado, libre.
exemption [ɛgzémpšǫn], *s.* exención, franquicia, dispensa, inmunidad, privilegio; relevación, exoneración.
exequatur [ɛksįkwéįtœ(r)], *s.* exequátur.
exequies [éksįkwįz], *s. pl.* exequias, funerales.
exercisable [éksœrsaįząbl], *a.* ejercitativo.
exercise [éksœrsaįz]. **I.** *s.* ejercicio; ejercicio corporal; gimnasia.—*pl.* exámenes; certamen literario; servicio religioso. **II.** *va.* ejercer; ejercitar, poner en ejercicio; formar, adiestrar, habituar; atarear; emplear; preocupar, causar ansiedad. **III.** *vn.* adiestrarse, ejercitarse; hacer ejercicio o gimnasia.
exercised [-d], *a.* agitado, intranquilo, inquieto.
exercitation [ɛgzœrsįtéįšǫn], *s.* ejercicio, ejercitación, práctica; ensayo, discurso.
exergue [ɛgzœ́rg], *s.* exergo.
exert [ɛgzœ́rt]. **I.** *va.* esforzar; ejercer. **II.** *vr.* empeñarse, esforzarse, hacer esfuerzo, apurarse.
exertion [ɛgzœ́ršǫn], *s.* esfuerzo, conato.—*pl.* gestiones, diligencias, pasos, medios.
exeunt [éksįʌnt], (lat.) (teat.) vanse.—**e. omnes,** vanse todos.
exfoliate [ɛksfóųlįeįt]. **I.** *vn.* (cir.) exfoliarse; escamarse. **II.** *va.* exfoliar, escamar.
exfoliation [-éįšǫn], *s.* exfoliación.
exhalant [ɛkshéįląnt], *a.* y *s.* exhalador.
exhalation [ɛkshąléįšǫn], *s.* exhalación, efluvio, emanación, vapor, vaho, tufo.
exhale [ɛkshéįl]. **I.** *va.* exhalar, emitir, despedir, espirar. **II.** *vn.* vah(e)ar; disiparse, evaporarse, desvanecerse.
exhaust [ɛgzóst]. **I.** *va.* apurar, extraer, vaciar, agotar; acabar, gastar, consumir o disipar; empobrecer; (med.) depauperar, debilitar, enflaquecer, postrar. **II.** *vn.* (m. v.) escapar, descargarse (vapor). **III.** *s.* (m. v.) escape, educción; (fís. y mec.) vacío; succión, aspiración.—**e. chamber,** cámara de escape.—**e. curve,** o **line,** (m. v.) curva de escape.—**e. draft,** tiro de aspiración o por succión.—**e. fan,** ventilador aspirador.—**e. feed heater,** (m. v.) calentador de (con) vapor de escape.—**e. lap,** (m. v.) recubrimiento interior.—**e. lead,** (m. v.) avance al escape; (aut.) avance al encendido.—**e. pipe,** (m. comb. int.) tubo de escape.—**e. port,** lumbrera de escape o de educción.—**e. valve,** válvula de escape o de educción.
exhausted [-įd], *a.* exhausto; agotado, postrado, rendido.
exhauster [-œ(r)], *s.* agotador; (mec.) aspirador, bomba.—**exhaustible** [-įbl], *a.* agotable.
exhausting [-įŋ], *a.* agotador.
exhaustion [ɛgzóschǫn], *s.* agotamiento; debilitación, postración, quebrantamiento; (mec.) aspiración, evacuación, vaciamiento.
exhaustive [ɛgzóstįv], *a.* agotador, apurador; exhaustivo; cabal, completo.—**exhaustively** [-lį], *adv.* cabalmente, completamente, detenidamente, hasta agotar.—**exhaustiveness** [-nįs], *s.* calidad de completo o cabal.—**exhaustless** [-lįs], *a.* inagotable.
exhibit [ɛgzíbįt]. **I.** *va.* exhibir; presentar, manifestar; mostrar; (for.) exhibir; (med.) administrar (un remedio). **II.** *vn.* dar una exhibición. **III.** *s.* cualquier objeto o instalación de objetos expuestos al público; manifestación; (for.) documento fehaciente presentado como prueba.
exhibiter, exhibitor [-œ(r)], *s.* exhibidor, exponente, expositor; (for.) el que exhibe.
exhibition [ɛksįbíšǫn], *s.* exhibición, exposición; manifestación, presentación u ostentación; (med.) administración de un remedio; (Ingl.) beca de merced, prebenda de estudiante.
exhibitioner [-œ(r)], *s.* estudiante pensionado.
exhibitionism [-įzm], *s.* (psic. y pat.) exhibicionismo.—**exhibitionist** [-įst], *s.* exhibicionista.
exhibitive [ɛgzíbįtįv], *a.* representativo.
exhibitory [-tɔrį], *a.* que exhibe.
exhilarant [ɛgzíląrąnt]. **I.** *a.* regocijador; estimulante, vigorizante. **II.** *s.* lo que regocija.
exhilarate [-eįt], *va.* alegrar, regocijar o alborozar; animar, estimular.
exhilarating [-įŋ], *a.* exhilarativo.
exhilaratingly [-lį], *adv.* regocijadamente.
exhilaration [-éįšǫn], *s.* regocijo, alborozo.
exhort [ɛgzɔ́rt], *va.* y *vn.* exhortar; dar admonestación o consejo.—**exhortation** [-éįšǫn], *s.* exhortación.—**exhortative, exhortatory** [-ątįv, -ątɔrį], *a.* exhortatorio.—**exhorter** [-œ(r)], *s.* exhortador.
exhumation [ɛkshįųméįšǫn], *s.* exhumación.
exhume [ɛkshįúm], *va.* exhumar, desenterrar.
exhumer [-œ(r)], *s.* exhumador, desenterrador.
exigence, exigency [éksįdžęns, -į], *s.* exigencia; urgencia.—**exigent** [-ęnt], *a.* exigente; urgente.—**exigible** [-įbl], *a.* exigible, exigidero.
exiguity [ɛksįgįúįtį], *s.* exigüidad.
exiguous [ɛgzígįuʌs], *a.* exiguo, pequeño.
exile [éksaįl]. **I.** *s.* exilio, destierro, expatriación; exiliado, desterrado, expatriado. **II.** *va.* exiliar, desterrar, expatriar.
exist [ɛgzíst], *vn.* existir, subsistir, vivir; encontrarse.—**existence** [-ęns], *s.* existencia, ser, vida; entidad, ente.—**existent** [-ęnt], *a.* existente.
existentialism [ɛgzįsténšąlįzm], *s.* (fil.) existencialismo.
existentialist [-įst], *s.* y *a.* existencialista.
exit [éksįt]. **I.** *s.* salida, salidero; partida, muerte, *f.*; (teat.) mutis, *m.*, vase. **II.** *vn.* salir; morir.
ex libris [ɛks líbrįs], *s.* (impr.) ex libris.
exoderm [éksodœrm], *s.* ectodermo, exodermo.
exodus [éksodʌs], *s.* salida, emigración, éxodo; (E.) Éxodo, segundo libro del Pentateuco.
exogamy [ɛkságąmį], *s.* exogamia, matrimonio con miembros de tribus extrañas.
exogen [éksodžįn], *s.* (bot.) planta exógena.
exogenous [ɛksádžįnʌs], *a.* exógeno.
exonerate [ɛgzánęreįt], *va.* exonerar, descargar, exculpar, disculpar; aliviar, relevar.
exoneration [-éįšǫn], *s.* exoneración; exculpación, descargo.
exonerative [-tįv], *a.* exonerativo.
exophthalmia [ɛksafθǽlmįą], *s.* (med.) exoftalmia.
exorable [éksorąbl], *a.* exorable.
exorbitance, exorbitancy [ɛgzɔ́rbįtąns, -į], *s.* exorbitancia, exceso.—**exorbitant** [-ąnt], *a.* exorbitante, excesivo.—**exorbitantly** [-lį], *adv.* exorbitantemente.
exorcise [éksɔrsaįz], *va.* exorcizar, conjurar.—**exorciser** [-œ(r)], **exorcist** [-įst], *s.* exorcista, conjurador.—**exorcism** [-įzm], *s.* exorcismo, conjuro.
exordial [ɛgzɔ́rdįąl], *a.* preliminar, previo.
exordium [-dįʌm], *s.* exordio, preámbulo; (ret.) isagoge, *f.*
exoskeleton [ɛksoskélętǫn], *s.* (zool.) dérmatoesqueleto.
exosmose [éksasmoųs], **exosmosis** [-móųsįs], *s.* (fís., quím.) exósmosis o exosmosis.
exosmotic [-matįk], *a.* exosmótico.
exosphere [éksosfįr], *s.* exosfera.
exoteric(al [ɛksotérįk(ąl], *a.* exotérico, público.
exothermic [ɛksoθœ́rmįk], *a.* (quím.) exotérmico.
exotic(al [ɛgzátįk(ąl]. **I.** *a.* exótico; forastero, extraño. **II.** *s.* (bot.) planta exótica.

exoticism [ɛgzátįsįzm], **exotism** [égzotįzm], *s.* exot(ic)ismo, exotiquez, exoticidad.
expand [ɛkspǽnd], *va.* y *vn.* extender(se), tender(se); dilatar(se); ensanchar(se); agrandar(se); abrir(se); (mat.) desarrollar; (mec.) abocardar. —**expanded metal,** metal desplegado.
expander [-œ(r)], *s.* (mec.) ensanchador; extensor.
expanding [-įŋ], *a.* de expansión, de dilatación; de ensanchar; regulable, ensanchable (apl. a varias herramientas de taladrar, ensanchar, etc., como barrenas, escariadores, etc., que pueden regularse para adaptarlas a agujeros de distintos diámetros).—**e. brake,** freno de cinta.—**e. pulley,** polea de diámetro regulable. —**e. tool,** ensanchador.
expanse [ɛkspǽns], *s.* extensión, espacio.
expansibility [-įbílįtį], *s.* expansibilidad; dilatabilidad.
expansible [-įbl], *a.* expansible, dilatable.
expansion [ɛkspǽnŝǫn], *s.* expansión; ensanche; distención; aumento; prolongación; extensión (de terreno, etc.); (fís.) dilatación; (mat.) desarrollo.—**e. bolt,** perno de expansión o de ensanche.—**e. curve,** curva de expansión.—**e. engine,** máquina de expansión.—**e. joint,** junta de dilatación.—**e. valve,** válvula de expansión.
expansive [ɛkspǽnsįv], *a.* expansivo.—**expansively** [-lį], *adv.* expansivamente.—**expansiveness** [-nįs], *s.* expansibilidad, dilatabilidad.
expatiate [ɛkspéįŝįeįt], *vn.* espaciarse, extenderse, dilatarse; hablar o escribir mucho
expatiation [-éįŝǫn], *s.* digresión, difusión, prolijidad.
expatriate [ɛkspéįtrįeįt]. **I.** *va.* y *vr.* expatriar(se), desnaturalizar(se), desterrar(se). **II.** *s.* y *a.* expatriado, desnaturalizado, proscrito.
expatriation [-éįŝǫn], *s.* expatriación.
expect [ɛkspékt], *va.* esperar, aguardar; contar con; (fam.) suponer.—**expectance, expectancy** [-ąns, -į], *s.* expectativa, esperanza.— **expectant** [-ąnt]. **I.** *a.* expectante; preñada. **II.** *s.* el que espera.—**expectation** [-éįŝǫn], *s.* expectativa, esperanza; probabilidad.—**expectative** [-ątįv]. **I.** *a.* que hace esperar. **II.** *s.* expectativa.
expectorant [ɛkspéktǫrąnt], *a.* y *s.* (med.) expectorante.—**expectorate** [-eįt], *va.* y *vn.* expectorar, esputar, (d)esgarrar, gargajear.— **expectoration** [-éįŝǫn], *s.* expectoración; esputo, gargajo.—**expectorative** [-eįtįv], *a.* y *s.* expectorante.
expedience, expediency [ɛkspídįęns, -į], *s.* aptitud, propiedad; conveniencia, utilidad, comodidad; oportunidad.
expedient [-ęnt]. **I.** *a.* oportuno, conveniente; prudente, propio. **II.** *s.* expediente, medio, recurso.—**expediently** [-lį], *adv.* aptamente, convenientemente.
expediential [-énŝąl], *a.* de conveniencia, oportunista.
expedite [ékspįdaįt]. **I.** *va.* acelerar, apresurar, dar prisa; facilitar; despachar, expedir, cursar, dar curso a. **II.** *a.* expedito, suelto; listo, alerto; cómodo.
expediter [-œ(r)], *s.* despachador, expedidor.
expedition [ɛkspįdíŝǫn], *s.* expedición; jornada de muchas personas; prisa, diligencia, despacho. —**expeditionary** [-erį], *a.* expedicionario.
expeditious [-díŝʌs], *a.* pronto, suelto, expedito, expeditivo, sumarísimo.—**expeditiously** [-lį], *adv.* expeditamente, prontamente.
expel [ɛkspél], *va.* expeler, expulsar, echar; despedir.
expellable [-ąbl], *a.* expulsable.—**expellant** [-ąnt], *a.* expelente.—**expeller** [-œ(r)], *s.* expulsor.
expend [ɛkspénd], *va.* expender. gastar.
expendable [-ąbl], *a.* gastable; disponible; (mil.) sacrificable.
expenditure [-įchų(r)], *s.* gasto, desembolso, salida.
expense [ɛkspéns], *s.* gasto, coste, costa, costo; desembolso, egreso; detrimento, pérdida.—**at any e.,** a toda costa.—**at one's e.,** a costa o expensas de uno.
expensive [-įv], *a.* costoso; caro, dispendioso.— **expensively** [-lį], *adv.* costosamente.—**expensiveness** [-nįs], *s.* dispendio; calidad de costoso.
experience [ɛkspírįęns]. **I.** *s.* experiencia, práctica; lance, paso, aventura, incidente; ejercicio espiritual; conocimiento experimental.—**e. is the mother of wisdom,** la experiencia es madre de la sabiduría. **II.** *va.* experimentar; conocer, sentir, sufrir.—**to e. religion,** convertirse, reformarse.
experienced [-t], *a.* experimentado, experto, perito; hábil; amaestrado o aleccionado, avezado, versado, veterano.
experiential [ɛkspįrįénŝąl], *a.* experimental, de observación.—**experientially** [-į], *adv.* experimentalmente, por observación.
experiment [ɛkspérįmęnt]. **I.** *s.* experimento, experiencia, ensayo. **II.** [-mɛnt], *vn.* experimentar, hacer una prueba, un experimento.
experimental [-méntąl], *a.* experimental, de ensayo.
experimentalist[-įst],**experimenter**[-mɛntœ(r)], **experimentist** [-mɛntįst], *s.* experimentador.
experimentally [-méntąlį], *adv.* experimentalmente.—**experimentation** [-mɛntéįŝǫn], *s.* experimento, experimentación.
expert [ɛkspœ́rt]. **I.** *a.* experimentado, experto, perito, diestro, hábil, práctico, advertido; pericial. **II.** [ékspœrt], *s.* experto, perito, juez, *m.*—**expertly** [ɛkspœ́rtlį], *adv.* expertamente, pericialmente.—**expertness** [-nįs], *s.* destreza, habilidad, pericia.
expiable [ékspįąbl], *a.* que se puede expiar.
expiate [ékspįeįt], *va.* expiar, purgar, reparar, satisfacer.—**expiation** [-éįŝǫn], *s.* expiación. —**expiator** [-eįtǫ(r)], *s.* el que expía, quien hace expiación.—**expiatory** [-ątorį], *a.* expiatorio.
expiration [ɛkspįréįŝǫn], *s.* expiración; remate, terminación; (com.) vencimiento, cumplimiento; (fisiol.) espiración; muerte, *f.*
expiratory [ɛkspáįrątorį], *a.* rel. a la espiración.
expire [ɛkspáįr]. **I.** *va.* espirar, expeler (el aire respirado). **II.** *vn.* expirar, terminar, fallecer, morir; (com., for.) expirar, vencer, cumplir(se), caducar (un plazo); (fisiol.) espirar.
expiry [-į], *s.* terminación, expiración, caducidad (apl. esp. a contratos, pólizas, etc. que expiran después de cumplido su plazo).
explain [ɛkspléįn]. **I.** *va.* explicar, explanar, exponer, aclarar, dilucidar, ilustrar, interpretar. **II.** *vn.* dar una explicación.—**explainable** [-ąbl], *a.* explicable.—**explanation** [ɛkspląnéįŝǫn], *s.* explicación, aclaración.—**explanatory, explanative** [ɛksplǽnątorį, -tįv], *a.* explicativo, aclarador.
expletive [éksplįtįv]. **I.** *a.* expletivo. **II.** *s.* interjección, reniego; partícula expletiva, o ripio.
explicable [éksplįkąbl], *a.* explicable.
explicate [-keįt], *va.* explicar, interpretar, poner en claro.—**explication** [-kéįŝǫn], *s.* explicación. —**explicative** [-kįtįv], **explicatory** [-kątorį], *a.* explicativo.—**explicator** [-keįtǫ(r)], *s.* expositor, ilustrador.
explicit [ɛksplísįt], *a.* explícito, claro, inequívoco. —**explicitly** [-lį], *adv.* explícitamente.—**explicitness** [-nįs], *s.* calidad de explícito, claridad.
explode [ɛksplóųd]. **I.** *va.* volar, fulminar, hacer estallar o saltar (una mina); refutar, desbaratar, confundir; expeler con violencia y estrépito. **II.** *vn.* volar, estallar, detonar, hacer explosión; reventar; desplomarse.
exploder [-œ(r)], *s.* explosor; causa de explosión.
exploit [éksploįt]. **I.** *s.* hazaña, proeza. **II.** [ɛksplóįt], *va.* explotar, sacar partido o utilidad de (esp. de un modo abusivo o ilegítimo).—**exploitable** [-ąbl], *a.* explotable.—**exploitation** [-éįŝǫn], *s.* explotación, aprovechamiento.

exploiter [-œ(r)]. I. *s.* explotador. II. *va.* = EXPLOIT.
explorable [ɛksplórąbl], *a.* explorable.
exploration [ɛksploréi̥ŝǫn], *s.* exploración.
explorator [éksploreitǫ(r)], *s.* explorador.
exploratory [ɛksplórątori̥], *a.* exploratorio.
explore [ɛksplór]. I. *va.* explorar; averiguar; examinar, sondear; (Am., min.) catear. II. *vn.* dedicarse a exploraciones; hacer una investigación sistemática.
explorer [-œ(r)], *s.* explorador.
explosion [ɛksplóuẑǫn], *s.* explosión, voladura; detonación, reventón; (fon.) explosión.—**e. chamber,** (m. comb. int.) cámara de explosión.
explosive [ɛksplóusi̥v], *a.* y *s.* explosivo, fulminante; (letra) explosiva.—**e. ball, e. shell,** bala, granada explosiva.—**e. cotton,** algodón pólvora.
explosively [-li̥], *adv.* con explosión.
exponent [ɛkspóunęnt], *s.* representante; expositor; (mat.) exponente.
exponential [ɛksponénŝąl], *a.* y *s.* (mat.) exponencial.
export [ɛkspórt]. I. *va.* (com.) exportar. II. [éksport], *s.* exportación.—**for e.,** exportable.—*pl.* artículos de exportación. III. *a.* pert. a la exportación.—**e. house,** casa exportadora.
exportable [ɛkspórtąbl], *a.* exportable.
exportation [-éi̥ŝǫn], *s.* (com.) exportación.
exporter [-œ(r)], *s.* exportador.
exporting [-i̥ŋ], *a.* exportador.
expose [ɛkspóuz], *va.* exponer, poner en peligro, arriesgar; poner de manifiesto, mostrar, descubrir; publicar, divulgar; revelar, desenmascarar; comprometer; abandonar (niños); (igl.) manifestar.
exposé [ɛkspozéi̥], *s.* revelación comprometedora o escandalosa.
exposed [ɛkspóuzd], *a.* expuesto, descubierto, no abrigado.
exposition [ɛkspozíŝǫn], *s.* exposición, exhibición; análisis retórico; abandono (de niños).
expositive [ɛkspázi̥ti̥v], *a.* expositivo.
expositor [-tǫ(r)], *s.* expositor; comentador.
expository [-tori̥], *a.* expositivo, explicativo.
expostulate [ɛkspáschuleit], *vn.* altercar, contender.—**to e. with,** reconvenir a, debatir con.
expostulation [-léi̥ŝǫn], *s.* debate, reconvención, disuasión.—**expostulator** [-lei̥tǫ(r)], *s.* el que reconviene.—**expostulatory** [-lątori̥], *a.* de reconvención.
exposure [ɛkspóuẑū(r)], *s.* exposición; acción de exponer o exponerse (al aire, agua); (estar expuesto a) la intemperie; orientación, situación; revelación, desenmascaramiento; (fot.) exposición.—**e. meter,** (fot.) exposímetro.
expound [ɛkspáund], *va.* exponer, explicar.
expounder [-œ(r)], *s.* expositor, intérprete.
express [ɛksprés]. I. *va.* expresar, manifestar; decir, proferir; representar; exprimir, prensar; extraer el jugo; enviar, expedir por expreso. II. *vr.* expresarse, producirse, explicarse. III. *a.* expreso; claro, explícito; especial; hecho de encargo; llevado por expreso; pronto, rápido, veloz; exacto, parecido, pintiparado. IV. *adv.* por expreso; expresa o especialmente. V. *s.* (tren, autobús o ascensor) expreso o exprés; expreso, servicio de porteo o de transportes de mercancías; mensajero.—**e. company,** compañía de porteo, de expreso.
expressage [-i̥dẑ], *s.* porte por expreso; lo que se envía por expreso; servicio del expreso.
expressible [-i̥bl], *a.* decible; expresable; exprimible.—**expressibly** [-i̥bli̥], *adv.* de modo expresable o exprimible.
expression [ɛkspréŝǫn], *s.* expresión; gesto, cara, semblante, talante; dicción, vocablo, término, palabra, voz, giro, locución; (b. a.) expresión; (farm.) expresión, zumo.
expressionism [-i̥zm], *s.* (b.a., mús., teat.) expresionismo, postimpresionismo.
expressive [ɛksprési̥v], *a.* expresivo.—**expressively** [-li̥], *adv.* expresivamente.—**expressiveness** [-ni̥s], *s.* significación, expresión, energía.
expressly [ɛksprésli̥], *adv.* expresamente; explícitamente.
expressman [-mąn], *s.* empresario de expresos o servicio de porteo; repartidor de artículos enviados por dicho servicio; trajinante, ordinario.
expressway [-wei̥], *s.* supercarretera.
expropriate [ɛkspróuprieit], *va.* enajenar, expropiar.
expropriation [-éi̥ŝǫn], *s.* enajenamiento, expropiación.
expugnable [ɛkspʌ́gnąbl], *a.* (mil.) expugnable.
expulsion [ɛkspʌ́lŝǫn], *s.* expulsión, echamiento.
expulsive [-si̥v], *a.* expulsivo.
expunge [ɛkspʌ́ndẑ], *va.* borrar, cancelar, testar; expurgar, destruir.—**expunction** [ɛkspʌ́ŋkŝǫn], *s.* borradura, canceladura.
expurgate [ékspœrgeit], *va.* expurgar, purificar.
expurgation [-éi̥ŝǫn], *s.* expurgación, expurgo, purificación.
expurgator [-tǫ(r)], *s.* expurgador.
expurgatory [ɛkspœ́rgątori̥], *a.* expurgatorio.
exquisite [ékskwi̥zi̥t]. I. *a.* exquisito; almibarado, remilgado; intenso, excesivo, agudo.—**e. pain,** dolor agudísimo.—**e. pleasure,** vivo placer. II. *s.* elegante, petimetre.
exquisitely [-li̥], *adv.* exquisitamente, primorosamente.—**exquisiteness** [-ni̥s], *s.* exquisitez, primor, delicadeza, excelencia, perfección.
exsanguine [ɛksǽŋgwi̥n], *a.* exangüe, anémico, desangrado.
exscind [ɛksínd], *va.* cortar, amputar; extirpar.
exsect [ɛksékt], *va.* (cir.) cortar, extirpar.
exsection [ɛksékŝǫn], *s.* excisión, extirpación.
exserted [ɛksœ́rti̥d], *a.* (bot.) ex(s)erto.
exsiccant [ɛksíkąnt], *a.* y *s.* desecativo, desecante.
exsiccate [éksi̥keit], *va.* desecar, secar.
exsiccation [-éi̥ŝǫn], *s.* desecación.
exsiccative [éksi̥kąti̥v], *a.* desecativo, desecante.
extant [ékstąnt], *a.* estante, existente; viviente.
extemporaneous [ɛkstɛmporéi̥ni̥ʌs], **extemporary** [ɛkstémporɛri̥], *a.* repentino, improvisado.
extemporaneously [-li̥], *adv.* repentinamente, de improviso.
extempore [ɛkstémpori̥]. I. *a.* sin estudio previo, improvisado. II. *adv.* de improviso, de repente, in promptu.
extemporize [ɛkstémporai̥z], *va.* y *vn.* improvisar, repentizar.
extemporizer [-œ(r)], *s.* improvisador, repentista.
extend [ɛksténd]. I. *va.* extender, tender, alargar; ensanchar, amplificar; prolongar; proyectar; ampliar; ofrecer, conceder, dar o comunicar; explayar, dilatar; prorrogar, diferir. II. *vn.* extenderse; prolongarse, estirarse, dar de sí, prestar.—**to e. the arm, the hand,** alargar el brazo, tender la mano.—**to e. the time of payment,** dar prórroga, alargar el plazo.
extended [-i̥d], *a.* extenso, prolongado, estirado, alargado; diferido; (impr.) tipo abierto.—**extendedly** [-li̥], *adv.* prolongadamente.—**extendible** [-i̥bl], *a.* extensible.—**extensibility** [ɛkstɛnsi̥bíli̥ti̥], **extensibleness** [ɛksténsi̥blni̥s], *s.* extensibilidad.—**extensible** *a.* extensible.
extension [ɛksténŝǫn], *s.* extensión; dilatación, expansión; aumento; prolongación; ensanche; adición, anexo; (com.) prórroga, respiro.—**e. arm,** brazo extensible.—**e. bar,** alargadera (de un compás).—**e. ladder,** escalera de alargar y acortar, o de largueros corredizos; escalera de tijera, o doble.—**e. table,** mesa de extensión, mesa con hojas de quitapón.—**e. tripod,** trípode con piernas de corredera, de alargar y acortar.—**e. line o wire,** (tel.) línea de extensión.—**e. tube,** tubo de prolongación.
extensity [-si̥ti̥], *s.* extensión; (psic.) elemento de la sensación relativo al espacio; el espacio como parte de la sensación.
extensive [-si̥v], *a.* extens(iv)o, extendido, dilatado, amplio, anchuroso, vasto.—**extensively** [-li̥], *adv.* por extenso, extens(iv)a, extendida-

mente.—**extensiveness** [-nis], *s.* extensión; generalidad.
extensometer [ɛkstɛnsámɛtœ(r)], *s.* extensómetro, medidor de dilatación o de deformaciones.
extensor [ɛksténso(r)], *s.* (anat.) extensor.
extent [ɛkstént], *s.* extensión; alcance; grado, punto, límite; (for.) ejecución; entredicho, embargo.—**to a certain e.**, hasta cierto punto. —**to a great e.**, en sumo grado, grandemente. —**to the full e.**, en toda su extensión, completamente.
extenuate [ɛksténүueit], *va.* extenuar, mitigar, paliar; atenuar, minorar.
extenuating [-iŋ], *a.* atenuante, paliativo.
extenuation [-éišon], *s.* extenuación, mitigación, paliación; atenuación.
exterior [ɛkstírio(r)]. **I.** *a.* exterior, externo; visible, manifiesto.—**e. angle**, ángulo externo. **II.** *s.* lo exterior; aspecto, porte, exterioridad.
exteriority [-áriti], *s.* exterioridad.
exteriorization [-arizéišon], *s.* exteriorización.
exteriorize [ɛkstírioraiz], *va.* exteriorizar.
exteriorly [ɛkstíriorli], *adv.* exteriormente.
exterminate [ɛkstœ́rmineit], *va.* exterminar.
extermination [-éišon], *s.* exterminio, extirpación, destrucción total.
exterminator [-eito(r)], *s.* exterminador.
exterminatory [-ątori], *a.* exterminador.
extern(e [ékstœrn], *s.* alumno externo; médico o practicante de un hospital que no habita en el edificio.
external [ɛkstœ́rnąl]. **I.** *a.* externo, exterior; extranjero, exterior; objetivo.—**e. diameter**, diámetro exterior.—**e. ear**, (anat.) pabellón, oreja.—**e. trade**, comercio exterior o extranjero. **II.** *s.* lo exterior o externo; exterioridad.
externality [-nǽliti], *s.* exterioridad; percepción externa.
externalization [-nąlizéišon], *s.* exteriorización.
externalize [-nąlaiz], *va.* exteriorizar; (Am.) externar; dar cuerpo o forma.
externally [-nąli], *adv.* exteriormente, externamente, de fuera.
exterritorial [ɛkstɛritórial], *a.* extraterritorial.
extinct [ɛkstíŋkt], *a.* extinto; extinguido, apagado; abolido, suprimido.—**to become e.**, extinguirse; apagarse; caducar; morir, desaparecer.
extinction [ɛkstíŋkšon], *s.* extinción.
extinguish [ɛkstíŋgwiš], *va.* extinguir; apagar; sofocar; suprimir, destruir; obscurecer.
extinguishable [-ąbl], *a.* extinguible; apagable.
extinguisher [-œ(r)], *s.* extintor (de incendios); apagador; matacandelas, *f.*
extinguishment [-mɛnt], *s.* extinción; apagamiento; abolición, aniquilamiento; terminación; amortización (de una deuda, etc.).
extirpate [ékstœrpeit], *va.* extirpar, arrancar, desarraigar; acabar con.
extirpation [-éišon], *s.* extirpación, arrancamiento, (cir.) excisión, extirpación.—**extirpator** [-o(r)], *s.* extirpador, arrancador.
extol [ɛkstóul], *va.* ensalzar, enaltecer, exaltar, alabar, engrandecer, elogiar.
extort [ɛkstórt], *va.* extorsionar; sacar u obtener por fuerza; arrancar, arrebatar; sangrar, socaliñar, exigir dinero sin derecho.
extortion [ɛkstóršon], *s.* extorsión; exacción, concusión; gabela injusta.
extortionary [-eri], *a.* que implica extorsión, exacción o concusión.
extortionate [-it], *a.* opresivo, injusto, gravoso.
extortioner [-œ(r)], **extortionist** [-ist], *s.* opresor, concusionario, socaliñero, extorcionista.
extra [ékstrą]. **I.** *a.* extraordinario; suplementario, adicional, de más; de sobra, sobrante; de repuesto, recambio o reserva.—**e. charge**, recargo.—**e. edition**, extraordinario, edición extra.—**e. hand**, empleado supernumerario.—**e. pay, e. work**, paga, trabajo extraordinarios. **II.** *s.* exceso; recargo, sobreprecio; gasto extraordinario; suplemento o alcance de un diario; (fam.) extra, adehala, plus, (Am.) ñapa. **III.** *adv.* excepcionalmente, en exceso de lo corriente o estipulado, etc.
extract [ɛkstrǽkt], *va.* extraer, sacar (una muela, etc.); arrancar, educir, exprimir; extractar, compendiar, escoger (pasajes) y citar; (quím.) extraer; tratar para extraer por disolución; (mat.) extraer (una raíz).
extract [ékstrækt], *s.* extracto, excerta, resumen; cita; (quím.) extracto.
extractable, extractible [ɛkstrǽktąbl], *a.* extraíble, que se puede extraer.
extraction [-šon], *s.* extracción; saca; alcurnia, origen, descendencia; (quím.) extracción.
extractive [-tiv]. **I.** *a.* extractivo; extraente; que sirve para extraer o extractar. **II.** *s.* lo que puede extraerse o extractarse; (quím.) parte insoluble de un extracto.
extractor [-to(r)], *s.* extractor, extractador, sacador; exprimidera; (cir.) fórceps; sacabalas; (arti.) sacatrapos; extractor de cartuchos.
extracurricular [ɛkstrąkʌríkyulą(r)], *a.* extracurricular.
extradite [ékstrądait], *va.* entregar, o reclamar, por extradición.
extradition [-díšon], *s.* extradición.
extrados [ɛkstréidas], *s.* (arq.) extradós, trasdós.
extrajudicial [ɛkstrądžudíšąl], *a.* extrajudicial.
extrajudicially [-i], *adv.* extrajudicialmente.
extramundane [-mʌ́ndein], *a.* extramundano.
extramural [-miúrąl], *a.* situado extramuros.
extraneous [ɛkstréiniʌs], *a.* extraño, externo, extranjero, extrínseco; ajeno; de afuera.
extraofficial [ɛkstrąofíšąl], *a.* extraoficial.
extraordinarily [ɛkstrórdinɛrili], *adv.* extraordinariamente.—**extraordinariness** [-nɛrinis], *s.* singularidad, rareza.—**extraordinary** [-nɛri], *a.* extraordinario, descomunal, particular, raro, singular; especial.
extraprofessional [-proféšonąl], *a.* fuera de la profesión, ajeno a la profesión.
extrasensory [-sénsori], *a.* extrasensorio.
extrasensory perception, *s.* percepción extrasensoria; telepatía.
extraterritorial [-teritórial], *a.* extraterritorial.
extraterritoriality [-ǽliti], *s.* extraterritorialidad.
extrauterine [-iútœrin], *a.* extrauterino.
extravagance, extravagancy [ɛkstrǽvagąns, -i], *s.* lujo desmedido, profusión, derroche; extravagancia; disparate, locura, desbarro.—**extravagant** [-gąnt], *a.* extravagante, estrafalario; exorbitante; disparatado; pródigo, manirroto, gastador.—*s. pl.* (E., igl.) extravagantes, *f. pl.* —**extravagantly** [-li], *adv.* extravagantemente; pródigamente, profusamente; estrafalariamente.
extravaganza [-gǽnzą], *s.* composición extravagante y fantástica.
extravasate [ɛkstrǽvąseit], *va.* y *vn.* (med.) extravasarse, trasvenarse, extravenar(se) (sangre, etc.); (geol.) echar, emitir o salir (lava, etc.).
extravasation [-éišon], *s.* (med.) extravasación.
extreme [ɛkstrím]. **I.** *a.* extremo, extremado, extremoso, último, postrero; riguroso, estricto, severo.—**e. unction**, (igl.) extremaunción. **II.** *s.* extremo, extremidad, ápice; fin, cabo.—**in the e.**, en o con extremo, en sumo grado.—**to go to extremes**, tomar medidas extremas; exagerar.
extremely [-li], *adv.* extrem(ad)amente, sumamente, con o en extremo.
extremism [-izm], *s.* extremismo, radicalismo.
extremist [-ist], *s.* y *a.* extremista, radical.
extremity [ɛkstrémiti], *s.* extremidad; agudeza, rigor; necesidad, apuro.—*pl.* medidas extremas; (zool.) extremidades.
extricable [ékstrikąbl], *a.* que se puede desenredar.
extricate [-eit], *va.* desenredar, desembrollar; sacar (de una dificultad).
extrication [-éišon], *s.* desembarazo, desenredo.
extrinsic(al [ɛkstrínsik(ąl], *a.* extrínseco.
extrinsically [-i], *adv.* extrínsecamente.
extrorse [ɛkstrórs], *a.* (bot.) vuelto hacia afuera.

extroversion [ɛkstrovœ́rŝǫn], *s.* (psic.) tendencia a ocuparse más en el mundo exterior que en el interior; (med.) extroversión.
extrovert [ɛ́kstrovœrt]. **I.** *s.* (psic.) persona que se ocupa más en el mundo exterior que en el interior. **II.** [ɛkstrovœ́rt], *va.* volver hacia (a)fuera. **III.** *vn.* ocuparse en el mundo exterior.
extrude [ɛkstrúd]. **I.** *va.* forzar hacia fuera; echar, estrujar; (met.) estirar por presión. **II.** *vn.* salir fuera, sobresalir.
extrusion [ɛkstrúẑǫn], *s.* expulsión; extrusión.
extrusive [ɛkstrúsįv], *a.* que tiende a sobresalir; que empuja hacia adelante.
exuberance, exuberancy [egzįúbęrąns, -į], *s.* exuberancia.—**exuberant** [-ąnt], *a.* exuberante, lujuriante, profuso.—**exuberantly** [-lį], *adv.* con suma abundancia.
exudate [ɛ́ksįudeįt]. **I.** *va.* y *vn.* = EXUDE. **II.** *s.* exudado.
exudation [-éįŝǫn], *s.* exudación; exudado.
exude [ɛksįúd], *va.* y *vn.* exudar, sudar, transpirar; rezumarse, revenirse.
exult [egzʌ́lt], *vn.* exultar, regocijarse, alegrarse. —**exultance, exultancy** [-ąns, -į], *s.* = EXULTATION.—**exultant** [-ąnt], *a.* triunfante, regocijado, alborozado.—**exultation** [-éįŝǫn], *s.* exultación, regocijo, transporte; triunfo.— **exultingly** [-įŋlį], *adv.* con exultación.
exuviæ [ɛksįúvįį], *s. pl.* despojos de los animales.
exuviate [ɛksįúvįeįt], *va.* mudar, echar, soltar (las plumas, la piel, los cuernos, etc.).
exuviation [-éįŝǫn], *s.* la muda (de aves, crustáceos, etc.).
eyas [áįąs], *s.* halcón niego; pajarito en el nido.
eye [áį], *s.* ojo (de la cara, del queso, de aguja, de hacha, de armella, etc.); argolla; vista; aspecto, talante; juicio, discernimiento; concepto, opinión; orificio de observación (de un horno); vigilancia; quicio (de un gozne); (mec.) anillo, aro; (cost.) corcheta; (arq.) ojo de cúpula (abertura circular en la parte superior); (bot.) yema o botón.—**e.-minded,** (psic.) en que predominan las imágenes visuales como elementos de la memoria y otros fenómenos mentales.—**e. of a stay,** (mar.) ojo de un estay.— **e. of the anchor,** (mar.) ojo del ancla.—**e. opener,** todo lo que hace abrir los ojos, literal o figuradamente; cuento maravilloso, noticia increíble o inesperada; (fam.) copa de licor, trago.—**e. protectors,** anteojos de seguridad. —**e. shade,** visera, guardavista.—**e. socket,** (anat.) órbita o cuenca del ojo.—**e. splice,** (mar.) gaza.—**e. tube,** (ópt.) tubo del ocular. —**an e. for an e.,** ojo por ojo.—**before one's eyes,** a la vista, en presencia de uno.—**by e.,** a ojo.—**half an e.,** ojeada, vistazo.—**the e. of day,** o **of heaven,** o **of the morning,** el sol. —**to have a cast in the eye,** ser ligeramente bisojo, tener tendencia al estrabismo.—**to have in one's e.,** intentar, proponerse.—**to have one's e. on,** haberle echado el ojo a.— **to keep an e. on,** vigilar.—**to make eyes at,** mirar amorosamente o con codicia; comerse con los ojos.—**with an e. to,** con la intención de, pensando en, con vistas a.
eye, *va.* mirar de hito en hito, clavar la mirada a; hacer ojos o agujeros a.
eyeball [-bɔl], *s.* (anat.) globo del ojo.
eyebar [-bar], *s.* barra de ojo (con un ojo en cada extremo).
eyebolt [-boųlt], *s.* hembrilla, perno de ojo; (mar.) cáncamo.
eyebright [-braįt], *s.* (bot.) eufrasia.
eyebrow [-braų], *s.* (anat.) ceja.
eyecup [-kʌp], *s.* ojera, copilla para los ojos.
eyeflap [-flæp], *s.* anteojera (de brida).
eyeglance [-glæns], *s.* ojeada, vistazo.
eyeglass [-glæs], *s.* (ópt.) ocular; anteojo.—*pl.* lentes, quevedos, anteojos, gafas.
eyehole [-hoųl], *s.* (cost.) ojete; atisbadero.
eyelash [-læŝ], *s.* (anat.) pestaña.
eyeless [-lis], *a.* ciego; sin ojos.
eyelet [-lįt]. **I.** *s.* resquicio, abertura; (cost.) ojete; (mar.) ollao.—**e. punch,** sacabocados. **II.** *va.* (cost.) ojetear; abrir o poner ojetes en.
eyeleteer [-lįtír], *s.* ojeteador, punzón para abrir ojetes.
eyelid [-lįd], *s.* (anat.) párpado, pálpebra.
eyepiece [-pis], *s.* (ópt.) ocular.
eyeshot [-ŝat], *s.* alcance de la mirada.
eyesight [-saįt], *s.* vista; alcance de la vista.
eyesore [-sɔr], *s.* cosa que ofende la vista.
eyespot [-spat], *s.* ojo rudimentario; ojo embrionario.
eyestone [-stoųn], *s.* opérculo empleado para sacar del ojo objetos extraños menudos.
eyestrain [-streįn], *s.* vista fatigada.
eyestring [-strįŋ], *s.* (anat.) tendón del ojo.
eye-test chart [-tɛst chart], *s.* escala tipográfica oftalmométrica.
eyetooth [-tuθ], *s.* colmillo, (diente) canino.
eyewash [-waŝ], *s.* colirio, loción para los ojos; (fam.) patraña, embeleco.
eyewater [-wɔtœ(r)], *s.* colirio; lágrima; humor ácueo; (fam.) bebida espiritosa, ginebra.
eyewink [-wįŋk], *s.* guiñada; ojeada, vistazo.
eyewinker [-œ(r)], *s.* (anat.) pestaña.
eyewitness [-wítnįs], *s.* testigo ocular o presencial.
eyrie, eyry [ɛ́rį], *s.* nido de ave de rapiña; cría de tales aves; sitio o castillo elevado. *V.* AERIE.

F

f [ɛf], *s.* f; (mús., **F**) fa.
fa [fa], *s.* (mús.) fa.
fabaceous [fąbéįŝʌs], *a.* (bot.) papilionáceo.
Fabian [féįbįąn], *s.* y *a.* fabiano.
Fabianism [-įzm], *s.* fabianismo.
fable [féįbl]. **I.** *s.* fábula, apólogo, conseja, cuento; leyenda, mito; falsedad, mentira. **II.** *va.* y *vn.* fingir, mentir, inventar o contar fábulas.
fabled [-d], *a.* legendario, mítico; ficticio, fabuloso.
fabric [fæ̂brįk], *s.* tejido, tela, género, paño; fábrica, obra, edificio; manufactura; textura. —**f. gloves,** guantes de punto.
fabricant [-ąnt], *s.* fabricante.
fabricate [-keįt], *va.* fabricar; construir, hacer (apl. esp. a la fabricación en serie o en grande escala de piezas normalizadas intercambiables, y a la construcción—de buques, edificios, máquinas, etc.—con dichas piezas); inventar (una mentira).
fabrication [-kéįŝǫn], *s.* fabricación; edificio; obra; mentira, fábula.
fabricator [-keįtǫ(r)], *s.* fabricador; embustero.
fabrikoid [-kɔįd], *s.* fabricoide (nombre de fábrica), imitación de cuero hecha de tela revestida de una disolución de piroxilina.
fabulist [fæ̂byųlįst], *s.* fabulista.—**fabulous** [-lʌs], *a.* fabuloso, ficticio.—**fabulously** [-lį], *adv.* fabulosamente.—**fabulousness** [-nįs], *s.* fabulosidad.
facade [fąsád], *s.* (arq.) fachada, frontispicio o frontis, *m.*, frontera, portada, frente, haz.
face [féįs], *s.* cara, faz o haz; lado; superficie; facie (de un cristal); fachada, frontis, *m.;* frente (mil., constr.); aspecto, cariz, *m.;* apariencias; prestigio; muestra (de reloj); conocimiento inmediato, vista; descaro, desfachatez; mueca, gesto; (com.) valor neto; (impr.) ojo de la letra; (mec.) cabeza (de un diente de rueda); superficie de trabajo o de contacto (de la válvula de corredera); ancho (de una polea); cotillo o plano (de un martillo); (ing.) paramento (de un muro); fondo, frente, cara de trabajo (de galería, túnel, socavón, etc.).—**f. ache, f. ague,** neuralgia facial.—**f. angle,** (geom.) cara (de un ángulo poliedro).—**f. card,** figura (en la baraja).—**f. cloth,** paño de lavar la cara; sudario.—**f. cog,** diente lateral (de una rueda).—**f. down(ward),** boca abajo.—**f. guard,** careta, carilla, máscara.—**f. joint,**

junta superficial o de paramento.—**f. lathe,** torno de plato.—**f. lifting,** (cir.) cirugía plástica de la cara, facioplastía.—**f. powder,** polvos de arroz, o de tocador.—**f.-saving,** que salva las apariencias.—**f. to f.,** cara a cara, faz a faz, frente a frente.—**f. value,** significado literal o al pie de la letra; (com.) valor nominal o facial. —**f. wheel,** coronaria, rueda de escape; rueda de amolar o pulir.—**in the f. of,** ante; luchando contra, a pesar de.—**on the f. of it,** según lo que se ve.—**to fly in the f. of,** ir contra viento y marea, nadar contra la corriente.—**to lose f.,** desprestigiarse.—**to one's f.,** en la cara de uno, en su presencia.

face. I. *va.* volverse o mirar hacia; arrostrar, afrontar, enfrentar, encararse con, oponerse a, habérselas con; (for.) responder (a un cargo); pulir, revestir, cubrir, forrar; (tec.) labrar, acabar, alisar.—**to f. it out,** hacer frente a todo, no cejar.—**to f. out,** persistir en o sostener descaradamente.—**to f. the music,** (fam.) hacer frente a las consecuencias.—**to f. with,** carear con. II. *vn.* volver la cara; dar, mirar (a, hacia).—**to f. about,** voltear la cara; cambiar de frente.

faceplate [-pleit], *s.* placa de revestimiento o de protección; plato o disco (de torno).

facer [-œ(r)], *s.* el o lo que pule, labra, etc.; (fam.) puñetazo dado en la cara; percance o revés.

facet [fǽsit]. I. *va.* (joy.) labrar facetas. II. *s.* faceta; (arq.) filete de las estrías de una columna; (ent.) faceta del ojo de un insecto.

faceted [-id], *pp.* y *a.* labrado en facetas.

facetious [fasíŝʌs], *a.* salado, chistoso, gracioso.

facetiously [-li], *adv.* chistosamente.

facetiousness [-nis], *s.* sal, *f.*, chiste, gracia.

facial [féiŝal]. I. *a.* facial.—**f. angle,** ángulo facial. II. *s.* (fam.) masaje facial.

facile [fǽsil], *a.* fácil; obediente, dócil; vivo, listo; accesible, afable.

facilitate [fasíliteit], *va.* facilitar, allanar, expedir.—**facilitation** [-éiŝon], *s.* facilitación.

facility [fasíliti], *s.* facilidad; destreza; docilidad; afabilidad.—*pl.* medios (de transporte, etc.).

facing [féisiŋ]. I. *s.* paramento; revestimiento; (cost.) (gen. *pl.*) falso, bebederos, vueltas; cubierta; cara; encaramiento. II. *prep.* de cara (a), frente a; (mil.) de frente.

facsimile [fæksímili], *a.* y *s.* facsímil(e).

fact [fækt], *s.* hecho; realidad.—**f.-finding,** que determina los hechos.—**in (point of) f.,** en efecto, en realidad; de hecho.—**in the very f.,** en el mero hecho.—**the f. remains that,** ello es que, es un hecho que, a pesar de todo.

faction [fǽkŝon], *s.* facción, bando, bandería, parcialidad; alboroto, tumulto.—**factional** [-al], *a.* faccionario.—**factionist** [-ist], *s.* faccioso.—**factious** [fǽkŝʌs], *a.* faccioso, sedicioso, revoltoso.—**factiously** [-li], *adv.* sediciosamente.—**factiousness** [-nis], *s.* espíritu de partido o facción.

factitious [fæktíŝʌs], *a.* facticio; artificial.

factitive [fǽktitiv], *a.* (gram.) factitivo.

factor [fǽkto(r)]. I. *s.* elemento, factor; agente comisionado; (mat.) factor; coeficiente.—**f. of safety,** coeficiente de seguridad. II. *va.* (mat.) descomponer en factores.

factorage [-idẑ], *s.* (com.) comisión; factoraje.

factorial [fæktórial]. I. *s.* (mat.) factorial, *f.* II. *a.* pert. a un factor o a una fábrica.

factoring [fǽktoriŋ], *s.* (mat.) descomposición en factores, factorización.

factorize [-aiz], *va.* (mat.) descomponer en factores; (for.) embargar en poder de un tercero; notificar, prevenir. *V.* GARNISH.—**factorization,** [-izéiŝon], *s.* descomposición en factores, factorización.

factorship [-ŝip], *s.* agencia, factoría.

factory [fǽktori], *s.* fábrica, taller, manufactura, (gal.) usina; factoría.

factotum [fæktóutʌm], *s.* factótum.

factual [fǽkchual], *a.* rel. a hechos; verdadero.

facula [fǽkyulâ], *s.* (astr.) fácula.

facultative [fǽkʌlteitiv], *a.* facultativo; (for.) potestativo.

faculty [fǽkʌlti], *s.* facultad, aptitud; claustro, facultad, cuerpo de doctores o maestros de una ciencia; cuerpo de profesores, profesorado; división o facultad (de leyes, medicina, etc.) en una universidad.

fad [fæd], *s.* novedad, moda; manía, chifladura.

faddish [-iŝ], *a.*, **faddist** [-ist], *s.* caprichoso; chiflado, aficionado a las novedades.

fade [féid]. I. *va.* marchitar, poner pálido, descolorar; debilitar, desmejorar. II. *vn.* palidecer, descolorarse; decaer, marchitarse; (rad.) apagarse la intensidad.—**to f. in (out),** hacer aparecer (desaparecer) gradualmente (una imagen cinematográfica).—**to f. away,** desvanecerse, desaparecer.—**f.-in,** (cine) aparición o aclaramiento gradual de la escena.—**f.-out,** desaparición u oscurecimiento gradual.

faded [-id], *a.* descolorido, marchito.

fadeless [-lis], *a.* que no palidece o se descolora.

fading [-iŋ], *s.* pérdida gradual de color, intensidad, etc.; (rad.) apagamiento o fluctuación en la intensidad de las señales.

fæcal, fæces, fæcula, *V.* FECAL, FECES, etc.

fäerie, faerie, faery [féiœri], *s.* y *a.* (ant.) *V.* FAIRY(LAND).

fag [fæg]. I. *va.* fatigar, cansar; hacer trotar o trabajar a uno. II. *vn.* desfallecer de cansancio; trabajar como un galopín. III. *s.* faena penosa; esclavo, galopín, marmitón, ganapán; (Ingl.) estudiante que sirve a otro mayor; (fam.) cigarrillo.—**f. end,** cabo; cadillos, pestañas; sobra o desperdicio; (mar.) cordón.—**fagged out,** rendido, cansado.

fagot, faggot [fǽgot]. I. *s.* haz, *m.*, manojo, gavilla de leña; (fort.) fajina; haz de barras de hierro o acero (120 libras de peso); (Ingl., desp.) vieja, bruja. II. *va.* liar, hacer líos o haces; recoger, recaudar.

Fahrenheit [fǽrenhait], *a.* Fahrenheit (grados, temperatura).—**F. scale,** escala de Fahrenheit.

faïence, faience [fayáns], *s.* loza fina.

fail [féil]. I. *va.* abandonar, dejar; frustrar, chasquear; (fam.) reprobar, colgar (en los estudios); despedir por incompetente. II. *vn.* faltar, fallar, inutilizarse, romperse, ceder; frustrarse, malograrse; consumirse, acabarse, desvanecerse, decaer, menguar; (com.) quebrar, hacer bancarrota; salir mal, fracasar (en examen, etc.).—**(not) to f. to,** (no) dejar de. III. *s.* falta; defecto; fracaso.—**without f.,** sin falta.

failing [-iŋ]. I. *s.* falta, desliz, *m.*; defecto, flaqueza; decadencia, malogro. II. *a.* que mengua, decae (salud, etc.). III. *prep.* sin, faltando; en la ausencia de.

faille [fail *o* feil], *s.* (tej.) cierto tejido de seda o de rayón.

fail-safe [-seif], *s.* autoprotección (sistema automático de protección en caso de falla o error al detonar un artefacto atómico).

failure [-yū(r)], *s.* fracaso, fiasco, malogro; suspenso (en un examen); falta, culpa, omisión, descuido, desliz, *m.*; (com.) quiebra, bancarrota; (mec.) avería, defecto (de motor, etc.). —**f. of issue,** (for.) el no dejar prole.—**f. to pay, etc.,** el no pagar, el dejar de pagar, la falta de pago, etc.

fain [fein]. I. *a.* (ant., poét.) dispuesto, conforme, resignado; contento. II. *adv.* gustosamente, de buena gana.

faint [féint]. I. *vn.* desmayarse; desfallecer; desalentarse; descaecer, desvanecerse. II. *a.* lánguido, abatido, tímido; indistinto, tenue; débil, desfallecido.—**to be f. with,** morirse de, estar muerto de (hambre).—**f.-hearted,** medroso, pusilánime; apocado, desmazalado.—**f.-heartedly,** medrosamente.—**f.-heartedness,** miedo, pusilanimidad. III. *s.* **faint(ing** [-iŋ], (fig. y med.) deliquio, desmayo, desfallecimiento.—**f. fit,** o **spell,** (med.) síncope, desmayo, lipotimia. —**in a f.,** desmayado.

faintish [-iŝ], *a.* desfalleciente. *V.* FAINT.

faintly [-lị], *adv.* desmayadamente, débilmente; tenuemente, indistintamente.
faintness [-nịs], *s.* falta de claridad; languidez, desaliento; timidez.
faints [-s], *s. pl.* productos impuros y débiles del principio o del fin de la destilación.
fair [fɛr]. **I.** *a.* claro, despejado; limpio, terso; inmaculado; bonancible, favorable, próspero; rubio (es el sentido en que se toma gen. cuando se habla del aspecto de una persona); hermoso, perfecto, bello; recto, justo; imparcial; honrado, razonable, franco, cortés, liberal; corriente, regular, mediano, pasable, ordinario; bien formado; distinto; legible.—**f. and square,** honrado a carta cabal.—**f. to middling,** (fam.) bastante bueno.—**by f. means,** por medios rectos, por medios honrados.—**to be in a f. way to succeed,** estar en buen camino de prosperar.—**to give a f. hearing,** oír, escuchar con imparcialidad.—**to give f. warning,** prevenir, advertir, avisar de antemano.—**to make a f. copy,** poner en limpio. **II.** *adv.* justamente, honradamente; claramente, perfectamente, exactamente; bondadosamente, bien. **III.** *s.* mercado, feria; exposición regional; venta de caridad o en beneficio de una institución.
fair ball, *s.* (béisbol) bola bateada sobre el campo de juego.
fair-complexioned [férkǫmplékšǫnd], *a.* de tez blanca.
fairground [férgraụnd], *s.* cercado al aire libre para feria, etc.
fair-haired [-hérd], *a.* de cabellos blondos o rubios; (fam.) favorito.
fairing [férịŋ], *s.* ferias, agasajos; (ing., aer.) miembro o estructura de líneas aerodinámicas, para reducir la resistencia al avance, etc.
fairish [férịš], *a.* así así, regular.
fairly [férlị], *adv.* imparcialmente; bastante, regularmente; justamente; honradamente; totalmente, cabalmente; claramente; favorablemente; primorosamente, bellamente.
fair-minded [-máindịd], *a.* imparcial, justo.
fair name, *s.* nombre honrado, sin tacha.
fairness [férnịs], *s.* hermosura, belleza; honradez, candor; justicia, equidad, imparcialidad.
fair play, *s.* proceder leal, juego limpio.
fair sex, *s.* bello sexo, las mujeres.
fair trade, *s.* comercio internacional fundado en la reciprocidad; comercio legítimo.
fairway [férweị], *s.* pasaje libre o despejado; cierta parte del campo de golf; (mar.) paso, canalizo.
fair-weather [-wéðœ(r)], *a.* de buen tiempo.
fair-weather friend, *s.* amigo en la prosperidad, amigo de buen tiempo.
fairy [férị]. **I.** *s.* hada, duende, trasgo. **II.** *a.* de duendes, de hadas.—**f. godmother,** hada madrina.—**f. tale,** cuento de hadas; burlería, patraña; mentira.
fairyland [-lænd], *s.* tierra de las hadas; región o sitio de belleza encantadora.
fairylike [-laịk], *a.* como hada.
faith [féịθ]. **I.** *s.* fe, *f.;* confianza; fe, religión, ley, *f.;* fidelidad, lealtad.—**f. cure,** curación por fe.—**in f.,** a la verdad.—**in good f.,** de buena fe.—**to break f. with,** faltar a la palabra dada a.—**upon my f.,** a fe mía. **II.** *interj.* en verdad.
faithful [-fụl]. **I.** *a.* fiel; leal; exacto, puntual; justo, recto; veraz. **II.** *s. pl.*—**the f.,** los fieles o creyentes; los partidarios leales.—**faithfully** [-ị], *adv.* fielmente, firmemente; puntualmente.—**faithfulness** [-nịs], *s.* fidelidad, honradez; exactitud.—**faithless** [-lịs], *a.* infiel, sin fe; pérfido, fementido.—**faithlessness** [-nịs], *s.* infidelidad, deslealtad, perfidia.
fake [féịk]. **I.** *s.* (mar.) aduja de cable; (fam.) falsificación, impostura; copia, imitación; filfa, patraña, farsa. *V.* FAKER. **II.** *va.* y *vn.* adujar, enroscar; (fam.) falsificar; chalanear; fingir, inventar; hurtar. **III.** *a.* falso, fraudulento.
faker [-œ(r)], *s.* (fam.) falsario, imitador; engañabobos; farsante; buhonero.
fakir [fąkír], *s.* faquir.
Falange [féịlændž], *s.* (pol.) Falange, *f.*
Falangist [fąlǽndžịst], *s.* y *a.* falangista.
falcate(d [fǽlkeịt(ịd], *a.* falcado, encorvado.
falcation [fælkéịšǫn], *s.* encorvadura.
falchion [fólchǫn], *s.* cimitarra, falce.
falciform [fǽlsịfɔrm], *a.* falciforme; falcado.
falcon [fólkǫn], *s.* (orn.) halcón; (arti.) falcón.
falconer [-œ(r)], *s.* halconero, cetrero.
falconet [-ɛt], *s.* (arti.) falconete.
falconry [-rị], *s.* halconería, cetrería.
falderal [fǽldẹræl], **falderol** [fǽldẹral], *s.* pamema, pampirolada; miriñaque, chuchería; estribillo sin sentido de canciones viejas.
faldstool [fóldstul], *s.* facistol, atril; faldistorio; silla de tijera.
fall [fɔl], *vn.* (*pret.* FELL; *pp.* FALLEN) caer, caerse; bajar, menguar, decrecer, disminuir; refluir (la marea); descaer; ceder, rendirse, entregarse; tocarle o corresponderle a uno; empezar, emprender, echar a.—**to f. aboard,** (mar.) abordar.—**to f. across,** encontrarse con por casualidad.—**to f. afoul of,** reñir con; habérselas con, enmarañarse con; (mar.) chocar con.—**to f. asleep,** dormirse.—**to f. astern,** (mar.) recular.—**to f. a prey to,** ser presa o víctima de.—**to f. away,** enflaquecer; marchitarse; apostatar, renegar.—**to f. back,** retroceder, recular, hacerse atrás, retirarse.—**to f. back on,** o **upon,** recurrir a, echar mano de; (mil.) replegarse hacia.—**to f. backward,** caer de espaldas.—**to f. behind,** rezagarse.—**to f. down,** prosternarse, postrarse; caerse; (fam.) (a veces con **on** o **in**) no tener el éxito deseado o esperado; fracasar.—**to f. due,** (com.) vencerse.—**to f. flat,** caer tendido, caer cuan largo es; no surtir efecto; tener mal éxito.—**to f. for,** (fam.) prendarse de; ser engañado por.—**to f. foul of** = TO FALL AFOUL OF.—**to f. from,** abandonar; faltar a; violar.—**to f. heir to,** heredar.—**to f. in,** caer dentro; desplomarse; ponerse en su lugar; (mil.) alinearse; expirar, terminar, caducar.—**to f. in for** = TO COME IN FOR.—**to f. in line,** formar cola; seguir la corriente; adherirse.—**to f. in love,** enamorarse.—**to f. in price,** abaratarse.—**to f. in with,** encontrarse con; convenir, estar de acuerdo con.—**to f. off,** caer, desprenderse; extrañarse, disgustarse; menguar, disminuir; decaer; (mar.) abatir.—**to f. on,** asaltar, echarse sobre; empezar, emprender; echar mano de, recurrir a; encontrar, descubrir.—**to f. on one's feet,** caer de pie; salir del vado.—**to f. out,** desavenirse, reñir, querellar; suceder; (mil.) salir de las filas.—**to f. over,** desertar; caer; tropezar; (fam.) adular servilmente.—**to f. overboard,** caerse al agua o al mar.—**to f. short,** faltar; ser deficiente; malograrse; errar (el tiro).—**to f. sick,** enfermar.—**to f. through,** abortar, fracasar, malograrse.—**to f. to,** caer en manos de; principiar a, echar a; empezar; tirarse sobre; cerrarse.—**to f. to one's lot,** o **share,** caber o caer en suerte a uno, tocarle a uno.—**to f. to the ground,** caerse; desplomarse; fracasar.—**to f. under,** caer debajo; incurrir en, estar sujeto a; ser del número de; estar comprendido en.—**to f. upon,** = TO F. ON; incumbir a, recaer en.—**to f. within,** estar dentro de, pertenecer a.
fall. I. *s.* caída, bajada, descenso; lapso, desliz, *m.;* (gen. *pl.*) salto de agua, cascada, catarata; otoño; decadencia, degradación; caída, desnivel; desembocadura de un río; (com.) baja o disminución de precio; pérdida en los fondos públicos; (mar.) tira de aparejo; (mús.) cadencia; bajada de tono, disminución del sonido. **II.** *a.* otoñal.
fallacious [fæléịšʌs], *a.* falaz, sofístico, ilógico; engañoso, delusorio.—**fallaciously** [-lị], *adv.* falazmente; sofísticamente.—**fallaciousness** [-nịs], *s.* falacia, engaño; sofisma, *m.*

fallacy [fǽlasi], *s.* falacia; sofisma, *m.*
fallen [fólen]. I. *pp.* de TO FALL; caído. II. *a.* caído, postrado; arruinado; di(s)famado; deshonrado: muerto.
fall guy, *s.* (E.U., fam.) cabeza de turco, persona abandonada en situación difícil.
fallibility [fælibíliti], *s.* falibilidad.
fallible [fǽlibl], *a.* falible.
fallibly [-bli], *adv.* faliblemente.
falling [fóliŋ], *pa.* de TO FALL y *s.* caída; baja, disminución; cayente, que cae; (med.) prolapso. —**f. down,** desplome, derrumbamiento.—**f. off,** caída, decadencia, disminución.—**f. sickness,** o **evil,** epilepsia, mal caduco, gota coral. —**f. star,** exhalación, estrella fugaz.
Fallopian [fælóupian] **tube,** *s.* (anat.) oviducto, trompa de Falopio.
fallout [fólaut], *s.* precipitación radiactiva en la atmósfera (después de una explosión nuclear).
fallow [fǽlou]. I. *a.* flavo, leonado; (agr.) barbechado; descuidado, abandonado.—**f. deer,** (zool.) corzo, paleto.—**f. finch,** (orn.) triguero. II. *s.* barbecho, añojal, tierra que descansa (ll. t. f. **ground, f. land**).—**to let lie f.,** dejar en barbecho. III. *va.* barbechar.
fallowing [-iŋ], *s.* barbechera.
fall wheat, *s.* trigo sembrado en el otoño.
false [fóls]. I. *a.* falso, incierto, mentiroso; postizo, supuesto; de imitación; contrahecho, falseado; cuasi, (p)seudo; provisional, temporáneo; de refuerzo; de protección; (mús.) desafinado, falso, discordante.—**f. bottom,** fondo doble.—**f. claim,** pretensión infundada.—**f. colors,** bandera falsa.—**f. door,** puerta simulada.—**f. face,** máscara.—**f. floor,** subpiso.—**f.-heartedness,** perfidia.—**f. imprisonment,** prisión o detención ilegal.—**f. pretenses,** dolo, estafa.—**f. rib,** costilla falsa.—**f. step,** desliz, *m.;* error; imprudencia.—**f. teeth,** dentadura postiza.—**f. tooth,** diente postizo.—**f. window,** ventana simulada.—**to place in a f. light,** poner mal, desacreditar.—**to play f.,** engañar. II. *adv.* falsamente; pérfidamente.—**f.-faced,** hipócrita, falso.—**f.-hearted,** pérfido.
falsehood [-hud], *s.* falsedad.—**falsely** [-li], *adv.* falsamente.—**falseness** [-nis], *s.* perfidia, falsedad.
falsetto [folsétou], *s.* (mús.) falsete.
falsework [fólswœrk], *s.* (constr.) andamiaje.
falsidical [folsídikal], *a.* que da impresiones falsas; (psic.) ilusorio, enteramente imaginario.
falsifiable [fólsifaiabl], *a.* falsificable.
falsification [-fikéiŝon], *s.* falsificación; confutación.—**falsifier** [-faiœ(r)], **falsificator** [-fikeito(r)], *s.* falsificador; falsario.
falsify [fólsifai]. I. *va.* falsificar, adulterar; refutar, desmentir. II. *vn.* mentir.
falsity [fólsiti], *s.* falsedad, mentira.
falter [fóltœ(r)]. I. *va.* balbucear. II. *vn.* vacilar; tartamudear; claudicar. III. *s.* vacilación, temblor.
fame [feim]. I. *s.* fama. II. *va.* afamar; celebrar.
famed [-d], *a.* afamado, famoso, renombrado.
familiar [famílya(r)]. I. *a.* familiar, íntimo; muy conocido; confianzudo.—**f. with,** acostumbrado a; versado o ducho en, conocedor de, al tanto de. II. *s.* amigo íntimo; demonio familiar; (igl.) familiar.
familiarity [familiǽriti], *s.* familiaridad, intimidad; confianza, llaneza; (con *with*) conocimiento (de).
familiarize [famílyaraiz], *va.* familiarizar, acostumbrar, avezar, habituar.
familiarly [-li], *adv.* familiarmente, amistosamente, íntimamente.
family [fǽmili]. I. *s.* familia; cuna, linaje, sangre, *f.,* raza; (biol.) familia. II. *a.* familiar, casero, de la familia.—**f. circle,** círculo familiar; (teat.) galería, gallinero, paraíso.—**f. man,** padre de familia.—**f. name,** apellido.—**f. skeleton,** secreto o motivo de vergüenza en una familia.—**f. tree,** árbol genealógico.—**in the f. way,** (fam.) encinta, embarazada.
famine [fǽmin], *s.* hambre, *f.,* carestía.
famish [fǽmiŝ], *va.* y *vn.* hambrear; matar o morirse de hambre.
famished [-t], *a.* famélico, hambriento.
famous [féimʌs], *a.* famoso, afamado, célebre; (fam.) excelente.—**famously** [-li], *adv.* famosamente; (fam.) admirablemente, a las mil maravillas.
famulus [fǽmyulʌs], *s.* fámulo.
fan [fæn]. I. *s.* abanico; ventalle; (agr.) aventador, bieldo; (mec.) ventilador, volante de molino de viento; aficionado, entusiasta.—**f. belt,** (aut., etc.) correa del ventilador.—**f. blower,** ventilador.—**f. light,** o **window,** (arq.) abanico.—**f. palm,** (bot.) miraguano.—**f.-shaped,** en forma de abanico.—**f. sticks,** varillas de abanico.—**f. wheel,** ventilador. II. *va.* abanicar; ventilar; soplar; (agr.) aventar. III. *vn.* (con **out**) desplegarse en forma de abanico.
fanatic [fanǽtik], *s.* fanático.—**fanatic(al** [-al], *a.* fanático.—**fanatically** [-i], *adv.* fanáticamente.—**fanaticism** [fanǽtisizm], *s.* fanatismo.
fancied [fǽnsid], *a.* imaginario.
fancier [fǽnsiœ(r)], *s.* criador y vendedor de aves y animales; aficionado; visionario.
fanciful [fǽnsiful], *a.* imaginativo, caprichoso; fantástico.—**fancifully** [-i], *adv.* caprichosamente.—**fancifulness** [-nis], *s.* calidad de imaginativo, caprichoso, fantástico o quimérico.
fancy [fǽnsi]. I. *s.* fantasía, imaginación, antojo, capricho; imagen, *f.,* idea; afición, afecto, gusto. —**f.-free,** libre del poder del amor.—**to take a f. to,** aficionarse a; antojarse de; coger cariño a. II. *a.* fantástico, imaginario; de fantasía; de ornato; bello, elegante; (com.) de capricho, de gusto, de lujo, costoso.—**f. ball,** baile de trajes.—**f. dress,** disfraz, *m.,* traje de capricho. —**f. goods,** objetos o artículos de fantasía.—**f. skating,** patinaje artístico.—**f. woods,** maderas preciosas. III. *va.* imaginar, suponer; gustar o encapricharse de, aficionarse a; antojarse, figurarse, fantasear; criar animales de tipo particular. IV. *vn.* tener un antojo o capricho; creer o imaginar algo sin pruebas.
fancywork [-wœrk], *s.* (cost.) labor, *f.,* confección.
fandango [fændǽŋgou], *s.* fandango (música y baile).
fane [fein], *s.* (ant. o poét.) templo, santuario.
fanfare [fǽnfer], *s.* son de trompetas; charanga; procesión o parada ruidosa; fanfarria.
fanfaron [fǽnfaran], *s.* fanfarrón; charanga.—**fanfaronade** [fænfaronéid], *s.* fanfarronada, fanfarronería.
fang [fæŋ], *s.* colmillo o diente (de un animal o serpiente); raíz de un diente.—**fanged** [-d], *a.* que tiene colmillos; colmilludo.
fangless [fǽŋlis], *a.* sin colmillos.
fanion [fǽnyon], *s.* banderola.
fanlight [fǽnlait], *s.* *V.* FAN WINDOW.
fanlike [fǽnlaik], *a.* en forma de abanico.
fanner [fǽnœ(r)], *s.* ventilador, aventador(a).
fantail [fǽnteil], *s.* (orn.) variedad de paloma de cola de abanico; pájaro matamoscas; (carp.) cola de milano.—**f. burner,** mechero de mariposa.
fantailed [-d], *a.* de cola en forma de abanico.
fan-tan [fǽn tæn], *s.* cierto juego de naipes; juego chino.
fantasia [fæntéiẑia], *s.* (mús.) fantasía.
fantasm, fantasmagoria, *s.* = PHANTASM, etc.
fantastic(al [fæntǽstik(al], *a.* fantástico, grotesco; caprichoso, caprichudo; ilusorio, imaginario; novedoso.
fantastically [-i], *adv.* fantásticamente.
fantasy [fǽntasi], *s.* fantasía; ensueño, imagen, *f.;* capricho; dibujo fantástico; (mús.) fantasía.
far [far]. I. *adv.* lejos; a lo lejos, en lontananza; en alto grado, muy, mucho.—**f. and away,** con o en mucho.—**f. and near, f. and wide,** por todas partes.—**f. away,** *adv.* muy lejos.—

f. be it from me, lejos de mí, no permita Dios.—**f. better,** mucho mejor.—**f.-fetched,** forzado, traído por los cabellos.—**f.-flung,** vasto, extenso.—**f. from,** lejos de; ni con mucho.—**f. into,** hasta muy adentro de; hasta muy tarde de (la noche, etc.), hasta muy avanzado (el verano, etc.).—**f. off,** a gran distancia, en lontananza, a lo lejos.—**f.-reaching,** de mucho alcance, trascendente.—**as f. as, so f. as,** hasta; en la medida que, hasta donde, en cuanto a, según, que (*as far as I know,* según lo que sé, que yo sepa; *as far as I am concerned,* en cuanto a mí toca).—**by f.,** con mucho.—**from f.,** de(sde) lejos.—**in so f. as,** en cuanto a.—**so f., thus f.,** hasta ahora; hasta aquí; hasta ahí.—**so f. so good,** hasta ahora todo va bien. **II.** *a.* lejano, distante, remoto; de grande alcance.—**F. East,** Extremo o Lejano Oriente. —**a f. cry,** una gran distancia (sentidos recto y figurado); gran diferencia (*it is a far cry,* hay gran distancia o diferencia).
farad [fǽræd], *s.* (elec.) faradio, farad, *m.*
faradic [fąrǽdįk], *a.* (elec.) farádico.
faradism [fǽrædįzm], *s.* electricidad por inducción.
faradization [-įzéįŝǫn], *s.* (med.) faradización, aplicación de una corriente farádica.
faradize [-aįz], *va.* (med.) faradizar.
faraway [fárąweį], *a.* lejano, alejado; abstraído, distraído.
farce [fárs]. **I.** *va.* (coc., ant.) rellenar, embutir; (teat.) meter morcilla. **II.** *s.* (teat.) farsa, entremés, sainete; enredo, tramoya; (coc.) relleno de carne.
farcemeat [-mit], *s.* = FORCEMEAT.
farcical [-įkąl], *a.* asainetado, burlesco, ridículo, bufo.—**farcically** [-į], *adv.* ridículamente.
farcing [-įŋ], *s.* (coc.) embutido, relleno.
farcy [fársį], *s.* (vet.) muermo.
fare [fér]. **I.** *vn.* pasarlo, irle o sucederle a uno (bien o mal); vivir (bien o mal); (gen. con **forth**) andar, ir, viajar. **II.** *s.* pasaje o tarifa (precio); pasajero; comida, vianda, mesa, plato.
farewell [-wél]. **I.** *interj.* ¡adiós! ¡vale! ¡vaya con Dios! **II.** *a.* de despedida.—**f. performance,** función de despedida. **III.** *s.* despedida, adiós. —**to bid f. to,** despedirse de.
farina [fąríną], *s.* harina de cereales, patatas, nueces, etc.; fécula, almidón; (zool.) polvo harinoso.—**farinaceous** [færįnéįŝįʌs], *a.* farináceo; harinoso.—**farinose** [fǽrįnouṣ], *a.* farináceo; cubierto de polvo harinoso.
farm [fárm]. **I.** *s.* granja, labranza, hacienda, cortijo, finca, predio; terreno agrícola; (hist.) contribución; distrito de contribuciones.—**f. hand,** peón de granja, mozo de labranza, quintero, campesino, labrador.—**f. produce,** o **products,** productos agrícolas o de campo. **II.** *va.* cultivar, labrar la tierra; arrendar, tomar en arriendo.—**to f. out,** dar en arrendamiento.
farmer [-œ(r)], *s.* labrador, labriego, granjero, campesino, colono, agricultor, hacendado.
farmerette [-ét], *s.* (fam.) agricultora, labradora.
farmhouse [-hauṣ], *s.* alquería, quintería, granja.
farming [-įŋ]. **I.** *s.* cultivo, labranza; agricultura; recaudación o arrendamiento de contribuciones o rentas. **II.** *a.* agrícola; de labranza.
farmstead [-sted], *s.* alquería y sus dependencias, cortijo, cortijada, granja.
farmyard [-yard], *s.* corral de una granja.
faro [férou], *s.*, faraón o golfo (juego de naipes).
farrago [fąrágou], *s.* fárrago, broza.
farrier [fǽrįœ(r)], *s.* herrador; mariscal, albéitar. —**f.'s parer,** pujavante.
farriery [-rį], *s.* herrería; albeitería, veterinaria.
farrow [fǽrou]. **I.** *s.* lechigada de puercos. **II.** *a.* horra; machorra. **III.** *va.* y *vn.* parir (apl. a la puerca).
farseeing [fársíįŋ], *a.* que ve a gran distancia; previsor, precavido.
farsighted [fársáįtįd], *a.* présbite; presciente, perspicaz.
farsightedness [-nįs], *s.* presbicia; hipermetropía, vista cansada; perspicacia.
farther [fárðœ(r)]. **I.** *adv.* más lejos, a mayor distancia; más adelante; además de, demás de, ulteriormente.—**f. on,** más adelante. **II.** *a.* más lejano; ulterior, más alejado.
farthermost [-mouṣt], *a.* más lejano o remoto.
farthest [fárðįst]. **I.** *a.* (*super.* de FAR) más lejano o remoto; más largo o extendido. **II.** *adv.* más lejos, a la mayor distancia.
farthing [fárðįŋ], *s.* cuarto de penique; ardite, blanca.
farthingale [-geįl], *s.* verdugado, guardainfante.
fasces [fǽsiz], *s. pl.* fasces, *f. pl.*
fascia [fǽŝįą], *s.* (anat.) aponeurosis; (cir.) faja, venda; (arq.) faja, imposta; (astr.) faja alrededor de un planeta.
fascial [-l], *a.* (anat.) fascial, aponeurótico.
fasciate(d [fǽŝįeįt(įd], *a.* fajado, vendado.
fasciation [fæŝįéįŝǫn], *s.* vendaje.
fascicle [fǽsįkl], *s.* racimo, manojo; hacecillo; fascículo, entrega de una publicación; (anat.) fascículo; (bot.) glomérulo.
fascicular [fæsíkyųlą(r)], *a.* fascicular, fasciculado.
fascinate [fǽsįneįt], *va.* fascinar, hechizar.—**fascination** [-éįŝǫn], *s.* fascinación, hechizo.—**fascinating** [-įŋ], *a.* fascinador, hechicero.
fascine [fæsín], *s.* (fort.) fajina; haz, *m.*
Fascism [fǽŝįzm], *s.* fascismo.—**Fascist** [-ist], *s.* y *a.* fascista.
fashion [fǽŝǫn]. **I.** *s.* moda, estilo; elegancia, buen tono; forma, figura, hechura; modo, manera; gente (*f.*) de buen tono, alta sociedad. —**f. plate,** figurín, ilustración (grabado) de modas.—**f. shop,** tienda de modas.—**after a f.,** hasta cierto punto, en cierto modo; así así. —**in f.,** de moda.—**in the f. of,** a la moda de. —**out of f.,** fuera de moda, de moda vieja, pasado.—**to be in f.,** estar de moda, estilarse, usarse.—**to be the f.,** ser (de) moda. **II.** *va.* formar; adaptar; idear, inventar.
fashionable [-ąbl]. **I.** *a.* ajustado a la moda; de moda; elegante, de buen tono; que está en boga. **II.** *s.* lechuguino, currutaco.—**fashionableness** [-nįs], *s.* gentileza, elegancia, buen tono.—**fashionably** [-ąblį], *adv.* a la moda.
fashionmonger [-mʌŋgœ(r)], *s.* petimetre.
fast [fæst]. **I.** *vn.* ayunar, hacer abstinencia. **II.** *s.* ayuno, abstinencia, vigilia; inedia; (mar.) lazo, amarra, cable.—**f. day,** día de ayuno, etc.—**to break one's f.,** romper el ayuno; desayunar. **III.** *a.* firme, seguro, fuerte; fijo, inmoble, estable; apretado; invariable; constante, fiel; indeleble, duradero, profundo (sueño); veloz, ligero, rápido; adelantado (reloj); gastador, pródigo; disoluto.—**f. and loose,** tira y afloja; inconstante.—**f. color,** color fijo o indeleble. —**f. friend,** amigo seguro.—**f. knot,** nudo apretado, firme.—**to be f.,** adelantar (un reloj). —**to make f.,** = TO FASTEN. **IV.** *adv.* fuertemente, firmemente; estrechamente, apretadamente; duraderamente; para siempre; profundamente; aprisa, rápidamente.—**f. by,** cerca de, junto a.
fasten [fǽsn]. **I.** *va.* afirmar, asegurar, fijar, sujetar; ligar, pegar; echar el cerrojo, aldaba, etc., a; atar, amarrar; (mar.) trincar, abadernar; trabar, unir; abrochar.—**to f. a door,** cerrar una puerta.—**to f. in,** clavar, hincar.—**to f. one's eyes on,** fijar los ojos en.—**to f. on,** o **upon,** fijar en; imputar a.—**to f. with pegs, rivets, screws,** atarugar, remachar, atornillar. **II.** *vn.* fijarse, establecerse; agarrarse, asirse, pegarse.
fastener [-œ(r)], *s.* el que afirma o asegura; sujetador, asegurador, pasador, cerrojo, falleba, tarabilla; escarpiador; fiador; afianzador.
fastening [-įŋ], *s.* artefacto de afianzar, unir o trabar; afianzador; traba; clavazón, *f.*; unión, ligazón, *f.*, atadura, cierre, cerradura, abrochamiento; (mar.) encapilladura, amarradura.
faster [fǽstœ(r)], *s.* ayunador.

fastidious [fæstídiʌs], *a.* descontentadizo; despreciativo; melindroso, remilgado, mimoso, quisquilloso, dengoso.—**fastidiously** [-li], *adv.* melindrosamente.—**fastidiousness** [-nis], *s.* melindre(ría), dengue.
fastigiate [fæstídžieit], *a.* ahusado, de lados o flancos convergentes; (bot.) fastigiado.
fastigium [-džiʌm], *s.* (arq., etc.) fastigio; frontón.
fasting [fǽstiŋ], *s.* ayuno, abstinencia.—**to be f.,** estar en ayunas.
fastness [fǽstnis], *s.* firmeza, fijeza, solidez; fuerza; fortaleza, plaza fuerte; guájar, *mf.*, guájaras, *f. pl.*, fragosidad (de una sierra); celeridad, velocidad, rapidez; disipación, libertinaje.
fat [fæt]. **I.** *a.* gordo; corpulento, obeso; craso, grasiento, graso, mantecoso, pingüe; resinoso; tosco, lerdo, grosero; opulento, rico; ganancioso, provechoso, lucrativo; pura (cal); fértil (tierra); (impr.) ancho, abierto, claro. **II.** *s.* gordo, gordura; grasa, graso; manteca, sebo; lo más rico o provechoso de alguna cosa. **III.** *va.* y *vn.* engordar.
fatal [féital], *a.* fatal; inevitable; mortal, mortífero, letal; funesto. *V.* FATEFUL.—**the f. sisters,** (mit.) las parcas.
fatalism [-izm], *s.* (filos.) fatalismo.—**fatalist** [-ist], *s.* fatalista.—**fatalistic** [-ístik], *a.* fatalista.
fatality [feitǽliti], *s.* fatalidad, predestinación; desgracia, infortunio; muerte, *f.*
fatally [féitali], *adv.* fatalmente; mortalmente.
fatalness [-nis], *s.* fatalidad.
fate [féit], *s.* hado, destino, sino; suerte, *f.*, fortuna, estrella; parca; muerte, *f.*, ruina.—**fated** [-id], *a.* predestinado; fatal, aciago.
fateful [-ful], *a.* fatal, funesto; ominoso.
fathead(ed) [fǽthɛd(id], *s.* y *a.* lerdo, estúpido.
father [fáðœ(r)]. **I.** *s.* padre; Dios padre; (igl.) padre (religioso, sacerdote, etc.); autor, creador o inventor de algo.—**f. confessor,** confesor, padre espiritual.—**f.-in-law,** suegro. **II.** *va.* engendrar, procrear, producir; apadrinar, prohijar, reconocer o adoptar como hijo; tratar como hijo.—**to f. on, o upon,** achacar, imputar, atribuir a.
fatherhood [-hud], *s.* paternidad.
fatherland [-lænd], *s.* (madre) patria, tierra natal.
fatherless [-lis], *a.* huérfano de padre; sin padre conocido o responsable ante la ley.
fatherlike [-laik]. **I.** *a.* como padre, con afecto paternal. **II.** *adv.* paternalmente.
fatherliness [-linis], *s.* ternura o amor paternal.
fatherly [-li]. **I.** *a.* paternal, paterno. **II.** *adv.* paternalmente.
fathom [fǽðom]. **I.** *s.* (mar.) braza; toesa; alcance. **II.** *va.* sondar, sondear; profundizar, examinar a fondo, tantear; penetrar en, desentrañar, escudriñar.
fathomable [-abl], *a.* sond(e)able, penetrable.
fathomless [-lis], *a.* insondable; impenetrable.
fatidic(al) [fætídik(al], *a.* fatídico.
fatigue [fatíg]. **I.** *s.* fatiga, cansancio; (mec.) pérdida de resistencia por esfuerzos continuos; (mil.) faena, fajina (ll. t. **f. duty**).—*pl.* (mil.) traje de faena. **II.** *va.* y *vn.* fatigar(se), cansar(se), rendir(se).
fatigued [-d], *a.* fatigado, cansado.
fatling [fǽtliŋ], *s.* cebón, ceboncillo; animal de ceba o de engorde.
fatly [fǽtli], *adv.* corpulentamente.
fatness [fǽtnis], *s.* gordura, gordo, grasa, graso o graseza, pinguosidad; fertilidad, fecundidad.
fatten [fǽtn]. **I.** *va.* engordar, cebar; (agr.) abonar, fecundar, engrasar. **II.** *vn.* engordar, echar carnes, engrosarse; medrar, prosperar.
fattening [-iŋ]. **I.** *a.* engordador. **II.** *s.* ceba, engorde (del ganado).
fattiness [fǽtinis], *s.* gordura.
fattish [fǽtiš], *a.* gordi(n)flón, regordete; grasoso.
fatty [fǽti], *a.* craso, gras(ient)o; (fam.) gordi(n)flón; (quím.) graso; (med.) grasoso, adiposo.—**f. acid,** ácido graso.—**f. degeneration,** degeneración grasosa.—**f. tissue,** tejido adiposo.—**f. tumor,** lipoma, *m.*
fatuity [fatiúiti], *s.* fatuidad.
fatuous [fǽchuʌs], *a.* fatuo, insensato, necio, presumido; ilusorio, vacío.
fauces [fósiz], *s. pl.* (anat.) fauces, *f. pl.*
faucet [fósit], *s.* espita, canilla, llave, *f.*, grifo.
faugh [fɔ], *interj.* ¡fo! ¡puf! ¡bah! ¡quita allá!
fault [fólt]. **I.** *s.* falta, culpa, yerro; defecto, tacha, pero, imperfección, falla, lunar; pérdida del rastro por los perros de caza; (geol.) falla; (elec.) fuga de corriente.—**at f.,** equivocado; culpable, responsable; extraviado; perplejo.—**in f.,** culpable, responsable.—**to a f.,** excesivamente, con exceso.—**to find f. with,** culpar; hallar defecto en. **II.** *va.* (geol.) producir falla en. **III.** *vn.* (geol.) quebrar, produciendo falla.
faultfinder [-faindœ(r)], *s.* censurador, criticón; reparón; persona quejumbrosa.
faultfinding [-iŋ]. **I.** *s.* crítica por manía; manía de criticar. **II.** *a.* criticón, caviloso.
faultily [-ili], *adv.* defectuosamente, erradamente.—**faultiness** [-inis], *s.* culpa; vicio, defecto.—**faultless** [-lis], *a.* sin tacha, sin pero, impecable, perfecto.—**faultlessly** [-li], *adv.* inculpadamente; perfectamente.—**faultlessness** [-nis], *s.* perfección; inculpabilidad.
faulty [-i], *a.* defectuoso, imperfecto; culpable.
faun [fɔn], *s.* (mit.) fauno.
fauna [fónä], *s.* (zool.) fauna.
fauteuil [foutœy], *s.* (fr.) sillón, poltrona; silla presidencial (de una academia, etc.); condición de académico (en Francia).
favonian [feivóunian], *a.* favorable, próspero.
favor [féivo(r)]. **I.** *va.* hacer un favor; agraciar, favorecer, preferir, privilegiar; mirar con favor, apoyar, patrocinar, sufragar; facilitar, contribuir a, conducir a; usar con cuidado o precaución; (fam.) asemejarse, parecerse a. **II.** *s.* favor; fineza, cortesía; preferencia, favoritismo; protección, auspicio, apoyo; mitigación, lenidad o condescendencia; permiso o licencia; acomodación, facilitación; obsequio, agasajo; (com.) carta, grata, atenta.—**in f. of,** a favor de; (com.) pagadero a.—**to be in f. with,** disfrutar del favor o tener el apoyo de.—**to lose f.,** caer en desgracia.
favorable [-abl], *a.* favorable, propicio.
favorableness [-nis], *s.* agrado, benignidad; calidad de favorable.—**favorably** [-abli], *adv.* favorablemente, benignamente.
favored [-d], *a.* favorecido; valido; encarado.—**ill (well)-f.,** mal (bien) encarado o parecido.
favorite [-it]. **I.** *a.* favorito, predilecto, preferido. **II.** *s.* favorito, privado, protegido, valido.
favoritism [-izm], *s.* favoritismo; privanza.
favus [féivʌs], *s.* (med.) favo, tiña.
fawn [fón]. **I.** *s.* (zool.) cervato, cervatillo; color del cervato. **II.** *vn.* parir la cierva; acariciar, halagar; popar, adular.
fawner [-œ(r)], *s.* adulador, adulón.
fawning [-iŋ], *s.* adulación, servilismo.
fawningly [-li], *adv.* servilmente.
fay [fei]. **I.** *s.* empalme, unión; (ant.) fe, *f.*; hada, duende. **II.** *va.* y *vn.* (mar.) unir, empalmar, juntar estrechamente (maderos); cuadrar, ajustar bien una pieza con otra.
faze [feiz], *va.* (fam.) perturbar, desconcertar.
fealty [fíalti], *s.* homenaje, fidelidad, lealtad.
fear [fír]. **I.** *s.* temor, miedo, pavor, recelo; asombro.—**for f.,** por temor o miedo de.—**to be in f.,** tener miedo. **II.** *va.* y *vn.* temer, recelar.
fearful [-ful], *a.* medroso, miedoso; tímido, encogido; horrendo, espantoso, terrible; imponente, que inspira reverencia o temor respetuoso.—**fearfully** [-i], *adv.* temerosamente; terriblemente; (fam.) sumamente.—**fearfulness** [-nis], *s.* temor, miedo; calidad de espantoso, etc.
fearless [-lis], *a.* intrépido; sin temor; desaprensivo.

fearlessly [-lį], *adv.* intrépidamente, sin miedo.
fearlessness [-nįs], *s.* intrepidez, arrojo.
fearsome [-sʌm], *a.* temible, espantoso; tímido, miedoso, asustado.
feasance [fíząns], *s.* (for.) cumplimiento.
feasibility [fizįbílįtį], *s.* posibilidad.
feasible [fízįbl], *a.* factible, hacedero, practicable, agible, viable.—**feasibleness** [-nįs], *s.* factibilidad, calidad de factible, etc.—**feasibly** [-blį], *adv.* de modo factible.
feast [físt]. **I.** *s.* fiesta; festejo, función; banquete; (fam.) comilona.—**f. day,** día (*m.*) de fiesta. **II.** *va.* festejar, banquetear, agasajar; regalar, recrear, deleitar. **III.** *vn.* comer opíparamente; gozarse, deleitarse.
feaster [-œ(r)], *s.* goloso; festejador.
feat [fit], *s.* hecho, acción; hazaña, proeza; valentía; juego de manos.—*pl.* suertes, *f. pl.*
feather [féðœ(r)]. **I.** *s.* pluma; plumaje; género, clase, *f.*; (mec.) cuña, rayo; nervio, refuerzo de eje; (carp.) lengüeta, barbilla.—**f. bed,** colchón de plumas, plumón.—**f. duster,** plumero. —**f. joint,** (carp.) encaje de barbilla y farda.—**f. key,** cuña de corredera.—**f. pillow,** edredón. —**a f. in one's cap,** un timbre para uno, un triunfo de uno.—**in high f.,** vivo, alegre.—**to cut a f.,** (mar.) cortar el agua, navegar con rapidez; estar hecho un brazo de mar.—**to show the white f.,** volver las espaldas, huir. **II.** *va.* emplumar, cubrir o adornar con plumas o algo parecido; volver la pala del remo al sacarla del agua, poniéndola casi horizontal; (aer.) colocar las aspas (de una hélice) en dirección de la marcha, colocar las aspas en banderola; (carp.) machihembrar. **III.** *vn.* cubrirse de plumas; saltar o cristalizarse un líquido en forma de plumas.—**to f. one's nest,** hacer su agosto; sacar tajada, cuidar de sí.
featherbone [-boụn], *s.* imitación de ballena para corsés, etc.
featherbrain [-breįn], *s.* imbécil, tonto, casquivano.
feathered [-d], *a.* plumado; alado, (poét.) penígero; emplumado.—**f. game,** caza de pluma.—**f. tribe,** los pájaros.
featheredged [-ɛdžd], *a.* en bisel, achaflanado.
feathering [-įŋ]. **I.** *s.* acto o efecto de emplumar(se); plumaje; (mús.) uso delicado del arco de violín. **II.** *pa.*—**f. float** o **paddle,** (hidr.) álabe o paleta movible.—**f. wheel** (o **screw**), rueda (o hélice, *f.*) de paletas movibles.
featherless [-lįs], *a.* desplumado; implume.
featherstitch [-stįch], *s.* (cost.) punto de espina o de París; punto ruso.
featherweight [-weįt], *a.* y *s.* ligero de peso; de escasa importancia; (dep.) peso pluma.
feathery [-į], *a.* plumado, plúmeo, plumoso.
feature [fíchụ(r)]. **I.** *s.* rasgo, facción o carácter distintivo; lo más notable o conspicuo; (teat.) pieza o película principal.—*pl.* facciones, fisionomía, semblante, rostro; lineam(i)ento, aspecto. **II.** *va.* hacer conspicuo, dar importancia a; (fam.) asemejarse, parecerse a.
featured [-d], *a.* formado, cincelado; encarado; anunciado de modo conspicuo.
featureless [-lįs], *a.* sin rasgos o facciones característicos.
febricity [fįbrísįtį], *s.* (med.) febricidad.
febrifacient [fɛbrįféįšęnt], **febrific** [fįbrífįk], *a.* que produce fiebre.
febrifugal [fįbrífyụgal], *a.* febrífugo.
febrifuge [fébrįfįudž], *a.* y *s.* (med.) **febrífugo.**
febrile [fíbrįl], *a.* (med.) febril.
February [fébruɛrį], *s.* febrero.
fecal [fíkąl], *a.* fecal.
feces [físiz], *s. pl.* heces, *f. pl.*, excrementos; inmundicias; sedimento, poso.
feckless [féklįs], *a.* fútil, inefectivo, débil, abatido.
fecula [fékyụlą̈], *s.* almidón, fécula.
feculence [fékyụlęns], *s.* feculencia; poso; heces, *f. pl.*—**feculent** [-ęnt], *a.* feculento; inmundo.
fecund [fíkʌnd], *a.* fecundo, fértil.—**fecundate** [-eįt], *va.* fecundar, fecundizar.—**fecundation** [-éįšọn], *s.* fecundación.—**fecundity** [fįkʌ́ndįtį], *s.* fecundidad; fertilidad, abundancia.
fed [fɛd], *pret.* y *pp.* de TO FEED.
federal [fédœrąl], *a.* federal.—**federalism** [-įzm], *s.* federalismo.—**federalist** [-įst], *a.* y *s.* federal(ista).—**federalization** [-įzéįšọn], *s.* federalización.—**federalize** [-aįz]. **I.** *va.* (con)federar, formar una federación de. **II.** *vn.* (con)federarse.
federate [fédœrįt]. **I.** *a.* (con)federado, aliado. **II.** [fédœreįt], *va.* = FEDERALIZE.—**federation** [-éįšọn], *s.* (con)federación, liga.—**federative** [-eįtįv], *a.* federativo.
fedora [fįdóụrą̈], *s.* (sombrero de) fieltro.
fee [fi]. **I.** *s.* honorarios; derechos; gajes, emolumentos, estipendio; retribución, gratificación, propina; cuota de ingreso en un club, etc.; feudo; (for.) bienes, hacienda de patrimonio.—**f. farm,** dominio útil.—**f. simple,** dominio absoluto.—**f. tail,** herencia restringida a especificados herederos.—**in f.,** en propiedad. **II.** *va.* pagar, retribuir; dar propina; alquilar.
feeable [-ąbl], *a.* recompensable.
feeble [fíbl], *a.* débil; enfermizo, enclenque; flojo, endeble; tenue, delicado.—**f.-minded,** de inteligencia subnormal; irresoluto, vacilante. —**f.-mindedness,** inteligencia subnormal; irresolución.
feebleness [-nįs], *s.* debilidad, endeblez, flaqueza, flojedad.—**feebly** [fíblį], *adv.* débilmente.
feed [fíd]. **I.** *va.* (*pret.* y *pp.* FED) alimentar, nutrir, dar de comer a; pensar, dar (un) pienso (al ganado); mantener; (mec.) alimentar; avanzar. —**to be fed up on** o **with,** (fam.) estar harto o hastiado de. **II.** *vn.* comer; pacer, pastar (el ganado).—**to f. on,** o **upon,** alimentarse de. **III.** *s.* forraje, pienso; comida; alimentación; (mec.) avance.—**f. bag,** morral.—**f. cock** o **tap,** grifo de alimentación, llave (*f.*) de llenar. —**f. door,** (fund.) puerta de carga o de alimentación.—**f. pipe, pump, roll, valve,** etc., tubo, bomba, rodillo, válvula, etc., de alimentación.—**f. rack,** pesebre, comedero.—**f.-water heater,** (m. v.) recalentador de agua de alimentación.—**f. wire,** (elec.) alimentador.
feedback [-bæk], *s.* (elec.) realimentación; (electrón.) retroacción.
feeder [-œ(r)], *s.* alimentador; cebador (de ganado); comedor (el que come); gorrista, parásito; afluente de un río; (f. c.) ramal tributario o alimentador; (elec., mec.) alimentador.
feedhead [-hɛd], *s.* (m. v.) depósito de alimentación; (fund.) canal de mazarota. *V.* SPRUE.
feeding [-įŋ]. **I.** *s.* alimentación; forraje, pasto; cebadura, alimento. **II.** *a.* alimenticio, de alimentación.—**f. bottle,** biberón, (Am.) mamadera.—**f. device,** (mec.) aparato de alimentación.—**f. dish,** o **trough,** comedero.
feedstuff [-stʌf], *s.* alimentos **para ganado,** forraje (en su sentido general).
feel [fíl]. **I.** *va.* (*pret.* y *pp.* FELT) sentir; experimentar, percibir; tocar, tentar, palpar, manosear (a veces con **of**); tomar (el pulso); examinar.—**to f. in one's bones,** tener uno fuerte presentimiento de, decírselo a uno el corazón.—**to f. one's oats,** estar vivaracho; engreírse.—**to f. one's way,** ir a tientas; proceder con tiento.—**to f. out,** sond(e)ar.—**to f. the effects of,** resentirse de. **II.** *vn.* sentirse, encontrarse, hallarse; ser (áspero, etc.) al tacto, estar, producir la sensación de (vg. *this feels rough,* esto está áspero, o es áspero al tacto; *the room feels warm,* el cuarto está caliente).—**to f. angry, happy,** etc., estar enfadado, contento, etc.—**to f. ashamed, joyous,** etc., avergonzarse, alegrarse, etc.—**to f. bad,** sentirse mal; estar triste, entristecerse; (con **about**), lamentar, sentir.—**to f. cold, hot, warm,** tener frío, mucho calor; (con *it* por sujeto) hacer frío, etc.—**to f. for,** condolerse de; buscar tentando.—**to f. hungry, thirsty,**

tener hambre, *f.*, sed.—**to f. like (having o doing)**, apetecer, sentir deseos de, tener gana(s) de, querer (a veces se cambia el giro: *I feel like walking*, deseo andar; *I feel like a walk*, tengo gana de dar un paseo).—**how do you f.?**, ¿cómo está (o se siente) Vd.?—**how do you f. about it?**, ¿qué (tal) le parece a Vd.? ¿qué piensa u opina Vd. de ello? **III.** *s.* tacto, tocamiento; sensación, percepción.

feeler [-œ(r)], *s.* el que toca o palpa; probatura, tentativa, cebo; (ent., zool.) antena, tentáculo, palpo; (mec.) lámina calibradora.

feeling [-iŋ]. **I.** *s.* tacto, tocamiento, palpamiento; sensación, percepción; sentimiento, sentido, sentir, sensibilidad, emoción; ternura, compasión; calor, pasión; opinión, presentimiento, sospecha.—**to hurt one's feelings,** herir el amor propio, tocar en lo vivo. **II.** *a.* sensible, tierno; conmovedor.

feelingly [-li], *adv.* expresiva o vivamente; sensible o conmovidamente; tiernamente.

feet [fít], *s. pl.* de FOOT.

feign [féin], *va.* y *vn.* fingir, pretender, aparentar; (di)simular; inventar, idear o imaginar.

feignedly [-idli], *adv.* fingidamente.

feigner [-œ(r)], *s.* fingidor.—**feigning** [-iŋ], *s.* fingimiento.—**feigningly** [-li], *adv.* fingidamente.

feint [feint]. **I.** *s.* ficción, disimulación, treta, artificio; (esgr.) finta; (mil.) ataque fingido o simulado. **II.** *vn.* hacer finta.

fel(d)spar [fél(d)spar], **feldspath** [-spæθ], *s.* (min.) feldespato.—**feldspathic** [-spǽθik], *a.* feldespático.

felicitate [filísiteit], *va.* felicitar, cumplimentar.

felicitation [-téiŝon], *s.* felicitación, enhorabuena.

felicitous [-tʌs], *a.* feliz, dichoso; bienaventurado; oportuno.—**felicitously** [-li], *adv.* felizmente; con oportunidad.—**felicity** [-ti], *s.* felicidad, bienaventuranza, dicha; ocurrencia oportuna.

Felidæ [fílidi], *s. pl.* (zool.) félidos, felinos.

feline [fílain], *a.* y *s.* gatuno, gatesco; felino.

fell [fɛl]. **I.** *s.* (cost.) sobrecostura; remate del tejido; pelo, vello; pellejo; cuero, piel, *f.*; páramo, erial; mineral fino. **II.** *a.* cruel, fiero, feroz; mortífero; destructor. **III.** *pret.* de TO FALL. **IV.** *va.* derribar, tumbar, cortar; acogotar (las reses); (cost.) sobrecargar, sobrecoser. —**to f. trees,** desmontar, talar.

fellah [félä], *s.* en Oriente, patán, labriego.

feller [félœ(r)], *s.* el o lo que derriba, etc.; máquina taladora; pieza accesoria de una máquina de coser para hacer sobrecosturas.

felling [féliŋ], *s.* tala (de árboles), desmonte.

fellmonger [félmʌŋgœ(r)], *s.* mercader de pieles.

felloe [félou], *s.* pina (de rueda).

fellow [félou]. **I.** *a.* asociado; compañero de o en (cambiando un poco el giro; vg.: *fellow sufferer*, compañero en el sufrimiento); parejo, correspondiente.—**f. boarder,** compañero de pupilaje, comensal.—**f. citizen,** conciudadano.—**f. countryman,** compatriota, *m.*—**f. feeling,** simpatía, compasión, interés común.—**f. laborer,** colaborador.—**f. man, being,** o **creature,** prójimo, semejante.—**f. member,** compañero, colega, *mf.*—**f. partner,** consocio. —**f. scholar, f. student,** condiscípulo.—**f. traveler,** compañero de viaje; (pol.) correligionario, simpatizante.—Este adjetivo entra en la composición de otros vocablos y denota igualdad o compañerismo. **II.** *s.* compañero, camarada, *mf.*; igual: pareja; becario, becado; miembro (de un colegio, sociedad, etc.); (fam.) hombre, sujeto, tipo.—**a good f.**, (fam.) buen tipo, buen chico; desprendido.—**best f.**, (fam.) novio.

fellowship [-ŝip]. **I.** *s.* confraternidad, compañerismo; coparticipación; asociación, mancomunidad; compañía, cuerpo, sociedad; colegiatura, plaza pensionada; beca.—**f. holder,** becario, becado.—**good f.**, espíritu de paz o concordia. **II.** *va.* y *vn.* admitir, aceptar o unirse con otros en sociedad.

felly [féli], *s.* = FELLOE.

felly, *adv.* cruelmente, ferozmente.

felo-de-se [fílodisí], *s.* (for.) suicida, *mf.*

felon [félon]. **I.** *s.* reo, criminal, felón; (med.) uñero, panadizo. **II.** *a.* malvado, criminal; traidor.

felonious [fɛlóuniʌs], *a.* felón, criminal; malvado, perverso.—**feloniously** [-li], *adv.* criminalmente; malvadamente.

felony [féloni], *s.* felonía, crimen, delito.

felsite [félsait], *s.* (petr.) petrosílice, *f.*

felt [félt]. **I.** *s.* fieltro. **II.** *pp.* y *pret.* de TO FEEL. **III.** *va.* hacer fieltro; cubrir con fieltro.

felting [-iŋ], *s.* materiales para hacer fieltro; fieltro; (carp.) acción de rajar o aserrar al hilo.

felucca [fɛlʌ́kä], *s.* (mar.) falucho.

female [fímeil]. **I.** *s.* hembra (mujer, animal o planta del sexo femenino). **II.** *a.* hembra; femenino; (bot.) pistilado, que tiene pistilos.—**f. dog, donkey,** etc., perra, burra, etc.—**f. fern,** helecho hembra.—**f. fish,** pez hembra.—**f. screw,** hembra de tornillo, tuerca.—**f. writer,** escritora.

feme [fɛm], *s.* (for.) mujer.—**f. covert,** mujer casada.—**f. sole,** soltera; mujer que vive sola.

feminality [fɛminǽliti], **femineity** [fɛminíiti], *s.* femineidad; calidad de femenino.

feminine [féminin]. **I.** *a.* femenino, femenil femíneo; mujeril; mujeriego; afeminado, (gram.) femenino. **II.** *s.* (gram.) (género) femenino.

femininity [fɛminíniti], *s.* calidad o estado de femenino; el bello sexo.

feminism [féminizm], *s.* caracteres femeninos; (pol.) feminismo; (med.) caracteres femeninos en el macho.—**feminist** [-ist], *s.* y *a.* (pol.) feminita.

feminize [-aiz], *va.* y *vn.* afeminar(se).

femoral [fémoral], *a.* (anat.) femoral.

femur [fímœ(r)], *s.* (anat.) fémur.

fen [fɛn], *s.* marjal, pantano, fangal.—**f. cress,** (bot.) berro pantanoso.—**f. duck,** ánade silvestre.—**f. fire,** fuego fatuo.

fence [féns]. **I.** *s.* cerca, cerc(ad)o, valla, vallado; estacada, palizada; seto; defensa, reparo; esgrima; comprador de efectos robados; (mec.) guarda, guía, resguardo.—**f. month** o **season,** tiempo de veda.—**f. rail** o **stake,** várgano.—**to be on the f.**, estar indeciso. **II.** *va.* (a menudo con *in*), cercar, vallar; defender, guardar, custodiar. **III.** *vn.* esgrimir, pelear; disputar, defenderse con respuestas evasivas; saltar cercas (un caballo).

fencer [-œ(r)], *s.* esgrimidor, esgrimista, floretista; cercador; caballo ágil para saltar cercas.

fencible [-ibl], *a.* (Esco.) defendible.

fencing [-iŋ], *s.* esgrima; esgrimidura; habilidad en el debate; materiales para cercas; valladar. —**f. bout,** asalto de armas.—**f. foil,** florete.—**f. master,** maestro de esgrima.—**f. school,** escuela de esgrima.

fend [fénd]. **I.** *va.* (con **off**) parar, apartar, rechazar. **II.** *vn.* esgrimir; resistir, resguardarse (de).—**to f. for one's self,** valerse, mirar por sí.

fender [-œ(r)], *s.* guardafuegos de chimenea francesa; (mar.) defensas, andullo, pallete; (aut., carr., etc.) alero, guardalodos, guardafango.—**f. bar,** o **f. rail,** batayola.—**f. beam,** espolón.—**f. pile,** pilote de protección.—**f. stone,** marmolillo.

fenestella [fɛnɛstélä], *s.* ventanilla.

fenestra [finésträ], *s.* (anat.) ventana (del oído, etc.); orificio a modo de ventana; (ent.) mancha transparente de un órgano fenestrado.—**f. ovalis,** ventana oval.—**f. rotunda,** ventana redonda.—**fenestral** [-l], *a.* relativo a la estructura fenestrada; a modo de ventana.—**fenestrate** [finéstreit], *a.* fenestrado.

fenestration [fɛnɛstréiŝon], *s.* (arq.) ventanaje.

Fenian [fínian], *s.* y *a.* feniano.—**Fenianism** [-izm], *s.* fenianismo.

fennec [fénįk], *s.* (zool.) feneco, zorro africano.
fennel [fénęl], *s.* (bot.) hinojo.—**f. flower,** neguilla, ajenuz, *m.*—**f. giant,** cañaheja.
fenny [fénį], *a.* palustre, pantanoso.
fenugreek [fényųgrik], *s.* (bot.) fenogreco, alholva.
feod, feodal, feodary [fįúd, -ąl, -ąrį], etc. *V.* FEUD, etc.
feoff [fɛf *o* fif]. **I.** *va.* (for.) enfeudar. **II.** *s.* feudo.
feoffee [fɛfí], *s.* feudatario.
feoffer, feoffor [féfœ(r)], *s.* el que enfeuda.
feoffment [féfmęnt], *s.* (for.) feudo.
feral [fírąl], *a.* feral; salvaje; silvestre; fúnebre.
feria [fírįä], *s.* feria; fiesta; (igl.) feria.—*pl.* **feriæ,** (hist.) días de fiestas.
ferial [fírįal], *a.* (igl.) ferial.
ferine [fírąįn]. **I.** *a.* ferino, no domesticado; maligno. **II.** *s.* fiera.
ferment [fœrmént]. **I.** *va.* (hacer) fermentar; agitar; excitar, inflamar. **II.** *vn.* fermentar; rehervirse, revenirse; agitarse.
ferment [fœ́rmɛnt], *s.* fermento; levadura; fermentación, agitación.
fermentability [-ąbílįtį], *s.* fermentabilidad.—**fermentable** [-ąbl], *a.* fermentable.
fermentation [-éįšǫn], *s.* (quím.) fermentación; (fig.) efervescencia, agitación.
fermentative [-ątįv], *a.* fermentativo, fermentante.—**fermentativeness** [-nįs], *s.* calidad de fermentativo.
fermium [fœ́rmįʌm], *s.* (quím.) fermio.
fern [fœ́rn], *s.* (bot.) helecho, polipodio.
fernery [-œrį], *s.* lugar donde se crían helechos; helechal; puesto de helechos.
ferny [-į], *a.* abundante en helechos.
ferocious [fįróųšʌs], *a.* feroz, brutal, fiero, ferino. —**ferociously** [-lį], *adv.* ferozmente.—**ferociousness** [-nįs], **ferocity** [fįrásįtį], *s.* ferocidad, ensañamiento, fiereza salvaje.
ferrate [féręįt], *s.* (quím.) ferrato.
ferreous [férįʌs], *a.* férreo, ferrizo.
ferret [férįt]. **I.** *s.* (zool.) hurón; (vid.) ferrete; (cost.) listón, bocadillo, hiladillo, ribete; filadiz, *m.* **II.** *va.* (con **out**) indagar, averiguar; huronear, cazar con hurones.
ferriage, ferryage [férįįdž], *s.* bareaje, lanchaje, peaje.
ferric [férįk], *a.* (quím.) férrico.
ferricyanic [fɛrįsąįǽnįk], *a.* ferricianhídrico.
ferricyanide [-sáįąnąįd], *s.* (quím.) ferricianuro.
ferriferous [fɛrífęrʌs], *a.* ferrífero.
Ferris [férįs] **wheel,** *s.* rueda giratoria, estrella (usada en parques de diversione, ferias, etc.).
ferroalloy [fɛroąlǫ́į], *s.* aleación ferrosa.
ferrocalcite [-kǽlsąįt], *s.* (min.) ferrocalcita.
ferrochrome [férokroųm], **ferrochromium** [-króųmįʌm], *s.* ferrocromo, aleación de hierro y cromo.
ferroconcrete [-kánkrit], *s.* hormigón armado.
ferrocyanide [-sáįąnąįd], **ferroprussiate** [-prʌ́šįęįt], *s.* (quím.) ferrocianuro, ferroprusiato.
ferromagnetic [-mægnétįk], *a.* (fís.) ferromagnético.
ferromanganese [-mǽŋgąnis], **ferrosilicon** [-sílįkǫn], etc. *s.* ferromanganeso, ferrosilicio, etc., aleaciones de hierro y manganeso, silicio, etc.
ferrotype [-taįp], *s.* (fot.) ferrotipo.
ferrous [férʌs], *a.* (quím.) ferroso.
ferruginous [fɛrúdžįnʌs], *a.* ferruginoso; mohoso, aherrumbrado.
ferrule [féruļ], *s.* cuento, herrete, regatón, virola, casquillo; zuncho; marco de pizarra.
ferry [férį]. **I.** *va.* y *vn.* transportar de una a otra orilla; barquear; cruzar un río en embarcación; (aer.) transportar (tropas, etc.) por avión. **II.** *s.* medio de transporte a través de un río; paso, pasaje; embarcadero, balsadera; tra(n)sbordador; balsa.—**f. cable,** andarivel.
ferryboat [-boųt], *s.* barco o bote de paso (a través de un río).—**ferrying** [-iŋ], *s.* barqueo.—**ferryman** [-mąn], *s.* balsero, barquero; encargado de un paso (de río) o de un muelle de paso.
fertile [fœ́rtįl], *a.* fértil, fecundo, feraz.
fertilely [-į], *adv.* fértilmente, abundantemente.
fertileness [-nįs], **fertility** [fœrtílįtį], *s.* fertilidad.
fertilization [-įzéįšǫn], *s.* (biol.) fecundación; (agr.) fertilización, abono.—**fertilize** [-aįz], *va.* fertilizar, fecundar; abonar.—**fertilizer** [-œ(r)], *s.* (agr.) abono; fructificador.
ferula [féryųlä], *s.* (bot.) férula, cañaheja; cetro.
ferule [férųl]. **I.** *s.* férula, palmeta, palmatoria. **II.** *va.* dar palmetazos.
fervency [fœ́rvęnsį], *s.* ardor, calor; celo, devoción.
fervent [-ęnt], *a.* ferviente, fervoroso; fogoso, vehemente; hirviente, ardiente.—**fervently** [-lį], *adv.* fervorosamente.—**ferventness** [-nįs], *s.* ardor, fervor.
fervid [fœ́rvįd], *a.* férvido, ardiente, fogoso.
fervidity, fervidness [fœrvídįtį, fœ́rvįdnįs], *s.* = FERVENCY.—**fervor** [fœ́rvǫ(r)], *s.* fervor, devoción; ardor, calor, celo, vehemencia.
fescue [féskįu], *s.* puntero.—**f. grass,** (bot.) cañuela.
festal [féstąl], *a.* festivo; de fiesta, de fiestas.
fester [féstœ(r)]. **I.** *vn.* enconarse, ulcerarse, supurar. **II.** *va.* enconar. **III.** *s.* llaga, úlcera.
festival [féstįvąl]. **I.** *a.* festivo. **II.** *s.* fiesta, festival, festividad.
festive [féstįv], *a.* festivo, alegre, regocijado.
festivity [fɛstívįtį], *s.* regocijo, alegría, júbilo, alborozo; fiesta, festividad.
festoon [fɛstún]. **I.** *s.* festón, guirnalda. **II.** *va.* festonear.—**festooned,** o **festoony,** afestonado.
fetal, fœtal [fítąl], *a.* (embr.) fetal.
fetation [fitéįšǫn], *s.* fetación, gestación.
fetch [féch]. **I.** *va.* ir a buscar, ir por; traer; coger; aportar, cobrar (la caza); conseguir; producir, venderse por; derivar, sacar, deducir; llegar a; (fam.) fascinar, cautivar.—**to f. and carry,** servir dócilmente; chismear.—**to f. a pump,** cebar una bomba.—**to f. a sigh,** exhalar un suspiro.—**to f. down,** bajar, abatir, humillar. —**to f. in,** entrar o meter dentro; cercar; incluir.—**to f. one's breath,** tomar aliento.—**to f. out,** sacar a luz, hacer resaltar.—**to f. round,** (fam.) traer a un arreglo, convencer; (hacer) volver en sí.—**to f. up,** educar, criar; parar, detener; recuperar. **II.** *vn.* moverse, menearse; (mar.) arribar, llegar.—**to f. away,** (mar.) soltarse, dar tumbos. **III.** *s.* acto de ir a buscar o de traer; tirada, alcance; estratagema, treta; aparecido, fantasma, *m.*
fetcher [-œ(r)], *s.* el que va por algo.
fetching [-iŋ], *a.* (fam.) atractivo, encantador.
fete, fête [feįt]. **I.** *va.* festejar. **II.** *s.* fiesta.—**f. day,** día (*m.*) de fiesta; fiesta onomástica.
fetial [fíšąl], *s.* fecial.
fetich [fítįš], *s.* = FETISH.
feticidal [fitįsáįdąl], *a.* feticida.
feticide [fítįsaįd], *s.* (for.) feticidio; (med.) producción intencional del aborto.
fetid [fétįd], *a.* fétido, hediondo, maloliente.
fetidity [fɛtídįtį], **fetidness** [fétįdnįs], *s.* fetidez.
fetish [fítįš], *s.* fetiche.—**fetishism** [-įzm], *s.* fetichismo.—**fetishist** [-įst], *s.* fetichista.
fetlock [fétlak], *s.* cerneja del caballo, espolón; trabón.—**f. joint,** menudillo.
fetor [fítǫ(r)], *s.* hedor, fetor.
fetter [fétœ(r)]. **I.** *va.* engrillar, encadenar, trabar; impedir. **II.** *s.* traba, maniota, grillete, arropea, calceta; prisión.—**f. bone,** cuartilla. —*pl.* grillos, brete, cadenas; prisiones.
fetterless [-lįs], *a.* sin trabas; desenfrenado.
fetterlock [-lak], *s.* manea, maniota, trabón; cerneja.
fettle [fétl]. **I.** *va.* (fund.) poner brasca a. **II.** *s.* estado, condición.—**in fine f.,** en buena condición; de buen humor.
fettling [fétlįŋ], *s.* (fund.) brasca.
fetus, fœtus [fítʌs], *s.* (embr.) feto.
feud [fįúd], *s.* contienda, enemistad entre familias, tribus, clases, etc.; (for.) feudo.
feudal [-ąl], *a.* feudal.—**feudalism** [-ąlįzm], *s.*

feudalismo.—**feudality** [fi̯udǽli̯ti̯], *s.* feudalidad.—**feudalize** [fi̯údạlai̯z], *va.* enfeudar.
feudary [fi̯údạri̯]. I. *a.* feudal. II. *s.* vasallo: feudatario.—**feudatory** [fi̯údạtori̯], *a.* y *s.* vasallaje, feudo, feudatario.
feudist [fi̯údi̯st], *s.* (for.) feudista; (E. U.) el que lucha en contiendas o riñas. *V.* FEUD.
feuilleton [fœytón], *s.* folletín.
fever [fívœ(r)]. I. *s.* fiebre, *f.*; calentura; ventolera, pasión.—**f. blister, f. sore,** escupidura, fuegos en los labios. II. *va.* causar fiebre.
feverfew [-fi̯u], *s.* (bot.) matricaria.
feverish [-i̯ŝ], *a.* febril, febricitante, calenturiento; ardiente, ardoroso.
feverishly [-li̯], *adv.* febrilmente.
feverishness [-ni̯s], *s.* estado febril, calentura.
few [fi̯ú], *a.* y *pron.* o *s.* pocos; no muchos, contados.—**a f.,** (alg)unos, unos cuantos, unos pocos.—**in f.,** en una palabra.—**not a f.,** no pocos.—**quite a f.,** (fam.) bastantes, muchos.—**the f.,** la minoría, los menos.
fewer [-œ(r)], *a.* y *pron. comp.* de FEW: menos, no tantos.—**the f. the better,** cuantos menos mejor.—**fewest** [-i̯st], *a.* y *pron. super.* de FEW: menos.
fez [fɛz], *s.* fez, *m.*, gorro turco.
fiacre [fi̯ákœ(r)], *s.* coche de plaza.
fiancé [fi̯anséi̯], *s.* novio.—**fiancée,** *s.* novia.
fiasco [fi̯ǽskou̯], *s.* fiasco, fracaso; frasco, botella.
fiat [fái̯æt], *s.* fiat, orden, *f.*, mandato.—**f. money,** billetes sin respaldo ni garantía emitidos por un gobierno.
fib [fi̯b]. I. *s.* embuste, filfa, bola, trufa. II. *vn.* decir mentirillas, embustear, trufar.
fibber [-œ(r)], *s.* mentiroso, trapacero, trufador.
fiber, fibre [fái̯bœ(r)], *s.* fibra, hebra, hilaza, hilo, filamento.
fiberboard [-bɔrd], *s.* material de construcción hecho de fibras prensadas.
Fiberglas [-glæs], *s.* fibra de vidrio, cristal acrílico (marca de fábrica).
fiber sandal, *s.* alpargata.
fibriform [fái̯bri̯fɔrm], *a.* (de aspecto) fibroso.
fibril [fái̯bri̯l], *s.* fibrila, fibrilla, pelillo.
fibrillose [-ou̯s], *a.* fibriloso.
fibrin [fái̯bri̯n], *s.* (bioquím.) fibrina.—**fibrinogen** [fai̯brínodẑɛn], *s.* (bioquím.) fibrinógeno.
fibrinous [fái̯bri̯nʌs], *a.* fibrinoso.
fibrocartilage [fai̯brokárti̯li̯dẑ], *s.* (anat.) fibrocartílago.
fibroid [fái̯brɔi̯d], *a.* fibroideo, fibroso.
fibroid, fibroma [fai̯bróu̯mạ̈], *s.* (med.) fibroma, *m.*, tumor fibroso.
fibrous [fái̯brʌs], **fibrose** [fái̯brou̯s], *a.* fibroso.
fibula [fíbyu̯lạ̈], *s.* (anat.) peroné; imperdible; (arqueol.) fíbula, hebilla, a manera de imperdible.
fibular [-(r)], *a.* peróneo.
fichu [fi̯ŝu], *s.* pañoleta, fichú.
fickle [fíkl], *a.* voluble, inconstante, veleidoso.—**fickleness** [-ni̯s], *s.* inconstancia, veleidad.
ficoid(al [fái̯kɔi̯d, -kɔ́i̯dạl], *s.* y *a.* (bot.) ficoideo.
fictile [fíkti̯l], *a.* plástico; figulino.
fiction [fíkŝọn], *s.* ficción, invención; literatura novelesca; novela, mentira, embuste, fábula; (for.) ficción de derecho.
fictional [-ạl], *a.* novelesco.
fictionist [-i̯st], *s.* novelista.
fictitious [fi̯ktíŝʌs], *a.* ficticio, contrahecho; fingido; fabuloso.—**fictitiously** [-li̯], *adv.* ficticiamente.—**fictitiousness** [-ni̯s], *s.* calidad de ficticio.
fictive [fíkti̯v], *a.* fingido, ficticio, imaginario.
Ficus [fái̯kʌs], *s.* (bot.) higuera.
fid [fi̯d], *s.* barra de sostén; tarugo, cuña.
fiddle [fídl]. I. *s.* (fam.) violín; utensilio mecánico.—**f. block,** motón de poleas diferenciales.—**f. bow,** arco de violín.—**fit as a f.,** en buena condición física.—**to play first,** o **second, f.,** *V.* PLAY. II. *vn.* (fam.) tocar el violín; enredar, jugar nerviosamente con los dedos o manos, etc. III. *va.* (fam.) tocar en el violín; (con **away**) gastar ociosamente (el tiempo).
fiddlededee [-di̯dí]. I. *interj.* ¡qué simpleza! II. *s.* disparate.
fiddle-faddle [-fædl]. I. *s.* (fam.) bagatelas, frioleras; desatino, dislate; chismoso; persona frívola. II. *vn.* disparatar; ajetrearse con fruslerías.
fiddler [fídlœ(r)], *s.* violinista.
fiddlestick [fídlsti̯k], *s.* arco de violín; bagatela.—**fiddlesticks!** *interj.* ¡disparate!
fiddlestring [-stri̯ŋ], *s.* cuerda de violín.
fideicommissary [fai̯di̯ai̯kámi̯sɛri̯], *s.* y *a.* (for.) fideicomisario.—**fideicommissum** [-kọmísʌm], *s.* (for.) fideicomiso.
fidelity [fi̯déli̯ti̯], *s.* fidelidad; veracidad.
fidget [fídẑi̯t]. I. *va.* molestar, inquietar. II. *vn.* ajetrearse, afanarse, cazcalear. III. *s.* (gen. *pl.*) afán, agitación, inquietud, impaciencia.—**fidgety** [-i̯], *a.* inquieto, agitado.
fiducial [fi̯di̯úŝạl], *a.* fiduciario, de confianza; (mat.) fiducial.—**fiducially** [-i̯], *adv.* confiadamente; confidentemente.
fiduciary [fi̯di̯úŝi̯ɛri̯]. I. *a.* fiduciario; confidencial. II. *s.* (for.) fideicomisario, fiduciario.
fie! [fai̯], *interj.* ¡uf! ¡abrenuncio!
fief [fif], *s.* (for.) feudo.
field [fíld]. I. *s.* campo, campiña; (agr.) campo, sembrado, terreno cultivado; (mil.) campo de batalla; batalla, campaña; (ópt.) campo de un anteojo; (elec.) inductor; (magn.) campo magnético; (béisbol) jardín, campo (fuera del cuadro); (dep.) cancha, campo de juego; (dep.) colectividad de competidores en carreras, etc.; (dep.) todos los caballos que entran en una carrera aparte del favorito.—**to keep the f.,** mantenerse firme.—**to take the f.,** entrar o salir en campaña. II. *va.* (béisbol) parar y devolver la pelota. III. *vn.* (dep.) jugar situado en el campo (para interceptar la pelota). IV. *a.* campal; campestre, silvestre; (dep.) de o en el campo; (mil.) de campaña o de combate.
field artillery, *s.* (mil.) artillería rodada o de campaña.
field battery, *s.* (mil.) batería de campaña.
field day, *s.* día (*m.*) de ejercicios atléticos o militares.
fielder [-œ(r)], *s.* (dep.) jugador situado en el campo para interceptar le pelota.
fieldfare [-fɛr], *s.* (orn.) zorzal.
field glass, *s.* gemelos o anteojos de campaña.
field goal, *s.* (dep.) lanzamiento que vale dos puntos (baloncesto); pateadura que vale tres puntos (fútbol).
field gun, *s.* (mil.) cañón de campaña.
field hand, *s.* peón de campo.
field hockey, *s.* (dep.) hockey de campo.
field hospital, *s.* (mil.) hospital de primera sangre.
field kitchen, *s.* cocina de campaña.
field magnet, *s.* (elec.) imán inductor; (min.) imán para buscar hierro.
field marshal, *s.* (mil.) mariscal de campo.
field mouse, *s.* (zool.) ratón campestre.
field officer, *s.* (mil.) coronel, teniente coronel o comandante.
field of force, *s.* (fís.) campo de fuerza.
field of honor, *s.* campo del honor.
field of view, *s.* campo visual.
fieldpiece [-pis], *s.* (arti.) pieza de campaña.
field sports, *s.pl.* diversiones de la caza y la carrera.
field trip, *s.* excursión de estudios prácticos fuera de la clase.
field winding, *s.* (elec.) devanado o arrollamiento inductor.
fieldwork [-wœrk], *s.* (fort.) obras de campo.
field work, *s.* trabajo de campo o en el terreno.
fiend [fínd], *s.* espíritu malo, el demonio; furia, arpía; (fam.) monomaníaco, esp. morfinómano.—**fiendish** [-i̯ŝ], **fiendlike** [-lai̯k], *a.* diabólico, perverso, malvado.—**fiendishness** [-ni̯s], *s.* maldad, perversidad.
fierce [fírs], *a.* fiero, feroz; bárbaro, cruel; violento, furioso; vehemente, impetuoso.—**fiercely**

[-lį], *adv.* furiosamente, ferozmente.—**fierceness** [-nįs], *s.* fiereza, ferocidad.
fieri facias [fáįeraį féįšįas], *s.* (for.) auto ejecutorio.
fierily [fáįrįlį], *adv.* calurosa o ardientemente.
fieriness [-nįs], *s.* ardor, fogosidad, vehemencia.
fiery [fáįrį], *a.* ígneo; ardiente; encendido; vehemente, fogoso; feroz, furibundo.
fife [fáįf]. **I.** *s.* (mús. mil.) pífano, pito, flautín. **II.** *va.* y *vn.* tocar el pífano.
fifer [-œ(r)], *s.* (tocador de) pífano, pito.
fifteen [fįftín], *a.* y *s.* quince.
fifteenth [-θ], *a.* y *s.* décimoquinto; quince (ordinal); quinzavo.
fifth [fįfθ], *s.* y *a.* quinto; cinco (del mes); quinto de galón (licores).—**f. column,** quinta columna.—**f. columnist,** *a.* y *s.* quintacolumnista.—**f. wheel,** rodete; (fig.) supernumerario, persona o cosa superflua.
fiftieth [fíftįεθ], *s.* y *a.* quincuagésimo; cincuenta; cincuentavo.
fifty [fíftį], *a.* y *s.* cincuenta.—**f. f.,** (fam.) por igual, mitad y mitad.—**f.-f. solder,** soldadura de partes iguales de plomo y estaño.
fig [fįg], *s.* (bot.) higuera; higo; (fam.) ardite, comino, bledo.—**figpecker,** *s.* (orn.) becafigo.
fight [fáįt]. **I.** *va.* (*pret.* y *pp.* FOUGHT) pelear, combatir, reñir, luchar con; librar (una batalla); lidiar, sortear o correr (toros).—**to f. off,** rechazar.—**to f. out,** discutir, decidir por discusión; llevar la lucha hasta lo último, o hasta llegar a un resultado definitivo. **II.** *vn.* batallar, luchar, pelear, pugnar, reñir; torear, lidiar; hacer la guerra.—**to f. against odds,** luchar con desventaja.—**to f. for,** propugnar, luchar por.—**to f. shy of,** evadir. **III.** *s.* lucha, combate, lid, lidia; pelea, riña, pugna.—**to show f.,** mostrarse pugnaz, estar dispuesto a defenderse.
fighter [-œ(r)], *s.* guerrero; peleador; batallador; lidiador, luchador, combatiente; duelista, espadachín.—**f. plane,** avión (*m.*) de combate o de caza.
fighting [-įŋ]. **I.** *a.* aguerrido, combatiente, batallador; agresivo; luchador; pugnante.—**f. cock,** gallo de pelea.—**f. pit** o **ring,** reñidero.—**f.-top,** (mar.) cofa militar. **II.** *s.* combate, querella, riña, el pelear.
figment [fígmęnt], *s.* ficción, invención.
figuline [fígyųlįn], *s.* objeto figulino.
figural [fígyųrąl], *a.* que tiene figuras.
figurant(e) [fįgyųrænt], *s.* (teat. y fig.) figurante, figuranta; (teat.) comparsa.
figurate [fígyųreįt], *a.* figurado; (mús.) floreado, embellecido.
figuration [-éįšǫn], *s.* figuración; figura.
figurative [fígyųratįv], *a.* figurado, metafórico; florido.—**figuratively** [-lį], *adv.* figuradamente.—**figurativeness** [-nįs], *s.* calidad de figurativo.
figure [fígyų(r)]. **I.** *s.* figura; forma, hechura; talle; representación, imagen, *f.;* tipo; maniquí; distinción, papel, viso; (arit.) cifra, guarismo, número; (danz.) mudanza; (com.) precio, valor; (gram.) figura gramatical; (astrol.) horóscopo.—**f. dance,** baile de figuras o de cuenta.—**f. (of) eight,** circuito en forma de ocho.—**f. of speech,** figura, metáfora, trope, etc.—**f. skating,** patinaje artístico.—**to cut a f.,** descollar, hacer figura o viso. **II.** *va.* figurar, delinear, formar; adornar con figuras; representar, simbolizar; calcular.—**to f. out,** hallar por cálculo, resolver.—**to f. up,** computar, calcular, sumar. **III.** *vn.* figurar; (fam.) figurarse, imaginarse; calcular, hacer cuentas; (mús.) florear.—**to f. on,** contar con; tomar en consideración.
figured [-d], *pp.* y *a.* adornado, floreado, labrado.—**f. velvet,** terciopelo estampado.—**f. silk,** seda floreada.
figurehead [-hεd], *s.* caudillo nominal, figurón; figurante, figura decorativa; (mar.) mascarón o figurón de proa.
figurer [-œ(r)], *s.* calculista; modelador.
figurine [fįgyųrín], *s.* figurilla o imagen adornada con dorados o pintura.
figwort [fígwœrt], *s.* (bot.) escrofularia.
Fiji(an [fídži(ąn], *s.* habitante o lengua aborigen de las islas Fijí.—**Fijian,** *a.* de Fijí.
filament [fíląmęnt], *s.* filamento; hilacha.
filamentous, filamentose [fįląméntʌs, -oųs], *a.* filamentoso, hilachoso.
filar [fáįlą(r)], *a.* perteneciente al hilo; filiforme; que contiene hilos.—**f. microscope,** microscopio de ocular reticulado.
filaria [fįléįrįą], *s.* (zool.) filaria.
filarial [-l], *a.* (zool. y med.) filárico.
filariasis [fįląráįąsįs], *s.* filariasis.
filature [fíląchų(r)], *s.* hilandería; fábrica de hilados.
filbert [fílbœrt], *s.* avellana.—**f. tree,** avellano.
filch [fílch], *va.* ratear, hurtar, sisar, soplar.—**filcher** [-œ(r)], *s.* ratero, garduño, ladroncillo.
file [faįl]. **I.** *s.* lima; escofina; archivo; ensartapapeles; guardapapeles; legajo o colección ordenada de periódicos o documentos; actas, *f. pl.;* protocolo (de notario, etc.); fila, hilera; catálogo, lista.—**f. cabinet** o **case,** archivador, casillero, fichero.—**f. card,** limpialimas; ficha (de fichero).—**f. clerk,** archivero.—**f. cutter,** picador de limas.—**f.-hard,** a prueba de lima.—**f.-soft,** que puede ser limado. **II.** *a.* de archivo, de o para archivar. **III.** *va.* limar; archivar; ensartar, enhilar; acumular; presentar, registrar, asentar, anotar; protocolar. **IV.** *vn.* (mil.) marchar en filas.—**to f. off,** (mil.) desfilar.—**to f. out,** salir en fila, desfilar.
filefish [fáįlfįš], *s.* (ict.) lija.
filer [fáįlœ(r)], *s.* limador; archivero.
filet [fįléi *o* fílej] = FILLET.—**f. lace, cierto tipo** de encaje.
filial [fílyąl], *a.* filial.
filially [-į], *adv.* filialmente.
filiation [fįlįéįšǫn], *s.* filiación; adopción, prohijamiento; dependencia.
filibuster [fílįbʌstœ(r)]. **I.** *vn.* ser filibustero; (E. U.) obstruir la aprobación de leyes, etc., en un cuerpo legislativo. **II.** *s.* filibustero, pirata, *m.;* obstruccionista; ejemplo de obstruccionismo.—**filibusterism** [-įzm], *s.* filibusterismo; obstruccionismo.
filicide [fílįsaįd], *s.* filicidio; filicida, el o la que mata a su hijo.
filicinean [fįlįsínįąn], *a.* (bot.) filicíneo.
filiform [fílįfɔrm], *a.* filiforme, nematodo.
filigree [fílįgri]. **I.** *s.* filigrana. **II.** *a.* afiligranado. **III.** *va.* adornar con, o trabajar en, filigrana.
filigreed [-d], *a.* afiligranado.
filing [fáįlįŋ]. **I.** *s.* limado, acción de limar; acción de archivar; (gen. *pl.*) limaduras, limalla, raedura(s). **II.** *a.* de limar; de archivar.—**f. cabinet** = FILE CABINET.—**f. card,** ficha; tarjeta para archivo.
Filipino [fįlįpínou], *s.* y *a.* filipino.
fill [fíl]. **I.** *va.* llenar; rellenar; henchir; satisfacer, contentar; desempeñar, ocupar (un puesto); preparar (una receta); empastar, rellenar, orificar (un diente); hinchar; macizar; terraplenar.—**to f. in,** terraplenar; rellenar; insertar.—**to f. out,** llenar, completar; llevar a cabo.—**to f. the bill,** (fam.) llenar los requisitos.—**to f. up,** colmar, repletar; llenar un blanco; tapar.—**to f. up the time,** emplear el tiempo. **II.** *vn.* (a menudo con *up*), llenarse; henchirse, ahuecarse; echar de beber, llenar el vaso; saciarse, hartarse. **III.** *s.* terraplén; hartura, hartazgo; abundancia.
filler [-œ(r)], *s.* lo que sirve para llenar o rellenar; henchidor, embudador, envasador; embudo.—*pl.* tripa (tabaco).—**f. rods,** varillas para soldadura.
fillet [fílεt]. **I.** *s.* prendedero; venda, tira, faja, cinta; lista, listón; gusanillo de rosca; (coc.) filete, solomillo; (arq.) filete, tenia, listel; (enc.) nervio. **II.** *va.* vendar, fajar, atar o ceñir con venda, faja o cinta; (arq.) filetear.
filling [fílįŋ]. **I.** *s.* henchimiento; relleno; envase;

empaquetadura; terraplén, rellenamiento (de tierra); tripa (tabaco); (dent.) orificación o empastadura; empaste.—**f. station,** (aut.) estación (de toma) de gasolina, aceite, etc. **II.** *a.* de llenar o rellenar; que llena.

fillip [fílip]. **I.** *va.* dar un capirotazo; tirar o impeler con un capirotazo; incitar, estimular. **II.** *s.* capirotazo, papirote; estímulo, aguijón.

fillister [fílistœ(r)], *s.* (carp.) guillame.

filly [fíli], *s.* potranca; (fam.) muchacha retozona.

film [fílm]. **I.** *s.* película, membrana, telilla; nube (*f.*) en el ojo; (fot., cine) película, filme cinta. —**f. pack,** (fot.) paquete de planchas fotográficas.—**f. play,** drama cinematográfico, película dramática.—**f. star,** (cine) estrella (actor o actriz). **II.** *va.* cubrir con película; fotografiar para el cine, cinematografiar, filmar, rodar (una película), poner en la pantalla o en el cine. **III.** *vn.* cubrirse de una película; (cine) hacer o dirigir películas.

filminess [-inis], *s.* apariencia de película.

filming [-iŋ], *s.* (cine) filmación.

filmize [-aiz], *va.* fotografiar para el cine.

filmy [-i], *a.* membranoso, pelicular.

filose [fáilous], *a.* filiforme.

filter [fíltœ(r)]. **I.** *va.* filtrar, colar, destilar; depurar. **II.** *vn.* (in)filtrarse.—**to f. in** o **through,** infiltrarse; meterse, introducirse, colarse. **III.** *s.* filtro, destiladera, colador, filtrador; (elec., fot., ópt.) filtro.—**f. cloth,** tejido filtrante.—**f. paper,** papel de filtrar.

filterable, filtrable [fílt(œ)rabl], *a.* filtrable.

filtering [fíltœriŋ]. **I.** *s.* filtración. **II.** *a.* filtrante, filtrador.

filth [fílθ], *s.* suciedad, inmundicia, porquería, mugre, *f.;* corrupción, obscenidad.—**filthily** [-ili], *adv.* asquerosamente.—**filthiness** [-inis], *s.* inmundicia, suciedad.

filthy [-i], *a.* sucio, puerco, asqueroso, inmundo.

filtrate [fíltreit]. **I.** *va.* y *vn.* filtrar(se). **II.** *s.* líquido filtrado.

filtration [-éiŝon], *s.* filtración, destilación.

fimbri(c)ate [fímbri(k)eit], *va.* franjear; ribetear.

fimbri(c)ate(d [-id], *a.* (bot., zool.) fimbriado, franjeado; recortado, laciniado.

fin [fin]. **I.** *s.* aleta; barba de ballena; (mec.) rebaba, apéndice en forma de aleta; peces.—**f.-footed,** palmeado. **II.** *va.* cortar las aletas (al pescado). **III.** *vn.* aletear, mover las aletas (los peces).

fin(e)able [fáinabl], *a.* multable; refinable.

finagle [finéigl], *va.* y *vn.* (fam.) embaucar; sacar (dinero, etc.) con engañifas.

final [fáinal]. **I.** *a.* final, terminal; terminante, definitivo, conclusivo, decisivo; mortal.—**f. cause,** (filos.) causa final. **II.** *s.* final; (a menudo *pl.*) el final o último (juego, examen, etc.), la prueba final.

finale [fináli], *s.* (teat.) final; (mús.) coda.

finalist [fáinalist], *s.* finalista, el que toma parte en el juego decisivo de un torneo deportivo.

finality [fainæ̃liti], *s.* finalidad; decisión, determinación.

finalize [fáinalaiz], *va.* y *vn.* (fam.) finalizar.

finally [fáinali], *adv.* finalmente, en fin, en conclusión, por último, al final, al cabo.

finance [finǽns]. **I.** *s.* ciencia o teoría de las operaciones y transacciones monetarias (hacienda, banca, etc.); (gen. *pl.*) asuntos monetarios o financieros; hacienda; fondos, recursos, finanzas. **II.** *va.* manejar (fondos); dirigir u ocuparse en operaciones financieras o monetarias para; financiar, pagar los gastos de, conseguir o suministrar fondos para. **III.** *vn.* ocuparse en operaciones financieras.

financial [finǽnŝal], *a.* financiero, bancario, rentístico, monetario.

financially [-i], *adv.* financieramente, rentísticamente; en lo relativo a fondos.

financier [finænsír]. **I.** *s.* financiero, financista, rentista, hacendista. **II.** *va.* y *vn.* = FINANCE.

financing [finǽnsiŋ], *s.* financiación, financiamiento. (Am.) refacción.

finback [fínbæk], *s.* (zool.) yubarta.

finch [finch], *s.* (orn.) pinzón, fringílido, fringilino.

find [fáind]. **I.** *va.* (*pret.* y *pp.* FOUND) encontrar, dar con, hallar; ver, descubrir; recobrar el uso de; averiguar, adquirir, saber; (for.) fallar, decidir; procurar, proveer; alimentar, mantener.—**to f. a way (to),** darse trazas (de).—**to f. fault with,** culpar; censurar; desaprobar, poner reparos a.—**to f. favor with** o **in the eyes of,** caer en gracia a, granjearse la buena voluntad de.—**to f. one's self,** encontrarse (apl. a la salud); descubrir uno sus aptitudes. —**to f. out,** resolver; descubrir; atrapar, sorprender; adivinar; averiguar, saber, enterarse (de). **II.** *vn.* (for.) pronunciar sentencia o fallo. **III.** *s.* hallazgo, descubrimiento; encuentro.

finder [-œ(r)], *s.* el que encuentra; descubridor; (ópt.) anteojo buscador (de un telescopio); portaobjetos cuadriculado (de microscopio); (fot.) enfocador, (gal.) visor.

fin de siècle [fæn dœ syékl], *a.* (fr.) del fin del siglo XIX; moderno, al día; decadente.

finding [fáindiŋ], *s.* descubrimiento; hallazgo; (for.) fallo, sentencia, decisión, laudo; gasto, mantenimiento.—*pl.* herramientas y avíos de zapateros y talabarteros, etc.

fine [fain]. **I.** *a.* fino; menudo; refinado, puro; excelente, admirable; bello, hermoso; selecto, escogido o primoroso; guapo, bien parecido o gallardo; claro, transparente; agradable.—**f. and dandy,** (fam.) muy bueno.—**f. arts,** bellas artes.—**f. cut,** picadura fina de tabaco, tabaco fino.—**f. gentleman,** (desp.) lechuguino.—**f. lady,** (desp.) mujer de ínfulas.—**f. writing,** estilo afectado o rebuscado. **II.** *s.* multa.—**in f.,** en resumen. **III.** *va.* afinar, refinar; multar.—**to be fined,** incurrir en multa. **IV.** *vn.* (con **down**) purificarse; adelgazarse; derretirse. **V.** *adv.* finamente; (fam.) de primera; muy bien (apl. a la salud); (billar) apenas tocando.—**f.-corded wool,** estambre. —**f.-drawn,** muy sutil o tenue.—**f.-grained,** de granulación fina; compacto, denso, tupido. —**f.-looking,** guapo, buen mozo, bien parecido.—**f.-tongued,** zalamero. **VI.** *interj.* ¡bien! ¡magnífico!

fine-draw [fáin drɔ], *va.* (*pret.* -DREW; *pp.* -DRAWN) (cost.) zurcir; (metal.) estirar en hilos finísimos; (fig.) hilar muy delgado en, sutilizar en.

finely [fáinli], *adv.* finamente; hermosamente, primorosamente; sutilmente.

fineness [fáinis], *s.* fineza, delicadeza; primor, excelencia; agudeza, sutileza; pureza, perfección; ley (*f.*) del metal; finura (de arena, cemento, etc.).

finer [fáinœ(r)]. **I.** *a. comp.* de FINE: más fino, mejor, más hermoso. **II.** *s.* refinador de metales.

finery [fáinœri], *s.* gala, adorno, atavío, aderezo.

finespun [fáinspʌn], *a.* sutil; alambicado.

finesse [finés]. **I.** *vn.* valerse de subterfugios y artificios. **II.** *s.* artificio, treta; astucia, sutileza; tino, tacto, diplomacia.

finger [fíŋgœ(r)]. **I.** *s.* dedo; (mec.) dedo, brazo, uña, apéndice, saliente, etc. (pieza o parte que por su forma u oficio se asemeja a un dedo); ancho o largo del dedo (medida).—**f. bowl, f. glass,** enjuague, enjuagatorio.—**f. board,** diapasón de violín o guitarra; teclado.—**f. mark,** impresión digital, marca que el dedo deja.—**f. post,** poste indicador.—**f. reading,** lectura de letras en relieve por el tacto.—**f. stall,** dedil.—**f. wave,** peinado al agua.—**to have a f. in the pie,** meter la cuchara; tener participación en un asunto.—**to have at one's fingers' ends,** o **f. tips,** tener en la punta de los dedos, saber al dedillo.—**to lay,** o **put, one's fingers on,** indicar exactamente. **II.** *va.* tocar, manosear; sisar, hurtar; (mús.) pulsar, tañer, teclear; hacer algo con los dedos.

fingerbreadth [-bredθ], *s.* anchura de un dedo.

fingering [-iŋ], *s.* manoseo; digitación; (mús.)

dedeo; modo de tocar o pulsar un instrumento de música; (tej.) cierta lana gruesa para medias.
fingerless [-lis], *a.* sin dedos; adáctilo.
fingernail [-neil], *s.* uña del dedo.—**f. polish,** esmalte para las uñas.
fingerprint [-print]. **I.** *s.* impresión digital, huella dactilar o dactiloscópica. **II.** *va.* tomar las impresiones digitales de.
fingerprinting [-iŋ], *s.* dactiloscopia.
finial [fíniąl], *s.* (arq.) pináculo; remate.
finical [fínikąl], **finicky** [fíniki], *a.* melindroso, remilgado, dengoso, afectado, demasiado escrupuloso, meticuloso.
finish [fíniŝ]. **I.** *va.* acabar, terminar, fenecer, rematar; pulir, perfeccionar, retocar, dar la última mano; (fam.) matar o hacer impotente, anonadar; vencer.—**to f. off,** completar, acabar (con); matar.—**to f. up,** dar la última mano a; retocar; terminar.—**to f. with,** terminar; reñir con. **II.** *vn.* acabar, finalizar, cesar; (raro) morir. **III.** *s.* fin, término, fenecimiento, remate; pulimento, última mano; acabado, capa superficial, revestimiento, enlucido o barnizado de acabado; (fam.) perdición, muerte, *f.*—**f. line,** (dep.) meta.—**to a, o the, f.,** hasta lo último, hasta el fin, hasta terminar.
finished [-t], *a.* acabado, perfeccionado, pulido.
finisher [-œ(r)], *s.* consumador; afinador, pulidor.
finishing [-iŋ]. **I.** *s.* acabamiento, consumación; colmo, perfección; última mano, repaso, afinación.—*pl.* accesorios de madera de un edificio. **II.** *a.* último; de remate, de acabado; de acabar. —**f. blow,** golpe mortal; golpe de gracia.—**f. coat,** última capa, capa de acabado; (pint.) última mano.—**f. school,** escuela de educación social para señoritas.—**to give the f. touch (to),** dar el último toque, o la última mano o pincelada (a).
finite [fáinait]. **I.** *a.* finito, que tiene fin, término o límite.—**f. verb,** inflexión verbal que denota tiempo, número, persona, etc. (a distinción del infinitivo y los participios). **II.** *s.* cosa finita.—**the f.,** lo finito.—**finitely** [-li], *adv.* finita o limitadamente.—**finiteness** [-nis], *s.* calidad de finito, lo finito.
fink [fiŋk], *s.* (E. U., fam.) rompehuelgas; delator.
Finland [fínlənd], *s.* Finlandia.
finless [fínlis], *a.* sin aletas, desaletado.
finlike [fínlaik], *a.* de forma de aleta.
Finn [fin], *s.* finlandés, finlandesa.
finnan haddie [fínan hǽdi], *s.* róbalo ahumado.
finned [find], *a.* aletado.
Finnic [fínik], *a.* y *s.* finés.
Finnish [fíniŝ], *a.* y *s.* finlandés.
finny [fíni], *a.* aletado, provisto de aletas; abundante en, o perteneciente a, peces.
fiord [fyɔrd], *s.* fiord(o), ría orillada de altas rocas.
fir [fœr], *s.* (bot.) abeto; pino.—**f. tree,** abeto.
fire [fáir]. **I.** *s.* fuego; lumbre; conflagración, incendio, quema; combustión, ignición; chispa; ardor, pasión, viveza; desgracia, infortunio; rabia. **II.** *a.* de bomberos; de incendios; del servicio de incendios; refractario.—**f. alarm,** alarma o llamada de incendios.—**f. apparatus,** cualquier aparato para extinguir incendios.—**f. board,** mampara de chimenea.—**f. brick,** ladrillo refractario.—**f. bridge,** (m. v.) altar.—**f. brigade,** o **company,** cuerpo de bomberos.—**f. clay,** arcilla refractaria.—**f. department,** servicio de bomberos.—**f. door,** puerta de horno u hornillo; boca de hornalla; puerta contra incendios.—**f.-eater,** titiritero que finge tragarse brasas; jaque, matamoros, fierabrás; (fam.) bombero; (E. U.) partidario acérrimo de los estados del sur antes de la guerra civil.—**f. engine,** bomba de incendios.—**f. escape,** escal(er)a de incendios, aparato o escalera de salvamento.—**f. extinguisher,** extintor, matafuego, apagaincendios.—**f. insurance,** seguro contra incendios.—**f. opal,** ópalo de fuego.—**f. pan,** brasero, chofeta; fogón.—**f. plug,** boca de agua (para incendios).—**f. power,** (mil.) potencia de fuego.—**f.-resistive,** refractario. *V.* FIREPROOF.—**f. room,** cuarto de calderas. —**f. sale,** (com.) liquidación de mercaderías averiadas en un incendio.—**f. screen,** pantalla, mampara.—**f. ship,** brulote.—**f. shovel,** badil(a), pala de cocina.—**f. station** = FIREHOUSE.—**f. surface,** superficie de calefacción. —**f. trap,** edificio sin medios adecuados de escape en caso de incendio.—**f. truck,** autobomba.—**f. wall,** cortafuego.—**f. water,** aguardiente.—**to be on f.,** estar ardiendo.—**to catch f.,** encenderse, inflamarse.—**to cease f.,** (mil.) cesar de disparar.—**to hang f.,** dar higa (la escopeta); (fig.) tardarse.—**to miss f.,** hacer fogonazo, dar higa; fallar el tiro; (fig.) fracasar.—**to open f.,** (mil.) hacer fuego, hacer una descarga.—**to set f. to, to set on f.,** pegar fuego a, incendiar.—**to take f.,** encenderse; acalorarse.—**under f.,** (mil., fig.) expuesto al fuego; atacado; censurado.
fire. I. *va.* incendiar, abrasar, quemar; encender; disparar, descargar, tirar (armas de fuego); animar, enardecer, excitar, incitar; (vet.) cauterizar, foguear; (fam.) despedir, echar (empleados).—**to f. off,** descargar, disparar, hacer fuego con; apagar (un horno).—**to f. up,** encender. **II.** *vn.* encenderse; inflamarse; disparar, hacer fuego; enardecerse, excitarse, enojarse.—**to f. up,** enfurecerse.
firearm [-arm], *s.* arma de fuego, boca de fuego.
fireback [-bæk], *s.* pared posterior de un horno u hogar.
fireball [-bɔl], *s.* bola de fuego (meteoro luminoso, rayo, etc.); (mil.) granada de mano.
fireboat [-bout], *s.* buque provisto de mangueras para incendios.
firebox [-baks], *s.* (m. v., hornos, etc.) caja de fuegos, hogar; caja para dar la alarma de incendios.
firebrand [-brænd], *s.* tea, tizón; incendiario.
firebug [-bʌg], *s.* (fam.) incendiario.
firecracker [-krækœ(r)], *s.* triquitraque, carretilla, trabuca, buscapiés, petardo.
firedamp [-dæmp], *s.* (min.) (fuego) grisú, mofeta inflamable.
firedog [-dɔg], *s.* morillo de hogar.
firefly [-flai], *s.* (ent.) luciérnaga, cocuyo.
fireguard [-gard], *s.* pantalla (de chimenea).
firehouse [-haus], *s.* estación de incendios o de bomberos, parque de bomberos.
fireless [-lis], *a.* sin fuego; apagado.—**f. cooker,** cocina o cocinilla sin fuego, en que el calor se obtiene de receptáculos aisladores.
firelock [-lak], *s.* fusil de piedra o de chispa.
fireman [-mən], *s.* bombero; fogonero.
fireplace [-pleis], *s.* hogar, chimenea (francesa).
fireproof [-pruf]. **I.** *a.* incombustible, calorífugo, a prueba de fuego, refractario.—**f. curtain,** telón de incendios. **II.** *va.* hacer incombustible. —**fireproofing** [-iŋ], *s.* acción de hacer incombustible; materiales refractarios.
fireside [-said]. **I.** *s.* hogar, fogón; sitio cerca de la chimenea; vida doméstica. **II.** *a.* casero, íntimo.
firetrap [-træp], *s.* edificio sin medios adecuados de escape en caso de incendio.
firewarden [-wɔrdən], *s.* oficial o guardia encargado de prevenir o combatir incendios.
firewater [-wɔtœ(r)], *s.* aguardiente.
fireweed [-wid], *s.* (bot.) estramonio; cualquier hierba que crece en tierra quemada por el fuego.
firewood [-wud], *s.* leña.
fireworks [-wœrks], *s. pl.* fuegos artificiales.
firing [fáiriŋ]. **I.** *s.* encendimiento; descarga, tiroteo; combustible, leña; cocción; acción de encender, disparar, etc. (*v.* FIRE, *va.*); cuidado del fuego de una caldera, etc. **II.** *a.* de disparar, encender, etc.—**f. iron,** cauterizador.—**f. kiln,** horno.—**f. line,** (mil.) línea principal de batalla.—**f. pin,** aguja de percusión.—**f. squad,** (mil.) pelotón de fusilamiento; piquete de salvas.
firkin [fœ́rkin], *s.* cuñete, barrilito.
firm [fœrm]. **I.** *a.* firme, fuerte; fijo, estable; consistente, sólido; constante, persistente; tenaz,

inflexible.—**in f.**, (com.) en firme. **II.** *s.* (com.) casa, empresa (de comercio); firma, razón (*f.*) social (ll. t. **f. name**). **III.** *adv.* fijamente, firmemente. **IV.** *va.* y *vn.* fijar(se), afirmar(se); ponerse firme, adquirir solidez.
firmament [fœrmament], *s.* firmamento, cielo.
firmamental [-méntal], *a.* del firmamento.
firman [fœrman], *s.* firmán.
firmer chisel [fœrmœ(r) chízel], *s.* formón ancho y corto.
firmly [fœrmli], *adv.* firmemente, fijamente.
firmness [-nis], *s.* firmeza; consistencia, dureza, estabilidad, fijeza, solidez; constancia, determinación, entereza, fortaleza, resolución, tesón.
first [fœrst]. **I.** *a.* primero; primario; primitivo, prístino, original, delantero, temprano; excelente, principal, sobresaliente. **II.** *s.* el primero; el principio. **III.** *adv.* primero; en primer lugar; al principio; antes, anteriormente; por (o la) primera vez.—**f. aid,** primeros auxilios; primera ayuda o cura.—**f.-aid kit,** botiquín de urgencia.—**f.-born,** *s.* y *a.* primogénito.—**f.base,** (béisbol) primera base.—**f. baseman,** jugador de primera base.—**f.-class,** *a.* de primera clase; *adv.* (f. c., mar.) en primera.—**f. cousin,** primo hermano.—**f. day,** domingo.—**f. edition,** edición príncipe o primera.—**f. floor,** piso principal; piso bajo, (Am.) los bajos.—**f. fruits,** primicia.—**f.-hand,** directo; de fuentes originales; (com.) de primera mano.—**f. lady,** (E. U.) esposa del presidente o de un gobernador.—**f. lieutenant,** (mil.) teniente.—**f. mate** u **officer,** (primer) piloto.—**f. move** o **play,** salida (en ciertos juegos).—**f. name,** nombre de pila.—**f. of all,** en primer lugar, ante todo.—**f. or last,** tarde o temprano, un día u otro.—**f.-rate,** excelente, de primera clase; (fam.) muy bien.—**f. water,** la mejor calidad o clase (ú. esp. de brillantes y perlas).—**at f.**, al principio, al pronto.—**at f. blush** o **glance,** a primera vista, sin madura consideración.—**at f. hand,** de primera mano, directamente.—**from the (very) f.**, desde el principio; de buenas a primeras, a las primeras de cambio.—**in f. gear** o **speed,** (aut.) en primera
firstling [-lin], *a.* y *s.* primogénito; primerizo.
firstly [-li], *adv.* primeramente, en primer lugar.
firth [fœrθ], *s.* estero o brazo de mar.
fisc [fisk], *s.* fisco, erario, hacienda pública.
fiscal [-al]. **I.** *s.* fiscal; ministro o secretario de hacienda. **II.** *a.* fiscal, perteneciente al fisco; rentístico.—**f. year,** año económico o fiscal.
fish [fiŝ]. **I.** *s.* pez, *m.;* pescado; (mar.) jimelga, gemelo; (mec.) refuerzo; (f. c.) plancha de empalme, eclisa.—**f. bait,** cebo para pescar.—**f. ball** o **cake,** albóndiga de pescado y patata.—**f. car,** vivero; (f. c.) furgón para llevar pescado.—**f. culture,** piscicultura.—**f. davit,** (mar.) pescante.—**f. day,** día de pescado, día de vigilia.—**f. globe,** pecera.—**f. glue,** cola de pescado, colapez.—**f. hatchery,** piscifactoría, criadero, vivero.—**f. hawk,** (orn.) = OSPREY.—**f. joint,** (f. c.) junta de eclisa.—**f. market,** pescadería.—**f. oil,** aceite o grasa de pescado.—**f. pole,** caña de pescar.—**f. scale,** escama.—**f. spear,** = FISHGIG.—**f. story,** cuento increíble, andaluzada.—**f. torpedo,** torpedo submarino pisciforme.—**f. trap,** garlito, nasa.—**f. wire,** (elec.) alambre para tirar conductores por tubos.—**neither f., flesh nor fowl,** ni carne ni pescado.—**to have (an)other f. to fry,** tener otras cosas en que pensar. **II.** *va.* pescar; buscar, coger; sacar (a menudo con *out*); intentar, alcanzar, obtener; reforzar, engimelgar; empalmar (rieles, etc.); (elec.) tirar (un conductor) por un tubo. **III.** *vn.* pescar.
fishbone [-boun], *s.* espina de pescado.
fisher [-œ(r)], *s.* pescador; (zool.) marta de América.
fisherman [-man], *s.* pescador; barca pescadora.
fishery [-i], *s.* pesca, pesquería; pesquera.
fishgig [-gig], *s.* (mar.) fisga, arpón.
fishhook [-huk], *s.* anzuelo, hamo, garfio.
fishing [-iŋ]. **I.** *s.* pesca, pesquería. **II.** *a.* de pescar; pesquero (barco, industria).—**f. bait,** cebo, carnada.—**f. barge,** gánguil.—**f.-boat,** barca pescadora.—**f. eagle,** (orn.) = OSPREY.—**f. fly,** mosca artificial.—**f. grounds,** pesquera.—**f. line,** cuerda, cordel o sedal de pescar.—**f. reel,** carretel.—**f. rod,** caña o vara de pescar.—**f. smack,** (Am.) balandro o queche.—**f. tackle,** avíos de pescar, aparejo de pesca.—**f. wire** = FISH WIRE.—**f. in troubled waters,** a río revuelto, ganancia de pescadores.
fishiness [-inis], *s.* forma, olor o sabor de pescado.
fishlike [-laik], *a.* semejante a los peces; a modo de pez.
fishline [-lain], *s.* = FISHING LINE.
fishmonger [-mʌŋgœ(r)], *s.* pescadero.
fishplate [-pleit], *s.* (f. c.) eclisa, placa de unión.
fishpond [-pand], *s.* nansa, vivero, corral.
fishskin [-skin], *s.* piel (*f.*) de pescado, piel de lija.
fishwife [-waif], **fishwoman** [-wuman], *s.* pescadora; mujer de lenguaje y modales soeces.
fishworm [-wœrm], *s.* lombriz que sirve de cebo para pescar.
fishy [-i], *a.* pisciforme; que huele o sabe a pescado; abundante en peces; (fam.) inverosímil, inventado; sospechoso; mate, sin lustre.
fissate [físeit], *a.* hendido, grietado.
fissile [fisil], *a.* físil, hendible, rajadizo.
fission [fíŝon], *s.* hendimiento; (biol.) fisiparidad; (fís.) fisión, escisión.
fissionable [-abl], *a.* fisionable, desintegrable.
fissionable material, *s.* (fís.) materia físil.
fissiparism [fisíparizm], **fissiparity** [-pæriti], *s.* (biol.) fisiparidad, reproducción por división.—
fissiparous [fisípar^s], *a.* fisíparo.
fissipedal [fisípedal], *a.* (zool.) fisípedo, bisulco.
fissirostral [fisirástral], *a.* (orn.) fisirrostro.
fissure [fíŝū(r)]. **I.** *s.* grieta, hendedura, rajadura, fisura, quebradura; (anat.) cisura. **II.** *va.* hender. **III.** *vn.* agrietarse, cuartearse.
fist [fist]. **I.** *s.* puño; (impr.) llamada, manecilla, ☞ **II.** *va.* (fam.) apuñear, dar puñetazos a.
fistic [-ik], *a.* relativo al puño o al pugilismo
fisticuff [-ikʌf]. **I.** *s.* puñada, puñetazo, (fam.) trompada.—*pl.* riña a puñetazos; boxeo. **II.** *va.* (fam.) apuñear. **III.** *vn.* venir a las manos.
fistula [físchulă], *s.* (cir.) fístula.
fistular [-lă(r)], *a.* fistular.
fistulate [-leit], *a.* fistuloso, tubular.
fistulous [-lʌs], *a.* fistuloso.
fit [fit]. **I.** *s.* (med.) acceso, paroxismo; ataque (de una enfermedad, esp. de carácter histérico o epiléptico); pasión o capricho; arranque, arrebato; corte, talle o entalladura de un traje; ajuste, encaje; conveniencia, conformidad, adaptación; preparación; punto de saponificación.—**by fits (and starts),** a tontas y a locas, espasmódicamente. **II.** *a.* apto, idóneo, a propósito, adecuado, conveniente, aprestado; hábil, capaz; compatible, apropiado, digno; decente; listo, preparado; en buena salud, bien.—**f. as a fiddle,** (fam.) en buena condición o disposición.—**f. to be tied,** (fam.) loco de atar; muy irritado, nervioso o impaciente.—**to see f.**, juzgar conveniente. **III.** *va.* ajustar, encajar, acomodar, conformar; igualar, adaptar, adecuar; surtir, proveer, equipar, aprestar; disponer, preparar; (cost.) entallar un vestido; calzar, vestir.—**to f. out,** equipar, habilitar; armar; tripular.—**to f. up,** ajustar, acomodar, componer; adornar, ataviar, alhajar; amueblar. **IV.** *vn.* convenir, venir bien, cuadrar; corresponder; compadecerse o compaginarse con; ajustarse, entallarse, venir, sentar o caer bien o mal.—**to f. into,** encajar en; concordar con.
fitch [fich], **fitchet** [-it], **fitchew** [-u], *s.* (zool.) veso, turón.
fitful [fítful], *a.* espasmódico; caprichoso; incierto, vacilante.—**fitfully** [-i], *adv.* por intervalos; caprichosamente.
fitly [fítli], *adv.* aptamente, adecuadamente, propiamente, acertadamente.
fitness [fítnis], *s.* aptitud, idoneidad, adecuación.

disposición, propiedad; conveniencia, correspondencia; oportunidad; adaptabilidad.
fitter [fítœ(r)], *s.* ajustador; (mec.) armador, cerrajero, montador; proveedor; (cost.) entallador, cortador.
fitting [fítiŋ]. **I.** *a.* propio, digno, adecuado, conveniente. **II.** *s.* ajuste, encaje; tubo o pieza de unión o de conexión (en las tuberías); (cost.) entalladura, corte; prueba.—*pl.* guarniciones; accesorios; adjuntos o añadiduras; herrajes o avíos; herramientas.
fittingly [-li], *adv.* propiamente, aptamente.
five [fáiv], *s.* y *a.* cinco.—**f.-finger, f.-leaf,** (bot.) cincoenrama.—**f. hundred,** quinientos; cierto juego de naipes.—**f.-spot,** cinco (en los naipes); (fam.) billete de cinco dólares o libras (ll. t. **fiver**).
fivefold [-fould], *a.* quíntuplo.
fives [faivz], *s.* un juego de pelota; (vet.) adivas.
fix [fíks]. **I.** *va.* fijar; inmovilizar; asegurar, asentar; señalar (una fecha); arreglar, poner en orden; reparar, componer; calar (la bayoneta); estampar (en la mente, etc.); (quím. y foto.) fijar; (fam.) sobornar, cohechar; (fam.) castigar a uno, ajustarle las cuentas.—**to f. up,** componer, arreglar; equipar. **II.** *vn.* fijar el domicilio, establecerse; congelarse, cristalizarse, solidificarse.—**to f. on,** o **upon,** decidir, escoger, elegir. **III.** *s.* (fam.) apuro, aprieto; (fund.) brasca.
fixable [-abl], *a.* fijable.
fixation [fiksélšon], *s.* fijación; fijeza, firmeza, estabilidad; (quím.) fijación.
fixative [fíksativ]. **I.** *a.* que fija. **II.** *s.* (tint.) mord(i)ente; (fot., pint.) fijador, fijativo.
fixed [fikst], *pp.* y *a.* fijo, arraigado, estable, permanente; determinado; (com.) a plazo fijo; perentorio.—**f. charges,** gastos fijos.—**f. idea,** idea persistente, obsesión.—**with f. bayonets,** con la bayoneta calada.
fixedly [fíksidli], *adv.* fijamente; firmemente; ciertamente.—**fixedness** [-nis], **fixity** [fíksiti], *s.* fijeza, firmeza; coherencia; fijación.
fixer [fíksœ(r)], *s.* (fot., etc.) fijador, fijativo.
fixing [fíksiŋ], *s.* acción de TO FIX en cualquier sentido; fijación.—*pl.* (fam.) jaeces, enseres, útiles, accesorios.—**f. bath** o **liquid,** (fot., pint.) = FIXER.
fixture [fíkschū(r)], *s.* cosa fija o enclavada en un sitio; sostén, brazo (de lámpara eléctrica o gas); adorno, trasto o mueble fijo en el suelo, la pared o el techo; empleado inamovible.—*pl.* habilitación de una tienda; instalación; muebles y enseres; guarniciones de alumbrado eléctrico y de gas (brazos, sostenes, accesorios, etc.).
fizgig [fízgig], *s.* arpón, dardo, fisga; buscapiés o carretilla; moza callejera.
fizz [fiz]. **I.** *vn.* sisear. **II.** *s.* siseo; efervescencia; gaseosa; champaña.
fizzle [fízl]. **I.** *vn.* sisear; (fam.) (a veces con **out**) hacer fiasco, quedar mal. **II.** *s.* siseo; agitación; (fam.) fiasco, fracaso.
fizzy [fízi], *a.* que sisea; efervescente.
fjord [fyɔrd] = FIORD.
flabbergast [flǽbœrgæst], *va.* (fam.) dejar de una pieza, o hecho una pieza; aturrullar; pasmar.
flabby [flǽbi], *a.* flojo, lacio, fofo, blando. *V.* FLACCID.
flabellate [flabéleit], **flabelliform** [-iform], *a.* flabeliforme.
flabellum [-ʌm], *s.* (igl.) flabelo.
flaccid [flǽksid], *a.* flojo, endeble, débil, flaco, laso; (med.) fláccido.—**flaccidity** [-síditi], *s.* flojedad, flaqueza, debilidad; (med.) flaccidez.
flag [flæg]. **I.** *va.* hacer señales con banderola; izar bandera; cazar con banderín; enlosar o adoquinar con lanchas, losas o lajas; hacer (a un tren) señal de parada. **II.** *vn.* flaquear, amilanarse; decaer, debilitarse; colgar, pender; vacilar. **III.** *s.* bandera; estandarte, pabellón; banderola; laja, lancha, baldosa, losa; cola de venado; (*pl.*) (orn.) plumas largas de las piernas; plumas secundarias del ala; (bot.) gladiolo, espadaña; ácoro, cálamo; (geol.) = FLAGSTONE, roca o piedra laminada; (mar.) = FLAGSHIP.—**F. Day,** (E. U.) día de la bandera (14 de junio, aniversario de la adopción de la bandera norteamericana por los patriotas en 1777).—**f. officer,** (mar.) jefe de una escuadra (generalmente un almirante, vicealmirante o contraalmirante).—**f. of truce,** (mil.) parlamentario, bandera de parlamento.
flagellant [flǽdžɛlant]. **I.** *a.* y *s.* flagelante. **II.** *s. pl.* (igl.) flagelantes, disciplinantes.—**flagellate** [-eit]. **I.** *va.* y *vr.* flagelar(se). **II.** *a.* (biol.) flagelado.—**flagellation** [-éišon], *s.* flagelación. —**flagellator** [-eito(r)], *s.* flagelador.
flagelliform [fladžéliform], *a.* flageliforme.
flagellum [fladžélʌm], *s.* flagelo, azote; (biol.) flagelo; (bot.) renuevo, sarmiento.
flageolet [flædžolét], *s.* (mús.) caramillo, chirimía, dulzaina.
flagging [flǽgiŋ]. **I.** *s.* enlosado; lajas para adoquinar. **II.** *a.* lánguido, flojo.
flaggy [flǽgi], *a.* parecido a la laja; que contiene espadañas o ácoros; lánguido, flojo.
flagitious [fladžíšʌs], *a.* malvado, infame, atroz.
flagitiousness [-nis], *s.* maldad, infamia, atrocidad.
flagman [flǽgman], *s.* el encargado de la bandera; (f. c.) guardavía, *m.*, vigilante.
flagon [flǽgon], *s.* frasco, pomo.
flagpole [flǽgpoul], *s.* asta de bandera; (top.) banderola, jalón.
flagrancy [fléigransi], *s.* notoriedad, escándalo, impudencia.—**flagrant** [-ant], *a.* notorio, escandaloso, público; flagrante.
flagrante delicto [flagrǽnti dilíktou], *adv.* en flagrante, en fragante.
flagrantly [fléigrantli], *adv.* notoriamente.
flagship [flǽgšip], *s.* (mar.) capitana, buque en que va el jefe de una escuadra; almiranta.
flagstaff [-stæf], *s.* asta de bandera.
flagstone [-stoun], *s.* losa grande de embaldosar; (geol.) laja, lancha.
flail [fleil]. **I.** *s.* (agr.) mayal, desgranador; (mil.) mangual. **II.** *va.* desgranar con mayal; azotar, batir.
flair [flɛr]. **I.** *s.* olfato; sagacidad; aptitud, inclinación, propensión. **II.** *va.* olfatear.
flak [flæk], *s.* (mil.) barrera antiaérea.
flake [fléik]. **I.** *s.* pedacito, escama, casquito; copo de nieve; hojuela, laminilla; (bot.) clavel rayado.—**f. of fire,** centella, chispa.—**f. of ice,** carámbano.—**f. white,** (pint.) albayalde. **II.** *va.* y *vn.* formar hojuelas o escamas; descascararse o desconcharse.
flaky [-i], *a.* lleno de cascajo o casquitos; escamoso; formando trepa.
flam [flæm]. **I.** *s.* (fam.) mentira, embuste, bola. **II.** *va.* y *vn.* (fam.) mentir, engañar, embaucar, engatusar.
flambeau [flǽmbou], *s.* antorcha, hachón; candelabro; caldero para hervir azúcar.
flamboyant [flæmbóiant], *a.* flamígero, flamante; extravagante, llamativo; (arq.) flamígero, flameante; de bordes ondulados.
flame [fléim]. **I.** *s.* llama(rada), flama; fuego; ardor, pasión; (fam.) persona amada.—**f.-colored,** de color de llama.—**f. thrower,** (mil.) lanzallamas. **II.** *va.* quemar, chamuscar; encender, tratar con la llama. **III.** *vn.* arder, flamear, llamear, encenderse; brillar, fulgurar; inflamarse.
flameless [-lis], *a.* sin llama.
flamen [fléimen], *s.* flamen.
flameout [fléimaut], *s.* (aer.) extinción fortuita de las llamas de un motor a chorro.
flaming [fléimiŋ], *a.* flamante, llameante; encendido, inflamado; excitante; apasionado.
flamingo [flamíŋgou], *s.* (orn.) flamenco.
flamy [fléimi], *a.* inflamado, llameante.
flan [flæn *o* flan], *s.* cospel, tejo; (coc.) flan.
flange [flǽndž]. **I.** *s.* (mec.) pestaña, reborde; brida, orej(et)a, ala (de vigo, riel, etc.); herramienta para formar pestañas.—**f. coupling,**

acoplamiento con anillos de rebordes.—**f. joint,** junta de pestañas remachadas o empernadas.—**f. nut,** tuerca de reborde o de basa.—**f. pipe,** tubo con pestaña.—**f. rail,** riel en T.—**f. wheel,** rueda de pestaña. **II.** *va.* hacer pestaña o reborde a. **III.** *vn.* ensancharse en forma de pestaña.
flanged [-d], *a.* de reborde, que tiene reborde(s).
flanging [-iŋ], *s.* (arq.) derrame, vuelta, alféizar.
flank [flǽŋk]. **I.** *s.* ijar, ijada; flanco, costado; (mil., fort.) flanco, costado.—**f. attack,** flanqueo. **II.** *a.* lateral, de lado, de costado o por el flanco. **III.** *va.* orillar, estar a cada lado de; (mil.) flanquear. **IV.** *vn.* (con **on**) lindar con.—**flanker** [-œ(r)], *s.* (fort.) flanco; flanqueador.—**flanking** [-iŋ]. **I.** *a.* flanqueador, flanqueante. **II.** *s.* (mil.) flanqueo.
flannel [flǽnel], *s.* (tej.) franela, bayeta, muletón.
flannelet(te [-ét], *s.* (tej.) especie de franela o muletón.
flap [flǽp]. **I.** *s.* (sast.) cartera, golpe o portezuela; falda, faldilla, faldeta, faldón; ala de sombrero; hoja plegadiza de mesa; faldón de silla; oreja de zapato; mosqueador; revés, cachete; (aut.) faja de protección (de la cámara de aire); (cir.) colgajo.—**f. door,** trampa.—**f.-eared,** de orejas grandes y gachas.—**f.-mouthed,** morrudo, bezudo, hocicudo.—**f. valve,** chapaleta. **II.** *va.* batir, sacudir, golpear, pegar; agitar, columpiar; mosquear.—**to f. the wings,** aletear. **III.** *vn.* batir; gualdrapear (las velas), dar gualdrapazos o socolladas; colgar.
flapdoodle [-dudl], *s.* (fam.) tontería, disparate.
flapjack [-dźæk], *s.* torta de sartén. *V.* PANCAKE.
flapper [-œ(r)], *s.* batidor; el que o lo que bate, golpea o sacude; recordatorio; patito, anadino, polluelo; (fam.) chica, poll(it)a; chica despreocupada; (fam.) mano, *f.*
flapping [-iŋ], *s.* batimiento, aleteo, aletazo; (mar.) gualdrapazo, socollada.
flare [flér]. **I.** *va.* encender; chamuscar; ensanchar, acampanar, abocinar. **II.** *vn.* lucir, brillar o destellar; fulgurar; deslumbrar; acampanarse; ensancharse hacia la boca; sobresalir.—**to f. up,** encenderse; encolerizarse. **III.** *s.* llama, llamarada, fulgor, brillo, destello; luz de Bengala, cohete de señales; brillantez, relumbrón; inclinación; derramo, ensanchamiento, ensanche.—**f.-up,** llamarada; arrebato de cólera; jarana.
flaring [-iŋ], *a.* rutilante, resplandeciente, fulgurante; chillón; acampanado, abocinado; que proyecta o sobresale.
flash [flǽŝ]. **I.** *s.* relámpago; llamarada, destello, fulguración, relumbrón, resplandor; viso; fucilazo; fogonazo; instante, tris, *m.;* (period.) breve despacho telegráfico; (cine) incidencia, incidente, proyección momentánea explicativa; estanque, esclusa, represa; golpe de agua—**f. bulb, f. lamp,** (foto.) bombilla de magnesio.—**f. burner,** mechero de gas con encendedor eléctrico.—**f. flood,** avenida o inundación repentina y violenta.—**f. in the pan,** fogonazo; esfuerzo espasmódico que no logra nada.—**f. of light,** ráfaga.—**f. of lightning,** relámpago.—**f. of the eye,** ojeada, vistazo.—**f. of wit,** agudeza, rasgo de ingenio.—**f. point,** punto o temperatura de inflamación.—**f. test,** prueba del punto de inflamación; (por extensión) punto de inflamación.—**f. wheel,** rueda de canjilones para elevar agua. **II.** *a.* ladronesco, germanesco; falso; charro, chillón; (fam.) experto, listo. **III.** *va.* encender; quemar (pólvora); enviar o despedir con celeridad; sacar a relucir; hacer brillar; (elec.) tratar (un filamento de carbón) por la corriente eléctrica en una mezcla de hidrocarburos. **IV.** *vn.* relampaguear; brillar, fulgurar, destellar; pasar o cruzar como un relámpago.—**to f. in the pan,** dar higa (un fusil).
flashback [-bæk], *s.* (cine) = THROWBACK.
flashboard [-bord], *s.* tabla de contención puesta sobre una presa, etc., para ahondar el agua.
flasher [-œ(r)], *s.* (elec.) destellador (especie de interruptor empleado en las lámparas de anuncios eléctricos).—**f. sign,** anuncio intermitente.
flashily [-ili], *adv.* con ostentación, con colores chillones.
flashing [-iŋ]. **I.** *a.* centellador, centellante; relampagueante. **II.** *s.* centelleo, corruscación, fulguración; relampagueo (*v.* FLASH); soplado del vidrio; (elec.) operación de reforzar los filamentos de lámparas incandescentes; (hidr.) golpe de agua; (arq.) vierteaguas, despidiente de agua, tabla o plancha de escurrimiento o de desviación (del agua).—**f. light, point** = FLASHLIGHT, FLASH POINT.
flashlight [-lait], *s.* linterna eléctrica de bolsillo o portátil; reflector de luz intermitente o titilante (de un faro); luz giratoria de intensidad variable (para faros); (fot.) luz instantánea (de magnesio, etc.).—**f. photography,** fotografía instantánea de relámpago.
flashover [-ouvœ(r)], *s.* (elec.) formación de arco; descarga.
flashy [-i], *a.* charro, de oropel, de relumbrón.
flask [flæsk], *s.* frasco, redoma, botella, pomo; (fund.) caja de moldear.
flat [flǽt]. **I.** *s.* llanura; banco, bajío, escollo; cosa plana, v. gr.: palma de la mano, plano de una hoja cortante, barca chata, pala de remo, carro de plataforma, alma de botón; apartamiento, piso; (mús.) bemol; (fam.) mentecato; (agr.) semillero de cajón. **II.** *a.* plano, llano, liso; raso, chato, aplastado; tendido, extendido; arrasado; categórico; fijo; neto; insulso, insípido; (mús.) bemol(ado), desafinado (bajo); menor o disminuído.—**f.-bed press,** prensa de platina.—**f.-bottomed,** de fondo plano.—**f.-footed,** de pies planos, llanos o achatados; (fam.) inflexible, resuelto, determinado.—**f. nose,** nariz chata.—**f.-nosed,** chato, nacho, romo.—**f. rate,** tipo o tarifa fijos; precio alzado; tanto por unidad.—**f. roof,** azotea.—**f. tire,** (aut.) neumático desinflado, llanta reventada. **III.** *adv.* completamente; abiertamente, decididamente; (com.) sin interés. **IV.** *va.* (mús.) bemol(iz)ar, bajar de tono; allanar, aplastar, achatar. **V.** *vn.* (mús.) desafinar por lo bajo; aplastarse; atontarse.
flatboat [-bout], *s.* barco o bote de fondo plano.
flatcar [-kar], *s.* (f. c.) (vagón de) plataforma, *truck.*
flatfish [-fiŝ], *s.* (ict.) lenguado, platija o rodaballo.
flatfoot [-fut], *s.* (med.) pie plano, pie con el arco caído; (E. U., fam.) policía.
flatiron [-aiœrn], *s.* plancha (de planchar).
flatland [-lænd], *s.* llano, llanura, llana(da).
flatly [-li], *adv.* horizontalmente, llanamente; de plano; categórica, rotunda o terminantemente; sin animación ni interés.—**flatness** [-nis], *s.* llanura, lisura, chatedad; desabrimiento, insipidez, insulsez.
flatten [-n]. **I.** *va.* allanar, aplastar, achatar, aplanar; tender; abatir; desabrir, desazonar; deprimir; (aer.) enderezar (un avión), poner horizontal. **II.** *vn.* aplanarse, igualarse; perder el sabor; evaporarse; (aer.) enderezarse, tomar la posición horizontal.
flatter [-œ(r)]. **I.** *a. comp.* de FLAT: más llano, insípido, etc. **II.** *s.* allanador; hilera de estirar alambre.
flatter. **I.** *va.* adular, lisonjear; hacerse una ilusión; favorecer. **II.** *vn.* adular, lisonjear.—**flatterer** [-œ(r)], *s.* adulador; lisonjero, zalamero.—**flattering** [-iŋ], *a.* lisonjero, halagüeño.—**flatteringly** [-li], *adv.* lisonjeramente, halagüeñamente.—**flattery** [-i], *s.* adulación, lisonja, halago.
flattish [flǽtiŝ], *a.* achatado.
flattop [-tap], *s.* (fam.) portaaviones.
flatulence, flatulency [flǽchulens, -i], *s.* flatulencia, ventosidad; hinchazón, presunción.
flatulent [-ent], *a.* flatulento, ventoso; hinchado, vano.

flatus [fléitʌs], *s.* flato, ventosidad; hinchazón; ráfaga, soplo.
flatware [flǽtwɛr], *s.* vajilla de plata y porcelana.
flatwise [flǽtwaiz], *adv.* de llano.
flaunt [flɔnt]. **I.** *va.* y *vn.* ostentar, lucir; desplegar, ondear. **II.** *s.* ostentación, alarde.
flautist [flɔ́tist], *s.* (mús.) flautista.
flavescent [fleivésent], *a.* amarillento.
flavor [fléivo(r)]. **I.** *s.* sabor, gusto, gustillo; (coc.) sazón, sainete. **II.** *va.* saborear, sazonar, condimentar; (fig.) dar cualidad distintiva a una cosa.—**flavoring** [-iŋ], *s.* sainete, condimento. —**flavorless** [-lis], *a.* sin sabor, insípido, soso.— **flavorous** [-ʌs], *a.* sabroso.
flaw [flɔ́]. **I.** *s.* defecto, imperfección, falta, mancha; grieta, pelo, paño, paja; (geol.) falla, mancha; (metal.) escarabajo, esponjadura, galleo; (mar.) ráfaga, racha. **II.** *va.* afear, estropear; agrietar. **III.** *vn.* agrietarse; ponerse defectuoso.
flawless [-lis], *a.* entero, sin tacha.
flawy [-i], *a.* agrietado; defectuoso, lleno de faltas o tachas; (mar.) propenso a rachas.
flax [flǽks], *s.* (bot.) lino.—**f. brake,** agramadera. —**f. comb,** rastrillo.—**f. dresser,** rastrillador. —**f. dressing,** rastrilleo del lino.—**to brake f.,** agramar lino.—**to dress f.,** rastrillar lino.
flaxen [-en], **flaxy** [-i], *a.* de lino.—**f.-haired,** blondo; de pelo muy rubio.
flaxseed [-sid], *s.* (bot.) linaza, semilla de lino.— **f. oil,** aceite de linaza.
flay [fléi], *va.* desollar, despellejar; excoriar, escorchar.—**flayer** [-œ(r)], *s.* desollador.—**flaying** [-iŋ], *s.* desolladura, desuello, despellejadura; excoriación.
flea [flí], *s.* (ent.) pulga.—**a f. in one's ear,** amonestación desagradable; pulla; desaire.
fleabane [-bein], *s.* (bot.) coniza, pulguera.
fleabite [-bait], *s.* picadura de pulga.
flea-bitten [-biten], *a.* picado de pulgas; salpicado (apl. al color de ciertos caballos).
fleam [flim], *s.* (vet.) fleme, lanceta.
fleawort [flíwœrt], *s.* (bot.) pulguera.
fleck [flék]. **I.** *va.* abigarrar, varetear. **II.** *s.* punto o lista de color, mancha, lunar; copo, vedija.
fleckless [-lis], *a.* sin mancha.
flection [flékŝon], *s.* flexión; corvadura; (gram.) (in)flexión.
flectional [-al], *a.* (gram.) flexional.
fled [flɛd], *pret.* y *pp.* de TO FLEE.
fledge [flédẑ]. **I.** *va.* criar las aves hasta que pueden volar; emplumar (saetas, dardos). **II.** *vn.* emplumecer, pelechar.—**fledged** [-d], *a.* plumado, plumoso; con bozo; alado; maduro, sazonado.
fledg(e)ling [-liŋ], *s.* y *a.* volantón; joven, novel, inexperto.
flee [fli]. **I.** *va.* (*pret.* y *pp.* FLED) huir de, escapar de, evitar. **II.** *vn.* huir; fugarse; desaparecer.
fleece [flís]. **I.** *s.* vellón, lana.—**f. wool,** vellón. **II.** *va.* esquilar, tonsurar; cubrir con lana o nieve; escamotear.
fleecy [-i], *a.* lanudo.—**f. clouds,** nubes aborregadas.
fleer [flir]. **I.** *va.* mofar, burlar. **II.** *vn.* mofarse, burlarse. **III.** *s.* burla, mueca; risa falsa; el que huye.
fleet [flít]. **I.** *s.* (mar.) armada, escuadra; flota, flotilla; escuadra (de aviones), flota aérea; conjunto de coches, camiones, etc., que pertenecen a una misma empresa. **II.** *a.* veloz, rápido.— **f.-footed,** alípede; ligero.—**f.-winged,** alígero. **III.** *vn.* y *va.* volar; (hacer) pasar rápidamente; (mar.) despasar, cambiar.
fleeting [-iŋ], *a.* fugaz, efímero, huidizo, pasajero.
fleetingly [-li], **fleetly** [-li], *adv.* velozmente, fugazmente.
fleetness [-nis], *s.* ligereza, rapidez; agilidad.
Fleming [flémiŋ], *s.* flamenco.
Flemish [flémiŝ], *a.* y *s.* flamenco.—**F. bond** = DUTCH BOND.
flesh [fléŝ]. **I.** *s.* carne, *f.;* género humano; pulpa (de las frutas).—**f. and blood,** carne y hueso; sangre, *f.*, parentela, progenie.—**f. brush,** cepillo para frotar la piel.—**f. color,** color de carne, encarnado.—**f. fly,** (ent.) moscarda.—**f. of fowl** o **game birds,** carne de pluma.—**f. of hares,** etc., carne de pelo.—**f. wound,** herida superficial.—**in the f.,** vivo, carnal; en persona. —**to put on f.,** engordar, (fam.) echar carnes. **II.** *va.* hartar; incitar; meter en la carne (la espada, etc.); avezar, habituar; cebar; (ten.) descarnar, pelambrar.
fleshiness [-inis], *s.* carnosidad; corpulencia.
fleshings [-iŋz], *s. pl.* (teat.) calzas de punto de color de carne; (ten.) descarnaduras, piltrafas.
fleshless [-lis], *a.* descarnado.
fleshliness [-linis], *s.* carnalidad.
fleshly [-li], *a.* carnal; corpóreo; sensual.
fleshpot [-pat], *s.* olla.—*pl.* vida regalada.
fleshy [-i], *a.* gordo, corpulento; corporal; carnal; carnudo, carnoso, pulposo; suculento.
fletcher [fléchœ(r)], *s.* flechero.
fleur-de-lis [flœrdœlí(s)], *s.* (blas., bot.) flor de lis, *f.*
fleuron [flœrón], *s.* (arq.) florón.
flew [flu]. **I.** *pret.* de TO FLY. **II.** *s.* = FLUE.
flewed [flud], *a.* boquihendido.
flews [fluz], *s. pl.* belfos.
flex [flɛks]. **I.** *va.* doblar, encorvar. **II.** *vn.* doblarse, encorvarse. **III.** *s.* doblez, encorvadura.
flexibility [-ibíliti], **flexibleness** [fléksiblnis], *s.* flexibilidad; docilidad.
flexi(b)le [fléksi(b)l], *a.* flexible; dócil; adaptable, doblegable; cimbreño, plástico, cimbreante.
flexion [flékŝon], *s.* flexión.
flexor [fléksọ(r)], *s.* (anat.) músculo flexor.
flexuose [flékŝuous], **flexuous** [-ŝuʌs], *a.* tortuoso; vario, inconstante; (bot.) flexuoso.
flexure [-ŝū(r)], *s.* flexión; corvadura.
flibbertigibbet [flíbœrtidẑibit], *s.* (E. U., fam.) charlatán, parlanchín; persona irresponsable y frívola.
flick [flík]. **I.** *va.* dar ligeramente con un látigo, etc.; quitar con un golpecito, sacudir (la ceniza de un cigarro, etc.). **II.** *vn.* revolotear; moverse a tirones. **III.** *s.* golpecito, latigazo suave, (fam.) pasagonzalo.
flicker [-œ(r)]. **I.** *vn.* flamear; fluctuar, vacilar, aletear, revolotear. **II.** *s.* llama vacilante; pestañeo (de los párpados); (orn.) picamaderos. —*pl.* (fam.) cine.
flier [fláiœ(r)], *s.* volador; ave voladora; aviador; aeroplano; fugitivo; (mec.) volante; (impr.) sacapliegos; hoja o papel volante; escalón, peldaño; (fam.) cosa veloz, v. gr.: buque rápido, caballo de carrera, tren expreso, etc.; (fam.) aventura, tentativa; operación arriesgada, esp. de bolsa.
flight [fláit], *s.* vuelo, volada; espacio recorrido por un proyectil, pájaro, aeroplano, etc.; carrera, raid, *m.*, viaje aéreo; escuadrilla aérea (ll. t. **f. squadron**); bandada de pájaros; ímpetu, arranque; tramo de escalera; huída, fuga; (for.) evasión, escape.—**to put to f.,** ahuyentar.—**to take to f.,** huir, fugarse.
flight deck, *s.* (aer.) cubierta de despegue y aterrizaje (de un portaaviones).
flight engineer, *s.* (aer.) mecánico de vuelo.
flight feather, *s.* (orn.) remera.
flightiness [-inis], *s.* veleidad, capricho.
flightless [-lis], *a.* que no puede volar.
flight path, *s.* (aer.) trayectoria de vuelo.
flighty [-i], *a.* volátil; voltario; travieso.
flimflam [flímflæm]. **I.** *s.* (fam.) soflama; fraude, embaucamiento. **II.** *va.* soflamar; embaucar.
flimsily [flímzili], *adv.* sin consistencia, endeblemente.—**flimsiness** [-nis], *s.* endeblez, falta de solidez o consistencia.
flimsy [flímzi]. **I.** *a.* débil, endeble; baladí, frívolo. **II.** *s.* cierto papel delgado que usan los repórteres; noticia periodística escrita en este papel.
flinch [flinch]. **I.** *vn.* vacilar; acobardarse; echar el cuerpo atrás; retroceder ante lo peligroso, difícil o desagradable. **II.** *s.* vacilación, titubeo; cierto juego de naipes.

flinder [flíndœ(r)], *s.* astilla, fragmento, tira.
fling [fliŋ]. I. *va.* (*pret.* y *pp.* FLUNG) arrojar, tirar, despedir; derribar, echar al suelo; sobrepujar, vencer.—**to f. about,** desparramar, esparcir.—**to f. away,** arrojar, desechar.—**to f. in one's face,** echar en cara; lanzar al rostro.—**to f. off,** engañar en la caza.—**to f. open,** abrir de repente.—**to f. out,** arrojar con fuerza; hablar violentamente, echar chispas.—**to f. up,** abandonar, dejar. II. *vn.* lanzar un arma arrojadiza; escarnecer, mofarse, murmurar; alborotarse, cocear, brincar, saltar, lanzarse. III. *s.* tiro; echada, echamiento; indirecta, sarcasmo, pulla; brinco, salto; coz; honda; desenfrenada libertad de acción; bravata, atrevimiento; baile escocés muy vivo.—**to have,** o **take, a f. at,** probar, aventurar (algo); echar una pulla a.—**to have one's f.,** calaverear, correrla.
flint [flínt], *s.* pedernal; piedra de chispa; cualquiera cosa sumamente dura.—**f. glass,** cristal.—**f.-hearted,** empedernido.—**f. stone,** pedernal.
flintiness [-inis], *s.* excesiva dureza.
flintlock [-lak], *s.* llave (*f.*) o fusil de chispa.
flinty [-i], *a.* apedernalado o pedernalino; empedernido, inexorable.
flip [flip]. I. *va.* lanzar, soltar, tirar con un movimiento del pulgar y otro dedo; chasquear; dar un golpe rápido; quitar de golpe. *V.* FLICK. II. *vn.* dar un capirotazo; moverse a sacudidas.—**to f. up,** jugar a cara o cruz. III. *s.* pasagonzalo, capirotazo; bebida de vino, cerveza o ron con huevos, azúcar, etc.; (fam.) salto mortal. IV. *a.* (fam.) = FLIPPANT.
flippancy [flípansi], *s.* petulancia, impertinencia, ligereza irrespetuosa o impropia.—**flippant** [-ant], *a.* petulante, impertinente.—**flippantly** [-li], *adv.* petulante o impertinentemente.
flipper [flípœ(r)], *s.* aleta o pata de tortuga, ballena o de foca; (fam.) la mano.
flirt [flœrt]. I. *vn.* coquetear, galantear, flirtear; corretear, travesear; soñar con, o dejarse tentar por (una idea, etc.). II. *va.* tirar, sacudir o menear con ligereza. III. *s.* coqueta, coquetón; golpe o meneo rápido.
flirtation [-éiŝon], **flirting** [-iŋ], *s.* coquetería, coqueteo, galanteo, flirt(eo).—**flirtatious** [-éiŝʌs], *a.* coqueta, coquetón.
flit [flit]. I. *vn.* volar, revolotear; deslizarse, pasar rápidamente. II. *s.* movimiento o meneo rápido; aleteo.
flitch [flich], *s.* hoja o témpano de tocino; a veces, lonja o cecina de carne de res o pescado; (carp.) costero.—**f. beam,** viga armada.
flitter [flítœ(r)], *s.* revoloteador; (fam.) harapo, andrajo; lentejuela, adorno de oropel.
flittermouse [-maus], *s.* (zool.) murciélago.
flitting [flítiŋ]. I. *s.* fuga, vuelo rápido. II. *a.* fugaz.
flivver [flívœ(r)], *s.* (fam.) automóvil o avión barato; (Am.) fotingo; (fam.) fiasco, fracaso, pifia.
flix [fliks], *s.* borra, tamo, pelusa.
float [flóut]. I. *va.* poner, mantener o llevar a flote; (com.) emitir, poner en circulación; (alb.) enlucir con llana o talocha; regar; (dep.) cazar en bote. II. *vn.* flotar, sobrenadar; boyar; fluctuar; cernerse; nadar; hacer la plancha (en la natación). III. *s.* flotador; cualquier cosa que flota; balsa, boya, armadía, maderada; (mar.) jangada; salvavidas; corcho de una caña de pescar; palo (de remo); (alb.) regla o tabla aplanadora; aplanadera, llana de enlucir; (aer.) flotador (de hidroavión, *m.*); bote de cazar patos; carromato; carroza para espectáculos públicos. IV. *a.* de flotador (apl. a varios artificios mecánicos, como válvulas, indicadores de nivel, etc.).
floatable [-abl], *a.* flotable.
floatage [-idž], *s.* = FLOTAGE.
floatboard [-bord], *s.* álabe, paleta de rueda.
floater [-œ(r)], *s.* flotador; (fam.) el que cambia a menudo su domicilio, empleo o partido político; (fam.) el que vota fraudulentamente.
floating [-iŋ]. I. *s.* flote, flotación; plancha (natación); (alb.) revestimiento. II. *a.* flotante, boyante; a flote, suelto, no anclado; fluctuante, movible, variable; (com.) flotante, en circulación.—**f. battery,** (elec.) pila compensadora; (mil.) batería flotante.—**f. crane,** grúa flotante.—**f. debt,** deuda flotante.—**f. dock,** dique flotante.—**f. island,** isla flotante o artificial; (coc.) especie de flan en que flotan las claras de huevos batidas.—**f. kidney,** (anat.) riñón flotante.—**f. policy,** (com.) póliza flotante.—**f. population,** población flotante, de tránsito.—**f. rib,** (anat.) costilla flotante.—**f. taper,** mariposa (candelilla flotante en un vaso de aceite para conservar luz de noche).
floccose [flákous], *a.* (bot.) velludo.
flocculant [flákyulant], *s.* agente de floculación.
flocculation [-léiŝon], *s.* floculación.
flocculence [flákyulens], *s.* vellosidad.
flocculent [-ent], *a.* velludo, lanudo; parecido al flojel.
flock [flak]. I. *s.* hato, manada, rebaño (de ovejas); grey, *f.* (gen. de ganado menor; fig., de los fieles); bandada (de pájaros); congregación; multitud; borra, tamo, flojel, pelusilla; copo o vedija de lana.—**f. bed,** colchón de borra.—**f. paper,** papel aterciopelado.—**f. wool,** borra de lana. II. *vn.* afluir, congregarse, juntarse, reunirse, atroparse.
floe [flou], *s.* masa de hielo flotante.
flog [flág], *va.* azotar, vapular, tundir, flagelar.
flogging [-iŋ], *s.* azotaina o azotamiento, vapuleo, tunda, zurra, flagelación.
flood [flʌd]. I. *s.* diluvio; avenida, creciente, *f.;* inundación; plétora, abundancia; (min.) aguada.—**f. control,** (ing.) hidráulica fluvial (protección contra las inundaciones).—**f. light,** reflector o lámpara proyectante de rayos concentrados, para iluminar objetos especiales.—**f. lighting,** sistema (*m.*) de alumbrado uniforme sin sombras; iluminación intensiva.—**f.-lit,** iluminado mediante reflectores.—**f. tide,** pleamar, *f.* II. *va.* inundar; anegar, apantanar, enaguazar; (com.) abarrotar (los mercados).
floodgate [-geit], *s.* compuerta de esclusa, paradera.
flooding [-iŋ]. I. *s.* inundación; (med.) hemorragia uterina; (com.) abarrotamiento. II. *a.* inundante.
floodmark [-mark], *s.* nivel de la marea alta.
floor [flór]. I. *s.* suelo, piso, entarimado, pavimento; piso de una casa (primero, segundo); (agr.) era; (mar.) fondo, plan; en una asamblea, lugar destinado a los diputados, y, por extensión, el uso de la palabra (*to have the floor,* tener la palabra).—**f. lamp,** lámpara de pie.—**f. leader,** (E. U., pol.) jefe de un partido político en el Congreso.—**f. mop,** escoba de bayeta.—**f. show,** atracciones (de cabaret, etc.).—**f. tile,** baldosín o loseta para pisos, mosaico.—**to ask for** (o **have**) **the f.,** pedir (o tener) la palabra. II. *va.* solar, tillar, entarimar; echar al suelo; (fig.) abrumar; vencer, derrotar; dejar confundido o turulato; poner en el suelo.
floorcloth [-kloθ], *s.* hule para cubrir el suelo.
flooring [-iŋ], *s.* suelo, piso; pavimento, embaldosado, entablado; material para pisos.
floorwalker [-wokœ(r)], *s.* superintendente de una división de un bazar o gran tienda.
flop [fláp]. I. *va.* batir, sacudir. II. *vn.* aletear; caer flojamente; colgar; caerse, venirse abajo; (fam.) pasarse de un partido a otro; fracasar, malograrse. III. *s.* (fam.) fracaso, fiasco.
flophouse [-haus], *s.* (fam.) posada de mala muerte, sobre todo para vagos.
floppy [-i], *a.* (E.U., fam.) flojo, flojino; fofo; colgante.
flora [flórä], *s.* (bot.) flora.
floral [-l], *a.* floral.—**F. Games,** juegos florales.
Florentine [flórentin], *a.* y *s.* florentino, florentín.
florescence [florésens], *s.* (bot.) florescencia, floración.—**florescent** [-ent], *a.* floreciente.

floret [flórɛt], *s.* (bot.) flósculo, florecilla.
floriculture [flórịkʌlchų(r)], *s.* floricultura.
floriculturist [-kʌ́lchųrịst], *s.* floricultor.
florid [flórịd], *a.* florido; encarnado, rojo; vivo, figurado (estilo); (b. a.) florido.
floridity [florídịtị], **floridness** [flórịdnịs], *s.* floridez.
floridly [-lị], *adv.* floridamente.
floriferous [florífęrʌs], *a.* florífero, florígero.
florin [flórịn], *s.* florín (moneda).
florist [flórịst], *s.* florista, florero, florera.—**f.'s shop** = FLOWER SHOP.
floscule [fláskịul], *s.* (bot.) flósculo.
floss [flós], *s.* seda floja; adúcar; atanquía, cadarzo; penacho del maíz; (fund.) escorias que sobrenadan.—**f. silk,** seda floja, borra de seda, filadiz, *m.*
flossy [-ị], *a.* len; ligero, suave; (fam.) elegante.
flotage [flóutịdž], *s.* objetos que flotan; pecio; flotación, flotadura, flotamiento.
flotation [flotéịšǫn], *s.* flotación, flotadura, flotamiento; teoría de los cuerpos flotantes.
flotilla [flotílą], *s.* flotilla.
flotsam [flátsąm], *s.* pecios; objetos flotantes.
flounce [flauns]. I. *va.* (cost.) guarnecer con volantes o vuelos. II. *vn.* pernear; brincar de impaciencia. III. *s.* (cost.) volante, fleco, farfalá, cairel.
flounder [fláundœ(r)]. I. *s.* (ict.) lenguado, rodaballo; tumbo, tropiezo. II. *vn.* forcejar torpe o atropelladamente; tropezar y caer.
flour [flaur]. I. *s.* harina; polvo; salitre fino.—**f. bin, f. dealer,** harinero.—**f. bolt** o **sieve,** tamiz, *m.*, cedazo.—**f. mill,** molino harinero. II. *va.* pulverizar; rociar con harina. III. *vn.* dividirse en granos, pulverizarse.
flourish [flœ́rịš]. I. *va.* florear, blandir, menear; embellecer. II. *vn.* florecer; medrar, prosperar; rasguear; jactarse; blandear; (mús.) florear. III. *s.* rasgo, plumada; rúbrica; floreo, adorno; (esgr.) molinete; (mús.) floreo, preludio.
flourishing [-ịŋ], *a.* floreciente; próspero.
flourishingly [-lị], *adv.* floridamente; prósperamente.
floury [fláurị], *a.* harinoso, farináceo.
flout [flaut]. I. *va.* y *vn.* tratar con desprecio; insultar; burlar(se) o mofar(se) (de), befar. II. *s.* mofa, befa, burla, escarnio.
flow [flóu]. I. *vn.* fluir, manar; correr; dimanar; seguirse; crecer (la marea).—**to f. away,** deslizarse, pasar.—**to f. from,** o **out,** brotar, salir, nacer, manar de.—**to f. into,** afluir, desembocar, desaguar a.—**to f. with,** abundar en, rebosar de. II. *va.* inundar; derramar; hacer fluir. III. *s.* corriente, *f.*, torrente; flujo; salida; flujo de la marea; afluencia, desagüe; abundancia, copia; (med.) menstruo; (hidr.) gasto, cantidad que sale o pasa por unidad de tiempo.
flowage [-ịdž], *s.* flujo, corriente, *f.*; derramamiento; líquido que sale o se derrama; (mec.) deformación por deslizamiento interno de las moléculas.
flower [fláuœ(r)]. I. *s.* (bot.) flor, *f.*; planta en flor; flor y nata figura retórica; adorno, belleza.—*pl.* (quím.) flor; regla, menstruación.—**f. bed,** cuadro, macizo, era de jardín.—**f. bud,** capullo, botón de flor.—**f. de luce,** flor de lis, iris.—**f. garden,** jardín, vergel.—**f. girl,** florera, ramilletera.—**f. leaf,** pétalo.—**f. piece,** ramillete; (pint.) florero.—**f. shop,** tienda de flores; (Am.) florería.—**f. stalk,** pedúnculo, pezón.—**f. stand,** jardinera (mueble); puesto de (vender) flores.—**f. vase,** florero, jarrón, ramilletero.—**flowers of sulphur,** flor de azufre.—**flowers of zinc,** cinc sublimado. II. *va.* florear, espolinar. III. *vn.* florecer, florar, dar flor.
flowered [-d], *a.* floreado, espolinado.—**f. silk,** seda agrisetada.
floweret [-ɛt], *s.* florecilla, florecita.
floweriness [-ịnịs], *s.* abundancia de flores; floreo de palabras; estilo florido.
flowering [-ịŋ]. I. *a.* (bot.) fanerógamo; floreciente, florido, en flor. II. *s.* floración, florescencia.
flowerless [-lịs], *a.* (bot.) criptógamo; sin flores.
flowerpot [-pat], *s.* tiesto, maceta de flores.
flowery [-ị], *a.* florido; ornado.
flowing [flóuịŋ]. I. *a.* corriente, flu(y)ente, manantial, manantío, ondeante, fluctuoso; suelto; colgante; flúido. II. *s.* derrame, salida; corriente *f.*, flujo; fluidez.—**flowingly** [-lị], *adv.* copiosamente.—**flowingness** [-nịs], *s.* calidad de flúido; fluidez; dicción flúida.
flowmeter [-mitœ(r)], *s.* medidor de corriente, contador.
flown [floun]. I. *pp.* de TO FLY. II. *a.* vidriado.
flu [flu], *s.* (fam., med.) influenza, gripe, *f.*, trancazo.
flubdub(bery [flʌ́bdʌb(ęrị]. I. *s.* (fam.) tontería, dislate. II. *a.* tonto, inane.
fluctuant [flʌ́kchuąnt], *a.* fluctuante, fluctuoso.
fluctuate [-eịt], *vn.* fluctuar; oscilar, ondear.
fluctuation [-éịšǫn], *s.* fluctuación, oscilación.
flue [flu], *s.* humero, cañón de chimenea; tubo de caldera; pelusa, borra, tamo; (mec.) conducto, canal; (mús.) cañón de órgano.—**f. boiler,** caldera de tubos de humos o de conductos interiores.
fluency [flúęnsị], *s.* fluidez; afluencia, facundia, labia.
fluent [-ęnt], *a.* facundo, afluente; suelto, fácil, corriente; copioso; flúido, fluente.—**fluently** [-lị], *adv.* con facundia o labia; corrientemente; de corrida.
fluff [flʌf]. I. *s.* pelusa, lanilla, pelillo, vello, borra, mota, tamo, plumón. II. *va.* mullir borra, plumón, etc.; ahuecar.—**fluffiness** [-ịnịs], *s.* calidad de mullido o sedoso.—**fluffy** [-ị], *a.* cubierto de plumón o vello; blando, mullido, esponjoso, ahuecado, suelto.—**f. hair,** cabello o pelo hueco.
fluid [flúịd]. I. *s.* flúido; líquido; gas. II. *a.* flúido; líquido; gaseoso.—**f. dram,** o **drachm,** dracma flúida, la octava parte de una onza flúida.—**f. ounce,** medida de capacidad para líquidos (29.6 mililitros o centímetros cúbicos).
fluidify [fluídịfaị], *va.* fluidificar, licuar.
fluidity [fluídịtị], **fluidness** [flúịdnịs], *s.* fluidez; liquidez; calidad de flúido, etc.
fluidize [flúịdaịz], *va.* fluidificar.
fluke [fluk], *s.* uña u oreja del ancla; uña del arpón; aleta de la cola de la ballena; (fam.) chiripa (en el billar), casualidad favorable; (ent.) trematodo, lombriz del ganado lanar; (ict.) platija, lenguado.
flume [flum], *s.* saetín, caz, *m.*, canal, acequia, presa, tragante; cañada con torrente, zubia; canal de descargar (carbón, etc.).
flummery [flʌ́mœrị], *s.* (coc.) gachas de avena; especie de manjar blanco; (fam.) música celestial, pelitrique.
flung [flʌŋ], *pret.* y *pp.* de TO FLING.
flunk [flʌŋk]. I. *s.* (fam.) fracaso. II. *va.* (fam.) colgar, reprobar, suspender, dar calabazas (a un estudiante); despedir por incompetencia. III. *vn.* (fam.) fracasar, salir mal, recibir calabazas (en un examen, etc.); volverse atrás, desistir; ser despedido (de un colegio) por incompetencia.
flunk(e)y [flʌ́ŋkị], *s.* lacayo; adulón, lavacaras.
flunkyism [-ịzm], *s.* servilismo.
fluor [flúǫ(r)], *s.* (min.) fluorita.
fluorescence [fluǫrésęns], *s.* (fís.) fluorescencia.
fluorescent [-ęnt], *a.* fluorescente.
fluoric [fluárịk], *a.* (quím.) flúorico.
fluorid(e [flúǫraịd], *s.* (quím.) fluoruro.
fluoridate [flúǫrịdeịt], *va.* fluorizar.
fluoridation [-déịšǫn], *s.* fluorización.
fluorimeter [fluǫrímętœ(r)], *s.* fluorímetro.
fluorin(e [-ịn], *s.* (quím.) flúor.
fluorite [-aịt], *s.* (min.) fluorita.
fluormeter [-mitœ(r)], *s.* (quím.) fluorómetro.
fluorography [fluǫrágrąfị], *s.* fluorografía.
fluoroscope [-oskoup], *s.* fluoroscopio.

fluoroscopic [fluọroskápịk], *a.* fluoroscópico.
fluoroscopy [-áskopi], *s.* (med.)fluoroscopía.
fluor spar, *s.* (min.) espato fluor, fluorita.
flurry [flœ́ri]. **I.** *s.* agitación, conmoción; ráfaga, racha. **II.** *va.* confundir, aturdir.
flush [flʌŝ]. **I.** *va.* abochornar, sonrojar; engreír, alentar; igualar, nivelar o emparejar; inundar; limpiar con un chorro de agua; levantar, volar (aves de caza). **II.** *vn.* salirse, derramarse, llenarse de agua; (caza) echar a volar; sonrojarse, ponerse colorado. **III.** *a.* igual, parejo, ras, nivelado; copioso, abundante; rico, adinerado; robusto, lleno de vida.—**f. bolt,** perno de cabeza embutida.—**f. box,** (elec.) caja de inspección e introducción de conductores subterráneos, de tapa pareja con el pavimento.—**f. joint,** junta machihembrada ras en ras.—**f. rivet,** remache de cabeza embutida.—**f. switch,** (elec.) interruptor embutido de tapa al ras con la pared.—**f. tank,** depósito de agua para limpia (de inodoros, etc.).—**f. with,** a flor de, ras en ras o parejo con. **IV.** *s.* rubor, sonrojo, color (en las mejillas); animación, agitación, emoción; vuelo súbito de un pájaro o una bandada; floración; flujo rápido o copioso; copia, abundancia; flux (de naipes).
fluster [flʌ́stœ(r)]. **I.** *va.* y *vn.* confundir(se), aturdir(se). *V.* FUDDLE. **II.** *s.* confusión, aturdimiento.
flustered [-d], *a.* confuso, aturdido, agitado.
flute [flút]. **I.** *s.* (mús.) flauta, caramillo, tibia; zampoña; (arq.) estría; rizado, pliegue.—**f. stop,** flautado. **II.** *va.* estriar, acanalar, encañutar; (cost.) alechugar, rizar, plegar, (Méx.) encarrujar. **III.** *vn.* tocar la flauta.
fluted [-ịd], *a.* acanalado, ondulado.
flutelike [-laịk], *a.* flaut(e)ado.
fluting [-ịŋ], *s.* (arq.) estría, estriadura, acanaladura; (cost.) rizado, alechugado, encarrujado.—**f. iron,** hierro de rizar.—**f. plane,** cepillo bocel.
flutist [-ịst], *s.* flautista.
flutter [flʌ́tœ(r)]. **I.** *va.* agitar, menear, sacudir; aturdir. **II.** *vn.* agitarse, menearse, alterarse; aletear, revolotear; flamear, undular (velas, banderas, etc.). **III.** *s.* alboroto, confusión; agitación; vibración; flameo, undulación.
fluvial [flúvịạl], **fluviatile** [-ạtịl], **fluviatic** [-ǽtịk], *a.* fluvial, fluviátil.
fluviograph [-ogræf], *s.* fluviógrafo, fluviómetro.
flux [flʌks]. **I.** *s.* flujo; derretimiento, fusión; (med.) flujo, diarrea; (quím. y met.) fundente. **II.** *va.* fundir, derretir; fluidificar; mezclar con un fundente; (med.) purgar. **III.** *vn.* fluir; fluidificarse; fundirse.
fluxion [flʌ́kŝọn], *s.* flujo; fusión; (med.) fluxión, congestión; (mat.) fluxión, derivada; diferencial.—**fluxional** [-ạl], *a.* variable, inconstante.
fly [fláị]. **I.** *va.* (*pret.* FLEW; *pp.* FLOWN) hacer volar; elevar (una cometa, etc.); enarbolar; evitar, evadir, huir de; (impr.) sacar pliegos; (aer.) dirigir (un avión); cruzar o atravesar en avión. **II.** *vn.* volar; lanzarse, precipitarse; correr, pasar rápidamente; saltar, reventar, estallar; huir, escaparse; desaparecer, desvanecerse.—**to f. about,** (mar.) cambiar el viento con frecuencia.—**to f. around,** ir de un lado a otro.—**to f. at,** arrojarse o lanzarse sobre.—**to f. away,** irse volando; escaparse.—**to f. down,** bajar volando.—**to f.-fish,** pescar con moscas artificiales.—**to f. from,** huir de.—**to f. in the face of,** ir contra, hacer frente a.—**to f. into a passion** o **rage,** montar en cólera; irse del seguro.—**to f. off,** desprenderse súbitamente; separarse, sublevarse.—**to f. off at a tangent,** tomar repentinamente una resolución extraña, o salir con alguna extravagancia.—**to f. off the handle,** (fam.) perder la chaveta, irse del seguro.—**to f. on,** lanzarse sobre, arremeter a.—**to f. open,** abrirse repentinamente.—**to f. out,** dispararse, salir a espetaperros. *V.* TO FLY OFF THE HANDLE.—**to f. to arms,** correr a las armas.—**to f. to pieces,** romperse en añicos.
fly, *s.* (ent.) mosca; (dep.) mosca artificial (cebo para pescar); cabriolé, calesín, volanta; uno de varios objetos de movimiento rápido, v. gr.: 1) (impr.) sacapliegos; 2) brazo de romana; 3) rueda volante; 4) escape de reloj; 5) brazo de veleta; 6) vuelo de una bandera; 7) lanzadera, etc.; (sast.) bragueta; vuelo de un proyectil, pelota, etc.; tapa del teclado de un piano; (teat.) bambalina.—**f.-bitten,** manchado por las moscas.—**f. blister,** cantárida (parche).—**f.-by-night,** persona o empresa poco segura; trampista, tramoyista.—**f.-fishing,** pesca con moscas artificiales.—**f. net,** mosquitero.—**f. paper,** papel para coger o matar moscas.—**f. press,** prensa de tornillo.—**f.-press worker,** (impr.) sacapliegos.—**f. sheet,** (impr.) hoja o papel volante.—**f. swatter,** matamoscas.—**on the f.,** al vuelo.
flyaway [-ạwei], *a.* tremolante, ondeante, flameante; instable, inquieto; inconstante.
flyblow [-bloụ]. **I.** *s.* cresa, huevo de mosca. **II.** *va.* corromper la carne llenándola de cresas.
flyblown [-n], *a.* inficionado, contaminado.
flyboat [-boụt], *s.* (mar.) filibote, especie de buque rápido; buque holandés de fondo plano.
flycatcher [-kæchœ(r)], *s.* (orn.) doral, muscaria, papamoscas.
flyer, *s.* = FLIER.
flyflap [-flæp], **flytrap** [-træp], *s.* mosqueador, espantamoscas, mosquero.
flying [-ịŋ]. **I.** *a.* volante; volador; de volar; volátil; rápido, veloz; flotante, undulante; desplegado.—**f. boat,** hidroavión, *m.*, hidro(aero)-plano.—**f. bomb,** (mil.) bomba voladora. *V.* ROBOT BOMB.—**f. bridge,** puente volante.—**f. buttress,** (arquitectura) arbotante, contrafuerte volante.—**f. colors,** banderas desplegadas (*to come off with f. colors,* salir airoso de, tener éxito completo en).—**f. column,** (mil.) columna volante.—**f. field,** aeropuerto, campo de aviación.—**f. fish,** (ict.) volador, pez volante.—**F. Fortress,** (mil.) fortaleza aérea o volante.—**f. fox,** (zool.) murciélago frugívoro.—**f. jib,** (mar.) petifoque, cuarto foque.—**f. machine,** aparato volador o volante (de cualquier tipo).—**f. saucer,** *s.* platillo volante o volador.—**f. squadron,** escuadra ligera.—**f. squirrel,** (zool.) ardilla voladora.—**f. wing,** (aer.) ala volante. **II.** *s.* vuelo; aviación.
flyleaf [-lif], *s.* (impr.) guarda de un libro.
flyspeck [-spɛk], *s.* mancha de mosca.
flyweight [-weịt], *s.* (dep.) peso mosca.
flywheel [-hwil], *s.* (mec.) volante.
foal [foụl]. **I.** *s.* potro; potrillo; buche. **II.** *va.* y *vn.* parir (una yegua o burra).
foam [fóụm]. **I.** *s.* espuma.—**f. rubber,** caucho espumoso. **II.** *va.* hacer espuma. **III.** *vn.* espumar, echar espuma(rajos).
foamy [-i], *a.* espumajoso, espumoso.
fob [fab]. **I.** *s.* faltriquera del reloj.—**f. chain,** leopoldina, leontina. **II.** *va.* engañar, defraudar, pegársela a uno; (con **off**) entretener con engañifas.
focal [fóụkạl], *a.* focal; céntrico.—**f. distance,** o **length,** (ópt.) distancia focal.—**f. infection,** (med., dent.) infección focal.
focalize [-aịz], *va.* enfocar; concentrar; (med.) localizar, limitar a una área circunscrita.—**focalization** [-ịzéịŝọn], *s.* enfoque; (med.) lo calización.
focus [fóụkʌs]. **I.** *s.* foco; distancia focal.—**in f.,** enfocado.—**out of f.,** desenfocado. **II.** *va.* y *vn.* enfocar(se); concentrar(se).—**focusing** [-ịŋ], *s.* enfoque.—**f. glass** o **lens,** (fot.) enfocador.
fodder [fádœ(r)]. **I.** *s.* forraje, pastura, pienso, herrén.—**f. plants,** plantas forrajeras. **II.** *va.* dar forraje a.
foe [fóụ], **foeman** [-mạn], *s.* enemigo, adversario, antagonista.—**foelike** [-laịk], *a.* hostil.
fœtus [fítʌs], *s.* feto.
fog [fág]. **I.** *s.* niebla, neblina, bruma; confusión, perplejidad; (fot.) velo.—**f. bank,** brumazón, masa densa de niebla.—**f. bell, signal, whistle,** campana, señal, *f.*, sirena de nieblas o de alarma.

II. *va.* obscurecer; (fot.) velar. III. *vn.* ponerse brumoso; (fot.) velarse.
fog, *s.* segunda cosecha de hierba.
fogbound [-baund], *a.* rodeado o cubierto de niebla; parado (un buque o el tráfico) por la niebla.
foggily [-ili], *adv.* brumosamente.
fogginess [-inis], *s.* calidad de nebuloso, neblinoso o brumoso; nebulosidad.
foggy [-i], *a.* brumoso, brumal, neblinoso o nebuloso; obscuro; (bot.) mohoso; (foto.) velado.—**it is f.,** hace (o hay) niebla.
foghorn [-horn], *s.* bocina, sirena de niebla.
fogy, fogey [fóugi], *s.* vejestorio; persona de ideas y costumbres atrasadas o anticuadas.
fogyism [-izm], *s.* cosas de viejos.
foible [fóibl], *s.* lado flaco, flaqueza; parte media de la hoja de una espada.
foil [fóil]. I. *va.* frustrar, contrarrestar, chasquear. II. *s.* hoja delgada de metal; oropel; chapa; pan u hoja de oro o plata; azogado de un espejo; (arq.) hoja, lóbulo; (esgr.) florete; (caza) huella, pista, rastro; contraste.—**f.-wrapped,** envuelto en papel de estaño.
foiling [-iŋ], *s.* (caza) freza, rastro.
foist [foist], *va.* meter clandestinamente; (con *on*) encajar, imponer (a); meterle (a), engañar con.
fold [fould]. I. *s.* doblez, *m.*, dobladura, (re)pliegue, arruga, recogido; abrazo; envoltorio; redil, corral, aprisco; hato, rebaño; (fig.) congregación de fieles. Usado como sufijo denota veces (*twofold*, dos veces, doble). II. *va.* doblar, plegar; abrazar, enlazar; cerrar, incluir, envolver, encerrar; arredilar, meter en redil.—**to f. the arms,** cruzar los brazos. III. *vn.* doblarse, plegarse, cerrarse.
folder [-œ(r)], *s.* plegador, doblador; (enc.) plegadera; carpeta; hoja, circular, etc., plegadizas.
folderol [fálderal], *s.* = FALDEROL.
folding [fóuldiŋ]. I. *a.* plegadizo, (re)plegable; doblador, plegador.—**f. bed,** cama plegadiza, catre de tijera, catricofre.—**f. camera,** cámara plegadiza.—**f. chair,** silla plegadiza; catrecillo.—**f. door,** puerta de dos hojas o plegadiza; puerta corrediza.—**f. knife,** navaja; cuchillo de caza.—**f. machine,** máquina de plegar, plegadora mecánica.—**f. rule,** metro plegable.—**f. screen,** biombo.—**f. seat,** asiento levadizo o plegable; (carr.) bigotera. II. *s.* plegado, plegadura, doblamiento; (re)pliegue.
foliaceous [fouliéishʌs], *a.* (bot.) foliáceo; laminado.
foliage [fóuliidž], *s.* follaje, frondosidad, frondas; (b. a.) verdura.
foliate [-eit] I. *va.* foliar; (arq.) adornar con hojas, lóbulos, etc.; (metal.) batir hoja; azogar un espejo. II. *vn.* echar flores; dividirse en capas laminadas; exfoliarse. III. *a.* frondoso; batido, laminado.
foliated [-id], *a.* (metal.) batido, laminado; (arq.) lobulado; azogado; chapeado; (bot.) foliado.
foliation [-éishon], *s.* foliación (de un libro, manuscrito, etc.); (metal.) batimiento; exfoliación; azogamiento; (bot.) foliación.
foliature [-achur], *s.* foliatura.
folio [fóulìou]. I. *s.* infolio; folio, página; (for.) unidad para medir la extensión de un documento (Ingl. 90 palabras; E. U. 100 palabras); cartera para grabados, etc.—**in f.,** en folio. II. *a.* de a folio. III. *va.* foliar.
foliose [fóulious], *a.* frondoso.
folk [fouk]. I. *s.* gente, *f.*; nación, raza, pueblo.—*pl.* (fam.) parientes, parentela. II. *a.* de o pert. al pueblo; que tiene fuentes populares.—**f. dance,** baile popular.—**f. music,** música tradicional.—**folks say,** se dice, dicen, la gente dice.—**f. song,** cantar de gesta; canto popular, copla, jácara, romance.—**f. speech,** lenguaje vulgar.—**f. tale,** cuento tradicional, conseja.
folklore [-lor], *s.* folklore, tradiciones y leyendas populares; estudio de ellas.
folkloric [-lorik], *a.* folklórico. (*V.* FOLKLORE.)
folklorist [-lorist], *s.* folklorista. (*V.* FOLKLORE.)
folksy [-si], *a.* (fam.) popular; (fam.) sociable.
folkway [-wei], *s.* cultura o costumbre que tienen en común los miembros de un mismo grupo social.
follicle [fálikl], *s.* (anat.) folículo; (bot.) folículo, hollejo; (ent.) capullo.
follicular [falíkyulä(r)], *a.* folicular.
follow [fálou]. I. *va.* seguir, ir detrás de; venir después de; perseguir; ejecutar, poner por obra; observar, poner atención; resultar de, desprenderse, seguirse (*it follows*, síguese).—**to f. one's nose,** ir o seguir derecho.—**to f. out,** poner por obra, llevar hasta el fin.—**to f. suit,** jugar el mismo palo (en los naipes); seguir el ejemplo o la corriente; hacer lo mismo.—**to f. up,** perseguir con ahinco; llevar hasta el fin; continuar; reforzar. II. *vn.* seguir, ir detrás; seguirse.—**to f. in one's tracks,** seguir a uno, seguir en las pisadas de uno.—**to f. on,** continuar, perseverar; seguir en la misma dirección (que otro).—**as follows,** como sigue(n).
follower [-œ(r)], *s.* seguidor; acompañante; secuaz, *m.*, sectario, partidario, parcial, adherente, adicto; ayudante; criado; (mec.) pieza impulsada; polea impulsada; bloque de protección de un pilote que se hinca.—*pl.* comitiva, séquito.
following [-iŋ]. I. *a.* siguiente; próximo; subsiguiente; consiguiente. II. *s.* adhesión; séquito, comitiva, cortejo; oficio, carrera, profesión.
follow-up [-ʌp]. I. *a.* de refresco, de empuje, uno más (dícese especialmente de una nueva carta o diligencia para promover un negocio). II. *s.* continuación de un esfuerzo inicial.
folly [fáli], *s.* tontería, locura, desatino, insensatez.
foment [foméntl, *va.* fomentar, provocar, instigar; (med.) fomentar, dar baños calientes.
fomentation [-éishon], *s.* (med.) fomentación, fomento; provocación, instigación.
fond [fánd], *a.* aficionado, enamorado; tierno, cariñoso; querido, acariciado.—**to be f. of,** ser amigo de o aficionado a, ser afecto a, estar encariñado con.
fondant [-ant], *s.* pasta de azúcar que sirve de base a varios confites.
fondle [-l], *va.* mimar, acariciar, hacer fiestas a.
fondler [-lœ(r)], *s.* acariciador.
fondling [-liŋ], *s.* acción de acariciar, etc.; favorito, querido, ser mimado.
fondly [-li], *adv.* aficionadamente, tiernamente, afectuosamente, cariñosamente.
fondness [-nis], *s.* afecto, afectuosidad, cariño, querencia, ternura; afición, apego, inclinación.
font [fant], *s.* pila de bautismo o de agua bendita; fuente, *f.*; (impr.) fundición, torta.
fontanel(le [fantanél], *s.* (anat.) fontanela.
food [fúd], *s.* alimento, comida, manjar, vianda, nutrimento; pasto de los animales; pábulo, materia.—**f. card,** cartilla de racionamiento.—**f. chopper,** máquina de picar carne, etc.—**f. for thought,** materia en que pensar, cosa que da que pensar.—**f. supply** o **supplies,** alimentación, comestibles, víveres.—**f. value,** valor nutritivo.
foodstuff [-stʌf], *s.* producto o substancia alimenticia.—*pl.* **foodstuffs,** víveres, comestibles.
fool [fúl]. I. *s.* tonto, necio, idiota, *mf.*; inocente, primo; bufón, truhán, payaso, (teat.) gracioso, bobo.—**f.'s cap,** gorro de bufón.—**f.'s errand,** empresa descabellada.—**f.'s gold,** pirita (de hierro o de cobre).—**f.'s paradise,** felicidad ilusoria.—**f. trap,** engañabobos. II. *va.* chasquear; embromar; engañar, embaucar.—**to f. away,** malbaratar, gastar a tontas y a locas. III. *vn.* tontear, divertirse, chancear.
foolery [-œri], *s.* tontería, bobería.
foolhardiness [-hardinis], *s.* temeridad.
foolhardy [-hardi], *a.* temerario.
fooling [-iŋ], *s.* broma, chacota; engaño.—**no f., without f.,** (fam.) sin broma, hablando en serio.
foolish [-ish], *a.* tonto; disparatado; bobo.—

foolishly [-lį], *adv.* tontamente.—**foolishness** [-nįs], *s.* simpleza, tontería, disparate, bobería.
foolproof [-pruf], *a.* que los curiosos o chambones no pueden dañar o desarreglar; seguro.
foolscap [fúlzkæp], *s.* papel grande de escribir (35 × 43 centímetros), papel de oficio.
foot [fų́t], *s.* pie, *m.* (de animal, mesa, etc.); pata; peal (de media); base, *f.;* pie, medida lineal; (mil.) infantería; (pros.) pie.—**f.-and-mouth disease,** (vet.) fiebre aftosa, glosopeda, erupción vesicular que afecta sobre todo la boca y las pesuñas del ganado.—**f. bath,** pediluvio, baño de pies.—**f. brake,** freno accionado con el pie.—**f. by f.,** paso a paso; palmo a palmo, tenazmente.—**f.-candle,** bujía-pie, intensidad de la luz de una bujía normal a distancia de un pie.—**f. guard,** guardacascos, especie de bota para los caballos; cualquier cosa que protege los pies.—**F. Guards,** (Ing.) infantería de la guardia real.—**f.-loose,** sin trabas u obligaciones, libre, andariego.—**f. post,** cartero pedestre; el correo que lleva.—**f.-pound,** (mec.) pie-libra o libra-pie, *m.;* unidad de energía o trabajo—el ejecutado por una fuerza de 1 libra en una distancia de 1 pie (0.14 kgm.).—**f.-pound-second,** pie-libra-segundo (apl. al sistema de unidades en que las fundamentales son el pie, la libra y el segundo).—**f. race,** corrida o carrera pedestre.—**f. racing,** pedestrismo.—**f. rot,** (vet.) necrosis de las patas del carnero.—**f. rule,** pie, codo, regla de 1 pie dividida en pulgadas y fracciones (corresponde, en cuanto al uso, al doble decímetro).—**f. second,** pie por segundo.—**f. soldier,** infante, peón, soldado de infantería.—**f. stove,** estufilla para los pies, rejuela.—**f.-ton,** (mec.) pie-tonelada.—**f. tub,** baño de pies.—**f. warmer,** calientapiés.—**by f.,** a pie.—**on f.,** de pie; a pie; levantado, activo; progresando.—**to put one's best f. forward,** (fam.) esmerarse, poner sus cinco sentidos; poner todas sus fuerzas; andar con actividad, con la mayor diligencia posible.—**to put one's f. down,** (fam.) tomar una resolución decidida; poner su óbice.—**to put one's f. in it,** meter la pata, hacer una plancha.—**to set on f.,** iniciar, emprender, poner alguna cosa en movimiento, darle el primer impulso.—**to trample,** o **tread, under f.,** pisotear.—**under f.,** debajo de los pies; el suelo; con el pie sobre el pescuezo.—**with one f. in the grave,** moribundo, con un pie en el hoyo.
foot. I. *va.* recorrer, andar; hollar, pisotear; sumar y poner la suma al pie; poner pies a alguna cosa; (fam.) pagar (una cuenta); costear, sufragar. **II.** *vn.* (con **it**) andar, caminar, patear; (fam.) (con **up**) sumar guarismos.
footage [-įdž], *s.* número de pies, longitud en pies; (min.) paga por pie (u otra unidad lineal) de trabajo; (cine) longitud en pies.
football [-bɔl], *s.* (dep.) fútbol o football, balompié, *m.*, balón.—**f. field,** campo de fútbol.—**f. player,** futbolista.
footboard [-bɔrd], *s.* pie (barandilla del pie) de cama; marchapié, *m.;* estribo; trasera (de coche); tabla del pescante para los pies del cochero; pedal.
footboy [-bɔį], *s.* lacayo, paje, volante, zagal.
footbreadth [-brɛdθ], *s.* ancho de un pie.
footbridge [-brįdž], *s.* puente (*mf.*) para peatones.
footcloth [-klɔθ], *s.* alfombrilla; gualdrapa.
footed [-įd], *a.* que tiene pies o patas; sumado.
footfall [-fɔl], *s.* paso, pisada (con respecto al ruido).
footgear [-gįr], *s.* calzado.
foothill [-hįl], *s.* colina al pie de una montaña.
foothold [-hoųld], *s.* espacio en que cabe el pie; pie firme; posición establecida; chanclo de goma sin tacón.
footing [-įŋ], *s.* pie, *m.*, base, *f.*, fundamento; (arq.) zarpa; piso, paso; baile, danza; estado, condición; estribo, zócalo saliente; (arit.) suma de una columna.—**on a war f.,** en pie de guerra.—**to be on equal f.,** estar en iguales condiciones o en pie de igualdad.—**to get a f.,** establecerse.
footless [-lįs], *a.* sin pies; sin fundamento; (fam.) estúpido, chambón.
footlights [-laįts], *s. pl.* (teat.) candilejas, luces del proscenio; (fig.) las tablas, el teatro.
footling [-lįŋ], *a.* y *adv.* (obst.) con los pies hacia afuera; (fam.) tonto; fútil, trivial.
footman [-mąn], *s.* lacayo, criado de librea.
footmark [-mark], *s.* huella.
footnote [-noųt], *s.* nota al pie de una página.
footpace [-peįs], *s.* descanso de escaleras; paso lento.
footpad [-pæd], *s.* salteador de caminos.
footpath [-pæθ], *s.* senda para gente de a pie.
footprint [-prįnt], *s.* huella, pisada, rastro.
footrail [-reįl], *s.* rodapié, *m.*
footrest [-rɛst], *s.* rodapié, *m.;* escabel.
footrope [-roųp], *s.* (mar.) marchapié, *m.;* relinga del pujamen.
foots [-s], *s. pl.* sedimentos, heces, *f. pl.*, poso.
footscraper [-skreįpœ(r)], *s.* limpiabarros.
footsore [-sɔr], *a.* que tiene los pies doloridos o lastimados, despeado.
footstalk [-stɔk], *s.* (bot.) pedúnculo, pezón.
footstall [-stɔl], *s.* estribo para mujer; (arq.) plinto.
footstep [-stɛp], *s.* huella, pisada, paso.
footstool [-stul], *s.* escabel, escañuelo, banqueta.
footwalk [-wɔk], **footway** [-weį], *s.* senda, sendero, camino de peatones; acera.
footwear [-wɛr], *s.* calzado.
footwork [-wœrk], *s.* (dep.) juego o manejo de los pies en el boxeo, tenis, baile, etc.
footworn [-wɔrn], *a.* cansado de caminar, despeado; usado; asendereado, trillado.
foozle [fúzl]. **I.** *va.* y *vn.* chafallar, chapucear o hacer chapucerías, pifiar. **II.** *s.* chafallo, pifia; (fam.) chafallón.
fop [fáp], *s.* petimetre, pisaverde, lechuguino.
foppery [-œrį], *s.* afectación en el vestir; perifollos.
foppish [-įš], *a.* vanidoso o fatuo; alechuguinado.—**foppishly** [-lį], *adv.* afectadamente; con perifollos.—**foppishness** [-nįs], *s.* = FOPPERY.
for [fɔr]. **I.** *prep.* por; para; durante, por espacio de; de (*to cry for joy,* llorar de gozo); con, a pesar de, no obstante (*for all that,* con todo eso; *for all his arguments, I won't go,* a pesar de todos sus argumentos, no iré). Como regla general, empléase *por* cuando significa a causa de, en consideración a, con respecto o relación a, en cuanto a, en busca de, en nombre o representación de, en lugar o substitución de, a cambio de; empléase *para* cuando denota destinación, aplicación, dedicación, fin, intento, provecho, beneficio; vg.: *I speak for him,* hablo por él; *this is for him,* esto es para él. A veces conviene traducirlo por el dativo: *this is easy for me,* esto me es fácil; *do this for me,* hágame esto. Seguido de un substantivo o pronombre y un infinitivo, se traduce a veces por el dativo (*it is for you to decide,* a usted le toca decidir) o bien cambiando el giro y poniendo el verbo en subjuntivo: *the plan is for John to go,* el plan es que Juan vaya. **II.** *conj.* porque, puesto que, pues; (mat., lóg.) en efecto.
forage [fárįdž]. **I.** *va.* y *vn.* forrajear, proveer(se) de forraje; apacentar(se); (mil.) recorrer una comarca en busca de forraje y víveres; pillar, saquear. **II.** *s.* forraje.—**f. cap,** (mil.) kepi o quepi, gorra de visera.—**f. plant,** planta forrajera.
forager [-œ(r)], *s.* forrajeador.
foraging [-įŋ], *s.* forraje.
foramen [foréįmɛn], *s.* foramen, apertura, agujero (ú. esp. en anat. y bot.).
foraminifer [fɔrąmínįfœ(r)], *s.*, **foraminifera!** [fɔræmįnífɛrąl], **foraminiferous** [-ʌs], *a.* (zool.) foraminífero.
forasmuch as [fɔrązmʌ́ch æz], *conj.* puesto que, por cuanto, ya que.

foray [fórei]. I. *s.* correría, irrupción; saqueo, pillaje. II. *va.* saquear, pillar, despojar.
forbad(e [fɔrbǽd], *pret.* de TO FORBID.
forbear [fórbɛr], *s.* antepasado, antecesor.
forbear [fɔrbér], *va.* y *vn.* (*pret.* FORBORE; *pp.* FORBORNE) abstenerse, contenerse, dejar de, reprimirse; mostrar paciencia o indulgencia.
forbearance [-ans], *s.* paciencia, clemencia, indulgencia o lenidad; abstención.—**forbearing** [-iŋ], *a.* paciente, indulgente.
forbid [fɔrbíd], *va.* (*pret.* FORBAD(E; *pp.* FORBIDDEN) prohibir; impedir, estorbar; excluir de.
forbidden [-ɛn], *a.* prohibido, vedado, ilícito.—**f. fruit,** placer ilícito.
forbidding [-iŋ], *a.* prohibitivo; repulsivo, aborrecible, repugnante.
forbore [fɔrbór], *pret.* de TO FORBEAR.
forborne [-n], *pp.* de TO FORBEAR.
force [fórs]. I. *s.* fuerza; vigor, reciura, robustez, brío; energía, animación; virtud, poder, potencia, eficacia; móvil, motivo; coacción, violencia; valor, validez, vigencia (de una ley); peso, importancia; (mil.) fuerzas, tropa.—**f. majeure,** fuerza mayor; (for.) caso fortuito.—**f. pump,** bomba impelente.—**by f. of,** a fuerza de.—**in f.,** vigente, en vigor.—**to be in f.,** regir. II. *va.* forzar; obligar, precisar, compeler, constreñir; violentar; violar; (mec.) impulsar; (coc.) rellenar, embutir, mechar; (agr.) forzar, hacer madurar temprano.—**to f. along,** hacer avanzar o adelantar.—**to f. away,** obligar a alejarse.—**to f. back,** rechazar, hacer retroceder.—**to f. down,** obligar a bajar.—**to f. from,** obligar a salir, echar de.—**to f. in,** o **through,** clavar, meter o entrar por fuerza.—**to f. on,** o **upon,** imponer a.—**to f. one's hand,** obligar a uno a hacer algo o a declarar su intención, contra su voluntad.—**to f. out,** arrancar, sacar u obtener por fuerza.—**to f. the issue,** hacer que el asunto se discuta o decida pronto; hacer que se vaya al grano sin demora.—**to f. up,** hacer subir por fuerza.
forced [-t], *a.* forzado, fingido; forzado, forzoso, obligatorio.—**f. feeding,** alimentación forzada.—**f. flowers,** flores (*f.*) de estufa.—**f. labor,** trabajos forzados o forzosos.—**f. landing,** (aer.) aterrizaje forzoso.—**by f. marches,** (mil.) a marchas forzadas.
forceful [-fụl], *a.* enérgico; potente; violento.
forcemeat [fórsmit], *s.* (coc.) relleno, picadillo, salpicón; embutido, embuchado.
forceps [fórsɛps], *s.* (cir.) forceps, pinzas; (dent.) gatillo tenazas.
forcer [fórsœ(r)], *s.* forzador; (mec.) émbolo.
forcible [fórsibl], *a.* fuerte, potente; eficaz; violento; enérgico; de peso.—**forcibleness** [-nis], *s.* fuerza; violencia.—**forcibly** [-bli], *adv.* fuertemente; enérgicamente; forzosamente; violentamente.
forcing [fórsiŋ]. I. *a.* impelente; madurador; clarificador de vino. II. *s.* forzamiento; compulsión.—**f. bed,** almajara.—**f. house,** invernadero.
ford [fórd]. I. *s.* vado. II. *va.* vadear, esguazar.
fordable [-abl], *a.* vadeable, esguazable.
fore [fɔr]. I. *a.* anterior, delantero; (mar.) proel. de proa.—**f. hatching,** escotilla de proa.—**f. part,** delantera.—**f.-topgallant,** juanete de proa.—**f.-topsail,** velacho. II. *adv.* (mar.) de proa.—**f. and aft,** de popa a proa. III. *s.* delantera, frente, *f.*; (mar.) trinquete.—**to the f.,** en primer plano, conspicuo, a la vista; a (la) mano, dispuesto; con vida. IV. *interj.* ¡ojo! (aviso en el juego de golf).
forearm [fórarm], *s.* (anat.) antebrazo.
forearm [fɔrárm], *va.* armar de antemano.
forebear [fórbɛr], *s.* antepasado, ascendiente.—*pl.* mayores.
forebode [fɔrbóud], *vn.* y *va.* pronosticar, presagiar, agorar, ominar; presentir, antever.—**foreboding** [-iŋ]. I. *s.* presentimiento, presagio; corazonada. II. *a.* presagioso, pronosticador, agorero, ominoso.
forebrain [fórbrein], *s.* (anat.) prosencéfalo, cerebro anterior.
forecast [fórkæst], *va.* y *vn.* (*pret.* y *pp.* FORECAST(ED) proyectar, trazar; prever, predecir, pronosticar.
forecast, *s.* pronóstico, prognosis, predicción; previsión; proyecto, traza, plan.
forecastle [fórkæsl *o* fóuksal], *s.* (mar.) castillo de proa.
forecited [fórsaitid], *a.* precitado.
foreclose [fɔrklóuz], *va.* impedir, excluir; (for.) entablar, sustanciar y decidir un juicio hipotecario.—**foreclosure** [fɔrklóužū(r)], *s.* (for.) juicio hipotecario.
foredeck [fórdɛk], *s.* (mar.) cubierta de proa.
foredoom [fórdum], *s.* predestinación, sino.
foredoom [fɔrdúm], *va.* predestinar, predeterminar.
forefather [fórfaðœ(r)], *s.* ascendiente, antepasado.
forefinger [fórfiŋgœ(r)], *s.* dedo índice.
forefoot [fórfụt], *s.* mano (*f.*) o pata delantera; (mar.) gorja, tajamar.
forefront [fórfrʌnt], *s.* frente, puesto delantero, primera fila.—**in the f.,** de, o en, primer plano.
foregather, *vn.* = FORGATHER.
forego [fɔrgóu], *va.* y *vn.* (*pret.* FOREWENT; *pp.* FOREGONE) preceder; ir delante; privarse de, renunciar a; ceder, abandonar. *V.* FORGO.
foregoing [-iŋ], *a.* precedente, anterior.
foregone [fɔrgán], *a.* predeterminado, decidido de antemano; inevitable, seguro.
foreground [fórgraund], *s.* (pint.) primer término o plano; frente.
forehand [fórhænd]. I. *s.* la parte anterior de la mano; cuarto delantero del caballo; posición superior o ventajosa. II. *a.* delantero; hecho o dado de antemano o anticipadamente; dado con la parte anterior de la mano.—**f. stroke,** (tenis) golpe dado con la raqueta extendida a la derecha del jugador (a no ser éste zurdo).
forehanded [fórhǽndid], *a.* temprano; hecho en tiempo oportuno; previsor, prudente, ahorrador; acomodado, con recursos.
forehead [fórid], *s.* la frente; parte delantera.
foreign [fárin], *a.* extranjero; exterior; extraño, advenedizo; ajeno, remoto.—**f. affairs,** asuntos exteriores.—**f.-born,** nacido en el extranjero.—**f. commerce,** comercio exterior.—**f. exchange,** cambio extranjero, divisas.—**F. Office,** (Ingl.) Ministerio de Asuntos Exteriores.—**F. Service,** (E. U.) servicio diplomático y consular.—**f. trade,** comercio exterior.
foreigner [-œ(r)], *s.* extranjero, extraño, forastero.
foreignism [-izm], *s.* extranjerismo.
forejudge [fɔrdžʌ́dž], *va.* prejuzgar.
forejudgment [-mɛnt], *s.* prejuicio.
foreknow [fɔrnóu], *va.* prever. tener presciencia de.
foreknowable [-abl], *a.* que se puede prever.
foreknowledge [fɔrnálidž], *s.* presciencia.
foreland [fórland], *s.* cabo, promontorio.
foreleg [fórlɛg], *s.* pierna o pata delantera, brazo.
forelock [fórlak], *s.* guedeja, vedeja; copete (de caballo); (mec.) chaveta.—**to take time by the f.,** asir la ocasión por el copete.
foreman [fórman], *s.* capataz, *m.*, aperador; encargado, mayoral, sobrestante; (impr.) regente; (for.) presidente del jurado.
foremast [fórmæst], *s.* (mar.) palo de trinquete.
forementioned [fórménšond], *a.* susodicho, precitado, antedicho.
foremost [fórmoust], *a.* delantero; primero.
forename [fórneim], *s.* primer nombre, nombre de pila.
forenamed [-d], *a.* susodicho, precitado, antedicho.
forenoon [fórnun], *s.* la mañana.
forensic [fɔrénsik], *a.* forense; causídico.—**f. medicine,** (for.) medicina legal.
foreordain [fɔrɔrdéin], *va.* preordinar, predestinar.—**foreordination** [-dinéišon], *s.* predeterminación; predestinación.

forepart [fórpart], *s.* delantera, parte primera.
forepaw [fórpɔ], *s.* garra delantera, zarpa delantera.
forepeak [fórpik], *s.* (mar.) racel o delgado de proa.
forequarter [fórkwɔrtœ(r)], *s.* cuarto delantero.
forerun [fɔrrʌ́n], *va.* (*pret.* FORERAN; *pp.* FORERUN) preceder; adelantarse; anunciar.
forerunner [-œ(r)], *s.* precursor; presagio, pronóstico; (a)nuncio; (mil.) explorador.
foresaid [fórsɛd], *a.* antedicho, susodicho.
foresail [fórseịl], *s.* trinquete.
foresee [fɔrsí]. **I.** *va.* (*pret.* FORESAW; *pp.* FORESEEN) prever, antever, prevenir, barruntar. **II.** *vn.* tener presciencia o previsión.
foreseer [-œ(r)], *s.* previsor.
foreshadow [fɔrʃǽdoụ], *va.* prefigurar, anunciar.
foreshorten [fɔrʃórtẹn], *va.* (pint.) escorzar.
foreshortening [-ịŋ], *s.* (pint.) escorzo.
foreshow [fɔrʃóụ], *va.* exhibir de antemano; prefigurar; presagiar, dar muestras de.
foresight [fórsaịt], *s.* previsión, prevención, perspicacia; presciencia; (top.) visual hacia adelante; visual de cota del ojo, para determinar la altura del ojo en la nivelación.
foresighted [fórsáịtịd], *a.* precavido; próvido.
foreskin [fórskịn], *s.* (anat.) prepucio.
forest [fárịst]. **I.** *s.* monte, bosque, selva, floresta. **—f. ranger,** guardabosque. **II.** *va.* arbolar.
forestaff [fórstæf], *s.* (mar.) ballestilla, radiómetro.
forestage [fórsteịdž], *s.* (teat.) proscenio, parte (*f.*) anterior del escenario (gen. enfrente del telón).
forestal [fárịstạl], *a.* forestal.
forestall [fɔrstól], *va.* antuviar, anticipar; impedir, prevenir; (com.) acopiar, monopolizar, acaparar.—**forestaller** [-œ(r)], *s.* monopolista, acopiador.—**forestalling** [-ịŋ], *s.* acción de antuviar, etc.; (com.) monopolio, acopio; estanco.
forestation [farịstéịʃọn], *s.* silvicultura práctica; (Ch.) forestación.
forestay [fórsteị], *s.* (mar.) estay del trinquete.
forestaysail [fɔrstéịseịl], *s.* (mar.) trinquetilla.
forester [fárịstœ(r)], *s.* silvicultor, ingeniero forestal o de montes; guardamonte, guarda (*m.*) forestal; habitante del bosque (hombre o animal).—**forestry** [-trị], *s.* silvicultura; ingeniería forestal o de montes.
foretackle [fórtækl], *s.* aparejo del trinquete.
foretaste [fortéịst]. **I.** *va.* gustar o conocer de antemano. **II.** [fórteịst], *s.* goce anticipado.
foretell [fortél], *va.* y *vn.* (*pret.* y *pp.* FORETOLD) predecir, pronosticar, profetizar, presagiar, vaticinar, adivinar.—**foreteller** [-œ(r)], *s.* profeta, *m.*—**foretelling** [-ịŋ], *s.* profecía, pronóstico.
forethought [fórθɔt], *s.* presciencia, providencia; previsión, prevención; premeditación.
foretoken [fórtoụkẹn]. **I.** *s.* pronóstico, presagio, señal premonitoria. **II.** [fɔrtóụkẹn], *va.* prefigurar, presagiar, anunciar.
foretop [fórtap], *s.* copete (del caballo, etc.); (mar.) cofa de trinquete.
forever [fɔrévœ(r)], **forevermore** [-mór], *adv.* siempre; para o por siempre; a perpetuidad.—**forever and a day,** o **forever and ever,** eternamente, por siempre jamás.
forewarn [fɔrwórn], *va.* prevenir, advertir, avisar.—**forewarning** [-ịŋ], *s.* advertencia, aviso.
forewent [fɔrwént], *pret.* de TO FOREGO.
forewoman [fórwụmạn], *s.* primera oficiala de un taller de mujeres.
foreword [fórwœrd], *s.* advertencia, preámbulo, prefacio, prólogo.
foreyard [fóryard], *s.* (mar.) verga del trinquete.
forfeit [fórfịt]. **I.** *s.* prenda; multa; confiscación, decomiso; pérdida legal de cosa o derecho por incumplimiento de obligaciones.—*pl.* juego de prendas. **II.** *a.* confiscado, perdido por incumplimiento. **III.** *va.* perder el derecho a, por incumplimiento o violación.—**forfeitable** [-ạbl], *a.* alienable, invalidable, revocable; perdible; confiscable.—**forfeiture** [fórfịchụ(r)], *s.* decomiso, multa, confiscación; pérdida legal.
forgather [fɔrgǽðœ(r)], *vn.* reunirse, juntarse.
forgave [fɔrgéịv], *pret.* de TO FORGIVE.
forge [fórdž]. **I.** *s.* fragua; forja, hornaza; herrería. **II.** *va.* forjar, fraguar; contrahacer, falsificar, falsear; inventar; tramar. **III.** *vn.* (gen. con **ahead**) avanzar despacio pero constantemente; (vet.) tropezarse (las bestias).
forger [-œ(r)], *s.* forjador, fraguador; falsificador.
forgery [-œrị], *s.* falsificación.
forget [fɔrgét], *va.* y *vn.* (*pret.* FORGOT; *pp.* FORGOTTEN) olvidar(se de).—**f. it,** no piense más en eso; no se preocupe, descuide Vd.—**to f. all about it,** olvidarse de ello completamente.—**to f. one's self,** excederse, propasarse, desmedirse; ser distraído; olvidarse de sí mismo por los demás, ser abnegado.
forgetful [-fụl], *a.* olvidadizo.—**forgetfulness** [-nịs], *s.* olvido, descuido; calidad de olvidadizo.
forget-me-not [-mịnat], *s.* (bot.) miosota, nomeolvides, raspilla.
forgettable [-ạbl], *a.* olvidable.
forging [fórdžịŋ], *s.* forja(dura), pieza forjada; (vet.) tropezón o tropezadura.
forgivable [fɔrgívạbl], *a.* perdonable.
forgive [fɔrgív], *va.* (*pret.* FORGAVE; *pp.* FORGIVEN) perdonar, dispensar, condonar, remitir.
forgiveness [-nịs], *s.* perdón; remisión; clemencia, misericordia.
forgiver [-œ(r)], *s.* perdonador.—**forgiving** [-ịŋ], *a.* perdonador, clemente, magnánimo.
forgo [fɔrgóụ], *va.* (*pret.* FORWENT; *pp.* FORGONE) privarse de, renunciar a; abandonar.
forgot [fɔrgát], *pret.*, **forgotten** [-ẹn], *pp.* de TO FORGET.
fork [fórk]. **I.** *s.* tenedor; (agr.) horca, horcón, horqueta, horquilla; horcadura (de árbol); bifurcación; confluencia de un río. **II.** *va.* hacinar o cargar con horca; ahorquillar.—**to f. out,** u **over,** (fam.) entregar, pagar. **III.** *vn.* ahorquillarse, bifurcarse.
forked [-t], *a.* horcado, ahorquillado, bifurcado, hendido; (bot.) bífido.—**f. stick** o **prop,** horcón, horquilla.
forkhead [-hɛd], *s.* lengüeta de saeta o flecha.
forlorn [fɔrlórn], *a.* abandonado, olvidado, desamparado; infeliz, desdichado.—**f. hope,** (mil.) destacamento encargado de un servicio peligroso; empresa desesperada.
form [fórm]. **I.** *s.* forma; figura; hechura; hoja, modelo que ha de llenarse, (Am.) esqueleto; condición; estado; práctica, ritual, formalidad, ceremonia; estilo; horma, matriz, patrón; porte, conducta, modales; aparición, sombra, banco, asiento largo; (gram.) forma, inflexión; (impr.) forma; (constr.) molde; (fort.) cestón.—**f. letter,** (com.) carta general, que no requiere más cambio que el del nombre y dirección.—**in due f.,** en debida forma, en regla.—**for f 's sake,** por pura fórmula.—**of f.,** de pura forma o de apariencia. **II.** *va.* formar, construir, labrar, modelar; idear, concebir; ordenar, componer, arreglar; hacer, constituir, integrar. **III.** *vn.* formarse.
formal [-ạl], *a.* formal, relativo a la forma; de pura forma; exterior, superficial; metódico, regular; ceremonioso, cumplimentero, etiquetero; esencial, constitutivo.—**f. attire,** o **dress,** traje o vestido de etiqueta.—**f. call,** visita de cumplido o de cumplimiento.
formaldehyde [formǽldịhaịd], *s.* (quím.) formaldehido, aldehido fórmico.
formalin [fórmạlịn], *s.* (quím.) formalina, disolución de aldehido fórmico.
formalism [fórmạlịzm], *s.* formalismo.
formalist [-ịst], *s.* formalista.
formality [formǽlịtị], *s.* formalidad, ceremonia, etiqueta, cumplido, cumplimiento.
formalize [fórmạlaịz]. **I.** *va.* formalizar. **II.** *vn.* ser formal o ceremonioso; afectar formalidad.

formally [fórmali], *adv.* formalmente; expresa o regularmente; con toda solemnidad.
format [fórmæt], *s.* formato, forma (detalles tipográficos, tamaño, etc., de un libro).
formate [fórmeit], *s.* (quím.) formiato.
formation [forméiṡon], *s.* formación; desarrollo; disposición, arreglo; (geol.) formación.
formative [fórmativ], *a.* formativo.
formene [fórmin], *s.* (quím.) formeno, metano.
former [fórmœ(r)]. **I.** *a.* primero; (con *the*) aquél, aquélla, aquéllos, etc.; pasado, anterior, antiguo, ex, que fué (*former teacher*, ex maestro, maestro que fué). **II.** *s.* formador, plasmador; molde, matriz.
formerly [-li], *adv.* antiguamente, en tiempos pasados, antes, un tiempo, ex.
formic [fórmik], *a.* hormigoso; fórmico (ácido).
formicant [-kant], *a.* (med.) formicante.
formicary [-ikeri], *s.* hormiguero.
formicate [-keit], *vn.* hormiguear.—**formication** [-kéiṡon], *s.* hormigueo; (med.) formicación.
formidable [fórmidabl], *a.* formidable.
formidably [-bli], *adv.* formidablemente.
formless [fórmlis], *a.* informe, sin forma.
formula [fórmyulä], *s.* fórmula, receta.
formulæ [-li], *pl.* de FORMULA.
formulary [-leri]. **I.** *a.* formulario; formal; sujeto a fórmula. **II.** *s.* formulario.
formulate [-leit], *va.* formular.—**formulation** [-léiṡon], *s.* formulación.—**formulator** [-leito(r)], *s.* formulador.
formulism [-lizm], *s.* formulismo.—**formulist** [-list], *s.*, **formulistic** [-lístik], *a.* formulista.
formulize [-laiz], *va.* formalizar; formular.
formyl [fórmil], *s.* (quím.) formilo.
fornicate [fórnikeit], *vn.* fornicar.—**fornicate(d** [-id], *a.* (arq.) fornicado, abovedado.—**fornication** [-kéiṡon], *s.* fornicio, fornicación; (arq.) bóveda.—**fornicator** [fórnikeito(r)], *s.* fornicador.—**fornicatress** [-tris], *s.* fornicadora, concubina; manceba.
fornix [fórniks], *s.* (anat.) fórnix, *f.*, trígono cerebral; (bot.) fórnix.
forsake [forséik], *va.* (*pret.* FORSOOK; *pp.* FORSAKEN) dejar, abandonar, desamparar, desertar; separarse de; renegar de; desechar, rechazar; dar de mano a.—**forsaken** [-en], *a.* abandonado, desertado, desamparado.
forsooth [forsúθ], *adv.* ciertamente, en verdad.
forswear [forswér]. **I.** *va.* (*pret.* FORSWORE; *pp.* FORSWORN) abjurar; renunciar o negar solemnemente.—**to f. one's self**, perjurarse. **II.** *vn.* perjurar(se).
fort [fort], *s.* fuerte, castillo, fortaleza.
fortalice [fórtalis], *s.* fortín.
forte [fort], *s.* fuerte (afición o mérito); (fig.) caballo de batalla.
forte [fórtei], *a.*, *adv.* y *s.* (mús.) forte, fuerte.
forth [fórθ], *adv.* delante; adelante; fuera, afuera; a la vista, públicamente; hasta lo último.—**and so f.**, y así de lo demás; etcétera.
forthcoming [-kʌ́miŋ]. **I.** *a.* futuro, próximo, venidero, que viene. **II.** *s.* aparición; acercamiento, proximidad.
forthright [-rait]. **I.** *a.* directo, derecho; franco. **II.** *adv.* directamente; francamente; en seguida, inmediatamente.
forthwith [-wíð], *adv.* inmediatamente.
fortieth [fórtieθ], *s.* y *a.* cuadragésimo; cuarentavo; cuarenta (ordinal).
fortifiable [fórtifaiabl], *a.* fortificable.
fortification [-fikéiṡon], *s.* fortificación; fortalecimiento; fortaleza, plaza fuerte.
fortifier [-faiœ(r)], *s.* fortificador; fortalecedor.
fortify [-fai]. **I.** *va.* fortificar; fortalecer; reforzar; corroborar. **II.** *vn.* construir defensas.
fortissimo [fortísimou], *a.* y *adv.* (mús.) fortísimo.
fortitude [fórtitiud], *s.* fortaleza; fuerza, ánimo.
fortnight [fórtnait], *s.* quincena, dos semanas.—**fortnightly** [-li]. **I.** *a.* quincenal, bisemanal. **II.** *adv.* quincenalmente. **III.** *s.* revista bisemanal.

fortress [fórtris], *s.* fuerte, fortaleza; plaza fuerte.
fortuitous [fortiúitʌs], *a.* fortuito, accidental, casual, eventual.—**fortuitously** [-li], *adv.* fortuitamente.—**fortuitousness** [-nis], *s.* calidad de fortuito.
fortuity [fortiúiti], *s.* caso fortuito; accidente.
fortunate [fórchunit], *a.* afortunado, dichoso, feliz, venturoso, bienhadado, fausto.
fortunately [-li], *adv.* afortunadamente.
fortune [fórchun]. **I.** *s.* fortuna; dicha, suerte, *f.*, (buena)ventura; destino, sino; caudal, dinero, bienes.—**f. book**, libro de la buena ventura.—**f. hunter**, el que anda en busca de esposa rica.—**f. teller**, sortílego, adivino.—**f. telling**, buenaventura, sortiaria, sortilegio.—**to cost a f.**, costar un dineral, o un ojo de la cara. **II.** *va.* dotar con una fortuna.
fortuneless [-lis], *a.* sin fortuna, sin bienes.
forty [fórti], *a.* y *s.* cuarenta.—**f. winks**, siesta corta.
forum [fórʌm], *s.* plaza; foro; tribunal; reunión de debate, en que se discute un asunto.
forward [fórwärd]. **I.** *adv.* adelante, en adelante, hacia adelante, más allá. **II.** *a.* delantero; (mar.) proel; precoz; adelantado; anterior; pronto, activo; desenvuelto, descocado; apresurado, vivo, listo; audaz, emprendedor; radical, exagerado.—**f. delivery**, (com.) entrega en fecha futura. **III.** *s.* (dep.) delantero. **IV.** *va.* reenviar; transmitir, remitir; apresurar, activar; fomentar.—**forwarder**, o **forwarding merchant**, comisionista expedidor.
forwardly [-li], *adv.* descocada o descaradamente.—**forwardness** [-nis], *s.* adelantamiento, progreso; prontitud, apresuramiento; precocidad; descaro, descoco, desenvoltura; audacia.
forwards [-z], *adv.* = FORWARD.
for(e)went [forwént], *pret.* de TO FOR(E)GO.
foss, fosse [fas], *s.* (fort.) foso.
fossa [fásä], *s.* (anat.) fosa.
fossil [fásil], *a.* y *s.* fósil.—**fossiliferous** [-ífer ʌs], *a.* fosilífero.—**fossilist** [-ist], *s.* paleontólogo.—**fossilization** [-izéiṡon], *s.* fosilización.—**fossilize** [-aiz]. **I.** *va.* fosilizar; petrificar; hacer anticuado. **II.** *vn.* fosilizarse, petrificarse.—**fossilology** [-álodži], *s.* paleontología.
fossorial [fasórial], *a.* cavador.—**f. wasp**, avispa cavadora.
foster [fástœ(r)]. **I.** *va.* criar, nutrir; dar alas, alentar, fomentar. **II.** *a.* Como adjetivo, se aplica comúnmente a nombres que por sí solos denotan parentesco, para expresar condición análoga debida a crianza o, general pero no necesariamente, adopción.—**f. brother, child, sister**, hermano, hijo, hermana de leche, adoptivos, o criados como hijos, etc.—**f. mother, father**, madre, padre adoptivos, o que han criado a los *foster children* correspondientes.—**f. earth**, (agr.) suelo o tierra de almáciga.—**f. home**, casa de crianza, donde se crían niños ajenos.—**f. nurse**, nodriza.
fosterage [-idž], *s.* crianza de niños ajenos; condición de ser hijo adoptivo; fomento.
fostering [-iŋ]. **I.** *a.* fomentador. **II.** *s.* fomento.
fosterling [-liŋ], *s.* = FOSTER CHILD.
Foucault current [fúkou kœ́rent], *s.* corriente de Foucault, corriente parásita.
fought [fot], *pret.* y *pp.* de TO FIGHT.
foul [faul]. **I.** *a.* sucio, puerco, impuro, inmundo; fétido, pestilente; viciado (aire); detestable, vil; injusto, sin derecho; enredado, atascado, obstruído; contrario, desagradable; obsceno; (impr.) lleno de errores y correcciones.—**f. bill of health**, (mar.) patente sucia.—**f. breath**, ocena, aliento fétido.—**f. dealing**, dolo, mala fe.—**f. language**, palabras injuriosas; lenguaje obsceno o soez.—**f.-mouthed**, mal hablado.—**f. play**, juego sucio o desleal; violencia, muerte violenta.—**f.-smelling**, hediondo, maloliente.—**f. weather**, mal tiempo.—**to fall f. of**, enredarse con; atacar; (mar.) abordar, chocar con. **II.** *s.* acción de ensuciar, de ludir o enre-

darse una cosa en otra; violación de las reglas establecidas. **III.** *va.* ensuciar, emporcar; (mar.) abordar, chocar, trabarse; (dep.) violar las reglas establecidas. **IV.** *vn.* ensuciarse; (mar.) chocar.
foulard [fulárd], *s.* (tej.) fular.
foully [fáuli], *adv.* suciamente.—**foulness** [-nis], *s.* asquerosidad, porquería, pestilencia; vileza.
found [fáund], *pret.* y *pp.* de TO FIND.
found [fáund], *va.* cimentar, fundamentar; edificar; instituir, fundar, establecer; apoyar o vincular en; asentar, fijar; (fund.) fundir, derretir.
foundation [-éišon], *s.* fundación, establecimiento; fundamento, base, *f.*, apoyo, entibo, polo; dotación; (mec.) asiento, lecho, pie, *m.*; (ing.) firme; cimentación o cimiento, embasamiento, fundamento; (cost.) forro, refuerzo.—**f. school,** escuela dotada.—**f. stone,** primera piedra.
founder [-œ(r)]. **I.** *s.* fundador; (fund.) fundidor; (vet.) despeadura. **II.** *va.* (mar.) hacer zozobrar; (vet.) despear los pies del caballo. **III.** *vn.* (mar.) irse a pique o a fondo, zozobrar; fracasar; desplomarse.
foundering [-iŋ], *s.* (mar.) zozobra.
founding [-iŋ], *s.* fundición.
foundling [-liŋ], *s.* niño expósito.—**f. hospital,** inclusa, casa de expósitos.
foundress [-ris], *s.* fundadora.
foundry [-ri], *s.* fundición (fábrica).—**f. iron,** fundición bruta de moldeo, o para piezas fundidas.
fount [faunt], **fountain** [fáuntin], *s.* fuente, *f.*; manantial, (poét.) fontana; pila.—**f. pen,** pluma estilográfica, pluma fuente.—**f. syringe,** (med.) jeringa o inyector de gravedad.
fountainhead [-hed], *s.* fuentes, *f. pl.*, cabeceras (de un río); fuente; origen.
four [fór], *a.* y *s.* cuatro.—**f.-cornered,** cuadrangular.—**f. flush,** (poker) lance con un flux de cuatro naipes.—**f.-flush,** (fam.) baladronear; exagerar uno su destreza, riqueza, etc.—**f.-flusher,** (fam.) baladrón, fanfarrón.—**f.-footed,** cuadrúpedo.—**f.-handed,** cuadrúmano; para o de cuatro jugadores; (mús.) de o a cuatro manos.—**f. hundred,** cuatrocientos; (fam.) la alta sociedad, la nata social.—**f.-in-hand,** carruaje tirado por cuatro caballos; corbata larga de nudo corredizo.—**f.-motored,** (aer.) cuatrimotores, de cuatro motores.—**f.-oared,** de cuatro remos.—**f.-o'clock,** (bot.) dondiego de noche, arrebolera.—**f. of a kind,** quínola.—**f.-way,** de cuatro direcciones.—**f.-wheel, f.-wheeler,** carruaje de cuatro ruedas.—**f.-wheeled,** de cuatro ruedas.—**on all fours,** en las cuatro patas, a gatas; parejo, equivalente; sin discordancia; en completa armonía.—**to go on all fours,** gatear, andar a gatas.
fourfold [-fould], *a.* cuádruplo.—**fourpence** [-pens], *s.* (Ingl.) cuatro peniques.—**fourscore** [-skor], *a.* cuatro veintenas de; octogenario.—**foursome** [-sʌm], *s.* grupo o juego de cuatro personas.—**foursquare** [-skwer]. **I.** *a.* cuadrangular; firme; franco; inequívoco. **II.** *adv.* sin ambages.
fourteen [fórtín], *a.* y *s.* catorce.
fourteenth [-θ]. **I.** *a.* catorceno, décimocuarto, catorce (ordinal). **II.** *s.* y *a.* catorzavo.
fourth [fórθ], *s.* y *a.* cuarto, cuarta parte; cuatro (del mes).—**f. arm,** (mil.) fuerzas aéreas.—**f. estate,** la prensa.—**the F.,** (E. U.) el 4 de julio.
fourthly [-li], *adv.* en cuarto lugar.
fowl [fául]. **I.** *s.* (orn.) gallo, gallina; pollo; aves (*f. pl.*) en general.—*pl.* volatería, aves de corral. **II.** *vn.* cazar (aves), ir de caza (de aves).
fowler [-œ(r)], *s.* cazador (de aves).
fowling [-iŋ], *s.* volatería, cetrería; caza (de aves).—**f. net,** red de cazar pájaros.—**f. piece,** escopeta; (pint.) bodegón de volatería.
fox [fáks]. **I.** *s.* (zool.) zorra, raposa; (fig.) zorro, bellaco, taimado.—**f. brush,** rabo de zorra.—**f. chase** o **hunt,** caza de zorras.—**f. den, hole** o **kennel,** zorrera, raposera. *V.* FOXHOLE.—**f. terrier,** fox térrier (perro).—**f. trot.** (equit.) trote corto; *fox* o *foxtrot* (baile). **II.** *vn.* cazar zorras; raposear, usar de ardides o trampas; disimular; agriarse acedarse (la cerveza, etc.); ponerse rojizo, descolorarse (el papel). **III.** *va.* acedar; descolorar; emborrachar; (fam.) embaucar.
foxed [-t], *pp.* y *a.* descolorido (papel, libros, etc.).
foxfire [-fair], *s.* luz fosforescente de la madera podrida.
foxglove [-glʌv], *s.* (bot.) dedalera, digital.
foxhole [-houl], *s.* (mil.) trinchera individual.
foxhound [-haund], *s.* perro jateo, zorrero o raposero.
foxiness [-inis], *s.* zorrería, raposería; astucia; acedía, agrura; descolorimiento.
foxlike [-laik], *a.* astuto, taimado bellaco.
foxtail [-teil], *s.* (bot.) carricera.
foxwood [-wud], *s.* madera podrida fosforescente.
foxy [-i], *a.* raposuno, zorruno; taimado, astuto; rojizo; agriado, tomado; descolorido, manchado.
foyer [fójœ(r)], *s.* recibimiento; salón de entrada (de hotel o casa); (teat.) (gal.) foyer, salón de descanso; (fund.) cubilote.
fracas [fréikas], *s.* zacapela, riña.
fractile [frǽktail], *s.* (estad.) cuantil.
fraction [frǽkšon]. **I.** *s.* (arit.) fracción, quebrado; fragmento, porción, trozo. **II.** *va.* fraccionar.
fractional [-al], *a.* fraccionario; fraccionado.—**f. distillation,** destilación fraccionada.—**f. numeral,** número quebrado o fraccionario.
fractionate [-eit], *va.* fraccionar, fragmentar; (quím.) separar por destilación fraccionada.
fractious [frǽkšʌs], *a.* reacio; díscolo; rebelón.
fracture [frǽkchų(r)]. **I.** *s.* rotura, fractura, ruptura, rompimiento, quiebra, quebramiento; (cir.) fractura, rotura. **II.** *va.* y *vn.* fracturar(se), quebrar(se).
fraenum [frínʌm], *s.* frenillo (de la lengua).
fragile [frǽdžil], *a.* frágil, deleznable, friable, quebradizo.—**fragility** [fradžíliti], **fragileness** [frǽdžilnis], *s.* fragilidad.
fragment [frǽgment], *s.* fragmento; trozo.
fragmentary [-eri], *a.* fragmentario.
fragmentation [-éišon], *s.* fragmentación.—**f. bomb,** (mil.) bomba de fragmentación.
fragrance, fragrancy [fréigrans, -i], *s.* fragancia, buen olor, perfume, aroma, *m.*—**fragrant** [-ant], *a.* fragante, oloroso, aromático.—**fragrantly** [-li], *adv.* con fragancia.
frail [fréil]. **I.** *a.* frágil, quebradizo, deleznable; débil, delicado, endeble. **II.** *s.* canasta, junco, espuerta, sera.—**frailness** [-nis], **frailty** [-ti], *s.* fragilidad o friabilidad; flaqueza, debilidad.
frambesia [fræmbížia], *s.* (med.) frambesia. *V.* YAWS.
frame [fréim]. **I.** *va.* fabricar, formar, construir; armar; componer, ajustar; arreglar, dirigir; forjar, idear; enmarcar, encuadrar; (carp.) entramar; (gen. con **up**) fabricar, inventar (algo contra alguno); arreglar clandestinamente de antemano (el resultado de un juego, etc.); acusar o hacer condenar con pruebas inventadas a propósito, formar un complot contra.—**framed structure,** construcción reticulada o de celosía. **II.** *s.* marco; armazón; estructura; figura; arreglo, construcción; armadura, esqueleto, entramado, bastidor; banco de tornero; molde para barras de jabón; (tej.) telar; (impr.) chibalete; (cost.) bastidor para bordar; (mar.) cuadernas, ligazones, costillaje; (fig.) talante, disposición; cuadro, cerco (de puerta o ventana); cuadro (de bicicleta, etc.); forma, sistema, *m.* (de gobierno, etc.); tenor, alcance (de una ley, constitución, etc.); fotografía de una imagen transmitida por televisión; película

de cine. V. FRAME-UP.—**f. house,** casa hecha de madera.—**f. of mind,** estado de ánimo.—**f. of reference,** (fís.) sistema de coordenadas. —**f. saw,** sierra bracera, sierra montada o de bastidor. **III.** *a.* reticulado, de celosía (dícese de las construcciones); de tablas, de madera; de entramado (casa).
framer [-œ(r)], *s.* constructor, armador; fabricante de marcos.
frame-up [-ʌp], *s.* (fam.) conspiración; fraude.
framework [-wœrk], *s.* armadura, armazón, esqueleto, entramado; sistema, *m.*, forma (de gobierno, etc.); tenor, alcance (de una ley, etc.).
framing [-iŋ], *s.* armadura, armazón.
franc [fræŋk], *s.* franco (unidad monetaria de Francia, Bélgica y Suiza).
France [fræns], *s.* Francia.
franchise [frǽnchaiz], *s.* derecho político; franquicia, privilegio; concesión; exención; encartación.
Franciscan [frænsískan], *s.* y *a.* franciscano.
francium [frǽnsiʌm], *s.* (quím.) francio.
francolin [frǽŋkolin], *s.* (orn.) francolín.
Francophile [frǽŋkofail], *a.* y *s.* francófilo.
Francophobe [-foub], *s.* y *a.* francófobo.
frangible [frǽndžibl], *a.* frangible; perecedero.
frangipani [frændžipáni], *s.* (Am., bot.) franchipaniero; (Am.) franchipán (pomada aromática).
frank [fræŋk]. **I.** *a.* franco, sincero; francote, campechano. **II.** *s.* franquicia postal o de correos; carta franca. **III.** *va.* enviar (carta) exenta de franqueo.
Frank, *s.* franco, galo.
Frankenstein [frǽŋkenstain], *s.* persona cuyas obras le causan su propia ruina.
frankfurter [frǽŋkfœrtœ(r)], *s.* salchicha de Fráncfort, especie de salchicha de carne de vaca y de puerco muy condimentada.
frankincense [frǽŋkinsens], *s.* incienso.
Frankish [frǽŋkiš]. **I.** *a.* franco (de los francos). **II.** *s.* la lengua de los francos.
franklin [frǽŋklin], *s.* (Ingl.) = FREEHOLDER.
frankly [frǽŋkli], *adv.* francamente.
frankness [-nis], *s.* franqueza, sinceridad, abertura, candor, ingenuidad.
frantic [frǽntik], *a.* frenético, furioso, rabioso.
frantically [-ali], *adv.* frenéticamente.
frap [fræp], *va.* (mar.) atortorar.
frappé [fræpéi]. **I.** *a.* refrescado con hielo, rozado (vino, champaña, etc.). **II.** *s.* refresco de zumo de frutas con azúcar, al cual se da cierto grado de congelación pastosa.
frat [fræt], *s.* (fam.) = FRATERNITY.
fraternal [fratœ́rnal], *a.* fraternal, fraterno.—**f. order,** sociedad organizada para beneficios mutuos; sociedad secreta.
fraternally [-i], *adv.* fraternalmente.
fraternity [-niti], *s.* (con)fraternidad; hermandad, hermanazgo; gremio; congregación.
fraternization [frætœrnizéišon], *s.* fraternización.
fraternize [-naiz], *vn.* y *va.* (con)fraternizar, confraternar, hermanar(se).
fratricidal [frǽtrisaidal], *a.* fratricida.
fratricide [-said], *s.* fratricidio; fratricida, *mf.*
fraud [fród], *s.* fraude, dolo, engaño, superchería, trampa; (fam.) farsante, engañador, timador. —**fraudful** [-ful], *a.* pérfido, engañador; fraudulento.—**fraudfully** [-i], *adv.* engañosamente.—**fraudless** [-lis], *a.* sin fraude.—**fraudulence, fraudulency** [fródžulens, -i], *s.* fraude, engaño.—**fraudulent** [-ent], *a.* fraudulento.—**fraudulently** [-li], *adv.* fraudulentamente.
fraught [frɔt], *a.* cargado, lleno, preñado (de).
fraxinella [fræksinélă], *s.* (bot.) fresnillo.
fray [frei]. **I.** *s.* riña, refriega; raedura, desgaste. **II.** *va.* ludir, raer, tazar. **III.** *vn.* deshilacharse.
frazzle [frǽzl]. **I.** *va.* y *vn.* deshilachar(se); can-sar(se). **II.** *s.* cosa deshilachada; hilachas, añicos; condición de estar rendido de cansancio.
freak [frík]. **I.** *s.* capricho, antojo; rareza, monstruosidad, curiosidad, extravagancia.—**f. of nature,** aborto de la naturaleza. **II.** *a.* raro; anormal. **III.** *va.* varetear; abigarrar, gayar.
freakish [-iš], *a.* caprichoso, antojadizo; raro, extravagante.—**freakishly** [-li], *adv.* caprichosamente.—**freaki(sh)ness** [-i(š)nis], *s.* calidad de caprichoso, monstruoso o ridículo.
freckle [frékl]. **I.** *s.* peca.—**f.-faced,** pecoso. **II.** *va.* motear. **III.** *vn.* ponerse pecoso.
freckled [-d], **freckly** [frékli], *a.* pecoso; moteado.
free [frí]. **I.** *a.* libre; despejado, franco; desocupado, vacante; licencioso, atrevido; liberal, generoso; exento, privilegiado; inmune; permitido; voluntario, discrecional; gratuito, de balde; gallardo, vivo, activo; zafo, flojo, suelto, desatado; escotero.—**f. and easy,** despreocupado; cómodo, fácil; sin restricción.—**f. enterprise,** libre empresa.—**f.-for-all,** (fam.) pelotera, contienda general.—**f. from,** libre o exento de; ajeno de.—**f. goods,** mercancías exentas de derechos.—**f.-hand drawing,** dibujo a pulso.—**f.-handed,** libre de manos; exento de trabas; liberal, dadivoso.—**f.-hearted,** franco, abierto.—**f. lance,** lanza, soldado libre; hombre despreocupado e independiente; persona sin empleo regular, que sirve a cualquiera que solicita sus servicios (apl. esp. a escritores y artistas).—**f. list,** (com.) lista de artículos exentos de derechos; lista de personas exentas de pago.—**f. liver,** comilón.—**f. of charge,** gratis, de balde.—**f. on board (f. o. b.),** (com.) franco a bordo (f. a b.), libre de gastos a bordo (l. a b.).—**f. port,** puerto franco.—**f. pass,** pase, permiso.—**f. press,** libertad de imprenta.—**f. school,** escuela gratuita.—**f.-spoken,** sin reserva, franco.—**f. state,** (hist., E. U.) estado no esclavista, o sin esclavos.—**f. thought,** librepensamiento.—**f.-tongued,** lenguaraz, deslenguado.—**f. trade,** (com.) libre cambio, libertad de comercio.—**f. trader,** librecambista.—**f. verse,** verso libre o suelto.—**f. wheeling,** rueda libre.—**f. will,** (libre) albedrío.—**to make f. with,** tomar libertades con; no gastar cumplidos. **II.** *va.* libertar; librar, rescatar; manumitir; desvedar; exentar, eximir; desembarazar, zafar. **III.** *adv.* libremente; gratis.
freeboard [-bɔrd], *s.* (mar.) obra muerta.
freebooter [-butœ(r)], *s.* saqueador; filibustero, forbante.
freebooting [-butiŋ], *s.* saqueo, pillaje.
freeborn [-bɔrn], *a.* nacido libre; (for.) ingenuo.
freedman [frídman], *s.* liberto.
freedom [frídom], *s.* libertad; exención, inmunidad; licencia, franqueza o familiaridad atrevida; facilidad, soltura.—**f. of a city,** concesión de inmunidades y privilegios especiales en una ciudad.—**f. of speech,** libertad de palabra.—**f. of the press,** libertad de imprenta.—**f. of the will,** libre albedrío.—**f. of worship,** libertad de cultos.
freehold [fríhould], *s.* (for.) feudo franco, dominio absoluto.—**freeholder** [-œ(r)], *s.* dueño, propietario absoluto de una finca.
freely [fríli], *adv.* libremente; sin reserva; espontánea, desembarazada o gratuitamente.
freeman [fríman], *s.* hombre libre; ciudadano.
Freemason [fríméison], *s.* (franc)masón.
Freemasonry [-ri], *s.* (franc)masonería.
freer [fríœ(r)]. **I.** *s.* libertador. **II.** *a. comp.* de FREE: más libre.
freestone [frístoun]. **I.** *s.* piedra franca. **II.** *a.* y *s.* abridero (durazno).
freethinker [fríθiŋkœ(r)], *s.* librepensador.
freethinking [-iŋ], *s.* librepensamiento.
freeway [fríwei], *s.* autopista.
freewill [fríwil], *a.* voluntario, hecho espontáneamente; pert. a la doctrina del (libre) albedrío.

freewoman [fríwụmạn], *s.* mujer libre, no esclava; ciudadana.
freeze [fríz]. **I.** *va.* (*pret.* FROZE; *pp.* FROZEN) congelar, helar; garapiñar (líquidos); (com., etc.) congelar, estancar, inutilizar (fondos, crédito, precios, etc.); (fam.) no hacer caso a, tratar con desprecio.—**to f. out,** excluir o hacer salir tratando con frialdad o desprecio. **II.** *vn.* helarse; helar, escarchar.—**to f. to death,** morir de frío. **III.** *s.* helada.
freezer [-œ(r)], *s.* refrigerador, congelador; heladora, garapiñera, sorbetera.
freezing [-ịŋ]. **I.** *a.* congelante, frigorífico; glacial.—**f. point,** punto de congelación. **II.** *s.* helamiento, congelación.
freight [fréịt]. **I.** *va.* fletar; cargar. **II.** *s.* carga, cargazón; flete.—**f. car,** vagón, carro o furgón de carga.—**f. elevator,** montacargas.—**f. free,** libre de flete.—**f. home,** o **return f.,** flete de vuelta.—**f. outwards,** flete de ida.—**f. platform,** muelle.—**f. rates,** tarifas de flete.—**f. train,** tren de mercancías o de carga.—**by f.,** como carga.
freightage [-ịdẑ], *s.* carga, cargamento; flete; transporte.—**freighter** [-œ(r)], *s.* fletador; cargador; buque de carga, carguero.
French [frénch], *a.* y *s.* francés; idioma francés. —**F. bean,** (bot.) judía, alubia, habichuela, fréjol.—*pl.* judías en lata tratadas químicamente.—**F. bread,** pan francés.—**F. doors** o **windows,** puertas vidrieras dobles.—**F. dressing,** salsa francesa para ensaladas.—**F. fried potatoes,** o **F. fries,** papas o patatas fritas en trozos.—**F. horn,** bocina, trompa.—**F. leave,** despedida a la francesa, a la chita callando.—**F.-like,** afrancesado, a la francesa.—**F. roof,** mansarda.
Frenchify [-ịfaị], *va.* afrancesar; agabachar.
Frenchman [-mạn], *s.* francés.
Frenchwoman [-wụmạr], *s.* francesa.
Frenchy [-ị], *s.* y *a.* (desp.) franchute, gabacho.
frenetic [frịnétịk], **frenzied** [frénzid], *a.* frenético.
frenum [frínʌm], *s.* (anat.) frenillo.
frenzy [frénzị]. **I.** *s.* frenesí, locura, delirio, devaneo. **II.** *va.* volver loco; afectar con frenesí
frequency [fríkwẹnsị], *s.* frecuencia; (elec.) frecuencia, número de períodos o ciclos por segundo.
frequency curve, *s.* (estad.) curva de frecuencias acumuladas.
frequency distribution, *s.* (estad.) distribución de frecuencias.
frequency meter, *s.* (elec.) frecuencímetro, medidor de frecuencia.
frequency modulation, *s.* (rad.) frecuencia modulada, modulación de frecuencia.
frequent [-ẹnt], *a.* frecuente; usado, familiar, regular; habitual; persistente.
frequent [frịkwént], *va.* frecuentar; concurrir a.
frequentation [-éiŝon], *s.* frecuentación.
frequentative [-ạtịv], *a.* y *s.* (gram.) frecuentativo.
frequenter [-œ(r)], *s.* frecuentador.
frequently [fríkwẹntlị], *adv.* frecuentemente.
fresco [fréskoụ]. **I.** *s.* (b. a.) pintura al fresco. **II.** *va.* pintar al fresco.
fresh [frêŝ]. **I.** *a.* fresco, nuevo; reciente; recién llegado; refrigerante; puro (aire, agua); fresco (viento); recién parida (vaca); tierno (pan); lozano (flor, planta, etc.); sano, robusto; inexperto, novicio; (fam.) descocado, descarado; oficioso, entremetido.—**f. from,** acabado de llegar, sacar, etc., de.—**f. hand,** novicio.—**f. water,** agua dulce.—**f.-water,** de agua dulce; (fig.) inexperto; de poca monta. **II.** *adv.* = FRESHLY. **III.** *s.* avenida, riada, inundación; manantial; mezcla de agua dulce y salada en los ríos.
freshen [-ẹn]. **I.** *va.* refrescar, refrigerar. **II.** *vn.* refrescarse, avivarse.
freshet [-ịt], *s.* avenida, crecida, creciente, *f.*
freshly [-lị], *adv.* frescamente; recientemente.
freshman [-mạn], *s.* estudiante de primer año.
freshness [-nịs], *s.* frescura, frescor; lozanía, verdor; (fam.) descaro.
fret [frét]. **I.** *va.* gastar estregando, rabosear; raer, corroer; enojar, irritar; recamar, bordar en realce; adornar con calados. **II.** *vn.* gastarse, incomodarse, impacientarse, inquietarse; lamentarse.—**fretted,** calado. **III.** *s.* roce, rozamiento; raspadura, raedura; desgaste; irritación, enojo; hervor; (b. a.) relieve, realce, cinceladura; greca; calado; traste de guitarra. —**f. saw,** sierra de calados o de marquetería, segueta.
fretful [-fụl], *a.* displicente, irritable, mohino; inquieto; incómodo, molesto.—**fretfully** [-ị], *adv.* con mal humor; de mala gana.—**fretfulness** [-nịs], *s.* mal humor; inquietud, desasosiego.
fretty [-ị], *a.* inquieto; irritable, malhumorado; (fam.) inflamado, apostemado.
fretwork [-wœrk], *s.* (b. a.) greca, adorno; calado.
Freudian [fróịdịạn], *a.* y *s.* (psic.) freudiano.—**Freudianism** [-ịzm], *s.* freudismo, teoría de Freud.
friability [fraịạbílịtị], *s.* friabilidad.
friable [fráịạbl], *a.* friable, desmenuzable.
friar [fráịạ(r)], *s.* fraile; (**F.**) Fray.—**friary** [-rị]. **I.** *s.* convento de frailes. **II.** *a.* frailero, frailesco.
fribble [fríbl]. **I.** *vn.* bobear. **II.** *va.* malgastar. **III.** *a.* vano, frívolo. **IV.** *s.* persona frívola; fruslería.
fricassee [frịkạsí]. **I.** *s.* (coc.) fricasé. **II.** *va.* hacer fricasé.
fricative [frík̨ạtịv], *a.* (gram.) fricativo.
friction [fríkŝọn], *s.* fricción; frotación, frotamiento, frote; rozamiento, roce; ludimiento; disensión, desavenencia, falta de armonía. Se usa mucho adjetivadamente en mecánica, y casi siempre se traduce "de fricción," vg.: **f. clutch, cone, gearing,** embrague, cono, engranaje de fricción.—**f. band,** cinta de fricción (de un freno).—**f. block,** zapata (de un freno). —**f. factor,** coeficiente de rozamiento.—**f. matches,** fósforos de fricción.—**f. plate** o **point,** rozadero.—**f. tape,** (elec.) cinta aisladora adherente.
frictional [-ạl], *a.* de o producido por rozamiento, fricción o frotamiento.—**f. resistance,** resistencia de rozamiento.
Friday [fráịdị], *s.* viernes.
fried [fraịd], *a.* frito.
friend [frénd], *s.* amigo, amiga; compañero, compadre; partidario, allegado; (**F.**) cuáquero. —**to become friends,** o **make friends with,** compadrar, trabar amistad (con); hacer las amistades (después de reñir).—**to have a friend at court,** tener alcalde el padre, tener buenas aldabas.
friendless [-lịs], *a.* desamparado, desvalido, sin amigos.—**friendliness** [-lịnịs], *s.* amistad, amigabilidad.
friendly [-lị]. **I.** *a.* amigable, amigo, amistoso; servicial, favorable, benévolo, propicio. **II.** *adv.* amigablemente, amistosamente.
friendship [-ŝịp], *s.* amistad.
frieze [friz], *s.* (tej.) frisa; (arq.) friso, arrocabe.
frigate [frígịt], *s.* (mar.) fragata.—**f. bird,** (orn.) fragata, rabihorcado.
fright [fráịt]. **I.** *s.* susto, espanto, terror, pavor; (fam.) espantajo, estantigua. **II.** *va.* = FRIGHTEN.
frighten [-ẹn], *va.* espantar, asustar, amedrentar, aterrorizar, amilanar, asombrar, dar miedo a.—**to f. away,** ahuyentar, espantar.
frightful [-fụl], *a.* espantoso, horroroso, terrible, tremebundo; feísimo.—**frightfully** [-ị], *adv.* espantosamente, terriblemente.—**frightfulness** [-nịs], *s.* horror, espanto; terror.
frigid [frídẑid], *a.* frío, frígido, gélido; indiferente.
frigidity [frịdẑídịtị], *s.* frialdad, frigidez, frío; indiferencia, falta de ardor; impotencia.

frigidly [frídžidli], *adv.* fríamente.
frigorific [frigorífik], *a.* frigorífico.
frill [fril]. **I.** *s.* (cost.) lechuga, escarola; faralá, chorrera.—*pl.* (fam.) ringorrangos, arrequives. **II.** *va.* (cost.) alechugar, escarolar. **III.** *vn.* escarolarse.
fringe [fríndž]. **I.** *s.* (cost.) fleco, cairel, pestaña; orla, borde, margen, *mf.* **II.** *va.* guarnecer con fleco, cairelar; orlar.—**fringeless** [-lis], *a.* sin fleco.—**fringy** [-i], *a.* floqueado.
Fringillidae [frindžílidi], *s. pl.* (orn.) fringílidos. —**fringilline** [-ain], *a.* fringilino, fringílido.
frippery [frípœri]. **I.** *s.* prendería; trapería; baratillo; fruslería. **II.** *a.* despreciable, frívolo.
Frisian [frížan], *a.* y *s.* frisón.
frisk [frísk]. **I.** *vn.* saltar, brincar, cabriolar, triscar; retozar, travesear. **II.** *va.* (fam.) registrarle los bolsillos y la ropa a uno, en busca de armas ocultas, etc., o para robarle. **III.** *s.* retozo; brinco, salto.
frisker [-œ(r)], *s.* retozón, juguetón, zarandillo. —**frisket** [-it], *s.* (impr.) frasqueta; calzo, alza (ll. t. **f. sheet**).—**friskiness** [-inis], *s.* calidad de retozón.—**frisky** [-i], *a.* retozón, vivaracho, (en)revesado.
frit [frit]. **I.** *s.* (vid.) frita. **II.** *va.* fritar; derretir.
fritter [frítœ(r)]. **I.** *s.* (coc.) buñuelo, churro, fritillas, *f. pl.*, fritura, frisuelo, fruta de sartén; quesadilla; fragmento, trozo, triza. **II.** *va.* desmenuzar; desperdiciar.—**to f. away,** desperdiciar o malgastar a poquitos.
frivolity [friváliti], *s.* frivolidad, liviandad.
frivolous [frívolʌs], *a.* frívolo, fruslero, liviano, vano, baladí.—**frivolously** [-li], *adv.* frívolamente.—**frivolousness** [-nis], *s.* frivolidad.
frizz, frizzle [friz, frízl]. **I.** *va.* frisar; rizar, encrespar. **II.** *s.* rizo, bucle.
frizzler [frízlœ(r)], *s.* rizador, frisador.
frizz(l)y [fríz(l)i], *a.* rizado, frisado.
fro [frou], *adv.* atrás, hacia atrás.—**to and f.,** de una parte a otra, de acá y allá.
frock [frak], *s.* (cost.) túnico, vestido de mujer o de niño; blusa.—**f. coat,** levita.
frog [frág], *s.* (zool.) rana; ranilla, horquilla (del casco del caballo); (f. c.) crucero, corazón, rana (de un desvío); (elec.) rana, desvío; (cost.) alamar, recamo.—**f. eye,** parches blancos hongosos del tabaco.—**f. in the throat,** carraspera.
frogfish [-fiš], *s.* (ict.) rana pescadora o marina, pejesapo.
froggy [-i], *a.* lleno de ranas.
frogtongue [-tʌŋ], *s.* (med., vet.) ránula, sapillo.
frolic [frálik]. **I.** *s.* juego, retozo, travesura. **II.** *a.* alegre, juguetón, travieso. **III.** *vn.* juguetear, retozar, triscar, jaranear.—**frolicsome** [-sʌm], *a.* juguetón, travieso, retozón.
from [fram], *prep.* de; desde; de parte de; a fuerza de; por, a causa de; según; con.—**f. behind,** desde atrás, por detrás.—**f. memory,** de memoria.—**f. now on,** de ahora en adelante, en lo sucesivo.—**f. nature,** del natural.—**f. off,** desde lejos, fuera de.—**f. on high,** desde lo alto.—**f. out,** de, desde, del fondo de.—**f. pity,** por piedad.
frond [fránd], *s.* (bot.) fronda, fronde; hoja.—**frondage** [-idž], *s.* frondosidad, follaje, frondas, *f. pl.*
frondescence [-ésens], *s.* (bot.) foliación; frondosidad.—**frondiferous** [-ífərʌs], *a.* (bot.) frondífero, frondoso.—**frondose** [-ous], *a.* (bot.) frondoso.
front [frʌ́nt]. **I.** *s.* frente, *f.*, faz, cara; audacia, descaro; (mil.) frente, *m.*; (arq.) frontispicio, fachada, portada, lienzo; (igl.) frontal; (teat.) sala, auditorio; (cost.) pechera, delantera, camisolín; (carr.) testera; (zap.) caña de una bota.—**f. axle,** (carr., aut.) eje delantero.—**f. door,** puerta principal o de entrada.—**f. drive,** (aut.) tracción delantera.—**f. rank,** primera fila.—**f. row,** delantera, primera fila.—**f. seat,** asiento delantero.—**from the f.,** de frente.—**in f.,** delante, (en)frente, frontero.—**in f. of,** (por) delante o enfrente de. **II.** *a.* anterior, delantero, frontero; frontal.—**f. room,** cuarto que da a la calle.—**f. view,** vista de frente. **III.** *va.* hacer frente a, mirar, dar o caer a; poner frente o fachada a; arrostrar. **IV.** *vn.* estar al frente de.
frontage [-idž], *s.* extensión lineal de frente.
frontal [-al]. **I.** *a.* frontero, anterior; (anat.) frental o frontal. **II.** *s.* (anat.) (hueso) frontal o coronal; frentero; (igl.) frontal; (arq.) frontón.
frontier [frʌntír]. **I.** *s.* frontera; raya, límite, término; confines de la parte civilizada o explorada de un país, fronteras de las tierras vírgenes. **II.** *a.* fronterizo; limítrofe; de exploración o colonización; de explorador o colonizador (con referencia a regiones incultas o inexploradas).—**f. town,** población fronteriza.—**frontiersman** [-zman], *s.* habitante de la frontera; colonizador; explorador.
frontispiece [frʌ́ntispis], *s.* (arq., impr.) fachada, portada, frontis(picio) (de un libro o edificio).
frontlet [frʌ́ntlit], *s.* venda para la frente; frentero o frontero (para niños); (tal.) frontalera.
frost [fróst]. **I.** *s.* escarcha, rosada; helada, hielo. —**f. line,** profundidad a que llegan las heladas. **II.** *va.* escarchar; congelar; dañar (el frío); deslustrar (vidrio); (coc.) garapiñar (pasteles). **III.** *vn.* escarchar, helar, congelarse.
frostbite [-bait]. **I.** *s.* congelación; lesión cutánea producida por el frío. **II.** *va.* congelar; dañar por el frío.
frostbitten [-bitən], *a.* helado, congelado; quemado o marchitado por el hielo o la escarcha.
frosted [-id], *pa.* y *a.* escarchado; deslustrado; mate; (coc.) garapiñado.
frostiness [-inis], *s.* escarcha.
frosting [-iŋ], *s.* en pastelería, capa de clara de huevo batida con azúcar; imitación de escarcha en los metales, vidrios, etc.
frostwork [-wœrk], *s.* garapiña; ramajes de la escarcha.
frosty [-i], *a.* que tiene o parece escarcha; frío, indiferente; cano, canoso.
froth [fróθ]. **I.** *s.* espuma; bambolla, frivolidad. **II.** *vn.* espumar, hacer espuma; echar espuma.—**to f. at the mouth,** echar espuma por la boca.
frothily [-ili], *adv.* con espuma; frívolamente.—**frothiness** [-inis], *s.* espumosidad; frivolidad. —**frothy** [-i], *a.* espumoso; frívolo, vano.
frouzy [fráuzi], *a.* = FROWZY.
froufrou [frúfru], *s.* frufrú.
froward [fróuwărd], *a.* indócil, díscolo; insolente. —**frowardly** [-li], *adv.* díscolamente; protervamente.—**frowardness** [-nis], *s.* indocilidad; insolencia.
frown [fráun]. **I.** *va.* (gen. con **down, on** o **upon**) mirar con ceño o de mal ojo; desaprobar. **II.** *vn.* arrugar la frente, fruncir el ceño o entrecejo; enfurruñarse. **III.** *s.* ceño, entrecejo; esguince; desagrado, enojo.—**frowns of fortune,** reveses de fortuna.
frowning [-iŋ], *a.* fosco, torvo, ceñudo.
frowningly [-li], *adv.* con ceño, de mal ojo.
frowzy, frowsy [fráuzi], *a.* desaliñado, desaseado, sucio; mal peinado; maloliente.
froze [fróuz], *pret.* de TO FREEZE.
frozen [-en], *pp.* de TO FREEZE.
fructiferous [frʌktífərʌs], *a.* fructífero.
fructification [frʌ́ktifikéišon], *s.* (bot.) fructificación; fruto.—**fructify** [-fai]. **I.** *va.* fertilizar, fecundar. **II.** *vn.* fructificar.
fructose [frʌ́ktous], *s.* (quím.) fructosa, levulosa extraída de frutas o miel.
frugal [frúgal], *a.* frugal.—**frugality** [frugǽliti], *s.* frugalidad.—**frugally** [frúgali], *adv.* frugalmente.
frugivorous [frudžívorʌs], *a.* frugívoro.
fruit [frút]. **I.** *s.* fruto; fruta; frutas.—**f. basket,** frutero, cesta para frutas.—**f. bat,** (zool.) murciélago frugívoro.—**f.-bearing,** frutal, fructífero.—**f. cake,** torta o pastel de frutas. —**f. dealer,** frutero.—**f. dish,** plato frutero.—

f. dryer, secador de frutas.—f.-eating, frugívoro.—f. jar, vaso o tarro para frutas.—f. juice, jugo o zumo de frutas.—f. parer, perero.—f. piece, (pint.) frutaje, frutero.—f. press, aparato para prensar frutas.—f. stand, puesto de frutas.—f. store, frutería. —f. sugar = FRUCTOSE.—f. tree, (árbol) frutal. II. *va.* y *vn.* (hacer) frutar, producir frutas; dar fruto.
fruitage [-ịdẑ], *s.* fruta; fruto.
fruiter [-œ(r)], *s.* (mar.) buque frutero.
fruiterer [-œ(r)], *s.* frutero.
fruitful [-fụl], *a.* feraz, fértil, fructífero; productivo; prolífico, fecundo; fructuoso, provechoso.
fruitfully [-ị], *adv.* fructíferamente; fructuosamente; fértilmente, prolíficamente.—**fruitfulness** [-nịs], *s.* fertilidad; fecundidad.
fruition [frụíŝọn], *s.* fruición; goce, gusto, complacencia.
fruitless [frútlịs], *a.* estéril, infructuoso, vano.
fruitlessly [-lị], *adv.* infructuosamente.
fruitlessness [-nịs], *s.* esterilidad; infructuosidad.
fruity [frútị], *a.* de olor o sabor de fruta.
frumentaceous [frumɛntéịŝịʌs], *a.* frumenticio.
frumenty [frúmẹntị], *s.* manjar hecho de trigo cocido con leche.
frump [frʌ́mp], *s.* mujer desaliñada o desaseada, vestida a la antigua y a veces regañona o chismosa.—**frumpish, frumpy** [-ịŝ, -ị], *a.* desaseado; pasado de moda (traje); a veces, malhumorado, de mal genio.
frush [frʌŝ], *s.* (vet.) arestín.
frustrate [frʌ́streịt]. I. *va.* frustrar, burlar, desbaratar, privar; anular. II. *a.* (ant.) frustrado, burlado; nulo.—**frustration** [-éịŝọn], *s.* frustración, contratiempo, chasco; privación.—**frustrative** [-ịv], *a.* frustratorio.
frustum [frʌ́stʌm], *s.* (geom.) cono o pirámide truncados, tronco de cono o de pirámide.
frutescence [frụtésẹns], *s.* (bot.) calidad de fruticoso o leñoso.
frutescent [-ẹnt], *a.* (bot.) fruticoso.
fruticose [frútịkoụs], *a.* (bot.) fruticoso.
fry [fráị]. I. *s.* (*pl.* FRIES) (coc.) fritada, frito, fritura; (fam.) brete, sofocón.—*sing.* y *pl.* cría, boliche, morralla, pececillos recién nacidos; lechigada; enjambre, muchedumbre, *f.*—**small f.**, (fam.) chiquillería; gentecilla. II. *va.* freír. III. *vn.* freírse; achicharrarse.—**frying pan**, sartén, *f.*—**to fall out of the f. pan into the fire**, huir del fuego y dar en las brasas.
fucaceous [fịukéịŝʌs], *a.* (bot.) fucáceo.
fuchsia [fịúŝịä], *s.* (bot.) fucsia.
fuchsin(e [fúksịn], *s.* (quím.) fucsina.
fucoid [fịúkɔịd]. I. *a.* fucoideo. II. *s.* (bot.) alga parecida al fuco.—*pl.* fucoideas, fucáceas.
fucus [fịúkʌs], *s.* (bot.) fuco, ova.
fuddle [fʌ́dl]. I. *va.* emborrachar; confundir. II. *vn.* emborracharse.
fudge [fʌdẑ]. I. *s.* embuste, cuento; dulce de chocolate. II. *interj.* ¡quita allá!
Fuegian [fịuídẑịạn], *s.* y *a.* fueguino, de la Tierra del Fuego.
fuel [fịúẹl]. I. *s.* combustible; pábulo, aliciente. —**f. oil,** petróleo o aceite combustible, aceite de quemar. II. *va.* y *vn.* abastecer(se) o aprovisionar(se) de combustible.
fugacious [fịụgéịŝʌs], *a.* fugaz, fugitivo; efímero, transitorio.—**fugaciously** [-lị], *adv.* fugazmente.—**fugaciousness** [-nịs], **fugacity** [fịụgǽsịtị], *s.* fugacidad; calidad de fugitivo.
fugitive [fịúdẑịtịv]. I. *a.* fugitivo, huidizo, prófugo; fugaz, efímero, in(e)stable, pasajero, perecedero. II. *s.* fugitivo, tránsfuga.—**fugitiveness** [-nịs], *s.* fugacidad; calidad de fugitivo.
fugleman [fịúglmạn], *s.* (mil.) jefe de fila.
fugue [fịug], *s.* (mús.) fuga.
fulcrum [fʌ́lkrʌm], *s.* (mec.) fulcro, punto de apoyo; guindaleta; (bot.) apéndice.
fulfil(l [fụlfíl], *va.* colmar, llenar; cumplir; verificar, realizar.
fulfil(l)ment [-mẹnt], *s.* cumplimiento, desempeño, ejecución, realización, colmo.
fulgent [fʌ́ldẑẹnt], *a.* fulgente, resplandeciente.
fulgurate [fʌ́lgịureịt], *vn.* fulgurar.—**fulgurating** [-ịŋ], *a.* fulgurante; (med.) lancinante.—**fulguration** [-éịŝọn], *s.* fulguración; (med.) tratamiento o extirpación por medio de chispas eléctricas.
fulgurite [fʌ́lgịuraịt], *s.* (geol.) fulgurita.
fuliginous [fịulídẑịnʌs], *a.* fuliginoso, tiznado.—**fuliginously** [-lị], *adv.* de un modo fuliginoso.
full [fụl]. I. *va.* dar amplitud; hacer espeso o grueso; (tej.) (a)batanar, enfurtir. II. *vn.* llenarse, espesarse; llegar la luna a su plenilunio. III. *a.* lleno; completo, cabal, repleto, cuajado, atestado; pleno; cumplido; amplio, ancho; rotundo; preñado; puro, sin mezcla; harto, ahito; copioso, abundante; detallado, extenso; plenario; (fam.) borracho; maduro, perfecto; fuerte; suficiente; (mar.) desplegada, llena (vela).—**f. age,** mayoridad.—**f.-aged,** mayor de edad.—**f. binding,** (enc.) pasta entera.—**f. blast,** pleno tiro.—**f. blood,** sangre pura, raza pura; parentesco por ambos padres.—**f.-bloom,** abierta (una flor); maduro, cabal; desarrollado.—**f. brother, sister,** hermano (-na) de padre y madre.—**f. cock,** montado, amartillado.—**f. dress,** uniforme de gala; traje de etiqueta.—**f.-dress,** de etiqueta; (mil.) de parada, de gala.—**f. gallop,** galope tendido.—**f. house,** concurrencia plena, todos los puestos ocupados.—**f.-length,** de tamaño natural, de cuerpo entero.—**f. load,** (mec.) plena carga; (aer.) peso total.—**f. moon,** plenilunio, luna llena.—**f. name,** nombre y apellido.—**f. of play,** muy juguetón o retozón. —**f. powers,** facultades amplias, plenos poderes.—**f. sail,** vela llena.—**f.-scale,** de, o en, tamaño natural; (fig.) en grande escala; de gran envergadura.—**f. scope,** carta blanca, rienda suelta.—**f. sea,** mar bravío.—**f.-size(d),** de tamaño natural.—**f. speed,** plena, o toda, velocidad.—**f. speed ahead!,** (mar.) ¡avante a toda máquina!—**f. stock,** (com.) acciones de valor nominal de 100 dólares.—**f. stop,** punto final.—**f.-tide** = HIGH TIDE.—**f. time,** tiempo o período completo, jornada completa, horas normales del trabajo.—**f. uniform,** uniforme de gala.—**f. weight,** peso cabal. IV. *s.* lleno, complemento; colmo; saciedad; total, totalidad; plenilunio.—**in f.,** completamente, detalladamente; completo; total; por completo. —**to the f.,** enteramente, por completo; hasta no más. V. *adv.* enteramente, del todo, de lleno; totalmente, en pleno; derechamente.—**f.-blooded,** pletórico; sanguíneo; rubicundo; de sangre o raza pura; de raza (caballo).—**f.-blown,** abierta (una flor) del todo.—**f.-bound,** encuadernado en piel.—**f.-faced,** carilleno, carigordo; (impr.) letra negra.—**f.-fashioned,** ajustado en todas sus partes (apl. esp. a medias, etc.).—**f.-fledged,** completo, acabado.—**f.-grown,** maduro, crecido, completamente desarrollado.—**f.-manned,** con la dotación completa.—**f.-rigged,** (mar.) completamente equipado (de palos, velas, etc.).—**f. well,** muy bien, perfectamente.—**(at) f. blast,** a plena capacidad; sin coto, hasta más no poder.—**(at) f. speed,** a toda velocidad; a rienda suelta.—**in f. swing,** en plena operación.—**(under) f. sail,** a toda vela; con energía, resueltamente.
fuller [fụ́lœ(r)], *s.* batanero.—**f.'s earth,** (tej.) tierra de batán, galactita, arcilla grasa.—**f.'s thistle** o **teasel,** cardo de bataneros, palmar.
fullery [fụ́lœrị], *s.* batán.
fulling [fụ́lịŋ], *s.* abatanado, enfurtido.—**f. mill,** batán.
ful(l)ness [fụ́lnịs], *s.* plenitud, copia, llenura, abundancia; hartura, saciedad; complemento.
fully [fụ́lị], *adv.* enteramente, completamente; llenamente; a cabalidad.
fulminant [fʌ́lmịnạnt], *a.* fulminante.

fulminate [-eit]. I. *va.* y *vn.* volar, hacer explosión, estallar; tronar, detonar; fulminar; condenar, censurar, o amenazar con vehemencia. II. *s.* (quím.) fulminato.
fulminating [-iŋ], *a.* fulminante.—**f. cap,** cápsula fulminante.—**f. compound, f. powder,** pólvora fulminante.—**f. mercury,** fulminato de mercurio.
fulmination [-éišon], *s.* fulminación; detonación.
fulminatory [-ątori], *a.* fulminante, fulminoso, fulmíneo.
fulmine [fʌ́lmin]. I. *va.* fulminar. II. *vn.* tronar.
fulminic [fʌlmínik], *a.* (quím.) fulmínico (ácido).
fulminous [fʌ́lminʌs], *a.* fulmíneo, fulminoso.
fulsome [fúlsʌm], *a.* bajo, grosero, repugnante; de mal gusto, ofensivo (apl. esp. a los elogios excesivos o insinceros).—**fulsomely** [-li], *adv.* baja o groseramente; asquerosamente.—**fulsomeness** [-nis], *s.* asquerosidad; carácter repugnante u ofensivo.
fulvous [fʌ́lvʌs], *a.* leonado, amarillo rojizo.
fumaric [fiumǽrik], *a.* (quím.) fumárico.
fumarole [fiúmąroul], *s.* fumarola, grieta que arroja vapores volcánicos.
fumble [fʌ́mbl], *va.* y *vn.* chapucear; hacer las cosas sin habilidad o destreza; buscar a tientas (en el bolsillo, etc.); parar una pelota desmañadamente; tartamudear.—**to f. along,** andar a tientas.
fumbler [-blœ(r)], *s.* chapucero, desmañado.—**fumblingly** [-bliŋli], *adv.* chapuceramente.
fume [fium]. I. *s.* vapor, gas, humo; emanación; vaho, tufo; cólera, acaloramiento.—*pl.* (quím.) vapores. II. *va.* ahumar; sahumar; fumigar; avahar, exhalar. III. *vn.* humear; exhalar vapores; avahar; encolerizarse, enojarse.
fumigate [fiúmigeit], *va.* fumigar, ahumar; perfumar.—**fumigation** [-éišon], *s.* sahumerio, sahumo; (med.) fumigación.—**fumigator** [-eitǫ(r)], *s.* fumigador.—**fumigatory** [-ątori], *s.* y *a.* fumigatorio.
fuming [fiúmiŋ]. I. *s.* sahumerio; enojo. II. *a.* fumante, humeante.
fumitory [fiúmitori], *s.* (bot.) fumaria, palomina.
fumy [fiúmi], *a.* humoso, fumoso.
fun [fʌn]. I. *s.* broma, chacota, chanza, chiste, chuscada, burla; diversión, holgorio.—**for f.,** o **in f.,** en broma.—**to be f.,** (fam.) ser divertido.—**to have f.,** (fam.) divertirse, pasar un buen rato.—**to make f. of,** burlarse de. II. *vn.* (fam.) chancear.
funambulatory [fiunǽmbiulątori], *a.* funambulesco; propio de volatines.—**funambulist** [-list], *s.* funámbulo, volatín o volatinero.
function [fʌ́ŋkšon]. I. *s.* (leng. ord., mat., fisiol., etc.) función. II. *vn.* funcionar.—**functional** [-ąl], *a.* funcional.—**functionary** [-ɛri], *s.* funcionario.—**functioning** [-iŋ], *s.* función, funcionamiento, marcha.
fund [fʌ́nd]. I. fondo (dinero); caja (de caridad, etc.); acopio; reserva.—*pl.* fondos, dinero. II. *va.* consolidar (una deuda).
fundable [-ąbl], *a.* consolidable.
fundament [fʌ́ndąmɛnt], *s.* fundamento, principio, cimiento; (anat.) ano, (fam.) nalgas, trasero.
fundamental [fʌndąméntąl]. I. *a.* fundamental; cardinal, esencial.—**f. colors,** colores elementales. II. *s.* fundamento.
fundamentalism [-izm], *s.* ortodoxia, fundamentalismo, adhesión a la interpretación literal de la Biblia (entre los protestantes).—**fundamentalist** [-ist], *s.* ortodoxo, fundamentalista, literalista.
fundamentally [-i], *adv.* fundamentalmente.
funded [fʌ́ndid], *a.* consolidado; acumulado e invertido.—**f. debt,** deuda consolidada.
fundholder [fʌ́ndhouldœ(r)], *s.* rentista.
fundus [fʌ́ndʌs], *s.* fundamento, cimiento; (anat.) fondo; (for.) fundo.
funeral [fiúnɛrąl]. I. *a.* funeral, funerario, fúnebre.—**f. director,** empresario funerario, director de pompas fúnebres.—**f. home** o **parlor(s),** funeraria, mortuoria.—**f. pile,** pira, hoguera.—**f. procession,** cortejo fúnebre. II. *s.* funeral, funerales, exequias; entierro; duelo.
funerary [fiúnɛrɛri], *a.* fúnebre; funéreo.
funereal [fiuníriąl], *a.* fúnebre; funéreo.
fungi [fʌ́ndžai], *pl.* de FUNGUS.
fungicide [fʌ́ndžisaid], *s.* fungicida, *m.*, substancia para destruir hongos.—**fungiform** [-fɔrm], *a.* fungiforme, de forma de hongo.
fungoid [fʌ́ŋgɔid], *a.* fungoso.
fungosity [fʌŋgásiti], *s.* fungosidad.
fungous [fʌ́ŋgʌs], *a.* fungoso; hongoso.
fungus [fʌ́ŋgʌs]. I. *s.* (bot.) hongo; honguillo; moho; (med.) hongo, fungosidad. II. *a.* = FUNGOUS.
funicle [fiúnikl], *s.* cuerdecilla, funículo.
funicular [fiuníkyūlą(r)], *a.* funicular.—**f. railway,** (f. c.) ferrocarril funicular.
funiculus [-lʌs], *s.* (bot.) funículo; (anat.) funículo, cordón espermático; cordón umbilical.
funnel [fʌ́nęl]. I. *s.* embudo, envasador; túnel, cañón, humero; chimenea de un vapor, etc.; (fund.) boca de carga.—**f.-shaped,** de forma de embudo, abocinado. II. *va.* y *vn.* encauzar(se), concentrar(se).
funnies [fʌ́niz], *s. pl.* láminas chistosas, tiras cómicas, caricaturas (de un periódico).
funny [fʌ́ni], *a.* cómico, divertido, gracioso, chistoso, ocurrente, chusco; (fam.) extraño, curioso.—**f. bone,** (fam.) cóndilo interno del húmero junto al cual pasa el nervio ulnar en el codo.—**f. business,** (fam.) treta; picardía, fraude.
fur [fœr]. I. *s.* piel, *f.* (para abrigo o adornos); borra, sarro, roya; (carp.) costilla; (med.) saburra. II. *va.* cubrir, forrar o adornar con pieles; depositar sarro; (alb.) separar de la pared con tiras los listones de enlucir; (mar.) forrar un buque; quitar incrustaciones a las calderas. III. *vn.* formarse incrustaciones.
furbelow [fœ́rbęlou]. I. *s.* (cost.) farfalá, volante, (Cuba) vuelo. II. *va.* adornar con volantes.
furbish [fœ́rbiš], *va.* acicalar, pulir, limpiar.
furcate [fœ́rkeit], *a.* ahorquillado.
furcation [-éišon], *s.* bifurcación.
furfur [fœ́rfœ(r)], *s.* (med.) fúrfura, caspa.
furfuraceous [-éišiʌs], *a.* furfuráceo, parecido al salvado o la caspa.
furious [fiúriʌs], *a.* furioso, enfurecido, furibundo, rabioso.—**furiously** [-li], *adv.* furiosamente.
furl [fœrl], *va.* plegar, recoger; (mar.) aferrar, empañicar.—**f. lines,** aferravelas.
furlong [fœ́rlɔŋ], *s.* estadio (⅛ milla).
furlough [fœ́rlou]. I. *s.* (mil.) licencia. II. *va.* licenciar.
furnace [fœ́rnis], *s.* horno; hornillo; hogar (de caldera); calorífero (para calentar las habitaciones).—**f. bridge,** (m. v.) altar.—**f. charger,** cebadera.
furnaceman [-mąn], *s.* hornero (encargado de un horno).
furnish [fœ́rniš], *va.* surtir, suplir, suministrar, proporcionar; aparejar, equipar; amueblar.
furnished [-t], *a.* amueblado.
furnisher [-œ(r)], *s.* amueblador, decorador; proveedor.
furnishing [-iŋ], *s.* habilitación, equipo, suministro.—*pl.* equipos, accesorios, útiles, fornituras, avíos, adminículos, mobiliario.—**f. goods,** (com.) artículos para caballero.
furniture [fœ́rnichụr], *s.* mobiliario, mueblaje; muebles; ajuar; equipo; adornos, accesorios; avíos; (mil.) fornitura(s); (mar.) aparejo.—**f. factory** o **store,** mueblería.—**f. maker** o **seller,** mueblista.—**f. van,** carro de mudanzas.
furor(e [fiúrɔr], *s.* furor, furia, rabia; frenesí; entusiasmo.
furred [fœrd], *a.* forrado o cubierto de piel; cu-

bierto con sarro o (med.) con saburra (la lengua).—**f. game,** caza de pelo.
furrier [fœ́rịœ(r)], *s.* peletero, manguitero.
furriery [-rị], *s.* peletería, manguitería.
furring [fœ́rịŋ], *s.* forro o guarnición de pieles; incrustaciones de una caldera, y operación de limpiarla; sarro; (alb.) tiras o tablas que van bajo los listones de enlucido.
furrow [fœ́roụ]. **I.** *s.* (agr.) surco; zanja; (fig.) arruga; (carp.) encaje, gárgol, muesca; (arq.) estría, mediacaña. **II.** *va.* surcar; estriar; arar.
furry [fœ́rị], *a.* adornado con pieles; sarroso.
further [fœ́rðœ(r)]. **I.** *a.* (*comp.* de FAR) más; más distante; más amplio; adicional. **II.** *adv.* más lejos, más allá; nuevamente, con nuevos informes o detalles; además; aun; además de eso. **III.** *va.* adelantar, promover, fomentar, apoyar.
furtherance [-ans], *s.* adelantamiento, promoción, ayuda, apoyo, fomento.
furtherer [-œ(r)], *s.* promotor, patrón, protector.
furthermore [-mór], *adv.* además; otrosí.
furthermost [-moụst], *a. super.* más lejano, más remoto.
furthest [fœ́rðịst], *a.* y *adv. super.* más lejos, más remoto; extremo.
furtive [fœ́rtịv], *a.* furtivo, latebroso, sigiloso.—**furtively** [-lị], *adv.* furtivamente.
furuncle [fịúrʌŋkl], *s.* (med.) furúnculo, divieso, nacido.
furuncular [fịụrʌ́ŋkyūlą(r)], *a.* furunculoso.
fury [fịúrị], *s.* furia; frenesí, entusiasmo.
furze [fœ́rz], *s.* (bot.) tojo, hiniesta, árgoma, aliaga, aulaga, retama negra.
furzy [-ị], *a.* retamero; pert. al tojo, etc.
fuscous [fʌ́skʌs], *a.* fusco.
fuse [fịuz]. **I.** *va.* y *vn.* fundir(se), derretir(se). **II.** *s.* espoleta, pebete, cebo, mecha, pajuela; (elec.) fusible, cortacircuitos.—**f. block, o board,** (elec.) tabla o bloque de fusibles.—**f. link,** (elec.) fusible.—**f. plug,** tapón fusible.—**f. wire,** alambre para fusibles.
fusee [fịụzí], *s.* fósforo de yesca o cartón; (arti.) espoleta, pipa; caracol o husillo de reloj; (f. c.) llama de señales.
fuselage [fịúzẹlịdž], *s.* (aer.) fuselaje, huso.
fusel oil [fịúzẹl óịl], *s.* (quím.) líquido que contiene principalmente alcohol amílico.
fusibility [fịuzịbílịtị], *s.* fusibilidad.
fusible [fịúzịbl], *a.* fusible, fundible.
fusiform [fịúsịfɔrm], *a.* fusiforme.
fusil [fịúzịl], *s.* fusil de chispa.
fusileer, fusilier [fịuzịlír], *s.* (mil.) fusilero.
fusillade [fịuzịléịd]. **I.** *s.* (mil.) descarga cerrada. **II.** *va.* fusilar; atacar con una descarga cerrada (de tiros, preguntas, etc.).
fusing [fịúzịŋ], *a.* fundente.—**f. point,** punto de fusión.
fusion [fịúžọn], *s.* fusión; fundición; unión.
fusionist [-ịst], *s.* y *a.* (pol.) unionista, fusionista.
fuss [fʌ́s]. **I.** *s.* bulla, bullicio, alboroto; alharaca; ajetreo, agitación o actividad inútil.—**f.-budget,** (fam.) persona exigente o fastidiosa.—**without f. or feathers,** (fam.) a la llana; sin alboroto, etc. **II.** *va.* (fam.) encocorar. **III.** *vn.* ajetrearse, agitarse, inquietarse por pequeñeces.
fussy [-ị], *a.* inquieto, remilgado, exigente.
fust [fʌst], *s.* (arq.) fuste de la columna.
fustian [fʌ́schan]. **I.** *s.* (tej.) fustán, pana; cultedad, culteranismo. **II.** *a.* hecho de fustán; culterano, altisonante, retumbante.
fustic [fʌ́stịk], *s.* (bot.) fustete.
fustigate [fʌ́stịgeịt], *va.* fustigar.
fustigation [-éịšọn], *s.* fustigación, castigo o pena de azotes, palos o latigazos.
fustiness [fʌ́stịnịs], *s.* enmohecimiento; rancidez.
fusty [fʌ́stị], *a.* mohoso, rancio; fuera de moda; exageradamente atrasado en ideas, etc.
futile [fịútịl], *a.* vano, inútil; fútil, frívolo.
futility [fịụtílịtị], *s.* inutilidad, ineficacia; futilidad.
futtock [fʌ́tọk], *s.* (mar.) genol, estamenara, singlón, barraganete; arraigada.—**f. shrouds,** pernadas de las arraigadas.
future [fịúchū(r)]. **I.** *a.* futuro, venidero, venturo; (gram.) futuro. **II.** *s.* el o lo futuro, porvenir; (com.) artículo de entrega futura.—**in f.,** en lo sucesivo o futuro; de aquí en adelante.—**in the near f.,** en fecha próxima.
futurism [-ịzm], *s.* (b. a.) futurismo.—**futurist** [-ịst], *s.* (b. a.) futurista; (teol.) el que cree que las profecías de la Biblia se cumplirán en lo futuro.—**futuristic** [-ístịk], *a.* futurista.
futurity [fịutịúrịtị], *s.* lo futuro, porvenir.
fuze, fuzee [fịuz, fịuzí], *s.* = FUSE, FUSEE.
fuzz [fʌ́z]. **I.** *vn.* soltar pelusa o borra. **II.** *s.* pelusa, borra, tamo, vello.
fuzzball [-bɔl], *s.* (bot.) bejín.
fuzziness [-ịnịs], *s.* vellosidad.
fuzzy [-ị], *a.* velloso, cubierto de pelusa.
fyke [faịk], *s.* nasa para pescar.
fylfot [fílfat], *s.* svástica.

G

g [dži], *s.* g; (mús., G) sol.—**G clef,** clave (*f.*) de sol.—**G-man,** (E. U.) agente indagador, o detective, del Departamento de Justicia.—**G string,** primera cuerda del contrabajo, tercera del violoncelo, viola y guitarra, y cuarta del violín; pampanilla.
gab [gæb]. **I.** *vn.* parlotear, charlar, paliquear. **II.** *s.* (fam.) locuacidad, charla; (mec.) gancho.
gabardine [gæbąrdín], **gaberdine** [gæbœrdín], *s.* gabardina (tejido y sobretodo).
gabble [gǽbl]. **I.** *va.* y *vn.* charlar, cotorrear; graznar (los gansos). **II.** *s.* algarabía; cotorreo, charla; graznido.
gabbler [gǽblœ(r)], *s.* charlador, picotero.
gabby [gǽbị], *a.* (fam.) picotero, hablador, parlanchín.
gabion [géịbịọn], *s.* (fort.) gavión, *m.*, cestón.
gable [géịbl], *s.* (arq.) gablete, aguilón, faldón, remate triangular de edificio o pared; pared lateral.—**g. end,** alero, socarrén, pared lateral de gablete o de remate triangular.—**g. roof,** tejado de caballete o de dos aguas.—**g. wall,** pared de caballete o de remate triangular, hastial.
gablet [géịblịt], *s.* (arq.) frontón, tímpano.
Gabon [gąbóụn], *s.* Gabón.
Gabonese [gæboníz], *s.* y *a.* gabonés.
gaby [géịbị], *s.* (fam.) simplón, mentecato.
gad [gǽd]. **I.** *vn.* andorrear, callejear. **II.** *va.* (min.) romper (roca) con cuña o taladro. **III.** *s.* (min.) cuña, punzón, aguja, taladro, barra aguzada; lingote; aguijón, chuzo. **IV.** *interj.* (fam. o vulg.) ¡por Dios!
gadabout [-ąbaụt]. **I.** *a.* callejero, cantonero. **II.** *s.* placero, persona callejera; (fam.) pindonga.
gadder [-œ(r)], *s.* callejero, andorrero.
gadding [-ịŋ], *s.* vagancia, briba.
gadfly [gǽdflaị], *s.* (ent.) tábano, moscardón.
gadget [gǽdžịt], *s.* (fam.) dispositivo, artefacto, artificio, artilugio, cosa (que no se nombra)
gadolinium [gædolínịʌm], *s.* (quím.) gadolinio.
Gael [géịl], *s.*, **Gaelic** [-ịk], *s.* y *a.* gaélico.
gaff [gæf]. **I.** *s.* arpón o garfio; (dep.) espolón de acero (para gallos de pelea); (mar.) botavara.—**g. sail,** escandalosa, vela cangreja.—**to stand the g.,** (fam.) aguantar o resistir bien (penas, castigo, trabajo duro, chanzas, etc.). **II.** *va.* enganchar con garfio.
gaffer [gǽfœ(r)], *s.* viejo, vejete.
gag [gæg]. **I.** *va.* amordazar; hacer callar; provocar bascas o náuseas; (teat.) meter morcilla. **II.** *vn.* nausear, arquear. **III.** *s.* mordaza; (vet.) acial; asco; lo que produce bascas; (teat.) morcilla; (fam.) chuscada; payasada; timo.—**g. law** o **ruling,** (fam.) ley (*f.*) de la mordaza; reglamento coartador o amordazante. *V.* CLOSURE.
gage [geịdž]. **I.** *s.* prenda, caución; guante, gaje.

reto; (bot.) variedad de ciruela. **II.** *va.* (ant.) empeñar, dar en prenda; apostar.
gage, *s.* y *va.*, **gager,** *s.* = GAUGE, GAUGER.
gagger [gǽgœ(r)], *s.* el que amordaza.
gaiety [géiẹti], *s.* jovialidad, alegría, alborozo; broma, algazara; viveza, ufanía.
gaily [géili], *adv.* alegremente, jovialmente.
gain [géin]. **I.** *s.* ganancia, beneficio, provecho; lucro, usura; logro; (carp.) gárgol, ranura. **II.** *va.* ganar, reportar, lograr; granjear; vencer, conquistar; conciliar; propiciar; (carp.) hacer gárgoles.—**to g. ground,** ganar terreno.—**to g. the wind,** (mar.) ganar el barlovento.—**to g. weight,** echar carnes. **III.** *vn.* adelantar (un reloj); (con **in**) ganar, aumentar, crecer; (con **on** o **upon**) avanzar, adelantarse (a), aproximarse, acercarse.
gainable [-ạbl], *a.* ganable, asequible.
gainer [-œ(r)], *s.* ganador; (natación) salto mortal completo hacia atrás (desde un trampolín).
gainful [-fụl], *a.* lucrativo, ventajoso.—**gainfully** [-i], *adv.* ventajosamente.—**gainfulness** [-nịs], *s.* provecho, ganancia.
gainsay [géinséi], *va.* (*pret.* y *pp.* GAINSAID) contradecir, negar; disputar; oponerse a; prohibir.—**gainsayer** [-œ(r)], *s.* contradictor.—**gainsaying** [-iŋ], *s.* contradicción, negación; oposición.
gait [geit], *s.* marcha, paso, andadura; porte.—**at a good g.,** a buen paso.
gaiter [géitœ(r)], *s.* borceguí, polaina, botín, botina.
gala [géilä], *a.* y *s.* (de) gala, (de) fiesta.
galactic [gạlǽktịk], *a.* (ga)láctico, ref. a la leche, (astr.) galáctico.
galactometer [gælæktámɛtœ(r)], *s.* (ga)lactómetro.
galantine [gǽlạntin], *s.* (coc.) galantina.
Galatian [gạléișạn], *s.* y *a.* gálata, *mf.*
Galaxy [gǽlạksi], *s.* (astr.) Galaxia, Vía Láctea; (**g.**) grupo notable, constelación (fig.).
galbanum [gǽlbạnʌm], *s.* gálbano.
gale [geil], *s.* viento fuerte, ventarrón; (**fig.**) algazara.
galea [géiliä], *s.* yelmo, gálea, casco.
galena [gạlínä], *s.* (min.) galena.
Galenic(al [gạlénịk(ạl], *a.* (med.) galénico.
Galenism [géilẹnizm], *s.* (med.) galenismo.
Galenist [-ịst], *s.* galenista.
Galician [gạlíșạn], *s.* y *a.* gallego.
Galilean [gælịlíạn], *s.* y *a.* galileo.
galilee [gǽlịli], *s.* (arq.) galilea.
galimatias [gælịméișạs], *s.* galimatías (fam.).
galiot [gǽliọt], *s.* (mar.) galeota.
galipot [gǽlịpat], *s.* galipodio.
gall [gɔl]. **I.** *s.* hiel, *f.*, bilis; amargura, aspereza; odio, rencor; (fam.) descaro; (vet.) rozadura o matadura.—**g., g. apple,** (bot.) agalla.—**g. bladder,** (anat.) vesícula biliar, vejiga de la bilis.—**g. wasp** = GALLFLY. **II.** *va.* y *vn.* ludir, raspar; irritar, hostigar.
gallant [gǽlạnt]. **I.** *a.* galante, cortés; galanteador, cortejador; gallardo, bizarro, airoso. **II.** *s.* galán; cortejo; chichisbeo. **III.** [gạlǽnt], *va.* galantear, cortejar, requebrar.
gallant [gǽlạnt], *a.* valeroso, valiente.
gallantly [-li], *adv.* valerosamente; galantemente.
gallantry [-ri], *s.* valentía, gallardía, valor; galantería, galanteo.
gallate [gǽleit], *s.* (quím.) galato; agallato.
galleass [gǽliæs], *s.* (mar.) galeaza.
galleon [gǽliọn], *s.* (mar.) galeón.
gallery [gǽlẹri], *s.* galería; tribuna; balcón corrido; pasadizo; crujía, corredor (apl. esp. al exterior); (b. a.) colección, galería; (teat.) paraíso, cazuela, gallinero; público que ocupa el paraíso o las tribunas; (fort.) galería; (min.) socavón, galería; (mar.) galería, crujía.
galley [gǽli], *s.* (mar.) galera; fogón, cocina; (Ingl.) falúa; (impr.) galera.—**g. proof,** (impr.) galerada.—**g. slave,** galeote.
gallfly [gɔ́lflai], *s.* insecto que produce las agallas.
gallic [gǽlịk], *a.* (quím.) agállico; (quím.) de o pert. al galio.—**g. acid,** ácido agállico.
Gallic(an [gǽlịk(ạn], *a.* galicano, galo.
Gallicism [gǽlịsizm], *s.* galicismo.
Gallicize [gǽlịsaiz], *va.* y *vn.* afrancesar(se).
galligaskins [gælịgǽskịnz], *s. pl.* botarga, calzacalzón.
gallinaceous [gælịnéișiʌs], *a.* (orn.) gallináceo.
galling [gɔ́liŋ], *a.* irritante.
gallinule [gǽlịniul], *s.* (orn.) polla de agua.
galliot [gǽliọt], *s.* = GALIOT.
gallipot [gǽlịpat], *s.* orza, bote, pote.
gallium [gǽliʌm], *s.* (quím.) galio.
gallivant [gælịvǽnt], *vn.* (fam.) callejear, pindonguear.
gallnut [gɔ́lnʌt], *s.* (bot.) agalla, bugalla.
Gallomania [gæloméiniä], *s.* galomanía.
gallon [gǽlọn], *s.* galón (Ingl. 4,546 litros; E. U. 3,785 litros); medida inglesa para áridos (⅛ *bushel*).
galloon [gạlún], *s.* (tej.) galón, trencilla.
gallop [gǽlọp]. **I.** *s.* galope. **II.** *vn.* galopar; ir aprisa. **III.** *va.* hacer galopar.
gallopade [gælọpéid], *s.* caracoleo; (danz.) galop.
Gallophile [gǽlofail], *a.* y *s.* galófilo, francófilo.
Gallophobe [-foub], *a.* y *s.* galófobo, francófobo.
Galloway [-wei], *s.* jaca escocesa.
gallows [gǽlouz], *s.* horca; armazón, montante.—**g. bird,** (fam.) malhechor digno de la horca.
gallstone [gɔ́lstoun], *s.* (med.) cálculo biliario.
galop [gǽlọp], *s.* (danz. y mús.) galop.
galore [gạlór], *adv.* muchísimos; en abundancia.
galosh(e [gạláș], *s.* galocha, choclo, chanclo, zueco, zapatón.
Galtonian [gɔltóuniạn], *a.* galtoniano.
galvanic [gælvǽnịk], *a.* galvánico.
galvanism [gǽlvạnizm], *s.* (fís.) galvanismo.
galvanization [-izéișọn], *s.* galvanización.
galvanize [-aiz], *va.* galvanizar.—**galvanized iron,** hierro galvanizado.
galvanocautery [-okɔ́tœri], *s.* (med.) galvanocauterio.
galvanometer [-námɛtœ(r)], *s.* galvanómetro.
galvanometric [-ométrịk] *a.* galvanométrico.
galvanometry [-ámɛtri], *s.* galvanometría.
galvanoplastic [-oplǽstịk], *a.* galvanoplástico.
galvanoplasty [-oplæsti], *s.* galvanoplastia.
galvanoscope [-oskoup], *s.* galvanoscopio.
gam [gæm]. **I.** *s.* cardumen o banco (apl. sobre todo a las ballenas); (fam.) visita; (fam.) pierna. **II.** *vn.* reunirse en cardumen; visitarse.
gambado [gæmbéidou], *s.* polaina.—*pl.* guardaestribos de cuero.
gambier [gǽmbịr], *s.* (bot.) gambir de la India, cato (arbusto) amarillo; (farm.) gambir.
gambit [gǽmbịt], *s.* (ajedrez) gambito.
gamble [gǽmbl]. **I.** *va.* jugar, aventurar o perder una cosa en el juego. **II.** *vn.* jugar por dinero. **III.** *s.* (fam.) jugada.
gambler [gǽmblœ(r)], *s.* jugador, tahur, garitero.
gambling [-iŋ], *s.* juego (por dinero); tahurería.—**g. den, g. hell** (fam.), **g. house,** garito, casa de juego, matute, tahurería.—**g. table,** mesa de juego.
gamboge [gæmbóudẑ], *s.* gomaguta o gutagamba.
gambol [gǽmbọl]. **I.** *vn.* brincar, saltar, chozpar, caracolear; juguetear, travesear. **II.** *s.* cabriola, brinco, zapateta, travesura.
gambrel [gǽmbrẹl], *s.* (zool.) corvejón, tarso, jarrete (esp. del caballo); garabato, gancho.—**g. roof,** (arq.) techo a la holandesa.
game [géim]. **I.** *s.* juego; pasatiempo; partido o partida de juego; chanza, burla, mofa; caza (animales, antes o después de cazados).—**g. bag,** zurrón, morral.—**g. beater,** (caz.) ojeador.—**the g. is up,** se ha levantado la caza; (fam.) el proyecto se ha frustrado.—**g. of chance,** juego de azar.—**g. preserve,** coto, vedado (de caza).—**g. warden,** guardabosque, guarda de coto.—**to make g. of,** burlarse de, mofarse de. **II.** *va.* y *vn.* jugar; jugar fuerte. **III.** *a.* relativo a la caza o al juego; dispuesto a pelear; valeroso.—**g. bird,** ave (*f.*) de caza;

gallo de pelea.—**g. fish,** pez (*m.*) difícil de pescar y que es por eso el favorito de los pescadores deportivos.—**g. fowl,** raza de gallos de pelea.—**to die g.,** morir peleando.
gamecock [-kak], *s.* gallo de pelea.
gamekeeper [-kipœ(r)], *s.* guardamonte, guardabosque.
gameness [-nis], *s.* valor, resolución.
gamesome [-sʌm], *a.* juguetón, retozón.
gamesomeness [-nis], *s.* festividad, alegría, jugueteo.
gamester [-stœ(r)], *s.* tahur; garitero.
gamete [gǽmit], *s.* (biol.) célula generadora.
gametogenesis [gæmętodẑénεsis], *s.* (biol.) gametogénesis.
gametophyte [gamítofait], *s.* (bot.) gametofita.
gamin [gǽmin], *s.* pilluelo, golfo.
gaming [géimiŋ], *s.* = GAMBLING.
gamma [gǽma], *s.* gamma (letra griega).
gamma globulin, *s.* (fisiol.) globulina gama.
gammagraphy [gæmǽgrafi], *s.* gammagrafía.
gamma rays, *s.pl.* (fís.) rayos gama o gamma.
gammer [gǽmœ(r)], *s.* vieja; tía, abuelita.
gammon [gǽmon]. **I.** *s.* jamón; lance del juego de chaquete; (fam.) añagaza, trola, chasco. **II.** *va.* engañar, chasquear; ganar doble partida de chaquete; curar jamón; (mar.) trincar.—**gammoning** [-iŋ], *s.* (mar.) trinca del bauprés. —**gammoning hole,** groera de trinca.
gamogenesis [gæmodẑénesis], *s.* gamogénesis, generación o reproducción sexual.
gamopetalous [-pétalʌs], *a.* (bot.) gamopétalo.
gamosepalous [-sépalʌs], *a.* (bot.) gamosépalo.
gamut [gǽmʌt], *s.* (mús.) gama, escala.
gamy [géimi], *a.* (coc.) manido, salvajino; (fam.) peleón, bravo, indómito.—**to be(come) g.,** husmear, oliscar (la carne).
gander [gǽndœ(r)], *s.* (orn.) ánsar, ganso.
gang [gæŋ]. **I.** *s.* cuadrilla, pandilla, partida, banda; revezo; juego (de herramientas, etc.); grupo; (min.) ganga.—**g. boss,** capataz (de obreros).—**g. plough,** o **plow,** arado de reja múltiple.—**g. saw,** sierra múltiple. **II.** *va.* y *vn.* abanderizar(se), formar cuadrilla; (con **up on**) (fam.) atacar u obrar de concierto contra (alguien).
gangboard [-bɔrd], *s.* (mar.) plancha, andamio. *V.* GANGPLANK.
gangling [gǽŋgliŋ], *a.* delgaducho, larguirucho.
ganglion [gǽŋglion], *s.* (anat.) ganglio.
ganglionic [-ánik], *a.* ganglionar.
gangplank [gǽŋplæŋk], *s.* pasamano, plancha.
gangrene [gǽŋgrin]. **I.** *va.* (med.) gangrenar. **II.** *vn.* gangrenarse. **III.** *s.* gangrena.
gangrenous [gǽŋgrinʌs], *a.* gangrenoso.
gangster [gǽŋstœ(r)], *s.* miembro de una cuadrilla de rufianes.
gangsterism [-izm], *s.* bandolerismo organizado, pandillaje.
gangue [gæŋ], *s.* (min.) ganga.
gangway [gǽŋwei], *s.* (mar.) pasamano, portalón, tilla.
gannet [gǽnit], *s.* (orn.) planga, especie de pájaro bobo.
ganoid [gǽnɔid], *a.* (ict.) ganoideo.
gantlet [gǽntlit], *s.* (mil.) baquetas, *f. pl.*
gantry [gǽntri], *s.* caballete para barril, poíno, armadura; (f. c.) puente transversal de señales.
gantry crane, *s.* puente grúa, grúa de puente.
gaol, gaoler [dẑéil, -œ(r)] = JAIL, JAILER.
gap [gæp]. **I.** *s.* portillo, abertura, raja, resquicio, brecha; vacío, claro, laguna; quebrada; barranca, hondonada; (aer.) entreplano, distancia mínima entre los planos de un biplano. **II.** *va.* hacer una muesca o brecha en.
gape [géip]. **I.** *vn.* bostezar; boquear; estar con la boca abierta; abrirse o estar abierta una cosa.—**to g. at,** embobarse, papar moscas. **II.** *s.* bostezo; boqueada; brecha, abertura, hendedura; (zool.) anchura de la boca abierta.
gaping [-iŋ], *a.* bostezante, boquiabierto.
gar [gar], *s.* (ict.) uno de varios peces ganoideos (lucio, sollo, aguja, etc.).
garage [garáẑ], *s.* garaje, cochera para automóviles; taller mecánico o de reparaciones.
Garand [gǽrand] **rifle,** *s.* fusil o rifle Garand.
garb [garb]. **I.** *s.* vestido, vestidura, vestiduras, traje; forma literaria; apariencia exterior, aspecto. **II.** *va.* vestir, ataviar.
garbage [gárbidẑ], *s.* basura, desperdicios, *m. pl.;* inmundicia.
garbage collector o **man,** *s.* basurero.
garbel [gárbεl], *s.* (mar.) aparadura.
garble [gárbl]. **I.** *va.* pervertir, mutilar (un texto, etc.); garbillar; entresacar, escoger. **II.** *s. pl.* (com.) desecho de especias y drogas.
garbler [gárblœ(r)], *s.* garbillador; pervertidor.
garboard (plank) [gárbɔrd], *s.* (mar.) aparadura.
garden [gárdn]. **I.** *s.* huerta, huerto; jardín.—**g. balsam,** balsamina de jardín, nicaraguas.—**g. bed,** o **plot,** plantío; era, cuadro.—**g. mold,** tierra vegetal.—**g. of Eden,** paraíso terrenal. —**g. path** o **walk,** andador.—**g. stuff,** hortalizas, legumbres, verduras, *pl.*—**g. tools,** herramientas jardineras. **II.** *va.* y *vn.* cultivar jardines o huertos. **III.** *a.* común, ordinario; pert. a, o producido en, un jardín.
gardener [-œ(r)], *s.* jardinero; hortelano.
gardenia [gardínia], *s.* (bot.) gardenia.
gardening [gárdniŋ], *s.* jardinería; horticultura.
garfish [gárfiŝ], *s.* (ict.) = GAR.
garget [gárgεt], *s.* (vet.) enfermedad del ganado, que consiste sobre todo en hinchazón de la garganta; inflamación de la ubre.
gargle [gárgl]. **I.** *va.* y *vn.* gargarizar, hacer gárgaras o gargarismos. **II.** *s.* gárgara, gargarismo; enjuague, colutorio.
gargoyle [gárgɔil], *s.* (arq.) gárgola, canalón.
garish [gériŝ], *a.* deslumbrante; charro, llamativo, ostentoso, de mal gusto. *V.* GAUDY.
garishly [-li], *adv.* deslumbradora o llamativamente.—**garishness** [-nis], *s.* relumbrón, oropel.
garland [gárland]. **I.** *s.* guirnalda, corona; lauro; crestomatía; (arq.) festón; (mar.) roñada. **II.** *va.* enguirnaldar.
garlic [gárlik], *s.* (bot.) ajo.—**g. mustard,** aliaria.
garlicky [-i], *a.* que huele o sabe a ajo.
garment [gármęnt], *s.* prenda de vestir; vestido, vestidura.—*pl.* ropa, ropaje, vestimenta.
garner [gárnœ(r)]. **I.** *va.* acopiar; entrojar, almacenar el grano. **II.** *s.* granero, hórreo, acopio.
garnet [gárnit], *s.* (min.) granate, almandina; color rojo; (mar.) aparejo de carga.
garnish [gárniŝ]. **I.** *va.* (coc.) aderezar; guarnecer, ornar, ataviar; (for.) prevenir, notificar; aprestar. **II.** *s.* (coc.) aderezo; guarnición, adorno.—**garnishee** [-í]. **I.** *va.* (for.) embargar (sueldo, fondos, etc.) por entredicho. **II.** *s.* (for.) el que recibe un mandato de entredicho. —**garnisher** [-œ(r)], *s.* (coc.) aderezador; guarnecedor; (for.) el que obtiene un mandamiento de entredicho.—**garnishment** [-męnt], *s.* ornamento, adorno; (for.) entredicho.
garniture [gárnichur], *s.* guarnición, adorno, gayadura.
garret [gérit], *s.* guardilla, buhard(ill)a, desván.
garrison [gǽrison]. **I.** *s.* (mil.) guarnición, presidio. **II.** *va.* (mil.) guarnecer; guarnicionar, presidiar.
garrote [garóut]. **I.** *va.* agarrotar, dar garrote a; estrangular para robar. **II.** *s.* garrote.
garrulity [garúliti], *s.* garrulidad, locuacidad.
garrulous [gǽrulʌs], *a.* gárrulo, lenguaz, locuaz.
garter [gártœ(r)]. **I.** *s.* liga, cenojil, ataderas, jarretera.—**G. King-at-arms,** rey de armas. —**g. snake,** nombre de una culebrilla no venenosa.—**the G.,** orden de la Jarretera, y su insignia. **II.** *va.* atar con liga o cenojil; investir con la orden de la Jarretera.
garth [garθ], *s.* patio (de un claustro).
gas [gæs], *s.* gas; (fam., esp. en aut.) gasolina; (fam.) cháchara, charladuría.—**g. bracket,**

brazo de mechero de gas.—**g. buoy,** (mar.) boya de gas.—**g. burner,** boquilla, mechero de gas.—**g. carbon,** carbón de las retortas (en las fábricas de gas).—**g. concrete,** hormigón poroso.—**g. engine,** motor de gas, motor de combustión interna.—**g. fitter,** gasista, instalador de gas.—**g. fittings,** tubos y accesorios de distribución interior de gas.—**g. fixtures,** mecheros y accesorios de gas.—**g. helmet** = G. MASK.—**g. holder,** gasómetro.—**g. jet,** mechero de gas o su llama.—**g. lighter,** encendedor de gas.—**g. machine,** máquina generadora de gas.—**g. main,** cañería maestra o alimentadora de gas.—**g. mantle,** mechero Auer.—**g. mask,** (mil.) careta antigás, careta de protección contra el gas.—**g. meter,** contador de gas.—**g. oil,** aceite para gas de alumbrado, obtenido del petróleo.—**g. pipe,** tubo o tubería de gas.—**g. producer,** gasógeno.—**g. range,** fogón o cocina de gas.—**g. station,** puesto, depósito o surtidor de gasolina (para automovilistas).—**g. tank,** gasómetro.—**g.-tight,** hermético.—**g. tube** = GASEOUS TUBE.—**g. works,** fábrica de gas.

gas. I. *va.* (tej.) exponer a una llama de gas o a calor fuerte para aflojar las fibras; chamuscar; (quím.) saturar de gas; (mil.) asfixiar, envenenar o atacar con gas. II. *vn.* desprender gas.

Gascon [gǽskǫn], *a.* y *s.* gascón, gasconés.

gasconade [-éįd]. I. *s.* gasconada, fanfarronada. II. *vn.* jactarse, fanfarronear.

gaseous [gǽsįʌs], *a.* gaseoso, gaseiforme; aeriforme.—**g. tube,** (rad.) tubo o lámpara con exceso de gas, que estorba su funcionamiento.

gash [gæŝ]. I. *va.* dar una cuchillada, hacer un chirlo. II. *s.* cuchillada; incisión grande.

gasification [gæsįfįkéįŝǫn], *s.* gasificación.

gasiform [gǽsįfɔrm], *a.* gasiforme.

gasify [-faį], *va.* gasificar; aerificar.

gasket [gǽskįt], *s.* (mec.) relleno, empaquetadura.—*pl.* (mar.) tomadores, cajetas.

gaslight [gǽslaįt], *s.* luz de gas; mechero de gas.

gaslighting [-įŋ], *s.* alumbrado de gas.

gasman [gǽsmæn], *s.* fabricante de gas; GAS FITTER.

gasoline [gǽsolin], *s.* gasolina, gasoleno.

gasometer [gæsámetœ(r)], *s.* gasómetro.

gasometry [-trį], *s.* gasometría.

gasp [gæsp]. I. *va.* y *vn.* emitir sonidos entrecortados; boquear, jadear. II. *s.* boqueada, jadeo.

gassing [gǽsįŋ], *s.* tratamiento con gas; (mil.) ataque o asfixia con gas.

gassy [gǽsi], *a.* gaseoso.

gast(e)ropod [gǽst(ę)ropad], *a.* y *s.* gasterópodo.

gastralgia [gæstrǽldẑįä], *s.* (med.) gastralgia.

gastric [gǽstrįk], *a.* gástrico.—**g. fever,** (med.) fiebre biliosa remitente; dispepsia aguda.—**g. juice,** jugo gástrico.

gastrin [gǽstrįn], *s.* (bioquím.) gastrina, hormona que causa la secreción del jugo gástrico.

gastritis [gæstráįtįs], *s.* (med.) gastritis.

gastroenteritis [gæstroentęráįtįs], *s.* (med.) gastroenteritis.

gastrointestinal [gæstroįntéstįnąl], *a.* gastrointestinal.

gastrointestinal disease, *s.* afección gastrointestinal.

gastronomer, gastronomist [gæstránomœ(r), -mįst], *s.* gastrónomo.—**gastronomic(al** [gæstronámįk(ąl], *a.* gastronómico.—**gastronomy** [gæstránomį], *s.* gastronomía.

gastropod [gǽstropad], *s.* y *a.* = GAST(E)ROPOD.

gastroptosis [gæstraptóųsįs], *s.* (med.) prolapso del estómago.

gastroscope [gǽstroskoųp], *s.* (med.) gastroscopio.

gastrotomy [gæstrátomį], *s.* (cir.) gastrotomía.

gastrula [gǽstrųlä], *s.* (embr.) gástrula.

gat [gæt], *s.* (fam.) revólver, pistola.

gate [géįt], *s.* puerta; entrada; porta'; portón; (f. c.) barrera; rastrillo, poterna; compuertas de esclusa; vía, camino; garganta, paso; (fund.) vaciadero de un molde, conducto de colada.—**g. money** o **receipts,** (dep., etc.) entradas, ingresos de entrada.—**g. valve,** válvula de tipo de compuerta.

gate-crasher [-kræŝœ(r)], *s.* persona que se cuela (en una recepción, teatro, etc.).

gatekeeper [-kipœ(r)], *s.* portero; (f. c.) guardabarrera.

gateway [-weį], *s.* entrada, puerta, paso (con portillo).

gather [gǽðœ(r)]. I. *va.* reunir, coger, recoger, ganar; acopiar, acumular; recaudar, recolectar; juntar, congregar; (cost.) fruncir; colegir, inferir, deducir.—**to g. breath,** tomar aliento.—**to g. dust,** cubrirse de polvo.—**to g. grapes,** vendimiar.—**to g. strength,** recuperarse, tomar fuerzas. II. *vn.* unirse, reunirse, juntarse, congregarse; amontonarse, acumularse; aumentarse; concentrarse, condensarse, contraerse; (med.) formarse pus. III. *s.* (cost.) frunce, pliegue, plegado.

gatherable [-ąbl], *a.* deducible; que puede juntarse o cosecharse.

gatherer [-œ(r)], *s.* colector, segador, vendimiador; recaudador, recolector; (cost.) fruncidor.

gathering [-įŋ], *s.* asamblea; reunión; agrupación; (re)colección, acopi(amient)o, amontonamiento, hacinamiento, acumulación; fruncimiento, contracción; cuesta, demanda, colecta; (med.) absceso; (cost.) fruncido.

Gatling gun [gǽtlįŋ gʌn], *s.* (arti.) ametralladora Gatling.

gauche [góųŝ], *a.* zurdo, torpe.

gaucherie [-rį], *s.* torpeza.

gaud [gód], *s.* objeto charro, charrada, charrería.

gaudily [-įlį], *adv.* ostentosamente, fastosamente, charramente.

gaudiness [-įnįs], *s.* oropel, fausto, pompa; calidad de charro o fastuoso.

gaudy [-į], *a.* brillante, vistoso, lucido; llamativo, charro, chillón.

gauge [géįdẑ]. I. *s.* regla de medir; medida, norma, escantillón; calibrador, graduador; indicador; (mar.) calado; (m. v.) manómetro; (f. c.) ancho de la vía, entrevía, (Am.) trocha.—**g. cock,** (m. v.) grifo o llave de nivel.—**g. glass,** (m. v.) tubo indicador de nivel.—**g. rod,** calibre cilíndrico de diámetros.—**g. pressure,** (m. v.) presión manométrica. II. *va.* aforar, medir; graduar, calibrar, escantillar; estimar, apreciar, avaluar; (mar.) arquear.

gauger [-œ(r)], *s.* aforador, graduador, mojonero; (mar.) arqueador.

gauging [-įŋ], *s.* aforo, aforamiento; medición; (mar.) arqueaje.

Gaul [gól], *s.* Galia antigua, Francia; galo.

Gaulic [-įk], **Gaulish** [-įŝ], *a.* galicano, galo.

gaultheria [gɔlθírįä], *s.* (bot.) gaulteria.

gaunt [gɔnt], *a.* flaco, delgado, desvaído.

gauntlet [góntlįt], *s.* manopla; guantelete. *V.* GANTLET.

gauntry [góntrį], *s.* = GANTRY.

gauze [góz], *s.* gasa, cendal.

gauziness [-įnįs], *s.* diafanidad.

gauzy [-į], *a.* diáfano como gasa.

gavage [gæváẑ], *s.* alimentación forzada.

gave [geįv], *pret.* de TO GIVE.

gavel [gǽvęl], *s.* mazo; mallo, mallete; (agr.) haz, *m.*; gavilla, mostela.

gavial [géįvįąl], *s.* gavial, cocodrilo del Ganges.

gavot(te [gąvát], *s.* (danz. y mús.) gavota.

gawk [gók]. I. *s.* páparo, bobo, payo. II. *vn.* (fam.) papar moscas; bobear, cometer torpezas.

gawky [-į]. I. *s.* zote, papanatas. II. *a.* bobo, tonto, rudo, torpe, desgarbado.

gay [géį], *a.* alegre, festivo, gayo, ledo, ufano; ligero de cascos, calavera; (fam.) homosexual.

gayety, gayly [-ętį, -lį] = GAIETY, GAILY.

gaze [géįz]. I. *vn.* mirar con fijeza, clavar la mirada, contemplar. II. *s.* contemplación, mirada fija o penetrante.

gazehound [-haųnd], *s.* perro que sigue la presa con la vista.

gazelle [gạzél], *s.* gacela, gacel.
gazette [gạzét]. **I.** *s.* gaceta; nombramiento o anuncio oficial. **II.** *va.* publicar o anunciar en la gaceta; nombrar oficialmente.
gazetteer [gæzɛtír], *s.* gacetero; nomenclador o diccionario geográfico.
gear [gír]. **I.** *s.* (mec.) engranaje, encaje; mecanismo de transmisión, de distribución o de gobierno; juego; rueda dentada; (mar.) aparejo, maniobra; en general, equipo, vestidos, adornos o atavíos, herramientas, aperos, utensilios caseros, arneses o aparejos de tiro.—*pl.* (mar.) drizas.—**g. box, g. case,** caja de engranajes; (aut.) caja de velocidades.—**g. changing** o **shifting,** cambio de velocidad o de marcha. —**g. cutter,** fresa para dientes de ruedas.—**g.-cutting machine,** máquina de fresar o cortar dientes.—**g. ratio,** relación de multiplicación.—**g.-shift lever,** (aut.) palanca de cambio de marcha.—**g. wheel,** rueda dentada. —**in g.,** en juego, engranado, encajado.—**out of g.,** fuera de juego, desencajado, desengranado.—**to put in g.,** relacionar, conexionar; engranar.—**to throw into g.,** poner en juego; engranar, embragar.—**to throw out of g.,** desengranar, desembragar; desencajar; desmontar. **II.** *va.* aparejar, enjaezar; equipar, preparar; montar, armar; (mec.) engranar, encajar, endentar, embragar. **III.** *vn.* venir o estar en juego; engranar; estar engranado.
gearing [-iŋ], *s.* (mec.) mecanismo o tren de engranaje; engranaje; (mar.) drizas y aparejos.
gecko [gékou], *s.* (zool.) salamanquesa.
gee [dži]. **I.** *va.* arrear hacia la derecha. **II.** *vn.* torcer hacia la derecha. **III.** *interj.* ¡arre!; (fam.) ¡cáspita! ¡caramba!
geese [gis], *s. pl.* de GOOSE.
Gehenna [gihénä], *s.* (bib.) gehena, *m.*, infierno.
Geiger [gáigœ(r)] **counter,** *s.* (fís.) contador Geiger.
geisha [géišä], *s.* bailarina y cantante del Japón.
gel [džɛl], *s.* (biol., quím.) gel.
gelatin(e [džélạtin], *s.* gelatina, jaletina.
gelatinate, gelatinize [džẹlǽtineit, -naiz], *va.* y *vn.* convertir o convertirse en substancia gelatinosa.
gelatinous [-nʌs], *a.* gelatinoso.
geld [géld], *va.* (*pret.* y *pp.* GELDED o GELT) (vet.) castrar, capar; (api.) castrar las colmenas.—**gelder** [-œ(r)], *s.* castrador, capador.—**gelding** [-iŋ], *s.* castración, capadura; animal capado.
gelid [džélid], *a.* gélido.—**gelidity** [džẹlíditi], **gelidness** [džélidnis], *s.* frío extremo.
gem [džɛm]. **I.** *s.* gema; joya, alhaja; preciosidad. **II.** *va.* adornar con piedras preciosas.
gemel [džémẹl], *a.* gemelo, mellizo.
gemellus [džẹmélʌs], *s.* (anat.) músculo gemelo.
geminate [džémineit]. **I.** *va.* geminar. **II.** *a.* (bot.) geminado.
gemination [-éišọn], *s.* geminación.
Gemini [džéminai], *s.* (astr.) Géminis, *m.*
gemma [džémä], *s.* (bot.) botón, yema.
gemmate [džémeit], *a.* que tiene yemas o botones.—**gemmation** [-éišọn], *s.* (zool., bot.) gemación.
gemmule [džémyul], *s.* (bot.) botoncillo.
gemot [gẹmóut], *s.* (ant.) asamblea.
gemsbok [gémzbak], *s.* (zool.) órix.
gendarme [žándarm], *s.* gendarme, polizonte armado.—**gendarmerie** [-(œ)rí], *s.* gendarmería.
gender [džéndœ(r)], *s.* (gram.) género; (fam.) sexo.
gene [džin], *s.* (biol.) gen.
genealogical [dženiạládžikạl], *a.* genealógico.—**g. tree,** árbol genealógico.
genealogist [dženiálodžist], *s.* genealogista.
genealogy [-dži], *s.* genealogía.
genera [džénẹrä], *pl.* de GENUS.
generable [džénẹrạbl], *a.* generable.
general [džénẹrạl]. **I.** *a.* general, común, frecuente, usual.—**g. delivery,** lista de correos. —**g. officer,** (mil.) jefe de grado superior al de coronel.—**g. practitioner,** médico general.—**g. run,** generalidad.—**g. staff,** (mil.) estado mayor general. **II.** *s.* (mil.) general; generala (toque).—**in g.,** en general, por regla general.
generalissimo [-ísimou], *s.* (mil.) generalísimo.
generality [-rǽliti], *s.* generalidad.
generalization [-izéišọn], *s.* generalización.
generalize [-aiz], *va.* generalizar; universalizar.
generally [-i], *adv.* generalmente, por lo común.
generalship [-šip], *s.* generalato; táctica; habilidad en el manejo.
generate [džénẹreit], *va.* engendrar; producir, causar; (mec.) producir; (mat.) engendrar.
generation [-éišọn], *s.* generación; procreación, reproducción; (mat. y fís.) generación, producción.
generative [-eitiv], *a.* generativo, genitivo; prolífico, fecundo.
generator [-eitọ(r)], *s.* padre, procreador, engendrador; (elec.) generador, dínamo, *f.*; (mec.) generador; (mat.) generatriz.
generatrix [-éitriks], *s.* madre, procreadora; (mat.) generatriz; (elec.) generador, dínamo, *f.*
generic(al [džinérik(ạl], *a.* genérico.
generically [-i], *adv.* genéricamente.
generosity [dženẹrásiti], *s.* generosidad, largueza.
generous [džénẹrʌs], *a.* generoso; noble, magnánimo; amplio, holgado; estimulante.—**generously** [-li], *adv.* liberalmente, generosamente. —**generousness** [-nis], *s.* generosidad, liberalidad.
genesial [džinísiạl], *a.* genésico.
genesis [džénɛsis], *s.* génesis, origen, formación; (G.) Génesis, *m.*, primer libro del Pentateuco.
genet [džénit], *s.* haca o jaca española; burra.
genet [džénit], *s.* (zool.) jineta, gineta, y su piel.
genetic [džinétik], *a.* genesíaco; genético.
geneticist [džinétisist], *s.* geneticista.
genetics [džinétiks], *s.* (biol.) genética.
Genevan [dženívạn], *a.* y *s.* ginebrino, **ginebrés;** calvinista.
genial [džíniạl], *a.* genial, cordial, afable, alegre; confortante; nupcial; (anat., zool.) geniano.—**geniality** [džiniǽliti], *s.* afabilidad.—**genially** [džíniạli], *adv.* genialmente, cordialmente.
geniculate(d [džiníkyuleit(id], *a.* (biol.) geniculado, articulado, doblado.—**geniculation** [-éišọn], *s.* (biol.) geniculación, articulación, nudosidad.
genie [džíni], *s.* (mit.) genio, demonio.
genii [džíniai], *s. pl.* de GENIUS.
genista [džinístä], *s.* (bot.) genista, retama.
genital [dženitạl]. **I.** *a.* genital. **II.** *s. pl.* órganos genitales, partes pudendas.
genitive [džénitiv], *a.* y *s.* (gram.) genitivo.
genius [džíniʌs], *s.* genio (fuerza intelectual extraordinaria); genio (sujeto dotado de esa fuerza; en esta acepción el plural es GENIUSES); prototipo; genio, numen; (b. a.) ángel, cupidillo.
genocide [džénosaid], *s.* genocidio.
Genoese [dženoíz], *a.* y *s.* genovés.
genome [džínoum], *s.* (biol.) genoma.
genovariation [džinovɛriéišọn], *s.* (biol.) genovariación.
genre [žánr], *s.* género, especie; (lit.) género; estilo o escrito costumbrista; (b. a.) de género (*genre painting,* cuadro de género).
gens [dženz], *s.* tribu, *f.*, clan.
genteel [džɛntíl], *a.* urbano, cortés, gentil; gallardo, airoso; elegante.—**genteelly** [-i], *adv.* cortésmente, gentilmente.—**genteelness** [-nis], *s.* gentileza, gracia, garbo.
gentian [dženšạn], *s.* (bot.) genciana.
gentile, Gentile [džéntail]. **I.** *s.* gentil; pagano. **II.** *a.* gentil, gentílico; (gram.) gentilicio.
gentilism [-izm], *s.* gentilismo, gentilidad.
gentilitious [džɛntilíšʌs], *a.* gentilicio.
gentility [džɛntíliti], *s.* nobleza; gentileza; donosura, gracia, garbo, donaire.
gentle [džéntl], *a.* suave, apacible; dócil, manso; dulce, benévolo, benigno; bien nacido; cortés, comedido.—**the g. sex,** el bello sexo.

gentlefolk [-fouk], *s.* gente bien nacida.
gentleman [-mąn], *s.* gentilhombre, caballero; hombre decente.—**g. in waiting,** gentilhombre de servicio.—**gentlemanlike** [-laįk], *a.* acaballerado, caballeroso.
gentlemanliness [-lįnįs], *s.* caballerosidad, hidalguía.
gentlemanly [-lį], *a.* caballeroso, civil, urbano; hidalgo.
gentlemen [-męn], *s. pl.* de GENTLEMAN; señores; (en cartas) muy señores míos (nuestros).—**g.'s agreement,** pacto de caballeros o de naciones, sin valor oficial pero que obliga moralmente.
gentleness [-nįs], *s.* dulzura; docilidad, mansedumbre; urbanidad, delicadeza, nobleza.
gentlewoman [-wųmąn], *s.* señora, dama; dama de honor.
gently [-lį], *adv.* dulcemente, suavemente; silenciosamente; mansamente; poco a poco, despacio, con tiento.
gentry [džéntrį], *s.* clase media o acomodada; gente bien nacida y de buena crianza.
genuflect [džényųflɛkt], *vn.* doblar la rodilla.
genuflection [-flékŝǫn], *s.* genuflexión.
genuine [džényųin], *a.* genuino, verdadero, auténtico, legítimo; sincero.—**genuinely** [-lį], *adv.* genuinamente; sinceramente.—**genuineness** [-nįs], *s.* pureza, autenticidad, legitimidad.
genus [džínʌs], *s.* (biol.) género.
geocentric [džiosέntrįk], *a.* geocéntrico.
geochemical [-kέmįkąl], *a.* geoquímico, relativo a agentes geológicos y químicos.
geochemistry [-kέmįstrį], *s.* geoquímica, geología química.
geode [džíoųd], *s.* (geol.) geoda.
geodesist [džįádęsįst], *s.* geodesta, *mf.*
geodesy [-sį], *s.* (mat.) geodesia.
geodetic(al [džiodέtįk(ąl], *a.* geodésico.
geodynamics [-daįnǽmįks], *s.* geodinámica.
geogenic [-džέnįk], *a.* geogénico, geogónico.
geogeny [džįádžɛnį], *s.* (geol.) geogenia.
geognosy [džįágnosį], *s.* (geol.) geognosia.
geographer [džįágrąfœ(r)], *s.* geógrafo.
geographic(al [džiogrǽfįk(ąl], *a.* geográfico.—**g. mile** = NAUTICAL MILE.
geographically [-į], *adv.* geográficamente.
geography [džįágrąfį], *s.* geografía.
geoid [džíɔįd], *s.* geoide, la tierra considerada como sólido geométrico.
geologic(al [džioládžįk(ąl], *a.* geológico.
geologist [džįálodžįst], *s.* geólogo.
geologize [-džaįz]. I. *vn.* estudiar la geología. II. *va.* examinar geológicamente.
geology [-džį], *s.* geología.
geomancy [džíomænsį], *s.* geomancía.
geometer [džįámɛtœ(r)], *s.* geómetra.
geometric(al [džiomέtrįk(ąl], *a.* geométrico.
geometrically [-į], *adv.* geométricamente.
geometrician [džįamɛtríŝąn], *s.* geómetra, *mf.*
geometrid [džiómɛtrįd], *s.* (ent.) geometrino.
geometry [džiámɛtrį], *s.* geometría.
geomorphy [džíomɔrfį], *s.* geomorfía.
geophagous [džįáfągʌs], *a.* geófago.
geophysicist [džiofízįsįst], *s.* geofísico.
geophysics [džiofízįks], *s.* geofísica.
geopolitical [-polítįkal], *a.* geopolítico.
geopolitics [-pálįtįks], *s.* geopolítica.
geoponic(al [-pánįk(ąl], *a.* geopónico.
geoponics [-s], *s.* geoponía, agricultura.
georama [-rámą̈], *s.* georama, *m.*, globo geográfico.
georgette [džɔrdžέt], *s.* (tej.) crespón de seda de tejido fino (ll. t. **g. crepe**).
Georgian [džɔ́rdžįąn], *a.* y *s.* georgiano.
georgic [džɔ́rdžįk]. I. *a.* geórgico. II. *s.* geórgica.
geoscopy [džįáskopį], *s.* geoscopia.
geosyncline [džiosínklaįn], *s.* (geol.) geosinclinal, pliegue cóncavo.
geotectonic [-tɛktánįk], *a.* (geol.) geotectónico.
geothermic [-θœ́rmįk], *a.* geotérmico.
geotropism [džįátropįzm], *s.* (bot.) geotropismo, tendencia hacia el centro de la tierra.
geraniaceous [džęreįnįéįŝįʌs], *a.* (bot.) geraniáceo.
geranium [džęréįnįʌm], *s.* (bot.) geranio.
gerfalcon [džœ́rfɔlkǫn], *s.* (orn.) gerifalte.
geriatrics [džɛrįǽtrįks], *s.* geriatría.
germ [džœrm], *s.* germen; (biol.) embrión, *m.*; (bot.) yema, botón, simiente, embrión, ovario; principio, origen, rudimento; (med.) microbio.—**g. cell,** (biol.) célula embrionaria.—**g. plasm,** (biol.) germen plasma; parte (*f.*) del protoplasma que se transmite de generación a generación y es la causa de la herencia.
german [džœ́rmąn], *a.* de unos mismos padres o abuelos.
German, *s.* y *a.* alemán; germánico, tudesco.—**G. measles,** (med.) rubéola.—**G. silver,** plata alemana, metal blanco.—**G. text,** (impr.) tipo alemán.—**G. tinder,** yesca.—**the g.,** el cotillón (baile).
germander [džœrmǽndœ(r)], *s.* (bot.) pinillo, maro, teucrio, zamarilla.
germane [džœrméįn], *a.* pariente; afín; pertinente, relacionado, aplicable.
Germanic [džœrmǽnįk], *a.* germánico, alemanisco.
Germanism [džœ́rmąnįzm], *s.* germanismo.
germanium [džœrméįnįʌm], *s.* (quím.) germanio.
Germanophile [džœrmǽnofaįl], *s.* y *a.* germanófilo, partidario de los alemanes.
Germany [džœ́rmąnį], *s.* Alemania.
germicidal [džœrmįsaįdąl], *a.* germicida.
germicide [-saįd], *s.* germicida, *m.*
germiculture [-kʌ́lchų̈(r)], *s.* (biol.) germicultura, cultivo de bacterias.
germinal [džœ́rmįnąl], **germinative** [-eįtįv], *a.* germinal, germinativo.—**germinate** [-eįt], *vn.* germinar.—**germination** [-éįŝǫn], *s.* germinación.
gerontology [džɛrontálodžį], *s.* gerontología.
gerrymander [gɛrįmǽndœ(r)]. I. *va.* dividir (un estado, etc.) injusta o arbitrariamente en distritos electorales; tergiversar. II. [gέrįmændœ(r)], *s.* división arbitraria injusta en distritos electorales; tergiversación, argucia.
gerund [džέrʌnd], *s.* (gram.) gerundio.
gerundive [džɛrʌ́ndįv], *s.* (gram.) gerundio adjetivado.
gest [džɛst], *s.* (ant.) gesta, romance.
gestation [džɛstéįŝǫn], *s.* gestación, preñez, embarazo.
gesticulate [džɛstíkyųleįt], *vn.* gesticular, accionar.—**gesticulation** [-éįŝǫn], *s.* gesticulación.—**gesticulator** [-eįtǫ(r)], *s.* gestero.—**gesticulatory** [-ątɔrį], *a.* gesticular.
gesture [džéschų̈(r)]. I. *s.* gesto, acción, ademán, signo. II. *vn.* accionar; gesticular o hacer gestos.
get [gɛt], *va.* (*pret.* GOT; *pp.* GOT o GOTTEN) conseguir, obtener, adquirir; ganar; llevar (premio, ventaja, etc.); reportar, recibir; aprender de memoria; engendrar, procrear; mandar, disponer, hacer que; persuadir, inducir, incitar; procurar, lograr; traer, ir por; poner(se); entender.—**to g. across,** (fam.) hacer comprender; lograr.—**to g. a footing,** establecerse.—**to g. back,** recobrar.—**to g. by heart,** aprender de memoria.—**to g. down,** descolgar, bajar; tragar.—**to g. hold of,** apoderarse de, posesionarse de; coger; aprender.—**to g. in,** allegar, proveerse de; lograr dar, meter, etc. (un golpe, una observación, etc.).—**to g. it,** (fam.) recibir castigo o un regaño; (fam.) comprender.—**to g. off,** enviar; disponer de; librar, sacar (de un aprieto, etc.).—**to g. on,** ponerse (ropa).—**to g. one's goat,** (fam.) serle a uno inaguantable, fastidiarlo.—**to g. one's hand in,** aprender por experiencia o con la práctica.—**to g. on the brain,** tener (algo) metido en la cabeza.—**to g. out,** publicar, editar, sacar.—**to g. the better,** o **the best, of,** llevar ventaja a; engañar a; ganar a.—**to g. the sack,** (fam.) recibir calabazas.—**to g. the start of,**

o the jump on, coger la delantera a.—to g. the upper hand, imponerse.—to g. the worse, o the worst, llevar la peor parte, quedar mal parado; perder.—to g. up, arreglar, preparar; idear, inventar; vestir, engalanar.—to g. up steam, levantar vapor.—to g. wind of, recibir aviso de, tener noticia de, descubrir.—to have got, (fam.) tener, poseer. —g. you gone! ¡váyase Vd.! ¡largo de aquí!

get, *vn.* ganar dinero; llegar; ponerse o volverse; hacerse, ser; hallarse, estar; introducirse, meterse.—to g. about, divulgarse, hacerse público; levantarse y moverse (un convaleciente).—to g. abroad, divulgarse.—to g. ahead, adelantarse, ganar la delantera.—to g. ahead of, adelantarse a; ganar a.—to g. along, adelantar; hallarse; ir pasando.—to g. along well (badly) with, llevarse bien (mal) con.—to g. among, hacerse uno de.—to g. around = TO GET ABOUT, TO GET ROUND.—to g. at, ir a; llegar a; atacar; averiguar, descubrir.—to g. away, irse; partir; huir, escaparse. —to g. away with, llevarse; vencer, ganarle a. —to g. away with it, salirse con la suya, llevar algo a cabo pasando por encima de todos o de todo.—to g. back, volver, regresar. —to g. behind, penetrar, enterarse de los secretos de; quedarse atrás.—to g. better, mejorar.—to g. busy, moverse, menearse, poner manos a la obra.—to g. clear, salir bien, quedar absuelto; vindicarse; zafarse, librarse. —to g. down, bajar, descender.—to g. even with, hacérselas pagar a; vengarse de.—to g. forward, adelantar, medrar.—to g. home, llegar a casa o a la meta.—to g. in, (lograr) entrar; llegar.—to g. in the habit of, acostumbrarse a, contraer el hábito de.—to g. into, entrar, penetrar; montarse en (cólera, etc.); meterse en.—to g. in with, relacionarse con.—to g. left, (fam.) quedarse colgado, o a la luna de Valencia.—to g. loose, o free, zafarse; quedar libre.—to g. married, casarse. —to g. near, acercarse.—to g. off, salir de un asunto; escapar, huir; irse; salir; bajar(se), apearse.—to g. on, adelantar, medrar; ponerse encima de; subir; montar; entrar en un coche; armonizar.—to g. on one's legs, levantarse; mejorar de fortuna.—to g. on one's nerves, (fam.) irritar, cansar o fastidiar a uno.—to g. on with, llevarse bien con uno.—to g. out, salir, salirse; divulgarse.—to g. out of, evadir; evitar; escaparse de.—to g. out of order, descomponerse, desajustarse.—to g. out of the way, apartarse o hacerse a un lado.—to g. over, pasar por encima; vencer (obstáculos); recuperarse de; olvidar.—to g. ready, aparejarse, disponerse (a).—to g. rid of, zafarse o librarse de, acabar con, quitar de encima.—to g. round, evadir, evitar; refutar.—to g. square = TO GET EVEN.—to g. there, (fam.) llegar al fin que se desea, salirse con la suya.—to g. through, pasar, penetrar; terminar.—to g. through with, acabar con.—to g. to be, llegar a ser, hacerse, ponerse (antes de *a.*).—to g. together, juntarse, reunirse, acercarse; cooperar, obrar de común acuerdo.—to g. up, levantarse; subir, ascender.—to g. under the wire, (fig.) llegar a tiempo.—to g. under way, partir, salir; (mar.) zapar, hacerse a la vela.—to g. well, curar, sanar, ponerse bueno. —to have got to, haber de, tener que.—to tell one where to g. off, decir a uno cuántas son cinco, ponerlo en su puesto, cantárselas claras.—g. out!, ¡fuera! ¡largo de aquí!—g. up!, ¡arre! (a las bestias).

get, *s.* engendro; engendramiento; raza; cría.

get-at-able [gɛtǽtạbl], *a.* accesible, tratable; obtenible, asequible.

getaway [gétạwei], *s.* ida, partida; escape; comienzo (de una carrera); arranque (de un auto).

get-together [gétụgeðœ(r)], *s.* tertulia, reunión social informal.

get-up [gétʌp], *s.* arreglo, disposición; atavío; traje.

gewgaw [giúgɔ]. **I.** *s.* miriñaque, chuchería, friolera, adorno cursi. **II.** *a.* cursi, chillón.

geyser [gáizœ(r)], *s.* géiser, surtidor o fuente (*f.*) termal intermitente.

Ghana [gánạ], *s.* Ghana.

Ghanaian [gánạyạn], *s.* y *a.* ghanés.

ghastliness [gǽstlinis], *s.* palidez cadavérica.

ghastly [gǽstli]. **I.** *a.* lívido; horrible. **II.** *adv.* horriblemente; lívidamente.

ghee [gi], *s.* aceite de manteca clarificada.

gherkin [gœ́rkin], *s.* pepinillo, cohombrillo.

ghetto [gétou], *s.* ghetto, barrio de los judíos.

Ghibelline [gíbẹlin], *a.* y *s.* gibelino.

ghost [góust], *s.* aparecido, espectro, sombra, fantasma, *m.*; ánima en pena; alma, espíritu; imagen, traza leve; (foto. y ópt.) imagen falsa o secundaria; mancha.—g. story, cuento de fantasmas.—g. writer, escritor de artículos, discursos, etc., que salen bajo el nombre de otra persona.—not a g. of a doubt, ni sombra de duda.—to give up the g., dar, o exhalar, el espíritu, morir(se).

ghostliness [-linis], *s.* calidad de espectral.

ghostly [-li], *a.* espectral, fantástico, de duendes o aparecidos.

ghoul [gúl], *s.* vampiro.—**ghoulish** [-iš], *a.* vampírico; horrible, brutal, asqueroso.

G. I. [džíái]. **I.** *s.* (fam., E. U.) soldado raso. **II.** *a.* (fam., E. U.) destinado al personal militar (equipos, ropas, etc.); (fam., E. U.) relativo a o característico de las fuerzas armadas; (fam., E. U.) ordenancista.

giant [džáiạnt]. **I.** *a.* gigante, gigantesco. **II.** *s.* gigante.—g. fennel, (bot.) cañaheja.—g. powder, variedad de dinamita.

giantess [-is], *s.* giganta.

giaour [džaur], *s.* infiel (en el sentido musulmán).

gib [gib]. **I.** *s.* (mec.) chaveta, cuña, contraclavija; aguilón, brazo de grúa.—cotter (o key) and g., clavija y contraclavija. **II.** *va.* acuñar, asegurar con chaveta.

gibber [džíbœ(r)], *vn.* (fam.) farfullar. *V.* JABBER.

gibberish [-iš]. **I.** *s.* (fam.) farfulla, galimatías, jerigonza, jerga. **II.** *a.* falto de sentido, tonto, deshilvanado.

gibbet [džíbit]. **I.** *s.* horca, picota, patíbulo. **II.** *va.* ahorcar.

gibbon [gíbọn], *s.* (zool.) gibón.

gibbosity [gibásiti], *s.* giba, corcova.

gibbous [gíbʌs], *a.* convexo; giboso, jorobado.

gibbousness [-nis], *s.* convexidad; corvadura.

gibe [džáib]. **I.** *va.* escarnecer, ridiculizar, mofarse de. **II.** *vn.* burlarse. **III.** *s.* escarnio, mofa.

giblets [džíblits], *s. pl.* menudillos de ave.

gid [gid], *s.* (vet.) modorra, vértigo de los animales domésticos.

giddily [gídili], *adv.* vertiginosamente; atolondradamente.

giddiness [gídinis], *s.* vértigo, vahido, desvanecimiento; aturdimiento, atolondramiento, veleidad; devaneo, desvarío.

giddy [gídi], *a.* vertiginoso; voltario, voluble, inconstante; aturdido, atolondrado.—g. girl, muchacha casquivana.—g.-brained, headed o pated, ligero de cascos, frívolo.—g.-head, o pate, persona frívola, con los cascos a la jineta.

gift [gíft]. **I.** *s.* donación; dádiva, regalo, obsequio; don, dote, *f.*, prenda.—g. of tongues, don de las lenguas. **II.** *va.* dotar; agraciar.

gifted [-id], *a.* talentoso, genial; agraciado.

gig [gig], *s.* birlocho, calesín, quitrín; máquina para tundir paño; (mar.) bote, lancha, falúa.

gigantean [džaigæntíạn], **gigantic** [džaigǽntik], *a.* giganteo, gigantesco.

giggle [gígl]. **I.** *vn.* reírse tratando de suprimir u ocultar la risa; reírse sin motivo; reírse por nada. **II.** *s.* risa falsa, risita.

giggler [gíglœ(r)], *s.* persona de risa falsa o de risita.

gild [gịld], *s.* = GUILD.
gild [gíld], *va.* (*pret.* y *pp.* GILDED o GILT) dorar; iluminar; dar brillo o lustre.
gilder [-œ(r)], *s.* dorador; charolista.
gilding [-ịŋ], *s.* doradura; dorado; latón de dorar (con como 95% de cobre) (ll. t. **g. metal**).
gill [dẑịl], *s.* medida de líquidos (⅛ litro).
gill [gịl], *s.* (ict.) agalla, branquia; barba (del gallo, etc.); (fam.) papada; (tej.) peine; (mec.) estría de chapa ondulada.
gillyflower, gilliflower [dẑíḷịflaụœ(r)], *s.* (bot.) alelí.
gilt [gílt]. **I.** *pret.* y *pp.* de GILD. **II.** *a.* dorado, áureo.—**g.-edged,** de corte dorado; (fam.) de la mejor calidad.—**g. edges,** o **leaves,** cortes dorados. **III.** *s.* dorado; oro en hojuelas; oropel; falso brillo.
gilthead [-hɛd], *s.* (ict.) dorada; salema.
gimbals [dẑímbạlz], *s. pl.* (mar.) balancines de la brújula.
gimcrack [dẑímkræk]. **I.** *a.* cursi, de baratillo. **II.** *s.* chuchería, cosa cursi. *V.* GEWGAW.
gimlet [gímlịt]. *s.* barrena pequeña, taladro.
gimlet-eyed [-aịd], *a.* de vista de lince.
gimmick [gímịk], *s.* (fam., E. U.) treta, artimaña, superchería.
gimp [gịmp], *s.* (tej.) bocadillo, alamar; (fam.) vigor, energía.—**g. nail,** tachuela para tapicería.
gin [dẑịn]. **I.** *s.* almarrá, alijadora, despepitadora o (Am.) desmotadora de algodón; cabria, malacate, molinete, husillo; bomba movida por un molino de viento; martinete; trampa, armadijo; ginebra (licor de enebro).—**g. fizz,** bebida de ginebra y gaseosa. **II.** *va.* coger con trampa, despepitar, alijar o (Am.) desmotar (el algodón).
ginger [dẑíndẑœ(r)], *s.* (bot.) jengibre.—**g. ale, beer,** o **pop,** cerveza de jengibre.
gingerbread [-brɛd], *s.* pan de jengibre.—**g. work,** adorno cursi, ostentoso, o falto de solidez.
gingerly [-lị]. **I.** *a.* cauteloso, escrupuloso. **II.** *adv.* cautelosa o cuidadosamente.
gingersnap [-snæp], *s.* galletita de jengibre.
gingery [-ị], *a.* parecido al jengibre; picante.
gingham [gíŋạm], *s.* guinga (tela).
gingili [dẑíndẑịlị], *s.* (bot.) sésamo.
gingival [dẑịndẑáịvạl], *a.* (anat. y fon.) gingival, perteneciente a las encías.
ginglymus [dẑíŋglịmʌs], *s.* (anat.) ginglimo.
gin rummy, *s.* tipo de juego de naipes.
ginseng [dẑínsɛŋ], *s.* (bot.) ginseng, ginsén.
gip [dẑịp], *va.* destripar los pescados.
gipsy [dẑípsị], *s.* = GYPSY.
giraffe [dẑịræf], *s.* (zool.) jirafa; (**C.,** astr.) constelación Camelopardalis.
girandole [dẑírạndoụl], *s.* araña, candelabro; (piro.) girándula; (joy.) pendiente.
girasol [dẑírạsal], *s.* (min.) ópalo de fuego; (bot.) especie de girasol.
gird [gœrd]. **I.** *va.* (*pret.* y *pp.* GIRDED o GIRT) ceñir; cercar, rodear. **II.** *vn.* mofarse, burlarse.
girder [-œ(r)], *s.* (constr.) viga, carrera.—**g. bridge,** puente de vigas.—**g. rail,** riel de doble T para tranvías.
girdle [-l]. **I.** *s.* cinto, cinturón, ceñidor, cíngulo, pretina, faja, cincho; cintura; faja, corsé ligero; circunferencia, cerco, círculo, zona; zodíaco. **II.** *va.* ceñir, cercar, rodear, circundar, fajar.
girl [gœrl], *s.* muchacha, niña; (fam.) sirvienta, criada.—**g. scout,** niña exploradora.
girlhood [-hụd], *s.* doncellez; calidad o estado de muchacha; vida o edad de muchacha; la juventud femenina.
girlie [-ị], *s.* (fam.) muchachita; chica.
girlish [-ịŝ], *a.* de carácter de muchacha; característico de las muchachas; juvenil, propio de niña o joven.
girlishly [-lị], *adv.* como una muchacha.
Girondist [dẑịrándịst], *s.* y *a.* girondino.
girt [gœrt]. **I.** *pret.* y *pp.* de TO GIRD. **II.** *a.* (mar.) amarrado. **III.** *s.* (constr.) viga, traviesa de piso. **IV.** *va.* = TO GIRD y TO GIRTH.
girth [gœrθ]. **I.** *s.* cincha; faja, cinto; periferia. **II.** *va.* cinchar, ceñir.
girthing [-ịŋ], *s.* cinchadura.
gist [dẑịst], *s.* substancia, quid, *m.*, busilis, *m.*
give [gív]. **I.** *va.* (*pret.* GAVE; *pp.* GIVEN) dar, donar; conceder, otorgar; sacrificar; pagar; producir o causar; dedicar, consagrar.—**to g. advice,** dar consejo; asesorar.—**to g. a good account of one's self,** salir bien, hacerlo bien.—**to g. a lift to one,** ayudar a uno a levantarse o a levantar algo; llevarle (en coche, etc.). *V.* LIFT, *s.*—**to g. a piece of one's mind to,** decir las verdades del barquero, decir cuántas son cinco.—**to g. a thought to,** pensar en, acordarse de (gen. en oración negativa).—**to g. away,** dar, regalar; deshacerse de; vender regalado (casi de balde); contar, divulgar (un secreto); descubrir, traicionar.—**to g. back,** restituir, devolver.—**to g. birth to,** dar a luz, parir; producir.—**to g. chase,** perseguir.—**to g. ear to,** prestar oídos a; escuchar.—**to g. effect to,** poner en ejecución.—**to g. fire,** mandar hacer fuego; disparar.—**to g. forth,** publicar, divulgar.—**to g. ground,** retirarse; ceder.—**to g. it to one,** (fam.) dar de palos a uno, echarle un sermón o (Am.) una raspa; poner a uno como nuevo; regañar a uno.—**to g. leave,** permitir; dar licencia.—**to g. line** o **rope,** dar rienda.—**to g. mouth to,** proferir, expresar.—**to g. notice,** advertir, hacer saber, informar.—**to g. off,** arrojar, echar, despedir, emitir.—**to g. one the cold shoulder,** recibir a uno fríamente.—**to g. one's self away,** (fam.) enseñar la oreja.—**to g. one's self up,** entregarse, rendirse; abandonarse, desesperarse.—**to g. out,** publicar, divulgar; proclamar; declarar, decir; repartir, distribuir.—**to g. over,** entregar; abandonar; desistir de; desahuciar.—**to g. pause,** dar en qué pensar; hacer pensar; ser peliagudo.—**to g. place,** ceder su puesto; ir seguido (de); dejar el puesto (a).—**to g. points,** dar ventaja, dar tantos (en el juego); dar consejo, hacer indicaciones útiles.—**to g. rein,** dar rienda (suelta); dar licencia, dar salida.—**to g. rise to,** dar lugar a, causar, ocasionar.—**to g. room,** hacer lugar; retirarse, apartarse.—**to g. the lie,** desmentir.—**to g. the rod,** azotar, castigar.—**to g. the sack** (fam.) dar calabazas.—**to g. the slip,** dar esquinazo; echar.—**to g. tongue,** empezar a ladrar.—**to g. up,** renunciar a; entregar; resignar; abandonar; dar por perdido; desahuciar.—**to g. up the ghost,** morir; desistir, darse por vencido.—**to g. vent to,** dar salida a; desatarse en.—**to g. voice to,** decir, expresar.—**to g. warning,** prevenir, advertir.—**to g. way,** ceder; cejar; retroceder; ceder su puesto; aflojarse; hundirse; bajar en, caer en (seguido de un número) (apl. a precios). **II.** *vn.* dar libremente, ser dadivoso; dar de sí, aflojarse; ablandarse; ceder; cejar, recular; desteñirse; aguarse; deteriorar.—**to g. back,** retirarse; cejar.—**to g. in,** ceder; acceder; asentir.—**to g. out,** faltar; consumirse, acabarse, agotarse; apagarse; perder las fuerzas; pararse (una máquina, un órgano).—**to g. over,** cesar, suspender; ceder.—**to g. up,** desistir, cejar; darse por vencido; perder la esperanza.
give, *s.* acción de dar de sí o de ceder físicamente (como una cuerda); elasticidad.
give-and-take [-ạntéịk]. **I.** *s.* concesiones mutuas, componenda; réplicas y contrarréplicas. **II.** *a.* de componenda, de concesiones mutuas; de réplicas y contrarréplicas compensadas, de dares y tomares.
giveaway [-ạweị], *s.* (fam.) revelación indiscreta; acción de dejar ver (algo que se trata de ocultar), o mostrar el juego; ganapierde (en el juego de damas).
given [-ẹn], *a.* y *pp.* de TO GIVE; dado; citado, especificado; (mat.) conocido.—**g. name,**

nombre bautismal.—**g. that,** suponiendo que, sabiendo que.—**g. to,** adicto o aficionado a.
giver [-œ(r)], *s.* donador, dador, donante.
gizzard [gízărd], *s.* molleja (de ave); primer estómago (de un insecto).
glabrous [gléįbrʌs], *a.* (zool., bot.) liso, calvo, llano; sin pelo ni pelusa.
glacé [glæséį], *a.* helado; garapiñado; liso y lustroso; glaseado.
glacial [gléįŝįąl], *a.* glacial; (geol.) glaciario.—**g. acetic acid,** ácido acético puro o glacial.
glaciate [gléįŝįeįt]. **I.** *va.* (geol.) cubrir con hielo glacial; producir sobre una superficie un efecto parecido al hielo. **II.** *vn.* helarse.
glaciation [-éįŝǫn], *s.* helamiento, congelación. —**glacier** [-œ(r)], *s.* helero, glaciar, ventisquero.—**glaciology** [-álodẑį], *s.* glaciarismo.
glacis [gléįsįs], *s.* (fort.) glacis (*m.*) o explanada.
glad [glǽd], *a.* alegre, contento, gozoso; agradable; agradecido.—**to be g.,** celebrar, alegrarse, tener gusto (*I am glad to see you,* me alegro de ver a Vd.: *I shall be glad to go,* tendré gusto en ir).
gladden [-n], *va.* alegrar, regocijar, recrear.
gladdon [glǽdǫn], *s.* (bot.) lirio hediondo, jíribe; espadaña.
glade [gleįd], *s.* claro, raso; ciénaga.
glad hand, *s.* (fam.) acogida, bienvenida (con agasajo o regocijo).
glad hander, *s.* (fam.) persona que da la bienvenida con exagerado regocijo; persona que finge ser amigo de todos.
gladiator [glǽdįeįtǫ(r)], *s.* gladiador, gladiator.
gladiatorial [glædįątórįąl], *a.* gladiatorio.
gladiolus [glædįóųlʌs], *s.* (bot.) estoque; (anat.) mesosternón.
gladly [glǽdlį], *adv.* alegremente; de buena gana, de buen grado, gustosamente.
gladness [-nįs], *s.* alegría, placer, gozo.
gladsome [-sʌm], *a.* alegre, contento.—**gladsomely** [-lį], *adv.* alegremente.—**gladsomeness** [-nįs], *s.* alegría, regocijo.
Gladstone bag, *s.* maleta que se abre en dos compartimentos iguales.
glair [glér]. **I.** *s.* (coc., enc.) clara de huevo; cualquier substancia viscosa. **II.** *va.* untar con clara de huevo.
glairy [-į], *a.* viscoso, pegajoso.
glaive [gleįv], *s.* (ant.) espada, espadón; alabarda.
glamo(u)r [glǽmǫ(r)]. **I.** *s.* encanto, hechizo; encantamiento, embeleso; brujería. **II.** *va.* hechizar, encantar.
glamorize [-aįz], *va.* tornar encantador o hechicero.
glamorous [-ʌs], *a.* encantador, hechicero.
glance [glǽns]. **I.** *s.* mirada, ojeada, vistazo; vislumbre; fulgor; desviación (por choque); (min.) mineral lustroso.—**g. coal,** antracita.—**at the first g.,** al primer aspecto, a primera vista. **II.** *va.* mirar de o al soslayo, o de refilón. **III.** *vn.* dar un vistazo o una ojeada; tocar o herir oblicuamente; brillar, centellear.—**to g. at,** hojear; referirse a, aludir a.—**to g. off,** desviarse (al chocar).—**to g. over,** echar un vistazo a; hojear (un libro).
glancing [-įŋ], *a.* oblicuo, de refilón (golpe).
gland [glænd], *s.* (anat. y bot.) glándula; bellota; (mec.) cuello, collarín, gola; casquillo del prensaestopas.
glanderous [glǽndęrʌs], *a.* (vet.) muermoso.
glanders [glǽndœrz], *s.* (vet.) muermo.
glandiferous [glændífęrʌs], *a.* (bot.) glandífero.
glandiform [glǽndįform], *a.* (bot.) glandiforme, abellotado.
glandular [glǽndẑųlă(r)], **glandulous** [-lʌs], *a.* glanduloso, glandular, adenoso.
glandule [glǽndẑul], *s.* glandulilla.
glans [glænz], *s.* (*pl.* GLANDES) (bot.) bellota; (anat.) glande, bálano; clítoris, *m.*
glare [glér]. **I.** *vn.* relumbrar, brillar; tener colores chillones; (con **at**) mirar fija y penetrantemente, (fig.) echando fuego por los ojos. **II.** *s.* resplandor, viso; resol; deslumbramiento; mirada feroz y penetrante; superficie lisa y vidriosa. **III.** *a.* liso, lustroso y resbaladizo.
glaring [-įŋ], *a.* deslumbrador; evidente, notorio; de mirada penetrante.—**glaringly** [-lį], *adv.* notoriamente, evidentemente; fijamente, penetrantemente.
glass [glǽs]. **I.** *s.* vidrio; vaso; copa; vidrio o cristal de ventana; espejo; lente, catalejo; ampolleta; anteojo; reloj de arena; contenido de un vaso o copa (*a glass of water,* un vaso de agua; *a glass of brandy,* una copa de brandy). —*pl.* **glasses,** anteojos, gafas; quevedos, lentes.—**g. blower,** soplador de vidrio, vidriero. —**g. blowing,** fabricación de objetos de vidrio. —**g. cutter,** diamante de vidriero.—**g. factory** o **shop,** vidriería, cristalería.—**g. furnace,** carquesa; horno de vidrio.—**g. roof,** montera.—**g. snake,** (zool.) lución, *m.*—**g. sponge,** esponja silícea.—**g. wool,** tela de vidrio. **II.** *a.* de vidrio.—**g. bead,** abalorio, cuenta de vidrio.—**g. case,** escaparate.—**g. window,** vidriera. **III.** *va.* glasear, satinar; cubrir con, encerrar en vidrio; reflejar.
glassful [-fųl], *s.* vaso (contenido de un vaso).
glasshouse [-haųs], *s.* vidriería; fábrica de vidrio o cristal; invernadero; galería fotográfica.
glassiness [-įnįs], *s.* vidriosidad.
glasslike [-laįk], *a.* transparente como vidrio; vidrioso, hialoideo.
glassmaker [-meįkœ(r)], **glassman** [-mąn], *s.* vidriero.
glassware [-wɛr], *s.* cristalería, vajilla de cristal.
glasswork [-wœrk], *s.* fabricación de vidrio; artículos de vidrio.—**glassworks** [-wœrks], *s.* fábrica de vidrio o cristales; vidriería, cristalería.
glasswort [-wœrt], *s.* (bot.) sosa, barrilla, almarjo, matojo, sapina.
glassy [-į], *a.* vítreo, cristalino, vidrioso, hialino.
Glauber's salt(s) [glóųbœrz sǫlt(s)], *s. pl.* (farm.) sal (*f.*) de Gláuber, sulfato sódico cristalino.
glaucoma [glǫkóųmă], *s.* (med.) glaucoma, *m.*
glaucous [glókʌs], *a.* glauco, verde claro; (bot.) cubierto de una pelusilla blanca azulosa.
glaze [gléįz]. **I.** *va.* poner vidrios a una ventana; vidriar; barnizar; satinar, glasear; apomazar; (cerá.) esmaltar. **II.** *s.* superficie lisa y lustrosa; barniz, *m.*, lustre; esmalte; capa de hielo.
glazed [-d], *a.* vidriado; satinado; glaseado.—**g. earthenware,** vidriado.—**g. paper,** papel satinado.—**g. tile,** azulejo.
glazer [-œ(r)], *s.* el o lo que satina, pule, esmerila, etc.
glazier [gléįẑœ(r)], *s.* vidriero.—**g.'s shop,** vidriería.
glazing [gléįzįŋ], *s.* vidriado, mogate; barnizado; satinado; superficie lustrosa; barniz, *m.*, lustre; vidriería, cristalería.
gleam [glím]. **I.** *s.* destello, fulgor, viso, centelleo. **II.** *vn.* centellear, fulgurar.
glean [glín], *va.* espigar, respigar; recoger, juntar; rebuscar.—**gleaner** [-œ(r)], *s.* espigadera; respigador, rebuscador, recogedor.—**gleaning** [-įŋ], *s.* espigueo, moraga, arrebañadura, rebusco.
glebe [glib], *s.* (poét.) gleba, césped, terrón; (Ingl.) tierras beneficiales.
glede [glid], *s.* (orn.) milano.
glee [glí], *s.* alegría, gozo, júbilo; (mús.) canción para voces solas.—**g. club,** coro.
gleeful [-fųl], **gleesome** [-sʌm], *a.* alegre, gozoso, contento.
gleet [glít], *s.* (med.) gonorrea crónica, gota militar; blenorrea.
gleety [-į], *a.* blenorrágico.
glen [glɛn], *s.* hocino, hoyada, vallecico.
glengarry [glɛngǽrį], *s.* gorra escocesa.
glenoid [glínoįd], *a.* que tiene una pequeña cavidad; (anat.) glenoideo.
gliadin [gláįądįn], *s.* (bioquím.) gluten.
glib [glíb], *a.* voluble, suelto de lengua.—**glibly** [-lį], *adv.* volublemente.—**glibness** [-nįs], *s.* volubilidad, facundia.

glide [gláid]. I. *vn.* resbalar, deslizarse, escurrirse; (aer.) planear. II. *s.* deslizamiento, escurrimiento; (aer.) planeo.
glider [-œ(r)], *s.* (aer.) planeador, deslizador; el o lo que se desliza.
gliding [-iŋ]. I. *s.* deslizamiento; (aer.) planeo, vuelo planeado. II. *a.* deslizante; (aer.) planeador.
gliding angle, *s.* (aer.) ángulo de deslizam e o planeo.
glimmer [glímœ(r)]. I. *vn.* rielar, centellear, brillar con luz vacilante. II. *s.* luz trémula; vislumbre, visión momentánea.—**glimmering** [-iŋ]. I. *a.* vacilante, luciente. II. *s.* vislumbre, viso.
glimpse [glímps]. I. *s.* ojeada, vistazo; vislumbre, resplandor fugaz; reflejo. II. *va.* vislumbrar, entrever; ver con una ojeada. III. *vn.* ojear, dar un vistazo; lucir a intervalos.
glint [glint]. I. *va.* reflejar. II. *vn.* lucir, brillar, destellar; saltar de rechazo. III. *s.* destello, viso, relumbre.
glioma [glaióumä], *s.* (med.) glioma, especie de tumor de ciertas partes del sistema nervioso.
glisten [glísn]. I. *vn.* brillar, resplandecer, rielar. II. *s.* brillo, centelleo, destello.
glister [glístœ(r)]. I. *vn.* (ant.) brillar, lucir. II. *s.* (ant.) brillo, destello.
glitter [glítœ(r)]. I. *vn.* resplandecer, centellear, relucir, relumbrar, rutilar, brillar. II. *s.* brillo, resplandor, oropel, centelleo.—**glittering** [-iŋ]. I. *s.* = GLITTER. II. *a.* reluciente, resplandeciente, coruscante.—**glitteringly** [-li], *adv.* lustrosamente, con lustre o brillo.
gloam [glóum], *vn.* obscurecerse, anochecer.—**gloaming** [-iŋ], *s.* crepúsculo vespertino, el anochecer, la oración.
gloat [glout], *vn.* (con **on, over**) deleitarse, gozarse (en); regocijarse en el mal ajeno.
global [glóubal], *a.* global; esférico.
globate(d [glóubeit(id], *a.* esférico, globular.
globe [glóub], *s.* esfera, globo; pecera globular; globo o bomba de una lámpara.—**g. sight,** (arm.) mira esférica.—**g. valve,** válvula esférica.
globefish [-fiš], *s.* (ict.) orbe.
globetrotter [-tratœ(r)], *s.* trotamundos.
globin [glóubin], *s.* (quím.) globina.
globose [glóubous], *a.* globoso, redondo.
globosity [globásiti], *s.* esfericidad, redondez.
globular [glábyulä(r)], *a.* globular, esférico.
globule [glábyul], *s.* glóbulo, globulillo.
globulin [-lin], *s.* (quím.) globulina.
globulose, globulous [-lous, -lʌs], *a.* globuloso.
glomerate [glámerit], *a.* aglomerado, conglomerado.
glomeration [-éišon], *s.* conglobación.
glomerule [glámerul], *s.* (anat., bot.) glomérulo.
glonoin [glánoin], *s.* nitroglicerina o glonoína.
gloom [glúm]. I. *s.* obscuridad, lobreguez, tenebrosidad, tinieblas, *f. pl.;* melancolía, tristeza. II. *va.* y *vn.* encapotar(se), obscurecer(se); entristecer(se).
gloomily [-ili], *adv.* obscuramente; tétricamente, lúgubremente, tenebrosamente.
gloominess [-inis], *s.* obscuridad, tenebrosidad, lobreguez; melancolía, tristeza; adustez.
gloomy [-i] *a.* tenebroso, sombrío, lóbrego; nublado; triste, melancólico.
gloria [glóriä], *s.* tela de lana y seda usada para reemplazar la seda pura; (igl.) gloria; (b. a.) aureola.
glorification [-fikéišon], *s.* glorificación, apoteosis; (fam.) celebración, jolgorio.
glorify [-fai], *va.* glorificar, exaltar, alabar.
gloriole [glórioul], *s.* aureola.
glorious [glóriʌs], *a.* glorioso; (fam.) excelente, magnífico.—**gloriously** [-li], *adv.* gloriosamente.—**gloriousness** [-nis], *s.* gloria, calidad de glorioso.
glory [glóri]. I. *s.* gloria.—**to be in one's g.,** estar uno en sus glorias. II. *vn.* gloriarse, jactarse; deleitarse.
gloss [glos]. I. *s.* lustre, brillo; pulimento; barniz, *m.;* apariencia falaz, oropel; glosa, comentario; disculpa, paliativo. II. *va.* pulir, pulimentar, satinar, glasear; disculpar, paliar. III. *va.* y *vn.* glosar, comentar, postillar, escoliar.
glossa [-ä], *s.* (anat., zool.) lengua.—**glossal** [-al], *a.* pert. a la lengua, lingual.
glossarial [glaséirial], *a.* referente a una glosa.
glossarist [glásarist], *s.* glosador.
glossary [glásari], *s.* glosario, nomenclador.
glossiness [glósinis], *s.* pulimento, lustre.
glossitis [glasáitis], *s.* (med.) glositis, inflamación de la lengua.
glossographer [glaságrafœ(r)], *s.* glosador, comentador.
glossography [-fi], *s.* arte de glosar o de hacer glosarios; (anat.) descripción de la lengua.
glossology [glasálodži], *s.* clasificación de las lenguas; filología comparada.
glossy [glósi], *a.* lustroso, glaseado, satinado; (fot.) en brillo; especioso, plausible.
glottal [glátal], **glottic** [glátik], *a.* glótico.
glottis [glátis], *s.* (anat.) glotis.
glove [glʌv]. I. *s.* guante.—**to be hand and g.,** ser inseparables, ser uña y carne.—**to handle with gloves,** tratar con muchos miramientos.—**to handle without gloves,** tratar sin contemplaciones. II. *va.* enguantar.
glove compartment, *s.* portaguantes, (Cuba, España) gaveta, (Arg.) guantera (en un auto).
glove factory o **shop,** *s.* guantería.
glove hook o **buttoner,** *s.* abotonador de guantes.
glove maker, *s.* guantero.
glover [-œ(r)], *s.* guantero.
glove stretcher, *s.* juanas, *f.pl.,* ensanchador, abridor de guantes.
glow [glou]. I. *vn.* dar luz o calor sin llama; brillar o lucir suavemente; fosforescer; ponerse incandescente; enardecerse, agitarse. II. *s.* brillo sin llama; incandescencia; calor intenso; vehemencia.—**g. lamp,** lámpara incandescente.
glower [gláuœ(r)]. I. *vn.* mirar con ira o ceño. II. *s.* mirada ceñuda o amenazadora.
glowing [glóuiŋ], *a.* resplandeciente; incandescente, encendido; ardiente.—**glowingly** [-li], *adv.* de un modo resplandeciente o vehemente.
glowworm [glóuwœrm], *s.* (ent.) luciérnaga, cocuyo.
gloxinia [glaksíniä], *s.* (bot.) (Am.) gloxínea.
gloze [glóuz]. I. *va.* paliar, colorear, excusar. II. *vn.* glosar, comentar; brillar, relucir.
glozing [-iŋ], *s.* paliativo; adulación.
glucina [glusáinä], *s.* (quím.) glucina.
glucinum [-ʌm], *s.* (quím.) glucinio.
glucose [glúkous], *s.* (quím.) glucosa.
glucoside [glúkosaid], *s.* (quím.) glucósido.
glucosuria [glukosiúriä], *s.* (med.) glucosuria.
glue [glú]. I. *s.* cola, ajicola; gluten. II. *va.* encolar; pegar con cola; engomar, aglutinar.
gluepot [-pat], *s.* cazo (de cola).
gluey [-i], **gluish** [-iš], *a.* viscoso, pegajoso, glutinoso.—**glueyness** [-inis], *s.* viscosidad, glutinosidad.—**gluing** [-iŋ], *s.* encoladura, encolamiento, pegadura.
glum [glʌm], *a.* malhumorado, displicente.
glumaceous [gluméišiʌs], *a.* (bot.) glumáceo.
glume [glum], *s.* (bot.) gluma, cascabillo.
glut [glʌt]. I. *va.* hartar, saciar; saturar; colmar; atascar, atarugar.—**to g. the market,** (com.) inundar el mercado. II. *vn.* devorar, engullir. III. *s.* hartura, hartazgo; plétora; cuña de madera; (alb.) ripio de ladrillo.
gluteal [glutíal], *a.* (anat.) glúteo, nalgar.
gluten [glúten], *s.* gluten.
gluteus [glutíʌs], *s.* (anat.) músculo glúteo.
glutinosity [glutinásiti], **glutinousness** [glútinʌsnis], *s.* glutinosidad, viscosidad.
glutinous [glútinʌs], *a.* glutinoso.

glutted [glʌ́tid], *a.* harto, ahito.
glutton [glʌ́tǫn], *s.* glotón, trag(ant)ón, comilón; (zool.) glotón.
gluttonous [-ʌs], *a.* glotón; goloso.
gluttonously [-li], *adv.* voraz o glotonamente.
gluttony [-i], *s.* glotonería, gula.
glycerate [glíṣẹreit], *s.* (quím.) glicerato.
glyceric [gliṣérik], *a.* de glicerina.
glycerid(e [glíṣẹraid], *s.* (quím.) glicérido.
glycerin(e [-in], *s.* glicerina.
glycerite [-ait], *s.* (farm.) glicerito.
glycerol [-al], *s.* (quím.) glicerol.
glycogen [gláikodžin], *s.* (bioquím.) glicógeno.
glycol [-kal], *s.* (quím.) glicol.
glycolate [-koleit], *s.* (quím.) glicolato.
glycolic [-kálik], *a.* (quím.) glicólico.
glycosuria [-kosiúriä], *s.* (med.) glicosuria.
glyph [glif], *s.* (arq.) glifo; estría.
glyptic [glíptik], *s.* (gen. *pl.*) glíptica.
glyptodont [glíptodant], *s.* (pal.) gliptodonte.
glyptography [gliptágrafi] *s.* gliptografía.
gnarl [nárl]. **I.** *vn.* refunfuñar, gruñir. **II.** *va.* retorcer. **III.** *s.* nudo (en el árbol o la madera).
gnarled [-d], **gnarly** [-i], *a.* nudoso, retorcido.
gnash [næš], *va.* rechinar o crujir los dientes.
gnashing [-iŋ], *s.* rechinamiento o crujido de los dientes.
gnat [næt], *s.* (ent.) (Am.) jején; (Ingl.) mosquito.
gnaw [nó], *va.* roer; morder, mordicar; carcomer; corroer.—**gnawer** [-œ(r)], *s.* roedor.
gneiss [náis], *s.* (geol.) gneis, *m.*—**gneissic** [-ik], *a.* (geol.) gnéisico.
gnetaceous [nitéišʌs], *a.* (bot.) gnetáceo.
gnome [nóum], *s.* máxima, aforismo; gnomo, trasgo, enano; (orn.) especie de buho.
gnomic(al [-ik(al], *a.* sentencioso, gnómico.
gnomon [nóuman], *s.* gnomon; saeta.
gnomonic(al [nománik(al], *a.* gnomónico.
gnomonics [-s], *s.* gnomónica.
Gnostic [nástik], *s.* y *a.* gnóstico.
Gnosticism [nástisizm], *s.* gnosticismo.
gnu [nu], *s.* (zool.) gnú, especie de antílope o buey salvaje del África del Sur.
go [gou], *va.* (*pret.* WENT; *pp.* GONE) interesar; contribuir con, tener participación en; responder por; en el juego, ir, apostar, envidar.—**to g. bail,** salir fiador.—**to g. better,** apostar más.—**to g. halves,** ir a medias.—**to g. it,** (fam.) embestir, ir adelante; sufrir, soportar.—**to g. it alone,** obrar solo, sin ayuda.—**to g. one better,** aventajar, ir más allá.—**to g. one's way,** proseguir uno su camino.—**to g. shares,** o **snacks,** entrar o ir a la parte, ir a medias o a partes iguales.—**to g. the limit,** (fam.) ir hasta lo último o hasta el non plus ultra.—**to g. the rounds,** ir de ronda.—**to g. the way of all flesh,** o **of all the earth,** devolver el polvo al polvo, morir.—**to g. the whole hog,** (fam.) jugar el todo por el todo.
go, *vn.* ir, irse; andar; marchar; (mec.) funcionar, andar; acudir, recurrir; sentar, venir, ir, o caer bien; resultar (bien, mal), tener (buen, mal) éxito; ponerse (loco, etc.); cuajar, surtir efecto; ser ley, no cambiarse, ser terminante; guiarse; rezar, decir; irse, desaparecer; consumirse, acabarse; contribuir, concurrir, tender; morirse, estarse muriendo; venderse, tener venta; valer, ser válido, aceptarse.—**to g. about,** hacer, emprender; manejarse; dar rodeos; atender a; (mar.) virar de bordo.—**to g. about one's business,** meterse uno en lo que le importa.—**to g. abroad,** ir a otro país; divulgarse.—**to g. across,** cruzar.—**to g. after,** seguir a, ir tras de; ir por; caerle a, atacar.—**to g. against,** oponerse a, chocar con, ir en contra de.—**to g. ahead,** adelantar, seguir, proseguir.—**to g. all out,** (fam.) hacer un esfuerzo supremo; ir hasta el tope, o hasta lo último; poner toda la carne en el asador; jugar el todo por el todo.—**to g. along,** seguir, proseguir; irse, marcharse (gen. *impv.*).—**to g. along with,** acompañar a.—**to g. around,** alcanzar para todos; TO GO ROUND.—**to g. aside,** retirarse, separarse.—**to g. astray,** extraviarse; desmandarse; caer en la tentación, cometer un desliz.—**to g. at,** atacar, acometer; emprender; empezar, atacar (un problema, etc.); ejecutar, hacer.—**to g. away,** desaparecer; irse, marcharse.—**to g. back,** retirarse, retroceder; regresar; ceder, desistir, volverse atrás.—**to g. back of,** mirar más allá de; poner en tela de juicio.—**to g. back on one,** (fam.) faltar a lo pactado, traicionar.—**to g. back to,** remontarse hasta, datar de.—**to g. backward,** retroceder.—**to g. begging,** no tener demanda; no gustar.—**to g. behind,** ir atrás o atrás de; investigar las causas de o lo que está más allá de.—**to g. between,** interponerse entre, terciar; mediar entre.—**to g. by,** pasarse por alto; pasar por el lado de; pasar cerca, pasar (por aquí, por mi casa, etc.); ajustarse o atenerse a; regirse por.—**to g. by the board,** abandonarse; fracasar.—**to g. crazy,** o **daffy,** (fam.) volverse loco, enloquecerse, chiflarse.—**to g. deep (into),** ahondar (en).—**to g. down,** bajar; descender; ponerse (el sol); hundirse; caer, caerse; (com.) quebrar, fracasar; (fam.) poderse tragar o creer, tragarse (cambiando el giro: *that does not go down with me,* eso no me lo trago yo); pasar por cierto; pasar (a la historia, etc.).—**to g. down on one's knees,** arrodillarse; implorar, rogar.—**to g. downstairs,** bajar (de un piso a otro).—**to g. far,** ir lejos; servir de mucho; alcanzar para mucho.—**to g. far towards,** ayudar o contribuir mucho a.—**to g. for,** favorecer; (fam.) embestir, atacar, acometer (real o figuradamente).—**to g. for a walk,** ir a pasear, dar un paseo.—**to g. forth,** salir; publicarse.—**to g. forward,** adelantar, adelantarse.—**to g. hard with one,** irle mal a uno; costarle a uno caro; ser para uno de graves consecuencias.—**to g. in,** entrar; encajar.—**to g. in and out,** entrar y salir; vivir; pasarlo.—**to g. in for,** (fam.) apoyar, favorecer, adherirse a; consagrarse a, tomar parte en, dedicar algún tiempo a; buscar, solicitar.—**to g. into,** participar en; investigar, discutir o ventilar; caber en; entrar en; ir o irse al.—**to g. into business,** emprender negocios.—**to g. into effect,** entrar en vigor.—**to g. into liquidation,** (com.) liquidarse, suspender negocios.—**to g. mad,** enloquecerse, perder el juicio.—**to g. near,** acercarse.—**to g. off,** abandonar; dispararse, hacer explosión; morirse; irse, largarse, despedirse; tener efecto, salir o quedar (bien o mal).—**to g. on,** continuar, proseguir; ir adelante; progresar; entrar (un guante, etc.).—**to g. on strike,** declararse en huelga.—**to g. on the air,** hablar o dedicarse a hablar por radio; transmitirse por radio.—**to g. on the road,** viajar como agente o en el ejercicio de una profesión (esp. la del teatro).—**to g. on the stage,** hacerse actor.—**to g. out,** salir; apagarse, extinguirse.—**to g. out of fashion,** pasar de moda.—**to g. out of the way,** apartarse; descarriarse; molestarse.—**to g. over,** examinar, estudiar, repasar; recorrer; aplazar; pasarse (al otro lado, partido, etc.); pasar por encima de.—**to g. past,** pasar, pasar de largo.—**to g. round,** andar al rededor de; dar vueltas.—**to g. through,** realizarse, llevarse a cabo; registrar, examinar detenidamente; pasar, sufrir; atravesar; penetrar; pasar por; derrochar, malbaratar.—**to g. to,** o **toward,** dirigirse, acercarse o acudir a.—**to g. to bed,** acostarse, ir a acostarse.—**to g. together,** andar o ir juntos; armonizar entre sí, avenirse.—**to g. to law,** recurrir a los tribunales.—**to g. to one's head,** envanecer o engreír (a uno); subirse a la cabeza (dicho del vino).—**to g. to pieces,** desvencijarse, desbarajustarse (apl. esp. a la salud); confundirse, afligirse, echarse a morir.—**to g. to pot,** arruinarse.—**to g. to rack and ruin,** arruinarse.—**to g. to sea,**

hacerse marino; viajar por mar.—**to g. to sleep,** dormirse.—**to g. to smash,** arruinarse, frustrarse, quebrar.—**to g. to the bottom,** irse a pique; profundizar.—**to g. to the country** = TO APPEAL TO THE COUNTRY.—**to g. to the wall,** quedarse atrás, darse por vencido; fracasar.—**to g. to war,** ir a la guerra; hacer guerra; (con **with**) hacer la guerra (a).—**to g. under,** quebrar, quedar arruinado, vencido o destruído; hundirse.—**to g. up,** subir; (fam.) quebrar, arruinarse.—**to g. up in smoke,** (fam.) esfumarse, malograrse.—**to g. upon an assumption,** proceder u obrar según una suposición.—**to g. upstairs,** subir (de un piso a otro).—**to g. up the spout,** (fam.) fracasar; evaporarse (fig.).—**to g. West,** (fam.) irse al otro mundo, morir.—**to g. with,** acompañar; seguir; armonizar con; (fam.) galantear.—**to g. without,** pasarse de o sin.—**to g. without saying,** sobreentenderse.—**to g. wrong,** salir mal, fracasar; perderse, irse a la mala vida; ir por mal camino.

go, *s.* (fam.) moda, usanza; energía, empuje; giro, marcha, curso; predicamento; pacto, convenio; buen éxito; oportunidad, turno.—**it is all the g.,** es la gran moda, hace furor.—**is it a g.?** ¿está resuelto? ¿estamos convenidos?—**it is no g.,** es inútil, esto no marcha.—**on the g.,** en actividad, moviéndose.

goad [góụd]. **I.** *s.* aguijón, puya; focino para elefantes.—**g. spur,** acicate.—**g. stick,** garrocha, rejo. **II.** *va.* aguijonear, agarrochar; estimular, incitar.

goader [-œ(r)], *s.* agarrochador, garrocheador.

go-ahead [góụ ạhéd], *a.* (fam.) emprendedor, activo, enérgico.—**to get** (o **give**) **the g. signal,** recibir (o dar) la señal de permiso o de consentimiento (para seguir adelante), o el visto bueno.

goal [góụl], *s.* meta, fin, objeto, objetivo, propósito, finalidad; (fútbol) gol, tanto; portería, puerta.—**g. line,** raya de la meta.—**g. post,** poste de la meta.

goalkeeper [-kipœ(r)], *s.* (fútbol) portero, guardameta, *m.*, guardavalla, *m.* (ll. t. **goalie**).

go-as-you-please [goụ æz yu pliz], *a.* y *adv.* (fam.) al paso que uno quiera; libre, sin restricción.

goat [góụt], *s.* (zool.) cabra; chivo; (fam.) víctima que carga con la culpa ajena.—**g. buck,** cabrón, macho cabrío.—**g. milker,** (orn.) chotacabras, *f.*—**g.'s hair,** pelote.—**g.'s rue,** (bot.) galega.—**g.'s-(t)horn,** (bot.) tragacanto, alquitira.

goatbeard [-bịrd], *s.* (bot.) barba cabruna.

goatee [-í], *s.* pera, perilla.

goatherd [-hœrd], *s.* cabrero, cabrerizo.

goatish [-ịš], **goatlike** [-laịk], *a.* cabrerizo, cabrío, cabruno, chotuno, hircino; lascivo.

goatskin [-skịn], *s.* piel (*f.*) de cabra.

goatsucker [-sʌkœ(r)], *s.* = GOAT MILKER.

gob [gab], *s.* pedazo; (min.) escombro; (fam.) marinero de guerra.

gobbet [gábịt], *s.* pedazo, masa, bulto.

gobble [gábl]. **I.** *va.* engullir, tragar. **II.** *vn.* hacer ruido en la garganta como los pavos. **III.** *s.* voz del pavo.

gobbler [gáblœ(r)], *s.* glotón, tragón, tragador; pavo.

gobbledygook [gábldịgụk], *s.* lenguaje difuso o afectado, galimatías, jerigonza.

go-between [góụbịtwin], *s.* mediador; alcahuete.

goblet [gáblịt], *s.* copa de mesa, vaso de pie.

goblin [gáblịn], *s.* trasgo, duende.

goby [góụbị], *s.* (ict.) gobio.

go-by [góụbai], *s.* (fam.) desaire; esquinazo.

gocart [góụkart], *s.* carretilla, andaderas.

god, God [gád], *s.* dios, Dios.—**G. be with you,** vaya Vd. con Dios.—**G. forbid,** no lo quiera Dios.—**G. willing,** Dios mediante, si Dios quiere.—**act of G.,** fuerza mayor.—**for G.'s sake,** por Dios, por el amor de Dios.

godchild [-chaịld], *s.* ahijado, ahijada.

goddaughter [-dɔtœ(r)], *s.* ahijada.

goddess [-ịs], *s.* diosa.

goddesslike [-laịk], *a.* de diosa; como de diosa.

godfather [-faðœ(r)], *s.* padrino.

God-fearing [-fíriŋ], *a.* temeroso de Dios.

God-forsaken [-fɔrséịkẹn], *a.* dejado de la mano de Dios, desamparado.

God-given [-gịvẹn], *a.* dado por Dios; que viene al pelo.

Godhead [-hɛd], *s.* Deidad, Divinidad.

godless [-lịs], *a.* sin Dios, ateo, infiel, impío.—**godlessness** [-nịs], *s.* impiedad, ateísmo.

godlike [-laịk], *a.* deiforme, de dios, como dios.

godliness [-lịnịs], *s.* piedad, santidad.

godly [-lị], *a.* divino; devoto, piadoso, religioso.

godmother [-mʌðœ(r)], *s.* madrina.

godown [godáụn], *s.* almacén chino o indio.

godparents [gádpærẹnts], *s. pl.* padrinos.

God's acre, *s.* camposanto, cementerio.

godsend [-sɛnd], *s.* divina merced; fortuna, buena suerte.

God's house, *s.* iglesia, templo.

godson [-sʌn], *s.* ahijado.

Godspeed [-spíd], *s.* bienandanza.—**G.! o G. speed!** ¡buena suerte! ¡buen viaje!

godwit [gádwịt], *s.* (orn.) limosa.

goer [góụœ(r)], *s.* andador, paseante.

goffer [gáfœ(r)]. **I.** *va.* rizar, encrespar; estampar cuero. **II.** *s.* rizado.

go-getter [góụgétœ(r)], *s.* (fam.) buscavida, sujeto emprendedor.

goggle [gágl]. **I.** *va.* y *vn.* torcer o abrir extremadamente los ojos. **II.** *s.* torcimiento de los ojos, mirada afectada.—*pl.* **goggles,** gafas; anteojos de camino; anteojeras.—**g.-eyed,** de ojos saltones.—**g.-eyes,** ojos saltones.

going [góụịŋ]. **I.** *a.* y *ger.* de TO GO; activo, que funciona.—**a g. concern,** una empresa que funciona o marcha. **II.** *s.* paso, andar, andadura; marcha, ida, partida; estado del camino.—**g. out,** salida.—**g. over,** recorrido.—**g. up,** subida.—*pl.* **goings,** idas y venidas.—**goings on,** (fam.) ocurrencias, sucesos; conducta.

goiter, goitre [góịtœ(r)], *s.* (med.) bocio, papera.—**goitered** [-d], **goitrous** [góịtrʌs], *a.* que tiene papera.

gola [góụlạ], *s.* (arq.) gola, cimacio.

gold [góụld], *s.* oro; color de oro.

gold-bearing [-bériŋ], *a.* aurífero.

goldbeater [-bitœ(r)], *s.* batihoja, *m.*, batidor de oro.

gold brick, *s.* (fam.) añagaza, embuste.

goldbrick [-brịk], *vn.* (fam., mil.) haraganear, holgazanear, perezear.

gold digger, *s.* (fam.) mujer interesada, explotadora de hombres.

gold dust, *s.* oro en polvo.

golden [-n], *a.* áureo, de oro, dorado; brillante; excelente, precioso; feliz; rubio.

golden age, *s.* edad o siglo de oro.

golden calf, *s.* becerro de oro; (fig.) oro, riquezas.

Golden Fleece, *s.* (mit.) vellocino de oro.

golden mean, *s.* justo medio; moderación, prudencia.

golden number, *s.* (astr.) número áureo.

golden oriole, *s.* (orn.) oriol, oropéndola.

goldenrod [-rad], *s.* (bot.) varilla de oro.

golden rule, *s.* regla áurea.

golden thistle, *s.* (bot.) cardillo.

golden wedding, *s.* bodas de oro.

gold fever, *s.* fiebre (*f.*) del oro.

gold-filled [-fịld], *a.* revestido de oro.

gold filling, *s.* (dent.) orificación, obturación de oro.

goldfinch [-fịnch], *s.* (orn.) cardelina, jilguero, pintacilga.

goldfish [-fịš], *s.* (ict.) carpa de oro, pez de oro.

gold foil, *s.* oro batido o en hojas.

goldilocks [-ịlaks], *s.* risos o cabellos blondos; Risitos de Oro (personaje de un cuento).

gold lace, *s.* galón o encaje de oro; entorchado.
gold leaf, *s.* pan de oro.
gold mine, *s.* arrugia.
gold plate, *s.* vajilla de oro.
gold-plated [-pléitid], *a.* dorado.
gold rush, *s.* fiebre (*f.*) del oro.
goldsmith [-smiθ], *s.* orífice, orfebre.
gold standard, *s.* (com., e. p.) patrón de oro.
gold star, *s.* estrella de oro (condecoración o premio).
goldstone [-stóun], *s.* venturina.
gold work, *s.* orfebrería.
golf [gálf]. **I.** *s.* golf, juego escocés.—**g. bag,** carcaj (para los palos).—**g. club,** palo, mazo o bastón para jugar al golf; grupo de personas que lo juegan.—**g. course, o links,** cancha de golf. **II.** *vn.* jugar golf.
golfer [-œ(r)], *s.* golfista, jugador(a) de golf.
Golgotha [gálgoθä], *s.* Calvario.
goliard [góuliard], *s.* bufón ambulante.
golosh [golâŝ], *s.* = GALOSH.
gomphosis [gamfóusis], *s.* (anat.) gonfosis.
gonad [gánæd], *s.* (anat.) gónada.
gondola [gándolä], *s.* góndola; (aer.) barquilla o cabina.—**g. car,** (f. c.) vagón largo de plataforma.
gondolier [gandolír], *s.* gondolero.
gone [gon], *pp.* de TO GO; ido; perdido, arruinado; pasado; apagado. Ú. a veces con *to be* en vez de *to have* para formar tiempos compuestos, vg., *he was gone,* él se había ido.—**g. on,** (fam.) locamente enamorado de.—**to be g.,** haberse ido; faltar, haber desaparecido; haberse acabado.—**to be a goner,** (fam.) ser hombre perdido.
gonfalon [gánfalan], *s.* confalón, gonfalón, pendón.—**gonfalonier** [-ír], *s.* confalonier(o), gonfalonier(o).
gong [gaŋ], *s.* batintín, gongo, gong(om); tantan, tamtám.
Gongorism [gáŋgorizm], *s.* gongorismo, cult(eran)ismo.
goniometer [gouniámetœ(r)], *s.* goniómetro.
goniometric(al [-ométrik(al], *a.* goniométrico.
goniometry [-ámetri], *s.* goniometría.
gonococcus [ganokákʌs], *s.* (bact.) gonococo.
gonophore [gánofour], *s.* (anat., bot.) gonóforo; prolongacion del eje de la flor.
gonorrhea [ganoríä], *s.* (med.) gonorrea.
gonorrheal [-l], *a.* gonorreico.
goober [gúbœ(r)], *s.* (bot.) cacahuete.
good [gud]. **I.** *a.* bueno; apto, conveniente, ventajoso, útil; genuino, legítimo; de buena índole, dócil u obediente; hábil, capaz o competente; grande o considerable; digno.—**g. and collectable,** (com.) valedero y cobrable.—**g. enough,** suficientemente bueno, pasadero, suficiente.—**g. for nothing,** inútil, sin valor; haragán, pelafustán.—**g. news!** ¡albricias!—a **g. deal,** mucho, bastante.—a **g. way,** un buen trecho, una larga distancia.—a **g. while,** un buen rato.—**as g. as** (seguido de participio), casi (*this is as good as done,* esto está casi terminado o puede darse por terminado).—**in g. part,** en buena parte.—(**to be**) **in g. repute,** (tener) buena reputación.—**in g. time,** a tiempo; a propósito. —**to be g. for,** servir para. **II.** *s.* bien; provecho, ventaja.—*pl. V.* GOODS.—**for g.,** permanentemente, para siempre; para no volver. —**for g., for g. and all,** terminantemente, una vez por todas.—**much g. may it do you,** que le aproveche.—(**to be**) **to the g.,** (tener) ganado, de sobra, en favor o al haber (de uno). **III.** *adv.* bien, rectamente.—**g. and** (antes de *a.* o *adv.*), bien, muy. **IV.** *interj.* ¡bueno! ¡magnífico! ¡muy bien!
good afternoon, *s.* buenas tardes.
Good Book, *s.* Sagrada Biblia o Escritura.
good breeding, *s.* buena educación, buenos modales.
good-by, good-bye [gud bái], *s.* e *interj.* adiós; hasta la vista, hasta luego; vaya Vd. con Dios.
good cheer, *s.* buen ánimo, confianza (*to be of good cheer,* tener buen ánimo, tener aliento); fiesta, festín; buena mesa.
good day, *s.* buenos días (despedida).
good evening, *s.* buenas noches (saludo).
good fellow, *s.* campechano, persona tratable.
good fellowship, *s.* camaradería, compañerismo.
good form, *s.* lo apropiado o correcto; buenas costumbres.
good fortune, *s.* dicha, suerte, *f.*
Good Friday, *s.* Viernes Santo.
good graces, *s.pl.* consideración, favor, gentileza.
good-humored [-hiúmord], *a.* jocoso, jovial, vivo.
good-humoredly [-li], *adv.* alegremente, jocosamente.
goodies [-iz], *s.pl.* dulces; (fam.) cosas agradables o atractivas.
goodish [gúdiŝ], *a.* algo bueno, regular; amplio.
goodliness [gúdlinis], *s.* belleza, hermosura, gracia, elegancia.
good-looking [-lúkiŋ], *a.* bien parecido, buen mozo, guapo.
good luck, *s.* suerte, *f.*; que Vd. lo pase bien.
goodly [gúdli], *a.* hermoso, guapo, bien parecido; excelente; atractivo, agradable o vistoso; abultado; considerable; algo numeroso.—**a g. prospect,** hermosa perspectiva; buenas esperanzas.
goodman [gúdman], *s.* (ant.) señor; amo de casa.
good morning, *s.* buenos días (saludo).
good nature, *s.* bondad, buen corazón.
good-natured [-néichūrd], *a.* afable, bonachón, paciente.
good-naturedly [-li], *adv.* afablemente, tolerantemente.
Good Neighbor Policy, *s.* la política del Buen Vecino.
goodness [gúdnis]. **I.** *s.* bondad, benevolencia; favor, fineza. **II.** *interj.* ¡Ave María! ¡Dios mío!
good night, *s.* buenas noches (despedida).
good offices, *s.pl.* buenos oficios.
goods [gúdz], *s. pl.* géneros, mercancías, existencias, efectos.
good sense, *s.* buen juicio o sentido.
goods shed, *s.* almacén, cobertizo.
Good Shepherd, *s.* el Buen Pastor (Jesucristo).
good-sized [-saizd], *a.* amplio, grande.
good-tempered [-témpœrd], *a.* de buen carácter o genio.
good time, *s.* tiempo agradable o divertido; diversión, holgorio.
good times, *s.pl.* prosperidad, otros tiempos.
goods train, *s.* (Ingl.) tren de mercancías o de carga.
goods truck, wagon o **van,** *s.* (f. c.) furgón.
good turn, *s.* bien que se hace o recibe, beneficio; cortesía, favor.
goodwife [gúdwáif], *s.* (ant.) ama o señora de casa.
good will, *s.* buena voluntad; benevolencia; (com.) buen nombre, reputación, crédito; activo invisible. mayor valía o plusvalía.
goody [gúdi], *a.* y *s.* bonachón, pazguato, Juan Lanas, mojigato.—**g.-g.,** santurrón, beato; (como *interj.*) ¡magnífico!—*s. pl.* **goodies,** dulces.
gooey [gúi], *a.* (fam.) viscoso.
goof [guf]. **I.** *s.* (fam.) bobo, simplón. **II.** *vn.* errar crasamente, cometer una patochada.
goofy [gúfi], *a.* (fam.) tonto, ridículo.
goon [gun], *s.* (fam.) terrorista al servicio de ciertos elementos en disputas obreras, etc.; ganso, pazguato.
goosander [gusǽndœ(r)], *s.* (orn.) mergánsar, patín.
goose [gus], *s.* (*pl.* GEESE [gis]) (orn.) ganso, ánsar, oca; plancha de sastre; bobo, necio; juego de la oca.—**g. barnacle,** (zool.) percebe, escaramujo.—**g. egg,** cero (en los juegos).—**g. flesh,** carne de gallina (aplicado a la piel humana).—**g. quill,** pluma de ave, pluma de

ganso.—**g. skin** = GOOSE FLESH.—**g. step,** ejercicio en que uno descansa alternativamente sobre un pie y levanta el otro, como marcando el paso; (mil.) paso en que se mantienen las piernas tesas.
gooseberry [gúzberi], *s.* (bot.) uva espina o crespa; variedad de grosella blanca.
goosefoot [gúsfut], *s.* (bot.) chual, pata de ganso.
gooseherd [gúshœrd], *s.* ansarero.
gooseneck [gúsnek], *s.* (mar.) gancho de botalones; arbotante, cuello de cisne; pescante de bote; (tecn.) barra, tubo, etc., curvos; conexión en S o de doble codo con articulación universal.
goosewings [gúswiŋz], *s.* (mar.) calzones.
goosy [gúsi], *a.* tonto, estúpido; atacado de carne de gallina (apl. a personas).
gopher [góufœ(r)], *s.* (zool.) variedad de topo, de ardilla, de tortuga y de culebra.
gopherwood [góufœ(r)wud], *s.* (bot.) árbol de madera amarilla, fustete.
Gordian knot [górdian nat], *s.* nudo gordiano.
gore [gor]. **I.** *s.* sangre, *f.*, cuajarón; crúor; (cost.) cuchillo, nesga, sesga, fonas; pedazo de terreno triangular; (mar.) tabla triangular, cuchillo. **II.** *va.* herir con los cuernos; acornear; (cost.) poner nesga o cuchillo.
gorge [gordź]. **I.** *s.* (anat., zool.) gorja, gola, garganta, gaznate; (geog.) abra, desfiladero, barranco, cañada, quebrada; cuello de un vestido; trago, bocado; asco. **II.** *va.* engullir, tragar, atiborrar; hartar, saciar. **III.** *vn.* hartarse, saciarse.
gorgeous [górdźʌs], *a.* vistoso, magnífico, suntuoso.—**gorgeously** [-li], *adv.* magníficamente, suntuosamente.—**gorgeousness** [-nis], *s.* esplendor, magnificencia, suntuosidad.
gorget [górdźit], *s.* (arm.) gola, gorguera, gorjal; (cost.) gorguera; (orn.) collar de ciertas aves; (mil.) golilla; (cir.) cuchilla para fístulas.
Gorgon [górgon], *s.* (mit.) Gorgona; (**g.**, fam.) esperpento; mujer muy fea.
Gorgonia [gorgóunia], *s.* (zool.) gorgonia.
Gorgonian [-n], *a.* (mit.) gorgóneo; (**g.**, zool.) pert. a los gorgónidos.
Gorgonzola [gorgonzóula], *s.* queso de Gorgonzola.
gorilla [gorila], *s.* (zool.) gorila, *m.*
gormand [górmand], *s.* glotón, goloso.—**gormandize** [-aiz], *vn.* glotonear.—**gormandizer** [-œ(r)], *s.* glotonazo, tragamallas.
gorse [gors], *s.* (bot.) argomón, aulaga.
gory [góri], *a.* ensangrentado; sangriento.
goshawk [gáshok], *s.* (orn.) azor.
gosling [gázliŋ], *s.* (orn.) ansarino, gansarón.—**g. green,** color verdoso amarillento.
gospel [gáspel], *s.* evangelio; cosa cierta e indudable.—**g. truth,** verdad palmaria.
gospel(l)er [-œ(r)], *s.* (igl.) evangelista, evangelistero; (raro) misionero.
gossamer [gásamœ(r)], *s.* hilo finísimo; telaraña; (tej.) gloria, gasa sutilísima; tela delgada impermeable.
gossamer(y [-i], *a.* sutil, delgado.
gossip [gásip]. **I.** *s.* chismografía, chisme(ría), chismorreo, murmuración hablilla: chismoso, murmurador; padrino, madrina. **II.** *vn.* charlar; murmurar, chismear.
gossiping [-iŋ], **gossipy** [-i], *a.* chismero, chismoso, murmurador.
got [gat], *pret.* y *pp.* de TO GET.
Goth [gáθ], *s.* godo.—**Gothic** [-ik]. **I.** *a.* gótico. **II.** *s.* lengua goda.—**Gothicism** [-isizm], *s.* idioma godo; estilo gótico; barbarie.
gotten [gátn], *pp.* de TO GET.
gouache [gwaŝ], *s.* (pintura de) aguazo; aguada.
gouge [gaudź]. **I.** *s.* (carp.) gubia, mediacaña; ranura, canal (*f.*) o estría. **II.** *va.* escoplear con una gubia; arrancar, sacar, vaciar; sacar ventaja, engañar.
goulash [gúlaŝ], *s.* guiso húngaro, compuesto de ternera, patatas y harina con fuertes condimentos.
gourd [gord], *s.* (bot.) calabaza, calabacera; güiro, calabacino.
gourmand [gúrmand], *s.* glotón, goloso.
gourmet [gúrmei], *s.* (fr.) gastrónomo.
goût [gu], *s.* (fr.) gusto; inclinación.
gout [gáut], *s.* (med.) gota, artritis.—**g. of,** o **in, the feet,** podagra.
goutiness [-inis], *s.* (med.) afección gotosa.
gouty [-i], *a.* gotoso.
govern [gʌ́vœrn], *va.* y *vn.* gobernar; guiar, regir, dirigir, mandar; manejar; domar, embridar, enfrenar; (gram.) regir.
governable [-abl], *a.* dócil; manejable.
governance [-ans], *s.* gobierno, ejercicio del poder, autoridad.
governess [-is]. **I.** *s.* aya, institutriz. **II.** *va.* y *vn.* instruir o enseñar como institutriz.
governing [-iŋ], *a.* gobernante, gobernador, gubernativo, regidor, regulador.
government [-ment], *s.* gobierno, gobernación; dominio, autoridad; administración, dirección, manejo; conducta, porte; (gram.) régimen.—**g. bonds,** (com.) títulos de la deuda, bonos del gobierno o del Estado.—**for your g.,** (com.) para su gobierno.
governmental [gʌvœrnméntal], *a.* gubernamental, gubernativo.
governor [gʌ́vœrno(r)], *s.* gobernador; alcaide (de castillo); administrador; tutor, ayo; (mec.) regulador.
governor general, *s.* gobernador general.
governorship [-ŝip], *s.* dignidad de gobernador; período que dura la gobernación; territorio sujeto a un gobernador.
gown [gáun]. **I.** *s.* traje de mujer; bata; túnica; toga, vestidura talar. **II.** *va.* y *vn.* poner o ponerse toga o vestido de mujer.
gownsman [-zman], *s.* togado; paisano, civil.
grab [græb]. **I.** *va.* asir, agarrar; arrebatar; posesionarse. **II.** *s.* agarro, toma, asimiento; presa; arrebatiña; copo; (fam.) robo, sisa; (mec.) gancho, garfio.—**g. bucket,** (ing.) = CLAMSHELL BUCKET.
grabble [græbl], *vn.* ir a tientas; postrarse.
grace [gréis]. **I.** *s.* gracia, garbo, donaire; favor, merced, indulgencia; concesión o privilegio; gana, disposición, talante; (teol.) gracia; (Ingl.) título de honor que se daba al soberano y se da a los duques y arzobispos, y equivale a Alteza; bendición (de la mesa), jaculatoria que se dice antes o después de comer.—**g. note,** (mús.) nota de adorno.—**g. stroke,** golpe de gracia.—**days of g.,** (com.) días de gracia.—**to say g.,** dar gracias o bendecir la mesa.—**with a bad (good) g.,** de mala (buena) gana.—*pl.* **good graces,** favor, amistad, bienquerencia.—**the Graces,** las tres Gracias. **II.** *va.* adornar; agraciar, favorecer.
graceful [-ful], *a.* gracioso, agraciado, airoso, elegante, donairoso; fácil, natural; decoroso.—**gracefully** [-i], *adv.* graciosamente, donosamente, airosamente.—**gracefulness** [-nis], *s.* gracia, donosura, garbo, donaire, elegancia.
graceless [-lis], *a.* sin gracia, desagraciado, desgarbado; réprobo, malvado; dejado de la mano de Dios.—**gracelessly** [-li], *adv.* desairadamente; depravadamente.—**gracelessness** [-nis], *s.* falta de gracia, garbo, etc.; depravación.
gracile [græsil], *a.* grácil.
gracious [gréiŝʌs], *a.* benigno, bondadoso; afable, cortés; gracioso, grato, agradable.—**g. me!** o **good(ness) g!** ¡válgame Dios! ¡caramba!
graciously [-li], *adv.* benignamente, cortésmente, gratamente.—**graciousness** [-nis], *s.* gracia, afabilidad, bondad, benignidad.
grackle [grækl], *s.* (orn.) especie de grajo.
gradate [gréideit]. **I.** *va.* graduar, (pint.) degradar. **II.** *vn.* graduarse, mezclarse.
gradation [-éiŝon], *s.* graduación; paso gradual; grado; serie; (mús.) gradación; escalonamiento; (pint.) degradación (de tamaño, de color o de luz).
gradatory [grædatori]. **I.** *a.* graduado o gradual; dispuesto para andar. **II.** *s.* (arq.) gradas, *f. pl.*

grade [gréid]. **I.** *s.* grado, graduación; clase, *f.*, calidad; nota o calificación (en los estudios); animal de raza mixta; pendiente, *f.*; (f. c.) declive, rasante, *f.*; superficie del firme, de terreno, etc.—**g. crossing,** (f. c.) paso a nivel.—**g. of repose,** pendiente máxima de equilibrio, más allá de la cual un vehículo rueda por la sola acción de la gravedad.—**g. school,** escuela primaria.—**at g.,** a nivel.—**down g.,** pendiente descendente; cuesta abajo.—**highest g.,** de primera (clase o calidad).—**to make the g.,** lograr su propósito, vencer las dificultades.—**up g.,** pendiente ascendente; cuesta arriba. **II.** *va.* clasificar u ordenar según tamaño, calidad, etc.; graduar; (ing.) nivelar, explanar.—**to g. up,** cruzar castas de animales.

grader [-œ(r)], *s.* el o lo que clasifica, gradúa, etc.; alumno de cierta clase (en la escuela); (ing.) nivelador; grada; (agr.) separadora de granos.

gradient [gréidient]. **I.** *a.* ambulante, moviente; pendiente. **II.** *s.* (ing.) pendiente, *f.*, inclinación; (f. c.) declive; rampa, desnivel; (meteor., mat.) gradiente.

gradient post, *s.* (f. c.) poste indicador de un declive.

gradienter [-œ(r)], *s.* (top.) nivel de círculo vertical para establecer pendientes; tornillo tangencial micrométrico del tránsito (teodolito norteamericano) empleado para determinar ángulos de inclinación por sus tangentes y para calcular distancias horizontales.

gradin [gréidin], *s.* grada, escalón.—*pl.* gradería.

gradine [gradín], *s.* gradina de escultor.

grading [gréidiŋ], *s.* clasificación, gradación, arreglo según tamaño, etc.; (ing.) nivelación.

gradual [grǽdžual]. **I.** *a.* gradual; graduado. **II.** *s.* (igl.) gradual.—**gradually** [-i], *adv.* gradualmente.—**gradualness** [-nis], *s.* calidad de gradual.

graduate [grǽdžueit]. **I.** *va.* graduar (conferir un grado); graduar (dividir y señalar por grados); modificar, aumentar o disminuir gradualmente. **II.** *vn.* graduarse, recibirse; cambiar gradualmente. **III.** [grǽdžuit], *a.* graduado, recibido (de doctor, etc.).—**g. school,** escuela graduada. **IV.** *s.* el que se ha recibido en alguna facultad; (quím.) graduador; probeta, vasija o frasco graduados.

graduation [-éišon], *s.* graduación.

graduator [grǽdžueito(r)], *s.* graduador.

graffito [grafítou], *s.* (arqueol.) inscripción tosca hallada en antiguos sepulcros y ruinas; (b. a.) obra esgrafiada. *V.* SGRAFFITO.

graft [grǽft]. **I.** *s.* (hort.) injerto; parte (*f.*) donde el injerto se aplica al patrón; mezcla; (cir.) transferencia de tejidos o piel de una parte del cuerpo (de un mismo o de otro individuo) a otra parte; el tejido así transferido; (fam.) dinero mal habido, esp. aprovechándose de puestos públicos; concusión; peculado; latrocinio; soborno político. **II.** *va.* (hort.) injertar; ingerir; mezclar; (cir.) injertar, implantar un pedazo de piel u otro tejido de una parte del cuerpo a otra.—**to g. by approach,** injertar por aproximación. **III.** *vn.* injertar; transferir; (fam.) traficar con los puestos públicos, recibiendo sobornos; cometer concusión o peculado.

grafter [-œ(r)], *s.* injertador; (fam.) el que trafica con los puestos públicos; concusionario.

grafting [-iŋ], *s.* enjertación, ingeridura, injerto.—**g. knife,** abridor, ingeridor, navaja o cuchillo de injertar.—**g. twig,** estaca.

graham bread [gréiam brɛd], *s.* acemita, pan de acemite o de harina de trigo entero.

grail [greil], *s.* cáliz, *m.*—**the Holy G.,** el grial.

grain [gréin]. **I.** *s.* grano (en todas sus acepciones); grano, peso equivalente a 0.06 gramos; finura (de una muela o piedra de esmerilar); fibra, veta, o trepa de la madera, el mármol, etc.; granilla del paño; flor (*f.*) del cuero; genio, disposición, índole, *f.*; (tint.) grana, cochinilla, color rojo.—*pl.* cereales, granos en general.—**g. alcohol,** alcohol etílico o de granos.—**g. cleaner,** aventador.—**g. elevator,** elevador de granos; depósito de granos con elevador.—**g. fork,** bieldo.—**g. moth,** polilla de granos.—**grains of paradise,** grana o granos del Paraíso; (card)amomo; malagueta.—**g. screen,** (fot.) pantalla reticular.—**g. weevil,** gorgojo de los granos.—**across the g.,** transversalmente a la fibra (de la madera).—**against the g.,** contra la dirección de la fibra, a contrapelo; con repugnancia, contra la inclinación o el carácter de uno.—**in g.,** de color rojo o vivo; arraigado; innato.—**with a g. of salt,** con reservas, recortándole o quitándole los adornos de la exageración; menos la tara (fig.). **II.** *va.* granular; granear; granelar; vetear, imitar la trepa de la madera, etc.

grained [-d], *a.* granular; áspero; teñido en rama.

grainy [-i], *a.* graneado; granoso.

gram [græm], *s.* (bot.) garbanzo de la India.

gram(me [græm], *s.* gramo.

grama grass [grámä græs], *s.* (bot.) grama.

gram atom, *s.* (quím.) átomo-gramo.

gramercy [gramœ́rsi], *interj.* (ant.) ¡muchas mercedes! ¡gracias!; ¡cielos!

graminaceous [græminéišʌs], **gramineous** [gramínìʌs], *a.* (bot.) gramíneo.

graminivorous [græminívorʌs], *a.* graminívoro.

grammar [grǽmä(r)], *s.* gramática; elementos de una ciencia.—**g. school,** (Ingl.) escuela de humanidades; (E. U.) escuela pública de enseñanza elemental.

grammarian [gramɛ́rian], *s.* gramático.

grammatic(al [gramǽtik(al], *a.* gramatical.

grammatically [-i], *adv.* gramaticalmente.

gram-molecular [grǽmmolékyular], *a.* de o relativo a molécula-gramo.

gram molecule, *s.* (quím.) molécula-gramo.

gramophone [grǽmofoun], *s.* gramófono.

grampus [grǽmpʌs], *s.* (zool.) orco, orca.

granadilla [grænadílä], *s.* (bot.) granadilla (flor y fruto).—**g. tree** o **wood,** granadillo.

granary [grǽnari], *s.* granero; hórreo, troj.

grand [grǽnd]. **I.** *a.* grande, grandioso; magnífico, majestuoso; ilustre, augusto.—**g. climacteric,** año 63 de la vida.—**g. duke,** gran duque.—**g. juror,** miembro de un *grand jury*.—**g. jury,** gran jurado de acusación.—**g. larceny,** robo que pasa de cierto valor.—**g. master,** gran maestre.—**G. Mogul,** gran mogol.—**g. opera,** (mús.) ópera.—**g. piano,** piano de cola.—**g. prize,** premio grande; premio gordo (en la lotería). **II.** *s.* piano de cola; (fam.) mil dólares.

grandam(e [-æm, -eim], *s.* abuela; anciana.

grandaunt [-ænt], *s.* tía abuela (hermana del abuelo o de la abuela).

grandchild [-chaild], *s.* nieto, nieta.

granddaughter [-dɔtœ(r)], *s.* nieta.

grandee [grændí], *s.* noble, grande.

grandeur [grǽndžū(r)], *s.* grandeza, grandiosidad, magnificencia, fausto.

grandfather [-faðœ(r)], *s.* abuelo.—**g.('s) clock,** reloj de caja o de péndola.

grandiloquence [-ílokwɛns], *s.* grandilocuencia.—**grandiloquent** [-ɛnt], **grandiloquous** [-ʌs], *a.* grandílocuo.

grandiose [-ious], *a.* grandioso; hinchado, bombástico.

grandly [-li], *adv.* grandiosamente.

grandma [-ma], *s.* (fam.) abuelita.

grandmother [-mʌðœ(r)], *s.* abuela.

grandnephew [-nɛfiu], *s.* resobrino.

grandness [-nis], *s.* grandiosidad.

grandniece [-nis], *s.* resobrina.

grandpa [-pa], *s.* (fam.) abuelito.

grandparent [-pɛrɛnt], *s.* abuelo, abuela.

grandsire [-sair], *s.* abuelo, antepasado.

grandson [-sʌn], *s.* nieto.

grandstand [-stænd], *s.* andanada, tribuna, tendido, gradería de asientos principales para espectadores.

granduncle [-ʌŋkl], *s.* tío abuelo (hermano del abuelo o de la abuela).
grange [gréi̯ndẑ], *s.* granja, cortijo, alquería, hacienda; (E. U.) logia de la sociedad *Patrons of Husbandry*, para el fomento de la agricultura.
granger [-œ(r)], *s.* granjero, labriego; (**G.**, E. U.) miembro de una GRANGE.
granite [grǽni̯t], *s.* granito.—**g. ware,** utensilios de hierro con esmalte de color de granito; obra de alfarería semejante al granito.
granitic(al [grænítḭk(a̧l], *a.* granítico.
granivorous [grænívorʌs], *a.* (zool.) granívoro.
granny [grǽni̯], *s.* (fam.) abuelita; comadre, *f.*
granny knot, *s.* cualquier nudo inseguro y fácil de hacer.
granolite [grǽnolai̯t], *s.* roca ígnea granosa.
grant [grǽnt]. **I.** *va.* conceder; acordar, permitir, otorgar, dispensar; ceder, transferir, transmitir el título de una propiedad, etc.; asentir, convenir en, dar de barato.—**to take for granted,** presuponer, dar por supuesto. **II.** *s.* concesión, dádiva, donación; otorgamiento, permiso, privilegio, subvención, franquicia, asenso, asentimiento; (for.) carta forera o de gracia; documento que confiere un privilegio o concesión.
grantee [-í], *s.* (for.) (con)cesionario, adjudicatario, donatario.
granting [-i̯ŋ]. **I.** *a.* otorgante, cedente. **II.** *s.* otorgamiento, (con)cesión.—**g. that,** dado que, supuesto que.
grantor [-o̧(r)], *s.* (for.) cesionista, otorgante, otorgador, donador, cedente.
granular [grǽnyu̧lä̧(r)], **granulary** [-lɛri̯], *a.* granoso, granular, granuloso.
granulate [-lei̯t]. **I.** *va.* granular; granear; granar (pólvora); (fund.) granallar. **II.** *vn.* granularse; (med.) encarnar.—**granulated** [-i̯d], *pp.* y *a.* graneado, granulado; en grano; moteado.—**g. steel,** acero hecho con hierro granulado.
granulation [-léi̯ŝo̧n], *s.* granulación; granazón; superficie granulada; (med.) granulación, encarnación; formación de tubérculos.
granule [grǽnyul], *s.* gránulo, granito.
granulize [grǽnyu̧lai̯z], *va.* granular; convertir en píldoras.
granulocyte [-losai̯t], *s.* (biol.) granulocito.
granulopenia [-lopíni̯a̧], *s.* (med.) granulopenia.
granulous [-lʌs], *a.* granuloso.
grape [gréi̯p], *s.* uva; vid.—**g. arbor,** parral.—**g. hyacinth,** (bot.) almizcleña.—**g. juice,** mosto, zumo de la uva.—**g. seed** o **stone,** granuja, simiente (*f.*) de uva.—**g. sugar,** glucosa, dextrosa.
grapefruit [-frut], *s.* (bot.) toronja.
grapery [-œri̯], *s.* invernadero o criadero de uvas.
grapeshot [-ŝat], *s.* (art.) metralla.
grapevine [-vai̯n], *s.* vid, parra; (fig.) noticia o chisme que circula por vías secretas.
graph [græf]. **I.** *s.* gráfica, representación **gráfica;** diagrama, *m.;* curva.—**g. paper,** papel cuadriculado. **II.** *va.* construir la **gráfica** de, representar gráficamente.
graphalloy [grǽfa̧lɔi̯], *s.* aleación de grafito impregnado de metal.
graphic(al [grǽfi̯k(a̧l], *a.* gráfico.—**g. accent,** acento ortográfico.—**g. statics,** grafostática.
graphically [-i̯], *adv.* gráficamente.
graphite [grǽfai̯t], *s.* (min.) grafito, plombagina, lápiz (*m.*) (de) plomo.
graphitic [græfíti̯k], *a.* grafítico.
graphitization [græfi̯ti̯zéi̯ŝo̧n], *s.* (met.) grafitización.
graphology [græfálodẑi̯], *s.* grafología.
graphomania [græfoméi̯ni̯ä̧], *s.* grafomanía.
graphometer [græfámɛtœ(r)], *s.* grafómetro.
graphophone [grǽfofou̯n], *s.* grafófono, especie de fonógrafo (es nombre de fábrica).
grapnel [grǽpnȩl], *s.* (mar.) anclote, rezón; arpeo, cloque, rastra, rebañadera, garabato.
grapple [grǽpl]. **I.** *va.* agarrar, agarrafar, asir; amarrar. **II.** *vn.* agarrarse, engarrafarse; (mar.) atracarse, aferrarse, abordarse. **III.** *s.* lucha, riña, pelea; arpeo, garabato, gafa, cloque, rastra.
grappling [grǽpli̯ŋ], *s.* (mar.) rezón; aferramiento.—**g. iron,** cloque, arpeo.
grapy [gréi̯pi̯], *a.* lleno o hecho de uvas.
grasp [grǽsp]. **I.** *va.* empuñar, asir, agarrar; apresar, coger, apoderarse de, usurpar, tomar; ver, entender. **II.** *vn.* agarrarse fuertemente. **III.** *s.* asimiento, agarro; presa; usurpación; puño, puñado; garras, *f. pl.;* comprensión.
grasping [-i̯ŋ], *a.* codicioso.
grass [grǽs]. **I.** *s.* hierba, herbaje; pasto; césped, *m.*—**g.-green,** verde como la hierba.—**g.-grown,** cubierto de hierba.—**g. mower,** dallador.—**g.-roots,** de origen popular.—**g. widow,** mujer separada o divorciada del esposo.—**g. widower,** hombre separado o divorciado de la esposa.—**to let the g. grow under one's feet,** perder el tiempo, haraganear. **II.** *va.* cubrir de hierba; blanquear lino; apacentar. **III.** *vn.* pacer; herbecer, cubrirse de hierba.
grasshopper [-hapœ(r)], *s.* (ent.) saltamontes, saltón, langosta; palanca de cada tecla del piano.
grassiness [-i̯ni̯s], *s.* abundancia de hierba.
grassland [-lænd], *s.* prado, pradería.
grassless [-li̯s], *a.* sin hierba.
grassplat [-plæt], **grassplot** [-plat], *s.* prado, terreno cubierto de césped.
grassy [-i̯], *a.* herboroso; herbáceo.
grate [grei̯t]. **I.** *s.* reja; verja, enrejado; (m. v.) parrilla de hogar.—**g. bar,** barra de parrilla. **II.** *va.* (coc.) rallar; raspar; frotar, hacer rechinar; enrejar; emparrillar. **III.** *vn.* rozar, ludir; raer; rechinar, chirriar; (gen. con **on** o **upon**) molestar, irritar.
grateful [gréi̯tfu̧l], *a.* agradecido, reconocido; grato, gustoso.—**to be g. to,** o **for,** agradecer.—**gratefully** [-i̯], *adv.* agradecidamente; gratamente.—**gratefulness** [-ni̯s], *s.* gratitud; agrado.
grater [gréi̯tœ(r)], *s.* rallo, rallador, raspador.
graticulate [gra̧tíkyu̧lei̯t], *va.* cuadricular.
graticule [grǽti̯ki̯ul], *s.* ocular cuadriculado.
gratification [grætḭfḭkéi̯ŝo̧n], *s.* satisfacción, complacencia; gratificación, recompensa.
gratify [grǽti̯fai̯], *va.* satisfacer, complacer, dar gusto; (ant.) gratificar, recompensar.
grating [gréi̯ti̯ŋ]. **I.** *a.* rechinante, chirriante, discordante, mal sonante; irritante, ofensivo, áspero. **II.** *s.* reja, rejilla, verja, enrejado; emparrillado; escurridero; chirrido, rechinamiento; (ópt.) retícula de microscopio, etc.—*pl.* (mar.) ajedrez, *m.*, enjaretado; (coc.) ralladura(s).
gratis [gréi̯ti̯s]. **I.** *adv.* gratis, de balde, de gracia. **II.** *a.* gratuito.
gratitude [grǽti̯ti̯ud], *s.* gratitud, reconocimiento.
gratuitous [gra̧ti̯úi̯tʌs], *a.* gratuito; injustificado.
gratuitously [-li̯], *adv.* gratuitamente.
gratuity [gra̧ti̯úi̯ti̯], *s.* gratificación; propina.
gravamen [gra̧véi̯mɛn], *s.* agravio; (for.) la parte más grave de una acusación.
grave [grei̯v], (*pret.* GRAVED; *pp.* GRAVED o GRAVEN) grabar; esculpir, cincelar; (mar.) despalmar.
grave [gréi̯v]. **I.** *s.* sepultura, sepulcro, tumba; (gram.) acento grave. **II.** *a.* grave, serio; solemne; (mús.) grave, bajo, profundo; (gram.) grave.
graveclothes [-klou̯ðz], *s. pl.* mortaja.—**gravedigger** [-di̯gœ(r)], *s.* sepulturero, enterrador.
gravel [grǽvȩl]. **I.** *s.* cascajo, grava, guijo; (med.) litiasis, mal de piedra, cálculos, *m. pl.*—**g. pit,** cascajar.—**g. walk,** o **path,** camino de grava, sendero de chinas o piedrecillas, paseo enarenado. **II.** *va.* (en)arenar; confundir, embarazar; (fam.) irritar.
gravelly [-i̯], *a.* cascajoso, guijoso.
gravely [gréi̯vli̯], *adv.* seriamente, gravemente.
graven [gréi̯vn], *pp.* de TO GRAVE.—**g. image,** estatua; ídolo.

graveness [gréivnis], *s.* gravedad, seriedad.
graver [gréivœ(r)], *s.* (b. a.) buril, chaple; punzón; gradino; cincel; grabador, cincelador.
graves [greivz], *s. pl.* residuo o sedimento del sebo o de pellas de manteca derretidos; chicharrones.
gravestone [gréivstoun], *s.* lápida sepulcral.
graveyard [gréivyard], *s.* cementerio.
graveyard shift, *s.* turno de noche (el más tarde y último).
gravid [grævid], *a.* grávida, preñada.—**gravidity** [gravíditi], *s.* gravidez, embarazo, preñez.
gravimeter [grævímetœ(r)], *s.* gravímetro.
gravimetric [grævimétrik], *a.* gravimétrico, relativo a la determinación por medio del peso.
gravimetry [grævímetri], *s.* gravimetría, determinación de pesos o densidades.
gravitate [græviteit], *vn.* gravitar, gravear; tender.
gravitation [-éišon], *s.* gravitación.
gravitational [-al], *a.* de gravitación, referente a la gravitación.
gravitational acceleration, *s.* (fís., astronáut.) aceleración de gravedad.
gravitational force, *s.* (fís.) fuerza de gravedad.
gravity [græviti], *s.* (fís.) gravedad, pesantez; seriedad, gravedad; majestad; importancia.
gravy [gréivi], *s.* (coc.) salsa, jugo de la carne; caldo.—**g. boat,** o **dish,** salsera.
gravure [gravyúr, gréivyur], *s.* fotograbado.
gray [gréi]. **I.** *va.* y *vn.* poner(se) gris o cano; encanecer. **II.** *a.* gris, pardo; tordo, rucio; cano, encanecido.—**g.-bearded,** barbicano.—**g.-eyed,** ojizarco.—**G. Friar,** (igl.) fraile franciscano.—**g.-haired, g.-headed,** canoso, encanecido; envejecido.—**g. horse,** caballo tordo.—**g. matter,** (anat.) substancia gris; (fam.) inteligencia, sesos, *m. pl.* **III.** *s.* color gris; animal gris.
graybeard [-bird], *s.* barbicano; hombre entrado en años.
grayfish [-fiš], *s.* (ict.) lija, cazón.
grayhound [-haund], *s.* = GREYHOUND.
grayish [-iš], *a.* pardusco, gríseo, grisáceo, agrisado; entrecano; tordillo.
graylag [-læg], *s.* (orn.) ganso gris silvestre.
grayling [-liŋ], *s.* (ict.) tímalo.
graze [greiz]. **I.** *vn.* pacer, pastar; tascar; rozar, rasar. **II.** *va.* pastorear, apacentar, herbajar; dar pienso o forraje; pasar rozando, raspar, rasar. **III.** *s.* roce, raspadura; pasto, apacentamiento.
grazier [gréižœ(r)], *s.* ganadero.
grazing [gréiziŋ], *s.* dehesa, pasto; apacentamiento.
grease [grís]. **I.** *s.* grasa, unto, sebo, manteca, pringue, *mf.;* (vet.) aguajas, *f. pl.*—**g. box,** o **cup,** (máq.) vaso de engrase, caja de grasa.—**g. spot** o **stain,** (mancha de) pringue, lámpara. **II.** *va.* engrasar, untar; lubricar; (fam.) untar las manos, sobornar con dinero.
greaser [-œ(r)], *s.* engrasador; lubricador; lubricante.
greasewood [-wud], *s.* (bot., E. U.) arbusto quenopodiáceo parecido a la barrilla.
greasily [-ili], *adv.* crasamente.
greasiness [-inis], *s.* calidad de grasiento; mugre, *f.*
greasing [-iŋ], *s.* engrase, engrasamiento.
greasy [-i], *a.* grasiento, pringoso, mantecoso.
great [gréit], *a.* grande; magno; admirable, excelente; experto; favorito; (fam.) famoso, espléndido.—**G. Scott!** ¡válgame Dios! ¡qué cosa! ¡Jesús!—**a g. deal,** mucho, bastante.—**a g. many,** muchos.—**a g. way off,** muy lejos.—**a g. while,** largo rato.—**the g.,** los grandes.
great-aunt [-ænt], *s.* tía abuela.
Great Bear, *s.* (astr.) Osa o Carro Mayor, Septentrión, *m.*
great circle, *s.* (astr., geom.) círculo máximo.
greatcoat [-kout], *s.* casacón, gabán, levitón.
Great Dane, *s.* (zool.) mastín danés.
Great Divide, *s.* (geol., E. U.) las montañas Rocosas.
greaten [-n]. **I.** *va.* agrandar, engrandecer. **II.** *vn.* crecer, aumentarse.
greater [-œ(r)], *a. comp.* de GREAT: mayor, más grande.
greatest [-ist], *a. super.* de GREAT: más grande; máximo; sumo.
greatest common divisor, *s.* (arit.) máximo común divisor.
great-granddaughter [-grǽndotœ(r)], *s.* bisnieta.
great-grandfather [-faðœ(r)], *s.* bisabuelo.
great-grandmother [-mʌðœ(r)], *s.* bisabuela.
great-grandson [-sʌn], *s.* bisnieto.
great gross, *s.* doce gruesas.
great-hearted [-hártid], *s.* generoso, noble.
great horned owl, *s.* (orn., E. U.) buho.
Great Lakes, *s.* los Grandes Lagos (Superior, Michigan, Huron, Erie, Ontario).
greatly [-li], *adv.* muy, mucho; grandemente, profundamente, magnánimamente; en gran parte.
greatness [-nis], *s.* grandeza; grandiosidad; magnitud, extensión; fausto.
great nettle, *s.* (bot.) variedad de ortiga.
great primer, *s.* (impr.) texto (tipo de 18 puntos).
great-uncle [-ʌŋkl], *s.* tío abuelo.
Great Wall, *s.* Gran Muralla China.
Great White Father, *s.* Gran Padre Blanco (título dado por los indios al presidente de los E. U.).
Great White Way, *s.* Broadway (calle principal de los teatros en Nueva York).
greaves [grivz], *s. pl.* (arm.) grebas, canilleras, espinilleras; (coc.) chicharrones. *V.* GRAVES.
grebe [grib], *s.* (orn.) colimbo.
Grecian [gríšan], *s.* y *a.* griego, greco; helenista.
Grecianize [-aiz], **Grecize** [grísaiz], *va.* y *vn.* grecizar, greguizar.
Grecism [grísizm], *s.* grecismo, helenismo.
Greco-Latin [gríkoulætin], *a.* grecolatino.—**G.-Roman,** *a.* grecorromano.
Greece [gris], *s.* Grecia.
greed [gríd], **greediness** [-inis], *s.* voracidad, gula; codicia, avidez, ansia, anhelo.
greedily [-ili], *adv.* vorazmente; ávida o codiciosamente; vehementemente.
greedy [-i], *a.* voraz, guloso; anhelante, ávido, codicioso, glotón.
Greek [grik]. **I.** *s.* griego, greco; helenista; (fam.) jerga, gringo, lenguaje o cosa ininteligible. **II.** *a.* griego, greco.—**G. calends,** calendas griegas.—**G. fire,** fuego griego.
green [grín]. **I.** *a.* verde (de color y de sazón); inexperto o novato; crudo; nuevo o fresco, reciente, acabado de hacer; pálido, descolorido; floreciente, lozano.—**g. barley,** (bot.) alcacer.—**g. cloth,** tapete verde, mesa de juego; (Ingl.) mayordomía de palacio.—**g.-colored,** verde, verdoso; pálido, enfermizo.—**g. corn,** maíz tierno; (Méx.) elote; (Ingl.) trigo nuevo.—**g.-eyed,** ojiverde; celoso.—**g.-eyed monster,** celotipia.—**g. goods,** verduras; (fam., E. U.) billetes de banco falsificados.—**g. hand,** novicio, tirón.—**g. laver,** alga marina comestible.—**g. lead ore,** (min.) piromorfita, fosfato de plomo.—**g. light,** luz verde; autorización para seguir adelante.—**g. sand** (no *greensand*), arena verde o húmeda; (fund.) arena de moldear.—**g. thumb,** pericia, habilidad (para la jardinería).—**g. vitriol,** (quím.) caparrosa o vitriolo verde.—**g. ware,** loza cruda. **II.** *s.* color verde; verdor, verdura; prado o pradera; césped, *m.*—*pl.* (coc.) verduras, hortalizas. **III.** *va.* pintar o teñir de verde. **IV.** *vn.* verdear.
greenback [-bæk], *s.* (E. U.) papel moneda, billete del gobierno o de un banco nacional.—**G. party,** (E. U.) partido político que sostenía que la moneda debía limitarse a billetes emitidos por el gobierno.
greenbrier [-braiœ(r)], *s.* (bot.) planta esmilácea de la familia de las liliáceas y semejante al brusco, el espárrago y la zarzaparrilla.

greenery [-œri], *s.* verdura; frondas, follaje; invernáculo.
greenfinch [-finch], *s.* (orn.) verdecillo, verderón.
greengage [-geidž], *s.* (bot.) ciruela verdal.
greengrocer [-grousœ(r)], *s.* verdulero.—**greengrocery** [-i], *s.* (Ingl.) verdulería, tienda de legumbres y frutas.
greenheart [-hart], *s.* (bot.) bebeerú, especie de laurel de Guayana.
greenhorn [-horn], *s.* (fam.) tirón, novicio, aprendiz, *m.;* chambón; paleto, palurdo.
greenhouse [-haus], *s.* invernáculo, invernadero.
greening [-iŋ], *s.* acto de verdear; (bot.) variedad de manzana verdosa.
greenish [-iš], *a.* verdoso, verdusco.
greenness [-nis], *s.* verdura, verdor; vigor, frescura; falta de experiencia; novedad.
greenroom [-rum], *s.* (teat.) sala de espera de los actores.
greensand [-sænd], *s.* (geol.) arenisca verde.
greensick [-sik], *a.* clorótico.—**greensickness** [-nis], *s.* (med.) clorosis.
greenstone [-stoun], *s.* roca verde eruptiva (diorita, dolerita, etc.); jade, piedra nefrítica.
greensward [-sword], *s.* césped, *m.*
greenwood [-wud], *s.* selva frondosa.
greet [grít]. **I.** *va.* saludar, dar la bienvenida. **II.** *vn.* encontrarse y saludarse.
greeting [-iŋ], *s.* salutación, saludo; ¡salud!
gregarious [grigériʌs], *a.* gregario.—**gregariously** [-li], *adv.* gregariamente.—**gregariousness** [-nis], *s.* calidad de gregario.
Gregorian [grigórian], *a.* gregoriano.
greisen [gráizn], *s.* (geol.) gres.
gremial [grímial], *s.* (igl.) gremial.
gremlin [grémlin], *s.* duende, nomo (a quien se le culpa de algún defecto en un avión).
grenade [grenéid], *s.* (mil.) granada, bomba.
grenadier [grenadír], *s.* (mil.) granadero.
grenadine [grenadín], *s.* granadina, refresco hecho con zumo de granada; (tej.) granadina.
grew [gru], *pret.* de TO GROW.
grey [gréi], *a.* gris. *V.* GRAY.
greyhound [-haund], *s.* galgo; lebrel; vapor de alta mar muy veloz.
grid [grid], *s.* red; parrilla; reja, rejilla; (elec.) rejilla (de una pila); (rad.) parrilla, malla, ánodo auxiliar reticulado de la lámpara termiónica; (f. c.) GRIDIRON.
grid accumulator, *s.* (elec.) acumulador de rejilla.
grid circuit, *s.* (rad.) circuito de rejilla.
grid current, *s.* (rad.) corriente de rejilla.
griddle [grídl], *s.* (coc.) tortera; tapadera de fogón.
griddlecake [-keik], *s.* (coc.) tortita de harina que se asa en la tortera o sobre una plancha caliente; (Am.) arepa, tortilla. *V.* PANCAKE.
gridiron [grídaiœrn], *s.* parrillas; red (de vigas, tubos, etc.); (mar.) andamiada, basada de esqueleto; (f. c.) red de rieles; (teat.) telar; (dep.) campo demarcado para el juego de football.
grid leak, *s.* (rad.) resistencia protectiva del circuito de parrilla.
grid potentiometer, *s.* (rad.) potenciómetro regulador del voltaje de la parrilla.
grid resistance, *s.* (elec.) reóstato o resistencia de rejilla.
grief [gríf], *s.* pesar, aflicción, dolor, pesadumbre, sentimiento.—**g.-stricken,** des(cons)olado, apesadumbrado.—**to come to g.,** pasarlo mal; fracasar.
grievance [grívans], *s.* injusticia, perjuicio; motivo de queja, agravio, ofensa.—**g. committee,** (e. p.) comité de reivindicaciones.
grieve [grív]. **I.** *va.* afligir, lastimar; apesadumbrar. **II.** *vn.* apesadumbrarse, dolerse, penar.
grievous [grívʌs], *a.* penoso, doloroso, lastimoso; oneroso; fiero, atroz, cruel.—**grievously** [-li], *adv.* penosamente, lastimosamente, afligidamente.—**grievousness** [-nis], *s.* calidad de penoso, etc.
griffin [grífin], **griffon** [grífon], *s.* (mit. griega) grifo; (orn.) buitre; (fig.) guardián, vigilante.
grig [grig], *s.* (ent.) grillo; (ict.) anguila pequeña; persona alegre y vivaracha.
grill [gril]. **I.** *va.* *grill,* asar en parrillas; atormentar con fuego o calor; interrogar severamente y sin tregua. **II.** *s.* parrilla; manjar asado en parrillas. *V.* GRILLROOM.
grillade [-éid], *s.* manjar asado en parrillas; carbonada.
grillage [grílidž], *s.* emparrillado; enrejado.
grille [gril], *s.* verja, reja.—**g. work,** enrejado.
grillroom [grílrum], *s.* parrilla.
grim [grim], *a.* torvo, ceñudo; feo, horrendo; inflexible; formidable.—**g.-faced,** o **g.-visaged,** malcarado.
grimace [griméis]. **I.** *s.* mueca, gesto, mohín, visaje. **II.** *vn.* gestear, gesticular, hacer muecas.
grimalkin [grimælkin], *s.* gatazo, gata vieja; mujer vieja.
grime [graim]. **I.** *s.* tizne, mugre, *f.,* porquería. **II.** *va.* ensuciar, tiznar.
grimly [grímli], *adv.* torva o inflexiblemente, etc.
grimness [grímnis], *s.* calidad de torvo, feo, etc.; grima, horror, espanto.
grimy [gráimi], *a.* tiznado, sucio, manchado.
grin [grin]. **I.** *vn.* hacer muecas mostrando los dientes; sonreír satisfecha, aprobativa o sarcásticamente. **II.** *s.* mueca (de ira, dolor, etc.); sonrisa expresiva de satisfacción, aprobación, burla o sarcasmo (según el caso).
grind [gráind]. **I.** *va.* (*pret.* y *pp.* GROUND) moler, quebrantar, triturar; pulverizar; picar (carne); hacer crujir o rechinar (los dientes); amolar, afilar; vaciar; frotar, rallar, estregar, refregar; pulir, esmerilar, bruñir; mascar; dar vueltas a un manubrio; gravar, acosar, molestar, agobiar, oprimir; (fam.) dar matraca. **II.** *vn.* hacer molienda; rozar, frotar, ludir; pulirse o deslustrarse con el roce; (fam.) empollar, estudiar excesivamente. **III.** *s.* molienda; (fam.) ajobo, trabajo pesado; (fam.) estudiantón, empollón.
grinder [-œ(r)], *s.* molinero, molendero; moledor; esmerilador; muela, piedra de molino o de amolar; molino, molinillo; amolador; muela, diente molar.
grinding [-iŋ]. **I.** *s.* pulverización, moledura, molienda, molimiento; amoladura; esmerilado, bruñido, pulimento. **II.** *pa.* de GRIND; moliente; de pulir, de esmerilar; de amolar; de moler.—**g. balls,** bolillas moledoras o pulverizadoras.—**g. lathe,** torno de pulir.—**g. machine,** esmeriladora.—**g. mill,** trapiche.—**g. plate,** disco para pulir vidrio.—**g. roll,** maza de trapiche.—**g. stand,** torno esmerilador.—**g. wheel,** muela; rueda de amolar o de esmerilar.
grindstone [-stoun], *s.* amoladera, muela, volandera; mollejón; afiladera; esmeriladora.
gringo [gríŋgou], *s.* (desp.) *gringo,* yanqui, inglés.
grip [grip]. **I.** *s.* apretón de mano; empuñamiento, agarro; presa; modo de darse la mano; saco de mano; asidero, puño, mango; garras (fig.); (f. c.) mordaza de arrastre del cable de tracción; capacidad de agarrar y retener, o de comprender; (med.) GRIPPE.—**g. car,** coche o vagón de arrastre por cable (de un funicular).—**to be at grips,** estar en un cuerpo a cuerpo. **II.** *va.* agarrar, empuñar, asir, cerrar. **III.** *vn.* agarrarse con fuerza.
gripe [graip]. **I.** *va.* agarrar, empuñar; pellizcar; (mec.) morder; dar cólico; afligir, acongojar. **II.** *vn.* agarrar fuertemente; padecer cólico; (fam.) quejarse, refunfuñar de vicio. **III.** *s.* agarro, asimiento; sujeción; garra; (mec.) uña, grapa, abrazadera, freno de malacate; puño, mango, manija, agarradera; opresión; aprieto, apuro; (fam.) queja.—*pl.* dolor, cólico, retortijón, (vet.) torozón; (mar.) obenques o bozas de lancha; trincas.
grippe [grip], *s.* (med.) gripe, *f.,* influenza.

gripper [grípœ(r)], *s.* el o lo que agarra, etc.; (impr. y mec.) uña.
gripping [grípiŋ]. **I.** *s.* acción de agarrar, asir, etc. **II.** *a.* muy emocionante (libro, drama, etc.).
grippy [grípi], *a.* (med., fam.) gripal, semejante a o con caracteres de gripe; tenaz, testarudo; avaro.
gripsack [grípsæk], *s.* (fam.) saco de noche, maletica.
grisette [grizét], *s.* griseta (tela); griseta, obrera o modistilla alegre (apl. esp. a la de París).
grisly [grízli], *a.* espantoso, terrible.
grison [gráisọn], *s.* (zool.) grisón, pequeño mamífero carnívoro.
grist [grist], *s.* molienda; provisión, abasto, suministro.
gristle [grísl], *s.* cartílago, ternilla.
gristly [grísli], *a.* cartilaginoso.
gristmill [grístmil], *s.* molino harinero.
grit [grít]. **I.** *s.* arena, cascajo; (geol.) arenisca silícea, asperón (ll. t. **gritrock** y **gritstone**); firmeza; entereza; valor, ánimo.—*pl.* sémola, farro. **II.** *va.* y *vn.* (hacer) rechinar o crujir (los dientes, etc.). *V.* GRATE y GRIND.
grittiness [-inis], *s.* contextura arenosa; fortitud, entereza.
gritty [-i], *a.* arenoso, arenisco; valeroso, esforzado.
grizzle [grízl], *s.* color gris; mezclilla.
grizzled [-d], *a.* tordillo, entrecano. *V.* GRIZZLY.
grizzly [grízli]. **I.** *a.* gríseo, pardusco.—**g. bear,** oso gris. **II.** *s.* (min.) criba grande.
groan [grouṇ]. **I.** *vn.* gemir; lanzar quejidos. **II.** *s.* gemido, quejido.
groat [grout], *s.* (Ingl.) moneda (cuatro peniques); bicoca, ardite.—*pl.* sémola, avena mondada.
grocer [gróusœ(r)], *s.* especiero, abacero.—**g.'s shop,** abacería, especiería, lonja o tienda de comestibles, ultramarinos o coloniales.
grocery (store) [-ri (stor], *s.* abacería, especiería, (Am.) abarrote.—*pl.* **groceries,** especierías, comestibles, víveres; (Am.) abarrotes.
grog [grág], *s.* brebaje o bebida alcohólica, grog.
groggy [-i], *a.* medio borracho, calamocano; (dep.) vacilante; turulato.
grogram [grágrạm], *s.* (tej.) cordellate, gorgorán.
grogshop [grágšap], **groggery** [grágœri], *s.* taberna.
groin [groin]. **I.** *s.* (anat.) ingle, *f.;* (arq.) arista de encuentro, esquina viva; (ing.) espolón, dique, malecón. **II.** *va.* (arq.) formar aristas.
groined [-d], *a.* de arista (apl. a arcos, etc.).
grommet [grámit], *s.* anillo para cordones de talegas, velas, zapatos, etc.
groom [grúm]. **I.** *s.* mozo de mulas o de cuadra; establero; palafrenero; lacayo; novio.—**g. in waiting,** camarero de semana.—**g. of the bed chamber,** ayuda de cámara del rey.—**g. of the chamber,** caballerizo de cámara. **II.** *va.* cuidar, almohazar los caballos; (fam.) peinar y vestir, acicalar; (pol., etc.) preparar (para un cargo o puesto).
groomsman [-zmạn], *s.* padrino de boda.
groove [gruv]. **I.** *s.* muesca, encaje, rebajo, encastre, gárgol, acanaladura, canal, *f.*, caja, ranura, estría; surco; (arm.) rayadura; rutina.—**g. and tongue,** *s.* (carp.) ranura y lengüeta, unión machihembrada; *va.* machihembrar.—**g. grafting,** injerto de canutillo. **II.** *va.* acanalar; (ton.) ruñar.
grooved [-d], *a.* acanalado.
grope [group], *va.* y *vn.* tentar, andar a tientas; buscar tentando.
gros, grosgrain [gróu(grein], *s.* (tej.) gro. *V.* GROGRAM.
grosbeak [gróusbik], *s.* (orn.) pico duro.
gross [gróus]. **I.** *a.* craso; grueso; espeso, denso; indecoroso, obsceno; tosco, grosero, descortés; lerdo, estúpido; (com.) bruto.—**g. amount,** importe bruto o total.—**g. ignorance,** ignorancia crasa.—**g. profit,** ganancia bruta, beneficio bruto.—**g. ton** = LONG TON.—**g. weight,** peso bruto. **II.** *s.* (*pl.* GROSS) gruesa (doce docenas); grueso, la mayor parte; la totalidad, el conjunto.—**by the g.,** por mayor; por gruesas.—**in g., in the g.,** en grueso, por junto, en conjunto.
grossly [-li], *adv.* en bruto; crasamente, toscamente, groseramente.
grossness [-nis], *s.* grosería, incivilidad, ordinariez; densidad; grosura.
grossularite [grásyūlärait], *s.* (min.) grosularia.
grot [grat], *s.* (poét.) gruta. *V.* GROTTO.
grotesque [grotésk]. **I.** *a.* grotesco; (b. a.) grutesco. **II.** *s.* (b. a.) grutesco.
grotesquely [-li], *adv.* grotescamente.
grotesqueness [-nis], *s.* calidad de grotesco.
grotto [grátou], *s.* gruta, antro, covacha.
grouch [gráuch]. **I.** *s.* (fam.) gruñón, descontento.—**to have a g.,** estar de mal humor. **II.** *vn.* gruñir, refunfuñar, estar de mal humor. —**groucher** [-œ(r)], *s.* (fam.) gruñón, persona de mal humor.—**grouchy** [-i], *a.* (fam.) malhumorado.
ground [gráund]. **I.** *s.* tierra, terreno, suelo, territorio; base, *f.*, fundamento; razón, *f.*, motivo, causa; (pint.) fondo o campo; baño, capa; (elec.) (toma de) tierra; (rad.) tierra, objeto (tubería, calorífero, etc.) a que se ata el alambre de conexión con tierra; (mil.) campo de batalla; (*pl.*) poso, sedimento, heces, *f. pl.;* jardín, parque, terrenos; cancha (de juego).—**on,** o **upon, the g.,** en tierra, en el suelo.—**to be on one's own g.,** estar uno en su elemento.—**to break g.,** desmontar; roturar; empezar un trabajo.—**to come,** o **fall, to the g.,** caer al suelo; fracasar.—**to gain g.,** ganar terreno; hacer progresos.—**to give,** o **to lose, g.,** perder terreno, retroceder, atrasar.—**to stand,** o **to hold, one's g.,** mantenerse firme.—**to take the g.,** (mar.) encallar. **II.** *a.* situado en el suelo o al nivel del suelo; fundamental; de tierra; de base, primero (capa, etc.); (elec.) de conexión con tierra. **III.** *va.* fundar, apoyar, establecer; (con **upon**) vincular en; enseñar los elementos de alguna ciencia; poner en tierra; (elec.) conectar con tierra. **IV.** *vn.* (mar.) encallar, varar, enarenar. **V.** *pp.* de TO GRIND.
groundage [-idž], *s.* (mar.) derechos de puerto o de anclaje.
ground clamp, *s.* (elec.) tira de conexión con tierra.
ground coat, *s.* (pint.) primera capa o mano.
ground color, *s.* (pint.) primera mano; color de fondo, básico o principal.
ground connection, *s.* (elec.) toma de tierra.
ground-controlled approach, *s.* (aer.) aterrizaje dirigido desde tierra.
ground cover, *s.* monte bajo; chaparro.
ground crew, *s.* (aer.) tripulación de tierra.
ground detector, *s.* (elec.) detector de tierra.
grounder [-œ(r)], *s.* (béisbol) pelota bateada que rueda por el suelo.
ground floor, *s.* planta baja; (fam.) sitio o puesto ventajoso.
ground frost, *s.* escarcha.
ground glass, *s.* vidrio esmerilado o deslustrado.
ground hog, *s.* (zool.) marmota.
ground-hog day, *s.* (E. U.) día de la marmota (dos de febrero) en que, según la tradición, este animal descubre si el invierno será corto o largo.
ground ice, *s.* = ANCHOR ICE.
grounding [-iŋ], *s.* (mar.) encalladura.
ground ivy, *s.* (bot.) hiedra terrestre.
ground lead, *s.* = GROUND WIRE.
groundless [-lis], *a.* infundado.
groundlessly [-li], *adv.* infundadamente, sin razón.
ground line, *s.* (geom.) línea de (la) tierra.
groundling [-liŋ], *s.* animal o planta terrestre; (ict.) loche, loja; villano.
ground meat, *s.* carne picada.
ground noise, *s.* (rad.) interferencia, ruido de fondo.
groundnut [-nʌt], *s.* (bot.) cacahuete, maní.

ground pine, *s.* (bot.) licopodio.
ground plan, *s.* planta (de un edificio); proyecto fundamental, anteproyecto.
ground plate, *s.* (elec.) placa de conexión con tierra; (f. c.) plancha de asiento; (arq.) carrera inferior.
ground plot, *s.* lote, solar; (arq.) plano.
ground rent, *s.* censo.
ground school, *s.* escuela de aviación.
groundsel [-sęl], *s.* (bot.) zuzón, hierba cana.
groundsill [-sįl], *s.* (arq.) carrera inferior; solera, umbral.
ground speed, *s.* (aer.) velocidad horizontal de un avión con respecto a la tierra.
ground squirrel, *s.* cualquier roedor pequeño, de la familia de las ardillas y que vive en madrigueras.
ground steel, *s.* acero moldeado.
ground swell, *s.* oleada, marejada; maremoto.
ground target, *s.* (mil.) blanco terrestre.
ground troops, *s.pl.* (mil.) tropas terrestres.
ground water, *s.* agua subterránea; agua de pozo.
ground weapons, *s.pl.* armamentos terrestres.
ground wire, *s.* (elec.) alambre de tierra.
groundwork [-wœrk], *s.* plan, plano, pie, *m.*, base, *f.*, fundamento, cimiento; principio, razón (*f.*) fundamental; firme (de carretera).
ground zero, *s.* (en. atóm.) punto donde ocurre una explosión atómica.
group [grúp]. **I.** *s.* grupo, agrupación, conjunto. **II.** *va.* y *vn.* agrupar(se), reunir(se).
grouper [-œ(r)], *s.* (ict.) mero; escorpina.
grouse [graųs], *s.* (orn.) guaco; chachalaca; chocha; lagópodo.
grouse. I. *vn.* (fam.) quejarse. **II.** *s.* queja.
grout [graųt]. **I.** *s.* (alb.) lechada; enlucido.—*pl.* sémola, farro; heces, *f. pl.*, sedimento. **II.** *va.* rellenar con lechada.
grove [groųv], *s.* arboleda, alameda, enramada, mata, soto, bosquecillo, boscaje.
grovel [grÁvęl], *vn.* serpear, arrastrarse; envilecerse, rebajarse.—**grovel(l)er** [-œ(r)], *s.* hombre servil y rastrero.—**grovel(l)ing** [-įŋ], *a.* servil, rastrero.—**grovel(l)ingly** [-lį], *adv.* servilmente, rastreramente.
grow [gróų]. **I.** *va.* (*pret.* GREW; *pp.* GROWN) cultivar; criar; producir. **II.** *vn.* crecer; darse (frutas, plantas, etc.); (seguido de *adj.* o *adv.*) hacerse, volverse, ponerse (vg.: *to grow old*, ponerse viejo, envejecer; *to grow angry*, ponerse colérico, encolerizarse; *to grow crazy*, volverse loco, enloquecerse; *to grow late*, hacerse tarde; *to grow better*, ponerse mejor, mejorar); proceder, provenir, resultar; (con **to**) fijarse, arraigarse (en), llegar a (odiar, amar, etc.).—**to g. dark**, anochecer, obscurecer.—**to g. less**, disminuir.—**to g. long(er)**, alargarse.—**to g. loose**, aflojarse.—**to g. on**, o **upon**, desarrollarse en, ir dominando a, ir apoderándose de; ganar o aventajar a; hacerse cada vez más querido, admirable, etc., a.—**to g. out of**, resultar o provenir de, ser causado por, originarse en; brotar de; salir o pasar de con la edad (*he will grow out of this whim*, este capricho le pasará con la edad, o cuando crezca).—**to g. out of fashion**, o **use**, pasar de moda, caer en desuso.—**to g. sad**, entristecerse.—**to g. short(er)**, acortarse.—**to g. up**, crecer, desarrollarse, salir de la niñez; desarrollarse y establecerse (una costumbre, etc.).
grower [-œ(r)], *s.* cultivador, agricultor.
growing [-įŋ]. **I.** *s.* cultivo; cría; crecimiento, desarrollo. **II.** *a.* creciente; que crece, que aumenta.—**g. pains**, dolores asociados con el desarrollo físico de la niñez o adolescencia.
growl [gráųl]. **I.** *vn.* gruñir; rezongar, refunfuñar. **II.** *va.* decir gruñendo. **III.** *s.* gruñido; rezongo, refunfuño.
growler [-œ(r)], *s.* perro gruñidor; regañón, refunfuñador; (fam.) jarro para cerveza.
grown [gróųn], *a.* y *pp.* crecido, espigado, desarrollado; cubierto o lleno de hierbas, maleza, etc.—**g.-up**, crecido, adulto.
grownup [-ʌp], *s.* persona mayor.—*pl.* los grandes.
growth [groųθ], *s.* crecimiento, desarrollo; aumento; producto, producción; acrecencia.
grub [grÁb]. **I.** *va.* y *vn.* (agr.) rozar, descuajar, desyerbar, desmalezar; quitar insectos nocivos, descocar; (fam.) alimentar(se), manducar; cavar; emplearse en oficios bajos. **II.** *s.* (ent.) gorgojo; larva; (fam.) alimento, manducatoria; (E. U.) raíz arrancada.—**g. ax**, legón, picaza.—**grubbing hoe**, escarda, azada.
grubber [-œ(r)], *s.* desyerbador; arrancador de raíces.
grubby [-į], *a.* gusarapiento, gusaniento, cocoso, gorgojoso.
grubstake [-steįk]. **I.** *s.* (fam.) subvención dada a un cateador; empréstito. **II.** *va.* (fam.) subvencionar o anticipar fondos (a un cateador, empresa, etc.).
grudge [grÁdž]. **I.** *va.* envidiar, codiciar; escatimar, dar de mala gana. **II.** *s.* rencor, inquina, tema, tirria; renuencia, mal grado; (fam.) postema.
grudging [-įŋ], *s.* envidia, mala voluntad; refunfuño; repugnancia, aversión.—**grudgingly** [-lį], *adv.* de mala gana.
gruel [grúęl]. **I.** *s.* (coc.) atole, avenate. **II.** *va.* incapacitar, agotar; estropear, desbaratar.
gruel(l)ing [-įŋ], *a.* agotador, en que uno tiene que poner todas sus fuerzas; abrumador.
gruesome [grúsʌm], *a.* horrible, horripilante.
gruff [grÁf], *a.* ceñudo, áspero; (b)ronco (voz).—**gruffly** [-lį], *adv.* ásperamente.—**gruffness** [-nįs], *s.* aspereza, ceño, mal humor.
grum [grÁm], *a.* áspero, severo; gutural.
grumble [-bl]. **I.** *vn.* refunfuñar, gruñir, rezongar, quejarse. **II.** *s.* regaño, quejumbre, refunfuñadura.
grumbler [-blœ(r)], *s.* refunfuñador, gruñidor, rezongador, malcontento.
grumbling [-blįŋ]. **I.** *s.* queja, descontento, rezongo, refunfuñadura. **II.** *a.* quejumbroso.—**grumblingly** [-lį], *adv.* refunfuñando.
grume [grúm], *s.* grumo, cuajarón.
grumous [-ʌs], *a.* grumoso; (bot.) amacollado.
grumpy [grÁmpį], *a.* gruñón, quejoso, áspero.
grunt [grÁnt], *vn.* gruñir; arruar; refunfuñar.
grunt, *s.* gruñido; (ict.) nombre de un pez americano.
grunter [-œ(r)], *s.* gruñidor; cerdo.
gruntling [-lįŋ], *s.* lechón, cochinillo.
Gruyère [grįyέr], *s.* (queso) gruyere.
guacharo [gwácharoų], *s.* (orn.) guácharo.
guaco [gwákoų], *s.* (bot.) guaco.
guaiac(um [gwáįæk, -ąkʌm], *s.* (bot.) guayaco o guayacán; resina de este árbol.
guaiacol [gwáįąkol], *s.* (quím.) guayacol.
guan [gwan], *s.* (zool.) pava.
guanaco [gwanákoų], *s.* (zool.) guanaco.
guanin(e [gwánįn], *s.* guanina.
guano [gwánoų], *s.* guano.
guarantee [gærąntí]. **I.** *va.* garantir, garantizar, respaldar; (for.) afianzar, responder de o por, salir fiador de; dar fianza o caución. **II.** *s.* garantía, fianza; (for.) persona de quien otra sale fiadora; úsase también en el sentido de GUARANTOR.
guarantor [gǽrąntɔ(r)], *s.* garante, fiador.
guaranty [gǽrąntį]. **I.** *s.* (for.) garantía, caución, fianza. **II.** *va.* garantizar.
guard [gárd]. **I.** *va.* y *vn.* guardar, custodiar; vigilar; atalayar; estar prevenido; guardarse.—**to g. against**, guardarse de. **II.** *s.* guarda, *mf.*; guardia; guardián, custodio; resguardo, protección, custodia, defensa; vigilancia; atalaya, *m.*, centinela, *mf.*; vigilante; precaución, cautela; estado de defensa; guarnición de un vestido o de una espada; (f. c.) conductor de tren.—**g. mounting**, relevo de guardia o de centinela.—**on g.**, alerta; (esgr.) en guardia.—**to be off one's g.**, estar desprevenido.—**to be on one's g.**, estar alerta. **III.** *a.* de guardia, de protección.—**g. rail**, (f. c.) contracarril; barandilla.—**g. ship**, navío de guardia, de ronda o de estación.

guarded [-id], *a.* protegido, defendido; cauto, cauteloso, precavido.
guardedly [-li], *adv.* cautelosamente.
guardhouse [-haus], *s.* cuartel de la guardia; prisión militar.
guardian [gárdian]. **I.** *s.* guardián, guarda, *mf.*, custodio; (for.) tutor o curador. **II.** *a.* que guarda, tutelar.—**g. angel,** ángel de la guarda, ángel custodio.
guardianship [-ŝip], *s.* tutela, patronato; (for.) tutoría, curaduría; (igl.) guardianía; protección, amparo, guarda, custodia, guardería.
guardroom [gárdrum], *s.* cuarto de guardia; calabozo.
guardsman [gárdzman], *s.* soldado de guardia; centinela.
Guatemala [gwatemála], *s.* Guatemala.
Guatemalan [-n], *s.* y *a.* guatemalteco.
guava [gwáva], *s.* (bot.) guayabo; guayaba.
guayule [gwayúla], *s.* (bot.) guayule.
gubernatorial [giubœrnatórial], *a.* gubernativo; del gobernador.
gudgeon [gʌ́dẑon], *s.* (ict.) gobio; bobo, mentecato; chiripa, ganga; (mec.) muñón, gorrón, cuello de eje; (mar.) hembra (del timón).
Guelf, Guelph [gwelf], *a.* y *s.* güelfo.
guerdon [gœ́rdon], *s.* (poét.) galardón, premio.
Guernsey [gœ́rnzi], *s.* Guernsey (isla del Canal de la Mancha); especie de ganado; (**g.**) camisa de lana (de marinero).
guerrilla [geríla]. **I.** *s.* guerrillero. **II.** *a.* de guerrilla, (fam.) guerrillero.
guerrilla warfare, *s.* guerra de guerrillas.
guess [gés]. **I.** *va.* y *vn.* conjeturar, suponer, barruntar; adivinar, acertar; (fam.) pensar, creer.—**to g. right,** acertar. **II.** *s.* conjetura, suposición; adivinación.
guesser [-œ(r)], *s.* conjeturador; adivinador.
guesswork [-wœrk], *s.* conjetura, ojo de buen cubero.
guest [gest], *s.* huésped, *m.*, convidado, invitado; forastero, visita; pensionista o inquilino; animal parásito o intruso.—**g. chamber, g. room,** cuarto de reserva, cuarto para convidados.—**g. of honor,** huésped de honor, el agasajado, el festejado.—**g. rope,** (mar.) guía de falsa amarra (il. t. **guess-rope**).
guffaw [gufó]. **I.** *s.* carcajada, risotada. **II.** *vn.* reír a carcajadas.
guidance [gáidans], *s.* guía, gobierno, dirección, conducta.
guidance system, *s.* (aer.) sistema de guía.
guide [gáid]. **I.** *va.* guiar, dirigir, encaminar; adiestrar; arreglar, gobernar.—**guided missile,** proyectil dirigido. **II.** *s.* guía, *mf.*, mentor; (mec.) corredera; (impr.) mordante.—**g. lines,** pauta, fals(ill)a (para escribir).—**g. rope,** cuerda lateral de guía; (aer.) cuerda de arrastre colgada de la barquilla para mantener un dirigible a una misma altura.
guideboard [-bord], *s.* = GUIDEPOST.
guidebook [-buk], *s.* guía del viajero.
guideless [-lis], *a.* sin guía, sin gobierno.
guidon [gáidon], *s.* (mil.) guión, *m.*; portaguión, *m.*
guidepost [gáidpoust], *s.* hito, poste indicador.
guild [gild], *s.* gremio, cuerpo, comunidad, hermandad, corporación.
guilder [gíldœ(r)], *s.* florín holandés. *V.* GULDEN.
guildhall [gíldhol], *s.* casa consistorial, casa de ayuntamiento.
guile [gáil], *s.* dolo o engaño; estratagema.—**guileful** [-ful], *a.* aleve, engañoso.—**guilefully** [-i], *adv.* insidiosamente, engañosamente.—**guileless** [-lis], *a.* sencillo, cándido.—**guilelessness** [-nis], *s.* franqueza, sinceridad, candidez.
guillemot [gílimat], *s.* (orn.) cualquier ave marítima de la familia de las alcas.
guillotine [gílotin]. **I.** *s.* guillotina. **II.** *va.* guillotinar.
guilt [gilt], *s.* delito, culpa(bilidad), delincuencia; pecado.
guiltily [-ili], *adv.* criminalmente, culpablemente.
guiltiness [-inis], *s.* maldad; culpabilidad.
guiltless [-lis], *a.* inculpable, inocente, libre de culpa; puro, sin tacha; virgen; ignorante, nesciente.—**guiltlessly** [-li], *adv.* inocentemente.—**guiltlessness** [-nis], *s.* inocencia, inculpabilidad.
guilty [-i], *a.* reo, delincuente, convicto; culpable.—**to have a g. conscience,** remorderle a uno la conciencia, tener o sentir remordimiento (de conciencia).
guimpe [gæmp], *s.* (cost.) canesú.
Guinea [gíni]. **I.** *s.* Guinea; (**g.**) guinea (unidad monetaria inglesa, 21 chelines). **II.** *s.* y *a.* guineo.
guinea fowl o **hen,** *s.* (orn.) gallina de Guinea o pintada.
guinea grains, *s.pl.* (bot.) malagueta.
Guinean [gínian], *s.* y *a.* guineo.
guinea pepper, *s.* (bot.) pimiento de Guinea.
guinea pig, *s.* (zool.) conejillo de Indias, cobayo, (Cuba) curiel.
guinea worm, *s.* (zool.) filaria.
guise [gáiz], *s.* modo, manera; apariencia; máscara, capa, pretexto.—**under the g. of,** so color, bajo capa de.—**in this g.,** de este modo.
guiser [-œ(r)], *s.* disfrazado.
guitar [gitár], *s.* (mús.) guitarra, vihuela.—**g. player,** guitarrista, vihuelista.
gula [giúla], *s.* (zool.) la parte superior de la garganta.—**gular** [-(r)], *a.* relativo o perteneciente a la garganta.
gulch [gʌlch], *s.* quebrada, cañada.
gulden [gúlden], *s.* gulden (moneda); florín (austríaco, alemán, etc.).
gules [giulz], *s.* (her.) gules, *m. pl.*
gulf [gʌlf], *s.* golfo; seno; sima, abismo, vorágine, *f.*—**G. stream,** corriente (*f.*) del Golfo de México.—**the G.,** (E. U.) el golfo de México.
gulfweed [-wid], *s.* (bot.) sargazo, alga marina.
gull [gʌl]. **I.** *va.* engañar, timar, estafar. **II.** *s.* (orn.) gaviota; bobo, bodoque, primo.
gullet [gʌ́lit], *s.* (anat., zool.) fauces, *f. pl.*, gaznate, gola; esófago; zanja, trinchera profunda.
gullibility [gʌlibíliti], *s.* credulidad.
gullible [gʌ́libl], *a.* bobo, crédulo, simple.—**to be g.,** pecar de candoroso, tragar el anzuelo.
gully [gʌ́li]. **I.** *va.* formar canal. **II.** *s.* cárcava; arroyo; barranca, hondonada; zanja honda.
gulp [gʌlp]. **I.** *va.* (a veces con **down**) engullir, tragar; sofocar (un sollozo). **II.** *vn.* entrecortar el resuello. **III.** *s.* trago, sorbo, gorgorotada.
gum [gʌm]. **I.** *s.* goma; (anat.) encía (de la boca).—**g. arabic,** guacia, acacina, goma arábiga.—**g. dragon,** o **tragacanth,** goma adragante, tragacanto.—**g. elastic,** goma elástica, caucho.—**g. lac,** goma laca.—**g. resin,** gomorresina.—**g. tree,** árbol que da goma.—**g. water,** aguagoma. **II.** *va.* engomar; pegar con goma; (tej.) aderezar.
gumbo [gʌ́mbou], *s.* (bot.) quimbombó, quingombó; (coc.) sopa de pollo y quingombó; (agr.) suelo pegajoso; dialecto criollo de Luisiana, etc.
gumboil [gʌ́mboil], *s.* (med.) flemón, párulis, *m.*
gumdrop [gʌ́mdrap], *s.* pastilla de goma.
gummiferous [gʌmífeʌs], *a.* gumífero.
gumminess [gʌ́minis], *s.* gomosidad.
gummy [gʌ́mi], **gummous** [gʌ́mʌs], *a.* gomoso; engomado.
gumption [gʌ́mpŝon], *s.* (fam.) iniciativa; perspicacia; (pint.) arte de preparar colores.
gumshoe [gʌ́mŝu]. **I.** *s.* (fam.) zapato o chanclo de goma; polizonte, detective. **II.** *a.* (fam.) oculto, subrepticio; hecho con mucho tiento o muy cautelosamente. **III.** *vn.* (fam.) andar u obrar furtivamente.
gumwood [gʌ́mwud], *s.* madera del árbol de goma.
gun [gʌn]. **I.** *s.* arma de fuego; cañón; fusil; escopeta de caza; (E. U., fam.) pistola o revólver;

disparo de arma de fuego; cañonazo.—**g. barrel,** cañón de fusil o de escopeta.—**g. carriage,** cureña.—**g. deck,** (mar.) cubierta principal, batería.—**g. metal,** bronce de cañón; imitación de bronce (aleación parda).—**g. port,** porta, cañonera. **II.** *va.* hacer fuego a; cañonear, atacar con cañones; proveer de cañones. **III.** *vn.* cazar con escopeta o rifle.
gunboat [-boʊt], *s.* (mar.) cañonero.
guncotton [-katn], *s.* algodón pólvora.
gunfire [-fai̯r], *s.* fuego de artillería; fuego (de armas de fuego en general).
gunflint [-fli̯nt], *s.* piedra de chispa, pedernal.
gunlock [-lak], *s.* llave (*f.*) de fusil.
gunman [-mạn], *s.* pistolero, bandido de calle o de ciudad, apache.
gunnel [gʌ́nẹl], *s.* (mar.) = GUNWALE.
gunner [gʌ́nœ(r)], *s.* (mar.) condestable, cabo de cañón; (mil.) artillero; escopetero.
gunnery [-i̯], *s.* artillería.
gunning [gʌ́ni̯ŋ], *s.* (dep.) caza.
gunny [gʌ́ni̯], *s.* yute; tejido basto para sacos; saco de (h)arpillera (ll. t. **g. bag** o **sack**).
gunpowder [gʌ́npaʊdœ(r)], *s.* pólvora.
gunpower, gun power [gʌ́npaʊœ(r)], *s.* (mar.) peso total de los proyectiles lanzados en una andanada por los cañones mayores de un barco de guerra.
gunrunner [-rʌnœ(r)], *s.* contrabandista (de armas de fuego, municiones, etc.).
gunrunning [-rʌni̯ŋ], *s.* contrabando (de armas de fuego, municiones, etc.).
gunshot [gʌ́nŝat], *s.* tiro de fusil, alcance; escopetazo.
gunsmith [gʌ́nsmi̯θ], *s.* armero; escopetero.
gunstock [gʌ́nstak], *s.* caja de fusil o de escopeta.
Gunter's chain [gʌ́ntœrz chei̯n], *s.* (top.) cadena de Gunter (2,0117 Dm.).
gunwale [gʌ́nl], *s.* (mar.) regala, borda.
guppy [gʌ́pi̯], *s.* (ict.) pececillo oriundo de Venezuela y ahora común en ríos y lagunas de la América meridional.
gurgitation [gœrdži̯téi̯ŝọn], *s.* ebullición violenta; vorágine, *f.*, remolino.
gurgle [gœ́rgl]. **I.** *vn.* gorgotear. **II.** *s.* gorgoteo, murmullo.
gurnard [gœ́rnạrd], **gurnet** [gœ́rni̯t], *s.* (ict.) trilla, alcotana.—**flying g.,** golondrina.
gush [gʌ́ŝ]. **I.** *va.* derramar, verter. **II.** *vn.* brotar, fluir, manar a borbotones, borbotar, borbollar, chorrear; (fam.) ser extremoso. **III.** *s.* chorro, borbotón; (fam.) efusión, extremo.
gusher [-œ(r)], *s.* pozo de chorro de petróleo.
gushing [-i̯ŋ], *a.* borbotante; (fam.) extremoso.
gushy [-i̯], *a.* extremoso, efusivo, sensiblero.
gusset [gʌ́si̯t], *s.* (cost.) escudete, contrete, cuchillo; codo de hierro, hierro angular de refuerzo.
gust [gʌst], *s.* ráfaga, racha, ventolera, bocanada, ventada; (mar.) fugada, sobreviento; acceso, arrebato; (ant.) gusto, sentido del paladar.
gustation [gʌstéi̯ŝọn], *s.* gustadura.
gustatory, gustative [gʌ́stạtori̯, gʌ́stạti̯v], *a.* gustatorio, gustativo, del sentido del gusto.
gusto [gʌ́stoʊ], *s.* gusto, placer.
gusty [gʌ́sti̯], *a.* borrascoso, chubascoso.
gut [gʌt]. **I.** *s.* (anat., zool.) intestino, tripa; cuerda de tripa; (mar.) estrecho.—*pl.* (fam.) entrañas; (fam.) valor, ánimo; resistencia. **II.** *va.* desventrar, destripar; desentrañar.
gutta [gʌ́tạ], *s.* (farm. y arq.) gota.
gutta-percha [-pœrchạ], *s.* gutapercha.
guttated [gʌ́tei̯ti̯d], *a.* goteado.
gutter [gʌ́tœ(r)]. **I.** *s.* canal, canalón, gotera; badén, cuneta; arroyo de la calle; arbollón, albañal, zanja, acequia; cámara; estría, canal de ebanistería. **II.** *va.* acanalar, estriar; poner canalones; construir albañales, etc. **III.** *vn.* acanalarse.
guttersnipe [-snai̯p], *s.* (fam.) golfillo, pilluelo.
guttural [gʌ́tụrạl], *a.* gutural; (fon.) velar.—**gutturalness** [-ni̯s], *s.* calidad de gutural.—**gutturally** [-i̯], *adv.* guturalmente.
guy [gai̯]. **I.** *s.* (ing., etc.) tirante, viento, guía; (mar.) retenida, patarráez, *m.*; (fam.) tipo, sujeto, tío; adefesio, mamarracho; tensor. **II.** *va.* (mar.) sujetar con vientos o retenidas; (fam.) hacer burla o mofa.
guy wire, *s.* cable, guía, diagonal.
guzzle [gʌ́zl]. **I.** *va.* y *vn.* beber mucho; tragar, engullir. **II.** *vn.* emborracharse.
guzzler [gʌ́zlœ(r)], *s.* bebedor, borrachín.
gym [dži̯m], *s.* gimnasio.
gymnasium [dži̯mnéi̯zi̯ʌm], *s.* gimnasio; **(G.)** escuela secundaria superior.
gymnast [dží̯mnæst], *s.* gimnasta, *mf.*
gymnastic(al [dži̯mnǽsti̯k(ạl], *a.* gimnástico.
gymnastics [-s], *s. pl.* gimnasia, gimnástica.
gymnosophist [dži̯mnásofi̯st], *s.* gimnosofista.
gymnosperm [dží̯mnospœrm], *s.* (bot.) planta gimnosperma.
gymnospermous [-spœ́rmʌs], *a.* (bot.) gimnospermo.
gynarchy [džái̯nạrki̯], **gyn(a)ecocracy** [-ni̯kákrạsi̯], *s.* ginecocracia.
gynecium [-nísi̯ʌm], *s.* = GYNŒCIUM.
gynecologist [-ni̯kálodži̯st], *s.* ginecólogo.
gynecology [-dži̯], *s.* (med.) ginecología.
gyniatrics [-ni̯ǽtri̯ks], *s.* ginecología aplicada.
gynœcium [-nísi̯ʌm], *s.* (bot.) gineceo.
gyp [dži̯p]. **I.** *s.* (fam.) timo; timador, trampeador. **II.** *va.* y *vn.* timar, trampear, embaucar.
gypseous [dží̯psi̯ʌs], *a.* yesoso.—**gypsum** [dží̯psʌm], *s.* yeso, aljez, *m.*—**g. pit,** yesal.
gypsophila [dži̯psáfi̯lạ], *s.* (bot.) gipsófila.
gypsy [dží̯psi̯]. **I.** *s.* gitano, cíngano; (fam.) tunanta, pícara; **(G.)** el idioma de los gitanos; germanía, jerga. **II.** *a.* gitan(esc)o; picarón.
gypsydom [-dʌm], **gypsyhood** [-hʊd], *s.* gitanismo, gitanería.
gypsyism [-i̯zm], *s.* gitanismo.
gypsylike [-lai̯k], *a.* gitan(esc)o, agitanado.
gypsy moth, *s.* (ent.) lagarta, mariposa cuya oruga daña a diversos árboles.
gyral [džái̯rạl], *a.* giratorio; (anat.) referente a las circunvoluciones del cerebro.
gyrate [džái̯rei̯t], *vn.* girar, rodar.
gyration [-éi̯ŝọn], *s.* giro, vuelta, pirueta.
gyratory [džái̯rạtori̯], *a.* giratorio, rotativo.
gyre [džai̯r], *s.* giro, girada, vuelta.
gyrfalcon [džœ́rfɔlkọn], *s.* = GERFALCON.
gyrocompass [džái̯rokʌmpạs], *s.* (mar.) compás giroscópico o brújula giroscópica.
gyrofrequency [-fríkwẹnsi̯], *s.* (fís.) girofrecuencia.
gyromagnetic [-mægnéti̯k], *a.* (elec.) giromagnético.
gyroscope [-skoʊp], *s.* giroscopio.
gyroscopic [-skápi̯k], *a.* giroscópico.
gyrostabilizer [-stéi̯bi̯lai̯zœ(r)], *s.* (aer., mar.) giroestabilizador.
gyrostat [-stæt], *s.* giróstato.
gyrostatic [-stǽti̯k], *a.* girostático, giroscópico.—**g. compass** = GYROCOMPASS.—**gyrostatics** [-s], *s.* (fís.) girostática.
gyve [džai̯v], *va.* engrillar, encadenar; apiolar.
gyves [-z], *s. pl.* grillos.

H

h [ei̯ch]. **I.** *s.* h. **II. (H)** *a.* en H, en forma de H (apl. a vigas, postes, inducidos, etc.).
ha [ha], *interj.* ¡ah! ¡ja, ja!
habeas corpus [héi̯bi̯ạs kórpʌs], *s.* (for.) hábeas corpus; auto de comparencia.
haberdasher [hǽbœrdæŝœ(r)], *s.* camisero, mercero, tendero.—**haberdashery** [-i̯], *s.* camisería, mercería.
habergeon [hǽbœrdžọn], *s.* cota de malla.
habiliment [hạbíli̯mẹnt], *s.* prenda de vestir.—*pl.* vestuario, ropa.
habilitate [hạbíli̯tei̯t]. **I.** *va.* pertrechar, habilitar, aviar. **II.** *vn.* hacerse idóneo.
habilitation [-éi̯ŝọn], *s.* habilitación; aptitud.

habit [hǽbit]. **I.** *s.* hábito, costumbre; estado o condición habitual; carácter, manera de vivir (gen. *pl.*); vicio; vestido, hábito; (equit.) traje de amazona.—**h.-forming,** enviciador; que forma o crea hábito.—**by** o **from (force of) h.,** de vicio.—**to be in the h. of,** soler, acostumbrar.—**to fall,** o **get, in the h.,** dar en la flor. **II.** *va.* ataviar; vestir.
habitable [-abl], *a.* habitable.
habitant [-ant], *s.* habitante, morador.
habitat [-æt], *s.* región donde crece y vive un animal o planta; habitación, morada.
habitation [-éiŝon], *s.* habitación, domicilio, morada.
habitual [habíchual], *a.* habitual, acostumbrado.
habitually [-i], *adv.* habitualmente; de vicio.
habituate [-eit], *va.* y *vn.* habituar(se).
habitude [hǽbitiud], *s.* hábito, costumbre.
habitué [habichuéi], *s.* concurrente, parroquiano.
hachure [hæŝúr]. **I.** *s.* (dib.) líneas de sombra; líneas de declive (en dibujo topográfico). **II.** *va.* sombrear con líneas.
hack [hæk]. **I.** *s.* caballo de alquiler, rocín, cuartago; alquilón; (E. U.) simón o coche de alquiler; peón, trabajador; hacha, azuela, cuchilla; muesca, corte, tajo, cuchillada; puntapié en la canilla; tos seca; escritorcillo, autor mercenario.—**h. saw,** sierra para cortar metal.—**h. stand,** punto. **II.** *va.* tajar, cortar, picar; acuchillar, machetear; picar piedra; hacer muescas, mellar; alquilar (coche o caballo). **III.** *vn.* cortar; toser con tos seca; alquilarse, venderse. **IV.** *a.* = HACKNEY(ED).
hackamore [hǽkamor], *s.* especie de cabestro o ronzal para domar potros.
hackberry [hǽkberi], *s.* (bot.) árbol ulmáceo semejante al olmo; fruto de ese árbol.
hackle [hǽkl]. **I.** *va.* rastrillar; mutilar; romper en pedazos. **II.** *s.* rastrillo; fibra no hilada; pluma(s) del cuello de ciertas aves; mosca para pescar.—**hackler** [hǽklœ(r)], *s.* rastrillador.
hackman [hǽkman], *s.* simón, cochero de alquiler o de punto.
hackmatack [hǽkmatæk], *s.* (bot.) alerce.
hackney [hǽkni]. **I.** *s.* caballo de alquiler, rocín, cuartago; alquilón. **II.** *a.* alquilado; común.—**h. coach,** coche de alquiler, simón.—**h. coachman,** cochero de alquiler.—**h. writer,** escritor mercenario. **III.** *va.* repetir, gastar, vulgarizar; llevar en coche de alquiler.—**hackneyed,** *a.* trillado, resobado, manoseado, gastado, trivial, vulgar.
had [hæd], *pret.* de TO HAVE.
haddock [hǽdok], *s.* (ict.) pez (*m.*) comestible semejante al bacalao o a la merluza.
hade [heid], *s.* (geol.) buzamiento.
Hades [héidiz], *s.* el otro mundo; los infiernos.
hæma-, hæmo-. (En composición, estas partículas se reemplazan generalmente por HEMA-, HEMO-.)
hafnium [hǽfniʌm], *s.* (quím.) hafnio.
haft [hæft], *s.* mango, asa, puño, guarnición.
hag [hæg], *s.* bruja, hechicera.
hagfish [hǽgfiŝ], *s.* (ict.) pez ciclóstomo semejante a la lamprea.
haggard [hǽgard]. **I.** *a.* trasnochado, macilento, ojeroso, flaco, desfigurado; (cetr.) zahareño, montaraz, intratable. **II.** *s.* (orn.) falcón zahareño.
haggis [hǽgis], *s.* (coc., Escocia) plato hervido hecho del estómago de un becerro relleno de corazón, pulmones, avena, etc.
haggish [hǽgiŝ], *a.* feo como bruja.
haggle [hǽgl]. **I.** *va.* tajar, destrozar, machetear. **II.** *vn.* regatear; cavilar.
haggler [hǽglœ(r)], *s.* tajador; regatero.
hagiarchy [héidẑiarki], **hagiocracy** [-ákrasi], *s.* gobierno de (por) sacerdotes.
hagiographer [-ágrafœ(r)], *s.* hagiógrafo.—**hagiography** [-i], *s.* hagiografía.—**hagiolatry** [-álatri], *s.* culto de los santos.—**hagiology** [-álodẑi], *s.* hagiología.
hagridden [hǽgridn], *a.* inquieto, atormentado, angustiado.
hah [ha], *interj.* = HA.
ha-ha [háha]. **I.** *s.* foso con escarpa, empalizada en zanja, cerca hundida. **II.** *interj.* ¡ja, ja, ja!
haik [haik], *s.* jaique árabe.
hail [héil]. **I.** *s.* granizo; saludo; grito, llamada.—**h. fellow,** compañero, camarada, *mf.;* sociable.—**H. Mary,** Ave María.—**within h.,** al habla, al alcance de la voz. **II.** *interj.* ¡salve! ¡salud! **III.** *va.* saludar; aclamar; llamar.—**to h. a ship,** (mar.) ponerse al habla con un buque. **IV.** *vn.* granizar; vocear.—**to h. from,** venir o proceder de, ser oriundo de.
hailstone [-stoun], *s.* piedra de granizo.
hailstorm [-storm], *s.* granizada, pedrisquero.
hair [hér], *s.* pelo; vello; cabello, cabellera; cerda; hebra, fibra, pelillo, filamento; pelusa.—**h.-check,** grietecilla (**to h.-check,** agrietarse finamente, con grietecillas filiformes).—**h.-checking,** agrietamiento filiforme.—**h. dye,** tinte para el pelo.—**h. follicle,** folículo piloso.—**h. net,** albanega, redecilla, cofia.—**h. pencil,** pincel.—**h.-raising,** espeluznante, horripilante.—**h. remover,** depilatorio.—**h. ribbon,** cinta para el cabello.—**h. shirt,** cilicio.—**h. stroke,** rasgo muy fino.—**h. switch,** añadido.—**h. tonic,** vigorizador de cabello.—**h. trigger,** pelo (de armas de fuego).—**against the h.,** a contrapelo.—**to a h.,** exactamente, perfectamente.
hairbreadth [-bredθ], *s.* ancho de un pelo; casi nada.—**to have a h. escape,** escapar por un pelo.
hairbrush [-brʌŝ], *s.* cepillo para la cabeza.
haircloth [-kloθ], *s.* tela de crin.
haircut [-kʌt], *s.* corte de pelo; rapadura.
hairdo [-du], *s.* peinado.
hairdresser [-dresœ(r)], *s.* peluquero, peinador o peinadora.—**h.'s shop,** peluquería.
hairdressing [-dresiŋ], *s.* peinado.
haired [-d], *a.* peludo, cabelludo.—**short-h.,** pelicorto.
hairiness [-inis], *s.* pelaje.
hairless [-lis], *a.* pelado, pelón, calvo; sin pelo.
hairline [-lain], *s.* línea o lista muy fina; contorno del cuero cabelludo.
hairpin [-pin], *s.* horquilla, (Am.) gancho.
hairsieve [-siv], *s.* tamiz (*m.*) de cerda.
hairsplitter [-splitœ(r)], *s.* persona quisquillosa o pelillosa.—**hairsplitting** [-tiŋ]. **I.** *a.* quisquilloso. **II.** *s.* quisquilla; hilar muy delgado.
hairspring [-spriŋ], *s.* pelo o muelle (de reloj).
hairy [-i], *a.* peludo, velludo, velloso, cabelludo, peloso, piloso.
Haiti [héiti], *s.* Haití.
Haitian [héitian], *a.* y *s.* haitiano.
hake [heik], *s.* (ict.) merluza, pescada, pijota.
halation [heiléiŝon], *s.* (fot.) halo o aureola.
halberd [hǽlbœrd], *s.* alabarda.
halberdier [-ír], *s.* alabardero.
halcyon [hǽlsion]. **I.** *a.* quieto, apacible, tranquilo.—**h. days,** días tranquilos. **II.** *s.* (orn.) alción, *m.*, martín pescador.
hale [heil]. **I.** *a.* sano, robusto, fuerte. **II.** *va.* tirar de, arrastrar, halar.
half [hæf o haf]. **I.** *s.* (*pl.* HALVES) medio; mitad; (dep.) primer tiempo (en fútbol).—**better h.,** (fam.) esposa, media naranja, cara mitad.—**by h.,** muchísimo, considerablemente.—**in h.,** en dos mitades. *V.* HALVES. **II.** *a.* medio; (en composición) semi; incompleto, parcial.—**h. a minute,** un momento, medio minuto, un instante. **III.** *adv.* medio; casi.—**h. past (one, two,** etc.), (la una, las dos, etc.) y media.—**h.-seas over,** (fam.) medio borracho, achispado.—**not h. bad,** bastante bien.
halfback [hǽfbæk], *s.* (fútbol) medio.
half-baked [-béikt], *a.* a medio cocer, mal cocido; (fam.) incompleto, inmaturo; (fam.) imprudente.

half binding, *s.* (enc.) media pasta, encuadernación a la holandesa.
half-blood [-blʌd], *s.* mestizo; (for.) medio hermano, media hermana.
half-blooded [-blʌdịd], *a.* mestizo; que tiene solamente parentesco con uno de los padres.
half boot, *s.* borceguí, botín, zapata.
half-bound [-baụnd], *a.* (enc.) a la holandesa.
half-breed [-brid], *s.* y *a.* mestizo, (Am.) cholo.
half brother, *s.* medio hermano.
half-caste [-kæst], *s.* mestizo.
half-close [-kloụz], *va.* entornar.
half-closed [-kloụzd], *a.* entornado.
half cock, *s.* posición de medio amartillado (arma de fuego).—**to go off at half cock**, obrar prematuramente; actuar o hablar sin pensar.
half-cocked [-kákt]. **I.** *a.* medio amartillado, montado en seguro (arma de fuego). **II.** *adv.* sin consideración, imprudentemente.
half-cracked [-krǽkt], *a.* (fam.) loco, (Am.) chiflado.
half crown, *s.* media corona (moneda inglesa).
half dollar, *s.* medio dólar.
half dozen, *s.* media docena.
half fare, *s.* medio pasaje.
half-full [-fụl], *a.* mediado.
half gainer, *s.* (natación) medio salto mortal hacia atrás (desde un trampolín).
half-hearted [-hártịd], *a.* frío, indiferente; mezquino.
half-heartedly [-hártịdlị], *adv.* fríamente, sin entusiasmo.
half-heartedness [-hártịdnịs], *s.* frialdad, tibieza.
half hitch, *s.* (mar.) cote (nudo).
half holiday, *s.* medio día (*m.*) feriado, medio día (*m.*) de fiesta.
half hose, *s.pl.* calcetines.
half-hour [-áụr]. **I.** *s.* media hora. **II.** *a.* de media hora.
half-length [-lɛŋθ], *a.* de medio cuerpo (retrato).
half-life [-laịf], *s.* (fís. nuclear) período de semidesintegración (de una substancia radiactiva).
half light, *s.* media luz; penumbra.
half-mast [-mǽst], *s.* media asta (posición de la bandera).
half measures, *s.pl.* (fig., fam.) paños calientes.
half-moon [-mún], *s.* semilunio; media luna.
half mourning, *s.* medio luto.
half nelson, *s.* (lucha) agarro que consiste en asir al adversario pasándole un brazo por la axila y con ese mismo sujetarlo por la nuca.
half note, *s.* (mús.) mínima, blanca.
half-open [-óụpn], *va.* entreabrir.
half-opened [-óụpnd], *a.* entreabierto.
half pay, *s.* media paga.
halfpenny [héịpẹnị]. **I.** *s.* medio penique (moneda inglesa). **II.** *a.* de medio penique; insignificante.
half price, *s.* mitad de precio.
half-round [hǽfráụnd], *a.* semicircular.
half-round file, *s.* lima de media caña.
half sister, *s.* media hermana.
half slip, *s.* enagua.
half-sole [-soụl], *va.* echar o poner media suela a.
half sole, *s.* media suela.
half-staff [-stǽf], *s.* = HALF-MAST.
half step, *s.* (mús.) semitono; (E. U., mil.) medio paso.
half tide, *s.* (mar.) marea media.
half-timbered [-tị́mbœrd], *a.* dicho de una casa o edificio con estructura de madera e intersticios de ladrillo, yeso, etc.
half timer, *s.* obrero que trabaja sólo la mitad del tiempo ordinario.
half title, *s.* (impr.) anteportada, falsa portada.
half-tone [-toụn], *s.* (b.a.) media tinta; (fot.) fotograbado a media tinta.
half tone, *s.* (mús.) semitono.
half-track [-træk], *s.* semitractor, auto-oruga.
half-truth [-truθ], *s.* parte de la verdad.
half-wave [-weịv], *a.* (elec.) de media onda.
halfway [-wéị], *a.* y *adv.* equidistante, a medio camino, hasta la mitad; parcial(mente).—**to go o meet h.**, hacer concesiones en cambio de otras, estar dispuesto a hacer una componenda.
half-wit [-wịt], *s.* imbécil, necio.
half-witted [-wị́tịd], *a.* imbécil; alocado.
half year, *s.* semestre.
half-yearly [-yị́rlị]. **I.** *a.* semestral. **II.** *adv.* semestralmente.
halibut [hǽlịbʌt], *s.* (ict.) hipogloso (pez grande, sin espinas, de carne muy estimada).
halite [hǽlaịt], *s.* (min.) halita (sal de piedra o gema).
halitosis [hælịtóụsịs], *s.* halitosis, ocena, mal aliento, aliento de mal olor.
halitus [hǽlịtʌs], *s.* hálito.
hall [hɔl], *s.* vestíbulo, zaguán, recibimiento; (ante)sala, antecámara; pasillo, pasadizo, corredor; salón, edificio (apl. a los destinados a reuniones, funciones, estudios, etc.); colegio; casa señorial.—**h. clock**, reloj de caja.
halleluiah, hallelujah [hælịlúyạ̈], *s.* aleluya.
halliard [hǽlyạ̈rd], *s.* = HALYARD.
hallmark [hɔ́lmark], *s.* (marca de) contraste; marca de pureza o de buena calidad.
hallo, halloa [hạlóụ], *interj.* con que se llama o saluda: ¡hola! ¡oiga! ¡eh!
halloo [hạlú]. **I.** *s.* grita, vocería. **II.** *interj.* ¡sus! ¡busca! (voz de los cazadores). **III.** *va.* y *vn.* gritar, vocear, azuzar o llamar a gritos.
hallooing [-ịŋ], *s.* grita, vocería.
hallow [hǽloụ], *va.* consagrar, santificar; reverenciar.
hallowed [-d], *a.* santificado; sagrado, sacro, santo.
Hallowe'en [-ín], *s.* víspera de Todos los Santos.
hallucinate [hælịúsịneịt], *va.* alucinar.
hallucination [-éịšọn], *s.* alucinación.
hallucinogen [-odžịn], *s.* (farm.) alucinógenos.
hallway [hɔ́lweị], *s.* pasadizo, pasillo; zaguán, vestíbulo.
halo [héịloụ], *s.* halo, nimbo, aureola, corona.
halogen [hǽlodžịn], *s.* (quím.) halógeno.
halography [hælágrạfị], *s.* (quím.) halografía.
haloid [hǽlɔịd]. **I.** *a.* haloideo. **II.** *s.* sal haloidea.
halophilous [hæláfịlʌs], *a.* (bot.) halófilo.
halt [hɔlt]. **I.** *vn.* cojear, claudicar, renquear, vacilar; tartamudear; estar imperfecto; parar, hacer alto. **II.** *va.* parar, detener. **III.** *s.* cojera; detención; parada, alto. **IV.** *a.* cojo; lisiado.
halter [hɔ́ltœ(r)]. **I.** *s.* cabestro, ronzal, jáquima; cuerda de ahorcar, dogal; especie de corpiño: solera (de malla de baño). **II.** *va.* cabestrar; echar el ronzal; poner el dogal.
halting [hɔ́ltịŋ], *a.* claudicante, cojo; imperfecto; vacilante.—**haltingly** [-lị], *adv.* a coxcojilla; vacilantemente.
halve [hæv], *va.* dividir en dos partes iguales; ser o formar la mitad de; (carp.) machihembrar.
halves [hævz], *s. pl.* de HALF.—**by h.**, a medias; por mitades.—**to go h.**, ir a medias.
halyard [hǽlyạ̈rd], *s.* (mar.) driza.
ham [hæm], *s.* jamón, pernil, nalgada; (anat.) corva.—*pl.* (fam.) nalgas.—**h. actor**, comiquito.—**shoulder** o **picnic h.**, lacón.
hamadryad [hæmạdráịæd], *s.* (mit.) hamadríada.
hamal [hạmál], *s.* cargador; criado.
hamburg(er [hǽmbœrg(œr], *s.* carne picada de res, que se fríe o se asa en parrillas (ll. t. **Hamburg steak**).
hame [heịm], *s.* (tal.) horcate.
Hamite [hǽmaịt], *s.* camita, descendiente de Cam; caucasiano antiguo del nordeste de África.
Hamitic [hæmị́tịk], *a.* camítico.
hamlet [hǽmlịt], *s.* aldea, villorrio, caserío.
hammer [hǽmœ(r)]. **I.** *s.* martillo; mazo (de madera); llave, *f.*, rastrillo o percutor de arma de fuego; macillo del piano; martinete; pilón o maza de martinete.—**h. and tongs**, (fam.) con violencia, bruscamente; en discordia, como perros y gatos.—**to come** o **go under the h.**, venderse en pública subasta. **II.** *va.* martillar; batir, golpear, cutir, machacar; clavar; forjar; repujar (metales).—**to h. one's brains**, devanarse los sesos.—**to h. out**, golpear con martillo, forjar a martillo; (fig.) producir con

ahinco, afanar. **III.** *vn.* martillar, dar golpes; repiquetear.—**to h. away,** trabajar asiduamente.
hammercloth [-klɔθ], *s.* paño del pescante de un coche.
hammerer [-œ(r)], *s.* martillador.
hammer-hard [-hard], *a.* endurecido o forjado en frío a martillo.
hammer-harden [-hardn], *va.* martillar en frío.
hammerhead [-hɛd], *s.* (ict.) cornudilla, pez martillo.
hammering [-iŋ], *s.* martilleo; ruido de martillazos; repujado.—**by h.,** a martillo.
hammer lock, *s.* (lucha) llave de brazo.
hammock [hǽmọk], *s.* hamaca; (mar.) coy.
hamper [hǽmpœ(r)]. **I.** *s.* canasta, cesto, cuévano; (mar.) aparejo; traba, impedimento. **II.** *va.* embarazar, estorbar; encestar, encanastar.
hamstring [hǽmstriŋ]. **I.** *s.* (anat.) tendón de la corva. **II.** *va.* desjarretar; incapacitar; mancar. —**hamstrung** [-strʌŋ], *pret.* y *pp.* de TO HAMSTRING.
hanaper [hǽnạpœ(r)], *s* canasto para documentos.
hand [hǽnd]. **I.** *s.* mano, *f.*; racimo (de plátanos); maña, destreza; ejecución, mano de obra; lado (derecho o izquierdo); operario, obrero; peón, jornalero, brazo, bracero; aguja, manecilla, saeta (de reloj, etc.); carácter de letra; firma, rúbrica; palmo menor; dominación, poder, posesión; mano, en el juego; acción, trabajo, agencia.—**h. and glove,** uña y carne.—**h. and seal,** firma y sello.—**h. in h.,** parejas; junto; de concierto, de acuerdo.—**h. over head,** inconsideradamente.—**hands down,** sin dificultad, con los ojos cerrados (fig.).—**hands off,** no tocar; no meterse, abstenerse (cambiando un poco el giro).—**hands off policy,** política de no intervención.—**h. to h.,** cuerpo a cuerpo, brazo a brazo, a brazo partido.—**h.-to-mouth,** precario, incierto; impróvido.—**hands up!** ¡alce(n) las manos! (para seguridad de que quien recibe la orden no saca arma).—**all hands below!** ¡todo el mundo abajo!—**all hands on deck!** ¡todo el mundo arriba!—**at h.** o **near at h.,** a la mano, cerca, al canto.—**by h.,** a mano; con biberón.—**by the h.,** de la mano.—**from h. to h.,** de mano a mano.—**from h. to mouth,** de manos a boca.—**given under my h. and seal,** firmado y sellado de mi mano.—**in h.,** de contado, dinero en mano; entre manos.—**in one's h.,** en mano o manos de uno.—**off one's hands,** desechado; despachado.—**on all hands, on every h.,** por todas partes, por todos lados.—**on h.,** disponible; (com.) en existencia; en caja; pendiente, por hacer; por venir; presente, a la mano.—**on one's hands,** entre manos; a cargo de uno.—**on the one h.,** por una parte.—**on the other h.,** por otra parte; en cambio; al contrario.—**out of h.,** luego, inmediatamente; terminado; desbocado (fig.), incontenible.—**to be h. and glove,** o **h. in glove,** morder en un confite; ser íntimos o inseparables.—**to get the upper h.,** llevar la ventaja; tomar cuerpo, agravarse.—**to go h. in h.,** concertarse; ir de mano con.—**to h.,** a la mano; listo.—**to have a h. in,** tener mano o parte en.—**to have one's hands full,** estar ocupadísimo, tener muchísimo que hacer.—**to set the h. to,** meter mano en, emprender; firmar.—**under my h.,** firmado de mi puño y letra. **II.** *va.* dar, entregar, poner en manos (de alguien), pasar; conducir, guiar por la mano.—**to h. down,** transmitir; bajar, entregar o pasar de arriba abajo; (for.) publicar o dictar (un fallo).—**to h. in,** o **into,** dar la mano para entrar.—**to h. out,** entregar, dar.—**to h. over,** entregar, alargar.—**to h. round,** o **around,** hacer pasar, pasar de uno a otro. **III.** *a.* de mano; hecho a mano; para la mano; manual.—**h. basket,** cestilla, canastilla.—**h. bell,** campanilla.—**h.-embroidered,** bordado a mano.—**h. glass,** espejo de mano; lente de aumento, (gal.) lupa.—**h. grenade,** granada de mano.—**h. language,** lenguaje de los mudos.—**h. lead** = LEAD LINE.—**h. luggage,** equipaje o bultos (*m. pl.*) de mano.—**h. mill,** molinillo.—**h. organ,** organillo.—**h.-picked,** recogido o seleccionado a mano; selecto, escogido.—**h. sails,** (mar.) velas manuales.—**h. screw,** (carp.) tornillo de mano o de orejas; prensa de tornillos; cárcel, *f.*; (mec.) gato; cric.—**h. vise,** entenallas, *f. pl.*
handbag [-bæg], *s.* maleta, maletín, saco de noche; bols(it)a de mano, ridículo (de señora).
handball [-bɔl], *s.* pelota; juego de pelota.
handbarrow [-bæroụ], *s.* angarillas, *f. pl.*, parihuela.
handbill [-bịl], *s.* hoja suelta o volante.
handbook [-bụk], *s.* manual; prontuario; guía.
handbreadth [-brɛdθ], *s.* palmo menor.
handcart [-kart], *s.* carro o carretilla de mano.
handcuff [-kʌf]. **I.** *s.* manilla.—*pl.* esposas. **II.** *va.* maniatar.
handed [-ịd], *a.* que tiene manos; de mano.
handful [-fụl], *s.* puñado, manojo; manípulo.
handicap [hǽndịkæp]. **I.** *va.* (dep.) igualar a los competidores imponiendo ciertos impedimentos a los que llevan ventajas o dando a los otros ventajas especiales; de aquí, poner trabas u obstáculos, estorbar. **II.** *s.* (dep.) iguala que se hace imponiendo restricciones a los competidores que tienen ventaja; carrera con caballos de peso igualado; obstáculo, impedimento o desventaja; ventaja, (Am.) gabela.—**handicapped** [-t], *a.* impedido; que sufre de alguna inhabilidad (esp. física o mental).
handicraft [-kræft], *s.* mano, *f.*, mano de obra; oficio, arte mecánica.—**handicraftsman** [-smạn], *s.* artesano, artífice.
handily [-lị], *adv.* diestramente.
handiness [-nịs], *s.* habilidad, destreza, maña; comodidad, conveniencia.
handiwork [-wœrk], *s.* artefacto, maniobra.
handkerchief [hǽŋkœrchịf], *s.* pañuelo, moquero.
handle [hǽndl]. **I.** *va.* tocar, manosear; manipular, manejar; hacer tratable; tratar; dirigir; comerciar en; poner mango a. **II.** *vn.* usar las manos o trabajar con ellas; ser manejado. **III.** *s.* mango, puño, asa, manigueta, manubrio, tirador, agarrador, manija; astil (de hacha, etc.); (Am.) cacha (de arma blanca); (fam.) título.—**h. bar(s),** guía(s) (de bicicleta).
handler [hǽndlœ(r)], *s.* manipulador, manejador; manipuladora (máquina); (dep., boxeo) entrenador.
handless [hǽndlịs], *a.* manco.
handling [hǽndlịŋ], *s.* manejo; manoseo, tocamiento; maniobra; manipulación; toque.
handmade [hǽndméịd], *a.* hecho a mano.
handmaid [hǽndmeịd], **handmaiden** [-ẹn], *s.* criada de mano, asistenta.
hand-me-down [-mi daụn], *a.* y *s.* (fam.) (traje, etc.) ya hecho, barato, o de segunda mano.
handout [-aụt], *s.* (fam.) limosna de ropa o alimento dada a un pordiosero o vago.
handrail [-reịl], *s.* pasamano, baranda(l).
handsaw [-sɔ], *s.* serrucho, sierra de mano.
hand's-breadth [hǽndzbrɛdθ], *s.* = HANDBREADTH.
handsel, hansel [-sẹl, hǽnsẹl]. **I.** *s.* estrena, aguinaldo; estreno; prenda, señal, *f.*, arras, *f. pl.* **II.** *va.* dar estrenas o dádivas; estrenar.
handset [-sɛt], *s.* teléfono que reúne el transmisor y el receptor en una sola pieza.
handshake [-šeịk], *s.* apretón de manos.
handsome [hǽnsʌm], *a.* hermoso; excelente; amplio, liberal, generoso; elegante, fino.
handsomely [-lị], *adv.* hermosamente; generosamente.—**handsomeness** [-nịs], *s.* hermosura; generosidad.
handspike [hǽndspaịk], *s.* palanca; espeque.
handspring [-spriŋ], *s.* voltereta sobre las manos.
handwork [-wœrk], *s.* obra hecha a mano.

handwriting [-raitiŋ], *s.* carácter de letra; letra, puño; escritura.
handy [-i], *a.* manual, manuable, fácil de manejar; próximo, a la mano; cómodo, útil; diestro, hábil, mañoso.—**h.-man,** hombre o mozo para tareas menudas varias.—**to come in h.,** caer bien, venir al pelo.
hang [hæŋ]. **I.** *va.* (*pret.* y *pp.* HUNG O HANGED) colgar, suspender; fijar (en la pared, etc.); empapelar (pared); poner colgaduras en; endoselar; ahorcar (en este último sentido es de preferirse el participio pasado HANGED).—**to h. fire,** fallar el tiro, hacer higa; estar una cosa en suspenso; vacilar.—**to h. out,** enarbolar; colgar.—**to h. up,** levantar, suspender en el aire; colgar; arrinconar, dejar pendiente, suspender; (fam.) empeñar.—**to h. with tapestry,** entapizar.—**h. it all!,** (fam.) ¡maldito sea! **II.** *vn.* colgar, pender, caer; fluctuar, vacilar, estar en duda; ahorcarse; ser ahorcado; ser inminente; (con **on** o **upon**) pegarse, agregarse a uno, ir al retortero; colgarse o abrazarse al cuello de uno; depender, estar pendiente de; (E. U.) no avenirse, no convenir.—**to h. around,** rondar, haraganear.—**to h. back,** rezagarse; plantarse, resistirse; vacilar.—**to h. down,** colgar, estar pendiente.—**to h. loose,** colgar flojamente.—**to h. in the balance,** estar pendiente de un hilo.—**to h. off,** no decidirse, hacerse el remolón.—**to h. on,** colgarse de, apoyarse en; quedarse, permanecer; insistir; persistir.—**to h. on the sleeve of,** estar sujeto a la voluntad de.—**to h. out,** estar enarbolado o colgado; sobresalir; ser inflexible, no ceder; (fam.) pasar la noche, dormir, alojarse, frecuentar o haraganear en ciertos sitios.—**to h. over,** colgar arriba de; destacarse sobre; (fig.) cernerse sobre; amenazar.—**to h. together,** permanecer unidos; tener cohesión.—**to h. up,** (fam.) terminar una conversación telefónica colgando el auricular. **III.** *s.* caída (de un vestido); modo como cuelga una cosa; inclinación, declive; (fam.) maña, destreza; quid, *m.*, busilis, *m.*—**not to care,** o **give, a h.,** no importarle a uno un bledo.
hangar [hǽŋä(r)], *s.* cobertizo; (aer.) hangar.
hangbird [hǽŋbœrd], *s.* pájaro que fabrica nido colgante (ll. t. **hangnest**).
hangdog [hǽŋdɔg], *a.* y *s.* camastrón; (sujeto) ruin, vil, servil o solapado; avergonzado.
hanged [hǽŋd], *a.* ahorcado.
hanger [hǽŋœ(r)], *s.* soporte colgante; colgadero; barra, plancha, hierro, etc., de suspensión; artefacto de suspensión; (impr.) espito; alfanje.
hanger-on [-án], *s.* dependiente; mogollón, gorrista; familiar; paseante en corte.
hanging [hǽŋiŋ]. **I.** *s.* ahorcadura, muerte (*f.*) en la horca.—*pl.* colgaduras, tapices, cortinaje, etc. **II.** *a.* colgante, pendiente, suspendido; patibulario.—**h. sleeves,** (sast.) mangas perdidas.
hangman [hǽŋman], *s.* verdugo.
hangnail [hǽŋneil], *s.* padrastro, respigón.
hangover [hǽŋouvœ(r)], *s.* sobra, algo que queda; (fam.) resaca, (Am.) goma.
hank [hæŋk]. **I.** *s.* madeja; cadejo; aduja, rollo de cuerda. **II.** *vn.* hacer madejas; adujar.
nanker [hǽŋkœ(r)], *vn.* (gen. con **for** o **after**), ansiar, apetecer.
hankering [-iŋ], *s.* anhelo, deseo, apetencia.
hanky [hǽŋki], *s.* (fam.) pañuelo.
Hansard [hǽnsärd], *s.* actas (*f. pl.*) del parlamento inglés; anseático, miembro del ansa.
hanse [hæns], *s.* (h)ansa; unión mercantil.
Hanseatic [hænsiǽtik], *a.* (h)anseático.—**H. League,** (h)ansa (ll. t. **Hanse**).
hansel [hǽnsel], *s.* y *va.* = HANDSEL.
hansom (**cab** [hǽnsom (kæb], *s.* cabriolé con el pescante en la zaga.
hap [hæp]. **I.** *s.* (ant.) lance, acaso; azar, suerte, *f.*, casualidad. **II.** *vn.* (ant.) acontecer.
haphazard [hǽphǽzärd]. **I.** *s.* suerte, *f.*, casualidad. **II.** *a.* casual, fortuito. **III.** *adv.* al acaso, a la ventura, al azar, casualmente.
hapless [hǽplis], *a.* desventurado, miserable.
haploid [hǽplɔid], *s.* y *a.* (biol.) haploide.
haplology [hæplálodži], *s.* (filol.) haplología.
haply [hǽpli], *adv.* (ant.) quizá; casualmente.
happen [hǽpn], *vn.* acontecer, suceder, pasar, acaecer, sobrevenir; parar en; hallarse por casualidad en.—**to h. in,** entrar o llegar casualmente.—**to h. on,** encontrarse o tropezar con. —**no matter what happens,** suceda lo que suceda.
happening [-iŋ], *s.* suceso, acontecimiento.
happily [hǽpili], *adv.* feliz o dichosamente; afortunadamente.
happiness [-nis], *s.* felicidad, dicha, alegría.
happy [hǽpi], *a.* feliz, dichoso, alegre, contento; fausto; afortunado.—**to be h. to,** alegrarse de, celebrar, tener gusto en; tener la fortuna de.—**h. hunting grounds,** la tierra feliz de la caza, paraíso de los indios norteamericanos.—**h. medium,** justo medio.
happy-go-lucky [-gou lʌ́ki]. **I.** *a.* y *s.* descuidado, confiado en la buena ventura. **II.** *adv.* a la buena ventura; de cualquier modo.
hara-kiri [hárakíri], *s.* harakiri, suicidio japonés que consiste en abrirse las entrañas.
harangue [harǽŋ]. **I.** *s.* arenga, perorata. **II.** *va.* arengar a. **III.** *vn.* pronunciar un discurso.
harass [hǽras], *va.* acosar, fatigar, atormentar, atosigar, vejar; desolar; (mil.) hostigar, hostilizar, perseguir.—**harassment** [-ment], *s.* hostigamiento; persecución, vejamen.
harbinger [hárbindžœ(r)]. **I.** *s.* precursor; presagio. **II.** *va.* presagiar, anunciar.
harbor [hárbo(r)]. **I.** *s.* puerto; seguro; asilo, abrigo, albergue.—**h. dues,** derechos de puerto. —**h. master,** capitán de puerto.—**h. pilot,** práctico. **II.** *va.* abrigar, amparar; acoger, hospedar; guardar, conservar; profesar, acariciar. **III.** *vn.* ampararse, refugiarse.
harborage [-idž], *s.* puerto; refugio, amparo, asilo.
harborer [-œ(r)], *s.* amparador, albergador, acogedor; encubridor.
hard [hárd]. **I.** *a.* duro, fuerte; inflexible, tieso; difícil, arduo; recio, riguroso, severo; miserable, penoso; fermentado (cidra, etc.); (fam.) malvado, perverso.—**a h. nut to crack,** (fig.) hueso duro de roer.—**h. and fast,** sin excepción; rígido; de calicanto, a macha martillo.—**h. of hearing,** duro de oído, teniente.—**h. on the heels of,** a raíz de, inmediatamente después de.—**h. to deal with,** intratable.—**to be h. on,** ser duro o severo con; ser difícil o desagradable para.—**to be h. up (for),** hallarse en apuros, estar a la cuarta pregunta. **II.** *adv.* diligentemente, con ahinco; con dificultad, con pesar; difícilmente; reciamente, con fuerza, duro, duramente; (mar.) todo, enteramente.—**h. by,** inmediato, muy cerca.—**to be h. put to it,** verse en calzas prietas.—**to drink h.,** beber con exceso.—**to go h. with,** ser difícil, arduo o desagradable para.—**to rain h.,** llover a cántaros.—**to snow h.,** nevar copiosamente.—**to try h.,** esforzarse.—**to work h.,** aporrearse, trabajar con ahinco.
hard alee, *adv.* (mar.) a sotavento todo.
hard aport, *adv.* (mar.) a babor todo.
hard-bitten [hárdbítn], *a.* (fam.) endurecido, aguerrido; tenaz, terco.
hard-boiled [-bɔ́ild], *a.* bien cocido, duro (huevo); (fam.) rudo; (fam.) terco, porfiado, (Am.) empecinado, petrificado.
hard cash, *s.* (com.) metálico, dinero en metálico, dinero contante y sonante.
hard coal, *s.* antracita.
hard core, *s.* (fig.) centro, parte principal o vital.
hard-drawn [-drɔ́n], *a.* estirado en frío (alambre).
hard drinker, *s.* tomador empedernido, bebedor inveterado.
hard-earned [-œ́rnd], *a.* ganado con dificultad.
harden [-n]. **I.** *va.* endurecer, endurar; (med.) indurar; solidar; curtir, encallecer; robustecer;

templar; hacer insensible o indiferente. **II.** *vn.* endurecerse, empedernirse.
hardening [-iŋ], *s.* endurecimiento.—**h. of the arteries,** (med.) arteriosclerosis.
hard-fisted [-fístid], *a.* de puños rudos; avaro, agarrado.
hard-fought [-fót], *a.* reñido.
hard goods, *s.pl.* géneros pesados (aviones, maquinarias, etc.).
hard-handed [-hǽndid], *a.* de manos encallecidas o ásperas; cruel; despótico.
hard-headed [-hédid], *a.* terco; perspicaz.
hard-hearted [-hártid], *a.* empedernido.
hard-hitting [-hítiŋ], *a.* enérgico, vigoroso, intensivo, intenso.
hardihood [-ihud], *s.* atrevimiento, temeridad.
hardiness [-inis], *s.* ánimo, valor, intrepidez; robustez, vigor.
hard knot, *s.* nudo apretado.
hard labor, *s.* trabajo forzado.
hard lines, *s.* = HARD LUCK.
hard liquor, *s.* licor, bebida fuertemente alcohólica (a diferencia de la cerveza y el vino).
hard luck, *s.* mala suerte.
hardly [-li], *adv.* mal, difícilmente, apenas, escasamente; no del todo; duramente, severamente.
hardness [-nis], *s.* dureza, endurecimiento; firmeza, solidez; escasez, penuria; crueldad, rigor; desabrimiento; obduración; crudeza (del agua); (b. a.) dureza, tosquedad.
hard palate, *s.* (anat.) paladar duro.
hardpan [hárdpǽn], *s.* capa dura o roqueña debajo de terreno blando; base sólida; fondo.
hard-pressed [-prɛst], *a.* escaso o falto de recursos, apurado; acosado.
hard rubber, *s.* ebonita, vulcanita.
hard sauce, *s.* salsa espesa de azúcar y mantequilla.
hard sausage, *s.* salchichón.
hard-set [-sét], *a.* resuelto; inflexible, obstinado,
hard-shell [-ŝɛl], *a.* con caparazón; porfiado. inflexible.
hardship [-ŝip], *s.* penalidad, trabajo; privaciones, *f. pl.;* opresión, gravamen, injusticia.
hard-sledding [-slédiŋ], *s.* dificultad, apuro.
hard soap, *s.* jabón duro.
hard solder, *s.* cobresoldadura, soldadura fuerte.
hard steel, *s.* acero duro.
hardtack [-tæk], *s.* bizcocho, galleta.
hardtop [-tap], *s.* cupé, berlina; coche con capota de metal; cerretera de superficie dura.
hard-to-please [-tupliz], *a.* de mal contento, difícil de agradar.
hard up, *a.* (fam.) en apuros, a la cuarta pregunta.
hard usage, *s.* mal trato, uso rudo.
hardware [-wɛr], *s.* quincalla, ferretería, quincallería, herraje, conjunto de accesorios metálicos. —**h. store,** quincallería.
hardwareman [-man], *s.* quincallero, ferretero.
hard water, *s.* agua gorda o cruda.
hard-won [-wʌ́n], *a.* obtenido con dificultad.
hardwood [-wud], *s.* madera dura.
hard words, *s.pl.* palabras injuriosas.
hard work, *s.* trabajo difícil o fuerte.
hard-worked [-wœ́rkt], *a.* trillado.
hard worker, *s.* trabajador muy asiduo.
hard-working [-wœ́rkiŋ], *a.* asiduo, que trabaja con tesón.
hardy [hárdi], *a.* fuerte, robusto, endurecido; bravo, intrépido; (bot.) resistente.
hare [hér], *s.* (zool.) liebre, *f.;* (astr.) constelación Lepus.—**h. and hounds,** juego en que se imita la caza de liebres.—**h.'s-ear,** (bot.) perfoliada. —**h.-hearted,** alebrado, medroso.—**h.-hunting,** lebrero.
harebell [-bɛl], *s.* (bot.) campanilla.
harebrained [-breind], *a.* cabeza de chorlito, ligero de cascos, tolondro.
harefoot [-fut], *s.* pie (*m.*) de liebre; corredor ágil.
harefooted [-futid], *a.* ligero, ágil.
harehound [-haund], *s.* lebrel, galgo lebrero.
harelip [-lip], *s.* labio leporino.—**harelipped** [-lipt], *a.* labihendido, de labio leporino.
harem [hérɛm], *s.* harén, serrallo.
haricot [hǽrikou], *s.* guisado con habichuelas y otras legumbres; (bot.) frijol, habichuela.
hark [hárk], *vn.* escuchar, atender.—**to h. back,** volver al asunto o al punto de partida.
harken, hearken [-n]. **I.** *vn.* (poét.) escuchar, atender. **II.** *va.* (ant.) oír con atención.
harl [harl], *s.* hebras (*f. pl.*) de lino; filamento.
harlequin [hárlekwin]. **I.** *s.* arlequín, bufón. **II.** *a.* multicolor; fantástico. **III.** *vn.* bufonearse.— **harlequinade** [-éid], *s.* arlequinada, pantomima.
harlot [hárlot]. **I.** *s.* ramera. **II.** *a.* meretricio.
harlotry [-ri], *s.* prostitución.
harm [hárm]. **I.** *s.* daño, perjuicio, mal. **II.** *va.* dañar, perjudicar; ofender, herir.
harmful [-ful], *a.* dañoso, dañino, nocivo, perjudicial.—**harmfully** [-i], *adv.* dañosamente, perniciosamente.—**harmfulness** [-nis], *s.* calidad de nocivo.
harmless [-lis], *a.* innocuo; inofensivo, inocente; ileso, libre de daño; sano y salvo.—**harmlessly** [-li], *adv.* inocentemente; sin daño.—**harmlessness** [-nis], *s.* inocencia; innocuidad.
harmonic [harmánik], *s.* (mús.) armónico, tono secundario.—*pl.* armonía.
harmonica [-ä], *s.* (mús.) armónica.
harmonic(al [-(al], *a.* armónico.
harmonically [-i], *adv.* armónicamente.
harmonicon [-on], *s.* (mús.) armónica, organillo, orquest(r)ión.
harmonious [harmóuniʌs], *a.* armónico; armonioso; simétrico, proporcionado.—**harmoniously** [-li], *adv.* armoniosamente, armónicamente.—**harmoniousness** [-nis], *s.* armonía.
harmonist [hármonist], *s.* armonista.
harmonium [harmóuniʌm], *s.* (mús.) armonio.
harmonize, harmonise [hármonaiz]. **I.** *va.* armonizar, concertar, poner de acuerdo. **II.** *vn.* armonizarse, congeniar; armonizar, convenir, corresponder.—**harmonizer** [-œ(r)], *s.* conciliador; (mús.) armonista.
harmony [hármoni], *s.* armonía, acuerdo.
harness [hárnis]. **I.** *s.* jaez (*m.*) o jaeces, arreos, guarniciones (*f. pl.*) de caballerías; (arm.) arnés; (mec.) aparejo; equipo; (fig.) servicio activo.—**h. maker,** guarnicionero, talabartero. —**h. room,** guardarnés. **II.** *va.* poner las guarniciones a (una caballería); enjaezar; armar con arnés.
harp [hárp]. **I.** *s.* (mús.) arpa; (astr.) Lira. **II.** *vn.* tocar o tañer el arpa.—**to h. on,** o **upon,** repetir, machacar, porfiar.—**to h. on,** o **upon, one string,** o **the same string,** estar siempre con la misma cantinela.
harper [-œ(r)], *s.* arpista.
harping [-iŋ], *s.* tañido del arpa; repetición enfadosa.—*pl.* (mar.) cucharros; jarretas.
harpist [-ist], *s.* = HARPER.
harpoon [harpún]. **I.** *s.* arpón, fisga.—**h. gun,** cañón para disparar el arpón.—**h. line** o **rope,** estacha. **II.** *va.* arponear.—**harpooner** [-œ(r)], *s.* arponero, fisgador.
harpsichord [hárpsikord], *s.* (mús.) clavicordio.
harpy [hárpi], *s.* arpía; (orn.) arpella.
harquebus [hárkwebʌs], *s.* arcabuz, *m.*
harquebusier [-ír], *s.* arcabucero.
harridan [hǽridan], *s.* vieja regañona, bruja.
harrier [hǽriœ(r)], *s.* lebrel pequeño; pillador, asolador; molestador; ave (*f.*) de rapiña.
harrow [hǽrou]. **I.** *s.* (agr.) grada, rastro, trilla; rodillo para desterronar; escarificador. **II.** *va.* (agr.) gradar; perturbar, atormentar.—**harrowing** [-iŋ]. **I.** *s.* (agr.) gradeo. **II.** *a.* horripilante, agudo, desgarrador.
harry [hǽri], *va.* pillar, asolar, saquear; acosar, molestar.
harsh [hárŝ], *a.* áspero, agrio, bronco, duro, riguroso, desagradable; tosco.—**harshly** [-li], *adv.* ásperamente, severamente, duramente,

agriamente.—**harshness** [-nis], *s.* aspereza, rudeza, acerbidad; bronquedad; rigor, severidad.
hart [hárt], *s.* (zool.) venado, ciervo de cinco años.
hartebeest [hártbist], *s.* (zool.) tipo de antílope sudafricano.
hartshorn [-shɔrn], *s.* amoníaco; cuerno de ciervo; (bot.) variedad de llantén.
harum-scarum [hérʌmskérʌm]. **I.** *a.* atolondrado, desbaratado. **II.** *s.* trueno, tronera, *mf.* **III.** *adv.* al tuntún, a troché y moche.
haruspex, haruspice [hærʌ́spɛks, -pis], *s.* arúspice.
harvest [hárvist]. **I.** *s.* cosecha; siega, agosto; esquilmo, fruto, producto, recolección.—**h. bug,** (ent.) mita, arador.—**h. fly,** cigarra, chicharra.—**h. home,** (Ingl.) fiesta o coro de segadores.—**h. moon,** luna de la cosecha.—**h. mouse,** ratón del campo.—**h. time,** mies, *f.* **II.** *va.* recoger la cosecha, segar, esquilmar; cosechar; (fig.) recoger el fruto.
harvester [-œ(r)], *s.* agostero, cosechero, segador; cosechadora, segadora, máquina de segar.
harvestman [-man], *s.* cosechero, etc.; (ent.) falangia; típula.
has [hæz], 3*a.* *pers. pres. ind.* de TO HAVE.
has-been [hǽzbin], *s.* (fam.) persona o cosa que fue (importante, popular, etc.), persona o cosa pasada de moda.
hash [hæŝ]. **I.** *va.* picar, desmenuzar, hacer picadillo. **II.** *s.* picadillo, jigote.
hasheesh, hashish [hǽŝiŝ], *s.* haxix, hachich.
haslet [hǽslɛt], *s.* (coc.) asadura de puerco.
hasp [hæsp]. **I.** *s.* aldaba de candado; broche. **II.** *va.* abrochar; cerrar con aldaba.
hassle [hǽsl], *s.* (fam.) disputa, riña, reyerta calurosa.
hassock [hǽsok], *s.* banqueta, escabel; cojín; ruedo de estera.
hast [hæst], 2*a.* *pers. pres. ind.* de TO HAVE.
hastate [hǽsteit], *a.* (bot.) alabardado.
haste [heist], *s.* prisa.—**in h.,** de prisa.
haste, hasten [héisn]. **I.** *va.* acelerar, apresurar, activar; precipitar. **II.** *vn.* darse prisa, apresurarse, apretar el paso.
hastily [héistili], *adv.* acelerada, apresurada o precipitadamente; a la carrera, a la ligera.
hastiness [-nis], *s.* prisa, prontitud; impaciencia.
hasty [héisti], *a.* pronto; apresurado; precipitado, arrojado; temprano.—**h. pudding,** (coc.) papilla, gachas (*f. pl.*) de harina de maíz.
hat [hæt], *s.* sombrero; capelo, dignidad de cardenal.—**h. factory,** o **shop,** sombrerería.—**h. guard,** barboquejo.—**h. maker,** o **seller,** sombrerero.—**h. money,** (mar.) capa y sombrero, quintalada.—**hats off!** ¡descubrámonos! ¡descubrirse!—**to pass the h. (around),** pasar el cepillo, hacer una colecta.
hatable [héitabl], *a.* odioso.
hatband [hǽtbænd], *s.* cinta del sombrero.
hatbox [-baks], **hatcase** [-keis], *s.* sombrerera.
hatch [hæch]. **I.** *va.* criar pollos, empo ar, incubar o encobar; fraguar, tramar, maquinar; sombrear con líneas. **II.** *vn.* empollarse, salir del cascarón; madurarse. **III.** *s.* cría, nidada, pollada; salida del cascarón; compuerta; portezuela; trampa; (mar.) escotilla, cuartel; (hidr.) paradera, compuerta.
hatchel [hǽchel]. **I.** *s.* rastrillo. **II.** *va.* rastrillar; (fig.) contrariar, impacientar.—**hatcheler** [-œ(r)]. *s.* rastrillador.—**hatcheling** [-iŋ], *s.* rastrillaje.
hatcher [hǽchœ(r)], *s.* empollador; incubadora.
hatchery [-i], *s.* incubadero; piscifactoría, vivero, criadero (esp. de peces).
hatchet [hǽchit], *s.* destral, machado, hacha pequeña.—**h. face,** cara delgada, cara de cuchillo. —**h.-faced,** de facciones enjutas.
hatching [hǽchiŋ], *s.* pollazón, incubación; (b. a.) sombreado, sombra hecha con líneas.
hatchway [hǽchwei], *s.* (mar.) escotilla.
hate [héit]. **I.** *va.* odiar, aborrecer. **II.** *s.* odio, aborrecimiento.
hateful [-ful], *a.* aborrecible, odioso; maligno, rencoroso, malévolo.—**hatefully** [-i], *adv.* odiosamente.—**hatefulness** [-nis], *s.* odiosidad.
hath [hæθ], (ant.) 3*a.* *pers. pres. ind.* de TO HAVE.
hatpin [hǽtpin], *s.* pasador o aguja de sombrero; rascamoño.
hatrack [hǽtræk], *s.* percha, cuelgasombreros.
hatred [héitrid], *s.* odio, aborrecimiento, enemiga.
hatted [hǽtid], *a.* que lleva sombrero.
hatter [hǽtœ(r)], *s.* sombrerero.—**h.'s jack,** carda.
hauberk [hɔ́bœrk], *s.* (arm.) plaquín, camisote.
haughtily [hɔ́tili], *adv.* arrogantemente.
haughtiness [-nis], *s.* arrogancia, soberbia, altanería, altivez; ínfulas, *f. pl.*, humos, *m. pl.*
haughty [hɔ́ti], *a.* arrogante; vano, entonado.
haul [hɔ́l]. **I.** *va.* tirar de, arrastrar; transportar; (mar.) halar, ronzar, aballestar, cazar.—**to h. aft the sheets,** (mar.) cazar las escotas.—**to h. down the colors,** arriar la bandera.—**to h. in,** redar.—**to h. over the coals,** (fam.) echar una raspa a.—**to h. the wind,** (mar.) ceñir el viento. **II.** *s.* tirón o estirón, hala; arrastre, transporte; redada; (fam.) botín, presa, ganancia.
haulage [-idẑ], *s.* arrastre, acarreo, transporte; carretaje; coste o gastos de acarreo; (f. c.) precio que se paga por el uso de una vía férrea (gen. por los trenes de otra).
hauling [-iŋ], *s.* estirón, hala; acarreo, transporte, arrastre.—**h. line,** guía, cable portador.
haulm [hɔm], *s.* paja, rastrojo.
haunch [hɔnch], *s.* (anat., zool.) anca, grupa, culata; pernil; (arq.) riñón de una bóveda.
haunt [hɔ́nt]. **I.** *va.* frecuentar; rondar; perseguir una idea a uno; obsesionar, obseder, causar obsesión; aparecerse en, andar por (apl. a los muertos que se suponen espantar como fantasmas). **II.** *s.* guarida, querencia; lugar que uno frecuenta.
haunted [-id], *a.* visitado por aparecidos; (sitio) donde se aparecen fantasmas o los muertos espantan.
haustellum [hɔstélʌm], *s.* trompa de las mariposas, moscas, etc.
hautboy [hóubɔi], *s.* (mús.) oboe.
hauteur [houtœ́r], *s.* arrogancia, altivez.
have [hæv]. **I.** *aux.* (*pret.* y *pp.* HAD) haber. El pretérito **had** se usa a veces en vez de *if* (*had I been there,* si yo hubiera estado allí; *had it rained,* si hubiera llovido).—**had as soon, had as lief,** expresa buena voluntad, pero sin preferencia (*I had as lief go,* iré de buena gana, no tengo inconveniente en ir).—**had better,** (le, me, etc.) sería mejor o convendría (*you had better wait,* le sería mejor aguardar, mejor es que aguarde; *we had better ask,* mejor es que preguntemos).—**had rather,** más bien, (yo, etc.) preferiría (*I had rather go,* yo preferiría ir; *I had rather be free than famous,* yo preferiría ser libre a ser famoso, más quisiera ser libre que famoso). **II.** *va.* tener, poseer; contar con; tomar (una bebida, etc.); recibir (carta, noticia etc.); tolerar, permitir; decir, asegurar; (fam.) vencer, ganar; engañar; saber, poseer (un idioma). Seguido de infinitivo indica, ya deseo, ya mandato (*I would have you come,* deseo que Vd. venga; *I will have my servant take the letter,* haré que mi criado lleve la carta). Antes de participio, equivale a "hacer" seguido de infinitivo (*I had the letter copied,* hice copiar la carta), o al tiempo del verbo correspondiente con dativo (*he had a leg broken,* le quebraron una pierna).—**to h. a care,** tener cuidado.—**to h. a grudge against,** tener tema o inquina a.—**to h. a mind to,** querer, tener ganas de. —**to h. a narrow escape,** escaparse en una tabla, salvarse por un pelo.—**to h. and to hold,** (for.) tener y poseer (en propiedad o en dominio).—**to h. an eye to,** vigilar, observar. —**to h. at,** dar (golpes, etc.) a, atacar.—**to h. at heart,** desear con vehemencia—**to h. breakfast, lunch,** etc., desayunarse, almor-

zar, etc.—**to h. done (with)**, haber terminado; no tener más que ver con.—**to h. got to,** (fam.) tener que.—**to h. in hand,** estar ocupado en, tener entre manos.—**to h. it,** ganar; tener o ganar la ventaja; acertar, atinar, dar en el busilis, tener la solución de un problema; recibir golpes, castigo, etc. (Se emplea algún otro giro; vg. *he had it hard*, le dieron recio, le pegaron bien).—**to h. it in for,** tenérsela jurada a.—**to h. it out,** terminar el negocio, ponerle punto final, poner fin al asunto (por discusión, riña, etc.); decir verdades, cantar claro.—**to h. nothing on one,** no llevar ninguna ventaja a uno; no tener o saber nada contra uno.—**to h. on,** tener puesto (traje, etc.).—**to h. one's eye on,** vigilar, no perder de vista; haberle echado el ojo a.—**to h. one's self to blame,** tener la culpa.—**to h. one's way,** hacer uno lo que quiera; salirse con la suya.—**to h. recourse,** recurrir.—**to h. something on one,** llevar ventaja a uno; tener o saber algo contra uno.—**to h. to,** tener que deber.—**to h. to do with,** tener que ver con; tratar de, versar sobre.—**as fate, o fortune, would h. it,** quiso la suerte que, según quiso la suerte.—**rumor has it so,** así se dice; aseguran que es verdad.—**will h.,** deseo, desea, etc. (*I will have it so*, así lo quiero; *what will you have?* ¿qué desea Vd.?; *I will not have it*, no lo permito, o tolero). III. *s.* (fam.) el que tiene, el privilegiado (gen. en la frase **the haves and the have-nots,** los que tienen y los desposeídos).

havelock [hǽvlak], *s.* (mil.) cogotera.

haven [héi̯vn], *s.* puerto, fondeadero, abra; abrigo, asilo.

have-not [hǽvnat], *s.* (fam.) persona o nación sin recursos.

haversack [hǽvœrsæk], *s.* (mil.) mochila, barjuleta.

havoc [hǽvǫk]. I. *s.* estrago.—**to cry h.,** dar la orden de degüello y saqueo.—**to play h.,** hacer estragos. II. *va.* y *vn.* asolar, talar, hacer estragos.

haw [hɔ]. I. *s.* (bot.) acerola; baya o simiente (*f.*) del espino blanco; balbucencia. II. *va.* y *vn.* volver o hacer volver a la izquierda.—**to h. and gee,** ir de un lado a otro. III. *vn.* tartamudear.

Hawaiian [hawái̯yan], *a.* y *s.* hawaiano, hauaiano.

haw-haw [hóhó]. I. *s.* carcajada. II. *vn.* reír a carcajadas.

hawk [hók]. I. *s.* (orn.) halcón; gavilán; (alb.) tabla portamezcla.—**h.-eyed,** lince, de ojo avizor.—**h. moth,** (ent.) esfinge, *f.*—**h.-nosed,** aguileño, de nariz aguileña.—**h. owl,** (orn.) úlula, autillo.—**h. trainer,** halconero. II. *va* y *vn.* cazar con halcón; pregonar mercancías; gargajear, arrancar flema.—**hawking** [-iŋ], *s.* cetrería, halconería.

hawker [-œ(r)], *s.* buhonero; pregonero; halconero.

hawkweed [-wid], *s.* (bot.) pelosilla.

hawse [hóz], *s.* (mar.) proa del buque; distancia, largo o cumplido de un cable.—**h. hole,** escobén.—**h. pipes,** bocinas o canales de los escobenes.—**h. plugs,** tacos de los escobenes.

hawser [-œ(r)], *s.* (mar.) cable, estacha.

hawthorn [hóθɔrn], *s.* (bot.) espino, blanca espina, acerolo, oxiacanta.

hay [héi̯]. I. *s.* heno; paja de heno u otras hierbas para forraje, bálago.—**h. fever,** (med.) fiebre (*f.*) del heno, catarro anual de la nariz y los ojos.—**h.-spreader, h.-tedder,** esparcidora de heno.—**to make h. while the sun shines,** golpear el hierro cuando está en ascua, aprovechar la oportunidad, hacer su agosto. II. *va.* henear, ejecutar la operación del henaje.

haycock [-kak], *s.* almiar, niara.

hayfield [-fild], *s.* henar.

hayfork [-fɔrk], *s.* horca, bieldo, tridente.

haying [-iŋ], *s.* henaje.

hayloft [-lɔft], *s.* henal o henil, pajar.

haymaker [-mei̯kœ(r)], *s.* persona que hace heno; (fam.) puñetazo violento.

haymow [-mau̯], *s.* henal. *V.* t. HAYSTACK.

hayrake [-rei̯k], *s.* rastrillo para heno.

hayrick [-ri̯k], *s.* = HAYSTACK.

hayseed [-sid], *s.* simiente (*f.*) de heno o de hierbas; (fam.) patán, rústico, paleto.

haystack [-stæk], *s.* niara, almiar, balagar; hacina de heno.

haywire [-wai̯r], *a.* (fam.) desarreglado; loco.

Haytian [héi̯ti̯an], *a.* y *s.* haitiano.

hazard [hǽzạrd]. I. *s.* azar, albur, suerte, *f.*; peligro, riesgo; juego de azar a los dados; obstáculo (en el golf, etc.); acción de entronerar (en el billar). II. *va.* arriesgar, aventurar, exponer. III. *vn.* arriesgarse, aventurarse.

hazardous [-ʌs], *a.* arriesgado, peligroso.—**hazardously** [-li̯], *adv.* peligrosamente, arriesgadamente.—**hazardousness** [-ni̯s], *s.* riesgo, peligro; lo arriesgado.

haze [hei̯z]. I. *s.* niebla, bruma, calina; ofuscamiento mental. II. *vn.* abrumarse la atmósfera. III. *va.* dar culebra (en los colegios); (mar.) fatigar con trabajos pesados.

hazel [héi̯zl]. I. *s.* (bot.) avellano.—**h. grouse,** (orn.) ortega. II. *a.* castaño.

hazelnut [-nʌt], *s* avellana.

haziness [héi̯zi̯ni̯s], *s.* fosca, calígine, *f.*, calina.

hazing [héi̯ziŋ], *s.* culebra, culebrazo, novatada (en los colegios); acción o efecto de obligar a trabajar demasiado o en tareas desagradables; tunda, zurra.

hazy [héi̯zi̯], *a.* anieblado, brumoso; confuso, vago.

he [hi], *pron. pers.* él. Se emplea también para denotar el macho, vg.: *he-goat*, macho cabrío; *he-bear*, oso (macho).—**he-man,** (fam.) todo un hombre, hombre cabal.—**h. who, h. that,** el que, aquel que, quien.

head [hed], *s.* cabeza, testa; cima; parte (*f.*) superior o principal; título, encabezamiento; división sección (de un escrito, etc.); cabecera (de cama, mesa, río); fondo (de barril); tapa (de cilindro); (aut., etc.) culata (de cilindro); jefe, caudillo; director; res, *f.*, cabeza de ganado (en este sentido el *pl.* es como el *sing.*); avance, progreso; crisis; astas (*f. pl.*) de ciervo o venado; punta (de flecha, etc.); puño (de bastón); (mar.) proa; fuente, *f.*, nacimiento; (hidr.) carga hidrostática o de presión, diferencia de nivel.—**h. fast,** (mar.) cabo de retenida de proa.—**h. of a sail,** gratil.—**h. of cabbage,** etc., repollo de col, etc.—**h. of hair,** cabellos, *m. pl.*, cabellera.—**h. on,** de frente, cabeza con cabeza.—**h. or tail, o heads or tails,** cara y cruz, cara o sello.—**h. over heels,** precipitadamente, temerariamente.—**a h.,** por barba, por persona.—**at the h. (of),** al frente (de).—**from h. to foot,** o **to heels,** de pies a cabeza.—**neither h. nor tail,** ni pies ni cabeza.—**off one's h.,** (fam.) destornillado, loco.—**on this h.,** sobre este punto, asunto o particular.—**out of one's h.,** con el conocimiento perdido, delirante.—**over h. and ears,** hasta las orejas.—**over one's h.,** por encima de uno, sin hacer caso de uno; fuera del alcance de uno.—**to bring to a h.,** (med.) madurar; ultimar, traer a un estado o situación decisivos.—**to come to a h.,** llegar a un estado definitivo, culminar; (med.) madurar.

head, *a.* principal; de o para la cabeza; de frente; (mar.) de proa; (hidr.) relativo a la carga hidrostática.—**h. cold,** (med.) romadizo, coriza.—**h. cook,** primer cocinero.—**h. lamp** = HEADLIGHT.—**h. money, h. tax,** capitación.—**h. pin,** diez de bolos.—**h. post,** pilar o poste de cabecera.—**h. resistance,** (aer.) resistencia de proa o al avance.—**h. sea,** (mar.) mar o marejada de proa.—**h. tone, h. voice,** voz de cabeza.—**h. wind,** viento de frente, o en contra.

head. I. *va.* encabezar; mandar, dirigir, presidir; interceptar, detener (gen. con *off*); descabezar, degollar; formar o poner cabeza, puño, cabo en o a; poner título; podar; (con *in*), recortar o mochar (árboles). **II.** *vn.* dirigirse; (med.) supurar; repollar, acogollarse (el col, etc.); nacer en, salir o provenir de.—**to h. for,** dirigirse o encaminarse a, hacer rumbo a.

headache [-eįk], *s.* (med.) dolor de cabeza, jaqueca, cefalalgia.

headband [-bænd], *s.* cabezada de libro; venda, cinta o faja para la cabeza.

headblock [-blak], *s.* bloque de levante bajo el extremo de un madero, etc.; (f. c.) traviesa de apoyo de las agujas de un cambiavía.

headboard [-bɔrd], *s.* cabecera de cama.

headcheese [-chiz], *s.* queso de cerdo.

headdress [-drɛs], *s.* cofia, tocado, redecilla o escofieta.

headed [-įd], *a.* que tiene cabeza; titulado.—**h. for,** en dirección a, con rumbo a.

header [-œ(r)], *s.* (ton.) el que pone fondos a las cubas; caída o salto de cabeza, zambullida; golpe en la cabeza; descabezador de las mieses; cabecilla; (arq.) tizón, piedra o ladrillo a tizón; (m. v.) colector, cámara de circulación.

headfirst [-fœ́rst], **headforemost** [-fɔ́rmoųst], *adv.* de cabeza.

headgear [-gįr], *s.* tocado o cofia de mujer; cabezada; (mar.) aparejo de las velas de proa.

head-hunter [-hʌntœ(r)], *s.* cazador de cabezas.

headiness [-įnįs], *s.* terquedad, obstinación; encabezamiento del vino.

heading [-įŋ], *s.* título, encabezamiento; membrete; (ton.) témpano, tapa; (min.) galería, socavón; frente; (arq.) paramento o frente de un tizón.—**h. bond,** (arq.) aparejo de tizones.—**h. joint,** (carp.) junta de dos maderos con las fibras en ángulo recto.

headland [-lạnd], *s.* (geog.) promontorio, punta.

headledge [-lɛdẑ], *s.* (mar.) contrabrazola.

headless [-lįs], *a.* descabezado, degollado; acéfalo.

headlight [-laįt], *s.* linterna delantera; (aut.) faro; (f. c.) farol, fanal; (mar.) farol de tope.

headline [-laįn], *s.* título, encabezamiento; titular, *f.*; epígrafe.

headlong [-lɔŋ]. **I.** *a.* temerario, arrojado; precipitado; precipitoso. **II.** *adv.* de cabeza; precipitadamente, de sopetón; sin pensarlo; de hoz y de coz.

headman [-mạn], *s.* jefe, cabecilla.

headmaster [-mǽstœ(r)], *s.* director de escuela.

headmistress [-mįstrįs], *s.* directora.

headmost [-moųst], *a.* delantero, de la cabeza.

headphone [-foųn], *s.* (tlf., rad.) boquilla auricular o receptor que se asegura en la cabeza con una cinta elástica.

headpiece [-pis], *s.* morrión, *m.*, bacinete, casco; (impr.) viñeta, cabecera; (fam.) cholla, mollera.

headquarters [-kwɔrtœrz], *s.* (mil.) cuartel general; comisariato o jefatura (de policía, etc.); oficina principal; centro de dirección o de operaciones.

headrace [-reįs], *s.* saetín (de molino).

headrail [-reįl], *s.* (mar.) percha.

headrest [-rɛst], *s.* apoyo para la cabeza.

headrope [-roųp], *s.* (mar.) relinga de gratil.

headsail [-seįl], *s.* (mar.) vela delantera.

headset [-sɛt], *s.* juego de *headphones.*

headshake [-ŝeįk], *s.* cabezada.

headship [-ŝip], *s.* jefatura; supremacía.

headsman [-zmạn], *s.* verdugo; degollador.

headspring [-sprįŋ], *s.* fuente, *f.*, origen.

headstall [-stɔl], *s.* cabezada del freno, testera, jáquima, potrera.

headstock [-stak], *s.* portaherramienta (de un torno, de cepilladora); (tej.) bastidor de la carretilla de la despepitadora de algodón.

headstone [-stoųn], *s.* lápida mortuoria; (arq.) piedra angular; clave, *f.*

headstrong [-strɔŋ], *a.* terco, testarudo, obstinado, cabezudo, voluntarioso.—**headstrongness** [-nįs], *s.* terquedad, obstinación, testarudez.

headwaiter [-wéįtœ(r)], *s.* camarero principal, jefe de mozos de restaurante.

headwaters [-wɔtœrz], *s. pl.* cabecera, fuentes, *f. pl.*

headway [-weį], *s.* (mar.) salida, marcha de un buque; avance, ímpetu; progreso; (f. c.) intervalo o distancia entre dos trenes; (ing.) elevación, espacio libre (debajo de un puente, etc.).—**to make h.,** adelantar, progresar.

headwork [-wœrk], *s.* trabajo mental; obra intelectual; (arq.) cabeza de adorno en una clave.

heady [-į], *a.* temerario, arrojado; fuerte, encabezado (vino); violento, impetuoso; (fam.) sesudo.

heal [híl]. **I.** *va.* curar; remediar; reconciliar, componer. **II.** *vn.* sanar; recobrar la salud.—**to h. up,** cicatrizarse.

healer [hílœ(r)], *s.* sanador; curador.

healing [hílįŋ]. **I.** *a.* sanativo, curativo, cicatrizal. **II.** *s.* cura, curación, cicatrización.

health [hɛ́lθ], *s.* salud; sanidad.—**h. department,** sanidad.—**h. officer,** sanitario, oficial de sanidad o de cuarentena.—**h.-giving,** salubre, saludable.—**h. resort,** lugar de curas, colonia de enfermos.—**to be in good (poor) h.,** estar bien (mal) de salud.—**your h.!** ¡a su salud!

healthful [-fųl], *a.* sano, saludable, salubre.

healthfully [-į], *adv.* saludablemente.

healthfulness [-nįs], *s.* salubridad, calidad de saludable, higiénico, etc.

healthily [-įlį], *adv.* saludablemente.

healthiness [-įnįs], *s.* sanidad, estado sano, goce de buena salud.

healthy [-į], *a.* sano; fuerte, de buena salud; saludable.

heap [híp]. **I.** *s.* montón, rimero, acervo; (fam., a veces *pl.*) gran cantidad, mucho(s); multitud, gentío.—**in heaps,** a montones. **II.** *va.* amontonar, apilar, acumular; colmar, llenar completamente.

heaping [-įŋ]. **I.** *a.* llenado con exceso o hasta que se desborde. **II.** *s.* amontonamiento.

hear [hįr]. **I.** *va.* (*pret.* y *pp.* HEARD) oír; oír decir; escuchar; saber, tener noticia de; dar audiencia; otorgar, conceder.—**to h. confession,** confesar.—**to h. it said,** oír decir.—**to h. mass,** oír misa. **II.** *vn.* oír.—**to h. from,** saber de (directamente, como por carta).—**to h. of,** saber de (de oídas); tener noticia de.—**will not,** o **won't, h. of it,** no quiere (quiero, etc.) ni siquiera hablar de ello.

hearer [hírœ(r)], *s.* oyente, oidor, escuchador.

hearing [hírįŋ], *s.* oído; audiencia; (for.) vista (de un pleito o causa); examen de testigos acción de oír, audición; alcance del oído.—**in one's h.,** que uno oye u oyó.—**within h.,** al alcance del oído.

hearing aid, *s.* audífono, acústico.

hearken [hárkn], *vn.* y *va.* = HARKEN.

hearsay [hírseį], **I.** *s.* rumor, voz común, fama.—**by h.,** de oídas. **II.** *a.* de oídas.

hearse [hœrs]. **I.** *s.* carro o coche fúnebre. **II.** *va.* colocar en un ataúd; enterrar, sepultar.

hearsecloth [-klɔθ], *s.* palio, paño mortuorio.

hearselike [-laįk], *a.* lúgubre, fúnebre.

heart [hárt], *s.* corazón; ánimo; (fig.) entraña(s).—*pl.* copas (palo en juegos de naipes).—**h. and soul,** en cuerpo y alma.—**h.-to-h.,** sincero, franco.—**after one's own h.,** de todo el gusto de uno, que armoniza en todo con las ideas de uno.—**at h.,** en el fondo, esencialmente; en verdad.—**by h.,** de memoria.—**from one's h.,** de todo corazón, con sinceridad.—**to eat one's h. out,** estarse muriendo de (remordimiento, tristeza, etc.), consumirse.—**to have one's h. in one's mouth** o **boots,** tener el alma en un hilo, estar muerto de miedo.—**to have one's h. in the right place,** ser bien intencionado.—**to one's h.'s content,** a sus anchas, sin restricción.—**to take to h.,** tomar en serio, tomar a pechos; inquietarse, preocuparse, afligirse.—**to wear one's h. on one's sleeve,**

llevar el corazón en las manos.—**with all one's h.**, con todo el corazón, de todo corazón.
heartache [-eik], *s.* angustia, congoja, pesar.
heart attack, *s.* ataque cardíaco.
heartbeat [-bit], *s.* latido del corazón.
heart block, *s.* (med.) bradicardia, retardación rítmica de los latidos del corazón.
heartbreak [-breik], *s.* angustia, pesar, dolor.
heartbreaking [-iŋ], *a.* congojoso, doloroso, desgarrador.
heartbroken [-broukn], *a.* acongojado, transido de dolor, muerto (fig.) de pesar.—**heartbrokenly** [-li], *adv.* con el corazón partido, dolorosísimamente.
heartburn [-bœrn], *s.* (med.) acedía, cardialgia. —**heartburning** [-iŋ]. **I.** *s.* acedía; rencilla, animosidad. **II.** *a.* intenso, profundo, sentido.
heart disease, *s.* enfermedad del corazón.
hearten [-n], *va.* animar, alentar; confortar.
heart failure, *s.* (med.) insuficiencia cardíaca; parálisis repentina del corazón.
heartfelt [-fɛlt], *a.* cordial, sincero; sentido.
hearth [harθ], *s.* hogar, fogón, chimenea; hogar doméstico.—**h. money**, fogaje, tributo antiguo.
hearthstone [hárθstoun], *s.* piedra de hogar o de chimenea; (fig.) hogar doméstico; lugar casero o íntimo.
heartily [hártili], *adv.* cordialmente, de corazón.
heartiness [-inis], *s.* cordialidad, sinceridad.
heartless [-lis], *a.* sin corazón; empedernido, cruel; tímido, pusilánime.—**heartlessly** [-li], *adv.* cruelmente, sin piedad; pusilánimemente, tímidamente.—**heartlessness** [-nis], *s.* falta de corazón; falta de ánimo; empedernimiento.
heart-rending [-rɛndiŋ], *a.* agudo, desgarrador, que parte el corazón.
heartsease [-siz], *s.* tranquilidad; (bot.) trinitaria, pensamiento.
heartseed [-sid], *s.* (bot.) farolillo de jardín.
heart-shaped [-šeipt], *a.* cordiforme, cardiáceo, acorazonado, en forma de corazón.
heartsick [-sik], *a.* dolorido; desconsolado.
heartsore [-sɔr], *a.* afligido, acongojado.
heartstricken [-strikn], *a.* afligido, angustiado.
heartstrings [-striŋz], *s. pl.* fibras del corazón; (fig.) entretelas.
heartstruck [-strʌk], *a.* afligido, acongojado.
heartthrob [-θrab], *s.* emoción apasionada o sentimental; salto.
heart trouble, *s.* enfermedad del corazón.
heart-whole [-houl], *a.* desamorado; valiente, intrépido; sincero.—**heart-whole and fancy-free**, no enamorado, libre del poder del amor.
heartwood [-wud], *s.* madera de corazón, duramen.
hearty [-i], *a.* cordial, sentido, sincero; sano, robusto, vigoroso; voraz; gustoso, grato.
heat [hit]. **I.** *s.* calor; acaloramiento, ardor, vehemencia; celo o brama (de los animales); (fund.) carga de un horno, hornada; colada, (dep.) carrera o corrida preliminar o eliminatoria.—**in h.**, en celo, salida (perra, gata, etc.). —**to be in h.**, estar en celo, (fig.) estar caliente o cachondo (un animal). **II.** *va.* calentar, caldear; acalorar; excitar. **III.** *vn.* calentarse; acalorarse.
heat barrier, *s.* (aer.) barrera térmica.
heat engine, *s.* máquina térmica.
heater [-œ(r)], *s.* calentador; calorífero; aparato de calefacción; estufa.
heat exchanger, *s.* intercambiador de calor.
heath [hiθ], *s.* (bot.) brezo; brezal, matorral.—**h. cock**, (orn.) gallo silvestre, urogallo.
heathen [híðen], *s.* gentil, pagano.—**heathenish** [-iš], *a.* gentílico, pagano; bárbaro.—**heathenism** [-izm], *s.* gentilismo, paganismo. —**heathenize** [-aiz], *va.* y *vn.* hacer(se) pagano; gentilizar.
heather [héðœ(r)], *s.* (bot.) brezo, erica, urce.
heathery [-i], **heathy** [híθi], *a.* cubierto de brezos, matoso.
heating [hítiŋ]. **I.** *s.* calefacción; calentamiento, caldeo, calda. **II.** *a.* caluroso; calefaciente; de calefacción (superficie, área, etc.).—**h. pad**, almohadilla eléctrica.—**h. power**, potencia calorífica.
heatless [hítlis], *a.* frío, sin calor.
heat lightning, *s.* fucilazos, relámpagos sin trueno.
heat of fusion, *s.* (fís.) calor de fusión.
heat of vaporization, *s.* (fís.) calor de vaporización.
heat stroke, *s.* insolación.
heat transfer, *s.* transmisión de calor.
heat treatment, *s.* (met.) tratamiento térmico.
heat unit, *s.* unidad térmica.
heat wave, *s.* ola de calor.
heave [hiv]. **I.** *va.* (*pret.* y *pp.* HEAVED o HOVE) alzar, levantar, elevar; (mar.) izar; virar; lanzar, echar fuera, arrojar; exhalar, prorrumpir. —**to h. overboard**, echar al agua.—**to h. the lead**, escandallar.—**to h. a sigh**, exhalar un suspiro. **II.** *vn.* levantarse y bajarse alternativamente, v. gr., el pecho, el mar; suspirar hondo; palpitar; jadear, trabajar penosamente; tener náuseas; (mar.) virar.—**to h. in sight**, (mar.) aparecer, asomar.—**to h. to**, (mar.) ponerse al pairo o en facha. **III.** *s.* elevación; alzadura, levantamiento; henchidura de una ola; náusea, arcada; (geol.) falla.
heaven [hévn], *s.* cielo; gloria, paraíso.—*pl.* firmamento, las alturas.—**h.-born**, celeste, divino, angelical.—**h.-kissing**, que llega hasta el cielo.—**heavens!** ¡cáspita! ¡cielos!—**for h.'s sake!** ¡por Dios!
heavenliness [-linis], *s.* calidad de celestial.
heavenly [-li]. **I.** *a.* celeste; celestial. **II.** *adv.* celestialmente.
heavenward [-wărd], *adv.* hacia el cielo.
heaver [hívœ(r)], *s.* (mar.) alzaprima; cargador.
heaves [hivz], *s. pl.* (vet.) huélfago o huérfago.
heavily [hévili], *adv.* pesadamente, lentamente; tristemente; excesivamente, sumamente.
heaviness [-nis], *s.* pesantez, peso; tardanza, torpeza; languidez, modorra; abatimiento o tristeza; opresión, carga.
heaving [híviŋ], *s.* acción del verbo TO HEAVE; palpitación; oleada.—**h. line**, estacha, calabrote.
Heaviside [hévisaid] **layer**, *s.* (fís.) capa de Heaviside.
heavy [hévi]. **I.** *a.* pesado; grueso; fuerte; duro, riguroso; opresivo; molesto; denso, espeso; oneroso, gravoso; cargado, recargado; difícil; pesaroso, triste; considerable, importante; tardo, lento, estúpido; indigesto. **II.** *adv.* pesadamente; fuerte. **III.** *s.* (teat.) el malo, villano.
heavy-armed [-armd], *a.* armado de armas pesadas.
heavy artillery, *s.* artillería gruesa.
heavy-duty [-djúti], *a.* de servicio o trabajo fuerte.
heavy earth, *s.* (min.) barita.
heavy-handed [-hǽndid], *a.* torpe; opresivo.
heavy-hearted [-hártid], *a.* triste, abatido.
heavy hydrogen, *s.* (quím.) hidrógeno pesado.
heavy-laden [-léidn], *a.* recargado; agobiado, oprimido.
heavy sea, *s.* oleada, ola fuerte.
heavy-set [-sét], *a.* rechoncho, fornido.
heavy spar, *s.* (min.) baritina, espato espeso.
heavy water, *s.* (quím.) agua pesada.
heavyweight [-weit]. **I.** *a.* de peso pesado o máximo. **II.** *s.* boxeador de primer peso o de peso mayor.
hebdomad [hébdomæd], *s.* hebdómada.
hebdomadal [hɛbdámadal], **hebdomadary** [-dɛri], *a.* hebdomadario, semanal.
hebephrenia [hibefrínia], *s.* (pat.) hebefrenia.
hebetation [hɛbitéišon], **hebetude** [hébitjud], *s.* estupidez, entorpecimiento.
Hebraic [hibréiik], *a.* hebreo, hebraico.
Hebraism [híbriizm], *s.* hebraísmo.
Hebraist [híbriist], *s.* hebraísta.

Hebrew [híbru], *s.* y *a.* hebreo; israelita; judío.
hecatomb [hékatum], *s.* hecatombe, *f.*
heckle [hékl], *va.* interrumpir con preguntas irrisorias y sátiras. *V.* HACKLE y HATCHEL.
hectare [héktɛr], *s.* hectárea.
hectic(al [héktik(al], *a.* (med.) hético; agitado, turbulento.—**hectic,** *s.* (med.) tisis; fiebre hética; tísico.
hecto [hékto], *prefijo* que significa ciento.—**hectogram(me** [-græm], *s.* hectogramo.—**hectoliter, hectolitre** [-litœ(r)], *s.* hectolitro.—**hectometer, hectometre** [-mitœ(r)], *s.* hectómetro.—**hectograph** [-græf], hectógrafo.—**hectowatt** [-wat], *s.* hectovatio.
hector [héktǫ(r)]. **I.** *s.* matasiete, matón, fanfarrón. **II.** *vn.* baladronear, bravear. **III.** *va.* amenazar, intimidar con bravatas.
heddle [hédl], *s.* malla, lizos de un telar.
hedge [hédž]. **I.** *s.* seto vivo, cerca, vallado de zarzas.—**h. garlic,** (bot.) aliaria.—**h. hyssop,** (bot.) graciola.—**h. marriage,** casamiento clandestino.—**h. mustard,** (bot.) jaramago, balsamita, sisimbrio.—**h. parson,** clérigo inculto. **II.** *va.* cercar con seto, vallar; defender, circundar; rodear. **III.** *vn.* ponerse al abrigo; cubrirse; compensar o igualar una apuesta o jugada de bolsa con otra en sentido contrario.
hedgehog [-hag], **hedgepig** [-pig], *s.* (zool.) erizo.
hedgehop [-hap], *vn.* (aer., fam.) volar a ras de los árboles o setos.
hedger [-œ(r)], *s.* el que hace setos; el que compensa o iguala sus apuestas.
hedgerow [-rou], *s.* seto vivo.
hedging bill [hédžiŋ bil], *s.* podadera de setos.
hedonics [hidániks], *s.* ciencia del placer; parte (*f.*) de la ética que estudia el placer en su aspecto moral.
hedonism [hídonizm], *s.* hedonismo.—**hedonist(ic** [-ist, -ístik], *s.* y *a.* hedonista.
heed [híd]. **I.** *va.* atender, escuchar; observar, reparar (en), tener en cuenta. **II.** *vn.* prestar atención, hacer caso. **III.** *s.* cuidado, atención.
heedful [-ful], *a.* atento, cuidadoso.—**heedfully** [-i], *adv.* atentamente, cuidadosamente.—**heedfulness** [-nis], *s.* cautela, atención, cuidado.
heedless [-lis], *a.* desatento, descuidado; atolondrado, incauto.—**heedlessly** [-li], *adv.* incautamente, descuidadamente.—**heedlessness** [-nis], *s.* descuido, negligencia, imprudencia.
heel [híl]. **I.** *s.* (anat.) talón o calcañar; (zap.) tacón; talón de una media; pie, *m.*, parte (*f.*) inferior; (mar.) coz o pie de palo; (agr.) estaca, pie; (f. c.) talón (de una aguja).—**h. blank,** o **lift,** (zap.) tapa.—**heels over head,** patas arriba; precipitadamente, a tontas.—**down at the heels,** desvalido, en aprietos; desaliñado.—**to be at the heels of,** perseguir estrechamente; seguir servilmente. **II.** *va.* poner talón a (zapatos o medias); asir, agarrar por los talones; poner espolones al gallo; (fam.) proveer de dinero.—**to be well heeled,** (fam.) estar bien provisto de dinero.—**to h. in,** (agr.) cubrir provisionalmente con tierra las raíces. **III.** *vn.* (mar.) inclinarse, tumbarse o escorar.—**to h. over,** zozobrar.
heeler [-œ(r)], *s.* gallo que clava bien los espolones; (fam.) paniaguado de un cacique político; (zap.) taconero; andarín.
heelpiece [-pis], *s.* talón.
heft [héft]. **I.** *s.* (fam.) peso, pesadez; (fam.) la mayor parte. **II.** *va.* (fam.) so(m)pesar.
hefty [-i], *a.* (fam.) un poco pesado; vigoroso; riguroso.
Hegelian [heigéilian], *a.* y *s.* hegeliano.
Hegelianism [-izm], *s.* hegelianismo.
hegemony [hédžimoni], *s.* hegemonía.
hegira [hédžirä], *s.* héjira, (h)égira.
heifer [héfœ(r)], *s.* (zool.) vaquilla, novilla, vaquillona.
heigh-ho [hái hóu], *interj.* ¡ay! ¡oh!
height [háit], *s.* altura, alto, altitud, elevación; estatura, talla; alzada (de caballo); (geog.) cerro, colina, eminencia; sublimidad; apogeo (de fama, etc.); colmo.—**h. gauge,** calibre de alturas.—**at the h. of (spring,** etc.), en plena (primavera, etc.).—**the h. of folly,** el colmo de la locura.
heighten [-n], *va.* realzar, levantar, elevar; mejorar; adelantar, ascender; sublimar, exaltar; avivar.
heinous [héinʌs], *a.* atroz, nefando, horrible.—**heinously** [-li], *adv.* atrozmente, horriblemente.—**heinousness** [-nis], *s.* atrocidad, perversidad.
heir [ér], *s.* heredero.—**h. apparent,** heredero forzoso.—**h. at law,** heredero legal.—**h. presumptive,** presunto heredero.
heirdom [-dǫm], **heirship** [-šip], *s.* herencia, derecho de heredar.—**heiress** [-is], *s.* heredera.—**heirless** [-lis], *a.* sin heredero.—**heirloom** [-lum], *s.* bienes muebles heredados; herencia.
held [hɛld], *pret.* y *pp.* de TO HOLD.
heliac(al [híliæk, hiláiakal], *a.* (astr.) helíaco.
helianthemum [hiliǽnθεmʌm], *s.* (bot.) heliantemo.
helianthus [-θʌs], *s.* (bot.) helianto, girasol.
helical [hélikal], *a.* espiral, helicoidal.
helicoid [hélikɔid]. **I.** *a.* helicoidal. **II.** *s.* (geom.) helicoide.
helicoidal [hɛlikóidal], *a.* helicoidal.
Helicon [hélikan], *s.* (mit.) Helicón; (**h.,** mús.) helicón.
Heliconian [hɛlikóunian], *a.* (mit., fig.) heliconio.
helicopter [hélikaptœ(r)], *s.* (aer.) helicóptero.
heliocentric(al [hílioséntrik(al], *a.* heliocéntrico.
heliochromy [-kroumi], *s.* heliocromía, fotocromía.
heliograph [-græf]. **I.** *s.* heliógrafo; helióstato. **II.** *va.* hacer señales con el heliógrafo o el helióstato.
heliographic [-grǽfik], *a.* heliográfico.
heliography [hiliágrafi], *s.* transmisión de señales por medio del heliógrafo; descripción de la superficie del sol.
heliogravure [hiliogravjúr], *s.* heliograbado.
heliolatry [hiliálatri], *s.* culto del sol.
heliometer [hiliámɛtœ(r)], *s.* heliómetro.
helioscope [híliǫskoup], *s.* helioscopio.
heliostat [-stæt], *s.* helióstato.
heliotherapy [-θérapi], *s.* (med.) helioterapia.
heliotrope [-troup], *s.* (bot.) heliotropo; olor o color de esta flor; (fís.) helióstato, heliógrafo; (min.) heliotropo, ágata verdosa.
heliotropism [hiliátropizm], *s.* (bot.) heliotropismo.
heliotype [híliotaip]. **I.** *s.* heliograbado. **II.** *va.* reproducir por medio de la heliotipia.
heliotypy [-i], *s.* heleotipia; procedimiento del heliograbado.
heliport [hélipɔrt], *s.* helipuerto, aeropuerto para helicópteros.
helium [híliʌm], *s.* (quím.) helio.
helix [híliks], *s.* hélice, *f.*, espira; (arq.) voluta; (anat.) hélice o hélix, reborde del pabellón de la oreja; (zool.) hélix, caracol de tierra.
hell [hél], *s.* infierno; tártaro, averno; garito; desván; cajón de sastre; (impr.) caja de letras inservibles.—**h. for leather,** (fam.) a toda prisa, de prisa y corriendo.—**h. to pay,** (fam.) escándalo, lío, embrollo, confusión.—**like h.,** (fam.) excesivamente, en demasía; violentamente, con furia.—**to be h. on,** (fam.) ser difícil, desagradable o de castigo para; ser duro o severo con; ser destructivo para.—**to get** o **catch h.,** (fam.) ser reprendido o castigado.—**to give h. to,** (fam.) dar un jabón en.—**to play h. with,** (fam.) causar gran dificultad (preocupación, daño, etc.).—**to raise h.,** (fam.) hacer alboroto, hacer tumulto.
hellbender [-bɛndœ(r)], *s.* (zool.) salamandra acuática.
hell-bent [-bént], *a.* (fam.) resuelto, decidido, determinado.
hellbox [-baks], *s.* (impr.) caja de tipo roto.

hellbroth [-brɔθ], *s.* caldo mágico maligno.
hellcat [-kæt], *s.* bruja; arpía, vieja viciosa; persona atolondrada o temeraria.
hellebore [hélibɔr], *s.* (bot.) eléboro, veratro.
Hellenic [hɛlénik], *a.* heleno, helénico, greciano.
Hellenism [hélinizm], *s.* helenismo, grecismo.—**Hellenist** [-ist], *s.* helenista.—**Hellenistic** [-ístik], *a.* helénico.—**Hellenistically** [-ali], *adv.* a la manera de los griegos.—**Hellenize** [-aiz], *va.* y *vn.* helenizar, grecizar.
hellfire [hélfair], *s.* fuego o tormento del infierno.
hellgrammite [hélgramait], *s.* (ent.) larva que se emplea como carnada en la pesca.
hellhound [hélhaund], *s.* (mit.) Cancerbero; demonio; perseguidor cruel.
hellion [hélion], *s.* (fam.) demonio, persona traviesa.
hellish [héliš], *a.* infernal.—**hellishly** [-li], *adv.* infernal o diabólicamente.—**hellishness** [-nis], *s.* malicia infernal, diablura.
hello [hɛlóu], *interj. V.* HALLO y HOLLO.—**h. there!** ¡hola! ¡oiga!—**h.-girl,** (fam.) (chica) telefonista.
helm [hɛlm], *s.* (mar.) timón, gobernalle, caña; (ant.) yelmo, capacete.—**h. port,** limera del timón.
helmet [hélmit], *s.* yelmo, celada, casco.—**h. flower,** (bot.) acónito, matalobos.
helmeted [-id], *a.* que lleva yelmo.
helminth [hélminθ], *s.* (zool.) lombriz, helminto.
helminthic [hɛlmínθik], *a.* helminto; vermífugo.
helminthologist [hɛlminθálodžist], *s.* helmintólogo.
helminthology [-θálodži], *s.* helmintología.
helmless [hélmlis], *a.* sin timón.
helmsman [hélmzman], *s.* timonero, timonel.
helot [hélot], *s.* ilota, *mf.*—**helotism** [-izm], *s.* ilotismo.—**helotry** [-ri], *s.* la clase ilota; servidumbre, esclavitud.
help [hélp]. **I.** *va.* ayudar, asistir, auxiliar, socorrer; aliviar; remediar, reparar; evitar; dejar de hacer.—**to h. down,** ayudar a alguno a bajar.—**to h. forward,** adelantar, activar, promover.—**to h. on,** ayudar.—**to h. one's self to,** servirse (carne, sopa, etc.).—**to h. one to,** servir a uno (carne, sopa, etc.); proporcionar.—**to h. out,** ayudar; ayudar a salir; sacar de algún peligro o mal paso.—**to h. over,** ayudar a salir de (una dificultad, etc.).—**to h. up,** ayudar (a una persona) a levantarse.—**cannot h.** (seguido de gerundio), no puedo (puede, etc.) dejar de, menos de (seguido de infinitivo) (*I cannot help believing it,* no puedo menos de creerlo; *he could not help doing it,* él no pudo dejar de hacerlo).—**I cannot h. it,** no puedo remediarlo.—**so h. me God,** así Dios me salve. **II.** *vn.* ayudar; contribuir; servir (en la mesa).—**to h. out,** ayudar. **III.** *s.* ayuda, auxilio, socorro; remedio; servidumbre, criados, sirvientes; empleados, dependientes; trabajadores.—**h.!** ¡socorro!—**by the h. of,** con ayuda de.—**there is no h. for it,** eso no tiene remedio.
helper [-œ(r)], *s.* auxiliador, ayudador; asistente, ayudante.
helpful [-ful], *a.* útil, servicial; provechoso; saludable.—**helpfulness** [-nis], *s.* calidad de provechoso, servicial, etc.; utilidad.
helping [-iŋ]. **I.** *a.* ayudador, auxiliante, auxilia(do)r. **II.** *s.* acción de ayudar, etc.; porción (de comida) que se sirve a uno o que uno se sirve de una vez. Conviene cambiar el giro: *I have had two helpings of rice,* me he servido (Vd. me ha servido, etc.) arroz dos veces.
helpless [-lis], *a.* desvalido; imposibilitado, impotente; inútil; irremediable.—**helplessly** [-li], *adv.* irremediablemente; desamparadamente.
helplessness [-nis], *s.* desamparo; impotencia.
helpmate [-meit], *s.* compañero; asistente, ayudante, auxiliador.
helter-skelter [héltœr skéltœ(r)], *adv.* a trochemoche, sin orden ni concierto, a la desbandada.
helve [hɛlv]. **I.** *s.* astil de hacha o de destral; mango. **II.** *va.* poner mango o cabo a.
Helvetian [hɛlvíšian], **Helvetic** [hɛlvétik], *a.* y *s.* helvético, helvecio, suizo.
hem [hɛm]. **I.** *s.* (cost.) borde, dobladillo, bastilla, repulgo. **II.** *interj.* ¡ejem! *V.* AHEM. **III.** *va.* (cost.) dobladillar, bastillar, repulgar; (gen. con **in**) rodear, encerrar. **IV.** *vn.* tartamudear; fingir tos, toser de fingido.
hemal [hímal], *a.* perteneciente a la sangre; relativo al lado del cuerpo que contiene el corazón.
hematemesis [hɛmatémɛsis], *s.* (med.) hematemesis, vómito de sangre.
hematic [himætik], *a.* hemático, de la sangre, que afecta la sangre.—**hematid** [hímatid], *s.* (anat.) hematíe, *m.*, hematía, *mf.*
hematin [hématin], *s.* (quím.) hematina.
hematite [-tait], *s.* (min.) hematites, *f.*
hematoblast [-toblæst], *s.* hematoblasto.
hematocele [-tosil], *s.* hematocele, tumor sanguíneo.
hematogenesis [-togénesis], *s.* hematogénesis, formación de sangre.
hematoid [-toid], *a.* hematoideo, de sangre o semejante a la sangre.
hematology [-tálodži], *s.* (med.) hematología.
hematoma [-tóumä], *s.* hematoma, *m.*, tumor sanguíneo.
hematose [-tous], *a.* lleno o recargado de sangre; sanguíneo.
hematosis [-tóusis], *s.* (fisiol.) hematosis.
hematoxylin [-táksilin], *s.* hematoxilina, principio colorante del palo de Campeche.
hematuria [-tiúriä], *s.* (med.) hematuria, orina con sangre.
hemi [hémi], *prefijo* que equivale a medio o semi.
hemialgia [-ǽldžiä], *s.* hemialgia, dolor en un solo lado, esp. de la cabeza (ll. entonces t. **hemicrania**).
hemic [hímik *o* hémik], *a.* hémico, de la sangre, relativo a la sangre.
hemichordate [hɛmikɔ́rdeit], *s.* y *a.* (zool.) hemicordio.
hemicrania [-kréiniä], *s.* (med.) hemicránea.
hemicycle [-saikl], *s.* hemiciclo.
hemihedral [-hídral], *a.* (min.) hemiédrico.—**hemihedrism** [-hídrizm], *s.* (min.) hemiedría.—**hemihedron** [-hídron], *s.* cristal hemiedro.
hemiplegia, hemiplegy [-plídžiä, -plídži], *s.* (med.) hemiplejia.—**hemiplegic** [-k], *a.* hemipléjico.
hemipter [himíptœ(r)], *s.*, **hemipteral** [-al], *a.*, **hemipteran** [-an], *s.* y *a.*, **hemipterous** [-ʌs], *a.* (zool.) hemíptero.
hemisphere [hémisfir], *s.* hemisferio.
hemispheric(al [-sférik(al], *a.* hemisférico.
hemispheroidal [-sfirɔ́idal], *a.* hemisferoidal.
hemistich [-stik], *s.* (poét.) hemistiquio.
hemitropism [-tropizm], **hemitropy** [hɛmítropi], *s.* (min.) hemitropía.
hemlock [hémlak], *s.* (bot.) abeto, pícea; (bot.) cicuta.—**h. spruce,** (bot.) abeto del Canadá.
hemoglobin [himoglóubin], *s.* hemoglobina.
hemopathy [himápaθi], *s.* (med.) hemopatía.
hemophilia [himofíliä], *s.* (med.) hemofilia.
hemoptysis [himáptisis], *s.* (med.) hemóptisis, hemorragia pulmonar.
hemorrhage [hémoridž], *s.* (med.) hemorragia, flujo de sangre.—**hemorrhagic** [-rǽdžik], *a.* hemorrágico.
hemorrhoids [-roidz], *s. pl.* (med.) hemorroides, *f. pl.*, almorranas.
hemorrhoidal [-rɔ́idal], *a.* hemorroidal.
hemostatic [-stǽtik], *a.* (med.) hemostático.
hemp [hémp], *s.* (bot.) cáñamo.—**h. beater,** espadador o espadillador.—**h. brake,** espadilla.—**h. breaker,** agramador.—**h. close,** o **h. field,** cañamar.—**h. comb,** rastrillo.—**h. comber,** rastrillador.—**h. cord,** bramante.—**h. dresser,** batidor.—**h. sandal,** alpargata, alpargate.
hempen [-n], *a.* cañameño.

hempseed [-sid], *s.* cañamón; (fam.) villano, malhechor.
hemstitch [hémstịch]. **I.** *va.* (cost.) hacer una vainica en. **II.** *s.* (cost.) vainica.
hen [hɛn], *s.* (orn.) gallina; hembra de cualquier ave. Se usa adjetivadamente en el sentido de hembra (*hen canary*, canario hembra).—**h. dung,** gallinaza.—**h. party,** (fam.) reunión (o tertulia) de señoras.
henbane [hénbeịn], *s.* (bot.) beleño.
hence [héns], *adv.* de aquí; de aquí a (*two months hence*, de aquí a dos meses); desde aquí; fuera de aquí; de ahí que, por tanto, por esto, en consecuencia; de esto.
henceforth [-fɔrθ], *adv.* (de aquí) en adelante, en lo futuro, en lo sucesivo.
henceforward [-fórwärd], *adv.* (de aquí) en adelante; de hoy más; en lo venidero.
henchman [hénchmạn], *s.* hechura, paniaguado, secuaz (*m.*) servil.
hencoop [hénkup], *s.* gallinero.
hendecasyllable [hɛndɛkạsílạbl], *s.*, **hendecasyllabic** [-sịlǽbịk], *a.* (poét.) endecasílabo.
henequen [hénẹkịn], *s.* (bot.) henequén.
henhouse [hénhaụs], *s.* = HENCOOP.
henna [hénä], *s.* (bot.) alheña, alcana.
hennery [hén ɛrị], *s.* gallinero.
henpeck [hénpɛk], *va.* dominar e importunar la mujer al marido.—**henpecked** [-t], *a.* gurrumino.—**h. husband,** marido cuya mujer lleva los calzones, gurrumino.
henroost [hénrust], *s.* = HENCOOP.
henry [hénrị], *s.* (elec.) henrio.
hep [hɛp], *s.* (bot.) fruto del agavanzo. *V.* HIP. —**h. bramble,** o **brier,** escaramujo, agavanzo.
hep, *a.* (fam.) (gen. con **to**) conocedor de, al tanto de.
heparin [hépạrịn], *s.* (quím.) heparina.
hepatic [hịpǽtịk], *a.* y *s.* (bot. y med.) hepático.
hepatica [hịpǽtịkä], *s.* (bot.) hepática.
hepatite [hépạtaịt], *s.* (min.) hepatita.
hepatitis [-táịtịs], *s.* (med.) hepatitis, inflamación del hígado.
hepatization [-tịzéịŝọn], *s.* (med.) hepatización.
hepatology [-tálodźị], *s.* (med.) hepatología.
hepcat [hépkæt], *s.* (fam.) perito aficionado del *jazz.*
heptachord [héptạkɔrd], *s.* (mús.) heptacordo.
heptad [héptæd], *s.* setena.
heptagon [héptạgan], *s.* y *a.* (geom.) heptágono.
heptameter [hɛptǽmɛtœ(r)], *s.* **heptametrical** [hɛptạmétrịkạl], *a.* (poét.) heptámetro.
heptane [hépteịn], *s.* (quím.) heptano.
heptarch [héptark], *s.* heptarca, *m.*
heptarchy [-ị], *s.* heptarquía.
Heptateuch [héptạtịuk], *s.* Heptateuco.
her [hœr], *pron.* (caso objetivo o acusativo de SHE) la, le, ella, a ella: *I saw her*, la ví; *I told her*, le dije; *this is for her*, esto es para ella; (caso posesivo o genitivo de SHE, y adjetivo posesivo) su, de ella: *her book, her house*, su libro, su casa (de ella).
herald [hérạld]. **I.** *s.* heraldo, rey de armas; nuncio, precursor; publicador. **II.** *va.* anunciar, pregonar, proclamar.
heraldic [hɛrǽldịk], *a.* heráldico, genealógico.
heraldry [hérạldrị], *s.* heráldica, blasón.
herb [(h)œrb], *s.* hierba, yerba.
herbaceous [hœrbéịŝịʌs], *a.* herbáceo.
herbage [(h)œ́rbịdź], *s.* hierba, herbaje; pasto.
herbal [(h)œ́rbạl], *a.* herbario.—**herbalism** [-ịzm], *s.* conocimiento de las hierbas.—**herbalist** [-ịst], *s.* herbolario, herborizador, botánico herbario.
herbarium [hœrbérịʌm], *s.* herbario (seco).
herbiferous [hœrbífẹrʌs], *a.* herbífero.
herbivore [hœ́rbịvɔr], *s.* (zool.) herbívoro.
herbivorous [hœrbívọrʌs], *a.* herbívoro.
herbose [hœrbóụs], **herbous** [(h)œ́rbʌs] o **herby** [(h)œ́rbị], *a.* herboso, herbáceo.
herbwoman [(h)œ́rbwụmạn], *s.* herbolaria.
herculean [hœrkịúlịạn], *a.* hercúleo.
herd [hœ́rd]. **I.** *s.* hato, grey, *f.*, manada, rebaño; vacada; piara (de cerdos); multitud, chusma; manadero, vaquerizo. **II.** *vn.* ir en manadas o hatos; asociarse. **III.** *va.* reunir el ganado en hatos o rebaños.
herdsman [-zmạn], *s.* pastor, vaquero, vaquerizo, resero, manadero.
here [hír], *adv.* aquí; acá; por aquí; ahora, en este momento, en este punto; ¡presente!—**h. and there,** acá y allá.—**h. goes!** ¡ahí va!—**h. I am,** aquí estoy, o heme aquí.—**h. is,** he aquí; aquí tiene Vd.—**h. is to you,** a la salud de Vd. —**that is neither h. nor there,** eso no viene al caso.
hereabouts [-ạbáụts], *adv.* por aquí, en estas cercanías, por aquí cerca.
hereafter [hịrǽftœ(r)]. **I.** *adv.* (de aquí) en adelante, en lo sucesivo, en lo futuro. **II.** *s.* estado futuro; el más allá.
hereat [hịrǽt], *adv.* a esto, en esto, por eso.
hereby [hịrbáị], *adv.* por éstas, por la presente, por este medio, por este acto.
hereditable [hịréd̦ịtạbl], *a.* que puede ser heredado.—**hereditament** [hɛrịdítạmẹnt], *s.* (for.) todo lo que puede heredarse.—**hereditarily** [hịréd̦ịtɛrịlị], *adv.* por herencia, hereditariamente.—**hereditary** [-tɛrị], *a.* hereditario.
heredity [hịréd̦ịtị], *s.* (biol.) herencia.
herein [hịrín], **hereinto** [hịríntu], *adv.* aquí dentro; incluso.
hereinafter [hịrịnǽftœ(r)], *adv.* después, más abajo, más adelante.
hereinbefore [hịrịnbịfór], *adv.* arriba, anteriormente, antes.
hereof [hịráv], *adv.* de esto, de eso, acerca de esto, de aquí.
hereon [hịrán], *adv.* sobre esto, sobre este punto.
heresiarch [hịrísịark], *s.* heresiarca, *m.*
heresy [hérɛsị], *s.* herejía.
heretic [hérɛtịk], *s.* hereje.—**heretic(al** [hịrétịk-(ạl], *a.* herético.—**heretically** [-ị], *adv.* heréticamente.
hereto [hịrtú], *adv.* a esto, a este fin.
heretofore [hírtufór]. **I.** *adv.* en otro tiempo, antes, en tiempos pasados; hasta aquí, hasta ahora. **II.** *s.* el tiempo pasado, antaño.
hereunder [hịrʌ́ndœ(r)], *adv.* bajo esto, en virtud de esto.
hereunto [hịrʌ́ntu], *adv.* a esto, a eso.
hereupon [hịrʌpán], *adv.* a esto; sobre esto.
herewith [hịrwíð], *adv.* con esto, junto con esto, incluso, adjunto.
heritable [hérịtạbl], *a.* que se puede heredar.
heritage [hérịtịdź], *s.* herencia.
herma [hœ́rmä], *s.* (antig. gr.) herma, *m.* (ll. t. **hermes**).
hermaphrodite [hœrmǽfrodaịt]. **I.** *a.* (zool. y bot.) hermafrodita. **II.** *s.* hermafrodito o hermafrodita, andrógino; (mar.) bergantín goleta.
hermaphroditic(al [-dítịk(ạl], *a.* hermafrodita.
hermaphroditism, hermaphrodism [-daịtịzm, -dịzm], *s.* hermafroditismo.
hermeneutic(al [hœrmịnịútịk(ạl], *a.* hermenéutico.
hermeneutics [-s], *s.* hermenéutica.
hermetic(al [hœrmétịk(ạl], *a.* hermético.—**the h. art,** alquimia.
hermit [hœ́rmịt], *s.* ermitaño, eremita, *m.*, anacoreta, *m.*—**h. crab,** (zool.) ermitaño, paguro.
hermitage [-ịdź], *s.* ermita.
hermitess [-ịs], *s.* ermitaña.
hermitical [hœrmítịkal], *a.* eremítico.
hernia [hœ́rnịä], *s.* (med.) hernia.
hernial [-l], *a.* herniario.
hero [híroụ], *s.* héroe; protagonista.—**h. worship,** culto extremado de los héroes.
Herodian [hɛrádịạn], *a.* y *s.* herodiano.
heroic(al [hịróụịk(ạl], *a.* heroico, épico; grande, sublime; valeroso, magnánimo.—**heroically** [-ị], *adv.* heroicamente.
heroic couplet, *s.* (pros.) dístico o pareado heroico.

heroics [-s], *s. pl.* rimbombancia, ampulosidad.
heroin [héroin], *s.* (quím.) heroína, uno de los derivados acetílicos de la morfina.
heroine [héroin], *s.* heroína, protagonista.
heroism [héroizm], *s.* heroísmo, heroicidad; proeza.
heron [hérǫn], *s.* (orn) garza; garzota.—**h.'s-bill,** (bot.) pico de garza.
heronry [-ri], *s.* lugar en que se crían las garzas o garzotas.
herpes [hœ́rpiz], *s.* (med.) herpe, *mf.*
herpetic [hœrpétik], *a.* herpético.
herpetism [hœ́rpetizm], *s.* (med.) herpetismo.
herpetology [-tálodži], *s.* (zool.) herpetología, estudio de los reptiles.
herring [hériŋ], *s.* (ict.) arenque.
herringbone [-boun], *s.* espinapez, *m.*; punto espigado.
hers [hœrz], *pron. pos.* suyo, suya, de ella; el suyo, la suya, los suyos, las suyas (de ella).
herself [hœrsélf], *pron.* ella misma, ella, sí, sí misma. *V.* HIMSELF.
Hertzian [hértsiąn], *a.* (fís.) herciano, hertziano.
hesitancy [hézitąnsi], *s.* hesitación, duda, irresolución, vacilación.—**hesitant** [-ąnt], *a.* vacilante, indeciso.—**hesitate** [-eit], *vn.* vacilar, titubear; balbucear, tartamudear.—**hesitation** [-éišǫn], *s.* irresolución, titubeo, vacilación; balbucencia.
Hesper [héspœ(r)], *s.* Héspero, estrella vespertina.
Hesperian [hespírian]. **I.** *a.* hespérido; occidental. **II.** *s.* habitante de un país occidental.
Hessian [héšąn], *s.* y *a.* de Hesse; (fam.) mercenario, venal; (*s.*) arpillera.—**H. crucible,** crisol de arcilla refractaria.—**H. fly,** (ent.) nombre de una mosca muy nociva al trigo.
hetæra [hetírä], **hetaira** [hetáirä], *s.* hetera, especie de cortesana griega.
heter(o [hétęr(o], *prefijo* que significa otro, diferente.
heteroclite [-klait], *a.* heteróclito, irregular.
heterodox [-daks], *a.* y *s.* heterodoxo.
heterodoxy [-daksi], *s.* heterodoxia.
heterodyne [-dain]. **I.** *s.* (rad.) heterodina, (generador) heterodino. **II.** *a.* heterodino.
heterogamous [hetęrágąmʌs], *a.* (bot.) heterógamo.—**heterogamy** [-mi], *s.* heterogamia.
heterogeneity [hetęrodžiníiti], **heterogeneousness** [-džíniʌsnis], *s.* heterogeneidad.
heterogeneous [-džíniʌs], *a.* heterogéneo.
heterogenesis [-džénesis], *s.* (biol.) heterogénesis, generación espontánea; heterogenia, producción de una especie por otra.
heterograde [-greid], *a.* (estad.) heterogrado.
heteromorphic, heteromorphous [-mórfik, -fʌs], *a.* heteromorfo.
heteronomous [hetęránomʌs], *a.* heterónomo.
heteronym [hétęronim], *s.* palabra que tiene la misma ortografía que otra, pero sonido y sentido diferentes, **v. gr.:** *lead* [lid], guiar, y *lead* [led], plomo.
heteroplasty [-plæsti], *s.* (cir.) heteroplastia.
heterosis [hetęróusis], *s.* (genética) heterosis.
heterozygosity [hetęrozaigásiti], *s.* (genética) heterocigosidad.
heterozygote [hetęrozáigot], *s.* (genética) heterocigoto.
heterozygous [-gʌs], *a.* (genética) heterocigótico.
hetman [hétmąn], *s.* atamán, jefe cosaco.
heuristic [hiurístik], *a.* heurístico, que ayuda al descubrimiento o interpretación de hechos y verdades.
hew [hiú]. **I.** *va.* (*pret.* HEWED; *pp.* HEWN y HEWED) tajar, cortar, picar; hachear, desbastar; azolar; trabajar una cosa.—**to h. a stone,** picar o labrar (una piedra).—**to h. in pieces,** destrozar, destroncar.—**to h. out,** hachear, cortar; modelar en bruto; abrir paso. **II.** *vn.* golpear.—**to h. right and left,** acuchillar a diestra y siniestra.
hewer [-œ(r)], *s.* cantero; picapedrero; desbastador.—**hewing** [-iŋ], *s.* tajadura; desbastadura, desbaste.
hex [heks]. **I.** *va.* (fam.) aojar, embrujar, hacer mal de ojo, echar el mal ojo a. **II.** *s.* (fam.) brujo, bruja; aojo.
hex(a [héks(ą], *prefijo* que significa seis.
hexachord [-kɔrd], *s.* (mús.) hexacordo.
hexagon [-gan], *s.* (geom.) hexágono, exágono.
hexagonal [-ǽgonąl], *a.* (h)exagonal, (h)exágono.
hexahedron [-hídrǫn], *s.* (geom.) hexaedro.
hexameter [-ǽmetœ(r)], *s.* (poét.) hexámetro.
hexametric(al [-métrik(ąl], *a.* hexámetro.
hexangular [-ǽŋgiulä(r)], *a.* hexángulo.
hexapod [-pad], *a.* y *s.*, **hexapodous** [heksǽpodʌs], *a.* (zool.) hexápodo.
hexastyle [-stail], *s.* (arq.) hexástilo.
Hexateuc [-tiuk], *s.* Hexateuco, los seis primeros libros del Antiguo Testamento.
hexavalent [-véilęnt], *a.* (quím.) hexavalente.
hey [hei], *interj.* ¡he! ¡eh! ¡oiga! ¡digo!
heyday [héidei]. **I.** *s.* colmo, apogeo de vitalidad y vigor. **II.** *interj.* ¡hola!
hiatus [haiéitʌs], *s.* laguna, vacío, solución de continuidad; (gram. y poét.) hiato.
hibernal [haibœ́rnąl], *a.* hibernal, hiemal, invernizo, invernal.
hibernate [háibœrneit], *vn.* invernar; estar retirado e inactivo, vegetar.
hibernation [-éišǫn], *s.* hibernación, invernada.
Hibernian [haibœ́rnian], *a.* y *s.* irlandés, hibernés.
hibiscus [haibískʌs], *s.* (bot.) hibisco.
hiccough, hiccup, hickup [híkʌp]. **I.** *s.* hipo. **II.** *vn.* hipar, tener hipo.
hick [hik], *a.* y *s.* (fam.) rústico, patán.
hickey [híki], *s.* encorvador tubular en T.
hickory [híkǫri], *s.* (bot.) nogal americano.—**h. nut,** nuez del nogal americano.
hid [hid], *pret.* y *pp.* de TO HIDE.
hidden [-n], *a.* y *pp.* de TO HIDE; oculto, recóndito, escondido, secreto, latente.
hide [háid], *s.* cuero, piel, *f.*, pellejo.—*pl.* corambre, *f.*
hide. I. *va.* (*pret.* HID; *pp.* HIDDEN *o* HID) esconder, ocultar, encubrir; (fam.) dar latigazos o (Am.) fuetazos. **II.** *vn.* esconderse, ocultarse, (con **out**) estarse escondido. **III.** *s.* escondite.
hide-and-seek [-ænd sík], *s.* juego del escondite.
hideaway [-ąwei], *s.* escondite, escondrijo; fugitivo.
hidebound [-baund], *a.* obstinado, fanático, de ánimo estrecho; (vet.) de piel endurecida.
hideous [hídiʌs], *a.* horrible, espantoso, feo, deforme.—**hideously** [-li], *adv.* horriblemente.—**hideousness** [-nis], *s.* horribilidad; fealdad, deformidad.
hideout [háidaut], *s.* escondite.
hiding [háidiŋ], *s.* ocultación, encubrimiento; retiro, retrete; (fam.) zurra, paliza.—**h. place,** escondite.
hidrosis [hidróusis], *s.* sudor; sudor excesivo o anormal; cualquier enfermedad cutánea acompañada de sudor excesivo.
hie [hai]. **I.** *vn.* darse prisa, apresurarse. **II.** *va.* activar, apresurar; correr, pasar con rapidez. —**h. thee home,** apresúrate a volver a casa.
hierarch [háięrark], *s.* jerarca, *m.*, pontífice.—**hierarch(ic)al** [-árk(ik)ąl], *a.* jerárquico.—**hierarchism** [-izm], **hierarchy** [-i], *s.* jerarquía.
hieratic(al [haięrǽtik(ąl], *a.* hierático, sacerdotal; consagrado.—**h. writing,** escritura hierática.
hierocracy [haięrákrąsi], *s.* supremacía eclesiástica, gobierno eclesiástico; jerarquía.
hieroglyph(ic [haięroglíf(ik], *s.* jeroglífico.
hieroglyphic(al [-ąl], *a.* jeroglífico.
hieroglyphically [-i], *adv.* jeroglíficamente, simbólicamente.
hierology [haięrálodži], *s.* hierología.
hieromancy [háięromænsi], *s.* hieroscopia.
Hieronymite [haięránimait], *a.* y *s.* (igl.) jerónimo.

hierophant [háiₑrofænt], *s.* hierofante.
hifalutin [haifalútin], *a.* = HIGHFALUTIN.
hi-fi [háifái]. **I.** *s.* (fam.) alta fidelidad. **II.** *a.* de alta fidelidad.
higgle [hígl], *vn.* regatear, altercar; andar en dimes y diretes; vender como buhonero.
higgledy-piggledy [-dipígldi]. **I.** *adv.* (fam.) confusamente. **II.** *a.* revuelto. **III.** *s.* revoltillo.
higgler [híglœ(r)], *s.* zarracatín, regatón; buhonero.
high [hai]. **I.** *a.* alto; de alto; elevado; encumbrado, eminente, superior; sumo (sacerdote); supremo (tribunal, etc.); caro (precio); rico (en carbono, cemento, etc.); vivo, intenso; arrogante; fuerte (viento); oliscada (la carne); poderoso; (fam.) achispado.—**h. and dry,** en seco; en la playa; solo, sin recursos.—**h. and mighty,** (fam.) arrogante, hinchado. **II.** *adv.* altamente; muy, sumamente; a gran altura; arrogantemente; a precio elevado; lujosamente.—**h. and low,** de arriba abajo; por doquiera.—**on h.,** en las alturas, en el cielo.—**to aim h.,** picar alto.—**to come h.,** venderse caro.—**to fly h.,** tener grandes aspiraciones. **III.** *s.* punto o lugar alto; valor o precio máximo; naipe más alto; (fam.) escuela secundaria; (aut.) toma directa.
high altar, *s.* altar mayor.
highball [háibɔl], *s.* whisky con soda y hielo.
high-blooded [-blʌ́did], *a.* de sangre azul, de noble alcurnia.
high blood pressure, *s.* (med.) hipertensión arterial.
highborn [-bɔrn], *a.* noble, de alta alcurnia, linajudo.
highboy [-bɔi], *s.* cómoda alta sostenida por pies.
highbred [-brɛd], *a.* de raza, de alcurnia pura; culto, bien educado.
highbrow [-brau], *s.* erudito engreído y arrogante; petulante.—**highbrowed** [-d], *a.* hinchado, arrogante.
highchair [-chɛr], *s.* silla de altas patas.
High Church, *s.* iglesia ortodoxa o ritualista (en la secta episcopal).
high-class [-klǽs], *a.* de categoría o calidad superior; por todo lo alto.
high-colored [-kʌ́lord], *a.* subido de color.
high comedy, *s.* (teat.) alta comedia.
high command, *s.* alto mando, comando supremo.
high-compression [-komprέŝon], *a.* de alta compresión.
high cost of living, *s.* alto costo de la vida.
high day, *s.* día (*m.*) de fiesta.
higher [háiœ(r)], *a. comp.* de HIGH: más alto; superior (álgebra, matemáticas, etc.).—**h. bid.** *V.* BID.—**h. brackets,** clases (*f.*) o categorías superiores; gente (*f.*) de alta categoría.—**h. classes,** clases altas.—**h. criticism,** crítica textual (fundada en el texto) de la Biblia u otras obras.—**h. education,** enseñanza superior.—**h.-up,** (fam.) *a.* superior, de mayor jerarquía; *s.* funcionario de mayor jerarquía.
highest [háiist], *a. superl.* de HIGH: más alto; sumo, supremo; mayor; máximo; de primer orden.—**h. common divisor, o factor,** (mat.) máximo común divisor.
high-explosive [-ɛksplóusiv], *a.* de alta potencia explosiva.
high explosive, *s.* explosivo rompedor.
highfalutin [haifalútin], *a.* (fam.) hinchado, pomposo, retumbante.
high-fidelity [-fidéliti], *a.* (rad., electrón.) de alta fidelidad.
high fidelity, *s.* (rad., electrón.) alta fidelidad.
highflier [-flaiœ(r)], *s.* pájaro de alto vuelo; extremista; despilfarrador.
high-flown [-flóun], *a.* de alto vuelo; presuntuoso, altivo, orgulloso; hinchado.
high-frequency [-fríkwensi], *a.* (elec.) de alta frecuencia.
high frequency, *s.* (elec.) alta frecuencia.
high gear, *s.* (aut.) toma directa, última velocidad.—**in high gear,** en directa.
High German, *s.* altoalemán.
high-grade [-greid], *a.* fino, de alta calidad.
high-handed [-hǽndid], *a.* despótico, arbitrario.
high-hat [-hǽt]. **I.** *a.* elegante; esnob, fachendista, fachendoso. **II.** *s.* (fam.) esnob, fachendista. **III.** *va.* (fam.) desairar, tratar con esnobismo.
high hat, *s.* sombrero de copa, (fam.) chistera.
high-hearted [-hártid], *a.* animoso, denodado.
high-heeled [-híld], *a.* (zap.) de tacón alto.
high horse, *s.* (fam.) actitud arrogante, presunción.—**to be on one's high horse,** asumir una actitud arrogante.
highjack, hijack [-dẑæk], *va.* (fam.) saltear; atracar a mano armada un cargamento de mercancías, etc.—**highjacker, hijacker** [-œ(r)], *s.* (fam.) atracador, salteador (aplícase sobre todo al que roba a contrabandistas); ladrón de licores.
high jinks, *s.pl.* (fam.) bulla, retozo, francachela; hilaridad.
high jump, *s.* salto de altura.
high-keyed [-kíd], *a.* impresionable, sensitivo; (mús.) agudo.
highland [-lænd], *s.* región montañosa.—*pl.* tierras altas; montañas.—**highlander** [-œ(r)], *s.* montañés, serrano, (Am.) arribeño; **(H.)** montañés de Escocia.—**highlandish** [-iŝ], *a.* montañés.
highlight [-lait], *va.* poner de resalto o de relieve; subrayar; dar importancia o énfasis a.
high light, *s.* (b.a.) toque de luz, claroscuro; cosa, acontecimiento o rasgo descollante.
highly [-li], *adv.* altamente; levantadamente, elevadamente; sumamente; arrogantemente, ambiciosamente; encarecidamente.
highly-seasoned [-sízond], *a.* picante.
High Mass, *s.* misa cantada o mayor.
high-minded [-máindid], *a.* magnánimo, noble; altivo.
high-necked [-nékt], *a.* (cost.) de escote subido.
highness [-nis], *s.* altura, elevación; celsitud; Alteza (título).
high noon, *s.* pleno mediodía.
high-octane [-aktein], *a.* de alto octanaje (dicho de gasolina).
high-pitched [-picht], *a.* agudo, chillón; impresionable, sensitivo; pendiente, acantilado (techo).
high-powered [-páuœrd], *a.* de alta potencia.
high-pressure [-préŝu(r)]. **I.** *a.* de alta presión; con métodos altamente persuasivos. **II.** *va.* (fam.) convencer (con métodos altamente persuasivos).
high pressure, *s.* alta presión.
high-priced [-práist], *a.* caro, dispendioso.
high priest, *s.* sumo sacerdote.
high-proof [-pruf], *a.* de alta concentración, de mucho alcohol.
high relief, *s.* (b.a.) alto relieve.
highroad [-roud], *s.* camino real; vía pública; carretera.
high school, *s.* escuela secundaria.
high sea, *s.* mar gruesa.—*pl.* alta mar.
high society, *s.* alta sociedad.
high-sounding [-saundiŋ], *a.* altisonante, retumbante.
high-speed [-spid], *a.* de alta velocidad.
high-speed drill, *s.* taladro o broca de alta velocidad.
high-speed steel, *s.* acero rápido o de corte rápido.
high-spirited [-spíritid], *a.* gallardo, bizarro.
high spirits, *s.pl.* alegría, buen humor.—**in high spirits,** alegre, de buen humor.
high spot, *s.* punto relevante o saledizo.—**to hit the high spots,** (fam.) mencionar o ver los puntos saledizos brevemente o a la ligera.
high-stepping [-stépiŋ], *a.* pisador (caballo); (fam.) de buen tono; de vida alegre.

high-strung [-strʌŋ], *a.* muy nervioso, excitable o sensible.
hight [hait], *a.* (ant.) llamado, nombrado.
high-tension [háiténŝọn], *a.* de alta tensión.
high-test [-test], *a.* de alta resistencia; de bajo punto de ebullición (gasolina).
high tide, *s.* pleamar; (fig.) apogeo, auge.
high time, *s.* tiempo de no esperar más, tiempo de decidirse a hacer algo; (fam.) gran holgorio o parranda.—**it is high time to,** ya es hora de.—**to have a high old time,** divertirse, pasar un buen rato.
high-toned [-tound], *a.* honorable, caballeroso; (mús.) agudo; (fam.) aristocrático, de buen tono.
high treason, *s.* alta traición.
high voltage, *s.* (elec.) tensión alta.
high water, *s.* marea alta; agua alta.
high-water mark, *s.* línea de agua alta; (fig.) apogeo, culminación, punto más alto.
highway [háiwei], *s.* camino real; vía pública; carretera, calzada, autopista.—**h. patrolman,** cuadrillero.—**h. robber,** salteador de caminos.—**h. robbery,** salteo.
highwayman [-mạn], *s.* bandido, bandolero, atracador, salteador de caminos.
high words, *s.pl.* palabras ofensivas o ásperas.
hike [háik]. **I.** *s.* (fam.) caminata. **II.** *vn.* (fam.) dar una caminata; andar, caminar. **III.** *va.* (fam.) aumentar.
hiker [-œ(r)], *s.* caminador; andariego; el aficionado a las caminatas.
hilarious [hilériʌs], *a.* alegre, bullicioso.
hilarity [hiléritị], *s.* hilaridad, júbilo, alborozo, regocijo bullicioso.
hill [híl]. **I.** *s.* collado, colina, cerro, cuesta, otero, altozano.—**h. of beans,** montoncillo de judías (sembradas). **II.** *va.* (agr.) aporcar, acogombrar. **III.** *vn.* amontonarse.
hillbilly [-bili], *s.* (E. U., fam.) patán serrano del Sur.
hilling [-iŋ], *s.* (agr.) amontonamiento, aporcadura.
hilliness [-inis], *s.* montuosidad.
hillman [-mạn], *s.* serrano, (Am.) arribeño.
hillock [-ọk], *s.* altillo, loma, montecillo, otero.
hillside [-said], *s.* ladera, flanco de una colina.
hilltop [-tap], *s.* cima, cumbre de una colina.
hilly [-i], *a.* montañoso, montuoso.
hilt [hílt], *s.* (arm.) puño, empuñadura.—**up to the h.,** por completo; a fondo; (fam.) hasta las cachas.
hilum [háilʌm], *s.* (bot.) ombligo de una semilla; núcleo de un grano de almidón; ojo de un fréjol; hilo; (anat., zool.) hilo.
him [him], *pron.* (caso oblicuo de HE) le, lo, a él.
himself [himsélf], *pron. pers.* (reflexivo en los casos oblicuos) él, él mismo, se, sí, sí mismo.—**by h.,** solo, por sí, por su cuenta.—**for h.,** por su cuenta, por cuenta propia.—**he h.,** él mismo; en persona.—**he said to h.,** se dijo a sí mismo.
hind [háind]. **I.** *a.* trasero, zaguero, posterior.—**h.-bow,** borrén trasero de la silla de montar.—**h.-foremost,** lo de atrás delante.—**h. leg,** pierna trasera.—**h. wheels,** juego trasero del coche. **II.** *s.* labrador; (zool.) cierva.
hindbrain [-brein], *s.* (anat.) cerebelo; parte (*f.*) posterior del encéfalo.
hinder [híndœ(r)], **I.** *va.* impedir, estorbar, embarazar, obstruir, obstaculizar. **II.** *vn.* poner obstáculos, poner trabas; oponerse.
hinder [háindœ(r)], *a.* posterior, trasero.
hindermost, hindmost [háind(œr)moust], *a.* postrero, último.
Hindi [híndi], *s.* indi, el idioma moderno del Indostán.
Hindoo, Hindu [híndu], *s.* y *a.* indostánico, indostanés, indostano.
hindquarter [háindkwɔrtœ(r)], *s.* cuarto trasero (de res).
hindrance [híndrạns], *s.* impedimento, obstáculo, estorbo.
hindsight [háindsait], *s.* alza o mira trasera (de arma de fuego); percepción tardía de lo que se debió hacer o decir, ya pasada la ocasión.
Hinduism [hínduizm], *s.* indoísmo.
Hindustani [hindustǽni], *s.* indostani, lengua principal de la India.
hinge [hindẑ]. **I.** *s.* gozne, gonce, pernio, bisagra; punto capital o principal.—**h. joint,** (anat.) gínglimo angular; (mec.) articulación de bisagra.—**h. post,** quicial(era). **II.** *va.* engoznar; enquiciar. **III.** *vn.* girar sobre un gozne; (con **on**) depender (de).
hinny [híni]. **I.** *vn.* (raro) relinchar. **II.** *s.* (zool.) mulo nacido de caballo y burra.
hint [hint]. **I.** *va.* insinuar, indicar, intimar, sugerir. **II.** *vn.* echar una pulla o indirecta.—**to h. at,** aludir a. **III.** *s.* indirecta, sugestión, pulla, insinuación.
hinterland [híntœrlænd], *s.* región interior (de un país, etc.).
hip [híp]. **I.** *s.* (anat.) cadera; (bot.) fruto del escaramujo; (arq.) caballete.—**h. bath,** baño de asiento, semicupio.—**h. bone,** cía, hueso de la cadera.—**h. joint,** (anat.) articulación ilíacofemoral; (ing.) nudo o articulación del extremo del cordón o cabeza superior de un puente y la pieza que apoya en el estribo.—**h. roof,** (arq.) techo a cuatro vertientes. **II.** *va.* descaderar; echar sobre la cadera; (arq.) construir un techo con cubierta a cuatro aguas.
hipped [-t], *a.* renco; (fam.) obsesionado.
hippie [-i], *s.* (fam.) jipie.
hippish [-iŝ], *a.* (fam.) melancólico, abatido.
hippocampus [hipokǽmpʌs], *s.* (mit.) hipocampo; (ict.) hipocampo, caballo de mar; (anat.) hipocampo (del cerebro).
hippocentaur [-séntɔr], *s.* (mit.) hipocentauro.
hippocras [típokræs], *s.* (med.) hipocrás.
Hippocratic [-krǽtik], *a.* hipocrático.
hippodrome [-droum], *s.* hipódromo, circo.
hippogriff [-grif], *s.* (mit.) hipogrifo.
hippophagy [hipáfạdẑi], *s.* hipofagía, costumbre de comer carne de caballo.
hippopotamus [hipopátạmʌs], *s.* hipopótamo.
hipshot [hípŝat], *a.* renco.
hircine [hœ́rsin], *a.* cabrío, cabruno, cabrerizo, hircino; lascivo, lujurioso.
hire [háir]. **I.** *va.* alquilar, dar o tomar en arriendo; arrendar; ajornalar, asalariar, contratar; sobornar.—**to h. out,** alquilar(se). **II.** *s.* alquiler, arriendo; salario, jornal; soborno.
hireling [-liŋ]. **I.** *s.* alquilón; persona asalariada. **II.** *a.* mercenario, venal.
hirer [-œ(r)], *s.* alquilador, arrendador.
hirsute [hœ́rsiut], *a.* hirsuto, peludo, piloso.
hirsuteness [-nis], *s.* calidad de hirsuto, cerdoso, etc.; vellosidad.
hirundine [hirʌ́ndin], *a.* de golondrina, semejante a la golondrina.
his [hiz], *a.* y *pron. pos.* su, sus (de él); suyo, suya, etc.; el suyo, la suya, los suyos, las suyas (de él).
Hispanic [hispǽnik], *a.* hispánico, hispano.—**Hispanicism** [-isizm], *s.* hispanismo, españolismo.
Hispanophile [-ofail], *a.* y *s.* hispanófilo.
hispid [híspid], *a.* (bot., zool.) híspido, cerdoso.
hiss [hís]. **I.** *va.* y *vn.* silbar, (re)chiflar; sisear. **II.** *s.* silbido, silba; siseo.
hisser [-œ(r)], *s.* silbador.
hissing [-iŋ]. **I.** *s.* silbido, silba, (re)chifla; siseo. **II.** *a.* silbador, silboso.
hist [hist], *interj.* ¡chito! ¡chitón!
histamine [hístamin], *s.* (quím.) histamina.
histidine [hístidin], *s.* (quím.) histidina.
histogenesis [histodẑénesis], **histogeny** [histádẑeni], *s.* histogenia, formación de los tejidos vivos.
histogram [hístogræm], *s.* (estad.) histograma.
histologic(al [histoládẑik(ạl], *a.* histológico.
histologist [histálodẑist], *s.* histólogo.
histology [-dẑi], *s.* (biol.) histología.
histolysis [histálisis], *s.* (biol.) histólisis, disgregación de los tejidos; (ent.) disolución de los órganos larvales en la crisálida.

historian [hịstórịạn], *s.* historiador.
historic(al [hịstárịk(ạl], *a.* histórico, historial.—**h. present,** (gram.) el presente usado metafóricamente en vez del pretérito, etc.
historically [-ị], *adv.* históricamente.
historiographer [hịstorịágrạfœ(r)], *s.* historiógrafo.
historiography [-fị], *s.* historiografía.
history [hístorị], *s.* historia.—**h. piece,** (pint.) cuadro o tapiz histórico.—**to have a h.,** ser persona de historia (de malos antecedentes).
histrionic [hịstrịánịk], *a.* histriónico.
histrionics [-s], *s.* histrionismo; maneras o modos teatrales.
hit [hịt]. **I.** *va.* (*pret.* y *pp.* HIT) dar, pegar, golpear; atinar, acertar; encontrar, dar con o en; denunciar.—**to h. it off,** avenirse, simpatizar, hacer buenas migas.—**to h. off,** improvisar; describir o expresar bien o lucidamente; imitar, remedar.—**to h. the mark,** dar en el blanco. —**to h. the nail on the head,** dar en el hito o en el clavo.—**to h. the spot,** (fam.) satisfacer por completo.—**to h. the target,** hacer blanco.—**to h. the trail,** (fam.) ponerse en ruta. **II.** *vn.* rozar, chocar; acaecer o acontecer felizmente, salir bien; encontrar por casualidad; acertar.—**h. or miss,** al azar, a la ventura, atolondradamente.—**to h. against,** dar contra alguna cosa, chocar.—**to h. on,** o **upon,** dar con, hallar; ocurrírsele a uno; acordarse de. **III.** *s.* golpe, choque, coscorrón; rasgo de ingenio.—**a lucky h.,** golpe de fortuna, ocurrencia feliz.—**to be,** o **make a h.,** (fam.) ser un exitazo, dar golpe.
hitch [hịch]. **I.** *va.* atar, ligar; enganchar; (mar.) amarrar; mover a tirones. **II.** *vn.* moverse a saltos; rozarse los pies (los caballos); enredarse; (fam.) congeniar, llevarse bien con otro. **III.** *s.* alto, parada; tropiezo, dificultad, impedimento; tirón; (mar.) vuelta de cabo.
hitchhike [híchhaịk], *vn.* (fam.) viajar (pidiendo ser llevado gratis) en automóvil, (P. Rico) pedir el pon, (Cuba) pedir botella.
hither [híðœ(r)]. **I.** *adv.* acá, hacia acá.—**h. and thither, h. and yon,** acá y allá, de acá para allá. **II.** *a.* citerior.—**on the h. side of,** aquende, de este lado de.
hithermost [-moụst], *a.* más cercano o próximo.
hitherto [-tú], *adv.* hasta ahora, hasta aquí.
hitter [hítœ(r)], *s.* golpeador.
Hittite [hítaịt], *a.* y *s.* heteo, hitita, *mf.*
hive [haịv]. **I.** *s.* colmena; enjambre de abejas; emporio.—*pl.* (med.) urticaria. **II.** *va.* (api.) enjambrar, encorchar; atesorar, acumular. **III.** *vn.* vivir juntos como en colmena.
ho [hoụ], *interj.* ¡eh! ¡basta! ¡alto! *V.* WHOA.
ho, hoa, *interj.* ¡ha! ¡ah! ¡oh! ¡ja! ¡ja! *V.* HALLO.
hoar [hor], *a.* blanco, cano; nevado. *V.* HOARY.
hoard [hórd]. **I.** *va.* y *vn.* atesorar, acumular y guardar. **II.** *s.* provisión; montón; acumulamiento, repuesto; tesoro escondido.
hoarder [-œ(r)], *s.* atesorador.
hoarding [-ịŋ], *s.* atesoramiento; cerca o valla provisional; tablilla o tablón de avisos.
hoarfrost [hórfrost], *s.* escarcha en agujas, helada blanca.
hoarhound [hórhaụnd], *s.* (bot.) marrubio.
hoariness [hórịnịs], *s.* blancura; canicie.
hoarse [hórs], *a.* ronco, rauco.—**hoarsely** [-lị], *adv.* roncamente.—**hoarseness** [-nịs], *s.* ronquera, carraspera.
hoary [hórị], *a.* blanco, blanquecino; cano, canoso; escarchado; venerable.
hoax [hoụks]. **I.** *s.* engaño, burla, bola, petardo, mentira, (fam.) filfa. **II.** *va.* engañar, burlar.
hob [hab], *s.* repisa interior del hogar; cubo de rueda; (mec.) mandril para hacer roscas de tornillo; punzón de embutir; juego del chito; tángano o tango.—**to play h. with,** trastornar.
hobble [hábl]. **I.** *va.* poner trabas, maniotar. **II.** *vn.* cojear. **III.** *s.* cojera; traba, maniota; (fam.) dificultad, atolladero.—**h. skirt,** enagua apretada, ceñida o estrecha por abajo.
hobbledehoy [-dịhóị], *s.* adolescente.
hobby [hábị], *s.* (fam.) tema, manía, chifladura; caballico (juguete); jaca; (orn.) sacre, halcón.
hobbyhorse [-hors], *s.* tema, manía; caballico (juguete); velocípedo.
hobgoblin [hábgablịn], *s.* duende, trasgo.
hobnail [hábneịl]. **I.** *s.* clavo de cabeza grande, para botas gruesas; patán, rústico. **II.** *va.* clavetear (suelas) con dichos clavos.
hobnob [hábnáb]. **I.** *vn.* beber juntos; tener intimidad, rozarse. **II.** *s.* charla amistosa. **III.** *adv.* a la diabla, a la ventura, al azar.
hobo [hóụboụ], *s.* (E. U.) vagabundo.
hock [hak]. **I.** *s.* vino del Rin; (zool.) tarso, corvejón, jarrete (del caballo, etc.); (anat.) corva.—**in h.,** (fam.) empeñado. **II.** *va.* desjarretar; (fam.) empeñar, dar en prenda.
hockey [hákị], *s.* (dep.) hockey.—**ice h.,** hockey sobre hielo.
hocus [hóụkʌs], *va.* engañar, chasquear; atontar con drogas.—**h.-pocus,** *s.* treta, birlibirloque, pasapasa.
hod [hád], *s.* (alb.) esparavel; cubo (para carbón). —**h. carrier** = HODMAN.
hodgepodge [hádžpadž], *s.* almodrote, bodrio; baturrillo; (fam.) mezcolanza.
hodman [hádman], *s.* peón de albañil, manobre.
hoe [hóụ]. **I.** *s.* azada, azadón, escardillo, legón. **II.** *va.* azadonar, sachar.—**hoeing** [-ịŋ], *s.* sachadura.
hog [hág]. **I.** *s.* (zool.) cochino, puerco, cerdo, marrano; (fam.) persona sucia, tragona o egoísta; (mar.) escobón; (aer.) arqueo, comba vuelta hacia abajo.—**h. fennel,** (bot.) servato, ervato.—**h.'s bristle,** cerda.—**to go the whole h.,** (fam.) llegar hasta el último límite. **II.** *va.* (mar.) afretar, limpiar fondos; partir una embarcación por el medio; rapar el pelo; (agr.) echar cerdos a o en. **III.** *vn.* arquearse, combarse.
hoggish [-ịŝ], *a.* porcuno, porcino; egoísta; guloso, comilón.—**hoggishly** [-lị], *adv.* puercamente, cochinamente; vorazmente.—**hoggishness** [-nịs], *s.* porquería, cochinada; glotonería; egoísmo.
hogpen [-pɛn], **hogsty** [-staị], *s.* pocilga.
hogshead [hágzhɛd], *s.* pipa, bocoy, tonel.
hogtie [-taị], *va.* atar, amarrar (los cuatros pies o las manos y los pies de); (fam.) obstruir, paralizar.
hogwash [-waŝ], *s.* comida de puerco; bazofia; (fam.) cosa sin valor.
hoiden [hóịdn]. **I.** *a.* atrevida, desenvuelta. **II.** *s.* muchacha traviesa, tunantuela. **III.** *vn.* retozar de un modo indecoroso.
hoi polloi [hóị polóị], *s.* la chusma, las masas.
hoist [hóịst]. **I.** *va.* alzar, elevar; izar, enarbolar. **II.** *s.* cabria, pescante, grúa, malacate, montacargas, elevador, ascensor; levantamiento, ascensión, enarboladura; medida vertical de una vela o una bandera.—**h. bridge,** puente levadizo.
hoister [-œ(r)], *s.* elevador, levantador; grúa; ascensor.
hoity-toity [hóịtị tóịtị]. **I.** *a.* atolondrado; fachendero, engreído. **II.** *interj.* ¡ola! ¡tate!
hokey pokey [hóụkị póụkị], *s.* helado de inferior calidad vendido en las calles; HOCUS-POCUS.
hokum [hóụkʌm], *s.* (fam.) farsa, payasada; faramalla, farándula.
hold [hóụld]. **I.** *va.* (*pret.* y *pp.* HELD; *pp.* (ant.) HOLDEN) tener; asir, coger, agarrar; retener, reservar; detener, contener; sostener, apoyar; tener de reserva; restringir, estrechar, limitar; encerrar; hacer, tener cabida o capacidad para; mantener; sostener, opinar; juzgar, reputar, entender; poseer, ocupar, disfrutar, gozar; celebrar (sesión, reunión); continuar, seguir; conservar; guardar, observar; obligar; hacer (responsable, etc.).—**to h. a bet,** o **a wager,** apostar.—**to h. a candle to,** (fam.) poder compararse con.—**to h. at bay,** (man)tener a raya.—**to h. back,** retener; contener.—**to h.**

down, oprimir, tener sujeto; conservar, no perder.—**to h. forth,** expresar, publicar; mostrar.—**to h. hands,** cogerse de la mano; estar mano en mano.—**to h. in,** sujetar, refrenar, contener.—**to h. in affection, respect,** etc., tener cariño, respeto, etc., a.—**to h. in play,** tener ocupado.—**to h. off,** apartar, alejar.—**to h. one's breath,** contener el aliento.—**to h. one's hand,** detenerse; abstenerse.—**to h. one's own,** o **one's ground,** mantenerse firme, defenderse bien; no salir perdiendo; resistir, aguantar (una enfermedad, etc.).—**to h. one's peace,** o **one's tongue,** callar, no decir nada.—**to h. out,** ofrecer, proponer; extender.—**to h. over,** tener suspendido o en suspenso; diferir, aplazar; (mús.) prolongar (una nota).—**to h. sway,** gobernar, mandar. —**to h. the bag,** o **the sack,** quedarse con las manos vacías; quedarse colgado.—**to h. up,** levantar, alzar; apoyar, sostener; asaltar para robar, saltear, atracar.—**to h. up one's hands,** alzar las manos en señal de sumisión; rendirse, darse por vencido.—**to h. up to,** exponer al (desprecio, etc.); poner en (ridículo).—**to h. water,** ser estanco (un cubo, etc.); (fig.) ser lógico o válido (un argumento); (mar.) ciar. **II.** *vn.* valer, ser válido, estar en vigor; mantenerse firme, sostenerse, aguantar; seguir, proseguir; estar en posesión; refrenarse, abstenerse; aplicarse, ser aplicable.—**to h. back,** detenerse, contenerse; abstenerse; cejar.—**to h. fast,** agarrarse bien.—**to h. fast to,** afirmarse en; agarrarse bien de.—**to h. forth,** arengar, exponer (uno) sus ideas.—**to h. good,** subsistir; aplicarse.—**to h. in,** contenerse, refrenarse.—**to h. off,** mantenerse a distancia.—**to h. on,** seguir, proseguir, persistir; detenerse; aguardar.—**to h. on to,** asirse de, agarrarse a.—**to h. out,** mantenerse firme, no cejar; durar; resistir, aguantar.—**to h. over,** continuar desempeñando un cargo después del término legal.—**to h. to,** pegarse, adherirse a.—**to h. together,** mantenerse o estar juntos o reunidos.—**to h. up,** cesar, parar.—**to h. with,** convenir con. **III.** *s.* presa, asimiento, agarro; asa, mango; influencia, dominio; freno; refugio, amparo; (ant.) fortificación; posesión, custodia; celda (en una prisión); (mar.) bodega, cala; (mús.) calderón, fermata.

hold! hold on! *interj.* ¡tente! ¡para! ¡quieto! (mar.) ¡top!

holdback [-bæk], *s.* restricción, freno; (carr.) cejadero.

holder [-œ(r)], *s.* tenedor, posesor; mantenedor; agarrador, agarradero, asidero, mango, asa; porta—(vg. *lamp holder,* portalámpara; *tool holder,* portaherramienta); sostén; (for.) tenedor; propietario; arrendatario; inquilino; (mar.) marinero de la bodega.—**h. of a bill,** tenedor o portador de una letra.—**h. of a share,** accionista.

holdfast [-fæst], *s.* (mec.) barrilete, grapón, grapa, laña; prensa, mordaza; sostén.

holding [-ịŋ], *s.* tenencia, pertenencia, posesión; arrendamiento, inquilinato; celebración (de una sesión o reunión).—*pl.* valores habidos.—**h. company,** compañía tenedora (de acciones de otra).

holdup [-ʌp], *s.* (fam.) salteamiento, asalto de ladrones, atraco.—**h. man,** salteador, atracador.

hole [houl]. **I.** *s.* agujero, orificio; cavidad, hueco, hoyo; seno; perforación; pozo, charco (de un río, arroyo, etc.); cueva, madriguera, guarida (de animales); (fam.) atolladero, aprieto, brete.—**a h. to crawl out of,** escapatoria, excusa, refugio. **II.** *va.* agujerear, taladrar, perforar, horadar; meter una bola de billar en la tronera. **III.** *vn.* encuevarse; hacer un agujero u hoyo.

holiday [háljdei]. **I.** *s.* día festivo, fiesta, festividad; día feriado; aniversario.—**holidays,** vacaciones, asueto. **II.** *a.* alegre, festivo.

holily [hóulili], *adv.* piadosamente, santamente.

holiness [hóulinis], *s.* santidad, beatitud.—**His H.,** Su Santidad.

holing [hóuliŋ], *s.* perforación; taladro para alojar un clavo, perno, cabilla, etc.

holland [hálənd], *s.* (tej.) holanda.—**H. gin,** o **Hollands,** ginebra.—**Hollander,** *s.* holandés.

hollo, holl(o)a [holóu]. **I.** *interj.* ¡eh! ¡hola! **II.** *s.* grito, grita.

hollow [hálou], *a.* hueco, vacío; hundido; falso, insincero.—**h.-chested,** de pecho hundido.—**h.-hearted,** solapado.—**h. newel,** ojo de escalera.—**h. punch,** sacabocados.—**h. ware,** ollas, pucheros, marmitas. **II.** *s.* cavidad; depresión, concavidad; canal, *f.,* ranura; hueco; hoyo; valle; cañada. **III.** *va.* excavar; ahondar; ahuecar; acopar.

hollowness [-nis], *s.* cavidad, hueco, vacío; doblez, falsía.

holly [háli], *s.* (bot.) acebo; agrifolio.

hollyhock [-hak], *s.* (bot.) malva loca, real o rósea.

holm [houm], *s.* isleta de río, mejana; vega ribereña; rambla.—**h. oak,** (bot.) encina.

holmium [hóulmiʌm], *s.* (quím.) holmio.

holocaust [hálokɔst], *s.* holocausto.

holocephalan [-séfələn], *a.* y *s.* (zool.) holocéfalo.

holograph [-græf], *s.* (for.) hológrafo.

holographic [-grǽfik], *a.* hológrafo.

holohedron [-hídrọn], *s.* (crist.) holoedro.—**holohedral** [-hídrəl], *a.* holoédrico.

holophote [-fout], *s.* reflector o faro de rayos concentrados.

holothurian [-θiúriən], *s.* (zool.) holoturia, cohombro de mar.

holster [hóulstœ(r)], *s.* pistolera, funda (de pistola).—**h. cap,** tapafunda.

holy [hóuli], *a.* santo, pío; puro, inmaculado; sacro, sagrado; consagrado, santificado; bendito.—**H. Communion,** sagrada comunión. —**h. cross,** santa cruz.—**h. cup,** cáliz, *m.*—**h. day,** fiesta de guardar, disanto.—**H. Father,** Santo Padre (el papa).—**H. Ghost,** Espíritu Santo.—**H. Grail,** grial.—**H. Innocents' Day,** día (*m.*) de los inocentes.—**h. lamb,** agnusdéi.—**H. Land,** Tierra Santa.—**H. Office,** Santo Oficio.—**h. of holies,** santo de los santos, sanctasanctórum.—**h. oil,** crisma, *mf.,* óleo santo.—**H. One,** Dios; Jesucristo.—**h. order,** o **orders,** orden sacerdotal.—**H. Roman Empire,** Sacro Imperio Romano.—**h. rood,** crucifijo; santa cruz.—**H. Sacrament,** el Santísimo.—**H. Saturday,** sábado santo.—**H. See,** Santa Sede.—**H. Spirit** = HOLY GHOST.—**H. Thursday,** jueves santo.—**h. water,** agua bendita.—**h.-water basin,** (igl.) pila.—**h.-water sprinkler,** hisopo.—**H. Week,** semana santa.—**H. Writ,** la Sagrada Escritura.

holystone [hóulistoun]. **I.** *s.* (mar.) piedra de cubierta. **II.** *va.* (mar.) dar piedra y arena.

homage [hámidẑ], *s.* homenaje, reverencia, culto.—**to do,** o **pay, h.,** acatar, rendir homenaje; rendir parias.

home [houm]. **I.** *s.* hogar, casa; morada; patria, suelo patrio; domicilio, residencia; asilo, hospedería, albergue, refugio; (dep.) meta; límite o término.—**at h.,** en casa; en el país de uno; con toda comodidad; en su elemento; dispuesto a recibir visitas; recepción.—**at-h. day,** día (*m.*) de recibo. **II.** *a.* doméstico, casero, de casa; nativo, natal, indígena; regional; interior; nacional; certero, eficaz, que da en el blanco, que llega a la meta. **III.** *adv.* a casa; en casa; al país o en la tierra de uno; en el punto o lugar en que debe estar una cosa.—**to bring h. to,** poner al corriente; aclarar, poner en claro; echar la culpa a otro.—**to come h.,** regresar; (mar.) no sostener (ancla).—**to drive h.,** meter a uno en la cabeza, inculcar.—**to hit** o **strike h.,** dar en el blanco; herir en lo vivo, llegar al alma.—**to see someone h.,** acompañar uno a su casa.

home base, *s.* (béisbol) puesto del bateador.
homebody [-badi], *s.* (fam.) persona doméstica, hogareño.
home-born [-bórn], *a.* doméstico; nacido en casa.
home-bound [-báund], *a.* en dirección a casa, hacia el hogar; imposibilitado de salir de casa.
homebred [-bréd], *a.* casero, de casa; doméstico; nativo, natural; sencillo, inculto.
home-brew [-brú], *s.* bebida alcohólica hecha en casa.
home-coming [-kʌmiŋ], *s.* vuelta o regreso al hogar.
home economics, *s.* economía doméstica.
home-grown [-gróun], *a.* de o para consumo doméstico (frutas, verduras, etc.).
homeland [-lænd], *s.* patria, tierra natal; (Ingl.) Inglaterra (a distinción de las colonias).
homeless [-lis], *a.* destituído; sin casa ni hogar; mostrenco.
home life, *s.* hogar, vida de familia.
homelike [-laik], *a.* como de casa, semejante al hogar doméstico; sosegado y cómodo.
homeliness [-linis], *s.* simpleza, sencillez; fealdad, mal aspecto.
home-loving [-lʌviŋ], *a.* hogareño, casero.
homely [-li], *a.* casero, doméstico; sencillo, liso, llano; feo; rústico, inculto, vulgar.
homemade [-meid], *a.* casero, hecho en casa; fabricado en el país.
homemaker [-meikœ(r)], *s.* ama de casa.
home office, *s.* oficina matriz.
homeopathic, homœopathic [homiopǽθik], *a.* (med.) homeópata, homeopático.—**homeopathically** [-ali], *adv.* homeopáticamente.—**homeopath(ist** [hóumiopæθ, -ápaθist], *s.* homeópata, *mf.*—**homeopathy** [-ápaθi], *s.* homeopatía.
home plate, *s.* (béisbol) base del bateador, *home plate.*
home port, *s.* (mar.) puerto origen.
Homeric [homérik], *a.* homérico.
home rule, *s.* (pol.) autonomía.
home ruler, *s.* (pol.) autonomista.
home run, *s.* (béisbol) golpe que habilita al bateador a una vuelta completa alrededor del cuadro.
homesick [hóumsik], *a.* nostálgico.—**to be h. for,** añorar, sentir nostalgia de.
homesickness [-nis], *s.* nostalgia, añoranza.
homespun [-spʌn]. **I.** *a.* casero, hecho en casa; basto, tocho. **II.** *s.* tela tejida en casa.
homestead [-stɛd], *s.* casa de habitación y sus terrenos; heredad; hogar.
home stretch, *s.* (dep.) último trecho (de una carrera); parte final, última parte.
home town, *s.* ciudad natal.
homeward [-wārd], *adv.* hacia casa, hacia su país; de vuelta.—**h.-bound,** de regreso.
homework [-wœrk], *s.* trabajo, tarea, estudio, etc., hechos en casa.
homicidal [hámisaidal], *a.* homicida, asesino.
homicide [hámisaid], *s.* homicidio; homicida, *mf.*
homiletic(al [hamilétik(al], *a.* referente a la oratoria sagrada.
homiletics [-s], *s.* oratoria sagrada.
homilist [hámilist], *s.* predicador de homilías.
homily [hámili], *s.* homilía; sermón.
homing [hóumiŋ], *a.* mensajera (paloma).
homing equipment, *s.* (aer., astronáut.) sistema de guía a la base de origen.
hominy [hámini], *s.* maíz machacado.
homochromous [homokróumʌs], *a.* (bot.) de un mismo color.
homodyne [hóumodain], *a.* (rad.) homodino.
homogen [-dẑin], *s.* (biol.) estructura o parte homogénea.
homogeneity [-dẑɛníiti], *s.* homogeneidad.
homogeneous [-dẑíniʌs], *a.* homogéneo.—**homogeneousness** [-nis], *s.* homogeneidad.
homogenize [homádẑɛnaiz], *va.* hacer homogéneo, homogenizar.
homogenous [-nʌs], *a.* (biol.) de un mismo origen; de una misma estructura.
homograph [hámogræf], *s.* vocablo homógrafo.
homographic [-grǽfik], *a.* homógrafo.
homologate [homálogeit], *va.* (for.) homologar.
homologation [-éiŝon], *s.* (for.) homologación.
homologous [homálogʌs], *a.* homólogo.
homolog(ue [hámolag], *s.* cosa homóloga.
homology [homálodẑi], *s.* homología.
homonym [hámonim], *s.* vocablo homónimo.
homonymous [hománimʌs], *a.* homónimo; equívoco, ambiguo.
homonymy [-mi], *s.* homonimia; equivocación, ambigüedad.
homophone [hámofoun], *s.* palabra o letra homófona.
homophonous [homáfonʌs], *a.* homófono.
homophony [-ni], *s.* homofonía; identidad de sonido de dos palabras de distinta significación.
Homoptera [homáptera], *s. pl.* (zool.) homópteros.—**homopterous** [-rʌs], *a.* homóptero.
homoscedastic [homosedǽstik], *a.* (estad.) homosedástico.
homosexual [homosékŝual], *a.* homosexual, por el propio sexo, por individuos del mismo sexo (pasión).—**homosexual(ist** [-(ist], *s.* homosexual; sodomita, *mf.*; maricón.—**homosexuality** [-ǽliti], homosexualidad, inversión sexual.
homosporous [homásporʌs], *a.* (bot.) homósporo.
homozygosity [homozaigásiti], *s.* (genética) homocigosidad.
homozygote [homozáigot], *s.* (genética) homocigoto.
homozygous [-gʌs], *a.* (genética) homocigótico.
homunculus [homʌ́ŋkiulʌs], *s.* homúnculo.
Honduran [handúran], *a.* y *s.* hondureño.
Honduras [handúras], *s.* Honduras.
hone [houn]. **I.** *s.* piedra de afilar. **II.** *va.* afilar, asentar, pulir, esmerilar (navajas, etc.).
honest [ánist], *a.* honrado, probo, recto; sincero; equitativo; honesta (mujer).
honestly [-li], *adv.* honradamente; de veras; francamente; honestamente.
honesty [-i], *s.* honradez, probidad; franqueza; honestidad.
honey [hʌ́ni]. **I.** *s.* miel (*f.*) de abejas. Empléase a veces como voz de cariño, en el sentido de *vida mía, mi querido,* etc.—**h. ant,** (ent.) hormiga melífera.—**h. bag,** órgano melífero de la abeja.—**h. cell,** alvéolo.—**h.-colored,** melado, gilvo.—**h. creeper,** (orn.) pipí.—**h. flower,** (bot.) ceriflor.—**h. harvest,** recolección de la miel.—**h. jar,** parral.—**h.-like,** meloso.—**h. locust,** (bot.) árbol leguminoso semejante a la acacia.—**h. pot,** colmena de abejas silvestres. **II.** *va.* (*pret.* y *pp.* HONEYED o HONIED) enmelar, cubrir con miel. **III.** *vn.* hablar con cariño.
honeybee [-bi], *s.* (ent.) abeja neutra u obrera.
honeycomb [-koum], *s.* bresca, panal de miel; (fund.) escarabajo, rebollidura, magaña.
honeycombed [-d], *a.* apanalado, alveolar; poroso; (mar.) abromado; horadado por gusanos.
honeydew [-diu], *s.* ligamaza; secreción dulce de algunos insectos y plantas; (bot.) variedad de melón muy dulce (ll. t. **h. melon**).
honeyed [-d], *a.* dulce, meloso, melifluo.—**honeyedness** [-dnis], *s.* dulzura, halago.
honeymoon [-mun], *s.* luna de miel.
honeysuckle [-sʌkl], *s.* (bot.) madreselva.
honeysweet [-swit], *a.* melar.
honeywort [-wœrt], *s.* (bot.) ceriflor, *f.*
honk [haŋk]. **I.** *s.* pitazo, sonido de la bocina de un automóvil; graznido. **II.** *va.* y *vn.* tocar o sonar la bocina; graznar.
honky-tonk [háŋkitaŋk], *s.* (fam.) cabaret o taberna vulgar.
honor [ánq(r)]. **I.** *s.* honor, honra; honradez,

rectitud; cargo, dignidad; lauro.—*pl.* distinción (en los estudios, etc.); en algunos juegos de naipes (whist, bridge, etc.), los cuatro o cinco naipes más altos; tantos adicionales, semejantes a los que se acusan en el tute.—**h. bright,** (fam.) de veras, a fe de caballero.—**in h. of,** en homenaje a, en obsequio de.—**on,** o **upon, my h.,** por mi fe, por mi palabra de honor.—**your H.,** usía, vuestra señoría (apl. a jueces, alcaldes, etc.). **II.** *va.* honrar; laurear, condecorar; respetar; (com.) honrar, aceptar, pagar, dar acogida a (una letra).

honorable [-ąbl], *a.* honorable; pundonoroso; honrado; honorífico, honroso.—**H.,** honorable (tratamiento).

honorable mention, *s.* mención honorífica.

honorably [-blį], *adv.* honorablemente; honrosamente.

honorarium [anǫrérįʌm], *s.* honorarios, *m. pl.*

honorary [ánǫrɛrį], *a.* honorario, honorífico; honroso.—**h. president,** presidente de honor.

honor system, *s.* sistema de honor escolar.

hooch [huch], *s.* (fam.) bebida fuertemente alcohólica; licor de contrabando.

hood [húd]. **I.** *s.* capucha, capucho, capilla, capirote, caperuza; capirote (de halcón, etc.); muceta; (mar.) caperuza de palo; carroza de la escalera; fuelle de carruaje; (aut.) capota; cubierta del motor; campana del hogar; sombrerete (de chimenea, etc.), cubierta, tapa. **II.** *va.* cubrir con caperuza, capucha o capirote; tapar, ocultar.

hooded [-įd], *a.* provisto de, o en forma de, capucha, etc.—**h. cobra,** (zool.) haje, naja, cobracapelo.

hoodlum [húdlʌm], *s.* (fam.) pillo, tunante, rufián.

hoodman-blind [húdmąn bláįnd], *s.* (ant.) juego de la gallina ciega. *V.* BLINDMAN'S BUFF.

hoodoo [húdu]. **I.** *va.* (fam.) aojar; traer mala suerte.—**hoodooed,** *a.* aojado. **II.** *s.* mal de ojo; aojador. *V.* VOODOO.

hoodwink [húdwįŋk], *va.* vendar los ojos; encubrir, tapar; engañar, mistificar, embaucar.

hoof [húf]. **I.** *s.* casco, uña, vaso (del caballo, etc.); pezuña o pesuña (de los animales de pata hendida); animal ungulado.—**on the h.,** en pie (ganado), vivo.—**h.-and-mouth disease** = FOOT-AND-MOUTH DISEASE. **II.** *vn.* (fam.) (a veces con **it**) andar o ir a pie; bailar.

hoofbound [-baųnd], *a.* corto de cascos.

hoofed [-t], *a.* ungulado.

hook [húk]. **I.** *s.* gancho, garabato, garfio; anzuelo; grapón; garra; corchete, prendedero; atractivo, aliciente; (mús.) rabo de una corchea.—**h.-nosed,** de nariz aguileña.—**hooks and eyes,** (cost.) corchetes y corchetas, broches, gafetes.—**by h. or by crook,** a tuertas o a derechas, de un modo u otro.—**off the hooks,** (fam.) agitado, distraído.—**on one's own h.,** (fam.) por cuenta propia, sin depender de otro. **II.** *va.* enganchar, engafar, garfear; atraer, engatusar; encornar, dar una cornada, coger; pescar; encorvar; (fam.) birlar, hurtar.—**to h. up,** (mec., elec., etc.) conectar; (fam.) enganchar (las caballerías).

hookbill [-bįl], *s.* pico encorvado.

hooked [-t], *a.* enganchado; encorvado, ganchudo, ganchoso; falcado.—**h. rug,** tapete tejido a mano.

hookup [-ʌp], *s.* (rad.) circuito; conexión o combinación de difusoras; transmisión por varias emisoras conectadas en circuito.

hookworm [-wœrm], *s.* (zool.) anquilóstomo, lombriz intestinal.—**h. disease,** (med.) anquilostomiasis.

hooky [-į], *a.* ganchudo.—**to play h.,** hacer novillos o rabona, fumar la clase.

hooligan [húlįgąn]. **I.** *s.* rufián, truhán. **II.** *a.* de rufianes, truhanesco.—**hooliganism** [-įzm], *s.* truhanería, rufianismo.

hoop [hup]. **I.** *s.* aro; fleje, zuncho; (mec.) collar, collarín; anilla, argolla, vilorta; virola; (carr.) hierro de llantas; (joy.) sortija, ajorca; miriñaque; grito.—**h.-la!** ¡arriba! ¡upa!—**h. skirt,** miriñaque, verdugado, tontillo, guardainfante. **II.** *va.* poner aro a; (en)zunchar; cercar, ceñir. **III.** *vn.* gritar; ojear. *V.* WHOOP.

hooper [húpœ(r)], *s.* tonelero.

hoopla [húpla], *s.* (fam.) ensalzamiento exagerado; bombo, alharaca.

hoopoe, hoopoo [húpu], *s.* (orn.) abubilla.

hooray [hųréį], *interj.* ¡hurra! ¡viva!

hoos(e)gow [húsgaų], *s.* (fam.) cárcel, *f.*, prisión.

hoot [hút]. **I.** *vn.* gritar, ulular, huchear; dar grita; (Ingl.) sonar la bocina o el pito. **II.** *va.* atacar o recibir con gritos de irrisión. **III.** *s.* grito, grita, ruido, clamor; sofión, *m.*—**h. owl,** buho que ulula.—**not to care,** o **give, a h.,** (fam.) no importarle a uno un bledo.

hooting [-įŋ], *s.* grito, grita.

hooves [húvz], *s. pl.* de HOOF.

hop [háp]. **I.** *va.* saltar, brincar; (fam.) alzar el vuelo en (un avión), poner en marcha; recoger lúpulo; mezclar el lúpulo en la cerveza. **II.** *vn.* saltar en un pie, andar a saltitos; cojear; (con **off**) hacerse al aire, alzarse o partir (en aeroplano). **III.** *s.* salto, brinco; (fam.) baile, sarao; (bot.) lúpulo; (aer.) trayecto de vuelo; (fam.) vuelo.—**hops,** (com.) lúpulo.

hopbine [-baįn], *s.* vástago de lúpulo.

hope [hóųp]. **I.** *s.* esperanza, hoto, confianza; expectativa.—**h. box,** o **chest,** colección o acumulación de prendas de vestir, etc., que una joven hace en la esperanza de usarlas cuando se case.—**in hopes,** en o con la esperanza.—**to give h.,** esperanzar, dar o infundir esperanza(s). **II.** *va.* y *vn.* esperar, tener esperanza.—**to h. against h.,** esperar lo imposible.

hopeful [-fųl]. **I.** *a.* esperanzado, confiado, lleno de esperanzas; que da esperanza o promete. **II.** *s.* (fam.) vástago, joven que promete.—**hopefully** [-į], *adv.* con esperanza.—**hopefulness** [-nįs], *s.* esperanza; aspecto prometedor.

hopeless [-lįs], *a.* desahuciado; desesperante, desespera(nza)do; incurable, desesperado; irremediable, irreparable; con que o con quien no se puede hacer nada, que no tiene entrada.—**hopelessly** [-lį], *adv.* sin esperanza, desesperadamente.—**hopelessness** [-nįs], *s.* falta de esperanza o de remedio.

hoplite [háplaįt], *s.* hoplita, *m.*

hopper [hápœ(r)], *s.* persona que salta a la pata coja; insecto saltador; (mol.) tolva, cibera.

hopple [hápl]. **I.** *va.* trabar o manear un caballo, etc. **II.** *s.* traba, manea, maniota.

hopscotch [hápskách], *s.* coxcojilla, infernáculo o reina mora, a la pata coja.

horal [hóųrąl], **horary** [-ąrį], *a.* horario; por horas.

horde [hɔ́rd]. **I.** *s.* horda; enjambre; hato o manada; aduar. **II.** *vn.* formar hordas.

horehound [hɔ́rhaųnd], *s.* (bot.) marrubio.

horizon [horáįzǫn], *s.* horizonte.

horizontal [harįzántąl], *a.* y *s.* horizontal, *f.*—**h. bar,** barra fija (para la gimnasia).

horizontality [-ǽlįtį], *s.* horizontalidad.

horizontally [-į], *adv.* horizontalmente.

hormone [hɔ́rmoųn], *s.* (bioquím.) hormón, hormona.—**hormonal** [hɔrmóųnąl], *a.* hormonal.

hormonic [hɔrmánįk], *a.* hormónico.

horn [hɔ́rn]. **I.** *s.* cuerno, asta; cuerna, cacho; (zool.) tentáculo; palpo o antena; (música) trompa; corneta de monte, cuerno de caza; (fonóg., aut., etc.) bocina; callosidad o dureza en la piel; cuerno de la luna; vaso u objeto de cuerno; miembro (de un dilema); (aer.) palanca de gobierno.—*pl.* cornamenta, cornadura de un animal.—**h. fly,** mosca que se posa en enjambres sobre los cuernos del ganado vacuno.—**h. of plenty,** cuerno de la abundancia.—**h.-shaped,** corniforme, cornial.—**at the small end of the h.,** llevándose lo peor, perdiendo. **II.** *va.* poner cuernos; proveer de cuernos; dar una cornada; dar una cencerrada.

hornbeam [-bim], *s.* (bot.) carpe.

hornbill [-bįl], *s.* (orn.) cálao.

hornblende [-blɛnd], *s.* (min.) hornablenda.
hornblower [-blou̯œ(r)], *s.* trompetero, bocinero.
hornbook [-bu̯k], *s.* cartilla.
horned [-d], *a.* cornudo, cornígero; encornado; enastado; de cuerno.—**h. cattle,** ganado vacuno.—**h. owl,** (orn.) especie de búho de los E. U.—**h. pout,** (ict.) siluro (ll. t. **hornpout**). —**h. toad,** (zool.) especie de iguana.
hornet [hórni̯t], *s.* (ent.) crabrón, avispa, avispón, moscardón.
hornpipe [hórnpai̯p], *s.* (Ingl.) baile predilecto de los marineros, que ejecuta una sola persona; (mús.) especie de gaita o chirimía.
hornsilver [-sílvœ(r)], *s.* (min.) plata córnea.
hornswoggle [-swagl], *va.* engatusar, embaucar.
hornwork [-wœrk], *s.* (fort.) hornabeque u obra a cuerno.
horny [-i̯], *a.* hecho de cuerno; córneo; calloso.
horologe [hároloudẑ], *s.* reloj.—**horologer** [horálodẑœ(r)], **horologist** [-dẑi̯st], *s.* relojero; el que profesa la horología o se dedica a ella.—**horologic(al** [-ládẑi̯k(a̯l], *a.* referente a la gnomónica.—**horology** [horálodẑi̯], *s.* horología.
horometry [horámɛtri̯], *s.* horometría.
horoscope [hároskoup], *s.* horóscopo.
horrendous [harɛ́ndʌs], *a.* horrendo, espantoso.
horrent [háre̯nt], *a.* erguido; horrendo.
horrible [hári̯bl], *a.* horrible, horroroso, terrible. —**horribleness** [-ni̯s], *s.* horribilidad.—**horribly** [-bli̯], *adv.* horriblemente.
horrid [hári̯d], *a.* horrible o hórrido; ofensivo, dañoso.—**horridly** [-li̯], *adv.* horriblemente.—**horridness** [-ni̯s], *s.* horridez, horror.
horrific [harífi̯k], *a.* horrífico.
horrified [hári̯fai̯d], *a.* horrorizado.
horrify [hári̯fai̯], *va.* horrorizar, horripilar.
horrifying [-i̯ŋ], *a.* horripilante.
horripilate [hari̯pi̯lei̯t], *va.* y *vn.* horripilar(se).—**horripilation** [-éi̯ŝo̯n], *s.* (med.) horripilación.
horror [háro̯(r)], *s.* horror.—**h.-stricken,** horrorizado.—**the horrors,** (fam.) melancolía, morriña; espasmo de horror.
hors d'oeuvres [ɔrdœ́vr], *s. pl.* (fr.) entremeses.
horse [hórs]. **I.** *s.* caballo; (mil.) caballería, caballos; potro (para la gimnasia); (carp.) caballete, borriquete, banco, bastidor, burro, borrico; tendedor, mesa de papel, etc.; (ten.) garatura o tabla de descarnar; (mar.) marchapié, guardamancebo, guindaste; manía, tema, chifladura, muletilla.—**h. aloes,** (bot.) acíbar caballuno.—**h. ant,** (ent.) hormiga roja.—**h. armor,** barda. —**h. artillery,** artillería montada o volante.—**h. bean,** (bot.) haba panosa o caballuna.—**h. block,** apeadero; montador, montadero.—**h. boat,** tafurea.—**h. bot,** (ent.) moscardón, estro.—**h. boy,** mozo de cuadra.—**h. breaker,** picador, amansador o domador de caballos.—**h. breeding,** cría caballar.—**h. brush,** bruza. —**h. car,** tranvía de fuerza de sangre; carro de transportar caballos.—**h. chestnut,** (bot.) castaño de Indias, y la castaña que produce.—**h. cloth,** manta de caballo.—**h. collar,** collera. —**h. dealer,** chalán.—**h. doctor,** albéitar; veterinario.—**h. drench,** toma de medicina para caballo.—**h. dung,** cagajón, estiércol de caballos.—**h.-faced,** de cara acaballada.—**H. Guards,** guardias montadas; (Ingl.) cuartel general del ejército.—**h. keeper,** establero, mozo de cuadra.—**h. litter,** litera montada o tirada por caballos.—**h. mackerel,** (ict.) caballa, sarda, chicharro.—**h. marine,** persona fuera de su elemento.—**h. mill,** tahona, molino de sangre.—**h. pistol,** pistola de arzón.—**h. power** = HORSEPOWER; fuerza de sangre.—**h. race,** carrera de caballos.—**h. racing,** carreras de caballos.—**h. sense,** (fam.) gramática parda, sentido común práctico.—**h. show,** concurso hípico.—**h. thief,** cuatrero.—**h. trader,** chalán, tratante de caballos.—**h. trappings,** arneses, gualdrapa.—**a h. of another color,** harina de otro costal, otra cosa, otro cantar. —**to get on, o mount, the high h.,** asumir una actitud arrogante.—**to h!** (mil.) ¡a caballo! **II.** *va.* montar a caballo; poner o llevar a caballo; (mil.) remontar, proveer de caballos; cubrir el caballo a la yegua; (mar.) calafatear; (fam.) forzar el trabajo. **III.** *vn.* cabalgar, andar a caballo; estar (la yegua) salida.
horseback [-bæk], *s.* lomo de caballo o asiento del jinete.—**to ride h.,** montar a caballo.
horsefair [-fɛr], *s.* feria de caballos.
horseflesh [-flɛŝ], *s.* carne (*f.*) de caballo; conjunto de caballos; variedad de caoba de las Bahamas.
horsefly [-flai̯], *s.* (ent.) tábano, moscardón; rezno.
horsehair [-hɛr], *s.* pelo de caballo (esp. de la crin y la cola); tela de crin.
horsehide [-hai̯d], *s.* piel (*f.*) de caballo.
horsejockey [-dẑaki̯], *s.* (dep.) jockey, yoquey.
horselaugh [-læf], **horselaughter** [-læftœ(r)], *s.* risotada, carcajada.
horseleech [-lich], *s.* (zool.) sanguijuela grande; gorrón; (ant.) albéitar, veterinario.
horseman [-ma̯n], *s.* jinete, caballero, caballista; (mil.) soldado de caballería.—**horsemanship** [-ŝi̯p], *s.* manejo, equitación.
horsemint [-mi̯nt], *s.* (bot.) mastranzo.
horseplay [-plei̯], *s.* payasada.
horsepond [-pand], *s.* abrevadero, estanque donde beben los caballos.
horsepower [-pau̯œ(r)], *s.* (mec.) caballo de vapor o de fuerza.
horseradish [-rædi̯ŝ], *s.* (bot.) rábano picante o rústico.
horseshoe [-ŝu], *s.* herradura; lo que tiene forma de herradura.—**h. crab,** (zool.) límulo.—**horseshoer** [-œ(r)], *s.* herrador.
horsetail [-tei̯l], *s.* cola de caballo; (bot.) belcho.
horsewhip [-hwi̯p]. **I.** *s.* látigo, (Am.) fuete. **II.** *va.* azotar, zurriagar, cruzar con látigo, dar fuetazos a.
horsewoman [-wu̯ma̯n], *s.* amazona.
horsiness [-i̯ni̯s], *s.* afición a los caballos.
horsing [-i̯ŋ], *s.* asiento del amolador de cuchillos; vapuleo, azotes, *m. pl.*
horsy [-i̯], *a.* caballar, caballuno, chalán; hípico; aficionado a, o pert. a, los caballos.
hortation [hɔrtéi̯ŝo̯n], *s.* exhortación.
hortative [hɔ́rta̯ti̯v], **hortatory** [-tɔri̯], *a.* exhortatorio.
hortensial [hɔrtɛ́nŝa̯l], *a.* hortense, hortelano.
horticultural [hɔrti̯kʌ́lchu̯ra̯l], *a.* hortícola.
horticulture [hɔ́rti̯kʌlchu̯(r)], *s.* horticultura.
horticulturist [-kʌ́lchu̯ri̯st], *s.* horticultor.
hosanna [hozǽnä], *s.* (igl.) hosanna, *m.*
hose [hóu̯z], *s.* calceta; medias o calzas, *f. pl.*; manguera, manga de bomba o de riego; tubo flexible de goma.—**h. reel,** carretel de manguera.
hoseman [-ma̯n], *s.* manguero.
hosier [hóu̯ẑœ(r)], *s.* mediero, calcetero.
hosiery [hóu̯ẑœri̯], *s.* calcetería.—**h. yarn,** hilo de punto o de calcetería.
hospice [háspi̯s], *s.* hospicio, hospedería.
hospitable [háspi̯ta̯bl], *a.* hospitalario.—**hospitableness** [-ni̯s], *s.* hospitalidad.—**hospitably** [-bli̯], *adv.* hospitalariamente.
hospital [háspi̯ta̯l], *s.* hospital; clínica.—**h. ship,** buque hospital.—**h. wagon,** carro de ambulancia.—**h. ward,** sala o crujía de hospital.
hospitality [-tǽli̯ti̯], *s.* hospitalidad.
hospitalization [-ta̯li̯zéi̯ŝo̯n], *s.* hospitalización; tratamiento de hospital.
hospitalize [háspi̯ta̯lai̯z], *va.* hospitalizar, enviar al hospital.
hospital(l)er [háspi̯ta̯lœ(r)], *s.* hospitalario; hospiciano; hospitalero.
host [hou̯st], *s.* hospedero, mesonero, posadero, huésped, *m.*; anfitrión, *m.*; hueste, *f.*; multitud; (**H.,** igl.) hostia.
hostage [hásti̯dẑ], *s.* rehén, prenda, gaje.
hostel [háste̯l], *s.* posada, hostería; hotel; casa de huéspedes para estudiantes.
hostelry [-ri̯], *s.* fonda, mesón, hostal, parador.
hostess [hóu̯sti̯s], *s.* posadera, mesonera, patrona.

huéspeda, ama; anfitriona; maestra de ceremonias (en un cabaret, etc.); (aer.) azafata.
hostile [hástil], *a.* hostil, enemigo, adverso.
hostilely [-li], *adv.* hostilmente.
hostility [hastíliti], *s.* hostilidad, enemiga.—*pl.* (actos de) guerra.
hostler [háslœ(r)], *s.* establero, palafrenero.
hot [hát]. **I.** *a.* caliente; cálido, caluroso; ardiente, fogoso; picante, acre; violento, furioso; (fam.) intolerable; en caliente; (fam.) cercano (de algo que se busca).—**to be in h. water,** (fam.) estar en ascuas o en calzas prietas.—**to blow h. and cold,** estar entre sí y no, vacilar, titubear.—**to get** o **grow h.,** (fam.) calentarse, encenderse; entusiasmarse; hacer calor; estar cercano (de algo que se busca).—**to make it h. for,** (fam.) causarle a uno trabajo, molestar. **II.** *adv.* calurosamente; vehementemente.—**h. and heavy,** violentamente, sin compasión.
hot air, *s.* (fam.) verbosidad, palabrería, palabras vacías.
hot atom, *s.* (en. atóm.) átomo activo.
hot baths, *s.pl.* caldas, termas.
hotbed [-bɛd], *s.* (hort.) almajara, estercolero; (fig.) foco, plantel.
hot-blooded [-blʌ́did], *a.* apasionado, de sangre ardiente.
hotbox [-baks], *s.* (f. c., etc.) cojinete calentado excesivamente por fricción.
hot-bulb [-bʌlb], *a.* (m. comb. int.) de bola caliente.
hot cake, *s.* (coc.) panqué, panqueque, (Am.) tortilla.—**to sell like hot cakes,** vender como pan caliente o pan bendito.
hot chisel, *s.* cincel para metal caliente.
hotchpotch [háchpach], *s.* mezcolanza; sancocho. *V.* HODGEPODGE.
hot cross bun, *s.* bollo (de viernes santo) marcado con una cruz.
hot dog, *s.* (fam.) perro caliente.
hotel [hotél], *s.* hotel; palacio; posada, fonda.—**h. keeper** o **manager,** hotelero, fondista.
hotfoot [hátfut], *adv.* (fam.) pronta o rápidamente.
hothead [-hɛd], *s.* persona fogosa, arrebatada, turbulenta o de mal genio; agitador, alborotador, bochinchero.
hot-headed [-hédid], *a.* fogoso, exaltado.
hothouse [-haus], *s.* invernadero, invernáculo, estufa.
hot laboratory, *s.* (en. atóm.) laboratorio activo o radiactivo.
hotly [-li], *adv.* calurosamente; vehementemente; lascivamente.
hotness [-nis], *s.* calidad de caliente; calor.
hot plate, *s.* calentador, hornillo portátil.
hot pot, *s.* (coc.) cocido, guisado.
hot-press [-prés]. **I.** *s.* prensa de satinar papel en caliente; prensa térmica (para la extracción del aceite). **II.** *va.* satinar (papel) en caliente.
hot-riveting [-rívitiŋ], *a.* remachado en caliente.
hot rod, *s.* (fam.) automóvil (gen. viejo) con motor sobrealimentado.
hot-roll [-roul], *va.* laminar en caliente.
hot saw, *s.* sierra de cortar metal en caliente.
hot seat, *s.* (E. U., fam.) silla eléctrica.—**to be in the hot seat,** (fam.) estar en una situación difícil.
hotshot [-ŝat], *a.* (fam.) experto, sobresaliente; popular.
hot springs, *s.pl.* fuentes (*f.pl.*) de aguas termales.
hotspur [-spœ(r)], *s.* y *a.* temerario, impulsivo, atolondrado.
hot-tempered [-témpœrd], *a.* exaltado, arrebatado.
Hottentot [hátntat], *s.* y *a.* hotentote.
hot-water bottle, *s.* calientapiés, botella de caucho para agua caliente.
hot wave, *s.* ola de calor.
hot-wire ammeter, *s.* (elec.) amperímetro térmico.
hound [haund]. **I.** *s.* sabueso, podenco; collón, hombre vil; (mar.) cacholas.—**h.'s-tongue,** (bot.) cinoglosa, viniebla.—**h.-tree,** (bot.) cornejo. **II.** *va.* cazar con perros; soltar los perros; seguir la pista; perseguir; azuzar.
hour [áur], *s.* hora.—*pl.* horas (rezos).—**h. angle,** (astr.) ángulo horario.—**h. circle,** (astr.) círculo horario.—**h. hand,** horario (del reloj).
hourglass [-glæs], *s.* ampolleta o reloj de arena.
houri [húri], *s.* hurí, *f.*
hourly [áurli]. **I.** *adv.* a cada hora; por horas, frecuentemente. **II.** *a.* por horas, frecuente.
house [háus]. **I.** *s.* casa; hogar, residencia, domicilio, vivienda; familia, linaje; casilla del tablero de ajedrez; (com.) casa de comercio, razón (*f.*) social, establecimiento mercantil; cámara de un cuerpo legislativo; (teat.) sala, público; (mec.) caja, cubierta.—**like a h. on fire,** a fuego y sangre.—**on the h.,** a costa del dueño.—**open h.,** casa abierta para todos; recepción donde todos son bienvenidos.—**to bring down the h.,** (fam.) promover grandes aplausos.—**to clean h.,** poner la casa en orden; (fig.) hacer una limpieza.—**to keep h.,** manejar una casa; ser ama de casa; tener hogar propio.—**to play h.,** (fam.) echárselas de adulto o ama de casa (juego infantil).—**to set one's h. in order,** (fig.) poner la casa en orden, arreglar los negocios. **II.** [hauz], *va.* albergar, alojar; (agr.) entrojar; poner a cubierto; almacenar; (mar.) afianzar o cubrir cuando hay borrasca; (carp.) encajar. **III.** *vn.* residir, tener alojamiento.
house arrest, *s.* arresto domiciliario.
houseboat [-bout], *s.* barco vivienda.
housebreaker [háusbreikœ(r)], *s.* ladrón que escala una casa.—**housebreaking** [-iŋ], *s.* escalo.
housebroken [-broukn], *a.* domesticado, bien enseñado; que no ensucia la casa (perro, gato, etc.).
house cleaning, *s.* limpieza de la casa.
housecoat [-kout], *s.* bata.
housedress [-drɛs], *s.* traje casero.
housefly [-flai], *s.* mosca ordinaria.
houseful [-ful], *s.* casa llena.
household [-hould], *s.* casa, familia.
household bread, *s.* pan casero o bazo.
household duties, *s.pl.* quehaceres domésticos.
householder [-œ(r)], *s.* amo de casa.
household furniture, *s.* ajuar o menaje de casa.
household gods, *s.pl.* lares.
household goods, *s.pl.* mobiliario, enseres, bártulos.
household word, *s.* refrán; algo común o familiar.
housekeep [-kip], *vn.* manejar casa, tener hogar propio; cocinar.
housekeeper [-œ(r)], *s.* ama de gobierno o ama de llaves; casera; mujer de casa.
housekeeping [-iŋ]. **I.** *s.* manejo de casa (se subentiende que comprende la cocina).—**to begin h.,** poner casa.—**to break up h.,** levantar casa. **II.** *a.* doméstico, casero, de casa; provisto de facilidades para cocinar.
houseleek [-lik], *s.* (bot.) siempreviva o hierba puntera.
houseline [-lain], *s.* (mar.) piola.
housemaid [-meid], *s.* criada.
housemaid's knee, *s.* (med.) inflamación de la rodilla, rodilla de fregona.
housemother [-mʌðœ(r)], *s.* encargada (de un dormitorio, residencia de estudiantes, etc.).
house of assignation, *s.* burdel.
house of cards, *s.* castillo de naipes.
House of Commons, *s.* (Ing.) Cámara de los Comunes.
house of correction, *s.* reformatorio.
house of ill fame o **repute,** *s.* burdel.
House of Lords, *s.* (Ing.) Cámara de los Lores.
House of Representatives, *s.* Cámara de Representantes.
house of worship, *s.* iglesia, templo.
house organ, *s.* boletín, periódico (publicado por una empresa para distribución interna).

house painter, *s.* pintor de brocha gorda.
house party, *s.* convite de varios días; los convidados.
house physician, *s.* médico residente o de asiento (en un hospital).
house plant, *s.* (bot.) planta de interior (casa)
house rent, *s.* alquiler de casa.
houseroom [-rum], *s.* cabida de una casa.
housetop [-tap], *s.* tejado, techo, azotea.
housewares [-werz], *s.pl.* géneros o artículos domésticos.
housewarming [-wɔrmiŋ], *s.* tertulia con que se celebra el estreno de una casa.
housewife [-waif], *s.* ama de casa; madre de familia; ama de gobierno o de llaves; agujetero; estuche o neceser de costura.
housewifely [-li]. **I.** *adv.* con economía doméstica. **II.** *a.* económica y cuidadosa.
housewifery [-ri], *s.* gobierno de una casa; economía doméstica.
housework [-wœrk], *s.* tareas domésticas.
housing [háuziŋ], *s.* alojamiento; abrigo, albergue; almacenaje; (mec.) muesca, rebajo, encaje; chumacera; caja; (aut.) caja, cárter; (arq.) nicho; (mar.) piola; mantilla, gualdrapa (de caballo).—**h. shortage,** falta o escasez de viviendas.
hove [houv], *pret.* y *pp.* de TO HEAVE.
hovel [hʌ́vel]. **I.** *s.* cobertizo; choza, cabaña, bohío. **II.** *va.* abrigar en cabaña.
hover [hʌ́vœ(r)]. **I.** *va.* cubrir con las alas. **II.** *vn.* revolotear; cernerse (las aves, y fig.) rondar; estar suspenso; dudar.—**hovering** [-iŋ], *s.* revoloteo.
how [hau]. **I.** *adv.* cómo; cuán, cuánto; a cómo.—**h. about it?** ¿qué le parece? ¿y si lo hiciéramos?—**h. do you do?** ¿cómo le va a Vd.? ¿cómo está Vd.? para servir a Vd.—**h. do you sell them?** ¿a cómo los vende Vd.?—**h. early?** ¿cuándo, a más tardar?—**h. far?** ¿a qué distancia? ¿hasta dónde?—**h. late?** ¿a qué hora? ¿hasta qué hora? ¿cuándo?—**h. long?** ¿cuánto tiempo?—**h. many?** ¿cuántos?—**h. much?** ¿cuánto?—**h. now?** ¿y bien? ¿pues qué? ¿qué significa eso?—**h. often?** ¿cuántas veces?—**h. often!** ¡cuán a menudo! ¡con qué frecuencia!—**h. pretty!** ¡qué bonito!—**h. so,** (ant.) = HOWSOEVER.—**h. so?** ¿cómo así?—**h. soon?** ¿cuándo?—**h. well!** ¡qué bien! **II.** *s.* cómo, modo, manera.
howbeit [haubíit], *adv.* sea como fuere, así como así; no obstante.
howdah [háudä], *s.* castillo que se pone sobre un elefante o camello.
however [hauévœ(r)]. **I.** *adv.* como quiera que, de cualquier modo; por muy.—**h. much,** por más que. **II.** *conj.* no obstante, sin embargo.
howitzer [háuitsœ(r)], *s.* (arti.) obús, bombero.
howl [hául]. **I.** *vn.* aullar, dar alaridos; ulular; rugir, bramar. **II.** *va.* gritar; (con *down* o *out*) condenar o echar a gritos. **III.** *s.* aullido, ululato; alarido; gemido; rugido; bramido.
howler [-œ(r)], *s.* aullador; gemidor; gritador; (fam.) adefesio ridículo; (zool.) mono chillón, araguato o aullador, (Am.) congo.
howlet [háulit], *s.* (orn., ant.) lechuza.
howling [háuliŋ], *s.* aullido; grito; lamento.
howsoever [háusoévœ(r)], *adv.* = HOWEVER.
hoyden [hóiden], *s.*, *a.*, y *vn.* = HOIDEN.
hub [hʌb], *s.* (carr.) cubo de la rueda; por extensión, centro, eje; chito; calzo; manguito de doble bocina para juntas o empalmes; punzón para hacer troqueles.—**h.-and-spigot joint,** junta de enchufe de campana.—**the H.,** (E. U., fam.) la ciudad de Boston.
hubbub [hʌ́bʌb], *s.* grita, alboroto, bulla.
huckaback [hʌ́kabæk], *s.* (tej.) alemanisco; cierto género de lino o algodón (ú. esp. para toallas).
huckleberry [hʌ́klberi], *s.* (bot.) variedad de arándano, planta vaccíniea.
hucklebone [-boun], *s.* (anat.) cía; taba.—*pl.* taba (juego de niños).
huckster [hʌ́kstœ(r)]. **I.** *s.* regatón, vendedor ambulante al pormenor, esp. de productos agrícolas; sujeto ruin. **II.** *va.* y *vn.* regatonear, andar menudeando.
hucksterage [-idź], *s.* regatonería.
huddle [hʌ́dl]. **I.** *va.* amontonar desordenadamente; atrabancar. **II.** *vn.* acurrucarse; apiñarse, amontonarse, agruparse. **III.** *s.* tropel, confusión, baraúnda; reunión, sobre todo de jugadores de futbol para recibir órdenes; (fam.) junta o reunión secreta.
hue [hiu], *s.* matiz, *m.*, tinta, tinte; grita, clamor.—**h. and cry,** alarma, somatén, alarida, vocería.—**many-hued,** matizado.
huff [hʌf]. **I.** *s.* enfado, enojo. **II.** *va.* hinchar, inflar; enfadar; maltratar, injuriar; soplar una dama en el juego. **III.** *vn.* ofenderse; hincharse; bufar. *V.* PUFF.
huffish [-iś], *a.* irascible; petulante.
huffishly [-li], *adv.* con petulancia; insolentemente; con enfado.—**huffishness** [-nis], *s.* petulancia, arrogancia, impertinencia.
huffy [-i], *a.* irascible, malhumorado.
hug [hʌg]. **I.** *va.* abrazar; abrazarse a; navegar muy cerca de (la costa).—**to h. one's self,** congratularse.—**to h. the wind,** (mar.) ceñir el viento. **II.** *s.* abrazo apretado.
huge [hiúdź], *a.* inmenso, enorme, vasto, colosal, ingente; garrafal.—hugely [-li], *adv.* enormemente, inmensamente.—hugeness [-nis], *s.* enormidad, inmensidad.
hugger-mugger [hʌ́gœ(r) mʌ́gœ(r)]. **I.** *s.* confusión, desorden. **II.** *a.* secreto, reservado; dejado, descuidado. **III.** *adv.* secreta o confusamente.
Huguenot [hiúgenat], *s.* y *a.* hugonote.
hulk [hʌlk]. **I.** *s.* casco (de barco); carraca, barco viejo; armatoste; buque que sirve de cárcel; (fam.) sujeto gordiflón. **II.** *vn.* (gen. con **up**) convertirse en armatoste.
hulking [-iŋ], **hulky** [-i], *a.* tosco, grueso, pesado.
hull [hʌl]. **I.** *s.* cáscara, corteza; vaina de legumbre; casco (de un buque); flotador (de aeroplano); armazón, *f.* (de un dirigible rígido). **II.** *va.* pelar, mondar, descortezar, descascarar; dar un proyectil en el casco de un buque.
hullabaloo [hʌlabalú], *s.* alboroto, batahola.
huller [hʌ́lœ(r)], *s.* descascarador.
hullo [hʌlóu], *s.* e *interj.* = HOLLO, HELLO.
hum [hʌm]. **I.** *va.* canturrear, tararear. **II.** *vn.* zumbar; susurrar; hervir (fig.). **III.** *s.* zumbido, susurro; voz inarticulada (¡hum!); (fam.) engaño, filfa, burla, chasco. **IV.** *interj.* ¡ya! ¡hum!
human [hiúman]. **I.** *a.* humano.—**h. race,** género humano. **II.** *s.* mortal, ser humano.
humane [hiuméin], *a.* humano, benévolo, compasivo; humanitario.—**h. letters,** letras humanas.
humanism [hiúmanizm], *s.* letras humanas; humanidad.
humanist [-ist], *s.* humanista.
humanitarian [hiumænitérian]. **I.** *a.* humanitario. **II.** *s.* filántropo; el que cree que Jesucristo no fué más que un hombre; el que cree en la perfectibilidad de la naturaleza humana; el que basa la religión únicamente en la filantropía.
humanitarianism [-izm], *s.* humanitarismo.
humanity [hiumǽniti], *s.* humanidad; filantropía, benevolencia.—*pl.* **humanities,** humanidades.
humanize [hiúmanaiz], *va.* y *vn.* human(iz)ar(se).
humankind [hiúmankáind], *s.* humanidad, género humano.
humanly [hiúmanli], *adv.* humanamente.
humble [hʌ́mbl]. **I.** *a.* humilde, modesto, sumiso.—**humble pie** [-pái], *s.* empanada de entrañas de venado.—**to eat h. p.,** humillarse, pedir misericordia. **II.** *va.* humillar, postrar, someter. **III.** *vn.* bajar o doblar la cerviz.
humblebee [-bi], *s.* = BUMBLEBEE.
humbleness [-nis], *s.* humildad.
humbly [hʌ́mbli], *adv.* humildemente.

humbug [hʌ́mbʌg]. **I.** *s.* farsa, patraña, fraude; farsante, embaucador. **II.** *va.* y *vn.* embaucar.
humdrum [hʌ́mdrʌm]. **I.** *a.* monótono, pesado, cansado. **II.** *s.* fastidio, aburrimiento; lata; charla o cantilena fastidiosa; posma, *mf.*, zorrocloco, persona cargante.
humeral [hiúmeral], *a.* (anat.) humeral.
humerus [hiúmerʌs], *s.* (anat.) húmero.
humic [hiúmik], *a.* húmico, relativo al mantillo; (quím.) húmico.
humid [hiúmid], *a.* húmedo.—**h. process, way,** etc., (quím.) vía húmeda.
humidification [-ifikéiŝon], *s.* humedecimiento.
humidifier [hiumídifaiœ(r)], *s.* humedecedor.
humidify [-fai], *va.* humedecer.
humidity [-ti], **humidness** [hiúmidnis], *s.* humedad.
humidor [hiúmidɔr], *s.* bote o caja humectativos para tabaco, cigarros, etc.
humiliate [hiumílieit], *va.* humillar, mortificar
humiliation [-éiŝon], *s.* humillación.
humility [hiumíliti], *s.* humildad, sumisión.
hummer [hʌ́mœ(r)], *s.* (orn.) colibrí.
humming [hʌ́miŋ]. **I.** *s.* zumbido, susurro, zurrido; canturreo, tarareo. **II.** *a.* zumbador; (fam.) muy activo, intenso, grande, etc.—**h. ale,** (fam.) cerveza fuerte y espumosa.—**h. bird,** (orn.) colibrí, pájaro mosca, tominejo.
hummock [hʌ́mok], *s.* montecillo, morón, colina, mogote.
humor [hiúmo(r)]. **I.** *s.* humor, carácter, índole, *f.;* humorada, fantasía, capricho; humorismo; sal, *f.*, agudeza, chiste, jocosidad; (med.) humor; aguadija; erupción cutánea.—**to be in a bad h.,** o **out of h.,** estar de mal humor, o de malas pulgas. **II.** *va.* complacer, dar gusto, acceder; consentir en; mimar; adaptarse, acomodarse a; desempeñar bien.
humoral [-al], *a.* (med.) humoral.
humoralism [-izm], *s.* (med.) humorismo.
humoresque [-ésk], *s.* capricho musical.
humorist [-ist], *s.* humorista; chocarrero.
humorous [-ʌs], *a.* humorístico, ocurrente, jocoso, chistoso; voluntarioso, caprichoso.—**humorously** [-li], *adv.* jocosamente; caprichosamente.—**humorousness** [-nis], *s.* jocosidad, gracejo, donaire; humorada.
humous [hiúmʌs], *a.* que contiene humus o mantillo.
hump [hʌ́mp]. **I.** *s.* giba, joroba, corcova; (f. c.) albardilla. **II.** *vn.* encorvarse, doblar la espalda. —**humped** [-t], *a.* jorobado, corcovado.
humpback [-bæk], *s.* giba, joroba; jorobado.—**humpbacked** [-t], *a.* jorobado, giboso, corcovado.
humpy [-i], *a.* giboso.
humus [hiúmʌs], *s.* humus, mantillo.
Hun [hʌn], *s.* huno.
hunch [hʌ́nch]. **I.** *va.* empujar, dar empellones; doblar la espalda. **II.** *vn.* moverse o avanzar a tirones o a sacudidas; abalanzarse. **III.** *s.* giba, corcova; pedazo o trozo grueso; (fam.) corazonada, presentimiento.
hunchback(ed [-bæk(t] = HUMPBACK(ED.
hundred [hʌ́ndred]. **I.** *a.* (precedido de *a* o *one*) ciento, cien. **II.** *s.* ciento; (arit.) centena; centenar.—**by hundreds,** a o por centenares.—**by the h.,** por ciento(s); por centenares.
hundredfold [-fould], *s.* céntuplo.
hundred-per-center [-pœrséntœ(r)], *s.* patriota de ciento por ciento, sin mezcla de influencias ni predilecciones extranjeras.
hundredth [-θ], *a.* y *s.* centésimo, céntimo; ciento (ordinal).
hundredweight [-weit], *s.* quintal; (E. U.) 100 libras (45.36 kg.); (Ingl.) 112 libras (50.8 kg.).
hung [hʌŋ], *pret.* y *pp.* de TO HANG.—**h. beef,** tasajo, cecina.—**h. jury,** (fam.) jurado en desacuerdo.
Hungarian [hʌŋgérian], *a.* y *s.* húngaro.
Hungary [hʌ́ŋgari], *s.* Hungría.
hunger [hʌ́ŋgœ(r)]. **I.** *s.* hambre.—**h. strike,** huelga del hambre, huelga de inanición; recurso al suicidio por hambre (apl. a ciertos encarcelados). **II.** *va.* hambrear. **III.** *vn.* hambrear, tener hambre.—**to h. for,** tener sed de, anhelar.
hungrily [hʌ́ŋgrili], *adv.* hambrientamente.
hungry [hʌ́ŋgri], *a.* hambriento; ganoso, deseoso; estéril, pobre.—**to be,** o **to feel h.,** tener hambre.
hunk [hʌŋk], *s.* (fam.) buen pedazo; rebanada gruesa.
Hunker [hʌ́ŋkœ(r)], *s.* (hist. E. U.) conservador.
hunks [hʌŋks], *s.* avaro; persona malhumorada.
hunky [hʌ́ŋki], *a.* (fam.) muy bien hecho; en buen estado.—**h.-dory,** (fam.) a pedir de boca.
hunt [hʌ́nt]. **I.** *va.* cazar; (per)seguir; recorrer buscando, registrar.—**to h. up,** buscar.—**to h. up and down,** buscar por todos lados. **II.** *vn.* cazar; hacer un registro minucioso; buscar.—**to h. after,** buscar, anhelar.—**to h. counter,** ir contra la pista. **III.** *s.* caza, cacería, montería; perseguimiento, acosamiento; asociación de cazadores.
hunter [-œ(r)], *s.* montero, cazador; podenco; caballo de caza.—**h.'s cap,** montera, gorra de caza.
hunting [-iŋ], *s.* montería, caza, cacería.—**h. box,** pabellón de caza.—**h. case,** tapa de saboneta.—**h.-case watch,** saboneta.—**h. dog,** perro de caza, podenco.—**h. ground,** cazadero. —**h. horn,** corneta de monte, trompa de caza. —**h. horse,** caballo de caza.—**h. jacket,** cazadora.—**h. knife,** cuchillo de monte.—**h. lodge** = H. BOX.—**h. match,** o **party,** batida, partida de caza.—**h. season,** tiempo de caza.
huntress [-ris], *s.* cazadora.
huntsman [-sman], *s.* montero, cazador.
hurdle [hœ́rdl]. **I.** *s.* zarzo, valla, cañizo; encañado; adral; (dep.) valla portátil en carreras de caballos o personas; (mil.) fajina, cestón; (fig.) dificultad, obstáculo.—*pl.* salto de vallas, carrera de obstáculos (ll. t. **h. race**). **II.** *va.* hacer o colocar cañizos; vencer un obstáculo; (mil.) defender con fajinas. **III.** *vn.* saltar vallas.—**hurdler** [hœ́rdlœ(r)], *s.* (dep.) persona que toma parte en carreras de obstáculos.
hurdy-gurdy [hœ́rdigœrdi], *s.* (mús.) organillo; especie de gaita, zanfonía.
hurl [hœ́rl]. **I.** *va.* tirar, lanzar, arrojar, echar; proferir (invectivas, etc.). **II.** *vr.* lanzarse, arrojarse, abalanzarse. **III.** *s.* tiro, lanzamiento.
hurling [-iŋ], *s.* lanzamiento, tiro; antiguo juego parecido al football; en Irlanda, el juego llamado *hockey.*
hurly-burly [hœ́rli bœ́rli], *s.* batahola, baraúnda, alboroto.
hurra(h [hurá]. **I.** *interj.* ¡viva! ¡hurra! **II.** *va.* y *vn.* aclamar, vitorear. **III.** *s.* viva, *m.*
hurricane [hœ́rikein], *s.* huracán, ciclón.—**h. deck,** (mar.) cubierta superior.
hurried [hœ́rid], *a.* y *pp.* de TO HURRY; precipitado, apresurado, hecho de prisa.—**hurriedly** [-li], *adv.* apresuradamente, precipitadamente.
hurry [hœ́ri]. **I.** *va.* y *vn.* apresurar(se); dar(se) prisa; afanar(se); (hacer) obrar a la carrera o con precipitación.—**to h. after,** correr detrás o en pos de.—**to h. away,** salir precipitadamente.—**to h. back,** volver de prisa; apresurarse a volver.—**to h. in,** (hacer) entrar de prisa; entrar con precipitación en.—**to h. into,** arrastrar, impeler hacia.—**to h. off,** huir, salir o hacer marchar de prisa.—**to h. on,** apresurar, precipitar; impulsar, empujar; apresurarse. —**to h. over,** (hacer) pasar rápidamente; despachar, expedir.—**to h. up,** apresurarse, darse prisa. **III.** *s.* prisa, premura, precipitación.—**there's no h. about it,** no corre prisa.
hurry-skurry (*o* **scurry**) [-skœ́ri], *adv.* confusamente, en tropel.
hurt [hœ́rt]. **I.** *va.* (*pret.* y *pp.* HURT) dañar, hacer mal o daño, lastimar, lisiar, estropear, herir; injuriar, ofender; perjudicar, damnificar.—**to h. one's feelings,** apenar a uno; herirle a uno el amor propio, ofenderlo. **II.** *vn.* doler. **III.** *s.*

lesión, herida, contusión, lastimadura; mal, daño, perjuicio, detrimento. IV. *a.* lastimado, herido, lisiado; perjudicado.
hurtful [-fụl], *a.* perjudicial, pernicioso, nocivo, dañino.—**hurtfully** [-ị], *adv.* dañosamente, perniciosamente, injuriosamente.—**hurtfulness** [-nịs], *s.* calidad dañosa o perjudicial; naturaleza dañina, peligrosa o perniciosa.
hurtle [hœ́rtl]. **I.** *vn.* lanzarse, arrojarse con violencia. **II.** *va.* blandir; lanzar o arrojar.
hurtleberry [hœ́rtlbɛrị], *s. V.* HUCKLEBERRY y WHORTLEBERRY.
hurtless [hœ́rtlịs], *a.* inocente; ileso, intacto.
husband [hʌ́zbạnd]. **I.** *s.* marido, esposo. **II.** *va.* ahorrar; manejar con economía; procurar marido a; ser o pasar por marido de.
husbandman [-mạn], *s.* agricultor, granjero.
husbandry [-rị], *s.* labranza, agricultura; producción agrícola; frugalidad, parsimonia; economía doméstica.
hush [hʌŝ]. **I.** *va.* apaciguar, aquietar; hacer callar.—**to h. up,** tapar, ocultar, mantener secreto. **II.** *vn.* estar quieto, callar, enmudecer, estar callado. **III.** *s.* silencio, quietud.—**h. money,** dinero con que se compra el silencio de alguien.—**h. boat, h. ship,** (fam.) barco armado disfrazado de barco mercante, esp. para cazar submarinos.—**very h.-h.,** muy secreto. **IV.** *interj.* ¡chist! ¡chito! ¡silencio!
husk [hʌ́sk]. **I.** *s.* cáscara, vaina, pellejo, hollejo; bagazo; desperdicio. **II.** *va.* descascarar, desvainar, pelar, mondar, despellejar, deshollejar.
husked [-t], *a.* que tiene cáscara, vaina o pellejo; descascarado.—**husker** [-œ(r)], *s.* descascarador, desgranador; abridor de ostras.
huskily [hʌ́skịlị], *adv.* roncamente; secamente.
huskiness [hʌ́skịnịs], *s.* ronquera; calidad de cascarudo o cortezudo.
husking [hʌ́skịŋ], *s.* acto de descascarar y desgranar maíz.—**h. bee,** reunión de vecinos para desgranar maíz.
husky [hʌ́skị]. **I.** *a.* cascarudo, cortezudo; ronco, rauco. **II.** *a.* y *s.* (fam.) fuerte, fornido, terne.
hussar [hụzár], *s.* (mil.) húsar.
Hussite [hʌ́saịt], *s.* husita, *mf.*, discípulo de Huss.
hussy [hʌ́sị], *s.* buena pieza, tunanta, pícara.
husting [hʌ́stịŋ], *s.* asamblea, junta.—*pl.* (Ingl.) tribuna pública para discursos electorales; consejo o tribunal de autoridades municipales.
hustle [hʌ́sl]. **I.** *va.* mezclar, confundir; empujar, atropellar, sacudir. **II.** *vn.* andar a empellones; (fam.) pernear, patear, moverse con actividad.
hustler [hʌ́slœ(r)], *s.* (fam.) trafagón, buscavidas, persona enérgica.
hut [hʌt]. **I.** *s.* choza, cabaña, barraca; huta, cobertizo; (Am.) bohío.—**h. urn,** urna cineraria. **II.** *va.* y *vn.* alojar o vivir en una choza.
hutch [hʌch]. **I.** *s.* arca, cofre; artesa; cesto; hucha; ratonera; conejera; amasadera; (min.) cuba. **II.** *va.* guardar en cofre.
huzza [hʌzá], *vn.*, *s.* e *interj.* = HURRAH.
hyacinth [háịạsịnθ], *s.* (bot. y min.) jacinto.
hyacinthine [-sínθịn], *a.* jacintino.
hyæna [haịínạ], *s.* = HYENA.
hyaline [háịạlịn], *a.* hialino, vítreo, vidrioso, transparente.
hyalite [háịạlaịt], *s.* (min.) hialita.
hyalitis [haịạláịtịs], *s.* (med.) hialitis.
hyaloid [háịạlɔịd], *a.* hialoideo, hialino.—**h. membrane,** (anat.) hialoides, *f.*
hyaluronidase [haịạlịuránịdeịz], *s.* (med.) hialuronidasa.
hybrid [háịbrịd], *a.* y *s.* híbrido, mestizo.
hybridism [-ịzm], **hybridity** [haịbrídịtị], *s.* hibridismo, hibridez, hibridación.
hybridization [-ịzéịŝọn], *s.* hibridación.
hybridize [-aịz], *va.* y *vn.* producir o generar híbridos; ser capaz de cruzamiento.
hydatid [háịdạtịd], *s.* (med. y zool.) hidátide, *f.*
hydra [háịdrạ], *s.* (zool.) hidra, pólipo de agua dulce; (**H.**, mit. y astr.) hidra.
hydracid [haịdrǽsịd], *s.* (quím.) hidrácido.
hydragogue [háịdrạgag], *a.* y *s.* (med.) hidragogo.
hydrangea [haịdrǽndẑịạ], *s.* (bot.) hortensia.
hydrant [háịdrạnt], *s.* boca de riego; boca o toma de agua para incendios.
hydrargyric [haịdrardẑírịk], *a.* hidrargírico.
hydrargyrum [haịdrárdẑịrʌm], *s.* (quím.) hidrargiro, mercurio.
hydrate [háịdreit]. **I.** *s.* (quím.) hidrato. **II.** *va.* hidratar.—**hydration** [haịdréịŝọn], *s.* (quím.) hidratación.
hydraulic(al [haịdrólịk(ạl], *a.* hidráulico.—**h. brake,** freno hidráulico.—**h. cement,** cemento hidráulico.—**h. elevator,** ascensor hidráulico. —**h. forging,** forjadura hidráulica, forjadura en caliente por presión hidráulica.—**h. gauge,** manómetro hidráulico.—**h. gradient,** línea de alturas piezométricas.—**h. jack,** gato hidráulico.—**h. main,** receptáculo con agua para depurar el gas de alumbrado.—**h. mean depth,** o **mean radius** = H. RADIUS.—**h. mining,** minería hidráulica.—**h. power,** energía o fuerza hidráulica.—**h. press,** prensa hidráulica. —**h. radius,** radio hidráulico (medio), profundidad media (área dividida por el perímetro mojado).—**h. ram,** ariete hidráulico.—**h. valve,** válvula de máquina hidráulica; tapa acopada con los bordes sumergidos en agua.
hydraulic. I. *va.* excavar o demoler por chorros hidráulicos. **II.** *vn.* explotar minas por el método hidráulico.
hydraulics [-lịks], *s. pl.* hidráulica.
hydrazine [háịdrạzin], *s.* (quím.) hidracina.
hydric [háịdrịk], *a.* (quím.) hídrico.
hydrid(e [háịdraịd], *s.* (quím.) hidruro.
hydriodic [haịdrịádịk], *a.* (quím.) yodhídrico.
hydrobromic [-bróụmịk], *a.* (quím.) bromhídrico.
hydrobromide [-bróụmaịd], *s.* (quím.) bromhidrato.
hydrocarbon [-kárbọn], *s.* (quím.) hidrocarburo.
hydrocele [-sil], *s.* (med.) hidrocele, *mf.*
hydrocephalous [-séfạlʌs], *a.* hidrocéfalo, hidrocefálico.—**hydrocephalus,** *s.* (med.) hidrocefalía.
hydrochlorate [-klóreịt], *s.* (quím.) clorhidrato.
hydrochloric [-klórịk], *a.* hidroclórico, clorhídrico.
hydrochlorid(e [-klóraịd], *s.* clorhidrato.
hydrocortisone [-kórtịsoụn], *s.* (bioquím.) hidrocortisona.
hydrocyanic [-saịǽnịk], *a.* cianhídrico o prúsico.
hydrodynamic [-daịnǽmịk], *a.* hidrodinámico.
hydrodynamics [-s], *s.* hidrodinámica.
hydroelectric [-ịléktrịk], *a.* hidroeléctrico.
hydrofluoric [-flụórịk], *a.* (quím.) fluorhídrico.
hydrogen [-dẑịn], *s.* (quím.) hidrógeno.
hydrogenate, hydrogenize [-dẑɛneịt, -dẑɛnaịz], *va.* (quím.) hidrogenar.
hydrogenation [-dẑɛnéịŝọn], *s.* (quím.) hidrogenación.
hydrogen bomb, *s.* bomba de hidrógeno.
hydrogenous [haịdrádẑɛnʌs], *a.* hidrogenado.
hydrogen peroxide, *s.* (quím.) agua oxigenada, peróxido de hidrógeno.
hydrogeological [haịdrodẑioládẑịkạl], *a.* hidrogeológico.
hydrogeologist [-dẑiálodẑịst], *s.* hidrogeólogo.
hydrographer [haịdrágrạfœ(r)], *s.* hidrógrafo.
hydrographic(al [haịdrogrǽfịk(ạl], *a.* hidrográfico.—**hydrography** [haịdrágrạfị], *s.* hidrografía.
Hydroidea [haịdróịdịạ], *s. pl.* (zool.) hidroideos.
hydrokinetic [-kịnétịk], *a.* hidrocinético.—**hydrokinetics** [-s], *s.* hidrocinética.
hydrologic(al [-ládẑịk(ạl], *a.* hidrológico.
hydrologist [haịdrálodẑịst], *s.* hidrólogo.
hydrology [haịdrálodẑị], *s.* hidrología.
hydrolysis [haịdrálịsịs], *s.* hidrólisis.—**hydrolitic** [-lítịk], *a.* hidrolítico.
hydrolyze [háịdrolaịz], *va.* y *vn.* hidrolizar.
hydromancy [háịdromænsị], *s.* hidromancía.
hydromechanics [-mịkǽnịks], *s.* hidromecánica.
hydromedusa [-mịdiúsạ], *s.* (zool.) hidromedusa.
hydromel [-mɛl], *s.* hidromel, aguamiel, *f.*

hydrometallurgy [-métalœrdži], s. hidrometalurgia.
hydrometeor [-mítio(r)], s. hidrometeoro.
hydrometer [haidrámetœ(r)], s. areómetro.
hydrometric [haidrométrik], a. hidrométrico.—**h. pendulum,** péndulo hidrométrico.
hydrometry [haidrámetri], s. areometría, teoría y uso del areómetro.
hydropath [háidropæθ], **hydropathist** [haidrápaθist], s. hidrópata, m.
hydropathic [haidropǽθik], a. hidropático.
hydropathy [haidrápaθi], s. (med.) hidropatía.
hydrophane [háidrofein], s. (min.) hidrófana.
hydrophobia [-fóubiä], s. (med.) hidrofobia.—**hydrophobic** [-fóubik], a. hidrofóbico; hidrófobo.
hydrophone [-foun], s. (mar., hidr.) hidrófono, instrumento que sirve para escuchar sonidos transmitidos por el agua; (med.) estetoscopio de columna de agua.
hydrophyte [-fait], s. (bot.) hidrófita.
hydroplane [-plein], s. hidroplano, hidroavión, m.
hydroponics [-pániks], s. (hort.) hidroponía.
hydroquinone [-kwínoun], s. (quím.) hidroquinona.
hydroscope [-skoup], s. instrumento para observar el fondo del mar.
hydrosphere [-sfir], s. hidrosfera.
hydrostat [-stæt], s. (m. v.) indicador eléctrico de nivel.
hydrostatic(al [-stǽtik(al], a. hidrostático.—**h. balance, joint, press, pressure,** balanza, conexión, prensa, presión hidrostática.—**hydrostatically** [-i], adv. hidrostáticamente.
hydrostatics [-s], s. hidrostática.
hydrosulphide [-sʌlfaid], s. (quím.) sulfhidrato, hidrosulfuro.
hydrosulphuric [-sʌlfiúrik], a. sulfhídrico.
hydrotherapeutic [-θerapiútik], a. hidroterápico.
hydrotherapeutics, hydrotherapy [-s, -θérapi], s. (med.) hidroterapia, hidropatía.
hydrothermal [-θœ́rmal], a. hidrotermal.
hydrothorax [-θóræks], s. (med.) hidrotórax.
hydrotropism [-tróupizm], s. hidrotropismo.
hydrous [háidrʌs], a. acuoso, aguado; hidratado.
hydroxid(e [haidráksaid], s. (quím.) hidróxido.
hydroxyl [haidráksil], s. (quím.) oxhidrilo.
Hydrozoa [haidrozóuä], s. pl. (zool.) hidrozoarios.
hyena [haíinä], s. (zool.) hiena.
hyetal [háiital], a. pluvial; lluvioso.
hygiene [háidžiin], **hygienics** [-éniks], s. higiene, f.—**hygienic** [-énik], a. higiénico.
hygienically [-ali], adv. higiénicamente.
hygienist [háidžienist], s. higienista.
hygrometer [haigrámetœ(r)], s. higrómetro.
hygrometric(al [haigrométrik(al], a. higrométrico.—**hygrometry** [haigrámetri], s. higrometría.
hygroscope [háigroskoup], s. higroscopio.
hygroscopic(al [-skápik(al], a. higroscópico.
hyla [háila], s. (zool.) calamite, rana arbórea.
hymen [háimen], s. himeneo; (anat.) himen.
hymeneal [-íal]. **I.** s. epitalamio. **II.** a. nupcial.
hymenium [haimíniʌm], s. (bot.) himenio.
Hymenoptera [-ápterä], s. pl. (ent.) himenópteros.—**hymenopteran** [-n], **hymenopterous** [-ʌs], a. himenóptero.
hymn [him]. **I.** s. himno. **II.** va. alabar con himnos. **III.** vn. cantar himnos.
hymnal [-nal], s. himnario.—**hymnic** [-nik], a. perteneciente a los himnos.—**hymnology** [-nálodži], s. estudio, tratado o colección de himnos.
hyoid [háioid]. **I.** s. (anat.) hioides. **II.** a. hioides, hioideo.—**h. arch,** arco hioideo.
hyoscine [háiosin], s. (quím.) hioscina.
hyoscyamine [-sáiamin], s. (quím.) hiosciamina.
hyperacidity [haipœræsíditi], s. (med.) hiperacidez, exceso de ácido en el estómago.
hyper(a)emia [-ímiä], s. (med.) hiperemia.
hyper(a)esthesia [-esθížiä], s. (med.) hiperestesia.
hyperbaton [haipœ́rbatan], s. (ret.) hipérbaton.
hyperbola [-bolä], s. (geom.) hipérbola.
hyperbole [-boli], s. (ret.) hipérbole, f.
hyperbolic(al [haipœrbálik(al], a. hiperbólico.
hyperbolically [-i], adv. hiperbólicamente.
hyperbolist [haipœ́rbolist], s. exagerador.
hyperborean [haipœrbórian], a. y s. hiperbóreo.
hypercritic [haipœrkrítik], s., **hypercritical** [-al], a. hipercrítico.—**hypercriticism** [-tisizm], s. hipercrítica.
hyperdulia [-diuláiä], s. (igl.) hiperdulía.
Hypericaceæ [-ikéišii], s. pl. (bot.) hipericíneas.
hypericum [haipérikʌm], s. (bot.) hipérico.
hypermetrope [haipœrmétroup], s. hipermétrope, présbite o présbita.—**hypermetropia** [-metróupiä], s. (med.) hipermetropía, presbicia.
hyperon [háiperan], s. (fís.) hiperón.
hypersensitive [haipœrsénsitiv], a. hipersensitivo, hipersensible.
hypersonic [-sánik], a. hipersónico.
hypertension [-ténšon], s. (med.) hipertensión.
hypertensive [-ténsiv], s. y a. hipertenso.
hypertrophic [-tróufik], a. hipertrófico.
hypertrophy [haipœ́rtrofi]. **I.** s. (med.) hipertrofia; (fig.) aumento excesivo. **II.** va. y vn. hipertrofiar(se).
hyph(a)emia [haifímiä], s. (med.) anemia; extravasación de la sangre, esp. en el ojo.
hyphen [háifen]. **I.** s. guión, m. (-). **II.** va. = HYPHENATE.
hyphenate [-eit]. **I.** va. separar con guión. **II.** s. ciudadano norteamericano de origen extranjero. (El término, que es despectivo, alude al guión—*hyphen*—de la voz compuesta que indica las dos nacionalidades, como en *German-American*, ciudadano norteamericano de origen alemán.)
hyphenated [-id], a. (E. U.) de doble nacionalidad (apl. a extranjeros nacionalizados, esp. a los que prefieren su país natal al adoptivo)
hyphenation [-éišon], s. separación de sílabas con guiones.
hypnosis [hipnóusis], s. hipnosis.
hypnotic [hipnátik], a. hipnótico.
hypnotism [hípnotizm], s. hipnotismo.
hypnotize [hípnotaiz], va. hipnotizar.
hypnotizer [-œ(r)], s. hipnotizador.
hypo [háipou], s. (fot.) hiposulfito; (fam.) aguja o inyección hipodérmica.
hypoblast [háipoblæst], s. (biol.) hipoblasto, endodermo, endoblasto.
hypocaust [-kɔst], s. hipocausto.
hypochlorous [-klórʌs], a. hipocloroso.—**hypochlorite** [-klórait], s. (quím.) hipoclorito.
hypochondria [-kándriä], **hypochondriasis** [-kandráiasis], s. hipocondría.
hypochondriac [-kándriæk], s. y a. hipocondríaco.
hypochondriacal [-kandráiakal], a. hipocondríaco, hipocóndrico.
hypocondrium [-kándriʌm], s. (anat.) hipocondrio.
hypocotyl [-kátl], s. (bot.) hipocotíleo.
hypocrisy [hipákrisi], s. hipocresía, mojigatería.
hypocrite [hípokrit], s. hipócrita, mf.—**hypocritical** [-krítikal], a. hipócrita, mojigato, gazmoño.—**hypocritically** [-i], adv. hipócritamente.
hypocycloid [haiposáiklɔid], s. (geom.) hipocicloide, f.
hypodermic [-dœ́rmik], a. hipodérmico.—**h. injection, syringe** (o simplemente **hypodermic,** s.) inyección, jeringa hipodérmicas.
hypogastric [-gǽstrik], a. hipogástrico.
hypogastrium [-gǽstriʌm], s. (anat.) hipogastro.
hypogeal [-džíal], a. subterráneo; (geol.) hipogénico, de formación subterránea, plutónico.
hypogene [-džin], a. (geol.) hipogénico, plutónico.
hypogeous [-džíʌs], a. subterráneo; (bot.) de crecimiento subterráneo.
hypogeum [-džíʌm], s. (arq.) hipogeo.

hypoglossal [-glásal]. I. *a.* (anat.) hipogloso. II. *s.* nervio hipogloso.
hypogynous [haipádžinʌs], *a.* (bot.) hipógino.
hyponitrous [-náitrʌs], *a.* (quím.) hiponitroso.
hypophosphite [-fásfait], *s.* (quím.) hipofosfito.
hypophosphoric acid, *s.* (quím.) ácido hipofosfórico o hipofosforescente.
hypophosphorous acid, *s.* (quím.) ácido hipofosforoso.
hypophyge [haipáfidži], *s.* (arq.) nacela.
hypophysis [haipáfisis], *s.* (anat.) hipófisis, glándula pituitaria (ll. t. **h. cerebri**); (bot.) hipófisis, célula proveniente del suspensor contiguo.
hypostasis [haipástasis], *s.* base, *f.*, fundamento; (teol.) hipóstasis; (med.) sedimento de la orina, etc.; hiperemia.
hypostatic(al [haipostǽtik(al], *a.* hipostático; constitutivo; personal.
hypostatize [haipástataiz], *va.* objetivar, atribuir existencia real a.
hyposulfurous acid, *s.* (quím.) ácido hiposulfuroso.
hyposulphate [haiposʌ́lfeit], *s.* (quím.) hiposulfato.
hyposulphite [-sʌ́lfait], *s.* (quím.) hiposulfito.
hypotenuse [haipátinius], *s.* (geom.) hipotenusa.
hypothec [haipáθik], *s.* (for.) hipoteca, prenda.
hypothecate [-eit], *va.* hipotecar, empeñar, pignorar.
hypothecation [-éišon], *s.* pignoración.
hypothecator [-to(r)], *s.* el que pignora o da en hipoteca.
hypothenuse [haipáθinius] = HYPOTENUSE.
hypothesis [haipáθɛsis], *s.* hipótesis, supuesto.
hypothesize [-saiz]. I. *va.* concluir por hipótesis. II. *vn.* hacer o formular hipótesis.
hypothetic(al [haipoθétik(al], *a.* hipotético.
hypothetically [-i], *adv.* hipotéticamente.
hypsometer [hipsámɛtœ(r)], *s.* hipsómetro.
hypsometric(al [hipsométrik(al], *a.* hipsométrico.
hypsometry [hipsámɛtri], *s.* hipsometría.
hyson [háison], *s.* (com.) cha (*m.*) o te verde.
hyssop [hísop], *s.* (bot.) hisopo.
hysterectomy [histeréktomi], *s.* (cir.) histerectomía, extirpación del útero.
hysteresis [histerísis], *s.* (fís.) histéresis.—**h. cycle,** ciclo o lazo de histéresis.—**h. loss,** pérdida por histéresis.—**h. loop** = H. CYCLE.
hysteria [histíriă], *s.* (med.) histeria, histerismo; paroximos histéricos; arrebatos nerviosos.
hysteric(al [histérik(al], *a.* histérico.
hysterics [-s], *s.* = HYSTERIA.
hysterotomy [histerátomi], *s.* (cir.) histerotomía; operación cesárea; incisión uterina.

I

i [ai], *s.* i.
I, *pron. pers.* (siempre con mayúscula) yo.
I, *s.* el yo (en metafísica).
I, *a.* en I; de doble T.—**I bar,** barra de doble T.—**I beam, I girder,** viga de doble T.—**I iron** = I BAR.—**I rail,** riel de doble T.
iambic [aiǽmbik]. I. *a.* (poét.) yámbico. II. *s.* (pros.) yambo; verso yámbico.
iambus [aiǽmbʌs], *s.* (pros.) yambo (ll. t. **iamb**).
Iberian [aibírian], *a.* ibérico, iberio; *a.* y *s.* ibero.
ibex [áibɛks], *s.* (zool.) íbice, cabra montés.
ibis [áibis], *s.* (orn.) ibis.
Icarian [aikérian], *a.* icario; arriesgado.
ice [áis]. I. *s.* hielo; sorbete, granizada, garapiña, (Am.) nieve, *f.*—**on thin i.,** en posición precaria.—**to cut no i.,** (fam.) no surtir efecto, no hacer mella. II. *va.* helar, congelar, refrigerar, enfriar con hielo; garapiñar, cubrir con alfeñique. III. *va.* helarse, congelarse.
ice age, *s.* (geol.) el período glacial.
ice bag, *s.* bolsa de hielo.
iceberg [-bœrg], *s.* *iceberg,* témpano grande de hielo flotante.
iceboat [-bout], *s.* bote velero con patines que anda sobre hielo; barco rompehielos.
icebound [-baund], *a.* rodeado de hielo; pegado en el hielo o detenido por él.
icebox [-baks], *s.* nevera, refrigerador.
icebreaker [-breikœ(r)], *s.* buque o espolón rompehielos.
icecap [-kæp], *s.* casquete glaciar; nieves perpetuas.
ice-cold [-kould], *a.* helado, frío como el hielo.
ice cream, *s.* helado, mantecado, sorbete.
ice-cream cone, *s.* barquillo; sorbete de barquillo.
ice-cream freezer, *s.* heladora, garapiñera, sorbetera.
ice-cream parlor, *s.* heladería, tienda donde se sirve y se vende helado.
ice-cream soda, *s.* *soda,* sorbete y agua carbónica.
ice cube, *s.* cubo o pedacito de hielo.
iced [-t], *a.* escarchado, congelado; enfriado con hielo; cubierto con alfeñique.
ice field, *s.* banco o masa de hielo flotante.
ice floe, *s.* masa pequeña de hielo flotante.
ice guard, *s.* (aer.) sistema de deshielo.
ice hazard, *s.* (aer., mar.) riesgo o peligro debido a la presencia de hielo.
ice hockey, *s.* el juego del hockey sobre hielo.
icehouse [-haus], *s.* nevera o nevería.
Iceland [áisland], *s.* Islandia.
Icelander [-landœ(r)], *s.* islandés.
Icelandic [-lǽndik]. I. *s.* islandés. II. *a.* islándico.
Iceland moss [-land mɔs], *s.* (bot.) liquen o musgo de Islandia.
Iceland spar, *s.* (min.) espato de Islandia.
ice-maker [-meikœ(r)], *s.* aparato de hacer hielo.
iceman [áismæn], *s.* nevero, vendedor de hielo.
ice pack, *s.* masa de hielo flotante; (med.) bolsa de hielo.
ice paper, *s.* papel escarchado.
ice pick, *s.* picahielo.
ice plant, *s.* (bot.) escarchada.
ice point, *s.* punto de congelación, 0°C.
ice sheet, *s.* capa o manto glacial.
ice skate, *s.* patín para hielo.
ice-skate [-skeit], *vn.* patinar sobre hielo.
ice skating, *s.* el patinar sobre hielo.
ice storm, *s.* tormenta de granizo.
ice tray, *s.* gaveta o molde para hielo.
ice water, *s.* agua de hielo o enfriada con hielo.
ichneumon [ikniúmon], *s.* (zool.) icneumón, mangosta (cuadrúpedo); icneumón (mosca) (ll. t. **i. fly**).
ichnographical [iknogrǽfikal], *a.* icnográfico.
ichnography [iknágrafi], *s.* (dib., arq.) icnografía.
ichor [áikɔr], *s.* (med.) icor.
ichorous [áikorʌs], *a.* icoroso.
ichthyocolla [ikθiokálă], *s.* colapez o cola de pescado.
ichthyoid [íkθioid], *a.* y *s.* ictioideo.
ichthyol [íkθial], **ichthyol oil,** *s.* (farm.) ictiol.
ichthyologic(al [ikθioládžik(al], *a.* ictiológico.
icthyologist [ikθiálodžist], *s.* ictiólogo.
ichthyology [-dži], *s.* ictiología.
ichthyophagous [ikθiáfagʌs], *a.* ictiófago.—**ichthyophagy** [-dži], *s.* ictiofagía.
ichthyornis [ikθiórnis], *s.* (pal.) ictiornis, *m.*
ichthyosaur(us [ikθiosór(ʌs], *s.* ictiosauro.
icthyosis [ikθióusis], *s.* (med.) ictiosis.
icicle [áisikl], *s.* cerrión, *m.*, canelón, carámbano.
icily [áisili], *adv.* fríamente, frígidamente.
iciness [áisinis], *s.* frigidez; calidad de glacial.
icing [áisiŋ], *s.* capa de azúcar batida con clara de huevo (en tortas, etc.).
icon [áikan], *s.* imagen, *f.*, representación; ilustración, grabado, icono, icón.
iconoclasm [aikánoklæzm], *s.* iconoclas(t)ia.
iconoclast [-klæst], *s.* iconoclasta, *mf.*
iconoclastic [-klǽstik], *a.* iconoclasta.
iconography [aikonágrafi], *s.* iconografía.
iconolater [-álatœ(r)], *s.* iconólatra, *mf.*
iconology [-álodži], *s.* iconología.

icosahedron [aịkosạhídrọn], *s.* (geom.) icosaedro.
icteric [ịktérịk]. I. *a.* ictérico, ictericiado. II. *s.* remedio contra la ictericia.
icterus [íktẹrʌs], *s.* (med.) ictericia.
ictus [íktʌs], *s.* (med.) acceso, paroxismo; pulsación, latido; (pros.) acento tónico.
icy [áịsị], *a.* helado, frío, álgido.
idea [aịdíạ], *s.* idea; concepto; plan, propósito.—**ideal** [aịdíạl], *s.* y *a.* ideal; prototipo.—**idealism** [-ịzm], *s.* idealismo.—**idealist** [-ịst], *s.* idealista.—**idealistic** [-ístịk], *a.* idealista.
ideality [aịdịǽlịtị], **idealness** [aịdíạlnịs], *s.* idealidad.
idealization [-ịzéịšọn], *s.* idealización.
idealize [aịdíạlaịz], *va.* idealizar.
ideally [aịdíạlị], *adv.* idealmente.
ideate [aịdíịt]. I. *s.* objeto correspondiente a una idea. II. [aịdíeịt], *va.* concebir; pensar; recordar; idear. III. [aịdíeịt], *vn.* formar ideas, pensar.
ideation [aịdịéišọn], *s.* ideación.
identical [aịdéntịkạl], *a.* idéntico.—**i. with,** idéntico a.—**identically** [-ị], *adv.* idénticamente.—**identicalness** [-nịs], *s.* identidad.
identification [-fịkéịšọn], *s.* identificación.—**i. papers,** cédula de identidad o de vecindad.
identifier [aịdéntịfaịœ(r)], *s.* identificador.
identify [-faị], *va.* identificar.—**to i. with,** identificarse con.
identity [-tị], *s.* identidad; (mat.) identidad, adecuación.
ideogram [ídịogræm], *s.* = IDEOGRAPH.
ideograph [-græf], *s.* ideograma, *m.*
ideographic [ịdịográfịk], *a.* ideográfico.
ideography [ịdịágrạfị], *s.* ideografía.
ideological [aịdịoládžịk(ạl], *a.* ideológico.
ideologist [aịdịálodžịst], *s.* ideólogo; idealista.
ideology [-džị], *s.* ideología.
ides [aịdz], *s. pl.* idus o idos, *m. pl.*
idiocy [ídịosị], *s.* idiotez, idiotismo, imbecilidad.
idiom [ídịọm], *s.* modismo, idiotismo; habla, lenguaje, jerga; genio, índole (*f.*) de una lengua.
idiomatic(al [ịdịomǽtịk(ạl], *a.* idiomático.
idiopathic(al [ịdịopǽθịk(ạl], *a.* idiopático.
idiopathy [ịdịápạθị], *s.* idiopatía.
idiosyncrasy [ịdịosíŋkrạsị], *s.* idiosincrasia.
idiosyncratic [-krǽtịk], *a.* idiosincrásico.
idiot [ídịọt], *s.* idiota, *mf.*, imbécil, necio.
idiotic [ịdịátịk], *a.* idiota, imbécil, tonto.
idiotism [ídịotịzm], *s.* idiotismo, idiotez.
idle [áịdl]. I. *a.* ocioso, desocupado; sin colocación (dinero, etc.); perezoso, haragán; inútil, vano.—**i. current,** (elec.) corriente devatiada o anérgica.—**i. fellow,** haragán.—**i.-headed,** desrazonable.—**i.-pated,** majadero.—**i. pulley,** polea de guía; polea de tensión.—**i. wheel,** rueda intermedia o de transmisión. II. *vn.* holgazanear o haraganear; holgar, estar ocioso; (aut.) funcionar (el motor) en mínima, o a régimen mínimo, con el coche parado. III. *va.* (gen. con **away**) gastar ociosamente; dejar sin trabajo; poner en paro.
idleness [-nịs], *s.* ociosidad, ocio; pereza, holgazanería, haraganería, frivolidad; inutilidad.
idler [áịdlœ(r)], *s.* holgazán, azotacalles; (f. c) furgón vacío; (mec.) = IDLE PULLEY, IDLE WHEEL.
idly [áịdlị], *adv.* ociosamente; desidiosamente; inútilmente, vanamente.
idol [áịdọl], *s.* ídolo.
idolater [aịdálạtœ(r)], *s.* idólatra, *m.*—**idolatress** [-trịs], *s.* mujer idólatra.—**idolatrous** [-trʌs], *a.* idólatra, idolátrico.—**idolatrously** [-lị], *adv.* idolatradamente.—**idolatry** [-trị], *s.* idolatría.
idolize [áịdọlaịz], *va.* idolatrar.
idyl(l [aịdịl], *s.* idilio, égloga.
idyllic [aịdílịk], *a.* idílico; pastoral, bucólico.
if [ịf]. I. *conj.* si; dado caso que, supuesto que; con tal que; aunque, aun cuando. Ú. elípticamente en vez de *if it is, if they are,* etc.; vg. *this, if true, is strange,* esto, si es cierto, es extraño. *If* introduce a veces una proposición de contraste numérico enfático, en el sentido de *cuando menos, ni uno menos;* vg. *she has fifty dollars, if she has one,* o, *if she has one cent,* ella tiene por lo menos cincuenta dólares, ella no tiene ni un centavo menos de, etc. II. *s.* hipótesis, suposición.
iffy [ífị], *a.* (fam.) dudoso.
igloo [íglu], *s.* iglú.
igneous [ígnịʌs], *a.* ígneo, vulcanio.
ignis fatuus [ígnịs fǽchụʌs], *s.* fuego fatuo.
ignitable, ignitible [ịgnáịtạbl], *a.* inflamable.
ignite [ịgnáịt]. I. *va.* encender, pegar fuego; (quím.) incinerar. II. *vn.* encenderse, inflamarse.—**igniter** [-œ(r)], *s.* deflagrador.
ignition [ịgníšọn], *s.* ignición, inflamación; (m. comb. int.) encendido.
ignivomous [ịgnívomʌs], *a.* (poét.) ignívomo.
ignobility [ịgnobílịtị], *s.* villanía, bajeza.
ignoble [ịgnóụbl], *a.* innoble, indigno; bajo, humilde.
ignobly [-blị], *adv.* innoblemente.
ignominious [ịgnomínịʌs], *a.* ignominioso.
ignominiously [-lị], *adv.* ignominiosamente.
ignominy [ígnomịnị], *s.* ignominia, infamia.
ignoramus [ịgnoréịmʌs], *s.* ignorante, necio.
ignorance [ígnorạns], *s.* ignorancia; desconocimiento; rusticidad, falta de cultura.—**ignorant** [-ạnt], *a.* ignorante, indocto, ignaro, lego; zafio, inculto, rústico.—**i. of,** ajeno o desconocedor de.—**ignorantly** [-lị], *adv.* ignorantemente, neciamente, legamente.
ignore [ịgnór], *va.* desconocer, pasar por alto, no hacer caso de, desentenderse de; despreciar, desairar; ignorar; (for.) sobreseer; dar un fallo de "no ha lugar."
iguana [ịgwánạ], *s.* (zool.) iguana.
iguanodon [ịgwánodọn], *s.* (pal.) iguanodonte.
ileac [ílịæk], *a.* ilíaco.
ileitis [ịlịáịtịs], *s.* (med.) íleo, inflamación del íleon.
ileum [ílịʌm], *s.* (anat.) íleon (intestino).
ileus [ílịʌs], *s.* (med.) íleo, cólico miserere.
ilex [áịlɛks], *s.* (bot.) acebo; coscoja, encina.
iliac [ílịæk], *a.* (anat.) ilíaco.
Iliad [ílịạd], *s.* Ilíada.
ilium [ílịʌm], *s.* (anat.) íleon (hueso).
ilk [ịlk]. I. *a.* (ant.) mismo. II. *s.* (fam.) **raza,** especie, clase, *f.*—**of that i.,** (fam.) del mismo nombre o especie.
ill [ịl]. I. *a.* enfermo; malo; mal; nocivo, dañino.—**in i. part,** en mala parte.—**to fall i.,** enfermar, caer enfermo. II. *s.* adversidad, calamidad; mal, malquerencia. III. *adv.* mal, malamente.—**i. at ease,** intranquilo, ansioso, inquieto; confundido, embarazado.—**to make i.,** indisponer.—**to take (it) i.,** tomar a mal.
ill-advised [ílạdváịzd], *a.* malaconsejado, mal pensado; desacertado.
ill-assorted [-ạsórtịd], *a.* mal juntado; incompatible.
illation [ịléịšọn], *s.* ilación, consecuencia, inferencia.
illative [ílạtịv]. I. *a.* ilativo. II. *s.* conjunción ilativa.
illatively [-lị], *adv.* por ilación o inferencia.
ill-being [-bíịŋ], *s.* mal estar.
ill-bred [-brɛd], *a.* malcriado, mal educado; descortés.
ill-conditioned [-kọndíšọnd], *a.* irritable, de mal genio.
ill-considered [-kọnsídœ(r)d], *a.* inconsiderado, imprudente.
illegal [ịlígạl], *a.* ilegal, ilegítimo.
illegality [ịlịgǽlịtị], **illegalness** [ịlígạlnịs], *s.* ilegalidad; desaguisado.
illegally [-ị], *adv.* ilegalmente.
illegibility [ịlɛdžịbílịtị], *s.* ilegibilidad.—**illegible** [ịlédžịbl], *a.* ilegible.—**illegibly** [-blị], *adv.* ilegiblemente.
illegitimacy [ịlịdžítịmạsị], *s.* ilegitimidad.
illegitimate [-mạt]. I. *a.* ilegítimo; espurio, falso; desautorizado. II. *va.* ilegitimar.—**illegitimately** [-lị], *adv.* ilegítimamente.—**illegitimation** [-méịšọn], *s.* ilegitimidad.
ill fame, *s.* mala fama; reputación de inmoral (apl. esp. a la prostitución).

ill-fated [-féitid], *a.* malogrado, malhadado.
ill-founded [-fáundid], *a.* mal fundado, infundado.
ill-furnished [-fœrništ], *a.* mal amueblado; mal surtido.
ill-gotten [-gátn], *a.* mal habido.
ill-health, *s.* mala salud.
ill-humored [-hiúmo(r)d], *a.* mal humorado, de mal genio; hosco, adusto.
illiberal [ilíbœral], *a.* iliberal, mezquino; estrecho de miras.—**illiberality** [-éliti], *s.* tacañería, ruindad; poquedad, apocamiento.—**illiberally** [-ali], *adv.* mezquinamente.
illicit [ilísit], *a.* ilícito; ilegal.—**illicitly** [-li], *adv.* ilícitamente.—**illicitness** [-nis], *s.* ilicitud, calidad de ilícito; ilegalidad.
illimitable [ilímitabl], *a.* ilimitable, ilimitado.
illimitably [-bli], *adv.* ilimitadamente.
ill-intentioned [-inténšond], *a.* mal intencionado, de mala voluntad.
illiquid [ilíkwid], *a.* (com.) no realizable (fondos, etc.); (for.) incierto, sin fundamento legal.
illiteracy [ilíterasi], **illiterateness** [-itnis], *s.* analfabetismo; ignorancia.—**illiterate** [-it], *a.* y *s.* iliterato, analfabeto; ignorante.
ill-judged [-džádžd], *a.* errado; imprudente.
ill-mannered [-mǽnœ(r)d], *a.* de malos modales, rudo.
ill-minded [-máindid], *a.* malintencionado, maligno.
ill-natured [-néichū(r)d], *a.* avieso, de mal genio.
illness [ílnis], *s.* mal, enfermedad.
illogical [iládžikal], *a.* ilógico.—**illogically** [-i], *adv.* ilógicamente.—**illogicality** [-éliti], **illogicalness** [-nis], *s.* falta de lógica.
ill-omened [-óumind], *a.* de mal agüero o auspicio; malhadado.
ill-pleased [-plízd], *a.* malcontento, insatisfecho.
ill repute, *s.* mala reputación.
ill-spent [-spént], *a.* malgastado, desperdiciado.
ill-starred [-stárd], *a.* malaventurado, desdichado.
ill-suited [-siutid], *a.* impropio, inadecuado.
ill-tempered [-témpœ(r)d], *a.* de mal genio, de malas pulgas; áspero, corajudo.
ill-timed [-táimd], *a.* fuera de tiempo, impropio.
ill-treat [iltrít], *va.* maltratar, maltraer; acocear.—**ill-treated** [-id], *a.* maltrecho.—**ill-treatment** [-ment], *s.* maltrat(amient)o.
ill turn, *s.* partida serrana, mala jugada.
illume [iliúm], *va.* (poét.) iluminar; dorar.
illuminant [iliúminant]. **I.** *a.* iluminador, iluminante. **II.** *s.* substancia iluminativa.
illuminate [-eit]. **I.** *va.* iluminar, alumbrar; aclarar, esclarecer; (b. a.) iluminar. **II.** *vn.* hacer luminarias.
illuminati [-éitai], *s. pl.* secta de los iluminados o alumbrados.
illuminating [-iŋ], *a.* iluminador, iluminativo.—**i. gas,** gas de alumbrado.
illumination [-éišon], *s.* iluminación, alumbrado; luminaria(s); brillo, esplendor; inspiración; (b. a.) iluminación en colores.
illuminative [-eitiv], *a.* iluminativo.
illuminator [-eito(r)], *s.* iluminador, reflector (lámpara, lente, etc.); (b. a.) iluminador.
illumine [iliúmin], *va.* iluminar.
Illuminism [-izm], *s.* iluminismo.
ill-use [-yúz]. **I.** *va.* maltratar. **II.** [-yús], *s.* maltrato, inconsideración.
illusion [iliúžon], *s.* ilusión, ensueño; espejismo; engaño.—**to cause i.,** ilusionar.—**to have illusions,** ilusionarse.
illusive [iliúsiv], *a.* ilusivo, ilusorio.—**illusively** [-li], *adv.* ilusoriamente.—**illusiveness** [-nis], *s.* ilusión, calidad de ilusorio; embaimiento.—
illusory [iliúsori], *a.* ilusorio; engañoso.
illustrate [ílastreit], *va.* ejemplificar; ilustrar, explicar, esclarecer con ejemplos; representar con grabados; ilustrar con grabados, etc.
illustration [-éišon], *s.* ejemplo, aclaración; (b. a.) grabado, ilustración, lámina.
illustrative [ilástrativ], *a.* ilustrativo, ilustrador.
illustratively [-li], *adv.* ilustrativamente.
illustrator [ílastreito(r)], *s.* ilustrador.
illustrious [ilástrias], *a.* ilustre, preclaro, insigne.—**illustriously** [-li], *adv.* ilustremente.—**illustriousness** [-nis], *s.* excelencia, grandeza.
ill will, *s.* mala voluntad, malquerencia, ojeriza.
image [ímidž]. **I.** *s.* imagen, *f.*, efigie; simulacro; figura, retrato; (fam.) perfil, impresión, reputación.—**i. worship,** culto de las imágenes. **II.** *va.* imaginar; formar imagen o idea clara de; representarse en la mente; pintar (fig.) vívidamente; parecerse a.
imagery [-ri], *s.* imaginación, fantasía; conjunto de imágenes; exterioridad, apariencia; (b. a.) imaginería.
imaginable [imǽdžinabl], *a.* imaginable.
imaginal [-nal], *a.* relativo al insecto en su forma final o adulta. *V.* IMAGO.
imaginary [-neri]. **I.** *a.* (leng. ord. y mat.) imaginario. **II.** *s.* (mat.) imaginaria, cantidad imaginaria.
imagination [-néišon], *s.* imaginación; imaginativa, inventiva.
imaginative [-neitiv], *a.* imaginativo; imaginario.
imagine [imǽdžin]. **I.** *va.* imaginar; concebir; idear, inventar; figurarse, imaginarse. **II.** *vn.* imaginar, fantasear.
imagist [ímadžist], *s.* poeta (*m.*) que escribe en verso absolutamente libre y con abundancia de imágenes o figuras.
imago [iméigou], *s.* imagen, *f.*; (zool.) imago, forma adulta o final de un insecto.
imam [imám], *s.* imán (sacerdote, califa, etc. mahometanos).
imbecile [ímbisil], *a.* y *s.* imbécil.
imbecility [imbisíliti], *s.* imbecilidad.
imbed [imbéd], *va.* = EMBED.
imbibe [imbáib]. **I.** *va.* embeber, absorber; chupar; empapar(se), saturarse de; esponjarse; (fig.) empaparse de o en alguna idea. **II.** *vn.* (fam.) beber (vino); empinar el codo.
imbibing [imbáibiŋ], *s.* imbibición.
imbibition [imbibíšon], *s.* imbibición.
imbricate(d [ímbrikeit(id], *a.* imbricado, encaballado, sobrepuesto.—**imbrication** [-éišon], *s.* imbricación, superposición, traslapo.
imbroglio [imbróulyou], *s.* embrollo, enredo, lío.
imbrue [imbrú], *va.* mojar, teñir, manchar (de o con sangre).
imbrute [imbrút], *va.* y *vn.* embrutecer(se).
imbue [imbiú], *va.* calar, empapar, infiltrar; tinturar, teñir; imbuir, infundir.
imitability [imitabíliti], *s.* calidad de imitable.
imitable [ímitabl], *a.* imitable.
imitate [ímiteit], *va.* imitar, remedar, copiar, contrahacer.—**imitation** [-éišon]. **I.** *s.* imitación. **II.** *a.* de imitación, imitado; falso (joya, etc.).—**imitative** [-iv], *a.* imitativo; imitatorio.—**imitator** [-o(r)], *s.* imitador.
immaculacy [imǽkyulasi], **immaculateness** [-litnis], *s.* pureza, inocencia.
immaculate [-lit], *a.* inmaculado, sin mancha.—**I. Conception,** (igl.) Inmaculada Concepción.
immaculately [-li], *adv.* inmaculadamente.
immanence, immanency [ímanens, -i], *s.* calidad de inmanente; inherencia.
immanent [-ent], *a.* inmanente, inherente.
immaterial [imatírial], *a.* inmaterial, incorpóreo; sin importancia, que no importa.—**to be i.,** no importar, no tener importancia, ser indiferente.
immaterialism [-izm], *s.* espiritualismo; idealismo.—**immaterialist** [-ist], *s.* espiritualista; idealista.
immateriality [-éliti], *s.* inmaterialidad, incorporeidad.—**immaterialized** [imatírialaizd], *a.* incorpóreo, espiritual.
immaterially [-i], *adv.* inmaterialmente.
immaterialness [-nis], *s.* inmaterialidad.
immature [imachúr], *a.* inmaturo, verde; prematuro; imperfecto.—**immaturely** [-li], *adv.* prematuramente; sin madurez.—**immature-**

ness [-nis], **immaturity** [-iti], *s.* calidad de inmaturo, falta de sazón.
immeasurability [imɛžūrabíliti], *s.* inconmensurabilidad.—**immeasurable** [iméžūrabl], *a.* inmensurable, desmesurado.—**immeasurably** [-bli], *adv.* inmensamente, desmesuradamente.
immediacy [imídiasi], *s.* inmediación, proximidad, contigüidad.
immediate [imídiit], *a.* inmediato, cercano; perentorio, próximo, instantáneo, urgente; directo; intuitivo.—**i. truths,** verdades intuitivas.—**immediately** [-li], *adv.* inmediatamente, en seguida, en el acto, incontinenti; directamente, intuitivamente.—**i. after(ward),** a continuación de, a raíz de; acto continuo, a renglón seguido.—**immediateness** [-nis], *s.* inmediación.
immedicable [imédikabl], *a.* incurable, irremediable.
immemorial [imimórial], *a.* inmemorial.
immemorially [-i], *adv.* inmemoriablemente.
immense [iméns], *a.* inmenso, infinito, vasto.—**immensely** [-li], *adv.* inmensamente.—**immenseness** [-nis], **immensity** [-iti], *s.* inmensidad.
immensurability [imɛnŝurabíliti], *s.* inconmensurabilidad.
immensurable [iménŝurabl], *a.* inmensurable.
immerge [imœ́rdž]. **I.** *va.* sumergir, zambullir. **II.** *vn.* hundirse, ocultarse, perderse de vista.
immerse [imœ́rs], *va.* sumergir, zambullir, hundir; anegar, sumir; bautizar por la inmersión.
immersion [imœ́rŝon], *s.* inmersión, sumersión; bautismo por inmersión.
immesh [iméŝ], *va.* entrampar, enredar.
immethodical [imɛθádikal], *a.* inmetódico.
immethodically [-i], *adv.* sin método.
immigrant [ímigrant], *s.* y *a.* inmigrante.
immigrate [ímigreit], *vn.* inmigrar.
immigration [-éiŝon], *s.* inmigración.
immigratory [ímigratori], *a.* inmigratorio.
imminence [íminens], *s.* inminencia.
imminent [-ent], *a.* inminente.
immiscibility [imisibíliti], *s.* (quím. y fís.) inmiscibilidad.
immiscible [imísibl], *a.* inmiscible.
immission [imíŝon], *s.* inmisión, introducción, inyección.
immitigable [imítigabl], *a.* inmitigable.
immix [imíks], *va.* mezclar, juntar.
immobile [imóubil], *a.* inmóvil, inmovible.
immobility [-bíliti], *s.* inmovilidad.
immobilize [-aiz], *va.* inmovilizar; paralizar.
immoderate [imáderit], *a.* inmoderado, excesivo; desarreglado.—**immoderately** [-li], *adv.* inmoderadamente.—**immoderateness** [-nis], o **immoderation** [-éiŝon], *s.* inmoderación, exceso, desarreglo.
immodest [imádist], *a.* inmodesto, impúdico, indecoroso, indecente; impudente, atrevido.—**immodestly** [-li], *adv.* inmodestamente.—**immodesty** [-i], *s.* inmodestia, impudicia, falta de pudor.
immolate [ímoleit], *va.* inmolar.—**immolation** [-éiŝon], *s.* inmolación.—**immolator** [-o(r)], *s.* inmolador.
immoral [imáral], *a.* inmoral, licencioso, depravado, corrompido, vicioso.
immorality [imorǽliti], *s.* inmoralidad.
immortal [imórtal], *a.* y *s.* inmortal.—**immortality** [-tǽliti], *s.* inmortalidad.—**immortalization** [-izéiŝon], *s.* inmortalización, perpetuación.—**immortalize** [-aiz], *va.* inmortalizar.—**immortally** [-i], *adv.* inmortalmente.
immortelle [imortél], *s.* (bot.) siempreviva, perpetua.
immotile [imóutil], *a.* inmoto, fijo.
immovability [imuvabíliti], **immovableness** [imúvablnis], *s.* inmovilidad; inamovilidad; inmutabilidad; inalterabilidad; insensibilidad.
immovable [imúvabl]. **I.** *a.* inmóvil, inmovible, inamovible; inmutable, firme, inalterable; impasible, apático; (for.) inmueble. **II.** *s. pl.* inmuebles, bienes raíces.—**immovably** [-bli], *adv.* inmutablemente, inalterablemente.
immune [imiún], *a.* y *s.* inmune.
immunity [-iti], *s.* inmunidad; exención, franquicia, privilegio.
immunize [ímiunaiz], *va.* inmunizar.
immunization [-izéiŝon], *s.* inmunización.—**immunology** [-álodži], *s.* inmunología.
immure [imiúr], *va.* emparedar.
immutability [imiutabíliti], *s.* inmutabilidad, inalterabilidad; firmeza, constancia.—**immutable** [imiútabl], *a.* inmutable.—**immutably** [-bli], *adv.* inmutablemente.
imp [imp], *s.* diablillo, trasgo; picaruelo, tunantuelo.
impact [impǽkt], *va.* empaquetar.—**impacted,** *a.* impactado (diente, fragmento óseo, etc.).
impact [ímpækt], *s.* impacto, impacción, choque. —**i. excitation,** (rad.) excitación impulsiva.
impaction [impǽkŝon], *s.* impacción.
impair [impér], *va.* empeorar, dañar, perjudicar, menoscabar, deteriorar.—**impairment** [-ment], *s.* empeoramiento, deterioro, menoscabo.
impale [impéil], *va.* empalar; cercar, vallar.
impalement [-ment], *s.* empalamiento; empalizada.
impalpability [impælpabíliti], *s.* impalpabilidad.
impalpable [impǽlpabl], *a.* impalpable, intangible
impanate [impéineit], *a.* (teol.) impanado, existente en el pan de la eucaristía.
impanation [-éiŝon], *s.* (teol.) impanación.
impanel [impǽnel], *va.* (for.) formar la lista de los jurados; elegir (jurado).
imparity [impǽriti], *s.* desigualdad, desproporción; disparidad.
impart [impárt], *va.* impartir, comunicar, dar; conceder; compartir.
impartial [impárŝal], *a.* imparcial.
impartiality [-ŝiǽliti], *s.* imparcialidad.
impartially [-i], *adv.* imparcialmente.
impartible [impártibl], *a.* impartible, indivisible; comunicable; concedible, concesible.
impartment [impártment], *s.* participación; comunicación.
impassability [impæsabíliti], **impassableness** [impǽsablnis], *s.* calidad de intransitable o de insuperable.—**impassable** [-abl], *a.* intransitable, impracticable; insuperable.
impasse [impǽs], *s.* atolladero, dificultad insuperable, desavenencia irreconciliable.
impassibility [impæsibíliti], **impassibleness** [impǽsiblnis], *s.* impasibilidad.
impassible [-ibl], *a.* impasible.
impassion [impǽŝon], *va.* apasionar; conmover o afectar fuertemente.
impassionable [-abl], *a.* conmovible.
impassioned [-d], *a.* apasionado, vehemente, extremoso.
impassive [impǽsiv], *a.* impasible.
impassiveness [-nis], *s.* impasibilidad.
impastation [impæstéiŝon], *s.* pasta, empaste.
impaste [impéist], *va.* hacer pasta; (pint.) empastar.
impatience [impéiŝens], *s.* impaciencia.
impatient [-ent], *a.* impaciente; mal sufrido.
impatiently [-li], *adv.* impacientemente.
impeach [impích], *va.* acusar (a un funcionario ante un tribunal); poner en tela de juicio.—**impeachable** [-abl], *a.* delatable, censurable. —**impeacher** [-œ(r)], *s.* acusador, denunciador, delator.—**impeachment** [-ment], *s.* acusación; imputación, delación, residencia.
impearl [impœ́rl], *va.* aljofarar, emperlar.
impeccability [impɛkabíliti], *s.* impecabilidad.
impeccable [impékabl], *a.* impecable.
impecuniosity [impikiuniásiti], *s.* inopia.
impecunious [-kiúniʌs], *a.* pobre, indigente.
impedance [impídans], *s.* (elec.) impedancia.—**i. coil,** bobina de reacción.
impede [impíd], *va.* impedir, estorbar, dificultar.

impediment [impédiment], *s.* impedimento; obstrucción, traba, cortapisa.
impedimenta [-méntä], *s. pl.* (mil.) impedimenta.
impeditive [impéditiv], *a.* impeditivo.
impel [impél], *va.* impeler, impulsar, empujar, mover; incitar.—**impellent** [-ent]. **I.** *a.* impelente; impulsor. **II.** *s.* empuje, motor, móvil. —**impeller** [-œ(r)], *s.* impulsor, motor.
impend [impénd], *vn.* pender; amenazar, amagar, ser inminente.—**impendence, impendency** [-ens, -i], *s.* inminencia, amago, amenaza. —**impendent** [-ent], **impending** [-iŋ], *a.* inminente, amenazante; pendiente.
impenetrability [impenitribíliti], *s.* impenetrabilidad.—**impenetrable** [impénitrabl], *a.* impenetrable.—**impenetrableness** [-nis], *s.* impenetrabilidad.—**impenetrably** [-bli], *adv.* impenetrablemente.
impenitence, impenitency [impénitens, -i], *s.* impenitencia.—**impenitent** [-ent], *a.* y *s.* impenitente.—**impenitently** [-li], *adv.* sin contrición.
imperative [impérativ]. **I.** *a.* imperativo, imperioso, imprescindible. **II.** *s.* mandato perentorio; (gram.) imperativo.
imperatively [-li], *adv.* imperativamente.
imperator [imperéito(r)], *s.* (hist. rom.) emperador, *imperátor.*
imperceptibility [impœrseptibíliti], **imperceptibleness** [-séptiblnis], *s.* imperceptibilidad.
imperceptible [-ibl], *a.* imperceptible.—**imperceptibly** [-ibli], *adv.* imperceptiblemente.— **imperceptive** [-iv], *a.* incapaz de percibir.
imperfect [impœ́rfikt]. **I.** *a.* imperfecto, incompleto, defectuoso. **II.** *s.* (gram.) imperfecto.
imperfection [impœrfékŝon], *s.* imperfección, desperfecto, defecto, mal, tacha, lunar.
imperfectly [impœ́rfiktli], *adv.* imperfectamente.
imperfectness [-nis], *s.* imperfección.
imperforate(d [impœ́rforeit(id], *a.* imperforado.
imperforation [-éiŝon], *s.* imperforación.
imperial [impírial]. **I.** *a.* imperial. **II.** *s.* imperial; pera, perilla; (arq.) cúpula morisca; cosa superior en su clase.—**imperialism** [-izm], *s.* imperialismo.—**imperialist** [-ist], *s.* (pol.) imperial, imperialista.—**imperially** [-i], *adv.* imperialmente.
imperil [impéril], *va.* poner en peligro, arriesgar.
imperious [impíriʌs], *a.* imperioso.—**imperiously** [-li], *adv.* imperiosamente.—**imperiousness** [-nis], *s.* imperiosidad, arrogancia; autoridad, mando.
imperishable [impériŝabl], *a.* imperecedero.
imperium [impíriʌm], *s.* (hist. rom.) imperio, mando absoluto; (for.) potestad, poder.
impermanence [impœ́rmanens], *s.* instabilidad.
impermanent [-ent], *a.* que no es permanente.
impermeability [impœrmiabíliti], *s.* impermeabilidad.—**impermeable** [-abl], *a.* impermeable, impenetrable, a prueba de agua, etc.
impersonal [impœ́rsonal], *a.* impersonal.
impersonally [-i], *adv.* impersonalmente.
impersonate [impœ́rsoneit], *va.* personificar; (teat.) representar; imitar, remedar.
impersonation [-éiŝon], *s.* personificación; (teat.) representación, papel; imitación, remedo.
impersonator [-o(r)], *s.* personificador; (teat.) intérprete, el que hace papel; imitador, remedador.
impertinence, impertinency [impœ́rtinens, -i], *s.* impertinencia; insolencia.—**impertinent** [-ent], *a.* impertinente; oficioso; insolente, atrevido.—**impertinently** [-li], *adv.* impertinentemente; insolentemente.
imperturbability [impœrtœrbabíliti], *s.* imperturbabilidad, serenidad.—**imperturbable** [-abl], *a.* imperturbable.—**imperturbably** [-bli], *adv.* imperturbablemente.—**imperturbation** [-béiŝon], *s.* calma, serenidad.—**imperturbed** [impœrtœ́rbd], *a.* sereno, sosegado.
impervious [impœ́rviʌs], *a.* impermeable.
imperviously [-li], *adv.* impenetrablemente.
imperviousness [-nis], *s.* impermeabilidad.
impetigo [impitáigou], *s.* (med.) impétigo, erupción infecciosa de la piel de vesículas purulentas.
impetuosity [impechuásiti], *s.* ímpetu, impetuosidad, violencia, vehemencia.
impetuous [impéchuʌs], *a.* impetuoso, arrebatado.—**impetuously** [-li], *adv.* impetuosamente.—**impetuousness** [-nis], *s.* impetuosidad, arrojo.
impetus [ímpitʌs], *s.* ímpetu, impulso, impulsión.
imphee [ímfi], *s.* caña de azúcar africana.
impiety [impáieti], *s.* impiedad, irreligiosidad.
impinge [impíndẑ], *vn.* (a veces con **on** o **upon**) tropezar, chocar (con o contra); violar, infringir.
impious [ímpiʌs], *a.* impío.—**impiously** [-li], *adv.* impíamente.—**impiousness** [-nis], *s.* impiedad.
impish [ímpiŝ], *a.* travieso, endiablado.
implacability [impleikabíliti], **implacableness** [impléikablnis], *s.* implacabilidad.
implacable [-abl], *a.* implacable; inexorable.—**implacably** [-bli], *adv.* implacablemente.
implacental [implaséntal], *a.* y *s.* (zool.) implacentario, (mamífero) que no tiene placenta.
implant [implǽnt], *va.* (im)plantar, acodar, ingerir; inculcar.
implantation [-éiŝon], *s.* injertación, (im)plantación; inculcación.
implausible [implózibl], *a.* poco plausible.
implead [implíd], *va.* (for.) demandar, poner pleito.—**impleader** [-œ(r)], *s.* (for.) demandante, parte actora.
implement [ímpliment]. **I.** *s.* herramienta, utensilio; elemento, instrumento (de guerra, etc.). —*pl.* utensilios, útiles, aperos, enseres, trebejos. **II.** *va.* poner en ejecución, completar, llevar a cabo; (for.) cumplir.
implicate [ímplikeit], *va.* implicar, envolver; enredar, embrollar.—**implication** [-éiŝon], *s.* deducción, inferencia; complicación; complicidad.
implicative [-iv], *a.* deductivo, que se infiere.—**implicatively** [-li], *adv.* por deducción o inferencia.
implicit [implísit], *a.* implícito, sobrentendido; absoluto, sin reserva.—**i. faith,** fe ciega.
implicitly [-li], *adv.* implícitamente, tácitamente; sin reserva.—**implicitness** [-nis], *s.* calidad de implícito.
implied [impláid], *a.* implícito, sobrentendido.—**to be i.,** sobrentenderse.
impliedly [impláiidli], *adv.* implícitamente.
imploration [imploréiŝon], *s.* imploración.
implore [implór], *va.* implorar, suplicar, rogar.
imploringly [-iŋli], *adv.* suplicantemente, con súplicas.
implosive [implóusiv]. **I.** *a.* (fon.) implosivo. **II.** *s.* implosiva.
impluvium [implúviʌm], *s.* impluvio, estanque en el atrio de las casas romanas.
imply [implái], *va.* querer decir; significar, denotar, argüir, entrañar, implicar.
impolicy [impálisi], *s.* impolítica, inoportunidad.
impolite [impoláit], *a.* descortés, incivil, grosero.
impoliteness [-nis], *s.* descortesía, desatención; falta de urbanidad.
impolitic [impálitik], *a.* imprudente, indiscreto; impolítico.
imponderability [impándœrabíliti], *s.* imponderabilidad.—**imponderable** [-abl]. **I.** *a.* imponderable, impesable. **II.** *s.* (gen. *pl.*) cosas, elementos, etc., imponderables.
imporosity [imporásiti], *s.* falta de porosidad.
imporous [impórʌs], *a.* no poroso.
import [impórt]. **I.** *va.* (com.) importar; denotar, significar; importar, interesar. **II.** *vn.* convenir, importar, tener importancia.
import [ímport], *s.* sentido, significación; importancia, valor; (com.) importación.—*pl.* (com.) artículos importados.—**i. duty,** derechos de entrada o de importación.

importable [impórtabl], *a.* (com.) importable.
importance [impórtans], *s.* importancia; consecuencia, alcance; consideración, fuste, tomo, peso, momento, cuantía; vanidad, presunción, fachenda.—**important** [-ant], *a.* importante; presuntuoso, fachendero.—**importantly** [-li], *adv.* importantemente; engreídamente.
importation [-éiŝon], *s.* (com.) importación, entrada; artículo importado.
importer [impórtœ(r)], *s.* importador.
importunate [impórchunit], *a.* importuno, pesado, insistente.—**importunately** [-li], *adv.* importuna(da)mente. — **importunateness** [-nis], *s.* importunidad.
importune [importiún], *va.* y *vn.* importunar, instar, porfiar, machacar.
importuner [-œ(r)], *s.* importunador.
importunity [-iti], *s.* importunidad, porfía, (fam.) machaquería, importunación.
imposable [impóuzabl], *a.* imponible.
impose [impóuz], *va.* imponer; hacer pasar como bueno; obligar a aceptar; (igl.) imponer las manos el obispo; (impr.) imponer.—**to i. on,** o **upon,** abusar de; engañar, embaucar.
imposer [-œ(r)], *s.* imponedor.
imposing [-iŋ], *a.* imponente; solemne, grandioso, tremendo.—**i. stone,** o **table,** (impr.) piedra, o mesa, de imponer; platina.
imposition [impozíŝon], *s.* imposición; impuesto, carga, tributo, gabela; abuso; impostura, engaño; (impr.) imposición.—**i. of hands,** (igl.) imposición de manos.
impossibility [impasibíliti], *s.* imposibilidad.
impossible [impásibl], *a.* imposible; irrealizable, impracticable.—**it seems i.,** parece mentira. —**impossibly** [-bli], *adv.* imposiblemente.
impost [ímpoust], *s.* impuesto, tributo, gabela; (arq.) imposta.
impostor [impásto(r)], *s.* impostor, embaucador.
imposture [impáschū(r)], *s.* impostura.
impotence, impotency [ímpotens, -i], *s.* impotencia; agenesia.—**impotent** [-ent], *a.* impotente.—**impotently** [-li], *adv.* impotentemente.
impound [impáund], *va.* encerrar, acorralar; recoger (agua) en un depósito; represar, embalsar, rebalsar (aguas); aprisionar; (for.) depositar.—**impounding** [-iŋ], *s.* represa, embalse.
impoverish [impávœriŝ], *va.* empobrecer, depauperar; menguar, deteriorar.—**impoverishment** [-ment], *s.* empobrecimiento, depauperación.
impracticability [impræktikabíliti], **impracticableness** [-ablnis], *s.* impracticabilidad.—**impracticable** [-abl], *a.* impracticable; intransitable; intratable, irrazonable, terco.
impractical [imprǽktikal], *a.* impráctico, que no es práctico.
imprecate [ímprikeit], *va.* imprecar, maldecir.
imprecation [-kéiŝon], *s.* imprecación.
imprecatory [ímprikatori], *a.* imprecatorio.
impregnable [imprégnabl], *a.* inexpugnable; impregnable.—**impregnably** [-bli], *adv.* inexpugnablemente.
impregnate [imprégneit]. **I.** *va.* empreñar, fecundizar, inseminar; impregnar, imbuir. **II.** *a.* impregnado; preñada, embarazada.
impregnation [-éiŝon], *s.* fecundación; impregnación; fertilización; infusión.
impresario [imprisáriou], *s.* (teat.) empresario.
imprescriptible [impriskríptibl], *a.* imprescriptible.
impress [imprés], *va.* imprimir, grabar, estampar; marcar; fijar; impresionar; inculcar; influir; (mil.) reclutar, enganchar; expropiar.
impress [ímpres], *s.* impresión, señal, *f.*, huella; empresa, divisa, lema, *m.;* (mil.) leva, enganche; expropiación.
impressibility [-ibíliti], *s.* facilidad de impresionarse.—**impressible** [imprésibl], *a.* impresionable; que se puede estampar.
impression [impréŝon], *s.* impresión, estampa, sigilación; marca, señal, *f.;* huella; sello, estampado; impresión producida en el ánimo; idea o recuerdo vago; (impr.) impresión, edición.
impressionable [-abl], *a.* impresionable, susceptible.
impressional [-al], *a.* referente a la impresión.
impression(al)ist [-(al)ist], *s.* (b. a.) impresionista.—**impressionism** [-izm], *s.* (b. a.) impresionismo.—**impressionistic** [-ístik], *a.* (b. a.) impresionista.
impressive [imprésiv], *a.* impresionante, que causa impresión; solemne, grandioso, imponente.—**impressively** [-li], *adv.* de modo poderoso o eficaz; imponentemente.—**impressiveness** [-nis], *s.* calidad de causar impresión; grandiosidad.
impressment [imprésment], *s.* expropiación; (mil.) leva, enganche; requisición, requisa.
imprest [ímprest], *s.* anticipo que hace el Erario.
imprimatur [imprimé̜itœ(r)], *s.* imprimátur.
imprimis [impráimis], *adv.* en primer lugar.
imprint [imprínt], *va.* imprimir, estampar; fijar, grabar en el ánimo, etc.
imprint [ímprint], *s.* impresión, marca, señal, *f.*, huella; (impr.) pie (*m.*) de imprenta.
imprison [imprízon], *va.* encarcelar, poner preso, aprisionar, prender, arrestar.—**imprisonment** [-ment], *s.* prisión, encarcelación, arresto, reclusión; carcelería.
improbability [imprábabíliti], *s.* improbabilidad, inverosimilitud.—**improbable** [-bl], *a.* improbable, inverosímil, difícil.—**improbably** [-bli], *adv.* improbablemente.
improbity [impróubiti], *s.* improbidad.
impromptu [imprámptiu]. **I.** *a.* impremeditado, improvisado. **II.** *adv.* de repente, en el acto. **III.** *s.* repente, ímpetu; improvisación.
improper [imprápœ(r)], *a.* impropio; indecoroso; incorrecto.—**i. fraction,** (mat.) quebrado impropio.—**improperly** [-li], *adv.* impropiamente.
impropriate [impróupriеit]. **I.** *va.* apropiarse; expropiar o secularizar bienes eclesiásticos. **II.** *a.* secularizado.—**impropriation** [-éiŝon], *s.* secularización de bienes eclesiásticos.
impropriety [impropráieti], *s.* impropiedad, incongruencia, indecoro.
improvable [imprúvabl], *a.* mejorable; cultivable.
improve [imprúv]. **I.** *va.* mejorar; enmendar; perfeccionar, desarrollar, fomentar; utilizar; hacer más útil o valioso; (agr.) sanear, beneficiar, cultivar; (com.) subir, estar en alza.—**to i. the opportunity,** aprovecharse de la oportunidad, hacer su agosto. **II.** *vn.* mejorarse; mejorar; adelantar, progresar.—**to i. on,** o **upon,** mejorar, hacer mejor.
improvement [-ment], *s.* mejora; mejoramiento; adelanto, progreso; alivio, mejoría; adición o cambio valioso; fomento; urbanización; (agr.) saneamiento, cultivo.—**i. on,** progreso sobre o con respecto a.
improver [-œ(r)], *s.* adelantador, mejorador, beneficiador; aprendiz(a), meritorio.
improvidence [imprávidens], *s.* improvidencia, descuido, imprevisión, desprevención.—**improvident** [-ent], *a.* impróvido.—**improvidently** [-li], *adv.* impróvidamente.
improvisation [impravizéiŝon], *s.* improvisación.—**improvise** [improváiz], *va.* improvisar. —**improviser** [-œ(r)], *s.* improvisador, repentista.
imprudence [imprúdens], *s.* imprudencia, indiscreción.—**imprudent** [-ent], *a.* imprudente.—**imprudently** [-li], *adv.* imprudentemente.
impudence [ímpiudens], *s.* impudencia, descaro, desfachatez, atrevimiento; impudicia.—**impudent** [-ent], *a.* impudente, descarado; impúdico. —**impudently** [-li], *adv.* descaradamente, impudentemente; impúdicamente.
impudicity [impiudísiti], *s.* impudi(ci)cia.
impugn [impiún], *va.* impugnar, refutar; (for.)

redargüir.—**impugnable** [-ạbl], *a.* impugnable. —**impugnation** [ịmpʌgnéịŝọn], *s.* impugnación.—**impugner** [ịmpịúnœ(r)], *s.* impugnador. —**impugnment** [-mẹnt], *s.* impugnación.
impulse [ímpʌls], *s.* impulso, ímpetu; estímulo, instigación, motivo; arranque, corazonada; pronto, repente.—**i. excitation,** (rad.) excitación impulsiva.
impulsion [ịmpʌ́lŝọn], *s.* impulsión, impulso.
impulsive [-sịv], *a.* impulsivo.—**impulsively** [-lị], *adv.* impulsivamente.
impunity [ịmpịúnịtị], *s.* impunidad.
impure [ịmpịúr], *a.* impuro; sórdido; impúdico, deshonesto; manchado por el pecado; incorrecto (lenguaje).—**impurely** [-lị], *adv.* impuramente.—**impureness** [-nịs], **impurity** [-ịtị], *s.* impureza; adulteración; torpeza, deshonestidad.
imputable [ịmpịútạbl], *a.* imputable, achacable.
imputability [-bílịtị], **imputableness** [-nịs], *s.* imputabilidad.
imputation [-éịŝọn], *s.* imputación, acusación; reconvención, censura.—**imputative** [ịmpịutạtịv], *a.* imputativo, imputador.
impute [ịmpịút], *va.* imputar, achacar, atribuir.
imputer [-œ(r)], *s.* imputador.
in [ịn]. **I.** *prep.* en, de, por, con, durante, mientras, dentro de, de aquí a (según que denote situación, división, estado, modo, disposición, duración, causa, objeto, fin, etc.), v. gr.: *he is in Paris,* está en París; *the best hotel in Paris,* el mejor hotel de París; *in the morning,* por la mañana; *in writing,* por escrito; *in fun, in jest,* en broma, por broma; *in deference,* por deferencia; *in ink,* con tinta; *in anger,* con ira; *in his sleep,* durante el sueño, cuando está dormido; *he will come in a week,* vendrá de aquí a una semana.—**i. as much as,** o **inasmuch as,** en cuanto, hasta donde; tanto como; como quiera que; puesto que, visto que, por cuanto, porque, a causa de que.—**i. so far as,** o **insofar as,** en cuanto (a), en lo que, hasta donde. —**i. that,** en que; por cuanto. **II.** *adv.* dentro, adentro; en casa, en su oficina, etc.; hacia adentro; en el poder; en su turno.—**i.-and-i.,** de una misma casta.—**i. here, there,** etc. aquí dentro, allí dentro, etc.—**i.-and-out,** que sale y entra alternativamente; a veces bueno y a veces malo; (mec.) de vaivén; (alb.) de sogas y tizones alternados verticalmente.—**to be i.,** haber entrado o llegado; estar (en casa, la oficina, etc.).—**to be i. for,** estar expuesto a, echarse a cuestas, estar metido en (trabajos, etc.).—**to be i. with,** gozar del favor de. **III.** *s.* rincón, recodo; miembro (de un partido) a quien se le ha dado empleo público; persona que está adentro; jugador del lado que lleva el *bat.*—**ins and outs,** interioridades, pormenores minuciosos. **IV.** *a.* de adentro; interior, interno; que está en el poder; que está en su turno.
inability [ịnạbílịtị], *s.* inhabilidad, incapacidad, ineptitud; impotencia.
inaccessibility [ịnæksésịbílịtị], *s.* inaccesibilidad. —**inaccessible** [-bl], *a.* inaccesible, inabordable.—**inaccessibly** [-blị], *adv.* inaccesiblemente.
inaccuracy [ịnǽkyụrạsị], *s.* inexactitud, incorrección, error.—**inaccurate** [-rịt], *a.* inexacto, erróneo.—**inaccurately** [-lị], *adv.* incorrectamente; inexactamente.
inaction [ịnǽkŝọn], *s.* inacción.
inactivate [ịnǽktịveịt], *va.* hacer inactivo.
inactive [ịnǽktịv], *a.* inactivo, inerte.—**inactively** [-lị], *adv.* inactivamente.—**inactivity** [-tívịtị], *s.* inactividad, ociosidad.
inadequacy [ịnǽdịkwịsị], *s.* insuficiencia; falta de adecuación.—**inadequate** [-kwịt], *a.* inadecuado.—**inadequately** [-lị], *adv.* inadecuadamente.
inadmissible [ịnædmísịbl], *a.* inadmisible.
inadvertence, inadvertency [ịnædvœ́rtẹns, -ị], *s.* inadvertencia.—**inadvertent** [-ẹnt], *a.* inadvertido, accidental; negligente, descuidado. —**inadvertently** [-lị], *adv.* inadvertidamente.
inadvisable [ịnædváịzạbl], *a.* inconveniente, poco aconsejable o prudente.
inalienable [ịnéịlyẹnạbl], *a.* inalienable, inajenable.—**inalienably** [-blị], *adv.* inalienablemente.
inalterability [ịnóltœrạbílịtị], *s.* inalterabilidad.
inalterable [-bl], *a.* inalterable.
inamorata [ịnæmorátạ], *s.* mujer amada; mujer enamorada.
inane [ịnéịn]. **I.** *a.* sandio, mentecato; inane, vacío, insubstancial. **II.** *s.* vacío; espacio infinito.
inanimate [ịnǽnịmịt], *a.* inanimado; exánime.
inanimateness [-nịs], **inanimation** [-éịŝọn], *s.* inanimación, falta de animación, de vida.
inanition [ịnạníŝọn], *s.* inanición; vaciedad.
inanity [ịnǽnịtị], *s.* inanidad, inania; inanición; insubstancialidad, sandez, mentecatada.
inappeasable [ịnạpízạbl], *a.* implacable.
inappetence, -cy [ịnǽpịtẹns, -ị], *s.* inapetencia.
inapplicability [ịnæplịkạbílịtị], *s.* falta de aplicabilidad.
inapplicable [-bl], *a.* inaplicable.
inapposite [ịnǽpozịt], *a.* inoportuno; inaplicable.
inappreciable [ịnạpríŝịạbl], *a.* inapreciable, inestimable.
inapprehensible [ịnæprịhénsịbl], *a.* ininteligible, incomprensible.
inapproachable [ịnạpróụchạbl], *a.* inaccesible, inasequible.
inappropriate [ịnạpróụprịịt], *a.* inadecuado, impropio, inapropiado.—**inappropriately** [-lị], *adv.* impropiamente, fuera del caso.—**inappropriateness** [-nịs], *s.* impropiedad, incorrección.
inapt [ịnǽpt], *a.* inadecuado, impropio.
inaptitude [ịnǽptịtịud], *s.* ineptitud.
inarable [ịnǽrạbl], *a.* incultivable.
inarch [ịnárch], *va.* injertar por aproximación.
inarticulate [ịnartíkyụlịt], *a.* inarticulado.—**inarticulately** [-lị], *adv.* de modo inarticulado.—**inarticulateness** [-nịs], *s.* calidad de inarticulado.
inartificial [ịnartịfíŝạl], *a.* natural, simple, sencillo, sin artificio.
inasmuch as [ịnạzmʌ́ch ạz] = IN AS MUCH AS.
inattention [ịnạténŝọn], *s.* desatención, distracción, inadvertencia.—**inattentive** [-tịv], *a.* desatento.—**inattentively** [-lị], *adv.* descuidadamente, sin atención.
inaudibility [ịnódịbílịtị], **inaudibleness** [-blnịs], *s.* calidad de inaudible.
inaudible [-bl], *a.* inaudible.
inaugural [ịnógịụrạl], *a.* inaugural.
inaugurate [-eịt], *va.* inaugurar; investir, instalar.—**inauguration** [-éịŝọn], *s.* inauguración, instalación, estreno; toma de posesión.
inauspicious [ịnospíŝʌs], *a.* impropicio, desfavorable, infeliz.—**inauspiciously** [-lị], *adv.* desgraciadamente, bajo malos auspicios.
inauspiciousness [-nịs], *s.* malos auspicios.
inbeing [ínbiịŋ], *s.* inherencia, inseparabilidad.
inboard [ínbord], *a.* y *adv.* (mar.) interior, dentro del casco; (mec.) hacia dentro.
inborn [ínborn], *a.* innato, ingénito, ínsito, connatural.
inbound [ínbaụnd], *a.* de entrada; de venida, que viene.
inbreathe [ịnbríð], *va.* inspirar; infundir.
inbred [ínbrɛd], *a.* y *pret.* y *pp.* de TO INBREED; ínsito, innato; endogámico, criado o nacido de padres consanguíneos.
inbreed [ịnbríd], *va.* (*pret.* y *pp.* INBRED) criar o producir sin mezcla de razas, criar o producir dentro de una misma raza.
inbreeding [-iŋ], *s.* endogamia, consanguinidad.
Inca [íŋkạ], **Incan** [-n]. **I.** *s.* inca, *m.;* orejón. **II.** *a.* incáico, incásico.—**Incaic** [ịnkéịịk], *a.* = INCA(N).
incage [ịnkéịdẑ], *va.* enjaular, encerrar.
incalculable [ịnkǽlkịulạbl], *a.* incalculable.

incandesce [inkændés], *va.* y *vn.* encandecer(se), poner(se) incandescente.
incandescence, incandescency [-ens, -i], *s.* incandescencia.
incandescent [-ent], *a.* incandescente, candente. —**i. lamp,** lámpara incandescente.
incantation [inkæntéiŝon], *s.* encantación, conjuro, sortilegio.
incantatory [inkǽntatori], *a.* mágico.
incapability [inkéipabíliti], o **incapableness** [-blnis], *s.* incapacidad.
incapable [-bl], *a.* incapaz.
incapacitate [inkapǽsiteit], *va.* incapacitar, inhabilitar, imposibilitar.
incapacitation [-téiŝon], *s.* inhabilitación.
incapacity [-ti], *s.* incapacidad.
incarcerate [inkársereit], *va.* encarcelar.
incarceration [-éiŝon], *s.* encarcelación, encarcelamiento, prisión; (cir.) constricción o retención (de una hernia).
incardinate [inkárdineit], *va.* (igl.) incardinar; instalar, nombrar o ascender a cardenal.
incarnadine [inkárnadin]. **I.** *va.* encarnar, dar color de carne. **II.** *s.* y *a.* (color) encarnadino, color de carne.
incarnant [inkárnant], *a.* y *s.* (cir.) encarnativo.
incarnate [inkárneit]. **I.** *va.* encarnar, tomar carne. **II.** [inkárnit], *a.* encarnado; personificado.
incarnation [-éiŝon], *s.* encarnación; (cir.) encarnación, encarnamiento.
incase [inkéis], *va.* encajar, embutir, meter; encerrar, encajonar.
incasement [-ment], *s.* acción de encajar, meter o encerrar; introducción; cubierta, caja.
incautious [inkóŝʌs], *a.* incauto.—**incautiously** [-li], *adv.* incautamente.—**incautiousness** [-nis], *s.* falta de cautela, descuido.
incavation [inkavéiŝon], *s.* ahuecamiento; depresión; hueco.
incendiarism [inséndiarizm], *s.* incendio malicioso; vicio de incendiar.
incendiary [inséndieri], *a.* y *s.* incendiario.
incense [ínsens], *s.* incienso.—**i. bearing,** turífero.
incense [inséns], *va.* exasperar, irritar, encolerizar; [ínsens] (igl.) incensar.
incensement [insénsment], *s.* ira, furia.
incensory [ínsensori], *s.* incensario.
incentive [inséntiv]. **I.** *s.* incentivo, estímulo, aliciente. **II.** *a.* incitativo.
inception [insépŝon], *s.* principio, comienzo.
inceptive [-tiv], *a.* incipiente, incoativo.
inceptor [-to(r)], *s.* (Ingl.) examinando para recibir el grado de maestro o doctor en artes.
incertitude [insértitiud], *s.* incertidumbre.
incessant [insésant], *a.* incesante.
incessantly [-li], *adv.* incesantemente, incesablemente.
incest [ínsest], *s.* incesto.
incestuous [inséschuʌs], *a.* incestuoso.
incestuously [-li], *adv.* incestuosamente.
inch [ínch]. **I.** *s.* pulgada (2.54 centímetros); pizca.—**i. by i.,** palmo a palmo, pulgada por pulgada.—**i. of water** = WATER INCH.—**i.-pound,** (mec.) pulgada-libra, unidad de momento y de energía cuando las de fuerza y longitud son la libra y la pulgada respectivamente.—**by inches,** paso a paso, con gran lentitud, (fam.) a poquitos.—**every i.,** cabal, en todo respecto (cambiando un poco el giro), **v. gr.**: *he is every inch a man,* es todo un hombre. —**within an i. of,** a dos dedos de, al (seguido de infinitivo). **II.** *a.* de una pulgada.—**i. board,** tablón de a pulgada. **III.** *va.* marcar por pulgadas. **IV.** *vn.* (con **along**) avanzar poquito a poquito.
inched [-t], *a.* dividido en pulgadas.
inchmeal [-mil], *adv.* (con **by**) poco a poco.
inchoate [inkóueit], *a.* principiado, incoado.
inchoately [-li], *adv.* en el primer grado.
inchoation [inkoéiŝon], *s.* incoación, principio.
inchoative [inkóuativ], *a.* incipiente, incoativo.
inchworm [ínchwœrm], *s.* = MEASURING WORM.
incidence [ínsidens], *s.* incidencia; gabela, gravamen.—**i. wires,** (aer.) = STAGGER WIRES.
incident [-ent]. **I.** *a.* incidente; probable, acontecedero; casual, fortuito; concomitante. **II.** *s.* incidente, incidencia; casualidad; acontecimiento, acaecimiento, peripecia, episodio, lance.
incidental [insidéntal]. **I.** *a.* incidental, incidente, contingente; concomitante.—**i. to,** que acompaña, anejo a, inherente a. **II.** *s. pl.* circunstancias imprevistas; imprevistos (gastos).
incidentally [-i], *adv.* incidentemente, incidentalmente; entre paréntesis.
incinerate [insínereit], *va.* incinerar.
incineration [-éiŝon], *s.* incineración, cremación.
incinerator [-to(r)], *s.* incinerador.
incipience, incipiency [insípiens, -i], *s.* principio.
incipient [-ent], *a.* incipiente.—**incipiently** [-li], *adv.* en los comienzos.
incise [insáiz], *va.* tallar, grabar; cortar.
incised [-d], *a.* inciso, cortado; (bot., zool.) irregularmente denticular o serrado.
incision [insíẑon], *s.* incisión; cisura, cortadura; muesca; denticulación.
incisive [insáisiv], *a.* incisivo; mordaz; agudo.
incisor [insáizo(r)], *a.* y *s.* (diente) incisivo.
incisory [insáisori], *a.* (cir.) incisorio.
incitant [insáitant]. **I.** *a.* provocativo, incitante, incitativo. **II.** *s.* estímulo, incentivo.
incitation [insitéiŝon], *s.* incitación, instigación.
incite [insáit], *va.* incitar, instigar.—**incitement** [-ment], *s.* incitación, instigación; estímulo, incentivo, aliciente; acicate.—**inciter** [-œ(r)], *s.* incitador, instigador.—**inciting** [-iŋ], *a.* estimulante o incitante.—**incitingly** [-li], *adv.* incitantemente.
incivility [insivíliti], *s.* incivilidad, descortesía.
inclemency [inklémensi], *s.* inclemencia, intemperie; crueldad, severidad.
inclement [-ent], *a.* inclemente, duro; riguroso, borrascoso.
inclinable [inkláinabl], *a.* favorable, inclinado a.
inclination [inklinéiŝon], *s.* inclinación (de dos líneas, de un terreno); pendiente, *f.,* declive; inclinación, propensión; reverencia, venia; (fís.) inclinación (de la brújula).
inclinatory [inkláinatori], *a.* inclinado, ladeado.
incline [inkláin]. **I.** *va.* inclinar, ladear; doblar, doblegar. **II.** *vn.* inclinarse, ladearse, bajar, hacer pendiente; hacer reverencia o acatamiento; propender, tender a, tirar a (un color); sentir inclinación o predilección. **III.** [ínklain], *s.* declivio, declive, pendiente, *f.;* rampa.
inclined [inkláind], *a.* inclinado, oblicuo; propenso, proclive, afecto (a).—**i. plane,** plano inclinado.
inclinometer [inklinámetœ(r)], *s.* (aer.) inclinómetro.
inclose, inclosure = ENCLOSE, ENCLOSURE.
include [inklúd], *va.* incluir, encerrar; comprender, abarcar, abrazar, contener.
included [-id], *a.* incluso, inclusivo, comprendido; (geom.) comprendido (ángulo).
including [-iŋ], *a.* inclus(iv)o, incluyente.
inclusion [inklúẑon], *s.* inclusión; contenido; (min.) partícula extraña, intrusión.
inclusive [inklúsiv], *a.* inclusivo.
inclusively [-li], *adv.* inclusivamente, inclusive.
incognito [inkágnitou], *adv., a.* y *s.* incógnito; de incógnito.
incoherence, incoherency [inkohírens, -i], *s.* incoherencia, inconexión.—**incoherent** [-ent], *a.* incoherente, inconexo.—**incoherently** [-li], *adv.* incoherentemente, sin conexión.
incombustibility [inkombʌstibíliti], **incombustibleness** [-blnis], *s.* incombustibilidad.
incombustible [-bl], *a.* incombustible.
income [ínkʌm], *s.* renta, entrada, ingreso, rédito, censo; alimento asimilado.—**i. tax,** impuesto

sobre rentas, impuesto de ingresos.—**i. tax-return,** declaración del impuesto sobre la renta.
incomer [-œ(r)], *s.* recién llegado; intruso.
incoming [-iŋ]. **I.** *a.* entrante, que está por llegar. **II.** *s.* llegada, arribo, entrada.
incommensurability [inkomenŝurabíliti], *s.* inconmensurabilidad. — **incommensurable** [-rabl], *a.* inconmensurable.
incommensurate [-rit], *a.* desproporcionado; inadecuado, insuficiente.—**incommensurately** [-li], *adv.* desproporcionadamente.
incommode [inkomóud], *va.* incomodar, desacomodar, molestar.
incommodious [-iʌs], *a.* incómodo, inconveniente, molesto.—**incommodiously** [-li], *adv.* incómodamente.—**incommodiousness** [-nis], **incommodity** [inkomáditi], *s.* incomodidad, inconveniencia, molestia.
incommunicability [inkomiúnikabíliti], **incommunicableness** [-blnis], *s.* incomunicabilidad.—**incommunicable** [-bl], *a.* incomunicable; indecible.—**incommunicably** [-bli], *adv.* incomunicadamente; sin comunicación.
incommunicado [-kádou], *s.* y *a.* incomunicado.
incommunicative [inkomiúnikeitiv], *a.* insociable, reservado.—**incommunicativeness** [-nis], *s.* insociabilidad, carácter intratable, reserva.
incommutability [inkomiútabíliti], *s.* inconmutabilidad.—**incommutable** [-bl], *a.* inconmutable.—**incommutably** [-bli], *adv.* inconmutablemente.
incomparable [inkámparabl], *a.* incomparable, sin igual.—**incomparableness** [-nis], *s.* excelencia incomparable.—**incomparably** [-bli], *adv.* incomparablemente.
incompatibility [inkompætibíliti], *s.* incompatibilidad.—**incompatible** [-bl], *a.* incompatible.—**incompatibly** [-bli], *adv.* incompatiblemente.
incompetence, -cy [inkámpitens, -i], *s.* incompetencia, incapacidad, inhabilidad, ineptitud, inepcia.—**incompetent** [-ent], *a.* incompetente, incapaz, inepto; (for.) inadmisible.—**incompetently** [-li], *adv.* incompetentemente.
incomplete [inkomplít], *a.* incompleto, imperfecto, descabal, parcial, trunco.—**incompletely** [-li], *adv.* incompletamente.—**incompleteness** [-nis], *s.* estado incompleto, calidad de incompleto.
incomplex [inkompléks], *a.* incomplejo.
incompliance [inkompláians], *s.* falta de condescendencia, indocilidad, desobediencia; inflexibilidad; terquedad.
incomprehensibility [inkamprihénsibíliti], **incomprehensibleness** [-blnis], *s.* incomprensibilidad.—**incomprehensible** [-bl], *a.* incomprensible.—**incomprehensibly** [-bli], *adv.* incomprensiblemente. — **incomprehension** [-hénŝon], *s.* incomprensión, falta de comprensión.
incomprehensive [-hénsiv], *a.* incomprensivo, limitado, de poco alcance.—**incomprehensiveness** [-nis], *s.* limitación, poco alcance.
incompressibility [inkomprésibíliti], *s.* incompresibilidad.—**incompressible** [-bl], *a.* incompresible, incomprimible.
inconceivable [inkonsívabl], *a.* inconcebible, inimaginable; increíble.—**inconceivability** [-bíliti], *s.* inconcebibilidad.—**inconceivably** [-bli], *adv.* inconcebiblemente, incomprensiblemente.
inconclusive [inkonklúsiv], *a.* inconcluyente, que no convence; inconcluso; indeciso.—**inconclusively** [-li], *adv.* de un modo que no convence; indecisamente; inconclusamente.—**inconclusiveness** [-nis], *s.* calidad de indeciso, inconcluso o inconcluyente.
incongruence, incongruity [inkáŋgruens, -grúiti], *s.* incongruencia, inconexión, discordancia, anomalía.—**incongruent** [-ent], **incongruous** [-ʌs], *a.* incongruente, incongruo, discordante, mal adaptado; inconsecuente; incoherente; (alg.) incongruente; (geom.) insuperponible.—**incongruently, incongruously** [-li], *adv.* discordantemente, inconexamente, contradictoriamente, inapropiadamente.—**incongruousness** [-nis], *s.* calidad de incongruente, discordante, inapropiado, anómalo, etc.
inconsequence [inkánsikwens], *s.* inconsecuencia.—**inconsequent** [-kwent], *a.* inconsecuente, ilógico.—**inconsequential** [-kwénŝal], *a.* inconsecuente, inconexo; de poca importancia.
inconsiderable [inkonsídœrabl], *a.* insignificante, despreciable.—**inconsiderableness** [-nis], *s.* insignificancia.
inconsiderate [inkonsídœrit], *a.* irreflexivo; desconsiderado, malmirado; desatento.—**inconsiderately** [-li], *adv.* inconsideradamente; irreflexivamente.—**inconsiderateness** [-nis], **inconsideration** [-éiŝon], *s.* falta de consideración.
inconsistence, inconsistency [inkonsístens, -i], *s.* incompatibilidad, contradicción, inconsecuencia.—**inconsistent** [-ent], *a.* incompatible, contradictorio, inconsecuente.—**inconsistently** [-li], *adv.* inconsecuentemente, contradictoriamente.
inconsolable [inkonsóulabl], *a.* inconsolable.
inconsonant [inkánsonant], *a.* inconsonante.
inconspicuous [inkonspíkyuʌs], *a.* inconspicuo, poco notable.
inconstancy [inkánstansi], *s.* inconstancia.—**inconstant** [-ant], *a.* inconstante, vario.—**inconstantly** [-li], *adv.* inconstantemente, volublemente.
inconsumable [inkonsiúmabl], *a.* inconsumible.
incontestable [inkontéstabl], *a.* incontestable, indisputable, inconcuso.
incontestably [-bli], *adv.* incontestablemente.
incontinence, incontinency [inkántinens, -i], *s.* incontinencia; lascivia; (med.) incontinencia.
incontinent [-ent], *a.* incontinente, desenfrenado; incesante; (med.) incontinente; (raro) inmediato.—**incontinently** [-li], *adv.* incontinentemente; (ant.) inmediatamente, incontinenti.
incontrollable [inkontróulabl], *a.* ingobernable, irrefrenable.—**incontrollably** [-bli], *adv.* ingobernablemente, sin restricción.
incontrovertible [inkantrovœ́rtibl], *a.* incontrovertible.—**incontrovertibly** [-bli], *adv.* indisputablemente.
inconvenience, inconveniency [inkonvíniens, -i]. **I.** *s.* inconveniencia, inconveniente; incomodidad, molestia. **II.** *va.* incomodar, estorbar, molestar.—**inconvenient** [-ent], *a.* incómodo, molesto, inconveniente, inoportuno.—**inconveniently** [-li], *adv.* incómodamente.
inconvertible [inkonvœ́rtibl], *a.* inconvertible.
inconvincible [inkonvínsibl], *a.* inconvencible, incontrastable.
incorporate [inkórporeit]. **I.** *va.* dar cuerpo o forma material; incorporar; formar corporación, gremio, etc.; comprender, encerrar. **II.** *vn.* incorporarse, unirse, asociarse. **III.** [-rit], *a.* incorporado; conmisto; incorporal, inmaterial; no constituído en corporación o asociación.
incorporation [-réiŝon], *s.* incorporación; organización, asociación.
incorporeal [inkorpórial], *a.* incorporal, incorpóreo.—**incorporeally** [-i], *adv.* incorporalmente.
incorporeity [inkorporíiti], *s.* incorporeidad.
incorrect [inkorékt], *a.* incorrecto; falso, inexacto, erróneo; inmoral.—**incorrectly** [-li], *adv.* incorrectamente; inexactamente.—**incorrectness** [-nis], *s.* inexactitud; incorrección; impropiedad.
incorrigible [inkáridẑibl], *a.* incorregible, empecatado.—**incorrigibility** [-bíliti], **incorrigibleness** [-nis], *s.* incorregibilidad.—**incorrigibly** [-bli], *adv.* incorregiblemente.
incorrupt [inkorʌ́pt], *a.* incorrupto; íntegro,

probo.—**incorruptibility** [-ibíliti], *s.* incorruptibilidad.—**incorruptible** [-ibl], *a.* incorruptible, probo.—**incorruption** [-šon], **incorruptness** [-nis], *s.* incorrupción.

incrassate [inkrǽseit]. **I.** *va.* espesar, encrasar, incrasar. **II.** *vn.* espesarse. **III.** *a.* encrasado.

incrassation [-éišon], *s.* encrasación.

incrassative [-iv], *a.* incrasante.

increasable [inkrísabl], *a.* aumentable.

increase [inkrís], *va.* y *vn.* aumentar(se); multiplicar(se); acrecentar(se); incrementar; crecer, subir, arreciar (en intensidad, etc.).

increase [ínkris], *s.* aumento, incremento, crecimiento, acrecentamiento; ganancia, interés; multiplicación; progenie; productos agrícolas; (tecn.) adaptador, tubo cónico de unión.

increaser [inkrísœ(r)], *s.* lo que sirve para aumentar; (tecn.) refuerzo; adaptador, tubo cónico de unión.

increasing [-iŋ], *a.* creciente, acrecentador, aumentativo.—**increasingly** [-li], *adv.* crecientemente; con creces; cada vez más.

increate [inkriéit], *a.* increado.

incredibility [inkrédibíliti], **incredibleness** [-blnis], *s.* incredibilidad.—**incredible** [-bl], *a.* increíble.—**incredibly** [-bli], *adv.* increíblemente.

incredulity [inkridiúliti], **incredulousness** [inkrédžulʌsnis], *s.* incredulidad.

incredulous [inkrédžulʌs], *a.* incrédulo.

increment [ínkriment], *s.* incremento, aumento, adición, crecimiento.—**incrementation** [-éišon], *s.* incrementación.

incriminate [inkrímineit], *va.* (a)criminar o incriminar.—**incrimination** [-éišon], *s.* (a)criminación o incriminación.

incrust(ate [inkrʌ́st(eit], *va.* encostrar; incrustar. —**incrustation** [-éišon], *s.* encostradura, costra, incrustación, sarro.

incubate [ínkiubeit], *va.* y *vn.* empollar, incubar; pensar, madurar.—**incubation** [-éišon], *s.* incubación, empolladura; (med.) incubación. —**incubator** [-o(r)], *s.* empollador; incubadora.

incubus [ínkiubʌs], *s.* íncubo; carga; (med.) pesadilla, íncubo.

inculcate [inkʌ́lkeit], *va.* inculcar.—**inculcation** [-éišon], *s.* inculcación.—**inculcator** [-o(r)], *s.* inculcador.

inculpable [inkʌ́lpabl], *a.* inculpable.—**inculpableness** [-nis], *s.* inculpabilidad.—**inculpably** [-bli], *adv.* inculpablemente.—**inculpate** [inkʌ́lpeit], *va.* inculpar, imputar culpa a, incriminar.—**inculpation** [-éišon], *s.* inculpación.—**inculpatory** [inkʌ́lpatori], *a.* que inculpa.

incumbency [inkʌ́mbensi], *s.* posesión o goce de un empleo; duración del mismo; incumbencia.

incumbent [-ent]. **I.** *a.* obligatorio; colocado sobre, apoyado en, sostenido por.—**to be i. (up)on one,** incumbir a uno. **II.** *s.* (igl.) beneficiado; empleado con posesión de su cargo.

incumber, incumbrance, = ENCUMBER, ENCUMBRANCE.

incunabula [inkiunǽbiulă], *s. pl.* orígenes, cuna; incunables.—**incunabular** [-(r)], *a.* incunable.

incur [inkœ́r], *va.* incurrir (en); atraerse.—**to i. a debt,** contraer una deuda.

incurability [inkiúrabíliti], **incurableness** [-blnis], *s.* incurabilidad.—**incurable** [-bl]. **I.** *a.* incurable, insanable, irremediable. **II.** *s.* incurable.—**incurably** [-bli], *adv.* incurablemente.

incuriosity [inkiuriásiti], *s.* incuria, indiferencia. —**incurious** [inkiúriʌs], *a.* indiferente; incurioso, descuidado.—**incuriously** [-li], *adv.* sin curiosidad; descuidadamente.—**incuriousness** [-nis], *s.* falta de curiosidad o interés.

incursion [inkœ́ršon], *s.* incursión, correría.

incurvate [inkœ́rveit], **incurve** [inkœ́rv]. **I.** *va.* encorvar, doblar, torcer. **II.** *a.* encorvado, torcido.—**incurvation** [-éišon], *s.* encorvadura, curvatura; genuflexión.

incus [íŋkʌs], *s.* (anat.) yunque (uno de los huesecillos del oído).

incuse [inkiúz]. **I.** *a.* incuso. **II.** *s.* medalla incusa, figura incusa. **III.** *va.* estampar golpeando.

indebted [indétid], *a.* adeudado, endeudado o en deuda; (fam.) entrampado; obligado, reconocido.—**indebtedness** [-nis], *s.* adeudo; deuda, pasivo; obligación.—**indebtment** [indétment], *s.* adeudo.

indecency [indísensi], *s.* indecencia.—**indecent** [-ent], *a.* indecente, indecoroso.—**indecently** [-li], *adv.* indecentemente, indecorosamente.

indecipherable [indisáifœrabl], *a.* indescifrable, ilegible; incomprensible.

indecision [indisížon], *s.* indecisión, irresolución. —**indecisive** [indisáisiv], *a.* indeciso, irresoluto. —**indecisiveness** [-nis], *s.* indecisión, irresolución.

indeclinable [indikláinabl], *a.* indeclinable.

indeclinably [-bli], *adv.* sin declinación.

indecorous [indékorʌs], *a.* indecoroso.—**indecorously** [-li], *adv.* indecorosamente.—**indecorousness** [-nis], **indecorum** [indikórʌm], *s.* indecoro, indecencia.

indeed [indíd], *adv.* verdaderamente, realmente, de veras, a la verdad, por cierto, sí tal, ya lo creo, claro está.—**i.?** ¿de veras? ¿es posible?—**no i.,** de ninguna manera; ¡quia!

indefatigability, indefatigableness [indifǽtigabíliti, -blnis], *s.* calidad de infatigable o incansable.—**indefatigable** [-bl], *a.* incansable. —**indefatigably** [-bli], *adv.* incansablemente.

indefeasibility [indifízibíliti], *s.* irrevocabilidad. —**indefeasible** [-bl], *a.* (for.) inabrogable, irrevocable.

indefectibility [indifékti bíliti], *s.* indefectibilidad.—**indefectible** [-bl], *a.* indefectible.—**indefectibly** [-bli], *adv.* indefectiblemente.

indefensible [indifénsibl], *a.* indefendible, insostenible.

indefensive [-siv], *a.* indefenso.

indefinable [indifáinabl], *a.* indefinible.

indefinite [indéfinit], *a.* indefinido, **vago.—i. article,** (gram.) artículo genérico, indefinido o indeterminado.—**indefinitely** [-li], *adv.* indefinidamente.—**indefiniteness** [-nis], *s.* indefinición.

indehiscence [indihísens], *s.* (bot.) indehiscencia.

indehiscent [-ent], *a.* (bot.) indehiscente.

indeliberate [indilíberit], *a.* indeliberado, impremeditado.

indelibility [indélibíliti], *s.* calidad de indeleble.

indelible [-bl], *a.* indeleble.

indelibly [-bli], *adv.* indeleblemente.

indelicacy [indélikasi], *s.* indelicadeza, indecoro.

indelicate [-kit], *a.* indecoroso, inmodesto, falto de delicadeza.

indemnification [indémnifikéišon], *s.* indemnización.—**indemnify** [-fai], *va.* indemnizar. —**indemnity** [-ti], *s.* indemnización, resarcimiento; indemnidad.—**i. bond,** contrafianza.

indemonstrable [indimánstrabl], *a.* indemostrable.

indent [indént]. **I.** *va.* dentar, endentar, mellar; (impr.) sangrar. **II.** *vn.* mellarse. **III.** *s.* mella, diente, muesca.

indentation [-éišon], *s.* indentación, mella, muesca, corte, hendedura, hueco, depresión.

indented [-id], *a.* dentado, enmuescado, serrado; (bot.) dentellado.

indention [indénšon], *s.* abolladura; mella; (impr.) sangría.

indenture [indénchū(r)]. **I.** *s.* (for.) escritura, instrumento, contrato, carta; partida, documento. **II.** *va.* escriturar, obligar por contrato.

independence, -cy [indipéndens, -i], *s.* independencia; posición holgada; bienandanza.—**I. Day,** (E. U.) fiesta de la independencia (4 de julio).

independent [-ent], *a.* independiente; libre; acomodado, capaz de mantenerse; altivo, altanero.—**independently** [-li], *adv.* independientemente; por separado; altivamente.

indescribable [indiskráibabl], *a.* indescriptible.—**indescribably** [-bli], *adv.* indescriptiblemente.
indestructibility [indistrʌktibíliti], *s.* indestructibilidad.—**indestructible** [-bl], *a.* indestructible.
indeterminable [inditœ́rminabl], *a.* indeterminable.—**indeterminate** [-nit], *a.* indeterminado.—**indeterminately** [-li], *adv.* indeterminadamente —**indeterminateness** [-nis], **indetermination** [-éišon], *s.* indeterminación, duda.—**indetermined** [-d], *a.* indeterminado, irresoluto.
indeterminism [-izm], *s.* (fil.) indeterminismo. —**indeterminist(ic** [-ist, -ístik], *s.* y *a.* indeterminista.
index [índeks]. **I.** *s.* índice (indicio, tabla de materias, lista, indicador, manecilla, aguja); elenco; dedo índice; (mat. y fís.) índice.—**i. card,** tarjeta o ficha para índices o archivos.—**i. correction,** corrección para eliminar el error instrumental.—**i. error,** error instrumental, error del cero (en el teodolito, etc.); error del índice (en el sextante).—**I. Expurgatorius,** índice expurgatorio.—**i. finger,** dedo índice.—**i. gauge,** compás de graduación.—**i. hand,** indicador, aguja.—**i. number,** (com., e. p.) índice de precio, relación entre el precio de un artículo en un tiempo dado y un precio fijo tomado por unidad o patrón.—**i. plate,** círculo graduador. **II.** *va.* poner índice a; poner en un índice; indicar.
indexer [-œ(r)], *s.* el que hace índice o índices.
indexical [indéksikal], *a.* en forma de índice; indicativo.
India [índiä], *s.* India.—**I. ink,** tinta china.—**I. paper,** papel de China.—**I. proof,** prueba en papel de China.—**I. rubber,** caucho, goma elástica.
Indiaman [-man], *s.* buque que hace el comercio con la India.
Indian [índian]. **I.** *a.* indio; indo, índico; indiano; (con referencia a la América) indígena. **II.** *s.* indio, indo; piel roja (indio norteamericano).
Indian clubs, *s.pl.* mazas de gimnasia.
Indian corn, *s.* (bot.) maíz, *m.*, panizo, zara.
Indian-corn meal, *s.* mañoco.
Indian cress, *s.* (bot.) capuchina.
Indian fig, *s.* tuna, higo chumbo.
Indian file, *s.* fila india; en hilera, en desfilada.
Indian giver, *s.* (fam.) persona que reclama un objeto después de regalado.
Indian-like [-laik], *a.* aindiado.
Indian meal, *s.* harina de maíz.
Indian millet, *s.* (bot.) alcandía.
Indian pipe, *s.* (Am., bot.) planta sin hojas cuya sola inflorescencia semeja una pipa india.
Indian pudding, *s.* pudín cocido de harina de maíz, sirope, leche y sebo.
Indian red, *s.* almagre.
Indian shot o **reed,** *s.* (bot.) cañacoro.
Indian summer, *s.* (E. U.) veranillo de San Martín.
Indic [índik], *a.* índico; indio.
indicant [índikant], *a.* y *s.* indicante.
indicate [índikeit], *va.* indicar, señalar, designar, significar.—**indication** [-éišon], *s.* indicación, indicio, señal, *f.*
indicative [indíkativ], *a.* y *s.* indicativo.—**i. mode** (o **mood**), (gram.) modo indicativo.
indicatively [-li], *adv.* indicativamente.
indicator [índikeito(r)], *s.* indicador; índice, aguja; (m. v.) indicador; (quím.) indicador.—**i. card,** o **diagram,** (m. v.) diagrama (*m.*) o gráfica del indicador.—**i. telegraph,** telégrafo de agujas.—**i. weighing-machine.** balanza automática.
indicatory [índikatori], *a.* demostrativo, indicatorio.
indices [índisiz], *s. pl.* de INDEX.
indicia [indíšiä], *s. pl.* indicios, señales, *f. pl.*
indicial [indíšal], *a.* indicativo, que indica; (anat.) índice, del índice.
indict [indáit], *va.* (for.) acusar ante el juez; procesar, encausar, enjuiciar.—**indictable** [-abl], *a.* encausable, procesable, denunciable.—**indictee** [-í], *s.* acusado, procesado.—**indicter** [-œ(r)], *s.* denunciante, fiscal, acusador.
indiction [indíkšon], *s.* indicción.
indictment [indáitment], *s.* (for.) sumaria o sumario; denuncia, acusación; proces(amient)o.
indifference [indíferens], *s.* indiferencia; apatía, despego, tibieza; mediocridad.
indifferent [-ent], *a.* indiferente; apático; neutral, imparcial; pasadero, mediano.
indifferentism [-izm], *s.* indiferencia habitual; (teol.) indiferentismo teológico, doctrina de que las diferencias de fe no son de importancia; (fil.) doctrina de que existir en el pensamiento y existir en la realidad son una misma cosa.
indifferently [-li], *adv.* indiferentemente; imparcialmente; pasaderamente, medianamente.
indigence, indigency [índidžens, -i], *s.* indigencia, penuria, inopia.
indigenous [indídžεnʌs], *a.* indígena, nativo, natural; innato.
indigent [índidžent], *a.* indigente, pobre, necesitado; falto.
indigested [indidžéstid], *a.* no digerido; confuso, desordenado.
indigestible [-tibl], *a.* indigesto, indigestible.
indigestion [-chon], *s.* indigestión.
indignant [indígnant], *a.* indignado.—**indignantly** [-li], *adv.* con indignación.
indignation [-éišon], *s.* indignación.
indignity [indígniti], *s.* indignidad, ultraje o afrenta, improperio; oprobio.
indigo [índigou]. **I.** *s.* (bot., quím.) añil, índigo. **II.** *a.* añil, índigo.
indigo bunting o **bird,** *s.* (E. U., orn.) azulejo.
indigotin [indígotin], *s.* (quím.) indigotina.
indirect [indirékt], *a.* indirecto.—**indirection** [indirékšon], *s.* **indirectness** [-nis], *s.* oblicuidad, rodeo, tortuosidad; conducta torcida; efugio; indirecta.—**indirectly** [-li], *adv.* indirectamente.
indirect tax, *s.* impuesto indirecto.
indiscernible [indizœ́rnibl], *a.* indiscernible, imperceptible.
indiscreet [indiskrít], *a.* indiscreto.
indiscreetly [-li], *adv.* indiscretamente.
indiscrete [indiskrít], *a.* que no está separado o desunido; compacto; homogéneo.
indiscretion [indiskréšon], *s.* indiscreción.
indiscriminate [indiskríminit], *a.* que no hace distinciones; promiscuo. — **indiscriminately** [-li], *adv.* indistintamente, promiscuamente.—**indiscriminating** [-eitin], *a.* que no distingue. —**indiscrimination** [-éišon], *s.* falta de distinción.—**indiscriminative** [-itiv], *a.* que no distingue.
indispensability, indispensableness [indispénsabíliti, -blnis], *s.* calidad de indispensable, necesidad.—**indispensable** [-bl], *a.* indispensable, imprescindible; de rigor, forzoso, preciso. —**indispensably** [-bli], *adv.* indispensablemente.
indispose [indispóuz], *va.* indisponer.—**indisposed** [-d], *a.* indispuesto; ligeramente enfermo.
indisposition [-íšon], *s.* indisposición, malestar, destemplanza; falta de inclinación.
indisputable [indíspiutabl], *a.* indisputable, irrefutable, incontestable.—**indisputableness** [-nis], *s.* indisputabilidad.—**indisputably** [-bli], *adv.* indisputablemente.
indissolubility [indisályubíliti], **indissolubleness** [-blnis], *s.* indisolubilidad.—**indissoluble** [-bl], *a.* indisoluble, insoluble; estable.—**indissolubly** [-bli], *adv.* indisolublemente.
indistinct [indistínkt], *a.* indistinto, confuso; obscuro, vago.—**indistinction** [indistínkšon], *s.* obscuridad, falta de claridad.—**indistinctly** [-li], *adv.* indistintamente, confusamente, vagamente.—**indistinctness** [-nis], *s.* falta de claridad, obscuridad.

indistinguishable [indistíŋgwišabl], *a.* indistinguible.
indite [indáit]. I. *va.* redactar, escribir. II. *vn.* poner por escrito.—**inditement** [-mẹnt], *s.* redacción.—**inditer** [-œ(r)], *s.* redactor, escritor.
indium [índiʌm], *s.* (quím.) indio.
individual [individžual]. I. *a.* solo, único, individual, particular, singular, individuo; para o de uno; personal; separado; para uno solo. II. *s.* individuo, particular, persona, sujeto.
individualism [-izm], *s.* individualismo.—**individualist(ic** [-líst(ik], *s.* y *a.* individualista.
individuality [-æliti], *s.* individualidad, personalidad; individuación, particularidad; originalidad.
individualize [-aiz], *va.* individualizar, particularizar; individuar.
individually [-i], *adv.* individualmente, particularmente, personalmente.
individuate [individžueit], *va.* individuar; individualizar.—**individuation** [-éišọn], *s.* individuación; producción de individuos.
indivisibility [indivizibíliti], *s.* indivisibilidad.—**indivisible** [-bl], *a.* indivisible.—**indivisibly** [-bli], *adv.* indivisiblemente, indivisamente.
Indo-Chinese [índou chainíz], *a.* y *s.* indochino.
indocile [indásil], *a.* indócil, cerril.
indocility [indosíliti], *s.* indocilidad.
indoctrinate [indáktrineit], *va.* adoctrinar, enseñar, disciplinar.
indoctrination [-éišọn], *s.* adoctrinamiento, instrucción, enseñanza.
Indo-European [índou yuropían], **Indo-Germanic** [-džœrmǽnik], *a.* y *s.* indoeuropeo, indogermánico.
indolence [índolẹns], *s.* indolencia, desidia; (med.) ausencia de dolor.—**indolent** [-ẹnt], *a.* indolente, desidioso; (med.) sin dolor, insensible.—**indolently** [-li], *adv.* indolentemente.
indomitable [indámitạbl], *a.* indomable.
Indonesia [indoníža], *s.* Indonesia.
Indonesian [-n], *s.* y *a.* indonesio.
indoor [índor], *a.* interno, interior, de casa; de puertas adentro; que se hace en la casa o bajo tech(ad)o.
indoors [índórz], *adv.* (a)dentro; en casa; bajo techo.
indorsable [indórsạbl], *a.* endo(r)sable; confirmable.
indorse [indórs], *va.* (com.) endosar; respaldar; garantizar, abonar; apoyar, sancionar.
indorsee [-í], *s.* (com.) endosado, endosatario.
indorsement [-mẹnt], *s.* (com.) endoso, endose; respaldo, rótulo; aval, garantía; sanción.
indorser, indorsor [-œ(r)], *s.* (com.) endosador, endosante.
indraft, indraught [índræft], *s.* absorción, succión, aspiración.
indrawn [índron], *a.* inspirado; introspectivo.
indubitable [indiúbitạbl], *a.* indubitable.—**indubitableness** [-nis], *s.* certeza.—**indubitably** [-bli], *adv.* indubitablemente.
induce [indiús], *va.* inducir, mover, incitar, persuadir; causar, producir, provocar.
inducement [-mẹnt], *s.* inducimiento, inducción; atractivo, móvil, aliciente; persuasión.
inducer [-œ(r)], *s.* el o lo que induce, persuade, etc.
inducible [-ibl], *a.* inducible; que se puede causar o producir.
induct [indʌ́kt], *va.* instalar; iniciar; (mil.) alistar para el servicio militar.
inductance [-ans], *s.* (elec.) inductancia.—**i. coil,** bobina de inductancia o de reacción.
inductee [indʌktí], *s.* miliciano, quinto, recluta.
inductile [indʌ́ktil], *a.* que no es dúctil; inflexible.
induction [indʌ́kšọn], *s.* introducción, preámbulo; instalación (en un puesto, dignidad, etc.); (elec. y lóg.) inducción.—**i. balance,** balanza de inducción.—**i. coil,** bobina de inducción.—**i. pipe, port, valve,** tubo, lumbrera, válvula de admisión.
inductive [indʌ́ktiv], *a.* inductivo, ilativo; introductor; (elec.) inductivo, inductor, inductriz.—**inductively** [-li], *adv.* inductivamente.
inductivity [-tíviti], *s.* (elec.) inductividad.
inductor [indʌ́ktọ(r)], *s.* (igl.) instalador; (elec.) inductor.
indue [indiú], *va.* vestir; investir; dotar. *V.* ENDUE.
indulge [indʌ́ldž]. I. *va.* dar rienda suelta a; acceder a la voluntad o a los caprichos de (apl. esp. a la indulgencia excesiva de los padres); mimar, dar (a un niño) cuanto pide; gratificar, dejarse dominar por (el vicio, etc.); (igl.) conceder indulgencia a; (com.) dar plazo o prorrogar el plazo a. II. *vn.* (con **in**) entregarse **a**; gustar de.
indulgence, indulgency [-ẹns, -i], *s.* indulgencia, lenidad; gratificación; exceso; complacencia, favor; (com.) prórroga, extensión de plazo; (igl.) indulgencia.—**indulgent** [-ẹnt], *a.* indulgente.
indulgently [-li], *adv.* indulgentemente.
indult [indʌ́lt], *s.* (igl.) indulto, dispensa.
indurate [índiureit]. I. *va.* y *vn.* endurecer(se), empedernir(se). II. [índiurit], *a.* duro, endurecido.
induration [-éišọn], *s.* endurecimiento; dureza de corazón; (med.) induración, dureza.
industrial [indʌ́strial]. I. *a.* industrial. II. *s.* industrial; (com.) acción u obligación de una sociedad industrial anónima.—**industrialism** [-izm], *s.* industrialismo.—**industrialist** [-ist], *s.* industrial.—**industrialization** [-izéišọn], *s.* industrialización.—**industrialize** [-aiz], *va.* industrializar.—**industrially** [-i], *adv.* industrialmente.
industrious [indʌ́striʌs], *a.* industrioso, diligente, aplicado, hacendoso, laborioso.
industriously [-li], *adv.* industriosamente.
industry [índʌstri], *s.* industria; laboriosidad.
indwell [indwél], *va.* y *vn.* habitar, residir, morar.—**indweller** [índwelœ(r)], *s.* habitante, morador.—**indwelling** [-iŋ], *a.* morador, residente.
inebriant [iníbriạnt]. I. *a.* embriagante, embriagador. II. *s.* lo que embriaga o inebria.
inebriate [iníbrieit]. I. *va.* inebriar, embriagar; infatuar, cegar. II. [iníbriit], *a.* ebrio, borracho. III. *s.* borracho, beodo.
inebriation [-éišọn], **inebriety** [inibráieti], *s.* (in)ebriedad, embriaguez.
inedible [inédibl], *a.* incomestible.
inedited [inéditid], *a.* inédito.
ineffable [inéfạbl], *a.* inefable.—**ineffableness** [-nis], *s.* inefabilidad.—**ineffably** [-bli], *adv.* inefablemente.
ineffaceable [inɛféisạbl], *a.* indeleble, imborrable.
ineffaceably [-bli], *adv.* indeleblemente.
ineffective [inɛféktiv], *a.* ineficaz.
ineffectual [-chual], *a.* ineficaz; fútil.
ineffectually [-i], *adv.* ineficazmente.
ineffectualness [-nis], *s.* ineficacia.
inefficacious [inɛfikéišʌs], *a.* ineficaz.
inefficaciousness [-nis], *s.* ineficacia.
inefficacy [inéfikasi], **inefficiency** [inɛfíšẹnsi], *s.* ineficacia; futilidad.
inefficient [inɛfíšẹnt], *a.* ineficaz.
inelastic [inilǽstik], *a.* inelástico.
inelasticity [-tísiti], *s.* falta de elasticidad.
inelegance, -cy [inéligạns, -i], *s.* inelegancia.—**inelegant** [-ạnt], *a.* inelegante, deslucido, falto de elegancia.—**inelegantly** [-li], *adv.* sin elegancia.
ineligibility [inélidžibíliti], *s.* inelegibilidad.
ineligible [-bl], *a.* inelegible.
ineloquent [inélokwẹnt], *a.* infacundo.
ineluctable [inilʌ́ktạbl], *a.* ineluctable, inevitable; irresistible.—**ineluctably** [-bli], *adv.* inevitablemente, ineluctablemente.
inept [inépt], *a.* inepto; absurdo.—**ineptitude** [-itiud], **ineptness** [-nis], *s.* ineptitud, inepcia, inhabilidad.—**ineptly** [-li], *adv.* ineptamente.
inequality [inikwáliti], *s.* desigualdad, dispari-

dad; insuficiencia; aspereza, escabrosidad; injusticia.
inequitable [inékwitabl], *a.* injusto.
inequity [inékwiti], *s.* inigualdad, desigualdad; injusticia.
ineradicable [iniræ̃dikabl], *a.* que no se puede erradicar; inextirpable.
inerrable [inérabl], **inerrant** [-ant], *a.* inerrable, infalible.—**inerrancy** [-ansi], *s.* infalibilidad.
inert [inœ́rt], *a.* inerte, inactivo.
inert gas, *s.* (quím.) gas inerte, gas raro.
inertia [inœ́rŝiä], *s.* inercia, inactividad.
inertial [inœ́rŝal], *a.* inercial.
inertial guidance, *s.* (aer.) guía por inercia; (aer.) piloto automático.
inertial mass, *s.* (fís.) masa inerte.
inertial system, *s.* (fís.) sistema de inercia.
inertly [inœ́rtli], *adv.* pesadamente, flojamente, indolentemente.—**inertness** [-nis], *s.* flojedad; falta de actividad.
inescapable [inɛskéipabl], *a.* ineludible.
inestimable [inéstimabl], *a.* inestimable, inapreciable.—**inestimably** [-bli], *adv.* de modo inestimable.
inevitability [-bíliti], *s.* inevitabilidad.
inevitable [inévitabl], *a.* inevitable, ineludible, insoslayable.
inevitably [-bli], *adv.* inevitablemente.
inexact [inɛgzǽkt], *a.* inexacto.—**inexactitude** [-itiud], **inexactness** [-nis], *s.* inexactitud.—**inexactly** [-li], *adv.* inexactamente.
inexcusable [inɛkskiúzabl], *a.* inexcusable, indisculpable, imperdonable.—**inexcusableness** [-nis], *s.* calidad de inexcusable.—**inexcusably** [-bli], *adv.* inexcusablemente.
inexhaustible [inɛgzóstibl], o **inexhaustive** [-tiv], *a.* inagotable.—**inexhaustibleness** [-nis], *s.* calidad de inagotable.
inexistence [inɛgzístɛns], *s.* inexistencia.
inexistent [-ɛnt], *a.* inexistente.
inexorable [inéksorabl], *a.* inexorable.
inexorability [-bíliti], **inexorableness** [-nis] *s.* inexorabilidad, inflexibilidad.—**inexorabl** [-bli], *adv.* inexorablemente.
inexpedience, inexpediency [inɛkspídiɛns, -i], *s.* inoportunidad o inconveniencia.—**inexpedient** [-ɛnt], *a.* inoportuno, inconveniente, impropio.
inexpensive [inɛkspénsiv], *a.* barato, poco costoso.
inexperience [inɛkspíriɛns], *s.* inexperiencia, impericia.—**inexperienced** [-t], **inexpert** [inɛkspœ́rt], *a.* inexperto, novel, bisoño.
inexpertness [-nis], *s.* impericia.
inexpiable [inékspiabl], *a.* inexpiable.
inexpiably [-bli], *adv.* de un modo inexpiable.
inexplicable [inéksplikabl], *a.* inexplicable.—**inexplicability, inexplicableness** [-bíliti, -nis], *s.* calidad de inexplicable.—**inexplicably** [-bli], *adv.* inexplicablemente.
inexpressible [inɛksprésibl], *a.* indecible, inexpresable, inenarrable.—**inexpressibly** [-bli], *adv.* indeciblemente.
inexpressive [inɛksprésiv], *a.* inexpresivo, falto de expresión; (raro) indecible.
inexpugnable [inɛkspʌ́gnabl], *a.* inexpugnable.
inextinguishable [inɛkstíŋgwiŝabl], *a.* inextinguible, inapagable.
inextirpable [inɛkstœ́rpabl], *a.* inextirpable.
inextricable [inékstrikabl], *a.* inextricable, intrincado.—**inextricableness** [-nis], *s.* calidad de inextricable.—**inextricably** [-bli], *adv.* inextricablemente.
infallibility [infǽlibíliti], **infallibleness** [-blnis], *s.* infalibilidad.—**infallible** [-bl], *a.* infalible.—**infallibly** [-bli], *adv.* infaliblemente.
infamous [ínfamʌs], *a.* infame; infamante, infamatorio.—**infamously** [-li], *adv.* infamemente.—**infamousness** [-nis], **infamy** [ínfami], *s.* infamia, ignominia, oprobio.
infancy [ínfansi], *s.* infancia, niñez; (for.) minoridad, minoría, menor edad.—**from i.**, desde pequeño.
infant [ínfant]. **I.** *s.* infante, niñito, criatura, nene; (for.) menor. **II.** *a.* infantil; menor de edad; de niños; naciente.
infanta [infǽntä], *s.* infanta.—**infante** [infǽnti], *s.* infante.
infanticidal [infǽntisaidal], *a.* relativo al infanticidio; de infanticidio.—**infanticide** [-said], *s.* infanticidio; infanticida, *mf.*
infantile [ínfantil], *a.* infantil.—**i. paralysis,** (med.) parálisis infantil o poliomielitis anterior aguda.—**i. scurvy,** escorbuto infantil o mal de Barlow.
infantilism [infǽntilizm], *s.* (med.) infantilismo.
infantility [infantíliti], *s.* infantilismo.
infantry [ínfantri], *s.* (mil.) infantería.
infarct [infárkt], *s.* (med.) infarto.
infarction [infárkŝon], *s.* (med.) infartación.
infatuate [infǽchueit], *va.* infatuar, cegar, atontar.—**infatuate(d** [-id], *a.* infatuado, locamente enamorado.—**infatuation** [-éiŝon], *s.* infatuación; apasionamiento.
infeasibility [infízibíliti], **infeasibleness** [-blnis], *s.* impracticabilidad, infactibilidad.
infeasible [-bl], *a.* impracticable, infactible.
infect [infékt], *va.* infectar, inficionar, contagiar; (for.) exponer a pena o a proceso.
infection [inféksŝon], *s.* infección, contagio; lúe, *f.;* corrupción de costumbres; miasma, *m.;* (for.) tacha de ilegalidad.
infectious [infékŝʌs], *a.* contagioso, pestilencial; (med.) infeccioso; (for.) antilegal, que viola la ley.—**infectiously** [-li], *adv.* infecciosamente.—**infectiousness** [-nis], *s.* carácter de infeccioso.—**infective** [inféktiv], *a.* infeccioso.
infecundity [infikʌ́nditi], *s.* infecundidad, esterilidad.
infelicitous [infilísitʌs], *a.* infeliz, desgraciado; desatinado, mal pensado.—**infelicity** [-ti], *s.* infelicidad, infortunio; falta de tino.
infer [infœ́r]. **I.** *va.* inferir, colegir, deducir, sacar, argüir. **II.** *vn.* sacar consecuencias o inferencias.—**inferable** [-abl], *a.* deducible.—**inference** [ínferɛns], *s.* inferencia, deducción.—**inferential** [inferénŝal], *a.* ilativo.—**inferentially** [-li], *adv.* por inferencia.
inferior [infírio(r)], *s.* y *a.* inferior; subordinado, subalterno.
inferiority [-áriti], *s.* inferioridad.
inferiority complex, *s.* (psic.) complejo de inferioridad.
infernal [infœ́rnal], *a.* infernal.—**i. machine,** máquina infernal.—**infernally** [-i], *adv.* infernalmente.—**inferno** [infœ́rnou], *s.* infierno.
inferrible [infœ́ribl], *a.* deducible, colegible.
infertile [infœ́rtil], *a.* estéril, infecundo.
infertility [infœrtíliti], *s.* esterilidad.
infest [inféſt], *va.* infestar, plagar.
infestation [-éiŝon], *s.* infestación.
infestive [-iv], *a.* triste, melancólico.
infeudation [infiudéiŝon], *s.* (for.) enfeudación.
infidel [ínfidɛl]. **I.** *s.* infiel; pagano, gentil; librepensador (en el sentido de descreído). **II.** *a.* infiel; librepensador; de infieles, de los infieles.
infidelity [infidéliti], *s.* infidelidad, descreimiento; infidelidad conyugal.
infield [ínfild], *s.* los campos (de una granja) inmediatos a los edificios; (béisbol) campo y jugadores situados dentro del cuadro o de la demarcación. *V.* OUTFIELD.
infielder [ínfildœ(r)], *s.* (béisbol) jugador que juega dentro del campo.
infighting [ínfaitiŋ], *s.* boxeo cuerpo a cuerpo.
infiltrate [infíltreit], *va.* y *vn.* infiltrar(se); calar; penetrar, meter(se), introducir(se) en pequeño número por varias partes (dicho de los soldados en un ataque).
infiltration [-réiŝon], *s.* infiltración; (mil.) penetración de pequeñas fuerzas por varios puntos
infinite [ínfinit]. **I.** *a.* infinito, ilimitado; innu-

merable; perfecto. II. *s.* infinito.—**infinitely** [-li], *adv.* infinitamente.—**infiniteness** [-nis], *s.* infinidad.
infinitesimal [infinitésimal]. I. *a.* (mat.) infinitesimal.—**i. calculus,** (mat.) cálculo infinitesimal. II. *s.* cantidad infinitésima.
infinitive [infínitiv], *s.* y *a.* infinitivo.
infinitude [infínitiud], *s.* infinidad.
infinity [infíniti], *s.* infinidad; infinito; sinfín.
infirm [infœ́rm], *a.* enfermizo, achacoso; instable, poco firme; (for.) anulable.—**infirmary** [-ari], *s.* hospital, enfermería, casa de salud.—**infirmity** [-iti], *s.* enfermedad, dolencia, achaque; flaqueza, fragilidad.—**infirmly** [-li], *adv.* débilmente.
infix [infíks], *va.* clavar, encajar; inculcar.
inflame [infléim]. I. *va.* inflamar, encender; enardecer, acalorar, azuzar; provocar, irritar. II. *vn.* arder, encenderse; (med.) inflamarse, hincharse.
inflammability, inflammableness [inflǽmabíliti, -blnis], *s.* inflamabilidad.
inflammable [-bl], *a.* inflamable.
inflammation [inflaméiŝon], *s.* inflamación.
inflammatory [inflǽmatori], *a.* inflamatorio, inflamante; (med.) inflamatorio.
inflate [infléit], *va.* inflar, hinchar.
inflated [-id], *a.* hinchado, inflado; afectado, pomposo.
inflating [-iŋ], *a.* inflativo.
inflation [infléiŝon], *s.* inflación, hinchazón, *f.*; (e. p.) inflación monetaria, emisión excesiva de papel moneda; plétora.
inflationary [-eri], *a.* inflacionista.
inflationist [-ist], *s.* persona partidaria de la inflación, inflacionista.
inflect [inflékt], *va.* torcer, doblar; modular, acentuar; (gram.) declinar, conjugar.
inflection [infléksŏn], *s.* inflexión, dobladura; acento, modulación de la voz; (gram.) (in)-flexión, conjugación, declinación, desinencia.—**inflectional** [-al], *a.* (gram.) flexional, que tiene inflexiones.—**inflective** [-tiv], *a.* inflectivo, capaz de doblar o torcer; (gram.) = INFLECTIONAL.
inflexibility [infléksibíliti], **inflexibleness** [-blnis], *s.* inflexibilidad.—**inflexible** [-bl], *a.* inflexible.—**inflexibly** [-bli], *adv.* inflexiblemente.
inflexion, *s.*, **inflexional,** *a.* = INFLECTION(AL).
inflict [inflíkt], *va.* (gen. con **on**) infligir, imponer (a), descargar (contra).—**infliction** [-ŝon], *s.* imposición, aplicación; pena, castigo.—**inflictive** [-tiv], *a.* inflictivo, que se impone o inflige.
inflorescence [inflorésens], *s.* (bot.) inflorescencia; florescencia.
inflow [ínflou], *s.* flujo, afluencia; entrada.
influence [ínfluens]. I. *s.* influencia, valimiento, influjo; ascendiente; (fam.) aldabas, *f. pl.* II. *va.* influir; inducir, persuadir; ejercer presión sobre.—**influential** [influénŝal], *a.* influ(y)ente, valido.—**influentially** [-i], *adv.* influyentemente.
influenza [influénzä], *s.* (med.) influenza, gripe, *f.*
influx [ínflʌks], *s.* (in)flujo; afluencia; instilación, intromisión; desembocadura, entrada.
infold [infóuld], *va.* envolver; incluir; abrazar.
inform [infórm]. I. *va.* informar, avisar, comunicar, enterar; poner al corriente, hacer saber; instruir, enseñar; informar o dar forma a, modelar; animar. II. *vn.* delatar, denunciar, sindicar, (fam.) soplar.—**to i. against,** delatar a.—**to i. on,** informar o dar información sobre.
informal [-al], *a.* informal, irregular; sin ceremonia, de confianza.
informality [-ǽliti], *s.* informalidad, irregularidad; acto sencillo, sin ceremonia.
informally [-ali], *adv.* informalmente; sin ceremonia.
informant [-ant], *s.* informante. *V.* INFORMER.
information [-éiŝon], *s.* informe, información, aviso; luz, razón, *f.*; saber, conocimiento(s); (for.) acusación, delación.—**i. bureau,** consultorio, oficina de información.
informative [-ativ], *a.* informativo.
informed [-d], *a.* informado; al corriente o al tanto (de).
informer [-œ(r)], *s.* delator, denunciador, denunciante; soplón; informante, informador, avisador, comunicante.
infraction [infrǽkŝon], *s.* infracción, violación, contravención, quebrantamiento, transgresión; (cir.) infracción, fractura incompleta.—**infractor** [infrǽkto(r)], *s.* infractor, transgresor, contraventor.
inframaxillary [inframǽksileri]. I. *a.* (anat.) inframaxilar. II. *s.* maxilar inferior.
infrangible [infrǽndžibl], *a.* infrangible, inquebrantable.—**infrangibleness** [-nis], *s.* calidad de infrangible.
infraorbital [infraórbital], *a.* (anat.) infraorbitario, situado debajo de la órbita del ojo.
infrared [infraréd], *a.* (fís.) infrarrojo o ultrarrojo.
infrequence, -cy [infríkwens, -i], *s.* rareza, raridad.—**infrequent** [-ent], *a.* raro, infrecuente.—**infrequently** [-li], *adv.* rara o infrecuentemente, rara vez, contadas veces.
infringe [infríndž]. I. *va.* infringir, violar. II. *vn.* (con **on** o **upon**) violar.—**infringement** [-ment], *s.* infracción, violación.—**infringer** [-œ(r)], *s.* violador, infractor.
infundibular, infundibuliform [infʌndíbyulä(r), -líform], *a.* infundibuliforme.
infundibulum [-lʌm], *s.* (anat.) infundíbulo.
infuriate [infiúrieit], *va.* enfurecer, irritar.
infuriated [-id], *a.* enfurecido, furioso.
infuse [infiúz], *va.* vaciar; (farm.) macerar; (con **into**) inculcar, infundir, imbuir; (con **with**) inspirar, dar, comunicar.
infusible [-ibl], *a.* infusible, infundible.
infusibility [-ibíliti], **infusibleness** [-iblnis], *s.* infusibilidad.
infusion [infiúžon], *s.* infusión; instilación; (farm.) maceración.
infusive [infiúsiv], *a.* inspirador.
Infusoria [infiusóriä], *s. pl.* (zool.) infusorios.—**infusorial** [-l], *a.* infusorio.—**i. earth,** tierra de infusorios.—**infusorian** [-n], *s.* y *a.* infusorio.
ingathering [ingǽðœriŋ], *s.* cosecha.
ingeminate [indžémineit], *va.* reiterar, duplicar.—**ingemination** [-éiŝon], *s.* repetición.
ingenerate [indžénereit], *a.* innato, ingénito; increado.
ingenious [indžíniʌs], *a.* ingenioso; hábil; artificioso.—**ingeniously** [-li], *adv.* ingeniosamente.
ingeniousness [-nis], *s.* ingeniosidad, ingenio.
ingenuity [indžiniúiti], *s.* ingeniosidad, inventiva.
ingenuous [indžényuʌs], *a.* ingenuo, sincero, cándido.—**ingenuously** [-li], *adv.* ingenuamente.
ingenuousness [-nis], *s.* ingenuidad, candidez.
ingest [indžést], *va.* (fisiol.) ingerir, introducir en el estómago.
ingesta [-ä], *s. pl.* alimento tomado; (fig.) cosas ingeridas.
ingestion [indžéschon], *s.* ingestión, introducción de una cosa en el estómago.
ingle [íŋgl], *s.* llama; fuego; hogar.
inglorious [inglóriʌs], *a.* afrentoso, ignominioso; obscuro.—**ingloriously** [-li], *adv.* ignominiosamente; obscuramente.—**ingloriousness** [-nis], *s.* ignominia; obscuridad.
ingoing [íngouiŋ]. I. *a.* entrante, que entra, pue llega. II. *s.* entrada, ingreso.
ingot [íŋgot], *s.* lingote; tejo de oro, galápago de cobre; barra de metal.
ingraft [ingrǽft], *va.* (agr.) injertar. *V.* ENGRAFT.
ingraftment [-ment], *s.* injerto.
ingrain [íngrein]. I. *a.* teñido en rama; inculcado. II. *s.* alfombra ordinaria.
ingrain [ingréin], *va.* teñir en rama; teñir con grana o cochinilla; fijar o impregnar.

ingrate [íngreit], *s.* ingrato.
ingratiate [ingréiŝieit], *va.* recomendar; hacer aceptable.—**to i. one's self with,** insinuarse, hacerse a la buena voluntad de, conquistarse el favor de.—**ingratiating** [-iŋ], *a.* insinuante.
ingratitude [ingrǽtitiud], *s.* ingratitud, desagradecimiento, desconocimiento.
ingredient [ingrídient], *s.* ingrediente.
ingress [íngrɛs], *s.* ingreso, entrada; acceso.
ingrowing [íngrouiŋ], *a.* que crece hacia dentro. —**i. nail,** uñero.
ingrown [íngroun], *a.* que va penetrando en la carne a medida que crece (*v.* INGROWING); congénito, natural.
ingrowth [íngrouθ], *s.* crecimiento hacia adentro; lo que crece hacia adentro.
inguinal [íŋgwinal], *a.* (anat.) inguinal, referente a la ingle.—**i. canal,** conducto inguinal.
ingulf [ingʌ́lf], *va.* sumir, sumergir, engolfar, tragar.
ingurgitation [ingœrdẑitéiŝon], *s.* voracidad, glotonería, ingurgitación.
inhabit [inhǽbit]. **I.** *va.* habitar, ocupar, poblar. **II.** *vn.* (ant.) habitar, vivir, residir.—**inhabitable** [-abl], *a.* habitable.—**inhabitance** [-ans], *s.* habitación, morada, residencia.
inhabitant [-ant], *s.* habitante, poblador, residente, vecino.
inhabitation [-éiŝon], *s.* habitación, acción de habitar.
inhabited [-id], *a.* poblado, habitado.
inhalant [inhéilant], *s.* inhalador; medicamento que se inhala.
inhalation [inhaléiŝon], *s.* inspiración; (med.) inhalación.
inhalator [ínhaleito(r)], *s.* (med.) inhalador.
inhale [inhéil], *va.* inspirar, inhalar, aspirar.
inhaler [-œ(r)], *s.* inhalador; aparato de inhalación.
inharmonic(al [inharmánik(al], *a.* inarmónico.
inharmonious [-móuniʌs], *a.* discordante, disonante, dísono, inarmónico.—**to be i. (with),** disonar, desentonar (de).—**inharmoniously** [-li], *adv.* inarmónicamente, discordantemente.
inhere [inhír], *vn.* ser inherente.—**inherence, inherency** [-ens, -i], *s.* inherencia.—**inherent** [-ent], *a.* inherente, inmanente; innato, esencial. —**inherently** [-li], *adv.* inherentemente.
inherit [inhérit]. **I.** *va.* heredar. **II.** *vn.* suceder como heredero.—**inheritable** [-abl], *a.* heredable.—**inheritably** [-abli], *adv.* por herencia. —**inheritance** [-ans], *s.* herencia; patrimonio. —**inheritor** [-o(r)], *s.* heredero.—**inheritress, -trix** [-ris, -riks], *s.* heredera.
inhesion [inhíẑon], *s.* inherencia.
inhibit [inhíbit], *va.* inhibir, prohibir, impedir.
inhibition [-íŝon], *s.* inhibición, prohibición, impedimento.
inhibitor [-o(r)], *s.* (quím.) inhibidor (retardador).
inhibitory, inhibitive [-ori, -iv], *a.* inhibitorio.
inhospitable [inháspitabl], *a.* inhospital(ario), inhospitable.—**inhospitableness** [-nis], **inhospitality** [inhaspitǽliti], *s.* inhospitalidad. —**inhospitably** [-bli], *adv.* inhospitalariamente.
inhuman [inhiúman], *a.* inhumano, desalmado.
inhumane [inhiuméin], *a.* inhumano, inhumanitario.
inhumanity [inhiumǽniti], *s.* inhumanidad, crueldad.
inhumanly [inhiúmanli], *adv.* inhumanamente.
inhume [inhiúm], *va.* inhumar, enterrar, sepultar; (quím.) exponer a un calor constante enterrando el recipiente en tierra o estiércol caliente.
inhumation [-éiŝon], *s.* inhumación.
inimical [inímikal], *a.* enemigo, hostil.—**inimically** [-i], *adv.* enemigamente, hostilmente.
inimitability [inimitabíliti], *s.* imposibilidad de ser imitado.—**inimitable** [-bl], *a.* inimitable. —**inimitableness** [-nis], *s.* calidad de inimitable.—**inimitably** [-bli], *adv.* inimitablemente.
inion [ínion], *s.* (anat.) inio, inión, *m.*

iniquitous [iníkwitʌs], *a.* inicuo, perverso, malvado.—**iniquitously** [-li], *adv.* inicuamente.—
iniquity [iníkwiti], *s.* iniquidad.
initial [iníŝal]. **I.** *a.* inicial, incipiente. **II.** *s.* (letra) inicial. **III.** *va.* poner las iniciales a o en; firmar con iniciales.
initially [-i], *adv.* en primer lugar; en los comienzos; por modo inicial.
initiate [iníŝieit]. **I.** *va.* iniciar, comenzar, entablar. **II.** *a.* y *s.* adepto, iniciado.
initiation [-éiŝon], *s.* iniciación; comienzo.—**i. fee,** cuota de entrada o ingreso (en un club).
initiative [iníŝiativ]. **I.** *a.* iniciativo. **II.** *s.* iniciativa; originalidad; (der. y pol.) iniciativa, derecho (de una asamblea, etc.) de introducir propuestas, etc.; (gen. con **the**) iniciativa popular directa, derecho del pueblo de proponer directamente medidas legislativas, como en Suiza.
initiator [iníŝieito(r)], *s.* iniciador.
initiatory [iníŝiatori], *a.* iniciativo.
inject [indẑékt], *va.* inyectar, jeringar; introducir.
injection [indẑékŝon], *s.* inyección; (med.) enema, jeringazo, clister, inyección, lavativa.
injector [indẑékto(r)], *s.* (mec. y med.) inyector.
injudicious [indẑudíŝʌs], *a.* indiscreto, poco juicioso, imprudente.—**injudiciously** [-li] *adv.* indiscretamente, tontamente.—**injudiciousness** [-nis], *s.* indiscreción, imprudencia.
injunction [indẑʌ́ŋkŝon], *s.* mandato, mandamiento; requerimiento; prohibición; (for.) entredicho, interdicto, embargo.
injure [índẑur], *va.* injuriar, agraviar, ofender: perjudicar, dañar, damnificar, menoscabar; averiar, lesionar, lastimar.
injured [-d], *a.* herido, lesionado; ofendido.
injurer [-œ(r)], *s.* injuriador; perjudicador.
injurious [indẑúriʌs], *a.* injurioso; dañoso, perjudicial, dañino, nocivo; lesivo.—**injuriously** [-li], *adv.* dañosamente, perjudicialmente.—**injuriousness** [-nis], *s.* calidad de perjudicial, etc.
injury [índẑuri], *s.* daño, avería, desperfecto; perjuicio, mal, detrimento, menoscabo; lesión.
injustice [indẑʌ́stis], *s.* injusticia.
ink [íŋk]. **I.** *s.* tinta; (zool.) tinta de calamar.—**i., o inking, ball,** bala de entintar.—**i. fountain,** (impr.) tintero de prensa.—**i., o inking, roller,** (impr.) rulo, rodillo. **II.** *va.* (a veces con **in**) entintar, dar tinta, pasar o linear en tinta.
inkhorn [-horn]. **I.** *s.* tintero de cuerno. **II.** *a.* pedantesco, pomposo.
inkle [íŋkl], *s.* cinta ancha de hilo.
inkling [íŋkliŋ], *s.* insinuación; sospecha; vislumbre, indicio, noción vaga.
inkmaker [íŋkmeikœ(r)], *s.* fabricante de tinta.
inkstand [-stænd], *s.* tintero; escribanía.
inkwell [-wel], *s.* tintero; frasco de tintero.
inky [-i], *a.* parecido a la tinta; manchado de tinta.
inlaid [inléid], *pret.* y *pp.* de TO INLAY.—**i. floor,** entarimado.—**i. work,** marquetería, encaje, embutido, taracea, incrustación, ataujía.
inland [ínland]. **I.** *a.* interior; del país, nacional, regional.—**i. commerce, duty, navigation,** etc., comercio, impuesto, navegación, etc. interior. **II.** *s.* el interior de un país. **III.** *adv.* tierra adentro.
inlander [-œ(r)], *s.* el que habita tierra adentro; (Am.) tierradentreño.
in-law [ínlɔ], *s.* (fam.) suegro, suegra; cuñado, cuñada.—*pl.* parientes políticos.
inlay [inléi], *va.* (*pret.* y *pp.* INLAID) embutir; (a)taracear, hacer ataujía o mosaico; incrustar.
inlay [ínlei], *s.* (a)taracea, embutido.
inlayer [ínleiœ(r)], *s.* incrustador, obrero que hace taracea.—**inlaying** [inléiiŋ], *s.* incrustación; arte de ataracear, embutir o incrustar.
inlet [ínlɛt], *s.* entrada; abra, caleta, ensenada; estero, estuario; boca de entrada.
inly [ínli], *adv.* (poét.) interiormente; a fondo.

inmate [ínmeit], *s.* residente; recluso, preso, presidiario.
inmesh [inméŝ], *va.* = ENMESH.
inmost [ínmoust], *a.* íntimo, recóndito, profundo.
inn [in], *s.* posada, fonda, mesón, hospedería.
innate [inéit], *a.* innato, ingénito, connatural.—**innately** [-li], *adv.* por modo ingénito.—**innateness** [-nis], *s.* calidad de innato.
innavigable [inǽvigabl], *a.* innavegable.
inner [ínœ(r)], *a.* interior.—**i. bark,** (bot.) líber. —**i.-spring mattress,** colchón de muelles.—**i. tube,** (aut.) cámara (de aire).
innermost [-moust], *a.* = INMOST.
innervate [inœ́rveit], *va.* (fisiol.) inervar, proveer de nervios; causar inervación.—**innervation** [-éiŝon], *s.* (fisiol.) inervación.—**innerve** [inœ́rv], *va.* inervar; estimular, vigorizar.
inning [íniŋ], *s.* en baseball y otros juegos, entrada, turno; por extensión, turno en el mando o gobierno; cosecha.—*pl.* tierras ganadas al mar.
innkeeper [ínkipœ(r)], *s.* posadero, mesonero, hospedero, hostelero.
innocence, innocency [ínosens, -i], *s.* inocencia.
innocent [-ent], *s.* y *a.* inocente.
innocently [-li], *adv.* inocentemente.
innocuous [inákiuʌs], *a.* innocuo, inofensivo.—**innocuously** [-li], *adv.* innocuamente, sin daño. —**innocuousness** [-nis], *s.* innocuidad.
innominate [inámineit], *a.* (anat.) innominado; anónimo.
innovate [íneveit], *va.* innovar.—**innovation** [-éiŝon], *s.* innovación; novedad.—**innovator** [-o(r)], *s.* innovador.—**innovating** [-iŋ], *a.* innovador, novedoso.
innoxious [inákŝʌs], *a.* innocuo.
innuendo [inyuéndou], *s.* indirecta, insinuación.
innumerability [iniúmerabíliti], *s.* innumerabilidad.—**innumerable** [-bl], *a.* innumerable. —**innumerableness** [-nis], *s.* innumerabilidad. —**innumerably** [-bli], *adv.* innumerablemente.—**innumerous** [-ʌs], *a.* innumerable, incontable.
inoculate [inákiuleit], *va.* y *vn.* (med.) inocular; fertilizar (el suelo) con bacterias; (fig.) imbuir, infundir; infectar, inficionar.
inoculation [-éiŝon], *s.* (med.) inoculación; contaminación, infección; fertilización con bacterias.
inoculator [-o(r)], *s.* inoculador.
inodorous [inóudorʌs], *a.* inodoro.
inoffensive [inofénsiv], *a.* inofensivo; inocente.—**inoffensively** [-li], *adv.* inofensivamente.—**inoffensiveness** [-nis], *s.* calidad de inofensivo.
inofficious [inofíŝʌs], *a.* (for.) inoficioso.
inoperable [inápœrabl], *a.* (cir.) inoperable.
inoperative [inápereitiv], *a.* ineficaz.
inopportune [inaportiún], *a.* inoportuno, a mal tiempo, intempestivo; inconveniente.—**inopportunely** [-li], *adv.* inoportunamente.—**inopportuneness** [-nis], *s.* inoportunidad.
inordinacy [inórdinasi], *s.* desarreglo, desorden; exceso.—**inordinate** [inórdinit], *a.* inordenado. desarreglado; excesivo.—**inordinately** [-li], *adv.* inordenadamente; desmedidamente.—**inordinateness** [-nis], *s.* desorden; exceso, demasía.
inorganic(al [inorgǽnik(al], *a.* inorgánico.
inorganic chemistry, *s.* química inorgánica.
inosculate [ináskiuleit]. **I.** *va.* (anat., bot.) unir por anastomosis. **II.** *vn.* anastomosarse.—**inosculation** [-éiŝon], *s.* inosculación, anastomosis.
inoxidize [ináksidaiz], *va.* hacer inoxidable.
inpatient [ínpeiŝent], *s.* enfermo residente en un hospital.
inphase [ínfeiz], *a.* (elec.) de la misma fase.
input [ínput], *s.* dinero contribuído o gastado; (elec., mec.) energía recibida, energía absorbida; (elec.) entrada, potencial consumido; (fisiol.) cantidad de sangre recibida por el cuerpo.
input impedance, *s.* (elec.) impedancia de entrada.
inquest [ínkwest], *s.* (for.) indagación, averiguación, examen, información o pesquisa judicial con ayuda de un jurado; jurado que hace dicha pesquisa; juicio de indemnización.
inquietude [inkwáiitiud], *s.* inquietud, desasosiego, descontento.
inquiline [ínkwilin], *s.* y *a.*, **inquilinous** [-láinʌs], *a.* Dícese del animal que vive en el nido de otro.
inquirable [inkwáirabl], *a.* investigable.
inquire [inkwáir], *va.* y *vn.* inquirir, preguntar; averiguar.—**to i. about, after** o **for,** preguntar por.—**to i. into,** investigar, examinar, informarse.—**to i. of,** dirigirse a.
inquirer [-œ(r)], *s.* inquiridor, investigador, averiguador; preguntante, preguntador.
inquiry [-i], *s.* pregunta, interrogación; consulta; pesquisa, encuesta, indagación, averiguación; investigación, estudio.—**i. into,** investigación de, estudio de.
inquisition [inkwizíŝon], *s.* escudriñamiento, investigación; (**I.,** igl.) inquisición, Santo Oficio.
inquisitional [-al], *a.* inquisitorial.
inquisitive [inkwízitiv], *a.* inquisitivo, preguntón; investigador.—**inquisitively** [-li], *adv.* inquisitivamente.—**inquisitiveness** [-nis], *s.* curiosidad, manía de preguntar.
inquisitor [-to(r)], *s.* inquisidor; juez investigador; inquiridor.
inquisitorial [-tórial], *a.* inquisitorial.
in re [in rí], (lat.) concerniente o relativo a.
inroad [ínroud], *s.* incursión, irrupción; brecha.
inrush [ínrʌŝ], *s.* empuje, invasión.
insalivate [insǽliveit], *va.* insalivar.
insalivation [-éiŝon], *s.* insalivación.
insalubrious [insaliúbriʌs], *a.* insalubre, malsano.
insalubrity [-briti], *s.* insalubridad.
insane [inséin], *a.* loco, insano, demente; de locos o para locos.—**i. asylum,** casa de locos, manicomio.
insanitary [insǽniteri], *a.* antihigiénico; insalubre.
insanity [insǽniti, *s.* locura, insania, demencia.
insatiable [inséiŝiabl], *a.* insaciable, que no se sacia.—**insatiableness** [-nis], *s.* insaciabilidad. —**insatiably** [-bli], *adv.* insaciablemente.
insatiate [inséiŝieit], *a.* insaciable.—**insatiately** [-li], *adv.* insaciablemente.
inscribable [inskráibabl], *a.* inscribible.
inscribe [inskráib], *va.* inscribir; grabar; dedicar; apuntar.
inscription [inskrípŝon], *s.* inscripción; rótulo, leyenda, letra, letrero; registro; dedicatoria.
inscriptive [-tiv], *a.* inscrito, inscripto.
inscrutability [inskrútabíliti], *s.* inescrutabilidad.
inscrutable [-bl], *a.* inescrutable.—**inscrutably** [-bli], *adv.* inescrutablemente.
insect [ínsekt], *s.* insecto, bicho.—**i. powder,** polvos insecticidas.
insectarium [-ériʌm], *s.* lugar donde se crían insectos.
insectean [inséktian], **insectile** [-til], *a.* insectil.
insecticide [-tisaid], *a.* y *s.* insecticida, *m.*
insection [insékŝon], *s.* incisión.
Insectivora [insektívora], *s. pl.* insectívoros.
insectivorous [-ʌs], *a.* insectívoro.
insecure [insikiúr], *a.* inseguro.
insecurely [-li], *adv.* inseguramente.
insecurity [-iti], *s.* inseguridad, incertidumbre; peligro, riesgo.
inseminate [insémineit], *va.* inseminar, sembrar; fecundar.
insemination [inseminéiŝon], *s.* (in)seminación.
insensate [insénseit], *a.* insensato.
insensibility [insénsibíliti], *s.* insensibilidad.
insensible [-bl], *a.* insensible; imperceptible; impasible.
insensibly [-bli], *adv.* insensiblemente.

insensitive [insénsitiv], *a.* insensible.

insentient [insénŝient], *a.* insensible; inanimado.

inseparability [insepàrabíliti], **inseparableness** [-blnis], *s.* inseparabilidad.—**inseparable** [-bl], *a.* inseparable.—**inseparably** [-bli], *adv.* inseparablemente.

insert [ínsœrt], *s.* cosa insertada, intercalada, etc. (*V.* INSERT, *va.*); (enc.) hoja o lámina, etc., intercalada en un libro; (en el correo) circular o anuncio metido en un periódico o libro que se envía por correo; (cine) letrero explicativo proyectado sobre la pantalla.

insert [insœ́rt], *va.* insertar, ingerir; introducir, meter, encajar; intercalar.

insertion [insœ́rŝon], *s.* inserción, metimiento, introducción; (cost.) entredós; (bot.) inserción.

inserviceable [insœ́rvisabl], *a.* inservible.

inset [ínset]. **I.** *s.* intercalación; flujo o marea montante; (enc.) = INSERT. **II.** *va.* = INSERT.

inshore [ínŝór]. **I.** *a.* cercano a la orilla. **II.** *adv.* hacia la orilla o cerca de ella.

inshrine [inŝráin], *va.* = ENSHRINE.

inside [ínsaíd]. **I.** *a.* interior, interno.—**i. play,** (dep.) juego con señales secretas convenidas de antemano.—**to have the i. track,** (dep.) seguir la pista interior en una carrera; tener ventaja sobre un competidor. **II.** *s.* el interior, la parte de dentro; contenido; forro; guarnición interior (de válvula, etc.).—*pl.* (fam.) entrañas; interioridades. **III.** *adv.* dentro, adentro, en el interior.—**i. out,** de dentro afuera; al revés. **IV.** *prep.* dentro de.

insider [-œ(r)], *s.* el que ocupa situación ventajosa, o posee informes secretos o de primera mano.

insidious [insídiʌs], *a.* insidioso, traidor, capcioso, solapado.—**insidiously** [-li], *adv.* insidiosamente.—**insidiousness** [-nis], *s.* calidad de insidioso.

insight [ínsait], *s.* discernimiento, perspicacia; penetración; comprensión; conocimiento, idea; percepción de la naturaleza interior de una cosa.

insightful [-ful], *a.* perspicaz, clarividente.

insignia [insígniä], *s. pl.* insignias.

insignificance, insignificancy [insignífikans, -i], *s.* insignificancia.—**insignificant** [-ant], *a.* insignificante.—**insignificantly** [-li], *adv.* insignificantemente.

insincere [insinsír], *a.* insincero, hipócrita.—**insincerely** [-li], *adv.* sin sinceridad; (fam.) de dientes afuera.—**insincerity** [-sériti], *s.* insinceridad, falta de sinceridad, doblez, camandulería.

insinuate [insínyueit]. **I.** *va.* insinuar, indicar, sugerir, dar a entender.—**i. one's self,** insinuarse, introducirse, congraciarse, intimar. **II.** *vn.* echar pullas o indirectas.

insinuating [-iŋ], *a.* insinuativo.

insinuation [-éiŝon], *s.* insinuación; sugestión, indirecta, pulla.

insinuative [-iv], *a.* insinuante, insinuativo.

insinuator [-o(r)], *s.* insinuante, insinuador.

insipid [insípid], *a.* insípido, soso, desab(o)rido.—**insipidity** [insipíditi], **insipidness** [insípidnis], *s.* insipidez, insulsez, sosería.—**insipidly** [-li], *adv.* insulsamente, insípidamente, sosamente.

insist [insíst], *vn.* insistir; persistir, porfiar; hacer hincapié (en).—**insistence, insistency** [-ens, -i], *s.* insistencia, porfía.—**insistent** [-ent], *a.* insistente, persistente; porfiado.

in situ [in sáitiu], (geol.) en el lugar de origen.

insnare [insnér], *va.* = ENSNARE.

insobriety [insobráieti], *s.* falta de sobriedad; embriaguez, borrachera.

insofar as, in so far as [insofáræz], en cuanto a, en cuanto, en lo que, hasta donde.

insolate [ínsoleit], *va.* insolar.

insolation [-éiŝon], *s.* acto de secar al sol, blanqueo; (med.) insolación.

insole [ínsoul], *s.* (zap.) plantilla, palmilla.

insolence [ínsolens], *s.* insolencia.—**insolent** [-ent], *a.* insolente, descarado, procaz.—**insolently** [-li], *adv.* insolentemente.

insolubility [insályubíliti], **insolubleness** [-blnis], *s.* insolubilidad.—**insoluble** [-bl], *a.* insoluble.

insolvable [insálvabl], *a.* inexplicable; insoluble; que no se puede saldar.

insolvency [insálvensi], *s.* insolvencia.

insolvent [-ent], *a.* insolvente.

insomnia [insámniä], *s.* insomnio, desvelo anormal.—**insomniac** [-niæk], *s.* el que padece de insomnio.—**insomnious** [-niʌs], *a.* insomne, desvelado.

insomuch [insomʌ́ch], *adv.* (seguido de **as** o **that**) de manera que, de suerte que, de tal modo que, hasta el punto que.

insouciance [insúsians], *s.* despreocupación, indiferencia.

insouciant [-ant], *a.* despreocupado, indiferente.

inspect [inspékt], *va.* reconocer, registrar, revis(t)ar, inspeccionar.—**inspection** [inspékŝon], *s.* inspección; reconocimiento, registro.—**by i.,** a la simple vista.—**inspector** [inspékto(r)], *s.* inspector, registrador, superintendente, interventor, revisor.—**inspectorate** [-it], **inspectorship** [-ŝip], *s.* distrito, cargo o empleo de un inspector, (Am.) inspectoría.

insphere [insfír], *va.* = ENSPHERE.

inspiration [inspiréiŝon], *s.* inspiración; (poét.) estro, aflato, numen.

inspirational [-al], *a.* inspirativo; inspirado.

inspiratory [inspáiratori], *a.* inspiratorio.

inspire [inspáir]. **I.** *va.* inspirar; animar, alentar, estimular; insinuar, sugerir; autorizar (por funcionarios públicos). **II.** *vn.* inspirar.—**inspirer** [-œ(r)], *s.* inspirador; insinuador.—**inspiring** [-iŋ], *a.* inspirador, animador, alentador; inspirativo, fortificante.

inspirit [inspírit], *va.* alentar, animar, vigorizar.

inspissate [inspíseit], *va.* espesar, condensar, incrasar.—**inspissation** [-éiŝon], *s.* condensación, acto de espesar.

instability [instabíliti], *s.* in(e)stabilidad.

instable [instéibl], *a.* in(e)stable, inconstante, insubsistente, mudable, variable.

install [instɔ́l], *va.* instalar; montar; colocar.

installation [-éiŝon], *s.* instalación; montaje.

installer [-œ(r)], *s.* montador.

instal(l)ment [-ment], *s.* instalación; entrega; plazo.—**i. plan,** pago por cuotas o plazos (por mensualidades, si los pagos son mensuales).—**on the i. plan,** con facilidades de pago; con pago por cuotas.

instance [ínstans]. **I.** *s.* ejemplo; caso; instancia, ruego, solicitación; (for.) instancia, expediente; ocasión, lugar.—**for i.,** por ejemplo, verbigracia.—**in the first i.,** desde el principio. **II.** *va.* poner por caso; ejemplificar; citar, mencionar.

instancy [-i], *s.* insistencia.

instant [ínstant]. **I.** *a.* inminente, inmediato, perentorio; corriente, presente, actual. **II.** *s.* instante, momento, (fam.) santiamén.

instantaneous [-éiniʌs], *a.* instantáneo.

instantaneously [-li], *adv.* instantáneamente.—**instantaneousness** [-nis], *s.* calidad de instantáneo.

instant coffee, *s.* café instantáneo.

instanter [instǽntœ(r)], **instantly** [ínstantli], *adv.* al instante, instantáneamente, incontinenti.

instate [instéit], *va.* instalar, colocar.

instead [instéd], *adv.* en lugar, en vez, en cambio (de); en lugar de eso, ello, él, etc.

instep [ínstep], *s.* empeine o garganta del pie; parte (*f.*) anterior de la pata trasera.

instigate [ínstigeit], *va.* instigar, fomentar, incitar, provocar.—**instigation** [-éiŝon], *s.* instigación.—**instigator** [-o(r)], *s.* instigador.

instil(l [instíl], *va.* instilar; inspirar, inculcar, infundir.

instillation [-éiŝǫn], **instil(l)ment** [-mẹnt], *s.* instilación; insinuación.
instinct [ịnstíŋkt], *a.* (con **with**) animado, impulsado, movido por.
instinct [ínstịŋkt], *s.* instinto.
instinctive [ịnstíŋktịv], *a.* instintivo.—**instinctively** [-lị], *adv.* instintivamente.
institute [ínstịtịut]. **I.** *va.* instituir, fundar; iniciar; nombrar; (igl.) conferir un beneficio. **II.** *s.* instituto, establecimiento; regla, principio, máxima; reunión de maestros.—*pl.* (for.) instituta; instituciones.—**Institutes of Justinian,** Instituta de Justiniano.—**institutes of medicine,** instituciones de medicina.
institution [ịnstịtịúŝǫn], *s.* institución; establecimiento; instituto; plantel (de educación, etc.); comienzo, acto incoativo; (for.) nombramiento de heredero; (igl.) institución canónica.—**institutional** [-ạl], o **institutionary** [-ɛrị], *a.* institucional.—**institutive** [ínstịtịutịv], *a.* instituente o instituyente; establecido, instituído.—**institutor** [-tǫ(r)], *s.* instituidor, institutor, fundador.—**institutress** [-trịs], *s.* fundadora.
instruct [ịnstrʌ́kt], *va.* instruir, enseñar, educar, (a)doctrinar, disciplinar, aleccionar, amaestrar; dar instrucciones, dar órdenes, mandar.
instruction [ịnstrʌ́kŝǫn], *s.* instrucción, docencia, educación, enseñanza; conocimiento, saber.—*pl.* instrucciones; órdenes, *f. pl.;* consigna.
instructive [-tịv], *a.* instructivo, aleccionador.—**instructively** [-lị], *adv.* instructivamente.—**instructiveness** [-nịs], *s.* calidad de instructivo.
instructor [-tǫ(r)], *s.* instructor, maestro, tutor.
instructress [-trịs], *s.* instructora, institutriz.
instrument [ínstrumẹnt]. **I.** *s.* instrumento; agente; (for.) instrumento, documento, escritura. **II.** [ínstrumɛnt], *va.* (mús.) instrumentar.
instrumental [ịnstruméntạl], *a.* instrumental; influyente, servicial, cooperador; conducente.—**to be i. in,** contribuir a.—**instrumentalism** [-ịzm], *s.* (filos.) sistema (*m.*) que hace de la utilidad el criterio de la verdad; pragmatismo; humanismo.—**instrumentalist** [-ịst], *s.* (mús.) instrumentista.—**instrumentality** [-ǽlịtị], *s.* agencia, mediación, medio, arbitrio.—**instrumentally** [-ị], *adv.* instrumentalmente.—**instrumentation** [-éịŝǫn], *s.* (mús.) instrumentación; ejecución instrumental; instalación de instrumentos; agencia.
instrument board, *s.* tablero de instrumentos.
instrument flying, *s.* (aer.) vuelo a ciegas por instrumentos.
instrument panel, *s.* = INSTRUMENT BOARD.
insubordinate [ịnsʌbórdịnịt], *a.* insubordinado.
insubordination [-éịŝǫn], *s.* insubordinación.
insubstantial [ịnsʌbstǽnŝạl], *a.* insubstancial; inmaterial, incorpóreo.
insufferable [ịnsʌ́fẹrạbl], *a.* insufrible.
insufferably [-blị], *adv.* insufriblemente.
insufficience, insufficiency [ịnsʌfíŝẹns, -ị], *s.* insuficiencia.—**insufficient** [-ẹnt], *a.* insuficiente; incapaz, inepto.—**insufficiently** [-lị], *adv.* insuficientemente.
insufflate [ịnsʌ́fleịt], *va.* insuflar.—**insufflation** [-éịŝǫn], *s.* soplo, insuflación.—**insufflator** [ínsʌfleịtǫ(r)], *s.* insuflador.
insular [ínsịulạ(r)], *a.* insular, isleño; estrecho de miras.—**i. sclerosis,** (med.) esclerosis cerebroespinal.
insularity [ịnsịulǽrịtị], *s.* calidad de insular o isleño; estrechez de miras.
insulate [ínsịuleịt], *va.* aislar.—**insulating** [-ịŋ], *a.* aislador, aislante.—**insulation** [-éịŝǫn], *s.* aislamiento.—**insulator** [-ǫ(r)], *s.* aislador.
insulin [ínsịulịn], *s.* (bioquím.) insulina; (I) marca de fábrica.
insult [ínsʌlt], *s.* insulto, denuesto, improperio, ultraje, afrenta, agravio, injuria.
insult [ịnsʌ́lt], *va.* insultar.—**insulter** [-œ(r)], *s.* insultador.—**insulting** [-ịŋ], *a.* insultante.—**insultingly** [-lị], *adv.* insultantemente.
insuperability, insuperableness [ịnsịúpœrạbílịtị, -blnịs], *s.* insuperabilidad.—**insuperable** [-bl], *a.* insuperable, incontrastable, invencible.—**insuperably** [-blị], *adv.* insuperablemente.
insupportable [ịnsʌpórtạbl], *a.* insoportable, inaguantable o insufrible.—**insupportableness** [-nịs], *s.* calidad de insoportable o inaguantable.—**insupportably** [-blị], *adv.* insoportablemente.
insuppressible [ịnsʌprésịbl], *a.* que no se puede ocultar o suprimir.
insurable [ịnŝúrạbl], *a.* asegurable.
insurance [ịnŝúrạns], *s.* garantía, seguridad; (com.) seguro, aseguramiento; sistema (*m.*) de seguros; prima o premio del seguro (ll. t. **i. premium**); cantidad total de seguro.—**i. agent,** agente de seguros.—**i. bonds,** bonos u otras propiedades en que las compañías de seguros pueden legalmente invertir sus fondos.—**i. broker,** corredor de seguros.—**i. company,** compañía de seguros.—**i. policy,** póliza de seguro.
insurant [ịnŝúrạnt], *s.* asegurado.
insure [ịnŝúr]. **I.** *va.* (com.) asegurar; garantizar, afianzar; dar o tener seguridad de; lograr. **II** *vn.* asegurarse.
insurer [-œ(r)], *s.* asegurador.
insurgence, -cy [ịnsœ́rdẑẹns, -ị], *s.* insurrección, rebelión.
insurgent [-ẹnt], *a.* y *s.* insurgente, insurrecto.
insurmountable [ịnsœrmáuntạbl], *a.* insuperable.—**insurmountably** [-blị], *adv.* insuperablemente.
insurrection [ịnsœrékŝǫn], *s.* insurrección.—**insurrectional, insurrectionary** [-ạl, -ɛrị], *a.* insurreccional, revolucionario, rebelde.—**insurrectionist** [-ịst], *s.* insurrecto.
insusceptible [ịnsʌséptịbl], *a.* no susceptible, insensible.
inswept [ínswɛpt], *a.* (aut.) estrechado hacia adelante, más angosto adelante que atrás.
intact [intǽkt], *a.* intacto, íntegro, entero.—**intactness** [-nịs], *s.* integridad.
intaglio [ịntǽlyou], *s.* obra de talla o entalladura.
intake [ínteịk], *s.* producto de una finca; (tej.) punto con que se empieza a estrechar; admisión; orificio de entrada, o de toma; aspiración; ingestión, absorción.
intangibility o **intangibleness** [ịntǽndẑịbílịtị, -blnịs], *s.* intangibilidad.
intangible [-bl], *a.* intangible; impalpable.
integer [íntịdẑœ(r)], *s.* (número) entero.
integral [íntịgrạl]. **I.** *a.* íntegro; integrante, inherente; (mat.) entero (número, función, etc.); integral (cálculo); (mec.) de una pieza. **II.** *s.* (mat.) integral, *f.*
integrality [ịntịgrǽlịtị], *s.* integridad.
integrally [íntịgrạlị], *adv.* integralmente.
integrand [íntịgrænd], *s.* (mat.) función o diferencial (*f.*) por integrar.
integrant [íntịgrạnt], *a.* integrante, constitutivo.
integrate [íntịgreịt]. **I.** *va.* integrar, formar un todo; (mat.) integrar. **II.** *vn.* integrarse, completarse.
integration [-éịŝǫn], *s.* integración.
integrationist [-éịŝǫnịst], *s.* integracionista.
integrator [-ǫ(r)], *s.* integrador (instrumento).
integrity [ịntégrịtị], *s.* integridad, entereza.
integument [ịntégyụmẹnt], *s.* integumento, túnica.—**integumental, integumentary** [-méntạl, -méntạrị], *a.* integumentario.
intellect [íntɛlɛkt], *s.* intelecto; intelectiva; inteligencia, entendimiento; persona o gente (*f.*) de talento.
intellection [ịntɛlékŝǫn], *s.* intelección.
intellective [-tịv], *a.* intelectivo.
intellectual [ịntɛlékchụạl], *s.* y *a.* intelectual.—**intellectualism** [-ịzm], *s.* intelectualismo.—**intellectualist(ic** [-ịst, -ístịk], *s.* y *a.* intelectualista.—**intellectuality** [-ǽlịtị], *s.* intelec-

tualidad.—**intellectually** [-i], *adv.* intelectualmente.

intelligence [intélidžens], *s.* inteligencia; penetración, sagacidad; conocimiento; informe(s); noticia, aviso; correspondencia mutua, armonía, acuerdo; un ser inteligente; policía secreta. —**i. bureau** o **department,** oficina de información, indagación o espionaje.—**i. office** = I. BUREAU; (E. U. ant.) agencia de sirvientes.—**i. officer,** oficial o agente de la oficina de indagación.—**i. quotient,** cociente intelectual, edad intelectual.—**i. test,** examen de inteligencia.

intelligencer [-œ(r)], *s.* noticiero, mensajero; espía, *mf.*

intelligent [-ent], *a.* inteligente; bien fundado, con conocimiento.—**intelligently** [-li], *adv.* inteligentemente; con conocimiento del asunto.

intelligentsia [-éntsiä], *s. pl.* las clases cultas o ilustradas, la intelectualidad, los intelectuales.

intelligibility [-ibíliti], **intelligibleness** [-blnis], *s.* inteligibilidad; comprensibilidad, claridad.

intelligible [-bl], *a.* inteligible.—**intelligibly** [-bli], *adv.* inteligiblemente.

intemperance [intémpœrans], *s.* intemperancia; destemplanza; exceso en la bebida.—**intemperate** [intémpœrit], *a.* destemplado; inmoderado, desmandado; intemperante; excesivo, desmedido.—**intemperately** [-li], *adv.* destempladamente; inmoderadamente.—**intemperateness** [-nis], *s.* inmoderación, intemperancia; exceso, demasía.

intend [inténd], *va.* intentar, tener intención de, pensar, proponerse; destinar; aplicar, determinar; querer decir; tener por objeto.

intendancy [inténdansi], *s.* intendencia.

intendant [-ant], *s.* intendente, procurante.

intended [inténdid]. I. *s.* (fam.) desposado, prometido, futuro. II. *a.* deseado, pensado, que se tiene en mira; encaminado a.

intendment [inténdment], *s.* (for.) intento o espíritu de una ley.

intense [inténs], *a.* intenso, fuerte, vivo, violento; extremado, sumo; esforzado; (fot.) duro (negativo).—**intensely** [-li], *adv.* intensamente.—**intenseness** [-nis], *s.* calidad de intenso, intensidad.

intensification [-ifikéišon], *s.* intensificación, acrecentamiento, aumento; avivamiento.

intensifier [-ifaiœ(r)], *s.* intensificador, acrecentador; (fot.) baño para reforzar un negativo.

intensify [-ifai]. I. *va.* intensar, hacer más intenso, intensificar, acrecentar; avivar; (fot.) reforzar. II. *vn.* intens(ific)arse, volverse intenso.

intension [inténšon], *s.* intensión; tensión; intensidad; (lóg.) contenido, comprensión.

intensity [inténsiti], *s.* intensidad; (fot.) fuerza de un negativo.

intensive [inténsiv], *a.* intens(iv)o; entero, completo; (lóg.) relativo al contenido; (gram.) enfático.—**intensively** [-li], *adv.* intensivamente.

intent [intént]. I. *a.* atento; asiduo, dedicado; (con **on**) decidido, resuelto a, empeñado en. II. *s.* intento, designio, intención, propósito.—**to all intents and purposes,** en realidad, en el fondo.

intention [inténšon], *s.* intención; designio, fin, mira, propósito deliberado; (cir.) procedimiento de curación.—**by first, second i.,** (cir.) de o por primera, segunda intención.

intentional [-al], *a.* intencional.—**intentionally** [-i], *adv.* intencionalmente, de intento, adrede.

intently [inténtli], *adv.* asiduamente; atentamente; resueltamente.—**intentness** [-nis], *s.* aplicación asidua, atención.

inter [intœ́r], *va.* enterrar, sepultar, inhumar.

interact [intœrǽkt]. I. *va.* obrar entre sí, o recíprocamente. II. [íntœrækt], *s.* (teat.) entreacto; intermedio.—**interaction** [-ǽkšon], *s.* interacción, acción recíproca.

interallied [-æláid], *a.* de los aliados.

inter-American [-améríkan], *a.* interamericano.

interborough [-bʌ́rou], *a.* municipal, interseccional, que une las secciones o distritos (*boroughs*) de una gran ciudad.

interbreed [-bríd], *va.* y *vn.* = HYBRIDIZE.

intercalary [intœ́rkalɛri], *a.* intercalar.—**intercalate** [-leit], *va.* intercalar.—**intercalation** [-léišon], *s.* intercalación.

intercede [intœrsíd], *vn.* interceder.

interceder [-œ(r)], *s.* intercesor.

intercellular [-sélyulä(r)], *a.* intercelular.

intercept [-sépt]. I. *va.* interceptar; atajar, detener. II. *s.* (mat.) ordenada en el origen.—**interception** [-sépšon], *s.* interceptación; atajo.

intercession [-séšon], *s.* intercesión.—**intercessor** [-séso(r)], *s.* intercesor.—**intercessory** [-ri], *a.* intercesor.

interchain [-chéin], *va.* encadenar, entrelazar.

interchange [-chéindž]. I. *va.* alternar; cambiar, trocar; permutar. II. *vn.* alternarse, trocarse. III. [íntœrcheindž], *s.* intercambio; comercio, tráfico.—**interchangeability** [-abíliti], **interchangeableness** [-chéindžablnis], *s.* calidad de intercambiable.—**interchangeable** [-bl], *a.* intercambiable; de recambio; permutable; mutuo, recíproco.—**interchangeably** [-bli], *adv.* recíprocamente; intercambiablemente.

interchurch [-chœrch], *a.* relativo o común a varias iglesias o a las iglesias.

intercoastal [-kóustal], *a.* intercostero.

intercollegiate [-kolídžiit], *a.* intercolegiado, interescolar, de entre universidades o estudiantes.

intercolumnar [-kolʌ́mnä(r)], *a.* intercolumnar.

intercolumniation [-kolʌmniéišon], *s.* (arq.) intercolu(m)nio.

intercom [íntœrkam], *s.* (fam.) sistema de intercomunicación (como en un barco, oficina, etc.).

intercommunicate [-komiúnikeit], *vn.* intercomunicarse, comunicarse con otro.—**intercommunication** [-éišon], *s.* comunicación mutua.

interconnect [-konékt], *va.* conectar entre sí, interconectar.

intercontinental [-kantinéntal], *a.* intercontinental.

intercontinental ballistic missile, *s.* proyectil balístico intercontinental.

intercostal [-kástal], *a.* intercostal.

intercourse [íntœrkors], *s.* comercio, tráfico; intercambio; comunicación, correspondencia, trato, roce; coito, cópula, trato sexual.

intercrop [-krap]. I. *va.* (agr.) hacer una siembra entre los surcos de otra; hacer siembra accesoria intermedia de cosecha rápida entre la cosecha de la siembra principal y el tiempo de sembrar para otra análoga. II. *s.* siembra de entre surcos; siembra accesoria de cosecha rápida.

intercross [-krós], *va.* entrecruzar; cruzar castas, hibridar.

intercrossing [-iŋ], *s.* cruzamiento.

intercurrent [-kœ́rent], *a.* intercurrente.

intercutaneous [-kiutéiniʌs], *a.* intercutáneo.

interdenominational [-dinaminéišonal], *a.* intersectario.

interdental [-déntal], *a.* interdentario; (fon.) interdental.

interdepartmental [-dipartméntal], *a.* interdepartamental.

interdependence [-dipéndens], *s.* dependencia mutua.—**interdependent** [-ent], *a.* dependiente uno de otro.

interdict [-díkt], *va.* interdecir, entredecir; prohibir, vedar; poner entredicho.

interdict [íntœrdikt], **interdiction** [-díkšon], *s.* veto, veda, prohibición; interdicto, entredicho.

interdictive [-díktiv], **interdictory** [-díktori], *a.* que interdice o veda.

interdigital [-dídžital], *a.* interdigital.

interest [íntœrist]. I. *va.* interesar. II. *s.* interés; provecho; simpatía; (com.) interés, rédito; participación en una empresa; influencia, empeño,

influjo.—**the interests,** las grandes empresas, los intereses creados del comercio y la industria, los capitalistas.—**to one's (own) i.,** en bien o provecho de uno, que le conviene.
interested [-ịd], *a.* interesado.
interesting [-ịŋ], *a.* interesante, atractivo.—**in an i. condition,** en estado interesante, encinta.
interestingly [-lị], *adv.* interesantemente, amenamente.
interface [íntœrfeịs], *s.* entrecara, superficie de separación.
interfere [ịntœrfír], *vn.* ingerirse, inmiscuirse, mezclarse, interponerse, meterse; intervenir; (con **with**) embarazar, impedir, estorbar; (fís.) interferir; (vet.) tropezarse, rozarse un pie con el otro los caballos.
interference [-ẹns], *s.* ingerencia, interposición, intromisión, intervención; obstáculo, impedimento; (fís., rad.) interferenica, interrupción.
interferential [-fịrénŝạl], *a.* (fís.) interferente.
interfering [-fírịŋ], *s.* = INTERFERENCE; (vet.) alcance, tropezón, rozadura.
interferometer [-fịrámεtœ(r)], *s.* instrumento para medir distancias, desplazamientos, etc., por medic de la interferencia; instrumento para el análisis espectral de gases incandescentes.
interfold [-fóụld], *va.* plegar o doblar dentro de otro o varias veces.
interfuse [-fịúz]. **I.** *va.* hacer fluir juntamente, fundir, mezclar. **II.** *vn.* fluir uno en otro; mezclarse.—**interfusion** [-fịúẑọn], *s.* fusión íntima, mezcla, combinación.
interim [íntœrịm], *a.* interino, intermedio, ínterin.—**i. certificate,** certificado provisional.—**in the i.,** en el ínterin, interinamente, entretanto.
interior [ịntírịọ(r)]. **I.** *a.* interior, interno. **II.** *s.* interior, parte (*f.*) de adentro.
interiorly [-lị], *adv.* interiormente.
interjacent [ịntœrdẑéịsẹnt], *a.* interyacente, interpuesto.
interject [-dẑékt]. **I.** *va.* interponer, insertar. **II.** *vn.* interponerse, intervenir.
interjection [-dẑékŝọn], *s.* (gram.) interjección; exclamación; intervención, interposición.
interjoin [-dẑóịn], *va.* unir mutuamente.
interlace [-léịs], *va.* entrelazar, entremezclar.
interlard [-lárd], *va.* (coc.) mechar; interpolar, insertar.
interleave [-lív], *va.* interfoliar, interpaginar, intercalar hojas en.
interline [-láịn], *va.* interlinear; (cost.) entretelar. —**interlineal** [-línịạl], **interlinear** [-línịä(r)], *a.* interlineal.—**interlineation** [-éịŝọn], *s.* interlineación.—**interlining** [-láịnịŋ], *s.* interlineación; (cost.) entretela.
interlink [-lịŋk], *va.* eslabonar.
interlock [-lák]. **I.** *va.* y *vn.* trabar, engranar, engargantar; unirse, entrelazarse; cerrar. **II.** [íntœrlak], *s.* traba; trabazón, *f.*; (cine) sincronización; (cine) sincronizador.
interlocking [-lákịŋ], *a.* que engranan, que se traban; de traba; de fijación mutua; de cierre. —**i. directorates,** juntas directivas entrelazadas de empresas comerciales, en que varios miembros lo son de juntas de empresas diferentes, las cuales pueden en realidad ser dominadas por unas mismas personas.
interlocution [-lokịúŝọn], *s.* interlocución, diálogo, plática.
interlocutor [-lákịụtọ(r)], *s.* interlocutor.
interlocutory [-lákịụtorị], *a.* dialogístico; (for.) interlocutorio.
interlope [-lóụp], *vn.* entremeterse sin derecho; traficar sin licencia.—**interloper** [íntœrloụpœ(r)], *s.* entremetido, intruso; (com.) intérlope (ú. como *a.*).
interlude [-lịud], *s.* blanco, intervalo; (teat.) intermedio, entremés, tonadilla; (mús.) interludio.
interlunar(y [-lịúnär(ị], *a.* interlunar.
interlunation [-lịunéịŝọn], *s.* interlunio.
intermarriage [-mǽrịdẑ], *s.* matrimonio de personas de distintas razas, o entre parientes.
intermarry [-mǽrị], *vn.* casarse personas emparentadas o de distintas razas.
intermaxillary [-mǽksịlεrị]. **I.** *a.* intermaxilar. **II.** *s.* hueso intermaxilar (ll. t. **i. bone**).
intermeddle [-médl], *vn.* injerirse, inmiscuirse, entremeterse.—**intermeddler** [-médlœ(r)], *s.* entremetido.—**intermeddling** [-ịŋ], *s.* injerencia, entremetimiento.
intermediacy [-mídịạsị], *s.* calidad de intermedio; intervención, mediación.
intermediary [-mídịεrị], *s.* y *a.* intermediario.
intermediate [-mídịịt]. **I.** *a.* intermedio, medianero. **II.** [-mídịeịt], *vn.* (inter)mediar, intervenir.
intermediate-range rocket, *s.* cohete de alcance intermedio.
intermediation [-éịŝọn], *s.* intervención, mediación.
interment [ịntœ́rmẹnt], *s.* entierro, sepultura.
intermezzo [ịntœrmédzoụ], *s.* (mús.) intermedio.
interminable [ịntœ́rmịnạbl], *a.* interminable.—**interminably** [-blị], *adv.* interminablemente. —**interminate** [ịntœ́rmịnịt], *a.* interminable.
intermingle [-míŋgl]. **I.** *va.* entremezclar, entreverar. **II.** *vn.* mezclarse.
intermission [-míŝọn], *s.* intermisión, interrupción, tregua; (med.) intermitencia; (teat.) intermedio, entreacto.
intermissive [-mísịv], *a.* intermitente.
intermit [-mít]. **I.** *va.* intermitir, interrumpir, discontinuar. **II.** *vn.* interrumpirse, cesar.—**intermittent** [-ẹnt], *a.* intermitente.—**intermittently** [-mítẹntlị], *adv.* de manera intermitente, a intervalos.
intermix [-míks]. **I.** *va.* entremezclar, entreverar, entretejer, interpolar. **II.** *vn.* entremezclarse, compenetrarse.—**intermixture** [-chụ̈r], *s.* entremezcladura; mezcla; compenetración.
intern [ịntœ́rn]. **I.** *va.* encerrar, poner a buen recaudo; internar; meter en un campo de concentración. **II.** [íntœrn], *s.* interno, practicante de hospital (ll. t. **interne**).
internal [ịntœ́rnạl], *a.* interno, interior; doméstico, intestino; íntimo.—**i.-combustion engine,** motor de combustión (interna).—**i. diameter,** diámetro interior.—**i. gear,** (mec.) engranaje de dientes interiores.—**i. revenue,** rentas interiores, rentas provenientes de impuestos sobre artículos y operaciones interiores.
internally [-ị], *adv.* internamente; interiormente; adentro.
international [ịntœrnǽŝọnạl]. **I.** *a.* internacional. —**i. law,** derecho de gentes, derecho internacional. **II.** *s.* (**I.**), Internacional (asociación).
internationalism [-ịzm], *s.* internacionalismo.—**internationality** [-ǽlịtị], *s.* internacionalidad.
internationalist [-ịst], *s.* internacionalista.
internationalize [-aịz], *va.* internacionalizar.
internecine [ịntœrnísịn], *a.* mortífero, mutuamente destructor; sanguinario.
internee [ịntœrní], *s.* (mil.) internado.
intern(e)ship [íntœrnŝịp], *s.* internado.
internment [ịntœ́rnmẹnt], *s.* encerramiento; internación; (mil.) internamiento.
internod(i)al [ịntœrnóụd(ị)ạl], *a.* colocado entre dos nudos.—**internode** [íntœrnoụd], *s.* (bot.) internodio, cañuto.
internuncio [-nʌ́nŝịoụ], *s.* internuncio.
interoceanic [-oŝịǽnịk], *a.* interoceánico.
interosseous [-ásịʌs], *a.* (anat.) interóseo.
interpellant [-pélạnt], *s.* interpelante.—**interpellate** [-péleịt], *va.* interpelar.
interpellation [-pεléịŝọn], *s.* interpelación.
interpenetrate [-pénịtreịt], *va.* y *vn.* compenetrar(se).
interphone [-foụn], *s.* teléfono de servicio interior.
interplane [-pleịn], *a.* situado entre dos planos.
interplanetary [-plǽnεtεrị], *a.* interplanetario.
interplay [-pleị], *s.* acción recíproca.

interplead [-plíd], *vn.* (for.) litigar entre sí varios demandantes, para determinar el mayor derecho a la demanda.—**interpleader** [-œ(r)], *s.* (for.) procedimiento para determinar cuál de varios demandantes tiene derecho a la demanda.
interpolate [intœ́rpoleit], *va.* interpolar.—**interpolation** [-éiŝon], *s.* interpolación.—**interpolator** [-o(r)], *s.* interpolador.
interposal [intœrpóuzal], *s.* interposición, mediación, intervención.—**interpose** [-póuz]. **I.** *va.* interponer; (cine) reemplazar gradualmente una figura por otra, o cambiar la una en la otra. **II.** *vn.* interponerse, intermediar, intervenir; interrumpir.—**interposer** [-œ(r)], *s.* mediador. —**interposition** [-pozíŝon], *s.* interposición.
interpret [intœ́rprit], *va.* interpretar, descifrar, traducir; representar, ilustrar.
interpretable [-abl], *a.* interpretable.
interpretation [-éiŝon], *s.* interpretación, traducción, explicación, exposición.
interpretative [-eitiv], *a.* interpretativo.—**interpretatively** [-li], *adv.* interpretativamente.
interpreter [-œ(r)], *s.* intérprete, traductor.
interracial [-réiŝal], *a.* entre o relativo a varias razas, interracial.
interregnum [intœrrégnʌm], *s.* interregno.
interrelated [-riléitid], *a.* con relación recíproca.
interrogate [intérogeit]. **I.** *va.* interrogar, preguntar, examinar. **II.** *vn.* hacer preguntas.
interrogation [-éiŝon], *s.* interrogación, pregunta, pesquisa.—**i. point,** (impr.) interrogación, (punto) interrogante (?).
interrogative [intergágativ]. **I.** *a.* interrogativo, interrogante. **II.** *s.* palabra interrogativa.
interrogatively [-li], *adv.* interrogativamente.
interrogator [intérogeito(r)], *s.* interrogante.
interrogatory [interágatori]. **I.** *s.* interrogatorio, examen. **II.** *a.* interrogativo.
interrupt [interʌ́pt], *va.* interrumpir.—**interruptedly** [-idli], *adv.* interrumpidamente, descontinuamente.—**interrupter** [-œ(r)], *s.* interruptor; (elec.) interruptor, disyuntor.—**interruption** [interʌ́pŝon], *s.* interrupción.
interscapular [-skǽpyūlä(r)], *a.* interescapular.
interscholastic [-skolǽstik], *a.* interescolar, de entre escuelas.
intersect [-sékt]. **I.** *va.* cortar. **II.** *vn.* (geom., etc.) cortarse, intersecarse.
intersection [-sékŝon], *s.* intersección; cruce (de calles, etc.), bocacalle.
interspace [-spéis]. **I.** *va.* dejar espacio entre; llenar el espacio entre; espaciar. **II.** [íntœrspeis], *s.* espacio intermedio; intersticio; intervalo.
intersperse [-spœ́rs], *va.* esparcir, entremezclar; diseminar.—**interspersion** [-spœ́rŝon], *s.* esparcimiento de una cosa entre otras.
interstate [íntœrsteit], *a.* interestatal, entre estados, de entre estados (de un mismo país).
interstellar [-stelä(r)], *a.* interestelar, intersideral.
interstellar flight, *s.* vuelo interestelar.
interstellar space, *s.* espacio interestelar.
interstice [intœ́rstis], *s.* intersticio.
interstitial [intœrstíŝal], *a.* intersticial, que tiene intersticios.
intertexture [-tékschū(r)], *s.* contexto, entretejedura, entretejimiento.
intertropical [-trápikal], *a.* intertropical.
intertwine, intertwist [-twáin. -twíst], *va.* entretejer, entrelazar; (mar.) acolchar.
interurban [-œ́rban], *a.* interurbano.
interval [íntœrval], *s.* intervalo; blanco, claro, hueco; (mús.) intervalo.—**at intervals,** a ratos; a trechos; aquí y allá.
intervene [intœrvín], *vn.* intervenir, mediar; atravesarse, interponerse; ocurrir, sobrevenir.—**intervening** [-iŋ], *a.* intermedio, intercurrente, interjacente, interpuesto; interventor.
intervention [-vénŝon], *s.* intervención; mediación; interposición.
interventionism [-izm], *s.* intervencionismo.
interventionist [-ist], *s.* y *a.* intervencionista.
intervertebral [-vœ́rtebral], *a.* intervertebral.
interview [íntœrviu]. **I.** *s.* entrevista, conferencia, abocamiento, interviú, *f.* **II.** *va.* entrevistar(se con), tener entrevista con, interviuvar.
interviewer [-œ(r)], *s.* entrevistador; reportero que se avista con personas para indagar opiniones, obtener información, etc.
intervocalic [-vokǽlik], *a.* (fon.) intervocálico.
intervolve [-válv], *va.* envolver una cosa dentro de otra.
interweave [-wív], *va.* y *vn.* (*pret.* INTERWOVE o INTERWEAVED; *pp.* -WOVE(N) o -WEAVED) entretejer(se), entrelazar(se).—**interweaving** [-iŋ], *s.* entretejimiento, entrelazamiento.—**interwoven** [-wóuvn], *a.* entrelazado, entretejido, vinculado.
interwreathe [-ríð], *va.* tejer en forma de guirnalda. *V.* INTERTWINE.
intestable [intéstabl], *a.* legalmente incapacitado para hacer testamento.
intestacy [intéstasi], *s.* falta de testamento.
intestate [intésteit], *a.* y *s.* intestado, abintestato.
intestinal [intéstinal], *a.* intestinal; interior, intestino.
intestine [intéstin]. **I.** *a.* interior, intestino, doméstico; interno. **II.** *s.* (anat.) intestino, tripa.
inthrall [inθról], *va.* = ENTHRALL.
intimacy [íntimasi], *s.* intimidad, confianza.
intimate [íntimit]. **I.** *a.* íntimo; familiar; profundo (conocimiento).—**to become i.,** intimarse. **II.** *s.* amigo íntimo, confidente. **III.** [íntimeit], *va.* insinuar, indicar, intimar.—**intimately** [íntimitli], *adv.* íntimamente.
intimation [intiméiŝon], *s.* insinuación, intimación, indirecta, pulla; indicio.
intimidate [intímideit], *va.* intimidar, acoquinar. —**intimidation** [-éiŝon], *s.* intimidación.
intitle [intáitl], *va.* = ENTITLE.
into [íntu], *prep.* en, dentro, adentro, hacia el interior (según que denote ingreso, penetración, inserción, inclusión, transformación o multiplicación).—**i. the bargain,** por añadidura.
intolerability [intálerabíliti], **intolerableness** [-blnis], *s.* intolerabilidad.—**intolerable** [-bl], *a.* intolerable, insufrible, inaguantable, insoportable.—**intolerably** [-bli], *adv.* intolerablemente.—**intolerance, intolerancy** [-ans, -i], *s.* intolerancia.—**intolerant** [-ant], *a.* y *s.* intolerante.—**intolerantly** [-li], *adv.* con intolerancia.
intomb [intúm], *va.* enterrar, sepultar.
intonate [íntoneit], *va.* entonar, solfear, cantar.—**intonation** [-éiŝon], *s.* entonación.
intone [intóun], *va.* y *vn.* entonar; cantar o recitar en un solo tono; (igl.) salmear, salmodiar.
intortion [intórŝon], *s.* (bot.) intorsión.
intoxicant [intáksikant]. **I.** *s.* bebida alcohólica. **II.** *a.* = INTOXICATING.
intoxicate [-keit], *va.* embriagar, emborrachar.—**intoxicated** [-id], *a.* ebrio, embriagado, borracho, bebido.—**intoxicating** [-iŋ], *a.* embriagante, embriagador, emborrachador.—**intoxication** [-kéiŝon], *s.* embriaguez, borrachez, beodez; (med.) intoxicación, envenenamiento.
intra-atomic [ínträ ætámik], *a.* intraatómico, del interior del átomo.
intracardiac [-kárdiæk], *a.* (anat.) intracardíaco.
intracoastal [-kóustal], *a.* cercano a la costa.
intractability [intræktabíliti], **intractableness** [-ablnis], *s.* intratabilidad, hurañería.—**intractable** [-bl], *a.* intratable.—**intractably** [-bli], *adv.* intratable o hurañamente.
intrados [intréidas], *s.* (arq.) intradós.
intramolecular [intramolékyulä(r)], *a.* intramolecular.
intramural [-miúral], *a.* situado intramuros; que se verifica dentro de un pueblo, o entre los estudiantes de un mismo colegio (deportes, etc.); (anat.) intramural.
intranquillity [intrænkwíliti], *s.* intranquilidad.
intransigence, -cy [intrǽnsidžens, -i], *s.* in-

transigencia.—**intransigent** [-ent], *a.* y *s.*, **intransigentist** [-ist], *s.* intransigente.
intransitive [intrǽnsitiv], *a.* (gram.) intransitivo.
intransitively [-li], *adv.* intransitivamente.
intransmutability [intrænsmiútabíliti], *s.* intransmutabilidad.
intransmutable [-abl], *a.* intransmutable.
intrastate [intrastéit], *a.* dentro de los límites de un estado.
intravenous [inträvínʌs], *a.* (anat.) intravenoso.
intrench, intrenchment = ENTRENCH, etc.
intrepid [intrépid], *a.* intrépido, impávido.
intrepidity [intrepíditi], *s.* intrepidez.
intrepidly [intrépidli], *adv.* intrépidamente.
intricacy [íntrikasi], **intricateness** [-kitnis], *s.* intrincación, intrincamiento, embrollo, enredo.
intricate [íntrikit], *a.* intrincado, enredado.
intricately [-li], *adv.* intrincadamente.
intrigue [intríg]. **I.** *s.* intriga, manejo, trama, cábala; arte, *mf.*, amaño; intriga amorosa, galanteo, lío; enredo de una comedia. **II.** *vn.* intrigar; tramar; tener intrigas amorosas. **III.** *va.* ganarse mañosamente, seducir; atraer, interesar; despertar la curiosidad de; poner perplejo.
intriguer [-œ(r)], *s.* intrigante, tracista, *mf.*
intriguing [-in], *a.* intrigante; seductor.—**intriguingly** [-li], *adv.* por medio de intrigas.
intrinsic(al [intrínsik(al], *a.* intrínseco.
intrinsically [-i], *adv.* intrínsecamente.
intrinsicalness [-nis], *s.* calidad de intrínseco.
introduce [introdiús], *va.* introducir, meter; implantar, injerir; presentar (una persona a otra); dar entrada; hacer adoptar, poner en uso.—**to i. a bill,** presentar un proyecto de ley.
introducer [-œ(r)], *s.* introductor; presentador.
introduction [-dʌ́kʃon], *s.* introducción; prefacio, proemio; implantación; presentación.
introductive [-tiv], *a.* introductivo.
introductory [-tori], *a.* de introducción, introductivo; preliminar.
introit [intróuit], *s.* (igl.) introito.
intromission [intromíʃon], *s.* intromisión; introducción; admisión, iniciación.
intromit [-mít]. **I.** *va.* introducir, insertar; enviar adjunto; dar entrada, admitir. **II.** *vn.* entremeterse, ingerirse.
introrse [intrórs], *a.* (bot.) introrso.
introspect [introspékt]. **I.** *va.* mirar lo interior de alguna cosa. **II.** *vn.* hacer examen de introspección.—**introspection** [-spékʃon], *s.* introspección.—**introspective** [-spéktiv], *a.* introspectivo.
introversion [-vœ́rʃon], *s.* vuelta hacia dentro; (psic.) introversión.
introvert [-vœ́rt]. **I.** *va.* volver hacia dentro. **II.** *vn.* (psic.) concentrarse en sí mismo, ocuparse más en el mundo interior que en el exterior. **III.** [íntrovœrt], *s.* y *a.* (psic.) introverso, que tiene la tendencia a concentrarse en sí mismo.—**introverted** [-id], *a.* introverso.
intrude [intrúd]. **I.** *vn.* intrusarse, entremeterse, inmiscuirse. **II.** *va.* meter, forzar.
intruded [-id], *a.* (geol.) intrusivo.
intruder [-œ(r)], *s.* intruso, entremetido.
intrusion [intrúʒon], *s.* intrusión, entremetimiento, impertinencia; (geol.) intrusión.
intrusional [-al], **intrusive** [intrúsiv], *a.* intruso; (geol.) de intrusión, intrusivo.—**intrusively** [-li], *adv.* intrusamente.—**intrusiveness** [-nis], *s.* tendencia a intrusarse.
intrust [intrʌ́st], *va.* = ENTRUST.
intubate [íntiubeit], *va.* (med.) intubar.—**intubation** [-éiʃon], *s.* intubación.
intuition [intiuíʃon], *s.* intuición.
intuitional [-al], *a.* intuitivo; de o por intuición.—**i. ethics,** doctrina de que los sentimientos e ideas morales son intuitivos.
intuitionalism [-alizm], **intuitionism** [-izm], *s.* doctrina de que ciertas verdades fundamentales se adquieren por intuición; doctrina de que las ideas y sentimientos morales son intuitivos.
intuitive [intiúitiv], *a.* intuitivo.
intuitively [-li], *adv.* intuitivamente.
intumesce [intiumés], *vn.* hincharse.—**intumescence, intumescency** [-ens, -i], *s.* intumescencia, hinchazón, *f.*—**intumescent** [-ent], *a.* intumescente; hinchado.
intussusception [intʌssʌsépʃon], *s.* (biol., med.) intususcepción.
intwine [intwáin], *va.* y *vn.* = ENTWINE.
inula [ínyulä], *s.* (bot.) énula campana, ínula.
inulin [ínyulin], *s.* (quím.) inulina.
inunction [inʌ́ŋkʃon], *s.* untura, frotación.
inundate [ínʌndeit], *va.* inundar, anegar.
inundation [-éiʃon], *s.* inundación.
inurbane [inœrbéin], *a.* inurbano, descortés, incivil.—**inurbaneness, inurbanity** [-nis, -bǽniti], *s.* inurbanidad.
inure [inyúr]. **I.** *va.* avezar, acostumbrar, habituar. **II.** *vn.* tener efecto; quedar para, pasar (a).—**inured** [-d], *a.* avezado, hecho (a), endurecido, cursado.—**inurement** [-ment], *s.* práctica, hábito, costumbre.
inurn [inœ́rn], *va.* poner en una urna cineraria.
inutility [inyutíliti], *s.* inutilidad.
invade [invéid], *va.* invadir.—**invader** [-œ(r)], *s.* invasor.
invaginate [invǽdʒineit]. **I.** *va.* envainar, enchufar; (cir.) invaginar. **II.** *a.* envainado, enchufado; invaginado.—**invagination** [-éiʃon], *s.* enchufamiento; intususcepción, invaginación.
invalid [invǽlid], *a.* inválido, nulo, írrito.
invalid [ínvalid], *a.* y *s.* inválido, (persona) baldada, impedida o lisiada.—**i. chair,** sillón para inválidos.
invalid [ínvalid], *va.* matricular en el registro de inválidos; lisiar, incapacitar.
invalidate [invǽlideit], *va.* invalidar, anular.
invalidation [-éiʃon], *s.* invalidación, irritación.
invalidism [ínvalidizm], *s.* baldadura crónica.
invalidity [invalíditi], **invalidness** [invǽlidnis], *s.* (for.) nulidad; invalidez; falta de salud; inhabilitación, incapacidad.
invaluable [invǽlyuabl], *a.* inestimable, inapreciable.—**invaluably** [-bli], *adv.* inestimablemente.
invariability [invériabíliti], **invariableness** [-blnis], *s.* invariabilidad.—**invariable** [-bl], *a.* invariable.—**invariably** [-bli], *adv.* invariablemente.
invariance [invérians], *s.* invariancia.
invariant [inveriant]. **I.** *a.* invariable, constante; (mat.) relativo a las invariantes. **II.** *s.* (mat.) invariante, *f.*
invasion [invéiʒon], *s.* invasión.
invasive [invéisiv], *a.* hostil; agresivo, invasor.
invective [invéktiv]. **I.** *s.* invectiva, vituperio, filípica. **II.** *a.* ultrajante, injurioso.—**invectively** [-li], *adv.* injuriosamente.
inveigh [invéi], *vn.* prorrumpir en invectivas.
inveigher [-œ(r)], *s.* el que lanza una filípica.
inveigle [invígl], *va.* seducir, engañar, engatusar.—**inveiglement** [-ment], *s.* engañifa, embaimiento.—**inveigler** [-glœ(r)], *s.* seductor.
inveil [invéil], *va.* cubrir con un velo.
invent [invént], *va.* inventar; idear, discurrir.
inventible [-ibl], *a.* que puede ser inventado.
invention [invénʃon], *s.* invención, invento; inventiva, ingenio; mentira, falsedad, embuste.—**I. of the Cross,** (igl.) Invención de la Santa Cruz.
inventive [-iv], *a.* inventivo.
inventor [-o(r)], *s.* inventor.
inventorial [inventórial], *a.* perteneciente al inventario.—**inventorially** [-i], *adv.* con inventario.
inventory [ínventori]. **I.** *s.* inventario. **II.** *va.* inventariar.
inverse [invœ́rs], *a.* inverso, invertido.—**i. ratio,** razón inversa.—**inversely** [-li], *adv.* inversamente.
inversion [invœ́rʃon], *s.* inversión, transmutación, trastrocamiento.
invert [invœ́rt]. **I.** *va.* invertir; volver al revés; trastrocar; transponer; (quím.) invertir. **II.** [ín-

vœrt], *a.* (quím.) invertido. **III.** *s.* (com.) invertosa, azúcar invertido; (psiq.) invertido, homosexual.
invertase [invœ́rteis], *s.* (quím.) invertasa, invertina.
invertebral, invertebrate [invœ́rtebral, -breit], *a.* y *s.* (zool.) invertebrado.
Invertebrata [-bréitä], *s. pl.* (zool.) invertebrados.
invertedly [invœ́rtidli], *adv.* invertidamente.
invest [invést], *va.* (com.) invertir, interesar, emplear o imponer dinero; (con **with** o **in**) vestir, cubrir, adornar, poner; investir, conferir, dar; (mil.) sitiar, cercar.
investigable [invéstigabl], *a.* averiguable, investigable, escudriñable.
investigate [invéstigeit], *va.* investigar, indagar, averiguar; estudiar o analizar.—**investigating** [-iŋ], *a.* investigador, pesquisante.—**investigation** [-éišon], *s.* investigación, pesquisa, indagación, encuesta, averiguación; estudio, análisis, *mf.*—**investigative** [-iv], *a.* investigador. —**investigator** [-o(r)], *s.* investigador; indagador, averiguador, pesquisidor.
investiture [invéstichur], *s.* investidura, instalación.
investment [invéstment], *s.* (com.) inversión; (mil.) sitio, cerco; investidura, instalación; cubierta; envoltura.
investor [invésto(r)], *s.* (com.) inversionista, persona que invierte dinero; interesado.
inveteracy [invéterasi], **inveterateness** [-itnis], *s.* hábito o costumbre inveterada.—**inveterate** [-it], *a.* inveterado, arraigado, crónico, empedernido.—**inveterately** [-li], *adv.* inveteradamente.
invidious [invídiʌs], *a.* denigrante, difamatorio; odioso.—**invidiously** [-li], *adv.* denigrantemente; odiosamente.—**invidiousness** [-nis], *s.* calidad de difamatorio.
invigorate [invígoreit], *va.* vigorizar, fortificar.—**invigorating** [-iŋ], *a.* vigorizante, vigorizador, cordial, fortaleciente.—**invigoration** [-éišon], *s.* acto y efecto de vigorizar.
invincibility [invínsibíliti], **invincibleness** [-blnis], *s.* calidad de invencible.—**invincible** [-bl], *a.* invencible.—**invincibly** [-bli], *adv.* invenciblemente.
inviolability [inváiolabíliti], **inviolableness** [-blnis], *s.* inviolabilidad.—**inviolable** [-bl], *a.* inviolable, inquebrantable.—**inviolably** [-bli], *adv.* inviolablemente.—**inviolate** [inváiolit], *a.* inviolado, incorrupto, íntegro.
invisibility [invízibíliti], **invisibleness** [-blnis], *s.* invisibilidad.—**invisible** [-bl], *a.* invisible.—**I. Empire** = KU KLUX KLAN.—**i. ink**, tinta simpática.—**invisibly** [-bli], *adv.* invisiblemente.
invitation [invitéišon], *s.* invitación, convite.
invitatory [inváitatori]. **I.** *a.* invitador, convidador. **II.** *s.* (igl.) invitatorio.
invite [inváit], *va.* convidar, invitar, brindar; atraer; provocar, incitar, tentar; instar.
inviter [-œ(r)], *s.* convidador, invitador.
inviting [-iŋ], *a.* atractivo, seductivo; incitante. —**invitingly** [-li], *adv.* de un modo atractivo.—**invitingness** [-nis], *s.* calidad de atractivo.
invocation [invokéišon], *s.* invocación; (for.) suplicatorio, exhorto, mandamiento.
invocatory [inválkatori], *a.* invocatorio.
invoice [ínvɔis]. **I.** *s.* (com.) factura.—**i. book**, libro de facturas.—**i. price**, precio de factura. **II.** *va.* facturar.
invoke [invóuk], *va.* invocar; (for.) expedir suplicatorio, exhorto o mandamiento.
involucel [inválvusel], *s.* (bot.) involucela, involucro secundario.
involucral [involiúkral], *a.* involucral.—**involucrate** [-kreit], **involucred** [ínvoliukœrd], *a.* involucrado.—**involucre** [-kœ(r)], **involucrum** [involiúkrʌm], *s.* (bot.) involucro; (anat.) envoltura.
involuntarily [inválʌnterili], *adv.* involuntariamente.—**involuntariness** [-nis], *s.* involuntariedad.—**involuntary** [-eri], *a.* involuntario.
involute [ínvoliut], *a.* intrincado; vuelto hacia dentro; enrollado en espiral.
involution [involiúšon], *s.* envolvimiento; complicación, enredo; (mat.) elevación a potencias; teoría de las potencias; (mat. y med.) involución.
involve [inválv], *va.* envolver, enrollar; implicar, comprometer; entrañar, comprender; torcer, enredar, enmarañar, complicar; involucrar; (mat.) elevar a una potencia, hallar una potencia de.—to get involved, (fam.) inmiscuirse.
involved [-d], *a.* complicado, difuso (apl. esp. al estilo); mezclado, comprometido (en un asunto).
involvedness [-idnis], **involvement** [-ment], *s.* envolvimiento; complicación, intrincación.
invulnerability [invʌ́lnerabíliti], **invulnerableness** [-blnis], *s.* invulnerabilidad.—**invulnerable** [-bl], *a.* invulnerable.
invulnerably [-bli], *adv.* invulnerablemente.
inwall [inwɔ́l], *va.* rodear o proteger con muros.—**inwall** [ínwɔl], *s.* pared interior; revestimiento interior (de un horno, etc.).
inward(s [ínward(z], *adv.* hacia dentro, hacia lo interior; adentro.
inward. I. *a.* interior, interno. **II.** *s.* el interior. —*pl.* entrañas.—**inwardly** [-li], *adv.* interiormente, internamente.—**inwardness** [-nis], *s.* calidad, naturaleza o estado interior; lo interior; esencia; fondo.
inweave [inwív], *va.* entretejer, enlazar.
inwrap [inrǽp], *va.* envolver.
inwreathe [inríð], *va.* enguirnaldar.
inwrought [inrɔ́t], *a.* labrado, embutido, incrustado.
iodate [áiodeit]. **I.** *s.* (quím.) yodato. **II.** *va.* = IODIZE.
iodic [aiádik], *a.* (quím.) yódico.
iodid(e [áiodaid], *s.* (quím.) yoduro.
iodin(e [áiodin], *s.* (quím.) yodo o iodo.
iodinate [áiodineit], *va.* tratar o combinar con yodo.
iodism [áiodizm], *s.* (med.) yodismo.
iodization [aiodizéišon], *s.* yoduración.
iodize [áiodaiz], *va.* (quím.) yodurar.
iodoform [aióudofɔrm], *s.* (quím.) yodoformo.
iodometry [aiodámetri], *s.* (quím.) yodometría.
ion [áion], *s.* (quím.) ion, *m.*
ionic [aiánik], *a.* de o relativo a iones.
Ionic [aiánik], **Ionian** [aióunian], *a.* y *s.* jónico, jonio.
ionium [aióuniʌm], *s.* (quím.) ionio, isótopo radiactivo.
ionize [áionaiz], *va.* ionizar, disociar en iones.—**ionization** [aionizéišon], *s.* ionización, disociación.
ionosphere [aiánosfir], *s.* ionosfera.
iota [aióuta], *s.* iota (letra griega); jota, ápice; tilde, punto.
I O U [ái óu yú] (abreviatura fonética de *I owe you*, yo le debo), *s.* pagaré, vale, abonaré.
ipecac [ípikæk], **ipecacuanha** [-yuǽnä], *s.* (bot., farm.) ipecacuana.
Ipomœa [ipomíä], *s.* (bot.) convolvuláceas, *f. pl.*
I Q [ái kiú], abrev. de INTELLIGENCE QUOTIENT.
Iran [irán, airǽn], *s.* Irán.
Iranian [airéinian], *s.* y *a.* iranio; persa, *mf.*
Iraq [irák, irǽk], *s.* Irak.
Iraqi [iráki], *s.* iraqués, iraquiano.
irascibility [airǽsibíliti], **irascibleness** [-blnis], *s.* irascibilidad.—**irascible** [-bl], *a.* irascible.
irate [áireit], *a.* encolerizado, airado.
ire [áir], *s.* ira, cólera.—**ireful** [-ful], *a.* iracundo, colérico.—**irefully**]-i], *adv.* airadamente.
Ireland [áirland], *s.* Irlanda.
irenic(al [airénik(al], *a.* pacífico, conciliador.
iridaceous [airidéišʌs], **irideous** [airídiʌs], *a.* (bot.) iridáceo, irídeo.
iridectomy [airidéktomi], *s.* (cir.) iridectomía, escisión parcial del iris.
iridesce [iridés], *vn.* irisar.

iridescence [-ẹns], *s.* cambiante, tornasol.—**iridescent** [-ẹnt], *a.* iridiscente, tornasolado.
iridium [ai̯rídi̯ʌm], *s.* (quím.) iridio.
iris [ái̯rịs], *s.* (anat. y ópt.) iris, *m.*; arco iris; (bot.) (flor de) lis, *f.*, lirio, iris, *m.*—**i. root** = ORRISROOT.
irisation [ai̯rịséi̯ŝọn], *s.* irisación.
Irish [ái̯rịŝ], *a.* y *s.* irlandés, hibernés.—**I. moss,** musgo de Irlanda.—**I. potato,** patata blanca común.—**the I.,** los irlandeses.
Irishism [-ịzm], *s.* locución irlandesa; rasgo irlandés.
Irishman [-mạn], *s.* irlandés.
Irishwoman [-wụmạn], *s.* irlandesa.
iritis [ai̯ráịtịs], *s.* (med.) iritis.
irk [œ́rk], *va.* fastidiar, aburrir, cansar.
irksome [-sʌm], *a.* tedioso, fastidioso, cansado.—**irksomely** [-li̯], *adv.* cansadamente, fastidiosamente.—**irksomeness** [-nịs], *s.* calidad de tedioso.
iron [ái̯œrn]. **I.** *s.* hierro, fierro (metal); hierro, hoja (parte cortante de una herramienta); hierro (pieza de construcción—escuadra, viga, etc.—de hierro o acero); plancha (de planchar); herramienta; utensilio; arma de hierro.—*pl.* hierros, grillos, cadenas.—**i. in the fire,** negocio, empresa, asunto a que atender.—**in irons,** aherrojado, en prisiones. **II.** *a.* férreo, de hierro; relativo al hierro.—**i. age,** edad de hierro.—**i. alum,** alumbre de pluma, alumbre ferropotásico.—**i.-bearing,** ferrífero.—**i. black,** polvo de antimonio.—**i.-bound,** unido o sujeto con hierro; escabroso; aherrojado; inflexible, rígido.—**i. dog** = FIREDOG.—**i. foundry,** fundición de hierro.—**i. horse,** (fig.) locomotora.—**i. law of wages,** la supuesta ley de que el salario tiende al mínimo necesario para la subsistencia.—**i. loss,** (elec.) pérdida en el hierro.—**i. lung,** (med.) pulmón de acero, o mecánico; pulmotor.—**i. mill,** ferrería.—**i. ore,** mineral de hierro.—**i. rust,** herrumbre.—**i. sand,** arena ferruginosa; limaduras de hierro.—**i. scrap,** hierro forjado viejo; hierro colado de desecho.—**i. taste,** herrumbre. **III.** *va.* planchar; aherrojar, poner grilletes a.—**i. out,** planchar, emparejar, alisar; allanar.
ironclad [-klæd]. **I.** *a.* (mar. y elec.) acorazado; riguroso; leonino. **II.** *s.* (mar.) acorazado, blindado; horno para calcinar mineral de mercurio.
ironed [-d], *a.* (a)planchado; aherrojado; armado.
ironer [-œ(r)], *s.* planchador(a).
ironic(al [ai̯ránịk(ạl], *a.* irónico.
ironically [-i̯], *adv.* irónicamente.
ironing [ái̯œrnịŋ]. **I.** *s.* planchado, acción de planchar; ropa por planchar. **II.** *a.* de planchar.—**i. board,** tabla o palo de planchar.
ironmaster [ái̯œrnmæstœ(r)], *s.* fabricante de hierro (apl. esp. a los grandes industriales).
ironmonger [-mʌŋgœ(r)], *s.* mercader o traficante en hierro; quinquillero, ferretero.—**i.'s shop,** ferretería.
ironmongery [-i̯], *s.* ferretería, quincallería.
ironside [-sai̯d], *s.* hombre fuerte o terrible; héroe.—*pl.* (mar.) acorazado.—**Ironsides,** Oliverio Cromwell; caballería de Cromwell.
ironsmith [-smi̯θ], *s.* herrero.
ironstone [-stoụn], *s.* mineral de hierro (gen. siderita o hematites).
ironware [-wɛr], *s.* artículos de ferretería.
ironwood [-wụd], *s.* (bot.) palo hacha.
ironwork [-wœrk], *s.* herraje, obra de hierro.
ironworks [-s], *s.* fundición de hierro, ferrería.
ironwort [-wœrt], *s.* (bot.) siderita, sideritis.
irony [ái̯ronị]. **I.** *s.* ironía. **II.** [ái̯œrnị], *a.* ferrugiento.
Iroquois [írokwọi̯], *s.* y *a.* iroqués.
irradiance, irradiancy [ịréi̯di̯ạns, -i̯], *s.* irradiación; lustre, esplendor.
irradiate [ịréi̯di̯eịt]. **I.** *va.* irradiar, iluminar; inspirar; esparcir. **II.** *vn.* lucir, brillar. **III.** *a.* (poét.) resplandeciente.—**irradiation** [-éi̯ŝọn], *s.* irradiación; brillo, esplendor; iluminación.
irradiative [-i̯v], *a.* radiante, refulgente.
irrational [ịrǽŝọnạl], *a.* irracional; absurdo, ilógico; (álg.) irracional.—**irrationality** [-ǽli̯ti̯], *s.* irracionalidad.—**irrationally** [-ạli̯], *adv.* irracionalmente.
irreclaimable [ịrikléi̯mạbl], *a.* incorregible; irredimible; inutilizable.—**irreclaimably** [-bli̯], *adv.* incorregiblemente; irremediablemente.
irreconcilable [ịrékọnsái̯lạbl]. **I.** *a.* irreconciliable, inconciliable; intransigente. **II.** *s.* (pol.) intransigente.—**irreconcilableness** [-nịs], *s.* irreconciliabilidad.—**irreconcilably** [-bli̯], *adv.* irreconciliablemente.
irrecoverable [ịrikʌ́vœrạbl], *a.* irreparable o irrecuperable; incobrable.—**irrecoverableness** [-nịs], *s.* calidad de irrecuperable.—**irrecoverably** [-bli̯], *adv.* irremediablemente, irreparablemente.
irrecusable [ịri̯ki̯úzạbl], *a.* irrecusable.
irredeemable [ịri̯dímạbl], *a.* irredimible; irremisible; inamortizable.—**irredeemably** [-bli̯], *adv.* de un modo irredimible; irremisiblemente.
irredenta [ịri̯déntạ]. **I.** *a.* irredento, irredimido. **II.** *s.* región irredimida.
Irridentist [-tịst], *a.* y *s.* (pol.) irredentista.
irreducible [ịri̯di̯úsi̯bl], *a.* irreducible; (mat.) irreductible.
irreflective [ịri̯fléktịv], *a.* irreflexivo.
irrefragability [ịréfrạgạbíli̯ti̯], *s.* irrefragabilidad.—**irrefragable** [-bl], *a.* irrefragable.—**irrefragably** [-bli̯], *adv.* irrefragablemente.
irrefrangible [ịri̯frǽndẑi̯bl], *a.* (ópt.) irrefrangible.—**irrefrangibility** [-bíli̯ti̯], *s.* irrefrangibilidad.
irrefutable [ịréfi̯utạbl], *a.* irrefutable.
irrefutably [-bli̯], *adv.* irrefutablemente.
irregular [ịrégyụlạ(r)], *a.* irregular; anormal.—**irregularity** [-ǽrịti̯], *s.* irregularidad; demasía, exceso.—**irregularly** [-li̯], *adv.* irregularmente.
irrelative [ịrélạtịv], *a.* inconexo, sin relación, regla, ni orden.
irrelatively [-li̯], *adv.* inconexamente.
irrelevancy [ịrélẹvạnsi̯], *s.* inaplicabilidad; impertinencia, inconexión; calidad de ajeno (a un asunto).—**irrelevant** [-ạnt], *a.* que está fuera de lugar, ajeno, inaplicable, impertinente, que no viene al caso.—**irrelevantly** [-li̯], *adv.* inconexamente, impertinentemente, saliéndose del asunto.
irrelievable [ịri̯lívạbl], *a.* irremediable, irreparable.
irreligion [ịri̯lídẑọn], *s.* irreligión.—**irreligious** [-dẑʌs], *a.* irreligioso.—**irreligiously** [-li̯], *adv.* irreligiosamente.
irreligiousness [-nịs], *s.* irreligiosidad.
irremediable [ịri̯mídi̯ạbl], *a.* irremediable.—**irremediableness** [-nịs], *s.* calidad de irremediable.—**irremediably** [-bli̯], *adv.* irremediablemente.
irremissible [ịri̯mísi̯bl], *a.* irremisible, imperdonable.—**irremissibleness** [-nịs], *s.* irremisibilidad.—**irremissibly** [-bli̯], *adv.* irremisiblemente.
irremovable [ịri̯múvạbl], *a.* inamovible; inmutable.
irreparability [ịrépạrạbíli̯ti̯], *s.* calidad de irreparable.—**irreparable** [-bl], *a.* irreparable.—**irreparably** [-bli̯], *adv.* irreparablemente.
irrepealable [ịri̯pílạbl], *a.* inabrogable, irrevocable.
irreplaceable [ịri̯pléi̯sạbl], *a.* irreemplazable, insu(b)stituíble.
irrepleviable [ịri̯plévi̯ạbl], *a.* (for.) irredimible.
irreprehensible [ịrɛpri̯hénsi̯bl], *a.* irreprensible.—**irreprehensibly** [-bli̯], *adv.* irreprensiblemente.
irrepressible [ịri̯présịbl], *a.* irreprimible, irrefrenable, indomable, incorregible.
irreproachable [ịri̯próụchạbl], *a.* irreprochable, irreprensible, intachable.—**irreproachably** [-bli̯], *adv.* intachablemente.
irresistibility [ịri̯zístịbíli̯ti̯], **irresistibleness** [-blnịs], *s.* irresistibilidad.—**irresistible** [-bl], *a.* irresistible, incontrastable.—**irresistibly** [-bli̯], *adv.* irresistiblemente.

irresoluble [irézoliubl], *a.* irresoluble.—**irresolubleness** [-nis], *s.* calidad de irresoluble.
irresolute [irézoliut], *a.* irresoluto, vacilante, indeciso.—**irresolutely** [-li], *adv.* irresolutamente. —**irresoluteness** [-nis], *s.* irresolución, vacilación, indecisión.—**irresolution** [-liúŝon], *s.* irresolución, indecisión.
irresolvable [irizálvabl], *a.* irresoluble; que no puede descomponerse.
irrespective [irispéktiv], *a.* (con **of**) con independencia de, sin consideración a, prescindiendo de.
irrespirable [irispáirabl], *a.* irrespirable.
irresponsibility [irispánsibíliti], *s.* irresponsabilidad.—**irresponsible** [-bl], *a.* irresponsable.—**irresponsibly** [-bli], *adv.* irresponsablemente.
irretraceable [iritréisabl], *a.* que no se puede desandar.
irretrievable [iritrívabl], *a.* irrecuperable, irreparable; incobrable.—**irretrievably** [-bli], *adv.* irreparablemente.
irreverence [irévẹrẹns], *s.* irreverencia.
irreverent [-ẹnt], *a.* irreverente.—**irreverently** [-li], *adv.* irreverentemente.
irreversible [irivœ́rsibl], *a.* no volvible o vertible; que no se puede volver al revés; irrevocable.
irreversibility [-bíliti], **irreversibleness** [-nis], *s.* carácter o calidad de no ser volvible, etc.; irrevocabilidad.—**irreversibly** [-bli], *adv.* irrevocablemente.
irrevocability [irévokabíliti], **irrevocableness** [-blnis], *s.* irrevocabilidad.
irrevocable [-bl], *a.* irrevocable.
irrevocably [-bli], *adv.* irrevocablemente.
irrigable [írigabl], *a.* regadizo, regadío.
irrigate [írigeit], *va.* regar; bañar, mojar, humedecer; (med.) irrigar.—**irrigation** [-éiŝon], *s.* riego, regadura; (med.) irrigación.—**irrigator** [-o(r)], *s.* carro de riego; (med.) irrigador.
irritability [íritabíliti], *s.* irritabilidad.
irritable [-bl], *a.* irritable.—**irritableness** [-nis], *s.* irritabilidad.
irritant [íritant], *a.* y *s.* irritante, irritador.
irritate [íriteit], *va.* irritar, exacerbar.—**irritation** [-éiŝon], *s.* irritación, exacerbación.—**irritative** [-iv], *a.* irritador, irritante.
irruption [irʌ́pŝon], *s.* irrupción, invasión.
irruptive [-tiv], *a.* irruptor, invasor.
is [iz], 3*d. pers. sing. pres. ind.* de TO BE.
isagogical [aisagádẑikal], *a.* isagógico.
isagogics [-iks], *s.* estudio crítico literario de la Biblia; introducción a la exégesis.
ischiatic [iskiǽtik], *a.* isquiático.
ischium [ískiʌm], *s.* (anat.) isquion, *m.*
Ishmaelite [íŝmielait], *s.* ismaelita, *mf.*
isinglass [áizinglæs], *s.* colapez, cola de pescado (ll. t. **i. glue**); (min.) mica.
Islam [íslam], **Islamism** [-izm], *s.* islam, islamismo.
Islamic [islǽmik], *a.* islámico.—**Islamite** [íslamait], *s.*, **Islamitic** [islamítik], *a.* islamita, *mf.*
island [áiland], *s.* isla, ínsula; zona (gen. plataforma o resalto) de seguridad o divisoria (en las calles y plazas).—**islander** [-œ(r)], *s.* isleño, insular.
isle [ail], *s.* isla, ínsula.—**islet** [áilit], *s.* isleta, cayo.
ism [ízm], *s.* doctrina, *ismo.*
isobar [áisobar], *s.* (meteor.) isobara, línea isobárica; (quím.) isobara.
isobaric [aisobárik], *a.* isobárico.
isocheimal [-káimal], *a.* isoquímeno.
isochromatic [-kromǽtik], *a.* isocromático.
isochronal *o* **isochronous** [aisákronal, -ʌs], *a.* isócrono.—**isochronism** [-izm], *s.* isocronismo. —**isochronize** [-aiz], *va.* hacer isócrono, poner en sincronismo.
isoclinal [aisokláinal], **isoclinic** [-klínik], *a.* isoclinal, isoclino, de igual inclinación.—**i. line,** línea que une los puntos de igual inclinación de la brújula.
isocline [áisoklain], *s.* (geol.) pliegue isoclinal.
isodiaphere [-dáiafir], *s.* (quím.) isodiáfero.
isodynamic [-dainǽmik], *a.* isodinámico.
isoelectronic [-ilɛktránik], *a.* (quím.) isoelectrónico.
isogonal [aiságonal], *a.* (geom.) isógono.
isogonic [aisogánik], *a.* isogónico.—**i. line,** línea isogónica.
isolate [áisoleit], *va.* aislar, separar, apartar; incomunicar.—**isolated** [-id], *a.* aislado, apartado; solitario, retirado; incomunicado.—**isolating** [-iŋ], *a.* aislador.—**isolation** [-éiŝon], *s.* aislamiento; incomunicación.—**isolationism** [-izm], *s.* aislacionismo, aislamientismo, prescindencia de otras naciones.—**isolationist** [-ist], *s.* aislacionista, aislamientista, partidario del aislamiento.—**isolator** [áisoleito(r)], *s.* aislador.
isomer [áisomœ(r)], *s.* (quím.) isómero.
isomeric [aisomérik], *a.* (quím.) isomérico.
isomerism [aisámẹrizm], *s.* (quím.) isomería.
isometric(al [aisométrik(al], *a.* isométrico.
isometropia [aisomɛtróupia], *s.* isometropía.
isomorphic [aisomɔ́rfik], *a.* (biol., miner., quím.) isomorfo.
isomorphism [aisomɔ́rfizm], *s.* (min.) isomorfismo, isomorfia.—**isomorphous** [-fʌs], *a.* isomorfo.
isoniazid [aisonáiazid], *s.* (farm.) isoniacida.
isoploid [áisoplɔid], *a.* (genét.) isoploide.
isopod [áisopad], *s.* y *a.* (zool.) isópodo.
isosceles [aisásẹliz], *a.* (geom.) isósceles.
isospore [áisospour], *s.* (bot.) isosporo.
isosporous [aisáspoʌs], *a.* (bot.) isospóreo.
isotheral [aisáθẹral], *a.* isótero.
isotherm [áisoθœrm], *s.* línea isoterma.—**isothermal** [-θœ́rmal], *a.* isotermo.
isotone [áisotoun], *s.* (quím.) isótono.
isotope [áisotoup], *s.* (quím.) isótopo.
isotopic [-tápik], *a.* isotópico.
isotropic [-trápik], *a.* isótropo, isotrópico.
isotropy [aisátropi], *s.* (fís.) isotropía, isotropismo.
Israel [ízriel], *s.* Israel.
Israeli [izréili], *s.* israelí.
Israelite [ízrielait], *s.* israelita, *mf.*
Israelitish, Israelitic [-iŝ, izrielítik], *a.* israelita, israelítico.
issuable [íŝuabl], *a.* emisible.
issuance [íŝuans], *s.* emisión; promulgación; publicación; distribución.
issue [íŝu]. **I.** *s.* (impr.) edición, tirada, impresión; número (de una revista, etc.); prole, *f.*, progenie, sucesión; (com.) emisión de valores; (for.) rentas, réditos, producto, beneficios; salida, egreso; (med.) flujo (de sangre, etc.); fuente, *f.*, principio, nacimiento; evento, consecuencia, resultado, éxito; decisión; tema (*m.*) de discusión, problema, *m.;* (med.) exutorio, fuente; (for.) punto en disputa.—**i. of blood,** pérdida de sangre.—**at i.**, o **in i.**, en disputa. **II.** *va.* echar, brotar, arrojar; dar; dictar, expedir, despachar; (com.) librar, emitir, poner en circulación; dar a luz, publicar. **III.** *vn.* salir, brotar, fluir, proceder, provenir; nacer; resultar; acabarse, terminarse, resolverse.
issueless [-lis], *a.* sin sucesión.
isthmian [ísmian], *a.* ístmico; *a.* y *s.* istmeño.
isthmus [ísmʌs], *s.* (geog., anat.) istmo.
istle [ístli], *s.* = IXTLE.
Istrian [ístrian], *s.* y *a.* istrio.
it [it], *pron. neutro* (*pl.* THEY). Se aplica a cosas inanimadas, a niños de teta y a los animales cuyo sexo no puede determinarse; por consiguiente corresponde en español a *él, ella, eso, ello, lo, la, le,* según los géneros y casos de las cosas a que se refiere; v. gr.: *have you the book?* —*I have it,* ¿tiene Vd. el libro?—Lo tengo. No se traduce cuando es sujeto gramatical de una oración que no tiene sujeto lógico (como las de verbos impersonales) o cuyo sujeto lógico (y gramatical en español) es un infinitivo o una frase: *it rains,* llueve; *it is late,* es tarde; *it is easy to promise,* es fácil prometer; *it is evident that he was there,* es evidente que él estaba allí.

No se traduce cuando sigue a un *s.* y precede a un tiempo de *to be* seguido de infinitivo (*his duty it is to go,* su deber es ir). Tampoco se traduce cuando se refiere a la hora (*what time is it?* ¿qué hora es? *it is six o'clock,* son las seis); ni en las expresiones *who is it?* ¿quién es? *it is I,* soy yo; *it is they,* son ellos; *it was he who spoke,* fué él quien habló, y otras análogas.—**i. is . . . which,** o **that,** es lo que (*it is money that you need,* dinero es lo que Vd. necesita).—**is i.?** ¿sí? ¿de veras?—**is i. not (so)?** ¿no es verdad? ¿verdad? ¿no es así?—**is that i.?** ¿es eso?—**not to be in i. with,** (fam.) no poderse comparar con, ser muy inferior a.—**that is i.,** eso es.

Italian [itǽlyan], *a.* y *s.* italiano.—**I. paste,** pasta de macarrones.—**Italianate** [-eit]. **I.** *a.* italianizado. **II.** *va.* italianizar.—**Italianism** [-izm], *s.* italianismo.—**Italianize** [-aiz], *va.* italianizar.

italic [itǽlik], *a.* (impr.) bastardilla, itálica (letra): (**I.**) itálico, italiano.

italicize [itǽlisaiz], *va.* poner en letra itálica o bastardilla; subrayar, dar énfasis.—**italics** [itǽliks], *s. pl.* (impr.) letra itálica, bastardilla o cursiva.

Italiot, Italiote [itǽliat, itǽliout], *s.* italiota, *mf.*, antiguo habitante griego de Italia.

Italy [ítali], *s.* Italia.

itch [ích]. **I.** *s.* sarna, comezón, *f.*, picazón, *f.;* prurito.—**i. insect, i. mite,** (ent.) ácaro, arador. **II.** *vn.* picar; sentir picazón o comezón; antojarse, tener prurito por algo; desear vehementemente.

itching [-iŋ], *s.* picazón, *f.*, comezón, *f.*, rascazón, *f.;* prurito, deseo vehemente.

itchy [-i], *a.* sarnoso; picante, hormigoso.

item [áitem]. **I.** *adv.* ítem; otrosí, aun más. **II.** *s.* partida; artículo; párrafo; detalle; renglón.

itemize [-aiz], *va.* detallar, especificar, particularizar, pormenorizar, circunstanciar.

iterable [íterabl], *a.* iterable.

iterant [íterant], *a.* iterativo.—**iterate** [ítereit], *va.* repetir, (re)iterar; inculcar.—**iteration** [-éiŝon], *s.* iteración, repetición.—**iterative** [-iv], *a.* iterativo; (gram.) frecuentativo.

itinerant [aitínerant]. **I.** *s.* viandante. **II.** *a.* ambulante, errante.

itinerary [-reri]. **I.** *s.* itinerario, ruta; relación de un viaje; guía de viajeros. **II.** *a.* itinerario, hecho en viaje.

itinerate [-reit], *vn.* seguir una ruta o itinerario.

its [its], *pron. posesivo neutro* (genitivo de *it*) su (de él, de ella, de ello), v. gr.: *a house with its furniture,* una casa con sus muebles.

itself [itsélf], *pron.* (se aplica solamente a las cosas) el mismo, la misma, lo mismo; v. gr.: *it moves of itself,* eso se mueve de sí, o por sí mismo; *she is virtue itself,* es la virtud misma.

ivied [áivid], *a.* cubierto de hiedra.

ivory [áivori]. **I.** *s.* marfil.—*pl.* cosas hechas de marfil; bolas de billar; (fam.) los dientes. **II.** *a.* ebúrneo, de marfil.

Ivory Coast. I. *s.* Costa de Marfil. **II.** *s.* y *a.* marfilense.

ivorylike [-laik], *a.* ebúrneo, marfileño.

ivory nut, *s.* (bot.) marfil vegetal, tagua.

ivory palm, *s.* (bot.) tagua.

ivory tower, *s.* (fig.) torre de marfil.

ivy [áivi], *s.* (bot.) hiedra o yedra; cazuz, *m.*

ixtle [íkstli], **ixtli,** *s.* istle, ixtle; fibra de Tampico o de istle.—**i. grass,** istle (la planta).

izzard [ízard], *s.* (ant.) la letra *z.*—**from A to i.,** de cabo a rabo, de pe a pa.

J

j [dżei], *s.* j.

jab [dżæb]. **I.** *va.* pinchar, punzar; (fam.) hurgonear. **II.** *s.* punzada, (fam.) hurgonazo, pinchazo.

jabber [dżǽbœ(r)]. **I.** *va.* charlar; farfullar; chapurr(e)ar (un idioma); (fam.) disparatar. **II.** *s.* jerga, jerigonza, guirigay.

jabberer [-œ(r)], *s.* farfullador, parlanchín.

jabiru [dżǽbiru], *s.* (orn.) jabirú, ave zancuda.

jaborandi [dżæborǽndi], *s.* (bot.) jaborandi, pilocarpo.

jabot [żæbóu], *s.* (cost.) chorrera.

jacamar [dżǽkamar], *s.* (orn.) jacamar.

jacana [dżǽkana], *s.* (orn.) jacana, ave zancuda.

jacaranda [dżækarǽnda], *s.* (bot.) jacaranda, abey.

jacent [dżéisent], *pa.* yacente.

jacinth [dżéisinθ], *s.* (min.) = ZIRCON.

jack [dżǽk]. **I.** *s.* mozo; hombre; marinero; macho del burro y otros animales; (mec.) gato, cric; barrilete, cárcel, *f.*, prensa, burro, borriquete; sacabotas; martinete o macillo del piano; torno de asador; cota de malla; (dep.) boliche; sota (de la baraja); (mar.) bandera de proa; (tlf.) jack; (fam.) blanca, dinero; linterna manual de proyección (para cazar, etc.).—*pl.* juego de la taba.—**j. afloat,** (fam.) marinero.—**j. boots,** botas grandes y fuertes.—**j.-in-the-box,** caja de sorpresa, muñeco en una caja de resorte; (mec.) cric.—**j.-of-all-trades,** estuche; aprendiz (*m.*) de todo y oficial de nada.—**j.-o'-lantern,** fuego fatuo; linterna hecha de una calabaza, con cara grotesca.—**j. plane,** (carp.) garlopa, cepillo desbastador.—**j. rabbit,** (zool.) liebre americana.—**j. shaft,** eje intermedio.—**j.-tar,** (fam.) marinero.—**j. towel,** toalla de un rodillo giratorio. **II.** *va.* (gen. con **up**) soliviar con un cric; (fam.) subir (precios, sueldos); (fam.) sermonear.

jackal [-al], *s.* (zool.) chacal; adive o adiva.

jackanapes [-aneips], *s.* mequetrefe.

jackass [-æs], *s.* (zool.) garañón, asno, borrico, burro; (fig.) asno, tonto, necio.

jackdaw [-dɔ], *s.* (orn.) grajo, chova.

jacket [dżǽkit]. **I.** *s.* chaquet(ill)a, jubón, jaqueta; envoltura, cubierta; forro; pellejo; cáscara; forro o envoltura metálica (de acero, etc.) de una bala de plomo; (mec.) chaqueta, camisa. **II.** *va.* enchaquetar, proveer o cubrir de chaqueta, etc.

jackknife [dżǽknaif], *s.* navaja de bolsillo.

jackpot [-pat], *s.* (póquer) envites acumulados; premio gordo.—**to hit the j.,** (fam.) ganar, llevarse el premio gordo.

jackscrew [-skru], *s.* (mec.) gato, cric, lirón.

jacksnipe [-snaip], *s.* (orn.) especie de becardón.

jackstaff [-stæf], *s.* (mar.) asta de bandera de proa o del bauprés.

jackstone [-stoun], *s.* taba, pito, taquín.—*pl.* juego de la taba.

jackstraw [-strɔ], *s.* efigie de paja; espantapájaros.—*pl.* juego con pajitas.

Jacobin [dżǽkobin], *s.* (igl.) dominico; (pol.) jacobino; demagogo; (orn.) pichón capuchino.

Jacobinic(al [-bínik(al], *a.* jacobínico.

Jacobinism [dżǽkobinizm], *s.* jacobinismo.

Jacobite [-bait], *a.* y *s.* jacobita, *mf.*

Jacob's-ladder [dżéikobz lǽdœ(r)], *s.* (bot.) polemonio; (mar.) escala de jarcias.—**J.'s staff,** bordón de peregrino; bastón con estoque; báculo de Jacob; ballestilla; (top.) estaca con un regatón que se usa en vez de trípode.

jaconet [dżǽkonet], *s.* (tej.) chaconada.

jac(ti)tation [dżæk(ti)téiŝon], *s.* (med.) agitación, desasosiego; fanfarronería, jactancia.

jaculatory [dżǽkiulatori], *a.* disparado; jaculatorio.—**j. prayer,** fervorín, jaculatoria.

jade [dżéid]. **I.** *s.* rocín, jamelgo; mujercilla; picarona, mala pécora; (min.) jade; nefrita, piedra nefrítica, piedra de ijada. **II.** *va.* cansar, acosar. **III.** *vn.* jadear, desalentarse.

jaded [-id], *a.* rendido; saciado, ahito.

jadish [-iŝ], *a.* viciosa (yegua); impúdica (mujer).

jag [dżǽg]. **I.** *va.* dentar, mellar. **II.** *s.* diente, punta; perno de lengüeta; melladura, mella, muesca; (fam.) pítima, turca, chispa.

jagged [-id], *a.* mellado, dent(ell)ado, serrado.—**j.-toothed,** helgado.—**jaggedness** [-nis], *s.* melladura.—**jaggy** [dżǽgi], *a.* = JAGGED.

jaguar [dżǽgwar], *s.* (zool.) jaguar.

jail [dźéịl]. I. *s.* cárcel, *f.*—**j. fever,** (med.) tifo.—**j. sentence,** condena. II. *va.* encarcelar, aprisionar.
jailbird [-bœrd], *s.* el que ha estado en presidio; presidiario, malhechor.
jailbreak [-breịk], *s.* escape (*m.*) o fuga violenta de una cárcel.
jailer [-œ(r)], *s.* carcelero.
jalap [dźǽlạp], *s.* (bot., farm.) jalapa.
jalapin [-ịn], *s.* (quím.) jalapina.
jalop(p)y [dźạlápị], *s.* (fam.) automóvil o avión viejo o en estado ruinoso; (Am.) fotingo.
jalousie [źálụzi], *s.* celosía.
jam [dźæm]. I. *s.* compota, conserva; apretura, apiñadura, agolpamiento; atoramiento, atascamiento; atascadero (fig.), situación peliaguda.—**j. nut** = LOCK NUT. II. *va.* apiñar; acuñar, apretar, estrechar, apachurrar, estrujar; atorar, trabar; (rad.) enredar la transmisión de (una difusora), causar interferencia en, hacer ininteligible por ondas perturbadoras emitidas por otra difusora. III. *vn.* atorarse, trabarse, agolparse.
Jamaica [dźạméịkạ], *s.* Jamaica.
Jamaican [-n], *s.* y *a.* jamaiquino.
jamb(e [dźæm], *s.* (arq.) jamba, quicial, montante, batiente (de puerta, etc.); (arm.) = JAMBEAU.
jambeau [dźæmbóụ], *s.* (arm.) canillera, greba, espinillera, esquinela.
jamboree [dźæmborí], *s.* lance del juego de *euchre*; reunión (inter)nacional de niños exploradores; (fam.) francachela.
jammed [dźæmd], *a.* atorado, trabado; de bote en bote, repleto.
jam session, *s.* (fam.) reunión informal de músicos de *jazz*, donde se improvisa de esta música.
jangle [dźǽŋgl]. I. *vn.* sonar en discordancia; reñir, altercar. II. *va.* hacer sonar de modo discordante. III. *s.* sonido discordante; disputa, querella, altercado; charla ociosa.
jangling [-glịŋ]. I. *a.* discordante. II. *s.* = JANGLE.
janitor [dźǽnịtọ(r)], *s.* portero; conserje.
Janizary [dźǽnịzɛrị], *s.* jenízaro.
Jansenism [dźǽnsẹnịzm], *s.* jansenismo.
Jansenist [-ịst], *s.* y *a.* jansenista.
January [dźǽnyụɛrị], *s.* enero.
Jap [dźæp], *a.* y *s.* (fam.) japonés.
japan [dźạpǽn]. I. *s.* (J.) Japón; charol; obra japonesa charolada. II. *va.* charolar; barnizar.
Japanese [dźæpạnís], *a.* y *s.* japonés, japonense, japón, nipón.
Japanese beetle, *s.* (ent.) escarabajo japonés.
Japanese lantern, *s.* farolito chino.
Japanese persimmon, *s.* (bot.) caqui.
Japhetic [dźeịfétịk], *a.* jafético.
japonica [dźạpánịkạ], *s.* (bot.) camelia japonesa; membrillo japonés.
jar [dźar]. I. *va.* sacudir, agitar, hacer vibrar o trepidar. II. *vn.* chirriar, hacer ruido desagradable; vibrar, trepidar; ludir, chocar; discordar.—**to j. on,** irritar, fastidiar. III. *s.* jarro o jarra; pote, tinaja, cántaro, tarro, botija; vibración, trepidación; sacudida; choque; pendencia, riña; chirrido, ruido desagradable.—**on the j.,** entreabierto.
jardinière [dźardịnír], *s.* jardinera, florero.
jargon [dźárgọn], *s.* jerga, jerigonza; caló.
jasmine [dźǽsmịn], *s.* (bot.) jazmín.
jasper [dźǽspœ(r)], *s.* (min.) jaspe.
jaundice [dźóndịs]. I. *s.* (med.) ictericia, aliacán; celotipia, predisposición. II. *va.* causar ictericia; predisponer, torcer.
jaundiced [-t], *pp.* y *a.* ictérico, cetrino, aciguatado, aliacanado.
jaunt [dźɔnt]. I. *vn.* corretear, ir y venir. II. *s.* excursión, caminata, paseata.
jauntiness [dźóntịnịs], *s.* viveza, gentileza, garbo, ligereza.
jaunty [dźóntị], *a.* vistoso, airoso, garboso.
Javanese [dźavạnís], *a.* y *s.* javanés, javo.
javelin [dźǽvlịn], *s.* jabalina, venablo.
jaw [dźó]. I. *s.* (anat.) maxilar, quijada, mandíbula; (mec.) boca, quijada, telera, mordaza; (fig., gen. *pl.*) abismo, fauces, *f. pl.*, garras; (fam.) charla, palabrería; vituperio. II. *a.* de (las) quijadas; de mordaza.—**j. clutch,** embrague de mordaza.—**j. crusher,** triturador de quijadas.—**j. teeth,** las muelas. III. *va.* y *vn.* (fam.) regañar, refunfuñar; charlar.
jawbone [-boụn], *s.* (anat.) maxilar, quijada, mandíbula (apl. esp. a la inferior).
jawbreaker [-breịkœ(r)], *s.* (fam.) terminacho impronunciable, trabalenguas; especie de dulce muy duro; (mec.) = JAW CRUSHER.
jay [dźeị], *s.* (fam.) rústico, chambón; simplón; (orn.) grajo; chova.
jaywalk [dźéịwɔk], *vn.* atravesar una calle sin consideración a las reglas y señales de tránsito.
jaywalker [dźéịwɔkœ(r)], *s.* (fam.) persona que cruza la calle en puntos peligrosos.
jazz [dźǽz]. I. *s. jazz,* música popular sincopada; baile con música de *jazz;* estilo rimbombante y excéntrico. II. *va.* (a veces con **up**) convertir en *jazz*, o meter *jazz* en (una pieza), *jazzificar.* III. *vn.* bailar o tocar *jazz;* hacer algo desordenadamente.
jazzy [-ị], *a.* que tiene *jazz* o se parece al *jazz.*
jealous [dźélʌs], *a.* celoso; envidioso.—**to be j.,** tener celos (de).—**to become j.,** encelarse.
jealously [-lị], *adv.* celosamente.
jealousy [-ị], **jealousness** [-nịs], *s.* celos, *m. pl.*, encelamiento, celotipia.
jean [dźin], *s.* (tej.) cierta tela cruzada o asargada de algodón.—*pl.* ropa, esp. pantalones, hecha de esta tela.
jeep [dźip], *s.* (mil.) jip, yip (automóvil).
jeer [dźír]. I. *va.* y *vn.* befar, mofar, escarnecer, burlarse. II. *s.* befa, mofa, burla, escarnio.—*pl.* **jeers,** (mar.) guindaste con sus drizas.
jeering [-ịŋ], *a.* mofador, escarnecedor.
Jehovah [dźịhóụvạ], *s.* Jehová.
jehu [dźíhịu], *s.* (fam.) cochero, auriga, *m.*
jejune [dźịdźún], *a.* falto; seco, estéril, árido; insípido.
jejuneness, jejunity [-nịs, -ịti], *s.* carestía, esterilidad; aridez, sequedad; pobreza; tibieza.
jejunum [dźịdźúnʌm], *s.* (anat.) yeyuno.
jellied [dźélịd], *a.* gelatinoso.
jellify [dźélịfaị], *va.* y *vn.* hacer(se) gelatinoso.
jelly [dźélị]. I. *s.* jalea. II. *va.* y *vn.* convertir(se) en jalea.
jellyfish [-fịś], *s.* (zool.) medusa, aguamar.
jennet [dźénɛt], *s.* jaca española; jumenta.
jenny [dźénị], *s.* torno, máquina para hilar; hembra de ciertos animales; asna, burra, jumenta; (orn.) = WREN; (mec.) grúa locomóvil.
jeopard [dźépạrd], **jeopardize** [-aịz], *va.* arriesgar, exponer, comprometer.—**jeopardy** [-ị], *s.* riesgo, peligro.
jerboa [dźœrbóụạ], *s.* (zool.) jerbo, gerbo.
jeremiad [dźɛrịmáịæd], *s.* jeremiada.
jerk [dźœrk]. I. *s.* tirón, sacudida, sacudimiento, vibración; salto, brinco, respingo; (mar.) socollada, gualdrapazo; (equit.) sobarbada. II. *va.* arrojar, dar un tirón, mover a tirones; sacudir, traquetear; atasajar carne, (Am.) charquear.—**jerked beef,** tasajo, cecina, (Am.) charque o charqui. III. *vn.* moverse a tirones.
jerkily [-ịlị], *adv.* a sacudidas.
jerkin [-ịn], *s.* justillo; chaquetón.
jerky [-ị], *a.* espasmódico.
jerry [dźérị], *a.* de inferior calidad; mal hecho, hecho a la diabla.—**j.-build,** *va.* y *vn.* edificar a la diabla, mal o con malos materiales.—**j.-builder,** *s.* constructor de casas baratas de inferior calidad.
jersey [dźœ́rzị], *s.* (tej.) estambre fino; camiseta, jubón o elástica de lana o de seda; (**J., zool.**) toro o vaca de la isla de Jersey (Ingl.).
Jerusalem artichoke, *s.* (bot.) especie de girasol tuberoso; (bot.) aguaturma, cotufa, pataca.
jess [dźɛs], *s.* (cetr.) pihuela.
jessamine [dźésạmịn], *s.* (bot.) jazmín.

jest [dźést]. I. *vn.* bromear, jaranear, chancearse, (fam.) guasearse. II. *s.* chanza, broma.
jester [-œ(r)], *s.* bufón; burlón, fisgón, guasón.
jesting [-iŋ]. I. *s.* (el) chancearse, uso de chanzas. II. *a.* chancero, guasón; de chanza.
jestingly [-li], *adv.* de burlas, por broma.
Jesuit [dźéźuit], *s.* jesuíta, *m.;* intrigante.—**J.'s bark,** quina.—**Jesuitic(al** [-ítik(al], *a.* jesuítico; ajesuitado.—**Jesuitically** [-i], *adv.* jesuíticamente.—**Jesuitism** [dźéźuitizm], *s.* jesuitismo.
jet [dźet]. I. *s.* (min.) azabache; chorro; surtidor; caño de salida, boquilla; mechero (de gas). II. *va.* arrojar, echar, lanzar. III. *vn.* salir en chorro.
jet-black [-blæk], *a.* azabachado.
jet bomber, *s.* (aer.) bombardero de reacción.
jet fighter, *s.* avión de combate de reacción.
jet fuel, *s.* (aer.) combustible para motores de reacción.
jetliner [-lainœ(r)], *s.* avión comercial de reacción.
jet pilot, *s.* piloto de un avión de reacción.
jet plane, *s.* avión de reacción.
jet-propelled [-propéld], *a.* (aer.) movido por motor de reacción; (fam.) de mucha potencia.
jet propulsion, *s.* (aer.) propulsión por reacción o chorro, retropropulsión.
jet-propulsion engine, *s.* motor de propulsión por reacción o chorro.
jetsam [dźétsam], **jetson** [-son], *s.* (mar.) echazón, *f.;* (for.) pecio. *V.* JETTISON.
jet sprayer, *s.* pulverizador, rociador a presión.
jet stream, *s.* (meteor.) corriente de vientos muy fuertes situada cerca de la troposfera; (aer.) estela de combustión (de un avión de reacción).
jettison [dźétison]. I. *va.* (mar.) echar mercancías al mar. II. *s.* (mar.) echazón, *f.;* (for.) pecio.
jetton [dźéton], *s.* ficha.
jet trainer, *s.* avión de entrenamiento de reacción.
jet-turbine engine, *s.* motor de turbina que mueve una hélice y utiliza la energía de la combustión en la acción de un chorro.
jetty [dźéti]. I. *a.* de azabache; negro. II. *s.* malecón, rompeolas, dique, muelle, espolón.
Jew [dźu], *s.* judío; israelita, *mf.*
jewel [dźúel]. I. *s.* joya, alhaja; gema, piedra preciosa; piedra (de reloj de bolsillo).—**j. box, case** o **casket,** joyero, joyelero, escriño. II. *va.* enjoy(el)ar, adornar con piedras preciosas.
jewel(l)er [-œ(r)], *s.* joyero, enjoyelador, diamantista, platero.—**jewelers' putty** = PUTTY POWDER.—**jeweler's shop,** joyería, platería.
jewel(le)ry [-ri], *s.* aderezo; joyas, *f. pl.*, pedrería; prendería; joyería.
Jewess [dźúis], *s.* judía.
jewfish [dźúfiś], *s.* (ict.) guasa.
Jewish [dźúiś], *a.* judío, judaico; ajudiado.
Jewishly [-li], *adv.* como judío, a la judía.
Jewry [dźúri], *s.* Judea; judería; ghetto.
jews'-harp [dźúz harp], *s.* (mús.) birimbao.
Jezebel [dźézebel], *s.* mujer viciosa y cruel.
jib [dźib], *s.* (mar.) foque.—**j. boom,** botalón de bauprés, tormentín.—**j. of a crane,** aguilón, pescante o pico de una grúa.
jibe [dźaib]. I. *va.* y *vn.* = GIBE; (mar.) (hacer) moverse de un lado a otro una vela o su botavara, al efectuarse ciertas maniobras. II. *vn.* (fam.) concordar, estar conforme o de acuerdo.
jiffy [dźífi], *s.* (fam.) instante, periquete.
jig [dźig]. I. *s.* (mús. y danz.) jiga; chasco, bromazo, petardo; (min.) criba; anzuelo cargado de plomo; (mec.) conductor o guía para fabricar piezas idénticas.—**j. saw,** sierra de vaivén.—**the j. is up,** (fam.) se ha frustrado el proyecto; no hay más esperanza. II. *va.* (mús.) cantar o tocar una jiga; sacudir de abajo hacia arriba; separar minerales con criba; (mec.) formar o adaptar por medio de guías. III. *vn.* bailar una jiga; pescar con anzuelo emplomado.
jigger [dźígœ(r)], *s.* bailador de jiga; cualquier utensilio que tiene movimiento de vaivén, v. gr., criba para minerales; rueda de alfarero; indicador eléctrico de precios; (mar.) aparejuelo, palanquín de socaire; (rad.) jígger, transformador Marconi; (ent.) nigua, pulga, garra, pata u otra sabandija; (fam.) cosilla, chisme, chuchería; aparato, artefacto, herramienta.
jiggle [dźígl], *va.* y *vn.* mover(se) ligeramente a tirones, de arriba abajo o de un lado a otro.
jigsaw puzzle [dźígsɔ pʌzl], *s.* rompecabezas hecho de un cuadro pictórico en cartón o madera, cortado en pedazos irregulares con sierra de vaivén.
jill o **Jill** [dźil], *s.* moza; querida; esposa.
jilt [dźilt]. I. *s.* mujer que da calabazas a su pretendiente. II. *va.* despedir o dar calabazas; (fam.) plantar, dejar colgado. III. *vn.* coquetear.
jim-crow [dźimkróu], *s.* encorvador de rieles.
jimmy [dźími], *s.* ganzúa, pie (*m.*) de cabra (para forzar puertas, ventanas, etc.).—**j. bar** = CROWBAR.
jingle [dźíngl]. I. *va.* y *vn.* retiñir, sonar o resonar; rimar. II. *s.* retintín, sonido metálico; cascabel; rima pueril, aleluya.—**jinglet** [-glet], *s.* escrupulillo de cascabel.
jingo [dźíŋgou], *s.* jingoísta, partidario de una política exterior agresiva.—**by j.!** ¡caramba! ¡por Dios!
jingoism [-izm], *s.* jingoísmo, política agresiva; odio de lo extranjero.
jingoist(ic [-ist (-ístik], *s.* y *a.* jingoísta.
jinni, jinnee [dźiní], *s.* (mit. mahom.) = GENIE.
jinny [dźíni], *s.* (min.) máquina fija de arrastre; JINNY ROAD.—**j. road,** (min.) plano inclinado para arrastre por gravedad.
jinx [dźiŋks], *s.* y *va.* (fam.) = HOODOO.
jitney [dźítni], *s.* (fam.) moneda de cinco centavos; (fam.) autobús.
jitter [dźítœ(r)], *vn.* (fam.) estar nervioso, intranquilo, desasosegado.—**jitters** [-z], *s. pl.* (fam.) intranquilidad, desasosiego, inquietud; ataque de nervios, nerviosismos.—**jittery** [-i], *a.* (fam.) nervioso, inquieto.
jive [dźáiv], *s.* (fam.) jerga, lenguaje hablado por músicos de *jazz*; música de *jazz.*
job [dźab]. I. *s.* tarea, trabajo; ocupación, empleo, (Mex., fam.) chamba; empresa; atraco; engañife.—**by the j.,** a destajo.—**on the j.,** en la tarea; en su puesto; (constr.) en el lugar de la obra. II. *va.* y *vn.* comprar al por mayor y revender al por menor; alquilar(se) al destajo; hacer destajo; especular con los fondos públicos.
jobber [-œ(r)], *s.* agiotador, agiotista; intrigante, destajero, destajista; remendero, remendón; (com.) negociante o traficante medianero, corredor.
jobbery [-œri], *s.* engañifa; agiotaje.
jobbing [-iŋ], *s.* negocio de comprar por mayor y revender por menor; agio; cambalache.—**j. house,** (com.) casa medianera entre los fabricantes o importadores y los detallistas.
jobless [-lis], *a.* sin empleo, cesante.
job lot, *s.* mercancías varias vendidas en montón.
job printing, *s.* impresión de remiendos.
Job's-tears [dźóubztírz], *s. pl.* (bot.) lágrimas de David, o de Job.
jockey [dźáki]. I. *s.* (dep.) jockey, yoquey; chalán; engañabobos, petardista. II. *va.* y *vn.* trampear, engañar; maniobrar hábilmente para sacar alguna ventaja.
jocose [dźokóus], *a.* jocoso.—**jocosely** [-li], *adv.* jocosamente.—**jocoseness** [-nis], **jocosity** [dźokásiti], *s.* jocosidad, alegría, chanza.
jocular [dźákiulą(r)], *a.* jocoso, chancero; burlesco.—**jocularity** [-æriti], *s.* jocosidad.—**jocularly** [-li], *adv.* jocosamente.
jocund [dźákʌnd], *a.* alegre, festivo, jovial.—**jocundity** [dźokʌ́nditi], *s.* alegría, jovialidad.—**jocundly** [dźákʌndli], *adv.* alegremente.
jodhpurs [dźádpœrz], *s. pl.* pantalón de montar.
jog [dźag]. I. *va.* empujar; dar un golpecito para llamar la atención; excitar suavemente, esti-

mular. **II.** *vn.* (con **on,** o **along**), moverse o ir despacio o a un trote corto. **III.** *s.* empujoncito, golpecito; estímulo; zangoloteo; trote lento; (mec.) muesca cuadrada.—**j. trot,** trote corto; pereza, lentitud; rutina.
joggle [džágl], *va.* y *vn.* empujar o moverse con sacudidas suaves.
John [džan], *s.* Juan. ú. para denotar un tipo nacional o genérico.—**j.-apple,** (bot.) especie de manzana tardía.—**J. Bull,** John Bull (Inglaterra; el pueblo inglés); (mec.) armazón (*f.*) de taladro.—**J. Chinaman,** cualquier chino; los chinos en general.—**J. Doe,** Fulano de Tal.—**J. Dory,** (ict.) dorado. *V.* DORY.—**J. Hancock,** la firma de una persona.
johnnycake [džánikeik], *s.* torta o pan de maíz.
Johnny-jump-up [-džʌ́mp-ʌp], *s.* (bot.) violeta que florece temprano en primavera; (bot.) pensamiento silvestre.
join [džóin]. **I.** *va.* juntar, unir, ensamblar, acoplar, empalmar; añadir; unir, casar; asociar; afiliarse, agregarse, incorporarse o unirse a, ingresar en, abrazar (un partido, etc.); empeñarse juntos, aunarse; chocar, embestir; lindar con.—**to j. battle,** librar batalla.—**to j. company,** incorporarse.—**to j. issue,** ponerse de acuerdo en algo como base de argumento; ponerse de punta; disputar.—**to j. the colors,** o (fam.) **j. up,** alistarse, enrolarse. **II.** *vn.* asociarse, unirse, juntarse, estar junto a; confluir.
joinder [-dœ(r)], *s.* = JOINING; (for.) junta, unión, asociación; aceptación por una de las partes de la alegación hecha por su contrario.
joiner [-œ(r)], *s.* ebanista, ensamblador, carpintero de blanco o de taller.
joinery [-i], *s.* ensambladura; ebanistería.
joining [-iŋ], *s.* unión, juntura, ensamblaje, trabamiento, cópula.—**j. press,** (carp.) cepo.
joint [džóint]. **I.** *s.* juntura, junta, unión, empalme, ensambladura, acopladura; conexión, enganche; coyuntura, articulación; nudillo; gozne, bisagra; charnela; (alb.) degolladura; cuarto de un animal; encuentro de un ave; (bot.) nudo; (fam.) tugurio, garito.—**out of j.,** desunido; descoyuntado, desbarajustado. **II.** *a.* unido, agrupado, colectivo; copartícipe; asociado; mixto; conjunto; de o por ambas cámaras (del congreso).—**j. account,** cuenta conjunta, mancomunada, o en participación.—**j. (ad)-venture,** empresa o riesgo colectivos.—**j. author,** coautor.—**j. bolt,** perno para juntas en T.—**j. commission,** comisión mixta.—**j. consent,** común acuerdo.—**j. file,** lima de acanalar bisagras.—**j. heir,** coheredero.—**j. meeting** = J. SESSION.—**j. owner,** condómino, co(n)propietario.—**j. pin,** perno, clavija.—**j. pipe,** manguito, golilla.—**j. possession,** coposesión.—**j. property,** propiedad indivisa.—**j. responsibility,** responsabilidad solidaria.—**j. session,** sesión plena, sesión conjunta.—**j. stock,** capital social, fondos en común.—**j.-stock company,** compañía por acciones, sociedad anónima.—**j. tenancy,** tenencia en mancomún, con derecho absoluto del sobreviviente.—**j. tenant,** inquilino mancomunado; comunero. **III.** *va.* juntar, unir, agregar; formar nudos, articulaciones o coyunturas; descuartizar. **IV.** *vn.* unirse por medio de articulaciones.
jointed [-id], *a.* nudoso; articulado.
jointer [-œ(r)], *s.* (carp.) juntera.
jointly [-li], *adv.* (con)juntamente, colectivamente, de consuno, mancomunadamente.—**j. and severally,** (for.) todos y cada uno de por sí.—**j. liable,** (for.) solidario.
jointure [džóinchū(r)], *s.* (for.) bienes parafernales.
joist [džɔist], *s.* (arq., carp.) viga, vigueta, cabio o cabrio, sopanda, carrera.
joke [džóuk]. **I.** *s.* broma, burla, chanza, chiste, chuscada.—**in j.,** en chanza, de broma. **II.** *vn.* bromear, chancear(se), (fam.) guasearse, gastar bromas.
joker [-œ(r)], *s.* burlón, bromista, chancero, guasón; naipe adicional en ciertos juegos; cláusula en un proyecto de ley que en efecto burla su intento; fallo o equivocación en un contrato que permite evadirlo.
jokingly [-iŋli], *adv.* de burlas, en chanza.
jollier [džálìœ(r)], *s.* candonguero; lisonjeador.—**jollification** [-fikéiŝon], *s.* parranda, retozo, holgorio.—**jolliness, jollity** [-inis, -iti], *s.* jovialidad, broma, alegría, regocijo.
jolly [džáli]. **I.** *a.* alegre, festivo, jovial; jaranero; divertido.—**j.-boat,** (mar.) botequín, serení.—**J. Roger,** bandera negra pirática. **II.** *adv.* (fam.) muy, sumamente. **III.** *va.* y *vn.* (fam.) candonguear, engatusar con zalamerías; lisonjear, seguir el humor (a).
jolt [džoult]. **I.** *va.* y *vn.* traque(te)ar, sacudir, dar sacudidas. **II.** *s.* sacudida, traque(te)o, salto.
jongleur [žáŋglœ(r)], *s.* trovador; bufón, juglar.
jonquil [džáŋkwil], *s.* (bot.) junquillo.
Jordan [džórdan], *s.* Jordania.
Jordanian [džɔrdéinian], *s.* y *a.* jordanio.
josh [džaŝ], *va.*, *vn.* y *s.* (fam.) = BANTER.
joss [džas], *s.* ídolo o dios chino.—**j. house,** templo para ídolos chinos.—**j. stick,** pebete; pajuela perfumada que los chinos queman ante sus ídolos.
jostle [džásl]. **I.** *va.* y *vn.* (r)empujar, empellar, codear. **II.** *s.* empellón, empujón.
jot [džat]. **I.** *s.* jota, pizca, ápice, tilde, *f.* **II.** *va.* (con **down**) apuntar, tomar notas.
joule [džaul *o* džul], *s.* (fís.) julio.
jounce [džauns]. **I.** *va.* y *vn.* sacudir, traquetear. **II.** *s.* sacudimiento, traqueteo.
journal [džœ́rnal], *s.* diario, periódico diario; revista (publicación); acta; diario (apuntes personales); (com.) diario (libro); (mec.) gorrón, mangueta.—**j. bearing, j. box,** cojinete, chumacera, muñonera; (f. c.) caja de sebo.
journalism [-izm], *s.* periodismo, (Am.) diarismo; la prensa.—**journalist** [-ist], *s.* periodista.—**journalistic** [-ístik], *a.* periodístico.
journalize [-aiz]. **I.** *va.* (com.) pasar al diario. **II.** *vn.* apuntar en un diario.
journey [džœ́rni]. **I.** *s.* jornada; viaje por tierra; camino, tránsito, pasaje. **II.** *vn.* viajar; recorrer un trayecto.—**journeyer** [-œ(r)], *s.* viajero.
journeyman [-man], *s.* oficial; mesero; jornalero.—**j. tailor,** oficial de sastre.—**journeywork** [-wœrk], *s.* jornal.
joust [džʌst *o* džaust]. **I.** *s.* justa, torneo. **II.** *vn.* justar, lidiar.—**jousting field,** liza.
jovial [džóuvial], *a.* jovial.—**joviality, jovialness** [-ǽliti, -nis], *s.* jovialidad, regocijo, festividad.—**jovially** [-i], *adv.* jovialmente.
jowl [džaul], *s.* carrillo; quijada; papada (del ganado); barba (de gallo); cabeza de pescado aderezada.
joy [džói], *s.* alegría, júbilo, regocijo; felicidad.—**j. ride,** paseo subrepticio en automóvil, en que se violan las ordenanzas, esp. las que restringen la velocidad.—**j. stick,** (aer.) palanca de gobierno.
joyful [-ful], *a.* alegre, gozoso, regocijado; placentero, festivo.—**joyfully** [-i], *adv.* gozosamente.—**joyfulness** [-nis], *s.* gozo, júbilo.
joyless [-lis], *a.* triste, sin gozo.—**joylessly** [-li], *adv.* tristemente.—**joylessness** [-nis], *s.* tristeza, abatimiento.
joyous [-ʌs], *a.* alegre, gozoso.—**joyously** [-li], *adv.* gozosamente.—**joyousness** [-nis], *s.* gozo, dicha, júbilo.
jubilant [džúbilant], *a.* jubiloso, alborozado, regocijado, alegre.—**jubilate** [-eit], *vn.* alegrarse, regocijarse.—**jubilation** [-éiŝon], *s.* júbilo, regocijo.
jubilee [džúbili], *s.* jubileo.
Judaic(al [džudéiik(al], *a.* judaico.
Judaically [-i], *adv.* a manera de judío.
Judaism [džúdiizm], *s.* judaísmo.—**Judaize** [džúdiaiz], *vn.* judaizar.—**Judaizer** [-œ(r)], *s.* judaizante.

Judea [džudíą], *s.* Judea.
judge [dž́ʌdž], *s.* juez, *m.;* magistrado de un tribunal de justicia; magistrado de la corte suprema; perito.—**J. Advocate,** auditor de guerra.—**to be no j. of,** no ser juez en, no entender de, no conocer. **II.** *va.* juzgar; sentenciar, fallar. **III.** *vn.* juzgar.—**judging by,** o **from,** a juzgar por.
judg(e)ment [-męnt], *s.* juicio, criterio, discernimiento; sentir, opinión, dictamen; (for.) fallo; sentencia; ejecutoria; juicio final.—**j. day,** día del juicio.—**j. of God,** juicio de Dios.—**j. seat,** tribunal.—**to the best of one's j.,** según el leal saber y entender de uno.
judgeship [-ŝįp], *s.* judicatura, magistratura.
judicable [džúdįkąbl], *a.* que puede ser juzgado. —**judicative** [-tįv], *a.* judicativo.—**judicatory** [-tǫrį]. **I.** *s.* tribunal de justicia; judicatura. **II.** *a.* judicial; jurídico.—**judicature** [-chųr], *s.* judicatura, magistratura; juzgado.
judicial [džųdíŝąl], *a.* judicial.—**j. astrology,** judiciaria.—**j. separation,** separación legal o judicial (de marido y mujer)—exime a los cónyuges de sus deberes como tales, pero no disuelve el matrimonio.
judicially [-į], *adv.* judicialmente.
judiciary [džųdíŝįęrį]. **I.** *a.* judiciario; judicial. **II.** *s.* administración de justicia; judicatura; magistratura; poder judicial.
judicious [džųdíŝʌs], *a.* juicioso, cuerdo, sensato, sesudo, atinado, circunspecto.—**judiciously** [-lį], *adv.* juiciosamente, cuerdamente, atinadamente.—**judiciousness** [-nįs], *s.* cordura, sensatez.
jug [džʌg]. **I.** *va.* introducir o cocer en una botija o cacharro; (fam.) encarcelar. **II.** *vn.* reclamarse (algunos pájaros); juntarse las perdices. **III.** *s.* botijuela, botijo; jarro, cacharro, cántaro, pote, porrón; reclamo del ruiseñor; (fam.) cárcel, *f.*
juggle [dž́ʌgl]. **I.** *vn.* hacer juegos de manos, escamot(e)ar; engañar, hacer trampas. **II.** *s.* juego de manos, escamoteo; impostura, engaño.
juggler [dž́ʌglœ(r)], *s.* prestidigitador, malabarista, escamoteador; impostor.
jugglery [-į], *s.* prestidigitación, juegos malabares, escamoteo; engaño, trampa.
juggling [-įŋ], *s.* juegos malabares.
Jugoslav [yúgoslάv], *s.*, **Jugoslavian, Jugoslavic** [-įąn, -įk], *a.* yugoeslavo.
jugular [dž́ʌgyūlą̈(r)]. **I.** *a.* (anat.) yugular. **II.** *s.* vena yugular.
juice [džús], *s.* zumo; jugo, substancia; (fam.) electricidad.—**j. of the sugar cane,** zumo de caña, guarapo.
juiceless [-lįs], *a.* seco, sin jugo.
juiciness [-įnįs], *s.* jugosidad, suculencia.
juicy [-į], *a.* jugoso, zumoso, suculento.
jujitsu [džudž́ítsu], *s.* jiu-jitsu, método japonés de combatir brazo a brazo sin armas.
jujube [džúdžub], *s.* azufaifa, yuyuba, jínjol, guinja.—**j. tree,** (bot.) guinjo, azufaifo.
juke box [džuk baks], *s.* (fam.) fonógrafo automático de moneda, tragamonedas, (Cuba) traganíqueles, (Mex.) tragadieces.
juke joint, *s.* (fam.) lugar (fonda, tasca, etc.) donde hay un tragamonedas.
julep [džúlįp], *s.* (farm.) julepe; cierta bebida.
Julian [džúlyąn], *a.* juliano.
julienne [džulįén], *s.* (coc.) sopa Juliana.
July [džųlái], *s.* julio.
jumble [dž́ʌmbl]. **I.** *va.* mezclar, arrebujar, (fam.) emburujar; confundir. **II.** *vn.* mezclarse, revolverse, confundirse. **III.** *s.* mezcla, revoltillo, embrollo, mezcolanza; bollito delgado y dulce.
jumbo [dž́ʌmboų]. **I.** *s.* (fam.) cǫloso, cosa o animal enorme. **II.** *a.* colosal, gigantesco.
jump [dž́ʌmp]. **I.** *va.* saltar por encima de o al otro lado de; hacer saltar; saltarse, omitir; en el juego de damas, comer un peón.—**to j. one's bail,** fugarse uno estando bajo fianza.—**to j. the track,** (f. c.) descarrilar. **II.** *vn.* saltar, brincar; cabriolar; subir rápidamente (precios, etc.); (con **with**) convenir, concordar.—**j. at,** apresurarse a aprovechar.—**to j. on,** arremeter a; (fam.) poner como nuevo.—**to j. over,** saltar por encima de.—**to j. to a conclusion,** sacar precipitadamente una conclusión. **III.** *s.* salto, brinco, cabriola; repullo; (dep.) pista de saltos (esquí); (fam.) ventaja; (min.) falla de una vena.—**j. joint,** junta a tope; junta en ras.—**j. rope,** comba.—**j. spark,** (elec.) chispa en el entrehierro o en cualquier otro espacio de separación.—**on the j.,** de un salto, al vuelo.—**to get,** o **have, the j. on,** (fam.) tomar la delantera a, adelantársele a uno.
jumper [-œ(r)], *s.* saltador, brincador; blusa de obrero o de mujer; zamarra de pieles; narria, rastra; usurpador de una mina denunciada por otro; (mec.) barreta de mina, taladro de mano; (elec.) alambre de cierre.—*pl.* = ROMPERS.
jumping bean, *s.* frijoles saltarines.
jumping jack [-iŋ džæk], *s.* títere.
jumpy [-į], *a.* nervioso o excitable en exceso.
junction [dž́ʌŋkŝǫn], *s.* conexión, junta, unión; trabadura, acopladura; bifurcación; (f. c.) entronque, empalme, confluencia de dos o más vías.—**j. box,** (elec.) caja de conexiones; caja de derivación.
juncture [dž́ʌŋkchų̈r], *s.* junta, juntura; coyuntura, articulación; ocasión, oportunidad; trance, momento o circunstancia críticos; exigencia.
June [džun], *s.* junio.—**J. bug,** (ent.) abejorro (coleóptero), variedad de escarabajo.
jungle [dž́ʌŋgl], *s.* maraña, matorral, zarzal; (Am.) selva, bosque virgen, jungla.—**j. fever;** (med.) fiebre palúdica de la India.
jungly [dž́ʌŋglį], *a.* enmarañado, lleno de matorrales.
junior [džúnyǫ(r)]. **I.** *s.* estudiante de penúltimo (gen. de tercer año); joven; (igl.) júnior. **II.** *a.* más joven; hijo (gen. en la forma abreviada *jr.* o *Jr.*, v. gr. *Alexander Dumas, Jr.*, Alejandro Dumas, hijo); de penúltimo año (estudiante); menor; más nuevo o reciente; menos antiguo; posterior; segundo, subordinado, subalterno.—**j. college,** escuela semisuperior, en que se cursan sólo los dos primeros años de las escuelas superiores o universitarias; escuela de estudios universitarios de primero y segundo años.—**j. high school,** escuela secundaria inferior (escuela intermedia entre la elemental y la secundaria).—**j. partner,** socio menos antiguo, socio menor.
juniorate [-eit], *s.* (igl.) jovenado.
juniority [džunyárįtį], *s.* condición de *junior.*
juniper [džúnįpœ(r)], *s.* (bot.) enebro; junípero. —**j. berry,** nebrina.—**j. oil,** miera.
junk [džʌŋk], *s.* (mar.) junco, champán; chicote; hierro viejo, chatarra; cecina; (fam.) cascajo, basura, hojarasca.—**j. dealer,** chapucero.
Junker [yúŋkœ(r)], *s.* joven noble alemán; aristócrata reaccionario alemán.
junket [dž́ʌŋkįt]. **I.** *va.* y *vn.* tener o dar un convite; festejar, obsequiar; andar de parranda. **II.** *s.* (coc.) manjar de leche, cuajo y azúcar.
junket(ing [-įŋ], *s.* festín, francachela; jira.
junkman [dž́ʌŋkmąn], *s.* chapucero, traficante en hierro viejo, trapos, papeles, etc.
junta [dž́ʌntą̈], *s.* junta, asamblea; tribunal.
junto [dž́ʌntoų], *s.* cábala, cabildeo.
jupon [džúpan], *s.* jubón.
jural [dž́ųrąl], *a.* jurídico; rel. a la ley.
jurant [dž́ųrąnt], *a.* juramentado.
Jurassic [džųrǽsįk], *a.* jurásico.
juratory [dž́ųrątǫrį], *a.* juratorio.
jurel [hųrél], *s.* (ict.) jurel, chicharro.
juridic(al [džųrídįk(ąl], *a.* jurídico, judicial.
juridically [-į], *adv.* jurídicamente.
jurisconsult [džųrįskánsʌlt], *s.* jurisconsulto.
jurisdiction [-díkŝǫn], *s.* jurisdicción; potestad, poderío; fuero; competencia.—**jurisdictional** [-ąl], **jurisdictive** [-díktįv], *a.* jurisdiccional.
jurisprudence [-prúdęns], *s.* jurisprudencia.— **jurisprudent** [-ęnt], *a.* y *s.* jurisperito, jurisconsulto.

jurist [dźúrist], *s.* jurista, jurisconsulto.
juristic [dźurístik], *a.* jurídico.—**j. person,** persona jurídica, entidad jurídica.
juror [dźúrǫ(r)], *s.* (for.) jurado (individuo).
jury [dzúri], *s.* (for.) jurado (cuerpo e institución). —**j. box,** tribuna del jurado.
juryman [-man], *s.* jurado (persona).
jurymast [dźúrimæst], *s.* (mar.) bandola.
just [dźʌst]. **I.** *a.* justo, honrado, recto, justiciero; justificado; legal; legítimo, bien fundado; fiel, exacto, cabal. **II.** *adv.* justamente, exactamente; casi; sólo, no más que; apenas; simplemente; hace un momento.—**j. about,** poco más o menos; o poco menos (*this is just about right,* esto está bien, o poco menos).—**j. arrived,** recién llegado.—**j. as,** al momento que, al tiempo que; cuando; no bien; lo mismo que, semejante a.—**j. as you please,** como Vd. guste.—**j. beyond,** un poco más allá.—**j. by,** al lado, al canto, aquí cerca.—**j. now,** ahora mismo, en este mismo instante, poco hace.—**j. so,** ni más ni menos.—**to have but j. time,** tener el tiempo preciso.—**to have j.** (seguido de participio), acabar de (seguido de infinitivo): *I have just arrived,* acabo de llegar.
just [dźʌst], *vn.* y *s.* = JOUST.
justice [dźʌ́stis], *s.* justicia; razón, *f.*, derecho; (for.) juez, *m.*; magistrado.—**j. of the peace,** juez de paz, alcalde.
justiceship [-ŝip], *s.* justiciazgo, judicatura.
justiciable [dźʌstíŝiabl], *a.* justiciable.
justiciary [-íŝieri], *a.* judicial.
justifiable [dźʌ́stifaiabl], *a.* justificable.—**justifiableness** [-nis], *s.* calidad de justificable.—**justifiably** [-bli], *adv.* justificadamente.—**justification** [-fikéiŝǫn], *s.* justificación; descargo, defensa; razón (*f.*) de ser.
justificative [dźʌ́stifikeitiv], **justificatory** [-fikeitori], *a.* justificativo, defensivo.
justifier [-faiœ(r)], *s.* justificador, justificante; calibrador; (impr.) justificador, ajustador.
justify [-fai], *va.* justificar, probar en justicia; sincerar, vindicar; absolver; (teol.) absolver, perdonar; (impr.) justificar, ajustar.
Justinian [dźʌstínian], *a.* justinianeo.—**J. Code,** Código Justinianeo.
justle [dźʌ́sl], *s.* y *v.* = JOSTLE.
justly [dźʌ́stli], *adv.* justamente, rectamente; a justo título; debidamente, dignamente; exactamente, precisamente.—**justness** [-nis], *s.* justicia; exactitud; propiedad; regularidad; primor.
jut [dźʌt]. **I.** *vn.* (a veces con **out**) sobresalir, (re)salir, resaltar, proyectar, volar; combarse. **II.** *s.* salidizo, vuelo, retallo, resalto.—**j. window,** ventana saliente, mirador.
jute [dźut], *s.* yute, cáñamo de las Indias.
juvenescence [dźuvenésens], *s.* rejuvenecimiento, renovación de la juventud.—**juvenescent** [-ent], *a.* rejuveneciente, que se remoza.
juvenile [dźúvenil]. **I.** *s.* mozo, joven; (teat.) galancete. **II.** *a.* juvenil, joven.
juvenile court, *s.* tribunal o corte de menores.
juvenile delinquency, *s.* (for.) delincuencia juvenil o de menores.
juvenility [-íliti], *s.* mocedad, juventud.
juxtapose [dźʌkstapóuz], *va.* yuxtaponer.
juxtaposition [-pouzíŝǫn], *s.* yuxtaposición, contigüidad.

K

k [kei], *s.* k.
Kabyle [kabáil], *s.* cabila.
Kafir, Kaffir [kǽfœ(r)], *s.* cafre; infiel (entre los mahometanos).
kaiak [káiyæk], *s.* = KAYAK.
kail, kale [keil], *s.* (bot.) variedad de col rizada.
Kaiser [káizœ(r)], *s.* káiser, emperador alemán o austríaco.—**kaiserdom** [-dʌm], *s.* puesto, oficio o dominio de un káiser; kaiserismo.
kaki [káki], *s.* (bot.) caqui, kaki, níspero del Japón.
kaleidoscope [kaláidoskoup], *s.* calidoscopio.
kaleidoscopic [-skápik], *a.* calidoscópico; variado, pintoresco.
kalends [kǽlendz], *s. pl.* = CALENDS.
kali [kǽli], *s.* (bot.) barrilla.
kalif, kalifate, = CALIF, CALIFATE.
kalium [kéiliʌm], *s.* (quím.) potasio.
kalmia [kǽlmiä], *s.* (Am., bot.) kalmia.
Kalmuck [kǽlmʌk], *s.* y *a.* calmuco.
kalsomine [kǽlsomain], *v.* y *s.* = CALCIMINE.
Kamerad [kamœrát]. **I.** *s.* camarada (usado por los soldados alemanes en señal de rendición). **II.** *vn.* (**k.,** fam.) rendirse, dar el *camarada.*
Kanaka [kǽnakä], *s.* natural de las islas de Hawái.
kangaroo [kæŋgarú], *s.* (zool.) canguro.
kangaroo court, *s.* tribunal irregular.
kangaroo rat, *s.* (zool.) rata canguro; (zool.) marsupial australiano (parecido a una rata).
Kantian [kǽntian], *a.* y *s.* kantiano, kantista.
Kantianism [-izm], *s.* kantismo.
kaolin [kéiolin], *s.* caolín.
Kapellmeister [kapélmaistœ(r)], *s.* maestro de capilla; director de un coro, orquesta o banda.
kapok [kéipak], *s.* capoc, capoca o kapoc, especie de lana de ceiba.—**k. tree,** capoquero.
kappa [kǽpä], *s.* kappa (letra griega).
karakul [kǽrakul], *s.* caracul, astracán (piel).
karat [kǽrat], *s.* (joy.) quilate.
karyokinesis [kærìokinísis], *s.* (biol.) cariocinesis, mitosis, multiplicación de las células por división indirecta.
kation [kǽtaiǫn], *s.* (fís.) catión, *m.*
katydid [kéitidid], *s.* (ent.) chicharra, cicada, insecto ortóptero.
kauri, kaury [káuri], *s.* (bot.) pino de la Nueva Zelandia, y su resina.
kayak [káiyæk], *s.* kayak, canoa de los esquimales.
kayo [kéióu], *s.* y *va.* (fam.) = KNOCKOUT.
kazoo [kazú], *s.* chicharra (instrumento).
keck [kek], *vn.* arquear.
keckle [kékl], *va.* (mar.) aforrar un cable.
keddah [kédä], *s.* trampa de elefantes.
kedge [kedź], *s.* (mar.) anclote.
keel [kíl]. **I.** *s.* (mar.) quilla. **II.** *va.* y *vn.* poner la quilla; (poét.) surcar el mar; dar carena.—**to k. over,** (fam.) volcarse; desplomarse; desmayarse.
keelage [-idź], *s.* (mar.) derechos de quilla.
keelhaul [-hol], *va.* (mar.) pasar por debajo de la quilla (castigo).
keelson [kélsǫn], *s.* (mar.) sobrequilla.
keen [kín], *a.* afilado; aguzado; agudo, penetrante, sutil, vivo; astuto, ladino; perspicaz; ansioso, vehemente; acre, mordaz, incisivo.
keenly [-li], *adv.* agudamente, profundamente; sutilmente; con viveza.
keenness [-nis], *s.* agudeza; sutileza, perspicacia, penetración; ansia, anhelo.
keep [kíp], *va.* (*pret.* y *pp.* KEPT) conservar; quedarse con; guardar (una cosa, un secreto, un mandamiento, la cuaresma, cama, un rebaño); tener (criados, secretario, un perro); dirigir, manejar (hotel, tienda, etc.); alojar, dar hospedaje a por paga, tener (*he keeps boarders,* tiene huéspedes, da hospedaje, o tiene casa de huéspedes); llevar (cuentas, libros); cumplir (la palabra, una promesa); mantener; detener, demorar; contener; mantenerse en.—**to k. an eye on,** vigilar.—**to k. at bay,** tener a raya.—**to k. awake,** desvelar (ú. del café, etc.).—**to k. away,** tener o retener alejado; no dejar venir, entrar, etc.—**to k. back,** detener; ocultar; impedir; preservar, guardar o reservar; restringir. —**to k. bad, o late, hours,** acostarse tarde.—**to k. body and soul together,** vivir, ir viviendo, no pasar hambre.—**to k. cash,** ser cajero.—**to k. company,** acompañar; tener amores o casamiento arreglado.—**to k. company with,** pasar el tiempo en compañía de; (fam.) cortejar.—**to k. down,** sujetar; reprimir.—**to k. from,** mantener lejos de; impedir (cambiando el giro).—**to k. early, o good hours,** acostarse temprano.—**to k. house,**

tener hogar propio; manejar casa.—**to k. in,** mantener dentro; no dejar salir.—**to k. in mind,** recordar; tener en cuenta.—**to k. informed** (**of**), tener al corriente o al tanto (de).—**to k. off,** detener; tener a distancia; cerrar el paso a.—**to k. on,** mantener; continuar.—**to k. one's counsel,** callar, no decir nada.—**to k. one's countenance,** no alterarse, permanecer inmutable.—**to k. one's distance,** mantenerse dentro de propios límites, no tomarse libertades.—**to k. one's end up,** mantenerse en su puesto, no aflojar.—**to k. one's eyes open,** mantenerse alerta, no dormirse (fig.).—**to k. one's ground,** mantenerse en su puesto, defenderse bien.—**to k. one's hands off,** no tocar, no meterse en.—**to k. one's head,** no perder la cabeza, mantener su sangre fría.—**to k. one's temper,** contenerse; obrar con calma.—**to k. one's word,** cumplir su palabra, tener palabra.—**to k. open house,** mantener la puerta abierta (fig.), ofrecer hospitalidad o hacer invitaciones de continuo.—**to k. out,** no dejar entrar; excluir.—**to k. out of sight,** no dejar ver; quitar de delante.—**to k. pace with,** marchar con, ir al mismo paso que, correr parejas con.—**to k. step,** llevar o marcar el paso.—**to k. tally,** llevar la cuenta.—**to k. the ball rolling,** mantener el fuego ardiendo (fig.), mantener la animación, conversación, etc.—**to k. the bowels open,** mantener libre el vientre.—**to k. the land aboard,** (mar.) mantenerse inmediato a la costa.—**to k. the peace,** mantener la paz o el orden público.—**to k. the pot boiling,** ganarse la vida; mantener la actividad.—**to k.** (**the**) **score,** tantear, llevar la cuenta.—**to k. the wind,** navegar de bolina.—**to k. the wolf from the door,** guardarse del hambre o la pobreza.—**to k. time,** marcar la hora, andar (el reloj); llevar o marcar el compás.—**to k. track of,** seguir la pista a, no perder de vista.—**to k. under,** sujetar, oprimir.—**to k. up,** mantener, conservar.—**to k. up appearances,** salvar las apariencias.—**to k. up one's spirits,** mantener su valor, no desalentarse.

keep [kíp], *vn.* mantenerse, sostenerse; durar sin dañarse; acostumbrar, soler; continuar; perseverar; permanecer, quedarse.—**to k. along,** continuar, seguir, proseguir.—**to k. aloof,** permanecer apartado, no meterse, no tomar parte.—**to k. at it,** (fam.) perseverar, persistir.—**to k. at home,** quedarse en casa.—**to k. away,** mantenerse apartado, no acercarse.—**to k. from,** abstenerse de; no meterse en.—**to k. in,** permanecer dentro; estarse en casa.—**to k. off,** no entrar a; no tocar; no andar sobre o por; mantenerse fuera o lejos de.—**to k. on,** seguir, proseguir.—**to k. out of,** no meterse en, evitar.—**to k. out of sight,** mantenerse oculto, no mostrarse.—**to k. out of the way,** estarse o hacerse a un lado; esconderse, sacar el cuerpo.—**to k. to,** adherirse estrictamente a; seguir por.—**to k. up,** mantenerse firme; persistir; no cejar; estar de jarana.—**to k. up with** = TO K. PACE WITH.

keep, *s.* manutención, subsistencia; receptáculo, depósito; torreón, alcázar; castillo.—**for keeps,** para guardar, para quedarse con ello; permanentemente.

keeper [-œ(r)], *s.* guarda, *mf.*, guardián, custodio, defensor; alcaide, conserje; loquero; tenedor; carcelero; guardabosque; armadura (de un imán).—**k. of the great seal,** guardasellos del rey.—**k. of the keys,** llavero.—**k. of the records,** archivero.—**k.'s lodge,** casilla.

keepership [-ŝip], *s.* guardería, alcaidía.

keeping [-iŋ], *s.* cargo, custodia, mantenimiento; cuidado, preservación, defensa; guarda.—**in k. with,** en armonía con, de conformidad con, por el mismo estilo que, al mismo tenor que.

keepsake [-seik], *s.* regalo, recuerdo.

keeve [kiv], *s.* cuba en que fermenta la cerveza.

keg [kɛg], *s.* cuñete, barrilito, cubete, pipote.

keir [kir], *s.* cuba, tanque de blanquear.

kelp [kɛlp], *s.* algas marinas y sus cenizas, de las que se obtiene el yodo; sosa.

Kelt, Keltic [kélt, -ik], = CELT, etc.

kelter [kéltœ(r)], *s.* = KILTER.

Kelvin scale [kélvin skeil], *s.* (fís.) escala absoluta (de temperaturas).

ken [kɛn]. **I.** *va.* (ant. y Esco.) saber, conocer; divisar. **II.** *s.* alcance de la vista; percepción mental.

kennel [kénel]. **I.** *s.* perrera; jauría; canal, desagüe; zorrera; cuchitril. **II.** *va.* y *vn.* tener o estar en perrera.

keno [kínou], *s.* juego casero semejante a la lotería.

kentledge [kéntlɛdẑ], *s.* (mar.) enjunque.

Kenya [kénya, kínya], *s.* Kenia.

Kenyan [-n], *s.* y *a.* keniano.

kepi [képi], *s.* (mil.) quepis o kepis, *m.*

kept [kɛpt], *pret.* y *pp.* de TO KEEP.—**k. mistress,** o **woman,** manceba, querida.

keramic [kirǽmik], *a.* = CERAMIC.

keratin [kératin], *s.* (bioquím.) queratina.

keratitis [kɛratáitis], *s.* (med.) queratitis.

keratosis [kɛratóusis], *s.* (med.) queratosis.

kerbstone, *s.* (Ingl.) = CURBSTONE.

kerchief [kœ́rchif], *s.* pañuelo.

kerf [kœrf], *s.* corte que hace la sierra en la madera; cortadura que hace una máquina de tundir.

kermes [kœ́rmiz], *s.* (ent.) quermes, kermes, carmes, grana.—**k. oak,** (bot.) coscoja.—**k. berry,** grana, coscojo.

kermess [kœ́rmis], **kermis** [-is], *s.* quermese, *f.*, verbena, bazar, fiesta, romería.

kern [kœrn], *s.* (impr.) hombro de una letra; (ant.) patán; (hist.) soldado irlandés.

kernel [kœ́rnel]. **I.** *s.* almendra, pepita, meollo o semilla carnosa de cualquier fruto drupáceo; grano de maíz; (fig.) meollo, medula, núcleo. **II.** *vn.* formarse almendra; (agr.) granar.

kernel(**l**)**ed** [-d], *a.* que tiene almendra o pepita, etc.

kernelly [-i], *a.* almendrado; granado.

kerosene [kérosin], *s.* petróleo destilado, querosén, kerosena, (Am.) kerosén, kerosina, kerosene.

kersey [kœ́rzi], *s.* (tej.) buriel.

kerseymere [-mir], *s.* (tej.) casimir.

kestrel [késtrel], *s.* (orn.) cernícalo.

ketch [kɛch], *s.* (mar.) queche.

ketchup [kéchʌp], *s.* = CATSUP O CATCHUP.

ketone [kítoun], *s.* (quím.) quetona, acetona.

kettle [kétl], *s.* caldera, marmita, olla, perol, paila.—(**a fine**) **k. of fish,** lío, embrollo.

kettledrum [-drʌm], *s.* (mús.) timbal, atabal, tímpano; (fam.) tertulia de confianza por la tarde.

kettledrummer [-œ(r)], *s.* timbalero, atabalero.

kettleful [-ful], *s.* calderada.

kevel [kével], *s.* (mar.) manigueta.

key [ki]. **I.** *s.* llave, *f.*; clave, *f.*, buscapié, contracifra; fundamento; persona o cosa principal; tono (de la voz); estilo; tabla, cuadro; (mec.) llave, destornillador; chaveta; cuña; (arq.) clave, dovela; (enc.) clavija; (arti.) sotrozo; (elec.) llave, conmutador; tecla (del piano, de máquina de escribir o de las de componer y distribuir tipos); pistón o llave de los instrumentos de viento; (mús.) clave, llave, tono; (mar.) cayo, isleta; muelle.—**k. action,** teclado y mecanismo de un órgano o piano.—**k. bolt,** perno de chaveta.—**k. bugle,** corneta de llaves.—**k. rack,** llavero, taquilla.—**k. ring,** llavero.—**k. seat,** cajera de cuña.—**k. tone** = KEYNOTE.—**in k.,** templado, de acuerdo, en armonía.—**off** (**the**) **k.,** fuera del tono, destemplado. **II.** *a.* principal; que sirve de clave o de guía; fundamental; estratégico. **III.** *va.* enchavetar, calzar, acuñar; poner llaves; afinar, templar con llave.

keyboard [kíbord], *s.* teclado.

keyed [kíd], *a.* que tiene llaves o teclas; estirado; templado, afinado.—**k. up,** excitado, agitado.

keyhole [kíhoul], *s.* bocallave, *f.*, ojo de la cerradura.—**k. saw,** sierra de punta o de calador.
keynote [kínout], *s.* (mús.) nota tónica; principio fundamental, piedra angular.—**k. address,** o **speech,** discurso de apertura (de una convención política, etc.), declaración de principios y programa.—**keynoter** [-œ(r)], *s.* orador que pronuncia el discurso de apertura, en que se enuncia el programa del partido, etc.
keystone [kístoun], *s.* (arq.) clave, llave (*f.*) de arco.
keyway [kíwei], *s.* = KEY SEAT.
khaki [káki], *s.* kaki, caqui (tela y color).
khan [kan], *s.* kan o khan (título); kan, posada o mesón en Turquía, etc.; caravanera.—**khanate** [-eit], *s.* kanato.
khedive [kedív], *s.* jedive (virrey).
kibe [káib], *s.* grieta en la piel; sabañón ulcerado.
kibed [-d], **kiby** [-i], *a.* lleno de sabañones.
kibitz [kíbits], *va.* (fam.) observar y prestar ayuda ni pedida ni deseada.
kibitzer [kíbitzœ(r)], *s.* (fam.) mirón, espectador molesto en los juegos de naipes; entremetido; (Arg.) pato.
kick [kik]. **I.** *va.* acocear, dar patadas a.—**to k. open,** abrir a patadas.—**to k. out,** echar a puntapiés o a patadas.—**to k. the bucket,** (fam.) irse al otro mundo, morirse, liarlas.—**to k. up a dust, o a row,** (fam.) armar un bochinche, ponerse por las nubes.—**to k. up one's heels,** (fam.) retozar, jaranear; morirse. **II.** *vn.* cocear, patear, dar o tirar coces; (fam.) respingar; oponerse; quejarse.—**to k. against the pricks,** cocear contra el aguijón.—**to k. over the traces,** rebelarse, abandonar o sacudir toda restricción. **III.** *s.* patada, coz; puntapié, *m.*; (fam.) respingo; oposición; queja; (fam.) efecto estimulante del alcohol; placer (**to get a k. out of,** hallar placer en); estímulo, aliento, impulso; reculada, retroceso (de un arma de fuego); fondo entrante (de botella).—**k. plate,** placa de protección.
kickback [-bæk], *s.* (fam.) restitución gen. secreta de una parte del sueldo, honorarios, etc., que se deben al favor o protección de otra persona.
kicker [-œ(r)], *s.* coceador, pateador; (fam.) reparón, quejumbroso.
kicking [-iŋ], *s.* acoceamiento, pateadura; pataleo; (fam.) respingo, queja.—**k. coil** = CHOKING COIL.
kickoff [-ɔf], *s.* (fútbol) puntapié inicial.
kickshaw [-ŝɔ], *s.* bocado regalado, golosina; fruslería, bagatela; patarata.
kid [kid]. **I.** *s.* (zool.) cabrito, chivo, chivato; cabritilla (piel); carne (*f.*) de cabrito; (fam.) niño; muchachito; chico, chica; (mar.) gamella.—*pl.* guantes o zapatos de cabritilla.—**k. gloves, shoes, etc.,** guantes, zapatos, etc., de cabritilla.—**to handle with k. gloves,** (fam.) tratar con guantes blancos. **II.** *va.* y *vn.* parir (la cabra); (fam.) embromar, candonguear, tomar el pelo a; embaucar.
kidder [kídœ(r)], *s.* (fam.) chancero, bromista.
kiddishness [kídiŝnis], *s.* (fam.) niñería, chiquillada, muchachada.
kidling [kídliŋ], *s.* (zool.) choto.
kidnap [kídnæp], *va.* secuestrar, raptar, (Am.) plagiar.—**kidnapper** [-œ(r)], *s.* ladrón de niños u otras personas, secuestrador, raptor.—**kidnapping** [-iŋ], *s.* secuestro, rapto, (Am.) plagio.
kidney [kídni], *s.* (anat.) riñón; índole, *f.*, clase, *f.*; temperamento.—**k. bean,** (bot.) judía, frijol o fríjol ordinario, fréjol, alubia, habichuela.—**k. stone,** piedra nefrítica.—**k. vetch,** (bot.) vulneraria.
kidneyshaped [-ŝeipt], *a.* reniforme.
kidneywort [-wœrt], *s.* (bot.) ombligo de Venus.
kidskin [kídskin], *a.* y *s.* (de) cabritilla o baldés.
kier [kir], *s.* cuba o tanque de blanquear.
kilderkin [kíldœrkin], *s.* medio barril (medida).
kilerg [kílœrg], *s.* (fís.) kiloergio.
kill [kil]. **I.** *va.* matar; destruir; amortiguar; neutralizar; descartar; anular, cancelar, suprimir.—**to k. time,** (fam.) pasar el rato, hacer tiempo u hora.—**to k. two birds with one stone,** hacer de un camino dos mandados, matar dos pájaros de una pedrada o tiro. **II.** *s.* acción de matar; animal muerto (matado); arroyo, riachuelo.
killdee(r [kíldi(r], *s.* (orn.) frailecillo norteamericano, especie de ave fría o chorlito.
killed [kild], *pp.* y *a.* matado, muerto, occiso.—**k. in action,** (mil.) muerto en acción de guerra.
killer [kílœ(r)], *s.* matador; asesino, homicida, *mf.*; (fam.) matón.—**k. whale,** (zool.) orca.
killing [kíliŋ]. **I.** *a.* matador; destructivo; irresistible; (fam.) ridículo, risible. **II.** *s.* acto de matar, occisión, matanza.
kill-joy [kíl dẑɔi], *s.* aguafiestas.
kiln [kíl(n)], *s.* horno, estufa; horno de cochura.
kilndry [-(n)drai], *va.* secar al horno.
kilo [kílou], *s.* kilo(gramo); kilómetro; como prefijo = mil.
kiloampere [kíloæmpir], *s.* (elec.) kiloamperio.
kilocalorie [-kælori], *s.* (fís.) kilocaloría.
kilocycle [-saikl], *s.* (elec.) kilociclo.
kilogram(me [-græm], *s.* kilo(gramo).
kilogrammeter [-græmítœ(r)], *s.* (mec. y fís.) kilográmetro.
kilojoule [-dẑul], *s.* (elec.) kilojulio.
kiloliter [-litœ(r)], *s.* kilolitro.
kilometer [-mitœ(r)], *s.* kilómetro.
kilometric [-métrik], *a.* kilométrico.
kilovolt [-voult], *s.* (elec.) kilovoltio.
kilovolt-ampere [-ǽmpir], *s.* (elec.) kilovoltamperio.
kilowatt [-wat], *s.* (elec.) kilovatio.
kilowatt-hour [-áur], *s.* (elec.) kilovatio-hora.
kilt [kilt]. **I.** *s.* tonelete; enagüillas, *f. pl.*, falda corta (como la de los escoceses serranos). **II.** *va.* sofaldar; (cost.) plegar, hacer pliegues anchos y planos.
kilter [kíltœ(r)], *s.* (fam.) buena condición, buen estado.—**out of k.,** desarreglado, descompuesto.
kimono [kimóunou], *s.* bata de quimón; quimono o kimono.
kin [kin]. **I.** *s.* parentesco, vínculo; parentela, familia, linaje.—**the next of k.,** los parientes (más) próximos. **II.** *a.* pariente, allegado.
kind [kaind]. **I.** *a.* bueno, benévolo, bondadoso, amable; manso; afectuoso.—**k.-hearted,** bondadoso, de buen corazón.—**k.-heartedness,** benevolencia, bondad, buen corazón.—**k. regards,** cordial saludo, saludes, *f. pl.*; sentimientos de consideración. **II.** *s.* género, clase, *f.*, casta, índole, *f.*, suerte, *f.*, tenor, calidad.—**k. of,** (fam.) algo, un poco; en cierto modo.—**in k.,** del mismo modo, en la misma moneda (fig.); (e. p.) en especie (no en dinero).—**nothing of the k.,** nada de eso; no hay tal.—**of a k.,** de una misma clase.—**of the k.,** semejante, tal.
kindergarten [kíndœrgartin], *s.* kindergarten, escuela de párvulos, (Am.) jardín de infantes.
kindergart(e)ner [-gart(i)nœ(r)], *s.* maestro o niño de kindergarten.
kindle [kíndl]. **I.** *va.* encender; inflamar, enardecer. **II.** *vn.* prender, arder; inflamarse, avivarse.
kindler [kíndlœ(r)], *s.* encendedor (persona o cosa).
kindliness [káindlinis], *s.* benevolencia, bondad, benignidad; buena índole.
kindling [kíndliŋ], *s.* encendimiento; ignición; inflamación.—**k. wood,** leña menuda.
kindly [káindli]. **I.** *adv.* amable o bondadosamente; cordialmente; favorablemente. Se emplea mucho en el sentido de *dígnese, sírvase, ojalá me haga el favor,* etc. **II.** *a.* bondadoso, benévolo; favorable, propicio; (min.) que promete; (hist.) lícito; legítimo.
kindness [káindnis], *s.* bondad, benevolencia, amabilidad, atención, favor, gracia.
kindred [kíndrid]. **I.** *s.* parentesco, consanguini-

dad, cognación; parentela, casta, tribu, *f.* **II.** *a.* emparentado, deudo, consanguíneo, cognado; afín, hermano, parejo; conexo, congénere.
kinematic [kinimǽtik], *a.* cinemático.
kinematics [-s], *s.* (fís.) cinemática.
kinematograph [-mǽtogræf], *s.* cinematógrafo.
Kinescope [kínęskoup], *s.* (televisión) cinescopio (marca de fábrica).
kinesiatrics [kinisiǽtriks], **kinesitherapy** [-θéræpi], *s.* (med.) cinesis o cinesia, cinesiterapia o kinesiterapia, tratamiento de las enfermedades por movimientos musculares.
kinesiology [kinisiálodži], *s.* cinesiología.
kinesthesia [kinεsθížiä], **kinesthesis** [-θísis], *s.* cinestesia, sentido muscular, percepción de los movimientos musculares propios.
kinetic [kinétik], *a.* cinético, dinámico.—**k. energy,** energía cinética.—**kinetics** [-s], *s.* cinética, dinámica.
kinetograph [kinétogræf], *s.* cinematógrafo; cinetógrafo (cinematógrafo parlante).
kinetoscope [-skoup], *s.* cinetoscopio.
king [kíŋ], *s.* rey; en los naipes y el ajedrez, rey; en el juego de damas, dama.—**k. at arms,** heraldo, rey de armas.—**k. crab,** (zool.) límulo.—**k. post,** (arq.) mangueta, nabo, montante, pendolón.—**k.-post bridge,** o **truss,** puente o armadura triangular de pendolón.—**k.'s English,** inglés (lenguaje) correcto.—**k.'s evil,** (med.) escrófula, lamparón.—**k.'s ransom,** (fig.) fortuna, capital.—**k.'s yellow,** oropimente.
kingbird [-bœrd], *s.* (orn.) tirano.
kingbolt [-boult], *s.* (carr.) pivote que une la caja al eje delantero; (constr.) perno real o pinzote; tirante.
kingcraft [-kræft], *s.* arte de reinar.
kingcup [-kʌp], *s.* (bot.) botón de oro.
kingdom [-dʌm], *s.* reino.
kingfisher [-fiŝœ(r)], *s.* (orn.) guardarrío, martín pescador, alción, *m.*
kinghood [-hud], *s.* dignidad real. *V.* KINGSHIP.
kinglet [-lit], *s.* reyezuelo; (orn.) abadejo, régulo.
kinglike [-laik], **kingly** [-li]. **I.** *a.* real, regio; majestuoso. **II.** *adv.* regiamente, majestuosamente.
kingpin [-pin], *s.* = KINGBOLT; pivote; el bolo delantero o central (en el juego de bolos); (fam.) gallo, persona más importante de una empresa.
king-size [-saiz], *a.* (fam.) mayor que lo normal, de gran tamaño.
kingship [-ŝip], *s.* majestad, dignidad real; monarquía; reino.
kink [kíŋk]. **I.** *s.* retorcimiento, ensortijamiento; (med.) torticolis, *m.;* (mar.) coca; (fam.) capricho, chifladura. **II.** *va.* y *vn.* formar cocas, ensortijarse, encarrujarse.
kinky [-i], *a.* ensortijado, encarrujado, grifo; (fam.) chiflado.
kino [kínou], *s.* quino, zumo de ciertos árboles.
kinsfolk [kínzfouk], *s. pl.* parentela, parientes, *m. pl.*
kinship [kínŝip], *s.* parentesco.
kinsman [kínzman], *s.* pariente, deudo.
kinswoman [-wuman], *s.* parienta.
kiosk [kiásk], *s.* kiosco o quiosco.
kip [kip], *s.* (ten.) piel (*f.*) de res pequeña.
kipper [kípœ(r)]. **I.** *s.* (ict.) salmón zancado; salmón o arenque ahumado. **II.** *va.* curar (pescado) al humo.
kirsch(wasser [kírŝ(vasœ(r)], *s.* kirsch.
kirk [kœrk], *s.* (Esco.) iglesia.
kismet [kízmεt], *s.* hado, destino.
kiss [kís]. **I.** *va.* besar; en el billar, retrucar, tocarse suavemente dos bolas.—**to k. repeatedly,** (fam.) besuquear, besucar.—**to k. the dust,** morder el polvo.—**to k. the rod,** someterse a un castigo. **II.** *s.* beso, ósculo; en el billar, pelo, retruco; (coc.) merengue; dulce.
kisser [-œ(r)], *s.* besador, (fam.) besucador.
kit [kit], *s.* colodra, tineta; cubo; equipo, avíos, *m. pl.,* juego o caja de herramientas, medicinas, instrumentos, etc.; violín de tres cuerdas; tiple (guitarrita); gatito; (fam.) conjunto de cosas o personas; (fot.) marquito interior del chasís o portaplanchas.—**k.-cat,** (pint.) lienzo o retrato de medio cuerpo.
kitchen [kíchęn], *s.* cocina; fogón portátil.—**k. boy,** pinche, galopillo.—**k. garden,** huerta.—**k. maid,** fregona, fregatriz.—**k. police,** (mil.) trabajo de cocina; soldado que lo hace.—**k. range,** o **stove,** fogón, cocina económica.—**k. sink,** pila de cocina.—**k. stuff,** material o hierbas de cocina, legumbres; grasa, pringue, *mf.*—**k. utensils** = KITCHENWARE.
kitchener [-œ(r)], *s.* estufa de cocinar; cocinero.
kitchenette [-ét], *s.* cocina reducida o pequeña.
kitchenware [-wεr], *s.* utensilios o trastos de cocina, batería de cocina.
kite [káit], *s.* cometa; (com.) papel negociable u obligación de valor dudoso; (orn.) milano; (mar.) sobrejuanete, foque volante.—**k. balloon, k. sausage,** globo cautivo, globo cometa.
kiteflying [-flaiiŋ], *s.* acción de remontar una cometa; (com.) negociación de pagarés sin valor; (pol.) sondeo de la opinión pública.
kith [kiθ], *s.* (ant.) conocidos, amistades, *pl.*—**k. and kin,** parientes y amigos.
kitten [kítn]. **I.** *s.* gatito. **II.** *vn.* parir la gata.—**kittenish** [-iŝ], *a.* juguetón, retozón.
kittiwake [kítiweik], *s.* (orn.) especie de gaviota.
kitty [kíti], *s.* gatito, minino; (en el juego, etc.) polla, puesta.
kiva [kívä], *s.* cámara de ceremonias de ciertos indios norteamericanos, con la entrada por arriba.
kiwi [kíwi], *s.* (orn.) kiwí, aptérix, pájaro áptero de Nueva Zelanda.
Klansman [klǽnzman], *s.* miembro del KU KLUX KLAN.
kleptomania [kleptoméiniä], *s.* cleptomanía.
kleptomaniac [-iæk], *a.* y *s.* cleptómano, cleptomaníaco.
Klystron [klístran], *s.* (electrón.) klistrón (marca de fábrica).
knack [næk], *s.* tino, don, destreza, acierto, arte; treta; chuchería.
knaggy [nǽgi], *a.* nudoso; áspero.
knapping [nǽpiŋ], *s.* quebrantamiento o corte de piedras.—**k. hammer,** martillo de picapedrero.
knapsack [nǽpsæk], *s.* (mil.) mochila; barjuleta, alforja, fardel, morral.
knapweed [nǽpwid], *s.* (bot.) centaur(e)a negra.
knarled [narld], *a.* nudoso. *V.* KNURLED, GNARLED.
knave [néiv], *s.* bribón, pícaro, bellaco; sota de los naipes.—**knavery** [-œri], **knavishness** [-iŝnis], *s.* picardía, bellaquería, bribonada, tunantería.—**knavish** [-iŝ], *a.* bribón, pillo; travieso.—**knavishly** [-li], *adv.* bellacamente.
knead [níd], *va.* amasar, sobar, heñir.
kneader [-œ(r)], *s.* panadero, amasador.
kneading [-iŋ], *s.* amasadura, amasijo; soba.—**k. machine,** amasadera.—**k. table,** hintero.—**k. trough** [-trɔf], amasadera, artesa.
knee [ní], *s.* (anat.) rodilla, hinojo; codillo (de cuadrúpedos); (mec.) codo, codillo, ángulo, escuadra; (mar.) curva.—**k. bone,** (anat.) rótula.—**k. boss, guard, pad,** o **patch,** rodillera.—**k. breeches,** calzón corto.—**k.-crooking,** obsequioso.—**k.-deep,** metido hasta las rodillas.—**k.-high,** hasta la rodilla.—**k. jerk,** o **reflex,** reflejo rotuliano, patada o sacudida causada por golpe en el tendón de la rótula.—**k. joint,** articulación de la rodilla; junta de codillo.—**k.-jointed,** encorvado o angular.—**k. timber,** madera para curvas.—**k. tribute,** genuflexión.
kneecap [-kæp], *s.* rodillera; (anat.) rótula.
kneed [-d], *a.* articulado, acodillado.
kneel [níl], *vn.* (*pret.* y *pp.* KNELT o KNEELED) (a veces con **down**) arrodillarse, ponerse de rodillas o hinojos, doblar o hincar la rodilla, postrarse.
kneeler [-œ(r)], *s.* el que se arrodilla.
kneeling [-iŋ], *a.* arrodillado, de rodillas, de hinojos.
kneepan [nípæn], *s.* (anat.) rótula, choquezuela.

knell [nɛl]. I. *s.* doble, toque de difuntos; clamoreo; mal agüero. II. *va.* y *vn.* doblar, tocar a muerto.
knew [nịu], *pret.* de TO KNOW.
Knickerbocker [nĭkœrbakœ(r)], *s.* descendiente de una de las primeras familias holandesas que se establecieron en Nueva York; neoyorquino.—(**k.**, *pl.*) calzón corto, bragas, pantalones (Il. t. **knickers**).
knickknack [nĭknæk], *s.* chuchería, baratija, bujería, juguete.
knife [naịf]. I. *s.* cuchillo; navaja; (cir.) bisturí, escalpelo.—**k. edge,** filo, cuchillo; corte; (mec.) cuña o fiel de soporte.—**k. sharpener,** chaira, amolador, afilón.—**k. switch,** (elec.) interruptor de cuchillo. II. *va.* acuchillar; (fam.) frustrar o arruinar por intrigas.
knight [náịt], *s.* caballero; campeón; caballo (del ajedrez).—**k. commander,** comendador.—**k. commandery,** encomienda.—**k.-errant,** caballero andante, aventurero.—**k.-errantry,** caballería andante.—**k. of St. Crispin,** zapatero.—**K. of the Order of the Garter,** caballero de la orden de la Jarretera.—**k. of the shears,** sastre.—**K. Templar,** Templario. II. *va.* armar caballero; condecorar; encomendar; (en Ingl.) hacer caballero, conferir el título de *Sir.*
knighthead [-hɛd], *s.* (mar.) guardabauprés.—**knightheads of the jeers,** (mar.) guindastes.
knighthood [-hụd], *s.* caballería; encomienda.
knightliness [-lịnịs], *s.* calidad de caballeresco.
knightly [-lị]. I. *a.* caballeresco. II. *adv.* caballerosamente, caballerescamente.
knit [nĭt], *va.* y *vn.* (*pret.* y *pp.* KNIT o KNITTED) hacer malla, hacer media o calceta, hacer punto de aguja; atar, enlazar, entretejer; contraer; unirse, trabarse.—**k. stockings,** medias de punto.—**knit(ted) goods,** o **fabrics,** géneros de punto o de tricot.—**to k. the brow,** fruncir las cejas, arrugar el entrecejo.
knitter [-œ(r)], *s.* calcetero, mediero.
knitting [-ịŋ], *s.* unión o junta; acción de hacer calceta; trabajo de punto.—**k. machine,** máquina de hacer punto de media.—**k. mill,** fábrica de tejidos.—**k. needle,** aguja de medias o de hacer calceta, etc.—**k. work,** trabajo de punto, labor (*f.*) de calceta, tricot.
knives [naịvz], *pl.* de KNIFE.
knob [náb], *s.* prominencia, bulto, protuberancia; nudo en la madera; borlita o borlilla; perilla, tirador (de puerta, ropero, etc.); botón; gorrón; montículo; (arq.) = KNOP; (mar.) tojino.
knobbed [-d], **knobby** [-i], *a.* lleno de bultos o nudos; nudoso; montañoso.
knock [nák]. I. *va.* y *vn.* chocar, topar; tocar, llamar a una puerta; pegar, cutir; golpear, dar o pegar golpes, aporrear; (fam.) criticar, hablar mal de.—**to k. about,** (fam.) vagar, rodar.—**to k. down,** derribar, echar a tierra, tumbar; atropellar (con un coche, etc.); (mec., etc.) abatir, desarmar, desmontar.—**to k down to the highest bidder,** (com.) rematar al mejor postor.—**to k. in,** (a)martillar; hacer entrar a golpes.—**to k. off,** hacer saltar una cosa a fuerza de golpes; (fam.) cesar, descontinuar, suspender; (fam.) hacer o ejecutar prontamente; rebajar, descontar.—**to k. on the head,** dar en la cabeza; frustrar.—**to k. out,** hacer salir a golpes; acogotar; destruir; dejar o poner fuera de combate (en el boxeo).—**to k. together,** construir toscamente o de prisa.—**to k. the bottom out of,** desfondar; (fam.) echar a perder, frustrar.—**to k. under,** someterse, rendirse. II. *s.* choque, golpe, porrazo, topetazo; aldabonazo, llamada, toque; (fam.) crítica dura.
knockabout [-ạbaụt]. I. *s.* (mar.) balandra, pequeña embarcación de vela. II. *a.* bullanguero, ruidoso, tumultuoso.
knockdown [-daụn]. I. *a.* mínimo (apl. al precio mínimo a que se venderá una cosa en subasta); desarmable; abrumador. II. *s.* golpe que derriba o abruma; cosa desarmada.
knocker [-œ(r)], *s.* golpeador; llamador, aldaba, aldabón.
knocking [-ịŋ], *s.* aldabazo, aldabonazo, llamada a la puerta.
knock-kneed [-nid], *a.* patituerto, (pati)zambo.
knockout [-aụt]. I. *a.* que pone fuera de combate; abrumador.—**k. drops,** (fam.) gotas narcóticas. II. *s.* golpe que pone fuera de combate; destapadero (lugar de una plancha donde puede botarse el metal a martillo para formar un agujero).
knoll [noụl]. I. *va.* y *vn.* (ant.) = KNELL. II. *s.* loma, otero; cumbre o cima de una loma; doble de las campanas.
knop [nap], *s.* = KNOB; (arq.) florón. *V.* FINIAL.
knosp [nasp], *s.* (bot.) capullo; (arq.) florón.
knot [nát]. I. *s.* nudo; lazo, vínculo; nudo de la madera o de plantas; enredo de un drama; dificultad; grupo, corrillo; quid, *m.*, (fam.) busilis, *m.*; moño o castaña; (mar.) milla náutica, nudo; (orn.) canuto.—**k. hole,** agujero que deja en la madera un nudo desprendido.—**k. wood,** madera nudosa.—**knots of the log line,** nudos de la corredera. II. *va.* anudar; atar con nudos; enredar, juntar; fruncir (las cejas); hacer nudos en; intrincar; unir. III. *vn.* echar nudos las plantas; formar nudos; enredarse.
knotgrass [-græs], *s.* (bot.) centinodia, sanguinaria, saucillo, grama.
knotless [-lịs], *a.* sin nudos.
knotted [-ịd], *a.* nudoso, anudado.
knottiness [-ịnịs], *s.* abundancia de nudos; desigualdad; dificultad.
knotty [-ị], *a.* nudoso; duro, áspero; intrincado, difícil.
knout [naụt], *s.* knut, azote, instrumento de suplicio usado antes en Rusia.
know [nóụ]. I. *va.* (*pret.* KNEW; *pp.* KNOWN) conocer; saber; distinguir, discernir.—**to k. a thing or two,** saber algo, o una que otra cosa; tener buen juicio.—**to k. how to,** (antes de infinitivo) saber.—**to k. one's place,** conocer uno la posición que ocupa, saber con quién habla.—**to k. perfectly,** saber al dedillo.—**to k. the ropes,** conocer los detalles, estar al tanto, saber el juego (fig.).—**to k. what is what,** (fam.) saber cuántas son cinco, estar al corriente o al tanto.—**to k. where the shoe pinches,** saber uno dónde le aprieta el zapato, saber dónde está el busilis, o la dificultad. II. *vn.* saber.—**to k. best,** ser el mejor juez, saber lo que más conviene.—**to k. better,** saber que no es así; saber lo que debe hacerse, o cómo debe portarse (uno).—**to k. of,** saber de, tener noticia o conocimiento de; conocer de oídas.—**as far as I k.,** que yo sepa.—**to be in the k.,** estar informado; estar en el secreto.
knowable [-ạbl], *a.* conocible, cognoscible.
know-how [-haụ], *s.* (fam.) conocimiento, habilidad, pericia.
knowing [-ịŋ], *a.* instruído, hábil, entendido; diestro; inteligente, sabio; sabedor, conocedor de; sabihondo; como de quien sabe (gen. desp.). II. *s.* conocimiento.
knowingly [-lị], *adv.* hábilmente; sabiamente; a sabiendas, con conocimiento de causa.
know-(it-)all [-ịt ɔl], *a.* y *s.* (fam.) sabihondo; sabelotodo; que presume de sabio sin serlo.
knowledge [nálịdž], *s.* conocimiento, saber, sapiencia; ciencia, erudición; inteligencia, destreza, pericia.—**to my k.,** que yo sepa.—**to the best of my k.,** según mi leal saber y entender.
know-nothing [nóụ nʌθịŋ], *s.* ignorante; agnóstico; (**K.-N.**), (hist. E. U.) miembro de un partido secreto opuesto a la naturalización de extranjeros.
knuckle [nʌ́kl]. I. *s.* (anat.) nudillo, artejo, coyuntura, articulación de los dedos; jarrete de ternero o cerdo; (mec.) charnela; (mar.) codillo de una curva. II. *vn.* someterse, rendirse; aban-

donar la partida.—**to k. down,** o **to,** consagrarse o emprender con vehemencia.—**to k. (under) to,** doblegarse ante; ceder a.
knucklebone [-bo̯un], *s.* taba (de carnero).
knur(l [nœr(l)], *s.* nudo, protuberancia.
knurled [nœrld], *a.* nudoso; estriado.
kob [kab], *s.* (zool.) antílope africano.
kobold [kóu̯bold], *s.* gnomo.
kohl [kou̯l], *s.* alcohol (afeite).
kohlrabi [kóu̯lræbi̯], *s.* (bot.) colirrábano.
kola (nut [kóu̯lä (nʌt], *s.* (bot., quím., farm.) (nuez de) cola.
kope(c)k [kóu̯pɛk], *s.* copec (moneda rusa).
Koran [korán], *s.* Corán, Alcorán.
Korea [kou̯ría, kɔría], *s.* Corea.
Korean [koríạn], *a.* y *s.* coreano.
kosher [kóu̯ŝœ(r)]. **I.** *a.* conforme al ritual judío. **II.** *s.* alimentos preparados de acuerdo con el ritual judío.
kotow [kotáu̯], **kowtow** [káu̯tau̯]. **I.** *s.* postración china de homenaje, con la frente en el suelo. **II.** *vn.* arrodillarse y tocar el suelo con la frente (homenaje chino); doblar la rodilla (fig.), portarse servilmente.
koumis(s [kúmi̯s], *s.* = KUMISS.
kraal [kral], *s.* población de hotentotes; corral, redil.
K ration, *s.* (E. U., mil.) ración de campaña.
kremlin [krémli̯n], *s.* kremlín, fortaleza de una ciudad rusa.
krypton [krí̯ptan], *s.* (quím.) criptón.
Ku Klux Klan [ki̯ú klʌks klǽn], *s.* (E. U.) sociedad secreta organizada en los estados del Sur después de la guerra civil para hostigar, amedrentar y alejar a los negros y a sus defensores, y revivida más tarde para hostilizar a los negros, judíos, católicos y extranjeros. Ll. t. **Ku-Klux** o **Kuklux.**
kumiss, koomiss [kúmi̯s], *s.* kumis, *m.*, leche fermentada de yegua, camella o vaca.
kümmel [kí̯mẹl], *s.* cúmel (bebida).
kumquat [kʌ́mkwat], *s.* (bot.) kumquat, cumcuat, naranjilla china.
Kurd [kúrd], *s.*, **Kurdish** [-i̯ŝ], *a.* kurdo, curdo.
Kuwait [ku̯wái̯t], *s.* Kuwait.
Kuwaiti [-i], *s.* y *a.* kuwaiti.
kymograph [kái̯mogræf], *s.* instrumento para medir los movimientos de rotación de un aeroplano; (med.) cimógrafo o quimógrafo.
kyphosis [kai̯fóu̯si̯s], *s.* (med.) cifosis.
Kyrie [kí̯ri̯i], *s.* (igl.) kirie, *m.*—**K. eleison,** kirieleisón.

L

l [ɛl], *s.* l.
L [ɛl]. **I.** *s.* ferrocarril elevado o aéreo; tubo en L o de ángulo recto. **II.** *a.* de o relativo a ferrocarril aéreo; en L, en forma de L.—**L.-head,** (m. comb. int.) culata en L, culata con válvulas de un mismo lado.—**L.-square,** escuadra de carpintero.
la [la]. **I.** *s.* (mús.) la. **II.** *interj.* exclamación de sorpresa.
lab [læb], *s.* (fam.) laboratorio.
labarum [lǽbarʌm], *s.* lábaro.
labdanum [lǽbdạnʌm], *s.* ládano.
labefaction [læbi̯fǽkŝọn], *s.* decadencia, decaimiento; enflaquecimiento; declinación.
label [léi̯bẹl]. **I.** *s.* marbete, rótulo, etiqueta, letrero; marca. **II.** *va.* rotular o marcar; poner marbete o rótulo a; designar, clasificar.
labellum [lạbélʌm], *s.* (bot.) labelo; (ent.) parte (*f.*) de la trompa de un insecto díptero.
labia [léi̯bi̯ä], *s. pl.* labios.
labial [léi̯bi̯ạl]. **I.** *a.* labial; que tiene bordes. **II.** *s.* (fon.) letra labial.
labiate(d [léi̯bi̯ei̯t(i̯d]. **I.** *a.* labiado. **II.** *s.* (bot.) (planta) labiada.
labile [léi̯bi̯l], *a.* lábil, inestable.
labiodental [lei̯bi̯odéntạl]. **I.** *a.* labiodental. **II.** *s.* (fon.) articulación labiodental.
labionasal [-néi̯zạl]. **I.** *a.* labionasal. **II.** *s.* (fon.) sonido labionasal.
labium [léi̯bi̯ʌm], *s.* (*pl.* LABIA) labio.
labor [léi̯bọ(r)]. **I.** *s.* trabajo; las clases obreras, el obrerismo; mano (*f.*) de obra; labor, *f.*, tarea, faena; obra; quehacer, tráfago; aprieto, apuro; (dolores de) parto; (mar.) balanceo y cabeceo de un buque.—**to be in l.,** estar de parto. **II.** *vn.* trabajar; forcejar; estar de parto; (mar.) balancearse, cabecear, trabajar el buque contra mar y viento.—**to l. under,** estar sujeto a; (fig.) adolecer de. **III.** *va.* elaborar, labrar, perfeccionar.
laboratory [lǽborạtɔri], *s.* laboratorio, gabinete, oficina, taller.
Labor Day, *s.* (E. U.) día del trabajo (el primer lunes de septiembre).
labored [léi̯bọrd], *a.* hecho con dificultad; forzado, antinatural.
laborer [léi̯bọrœ(r)], *s.* peón, jornalero, bracero; obrero, operario, trabajador.
labor force, *s.* fuerza de trabajo; mano de obra.
laboring [léi̯bọri̯ŋ]. **I.** *s.* trabajo, esfuerzo. **II.** *a.* trabajador; de trabajo; obrero.—**l. beast,** bestia de carga.
laborious [lạbóri̯ʌs], *a.* laborioso, trabajoso, ímprobo, difícil, arduo; diligente, industrioso.—**laboriously** [-li̯], *adv.* laboriosamente.—**laboriousness** [-ni̯s], *s.* laboriosidad, diligencia; dificultad.
labor market, *s.* mercado laboral, mercado de mano de obra.
labor-saving [-sei̯vi̯ŋ], *a.* que ahorra trabajo.
labor shortage, *s.* escasez de mano de obra.
labor supply, *s.* disponibilidad de mano de obra.
labor turnover, *s.* movimiento laboral.
labor union, *s.* sindicato o gremio obrero.
labour [léi̯bọ(r)], *s.* y *v.* (Ingl.) = LABOR.
labradorite [lǽbrạdɔrai̯t], *s.* (min.) labradorita.
labroid [lǽbrɔi̯d], *a.* (ict.) labroideo, lábrido.
labrum [léi̯brʌm], *s.* (ent., zool.) labro.
laburnum [labœ́rnʌm], *s.* (bot.) laburno, cítiso.
labyrinth [lǽbi̯ri̯nθ], *s.* laberinto, dédalo; (anat.) laberinto.
labyrinthic [-í̯nθi̯k], **labyrinthine** [-í̯nθi̯n], *a.* laberíntico, intrincado.
lac [læk], *s.* laca, goma laca.
lace [lei̯s]. **I.** *s.* encaje; calados o galones (*pl.*); cuerda, cordón, cinta, agujeta; cordón del corsé o del zapato.—**l. bobbin,** bolillo, pasillo o majaderillo.—**l. edging,** o **trimming,** (cost.) puntilla, randa, adorno de encaje.—**l. frame,** telar para hacer encajes.—**l. pillow,** almohadilla para encajes.—**l.-winged,** (ent.) provisto de alas como de gasa o encaje. **II.** *va.* atar, ajustar, abrochar (corsé, zapatos, vestidos, etc.) con lazos o cordones; acordonar, enlazar; galonea., guarnecer con encajes, galones o cordones; entrelazar; rayar con líneas muy finas; (fam.) azotar.—**laced boot,** o **shoe,** borceguí.—**laced ruffles,** vueltas de encaje.
Lacedæmonian [læsẹdi̯móu̯ni̯ạn], *s.* y *a.* lacedemonio, lacedemón.
laceman [léi̯smạn], *s.* el que hace o vende encajes, randas, etc.; cordonero, pasamanero.
lacerate [lǽsẹrei̯t], *va.* lacerar, despedazar, desgarrar; lastimar.—**laceration** [-éi̯ŝọn], *s.* laceración, desgarradura, desgarro.
lacewing [léi̯swi̯ŋ], *s.* (ent.) crisopo.
lacewoman [-wu̯mạn], *s.* vendedora de encajes, randas, etc.; randera; pasamanera.
lacework [-wœrk], *s.* obra de encaje o parecida al encaje.
lachrymal [lǽkri̯mạl]. **I.** *a.* lacrimal, lagrimal.—**l. caruncle,** (anat.) (carúncula) lagrimal. **II.** *s.* (anat.) lagrimal.—**lachrymation** [-méi̯ŝọn], *s.* lagrimeo, llanto, lloro.—**lachrymatory** [-mạtɔri̯], *a.* y *s.* lacrimatorio.—**lachrymose** [-mou̯s], *a.* lacrimoso, lagrimoso.
lacing [léi̯si̯ŋ], *s.* acto de atar con cordones, en particular el uso de corsés; enlace, enlazadura, abrochamiento; cordón, cordoncillo; agujeta; galones (*pl.*) para uniformes, etc.; zurra, tunda.

lacinia [lasínia], *s.* (bot.) lacinia.
laciniate(d [lasínieit(id], *a.* laciniado.
lack [læk]. **I.** *va.* y *vn.* carecer, necesitar, faltar. **II.** *s.* falta, carencia, escasez, necesidad.
lackadaisical [lækadéizikal], *a.* lánguido; indiferente; soñador; sentimental.
lackaday [lǽkadei], *interj.* (ant.) ¡ay! ¡ay de mí! ¡mal día! ¡día aciago! ¡mal haya! *V.* ALACK.
lackey [lǽki]. **I.** *s.* lacayo. **II.** *va.* y *vn.* servir como lacayo; ser criado.
lacking [lǽkiŋ], *a.* falto, faltante, carente, defectuoso.—**to be l.,** faltar, hacer falta; carecer de.
lackluster [lǽklʌstœ(r)], *a.* deslustrado.
Laconian [lakóunian], *s.* y *a.* laconio.
laconic(al [lakánik(al], *a.* lacónico.—**laconically** [-i], *adv.* lacónicamente.—**laconism** [lǽkonizm], *s.* laconismo.
lacquer [lǽkœ(r)]. **I.** *va.* barnizar; laquear, dar laca. **II.** *s.* laca, barniz, *m.*—**l.,** o **l. work,** objetos (*pl.*) de laca.—**lacquered** [-d], *a.* laqueado, barnizado con laca.
lacquering [-iŋ], *s.* barnizado de laca.
lacrimal, lacrymal, etc. = LACHRYMAL, etc.
lacrosse [lakrós], *s.* (dep.) vilorta, cierto juego de pelota común en el Canadá.—**l. stick,** vilorto.
lactary [lǽktari]. **I.** *a.* lácteo. **II.** *s.* lechería.
lactase [lǽkteis], *s.* (quím.) lactasa.
lactate [lǽkteit]. **I.** *s.* (quím.) lactato. **II.** *va.* convertir en leche. **III.** *vn.* lactar, amamantar.
lactation [-éiŝon], *s.* lactancia, crianza; lactación.
lacteal [lǽktial], *a.* lácteo, quilífero.
lacteous [lǽktiʌs], *a.* lácteo, lactario.
lactescence [læktésens], *s.* lactescencia.
lactescent [-ent], *a.* lactescente, lácteo.
lactic [-ik], *a.* láctico.—**l. acid,** ácido láctico.
lactiferous [-íferʌs], *a.* lactífero; (bot.) lechal.
lactoflavin [læktouflévin], *s.* (bioquím.) lactoflavina, riboflavina.
lactometer [-ámɛtœ(r)], *s.* lactómetro.
lactone [-oun], *s.* (quím.) lactona.
lactoscope [-oskoup], *s.* lactoscopio.
lactose [-ous], *s.* (quím.) lactosa, lactina, azúcar de leche.
lactucarium [-ukériʌm], *s.* (farm.) lactucario.
lacuna [lakiúnä], *s.* laguna, blanco, espacio; hoyo o hueco.
lacunar, lacunal [-(r), -l], **lacunose** [-ous], *a.* que tiene lagunas, claros u hoyos.
lacunar, *s.* (arq.) lagunar, lacunario, artesonado.
lacustral, lacustrine [lakʌ́stral, -trin], *a.* lacustre.
lacy [léisi], *a.* de o parecido al encaje.
lad [læd], *s.* mozo, mozalbete, joven, chico.
ladanum [lǽdanʌm], *s.* ládano.
ladder [lǽdœ(r)], *s.* escalera o escala (de mano); carrera (en las medias).—**l. ropes,** (mar.) brandales.
lade [léid]. **I.** *s.* canal de desagüe; embocadero, desembocadero. **II.** *va.* (*pret.* LADED; *pp.* LADED o LADEN) cargar; achicar; echar en.
laden [-n], *a.* cargado; abrumado, oprimido.
ladies' man [léidiz mæn], **lady's man,** *s.* hombre galante o de salón, (fam.) Perico entre ellas.
lading [léidiŋ], *s.* acción de cargar; carga, cargamento; achicamiento.
ladle [léidl], *s.* cucharón, cuchara grande, cazo, paleta; (fund.) caldero, cazo o cuchara de colada; (hidr.) álabe, paleta; (arti.) cuchara. **II.** *va.* achicar; sacar o servir con cucharón.—**ladleful** [-ful], *s.* cucharada.
lady [léidi], *s.* señora, dama; (Ingl.) voz de tratamiento que se da a la esposa o hija de algún título del reino. *ú.* adjetivadamente para indicar sexo: *a lady doctor,* una doctora; *a lady friend,* una amiga.—**L. Day,** (igl.) (el día de la) Anunciación.—**l. fern,** (bot.) helecho hembra.—**l. finger,** (coc.) especie de torta o bizcocho largo y angosto; melindre; (Am.) plantilla.—**l. in attendance,** camarera mayor.—**l. in waiting,** azafata de una reina o princesa.—**l.-killer,** Don Juan, Tenorio; galanteador, coquetón.—**l. of the house,** ama o señora de la casa.—**l.'s-bower,** (bot.) la especie británica de la clemátide.—**l.'s maid,** doncella.—**l.'s-mantle,** (bot.) estrellada.—**l.'s-slipper,** (bot.) planta orquídea.—**l.'s-smock,** (bot.) cardamina.—**l. superior,** superiora.—**l.'s thumb,** (bot.) persicaria.—**Our L.,** Nuestra Señora.
ladybird [-bœrd], **ladybug** [-bʌg], **ladyfly** [-flai], *s.* (ent.) mariquita.
ladylike [-laik], *a.* delicado, tierno, elegante; afeminado, amujerado.
ladylove [-lʌv], *s.* amada, mujer querida.
ladyship [-ŝip], *s.* (Ingl.) señoría, usía, tratamiento que se da a las esposas e hijas de títulos del reino.
lag [lǽg]. **I.** *s.* retraso; (mec.) retardación de movimiento; listón de revestimiento; (estad.) desplazamiento. **II.** *vn.* retrasarse, rezagarse; quedarse atrás; remolonear, roncear.
lager [lágœ(r)], *s.* especie de cerveza.
laggard [lǽgärd]. **I.** *a.* tardo, perezoso, holgazán. **II.** *s.* rezagado, holgazán.—**lagger** [lǽgœ(r)], *s.* = LAGGARD.
lagging [lǽgiŋ], *s.* movimiento retardado; acción de rezagarse, etc.; envoltura; listones (*pl.*) de madera u otro material con que se forman revestimientos, forros, cubiertas, etc.
lagniappe, lagnappe [lænyǽp], *s.* adehala, (Am.) ñapa, yapa.
lagoon [lagún], *s.* laguna, albufera.
lag screw, *s.* tirafondo, tornillo para madera con cabeza cuadrada y movido con llave inglesa.
laic(al [léiik(al], *a.* laico, lego, secular, seglar.—**laic,** *s.* lego, seglar.
laicism [léiisizm], *s.* laicismo, laicidad.
laid [leid], *pret.* y *pp.* de TO LAY.
lain [lein], *pp.* de TO LIE.
lair [lɛr], *s.* cubil, guarida, cueva de fieras.
laird [lɛrd], *s.* (Esco.) lord; hacendado.
laity [léiiti], *s.* laicidad, estado seglar; los legos.
lake [léik], *s.* lago; (pint.) laca.—**l. dweller,** hombre lacustre.—**l. dwelling,** habitación lacustre.
lakelet [-lit], *s.* laguna, laguito.
lama [lámä], *s.* lama, *m.* (sacerdote budista).
La(ma)ism [lá(mä)izm], *s.* lamaísmo.
lam [læm]. **I.** *s.* (fam.) huída, fuga, escapada.—**to take it on the l.,** huir, fugar, (fam.) echar un pie. **II.** *vn.* huir, fugar, escapar. **III.** *va.* (fam.) pegar, aporrear, tundir.
Lamaist [-ist], *a.* y *s.* lamaí(s)ta.
Lamarckian [lamárkian], *a.* y *s.* lamarquiano, lamarquista.—**Lamarckism** [-kizm], *s.* (biol.) lamarquismo.
lamb [læm]. **I.** *s.* cordero, borrego; (fig.) persona mansa o inocente. **II.** *vn.* parir corderos.
lambaste [læmbéist], *va.* (fam.) apalear, zurrar o reprender duramente.
lamb chop, *s.* chuleta o costilla de cordero.
lambda [lǽmdä], *s.* lambda (letra griega).
lambent [lǽmbent], *a.* ligero, undulante; radiante; centelleante.
lamb fry, *s.* turma, criadilla.
lambkin [lǽmkin], *s.* corderito, -illo, -ico.
lamblike [-laik], *a.* manso; inocente; sumiso.
Lamb of God, *s.* cordero de Dios, Cristo.
lambrequin [lǽmbrekin], *s.* guardamalleta, sobrepuerta; (blas.) lambrequín.
lambskin [lǽmskin], *s.* corderina, zamarro.
lamb's lettuce, *s.* (bot.) colleja.
lamb's wool, *s.* añinos, *pl.,* lana.
lame [leim]. **I.** *a.* cojo, renco; lisiado, estropeado, derrengado; imperfecto.—**l. account,** relación imperfecta.—**l. duck,** (fam.) persona incapacitada; deudor insolvente; congresista o empleado público cesante, o que no ha sido reelegido.—**l. excuse,** disculpa frívola.—**l. expression,** expresión manca.—**l. verses,** versos cojos o defectuosos.—**to go l.,** cojear, andar cojeando, renquear. **II.** *va.* lisiar, estropear; encojar, derrengar.
lamella [lamélä], *s.* lamela, laminilla; hojuela.
lamellar [lǽmelä(r)], *a.* laminar.

lamellate(d [-eit(id], *a.* laminado; hojaldrado.
lamellibranch [lamélibrænk], *s.* y *a.* (zool.) lamelibranquio.
lamellicorn [-korn], *s.* y *a.* (ent.) lamelicornio.
lamelliform [-form], *a.* lameliforme.
lamellirostral [-rástral], *a.* (orn.) lamelirostro.
lamely [léimli], *adv.* con cojera; defectuosamente; débilmente.
lameness [-nis], *s.* cojera, derrengadura; falta, defecto, imperfección.
lament [lamént]. **I.** *va.* y *vn.* lamentar(se); plañir, dolerse. **II.** *s.* lamento, queja.
lamentable [lǽmentabl], *a.* lamentable, deplorable, desconsolador, lastimero, sensible.—**lamentably** [-bli], *adv.* lamentablemente.—**lamentation** [-éišon], *s.* lamentación, lamento.
lamina [lǽmina], *s.* lámina, hoja.
laminagraphy [læminágrafi], *s.* (med.) laminagrafía.
laminar [lǽmina(r)], *a.* laminar.
laminate [-eit]. **I.** *a.* laminado. **II.** *va.* laminar.
laminitis [læminái̯tis], *s.* (vet.) despeadura.
Lammas [lǽmas], *s.* (igl.) festividad del día primero de agosto.
lammergeier [lǽmœrgai̯œ(r)], *s.* (orn.) quebrantahuesos, águila barbuda.
lamp [læmp], *s.* lámpara; velón, candil, quinqué; farol; linterna.—**l. burner,** mechero, piquera.—**l. chimney,** bombillo o tubo de lámpara.—**l. globe,** globo, foco o bomba.—**l. holder,** portalámparas.—**l. post,** poste de farol de la calle.—**l. shade,** pantalla de lámpara.—**l. stand** o **table,** velador.—**l. wick,** torcida, mecha.
lampas [lǽmpas], *s.* (vet.) inflamación en la parte superior de la boca de los caballos.
lampblack [lǽmpblæk], *s.* negro de humo.
lamplight [lǽmplait], *s.* luz de una lámpara; luz artificial.—**lamplighter** [-œ(r)], *s.* farolero, lamparero; encendedor, cerillero.
lampoon [læmpún]. **I.** *s.* pasquín, libelo. **II.** *va.* satirizar, pasquinar.—**lampooner** [-œ(r)], *s.* pasquinero, escritor de pasquines.
lamprey [lǽmpri], *s.* (ict.) lamprea.
lanate(d [léineit(id], *a.* lanoso; (bot.) lanudo.
lance [lǽns]. **I.** *s.* lanza; pica, asta; (cir.) lanceta; lancetazo, lanzada; (mil.) lanza, lancero.—**l. bucket,** cuja.—**l. rest,** o **socket,** ristre. **II.** *va.* lancear, dar una lanzada; penetrar, cortar; (cir.) abrir con lanceta.
lanceolate [-ioleit], *a.* (bot.) lance(ol)ado.
lancer [-œ(r)], *s.* alanceador; (mil.) lancero.—*pl.* (danz. y mús.) lanceros (ll. t. **lanciers**).
lancet [-it], *s.* (cir.) lanceta; (arq.) arco puntiagudo; (ent.) trompetilla.
lancewood [-wud], *s.* palo de lanza; (bot.) yaya.
lancinate [lǽnsineit], *va.* lancinar.—**lancination** [-éišon], *s.* dolor lancinante.
land [lænd]. **I.** *s.* tierra; terreno; suelo, terruño; país, nación; región, territorio.—**l. agent,** corredor de fincas rurales.—**l.-based,** (aer., mil.) de tierra.—**l. breeze,** terral.—**l. forces,** (mil.) fuerzas terrestres.—**l. grant,** concesión gubernamental de tierras.—**l. jobbing,** especulación en la compra y venta de bienes raíces.—**l. mine,** (mil.) mina terrestre.—**l. office,** oficina del catastro.—**l.-office business,** (fam.) grande actividad en los negocios, etc.—**l. of promise,** tierra prometida o de promisión.—**l. of the rising sun,** tierra del sol naciente (el Japón).—**l. plane,** (aer.) avión (*m.*) terrestre, o de tierra.—**l. poor,** poseedor de muchas tierras improductivas.—**l. surveying,** topografía; agrimensura.—**l. surveyor,** agrimensor.—**l. tax,** contribución territorial.—**l. wind,** terral.—**by l.,** por tierra. **II.** *va.* desembarcar; echar en tierra, (fam.) conseguir (un empleo, puesto, etc.), (fam.) plantificar (un golpe). **III.** *vn.* desembarcar; tomar tierra, aterrar; parar; ir a dar a (la cárcel, etc.); (aer.) aterrizar; amarar (un hidroavión).
landau [lǽndo], *s.* (carr.) landó.
landed [lǽndid], *a.* hacendado.—**l. property,** predio; bienes raíces, *m. pl.*
landfall [lǽndfol], *s.* herencia de tierras; desprendimiento de tierras; (mar.) recalada; (aer.) aterrizaje.
landgrave [-greiv], *s.* landgrave.
landgraviate [-gréivieit], *s.* landgraviato.
landholder [-houldœ(r)], *s.* hacendado, terrateniente.
landing [-in]. **I.** *s.* descanso, meseta, rellano (de escalera); desembarco, desembarque; desembarcadero o apeadero; paradero; (aer.) aterrizaje; amaraje (de un hidroavión). **II.** *a.* de desembarque; de aterrizaje.—**l. angle,** (aer.) ángulo de aterrizaje.—**l. craft,** barcaza militar de desembarque.—**l. field,** (aer.) campo de aterrizaje.—**l. forces,** (mil.) tropas de desembarco.—**l. gear,** (aer.) tren de aterrizaje.—**l. net,** salabardo, salabre.—**l. stage,** plataforma flotante de embarcar y desembarcar.—**l. strip,** (aer.) pista de aterrizaje.—**l. wheels,** (aer.) ruedas de aterrizaje.
landlady [-leidi], *s.* ama, casera, mesonera, posadera, patrona; arrendadora, propietaria.
landless [-lis], *a.* sin bienes o sin tierras.
landlocked [-lakt], *a.* cercado de tierra; que viven en aguas cortadas de la mar (ú. de ciertos peces).
landlord [-lord], *s.* propietario o dueño de tierras o casas; arrendador; amo, huésped, posadero; casero, patrón.—**landlordism** [-izm], *s.* autoridad del propietario; hacendados en general.
landlubber [-lʌbœ(r)], *s.* (desp.) marinero bisoño o de agua dulce.
land(s)man [-(z)man], *s.* el que vive en tierra.
landmark [-mark], *s.* mojón, marca, coto, hito, señal, *f.*; (mar.) marca; punto o acontecimiento culminante; progreso o rasgo sobresaliente.
landowner [-ounœ(r)], *s.* hacendado, terrateniente, propietario.
landplane [-plein], *s.* (aer.) aeroplano de tierra o terrestre (a distinción del hidroaeroplano).
landscape [-skeip]. **I.** *s.* paisaje, campiña, vista; (pint.) paisaje.—**l. architecture,** arte de modificar y hermosear un terreno, etc.—**l. painter,** paisajista (ll. t. **landscapist**). **II.** *va.* hermosear un terreno, parque o jardín, con árboles, arbustos, etc.
landslide, landslip [-slaid, -slip], *s.* derrumbamiento, derrumbe, lurte.—**landslide victory,** victoria aplastante o arrolladora (esp. en elecciones).
landward [lǽndwărd], *adv.* hacia la tierra.
lane [lein], *s.* senda, vereda; calle(juela), callejón; vía, ruta; zona (de tránsito).
langsyne [lǽnsáin]. **I.** *adv.* mucho ha, tiempo ha. **II.** *s.* tiempo, tiempos (en la expresión escocesa *auld langsyne*, o *auld lang syne*, los felices tiempos de antaño).
language [lǽngwidž], *s.* lengua(je), idioma, *m.*
langue d'oc [lan dák], *s.* lengua de oc, lemosín.
Languedocian [langedóušan], *a.* y *s.* lemosín.
languet [lǽnget], *s.* lengüeta, orejeta.
languid [lǽngwid], *a.* lánguido.—**languidly** [-li], *adv.* lánguidamente.—**languidness** [-nis], *s.* languidez.
languish [lǽngwiš], *vn.* languidecer, extenuarse, consumirse; agostarse, ponerse mustio; aflojar, encalmarse; mirar con ternura.
languishing [-in]. **I.** *s.* languidez, flaqueza. **II.** *a.* lánguido, decaído.—**languishingly** [-li], *adv.* lánguidamente.—**languishment** [-ment], *s.* languidez, decaimiento, consumimiento.
languor [lǽngo(r)], *s.* desfallecimiento, languidez, debilidad, postración; indolencia.
languorous [-ʌs], *a.* lánguido, débil.
laniard [lǽnyărd], *s.* *V.* LANYARD.
laniary [léinieri]. **I.** *a.* propio para rasgar. **II.** *s.* colmillo, diente canino.
laniferous [lænífeʀʌs], **lanigerous** [-džeʀʌs], *a.* lanudo, lanoso, lanífero, lanuginoso.
lank [lǽnk], *a.* flaco, seco, descarnado; delgado.—**l. hair,** cabellos largos y lacios.—**lankly** [-li],

adv. flacamente.—**lankness** [-nis], *s.* flacura; delgadez.—**lanky** [-i], *a.* larguirucho (fam.), langaruto, delgaducho.
lanner [lǽnœ(r)], *s.* (orn.) alcotán, borní.
lanolin(e [lǽnolin], *s.* (farm.) lanolina.
lansquenet [lǽnskenet], *s.* sacanete, cascarela, parar (juegos de naipes); (ant.) lancero de a pie.
lantana [læntǽnä], *s.* (bot.) lantana.
lantern [lǽntœrn], *s.* linterna, farol; (mar.) faro, fanal; (arq.) linterna.—**l. maker,** linternero.—**l. jack,** fuego fatuo.—**l.-jawed,** carienjuto, carilargo, de quijadas largas y delgadas.—**l. pinion,** o **wheel,** (mec.) piñón de linterna.—**l. slide,** diapositiva.
lanthanide [lǽnθanaid], *s.* (quím.) lantanido.
lanthanum [lǽnθanʌm], *s.* (quím.) lantano.
lanuginous [laniúdžinʌs], *a.* lanuginoso.
lanyard [lǽnyärd], *s.* (mar.) acollador; cuerda, cabo; (arti.) cuerda y gancho de disparo.
Laodicean [leiadisían], *a.* laodicense; tibio, indiferente.
Laos [láas, léjas], *s.* Laos.
Laotian [leióušan], *s.* y *a.* laosiano.
lap [læp]. **I.** *s.* falda; regazo; seno, enfaldo; traslapo; (dep.) vuelta completa de la pista o redondel· (mec.) rueda de amolar, pulir o labrar joyas o metales; lamedura; susurro del agua; (m. v.) recubrimiento (de la válvula de corredera).—**l. dog,** perrillo faldero.—**l.-eared,** de orejas gachas o pendientes.—**l. hemmer,** rebatidor.—**l. joint,** junta de solapa, de traslapo o de recubrimiento.—**l. robe,** manta o abrigo (para viajes en coche).—**l. seam,** (cost.) costura rebatida.—**l. table** = LAPBOARD. **II.** *va.* traslapar; recubrir; envolver, cubrir, rodear; juntar a traslapo; pulir, labrar; lamer; tocar, besar (apl. al agua). **III.** *vn.* traslaparse; susurrar.
laparotomy [læparátomi], *s.* (cir.) laparotomía.
lapboard [lǽpbɔrd], *s.* tabla faldera de sastre.
lapel [lapél], *s.* (sast.) solapa.
lapful [lǽpful], *s.* halda(da), lo que puede caber en el regazo o enfaldo.
lapidary [lǽpideri]. **I.** *s.* lapidario; (ant.) tratado de las piedras preciosas y sus virtudes. **II.** *a.* lapidario; inscrito sobre piedra; lapídeo.
lapidate [lǽpideit], *va.* lapidar, apedrear.—**lapidation** [-éišon], *s.* lapidación, apedreamiento.—**lapideous** [lapídiʌs], *a.* lapídeo, lapidoso.—**lapidescent** [-ésent], *a.* que petrifica.—**lapidific** [-ífik], *a.* lapidífico.—**lapidification** [-ifikéišon], *s.* lapidificación.—**lapidify** [lapídifai], *va.* y *vn.* lapidificar(se), petrificar(se).
lapin [lǽpin], *s.* (zool.) conejo y su piel.
lapis [léipis], *s.* (lat.) piedra.—**l. infernalis,** piedra infernal, nitrato de plata.—**l. lazuli,** lapislázuli, lazulita.
Laplander [lǽplændœ(r)], **Lapp** [læp], *s.* lapón.
lappet [lǽpit], *s.* caída de toca o escofieta; doblez de una prenda de vestir; solapa; carúncula o barba de ciertas aves; (anat.) lóbulo.
lapsable [lǽpsabl], *a.* (for.) prescriptible; susceptible de caer.
lapse [læps]. **I.** *s.* caída, lapso; intervalo de tiempo, curso, transcurso; desliz, *m.*, traspié, *m.*, equivocación, falta; (for.) prescripción, perención, caducidad de la instancia; translación de derecho o dominio.—**in the l. of time,** con el transcurso del tiempo, andando el tiempo. **II.** *vn.* pasar, transcurrir; decaer, deslizarse; caer en algún defecto, desliz o error; (for.) prescribir, caducar.
lapsed [-t], *a.* caído; deslizado; cumplido, caducado; omitido; (for.) prescrito.
lapstone [lǽpstoun], *s.* piedra de batir el cuero.
lapwing [lǽpwiŋ], *s.* (orn.) frailecico, ave fría.
lapwork [lǽpwœrk], *s.* obra entrelazada o entretejida; obra de tingladillo.
lar [lar], *s.* (*pl.* LARES) lar, dios doméstico.
larboard [lárbɔrd], *s.* (mar.) babor.—**l. watch,** guardia de babor.
larcener, larcenist [lársenœ(r), -ist], *s.* ladrón, ratero.—**larcenous** [-ʌs], *a.* ratero, hurtador, ladrón.
larceny [-i], *s.* (for.) ratería, hurto.
larch [larch], *s.* (bot.) alerce, lárice.
lard [lárd]. **I.** *s.* manteca (de cerdo), lardo, (tocino) gordo.—**l. oil,** aceite de manteca de cerdo. **II.** *va.* (coc.) mechar; lardar o lardear; entreverar, guarnecer.
larder [-œ(r)], *s.* despensa, reposte.
larderer [-œrœ(r)], *s.* despensero.
lardy [-i], *a.* graso, lardoso, mantecoso.
large [lárdž]. **I.** *a.* grande; amplio, extenso, vasto; copioso, numeroso.—**l. bond,** bono mayor (de más de 1000 dólares).—**l.-handed,** de manos grandes; liberal, dadivoso.—**l.-headed,** cabezudo.—**l.-hearted,** magnánimo, desprendido o generoso.—**l. intestine,** (anat.) intestino grueso.—**l.-minded,** de ideas liberales.—**l. order,** (fam.) empresa o tarea peliaguda.—**l.-scale,** en grande escala; de gran magnitud, envergadura o alcance.—**l.-size(d),** grande, de tamaño grande.—**at l.,** en libertad, suelto; extensamente; sin limitación, libre; al acaso, (E. U.) que representa un todo (estado, región, etc.), a distinción del que representa una de las divisiones (distrito electoral, etc.). **II.** *adv.* (mar.) con viento a la cuadra; (fam.) con jactancia.
largely [-li], *adv.* grandemente; liberalmente; ampliamente; mayormente; en gran manera, considerablemente; muy.
largeness [-nis], *s.* grandor, extensión, amplitud, calidad de grande; liberalidad; grandeza de ánimo.
largess(e [lárdžis], *s.* don, dádiva, regalo; (ant.) largueza.
largish [lárdžiš], *a.* bastante largo.
largo [lárgou], *a.* y *s.* (mús.) largo.
lariat [lǽriat], *s.* lazo, mangana; (Arg.) boleadoras, *f. pl.*
lark [lark], *s.* (orn.) alondra, calandria, terrera, zurriaga; (fam.) calaverada, francachela, parranda, holgorio.—**to be,** o **to go, on a l.,** andar de parranda, echar una cana al aire.
larkspur [lárkspœr], *s.* (bot.) espuela de caballero, consólida real.
larrup [lǽrʌp], *va.* (fam.) zurrar, tundir.
larva [lárvä], *s.* larva.—**larval** [-l], *a.* larval.
larvate(d [lárveit(id], *a.* (med.) larvado.
laryngeal [laríndžial], *a.* laríngeo.
laryngitis [lærindžáitis], *s.* (med.) laringitis.
laryngology [læriŋgálodži], *s.* laringología.
laryngoscope [laríŋgoskoup], *s.* laringoscopio.
laryngoscopy [læriŋgáskopi], *s.* laringoscopia.
laryngotomy [-gátomi], *s.* (cir.) laringotomía.
larynx [lǽriŋks], *s.* (anat.) laringe, *f.*
lascar [lǽskä(r)], *s.* láscar, lascar (marinero indio).
lascivious [lasívìʌs], *a.* lascivo.—**lasciviously** [-li], *adv.* lascivamente.—**lasciviousness** [-nis], *s.* lascivia.
lash [lǽš]. **I.** *s.* látigo, flagelo, fusta, tralla (de látigo); azote, latigazo; chasquido; sarcasmo, invectiva; embate de las olas; pestaña (del ojo). **II.** *va.* dar latigazos; azotar, fustigar, flagelar; romper contra (como las olas); satirizar, censurar, reprochar; atar, ligar, (mar.) amarrar, trincar. **III.** *vn.* chasquear el látigo.—**to l. out,** desenfrenarse, desordenarse.
lashing [-iŋ], *s.* latigazo, azotamiento, castigo de azotes; reprensión dura; ligadura, atadura; (mar.) amarra(dura).
lass [lǽs], *s.* doncella, moza, muchacha, chica.
lassie [-i], *s.* muchachita, mozuela.
lassitude [lǽsitiud], *s.* lasitud, languidez.
lasso [lǽsou]. **I.** *va.* (en)lazar, manganear. **II.** *s.* lazo, mangana, (Am.) guaso.
lassoer [-œ(r)], *s.* lazador.
last [lǽst]. **I.** *a.* último, postr(im)ero; extremo, final, supremo; pasado (*last week,* la semana pasada).—**l. but not least,** último en orden pero no en importancia.—**l. but one,** penúltimo.—**l. but two,** antepenúltimo.—**l. day,** día del juicio.—

l.-ditch (defense, etc.) desesperado, a muerte. —**l. evening,** anoche, ayer por la noche.—**l. honors,** honores fúnebres.—**L. Judgment,** juicio final.—**l. night,** anoche.—**l. sleep,** la muerte.—**L. Supper,** última cena (de Jesucristo).—**l. word,** palabra o decisión final; (fam.) última moda; cosa inmejorable.—**that's the l. straw,** es el colmo; no faltaba más.—**to be on one's l. legs,** estar en las últimas, no poder más.—**to the l. ditch,** hasta la última trinchera o barricada; hasta quemar el último cartucho. II. *adv.* la última vez, finalmente, al fin.—**at l.,** por fin, al fin, al cabo, por último, a la postre.—**at long l.,** al fin, al fin (repetición enfática). III. *s.* fin, término; durabilidad; (lo, el) último; (zap.) horma.—**l. maker,** hormero. —**to see the l. of one,** no volver a ver a uno; librarse de uno.—**to the l.,** hasta el fin, hasta lo último. IV. *vn.* (per)durar, permanecer, subsistir. V. *va.* (zap.) ahormar.

laster [-œ(r)], *s.* (zap.) ahormador.

lasting [-iŋ]. I. *a.* duradero, durable, constante, perdurable. II. *s.* (tej.) sempiterna.—**lastingly** [-li], *adv.* para siempre.—**lastingness** [-nis], *s.* duración, calidad de durable.

lastly [-li], *adv.* en conclusión, por fin, finalmente, por último.

latch [læch]. I. *s.* aldaba, aldabilla, cerrojo, picaporte. II. *va.* cerrar con aldaba.

latchkey [-ki], *s.* llavín; picaporte.

latchstring [-striŋ], *s.* cordón de aldaba.—**the l. is out,** venga Vd. cuando guste; será Vd. siempre bienvenido.

late [leit]. I. *a.* tardío; tardo, lento; último, postrero; difunto; reciente, moderno.—**l. arrival,** recién llegado.—**l. in years,** de edad avanzada o provecta. II. *adv.* tarde; poco ha, últimamente; antes.—**l. in the year,** al fin del año.—**of l.,** recientemente, últimamente.—**to be l.,** llegar tarde o con retraso, retrasarse, atrasar, estar atrasado; ser tarde.—**too l.,** (demasiado) tarde.

lateen [lætín], *a.*—**l. sail,** (mar.) vela latina o bastarda.—**l. yard,** entena.

lately [léitli], *adv.* poco ha, no ha mucho; recientemente, últimamente.

latency [léitensi], *s.* estado latente.

lateness [léitnis], *s.* calidad de tardo o de reciente; tardanza, retraso.

latent [léitent], *a.* latente, oculto, escondido.

later [léitœ(r)], *adv.* y *a.* (*comp.* de LATE) más tarde; luego, después; posterior, subsecuente.—**l. on,** más tarde, después.

lateral [læteral], *a.* lateral.—**laterally** [-i], *adv.* lateralmente.

Lateran [læteran]. I. *a.* lateranense. II. *s.* templo de San Juan de Letrán; palacio papal.

laterite [læterait], *s.* (geol.) laterita, arcilla roja ferruginosa.

latescent [leitésent], *a.* que se va obscureciendo u ocultando.

latest [léitist], *a.* y *adv.* (*superl.* de LATE) último; novísimo.—**at the l.,** a más tardar.

latex [léiteks], *s.* (bot.) látex, jugo lechoso y viscoso.

lath [læθ]. I. *s.* (carp., alb.) lata, listón.—**l. work,** enlatado, (en)listonado, listonería. II. *va.* enlatar, (en)listonar, hacer un enlatado a o en.

lathe [leið], *s.* (mec.) torno; (tej.) marco de telar. —**l. bed,** banco del torno.—**l. dog,** trinquete de mandril.—**l. drill,** torno de taladrar.

lather [læðœ(r)]. I. *va.* enjabonar para afeitar; (fam.) azotar. II. *s.* jabonadura, espuma de jabón. III. *vn.* espumar, hacer espuma.

lathing [læθiŋ], *s.* (carp., alb.) = LATH WORK.

lathy [læθi], *a.* largo y delgado como un listón.

laticiferous [lætisíferʌs], *a.* (bot.) laticífero.

latifundium [lætifʌ́ndiʌm], *s.* latifundio.

Latin [lætin]. I. *a.* y *s.* latino.—**L.-American,** *a.*, **L. American,** *s.*, latinoamericano. II. *s.* latín (lengua).—**Latinism** [-izm], *s.* latinismo.—**Latinist** [-ist], *s.* latinista, latino.—**Latinity** [latíniti], *s.* latinidad.—**Latinize** [lætinaiz]. I. *va.* latinizar. II. *vn.* latin(e)ar, emplear latinismos.

latish [léitiš], *a.* algo tarde, tardecito.

latitude [lætitiud], *s.* latitud, anchura; difusión; amplitud; libertad; (geog., astr.) latitud.

latitudinal [-tiúdinal], *a.* latitudinal.

latitudinarian [-érian], *a.* y *s.* latitudinario.—**latitudinarianism** [-izm], *s.* latitudinarismo.

latria [latráia], *s.* (igl.) culto de latría.

latrine [latrín], *s.* letrina.

latten [læten], *s.* latón en láminas; metal en lámina.—*pl.* láminas metálicas muy delgadas.

latter [lætœ(r)], *a.* posterior, más reciente, moderno.—**l.-day,** de nuestros días.—**L.-Day Saints,** mormones.—**the l.,** éste, esto.

latterly [-li], *adv.* recientemente; poco ha.

lattice [lætis]. I. *va.* enrejar, poner celosías; entrelazar, entretejer. II. *s.* celosía, enrejado de listoncillos, rejilla; (fís.) celosía espacial (del reactor); (quím.) red (de estructura cristalina); emparrillado (de calderas).

lattice bar, *s.* barra de la celosía.

lattice bridge, *s.* puente de celosía.

lattice girder o **truss,** *s.* viga de celosía.

lattice web, *s.* alma de celosía.

latticework [-wœrk], *s.* enrejado(s); (mar.) enjaretado.

Latvian [lætvian], *s.* y *a.* latvio, de Latvia.

laud [lɔd]. I. *s.* (canto de) alabanza; loa.—*pl.* (igl.) laudes, *f. pl.* II. *va.* alabar, loar, elogiar.

laudability [lɔdabíliti], **laudableness** [lɔ́dablnis], *s.* calidad de laudable.—**laudable** [lɔ́dabl], *a.* laudable, loable.—**laudably** [-bli], *adv.* laudablemente.

laudanum [lɔ́danʌm], *s.* láudano.

laudative, laudatory [lɔ́dativ, -ori], *a.* laudatorio, encomiástico, panegírico.

laugh [læf]. I. *vn.* reír, reírse.—**to l. at,** reírse, mofarse o burlarse de, ridiculizar.—**to l. at one to his face,** reírsele a uno en las barbas.—**to l. in one's sleeve,** reírse interiormente.—**to l. loudly, heartily** u **out,** reírse a carcajadas. II. *va.* decir o expresar riendo; causar o hacer (salir, callar, cesar) a risa o a carcajadas; ahogar en o con risa.—**to l. away,** u **off,** ahogar en risa; echar a risa o a risotadas.—**to l. down,** hacer callar a risotadas; matar o acabar con (una reforma, etc.) ridiculizando.—**to l. one out of countenance,** abochornar o confundir a uno a carcajadas.—**to l. to scorn,** ridiculizar, poner en ridículo. III. *s.* risa; risotada.

laughable [-abl], *a.* risible; divertido.

laugher [-œ(r)], *s.* reidor.

laughing [-iŋ]. I. *s.* risa, reír. II. *a.* risueño, riente, reidor.—**l. eyes,** ojos alegres, reidores.—**l. gas,** gas hilarante, óxido nitroso.—**l. jackass,** (orn.) martín pescador australiano.—**it's no l. matter,** no es cosa de risa.

laughingly [-li], *adv.* riendo, con risa.

laughingstock [-stak], *s.* hazmerreír.

laughter [-tœ(r)], *s.* risa.

launch [lɔnch]. I. *va.* botar o echar al agua; dar principio a, acometer; lanzar, arrojar. II. *vn.* arrojarse, salir, lanzarse.—**to l. out for one's self,** emprender negocios por su cuenta. III. *s.* (mar.) botadura de un buque; lanzamiento; (mar.) lancha, chalupa.

launcher [-œ(r)], *s.* lanzador; dispositivo de lanzamiento (de cohetes, cosmonaves, etc.).

launching [-iŋ], *s.* lanzamiento; (mar.) botadura.

launching pad o **platform,** *s.* plataforma de lanzamiento.

launching ramp, *s.* rampa de lanzamiento.

launching ways, *s.pl.* (mar.) anguilas, parales.

launder [lɔ́ndœ(r)], *va.* lavar y planchar la ropa.

launderer [-œ(r)], *s.* lavandero.

laundress [lɔ́ndris], *s.* lavandera.

laundromat [lɔ́ndromæt], *s.* establecimiento de lavadoras automáticas.

laundry [lɔ́ndri]. I. *s.* lavadero; lavandería, establecimiento de lavar ropa; tren de lavado;

ropa lavada o para lavar. II. *va.* (fam.) = LAUNDER.
laundryman [-mạn], *s.* lavandero.
laundrywoman [-wụmạn], *s.* lavandera.
laureate [lóriịt], *a.* y *s.* (poeta, etc.) laureado.
laureateship [-ŝịp], *s.* dignidad de poeta laureado.
laureation [-éịŝọn], *s.* acto de laurear, o de conferir algún grado académico.
laurel [lórel], *s.* (bot.) laurel, lauro; honor, distinción.—**l. crown,** o **wreath,** láurea, lauréola, laurel.—**l.-like,** láureo, lauráceo.
laurel(l)ed [-d], *a.* laureado.
Laurentian [lɔrénŝịạn], *s.* y *a.* (geol.) laurentino.
lauric [lórịk], *a.* (quím.) láurico.
laurustine [lórʌstịn], **laurustinus** [-táịnʌs], *s.* (bot.) durillo.
lava [lávạ], *s.* lava.
lavabo [lạvéịbo], *s.* lavabo.
lavage [lǽvịdẑ], **lavation** [lạvéịŝọn], *s.* lavadura, lavatorio, lavado.
lavalier(e [lævạlír], *s.* (joy.) especie de medallón.
lavatory [lǽvạtɔrị], *s.* lavatorio, lavabo, lavamanos; lavadero; retrete.
lave [leịv], *va.* y *vn.* (poét.) lavar(se), bañar(se).
lavender [lǽvẹndœ(r)], *s.* (bot.) espliego, alhucema, lavándula; color de alhucema.—**l. cotton,** (bot.) santolina, guardarropa, *m.*—**l. water,** esencia de alhucema, (Am.) agua de lavanda.
laver [léịvœ(r)], *s.* (ant. e igl.) aguamanil, jofaina, palangana; (bot.) ova, alga comestible.
lavish [lǽvịŝ]. I. *a.* pródigo, gastador; profuso. II. *va.* disipar, malbaratar, prodigar.—**lavisher** [-œ(r)], *s.* pródigo, gastador.—**lavishly** [-lị], *adv.* pródigamente.—**lavishment, lavishness** [-mẹnt, -nịs], *s.* prodigalidad, profusión.
law [lǫ], *s.* ley, *f.*, estatuto; fuero; código de leyes; jurisprudencia, derecho, leyes (en general); tora o libro de la ley judía; (bib.) ley (de Moisés, del Antiguo Testamento).—**l.-abiding,** observante de la ley.—**l. day,** día en que están abiertos los tribunales.—**l. merchant,** ley mercantil; usos y costumbres, leyes y jurisprudencia mercantiles.—**l. of definite proportions,** ley de las proporciones definidas.—**l. of diminishing returns,** (e. p.) ley de utilidad o rendimiento decreciente; ley de que, pasado cierto límite, los productos de la tierra o de la industria dejan de aumentar proporcionalmente al aumento de capital y trabajo que se les consagre.—**l. of multiple proportions,** ley de las proporciones múltiples.—**l. of nations,** derecho internacional; derecho de gentes.—**l. of nature,** ley natural.—**l. school,** escuela de derecho.—**laws of motion,** leyes del movimiento.—**laws of war,** derecho de guerra.—**according to l.,** según derecho, conforme a la ley.—**to be a l. unto one's self,** no tener uno ni rey ni roque, ser uno su propio juez, hacer lo que le da la gana.
lawbreaker [-breịkœ(r)], *s.* transgresor, infractor, violador de la ley.
lawful [-fụl], *a.* legal, lícito, legítimo, conforme a la ley; permitido, válido.—**l. goods,** géneros permitidos o lícitos.—**l. prize,** presa legítima.
lawfully [-ị], *adv.* legalmente, legítimamente, lícitamente.
lawfulness [-nịs], *s.* legalidad, legitimidad.
lawgiver [-gịvœ(r)], *s.* legislador.
lawless [-lịs], *a.* ilegal; licencioso; forajido; desaforado, desmandado, de mal vivir.—**lawlessly** [-lị], *adv.* ilegalmente; licenciosamente.—**lawlessness** [-nịs], *s.* desorden, licencia; desobediencia.
lawmaker [-meịkœ(r)], *s.* legislador.—**lawmaking** [-ịŋ]. I. *s.* legislación. II. *a.* legislativo.
lawn [lɔn]. I. *s.* prado, césped, *m.*; (tej.) linón, estopilla; episcopado anglicano.—**l. hose,** manguera de regar.—**l. mower,** cortadora de césped.—**l. sprinkler,** surtidor giratorio para regar el césped.—**l. tennis,** tenis (juego). II. *a.* de linón.
lawny [lónị], *a.* que tiene campos de césped; hecho o vestido de linón.
lawsuit [lósịut], *s.* pleito, litigio, juicio.
lawyer [lóyœ(r)], *s.* abogado, jurisconsulto, legista, letrado.—**l.'s bill,** minuta.—**l.'s office,** bufete.
lax [læks], *a.* suelto, flojo, fláccido; laxo, relajado; vago, indeterminado; corriente de vientre.
laxation [lækséịŝọn], *s.* laxación.
laxative [lǽksạtịv], *a.* y *s.* (med.) laxativo, laxante, purgante suave.
laxity [lǽksịtị], **laxness** [-nịs], *s.* laxidad, laxitud; flaccidez, aflojamiento, flojedad; relajamiento; relajación, descuido, indiferencia.
laxly [-lị], *adv.* flojamente, sueltamente.
lay [leị], *pret.* de TO LIE.
lay [leị], *va.* (*pret.* y *pp.* LAID) poner, colocar; tender (tuberías, rieles, etc.), instalar; derribar; poner (un huevo, la mesa, etc.); matar, asentar (el polvo); enterrar; calmar, aquietar, sosegar, apaciguar; propagar (las plantas); imponer (cargas, tributos, etc.); (impr.) poner, calzar; proyectar, trazar, discurrir; imputar, atribuir; apostar; exhibir, presentar, exponer, hacer manifiesto.—**to l. a bill on the table,** encarpetar, dar carpetazo a un proyecto de ley.—**to l. against,** acusar de, achacar a.—**to l. apart,** reservar, poner aparte.—**to l. aside,** desechar, echar o poner a un lado; arrinconar, abandonar; ahorrar.—**to l. a wager,** apostar.—**to l. away,** dejar, echar a un lado; guardar.—**to l. bare,** exponer, revelar, desnudar, poner al descubierto.—**to l. by,** poner a un lado, descartar; reservar, ahorrar.—**to l. claim to,** reclamar; pretender.—**to l. down,** abatir; abandonar; entregar, rendir, dimitir; sentar, formular; dictar, dar (la ley, etc.); proyectar; tragar; guardar, reservar; apostar.—**to l. eyes on,** ver.—**to l. hands on,** sentar la mano a, pegar a; tocar; coger, atrapar; (igl.) dar imposición de manos a, bendecir u ordenar por imposición de manos.—**to l. hold of,** asir, agarrar, coger; prender.—**to l. in,** proveerse de, comprar; (pint.) bosquejar.—**to l. level,** igualar, allanar; arrasar.—**to l. low,** derribar; matar.—**to l. off,** quitarse de encima; trazar, delinear; medir; despedir, suspender.—**to l. on,** descargar (golpes) sobre, pegar a; dar (pintura, etc.) a; distribuir (agua, gas); imponer a.—**to l. one's self out,** (fam.) esforzarse.—**to l. open,** descubrir, revelar, demostrar.—**to l. out,** gastar, emplear, desembolsar; exhibir, mostrar; trazar; proyectar; disponer, arreglar; amortajar.—**to l. over,** cubrir, sobreponer; aplazar.—**to l. siege to,** sitiar; importunar.—**to l. stress on,** insistir o hacer hincapié en.—**to l. the blame on,** echar la culpa a.—**to l. the foundation for,** echar los cimientos de.—**to l. to heart,** tomar a pechos.—**to l. to rest,** enterrar.—**to l. up,** guardar, atesorar, reservar; obligar a guardar cama; encerrar; guardar, poner a un lado; (mar.) desarmar.—**to l. wait,** formar emboscada; asechar.—**to l. waste,** asolar.
lay, *vn.* poner, aovar (las gallinas, etc.); apostar; (mar.) situarse, colocarse; (incorrecta pero muy frecuentemente) = TO LIE, acostarse, hallarse o estar acostado, etc.—**to l. about,** dar palos de ciego.—**to l. aft,** (mar.) ir a popa.—**to l. by** = TO L. TO.—**to l. for,** (fam.) asechar.—**to l. off,** parar (en el trabajo).—**to l. on,** virar hacia.—**to l. out,** procurar, esforzarse.—**to l. over,** demorarse, detenerse; sobrepasar.—**to l. to,** (mar.) estar parado o flotando en la dirección del viento, capear.
lay. I. *a.* laico, lego, secular, seglar; profano, incompetente.—**l. brother,** lego, converso, monigote.—**l. clerk,** capiscol, sochantre.—**l. days,** (mar.) estadía.—**l. figure,** maniquí, figurín.—**l. race,** (tej.) curso de la lanzadera.—**l. sister,** lega, (ant.) freila. II. *s.* caída, sesgo, dirección; contorno; (fam.) oficio, ocupación, negocio; cantidad determinada de hilo; (tej.) marco de telar; participación en una ganancia; trama (de un cable); canción, balada, lay.—**l. of the land,** (fig.) estado o disposición de las cosas.

layer [léiœ(r)]. **I.** *s.* capa; estrato; (ten.) tina de remojar; (agr.) serpa, acodo; gallina ponedora. **II.** *va.* (agr.) acodar, amugronar.
layer cake, *s.* torta de varias camadas.
layering [-iŋ], *s.* (agr.) acodadura.
layette [leiyét], *s.* canastilla; ajuar para nene.
laying [léiiŋ]. **I.** *s.* colocación; postura (del huevo); (alb.) primera capa de un enlucido. **II.** *a.* situado; (mar.) anclado.—**l. hook,** manubrio del cordelero.—**l. on of hands,** imposición de manos.—**l. press,** (enc.) prensa de cepillo.—**l. top,** galapo.—**l. walk,** cordelería.
layman [léimạn], *s.* lego, seglar.
layoff [léiọf], *s.* despedida o despido (de obreros).
layout [léiaụt], *s.* plan, disposición, arreglo, trazado; equipo; (fam.) festín, banquete.
layover [léiovœ(r)], *s.* parada temporal en un lugar.
lazar [léizạ(r)], *s.* (ant.) leproso, lazarino.
lazaret [læzạrét], **lazaretto** [-oụ], **lazarhouse** [léizạrhaụs], *s.* lazareto, leprosería; (mar.) pañol.
laze [leiz], *vn.* holgazanear, gandulear.
lazily [léizili], *adv.* perezosamente.—**laziness** [-nis], *s.* pereza, holgazanería, desidia.
lazuli [lǽzyụli], **lazulite** [-ait], *s.* (min.) lazulita.
lazy [léizi], *a.* perezoso, holgazán; pesado.
lazybones [-boụnz], *s.* (fam.) perezoso, desidioso.
lea [li], *s.* prado, pradera; llanura.
leach [lich]. **I.** *va.* filtrar; lixiviar; colar la ropa. **II.** *s.* cenizas (*f. pl.*) de lejía; lixiviación; colada.
leaching [-iŋ], *s.* (quím.) lixiviación.
leaching vat, *s.* cuba para lixiviar.
leachy [-i], *a.* permeable, poroso.
lead [lɛd]. **I.** *s.* mina, núcleo o grafito del lápiz; (min.) plomo; (impr.) interlínea, regleta; (mar.) sonda, sondaleza, escandallo.—**l.-colored,** plomizo, aplomado.—**l. line,** sondaleza.—**l. pencil,** lápiz; lápiz portaminas.—**l. poisoning,** (med.) plumbismo, saturnismo.—**l. roofing,** plomería.—**to heave the l.,** (mar.) sond(e)ar, echar la sonda. **II.** *va.* (*pret.* y *pp.* LEADED) emplomar, forrar o guarnecer con plomo; (impr.) interlinear, regletear, espaciar verticalmente.
lead [lid]. **I.** *s.* primacía, primer lugar; dirección, mando; delantera; en el juego, mano, *f.*; salida (palo que juega el que es mano); (teat.) papel principal; protagonista; (mec.) avance (a la admisión, etc.); (elec.) alambre aislado de conexión.—**l. mare,** madrina.—**to take the l.,** adelantarse. **II.** *va.* (pret. y *pp.* LED) llevar de la mano, del cabestro, etc.; guiar, dirigir; mandar, acaudillar, encabezar; ir a la cabeza de; (mús.) llevar la batuta; enseñar, amaestrar, adiestrar; encauzar; derivar; llevar (buena, mala vida); atraer, inducir, mover; gastar o emplear el tiempo en alguna cosa.—**to l. along,** conducir, acompañar.—**to l. a new life,** enmendarse.—**to l. astray,** descarriar, seducir.—**to l. by the nose,** manejar a su gusto, llevar del cabestro, tener agarrado por las narices.—**to l. in,** o **into,** introducir en; llevar o conducir a.—**to l. off,** o **out,** desviar; principiar.—**to l. out of the way,** descarriar.—**to l. the way,** mostrar el camino, llevar la delantera, ir adelante. **III.** *vn.* mandar en jefe; guiar, enseñar el camino; sobresalir, ser el primero; ir adelante; conducir; dominar; ser mano en el juego de naipes.—**to l. off,** ir adelante; principiar.—**to l. on,** ir adelante, guiar, enseñar el camino.—**to l. (up) to,** conducir a, dar a.
leaded [lédid], *pp.* y *a.* (impr.) interlineado; emplomado, plomado.
leaden [lédn], *a.* plomizo, plomoso, plúmbeo; aplomado; abatido, triste; pesado.—**l.-footed,** lento, tardo.—**l.-hearted,** insensible, empedernido.—**l.-pated, l.-skulled,** lerdo, estúpido.
leader [lídœ(r)], *s.* guía, *mf.*, conductor; guión, *m.*; jefe, caudillo, cabecilla, *m.*, líder; cosa principal o sobresaliente; lo mejor; (alb.) condutal, canalera, canalón, (tubo de) bajada; caballo delantero; (mús.) director de orquesta; primer violín, cornetín, etc.; (impr.) (*pl.*) puntos suspensivos; artículo de fondo; (mec.) rueda motriz; (min.) nervadura, vena, filón; (pesca) sedal corto de tripa unido al extremo del principal.
leaderless [-lis], *a.* sin jefe o guía, etc.
leadership [-ŝip], *s.* dirección, primacía, hegemonía; jefatura, caudillaje, liderato.
lead-in [lid in]. **I.** *a.* (elec.) de toma, de entrada (a un instrumento o aparato). **II.** *s.* conductor de entrada; (rad.) bajada, alambre de conexión de la antena con el receptor.
leading [lídiŋ]. **I.** *a.* director; principal, primero; capital; dominante, sobresaliente.—**l. article,** (period.) editorial, artículo de fondo.—**l. edge,** (aer.) borde de ataque.—**l.-in,** (elec.) de entrada.—**l. lady,** (teat.) dama, primera actriz.—**l. man,** jefe, cabecilla, *m.*; (teat.) galán, protagonista.—**l. question,** pregunta que sugiere o insinúa la respuesta.—**l. strings,** andadores.—**l. wheels,** ruedas delanteras de una locomotora. **II.** *s.* guía, conducción; dirección de orquesta.
leading [lédiŋ], *s.* emplomadura; (impr.) interlineación.
leadsman [lédzmạn], *s.* (mar.) sondeador.
leadwort [lédwœrt], *s.* (bot.) belesa, dentelaria, planta plumbagínea.
leady [lédi], *a.* aplomado, plomizo.
leaf [lif]. **I.** *s.* (*pl.* LEAVES) (bot.) hoja; fronda; pétalo; hoja, foja, folio (de libro); hoja o tabla (de mesa); hoja, ala, batiente (de puerta); hoja o plancha de metal.—**l. brass,** oropel.—**l. blade,** (bot.) lámina (parte ensanchada de la hoja).—**l. bud,** yema, botón de planta.—**l. gold,** oro en hojas.—**l. lard,** manteca en rama.—**l. of gold, silver,** hoja o pan de oro, plata.—**l. sheathe,** (bot.) vaina.—**l. tobacco,** tabaco en rama. **II.** *vn.* echar hojas; hacerse frondoso. **III.** *va.* hojear (un libro).
leafage [-idẑ], *s.* follaje, frondaje, frondas, *pl.*
leafed [-t], *a.* hojudo, hojoso; frondoso.
leafiness [-inis], *s.* follaje, frondaje.
leafless [-lis], *a.* áfilo, sin hojas, deshojado.
leaflet [-lit], *s.* (bot.) hojilla, hojuela; (impr.) folleto, hoja suelta.
leafstalk [-stọk], *s.* (bot.) pecíolo, pezón.
leafy [-i], *a.* hojoso, frondoso; de forma de hoja.
league [lig]. **I.** *s.* liga, confederación, alianza; sociedad o asociación; pandilla; legua (unas 3 millas).—**L. of Nations,** Sociedad de las Naciones. **II.** *va.* y *vn.* aliar(se); confederar(se), asociar(se).
leagued [-d], *a.* confederado o aliado, (co)ligado; conjurado.
leaguer [-œ(r)], *s.* coligado, miembro de una liga.
leak [lik]. **I.** *s.* gotera en un techo; fuga o escape de gas, vapor, etc.; salida, fuga (lugar por donde algo se escapa); (mar.) vía de agua. **II.** *vn.* gotear; hacer agua; salirse, dejar escapar (el agua, vapor, etc.), tener fugas o salidas, escurrirse.—**to l. out,** (fig.) divulgarse, saberse, traslucirse.
leakage [-idẑ], *s.* goteo, derrame, escape, fuga, salida; (magn.) dispersión; (elec.) fuga, escape; (com.) avería, pérdida, merma, derrame.
leakproof [-pruf], *a.* estanco, hermético, a prueba de filtración.
leaky [-i], *a.* llovedizo; resquebrajado; que se sale o deja fugar el contenido; permeable; (mar.) que hace agua; (fam.) locuaz, indiscreto.
lean [lin]. **I.** *vn.* (*pret.* y *pp.* LEANED O LEANT) apoyarse, recostarse, inclinarse; ladearse, encorvarse.—**to l. on,** o **upon,** apoyarse en; buscar o tener apoyo en.—**to l. over,** inclinarse. **II.** *va.* apoyar, reclinar; inclinar; encorvar. **III.** *a.* flaco; magro; enjuto, seco, delgado, momio, cenceño; pobre, improductivo; necesitado; de carestía, de hambre; deficiente, pobre (en el ingrediente principal); pobre en cemento (apl. al hormigón y al mortero).—**l.-witted,** tonto, necio. **IV.** *s.* carne mollar o magra; inclinación, propensión.

leaning [líniŋ]. **I.** *a.* inclinado. **II.** *s.* ladeo; (a veces en plural) inclinación, propensión, tendencia; preferencia.
leanly [línli], *adv.* flaca o pobremente; sin gordura.
leanness [línnis], *s.* flacura; magrez; pobreza.
lean-to [lín tu], *s.* (arq.) colgadizo; tejado de una sola agua, o lo que lo tiene.
leap [líp]. **I.** *vn.* (*pret.* y *pp.* LEAPED o LEAPT) saltar, brincar, dar un salto o brinco; corvetear; brotar, salir con ímpetu; batir el corazón. **II.** *va.* (hacer) saltar; saltar, cubrir el macho a la hembra. **III.** *s.* salto, brinco; cabriola, zapateta.—**l. day,** día intercalar.—**l. year,** año bisiesto o intercalar.—**a l. in the dark,** un salto en el vacío.—**by leaps and bounds,** a saltos; a pasos agigantados.
leaper [-œ(r)], *s.* saltador, brincador.
leapfrog [-frag], *s.* salto, fil derecho, a la una la mula (juego de muchachos).
learn [lœrn], *va.* y *vn.* (*pret.* y *pp.* LEARNED o LEARNT) aprender; enterarse de, tener noticia de, saber; instruirse.
learnable [-abl], *a.* que puede aprenderse.
learned [-id], *a.* docto, erudito, ilustrado, sabio.—**the l.,** los doctos, los sabios.
learnedly [-li], *adv.* docta, erudita o sabiamente.
learner [-œ(r)], *s.* bisoño, principiante, tirón; aprendiz, *m.;* alumno, estudiante.
learning [-iŋ], *s.* saber, ciencia, erudición; ilustración, instrucción, sabiduría; aprendizaje.
leasable [lísabl], *a.* arrendable, alquilable.
lease [lís]. **I.** *s.* (for.) arriendo, (escritura de) arrendamiento, censo; locación, inquilinato; (tej.) paso, cruce. **II.** *va.* arrendar, alquilar, dar o tomar en arriendo.—**l.-lend** = LEND-LEASE.
leasehold [-hould], *s.* censo, foro, inquilinato; (la tenencia de un) arrendamiento o arriendo.
leaseholder [-œ(r)], *s.* arrendatario.
leash [liŝ]. **I.** *s.* pihuela, traílla, correa; tres, par y medio; (tej.) lizo. **II.** *va.* atraillar.
least [líst]. **I.** *a.* (*super.* de LITTLE) mínimo; ínfimo; menos; el menor, el mínimo, el más pequeño.—**l. common multiple,** (mat.) mínimo común múltiplo, menor múltiplo común.—**l. squares,** (mat.) mínimos cuadrados.—**at (the) l.,** al menos, a lo menos, por lo menos, siquiera; cuando menos.—**not in the l.,** de ninguna manera, bajo ningún concepto.—**the l.,** el o lo menos. **II.** *adv.* menos.
leastways [-weiz], **leastwise** [-waiz], *adv.* al menos, por lo menos.
leather [léðœ(r)]. **I.** *s.* cuero, cordobán, piel, *f.,* curtido. **II.** *a.* de cuero.—**l. apron,** mandil.—**l. bag,** zurrón.—**l. beater,** batidor.—**l. belt,** correa.—**l. belting,** correaje.—**l. bottle,** zaque, bota.—**l. dresser,** curtidor, noquero.—**l. shield,** adarga.—**l. top,** (aut., carr.) capota.—**to dress l.,** zurrar, adobar o apellar pieles. **III.** *va.* forrar o guarnecer con cuero; hacer cuero; (fam.) dar una tunda.
leatherback [-bæk], *s.* (zool.) tortuga marina muy grande.
leatherette [-ét], *s.* cuero artificial.
leatherhead [-hɛd], *s.* (orn.) frailecico; (fam.) tonto, bodoque.
leathern [-n], *a.* de cuero; coriáceo.
leatherneck [-nɛk], *s.* (E. U. mil., fam.) = MARINE.
leatheroid [-ɔid], *s.* imitación de cuero, de fibra vegetal.
leathery [-i], *a.* coriáceo, correoso.
leave [liv]. **I.** *s.* licencia, permiso, permisión, venia; despedida.—**l. of absence,** licencia, permiso.—**l.-taking,** despedida.—**by your l.,** con permiso de Vd.—**on l.,** (mil.) con licencia.—**to give l.,** permitir.—**to take l.,** despedirse. **II.** *va.* (*pret.* y *pp.* LEFT) dejar; abandonar; salir o partir de; separarse de; legar, mandar (en testamento).—**to l. alone,** dejar quieto o en paz; no meterse con, no meneallo.—**to l. behind,** dejar atrás; dejar en pos de sí.—**to l. in the dark,** dejar a oscuras.—**to l. in the lurch,** plantar, abandonar en un apuro.—**to l. no stone unturned,** no dejar piedra por mover.—**to l. off,** cesar, parar, suspender; dejar (un vicio, una costumbre).—**to l. out,** omitir, excluir.—**to l. out in the cold,** dejar colgado, olvidarse de.—**to l. undone,** no hacer, dejar de hacer; dejar sin terminar.—**to l. word,** dejar dicho. **III.** *vn.* irse, marcharse, salir, partir; (gen. con **off**) cesar, desistir; (*pret.* y *pp.* LEAVED) (a veces con **out**) echar hojas.
leaved [livd], *a.* hojoso; de hojas. *V.* TWO-LEAVED, THREE-LEAVED, etc.
leaven [lévn]. **I.** *s.* levadura, fermento. **II.** *va.* fermentar, leudar; imbuir, corromper, viciar.
leavening [-iŋ], *s.* fermento.
leaves [livz], *s. pl.* de LEAF.
leaving [líviŋ], *s.* partida, marcha.—*pl.* sobras, desechos, desperdicios; residuo, sobra.
Lebanese [lɛbaníz], *s.* y *a.* libanés.
Lebanon [lébanon], *s.* Líbano.
lecher [léchœ(r)], *s.* libertino.
lecherous [-ʌs], *a.* lujurioso, lascivo.—**lecherously** [-li], *adv.* lujuriosamente.
lecherousness [-nis], **lechery** [-i], *s.* lujuria, lascivia, salacidad.
lecithin [lésiθin], *s.* (bioquím.) lecitina.
lectern [léktœrn], *s.* atril, facistol.
lection [lékŝon], *s.* (igl.) lección; letra de un texto.
lectionary [-ɛri], *s.* (igl.) leccionario.
lector [lékto(r)], *s.* (igl.) lector.
lectorate [-it], *s.* (igl.) lectorado.
lecture [lékchu(r)]. **I.** *s.* disertación, conferencia; lectura, instrucción, clase, *f.;* reprensión, (fam.) sermoneo, regaño.—**l. hall,** o **room,** aula, cátedra, salón de conferencias o de actos. **II.** *vn.* disertar, discursar; dar una conferencia; hablar ex cáthedra. **III.** *va.* reprender, (fam.) regañar, sermonear.
lecturer [-œ(r)], *s.* conferenciante, conferencista; catedrático; (igl.) lector.
lectureship [-ŝip], *s.* (igl.) lectoría; cátedra.
led [lɛd], *pp.* y *pret.* de TO LEAD.
ledge [lɛdẑ], *s.* anaquel; borde, capa, tonga, tongada; retallo; arrecife; (mar.) lata de los baos.
ledger [lédẑœ(r)], *s.* (com.) libro mayor; solera de emparrillado; traviesa de andamio. *V.* LEGER.
lee [li]. **I.** *s.* (mar.) sotavento; socaire. *V.* LEES. **II.** *a.* (mar.) sotaventado.—**l. shore,** (mar.) costa de sotavento.—**l. side,** banda de sotavento.—**l. tide,** marea de barlovento, marea de donde viene el viento.—**under the l.,** a sotavento.
leeboards [líbordz], *s. pl.* (mar.) orzaderas.
leech [lich], *s.* (zool.) sanguijuela; gorrón; (med.) ventosa; (mar.) gratil; (ant.) médico.—**l. lines,** apagapenoles.—**l. rope,** relinga de las caídas.
leek [lik], *s.* (bot.) puerro, porro, ajete.
leer [lir]. **I.** *s.* mirada de soslayo o de reojo. **II.** *vn.* mirar de soslayo, socarrona, maliciosa o lascivamente. **III.** *va.* atraer con tal mirada.
leery [líri], *a.* (fam.) astuto; sospechoso, receloso.
lees [liz], *s. pl.* heces, *f. pl.,* borra, sedimento, poso.
leeward [líward o, entre marineros, lúard], *a.* (mar.) sotavento.—**l. tide,** marea en la dirección del viento.—**to fall to l.,** sotaventarse, abatir, decaer.—**to l.,** a sotavento.
leeway [líwei], *s.* (mar.) deriva, abatimiento, decadencia, desviación; plazo, tiempo; libertad.
left [lɛft]. **I.** *pret.* y *pp.* de TO LEAVE.—**l. behind,** rezagado.—**l. off,** puesto a un lado o desechado.—**to be l. (over),** quedarse, sobrar. **II.** *a.* izquierdo, siniestro.—**l. bower,** triunfo que sigue al primero (*right bower*) en el *euchre.*—**l. drive,** (aut.) conducción a la izquierda.—**l.-hand,** izquierdo (lado, etc.); con la mano izquierda; torcido hacia la izquierda (un cable, etc.); de movimiento hacia la izquierda.—**l.-handed,** zurdo; torpe, desmañado; torcido, insincero, malicioso; de movimiento, funcionamiento, etc., hacia la izquierda.—**l.-handedness,** zurdería.—**l.-handed screw,** tornillo zurdo, tornillo a la izquierda.—**l.-hander,** zurdo (persona); zurdazo, golpe dado con la

mano zurda.—**l. wing,** (pol.) bando izquierdista o radical, las izquierdas. III. *s.* mano izquierda o siniestra, lado izquierdo; (pol.) izquierda(s).—**at, on,** o **to the l.,** a la izquierda.
leftist [léftist], *a.* y *s.* (pol.) izquierdista.
leftover [léftouvœ(r)]. I. *s.* sobrante, sobra, rezago, resto. II. *a.* sobrante, sobrado.
leg [lɛg]. I. *s.* pierna; pata (de las aves y otros animales); remo (de caballo, etc.); pie (*m.*) o pata (de un mueble); pierna, pernil o pernera de pantalón; pierna (de compás, teodolito, etc.); caña de media o de bota; (mar.) bordada; pernada; (geom.) cateto; trayecto, jornada; (elec.) circuito derivado; alambre exterior de un circuito trifilar; (m. v.) placa de agua.—**l.-of-mutton sleeve,** (cost.) manga de pernil.—**not to have a l. to stand on,** no tener razón, defensa o argumento válidos.—**on,** o **upon, its legs,** en pie, firmemente establecido.—**on one's last legs,** acabándose; agonizante; sin recursos.—**to give l. bail,** (fam.) tomar las de Villadiego.—**to shake a l.,** (fam.) pernear, menearse. II. *vn.* (fam.) (gen. con **it**) **andar;** pernear.
legacy [légasi], *s.* legado, manda; herencia.—**l. duty,** derechos de herencia.
legal [lígal], *a.* legal, legítimo, lícito; jurídico.—**l. cap,** papel grande para documentos legales.—**l. capacity,** o **status,** (for.) personalidad.—**l. tender,** moneda de curso legal o forzoso.—**l. title,** título.
legalistic [-ístik], *a.* legalista.
legality [ligǽliti], *s.* legalidad, legitimidad.
legalization [ligalizéiŝon], *s.* legalización; refrendación, refrendo.
legalize [-aiz], *va.* legalizar, autorizar, legitimar; refrendar; interpretar a la letra.
legally [-i], *adv.* legalmente; jurídicamente.
legate [légit], *s.* legado, enviado, embajador.
legatee [-í], *s.* (for.) legatario.
legateship [-ŝip], *s.* legacía.
legatine [légatin], *a.* hecho por un legado o que pertenece a él.
legation [ligéiŝon], *s.* legación, embajada, misión.
legato [ligátou], *a.* y *s.* (mús.) ligado.
legator [ligéito(r) *o* lɛgatór], *s.* (for.) testador.
legend [lédẑend], *s.* leyenda; letrero, inscripción, titulillo.—**legendary** [-ɛri], *a.* legendario.
leger [lédẑœ(r)], *a.*—**l. lines,** (mús.) rayas adicionales al pentagrama.—**l. space,** espacio comprendido por esas rayas adicionales.
legerdemain [lɛdẑœrdiméin], *s.* juego de manos, prestidigitación.
legged [légid], *a.* de piernas o pies. *V.* LONG-LEGGED, TWO-LEGGED, etc.
legging [légin], *s.* polaina, sobrecalza, botín.
Leghorn [léghorn], *s.* sombrero de paja de Italia; casta de gallinas.
legibility [lɛdẑibíliti], **legibleness** [-blnis], *s.* legibilidad.—**legible** [-bl], *a.* legible.—**legibly** [-bli], *adv.* legiblemente.
legion [lídẑon], *s.* legión.—**legionary** [-ɛri], *a.* y *s.* legionario.
legionnaire [-ér], *s.* legionario.
legislate [lédẑisleit], *vn.* legislar.—**legislation** [-éiŝon], *s.* legislación.—**legislative** [-iv], *a.* legislativo, legislador.—**legislator** [-o(r)], *s.* legislador.—**legislatorial** [-órial], *a.* de legislación o legislatura.—**legislatorship** [-orŝip], *s.* oficio o dignidad de legislador.—**legislature** [lédẑisleichūr], *s.* legislatura, cuerpo legislativo, asamblea.
legist [lídẑist], *s.* legista, jurisconsulto.
legitimacy [lidẑítimasi], *s.* legitimidad.
legitimate [-mit]. I. *a.* legítimo; legal, lícito; auténtico, genuino.—**l. stage,** (teat.) las tablas (a distinción de la pantalla, el cine). II. [-meit], *va.* legitimar; legalizar.—**legitimately** [-mitli], *adv.* legítimamente.—**legitimateness** [-nis], *s.* legitimidad.—**legitimation** [-éiŝon], *s.* legitimación.—**legitime** [lédẑitim], *s.* (for.) legítima.—**legitimist** [lidẑítimist], *s.* (pol.) legitimista.—**legitimize** [-aiz], *va.* = LEGITIMATE.
legume [légium], **legumen** [lɛgiúmen], *s.* (bot.) legumbre, leguminosa, vaina.
legumin [lɛgiúmin], *s.* (bioquím.) legúmina.
leguminous [-ʌs], *a.* (bot.) leguminoso.
lei [léii], *s.* collar hawaiano.
leisure [líẑū(r)], *s.* ocio, ociosidad, holganza; comodidad.—**l. hours,** horas libres o desocupadas, ratos perdidos.—**at l.,** despacio, con sosiego, en un rato de ocio.—**to be at l.,** estar desocupado.
leisurely [-li]. I. *a.* pausado, deliberado. II. *adv.* despacio; cómoda o desocupadamente.
leitmotif [láitmotif], *s.* (mús.) motivo.
lemma [lémä], *s.* (lóg. y mat.) lema, *m.*
lemnaceous [lɛmnéiŝiʌs], *a.* (bot.) lemnáceo.
lemon [lémon]. I. *s.* (bot.) limón.—**l.-colored,** limonado, cetrino.—**l. drop,** pastilla de limón.—**l. squeezer,** exprimidera de limón.—**l. tree,** limonero, limón.—**l. verbena,** (bot.) luisa. II. *a.* de limón; hecho o sazonado con limón; cetrino.
lemonade [lɛmonéid], *s.* limonada.
lemur [límœ(r)], *s.* (zool.) lémur, maqui o maki.
lemures [lémyuriz], *s. pl.* (mit.) lémures.
lend [lénd], *va.* (*pret.* y *pp.* LENT) prestar, dar prestado.—**to l. a hand** (**to**), dar una mano, ayudar, arrimar el hombro.—**to l. aid,** dar ayuda, prestar auxilio.—**to l. an ear,** prestar atención, dar oídos.—**to l. countenance to,** apoyar.
lender [-œ(r)], *s.* prestador, prestamista; logrero, mutuante.
lending [-in], *s.* empréstito, préstamo.
Lend-Lease Act [-lís ækt], (pol.) ley (*f.*) de préstamo y arriendo.
lene [líni]. I. *a.* (gram.) suave, no aspirado. II. *s.* consonante no aspirada.
length [léŋθ], *s.* longitud, largo(r); extremo, punto; extensión, distancia; espacio, duración de tiempo; alcance (de un tiro, etc.); (dep.) echada; (mar.) eslora (de un buque).—**at l.,** al fin, finalmente; extensamente, prolijamente.—**at full l.,** a lo largo, de todo el largo.
lengthen [-n]. I. *va.* alargar, estirar, extender; prolongar, dilatar. II. *vn.* alargarse, prolongarse.
lengthening [-iŋ]. I. *s.* alargamiento; prolongación. II. *a.* de alargar.—**l. bar, l. tube,** alargadera (de compás, retorta, etc.).
lengthways [-weiz], **lengthwise** [-waiz], *adv.* longitudinalmente; a lo largo, de largo a largo.
lengthy [-i], *a.* largo; prolijo, demasiado largo, larguísimo.
leniency [líniensi], *s.* suavidad, lenidad, indulgencia.—**lenient** [-ent], *a.* indulgente, lenitivo, clemente.
Leninism [léninizm], *s.* leninismo, sistema (*m.*) de Lenín.—**Leninite** [-ait], *a.* y *s.* leninista.
lenitive [lénitiv], *s.* y *a.* lenitivo.
lenity [léniti], *s.* lenidad, blandura.
lens [lɛnz], *s.* (ópt.) lente, *mf.*, luna, lupa; objetivo; (anat.) cristalino.—*pl.* **lenses,** cristales de gafas o lentes.
lent [lɛnt]. I. *pret.* y *pp.* de TO LEND; prestado. II. (**L.**), *s.* cuaresma, cuadragésima, cuarentena.
lentando [lɛntándou], *a.* y *adv.* (mús.) con lentitud creciente.
lenten [lénten], *a.* cuaresmal; escaso.
lenticular [lɛntíkyūlä(r)], **lentiform** [léntiform], *a.* lenticular.
lentiginous [lɛntídẑinʌs], *a.* (bot. y zool.) pecoso; casposo.
lentil [léntil], *s.* (bot.) lenteja.
lentiscus [lɛntískʌs], *s.* (bot.) lentisco.
lento [léntou], *a.* y *adv.* (mús.) lento, lentamente.
Leo [líou], *s.* (astr.) León.
leonine [líonain], *a.* leonino.
leopard [lépärd], *s.* (zool.) leopardo o pardal.—**l.'s-bane,** (bot.) dorónico.
lepadid [lépadid], *s.* (zool.) lápade, *f.*, percebe.
leper [lépœ(r)], *s.* leproso, lazarino.
lepidolite [lépidolait], *s.* (min.) lepidolita.
Le[illegible]

diurnos.—**lepidopteran** [-n], *s.* y *a.* lepidóptero.—**lepidopterous** [-ʌs], *a.* lepidóptero.
lepidosiren [lɛpidosáirɛn], *s.* (zool.) lepidosirena.
leporine [lɛ́porin], *a.* (zool.) lebruno, leporino.
leprechaun [lɛ́prɛkɔn], *s.* (Irl.) duende, trasgo.
leprosarium [lɛprosɛ́riʌm], *s.* leprosería, leprocomio, lazareto, hospital de leprosos.
leprose [lɛ́prous], *a.* (biol.) casposo, escamoso.
leprosy [lɛ́prosi], *s.* (med.) lepra.
leprous [lɛ́prʌs], *a.* leproso, lazarino.
lepton [lɛ́ptan], *s.* (fís.) leptón.
Lepus [lípʌs], *s.* (astr.) Liebre, *f.*
Lesbian [lɛ́zbian], *a.* y *s.* lesbio, lesbiano.
Lesbianism [-izm], *s.* lesbianismo.
lese majesty [líz mǽdžisti], *s.* lesa majestad.
lesion [líżon], *s.* lesión.
less [lɛs]. **I.** *a.* (*comp.* de LITTLE) menor, menos, inferior. **II.** *adv.* menos, en grado más pequeño; en grado más bajo.—**l. and l.**, de menos en menos, cada vez menos. **III.** *s.* el o lo menos; cantidad más pequeña o menor. **IV.** *prep.* menos; sin.
lessee [lɛsí], *s.* (for.) arrendatario, rentero, inquilino.
lessen [lɛ́sn]. **I.** *va.* (a)minorar, disminuir, mermar; menoscabar; rebajar, degradar. **II.** *vn.* mermar, disminuirse; degradarse, rebajarse.
lesser [lɛ́sœ(r)], *a.* (comp. de LITTLE) menor, más pequeño.—**l. prophets,** profetas (*m.*) menores.
lesson [lɛ́son], *s.* lección; instrucción, enseñanza; escarmiento; reprensión; (igl.) lección.
lessor [lɛ́so(r)], *s.* (for.) arrendante, arrendador, censualista, que da una cosa en arrendamiento.
lest [lɛst], *conj.* para que no, por miedo de, o de miedo que, no sea que.
let [lɛt]. **I.** *va.* (*pret.* y *pp.* LET) dejar, conceder, permitir; arrendar, alquilar, dar en arrendamiento. Como auxiliar, se usa para formar el subjuntivo e imperativo de algunos verbos anteponiéndolo al infinitivo: *let him go,* que se vaya; *let's eat,* vamos a comer; *let us fly,* huyamos; *let the children play,* que jueguen los niños; *let it be known,* sépase. Las circunstancias indican cuándo es auxiliar y cuándo no. Así, *let us see* puede significar "veamos," "vamos a ver" o "déjenos ver," según el caso. El infinitivo se usa a menudo elípticamente por sí solo en el sentido de "para arrendar," "se arrienda," "de alquiler," etc.—**to l. alone,** dejar en paz, no molestar; no tocar; no meterse con o en; sin hablar de; sin mencionar; mucho menos (*he cannot buy a horse, let alone an automobile,* no puede comprar un caballo, mucho menos un automóvil).—**to l. be,** no molestar; no meterse con.—**to l. blood,** sangrar.—**to l. bygones be bygones,** olvidar lo pasado.—**to l. down,** dejar caer; bajar; traicionar; abandonar; humillar.—**to l. fall a word,** soltar inadvertidamente una palabra.—**to l. fly,** (fam.) disparar.—**to l. go,** soltar.—**to l. good** (o **well**) **enough alone,** bueno está lo bueno, mejor es no meneallo (cambiando un poco el giro).—**to l. in,** dejar entrar, admitir, recibir; introducir; hacer entrar.—**to l. into,** dejar o hacer entrar en; dejar conocer; iniciar o admitir en.—**to l. it go at that,** conformarse con eso; no hacer o decir más, dejar pasar.—**to l. know,** hacer saber, avisar.—**to l. loose,** soltar, aflojar; desatar, desencadenar.—**to l. off,** disparar, descargar; (fam.) dejar salir o ir, dejar libre.—**to l. one's self go,** desatarse, dejar la moderación.—**to l. out,** dejar salir; vaciar; poner en libertad, soltar; hacer salir; divulgar; arrendar, alquilar; largar (un rizo, etc.), aflojar.—**to l. the cat out of the bag,** revelar un secreto. **II.** *vn.* alquilarse o arrendarse.—**to let up,** (fam.) cesar; disminuir, moderarse. **III.** *s.* estorbo, impedimento.—**without l. or hindrance,** sin estorbo ni obstáculo.
letdown [lɛ́tdaun], *s.* relajación, disminución, aflojamiento; (fam.) chasco; humillación.
lethal [líθal], *a.* letal.
lethargic(al [liθárdžik(al], *a.* letárgico, aletargado, letargoso.—**lethargically** [-i], *adv.* letárgicamente.—**lethargize** [lɛ́θardžaiz], *va.* aletargar.—**lethargy** [lɛ́θardži], *s.* (med.) letargo.—**to fall into a l.,** aletargarse.
Lethean [liθían], *a.* (poét.) leteo.
lethiferous [liθífɛrʌs], *a.* letífero, mortífero.
Lett [lɛt], *s.*, **Lettish** [-iš], *s.* y *a.* letón.
letter [lɛ́tœ(r)]. **I.** *s.* letra; (impr.) carácter, tipo; carta, comunicación.—*pl.* (bellas) letras, literatura; erudición.—**l. book,** (com.) copiador de cartas.—**l. box,** buzón; apartado.—**l. carrier,** o **man,** cartero.—**l. case,** cartera, carpeta.—**l. drop,** buzón.—**l. file,** cartera, carpeta, guardacartas, archivo.—**l. of advice,** (com.) carta de aviso.—**l. of attorney,** poder, procuración.—**l. of credit,** carta de crédito.—**l. of introduction,** carta de presentación o de recomendación.—**l. of license,** moratoria, espera.—**l. of marque (and reprisal),** carta de (contra)-marca, patente de corso.—**l. opener,** abrecartas, plegadera.—**l. paper,** papel de cartas.—**l.-perfect,** exactísimo, muy perfecto; al dedillo; que sabe su papel, discurso, etc., de memoria.—**l. press,** prensa de copiar cartas.—**l. scale,** pesacartas.—**l. stamp,** matasellos, cancelador de sellos de correo; sello para fechar cartas en el correo.—**l. writer,** memorialista.—**letters dimissory,** dimisorias.—**letters of safe conduct,** (carta de) amparo, seguridad, guía, salvoconducto.—**letters patent,** título o patente de privilegio; ejecutoria (de nobleza).—**letters requisitorial,** exhorto.—**letters rogatory,** suplicatoria.—**to the l.,** al pie de la letra, a la letra. **II.** *va.* estampar con letras; rotular; poner letras, título o letreros a.
lettered [-d], *a.* letrado, instruído, erudito, literato, docto.
letterer [-œ(r)], *s.* el que pone letras y letreros (en un dibujo, etc.).
lettergram [-græm], *s.* telegrama largo, a manera de carta, que se envía con rebaja de precio pero sin garantía de entrega inmediata (puede llamarse carta telegráfica).
letterhead [-hɛd], *s.* membrete; hoja o pliego de papel con membrete.
lettering [-iŋ], *s.* letrero, inscripción, rótulo; estampilla; puesta de letras a un dibujo.
letterpress [-prɛs], *s.* impresión, impreso; texto (a distinción de grabados o figuras).—**l. printing,** impresión directa con tipo (a distinción de la hecha con planchas).
lettre de cachet [lɛ́tr dœ kæšéi], *s.* (fr.) carta real cerrada.
lettuce [lɛ́tis], *s.* (bot.) lechuga.
letup [lɛ́tʌp], *s.* (fam.) diminución, calma; cesación, interrupción; descanso.
leucin(e [liúsin], *s.* (bioquím.) leucina.
leucite [liúsait], *s.* (min.) leucita.
leucocyte [liúkosait], *s.* (anat.) leucocito.
leucocythemia [-θímia], *s.* (med.) leucocitemia.
leucocytosis [-tóusis], *s.* (med.) leucocitosis.
leucoma [liukóuma], *s.* (med.) leucoma, *m.*, albugo.
leucorrhea [liukoría], *s.* (med.) leucorrea.
leukemia [liukímia], *s.* (med.) leucemia.
leukopenia [liukopínia], *s.* (med.) leucopenia.
Levant [livǽnt]. **I.** *s.* levante, oriente. **II.** *a.* oriental.—**L. trade,** comercio de levante.
Levanter [-œ(r)], *s.* viento del levante.
Levantine [-in], *a.* y *s.* levantino, levantisco.
levator [livéito(r)], *s.* (anat.) músculo elevador; (cir.) levantador.
levee [lɛ́vi], *s.* corte, *f.*, besamanos, recepción; dique, malecón.
level [lɛ́vel]. **I.** *a.* plano, llano, igual, parejo; igual, uniforme; derecho, recto; honrado, probo; a nivel; horizontal.—**l. crossing,** (f. c.) paso a nivel.—**l.-headed,** juicioso, discreto.—**to do one's l. best,** (fam.) hacer uno lo sumo posible, o cuanto pueda. **II.** *s.* nivel (instrumento, altura); llanura; línea visual; categoría; (min.) galería horizontal, piso.—**on the l.,** abierta-

mente, sin dolo. **III.** *adv.* a nivel, ras; en derechura; con puntería; igualmente; lisa y llanamente. **IV.** *va.* igualar, allanar; nivelar; arrasar, derribar; apuntar, dirigir, asestar; proporcionar, adaptar, ajustar; igualar, emparejar; (alb.) enrasar. **V.** *vn.* apuntar (un arma); (top.) nivelar, hacer nivelaciones.—**to l. off,** (aer.) enderezarse para aterrizar.

level(l)er [-œ(r)], *s.* allanador, igualador, aplanador; nivelador; aplanadera.

level(l)ing [-iŋ]. **I.** *s.* igualación, allanamiento; nivelación; (alb.) enrasado. **II.** *a.* igualador; nivelador, de nivelar; de enrasar.—**l. course,** (alb.) enrase.—**l. line,** tendel.—**l. rod, staff,** o **pole,** (top.) jalón, mira de nivelar.

levelness [-nis], *s.* nivel, igualdad; horizontalidad.

lever [lévœ(r)], *s.* palanca; brazo; manecilla; escape de reloj.—**l. arm,** brazo de palanca.—**l. watch,** reloj de escape.

leverage [-idž], *s.* brazo de palanca; apalancamiento, acción de una palanca; sistema (*m.*) de palancas; influencia, poder, ventaja.

leveret [lévœrɛt], *s.* (zool.) lebrato.

leviable [léviabl], *a.* exigible, tasable; imponible.

leviathan [liváiaθan], *s.* leviatán.

levigate [léviɡeit], *va.* levigar; pulverizar.

levigation [-éišon], *s.* levigación; pulverización.

levirate [lévirit], *s.* levirato.

levitate [léviteit], *va.* y *vn.* alzar(se) o (hacer) subir contra la acción de la gravedad y sin medios físicos (apl. a los fenómenos espiritistas).—**levitation** [-éišon], *s.* suspensión o levantamiento de cuerpos pesados sin medios físicos.

Levite [lívait], *s.* levita, *m.;* (ant.) diácono.

Levitic(al [livítik(al], *a.* levítico.

levity [léviti], *s.* levedad, ligereza; veleidad.

levulose [lévyulous], *s.* (quím.) levulosa.

levy [lévi]. **I.** *va.* reclutar, enganchar; exigir contribuciones o tributos; (for.) embargar, ejecutar.—**to l. on,** gravar, imponer contribución sobre.—**to l. war,** guerrear, hacer la guerra. **II.** *s.* (mil.) leva, recluta, enganche; exacción de tributos; (for.) embargo, ejecución.

lewd [liúd], *a.* lujurioso, lascivo.—**lewdly** [-li], *adv.* lascivamente; impúdicamente.—**lewdness** [-nis], *s.* lascivia, lujuria, libídine, *mf.;* prostitución.

lewis(son [liúis(on], *s.* clavija para alzar piedras; castañuela de cantera.

lewisite [liúisait], *s.* (mil.) cierto vesicante incoloro.

lexical [léksikal], *a.* lexicográfico.

lexicographer [-kágrafœ(r)], *s.* lexicógrafo.—**lexicographic** [-kogræfik], *a.* lexicográfico.—**lexicography** [-kágrafi], *s.* lexicografía.—**lexicological** [-koládžikal], *a.* lexicológico.—**lexicologist** [-kálodžist], *s.* lexicólogo.—**lexicology** [-kálodži], *s.* lexicología.

lexicon [-kon], *s.* léxico, vocabulario, diccionario.

lex talionis [leks tælióunis], *s.* ley (*f.*) o pena del talión.

Leyden jar [láidɛn džar], *s.* (fís.) botella de Leiden.

liability [laiabíliti], *s.* riesgo, exposición; obligación, responsabilidad; suma que una compañía de seguros está legalmente obligada a pagar.—*pl.* **liabilities,** (com.) pasivo, obligaciones a pagar.

liable [láiabl], *a.* sujeto, expuesto; obligado, responsable, (for.) gravable; deudor; propenso.

liaison [liéizon], *s.* concubinaje; enlace, vinculación, unión, coordinación; (fon.) unión de una consonante final a la vocal siguiente.—**l. officer,** (mil.) oficial de intercomunicación y coordinación.

liana, liane [liáná, liǽná], *s.* (bot.) especie de bejuco, (gal.) liana, (Cuba) jagüey.

liar [láiar], *s.* embustero, mentiroso, falsario.

Lias [láias], *s.* (geol.) lías.—**Liassic** [laiǽsik], *a.* y *s.* liásico.

libation [laibéišon], *s.* libación.

libel [láibel]. **I.** *s.* libelo; difamación. **II.** *va.* difamar, calumniar, injuriar; presentar una alegación contra una persona por conducta impropia, o contra un barco por deuda.—**libel(l)ant** [-ant], *s.* (for.) el que presenta una demanda por libelo; actor o demandante ante el tribunal del Almirantazgo o ante un tribunal eclesiástico; libelista.—**libel(l)er** [-œ(r)], *s.* libelista, difamador.—**libel(l)ing** [-iŋ], *s.* difamación.—**libel(l)ous** [-ʌs], *a.* infamatorio, difamatorio, injuriante.

libellula [laibélyulá], *s.* (ent.) libélula.

liber [láibœ(r)], *s.* libro, registro; (bot.) líber.

liberal [líberal], *a.* liberal, generoso, dadivoso, bizarro; abundante; (pol.) liberal; libre (traducción, etc.); noble, bien nacido.—**l. arts,** artes (*f.*) liberales.—**l.-minded,** tolerante.

liberalism [-izm], *s.* liberalismo.

liberality [-ǽliti], *s.* liberalidad.

liberalize [-alaiz], *va.* liberalizar.

liberally [-ali], *adv.* liberal o generosamente.

liberate [-eit], *va.* libertar, librar, redimir; manumitir; descargar.

liberation [-éišon], *s.* liberación, redención.

liberator [-eito(r)], *s.* libertador.

Liberia [laibíria], *s.* Liberia.

Liberian [-n], *s.* y *a.* liberiano.

libertarian [-térian]. **I.** *s.* el que defiende la libertad del individuo; el que cree en el libre albedrío. **II.** *a.* libertario; relativo a la doctrina que defiende el libre albedrío.

libertinage [líbœrtinidž], *s.* libertinaje.

libertine [líbœrtin]. **I.** *a.* y *s.* libertino, disoluto. **II.** *s.* (for.) libertino, hijo de liberto.

libertinism [-izm], *s.* libertinaje; librepensamiento, abuso de la libertad del pensamiento.

liberty [líbœrti], *s.* libertad; exención, prerrogativa, inmunidad; osada familiaridad; liberación de presos o cautivos; licencia, permiso.—**L. Bell,** campana de la libertad (la que se repicó cuando los E. U. declararon su independencia).—**L. Bond,** bono de la libertad, nombre dado a los bonos emitidos por el gobierno de los E. U. durante la guerra mundial (1917 a 1919).—**L. Loan,** préstamo de la libertad, primera emisión de bonos de la libertad.—**to take the l. to,** permitirse.—**to take undue liberties,** propasarse.

libidinous [libídinʌs], *a.* libidinoso, lujurioso.

libido [libídou], *s.* (psic.) libido.

Libra [láibrá], *s.* (astr.) Libra.

librarian [laibrérian], *s.* bibliotecario.

librarianship [-šip], *s.* empleo de bibliotecario.

library [láibrɛri], *s.* biblioteca; librería; gabinete.

librate [láibreit], *vn.* balancear, oscilar.

libration [-éišon], *s.* balance; (astr.) libración.

libratory [láibratori], *a.* de libración, oscilatorio; que balancea.

librettist [librétist], *s.* libretista.

libretto [librétou], *s.* (mús.) libro, libreto.

Libya [líbia], *s.* Libia.

Libyan [líbian]. **I.** *a.* líbico. **II.** *a.* y *s.* libio.

lice [lais], *s. pl.* de LOUSE, piojos.

licensable [láisɛnsabl], *a.* permisible.

license [láisɛns]. **I.** *s.* licencia, permiso; despacho, cédula, título; matrícula (para conducir un automóvil); licencia, libertinaje.—**l. plate,** (aut., etc.) placa. **II.** *va.* licenciar, dar licencia o permiso; autorizar, facultar; dar cédula, despacho o privilegio.

licensee [-í], *s.* persona que obtiene licencia o permiso; concesionario.

licenser [-œ(r)], *s.* el que da licencia.

licentiate [laisénšiit], *s.* licenciado.

licentious [laisénšʌs], *a.* licencioso, desenfrenado, distraído, disoluto.—**licentiously** [-li], *adv.* licenciosamente.—**licentiousness** [-nis], *s.* licencia, disolución, disipación, libertinaje.

lichen [láikɛn], *s.* (bot.) liquen; (med.) salpullido causado por el calor; erupción papular.

licit [lísit], *a.* lícito.—**licitly** [-li], *adv.* lícitamente.

lick [lik]. **I.** *va.* lamer, laminar; (fam.) cascar, dar una tunda o felpa; sobrepujar, vencer.—**to l. into shape,** (fam.) dar forma a.—**to l. the boots of,** (fam.) adular servilmente.—**to l. the**

dust, morder el polvo. **II.** *vn.* flamear. **III.** *s.* lamedura, lengüetada; salegar, lamedero; (fam.) mojicón, bofetón.

licker [-œ(r)], *s.* lamedor, lamiente.

lickerish [líkœriš], *a.* apetitoso, aficionado a bocados regalados; goloso; salaz, libidinoso.

licking [líkiŋ], *s.* (fam.) tunda, paliza; derrota.

lickspittle [líkspitl], *s.* quitapelillos, parásito, hombre servil.

licorice [líkoris], *s.* (bot.) regaliz, *m.*, orozuz, *m.*, alcazuz, *m.*

lictor [líktq(r)], *s.* lictor.

lid [lid], *s.* tapa, tapadera; (anat.) párpado; (bot., zool.) opérculo; guardapolvo de reloj; (fam.) sombrero.

lie [lai]. **I.** *s.* mentira, embuste; desmentida, mentís; postura, posición, yacimiento, caída; cubil; (f. c.) desviadero.—**to give the l. to,** dar un mentís a, desmentir. **II.** *vn.* (*pret.* y *pp.* LIED; *pa.* LYING) mentir.

lie, *vn.* (*pret.* LAY; *pp.* LAIN) echarse, tenderse; descansar recostado; apoyarse; acostarse, estar acostado o en cama; yacer, ubicar, estar situado; (ant.) pernoctar; consistir, depender; estar en, tocar o corresponder a; estar pendiente; (for.) ser sostenible o ejecutable.—**to l. about,** estar esparcido.—**to l. along,** dar a la banda.—**to l. at the heart,** ser objeto de afecto, ansiedad o deseo.—**to l. at the point of death,** estar expirando.—**to l. by,** estar cerca o a la mano; parar, descansar.—**to l. down,** echarse, acostarse; (fam.) ceder o someterse sin luchar; (fam.) ser negligente (en un deber o tarea).—**to l. in,** estar de parto.—**to l. in one,** depender de uno, estar de manos de uno.—**to l. in state,** estar en capilla o cámara ardiente, estar de cuerpo presente.—**to l. in wait,** espiar; asechar.—**to l. low,** estar postrado; permanecer oculto o en la oscuridad, ocultarse; no hacer ni decir nada, esperar; no dejarse ver las intenciones.—**to l. off,** descansar; contenerse al principio (de una carrera, etc.).—**to l. on,** o **upon,** ser obligatorio a, pesar sobre; depender de.—**to l. on one's head,** tener uno la culpa de.—**to l. on the oars,** cesar de remar; descansar del trabajo.—**to l. over,** aplazarse; (com.) caducar.—**to l. to,** (mar.) estar a la capa, ponerse en facha.—**to l. under,** estar bajo el peso de.—**to l. up,** descansar.—**to l. with,** vivir o dormir con; tocar o corresponder a.

Liederkranz [lídœrkrantz], *s.* queso suave y fuerte (marca de fábrica).

lief [lif], *adv.* de buena gana, de buen grado.

liege [lidž]. **I.** *a.* ligio; feudatario. **II.** *s.* vasallo súbdito; señor feudal.—**liegeman** [-man], *s.* vasallo; secuaz leal.

lien [lin], *s.* (for.) embargo preventivo para el cobro de una deuda; obligación, gravamen.

lienteric [laiєntérik], *a.* lientérico.

lientery [láiєnteri], *s.* (med.) lientería, lientera.

lieu [liu], *s.*—**in l. of,** en lugar de, en vez de.

lieutenancy, lieutenantship [liuténansi, -antšip], *s.* (lugar)tenencia; tenientazgo (**first l.**); alferazgo (**second l.**).

lieutenant [-ant], *s.* lugarteniente; (mil.) teniente.

lieutenant colonel, *s.* (mil.) teniente coronel.

lieutenant commander, *s.* (E. U., mar.) capitán de corbeta.

lieutenant general, *s.* (mil.) teniente general.

lieutenant governor, *s.* (E. U.) vicegobernador; (Ingl.) lugarteniente del gobernador.

life [láif]. **I.** *s.* vida; existencia, ser, vivir; conducta, modo de vivir; animación, ardor, vivacidad, viveza; duración; biografía.—**a matter of l. and death,** cuestión de vida o muerte, asunto muy importante.—**as big as l.,** de tamaño natural.—**for dear l.,** como para salvar la propia vida, a sangre y fuego.—**for l.,** vitalicio, de por vida, por toda la vida.—**for the l. of me,** por vida mía, a fe mía, en verdad.—**from l.,** del natural.—**not on your l.,** de ningún modo, en ningún caso.—**to be the l. of,** (fig.) ser el alma de.—**to bring to l.,** reanimar, revivificar; animar, vigorizar.—**to come to l.,** recobrar los sentidos, volver en sí; reanimarse.—**to depart this l.,** partir de esta vida, morir, fallecer.—**to put new l. into,** vigorizar, animar.—**to see l.,** tener vivencia.—**to take l.,** matar.—**to take one's own l.,** suicidarse.—**to the l.,** al vivo, a lo vivo; exactamente, fielmente.—**true to l.,** conforme con la realidad, que pinta la vida al natural. **II.** *a.* de o relativo a la vida; vitalicio.

life annuity, *s.* renta vitalicia.

life belt, *s.* cinto de salvamento, cinturón salvavidas.

lifeblood [-blʌd], *s.* sangre (*f.*) vital; alma, nervio.

lifeboat [-bout], *s.* bote o lancha salvavidas, de socorro, o de salvamento.

life buoy, *s.* (mar.) guindola, boya salvavidas.

life cycle, *s.* (biol.) ciclo de vida.

life expectancy, *s.* promedio de vida.

life-giving [-giviŋ], *a.* vivificante, vivificativo.

lifeguard [-gard], *s.* salvavidas (nadador experto empleado en las playas).

life imprisonment, *s.* cadena perpetua.

life insurance, *s.* seguro de o sobre la vida.

life interest, *s.* (for.) usufructo.

lifeless [-lis], *a.* sin vida, muerto, exánime; inanimado; falto de vigor; agotado; falto de animación, sin vida, sin alma; inhabitado, sin ser viviente.—**lifelessly** [-li], *adv.* sin vigor.

lifelessness [-nis], *s.* falta de vida; falta de vigor o animación.

lifelike [-laik], *a.* que parece vivo, natural.

life line, *s.* cuerda salvavidas; andarivel horizontal de verga; (quiromancia) línea de la vida.

lifelong [-loŋ], *a.* de toda la vida.

life net, *s.* red de salvamento.

life of leisure, *s.* vida de ocio.

life preserver, *s.* salvavidas.

lifer [-œ(r)], *s.* (fam.) condenado a cadena perpetua.

life raft, *s.* balsa salvavidas.

lifesaver [-seivœ(r)], *s.* salvavidas (nadador experto empleado en las playas); salvador; salvavidas (caramelos).

life-saving [-seiviŋ]. **I.** *a.* de salvamento. **II.** *s.* servicio de salvamento.

life-saving gun, *s.* cañón lanzacabos, obús (para lanzar proyectiles de salvamento).

life-saving station, *s.* estación de salvamento en la costa.

life sentence, *s.* sentencia a cadena perpetua.

life-size [-saiz], *a.* de tamaño natural.

life span, *s.* duración máxima de vida.

lifetime [-taim]. **I.** *s.* curso de la vida; toda la vida.—**in our l.,** durante nuestra vida. **II.** *a.* vitalicio, de por vida, que dura toda la vida.

lifework [-wœrk], *s.* obra que abarca o requiere una vida entera; obra principal o total de la vida de uno.

lift [lift]. **I.** *va.* alzar, levantar; quitar la presión; so(s)pesar; exaltar, ensalzar; enriscar; redimir (una hipoteca); (fam.) hurtar; plagiar.—**to l. a siege,** (mil.) levantar un sitio.—**to l. the hat,** quitarse el sombrero para saludar.—**to l. up,** alzar; soliviar.—**to l. (up) the hand,** prestar juramento levantando la mano; orar; hacer un esfuerzo.—**to l. up the voice,** levantar la voz; alzar el gallo. **II.** *vn.* hacer fuerza para levantar algo; disiparse (la niebla). **III.** *s.* esfuerzo para levantar; acción de alzar; lo que sirve para alzar (aparejo, gancho, etc.); elevación, altura a que algo se alza; soliviadura; alza, aumento; ayuda; carrera (de un martinete, etc.); (aut.) manigueta de ventana; (Ingl.) ascensor; elevador, montacargas; (min.) diferencia de nivel; (min.) juego de bombas; (aer.) fuerza ascensional, componente vertical de la presión aerodinámica; sustentación.—**l. bridge,** puente levadizo.—**l. lock,** esclusa.—**l. pump,** bomba aspirante.—**l. valve,** válvula de movimiento verti-

cal.—**l. wire,** (aer.) cable o cinta de sustentación.—**at one l.**, de un golpe.—**to give one a l.**, ayudar a uno; alentar o animar a uno; llevar a uno gratis en un vehículo.
lifter [-œ(r)], *s.* alzador, cualquier cosa que sirve para alzar; elevador; (fam.) ratero; (m. v.) brazo de la válvula de una máquina de balancín.
lifting [-iŋ]. **I.** *s.* acción de alzar, etc.; levantamiento; soliviadura. **II.** *a.* de alzar o elevar.—**l. bridge,** puente levadizo.—**l. force,** o **power,** fuerza o poder ascensional o levantador(a).—**l. injector,** (m. v.) inyector aspirante.—**l. jack,** gato, cric.—**l. pump,** bomba aspirante.—**l. rod,** (m. v.) vástago vertical que en una máquina de balancín mueve el brazo de la válvula.
lift-off [-ɔf], *s.* (aer.) despegue (cohete, cosmonave, etc.).
ligament [lígamẹnt], *s.* (anat.) ligamento.
ligamental, ligamentous [ligamẹ́ntạl, -tʌs], *a.* ligamentoso.
ligate [láigeit], *va.* (cir.) ligar, atar con ligadura.
ligation [-éišọn], *s.* ligación; ligadura.
ligature [lígạchụr], *s.* (cir., mec. y mús.) ligadura; ligación; (impr.) letras ligadas, como *æ, fi, fl,* etc.
light [láit]. **I.** *s.* luz; fuego, lumbre (de un cigarro, etc.); luminar, notabilidad (persona); señal de tráfico; claraboya, tragaluz; (pint.) luz.—*pl.* *V.* LIGHTS.—**according to one's l.**, de acuerdo con el entendimiento de uno.—**against the l.**, al trasluz.—**in the l. of,** a la luz de, según.—**in this l.**, desde este punto de vista.—**to cast, shed** o **throw l. on,** (fig.) echar luz, iluminar; esclarecer.—**to come to l.**, (fig.) darse a luz, descubrirse, ser revelado.—**to give a l.**, (fam.) dar candela.—**to see the l. (of day),** ver la luz, nacer; (fig.) sacarse a luz, publicarse; (fig.) comprender, despertar.—**to stand in one's own l.**, (fig.) taparse uno la luz, perjudicarse.—**to strike a l.**, encender un fósforo, sacar fuego del pedernal; dar lumbre. **II.** *a.* ligero, liviano; leve, ingrávido; claro; alegre, vivo; fácil; frívolo, superficial; sutil; de tez blanca, blondo.—**l. in the head,** tonto, necio; bobo.—**to make l. of,** hacer poco caso de, tomar en chanza. **III.** *va.* (*pret.* y *pp.* LIGHTED o LIT) encender; alumbrar, iluminar, lucir. **IV.** *vn.* encenderse, prender (el fuego o la luz); iluminarse; descender, posarse; apearse.—**to l. on o upon,** encontrarse o topar con.—**to l. out,** liarlas, poner pies en polvorosa, tomar las de Villadiego. **V.** *adv.* ligeramente; fácilmente.
light-armed [-ármd], *a.* provisto de armas ligeras.
light artillery, *s.* (mil.) artillería ligera.
light bulb, *s.* (elec.) bombilla.
light buoy, *s.* baliza o boya luminosa.
light-complexioned [-kọmplékšọnd], *a.* de tez blanca.
lighten [láitn]. **I.** *va.* iluminar, alumbrar; aclarar; aligerar, quitar peso; (mar.) alijar, zafar; aliviar; alegrar, regocijar. **II.** *vn.* ponerse ligero disminuir de peso; relampaguear, centellear; aclarar.
lightening [-iŋ], *s.* alba, alborada; aligeramiento; alivio; (mar.) alijo.
lighter [láitœ(r)]. **I.** *a. comp.* de LIGHT; más ligero; más claro. **II.** *s.* (mar.) barcaza, chalana, gabarra, (lanchón) alijador; alumbrador, encendedor, mechero automático, (Am.) prendedor; mecha. **III.** *va.* y *vn.* transportar o llevar en chalana.
lighterage [-idž], *s.* (mar.) gastos de chalana, lanchaje, gabarraje; alijo.
lighterman [-mạn], *s.* (mar.) lanchonero, gabarrero.
lighter-than-air [láitœrθạnér], *a.* (aer.) más liviano que el aire.
lightface [-feis], *s.* (impr.) tipo común.
light-fingered [-fíŋgœrd], *a.* largo de uñas, ligero de dedos.
light-footed [-fụ́tid], *a.* ligero de pies.
light-haired [-hérd], *a.* pelirrubio.
light-headed [-hédid], *a.* ligero de cascos, casquivano; delirante, atolondrado, aturdido; frívolo, fruslero.
light-hearted [-hártid], *a.* sin preocupación; alegre, festivo.
light heavyweight, *s.* (boxeo) peso pesado ligero.
light horse, *s.* (mil.) caballería ligera.
lighthouse [-haụs], *s.* (mar.) faro, farola, fanal.
lighthouse keeper, *s.* torrero, guardafaro.
light infantry, *s.* (mil.) infantería ligera.
lighting [-iŋ], *s.* alumbrado (eléctrico, de gas, etc.), luz (eléctrica, etc.); iluminación.—**l. effects,** (teat.) efectos de luz.—**l. technique,** técnica lumínica.
light keeper, *s.* torrero, guardafaro.
lightless [-lis], *a.* obscuro, sin luz.
lightly [-li], *adv.* ligeramente, levemente; prontamente, ágilmente; alegremente, de buena gana; sin seriedad, con liviandad, a la ligera; sin motivo; irrespetuosamente, con desprecio.
light meter, *s.* (fot., cine) exposímetro.
light-minded [-máindid], *a.* voluble; atolondrado.
lightness [-nis], *s.* levedad, ligereza; agilidad, velocidad; inconstancia; frivolidad; liviandad.
lightning [-niŋ], *s.* relámpago; relampagueo, rayo.—**l. arrester, conductor, rod,** (elec.) pararrayos.—**l. beetle, l. bug,** (ent.) luciérnaga, cocuyo.—**l. proof,** a prueba de rayos.—**l. stone,** o **tube,** fulgurita.—**l. switch,** (rad.) interruptor de conexión de la antena con tierra.
light opera, *s.* (mús.) opereta.
light port, *s.* (mar.) portilla.
light pull, *s.* (elec.) tirador.
light quantum, *s.* (fís.) fotón.
lightroom [-rum], *s.* (mar.) pañol de los faroles; lampión (*m.*) de pañol de pólvora; linterna de un faro.
lights [-s], *s. pl.* pulmones, bofes, livianos.
light shaft, *s.* lumbrera, toma de luz.
lightship [-šip], *s.* buque faro o fanal.
light sleep, *s.* sueño ligero, (fam.) duermevela, *m.*
light soil, *s.* (agr.) terreno arijo.
lightsome [-sʌm], *a.* ligero, airoso; alegre, festivo; luminoso.—**lightsomeness** [-nis], *s.* claridad; alegría, jovialidad.
light-struck [-strʌk], *a.* (fot.) velado por luz.
light vessel, *s.* buque faro.
light wave, *s.* onda luminosa.
lightweight [-weit]. **I.** *a.* de poco peso; ligero (ú. de prendas de vestir); (dep.) de peso ligero (apl. a boxeadores); (fam.) de poca monta. **II.** *s.* boxeador de peso ligero (entre 127 y 135 libras).
lightwood [-wụd], *s.* leña; (E. U. del Sur) pino resinoso. Apl. t. a otras maderas que contienen substancias volátiles inflamables.
light-year [-yir], *s.* (astr.) año-luz.
lignaloes [lainǽlouz], *s.* (bot.) lináloe.
ligneous [ligniʌs], *a.* leñoso, lignario.
lignicole [lignikol], *a.* (ent.) lignícola, que vive en la madera.—**ligniferous** [ligníferʌs], *a.* lignífero, leñífero.—**lignification** [-fikéišọn], *s.* lignificación, conversión en madera.—**lignify** [lígnifai], *va.* y *vn.* lignificar(se), convertir(se) en madera.
lignin [lígnin], *s.* (bot., quím.) lignina.
lignite [lígnait], *s.* (min.) lignito.
lignum-vitæ [lígnʌm váiti], *s.* (bot.) guayaco, guayacán, palo santo.
ligroin(e [lígroin], *s.* ligroína, una de las fracciones del petróleo.
ligula [lígyụlạ], *s.* (bot.) lígula.
ligulate [lígyụleit], *a.* (bot.) ligulado.
ligule [lígyul], *s.* (bot.) lígula.
Ligurian [ligiúrian], *s.* y *a.* ligurino, ligur.
lik(e)able [láikạbl], *a.* amable, simpático, agradable.
like [láik]. **I.** *a.* semejante, parecido, análogo, similar; igual; lo mismo que, equivalente; prometedor; (con **feel**) ganoso o deseoso (de),

dispuesto (a) (*V.* FEEL LIKE).—**l. figures,** (geom.) figuras semejantes.—**l. for l.,** en la misma moneda.—**l. master, l. man,** tal para cual.—**l.-minded,** del mismo parecer.—**in l. manner,** análogamente, del mismo modo.—**to be as l. as two peas,** parecerse como dos gotas de agua.—**to be l.,** semejar(se). **II.** *s.* semejanza; semejante, igual; (con **the**) cosa o persona tal o semejante; gusto, simpatía (gen. en la frase **likes and dislikes,** simpatías y antipatías, gustos y aversiones).—**not to have one's l.,** no tener (uno) igual. **III.** *adv.* y *prep.* como, semejante a; a (la) manera de, a guisa de, en son de; al igual que, del mismo modo que, a semejanza de; (fam.) probablemente.—**l. a fury,** hecho una furia.—**l. anything,** o **everything,** muchísimo, hasta no más, hasta más no poder, como loco, etc.—**l. as,** (ant.) como, así como.—**l. mad,** como loco, furiosamente, vehementemente.—**l. this,** así, de este modo.—**that is (just) l. him,** eso es muy propio de él.—**what are they l.?** ¿cómo son ellos?

like. I. *va.* gustar de (*he likes the pleasures of the table,* él gusta de los placeres de la mesa); tener gusto en o afición a, hallar agrado en; aprobar; querer, amar, simpatizar con (una persona). Gen. se traduce por *gustar* (o *agradar, parecer bien*), pero con construcción distinta: el nombre o pronombre que en inglés es sujeto, en español es dativo, y el que en inglés es acusativo es en español sujeto: *I like this,* me gusta esto; *do you like music?* ¿le gusta a Vd. la música?; *he likes John and Mary,* le gustan Juan y María. En oraciones subjuntivas o condicionales, puede traducirse análogamente, o por "querer": *I should like to see him,* me gustaría (o quisiera) verlo; *what would you like to eat?* ¿qué quisiera Vd. (o le gustaría a Vd.) comer?—**to l. best, better,** gustar (a uno) más (*I like Japan better than China,* me gusta más el Japón que la China; *I like this best,* me gusta más esto, esto es lo que más me gusta). **II.** *vn.* (común en autores antiguos) gustar, agradar (*this likes me not,* esto no me gusta).—**as you l.,** como Vd. quiera, como Vd. guste, como le dé la gana.—**if you l.,** si le parece (bien).—**she had l. to die** o **have died,** (fam.) por poco se muere.

likelihood, likeliness [-lihud, -linis], *s.* probabilidad, verosimilitud; indicación.

likely [-li]. **I.** *a.* probable, verosímil, fácil; prometedor; apto, idóneo, a propósito. **II.** *adv.* probablemente.—**l. enough,** no sería extraño.

liken [-n], *va.* asemejar, comparar.

likeness [-nis], *s.* semejanza, parecido; conformidad, igualdad; apariencia, aire; retrato.

likewise [-waiz], *adv.* también, asimismo, además, igualmente; ítem (más), otrosí.

liking [láikiŋ], *s.* afición, gusto, agrado, inclinación; simpatía; preferencia.

lilac [láilak *o* láilæk]. **I.** *s.* (bot.) lila, lilac, *f.* **II.** *a.* de color de lila, de color morado claro.

liliaceous [liliéiŝiʌs], *a.* (bot.) liliáceo.

lilied [lílid], *a.* adornado con lirios.

Lilliputian [lilipiúŝan], *a.* y *s.* liliputiense, enano.

lilt [lilt]. **I.** *va.* y *vn.* cantar alegremente. **II.** *s.* jácara; cadencia o movimientos ligeros y rítmicos.

lily [líli], *s.* (bot.) lirio, azucena; (flor de) lis, *f.*—**l.-livered,** cobarde, ruin.—**l. of the valley,** lirio de los valles, muguete.

lilywort [-wœrt], *s.* (bot.) liliácea.

Lima [láimä], *s.*—**L. bean,** (bot.) especie de frísol, judía o haba.—**L. wood,** especie de brasilete.

limacine [límasain], *a.* (zool.) pert. a las babosas.

Limax [láimæks], *s.* (zool.) babosa, babaza.

limb [lim]. **I.** *s.* miembro (del cuerpo); rama (de árbol); miembro, individuo; (top., astr., bot.) limbo; borde, orilla; (fam.) joven travieso. **II.** *va.* desmembrar, despedazar.

limbed [-d], *a.* membrudo; ramoso.

limber [límbœ(r)]. **I.** *a.* flexible, cimbreño, blando. **II.** *s.* (arti.) avantrén de cureña, armón. **III.** *vn.* (con **up**) ponerse flexible.

limberness [-nis], *s.* flexibilidad.

limbic [límbik], *a.* límbico; marginal.

limbless [límlis], *a.* desmembrado.

limbo [límbou], *s.* limbo; prisión.

Limburger [límbœrgœ(r)], *s.* queso limburgués o de Limburgo.

limbus [límbʌs], *s.* limbo; borde, orilla.

lime [láim]. **I.** *s.* cal, *f.;* liga; (bot.) limón mejicano, limoncito (limón pequeño muy ácido); lima (variedad dulce).—**l. burner,** calero.—**l. nitrogen,** cianamida cálcica.—**l. pit,** calera, cantera de cal; (ten.) pelambrera.—**l. tree,** (bot.) lima, limero; tilia, tilo (= LINDEN).—**l. twig,** vareta. **II.** *va.* encalar; untar o coger con liga; (alb.) unir con argamasa, mortero o mezcla; (agr.) abonar con cal; (ten.) pelambrar.

limekiln [-kil(n)], *s.* calera (horno de quemar caliza para extraer la cal).

limelight [-lait], *s.* luz de calcio; posición conspicua, vista del público.

limen [láimɛn], *s.* (psic.) umbral de la conciencia, punto en que un estimulante empieza a producir su efecto en la conciencia.

limerick [límerik], *s.* lira o quintilla jocosa.

limestone [láimstoun], *s.* piedra caliza.

limewater [-wɔtœ(r)], *s.* agua de cal.

liminal [líminal], *a.* (psic.) relativo al umbral.

limit [límit]. **I.** *s.* límite, término, fin; frontera, confín, linde(ro); ámbito; aledaño, meta; limitación, restricción; colmo.—**to be the l.,** (fam.) ser el colmo.—**to the l.,** hasta más no poder. **II.** *va.* limitar, fijar; restringir, coartar.

limitable [-abl], *a.* limitable, restringible.

limitary [-ɛri], *a.* limitáneo, fronterizo, limítrofe.

limitation [-éiŝon], *s.* limitación; coartación, restricción.

limitative [-eitiv], *a.* limitativo.

limited [-id], *a.* limitado, poco, escaso; reducido, tasado; restricto; finito.—**l. company (Ltd.), l.-liability company,** compañía de responsabilidad limitada al valor de las acciones de cada socio.—**l. divorce,** divorcio restringido.—**l. express,** o **train,** (f. c.) tren compuesto sólo de coches de primera clase.—**l. partnership,** sociedad en comandita.

limiting [-iŋ], *a.* que limita, etc.; restrictivo, coartador; rayano, aledaño.—**l. adjective,** (gram.) adjetivo determinativo.

limitless [-lis], *a.* ilimitado.

limn [lim], *va.* pintar, iluminar; dibujar; retratar.

limonene [límonin], *s.* (quím.) limoneno.

limonite [láimonait], *s.* (min.) limonita.

limousine [limuzín], *s.* (aut.) limousine, *f.*

limp [limp]. **I.** *s.* cojera, claudicación. **II.** *a.* débil, flojo; flexible (cuero, etc.); fláccido, lacio; blando, débil de carácter. **III.** *vn.* cojear, claudicar, renquear; (mec.) cojear.—**limper** [-œ(r)], *s.* cojo.

limpet [límpɛt], *s.* (zool.) lapa, lápade, *f.*

limpid [límpid], *a.* limpio, cristalino, límpido.

limpidity [limpíditi], **limpidness** [límpidnis], *s.* limpidez, claridad; diafanidad, transparencia.

limping [límpiŋ], *a.* coj(uel)o, claudicante.

limulus [límyulʌs], *s.* (zool.) límulo.

limy [láimi], *a.* calizo; viscoso, pegajoso.

linaceous [lainéiŝiʌs], *a.* (bot.) lináceo, líneo.

linage [láinidẑ], *s.* número de líneas.

linchpin [línchpin], *s.* sotrozo, pezonera.

linden [líndẹn], *s.* (bot.) tilo, til(i)a, (Ch.) patagua.

line [lain], *s.* (leng. ord., geom., f. c., mar., mil., elec.) línea; (geom.) línea recta (usada sola, la palabra tiene casi siempre esta acepción); (ing.) tubería, cañería; raya; veta; renglón; cuerda, cordel, cabo; sedal (de pescar); frontera, límite; línea, sucesión; (impr., etc.) línea, renglón; (com.) renglón, ramo, clase, *f.;* surtido, artículos, *pl.;* (geog.) línea (equinoccial), ecuador; curso, camino; (f. c., etc.) recorrido, trayecto; método, plan; línea de conducta o de acción; rumbo; hilera, fila; verso (una línea); especialidad, conocimientos, *pl.*—*pl.* contornos, apariencia; versos; (teat.) texto de un drama; parte (*f.*) de un actor; curso, plan, método; (fam.) certificado de matrimonio.—**l. drawing,** dibujo de líneas, dibujo instrumental.—**l. engraving,** (plancha para) grabado al buril.—**l. fishing,** pesca con sedal y anzuelo.—**l. of apsides,** (astr.) línea de los ápsides.—**l. of centers,** (geom.) línea de los centros.—**l. of collimation,** (fís., astr., top.) línea de colimación o de fe.—**l. of departure,** (arti.) dirección de salida de un proyectil.—**l. of flotation,** (mar.) línea de flotación.—**l. of force,** (fís., magn.) línea de fuerza.—**l. of life,** línea de la vida (en la quiromancia).—**l. of nodes,** (astr.) línea de los nodos.—**l. of sight,** visual, *f.*—**l. shaft,** árbol de transmisión.—**l. spacer,** interlineador (de máquina de escribir).—**all along the l.,** en toda la línea, en todos los ramos, abarcándolo todo.—**along these lines,** en este sentido.—**in a l.,** en línea.—**in l.,** alineado; de acuerdo; dispuesto.—**in l. with,** en línea recta con; en armonía o de acuerdo con.—**in one's l.,** en la especialidad o dentro de los conocimientos de uno.—**on the lines of,** conforme a, a tenor de.—**out of one's l.,** ajeno a la especialidad o tarea de uno; (asunto) de que uno no entiende.

line. I. *va.* rayar, trazar líneas en; alinear; leer en alta voz línea por línea; forrar, revestir; estar o ir a lo largo o en los bordes o las orillas de.—**to l. out,** marcar con rayas.—**to l. up,** alinear. **II.** *vn.* alinearse; estar alineado; (gen. con **up**) estar en fila, formar fila; formarse, ponerse en formación.

lineage [líniidž], *s.* linaje, prosapia, alcurnia.

lineal [líniąl], *a.* lineal; descendiente, hereditario.

lineament [líniąmęnt], *s.* lineamento, facción del rostro.—*pl.* fisonomía.

linear [líniä(r)], *a.* lineal; longitudinal; (zool. y bot.) linear.—**l. equation,** ecuación del primer grado.—**l. measure,** medida de longitud.

linearization [-izéišon], *s.* linearización.

linearize [-aiz], *va.* linealizar.

lineate(d [líniejt(id], *a.* señalado con líneas.

lineation [-éišon], *s.* delineación.

lined [laind], *a.* rayado; forrado.—**l. paper,** papel rayado.

lineman [láinmąn], *s.* (f. c., tlg., tlf.) recorredor y reparador de la línea; (top.) cadenero.

linen [línεn], *s.* (tej.) lienzo, lino; holanda; género de lino; ropa blanca.—**l. cambric,** (holán-) batista, cambray.—**l. damask,** damasco de hilo, alemanisco.—**l. draper,** lencero.—**l. goods,** géneros de lino, lencería.—**l. trade,** lencería.—**l. hosiery,** medias de hilo.—**l. prover,** cuentahilos.—**l. weaver,** tejedor de lienzos.

liner [láinœ(r)], *s.* vapor o avión (*m.*) de una línea establecida; delineador; rayador; forrador; forro; forro tubular de quitapón; placa de cuña; en baseball, pelota voleada horizontalmente.

linesman [láinzmąn], *s.* (f. c., tlg., tlf.) = LINEMAN; juez (*m.*) de línea (en el fútbol, tenis, etc.).—**l.'s detector,** galvanoscopio probador.

line-up, lineup [láinʌp], *s.* formación, agrupación; fila; división defensiva en grupos o partidos.

ling [liŋ], *s.* (bot.) brezo; (ict.) curadillo.

linger [líŋgœ(r)]. **I.** *vn.* demorarse, dilatarse, ir despacio; subsistir, persistir. **II.** *va.* (con **out** o **away**) prolongar, dilatar, demorar.—**lingerer** [-œ(r)], *s.* el que se demora.

lingerie [lǽnžri], *s.* ropa blanca; ropa interior (esp. de mujer).

lingering [líŋgœriŋ]. **I.** *a.* lento, prolongado, moroso. **II.** *s.* tardanza, dilación.—**lingeringly** [-li], *adv.* lentamente, con dilación.

lingo [líŋgou], *s.* (fam.) jerga, algarabía.

lingua franca [-frǽŋkä], *s.* lengua franca.

lingual [líŋgwąl]. **I.** *a.* lingual. **II.** *s.* (fon.) letra lingual.

linguiform [líŋgwifɔrm], *a.* lingüiforme, de forma de lengua.

linguist [líŋgwist], *s.* lingüista, poligloto, ladino.

linguistic [liŋgwístik], *a.* lingüístico.

linguistics [-s], *s.* lingüística.

liniment [línimęnt], *s.* (farm.) linimento, untura.

lining [láiniŋ], *s.* forro; revestimiento; (sast.) tela para forros; camisa (de horno); (aut.) cinta (de freno); (mar.) embono; (min. y mar.) encofrado.

link [liŋk]. **I.** *s.* eslabón; vínculo; enlace, enganche; (top.) 0.01 de cadena de Gunter (201.2 mm.); (mec.) articulación, gozne; vástago de unión o transmisión; cada una de las partes de un sistema articulado; (m. v.) sector de la excéntrica; (fam.) salchichón; (ant.) hacha, antorcha.—*pl.* cancha de golf.—**l. block,** (m. v.) taco del sector de la excéntrica.—**l. fuse,** (elec.) fusible descubierto.—**l. motion,** (m. v.) distribución, sistema o mecanismo de distribución. **II.** *va.* y *vn.* enlazar(se), eslabonar(se), vincular(se), ligar(se), encadenar(se); unir(se).

linkage [-idž], *s.* eslabonamiento, encadenamiento; unión; (mec.) sistema articulado; (elec.) flujo magnético por espira de un arrollamiento; (biol.) enlace; enlace articulado; ligamiento (factorial).

linkboy [-boi], **linkman** [-mąn], *s.* paje de hacha.

linking [-iŋ], *s.* eslabonamiento; vinculación.

Linn(a)ean [liníąn], *a.* linneano, de Linneo.

linnet [línit], *s.* (orn.) jilguero, pardillo.

linoleum [linóuliʌm], *s.* linóleo.

linotype [láinotaip], *s.* (impr.) linotipo (línea de tipos fundida en una sola pieza); linotipia, máquina de componer y fundir linotipos. (Es nombre de fábrica).—**linotypist** [-ist], *s.* linotipista.

linseed [línsid], *s.* linaza, simiente (*f.*) de lino.—**l. meal,** harina de linaza.—**l. oil,** aceite de linaza.

linsey-woolsey [línzi wúlzi], *a.* y *s.* (tej.) (paño) de hilo o algodón y lana mezclados; basto.

linstock [línstak], *s.* botafuego.

lint [lint], *s.* hilacha; hilaza; plumón; (cir.) hilas; red.

lintel [líntęl], *s.* (arq.) dintel, lintel; umbral; zapata.

linter [líntœ(r)], *s.* máquina desfibradora de algodón ya desmotado.—*pl.* fibra de residuo de algodón desmotado.

linty [línti], *a.* hilachoso.

lion [láion], *s.* (zool.) león; persona muy festejada; (astr.) León.—**l. ant,** = ANT LION.—**l.-heart,** persona valerosa y noble.—**L.-Heart,** Corazón de León (Ricardo I de Inglaterra).—**l.-hearted,** valeroso y noble.—**l.'s share,** la parte del león, lo mejor.—**l.'s tooth,** (bot.) diente de león.

lioness [-is], *s.* (zool.) leona.

lionize [-aiz], *va.* poner en las nubes.

lionlike [-laik], *a.* de león, leonino.

lip [lip]. **I.** *s.* labio; por extensión, boca, habla; labio de una herida; borde; pico de jarro.—**l. devotion,** devoción de boca.—**l. good,** farisaico.—**l. reading,** interpretación del movimiento de los labios.—**l. salve,** ungüento para los labios.—**l. service,** alabanza, defensa o apoyo fingidos, de labios o dientes afuera; homenaje de boca, jarabe de pico.—**l. wisdom,** jarabe de pico, palabras vanas. **II.** *va.* tocar con los labios; besar; lamer (como las olas).

lipoma [lipóumä], *s.* (med.) lipoma, *m.*

lipped [lipt], *a.* que tiene labios; (bot.) labiado; alabiado (ú. de monedas o medallas).

lipstick [lípstik], *s.* lapiz (*m.*) labial o de labios, barr(it)a de carmín (para pintarse los labios).

liquate [láikweit], *va.* (metal.) licuar, extraer por fusión.—**liquation** [-éišon], *s.* (metal.) licuación.

liquefaction [líkwifǽkšon], *s.* licuación, licuefacción; liquidación, derretimiento.—**liquefiable** [-faiąbl], *a.* liquidable, licuable, licuefactible.—**liquefier** [-œ(r)], *s.*, **liquefying** [-iŋ], *a.* liquidador.—**liquefy** [-fai], *va.* y *vn.* liquidar(se), licuar(se), licuefacer(se); derretir(se), fundirse.

liquescence, liquescency [likwésęns, -i], *s.* licuescencia.—**liquescent** [-ęnt], *a.* licuescente.

liqueur [likœ́r], *s.* cordial, licor aromático.

liquid [líkwid], *s.* y *a.* líquido, flúido; (fon.) (consonante) líquida.—**l. air,** aire líquido o flúido.—**l. assets,** valores realizables.—**l. fire,** (mil.) fuego líquido, petróleo ardiendo.—**l. manure,** (agr.) agua de abono, estiércol líquido.—**l. measure,** medida para líquidos.—**l. securities** = L. ASSETS.
liquidambar [-æmbä(r)], *s.* liquidámbar.—**l. tree,** (bot.) ocozol, estoraque.
liquidate [-eit], *va.* liquidar, saldar cuentas; (fig.) liquidar, matar o destruir.—**liquidation** [-éišon], *s.* (com.) liquidación.—**liquidator** [-eito(r)], *s.* (for.) liquidador.
liquidity [likwíditi], **liquidness** [líkwidnis], *s.* liquidez, fluidez.
liquor [líko(r)], *s.* licor, aguardiente; (farm.) solución, baño, licor.—**l. case,** licorera, cantina, frasquera.—**l. dealer, l. distiller,** licorista.—**l. shop,** licorería.
liquorice, *s.* = LICORICE.
lira [líra], *s.* lira (unidad monetaria de Italia).
lisle [lail], *s.* hilo o tejido de lino o algodón, usado esp. en calcetería y guantería.
lisp [lisp]. **I.** *va.* y *vn.* cecear; balbucir o balbucear. **II.** *s.* ceceo; balbuceo, balbucencia.
lisper [-œ(r)], *s.* ceceoso, el que cecea.
lisping [-iŋ]. **I.** *s.* ceceo. **II.** *a.* ceceoso; balbuciente.—**lispingly** [-li], *adv.* con ceceo.
lissom(e [lísʌm], *a.* = LITHESOME.
list [list]. **I.** *s.* lista, elenco, catálogo, nómina; rol, matrícula; (tej.) orilla, borde del paño; lista, tira, cenefa; (arq.) filete, listel, orla, listón, barandal; (carp.) tabloncillo; (poét.) borde, límite; (mar.) recalcada, inclinación.—*pl.* liza, palestra.—**l. price,** precio de tarifa o corriente, precio de catálogo. **II.** *va.* registrar, poner en lista, matricular, inscribir; catalogar; (com.) cotizar, facturar; (mil.) alistar; cercar (liza) para torneos; guarnecer con listones o cenefas; (poét.) escuchar; (mar.) dar carena al buque. **III.** *vn.* (poét.) escuchar; (mar.) recalcar, acostar, inclinarse a la banda, escorar.
listed [-id], *a.* list(e)ado; (com.) cotizado.
listel [lístel], *s.* (arq.) listel, listón, filete.
listen [lísn], *vn.* (a veces con **to**) escuchar, oír; atender, prestar oídos a.—**to l. in,** (tlg., tlf.) escuchar a hurtadillas, intercalar o arreglar un instrumento receptor para enterarse subrepticiamente de comunicaciones enviadas a otras personas; (rad.) escuchar, ser radioyente.
listener [-œ(r)], *s.* escuchador, oyente.
listening [-iŋ], *a.* de escuchar, de escucha.—**l. cam, l. key, l. plug,** clavija de intercalación o de escucha, por medio de la cual el telefonista conecta su receptor con el circuito de un suscritor.—**l. post,** escucha.
lister [lístœ(r)], *s.* (agr.) arado sembrador.
listing [lístiŋ], *s.* acción o efecto del verbo TO LIST; orilla de paño, tira, cenefa.
listless [lístlis], *a.* desatento; indiferente, descuidado.—**listlessly** [-li], *adv.* indiferentemente. —**listlessness** [-nis], *s.* descuido, indiferencia.
lit [lit], *pret.* y *pp.* de TO LIGHT; (fam.) achispado.
litany [lítani], *s.* (igl.) letanía.
liter [lítœ(r)], *s.* litro.
literacy [líterasi], *s.* capacidad de leer y escribir, alfabetización, alfabetismo.
literal [líteral], *a.* literal; a la letra, al pie de la letra; prosaico; positivista.—**literalism** [-izm], *s.* exactitud literal; (b. a.) realismo extremo.—**literalist** [-ist], *a.* y *s.* escrupulosamente exacto; positivista.—**literally** [-i], *adv.* literalmente.—**literalness** [-nis], *s.* exactitud literal; materialidad, positivismo.
literary [lítereri], *a.* literario.—**l. property,** propiedad literaria.
literate [líterit], *a.* y *s.* literato, alfabetizado, alfabetista, que sabe leer y escribir.
literati [literéitai], *s. pl.* literatos, doctos, eruditos.
literatim [-tim], *adv.* letra por letra, a la letra; literalmente.
literature [líterachur], *s.* literatura; obras literarias; trabajo literario; (com.) escritos de publicidad (circulares, catálogos, etc.).
litharge [líθardž], *s.* (quím.) litargirio.
lithate [líθeit], *s.* (med. y quím.) urato.
lithe [laið], *a.* flexible, delgado.
lithemia [liθímiä], *s.* (med.) litemia, exceso de uratos y ácido úrico en la sangre.
litheness [láiðnis], *s.* flexibilidad, flojedad.
lithesome [-sʌm], *a.* (poét.) flexible; ágil.
lithia [líθiä], *s.* (quím.) litina.
lithiasis [liθáiasis], *s.* (med.) litiasis, mal de piedra.
lithic [líθik], *a.* lítico.
lithium [líθiʌm], *s.* (quím.) litio.
lithograph [líθogræf]. **I.** *va.* litografiar. **II.** *s.* litografía (impresión).
lithographer [liθágrafœ(r)], *s.* litógrafo.
lithographic [liθogræfik], *a.* litográfico.—**l. stone,** piedra litográfica.
lithography [liθágrafi], *s.* litografía (arte).
lithoid(al [líθoid, liθóidal], *a.* litoideo.
lithologic(al [liθoládžik(al], *a.* litológico.
lithologist [liθálodžist], *s.* litólogo.
lithology [-dži], *s.* (geol.) litología; (med.) tratado sobre los cálculos.
lithontriptic [liθantríptik], *a.* y *s.* (med.) litotrípico, litagogo.
lithophyte [líθofait], *s.* (zool.) litófito.
lithoscope [-skoup], *s.* (cir.) litoscopio.
lithosperm [-spœrm], *s.* (bot.) litospermo.
lithosphere [-sfir], *s.* (geol.) litosfera.
lithotint [-tint], *s.* cromolitografía, litografía en colores.
lithotomist [liθátomist], *s.* (cir.) litotomista.
lithotomy [liθátomi], *s.* (cir.) litotomía, talla.
lithotrite [líθotrait], *s.* (cir.) litotritor.
lithotrity [liθátriti], *s.* (cir.) litotricia.
Lithuanian [liθyuéinian], *s.* y *a.* lituano.
litigant [lítigant], *s.* y *a.* litigante.—**litigate** [-eit], *va.* y *vn.* litigar, pleitear.—**litigation** [-éišon], *s.* litigación, litigio, pleito.—**litigator** [-o(r)], *s.* litigante, pleiteador.
litigious [litídžʌs], *a.* litigioso.—**litigiously** [-li], *adv.* de un modo litigioso.—**litigiousness** [-nis], *s.* inclinación a pleitear.
litmus [lítmʌs], *s.* (quím.) tornasol en pasta.—**l. paper,** papel de tornasol.
litotes [lítotiz], *s.* (ret.) lítote, *f.*
litre [lítœ(r)], *s.* litro.
litter [lítœ(r)]. **I.** *s.* litera; camilla, parihuela, andas, *pl.;* cama de paja para las caballerías; parto; cría, camada, ventregada, lechigada; (fig.) objetos en desorden.—**l. bearer,** camillero, andero. **II.** *va.* parir; esparcir, poner en desorden; extender. **III.** *vn.* parir (los animales).
litterateur [litœratœ́r], *s.* literato.
little [lítl]. **I.** *a.* poco; pequeño; insignificante; apocado; despreciable, ruin, mezquino. Se traduce a menudo por una desinencia diminutiva: *a little girl,* una muchachita; *a little watch,* un relojito.—**L. Bear, L. Dipper,** (astr.) Osa Menor, Carro Menor, Cinosura.—**l. brain,** (anat.) cerebelo.—**L. Corporal,** Cabito (Napoleón).—**L. Entente,** Pequeña Alianza.—**l. finger,** o **toe,** dedo meñique.—**l. hours,** (igl.) horas menores.—**l. office,** (igl.) oficio parvo.—**l. one,** párvulo, niñito, muchachito.—**L. Red Ridinghood,** Caperucita Encarnada, o Roja.—**a l.** (seguido de sustantivo), un poco de.—**a l. (bit),** un poco, un poquito, algún tanto, un tantico. **II.** *adv.* poco.—**l. do I care,** maldito lo que me importa. **III.** *s.* poco; una porción o parte pequeña.—**l. by l.,** o **by l. and l.,** poco a poco.
littleneck [-nεk], *s.* (zool.) especie de almeja.
littleness [-nis], *s.* pequeñez, poquedad; ruindad, mezquindad, bajeza.
littoral [litoral], *s.* y *a.* litoral.
liturgic(al [litœ́rdžik(al], *a.* (igl.) litúrgico.
liturgics [-s], *s.* ciencia de la liturgia.—**liturgist** [lítœrdžist], *s.* docto en la ciencia de la liturgia; liturgista, partidario de la liturgia.

liturgy [lítœrdži], *s.* (igl.) liturgia.
livable [lívabl], *a.* habitable.
live [liv]. I. *va.* vivir, pasar, llevar (tal o cual vida). —**to l. down,** vivir hasta que se borre u olvide (una falta, un cargo, etc.) o hasta vindicarse de: ver desaparecer u olvidar con el tiempo.—**to l. out,** vivir hasta el fin de, sobrevivir a. II. *vn.* vivir, existir; habitar, morar, residir; mantenerse, subsistir; (mar.) salvarse.—**to l. downstairs** (o **upstairs**), vivir en los bajos (altos). —**to l. fast,** vivir entregado a los placeres.—**to l. from hand to mouth,** vivir al día.—**to l. high,** darse buena vida; darse a los placeres de la mesa.—**to l. in,** vivir (uno) donde trabaja.—**to l. on,** vivir de.—**to l. out,** no vivir en la casa donde sirve (apl. a los criados).—**to l. together,** convivir.—**to l. up to,** vivir en conformidad con.—**to l. up to one's income,** gastarse toda la renta.—**to l. up to one's promise,** cumplir lo prometido.
live [laiv], *a.* vivo, viviente; de la vida, vital; encendido, en ascua; activo, listo; de interés actual; hirviendo de (fig.), repleto de; (impr.) útil, disponible; (arti.) cargado.—**l. axle,** eje motor.—**l. bait,** carnada viva (apl. esp. a pececillos que sirven de cebo en el anzuelo).—**l. box,** portaobjetos para el examen de animales microscópicos; cajón perforado para mantener vivos los pescados.—**l. coal,** ascua; brasa de carbón.—**l. load,** carga móvil, carga variable. —**l. oak,** (bot.) encina perenne (siempre verde) norteamericana.—**l. spindle,** huso o tambor (de torno).—**l. steam,** vapor vivo o de la caldera (no de escape).—**l. wire,** (elec.) alambre cargado o activo; (fam.) trafagón, persona lista o de grande actividad.
livelihood [láivlihud], *s.* vida, subsistencia.
liveliness [-nis], *s.* vida, vivacidad, viveza, animación; agilidad, actividad.
livelong [lívloŋ], *a.* todo, entero.—**all the l. day,** todo el santo día.
lively [láivli]. I. *a.* vivo, vivaz, vivaracho; gallardo, airoso; rápido; animado, bullicioso. II. *adv.* enérgicamente; vivamente; aprisa.
liver [lívœ(r)], *s.* vividor; (anat., zool.) hígado; higadilla.—**l. complaint,** mal de hígado.—**l. extract,** (farm.) extracto hepático o de hígado.
liveried [lívœrid], *a.* que lleva librea.
liverwort [lívœrwœrt], *s.* (bot.) hepática.
liverwurst [-wœrst], *s.* salchicha de hígado.
livery [lívœri], *s.* librea; uniforme; cochería de alquiler; (for.) entrega, acto de dar posesión de tierras; (ant.) ración.—**l. carriage,** o **l. coach,** carruaje de alquiler.—**l. horse,** caballo de alquiler.—**l. stable,** pensión de caballos; cochería de alquiler.
liveryman [-man], *s.* dueño de cochería de alquiler; criado de librea; (Ingl.) individuo de algún gremio.
lives [laivz], *s. pl.* de LIFE, vidas.
livestock [láivstak], *s.* ganado, ganadería.
livid [lívid], *a.* lívido, cárdeno, amoratado.
lividity [livíditi], **lividness** [lívidnis], *s.* lividez.
living [líviŋ]. I. *s.* vida; (modo de) vivir; subsistencia, mantenimiento; vida, potencia vital; (Ingl., igl.) beneficio eclesiástico.—**l. in,** o **out.** *V.* TO LIVE IN, etc.—**the l.,** los vivientes, los vivos. II. *a.* y *ger.* vivo, viviente, con vida; animado; contemporáneo.—**l. language,** lengua viva.—**l. quarters,** vivienda.—**l. rock,** roca viva.—**l. room,** estancia, sala de confianza, cuarto general de habitación y recibo.—**l. wage,** (e. p.) salario vital, salario de subsistencia plena (inclusas las necesidades higiénicas, morales e intelectuales del obrero y su familia).
lixivial [liksívial], *a.* lixiviado.—**lixiviate** [-eit], *va.* lixiviar; hacer lejía.—**lixiviation** [-éišon], *s.* lixiviación.—**lixivium** [-ʌm], *s.* lixivio, lejía.
lizard [lízärd], *s.* (zool.) lagarto; lagartija; saurio.
llama [lámä], *s.* (zool.) llama.
lo [lou], *interj.* he aquí, cátate, ved aquí, mirad.
loach [louch], *s.* (ict.) locha, lobo.
load [loud]. I. *s.* carga; peso; (o)presión; (mec.) resistencia; (pint.) adición de color blanco, para obtener opacidad; (fam., gen. *pl.*) montón, montones, gran cantidad o número, muchísimo; (fam.) borrachera.—**l. factor,** (elec., mec.) factor de carga, coeficiente de carga.—**l. line,** (mar.) línea de carga. II. *va.* y *vn.* cargar; recargar, agregar al premio de un seguro para cubrir ciertos gastos.
loader [-œ(r)], *s.* cargador, embarcador.
loading [-iŋ]. I. *a.* de cargar; que carga.—**l. coil,** (elec.) bobina que aumenta la inductancia de un circuito; (rad.) bobina de inducción para cambiar la longitud de la onda.—**l. platform, siding,** etc., plataforma, vía, etc., de carga. II. *s.* carga, cargo, acción de cargar; recargo aumentado al premio de una póliza para cubrir ciertos gastos; (rad.) cambio de la longitud de la onda de un instrumento; (aer.) = WING LOADING.
loadstar [lóudstar], *s.* = LODESTAR.
loadstone [-stoun], *s.* piedra imán, calamita.
loaf [louf]. I. *s.* (hogaza de) pan; torta; (fam.) = LOAFING.—**l. of sugar,** pan de azúcar.—**l. sugar,** azúcar de pilón. II. *vn.* haraganear, holgazanear.
loafer [-œ(r)], *s.* haragán, holgazán, vago, cantonero, arrimón, corrillero.—**loafing** [-iŋ], *s.* haraganería, holgazanería, ociosidad.
loam [loum]. I. *s.* barro, marga; arcilla plástica; (fund.) tierra de moldeo.—**l. pit,** gredal. II. *va.* untar con marga; cubrir con arcilla o barro.—**loamy** [-i], *a.* margoso, gredoso, gredal.
loan [loun]. I. *s.* préstamo; prestación, prestimonio; (com.) empréstito; (for.) mutuo, comodato.—**l. office,** casa de préstamos o empeños. —**l. shark,** (fam.) usurero.—**l. word,** (filol.) extranjerismo. II. *va.* prestar.
loath [louθ], *a.* poco dispuesto, renuente.
loathe [louð]. I. *va.* detestar, abominar. II. *vn.* tener hastío, sentir fastidio, disgusto o aborrecimiento.—**loather** [-œ(r)], *s.* el que siente disgusto o aborrecimiento.—**loathful** [-ful], *a.* lleno de tedio o aversión.—**loathing** [-iŋ], *s.* aversión, asco, hastío, repugnancia.—**loathingly** [-li], *adv.* de mala gana, con repugnancia. —**loathsome** [-sʌm], *a.* aborrecible, repugnante, asqueroso.—**loathsomely** [-li], *adv.* asquerosamente.—**loathsomeness** [-nis], *s.* calidad de repugnante o asqueroso.
loaves [louvz], *s. pl.* de LOAF.
lob [lab]. I. *s.* lombriz para cebo; en tenis, voleo alto y tendido de la pelota; en el *cricket,* voleo bajo. II. *va.* hacer un *lob* con la pelota.
lobar [lóubä(r)], *a.* lobular.
lobate(d [lóubeit(id], *a.* lobulado.
lobation [lobéišon], *s.* formación de lóbulos; lóbulo, lobo.
lobby [lábi]. I. *s.* paso, pasillo, corredor; salón de entrada (de un hotel); antecámara, vestíbulo; pórtico; (E. U., pol.) camarilla de cabilderos. II. *va.* y *vn.* (E. U., pol.) cabildear.
lobbying [-iŋ], *s.* (E. U., pol.) cabildeo.
lobbyist [-ist], *s.* (E. U., pol.) cabildero.
lobe [loub], *s.* (anat., zool., bot.) lóbulo, lobo; lóbulo, perilla o pulpejo de la oreja; (aer.) saco de gas; compartimiento.
lobed [-d], *a.* lobado, lobulado.
lobelia [lobílįä], *s.* (bot.) lobelia.
lobeliaceous [-liéišʌs], *a.* lobeliáceo.
loblolly [láblali], *s.* (fam.) lodazal, hoyo lodozo; (bot.) tipo de pino.
lobo [lóubou], *s.* (zool.) gran lobo pardo del oeste de los E. U.
lobotomy [loubátomi], *s.* (cir.) lobotomía.
lobster [lábstœ(r)], *s.* (zool.) bogavante, cabrajo, langosta americana (con pinzas grandes).—**spiny l.,** langosta.
lobulate [lábyuleit], *a.* lobulado.
lobule [lábiul], *s. dim.* lobulillo, lóbulo pequeño.
local [lóukal]. I. *a.* local; vecinal; regional.—**l. attraction,** (top.) atracción anormal, perturbación (de la brújula) debida a la presencia de

hierro en la vecindad; (fís., etc.) atracción de la plomada (por montañas, etc.).—**l. battery,** (tlg.) batería local, batería del receptor.—**l. call,** (tlf.) llamada urbana.—**l. color,** color local.—**l. government,** autonomía en asuntos puramente locales.—**l. horizon,** horizonte sensible.—**l. option,** (E. U.) derecho u obligación de una división territorial (distrito, ciudad, etc.) de establecer por sí y para sí ciertas ordenanzas (esp. las relativas a la venta de licores).—**l. remedy,** (med.) remedio tópico o externo.—**l. time,** hora local, tiempo local.—**l. train,** (f. c.) tren ómnibus, suburbano o de escala; tren que circula sólo en un tramo de un ferrocarril.—**l. value,** (arit.) valor relativo (de una cifra). **II.** *s.* (f. c.) = LOCAL TRAIN; sucursal (*f.*) de confraternidad, gremio obrero, etc.; (fam.) noticia de interés local.

locale [lokál], *s.* situación; localidad.

localism [lóukalizm], *s.* localismo; costumbre o locución local; provincialismo.

locality [lokǽliti], *s.* situación; localidad; lugar.

localization [lóukalizéiŝon], *s.* localización.

localize [-aiz], *va.* localizar.

locally [-i], *adv.* localmente.

locate [lóukeit]. **I.** *va.* poner, colocar, situar, ubicar, emplazar. **II.** *vn.* (fam.) establecerse.

location [lokéiŝon], *s.* ubicación, colocación, emplazamiento; sitio, localidad; situación, posición.

locative [lákativ], *a.* y *s.* (gram.) locativo.

loch [lak], *s.* (Esco.) lago; ensenada.

lochia [lóukiä], *s. pl.* (med.) loquios.

lock [lak]. **I.** *s.* cerradura, cerraja; llave, *f.* (de las armas de fuego); chaveta; esclusa, compuerta; cámara de aire comprimido; abrazo estrecho y apretado; cerca, vallado; bucle, guedeja, mecha (de pelo); borla; vedija, vellón (de lana).—*pl.* cabellos.—**l. nut,** (mec.) contratuerca, tuerca de seguridad.—**l. step,** modo de andar un grupo a paso muy cerrado.—**l. stitch,** punto de cadeneta.—**l., stock and barrel,** (fam.) el todo; por completo.—**l. washer,** (mec.) arandela de seguridad.—**under l. and key,** bajo llave. **II.** *va.* cerrar con llave, acerrojar, candar; poner cerradura; hacer pasar por una esclusa; juntar, atar, entrelazar, trabar; (impr.) acuñar, cerrar la forma; abrazar; fijar, trincar; cerrar.—**to l. in,** encerrar, poner bajo llave; abrazar.—**to l. (one) out,** cerrar la puerta a uno; dejar en la calle; dejar sin trabajo. *V.* LOCKOUT.—**to l. up,** encerrar; encarcelar. **III.** *vn.* cerrarse con llave; unirse, enlazarse; trabarse; sujetarse.

lockage [lákidz], *s.* materiales u obra de una esclusa; diferencia de nivel en un canal de esclusas; derechos o portazgo de esclusa.

locker [lákœ(r)], *s.* cajón, gaveta; alacena, ropero, armario; cerrador.—*pl.* (mar.) cajonada.

locket [lákit], *s.* guardapelo, relicario, medallón.

locking [lákiŋ]. **I.** *s.* cierre; fijación; traba(dura). **II.** *a.* fijador, de fijación; de cierre; de traba.—**l. plate,** platillo fijador.—**l. wire,** (aer.) alambre fijador.

lockjaw [lákdẑo], *s.* (med.) trismo, tétano(s).

locknut [láknʌt], *s.* = LOCK NUT.

lockout [lákaut], *s.* cierre (de fábrica); paro forzoso impuesto por los patronos; *lockout.*

locksmith [láksmiθ], *s.* cerrajero.—**l.'s shop, o trade,** cerrajería.

lockup [lákʌp], *s.* calabozo; cárcel, *f.;* encarcelamiento.

loco [lóukou]. **I.** *s.* (bot.) loco (hierba venenosa); envenenamiento causado por loco. **II.** *a.* (fam.) loco, chiflado. **III.** *va.* envenenar con loco; (fam.) enloquecer, chiflar.

locomobile [loukomóubil], *a.* y *s.* locomóvil, *f.*

locomotion [-móuŝon], *s.* locomoción.

locomotive [-móutiv]. **I.** *a.* locomotor, locomóvil. **II.** *s.* locomotora.—**l. boiler,** caldera de locomotora o de tipo locomotora.—**l. engine,** (máquina) locomotora.

locomotor [-móuto(r)], *a.* locomotor, locomotriz.—**l. ataxia,** (med.) ataxia locomotriz.

locoweed [-wid], *s.* (bot.) loco (hierba venenosa).

locular [lákyulä(r)], *a.* locular, que tiene celdillas.

loculus [-lʌs], *s.* (biol.) lóculo, celdilla, cavidad.

locust [lóukʌst], *s.* (ent.) langosta, langostón; saltamontes; (E. U.) cigarra.—**l., o l. tree,** (bot.) curbaril, robinia; algarrobo.—**l. bean,** algarroba.

locution [lokiúŝon], *s.* locución; frase(ología).

locutory [lákyutori], *s.* (igl.) locutorio.

lode [lóud], *s.* (min.) filón, veta, vena, venero.

lodestar [-star], *s.* estrella de guía; estrella polar; Cinosura.

lodestone [-stoun], *s.* piedra imán, calamita.

lodge [ládẑ]. **I.** *va.* alojar, hospedar, albergar; colocar; plantar, introducir, fijar; dar a guardar, poner a recaudo.—**to l. a complaint,** dar una queja. **II.** *vn.* vivir, morar, parar, hospedarse; tenderse, echarse. **III.** *s.* casa de guarda; pabellón; portería (de portero); casilla o casita accesoria; logia (de los francmasones, etc.).

lodg(e)ment [-mẹnt], *s.* colocación; hospedamiento; alojamiento; amontonamiento, acumulación; (mil.) posición establecida; atrincheramiento.

lodger [-œ(r)], *s.* huésped, *m.*, inquilino.

lodging [-iŋ], *s.* posada, hospedería; vivienda; albergue; hospedaje, (mil.) alojamiento; habitación, morada, residencia.—**l. house,** alberguería; casa de huéspedes o de pupilos.—**to take lodgings (in),** alojarse, hospedarse (en).

loess [lóuis], *s.* loess.

loft [lóft], *s.* piso, sobrado, desván; almacén.

loftily [-ili], *adv.* elevadamente, levantadamente; hinchadamente.

loftiness [-inis], *s.* altura, elevación; excelsitud; altanería, orgullo; majestad.

lofty [-i], *a.* alto, altísimo, elevado, encumbrado; eminente, excelso; altivo, orgulloso.

log [log]. **I.** *s.* leño, palo; tronco, t(r)oza, madero, rollo; (mar.) corredera; barquilla de la corredera (ll. t. **l. chip**).—**l. board,** (mar.) tableta de bitácora.—**l. book,** cuaderno de bitácora; diario de navegación.—**l. cabin, l. hut,** cabaña rústica, (Am.) caney.—**l. driver,** ganchero.—**l. line,** (mar.) corredera.—**l. raft,** armadía.—**l. reel,** carretel, devanadera. **II.** *va.* cortar (madera) en trozas y transportar; arrastrar (madera); (mar.) apuntar en el cuaderno de bitácora; indicar (cierta velocidad) en la corredera. **III.** *vn.* cortar, aserrar y transportar trozas; extraer madera.

loganberry [lóuganberi], *s.* (bot.) especie de zarzamora.

logarithm [lógäriðm], *s.* (mat.) logaritmo.

logarithmic(al [-ríðmik(al], *a.* logarítmico.

logbook, *s.* = LOG BOOK.

loge [louẑ], *s.* palco (de teatro).

logger [lógœ(r)], *s.* talador, hachero, leñero; individuo o máquina que hacen el *logging.*

loggerhead [lógœrhed], *s.* zote, necio; (zool.) tortuga marina (ll. t. **l. turtle**).—**at loggerheads,** en desacuerdo, en disputa; de uñas.

loggia [ládẑä], *s.* (arq.) pórtico, galería abierta.

logging [lógiŋ], *s.* corte y transporte de trozas.

logia [lágiä], *s. pl.* de LOGION: máximas y palabras atribuídas a Jesucristo pero que no se hallan en los libros canónicos.

logic [ládẑik], *s.* lógica, dialéctica.—**logical** [-al], *a.* lógico, dialéctico; consecuente, natural.—**logically** [-i], *adv.* lógicamente.

logician [lodẑíŝan], *s.* lógico, dialéctico.

logistics [lodẑístiks], *s.* (mil.) logística, arte de transportes y abastecimientos.

logman [lógman], *s.* leñero, hachero. *V.* LOGGER.

logogram [lógogræm], *s.* abreviatura o signo que indica una palabra, como **lb.**, **£**, **$**; logogrifo.

logography [logágrafi], *s.* logografía.

logogriph [lógogrif], *s.* logogrifo, enigma, *m.*

logomachy [logámaki], *s.* logomaquia; juego de formar anagramas.

Logos [lágas], *s.* (teol.) Verbo; (fil.) el principio racional del universo.

logotype [lógotaip], *s.* (impr.) logotipo.

logroll [lógroul], *vn.* hacer rodar tozas; (pol., E. U.) entrar en o hacer por contubernio de ayuda recíproca (*V.* LOGROLLING).
logroller [-œ(r)], *s.* el que forma contubernio u obra por contubernio de ayuda recíproca.
logrolling [-iŋ], *s.* tarea de rodar tozas; contubernio de ayuda recíproca y trueque de votos, en que varios políticos convienen en apoyarse mutuamente, sobre todo en proyectos de ley propuestos en un cuerpo legislativo.
logwood [lógwud], *s.* palo de Campeche o de tinte.
logy [lóugi], *a.* (fam.) pesado, tardo, lento.
loin [loin], *s.* (anat.) lomo.—**l. of beef,** etc., filete, salomillo, falda.—**to gird up one's loins,** apercibirse para la acción.
loincloth [-kloθ], *s.* pampanilla, taparrabo.
loiter [lóitœ(r)]. I. *vn.* remolonear, ociar, holgazanear, haraganear, vagar. II. *va.* (con **away**) malgastar (tiempo).—**loiterer** [-œ(r)], *s.* vagabundo, haragán u holgazán.—**loitering** [-iŋ]. I. *a.* vago, haragán. II. *s.* vagancia.
loll [lal]. I. *vn.* apoyarse, recostarse, tenderse; pender, colgar, estar colgando (la lengua de un animal). II. *va.* dejar colgar (la lengua).
lollypop [lálipap], *s.* dulce en palito; variedad de caramelo, melcocha o arropía.
Lombard [lámbard], *s.* y *a.* lombardo.
Londoner [lʌ́ndonœ(r)], *s.*, **Londonese** [-ís], *a.* londinense, londonense.
lone [lóun], *a.* solitario, solo; soltero.—**loneliness** [-linis], *s.* soledad; tristeza del aislamiento.—**lonely** [-li], *a.* solitario; solo, señero; triste.—**loneness** [-nis], *s.* soledad; tristeza.
lonesome [-sʌm], *a.* solitario, desierto; triste.—**lonesomely** [-li], *adv.* solitariamente; tristemente.—**lonesomeness** [-nis], *s.* soledad; tristeza.
long [loŋ]. I. *a.* largo, luengo; de largo (a veces con *to be*, que entonces es tener: *this tape is* 2 *inches long*, esta cinta tiene 2 pulgadas de largo); extenso, prolongado; tardío, dilatorio; excesivo, de más; remoto, distante; (com.) recargado, esperando alza de precios (apl. esp. al tenedor de valores de bolsa).—**l. clothes,** ropa talar; ropón de niño, pañales.—**l.-cut tobacco,** tabaco en hebras.—**l.-distance,** (tlf.) de larga distancia (apl. gen. a comunicaciones más allá de los límites dentro de los cuales se paga el abono ordinario); (dep.) de fondo (apl. a las carreras).—**l. division,** (arit.) división en que se escriben los productos parciales, división no abreviada.—**l. dozen,** docena del fraile; trece.—**l. hundred,** ciento veinte.—**l. measure,** medida de longitud.—**L. Parliament,** (hist.) Parlamento Largo.—**l. primer,** (impr.) entredós, letra de 10 puntos.—**l. staple,** fibra o hebra larga.—**l. stride,** zancada.—**l. suffering,** paciencia, resignación o fortitud en el sufrimiento.—**l. suit,** especialidad, fuerte (aquello en que uno sobresale).—**l. ton,** tonelada de 2240 libras (1.016,06 kg.).—**a l. time,** mucho tiempo, un largo rato.—**how l.,** de qué largo (medida). II. *adv.* a gran distancia; mucho, (durante) mucho tiempo.—**l. after,** mucho (tiempo) después.—**l. ago,** hace mucho, mucho (tiempo) ha.—**l.-bearded,** barbiluengo.—**l.-drawn,** lento, pesado, prolongado.—**l.-eared,** orejudo.—**l.-faced,** carilargo; (fam.) cariacontecido.—**l.-haired,** pelilargo.—**l.-headed,** dolicocéfalo; astuto, listo, sagaz.—**l.-legged,** zanquilargo.—**l. live!** ¡viva!—**l.-lived,** longevo, de larga vida.—**l.-necked,** cuellilargo.—**l.-playing,** de larga duración (disco).—**l.-range,** de largo alcance, de grandes alcances.—**l.-shanked** = L.-LEGGED.—**l.-sighted,** présbite; sagaz, previsor, precavido.—**l. since** = L. AGO.—**l.-standing,** de larga duración.—**l.-stapled,** de hebra larga.—**l.-suffering,** doliente, afligido; sufrido, paciente en el sufrimiento.—**l.-term,** (com.) a largo plazo.—**l.-tongued,** lenguaraz, chismoso.—**l.-winded,** largo, pesado, prolijo.—**all,** o **the whole, day, year,** etc., **l.,** todo el santo día, año, etc.—**as l. as,** mientras.—**before,** o **ere, l.,** en breve, antes de mucho.—**how l.,** cuánto tiempo.—**how l. is it since?** ¿cuánto (tiempo) hace que?—**not l. ago,** o **since,** no ha mucho.—**not l. before,** poco tiempo antes.—**so l. as,** mientras que, en tanto que. III. *s.* longitud, largo; (mús.) longa; (pros.) sílaba larga.—*pl.* (com.) los que guardan acciones en espera de alza.—**the l. and the short,** el meollo, la substancia. IV. *vn.* (con **for** o **to**) anhelar, suspirar (por), codiciar, apetecer, ansiar, desear con ansia; añorar.
longboat [lóŋbout], *s.* lancha, chalupa, falúa.
longbow [lóŋbou], *s.* arco (para disparar flechas).—**to draw the l.,** exagerar, decir patrañas.
longe [lʌndž], *s.* (esgr.) estocada; pista; cuerda larga para adiestrar caballos.
longer [lóŋgœ(r)]. I. *a. comp.* de LONG; más largo. II. *adv.* más tiempo, más rato.—**how much l.,** cuánto tiempo más.—**no l.,** ya no; no más.
longeron [lándžeran], *s.* (aer.) larguero.
longest [lóŋgist], *a.* y *adv. super.* de LONG.—**at the l.,** a más tardar, cuando más.
longeval, longevous [londžíval, -ʌs], *a.* longevo.
longevity [londžéviti], *s.* longevidad.
longhand [lóŋhænd], *s.* escritura corrida, sin abreviaturas.
longhorn [-horn], *s.* animal cuernilargo (apl. esp. a ciertas razas de ganado vacuno).
longicorn [lándžikorn], *a.* y *s.* (zool.) longicornio.
longimanous [landžímanʌs], *a.* (zool.) longimano.
longing [lóŋiŋ]. I. *s.* deseo vehemente, anhelo, ansia, ansiedad, pujo. II. *a.* anhelante, anheloso, ansioso, vehemente.
longingly [-li], *adv.* vehementemente, anhelantemente.
longipennate [landžipéneit], *s.* y *a.* (zool.) longipenne, de largas alas.—**longirostral** [-rástral], *s.* y *a.* longirrostro, de largo pico.
longish [lóŋiš], *a.* algo largo, largucho.
longitude [lándžitiud], *s.* (geog.) longitud.
longitudinal [-tiúdinal]. I. *a.* longitudinal. II. *s.* (aer.) larguero.
longitudinally [-i], *adv.* longitudinalmente, a lo largo.
Longobard [láŋgobard], *s.*, **Longobardian** [-bárdian], *a.* longobardo. *V.* LOMBARD.
longshoreman [lóŋšorman], *s.* estibador, trabajador de muelle.
longways [lóŋweiz], **longwise** [-waiz], *adv.* = LENGTHWISE.
loo [lu], *s.* cierto juego de naipes.
look [lúk]. I. *va.* mirar, pasar la vista a; causar (vergüenza, silencio, etc.) en, con la mirada; expresar, indicar con la mirada o el ademán.—**to l. a gift horse in the mouth,** mirarle el diente a caballo regalado.—**to l. daggers,** echar chispas; (con **at**) mirar con amenaza, o echando chispas.—**to l. in the face,** mirar cara a cara; mirar sin vergüenza.—**to l. one's age,** representar uno los años que tiene.—**to l. over,** examinar someramente, repasar, dar o echar un vistazo a, hojear (un libro, etc.).—**to l. up,** buscar, averiguar; (fam.) visitar (a uno). II. *vn.* mirar, ver; parecer, aparentar; poner cuidado; tener cuidado; lucir (bien o mal); tener o estar de buen o mal semblante o aspecto, tener cara de (sueño, cansado, etc.).—**to l. about,** mirar alrededor; observar.—**to l. about one,** estar alerta, tener vigilancia.—**to l. after,** cuidar, atender a, mirar (por), tener cuidado de; prestar atención; buscar, inquirir, investigar.—**to l. alike,** parecerse.—**to l. alive,** darse prisa.—**to l. at,** mirar, ver; tender la vista a; considerar; atender.—**to l. back,** reflexionar; mirar atrás.—**to l. down upon,** despreciar.—**to l. for,** esperar; buscar.—**to l. forward,** prever; mirar al o pensar en el porvenir.—**to l. forward to,** esperar.—**to l. into,** examinar, estudiar, averiguar.—**to l. like,** parecerse a; tener cara o traza de; dar o haber señales de (mejor es cambiar el giro: *it looks like rain,* parece que va

a llover).—**to l. on,** considerar, estimar, juzgar; mirar, ver; ser espectador; dar o caer a.—**to l. out,** tener cuidado; (*l. out!* ¡cuidado! ¡guarda! ¡ojo!).—**to l. out for,** buscar; esperar; tener cuidado con.—**to l. out of,** asomarse a.—**to l. sharp,** tener ojo avizor.—**to l. through,** examinar, inspeccionar, hacer un registro de.—**to l. to,** cuidar de, velar por; atender a; hacer responsable; esperar de; acudir a.—**to l. up,** mirar hacia arriba; (fam.) mejorarse; alzarse (precios).—**to l. upon,** considerar, contemplar; estimar, dar o caer a.—**to l. up to,** respetar, estimar.—**as it looks to me,** a mi ver. **III.** *s.* mirada, ojeada, vistazo; (gen. *pl.*) aspecto, apariencia, semblante, cara, aire, ademán, traza, (fam.) pergeño.—**to have a l. at,** mirar, echar una ojeada a.

looker, looker-on [-œ(r), -œrán], *s.* mirador; mirón, espectador.

looking [-iŋ]. **I.** *s.* miramiento; busca; examen, consideración. **II.** *a.* de o para mirar.—**l. glass,** espejo.—**good (bad)-l.,** bien (mal) parecido, guapo, buen mozo (feo).

lookout [-aut], *s.* vigía, vigilancia; observación; mirador, garita, atalaya; avizorador, guardia, *mf.*, vigía, *mf.*, centinela, *mf.*—**that's his l.,** (fam.) eso le concierne a él; allá él, con su pan se lo coma.—**to be on the l.,** estar a la mira.

loom [lum]. **I.** *s.* telar; arte de tejer; (mar.) guión (*m.*) del remo; presencia, aparición.—**l. shuttle,** lanzadera mecánica. **II.** *va.* tejer. **III.** *vn.* asomar, aparecer en forma indistinta o exagerada; descollar, destacarse; (re)lucir.

looming [lúmiŋ], *s.* (ópt.) espejismo.

loon [lun], *s.* bobo, tonto; (orn.) somorgujo.

loony [lúni], *s.* y *a.* (fam.) bobo, loco rematado.

loop [lúp]. **I.** *s.* gaza, lazo, bucle; (cost., etc.) ojal, presilla, alamar; onda; punto; curva, vuelta; (mec.) abrazadera, anilla; (aer.) rizo; (f. c.) vuelta (de un desarrollo).—**l. aerial, o antenna,** (rad.) antena de cuadro.—**l.-the-l.,** (aer.) rizo; ferrocarril centrífugo con espiras verticales. **II.** *va.* asegurar con presilla; hacer gazas en; formar festones o curvas en.—**to l. in,** (elec.) intercalar (en un circuito).—**to l. the l.,** (aer.) hacer o rizar el rizo, dar una vuelta vertical. **III.** *vn.* andar haciendo curvas; formar gaza.

loophole [-houl], *s.* abertura, mirador; (fort.) aspillera, tronera; escapatoria, excusa.

loose [lús]. **I.** *va.* desatar, desprender; desliar; aflojar; aliviar; soltar, libertar, librar; desenredar; desocupar.—**to l. one's hold,** soltar. **II.** *a.* suelto; desatado, desenredado; flojo, holgado; vago, indefinido; libre, relajado, disoluto; suelto, en libertad; descuidado, negligente, remiso.—**l.-bodied,** suelto, ancho, holgado (vestido).—**l. in the bowels,** suelto de vientre.—**l.-jointed,** desvencijado; suelto de coyunturas; de articulación o movimiento libre.—**l.-leaf,** de hojas sueltas o insertables (cuaderno, libro, etc.).—**l. morals,** moral relajada.—**l. pulley,** (mec.) polea loca.—**l.-reined,** a rienda suelta.—**at l. ends,** en desorden.—**to let, set, o turn l.,** soltar, libertar. *V.* TO BREAK, CUT, GET, HANG, WORK, etc. **III.** *s.* libertad; soltura.—**on the l.,** (fam.) libre; sin trabas; de holgorio, de parranda.

loosely [-li], *adv.* suelta o flojamente; sin cohesión; vaga o indefinidamente.

loosen [-n]. **I.** *va.* aflojar, soltar, desunir, desatar, desligar; solver; largar; laxar, relajar; ablandar; librar, libertar; soltar el vientre. **II.** *vn.* desunirse, aflojarse, desatarse, desasirse, separarse.

looseness [-nis], *s.* aflojamiento, flojedad, holgura; relajación, licencia; soltura; flujo de vientre; vaguedad.

loosening [-niŋ]. **I.** *a.* laxante, relajante. **II.** *s.* aflojamiento, desatadura, desprendimiento, suelta; laxación, laxamiento, relajación.

loosestrife [-straif], *s.* (bot.) lisimaquia, salicaria.

loot [lút]. **I.** *va.* y *vn.* saquear; pillar; llevarse como botín. **II.** *s.* botín; saqueo, pillaje.—

looter [-œ(r)], *s.* saqueador.—**looting** [-iŋ], *s.* saque(amient)o.

lop [lap]. **I.** *va.* (a veces con **off**) (des)mochar, (cha)podar; maestrear; cercenar, descabezar, descopar. **II.** *vn.* colgar, pender, caer flojamente. **III.** *s.* desmocha(dura); ramas podadas.—**l.-eared,** de orejas gachas o caídas.

lope [loup]. **I.** *va.* y *vn.* (hacer) galopar o andar a paso largo y sentado. **II.** *s.* medio galope.

lophobranch [lóufobræŋk], *a.* y *s.* (zool.) lofobranquio.

lopsided [lapsáidid], *a.* más pesado de un lado que de otro; desequilibrado, desproporcionado.

loquacious [lokwéiŝʌs], *a.* locuaz, lenguaz.

loquacity [lokwǽsiti], *s.* locuacidad, charla.

loran [lóræn], *s.* (naveg.) lorán.

lord [lórd]. **I.** *s.* señor; amo, dueño, patrón; castellano (de un castillo); marido; (Ingl.) lord (*pl.* lores).—**L.!, o good L.!** ¡Dios mío! ¡por Dios!—**L. Chamberlain,** camarero mayor.—**L. Chief Justice,** presidente del tribunal supremo de Inglaterra.—**L. High Chancellor,** ministro de justicia, o gran canciller.—**L. High Steward,** mayordomo mayor.—**L. Lieutenant,** virrey y gobernador de Irlanda.—**L. Mayor,** alcalde o corregidor de Londres.—**L. Privy Seal,** guardasellos.—**L.'s day,** domingo, día (*m.*) del Señor.—**L.'s Prayer,** padre nuestro.—**L.'s Supper,** la última cena; Sacramento de la Eucaristía.—**L.'s table,** altar de la sagrada comunión; comunión, Eucaristía.—**Our L.,** Nuestro Señor.—**the L.,** el Señor.—**the L. of hosts,** Jehová.—**the Lords,** Cámara de los Lores. **II.** *va.* y *vn.* investir con la dignidad de lord; dar el título de lord; gobernar, mandar imperiosamente.—**to l. it over,** dominar, (en)señorear, mandar despótica o altaneramente, imponerse a.

lordliness [-linis], *s.* dignidad, señorío; altivez, orgullo.

lord(l)ing [-(l)iŋ], *s.* (desp.) hidalguillo, señorito, pequeño lord.

lordly [-li]. **I.** *a.* perteneciente a un lord; señoril; orgulloso, imperioso. **II.** *adv.* señorilmente; altiva o imperiosamente.

lordosis [lordóusis], *s.* (med.) lordosis, encorvamiento de la columna vertebral de convexidad anterior.

lordship [lórdŝip], *s.* señorío, dominio, poder; señoría, excelencia.—**your l.,** usía; vuecencia.

lore [lor], *s.* erudición, saber, ciencia.

lorgnette [lornyét], *s.* impertinentes, *m. pl.*; gemelos de teatro con mango.

lorgnon [lornyón], *s.* = PINCE-NEZ.

lorica [loráikä], *s.* (arm.) loriga; (zool.) cubierta protectora.

loricate [lárikeit]. **I.** *va.* enchapar, planchear; esmaltar. **II.** *a.* lorigado; planchado, enchapado.

lorication [-éiŝon], *s.* enchapado; esmalte.

lorikeet [lárikit], *s.* (orn.) especie de perico.

loriot [lóriat], *s.* (orn.) oropéndola.

loris [lóuris], *s.* (zool.) especie de lemur.

lorn [lorn], *a.* sin parientes ni amigos. *V.* FORLORN.

lorry [lóri], *s.* (Ingl.) (auto)camión, *m.*; carro fuerte, carro de plataforma de cuatro ruedas.

lory [lóuri], *s.* (orn.) especie de loro o perico.

lose [lúz]. **I.** *va.* (*pret.* y *pp.* LOST) perder; malograr, malgastar (tiempo, etc.); entregar a la ignominia o a la ruina; quitar, hacer perder.—**to l. face,** desprestigiarse.—**to l. ground,** perder terreno.—**to l. heart,** desanimarse.—**to l. one's heart,** enamorarse.—**to l. one's mind,** enloquecerse.—**to l. one's temper,** perder los estribos, encolerizarse.—**to l. one's way,** perderse, andar perdido, desorientarse.—**to l. sight of,** perder de vista. **II.** *vr.* perderse, extraviarse. **III.** *vn.* perder, tener una pérdida; atrasar (un reloj).—**to l. out,** (fam.) llevarse chasco, ser derrotado.

loser [-œ(r)], *s.* perdedor, el que pierde algo o no logra lo que desea.—**losing** [-iŋ], *a.* perdidoso, perdedor, que pierde; vencido.

loss [lɔs], *s.* pérdida; perdición; daño; privación; (com., etc.) siniestro.—**l. of face,** desprestigio. —**at a l.,** perdiendo, con pérdida; perplejo, indeciso, dudoso, en duda, sin saber qué hacer. —**at a l. to,** sin acertar a.—**it's your l.,** (fam.) Vd. se lo pierde.
loss leader, *s.* artículo barato para atraer clientes.
lost [lɔst], *a.* y *pret.* y *pp.* de TO LOSE: perdido; extraviado, descarriado; desorientado; perplejo; malogrado; desperdiciado.—**l. cause,** causa desesperada.—**l. sheep,** (fig.) oveja descarriada o negra.—**l. in thought,** absorto.—**l. motion,** (mec.) juego inútil, juego muerto, pérdida debida a conexiones flojas o inadecuadas.—**l. or not l.,** (com.) cláusula especial del seguro que cubre todos los riesgos.—**l. to,** insensible a; perdido para.—**not to be l. on, o upon,** no dejar de aprovechar a, no pasar inadvertido por.
lot [lat]. **I.** *s.* suerte, *f.*, hado, sino; lote, cuota, partija, partida, parte, *f.*, porción; solar de terreno; (fam., a veces *pl.*) gran cantidad; mucho(s); la mar de.—**a bad l.,** (fam.) mala persona; taifa.—**to cast, o throw in one's l. with,** compartir la suerte de. **II.** *va.* asignar, repartir (a veces por sorteo). **III.** *vn.* echar suertes.
lota(h [lóutä], *s.* escudilla de cobre.
loth [louθ], *a.* = LOATH.
Lothario [loθérjou], *s.* libertino, seductor, Tenorio.
lotion [lóuŝọn], *s.* (farm.) loción, agua.
lotos *o* **lotus** [lóutʌs], *s.* (bot.) loto, ninfea.—**l.-eater, l.-eating,** lotófago.—**l. tree,** loto, almez(o).
lottery [látœrj], *s.* lotería, rifa.
lotto [látou], *s.* lotería, juego casero.
loud [láụd]. **I.** *a.* ruidoso, fuerte, recio; alta (la voz); (mús.) forte; turbulento, estrepitoso; (fam.) urgente; (fam.) charro, chillón, vulgar, llamativo, subido (colores, etc.).—**l. laugh,** risotada, carcajada.—**l.-voiced,** estentóreo. **II.** *adv.* ruidosamente, con ruido; en alta voz, a gritos.
loudly [-lj], *adv.* ruidosamente, recio; en alta voz.
loudness [-nịs], *s.* ruido, sonoridad; (fam.) vulgaridad, mal gusto.
loud-speaker [-spíkœ(r)], *s.* (radtlf.) altavoz, *m.*, altoparlante; megáfono, amplificador de voz.
lough [lak], *s.* lago, laguna.
louis [lúi], *s.* luis de oro (moneda francesa).
lounge [láụndẑ]. **I.** *vn.* haraganear, holgazanear, callejear; tenderse, repantigarse; ponerse uno a sus anchas. **II.** *s.* haraganería, holgazanería; sofá, *m.*, canapé, yacija; salón de fumar.
lounger [-œ(r)], *s.* holgazán; azotacalles.
lour [láụ(r)], *vn.* y *s.* = LOWER.
louse [láụs], *s.* (ent.) piojo, (fam.) cáncano.
lousewort [-wœrt], *s.* (bot.) albarraz, *m.*; estafisagria; hierba piojera.
lousily [láụzịlj], *adv.* con piojería; (fam.) pésimamente.—**lousiness** [-ịnịs], *s.* piojería.—**lousy** [-i], *a.* piojoso, piojento; (med.) pedicular; (fam.) astroso, miserable.
lout [láụt], *s.* patán, rústico, zafio.—**loutish** [-iŝ], *a.* rústico, tosco.—**loutishly** [-lj], *adv.* groseramente.
louver [lúvœ(r)], *s.* (arq.) lumbrera, lucer(n)a, respiradero; especie de persiana, o serie de tablillas o listones dispuestos para que pase el aire y no la lluvia (ll. t. **l. boards**).
lov(e)ability [lʌvạbílịtj], **lov(e)ableness** [-blnịs], *s.* amabilidad, atractivo.—**lov(e)able** [-bl], *a.* amable; digno de ser amado.
lovage [lʌvịdẑ], *s.* (bot.) ligústico.
love [lʌv]. **I.** *va.* amar, querer; (fam.) gustar mucho de, tener grande afición a. **II.** *vn.* amar, estar enamorado. **III.** *s.* amor, cariño, afecto, querer, devoción; pasión amatoria o sexual; el ser amado; (**L.**) Cupido, el amor dios; grande afición; (en tenis y otros juegos) falta, cero, nada.—**l. affair,** intriga amorosa, amorío.—**l. apple,** (bot.) tomate.—**l. bird,** (orn.) periquito.—**l. feast,** ágape.—**l.-in-a-mist,** (bot.) neguilla.—**l.-in-idleness,** (bot.) trinitaria o pensamiento silvestre.—**l. knot,** lazo de amor. —**l.-lies-bleeding,** (bot.) moco de pavo.—**l.-maker,** galanteador.—**l.-making,** amorío, galanteo.—**l. match,** matrimonio por amor.—**l. potion,** filtro de amor, bebedizo.—**l. seat,** sofa (*m*). para dos personas.—**l. set,** (tenis) partida ganada sin perder un solo juego.—**for l.,** por amor; con gusto; gratis, sin interés.—**for (the) l. of,** por amor de.—**for l. or money,** a cualquier precio; por buenas o por malas.—**in l. with,** enamorado de.—**not for l. or money,** por nada del mundo.—**to make l. to,** enamorar, cortejar, galantear, requerir de amores.
loveless [-lịs], *a.* desamorado; desamoroso.
loveliness [-lịnịs], *s.* amabilidad, agrado, encanto; belleza.
lovelock [-lak], *s.* (ant.) rizo largo con lazo.
lovelorn [-lɔrn], *a.* abandonado de su amante; suspirando de amor.
lovely [-lj], *a.* amable, cariñoso; hermoso, bello; (fam.) agradable, atractivo; ameno, deleitoso.
lover [-œ(r)], *s.* amante; galán; amigo, aficionado.
lovesick [-sịk], *a.* enamorado, herido de amor.
lovesickness [-nịs], *s.* mal de amores.
loving [lʌvịŋ], *a.* amante, afectuoso, amoroso, cariñoso; aficionado; benigno, apacible.—**l. cup,** copa con varias asas, que pasa de mano en mano entre amigos; copa de premio (gen. ll. *copa* simplemente).—**l.-kindness,** benevolencia, favor o cariño afectuosos.
lovingly [-lj], *adv.* afectuosamente, amorosamente.
lovingness [-nịs], *s.* cariño, afecto.
low [lóụ]. **I.** *a.* bajo; de poca altura o profundidad; hondo, profundo; económico, módico, barato (precio); abatido, desanimado; gravemente enfermo; vil, rastrero, ruin; pobre (en carbono, proteína, etc.); muerto; inferior; débil, debilitado. **II.** *adv.* bajo; cerca del suelo; en la parte inferior; barato; bajamente.—**to lay l.,** derribar, echar por tierra; matar.—**to lie l.,** esconderse, ocultarse. **III.** *vn.* mugir, berrear. **IV.** *s.* mugido, mu, berrido; punto o lugar bajo; valor o precio mínimo; (aut.) primera velocidad; triunfo más bajo (en naipes).
low area, *s.* área o región de baja presión barométrica.
low blood pressure, *s.* hipotensión arterial.
lowborn [-bɔrn], *a.* de humilde cuna.
lowboy [-bɔi], *s.* cómoda baja sostenida por pies.
lowbred [-bred], *a.* malcriado; vulgar.
lowbrow [-braụ]. **I.** *s.* (fam.) persona ajena a las cosas intelectuales. **II.** *a.* poco intelectual.
Low Church, *s.* iglesia no ritualista.
low comedy, *s.* farsa, sainete.
low-cost [-kóst], *a.* barato, poco costoso.
low count, *s.* (tej.) número grueso o bajo.
Low Countries, *s.pl.* Países Bajos.
low-down [-daụn]. **I.** *a.* bajo, vil, ruin, despreciable. **II.** *s.* (fam.) factos verdaderos; información secreta o confidencial.
lower [lóụœ(r)]. **I.** *va.* agachar, humillar, abatir, deprimir; bajar, poner más bajo; rebajar, minorar, disminuir.—**to l. the flag,** abatir la bandera.—**to l. the sails,** (mar.) arriar las velas. **II.** *vn.* bajar, menguar, disminuirse. **III.** *a. comp.* de LOW; más bajo; bajero, inferior.—**l. berth,** cama o litera baja.—**l. case,** (impr.) caja baja, letras minúsculas.—**l. deck,** (mar.) cubierta inferior; (*pl.* Ingl.) tripulación.—**l. floor,** piso bajo.—**l. house,** cámara de representantes o diputados.—**l. mast,** (mar.) palo principal.—**l. world,** averno, los infiernos; la tierra.
lower [láụœ(r)]. **I.** *vn.* mirar sañudo, fruncir el ceño; encapotarse o encubrirse el cielo. **II.** *s.* ceño, sobrecejo; aspecto amenazador.
lowerclassman [lóụœrklǽsmạn], *s.* estudiante de primer o segundo año.
lowering [láụœrịŋ], *a.* encapotado, nebuloso; amenazador.—**loweringly** [-lj], *adv.* nubladamente; con ceño.

lowermost [lóụœrmoụst], **lowest** [lóụịst], *a. super.* de LOW: (el) más bajo, ínfimo.
low-frequency [-fríkwẹnsị], *a.* (elec.) de baja frecuencia.
low frequency, *s.* (elec.) baja frecuencia.
low gear, *s.* (aut., mec.) primera.—**in low gear,** en primera.
Low German, *s.* bajoalemán.
low-grade [-gréịd], *a.* de calidad baja o inferior.
low-heeled [-híld], *a.* (zap.) de tacón bajo.
lowing [lóụịŋ], *s.* mugido, mu, berrido, bramido.
lowland [lóụlạnd], *s.* tierra baja.—**the Lowlands,** las tierras bajas de Escocia.
lowlander [-œ(r)], *s.* abajeño, llanero.
Low Latin, *s.* bajo latín.
lowliness [-nịs], *s.* humildad; bajeza, vileza.
lowly [lóụlị]. **I.** *a.* humilde; vil, bajo. **II.** *adv.* humildemente; vilmente.
Low Mass, *s.* (igl.) misa rezada.
low-minded [-máịndịd], *a.* vil, vulgar; de pensamientos turbios.
low-necked [-nέkt], *a.* escotado, de cuello bajo.
lowness [lóụnịs], *s.* bajura; bajeza o vileza, ruindad; villanía; humildad; sumisión; abatimiento, postración; baratura; gravedad o profundidad del tono; suavidad o debilidad del sonido.
low-pitched [-píćht], *a.* de tono bajo; de poca inclinación o pendiente (tejado).
low-pressure [-prεŝų(r)], *a.* de baja presión.
low pressure, *s.* baja presión.
low-priced [-praịst], *a.* barato.
low relief, *s.* (b.a.) bajo relieve.
low-speed [-spid], *a.* de baja velocidad.
low-spirited [-spírịtịd], *a.* abatido, desalentado, desanimado.
low spirits, *s.pl.* abatimiento, desaliento, desánimo.—**in low spirits,** abatido.
Low Sunday, *s.* Domingo de Cuasimodo.
low-tension [-tέnŝọn], *a.* (elec.) de baja tensión.
low tide, *s.* bajamar, *f.*
low trick, *s.* perrada, mala pasada.
low voltage, *s.* (elec.) bajo voltaje.
low-waisted [-wéịstịd], *a.* de talle bajo.
low water, *s.* marea baja; nivel mínimo (río, lago, etc.).
low-water mark, *s.* línea de nivel mínimo, línea de agua baja; (fig.) punto más bajo.
loxodrome [láksodroụm], *s.* (mar.) loxodromia.
loxodromic [-drámịk], *a.* loxodrómico.—**l. line,** línea loxodrómica.
loxodromics [-s], *s.* arte loxodrómico.
loyal [lóịạl], *a.* leal, fiel, constante.—**loyalist** [-ịst], *s.* (pol.) realista; leal.—**loyally** [-ị], *adv.* lealmente.—**loyalty** [-tị], *s.* lealtad, fidelidad, ley, *f.*
lozenge [lázẹndź], *s.* (geom.) rombo; (farm.) pastilla, rótula, tableta; (blas.) losanje, lisonja.
lozenged [-d], *a.* rombal.
lozengy [-ị], *a.* (blas.) lisonjado.
lubber [lʌ́bœ(r)], *s.* gordiflón; bobalicón; patán; marinero de agua dulce.—**l.'s hole,** (mar.) boca del lobo.
lubberly [-lị]. **I.** *a.* zafio, chabacano, poltrón. **II.** *adv.* toscamente, zafiamente.
lubricant [lịúbrịkạnt], *s.* y *a.* lubri(fi)cante.
lubricate [lịúbrịkeịt], *va.* lubri(fi)car, engrasar.—**lubricating** [-iŋ], *a.* de lubricar, lubri(fi)cante, lubricador.—**lubrication** [-éịŝọn], *s.* lubri(fi)cación, engrasación, engrase.—**lubricative** [-eịtịv], *a.* lubricativo.—**lubricator** [-ọ(r)], *s.* lubricador, engrasador.
lubricity [lịubrísịtị], *s.* lubricidad, lisura; veleidad, inconstancia; lujuria, lascivia.
lubricous [lịúbrịkʌs], *a.* lúbrico; deslizadero; incierto; inconstante; lujurioso, lascivo.
lubritorium [lịubrịtórịʌm], **lubritory** [lịúbrịtɔrị], *s.* cuarto o estación de lubricación de automóviles.
lucarne [lịukárn], *s.* ventanilla, buharda.
luce [lịus], *s.* (ict.) lucio.
lucent [lịúsẹnt], *a.* luciente; luminoso; claro; transparente.
lucern(e [lịusǿrn], *s.* alfalfa.—**l. field,** alfalfal.
lucernal [lịusǿrnạl], *a.* referente a lámparas.—**l. microscope,** microscopio proyector de lámpara.
lucid [lịúsịd], *a.* luciente; diáfano; brillante; lúcido; cuerdo, de entendimiento claro.
lucidity [lịusídịtị], **lucidness** [lịúsịdnịs], *s.* lucidez; claridad mental; transparencia; brillantez.
Lucifer [lịúsịfœ(r)], *s.* lucero del alba; Lucifer, Luzbel.—**l.,** o **l. match,** fósforo de fricción.
Luciferian [-fírịạn], *a.* luciferino, diabólico, endiablado.
lucifugous [-ugʌs], *a.* (biol.) lucífugo.
Lucite [lịúsaịt], *s.* lucita (marca de fábrica).
luck [lʌ́k], *s.* azar, acaso, casualidad; suerte, *f.*, (buena)ventura, dicha.—**for l.,** para que traiga suerte.—**to be in l.,** estar de buena suerte.—**to be out of l.,** estar de malas.
luckily [-ịlị], *adv.* por fortuna, afortunadamente, a o por dicha.
luckiness [-ịnịs], *s.* buena suerte.
luckless [-lịs], *a.* desafortunado, desgraciado.
lucky [-ị], *a.* afortunado, dichoso, venturoso; propicio, favorable; que trae buena suerte.—**l. break,** (fam.) chiripa, feliz casualidad o coyuntura favorable.
lucrative [lịúkrạtịv], *a.* lucrativo, ganancioso.
lucratively [-lị], *adv.* lucrativamente.
lucre [lịúkœ(r)], *s.* lucro, ganancia.
lucubrate [lịúkịubreịt], *va.* y *vn.* lucubrar.
lucubration [-éịŝọn], *s.* lucubración.
luculent [lịúkịulẹnt], *a.* luciente, claro; evidente.
ludicrous [lịúdịkrʌs], *a.* ridículo, cómico, burlesco, risible.—**ludicrously** [-lị], *adv.* ridículamente, cómicamente.—**ludicrousness** [-nịs], *s.* ridiculez.
lues [lịúiz], *s.* (med.) lúe o lúes, *f.*, sífilis.
luetic [lịuέtịk], *a.* (med.) luético, sifilítico.
luff [lʌf]. **I.** *s.* (mar.) gratil; orza(da).—**l. tackle,** (mar.) aparejo de bolinear. **II.** *va.* (mar.) ceñir el viento, orzar, bolinear.—**to l. alee,** o **round,** orzar a la banda.—**to l. up,** tomar por avante.
lug [lʌg]. **I.** *s.* (fam.) tirón, estirón; cosa tirada; cosa lenta y pesada; (fam.) porro, mostrenco; (mec., etc.) oreja; anillo, argolla; saliente; agarradera, asa; jamba de chimenea; correa de las varas de un carruaje. *V.* LUGSAIL, LUGWORM. **II.** *va.* tirar de (algo); (mar.) halar.—**to l. away,** u **off,** llevarse arrastrando.—**to l. in** o **into,** arrastrar hacia dentro; (fam.) introducir, traer a cuento, o por los pelos.
luggage [lʌ́gịdź], *s.* equipaje; (fam.) trastos, petate.—**l. rack,** portaequipajes.—**l. van,** (Ingl.) furgón de equipajes.
lugger [lʌ́gœ(r)], *s.* (mar.) lugre.
lugsail [lʌ́gseịl], *s.* (mar.) vela al tercio.
lugubrious [lịugịúbrịʌs], *a.* lúgubre, lóbrego.
lugworm [lʌ́gwœrm], *s.* (zool.) lombriz de cebo.
lukewarm [lịúkwɔrm], *a.* tibio, templado; indiferente, frío.—**lukewarmly** [-lị], *adv.* tibiamente; indiferentemente.—**lukewarmness** [-nịs], *s.* tibieza; indiferencia, frialdad.
lull [lʌl]. **I.** *va.* arrullar, adormecer; aquietar, calmar, moderar. **II.** *vn.* calmarse, sosegarse. **III.** *s.* momento de calma o de silencio.
lullaby [-ạbaị], *s.* arrullo; canción de cuna, nana.
lumbago [lʌmbéịgoụ], *s.* (med.) lumbago.
lumbar [lʌ́mbạ(r)], *a.* (anat.) lumbar, pert. a los lomos.—**l. puncture,** (cir.) punción lumbar.
lumber [lʌ́mbœ(r)]. **I.** *s.* madera aserrada; maderaje; armatoste; balumba; trastos o muebles viejos.—**l. dealer,** maderero, negociante en maderas.—**l. room,** camaranchón, cuarto de trastos. **II.** *va.* amontonar trastos viejos. **III.** *vn.* andar pesadamente; avanzar con ruido sordo.
lumbering [-iŋ]. **I.** *s.* explotación de bosques maderables. **II.** *a.* que anda pesadamente; que hace o avanza con ruido sordo y continuo.
lumberjack [-dźæk], *s.* leñador, hachero.
lumberman [-mạn], *s.* leñador, hachero; negociante en madera, maderero.
lumberyard [-yard], *s.* maderería, depósito de maderas.

lumbricales [lʌmbrịkéịliz], *s. pl.* (anat.) músculos lumbricales.
lumen [lịúmịn], *s.* (fís.) lumen, unidad de radiación de la luz; (fisiol.) cavidad o conducto de un órgano tubular, vaso sanguíneo, etc.
luminary [-ɛrị], *s.* astro, luminar; lumbrera.
luminescence [-ésẹns], *s.* luminiscencia, emisión de luz sin incandescencia.—**luminescent** [-ésẹnt], *a.* luminiscente, luminoso sin incandescencia.
luminiferous [-ífẹrʌs], *a.* luminífero.
luminist [-ịst], *a.* y *s.* (pint.) luminista.
luminosity [-ásịtị], *s.* luminosidad.
luminous [lịúmịnʌs], *a.* luminoso; lúcido.
luminously [-lị], *adv.* luminosamente.
luminousness [-nịs], *s.* luminosidad.
lummox [lʌ́mọks], *s.* (fam.) porro, sujeto torpe.
lump [lʌ́mp]. **I.** *s.* masa, bulto, burujón; protuberancia, hinchazón, *f.*; pitón; bollo; terrón; (fund.) lupia; (fam.) porro.—**l. coal,** carbón más grueso (el de mayores fragmentos que se produce).—**l. of sugar,** terrón de azúcar.—**l. sugar,** azúcar de terrón o en terrones.—**l. sum,** suma alzada, suma global o total.—**by the l.,** (com.) a bulto, en globo, a ojo, por grueso o por junto.—**in a l., in the l.,** todos juntos, sin distinción. **II.** *va.* amontonar, aborujar; comprar a bulto, en globo.—**to l. it,** (fam.) soportarlo, tragar saliva. **III.** *vn.* trabajar como estibador; aborujarse, apelotonarse, aterronarse.
lumper [-œ(r)], *s.* estibador, cargador de muelle.
lumpish [-ịŝ], *a.* como masa o terrón, etc.; pesado, macizo; tosco; torpe, estúpido.—**lumpishly** [-lị], *adv.* lerdamente, estúpidamente.—**lumpishness** [-nịs], *s.* pesadez; estupidez; majadería.
lumpy [-ị], *a.* aterronado.
lunacy [lịúnạsị], *s.* locura, insania; frenesí.
lunar [lịúnạ̈(r)], *a.* lunar; lunario; lunado; lunático; (quím. y med.) relativo a la plata.—**l. caustic,** lunar cáustico, nitrato de plata.—**l. impact,** impacto en la luna.—**l. month,** mes lunar.—**l. year,** año lunar (354⅓ días).
lunarian [lịunérịạn]. **I.** *a.* lunario. **II.** *s.* selenita, *mf.*, supuesto habitante de la Luna.
lunary [lịúnạ̈rị]. **I.** *a.* lunar. **II.** *s.* (bot.) hierba de la plata, lunaria anual.
lunate(d [lịúneịt(ịd], *a.* lunado.
lunatic [lịúnạtịk], *s.* y *a.* loco, lunático, orate, *mf.*
lunatic asylum, *s.* casa de locos, manicomio.
lunatic fringe, *s.* (fam.) grupo de extremistas, fanáticos (en movimientos políticos, sociales, etc.).
lunation [lịunéịŝọn], *s.* (astr.) lunación.
lunch [lʌ́nch], **luncheon** [-ọn]. **I.** *s.* almuerzo (comida del mediodía, gen. ligera); merienda, colación, refrigerio, (fam.) piscolabis, *m.*, tentempié, *m.*—**l. basket,** fiambrera.—**l. room,** merendero. **II.** *vn.* almorzar; merendar.
luncheonette [lʌnchọnét], *s.* cantina.
lune [lịun], *s.* (geom.) lúnula.
lunette [lịunét], *s.* cualquier cosa de figura lunada; (forti.) luneto; (arq.) luneto, luneta.
lung [lʌŋ], *s.* pulmón.—**l. trouble,** (fam.) tisis.
lunge [lʌndẑ]. **I.** *s.* (esgr.) estocada; (fam.) embestida, arremetida. **II.** *vn.* (esgr.) irse a fondo, dar una estocada; abalanzarse, embestir.
lungwort [lʌ́ŋwœrt], *s.* (bot.) pulmonaria.
luniform [lịúnịfɔrm], *a.* lunado.
lunisolar [-sóu̧lạ̈(r)], *a.* (astr.) lunisolar.
lunular, lunulate [lịúnyụlạ̈(r), -eịt], *a.* lunado.
lunule [lịúnịul], *s.* (anat.) lúnula, blanco de las uñas (ll. t. **lunula**).
Lupercalia [lịupœrkéịlịạ̈], *s. pl.* Lupercales, *f. pl.*
lupine [lịúpịn]. **I.** *s.* (bot.) a(l)tramuz, *m.*, lupino. **II.** *a.* lupino, de lobo; voraz.
lupulin [lịúpịulịn], *s.* lupulino.
lupus [lịúpʌs], *s.* (med.) lupus; (**L.** astr.) el Lobo.
lurch [lœ́rch]. **I.** *s.* sacudida, vaivén; balance brusco; (mar.) bandazo, guiñada; en algunos juegos, partida doble; abandono.—**to leave in the l.,** plantar, dejar en las astas del toro, o en la estacada. **II.** *vn.* andar tambaleando, haciendo eses, o con vaivén; (mar.) guiñar, cabecear, dar bandazos; ganar una partida doble.—**lurcher** [-œ(r)], *s.* = POACHER; acechador; rondador; ratero; perro de caza.
lure [lịur]. **I.** *s.* añagaza, señuelo, reclamo; armadijo; cebo; engaño; tentación. **II.** *va.* atraer, inducir, tentar.
lurid [lịúrịd], *a.* rojizo (cielo, etc.); cárdeno; fantástico, espeluznante.
lurk [lœ́rk], *vn.* espiar, acechar; esconderse.—**lurking place,** escondite, guarida; rincón; emboscada.
luscious [lʌ́ŝʌs], *a.* sabroso, delicioso, exquisito, rico; meloso; empalagoso.—**lusciously** [-lị], *adv.* sabrosa o melosamente.—**lusciousness** [-nịs], *s.* calidad de sabroso; melosidad; dulzura que empalaga.
lush [lʌŝ], *a.* suculento, jugoso; fresco y lozano; exuberante, lujuriante, profuso.
Lusitanian [lịusịtéịnịạn], *a.* y *s.* lusitano; portugués.
lust [lʌst]. **I.** *s.* anhelo vehemente, codicia; lujuria, concupiscencia, libídine, *mf.* **II.** *vn.* (a veces con **for** o **after**) codiciar, anhelar; lujuriar.
luster [lʌ́stœ(r)]. **I.** *s.* lustre, brillo; viso, aguas, *f. pl.*; realce, lucimiento, esplendor; araña de cristal; lustro. **II.** *va.* (a)lustrar.
lusterless [-lịs], *a.* sin brillo, mate, deslustrado.
lustful [lʌ́stfụl], *a.* lujurioso, sensual, lascivo, libidinoso.—**lustfully** [-ị], *adv.* lujuriosamente.
lustily [lʌ́stịlị], *adv.* fuertemente, vigorosamente.
lustiness [-nịs], *s.* lozanía, vigor, robustez.
lustral [lʌ́strạl], *a.* lustral, lústrico.
lustrate [lʌ́streịt], *va.* lustrar, purificar.
lustration [-éịŝọn], *s.* lustración.
lustre [lʌ́stœ(r)], *s.* = LUSTER.
lustrine [lʌ́strịn], **lustring** [lʌ́strịŋ], *s.* (tej.) lustrina.
lustrous [lʌ́strʌs], *a.* lustroso, brillante.
lustrum [lʌ́strʌm], *s.* lustro, quinquenio; lustración, purificación.
lusty [lʌ́stị], *a.* lozano, fuerte, robusto, vigoroso.
lute [lịut]. **I.** *s.* (mús.) laúd, *m.*; (quím.) luten, lodo para junturas; arandela de goma para cerrar tarros herméticamente; raspador de ladrillales. **II.** *va.* enlodar, tapar o embarrar con lodo o cemento; enrasar ladrillos. **III.** *vn.* tocar o tañer el laúd.
lutecium [lịutíŝịʌm], *s.* (quím.) lutecio.
luteolin [lịútịolịn], *s.* (quím.) luteolina.
Lutheran [lịúθœrạn], *s.* y *a.* luterano.
Lutheranism [-ịzm], *s.* luteranismo.
luthern [lịúθœrn], *s.* (arq.) lumbrera, buharda.
lutist [lịútịst], *s.* tañedor de laúd.
lutose [lịútoụs], *a.* lodoso, cenagoso.
lux [lʌ́ks], *s.* lux, unidad de intensidad luminosa, igual a una bujía-metro.
luxate [-eịt], *va.* dislocar, descoyuntar.
luxation [-éịŝọn], *s.* luxación, dislocación.
luxe [lụks], *s.* lujo (esp. en la expresión **de luxe,** de lujo).
Luxembourg [lʌ́ksẹmbœrg]. **I.** *s.* Luxemburgo. **II.** *a.* luxemburgués.
Luxembourger [-œ(r)], *s.* luxemburgués.
luxuriance, luxuriancy [lʌkŝúrịạns, -ị], *s.* exuberancia, lozanía; frondosidad; demasía.
luxuriant [-ạnt], *a.* exuberante, lozano, superabundante; superfluo; frondoso; lujuriante.
luxuriantly [-lị], *adv.* abundantemente; lozanamente.
luxuriate [-eịt], *vn.* ostentar lozanía; crecer o brotar con exuberancia; vivir con lujo; (**fig.**) gloriarse, complacerse.
luxurious [-ʌs], *a.* lujoso; sibarítico; exuberante; frondoso.—**luxuriously** [-lị], *adv.* con lozanía o exuberancia; frondosamente; lujosamente.—**luxuriousness** [-nịs], *s.* lujo, fausto.
luxury [lʌ́kŝụrị], *s.* lujo, fausto; gastos superfluos; manjar delicioso; cosa que deleita los sentidos.—**l. tax,** impuesto suntuario o sobre artículos de lujo.
lycanthrope [láịkænθroụp], *s.* licántropo.

lycanthropy [laikǽnθropi], *s.* (med.) licantropía.
lycée [liséi], *s.* (fr.) liceo, instituto de segunda enseñanza.
lyceum [laisíʌm], *s.* liceo, ateneo; escuela secundaria; escuela de enseñanza por conferencias.
Lycian [lísian], *s.* y *a.* licio, de Licia.
lycopodium [laikopóudiʌm], *s.* (bot. y farm.) licopodio.
lyddite [lídait], *s.* lidita (explosivo).
Lydian [lídian], *a.* y *s.* lidio, de la Lidia.
lye [lai], *s.* lejía; (Ingl., f. c.) desviadero.
lying [láiiŋ]. I. *pa.* de TO LIE, y *a.* falso, mentiroso; echado, tendido, yacente; sito, situado.—**l. down,** acostado.—**l.-to,** (mar.) al pairo o en facha.—**l.-in,** parto.—**l.-in hospital,** hospital de parturientas, casa de maternidad.—**l.-in woman,** puérpera, mujer parida. II. *s.* mentira, embuste.
lyingly [-li], *adv.* mentirosamente, falsamente.
lymph [limf], *s.* (anat., fisiol.) linfa, aguosidad.—**l. node,** (anat.) ganglio linfático.
lymphangitis [-ændžáitis], *s.* (med.) linfangitis.
lymphatic [limfǽtik]. I. *a.* linfático; flemático. II. *s.* vaso linfático.
lymphatism [límfatizm], *s.* (med.) linfatismo.
lymphocyte [límfosait], *s.* (anat.) linfocito.
lymphoid [límfɔid], *a.* linfoideo.
lymphopenia [limfopínia], *s.* (med.) linfopenia.
lynch [línch], *va.* linchar.—**l. law,** (E. U.) ley (*f.*) de Lynch, suplicio impuesto por particulares sin procedimiento ni forma legal.
lynching [-iŋ], *s.* linchamiento.
lynx [liŋks], *s.* (zool.) lince.—**l.-eyed,** de ojos linces.
Lyonese [laioníz], *a.* y *s.* lionés; de Lyón (Francia).—**lyonnaise** [laionéiz], *a.* a la lionesa (apl. a papas fritas con cebollas).
lyrate [láireit], *a.* de forma de lira.
lyre [lair], *s.* (mús.) lira; (L., astr.) Lira.—**l. bird,** (orn.) pájaro lira.
lyric(al [lírik(al], *a.* lírico.—**l. poetry,** lírica.—**lyric,** *s.* poema lírico; (fam.) letra de una canción.—**lyricism** [lírisizm], *s.* lirismo.—**lyrist** [láirist], *s.* tocador de lira; [lírist], poeta lírico.
Lysimachia [laisiméikiä], *s.* (bot.) lisimaquia.
lysin [láisin], *s.* (bioquím.) lisina.
lysis [láisis], *s.* (med.) lisis; (bioquím.) destrucción de células por una lisina.
lysol [láisal], *s.* lisol (nombre de fábrica), desinfectante extraído del alquitrán.
lyssa [lísä], *s.* rabia canina, hidrofobia.
lythraceous [liθréišiʌs], *a.* (bot.) litrarieo

M

m [ɛm], *s.* m.
ma [ma], *s.* *contr.* de MA(M)MA, mamá, *f.*
ma'am [mæm], *s.* *contr.* de MADAM, señora.
Mac, *prefijo,* que significa "hijo de" en nombres patronímicos escoceses o irlandeses (suele abreviarse así: **Mc, M^c^,** o **M'**).
macabre, macaber [makábr], *a.* macabro.
macadam [makǽdam]. I. *s.* macadam, macadan. II. *a.* de macádam, macadamizado.—**macadamize** [-aiz], *va.* macadamizar.
macaque [makák], *s.* (zool.) macaco.
macaroni [mækaróuni], *s.* macarrones, *m. pl.;* mezcla estrambótica; pisaverde.—**m. wheat,** trigo para pastas.
macaronic [mækaránik]. I. *s.* macarronea (composición burlesca). II. *a.* macarrónico; mezclado.
macaroon [mækarún], *s.* almendrado, macarrón de almendras.
macassar [makǽsä(r)], *s.* aceite macasar.
macaw [makó], *s.* (orn.) guacamayo, macagua.
maccaboy [mǽkabɔi], *s.* rapé macuba.
mace [meis], *s.* maza (insignia); (arm.) maza, clava, porra; forma de taco de billar; macis o macia (especia).—**macer,** o **mace bearer,** macero, ballestero.
Macedonian [mæsedóunian], *a.* y *s.* macedón(io); *a.* macedónico.
macerate [mǽsereit], *va.* macerar.
maceration [-éišon], *s.* maceración.
machete [mašéti], *s.* machete.
Machiavel(l)ian [mækiavélian]. I. *s.* maquiavelista. II. *a.* maquiavélico.—**Machiavelism** [-izm], *s.* maquiavelismo.
machicolate [machíkoleit], *va.* aspillerar.
machicolation [-léišon], *s.* (fort.) matacán, aspillera.
machinate [mǽkineit], *va.* y *vn.* maquinar.—**machination** [-éišon], *s.* maquinación, intriga.—**machinator** [-to(r)], *s.* maquinador.
machine [mašín]. I. *s.* máquina, aparato, ingenio; vehículo, coche, avión, *m.*, etc.; (pol.) camarilla.—**m. gun,** (mil.) ametralladora.—**m.-gun,** *va.* ametrallar, atacar con ametralladoras.—**m.-made,** hecho a máquina; mecánico.—**m. screw,** tornillo para metales.—**m. shop,** taller de maquinaria.—**m. tool,** máquina herramienta. II. *va.* fresar, trabajar a máquina.
machinery [-œri], *s.* maquinaria; mecánica; mecanismo, aparato; organización, sistema, *m.*
machinist [-ist], *s.* maquinista, mecánico; (teat.) tramoyista.
machmeter [mákmitœ(r)], *s.* machmetro (medidor del número de Mach).
Mach number, *s.* (aer.) número de Mach.
mackerel [mǽkerel], *s.* (ict.) escombro, caballa.—**m. sky,** cielo aborregado.
Mackinaw [mǽkinɔ], *s.* (mar.) especie de chalana, bote de fondo plano, proa aguda y popa cuadrada; manta gruesa de tela burda.—**M. coat,** especie de chamarra, saco corto de frente traslapado.
mackintosh [mǽkintaš], *s.* impermeable.
mackle [mǽkl]. I. *va.* y *vn.* (impr.) repintar, macular, remosquearse. II. *s.* maculatura.
macle [mǽkl], *s.* (min.) cristal gemelo; andalucita teselada; mancha oscura.
macramé [mǽkrameí], *s.* *macramé,* trabajo de nudos.
macrobian [mækróubian], *a.* macrobio, longevo.
macrobiosis [mækrobaióusis], *s.* longevidad.
macrobiotics [-baiátiks], *s.* macrobiótica.
macrocephalous [-séfalʌs], *a.* macrocéfalo.
macrocosm [-kazm], *s.* macrocosmo.
macrocyte [-sait], *s.* (med.) macrocito.
macrograph [-græf], *s.* dibujo o fotografía de un objeto como aparece a la simple vista.—**macrography** [mækrágrafi], *s.* examen a la simple vista (a diferencia del microscópico).—**macrophysics** [-fíziks], *s.* macrofísica, estudio de los cuerpos que pueden observarse sin la ayuda del microscopio.
macron [méikron], *s.* línea horizontal puesta sobre una vocal para indicar su sonido.
macroscopic [-skápik], *a.* macroscópico.
macruran [makrúran], *a.* y *s.* (zool.) macruro.
macula [mǽkyulä], *s.* mácula, mancha, lunar.
maculate [-eit]. I. *va.* macular, manchar. II. *a.* manchado, maculado.—**maculation** [-éišon], *s.* mancha, mancilla, mácula, lunar.
mad [mæd], *a.* loco, demente, maniático, insano; furioso, rabioso; insensato, desesperado; (fam.) enojado, encolerizado; hidrófobo; bulliciosamente alegre.—**m. as a hatter, m. as a March hare,** loco de atar.—**like m.,** como loco.—**to go m.,** enloquecerse, volverse loco.
Madagascar [mædagǽska(r)], *s.* Madagascar.
madam [mǽdam], **madame** [mædǽm], *s.* madama, señora.
madapollam [mædapálam], *s.* (tej.) madapolán.
madbrain, madcap [mǽdbrein, -kæp], *a.* y *s.* fogoso; temerario; calavera, *m.*, tarambana, *mf.*
madden [mǽdn], *va.* y *vn.* enloquecer, enfurecer(se); exasperar.—**maddening** [-iŋ]. I. *a.* enloquecedor, que enfurece; exasperante, irritante. II. *s.* enloquecimiento, enfurecimiento.
madder [mǽdœ(r)], *s.* (bot.) rubia, granza.
made [meid], *pret.* y *pp.* TO MAKE; hecho, elaborado, fabricado, producido.—**m. mast,** (mar.) palo compuesto.—**m.-over,** rehecho;

reformado.—**m.-to-measure, m.-to-order,** hecho a la medida o a la orden.—**m.-up,** artificial; ficticio; maquillado, pintado (el rostro); acabado; (con **of**) compuesto (de), integrado (por).
Madeira wine [mądírą], *s.* vino de Madera.
madhouse [mǽdhaųs], *s.* manicomio.
madly [-lį], *adv.* locamente; furiosamente.
madman [-mæn], *s.* loco, maniático, orate.
madness [-nįs], *s.* locura, enloquecimiento, demencia, frenesí, insania; furor, furia, rabia.
madonna [mądánä], *s.* (ital.) señora; madama; imagen (*f.*) de la Virgen, madona.—**the M.,** la Madona, la Virgen María.—**M. lily,** (bot.) azucena.
madras [mǽdrąs *o* mądrǽs], *s.* (tej.) madrás, *f.*
madrepore [mǽdripɔr], *s.* (zool.) madrépora.
madreporic [-pɔ́rįk], *a.* madrepórico.
madrigal [mǽdrįgąl], *s.* (poét.) madrigal; (mús.) canción para varias voces.
Madrilenian [mædrįlíniąn], *a.* y *s.* madrileño.
madroña [mądróųnyä], *s.* (bot.) madroño.
madwort [mǽdwœrt], *s.* (bot.) aliso.
maelstrom [méįlstrǫm], *s.* maelstrom; remolino.
mænad [mínæd], *s.* ménade, *f.*, bacante, *f.*
maestoso [maɛstóųsoų], *a.* (mús.) maestoso.
magazine [mægązín], *s.* almacén; (arti.) cámara o depósito para cartuchos en las armas de repetición; polvorín, pañol de pólvora o santabárbara; (impr.) revista.—**m. rifle,** rifle de repetición.
magazinist [-įst], *s.* el que redacta o escribe para las revistas.
magdalen [mǽgdąlɛn], *s.* ramera arrepentida.
Magellanic [mædžɛlǽnįk], *a.* magallánico.
magenta [mądžéntą], *s.* fucsina; color magenta.
maggot [mǽgǫt], *s.* (ent.) cresa; capricho, antojo.—**maggoty** [-į], *a.* gusaniento; caprichoso.
Magi [méįdžaį], *s. pl.* magos, sabios.
Magian [méįdžįąn], *s.* y *a.* mago.
magic [mǽdžįk]. **I.** *s.* magia, mágica; nigromancia; prestidigitación.—**m. square,** cuadrado mágico.—**m. wand,** varita o varilla mágica o de virtudes. **II.** *a.* mágico; encantador.—**m. lantern,** linterna mágica.
magical [-ąl], *a.* mágico; encantado.
magically [-į], *adv.* mágicamente, por arte de encantamiento.
magician [mądžíšąn], *s.* mago, mágico, nigromante; prestidigitador.
magisterial [mǽdžįstíriąl], *a.* magistral, magisterial; autoritario, absoluto.—**magisterially** [-į], *adv.* magistralmente.—**magisterialness** [-nįs], *s.* magisterio; autoridad magistral.
magistery [-tɛrį], *s.* piedra filosofal; (quím.) magisterio, precipitado.
magistracy [-trąsį], *s.* magistratura.
magistral [-trąl]. **I.** *a.* magistral, magisterial; (farm.) magistral, preparado según prescripción. **II.** *s.* (farm.) magistral; (metal.) magistral, piritas de cobre pulverizadas.
magistrate [-treįt], *s.* magistrado; juez (*m.*) de paz.
magma [mǽgmä], *s.* magma, *m.;* (geol.) magma, materia fundida de que se forman las rocas ígneas; base vidriosa de una roca ígnea.
Magna Charta [mǽgnä kártä], *s.* Carta Magna.
magnanimity [mægnąnímįtį], *s.* magnanimidad.—**magnanimous** [mægnǽnįmʌs], *a.* magnánimo.—**magnanimously** [-lį], *adv.* magnánimamente.
magnate [mǽgneįt], *s.* magnate.
magnesia [mægníšįä], *s.* (quím.) magnesia.
magnesian [-n], **magnesic** [mægnísįk], *a.* magnésico, magnesiano.
magnesite [mǽgnįsaįt], *s.* (min.) magnesita, espuma de mar.
magnesium [mægníšiʌm], *s.* (quím.) magnesio.
magnet [mǽgnįt], *s.* imán, magneto; piedra imán.
magnetic(al [mægnétįk(ąl], *a.* magnético; atractivo.
magnetic bearing, *s.* rumbo magnético.
magnetic compass, *s.* brújula.
magnetic course, *s.* rumbo magnético.
magnetic field, *s.* campo magnético.
magnetic flux, *s.* flujo magnético.
magnetic lag, *s.* retardo de imanación.
magnetic leakage, *s.* dispersión magnética.
magnetic mine, *s.* (mil.) mina magnética.
magnetic needle, *s.* brújula, calamita, aguja imanada.
magnetic pickup, *s.* fonocaptor magnético.
magnetic pole, *s.* polo magnético.
magnetic tape, *s.* cinta magnetofónica.
magnetism [mǽgnįtįzm], *s.* (fís.) magnetismo.
magnetite [-taįt], *s.* (min.) magnetita.
magnetizable [-taįząbl], *a.* magnetizable.
magnetization [-tįzéįšǫn], *s.* magnetización, imanación.
magnetize [mǽgnįtaįz]. **I.** *va.* (fís.) magnetizar, imanar. **II.** *vn.* imanarse.
magnetizer [-œ(r)], *s.* magnetizador; imanador.
magneto [mægnítoų], *s.* máquina magnetoeléctrica; (aut., etc.) magneto, *f.*
magnetodynamo [-dáįnąmoų], *s.* magneto, *f.*, dínamo (*f.*) de imanes permanentes.
magnetoelectric [-įlέktrįk], *a.* magnetoeléctrico.
magnetoelectricity [-įlɛktrísįtį], *s.* magnetoelectricidad.
magnetogenerator [-džénœreįtǫ(r)], *s.* = MAGNETODYNAMO.
magnetograph [-græf], *s.* (fís.) magnetógrafo, magnetómetro registrador.
magnetometer [mægnɛtámɛtœ(r)], *s.* (fís.) magnetómetro.
magnetomotive [mægnitoųmóųtįv], *a.* magnetomotriz (fuerza).
magneton [mǽgnętan], *s.* (fís.) magnetón.
magnetophone [mægnítofoųn], *s.* magnetófono.
magnetophonic [mægnitofánįk], *a.* magnetofónico.
magnetoscope [mægnítoųskoųp], *s.* (fís). magnetoscopio.
magnetron [mǽgnętran], *s.* (fís.) magnetrón.
magnifiable [mǽgnįfaįąbl], *a.* magnificable, capaz de ser aumentado o enaltecido.
Magnificat [mægnífįkat], *s.* (igl.) Magníficat.
magnification [-éįšǫn], *s.* (ópt.) amplificación, aumento; magnificación; enaltecimiento; alabanza, glorificación; exageración.
magnificence [mægnífįsęns], *s.* magnificencia.—**magnificent** [-ęnt], *a.* magnífico.—**magnificently** [-lį], *adv.* magníficamente, espléndidamente.
magnifier [mǽgnįfaįœ(r)], *s.* (ópt.) amplificador, vidrio de aumento; (ant.) exagerador; panegirista.
magnify [-faį], *va.* aumentar, amplificar; magnificar; (ant.) alabar; exagerar.
magnifying [-įŋ], *a.* amplificador, de aumento.—**m. glass,** vidrio de aumento, lente, *mf.*, lupa.
magniloquent [mægnílokwęnt], *a.* grandílocuo.
magnitude [mǽgnįtjud], *s.* magnitud.
magnolia [mægnóųlįä], *s.* (bot.) magnolia.
magnoliaceous [-éįšʌs], *a.* (bot.) magnoliáceo.
magnum [mǽgnʌm], *s.* botella de dos litros.
magpie [mǽgpaį], *s.* (orn.) urraca, picaza, pega, cotorra; (fig.) charlador, tarabilla.
maguey [mǽgwei *o* mągéį], *s.* (bot.) maguey, pita.
Magyar [mǽgya(r) *o* mádyar], *a.* y *s.* magiar.
maharaja [mąharádžä], *s.* maharajá, príncipe de la India.
mahatma [mąhǽtmä], *s.* título que se da en la India a los más elevados seguidores del budismo esotérico y la teosofía.
mahlstick [málstįk], *s.* (pint.) tiento.
mahogany [mąhágąnį], *s.* (bot.) caoba(na), caobo.
Mahometan [mąhámɛtąn], *a.* y *s.* = MOHAMMEDAN.
maid [meįd], *s.* doncella, soltera; (ant.) virgen, *f.;* doméstica, doncella, criada, sirvienta, (fam.) fámula; (ict.) lija.—**m. of all work,** criada para todo.—**m. of honor,** dama o doncella de honor.

maiden [méidn]. I. *a.* virgíneo, virginal; soltera; prístino, primero, nuevo, inicial; intacto.—**m. name,** apellido de soltera.—**m. speech,** primer discurso de un orador. II. *s.* virgen, *f.*, doncella, joven soltera; zagala.
maidenhair [-hɛr], *s.* (bot.) adianto, culantrillo.
maidenhead, maidenhood [-hed, -hud], *s.* doncellez, virginidad, flor, *f.*
maidenliness [-linis], *s.* modestia, pudor.
maidenly, maidenlike [-li, -laik]. I. *a.* virginal, púdico, pudoroso. II. *adv.* modestamente.
maidhood [méidhud], *s.* virginidad.
maidservant [-sœrvant], *s.* criada, doméstica.
mail [méil]. I. *s.* correo; correspondencia; mala, valija; (arm.) cota de malla.—**m. bag,** mala, valija; portacartas.—**m. carrier,** cartero.—**m. catcher,** (f. c.) garra para la correspondencia.—**m. chute,** buzón tubular.—**m. coach,** diligencia.—**m. order,** pedido de mercancías que se hace y se envía por correo.—**m.-order house,** casa de comercio o de ventas por correo.—**m. pouch, m. sack,** saco de lona para impresos, etc.—**m. steamer,** vapor correo.—**m. train,** tren correo. II. *va.* armar con cota de malla; echar al correo; enviar por correo.
mailable [-abl], *a.* que se puede enviar por el correo.
mailbox [-baks], *s.* buzón; apartado.
mailed [-d], *pp.* de TO MAIL, y *a.* cubierto con cota de malla.—**m. fist,** mano armada, espada desenvainada (fig.), fuerza bruta.—**mailing list,** *s.* lista de distribución (de personas a quienes se envía algo por correo).
mailman [-mæn], *s.* cartero.
mailplane [-plein], *s.* avión (*m.*) correo o postal.
maim [méim]. I. *va.* mutilar, estropear, lisiar, mancar, tullir. II. *s.* mutilación. *V.* MAYHEM.
maimed [-d], *pp.* y *a.* mútilo, manco, zopo, mocho, contrecho.
main [méin]. I. *a.* principal, de mayor importancia.—**m. body,** grueso (de un ejército).—**m. deck,** (mar.) cubierta principal.—**m. floor,** primer piso.—**m. hatchway,** (mar.) escotilla mayor.—**m. line,** (f. c.) línea troncal, (Am.) tronco.—**m. office,** (com.) casa matriz.—**m. shaft,** (min.) pozo maestro.—**m. street,** calle (*f.*) mayor.—**m. tackle,** aparejo real.—**m.-topgallant,** mastelero de juanete mayor.—**m.-topmast,** mastelero mayor.—**m. topsail,** vela de gavia.—**m. wale,** cinta principal o mayor.—**m. wall,** pared maestra.—**m. yard,** verga mayor.—**by m. force,** por la fuerza. II. *s.* (poét.) océano, alta mar; (ant.) continente; conducto, cañería maestra (de gas o agua); fuerza, violencia; partida o riña de gallos; jugada de dados.—**for, o in, the m.,** mayor o principalmente.
mainland [-land], *s.* continente, tierra firme.
mainly [-li], *adv.* principalmente.
mainmast [-mæst], *s.* (mar.) palo o árbol mayor.
mainsail [-seil], *s.* (mar.) vela mayor.
mainsheet [-ŝit], *s.* (mar.) escota mayor.
mainspring [-sprin], *s.* móvil, motivo o causa principales; (reloj.) muelle real.
mainstay [-stei], *s.* (mar.) estay mayor; soporte.
maintain [meintéin], *va.* tener, guardar, mantener; sostener, afirmar.
maintainable [-abl], *a.* defendible, sostenible.
maintainer [-œ(r)], *s.* mantenedor; defensor, partidario, patrón.
maintenance [méintenans], *s.* mantenimiento, apoyo, protección; manutención; sostén, sostenimiento; conservación (de una vía, máquina, camino, etc.).
maintop [méintap], *s.* (mar.) cofa mayor o de gavia.—**m. braces,** brazas de gavia.
maize [meiz], *s.* (bot.) maíz, *m.*, zara.
majestic [madẑéstik], *a.* majestuoso.
majestically [-ali], *adv.* majestuosamente.
majesty [mǽdẑisti], *s.* majestad; majestuosidad.
majolica [madẑálikä], *s.* (cerá.) mayólica.
major [méidẑo(r)]. I. *a.* mayor, más grande (en número, en cantidad, en extensión, en dignidad o importancia); principal; (mús.) mayor, normal. II. *s.* (mil.) mayor, comandante; (for.) mayor de edad.—**m. general,** general de división; (ant.) mariscal de campo.—**m. mode,** o **scale,** (mús.) modo mayor. III. *vn.* (con **in**) especializar en, estudiar como materia principal. (Apl. a estudios de escuela y superiores.)
major-domo [-dóumou], *s.* mayordomo.
majority [madẑáriti]. I. *s.* mayoría; (for.) mayoría, mayor edad. II. *a.* mayoritario.
make [méik], *va.* (*pret.* y *pp.* MADE) hacer; confeccionar, crear, elaborar, fabricar, producir; efectuar, practicar; ser (buen material, empleado útil, mal maestro, etc.); formar, ser, ser igual a (en arit.); compeler, forzar, obligar (a); inducir, inclinar a; causar, ocasionar; poner (triste, alegre); componer, trabajar; decir, pronunciar (un discurso, etc.); constituir, disponer, aderezar; granjear, proporcionar; recoger, allegar; ganar; lograr; alcanzar, llegar a; atravesar, pasar por, cruzar; (mar.) descubrir, avistar; hacer (la cama, el tocado, etc.), arreglar; inferir, deducir; adiestrar, enseñar; dar, prestar (excusas, juramento); andar, recorrer (leguas, distancia, etc.); dar (vueltas, revoluciones); cometer (error, equivocación). Seguido de acusativo modificado por un adjetivo indica acción que causa la calidad o estado que el adjetivo denota, y se traduce por "poner" o "hacer" seguido del adjetivo, o por un solo verbo (*to make sad,* poner triste, entristecer; *to make round,* redondear, dar forma redonda; *to make public,* hacer público, publicar).—**to m. a clean breast of,** confesar, admitir francamente un error.—**to m. a comeback,** (fam.) reponerse, rehabilitarse; replicar, redargüir.—**to m. a figure,** hacer papel, hacer figura.—**to m. a fool of,** engañar, embaucar; poner en ridículo.—**to m. a fuss,** hacer alharaca, alharaquear.—**to m. again,** rehacer, hacer de nuevo.—**to m. a great deal of** = TO M. MUCH OF.—**to m. a hit,** (fam.) causar buena impresión.—**to m. a litter,** ensuciar, desordenar.—**to m. amends,** indemnizar, resarcir, reparar, compensar.—**to m. a mistake,** equivocarse.—**to m. a move,** hacer una jugada; dar un paso, obrar; moverse.—**to m. an appointment with,** citar.—**to m. and break,** (elec.) abrir y cerrar un circuito.—**to m. angry,** enojar.—**to m. a pass,** tirar una estocada.—**to m. a point,** lograr (uno) su objeto.—**to m. a point of,** dar importancia a; esmerarse en; proponerse.—**to m. a practice of,** acostumbrar, tener por costumbre.—**to m. a record,** establecer un record; tomar nota, apuntar.—**to m. a (bad, good) show,** salir (desairado, airoso), salir o hacerlo (mal, bien).—**to m. a show of,** ostentar, hacer gala de; poner en ridículo.—**to m. a stop,** detenerse; hacer una pausa.—**to m. available to,** poner a la disposición o al alcance de.—**to m. a wish,** desear, pensar en algo que se desea.—**to m. both ends meet,** pagar uno sus gastos, vivir con lo que gana o tiene.—**to m. clear,** poner claro; aclarar.—**to m. conspicuous,** destacar.—**to m. difficult,** dificultar.—**to m. easy,** o **easier,** facilitar.—**to m. effective,** hacer valer.—**to m. evident,** evidenciar.—**to m. faces,** hacer muecas, gestear.—**to m. fast,** amarrar, afianzar, afirmar, asegurar.—**to m. friends,** granjearse amigos; hacer amistad(es), amistarse.—**to m. fun of,** burlarse de.—**to m. good,** mantener, defender; hacer bueno, probar; mejorar, cumplir; garantizar, responder de; resarcir, indemnizar; lograr, llevar a cabo.—**to m. haste,** darse prisa, apresurarse.—**to m. head,** avanzar, progresar.—**to m. head against,** hacer frente a, resistir a.—**to m. headway,** adelantar.—**to m. hot,** calentar.—**to m. impossible,** imposibilitar.—**to m. into,** convertir en.—**to m. it a practice,** o **rule,** tener o sentar por regla.—**to m. it hard,** o **hot, for one,** causarle a uno trabajo, molestia o embarazo.—**to m. it one's business,** proponerse,

empeñarse, tomar como cosa suya.—**to m. it right,** arreglar, pagar, compensar, indemnizar, resarcir, etc. (según las circunstancias).—**to m. known,** hacer saber; dar a conocer.—**to m. level,** nivelar, allanar; (alb.) enrasar.—**to m. light of,** burlarse de; no dar importancia a. —**to m. little** (o **nothing**) **of,** hacer poco o ningún caso de, despreciar.—**to m. love to,** hacer el amor a, enamorar, cortejar.—**to m. money,** ganar dinero.—**to m. much of,** dar grande importancia a; estimar, apreciar; festejar; mimar, consentir.—**to m. neither head nor tail of,** no comprender, no ver pies ni cabeza a.—**to m. no bones of,** (fam.) no tener escrúpulo, no pararse en pelillos acerca de.—**to m. no difference,** o **no matter,** ser indiferente, no importar.—**to m. nothing of,** no reparar en; no dar importancia a; no ganar en; no comprender.—**to m. of,** sacar de, inferir, deducir, entender; aprovecharse de.—**to m. one of,** ser o hacer uno de.—**to m. one's escape,** escaparse, zafarse.—**to m. one's mark,** firmar con una cruz; señalarse, distinguirse.—**to m. one's mouth water,** hacerle o hacérsele a uno la boca agua.—**to m. one's peace,** reconciliarse.—**to m. one's self known,** darse a conocer.—**to m. one's self miserable,** entristecerse, afligirse.—**to m. one's self scarce,** largarse, marcharse.—**to m. one's way,** avanzar; progresar; dirigirse; abrirse paso; salir bien. —**to m. out,** comprender, descifrar, descubrir; divisar, columbrar; probar, justificar; suplir, abastecer, completar; componer, redactar; escribir, hacer (recibo, etc.); llenar, formular. extender (factura).—**to m. out of,** hacer o formar de.—**to m. over,** rehacer, hacer de nuevo; ceder, traspasar; confiar.—**to m. progress,** progresar, hacer progresos.—**to m. ready,** preparar, alistar, aprestar; (impr.) imponer.—**to m. room,** abrir paso, hacer lugar.—**to m. room for,** dar paso a; dejar campo, lugar o puesto para; dar lugar o puesto a.—**to m. sail,** dar a la vela; largar (las) velas.—**to m. sense,** tener sentido (una frase); parecer acertado; (con **of**) comprender.—**to m. shift,** sacar partido; hacer lo posible; componérselas; (fam.) ir tirando.—**to m. short work of,** despachar pronto, disponer de (uno o algo) prontamente, sin rodeos.—**to m. sick,** enfermar; (fam.) fastidiar; inspirar desprecio; causar repugnancia. —**to m. slight of,** tener en poco, menospreciar. —**to m. speed,** darse prisa.—**to m. sport of,** burlarse de.—**to m. strong,** robustecer.—**to m. sure,** cerciorar, asegurar.—**to m. terms,** arreglarse.—**to m. the acquaintance of,** conocer a.—**to m. the best of,** sacar el mayor provecho de; hacer frente a, minorar en lo posible los efectos de.—**to m.** (**the**) **land,** descubrir la tierra, acercar la nave a la costa, tomar tierra.—**to m. the most of,** aprovecharlo todo; sacar el mejor partido de.—**to m. the worst of,** dar la peor apariencia a, menoscabar.—**to m. things hum,** (fam.) desplegar actividad.—**to m. time,** ir de prisa o velozmente.—**to m. tired,** cansar; fastidiar.—**to m. tracks,** alejarse de prisa.—**to m. uniform,** uniformar. —**to m. up,** reunir, formar; integrar (un comité, etc.); componer (un tren, etc.); completar; sumar; compensar, resarcir, indemnizar; recobrar (tiempo perdido, etc.); saldar, ajustar; conciliar, apaciguar; inventar (cuentos, etc.); (impr.) compaginar; enumerar, contar; afeitar, maquillar.—**to m. up one's mind,** resolverse, determinar.—**to m. use of,** servirse de, hacer uso de.—**to m. void,** anular, invalidar.—**to m. water,** hacer aguas, orinar; (mar.) hacer agua. —**to m. way,** abrir paso.—**to m. worse,** empeorar.

make, *vn.* (con **at, for,** o **toward**) dirigirse o encaminarse a, abalanzarse a; (con **for** o **to**) contribuir a, servir para, tender o propender a; crecer (la marea); formarse (el hielo).—**to m. after,** tratar de coger, seguir.—**to m. against,** estar en oposición a; ser contrario o nocivo a.—**to m. as if,** o **as though,** fingir(se), hacer como si.—**to m. away,** largarse, huirse.—**to m. away with,** derrochar; llevarse, hurtar; suprimir, matar.—**to m. away with one's self,** suicidarse; quitarse de en medio.—**to m. believe,** fingir.—**to m. bold,** atreverse (a); tomarse la libertad (de).—**to m. free with,** no gastar cumplidos con; servirse de sin pedir.—**to m. good,** salir bien o adelante, cumplir.—**to m. merry,** divertirse; regodearse.—**to m. off** = TO M. AWAY.—**to m. off with,** llevarse, quitar de delante, alzarse con; quitar.—**to m. out,** salir (bien o mal), tener (buen, mal) éxito. —**to m. sure,** asegurarse, cerciorarse.—**to m. up,** hacer las paces, echar pelillos a la mar; componerse con afeites, afeitarse, maquillarse. —**to m. up for,** compensar.—**to m. up to,** acercarse a; (fam.) obsequiar a; galantear.

make, *s.* hechura, forma, figura; estructura; fabricación, fábrica, producción, manufactura; producto; marca, nombre (de fábrica).—**m. and break,** (elec.), cortacircuitos, interruptor. —**on the m.,** (fam.) resuelto a sacar partido; en vías de ascender.

make-believe [-bįliv]. **I.** *a.* fingido, falso, de mentirillas. **II.** *s.* artificio, artimaña; pretexto; fingidor, hipócrita, *mf.*

makefast [-fæst], *s.* (mar.) amarradero.

maker [-œ(r)], *s.* hacedor; artífice; constructor, fabricante; autor; (for.) librador (de cheque, pagaré, etc.); otorgante (de escritura).—**the M.,** el Hacedor, Dios.

makeshift [-šįft]. **I.** *a.* temporal, interino, provisional. **II.** *s.* expediente, tapaagujeros.

make-up [-ʌp], *s.* conjunto; carácter, modo de ser; (impr.) imposición; (teat.) caracterización, modo de pintarse y arreglarse; mano (*f.*) de gato; afeite, pintura, maquillaje.

makeweight [-weįt], *s.* complemento de peso o contrapeso en una balanza; suplente.

making [-įŋ], *s.* composición, estructura; hechura, confección, fabricación; preparación; formación; (a veces *pl.*) germen, elementos, ingredientes.—**m. iron,** hierro de calafate.—**in the m.,** haciéndose o formándose, en vía de construcción o de formación.—**the m. of,** la causa o el medio del buen éxito de; lo que hace (hizo, etc.) a (una persona).

malaceous [mąléįšįʌs], *a.* (bot.) pomáceo.

malachite [mǽląkaįt], *s.* (min.) malaquita.

malacology [-kálodžį], *s.* (zool.) malacología.

maladdress [mæląd rés], *s.* descortesía, falta de tacto; desmaña, torpeza.

maladjusted [mæląd žʌ́stįd], *a.* de mal ajuste; inadapto; desadaptado.

maladjustment [-męnt], *s.* ajuste defectuoso; inadaptación; (biol.) desadaptación; desconformidad, discordancia.

maladministration [mæląd mįnįstréįšǫn], *s.* mala administración, desgobierno, mal manejo.

maladroit [mælądrɔ́įt], *a.* torpe, desmañado, falto de tino o de tacto.

malady [mǽlądį], *s.* mal, enfermedad, dolencia.

Malaga [mǽlągä], *s.* vino o uva de Málaga.

Malagasy [mǽlągǽsį], *s.* y *a.* malgache.—**the M. Republic,** la República Malgache.

malaise [mæléįz], *s.* indisposición, malestar.

malapert [mǽląpœrt], *a.* desvergonzado, descomedido, descarado.

malapropism [mǽląprapįzm], *s.* despropósito; voz o expresión que resulta grotesca por su aplicación impropia.

malapropos [mælæpropóų], *a.* impropio, fuera de propósito, despropositado.

malar [méįlä(r)], *a.* (anat.) malar.—**m. bone,** hueso malar, pómulo.

malaria [małériä], *s.* (med.) paludismo, malaria; fiebre palúdica.—**malarial, malarious** [-l, -ʌs], *a.* palúdico, malárico.

malariologist [małeriálodžįst], *s.* malariólogo.

malate [méįleįt], *s.* (quím.) malato.

Malay(an [mąléį(ąn], *a.* y *s.* malayo, de Malaca.

Malaysia [mạléịžạ], *s.* Malasia.
Malaysian [-n], *s.* y *a.* malasio.
malcontent [mǽlkọntɛnt], *a.* y *s.* malcontento.
male [meịl]. **I.** *a.* masculino; varón; macho; varonil; compuesto de varones; (bot.) estaminífero, que tiene estambres.—**m. issue,** hijos varones, sucesión masculina.—**m. nurse,** enfermero. **II.** *s.* varón, hombre, animal macho.
malediction [mælịdíkšọn], *s.* maldición.
malefaction [mælịfǽkšọn], *s.* maldad, perversidad; crimen, delito, ofensa.
malefactor [mǽlịfæktọ(r)], *s.* malhechor.
maleficence [mạléfịsẹns], *s.* maleficencia.
malefic(ent [mạléfịk, -fịsẹnt], *a.* maléfico.
malevolence [mạlévolẹns], *s.* malevolencia.—**malevolent** [-ẹnt], *a.* malévolo, maligno.—**malevolently** [-lị], *adv.* malignamente.
malfeasance [mælfízạns], *s.* (for.) fechoría, desaguisado; acto ilegal o punible.
malformation [mælformėịšọn], *s.* formación defectuosa o anormal, deformidad.—**malformed** [mælfórmd], *a.* mal formado, contrahecho.
Mali [málị], *s.* Malí.
Malian [-ạn], *s.* y *a.* maliense.
malic [méịlịk], *a.* (quím.) málico.
malic acid, *s.* (quím.) ácido málico.
malice [mǽlịs], *s.* malicia, mala intención, malignidad.—**m. aforethought,** (for.) premeditación.
malicious [mạlíšʌs], *a.* malicioso, maligno, maléfico.—**maliciously** [-lị], *adv.* maliciosamente.—**maliciousness** [-nịs], *s.* mala intención, malicia.
malign [mạláịn]. **I.** *a.* maligno; pernicioso, perjudicial. **II.** *va.* difamar; calumniar.
malignancy [mạlígnạnsị], *s.* malignidad, malicia, malevolencia; (med.) malignidad.
malignant [mạlígnạnt]. **I.** *a.* maligno, malévolo; perverso; nocivo; virulento.—**m. fever,** fiebre perniciosa.—**m. tumor,** tumor maligno. **II.** *s.* hombre malintencionado.
malignantly [-lị], *adv.* malignamente.
maligner [mạláịnœ(r)], *s.* detractor, difamador.
malignity [mạlígnịtị], *s.* malignidad; virulencia.
malines, maline [mạlín], *s.* (tej.) tul de Malinas; encaje o punta de Malinas.
malinger [mạlíŋgœ(r)], *vn.* fingirse enfermo.
malingerer [-œ(r)], *s.* remolón, (fam.) maula.
malison [mǽlịzọn], *s.* (poét.) maldición.
mall [mɔl], *s.* mazo, mallo; mallo (juego y terreno donde se jugaba); alameda, paseo; (hist.) tribunal de los francos. *V.* MAUL.
mallard [mǽlạrd], *s.* (orn.) pato o ánade silvestre.
malleability, *o* **malleableness** [mǽlịạbílịtị, -blnịs], *s.* maleabilidad.
malleable [-bl], *a.* maleable; dúctil; dócil.—**m. cast iron,** fundición maleable, fundición dulce de moldeo.—**m. iron,** (E. U.) = M. CAST IRON; (Ingl.) hierro forjado.
malleate [mǽlịeịt], *va.* martillar.
mallein [mǽlịịn], *s.* (vet.) maleína.
malleolar [mælíolạ(r)], *a.* (anat.) maleolar.
malleolus [-lʌs], *s.* (anat.) maléolo.
mallet [mǽlịt], *s.* mazo, maceta, mallo, machote.
malleus [mǽlịʌs], *s.* (anat.) martillo (del oído).
mallow [mǽlou], *s.* (bot.) malva.
malmsey [mámzị], *s.* malvasía (cierto vino).
malnutrition [mælnịutríšọn], *s.* desnutrición, nutrición defectuosa; alimentación deficiente.
malodorous [mælóụdọrʌs], *a.* hediondo, fétido, maloliente.
malpighiaceous [mælpịgịéịšịʌs], *a.* (bot.) malpigiáceo.
Malpighian [mælpígịạn], *a.* (anat.) malpighiano, de Malpighi.
malposition [mælpozíšọn], *s.* (med.) posición anormal o defectuosa de un órgano, etc.
malpractice [mælprǽktịs], *s.* (med. y cir.) malpraxis, tratamiento erróneo, perjudicial o ilegal; inmoralidad.
malt [molt]. **I.** *s.* malta, *mf.*, cebada germinada; cerveza.—**m. extract,** extracto de malta.—**m. liquor,** cerveza.—**m. sugar,** (quím.) maltosa, azúcar de malta. **II.** *va.* hacer germinar la cebada; preparar el malta; tratar o mezclar con malta o extracto de malta.
Malta fever [mǿltạ fívœ(r)], *s.* (med.) fiebre (*f.*) de Malta o mediterránea.
maltase [mólteịs], *s.* (bioquím.) maltasa.
Maltese [moltíz], *a.* y *s.* maltés; gato maltés.—**M. cross,** cruz de Malta.
maltha [mǽlθạ], *s.* malta, betún fósil; variedad de ozocerita; brea mineral.
Malthusian [mælθịúžịạn], *s.* y *a.* maltusiano.—**Malthusianism** [-ịzm], *s.* maltusianismo.
maltman [móltmæn], **maltster** [móltstœ(r)], *s.* preparador de malta.
maltose [móltous], *s.* (quím.) maltosa.
maltreat [mæltrít], *va.* maltratar.
maltreatment [-mẹnt], *s.* maltrat(amient)o.
malvaceous [mælvéịšịʌs], *a.* (bot.) malváceo.
malvasia [mælvạsíạ], *s.* (bot.) malvasía (uva).
malversation [mælvœrséịšọn], *s.* malversación.
mamba [mǽmbạ], *s.* (zool.) cobra surafricana muy venenosa.
mambo [mǽmbou], *s.* (mús., baile) mambo.
Mameluke [mǽmẹlịuk], *s.* mameluco.
mamey [maméị *o* mamí], **mamey apple,** *s.* (bot.) mamey. *V.* MAMMEE y SAPODILLA.
mam(m)a [mámạ *o* mạmá], *s.* mamá, *f.*
mamma [mámạ], *s.* (anat., zool.) mama, teta.
mammal [mǽmạl], *s.* mamífero.
Mammalia [mæméịlịạ], *s. pl.* (zool.) mamíferos.
mammalian [-n], *a.* mamífero.
mammalogy [mæmálodžị], *s.* (zool.) mamalogía.
mammary [mǽmạrị], *a.* mamario.
mammee [maméị *o* mamí], *s.* (bot.) mamey.
mammiferous [mæmífẹrʌs], *a.* mamífero.
mammiform [mǽmịform], *a.* mamiforme; atetado.
mammilla [mæmílạ], *s.* (anat.) pezón; mamila.
mammillary [mǽmịlạrị], *a.* mamilar.
mammillate(d [-leịt(ịd)], *a.* que tiene pezones; mamilado.
Mammon [mǽmọn], *s.* espíritu de la codicia, becerro de oro; dios de las riquezas.
mammonist [-ịst], *s.* avaro, codicioso.
mammoth [mǽmọθ]. **I.** *a.* enorme, gigantesco. **II.** *s.* mamut, elefante fósil.
mammy [mǽmị], *s.* (fam.) madre, *f.*, mamá, *f.*; (E. U. del Sur) negra, ama, niñera o criada.
man [mæn], *s.* (*pl.* **men**) hombre; la humanidad o el género humano; varón; persona, sujeto; criado, servidor; peón (de ajedrez o de damas); soldado (vg.: *officers and men*, oficiales y soldados).—**m. about town,** el que frecuenta los clubs, teatros, etc.; paseante en corte.—**m. and wife,** marido y mujer.—**m.-at-arms,** soldado, hombre de armas (esp. el caballero armado).—**m.-eater,** antropófago; animal que ataca al hombre (apl. esp. a tiburones, tigres y leones).—**m. Friday,** criado fiel; secuaz (*m.*) servil.—**m.-hater,** misántropo; mujer que aborrece al sexo masculino.—**m.-hour,** unidad de trabajo hecho por un hombre en una hora.—**m.-killer,** homicida, *mf.*, asesino.—**m. midwife,** partero, comadrón.—**m. of all work,** hombre o criado para todo, (fam.) factótum.—**M. of Destiny,** Hombre del Destino (Napoleón).—**m. of God,** santo, profeta, *m.*; clérigo.—**m. of letters,** hombre de letras, literato.—**M. of Sorrows,** Jesucristo.—**m. of straw,** testaferro.—**m. of the world,** hombre de mundo.—**m.-of-war,** buque de guerra.—**m.-of-war bird,** (orn.) fragata, rabihorcado.—**m. power,** potencial humana; brazos, *m. pl.*; (mil.) fuerzas asequibles, gente (*f.*) de combate.—**m.'s estate,** edad viril.—**as one m.,** todos a una, como un solo hombre, unánimemente.—**the m. in the street,** el común de las gentes.—**the sick m. of Europe,** el enfermo de Europa, Turquía, el sultán de la Puerta Otomana.—**to a m.,** todos, sin excepción; hasta el último hombre.
man, *va.* (mar.) tripular, dotar, (a)marinar; armar; (mil.) guarnecer, poner guarnición a.—to

m. the pumps, (mar.) armar las bombas.—**to m. the yards,** (mar.) disponer la gente sobre las vergas.

manacle [mǽnạkl]. **I.** *s.* manilla.—*pl.* esposas. **II.** *va.* maniatar, poner esposas o manillas a.

manage [mǽnịdž]. **I.** *va.* manipular, hacer andar o funcionar; manejar, dirigir, administrar, regentar, regir; gestionar, procurar; amansar, domar. **II.** *vn.* ingeniarse, arreglarse, componérselas; darse uno maña o trazas (de); llevar la batuta.

manageable [-ạbl], *a.* manejable; dócil, tratable. —**manageableness** [-nịs], *s.* calidad de manejable; docilidad; flexibilidad, mansedumbre.

management [-mẹnt], *s.* manejo, gobierno, dirección, administración; (com.) gerencia; gestión, negociación; proceder, conducta, régimen; uso, empleo; prudencia, destreza; dirección, cuerpo de directores; empresa (de teatro, etc.).

manager [-œ(r)], *s.* administrador, director; empresario; superintendente; regente; (com.) gerente.

managerial [mænạdžírịạl], *a.* directivo, administrativo.

managership [mǽnịdžœrŝịp], *s.* gerencia.

managing [mǽnịdžịŋ], *a.* directivo, dirigente.—**m. expenses,** gastos de administración o dirección.—**m. partner,** (socio) gestor o gerente.

manatee [mænạtí], *s.* (zool.) manatí, vaca marina.

manchineel [mænchịníl], *s.* (bot.) manzanillo.

Manchurian [mænchúrịạn], *a.* y *s.* manchú, manchuriano.

mancipation [mænsịpéịŝọn], *s.* (for.) mancipación; emancipación de la patria potestad.

manciple [mǽnsịpl], *s.* mayordomo de colegio.

mandamus [mændéịmʌs], *s.* (for.) mandamiento, carta orden, despacho.

mandarin [mǽndạrịn], *s.* mandarín; (**M.**) lengua mandarina; (tint.) amarillo de mandarín; (bot.) (naranja) mandarina.

mandatary [mǽndạtẹri], *s.* (for.) mandatario.

mandate [mǽndeịt]. **I.** *s.* mandato; (der., dipl.) mandato. **II.** *va.* asignar por mandato.

mandator [mændéịtọ(r)], *s.* (for.) mandante.

mandatory [mǽndạtọri]. **I.** *a.* (for.) preceptivo, obligatorio. **II.** *s.* mandatario.

mandible [mǽndịbl], *s.* (anat. y zool.) mandíbula, quijada, maxilar inferior.

mandibular [mændíbyụlạ(r)], *a.* mandibular.

mandibulate [-eịt], *a.* mandibulado.

Mandingo [mændíŋgoụ], *a.* y *s.* mandinga, *mf.*

mandolin [mǽndolịn], *s.* (mús.) mandolina, bandola, bandolín.

mandragora [mændrǽgọrạ], **mandrake** [mǽndreịk], *s.* (bot.) mandrágora.

mandrel [mǽndrẹl], *s.* (mec.) mandril, eje de torno.

mandrill [mǽndrịl], *s.* (zool.) mandril.

mane [meịn], *s.* crin o crines, *f. pl.;* melena.

maned [-d], *a.* crinado, crinito.

manège [mænéž], *s.* equitación, manejo; picadero.

manes [méịniz], *s. pl.* manes.

maneuver, manœuvre [mạnúvœ(r)]. **I.** *s.* (mar.) maniobra; (mar. y mil.) evolución; manejo, artificio. **II.** *va.* y *vn.* maniobrar; ejecutar maniobras o evoluciones; intrigar, tramar.

maneuverability [-ạbílịti], *s.* maniobrabilidad. —**maneuverable** [-ạbl], *a.* maniobrable.

manful [mǽnfụl], *a.* viril, varonil; valiente; resuelto.—**manfully** [-ị], *adv.* viril, varonil o valientemente.—**manfulness** [-nịs], *s.* virilidad; valentía; resolución.

manganate [mǽŋgạneịt], *s.* (quím.) manganato.

manganese [-nís], *s.* (quím.) manganeso.—**m. bronze,** bronce mangánico; (tint.) color pardo debido a sales de manganeso (ll. t. **m. brown**). —**m. steel,** acero mangánico, acero manganeso. —**m. spar,** rodonita, espato mangánico.—**m. sulphide,** sulfuro de manganeso, alabandina.

manganic [mæŋgǽnịk], *a.* mangánico.

manganite [mǽŋgạnaịt], *s.* (min.) manganita; (quím.) manganito.

manganous [-nʌs], *a.* manganoso.

mange [meịndž], *s.* (vet.) roña, sarna, caracha.

mangel-wurzel [mǽŋgẹl wœ́rzẹl], *s.* (bot.) remolacha forrajera.

manger [méịndžœ(r)], *s.* pesebre.

manginess [méịndžịnịs], *s.* sarnazo, roña.

mangle [mǽŋgl]. **I.** *va.* mutilar, destrozar, estropear, lacerar; echar a perder, chafallar; satinar, alisar, pasar las telas por la calandria. **II.** *s.* (mec.) calandria; lustrador; máquina de aplanchar, planchadora mecánica o automática.

mangler [mǽŋglœ(r)], *s.* destrozador, despedazador; lustrador.—**mangling** [-glịŋ], *s.* despedazamiento; acto de lustrar telas, planchar con planchadora mecánica, etc.

mango [mǽŋgoụ], *s.* (bot.) mango.

mangonel [mǽŋgonẹl], *s.* (mil.) catapulta.

mangosteen [mǽŋgostin], *s.* (bot.) mangostán.

mangrove [mǽŋgroụv], *s.* (bot.) mangle.

mangy [méịndžị], *a.* sarnoso, roñoso.

manhandle [mǽnhændl], *va.* mover o manipular a brazo, sin fuerza mecánica; maltratar, tratar ruda o violentamente.

Manhattan [mænhǽtạn], *s.* Manhattan, isla de Manhattan; (**m.**) coctel de whisky y vermut.

manhole [-hoụl], *s.* toma de aire (de una alcantarilla); boca o abertura de inspección de cloacas, alcantarillas, calderas, cañerías, cables telefónicos, etc.; registro, pozo de visita o de acceso; nicho (de refugio) en un túnel.

manhood [-hụd], *s.* naturaleza humana; los hombres; estado o condición de hombre; edad viril; virilidad; (for.) masculinidad; hombradía; valentía.

manhunt [-hʌnt], *s.* caza del hombre.

mania [méịnịạ], *s.* manía; locura, frenesí; tema.

maniac [méịnịæk], *a.* y *s.*, **maniacal** [mạnáịạkạl], *a.* maniático, maníaco, loco, furioso.

manic [mǽnịk], *a.* (psic.) maníaco.

manic-depressive [-dịprésịv], *a.* (psic.) maníacodepresivo.

Manichean [mænịkíạn], *a.* y *s.*, **Manichee** [mǽnịki], *s.* maniqueo.

Manicheism [-ịzm], *s.* maniqueísmo.

manichord [mǽnịkọrd], *s.* (mús.) manicordio.

manicure [mǽnịkiur]. **I.** *s.* manicura, cuidado de las manos y uñas. *V.* MANICURIST. **II.** *va.* cuidar y arreglar (manos y uñas). **III.** *vn.* hacer la manicura, ejercer el oficio de manicuro.—**manicurist** [-ịst], *s.* manicuro, manicura, manicurista.

manifest [mǽnịfest]. **I.** *a.* manifiesto, claro, descubierto. **II.** *s.* (com.) manifiesto. **III.** *va.* manifestar; hacer patente; presentar el manifiesto de; poner o declarar en el manifiesto. **IV.** *vn.* hacer una manifestación o demostración pública; manifestarse (un espíritu).

manifestation [-éịŝọn], *s.* manifestación.

manifestly [-lị], *adv.* manifiestamente.

manifestness [-nịs], *s.* evidencia clara o patente; perspicuidad.

manifesto [mænịféstoụ], *s.* manifiesto, proclama.

manifold [mǽnịfoụld]. **I.** *a.* múltiple, multíplice, vario, numeroso; diverso. **II.** *va.* sacar varias copias al mismo tiempo. **III.** *s.* copia o duplicado; (mat.) agregado; (aut.) (tubo) múltiple. —**manifolder** [-œ(r)], *s.* copiador múltiple, policopia.

manikin [mǽnịkịn], *s.* pigmeo, enano; maniquí; muñeco. *V.* MANNEQUIN.

Manila [mạnílạ]. **I.** *s.* = M. HEMP, M. PAPER. **II.** *a.* manilense, manileño.—**M. cheroot,** trompetilla, cigarro filipino.—**M. hemp,** (bot.) abacá, cáñamo de Manila.—**M. paper,** papel de Manila.

manilla [mạnílạ], *s.* (joy.) manilla, ajorca; en algunos juegos de naipes, mala o malilla (ll. t. **manille**). *V.* MANILA HEMP, etc.

manioc [mǽnịak], *s.* (bot.) mandioca, (Am.) yuca.

maniple [mǽnịpl], *s.* (igl., mil.) manípulo.

manipular [manípyulă(r)], *a.* manuable; perteneciente al manípulo.
manipulate [-leit]. **I.** *va.* manipular; manejar. **II.** *vn.* trabajar con las manos.—**manipulation** [-léiŝon], *s.* manipulación; manipuleo.—**manipulative, manipulatory** [-leitiv, -latori], *a.* manipulante.—**manipulator** [-leito(r)], *s.* manipulador.
manito(u [mǽnitou, -tu], *s.* espíritu; fetiche.
mankind [mænkáind], *s.* la humanidad, el género humano; [mǽnkaind], los hombres, el sexo masculino.
manlike [mǽnlaik], *a.* varonil; hombruno.
manliness [mǽnlinis], *s.* virilidad; hombradía; valor, valentía, ánimo.
manly [mǽnli], *a.* varonil, viril; animoso.
manna [mǽnă], *s.* maná.—**m. sugar,** manita.
manned [mænd], *a.* tripulado; controlado, dirigido; armado.
manned rocket, *s.* cohete tripulado.
manned space flight, *s.* vuelo interplanetario en vehículo tripulado.
mannequin [mǽnekin], *s.* mujer que se pone los trajes de venta para enseñarlos; maniquí.
manner [mǽnœ(r)], *s.* manera, modo; modo de ser; suerte, *f.*, jaez, *m.*, género, especie; traza, aire, ademán, porte.—*pl.* modales; costumbres; crianza, educación, urbanidad.—**after the m. of,** como, a la manera de, (cambiando un poco el giro) a la, a lo.—**after** (o **in**) **this m.,** así, de este modo.—**by all m. of means,** ciertamente; de todos modos; de cualquier modo.—**by no m. of means,** de ningún modo.—**in a m.,** en cierto modo, hasta cierto punto.—**in a m. of speaking,** como quien dice, por decirlo así.—**in such a m. as (to),** de tal modo o suerte (que).—**in the m. of,** a fuer de, a guisa de, en son de.—**to the m. born,** avezado (a ello) desde la cuna; de noble cuna, bien nacido.
mannered [-d], *a.* de modales, crianza, etc. (buenos, malos, etc.); amanerado; afectado.
mannerism [-izm], *s.* amaneramiento, manerismo; (teat.) latiguillo.—**mannerist** [-ist], *s.* manerista, artista amanerado.
mannerless [-lis], *a.* descortés, grosero, rudo.
mannerly [-li]. **I.** *a.* cortés, urbano, atento, bien educado. **II.** *adv.* urbanamente.
mannish [mǽniŝ], *a.* ahombrado, hombruno, a lo hombre, machuno.—**m. woman,** varona, amazona, virago, *f.*, (fam.) marimacho.
mannite [mǽnait], **mannitol** [mǽnitol], *s.* (quím.) manita.
manœuvre, *s.* y *v.* = MANEUVER.
manometer [manámetœ(r)], *s.* manómetro.
manometric(al [mænométrik(al], *a.* manométrico.
manor [mǽno(r)], *s.* feudo, señorío; finca solariega.—**m. house, m. seat,** solar, casa solariega.—**to the m. born** = TO THE MANNER BORN.
manorial [manórial], *a.* señorial, solariego.
mansard [mǽnsard], *s.* buhardilla, (galic.) mansarda.—**m. roof,** (arq.) techo Mansard, tejado abuhardillado o aguardillado.
manse [mæns], *s.* rectoría; (ant.) manso, masada.
manservant [mǽnsœrvant], *s.* criado.
mansion [mǽnŝon], *s.* hotel, casa grande y lujosa; solar, casa solariega; (raro) mansión, morada, residencia.
manslaughter [mǽnslotœ(r)], *s.* homicidio sin premeditación pero criminal.
manslayer [-sleiœ(r)], *s.* homicida, *mf.*
mantel(piece [mǽntel(pis)], *s.* (arq.) repisa, mesilla o tablero de chimenea francesa; manto de la chimenea.
mantelet [mǽntelet], *s.* capotillo, manteleta; (mil.) mantelete, galápago.
mantelleta [mæntelétă], *s.* (igl.) mantelete.
mantelshelf [mǽntelŝelf], **manteltree** [-tri], *s.* = MANTELPIECE.
mantilla [mæntílă], *s.* mantilla, mantón.
mantis [mǽntis], *s.* (ent.) mantis religiosa, predicador, fraile rezador, (Arg.) mamboretá, *m.*
mantissa [mæntísă], *s.* (mat.) mantisa.
mantle [mǽntl]. **I.** *s.* manto, manteo, capa; palio; (zool.) manto; (anat.) palio, corteza cerebral; caperuza de gasa incandescente, mechero Auer. **II.** *va.* y *vn.* cubrir, tapar; extender las alas; extenderse, desparramarse; ruborizarse, sonrojarse.
mantling [-liŋ], *s.* (blas.) mantelete, lambrequín.
mantua [mǽnchuă], *s.* manto. *V.* MANTLE.—**mantuamaker** [-meikœ(r)], *s.* mantero; modista.
Mantuan [mǽnchuan], *a.* y *s.* mantuano.
manual [mǽnyual]. **I.** *a.* manual; manuable.—**m. alphabet,** alfabeto dactilológico (letras indicadas con los dedos).—**m. training,** enseñanza de trabajo manual; enseñanza de artes y oficios.—**m. work,** trabajo manual. **II.** *s.* manual; (mús.) teclado de órgano; (mil.) ejercicio de armas.
manubrium [maniúbriʌm], *s.* (anat., zool.) apófisis inferior del martillo; parte (*f.*) superior del esternón; manubrio (de las medusas); (bot.) manubrio.
manufactory [mænyufǽktori], *s.* fábrica, taller.
manufacture [-fǽkchū(r)]. **I.** *s.* fabricación, elaboración; manufactura, artefacto, obra hecha o fabricada. **II.** *va.* hacer, manufacturar, fabricar. **III.** *vn.* manufacturar, ser fabricante.
manufactured [-d], *a.* manufacturado, fabricado.
manufacturer [-œ(r)], *s.* fabricante, industrial.
manufacturing [-iŋ]. **I.** *a.* manufacturero, industrial, elaborador, fabril. **II.** *s.* fabricación, manufactura, elaboración.
manumission [mænyumíŝon], *s.* (for.) manumisión.
manumit [-mít], *va.* manumitir, emancipar.
manumitter [-œ(r)], *s.* manumisor.—**manumitted** [-id], *a.* manumiso.
manure [maniúr]. **I.** *va.* (agr.) abonar, estercolar. **II.** *s.* abono, estiércol, fimo.
manuscript [mǽnyuskript]. **I.** *a.* manuscrito, (por) escrito. **II.** *s.* manuscrito; (impr.) original.
Manx [mæŋks], *a.* y *s.* de la isla de Man; lenguaje y pueblo de dicha isla.—**M. cat,** (zool.) especie de gato doméstico de cola rudimentaria.
many [méni], *a.*, *pron.* y *s.* muchos, muchas. A menudo va seguido de nombre en singular con el artículo indeterminado, pero denota más de uno y se traduce en plural; v. gr.: *many a man,* muchos hombres. Forma con adjetivos en *-ed* derivados de sustantivos expresiones adjetivas, que se traducen por *de muchos* seguido del sustantivo correspondiente, o alguna otra expresión equivalente: *many-sided,* de muchos lados o aspectos, variado; *many-legged,* de muchos pies; *many-colored,* de muchos colores, multicolor, policromo.—**a great m.,** muchos, muchísimos.—**as m.,** igual número, otros tantos; más (*twice as many,* dos veces más).—**as m. as,** tantos como; cuantos; más que; hasta.—**how m.?** ¿cuántos?—**one, two,** etc., **too m.,** uno, dos, etc., de más o de sobra.—**so m.,** tantos.—**the m.,** la mayoría, la mayor parte de la gente; las masas, la muchedumbre.—**too m.,** demasiados.—**very m.,** muy muchos, muchísimos.
manyplies [-plaiz], *s.* (zool.) omaso, libro.
many-sided [-sáidid], *a.* multiforme, multilátero; (fig.) polifacético.
map [mæp]. **I.** *s.* mapa, *m.*, carta geográfica, plano topográfico.—**m. maker,** cartógrafo. **II.** *va.* delinear mapas; (a veces con **out**) proyectar, hacer planes, formar (un plan).
maple [méipl], *s.* (bot.) arce, ácere, meple.—**m. sugar,** azúcar de arce.—**m. syrup,** jarabe de arce de azúcar.
mar [mar], *va.* echar a perder, estropear, dañar, malear, viciar, desfigurar; frustrar, aguar (gozo).
marabou(t [mǽrabu(t], *s.* (orn.) marabú; pluma de marabú.—**Marabout,** *s.* morabito, morabuto, anacoreta o santón mahometano.
maraschino [mæraskínou], *s.* marrasquino.—**m. cherries,** cerezas confitadas en marrasquino.

marasmus [mąrǽzmʌs], *s.* (med.) marasmo, demacración.
marathon [mǽrąθan], *s.* (dep.) maratón, *f.*, carrera pedestre de recorrido extenso (gen. de 42.186 metros, o de unas 26 millas).
maraud [mąród]. **I.** *vn.* merodear, pecorear. **II.** *va.* saquear.—**marauder** [-œ(r)], *s.* merodeador. —**marauding** [-įŋ], *s.* merodeo, pillaje, pecorea.
maravedi [mærąvéįdį], *s.* maravedí (moneda).
marble [márbl]. **I.** *s.* mármol; bolita, canica o pita (de mármol, vidrio, etc., con que juegan los niños); (impr.) piedra de imponer.—*pl.* juego de bolitas, etc.—**m. cutter,** marmolista.—**m. work,** marmolería, obra de mármol.—**m. works,** marmolería (taller). **II.** *a.* marmóreo, de mármol.—**m.-hearted,** duro, empedernido. **III.** *va.* jaspear, crispir; empelechar.—**marbled leaves,** (enc.) cortes jaspeados.—**marbled paper,** papel jaspeado.
marbleize [-aįz], *va.* jaspear, crispir.
marbling [-blįŋ], *s.* marmoración, jaspeadura.
marbler [-blœ(r)], *s.* marmolista; jaspeador.
marbly [-blį], *a.* marmóreo, marmoleño.
marc [mark], *s.* orujo.
marcasite [márkąsaįt], *s.* (min.) marcasita.
marcel [marsél]. **I.** *va.* rizar el pelo a la Marcel. **II.** *s.* **m. (wave),** ondulado o rizado Marcel; peinado con ondulaciones.
marcescent [marsésęnt], *a.* (bot.) marcescente.
march [márch]. **I.** *va.* poner en marcha, hacer marchar. **II.** *vn.* marchar, caminar; (con **upon,** o **with**) lindar, estar contiguo o vecino.—**to m. in,** entrar.—**to m. off,** irse, marcharse.—**to m. on,** marchar, caminar; seguir adelante. —**to m. out,** salir o hacer salir.—**to m. up,** avanzar, adelantar. **III.** *s.* marcha; progreso, adelanto; (mil., mús.) marcha, pasodoble; frontera, lindero; (geog.) marca, provincia fronteriza; (M.) marzo.
marcher [-œ(r)], *s.* el que marcha a pie; rayano, habitante de una frontera o de una marca; (hist.) jefe de fuerzas que defendían una frontera.
marching [-įŋ]. **I.** *s.* marcha. **II.** *pa.* marchando, de o en marcha.—**m. order,** orden de marcha.
marchioness [márŝǫnɛs], *s.* marquesa.
marchland [márchlænd], *s.* región fronteriza, frontera.
marchpane [márchpeįn], *s.* mazapán.
marconigram [markóųnįgræm], *s.* marconigrama, *m.*, radio(tele)grama, *m.*
Mardi gras [márdi grá], *s.* martes de carnaval.
mare [mɛr], *s.* yegua.—**m.'s-nest,** agua de cerrajas.—**m.'s-tail,** (bot.) cola de caballo.
marekanite [mærękǽnaįt], *s.* (min.) marecanita.
mareograph [mǽrįogræf], *s.* mareógrafo.
margarate [márgąreįt], *s.* (quím.) margarato.
margaric [margǽrįk], *a.* (quím.) margárico.
margarin [márgąrįn], *s.* (quím.) margarina.
margarin(e [márdžąrin], *s.* margarina, mantequilla artificial, manteca falsificada.
margarite [márgąraįt], *s.* (min.) margarita.
margay [márgeį], *s.* (zool.) margay, mamífero félido americano.
marge [mardž], *s.* (poét.) = MARGIN.
margent [márdžęnt]. **I.** *a.* marginal. **II.** *s.* apostilla, acotación.
margin [márdžįn]. **I.** *s.* margen, *mf.*, borde, orilla; reserva (para futuras contingencias); ganancia bruta; sobrante, excedente; (en el seguro) = LOADING. **II.** *va.* marginar, margenar, apostillar; poner borde o margen. **III.** *vn.* depositar fondos como margen para ciertas jugadas de bolso.
marginal [-ąl], *a.* marginal.—**m. note,** margen, *mf.*, apostilla, acotación.—**marginalia** [-éįlįą], *s. pl.* notas o anotaciones marginales.—**marginally** [-ąlį], *adv.* al margen.—**marginate(d** [-eit(įd], *a.* marginado.
margin of error, *s.* margen de error.
margrave [márgreįv], *s.* margrave.
margraviate [margréįvįeįt], *s.* margraviato, dignidad y territorio de un margrave.
marguerite [margęrít], *s.* (bot.) margarita.
Marian [mǽrįąn], *a.* (igl.) mariano; (Ingl.) adicto o referente a la reina Mary.
marigold [mǽrįgoųld], *s.* (bot.) caléndula, clavelón, maravilla, flamenquilla.
marijuana, marihuana [mɛrįwáną], *s.* (bot.) marihuana, mariguana.
marimba [marímbą], *s.* (Am., mús.) marimba, especie de tímpano o xilófono.
marina [mąríną], *s.* marina, fondadero o ancladero (para embarcaciones pequeñas).
marinade [mærįnéįd], *s.* escabeche.—**marinate** [mǽrįneįt], *va.* escabechar o marinar pescado o carne; (coc.) remojar en vino o vinagre con aceite, especias, etc.; sazonar de antemano (pollo, legumbres, etc.) con salsa francesa para ensaladas.
marine [mąrín]. **I.** *a.* marino, marítimo, naval, náutico, de mar.—**m. belt,** (der. int.) aguas jurisdiccionales.—**m. boiler,** caldera marina. —**M. Corps,** (E. U.) Cuerpo de Infantería de Marina.—**m. engine,** máquina marina.—**m. insurance,** seguro marítimo.—**m. league,** legua marina (5.56 km.).—**m. stores** = NAVAL STORES. **II.** *s.* marino, soldado de marina; marina (mercante); (pint.) marina.
mariner [mǽrįnœ(r)], *s.* marinero, marino, nauta, *m.*—**m.'s compass,** brújula, compás de mar(ear).
Mariolatry [mærįálątrį], *s.* (igl.) hiperdulía.
marionette [mærįonét], *s.* marioneta, títere.
marital [mǽrįtąl], *a.* marital, matrimonial.
maritime [mǽrįtaįm], *a.* marítimo, marino, naval.—**m. insurance,** seguro marítimo.—**m. law,** código marítimo.—**m. perils,** peligros y riesgos del mar.
marjoram [márdžorąm], *s.* (bot.) amáraco, mejorana o mayorana, sarilla, sampsuco. *V.* WILD M.
mark [márk]. **I.** *s.* marca; seña o señal, *f.*; rótulo; nota, importancia (*a man of mark,* un hombre de nota); calificación (de escuela, etc.); (hist.) límite, frontera; (dep.) línea de salida; fin, propósito; blanco o hito (a que se tira); marco (moneda); signatura, sigilación; señal o signo que sirve de firma (de quien no sabe escribir); depresión en el colmillo de una bestia, que indica edad.—**to be beside the m.,** no venir al caso.—**up to the m.,** (fam.) enteramente satisfactorio, perfectamente bueno o bien. **II.** *va.* marcar, señalar; indicar (emoción; precios); notar, acotar; advertir, observar; caracterizar; corregir o calificar (un examen).—**to m. down,** anotar, poner por escrito; marcar a un precio más bajo.—**to m. time,** (mil.) marcar el paso, llevar el compás (sin avanzar); (fig.) estar ocioso, hacer el tiempo.—**to m. out,** mostrar, señalar; elegir o escoger; cancelar, borrar. **III.** *vn.* advertir, notar, reparar.
markdown [-daųn], *s.* reducción de precio.
marked [-t], *a.* marcado, notable.—**m. man,** hombre sospechoso o señalado como objeto de venganza.
markedly [-įdlį], *adv.* marcadamente.
marker [-œ(r)], *s.* marca, ficha; (de)marcador; tanteador, coime.
market [márkįt]. **I.** *s.* mercado; plaza; feria; emporio; tienda (esp. carnicería o especiería).—**m. day,** día de mercado.—**m. garden,** huerta.—**m. place,** (plaza de) mercado; bazar.—**m. price,** precio corriente.—**m. rate,** tipo del mercado.—**m. stand,** banca de plaza; puesto en el mercado o la plaza.—**m. woman,** verdulera.—**in the m. for,** dispuesto a comprar.—**on the m.,** de o en venta. **II.** *va.* llevar al o vender en el mercado; vender; dar salida a; hallar mercado para. **III.** *vn.* comprar o vender en un mercado; hacer compras en un mercado o una tienda (apl. esp. a la compra de provisiones caseras).
marketable [-ąbl], *a.* vendible, comerciable; corriente, de venta; venal.
marketer [-œ(r)], **marketman** [-mæn], *s.* placero.

marketing [-iŋ], *s.* despensa; gasto de plaza; compra o venta en el mercado.
marking [márkiŋ]. I. *s.* acción de marcar; marca; detalles y distribución de coloridos. II. *a.* de marcar; que marca.—**m. gauge,** gramil.—**m. ink,** tinta de marcar.—**m. iron,** hierro de marcar, cercador, ferrete.
marksman [márksman], *s.* tirador.
marksmanship [-ŝip], *s.* puntería; tino.
markup [márkʌp], *s.* aumento de precio; (com.) margen de ganancia.
marl [márl]. I. *s.* marga, greda. II. *va.* (agr.) margar, abonar con marga; (mar.) trincafiar, empalomar.—**marlpit** [-pit], *s.* gredal, margal.
marlaceous [marléiŝiʌs], *a.* margoso.
marlin [márlin], *s.* (ict.) especie de pez espada volante.
marline [márlin], *s.* (mar.) merlín.
marlin(e)spike [-spaik], *s.* (mar.) pasador.
marly [márli], *a.* margoso, gredoso.
marmalade [mármaleid], *s.* mermelada.
marmatite [mármatait], *s.* (min.) marmatita.
marmoration [marmoréiŝon], *s.* marmoración.
marmoreal, *o* **marmorean** [marmóurial, -an], *a.* marmóreo, de mármol.
marmoset [mármozet], *s.* (zool.) tití.
marmot [mármot], *s.* (zool.) marmota.
maroon [marún]. I. *va.* abandonar a uno en una costa desierta. II. *a.* castaño. III. *s.* color castaño; (bot.) castaña; (negro) cimarrón; persona abandonada en una isla.—**marooner** [-œ(r)], *s.* pirata, *m.*, filibustero. *V.* MAROON (persona).
marplot [márplat], *s.* aguafiestas.
marque [mark], *s.* corso. *V.* LETTER OF M.
marquee [markí], *s.* marquesina; gran tienda de campaña; toldo de ventana.
marquess [márkwis], *s.* marqués.
marquetry [márketri], *s.* marquetería, (a)taracea, embutido, mosaico de madera, etc.
marquis [márkwis], *s.* marqués.—**marquisate** [-it], *s.* marquesado.—**marquise** [markíz], *s.* marquesa. *V.* MARQUEE.
marquisette [mark(w)izét], *s.* (tej.) cierto tejido fino.
marriage [mǽridẑ], *s.* matrimonio; casamiento, boda, himeneo, nupcias, *f. pl.*; maridaje; (fig.) enlace, íntima unión.—**m. articles,** contrato matrimonial o contratos esponsalicios.—**m. bell,** campana de bodas.—**m. licence,** licencia para casarse.—**m. portion,** dote, *f.*, arras, *f. pl.*—**m. rate,** nupcialidad.—**m. settlement,** capitulaciones, *f. pl.*—**m. song,** epitalamio.
marriageable [-abl], *a.* casadero, núbil.—**m. age,** nubilidad.
married [mǽrid], *a.* casado; matrimonial, conyugal, connubial.—**m. couple,** cónyuges, *m. pl.*, marido y mujer, matrimonio.—**m. state,** estado o vida conyugal.—**to get m. (to),** casarse (con).
marron [mǽron], *s.* (piro.) petardo; color castaño, (gal.) marrón; (bot.) castaña.—**m. glacé,** castaña confitada, (gal.) marrón.
marrow [mǽrou], *s.* tuétano, medula o médula, meollo; substancia, esencia.—**marrowbone** [-boun], *s.* caña o hueso medular.—*pl.* = CROSSBONES; (fam.) las rodillas o sus huesos.—**marrowfat** [-fæt], *s.* (bot.) especie de guisante.—**marrowish** [-iŝ], *a.* meduloso.—**marrowless** [-lis], *a.* falto de medula o tuétano.—**marrowy** [-i], *a.* lleno de tuétano, meduloso; medular.
marry [mǽri]. I. *va.* casar, unir en matrimonio, casarse con; unir, juntar; (mar.) ayustar (cabos). II. *vn.* casarse. III. *interj.* (ant.) ¡canastos! ¡cáspita! ¡por mi fe! ¡justo!
Mars [marz], *s.* (mit. y astr.) Marte.
Marseillais(e [marseyé(z]. I. *a.* marsellés. II. *s.* la Marsellesa.
marsh [marŝ], *s.* marjal, pantano, fangal, ciénaga, marisma.—**m. fever,** (med.) malaria, paludismo.—**m. gas,** gas de los pantanos, metano.—**m. harrier,** (orn.) especie de busardo o circaeto.—**m. hen,** (orn.) polla de agua, rascón.
—**m. mallow,** (bot.) malvavisco, altea.—**m. marigold,** (bot.) hierba centella, calta.
marshal [márŝal]. I. *s.* mariscal; bastonero o maestro de ceremonias; (mil.) mariscal; (E. U.) ministril; alguacil; jefe de policía en algunas ciudades. II. *va.* ordenar, poner en orden; formar (las tropas); reunir (argumentos); escoltar, guiar, dirigir, mandar. III. *vn.* juntarse, reunirse.
marshaller [-œ(r)], *s.* arreglador, ordenador.
marshalship [-ŝip], *s.* mariscalía, mariscalato.
marshmallow [márŝmælou], *s.* (bot.) malvavisco, altea; bombón o pastilla de altea (pastel de gelatina).
marshy [márŝi], *a.* pantanoso, cenagoso.
marsupial [marsiúpial], *a.* y *s.* (zool.) marsupial.
marsupium [-piʌm], *s.* bolsa de los didelfos.
mart [mart], *s.* mercado, emporio. *V.* MARQUE.
marteline [mártelin], *s.* martellina.
marten [mártin], *s.* (zool.) marta, fuina, garduña.—**m. fur,** piel (*f.*) de marta, vero.
martial [márŝal], *a.* marcial; guerrero, bélico, militar.—**m. law,** ley (*f.*) marcial, gobierno militar.
martialness [-nis], *s.* marcialidad.
Martian [márŝan], *a.* de Marte, marciano.
martin [mártin], **martlet** [mártlet], *s.* (orn.) avión, *m.*, arrejaco, vencejo.
martinet [martinét], *s.* (mil.) ordenancista; [mártinet], (mar.) apagapenol.
martingale [mártingeil], *s.* (tal.) (g)amarra; (mar.) moco del bauprés.
Martinmas [-mas], *s.* (igl.) día (*m.*) de San Martín (11 de noviembre).
martyr [mártœ(r)]. I. *s.* mártir, *mf.* II. *va.* martirizar; atormentar.—**martyrdom** [-dom], *s.* martirio.—**martyred** [-d], *a.* mártir.—**martyrize** [-aiz], *va.* martirizar.—**martyrological** [-oládẑikal], *a.* perteneciente al martirologio.—**martyrologist** [-álodẑist], *s.* escritor de martirologios.—**martyrology** [-álodẑi], *s.* martirologio.
marvel [márvel]. I. *s.* maravilla, prodigio.—**m.-of-Peru,** (bot.) maravilla del Perú, arrebolera, dondiego de noche. II. *vn.* maravillarse, admirarse, pasmarse.—**to m. at,** admirarse de.
marvel(l)ous [-ʌs], *a.* maravilloso, prodigioso, portentoso; milagroso; increíble; (fam.) excelente.—**marvelously** [-li], *adv.* maravillosamente.—**marvelousness** [-nis], *s.* calidad de maravilloso; maravilla.
Marxian, Marxist [márksian, -ist], *a.* y *s.* marxista.—**Marx(ian)ism** [-izm], *s.* marxismo.
marzipan [márzipæn], *s.* mazapán.
mascara [mæskǽra], *s.* rimel, máscara.
mascot [mǽskat], *s.* (fam.) mascota, el que o lo que trae buena suerte.
masculine [mǽskiulin], *a.* masculino; varonil; macho, machuno.—**m. woman,** marimacho, mujer varonil, varona, amazona, virago, *f.*
masculinity [-líniti], *s.* masculinidad.
mash [mæŝ]. I. *s.* amasijo, masa; malta remojado, mosto; mezcla de granos molidos para la ganadería; baturrillo; (fam.) conquista amorosa.—**m. tub,** *o* **vat,** cuba de bracear o mezclar la cerveza, cuba del mosto. II. *va.* amasar, magullar, majar; elaborar cerveza, etc.; (fam.) hacer cocos, cocar, hacer una conquista amorosa.—**mashed potatoes,** puré de patatas o papas, patatas majadas.
masher [-œ(r)], *s.* majador, moledor, pistadero; (fam.) galanteador.
mashie, mashy [mǽŝi], *s.* (dep.) cierto palo del golf.
mask [mæsk]. I. *s.* máscara, careta, carátula, antifaz, *m.*; disfraz, *m.*; mascarilla de una persona muerta; mascarada (*v.* MASQUERADE); máscara, *mf.* (persona disfrazada); (arq.) mascarón; (fig.) capa, color, pretexto, velo; (fort.) cubierta de ramaje, etc., para ocultar una batería; abrigo, parapeto provisional. *V.* MASQUE.—**masked ball,** baile de máscaras. II. *va.* enmascarar, dis-

frazar; encubrir, disimular. **III.** *vn.* encaratularse, andar enmascarado o disfrazado.
masker [-œ(r)], *s.* máscara, *mf.* (persona).
maskinonge [mǽskinandž], *s.* (ict.) sollo.
masochism [mǽzokizm], *s.* masoquismo.
masochist [-kist], *s.* masoquista.
mason [méjson], *s.* albañil; (**M.**) (franc)masón.—**m. bee,** (ent.) abeja albañila.—**m. bird,** (orn.) trepatroncos o herrerillo.—**m. wasp,** (ent.) avispa que construye celdas de barro.—**m.'s hammer,** piqueta.—**m.'s level,** nivel de albañil.—**m.'s measure,** o **rule,** reglón, taujel.
masonic [meisánik], *a.* albañilesco, rel. o pert. a la albañilería o a los albañiles; masónico.
masonry [méisonri], *s.* albañilería; mampostería (de piedra o de ladrillo); materiales de albañilería; (franc)masonería, masonismo.
Masora(h [masórä], *s.* Masora.
Masorete [mǽsorit], *s.* masoreta, *m.*
Masoretic(al [mæsorétik(al], *a.* masorético.
masque [mæsk], *s.* (hist.) cierta representación dramática (ll. t. **mask**); mascarada. *V.* MASQUERADE.
masquerade [mæskeréid]. **I.** *s.* mascarada, comparsa de máscaras, mojiganga; máscara, disfraz, *m.*—**m. ball** = MASKED BALL. **II.** *vn.* enmascararse, disfrazarse.
masquerader [-œ(r)], *s.* máscara, *mf.*
mass [mæs]. **I.** *s.* masa, montón, mole, *f.*; revoltijo, baturrillo; bulto, volumen; (mec.) masa; (igl., mús.) misa.—**m. book,** libro de misa; misal.—**m. formation,** (mil.) columna cerrada.—**m. for the dead,** misa de réquiem, de difuntos o de ánima.—**m. meeting,** reunión en masa, mitin popular.—**m. number,** (fís., quím.) número de masa.—**m. production,** producción en serie, fabricación en gran escala.—**m. spectograph,** (fís.) espectógrafo de masa.—**in m., in the m.,** en masa, en conjunto.—**the masses,** las masas, el pueblo, el vulgo. **II.** *va.* juntar, reunir en masa, amasar. **III.** *vn.* formarse o juntarse en masa.
massacre [mǽsakœ(r)]. **I.** *s.* carnicería, matanza, destrozo. **II.** *va.* matar atrozmente, hacer una carnicería, destrozar.
massacrer [-krœ(r)], *s.* matador, asesino.
massage [masáž]. **I.** *s.* masaje, soba, fricción. **II.** *va.* sobar, amasar, practicar el masaje.
massager [-œ(r)], **massagist** [-ist], *s.* masajista.
masseter [mæsítœ(r)], *s.* (anat.) masetero.
masseur [mæsœ́r], *s.* masajista (hombre).—**masseuse** [mæsœ́z], *s.* masajista (mujer).
massicot [mǽsikat], *s.* (quím.) masicote, almártaga.
massive [mǽsiv], **massy** [mǽsi], *a.* macizo, abultado, pesado, sólido.
mast [mæst]. **I.** *s.* (mar.) palo, mastelero, mástil, árbol; (bot.) bellota, fabuco, castaña.—*pl.* (mar.) arboladura.—**m. hole,** fogonadura.—**m. hoop,** garrucho. **II.** *va.* (mar.) arbolar un navío; colocar los palos.
mastaba(h [mǽstabä], *s.* mastaba, *m.*, especie de capilla mortuoria de los antiguos egipcios.
masted [mǽstid], *a.* arbolado, provisto de palos.
master [mǽstœ(r)]. **I.** *s.* amo, dueño, señor; maestro, preceptor; ingenio; director, gobernador, jefe; señorito; patrono; (mar.) capitán, maestre, patrón, arráez, *m.*; perito, experto; oficial, maestro (de un oficio).—**m.-at-arms,** (mar.) sargento de marina.—**m. builder,** maestro de obras; contratista de construcciones; sobrestante de albañilería.—**m. mason,** (franc)masón de grado tres; maestro u oficial de albañilería.—**m. mechanic,** maestro mecánico.—**m. of,** profundo conocedor de; perito o docto en.—**M. of Arts,** maestro en artes.—**m. of ceremonies,** maestro de ceremonias.—**M. of Science,** maestro en ciencias.—**m. of the horse,** caballerizo mayor.—**M. of the Robes,** jefe de la guardarropa.—**m. workman,** maestro, sobrestante.—**the M.,** el Maestro (Jesucristo). **II.** *a.* maestro, magistral, superior, principal.—**m. clock,** reloj magistral.—**m. hand,** mano maestra, maestría.—**m. key,** llave maestra.—**m. stroke,** golpe maestro.—**m. touch,** golpe o destreza de maestro. **III.** *va.* vencer, domar; hacerse dueño de; dominar, conocer a fondo; ser maestro o perito en.
masterful [-ful], *a.* imperioso, dominante, arbitrario; perito, experto; sobresaliente, excelente.
masterless [-lis], *a.* indómito, rebelde; mostrenco.
masterly [-li]. **I.** *a.* magistral; maestro. **II.** *adv.* con maestría; maestra o magistralmente.
masterpiece [-pis], *s.* obra maestra o cumbre.
mastership [-šip], *s.* magisterio; maestría; superioridad, preeminencia.
masterwork [-wœrk], *s.* = MASTERPIECE.
masterwort [-wœrt], *s.* (bot.) imperatoria, astrancia.
mastery [-i], *s.* dominio, poder, gobierno; maestría, destreza, habilidad; superioridad, ventaja, victoria; conocimiento.
masthead [mǽsthed], *s.* (mar.) tope, espiga; vigía, *m.*, gaviero (persona).
mastic [mǽstik], *s.* (bot.) alfóncigo, almácigo, lentisco (árbol); almáciga, mástique, almástiga (resina); cemento bituminoso.
masticate [mǽstikeit], *va.* masticar, mascar, triturar.—**mastication** [-kéišon], *s.* masticación.—**masticator** [-keito(r)], *s.* masticador.—**masticatory** [-katori], *a.* y *s.* masticatorio.
mastiff [mǽstif], *s.* (zool.) mastín, perro alano.
mastitis [mæstáitis], *s.* (med.) mastitis.
mastless [mǽstlis], *a.* que no produce bellotas, fabucos o castañas; (mar.) desarbolado.
mastman [mǽstman], *s.* (mar.) gaviero.
mastodon [mǽstodan], *s.* mastodonte.
mastoid [mǽstoid], *a.* (anat.) mastoides, mastoideo, mastoidal.—**m. process,** (apófisis) mastoides.
mastoiditis [-áitis], *s.* (med.) mastoiditis.
masturbate [mǽstœrbeit], *vn.* masturbarse.
masturbation [-béišon], *s.* masturbación, onanismo.
masurium [masiúriʌm], *s.* (quím.) masurio.
mat [mæt]. **I.** *s.* estera, esterilla, felpudo; ruedo, redondel, baleo; rejilla, emparrillado; (mar.) pallete; orla, paspartú, borde de cartón alrededor de un grabado, etc.; mate del metal; herramienta para dar mate. **II.** *va.* enredar, desgreñar (pelo, lana, etc.); esterar; matar, producir (en los metales) una superficie mate. **III.** *vn.* enredarse, formarse greñas. **IV.** *a.* mate, sin lustre.
matador [mætadór], *s.* matador, diestro, primer espada, estoqueador; en juegos de naipes, matador.
match [mæch]. **I.** *s.* compañero, pareja; igual, semejante; competidor, contrincante; (dep.) partido; partida, juego, contienda, lucha, certamen; noviazgo, casamiento, alianza, boda; fósforo, cerilla, mecha, pajuela; (arti.) mecha, cuerda.—**m. board,** tabla de machihembrar, con ranura en un borde y lengüeta en el otro.—**m. box,** fosforera.—**m. cord,** mecha.—**m. mark,** (mec.) marca de apareamiento o de armar, que indica el orden o posición en que deben ponerse las piezas de un artefacto desarmado.—**m. point,** (dep.) tanto o punto decisivo.—**m. staff,** (arti.) botafuego.—**even m.,** partida igual; empate. **II.** *va.* hermanar, aparear, casar; igualar a, equiparar; ser igual a; competir con; hacer juego con.—**to m. horses,** emparejar caballos. **III.** *vn.* casarse; hermanarse, casar.
matchable [-abl], *a.* que puede emparejarse con otro.
matching [-iŋ]. **I.** *a.* igual, parejo; que hace juego con. **II.** *s.* igualación, apareamiento, pareo, emparejamiento, hermanamiento.
matchless [-lis], *a.* incomparable, sin igual, sin par, sin rival.—**matchlessly** [-li], *adv.* incomparablemente.—**matchlessness** [-nis], *s.* calidad de incomparable.
matchlock [-lak], *s.* llave (*f.*) de los mosquetes antiguos; mosquete.

matchmaker [-meikœ(r)], *s.* casamentero; fabricante de fósforos; (dep.) el que organiza luchas deportivas.—**matchmaking** [-iŋ], *s.* acción de andar arreglando bodas o haciendo casamientos; fabricación de fósforos.
matchmark [-mark]. I. *s.* = MATCH MARK. II. *va.* marcar, poner marcas de apareamiento en.
mate [meit]. I. *s.* consorte, *mf.*, cónyuge, *mf.*; camarada, *mf.*, compañero, compañera; macho o hembra entre los animales; mate (ajedrez); (mar.) piloto. II. *va.* casar, desposar; igualar; aparear; competir; en ajedrez, dar jaque mate. III. *vn.* casarse; aparearse (animales).
maté [mátei], *s.* (bot.) mate, te del Paraguay.—**m. drinker,** matero.—**m. gourd,** mate.
mateless [méitlis], *a.* solo, sin compañero, falto de consorte, desparejado.
materia medica [matíriä médikä], *s.* (med.) materia médica.
material [matírial]. I. *a.* material; físico, corpóreo; importante, substancial, esencial; serio, grave; tocante o pertinente al caso. II. *s.* material o ingrediente; materia o asunto; ropa, género, tela, tejido.
materialism [-izm], *s.* materialismo.
materialist [-ist], *s.* materialista.—**materialistic** [-ístik], *a.* materialista.
materiality [-ǽliti], *s.* materialidad, corporeidad; importancia.
materialization [-izéiŝon], *s.* materialización; encarnación de un espíritu.
materialize [-aiz]. I. *va.* materializar; dar cuerpo, exteriorizar; hacer común o vulgar. II. *vn.* hacerse visible o corpóreo; verificarse, realizarse (planes, etc.); cuajar, encarnar; tomar forma; aparecer.
materially [-i], *adv.* materialmente, etc.
matériel [matiriél], *s.* material(es), pertrechos, *m. pl.*
maternal [matœ́rnal], *a.* maternal, materno.
maternally [-i], *adv.* maternalmente.
maternity [matœ́rniti], *s.* maternidad.—**m. hospital,** casa de maternidad, hospital de parturientes.
matgrass [mǽtgræs], *s.* = MATWEED.
mathematic(al [mæθimǽtik(al], *a.* matemático.
mathematically [-i], *adv.* matemáticamente.
mathematician [-matíŝan], *s.* matemático.
mathematics [-mǽtiks], *s.* (*pl.*) matemática(s).
matin [mǽtin]. I. *a.* matutino. II. *s.* mañana.—*pl.* (igl.) maitines.
matinal [-al], *a.* matinal.
matinée [mætinéi], *s.* (teat.) matiné, función de tarde; chambra, peinador.
mating [méitiŋ], *s.* apareamiento; casamiento.—**m. season,** brama (de los animales).
matrass [mǽtras], *s.* (quím.) matraz.
matriarch [méitriark], *s.* matriarca, mujer que gobierna su familia y su tribu o clan.—**matriarchate** [-keit], **matriarchy** [-ki], *s.* matriarcado, sistema en que la mujer da su nombre a sus hijos y la descendencia se determina por la línea materna; gobierno de las mujeres.
matrices [méitrisiz], *s. pl.* de MATRIX.
matricidal [meitrisáidal], *a.* referente al matricidio.
matricide [méitrisaid], *s.* matricidio; matricida, *mf.*
matricula [matríkyulä], *s.* (hist.) matrícula.
matriculant [-ant], *s.* matriculado(r).
matriculate [-eit]. I. *va.* y *vn.* matricular(se). II. *s.* y *a.* matriculado.—**matriculation** [-éiŝon], *s.* matriculación.—**matriculator** [-o(r)], *s.* matriculador.
matrimonial [mætrimóunial], *a.* matrimonial; conyugal, marital.—**matrimonially** [-i], *adv.* matrimonialmente.
matrimony [-moni], *s.* matrimonio, casamiento.
matrix [méitriks], *s.* (anat.) matriz, útero; matriz de la uña; (biol.) substancia intercelular; (impr. y fund.) matriz, molde; (min.) ganga, quijo; (dent.) molde.
matron [méitron], *s.* matrona; mujerona; ama de llaves; directora de instituto.
matronal [-al], *a.* matronal.
matronly [-li], *a.* como de matrona; de alguna edad; materna(l); digna.
matronymic [mætronímik]. I. *a.* perteneciente al nombre de la madre o derivado de él. II. *s.* nombre así derivado.
matte [mæt], *s.* (fund.) mata; superficie mate.
matted [mǽtid], *a.* enredado; enmarañado; enzarzado; esterado; de superficie mate, deslustrado.
matter [mǽtœ(r)]. I. *s.* materia; substancia; materia, asunto, cuestión; material; cosa, negocio; importancia, entidad; (med.) materia, pus; (impr.) tipo compuesto.—*pl.* la situación, las cosas; achaques (*matters being so,* así las cosas; *in matters of chivalry, morality,* etc., en achaques de caballería, moralidad, etc.).—**m. of course,** cosa natural o de cajón.—**m. of fact,** hecho positivo o cierto, realidad.—**a m.-of-fact man,** hombre positivista.—**as a m. of fact,** como cuestión de hecho; en realidad.—**for that m.,** o **for the m. of that,** en cuanto a eso.—**in the m. of,** en lo de, en cuanto a; en materia de.—**(it is) no m.,** no importa.—**no m. how (good, much,** etc.) por (muy, mucho) que (*no matter how far he goes,* por lejos que él vaya; *no matter how much you say,* por mucho que Vd. diga).—**small m.,** cosa de poca entidad.—**to be something the m. with,** tener algún defecto, achaque, etc.; pasarle algo a.—**what is the m.?** ¿qué pasa? ¿qué ocurre?—**what is the m. with this (it, him,** etc.)? ¿qué inconveniente tiene, qué defecto le encuentra a, por qué no, qué le parece (esto, él, etc.)?—**what is the m. with you (him, her,** etc.)? ¿qué (achaque) tiene Vd. (él, ella, etc.)? ¿qué le pasa a usted (él, ella, etc.)? II. *vn.* importar; convenir, hacer al caso; (med.) supurar, formarse materia o pus.—**what matters it?,** o **what does it m.?** ¿qué importa?
matting [mǽtiŋ], *s.* estera; ester(ad)o; orla, paspartú, borde de cartón para un grabado, acuarela, etc.; superficie mate; (mar.) empalletado.
mattock [mǽtok], *s.* (agr.) zapapico, piqueta.
mattress [mǽtris], *s.* colchón; (hidr.) acolchado, defensa de ramas, varas y troncos trabados.
maturant [mǽchurant], **maturative** [machúrätiv]. I. *s.* (cir.) madurativo. II. *a.* madurante.
maturate [mǽchureit]. I. *va.* (uso ord. y cir.) madurar. II. *vn.* madurar; supurar, formar pus.—**maturation** [-éiŝon], *s.* maduración; supuración.
mature [matiúr]. I. *a.* maduro, sazonado; juicioso; acabado, completo o perfecto; (com.) vencido, pagadero. II. *va.* madurar, sazonar. III. *vn.* madurar(se), sazonarse; (com.) vencer, cumplirse un plazo.—**maturely** [-li], *adv.* maduramente; sesudamente.—**matureness** [-nis], *s.* madurez.
maturing [-iŋ], *a.* madurante, madurador.
maturity [-iti], *s.* madurez; maduración; edad madura; perfección; (com.) vencimiento.
matutinal [matiútinal], *a.* matutinal, matutino, matinal.
matweed [mǽtwid], *s.* (bot.) esparto, albardín.
matzoth [mátsoθ], *s. pl.* galletas de pan sin levadura.
maudlin [mɔ́dlin]. I. *a.* sensiblero, sentimental en exceso; peneque, calamocano; (ant.) lloroso. II. *s.* (bot.) agérato, balsamita menor.
maul [mɔl]. I. *va.* apalear, aporrear; maltratar. II. *s.* mazo, machota, porra, mandarria.
maulstick [mɔ́lstik], *s.* tiento (de pintor).
maunder [mɔ́ndœ(r)], *vn.* divagar; obrar o hablar a tontas y a locas; mascullar; gruñir, refunfuñar.
Maundy [mɔ́ndi], *s.* (igl.) mandato, lavatorio de pies.—**M. Thursday,** jueves santo.
Mauritania [moritéinia], *s.* Mauritania.
Mauritanian [moritéinian], *a.* y *s.* mauritano.
mausolean [mɔsolían], *a.* sepulcral.
mausoleum [-ʌm], *s.* mausoleo, mauseolo.

mauve [móuv], *s.* color de malva.
mauveine [-in], *s.* (quím.) malveína o mauveína, violeta de anilina.
maverick [mævērik], *s.* (E. U. del Oeste) res mostrenca, sin marca de hierro; disidente, disconforme (esp. pol.).
mavis [méivis], *s.* (orn.) malvís, *m.*, zorzal.
maw [mɔ], *s.* gola, fauces, *f. pl.;* buche (esp. de las aves); estómago; cuajar.—**m.** o **m. seed,** semillas secas de amapola, para pájaros.
mawkish [mɔ́kiš], *a.* asqueroso, nauseabundo, repugnante; fastidiosamente sentimental; hostigoso.
mawkishness [-nis], *s.* asquerosidad; sentimentalismo empalagoso.
maxilla [mæksílă], *s.* (anat., zool.) hueso maxilar.
maxillary [mæksileri], *s.* y *a.* maxilar.—**m. bone,** maxilar.—**m. sinus,** antro o seno maxilar.
maxim [mæksim], *s.* máxima, adagio, aforismo, apotegma, *m.*, sentencia; axioma, *m.*
maxima [mæksimă], *s. pl.* de MAXIMUM.
maximal [-l], *a.* máximo.
maximize [-aiz], *va.* y *vn.* llevar hasta el máximo; exagerar; interpretar liberalmente.
maximum [-ʌm], *s.* y *a.* máximo; *s.* máximum.
maxwell [mækswɛl], *s.* (elec.) máxwel, unidad de flujo magnético.
may [mei], *vn., irr.* y *def.* (*pret.* MIGHT) poder, tener facultad o permiso, ser posible, lícito o permitido (v. gr.: *I may go,* puede que yo vaya; *you may go,* puede Vd. marcharse; *may I come in?* ¿puedo entrar?; *it may be,* puede ser; *if I may say so,* si me es lícito decirlo). Usado elípticamente, y en ciertas cláusulas que denotan contingencia, se expresa poniendo el verbo en subjuntivo (v. gr.: *be the result what it may,* sea cual fuere el resultado; suceda lo que suceda; *come what may,* venga lo que venga; *I hope that you may come,* espero que Vd. venga; *though he may do it,* aunque lo haga; *in order that they may know it,* para que lo sepan). A veces denota deseo vivo, y se traduce por "ojalá," "Dios quiera," o se omite y el verbo se pone en subjuntivo, v. gr.: *may it be so,* ojalá que así sea; *may you live long and happy years,* viva Vd. largos y felices años.
May [mei]. **I.** *s.* mayo; (fig.) primavera de la vida. —**m., M. tree, Maybloom, maybush,** (bot.) = HAWTHORN.—**M. apple,** (bot.) mandrágora.—**M. basket,** mayo.—**M. beetle,** o **bug,** (ent.) = JUNE BUG.—**M. Day,** primero de mayo.—**M. drink** = M. WINE.—**M. fly,** (ent.) efímera, cachipolla.—**M. lady** = M. QUEEN.—**M. lily,** (bot.) lirio de los valles.—**M. queen,** maya, joven que preside la fiesta de mayo. **II.** *vn.* úsase sólo en la frase **to be, o go, a-maying,** coger flores la mañana del día primero de mayo.
Maya(n [máya(n], *a.* y *s.* maya, de los mayas.
maybe [méibi], (ant.) **mayhap** [-hæp], *adv.* acaso, quizá, tal vez.
Mayflower [méiflauœ(r)], *s.* (bot.) (Ingl.) espino, acerolo; vellorita; calta; (E. U.) epigea; hepática; anemone, etc.
mayhem [méihɛm], *s.* (for.) mutilación criminal de una parte del cuerpo de otra persona.
maying [méiiŋ], *s.* festividad del primero de mayo.
mayonnaise [meiɔnéiz], *s.* (coc.) (salsa) mayonesa o mahonesa.
mayor [méiɔ(r)], *s.* alcalde, corregidor.
mayoralty [-ălti], *s.* alcaldía, corregimiento.
Maypole [méipoul], *s.* mayo, poste o vara alta con adornos que se clava en el centro del lugar donde se celebran las fiestas del primero de mayo.
Maytide, Maytime [-taid, -taim], *s.* el mes de mayo.
mayweed [-wid], *s.* (bot.) manzanilla loca.
maz(z)ard [mæzărd], *s.* (bot.) guinda.—**m. tree,** guindo (especie de cerezo).
mazarine [mæzarín], *s.* color azul subido.
Mazdaism [mæzdaizm], **Mazdeism** [-diizm], *s.* mazdeísmo, religión de los antiguos persas.
Mazda lamp [mæzdă læmp], *s.* lámpara incandescente o de tungsteno (es nombre de fábrica).
maze [meiz], *s.* laberinto; perplejidad, confusión. —**to be in a m.,** estar perplejo.
mazer [méizœ(r)], *s.* escudilla de madera.
mazurka [mazúrkă], *s.* mazurca (baile y música).
mazy [méizi], *a.* laberíntico; embrollado; perplejo.
McCoy [makɔ́i], *s.* ú. en la expresión **the real McCoy,** el propio, el mismo, el verdadero.
me [mi], *pron. pers.* (caso oblicuo de I) me, mí: *do me the favor,* hágame Vd. el favor; *for me,* para mí; *with me,* conmigo.
mead [mid], *s.* aguamiel, *f.*, hidromel, aloja, meloja.
mead (poét.), **meadow** [médou], *s.* pradera, pradería, vega, prado.—**m. crocus** = M. SAFFRON. —**m. lark,** (orn.) alondra de los prados.—**m. saffron,** (bot.) cólquico (otoñal), quitameriendas, *f.*
meadowsweet [-swit], **meadowwort** [-wœrt], *s.* (bot.) ulmaria, barba de cabra, reina de los prados.
meadowy [médoi], *a.* de pradera; como prado; lleno de prados.
meager, meagre [mígœ(r)], *a.* magro, flaco, enjuto; escaso, pobre; cuaresmal, de vigilia.—**meagerly, meagrely** [-li], *adv.* pobremente, estérilmente.—**meagerness, meagreness** [-nis], *s.* flaqueza, flacura; escasez.
meal [mil], *s.* comida; (en general) sustento, vianda; harina.—**m. time,** hora de comer.
mealiness [-inis], *s.* calidad de harinoso, panoso o pastoso; melosidad.
mealman [-mæn], *s.* harinero.
mealy [-i], *a.* harinoso, farináceo; panoso; pastoso; seco y desmenuzable; de pintas blancas.—**m.-mouthed,** pacato, tímido; meloso, falso.
mean [min]. **I.** *a.* humilde; mediano; inferior, pobre; bajo, vil; (fam.) malo, desconsiderado, indigno; desazonado, de mal humor; obscuro, despreciable; tacaño, mezquino, sórdido; insignificante; medio, intermedio; (mat.) medio.—**m.-born,** de humilde cuna; de baja estofa.—**m. pressure,** presión media.—**m. proportional,** (mat.) media proporcional.—**m.-spirited,** bajo, ruin.—**m. sun,** sol medio.—**m. time,** (astr.) tiempo medio.—**m. velocity,** velocidad media.—**m. wall,** pared medianera. **II.** *s.* medio (punto medio); medio (de una proporción); mediocridad, medianía.—*pl.* medio, recurso, modo, forma, instrumento, arbitrio, expediente; medios, posibles, caudal, fondos, recursos, riquezas.—**by all means,** sin duda, sin falta; por todos los medios posibles. —**by fair means,** por medios lícitos; a las buenas.—**by foul means,** por malos medios, por la fuerza.—**by means of,** por medio de, mediante.—**by no means, by no manner of means,** de ningún modo.—**by some means,** de alguna manera.—**by this means,** por este medio.—**to live on one's means,** vivir uno de sus rentas. **III.** *va.* (*pret.* y *pp.* MEANT) significar, querer decir, dar a entender; pensar, proponerse, pretender; destinar a; envolver, encerrar, traer o llevar consigo; decir de veras.—**to m. business,** estar resuelto; proponerse hacer lo que se dice; hablar en serio.—**I m. it,** hablo en serio o formalmente.—**I m. to go,** pienso ir.—**I didn't m. anything by it,** no lo dije por tanto.—**I didn't m. to do it,** lo hice sin pensar, o sin querer.—**what do you m.?** ¿qué quiere Vd. decir? ¿qué se propone Vd.?—**you don't m. it!** ¡calla! **IV.** *vn.* (con adverbio) tener intención o propósito, v. gr.: *he means well,* tiene buenas intenciones; *a well-meaning man,* un hombre de buena fe, bien intencionado.
meander [miændœ(r)]. **I.** *s.* meandro, laberinto, camino tortuoso.—**m. line,** (top.) línea quebrada auxiliar. **II.** *vn.* serp(ent)ear; caminar sin rumbo.
meandering [-iŋ], *a.* serpentino, tortuoso.
meaning [míniŋ]. **I.** *a.* significativo. **II.** *s.* intención, voluntad, designio; sentido, acepción,

significación, significado.—**meaningful** [-fu̧l], *a.* significante; intencionado.—**meaningless** [-lis̨], *a.* insensato; sin sentido, vacío.—**meaningly** [-li̧], *adv.* significativamente; con intención.

meanly [mínli̧], *adv.* bajamente, vilmente; con desprecio; pobremente, miserablemente; medianamente, mediocremente.

meanness [mínnis̨], *s.* bajeza; vileza; humildad; tacañería, miseria, mezquindad; mal genio.

meant [mɛnt], *pret.* y *pp.* de TO MEAN.—**to be m. for, to,** ser para; servir para; haber nacido para; tener por objeto, aplicarse a; estar destinado o encaminado a.—**who is m.?** ¿de quién se trata?

meantime [míntai̧m], **meanwhile** [-hwai̧l]. **I.** *adv.* mientras tanto, entretanto, por de (o lo) pronto. **II.** *s.* ínterin.—**in the m.,** en tanto, mientras tanto, en el ínterin, hasta entonces.

measled [mízld], *a.* infestado de triquinas o helmintos (ú. esp. de la carne de cerdo).

measles [mízlz], *s. pl.* (med.) sarampión, *m.*; alfombrilla; (vet.) enfermedad de los cerdos, etc., producida por las triquinas; (zool.) estas mismas triquinas; (bot.) cáncer de los árboles.

measly [mízli̧], *a.* infestada (carne) de triquinas; (fam.) despreciable, malísimo.

measurable [mέžūrabl], *a.* mensurable; (raro) moderado.—**measurableness** [-nis̨], *s.* mensurabilidad.—**measurably** [-bli̧], *adv.* mensurablemente; perceptiblemente, hasta cierto grado; (raro) con moderación.

measure [mέžū(r)]. **I.** *s.* medida; unidad de medida; mensura; cantidad, dimensión, tamaño, graduación; disposición, provisión, expediente, recurso; compás, metro, cadencia; modo, grado; moderación; proyecto de ley; (mús.) compás.—*pl.* medios; (geol.) capas, yacimientos.—**beyond m.,** con exceso, sobremanera.—**for good m.,** para completar la cosa, de ñapa.—**in a great m.,** en gran manera; en gran parte.—**in some m.,** hasta cierto punto, en cierto modo.—**out of m.** = BEYOND M.—**to take measures,** tomar las medidas necesarias.—**to take one's m.,** o **the m. of,** (fig.) apreciar a uno en lo que vale; tomar las medidas a uno.—**to tread a m.,** bailar. **II.** *va.* medir, mensurar; señalar, distribuir; calibrar, graduar, tantear, estimar, juzgar, valuar; comparar, oponer; (mar.) arquear, cubicar (un navío).—**to m. one's length,** medir el suelo, caer tendido.—**to m. out,** asignar o dar según medida; medir (algo a alguien).—**to m. swords,** medir espadas. **III.** *vn.* medir, tener tal o cual dimensión.—**to m. up to,** elevarse a la altura de, ser igual a.

measured [-d], *pp.* y *a.* medido, moderado; uniforme; lento, rítmico; limitado, restringido.

measureless [-lis̨], *a.* inmensurable, ilimitado.

measurement [-mɛ̧nt], *s.* medición; dimensión; medida; (mar.) cubicación, arqueo.—**m. bill,** (mar.) certificación del porte de los buques.

measurer [-œ(r)], *s.* medidor, mensurador.

measuring [-iŋ]. **I.** *s.* medición, medida. **II.** *a.* de medir.—**m. glass,** probeta o vaso graduados.—**m. tape,** cinta de medir.—**m. worm,** (ent.) geometrino, oruga geómetra.

meat [mit], *s.* carne, *f.*; vianda, sustento (en general); substancia, jugo; comida.—**m. ball,** albóndiga.—**m. chopper,** o **grinder,** aparato de picar carne.—**m. fly,** (ent.) moscarda.—**m. hook,** escarpia, garabato.—**m. market,** carnicería.—**m. packer,** empacador de carne.—**m. pie,** empanada, pastel de carne.—**m. pounder,** o **tenderizer,** mazo de la carne.—**m. safe,** fresquera.—**m. spit,** espiche, asador.

meatus [mi̧éi̧tʌs], *s.* (anat.) meato.

meaty [míti̧], *a.* carnoso; jugoso, substancioso.

mechanic [mi̧kǽni̧k]. **I.** *a.* mecánico, maquinal. **II.** *s.* mecánico, artesano, obrero, menestral.

mechanical [-a̧l], *a.* mecánico, maquinal; automático; rutinario.—**m. drawing,** dibujo lineal.—**m. equivalent of heat,** equivalente mecánico del calor.—**m. pencil,** lápiz (*m.*) portaminas.—**m. man** = ROBOT.

mechanically [-i̧], *adv.* mecánicamente; maquinalmente.—**mechanicalness** [-nis̨], *s.* calidad de mecánico.

mechanician [mɛka̧níša̧n], *s.* mecánico, perito en la ciencia de la mecánica; maquinista.

mechanics [mi̧kǽni̧ks], *s.* mecánica; maquinaria.

mechanism [mέka̧ni̧zm], *s.* mecanismo; maquinaria; dispositivo; técnica.

mechanist [-i̧st], *s.* mecanicista, el que sostiene que todos los fenómenos universales son puramente físicos o mecánicos.—**mechanistic** [-ístik], *a.* mecanicista.—**m. system,** o **theory,** mecanicismo.

mechanization [-i̧zéi̧šo̧n], *s.* maquinismo; mecanización; (mil.) motorización.

mechanize [-ai̧z], *va.* construir mecánicamente; convertir en máquina; mecanizar; (mil.) motorizar.

Mechlin [mέkli̧n], *s.* encaje o puntas de Malinas.

mechoacan [mi̧chóu̧a̧ka̧n], *s.* (bot.) mechoacán.

meconic [mi̧kánik], *a.* (quím.) mecónico.

meconium [mi̧kóu̧ni̧ʌm], *s.* meconio, alhorre.

medal [mέda̧l], *s.* medalla, condecoración; insignia.

medallic [mi̧dǽli̧k], *a.* numismático, metálico.

medallion [mi̧dǽlyo̧n], *s.* medallón; medalla.

medal(l)ist [mέda̧li̧st], *s.* numismático, coleccionista de medallas; grabador de medallas; el premiado con una medalla.

meddle [mέdl], *vn.* (gen. con **with** o **in**) (entre)meterse, ingerirse (en).

meddler [mέdlœ(r)], *s.* entremetido.

meddlesome [mέdlsʌm], *a.* entremetido, oficioso.—**meddlesomeness** [-nis̨], *s.* entremetimiento, oficiosidad.

meddling [mέdli̧ŋ], *s.* entremetimiento, interposición impertinente y oficiosa.

Mede [mid], *s.* medo.

media [mídi̧ä]. **I.** *s.* (anat.) túnica media de un vaso. **II.** *s. pl.* de MEDIUM.

mediæval [midi̧íva̧l], *a.* = MEDIEVAL.

medial [mídi̧a̧l], *a.* medio, del centro.

median [mídi̧a̧n]. **I.** *a.* del medio, que está situado en el centro. **II.** *s.* (geom.) mediana.

Median, *s.* y *a.* medo.

mediastinum [midi̧æstái̧nʌm], *s.* (anat.) mediastino.

mediate [mídi̧ei̧t]. **I.** *va.* y *vn.* mediar, intervenir, intermediar, interponerse. **II.** [mídi̧i̧t], *a.* mediato, medio; interpuesto.

mediately [-li̧], *adv.* mediatamente.

mediation [-éi̧šo̧n], *s.* mediación, intercesión; interposición, intervención; tercería.

mediator [-ei̧to̧(r)], *s.* mediador, intercesor, medianero, abogado, avenidor, tercero, tratador.

mediatorial [-a̧tóri̧a̧l], *a.* medianero.

mediatorship [-ši̧p], *s.* oficio de mediador.

mediatress, mediatrix [mídi̧ei̧tri̧s, -tri̧ks], *s.* medianera, abogada.

medic [mέdi̧k], *s.* (fam.) médico, cirujano, estudiante de medicina; (fam.) médico militar; (bot.) alfalfa, mielga.

medicable [mέdi̧ka̧bl], *a.* medicable.

medical [mέdi̧ka̧l], *a.* médico, medicinal.—**m. attention,** asistencia facultativa.—**m. corps,** cuerpo de sanidad.—**m. examination,** reconocimiento médico.—**m. examiner,** médico forense.—**m. kit,** botiquín.—**m. man,** médico; médico general (que no es cirujano).—**m. jurisprudence,** medicina legal.—**m. school,** escuela de medicina.—**m. treatment,** medicación.—**medically** [-i̧], *adv.* en calidad de médico, facultativamente.

medicament [-mɛ̧nt], *s.* medicamento, remedio.

medicamental [-mέnta̧l], *a.* medicamentoso, curativo.

medicaster [mέdi̧kæstœ(r)], *s.* medicastro, curandero.

medicate [mέdi̧keit], *va.* medicinar; hacer medicinal (alguna cosa).—**medication** [-éi̧šo̧n], *s.* medicación; medicamento.

medicative [-eitiv], *a.* medicinal.
medicinal [midísinal], *a.* medicinal, curativo.
medicinally [-i], *adv.* según la medicina.
medicine [médisin], *s.* medicina, medicamento, droga, remedio; medicina (arte o ciencia); (E. U.) entre los indios, ensalmo.—**m. ball,** pelota medicinal para gimnasia.—**m. cabinet, m. chest,** botiquín.—**m. dance,** baile ceremonial de indios.—**m. dropper,** cuentagotas.—**m. lodge,** casilla o tienda del exorcista.—**m. man,** exorcista, hechizador.—**to take one's m.,** tragar(se).
medicolegal [medikolígal], *a.* medicolegal.
medieval [midiíval], *a.* medi(o)eval.—**m. character,** o **quality,** medievalidad.—**medievalism** [-izm], *s.* medievismo.—**medievalist** [-ist], *s.* medievista.
mediocre [mídiokœ(r)], *a.* mediocre, mediano; vulgar, trivial, baladí.
mediocrity [midiákriti], *s.* mediocridad.
meditate [méditeit]. **I.** *va.* meditar, idear, tramar. **II.** *vn.* meditar, reflexionar.
meditation [-éišon], *s.* meditación, reflexión.
meditative [-tiv], *a.* meditativo, meditabundo, contemplativo, reflejo.—**meditatively** [-li], *adv.* meditativamente.
Mediterranean [mediteréinian], *a.* mediterráneo. —**M. fever,** (med.) fiebre mediterránea, undulante o de Malta.
medium [mídiʌm]. **I.** *s.* (*pl.* MEDIUMS o MEDIA) medio; expediente; órgano, instrumento, intermediario; médium o medio (en el espiritismo); (fís.) medio ambiente; circunstancias rodeantes; (pint.) aceite.—**at a m.,** uno con otro, por término medio. **II.** *a.* mediano, intermedio; mediocre; (coc.) no muy cocido.—**m. fine,** entrefino.—**m.-sized,** de tamaño regular o mediano.
mediumistic [-ístik], *a.* de o relativo a médiums (en el espiritismo).
medlar [médlä(r)], *s.* (bot.) níspero.
medley [médli]. **I.** *s.* miscelánea, mezcla, mescolanza, ensalada, baturrillo, mixtifori; (mús.) miscelánea, pot-pourri. **II.** *a.* mezclado, confuso.
medulla [midʌ́lä], *s.* (anat.) medula.—**m. oblongata,** medula oblonga(da).—**m. spinalis,** medula espinal.
medullary [médʌleri], *a.* medular.
medusa [midiúsä], *s.* (zool.) medusa, aguamala.
meed [mid], *s.* (poét.) premio, galardón.
meek [mik], *a.* manso, humilde, dócil.—**meekly** [-li], *adv.* mansamente, humildemente.—**meekness** [-nis], *s.* mansedumbre, humildad, docilidad.
meerschaum [mírŝom], *s.* (min.) magnesita, espuma de mar; pipa de espuma de mar.
meet [mit]. **I.** *va.* (*pret.* y *pp.* MET) encontrarse con; encontrar, topar o chocar con; convenir a, satisfacer, llenar (requisitos, etc.); pagar, saldar, honrar (un pagaré, etc.); sufragar, correr con, hacer frente a (los gastos, etc.); refutar, destruir con argumentos; combatir, batirse o pelear con; conocer o tratar personalmente (*I am glad to meet you,* me alegro de conocer a Vd.).—**to m. a charge,** refutar, responder a una acusación. —**to m. half way,** partir el camino con; partir la diferencia con; hacer algunas concesiones a. —**to m. the eye,** saltar a la vista.—**to go to m.,** ir o salir al encuentro de. **II.** *vn.* reunirse, juntarse; sesionar; verse; encontrarse; luchar, combatir, batirse; entenderse, convenirse; confluir.—**to m. with,** juntarse con; encontrar; tener, sufrir (un accidente, una desgracia, etc.). —**to m. with one's match,** dar uno con la horma de su zapato.—**till we m. again,** hasta la vista, hasta más ver(nos). **III.** *a.* apto, idóneo, apropiado, conveniente.—**to be m.,** convenir. **IV.** *s.* encuentro; reunión deportiva; concurso, torneo; reunión de cazadores para una cacería, y lugar donde se reúnen.
meeting [mítiŋ], *s.* mitin; reunión, sesión; junta, asamblea, congreso; entrevista, conferencia; cabildo; (igl.) capítulo; confluencia de dos ríos; encuentro, duelo o desafío.—**m. of creditors,** concurso de acreedores.—**m. place,** lugar o sitio de reunión.—**to call a m.,** convocar o llamar a (una) junta.
meetinghouse [-haus], *s.* capilla o templo protestante.
meetly [mítli], *adv.* convenientemente.
meetness [mítnis], *s.* aptitud, propiedad, conveniencia.
mega- [mégä], prefijo o voz que indica grandeza, y que también se usa con los nombres de varias unidades mecánicas y eléctricas para indicar un millón; vg. *megadyne* [-dain], megadina (un millón de dinas).
megacephalic [-sefǽlik], **megacephalous** [-séfalʌs], *a.* = MEGALOCEPHALOUS.
megacycle [-saikl], *s.* (fís.) megaciclo.
megalith [-liθ], *s.* megalito.
megalithic [-líθik], *a.* megalítico.
megalocephalous [-loséfalʌs], *a.* megalocéfalo.
megalomania [-méiniä], *s.* megalomanía.
megalomaniac [-méiniæk], *s.* y *a.* megalómano.
megalosaur [-sor], *s.* (pal.) megalosauro.
megaphone [-foun], *s.* megáfono, bocina, portavoz, *m.*
megapod [-pad], *a.* (zool.) megalópodo.
megapode [-poud], *s.* (orn.) megápodo.
megascope [-skoup], *s.* megascopio; cámara fotográfica ampliadora.
megatherium [-θíriʌm], *s.* (pal.) megaterio.
megaton [-tʌn], *s.* megatón.
megohm [mégoum], *s.* (elec.) megohmio.
megrim [mígrim], *s.* (med.) migraña, jaqueca, hemicránea; (ant.) capricho.—*pl.* melancolía, hipocondría.
mehari [mihári], *s.* (zool.) meharí, dromedario muy corredor del norte de África.
meiosis [maióusis], *s.* (biol.) miosis.
melancholia [melankóuliä], *s.* (med.) lipemanía. —**melancholic** [-kálik], *a.* melancólico, lipemaníaco.—**melancholically** [-ali], *adv.* de una manera melancólica.—**melancholy** [mélankali]. **I.** *s.* lipemanía; melancolía, tristeza. **II.** *a.* melancólico.
Melanesian [melaníŝian], *s.* y *a.* melanesio.
mélange [meilánẑ], *s.* mezcla.
melanin [mélanin], *s.* (bioquím.) melanina.
melanite [-nait], *s.* (min.) melanita, granate.
melanoma [-nóuma], *s.* (med.) melanoma.
melanosis [-nóusis], *s.* (med.) melanosis.
melanuria [-niúriä], *s,* melanuria o melanuresis, formación de pigmentos negros en la orina.
melaphyre [-fai(r)], *s.* (min.) meláfido.
mêlée [méilei], *s.* rebujiña, pelotera.
meliaceous [miliéiŝiʌs], *a.* (bot.) meliáceo.
melic [mélik], *a.* mélico, lírico.
melilot [mélilat], *s.* (bot.) meliloto.
melinite [mélinait], *s.* melinita (explosivo).
meliorate [mílyoreit]. **I.** *va.* mejorar; adelantar; bonificar. **II.** *vn.* mejorarse.—**melioration** [-éišon], *s.* mejoramiento, mejora, adelanto.
melissa [melísä], *s.* (bot.) melisa.
melliferous [melíferʌs], *a.* melífero.
mellifluence [-fluens], *s.* melifluidad.—**mellifluent** [-ent], **mellifluous** [-ʌs], *a.* melifluo; dulce.
mellow [mélou]. **I.** *a.* maduro, sazonado; meloso; tierno, blando, suave; pastoso, mantecoso; melodioso; blando, friable; mórbido; añejo, doncel (vino); calamocano. **II.** *va.* sazonar, madurar, ablandar, suavizar. **III.** *vn.* madurar(se).
mellowly [-li], *adv.* suavemente, dulcemente.
mellowness [-nis], *s.* madurez, sazón, *f.;* melosidad, suavidad; pastosidad, morbidez.
mellowy [-i], *a.* = MELLOW.
melodic [meládik], *a.* melódico.
melodics [-s], *s.* (mús.) melopeya.
melodious [melóudiʌs], *a.* melodioso, canoro.— **melodiously** [-li]. *adv.* melodiosamente.— **melodiousness** [-nis], *s.* melodía.
melodist [mélodist], *s.* melodista, compositor o cantor de melodías.—**melodize** [-daiz]. **I.** *va.* hacer melodioso. **II.** *vn.* hacer melodía.

melodrama [-dramą], *s.* melodrama, *m.*—**melodramatic** [-dræmætįk], *a.* melodramático.—**melodramatically** [-ąlį], *adv.* melodramáticamente.—**melodramatist** [-dræmątįst], *s.* autor de melodramas.
melody [mélodį], *s.* melodía; canción o aire melódico.
melon [mélǫn], *s.* (bot.) melón.—**m. dealer,** o **grower,** melonero.—**m. patch,** melonar.
melt [mélt]. **I.** *va.* derretir, fundir; liquidar; disolver; deshelar; ablandar, aplacar. **II.** *vn.* fundirse, derretirse; liquidarse; deshelarse; ablandarse; confundirse, mezclarse; consumirse, gastarse; (a veces con **away**) disiparse, desvanecerse.—**to m. into tears,** deshacerse en lágrimas. **III.** *s.* substancia derretida; fusión, derretimiento; (metal.) hornada.
melter [-œ(r)], *s.* fundidor; crisol.
melting [-įŋ]. **I.** *a.* fundente. **II.** *s.* derretimiento, fusión, fundición.—**m. pan,** cazo.—**m. point,** punto de fusión.—**m. pot,** crisol; amalgamación (de razas, etc.).
melton [méltǫn], *s.* (tej.) paño melton.
member [mémbœ(r)], *s.* miembro (del cuerpo, de una ecuación, etc.); parte (*f.*) de un todo; miembro, individuo, socio; pieza (de un puente, etc.).
membered [-d], *a.* provisto de o dividido en miembros; (blas.) membrado.
membership [-ŝįp], *s.* calidad de miembro o socio; número de socios o miembros; personal.—**m. dues,** cuota.—**m. list,** nómina de socios.
membranaceous, *o* **membranous** [mémbrąnéįŝįʌs, -nʌs], *a.* membranáceo, membranoso.—**membranous croup,** (med.) difteria.
membrane [mémbreįn], *s.* membrana, capa de tejido delgado; panículo; trozo de pergamino.
memento [mįméntoų], *s.* recuerdo, recordatorio; (**M.,** igl.) memento.
memo [mémoų], *s. abrev.* de MEMORANDUM.
memoir [mémwar], *s.* memoria, informe, relación.—*pl.* memorias; (auto)biografía.
memorabilia [mɛmorąbíliä], *s. pl.* cosas dignas de recordación.
memorable [mémorąbl], *a.* memorable.
memorably [-blį], *adv.* memorablemente.
memorandum [mɛmorǽndʌm], *s.* memorándum, memoria, nota, minuta, apuntación, volante.—**m. book,** memorándum, cartera de apuntes, libreta, carnet, mamotreto, prontuario.—**m. clause,** cláusula de exenciones (en una póliza), que exime de ciertas obligaciones al asegurador.—**m. pad,** tablilla o taco de apuntes.
memorial [mįmórįąl]. **I.** *a.* conmemorativo; mnemotécnico.—**M. Day** = DECORATION DAY. **II.** *s.* monumento conmemorativo; trofeo; memorial, instancia, petición, recurso; (for.) nota, apuntamiento.
memorialist [-įst], *s.* memorialista; el que escribe memoriales o memorias; solicitante, suplicante.
memorialize [-aįz], *va.* presentar una petición o memorial a; conmemorar.
memoriter [mįmórįtœ(r)], *adv.* de memoria.
memorization [mɛmorįzéįŝǫn], *s.* aprendizaje de memoria.—**memorize** [mémoraįz], *va.* aprender de memoria.—**memorizer** [-œ(r)], *s.* el que aprende de memoria; el que tiene buena memoria.
memory [mémorį], *s.* memoria, recuerdo; remembranza; retentiva.—**from m.,** de coro, de memoria.
men [mɛn], *s. pl.* de MAN.
menace [ménįs]. **I.** *va.* y *vn.* amenazar; bravear. **II.** *s.* amenaza, reto.
menad [mínæd], *s.* = MAENAD.
ménage [meįnáž], *s.* familia; manejo de casa, economía doméstica.
menagerie [męnǽdžęrį], *s.* colección de animales fieros o raros; casa de fieras. *V.* ZOO.
mend [ménd]. **I.** *va.* remendar; recoser, repasar, zurcir; arreglar, componer; mejorar; enmendar, reformar, remediar. **II.** *vn.* enmendarse, reformarse; mejorar; restablecerse. **III.** *s.* mejoría; reforma; remiendo.—**on the m.,** mejorándo(se).
mendable [-ąbl], *a.* reparable, componible, reformable, remediable.
mendacious [mɛndéįŝʌs], *a.* mendaz, mentiroso, embustero; falso.
mendacity [mɛndǽsįtį], *s.* mendacidad; mentira.
mendelevium [mɛndęlívįʌm], *s.* (quím.) mendelevio.
Mendelism [méndęlįzm], *s.* mendelismo.
mender [méndœ(r)], *s.* componedor, reformador; reparador; remendón.
mendicancy [méndįkąnsį], **mendicity** [mɛndísįtį], *s.* mendicidad, mendiguez.
mendicant [méndįkąnt], *a.* y *s.* mendicante, mendigante, mendigo.
mending [méndįŋ], *s.* compostura, composición, refección, adobo; recosido; ropa por zurcir, etc.
mendole [méndoųl], *s.* (ict.) bogá.
menhaden [mɛnhéįdn], *s.* (ict.) especie de sábalo.
menhir [ménhįr], *s.* (arqueol.) menhir.
menial [mínįąl], *a.* y *s.* servil, bajo; doméstico, sirviente, criado, lacayo.
menially [-į], *adv.* servil o bajamente.
meningeal [mįníndžįąl], *a.* meníngeo.
meninges [mįníndžiz], *s. pl.* de MENINX; (anat.) meninges, *f. pl.*
meningitis [mɛnįndžáįtįs], *s.* (med.) meningitis.
meninx [mínįŋks], *s.* (anat.) meninge, *f.*
meniscus [mįnískʌs], *s.* lúnula, media luna; (ópt., fís., anat.) menisco.
menispermaceous [mɛnįspœrméįŝįʌs], *a.* (bot.) menispermáceo.
Mennonite [ménǫnaįt], *s.* y *a.* menonita, *mf.*
menology [mįnálodžį], *s.* (igl.) menologio.
menopause [ménopɔz], *s.* (fisiol.) menopausia.
menorrhagia [mɛnoréįdžįä], *s.* (med.) menorragia.
menses [ménsiz], *s. pl.* menstruo, regla(s).
Menshevik [ménŝɛvik], *s.* menchevique, miembro (en Rusia) del partido radical moderado.—**Menshevism** [-vįzm], *s.* menchevismo.
menstrual [ménstrųąl], *a.* menstrual, menstruo.
menstruate [-eįt], *vn.* menstruar.
menstruation [-éįŝǫn], *s.* menstruación.
menstruous [-ʌs], *a.* menstruo, menstruoso; (bot.) mensual.
menstruum [-ʌm], *s.* (quím.) menstruo, disolvente.
mensurability [ménŝųrąbílįtį], *s.* mensurabilidad.—**mensurable** [-bl], *a.* mensurable.
mensural [ménŝųrąl], *a.* mensural.
mensuration [-éįŝǫn], *s.* medición, medida, mensura(ción); cálculo de magnitudes geométricas; aplicaciones geométricas.
mental [méntąl], *a.* mental; intelectual.
mental age, *s.* edad mental.
mental deficiency, *s.* inteligencia subnormal.
mental derangement, *s.* desarreglo mental, alienación.
mental disease, *s.* enfermedad mental.
mental healer, *s.* curador mental.
mental healing, *s.* curación por procedimientos mentales.
mental health, *s.* salud mental, estado mental.
mental hygiene, *s.* higiene mental.
mentality [mɛntǽlįtį], *s.* mentalidad.
mentally [méntąlį], *adv.* mentalmente.
mental reservation, *s.* reserva o restricción mental.
mental telepathy, *s.* telepatía, adivinación del pensamiento.
mental test, *s.* examen de inteligencia o capacidad mental.
menthol [ménθal], *s.* (quím., farm.) mentol.
mentholated [-eįtįd], *a.* impregnado de mentol.
menthyl [ménθįl], *s.* (quím.) mentilo.
mention [ménŝǫn]. **I.** *s.* mención, recuerdo, alusión. **II.** *va.* mencionar, mentar, nombrar, aludir a.—**don't m. it,** no hay de qué, de nada.—**not to m.,** por no decir nada de; además.
mentionable [-ąbl], *a.* mencionable.

mentor [méntọ(r)], *s.* mentor, ayo, guía, *mf.*
menu [ményu], *s.* lista de platos, menú; comida.
meow [miáu], *s.* y *vn.* = MEW.
Mephistophelian [mɛfịstofílịạn], *a.* mefistofélico.
mephitic(al [mịfítịk(ạl], *a.* mefítico; viciado.
mephitis [mịfáịtịs], *s.* vapor fétido; (min.) mofeta.—**mephitism** [méfịtịzm], *s.* mefitismo.
mercantile [mœ́rkạntịl], *a.* mercantil, comercial.
mercantilism [-ịzm], *s.* mercantilismo.
mercenariness [mœ́rsẹnɛrịnịs], *s.* venalidad.
mercenary [-nɛri]. **I.** *a.* mercenario; venal, interesado. **II.** *s.* mercenario.
mercer [mœ́rsœ(r)], *s.* (Ingl.) sedero, mercero.
mercerize [-aịz], *va.* mercerizar.
mercership [-ŝịp], **mercery** [-i], *s.* sedería, mercería.
merchandise [mœ́rchạndaịz]. **I.** *s.* mercadería, mercancía(s), efectos, géneros. **II.** *vn.* traficar, comerciar, negociar.
merchant [mœ́rchạnt]. **I.** *s.* comerciante, mercader; tendero. **II.** *a.* mercante, mercantil.—**m. iron,** hierro o acero en barras de ciertos tamaños.—**m. marine, m. service,** marina mercante.—**m. tailor,** sastre comerciante (que vende géneros).—**m. vessel,** buque mercante.
merchantable [-ạbl], *a.* comerciable; vendible; de recibo, corriente.
merchantlike [-laịk], *a.* propio de comerciantes.
merchantman [-mạn], *s.* buque mercante.
merciful [mœ́rsịfụl], *a.* misericordioso, compasivo.—**mercifully** [-li], *adv.* misericordiosamente.—**mercifulness** [-nịs], *s.* misericordia, compasión.
merciless [mœ́rsịlịs], *a.* desapiadado, desalmado, inhumano, duro de corazón.
mercilessly [-li], *adv.* sin piedad.—**mercilessness** [-nịs], *s.* falta de compasión, endurecimiento.
mercurial [mœrkịúrịạl], **I.** *a.* mercurial; vivo, activo, jovial; volátil; (**M.**, mit., astr.) mercurial. **II.** *s.* (farm.) preparación mercurial.—**mercurialism** [-ịzm], *s.* (med.) mercurialismo, estado causado por abuso del mercurio.—**mercurialize** [-aịz], *va.* (med.) someter a un tratamiento mercurial; (foto.) desarrollar con mercurio.
mercuric [mœrkịúrịk], *a.* (quím.) mercúrico.
mercurize [mœ́rkịuraịz], *va.* tratar o combinar con mercurio.
Mercurochrome [mœrkịúrokroụm], *s.* mercurocromo (marca de fábrica).
mercurous [mœrkịúrʌs], *a.* (quím.) mercurioso.
mercury [mœ́rkịuri], *s.* (quím.) mercurio, azogue, hidrargir(i)o; (mit., astr.) Mercurio; (bot.) mercurial.—**m. chloride,** (quím.) sublimado corrosivo, solimán.—**M.'s wand,** caduceo.
mercy [mœ́rsi], *s.* misericordia, clemencia, compasión; merced, gracia, perdón; arbitrio, discreción, poder.—**m. killing,** eutanasia.—**m. me!** ¡Ave María!—**m. seat,** propiciatorio.—**m. stroke,** golpe de gracia.—**at the m. of,** a la merced de, en el poder de.—**for m.'s sake!** ¡por piedad! ¡por Dios!—**to cry for m.,** cantar el kirieleisón.
mere [mịr]. **I.** *a.* mero, puro, simple, solo; sólo, no más que (lo mencionado). **II.** *s.* (poét. o ant.) laguna; el mar; (Ingl.) lindero, límite.—**merely** [-li], *adv.* tan sólo, sola o meramente; simple o puramente.
meretricious [mɛrịtríŝʌs], *a.* meretricio; chillón.
merganser [mœrgǽnsœ(r)], *s.* (orn.) mergo, mergánsar, gallipato, somorgujo.
merge [mœ́rdẑ]. **I.** *va.* unir, fundir, combinar, fusionar. **II.** *vn.* unirse, fundirse, absorberse, mezclarse, fusionarse.
merger [-œ(r)], *s.* combinación, unión, consolidación, fusión, amalgamación comercial.
meridian [mịrídịạn]. **I.** *s.* (geog., astr., geom.) meridiano; (fig.) cenit, auge. **II.** *a.* meridiano; culminante, más alto.—**m. instrument,** meridiana, anteojo meridiano.—**m. line,** meridiana.—**m. sailing,** navegación según la meridiana, o siguiendo la meridiana.
meridional [-ịọnạl]. **I.** *a.* meridiano; meridional, pert. o rel. al Sur o Mediodía. **II.** *s.* meridional, habitante del Sur (esp. de Francia).
meridionally [-i], *adv.* en o según el meridiano.
meringue [mẹrǽŋ], *s.* (coc.) merengue.
merino [mẹrínoụ]. **I.** *a.* merino; hecho de merino. **II.** *s.* (zool.) carnero merino; paño merino.
merit [mérịt]. **I.** *s.* mérito; merecimiento; premio.—**merits of a case,** (for.) méritos de un proceso.—**on its (his, etc.) own merits,** por sí mismo. **II.** *va.* merecer, ser digno de.
merited [-ịd], *a.* merecido.
meritorious [mɛrịtórịʌs], *a.* meritorio, benemérito.
meritoriously [-li], *adv.* merecidamente.
meritoriousness [-nịs], *s.* merecimiento, mérito.
merle [mœrl], *s.* (orn.) (poét.) merla, mirlo.
merlin [mœ́rlịn], *s.* (orn.) esmerejón, azor.
merlon [mœ́rlọn], *s.* (fort.) merlón, almena.
mermaid [mœ́rmeịd], *s.* sirena, pejemuller, *f.*
merman [-mæn], *s.* tritón.
Merovingian [mɛrovíndẑịạn], *a.* y *s.* merovingio.
merrily [mérịli], *adv.* alegremente, con júbilo.
merriment [mérịmẹnt], *s.* alegría, júbilo, gozo, regocijo, alborozo; fiesta, diversión.
merry [méri], *a.* alegre, festivo, divertido; feliz; gozoso, regocijado; risueño, placentero, agradable.—**m.-andrew,** bufón, truhán, chocarrero, mimo, payaso.—**m.-go-round,** tiovivo, carrusel, caballitos; giro rápido, remolino.—**m. Christmas,** felices Pascuas.—**to make m.,** divertirse, regocijarse, ir de parranda.
merrymaker [-meịkœ(r)], *s.* fiestero, parrandista.—**merrymaking** [-ịŋ]. **I.** *s.* fiesta, holgorio, regodeo, (fam.) gaudeamus. **II.** *a.* regocijado, parrandero.
merrythought [-θɔt], *s.* = WISHBONE.
mescal [mɛskǽl], *s.* (bot.) mezcal o mescal, variedad de pita; aguardiente obtenido de esta planta.
mesdames [meịdǽm], *s. pl.* de MADAM(E).
mesencephalon [mɛsɛnséfạlan], *s.* (anat.) mesencéfalo, cerebro medio.
mesenchyma [mɛséŋkịmä], *s.* (embr.) mesénquima.—**mesenchymatous** [-kímạtʌs], *a.* mesenquimatoso.
mesenteric [mésẹntérịk], *a.* mesentérico.
mesentery [-tɛri], *s.* (anat.) mesenterio, entresijo.
mesh [méŝ]. **I.** *s.* malla u ojo de una red; punto; obra de malla; redecilla; (mec.) engranaje.—*pl.* red, trampas, lazos.—**in m.,** (mec.) engranado. **II.** *va.* enredar, coger con red; (mec.) endentar. **III.** *vn.* enredarse; (mec.) endentar, engranar, engargantar.
meshy [-i], *a.* reticular, de malla.
mesial [mízịạl], *a.* mediano, del medio.—**m. plane,** plano mediano del cuerpo.
mesmeric [mɛzmérịk], *a.* mesmeriano, mesmerista.—**mesmerism** [mézmœrịzm], *s.* mesmerismo.—**mesmerist** [-ịst], **mesmerizer** [-aịzœ(r)], *s.* mesmerista, magnetizador.—**mesmerize** [-aịz], *va.* magnetizar, hipnotizar.
mesne [min], *a.* intermed(iar)io.—**m. profits,** beneficios de una tierra durante ocupación ilícita.
mesoblast [mésoblæst], *s.* (embr.) mesoblasto.
mesocarp [-karp], *s.* (bot.) mesocarpio.
mesocephalic [-sɛfǽlịk], **mesocephalous** [-séfạlʌs], *a.* (anat.) mesocéfalo, mesocefálico.
mesoderm [-dœrm], *s.* (embr.) mesodermo.—**mesodermal** [-dœ́rmạl], **mesodermic** [-dœ́rmịk], *a.* mesodérmico.
mesogastrium [-gǽstrịʌm], *s.* (anat.) mesogastrio.—**mesogastric** [-gǽstrịk], *a.* mesogástrico.
meson [mésan], *s.* (fís.) mesón.
mesoplast [-plæst], *s.* (biol.) núcleo celular.
Mesopotamian [-potéịmịạn], *a.* y *s.* mesopotámico.
mesosphere [-sfịr], *s.* mesosfera.
mesothoracic [-θɔrǽsịk], *a.* mesotorácico.
mesothorax [-θóræks], *s.* (zool.) mesotórax.
mesothorium [-θórịʌm], *s.* (quím.) mesotorio.
mesozoan [-zóụan], *a.* y *s.* (zool.) mesozoario.

Mesozoic [-zóuik], *a.* (geol.) mesozoico; secundario.
mesquite [meskít], *s.* (bot.) mezquite.
mess [mes]. I. *s.* plato (cantidad de vianda); ración, porción; rancho (comida o junta de personas que la toman a un tiempo); (fam.) comistrajo o matalotaje; (fam.) lío, confusión, revoltijo.—**m. hall,** comedor o sala de rancho para soldados, etc.; (mar.) rancho.—**m. kit,** utensilios de cocina y valija en que se llevan. II. *va.* dar de comer; dar rancho; (a veces con **up**) desarreglar, desordenar, (fam.) embarrullar; ensuciar. III. *vn.* comer en rancho o hacer rancho; arrancharse; hacer un revoltijo.—**to m. about,** o **around,** ocuparse en fruslerías.
message [mésidž], *s.* mensaje; recado, parte, mandado, aviso.
messaline [mesalín], *s.* tejido de seda semejante a la sarga.
messenger [mésendžœ(r)], *s.* mensajero, mandadero, propio, recadero; heraldo, nuncio; (mar.) aparejo para levar el ancla.
Messiah [mesáia], *s.* Mesías.—**Messianic** [mesiénik], *a.* mesiánico.—**Messianism** [mesáianizm], *s.* mesianismo.
messieurs [mésyœrz *o* mésœrz], *s. pl.* de MONSIEUR; ú. t. como *pl.* de MISTER, señores; se escribe **Messrs.**, en abreviatura.
messmate [mésmeit], *s.* comensal.
messroom [-rum], *s.* = MESS HALL.
messuage [méswidž], *s.* casa de vivienda y anexas.
messy [mési], *a.* desordenado, desaliñado, sucio.
mestizo [mestízou], *a.* y *s.* mestizo; cambujo.
met [met], *pret.* y *pp.* de TO MEET.
metabolism [metǽbolizm], *s.* (biol.) metabolismo; (ent.) metamorfosis.
metacarpal [metakárpal]. I. *a.* metacarpiano, del metacarpo. II. *s.* cada hueso del metacarpo.
metacarpus [-kárpʌs], *s.* (anat.) metacarpo.
metacenter [-sentœ(r)], *s.* metacentro.
metachronism [metǽkronizm], *s.* metacronismo.
metagenesis [metadžénesis], *s.* metagénesis.
metageometry [-džiámetri], *s.* geometría no euclidiana.
metal [métal]. I. *s.* metal; liga, aleación; material (piedra partida, escorias, etc.) para caminos (*v.* ROAD METAL); (f. c.) balasto; vidrio en fusión; cualidad esencial (*v.* METTLE); (mar.) peso de los proyectiles que un acorazado puede disparar a un tiempo.—**m. industry,** metalistería. II. *va.* cubrir o proveer de metal; macadamizar (un camino); (f. c.) balastar.
metalepsis [metalépsis], *s.* (ret.) metalepsis.
metalled [métald], *a.* (f. c.) terraplenado, afirmado.
metallic [metǽlik], *a.* metálico; libre, puro.
metalliferous [metalíferʌs], *a.* metalífero.
metallist [métalist], *s.* metalario.
metallization [-izéišon], *s.* metalización.
metallize [-aiz], *va.* metalizar.
metallography [metalágrafi], *s.* metalografía.
metalloid [métaloid]. I. *a.* metalóidico. II. *s.* (quím.) metaloide.
metallotherapy [metæloθérapi], *s.* (med.) metaloterapia.
metallurgic(al [metalœ́rdžik(al], *a.*, **metallurgist** [métalœrdžist], *s.* metalúrgico.—**metallurgy** [-dži], *s.* metalurgia, metálica.
metalwork [métalwœrk], *s.* metalistería.—**metalworker** [-œ(r)], *s.* metalista, metalario.
metamer [métamœ(r)], *s.* (quím.) cuerpo metámero.—**metamere** [-mir], *s.* (zool.) metámero, somito.—**metameric** [-mérik], *a.* metamérico; (quím.) metámero, isómero.—**metamerism** [metǽmœrizm], *s.* (quím., zool.) metamería, metamerismo; (zool.) estructura metamérica.—**metamerized** [-aizd], *a.* (zool.) metamerizado.
metamorphic [metamórfik], *a.* metamórfico.—**metamorphism** [-fizm], *s.* (geol.) metamorfismo; metamorfosis.—**metamorphize, metamorphose** [-faiz, -fouz], *va.* metamorfosear.—**metamorphosis** [-fosis], *s.* metamorfosis; mudanza de forma o estructura.
metaphase [-feiz], *s.* (biol.) metafase.
metaphor [métafo(r)], *s.* (ret.) metáfora.—**metaphoric(al** [-fórik(al], *a.* metafórico.—**metaphorically** [-i], *adv.* metafóricamente.—**metaphorist** [-forist], *s.* metaforista.
metaphrase [-freiz], *s.* metáfrasis, traducción literal.—**metaphrast** [-fræst], *s.* metafrasta, *mf.*—**metaphrastic** [-fræ̃stik], *a.* metafrástico.
metaphysic(al [-fízik(al], *a.* metafísico.
metaphysically [-i], *adv.* metafísicamente.
metaphysician [-fizíšan], *s.* metafísico.
metaphysics [-fíziks], *s.* metafísica.
metaplasm [-plæzm], *s.* (gram.) metaplasmo; (biol.) metaplasma, *m.*
metastasis [metǽstasis], *s.* metamorfosis; (med.) metástasis; (biol.) metabolismo.
metastasize [-saiz], *vn.* (med.) metasticizar.
metatarsal [metatársal], *a.* metatarsiano.
metatarsus [-társʌs], *s.* (anat., zool.) metatarso.
metathesis [metǽθesis], *s.* (ret.) metátesis; (quím.) substitución.
metathorax [metaθóræks], *s.* (zool.) metatórax.
Metazoa [-zóua], *s. pl.* (zool.) metazoarios.
mete [mit], *va.* (gen. con **out**) repartir, prorratear.
metempiric(al [metempírik(al], *a.* (fil.) trascendental, que traspasa los límites de la experiencia.
metempsychosis [-psikóusis], *s.* metempsicosis, transmigración.
meteor [mítio(r)], *s.* meteoro o metéoro; exhalación, estrella fugaz.
meteoric [mitiórik], **meteoritic** [mitiorítik], *a.* meteórico; atmosférico, meteorológico.—**m. iron, o stone,** aerolito.—**m. showers,** lluvia de estrellas fugaces.
meteorism [mítiorizm], *s.* (med.) meteorismo.
meteorite [mítiorait], **meteorolite** [-olait], **meteoroid** [-oid], *s.* aerolito, meteorito, bólido.
meteorological [-oládžikal], *a.* meteorológico.—**meteorologist** [-álodžist], *s.* meteorologista, meteorólogo.—**meteorology** [-álodži], *s.* meteorología.
meter [mítœ(r)], *s.* (pros.) metro (medida del verso); metro (medida de longitud); medidor, mensurador; contador (de gas, agua, etc.).
meterage [-idž], *s.* metraje.
methadone [méθadoun], *s.* (quím., med.) metadona.
methane [méθein], *s.* (quím.) metano.
methinks [miθínks], *v. impers.* (ant.) me parece.
method [méθod], *s.* método, medio, procedimiento, vía; orden, regularidad; ejecución, técnica.
methodic(al [meθádik(al], *a.* metódico, sistemático.—**methodically** [-i], *adv.* metódicamente.
methodics [meθádiks], *s.* metodología.
Methodism [méθodizm], *s.* (igl.) metodismo.—**Methodist** [-ist], *a.* y *s.* metodista.
methodize [-aiz], *va.* metodizar, ordenar.
methodology [meθodálodži], *s.* metodología.
methought [miθót], *pret.* de METHINKS.
methyl [méθil], *s.* (quím.) metilo.—**m. alcohol,** alcohol metílico.—**m. orange,** anaranjado de metilo.
methylamine [-amín], *s.* (quím.) metilamina.
methylate [-eit]. I. *s.* (quím.) metilato. II. *va.* mezclar con metilo o alcohol metílico.—**methylated spirit(s)**, mezcla de alcohol etílico y alcohol metílico, alcohol desnaturalizado.
methylene [-in], *s.* (quím.) metileno.
methylic [meθílik], *a.* metílico.
meticulous [mitíkyulʌs], *a.* escrupuloso en demasía; (ant. o fig.) meticuloso.—**meticulously** [-li], *adv.* escrupulosamente.—**m. clean,** de limpieza exquisita.—**meticulousness** [-nis], *s.* escrupulosidad, delicadeza excesiva; (ant. o fig.) meticulosidad.
métier [metyé], *s.* oficio, profesión.
metol [mítol], *s.* (quím., fot.) metol.
metonymical [metonímikal], *a.* metonímico.—**metonymically** [-i], *adv.* metonímicamente.—**metonymy** [metánimi], *s.* (ret.) metonimia.

metope [métopi], *s.* (arq.) métopa, plato.
metre [mítœ(r)], *s.* = METER.
metric(al [métrik(al], *a.* métrico.—**m. system,** sistema métrico.—**m. ton,** tonelada métrica de 1000 kg. (2204 libras).
metrically [-i], *adv.* métricamente.
metrician [mëtríŝan], o **metrist** [mítrist], *s.* versificador, metrista.
metritis [mitráitis], *s.* (med.) metritis.
metrology [metrálodži], *s.* metrología.
metronome [métronoum], *s.* (mús.) metrónomo.
metropolis [mëtrápolis], *s.* metrópoli, *f.*; urbe, *f.*
metropolitan [metropálitan]. **I.** *a.* metropolitano. **II.** *s.* (igl.) metropolitano; ciudadano de una metrópoli.
metrorrhagia [mitroréidžiä], *s.* (med.) metrorragia.
mettle [métl], *s.* temple, brío, coraje, ardor, valor; vivacidad, fuego.—**on one's m.,** dispuesto a hacer lo mejor posible.—**to put on one's m.,** picar el amor propio de uno; estimularle; poner a prueba su valor, brío, etc.
mettled [-d], **mettlesome** [-sʌm], *a.* brioso, vivo, fogoso.—**mettlesomely** [-li], *adv.* briosamente, vivamente.—**mettlesomeness** [-nis], *s.* brío, fuego, vivacidad.
mew [miú]. **I.** *s.* maullido, maúllo, miau (del gato); (orn.) gaviota, paviota; jaula, muda (esp. para aves de cetrería que mudan sus plumas); cercado o corral.—*pl.* establo, caballeriza. **II.** *va.* mudar; enjaular, encerrar. **III.** *vn.* maullar, miar, mayar (los gatos).
mewing [-iŋ]. **I.** *s.* maullido, maído; muda (ú. de las aves). **II.** *a.* maullador; que muda.
mewl [miul]. **I.** *vn.* llorar como un niño; lloriquear. **II.** *s.* lloro de niño; lloriqueo.
Mexican [méksikan], *a.* y *s.* mejicano, mexicano.
Mexico [méksikou], *s.* México; Méjico.
mezereon [mizírion], *s.* (bot.) mecereo o mecereón, lauréola hembra.
mezzanine [mézanin], *s.* (arq.) entresuelo.
mezzo-rilievo [medzou rilyéivou], *s.* medio relieve.
mezzo-soprano [métsosopránou], *s.* (mús.) mezzosoprano.
mezzotint(o [mé(d)zotint, -tíntou], *s.* media tinta.
mi [mi], *s.* (mús.) mi.
miasm(a [máiæzm, maiǽzmä], *s.* (*pl.* MIASMATA) miasma, *m.*, emanaciones mefíticas.
miasmal [-l], **miasmatic** [maiæzmǽtik], *a.* miasmático, infecto, palúdico.
mica [máikä], *s.* (min.) mica.—**m. schist,** micacita, micasquisto.
micaceous [maikéiŝiʌs], *a.* micáceo.
mice [mais], *s. pl.* de MOUSE.
Michaelmas [míkelmas], *s.* sanmiguelada.
mickey finn [míki fin], *s.* (fam.) bebida narcotizada (dada sin que la persona sospeche).
microanalysis [máikrouanǽlisis], *s.* (quím.) microanálisis.
microbarograph [-bǽrogræf], *s.* microbarógrafo.
microbe [máikroub], *s.* microbio.
microbial [maikróubial], **microbic** [-ik], *a.* micróbico, microbiano.
microbicide [-isaid], *s.* microbicida.
microbiological [-baioládžikal], *a.* microbiológico.—**microbiologist** [-baiálodžist], *s.* microbiólogo.—**microbiology** [-dži], *s.* microbiología.
microcard [-kard], *s.* microcopia, microficha.
microcephalic [-sefǽlik], **microcephalous** [-séfalʌs], *a.* microcéfalo.—**microcephalism** [-séfalizm], *s.* (med.) microcefalia.
microchemistry [-kémistri], *s.* microquímica.
microcline [-klain], *s.* (min.) microclina.
micrococcal [-kákal], *a.* micrococal.
micrococcus [-kákʌs], *s.* micrococo.
microcopy [-kapi], *s.* microcopia.
microcosm [-kazm], *s.* microcosmo.
microcosmic(al [-kázmik(al], *a.* microcósmico.
microcrystalline [-krístalin], *a.* (crist.) microcristalino.
microcurie [-kiuri], *s.* (fís.) microcurie.
microcyte [-sait], *s.* (pat.) microcito.
microdissection [-disékŝon], *s.* microdisección.
microfarad [-færæd], *s.* (elec.) microfaradio.
microfilm [-film], *s.* microfilme.
microgram [-græm], *s.* microgramo.
micrograph [-græf], *s.* micrógrafo.
micrographer [maikrágrafœ(r)], *s.* micrógrafo.
micrographic [maikrogrǽfik], *a.* micrográfico.
micrography [maikrágrafi], *s.* micrografía.
microgroove [máikrougruv], *s.* microsurco; (**M.**) marca de fábrica.
microhardness [-hárdnis], *s.* (fís.) microdureza.
microhm [máikroum], *s.* (elec.) microhmio.
microlite [máikrolait], *s.* (geol.) microlito.
microlitic [-lítik], *a.* microlítico.
micromanipulator [-manípyuleito(r)], *s.* micromanipulador.
micrometer [maikrámetœ(r)], *s.* micrómetro.—**m. caliper, gauge,** o **gage,** compás micrométrico.—**m. screw,** tornillo micrométrico.
micrometric(al [maikrométrik(al], *a.* micrométrico.
micrometry [maikrámetri], *s.* micrometría.
micromillimiter [maikromílimitœ(r)], *s.* micra, micrón, micromilímetro.
micromotion [-mouŝon], *s.* movimiento de objetos diminutos amplificado con el microscopio.
micron [máikran], *s.* micra, micrón (millonésima de metro).
microörganism [maikroórganizm], *s.* microrganismo, microorganismo.
microphone [-foun], *s.* micrófono.
microphotograph [-fóutogræf], **microphotography** [-fotágrafi], *s.* microfotografía.
microphotometer [-fotámetœ(r)], *s.* (fís.) microfotómetro.
microphyte [-fait], *s.* (bot. y biol.) micrófito.
micropyle [-pail], *s.* (bot. y zool.) micrópilo.
micropyrometer [-pairámetœ(r)], *s.* (fís.) micropirómetro.
microscope [-skoup], *s.* microscopio.
microscopic(al [-skápik(al], *a.* microscópico.
microscopist [maikráskopist], *s.* microscopista.
microscopy [-kopi], *s.* microscopia.
microsecond [máikrousekond], *s.* microsegundo.
microseism [máikrosaizm], *s.* microsismo.—**microseismometer, microseismograph** [-saizmámetœ(r), -sáizmogræf], *s.* microsismógrafo.
microsome [-soum], *s.* (biol.) microsoma, *m.*
microspore [-spor], *s.* (bot., zool.) microspora.
microswitch [-swich], *s.* (elec.) micro-interruptor.
microtome [-toum], *s.* micrótomo.
microtomy [maikrátomi], *s.* microtomía.
microvolt [máikrouvoult], *s.* (elec.) microvoltio.
microwave [-weiv], *s.* (rad.) microonda.
miction [míkŝon], **micturition** [miktiuríŝon], *s.* micturición, micción.
micturate [míktiureit], *vn.* orinar, mear.
mid [mid]. **I.** *a.* medio. Úsase como compuesta (*in mid-course,* en media carrera; *in mid-Lent,* en media cuaresma). **II.** *prep.* (poét.) entre, en medio de.
midbrain [-brein], *s.* (anat.) cerebro medio, mesencéfalo.
midchannel [-chǽnel], *s.* medio del canal, medio del estrecho.
midcontinent [-kántinent], *s.* medio del continente.
midday [-dei]. **I.** *s.* mediodía, *m.* (tiempo, hora). **II.** *a.* del mediodía, meridiano.
middle [mídl]. **I.** *a.* medio, intermedio, mediano; de en medio (*the middle drawer,* el cajón de en medio).—**M.-Age,** medieval.—**m.-aged,** de edad madura.—**M. Ages,** Edad Media.—**M. America,** Méjico y la América Central.—**m.-class,** de la clase media.—**m. class,** clase media, burguesía.—**m. distance,** (pint.) segundo término; (dep.) de medio fondo (carreras).—**m. ear,** (anat.) tímpano; oído medio.

—**m. earth,** (poét.) tierra, el mundo.—**M. East,** los países del SO. del Asia (a veces también el Egipto).—**m. finger,** dedo del corazón. —**m. ground,** posición intermedia entre dos extremos; (pint.) segundo término.—**m. jib,** (mar.) segundo foque.—**M. Kingdom,** imperio chino.—**m. rail,** (f. c., elec.) riel central conductor.—**m.-shot wheel** = BREAST WHEEL.—**m.-sized,** de mediana estatura o tamaño.—**m. term,** (lóg.) término medio.—**m. wall,** tabique. —**M. West,** (E. U.) estados centrales del norte, el medio oeste. **II.** *s.* medio, centro, mitad, corazón; promedio; cintura.—*pl.* (agr.) lomos, caballones.—**m. of,** mediados de.—**m. of the road,** posición intermedia.—**m.-of-the-road,** que no está ni de un lado ni del otro; indeciso, vacilante.—**about, o towards the m. of,** a mediados de.

middleman [-mæn], *s.* intermediario; (com.) agente de negocios; corredor; revendedor.

middlemost [-moust], *a.* del medio; en el medio o más cercano al medio.

middleweight [-weit]. **I.** *a.* (dep.) de peso medio o mediano (hasta 160 libras). **II.** *s.* peso medio.

middling [mídliŋ]. **I.** *a.* mediano, regular, pasadero. **II.** *s. pl.* acemite.—**middlingly** [-li], *adv.* medianamente, regularmente, pasaderamente.

middy [mídi], *s. dim.* (fam.) guardia marina.—**m.,** o **m. blouse,** cierta blusa holgada para mujeres y niñas.

midge [midž], *s.* (ent.) especie de jején; enano.

midget [mídžit], *s.* enanillo; chiquillo vivaracho.

midiron [-aiœrn], *s.* cierto mazo o palo del golf.

midland [-lənd]. **I.** *a.* mediterráneo, tierra adentro, interior. **II.** *s.* corazón de un país.

midmost [-moust], *a.* = MIDDLEMOST.

midnight [-nait]. **I.** *s.* medianoche, *f.* **II.** *a.* de medianoche; nocturno; muy oscuro.—**to burn the m. oil,** quemarse las cejas.

midnight mass, *s.* (igl.) misa del gallo.

midnight sun, *s.* sol de medianoche.

midrib [-rib], *s.* (bot.) vena central.

midriff [-rif], *s.* (anat.) diafragma, *m.;* traje que deja descubierta una parte del diafragma.

midship [-šip]. **I.** *a.* (mar.) de, rel. a, o en medio del buque.—**m. beam,** bao maestro.—**m. frame,** cuaderna maestra. **II.** *s. pl.* baos maestros; el centro del buque.—**midships** [-s], *adv.* en o hacia el centro de la nave.

midshipman [-mən], *s.* (mar.) guardia marina, alférez alumno.

midst [midst]. **I.** *s.* medio, centro; (fig.) seno; presión, rigor.—**in our, their, your m.,** en medio de nosotros, ellos, ustedes.—**in the m. of,** en medio de, entre; rodeado de; en lo más (reñido, agitado, etc.) de. **II.** *adv.* (raro) en medio. **III.** *prep.* **m.,** o **'m.** (poét.) entre.

midstream [mídstrím], *s.* el medio de una corriente.

midsummer [-sʌ́mœ(r)], *s.* solsticio estival; la mitad del verano; pleno verano.—**M. Day,** día (*m.*) de San Juan (24 de junio).

mid-Victorian [-viktórian]. **I.** *a.* relativo a la época victoriana; anticuado, fuera de moda; estricto, rígido. **II.** *s.* contemporáneo de la época victoriana; persona fuera de moda; persona rígida o rigurosa.

midway [-wei]. **I.** *s.* medio camino, mitad del camino; en una exposición o feria, avenida central dedicada a diversiones, curiosidades, etc. **II.** *a.* situado a mitad del camino. **III.** *adv.* en medio del camino; a medio camino.—**m. between,** equidistante de.

midweek [-wik]. **I.** *s.* medio o mediados de la semana.—**M.** (entre los cuáqueros) mitad de semana (miércoles). **II.** *a.* de la mitad de la semana.

Midwest [mídwést], *s.* = MIDDLE WEST.

midwife [mídwaif]. **I.** *s.* (*pl.* MIDWIVES) partera, comadre, *f.*, comadrona, matrona. **II.** *vn.* partear.—**midwifery** [-ri], *s.* obstetricia, partería.

midwinter [mídwíntœ(r)], *s.* solsticio hiemal; mitad del invierno; pleno invierno.

midyear [-yir]. **I.** *a.* que ocurre en medio del año. **II.** *s.* medio del año; (fam.) examen del medio del año; *pl.* parciales.

mien [min], *s.* semblante, aire, talante, facha.

miff [mif]. **I.** *s.* (fam.) enojo, pique, riña por motivos frívolos. **II.** *va.* desagradar, enojar. **III.** *vn.* amoscarse.

mig [mig], *s.* bolita de mármol, canica.

might [mait], *pret. ind.* y *subj.* de MAY.—*s.* poder(ío).

might [máit], *s.* poder, fuerza.—**with m. and main,** con todas sus fuerzas, a más no poder.

mightily [-ili], *adv.* poderosamente.

mightiness [-inis], *s.* poder(ío); potencia, fuerza; grandeza.

mighty [-i]. **I.** *a.* potente, poderoso; fuerte, vigoroso; enorme; eficaz, importante. **II.** *adv.* (fam.) extremamente, sumamente.

mignonette [minyonét], *s.* (bot.) reseda.

migraine [máigrein], *s.* (med.) migraña, hemicránea, jaqueca.

migrant [máigrənt]. **I.** *s.* el o lo que emigra; ave migratoria o de paso. **II.** *a.* migratorio.

migrate [máigreit], *vn.* emigrar; trasplantarse.—**migrating** [-iŋ], *a.* migratorio, peregrino; de paso.

migration [-éišon], *s.* (e)migración; trasplante.

migratory [máigrətori], *a.* (e)migratorio; nómade.

mihrab [mírab], *s.* mihrab, hornacina de mezquita.

Mikado [mikádou], *s.* micado.

mike [maik], *s.* (fam.) = MICROPHONE.

mil [mil], *s.* milipulgada, milésima de pulgada.

milady [miléidi], *s.* miladi, *f.*, dama noble inglesa.

Milanese [milənís], *a.* y *s.* milanés, de Milán.

milch [milch], *a.* lactífera, lechera, que da leche. —**m. cow,** vaca de leche.

mild [maild], *a.* suave, moderado, apacible, manso; benigno, blando, indulgente; leve, ligero.—**m. steel,** acero dúctil, acero pobre en carbono (menos de 0,25 por ciento).—**m. temperature,** blandura.

mildew [míldiu]. **I.** *s.* añublo, moho, tizón, roya; mildeu o mildiú (de la vid). **II.** *va.* y *vn.* enmohecer(se), alheñar(se), añublar(se), atizonar(se).

mildly [máildli], *adv.* suavemente, blandamente, con indulgencia.—**mildness** [-nis], *s.* suavidad, lenidad; apacibilidad; mansedumbre, indulgencia.

mile [máil], *s.* milla (5,280 pies ingleses = 1,609 metros).—**m. post,** o **stone,** piedra miliaria, poste miliar, mojón, cipo, hito, pilar.

mileage [-idž], *s.* longitud en millas; subsidio o derecho de tránsito por milla; (aut.) kilometraje, recorrido (apl. esp. a la duración de llantas medida por la distancia total que recorren). —**m. indicator,** (aut.) cuentakilómetros.—**m. ticket,** billete kilométrico.

Milesian [milíšian], *a.* y *s.* milesio, de Mileto; irlandés o hibernés.—**M. tale,** fábula milesia.

milfoil [mílfoil], *s.* (bot.) milenrama, aquilea.

miliaria [miliéria], *s.* (med.) erupción miliar.

miliary [milieri], *a.* que se parece a una semilla de mijo; (med.) miliar.

millicurie [mílikiuri], *s.* (fís.) milicurie.

milieu [milyœ́], *s.* medio ambiente.

militancy [mílitənsi], *s.* militarismo; actitud belicosa o de combate.—**militant** [-ənt], *a.* militante, combatiente; belicoso, guerrero.

militarily [míliterili], *adv.* militarmente.

militarism [mílitərizm], *s.* militarismo.

militarist [-ist], *s.*, **militaristic** [-ístik], *a.* militarista.

militarization [-izéišon], *s.* militarización.—**militarize** [-aiz], *va.* militarizar.

military [míliteri]. **I.** *a.* militar; guerrero, marcial; castrense; soldadesco, de tropa; de guerra. —**m. coup,** o **uprising,** golpe de cuartel.—**m. law,** código militar.—**m. man,** militar, soldado.—**m. police,** policía militar.—**m. stores,**

municiones de guerra. **II.** *s.* ejército, milicia, soldadesca, tropa(s), los militares.
militate [mílįteįt], *vn.* combatir, pelear; (con **against**) militar contra, oponerse a; (con **for**) militar en favor de.
militia [mįlíšä], *s.* milicia, guardia nacional.—**militiaman** [-mąn], *s.* miliciano.—*pl.* milicia.
milk [mílk]. **I.** *s.* leche, *f.;* (bot.) látex, jugo lechero.—**m.-and-water,** vacilante, débil de carácter.—**m. bag,** ubre, *f.*—**m. bar,** puesto donde se sirven leche y sus productos.—**m. can,** lechera, camella.—**m. crust,** (med.) lactumen.—**m. diet,** régimen lácteo.—**m. duct,** (anat., zool.) vaso lactífero; (bot.) vaso laticífero.—**m. fever,** (med.) fiebre láctea.—**m. food,** lacticinio.—**m. glass,** vidrio de criolita; ventosa de leche con que se extrae la leche de los pechos.—**m. leg,** (med.) edema doloroso puerperal.—**m.-livered,** timorato, miedoso.—**m. of almonds,** almendrada.—**m. of lime,** lechada de cal.—**m. of magnesia,** (farm.) leche de magnesia.—**m. pail,** colodra, ordeñadero.—**m. pan,** lechera.—**m. shake,** leche batida, batido de leche.—**m. sugar,** lactina, lactosa.—**m. tester,** lactómetro.—**m. thistle,** (bot.) titímalo, cardo lechero, lechetrezna.—**m. tooth,** diente de leche o mamón.—**m. vetch,** (bot.) astrágalo, tragacanto.—**m.-warm,** tibio.—**m.-white,** blanco como la leche.—**m.-white horse,** palomilla. **II.** *va.* ordeñar; (fam.) agotar, extraer de. **III.** *vn.* dar leche.
milker [-œ(r)], *s.* ordeñador; vaca (etc.) de leche. *V.* MILKING MACHINE.
milkiness [-įnis], *s.* lactescencia.
milking [-įŋ], *s.* ordeño.—**m. machine,** máquina ordeñadora o de ordeñar.
milkmaid [-meįd], *s.* lechera.
milkman [-mæn], *s.* lechero.
milksop [-sap], *s.* marica, mantecón.
milkweed [-wid], *s.* (bot.) vencetósigo.
milkwort [-wœrt], *s.* (bot.) polígala.
milky [-i], *a.* lácteo, lactífero; lechoso, lacticíneo, lechar o lechal; blando, tierno, suave, tímido.—**M. Way,** (astr.) Vía Láctea, Galaxia.
mill [míl]. **I.** *s.* molino; taller, fábrica; (mec.) prensa; hilandería o tejeduría; fábrica de hilados o de tejidos; (fam.) pugilato; una milésima parte; (E. U.) milésimo de dólar.—**m. clack,** tarabilla, cítola.—**m. construction,** (arq.) construcción anticombustible, que en sí misma minora el peligro de incendio, sin ser de materiales incombustibles.—**m. dust,** harija.—**m. hand,** obrero.—**m. hopper,** tolva de molino.—**m. horse,** caballo de tahona.—**m. run** = MILLRACE; (min.) ensayo de molino.—**m. wheel,** rueda de molino.—**to go through the m.,** saber una cosa por experiencia. **II.** *va.* moler, desmenuzar; acordonar (moneda), estriar; fresar. **III.** *vn.* (a veces con **about** o **around**) (ar)remolinar(se), remolinear(se).
millboard [-bɔrd], *s.* cartón de encuadernar.
millcourse [-kɔrs], *s.* = MILLRACE.
milldam [-dæm], *s.* esclusa, represa; dique.
millenarian [mįlɛnériąn], **millenary** [mílɛneri], *a.* y *s.* milenario.
millennial [mįléniąl], *a.*, **millennium** [-iʌm], *s.* milenario.
millepede [mílipid], *s.* (zool.) ciempiés.
millepore [-pɔr], *s.* (zool.) milépora.
miller [mílœ(r)], *s.* molinero, molendero, tahonero; (ent.) mariposa con manchas blancas.—**m.'s-thumb,** (ict.) especie de gobio o coto.
millesimal [mįlésimąl], *a.* y *s.* milésimo.
millet [mílit], *s.* (bot.) mijo.
milliampere [míliæmpir], *s.* (elec.) miliamperio.—**milliam(pere)meter** [-(pir)mitœ(r)], *s.* (elec.) miliamperímetro.
milliard [míliard], *s.* mil millones.
milliare [mílier], *s.* miliárea.
milliary [míliɛri], *a.* miliario, miliar.
millier [milyéi], *s.* tonelada métrica.
milligram(me [míligræm], *s.* miligramo.
milliliter, millilitre [-litœ(r)], *s.* mililitro.
millimeter, millimetre [-mitœ(r)], *s.* milímetro.
millimicron [-maįkran], *s.* milimicrón.
milliner [mílįnœ(r)], *s.* modista de sombreros.
millinery [mílįneri], *s.* cintas, flores, etc., para sombreros de señora; ocupación o tienda de modista o sombrerera.—**m. department,** sección de sombreros (en una tienda).—**m. shop,** o **store,** sombrerería.
milling [míliŋ]. **I.** *s.* molienda, moledura; acordonamiento, acuñación; cordoncillo de la moneda; (metal.) fresado.—**m. about,** remolino. **II.** *a.* de moler, de fresar, etc. *V.* MILL, *va.*—**m. cutter,** o **tool,** fresa.—**m. machine,** fresadora.—**m. saw,** sierra circular de cortar metales.
million [mílyǫn], *s.* millón.
millionaire [-ér], *s.* y *a.* millonario, amillonado.
millioned [-d], *a.* amillonado.
millionth [-θ], *s.* y *a.* millonésimo.
millipede [mílipid], *s.* = MILLEPEDE.
millpond [mílpand], *s.* alberca, cubo.
millrace [-reįs], *s.* caz, *m.*, saetín, canal de molino.
millstone [-stoųn], *s.* muela, piedra molar o de molino.—**m. hammer,** o **pick,** martellina.
millwork [-wœrk], *s.* cualquier obra o producto de un molino, taller, etc.; maquinaria de molino.
millwright [-raįt], *s.* constructor de molinos; el instalador o encargado de la maquinaria en un molino, taller o fábrica.
milord [mįlɔ́rd], *s.* milord.—*pl.* milores.
milquetoast [mílktoųst], *s.* (fam., E. U.) persona miedosa, encogida o cobarde.
milreis [mílreįs], *s.* milréis, *m.* (moneda).
milt [mílt]. **I.** *s.* (anat.) bazo; lechecillas (*f. pl.*) de los peces. **II.** *va.* impregnar las huevas de los peces.
milter [-œ(r)], *s.* pez macho.—**m. and spawner,** pez macho y hembra.
Miltonian [mįltóųnįąn], **Miltonic** [mįltánįk], *a.* miltónico, miltoniano.
mime [maįm], *s.* mimo; truhán, bufón, farsante; pantomima, farsa.
mimeograph [mímiogræf]. **I.** *s.* mimeógrafo (es nombre de fábrica). **II.** *va.* reproducir con el mimeógrafo.
mimesis [mįmísis], *s.* (ret.) mimesis; (biol.) mimetismo; (med.) simulación de una enfermedad por otra.
mimetic(al [mįmétįk(ąl], *a.* imitativo, mímico.
mimic [mímįk]. **I.** *va.* remedar, imitar. **II.** *s.* mimo, pantomimo, remedador. **III.** *a.* mímico, imitativo, burlesco.—**mimically** [-ąli], *adv.* burlescamente, mímicamente.—**mimicry** [-ri], *s.* mímica; bufonería; monería, remedo; (biol.) mimetismo.
mimosa [mįmóųsä], *s.* (bot.) mimosa, sensitiva.
mimulus [mímįulʌs], *s.* (bot.) mímulo.
minacious [mįnéįšʌs], *a.* amenazador.
minaret [mįnarét], *s.* (arq.) minarete, alminar.
minatory [mínatɔri], *a.* amenazador.
mince [míns]. **I.** *va.* desmenuzar, destrizar, capolar; picar (carne), hacer picadillo; medir (las palabras); paliar, atenuar.—**minced oath,** voto atenuado; eufemismo.—**without mincing words,** sin ambages. **II.** *vn.* ser afectado o melindroso en el modo de hablar, andar, etc. **III.** *s.* (raro) afectación.—**m. pie,** pastel relleno de picadillo de carne, fruta y especias.
mincemeat [-mit], *s.* carne picada con frutas, etc., para hacer pasteles.—**to make m. of,** destruir, aniquilar.
mincingly [-įŋli], *adv.* a pedacitos; a pasitos; con afectación.
mind [máįnd]. **I.** *s.* mente, *f.*, entendimiento, pensamiento, inteligencia; espíritu, ánimo; memoria, recuerdo; gusto, propensión, inclinación, afecto; voluntad; intención; opinión, juicio, parecer.—**m. reader,** adivinador del pensamiento ajeno.—**m. reading,** adivinación del pensamiento ajeno.—**m.'s eye,** la imaginación.—**of one m.,** unánimes.—**out of m.,** olvidado.

—out of one's m., loco; fuera de juicio; desvariado.—**to call to m.**, recordar, traer a la memoria.—**to give someone a piece of one's m.**, decir a alguien cuántas son cinco, ponerlo como nuevo.—**to have a m. to**, tener gana de, querer; proponerse.—**to have in m.**, recordar; tener en consideración; pensar en.—**to have on one's m.**, tener mucho en las mientes, preocuparse con.—**to keep in m.**, tener presente o en cuenta.—**to my m.**, a mi ver, a mi juicio.—**to pass out of m.**, olvidarse.—**to set one's m. on**, aplicarse a; desear vivamente.—**with one m.**, unánimemente. **II.** *va.* notar, observar; atender a; cuidar; cuidarse de; (ant.) recordar; tener inconveniente en; oponerse a; hacer caso a o de; obedecer; (ant.) proponerse.—**to m. one's business**, meterse uno en lo que le importa.—**to m. one's P's and Q's**, poner los puntos sobre las íes, tener gran cuidado en lo que se hace o dice. **III.** *vn.* atender, obedecer, hacer caso; tener cuidado.—**never m.**, no importa; no se moleste, no se preocupe.

minded [-ịd], *a.* inclinado, dispuesto, propenso.

mindful [-fụl], *a.* atento, cuidadoso; memorioso.

mindfully [-ị], *adv.* atentamente, cuidadosamente.—**mindfulness** [-nịs], *s.* calidad de cuidadoso o atento.

mindless [-lịs], *a.* sin mentalidad; descuidado, negligente; (raro) necio, insensato.

mine [maịn]. **I.** *pron. pos.* mío, mía, míos, mías; el mío, etc.; lo mío: *this book is mine*, este libro es mío; *your book and mine*, su libro y el mío; *what's mine*, lo mío.—**of m.**, mío.—**it is m.** (seguido de infinitivo), a mí me toca o me cae en suerte; yo puedo a mi arbitrio. **II.** *a.* (ant.) mi, mío (ú. sólo ante vocal o *h*, o después del sustantivo: *mine eyes*, mis ojos; *lady mine*, señora mía).

mine [máịn]. **I.** *s.* (min., fort., art.) mina; (mar.) mina submarina.—**m. detector**, detector de minas.—**m. field**, (mil., mar.) campo de minas explosivas.—**m. layer**, o **sower**, (barco) plantaminas, sembraminas o lanzaminas.—**m. sweeper**, dragaminas, barreminas.—**m. thrower**, obús, mortero de trinchera. **II.** *va.* minar; contraminar, zapar; destruir; extraer (mineral), explotar (una mina). **III.** *vn.* hacer una mina; explotar minas; dedicarse a la minería; hacer trabajos de zapa; dañar secretamente.

miner [-œ(r)], *s.* (min.) minero, barretero; (mil.) minador, zapador.—**m.'s inch** = WATER INCH.

mineral [mínẹrạl], *s.* y *a.* mineral.—**m. cotton**, = M. WOOL.—**m. oil**, petróleo.—**m. jelly**, vaselina, petroleína.—**m. kingdom**, reino mineral.—**m. pitch**, asfalto.—**m. right**, (for.) derecho al subsuelo.—**m. water**, agua mineral. —**m. wax**, ozocerita.—**m. wool**, lana de escoria.

mineralization [-ịzéịŝọn], *s.* mineralización.

mineralize [-aịz], *va.* mineralizar.

mineralizer [-œ(r)], *s.* (quím.) mineralizador.

mineralogic(al [-ádẑịk(ạl], *a.* mineralógico.—**mineralogist** [mịnẹrálodẑịst], *s.* mineralogista.

mineralogize [-dẑaịz], *vn.* recoger y estudiar minerales.

mineralogy [-dẑị], *s.* mineralogía.

minestrone [mịnẹstróụnị], *s.* sopa italiana de legumbres, *minestrone.*

mingle [míŋgl]. **I.** *va.* mezclar, mixturar; confundir. **II.** *vn.* mezclarse, juntarse, incorporarse. —**m.-mangle**, mixtura, miscelánea, almodrote.

mingled [-d], *a.* mezclado, mixto; confuso.

miniate [míniẹịt]. **I.** *a.* rojo, miniado. **II.** *va.* miniar.

miniature [míniạchụr]. **I.** *a.* en miniatura. **II.** *s.* (b. a.) miniatura.—**m. painter**, miniaturista. —**to paint in m.**, miniar. **III.** *va.* representar en miniatura; reducir a escala pequeña.

minify [mínịfaị], *va.* empequeñecer, achicar.

minim [mínịm]. **I.** *s.* (farm.) medida flúida (0.95 grano de agua; casi una gota); (mús.) mínima; (M., igl.) mínimo; pizca, jota, cosa o persona muy insignificante. **II.** *a.* mínimo, pequeñísimo.

minimal [-mạl], *a.* mínimo.

minimize [-maịz], *va.* reducir al mínimo; achicar; menospreciar, tener en menos.

minimum [-mʌm], *s.* y *a.* mínimo; *s.* mínimum.

minimum wage, *s.* sueldo mínimo.

mining [máịniŋ]. **I.** *s.* minería, mineraje, laboreo o explotación de minas; (mil., mar.) acto de sembrar minas explosivas. **II.** *a.* minero, de mina.—**m. camp**, colonia de mineros.—**m. engineer**, ingeniero de minas.—**m. engineering**, ingeniería de minas.—**m. shares**, (Am.) barras.—**m. ship** = MINE LAYER.

minion [mínyọn]. **I.** *s.* privado, valido o paniaguado; esbirro; (impr.) miñona (tipo de 7 puntos); (min.) miñón, mena.—**m. of the law**, polizonte. **II.** *a.* delicado; elegante; bonito; querido.

minister [mínịstœ(r)]. **I.** *s.* ministro (en todas sus acepciones); (igl.) clérigo, pastor.—**M. of Foreign Affairs**, Ministro de Relaciones Exteriores. —**M. of the Interior**, Ministro de la Gobernación o del Interior.—**M. of Public Works**, etc., Ministro de Fomento.—**M. of State**, Ministro de Estado.—**M. of the Treasury**, o **Exchequer**, Ministro de Hacienda. **II.** *va.* y *vn.* dar, (ad)ministrar, suministrar; (ant.) surtir o proveer de. **III.** *vn.* atender, asistir, auxiliar; (igl.) oficiar, decir misa; tender, contribuir.

ministerial [mịnịstírịạl], *a.* ministerial; sacerdotal, parroquial.—**m. benches**, (Ingl.) bancos del gobierno (en la Cámara de los Comunes).

ministerially [-ị], *adv.* ministerialmente.

ministerialism [-ịzm], *s.* ministerialismo.

ministrant [mínịstrạnt]. **I.** *a.* ministrante. **II.** *s.* ministrador; (igl.) oficiante.

ministration [-éịŝọn], *s.* ministración; servicio; agencia; (igl.) ministerio, oficio eclesiástico.

ministry [mínịstrị], *s.* ministerio, oficio, servicio; (pol.) ministerio, gabinete; (igl.) ministerio, clero; ayuda, intervención.—**M. of the Interior**, Ministerio de la Gobernación o del Interior.

minium [míniʌm], *s.* (quím., min.) minio.

miniver [mínịvœ(r)], *s.* cierta piel, gen. blanca; (Ingl., zool.) armiño, con su piel blanca de invierno.

mink [miŋk], *s.* (zool.) visón, y su piel.

minnesinger [mínịsiŋœ(r)], *s.* trovador alemán medieval.

minnow [mínoụ], *s.* (ict.) pez pequeño de agua dulce que se usa como cebo.

minor [máịnọ(r)]. **I.** *a.* menor; secundario, inferior; leve (ofensa, etc.); (mús.) menor.—**m. key**, tono menor.—**m. mode**, modo menor.—**m. orders**, (igl.) (órdenes) menores, *f. pl.*—**M. Prophets**, profetas (*m.*) menores.—**m. term**, (lóg.) término menor (de un silogismo). **II.** *s.* menor (de edad); (lóg.) menor; (mús.) tono menor; asignatura(s) de importancia secundaria en un programa de estudios. **III.** *vn.* (con **in**) estudiar como materia secundaria. *V.* MAJOR.

Minorcan [mịnórkạn], *a.* y *s.* menorquín.

Minorite [máinoraịt], *s.* (igl.) menor, franciscano.

minority [maịnárịtị]. I. *s.* minoridad, menoría o menor edad; minoría, los menos. II. *a.* minoritario.—**m. report**, informe disidente.—**m. stockholders**, (com.) accionistas de la minoría.

Minotaur [mínotɔr], *s.* (mit.) minotauro.

minster [mínstœ(r)], *s.* monasterio; basílica, catedral, *f.*

minstrel [mínstrẹl], *s.* trovador, cantor; (E. U.) cantor cómico que se tizna la cara e imita a los negros; (poét.) bardo.—**minstrelsy** [-sị], *s.* arte u ocupación del *minstrel;* gaya ciencia; cantoría; compañía de *minstrels;* colección de cantos.

mint [mịnt]. **I.** *s.* casa de moneda, ceca; (fig.) mina, Potosí, dineral; (bot.) menta, hierbabuena; matapulgas.—**m. julep**, aguardiente de hierbabuena.—**m. master**, director de la casa de moneda. **II.** *va.* acuñar, amonedar; inventar, forjar, fraguar.

mintage [míntidž], *s.* monedería, amonedación; braceaje; derechos de cuño, monedaje.
minter [míntœ(r)], *s.* acuñador; inventor.
minuend [mínyuend], *s.* (arit.) minuendo.
minuet [minyuét], *s.* (danz. y mús.) minué, minuete.
minus [máinʌs]. **I.** *prep.* menos (−); falto de; sin. **II.** *a.* (mat. y elec.) negativo; sin valor positivo; deficiente.—**m. lens,** (ópt.) lente divergente.—**m. sign,** (mat.) signo menos (−).—**to be, come out,** etc., **m. (something),** (fam.) haber perdido, salir perdiendo (algo). **III.** *s.* cantidad negativa; deficiencia; (mat.) signo menos (−).
minute [mainiút], *a.* menudo, pequeño, diminuto, minúsculo; nimio, minucioso, circunstanciado.
minute [mínit]. **I.** *s.* minuto, momento, instante; (geom., etc.) minuto; (arq.) parte determinada del módulo; minuta, nota, apuntamiento.—*pl.* minutas, actas; memoria auténtica.—**m. book,** minutario, libro de actas o de minutas.—**m. glass,** ampolleta de un minuto.—**m. gun,** cañón disparado de minuto en minuto.—**m. hand,** minutero.—**m. of arc,** (geom.) minuto de la circunferencia, arco de 1 minuto.—**m. steak,** filete al minuto.—**m. watch,** reloj de minutero.—**m. wheel,** rueda de los minutos.—**this (very) m.,** ahora mism(it)o. **II.** *va.* minutar, anotar, apuntar.
minutely [mainiútli], *adv.* minuciosa, detallada o circunstanciadamente; ce por be, por menor, por menudo; [mínitli], por minutos, a intervalos de un minuto.
minuteman [mínitmæn], *s.* (E. U., hist.) miliciano pronto para prestar servicio en el acto.
minuteness [mainiútnis], *s.* minuciosidad; suma pequeñez.
minutia [miniúŝiä], *s.* minucia, detalle menudo o minucioso.—*pl.* **minutiae** [-ŝii], minucias, menudencias, trivialidades.
minx [minks], *s.* moza descarada.
Miocene [máiosin], *a.* (geol.) mioceno.
miracle [mírakl], *s.* milagro; maravilla; (teat.) auto dramático.—**m. monger,** milagrero.—**m. play,** auto, drama (*m.*) en que se representan episodios bíblicos o de personajes religiosos.—**m. worker,** taumaturgo.—**m. working,** taumaturgia.
miraculous [mirǽkyulʌs], *a.* milagroso.
miraculously [-li], *adv.* milagrosamente.
miraculousness [-nis], *s.* calidad de milagroso.
mirage [miráž], *s.* espejismo, miraje.
mire [máir(r)]. **I.** *s.* cieno, lodo, fango, tarquín; lodazal, cenagal. **II.** *va.* encenagar, enlodar. **III.** *vn.* atorarse, atollarse, atascarse en el fango.
miriness [-inis], *s.* calidad de fangoso.
mirk [mœ́rk], *s.*, **mirk(y** [-i], *a.* = MURK(Y).
mirror [míro(r)]. **I.** *s.* espejo, luna; ejemplar, modelo.—**m. frame,** marco; tremó.—**m. plate,** luna. **II.** *va.* reflejar, retratar.—**mirror-like** [-laik], *a.* espejado.
mirth [mœ́rθ], *s.* alegría, regocijo o júbilo.—**mirthful** [-ful], *a.* alegre, regocijado, gozoso.—**mirthfully** [-i], *adv.* alegremente, jovialmente.—**mirthless** [-lis], *a.* triste, abatido.
miry [máiri], *a.* cenagoso, lodoso, fangoso.
misadventure [misadvénchū(r)], *s.* desgracia, contratiempo, percance, desventura, revés.
misalliance [misaláians], *s.* matrimonio morganático, o con persona de clase inferior.
misanthrope [mísanθroup], **misanthropist** [misǽnθropist], *s.* misántropo.—**misanthropic(al** [misanθrápik(al], *a.* misantrópico.—**misanthropy** [misǽnθropi], *s.* misantropía.
misapplication [misæplikéiŝon], *s.* mala aplicación, mal uso.—**misapply** [misaplái], *va.* hacer mal uso de; aplicar mal.
misapprehend [misæprihénd], *va.* entender mal.
misapprehension [-hénŝon], *s.* error, concepto erróneo, falsa interpretación.
misappropriate [misapróuprieit], *va.* malversar, distraer (fondos).—**misappropriation** [-éiŝon], *s.* malversación o distracción de fondos.
misbecome [misbikʌ́m], *va.* no ser propio de, ser indigno de, no convenir a.
misbegot(ten [misbigát(n], *a.* mal habido, ilegítimo; bastardo.
misbehave [misbihéiv], *vn.* y *vr.* portarse mal.
misbehaved [-d], *a.* que se porta mal; reacio, travieso, malcriado.
misbehavior [-yo(r)], *s.* desmán, mal comportamiento.
misbelief [misbilíf], *s.* error; incredulidad; herejía, heterodoxia.—**misbelieve** [-lív], *vn.* estar en error; *va.* descreer.—**misbeliever** [-œ(r)], *s.* incrédulo; hereje.
miscalculate [miskǽlkiuleit], *va.* calcular mal.
miscalculation [-éiŝon], *s.* error, mal cálculo; cuenta errada, yerro de cuenta.
miscall [miskól], *va.* nombrar impropiamente.
miscarriage [miskǽridž], *s.* aborto, malparto; fracaso, malogro; extravío, desmán.
miscarry [miskǽri], *vn.* frustrarse, malograrse, salir mal; abortar, malparir; extraviarse.
miscegenation [misidžɛnéiŝon], *s.* mezcla de razas.
miscellaneous [-niʌs], *a.* misceláneo, mezclado; diverso.
miscellany [míseleini], *s.* silva, miscelánea.
mischance [mischǽns], *s.* desgracia, infortunio.
mischarge [mischárdž], *va.* cargar indebidamente en cuenta.
mischief [míschif], *s.* mal, daño; injuria, agravio; travesura, diablura, barrabasada; persona traviesa; (fam.) Barrabás.—**m.-maker,** dañador; chismoso, enredador.—**m.-making,** dañino, perjudicial.
mischievous [míschivʌs], *a.* dañino, dañoso; malicioso o malévolo; chismoso o enredador; juguetón, travieso.—**-ly** [-li], *adv.* perversamente; con o por travesura; dañosa o perjudicialmente.—**mischievousness** [-nis], *s.* malicia, perversidad; picardía, travesura.
miscibility [misibíliti], *s.* miscibilidad.
miscible [mísibl], *a.* miscible.
misclaim [miskléim], *s.* pretensión mal fundada.
misconceive [miskonsív], *va.* y *vn.* formar concepto erróneo, juzgar mal.
misconception [-sépŝon], *s.* concepto erróneo, equivocación, engaño; mala inteligencia; mala interpretación.
misconduct [miskándʌkt], *s.* mala conducta o mal manejo, mal porte, extravío.
misconduct [miskondʌ́kt], *va.* y *vr.* conducir, administrar o manejar mal; portarse mal.
misconstruction [miskonstrʌ́kŝon], *s.* mala interpretación, error; mala construcción.
misconstrue [miskonstrú], *va.* interpretar erróneamente, entender mal; viciar el sentido.
miscount [miskáunt]. **I.** *va.* y *vn.* contar mal; equivocarse en la cuenta. **II.** *s.* yerro de cuenta, mal cálculo.
miscreant [mískriant], *s.* malandrín, malvado.
miscue [miskiú]. **I.** *s.* (billar) pifia; (fam.) error, desacierto. **II.** *vn.* pifiar; (teat.) equivocarse de apunte.
misdate [misdéit], *va.* fechar falsamente, o poner fecha equivocada.
misdeal [misdíl]. **I.** *s.* turno (de naipes) mal tallado, turno errado. **II.** *va.* y *vn.* tallar (naipes) mal.
misdeed [misdíd], *s.* fechoría, delito.
misdemean [misdimín], *vn.* portarse mal.
misdemeanant [-ant], *s.* (for.) reo de delito menor.
misdemeanor [-o(r)], *s.* mala conducta; (for.) fechoría, delito de menor cuantía.
misdirect [misdirékt], *va.* dirigir erradamente.—**misdirection** [-kŝon], *s.* mala dirección; informe falso.
misdo [misdú], *va.* y *vn.* (pret. MISDID; *pp.* MISDONE) errar, hacer mal o disparatadamente; faltar o delinquir.—**misdoer** [-œ(r)], *s.* malhechor, criminal.—**misdoing** [-in], *s.* falta, mala acción; yerro.

mise en scène [miz an sén], *s.* (teat.) aparato escénico; puesta en escena.
misemploy [misemplói], *va.* abusar; emplear mal. —**misemployment** [-mgnt], *s.* abuso.
miser [máizœ(r)], *s.* avaro, avariento, tacaño.
miserable [mízerabl], *a.* miserable, desdichado, infeliz; pobre, menguado; sin valor; despreciable; lastimoso, lastimero.—**miserably** [-bli], *adv.* miserablemente.
Miserere [mizeríri], *s.* (igl.) miserere.
misericord(e [mizerikórd], *s.* puñal con que se daba el golpe de gracia; relajación de una regla monástica; (arq., igl.) misericordia (de un asiento de coro) (ll. t. **miserere**).
miserliness [máizœrlinis], *s.* avaricia, tacañería, mezquindad, cicatería.—**miserly** [-li], *a.* avariento, tacaño, mezquino.
misery [mízeri], *s.* miseria, desgracia; aflicción; calamidad; dolor continuo.
misfeasance [misfízans], *s.* (for.) acto legal hecho de una manera ilegal; infidencia.
misfire [misfáir]. **I.** *vn.* no dar fuego; no reventar. **II.** *s.* hecho de no reventar o dar fuego.
misfit [misfít]. **I.** *va.* y *vn.* ajustar o entallar mal, no sentar bien, no encajar. **II.** *s.* lo que no sienta, ajusta, entalla o encaja bien; mal ajuste; individuo que no se adapta bien al ambiente.
misfortune [misfórchun], *s.* desgracia, desdicha, contratiempo, percance, infortunio, revés.
misgive [misgív]. **I.** *va.* (*pret.* MISGAVE; *pp.* MISGIVEN) llenar de dudas o recelos; hacer temer o dudar. **II.** *vn.* ser receloso o tímido; faltar valor. —**misgiving** [-iŋ], *s.* recelo, duda, presentimiento, rescoldo; desconfianza, temor.
misgovern [misgÁvœrn], *va.* desgobernar, gobernar o administrar mal.—**misgovernment** [-mgnt], *s.* desgobierno, mala administración.
misguidance [misgáidans], *s.* dirección errada; extravío, error.—**misguide** [misgáid], *va.* des(en)caminar, descarriar, extraviar; engañar, seducir.—**misguided** [-id], *a.* = MISLED.
mishandle [mishǽndl], *va.* manejar o manipular mal; administrar mal; maltratar, abusar.
mishap [mishǽp], *s.* desgracia, accidente, contratiempo.
mishear [mishír], *va.* y *vn.* (*pret.* y *pp.* MISHEARD) oír mal, trasoír, entreoír.
mishmash [míšmæš], *s.* almodrote, mescolanza.
misinform [misinfórm], *va.* y *vn.* mal enterar o informar; dar informes erróneos.—**misinformation** [-éišon], *s.* información errónea.
misinterpret [misintœ́rprit], *va.* y *vn.* interpretar mal, torcer, entender mal.—**misinterpretation** [-éišon], *s.* mala o falsa interpretación.
misjudge [misdžÁdž], *va.* y *vn.* errar, juzgar mal.
misjudgment [-mgnt], *s.* juicio errado, equivocado o injusto.
mislay [misléi], *va.* (*pret.* y *pp.* MISLAID) colocar mal, extraviar, traspapelar, perder.
mislead [mislíd], *va.* (*pret.* y *pp.* MISLED) extraviar, descaminar, descarriar, despistar; conducir a conclusiones erróneas; alucinar, engañar, seducir, pervertir.
misleading [-iŋ], *a.* engañoso; de falsas apariencias.—**misled** [misléd], *a.* engañado, iluso, seducido.
mismanage [mismǽnidž], *va.* manejar o administrar mal.—**mismanagement** [-mgnt], *s.* mal manejo, mala administración, desgobierno, desconcierto.—**mismanager** [-œ(r)], *s.* mal administrador.
mismarriage [mismǽridž], *s.* mal matrimonio, matrimonio desacertado.
mismatch [mismǽch]. **I.** *va.* desigualar; malcasar; desproporcionar, deshermanar, desajustar. **II.** *s.* apareamiento o casamiento desigual o desproporcionado.
mismate [misméit], *va.* malcasar.
misname [misnéim], *va.* trasnombrar, equivocar el nombre.
misnomer [misnóumœ(r)], *s.* nombre inapropiado; (for.) nombre erróneo.
misogamist [miságamist], *s.* misógamo.
misogamy [-mi], *s.* misogamia.
misogynist [misádžinist], *s.* misógino.
misogyny [-ni], *s.* misoginia.
misoneism [misoníizm], *s.* misoneísmo.
misoneist(ic [-ist, -niístik], *s.* y *a.* misoneísta.
misplace [mispléis], *va.* colocar mal o fuera de su sitio; extraviar, traspapelar.
misprint [misprínt]. **I.** *va.* imprimir con erratas. **II.** *s.* (impr.) errata, error de imprenta.
misprision [misprížon], *s.* (for.) comisión u ocultación de un crimen o delito.
misprize [mispráiz], *va.* des(a)preciar.
mispronounce [mispronáuns], *va.* y *vn.* pronunciar mal.—**mispronunciation** [-nʌnsiéišon], *s.* pronunciación incorrecta.
misproportion [misproporšon], *va.* desproporcionar.
misquotation [miskwotéišon], *s.* cita falsa o equivocada.—**misquote** [miskwóut], *va.* citar falsa, equivocada o erróneamente.
misread [misríd], *va.* leer mal, interpretar mal; leer erradamente, entender mal.
misreport [misripórt]. **I.** *va.* dar una noticia falsa. **II.** *s.* informe falso o erróneo.
misrepresent [misreprizént], *va.* desfigurar, pervertir, tergiversar, disfrazar, falsificar.
misrepresentation [-éišon], *s.* falsedad, noticia o relación falsa, tergiversación.
misrule [misrúl]. **I.** *va.* y *vn.* gobernar mal; desgobernar. **II.** *s.* mal gobierno; desgobierno; confusión, desorden.
Miss [mis], *s.* (*pl.* MISSES) señorita (título que se da a una soltera: *Miss Brown*, la señorita Brown; *the Miss Browns* o *the Misses Brown*, las señoritas Brown); (**m.**), muchacha, jovencita.
miss. I. *va.* errar (el tiro, el golpe, etc.); no acertar con, no ver, no comprender; equivocar; perder (el tren, la función, un goce); echar de menos; pasar sin, abstenerse de, carecer de; pasar por alto, dejar de hacer.—**to m. fire,** fallar el tiro. —**to m. stays,** (mar.) faltar la virada, no virar. —**to m. the mark,** errar el blanco o el tiro.—**to m. the point,** no dar en el busilis, no comprender el verdadero sentido. **II.** *vn.* frustrarse, salir mal, malograrse; marrar, errar, faltar; fallar.—**to m. out,** (fam.) llevarse chasco; llegar tarde. **III.** *s.* malogro, fracaso, marra; pérdida, extravío; falta.
missal [mísal], *s.* (igl.) misal.
missend [misénd], *va.* (*pret.* y *pp.* MISSENT) enviar o dirigir mal.
misshape [misšéip], *va.* deformar, desfigurar, afear.—**misshapen** [-n], *a.* disforme, deformado.
missile [mísil]. **I.** *a.* arrojadizo. **II.** *s.* proyectil; arma arrojadiza.
missing [mísiŋ], *a.* extraviado, perdido; desaparecido; ausente.—**m. link,** eslabón perdido o que falta.—**to be m.,** faltar, estar extraviado, etc.; haber desaparecido.
mission [míšon], *s.* misión (diplomática o religiosa, etc.); comisión; (mil.) salida de uno o más aviones para un ataque aéreo.—**m. school,** escuela de caridad, dirigida por misioneros, donde se da instrucción general y religiosa; escuela preparatoria para misioneros.
missionary [-eri]. **I.** *s.* misionario; (igl.) misionero. **II.** *a.* misional.—**m. station,** (igl.) misión.
missis, missus [mísiz, mísʌz], *s.* (fam. o dial.) esposa; señora o ama de casa.
missive [mísiv]. **I.** *a.* misivo, enviadizo. **II.** *s.* carta, misiva, comunicación escrita.
misspell [misspél], *va.* (*pret.* y *pp.* MISSPELLED o MISSPELT) deletrear mal, escribir con mala ortografía.—**misspelling** [-iŋ], *s.* deletreo erróneo, falta de ortografía.
misspend [misspénd], *va.* (*pret.* y *pp.* MISSPENT) malgastar, malbaratar, desperdiciar.
misspent [misspént], *a.* malgastado, malbaratado, desperdiciado.
misstate [misstéit], *va.* relatar o exponer falsamente.—**misstatement** [-mgnt], *s.* relación

equivocada o falsa, error, falencia, aserción errónea.
misstep [mįsstép]. I. *vn.* dar un paso en falso, tropezar. II. *s.* paso falso, desliz, *m.*; tropiezo.
missy [mísį], *s.* (fam.) señorita, niña.
mist [mįst], I. *s.* niebla, neblina, bruma, calígine, *f.*, chipichipi; vapor. II. *va.* anieblar, anublar, empañar, obscurecer. III. *vn.* lloviznar.
mistakable [mįstéįkąbl], *a.* confundible, equivocable, que puede ser equivocado.
mistake [mįstéįk]. I. *va.* (*pret.* MISTOOK; *pp.* MISTAKEN) equivocar, comprender mal; trabucar, tomar una cosa por otra. II. *vn.* errar, equivocarse, engañarse. III. *s.* equivocación, error, yerro, desacierto; errata.—**and no m.,** sin duda alguna, con toda seguridad.—**to make a m.,** equivocarse, desacertar.
mistaken [-n], *a.* erróneo, incorrecto; equivocado; errado, desacertado.
mistakenly [-lį], **mistakingly** [-įŋlį], *adv.* equivocadamente, erróneamente.
Mister [místœ(r)], *s.* señor (término de cortesía, cuya abreviatura es **Mr.**).
misterm [mįstœ́rm], *va.* trasnombrar, dar un nombre equivocado o impropio.
mistimed [mįstáįmd], *pp.* y *a.* inoportuno, extemporáneo, intempestivo, fuera de sazón.
mistiness [místįnįs], *s.* calígine, *f.*, nebulosidad, calidad de brumoso, etc.
mistletoe [mísltoų], *s.* (bot.) muérdago, liga.
mistook [mįstúk], *pret.* de TO MISTAKE.
mistral [místrąl], *s.* (viento) maestral o mi(n)stral.
mistranslate [mįstrænsléįt], *va.* traducir mal.
mistranslation [-éįšǫn], *s.* traducción errónea.
mistreat [mįstrít], *va.* maltratar; abusar de.—**mistreatment** [-męnt], *s.* maltrat(amient)o.
mistress [místrįs], *s.* señora; dueña, ama; concubina, querida, cortejo, daifa; (Ingl.) maestra; (poét.) dama, mujer cortejada; (con **of**) conocedora (de) a fondo, perita (en); (**M.**), título que se da a las casadas y equivale en español a Señora (se escribe **Mrs.** y en este sentido se pronuncia *mísįz*); aplicado a las solteras se escribe **Miss** (*v.* esta voz).—**M. of the Robes,** camarera mayor de una reina o princesa.—**M. of the Seas,** la Gran Bretaña.
mistrial [mįstráįąl], *s.* (for.) juicio nulo por causa de error o por desacuerdo del jurado.
mistrust [mįstrʌ́st]. I. *s.* desconfianza. II. *va.* desconfiar de, dudar de; sospechar, recelar.—**mistrustful** [-fųl], *a.* desconfiado; receloso.—**mistrustfully** [-į], *adv.* desconfiadamente.—**mistrustfulness** [-nįs], *s.* desconfianza; recelo.—**mistrustingly** [-įŋlį], *adv.* con desconfianza.
misty [místį], *a.* brumoso, cali(gi)noso, nebuloso.
misunderstand [mįsʌndœrstǽnd], *va.* (*pret.* y *pp.* -STOOD) entender mal; tomar en sentido erróneo.
misunderstanding [-įŋ], *s.* concepto falso, equivocación, error, mala inteligencia; desavenencia, disensión.—**misunderstood** [-stúd], *a.* mal entendido o comprendido.
misusage [mįsyúsįdž], **misuse** [mįsyús], *s.* abuso; maltrato, estropeo.
misuse [mįsyúz], *va.* maltratar, tratar mal; estropear; abusar de.—**misused** [-d], *a.* maltrecho.
mite [maįt], *s.* pizca, triza, mota; blanca, ardite; óbolo; (ent.) ácaro, gorgojo, arador.
miter, mitre [máįtœ(r)]. I. *s.* (igl.) mitra; tiara (del Papa); dignidad de obispo; (mec.) inglete; (cost.) escudete, contrete.—**m. block, m. box,** caja de ingletes.—**m. gear,** (mec.) = BEVEL GEAR.—**m. joint,** junta a inglete. II. *va.* conferir una mitra a; adornar con mitra o algo parecido; (mec.) juntar con inglete; cortar ingletes.—**mitered, mitred** [-d], *a.* (igl.) mitrado.
mitigant [mítįgąnt], *a.* mitigante, calmante.
mitigate [-geįt]. I. *va.* mitigar, calmar, suavizar, aplacar, atenuar. II. *vn.* mitigarse.—**mitigation** [-géįšǫn], *s.* mitigación.—**mitigative, mitigatory** [-geįtįv, -gątorį], *a.* y *s.* mitigativo, lenitivo, calmante.—**mitigator** [-geįtǫ(r)], *s.* mitigador, lenitivo.
mitis [máįtįs], *s.* hierro forjado alumínico colado, fundición maleable Wittenstrom-Ostberg.—**m. casting,** pieza vaciada de hierro forjado alumínico; procedimiento de fabricación de estas piezas.—**m. metal** = MITIS.
mitosis [mįtóųsįs], *s.* (biol.) mitosis, cariocinesis.
mitral [máįtrąl], *a.* (anat.) mitral (válvula).
mitre [máįtœ(r)], *va.* y *s.* = MITER.
mitt [mít], *s.* mitón, confortante, maniquete; guante especial para jugar al beisbol. *V.* MITTEN.
mitten [-n], *s.* guante con dedo para el pulgar, pero sin separaciones para los otros cuatro dedos; (fam.) calabazas, repulsa de un amante. —*pl.* (fam.) guantes para el boxeo; (fam.) las manos.—**to get (to give) the m.,** recibir (dar) calabazas.
mittimus [mítįmʌs], *s.* (for.) auto o decreto de prisión.
mix [míks]. I. *va.* mezclar, mixturar, inmiscuir; (fam.) embarullar, emburujar; aderezar (ensalada); amasar; hacer, confeccionar (hormigón, etc.); cruzar (animales); (con **up**) incorporar, asociar, unir, confundir; envolver. II. *vn.* mezclarse.—**to m. well,** hacer buenas migas. III. *s.* mezcla de ingredientes; proporciones de los ingredientes de una mezcla.—**m.-up,** (fam.) lío, confusión; agarrada, sarracina.
mixable [-ąbl], *a.* mezclable, miscible, que puede mezclarse.
mixed [-t], *a.* mezclado; mixto; misceláneo; (gen. con **up**) confundido; atolondrado; revuelto; envuelto (en).—**m. marriage,** matrimonio entre los de distintas razas o religiones.—**m. metal,** aleación.—**m. number,** número mixto.—**m. pickles,** encurtido mezclado (de varias legumbres).—**m. train,** tren mixto.
mixer [-œ(r)], *s.* mezclador, mixturero; (constr.) mezcladora, hormigonera.—**good m.,** (fam.) persona sociable y adaptable.
mixing [-įŋ]. I. *a.* mezclador. II. *s.* mezcla(dura), mezclamiento.
mixt (*pret.* y *pp. irr.* de TO MIX) = MIXED.
mixtilineal, mixtilinear [mįkstįlínįąl, -ą(r)], *a.* (geom.) mixtilíneo.
mixture [míkschų(r)], *s.* mezcla(dura), mezclamiento; mixtura; mezcla, producto de ingredientes mezclados (hormigón, etc.); miscelánea, mescolanza, mixtifori. *V.* MIX.
mizen, mizzen [mízn], *s.* (mar.) mesana.—**m. shrouds,** jarcia de mesana.—**m. topsail,** sobremesana.—**mizzenmast** [-mæst], *s.* palo de mesana.
mnemonic(al [nįmánįk(ąl], *a.* mnemotécnico.
mnemonics [-s], *s.* mnemónica.
moa [móųą], *s.* (pal.) dinornis, *m.*, gran pájaro de Nueva Zelandia ya extinguido.
Moabite [móųąbaįt], *s.* y *a.* moabita, *mf.*
moan [móųn]. I. *s.* quejido, gemido, queja, lamento, plañido. II. *va.* lamentar, llorar, deplorar. III. *vn.* gemir, quejarse; lamentarse.
moanful [-fųl], *a.* lamentable, triste; quejumbroso.—**moanfully** [-į], *adv.* lamentablemente; quejumbrosamente, con gemidos o quejidos.
moat [moųt]. I. *s.* (fort.) foso. II. *va.* rodear con fosos.
mob [máb]. I. *s.* chusma, populacho, gentuza; (fam.) turbamulta; multitud; cofia, toca o gorra de mujer (ll. t. **mobcap**).—**m. rule,** oclocracia. II. *va.* atropellar, hacer asonada a. III. *vn.* tumultuarse, formar un tropel, promover alborotos.
mobile [móubįl]. I. *a.* móvil, movible. II. [móųbil], *s.* (b.a.) escultura móvil.
mobile home, *s.* casa a remolque.
mobility [mobílįtį], *s.* movilidad; volubilidad, instabilidad.
mobilization [-zéįšǫn], *s.* movilización.
mobilize [móųbįlaįz], *va.* movilizar, poner en pie de guerra; poner en movimiento.

mobocracy [mabákrąsi], *s.* gobierno de (por) la muchedumbre; la muchedumbre gobernante.—**mobocrat** [mábokræt], *s.* partidario del gobierno de la muchedumbre; demagogo.
moccasin [mákąsin], *s.* mocasín o mocasina, calzado de cuero sin curtir; (zool.) mocasín, serpiente venenosa.
mocha [móųkā], *s.* moca o moka, *m.*, café de Moca.
mock [mák]. **I.** *va.* mofar, escarnecer; remedar, imitar, copiar; engañar, burlar. **II.** *vn.* (con **at**) burlarse de, mofarse de, hacer mofa de. **III.** *s.* mofa, befa, escarnio, burla; mímica. **IV.** *a.* ficticio, falso, imitado; cómico, burlesco; irónico.—**m.-heroic,** (poét.) épico-burlesco.—**m. moon** = PARASELENE.—**m. orange,** (bot.) jeringuilla.—**m. privet,** (bot.) labiérnago.—**m. sun** = PARHELION.—**m. turtle soup,** sopa hecha con cabeza de ternera a imitación de tortuga.
mocker [-œ(r)], *s.* mofador, escarnecedor.
mockery [-i], *s.* mofa, burla, irrisión; remedo.
mocking [-iŋ], *a.* burlón, mofador.—**m. thrush,** (orn.) mirlo burlón.—**mockingbird** [-bœrd], *s.* (orn.) sinsonte; arrendajo.
mockingly [-li], *adv.* burlonamente, con mofa.
mock-up [-ʌp], *s.* (mec., etc.) modelo en escala natural, maqueta.
modal [móųdąl], *a.* modal.
modal auxiliary, *s.* (gram.) verbo auxiliar modal.
modality [modǽliti], *s.* modalidad; carácter modal, diferencia accidental.
mode [moųd], *s.* modo, manera, forma, vía; moda, uso, costumbre; (gram., filos. mús.) modo; (mús.) modalidad; (estadística) valor que ocurre con la mayor frecuencia.
model [mádęl]. **I.** *s.* modelo, ejemplar o patrón; (proto)tipo; muestra; horma; dechado, pauta, plantilla, figurín; mujer que sirve de figurín en tiendas de ropa; (b. a.) modelo vivo. **II.** *a.* modelo, ejemplar.—**m. house,** casa modelo.—**m. school,** escuela experimental o de práctica, anexa a una normal y que sirve tanto de modelo como de escuela de prueba en que los alumnos de la normal enseñan bajo la dirección de sus maestros. **III.** *va.* modelar; moldear; (b. a.) modelar; (fund.) hacer un molde de.
modeller [-œ(r)], *s.* modelador, trazador.
model(l)ing [-iŋ]. **I.** *s.* (b. a.) modelado. **II.** *a.* modelador.—**m. board,** terraja.
moderate [máděrit]. **I.** *a.* moderado, quieto, templado, tranquilo; regular, ordinario; razonable, sobrio; bonancible, suave; módico (en precio). **II.** *s.* (pol., etc.) moderado. **III.** [mádęreit], *va.* moderar, reprimir; templar, modificar; calmar; presidir. **IV.** *vn.* moderarse, calmarse, apaciguarse; presidir.
moderately [-li], *adv.* moderadamente; razonablemente; módicamente; medianamente.
moderateness [-nis], *s.* moderación; modicidad.
moderation [-éišǫn], *s.* moderación, medida; sobriedad, templanza, frugalidad, economía; presidencia, acto de presidir.—*pl.* (Ingl.) exámenes universitarios.—**in m.,** sin excesos, dentro de límites razonables.
moderatism [-izm], *s.* moderantismo.
moderator [mádęreitǫ(r)], *s.* moderador, moderante, concordador, árbitro; (mec.) regulador; presidente de una sesión, cuerpo legislativo o congregación presbiteriana; (Ingl.) examinador en las universidades.—**m. lamp,** lámpara de regulador.
moderatorship [-šip], *s.* oficio y dignidad de MODERATOR.
moderatrix [-triks], *s.* moderadora; presidenta.
modern [mádœrn]. **I.** *a.* moderno, reciente.—**m. improvements,** mejoras modernas.—**m. languages,** lenguas vivas. **II.** *s.* modernista.
modernism [-izm], *s.* modernismo.
modernist [-ist], *s.* modernista.
modernistic [-ístik], *a.* modernista.
modernity [madœ́rniti], *s.* modernidad; novedad.
modernization [-izéišǫn], *s.* modernización.
modernize [-aiz], *va.* modernizar; resucitar.
modernness [-nis], *s.* calidad de moderno, modernidad; novedad.
modest [mádist], *a.* modesto, pudoroso, recatado, casto; humilde, sencillo, sin pretensiones.—**modestly** [-li], *adv.* modestamente.
modesty [-i], *s.* modestia, pudicicia, pudor, recato.—**m. piece,** bobillo (encaje).
modicum [mádikʌm], *s.* pitanza, bocado, porción pequeña; poco.
modifiable [mádifaiąbl], *a.* modificable.
modification [-fikéišǫn], *s.* modificación.
modificative [-fikeitiv], *a.* modificativo.
modifier [-faiœ(r)], *s.* modificador; (gram.) modificante, palabra modificativa.
modify [-fai], *va.* modificar; cambiar; moderar.—**modifying** [-iŋ], *a.* modificante, modificativo.
modillion [modílyǫn], *s.* (arq.) modillón, can, cartela.
modish [móųdiš], *a.* hecho o conforme a la moda.
modist [móųdist], *s.* el o la que sigue la moda.
modiste [moųdíst], *s.* modista.—**m.'s shop,** (Am.) modistería.—**modistry** [móųdistri], *s.* modistería.
modular [mádžųlā(r)], *a.* modular.
modulate [mádžųleit]. **I.** *va.* modular, entonar. **II.** *va.* y *vn.* (mús.) modular, cambiar de tono.—**modulating** [-iŋ], *a.* modulador.—**modulation** [-éišǫn], *s.* (mús.) modulación; (arq.) módulo.—**modulator** [-ǫ(r)], *s.* modulador, gorjeador.
module [mádžul], *s.* módulo.—**landing m.,** (astronáut.) módulo de aterrizaje.—**lunar m.,** (astronáut.) módulo lunar.
modulus [-ʌs], *s.* (mat., fís.) módulo; coeficiente.
modus [móųdʌs], *s.* modo, manera.—**m. operandi,** modo de funcionar.—**m. vivendi,** convenio interino entre dos naciones.
mofette [mofét], *s.* mofeta.
mogul [mogʌ́l], *s.* mogol, personaje importante; naipe de la mejor calidad; locomotora de gran tamaño.—**the Great M.,** el Gran Mogol. *V.* MONGOL.
mohair [móųhɛr], *s.* el pelo sedoso de la cabra de Angora; (tej.) tela hecha con dicho pelo, o imitación de esta tela.
Mohammedan [moųhǽmedąn], *s.* y *a.* mahometano, mahomético, muslime, agareno.
Mohammedanism [-izm], *s.* mahometismo.
Mohammedanize [-aiz], *va.* mahometizar.
Mohican, Mohegan [mohíkąn, -gąn], *s.* mohicano, miembro de cierta tribu india.
moiety [mɔ́iẹti], *s.* mitad.
moil [mɔil]. **I.** *vn.* fatigarse, afanarse. **II.** *s.* faena, trabajo penoso; confusión, baraúnda; mancha.
moire, moiré [mwar, mwaréi], *s.* (tej.) muer, moaré, muaré.
moist [mɔist], *a.* húmedo; lloroso; lluvioso.
moisten [mɔ́isn], *va.* humedecer, humectar, mojar ligeramente.
moistener [-œ(r)], *s.* humedecedor, (re)mojador.—**moistening** [-iŋ], *a.* humectante, humectativo.
moistness [mɔ́istnis], *s.* calidad de húmedo o mojado.—**moisture** [mɔ́ischū(r)], *s.* humedad.
molal [móųlął], *a.* (quím.) molal.
molality [moulǽliti], *s.* (quím.) molalidad.
molar, molary [móųlā(r), -i], *a.* (anat., zool.) molar, referente a una muela; (med.) concerniente a una mola; (mec., fís.) relativo a la masa.—**molar (tooth),** muela, diente molar.
molarity [molǽriti], *s.* (fís., quím.) molaridad.
molasses [molǽsiz], *s.* melaza, miel (*f.*) de purga.—**m. candy,** melcocha.
mold, molder, molding, etc. = MOULD, etc.
Moldavian [maldéiviąn], *s.* y *a.* moldavo.
mole [móųl], *s.* lunar (en la piel); mancha; muelle, dique, malecón, espolón; (zool.) topo; (med.) mola.—**m. cricket,** (ent.) grillotalpa, cortón.—**m.-eyed,** (fam.) cegato.—**m. furs** = MOLESKIN.—**m. gray,** gris oscuro.—**m. rat,** (zool.) ratón topo.

molecast [-kæst], *s.* = MOLEHILL.
molecular [molékyu̧lă(r)], *a.* molecular.
molecular weight, *s.* (fís.) peso molecular.
molecule [málịkiul], *s.* (quím., fís.) molécula.
molehill [móu̧lhil], **molehole** [-hou̧l], *s.* topo(in)era.
moleskin [-skịn], *s.* piel (*f.*) de topo; (tej.) especie de fustán.—*pl.* pantalón u otras prendas de este paño.
molest [molést], *va.* molestar, vejar; faltar al respeto a (una mujer); meterse con, dañar.
molestation [-éịs̄o̧n], *s.* molestia, incomodidad, importunidad; vejación.
molester [-œ(r)], *s.* molestador, vejador.—**molestful** [-fu̧l], *a.* molesto, vejatorio, enfadoso.
moll [mal], *s.* (fam.) compañera de un bandido, etc.; prostituta.
mollient [málịȩnt], *a.* molitivo. *V.* EMOLLIENT.
mollifiable [málịfaịa̧bl], *a.* molificable.
mollification [-fịkéịs̄o̧n], *s.* molificación, ablandamiento; mitigación.
mollifier [-faịœ(r)], *s.* ablandador, emoliente; mitigador, pacificador.
mollify [-faị], *va.* molificar, ablandar; apaciguar; aliviar; suavizar, mitigar.
mollusk [málʌsk], *s.* molusco, marisco, concha.
mollycoddle [málịkadl]. **I.** *s.* (fam.) marica. **II.** *va.* y *vn.* consentir, mimar o tratar con mimo excesivo.
Moloch [móu̧lak], *s.* Moloc, deidad de los fenicios, amonitas y moabitas; influencia perniciosa; (**m.**, zool.) moloc, especie de saurio erizado.
molt, molting, *v.* y *s.* = MOULT, MOULTING.
molten [móu̧ltȩn], *a.* y *pp. irr.* de TO MELT; fundido, derretido (ú. de los metales).
moly [móu̧lị], *s.* (bot.) planta fabulosa; ajo silvestre.
molybdate [molíbdeịt], *s.* (quím.) molibdato.
molybdenite [-dȩnaịt], *s.* (min.) molibdenita.
molybdenum [-dḗnʌm], *s.* (quím.) molibdeno.
molybdic [molíbdịk], *a.* molíbdico.
moment [móu̧mȩnt], *s.* momento, instante, rato; importancia, peso, entidad; (mec.) momento.—**m. of a couple,** (mec.) momento de un par. —**m. of flexure,** momento de flexión.—**m. of inertia,** momento de inercia.—**m. of momentum,** momento de la cantidad de movimiento. —**m. of resistance,** momento de resistencia, momento del par de las fuerzas elásticas.—**for the m.,** de momento.
momentarily [-erịlị], *adv.* momentáneamente.
momentary [-erị], *a.* momentáneo.
momentous [moméntʌs], *a.* importante, grave, trascendental.—**momentously** [-lị], *adv.* con importancia, gravemente.—**momentousness** [-nịs], *s.* importancia, gravedad.
momentum [moméntʌm], *s.* impulso, ímpetu; (mec.) cantidad de movimiento.
monachal [mána̧ka̧l], *a.* monacal, monástico.
monachism [mána̧kịzm], *s.* monaquismo.
Monaco [mána̧kou̧], *s.* Mónaco.
monad [mánæd]. **I.** *s.* mónada (en todas sus acepciones). **II.** *a.* que se refiere a o consta de una mónada; (quím.) que tiene poder de combinación equivalente a uno, univalente.
monadelphous [mana̧délfʌs], *a.* (bot.) monadelfo.
monadism [mánædizm], **monadology** [mana̧dálodžị], *s.* (fil.) monadología.
monarch [mána̧rk], *s.* monarca, *m.*—**monarch(ic)al** [monár(kị)ka̧l], *a.* monárquico.—**monarchism** [mána̧rkịzm], *s.* monarquismo. —**monarchist** [-ịst], *s.* y *a.* monárquico, monarquista.
monarchy [mána̧rkị], *s.* monarquía.
monasterial [mana̧stérịa̧l], *a.* monasterial, monástico.
monastery [mána̧sterị], *s.* monasterio, convento.
monastic(al [monǽstịk(a̧l], *a.* monástico.
monastically [-i], *adv.* monásticamente.
monasticism [-sịzm], *s.* monacato, monaquismo.
monatomic [mana̧támịk], *a.* (quím.) mon(o)atómico.
monazite [mána̧zaịt], *s.* (min.) monacita.
Monday [mʌ́ndị], *s.* lunes.
Monegasque [mánȩgǽsk], *s.* y *a.* monegasco.
monetary [mánịterị], *a.* monetario, pecuniario. —**m. standard,** patrón o talón monetario.—**m. unit,** unidad monetaria.
monetization [-tịzéịs̄o̧n], *s.* amonedación; monetización.
monetize [-taịz], *va.* monetizar; acuñar, amonedar.
money [mʌ́nị], *s.* dinero; moneda; sistema monetario.—*pl.* **moneys,** pagos o recibos al contado; **monies,** dineros, efectivos y valores convertibles.—**m. bill,** ley (*f.*) de hacienda.—**m. box,** alcancía, hucha.—**m. broker,** corredor de cambios.—**m. changer, dealer,** o **jobber,** cambista.—**m.-exchange house,** casa de cambio. —**m. in hand,** dinero contante.—**m. lender,** prestamista, usurero.—**money-maker,** cosa con que se gana dinero; persona que gana y acumula dinero (gen. se usa en el sentido de persona metalizada o acaudalada).—**m.-making,** *s.* lucro, ganancia, prosperidad; *a.* ganancioso, lucrativo, provechoso.—**m. market,** mercado monetario.—**m. of account,** moneda imaginaria o no acuñada (p. ej. el *mill,* milésimo de dólar).—**m. order,** libranza o giro postal.—**m. scales,** pesillo para pesar el oro y la plata.—**m.'s worth,** valor cabal del dinero que se paga por algo.—**to make m.,** hacer o ganar dinero, enriquecerse.
moneybag [-bæg], *s.* talega, bolsa, bolsón.—*pl.* (fam.) ricacho.
moneyed [-d], *a.* adinerado, dineroso, acaudalado, rico.—**m. man,** capitalista.
moneyer [-œ(r)], *s.* monedero, acuñador.
moneyless [-lịs], *a.* falto de dinero, pobre.
monger [mʌ́ŋgœ(r)], *s.* tratante, traficante.
Mongolia [mangóu̧lịa̧], *s.* Mongolia.
Mongol(ian [máŋgal, maŋgóu̧lịa̧n]. **I.** *a.* y *s.* mogol o mongol; idioma mogólico. **II.** *a.* mo(n)gólico.
Mongoloid [mángoloịd], *s.* y *a.* mogoloide.
mongoos(e [máŋgus], *s.* (zool.) mangosta.
mongrel [mʌ́ŋgrȩl]. **I.** *a.* y *s.* mestizo, mixto. **II.** *a.* cruzado, atravesado, de raza indefinida.
'mongst [mʌŋgst], *prep.* (poét.) = AMONGST.
moni(c)ker [mánịkœ(r)], *s.* (fam.) nombre; apodo.
monism [mánịzm], *s.* (fil.) monismo; (biol.) unidad de origen.—**monist** [mánịst], *s.*, **monistic** [monístịk], *a.* monista.
monition [moníṡo̧n], *s.* amonestación, consejo; aviso legal u oficial; (igl.) monitorio.
monitor [mánịto̧(r)]. **I.** *s.* amonestador, (ad)monitor; (mar.) monitor; (zool.) monitor, varano. **II.** *va.* amonestar; (rad., mil.) escuchar radiodifusiones (con fines de censura, análisis de su contenido militar o de propaganda, etc.). **III.** *vn.* hacer de amonestador, etc.; (rad.) probar un aparato transmisor escuchando en uno receptor.
monitoring device, *s.* mecanismo para medir una actividad (física, química u otra).
monitory [mánịtorị]. **I.** *a.* instructivo, monitorio. **II.** *s.* (igl.) monitorio.
monitron [mánịtran], *s.* dispositivo avisador.
monk [mʌŋk], *s.* (igl.) monje, fraile.
monkery [-œrị], *s.* vida monástica, frailía.
monkey [mʌ́ŋkị]. **I.** *s.* (zool.) mono, mico, simio; (mec.) grapa, trinquete o fiador del martinete; martillo de martinete; (vid.) crisol para fundir el vidrio; (fam.) niño o sujeto travieso.—**m. business,** (fam.) tonterías; tretas.—**m. flower,** (bot.) mímulo.—**m. fruit,** (bot.) fruto del baobab.—**m. jacket,** chaqueta corta y muy ajustada de los marineros.—**m. nut,** (Ingl., bot.) cacahuete.—**m. puzzle,** (bot.) araucaria. —**m. tricks,** monerías.—**m. wrench,** llave inglesa.—**to make a m. of,** poner en ridículo. —**to play the m.,** hacer monadas. **II.** *va.* y *vn.* (fam.) remedar, imitar; hacer payasadas.—**to m. with,** meterse con; bregar con.

monkeyshine [-ŝaịn], *s.* (fam.) monada, monería.
monkhood [mʌ́ŋkhụd], *s.* (igl.) monacato, monjía.
monkish [mʌ́ŋkịŝ], *a.* monástico, frailesco.
monkshood [mʌ́ŋkshụd], *s.* (bot.) napelo.
monobasic [manobéịsịk], *a.* (quím.) monobásico.
monocarpic [-kárpịk], *a.* (bot.) monocárpico.
monochlamydeous [-klạmídịʌs], *a.* (bot.) monoclamídeo.
monochord [mánokɔrd], *s.* (mús.) monocordio.
monochroic [-króụịk], **monochromatic** [-kromǽtịk], *a.* monocromático.
monochrome [mánokroụm], *a.* y *s.* monocromo.
monocle [mánokl], *s.* monóculo.
monoclinal [-kláịnạl], *s.* y *a.* (geol.) monoclinal.
monoclinic [-klínịk], *a.* (crist.) monoclínico.
monocotyledon [-katịlídọn], *s.* (bot.) monocotiledón(ea).
monocotyledonous [-ʌs], *a.* (bot.) monocotiledón(eo.
monocular [monákyụlä(r)], **monoculous** [-lʌs], *a.* monóculo; de o para un ojo.
monoculture [mánokʌlchụ̈(r)], *s.* (agr.) monocultura.
monocyle [mánosaịkl], *s.* monociclo.—**monocyclic** [-sáịklịk], *a.* monociclo; (elec.) monocíclico.
monodactylous [-dǽktịlʌs], *a.* (zool.) monodáctilo.
monodelphian [-délfịạn], *s.* y *a.* (zool.) monodelfo.
monody [mánodị], *s.* (mús.) monodía; elegía.
mon(o)ecious [moníŝʌs], *a.* (bot.) monoicó.
monoenergetic [manoɛnœrdẑétịk], *a.* (fís. nuclear) monoenergético.
monogamist [monágạmịst], *s.* y *a.* monógamo.
monogamous [-mʌs], *a.* monógamo.
monogamy [-mị], *s.* monogamia.
monogenesis [manodẑénɛsịs], *s.* (biol.) monogénesis, unidad de origen; doctrina de la descendencia de todos los seres vivos de una sola celdilla; reproducción asexual.
monogenism [monádẑɛnịzm], *s.* monogenismo, doctrina de la unidad de origen de toda la raza humana.
monogram [mánogræm], *s.* monograma, *m.*, cifra.
monograph [-græf], *s.* monografía.
monographic [-grǽfịk], *a.* monográfico.
monohydrate [-háịdreịt], *s.* (quím.) monohidrato.—**monohydrated** [-ịd], *a.* monohidratado.
monolith [mánolịθ], *s.* monolito.—**monolithic** [-líθịk], *a.* monolítico.
monologize [monálodẑaịz], *vn.* monologar, soliloquiar.
monologue [mánolag], *s.* monólogo, soliloquio.
monomania [manoméịnịä], *s.* monomanía.
monomaniac [-méịnịæk], *a.* y *s.* monomaníaco.
monometallism [-métạlịzm], *s.* monometalismo, teoría económica que defiende el uso de un solo metal como base monetaria.—**monometallist** [-ịst], *s.* y *a.* monometalista.
monomial [monóụmịạl], *s.* y *a.* (álg.) monomio.
monopetalous [manopétạlʌs], *a.* (bot.) monopétalo.
monophase [mánofeịz], *a.* (elec.) monofásico.
monophobia [-fóụbịä], *s.* (pat.) monofobia, terror de la soledad.
monophyletic [-faịlétịk], *a.* (biol.) monofilético, referente a un antepasado común y único.
monophyllous [-fílʌs], *a.* (bot.) monofilo.
Monophysite [monáfịsaịt], *s.* (teol.) monofisita, *mf.*
monoplane [mánopleịn], *s.* (aer.) monoplano.
monoplegia [-plídẑịä], *s.* (med.) monoplejía.
monopolism [monápolịzm], *s.* monopolismo; sistema (*m.*), prácticas o existencia de los monopolios.
monopolist, monopolizer [-ịst, -aịzœ(r)], *s.* monopolista, monopolizador, acaparador.—**monopolistic** [-ístịk], *a.* monopolizador, acaparador.—**monopolization** [-ịzéịŝọn], *s.* monopolización, acaparamiento.—**monopolize** [-aịz], *va.* monopolizar, acaparar, estancar.
monopoly [monápolị], *s.* monopolio, estanco.
monopteral [monáptẹrạl], *a.* (arq.) monóptero.
monorail [mánoreịl], *s.* monorriel; vía monorriel.
monorhymed [-raịmd], *a.* (pros.) monorrimo.
monosepalous [-sépạlʌs], *a.* (bot.) monosépalo.
monospermous [-spœ́rmʌs], *a.* (bot.) monospermo.
monostrophe [-strof], *s.* (poét.) monóstrofe, *f.*
monosyllabic(al [-sịlǽbịk(ạl], *a.*, monosilábico, monosílabo.—**monosyllable** [-sílạbl], *s.* monosílabo.
monotheism [-θịịzm], *s.* monoteísmo.
monotheist [-θịịst], *s.* y *a.*, **monotheistic** [-θịístịk], *a.* monoteísta.—**Monothelitism** [monáθẹlịtịzm], *s.* (igl.) monotelismo.
monotone [-toụn], *s.* monotonía, uniformidad o igualdad de tono.
monotonic(al [-tánịk(ạl], **monotonous** [monátonʌs], *a.* monótono; machacón, unisonante.
monotony [monátonị], *s.* monotonía; unisonancia.
monotreme [mánotrim], *s.* (zool.) monotrema, *m.*
monotypal [-taịpạl], **monotypic** [-tịpịk], *a.* (biol.) monotipo, de una sola especie.
monotype [-taịp], *s.* (biol.) tipo único de su género o especie; (impr.) monotipia, máquina de componer que funde letras sueltas (es nombre de fábrica).
monotyper, monotypist [-œ(r), -ịst], *s.* monotipista.
monovalent [-véịlẹnt], *a.* (quím.) monovalente, univalente.
monoxid(e [manáksaịd], *s.* (quím.) monóxido.
Monseigneur [mɔnsɛnyœ́(r)], *s.* monseñor (título).
monsieur [mœsyœ́], *s.* (fr.) señor.
Monsignor [mansínyọ(r)], *s.* (igl.) monseñor (título).
monsoon [mansún], *s.* monzón.
monster [mánstœ(r)]. **I.** *s.* monstruo. **II.** *a.* enorme, prodigioso, extraordinario.—**m. meeting,** junta magna.
monstrance [mánstrạns], *s.* (igl.) custodia, viril.
monstrosity [manstrásịtị], *s.* monstruo; monstruosidad.
monstrous [mánstrʌs], *a.* monstruoso.—**monstrously** [-lị], *adv.* monstruosamente.—**monstrousness** [-nịs], *s.* monstruosidad.
montage [mantáẑ], *s.* (cine, etc.) montaje.
Montanist [mántạnịst], *s.* y *a.* (igl.) montanista.
monte [mántị], *s.* monte, juego de naipes.
month [mʌnθ], *s.* mes.—**m. of Sundays,** (fam.) largo tiempo.
monthly [-lị]. **I.** *a.* mensual; menstruo.—**m. allowance, payment, salary,** etc., mensualidad, mesada.—**m. rose,** (bot.) rosa de todo el año, rosa de China. **II.** *s.* publicación mensual. —*pl.* **monthlies,** (fisiol.) las reglas, menstruo. **III.** *adv.* mensualmente.
monticle [mántịkl], *s.* montículo, montecillo.
monument [mányụmẹnt], *s.* monumento; memoria, recuerdo; mojón, marca de límites, hito, (E. U.) parte (*f.*) del territorio del país reservada por el gobierno para usos nacionales.—**monumental** [-méntạl], *a.* monumental; conmemorativo; grandioso, descomunal.—**monumentally** [-ị], *adv.* monumentalmente, a modo de monumento; (fam.) muy, en alto grado, descomunalmente.
moo [mu]. **I.** *vn.* mugir (la vaca). **II.** *s.* mu, mugido.
mooch [much]. **I.** *va.* (fam.) hurtar, ratear; (fam.) chupar, comer de gorra. **II.** *vn.* (fam.) remolonear, andar a sombra de tejado.
mood [múd], *s.* disposición de ánimo, talante, genio, humor; (lóg.) modo silogístico; (gram.) modo.—**in a bad (good) m.,** de mal (buen) humor.
moodily [-ịlị], *adv.* caprichosamente; pensativamente.—**moodiness** [-ịnịs], *s.* capricho, extra-

vagancia; mal humor; tristeza, cavilación, melancolía.
moody [-i], *a.* fantástico, caprichoso; irritable, de mal humor; caviloso; triste, taciturno.
moon [mún], *s.* (astr.) luna; satélite; mes lunar. —**m.-blasted,** echado a perder por la influencia de la luna.—**m.-blind,** cegato, corto de vista. —**m. blindness,** ambliopía.—**m. daisy,** (bot.) margarita mayor.—**m. dial,** reloj lunar.—**m.-faced,** carilleno o carirredondo.—**m. fern,** (bot.) botriquio.—**m. knife,** (ten.) chifla.—**m.-mad, m.-struck,** lunático, loco.
moonbeam [-bim], *s.* rayo lunar.
mooncalf [-kæf], *s.* (ant.) monstruo; bobo, tonto.
moonfish [-fiŝ], *s.* (ict.) pez luna, *m.*
moonflower [-flauœ(r)], *s.* (bot.) especie de ipomea.
moonless [-lis], *a.* sin luna.
moonlight [-lait]. **I.** *s.* luz de la luna. **II.** *a.* iluminado por la luna. **III.** *vn.* (fam.) ocuparse en dos empleos, tener empleo adicional.
moonlighter [-laitœ(r)], *s.* persona que se ocupa en dos empleos, persona que tiene empleo adicional.
moonlit [-lit], *a.* iluminado por la luna.
moonrise [-raiz], *s.* salida de la luna.
moonseed [-sid], *s.* (bot.) planta menispermácea.
moonset [-set], *s.* puesta de la luna.
moonshine [-ŝain], *s.* claridad de la luna; desatino, disparate; (fam.) música celestial; (E. U.) licor destilado ilegalmente.—**moonshiner** [-œ(r)], *s.* (E. U.) fabricante de licores ilícitos.
moonshot [-ŝat], *s.* mandando un hombre a la luna.
moonstone [-stoun], *s.* (min.) adularia, ortosa.
moonwort [-wœrt], *s.* (bot.) lunaria; botriquio.
moony [-i], *a.* claro como la luna; lunático; bobo, simplón; soñador.
moor [múr]. **I.** *s.* (Ingl.) páramo, ciénaga; brezal, marjal; (M.) moro, sarraceno.—**m. buzzard,** (orn.) especie de busardo o circaeto.—**m. cock,** (orn.) macho del *moorfowl.*—**m. game** = MOORFOWL.—**m. hen,** (orn.) hembra del *moorfowl;* rascón, polla de agua. **II.** *va.* (mar.) amarrar, aferrar, atar con cables, afirmar con anclas. **III.** *vn.* (mar.) anclar, atracar; estar anclado.
moorage [-idẑ], *s.* (mar.) amarraje.
moorfowl [-faul], *s.* (orn.) ave gallinácea parecida al tetrao, urogallo, ortega, chocha, etc.
mooring [-iŋ]. **I.** *s.* (mar.) amarra, noray; cable o calabrote de amarrar. **II.** *a.* de amarre, de amarrar.—**m. berth,** amarradero.—**m. buoy,** boya de anclaje.—**m. guy,** (aer.) amarre de retenida (de un globo).—**m. harness,** (aer.) bandas para los cables o cuerdas de amarre (de un dirigible).—**m. mast** o **tower,** (aer.) torre (*f.*) o pilar de amarre para globos.—**m. rings,** (mar.) argollas de amarrar.
moorish [-iŝ], *a.* pantanoso, cenagoso; árido; (**M.**), moro, morisco.
moorland [-lənd], *s.* marjal; brezal; erial.
moory [-i], *a.* pantanoso; moreno.
moose [mus], *s.* (zool.) anta, ante, alce.
moot [mut]. **I.** *va.* discutir, debatir. **II.** *s.* junta; discusión; lugar de reunión. **III.** *a.* discutible; discutido.—**m. court,** tribunal ad hoc, donde se ventilan pleitos supuestos para la enseñanza del derecho.
mop [máp]. **I.** *s.* aljofifa, estropajo; (mar.) lampazo; greña, mechón, cabellera revuelta y en desorden; mueca. **II.** *va.* aljofifar, fregar.—**to m. up,** *vn.* (mil.) acabar con el resto del enemigo.—**mopping-up,** (mil.) operación de limpiamiento.
mopboard [-bɔrd], *s.* rodapié, friso.
mope [móup]. **I.** *va.* abatir. **II.** *vn.* abatirse, desanimarse, estar tétrico, taciturno o apático. **III.** *s.* hombre abatido o desanimado.—*pl.* apatía, murria.—**m.-eyed,** cegato.
mopish [-iŝ], *a.* abatido, melancólico, apático.—**mopishness** [-nis], *s.* abatimiento, apatía, desanimación.
moppet [mápit], *s.* (ant.) nene, niña; (fam.) muñeca.
mopstick [mápstik], *s.* mango de aljofifa.
moquette [mokét], *s.* moqueta.
moraine [moréin], *s.* (geol.) morena.
morainic [-ik], *a.* (geol.) referente a una morena o formado por ella.
moral [márəl]. **I.** *a.* moral, ético; virtuoso; honrado, recto.—**m. faculty,** conciencia.—**m. philosophy,** ética.—**m. suasion,** persuasión, influencia moral.—**m. support,** apoyo moral. **II.** *s.* moralidad, moraleja.—*pl.* costumbres, conducta; ética, moral social.
morale [mɔrǽl], *s.* moral, *f.*, estado de ánimo, espíritu.
moralism [márəlizm], *s.* enseñanza moral; acción o costumbre de moralizar; axioma moralizador; creencia en una moral sin carácter religioso.—**moralist** [-ist], *s.* moralista, moralizador, ético; partidario del *moralism.*
morality [mɔrǽliti], *s.* ética, moral, *f.;* moralidad; moraleja; antiguo drama alegórico.
moralization [márəlizéiŝən], *s.* moralización.—**moralize** [-aiz], *va.* y *vn.* moralizar.—**moralizer** [-œ(r)], *s.* moralizador.
morally [márəli], *adv.* moralmente.
moral victory, *s.* victoria moral.
morass [mɔrǽs], *s.* cenagal, ciénaga, marisma.
moratorium [mɔrətóriʌm], *s.* moratoria.
moratory [mórətori], *a.* moratorio.
Moravian [moréivian], *a.* y *s.* moravo.
moray [móurei], *s.* (ict.) morena.
morbid [mórbid], *a.* mórbido, morboso, malsano.
morbidness [-nis], **morbidity** [mɔrbíditi], *s.* morbidez, morbosidad, estado de enfermedad.
morbific(al [mɔrbífik(əl], **morbose** [mɔrbóus], *a.* morbífico, mórbido, enfermizo.
morceau [mɔrsóu], *s.* (fr.) trozo, fragmento, pieza.
mordacious [mɔrdéiŝʌs], *a.* mordaz.
mordacity [mɔrdǽsiti], *s.* mordacidad.
mordant [mórdənt]. **I.** *s.* mordiente, mordente; (b. a.) agua fuerte. **II.** *a.* mordiente, ácido, corrosivo; acre, mordaz.
mordent [mórdənt], *s.* (mús.) mordente.
more [mɔr]. **I.** *a.* (*comp.* de MUCH, MANY) más, adicional. **II.** *adv.* más, en mayor grado; además. **III.** *s.* mayor cantidad o número.—**m. and m.,** de más en más, cada vez más.—**m. or less,** poco más o menos.—**no m.,** no más; ya no; se acabó.—**so much the m.,** tanto más, cuanto más.—**the m.,** tanto más.—**the m. . . ., the better,** cuanto más . . ., tanto mejor (*the more you give, the better,* cuanto (o mientras) más dé Vd., tanto mejor).—**the m. . . ., the less,** cuanto más . . ., tanto menos.—**the m. . . ., the m.,** cuanto **más** . . ., tanto más.—**to be no m.,** haber muerto; no existir ya.
moreen [morín], *s.* (tej.) filipichín; tabí.
morel [morél]. **I.** *s.* (bot.) colmenilla, cagarria. **II.** *a.* moreno, oscuro.
morel(le [morél], *s.* (bot.) hierba mora, solano.
moreover [mɔróuvœ(r)], *adv.* además, por otra parte.
mores [móriz], *s. pl.* costumbres (apl. esp. a las que envuelven sanción moral); leyes consuetudinarias.
Moresque [morésk]. **I.** *a.* morisco. **II.** *s.* (arq.) estilo morisco; (b. a.) arabesco.
morganatic [mɔrgənǽtik], *a.* morganático.—**m. marriage,** matrimonio de la mano izquierda.
morgue [mɔrg], *s.* necrocomio, depósito de cadáveres no identificados.
moribund [móribʌnd], *a.* moribundo.
morion [móurion], *s.* (arm.) morrión, *m.*, casco.
Morisco [moriskou]. **I.** *a.* morisco. **II.** *s.* morisco; arábigo; danza morisca; (arq.) arabesco.
Mormon [mórmən]. **I.** *s.* mormón. **II.** *a.* mormónico.—**Mormonism** [-izm], *s.* mormonismo.
morning [mórniŋ] (poét. **morn**). **I.** *s.* mañana (primera parte del día). **II.** *a.* matutino, matinal, de mañana.—**m. coat,** chaquet o chaqué, levita.—**m. dress,** traje de mañana.—**m. glory,** (bot.) dondiego de día, dompedro, maravilla.—**m. gown,** bata.—**m. star,** (astr.) lucero del alba; (arm.) mangual.

Moro [móuroụ], *s.* y *a.* moro o mahometano filipino.
Moroccan [morákạn], *s.* y *a.* marroquí(n), marrueco.
Morocco [morákoụ], *s.* Marruecos; (**m**) marroquí, tafilete (cuero).
moron [móụran], *s.* persona que padece deficiencia mental.
morose [moróụs], *a.* áspero, malhumorado, arisco, hosco, adusto.—**morosely** [-lị], *adv.* broncamente, ásperamente.—**moroseness** [-nịs], *s,* mal humor, aspereza, acrimonia.
Morpheus [mórfịʌs], *s.* (mit.) Morfeo.
morphia [mórfịä], **morphin(e** [mórfin], *s.* morfina.—**m. addict,** morfinómano (ll. t. **morphinomaniac**).
morphinism [-ịzm], *s.* (med.) morfinismo.
morphological [mɔrfoládźịkạl], *a.* morfológico.
morphology [mɔrfálodźị], *s.* morfología.
morphosis [mɔrfóụsịs], *s.* (biol.) morfosis.
morris *o* **morris dance** [márịs dæns], *s.* (ant.) danza morisca; (Ingl.) mojiganga con cierto baile espectacular o fantástico.—**morris chair,** especie de poltrona o butaca.
morrow [máro‌ụ], *s.* mañana, *m.* (día que sigue al de hoy o a cualquier fecha o suceso de que se trata).—**good m.,** (ant.) buenos días.—**on the m.,** en el día de mañana; a raíz de, inmediatamente después (de).
Morse code [-koụd], *s.* alfabeto telegráfico de Morse.
morsel [mórsẹl], *s.* bocado, manjar, presa.
mort [mɔrt], *s.* toque de la trompa de caza al morir la res.
mortal [mórtạl]. **I.** *a.* mortal; letal, fatal; humano; (fam.) extremo, violento; prolijo, fastidioso.—**m. remains,** despojos mortales.—**m. sin,** pecado mortal. **II.** *s.* mortal, ser humano.
mortality [mɔrtǽlịtị], *s.* mortalidad; mortandad; humanidad.—**m. rate,** mortalidad.
mortally [mórtạlị], *adv.* mortalmente, de muerte; (fam.) extremadamente, sumamente.
mortar [mórtạ̈(r)], *s.* (farm.) mortero, almirez, *m.;* (arti.) mortero, obús (ll. t. **m. piece**); (alb.) mortero, argamasa, mezcla.—**m. bed,** (alb.) cuezo.—**m. board,** (alb.) esparavel (tabla con asa por debajo); gorro académico cuadrado.
mortgage [mórgịdź]. **I.** *s.* (for.) hipoteca, gravamen.—**m. deed,** título de propiedad depositado en calidad de hipoteca.—**m. loan,** préstamo hipotecario. **II.** *va.* hipotecar, gravar (bienes raíces).
mortgageable [-ạbl], *a.* hipotecable.
mortgagee [-í], *s.* acreedor hipotecario, persona a quien se le da una propiedad en hipoteca.
mortgager [-œ(r)], *s.* deudor hipotecario.
mortician [mɔrtíŝạn], *s.* = UNDERTAKER.
mortification [mɔrtịfịkéịŝọn], *s.* mortificación, humillación, bochorno; (med.) mortificación, descomposición, gangrena; maceración.
mortify [mórtịfaị]. **I.** *va.* mortificar, humillar, abochornar; macerar o castigar (la carne); subyugar, domar (las pasiones); (med.) mortificar. **II.** *vn.* (med.) mortificarse, gangrenarse, corromperse.
mortifying [-ịŋ], *a.* mortificador, humillante.
mortise [mórtịs]. **I.** *s.* (carp.) mortaja, cotana, muesca, entalladura, gárgol; (mar.) alefriz, *m.* —**m. hole,** escopl(e)adura.—**m. lock,** cerradura embutida. **II.** *va.* escoplear, hacer muescas; engargolar, ensamblar.
mortmain [mórtmeịn], *s.* (for.) manos muertas; amortización.
mortuary [mórchụerị]. **I.** *a.* mortuorio, funerario. **II.** *s.* depósito de cadáveres; osario. *V.* MORGUE.
mosaic [mozéịịk], *a.* y *s.* mosaico, embutido, (de) encaje; (**M.**), *a.* mosaico, referente a Moisés.—**m. gold,** oro musivo.
mosey [móụzị], *vn.* (E. U., fam.) vagar, callejear; (fam.) chancletear, arrastrar los pies.
Moslem [mázlẹm], *s.* y *a.* musulmán, muslime.
mosque [mask], *s.* mezquita.
mosquito [mọskítoụ], *s.* (ent.) mosquito, cénzalo, cínife, mosco, (Am.) zancudo.—**m. bar,** mosquitero.—**m. fleet,** escuadra de barcos relativamente menores.—**m. net** = M. BAR.—**m. netting,** gasa o redecilla para mosquiteros.
moss [mɔ́s]. **I.** *s.* (bot.) musgo, musco, moho; tremedal, ciénaga.—**m. agate,** (min.) ágata musgosa.—**m.-covered, m.-grown,** musgoso. —**m. rose,** rosa musgosa. **II.** *va.* cubrir de musgo.
mossback [-bæk], *s.* (fam.) persona con ideas anticuadas, persona ultraconservadora.
mossiness [-ịnịs], *s.* abundancia de musgo.
mossy [-ị], *a.* musgoso.
most [móụst]. **I.** *a.* (*superl.* de MUCH, MANY) más; lo más, los más, el mayor número (de); casi todo(s); la mayor parte de.—**for the m. part,** principalmente, generalmente; en su mayor parte. **II.** *adv.* más; sumamente, -ísimo (*most cruel,* muy cruel, cruelísimo); (fam.) casi.—**M. Reverend,** reverendísimo, ilustrísimo.—**the M. High,** el Altísimo, el Ser Supremo. **III.** *s.* lo principal, la mayor parte, el mayor número, lo más, el mayor valor.—**at (the) m.,** a lo más, a lo sumo, cuando más.
mostly [-lị], *adv.* en su mayor parte, casi todo(s), principalmente.
mote [moụt], *s.* mota, átomo; punto; mecha; junta, asamblea.
motel [moụtél], *s.* motel, hotel vecino a la carretera (con facilidades para automovilistas).
motet [motét], *s.* (mús.) motete.
moth [mɔθ], *s.* (ent.) alevilla; (ent.) polilla; (ent.) mariposa nocturna.
moth ball, *s.* bola de naftalina o de alcanfor para la polilla.
moth-eaten [-itẹn], *a.* apolillado.
mother [mʌ́ðœ(r)]. **I.** *s.* madre, *f.;* madre, tía, mujer vieja; madre del vino, zurrapa.—**M. Hubbard,** bata, ropón de mujer.—**m.-in-law,** suegra.—**m.-of-pearl,** nácar, madreperla.—**m.-of-thyme,** (bot.) serpol.—**M.'s Day,** día (*m.*) de la madre, o de las madres.—**m.'s mark,** estigma, *m.,* marca de nacimiento. **II.** *a.* madre; natural, nativo, natal, materno; vernáculo, nacional; metropolitano.—**m. church,** iglesia metropolitana.—**m. country,** madre patria; metrópoli, *f.*—**m. liquid, m. liquor,** (quím.) aguas madres.—**M. Superior,** superiora (de monjas, etc.).—**m. tongue,** lengua materna, madre o vernácula.—**m. water** = M. LIQUOR. —**m. wit,** chispa, ingenio. **III.** *va.* servir de madre a. **IV.** *vn.* criar madre, como el vino.
motherhood [-hụd], *s.* maternidad.
motherless [-lịs], *a.* huérfano de madre.
motherliness [-lịnịs], *s.* maternidad, cariño o cuidado maternal.
motherly [-lị]. **I.** *a.* maternal, materno. **II.** *adv.* maternalmente.
motherwort [-wœrt], *s.* (bot.) agripalma.
mothy [mɔ́θị], *a.* lleno de polilla, apolillado.
motif [motíf], *s.* motivo, asunto, tema, *m.*
motile [móụtịl], *a.* movible.
motility [motílịtị], *s.* movilidad.
motion [móụŝọn]. **I.** *s.* movimiento; meneo, aire, ademán; signo, señal, *f.,* seña; proposición o moción que se hace en una asamblea; (for.) pedimento.—**m. picture,** cine, fotografía cinematográfica; película.—**m.-picture studio,** filmadora.—**on the m. of,** a propuesta de.—**to set in m.,** poner en marcha. **II.** *vn.* hacer señas.
motionless [-lịs], *a.* inmóvil, inmoble; yerto.
motivate [móụtịveịt], *va.* motivar, dar motivo para.
motive [móụtịv]. **I.** *a.* motor, motriz.—**m. power,** fuerza motriz. **II.** *s.* motivo, móvil, razón, *f.,* porqué; pie, *m.,* tema, *m.,* idea, asunto; (mús.) tema, motivo.
motivity [motívịtị], *s.* potencia motriz.
motley [mátlị]. **I.** *a.* abigarrado, gayado; mezclado, variado, diverso; vestido de colorines.

II. *s.* traje abigarrado de payaso; botarga; payaso vestido de colorines; mezcla de colores.

motor [móutọ(r)]. I. *s.* motor, el que o lo que mueve; (mec.) motor; (aut.) automóvil. II. *a.* motor, motriz; de motor, movido por motor (máquina).—**m. boat,** o **launch,** gasolinera, canoa o lancha automóvil.—**m. bus,** o **coach,** autobús, autocar.—**m. car,** auto(móvil).—**m.-driven,** movido por electromotor.—**m. faculty,** o **function,** (fisiol.) motricidad.—**m. generator,** (elec.) motogenerador.—**m. nerve,** (anat.) nervio motor.—**m. oil,** aceite lubricante de motores (gen. de gasolina).—**m. ship,** motonave, *f.*—**m. spirit,** esencia, combustible para motores de combustión interna (apl. gen. a la gasolina).—**m. transport,** transporte motorizado o por autocamiones.—**m. truck,** autocamión, *m.* III. *vn.* pasear, viajar o ir en automóvil.

motorcade [-keid], *s.* procesión o desfile de automóviles.

motorcycle [-saikl], *s.* motocicleta.

motorcyclist [-saiklist], *s.* motociclista.

motordrome [-droum], *s.* motódromo, autódromo, pista para carreras de automóviles.

motorist [-ist], *s.* automovilista, motorista.

motorization [-izéiṡọn], *s.* motorización.

motorize [-aiz], *va.* motorizar, proveer de autovehículos, o motovehículos; reemplazar por autovehículos, o vehículos automóviles.

motorman [-mạn], *s.* motorista, conductor (de tranvía o tren eléctrico).

mottle [mátl]. I. *va.* motear, abigarrar, jaspear. II. *s.* mancha, veta.—**mottled** [-d], *a.* moteado, jaspeado, vet(e)ado, pintado, pintojo.

motto [mátou], *s.* mote, lema, *m.*, divisa.

moufflon, mouflon [múflan], *s.* (zool.) musmón.

mo(u)ld [móuld]. I. *s.* tierra vegetal, humus, suelo, mantillo; molde, matriz, forma; plancha; modelo, patrón; (arq. y carp.) moldura; materia de que está hecha una cosa; (bot.) moho, verdín; mancha de orín.—**m. shot,** balines, *m. pl.*, posta. II. *va.* (a)moldar, moldear, vaciar, amasar, formar, plasmar; (arq. y carp.) moldurar, moldear; cubrir con mantillo; (mar.) galibar. III. *vn.* enmohecerse, florecerse.

mo(u)ldable [-ạbl], *a.* capaz de ser moldeado o amoldado.

mo(u)ldboard [-bɔrd], *s.* orejera o vertedero del arado.

mo(u)lder [-œ(r)], *s.* moldeador, vaciador; amoldador, plasmador.

mo(u)lder [-œ(r)]. I. *vn.* convertirse en polvo, desmoronarse, consumirse. II. *va.* convertir en polvo, consumir, desgastar.

mo(u)ldering [-iŋ], *s.* desmoronamiento.

mo(u)ldiness [-inis], *s.* moho.

mo(u)lding [-iŋ]. I. *s.* (arq. y carp.) moldura, bocel, ataire, lengüeta; amoldamiento; vaciado, vaciamiento. II. *a.* plasmante.—**m. plane,** bocelete, bocelón.

mo(u)ldy [-i], *a.* mohoso, enmohecido, florecido.

moulinet [mulinét], *s.* (esgr.) molinete; (mec.) tambor o rodillo de cabrestante.

mo(u)lt [móult], *vn.* mudar la pluma, desplumarse.—**mo(u)lting** [-iŋ], *s.* muda (de pluma).

mound [maund]. I. *s.* montón de tierra; montículo, morón; baluarte, defensa, terraplén; túmulo.—**m. builders,** constructores de túmulos (apl. a los aborígenes de los E. U. que dejaron muchos túmulos sepulcrales y terraplenes de defensa). II. *va.* amontonar; atrincherar, fortalecer.

mount [máunt]. I. *s.* monte, montaña; baluarte, terraplén; montadura; caballería; montura; apeadero; (mil.) monta, toque de clarín. II. *va.* cabalgar, montar; armar, montar (una máquina, etc.); subir, alzar, elevar; enaltecer; subir a, trepar por; proveer de caballos; poner a caballo; (joy.) montar o engastar; (teat.) poner en escena; preparar una cosa para usarla o exhibirla; (fot.) pegar sobre cartulina; (mec.) montar, aparejar; (arti.) montar, armar; (mar.) montar, llevar (cañones).—**to m.** a **cannon,** (arti.) montar un cañón.—**to m. guard,** (mil.) montar la guardia. III. *vn.* subir, ascender, elevarse; montar a caballo; subir, montar, ascender (una cuenta, etc.).

mountable [-ạbl], *a.* que se puede montar o subir, etc.

mountain [máuntin]. I. *s.* monte, montaña. II. *a.* montés, montañés; de montaña.—**m. artillery,** artillería de montaña.—**m. ash,** (bot.) especie de fresno o mostajo, serbal.—**m. cat** = M. LION o BOBCAT.—**m. chain,** sierra, cordillera, cadena de montañas.—**m. climber,** alpinista.—**m. climbing,** alpinismo.—**m. dew,** (fam.) whisky de contrabando.—**m. goat,** (zool.) cabra montés.—**m. lion,** (zool.) puma, *mf.*—**m. railway,** ferrocarril de cremallera.—**m. sheep** = BIGHORN.—**m. side,** valda o vertiente (*f.*) de una montaña.

mountaineer [-ír], *s.* montañés, serrano.

mountainous [-ʌs], *a.* montañoso, montuoso.

mountebank [máuntibæŋk], *s.* charlatán, saltabanco(s), saltimbanco o juglar.

mounted [máuntid], *a.* montado, (de) a caballo; armado; pegado. *V.* MOUNT.

mounter [-œ(r)], *s.* montador.

mounting [-iŋ], *s.* monta; subida, ascensión; engaste, montadura; armadura; marco; montaje.—**m. block,** cabalgadero, montador o montadero.

mourn [móurn]. I. *va.* lamentar, llorar, sentir. II. *vn.* lamentarse, dolerse; plañir; vestir o llevar luto.—**to m. for,** llevar luto por; lamentar, llorar.

mourner [-œ(r)], *s.* dolorido, doliente; persona que lleva el duelo en un funeral; lloraduelos, plañidera.

mournful [-ful], *a.* triste, plañidero; apesadumbrado; funesto, deplorable; fúnebre, lúgubre, luctuoso.—**mournfully** [-i], *adv.* tristemente.—**mournfulness** [-nis], *s.* pesar, tristeza, melancolía, aflicción, desconsuelo, duelo, sentimiento.

mourning [-iŋ]. I. *s.* luto; duelo; dolor, aflicción.—**in m.,** de luto. II. *a.* de luto, de duelo; fúnebre, luctuoso.—**m. band,** brazal de luto.—**m. bride, m. widow,** (bot.) escabiosa.—**m. dove,** (orn.) tórtola gemidora de los E. U.

mouse [máus]. I. *s.* (*pl.* MICE) (zool.) ratón; (mar.) barrilete.—**m.-colored, m.-dun,** vellorio, pardusco, de color de rata.—**m.-ear,** (bot.) oreja de ratón, miosotis, vellosilla o pelosilla. II. *va.* y *vn.* cazar o coger ratones; cazar a hurtadillas, acechar; desgarrar, hacer trizas; (mar.) amarrar, hacer barriletes.—**to m. a hook,** amarrar un gancho.

mouser [-œ(r)], *s.* gato o perro ratonero.

mousehole [-houl], *s.* ratonera (agujero).

mousing [-iŋ]. I. *a.* ratonero, taimado. II. *s.* caza de ratones; (mar.) acto de amarrar un gancho.—**m. hook,** gancho amarrado.

mousetrap [-træp], *s.* ratonera, trampa de ratones.

mousse [mus], *s.* (coc.) especie de crema.

mousseline [muslín], *s.* (tej.) muselina; vidrio de muselina. *V.* MUSLIN (GLASS).

moustache [mʌstǽŝ] = MUSTACHE.

mousy [máusi], *a.* ratonero, ratonesco.

mouth [máuθ]. I. *s.* boca; embocadura o desembocadura de un río; labio, lengua, voz; mueca.—**m. harp,** u **organ,** (mús.) armónica.—**m.-watering,** que se le hace a uno agua la boca; delicioso. II. [mauð], *va.* pronunciar, proferir, vocear; mascar, comer; agarrar con la boca o en la boca. III. *vn.* vociferar, hablar a gritos.

mouther [-œ(r)], *s.* orador afectado.

mouthful [máuθful], *s.* bocado; buchada; miaja, migaja, pizca.

mouthless [-lis], *a.* desbocado, sin boca.

mouthpiece [-pis], *s.* (mús.) embocadura, boquilla, estrangul, bocal; embocadura (del freno); (tlf.) bocina; (fig.) portavoz, intérprete, vocero.

mouthwash [-waŝ], *s.* (farm.) colutorio, enjuague.
mouthy [máuθi], *a.* vociferador; bombástico.
mov(e)able [múvabl]. **I.** *a.* móvil, movible; movedizo, locomovible. **II.** *s. pl.* muebles, menaje, mobiliario, efectos.
movability [-bíliti], **movableness** [-blnis], *s.* movilidad.
movably [-bli], *adv.* de un modo movible.
move [múv]. **I.** *s.* movimiento; paso; en varios juegos, suerte, *f.*, lance, jugada, turno.—**on the m.**, en marcha, en movimiento; de viaje. —**to get a m. on,** (fam.) rebullirse, darse prisa.—**to make a m.**, dar un paso; hacer una jugada. **II.** *va.* mover; remover; trasladar, mudar; poner en otro sitio; menear, sacudir; proponer, hacer una moción en una asamblea; conmover, enternecer; inclinar, persuadir; hacer mover el vientre; (mec.) accionar.—**to m. to,** causar (cólera, compasión, lágrimas, etc.) a. (A veces se traduce mejor por *hacer* o *poner*, cambiando el giro; *to move to anger*, poner colérico, hacer enojar; *to move to tears*, hacer llorar.) **III.** *vn.* moverse; mudarse (de casa); mudar de lugar o de postura; ir, andar, caminar, ponerse en marcha; obrar, entrar en acción; avanzar, progresar; exonerarse (el vientre); jugar, hacer una jugada.—**to m. away,** alejarse; irse; trasladarse; mudar de casa.—**to m. forward,** adelantarse, avanzar. —**to m. in,** entrar; entrar a habitar una casa. —**to m. off,** quitarse o apartarse de.—**to m. out,** desalojar.—**to m. round,** dar vueltas, rodar.—**to m. to and fro,** zarand(e)arse, ir de acá para allá.
movement [-ment], *s.* movimiento; moción; (mil.) maniobra, evolución; paso, acto, acción, incidente; (mec.) movimiento; mecanismo; juego; marcha (de reloj, etc.); (mús.) movimiento, compás o tiempo; (fisiol.) defecación, cámara, evacuación, deposición; (com.) circulación; actividad.
mover [-œ(r)], *s.* motor, movedor, móvil, motriz, *f.*; promotor, promovedor; autor de una moción, proposición, o propuesta; agente de mudanza, mozo de cuerda.
movie [múvi], *s.* (fam.) función de cine; película. —*pl.* (fam.) cine.—**m. camera**, cámara cinematográfica.—**m. film,** película, cinta.—**m. screen,** pantalla de cine.
moving [múviŋ]. **I.** *s.* movimiento, moción; actuación; mudanza, traslado, cambio de domicilio. **II.** *a.* patético, conmovedor; motor; que mueve o traslada; de mudanza (día, etc.). —**m. picture,** película, cinematógrafo (en *pl.*, cine).—**m. platform,** plataforma movible de correa sin fin.—**m. sidewalk,** acera de correa sin fin.—**m. staircase,** o **stairway** = ESCALATOR.—**m. van,** camión (*m.*) de mudanza(s), conductora de muebles.
movingly [-li], *adv.* patéticamente, conmovedoramente.
mow [mou]. **I.** *va.* (*pp.* MOWED y MOWN [moun]) segar, guadañar, dallar. **II.** *vn.* hacer muecas; burlarse de. **III.** *s.* (ant.) mueca.
mow [mau]. **I.** *s.* granero, troj, *f.*, hórreo, henil. **II.** *va.* entrojar.
mower [móuœ(r)], *s.* segador, dallador, guadañero; guadañadora, segadora mecánica.
mowing [móuiŋ], *s.* siega; gesto, mueca.—**m. machine,** guadañadora o segadora mecánica.
mown [moun], *pp. irr.* de MOW.
moxa [máksä], *s.* (cir.) moxa.
Mozarab(ic [mouzǽrab(ik], *s.* y *a.* mozárabe.
mozetta [mozétä], *s.* (igl.) muceta.
mu [myu], *s.* my (letra griega).
mucedinous [miusédinʌs], *a.* mohoso.
much [mʌ́ch]. **I.** *a.* mucho, abundante, copioso. —**m. ado about nothing,** nada entre dos platos; más es el ruido que las nueces. **II.** *adv.* mucho, con mucho, en gran manera; casi; (antes de *pp.*) muy (*m.-loved*, muy querido).—**m. as,** por mas que, a pesar de.—**m. of a muchness,** (fam.) poco más o menos lo mismo, casi igual.—**m. the same,** casi lo mismo; poco más o menos lo mismo.—**m. too,** demasiado. —**not so m. as,** no tanto como; ni siquiera.— **to be m. of a** (seguido de sustantivo), ser muy, ser todo un (*he is much of a gentleman*, es todo un caballero; *she is much of a woman*, ella es muy mujer).—**this m. more,** esto más, tanto así más. **III.** *s.* mucho.
muchness [-nis], *s.* cantidad; magnitud.
mucid [miúsid], *a.* mohoso; mucoso, viscoso.
mucilage [miúsilidž], *s.* mucílago.
mucilaginous [-lǽdžinʌs], *a.* mucilaginoso.
mucilaginousness [-nis], *s.* calidad de mucilaginoso o viscoso.
mucin [miúsin], *s.* (bioquím.) mucina.
muck [mʌ́k]. **I.** *s.* abono, estiércol, fimo; porquería, basura.—**m. rake,** rastrillo para estiércol.—**m. rolls,** primeros rodillos de laminar. **II.** *va.* estercolar, abonar; ensuciar. **III.** *vn.* (con **about**) (fam.) = POTTER.
mucker [-œ(r)], *s.* (fam.) sujeto vil o soez.
muckiness [-inis], *s.* suciedad, inmundicia.
muckrake [-reik], *vn.* (pol.) andar escarbando para sacar trapos sucios al sol o a relucir.— **muckraker** [-œ(r)], *s.* (pol.) escarbador de vidas ajenas, averiguador y expositor de ruindades.
mucksweat [-swet], *s.* sudor copioso.
mucky [-i], *a.* puerco, sucio, asqueroso.
mucoid [miúkɔid], *a.* mucoideo, mucoso.
mucor [miúko(r)], *s.* (med.) moco, mucosidad; moho; (bot.) variedad de hongo.
mucosity [miukásiti], *s.* = MUCOUSNESS.
mucous [miúkʌs], *a.* mucoso, mocoso.—**m. membrane,** (anat.) (membrana) mucosa (Ll. t. **mucosa**).
mucousness [-nis], *s.* mucosidad, viscosidad.
mucro [miúkrou], *s.* (bot., zool.) punta.— **mucronate(d** [-neit(id], *a.* puntiagudo, mucronato.
mucus [miúkʌs], *s.* moco, mucosidad.
mud [mʌ́d]. **I.** *s.* fango, cieno, lodo, barro, limo, légamo.—**m. bath,** baño de cieno.—**m. dauber, m. wasp,** (ent.) especie de avispa.— **m. hen,** (orn.) especie de polla de agua o de pato marino.—**m. puppy,** (zool.) salamandra acuática.—**m. scow,** pontón, gánguil.—**m. turtle,** tortuga de agua dulce.—**m. volcano,** cono volcánico que arroja cieno, (Méx.) hornito.— **m. wall,** tapia.—**m.-walled,** tapiado. **II.** *va.* enlodar, embarrar; enturbiar, ensuciar.
muddily [-ili], *adv.* turbiamente.
muddiness [-inis], *s.* carácter de lodoso, etc.; turbieza, suciedad; turbulencia.
muddle [mʌ́dl]. **I.** *va.* enturbiar; embriagar; atontar; confundir, revolver. **II.** *vn.* estar confuso, inepto o atontado.—**to m. through,** hacer algo malamente, salir del paso a duras penas. **III.** *s.* chabacanería; embrollo, confusión.—**m.-headed,** estúpido, atontado.
muddy [mʌ́di]. **I.** *a.* barroso, lodoso, fangoso; sucio, turbio; tonto, estúpido, confuso. **II.** *va.* enturbiar, ensuciar; entontecer, turbar.
Mudejar [muδéjhar], *s.* y *a.* mudéjar.
mudguard [mʌ́dgard], *s.* alero, guardabarros, guardafango.
mudhole [mʌ́dhoul], *s.* hoyo lodoso.
mudsill [mʌ́dsil], *s.* madero colocado en el suelo como cimiento; (E. U.) persona de baja condición social.
mudslinger [mʌ́dsliŋœ(r)], *s.* (fig.) persona que saca los trapos sucios.
muezzin [miuézin], *s.* (al)muecín, almuédano.
muff [mʌf]. **I.** *s.* manguito, estufilla; chabacanería, torpeza; en baseball, falta o falla; (fam.) torpe, zurdo. **II.** *va.* (fam.) hacer algo poco diestramente; desperdiciar (una ocasión); en baseball, dejar escapar la pelota.
muffin [mʌ́fin], *s.* (coc.) especie de panecillo; platito de barro.—**m. cap,** gorra redonda.
muffle [mʌ́fl]. **I.** *s.* horno de esmaltar, de arcilla

o de copela; (zool.) hocico, morro; funda; tapujo.—**m. furnace,** mufla. **II.** *va.* embozar, arrebozar, tapar, encapotar; envolver, encubrir, apagar un sonido.—**to m. a drum,** enfundar o destemplar un tambor.
muffled [-d], *a.* apagado, sordo; embozado.—**m. drum,** tambor destemplado, tambor fúnebre.—**m. noise,** ruido sordo.—**m. oars,** remos silenciosos (cubiertos de trapos para ensordecer su ruido).
muffler [mʌ́flœ(r)], *s.* bufanda, tapaboca; (aut.) silenciador; (mús.) sordina.
mufti [mʌ́fti], *s.* muftí, jurisconsulto musulmán; (mil.) traje de paisano.
mug [mʌg]. **I.** *s.* cubilete, pichel; (fam.) cara, boca; mueca. **II.** *va.* (fam.) fotografiar (esp. a los criminales); (fam.) atracar o asaltar con violencia.
mugginess [mʌ́ginis], *s.* calor húmedo.
muggy [mʌ́gi], **muggish** [mʌ́giŝ], *a.* húmedo, bochornoso, caluroso y sofocante (el tiempo).
mugwort [mʌ́gwœrt], *s.* (bot.) artemisa.
mugwump [mʌ́gwʌmp], *s.* (pol. E. U.) secuaz (*m.*) de un partido que se reserva el derecho de votar con entera independencia.
mulatto [mulǽtou], *a.* y *s.* mulato.
mulberry [mʌ́lberi], *s.* (bot.) mora.—**m. tree,** morera o moral.
mulch [mʌlch]. **I.** *va.* cubrir (las plantas) con paja y estiércol, hojas, etc. **II.** *s.* estiércol y paja con que se protegen las plantas.
mulct [mʌlkt]. **I.** *s.* multa. **II.** *va.* multar.
mule [miúl], *s.* (zool.) mulo, mula, macho, burdégano; planta o animal híbridos; especie de chinela, zapatilla o pantuflo sin talón; (fam.) sujeto terco o necio; (tej.) = M. JENNY.—**m. boy, m. driver** = MULETEER.—**m. chair;** jamugas, *f. pl.*—**m. jenny,** hiladora mecánica intermitente (en varias partes ll. selfactina).—**m. twist, m. yarn,** hilo de hiladora intermitente.
muleteer [miuletír], *s.* mule(te)ro, arriero.
mulish [miúliŝ], *a.* obstinado o terco como una mula; híbrido, mular; estéril.
mull [mʌl]. **I.** *s.* (tej.) muselina clara; (Esco.) cabo, promontorio. **II.** *va.* calentar vino con especias. **III.** *vn.* (gen. con **over**) rumiar, cavilar; afanarse mucho sin resultado.
mulla(h [mʌ́lä], *s.* título mahometano.
mulle(i)n [mʌ́lin], *s.* (bot.) verbasco, candelaria.
muller [mʌ́lœ(r)], *s.* moleta; pulverizador.
mullet [mʌ́lit], *s.* (ict.) múgil, mújol, cabezudo.
mulligatawny [mʌligatɔ́ni], *s.* sopa de arroz y carne sazonada con *curry.*
mullion [mʌ́lyon]. **I.** *s.* (arq.) columna que divide el vano de una ventana; montante. **II.** *va.* dividir (una ventana) mediante una columna.
mulse [mʌls], *s.* clarea, vino mulso.
multicapsular [mʌltikǽpsiulä(r)], *a.* (bot.) multicapsular, de muchas cápsulas o celdillas.
multicellular [-séliula(r)], *a.* multicelular.
multichannel [-chǽnel], *a.* de múltiples canales.
multicolored [mʌ́ltikʌlord], *a.* multicolor, de varios colores, policromo.
multidentate [-dénteit], *a.* multidentado.
multiengined [-endẑind], *a.* multimotor.
multifarious [-fériʌs], *a.* vario, multiplicado.—**multifariously** [-li], *adv.* diversamente.—**multifariousness** [-nis], *s.* diversidad; multiplicidad; variedad, desemejanza.
multiflorous [-flórʌs], *a.* multifloro.
multiform [-fɔrm], *a.* multiforme.
multigraph [-græf]. **I.** *s.* multígrafo (nombre de fábrica), aparato rotatorio que arregla tipo y lo imprime. **II.** *va.* multigrafiar, imprimir con multígrafo.
multilateral [-lǽteral], *a.* (geom.) multilátero; (pol.) = MULTIPARTITE.
multimillionaire [-milyonér], *s.* multimillonario.
multinational [-nǽŝonal], *a.* multinacional.
multinominal [-náminal], *a.* que tiene muchos nombres; (mat.) multinomio.
multipara [mʌltípärä], *s.* (med.) mujer multípara.
multiparous [-ʌs], *a.* multípara.
multipartite [mʌltipártait], *a.* que consta de muchas partes.
multiped [-pɛd], *a.* multípedo.
multiphase [-feiz], *a.* (elec.) polifásico.
multiplane [-plein], *s.* (aer.) poliplano.
multiple [mʌ́ltipl]. **I.** *s.* múltiplo.—**in m.,** (elec.) en paralelo, en derivación. **II.** *a.* múltiple, multíplice; (mat.) múltiplo.
multiple sclerosis, *s.* (med.) esclerosis múltiple.
multiplet [mʌ́ltiplet], *s.* (fís.) multiplete.
multiple-way switch, *s.* (elec.) conmutador multidireccional.
multiplex [mʌ́ltiplɛks], *a.* multíplice; (tlg., rad.) múltiplex.
multipliable [-plaiabl], **multiplicable** [-plikabl], *a.* multiplicable.
multiplicand [-plikǽnd], *s.* (mat.) multiplicando.
multiplicate [-plikeit], *a.* multiplicado; (bot.) replegado.
multiplication [-plikéiŝon], *s.* multiplicación.—**m. table,** tabla de multiplicar.
multiplicity [-plísiti], *s.* multiplicidad, sinnúmero.
multiplier [-plaiœ(r)], *s.* multiplicador; (mat.) multiplicador; máquina de multiplicar.
multiply [-plai], *va.* y *vn.* multiplicar(se).
multiplying [-iŋ], *a.* multiplicador; de multiplicación; reproductor; de propagación.—**m. glass,** espejo de varias facetas que multiplica el número de las imágenes.—**m. lens,** vidrio de aumento; (fot.) lente multiplicadora.
multipolar [-póulä(r)], *a.* multipolar.
multipresence [-prézens], *s.* ubicuidad.
multistage [-stéidẑ], *a.* de múltiples etapas.
multitube [-tiub], *a.* (rad.) de varias válvulas.
multitubular [-tiúbyulä(r)], *a.* multitubular.—**m. boiler,** caldera de tubos de humos.
multitude [-tiud], *s.* multitud; vulgo.
multitudinous [-tiúdinʌs], *a.* numeroso.
multivalent [-véilent], *a.* (quím.) multivalente.
multure [mʌ́lchur], *s.* maquila; molienda.
mum [mʌm]. **I.** *interj.* ¡chito! ¡chitón! ¡silencio! **II.** *s.* cerveza fuerte y dulce; (fam.) mamá, *f.;* (bot., fam.) crisantemo. **III.** *a.* callado, silencioso.—**mum's the word,** punto en boca.—**to keep m.,** callarse. **IV.** *vn.* enmascararse, disfrazarse; imponer silencio.
mumble [mʌ́mbl], *va.* y *vn.* barbotar, musitar, (fam.) bisbisar, hablar o decir entre dientes; murmurar, refunfuñar; (fam.) mascullar, mascar, mascujar.
mumbler [mʌ́mblœ(r)], *s.* el que barbota, etc.
mumbling [mʌ́mbliŋ], *s.* acción y efecto del verbo TO MUMBLE.
mumbo jumbo [mʌ́mbou dẑʌ́mbou], *s.* espantajo; coco; fetiche; sortilegio insensato; mojiganga.
mummer [mʌ́mœ(r)], *s.* máscara, *mf.,* momero; actor.
mummery [-i], **mumming** [mʌ́miŋ], *s.* momería, mojiganga, disfraz, *m.,* mascarada.
mummification [mʌmifikéiŝon], *s.* momificación.
mummify [mʌ́mifai], *va.* y *vn.* momificar(se).
mummy [mʌ́mi]. **I.** *s.* momia. **II.** *va.* y *vn.* momificar(se).
mumpish [mʌ́mpiŝ], *a.* arisco, intratable, malhumorado.
mumps [mʌmps], *s.* (med.) papera, parótida.
munch [mʌnch], *va.* mascar enérgicamente.
mundane [mʌ́ndein], *a.* mundano, terrenal.
mungo [mʌ́ŋgou], *s.* (bot.) especie de garbanzo (ll. t. **mung(o) bean**); lana regenerada.
municipal [miunísipal], *a.* municipal.—**m. building,** casa consistorial.—**m. council,** cabildo, concejo.—**m. government,** gobierno municipal; ayuntamiento, municipalidad.—**m. road,** camino vecinal.

municipality [-pǽlịtị], *s.* municipio; municipalidad.
municipalization [-ịzéịŝọn], *s.* municipalización.
municipalize [-aịz], *va.* municipalizar, transferir a la municipalidad.
municipium [mịunịsípịʌm], *s.* (hist. rom.) municipio.
munificence [mịunífịsẹns], *s.* munificencia.—**munificent** [-ẹnt], *a.* munífico, generoso, liberal.—**munificently** [-lị], *adv.* muníficamente.
muniment [mịúnịmẹnt], *s.* apoyo, defensa.—*pl.* (for.) título.
munition [mịuníŝọn]. **I.** *s.* (gen. *pl.*) (mil.) municiones, pertrechos; equipo.—**m. bread,** pan de munición.—**m. ship,** navío almacén. **II.** *va.* municionar.
muon [myúan], *s.* (fís.) muón.
mural [mịúrạl]. **I.** *a.* mural; adosado a una pared; escarpado, vertical.—**m. circle,** (astr.) círculo mural.—**m. crown,** corona mural.—**m. painting,** cuadro mural.—**m. tablet,** tablilla fijada en una pared. **II.** *s.* (b. a.) = M. PAINTING.
murder [mœ́rdœ(r)]. **I.** *s.* asesinato.—**m. in the first degree,** homicidio premeditado.—**m. in the second degree,** homicidio impremeditado. **II.** *va.* asesinar; estropear. **III.** *vn.* cometer homicidio.
murderer [-œ(r)], *s.* asesino, homicida, *m.*, matador.—**murderess** [-ịs], *s.* asesina.—**murderous** [-ʌs], *a.* asesino; sanguinario, cruel; fatal.—**murderously** [-lị], *adv.* sanguinariamente; asesinamente.—**murderousness** [-nịs], *s.* instinto o intento homicida.
murex [mịúrɛks], *s.* (zool.) múrice, conchil, púrpura.—**murexide** [mịuréksaịd], *s.* (quím.) murexida.
muriate [mịúrịeịt], *s.* (quím.) muriato.
muriatic [-ǽtịk], *a.* muriático, clorhídrico.
muriatic acid, *s.* (quím.) ácido muriático.
muricate(d [mịúrịkeịt(ịd], *a.* espinoso.
Muricidæ [mịurísịdi], *s. pl.* (zool.) murícidos.
Muridæ [mịúrịdi], *s. pl.* (zool.) múridos.
murine [mịúrịn], *s.* y *a.* (zool.) múrido.
murk(iness [mœ́rk(ịnịs], *s.* obscuridad; lobreguez.
murk(y [-(ị], *a.* obscuro, lóbrego; sombrío.
murmur [mœ́rmœ(r)]. **I.** *s.* murmullo, susurro; murmuración, queja. **II.** *vn.* murmurar, susurrar; refunfuñar; (con **at** o **against**) gruñir, quejarse de.—**murmurer** [-œ(r)], *s.* gruñidor, murmurador.—**murmuring** [-ịŋ]. **I.** *s.* murmullo; murmureo; murmuración, queja. **II.** *a.* murmurante, susurrante.—**murmuringly** [-lị], *adv.* con murmurio; quejumbrosamente.
murrain [mœ́rịn], *s.* (vet.) morriña.
murre [mœr], *s.* (orn.) uria; especie de alca.
murrey [mœ́rị], *a.* morado.
murr(h)ine [mœ́rịn], *a.* múrrino.
musaceous [mịuzéịŝịʌs], *a.* (bot.) musáceo.
muscadine [mʌ́skạdịn], *s.* (bot.) variedad de vid; mosqueruela, variedad de pera.
muscardine [mʌ́skärdịn], *s.* muscardina, enfermedad de los gusanos de seda.
muscat(el [mʌ́skæt, mʌskạtél], *s.* (bot.) moscatel (uva y vino); especie de pasa.
muscid [mʌ́sịd], *a.* y *s.* (ent.) múscido.
muscle [mʌ́sl], *s.* (anat.) músculo; fuerza muscular; (zool.) = MUSSEL.
muscle-bound [-baụnd], *a.* tieso o duro (músculo).
muscoid [mʌ́skɔịd], **muscose** [mʌ́skoụs], *a.* musgoso.
muscosity [mʌskásịtị], *s.* abundancia de musgo.
muscovado [mʌskovéịdoụ], *s.* azúcar mascabado.
Muscovite [mʌ́skovaịt], *s.* y *a.* moscovita, *mf.*; *a.* moscovítico; (**m.**, min.) *s.* muscovita, mica potásica.
Muscovy duck [mʌ́skovị], *s.* (orn.) ánade o pato almizcleño.—**M. glass,** (min.) = MUSCOVITE.
muscular [mʌ́skịulạ̈(r)], *a.* muscular; musculoso, vigoroso, fornido.
muscular dystrophy, *s.* (med.) distrofia muscular.
muscularity [-ǽrịtị], *s.* muscularidad, calidad de muscular o musculoso.
musculature [-ạchụr], *s.* musculatura.
Muse [mịúz]. **I.** *s.* (mit.) musa; (**m.**) meditación o abstracción profunda; (poét.) estro, numen. **II.** (**m.**) *vn.* meditar, reflexionar, rumiar, estar absorto.—**to m. on, over,** o **upon,** meditar en.
museful [-fụl], *a.* cogitabundo, pensativo.
musette [mịuzét], *s.* (mús.) especie de gaita o de chirimía.—**m.,** o **m. bag,** (mil.) mochila pequeña.
museum [mịuzíʌm], *s.* museo; gabinete.
mush [mʌŝ], *s.* (E. U.) especie de gachas o puches de harina de maíz; masa blanda y espesa; (fam.) sentimentalismo exagerado; (rad.) ruido como de chisporroteo debido a irregularidades del aparato transmisor.
mushroom [mʌ́ŝrum]. **I.** *s.* (bot.) seta, hongo. **II.** *a.* hecho con hongos o setas; efímero, advenedizo; de desarrollo rápido. **III.** *vn.* recoger setas u hongos; tomar la forma de éstos; crecer o desarrollarse rápidamente.
mushy [mʌ́ŝị], *a.* mollar, pulposo; (fam.) exageradamente sentimental.
music [mịúzịk], *s.* música; composición musical; solfa; armonía, melodía.—**m. book,** libro de música.—**m. box,** o **musical box,** caja de música.—**m. cabinet,** musiquero.—**m. hall,** salón de conciertos; café concierto, café cantante.—**m. of the spheres,** armonía de las esferas celestes.—**m. paper,** papel de pauta.—**m. rack,** atril.—**m. school,** conservatorio de música.—**m. stand,** atril; tablado para una orquesta.
musical [-ạl], *a.* musical, músico; melodioso, canoro.—**m. comedy,** zarzuela.—**m. director,** director de música.
musicale [-ǽl], *s.* velada musical, concierto casero.
musically [-ạlị], *adv.* musicalmente, sonoramente.
musicalness [-ạlnịs], *s.* armonía, melodía.
musician [mịuzíŝạn], *s.* músico.
musing [mịúzịŋ]. **I.** *a.* meditabundo, contemplativo, pensativo. **II.** *s.* cogitación, meditación.
musk [mʌsk], *s.* almizcle; olor o perfume de almizcle; (zool.) almizclero.
muskalonge [mʌ́skạlandẑ], **muskellunge** [-lʌndẑ], *s.* (ict.) especie de sollo muy grande.
musk deer, *s.* (zool.) almizclero.
musket [mʌ́skịt], *s.* mosquete, fusil; (orn.) gavilán macho.—**m. shot,** mosquetazo, fusilazo.
musketeer [-tír], *s.* mosquetero, fusilero.
musketry [-trị], *s.* mosquetería, fusilería.
muskiness [mʌ́skịnịs], *s.* olor de almizcle.
muskmelon [-mɛlon], *s.* (bot.) melón.
musk ox, *s.* (zool.) buey almizcleño.
muskrat [-ræt], *s.* (zool.) rata almizclera.
musk rose, *s.* (bot.) mosqueta, rosa almizcleña.
musky [-ị], *a.* almizclero (-cleño o -clado).
Muslem, Muslim, *a.* y *s.* = MOSLEM.
muslin [mʌ́zlịn]. **I.** *s.* (tej.) muselina; percal; (enc.) percalina. **II.** *a.* de muselina; de percal.—**m. glass,** vidrio de muselina.
muss [mʌs]. **I.** *s.* (fam.) desorden, confusión; arrebatiña. **II.** *va.* (fam.) desordenar, desarreglar, descabellar, manosear, arrugar; ensuciar.
mussel [mʌ́sẹl], *s.* (zool.) mejillón, mítulo; almeja, tel(l)ina, chirla.
Mussulman [mʌ́sʌlmạn], *s.* musulmán.
must [mʌst]. **I.** *v. defect.* cuyas formas equivalen a las de deber, tener que, haber de, deber de (*I must write,* debo escribir, tengo que escribir; *it must be late,* debe de ser tarde). También se traduce por las voces estar obligado, ser menester, necesario o preciso, convenir, etc. A veces se subentiende el infinitivo que le sigue [*you must,* Vd. debe (hacerlo, escribir, hablar, etc.); *I must* (*go*) *to the city,* debo partir para la

ciudad].—**m. needs,** debe (debo, etc.) necesariamente o sin falta.—**it m. not be,** eso no puede ser, eso no debe permitirse. **II.** *a.* de carácter obligatorio, que obliga. **III.** *s.* necesidad, cosa obligatoria o indispensable.
must, *s.* mosto, zumo de la uva; moho.
mustache [mʌstǽŝ], **mustachio** [-i̯ou̯], *s.* bigote, mostacho; especie de mono; (gal.) soldado.—**mustached** [-d], *a.* mostachoso.
mustang [mʌ́stæŋ], *s.* potro mesteño o (semi)-salvaje, (Am.) mustango.
mustard [mʌ́stạrd], *s.* mostaza (planta, semilla y salsa); jenab(l)e.—**m. gas,** iperita o yperita, líquido para granadas de gas; gas mostaza, gas de iperita.—**m. paper, m. plaster,** sinapismo. —**m. pot,** mostacera.
muster [mʌ́stœ(r)]. **I.** *va.* reunir; (mil.) juntar para pasar revista, pasar lista, etc.—**to m. in,** o **into, service,** (mil.) alistar.—**to m. out (of service)** dar de baja.—**to m. up,** tomar (valor, fuerza, resignación, etc.). **II.** *vn.* (mil.) juntarse; pasar lista. **III.** *s.* (mil.) revista, muestra; rol, lista, reseña; alarde, muestra.—**m. book,** rol, lista.—**m. roll,** matrícula de revista; (mil.) muestra; (mar.) rol de la tripulación.—**to pass m.,** llenar los requisitos.
mustily [mʌ́stịlị], *adv.* con moho.
mustiness [mʌ́stịnịs], *s.* husmo; moho.
musty [mʌ́stị], *a.* mohoso; añejo; rancio; pasado; mustio, triste.
mutability [mi̯utạbílịtị], *s.* mutabilidad.
mutable [mi̯útạbl], *a.* mudable, inconstante, veleidoso.—**mutableness** [-nịs], *s.* mutabilidad, inconstancia.—**mutably** [-blị], *adv.* mudablemente.
mutant [mi̯útạnt]. **I.** *a.* variable que sufre mutación. **II.** *s.* (biol.) mutante.
mutate [mi̯útei̯t], *va.* y *vn.* transformar(se), alterar(se); (biol.) variar bruscamente.
mutation [-éi̯ŝọn], *s.* mudanza, alteración, cambio; (biol., etc.) mutación, variación brusca.
mutational [-éi̯ŝọnal], *a.* mutacional.
mute [mi̯út]. **I.** *a.* mudo; callado, silencioso; (fon.) mudo. **II.** *s.* mudo; (fon.) letra muda; (mús.) sordina. **III.** *va.* (mús.) poner sordina a.
mutely [-lị], *adv.* mudamente.
muteness [-nịs], *s.* mudez, mutismo.
mutilate [mi̯útịlei̯t], *va.* mutilar; truncar, tronchar, estropear.—**mutilated** [-ịd], *a.* mútilo, trunco, mocho.—**mutilation** [-éi̯ŝọn], *s.* mutilación.—**mutilator** [-ọ(r)], *s.* mutilador.
mutineer [mi̯utịní̯r], *s.* amotinado(r), sedicioso.
mutinous [mi̯útịnʌs], *a.* amotinado, sedicioso, turbulento, faccioso.—**mutinously** [-lị], *adv.* amotinadamente, sediciosamente.—**mutinousness** [-nịs], *s.* carácter sedicioso.
mutiny [mi̯útịnị]. **I.** *vn.* amotinarse, rebelarse. **II.** *s.* motín, amotinamiento, insubordinación.
mutism [mi̯útịzm], *s.* mutismo, mudez.
mutt [mʌt], *s.* (fam.) tonto, mentecato; perro atravesado o mestizo.
mutter [mʌ́tœ(r)]. **I.** *va.* y *vn.* murmurar, rezongar, refunfuñar, gruñir; bisbisar, hablar o decir entre dientes. **II.** *s.* refunfuñadura, gruñido.—**mutterer** [-œ(r)], *s.* rezongador, gruñón.—**muttering** [-iŋ], *s.* rezongo; bisbiseo.
mutton [mʌ́tọn], *s.* carne (*f.*) de carnero.—**m. broth,** caldo de carnero.—**m. chop,** chuleta o costilla de carnero; *pl.* barba de chuleta.—**m. fish,** (ict.) barbero.—**m. fist** (fam.) manaza, mano grande y colorada; (impr.) manecilla.
muttony [-ị], *a.* de sabor de carnero.
mutual [mi̯úchu̯ạl], *a.* mutuo, mutual, recíproco. —**m. aid,** apoyo mutuo.—**m. company,** compañía mutual.—**m. help association,** mutualidad.—**m. insurance,** seguro mutuo. —**m. wall,** pared medianera.—**by m. consent,** de común acuerdo.
mutuality [-ǽlịtị], *s.* mutualidad; reciprocación, reciprocidad.
mutually [-ị], *adv.* mutuamente.
mutuary [mi̯úchu̯ɛrị], *s.* (for.) mutua(ta)rio.
mutule [mi̯úchul], *s.* (arq.) mútulo, modillón.
mutuum [mi̯úchu̯ʌm], *s.* (for.) mutuo.
muzzle [mʌ́zl]. **I.** *s.* morro, hocico, jeta (de un animal); bozal, mordaza, frenillo; boca de arma de fuego.—**m.-loader,** arma que se carga por la boca.—**m. ring,** anillo de la boca de un cañón.—**m. velocity,** velocidad inicial o de salida. **II.** *va.* emboz(al)ar, abozalar, poner bozal; amordazar, imponer silencio. **III.** *vn.* hocicar.
muzzy [mʌ́zị], *a.* confuso; indistinto; peneque.
my [mai̯], *a. pos.* mi, mis.—**oh, my!** (fam.) ¡Ave María! ¡cáspita!
myasthenia [mai̯asθíni̯ä], *s.* miastenia, astenia muscular, debilidad muscular.
mycelium [mai̯síli̯ʌm], *s.* (bot.) micelión.
Mycenaean [mai̯sinían], *a.* micénico.
mycology [mai̯kálodẑị], *s.* (bot.) mic(et)ología.
mycosis [mai̯kóu̯sịs], *s.* (med.) micosis.
mydriasis [mịdrái̯asịs], *s.* (med.) midriasis.
myelitis [mai̯ẹlái̯tịs], *s.* (med.) mielitis.
mylodont [mái̯lodant], *s.* (pal.) milodonte.
Mynheer [mai̯nhér], *s.* señor, título de cortesía en Holanda; (**m.**) holandés.
myocarditis [mai̯okardái̯tịs], *s.* (med.) miocarditis.
myocardium [-kárdi̯ʌm], *s.* (anat.) miocardio.
myograph [-græf], *s.* miógrafo.
myography [mai̯ágrạfị], *s.* (anat.) miografía.
myology [mai̯álodẑị], *s.* (anat.) miología.
myoma [mai̯óu̯mä], *s.* (med.) mioma, *m.*
myopathy [mai̯ápạθị], *s.* (med.) miopatía.
myope, myops [mái̯ou̯p, -s], *s.* miope.
myopia [mai̯óu̯pi̯ä], **myopy** [mái̯opị], *s.* miopía.
myopic [mai̯ápịk], *a.* miope, corto de vista.
myoscope [mái̯oskou̯p], *s.* = MYOGRAPH.
myosin [mái̯osịn], *s.* (bioquím.) miosina.
myosis [mai̯óu̯sịs], *s.* (med.) miosis.
myosotis [mai̯osóu̯tịs], *s.* (bot.) miosota o miosotis, raspilla, nomeolvides, *f.*
myotic [mai̯átịk], *a.* miótico.
myriad [míri̯ạd]. **I.** *s.* miríada; diez mil; millares, un gran número. **II.** *a.* innumerable, numeroso.
myriagram [míri̯ạgræm], *s.* miriagramo.
myrialiter [-litœ(r)], *s.* mirialitro.
myriameter [-mitœ(r)], *s.* miriámetro.
myriapod [-pad], *s.* y *a.* (zool.) miriápodo, miriópodo.
myrmidon [mœ́rmịdọn], *s.* esbirro, rufián.
myrobalan [mai̯rábạlạn], *s.* (bot.) mirobálano(s).
myrrh [mœ́r], *s.* mirra, goma resinosa.
myrrhic [-ịk], *a.* mirrado, mirrino.
myrtaceous [mœrtéi̯ŝi̯ʌs], *a.* (bot.) mirtáceo.
myrtiform [mœ́rtifɔrm], *a.* mirtino.
myrtle [mœ́rtl], *s.* (bot.) mirto, murto, arrayán. —**m. berry,** murtón, baya del mirto.—**m. wax,** cera del arrayán brabántico o de la mírica cerífera.
Myrtus [mœ́rtʌs], *s.* (bot.) murtilla.
myself [mai̯sélf], *pron.* yo mismo; me, mí, mí mismo (*I said to myself,* me dije a mí mismo o para mí; *I myself did it,* yo mismo lo hice).
mystagogue [místạgag], *s.* mistagogo.
mysterious [mịstíri̯ʌs], *a.* misterioso.—**mysteriously** [-lị], *adv.* misteriosamente.—**mysteriousness** [-nịs], *s.* misterio, calidad de misterioso.
mystery [místẹrị], *s.* misterio; arcano; (teat.) auto sacramental. *V.* MIRACLE PLAY.—**m. boat,** o **ship,** buque armado disfrazado de buque mercante indefenso.
mystic(al [místịk(ạl], *a.* y *s.* místico.—**mystically** [-ị], *adv.* místicamente.—**mysticalness** [-nịs], *s.* calidad de místico.
mysticism [-sịzm], *s.* misticismo.
mystification [-fịkéi̯ŝọn], *s.* ofuscación, confusión, perplejidad; mixtificación; superchería.— **mystify** [-fai̯], *va.* confundir, desconcertar, ofuscar; mixtificar.
myth [mịθ], *s.* mito; fábula; ficción.
mythical [-ịkạl], *a.* mítico; fabuloso.
mythologic(al [mịθoládẑịk(ạl], *a.* mitológico.

mythologically [-i̥], *adv.* mitológicamente.
mythologist [mi̥θálodži̥st], *s.* mitólogo, mitologista.—**mythologize** [-džai̥z]. **I.** *va.* convertir en mito; interpretar mitológicamente. **II.** *vn.* explicar las fábulas mitológicas.
mythology [-dži̥], *s.* mitología.
mythopeic [mi̥θopíi̥k], *a.* creador de mitos.
Myxomycetes [mi̥ksomai̥sítiz], *s. pl.* (bot.) mixomicetos.

N

n [ɛn], *s.* n.
nab [næb], *va.* (fam.) prender, atrapar, agarrar, echar mano a, echar el guante a.
nabob [néi̥bab], *s.* nabab(o); ricacho, fúcar.
nacelle [næsél], *s.* (aer.) barquilla.
nacre [néi̥kœ(r)], *s.* nácar, madreperla.
nacreous [néi̥kri̥ʌs], *a.* nacarado, nacarino.
nadir [néi̥dœ(r)], *s.* (astr.) nadir.
naevoid, *a.* **nævus,** *s.* = NEVUS.
nag [næg]. **I.** *s.* haca(nea), jaca o jaco, caballejo; (fam.) jamelgo, penco. **II.** *va.* y *vn.* (a veces con **at**) regañar, machacar, encocorar, sermonear.
naiad [néi̥yad], *s.* (mitol.) náyade, *f.*
naïf [naíf], *a.* cándido, sencillo; (joy.) lustroso en bruto. *V.* NAIVE.
nail [néi̥l]. **I.** *s.* (anat., zool.) uña; pezuña, garra; clavo; tachón, punta; roblón; medida de 2¼ pulgadas.—**n. bed,** (anat.) matriz de la uña. —**n. cleaner,** limpiauñas.—**n. extractor,** o **puller,** cazaclavos, pata de cabra, menestrete, arrancaclavos, desclavador.—**n. file,** lima para las uñas.—**n. hole,** clavera.—**n. plate,** metal en plancha para clavos.—**n. polish,** esmalte.—**n. scratch,** uñada, arañazo.—**n. set,** punzón, botador.—**on the n.,** luego, al instante, en el acto. **II.** *va.* clavar, enclavar, guarnecer o adornar con clavos; (fam.) = TO NAB.—**to n. a lie,** demostrar que una cosa es mentira.—**to n. down,** *o* **nail up,** sujetar con clavos; condenar (una ventana, etc.), clavándola.
nailbrush [-brʌŝ], *s.* cepillo para las uñas.
nailer [-œ(r)], *s.* fabricante de clavos.
nailery [-œri̥], *s.* fábrica de clavos.
nainsook [néi̥nsuk], *s.* (Am., tej.) nansú o nanzú.
naissant [néi̥sant], *a.* (blas.) naciente.
naive, naïve [naív], *a.* ingenuo, cándido.—**naively** [-li̥], *adv.* cándidamente, candorosamente.
naiveté [-téi̥], *s.* candidez, candor, ingenuidad.
naked [néi̥ki̥d], *a.* desnudo; en carnes, en cueros, (fam.) en pelota; descamisado, indigente; descubierto, sin defensa; patente; simple.—**n. sword,** espada desnuda, desenvainada.—**the n. truth,** la verdad pura o desnuda.—**(with the) n. eye,** (a) simple vista.
nakedly [-li̥], *adv.* desnudamente; claramente.—**nakedness** [-ni̥s], *s.* desnudez; partes pudendas.
namby-pamby [næmbi̥ pæmbi̥]. **I.** *a.* melindroso, afectado, insípido. **II.** *s.* pamplina, melindre; persona insípida o sentimental.
name [néi̥m]. **I.** *s.* nombre; apellido; (fam.) gracia; denominación; título; nombradía, fama, reputación, crédito; autoridad, poder, representación.—**n. day,** día (*m.*) del santo, días de uno, fiesta onomástica.—**n. plate,** rótulo, letrero, plancha con el nombre de uno. —**n. saint,** santo de uno.—**by** u **of the n. of,** llamado, nombrado.—**in n.,** de nombre.—**in the n. of,** en nombre de.—**to one's n.,** que pertenece a uno. **II.** *va.* nombrar, apellidar, llamar, poner nombre; mentar, mencionar; proferir; especificar, elegir, señalar, designar, fijar.
nameless [-li̥s], *a.* sin nombre, innominado, anónimo; desconocido.
namely [-li̥], *adv.* señaladamente, especialmente; a saber, o sea, es decir.
namesake [-sei̥k], *s.* tocayo; homónimo.
nankeen, nankin [nænkín], *s.* (tej.) mahón, nanquín.—*pl.* pantalón o traje de nanquín.
nanny [næni̥], *s.* niñera.—**n. goat,** (zool.) cabra.
naos [néi̥as], *s.* templo; (arq.) nave, *f.*
nap [næp]. **I.** *s.* siesta, sueño ligero; vello de las plantas; (tej.) borra, lanilla, pelusa. **II.** *va.* (tej.) perchar, carmenar, sacar pelo. **III.** *vn.* dormitar, echar una siesta, descabezar el sueño; estar desprevenido, dormirse (fig.).—**to catch napping,** coger desapercibido.
Nap(a)ea [napíă], *s.* (mit. y bot.) napea.
napalm [néi̥pam], *s.* (quím.) napalm (substancia usada en bombas incendiarias y lanzallamas).
nape [nei̥p], *s.* nuca, cogote, cerviz; testuz, *m.*
napery [néi̥pœri̥], *s.* ropa blanca; mantelería.
naphtha [næfθă], *s.* nafta.
naphthalene [-lin], *s.* (quím.) naftalina.
naphthol [næfθɔl], *s.* (quím.) naftol.
Nap(i)erian [nei̥píri̥an], *a.* (mat.) neperiano, de Néper.
napiform [néi̥pi̥fɔrm], *a.* de forma de nabo.
napkin [næpki̥n], *s.* servilleta; sabanilla, to(b)alleta; pañal.—**n. ring,** servilletero.
napless [næpli̥s], *a.* sin vello o pelusa; raído.
napoleon [napóuli̥on], *s.* napoleón (moneda); juego de naipes; pastelito de hojaldre y crema.
Napoleonic [napouli̥áni̥k], *a.* napoleónico.
napped [næpt], *a.* peludo, velloso.
napper [næpœ(r)], *s.* el que dormita, sestea o tiene el sueño muy ligero; (tej.) perchador.
nappiness [næpi̥ni̥s], *s.* vellosidad.
nappy [næpi̥], *a.* = NAPPED; encabezado, fuerte (vino).
narcein(e [nársi̥in], *s.* (quím.) narceína.
narcissism [narsísi̥zm], **narcism** [nársi̥zm], *s.* narcisismo, admiración o enamoramiento de sí mismo.
narcissus [narsísʌs], *s.* (bot.) narciso.
narcosis [narkóusi̥s], *s.* (med.) narcosis.
narcotic [narkáti̥k], *s.* y *a.* narcótico.
narcotin(e [nárkoti̥n], *s.* (quím.) narcotina.—**narcotism** [-i̥zm], *s.* narcotismo.—**narcotize** [-ai̥z], *va.* narcotizar.—**narcotization** [narkati̥zéi̥ŝon], *s.* narcotismo; narcotización.
nard [nárd], *s.* (bot.) nardo.
nardine [-i̥n], *a.* nardino.
nares [néi̥riz], *s. pl.* de NARIS, *s.* (anat.) orificio o ventana de la nariz.
narg(h)ile [nárgi̥li̥], *s.* narguile.
narrate [næréi̥t], *va.* y *vn.* narrar, relatar, relacionar, referir.—**narration** [næréi̥ŝon], *s.* narración, relación.—**narrative** [nærati̥v]. **I.** *a.* narrativo. **II.** *s.* narración, narrativa, relato. —**narratively** [-li̥], *adv.* narrativamente.—**narrator** [næréi̥to(r)], *s.* narrador, relatador.—**narratory** [nératori̥], *a.* narratorio.
narrow [nærou̥]. **I.** *a.* angosto, estrecho; escaso, limitado; apretado, encogido; tacaño, mezquino; de ideas poco liberales; próximo, cercano, aproximado; atento, escrupuloso.—**n.-chested,** angosto de pecho(s).—**n. circumstances,** escasez pecuniaria, cortos posibles. —**n. escape,** o (fam.) **squeak,** escapada en una tabla.—**n.-gauge railway,** ferrocarril de vía angosta.—**n.-hipped,** escurrido.—**n.-minded,** apocado, mezquino; intolerante, fanático, estrecho (de conciencia, etc.).—**n.-mindedness,** estrechez de miras.—**n. pass,** desfiladero, hoz.—**n. sea,** estrecho de mar.—**n.-spirited,** *o* **n.-souled** = N.-MINDED.—**n.-waisted,** ceñido. **II.** *s. pl.* bocal, pasaje angosto; estrechura; desfiladero. **III.** *va.* estrechar, angostar, contraer, encoger, disminuir; limitar. **IV.** *vn.* estrecharse, encogerse, reducirse; reducir el número de puntos al hacer calceta; (equit.) andar con las patas muy juntas.—**to n. down to,** reducirse a.
narrowly [-li̥], *adv.* estrechamente, angostamente, reducidamente; por poco, escasamente; mezquinamente.
narrowness [-ni̥s], *s.* angostura, estrechura, apretura; estrechez, pobreza.
narthex [nárθɛks], *s.* (arq., igl.) pórtico.

narwhal [nárhwal], *s.* (zool.) narval.
nary [néri *o* néiri], *a.* (dial.) ninguno, ni uno solo. —**n. a thing,** maldita la cosa.—**n. a whit,** ni pizca. *V.* NEVER A.
nasal [néizal]. **I.** *a.* (anat., fon.) nasal.—**n. twang,** gangueo. **II.** *s.* (fon.) letra nasal; (anat.) hueso de la nariz; (arm.) barra que protege la nariz.
nasality [-ǽliti], *s.* sonido nasal; nasalidad.
nasalization [-izéiŝon], *s.* nasalización.
nasalize [-aiz], *va.* y *vn.* (fon.) nasalizar, ganguear, pronunciar con sonido nasal.
nasally [-i], *adv.* nasalmente, con gangueo.
nasard [nǽzärd], *s.* (mús.) nasardo.
nascent [nǽsent], *a.* naciente; creciente.
nastily [nǽstili], *adv.* puerca o asquerosamente.
nastiness [-nis], *s.* suciedad, porquería.
nasturtium [nastœ́rŝiʌm], *s.* (bot.), berro; tropeoleo, capuchina.
nasty [nǽsti], *a.* sucio, asqueroso; obsceno, indecente; impuro, sórdido; desagradable; ofensivo; avieso; intratable; detestable.
natal [néital], *a.* natal, natalicio; nativo, natío.
natality [neitǽliti], *s.* natalidad.
natant [néitant], *a.* (bot.) nadante, flotante.
natation [neitéiŝon], *s.* natación.
natatorial [neitatóriąl], **natatory** [néitatori], *a.* natatorio; natátil.
natatorium [-tóriʌm], *s.* natatorio, piscina de natación.
nates [néitiz], *s. pl.* (anat.) nalgas, nalgatorio.
nation [néiŝon], *s.* nación, país; pueblo, gente, *f.*
national [nǽŝonal]. **I.** *a.* nacional; gentilicio; patriótico. **II.** *s.* (con)ciudadano; súbdito.
national anthem, *s.* himno nacional.
national bank, *s.* banco nacional.
national debt, *s.* deuda pública.
National Guard, *s.* milicia nacional.
nationalism [-izm], *s.* nacionalismo; forma reciente del socialismo; amor a la independencia nacional, patriotismo; idiotismo, costumbre, rasgo nacional peculiar o característico.—**nationalist** [-ist], *s.* y *a.* nacionalista.
nationality [-ǽliti], *s.* nacionalidad; nación; ciudadanía, patriotismo; naturaleza, naturalidad.—**by n.,** de nación.
nationalization [-izéiŝon], *s.* conversión en nación, creación en nación; nacionalización, puesta bajo la dirección o en poder de la nación; (con)naturalización.
nationalize [-aiz], *va.* convertir en nación; nacionalizar, poner bajo la dirección o en poder de la nación; naturalizar.
nationally [-i], *adv.* nacionalmente.
national monument, *s.* monumento nacional.
national park, *s.* parque nacional.
nation-wide [-waid], *a.* nacional, por o de todo el país.
native [néitiv]. **I.** *a.* nativo, natal, natural, oriundo u originario; indígena, autóctono; vernáculo; nacional, del país, patrio; (min.) nativo, natalicio, natío. **II.** *s.* natural, *mf.*, indígena, *mf.*, vecino (de un lugar), nacional; producto nacional.
native-born [-bɔrn], *a.* natural, nativo.
native country o **land,** *s.* patria, país natal, terruño, origen.
natively [-li], *adv.* naturalmente, originalmente, originariamente.
nativeness [-nis], *s.* calidad de nativo.
nativity [neitíviti], *s.* nacimiento, natividad, natalicio; (astr.) horóscopo; (**N.**) Navidad.
natrium [néitriʌm], *s.* (quím.) sodio.
natron [néitron], *s.* (min.) natrón.
nattily [nǽtili], *adv.* garbosamente.—**nattiness** [-nis], *s.* (fam.) garbo, gentileza.
natty [-i], *a.* elegante, garboso, galano, jarifo.
natural [nǽchūral]. **I.** *a.* natural, nativo; sencillo, inafectado; genuino, verdadero; normal, ordinario; bastardo, natural; (mús.) natural.—**n. draft,** *o* **draught,** tiro natural.—**n. features,** aspecto físico, geografía física.—**n. gas,** gas natural.—**n. history,** historia natural.—**n. law,** ley (*f.*) natural; derecho natural.—**n. magic,** magia blanca.—**n. philosophy,** física.—**n. resources,** riquezas naturales.—**n. science,** ciencias naturales.—**n. selection,** selección natural.—**n. theology,** teología natural. **II.** *s.* idiota, *mf.*, simplón; persona muy apta para hacer alguna cosa; (mús.) becuadro; tecla blanca; nota natural.
naturalism [-izm], *s.* naturalismo.
naturalist [-ist], *s.* y *a.*, **naturalistic** [-ístik], *a.* naturalista.
naturalization [-izéiŝon], *s.* naturalización; nacionalización; aclimatación.—**n. papers,** carta de naturaleza.
naturalize [-aiz], *va.* naturalizar; nacionalizar; habituar; aclimatar.
naturally [-i], *adv.* naturalmente; desde luego.
naturalness [-nis], *s.* naturalidad; sencillez.
nature [néichū(r)], *s.* natura(leza); natural, índole, *f.*, genio, carácter; especie, género, clase, *f.*; naturalidad, espontaneidad.—**n. study,** estudio objetivo de la naturaleza.—**from n.,** (b. a.) del natural.
naught [nɔt], *s.* nada; cero, la cifra 0.—**to come to n.,** malograrse, frustrarse.—**to set at n.,** hacer tabla rasa de.
naughtily [nɔ́tili], *adv.* pícara o traviesamente; malvada o perversamente.
naughtiness [-nis], *s.* maldad, perversidad; picardía, travesura.
naughty [nɔ́ti], *a.* perverso; desobediente, díscolo; pícaro, travieso.—**n. boy,** picaruelo.—**n. trick,** picardihuela; pillada.
nausea [nɔ́ŝiä], *s.* náusea, basca, asco.
nauseant [-nt]. **I.** *a.* (med.) nauseante, nauseabundo. **II.** *s.* substancia que produce náuseas o bascas.
nauseate [nɔ́ŝieit]. **I.** *va.* dar asco o disgusto, apestar. **II.** *vn.* nausear, asquear.
nauseating [-iŋ], **nauseous** [nɔ́ŝiʌs], *a.* nauseativo, nauseoso, nauseabundo, asqueroso, apestoso.—**nauseously** [-li], *adv.* nauseosa o asquerosamente.—**nauseousness** [-nis], *s.* náusea, asquerosidad.
nautical [nɔ́tikal], *a.* náutico, marino.—**n. cap,** gorra marina.—**n. mile,** milla marina o náutica, nudo (6080 pies).
nautics [nɔ́tiks], *s.* náutica.
nautilus [nɔ́tilʌs], *s.* (zool.) nautilo, argonauta, *m.*
naval [néival], *a.* naval; de marina.—**n. auxiliary,** barco auxiliar.—**n. base,** o **station,** base (*f.*) naval; apostadero.—**n. law,** código naval.—**n. officer,** oficial de marina; (E. U.) capitán de puerto.—**n. stores,** artículos navales; productos resinosos.—**n. vessel,** barco de guerra.
Navarrese [næværíz], *a.* y *s.* navarro.
nave [neiv], *s.* (arq.) nave, *f.*; (carr.) cubo de rueda, maza.—**n. box,** buje, arandela, loriga.
navel [néivl], *s.* (anat.) ombligo; centro, medio, parte (*f.*) interior.—**n. orange,** variedad de naranja sin semillas.—**n. string,** ombligo, cordón umbilical.—**n.-shaped,** umbilicado.
naveled [-d], *a.* umbilicado.
navelwort [-wœrt], *s.* (bot.) oreja de monje, ombligo de Venus.
navicert [nǽvisœrt], *s.* (Ingl.) certificado de navegación que permite pasar por el bloqueo británico.
navicular [navíkyulä(r)]. **I.** *a.* navicular; escafoides. **II.** *s.* (anat.) fosa o hueso navicular.
navigability [nǽvigabíliti], **navigableness** [-ablnis], *s.* calidad de navegable.
navigable [-abl], *a.* navegable.
navigate [-eit], *va.* y *vn.* navegar; marear.
navigating [-eitiŋ], *a.* navegador, navegante.
navigation [-éiŝon], *s.* navegación (de altura, costanera o aérea); náutica, mareaje; (raro) marina, naves, *f. pl.*
navigational [-éiŝonal], *a.* navegacional, de navegación.

navigational satellite, *s.* satélite auxiliar de la navegación.
navigator [-eitọ(r)], *s.* navegador, navegante, mareante; piloto; tratado de náutica.
navvy [nǽvi], *s.* (Ingl.) peón, bracero; máquina excavadora.
navy [néivi], *s.* armada, marina de guerra, flota. —**n. bean,** (bot.) frijol blanco ordinario.—**n. blue,** azul oscuro.—**N. Department,** (E. U.) Ministerio de Marina.—**N. Office,** (Ingl.) Almirantazgo.—**n. yard,** arsenal, astillero.
nawab [nạwɔ́b], *s.* nabab(o). *V.* NABOB.
nay [nei]. **I.** *adv.* no; de ningún modo; más aún, y aun. **II.** *s.* voto negativo; negación.
Nazarene [næzạrín], *a.* y *s.* nazare(n)o.
Nazarite [nǽzạrait], *s.* nazare(n)o (sectario hebreo).
naze [neiz], *s.* cabo, promontorio.
Nazi [nátsi], *s.* y *a.* nazi, nazista.
Nazi(i)sm [nátsi(i)zm], *s.* nazismo.
Neanderthaloid [neiandœrtálɔid], *a.* neandertaliano, del tipo del hombre de Neanderthal.
neap [nip], *s.* marea muerta (ll. t. **n. tide**).
Neapolitan [niạpálitạn], *a.* y *s.* napolitano.
near [nír]. **I.** *prep.* cerca de, junto a, próximo a, cabe, por, hacia. **II.** *adv.* cerca; próximamente, (fam.) casi.—**n. at hand,** a (la) mano, cerca. **III.** *a.* cercano, próximo, inmediato, vecino; inminente; allegado; íntimo, estrecho; cicatero, tacaño; exacto; literal; imitado (*near seal,* imitación de piel de foca; *near silk,* seda imitada, imitación de seda); a punto de, por poco (cambiando el giro: *we were in a near accident,* por poco tenemos un accidente).—**n. beer,** (E. U.) cerveza no embriagante, de muy pequeña proporción de alcohol (puede llamarse cerveza aguada).—**N. East,** Levante.—**n. relation,** *o* **relative,** pariente cercano.—**n. wheel,** rueda izquierda. **IV.** *va.* y *vn.* acercar(se).
nearby, o **near-by** [-bai]. **I.** *prep.* cerca de. **II.** *adv.* cerca, a (la) mano. **III.** *a.* cercano, contiguo, próximo.
nearer [-œ(r)], *a.* (*comp.* de NEAR) más cercano; citerior.
nearest [-ist], *a.* (*super.* de NEAR) más cercano, próximo.
nearly [-li], *adv.* cerca, cerca de; estrechamente; mezquinamente; casi; íntimamente, de cerca; próximamente, aproximadamente.
nearness [-nis], *s.* proximidad, cercanía; inminencia; parentesco cercano; amistad estrecha; mezquindad.
nearsighted [-sáitid], *a.* miope, corto de vista.
nearsightedness [-nis], *s.* miopía, vista corta.
neat [nit]. **I.** *a.* limpio, aseado, pulcro; bonito, pulido, lindo; neto, mondo, lirondo; puro, casto, natural; puro, sin mezcla; nítido, claro; gallardo; esmerado; perteneciente al ganado vacuno; (com.) neto. *V.* NET.—**n. cattle,** ganado vacuno.—**n.-handed,** diestro. **II.** *s.* ganado vacuno; vaca o buey.—**n.'s-foot oil,** aceite de pata de vaca.—**n.'s leather,** cuero de buey.—**n.'s tongue,** lengua de vaca.
'neath [niθ], forma apocopada de BENEATH.
neatherd [níthœrd], *s.* vaquero.
neatly [nítli], *adv.* pulidamente, nítidamente, primorosamente; limpiamente, aseadamente; elegantemente; diestramente, mañosamente.
neatness [nítnis], *s.* aseo, pulcritud, nitidez, limpieza; pulidez, elegancia, delicadeza.
neb [nɛb], *s.* pico, boca; punta, cabo. *V.* NIB.
nebula [nébyụlạ], *s.* (astr.) nebulosa; (med.) opacidad ligera de la córnea, nube (*f.*) en los ojos; enturbiamiento de la orina; (farm.) preparado líquido para rociar.
nebular [-(r)], *a.* nebuloso.—**n. hypothesis,** (astr.) hipótesis nebular, hipótesis de Laplace.
nebulizer [-laizœ(r)], *s.* rociador, pulverizador.
nebulosity [-lásiti], *s.* nebulosidad.
nebulous [-lʌs], *a.* nebuloso; nublo(so); vago.
necessarian [nɛsɛsérian], *s.* y *a.* determinista.
necessarianism [-izm], *s.* (filos.) determinismo.
necessarily [nésɛsɛrili], *adv.* necesariamente.
necessary [nésɛsɛri]. **I.** *a.* necesario, preciso, forzoso; inevitable.—**to be n.,** ser menester, hacer falta. **II.** *s.* lo necesario; requisito esencial.—*pl.* **necessaries,** cosas necesarias o imprescindibles.
necessitarian [nisɛsitérian], *s.* y *a.* (filos.) determinista.—**necessitarianism** [-izm], *s.* determinismo.
necessitate [nisésiteit], *va.* necesitar, exigir.
necessitous [-tʌs], *a.* necesitado, indigente.
necessity [-ti], *s.* necesidad, precisión; indigencia. —*pl.* **necessities,** artículos de primera necesidad, requisitos indispensables.—**of n.,** forzosamente.
neck [nék]. **I.** *s.* (anat.) cuello, garganta, pescuezo; cuello, gollete (de una botella); mástil (de guitarra o violín); degüello; (arq.) collarino; (cost.) escote, escotadura, degolladura; (geog.) istmo, cabo, península; desfiladero.—**n. and crop,** todo junto y a un tiempo.—**n. and heels,** de pies a cabeza, del todo.—**n. and n.,** (dep.) parejos, con igual rapidez en una carrera. —**n. handkerchief** = NECKERCHIEF.—**n. line,** (cost.) escote.—**n. of land,** lengua de tierra.—**n. or nothing,** a toda costa.—**n. yoke,** yugo de colleras; (carr.) volea.—**in,** u **on the n. of,** luego, inmediatamente después, a raíz de. **II.** *va.* degollar; agarrotar.
neckband [-bænd], *s.* (cost.) cabezón o tirilla de camisa.
neckcloth [-klɔθ], *s.* corbata, corbatín.
neckerchief [-œrchif], *s.* corbata, corbatín; especie de pañoleta; bobillo.
necklace [-lis], **necklet** [-lit], *s.* collar, gargantilla.
neckpiece [-pis], *s.* estola, boa o bufanda de piel; gorguera; gorjal.
necktie [-tai], *s.* corbata; (E. U. fam.) dogal.
neckwear [-wɛr], *s.* cuellos, corbatas, boas, *m. pl.,* etc.
necrologic(al [nɛkroládžik(ạl], *a.* necrológico.
necrologist [nɛkrálodžist], *s.* registrador de defunciones.
necrology [nɛkrálodži], *s.* necrología.
necromancer [nékromænsœ(r)], *s.* nigromante, mago; (fam.) brujo.—**necromancy** [-si], *s.* nigromancia, magia negra; brujería.—**necromantic** [-mǽntik], *a.* nigromántico.
necrophagous [nɛkráfạgʌs], *a.* necrófago, que se alimenta de cadáveres.
necropolis [nɛkrápolis], *s.* necrópolis.
necropsy [nékrapsi], **necroscopy** [nɛkráskopi], *s.* (med.) necropsia, necroscopia, autopsia.
necrosis [nɛkróusis], *s.* (med.) necrosis, gangrena.
nectar [néktạ(r)], *s.* (mit., fig. y bot.) néctar.—**nectarean** [nɛktérian], **nectareous** [-ʌs], **nectarial** [-ạl], *a.* nectáreo.
nectarine [néktạrin]. **I.** *a.* nectáreo, nectarino. **II.** *s.* (bot.) abridor, variedad de pérsico.
nectary [néktạri], *s.* (bot.) nectario; (ent.) tubo para miel.
née, *o* **nee** [nei], *a.* (fr.) nacida; se usa para designar el apellido paterno de una mujer casada: *Mrs. Kate Brown, née Smith,* la Señora Kate Smith de Brown.
need [níd]. **I.** *s.* necesidad; carencia, falta; pobreza, miseria; situación o momento de apuro. —**if n. be,** si hubiere necesidad, si fuere necesario.—**in case of n.,** en caso necesario.— **there is no n. to worry,** no hay para qué apurarse.—**to be in need,** tener necesidad; estar necesitado. **II.** *va.* necesitar, haber menester, requerir, exigir; faltar, hacer falta. Antes de infinitivo se emplea como una especie de auxiliar invariable, sobre todo en expresiones negativas, en el sentido de no haber que, no ser necesario, no deber: *he need not go,* no es necesario que él vaya; *it need not be done,* no hay que hacerlo, no es necesario que se haga. **III.** *vn.* ser necesario, precisarse; estar en la necesidad, carecer de lo necesario.
needer [-œ(r)], *s.* necesitado.

needful [-fųl], *a.* necesario; necesitado.—**needfully** [-i], *adv.* necesariamente.—**needfulness** [-nis], *s.* necesidad, calidad de necesario.
needily [-ili], *adv.* pobremente.
neediness [-inis], *s.* necesidad, pobreza.
needle [nídl]. **I.** *s.* aguja (de coser, de media, de gancho, de fonógrafo, etc.); (mar.) aguja de marear, brújula; (arq.) aguja, chapitel; obelisco; roca o piedra acicular.—**n. bar,** portaaguja de una máquina de coser.—**n. file,** lima de aguja.—**n. gun,** fusil de aguja.—**n. holder,** portaagujas, palillo, acerico.—**n. lace,** encaje de, o a, mano.—**n. maker, seller,** o **user,** agujero.—**n. of a balance,** lengüeta, fiel de la balanza.—**n. of a dial,** aguja o estilo de un reloj de sol.—**n. point** = N. LACE; cierto bordado de lona; punta de aguja del compás y otros instrumentos; (arq.) aguja, chapitel.—**n. prick,** agujazo.—**n.-shaped,** acicular.—**n.-threader,** ensartador de agujas.—**n. valve,** (mec.) válvula de aguja o ahusada. **II.** *va.* coser, herir o punzar con aguja; aguijonear; vejar, atormentar. **III.** *vn.* trabajar con aguja; (quím., min.) cristalizarse en forma de agujas.
needlecase [-keis], *s.* agujetero, alfiletero.
needlefish [-fiŝ], *s.* (ict.) aguja (paladar).
needleful [-fųl], *s.* hebra de hilo.
needleman [-mąn], *s.* sastre.
needler [nídlœ(r)], *s.* agujero.
needless [nídlis], *a.* inútil, innecesario, superfluo, ocioso.—**n. to say,** inútil es decir(lo).
needlessly [-li], *adv.* innecesariamente.
needlewoman [nídlwųmąn], *s.* costurera.
needlework [-wœrk], *s.* costura; labor, *f.,* bordado de aguja.
needs [nidz], *adv.* necesariamente, de necesidad.
needy [nídi], *a.* necesitado, menesteroso.
ne'er [nɛr], *adv. contr.* de NEVER.—**n.-do-well. I.** *s.* haragán, (fam.) pelafustán. **II.** *a.* inútil, sin valor.
nefarious [niférins], *a.* nefando, nefario.
nefariously [-li], *adv.* nefariamente.
negate [nigéit], *va.* negar; anular.
negation [nigéiŝon], *s.* negación.
negative [négątiv]. **I.** *a.* negativo (en toda acepción). **II.** *s.* negativa; denegación; veto, derecho de rehusar; (gram.) negación; (foto.) negativo o (prueba) negativa; (elec.) electricidad negativa. **III.** *va.* denegar, desaprobar, negar; oponerse a, votar en contra de; poner su veto a; contradecir.
negatively [-li], *adv.* negativamente.
negativism [-izm], *s.* negativismo.
neglect [niglékt]. **I.** *s.* descuido, negligencia; inobservancia; abandono, desdén, desprecio, indiferencia; desuso; preterición. **II.** *va.* descuidar, desatender; olvidar; dejar de; abandonar; desdeñar, despreciar; arrinconar; preterir.
neglecter [-œ(r)], *s.* descuidado, negligente; despreciador.
neglectful [-fųl], *a.* negligente, descuidado.—**neglectfully** [-i], *adv.* negligentemente, descuidadamente.—**neglectfulness** [-nis], *s.* negligencia, descuido, incuria, abandono.
negligee, néglige [nɛgliźéi], *s.* traje libre o inceremonioso; bata de casa.
negligence [néglidźens], *s.* negligencia.
negligent [-ent], *a.* negligente.
negligently [-li], *adv.* negligentemente.
negligible [-ibl], *a.* despreciable, insignificante.
negotiability [nigóuŝiąbíliti], *s.* negociabilidad.
negotiable [-abl], *a.* negociable.
negotiate [-eit]. **I.** *va.* (com.) negociar, cambiar; gestionar, agenciar; (dipl.) negociar; (fam.) ejecutar, vencer, disponer de, salvar, superar. **II.** *vn.* negociar.—**negotiating** [-iŋ], *a.* negociante, contratante.—**negotiation** [-éiŝon], *s.* negociación; negocio, gestión, transacción.—**negotiator** [-eito(r)], *s.* negociador, gestor.
Negress [nígris], *s.* negra.
Negrillo, Negrito [nigrílou, nigrítou], *s.* negrito africano o malayo de raza enana.
Negro [nígrou]. **I.** *s.* negro; (Cuba) bembo. **II.** *a.* negro, de raza negra; de negro; de los negros.
negroid [nígrɔid]. **I.** *s.* persona de raza negra. **II.** *a.* negroide; parecido o relativo a los negros.
negus [nígʌs], *s.* carraspada, sangría (bebida); (N.) negus, emperador de Abisinia.
neigh [nei]. **I.** *vn.* relinchar. **II.** *s.* relincho, hin.
neighbor [néibo(r)]. **I.** *s.* vecino; prójimo. **II.** *va.* y *vn.* estar vecino o cercano a; ser vecino de; acercar; confinar. **III.** *a.* = NEIGHBORING.
neighborhood [-hųd]. **I.** *s.* vecindad; vecindario; barrio; cercanías, inmediaciones, alrededores.—**in the n. of,** (fam.) casi, como, aproximadamente. **II.** *a.* vecinal, del barrio.
neighboring [-iŋ], *a.* vecino, vecinal, próximo, rayano o cercano.
neighborliness [-linis], *s.* cortesía de vecindad; buena vecindad; sociabilidad.
neighborly [-li], *a.* sociable, amigable, como buen vecino.
neither [níðœ(r)]. **I.** *a.* ningún, ninguno de los dos. **II.** *conj.* ni.—**n. . . . nor,** ni . . . ni (*neither he nor she will go,* ni él ni ella irán); tampoco, ni siquiera (*neither will I do it,* yo tampoco lo haré). **III.** *pron.* ninguno, ni uno ni otro, ni el uno ni el otro.
Nemathelminthes [nɛmąθɛlmínθiz], *s. pl.* (zool.) nematelmintos.
nematode [némątoud], *s.* y *a.* (zool.) nemátodo.
Nemean [nimíąn], *a.* nemeo.
Nemesis [némɛsis], *s.* (mit.) Némesis; (**n.**) justicia, venganza; agente de la justicia distributiva.
neo- [nio], *prefijo,* neo-, nuevo, reciente. Ú. en composición; v. gr.: *Neo-Catholic,* neocatólico.
neoclassic(al [-klǽsik(ąl], *a.* neoclásico.
neoclassicism [-isizm], *s.* neoclasicismo.
neodymium [-dímiʌm], *s.* (quím.) neodimio.
Neo-Latin [-lǽtin], *a.* neolatino.
neolith [níoliθ], *s.* herramienta u objeto neolíticos.
neolithic [niolíθik], *a.* neolítico.
neologic(al [nioládźik(ąl], *a.* neológico.
neologism [niálodźizm], *s.* neologismo.
neologist [-dźist], *s.* neólogo.
neology [-dźi], *s.* neología.
neomenia [niomíniä], *s.* (astr.) neomenia.
neomycin [niomáisin], *s.* (bioquím.) neomicina.
neon [nían], *s.* (quím.) neón, neo.—**n. lamp, light** o **tube,** lámpara o tubo neón.
neophyte [níofait], *s.* neófito; novicio.
neoplasm [níoplæzm], *s.* (med.) neoplasma, *m.*
Neoplatonism [niopléitonizm], *s.* neoplatonicismo.—**Neoplatonic** [-tánik], *a.* neoplatónico.
neoteric [niotérik], *a.* moderno, reciente.
Neozoic [niozóuik], *a.* (geol.) neozoico.
Nepal [nipól], *s.* Nepal.
Nepalese [nɛpalíz], *s.* y *a.* nepalés.
nepenthe [nipénθi], *s.* nepente; (bot.) nepente.
nephew [néfiu], *s.* sobrino.
nephology [nɛfálodźi], *s.* tratado de las nubes.
nephoscope [néfoskoup], *s.* nefoscopio, que indica la dirección, elevación, etc., de las nubes.
nephralgia [nɛfrǽldźiä], *s.* (med.) nefralgia, neuralgia renal.
nephrectomy [nɛfréktomi], *s.* (cir.) nefrectomía, excisión del riñón.
nephrite [néfrait], *s.* (min.) nefrita, piedra nefrítica o jade.
nephritic [nɛfrítik], *a.* y *s.* (med.) nefrítico.
nephritis [nɛfráitis], *s.* (med.) nefritis.
nephrolith [néfroliθ], *s.* (med.) nefrolito.
nephroptosis [nɛfraptóusis], *s.* (med.) riñón flotante o móvil; nefróptosis.
nephrotomy [nɛfrátomi], *s.* (cir.) nefrotomía.
nepotism [népotizm], *s.* nepotismo, sobrinazgo.
Neptune [néptiun], *s.* (mit. y astr.) Neptuno; (fig.) océano, mar.
Neptunian [nɛptiúnian], *a.* neptúneo; (geol.) neptúnico.—**N. theory,** (geol.) neptunismo.
neptunium [nɛptiúniʌm], *s.* (quím.) neptunio.
Nereid [níriid], *s.* (mit.) nereida.

nerita [nįráįtą̈], *s.* (zool.) nerita.
Neronian [nįróunįạn], *a.* neroniano; sanguinario.
nerval [nœ́rvạl], *a.* (anat.) nerval, nérveo.
nervate [nœ́rveįt], *a.* (bot.) nervioso, nervado.
nervation [nœrvéįšọn], **nervature** [nœ́rvạchụr], *s.* (bot.) nervadura; venación.
nerve [nœ́rv]. **I.** *s.* (anat., bot.) nervio; (bot.) vena; fibra, valor, ánimo; (fam.) desfachatez, descaro. **II.** *va.* vigorizar, dar fuerza; animar, alentar.
nerve center, *s.* (anat., fisiol.) centro nervioso.
nerve gas, *s.* (mil.) gas neurotóxico.
nerveless [-lįs], *a.* sin nervios; enervado; débil.
nerviduct [nœ́rvįdʌkt], *s.* (anat.) conducto óseo o cartilaginoso para dar paso a un nervio.
nervimotion [-móušọn], *s.* (fisiol.) nervimoción.
nervine [nœ́rvįn], *a.* y *s.* (remedio) nervino.
nervosism [nœ́rvosįzm], *s.* (med.) nervosismo.
nervosity [nœrvásįtį], *s.* nerv(i)osidad.
nervous [nœ́rvʌs], *a.* nerv(i)oso; nervudo; excitado; vigoroso.—**n. breakdown,** o **prostration,** neurastenia.—**n. system,** sistema nervioso.
nervously [-lį], *adv.* nerv(i)osamente.
nervousness [-nįs], *s.* nerv(i)osidad; vigor, fuerza; estado nervioso o irritable.
nervule [nœ́rvįul], *s.* (anat.) nervezuelo, nérvulo.
nervure [nœ́rvįur], *s.* (arq. y bot.) nervadura; (ent.) vena, nervadura.
nervy [nœ́rvį], *a.* vigoroso; valeroso; que exige valor; (fam.) descarado; (Ingl.) excitable.
nescience [nέšįẹns], *s.* nesciencia, ignorancia; agnosticismo.—**nescient** [-ẹnt], *a.* nesciente.
ness [nεs], *s.* promontorio, cabo.
nest [nέst]. **I.** *s.* nido, nidal, ponedero (de gallinas); manida, madriguera; guarida; juego de objetos que encajan unos dentro de otros; (mec.) engranaje; (geol. y min.) bolsa.—**n. egg,** nidal, ponedero; (fig.) ahorros, *m. pl.*—**n. of drawers** o **boxes,** juego de gavetas o cajones. **II.** *va.* y *vn.* nidificar, anidar, hacer un nido; buscar nidos; alojar, anidarse, establecerse; colocar una serie de objetos uno dentro de otro.
nestful [-fụl], *s.* nidada (de huevos, pollos, etc.).
nestle [nésl]. **I.** *va.* abrigar, poner en un nido; acariciar, mimar. **II.** *vn.* anidar(se); estar abrigado, como en un nido; apiñarse. *V.* SNUGGLE.
nestling [néstlįŋ], *s.* (orn.) pollo, pichón, volantón.
Nestorian [nεstórįạn], *a.* y *s.* nestoriano.—**Nestorianism** [-įzm], *s.* nestorianismo.
net [nεt]. **I.** *s.* red; redecilla, albanega; malla; (fig.) trampa; (tej.) tul; (com.) líquido. *V.* NETWORK.—**n. fishing,** pesca con red.—**n. float,** boya. **II.** *va.* enredar, prender o coger con red; cubrir de red(es) u obra de malla; (com.) obtener, producir una ganancia líquida. **III.** *vn.* echar la red; hacer redes. **IV.** *a.* (com.) neto, líquido; (raro) limpio, puro; reticular, de punto de malla; cogido con red.—**n. amount,** importe neto.—**n. balance,** saldo líquido.—**n. earnings,** entrada o recaudación neta.—**n. embroidery,** bordado reticular.—**n. produce,** o **proceeds,** producto neto.—**n. profit,** ganancia o utilidad líquida, beneficio líquido.—**n. weight,** peso neto.
netful [nétfụl], *s.* redada.
nether [néðœ(r)], *a.* inferior, más bajo.—**n. lip,** labio inferior.—**n. millstone,** solera.—**n. world,** el otro mundo, la otra vida; infierno.
Netherlander [-lændœ(r)], *s.* neerlandés, holandés.
Netherlands [-lạndz]. **I.** *s.pl.* Países Bajos. **II.** *a.* neerlandés, holandés.
nethermost [-moụst], *a.* lo inferior o más bajo.
netmaker [nétmeįkœ(r)], *s.* redero, mallero.
netmaking [-įŋ], *s.* confección de redes.
netted [nétįd], *a.* cubierto o protegido por una red; reticular; enredado, cogido con red.
netting [nétįŋ], *s.* red, randa, obra de malla; alambrado; operación de hacer redes o redecillas; pesca con redes; (mar.) jareta, ajedrez.—**n. needle,** aguja de tejer redes o mallas.
nettle [nétl]. **I.** *s.* (bot.) ortiga.—**n. rash,** urticaria.—**n. tree,** (bot.) almez(o), loto. **II.** *va.* picar con o como ortiga; irritar, provocar, espinar.
nettlesome [-sʌm], *a.* irritable; irritante.
nettling [nétlįŋ], *s.* provocación, irritación.
network [nétwœrk], *s.* red, randa, malla; retículo; (anat.) plexo; (rad., f. c., etc.) cadena, red, sistema, *m.*
neume [nįúm], **neuma** [-ą̈], *s.* (mús.) neuma, *m.*
neural [nįúrạl], *a.* (anat., zool.) neural; nérveo o nervioso.—**n. arch,** arco neural.—**n. axis,** eje cerebroespinal.—**n. canal,** canal neural, canal medular.—**n. spine,** espina neural.
neuralgia [nįurǽldžįą̈], *s.* (med.) neuralgia.
neuralgic [-džįk], *a.* neurálgico.
neurasthenia [nįurạsθínįą̈], *s.* (med.) neurastenia.
neurasthenic [-θénįk], *a.* y *s.* neurasténico.
neuration [nįuréįšọn], *s.* = NERVATION.
neuraxon [-sọn], *s.* (anat.) neuraxón, axon.
neurectomy [nįuréktomį], *s.* (cir.) neurectomía.
neurilemma [nįurįlémą̈], *s.* (anat.) neurilema, *m.*
neuritis [nįuráįtįs], *s.* (med.) neuritis.
neuroblast [nįúroblæst], *s.* (embr.) neuroblasto.
neurologist [nįurálodžįst], *s.* (med.) neurólogo.
neurology [-džį], *s.* (anat.) neurología.
neuroma [nįuróumą̈], *s.* (med.) neuroma, *m.*
neuron [nįúran], *s.* (anat.) sistema (*m.*) cerebroespinal; neurona, célula con sus prolongaciones, etc.
neuropath [nįúropæθ], *s.* (med.) neurópata, *mf.*
neuropathic(al [-pǽθįk(ạl], *a.* neuropático; neurótico.—**neuropathology** [-pạθálodžį], *s.* (med.) neuropatología.
neuropathy [nįurápạθį], *s.* (med.) neuropatía.
Neuroptera [nįuráptẹrą̈], *s. pl.* (ent.) neurópteros.—**neuropterous** [-ʌs], *a.* neuróptero.
neurosis [nįuróusįs], *s.* (med.) neurosis.
neurotic [nįurátįk], *a.* y *s.* (med.) neurótico.
neurotome [nįúrotoum], *s.* (cir.) neurótomo.
neurotomy [nįurátomį], *s.* (cir.) neurotomía.
neuter [nįútœ(r)]. **I.** *a.* neutro; neutral; (gram.) neutro; (bot. y zool.) sin sexo. **II.** *s.* género, verbo o palabra neutros; abeja neutra; animal neutro o castrado.
neutral [nįútrạl]. **I.** *a.* neutral, neutro; indiferente, inactivo; mediano; (pint.) neutro, pardusco o azulado; (biol.) neutro, sin sexo; (quím.) neutro; (mec.) neutro (eje, plano, etc.). **II.** *s.* neutral.—**in n.** (aut.) en punto muerto.
neutralism [-įzm], *s.* neutralismo.
neutralist [-įst], *s.* y *a.* neutralista.
neutrality [nįutrǽlįtį], *s.* neutralidad, calidad de neutral; (quím.) calidad de neutro.
neutralization [-įzéįšọn], *s.* neutralización.
neutralize [-aįz], *va.* neutralizar.
neutrally [-į], *adv.* neutralmente.
neutrino [nįutrínoụ], *s.* (fís.) neutrino.
neutron [nįútran], *s.* (fís.) neutrón.
never [névœ(r)], *adv.* nunca, jamás; en la (o mi) vida; no, de ningún modo.—**n. again,** nunca más, otra vez no.—**n. a whit,** ni pizca.—**n. fear,** no hay cuidado, no hay miedo.—**n. mind,** no importa.—**n. so,** por muy, por mucho o por más que. Con *never* y un gerundio se forman compuestos que indican que la acción o condición denotadas por el verbo no se verifican o no se realizarán nunca, v. gr. *never-ceasing, never-ending,* que nunca termina, continuo, perpetuo, eterno; *never-erring,* que nunca falla, infalible; *never-fading,* que nunca se marchita, inmarcesible; *never-failing,* infalible, inagotable; *never-tiring,* incansable.
nevermore [-mór], *adv.* jamás, nunca más.
nevertheless [-ðẹlés], *adv.* no obstante, con todo, sin embargo, a pesar de eso.
nevoid [nívọid], *a.* (med.) nevoideo.
nevus [nívʌs], *s.* (med.) nevo; marca de nacimiento.

new [niú]. **I.** *a.* nuevo; moderno; novicio; no habituado; fresco, reciente, recién hecho, recién cogido, etc.; otro, diferente, distinto.—**what is n.?** ¿qué hay de nuevo? **II.** *adv.* nuevamente, de nuevo; (seguido de participio) recién.
new arrival, *s.* recién llegado o venido.
newborn [-bɔrn], *a.* recién nacido.
newcomer [-kʌmœ(r)], *s.* recién llegado.
New Deal, *s.* (E. U., pol.) *New Deal* (gen. se usa sin traducirlo), política del presidente F. D. Roosevelt.
New Dealer, *s.* partidario del *New Deal,* rooseveltista.
new departure, *s.* (fig.) nueva ruta o camino, nueva dimensión o concepto (como en las artes); divergencia, desviación.
newel [niúel], *s.* (arq.) nabo o bolo (de escalera); (carp.) poste con que termina la baranda de una escalera.
New Englander, *s.* (E. U.) habitante de Nueva Inglaterra.
newest [niúist], *a. superl.* de NEW; novísimo.
newfangled [niúfæŋgld], *a.* novelero; recién inventado, de última moda.
new-fashioned [-fæšond], *a.* de última moda.
Newfoundland [niúfʌndland], *s.* Terranova.
Newfoundland [niufáundland] **dog,** *s.* (zool.) perro de Terranova.
new-grown [-gróun], *a.* recién crecido; recién salido.
newish [niúiš], *a.* bastante nuevo.
new-laid [-léid], *a.* recién puesto, fresco (huevo); recién colocado o tendido.
newly [niúli], *adv.* nuevamente, recientemente, recién.—**n. arrived,** recién llegado; advenedizo.
newlywed [-wɛd], *s.* recién casado, -da.
new moon, *s.* luna nueva.
newness [niúnis], *s.* novedad, calidad de nuevo; innovación; falta de práctica.
new-rich [-rích], *s.* y *a.* nuevo rico.
news [niúz], *s.* noticia, nueva; noticias (siempre en singular: *the news is this,* las noticias son éstas); cosa nueva, noticia fresca.—**n. agency,** agencia de prensa o de noticias.—**n. agent,** noticiero, agente de prensa.—**n. agent, dealer,** o **vender,** vendedor de periódicos.—**n. bureau,** sección de prensa.—**n. correspondent,** corresponsal (de noticias).—**n. writer,** gacetillero, noticiero.—**no n. is good n.,** la falta de noticias es buena noticia.—**what's the n.?** ¿qué hay de nuevo? ¿qué noticias hay?
newsboy [-bɔi], *s.* chiquillo vendedor de periódicos.
newscast [-kæst], *s.* (rad.) noticiario.
newscaster [-œ(r)], *s.* (rad.) noticiero que da y a veces comenta las noticias del día.
newsletter [-lɛtœ(r)], *s.* impreso, boletín informativo, circular, *f.*
newsman [-mæn], *s.* = NEWSPAPER MAN.
newsmonger [-mʌŋgœ(r)], *s.* noticiero, novelero, gacetista, portanuevas, pilonero.
newspaper [-peipœ(r)], *s.* periódico, diario; gaceta.—**n. clipping,** recorte de periódico.—**n. man,** periodista; reportero, repórter, noticiero.—**n. serial,** folletín.—**n. wrapper,** faja.
newsprint [-print], *s.* papel para periódicos.
newsreel [-ril], *s.* (cine) noticiario, película que da las noticias del día.
newsroom [-rum], *s.* gabinete de lectura de periódicos; tienda de periódicos.
newsstand [-stænd], *s.* quiosco o kiosco, puesto o mostrador de periódicos, revistas, etc.
New Style, *s.* (cronología) nuevo estilo (del calendario gregoriano).
newsy [-i], *a.* noticioso.
newt [niut], *s.* (zool.) tritón, especie de salamandra acuática.
New Testament, *s.* Nuevo Testamento.
Newtonian [niutóunian], *s.* y *a.* neutoniano.
New World, *s.* Nuevo Mundo.
New Year, *s.* año nuevo.
New Year's Day, *s.* día de año nuevo.
New Year's gift, *s.* aguinaldo.
New York [yɔ́rk]. **I.** *s.* Nueva York. **II.** *a.* neoyorquino.
New Yorker [-œ(r)], *s.* neoyorquino.
New Zealand [zíland], *s.* Nueva Zelandia.
New Zealander [-œ(r)], *s.* neozelandés.
next [nɛkst]. **I.** *a.* siguiente; entrante; próximo, contiguo, adyacente, inmediato, vecino; subsiguiente, futuro, venidero.—**n. day,** el o al día siguiente.—**n. door,** la puerta (o casa) siguiente.—**n. door to,** a la puerta (o casa) siguiente de; muy cerca de.—**n. month,** el mes entrante, próximo o que viene.—**n. of kin,** parientes más cercanos.—**n. time,** la próxima vez, otra vez.—**n. week,** la semana entrante.—**n. year,** el año entrante.—**the n. day before,** la víspera.—**the n. life,** la otra vida.—**to be n.,** seguir en turno, tocarle a uno. **II.** *adv.* luego, después, ahora, inmediatamente después, en seguida, a renglón seguido.—**n. best,** lo mejor después de eso, o a falta de eso.—**n. to,** junto a, al lado de; después de: casi.—**n. to impossible,** punto menos que imposible.—**n. to nothing,** casi nada, poquísimo.—**what n.?** ¿y ahora (o luego) qué? **III.** *prep.* junto a, al lado de.
nexus [nɛ́ksʌs], *s.* nexo, lazo, vínculo.
niacin [náiasin], *s.* (bioquím.) niacina, ácido nicotínico.
nib [nib]. **I.** *s.* asa de la guadaña; pico, punta, extremo; gavilán, punto o tajo de una pluma; pico de un ave; grano de cacao o de café. **II.** *va.* hacer punta a, aguzar; cortar la pluma.
nibble [níbl]. **I.** *va.* mordi(s)car, mordisquear, roer; pacer, tascar, rozar. **II.** *vn.* picar, morder (como el pez); (con **at**) criticar. **III.** *s.* roedura, ramoneo; mordisco, bocadito.
niblick [níblik], *s.* (dep.) uno de los palos del golf.
Nicaragua [nikarágwa], *s.* Nicaragua.
Nicaraguan [nikarágwan], *a.* y *s.* nicaragüense, nicaragüeño.
niccolite [níkolait], *s.* (min.) niquelina.
nice [náis], *a.* fino, sutil; delicado; diligente, solícito; circunspecto, cauto; exacto, concienzudo, escrupuloso; esmerado, pulcro, pulido, refinado; remilgado; tierno, frágil; agradable, lindo, bonito; simpático, gentil, amable.—**n. and,** (fam.) muy, bien.—**n. and warm,** calientito.—**n. distinction,** sutileza.—**n.-looking,** bien parecido.—**n. point,** punto delicado.
nicely [-li], *adv.* con finura; delicadamente; primorosamente; sutilmente; (fam.) muy bien.
Nicene [naisín], *a.* niceno.
niceness [náisnis], *s.* finura, gentileza, amabilidad; delicadeza; esmero, exactitud.
nicety [náisɛti], *s.* finura, delicadeza, amabilidad; exactitud, esmero; refinamiento, atildadura; sutileza; remilgo.—**to a n.,** con la mayor precisión, en buen punto.
niche [nich], *s.* nicho, capilleta; hornacina.
nick [nik]. **I.** *s.* muesca, mella, corte, picadura, tarja; (impr.) cran del tipo; muesca en la cabeza de un tornillo; punto crítico, momento oportuno; jugada favorable.—**(Old) N.,** el diablo, pateta.—**in the n. of time,** en el momento perentorio, a punto, a tiempo. **II.** *va.* mellar, cortar o hacer muescas, descantillar, tarjar; acertar, dar en el clavo; llegar a tiempo.
nickel [níkel], *s.* (quím.) níquel; (E. U., fam.) moneda de níquel (5 centavos).—**n. bronze,** cuproníquel, aleación de cobre y níquel.—**n.-plate,** *va.* niquelar.—**n.-plated,** niquelado.—**n.-plating,** niquelado, niqueladura.—**n. silver,** metal blanco, plata alemana.—**n. steel,** acero níquel.
nickelodeon [nikelóudion], *s.* (E. U.) cine de pacotilla; fonógrafo automático de moneda, (Cuba) traganíquel, (Méx.) tragadieces.
nicknack [níknæk], *s.* friolera, chuchería.
nickname [níkneim]. **I.** *s.* mote, apodo. **II.** *va.* motejar, apodar.

nicotia [nikóuŝiä], *s.* nicotina; (poét.) nicociana, tabaco.
nicotin(e [níkotin], *s.* (quím.) nicotina.
nicotinic [-tínik], *a.* nicotínico (ácido).
nicotinism [níkotinizm], *s.* (med.) nicot(in)ismo.
nic(ti)tate [ník(ti)teit], *vn.* pestañear, parpadear.—**nictitating membrane,** membrana nictitante.
nic(ti)tation [-éiŝon], *s.* nic(ti)tación, pestañeo.
nidificant [nídifikant], *a.* nidificante.
nidification [-éiŝon], *s.* nidificación.
nidify [nídifai], *vn.* nidificar, anidar.
nidus [náidʌs], *s.* nido; centro o foco de infección; (anat.) núcleo nervioso.
niece [nis], *s.* sobrina.
niello [niélou]. I. *s.* niel; nielado. II. *va.* nielar.
Nietzschean [níchian], *s.* y *a.* nietzscheano.
Nietzscheanism [-izm], *s.* nietzschismo.
nifty [nífti], *a.* (fam.) elegante; excelente.
nig [nig], *va.* labrar (piedra) a pico.
nigella [naidẑélä], *s.* (bot.) neguilla.
Niger [náidẑœ(r), náigœ(r)]. I. *s.* Niger. II. *s.* y *a.* nigerino.
Nigeria [naidẑíria], *s.* Nigeria.
Nigerian [-n], *s.* y *a.* nigeriano.
niggard [nígärd], *a.* y *s.* tacaño, mezquino.
niggard(li)ness [-(li)nis], *s.* tacañería, mezquindad, cicatería, miseria; escasez.
niggardly [-li]. I. *a.* tacaño, cicatero, mezquino, miserable; escaso. II. *adv.* tacaña o mezquinamente, con mezquindad o cicatería.
nigger [nígœ(r)], *s.* (desp.) negro, negra; uno de varios inventos mecánicos; (ent.) oruga negra.—**n. in the wood pile,** (fam.) gato encerrado.—**n. heaven,** (fam.) paraíso, gallinero (en el teatro).
niggerism [-izm], *s.* carácter, sangre (*f.*), locución o idiotismo propio de los negros.
niggle [nígl]. I. *va.* burlarse de; engañar. II. *vn.* ocuparse en menudencias. III. *s.* letra menuda o metida.—**niggling** [níglin]. I. *s.* (b. a.) minuciosidad. II. *a.* demasiado minucioso; remilgado.
nigh [nai]. I. *prep.* (ant.) cerca, no lejos de, cabe, junto a. II. *adv.* (ant.) cerca, inmediato; casi, cuasi. III. *a.* (ant.) cercano, próximo, vecino; de la izquierda (hablando de caballos o vehículos); allegado, íntimo.
night [náit]. I. *s.* noche, *f.*—**n. after n.,** noche tras noche.—**n. before last,** anteanoche.—**at n., by n.,** de noche, por la noche. II. *a.* nocturno; de noche; que funciona, se hace u ocurre de noche, o sirve para la noche.—**n. attack,** (mil.) trasnochada.—**n. bell,** campanilla para llamar por la noche.—**n. bird,** pájaro nocturno.—**n.-blind,** que no ve bien de noche. *V.* NYCTALOPIC.—**n. blindness,** defecto que consiste en la diminución de la visión durante la noche. *V.* NYCTALOPIA.—**n.-blooming,** (bot.) noctífloro.—**n. brawler,** alborotador nocturno.—**n. chair,** sillico, sillaretrete.—**n. clothes,** camisa o traje de dormir.—**n. club,** café cantante, cabaret.—**n. commode,** o **stand,** mes(it)a de noche.—**n. dew,** sereno, relente.—**n. dial,** reloj lunar.—**n. glass,** catalejo nocturno.—**n. heron,** (orn.) garzota.—**n. key,** llavín, llave (*f.*) de noche.—**n. lamp,** o **light,** mariposa, lamparilla o luz de noche.—**n. latch,** o **lock,** cerradura de resorte.—**n. letter** = LETTERGRAM.—**n. life,** vida nocturna.—**n. owl,** (orn.) buho, lechuza; noctívago, nocherniego, trasnochador. —**n. piece,** (b. a.) cuadro o escena nocturna.—**n. rest,** reposo de la noche.—**n. robe** = NIGHTDRESS.—**n. school,** escuela nocturna o de noche.—**n. shift,** turno de noche.—**n. soil,** abono del contenido de letrinas.—**n. spot,** (fam.) lugar nocturno de diversión.—**n. stool** = N. CHAIR.—**n. watch,** sereno; guardia o ronda de noche; (fam.) trasnoch(e)o.—**n. watchman,** sereno.—**to pass o spend the n.,** pernoctar; trasnochar.
nightcap [-kæp], *s.* gorro de dormir; (fam.) trago que se toma antes de acostarse.
nightdress [-drɛs], *s.* camisón, camisa de dormir.
nightfall [-fɔl], *s.* anochecida, anochecer, caída de la tarde.—**at n.,** al anochecer.
nightgown [-gaun], *s.* = NIGHTDRESS.
nighthawk [-hɔk], *s.* (orn.) chotacabras, *f.*; pájaro insectívoro crepuscular de los E. U.; (fam.) trasnochador, noctívago, nocherniego.
nightingale [-ingeil], *s.* (orn.) ruiseñor, filomela.
nightjar [-dẑar], *s.* (orn.) chotacabras, *f.*
nightlong [-lɔŋ], *a.* y *adv.* de toda la noche, durante toda la noche.
nightly [-li]. I. *adv.* por las noches, todas las noches. II. *a.* nocturno, de noche.
nightmare [-mɛr], *s.* pesadilla.
nightshade [-ŝeid], *s.* (bot.) dulcamara, solano, hierba mora.—**deadly n.,** belladona, belladama.
nightshirt [-ŝœrt], *s.* camisa de dormir.
nighttime [-taim], *s.* noche, *f.*—**in the n.,** de noche.
nightwalker [-wɔkœ(r)], *s.* noctámbulo o (poét.) noctívago, sonámbulo; vago o mujer pública que callejea de noche; (ent.) lombriz nocturna de tierra, usada para cebo de pescar.
nightwear [-wɛr], *s.* = NIGHT CLOTHES.
nigrescence [naigrésens], **nigrification** [nigrifikéiŝon], *s.* ennegrecimiento.
nigrescent [-ent], *a.* ennegrecido, negruzco.
nigrify [nígrifai], *va.* ennegrecer.
nihil [náihil], *s.* (lat.) nada.
nihilism [nái(h)ilizm], *s.* nihilismo.—**nihilist** [-ist], *s.*, **nihilistic** [-ístik], *a.* nihilista.
Nike [náiki], *s.* (E. U., mil.) tipo de proyectil antiaéreo dirigido.
nil [nil], *s.* nada; (bot.) (raro) añil.
nilg(h)ai [nílgai], *s.* (zool.) especie de antílope.
nimble [nímbl], *a.* vivo, listo, ágil, veloz, expedito.—**n.-fingered,** ligero de dedos.—**n.-footed,** ligero de pies, alípede.—**n.-pinioned,** de vuelo rápido.—**n.-witted,** vivo, despierto, inteligente.
nimbly [nímbli], *adv.* ligeramente, ágilmente.
nimbus [nímbʌs], *s.* nimbo; aureola.
nincompoop [nínkompup], *s.* badulaque, simplón, tonto, pelele, majadero.
nine [náin], *a.* y *s.* nueve.—**n. hundred(th,** novecientos.—**the N.,** las nueve musas.
ninefold [-fould], *a.* y *adv.* nueve veces.
ninepence [-pens], *s.* nueve peniques; real fuerte o media peseta.
ninepins [-pinz], *s.* juego de bolos.
nineteen [náintín], *a.* y *s.* diecinueve.
nineteenth [-θ], *a.* décimonono; diecinueveavo; diecinueve (del mes).
ninetieth [náintieθ], *a.* nonagésimo, noventa; noventavo.
ninety [náinti], *a.* y *s.* noventa.
ninny [níni], *s.* simple, mentecato, pelele, badulaque, papanatas, bobo.
ninth [náinθ], *a.* nono, noveno; nueve (del mes).
ninthly [-li], *adv.* en no(ve)no lugar.
niobium [naióubiʌm], *s.* (quím.) niobio, columbio.
nip [nip]. I. *va.* pellizcar; asir, sujetar, agarrar; mordicar, (re)cortar, desmochar; helar, escarchar, marchitar.—**to n. in the bud,** cortar en flor.—**to n. off,** desmochar, despuntar. II. *va.* y *vn.* = TO TIPPLE. III. *s.* pellizco; pedacito; trago, traguito; uñada, dentellada; helada, escarcha; cogida; daño repentino de las plantas o sembrados.—**n. and tuck,** (E. U.) empate.
nipa [nípä], *s.* (bot.) nipa.
nipper [nípœ(r)], *s.* agarrador; pinza; boca de algunos crustáceos; pala, diente delantero del caballo.—*pl.* pinzas, tenazas, tenacillas.
nipping [nípin]. I. *s.* araño, rasguño, mordedura. II. *a.* mordaz, picante.
nippingly [-li], *adv.* mordazmente.
nipple [nípl], *s.* pezón; tet(ill)a; pezón artificial;

chimenea de arma de percusión; (mec.) tubo roscado de unión.—**n. shield,** pezonera.
nipplewort [-wœrt], *s.* (bot.) lámpsana.
Nipponese [nipaníz], *s.* y *a.* nipón, japonés.
Nirvana, o **nirvana** [nirvánä], *s.* nirvana, *m.*
nisei [níséi], *s.* (E. U.) norteamericano de padres japoneses.
Nissen hut, *s.* abrigo o refugio prefabricado (de chapa ondulada con piso de cemento).
nit [nit], *s.* liendre, *f.*; huevo de piojo.
niter, nitre [náitœ(r)], *s.* (quím.) nitro, salitre o nitrato de potasio.—**n. bed,** nitral.
niton [náitan], *s.* nitón, emanación del radio.
nitrate [náitreit], *s.* (quím.) nitrato, azoato.
nitric [náitrik], *a.* (quím.) nítrico, azoico.—**n. acid,** ácido nítrico, agua fuerte.
nitrid(e [náitrid], *s.* (quím.) nitruro.
nitrification [náitrifikéiŝon], *s.* nitrificación.—**nitrify** [-fai], *va.* nitrificar, nitrogenar, azoar.
nitrile [náitril], *s.* (quím.) nitrilo.
nitrite [náitrait], *s.* (quím.) nitrito.
nitrobacteria [naitrobæktíriä], *s. pl.* nitrobacterias (gen. se aplica a las nítricas).
nitrobenzine [-bénzin], *s.* (quím.) nitrobencina.
nitrocellulose [-sélyuloụs], *s.* (quím.) nitrocelulosa.
nitrocotton [-kátn], *s.* algodón pólvora.
nitrogen [náitrodźin], *s.* (quím.) nitrógeno, ázoe.—**n.-fixing,** nitrogenante, que fija o combina el nitrógeno atmosférico (apl. a bacterias).
nitrogenize [-aiz], *va.* nitrogenar, azoar.
nitrogenous [naitrádźenʌs], *a.* nitrogenado, azoado.
nitroglycerin [naitroglísęrin], *s.* nitroglicerina.
nitrometer [naitrámetœ(r)], *s.* nitrómetro.
nitroprussiate [naitroprʌ́sieit], *s.* (quím.) nitroprusiato.
nitrosyl [naitróusil], *s.* (quím.) nitrosilo.
nitrous [náitrʌs], *a.* nitroso, salitroso.—**n. acid,** ácido nitroso.—**n. bacteria,** bacterias nitrosas.—**n. oxide,** óxido nitroso (ll. t. **laughing gas**).
nitty [níti], *a.* lendroso.
nitwit [nítwit], *s.* (fam.) = NINNY.
nival [náival], *a.* nevoso.
niveous [níviʌs], *a.* níveo.
nix(ie [níks(i)], *s.* genio de las aguas en la mitología alemana.—**nix. I.** *s.* (fam.) nitos, nada. **II.** *adv.* no, ni por pienso.
no [noụ]. **I.** *adv.* no.—**n. more,** no más.—**n. more of that,** o **of this,** basta bastante; no hablemos más de eso.—**n. sooner,** no bien.—**say n. more,** no diga más. **II.** *a.* ninguno, ningún. Gen. equivale a NOT y se traduce por no: *I have no time,* no tengo tiempo; *there is no bread,* no hay pan. A menudo se usa en expresiones elípticas en que es preciso suplir el verbo *ser, permitir, haber,* etc.: *no admittance,* no hay admisión, no se permite la entrada; *no public entrance,* ésta no es entrada pública; *no smoking,* no se permite fumar. Después de algunas preposiciones equivale a sin: *to no purpose,* sin objeto; *with no money,* sin dinero.—**n.-account,** (fam.) sin valor, despreciable.—**n. fooling,** (fam.) sin broma, de veras.—**n. man's land,** el campo que separa dos ejércitos enemigos.—**n. matter,** no importa; de ninguna importancia.—**n. matter how much,** por mucho que.—**n. . . ., n. . . .,** sin . . ., no hay [*no payment, no delivery,* sin pago no hay (o habrá) entrega].—**n. one,** nadie, ninguno.—**n. such thing,** no tal, no hay tal cosa.—**n. use** (con **to be**), inútil. **III.** *s.* (*pl.* NOES) no, voto negativo.—*pl.* nones.
Noachian [noéikian], *a.* relativo a Noé.
Noah's ark [nóuaz árk], *s.* (bib.) arca de Noé.
nob [nab], *s.* (fam.) la cabeza; noble, persona de viso.
nobby [nábi], *a.* (fam.) ostentoso, vistoso, jarifo.
nobelium [noụbéliʌm], *s.* (quím.) nobelio.
nobiliary [nobílieri], *a.* nobiliario.
nobility [nobíliti], *s.* nobleza; hidalguía.
noble [nóubl], *s.* y *a.* noble; hidalgo; (Ingl.) moneda antigua.—**n. extraction,** noble alcurnia, sangre (*f.*) azul.—**n. metals,** metales nobles (oro, plata y platino).—**n. opal,** ópalo noble.—**of n. descent,** linajudo, solariego.—**to make n.,** ennoblecer.
nobleman [-man], *s.* noble, hidalgo.
nobleness [-nis], *s.* nobleza, caballerosidad.
noblesse [noblés], *s.* nobleza.
noblewoman [-wuman], *s.* mujer noble, hidalga.
nobly [nóubli], *adv.* noblemente; espléndidamente.—**n.-born,** noble de nacimiento.
nobody [nóubadi]. **I.** *pron. indef.* nadie, ninguno.—**n. but,** nadie más que.—**n. else,** nadie más, ningún otro. **II.** *s.* nulidad, persona insignificante o despreciable, (fig.) nadie, un don nadie, (fam.) quídam.
nock [nak]. **I.** *s.* muesca (de arco o flecha). **II.** *va.* hacer muesca (en un arco o una flecha).
noctambulism [naktǽmbiulizm], *s.* noctambulismo.
noctambulist [-ist], *s.* noctívago; somnámbulo.
noctiflorous [naktiflórʌs], *a.* (bot.) noctífloro, que florece de noche.
noctiluca [-liúkä], *s.* (zool.) noctiluca.
nocturn [náktœrn], *s.* (igl.) nocturno (maitines).
nocturnal [naktœ́rnal], *a.* nocturno, nocturnal.
nocturne [náktœrn], *s.* (pint.) escena nocturna; (mús.) nocturno.
nocuous [nákyuʌs], *a.* = NOXIOUS.
nod [nad]. **I.** *va.* (*pret.* y *pp.* NODDED) hacer una seña afirmativa o llamativa con la cabeza; inclinar la cima o parte superior (de una rama, etc.). **II.** *vn.* cabecear, doblar o inclinar la cabeza; descabezar el sueño, dormitar. **III.** *s.* cabeceo; cabezada; signo o seña con la cabeza; reverencia, inclinación de cabeza.—**to get the n.,** (fam.) recibir el visto bueno.
nodal [nóudal], *a.* nodal, rel. a un nodo; (anat.) nodátil, nudoso.
nodding [nádiŋ]. **I.** *a.* (bot.) inclinado, colgante. **II.** *s.* cabeceo; saludo con la cabeza.
noddle [nádl], *s.* (fam.) mollera, cabeza, chol(l)a.
noddy [nádi], *s.* papanatas; carruaje ligero de dos ruedas; (orn.) pájaro bobo. *V.* TERN.
node [noụd], *s.* bulto, protuberancia, chichón; nudo; (med.) nodo, nudo, tumor, dureza, nódulo; (astr.) nodo; (bot.) nudo; (geom.) nodo; (teat.) enredo, nudo, trama.
nodular [nádźulä(r)], **noduled** [nádźuld], *a.* nodular, que tiene nódulos o nudillos.
nodule [nádźul], *s.* nudillo, nódulo.
noël [noụél], *s.* villancico, cántico de Navidad; (N.) Navidad, pascua de Navidad.
nog [nag], *s.* puntal; bloque de madera; (mar.) cabilla, clavija; cierta cerveza fuerte; (E. U.) = EGGNOG.
noggin [nágin], *s.* taza o pichel pequeños; cantidad pequeña de un licor. *V.* GILL.
nogging [nágiŋ], *s.* (alb.) encajadura de ladrillo.
nohow [nóuhau], *adv.* (fam.) de ninguna manera.
noise [nóiz]. **I.** *s.* ruido; son(ido); bullicio, gritería. **II.** *va.* esparcir, divulgar; turbar con gritos o con estruendo. **III.** *vn.* hablar mucho o en voz alta; hacer ruido, meter bulla.
noiseful [-ful], *a.* ruidoso.
noiseless [-lis], *a.* silencioso, sin ruido, quedo.
noiselessly [-li], *adv.* sin ruido.—**noisily** [-ili], *adv.* ruidosa, bulliciosa o estrepitosamente.
noisiness [-inis], *s.* estrépito, ruido, barahunda.
noisome [nóisʌm], *a.* apestoso, fétido; nocivo, malsano.—**noisomely** [-li], *adv.* apestosamente; nocivamente.—**noisomeness** [-nis], *s.* mal olor, fetidez, hedor, peste, *f.*; nocividad.
noisy [nóizi], *a.* ruidoso, turbulento, estrepitoso.
noli-me-tangere [nóuli mi tǽndźœri], *s.* (bot.) balsamina; (med.) noli me tángere.
nolition [nolíŝon], *s.* nolición.
nolle prosequi [náli prásikwai], (for.) abandono de acción.—**nol-pros** [nal prás], *va.* (for.) abandonar una acción o un juicio.
nomad(ic [nóumæd, nomǽdik]. **I.** *a.* nómada o nómade, errante; trashumante (ganado). **II.** (**nomad**), *s.* nómada, *mf.*, nómade.

nomadism [nóumædizm], *s.* nomadismo; trashumación.
nom de plume [nám dœ plum], *s.* (fr.) seudónimo.
nome [noum], *s.* provincia, nomo; nomarquía.
nomenclator [nóumenkleito(r)], *s.* nomenclador, nomenclátor.
nomenclature [-chū(r)], *s.* nomenclatura.
nominal [náminal], *a.* nominal, aparente; titular; módico, insignificante.—**nominalism** [-izm], *s.* nominalismo.—**nominalist** [-ist], *s.* nominal(ista).—**nominally** [-i], *adv.* nominalmente.
nominate [námineit], *va.* nombrar o nominar como candidato, postular; designar, señalar.
nominated [-id], *a.* nominado, nombrado, postulado.
nomination [-éiŝon], *s.* nombramiento, nominación, postulación; propuesta.—**to put** o **place in n.**, postular como candidato.
nominative [náminativ], *a.* y *s.* (gram.) nominativo.
nominator [-eito(r)], *s.* nominador.
nominee [naminí], *s.* nómino, nombrado.
nomology [nomálodži], *s.* nomología, ciencia o formulación de las leyes de una ciencia.
non- [nan], partícula negativa que corresponde gen. a *in-*, *no* o *a falta de* en español.—**n. assumpsit,** (for.) alegación de que una persona no ha hecho una promesa.—**n.-Euclidean,** no euclidiano.
nonacceptance [nanæksέptans], *s.* rechazo o falta de aceptación; recusación.
nonage [nánidž], *s.* minoridad.
nonagenarian [nanadženérian], *a.* y *s.* nonagenario, noventón.
nonagesimal [-džésimal], *a.* nonagésimo.
nonaggression [nanagréŝon], *s.* no agresión.
nonagon [nánagan], *s.* (geom.) nonágono, eneágono.
nonalcoholic [-ælkohálik], *a.* no alcohólico.
nonappearance [-apírans], *s.* ausencia; (for.) contumacia, rebeldía.
nonarrival [-aráival], *s.* falta de llegada.
nonassessable [-asésabl], *a.* (com.) no susceptible de dividendos pasivos (ú. de acciones).
nonattendance [-aténdans], *s.* inasistencia, falta de asistencia, ausencia.
nonbreakable [-bréikabl], *a.* irrompible.
nonce [nans], *s.* tiempo, ocasión o propósito particular.—**n. word,** palabra ad hoc.—**for the n.,** por esta vez, por ahora, por el momento.
nonchalance [nánŝalans], *s.* indiferencia.—**nonchalant** [-ant], *a.* indiferente, impasible.
noncom [nánkam], *s.* (mil., fam.) oficial subalterno; (mil., fam.) sargento o cabo.
noncombatant [nankámbatant], *s.* y *a.* no combatiente.
noncommissioned officer, *s.* (mil.) oficial subalterno; (mil.) sargento o cabo.
noncomittal [-komítal], *a.* reservado, evasivo, que no se compromete expresando su opinión.
noncompliance [-kompláians], *s.* incumplimiento, falta de cumplimiento, falta de obediencia.
non compos mentis [nan kámpos méntis], *a.* (lat., for.) insano, falto de juicio.
nonconcurrence [-kankœ́rens], *s.* falta de unión, combinación o cooperación; desacuerdo.
nonconducting [-kondΛ́ktiŋ], *a.*, **nonconductor** [-to(r)], *s.* (fís., elec.) no conductor, mal conductor, aislador.
nonconformance [-konfórmans], *s.* disconformidad, disidencia.
nonconformist [-konfórmist]. **I.** *a.* desconforme, disidente. **II.** *s.* disidente (de la iglesia anglicana).
nonconformity [-miti], *s.* desconformidad; disidencia (de la iglesia anglicana).
nonconsent [-konsént], *s.* falta de consentimiento.
noncontagious [-kontéidžΛs], *a.* no contagioso.
noncoöperation [-koaperéiŝon], *s.* falta de cooperación; (pol.) no cooperación con el gobierno, resistencia pasiva.
noncumulative [-kiúmyulativ], *a.* (com.) no acumulable (apl. esp. a los intereses).
nondelivery [-dilívœri], *s.* falta de entrega.
nondescript [nándiskript]. **I.** *a.* inclasificable, de difícil clasificación o descripción. **II.** *s.* objeto o persona indescriptible, o que no pertenece a determinada clase o clasificación.
none [nΛn]. **I.** *pron. indef.* nadie, ninguno; nada; nada de; no . . . nada, no . . . ninguno (*I have none*, yo no tengo ninguno, yo no tengo nada).—**n. of one's business,** cosa que a uno no le importa o atañe.—**n. of that,** nada de eso. **II.** *adv.* no, de ninguna manera, absolutamente no.—**n. the less,** no obstante, sin embargo; no menos.—**to be n. the better** (**worse**), (a menudo con **for,** con, a causa de, por) no hallarse mejor (peor), no salir o quedar mejor (peor) librado, no ganar (perder).
noneffective [nanifέktiv], *a.* ineficaz; (mil.) no disponible, inhabilitado para el servicio activo. (En este último sentido, ú. t. como *s.*)
nonelectric [-iléktrik], *a.* (fís.) aneléctrico.
nonentity [-éntiti], *s.* la nada; persona o cosa de ningún valor, cero a la izquierda, nulidad.
nones [nounz], *s. pl.* nonas; (igl.) nona.
nonessential [nonisénŝal], *s.* y *a.* no esencial.
nonesuch [nΛ́nsΛch], *a.* y *s.* sin igual, sin par.
nonexistence [nanigzístens], *s.* inexistencia.—**nonexistent** [-ent], *a.* no existente, inexistente.
nonfeasance [-fízans], *s.* (for.) incumplimiento, falta de cumplimiento.
nonfiction [-fíkŝon], *s.* no novelesca, no ficticia (literatura).
nonfulfillment [-fulfílment], *s.* incumplimiento.
nonintervention [-intœrvénŝon], *s.* no intervención.
nonius [nóuniΛs], *s.* nonio. *V.* VERNIER.
nonjuror [nandžúro(r)], *s.* el que no presta juramento; (N., Ingl.) clérigo que no juró fidelidad al trono en 1688.
nonlegal [-lígal], *a.* ilegal; no legal.
nonmetal [-métal], *s.* (quím.) metaloide, elemento químico no metálico.
nonmetallic [-metǽlik], *a.* (quím., economía) no metálico, (quím.) metaloideo.
nonmetallic currency, *s.* papel moneda.
nonobjective [-obdžéktiv], *a.* no objetivo, abstracto (como en la pintura).
nonpareil [-parél]. **I.** *a.* sin par, incomparable, sin rival. **II.** *s.* persona o cosa de incomparable mérito; (orn.) variedades de pinzón y de loro; (impr.) nomparell, *f.*, tipo de seis puntos.
nonpartisan [-pártizan], *a.* (pol.) independiente, no afiliado con ningún partido.
nonpayment [-péiment], *s.* falta de pago.
nonperformance [-pœrfórmans], *s.* falta de ejecución; incumplimiento.
nonplus [-plΛ́s]. **I.** *s.* perplejidad, incertidumbre; estupefacción. **II.** *va.* confundir, aplastar, dejar sin palabra.—**nonplus(s)ed** [-t], confundido, (fam.) turulato, estupefacto.
nonproductive [-prodΛ́ktiv], *a.* improductivo; no relacionado con la producción.
nonprofit [-práfit], *a.* que no proporciona ni busca provecho, utilidad o beneficio.
non-pros [-prás], *va.* (for.) absolver de instancia.
nonrecognition [-rekognίŝon], *s.* desconocimiento.
nonresidence [-rézidens], *s.* ausencia, residencia en otra parte.
nonresident [-ent], *a.* y *s.* ausente, no residente.
nonresistance [-rizístans], *s.* obediencia pasiva, falta de resistencia.
nonresistant [-rizístant]. **I.** *a.* no resistente; pasivo. **II.** *s.* persona pasiva y sin resistencia; pacifista.
nonrestraint [-ristréint], *s.* no compulsión, suavidad (apl. al tratamiento de locos).
nonrestrictive [-ristríktiv], *a.* (gram.) no restrictivo.
nonrigid [-rídžid], *a.* flexible; (aer.) fláccido (apl. a dirigibles).
nonrusting [-rΛ́stiŋ], *a.* inoxidable.

nonscheduled airline, *s.* compañía de aviación comercial que vuela sin horario fijo.
nonsectarian [-sɛktέriạn], *a.* no sectario, que no pertenece a ninguna secta religiosa.
nonsense [nánsɛns], *s.* disparate, desatino; tontería, absurdo, necedad; (fam.) música celestial; bagatelas, fruslerías, jerigonza; *interj.* ¡bah!
nonsensical [-sénsịkạl], *a.* disparatado, absurdo, desatinado.—**nonsensically** [-ị], *adv.* disparatadamente, tontamente.—**nonsensicalness** [-nịs], *s.* absurdidad; insensatez.
non sequitur [-sékwịtœ(r)], (lóg.) falsa conclusión, conclusión que no se deduce de las premisas.
nonshatterable [-ŝǽtœrạbl], *a.* inastillable (vidrio).
nonsked [-skɛd], *s.* = NONSCHEDULED AIRLINE.
nonskid(ding [nánskíd, -ịŋ], *a.* antideslizante, antiresbaladizo.
nonslipping [-slípịŋ], *a.* no resbaladizo.
nonstop [nánstáp], *a.* y *adv.* directo, expreso; directamente; sin paradas o etapas; sin parar(se).
nonsuit [-sịut]. **I.** *s.* (for.) abandono de acción; sobreseimiento; caducidad de la instancia. **II.** *va.* (for.) absolver de la instancia; sobreseer.
nonsupport [-sʌpórt], *s.* falta de soporte, sostén o apoyo; incumplimiento (de sustento, manutención, etc.).
nontechnical [-téknịkạl], *a.* no técnico.
nontransferable [-trænsfœ́rạbl], *a.* intransferible.
nonunion [-yúnyọn], *a.* no perteneciente a los gremios obreros, o que se opone a ellos; de fuera de los gremios.—**n. shop,** taller o fábrica que no emplea obreros agremiados, o en que los gremios prohiben que sus miembros trabajen. (Ú. gen. en el primer sentido.)
nonviable [-váịạbl], *a.* no viable, incapaz de vivir.
nonvoter [-vóụtœ(r)], *s.* no votante, persona sin derecho al voto.
noodle [núdl], *s.* tallarín, pasta alimenticia, fideo; tonto, simplón, mentecato; (fam.) cabeza.
nook [nụk], *s.* rincón; escondrijo, traspuesta.
noon [nún]. **I.** *s.* mediodía, *m.;* las doce del día; (poét.) medianoche; (fig.) culminación, apogeo. **II.** *a.* = NOONDAY.
noonday [-deị]. **I.** *s.* mediodía, *m.* (mitad del día). **II.** *a.* meridional, de mediodía.
nooning [-ịŋ], *s.* (siesta o comida del) mediodía.
noontide [-taịd], **noontime** [-taịm], *s.* = NOON.
noose [nus]. **I.** *s.* lazo corredizo, gaza; dogal.—**n. snare,** trampa. **II.** *va.* (en)lazar; coger con lazo corredizo o con trampa; ahorcar.
nopal [nóụpạl], *s.* (bot.) nopal; higuera chumba.
no-par [nóụpár], *a.* (com.) sin valor nomina (acción, título, etc.).
nor [nɔr], *conj.* ni.—**nor I,** yo tampoco. *V.* NEITHER.
Nordic [nórdịk], *s.* y *a.* nórdico; del noroeste de Europa (apl. esp. a pueblos y razas, más bien que a las lenguas).
noria [nóụriạ], *s.* noria, cenia.
norm [nɔrm], *s.* norma, pauta, modelo, tipo.
normal [nórmạl]. **I.** *a.* normal, regular, corriente; típico, ejemplar; perpendicular; (geom., quím.) normal.—**n. acid,** ácido normal (con las fracciones $\frac{1}{10}$, $\frac{1}{20}$, etc., decinormal, veintinormal, etc., o de un décimo, un veinteavo, etc., de la concentración normal).—**n. school,** (escuela) normal. **II.** *s.* estado normal; (geom.) normal, *f.*
normalcy [-sị], **normality** [nɔrmǽlịtị], *s.* normalidad, estado de normal.
normalize [-aịz], *va.* normalizar, regularizar.
normally [-ị], *adv.* normalmente.
Norman [nórmạn], *a.* y *s.* normando.
Norse [nórs], *a.* y *s.* escandinavo.
Norseman [-mạn], *s.* hombre del norte, normando, antiguo escandinavo.
north [nɔrθ]. **I.** *s.* norte, septentrión, *m.*—**n. by east,** norte, cuarta nordeste.—**n. by west,** norte, cuarta noroeste.—**the N.,** (E. U.) los estados del norte. **II.** *a.* del norte, septentrional. **III.** *adv.* al norte, hacia el norte.
North America, *s.* América del Norte.
North American, *s.* y *a.* norteamericano.
northeast [-íst], *s.* y *a.* nordeste.
northeaster [-œ(r)], *s.* tempestad nordestal.
northeasterly [-œrlị], *a.* nordestal.
northeastern [-œrn], *a.* nordestal.
northeastward [-ístwạrd]. **I.** *s.* nordeste. **II.** *a.* y *adv.* hacia o al nordeste.
norther [nórðœ(r)], *s.* nortada, cierzo.
northerly [-lị], *a.* norteño, septentrional; del o hacia el norte.
northern [-n], *a.* norteño, septentrional; del o hacia el norte.
northerner [-œ(r)], *s.* norteño; (N.) (E. U.) natural de los estados del Norte.
northern lights, *s. pl.* (meteor.) aurora boreal.
northernmost [-moụst], *a. superl.* más septentrional, de más al norte.
northing [nórðịŋ], *s.* (mar.) derrota hacia el norte; diferencia de latitud norte.
northland [nórθlænd], *s.* tierra o región del norte; (N.) la península ocupada por Noruega y Suecia.
northlander [-œ(r)], *s.* norteño; escandinavo.
North Pole, *s.* polo norte o ártico.
North Star, *s.* (astr.) estrella polar.
northward(s [-wạrd(z], *adv.* hacia el norte.
northwest [-wést], *s.* y *a.* noroeste o norueste.—**n. by north,** noroeste, cuarta norte.—**n. by west,** noroeste, cuarta oeste.
northwester [-œ(r)], *s.* (viento) noroeste o maestral, cauro.
northwesterly [-œrlị], *a.* hacia el noroeste o del noroeste.
northwestern [-œrn], *a.* del noroeste.
northwestward [-wéstwạrd]. **I.** *a.* noroeste, norueste. **II.** *a.* y *adv.* hacia o al noroeste o norueste.
north wind, *s.* (meteor.) norte, nortada, aquilón, septentrión, cierzo.
Norway [nórweị], *s.* Noruega.
Norwegian [nɔrwídẑịạn], *s.* y *a.* noruego.
nose [nóụz]. **I.** *s.* nariz, hocico (animales); olfato; (fam.) sagacidad; (fam.) proa (buque), extremo o cabeza (avión), pico o boca (jarro, cafetera, etc.).—**to look down one's n. at,** desdeñar, mirar con desprecio.—**to poke** o **stick one's n. into,** entremeterse en asuntos ajenos; curiosear.—**to win by a n.,** ganar por un pelo, vencer por poco. **II.** *va.* olfatear, husmear, rastrear; descubrir.—**to n. about,** husmear, curiosear.—**to n. in(to),** (mar.) avanzar, entrar en puerto con cuidado.—**to n. out,** descubrir, averiguar. **III.** *vn.* oler, escudriñar, entremeterse.
nose bag, *s.* morral, cebadera, caparazón.
noseband [-bænd], *s.* muserola, sobarba.
nosebleed [-blid], *s.* (med.) epistaxis, hemorragia nasal; (bot.) milenrama.
nose cone, *s.* (mil.) ojiva, punta de un proyectil.
nose dive, *s.* (aer.) picada, descenso de cabeza.
nose-dive [-daịv], *vn.* (aer.) picar, descender en picada o de cabeza.
nosegay [-geị], *s.* ramillete de flores.
noseless [-lịs], *a.* desnarigado; sin nariz.
nosepiece [-pis], *s.* sobarba, muserola; portaobjetivo (microscopio); extremo o boquilla de mang(uer)a.
nose ring, *s.* nariguera, aro de nariz.
nos(e)y [-ị], *a.* (fam.) curioso, entremetido, inquisitivo.
no-show [nóụŝóụ], *s.* (fam.) persona que ni cancela el boleto ni avisa que no ocupará su puesto de viaje.
nosogeny [nosádẑịnị], *s.* (med.) nosogenia.
nosography [noságrạfị], *s.* (med.) nosografía.
nosological [nasoládẑịkạl], *a.* nosológico.
nosologist [nosálodẑịst], *s.* (med.) nosólogo.
nosology [-dẑị], *s.* (med.) nosología.
nostalgia [nastǽldẑịạ], *s.* nostalgia, añoranza.

nostalgic [-dẑįk], *a.* nostálgico.
nostoc [nástak], *s.* nostoc, género de algas.
nostology [nastálodẑį], *s.* (med.) gerontología, ciencia de la senilidad.
nostril [nástrįl], *s.* ventana de la nariz; ollar.
nostrum [nástrʌm], *s.* remedio o medicina secreta o de patente; panacea, sánalotodo.
not [nat], *adv.* no; ni, ni siquiera (*not a word*, ni una palabra).—**n. a little,** no poco, bastante. —**n. any,** ninguno.—**n. at all,** nada; de ningún modo.—**n. but, n. that,** no es (decir) que no (*not but that I shall go*, no es (decir) que no vaya).—**n. even,** ni siquiera.—**n. guilty,** no culpable; absuelto.—**n. one,** ni uno (solo).—**n. proved, n. proven,** (for.) no convicto, absuelto.—**n. so much as,** ni siquiera.—**n. to,** sin, por no (*not to say bad*, por no decir malo; *not to mention more than two*, sin mencionar más que dos).—**is it n.?** ¿no es así? ¿no es eso? ¿verdad?—**I think n.,** no lo creo; creo que no.
notability [nóutąbílįtį], *s.* notabilidad.
notable [-bl]. **I.** *a.* notable, memorable, insigne, resaltante. **II.** *s.* notabilidad, celebridad (persona), personaje eminente.
notably [-blį], *adv.* notablemente o señaladamente.
notarial [notérįąl], *a.* notarial; notariado.
notarize [nóutąraįz], *va.* (for.) autorizar ante notario.—**notary (public)** [nóutąrį (pʌ́blįk], *s.* notario (público), escribano.
notation [notéįŝǫn], *s.* notación; anotación; numeración escrita.
notch [nach]. **I.** *s.* muesca, corte, incisión, entalladura, escopleadura, espera, ranura, mortaja, hendidura; mella; (mar.) tojino; (geog.) desfiladero; (fam.) paso, grado. **II.** *va.* hacer muescas, entallar, escoplear; dentar, mellar.—**notched** [-t], *a.* (bot.) recortado.
note [nóut]. **I.** *s.* nota; marca, señal, *f.;* (a)notación; apunte, memoria; comunicación, nota diplomática; billete, esquela, cartita; conocimiento, noticia, aviso; distinción, nota, importancia; (mús.) nota; tecla; tono; voz, acento; (com.) billete (de banco); letra; vale, pagaré, abonaré.—*pl.* notas, solfa, pieza de música.—**n. broker,** (com.) agiotista.—**n. of hand** = PROMISSORY NOTE.—**n. of protest,** (acta o nota de) protesto.—**n. paper,** papel de cartas o esquelas.—**of n.** = NOTED. **II.** *va.* marcar, distinguir; reparar, observar, advertir; (a veces con **down**), apuntar, (a)notar, asentar, registrar.—**to n. an exception,** (for.) anotar en los autos la excepción que pone una de las partes. —**to n. a protest,** protestar una letra o pagaré.
notebook [-bųk], *s.* libreta, memorándum, agenda, carnet, librito de memoria o de apuntes.
noted [-įd], *a.* notable, afamado, célebre, eminente, insigne, prestigioso, señalado.
notedly [-lį], *adv.* notablemente.
noteless [-lįs], *a.* obscuro, desconocido.
noteworthy [-wœrðį], *a.* notable, digno de atención.
nothing [nʌ́θįŋ]. **I.** *s.* nada, ninguna cosa; la nada; nadería, friolera; nitos; cero. **II.** *pron. indef.* nada.—**n. but,** sólo, no más que.—**n. doing,** (fam.) no (*Peter says nothing doing,* Pedro dice que no).—**n. else,** ninguna otra cosa, nada más. —**n. less,** nada menos.—**n. less than,** lo mismo que, no menos que.—**n. more,** nada más.—**n. much,** no mucho, poca cosa.—**n. new,** nada de nuevo.—**n. to boast** o **speak of,** poca cosa, no gran cosa.—**(there is) n. to** o **in it,** que no vale nada, no asciende a nada; (fam.) es fácil.—**for n.,** gratis, de balde; inútilmente, sin provecho.—**that is n. to me,** eso no me es nada.—**there is n. else to do** o **n. for it but,** no hay más remedio (que).—**to think n. of,** mirar con desprecio, tener en poco; creer fácil; no dar importancia a. **III.** *adv.* de ningún modo, en nada.—**n. daunted,** sin temor alguno, sin inmutarse.—**n. like,** ni con mucho, ni aproximadamente.
nothingness [-nįs], *s.* nada; la nada; nonada; insignificancia.
notice [nóutįs]. **I.** *s.* nota, observación; atención; aviso, advertencia, reparo, anuncio, noticia, informe, notificación; mención; artículo, suelto; ojo, llamada; consideración, cortesía.—**at the shortest n.,** al momento, tan pronto como sea posible.—**on short n.,** con poco plazo o tiempo, con poco tiempo de aviso.—**until further n.,** hasta más aviso. **II.** *va.* notar, advertir, reparar en, mirar, echar de ver, caer en la cuenta de; hacerse cargo de, atender a, cuidar de; mentar, hacer mención de; (fam.) tratar con atención.
noticeable [-ąbl], *a.* digno de atención, notable; perceptible, reparable.—**to be n.,** percibirse.
noticeably [-ąblį], *adv.* notablemente; perceptiblemente.
notification [nóutįfįkéįŝǫn], *s.* notificación; cita.
notify [-faį], *va.* notificar, avisar, advertir, participar, dar a conocer; prevenir; requerir, citar.
notion [nóuŝǫn], *s.* noción; idea; parecer, opinión, entendimiento; preocupación; capricho, intención, inclinación.—*pl.* mercería, novedades, baratijas, fruslerías.—**notions counter,** sección de mercería (en una tienda).
notional [-ąl], *a.* nocional; imaginario, ideal; fantástico; caprichoso, chiflado, maniático.
notionally [-į], *adv.* idealmente.
notoriety [noutoráįętį], *s.* notoriedad, publicidad (esp. de carácter escandaloso).
notorious [notórįʌs], *a.* notorio, público, conspicuo; escandaloso, sensacional; de mala fama
notoriously [-lį], *adv.* notoriamente.
notoriousness [-nįs], *s.* notoriedad, publicidad; mala reputación.
notus [nóutʌs], *s.* noto, austro.
notwithstanding [natwįðstǽndįŋ]. **I.** *adv.* no obstante, sin embargo, empero. **II.** *prep.* a pesar de, a despecho de. **III.** *conj.* aun cuando, aunque, bien que; por más que.—**n. that,** aunque.
nougat [núgąt], *s.* nuégado, alajú.
nought [nɔt], *s.* = NAUGHT.—**for n.** = FOR NOTHING.
noumenon [númenan], *s.* (filos.) nóumeno.—**noumenal** [-ąl], *a.* relativo al nóumeno, de carácter de nóumeno.
noun [naųn], *s.* (gram.) nombre, su(b)stantivo.
nourish [nœ́rįŝ], *va.* nutrir, alimentar, dar alimento a; abrigar, alentar, fomentar.
nourishable [-ąbl], *a.* que se puede nutrir o fomentar.
nourisher [-œ(r)], *s.* nutridor, alimentador.
nourishing [-įŋ], *a.* nutritivo, alimenticio.
nourishment [-męnt], *s.* alimento; nutrición, alimentación; pasto, pábulo, fomento.
nouveau riche [núvouríŝ], *s.* nuevo rico.
nova [nóuvä], *s.* (astr.) nova, estrella transitoria.
Nova Scotian [-skóuŝąn], *a.* y *s.* neoescocés.
Novatian [novéįŝąn], *s.* y *a.* (igl.) novaciano.
novation [novéįŝǫn], *s.* (for.) novación.
novel [návęl]. **I.** *s.* novela; (for.) novela. **II.** *a.* novel, nuevo, novedoso; moderno; original.
novelette [-ét], *s.* novela corta.
novelist [-įst], *s.* novelista, novelador.
novelistic [-ístįk], *a.* novelesco, roman(c)esco; novelístico.
novelize [-aįz], *va.* adaptar o escribir en forma de novela.
novella [novéla], *s.* novela.
novelty [-tį], *s.* novedad; innovación.—*pl.* **novelties,** novedades, artículos de fantasía.
November [novémbœ(r)], *s.* noviembre.
novena [novínä], *s.* (igl.) novena.
novice [návįs], *s.* novicio, novato, tirón, bisoño, principiante, aprendiz, *m.;* (igl.) novicio; neófito.
novitiate [novíŝįeįt], *s.* (igl.) noviciado; novicio.
novocaine [nóuvokeįn], *s.* novocaína (nombre de fábrica de un anestésico local).
now [náų]. **I.** *adv.* ahora; ya, ora; hoy (día), actualmente, al presente; luego, al instante;

después de esto; ahora bien, esto supuesto.—**n. and again, n. and then,** de vez en cuando, de cuando en cuando.—**n. . . ., n. . . .,** ya . . . ya, ora . . . ora, tan pronto . . . como, alternativamente (*now rich, now poor,* ya rico, ya pobre).—**n. or never,** ahora o nunca.—**n. then,** y bien, ahora bien, bien, pues bien.—**for n.,** por ahora, por el (o lo) pronto.—**from n. on,** de hoy, o de aquí en adelante.—**just n.,** ahora mismo, poco ha. *V.* JUST.—**until n.,** hasta ahora, hasta aquí. **II.** *conj.* (gen. con **that**) ya que, ahora que, puesto que. **III.** *interj.* ¡vamos! ¡vaya! **IV.** *s.* actualidad, momento presente.
nowadays [-ądeįz], *adv.* hoy (en) día.
noway(s [nóųweį(z], *adv.* de ningún modo.
nowhere [nóųhwer], *adv.* en ninguna parte.—**n. else,** en ninguna otra parte.—**n. near,** ni con mucho.
nowise [nóųwaįz], *adv.* de ningún modo, de ninguna manera, de modo alguno.
noxious [nákŝʌs], *a.* nocivo, malsano, mefítico, dañoso, pernicioso.—**noxiously** [-lį], *adv.* perniciosamente.—**noxiousness** [-nįs], *s.* nocividad.
nozzle [názl], *s.* lanza, boquilla (de mang(uer)a o pulverizador); boca, pitón; cañuto o tobera (de fuelle); pico o boca (de cafetera, etc.); (zool.) hocico, nariz; (fam.) nariz (de persona).
nth [ɛnθ], *a.* (mat.) enésimo.—**to the nth degree** o **power,** elevado a la enésima potencia; (fig.) hasta no más, el colmo.
nu [nyu], *s.* ny (letra griega).
nuance [nįúans], *s.* matiz, *m.*
nub [nʌb], *s.* protuberancia; nudo; (fam.) meollo.
nubbin [nʌ́bįn], *s.* mazorca imperfecta de maíz; fruta imperfecta; pedacito saliente; tocón.
Nubian [nįúbįan], *s.* y *a.* nubio, nubiense.
nubile [nįúbįl], *a.* núbil, casadera, viripotente (ú. de la mujer).—**nubility** [nįubílįtį], *s.* nubilidad.
nubilous [nįúbįlʌs], *a.* (poét.) nub(i)loso; o(b)scuro.
nucha [nįúkä], *s.* (anat.) nuca, cogote; testuz(o).
nuciferous [nįusífęrʌs], *a.* que produce nueces.
nuclear [nįúklįą(r)], *a.* nuclear(io).
nuclear bombardment, *s.* (fís.) bombardeo nuclear.
nuclear charge, *s.* (fís.) carga nuclear.
nuclear chemistry, *s.* química nuclear.
nuclear fission, *s.* (fís.) fisión nuclear.
nuclear force, *s.* fuerza nuclear.
nuclear fuel, *s.* combustible nuclear.
nuclear fusion, *s.* (fís.) fusión nuclear.
nuclear physics, *s.* física nuclear.
nuclear power, *s.* energía nuclear.
nuclear reactor, *s.* reactor nuclear.
nuclear rocket, *s.* (mil.) cohete nuclear.
nucleate [nįúklįeįt], *va.* y *vn.* formar un núcleo.
nucleate(d [-(įd], *a.* (biol.) nucleado.
nucleation [nįukliéįŝǫn], *s.* nucleación.
nucleic acid, *s.* (bioquím.) ácido nucléico.
nuclein [nįúklįįn], *s.* (bioquím.) nucleína.
nucleolus [nįuklíolʌs], *s.* (biol.) nucléolo.
nucleon [nįúklįan], *s.* (en. atóm.) nucleón.
nucleonics [nįuklįánįks], *s.* nucleónica.
nucleoprotein [nįuklįopróųti(į)n], *s.* (bioquím.) nucleoproteína.
nucleus [nįúklįʌs], *s.* núcleo.
nuclide [nįúklaįd], *s.* (fís.) núclido.
nude [nįud], *a.* desnudo, nudo; escueto.—**the n.,** (b. a.) desnudo, figura humana desnuda.
nudge [nʌdẑ]. **I.** *va.* tocar ligera o disimuladamente con el codo. **II.** *s.* codazo ligero.
nudism [nįúdįzm], *s.* nudismo (culto o práctica). —**nudist** [nįúdįst], *s.* nudista; (b. a.) desnudista, partidario del desnudo.—**nudity** [nįúdįtį], *s.* desnudez, calidad de desnudo.
nugatory [-tɔrį], *a.* ineficaz; nugatorio, frustráneo.
nugget [nʌ́gįt], *s.* (min.) pepita, palacra(na).
nuisance [nįúsąns], *s.* incomodidad, molestia, estorbo; engorro, fastidio, lata; indecencia, porquería; (for.) perjuicio, daño, molestia o incomodidad que se causa al prójimo sin derecho para ello; (fam.) pelmazo, chinche (persona).
nuisance tax, *s.* impuesto pagado en pequeñas cantidades.
null [nʌl], *a.* nulo, inválido, írrito, sin fuerza legal.—**n. and void,** nulo y sin valor.
nullification [nʌlįfįkéįŝǫn], *s.* anulación, invalidación; (E. U. pol.) renuncia de un estado a obedecer las leyes federales.
nullify [nʌ́lįfaį], *va.* anular, invalidar, nulificar.
nullity [nʌ́lįtį], *s.* nulidad; (for.) acto o documento nulo y sin valor.
numb [nʌm]. **I.** *a.* aterido, entum(ec)ido, entorpecido; torpe. **II.** *va.* entumecer, entorpecer, adormecer.
number [nʌ́mbœ(r)]. **I.** *va.* numerar, contar; computar; incluir, contar, ascender a.—**numbering machine,** (impr.) máquina numeradora.—**n. stamp,** numerador. **II.** *s.* número; cifra, guarismo; cantidad, multitud, colección; (gram.) número; (impr.) número o ejemplar (de periódico); (poét., mús.) ritmo, cadencia.—*pl.* aritmética, ciencia de los números.—**Numbers,** Números, libro del Antiguo Testamento.—**numbers pool,** o **racket,** lotería ilegal en que se hacen apuestas sobre varias combinaciones numéricas.—**n. one,** (fam.) número uno, uno mismo, sí mismo.—**n. plate,** (aut.) placa con la matrícula, etc.—**a n. of,** varios.
numberer [-œ(r)], *s.* numerador, contador.
numberless [-lįs], *a.* innumerable, sin número, sin cuenta, un sinnúmero de, un sinfín de.
numbfish [nʌ́mfįŝ], *s.* (ict.) torpedo.
numbness [-nįs], *s.* entumecimiento, torpor, aterimiento, envaramiento, adormecimiento.
numen [nįúmįn], *s.* numen.
numerable [nįúmęrąbl], *a.* (e)numerable.
numeral [nįúmęrąl]. **I.** *a.* numeral, numérico, numerario. **II.** *s.* número, cifra, guarismo; nombre o adjetivo numeral.
numerary [nįúmęrerį], *a.* numerario.
numerate [nįúmęreįt], *va.* (e)numerar, contar.
numeration [-éįŝǫn], *s.* numeración hablada; enumeración.
numerator [-ǫ(r)], *s.* contador; (mat.) numerador.
numeric(al [nįumérįk(ąl], *a.* numérico.
numerically [-į], *adv.* numéricamente.
numerosity [nįumęrásįtį], *s.* numerosidad.
numerous [nįúmęrʌs], *a.* numeroso; muchos.—**numerously** [-lį], *adv.* numerosamente, en gran número.—**numerousness** [-nįs], *s.* numerosidad.
Numidian [nįumídįan]. **I.** *s.* y *a.* númida, *mf.* **II.** *a.* numídico.
numismatic(al [nįumįzmǽtįk(ąl], *a.* numismático.—**numismatics** [-s], **numismatology** [-tálodẑį], *s.* numismática.—**numismatist** [nįumízmątįst], *s.* numismático.
numskull [nʌ́mskʌl], *s.* zote, bodoque.
nun [nʌn], *s.* (igl.) monja, religiosa; (orn.) una de varias clases de aves—paro, pichón copetudo, paloma monjil o de toca, etc.—**n. buoy,** boya cónica.—**n.'s habit,** monjil.—**n.'s veiling,** (tej.) velo de monja.
nunciature [nʌ́nŝįąchųr], *s.* (igl.) nunciatura.
nuncio [nʌ́nŝįoų], *s.* (igl.) nuncio.
nuncupative [nʌ́ŋkįupeįtįv], *a.* (for.) nuncupativo, verbal (testamento).
nunnery [nʌ́nœrį], *s.* convento de monjas.
nunnish [nʌ́nįŝ], **nunlike** [-laįk], *a.* monjil.
nuptial [nʌ́pŝąl], *a.* nupcial, esponsalicio.—**n. plumage,** plumaje de un ave durante la cría.—**n. song,** epitalamio.
nuptials [-z], *s. pl.* nupcias, boda.
nurse [nœrs]. **I.** *s.* ama de cría, nodriza; niñera; enfermera, enfermero; protector, padrino; fomentador.—**n. balloon,** globo nodriza, globo alimentador.—**n. child,** niño de teta.—**n. shark,** (ict.) especie de tiburón. **II.** *va.* criar, lactar, amamantar; alimentar, mantener; abri-

gar, acariciar; cuidar o asistir enfermos; fomentar, dar alas; cultivar (una planta). **III.** *vn.* cuidar de un enfermo; dar de mamar a un niño, criar; mamar, amamantarse; lactar.
nursemaid [-meid], *s.* niñera.
nursery [nœ́rsœri], *s.* cuarto o aposento destinado a los niños; sección destinada a los recién nacidos, casa cuna (hospital); (agr.) vivero, criadero, semillero, plantío; (fig.) plantel, semillero, seminario.
nurserymaid [-meid], *s.* = NURSEMAID.
nurseryman [-mæn], *s.* (agr.) dueño o empleado de plantel o almáciga.
nursery rhymes, *s.pl.* rimas o versos para niños.
nursery school, *s.* escuela de párvulos (gen. precede al kindergarten).
nursery tales, *s.* cuentos de niños.
nursing [nœ́rsiŋ], *s.* crianza, lactancia.—**n. bottle,** biberón, (Am.) mamadera, tetero.—**n. home,** sanatorio particular.
nursling [nœ́rsliŋ], *s.* niño de teta; (fam.) crío.
nurture [nœ́rchu(r)]. **I.** *s.* nutrimento; alimentación, nutrición; educación, crianza; fomento. **II.** *va.* nutrir, alimentar; criar; educar, enseñar· fomentar, promover.
nut [nʌt], *s.* (bot.) nuez; avellana, almendra, nuez del Brasil, etc.; fruto parecido a la nuez; (mec.) tuerca, matriz, hembra de tornillo; (mús.) cejilla de violín o guitarra; talón del arco de violín· (fam.) chiflado, loco; maniático; (fam.) cabeza.—**n. oil,** aceite de nueces.—**n. of an anchor,** (mar.) oreja de ancla.—**n. pine,** (bot.) pino piñonero.—**n. wrench,** (mec.) desvolvedor.—**a hard n. to crack,** problema (*m.*) difícil· hueso duro de roer. **II.** *vn.* coger nueces.
nutation [niutéiŝon], *s.* (astr., bot., med.) nutación; inclinación u oscilación habitual de la cabeza.
nutbrown [nʌ́tbraun], *a.* avellanado.
nutcracker [-krækœ(r)], *s.* cascanueces.
nutgall [-gol], *s.* (bot.) agalla.
nuthatch [-hæch], *s.* (orn.) pequeña ave trepadora, trepatroncos, (gal.) sitela.
nuthook [-huk], *s.* horquilla para coger nueces.
nutmeat [-mit], *s.* carne (*f.*) o pierna de nuez.
nutmeg [-mɛg], *s.* (bot.) nuez moscada.—**n. tree,** miristica.
nutpecker [-pɛkœ(r)], *s.* = NUTHATCH.
nutpick [-pik], *s.* instrumento para sacar la carne o pierna de nuez; (prov.) escoznete.
nutria [niútriä], *s.* (zool.) el coipo y su piel. (La palabra española *nutria* designa más bien el *otter* y su piel).
nutrient [niútrient]. **I.** *a.* nutricio, nutritivo. **II.** *s.* alimento nutritivo.—**nutriment** [-ment] *s.* nutrimento, alimento.—**nutrimental** [-méntal], *a.* nutrimental.
nutrition [niutríŝon], *s.* nutrición, alimentación.
nutritionist [niutríŝonist], *s.* nutriólogo, dietista.
nutritious [niutríŝʌs], **nutritive** [niútritiv], *a.* nutricio, nutritivo, alimenticio, substancioso.
nutshell [nʌ́tŝɛl], *s.* cáscara de nuez o avellana.—**in a n.,** en substancia, en pocas palabras, en su más simple expresión.
nutty [nʌ́ti], *a.* abundante en nueces; que sabe a nueces; (fam.) elegante, garboso; (con **on** u **over**) (fam.) entusiasta, loco (por); (fam.) chiflado, loco.
nux vomica [nʌks vámikä], *s.* (bot.) nuez vómica.
nuzzle [nʌ́zl], *va.* y *vn.* hozar, hocicar; frotar la nariz contra; mimar. *V.* SNUGGLE y CUDDLE.
nyctaginaceous [niktadẑinéiŝʌs], *a.* (bot.) nictagíneo.
nyctalopia [niktalóupiä], *s.* (med.) nictalopia (en la acepción de *night blindness*); por confusión, hemeralopia (en la acepción de *day blindness*). Es de notarse que las dos voces tienen en español una significación contraria a su acepción normal en inglés.
nyctalope [níktaloup], *s.*, **nyctalopic** [-lápik], *a.* nictálope; por confusión, hemerálope.
nyctalops [-laps], *s.* nictálope.
nylon [náilan], *s.* nilón (es nombre de fábrica).—*pl.* medias de nilón o de cristal.
nymph [nimf], *s.* (mit.) ninfa; (poét.) mujer joven, zagala; (ent.) ninfa, palomilla, crisálida.
nymphomania [nimfoméiniä], *s.* (med.) ninfomanía, furor uterino.

O

o [ou], *s.* o.—**O,** cero; nulidad.
O! *interj.* ¡O! ¡oh!—**O that!,** ¡ojalá (que)!
oaf [ouf], *s.* zoquete, bobalicón; niño idiota o deforme.—**oafish** [-iŝ], *a.* tonto, idiota.
oak [óuk], *s.* (bot.) roble, encina (árbol y madera).—**o. apple,** u **o. gall,** bugalla, agalla del roble.—**o. grove,** robledo, robledal, encinar.—**o. leather,** cuero curtido con cáscara de roble; (bot.) hongo duro y correoso que nace en los robles.—**o.-tanned,** curtido con corteza de roble.
oaken [-n], *a.* roblizo, de hojas o madera de roble; duro, fuerte.
oakum [óukʌm], *s.* estopa, malacuenda.
oaky [óuki], *a.* duro, fuerte; que abunda en robles.
oar [ór]. **I.** *s.* remo; remero.—**o. blade,** pala de remo.—**o. stroke,** palada.—**to put in one's o.,** meter baza o su cucharada.—**to rest on one's** (o **the**) **oars,** *V.* TO LIE. **II.** *va.* y *vn.* bogar, remar.
oarage [-idẑ], *s.* conjunto de remos; palamenta.
oared [-d], *a.* provisto de remos; (zool.) que tiene pies parecidos a remos.
oarfish [-fiŝ], *s.* (ict.) regaleco.
oarlock [-lak], *s.* horquilla, chumacera. *V.* ROWLOCK.
oarsman [-zman], *s.* remero, remador.
oarsmanship [-ŝip], *s.* arte de remar; destreza en remar.
oary [-i], *a.* formado como remo.
oasis [oéisis], *s.* oasis, *m.*
oast [oust], *s.* horno para lúpulo, malta o tabaco.
oat(s [óut(s], *s.* (bot.) avena; (poét.) avena, zampoña, dulzaina, poema pastoril.—**oats-peas-beans,** juego de niños que bailan y cantan en coro.—**off one's oats,** indispuesto, desganado.—**to feel one's oats,** (fam.) estar animoso o brioso; darse importancia.
oatcake [-keik], *s.* torta de harina de avena.
oaten [-n], *a.* aveníceo, avenáceo, de avena.
oatfield [-fild], *s.* avenal.
oath [ouθ], *s.* juramento; reniego, terno, voto.—**o.-breaking,** violación de juramento, perjurio.—**on,** o **upon, o.,** bajo juramento.—**to take,** o **make an, o.,** jurar, prestar juramento.
oatmeal [óutmil], *s.* harina de avena; gachas o puches de avena.—**o. gruel,** avenate, broma.
obbligato [abligátou], *s.* (mús.) obligado.
obduracy [ábdiurasi], *s.* obduración, obstinación, impenitencia endurecimiento, dureza de corazón.
obdurate [ábdiurit], *a.* obstinado, endurecido.—**obdurately** [-li], *adv.* tercamente, obstinadamente.
obedience [obídiens], *s.* obediencia, sumisión, acatamiento.—**obedient** [-ent], *a.* obediente, sumiso.—**obediently** [-li], *adv.* obedientemente.
obeisance [obéisans], *s.* cortesía, reverencia; homenaje, acatamiento, deferencia.
obelisk [ábɛlisk], *s.* obelisco; aguja; (impr.) cruz, obelisco, obelo (†).
obelus [ábɛlʌs], *s.* obelo, obelisco, cruz o señal (como —, ÷ o †) puesto al margen.
obese [obís], *a.* obeso, gordo.—**obeseness** [-nis], **obesity** [-iti], *s.* obesidad, gordura, crasitud.
obey [obéi]. **I.** *va.* obedecer, cumplir; estar sujeto a, estar bajo el dominio de. **II.** *vn.* ser obediente.
obfuscate [abfʌ́skeit], *va.* ofuscar, obcecar, cegar.
obfuscation [-éiŝon], *s.* ofuscación, ceguedad.
obi [óubi], *s.* sortilegio practicado por los negros

de las Antillas (ll. t. **obeah**); ancha faja japonesa.
obit [óubit], *s.* exequias, *pl.*, funerales, *pl.*
obituary [obíchueri]. I. *a.* obituario, necrológico. II. *s.* necrología, obituario; (igl.) obituario.—*pl.* (noticias) obituarias.
object [ábdžekt], *s.* objeto, cosa, materia, sujeto; fin, objeto, propósito; blanco, punto; (gram.) complemento.—**o. ball,** mingo (en el billar).—**o. glass, o. lens,** (ópt.) objetivo.—**o. lesson,** lección práctica u objetiva.—**o. teaching,** enseñanza o método objetivo.
object [obdžékt]. I. *va.* objetar, oponer, aducir, poner reparos; tachar; imputar, hacer cargos. II. *vn.* oponerse, poner objeción, tener inconveniente.
objectify [obdžéktifai], **objectivate** [-iveit], **objectivize** [-vaiz], *va.* objetivar; exteriorizar.
objection [obdžékšon], *s.* objeción, reparo; réplica; tacha, defecto; inconveniente.
objectionable [-abl], *a.* objetable, reparable, inconveniente; defectuoso; reprensible.
objective [obdžéktiv]. I. *a.* objetivo.—**o. case,** (gram.) caso complementario.—**o. point,** punto objetivo, meta. II. *s.* (ópt., mil.) objetivo; (gram.) (caso) acusativo; punto objetivo, destinación; objetivo, objeto, propósito.
objectively [-li], *adv.* objetivamente.
objectivism [-izm], *s.* objetivismo.
objectivity [abdžektíviti], *s.* objetividad.
objectless [ábdžektlis], *a.* sin objeto.
objector [obdžékto(r)], *s.* impugnador, objetante.
objurgate [ábdžœrgeit], *va.* reprender, regañar, reconvenir o reprobar violentamente.
objurgation [-éišon], *s.* reprensión, reconvención, reprimenda.
objurgatory [obdžœ́rgatori], *a.* reprobatorio.
oblate [ábleit]. I. *a.* achatado por los polos; (igl.) consagrado al culto. II. *s.* (igl.) oblato, oblata.
oblation [abléišon], *s.* (igl.) oblación, ofrenda, sacrificio; eucaristía.
obligate [ábligeit], *va.* obligar, comprometer, empeñar; precisar, constreñir.
obligation [-éišon], *s.* obligación, compromiso, deber, incumbencia, promesa formal; agradecimiento.—*pl.* (com.) obligaciones y compromisos; pasivo.—**of o.,** obligatorio, de obligación, de precepto.—**to be under o. to one,** deber favores a uno.—**to put,** o **place, under o.,** hacer favores a; imponer obligación (legal o moral) a.
obligatory [-tori], *a.* obligatorio, forzoso.
oblige [obláidž], *va.* obligar, compeler, constreñir, apremiar; complacer, agradar, servir, hacer un favor. Ú. a menudo, esp. en la voz pasiva, para expresar agradecimiento, dar las gracias o pedir un favor; v. gr.: *I am* (*much*) *obliged to you,* muchas gracias, le agradezco mucho; *you will greatly oblige me,* me hará Vd. un gran favor, le agradeceré muchísimo, le quedaré muy reconocido.
obligee [ablidží], *s.* (for.) obligado; el que es fiador de otro, o a quien se ha dado una fianza.
obliger [obláidžœ(r)], *s.* el que obliga.
obliging [-džiŋ], *a.* servicial, servidor, obsequioso, oficioso, condescendiente.—**obligingly** [-li], *adv.* cortésmente, bondadosamente.—**obligingness** [-nis], *s.* cortesía, condescendencia, bondad.
obligor [abligór], *s.* (for.) deudor, obligado.
oblique [oblík]. I. *a.* oblicuo, sesg(ad)o, diagonal, inclinado; indirecto, evasivo; solapado, doloso, siniestro; colateral (pariente); (gram., geom., mil., anat.) oblicuo.—**o. angle,** ángulo oblicuo.—**o.-angled,** oblicuángulo. II. *vn.* oblicuar, torcerse.—**obliquely** [-li], *adv.* oblicuamente, al sesgo, al soslayo, de refilón; indirectamente, por rodeos.—**to place o.,** oblicuar, soslayar.—**obliqueness** [-nis], **obliquity** [oblíkwiti], *s.* oblicuidad, sesgo, sesgadura, desviación; (arq.) (es)viaje; aberración, extravío.
obliterate [oblítereit], *va.* borrar, testar, tachar; destruir, arrasar; (med.) obliterar.—**obliteration** [-éišon], *s.* cancelación, testación, extinción, destrucción; (med.) obliteración, extirpación.
oblivion [oblívion], *s.* olvido.
oblivious [-ʌs], *a.* olvidadizo, desmemoriado; abstraído, absorto; que causa olvido.
oblong [áblɔŋ]. I. *a.* oblongo. II. *s.* cuadrilongo.
obloquy [áblokwi], *s.* deshonra, baldón; difamación, maledicencia, vilipendio público.
obnoxious [obnákšʌs], *a.* ofensivo, odioso, detestable; sujeto, expuesto (a mal, daño, censura, etc.).—**obnoxiously** [-li], *adv.* odiosamente.—**obnoxiousness** [-nis], *s.* odiosidad.
oboe [óuboù], *s.* (mús.) oboe, obué.—**oboist** [óuboist], *s.* oboe, obué (el que lo toca).
obol, obolus [ábol, -ʌs], *s.* óbolo (peso y moneda).
obole [ábol], *s.* (farm.) obolo (12 granos).
obscene [obsín], *a.* obsceno, indecente, impúdico, pornográfico; repugnante, asqueroso.—**obscenely** [-li], *adv.* obscenamente.—**obsceneness** [-nis], **obscenity** [obséniti], *s.* obscenidad, indecencia, torpeza.
obscurant(ist [obskiúrant(ist], *a.* y *s.* obscurantista.—**obscurantism** [-izm], *s.* obscurantismo.
obscuration [abskiuréišon], *s.* obscurecimiento.
obscure [obskiúr]. I. *a.* obscuro. II. *va.* obscurecer; ocultar, disfrazar, evadir, confundir (*to obscure the issue,* confundir o disfrazar el punto en debate).—**obscurely** [-li], *adv.* obscuramente.
obscureness [-nis], **obscurity** [-iti], *s.* obscuridad; confusión, vaguedad; humildad.
obsecrate [ábsekreit], *va.* obsecrar, suplicar, rogar, invocar.
obsecration [-éišon], *s.* obsecración, súplica; (igl.) cada ruego de la letanía.
obsequial [obsíkwial], *a.* funeral, fúnebre.
obsequies [ábsikwiz], *s. pl.* exequias, funeral(es), honras (funerales), ritos fúnebres.
obsequious [obsíkwiʌs], *a.* obsequioso, zalamero, servicial; servil, rendido.—**obsequiously** [-li], *adv.* obsequiosa o servicialmente; servilmente.—**obsequiousness** [-nis], *s.* obsequio; servilismo.
observable [obzœ́rvabl], *a.* observable; perceptible; visible, conspicuo.—**observableness** [-nis], *s.* calidad de observable o notable.—**observably** [-abli], *adv.* notablemente, conspicuamente.
observance [-ans], *s.* observancia; acatamiento; rito o ceremonia; costumbre, uso.
observant [-ant], *a.* observador, vigilante; observante, obediente.
observation [abzœrvéišon], *s.* observación; reparo, advertencia; escrutinio, examen.—**o. balloon,** globo de observación.—**o. car,** (E. U., f. c.) coche trasero con mirador.—**to keep under o.,** vigilar.
observatory [obzœ́rvatori], *s.* observatorio; atalaya; mirador, miradero.
observe [obzœ́rv], *va.* observar; advertir, notar, reparar, echar de ver, fijarse; atisbar, velar, vigilar; guardar (una fiesta); cumplir (un precepto).
observer [-œ(r)], *s.* observador; atisbador.
observing [-iŋ], *a.* observador, atento, cuidadoso; observante.—**observingly** [-li], *adv.* cuidadosamente, atentamente.
obsess [obsés], *va.* obsesionar, obseder, causar obsesión.—**obsession** [obséšon], *s.* obsesión.
obsidian [absídian], *s.* (min.) obsidiana.
obsidional [absídional], *a.* (mil.) obsidional.
obsolesce [absolés], *vn.* caer en desuso, desusarse.—**obsolescence** [-ens], *s.* estado o acto de caer en desuso.—**obsolescent** [-ent], *a.* que va haciéndose anticuado.
obsolete [ábsolit]. I. *a.* anticuado; (biol.) atrofiado, imperfecto. II. *s.* voz anticuada.
obsoleteness [-nis], *s.* desuso; (biol.) desarrollo rudimentario o imperfecto.

obstacle [ábstakl], *s.* obstáculo; óbice, valla, traba, tropiezo, impedimento, dificultad, contrariedad.—**o. race,** carrera de obstáculos.
obstetric(al [obstétrik(al], *a.* obstétrico.
obstetrician [abstetríŝon], *s.* obstétrico, especialista en obstetricia; partero, comadrón.
obstetrics [obstétriks], *s.* (med.) obstetricia.
obstinacy [ábstinasi], *s.* obstinación, porfía, terquedad, contumacia, tesonería, testarudez, tozudez.
obstinate [ábstinit], *a.* obstinado, terco, porfiado, tozudo, temático, temoso, contumaz, reacio.
obstinately [-li], *adv.* obstinada o tercamente.
obstreperous [obstréperʌs], *a.* estrepitoso, ruidoso, turbulento, alharaquiento.—**obstreperously** [-li], *adv.* estrepitosamente, turbulentamente.—**obstreperousness** [-nis], *s.* estrépito, bulla, baraúnda, alharaca.
obstruct [obstrʌ́kt], *va.* obstruir, obstaculizar; impedir, estorbar.
obstructer, obstructor [-œ(r)], *s.* obstructor, el que estorba, impide o retarda.
obstruction [obstrʌ́kŝon], *s.* obstrucción, impedimento, estorbo, obstáculo, entorpecimiento. —**obstructionism** [-izm], *s.* (pol.) obstruccionismo.—**obstructionist** [-ist], *s.* (pol.) obstruccionista.
obstructive [obstrʌ́ktiv]. **I.** *a.* obstructivo, obstructor; (med.) opilativo. **II.** *s.* impedimento. —**obstructiveness** [-nis], *s.* calidad de obstructivo.
obstruent [ábstruent], *a.* (med.) obstruyente, opilativo, astringente (agente o remedio).
obtain [obtéin]. **I.** *va.* obtener, adquirir, conseguir, alcanzar, lograr. **II.** *vn.* prevalecer, privar, ser ley, moda o uso; presentarse.
obtainable [-abl], *a.* obtenible, asequible.
obtainer [-œ(r)], *s.* obtentor, el que obtiene.
obtainment [-ment], *s.* obtención, consecuimiento, consecución, logro.
obtrude [obtrúd]. **I.** *va.* imponer o introducir a la fuerza. **II.** *vn.* entrometerse, intrusarse.
obtruder [-œ(r)], *s.* entremetido, intruso.
obtruncate [abtrʌ́ŋkeit], *va.* desmochar.
obtrusion [obtrúẑon], *s.* intrusión, entremetimiento.
obtrusive [obtrúsiv], *a.* intruso, entremetido.
obtund [abtʌ́nd], *va.* embotar, amortiguar.
obturate [ábtiureit], *va.* obturar, tapar.
obturation [-éiŝon], *s.* obturación.
obturator [-o(r)], *s.* obturador.
obtuse [obtiús], *a.* obtuso (ángulo, etc.); romo, sin punta, embotado; lerdo, torpe; sordo, apagado (ruido).—**o.-angle(d)**, obtusángulo.
obtusely [-li], *adv.* obtusamente; lerdamente.
obtuseness [-nis], *s.* calidad de obtuso; embotadura, embotamiento; torpeza.
obverse [ábvœrs]. **I.** *s.* anverso, frente. **II.** *a.* del anverso.
obversion [abvœ́rŝon], *s.* vuelta que se da a un objeto para ponerlo de frente.
obvert [abvœ́rt], *va.* volver un objeto de frente a.
obviate [ábvieit], *va.* obviar, evitar, salvar.
obvious [ábviʌs], *a.* obvio, evidente, claro, palpable.—**obviously** [-li], *adv.* obvia o evidentemente.—**obviousness** [-nis], *s.* claridad, evidencia.
oca [óuka], *s.* (bot.) oca; caví.
ocarina [akarína], *s.* (mús.) ocarina.
occasion [okéiẑon]. **I.** *s.* ocasión, caso; acontecimiento; oportunidad, lugar, coyuntura; sazón, *f.*, tiempo oportuno; motivo, causa, razón, *f.*; necesidad.—**as o. requires,** en caso necesario, cuando llegue la ocasión.—**on o.,** en su oportunidad o a su debido tiempo; cuando se ofrece, ocasionalmente.—**on the o. of,** con motivo de. —**to give o.,** dar pie.—**to have o. to,** tener que, hacerle falta a uno, ofrecerse.—**to improve the o.,** aprovechar la ocasión. **II.** *va.* ocasionar, motivar, causar, acarrear.
occasional [-al], *a.* ocasional, casual, fortuito; alguno que otro; poco frecuente, que ocurre de cuando en cuando.—**o. verse,** poesía de circunstancia.—**occasionally** [-i], *adv.* a veces, de vez en cuando, tal cual vez, a ratos.
occasioner [-œ(r)], *s.* ocasionador, causante, causador; causa, motivo.
occident [áksident], *s.* occidente, ocaso, oeste.—**O.,** Europa y América, hemisferio occidental.
occidental [aksidéntal], *a.* occidental; occiduo.
occipital [aksípital], *a.* y *s.* (anat.) occipital; referente al occipucio.—**o. bone,** hueso occipital.
occiput [áksipʌt], *s.* (anat.) occipucio, colodrillo.
occlude [aklúd]. **I.** *va.* cerrar, tapar; (quím.) absorber; (med.) ocluir. **II.** *vn.* cerrar (los dientes).
occlusion [aklúẑon], *s.* obstrucción; cerramiento; (med.) oclusión; (quím.) absorción de gases.
occlusive [aklúsiv], *a.* (fon., etc.) oclusivo.
occult [okʌ́lt], *a.* oculto; visible sólo para los que tienen visión espiritual, según la teosofía.
occultation [akʌltéiŝon], *s.* (astr.) ocultación; desaparición.
occultism [okʌ́ltizm], *s.* ocultismo.
occupancy [ákyūpansi], *s.* ocupación, toma de posesión; tenencia.
occupant [-pant], *s.* ocupante; inquilino.
occupation [-péiŝon], *s.* ocupación, toma de posesión; tenencia, inquilinato; ocupación, quehacer, trabajo; oficio, empleo, profesión.
occupational [-al], *a.* relativo a ocupación u oficio.
occupational disease, *s.* (med.) enfermedad profesional.
occupational therapist, *s.* ergoterapeuta.
occupational therapy, *s.* ergoterapia.
occupied [ákyūpaid], *a.* ocupado; atareado.
occupier [-paiœ(r)], *s.* ocupador. *V.* OCCUPANT.
occupy [-pai], *va.* ocupar, emplear (tiempo); estar instalado en, vivir en; apoderarse de; dar empleo, ocupación o trabajo a.—**to be occupied with,** ocuparse en.
occur [okœ́r], *vn.* ocurrir, encontrarse, ofrecerse; suceder, acontecer, acaecer; aparecer; ocurrirse, venir a la imaginación o a la memoria.
occurrence [-ens], *s.* ocurrencia; suceso, caso, lance, incidente, acontecimiento. acaecimiento.
ocean [óuŝan], *s.* océano, mar, *mf.*, piélago; inmensidad.—**o.-going, o. liner,** tra(n)satlántico.
oceanic [ouŝiǽnik], *a.* oceánico; pelágico.
oceanographer [ouŝanágrafœ(r)], *s.* oceanógrafo. —**oceanographic** [-ogrǽfik], *a.* oceanográfico. —**oceanography** [-ágrafi], *s.* oceanografía.
ocellate(d [áseleit(id], *a.* ocelado; ojoso; manchado, rodado.
ocellus [osélʌs], *s.* (zool.) ocelo.
ocelot [óuselat], *s.* (zool.) ocelote.
ocher, ochre [óukœ(r)], *s.* ocre, sil, anorca, almagre.
ocherous, ochreous [-rʌs], *a.* ocroso.
ochlocracy [aklákrasi], *s.* (pol.) oclocracia.
o'clock [oklák], *loc. contr.* de OF THE CLOCK (según el reloj).—**what o. is it?** ¿qué hora es?—**it is eight o.,** son las ocho.
octagon [áktagan], *s.* (geom.) octágono.
octagonal [aktǽgonal], *a.* octágono, octagonal.
octahedral [aktahídral], *a.* octaédrico.
octahedron [-dron], *s.* (geom.) octaedro.
octane [áktein], *s.* (quím.) octano.—**o. number, o rating,** número de octano.
octant [áktant], *s.* (astr., geom.) octante.
octave [ákteiv]. **I.** *s.* (mús. y poét.) octava; (igl.) ochava, octava de una fiesta.—**o. coupler,** (mús.) doblemano (*f.*) de órgano. **II.** *a.* octavo
octavo [aktéivou]. **I.** *a.* (impr.) en octavo. **II.** *s.* libro, folleto, etc., en 8vo.
octennial [akténial], *a.* que dura ocho años o que ocurre cada ocho años.
octet [aktét], *s.* (mús.) octeto.
octillion [aktílyon], *s.* octillón; (E. U. y Fr.) unidad con 27 ceros; (Ingl.) unidad con 48 ceros.
October [aktóubœ(r)], *s.* octubre.
octodecimo [aktodésimou], *a.* (impr.) en décimoctavo; (escríbese por lo común 18mo y se llama **eighteenmo** [eitínmou]).

octogenarian [aktodžɛnérịan], **octogenary** [aktádžɛnɛri], *a.* y *s.* octogenario, ochentón.
octonary [áktonɛri], *a.* ochavo.
octopetalous [aktopétạlʌs], *a.* (bot.) octopétalo.
octopod [áktopad], *a.* y *s.* (zool.) octópodo.
octopus [áktopʌs], *s.* (zool.) pulpo, pólipo, jibia octópoda; (fig.) organización monopolizadora o absorbente.
octoroon [aktorún], *s.* mulato muy claro; (Cuba) ochavón.
octosyllabic [aktosịlǽbịk]. **I.** *a.* octosílabo, octosilábico. **II.** *s.* octosílabo.
octroi [áktrɔi], *s.* fielato; derechos de puerta o de consumos.
octuple [áktụpl], *a.* óctuple, óctuplo.
ocular [ákyụlạ(r)]. **I.** *a.* ocular, visual. **II.** *s.* (ópt.) ocular.
ocularly [-lị], *adv.* ocularmente; visiblemente.
oculist [ákyụlịst], *s.* oculista, oftalmólogo.
odalisk, odalisque [óụdạlịsk], *s.* odalisca.
odd [ad]. **I.** *a.* impar; non, sobrante; y tantos, y pico (*forty odd*, cuarenta y tantos, cuarenta y pico); suelto (*an odd volume*, un tomo suelto; *an odd job*, una tarea suelta); casual, accidental; extraordinario, singular, raro, particular; excéntrico, extraño; ridículo, estrambótico.—**o. glove,** guante sin pareja.—**o. number,** non. **II.** *s.* *V.* ODDS.
oddball [ádbɔl], *s.* (E. U., fam.) persona excéntrica o rara, tipo.
oddity [ádịtị], *s.* singularidad, particularidad, rareza; despropósito; ente singular.
oddly [ádlị], *adv.* desigualmente; extrañamente, singularmente; estrambóticamente.
oddness [ádnịs], *s.* disparidad, desigualdad; singularidad, extravagancia, rareza.
odds [adz], *s. pl.* (y a veces *singular*) desigualdad, diferencia, disparidad, exceso; partido desigual, apuesta desigual; ventaja, superioridad, exceso; riña, pendencia, disputa.—**o. and ends,** retazos, trozos, ñaque, zarandajas, sobras y picos, fragmentos sobrantes.—**by all o.,** con mucho, en todo; sin duda.—**it makes no o.,** es igual, da lo mismo.—**the o. are that,** las probabilidades son, o es lo más probable que.—**to be at o.,** estar de punta, de malas o encontrado(s).—**to give o.,** dar ventaja, puntos o (Am.) gabela (en un juego o apuesta).
ode [oụd], *s.* (poét.) oda.
odeon [odían], **odeum** [odíʌm], *s.* odeón.
odious [óụdịʌs], *a.* odioso, abominable, repugnante.—**odiously** [-lị], *adv.* odiosamente, abominablemente.—**odiousness** [-nịs], *s.* odiosidad; odio.
odium [óụdịʌm], *s.* odiosidad; odio; mala voluntad, malquerencia; oprobio.
odometer [odámɛtœ(r)], *s.* (h)odómetro.
odometrical [adọmétrịkạl], *a.* hodométrico.
odontalgia [odantǽldžịạ], *s.* (med.) odontalgia dolor de muelas.
odontalgic [-ịk], *a.* odontálgico.
odontograph [odántogræf], *s.* (mec.) instrumento para trazar dientes de engranaje.
odontoid [odántɔịd], *a.* odontoideo.
odontologist [odantálodžịst], *s.* odontólogo, dentista.
odontology [-džị], *s.* (med.) odontología.
odor [óụdọ(r)], *s.* olor; aroma, *m.*, perfume, fragancia; estimación; reputación.—**to be in bad (good) o.,** tener mala (buena) fama.
odoriferous [-ịfẹrʌs], *a.* odorífero.
odorless [-lịs], *a.* inodoro.
odorous [-ʌs], *a.* oloroso, odorante, fragante.
odorousness [-nịs], *s.* fragancia, aroma, *m.*
Odsbodikins [adzbádikịnz], *interj.* (ant.) ¡cuerpo de tal!
Odyssey [ádịsị], *s.* Odisea u odisea, viaje largo.
œ, diptongo con que antes se escribían algunas voces de origen latino o griego que hoy se escriben con **e**, tales como **œconomics** y **œdema**.
Oedipus [édịpʌs, ídịpʌs] **complex,** *s.* (psic.) complejo de Edipo.
œnological [inoládžịkạl], *a.* enológico.
œnology [inálodžị], *s.* enología.
œnometer [inámɛtœ(r)], *s.* enómetro.
o'er [óụr], *contr.* poética de OVER.
œstrum [éstrʌm], *s.* brama, celo; estro.
œstrus [éstrʌs], *s.* (ent.) tábano.
of [av], *prep.* de. Éste es el significado general de *of;* pero hay algunas expresiones, sobre todo con verbos, e idiotismos en que equivale a otra preposición o no se traduce (*to dream of*, soñar con; *to think of*, pensar en; *to rob a man of his money*, robar el dinero a un hombre; *to taste of*, saber a; *to smell of*, oler a; *sort of*, o *kind of*, (fam.) algo, un poco; *of course*, naturalmente; *of late*, últimamente). Tales formas se dan en los artículos sobre los verbos, sustantivos, etc., correspondientes. Cuando un gerundio sigue a un posesivo, el sustantivo que en español es el acusativo del verbo correspondiente va gen. precedido de *of;* la expresión resultante se traduce mediante el infinitivo o el subjuntivo del verbo español: *his writing of that letter*, el que él haya (hubiese) escrito esa carta; *our ordering of those articles*, el pedir (o haber pedido) nosotros esos artículos, o el que nosotros pidamos (hayamos pedido) esos artículos.—**o. an evening,** por la noche, algunas noches.—**o. myself, himself,** etc., por mí mismo, por sí mismo, etc., solo, sin ayuda.—**o. the,** del, de la, de los, de las.—**it is five minutes of three,** faltan cinco minutos para las tres, son las tres menos cinco.—**it is very kind of you to do that,** es Vd. muy bondadoso en hacer eso.
off [ɔf]. **I.** *adv.* lejos, a distancia, fuera; enteramente, del todo; quitado, no puesto (*the lid is off*, la tapa está quitada; *my shoes are off*, estoy sin zapatos, me he quitado los zapatos); abandonado, frustrado (*the trip is off*, el viaje se ha abandonado, hemos desistido del viaje; *the wedding is off*, se ha deshecho la boda); de menos, de rebaja (*two per cent off*, rebaja o descuento de dos por ciento); a (con respecto a distancia: *two miles off*, a dos millas). Se une a muchos verbos para modificar su sentido, denotando ausencia, diminución, privación o distancia.—**o. and on,** de vez en cuando, algunas veces; a intervalos.—**how far o. is it?** ¿cuánto hay de aquí allá?—**to be o.,** irse, marcharse, partir, salir. **II.** *prep.* lejos de; fuera de; de; desde; frente a, a corta distancia de, cerca de (*off the coast*, cerca de la costa; *off New York*, frente a Nueva York).—**o. the track,** (fam.) despistado, por los cerros de Ubeda.—**from o.,** de.—**to be o.,** haber abandonado (*England is off the gold standard*, Inglaterra ha abandonado el patrón oro); (fam.) haber renunciado (al juego, tabaco, etc.).—**to be o. duty,** estar de asueto, no estar de servicio. **III.** *a.* derecho o de la derecha (hablando de una pareja de animales; o bien de las patas de los mismos, v. gr.: *the off ox*, el buey de la derecha; *off forefoot*, pata derecha delantera); de fiesta, de asueto (v. gr.: *an off day*, un día libre; *the off season*, la estación muerta); (fam.) equivocado, incorrecto (v. gr.: *off in his calculations*, errado en sus cálculos); (fam.) chiflado.—**o.-color,** desteñido, marchito; verde, obsceno; (joy.) de mal color.—**o. side,** lado derecho.—**o.-the-cuff,** improvisado, informal.—**o.-the-record,** extraoficial. **IV.** *interj.* ¡fuera! ¡vete! ¡vamos!—**o. with his head!** ¡que le corten la cabeza!—**o. with you!** ¡márchate! ¡fuera de aquí! ¡largo de ahí!
offal [ɔ́fạl], *s.* asadura, despojos de reses muertas; bazofia; desecho, desperdicio, relieves, *m. pl.*
offbeat [ɔ́fbit]. **I.** *s.* (mús.) tiempo débil. **II.** *a.* (mús.) del tiempo débil; (fam.) raro, excéntrico; original.
offcast [ɔ́fkæst]. **I.** *a.* desechado, descartado. **II.** *s.* cosa o persona descartada.
off-chance [ɔ́fchæns], *s.* posibilidad remota o escasa, improbabilidad.
offence, offenceless = OFFENSE, OFFENSELESS.
offend [ọfénd]. **I.** *va.* ofender, agraviar, ultrajar; irritar. **II.** *vn.* pecar, delinquir; desagradar, dis-

gustar.—**to o. against,** faltar a.—**to feel offended,** o **take offense,** sentirse, agraviarse, picarse, ofenderse.
offender [-œ(r)], *s.* delincuente, transgresor, reo, pecador; ofensor, agraviador.
offense [ǫféns], *s.* ofensa; agravio, atentado, injuria, culpa, falta; cualquier delito o desaguisado.—**no o.,** sin ofender a Vd.; no lo dije por tanto.
offenseless [-lįs], *a.* inofensivo; innocuo.
offensive [-įv]. **I.** *a.* ofensivo, desagradable; perjudicial; agresivo.—**o. odor,** olor desagradable.—**o. warfare,** guerra ofensiva. **II.** *s.* ofensiva, ataque.
offensively [-lį], *adv.* ofensivamente.
offensiveness [-nįs], *s.* calidad de ofensivo o desagradable.
offer [ófœ(r)]. **I.** *va.* ofrecer, prometer, brindar, mandar; presentar (una moción, etc.), proponer; sacrificar, inmolar. **II.** *vn.* ofrecerse, ocurrir. **III.** *s.* oferta, ofrecimiento, promesa; envite; declaración de amor; esfuerzo, intento; (com.) oferta; proposición o propuesta.—**on o.,** a la venta, para vender.
offerer [-œ(r)], *s.* ofrecedor; oferente; licitador.
offering [-įŋ], *s.* ofrecimiento, oferta; sacrificio; ofrenda, oblación, tributo.
offertory [-torį], *s.* (igl.) ofertorio; ofrecimiento, ofrenda.
offhand [áfhǽnd], *a.* y *adv.* improvisado, de repente; sin preparación; sin pensarlo; sin cumplidos ni ceremonia.
office [áfįs], *s.* oficio; ministerio, empleo o cargo (sea público o privado); colocación, destino; oficina, despacho, bufete; escritorio; consultorio (de médico, etc.); agencia, negociado, departamento; (igl.) oficios, función solemne, rezo.—*pl.* servicio, favor; buenos oficios; (Ingl.) cocina y cuartos del servicio.—**o. book,** (igl.) oficionario.—**o. boy,** chico de oficina, muchacho mandadero.—**o. building,** edificio de oficinas o de administración.—**o. clerk,** o **worker,** oficinista.—**o. copy,** (for.) copia certificada.—**o. hours,** horas hábiles, laborables o de oficina; (med.) horas de consulta o de clínica.—**o. hunter,** o **seeker,** pretendiente, buscaempleos.—**o. letter,** oficio.—**o. work,** trabajo de oficina; (ing.) trabajo de gabinete.—**to be in o.,** tener un empleo; estar en el poder.
officeholder [-hoụldœ(r)], *s.* empleado público, funcionario, burócrata, *mf.*
officer [áfįsœ(r)]. **I.** *s.* oficial; funcionario; dignatario; empleado o dependiente de alguna categoría; guardia, *m.*, agente de policía; (mil.) oficial o jefe (desde alférez arriba).—**o. of the day,** (mil.) oficial de turno. **II.** *va.* mandar (como oficial o jefe); proveer de oficiales y jefes.—**officered** [-d], *a.* provisto de oficiales y jefes.
official [ǫfíŝǫl]. **I.** *a.* oficial; de oficio; autorizado: (farm.) oficial.—**o. letters,** pliegos de oficio. **II.** *s.* oficial público; funcionario autorizado o ejecutivo; (Ingl.) provisor o juez eclesiástico.
officialdom [-dǫm], *s.* círculos oficiales; funcionarios públicos; oficialidad.
officialism [-įzm], *s.* estado, condición, costumbres oficiales; oficinismo; burocracia.
officiality [ǫfįŝįǽlįtį], *s.* (igl.) cargo de oficial o ministro de la curia; provisorato.
officially [ǫfíŝalį], *adv.* oficialmente, de oficio.
officiant [ǫfíŝįant], *s.* (igl.) oficiante.
officiate [ǫfíŝįeįt], *vn.* (igl.) oficiar, celebrar (la misa); funcionar, ejercer o desempeñar un cargo.
officiating [-įŋ], *a.*, **officiator** [-ǫ(r)], *s.* oficiante.
officinal [ǫfísįnal]. **I.** *a.* (farm.) oficinal; (bot.) empleado en las artes o como medicamento. **II.** *s.* (farm.) medicamento oficinal.
officious [ǫfíŝʌs], *a.* oficioso, entremetido, intruso; solícito.—**officiously** [-lį], *adv.* oficiosamente.—**officiousness** [-nįs], *s.* oficiosidad.
offing [ófįŋ], *s.* (mar.) franquía, mar afuera.—**in the o.,** visible pero algo lejos; en lontananza.
offish [ófįŝ], *a.* (fam.) esquivo, intratable, arisco.
offlet [óflɛt], *s.* (hidr.) tubo o canal de desagüe.
offprint [ófprįnt], *s.* (impr.) tirada aparte de un artículo, etc.
offscouring [ófskaụrįŋ], **offscum** [ófskʌm], *s.* hez, desecho, basura, lavaduras, *f. pl.*
offset [ófsɛt], *s.* balance, compensación, equivalencia, equivalente; (geog.) estribo, estribación; (top.) ordenada; (E. U.) terraplén; (hort.) pimpollo que sirve para la propagación (*V.* OFFSHOOT); (mec.) cañería en S; (arq. e impr.) = SETOFF (*V.* también OFFSET, *a.*).
offset, *a.* fuera de su lugar; desalineado; (mec.) no paralelo; no convergente; (impr.) de calcado en lámina de caucho (procedimiento en que se imprime primero en una lámina de caucho, y luego con ésta en el papel. En algunas partes se usa el término inglés *offset*).
offset [ɔfsɛ́t]. **I.** *va.* equiparar, compensar, contrapesar; neutralizar; medir la tierra por el procedimiento de ordenadas; terraplenar. **II.** [ófsɛt], *vn.* (impr.) repetir; emplear el procedimiento *offset*.
offshoot [ófŝut], *s.* renuevo, vástago; ramal.
offshore [ófŝór]. **I.** *adv.* de la costa; a corta distancia de la costa. **II.** *a.* terral (viento); costanero.
offspring [ófsprįŋ], *s.* hijo(s), vástago(s), casta, prole, *f.*, progenie o descendencia.
off-stage [ófstéįdẑ], *a.* (teat.) de escena dentro, de fuera del escenario.
often [ófn], **oftentimes** [-taįmz], (poét.) **oft-(times** [óft(taįmz], *adv.* frecuentemente, a menudo, muchas veces.—**as o. as,** siempre que, tantas veces (o tan a menudo) como.—**how o.?,** ¿cuántas veces? ¿con qué frecuencia?—**not o.,** rara vez.—**so o.,** tantas veces.—**too o.,** con demasiada frecuencia.
ogee [oụdẑí], *s.* (arq.) gola, cimacio; talón. *V.* CYMA.—**o. arch,** arco conopial o conopio.
ogival [oụdẑáįvąl], *a.* ojival; aristado.
ogive [óụdẑaįv], *s.* (arq.) ojiva, arco apuntado; arista de arco carpanel.
ogle [óụgl]. **I.** *va.* y *vn.* ojear, echar el ojo, comerse con los ojos a uno. **II.** *s.* ojeada, mirada expresiva de amor, coquetería o de atrevida familiaridad.
ogler [óụglœ(r)], *s.* el que echa el ojo, etc.
ogre [óụgœ(r)], *s.* ogro, monstruo.
ogress [óụgrįs], *s.* ogro hembra.
oh! [oụ], *interj.* ¡oh!, ¡ay!
ohm [óụm], *s.* (elec.) ohm(io).—**ohmic** [-įk], *a.* óhmico.—**ohmmeter** [-mitœ(r)], *s.* ohmímetro, ohmiómetro.
oho [ohóụ], *interj.* ¡ajá! ¡hola!
oidium [oįdįʌm], *s.* (bot.) oídio.
oil [ójl]. **I.** *s.* aceite; petróleo; óleo; (quím.) esencia; (fam.) adulación. **II.** *va.* (en)aceitar, engrasar, lubri(fi)car; ungir; (fig.) hacer agradable; (fam.) sobornar.—**to o. the hand** o **palm,** (fam.) untar la mano, sobornar.
oil-bearing [-bɛrįŋ], *a.* petrolífero, oleífero.
oil beetle, *s.* (ent.) carraleja.
oilbird [-bœrd], *s.* (orn.) guácharo.
oil burner, *s.* estufa, quemador de petróleo.
oil-burning [-bœrnįŋ], *a.* de combustión de aceite o petróleo.
oil cake, *s.* bagazo, torta de borujo.
oilcan [-kæn], *s.* aceitera, lata de aceite, alcuza.
oilcloth [-klɔθ], *s.* encerado, hule.
oil color o **paint,** *s.* color o pintura de aceite.
oil cruet, *s.* aceitera, alcuza.
oil cup, *s.* (mec.) aceitera, lubri(fi)cadora.
oil drum, *s.* bidón o barril de aceite o petróleo.
oiled [-d], *a.* aceitado, engrasado; (fam.) sobornado; (fam.) borracho.
oiler [-œ(r)], *s.* aceitero; aceitador, engrasador, lubri(fi)cador; aceitera, alcuza; capa de hule; buque aceitero o petrolero.
oil field, *s.* campo o yacimiento petrolífero.
oil field worker, *s.* obrero petrolero.
oil gas, *s.* gas de petróleo.
oil gauge, *s.* oleómetro (indicador del nivel del aceite).

oil groove, *s.* (mec.) ranura de engrase.
oil gun, *s.* aceitera a presión (en forma de pistola).
oil heating, *s.* sistema de calefacción con petróleo.
oil hole, *s.* orificio de engrase.
oil industry, *s.* industria petrolífera.
oiliness [-inis], *s.* ole(agin)osidad, untuosidad.
oiling [-iŋ], *s.* aceitado, engrase, lubricación.
oil jar, *s.* zafra (de aceite).
oil lamp, *s.* lámpara de aceite.
oilman [-mæn], *s.* petrolero, aceitero, tratante en aceites; el que engrasa o lubri(fi)ca.
oil meal, *s.* harina de borujo.
oil mill, *s.* bagar, trujal, almazara.
oil of cedar, *s.* cedreleón; (quím.) cedróleo.
oil of vitriol, *s.* aceite de vitriolo, ácido sulfúrico.
oil of wintergreen, *s.* aceite o esencia de gaulteria.
oil painting, *s.* pintura o cuadro al óleo.
oil pan, *s.* recogedor de aceite, cárter.
oilpaper [-peipœ(r)], *s.* papel encerado.
oil pipe, *s.* tubo de engrase.
oil pipe line, *s.* oleoducto.
oil press, *s.* bagar, trujal, almazara.
oil pump, *s.* bomba de aceite o de lubricación.
oil ring, *s.* (mec.) anillo de lubricación.
oil shop, *s.* aceitería; planta de lubricación.
oilskin [-skin], *s.* encerado, hule, tela impermeable.—*pl.* traje impermeable de este tejido.
oilstone [-stoun]. **I.** *s.* piedra afiladera o de amolar; asperón. **II.** *va.* afilar con asperón.
oil stove, *s.* estufa o cocina de petróleo.
oil tank, *s.* tanque, depósito de aceite (gen. de petróleo).
oil tanker, *s.* (mar.) buque tanque o petrolero.
oil well, *s.* pozo de petróleo.
oily [ɔ́ili], *a.* aceitoso, oleoso, oleaginoso, oleario; pingüe, grasiento, craso; zalamero, hipócrita.—**o.-calm, o.-smooth,** tranquilo como una balsa de aceite.—**o. grain,** o **bean,** (bot.) ajonjolí, alegría. *V.* SESAME.
ointment [ɔ́intmənt], *s.* ungüento, untura.
O. K., OK, okay [óukéi]. **I.** *a.* y *adv.* (fam.) correcto; bueno, que sirve; que no está mal, pasadero; está bien, conforme. **II.** *s.* visto bueno, V.° B.°; aprobación. **III.** *va.* dar o poner el visto bueno a, aprobar.
okapi [okápi], *s.* (zool.) okapí, rumiante del Congo semejante a la jirafa o cebra.
Okie [óuki], *s.* (E. U., fam.) obrero rural migrante (esp. del estado de Oklahoma).
okra [óukrä], *s.* (bot.) quimbombó.
old [ould], *a.* viejo, anciano, añoso, vetusto; antiguo; añejo, rancio (vino, etc.).—**o. age,** vejez, ancianidad, senectud, vetustez.—**o. bachelor,** solterón.—**o. boy,** (fam.) chico, mi viejo (expresión de amistad).—**O. Boy,** (fam.) el diablo.—**o.-clothes man,** ropavejero.—**o. country, o. sod,** terruño.—**o.-established,** establecido o reconocido desde hace largo tiempo.—**o.-fashioned,** chapado a la antigua; anticuado, fuera de moda.—**o.-fog(e)yish,** chapado a la antigua, engolillado.—**O. Glory,** (E. U.) la bandera de los E. U.—**O. Guard,** (E. U.) bando conservador del partido republicano.—**o. hand,** experto, (fam.) perro viejo.—**O. Harry,** (fam.) el diablo.—**o. lady,** anciana.—**o.-line,** conservador. *V.* O.-ESTABLISHED.—**o.-looking,** de aspecto viejo, que parece viejo.—**o. maid,** solter(on)a; la mona (naipes).—**o. maidish,** de solterona; melindroso.—**o. man,** viejo; (fam.) padre, esposo, jefe; (teat.) barba, *m.*—**o. master,** pintor maestro (esp. anterior al siglo XVIII).—**O. Nick,** (fam.) el diablo.—**o. salt,** (fam.) lobo de mar.—**o.-school,** a la antigua.—**o. song,** bagatela.—**o. style,** estilo antiguo (de computar el tiempo); (impr.) tipo de forma antigua.—**O. Testament,** Antiguo Testamento.—**o.-time,** viejo, de tiempos pasados.—**o.-timer,** antiguo residente o concurrente.—**o. timber,** madera usada o de demolición.—**o. wheat,** trigo añejo.—**o. wife,** vieja (esp. la chismosa).—**o. wine,** vino añejo.—**o. wives' tale,** cuento de viejas.—**o. woman,** vieja; (teat.) característica.—**O. World,** Viejo Mundo.—**o.-world,** del Viejo Mundo.—**how o. is he, are you,** etc.? ¿cuántos años tiene él, Vd., etc.?—**of o.,** antiguo; antiguamente.—**to be . . . o.,** tener . . . de edad (*he is six years old,* él tiene seis años).—**to be o. enough,** tener bastante edad; no ser niño.—**to become,** o **grow, o.,** envejecer(se), encanecer; añejarse, gastarse.
olden [-n], *a.* (poét.) viejo, antiguo.—**o. days, o times,** tiempos pasados o antiguos.
oldish [-iš], *a.* avejentado, viejecillo.
oldster [-stœ(r)], *s.* (fam.) viejo, vetusto; persona mayor.
oleaceous [oliéišʌs], *a.* (bot.) oleáceo.
oleaginous [oliǽdžinʌs], *a.* ole(agin)oso, aceitoso.
oleaginousness [-nis], *s.* ole(agin)osidad.
oleander [oliǽndœ(r)], *s.* (bot.) adelfa, baladre.
oleaster [oliǽstœ(r)], *s.* (bot.) oleastro, acebuche.
oleate [óulieit], *s.* (quím.) oleato.
olecranon [olékrənan], *s.* (anat.) olécranon.
oleic [olíik], *a.* (quím.) oleico.
oleic acid, *s.* (quím.) ácido oleico.
olein [óuliin], *s.* (quím.) oleína.
oleograph [óuliogræf], *s.* oleografía.
oleomargarin(e [oliomárdžərin], *s.* oleomargarina (manteca artificial).
oleometer [oliámetœ(r)], *s.* oleómetro.
oleoresin [olioréz̃in], *s.* oleorresina.
oleose, oleous [óulious, -ʌs], *a.* oleoso.
olfaction [alfǽkšon], *s.* olfacción, acto de oler.
olfactory [alfǽktori]. **I.** *a.* olfatorio, olfativo. **II.** *s.* olfato; órgano olfativo.
olibanum [olíbənʌm], *s.* incienso, olíbano.
oligarch [áligark], *s.* oligarca, *m.*
oligarchic(al [aligárkik(əl], *a.* oligárquico.
oligarchy [áligarki], *s.* oligarquía.
oligist [álidžist], *s.* (min.) oligisto.
Oligocene [áligosin], *s.* y *a.* (geol.) oligoceno.
oligoclase [áligokleis], *s.* (min.) oligoclasa.
olio [óuliou], *s.* mezcla, miscelánea; (teat.) folla; (coc.) olla podrida, folla. *V.* OLLA.
olivaceous [alivéišʌs], *a.* oliváceo.
olivary [áliveri], *a.* oliviforme.—**o. body,** (anat.) oliva del bulbo o cuerpo olivar.
olive [áliv]. **I.** *s.* (bot.) olivo, oliv(er)a, aceituno (árbol); aceituna, oliva (fruto).—**o.-bearing,** olivífero.—**o. branch,** rama de olivo; (fig.) emblema (*m.*) de paz.—**o.-color(ed,** aceitunado.—**o. dealer,** aceitunero.—**o. drab,** color verdusco o verde amarillo oscuro; (mil.) uniforme de este color.—**o. grove,** olivar.—**o. oil,** aceite de oliva.—**o. press,** lagar, trapiche.—**o. presser,** lagarero.—**o. yard,** olivar. **II.** *a.* aceitunado.
olivine [álivin], *s.* (min.) olivino, peridoto.
olla [álä], *s.* marmita, puchero, olla.—**o. podrida,** (coc.) olla podrida; (fig.) mistifori, mescolanza.
Olympiad [olímpiæd], *s.* olimpíada.
Olympian, Olympic u **Olympics** [-pian, -pik], *a.* olímpico.—**O. games,** olimpíada, juegos olímpicos.
Olympus [-pʌs], *s.* Olimpo; cielo.
omasum [oméisʌm], *s.* (zool.) omaso, libro, tercer estómago de los rumiantes.
omber, ombre [ámbœ(r)], *s.* tresillo o juego del hombre (naipes).
omega [oumígə], *s.* omega (letra griega); (fig.) fin.
omelet(te [ámlit], *s.* tortilla de huevos.
omen [óumin]. **I.** *s.* agüero, augurio, anuncio, pronóstico, presagio. **II.** *va.* presagiar, augurar, ominar.
omened [-d], *a.* fatídico; augural, presagioso.
omental [oméntəl], *a.* (anat.) omental.
omentum [oméntʌm], *s.* (anat.) omento, redaño.—**the great o.,** epíploon, epiplón.
omicron [ámikrán], *s.* ómicron (letra griega).
ominous [áminʌs], *a.* ominoso, siniestro, nefasto.

de mal agüero; presagioso, pronosticador.—**ominously** [-li], *adv.* ominosamente.—**ominousness** [-nis], *s.* calidad de ominoso.
omissible [omísibl], *a.* que se puede omitir o excluir.
omission [omíšon], *s.* omisión; supresión, exclusión; olvido, descuido.—**omissive** [omísiv], *a.* que omite o excluye; omis(iv)o, remiso.
omit [omít], *va.* omitir; prescindir de; suprimir, preterir, excluir; pasar por alto, olvidar.
omnibus [ámnibʌs]. I. *s.* (carr.) ómnibus, góndola; (teat.) palco grande al nivel del escenario. *V.* BUS y BUS BOY. II. *a.* que comprende varios asuntos (como proyecto de ley), o varias obras literarias reunidas en un mismo tomo.—**o. train,** (f. c.) tren de escala.
omnifarious [amniférįʌs], *a.* omnímodo.
omnific [amnífik], *a.* que todo lo crea.
omniform [ámnifɔrm], *a.* omnímodo.
omnipotence, omnipotency [amnípotens, -i], *s.* omnipotencia; (O.), Dios.—**omnipotent** [-ent], *a.* omnipotente.—**the O.,** Dios todopoderoso.
omnipresence [amniprézens], *s.* omnipresencia, ubicuidad.
omnipresent [-ent], *a.* omnipresente, ubicuo.
omniscience, omnisciency [amníšens, -i], *s.* omnisciencia.
omniscient [-ent], *a.* omniscio, omnisciente, omnisapiente.
omnium [ámniʌm], *s.* (Ingl.) agregado de los diversos títulos de la deuda; total.—**o.-gatherum,** miscelánea, mare mágnum.
omnivorous [amnívorʌs], *a.* omnívoro; glotón.
on [an]. I. *prep.* sobre, encima de; en (*on the floor,* en el suelo; *on the train,* en el tren; *on the island,* en la isla; *on the wall,* en la pared; *on the committee,* en la comisión; *he is on his second year,* está en su segundo año; *on that occasion,* en esa ocasión; *on arriving,* en llegando); a, al (*on my arrival,* a mi llegada; *to bet on a horse,* apostar a un caballo; *on seeing,* al ver; *on seeing him,* al verlo; *on the right,* a la derecha); bajo, so, con, por (*on my responsibility,* bajo mi responsabilidad; *on pain of death,* bajo (so) pena de muerte; *on his word,* por su palabra; *on my part,* por mi parte; *on your account,* por Vd.; *on all sides,* por todos lados; *on condition,* con la condición, con tal que; *on long terms,* con plazos largos); contra (*an attack on liberty,* un ataque contra la libertad; *draw on me,* gire contra mí). Gen. no se traduce cuando le sigue una expresión de tiempo: *on Monday,* (el) lunes; *on March third,* el tres de marzo; *on that day,* ese día.—**o. account,** a cuenta.—**o. an average,** por término medio.—**o. a sudden,** de golpe, de repente.—**o. credit,** al fiado.—**o. duty,** en servicio.—**o. fire,** ardiendo.—**o. foot,** a pie.—**o. guard,** en guardia; de guardia; alerta.—**o. hand,** a mano, disponible; (com.) en existencia.—**o. high,** en alto; en lo alto.—**o. horseback,** a caballo.—**o. purpose,** a propósito, adrede.—**o. record,** registrado; que consta.—**o. second thought,** reflexionando.—**o. the contrary,** al contrario.—**o. the cuff,** fiado; sin pagar.—**o. the gad,** callejeando, correteando, andando de aquí para allá.—**o. the move,** moviéndose, andando.—**o. the road,** de viaje, viajando.—**o. the run,** corriendo; afanándose.—**o. time,** a la hora debida; puntualmente; (com.) a plazo, al fiado.—**o. to,** a, hacia.—**o. trust,** al fiado. II. *adv.* o *a.* puesto (*the lid is on,* la tapa está puesta; *with his hat on,* con el sombrero puesto); encendido (gas, etc.); en contacto (interruptor); en funcionamiento (radio, etc.); principiado, ocurriendo, verificándose (*the game is on,* el juego ha principiado, o se está jugando). Se usa con muchos verbos para indicar continuación o acción continua (*speak on,* continúe hablando), o posición o colocación sobre algo que se sobrentiende (*the frying pan is on* [*the fire*], la sartén está sobre el fuego, o ya puesta). Se emplea pleonásticamente con ciertos comparativos, como "más" en español (*later on,* más tarde; *farther on,* más adelante). Indica la parte que va adelante en ciertos movimientos (*head on,* de cabeza).—**o. and off,** a intervalos, de vez en cuando.—**o. and o.,** continuamente, sin cesar.—**and so o.,** y así sucesivamente; etcétera. III. *interj.* ¡adelante! ¡vamos!
onager [ánadžœ(r)], *s.* (zool. y mil.) onagro.
onagra [anéigrä], *s.* (bot.) onagra.
onanism [óunanizm], *s.* onanismo; coito incompleto.
once [wʌns]. I. *adv.* y *s.* una vez; en otro tiempo, otras veces.—**o. a . . . always a . . .,** quien ha sido . . ., siempre lo será (*once a thief, always a thief,* quien ha sido ladrón, siempre lo será).—**o. and again,** varias veces.—**o. for all,** una vez por todas, por última vez, definitivamente.—**o. in a while,** de cuando en cuando.—**o. more,** otra vez.—**o.-over,** (fam.) ojeada, vistazo, examen rápido.—**o. too often,** una vez más de lo prudente; pasándose de los límites de la tolerancia.—**o. upon a time,** en otro tiempo; en tiempo de Maricastaña; érase que se era.—**at o., a** un mismo tiempo, a la vez, de una vez, simultáneamente; en seguida, al instante, inmediatamente.—**for o.,** una vez siquiera; últimamente; al fin.—**this o.,** esta vez, siquiera esta vez. II. *a.* de otro tiempo, pasado, que fué. III. *conj.,* una vez que, tan pronto como.
oncology [aŋkálodži], *s.* (med.) oncología.
oncoming [ánkʌmiŋ]. I. *a.* próximo, venidero, cercano. II. *s.* proximidad, aproximación.
ondometer [andámetœ(r)], *s.* (elec.) ondómetro.
one [wʌ́n]. I. *a.* un, uno; solo, único; cierto, un tal; igual.—**o.-celled,** unicelular.—**o.-colored,** unicolor.—**o. day,** un día, cierto día; algún día, un día de éstos.—**o.-eyed,** tuerto, monóculo.—**o.-handed,** manco.—**o.-horse,** de (o tirado por) un caballo; (fam.) de poca importancia.—**o. hundred,** cien, ciento.—**o.-legged,** unípede, de un solo pie, o de una sola pata.—**o.-piece,** de una (sola) pieza.—**o.-sided,** parcial, injusto, (for.) leonino; unilateral; de un solo lado; desigual.—**o.-story,** de un solo piso.—**o. thousand,** mil.—**o.-time,** antiguo, de otro tiempo, que fué.—**o.-track,** (f. c.) de una sola vía; estrecho; (fam.) que comprende o hace una sola cosa a la vez.—**o.-way,** de una sola dirección, de dirección única (calle); sencillo (billete).—**at o. and the same time,** a un mismo tiempo.—**at o. stroke,** de un golpe o tirón.—**it is all o. to me,** lo mismo me da; me es lo mismo.—**of o. accord,** a una, unánimemente.—**of o. height,** de un mismo alto. II. *s.* y *pron. indef.* uno; la una (hora). Ú. como reproductivo en casos en que en español se usa el artículo o el adjetivo sustantivado; *this one,* éste, *the white one,* el blanco; *the one that came,* el que vino; *a better one,* uno mejor. Ú. indefinidamente en el sentido de "cosa," "chiste," "tipo," etc.: *this is a good one,* éste es un buen chiste (noticia, jugada, etc., según el caso); *he is a bad one,* es mal sujeto.—**o. and all,** todos, todos sin excepción.—**o. and the same,** idéntico.—**o. another** = EACH OTHER.—**o. by o.,** uno a uno, uno por uno.—**o. (for) each,** sendos (*tienen sendos libros,* they have a book each).—**o. o'clock,** la una.—**o. or two,** unos pocos.—**o.'s,** de uno, su.—**o. to o.,** de punto por punto o parte por parte.—**all o.,** lo mismo.—**at o.,** a una; de común acuerdo.—**each o.,** cada uno.—**for o.,** por lo menos, uno de los que (*I for one don't believe it,* yo al menos no lo creo, yo soy uno de los que no lo creen).
one-dimensional [-diménšonal], *a.* unidimensional.
oneiromancy [onáiromænsi], *s.* oniromancía.
oneness [wʌ́nnis], *s.* unidad; calidad de único.
onerous [ánerʌs], *a.* oneroso, gravoso, molesto, cargoso; (for.) gravable, sujeto a gravamen.

one's self, oneself [wʌnsélf], *pron.* se, sí, sí mismo, (a) uno mismo.—**with o.,** consigo.
one-step [wʌ́n step], *s. one-step*, cierto baile de salón en compás binario.
ongoing [ángoụiŋ]. I. *a.* que marcha o va hacia adelante. II. *s.* movimiento hacia adelante.—*pl.* acontecimientos; negocios, asuntos.
onion [ʌ́nyǫn], *s.* (bot.) cebolla.—**o. bed,** cebollar.—**o. seed,** o **set,** cebollino.—**onionskin** [-skịn], *s.* binza, tela de cebolla; papel cebolla.
onlooker [ánlụkœ(r)], *s.* espectador, observador.
only [óụnlị]. I. *a.* único, solo; singular, raro.—**o.-begotten,** unigénito.—**o. child,** hijo único. II. *adv.* (tan) sólo, solamente, únicamente; no más que (o de); no . . . sino.—**o. too** = ALL TOO (*v.* ALL).—**if o.,** ojalá, si (cambiando el giro: *if only he would come!* ¡ojalá que él venga! ¡si él viniera!)—**not o. . . . but also,** no sólo . . . sino también. III. *conj.* sólo que, pero.
onomancy [óụnomænsị], *s.* onomancía.
onomastic [anomǽstịk], *a.* onomástico.
onomatopœia [anomatopíä], *s.* (ret.) onomatopeya.—**onomatopœic, onomatopoetic** [-píịk, -poétịk], *a.* onomatopéyico.
onrush [ánrʌŝ], **onset** [ánset], *s.* embestida, arremetida, carga, ataque; acceso; arranque.—**onset,** (med.) acceso, comienzo (de una enfermedad).
onshore [ánŝór]. I. *adv.* de, a o hacia tierra. II. *a.* que está en tierra; que se mueve o se dirige hacia la orilla.
onslaught [ánslɔt], *s.* ataque furioso, embestida, arremetida, asalto.
onto [ántu], *prep.* encima de, sobre, en.
ontogeny [antádẑenị], *s.* ontogenia, ontogénesis.
ontologic(al [antoládẑịk(ạl], *a.* ontológico.
ontologism [antálodẑịzm], *s.* (fil.) ontologismo.
ontologist [-dẑịst], *s.* ontólogo.
ontology [-dẑị], *s.* ontología.
onus [óụnʌs], *s.* carga, responsabilidad.—**o. probandi,** (lat.) obligación de probar.
onward [ánwạrd], *a.* avanzado; progresivo. *V.* FORWARD.—**onward(s** [-(z], *adv.* adelante, hacia adelante; progresivamente; en adelante.
onyx [ánịks], *s.* (min.) ónice, *mf.*, onique, *f.*, ónix, *mf.*; (med.) pus en la córnea del ojo.
oöcyte [óụosaịt], *s.* (biol.) oocito.
oodles [údlz], *s. pl.* (fam.) gran abundancia, la mar (de).
oögonium [oụogóụnịʌm], *s.* (bot.) oogonio.
oölite [óụolaịt], *s.* (geol.) oolita.
oölitic [oụolítịk], *a.* oolítico.
oölogy [oálodẑị], *s.* (orn.) oología.
oolong [úlɔŋ], *s.* variedad de té negro.
oöphorectomy [oụoforéktomị], *s.* ovariotomía.
oöphoritis [oụoforáịtịs], *s.* (med.) ooforitis, ovaritis.
oösperm [óụospœrm], *s.* (embr.) oospermo, huevo fecundado; (bot.) = OÖSPORE.
oösphere [óụosfịr], *s.* (bot.) oosfera, célula reproductiva antes de su fecundación.
oöspore [óụospɔr], *s.* (bot.) oosporo.
ooze [úz]. I. *va.* sudar; manar. II. *vn.* manar, fluir; escurrirse; exudar, rezumarse, trazumarse. III. *s.* cieno, fango, limo, lama; chorro suave.
oozy [-ị], *a.* cenagoso, lamoso, legamoso; húmedo.
opacity [opǽsịtị], *s.* opacidad; obscuridad.
opal [óụpạl], *s.* (min.) ópalo.—**opalesce** [opạlés], *vn.* irisar.—**opalescence** [-ẹns], *s.* opalescencia, calidad de opalino.—**opalescent** [-ẹnt], **opaline** [óụpạlịn], *a.* opalescente, opalino, iridiscente.
opaque [opéịk], *a.* opaco; sin brillo, obscuro, mate.
opaqueness [-nịs], *s.* opacidad.
ope [oụp]. I. *va.* y *vn.* (poét.) abrir(se). II. *a.* abierto.
open [óụpn]. I. *va.* abrir; desenvolver, destapar, desempaquetar; desplegar; establecer; inaugurar, iniciar, principiar; franquear, hender, cortar, rajar; romper; exponer, manifestar, descubrir, revelar; explicar; ensanchar, aumentar.—**to o. one's heart,** desabrocharse, franquearse; ser generoso.—**to o. the ball,** abrir el baile o romper a bailar; (fam.) dar comienzo.—**to o. the mouth,** hablar; revelar un secreto.—**to o. up,** explorar, descubrir, hacer accesible. II. *vn.* (a veces con **out**) abrirse, desplegarse, destaparse; descubrirse; dividirse, entreabrirse; aparecer, asomarse; desarrollarse, desenvolverse; empezar, comenzar; (teat.) dibutar, estrenarse.—**to o. on,** o **upon,** caer, dar o mirar a.—**to o. with,** empezar con. III. *a.* abierto, libre, franco; público; descubierto; extendido, desplegado; desembarazado, (d)escampado (terreno); expuesto a un ataque; desnudo, visible; receptivo, dispuesto a, susceptible de; listo, aparejado; manifiesto, claro, patente, llano; sincero, franco; directo; suave; templado; (fon.) abierta (vocal); (com.) abierto, pendiente.—**o. air,** aire libre.—**o.-air,** al aire libre. *V.* OUTDOOR.—**o. circuit,** (elec.) circuito de corriente intermitente.—**o. coil,** (elec.) bobina abierta.—**o. car,** (aut.) coche abierto o descubierto.—**o. credit,** (com.) letra abierta.—**o. door,** (der. int.) puerta abierta, igualdad de derechos.—**o.-eyed,** alerta, vigilante, avizor; pasmado.—**o. face,** muestra (de reloj) sin tapa.—**o.-faced,** sin tapa; de cara franca.—**o. forum,** asamblea pública, debate público.—**o.-handed,** generoso, dadivoso o liberal.—**o.-hearted,** ingenuo, sincero, abierto.—**o.-heartedness,** liberalidad, generosidad; franqueza.—**o. hearth,** (metal.) horno de reverbero.—**o.-hearth (steel, process,** etc.), (acero, procedimiento, etc.) Siemens-Martin.—**o. house,** casa abierta para todos. *V.* TO KEEP.—**o. letter,** carta abierta (de protesta o súplica).—**o. look,** mirada franca.—**o. market,** mercado (público).—**o. marks,** señales (*f. pl.*) evidentes.—**o.-minded,** razonable, liberal, imparcial, receptivo.—**o.-mouthed,** boquiabierto, con la boca abierta; bocudo; voraz, rapaz; clamoroso.—**o. notes,** (mús.) notas blancas (breves, semibreves y mínimas).—**o. pit,** (min.) tajo abierto.—**o. plumbing,** tuberías descubiertas.—**o. port,** puerto franco, puerto abierto al comercio extranjero.—**o. question,** cuestión discutible; asunto en duda.—**o. sea,** alta mar.—**o. season,** tiempo de caza o de pesca.—**o. secret,** secreto a voces o con chirimías; secreto conocido de todos, secreto de Anchuelo.—**o. sesame,** conjuro mágico para abrir puertas secretas; (fig.) palabra mágica, vara mágica.—**o. shame,** vergüenza pública.—**o. shop,** taller franco, en que se admiten obreros agremiados y no-agremiados.—**o. syllable,** (fon.) sílaba abierta o libre.—**o. winter,** invierno templado, sin heladas.—**in o. court,** en pleno tribunal.—**in the o. air,** al aire libre, al raso, a la intemperie.—**in the o. field,** a campo raso.—**it is o. to you to,** Vd. puede, Vd. tiene la libertad de.—**with o. arms,** con los brazos abiertos. IV. *s.* claro, raso, lugar abierto.—**in the open,** a campo raso; al descubierto, abiertamente.
opener [-œ(r)], *s.* abridor; (tej.) desmotadora.
opening [-ịŋ]. I. *s.* abertura, brecha; boca, orificio; vano (de puerta o ventana); luz; abrimiento; claro, raso, campo abierto; abra, bahía; (min.) socavón, galería; principio, inauguración, apertura; oportunidad, coyuntura; empleo vacante. II. *a.* aperitivo.—**o. performance,** (teat.) estreno.—**o. play,** salida (naipes).—**o. price,** primer curso (en la Bolsa).
openly [-lị], *adv.* abiertamente, a las claras, al descubierto; públicamente.—**openness** [-nịs], *s.* franqueza, sinceridad; publicidad.
openwork [-wœrk], *s.* enrejado; calado; (cost.) deshilado.
opera [ápẹrä], *s.* (mús.) ópera.—**o. book,** libreto de una ópera.—**o. bouffe,** ópera bufa.—**o. cloak,** abrigo de señora para la salida del teatro.—**o. comique,** ópera cómica, zarzuela.—**o. glasses,** aclínico, anteojo(s) o gemelos de

teatro.—**o. hat,** clac.—**o. house,** teatro de la ópera.—**o. singer,** operista, cantante de ópera.
operable [ápęrąbl], *a.* operable.
operand [ápęrænd], *s.* (mat.) cantidad sometida a una operación.
operate [ápęreįt]. **I.** *va.* hacer funcionar, mover, actuar; explotar; gobernar, dirigir, manejar; llevar a cabo, efectuar. **II.** *vn.* (con **in, on** o **upon**) obrar, operar; producir efecto; funcionar; (cir.) operar; (com.) operar, especular, jugar a la bolsa; (mil.) operar, maniobrar.—**operated by,** (mec.) accionado por.
operatic(al [apęrǽtįk(ąl], *a.* de ópera.
operating [ápęreįtįŋ], *a.* operante; operativo, operatorio; actuante; impulsante.
operating expenses, *s. pl.* gastos de funcionamiento o explotación.
operating mechanism, *s.* mecanismo de acción; resorte.
operating power, *s.* energía o potencia de funcionamiento.
operating range, *s.* (mil.) radio de acción.
operating room, *s.* (cir.) quirófano, sala de operaciones; (fot.) cuarto obscuro.
operating table, *s.* (cir.) mesa de operaciones.
operation [apęréįŝǫn], *s.* operación; explotación; marcha, funcionamiento; manejo, manipulación; acción, efecto; vigencia (de una ley); (cir.) operación.
operative [ápęreįtįv]. **I.** *a.* operativo, eficaz, activo; (cir.) operatorio. **II.** *s.* operario, obrero, artesano; detective. *V.* OPERATOR.
operator [ápęreįtǫ(r)], *s.* operario, operante; maquinista; telegrafista; telefonista; ascensorista; escribiente con máquina; (cir.) operador, cirujano; (com.) agente, corredor de bolsa; (E. U.) explotador o empresario de minas.
opercular [opœ́rkįulą(r)]. **I.** *a.* opercular, que tapa. **II.** *s.* opérculo (de los peces).
operculate(d [-eįt(įd], *a.* operculado.
operculum [-ʌm], *s.* (bot., biol.) opérculo.
operetta [apęrétą], *s.* (mús.) opereta, zarzuela.
ophicleide [áfįklaįd], *s.* (mús.) oficleido, figle.
ophidian [ofídįąn], *a.* y *s.* (zool.) ofidio.
ophite [áfaįt], *s.* (petr.) ofita.
ophiuran [afįyúrąn], *s.* (zool.) ofiuro.
ophiuroidean [afįyurói̯dįąn], *a.* y *s.* (zool.) ofiurídeo.
ophthalmia [afθǽlmįą], *s.* (med.) oftalmía.—**ophthalmic** [afθǽlmįk], *a.* oftálmico.—**ophthalmologic(al** [-moládẑįk(ąl], *a.* oftalmológico.—**ophthalmologist** [-málodẑįst], *s.* oftalmólogo.—**ophthalmology** [-dẑį], *s.* oftalmología.—**ophthalmometer** [-mámɛtœ(r)], *s.* (ópt.) oftalmómetro.—**ophthalmoscope** [afθǽlmoskoup], *s.* (ópt.) oftalmoscopio.—**ophthalmoscopy** [-máskopį], *s.* oftalmoscopia.
opiate [óupįeįt]. **I.** *s.* opiato, narcótico. **II.** *a.* opiado, narcótico, soporífico. **III.** *va.* (med.) administrar opio; (farm.) componer con opio.
opine [opáįn], *va.* y *vn.* opinar, juzgar.
opinion [opínyǫn], *s.* opinión, concepto, parecer, sentir, ver; fama, reputación; dictamen.—**in my o.,** a mi ver.—**to be of the o.,** ser de opinión, opinar.—**to express an o.,** dictaminar.
opinionated [-eįtįd], *a.* porfiado, obstinado, terco.
opinionate(d)ly [-eįt(įd)lį], *adv.* porfiadamente, obstinadamente.
opinioned [-d], *a.* presumido; obstinado.
opium [óupįʌm], *s.* opio, meconio, anfión, *m.*—**o. eater,** el que toma opio por vicio.—**o. joint,** fumadero de opio.—**o. pipe,** pipa para fumar opio.
opobalsam [apobólsąm], *s.* opobálsamo.
opopanax [opápąnæks], *s.* (bot.) pánace, *f.;* (farm., etc.) opopónaco, opopánax (goma de la pánace).
opossum [opásʌm], *s.* (zool.) zarigüeya.
oppilate [ápįleįt], *va.* obstruir.—**oppilation** [-éįŝǫn], *s.* opilación, obstrucción.
oppilative [ápįleįtįv], *a.* (med.) opilativo.
opponency [ǫpóųnęnsį], *s.* oposición.
opponent [-ęnt]. **I.** *s.* antagonista, contrincante, contrario; opositor; competidor. **II.** *a.* antagónico; opuesto, contrario; (anat.) oponente.
opportune [apǫrtįún], *a.* oportuno, a propósito, conveniente.—**opportunely** [-lį], *adv.* oportunamente.—**opportuneness** [-nįs], *s.* oportunidad.
opportunism [-įzm], *s.* (pol.) oportunismo.—**opportunist** [-įst], *a.* y *s.* oportunista.
opportunity [-įtį], *s.* oportunidad; lugar, ocasión.
opposable [ǫpóųząbl], *a.* oponible.
oppose [ǫpóųz]. **I.** *va.* oponer, resistir, combatir; oponerse a, hacer frente a, luchar contra, llevar la contraria; objetar, repugnar, impugnar, contrariar, contrarrestar. **II.** *vn.* oponerse, resistirse; argüir; obstar; estar frente a frente.
opposed [-d], *a.* opuesto, encontrado; contrario enemigo; en contra (de una proposición.)
opposer [-œ(r)], *s.* opositor, opugnador, adversario, antagonista, rival.
opposite [ápozįt]. **I.** *a.* opuesto, contrario, encontrado; fronter(iz)o, adverso, de cara, de enfrente, al otro lado.—**o. leaves,** hojas opuestas.—**the o. sex,** el otro sexo, el sexo opuesto. **II.** *prep.* del otro lado de; al frente de, enfrente de, frente a. **III.** *s.* (ant.) antagonista, adversario; contrario.—**the o.,** lo opuesto, lo contrario.
oppositely [-lį], *adv.* enfrente, opuestamente.
oppositeness [-nįs], *s.* contrariedad.
opposition [apozíŝǫn], *s.* oposición; contraste; contrariedad; aversión, repugnancia; óbice, impedimento; (astr.) oposición.—**oppositional** [-ąl], *a.* de oposición; de la oposición.—**oppositionist** [-įst], *a.* y *s.* (pol.) oposicionista, antiministerial.
oppress [ǫprés], *va.* oprimir, agobiar, gravar, supeditar, vejar; apretar, aprensar.
oppression [ǫpréŝǫn], *s.* opresión, supeditación, vejación; miseria, calamidad; presura, opresión de ánimo; fatiga; agobio, ahogo; pesadez.
oppressive [ǫprésįv], *a.* opresivo, opresor, tiránico; gravoso; agobiador, abrumador; sofocante.—**oppressively** [-lį], *adv.* opresivamente.—**oppressiveness** [-nįs], *s.* opresión.
oppressor [ǫprésǫ(r)], *s.* opresor, tirano.
opprobrious [ǫpróųbrįʌs], *a.* oprobioso, ignominioso, infamante.—**opprobriously** [-lį], *adv.* oprobiosamente.—**opprobriousness** [-nįs], *s.* oprobio.
opprobrium [ǫpróųbrįʌm], *s.* oprobio, ignominia.
oppugn [ǫpįún], *va.* opugnar, combatir.
oppugnancy [ǫpʌ́gnąnsį], *s.* opugnación.
oppugner [ǫpįúnœ(r)], *s.* opugnador.
opsonin [ápsonįn], *s.* (bact.) opsonina.
opt [apt], *vn.* optar, escoger.
optative [áptątįv], *a.* y *s.* (gram.) optativo.
optic(al [áptįk(ąl]. **I.** *a.* óptico, visorio, rel. a la vista o a la óptica.—**optic angle,** ángulo óptico.—**optic nerve,** nervio óptico.—**optical bench,** banco óptico.—**optical square,** escuadra de reflexión.—**optical telegraphy,** telegrafía óptica, sistema (*m.*) de señales ópticas.—**optic thalamus** (*pl.* **thalami**), tálamo óptico. **II.** *s.* (fam.) ojo.
optician [aptíŝąn], *s.* óptico.
optics [áptįks], *s.* óptica.
optimism [áptįmįzm], *s.* optimismo.—**optimist** [-įst], *s.*, **optimistic(al** [-ístįk(ąl], *a.* optimista.
optimum [áptįmʌm]. **I.** *a.* óptimo. **II.** *s.* óptimo; punto, grado, cantidad, etc., más propicios para un fin cualquiera.
option [ápŝǫn], *s.* opción, elección, facultad de escoger; alternativa; (com.) opción, plazo para determinar.—**optional** [-ąl], *a.* opcional, optativo, facultativo, discrecional.—**optionally** [-į], *adv.* discrecionalmente, a voluntad.
optometer [aptámɛtœ(r)], *s.* (ópt.) optómetro.
optometrist [-trįst], *s.* optómetra, *m.*, optometrista.—**optometry** [-trį], *s.* optometría.
opulence, opulency [ápyųlęns, -į], *s.* opulencia.

abundancia; lozanía; copia.—**opulent** [-lent], *a.* opulento.—**opulently** [-li], *adv.* opulentamente.
opuntia [opʌ́nŝiä], *s.* (bot.) tuna(l), nopal, chumbera.
opus [óupʌs], *s.* (*pl.* OPERA) obra o composición literaria o música.—**opuscle** [opʌ́sl], **opuscule** [opʌ́skiul], *s.* opúsculo.
or [or]. **I.** *conj.* o, u; si no, de lo contrario. **II.** *s.* (blas.) oro (color amarillo).
orach [árak], *s.* (bot.) orzaga, armuelle, bledo.
oracle [árakl], *s.* oráculo.
oracular [orǽkyulä(r)], *a.* oracular; fatídico; positivo, magistral, dogmático; obscuro, ambiguo.
oracularly [-li], *adv.* a modo de oráculo.
oral [óral]. **I.** *a.* oral; verbal, hablado, vocal; (anat., fon.) bucal; (for.) nuncupativo (testamento). **II.** *s.* examen oral.
orally [-i], *adv.* oral o verbalmente, de palabra.
orange [árandž]. **I.** *s.* (bot.) naranja; color de naranja.—**o. blossom,** azahar.—**o. color,** color de naranja.—**o.-colored,** (a)naranjado. —**o. dog,** oruga nociva a las naranjas.—**o. grove,** naranjal.—**o. grower,** o **seller,** naranjero.—**o. juice,** jugo de naranja.—**o. peel,** cáscara de naranja.—**o. pekoe,** cierto té negro de Ceilán o India.—**o. scale,** insecto cóccido que se cría en el naranjo.—**o. tree,** naranj(er)o. —**o. wife,** naranjera, vendedora de naranjas. **II.** *a.* perteneciente a las naranjas; anaranjado.
orangeade [-éid], *s.* naranjada.
Orangeman [-man], *s.* orangista, protestante seguidor de Guillermo de Orange; miembro de la sociedad secreta irlandesa de los orangistas.
orangery [-ri], *s.* naranjal (invernáculo).
orang-(o)utan(g [orǽnutæn, -tæn], *s.* (zool.) orangután.
oration [oréiŝon], *s.* oración, discurso solemne.
orator [árato(r)], *s.* orador; (for., Ingl.) suplicante.
Oratorian [aratórian], *s.* (igl.) oratoriano, sacerdote que pertenece a un oratorio.
oratorical [aratórikal], *a.* oratorio; retórico.
oratorically [-i], *adv.* oratoriamente.
oratorio [aratóriou], *s.* (mús.) oratorio.
oratory [áratori], *s.* oratoria, elocuencia; (igl.) oratorio, capilla; (**O.,** igl.) oratorio, congregación.
orb [orb]. **I.** *s.* orbe, esfera, globo; astro; círculo, rueda; (poét.) ojo. **II.** *va.* (poét.) cercar, rodear, englobar; formar círculo.
orbed [-d], *a.* redondo, circular; esférico; redondeado; lleno; de ojos, que tiene ojos (ú. en composición).—**o. moon,** luna llena.
orbicular [orbíkyulä(r)], *a.* orbicular, esférico.
orbicularly [-li], *adv.* orbicularmente.
orbicularness [-nis], *s.* esfericidad.
orbit [órbit]. **I.** *s.* (astr., anat., zool., fig.) órbita. **II.** *va.* (astronáut.) poner en órbita. **III.** *vn.* (astronáut.) entrar en órbita; describir una órbita.
orbital [-al], *a.* orbital, orbitario.
orbital velocity, *s.* (astronáut.) velocidad orbital.
orca [órkä], *s.* (zool.) orca, orco.
orcanet [órkanet], *s.* (bot.) orcaneta. *V.* ALKANET.
orcein [órsiin], *s.* (quím.) orceína.
orchard [órchärd], *s.* huerto, vergel, pomar.—**orcharding** [-in], *s.* horticultura, cultivo de huertos.—**orchardist** [-ist], *s.* horticultor, cultivador de huertos.
orchestra [órkisträ], *s.* (mús.) orquesta; (teat.) platea, patio.—**o. circle,** (teat.) = PARTERRE. —**o. pit,** orquesta.—**o. seat,** luneta, butaca de platea.
orchestral [orkéstral], *a.* orquestal, instrumental, de orquesta.—**orchestrate** [órkistreit], *va.* (mús.) orquestar, instrumentar.—**orchestration** [-éiŝon], *s.* (mús.) orquestación, instrumentación.
orchid [órkid], *s.* (bot.) orquídea.
orchidaceous [-éiŝiʌs], *a.* orquídeo.
orchil [órkil], *s.* (bot.) orchilla, urchilla; orcina.
orchis [órkis], *s.* (bot.) órquide; orquídea.
orchitis [orkáitis], *s.* (med.) orquitis.
orcin(e [órsin], **orcinol** [-oul], *s.* (quím.) orcina.
ordain [ordéin], *va.* ordenar, mandar; decretar, constituir, estatuir; (igl.) ordenar.
ordainer [-œ(r)], *s.* ordenador.
ordeal [órdial], *s.* ordalía; juicio de Dios; prueba.
order [órdœ(r)]. **I.** *s.* orden, *m.*, arreglo, disposición; orden, *m.*, clase, *f.*, categoría, tipo; orden, *f.*, decreto, manda(mien)to, precepto; (arq., hist. nat.) orden, *m.*; (com.) pedido, encargo, comisión.—*pl.* órdenes sagradas, orden sacerdotal; sacramento.—**o. blank,** (com.) hoja de pedidos.—**o. book,** libro de pedidos.—**o. in council,** (Ingl.) orden (*f.*) real, con anuencia del consejo del rey.—**o. of battle,** (mil.) orden (*m.*) de batalla.—**o. of knighthood,** orden (*f.*) de caballería.—**o. of the day,** orden (*m.*) del día; (mil.) orden (*f.*) del día.—**O. of the Garter,** orden de la Jarretera.—**O. of the Golden Fleece,** orden del Toisón de Oro.—**a big,** o **large, o.,** (fig.) una tarea peliaguda.—**in (good) o.,** en regla, en orden, en buen estado. —**in o. to, in o. that,** para, a fin de, para que, porque, con (el) objeto de.—**on that o.,** de esa clase, de tal jaez.—**on the o. of,** de la clase de.—**till further orders,** hasta nueva orden. —**to give,** o **place, an o.,** hacer un pedido.—**to o.,** a propósito, especialmente; (com.) **a la orden, por encargo especial, según se pida,** a la medida (ropa que se manda hacer).—**to the o. of,** (com.) a la orden de. **II.** *va.* ordenar, mandar; ordenar, arreglar; mandar hacer; encargar, pedir (mercancías, un coche, una copa de vino, el almuerzo); (igl.) ordenar.—**o. arms!** (mil.) ¡descansen! (voz de mando); armas en descanso.—**to o. away,** despedir a uno, decirle que se vaya.—**to o. in,** mandar entrar; mandar traer.—**to o. out,** mandar salir; mandar llevar; echar.
orderer [-œ(r)], *s.* ordenador.
orderless [-lis], *a.* desordenado, desarreglado.
orderliness [-linis], *s.* orden, método.
orderly [-li]. **I.** *a.* ordenado, metódico; bien arreglado; obediente, disciplinado; quieto o tranquilo.—**o. book,** (mil.) libro de ordenanzas.—**o. officer,** oficial del día. **II.** *s.* (mil.) ordenanza, *m.*, asistente; asistente en un hospital. **III.** *adv.* ordenadamente, metódicamente, en orden.
ordinal [órdinal]. **I.** *a.* ordinal.—**o. number,** número ordinal. **II.** *s.* numeral ordinal; (igl.) ritual.
ordinance [órdinans], *s.* ordenanza, ley, *f.*, auto, reglamento, estatuto; (igl.) rito, ceremonia del culto; (arq., pint., lit.) ordenanza, ordenación, disposición.
ordinand [órdinænd], *s.* (igl.) ordenando, ordenante.
ordinarily [órdinerili], *adv.* ordinariamente.
ordinary [órdineri]. **I.** *a.* ordinario, común, corriente; tosco, burdo, plebeyo, vulgar; mediano, adocenado.—**o. shares,** (com.) acciones ordinarias. **II.** *s.* la masa, el vulgo; juez ordinario; (igl.) orden de la misa; comida o (ant.) fonda a precio fijo; mesa redonda.—**in o.,** en actual servicio, con ejercicio.—**out of the o.,** excepcional, inusitado.
ordinate [órdineit]. **I.** *a.* ordenado. **II.** *s.* (geom.) ordenada. **III.** *va.* ordenar; coordinar.
ordination [-éiŝon], *s.* (igl.) ordenación, orden; ordenanza, arreglo, buen orden.
ordnance [órdnans], *s.* (mil.) artillería, cañones, *m. pl.*—**o. stores,** o **supplies,** pertrechos de guerra.
ordonnance [órdonans], *s.* (arq., pint.) ordenación, ordenanza; composición de lugar; ordenación, ordenanza, estatuto. *V.* ORDINANCE.
ordure [órdžü(r)], *s.* excremento, inmundicia.
ore [our], *s.* mineral, mena.—**o. crusher,** o

stamp, bocarte, triturador, (Méx.) despuntador.
oread [óur̨iæd], *s.* (mit.) oréade, oréada, ninfa.
oregano [our̨égąnoų], *s.* (bot.) orégano.
organ [órgąn], *s.* (mús.) órgano; organillo, órgano de manubrio; (biol.) órgano; hablando de periódicos, órgano.—**o. blower,** entonador. —**o. builder,** organero.—**o. grinder,** organillero.—**o. pipe,** cañón de órgano.—**o. stop,** registro de órgano.
organdy [órgąndį], *s.* (tej.) organdí.
organic(al [ɔrgǽnįk(ąl], *a.* orgánico; organizado; sistematizado; constitutivo o fundamental; (quím.) orgánico, que contiene carbono.—**o. chemistry,** química orgánica.—**o. disease,** afección orgánica.—**o. law,** ley orgánica o fundamental.—**o. remains,** restos orgánicos, materias orgánicas.
organically [-į], *adv.* orgánicamente.
organicism [ɔrgǽnįsįzm], *s.* (med., filos.) organicismo.—**organicist(ic** [-įst, -ístįk], *a.* y *s.* organicista.
organism [órgąnįzm], *s.* organismo; (biol.) órgano, ser animal o vegetal.
organist [-įst], *s.* (mús.) organista.
organization [-įzéįšǫn], *s.* organización; estructura orgánica; constitución; organismo; sociedad, compañía; corporación; cuerpo, entidad.
organization man, *s.* persona que sigue estrictamente las normas y exigencias de una organización.
organizational [-ąl], *a.* organizacional.
organize [-aįz]. **I.** *va.* organizar, disponer, arreglar, constituir; abanderizar; (biol.) organizar. **II.** *vn.* organizarse, constituirse.
organized labor, *s.* (E. U.) obreros sindicalizados.
organizer [-œ(r)], *s.* **organizing** [-įŋ], *a.* organizador.
organogenesis [-odžénɛsįs], *s.* (biol.) organogenia.
organographic(al [-ogrǽfįk(ąl], *a.* organográfico.—**organography** [-ágrąfį], *s.* (biol.) organografía.—**organology** [-álodžį], *s.* (biol.) organología.
organon, organum [-an, -ʌm], *s.* (filos.) sistema, *m.*, método (apl. esp. a la lógica de Aristóteles y a la inductiva de Bacon); medio (de conocer).
organotherapy [-oθérąpį], *s.* (med.) organoterapia, opoterapia (ll. t. **opotherapy**).
organzine [órgąnzin], *s.* torzal; tela de torzal.
orgasm [órgæzm], *s.* excitación; (fisiol.) orgasmo.
orgeat [óržæt], *s.* horchata (bebida).—**o. maker,** o **seller,** horchatero.—**o. stand,** horchatería.
orgiastic [ɔrdžįǽstįk], *a.* orgiástico.
orgy [órdžį], *s.* orgía.—*pl.* **orgies,** orgías (esp. las bacanales de los antiguos).
oriel [óur̨įęl], *s.* (arq.) mirador, camón (ventana).
orient [óur̨įęnt]. **I.** *a.* naciente; (poét.) ortivo, oriental; brillante, resplandeciente. **II.** *s.* (poét.) oriente, naciente, este, levante; perla de gran brillo; brillo especial de las perlas.—**the O.,** el Oriente. **III.** *va.* orientar.
oriental [orįéntąl], *a.* y *s.* oriental.—**orientalism** [-įzm], *s.* orientalismo.—**orientalist** [-įst], *s.* orientalista.—**orientalize** [-aįz], *va.* y *vn.* orientalizar(se).
orientate [óur̨įenteįt]. **I.** *va.* orientar. **II.** *vn.* caer o mirar hacia el este.
orientation [-éįšǫn], *s.* orientación.
orifice [árįfįs], *s.* orificio, abertura.
oriflamme [árįflæm], *s.* oriflama, estandarte.
origan [árįgąn], **origanum** [arígąnʌm], *s.* (bot.) orégano, mejorana silvestre.
origin [árįdžįn], *s.* origen, principio, génesis, procedencia, oriundez, ascendencia, cepa, tronco.
original [orídžįnąl]. **I.** *a.* original, originario; prístino, primitivo, primero; radical; ocurrente. —**o. sin,** pecado original. **II.** *s.* original; prototipo; raíz; ejemplar; persona rara u original.
originality [orįdžįnǽlįtį], *s.* originalidad.
originally [orídžįnąlį], *adv.* originalmente; en el principio.
originate [orídžįneįt]. **I.** *va.* originar, crear, inventar; producir, ocasionar, suscitar. **II.** *vn.* originarse, nacer, dimanar, emanar o provenir de.
origination [-éįšǫn], *s.* origen, principio; modo de propagar o de producir.
originator [-ǫ(r)], *s.* originador, iniciador.
oriole [óur̨įoul], *s.* (orn.) oriol, oropéndola, lútea.
Orion [oráįǫn], *s.* (astr.) Orión, *m.*
orison [árįzǫn], *s.* oración, plegaria, rezo.
orle [ɔrl], *s.* (arq.) orla, filete, listón; (blas.) orla.
orlon [órlan], *s.* (tej.) orlón; (**O.**) orlón (marca de fábrica).
orlop [órlap], *s.* (mar.) sollado.
ormolu [órmolu], *s.* similor; bronce dorado; oro molido para dorar.
ornament [órnąmęnt]. **I.** *s.* ornamento, adorno, decoración, ornato; persona o cosa que honra o enaltece. **II.** [-mɛnt], *va.* ornamentar, adornar, (ex)ornar.
ornamental [-méntąl]. **I.** *a.* ornamental, decorativo, de adorno.—**o. painter,** adornista, decorador. **II.** *s.* cosa, planta, etc., de ornato o de adorno.
ornamentally [-į], *adv.* ornadamente.
ornamentation [-éįšǫn], *s.* ornamentación, decorado, exornación.
ornamented [órnąmɛntįd], **ornate** [ɔrnéįt], *a.* ornado, ornamentado, adornado.
ornateness [-nįs], *s.* ornato, adorno, aparato.
ornery [órnœrį], *a.* (fam.) terco, intratable; vil; vulgar.
ornithologic(al [ɔrnįθoládžįk(ąl], *a.* ornitológico. —**ornithologist** [-θálodžįst], *s.* ornitólogo.— **ornithology** [-džį], *s.* ornitología.
ornithomancy [órnįθomænsį], *s.* ornitomancía.
ornithopod [-θopad], *s.* y *a.* ornitópodo.
ornithopter [-θáptœ(r)], *s.* (aer.) ornitóptero.
ornithorhynchus [-θoríŋkʌs], *s.* ornitorrinco.
orogenesis [arodžénɛsįs], **orogeny** [orádžɛnį], *s.* (geol.) orogenia.
orogenic [arodžénįk], *a.* orogénico.
orographic [arogrǽfįk], *a.* orográfico.
orography [orágrąfį], *s.* orografía.
orology [orálodžį], *s.* (geol.) = OROGRAPHY.
orometer [orámɛtœ(r)], *s.* barómetro de alturas.
orotund [óųrotʌnd]. **I.** *a.* rotundo, sonoro; retumbante. **II.** *s.* voz rotunda.
orphan [órfąn]. **I.** *a.* y *s.* huérfano.—**o. asylum,** hospicio, orfanato, asilo de huérfanos. **II.** *va.* dejar huérfano a.—**orphaned** [-d], *a.* huérfano.
orphanage [-įdž], *s.* orfandad; orfanato(rio).
orphanhood [-hu̧d], *s.* orfandad.
Orphean [ɔrfíąn], **Orphic** [órfįk], *a.* órfico.
orpiment [órpįmęnt], *s.* (min.) oropimente.
orpin(e [órpįn], *s.* (bot.) telefio.
orrery [órɛrį], *s.* planetario.
orris [órįs], *s.* (bot.) lirio de Florencia; bocadillo y galón.—**o. root,** raíz de lirio o iris florentina.
orts [ɔrts], *s. pl.* sobras, desperdicios.
orthocephalic [ɔrθosɛfǽlįk], **orthocephalous** [-séfąlʌs], *a.* ortocéfalo.
orthochromatic [-kromǽtįk], *a.* (foto.) ortocromático.
orthoclase [órθokleįs], *s.* (min.) ortoclasa, ortosa.
orthodontia [-dánšįą], *s.* (dent.) ortodontosia.
orthodox [órθodaks], *a.* ortodoxo; correcto, admitido, convencional.
orthodoxness [-nįs], *s.* calidad o condición de ortodoxo.
orthodoxy [-į], *s.* ortodoxia.
orthodromic [-drámįk], *a.* ortodrómico.
orthodromics [-s], **orthodromy** [ɔrθádromį], *s.* (mar.) ortodromia.
orthoëpic(al [ɔrθoépįk(ąl], *a.* prosódico, ortológico.
orthoëpist [órθoɛpįst], *s.* ortólogo.
orthoëpy [órθoɛpį], *s.* ortología, prosodia.
orthogamy [ɔrθágąmį], *s.* (bot.) autogamia, autofecundación.
orthogonal [ɔrθágonąl], *a.* ortogonal, ortogonio.

orthographer [ɔrθágrąfœ(r)], *s.* ortógrafo.—**orthographic(al** [ɔrθogrǽfįk(ąl], *a.* ortográfico.—**orthographically** [-lį], *adv.* ortográficamente.—**orthographist** [ɔrθágrąfįst], *s.* ortógrafo.—**orthography** [-fį], *s.* ortografía.
orthohydrogen [ɔrθoháįdrodžįn], *s.* (quím.) ortohidrógeno.
orthop(a)edia [ɔrθopídįą], **orthop(a)edy** [órθopidį], *s.* (med.) ortopedia.
orthop(a)edic [-pídįk], *a.* ortopédico.
orthop(a)edist [-pídįst], *s.* ortopedista.
orthophony [ɔrθáfonį], *s.* ortofonía, arte de pronunciar y articular bien; correción de los vicios de la pronunciación.
orthophosphoric [ɔrθofasfórįk], *a.* ortofosfórico.
orthopn(o)ea [ɔrθapníą], *s.* (med.) ortopnea.
orthopter [ɔrθáptœ(r)], *s.* (aer.) = ORNITHOPTER; (ent.) ortóptero (ll. t. **orthopteron**).
Orthoptera [-ą], *s. pl.* (ent.) ortópteros.—**orthopterous** [-ʌs], *a.* ortóptero.
orthorhombic [ɔrθorámbįk], *a.* ortorrómbico.
orthoscopic [-skápįk], *a.* (ópt.) ortoscópico; de vista normal; para corregir defectos de la vista.
ortive [órtįv], *a.* (astr.) ortivo.
ortolan [órtoląn], *s.* (orn.) hortelano; verderol; emberizo.
oryx [óuriks], *s.* (zool.) órix.
os [as], *s.* (L.) (anat., zool.) hueso; boca; abertura.
Osage [óuseįdž], *s.* osage, indio norteamericano.—**O. orange,** (bot.) árbol americano de las urticáceas, que se emplea para formar setos.
Oscar [áską(r)], *s.* (cine, E. U., fam.) *Oscar,* estatuilla conferida anualmente al mejor (actor, director, etc.).
oscillate [ásįleįt]. **I.** *va.* balancear, hacer oscilar. **II.** *vn.* oscilar, fluctuar; vibrar; vacilar; (elec.) producir corriente alterna.
oscillating [-įŋ], *a.* oscilante.—**o. engine,** máquina de cilindros oscilantes.
oscillation [-éįšǫn], *s.* oscilación, fluctuación; vibración; vacilación.
oscillator [-ǫ(r)], *s.* oscilador.
oscillatory [ásįląto̦rį], *a.* oscilatorio, oscilante.
oscillograph [asílogræf], *s.* oscilógrafo.
osculate [áskįuleįt], *va.* y *vn.* besar; (geom.) tocar por osculación.
osculating [-įŋ], *a.* (geom.) osculador, osculatriz.
osculation [-éįšǫn], *s.* beso, ósculo; (geom.) osculación.
osculatory [áskįuląto̦rį], *a.* osculatorio.
osier [óužœ(r)]. **I.** *s.* (bot.) mimbrera, sauce, sarga, salguera; mimbre. **II.** *a.* de mimbre, mimbreño.
osiery [-į], *s.* mimbreral, mimbral.
osmic [ásmįk], *a.* (quím.) ósmico.
osmium [ásmįʌm], *s.* (quím.) osmio.
osmose [ásmous], **osmosis** [asmóusįs], *s.* (quím., fís. y fisiol.) ósmosis.—**osmotic** [asmátįk], *a.* osmótico.
osprey [ásprį], *s.* (orn.) águila osífraga, halieto, quebrantahuesos, atahorma.
ossarium [osǽrįʌm], *s.* osario, osar.
ossein [ásįįn], *s.* (bioquím.) oseína.
osseous [ásįʌs], *a.* huesoso, óseo, ososo.
ossicle [ásįkl], *s.* huesecillo.
ossiferous [asífe̦rʌs], *a.* osífero.
ossific [asífįk], *a.* osífico.
ossification [-éįšǫn], *s.* osificación.
ossified [ásįfaįd], *a.* osificado.
ossifrage [ásįfrįdž], *s.* (orn.) osífraga. *V.* OSPREY.
ossify [ásįfaį], *va.* y *vn.* osificar(se), convertir(se) en hueso o en substancia ósea.
ossuary [áŝue̦rį], *s.* osario, osar.
osteal [ástįąl], *a.* osteico, óseo.
osteitis [astįáįtįs], *s.* (med.) osteítis.
ostensible [asténsįbl], *a.* aparente; pretendido; (ant.) ostensible.
ostensibly [-blį], *adv.* pretendida o aparentemente.
ostensive [asténsįv], *a.* ostensivo. *V.* OSTENSIBLE.
ostentation [astɛntéįšǫn], *s.* ostentación, boato, fausto, aparato, pompa, alarde.—**ostentatious** [-téįšʌs], *a.* ostentoso, ostentativo, fastuoso, faustoso.—**ostentatiously** [-lį], *adv.* ostentosa o pomposamente.—**ostentatiousness** [-nįs], *s.* calidad de ostentoso; fastuosidad, pomposidad.
osteoblast [ástįoblæst], *s.* (anat.) osteoblasto.
osteoclasis [astįákląsįs], *s.* (cir.) osteoclasia; (anat.) resorción del tejido óseo.
osteogenesis [-džénɛsįs], **osteogeny** [-ádžɛnį], *s.* (fisiol.) osteogenia, formación de los huesos.
osteogenic [-dženįk], *a.* (fisiol.) osteogénico.
osteologic(al [-oládžįk(ąl], *a.* osteológico.
osteologist [-álodžįst], *s.* osteólogo.
osteology [-álodžį], *s.* (anat.) osteología.
osteoma [-óumą], *s.* (med.) osteoma, *m.*
osteomalacia [-omąléįšįą], *s.* (med.) osteomalacia.
osteomyelitis [-omaįe̦láįtįs], *s.* (med.) osteomielitis.
osteopath [ástįopæθ], *s.* osteópata, *mf.*—**osteopathic** [-opǽθįk], *a.* osteopático.—**osteopathy** [-ápąθį], *s.* osteopatía.
osteosarcoma [-sarkóumą], *s.* (med.) osteosarcoma.
osteotomy [astįátomį], *s.* (cir.) osteotomía.
ostiary [ástįɛrį], *s.* (igl.) ostiario.
ostiole [ástįoul], *s.* (biol., bot.) ostíolo.
ostler [áslœ(r)], *s.* = HOSTLER.
ostosis [astóusįs], *s.* (fisiol.) osificación.
ostracean [astréįšįąn]. **I.** *a.* ostráceo, conchudo. **II.** *s.* (zool.) ostráceo, ostra.
ostraceous [-ŝʌs], *a.* ostráceo, ostrero.
ostracism [ástrąsįzm], *s.* ostracismo.—**ostracize** [-saįz], *va.* desterrar, condenar al ostracismo.
ostrich [ástrįch], *s.* (orn.) avestruz, *m.*, (Am.) ñandú, suri.
Ostrogoth(ic [ástrogaθ, -gáθįk], *s.* y *a.* ostrogodo.
otacoustic [otąkústįk]. **I.** *a.* otacústico. **II.** *s.* trompetilla.
otalgia [otáldžįą], *s.* (med.) otalgia.
other [ʌ́ðœ(r)]. **I.** *a.* y *pron.* otro, demás.—*pl.* (los o las) otros o demás.—**each o.**, el uno al otro; unos a otros.—**every o.**, uno sí y otro no (*every other day*, un día sí y otro no), alternante.—**the o. day**, el otro día, hace poco. **II.** *adv.* (con **than**) otra cosa que (*I cannot do other than praise him*, no puedo hacer otra cosa que alabarlo, no puedo dejar de alabarlo). *V.* OTHERWISE.
otherness [-nįs], *s.* calidad de ser otro u otra cosa, existencia como cosa distinta de otras.
otherwise [-waįz]. **I.** *adv.* de otra manera, de otro modo; de lo contrario, si no; o bien.—**o. called, o known as,** alias, por otro nombre. **II.** *a.* otro, diferente.
otic [óutįk], *a.* (anat.) ótico, auricular.
otiose [óušįous], *a.* ocioso; holgazán; fútil; inútil.
otitis [otáįtįs], *s.* (med.) otitis.
otolith [óutolįθ], *s.* (anat., zool.) otolito.
otologist [otálodžįst], *s.* otólogo, aurista.
otology [-džį], *s.* (med.) otología.
otorrhea, otorrhœa [otoríą], *s.* (med.) otorrea.
otoscope [óutoskoup], *s.* (med.) otoscopio.
otoscopy [otáskopį], *s.* (med.) otoscopia.
ottar [átą(r)], **otto** [átou], *s.* aceite esencial.—**o. of roses,** aceite esencial de rosas. *V.* ATTAR.
otter [átœ(r)], *s.* (zool.) nutria, lutria; nutria de mar, lataz, *mf.*; su piel; (ent.) oruga de una mariposa nocturna; (mar.) artificio dragaminas.—**o.-colored,** alutrado.
Ottoman [átomąn]. **I.** *a.* y *s.* otomano, turco. **II.** *s.* (o.) otomana, diván, sofá, *m.*; escabel o escañuelo tapizado.
oubliette [ublįét], *s.* calabozo de prisión perpetua con entrada por arriba.
ouch [auch]. **I.** *s.* (ant.) (joy.) montura, engaste; adorno de oro. **II.** *interj.* ¡huy! ¡ay, ay!
ought [ɔt], *s.* y *adv.* algo, alguna cosa; nada; cero. *V.* AUGHT Y NAUGHT.—**for o. I know,** por lo que yo puedo comprender, en cuanto yo sé.
ought [ɔt]. **I.** *aux. def.* que se traduce por formas (gen. el presente de ind., el condicional y el

pret. de subj.) de deber: *you ought not to go*, Vd. no debe (debiera, debería) ir; *I ought to have gone*, debí ir, he debido ir, debiera o debí(a) haber ido, hubiera debido ir. En la ética se usa como expresión de obligación moral, y a veces queda mejor traducido por "ser el deber," "tener obligación," cambiando un poco el giro. A veces se traduce por convenir, ser conveniente, menester o necesario, etc. **II.** *s.* deber, obligación.

ouija [wídžä], **ouija board** [-bɔrd], *s.* tabla de escritura espiritista (es nombre de fábrica).

ounce [auns], *s.* onza (= 28.35 gramos, o 1/16 de libra "avoirdupois"); (farm.) onza de farmacia (= 31.1 gramos, o 1/12 de libra "troy": ll. t. **troy** o **apothecaries' o.**); pequeña porción, (fam.) pizca; (hist.) onza de oro española ($16); (zool.) onza; jaguar.

our, ours [aur, -z], *a.* y *pron. pos.* nuestro, nuestra, nuestros, nuestras. Cuando no va seguido del substantivo, se emplea *ours*, v. gr.: *your house is larger than ours*, la casa de Vd. es mayor que la nuestra; *this is ours*, esto es nuestro; *those cows are ours*, aquellas vacas son nuestras.—**O. Father,** (teol.) Padre Eterno; padre nuestro o padrenuestro (oración).—**O. Lady,** Nuestra Señora (la Virgen).

ourang [urǽŋ], *s.* = ORANG-OUTANG.

ourself [aursélf], *pron.* yo mismo, yo misma (en estilo oficial o regio).

ourselves [aursélvz], *pron. recíproco* o *enfático*, nosotros mismos, nosotras mismas. *V.* MYSELF.

ousel [úzel] = OUZEL.

oust [áust], *va.* desposeer, desahuciar, desalojar, desaposentar, echar fuera, despedir.

ouster [-œ(r)], *s.* (for.) desahucio, desposeimiento, despojo.

out [aut]. **I.** *adv.* fuera, afuera; hacia fuera. Se emplea después de muchos verbos para indicar movimiento, dirección, etc., hacia fuera o situación fuera o afuera (*to look out*, mirar hacia fuera; *to be out*, estar afuera), o para cambiar parcial o totalmente el significado de ellos (*to look out*, tener cuidado; *to be out*, estar reñidos). Las frases en que sirve para este último objeto se dan con los verbos respectivos. **II.** *prep.* fuera de; más allá de; por (la puerta, ventana, etc.). *V.* FROM OUT. **III.** *a.* exterior, de afuera; ausente; fuera de moda; errado (en los cálculos, etc.); cesante; (declarado) en huelga; empleada (una criada, etc.).—**o. and away,** con mucho. —**o. and o.,** *adv.* a fondo; abiertamente; sin reserva.—**o.-and-o.,** *a.* cabal, completo; declarado, redomado, consumado.—**o. at interest,** puesto a interés.—**o. at the elbows,** agujereado, roto por los codos; andrajoso.—**o. at the heels,** con zapatos rotos.—**o. loud,** en voz alta. —**o. of,** fuera de; más allá de; sin (*out of money*, sin dinero, sin fondos); por (*out of charity*, por caridad; *out of respect for you*, por respeto a Vd.); seguido de un adjetivo, niega el estado o propiedad que éste denota (*out of center, out of plumb*, descentrado; *out of vertical*, no vertical, desviado de la vertical; *out of true*, no alineado o arreglado, desalineado, desarreglado).—**o. of breath,** sin aliento, jadeante.—**o. of character,** impropio, inconveniente.—**o. of commission,** fuera de servicio; desarreglado, que no funciona; fuera de combate.—**o. of danger,** fuera de peligro.—**o. of date,** pasado, anticuado.—**o. of doors** = OUTDOORS.—**o. of employment,** desacomodado; cesante.—**o. of fashion,** fuera de moda, pasado.—**o. of favor,** desvalido, desgraciado; desacreditado, menospreciado.—**o. of fuel, gas,** etc., fuera de combustible.—**o. of hand,** luego, al punto; incontenible; desenfrenado.—**o. of his wits,** fuera de sí, insensato.—**o. of hope,** desesperanzado, sin esperanza.—**o. of humor,** de mal humor, enojado.—**o. of joint,** trastornado, desbarajustado.—**o. of measure,** desmesurado.—**o. of one's way,** apartado del camino de uno (gen. es mejor cambiar el giro: *that store is out of my way*, yo no paso por esa tienda); a un lado (poner, hacerse, etc., según el verbo).—**o. of order,** desordenado, descompuesto, desarreglado; fuera de orden.—**o. of patience,** sin paciencia, con la paciencia agotada (a veces es mejor cambiar el giro: *I am out of patience*, se me ha agotado la paciencia).—**o. of place,** fuera de lugar, impropio.—**o. of pocket,** perdidoso, perdiendo.—**o. of print,** agotada (una edición).—**o. of reach,** inaccesible, inasequible.—**o. of season,** que no se da o se produce (en una estación o tiempo dado).—**o. of sight,** fuera del alcance de la vista, invisible; (fam.) por las nubes (precios).—**o. of sorts,** indispuesto; descontento; (impr.) falta de un tipo o de una letra.—**o. of spirits,** triste, abatido, desalentado.—**o. of spite,** por despique.—**o. of stock,** (com.) sin existencia, agotada (la existencia de una mercancía).—**o. of style,** fuera de moda.—**o. of the way,** donde no estorbe; suprimido; hecho, despachado (a veces se cambia el giro: *I am glad that work is out of the way*, me alegro de haber salido de ese trabajo).—**o.-of-the way,** *a.* lejano, apartado; inaccesible; extraordinario.—**o. of the woods,** libre de dudas, apuros o dificultades.—**o. of this world,** (fam.) el non plus ultra, de calidad superior, excelente.—**o. of time,** fuera de compás.—**o. of touch with,** apartado de, o alejado de; sin relaciones con; en desacuerdo con.—**o. of trim,** en mal estado; (mar.) mal estibado, equilibrado u orientado.—**o. of tune,** desentonado, desafinado; destemplado.—**o. of work,** sin trabajo.—**o. to o.,** de extremo a extremo, total.—**a way o.,** salida; escapatoria. —**four o. of five,** de cada cinco, cuatro.—**the time is o.,** el tiempo (la hora) ha pasado; el plazo ha expirado.—**to be o.,** estar fuera o ausente; no estar en casa (o en el despacho, edificio, etc.); no estar de moda o en boga; quedar cesante; quedarse cortado; perder, haber perdido, salir perdiendo; estar apagado o extinguido; haberse agotado o acabado; haberse publicado, haber salido (un libro, un periódico); estar reñidos; (con **with**) estar reñido (con).—**to be o. of,** no tener más, habérsele acabado a uno (*we are out of coffee*, se nos ha acabado el café, no tenemos más café). **IV.** *interj.* ¡fuera!—**o. with it!** ¡fuera con ello! hable Vd. sin rodeos. —**o. upon thee!** (ant.) ¡vergüenza! **V.** *s.* exterior, parte (*f.*) de afuera; esquina, lugar exterior; exterioridad; cesante; dimisionario; (fam.) pero, defecto; (impr.) olvido, omisión; en baseball, el efecto de dejar fuera o echar a un jugador del lugar que ocupaba.—*pl.* (pol.) la oposición.—**at outs,** u **on the outs with,** reñido(s) con. **VI.** *va.* expulsar, desposeer, desalojar, echar fuera. **VII.** *vn.* salir; divulgarse, hacerse público.—**it will o.,** ello dirá; todo saldrá en la colada.—**to be o. to,** estar empeñado en o afanarse por (hacer o conseguir algo).

outbalance [autbǽlans], *va.* sobrexceder, sobrepujar. *V.* OUTWEIGH.

outbid [autbíd], *va.* (*pret.* OUTBID; *pp.* OUTBID[DEN]) mejorar, pujar, ofrecer más dinero (en subasta, etc.).

outbidder [-œ(r)], *s.* pujador, ponedor, requintador.

outboard [áutbɔrd]. **I.** *a.* (mar.) fuera del buque. —**o. motor,** pequeño motor exterior, o fuera de bordo. **II.** *adv.* fuera del centro.

outbound [áutbaund], *a.* de travesía; que sale, de salida. *V.* OUTWARD BOUND.

outbrag [autbrǽg], *va.* exceder o sobrepujar en fanfarronadas.

outbrave [autbréiv], *va.* sobrepujar en valentía, audacia o atavío; arrostrar los peligros.

outbreak [áutbreik]. **I.** *s.* erupción, brote, estallido; ataque violento; pasión; tumulto, disturbio; principio (de una guerra, epidemia, etc.). **II.** [autbréik], *vn.* brotar; estallar; principiar.

outbred [áutbrɛd], *a.* criado o producido por

mezcla de razas.—**outbreed** [aųtbríd], *va.* criar o producir por mezcla de razas.—**outbreeding** [-iŋ], *s.* exogamia, mezcla de razas.

outbuilding [áųtbįldiŋ], *s.* dependencia, accesoria, construcción exterior, anexo.

outburst [áųtbœrst], *s.* explosión, erupción, estallido; arranque.—**o. of laughter,** risotada, carcajada.

outcast [áųtkæst]. **I.** *a.* desechado, inútil; expulso, proscripto; perdido. **II.** *s.* paria, *mf.*

outclass [aųtklǽs], *va.* exceder, ser superior a.

outcome [áųtkʌm], *s.* éxito, resultado, suceso.

outcrop [aųtkráp], *vn.* (min.) asomar; aflorar.

outcrop [áųtkrap], *s.* (min.) afloramiento; crestón.

outcry [áųtkraį], *s.* clamor(eo); grita; alboroto, gritería, voc(ingl)ería; subasta.

outdare [aųtdér], *va.* atreverse más que; superar en osadía; desafiar.

outdate [aųtdéįt], *va.* anticuar.—**outdated** [-įd], *a.* anticuado; fuera de moda.

outdistance [aųtdístąns], *va.* adelantarse a, pasar delante de, dejar atrás, distanciar, rezagar.

outdo [aųtdú], *va.* (*pret.* OUTDID; *pp.* OUTDONE) exceder, sobrepujar, descollar, eclipsar, vencer. —**to o. one's self,** superarse, excederse a sí mismo.

outdoor [áųtdɔr], *a.* externo, fuera de la casa, al aire libre.—**o. exercise,** ejercicio al aire libre.—**o. relief,** socorro a domicilio.—**o. sports,** juegos al aire libre o en campo abierto.

outdoors [aųtdórz]. **I.** *s.* el campo raso, el mundo de puertas afuera. **II.** *adv.* fuera de casa, al aire libre, al raso, a la intemperie.

outer [áųtœ(r)], *a.* exterior, externo.

outermost [-moųst], *a.* extremo; lo más exterior.

outer space, *s.* espacio ultraterrestre.

outface [aųtféįs], *va.* retar, desafiar; arrostrar; confundir, desconcertar. *V.* OUTSTARE.

outfall [áųtfɔl], *s.* salida, desembocadura.

outfield [áųtfild], *s.* (béisbol) jardín.

outfielder [-œ(r)], *s.* en baseball y criquet, uno de los jugadores colocados fuera del cuadro.

outfit [áųtfįt]. **I.** *s.* equipo, apresto, tren; ropa, vestido, traje; habilitación; pertrechos, avíos, menesteres, *pl.*; (fam.) grupo, compañía; cuerpo o unidad militar. **II.** *va.* equipar, aviar, habilitar.

outfitter [-œ(r)], *s.* armador; abastecedor, proveedor, habilitador.

outflank [aųtflǽŋk], *va.* (mil.) flanquear; llevar la ventaja.

outflash [aųtflǽŝ], *va.* brillar más que, eclipsar.

outflow [áųtfloų], *s.* efusión, derrame, flujo; salida.

outgeneral [aųtdẑénęrąl], *va.* exceder en táctica militar o en habilidad.

outgo [aųtgóų]. **I.** *va.* exceder, aventajar, vencer. **II.** [áųtgoų], *s.* gasto, expendio. *V.* OUTLAY.

outgoer [-œ(r)], *s.* el que sale, parte o se va.

outgoing [-iŋ]. **I.** *s.* ida, salida, partida. **II.** *a.* saliente, cesante; que sale, de salida.

outgrow [aųtgróų], *va.* (*pret.* OUTGREW; *pp.* OUTGROWN) crecer más que; pasar de la edad de, ser ya viejo para; botar o curarse de con la edad (*the boy has outgrown his clothes,* el muchacho ha crecido tanto que la ropa le está corta; *he will outgrow this ailment,* este achaque le pasará con la edad, o con el tiempo).

outgrowth [áųtgroųθ], *s.* excrecencia, nacencia; resultado, consecuencia.

outguard [áųtgard], *s.* (mil.) (guardia) avanzada.

outguess [aųtgés], *va.* = OUTWIT.

out-Herod [aųthérǫd], *va.* sobrepasar o exceder en maldad, violencia o extravagancia.

outhouse [áųthaųs], *s.* dependencia, accesoria; retrete situado fuera de la casa.

outing [áųtiŋ], *s.* salida; paseo, caminata, jira, excursión, esparcimiento, explayamiento.

outland [áųtląnd]. **I.** *s.* tierra vecina no cultivada u ocupada. **II.** *a.* = OUTLYING; (ant.) extranjero.

outlander [-œ(r)], *s.* extranjero; (fam.) = OUTSIDER.

outlandish [aųtlǽndįŝ], *a.* extraño, ridículo; de aspecto extranjero o exótico; remoto.

outlast [aųtlǽst], *va.* durar más que; sobrevivir a.

outlaw [áųtlɔ]. **I.** *s.* forajido, facineroso; proscrito. **II.** *a.* proscrito; fuera de la ley; rebelde. **III.** *va.* proscribir; declarar fuera de la ley.

outlawry [-rį], *s.* proscripción; encartamiento.

outlay [áųtleį]. **I.** *s.* desembolso, gasto, expendio, salida. **II.** [aųtléį], *va.* gastar; desplegar.

outlet [áųtlɛt], *s.* salida; orificio de salida; escape, desembocadero; desagüe; desaguadero; sangrador, tomadero; toma (de agua, corriente eléctrica, etc.); (min.) agojía.

outlie [aųtláį]. **I.** *va.* mentir más que; estar situado más allá de (un límite). **II.** *vn.* (ex)tenderse; dormir al raso, acampar en tiendas.

outline [áųtlaįn]. **I.** *s.* contorno, perfil; croquis, *m.*, esquicio, esbozo, bosquejo, plan general, reseña, trazo, traza(do). **II.** *va.* bosquejar, delinear, esbozar, esquiciar, reseñar, trazar.

outlive [aųtlív], *va.* sobrevivir a; durar más que.

outlook [áųtlųk], *s.* vista, perspectiva, aspecto; probabilidades, *f. pl.*; actitud; atalaya, vigía, garita; centinela, guardia. *V.* LOOKOUT.

outlying [áųtlaįiŋ], *a.* distante, remoto; lejos del centro; extrínseco; exterior, extranjero.

outmaneuver, outmanoeuvre [aųtmąnúvœ(r)], *va.* sobrepujar o aventajar en ejecutar maniobras o evoluciones.

outmarch [autmárch], *va.* dejar atrás a.

outmatch [aųtmǽch], *va.* exceder, prevalecer sobre.

outmeasure [aųtméẑų(r)], *va.* exceder en medida.

outmoded [aųtmóųdįd], *a.* pasado de moda, de moda pasada, anticuado.

outmost [áųtmoųst], *a.* = OUTERMOST.

outnumber [aųtnʌ́mbœ(r)], *va.* exceder en número, ser más que.

outparish [áųtpærįŝ], *s.* parroquia rural.

outpatient [áųtpeįŝęnt], *s.* paciente externo (hospital).

outplay [aųtpléį], *va.* superar o vencer en un juego.

outpoint [aųtpɔ́įnt], *va.* exceder en puntos al adversario; (mar.) ceñir el viento más que (otro buque).

outpost [áųtpoųst], *s.* (mil.) avanzada, puesto de avance.

outpour [aųtpɔ́r]. **I.** *va.* y *vn.* chorrear, verter. **II.** [áųtpɔr], *s.* chorreo, chorro.

outpouring [-įŋ], *s.* chorro; efusión.

output [áųtpųt], *s.* producción total, rendimiento; capacidad, fuerza; (mec., elec.) potencia neta o útil; (fisiol.) lo que se expele por los pulmones, los riñones o la piel.

output signal, *s.* (rad., electrón.) señal de salida.

outrage [áųtreįdẑ]. **I.** *va.* ultrajar, injuriar; maltratar, violentar; violar, desflorar. **II.** *s.* ultraje, afrenta; desafuero, atropello; atrocidad; violación, rapto.

outrageous [aųtréįdẑʌs], *a.* ultrajoso, ultrajante, afrentoso, injurioso; atroz; desaforado.—**outrageously** [-lį], *adv.* ultrajantemente; atrozmente.—**outrageousness** [-nįs], *s.* calidad de ultrajante.

outrance [utráns], *s.* (fr.) el último extremo.

outrank [aųtrǽŋk], *va.* exceder en rango, grado, posición o importancia.

outré [utréį], *a.* (fr.) extremado, extravagante.

outreach [aųtrích], *va.* alcanzar, pasar, tomar la delantera a, exceder. *V.* OVERREACH.

outride [aųtráįd]. **I.** *va.* (*pret.* OUTRODE; *pp.* OUTRIDDEN) ganar la delantera a caballo; (mar.) resistir felizmente (a una tormenta). **II.** *vn.* cabalgar junto al estribo de un carruaje o delante de éste.

outrider [áųtraįdœ(r)], *s.* criado que cabalga al lado o delante de un carruaje; batidor; merodeador.

outrigger [áųtrįgœ(r)], *s.* saliente, vuelo; (mar.)

horqueta, escora, tangón, cuerno; (Filip.) batanga; (mar.) pescante de banda para carenar: puntal de tope.—*pl.* (mar.) bordones, botantes.

outright [áụtraịt]. I. *a.* completo; directo; franco. II. [áụtráịt], *adv.* completamente; abiertamente; sin reserva; sin tardanza, al momento.

outrival [aụtráịvạl], *va.* sobrepujar en excelencia, ganar, vencer.

outrun [aụtrʌ́n], *va.* (*pret.* OUTRAN; *pp.* OUTRUN) correr más que; pasar, ganar, exceder.

outsail [aụtséịl], *va.* (mar.) ser más velero que, dejar atrás, navegar mejor o más que.

outsell [aụtsél], *va.* vender más caro, más aprisa, o en mayor cantidad que.

outset [áụtsɛt], *s.* principio; salida; estreno.

outshine [aụtŝáịn]. I. *va.* (*pret.* y *pp.* OUTSHONE) exceder en brillantez, dejar deslucido, eclipsar. II. *vn.* brillar, lucir, resplandecer.

outshoot [aụtŝút]. I. *va.* (*pret.* y *pp.* OUTSHOT) tirar mejor o más lejos que. II. *vn.* sobresalir. III. [áụtŝut], *s.* saliente, vuelo.

outside [áụtsáịd]. I. *a.* exterior, externo; superficial; extremo; ajeno, neutral.—**o. shutter,** contraventana. II. *s.* exterior, parte (*f.*) de fuera, superficie, sobrefaz; apariencia; extremo. —**at the o.,** (fam.) a lo sumo, a más tirar. III. *adv.* afuera, fuera; (teat.) al paño.—**o. of,** (fam.) con excepción de. IV. *prep.* fuera de, más allá de; (fam.) excepto.

outsider [-œ(r)], *s.* forastero, extraño; el que no pertenece a determinada sociedad, institución, etc.; entremetido, intruso.

outskirt [áụtskœrt], *s.* borde, linde.—*pl.* afueras, suburbios, cercanías, inmediaciones, arrabales.

outsmart [oụtsmárt], *va.* (fam.) vencer o ganar en destreza o maña.—**to o. one's self,** pasarse de listo.

outspeak [aụtspík]. I. *va.* hablar alto, hablar claro; hablar mejor o más tiempo que. II. *vn.* osar hablar.—**outspoken** [áụtspóụkn], *a.* abierto, franco(te); boquifresco.—**to be o.,** (fam.) no tener pelos en la lengua, no morderse los labios.

outspread [aụtspréd]. I. *va.* y *vn.* extender(se), difundir(se); desplegar(se). II. *a.* (ex)tendido, difuso; desplegado. III. *s.* extensión; despliegue, desplegadura; expansión.

outstanding [aụtstǽndịŋ], *a.* saledizo, saliente: destacado, descollante, relevante, sobresaliente, principal, prominente; que resiste; (com.) pendiente, no pagado.—**o. bills,** cuentas u obligaciones pendientes.—**o. claim,** (for.) activo.—**o. shares,** acciones en circulación o por redimir.

outstare [aụtstér], *va.* hacer bajar la vista mirando de hito en hito a uno.

outstart [áụtstart]. I. *s.* = OUTSET. II. [aụtstárt], *vn.* partir, ponerse en marcha. III. *va.* coger la delantera a.

outstay [aụtstéị], *va.* quedar(se) más tiempo que; durar o resistir más.

outstretch [aụtstréch], *va.* extender, alargar.

outstretched [áụtstrɛcht], *a.* extendido, estirado, prolongado, alargado.

outstrip [aụtstrịp], *va.* pasar, rezagar, distanciar, dejar atrás; aventajar, ganar.

outtalk [aụttɔ́k], *va.* hablar más o mejor que.

outturn [áụttœrn], *s.* producción; artículos producidos y entregados; resultado (en la venta y entrega de mercancías). *V.* OUTPUT.

outvalue [aụtvǽlyu], *va.* valer más que.

outvie [aụtváị], *va.* sobrepujar a.

outvote [aụtvóụt], *va.* ganar a, en el número de votos; dar más votos que.

outwalk [aụtwɔ́k], *va.* andar más que, dejar atrás.

outwall [áụtwɔl], *s.* pared exterior; antemural; exterior, parte externa.

outward [áụtwạ̈rd]. I. *a.* exterior, externo, visible; de hacia (a)fuera; aparente, superficial; extraño; extrínseco; (teol.) carnal, corpóreo.—**o. cargo,** o **freight,** cargamento o flete de ida. II. *adv.* fuera, afuera, exteriormente; superficialmente; (mar.) de ida; para el extranjero.—**o. bound,** con rumbo a un puerto extranjero; de ida, de salida; que sale.

outwardly [-lị], *adv.* exterior o aparentemente.

outwards [-z], *adv.* = OUTWARD.

outwatch [aụtwách], *va.* vigilar o velar más que.

outwear [aụtwér], *va.* (*pret.* OUTWORE; *pp.* OUTWORN) durar más que; gastar, consumir. *V.* OUTGROW.

outweigh [aụtwéị], *va.* preponderar; pesar más que; exceder en valor o importancia.

outwit [aụtwít], *va.* ser más listo que; llevar ventaja a; engañar a fuerza de tretas.

outwork [aụtwœ́rk], *va.* trabajar más que; acabar.

outwork [áụtwœrk], *s.* (fort.) obra exterior o accesoria.

outworn [aụtwórn], *a.* ajado, gastado, usado; anticuado; rendido de cansancio.

ouzel [úzẹl], *s.* (orn.) mirlo, mirla o merla.

ova [óụvạ̈], *s. pl.* de OVUM.

oval [óụvạl]. I. *s.* óvalo. II. *a.* oval, ovalado.

ovally [-ị], *adv.* en figura de óvalo.

ovarian [ovérịạn], *a.* ovárico.

ovariotomy [-mị], *s.* (cir.) ovariotomía.

ovaritis [ovạráịtịs], *s.* (med.) ovaritis.

ovary [óụvạrị], **ovarium** [ovérịʌm], *s.* (anat., bot.) ovario; (orn.) overa, huevera, madrecilla.

ovate [óụveịt]. I. *a.* (a)ovado. II. *va.* ovalar.

ovation [ovéịŝọn], *s.* ovación.

ovational [-ạl], *a.* ovante, triunfante.

oven [ʌ́vn], *s.* horno.—**o. wood,** hornija.

ovenbird [-bœrd], *s.* (orn.) (Am.) hornero.

ovenpeel [-pil], *s.* pala de horno.

over [óụvœ(r)]. I. *prep.* sobre, encima, por encima de; allende, al otro lado de; a causa o por motivo de; a pesar de; más de; mientras, durante; por, en.—**o. all,** total, de extremo a extremo.—**o. a thousand,** más de mil.—**o. night,** durante la noche, hasta el otro día (cambiando el giro: *to stay over night,* pasar la noche).—**o. one's head,** sin contar con o hacer caso de uno. —**o. one's signature,** bajo su firma.—**o. the top,** (fam., mil.) al ataque, en el ataque, (ir, salir) a la carga (saliendo de las trincheras o defensas). II. *adv.* al otro lado; al lado, parte o partido contrario; enfrente; de arriba abajo; al revés; encima; más, de más, de sobra; otra vez, de nuevo; demasiado, excesivamente; acabado, terminado; a la vuelta, al dorso. Ú. mucho como prefijo equivalente a re-, sobre-, super-, trans-, ultra-, o para denotar superioridad o exceso, y a menudo puede traducirse por "demasiado" (*overkind,* demasiado bondadoso).—**o. again,** otra vez, segunda vez, de nuevo.—**o. against,** enfrente; en frente de; en contraste o comparación con.—**o. and above,** además de, en exceso de, por encima de; de sobra; (fam.) demasiado. —**o. and o.,** repetidas veces, una y otra vez.—**o. the leaf,** a la vuelta (de la página).—**o. there,** (fam.) en Europa, en el frente, en la línea de batalla.—**o. with,** (fam.) acabado.—**(all) the world o.,** en o por todo el mundo. —**to be (all) o.,** haber pasado; haberse acabado; terminar(se).—**to be o. and above,** sobrar. III. *a.* acabado, terminado; demasiado, excesivo; sobrante, en exceso de; superior; exterior.

overabound [-ạbáụnd], *vn.* sobre- o superabundar.—**overabundance** [-ạbʌ́ndạns], *s.* sobre- o superabundancia, sobra, exceso, plétora.—**overabundant** [-ạnt], *a.* sobre- o superabundante.

overact [-ǽkt], *va.* exagerar.

overactive [-ǽktịv], *a.* excesivamente activo.

overage [-éịdž], *a.* pasado de la edad requerida o debida; que tiene más edad que la normal o aceptable.

overall [-ɔl], *a.* que abarca o incluye todo; de un cabo a otro.—**o. length,** longitud total.

overalls [-ɔlz], *s. pl.* mono(s), traje de mecánico, etc.; zahones o zafones; sobrerropa; polainas impermeables.

overanxious [-ǽŋkŝʌs], *a.* demasiado ansioso.—**overanxiously** [-li], *adv.* con excesiva ansiedad.
overarch [-árch], *va.* abovedar.
overarm [-arm], *a.* (baseball, etc.) tirada (la pelota) por lo alto.—**o. stroke swimming,** natación a la marinera.
overawe [-ó], *va.* intimidar.
overbalance [-bǽlans]. **I.** *va.* y *vn.* preponderar; llevar ventaja; (hacer) perder el equilibrio. **II.** *s.* preponderancia.
overbear [-bér]. **I.** *va.* (*pret.* OVERBORE; *pp.* OVERBORNE) sojuzgar, reprimir; subyugar, oprimir, agobiar, vencer. **II.** *vn.* llevar demasiado fruto.
overbearing [-iŋ], *a.* ultrajoso, despótico; imperioso, altivo, dominante.
overbid [-bíd]. **I.** *va.* (*pret.* OVERBID; *pp.* OVERBID[DEN]) ofrecer más que, pujar. **II.** *vn.* ofrecer demasiado. **III.** [óuvœrbid], *s.* puja.
overbidding [-iŋ], *s.* puja.
overblow [-blóu]. **I.** *va.* (*pret.* OVERBLEW; *pp.* OVERBLOWN) dispersar; derribar o llevarse (el viento). **II.** *vn.* dispersarse; pasar; soplar con violencia (el viento).—**overblown** [-n], *a.* abierta (la flor) en exceso; cubierta (la carne) de cresas.
overboard [-bord], *adv.* (mar.) al mar, al agua.—**man o.!** ¡hombre al agua!
overboil [-bóil], *va.* hervir o cocer demasiado.
overbold [-bóuld], *a.* temerario; descarado.
overbridge [-bridž], *s.* (f. c.) puente o paso superior.
overburden [-bœ́rden]. **I.** *va.* sobrecargar; oprimir. **II.** [óuvœrbœrden], *s.* sobrecarga.
overcame [-kéim], *pret.* de TO OVERCOME.
overcapitalization [-kæpitalizéiŝon], *s.* exageración del capital, capitalización inflada.—**overcapitalize** [-kǽpitalaiz], *va.* exagerar el valor de, como capital; capitalizar en más de lo justo.
overcareful [-kérful], *a.* demasiado cuidadoso.
overcast [-kǽst]. **I.** *va.* (*pret.* y *pp.* OVERCAST) anublar, obscurecer; entristecer; (cost.) sobrehilar; (cir.) cicatrizar; (enc.) hacer un doblez a (una hoja) para coserla. **II.** *vn.* anublarse. **III.** [óuvœrkæst], *a.* (a)nublado, cerrado, cubierto, encapotado; sombrío.
overcasting [-iŋ], *s.* (cost.) sobrehilado, punto por encima.
overcautious [-kóŝʌs], *a.* demasiado prudente o precavido.
overcharge [-chárdž]. **I.** *va.* recargar el precio; cobrar más de lo justo; sobrecargar; oprimir; exagerar. **II.** [óuvœrchardž], *s.* cargo excesivo; extorsión; cargo adicional; recargo de precio.
overcloud [-kláud]. **I.** *va.* cubrir de nubes, anublar; entristecer. **II.** *vn.* (a)nublarse, cerrarse.
overcoat [-kout], *s.* sobretodo, gabán, abrigo, paletó.—**overcoating** [-iŋ], *s.* paño para gabanes.
overcome [-kʌ́m]. **I.** *va.* (*pret.* OVERCAME; *pp.* OVERCOME) vencer, rendir, sujetar, domar; sojuzgar, subyugar; superar, vencer, salvar (obstáculos). **II.** *vn.* sobreponerse; ganar, vencer; hacerse superior. **III.** *a.* agobiado; confundido.
overconfidence [-kánfidens], *s.* presunción; demasiada confianza.—**overconfident** [-ent], *a.* demasiado confiado.
overcrowd [-kráud], *va.* apiñar, atestar.—**overcrowded** [-id], *a.* apiñado, atestado, repleto.
overdamped [-dǽmpt], *a.* (elec.) sobreamortiguado.
overdevelop [-divélop], *va.* desarrollar excesivamente; (foto.) revelar demasiado.
overdo [-dú]. **I.** *vn.* (*pret.* OVERDID; *pp.* OVERDONE) hacer más de lo necesario; excederse, extralimitarse. **II.** *va.* agobiar, abrumar de trabajo; exagerar; (coc.) recocer, esturar, requemar; (poét.) eclipsar, sobrepujar.—**overdone** [-dʌ́n], *a.* (coc.) recocido, recocho, demasiado asado.
overdose [-dóus]. **I.** *va.* dar una dosis excesiva. **II.** [óuvœrdous], *s.* dosis excesiva.
overdraft [-drǽft], *s.* (com.) descubierto (como en una cuenta corriente).
overdraw [-dró], *va.* (*pret.* OVERDREW; *pp.* OVERDRAWN) (com.) girar en descubierto, sobregirar, exceder, en un giro, del crédito disponible; estirar demasiado; exagerar en el dibujo, la descripción, etc.
overdress [-drés]. **I.** *va.* y *vn.* adornar o vestirse con exceso. **II.** [óuvœrdres], *s.* prenda llevada sobre otra.
overdrink [-dríŋk], *vn.* (*pret.* OVERDRANK; *pp.* OVERDRUNK) beber con exceso, emborracharse.
overdrive [-dráiv], *va.* (*pret.* OVERDROVE; *pp.* OVERDRIVEN) abrumar de trabajo; arrear y fatigar los animales; (mec.) hacer funcionar a más de la capacidad normal.
overdue [-diú], *a.* (com.) vencido y no pagado; retrasado.
overeat [-ít], *vn.* (*pret.* OVERATE; *pp.* OVEREATEN) comer con exceso, atracarse, tupirse, hartarse.
overemphasize [-émfasaiz], *va.* poner demasiado énfasis.
overestimate [-éstimeit]. **I.** *va.* presuponer, avaluar o estimar en valor excesivo; exagerar; tener en más de lo justo. **II.** [-éstimit], *s.* estimación, avalúo o presupuesto excesivos.
overexcite [-eksáit], *va.* sobre(e)xcitar.
overexcitement [-ment], **overexcitation** [-eksaitéiŝon], *s.* sobre(e)xcitación.
overexposure [-ekspóužũ(r)], *s.* (foto.) exceso de exposición.
overfatigue [-fatíg]. **I.** *va.* fatigar o cansar demasiado; rendir. **II.** *s.* fatiga excesiva.
overfeed [-fíd], *va.* alimentar con exceso, sobrealimentar, (med.) superalimentar.—**overfeeding** [-iŋ], *s.* sobre- o superalimentación.
overflow [-flóu]. **I.** *vn.* salir de madre; rebosar, desbordarse, derramarse. **II.** *va.* sobrellenar, inundar.
overflow [óuvœrflou], *s.* inundación, (a)venida, diluvio; rebosadura, rebosamiento, desbordamiento, derrame; exceso, superabundancia; desaguadero, escape, rebosadero, sumidero, aliviadero.—**o. pipe,** aliviadero de superficie.
overflowing [-flóuiŋ]. **I.** *a.* fuera de cauce (río); que rebosa, etc. **II.** *s.* superabundancia; rebosamiento; inundación, anegación, desbordamiento.—**to o.,** hasta derramarse; en exceso; en suma abundancia.
overflowingly [-li], *adv.* superabundantemente.
overgrow [-gróu]. **I.** *va.* (*pret.* OVERGREW; *pp.* OVERGROWN) cubrir con plantas o hierba; crecer más que. *V.* OUTGROW. **II.** *vn.* crecer o desarrollarse con exceso. Se usa más como *pp.* (**overgrown**): *garden overgrown with weeds,* jardín cubierto de herbaje.—**overgrown child,** niño grandullón o talludo.
overgrowth [óuvœrgrouθ], *s.* vegetación exuberante, (Cuba) manigua; crecimiento excesivo; exuberancia; (med.) hipertrofia.
overhand [-hænd], *a.* (dep.) voleada o tirada (la pelota) por lo alto; (cost.) sobrehilado; punto por encima, (galic.) surjete.
overhang [-hǽŋ]. **I.** *va.* (*pret.* y *pp.* OVERHUNG) sobresalir horizontalmente por encima de; colgar, suspender; mirar a, dar a, caer a; ser inminente, amenazar; poner demasiadas colgaduras en. **II.** *vn.* colgar o estar pendiente. **III.** [óuvœrhæŋ], *s.* (arq.) salidizo, alero; vuelo; (aer.) diferencia entre los largos de dos superficies de sustentación de un mismo lado del centro.
overhanging [-hǽŋiŋ], *a.* voladizo, saledizo, sobresaliente, pendiente; inminente.
overhasty [-héisti], *a.* demasiado apresurado, precipitado.
overhaul [-hól], *va.* examinar, registrar; reacondicionar, remendar, reparar; dar alcance, alcanzar.—**to o. accounts,** revisar las cuentas.
overhaul [óuvœrhol], **overhauling** [-hóliŋ], *s.* recorrido, revisión, reparación, arreglo, compostura; alcance; reacondicionamiento.
overhead [-héd]. **I.** *adv.* arriba, en lo alto; más arriba o hasta más arriba de la cabeza. **II.** [óuvœrhed], *a.* de arriba; mediano, de término

medio; aéreo (trole, etc.); (mec.) de techo.—**o. charges,** o **expenses,** gastos generales fijos (alquiler, alumbrado, calefacción, seguro, impuestos, etc.).—**o. crossing,** (ing.) paso superior.—**o. railway,** (Ingl.) ferrocarril aéreo o elevado. **III.** *s.* gastos generales (= OVERHEAD EXPENSES).

overhear [-hír], *va.* (*pret.* y *pp.* OVERHEARD) alcanzar a oír; oír por casualidad o espiando.

overheat [-hít], *va.* sobrecalentar; abochornar; acalorar, achicharrar; recalentar.—**to be overheated,** (vet.) encalmarse.—**overheating** [-iŋ], *s.* sobrecalentamiento; abochornamiento; acaloramiento excesivo, achicharramiento; recalentamiento; (vet.) encalmadura.

overhours [óuvœraurz], *s. pl.* horas extraordinarias, fuera de reglamento.

overhung [óuvœrhʌŋ], *pp.* y *a.* colgado o suspendido por arriba.

overindulgence [-indʌ́ldžens], *s.* indulgencia o mimo excesivos; exceso o abuso (en el beber, etc.).

overissue [-íšu]. **I.** *va.* (com.) emitir con exceso. **II.** [óuvœrišu], *s.* emisión excesiva.

overjoy [-džói], *va.* alborozar, regocijar, arrebatar o enajenar de alegría.

overjoyed [-d], *a.* lleno de alegría, muy gozoso.

overkind [-káind], *a.* demasiado bondadoso.

overladen [-léidn], *pp.* y *a.* sobrecargado. *V.* OVERLOAD.

overland [-lænd], *a.* y *adv.* por tierra.—**o. route,** ruta por la vía terrestre.

overlap [-lǽp]. **I.** *va.* sobreponer, solapar, traslapar. **II.** *vn.* sobreponerse, traslaparse. **III.** [óuvœrlæp], *s.* solapa(dura), solapo, traslapo.

overlapping [-iŋ]. **I.** *s.* = OVERLAP. **II.** *a.* a o de solapa, solapado, traslapado.

overlay [-léi]. **I.** *va.* (*pret.* y *pp.* OVERLAID) cubrir, sobreponer, extender sobre; dar una capa; dorar, platear; anublar, obscurecer; echar un puente sobre; (impr.) calzar.—**to o. with quicksilver,** azogar. **II.** [óuvœrlei], *s.* capa; (impr.) alza, calzo.

overlaying [-léiiŋ], *s.* (impr.) colocación de alzas o calzos; capa, dorado, plateado, azogamiento.

overleaf [-lif], *adv.* a la vuelta, al dorso.

overleap [-líp], *va.* saltar por encima de; omitir.

overlie [-lái], *va.* (*pret.* OVERLAY; *pp.* OVERLAIN) descansar, yacer o estar sobre; tenderse encima; sofocar echándose encima (v. gr., a un niño).

overlive [-lív]. **I.** *va.* sobrevivir a. **II.** *vn.* sobrevivir; vivir demasiado activa o lujosamente.

overload [-lóud]. **I.** *va.* sobrecargar, recargar. **II.** [óuvœrloud], *s.* sobrecarga, recargo, sobornal.

overlook [-lúk]. **I.** *va.* mirar desde lo alto; tener vista a, dar o caer a; dominar (con la vista); examinar; vigilar, cuidar de; pasar por alto, disimular, tolerar, perdonar; hacer la vista gorda; descuidar, no hacer caso de; no notar. **II.** [óuvœrluk], *s.* mirada desde lo alto; altura, punto de vista elevado, atalaya; inadvertencia; (bot.) planta trepadora leguminosa (*canavalia*).

overlooker [-lúkœ(r)], *s.* (Ingl.) = OVERSEER.

overlord [-lɔrd]. **I.** *s.* señor. **II.** [ouvœrlɔ́rd], *va.* señorear.

overly [-li], *adv.* (fam.) muy, mucho, demasiado.

overlying [-láiiŋ], *pa.* de TO OVERLIE y *a.* puesto o situado encima de; superyacente.

overman [-mən]. **I.** *s.* sobrestante; juez, *m.*, árbitro; superhombre. **II.** [-mǽn], *va.* proveer de dotación excesiva.

overmaster [-mǽstœ(r)], *va.* señorear, dominar.

overmatch [-mǽch]. **I.** *va.* vencer, superar. **II.** [óuvœrmæch], *s.* el que puede más que otro; lucha de fuerzas desiguales.

overmeasure [-mέžŭ(r)]. **I.** *s.* medida excesiva, colmo; sobrante, superávit. **II.** *va.* colmar; dar demasiada importancia a.

overmuch [óuvœrmʌ́ch], *a.* y *adv.* demasiado, más de lo suficiente; en demasía, con exceso.

overnice [óuvœrnáis], *a.* dengoso, remilgado, escrupuloso en exceso.—**overniceness** [-nis], *s.* dengue, remilgo, melindre, escrupulosidad.

overnight [-náit]. **I.** *adv.* durante la noche; de noche, toda la noche; de la noche a la mañana. **II.** [óuvœrnait], *a.* de una noche; de la noche anterior.—**o. bag,** o **case,** saco de noche.—**o. charge,** cargo por permanencia nocturna.—**o. guests,** huéspedes de una sola noche.—**o. train,** tren nocturno.

overpass [-pǽs]. **I.** *va.* atravesar, salvar, pasar al otro lado o por encima de; rebasar; transgredir; mirar con indiferencia, menospreciar; pasar por alto; omitir; sobrepujar, exceder; repasar, considerar. **II.** [óuvœrpæs], *s.* (f. c., ing.) paso de alto; puente o vía por encima de un ferrocarril, puente, etc.

overpay [-péi], *va.* pagar o retribuir con exceso.

overpayment [-ment], *s.* pago excesivo.

overpeopled [-pípld], *a.* poblado con exceso.

overplay [-pléi], *va.* hacer un papel con exageración; jugar mejor que, vencer; (golf) golpear la pelota más allá del *green.*

overplus [-plʌs], *s.* sobrante, superávit.

overpopulation [-papyuléišon], *s.* exceso de población.

overpower [-páuœ(r)], *va.* subyugar, vencer, sobreponerse a; supeditar, oprimir, abrumar; dotar de poder o potencia excesivos.

overpowering [-iŋ], *a.* = OVERWHELMING.

overprize [-práiz], *va.* valuar o apreciar en más de lo justo.

overproduction [-prodʌ́kšon], *s.* exceso de producción, sobre- o superproducción.

overproof [óuvœrprúf], *a.* de concentración alcohólica de más de 50 por ciento. *V.* PROOF SPIRIT.

overrate [-réit], *va.* encarecer; exagerar el valor de.

overreach [-rích]. **I.** *va.* ser más listo o astuto que; engañar; extender, alargar o estirar demasiado; tirar alto; ir o pasar más allá de lo necesario; alcanzar, extenderse sobre.—**to o. one's self,** propasarse, excederse; aventurarse más allá de sus fuerzas; pretender demasiado; salir mal por exceso de astucia o de acción; pasarse de listo. **II.** *vn.* extenderse (sobre algo); (vet.) alcanzarse, rozarse la pata trasera con la delantera; (mar.) dar una bordada o virada más allá de lo necesario. **III.** *s.* (vet.) alcanzadura, rozadura.

override [-ráid], *va.* (*pret.* OVERRODE; *pp.* OVERRIDDEN) pasar por encima, supeditar, vencer; poner a un lado, dar de mano a, rechazar arbitrariamente; anular, contrarrestar; reventar, fatigar un caballo.—**to o. one's commission,** extralimitarse, excederse.

overripe [-ráip], *a.* demasiado maduro o pasado de maduro, (fam.) papandujo.

overrule [-rúl], *va.* (pre)dominar; ganar, vencer; gobernar, dirigir, regir; (for.) denegar, no admitir un alegato.

overrun [-rʌ́n]. **I.** *va.* (*pret.* OVERRAN; *pp.* OVERRUN) invadir, infestar; saquear, pillar, hacer correrías en; excederse; desbordarse; (impr.) retocar, recorrer. **II.** *vn.* rebosar; estar muy abundante.

overscore [-skór], *va.* rayar o señalar por encima con una raya alguna palabra o frase; borrar.

overscrupulous [-skrúpyŭlʌs], *a.* demasiado escrupuloso.

oversea(s [óuvœrsí(z]. **I.** *adv.* allende los mares, ultramar. **II.** *a.* de ultramar, ultramarino; extranjero; (Ingl.) colonial.—**o. service,** (mil.) servicio en el extranjero o allende los mares.

oversee [-sí], *va.* (*pret.* OVERSAW; *pp.* OVERSEEN) inspeccionar, superentender, vigilar; descuidar, pasar por alto.

overseer [óuvœrsiœ(r)], *s.* sobrestante, capataz, *m.;* superintendente, veedor, inspector; mayoral.

oversell [-sέl], *va.* vender demasiado, o más de lo que puede entregarse; vender a un precio más alto que otro.

overset [-sét]. **I.** *va.* (*pret.* y *pp.* OVERSET) volcar, voltear, derribar; trastornar, arruinar. *V.* UPSET. **II.** *vn.* volcarse, caerse; desarreglarse.

oversew [-sou], *va.* (cost.) sobrehilar.

overshade [-ŝéįd]. I. *va.* obscurecer, ensombrecer, sombrear. *V.* OVERSHADOW. II. *vn.* dar sombra.
overshadow [-ŝǽdoų], *va.* sombrear, asombrar; eclipsar, obscurecer; dominar; (fig.) proteger.
overshoe [-ŝu], *s.* chanclo; zapato de goma.
overshoot [-ŝút]. I. *va.* (*pret.* y *pp.* OVERSHOT) tirar por encima del blanco; ir más allá de, exceder; pasar rápidamente por encima.—**to o. one's self,** pasarse de listo. II. *vn.* pasar de raya.
overshot [-ŝat], *a.* y *pp.* excedido; exagerado.—**o. wheel,** (hidr.) rueda de alimentación o impulsión por arriba.
oversight [-saįt], *s.* inadvertencia, descuido; vigilancia, cuidado.
oversize [óųvœrsáįz]. I. *a.* de mayor tamaño que el ordinario; extragrande. II. *s.* tamaño mayor que el regular; tamaño mayor.
overskirt [-skœrt], *s.* sobrefalda, faldellín.
oversleep [-slíp], *vn.* (*pret.* y *pp.* OVERSLEPT) dormir demasiado; no despertar a tiempo.
oversleeve [-sliv], *s.* mangote, contramanga.
overspread [-spréd], *va.* (*pret.* y *pp.* OVERSPREAD) desparramar, esparcir, regar, tender.
overstate [-stéįt], *va.* exagerar.
overstatement [-mȩnt], *s.* exageración.
overstay [-stéį]. I. *vn.* y *va.* demorarse (en alguna parte); permanecer demasiado tiempo. II. *va.* (com., fam.) retener (valores de bolsa) demasiado tiempo, con pérdida consiguiente.
overstep [-stép], *va.* y *vn.* traspasar, transgredir, excederse, extralimitarse, propasarse.
overstock [-sták]. I. *va.* abarrotar. II. [óųvœrstak], *s.* surtido excesivo.
overstrain [-stréįn]. I. *va.* apretar o estirar demasiado. II. *vn.* esforzarse demasiado. III. [óųvœrstréįn], *s.* tensión o tirantez excesiva.
overstretch [-stréch], *va.* estirar demasiado.
overstrew [-strú], *va.* esparcir, desparramar.
overstrung [óųvœrstrʌŋ], *a.* demasiado tirante; muy sensible; hablando de pianos, que tiene dos juegos de cuerdas cruzadas oblicuamente.
overstuff [-stʌ́f], *va.* atestar o llenar demasiado; rellenar (muebles).—**overstuffed** [-t], *a.* rellen(ad)o.
oversubscribe [-sʌbskráįb], *va.* su(b)scribir con creces, solicitar (bonos, etc.) en exceso de la emisión; contribuir más de lo pedido. Ú. gen. en la voz pasiva, y en la traducción se cambia el giro: *the loan has been oversubscribed,* la demanda de bonos del empréstito ha sido mayor que la oferta, las subscripciones al empréstito han excedido los bonos, ha habido subscripciones de sobra al empréstito, etc.
oversupply [-sʌpláį]. I. *va.* abastecer, proveer o surtir en exceso. II. [óųvœrsʌplaį], *s.* surtido o provisión excesivos.
overt [óųvœrt], *a.* abierto, público, patente, evidente.—**o. act,** (for.) ofensa o transgresión premeditada; acto hostil.
overtake [-téįk], *va.* (*pret.* OVERTOOK; *pp.* OVERTAKEN) alcanzar, dar alcance a; atajar; (fam.) atrapar.—**overtaker** [-œ(r)], *s.* alcanzador.—**overtaking** [-įŋ], *s.* alcance.
overtax [-tǽks], *va.* oprimir con tributos; someter a esfuerzo excesivo o exigir esfuerzo excesivo de.
overthrow [-θróų]. I. *va.* (*pret.* OVERTHREW; *pp.* OVERTHROWN) echar abajo, abatir, demoler, derribar; derrocar, destronar; vencer. II. [óųvœrθroų], *s.* derribo, vuelco, derrocamiento; caída; derrota, ruina; subversión; destronamiento; (dep.) lanzamiento o voleo demasiado alto.
overtime [-taįm]. I. *s.* horas extraordinarias de trabajo; tiempo suplementario; pago por trabajo hecho fuera de las horas regulares. II. *adv.* fuera del tiempo estipulado. III. *a.* en exceso de las horas regulares de trabajo.
overtire [-táįr], *va.* fatigar demasiado, moler.
overtly [óųvœrtlį], *adv.* abierta, pública, patente o manifiestamente.
overtone [-toųn], *s.* (mús.) armónico.
overtop [-táp], *va.* dominar, descollar sobre, señorear, sobresalir entre; sobrepujar.
overtrain [-tréįn], *va.* y *vn.* entrenar(se) con exceso.
overture [óųvœrchųr], *s.* insinuación, proposición o propuesta formal; (mús.) obertura.
overturn [-tœ́rn]. I. *va.* volcar; echar abajo; trastornar, trabucar. II. *vn.* volcarse; (mar.) zozobrar. III. [óųvœrtœrn], *s.* vuelco, volteo; trastorno; (com.) = TURNOVER.
overturning [-tœ́rnįŋ], *s.* = OVERTURN.
overvalue [-vǽlyu], *va.* encarecer, ponderar; atribuir valor excesivo a.
overwatch [-wách], *va.* y *vn.* cansar a fuerza de vigilias; vigilar, celar.
overweening [-wíniŋ], *a.* presuntuoso, arrogante.—**overweeningly** [-lį], *adv.* arrogantemente.
overweigh [-wéį], *va.* pesar más que, preponderar; prevalecer contra; sobrecargar, oprimir.
overweight [-weįt]. I. *s.* exceso de peso; sobrepeso; preponderancia; superioridad. II. *a.* que pesa demasiado. III. [-wéįt], *va.* cargar excesivamente; preponderar; dar demasiada importancia a.
overwhelm [-hwélm], *va.* (a)brumar, agobiar; anonadar; sumergir, hundir.—**overwhelming** [-įŋ]. I. *a.* abrumador, opresivo; agobiante; irresistible, dominante, arrollador, (fam.) aplastante. II. *s.* (a)brumamiento; anonadación.—**overwhelmingly** [-lį], *adv.* abrumadoramente; irresistiblemente.
overwork [-wœ́rk]. I. *va.* (*pret.* y *pp.* OVERWORKED o -WROUGHT) hacer trabajar con exceso, esclavizar; elaborar la superficie de. II. *vn.* trabajar demasiado. III. [óųvœrwœ́rk], *s.* trabajo excesivo; trabajo hecho fuera de las horas reglamentarias.
overworn [-wórn], *a.* gastado por el trabajo; abrumado de fatiga.
overwrought [-rót]. I. *pret.* y *pp.* de TO OVERWORK. II. *a.* sobre(e)xcitado; rendido o agobiado de trabajo; muy elaborado o labrado; recargado de adornos.
Ovidae [óųvįdi], *s. pl.* (zool.) óvidos.
Ovidian [ovídįan], *a.* ovidiano, rel. a Ovidio.
oviduct [óųvįdʌkt], *s.* (anat.) oviducto.
oviferous [ovífȩrʌs], **ovigerous** [ovídẑȩrʌs], *a.* (anat. y zool.) ovífero, ovígero.
oviform [óųvįform], *a.* oviforme.
ovine [óųvaįn], *a.* (zool.) ovino, lanar, ovejuno.
oviparous [ovípąrʌs], *a.* (zool.) ovíparo.
oviposit [ouvįpázįt], *vn.* (ent.) poner huevos.
oviposition, ovipositing [-pozíŝǫn, -pázįtįŋ], *s.* oviposición, (ent.) postura.
ovipositor [-tǫ(r)], *s.* oviscapto, órgano que sirve a los insectos para depositar sus huevos.
ovoid(al [óųvǫid, oųvǫ́idąl], *a.* ovoide, aovado.
ovolo [óųvoloų], *s.* (arq.) óvolo, equino, cuarto bocel.
ovoviviparous [oųvovaįvípąrʌs], *a.* ovovivíparo.
ovulation [oųvyųléįŝǫn], *s.* ovulación.
ovule [óųvįul], *s.* (biol.) óvulo.
ovum [óųvʌm], *s.* (*pl.* OVA) (biol.) huevo; (arq.) óvolo.
owe [oų]. I. *va.* (*pret.* y *pp.* OWED) deber, adeudar; (con **to**) ser deudor a o de; estar obligado a.—**owing to,** debido a, con motivo de, por causa de.—**to be owing to,** ser debido, imputable o atribuíble a. II. *vn.* estar endeudado, deber.
owl [áųl]. I. *s.* (orn.) lechuza, búho, mochuelo, oliva, autillo.—**o. train,** tren nocturno. II. *vn.* (Ingl.) matutear.—**owling** [-įŋ], *s.* (Ingl.) matute.
owlet [-et], *s.* (orn.) hijuelo del buho.—**o. moth,** (ent.) mariposa nocturna.
owlish [-įŝ], **owl-like** [-laįk], *a.* semejante al buho.
owllight [-laįt], *s.* crepúsculo.
own [óųn]. I. *a.* propio, particular, de mi (su, etc.) propiedad; peculiar, individual; mismo, verdadero, real: *he wrote it with his own hand,* lo escribió de su propio puño; *this is my own,* esto es mío propio; esto es lo mío; *Nero killed his own mother,* Nerón mató a su misma madre.—

o. cousin, primo hermano, prima hermana.—my (our, etc.) o. (con respecto a la familia) los míos (nuestros, etc.).—my o. self, yo mismo.—of one's o. motion, espontáneamente, por propio impulso.—on one's o., (fam.) por su propia cuenta o responsabilidad; con sus propios recursos. II. va. poseer, ser dueño de, tener; reconocer, confesar.—owned by, propiedad de. III. vn. (con to) admitir, confesar, reconocer.—to o. up, (fam.) confesar de plano.
owner [-œ(r)], s. dueño, señor, poseedor; amo, propietario.
ownerless [-lis], a. mostrenco.
ownership [-ŝip], s. propiedad, pertenencia.
ox [aks], s. (pl. OXEN) (zool.) buey.—o. bot = OXFLY.—o. driver, boyero.—o.-eyed, de ojos grandes.—o. stall, boyera, boyeriza, boíl.—o. team, yunta o yugada de bueyes.—drove of oxen, boyada.
oxacid [aksǽsid], s. (quím.) oxácido.
oxalate [áksaleit], s. (quím.) oxalato.
oxalic [aksǽlik], a. oxálico.
oxalic acid, s. (quím.) ácido oxálico.
Oxalidaceæ [-déisii], s. pl. (bot.) oxalídeas.
oxalis [áksalis], s. (bot.) acedera.
oxblood [áksblʌd], s. color rojo obscuro.
oxbow [áksbou], s. collera de yugo; brazo muerto (de un río).
oxcart [ákskart], s. carro tirado por bueyes.
oxen [áksn], s. pl. de OX.
oxeye [áksai], s. (mar. y bot.) ojo de buey; (orn.) cierto pajarito, especie de gallineta.—o. daisy, (bot.) manzanilla loca; ojo de buey.
oxfly [áksflai], s. (ent.) estro.
Oxfordian [aksfórdian], a. y s. = OXONIAN.
oxgoad [áksgoud], s. aguijada, aguijón.
oxheart [ákshart], s. (bot.) variedad acorazonada de cereza; (bot.) variedad de col.
oxherd [ákshœrd], s. = O. DRIVER.
oxhouse [ákshaus], s. = O. STALL.
oxidable [áksidabl], a. oxidable.
oxidant [áksidant], s. oxidante.
oxidase [áksideis], s. (bioquím.) oxidasa.
oxidate [-deit], va. = OXIDIZE.
oxidation [-déiŝon], s. (quím.) oxidación.
oxide [áksaid], s. (quím.) óxido.
oxidizable [áksidaizabl], a. oxidable.
oxidize [áksidaiz], va. (quím.) oxidar; oxigenar.—oxidized silver, plata oxidada.
oxidizer [-œ(r)], s. oxidante.
oxlip [ákslip], s. (bot.) prímula, primavera.
Oxonian [aksóunian]. I. a. (Ingl.) oxfordiense, perteneciente a Oxford o a su universidad. II. s. oxfordiense, habitante de Oxford o estudiante de su universidad.
oxtail soup [áksteil súp], s. sopa de rabo de buey.
oxtongue [ákstʌŋ], s. (bot.) buglosa.
oxyacetylene [aksiæsétilin], a. oxiacetilénico.—o. blowpipe, o torch, soplete o pico de acetileno.—o. welding, soldadura oxiacetilénica.
oxyacid [aksiǽsid], s. (quím.) oxácido.
oxygen [áksidẑen], s. (quím.) oxígeno.
oxygenate [-eit], va. oxigenar, oxidar.
oxygenation [-éiŝon], s. (quím.) oxigenación, oxidación.
oxygenic, oxygenous [aksidẑénik, aksídẑenʌs], a. oxigenado, que contiene oxígeno.
oxygenizable [áksidẑenaizabl], a. oxigenable.—oxygenize [-aiz], va. = OXYGENATE.
oxygen mask, s. (med.) máscara de oxígeno.
oxygen tent, s. (med.) cámara de oxígeno.
oxyhemoglobin [aksihemoglóubin], s. (quím.) oxihemoglobina.
oxyhydrogen [aksiháidrodẑin], s. (quím.) gas oxhídrico.—o. blowpipe, soplete oxhídrico.
oxymel [áksimel], s. (farm.) ojimiel.
oxysalt [áksisolt], s. (quím.) oxisal.
oxysulfid(e [aksisʌ́lfaid], s. (quím.) oxisulfuro.
oxytocic [aksitóusik], s. y a. (med.) oxitócico.
oxytone [áksitoun]. I. a. (pros.) agudo. II. s. palabra aguda.
oyer [óuyœr], s. (for.) audición, vista; audiencia.—o. and terminer, (Ingl.) audiencia; tribunal que se reúne dos veces al año en cada condado; (E. U.) tribunal superior de jurisdicción criminal.
oyes, oyez [óuyes], interj. (for.) ¡oíd, oíd! (voz de los ujieres en los tribunales).
oyster [óistœ(r)], s. (zool.) ostra, ostrón u ostión, m.—o. bed, ostral, criadero de ostras.—o. culture, ostricultura.—o. farm = O. BED.—o. farming = O. CULTURE.—o. fishery, pesquería de ostras.—o. fork, desbullador.—o. grass, (bot.) ova, ulva verde.—o. house, s. ostrería.—o. knife, abreostras.—o. plant, (bot.) salsifí.—o. rake, raño.—o. shell, desbulla.—o. tongs, gafas para pescar ostras.
oysterman [-mæn], s. ostrero.
ozæna, ozena [ozína], s. (med.) ocena.
ozocerite [ozóukerait], s. (min.) ozocerita.
ozonation [ouzonéiŝon], s. ozonización.
ozone [óuzoun], s. (quím.) ozono.—o. paper, papel para ozono, papel revestido de almidón y yoduro potásico (ll. a menudo *ozonómetro*).
ozonic [ozánik], a. ozonizado; rel. al ozono.—o. ether, disolución de bióxido de hidrógeno en éter.
ozonization [ouzonizéiŝon], s. ozonización.
ozonize [óuzonaiz], va. (quím.) ozonizar.—ozonizer [-œ(r)], s. ozonizador.—ozonometer [ouzonámetœ(r)], s. ozonómetro, medidor de ozono.—ozonous [óuzonʌs], a. = OZONIC.

P

p [pi], s. p.
pa [pa], s. (fam.) papá.
pabulum [pǽbiulʌm], s. pábulo, alimento, pasto.
paca [pǽka], s. (zool.) paca.
pace [péis]. I. s. paso; marcha, modo de andar; (equit.) paso, portante, andadura; paso (medida de longitud); (arq.) estrado, tablado. II. va. recorrer o medir a pasos; marcar el paso; dirigir.—to p. one's beat, hacer la ronda. III. vn. pasear, andar, marchar; moverse con paso mesurado; (equit.) amblar.
pacemaker [-meikœ(r)], s. el que marca el paso o da el ejemplo.
pacer [-œ(r)], s. caballo de paso de andadura; el que mide a pasos o marca el paso.
pacha [paŝá o pǽŝa], s. = PASHA.
pachyderm, s., **pachyderm(at)ous** [pǽkidœrm, pækidœ́rm(at)ʌs], a. (zool.) paquidermo.
pacific [pasífik], a. pacífico.
pacificate [-eit], va. pacificar.—pacification [pæsifikéiŝon], s. pacificación, apaciguamiento.—pacificator [pasífikeito(r)], s., pacificatory [-atori], a. pacificador, apaciguador, sosegador.—pacifier [pǽsifaiœ(r)], s. = PACIFICATOR; chupador o (Am.) chupete (para niños).
pacifism [pǽsifizm], s. pacifismo.—pacifist [-ist], s. y a. pacifista.—pacifistic [-ístik], a. pacifista.
pacify [pǽsifai], va. pacificar, apaciguar, calmar.
pacifying [-iŋ], a. pacificador, apaciguador, sosegador.
pacing [péisiŋ], s. paso, andadura.
pack [pæk]. I. s. lío, fardo; paquete; cajetilla o paquete de cigarrillos; baraja de naipes; muta, perrada, perrería o jauría (de perros); material de envolver o embalar; (med.) envoltura de sábanas o frazadas; hato o manada (de animales); cuadrilla, manga (de pícaros); grande extensión de témpanos flotantes.—p. animal, acémila, animal de carga.—p. cloth, (h)arpillera.—p. load, carga de una acémila.—p. needle, aguja de enjalmar, aguja de arria; almarada, saquera.—p. train, recua, reata. II. va. empacar, empaquetar; enfard(el)ar; embalar, envasar; encajonar, embaular; hacer (un baúl, maleta); llenar, atestar, apretar, colmar; (mec.) empaquetar una junta; despachar, enviar; cargar (una acémila); llevar sobre la espalda o lomo; hacer, formar, manipular o preparar fraudulentamente (naipes, un jurado, etc.); (med.) envolver en sábanas

o frazadas.—**to p. off,** o **to send packing,** enviar, despedir, despachar; poner de patitas en la calle. III. *vn.* empaquetar; hacer el baúl, arreglar el equipaje; formar una masa compacta, consolidarse, conglomerarse; tomar soleta.—**to p. away,** u **off,** largarse, (fam.) tomar soleta.—**to p. up,** arreglar el equipaje.
package [-idž]. I. *s.* fardo, bulto, lío; atado; paquete; cabo; (mar.) abarrote; embalaje, envase. II. *va.* empacar, empaquetar.
package deal, *s.* (E. U., fam.) agrupación de varios artículos en una oferta (de venta, aceptación, etc.).
package tour, *s.* acuerdo programado (en viaje de turismo).
packer [-œ(r)], *s.* embalador, empaquetador, empacador, enfardelador, envasador, (Méx.) arpillador.
packet [-it]. I. *s.* paquete, fardo pequeño; paquete de cartas; mala, valija, correo.—**p., p. boat, p. ship, p. vessel,** paque(bote), correo marítimo. II. *va.* empaquetar, enfardelar.
packing [-iŋ]. I. *s.* embalaje; empaque(tamiento); envase; enfardeladura; (mec.) empaquetadura, guarnición, estopada, relleno; (alb.) relleno, enripiado. II. *a.* de embalar; de enfardelar; de envolver; empacador.—**p. bag,** o **cloth,** halda.—**p. box, p. case,** caja de embalar; envase.—**p. effect,** (fís.) pérdida de masa debida a pérdida de energía.—**p. gland,** (mec.) prensaestopa, *m.*—**p. house,** o **plant,** empresa o planta empacadora; frigorífico; establecimiento donde se envasan conservas. —**p. leather,** cuero para empaquetadura.—**p. liquid,** líquido de obturación.—**p. needle** = PACK NEEDLE.—**p. paper,** papel de envolver.—**p. press,** prensa de embalar.—**p. ring,** (mec.) anillo de émbolo. *V.* PISTON RING.—**p. strip,** (mec.) cuña, tira de refuerzo.
packman [-mąn], *s.* buhonero.
packsack [-sæk], *s.* especie de barjuleta.
packsaddle [-sædl], *s.* albarda, basto, enjalma, aparejo.—**p. maker,** albardero, enjalmero.
packthread [-θrɛd], *s.* bramante, guita, hilo de acarreto.
pact [pækt], *s.* pacto, convenio, acuerdo, tratado.
pad [pæd]. I. *s.* cojinete o cojincillo, almohadilla; colchoncillo; postizo (de pelo); (sast.) relleno, almohadilla, bollo, hombrera; caderillas (*f. pl.*), tontillo (para ahuecar las faldas); (esgr.) peto, plastrón; (bot.) hoja grande de planta acuática; bloc (de papel); taco (de calendario); almohadilla (de entintar); paso o pisada amortiguados o sin ruido; pata (de ciertos animales); rastro, huella. *V.* FOOTPAD.—**p. saddle,** albarda; lomillos, *m. pl.*—**p. saw,** serrucho de calar. II. *va.* forrar, rellenar, emborrar; aumentar (un escrito) con material superfluo; formar blocs de papel. III. *vn.* caminar (penosa o cansadamente); andar o trotar sin ruido; ser (o hacer de) salteador de caminos.—**padded** [-id], *a.* acojinado, acolchado, rellen(adi)o, (galic.) capitoné.
padding [pædiŋ], *s.* (cost.) relleno, almohadilla (*V.* PAD); algodón guata; ripio (en un escrito).
paddle [pædl]. I. *va.* y *vn.* impeler, bogar o remar con canalete; chapotear, guachapear.—**to p. one's own canoe,** (fam.) bandearse por sí mismo, bastarse a sí mismo. II. *s.* canalete, zagual (de canoa), remo corto; (agr.) béstola, (ar)rejada o aguijada; (zool.) = FLIPPER.—**p. board, p. float,** paleta, álabe.—**p. box,** tambor (de rueda).—**p. wheel,** rueda de paletas.—**p.-wheel steamer,** vapor de ruedas.
paddler [pædlœ(r)], *s.* remero.
paddock [pædǫk], *s.* dehesa, parque.
paddy [pædi], *s.* arroz (*m.*) en cáscara, (Fil.) palay; (P., fam.) irlandés.—**p. field,** arrozal.
padlock [pædlak]. I. *s.* candado. II. *va.* echar el candado, cerrar con candado.
paduasoy [pædžųąsɔi], *s.* (tej.) seda de Padua.
pæan [píąn], *s.* peán, himno.
pæon [píǫn], *s.* (pros. lat. y griega) peón.
pagan [péigąn], *s.* pagano, gentil, infiel.—**pagan(ish)** [-(iš)], *a.* pagano, gentílico, idólatra. —**paganism** [-izm], *s.* paganismo, gentilismo o gentilidad.—**paganize** [-aiz], *va.* y *vn.* hacer(se) pagano, paganizar, gentilizar.
page [peidž]. I. *s.* página, plana, llana o carilla (de libro); paje, escudero, criado.—**p. proof,** (impr.) pruebas de planas.—**full p.,** a toda plana. II. *va.* foliar, paginar; buscar llamando (en los hoteles).
pageant [pædžąnt], *s.* procesión cívica, manifestación imponente; pompa, celebridad; (teat.) espectáculo, aparato escénico.
pageantry [-ri], *s.* fasto, fausto, pompa; ostentación o aparato vanos.
pagedom [péidždǫm], **pagehood** [-hųd], *s.* escudería, escuderaje, oficio de paje.
paginate [pædžineit], *va.* paginar, foliar.
pagination [-éišǫn], *s.* paginación, foliación.
paging [péidžiŋ], *s.* paginación.—**p. machine,** máquina de foliar.
pagoda [pągóųdą], *s.* pagoda.—**p. tree,** (bot.) sófora; (India) = BANYAN o BANIAN.
Pagurus [pągiúrʌs], *s.* (zool.) paguro, cangrejo ermitaño.
Pahlavi [páląvi], *s.* y *a.* pelvi, antigua lengua persa.
paid [peid], *pret.* y *pp.* de TO PAY.—**p.-up share,** acción liberada.
paidology [paidálodži], *s.* (med.) paidología, estudio científico de los niños.
pail [péil], *s.* cubo, pozal, herrada, balde.
pailful [-fųl], *s.* (lo que cabe en un) cubo, etc.
pain [péin]. I. *va.* doler (usado intransitivamente; *my stomach pains me,* me duele el estómago): causar dolor (*this pains me,* esto me causa dolor, o me duele); apenar, afligir. II. *vn.* doler. III. *s.* dolor; pena (castigo).—*pl. V.* PAINS.—**in p.,** con dolor.—**on p. of,** so pena de.—**to be in p.,** tener dolor, estar con dolor.
pained [-d], *a.* apenado, afligido.
painful [-fųl], *a.* penoso, embarazoso; dolorido, afligido; doloroso, aflictivo; arduo, penoso, laborioso.—**to be p.,** doler.—**painfully** [-li], *adv.* dolorosamente; penosamente.—**painfulness** [-nis], *s.* calidad de penoso o doloroso.
painless [-lis], *a.* sin pena, sin dolor, indoloro.
painlessness [-nis], *s.* ausencia de dolor; (med.) anodinia.
pains [péinz], *s. pl.* trabajo, incomodidad, fatiga; esmero, cuidado; ansiedad, inquietud, solicitud; dolores de(l) parto; agujetas.—**to be at the p. of,** tomarse el trabajo de.—**to go to great p. (to),** afanarse o esforzarse (por), esmerarse (con o en).—**to have one's labor for one's p.,** trabajar de balde o en vano, no sacar nada.
painstaker [-teikœ(r)], *s.* trabajador asiduo o concienzudo, afanador.
painstaking [-iŋ]. I. *a.* cuidadoso, industrioso; afanoso, esmerado, concienzudo. II. *s.* esmero.
paint [péint]. I. *va.* pintar, colorar; untar, dar una capa o baño; retratar o copiar con colores; dedicarse a la pintura; afeitarse, pintarse el rostro, arrebolarse; describir.—**to p. the town red,** (fam.) ir de parranda, correrla.—**to p. with,** pintar con; dar una capa de; revestir de. II. *vn.* pintar, ser pintor: pintarse (el rostro). III. *s.* pintura; color; colorete, afeite, arrebol.—**p. box,** caja de colores o pinturas.—**p. tube,** tubo de color.
paintbrush [-brʌš], *s.* brocha, pincel.
painted [-id], *a.* pintado; de color.
painter [-œ(r)], *s.* pintor; (mar.) boza, amarra del bote o de la lancha.
painting [-iŋ], *s.* pintura (arte y oficio); coloración; cuadro o pintura.
paintress [-ris], *s.* pintora.
pair [pɛr]. I. *s.* par; pareja, yunta; mancuerna; (pol.) en un cuerpo legislativo, dos miembros de opiniones contrarias, apareados para abstenerse de votar.—**p. of scales,** peso de cruz. —**a p. of scissors, of spectacles,** un par de

tijeras, de anteojos. **II.** *va.* y *vn.* (a)parear(se), casar(se), hermanar(se), igualar(se).—**to p. off,** aparearse dos diputados de opiniones contrarias antes de la votación; retirarse de una reunión en parejas.—**to p. with,** hacer pareja con.
paisley [péizli], *s.* y *a.* (tejido, chal, etc.) de Paisley.
pajamas [padžámaz], *s. pl.* pijama o piyama, *m.*, traje de dormir; pijama, traje oriental.
Pakistan [pækistæn], *s.* Pakistán.
Pakistani [pækistæni], *s.* y *a.* pakistaní.
pal [pæl], *s.* (fam.) compañero, amigote, compinche.
palace [pælis], *s.* palacio.
paladin [pæladin], *s.* paladín.
palæography, etc., *s.* = PALEOGRAPHY, etc.
palafitte [pælafit], *s.* (arqueol.) palafito.
palanquin [pælankín], *s.* palanquín.
palatability [pælatabíliti], *s.* buen sabor.
palatable [pælatabl], *a.* sabroso, apetitoso, agradable, aceptable.
palatal [pælatal]. **I.** *a.* y *s.* (fon.) paladial. **II.** *a.* (fon.) palatal; (anat.) palatino, pert. al paladar.—**palatalize** [-aiz], *va.* (fon.) palatalizar.
palate [pælit], *s.* (anat.) paladar, bóveda palatina, techo de la boca, sentido del gusto; paladeo.
palatial [paléišal], *a.* palaciego, palatino; magnífico, suntuoso.
palatinate [palætinit], *s.* palatinado.
palatine [pælatain], *a.* palatino; paladial.
palaver [palævœ(r)]. **I.** *s.* palabrería, (fam.) labia; zalamería; embustes; conferencia, discusión. **II.** *va.* y *vn.* adular; engatusar; charlar.
pale [peil]. **I.** *a.* pálido; descolorido; claro; apagado, desmayado, mortecino, albarazado.—**p.-eyed,** de ojos sin brillo.—**p.-faced,** caripálido.—**p. green,** verde claro.—**p.-hearted,** pusilánime.—**p. wine,** vino clarete. **II.** *s.* estaca; palizada, estacada; valla, límite; espacio cerrado, literal o figuradamente; esfera, seno, gremio, sociedad; (blas.) palo.—**p. of the church,** gremio de la iglesia. **III.** *va.* empalizar, cercar, rodear; poner pálido, hacer palidecer; descolorar, descolorir. **IV.** *vn.* palidecer; perder el color.—**to p. into insignificance,** ser insignificante.
palea [péilia], *s.* (bot.) glumilla.
paleface [péilfeis], *s.* caripálido (nombre que dan los indios a los blancos).
palely [péili], *adv.* pálidamente.
paleness [péilnis], *s.* palidez, descoloramiento.
paleobotany [peiliobátani], *s.* paleofitología, paleobotánica.
Paleocene [-osin], *a.* y *s.* (geol.) paleoceno; el terciario más antiguo.
paleograph [-ogræf], *s.* paleógrafo (persona); manuscrito antiguo.
paleographer [-ágrafœ(r)], *s.* paleógrafo.
paleographic(al [-ogræfik(al], *a.* paleográfico.
paleography [-ágrafi], *s.* paleografía.
paleolith [-oliθ], *s.* paleolito, objeto pétreo de la edad de piedra.—**paleolithic** [-olíθik], *a.* paleolítico.
paleologist [-álodžist], *s.* paleólogo.
paleology [-álodži], *s.* paleología.
paleontographic(al [-antogræfik(al], *a.* paleontográfico.—**paleontography** [-antágrafi], *s.* paleontografía.
paleontologic(al [-antoládžik(al], *a.* paleontológico.—**paleontologist** [-antálodžist], *s.* paleontólogo.—**paleontology** [-antálodži], *s.* paleontología.
Paleozoic [-ozóuik], *a.* (geol.) paleozoico.
paleozoology [-ozoálodži], *s.* paleozoología.
Palestinian [pælestínian], *a.* y *s.* palestino.
palestra [paléstra], *s.* palestra, gimnasio.
palette [pælit], *s.* (pint.) paleta, tabloza.—**p. knife,** espátula.
palfrey [pólfri], *s.* palafrén.
palfreyed [-d], *a.* montado en palafrén.
palimpsest [pælimpsest], *s.* palimpsesto.
paling [péilin], *s.* palenque, estacada, valla, cerca, (em)palizada.
palingenesis [pælindžénesis], *s.* palingenesia.
palinode [pælinoud], *s.* palinodia.
palisade [pæliséid]. **I.** *s.* (em)palizada, estacada, frisa.—*pl.* farallón, risco. **II.** *va.* empalizar, estacar.
palisander [pælisændœ(r)], *s.* palisandro.
palish [péiliš], *a.* paliducho.
pall [pol]. **I.** *s.* paño mortuorio; (fig.) lo que ocasiona aflicción o tristeza; (igl.) hijuela, palia; palio. **II.** *va.* quitar el sabor; desalentar; saciar; hartar, empalagar. **III.** *vn.* hacerse insípido, perder el sabor.
palladium [paléidiʌm], *s.* paladión, *m.*; garantía salvaguardia; (quím.) paladio.
pallbearer [pólberœ(r)], *s.* andero, portaféretro.
pallet [pælit], *s.* jergón, camilla; (mec.) paleta de reloj, fiador de rueda, retén, linguete; eslabón de una cadena sin fin; torno de alfarero; (alb., pint.) paleta; (enc.) herramienta para dorar o inscribir los lomos de los libros; válvula de cañón de órgano.
pallette [pælit], *s.* (arm.) gocete.
palliate [pælieit], *va.* excusar, paliar; mitigar.
palliation [-éišon], *s.* paliación; mitigación.
palliative [-iv], *a.* y *s.* paliativo; *a.* paliatorio.
pallid [pælid], *a.* pálido, descolorido.
pallidity [palíditi], **pallidness** [pælidnis], *s.* palidez.
pallium [pæliʌm], *s.* (igl.) palio; manto.
pall-mall [pélmél], *s.* (pala)mallo; galería o zona donde se juega.—**Pall Mall** *s.* nombre de una calle de Londres y del ministerio de guerra que estaba en ella.
pallor [pælo(r)], *s.* palidez.
palm [pam]. **I.** *s.* (bot.) palma, palmera, (Fil.) areca, burí o bulí; victoria; palma de la mano; ancho de la mano (medida); (mar.) rempujo; uña (del ancla).—**p. cabbage,** palmito.—**p. grove,** palmar.—**p. oil,** aceite de palma, aceite del Senegal.—**P. Sunday,** domingo de Ramos.—**p. wine,** vino de palmera. **II.** *va.* escamotar; (con **off, on** o **upon**) engañar, defraudar con; manejar, manosear, manipular; cubrir con palmas.
palmaceous [pælméišʌs], *a.* (bot.) palmáceo.
palma Christi [pælma kristi], *s.* (bot.) palmacristi, *f.*, ricino.
palmar [pælma(r)], *a.* (anat.) palmar.
palmary [pælmari], *a.* principal; digno del premio.
palmate(d [pælmeit(id], *a.* palm(e)ado.
palmer [pámœ(r)], *s.* palmero, peregrino, romero; fullero, tahur; palmeta.—**p. worm,** (ent.) cierta oruga velluda; gorgojo.
palmetto [pælmétou], *s.* (bot.) palmito, margallón; sombrero de palmito.—**P. State,** Carolina del Sur.
palmiferous [pælmíferʌs], *a.* (poét.) palmífero.
palmiped [pælmiped], *a.* y *s.* (zool.) palmípedo.
palmist(er [pámist(œr], *s.* quiromántico.
palmistry [-ri], *s.* quiromancia (*o*-cía).
palmitate [pælmiteit], *s.* (quím.) palmitato.
palmitic [pælmítik], *a.* (quím.) palmítico.
palmitin [pælmitin], *s.* (quím.) palmitina.
palmy [pámi], *a.* próspero, floreciente; triunfal; palmar.
palomino [pælomínou], *s.* palomino, caballo pardusco con la crin y el rabo marfileño.
palp [pælp], *s.* (zool.) palpo.
palpability [pælpabíliti], *s.* palpabilidad, evidencia, calidad de obvio, patente o palmar(io).
palpable [pælpabl], *a.* palpable, evidente.—**palpably** [-bli], *adv.* palpablemente, claramente.
palpate [pælpeit], *va.* palpar.—**palpation** [-éišon], *s.* palpamiento; (med.) palpación.
palpebra [pælpibra], *s.* (anat.) pálpebra, párpado.
palpebral [-l], *a.* palpebral.
palpitate [pælpiteit], *vn.* palpitar, latir.—**palpitating** [-in], *a.* palpitante, latiente.—**palpita-**

tion [-éjšǫn], *s.* palpitación; (med.) pulsación rápida del corazón.
palpus [pǽlpʌs], *s.* (zool.) palpo.
palsied [pólzid], *a.* perlático, paralítico, paraliticado; temblante.—**to become p.**, paraliticarse.
palsy [pólzi]. **I.** *s.* (med.) parálisis, perlesía; ineficacia; apatía. **II.** *va.* paralizar. **III.** *vn.* paraliticarse.
palter [póltœ(r)], *vn.* petardear, estafar, divertirse con alguno.—**palterer** [-œ(r)], *s.* petardista.
paltriness [póltrinis], *s.* vileza, mezquindad.
paltry [póltri], *a.* vil, miserable, mezquino.
paludal [palyúdal], **paludine** [pǽlyudin], *a.* palúdico, de los pantanos, palustre.—**paludism** [-dizm], *s.* (med.) paludismo, fiebre palúdica.—**paludous** [-dʌs], *a.* palúdico; de los pantanos, que vive en los pantanos.
paly [péili], *a.* (poét.) pálido; (blas.) palado.
pampas [pǽmpäz], *s. pl.* pampas.—**p. grass,** (bot.) cortadera argentina.
pampean [pæmpían], *a.* y *s.* pampero, pampeano.
pamper [pǽmpœ(r)], *va.* mimar, consentir, tratar con mimo y regalo.
pamperer [-œ(r)], *s.* mimador.
pampero [pæmpéirou], *s.* pampero (viento, habitante).
pamphlet [pǽmflit], *s.* folleto; impreso.
pamphleteer [-ír], *s.* folletista.
pan [pæn]. **I.** *s.* cacerola, cazuela, cuenco; barreño; perol; caldero; paila; cuenca; depresión; hondonada; (min.) gamella; cazoleta de un arma de fuego; (carp.) quicio. *V.* HARDPAN.—**p. pudding,** pudín cocido en el horno.—**P.'s pipes,** flauta del dios Pan. **II.** *va.* (min.) separar el oro en una gamella; cocer y servir en una cazuela; (fam.) alcanzar, sacar, lograr; (fam.) criticar o poner como nuevo. **III.** *vn.* (con **out**) dar oro la tierra o arena; (fam.) dar buen resultado o provecho.
panacea [pænasíä], *s.* panacea, sánalotodo o cúralotodo, remedio universal, catolicón.
panache [panǽš], *s.* penacho, plumaje, plumero, airón; (fig.) = SWAGGER.
panada [panádä], *s.* (coc.) panetela.
Panama [pǽnama], *s.* Panamá.
Panama hat, *s.* panamá, *m.*, (sombrero de) jipijapa, *m.*
Panamanian [pænaméinian], *s.* y *a.* panameño.
Pan-American [pæn amérikan], *a.* panamericano. —**Pan-Americanism** [-izm], *s.* panamericanismo.
Pan-Anglican [pæn ǽŋglikan], *a.* pananglicano, relativo al conjunto de las divisiones de la iglesia anglicana.
panatela [pænatélä], *s.* panatela o panetela (cigarro).
pancake [pǽnkeik]. **I.** *s.* (coc.) fruta de sartén, hojuela, torta delgada de masa cocida rápidamente en la sartén, la callana o una plancha metálica, (Am.) panqué o panqueque, tortilla; (aer.) aterrizaje brusco casi vertical. **II.** *a.* plano. **III.** *vn.* (aer.) aumentar el ángulo de ataque al aterrizar.
pancratiast [pænkréišiæst], *s.* pancraciasta, *m.*
pancratic [pænkrǽtik], *a.* pert. al pancracio; atlético, gimnástico; (ópt.) ajustable.
pancratium [pænkréišiʌm], *s.* pancracio.
pancreas [pǽnkrias], *s.* (anat.) páncreas.
pancreatic [pænkriǽtik], *a.* pancreático.—**p. juice,** jugo pancreático.
pancreatin [pǽnkriatin], *s.* pancreatina.
panda [pǽndä], *s.* (zool.) panda, *m.* (ll. t. **lesser panda**).—**giant p.,** mamífero úrsido del Tibet.
Pandean [pændían], *a.* (mit.) del dios Pan.—**P. pipes,** = PAN'S PIPES.
pandect [pǽndekt], *s.* tratado, recopilación, digesto.—*pl.* **Pandects,** pandectas.
pandemia [pændímiä], *s.* (med.) pandemia.
pandemic [pændémik], *a.* pandémico, muy epidémico.
pandemonium [pændimóuniʌm], *s.* pandemónium, infierno; barahunda, batahola.
pander [pǽndœ(r)]. **I.** *s.* alcahuete, rufián, tercero. **II.** *va.* y *vn.* alcahuetear, rufianear.
panderage [-idž], **panderism** [-izm], *s.* alcahuetería, lenocinio.
panderess [-is], *s.* alcahueta.
pandiculation [pændikyuléišǫn], *s.* pandiculación, desperezo.
pandore [pændór], *s.* (mús.) bandola, bandurria.
pandowdy [pændáudi], *s.* (coc.) cierto pastel o budín de manzanas.
pandy [pǽndi]. **I.** *s.* palmetazo. **II.** *va.* dar palmetazos (como castigo).
pane [pein], *s.* hoja de vidrio o cristal de ventana o vidriera; entrepaño de puerta, etc.; cuadro, cuadrado, tablero; cara, lado, faz, faceta. *V.* PANEL y PEEN.—**paned** [-d], *a.* provisto de panes; hecho a cuadros.
panegyric [pænidžírik], *s.*, **panegyric(al** [-(al], *a.* panegírico.—**panegyrist** [-ist], *s.* panegirista.—**panegyrize** [pǽnidžiraiz], *va.* panegirizar.
panel [pǽnel]. **I.** *s.* (arq., etc.) panel; entrepaño, cuarterón, artesón, tablero, tabica; (elec.) panel, tablero; (pint.) tabla; (cost.) paño (en un vestido); cojincillo de silla de montar; cara de una piedra labrada; (ing.) recuadro, tramo (de puente); (aer.) pieza de tela de la envoltura (de un dirigible); (aer.) sección, cuadro (de un ala); (for.) jurado; lista oficial de personas que pueden servir como jurados.—**p. board,** tablero de cortacircuitos.—**p. discussion,** discusión de un tema o problema por oradores nombrados de antemano.—**p. doctor,** (Ingl.) médico de seguros.—**p. game,** modo de robar mediante postigos o puertas secretas en casas de mal vivir.—**p. house,** burdel donde se practica el robo antedicho.—**p. length,** (ing.) largo de los recuadros (de un puente). **II.** *va.* artesonar, formar tableros, cuarterones o artesones.
paneless [péinlis], *a.* sin cristales (ventana o vidriera).
panel(l)ing [pǽnelin], *s.* artesonado.
panetel(l)a [pænetélä], *s.* = PANATELA.
panful [pǽnful], *s.* contenido de una cazuela o cacerola; sartenada.
pang [pæŋ], *s.* angustia, congoja, dolor, tormento.—**pangs of childbirth,** dolores de parto.—**pangs of conscience,** remordimientos de conciencia.—**pangs of death,** ansias de la muerte, agonía.
pangenesis [pændžénesis], *s.* (biol.) pangenesia, pangénesis.—**pangenetic** [pændžinétik], *a.* pangenésico, pangenético.
Pan-German [pændžœ́rman], *a.* pangermanista. —**Pan-Germanism** [-izm], *s.* pangermanismo.
pangolin [pæŋgóulin], *s.* (zool.) pangolín.
panhandle [pǽnhændl]. **I.** *vn.* (fam.) mendigar en las calles. **II.** *s.* mango de cacerola, etc.; entrada angosta de un territorio en otro.—**panhandler** [-hændlœ(r)], *s.* (fam.) mendicante callejero, pordiosero.—**P. State,** (E. U.) Virginia Occidental.
Panhellenic [pænhelénik], *a.* panhelénico, panhelenista.—**Panhellenism** [-hélenizm], *s.* panhelenismo.—**Panhellenist** [-ist], *s.* panhelenista.
panic [pǽnik]. **I.** *a.* pánico. **II.** *s.* pánico; miedo o terror pánico; consternación; pánico o crisis comercial.—**p. grass,** (bot.) panizo, mijo, (a)daza.—**p.-stricken, p.-struck,** sobrecogido de terror, preso de pánico. **III.** *va.* consternar, sobrecoger de terror.
panicky [-i], *a.* aterrorizado, consternado.
panicle [pǽnikl], *s.* (bot.) panoja, panícula.
paniculate(d [paníkyuleit(id], *a.* (bot.) apanojado, paniculado.
Panicum [pǽnikʌm], *s.* (bot.) panizo.
panification [pænifikéišǫn], *s.* panificación.
Pan-Islamism [pænislamizm], *s.* panislamismo.

panjandrum [pændžǽndrʌm], *s.* persona hinchada; hombre mayúsculo (ú. jocosa o satíricamente); ceremonia ridículamente exagerada.
panmixia [pænmíksịạ], *s.* (biol.) panmixia, unión al azar.
panniculus [pæníkyṷlʌs], *s.* (anat.) panículo.
pan(n)ier [pǽnịœ(r)], *s.* cuévano, serón, cesto o cesta, canasta; (cost.) tontillo; armazón ligera; (ing.) cestón, gavión, *m.*—*pl.* angarillas.
pannikin [pǽnịkịn], *s.* cazo, cacillo.
panoply [pǽnoplị], *s.* panoplia.
panoptic(al [pænáptịk(ạl], *a.* panóptico.
panopticon [-an], *s.* panóptico.
panorama [pænorǽmạ̈], *s.* panorama, *m.*
panoramic [-ịk], *a.* panorámico.
Panslavic [pænslávịk], *a.* paneslavista.—**Panslavism** [-ịzm], *s.* paneslavismo.
panspermatism [pænspœ́rmạtịzm], *s.* (biol.) panspermia.
pansy [pǽnzị], *s.* (bot.) pensamiento, trinitaria.
pant [pænt]. **I.** *vn.* (i)jadear, resollar, acezar, anhelar; palpitar.—**to p. for** o **after,** suspirar por, desear con ansia. **II.** *s.* jadeo, resuello, acezo; palpitación.—*pl.* (fam.) *V.* PANTS.
pantalet(te)s [pæntạléts], *s. pl.* pantalones largos de mujer, (Am.) pantaletas.—**pantaloon** [-lún], *s.* arlequín, bufón.—*pl.* pantalones.
pantheism [pǽnθịịzm], *s.* panteísmo.—**pantheist** [-ịst], *s.* panteísta.—**pantheistic(al** [-ístịk(ạl], *a.* panteísta, panteístico.
Pantheon, pantheon [pǽnθịọn], *s.* panteón.
panther [pǽnθœ(r)], *s.* (zool.) pantera, leopardo; (Am.) puma, *mf.*
panties [pǽntiz], *s. pl.* (fam.) pantalones (de mujer), (Am.) pantaletas.
pantile [pǽntaịl], *s.* teja cóncava o de canalón.
panting [pǽntịŋ]. **I.** *a.* jadeante, acezoso. **II.** *s.* jadeo, anhelación; (med.) disnea.—**pantingly** [-lị], *adv.* sin resuello, con anhelo.
pantler [pǽntlœ(r)], *s.* (ant.) panetero.
pantograph [pǽntogræf], *s.* pantógrafo; (f. c. eléct.) soporte articulado del vástago del trole.
pantographic [-grǽfịk], *a.* pantográfico.
pantomime [pǽntomaịm], *s.* mímica; (teat.) pantomima.—**pantomimic** [-mímịk], *a.* pantomímico.—**pantomimist** [-maịmịst], *s.* pantomimo.
pantoscopic [-skápịk], *a.* (ópt.) pantoscópico, bifocal.
pantry [pǽntrị], *s.* despensa, reposte(ría).
pants [pænts], *s. pl.* (fam.) pantalones; calzoncillos.—**p.** (o **pant**) **hanger,** percha.
pap [pæp], *s.* (ant.) pezón, teta; mogote; papilla, papas, *f. pl.*, gachas, puches; (ant.) carne, *f.* (de la fruta); (vet.) tolano.
papa [pápạ̈ *o* papá], *s.* (fam.) papá o papa, *m.*
papacy [péịpasị], *s.* papado, pontificado.
papain [pạpéịn], *s.* (bioquím.) papaína.
papal [péịpạl], *a.* papal, pontifical.—**p. chamberlain,** camerlengo.—**papalism** [-ịzm], *s.* papismo.—**papalist** [-ịst], *a.* y *s.* papista.—**papally** [-ị], *adv.* papalmente.
papaveraceous [pạpævẹréịŝịʌs], **papaverous** [pạpǽvẹrʌs], *a.* (bot.) papaveráceo.
papaw [pạpɔ́], *s.* (bot.) lechosa, papaya; (E. U., bot.) asimina (ll. t. **papaya** y **pawpaw**).—**p. tree,** lechoso, papayo.
paper [péịpœ(r)]. **I.** *s.* papel; memoria, artículo, disertación, ensayo; diario, periódico; (com.) valor, vale, letra o pagaré negociable; envoltorio; paquete, papel o papelito que contiene algo; (teat.) billete de favor, pase.—*pl.* papeles (valores, documentos, apuntes, etc.); credenciales; actas; carta de naturaleza.—**p. of needles,** cartón o paño de agujas.—**p. of tacks,** cajetilla de tachuelas.—**on p.,** escrito; por escrito; en lo escrito, en teoría. **II.** *a.* de papel; del o relativo al papel; para papel; para papeles; escrito.—**p. bag,** bolsa o saco de papel; papeleta.—**p. blockade,** (der. int.) bloqueo en el papel.—**p. book,** libro en blanco.—**p. -bound,** (enc.) en rústica.—**p. box,** caja de cartón.—**p. case,** papelera.—**p. clip,** sujetapapeles, sujetador, prendedero, clip.—**p. cone,** cucurucho.—**p. currency,** papel moneda.—**p. cutter,** cortapapel; (enc.) máquina de cortar papel.—**p. fastener,** cierre para muestras, etc.—**p. file,** papelera, guardapapeles.—**p. folder,** plegadera.—**p. hanger,** empapelador, papelista.—**p. hanging,** empapelado; oficio de empapelador; arte de empapelar.—**p. hangings,** papel pintado o de empapelar.—**p. kite,** cometa de papel, (Am.) papalote.—**p. knife,** cortapapel; plegadera.—**p. maker,** o **seller,** papelero, papelista.—**p. (making) machine,** máquina papelera o para hacer papel continuo.—**p. mill,** fábrica de papel.—**p. money,** papel moneda.—**p. muslin,** lustrina.—**p. nautilus,** (zool.) argonauta.—**p. profits,** (com.) ganancias presuntas pero no realizadas aún.—**p. pulp,** pulpa para papel; pasta.—**p. punch,** perforador(a) de papel.—**p. ruler,** pauta; pautador (persona).—**p. stainer,** fabricante de papeles pintados.—**p. wasp,** (ent.) avispa.—**p. wedding,** primer aniversario de la boda.—**p. weight,** pisapapel.—**p. work,** papeleo. **III.** *va.* empapelar; cubrir con papel; pulir con papel de lija.
paperback [-bæk], *s.* bolsilibro.
paperboard [-bɔrd], *s.* cartón.
paperer [-œ(r)], *s.* empapelador.
papering [-ịŋ], *s.* empapelado.
papery [-ị], *a.* parecido al papel.
papess [péịpịs], *s.* papisa.
papeterie [pǽpẹtrị], *s.* cajita de papel y sobres.
papier-mâché [péịpœr mạŝéị], *s.* cartón piedra.
papilionaceous [pạpịlịonéịŝịʌs], *a.* (bot.) amariposado; papilionáceo.—**Papilionidæ** [-ánịdi], *s. pl.* (ent.) papiliónidos, mariposas.
papilla [pạpílạ̈], *s.* (zool., bot.) pezón, papila.
papillary [pǽpịlẹrị], **papillose** [-loṷs], *a.* papilar.
papillitis [-láịtịs], *s.* (med.) (neuro)papilitis, neuritis óptica.
papilloma [-lóṷmạ̈], *s.* (med.) papiloma, *m.*
papist [péịpịst], *s.* (gen. desp.) papista.—**papistic(al** [peịpístịk(ạl], *a.* papista.—**papistry** [péịpịstrị], *s.* (gen. desp.) papismo.
pap(p)oose [pæpús], *s.* niño de los indios norteamericanos.
pappose [pǽpoṷs], **pappous** [pǽpʌs], *a.* velloso, velludo.
pappus [pǽpʌs], *s.* (bot.) vilano, papo.
pappy [pǽpị], *a.* como papilla; mollar, jugoso.
paprika [pǽprịkạ̈], *s.* pimentón.
Papuan [pǽpịuạn], *s.* y *a.* papú.
papula [pǽpyṷl(ạ̈], **papule,** *s.* (med.) pápula.
papular [-ạ̈(r)], **papulous** [-ʌs], *a.* papuloso, lleno de pápulas.
papyraceous [pæpịréịŝịʌs], *a.* papiráceo; hecho de papiro. *V.* PAPERY.
papyrus [pạpáịrʌs], *s.* (bot.) papiro; papel de papiro; documento escrito en papiro.
par [par], *s.* equivalencia, paridad, nivel; (com.) par, *f.*—**p. value,** valor a la par, valor nominal.—**above p.,** a premio, con prima.—**at p.,** a la par.—**below p.,** a descuento.—**to be on a p. with,** ser igual a, estar al par de, correr parejas con.
parabiosis [pærạbaịóṷsịs], *s.* (biol.) parabiosis.
parablast [pǽrạblæst], *s.* (embr.) parablasto.
parable [pǽrạbl], *s.* parábola.
parabola [pạrǽbolạ̈], *s.* (geom.) parábola.
parabolic(al [pærạbálịk(ạl], *a.* parabólico.—**p. geometry,** geometría euclidiana.—**p. space,** espacio euclidiano.
parabolist [pạrǽbolịst], *s.* parabolano.
paraboloid [-lɔịd], *s.* (geom.) paraboloide.
paracentric(al [pærạséntrịk(ạl], *a.* paracéntrico.
parachronism [pærǽkronịzm], *s.* paracronismo.
parachute [pǽrạŝut], *s.* paracaídas; (min.) cuba de seguridad.—**parachutist** [-ịst], *s.* paracaidista.
Paraclete [pǽrạklit], *s.* (igl.) Paráclito, Paracleto.

parade [pəréid]. I. *s.* (mil.) parada, revista de tropas; desfile, procesión; cabalgata; paseo público; gala, ostentación, pompa, fachenda; (esgr.) parada, quite.—**p. ground**, plaza de armas.—**p. rest**, (mil.) descanso. II. *va.* y *vn.* (mil.) formar en parada; pasar revista; desfilar; pasear, cabalgar; hacer gala, alardear, ostentar.
paradigm [pǽrədim], *s.* paradigma, *m.*, ejemplo.
paradigmatic [-digmǽtik], *a.* ejemplar.
paradise [pǽrədais], *s.* paraíso; cielo; Edén; (teat.) paraíso.—**p. bird**, ave (*f.*) del Paraíso.
paradisiacal, paradisaic [-disáiəkəl, -diséiik], *a.* paradisíaco, edénico.
paradox [pǽrədaks], *s.* paradoja.—**paradoxical** [-dáksikəl], *a.* paradójico, paradojo.—**paradoxically** [-i], *adv.* paradójicamente.
paraffin(e [pǽrəfin], *s.* parafina.
parage [pǽridž], *s.* (der. hist.) igualdad de sangre, de dignidad o terreno (entre coherederos).
paragenesis [pærədžénesis], *s.* (geol.) paragénesis.
paragoge [pærəgóudži], *s.* (ret.) paragoge, *f.*
paragogic [pærəgádžik], *a.* paragógico.
paragon [pǽrəgan], *s.* modelo, ejemplar, dechado; (impr.) parangona (tipo grande de 20 puntos).
paragraph [pǽrəgræf]. I. *va.* dividir en párrafos. II. *s.* párrafo, parágrafo, aparte; suelto, gacetilla; (impr.) párrafo, calderón, el signo ¶.
paragrapher [-œ(r)], *s.* gacetillero.
paragraphic(al [-grǽfik(əl], *a.* escrito en párrafos sueltos; gacetillesco.
paragraphically [-i], *adv.* por párrafos.
Paraguay [pærəgwéi, -gwái], *s.* Paraguay.
Paraguayan [pærəgwéiən, -gwáiən], *a.* y *s.* paraguay(an)o.
para-hydrogen [pærəháidrodžin], *s.* (quím.) para-hidrógeno.
parakeet [pǽrəkit], *s.* (orn.) perico, periquito.
paraldehyde [pærǽldihaid], *s.* (quím.) paraldehido.
paraleipsis [pærəláipsis], *s.* (ret.) paralipse, *f.*
parallactic(al [-lǽktik(əl], *a.* paraláctico.
parallax [pǽrəlæks], *s.* (astr.) paralaje, *f.*
parallel [pǽrəlel]. I. *a.* paralelo; igual; análogo, semejante.—**p. bars**, paralelas (gimnasia).—**p. motion**, mecanismo de movimiento paralelo.—**p. postulate**, postulado de las paralelas, o de Euclides.—**p. ruler**, regla para trazar rectas paralelas.—**p. sailing**, navegación paralela.—**p. series**, (elec.) = MULTIPLE SERIES. II. *s.* línea paralela; paralelo, cotejo; conformidad, semejanza; (geog.) paralelo (de latitud); igual, contraparte, *f.*; (fort.) paralela; (impr.) signo de esta forma ‖.—**p. of latitude**, paralelo de latitud.—**in p.**, (elec.) en paralelo, en derivación. III. *va.* ser paralelo o igual a, correr parejas con; pararelar, poner en dirección paralela; parangonar, cotejar, poner en paralelo.
parallelepiped [-epáipid], *s.* (geom.) paralelepípedo.
parallelism [-izm], *s.* paralelismo.
parallelly [-i], *adv.* paralelamente.
parallelogram [pærəlélogræm], *s.* (geom.) paralelogramo.
paralogism, paralogy [pərǽlodžizm, -dži], *s.* (lógica) paralogismo.
paralogize [-džaiz], *vn.* paralogizar.
paralysis [pərǽlisis], *s.* (med.) parálisis, perlesía; paralización, estancamiento.
paralytic(al [pærəlítik(əl], *s.* y *a.* paralítico, perlático, tullido.
paralyzation [pærəlizéišən], *s.* parálisis; paralización.
paralyze [pǽrəlaiz], *va.* paralizar.—**paralyzed** [-d], *a.* = PARALYTIC.—**paralyzing** [-iŋ], *a.* paralizador.
paramagnetic [pærəmægnétik], *a.* paramagnético.
paramagnetism [pærəmǽgnitizm], *s.* (fís.) paramagnetismo.
paramecium [pærəmíšiʌm], *s.* (zool.) paramecio
parameter [pərǽmetœ(r)], *s.* (geom.) parámetro.
paramilitary [pærəmíliteri], *a.* paramilitar.
paramilitary forces, *s.pl.* fuerzas paramilitares.
paramo [párəmou], *s.* páramo.
paramorphism [pærəmórfizm], *s.* (min.) paramorfismo, paramorfosis.
paramount [pǽrəmaunt]. I. *a.* superior, supremo, principalísimo. II. *s.* (**lord**) **p.**, soberano.
paramour [pǽrəmur], *s.* amante, querido, (fam.) cortejo; querida, manceba.
paranoia [pærənóiə], *s.* (psic.) paranoia.
paranoiac [-nóiæk], *s.* y *a.* paranoico.
paranoid [pǽrənoid], *s.* y *a.* paranoico.
Pará nut [pará nʌt], *s.* = BRAZIL NUT.
paranymph [pǽrənimf], *s.* paraninfo.
parapet [pǽrəpet], *s.* (arq.) baranda, antepecho, pretil, mampuesto; (fort.) parapeto, baluarte.
paraphernalia [pærəfœrnéiliə], *s. pl.* atavíos, arreos; adornos, galas, insignias; (for.) bienes parafernales.
paraphrase [pǽrəfreiz]. I. *s.* paráfrasis. II. *va.* parafrasear.—**paraphraser** [-œ(r)], **paraphrast** [-fræst], *s.* parafraste, parafraseador.—**paraphrastic**(al [-frǽstik(əl], *a.* parafrástico.—**paraphrastically** [-i], *adv.* parafrásticamente.
paraplegia [-plídžiə], *s.* (med.) paraplejía, -gia.
paraquet, *s.* = PAR(R)AKEET.
Pará rubber [pará rʌbœ(r)], *s.* = INDIA RUBBER.
parasang [pǽrəsæŋ], *s.* parasanga (5,250 metros).
parasceve [pǽrəsiv], *s.* (igl.) parasceve de los judíos; viernes santo.
paraselene [pærəselíni], *s.* (meteor.) paraselene, *f.*
parasite [pǽrəsait], *s.* parásito; (fam.) gorrista, gorrón, mogrollo.
parasitic(al [-sítik(əl], *a.* parásito; gorrista; (med.) parasitario, parasítico.—**p. current**, (elec.) corriente de Foucault o parásita.
parasitically [-i], *adv.* a modo de parásito; a ufo.
parasiticide [-sítisaid], *a.* y *s.* parasiticida, *mf.*
parasitism [-saitizm], *s.* parasitismo.
parasitology [-saitálodži], *s.* (biol.) parasitología.
parasol [-sɔl], *s.* sombrilla, parasol, quitasol.
parasympathetic [-simpəθétik], *a.* (anat., fisiol.) parasimpático.
parathyroid [-θáiroid], *a.* y *s.* (anat.) paratiroides, *f.*
paratrooper [-trupœ(r)], *s.* (mil.) paracaidista, paracomando.
paratroops [-trups], *s.pl.* paracaidistas, paracomandos.
paratyphoid [-táifoid], *s.* (med.) paratifoidea.
paravane [-vein], *s.* artificio para destruir minas submarinas o para atacar submarinos.
parboil [párboil], *va.* sancochar; medio cocer.
parbuckle [párbʌkl], *s.* cierto dispositivo que sirve para hacer subir o bajar barriles, etc., por un plano inclinado.
parcel [pársel]. I. *s.* paquete; lío, fardo, bulto; atado; porción, cantidad; partida.—*pl.* (for.) demarcación de linderos.—**p. of ground**, o **land**, parcela, tramo, lote de terreno, solar.—**p. post**, servicio de paquetes postales. II. *adv.* en parte, parcialmente.—**p.-gilt**, dorado en parte. III. *va.* (con **out** o **into**) partir, dividir, distribuir; liar, empaquetar; parcelar, dividir en parcelas.—**to p. the seams**, (mar.) aforrar las costuras.—**parcel(l)ing**, *s.* (mar.) precinta.
parcenary [pársəneri], *s.* (for.) herencia indivisa.
parcener [pársənœ(r)], *s.* (for.) coheredero.
parch [parch]. I. *va.* (re)secar, agostar; tostar, quemar, abrasar; asol(an)ar. II. *vn.* tostarse, quemarse, abrasarse.—**to be parched with thirst**, morirse o estarse abrasando de sed.
parche(e)**si** [parchízi], *s.* parchesí, parchís.
parching [párchiŋ], *a.* abrasador, ardiente.
parchment [párchmənt], *s.* pergamino, vitela.
pard [pard], *s.* (ant., zool.) (leo)pardo; (fam.) asociado, compinche.
pardon [párdən]. I. *va.* perdonar, absolver; indultar, amnistiar, remitir; disculpar, dispen-

sar.—**p. me,** perdone Vd., Vd. dispense.—**to p. a criminal,** conceder gracia a un criminal. **II.** *s.* perdón, gracia, absolución, indulto, amnistía, remisión, venia.—**I beg your p.,** Vd. dispense, perdone Vd. (fórmula de cortesía).
pardonable [-ạbl], *a.* perdonable; venial.—**pardonably** [-ạblị], *adv.* disculpablemente.
pardoner [-œ(r)], *s.* perdonador.
pardoning [-ịŋ], *a.* indulgente, perdonante.
pare [pɛr], *va.* (re)cortar; mondar (fruta); pelar (patatas, etc.); chiflar (cuero, pieles, etc.); rallar, raspar; descantillar, desbastar.—**to p. a horse's hoof,** despalmar el casco de un caballo.—**to p. the nails,** cortar las uñas.
paregoric [pærạgórịk]. **I.** *a.* paregórico, calmante. **II.** *s.* (farm.) elixir paregórico; anodino; tintura de opio alcanforada.
parenchyma [pạréŋkịmä], *s.* parénquima, *m.*
parenchymous [-mʌs], **parenchymatous** [pərɛŋkịmạtʌs], *a.* (bot., zool.) parenquimatoso.
parent [pérẹnt]. **I.** *s.* padre o madre; autor, causa, origen.—*pl.* padres. **II.** *a.* madre, matriz, materno, principal.—**p. complex,** (psic.) complejo Edipo.—**p. house,** casa principal.—**p. plant,** planta madre.—**p. speech,** lengua matriz o madre.
parentage [-ịdẑ], *s.* ascendencia, extracción, alcurnia, abolengo, nacimiento, origen. *V.* PARENTHOOD.
parental [pạréntạl], *a.* paternal o maternal.—**p. school,** reformatorio para jóvenes delincuentes.
parentheses [pạrénθɛsiz], *s. pl.* de PARENTHESIS.
parenthesis [-sịs], *s.* paréntesis, *m.*
parenthetic(al [pærẹnθétịk(ạl], *a.* entre paréntesis.—**parenthetically** [-ị], *adv.* entre paréntesis.
parenthood [pérẹnthụd], *s.* paternidad o maternidad, calidad de padre o madre.
parer [pérœ(r)], *s.* mondador, pelador.
paresis [pạrísịs], *s.* (med.) paresia.
paresthesia [parɛsθíẑịä], *s.* (med.) parestesia.
paresthetic [-θétịk], *a.* parestésico.
paretic [pạrétịk], *a.* (med.) parético.
par excellence [par éksẹlans], (fr.) por excelencia, sin rival.
parfait [parféị], *s.* (coc.) cierto postre congelado.
parget [párdẑet]. **I.** *va.* (alb.) enyesar, enlucir. **II.** *s.* yeso; mortero, argamasa; enlucido.
pargeting [-ịŋ], *s.* (alb.) enyesado, enyesadura, enlucido; estuco; argamasa.
parhelion [parhíliọn], *s.* (meteor.) parhelia, -io.
pariah [páriä o pạráiä], *s.* paria, *mf.*
Parian [périạn], *a.* y *s.* pario; de Paros.
parietal [pạráịẹtạl]. **I.** *a.* paredaño; interno; (anat., bot., etc.) parietal. **II.** *s.* (anat.) parietal.
parietary [pǽrịẹteri], *s.* (bot.) parietaria.
pari-mutuel [perị miúchụel], *s.* cierto sistema de apostar en las carreras de caballo; máquina para registrar las apuestas.
paring [périŋ], *s.* raspadura, peladura, mondadura, cáscara, recorte, desperdicio, desecho.—**p. knife,** cuchilleja; trinchete, chaira o corvillo (de zapatero); descarnador; chifla (para cueros); pujavante (de herrador).
Paris [pǽrịs], *a.* de París.—**P. green,** cardenillo arsenioso, aceto-arsenito de cobre, verde de París.—**P. white,** blanco de París.
parish [pǽrịŝ]. **I.** *s.* parroquia, feligresía, curato; (E. U.) en Luisiana, jurisdicción o partido. **II.** *a.* parroquial, párroco.—**p. church,** parroquia, iglesia parroquial.—**p. clerk,** sacristán de parroquia.—**p. priest,** (cura) párroco.—**p. school,** escuela parroquial.
parishioner [pạríŝọnœ(r)], *s.* parroquiano, feligrés.
Parisian [pạríẑịạn], *a.* y *s.* parisiense.
parisyllabic [pærịsịlǽbịk], *a.* (gram.) parisilábico, parisílabo.
parity [pǽrịtị], *s.* paridad, semejanza, igualdad; (com.) paridad, cambio a la par.
park [pạrk]. **I.** *s.* parque; (mil.) parque de artillería, municiones, etc. **II.** *va.* cercar o cerrar un coto; estacionar (un coche) al borde de la acera o en un paradero; (fam.) depositar, guardar, dar a guardar por poco tiempo (algo que estorba). **III.** *vn.* (aut.) estacionarse.
parka [párkä], *s.* cierta chaqueta de piel, o camisa larga de lana, con capucha.
parking [párkịŋ], *s.* estacionamiento (de un vehículo).—**no p.,** estacionamiento prohibido.
parking light, *s.* luz de estacionamiento.
parking meter, *s.* parquímetro, contador de tiempo (para estacionamiento).
parking place, *s.* plaza de estacionamiento.
parking ticket, *s.* multa de estacionamiento.
parkleaves [párklivz], *s.* (bot.) androsemo, castellar, todabuena o todasana.
parkway [párkweị], *s.* bulevar.
parlance [párlạns], *s.* lenguaje, idioma, *m.*; dicción, modo de hablar; conversación. *V.* PARLEY.
parlay [párleị o párlị], *s.* = PAROLI.
parley [párlị]. **I.** *vn.* (mil.) parlamentar; discutir; conferenciar. **II.** *s.* (mil.) parlamento; conferencia, plática.
Parliament [párlịmẹnt], *s.* (Ingl.) parlamento; (España) Cortes, *f. pl.*; cuerpo legislativo.—**member of P.,** parlamentario; diputado (a Cortes).
parliamentarian [-mɛntérịạn], *s.* parlamentario.
parliamentarily [-méntạrịlị], *adv.* parlamentariamente.
parliamentarism [-tạrịzm], *s.* parlamentarismo.
parliamentary [-tạrị], *a.* parlamentario.—**p. law, o practice,** práctica parlamentaria.
parlor [párlọ(r)], *s.* sala de recibo; salón; (Ingl.) sala de confianza; (igl.) parlatorio, locutorio.—**p. car,** (f. c.) coche salón.—**p. match,** mixto, fósforo.
parlormaid [-meịd], *s.* doncella.
parlous [párlʌs], *a.* (ant.) peligroso, temible; (fam.) muy astuto o perspicaz; horrible; sorprendente.—**parlously** [-lị], *adv.* (fam.) sumamente.
Parmesan [parmịzǽn], *a.* parmesano, de Parma.
Parnassian [parnǽsịạn]. **I.** *a.* del Parnaso; poético.—**P. school,** escuela parnasiana. **II.** *s.* poeta, *m.*; parnasiano.—**Parnassus** [parnǽsʌs], *s.* Parnaso.
parochial [pạróụkịạl], *a.* parroquial. *V.* PARISH.
parochially [-ị], *adv.* por parroquias.
parodic(al [pærádịk(ạl], *a.* paródico.
parodist [pǽrọdịst], *s.* parodista.
parody [pǽrọdị]. **I.** *s.* parodia. **II.** *va.* parodiar.
parol(e [pạróụl]. **I.** *a.* (for.) verbal, oral; escrito pero no sellado.—**p. contract,** contrato verbal o no perfeccionado.—**p. evidence,** prueba verbal.—**by p.,** de palabra. **II.** *s.* (for.) alegación o alegato.
parole [pạróụl]. **I.** *s.* palabra, promesa de honor de un prisionero; (mil.) santo y seña; (for.) caución juratoria. **II.** *va.* (mil. y penología) poner en libertad bajo palabra.
paroli [pǽroli], *s.* pároli (en el juego).
paronomasia [pæranoméịẑịä], *s.* (ret.) paronomasia.
paronomastic [-mǽstịk], *a.* paronomástico.
paronychia [pæroníkịä], *s.* (cir.) panadizo.
paronym [pǽronịm], *s.* voz parónima.—**paronymous, paronymic** [pæránịmʌs, pæronímịk], *a.* parónimo.—**paronymy** [pæránịmị], *s.* paronimia.
paroquet [pǽrokɛt], *s.* (orn.) periquito.
parotic [pærátịk], *a.* (anat.) de la región auricular.
parotid [pærátịd]. **I.** *a.* parotídeo, próximo a la oreja. **II.** *s.* (anat.) parótida (glándula).—**parotitis** [pærạtáịtịs], **parotiditis** [pæratịdáịtịs], *s.* (med.) parotiditis, parótida.
paroxysm [pǽrọksịzm], *s.* paroxismo, parasismo.

paroxysmal [-sízmąl], *a.* paroxismal; (geol.) producido por una conmoción.
paroxytone [pærákşitoun], *a.* (gram.) paroxítono.
parquet [parkéi], *s.* (teat.) platea.—**p. circle,** (teat.) = PARTERRE.—**p. floor,** piso, entarimado o entablado de mosaico de madera.
parquetry [párketri], *s.* mosaico de madera.
parr [par], *s.* (ict.) esguín, murgón, salmoncillo.
parrakeet [pærąkit], *s.* (orn.) perico, periquito.
parrel [pærel], *s.* manto de chimenea; (mar.) racamento.—**p. rope,** troceo.—**p. truck,** (mar.) troza.
parrhesia [pąríżįą], *s.* (ret.) parresia.
parricidal [pærisáidąl], *a.* parricida.
parricide [pærisaid], *s.* parricida, *mf.*; parricidio.
parrot [pærot]. I. *s.* (orn.) papagayo, loro, cotorra, (Am.) cata.—**p. disease, o fever,** psitacosis.—**p. fish o wrasse,** (ict.) escaro. II. *va.* y *vn.* repetir o hablar como loro; decir ociosidades.
parry [pæri]. I. *va.* y *vn.* (esgr.) parar, rechazar, reparar, quitar. II. *s.* parada, quite, reparo.
parrying [-iŋ], *s.* parada, quite.
parse [pars], *va.* (gram.) analizar.
parsec [pársek], *s.* unidad astronómica igual a 206.265 veces la distancia del sol a la tierra.
Parsee, Parsi [pársi], *s.* parsi.
Parseeism, Parsiism [-izm], *s.* parsismo, religión de Zoroastro.—**Parsic** [pársik], *a.* parsi.
parsimonious [pársimóuniʌs], *a.* parsimonioso, parco, frugal; mezquino cicatero, tacaño.—**parsimoniously** [-li], *adv.* parcamente; mezquinamente.—**parsimoniousness** [-nis], **parsimony** [-moni], *s.* parsimonia, parquedad; mezquindad.
parsing [pársiŋ], *s.* (gram.) análisis.
parsley [pársli], *s.* (bot.) perejil.
parsnip [pársnip], *s.* (bot.) chirivía, pastinaca.
parson [pársọn], *s.* clérigo; párroco, cura, *m.*
parsonage [-idż], *s.* rectoría, rectoral, *f.*
part [part]. I. *s.* parte, *f.*; porción, pedazo, trozo; miembro; pieza; región, lugar; (teat.) papel, parte; interés, cuidado; obligación, deber; (mús.) parte; raya del cabello; (for.) parte; (mec.) pieza, recambio; (mat.) parte alícuota.—*pl.* partes, prendas personales, dotes, *f. pl.*, c(u)alidades; distrito, paraje.—**p. and parcel,** parte integrante; uña y carne, carne y hueso.—**p. of speech,** parte de la oración.—**p. owner,** condueño.—**p. time,** tiempo o período incompleto (ú. esp. del empleo o trabajo). *V.* FULL TIME.—**p. way,** en parte, hasta cierto punto.—**by parts,** a o por partes.—**for my p.,** por mi parte, por lo que a mí toca, en cuanto a mí.—**for the most p.,** por la mayor parte, en su mayoría.—**in good (bad) p.,** sin ofenderse (ofendido), en buena (mala) parte.—**in p.,** en parte, parcialmente.—**it is the p. of wisdom,** la prudencia aconseja.—**on my p.,** de o por mi parte.—**to do one's p.,** cumplir uno con su obligación; hacer cuanto pueda, hacer de su parte.—**to meet p. way,** hacer algunas concesiones.—**to take p. (in),** tomar parte o participar (en). II. *va.* partir; repartir, distribuir; despartir, desunir, separar, dividir; romper, desprender; apartar.—**to p. company,** separarse.—**to p. the hair,** partir el pelo, hacerse la raya. III. *vn.* partirse; separarse; desprenderse, romperse, saltar, zafarse; despedirse; partir, irse; morir.—**to p. from,** despedirse de, decir adiós a.—**to p. with,** desprenderse o deshacerse de; enajenar.
partake [partéik], *va.* y *vn.* (*pret.* PARTOOK; *pp.* PARTAKEN) (a veces con **in** u **of**) participar (de), tener o tomar parte (en); tener algo de.
partaker [-œ(r)], *s.* participante, partícipe.
parted [pártid], *a.* partido, dividido, hendido; (ant.) ido, muerto.
parterre [partér], *s.* parterre, cuadro de jardín, macizo de flores; (teat.) parte (*f.*) de la platea detrás de las lunetas.
parthenogenesis [parθenodżénesis], *s.* (biol.) partenogénesis.
parthenogenetic [-nodżenétik], *a.* partenogenético.
Parthian [párθiąn], *s.* y *a.* parto.
Parthian shot, *s.* (fig.) palabra picante o mordaz (al partir).
partial [párŝąl], *a.* parcial, prevenido; parcial, no del todo o completo; muy o más aficionado (a), mejor dispuesto (hacia, para, con).—**p. differential,** (mat.) diferencial parcial.—**p. eclipse,** (astr.) eclipse parcial.—**p. fractions,** (mat.) fracciones parciales, fracciones en que puede descomponerse una fracción algebraica.—**p. payments,** pagos parciales.
partiality [parŝ(i)æliti], *s.* parcialidad; prejuicio, predilección, preferencia.
partially [párŝąli], *adv.* parcialmente, en parte; parcialmente, con parcialidad.
partible [pártibl], *a.* partible, divisible.
participant [partísipąnt], *a.* y *s.*, **participator** [-peitọ(r)], *s.* participante, (co)partícipe.—**participate** [-peit], *va.* y *vn.* participar.—**participating** [-iŋ], *a.* = PARTICIPANT.—**p. stock,** acciones privilegiadas con participación en las ganancias, fuera del dividendo fijo que devengan.—**participation** [-péiŝọn], *s.* participación; distribución, repartimiento.
participial [partisípiąl]. I. *a.* (gram.) participial. II. *s.* participio.
participially [-i], *adv.* participialmente.
participle [pártisipl], *s.* (gram.) participio.
particle [pártikl], *s.* partícula; pizca; (gram.) partícula; (mec.) punto material.
parti-colored [párti kʌlọrd], *a.* multicolor, abigarrado.
particular [partíkyulą(r)]. I. *a.* particular, peculiar; en particular; individual, privado, privativo; singular, notable; distinguido, predilecto; preciso, exacto; delicado, escrupuloso; minucioso, detallado; exigente, quisquilloso.—**to be very p.,** ser exigente o descontentadizo; hilar delgado; hacer hincapié (en algo). II. *s.* particular(idad), detalle, pormenor; circunstancia; caso individual.—**in p.,** particularmente, en particular.—**to give, o go into particulars,** detallar circunstanciadamente.
particularism [-izm], *s.* individualismo, exclusivismo; (teol.) particularismo.
particularity [-lǽriti], *s.* particularidad, singularidad; minuciosidad; escrupulosidad; quisquillosidad.
particularize [-aiz], *va.* particularizar, singularizar, especificar, detallar.
particularly [-li], *adv.* particularmente, máxime.
parting [pártiŋ]. I. *s.* separación, división; marcha u partida; despedida; rompimiento, rotura; bifurcación (de una vía o camino); crencha, raya del pelo.—**to be at the p. of the roads, u of the ways,** haber llegado el tiempo de decidir definitivamente, o de que coja cada cual por su camino. II. *a.* divisorio; de separación; de partida; de despedida; último, al partir.
partisan, partizan [pártiząn]. I. *a.* partidario; parcial, adepto; (mil.) de guerrilla.—**p. vote,** votación de partido. II. *s.* partidario, secuaz, *m.*, parcial, adepto; (mil.) guerrillero; (arm.) partesana; bastón de mando.
partisanship, partizanship [-ŝip], *s.* adhesión ciega a un partido, (Am.) partidarismo.
partition [partíŝọn]. I. *s.* partición, repartimiento; división, separación; linde, demarcación; (alb.) tabique; (carp.) mampara; camón de vidrios; (for.) partija, (re)partición; (mús.) partitura.—**p. wall,** tabique; medianería, cerramiento. II. *va.* partir, dividir o separar; repartir, distribuir.—**to p. off,** tabicar, atajar.
partitive [pártitiv]. I. *a.* partitivo; (gram.) partitivo; distributivo. II. *s.* (gram.) palabra o caso partitivos.
partly [pártli], *adv.* en parte, en cierto modo.
partner [pártnœ(r)], *s.* socio; compañero; pareja (de baile, tennis, etc.); consorte, *mf.*, cónyuge, *mf.*; interesado, partícipe; aparcero, parcionero.

partnership [-ŝip], *s.* (com.) compañía; sociedad, interés social; consorcio; aparcería; (arit.) regla de compañía.—**p. in commendam, p. en commandite,** sociedad comanditaria, o en comandita.
partook [partúk], *pret.* de TO PARTAKE.
partridge [pártridẑ], *s.* (orn.) perdiz.
parturient [partiúrient], *a.* parturienta, -te.
parturition [-íŝon], *s.* parto, parturición.
party [párti]. **I.** *s.* partido (político, etc.); partida (de campo, teatro, etc.); tertulia, sarao, reunión, función o convite social; cuadrilla, bando o banda, facción, parcialidad; cuerpo; parte, *f.*, partícipe; (mil.) partida, destacamento; (for.) parte, parte interesada; (fam.) persona, sujeto.—**p. in interest,** (for.) parte interesada; interesado.—**p. of the first (second) part,** (for.) primera (segunda) parte. Estas expresiones se usan en contratos, escrituras, etc., para distinguir las partes contratantes; pero al traducirlas debe cambiarse el giro, para que la frase se adapte a las formas castellanas; v. gr.: *a contract between N. N., party of the first part, and X. Y., party of the second part,* puede traducirse: "contrato entre N. N., por una parte, y X. Y., por otra parte"; o "contrato entre N. N., otorgante, y X. Y., concesionario," etc., según las circunstancias. Cuando en el cuerpo del documento se diga, *the said party of the first part,* etc., puede decirse: "el dicho N. N.," "dicho otorgante," "el mencionado otorgante," etc. **II.** *a.* de partido; (blas.) partido, dividido.—**p.-colored,** de varios colores.—**p. jury,** (Ingl.) jurado mixto (de ingleses y extranjeros).—**p. line,** (E. U.) línea telefónica compartida (entre dos o más abonados), (Cuba) teléfono de doble línea; (pol.) ámbito; (pol.) línea del partido (esp. del partido comunista).—**p. man,** (pol.) hombre de partido, partidario.—**p. wall,** pared medianera.
parvenu [párvenju], *s.* y *a.* advenedizo.
parvis [párvis], *s.* (arq.) atrio.
pas [pa], *s.* (fr.) paso; baile; precedencia.
paschal [pǽskal], *a.* (igl.) pascual.—**p. candle,** o **taper,** cirio pascual.—**p. lamb,** cordero pascual; (**P. L.**) Jesucristo; agnusdéi.
pasha [paŝá *o* pǽŝa], *s.* bajá.
pasqueflower [pǽskflauœ(r)], *s.* (bot.) pulsatila.
pasquinade [pæskwinéid], **pasquin** [pǽskwin]. **I.** *s.* pasquín, pasquinada. **II.** *va.* pasquinar.
pass [pæs], *va.* (*pp.* PASSED o PAST) pasar; pasar de; pasar por; aprobar (un proyecto, a un alumno); dar, promulgar (una ley); pasar por alto; evacuar, orinar (sangre, etc.); ser aprobado en (un examen, una materia); llevar, conducir; transferir, trasladar; aventajar, exceder; dejar atrás; hacer pasar; consentir, tolerar; admitir, dar entrada.—**to p. a dividend,** no pagar dividendo.—**to p. a resolution,** tomar un acuerdo.—**to p. along,** pasar de uno a otro. —**to p. away,** gastar (el tiempo).—**to p. by,** dispensar, perdonar; omitir; pasar por alto.—**to p. each other,** o **one another,** cruzarse. —**to p. judgment** = TO P. SENTENCE.—**to p. muster,** pasar revista; valer algo; ser aceptado. —**to p. off,** dar o circular como legítimo lo que no lo es; encajar, colar (moneda falsa, etc.).—**to p. (something) on,** pasar (algo) de unos a otros; transmitir; pasar (algo) a otras personas. —**to p. one's self off as,** echarla o echárselas de.—**to p. one's word for another,** empeñar su palabra por otro.—**to p. over,** atravesar, cruzar, salvar, traspasar; omitir, pasar por alto; excusar.—**to p. sentence,** pronunciar sentencia, dar dictamen.—**to p. the buck,** (fam.) echarle la carga o el muerto a otro.—**to p. the hat,** (fam.) hacer la colecta, pasando el sombrero.—**to p. through,** pasar o hacer pasar por; penetrar.—**to p. up,** (fam.) rechazar, no aceptar (una oferta, etc.).
pass, *vn.* pasar; andar, correr, transcurrir (el tiempo, etc.); acontecer, ocurrir, suceder; transmitirse; ser aprobado (un proyecto, un alumno); ser admitido, aceptarse, correr, (fam.) colar; portearse (las aves); (esgr.) dar una estocada, hacer un pase; (naipes) pasar, abstenerse de hacer una jugada.—**to p. across,** cruzar.—**to p. along,** pasar de largo.—**to p. around,** circular.—**to p. away,** fallecer, morir; pasar, disiparse, desaparecer.—**to p. beyond,** pasar de; ir más allá de.—**to p. by,** pasar por el lado o cerca de, pasar de largo.—**to p. current,** ser corriente; aceptarse como bueno.—**to p. for,** pasar por, ser tenido o reputado por.—**to p. into,** pasar a; convertirse en.—**to p. off,** pasar, desaparecer (una enfermedad, tempestad, etc.); disiparse.—**to p. on,** seguir, continuar.—**to p. on,** o **upon,** formar juicio sobre, examinar y decidir sobre, dictaminar.—**to p. out,** salir; (fam.) desmayarse; morir.—**to p. over,** atravesar, cruzar.—**to p. through,** pasar por; atravesar; colarse.
pass, *s.* paso; (geog.) desfiladero, hoz, puerto; (mar.) rebasadero, pasaje; pase (billete, permiso; de manos, de esgrima); pase (en el juego); (mil.) licencia; salvoconducto; billete de favor o de cumplimiento; situación, estado (de los negocios, de las cosas); aprobación (en un examen).—**p. check,** billete de admisión.
passable [pǽsabl], *a.* transitable; pasadero, regular.—**passably** [-bli], *adv.* pasaderamente.
passage [pǽsidẑ], *s.* pasaje; paso, pasada, tránsito; viaje, navegación, travesía; pasadizo, pasillo; callejón; pasaje (de un libro, etc.); trámite y aprobación de un proyecto de ley; (ant.) acontecimiento, episodio; encuentro personal, lance; pasa o migración de las aves; (anat.) meato, canal; (fisiol.) defecación, cámara, deposición.—**p. at arms,** paso de armas; riña. —**p. boat,** escorchapín.—**p. money,** pasaje.
passageway [-wei], *s.* pasadizo, pasaje.
passbook [pǽsbuk], *s.* libro de cuenta y razón; libreta de banco.
passé, passée [pæséi], *a.* pasado, pasada; anticuado, -da; marchito, -ta (fig.).
passementerie [pæsméntri], *s.* pasamanería.
passenger [pǽsendẑœ(r)], *s.* pasajero, transeúnte, *mf.*; viajero, viandante, *mf.*—**p. car,** (aut., f. c.) coche de viajeros.—**p. miles,** (aer., f. c.) millas-pasajeros.—**p. office,** oficina de pasajes. —**p. pigeon,** (E. U., orn.) cierta paloma silvestre ya extinta.
passe partout [pæs partú], *s.* (fr.) paspartú; marco ligero de vidrio y cartón; llave maestra.
passer(-by) [pǽsœ(r)(-bái)], *s.* transeúnte, *mf.*, viandante, *mf.*
Passeres [pǽseriz], **Passeriformes** [pæserifórmiz], *s. pl.* (zool.) paserinos, pájaros (división de las aves).
passerine [pǽserin], *a.* y *s.* (orn.) paserino.
passifloraceous [pæsiflɔréiŝiʌs], *a.* (bot.) pasifloreo, pasifloráceo.
passim [pǽsim], *adv.* (lat.) pássim, aquí y allá.
passing [pǽsiŋ]. **I.** *a.* que pasa; de paso, pasajero, transitorio, momentáneo; casual; corriente.—**p. grade,** calificación que permite ser aprobado (en un examen, etc.). **II.** *adv.* (ant.) eminentemente, sumamente. **III.** *s.* paso, pasada; transcurso o paso (del tiempo); tránsito; muerte, *f.*; aprobación (de una ley, de un estudiante, etc.); paso, ascenso de una clase a otra (en los estudios).—**p. bell,** toque de difuntos, posa, doble.—**in p.,** de paso, al paso, al pasar; entre paréntesis.
passion [pǽŝon], *s.* pasión; cólera, ira, saña; ardor; amor apasionado, o su objeto; manía; (**P.**) Pasión (de Cristo).—**p. flower,** (bot.) pasionaria, granadilla.—**P. play,** drama de la Pasión, drama religioso en que se representa la Pasión.—**p. vine** = P. FLOWER.—**P. Week,** semana de Pasión, semana santa.
passional [-al], *a.* pasional, emotivo.
passionate [pǽŝonit], *a.* apasionado; pasional; ardiente; impetuoso; colérico, arrebatado.—**passionately** [-li], *adv.* apasionadamente;

ardientemente; coléricamente.—**passionateness** [-nis], *s.* apasionamiento, vehemencia, impetuosidad.
passionless [pǽšǫnlis], *a.* frío, sin pasiones.
passive [pǽsiv]. I. *a.* pasivo; inerte; (aer.) sin motor. II. *s.* (gram.) voz pasiva.—**passively** [-li], *adv.* pasivamente.—**passiveness** [-nis],
passivity [pæsívitį], *s.* pasividad; inercia.
passkey [pǽski], *s.* llave maestra; llavín.
Passover [-ouvœ(r)], *s.* (igl.) pascua de los hebreos.
passport [-port], *s.* pasaporte; salvoconducto.
password [-wœrd], *s.* (mil.) palabra (de pase); santo y seña, contraseña.
past [pæst]. I. *pp.* y (raro) *pret.* de TO PASS. II. *a.* pasado, último; transcurrido; concluído; terminado; ex, que fué (presidente, director, etc.).—**p. master of,** experto o sobresaliente en.—**p. participle,** (gram.) participio pasivo.—**p. perfect,** pretérito perfecto.—**p. tense,** pretérito. III. *s.* (lo) pasado; antecedentes, *m. pl.*, historia; (gram.) pretérito; pasado.—**in the p.,** antes, en tiempos pasados. IV. *prep.* más de, después de (tiempo); más allá de, fuera de (lugar); fuera de, sin.—**p. a doubt,** fuera de duda.—**p. bearing,** insoportable; infecundo. —**p. cure,** incurable.—**p. dispute,** incontestable, fuera de duda.—**p. hope,** sin esperanza. —**half (quarter,** etc.) **p. two,** las dos y media (cuarto, etc.).—**p. question,** fuera de duda, indudable.—**p. recovery,** desahuciado, sin remedio.—**p. remedy,** irremediable.
paste [péist]. I. *s.* pasta; engrudo; (coc.) pasta; (joy.) imitación de piedras preciosas.—**p. brush,** empastador. II. *va.* engrudar, empastar, pegar, adosar.
pasteboard [-bord]. I. *s.* cartón. II. *a.* de cartón; acartonado.
pastel [pæstél]. I. *s.* (b. a.) pastel; pintura al pastel; clarioncillo (barra); (bot.) hierba pastel. *V.* WOAD. II. *va.* y *vn.* pintar al pastel.
pastel(l)ist [pǽstelist], *s.* (b. a.) pastelista.
paster [péistœ(r)], *s.* engrudador, persona que empasta; papel engomado por un lado.
pastern [pǽstœrn], *s.* cuartilla, trabadero o cerruma del caballo.—**p. bone,** (vet.) falange, *f.*—**p. joint,** articulación de las falanges.
pasteurization [pǽstœrizéišǫn], *s.* pasterización.
pasteurize [-aiz], *va.* pasterizar.
pasteurized milk, *s.* leche pasterizada.
pastil(le [pǽstil o pæstíl], *s.* pastilla, tableta; (b. a.) pastel.
pastime [pǽstaim], *s.* pasatiempo, distracción.
pastor [pǽstǫ(r)], *s.* pastor espiritual, cura, *m.*, párroco, clérigo; (orn.) estornino copetudo o rosado.
pastoral [-al]. I. *a.* (leng. ord. y poét.) pastoril, pastoral, pastoricio; (igl.) pastoral.—**p. life,** pastoría. II. *s.* (poét.) pastoral, *f.*, bucólica; idilio, pastorela; (igl.) (carta) pastoral, *f.*—**pastorally** [-i], *adv.* pastoril o pastoralmente.
pastorate [-it], **pastorship** [-šip], *s.* curato; cura de almas.
pastourelle [pæsturél], *s.* (poét.) pastorela.
pastrami [pąstrámi], *s. pastrami,* tipo de carne ahumada.
pastry [péistri], *s.* (coc.) pastelería, pasteles, *pl.*, pastas, *pl.*—**p. cook,** pastelero, repostero.—**p. shell,** pocito de hojaldre.—**p. shop,** pastelería, repostería.
pasturable [pǽschūrąbl], *a.* pacedero.
pasturage [pǽschūridž], *s.* pastos, *pl.*, pastura; pasturaje; apacentamiento, adehesamiento.
pasture [pǽschū(r)]. I. *s.* apacentadero, dehesa; herbaje, pastura, pasto; apacentamiento, pacedura.—**p. ground,** dehesa, pradera, prado, pastizal, acampo. II. *va.* pastar, apacentar, pastorear, herbajar. III. *vn.* pastar, pacer.
pasturing [-iŋ], *s.* pastoreo; apacentamiento.
pasty [péisti], I. *a.* pastoso. II. *s.* pastel de carne.
pat [pæt]. I. *a.* exacto, oportuno, propio, pintiparado, a(l) pelo, bueno, cómodo; fijo, firme (*V.* TO STAND PAT).—**to have,** o **know p.,** (fam.) saber al dedillo. II. *adv.* justamente, convenientemente, a propósito. III. *s.* golpecito, palmadita; fiest(ecill)a, caricia, mamola; ruido ligero de pasos (*V.* PATTER); porción pequeña de mantequilla, etc., amoldada.—**p. on the back,** (fam.) felicitación, enhorabuena. IV. *va.* golpear ligeramente; allanar suavemente; dar palmaditas a, acariciar, pasar la mano sobre, hacer la mamola a.—**to p. one's self on the back,** esponjarse, hincharse. V. *vn.* golpear ligeramente.
Patagonian [pætągóunian], *s.* y *a.* patagón.
patch [pæch]. I. *va.* remendar, apedazar, apañar; pegar; chapucear, chafallar; ponerse lunares postizos. II. *vn.* echar remiendos, hacer labor de retazos. III. *s.* remiendo; parche, apaño; material para remiendos; pieza embutida en taracea; lunar postizo; (farm.) parche, pegado; (med.) placa (en las mucosas); (agr.) mancha; sembrado (de trigo, etc.); (aer.) parche.—**p. of land,** o **ground,** pedazo de terreno.—**p. pocket,** (sast.) bolsillo sobrepuesto o de parche.—**tube p.,** (aut.) parche para cámara.
patcher [-œ(r)], *s.* remendón; chafallón.
patchouli [pǽchuli], *s.* pachulí (planta y perfume).
patchwork [pǽchwœrk], *s.* obra o labor (*f.*) de retacitos; centón; remiendo, chapucería.
patchy [pǽchi], *a.* muy remendado; como de remiendos; deshilvanado.
pate [peit], *s.* (fam.) cabeza; coronilla; seso(s).
pâté [patéi], *s.* (fr.) (coc.) pastelillo, empanada.
patella [pątélą], *s.* (anat.) rótula; (zool.) parte (*f.*) semejante a una copa; (arqueol.) cazoleta.
patellar [-(r)], *a.* (anat.) patelar, rotular.
paten [pǽtęn], *s.* (igl.) patena.
patent [pǽtęnt]. I. *a.* patente, manifiesto; público; patentado.—**p. insides** = PLATE MATTER. —**p. law,** ley (*f.*) de patentes; derecho patentario.—**p. leather,** harol.—**p. medicine,** remedio de patente.—**P. Office,** oficina de patentes. II. *s.* patente, *f.*, privilegio de invención, patente de invención; título, diploma, *m.* despacho.—**p. applied for,** se ha solicitado patente. III. *va.* patentar.
patentee [-í], *s.* el que obtiene una patente.
patentor [-ǫ(r)], *s.* el que otorga una patente.
patera [pǽtęrą], *s.* pátera.
paternal [pątœ́rnąl], *a.* paternal, paterno.
paternalism [-izm], *s.* paternalismo.
paternalistic [-ístik], *a.* paternalista.
paternity [pątœ́rniti], *s.* paternidad; linaje, alcurnia por parte de padre.
paternoster [péitœrnástœ(r)], *s.* padrenuestro.
path [pæθ], *s.* senda, sendero; vereda; camino, vía; andador (en un jardín, etc.); línea; trayectoria.
pathetic(al [pąθétik(ąl], *a.* patético o conmovedor.—**pathetically** [-i], *adv.* patéticamente.—**patheticalness** [-nis], *s.* patetismo.
pathfinder [pǽθfaindœ(r)], *s.* explorador; el que descubre, abre o traza nuevas rutas, etc.
pathless [pǽθlis], *a.* sin camino, vereda o senda.
pathogene [pǽθodžin], *s.* microbio patógeno.
pathogenic [-džénik], *a.* patógeno.
pathogeny [pąθádženi], *s.* (med.) patogenia.
pathologic(al [pæθąládžik(ąl], *a.* patológico.
pathologist [pąθálodžist], *s.* patólogo.
pathology [-dži], *s.* (med.) patología.
pathos [péiθas], *s.* rasgo conmovedor; lo que infunde tristeza, compasión, etc.; sentimiento.
pathway [pǽθwei], *s.* senda, vereda, andada.
patience [péišęns], *s.* paciencia; sufrimiento.
patient [péišęnt]. I. *a.* paciente, pacienzudo; asiduo, perseverante; sufrido. II. *s.* paciente, sujeto pasivo; (med.) paciente, enfermo, doliente.
patiently [-li], *adv.* pacientemente.
patina [pǽtiną], *s.* pátina.
patio [pátiou], *s.* patio.
patly [pǽtli], *adv.* a propósito, convenientemente.
patness [pǽtnis], *s.* oportunidad, conveniencia.
patois [pǽtwa], *s.* patuá, *m.*, jerga, dialecto.

patriarch [péịtrịark], *s.* patriarca, *m.*
patriarchal [-árkạl], *a.* patriarcal.
patriarchate, patriarchship, patriarchy [-eịt, -ŝịp, -ị], *s.* patriarcado.
patrician [pạtríŝạn], *a.* y *s.* patricio.
patriciate [pạtríŝieịt], *s.* patriciado.
patricide [pǽtrịsaịd], *s.* parricida, *mf.;* parricidio.
patrilineal [-líniạl], *a.* de o por la línea paterna.
patrimonial [-móụniạl], *a.* patrimonial.
patrimony [pǽtrịmonị], *s.* patrimonio.
patriot [péịtriọt], *s.* patriota, *mf.*
patrioteer [-ír]. **I.** *s.* (fam.) patriotero. **II.** *vn.* alardear de patriotismo, darse a la patriotería.
patriotic [peịtriátịk], *a.* patriótico.—**patriotically** [-ạlị], *adv.* patrióticamente.
patriotism [péịtriọtịzm], *s.* patriotismo, civismo.
patristic(al [pạtrístịk(ạl], *a.* patrístico.
patristic(s [-(s], *s.* (igl.) patrística, patrología.
patrol [pạtróụl]. **I.** *s.* patrulla; ronda.—**p. boat,** escampavía.—**p. plane,** avión patrullero, aparato de patrulla.—**p. wagon,** camión (*m.*) o diligencia de la policía. **II.** *va.* y *vn.* patrullar, rondar; hacer la ronda.
patrolman [-mạn], *s.* rondador; patrullero, guardia (*m.*) municipal, agente o vigilante de policía.
patrology [pạtrálodžị], *s.* (igl.) patrología.
patron [péịtrọn], *s.* patrón, patrono, patrocinador, protector; padrino, apadrinador; cliente, parroquiano; (igl.) patrono.—**p. saint,** santo patrón; santo titular de una iglesia.
patronage [-ịdž], *s.* patrocinio, amparo, auspicio, padrinazgo; mecenazgo; clientela, parroquia; (igl.) patronato, patronazgo.
patronal [-ạl], *a.* patronal.
patroness [-ịs], *s.* patrona, protectora; patrocinadora, madrina.
patronize [-aịz], *va.* patrocinar, proteger, apadrinar; auspiciar, apoyar, fomentar; condescender con altivez; tratar con arrogante condescendencia; ser concurrente a, o parroquiano de.
patronizer [-œ(r)], *s.* patrocinador.
patronizing [-ịŋ], *a.* fatua o desdeñosamente condescendiente.—**patronizingly** [-lị], *adv.* con arrogante condescendencia, con aire de superioridad.
patronless [-lịs], *a.* desamparado.
patronymic [pætrọnímịk], *s.* y *a.* patronímico.
patten [pǽtẹn], *s.* zueco, chanclo, choclo, galocha; (arq.) cimiento, fundamento.
patter [pǽtœ(r)]. **I.** *vn.* hacer ruido acompasado; charlar, parlar.—**to p. with the feet,** patalear, patear. **II.** *s.* sucesión de golpecitos o palmaditas; pataleo; parlería, charla.
pattern [pǽtœrn]. **I.** *s.* modelo, pauta, norma; ejemplar; muestra; patrón, dechado; (mec.) molde, plantilla, escantillón. **II.** *va.* copiar, imitar; servir de ejemplo.
patty [pǽtị], *s.* (coc.) pastelillo, empanada, fajardo, torta.—**p. pan,** tartera.
patulous [pǽchụlʌs], *a.* abierto, extendido.
paucity [pósịtị], *s.* poquedad, escasez, corto número; exigüidad, insuficiencia.
pauldron [póldrọn], *s.* (arm.) hombrera.
Pauline [pólaịn], *a.* referente a San Pablo.
paulownia [polóụniạ̈], *s.* (bot.) paulonia.
paunch [pónch], *s.* panza, barriga, vientre; panza de los rumiantes; borde de una campana; (mar.) pallete, jimelga.
paunchy [-ị], *a.* = POT-BELLIED.
pauper [pópœ(r)], *s.* pobre, *mf.*, indigente, *mf.*—**pauperism** [-ịzm], *s.* pauperismo, indigencia.—**pauperization** [-ịzéịŝọn], *s.* empobrecimiento.—**pauperize** [-aịz], *va.* depauperar, empobrecer.
pause [póz]. **I.** *s.* pausa; (pros.) hiato, cesura; irresolución, vacilación; (mús.) espera, fermata. **II.** *vn.* pausar, cesar, parar, detenerse; vacilar.
pausingly [-ịŋlị], *adv.* por pausas; después de un intervalo.
pavan [pǽvạn], *s.* (danz.) pavana.
pave [péịv], *va.* pavimentar, empedrar, enladrillar, adoquinar, enlosar, embaldosar.—**to p. the way,** facilitar, preparar el terreno, abrir el camino.—**paved road,** carretera pavimentada, camino asfaltado.
pavement [-mẹnt], *s.* pavimento, empedrado, adoquinado, piso, suelo; pavimentación.
paver [-œ(r)], **pavier** [-yœ(r)], o **pavior,** *s.* empedrador, enlosador, solador.—**p.'s beetle,** pisón.
pavilion [pạvílyọn], *s.* pabellón, tienda de campaña; quiosco, glorieta, cenador de jardín; dosel; cobertizo; (anat.) pabellón de la oreja; (arq.) pabellón, ala.
paving [péịvịŋ]. **I.** *s.* pavimento; pavimentación; material de pavimentar. **II.** *a.* de pavimentar, para pavimentos.—**p. hammer,** aciche.—**p. stone,** adoquín.—**p. tile,** baldosa, loseta.
pavis(e [pǽvịs], *s.* pavés, escudo oblongo.
pavonine [pǽvonaịn], *a.* relativo al pavo real; iridescente.
paw [po]. **I.** *s.* garra, zarpa, pata; (fam.) mano(ta). **II.** *va.* y *vn.* patear, piafar; escarbar; (fam.) manosear.
pawl [pol], *s.* linguete, trinquete; fiador de rueda; paleta de reloj; diente de encaje, retén, seguro.
pawn [pón]. **I.** *va.* empeñar, pignorar, dar en prenda. **II.** *s.* prenda, empeño; peón de ajedrez.—**p. ticket,** papeleta de empeño.—**in p.,** en prenda.
pawnbroker [-broụkœ(r)], *s.* prestamista sobre prendas, prendero, usurero; comodatario.
pawnee [poní], *s.* prestador, prestamista sobre prendas.—**P.,** tribu (*f.*) de indios norteamericanos.
pawner [pónœ(r)], *s.* empeñador, prendador.
pawnshop [pónŝap], *s.* casa de empeños.
pax [pæks], *s.* (lat.) paz; (igl.) paz (patena y el acto de besarla en la misa).
pay [péị]. **I.** *va.* (*pret.* y *pp.* PAID) pagar; recompensar, remunerar; abonar, saldar (una cuenta); producir ganancia o provecho a; (mar.) embrear.—**to p. a call,** o **a visit,** hacer una visita.—**to p. a compliment,** hacer un cumplido, echar una flor; (fam.) chicolear, piropear.—**to p. attention,** prestar atención; fijarse o reparar (en), atender (a), hacer caso (de); galantear, cortejar.—**to p. back,** devolver, restituir, reembolsar; pagar en la misma moneda, vengarse de.—**to p. by instalments,** pagar a plazos.—**to p. cash,** pagar al contado.—**to p. court,** hacer la corte.—**to p. down,** pagar a buena cuenta o como primer plazo.—**to p. expenses,** cubrir los gastos.—**to p. for,** pagar, costear.—**to p. in full,** pagar por completo, pagar totalmente.—**to p. homage** (to), rendir homenaje o culto (a).—**to p. off** = TO P. OUT; pagar; pagar por completo; pagar **a** y despedir (el personal de un taller, buque, etc.); redimir (una hipoteca, etc.); vengarse de, ajustarle a uno las cuentas.—**to p. on account,** pagar a buena cuenta.—**to p. one's addresses to,** cortejar, pretender en matrimonio.—**to p. one's respects,** presentar u ofrecer sus respetos.—**to p. one's score,** pagar sus deudas, su escote.—**to p. (one) out,** vengarse de, desquitarse de.—**to p. out,** ir aflojando o dando (una cuerda), largar, arriar (un cabo).—**to p. reverence to,** rendir homenaje a; inclinarse ante.—**to p. the cost of,** costear.—**to p. up,** pagar por completo.—**to p. the fiddler,** o **the piper,** pagar el pato, pagar los vidrios rotos. **II.** *vn.* pagar; (a veces con **off**) compensar, ser provechoso o ganancioso, costearse; dar resultados, valer la pena.—**to p. by instalments,** pagar a plazos.—**to p. dear,** o **dearly,** costarle a uno caro.—**to p. in full,** pagar totalmente o del todo.—**to p. through the nose,** pagar excesivamente caro. **III.** *s.* paga, sueldo, salario, gaje(s), jornal; recompensa, galardón.—**p. bill, voucher** o **warrant,** vale, boletín, póliza, libramiento.—**p. clerk,** pagador.—**p. dirt (rock,** etc.), (min.) tierra (roca, etc.) que da oro con ganancia.—**p. roll,** nómina, nómina

de pagos; lista de jornales.—**bad (good) p.,** mal (buen) pagador.

payable [-ạbl], *a.* pagadero, pagable; reembolsable.—**p. in advance,** pagadero por adelantado.

payday [-deị], *s.* día (*m.*) de pagos o de paga.

payee [peií], *s.* tenedor, portador, persona a quien se paga o debe pagarse una letra, cheque, etc.

payer [péịœ(r)], *s.* pagador.

paying [péịiŋ], *s.* acto de pagar, etc.; (mar.) embreadura.—**p. teller,** pagador (de un banco).

payload [péịloụd], *s.* carga comercial, carga útil, carga de paga.

paymaster [péịmæstœ(r)], *s.* pagador, contador; (mil.) habilitado.—**p.'s office,** pagaduría.

payment [péịmẹnt], *s.* pago, paga; recompensa, premio.—**p. in advance,** anticipo, pago adelantado.—**p. in full,** pago total; saldo, finiquito.—**in part p.,** a buena cuenta.—**on the p. of,** mediante el pago de.—**to make p.,** efectuar un pago.—**to present for p.,** presentar al cobro.

paymistress [péịmịstrịs], *s.* pagadora.

pay-off [péị ɔf], *s.* el acto o tiempo de pagar un sueldo, etc.; (fam.) resultado final; día (*m.*) de ajustar cuentas.

pea [pi], *s.* (bot.) guisante, chícharo, pésol.—**p. coal,** carbón muy menudo.—**p. green,** verde claro.—**p. gun** o **shooter,** bodoquera, cerbatana.—**p. jacket,** chaquetón de marinero.—**p. pod, p. shell,** vaina de guisante.—**p.-shaped,** pisiforme.—**p. weevil,** (ent.) gorgojo.

peace [pis]. **I.** *s.* paz; concordia; orden; descanso, reposo, tranquilidad; (fig.) oliva.—**p. at any price,** la paz a toda costa.—**p. be with you,** la paz sea con vosotros.—**p. establishment,** o **footing,** (mil.) pie (*m.*) de paz.—**p. offer,** oferta de paz.—**p. offering,** sacrificio propiciatorio.—**p. officer,** alguacil, guardia (*m.*) civil o municipal.—**p. overture,** sondeo de paz.—**p. pipe** = CALUMET.—**at p.,** en paz. **II.** *interj.* ¡paz! ¡silencio!

peaceable [písạbl], *a.* tranquilo, pacífico, apacible.—**peaceableness** [-nịs], *s.* tranquilidad, calidad de pacífico.—**peaceably** [-blị], *adv.* pacíficamente, tranquilamente.

peacebreaker [písbreịkœ(r)], *s.* perturbador de la paz; alborotador.

peaceful [písfụl], *a.* tranquilo, apacible, pacífico.—**peacefully** [-ị], *adv.* tranquilamente; pacíficamente.—**peacefulness** [-nịs], *s.* quietud, calma.

peacemaker [písmeịkœ(r)], *s.* pacificador; reconciliador.

peacetime [pístaịm]. **I.** *s.* período o época de paz. **II.** *a.* relativo a, o propio de, tal período.

peach [pích]. **I.** *s.* (bot.) durazno, melocotón, pérsico, abridero; color de durazno; (fam.) persona o cosa admirable.—**p. tree,** melocotonero; durazn(er)o, pérsico, abridor. **II.** *vn.* hacerse delator de un cómplice.

peachy [-ị], *a.* semejante al durazno; (fam.) magnífico, excelente, muy agradable.

peacock [píkak]. **I.** *s.* (orn.) pavón o pavo real.—**p. fish,** (ict.) budión, *m.*, doncella, pavo. **II.** *vn.* pavonear(se).

peafowl [pífaụl], *s.* = PEACOCK O PEAHEN.

peahen [píhɛn], *s.* (orn.) pava real.

peak [pik]. **I.** *s.* cima, cumbre, pico, picacho; cúspide, *f.;* visera (de gorra); período álgido o culminante; máximo (ú. t. como *a.*); (mar.) penol, pico, espiga de vela; delgado o racel (de proa o de popa); uña del ancla.—**p. halyards,** (mar.) drizas de la pena.—**at p. level,** en auge de producción, en producción máxima, con el máximo de capacidad. **II.** *vn.* tener apariencia de enfermo. **III.** *va.* (mar.) amantillar el pico, levantar una verga contra el mástil.

peaked [pikt *o* píkịd], *a.* puntiagudo, picoteado, picudo; (arq.) con caballete; [píkịd], flacucho, enfermizo.—**p. beard,** barba en punta.—**p. cap,** gorra de visera.

peal [pil]. **I.** *s.* repique de campanas; estruendo, estrépito.—**p. of laughter,** carcajada, risotada.—**p.-ringing,** repiqueteo. **II.** *va.* y *vn.* repicar, repiquetear; retronar.

pean [píạn], *s.* = PÆAN.

peanut [pínʌt], *s.* (bot.) cacahué, cacahuete, maní.—**p. butter,** pasta de cacahuetes tostados.—**p. candy,** o **brittle,** crocante o guirlache de cacahuetes.—**p. gallery,** (fam., teat.) gallinero, paraíso.—**p. vender,** cacahuetero, manicero.

pear [pɛr], *s.* (bot.) pera (fruto); (bot.) peral (árbol).

pearl [pœ́rl]. **I.** *s.* perla, margarita, barrueco, aljófar; nácar, madreperla; (farm.) perla; (med.) catarata en el ojo; (impr.) perla, tipo de 5 puntos.—**to cast pearls before swine,** (fig.) darle rosas a los puercos. **II.** *a.* perlino; granular. **III.** *va.* perlar, aljofarar; orlar, adornar con fleco; puntiar al revés (tejido). **IV.** *vn.* pescar perlas.

pearlash [-æŝ], *s.* carbonato potásico.

pearl barley, *s.* cebada perlada.

pearl button, *s.* botón de nácar.

pearl fisher, *s.* pescador de perlas.

pearl fishery, *s.* pesquería de perlas, (Am.) placer.

pearl gray, *s.* gris de perla.

pearl oyster, *s.* ostra que produce perlas.

pearlstone [-stoụn], *s.* (petr.) perlita, fonolita.

pearly [-ị], *a.* perlino; aljofarado; nacarado.—**p. gates,** (fig.) cielo.—**p. nautilus,** (zool.) nautilo.

pearmain [pɛ́rmeịn], *s.* (bot.) pero.

pear-shaped [-ŝeịpt], *a.* piriforme.

peart [pœrt], *a.*(dialecto) jovial, alegre; vivo, listo, astuto.

peasant [pɛ́zạnt]. **I.** *s.* labriego, labrador, campesino, aldeano, villano. **II.** *a.* campesino, rústico.

peasantry [-rị], *s.* paisanaje, gente (*f.*) del campo, lugareños, (Am.) campesinaje, -ado.

peas(e)cod [pízkad], *s.* vaina de los guisantes.

peat [pít], *s.* turba.—**p. bog** o **bed,** turbal, turbera.—**p. (char)coal,** carbón de turba.—**p. moss,** musgo de pantano; turbera.

peaty [-ị], *a.* turboso.

peav(e)y [pívị], *s.* garfio, palanca con gancho.

pebble [pɛ́bl]. **I.** *s.* guija(rro), china, piedrecica; cuero abollonado; pólvora gruesa; lente (*mf.*) de cristal de roca. **II.** *va.* granular, abollonar cuero; enchinar(rar); arrojar chinas o guijas a.

pebbly [pɛ́blị], *a.* guij(arr)oso, guijeño.

pecan [pịkǽn], *s.* (bot.) pacana (árbol y nuez).

peccability [pɛkạbílịtị], *s.* fragilidad.

peccable [pɛ́kạbl], *a.* pecable.

peccadillo [pɛkạdíloụ], *s.* pecadillo.—**peccadillo(e)s** [-z], (fam.) peccata minuta.

peccancy [pɛ́kạnsị], *s.* calidad de pecaminoso; pecado, vicio, defecto.

peccant [pɛ́kạnt], *a.* pecador, pecante; corrompido; malsano, morboso.

peccary [pɛ́kạrị], *s.* (Am., zool.) pecarí, saíno.

peck [pɛ́k]. **I.** *s.* medida de áridos (¼ de *bushel*), celemín; montón, gran cantidad; pic(ot)azo, picotada. **II.** *va.* picotear; picar. **III.** *vn.* picotear; recoger (alimento) con el pico.—**to p. at,** regañar de continuo; (fam.) picar, mordiscar.

pecker [-œ(r)], *s.* picoteador; (zapa)pico; (orn.) pico verde, picamaderos.

pectate [pɛ́kteịt], *s.* (quím.) pectato.

pecten [pɛ́ktɛn], *s.* (anat., zool.) peine, o algo parecido; membrana del ojo de los pájaros y ciertos reptiles; hueso pubis; pecten, peine (*V.* SCALLOP).

pectic [pɛ́ktịk], *a.* (quím.) péctico (ácido).

pectin [pɛ́ktịn], *s.* (quím.) pectina.

pectinate(d [-eịt(ịd], *a.* (anat., bot., etc.) pectiniforme, pectíneo, parecido a un peine.

pectineal [pɛktíniạl], *a.* (anat.) pectíneo, referente al músculo de este nombre; referente al hueso pubis.

pectineus [-ịʌs], *s.* (anat.) pectíneo (músculo).

pectoral [pɛ́ktorạl]. **I.** *a.* pectoral.—**p. cross,** (igl.) pectoral.—**p. fin,** (ict.) aleta pectoral.

II. *s.* adorno para el pecho; (anat.) órgano o músculo pectoral; (farm.) pectoral; (arm.) peto.
pectose [péktous], *s.* (quím.) pectosa.
peculate [pékyuleit], *vn.* y *va.* desfalcar, malversar; hurtar, robar.—**peculation** [-éiŝon], *s.* (for.) peculado, malversación, desfalco.—**peculator** [-o(r)], *s.* desfalcador, malversador.
peculiar [pikiúlyä(r)]. **I.** *a.* (a veces con **to**) peculiar, privativo, particular, individual, propio (de); especial, singular, raro, extraordinario. **II.** *s.* propiedad particular; (Ingl., igl.) parroquia independiente.
peculiarity [pikiuliériti], *s.* peculiaridad, particularidad, singularidad; individualidad.
peculiarly [pikiúlyärli], *adv.* peculiarmente, particularmente.
peculium [pikiúliʌm], *s.* (for.) peculio, pegujal.
pecuniarily [pikiúnierili], *adv.* pecuniariamente.
pecuniary [-ieri], *a.* pecuniario, monetario.
pecunious [-iʌs], *a.* rico, adinerado.
pedagogic(al [pedagádžik(al], *a.* pedagógico.
pedagogics [-džiks], *s.* pedagogía.
pedagogism [pédagagizm], *s.* sistema, *m.*, profesión, carácter o método de los pedagogos.
pedagogue [pédagag], *s.* pedagogo; maestro de escuela; pedante.
pedagogy [pédagoudži], *s.* pedagogía.
pedal [pédal]. **I.** *a.* del pie o del pedal.—**p. pipe,** cañón del órgano correspondiente a los pedales. **II.** *s.* pedal; (mús.) pedal; contra, *m.*, bajo de órgano.—**p.** (**point**), (mús.) pedal. **III.** *vn.* pedalear.
pedant [pédant], *s.* pedante.—**pedantic(al** [pidǽntik(al], *a.* pedante(sco).—**pedantically** [-i], *adv.* pedantescamente.—**pedantism** [pédantizm], **pedantry** [-ri], *s.* pedantería, pedantismo.—**pedantize** [-aiz], *vn.* pedantear.
pedate [pédeit], *a.* (zool.) que tiene pies; parecido a un pie; (bot.) palmeado.
peddle [pédl]. **I.** *va.* vender como buhonero; vender menudencias (esp. legumbres y frutas) de casa en casa. **II.** *vn.* ser buhonero.
peddler [pédlœ(r)], *s.* buhonero, mercachifle, baratillero, (Am.) pacotillero, achín.—**peddlery** [-i], *s.* buhonería, (Am.) achinería.
peddling [pédliŋ], *a.* baladí, frívolo.
pederast [péderæst], *s.* pederasta, *m.*
pederasty [-i], *s.* pederastia.
pedestal [pédestal], *s.* (arq.) pedestal, basa, pilar, peana; (mec.) cojinete, soporte; caballete.
pedestrian [pidéstrian]. **I.** *s.* caminante, andante, pe(at)ón. **II.** *a.* pedestre; vulgar.
pediatric [pidiǽtrik], *a.* pediátrico.—**pediatrician** [pidiatríŝan], **pediatrist** [pidiǽtrist], *s.* pediatra, *mf.*
pedriatrics [-s], *s.* (med.) pediatría.
pedicel [pédisel], *s.* pedúnculo, pedículo, cabillo.
pedicellate [-eit], *a.* (bot., zool.) pedunculado.
pedicle [pédikl], *s.* (bot., zool.) pedículo, pedúnculo; (med.) pedículo.
pedicular, *o* **pediculous** [pidíkyulä(r), -lʌs], *a.* piojoso; (med.) pedicular.
pedicure [pédikyur], *s.* quiropodia; pedicuro, callista.
pediform [pédiform], *a.* pediforme.
pedigree [pédigri], *s.* genealogía, linaje, estirpe, *f.*, árbol genealógico; ejecutoria.
pediluvium [pediliúviʌm], *s.* (med.) pediluvio, baño de pies.
pediment [pédiment], *s.* (arq.) frontón, tímpano.
pedlar, pedler [pédlœ(r)], *s.* = PEDDLER.
pedobaptism [pidobǽptizm], *s.* bautismo de los niños.
pedology [pidálodži], *s.* pedología, paidología, estudio de la niñez; pediatría.
pedometer [pidámetœ(r)], *s.* podómetro o pedómetro, (h)odómetro, cuentapasos; pedómetro (para medir los niños).
pedotrophy [pidátrafi], *s.* pedotrofia.
peduncle [pidʌ́ŋkl], *s.* (anat., zool. y bot.) pedúnculo, pedículo.—**peduncular** [-kiulä(r)], *a.* peduncular.—**pedunculat(ed** [-kiuleit(id], *a.* pedunculado.
peek [pik]. **I.** *vn.* atisbar. *V.* PEEP y PRY. **II.** *s.* atisbo, atisbadura.
peekaboo [píkabu]. **I.** *s.* escondite, juego de niños. **II.** *a.* (fam.) transparente (blusa, etc.).
peel [pil]. **I.** *va.* (a veces con **off**) descortezar, pelar, deshollejar, mondar. **II.** *vn.* desconcharse, descascararse, pelarse. **III.** *s.* corteza, cáscara; piel, *f.*, pellejo, hollejo; tel(ill)a de cebolla; pala de horno; (mar.) pala del remo; (impr.) espito, colgador.
peeler [-œ(r)], *s.* pelador, mondador, descortezador.
peeling [-iŋ], *s.* peladura, mondadura, desconchadura, hollejo.
peen [pin], *s.* boca, corte o punta (del martillo).—**p. hammer,** martillo de punta, o de dos bocas.
peep [pip]. **I.** *vn.* atisbar, fisgar, mirar a hurtadillas; asomar, mostrarse; piar, pipiar.—**not to p.,** (fam.) no chistar. **II.** *s.* atisbo, atisbadura; mirada, ojeada; atisbadero; (arti.) mira; asomo; pío, piada de pájaros.—**p. show,** mundonuevo, tutilimundi.—**p. sight,** (arti.) mira o brújula de puntería.—**p. window,** postigo. *V.* PEEPHOLE.—**at the p. of day,** al despuntar el día.
peeper [-œ(r)], *s.* atisbador, fisgón; (fam.) ojo; pollito que pía.
peephole [-houl], *s.* mirilla, atisbadero.
peer [pír]. **I.** *vn.* atisbar, fisgar, husmear; escudriñar; (poét.) asomar, salir, aparecer. **II.** *s.* par, igual; (Ingl.) par (título).
peerage [-idž], *s.* (Ingl.) dignidad de par; la grandeza, la nobleza.
peeress [-is], *s.* (Ingl.) mujer que tiene título de nobleza; paresa; mujer de un par.
peering [-iŋ]. **I.** *a.* que atisba, etc. **II.** *s.* atisbadura.
peerless [-lis], *a.* sin par, impar, incomparable.—**peerlessly** [-li], *adv.* incomparablemente.—**peerlessness** [-nis], *s.* calidad de incomparable.
peeve [piv]. **I.** *va.* y *vn.* (fam.) irritar(se), poner(se) de mal humor. **II.** *s.* (fam.) enojo, inquina, tema.
peevish [-iŝ], *a.* malhumorado, displicente, renciloso, enojadizo, de malas pulgas.—**peevishly** [-li], *adv.* con displicencia y malhumor.—**peevishness** [-nis], *s.* displicencia, mal humor.
peg [peg]. **I.** *s.* clavija, espiga, taco, sobina, espiga; tarugo; (zap.) estaquilla; espita (de cuba); colgadero; pernete, saetín; (mar.) cabilla; (mús.) clavija; (fig.) pretexto o excusa; (fam.) grado.—**p. ladder,** (min.) espárrago, escala de cotorra.—**p. leg,** pierna de palo; (fam.) el que la lleva.—**p. top,** peón, peonza.—**p.-top,** de forma de peón (pantalón o falda).—**to take down a p.,** humillar, bajarle a uno los humos. **II.** *va.* estaquillar, clavar; enclavijar (una guitarra, etc.); (mar.) encabillar; (a veces con **out**) estacar, jalon(e)ar; estabilizar, fijar o sostener el valor o precio de; (fam.) arrojar, asestar. **III.** *vn.* (gen. con **away**) afanarse; trabajar con ahinco.—**pegging awl,** estaquillador.
peganite [péganait], *s.* (min.) peganita.
Pegasean [pegasían], *a.* pegaseo.
Pegasus [pégasʌs], *s.* (mit., astr.) Pegaso.
pegbox [pégbaks], *s.* clavijero (de guitarra, violín, etc.).
pegmatite [pégmatait], *s.* (petr.) pegmatita.
peignoir [peinwár], *s.* peinador, bata.
pejorative [pídžoreitiv]. **I.** *a.* peyorativo, despectivo, despreciativo. **II.** *s.* palabra despectiva.
pekan [pékan], *s.* (E. U., zool.) especie de marta.
pekin [pikín], *s.* pequín (tela de seda).
Pekingese [pikiŋíz]. **I.** *a.* de o rel. a Pekín o Peiping. **II.** *s.* natural o dialecto de Pekín; perro pequinés o pekinés.
pekoe [píkou], *s.* variedad de té negro.
pelage [pélidž], *s.* pelaje.
Pelagianism [peléidžianizm], *s.* pelagianismo.
pelagic [pelǽdžik], **pelagian** [peléidžian], *a.* pelágico, oceánico.—**Pelagian,** *a.* y *s.* pelagiano.
pelargonium [pelargóuniʌm], *s.* (bot.) pelargonio.

Pelasgi [pilǽsdžai], *s. pl.* pelasgos.—**Pelasgian** [-džian], *s.* y *a.*, **Pelasgic** [-džik], *a.* pelasgo; pelásgico (*a.*).
pelerine [péleṛin], *s.* pelerina o esclavina.
pelf [pelf], *s.* dinero, riquezas mal adquiridas.
pelican [pélikan], *s.* (orn.) pelícano, alcatraz, *m.* (quím.) alambique; (dent.) gatillo antiguo.
pelisse [pelís], *s.* pelliza; pellón o pellote.
pellagra [peléigrä], *s.* (med.) pelagra.
pellagrin [-grin], *s.*, **pellagrous** [-grʌs], *a.* (med.) pelagroso.
pellet [pélit], *s.* pella, píldora, pelotilla, gránulo; bola, bolita; bodoque; perdigón.
pellicle [pélikl], *s.* película, cutícula, panículo, túnica, hollejo; binza; lapa, tel(ill)a, nata.
pellicular [pelíkyūlä(r)], *a.* pelicular.
pellitory [pélitɔri], *s.* (bot.) parietaria, cañarroya.—**p. of Spain,** pelitre.
pell-mell [pélmél], *adv.* confusamente, atropelladamente, a trochemoche.
pellucid [peliúsid], *a.* transparente, diáfano; lúcido; claro, cristalino.
pellucidity [-sídiṭi], *s.* transparencia, diafanidad; translucencia.
Peloponnesian [peloponíšian], *s.* y *a.* peloponense; peloponesíaco (*a.*).
pelt [pelt]. I. *s.* pellejo, piel, *f.*, cuero, zalea; pelada; golpe, trastazo.—*pl.* corambre.—**at full p.** = AT FULL SPEED. II. *va.* apredrear, llover (piedras o algo análogo) sobre. III. *vn.* arrojar alguna cosa; caer con fuerza (la lluvia, etc.).
pelta [péltä], *s.* pelta, adarga ligera.
peltate(d [pélteit(id], *a.* escutiforme; (bot.) abroquelado, peciolado por el centro.
peltry [péltri], *s.* peletería, pieles, pellejos, corambre; una sola piel.
pelvic [pélvik], *a.* (anat.) pelviano.
pelvimeter [pelvímetœ(r)], *s.* pelvímetro.
pelvis [pélvis], *s.* (anat.) pelvis.
pemmican [pémikan], *s.* pemicán, especie de tasajo de los indios norteamericanos.
pemphigus [pémfigʌs], *s.* (med.) pénfigo.
pen [pen]. I. *s.* pluma (para escribir), péndola, (poét.) péñola, cálamo; escritura, caligrafía; escritor; (orn.) péndola; (orn.) la hembra del cisne; corral, encerradero, pocilga, zahurda.—**p.-and-ink sketch,** boceto a pluma.—**p. name,** seudónimo.—**p. point,** pluma.—**p.-pusher,** escritor de (por) oficio.—**p. stroke,** plumada, plumazo. II. *va.* (*pret.* y *pp.* PENNED) escribir (con pluma); pergeñar, componer; (*pret.* y *pp.* PENNED o PENT) (a veces con **up**) encerrar, acorralar, enjaular.
penal [pínal], *a.* penal; sujeto a pena o castigo.—**p. code,** (for.) código penal.—**p. institution,** institución penal.—**p. servitude,** presidio, trabajos forzados.
penality [pinǽliti], *s.* penalidad.
penalize [pínalaiz], *va.* penar, imponer pena a; castigar.
penalty [pénalti], *s.* pena, castigo; (for.) penalidad, sanción; multa, pena pecuniaria; desventaja, inconveniente.—**on, o under p. of,** so pena de.
penance [pénans], *s.* penitencia.—**to do p.,** hacer penitencia o acto de contrición.
Penates [pinéitiz], *s. pl.* (mit. rom.) penates.
pence [pens], *s. pl.* de PENNY.
penchant [pénchant *o* panšán], *s.* (fr.) propensión, inclinación, afición, tendencia.
pencil [pénsil]. I. *s.* lápiz, *m.*; pincel fino; lápiz (labial, etc.); haz, *m.* (de luz, de rayos).—**p. box, o case,** estuche para lápices; lapicero.—**p. drawing, o sketch,** dibujo o boceto a lápiz.—**p. holder,** lapicero, portalápiz, *m.*—**p. of rays,** (fís., geom.) haz de rayos.—**p. sharpener,** cortalápiz, afilalápices, sacapuntas.—**mechanical p.,** lapicero, lápiz mecánico, automático o de repetición. II. *va.* dibujar o escribir con lápiz; lapizar.
pend [pend], *vn.* estar pendiente de arreglo.
pendant [péndant]. I. *s.* cualquier cosa que cuelga o está pendiente de otra, v. gr.: (joy.) medallón, colgante, pinjante, pendiente, arete, zarcillo· apéndice; péndulo; (arq.) colgante; adorno que cuelga de un techo; (b. a.) uno de dos objetos que forman juego, (gal.) pandán; (elec.) araña (de luces); (mar.) amante; gallardete. II. *a.* = PENDENT.
pendency [péndensi], *s.* calidad de pendiente o de colgante; suspensión.
pendent [péndent]. I. *a.* pendiente, péndulo, colgante, suspendido; saledizo; (bot.) pendiente. II. *s.* = PENDANT.
pendentive [pendéntiv], *s.* (arq.) pechina.
pending [péndiŋ]. I. *a.* pendiente; colgante; indeciso. II. *prep.* durante, mientras; hasta.
pendragon [pendrǽgon], *s.* jefe supremo.
pendular [péndžūlä(r)], *a.* pendular, con movimiento de péndulo.—**pendulosity** [-lásiti], **pendulousness** [-lʌsnis], *s.* calidad de colgante; suspensión.—**pendulous** [-lʌs], *a.* colgante, pendiente, péndulo.—**pendulum** [-lʌm], *s.* péndulo; péndola.
penetrability [penetrabíliti], *s.* penetrabilidad.
penetrable [-bl], *a.* penetrable.
penetrance [pénetrans], *s.* (genét.) penetrancia.
penetrate [pénetreit]. I. *va.* penetrar; taladrar, horadar; atravesar, calar; profundizar; conmover. II. *vn.* introducirse, penetrar, ahondar(se), adentrar(se), internar(se).
penetrating [-iŋ], *a.* penetrante; agudo, perspicaz.
penetration [-éišon], *s.* penetración.
penetrative [-iv], *a.* penetrativo.
penetrometer [penetrámetœ(r)], *s.* (fís.) penetrómetro.
penguin [péngwin], *s.* (orn.) pingüino, alca o pájaro bobo; (aer.) aeroplano de enseñanza, que no vuela; mujer (*f.*) del cuerpo de aviación de Inglaterra.
penholder [pénhouldœ(r)], *s.* portaplumas, mango de pluma.
penicillin [penisílin], *s.* (farm.) penicilina.
peninsula [pinínšulä], *s.* península, penisla.
peninsular [-(r)], *a.* y *s.* peninsular.—**P. War,** guerras napoleónicas de España y Portugal.
penis [pínis], *s.* (anat., zool.) pene, miembro viril.
penitence [pénitens], *s.* penitencia; contrición.
penitent [-tent]. I. *a.* penitente; contrito, compungido. II. *s.* penitente; arrepentido.
penitential [-ténšal]. I. *a.* penitencial; de arrepentimiento. II. *s.* penitencial, libro de penitencias.
penitentiary [-ténšari]. I. *a.* penitenciario, de penitencia; de castigo, penal. II. *s.* penitenciaría, presidio; casa de corrección; (igl.) penitenciario (persona); penitenciaría (tribunal).
penitently [pénitentli], *adv.* con arrepentimiento, contrición o penitencia.—**penitentness** [-nis], *s.* estado del penitente.
penknife [pénnaif], *s.* cortaplumas, tajaplumas.
penman [pénman], *s.* pendolista o calígrafo; maestro de escritura; autor.
penmanship [-šip], *s.* escritura, caligrafía; pluma, (carácter de) letra.
penna [pénä], *s.* (orn.) pena.
pennant [pénant], *s.* (mar.) flámula, grímpola, gallardete, banderola, insignia; (mar.) amante, maroma corta; bandera (de escuela, etc.); (fig.) campeonato.—**broad p.,** (mar.) gallardetón, corneta.
pennate [péneit], *a.* pinado.
penniless [pénilis], *a.* sin dinero; sin un real; en la miseria; (fam.) tronado, pelado, en pelota.
pennon [pénon], *s.* pendón, banderola, flámula; (blas.) pendón; (poét.) ala. *V.* PINION.
Pennsylvanian [pensilvéinian], *a.* y *s.* (E. U.) pensilvano.
penny [péni], *s.* (*pl.* PENNIES, cuando denota número, y PENCE, cuando denota valor monetario) (Ingl.) penique; (E. U.) centavo; (España) cinco céntimos, (fam.) perra chica; dinero en general.—**p.-a-liner,** gacetillero.—

p. dreadful = DIME NOVEL.—**p.-in-the-slot machine,** tragaperras.—**p. loaf,** rollo, bollo.—**p.-wise,** dícese del que por ahorrar poco se expone a perder mucho.—**p.-wise and pound-foolish,** que escatima en los gastos pequeños y derrocha sumas cuantiosas.
pennyroyal [-rói̦al], *s.* (bot.) poleo.
pennyweight [-wei̦t], *s.* (joy.) escrúpulo o dinero (peso = 24 granos).
pennyworth [-wœrθ], *s.* valor de un penique; cantidad pequeña.
penological [pinoládẑi̦kal], *a.* penológico.
penologist [pinálodẑi̦st], *s.* penalista, criminalista.
penology [-dẑi̦], *s.* penología.
pensile [pénsi̦l], *a.* pensil, colgante, suspenso.
pensileness [-ni̦s], *s.* calidad de colgante, etc.
pension [pénŝo̦n]. **I.** *s.* pensión; cesantía, jubilación; (mil.) retiro; beca; juro.—**life p.,** pensión vitalicia. **II.** *va.* (a veces con **off**) (a)pensionar, jubilar.—**pensionary** [-eri̦]. **I.** *a.* pensionado. **II.** *s.* pensionado, pensionista; pensionario (magistrado).—**pensioner** [-œ(r)], *s.* pensionista, pensionado, jubilado; beca; jurista; (mil. y mar.) inválido.
pensive [pénsi̦v], *a.* pensativo, meditabundo.
penstock [pénstak], *s.* compuerta de esclusa; paradera (del caz); portaplumas.
pent [pent], *a.*, *pret.* y *pp.* de TO PEN.—**p.-up,** acorralado, enjaulado, encerrado; detenido, reprimido.—**p. roof,** tejado de cola o de una sola vertiente.
pentachord [péntakɔrd]. **I.** *a.* de cinco cuerdas. **II.** *s.* (mús.) pentacordio, lira antigua.
pentacle [péntakl], *s.* estrella de cinco puntas.
pentad [péntæd], *s.* número cinco; grupo de cinco cosas; lustro; (quím.) átomo, radical o elemento que tiene fuerza de combinación de cinco.
pentadactyl [pentadǽkti̦l], *a.* (zool.) pentadáctilo, de cinco dedos.
pentadecagon [-dékagan], *s.* (geom.) pente- o pentadecágono, polígono de quince ángulos y lados.
pentagon [péntagan], *s.* (geom.) pentágono.
pentagonal [pentǽgonal], *a.* pentagonal, pentágono.
pentagram [péntagræm], *s.* = PENTACLE.
pentahedron [-hídro̦n], *s.* (geom.) pentaedro.
pentahedral, pentahedrous [-hídral, -hídrʌs], *a.* pentaédrico.
pentamerous [pentǽmerʌs], *a.* (bot., zool.) pentámero.
pentameter [-etœ(r)], *s.* y *a.* (pros.) pentámetro.
pentane [péntei̦n], *s.* (quím.) pentano.
pentaploidy [péntaploi̦di̦], *s.* (biol.) pentaploide.
pentapolis [pentǽpoli̦s], *s.* pentápolis.
pentarchy [péntarki̦], *s.* pentarquía.
pentasyllabic [pentasi̦lǽbi̦k], *a.* pentasílabo.
Pentateuch [péntatiuk], *s.* Pentateuco.
pentathlon [pentǽθlan], *s.* pentatlo.
pentavalent [-véilent], *a.* (quím.) pentavalente.
Pentecost [pénti̦kɔst], *s.* (pascua de) Pentecostés.
Pentecostal [-kɔ́stal], *a.* de Pentecostés.
penthouse [pénthaus], *s.* techo inclinado; tejaroz, *m.*, tejadillo, colgadizo, cobertizo, sotechado, sobradillo; habitación construída en un techo.
pentosan [péntosæn], *s.* (quím.) pentosana.
pentose [péntous], *s.* (quím.) pentosa.
penult [pínʌlt], *s.* penúltima sílaba.
penultimate [pi̦nʌ́lti̦mi̦t], *a.* y *s.* penúltimo.
penumbra [pi̦nʌ́mbrä], *s.* (astr. y pint.) penumbra.
penurious [pi̦niúri̦ʌs], *a.* tacaño, miserable, cicatero; (raro) escaso.—**penuriously** [-li̦], *adv.* escasamente; miserablemente.—**penuriousness** [-ni̦s], *s.* tacañería, ruindad, miseria; escasez, carestía.
penury [pényuri̦], *s.* penuria, miseria, indigencia.
penwiper [pénwai̦pœ(r)], *s.* limpiaplumas.
penwoman [pénwuman], *s.* escritora. *V.* PENMAN.
peon [píon], *s.* criado; peón.—**gang of peons,** peonaje, peonada.
peonage [-i̦dẑ], **peonism** [-i̦zm], *s.* condición o servicio de peón; sistema (*m.*) de emplear deudores (a veces presidiarios) como peones para que paguen con su trabajo lo que deben.
peony [píoni̦], *s.* (bot.) peonía; saltaojos.
people [pípl]. **I.** *s.* pueblo, nación, población, grey, *f.*; los habitantes (de un país); gente, *f.*—**p. say,** dicen, se dice, dice la gente.—**many p.,** mucha gente, muchas personas.—**most p.,** la mayoría o el común de las gentes.—**one's p.,** la familia o parentela de uno.—**the p.,** el público, la gente; la colectividad.—**the common p.,** el pueblo, populacho o vulgo, la plebe o gente menuda. **II.** *va.* poblar, colonizar; habitar.
pep [pep]. **I.** *s.* (fam.) brío, espíritu; energía, fuerza, vigor. **II.** *va.* (con **up**) (fam.) animar, estimular, vigorizar.
peplum [péplʌm], *s.* peplo.
pepper [pépœ(r)]. **I.** *s.* (bot.) pimienta, fruto del pimentero; pimiento, ají, chile.—**p.-and-salt cloth,** tejido mezclado de negro y blanco.—**p. pot,** pimentero; (coc.) ajiaco, sopa de carne y legumbres muy condimentada.—**p. mill,** pimentero de molinillo. **II.** *va.* sazonar con pimienta o ají; salpimentar; acribillar; sazonar (una conversación o escrito) con dichos picantes.
pepperbox [-baks], *s.* pimentero.
peppercorn [-kɔrn], *s.* grano de pimienta; bagatela, chuchería.
peppergrass [-græs], *o* **pepperwort** [-wœrt], *s.* (bot.) lepidio, mastuerzo.
peppermint [-mi̦nt], *s.* (bot.) menta, hierbabuena.—**p. drop,** pastilla de menta.
peppery [-ri̦], *a.* picante; mordaz; de mal humor o genio.
peppy [pépi̦], *a.* (fam.) brioso, enérgico, vivo. *V.* PEP.
pepsin(e [pépsi̦n], *s.* (bioquím.) pepsina.
pep talk, *s.* (fam.) palabras de incentivo.
peptic [pépti̦k], *a.* péptico.
peptization [pepti̦zéi̦ŝo̦n], *s.* (quím.) peptización.
peptone [péptou̦n], *s.* (bioquím.) peptona.
peptonic [peptáni̦k], *a.* peptónico.
peptonize [péptonai̦z], *va.* peptonizar, -ificar.
per [pœr], *prep.* por.—**p. annum,** al año.—**p. capita,** por cabeza, por persona.—**p. cent., p. centum,** por ciento.—**p. contra,** por el contrario; por otra parte.—**p. diem,** por día; viático.—**p. se,** por sí mismo, en sí mismo.
peracid [pœrǽsi̦d], *s.* (quím.) perácido.
peradventure [peradvénchu̦(r)]. **I.** *adv.* quizá, acaso, por ventura. **II.** *s.* posibilidad; duda.
perambulate [pœrǽmbi̦ulei̦t], *va.* y *vn.* recorrer, transitar, visitar; andar, deambular, pasearse.—**perambulation** [-éi̦ŝo̦n], *s.* visita de inspección; paseo.—**perambulator** [-o̦(r)], *s.* cochecillo de niño; (top.) podómetro.
perborate [pœrbóurei̦t], *s.* (quím.) perborato.
percale [pœrkéi̦l], *s.* (tej.) percal.
percaline [pœrkalín], *s.* percalina.
perceivable [pœrsívabl], *a.* perceptible.
perceivably [-bli̦], *adv.* perceptiblemente.
perceive [pœrsív], *va.* percibir, columbrar; advertir, observar, percatar(se de); comprender.
perceiver [-œ(r)], *s.*, **perceiving** [-i̦ŋ], *a.* perceptor.
percentage [pœrsénti̦dẑ], *s.* (com.) tanto por ciento, percentaje, porcentaje.
percentile [-ai̦l], *s.* percentil.
percept [pǿrsept], *s.* (psic.) representación mental de lo percibido; el objeto percibido según lo da la percepción.
perceptibility [pœrsépti̦bíli̦ti̦], *s.* perceptibilidad.
perceptible [-ti̦bl], *a.* perceptible, sensible.
perceptibly [-ti̦bli̦], *adv.* perceptiblemente.
perception [-ŝo̦n], *s.* percepción; (for.) percibo.
perceptive [-ti̦v], *a.* perceptivo.
perceptivity [-tívi̦ti̦], *s.* perceptividad.
perch [pœrch]. **I.** *s.* (ict.) perca, percha; medida

de 16½ pies; alcándara, percha, varal, cetro (para las aves). **II.** *vn.* posarse, pararse, encaramarse; ponerse (las aves) en percha. **III.** *va.* emperchar.
perchance [pœrchǽns], *adv.* acaso, tal vez, quizá, por ventura.
Percheron [pœ́rcheran], *a.* y *s.* percherón (caballo).
perchlorate [pœrklóreit], *s.* (quím.) perclorato.
perchloric [-rik], *a.* perclórico (ácido).
perchlorid(e [-rid *o*-raid], *s.* (quím.) percloruro.
percipient [pœrsípient], *a.* y *s.* perceptor.
percolate [pœ́rkoleit]. **I.** *va.* y *vn.* (tras)colar, (in)filtrar, pasar, rezumarse. **II.** *s.* (farm.) percolado.
percolation [-éiŝon], *s.* coladura, (in)filtración; (farm.) percolación.
percolator [-o(r)], *s.* filtro, colador; cafetera filtradora o de filtro, percolador (de tamaño grande).
percuss [pœrkʌ́s], *va.* percutir, herir, golpear.
percussion [pœrkʌ́ŝon], *s.* percusión, choque; (med.) percusión.—**p. bullet,** bala explosiva. —**p. cap,** fulminante, pistón, cápsula, cebo percusor o fulminante.—**p. fuse,** pebete o fulminante de percusión o de choque.—**p. hammer,** percusor, percutor.—**p. instrument,** (mús.) instrumento de percusión (piano, tambor, etc.).
percussive [pœrkʌ́siv], **percutient** [pœrkiúŝent], *a.* percuciente.
percussor [pœrkʌ́so(r)], *s.* percusor.
perdition [pœrdíŝon], *s.* perdición; infierno.
perdu(e [pœrdiú], *a.* perdido de vista, escondido.
perdurable [pœrdiúrabl], *a.* perdurable.
perdurably [-bli], *adv.* perdurablemente.
peregrinate [périgrineit], *vn.* peregrinar.—**peregrination** [-éiŝon], *s.* peregrinación, -aje.
peregrin(e [périgrin]. **I.** *a.* peregrino; extranjero; exótico, raro, extraño. **II.** *s.* (orn.) cierto halcón.
peregrinity [perigríniti], *s.* peregrinidad.
peremptorily [pœrémptorili], *adv.* perentoriamente; absolutamente.
peremptoriness [-nis], *s.* perentoriedad.
peremptory [-tori], *a.* perentorio; absoluto, rotundo, terminante, definitivo; dogmático, magistral.—**p. orders,** órdenes perentorias.—**p. sale,** venta forzosa.
perennial [pœrénial]. **I.** *a.* perenne, perennal; continuo, incesante, permanente, perpetuo; (biol.) que crece continuamente; (bot.) perenne, vivaz. **II.** *s.* (bot.) planta vivaz.
perennially [-i], *adv.* perennemente.
perfect [pœ́rfikt]. **I.** *a.* perfecto; completo, entero, cumplido, cabal, hecho y derecho; (bot.) completo; (gram.) perfecto; (fam.) muy grande, redomado. **II.** *s.* (gram.) tiempo perfecto.
perfect [pœrfékt *o* pœ́rfikt], *va.* perfeccionar, mejorar.—**perfecting** [-iŋ]. **I.** *s.* perfeccionamiento. **II.** *a.* perfeccionador.
perfectibility [-tibíliti], *s.* perfectibilidad.—**perfectible** [-tibl], *a.* perfectible.
perfection [pœrfékŝon], *s.* perfección.—**perfectionism** [-izm], *s.* perfeccionismo.—**perfectionist(ic** [-ist, -ístik], *s.* y *a.* perfeccionista.
perfective [-tiv], *a.* perfectivo.—**perfectively** [-li], *adv.* con perfección.—**perfectly** [pœ́rfiktli], *adv.* perfectamente, a la perfección; a fondo.
perfervid [pœrfœ́rvid], *a.* muy férvido.
perfidious [pœrfídiʌs], *a.* pérfido, desleal, infiel, aleve, traidor.—**perfidiously** [-li], *adv.* pérfidamente.—**perfidiousness** [-nis], **perfidy** [pœ́rfidi], *s.* perfidia, deslealtad, alevosía, traición.
perfoliate [pœrfóulieit], *a.* (bot.) perfoliado.
perforate [pœ́rforeit], *va.* perforar, agujerear, horadar, taladrar.—**perforating** [-iŋ], *a.* perforador, horadador.—**perforation** [-éiŝon], *s.* perforación, horadación.—**perforator** [-o(r)], *s.* perforador(a), horadador(a), taladrador(a).
perforce [pœrfórs], *adv.* por fuerza, forzosamente.
perform [pœrfórm]. **I.** *va.* ejecutar, hacer, realizar, poner por obra; desempeñar, llenar, cumplir; practicar, ejercer. **II.** *vn.* (teat.) representar, desempeñar un papel; tocar un instrumento músico; actuar, trabajar, funcionar.
performable [-abl], *a.* ejecutable, realizable.
performance [-ans], *s.* ejecución, realización; desempeño, cumplimiento; actuación, funcionamiento, acción; capacidad; (mec.) rendimiento; obra, acción, hecho, hazaña; (teat.) función, representación.—**first p.,** (teat.) estreno.
performer [-œ(r)], *s.* ejecutor, ejecutante; actor; músico; acróbata, *mf.*
perfume [pœ́rfium *o* pœrfiúm]. **I.** *s.* perfume, fragancia, aroma, *m.*; (quím.) esencia. **II.** [pœrfiúm], *va.* perfumar, sahumar, aromatizar. —**perfuming pan, o pot,** perfumador, cazoleja, sahumador.
perfumer [-œ(r)], *s.* perfumador, perfumero, perfumista.—**p.'s shop,** perfumería.
perfumery [-œri], *s.* perfumería; perfumes, *pl.*
perfumy [pœ́rfiumi], *a.* perfumado; fragante.
perfunctorily [pœrfʌ́ŋktorili], *adv.* (raro) perfunctoriamente, por llenar las apariencias; de modo descuidado, negligente o rutinario.—**perfunctoriness** [-nis], *s.* descuido, superficialidad, indiferencia.—**perfunctory** [-tori]. **I.** *a.* (raro) perfunctorio; superficial, hecho sin cuidado, a la ligera; formulario. **II.** *s.* rutinero.
perfuse [pœrfiúz], *va.* cubrir; vaciar; regar, rociar; forzar (un líquido) por, hacer entrar en.
perfusion [pœrfiúẑon], *s.* acción de cubrir, vaciar o regar; perfusión, baño; aspersión; afusión; introducción de un líquido; líquido introducido; bautismo con agua rociada.
pergola [pœ́rgola], *s.* pérgola; cenador.
perhaps [pœrhǽps], *adv.* tal vez, quizá(s), acaso, por ventura.
peri [píri], *s.* (mit. pérsica) peri, *f.*, hada.
perianth(ium [périænθ, -ǽnθiʌm], *s.* (bot.) periantio; perigonio.
pericardial, pericardiac [-kárdial, -diæk], *a.* pericardíaco, pericárdico.—**pericarditis** [-dáitis], *s.* (med.) pericarditis.—**pericardium** [-diʌm], *s.* (anat.) pericardio.
pericarp(ium [périkarp, perikárpiʌm], *s.* (bot.) pericarpio, folículo.—**pericarpial, pericarpic** [-pial, -pik], *a.* pericarpial, pericárpico.
perichondrium [-kándriʌm], *s.* (anat.) pericondrio.
pericranium [-kréiniʌm], *s.* (anat.) pericráneo.
pericycle [périsaikl], *s.* (bot.) periciclo.
periderm [-dœrm], *s.* (bot., zool.) peridermo.
peridot [-dat], *s.* (min.) peridoto, crisólito, olivino.
peridotite [-dóutait], *s.* (min.) peridotita.
perigee [péridẑi], *s.* (astr.) perigeo.
perigon [-gan], *s.* (geom.) perígono, ángulo de 360°.
perigonium [-góuniʌm], *s.* (bot.) perigonio.
perigynium [-dẑíniʌm], *s.* (bot.) periginio.
perihelion [-híliọn], *s.* (astr.) perihelio.
peril [péril]. **I.** *s.* peligro, riesgo, trance. **II.** *va.* poner en peligro; arriesgar. **III.** *vn.* peligrar; correr peligro, estar en peligro o riesgo.
perilous [-ʌs], *a.* peligroso, arriesgado.
perilously [-li], *adv.* peligrosamente.
perilousness [-nis], *s.* calidad de peligroso; peligro.
perimeter [pœrímetœ(r)], *s.* perímetro.
perimetrical [perimétrikal], *a.* perimétrico.
perineal [-níal], *a.* (anat.) perineal.
perinephrium [-néfriʌm], *s.* (anat.) perinefrio, tejido conjuntivo y adiposo que rodea el riñón.
perineum [-níʌm], *s.* (anat.) perineo.
period [píriod], *s.* período; época, era, edad, tiempo; término, fin, conclusión; (gram.) período, cláusula; (impr.) punto (.); (med.) período; (mús.) período.—**the p.,** el día de hoy, la actualidad.—*pl.* (fisiol.) las reglas, menstruo.
periodic [piriádik], *a.* periódico; [pœraiádik], (quím.) peryódico.
periodical [-al], *s.* periódico, publicación periódica.
periodically [-ali], *adv.* periódicamente.

periodicity [piriodísiti], *s.* periodicidad.
periodic law, *s.* (quím.) ley periódica.
periodic table, *s.* (quím.) tabla periódica.
periodide [pœráiodaid], *s.* (quím.) peryoduro.
periodogram [piriádogræm], *s.* (estad.) periodograma.
periœci [periísai], *s. pl.* (geog.) periecos.
periosteal [periástial], *a.* perióstico.
periosteotome [-ástiotoum], *s.* (cir.) periostiótomo, legra.—**periosteotomy** [-astiátomi], *s.* (cir.) periostiotomía, legración.
periosteum [-ástiʌm], *s.* (anat.) periostio.
periostitis [-astáitis], *s.* (med.) periostitis.
peripatetic [-patétik], *a.* y *s.* peripatético.—**P. philosophy** o **Peripateticism,** peripato.
peripetia [peripetáiä], *s.* peripecia.
peripheral, peripheric(al [perífɛral, -férik(al], *a.* periférico, relativo a la periferia.
periphery [perífɛri], *s.* periferia, circunferencia; superficie exterior.
periphrase [périfreiz], *va.* y *vn.* perifrasear.
periphrase, periphrasis [perífrasis], *s.* perífrasis, circunlocución.
periphrastic(al [-fræstik(al], *a.* perifrástico.
periphrastically [-i], *adv.* con perífrasis.
peripteral [períptɛral], *a.*, **peripteros** [-tɛras], *s.* (arq.) períptero, (edificio) rodeado de columnas.
periptery [-tɛri], *s.* (aer.) región del aire alrededor de un avión agitada por remolinos.
periscii [períŝiai], *s. pl.* (geog.) periscios.
periscope [périskoup], *s.* (ópt.) periscopio.
periscopic [-skápik], *a.* periscópico.
perish [périŝ], *vn.* perecer, morir, sucumbir, marchitarse, pasarse.—**p. the thought!** ¡Dios nos libre!
perishable [-abl], *a.* perecedero, caduco; putrescible, expuesto a podrirse.—**p. goods,** mercancías de fácil descomposición (ll. t. **perishables**).
perishableness [-nis], *s.* fragilidad, caducidad, calidad de perecedero o putrescible.
perisperm [périspœrm], *s.* (bot.) perispermo.
perissodactyl(ous [perisodæktil(ʌs], *s.* y *a.* (zool.) perisodáctilo.
peristalsis [peristælsis], *s.* (fisiol.) peristalsis, peristaltismo.—**peristaltic** [-tik], *a.* peristáltico.
peristome [péristoum], *s.* (bot., zool.) perístoma, *m.*
peristyle [péristail], *s.* (arq.) peristilo.
perisystole [perisístoli], *s.* (fisiol.) perisístole, *f.*
peritectic [peritéktik], *a.* peritéctico.
peritoneal [peritoníal], *a.* peritoneal.—**peritoneum** [-níʌm], *s.* (anat.) peritoneo.—**peritonitis** [-náitis], *s.* (med.) peritonitis.
perityphlitis [peritifláitis], *s.* (med.) peritiflitis.
periwig [périwig], *s.* peluca, perico.
periwinkle [-wiŋkl], *s.* (zool.) litorina, margarita, caracolillo marino; (bot.) (vinca)pervinca.
perjure [pœ́rdźur], *va.* y *vr.* perjurar(se).—**perjured** [-d], *a.* perjuro.—**perjurer** [-œ(r)], *s.* perjuro.—**perjury** [-i], *s.* perjurio.
perk [pœrk]. **I.** *va.* adornar, vestir; erguir, levantar la oreja o la cabeza, etc. **II.** *vn.* erguirse, pavonearse; (con **up**) animarse, avivarse.
perk(y [pœ́rk(i], *a.* gallardo, apuesto. *V.* PERT.
perlite [pœ́rlait], *s.* (petrog.) perlita, fonolita.
permanence [pœ́rmanens], **permanency** [-i], *s.* permanencia, estabilidad, durabilidad.
permanent [-ent]. **I.** *a.* permane(cie)nte, duradero, persistente, fijo; indeleble.—**p. wave,** ondulación (*u* ondulado) permanente (del pelo). **II.** *s.* = P. WAVE.
permanently [-li], *adv.* permanentemente.
permanganate [pœrmæŋganeit], *s.* (quím.) permanganato.
permanganic [-gænik], *a.* permangánico.
permeability [pœrmiabíliti], *s.* permeabilidad.
permeable [-bl], *a.* permeable.
permeameter [-æmetœ(r)], *s.* (fís.) permeámetro.
permeate [pœ́rmieit], *va.* penetrar, pasar a través de; estar difundido en, afectar, calar.
permeation [-éiŝon], *s.* penetración al través de los poros.
permeative [-iv], *a.* penetrativo, permeativo.
Permian [pœ́rmian], *s.* y *a.* (geol.) pérmico.
permissible [pœrmísibl], *a.* permisible, lícito.
permission [pœrmíŝon], *s.* permiso, licencia.
permissive [pœrmísiv], *a.* permisivo.—**permissively** [-li], *adv.* permisivamente..
permissory [pœrmísori], *a.* por o con permiso; autorizado.
permit [pœrmít]. **I.** *va.* permitir, consentir, dejar, autorizar. **II.** [pœ́rmit], *s.* permiso, permisión, licencia, pase; (com.) cédula de aduana.—**permitter** [pœrmítœ(r)], *s.* permisor, permitidor.
permittance [pœrmítans], *s.* (elec.) capacidad electro(e)stática.—**permittivity** [-tíviti], *s.* (elec.) inductividad específica.
permutable [pœrmiútabl], *a.* permutable.
permutation [pœrmiutéiŝon], *s.* permuta, trueque; (mat.) permutación.
permute [pœrmiút], *va.* permutar, (tras)trocar.
pern [pœrn], *s.* (orn.) cierta ave de rapiña.
pernicious [pœrníŝʌs], *a.* pernicioso, dañoso, nocivo; fatal, mortal.
pernicious anemia, *s.* (med.) anemia perniciosa.
pernickety [pœrníkɛti], *a.* (fam.) quisquilloso, demasiado escrupuloso; difícil, delicado.
perone [péroni], *s.* (anat.) peroné.—**peroneal** [peroníal], *a.* peróneo.—**peroneus** [peroníʌs], *s.* peróneo.
perorate [péroreit], *vn.* perorar.
peroration [-éiŝon], *s.* peroración.
peroxid(e [pœráksaid], *s.* (quím.) peróxido.—**p. of hydrogen,** agua oxigeneda.—**p. blonde,** rubia oxigenada o de farmacia.
perpend (stone) [pœ́rpend (stoun)], *s.* (alb.) perpiaño.
perpendicular [pœrpendíkyulä(r)]. **I.** *a.* perpendicular; vertical. **II.** *s.* perpendicular.—**perpendicularity** [-lǽriti], *s.* perpendicularidad.—**perpendicularly** [-li], *adv.* perpendicularmente; a plomo.
perpetrate [pœ́rpetreit], *va.* perpetrar, cometer.—**perpetration** [-éiŝon], *s.* perpetración, comisión.—**perpetrator** [-o(r)], *s.* perpetrador.
perpetual [pœrpéchual], *a.* perpetuo.—**p. calendar,** calendario perpetuo.—**p. motion,** movimiento perpetuo o continuo.
perpetually [-i], *adv.* perpetuamente.
perpetuate [-eit], *va.* perpetuar, eternizar; vincular.
perpetuation [-éiŝon], *s.* perpetuación.
perpetuity [pœrpetiúiti], *s.* perpetuidad.
perplex [pœrpléks], *va.* confundir, aturdir, aturrullar; intrincar, embrollar, enredar, enmarañar.
perplexed [-t], *a.* perplejo, confuso, suspenso; intrincado, enredado.—**perplexedly** [-idli], *adv.* perplejamente.—**perplexedness** [-nis], **perplexity** [-iti], *s.* perplejidad, confusión, duda.
perquisite [pœ́rkwizit], *s.* gajes, *m. pl.*, percance(s), obvención, emolumento, plus, propina, adehala.
perron [péron], *s.* (arq.) escalinata, gradas, *f. pl.*
perroquet [péroket], *s.* (orn.) perico, periquito.
perry [péri], *s.* sidra de peras.
persecute [pœ́rsekiut], *va.* perseguir; acosar, vejar; importunar.
persecution [-kiúŝon], *s.* persecución; vejación.
persecutive [-iv], *a.* perseguidor.
persecutor [-o(r)], *s.* perseguidor; acosador.
Perseid [pœ́rsiid], *s.* (astr.) perseida.
Perseus [pœ́rsius], *s.* (astr.) Perseo.
perseverance [pœrsevírans], *s.* perseverancia; persistencia, constancia; (teol.) perseverancia final (ll. t. **p. of the saints,** esp. entre los calvinistas, y **final p.,** entre éstos y los católicos).
persevere [-vír], *vn.* perseverar; persistir; obstinarse, cerrarse.—**persevering** [-iŋ], *a.* perseve-

rante; persistente.—**perseveringly** [-li], *adv.* perseverantemente, persistentemente.
Persian [pœ́ržan]. I. *s.* persa, *mf.*, persiano; lengua persa; (tej.) persiana. II. *a.* persa, persiano, pérsico.—**P. blinds,** celosías, persianas.—**P. Gulf,** golfo Pérsico.—**P. lamb** = BROADTAIL.—**P. wheel,** noria.
Persic [pœ́rsik], *a.* pérsico, persa, persiano.
persicary [pœ́rsikeri], *s.* (bot.) persicaria, centinodia.
persienne [pœrsién], *s.* (tej.) persiana, tela oriental adornada.—*pl.* = PERSIAN BLINDS.
persiflage [pœ́rsiflaž], *s.* chulada, zumba, fisga, charla o burla baladí.
persimmon [pœrsímon], *s.* níspola (fruto del níspero); (bot.) níspero.
Persism [pœ́rsizm], *s.* religión de los antiguos magos de Persia; modismo persa.
persist [pœrsíst], *vn.* insistir, porfiar, empeñarse; persistir, perseverar; perdurar.
persistence, persistency [-ens, -i], *s.* insistencia, porfía; persistencia, perseverancia.
persistent, persisting [-ent, -iŋ], *a.* insistente; persistente, perseverante; permanente.
persistently [-li], *adv.* persistentemente; repetidamente.
person [pœ́rson], *s.* persona; (desp.) quídam, ente, tipo; (biol.) individuo.—**in p.,** en persona. —**in the p. of,** en lugar o representación de.
persona [pœrsóuna], *s.* persona; (biol.) individuo, organismo particular.—**p. ficta,** (for.) persona jurídica.—**p. grata,** persona grata.—**p. non grata,** persona no grata o no acepta.
personable [pœ́rsonabl], *a.* guapo, bien parecido, bien apersonado.
personage [-idž], *s.* persona(je).
personal [pœ́rsonal]. I. *a.* personal; particular, privado; personalmente ofensivo o hiriente a la persona con quien se habla o discute; en persona (acción, comparecencia, etc.).—**p. effects,** bienes o efectos personales o de uso personal.—**p. equation,** ecuación personal.—**p. pronoun,** (gram.) pronombre personal.—**p. property,** bienes muebles.—**p. share,** (com.) acción nominativa. II. *s.* (period.) breve noticia de carácter personal.
personality [-ǽliti], *s.* personalidad, individualidad; alusión personal; personaje.
personalize [-aiz], *va.* personalizar; (ret.) personificar.
personally [-i], *adv.* personalmente.
personalty [-ti], *s.* (for.) bienes muebles.
personate [pœ́rsoneit]. I. *va.* hacerse pasar por; usurpar el nombre de; (teat.) desempeñar o hacer el papel de. II. *vn.* (teat.) representar. III. [-nit], *a.* (bot.) personada.
personation [-éišon], *s.* personificación; (for.) usurpación del nombre de otro.
personator [-o(r)], *s.* el que se hace pasar por otro.
personification [pœrsánifikéišon], *s.* personificación; (ret.) prosopopeya.
personify [-fai], *va.* personificar.
personnel [pœrsonél], *s.* personal; dependencia, conjunto de empleados; tripulación; (Am., barb.) elenco (de una administración, compañía teatral, circo, etc.).
perspective [pœrspéktiv]. I. *s.* perspectiva; lejos. II. *a.* (pint.) en perspectiva; (geom.) proyecto. —**perspectively** [-li], *adv.* con arreglo a la perspectiva.
perspicacious [pœrspikéišʌs], *a.* perspicaz, sagaz.
perspicaciousness [-nis], **perspicacity** [-kǽsiti], *s.* perspicacia, perspicacidad, penetración.
perspicuity [-kiúiti], *s.* perspicuidad, claridad, lucidez.
perspicuous [pœrspíkyuʌs], *a.* perspicuo, claro, lúcido.—**perspicuously** [-li], *adv.* perspicuamente, claramente.—**perspicuousness** [-nis], *s.* perspicuidad, claridad de estilo.
perspiration [pœrspiréišon], *s.* sudor, transpiración.
perspire [pœrspáir], *va.* y *vn.* sudar, transpirar.
perspiring [-iŋ], *a.* sudoriento, sud(or)oso.
persuadable [pœrswéidabl], *a.* persuasible.
persuade [pœrswéid], *va.* persuadir, inducir, reducir, imbuir, mover.—**persuader** [-œ(r)], *s.* persuadidor, persuasor, inducidor.—**persuasibility** [pœrswéisibíliti], *s.* calidad de persuasible.—**persuasible** [-bl], *a.* persuasible.—**persuasibleness** [-nis], *s.* facilidad en dejarse persuadir.
persuasion [pœrswéižon], *s.* persuasión, inducción; creencia, opinión; credo, secta, denominación; persuasiva.
persuasive [-siv]. I. *a.* persuasivo. II. *s.* persuasiva.—**persuasively** [-li], *adv.* persuasivamente.—**persuasiveness** [-nis], *s.* persuasiva.
persulphate, persulfate [pœrsʌ́lfeit], *s.* (quím.) persulfato.—**persulphide** [-faid], *s.* (quím.) persulfuro.—**persulphuric** [-fiúrik], *a.* persulfúrico.
pert [pœrt], *a.* atrevido, descarado, petulante; (fam.) jovial, alegre.
pertain [pœrtéin], *vn.* pertenecer, atañer, tocar, concernir, incumbir.—**pertaining to,** perteneciente, tocante, relativo o atinente a.
pertinacious [pœrtinéišʌs], *a.* pertinaz, porfiado, tenaz, terco.—**pertinaciously** [-li], *adv.* pertinazmente.—**pertinaciousness** [-nis], **pertinacity** [-nǽsiti], *s.* pertinacia.
pertinence, pertinency [pœ́rtinens, -i], *s.* pertinencia; oportunidad; correspondencia.
pertinent [-ent], *a.* pertinente, a propósito, atinado.—**pertinently** [-li], *adv.* pertinentemente, oportunamente, atinadamente.
pertly [pœ́rtli], *adv.* descarada o petulantemente. —**pertness** [-nis], *s.* descaro, desfachatez, petulancia; (fam.) viveza; desparpajo, dicacidad.
perturb [pœrtœ́rb], *va.* perturbar, agitar.
perturbable [-abl], *a.* perturbable.
perturbation [-éišon], *s.* perturbación, agitación, inquietud; (astr.) perturbación, desviación.
perturbator [pœ́rtœrbeito(r)], **perturber** [pœrtœ́rbœ(r)], *s.*, **perturbing** [-iŋ], *a.* perturbador.
pertussis [pœrtʌ́sis], *s.* (med.) tos ferina.
Peru [perú], *s.* Perú.
Perugian [pirúdžian], *s.* y *a.* perusino; de Perusa.
peruke [perúk], *s.* peluca, peluquín, perico.
perusal [perúzal], *s.* lectura cuidadosa.
peruse [perúz], *va.* leer con cuidado; examinar escudriñar, repasar, recorrer.
Peruvian [perúvian], *s.* y *a.* peruano, perulero.—**P. balsam,** bálsamo del Perú.—**P. bark,** quina(quina), cascarilla.
pervade [pœrvéid], *va.* penetrar, ocupar, llenar.
pervasion [pœrvéižon], *s.* penetración.
pervasive [-siv], *a.* penetrante.
perverse [pœrvœ́rs], *a.* perverso; contrario, refractario, contumaz; molesto, petulante.
perversely [-li], *adv.* perversamente.
perverseness [-nis], **perversity** [-iti], *s.* perversidad, pravedad, protervia; terquedad, contumacia.
perversion [-šon], *s.* perversión, corrupción.
perversive [-siv], *a.* perversivo.
pervert [pœrvœ́rt]. I. *va.* pervertir, corromper, viciar, infectar, inficionar; desnaturalizar; falsear. II. [pœ́rvœrt], *s.* perverso, depravado (moral o sexualmente); (rel.) renegado, apóstata, *mf.*
perverted [pœrvœ́rtid], *a.* pervertido, perverso, pravo, corrompido; desviado del camino recto.
perverter [pœrvœ́rtœ(r)], *s.* pervertidor.
pervious [pœ́rviʌs], *a.* permeable, penetrable.—**p. to light,** diáfano.
pesade [piséid], *s.* (equit.) empinada, acto de encabritarse el caballo.
pesky [péski], *a.* (fam.) molesto, incómodo, cargante.
pessary [pésari], *s.* supositorio vaginal; (med.) pesario.
pessimism [pésimizm], *s.* pesimismo.
pessimist [-ist], *s.*, **pessimistic** [-ístik], *a.* pesimista.
pest [pest], *s.* persona o cosa molesta o nociva;

molestia, (fam.) lata; (med.) peste, *f.*, pestilencia, plaga.—*pl.* insectos nocivos.
pester [péstœ(r)], *va.* molestar, vejar, cansar, incomodar, importunar; (fam.) amolar, cargar.
pesthouse [pésthaus], *s.* lazareto.
pestiferous [pestífṛrʌs], *a.* pestífero.
pestilence [péstilens], *s.* pestilencia.
pestilent [-ent], *a.* pestilente; dañoso, pernicioso.
pestilential [-lénŝal], *a.* pestilente, pestilencial, pestilencioso.
pestle [pésl]. **I.** *s.* mano (*f.*) de mortero o almirez; majadero, pistadero; martinete; triturador. **II.** *va.* majar, pistar, triturar, moler, machacar.
pet [pet]. **I.** *va.* mimar, acariciar. **II.** *vn.* acariciarse (los amantes); enojarse, atufarse. **III.** *a.* acariciado, mimado; favorito; domesticado.—**p. name,** diminutivo o epíteto cariñoso. **IV.** *s.* cualquier animal domesticado y mimado; favorito; niño mimado; enojo, enfado, berrinche.—**in a p.,** enojado, malhumorado.
petal [pétal], *s.* (bot.) pétalo, hoja.
petaled, petalous [-d, -ʌs], *a.* (bot.) provisto de pétalos.
petaliferous [-ífṛrʌs], *a.* que tiene pétalos.
petalism [-izm], *s.* (hist.) petalismo (destierro).
petaloid [-ɔid], *a.* (bot.) petaloideo.
petard [pitárd], *s.* (mil.) petardo; especie de triquitraque.—**hoist on** (o **with**) **one's own p.,** cogido en las propias redes.
petardeer [petardír], *s.* petardero.
petcock [pétkak], *s.* llave (*f.*) de escape; (m. v.) llave de purga, llave o grifo de desagüe.
petechiæ [pitíkii], *s. pl.* (med.) petequias.
petechial [pitékial], *a.* (med.) petequial.
peter [pítœ(r)], *vn.* (con **out**) (fam.) disminuir poco a poco, acabarse; (min.) desaparecer una veta o filón.
Peter('s) pence [pítœr(z) pens], *s.* dinero de San Pedro.
petiolar [pétiolă(r)], **petiolate** [-eit], *a.* (bot.) peciolado.
petiole [pétioul], *s.* (bot.) pecíolo.
petit [péti], *a.* (for.) pequeño; menor.—**p. jury** = PETTY JURY.
petite [petít], *a.* (fr.) pequeña, chiquita.
petition [petíŝon]. **I.** *s.* memorial, instancia, solicitud, recurso, representación; pedimento, petición, demanda; súplica, ruego. **II.** *va.* suplicar, rogar; pedir, dirigir un memorial a.
petitionary [-eri], *a.* demandante, suplicante petitorio.
petitioner [-œ(r)], *s.* peticionario, suplicante, demandante.
petitory [pétitori], *a.* petitorio.
Petrarch(i)an [pitrárk(i)an], *a.* petrarquesco.—**Petrarchist(ic** [pítrarkist, (-kístik], *a.* y *s.* petrarquista.
petrel [pétrel], *s.* (orn.) petrel.
petrescence [pitrésens], *s.* petrificación.
petrescent [-ent], *a.* que (se) petrifica; petrífico.
Petri dish [péitri diŝ], *s.* platillo de Petri para cultivos microbiológicos.
petrifaction, petrification [pétrifǽkŝon, -fikéiŝon], *s.* petrificación; fosilización; lapidificación; fósil.
petrifactive, petrifying [-fǽktiv, -faiiŋ], *a.* petrífico, petrificante.
petrify [-fai], *va.* y *vn.* petrificar(se), fosilizar(se), lapidificar(se).—**to be petrified with fear,** etc., quedarse paralizado o muerto de susto, etc.
petrochemical [petrokémikal]. **I.** *a.* petroquímico. **II.** *s.* producto petroquímico.
petrochemistry [-kémistri], *s.* petroquímica.
petroglyph [pétroglif], *s.* (arqueol.) petroglifo, escultura o inscripción en roca.
petrographic [-grǽfik], *a.* petrográfico.
petrography [pitrágrafi], *s.* petrografía.
petrol [pétral], *s.* (Ingl.) gasolina, (gal.) esencia.
petrolatum [petroléitʌm], *s.* (farm.) petrolado o petrolato, ungüento de petróleo, vaselina.
petroleum [pitróuliʌm], *s.* petróleo, aceite mineral.—**p. ether,** nafta.—**p. jelly** = PETROLATUM.—**p. industry,** industria petrolera.
pétroleur [petrolœ́r], *s.* petrolero (incendiario).
petrolic [pitrálik], *a.* petrolero.
petrologist [pitrálodẑist], *s.* especialista en petrografía.
petrology [pitrálodẑi], *s.* petrología, petrografía.
petrous [pétrʌs], *a.* petroso, pétreo.—**p. process,** (anat.) peñasco del temporal (ll. t. **petrosa**).
petticoat [pétikout]. **I.** *s.* enaguas o (e)nagua(s); refajo, faldas, *f. pl.;* basquiña; (Am.) fustán; (fam.) mujer o muchacha; (elec.) campana (de aislador); aislador de campanas (ll. t. **p. insulator**); (locom.) tubo compensador de tiro (ll. t. **p. pipe**). **II.** *a.* de mujer, de mujeres; (elec.) de campana(s).
pettifog [pétifag], *vn.* ser picapleitos, trapacear.
pettifogger [-œ(r)], *s.* leguleyo, picapleitos, (Am., fam.) tinterillo.—**pettifoggery** [-œri], *s.* (fam.) triquiñuela de abogado, (Am.) tinterillada.
pettiness [pétinis], *s.* pequeñez, mezquindad.
petting [pétiŋ], *s.* acción de acariciar o mimar; mimo; caricias amorosas.
pettish [pétiŝ], *a.* enojadizo, quisquilloso; áspero, regañón. *V.* PETULANT.—**pettishly** [-li], *adv.* ásperamente.—**pettishness** [-nis], *s.* enojo; aspereza.
pettitoes [pétitouz], *s. pl.* manos (*f. pl.*) o pies (*m. pl.*) de cerdo; a veces, dedos o pies humanos (esp. de niño).
petto [pétou], *s.* (ital.) pecho.—**in p.,** en lo interior del pecho, secreto, en sus adentros (de uno).
petty [péti], *a.* insignificante, mezquino, despreciable; subordinado, inferior.—**p. cash,** (com.) caja chica; gastos menores de caja.—**p. jury,** jurado de juicio, compuesto de doce individuos, encargado de declarar y determinar el hecho.—**p. larceny,** hurto, ratería.—**p. offense,** (for.) falta.—**p. officer,** suboficial, oficial subalterno de marina.—**p. thief,** hurtador, ratero.—**p. treason,** traición menor.
petulance, petulancy [péchulans, -i], *s.* mal genio, impaciencia; (raro) petulancia.—**petulant** [-ant], *a.* quisquilloso, enojadizo.—**petulantly** [-li], *adv.* impacientemente, con aspereza.
petunia [pitiúnia], *s.* (bot.) petunia.
pew [piu], *s.* banco de iglesia.—**p. opener,** (igl.) ujier, acomodador.—**p. rent,** alquiler anual de un banco de iglesia.—*pl.* **pews,** la congregación.
pewee [píwi], *s.* (E. U.) (orn.) especie de tirano. *V.* PHŒBE.
pewholder [piúhouldœ(r)], *s.* arrendatario de un banco de iglesia.
pe(e)wit [píwit], *s.* (orn.) = PEWEE; avefría, frailecillo; laro, pájaro reidor, especie de paviota.
pewter [piútœ(r)], *s.* peltre; vajilla de peltre.
pewterer [-œ(r)], *s.* peltrero.
pfennig [fénig], *s. pfennig* (moneda alemana).
phænogam, etc. *V.* PHANEROGAM, etc.
phaeton [féi(e)ton], *s.* (carr.) faetón; (aut.) coche descubierto de turismo.
phagocyte [fǽgosait], *s.* (biol.) fagocito.
phalange [fǽlændẑ], *s.* (anat.) = PHALANX; (pol.) falange ideada por Fourier. *V.* PHALANSTERY y FALANGE.
phalangeal [falǽndẑial], *a.* (anat.) falangiano.
phalanger [-dẑœ(r)], *s.* (zool.) falangista (marsupial australiano).
phalanges [-dẑiz], *s. pl.* de PHALANX.
phalangian [-dẑian], *a.* y *s.* (zool.) falángido; *s.* falangio (arácnido).
phalanstery [fǽlansteri], *s.* falansterio.
phalanx [féilæŋks], *s.* (mil., anat., zool.) falange, *f.*
phallic [fǽlik], *a.* fálico, relativo al falo o al falismo.
phall(ic)ism [fǽl(is)izm], *s.* falismo, culto del falo o principio generador de la naturaleza.
phallus [fǽlʌs], *s.* (anat., relig., bot.) falo.
phanerogam [fǽnerogæm], *s.* (bot.) fanerógamo.

phanerogamic, phanerogamous [-gǽmịk, -rágąmʌs], *a.* fanerógamo.
phantasm [fǽntæzm], **phantasma** [fæntǽzmą], *s.* fantasma, *m.*—**phantasmal** [-tǽzmąl], *a.* = PHANTOM.
phantasmagoria [-górịą], *s.* fantasmagoría.
phantasmagori(c)al [-górị(k)ąl], *a.* fantasmagórico; ilusorio.
phantasy [fǽntąsị], *s.* = FANTASY.
phantom [fǽntǫm]. **I.** *s.* fantasma, *m.*, espectro, sombra, visión, estantigua. **II.** *a.* fantástico, ilusorio, quimérico; semejante a un fantasma o espectro.
Pharaonic [fɛrịánịk], *a.* faraónico.
pharisaic(al [færịséịịk(ąl], *a.* farisaico.—**pharisaically** [-ị], *adv.* farisaicamente.—**pharisaism** [fǽrịseịịzm], *s.* farisaísmo.
Pharisee [fǽrịsi], *s.* fariseo.
pharmaceutic(al [farmąsịútịk(ąl], *a.* farmacéutico.—**pharmaceutics** [-tịks], *s.* farmacia (ciencia).—**pharmaceutist** [-tịst], **pharmacist** [fármąsịst], *s.* farmacéutico, boticario.
pharmacognosy [-kágnosị], *s.* farmacognosia.
pharmacological [-kǫládžịkąl], *a.* farmacológico.—**pharmacologist** [-kálodžịst], *s.* farmacólogo.—**pharmacology** [-džị], *s.* farmacología.
pharmacopœia [-kopíą], *s.* farmacopea.
pharmacy [fármąsị], *s.* farmacia; botica.
pharos [féịrǫs], *s.* faro.
pharyngeal [fąríndžịąl], *a.* (anat.) faríngeo.
pharyngitis [færịndžáịtịs], *s.* (med.) faringitis.
pharyngoscope [fąríŋgoskoụp], *s.* faringoscopio.
pharynx [fǽrịŋks], *s.* (anat.) faringe, *f.*
phase [feịz], *s.* fase, *f.*, aspecto; (astr., fís., etc.) fase; (elec.) fase.—**p. angle,** ángulo de retraso, ángulo de diferencia de fases.—**p. displacement,** desplazamiento de fase.—**p. lag,** o **lagging,** retraso de fase.—**p. lead,** o **leading,** avance de fase.—**f. meter,** (elec.) fasímetro.—**to be in p.,** (elec.) tener una misma fase, estar en (concordancia de) fase.—**to be out of p.,** no tener una misma fase, discordar en fase.
phasis [féịsịs], *s.* (astr., etc.) fase, *f.*
pheasant [féząnt], *s.* (orn.) faisán.
pheasantry [-rị], *s.* criadero de faisanes.
phenacetin [fịnǽsịtịn], *s.* (quím., farm.) fenacetina.
phenacite [fénąsaịt], *s.* (min.) fenacita.
phenakistoscope [fɛnąkístoskoụp], *s.* fenaquistiscopio
phenazine [fénązin], *s.* (quím.) fenacina.
phenazone [fénązoụn], *s.* (quím.) antipirina.
phenic [fínịk], *a.* (quím.) fénico.
Phenician, Phenix, *V.* PHOENICIAN, PHOENIX.
phenobarbital [finobárbịtǫl], *s.* (farm.) fenobarbital.
phenol [fínol], *s.* (quím.) fenol, ácido fénico.
phenology [fịnálodžị], *s.* (biol.) fenología, ciencia de los efectos del clima en el desarrollo de los seres organizados.
phenolphthalein [finolθǽlin], *s.* (quím., farm.) fenolftaleína.
phenomena [fịnámɛną], *s. pl.* de PHENOMENON. Ú. erróneamente en vez del *sing.*—**phenomenal** [-nąl], *a.* fenomenal.—**phenomenalism** [-ịzm], *s.* (filos.) fenomenalismo.—**phenomenalist** [-ịst], *s.*, **phenomenalistic** [-ístịk], *a.* fenomenalista.—**phenomenology** [-nálodžị], *s.* (fil.) fenomenología.—**phenomenon** [-nan], *s.* fenómeno.
phenyl [fénịl], *s.* (quím.) fenilo.
phenylacetic [-ąsítịk], *a.* fenilacético, tolúico.
phenylamine [fɛnịląmín], *s.* (quím.) fenilamina.
phenylene [fénịlin], *s.* (quím.) fenileno.—**p. blue,** azul de fenileno.—**p. brown,** pardo de fenileno.
phenylic [fęnílịk], *a.* (quím.) fenílico, fénico.
phi [faị, fi], *s.* phi (letra griega).
phial [fáịąl], *s.* redoma, frasco. *V.* VIAL.
Philadelphian [fịlądélfịąn], *a.* filadelfo, de Filadelfia.
philander [fịlǽndœ(r)], *vn.* galantear.—**philander(er** [-œ(r)], *s.* amante; galán, coquetón; (zool.) filandro.
philanthropic(al [fịlanθrápịk(ąl], *a.* filantrópico.—**philanthropist** [fịlǽnθropịst], *s.* filántropo.—**philanthropy** [-θropị], *s.* filantropía.
philatelic(al [fịlątélịk(ąl], *a.* filatélico.—**philatelist** [fịlǽtęlịst], *s.* filatelista.—**philately** [-lị], *s.* filatelia.
philharmonic [fịlharmánịk], *a.* filarmónico.
philippic [fịlípịk], *s.* filípica; diatriba, invectiva.
Philippine [fílịpin], *a.* filipino.
Philippines [fílịpinz], *s.* Filipinas.
Philistine [fịlístịn], *s.* y *a.* filisteo; reaccionario, ultraconservador; prosaico, positivista; inculto, vulgar.
Philistinism [-ịzm], *s.* convencionalismo, formalismo; falta de cultura, positivismo vulgar, aspiraciones bajas.
philologic(al [fịloládžịk(ąl], *a.* filológico.
philologist [fịlálodžịst], *s.* filólogo.
philology [-džị], *s.* filología, filológica.
philomel, philomela [fílomɛl, -mílą], *s.* (orn.) (poét.) filomela, ruiseñor.
philopena [fịlopíną], *s.* juego en que una persona paga una prenda a otra bajo ciertas condiciones; almendra doble que motiva este juego; regalo o prenda que paga el que pierde.
philosophaster [fịlasofǽstœ(r)], *s.* filosofastro.
philosopher [fịlásofœ(r)], *s.* filósofo.—**p.'s stone,** piedra filosofal.
philosophic(al [fịlosáfịk(ąl], *a.* filosófico.
philosophically [-ị], *adv.* filosóficamente.
philosophism [fịlásofịzm], *s.* filosofismo.—**philosophist** [-fịst], *s.* (desp.) filosofastro.—**philosophize** [-faịz], *vn.* filosofar.—**philosophizer** [-œ(r)], *s.* filosofador.
philosophy [-fị], *s.* filosofía.
philter, philtre [fíltœ(r)]. **I.** *s.* filtro, hechizo, bebedizo. **II.** *va.* hechizar con filtro.
phimosis [faịmóụsịs], *s.* (med.) fimosis.
phiz [fịz], *s.* (vulg.) fisonomía, facha, cara.
phlebitis [flịbáịtịs], *s.* (med.) flebitis.
phlebology [flịbálodžị], *s.* (med.) flebología.
phlebosclerosis [flɛbosklịróụsịs], *s.* (med.) flebosclerosis, endurecimiento de las venas.
phlebotomist [flịbátomịst], *s.* flebotomiano, flebotomista, sangrador, (Am.) flebótomo.
phlebotomize [-maịz], *va.* sangrar.
phlebotomy [-mị], *s.* (med.) flebotomía.
phlegm [flɛm], *s.* (fisiol.) flema, gargajo; lentitud, cachaza, apatía; frialdad de ánimo.
phlegmasia [flɛgméịžịą], *s.* flegmasía, flogosis.
phlegmatic(al [flɛgmǽtịk(ąl], *a.* flemático; cachazudo.
phlegmon [flégman], *s.* (med.) flemón.
phlegmonous [-ʌs], *a.* flemonoso.
phlogistic [flodžístịk], *a.* (quím.) flogístico; (med.) inflamatorio.
phlogiston [flodžístǫn], *s.* (quím.) flogisto.
phlox [flaks], *s.* (bot.) flox.
phlyctena [flịktíną], *s.* (med.) flictena.
phobia [fóụbịą], *s.* fobia; temor o aversión mórbidos.—**phobic** [-ịk], *a.* fóbico, rel. a una fobia.
phoca [fóụką], *s.* (zool.) foca.
phocid [fóụsịd], *a.* y *s.* (zool.) fócido, focídeo.
phœbe (bird) [fíbị (bœrd)], *s.* (orn.) (Am.) febe, especie de papamoscas de los E. U.; aguador; (**P.,** poét.) Febe, la Luna; (astr.) Febe o Febé (satélite de Saturno).
Phœbus [fíbʌs], *s.* (mit. y poét.) Febo, Apolo; el sol.—**Phœbean** [fịbíąn], *a.* febeo.
Phœnician [fịníšąn], *a.* y *s.*, fenicio.
Phœnix, o **phœnix** [fínịks], *s.* (mit.) fénix; prodigio; (astr.) ave (*f.*) Fénix, constelación austral.—**P. column,** (arq.) columna redonda compuesta de hierros curvos en U unidos por sus pestañas.
phonate [fóụneịt], *va.* y *vn.* articular, enunciar.
phonation [fonéịšǫn], *s.* fonación.
phonautograph [fonótogræf], *s.* fonautógrafo.
phone [foụn]. **I.** *s.* (fam.) teléfono; (fon.) fon. **II.** *va.* y *vn.* (fam.) telefonear.

phone call, *s.* llamada telefónica.
phoneme [fóụnim], *s.* (fon.) fonema, *m.*
phonemics [fonémịks], *s.* fonémica.
phonetic [fonétịk], *a.* fonético.
phonetically [-ạlị], *adv.* fonéticamente.
phonetician [fonetíŝạn], *s.* fonetista.
phonetics [fonétịks], *s.* fonología, fonética.
phonetism [fóụnetịzm], *s.* fonetismo.
phoney [fóụnị], *a.* = PHONY.
phonic [fánịk], *a.* fónico.—**phonics** [-s], *s.* fónica.
phonism [fóụnịzm], *s.* (psic.) fonismo (sinestesia).
phonogenic [fonodẑénịk], *a.* fonogénico.
phonogram [fóụnogræm], *s.* tipo que simboliza un sonido; fonograma, *m.*; reproducción fonográfica.
phonograph [fóụnogræf]. **I.** *s.* fonógrafo, gramófono. **II.** *va.* reproducir por medio del fonógrafo.
phonographic [fonogræ̂fịk], *a.* fonográfico.
phonograph record, *s.* disco (de fonógrafo).
phonography [fonágrạfị], *s.* fonografía.
phonolite [fóụnolaịt], *s.* (petr.) fonolita, perlita.
phonologic(al [fonoládẑịk(ạl], *a.* fonológico.
phonologist [fonálodẑịst], *s.* fonólogo.
phonology [-dẑị], *s.* fonología, fonética.
phonometer [fonámɛtœ(r)], *s.* fonómetro.
phonometric [fonométrịk], *a.* fonométrico.
phonometry [fonámɛtrị], *s.* (fís.) fonometría.
phonon [fóụnan], *s.* (fís.) fonón.
phonoscope [fóụnoskoụp], *s.* (fís.) fonoscopio.
phonotype [fóụnotaịp], *s.* (impr.) fonotipo; tipo empleado en la fonotipia.
phonotypic [-típrk], *a.* fonotípico.
phonotypy [-taịpị], *s.* (impr.) fonotipia, impresión con tipos que representan sonidos.
phony [fóụnị], *a.* (fam.) falso, falsificado.
phosgene [fásdẑin], *s.* (quím.) fosgeno (gas).
phosphate [fásfeịt], *s.* (quím.) fosfato.—**f. rock**, roca fosfatada o rica en fosfato (gen. de calcio).
phosphated [-ịd], **phosphatic** [fasfǽtịk], *a.* fosfático; fosfatado; fosforado.
phosphatize [fásfạtaịz], *va.* fosfatar, tratar con o reducir a fosfato.
phosphaturia [-tịúrịạ], *s.* (med.) fosfaturia, exceso de fosfatos en la orina.
phosphene [fásfin], *s.* (fisiol.) fosfeno, sensación de luz causada por presión en el ojo.
phosphid(e [fásfaịd], *s.* (quím.) fosfuro.
phosphine [fásfịn], *s.* (quím.) fosfina.
phosphite [fásfaịt], *s.* (quím.) fosfito.
Phosphor [fásfọ(r)], *s.* Fósforo, lucero del alba, estrella matutina.—**p. bronze**, bronce fosforado.
phosphorate [fásforeịt], *va.* (quím.) fosforar, combinar con fósforo.—**phosphorated oil**, (farm.) aceite fosforado.
phosphoresce [fasforés], *vn.* fosforescer.—**phosphorescence** [-ẹns], *s.* fosforescencia, ardentía. —**phosphorescent** [-ẹnt], *a.* fosforescente.
phosphoric [fasfórịk], *a.* fosfórico; fosforescente.
phosphoric acid, *s.* (quím.) ácido fosfórico.
phosphorite [fásforaịt], *s.* (min.) fosforita.
phosphoroscope [fasfároskoụp], *s.* fosforoscopio.
phosphorous [fásforʌs], *a.* fosforoso.
phosphorous acid, *s.* (quím.) ácido fosforoso.
phosphorus [fásforʌs], *s.* (quím.) fósforo.
phosphuret [fásfịurịt], *s.* (raro) = PHOSPHIDE.
phot [fat], *s.* unidad de luz, igual a 1 lumen por centímetro cuadrado.
photic [fóụtịk], *a.* fótico, relativo a la luz.
Photinia [fotínịạ], *s.* (bot.) fotinia.
photo [fóụtoụ], *s.* (fam.) foto, *f.*, fotografía.
photoactinic [-æktínịk], *a.* fotoactínico.
photocathode [-kǽθoụd], *s.* (fís.) fotocátodo.
photocell [-sɛl], *s.* célula fotoeléctrica.
photochemical [-kémịkạl], *a.* fotoquímico.
photochemistry [-kémịstrị], *s.* fotoquímica.
photochromy [-kromị], *s.* fotocromía.
photocollography [-kọlágrạfị], *s.* fotocolografía.
photodisintegration [-dịsịntẹgréịŝọn], *s.* (fís.) fotodesintegración.
photodrama [-dramạ], *s.* drama cinematográfico.—**photodramatist** [-drámạtịst], *s.* escritor de dramas cinematográficos.
photodynamic [-daịnǽmịk], *a.* fotodinámico.
photoelectric [-ịléktrịk], *a.* fotoeléctrico.—**p. cell**, célula fotoeléctrica.
photoelectron [-ịléktran], *s.* (quím. fís.) fotoelectrón, electrón emitido por un metal iluminado.
photoemulsion [-ịmʌ́lŝọn], *s.* (fís., quím.) fotoemulsión.
photoengrave [-ɛngréịv], *va.* y *vn.* fotograbar.
photoengraver [-œ(r)], *s.* fotograbador.
photoengraving [-ịŋ], *s.* fotograbado.
photo finish, *s.* (carreras) final reñido (cuyo vencedor es indicado por un ojo eléctrico).
photofission [-fịŝọn], *s.* (fís. nuclear) fotofisión.
photoflash lamp, *s.* (fot.) lámpara instantánea de relámpago.
photoflood lamp, *s.* (fot.) lámpara de proyector, lámpara con luz concentrada.
photogen [-dẑɛn], *s.* (biol.) organismo fotógeno; aceite extraído de pizarras bituminosas, etc.
photogene [-dẑin], *s.* imagen (*f.*) persistente en la retina.
photogenic [-dẑénịk], *a.* fotogénico.
photograph [-græf]. **I.** *va.* fotografiar, retratar por la fotografía. **II.** *s.* fotografía (estampa), retrato.—**to sit for a p.**, retratarse.—**photographer** [fotágrạfœ(r)], *s.* fotógrafo, retratista.
photographical [fotogrǽfịkạl], *a.* fotográfico.—**photographically** [-ị], *adv.* fotográficamente.
photography [fotágrạfị], *s.* fotografía (arte).
photogravure [-grạvịúr], *s.* fotograbado.
photoionization [-aịonịzéịŝọn], *s.* (fís.) fotoionización.
photokinetic [-kịnétịk], *a.* fotocinético.
photolithograph [-lịθogræf]. **I.** *va.* fotolitografiar. **II.** *s.* fotolitografía (estampa).—**photolithographic** [-lịθogrǽfịk], *a.* fotolitográfico. —**photolithography** [-lịθágrạfị], *s.* fotolitografía (arte).
photology [fotálodẑị], *s.* (fís.) fotología; óptica.
photolysis [fotálịsịs], *s.* fotólisis, descomposición química por la luz.
photomechanical [-mịkǽnịkạl], *a.* (impr.) fotomecánico.
photomeson [-mésan], *s.* (fís.) fotomesón.
photometer [fotámɛtœ(r)], *s.* fotómetro.
photometric [fotométrịk], *a.* fotométrico.
photometry [fotámɛtrị], *s.* fotometría.
photomicrography [-maịkrágrạfị], *s.* fotomicrografía.
photomontage [-mantáẑ], *s.* (fot.) fotomontaje.
photomultiplier [-mʌ́ltịplaịœ(r)], *s.* (fís.) fotomultiplicador.
photon [fóụtan], *s.* (fís.) fotón.
photon rocket, *s.* cohete fotónico.
photophobia [fotofóụbịạ], *s.* (med.) fotofobia.
photophone [-foụn], *s.* (fís.) fotófono.
photoplay [-pleị], *s.* = PHOTODRAMA.—**photoplayer** [-œ(r)], *s.* actor de dramas cinematográficos, actor de cinematógrafo.—**photoplaywright** [-raịt], *s.* = PHOTODRAMATIST.
photoprint [-prịnt], *s.* impresión fototipográfica, fotocopia.
photoprocess [-prasɛs], *s.* cualquier procedimiento foto(tipo)gráfico.
photoproduction [-prodʌ́kŝọn], *s.* (fís.) fotoproducción.
photoproton [-próụtan], *s.* (fís.) fotoprotón.
photorelief [-rịlíf], *s.* impresión fotográfica de relieve; fotorrelieve (procedimiento).
photosensitive [-sénsịtịv], *a.* fotosensitivo.
photospectroscope [-spéktroskoụp], *s.* fotospectroscopio.
photosphere [-sfịr], *s.* (astr.) fotosfera.
photostat [-stæt], *s.* fotóstato (nombre de fábrica de una cámara de fotografía directa para re-

producir documentos, grabados, etc., sin necesidad de negativo); fotocopia, fotoduplicación, reproducción fotostática.
photosynthesis [-sínθesis], *s.* (bot.) fotosíntesis.
phototaxis [-tǽksis], *s.* (biol.) fototactismo.
phototelegraphy [-tilégrafi], *s.* fototelegrafía, telefotografía.
phototelephone [-télefoun], *s.* = PHOTOPHONE.—**phototelephony** [-teléfani], *s.* fototelefonía, transmisión del sonido por medio de la luz.
phototherapeutics [-θerapiútiks], **phototherapy** [-θérapi], *s.* (med.) fototerapia.
phototropism [fotátropizm], *s.* (bot.) fototropismo.
phototype [-taip], *s.* clisé fototipográfico.
phototypography [-taipágrafi], *s.* fototipografía.
photozincography [-zinkágrafi], *s.* fotocincografía.
phrase [fréiz]. I. *s.* frase (en gram. se aplica esp. a la que no tiene verbo y a la compuesta de preposición y término); expresión o locución (a veces proverbial); fraseología; estilo, modo de hablar o de escribir; (mús.) frase musical. II. *va.* frasear; expresar, formular; (mús.) frasear, dividir en frases.
phraseogram [-iogræm], *s.* signo o combinación de signos taquigráficos que representa una frase.—**phraseograph** [-iogræf], *s.* frase para la cual existe tal signo.
phraseology [-iálodži], *s.* fraseología; dicción, construcción, estilo.
phratry [fréitri], *s.* fratría (subdivisión tribal).
phrenetic [frinétik], *a.* frenético, delirante; fanático; (med.) atacado de fiebre cerebral.
phrenic [frénik], *a.* (anat., psic.) frénico, relativo al diafragma o a la mente (o inteligencia).
phrenitis [frináitis], *s.* (med.) fiebre (*f.*) cerebral; delirio, frenesí; inflamación del diafragma.
phrenologic(al [frenoládžik(al], *a.* frenológico.
phrenologist [frinálodžist], *s.* frenólogo.
phrenology [-dži], *s.* frenología.
phrenopathy [frinápaθi], *s.* (med.) frenopatía.
phrensied, phrensy = FRENZIED, FRENZY.
Phrygian [frídžian], *a.* y *s.* frigio.
phthalein [(f)θǽlin], *s.* (quím.) ftaleína.—**phthalic** [(f)θǽlik], *a.* (quím.) ftálico.—**phthalyl** [(f)θǽlil], *s.* (quím.) ftalilo.
phthisic(al [tízik(al], *a.* (med.) tísico; asmático.
phthisis [(f)θáisis], *s.* (med.) tisis.
phycology [faikálodži], *s.* (bot.) ficología, algología, ciencia de las plantas marítimas.
phylacter(y [filǽkter(i], *s.* filacteria.
phyllium [filiʌm], *s.* insecto parecido a una hoja.
phyllode [filoud], *s.* (bot.) filodio.
phyllomania [filoméinia], *s.* (bot.) filomanía.
phyllome [filoum], *s.* (bot.) hoja.
phyllophagous [filáfagʌs], *a.* (zool.) filófago.
phyllopod [filopad], *a.* y *s.* (zool.) filópodo.
phyllotaxis [filotǽksis], *s.* (bot.) filotaxia.
phylloxera [filaksíra], *s.* filoxera.
phylogenesis [failodžénesis], **phylogeny** [failádženi], *s.* (biol.) filogenia.—**phylogenetic** [-dženétik], **phylogenic** [-dženík], *a.* filogenético, filogénico.
phylum [fáilʌm], *s.* (biol.) filo, una de las divisiones primarias del reino animal o vegetal.
physic [fízik]. I. *va.* (med.) purgar; medicinar. II. *s.* purgante o purga; medicina; cualquier medicamento.
physical [fízikal], *a.* físico; corporal, corpóreo; material; natural.
physical chemistry, *s.* físicoquímica.
physical culture o **education**, *s.* educación física.
physical geography, *s.* geografía física.
physically [-i], *adv.* físicamente.
physical science, *s.* ciencia física.
physical therapy, *s.* fisioterapia.
physical training, *s.* educación física.
physician [fizíšan], *s.* médico, doctor, facultativo.
physicist [fízisist], *s.* físico.
physicky [fíziki], *a.* purgante.
physicochemical [fizikokémikal], *a.* fisicoquímico.
physics [fíziks], *s.* física.
physiocracy [fiziákrasi], *s.* fisiocracia.—**physiocrat** [fízìokræt], *s.* fisiócrata, *mf.*—**physiocratic** [-krǽtik], *a.* fisiocrático.
physiognomist [-ágnomist], *s.* fisonomista, fisónomo; fisiognomista (que se dedica a la fisiognomía).—**physiognomic(al** [-agnámik(al], *a.* fisonómico; fisiognómico.
physiognomy [-ágnomi], *s.* fis(i)onomía (aspecto); fisiognomía (arte de juzgar del carácter, etc., de una persona por la observación de su apariencia exterior, esp. de las facciones).
physiographer [-ágrafœ(r)], *s.* fisiógrafo.
physiographic(al [-ogrǽfik(al], *a.* fisiográfico.
physiography [-ágrafi], *s.* fisiografía.
physiologic(al [-oládžik(al], *a.* fisiológico.
physiologically [-i], *adv.* fisiológicamente.
physiologist [-álodžist], *s.* fisiologista, fisiólogo.
physiology [-dži], *s.* fisiología.
physiotherapy [fizioθérapi], *s.* fisioterapia, tratamiento de las enfermedades por agentes físicos (calor, electricidad, luz, masaje, etc.).
physique [fizík], *s.* físico, figura, presencia.
phytivorous [faitívorʌs], *a.* herbívoro, fitófago.
phytogenic [faitodžénik], *a.* fitógeno, de origen vegetal.
phytogeography [-džiágrafi], *s.* (bot.) fitogeografía.
phytography [faitágrafi], *s.* (bot.) fitografía.
phytoid [fáitoid], *a.* fitoideo.
Phytolaccaceæ [faitolakéisiei], *s. pl.* (bot.) fitolacáceas.
phytology [faitálodži], *s.* fitología, botánica.
phytonomy [faitánomi], *s.* (bot.) fitonomía.
phytophagous [faitáfagʌs], *a.* (zool.) fitófago.
phytosis [faitóusis], *s.* (med.) fitosis.
phytotomy [faitátomi], *s.* (bot.) fitotomía.
phytotoxin [faitotáksin], *s.* fitotoxina, toxina obtenida de substancias vegetales.
pi, pie [pai]. I. *va.* (impr.) empastelar. II. *s.* (impr.) pastel; pi (letra griega); (mat.) pi, π (3,1416).
piacular [paiǽkyula(r)], *a.* expiatorio; culpable, criminal.
piaffe [piǽf]. I. *vn.* (equit.) piafar. II. *s.* piafe (ll. t. **piaffer**).
pia mater [páia méitœ(r)], *s.* (anat.) píamadre o piamáter, *f.*
pianism [piǽnizm], *s.* (mús.) arreglo para piano; ejecución en el piano; técnica del piano.
pianissimo [pianísimou], *adv.* y *a.* (mús.) muy suavemente, pianísimo.
pianist [piǽnist], *s.* pianista.
piano [piánou], *a.* y *adv.* (mús.) dulcemente, piano.
piano(forte [piǽnou(fort], *s.* (mús.) pianoforte, piano.—**p. action**, mecanismo de piano.—**p. dealer**, o **maker**, pianista.—**p. player**, pianista; pianola, piano mecánico.—**p. stool**, taburete o banqueta de piano.—**p. tuner**, afinador.—**p. wire**, cuerda de piano.
pianola [pianóula], *s.* pianola, piano mecánico.
piarh(a)emia [piaríima], *s.* (med.) piaremia, lipemia.
piaster, piastre [piǽstœ(r)], *s.* piastra; peso.
piazza [piǽza], *s.* plaza; pórtico; portal, galería con arcadas; (E. U.) *V.* PORCH Y VERANDA.
pibroch [píbrak], *s.* (Esco.) música marcial o fúnebre, tocada con la gaita.
pica [páika], *s.* (impr.) lectura, cícero (tipo **de 12** puntos); (med.) pica, malacia.
picador [píkador], *s.* picador (en la corrida de toros); (fig.) polemista listo o perspicaz.
Picard [píkard], *a.* y *s.* picardo, natural de Picardía; apl. t. a ciertos herejes del S. XV.
picaresque [pikarésk], *a.* picaresco.
picaroon [pikarún], *s.* picarón; ladrón; pirata, *m.*
picayune [pikayún]. I. *s.* (E. U.) medio real; cualquiera moneda, cosa o persona de poco

valor. II. *a.* mezquino, insignificante, de poca monta.
piccalilli [píkalili], *s.* legumbres en escabeche.
piccolo [píkolou], *s.* (mús.) flautín.
piceous [písiʌs], *a.* píceo; inflamable; (zool.) de color de brea.
pick [pik]. I. *va.* picar, agujerear, romper con pico, picotear; hurtar, ratear; abrir (una cerradura) con ganzúa; escoger; coger, recoger; mondar o limpiar; descañonar (un ave).—**to p. a bone,** roer un hueso.—**to p. a bone with,** reñir o habérselas con.—**to p. a hole in one's coat,** denigrar a uno.—**to p. a quarrel (with),** meterse con, buscar camorra, armar pendencia.—**to p. off,** arrancar; ir escogiendo y matando uno a uno (en la guerra, etc.).—**to p. one's nose,** hurgarse las narices.—**to p. one's teeth,** mondarse o limpiarse los dientes.—**to p. out,** escoger, entresacar; señalar; tocar (una pieza) o cantar de oídas.—**to p. over,** examinar y escoger.—**to p. pockets,** ser carterista o ratero de faltriquera.—**to p. up,** alzar, recoger; aprender de oídas o con la práctica; coger; lograr obtener con trabajo; recobrar (las carnes, ánimo); entablar conversación con, sin presentación previa.—**to p. up speed,** acelerar la marcha, aumentar la velocidad.—**to have a bone to p. with one,** tener que ajustar cuentas (fig.) o habérselas con uno. II. *vn.* picar, comer bocaditos; hurtar.—**to p. and choose,** escoger esmeradamente.—**to p. at,** tirar de; criticar, regañar, sermonear.—**to p. on,** atormentar, molestar.—**to p. up,** restablecerse, recobrar la salud; cobrar carnes; (mec.) desarrollar velocidad. III. *s.* (zapa)pico (herramienta); ganzúa; escogido; derecho de elección; lo más escogido o granado, la flor (y nata); cosecha, cantidad de frutos, lúpulo, etc., que se recolecta de una vez o en una temporada; (tej.) golpe que empuja la lanzadera del telar; hilo de un tejido; (impr.) mancha en un pliego impreso.—**p. and p.,** alternación de hilos de diferentes colores.
pickaback, pickapack [píkabæk, píkapæk], *adv.* sobre los hombros, a cuestas.
pickaninny, pic(c)aninny [píkanini], *s.* negrito.
pickax(e [píkæks], *s.* zapapico, piqueta.
picked [pikt]. I. *pp.* y *a.* escogido, selecto. II. [píkid], *a.* (ant.) espinoso, con púas; puntiagudo.
picker [píkœ(r)], *s.* escogedor; escardador; (tej.) desmotadora, abridora. *V.* TO PICK y PICKING.—**p. of quarrels,** camorrista, pendenciero.
pickerel [píkerel], *s.* (ict.) pez algo parecido al lucio o sollo, pero de sólo dos pies de largo.
pickerelweed [-wid], *s.* (bot.) camalote, planta pontederiácea.
picket [píkit]. I. *s.* estaca puntiaguda, piquete; (mil.) piquete; (pol., e. p., etc.) piquete de vigilancia y propaganda, grupo de huelguistas o de cualquier bando, estacionado cerca de un establecimiento industrial, lugar de reunión de un cuerpo legislativo, etc., con el objeto de promover, de acción, de palabra o con la mera presencia, los intereses o propósitos de dicho bando.—**p. fence,** cerca de estacas puntiagudas.—**p. line,** (pol., e. p., etc.) línea de piquete. II. *va.* y *vn.* cercar con estacas o piquetes; (mil.) colocar de guardia; poner piquetes (cerca de); estacar (una bestia); (pol., e. p., etc.) desempeñar las funciones de un piquete o miembro de él; estacionar o poner piquetes de vigilancia y propaganda (en, cerca de, a, etc.).
picking [píkiŋ], *s.* acción y efecto de TO PICK en todas sus acepciones; v. gr.: recolección, cosecha; arrancamiento; picadura, roedura; limpia, monda; elección, escogido, (Am.) escogida; hurto, robo.—*pl.* desperdicios, residuos; hurtos, raterías; ganancias o beneficios de un oficio, etc.—**easy p.,** (fam.) tortas y pan pintado.
pickle [píkl]. I. *s.* salmuera, escabeche, adobo; encurtido, pepinillo; (fam.) lío, enredo, brete, apuro; (metal.) baño de ácido. II. *va.* escabechar, adobar, conservar, encurtir, salar, poner en salmuera o vinagre (a veces con especias); tratar con ácido por inmersión. III. *vn.* ratear, hurtar; comer poco.—**pickled** [-d]. I. *pp.* de TO PICKLE. II. *a.* (fam.) borracho.—**p. cucumbers,** pepinillos encurtidos.—**p. fish,** pescado en escabeche.—**p. herrings,** arenques salados.—**p. olives,** aceitunas en salmuera.—**p. oysters,** ostras encurtidas.—**p. salmon,** salmón escabechado.
pickling [-liŋ], *s.* (quím.) decapaje.
picklock [píklak], *s.* ganzúa, llave falsa; ganzúa (fam.), ladrón; cierta lana escogida.
pickpocket [-pakit], **pickpurse** [-pœrs], *s.* cortabolsas, carterista, ratero de faltriquera, rata, *m.*
pickup [-ʌp], *s.* (aut.) aceleración, pique; camión automóvil ligero para recoger y entregar mercancías; (radio) reproductor eléctrico de tono; fonocaptor; *pick-up* (aparato de fonógrafo); (fam.) mejora, recobro (en la salud, en los negocios, etc.); (fam.) bebida estimulante; (fam.) persona con quien se entablan relaciones o amistad casuales.
Pickwickian [pikwíkian], *a.* oculto, esotérico, no literal (apl. al sentido o acepción especial que se da a un vocablo empleado en cierta ocasión).
picnic [píknik]. I. *s.* partida de campo, jira campestre, romería, *picnic* o *pic-nic;* (fam.) tortas y pan pintado.—**p. grounds,** campo de excursión. II. *vn.* ir de romería.—**picnicker** [-œ(r)], *s.* participante en una jira campestre.
picoline [píkolin], *s.* (quím.) picolina.
picotee [pikotí], *s.* (bot.) clavel moteado.
picrate [píkreit], *s.* (quím.) picrato.
picric [píkrik], *a.* (quím.) pícrico (ácido).
picrite [píkrait], *s.* (petr.) picrita.
Pict(ish [píkt(iš], *s.* y *a.* picto.
pictogram [píktogræm], *s.* (estad.) pictograma.
pictograph [-græf], *s.* pictografía.
pictographic [-grǽfik], *a.* pictográfico.
pictography [piktágrafi], *s.* pictografía, arte pictográfico.
pictorial [piktórial]. I. *a.* pictórico, gráfico. II. *s.* ilustración, publicación periódica que lleva muchas láminas y dibujos.
picturable [píkchurabl], *a.* que puede dibujarse o pintarse.
picture [píkchu(r)]. I. *s.* pintura, cuadro; retrato, fotografía; (fig.) estampa, imagen, *f.;* ilustración, lámina, grabado; descripción; (cine) película, film.—*pl.* (fam.) cine.—**p. book,** libro con láminas o estampas.—**p. frame,** cuadro, marco.—**p. gallery,** pinacoteca, galería de pinturas.—**p. hat,** sombrero duquesa.—**p. house,** o (Ingl.) **palace,** teatro-cine, salón de cinematógrafo.—**p. play,** drama o cuento cinematográfico.—**p. signal,** señal video (televisión).—**p. tube,** tubo de imagen (televisión).—**p. window,** tipo de ventana amplia, ventana panorámica.—**p. writing,** pictografía.—**to be in the p.,** figurar en el asunto.—**to be out of the p.,** no figurar ya en el asunto. II. *va.* pintar, dibujar; describir; imaginar.—**to p. to one's self,** imaginarse, concebir.
picturesque [-ésk], *a.* pintoresco.
picturesqueness [-nis], *s.* carácter pintoresco.
picturize [-aiz], *va.* adaptar al cine.
piddle [pídl], *vn.* emplearse en bagatelas; picar o pellizcar la comida; (fam.) orinar.
piddler [pídlœ(r)], *s.* el que malgasta el tiempo en cosas baladíes; el que come sin ganas.
piddling [-liŋ], *a.* baladí, frívolo, trivial.
pidgin English [pídžin íŋgliš], *s.* inglés chapurrado usado en China.
pie [pai], *s.* (coc.) pastel; empanada; (orn.) marica, urraca; (impr.) *V.* PI.—**p. crust,** pasta.—**to have a finger in the p.,** meter cuchara, tener parte.
piebald [páibold]. I. *a.* pío; pintado, de varios colores; mezclado. II. *s.* caballo, mulo, etc., pío.
piece [pís]. I. *s.* pieza, pedazo, trozo, retazo, fragmento; sección, parte, *f.,* división; pieza (de paño, etc.); (arti.) pieza (cañón, fusil, escopeta);

cualquier moneda; composición, obra, escrito; cualquier artefacto; (pint.) cuadro; (teat.) pieza; ficha (del dominó o de las damas).—**p. goods,** géneros que se venden por piezas.—**p. of advice,** consejo.—**p. of folly,** acto de locura. —**p. of furniture,** mueble.—**p. of ground,** solar, parcela.—**p. of news,** noticia, informe, especie.—**p. of wit,** chiste, agudeza.—**p. price,** precio por artículo o por obra hecha.—**p. wage,** paga por pieza o por obra.—**of a p. (with),** de la misma clase (que), del mismo tenor (que).—**to come to pieces,** desarmarse, desbaratarse. II. *va.* apedazar, remendar; pegar, juntar, unir. —**to p. on,** juntar, pegar o poner a.—**to p. out,** completar a pedacitos; completar.—**to p. up,** apedazar, remendar; unir, juntar.

piecemeal [-mil], *adv.* y *a.* (hecho) gradualmente o poco a poco; por partes; a pedacitos, a remiendos; dividido; en pedazos; hecho trizas o añicos.

piecework [-wœrk], *s.* obra pagada por pieza, (trabajo a) destajo.

pied [paid], *a.* pío; de varios colores, pintado.

Piedmontese [pidmantíz], *s.* y *a.* piamontés.

pieplant [páiplænt], *s.* (bot.) ruipóntico.

pier [pir], *s.* (arq.) pila, machón, estribo; cepa; entrepaño de pared; (mar.) muelle, embarcadero, atracadero; espigón, escollera, espolón.—**p. glass,** espejo alto de pared, que por lo común va en un entrepaño.—**p. glass frame,** tremó o tremol.—**p. table,** consola.

pierage [píridž], *s.* muellaje, derechos de muelle.

pierce [pirs]. I. *va.* agujerear, taladrar, calar, pinchar; acribillar; atravesar, traspasar; abrir paso o camino.—**pierced with holes,** acribillado.—**pierced with sorrow,** traspasado de dolor. II. *vn.* penetrar, internarse, entrar a la fuerza.

piercing [-iŋ]. I. *a.* penetrante, agudo, cortante. II. *s.* penetración, horadación.—**piercingly** [-li], *adv.* penetrante o agudamente.

Pierian [paiírian], *a.* (poét.) pierio.

pietism [páietizm], *s.* piedad, devoción; mojigatería; (P.), pietismo.—**pietist** [-ist], *s.* devoto; beato, misero; (P.), pietista.

piety [páieti], *s.* piedad, devoción, religiosidad; santidad.—**affected p.,** beatería, mojigatería.

piezoelectric [paiizoiléktrik], *a.* piezoeléctrico.

piezometer [paiezámetœ(r)], *s.* piezómetro; tubo indicador de presión.

piezometric(al [paiizométrik(al], *a.* piezométrico.

piffle [pífl], *s.* (fam.) palabrería, tontería(s).

pig [pig]. I. *s.* (zool.) lechón, cochinillo, porcino; cerdo, puerco, marrano; (fam.) persona soez; (fund.) lingote; molde de lingotes; metal bruto en lingotes (apl. esp. al hierro y al plomo).—**p.-headed,** terco, cabezudo.—**p. iron, lead,** hierro, plomo, en lingotes o para lingotes.—**a p. in a poke,** trato a ciegas, cosa que se quiere vender sin mostrarla. II. *vn.* parir la puerca; conducirse o vivir como cochinos.

pigeon [pídžon], *s.* (orn.) paloma, palomo; pichón; (fam.) primo, bobalicón.—**p.-breasted,** deformado de pecho por la raquitis.—**p. English** = PIDGEON ENGLISH.—**p. fancy,** afición a la cría de palomas.—**p. hawk,** (orn.) azor, halcón palumbario.—**p.-hearted,** tímido; cobarde.—**p. house, o loft,** palomar.—**p.-livered,** manso. —**p.'s blood,** (joy.) rubí de color claro.—**p.-toed,** de pies de paloma, patituerto.

pigeonfoot [-fut], *s.* (bot.) especie de geranio.

pigeonhole [-houl]. I. *s.* casilla.—*pl.* juego de boliche. II. *va.* proveer de casillas; encasillar, poner en una casilla; (fig.) archivar, relegar al olvido; dar carpetazo (a un proyecto de ley, etc.), (Am.) encarpetar.

pigeonry [-ri], *s.* palomar.

pigeonwing [-wiŋ], *s.* ala de paloma.

piggery [pígœri], *s.* zahurda, chiquero.

piggie o piggy [pígi], **piglet** [píglit], *s. dim.* cochinillo.—**piggy bank,** (fam.) alcancía.

piggin [pígin], *s.* cubeta, balde; cazo.

piggish [pígiš], *a.* cochino; voraz, guloso; codicioso; egoísta; puerco, sucio.—**piggishness** [-nis], *s.* voracidad; porquería, suciedad.

piggy-back, piggyback [pígibæk]. I. *a.* relativo al transporte de vehículos en vagón de plataforma. II. *adv.* sobre los ombros, a cuestas.

pigment [pígment], *s.* pigmento, color, pintura. —**pigmentary** [-eri], *a.* pigmentario.—**pigmentation** [-éišon], *s.* pigmentación; (med.) deposición excesiva de pigmento.

pigmy [pígmi], *s.* pigmeo.

pignoration [pignoréišon], *s.* pignoración.

pignoratitious [-atíšʌs], *a.* pignoraticio.

pignut [pígnʌt], *s.* (bot. E. U.) variedad de nogal de América y su nuez.

pigpen [-pen], *s.* zahurda, pocilga, chiquero.

pigskin [-skin], *s.* piel (*f.*) de cerdo; (fam.) silla de montar; (fam.) fútbol.

pigstick [-stik], *vn.* cazar jabalíes con venablo; matar cerdos.

pigsty [-stai], *s.* pocilga, gorrinera, cochitril.

pigtail [-teil], *s.* cola de cerdo; coleta, trenza; chino; andullo de tabaco.

pigweed [-wid], *s.* (bot.) chual.

pike [paik], *s.* (ict.) especie de lucio o sollo; pica, chuzo, guincho, garrocha; camino de barrera; carretera; peaje.

piked [páikid *o* paikt], *a.* puntiagudo.

pikeman [páikman], *s.* (mil.) piquero, chucero.

piker [páikœ(r)], *s.* (fam.) el que se muestra tímido o tacaño en el juego, etc.

pikestaff [páikstæf], *s.* asta de pica o chuzo, etc.; bordón, báculo herrado.

pilar [páilä(r)], *a.* peludo, velloso.

pilaster [pilǽstœ(r)], *s.* (arq.) pilastra, parástade.

pilchard [pílchärd], *s.* (ict.) sardina.

pile [pail]. I. *s.* pila, montón, rimero, hacina; pira, hoguera; (ing.) estaca pilote; edificio grande y macizo; pelo, pelaje; fibra, pelillo, pelusa; (fís. nuclear) reactor; (elec.) pila.—*pl.* (med.) hemorroides, almorranas.—**p. drawer,** aparato para arrancar pilotes.—**p. driver, p. engine,** martinete para clavar pilotes; martillo pilón.—**p. dwelling,** vivienda lacustre.—**p. hoop,** vilorta, loriga o zuncho de pilote.—**p. shoe,** o **ferrule,** azuche.—**he has made his p.,** (fam.) tiene (bien) cubierto el riñón. II. *va.* hincar pilotes en; poner pelusa (a una tela); (a veces con up) amontonar, apilar; acumular. III. *vn.* (a veces con up) amontonarse; acumularse.

pileous [páiliʌs], *a.* piloso, peludo, velloso.

pileus [páiliʌs], *s.* (igl.) píleo; gorro o sombrero de fieltro sin ala; (bot.) sombrero de un hongo.

pilework [páilwœrk], *s.* (ing.) pilotaje.

pilewort [páilwœrt], *s.* (bot.) ficaria; celidonia menor (Il. t. **figwort**).

pilfer [pílfœ(r)], *va.* y *vn.* ratear, hurtar, birlar, sisar.—**pilferer** [-œ(r)], *s.* ratero, birlador, buscón, sonsacador.—**pilfering** [-iŋ], *s.* ratería, sisa.

pilgrim [pílgrim]. I. *s.* peregrino, romero.—**p.'s staff,** bordón. II. *vn.* peregrinar, ir en romería.

pilgrimage [-idž], *s.* peregrinación, romería.

piliferous, piligerous [pailífeɾʌs, pailídžeɾʌs], *a.* pilífero, peludo, velloso.

piliform [pílifɔrm], *a.* piliforme.

piling [páiliŋ], *s.* (ing.) pilotaje.

pill [pil], *s.* píldora; desazón, *f.*, sinsabor, mal trago, (fam.) tragantona; (fam.) posma, persona fastidiosa.

pillage [pílidž]. I. *s.* pillaje, saqueo, merodeo, rapiña. II. *va.* pillar, saquear, entrar, meter o poner a saco. III. *vn.* merodear.

pillager [-œ(r)], *s.* pillador, saqueador, merodeador.

pillar [pílä(r)], *s.* columna, pilar; poste; puntal; (biol.) columna; (fig.) soporte, sostén.—**Pillars of Hercules,** Columnas de Hércules.—**from p. to post,** de Ceca en Meca, de Herodes a Pilatos.

pillared [-d], *a.* sostenido por columnas.

pillbox [pílbaks], *s.* caja para píldoras; (mil.) fortín armado de ametralladoras.

pillion [pílyon], *s.* grupera; asiento trasero para pasajero o portaequipaje de motocicleta.

pillory [pílori]. I. *s.* picota, cepo, argolla. II. *va.* empicotar; (fig.) exponer (a uno) a la mofa pública.
pillow [pílou]. I. *s.* almohada, cabezal; almohadón, cojín; (mec.) cojinete, gorrón, dado, buje. —**p. block,** soporte; cojinete, tej(uel)o, chumacera.—**p. sham,** cubierta de adorno para almohada.—**p. slip** = PILLOWCASE. II. *va.* poner sobre una almohada, cojinete, etc.
pillowcase [-keis], *s.* funda de almohada.
pilocarpin(e [pailokárpin], *s.* (quím.) pilocarpina.
pilose [páilous], *a.* piloso, velloso.
pilosity [pailásiti], *s.* vellosidad.
pilot [páilot]. I. *va.* (mar.) pilot(e)ar, timonear; gobernar, dirigir, guiar; (aer.) pilot(e)ar, conducir, manejar. II. *s.* (mar.) timonel; piloto, práctico; consejero, guía, *mf.*; (aer.) piloto, aviador; (f. c.) trompa o quitapiedras (de la locomotora).—**p. balloon,** globo piloto, pequeño globo indicador de la dirección y velocidad del viento.—**p. bird,** (orn.) pájaro piloto. —**p. boat,** bote del práctico.—**p. bread, p. biscuit,** galleta.—**p. burner,** mechero encendedor, mechero pequeño que se mantiene encendido y sirve para encender otro mayor.—**p. chart,** carta de marear.—**p.,engine,** locomotora piloto o de descubierta, que va delante de un tren y lo guía.—**p. fish,** (ict.) piloto, romero. —**p. flag,** bandera en demanda de práctico.— —**p. house,** timonera.—**p. light,** mechero piloto, encendedor (de gas).—**p. plant,** planta piloto, instalación experimental.—**p. project,** proyecto experimental.—**pilot's mate,** pilotín. —**coast p.,** piloto o práctico de costa.—**port o harbor p.,** práctico de puerto.—**sea p.,** piloto de altura.
pilotage [-idž], *s.* pilotaje, practicaje.
pilotry [-ri], *s.* pilotaje (en toda acepción).
pilous [páilʌs], *a.* piloso, peludo.
pimento [piméntou], *s.* (bot.) pimienta de Jamaica. *V.* ALLSPICE y PIMIENTO.
pimiento [pimyéntou], *s.* (bot.) pimiento.
pimp [pimp]. I. *s.* proxeneta; alcahuete, rufián, tercero, (fam.) echacuervos. II. *vn.* alcahuetear, rufianear.
pimpernel [pímpœrnel], *s.* (bot.) pamplina; anagálida; murajes, *m. pl.*
pimpinel [pimpinél], *s.* (bot.) pimpinela.
pimping [pímpiŋ]. I. *a.* pequeño, fútil, mezquino, miserable. II. *s.* alcahuetería.
pimple [pímpl], *s.* grano, barro, pupa, pústula.
pimply [pímpli], *a.* barroso, granujiento.
pin [pin]. I. *s.* alfiler; prendedor, broche; (mec.) clavija, chaveta, perno, pasador, espiga; bolo; (mar.) cabilla; (mús.) clavija.—*pl.* (fam.) piernas.—**p. clover,** o **grass,** (bot.) alfilerillo.— **p.-connected,** con juntas de pasador; de ensamble articulado.—**p. connection,** junta de pasador o articulada.—**p. maker,** o **seller,** alfilerero.—**p. money,** (dinero para) alfileres. —**p. oak,** (bot.) pincarrasco.—**p. point,** punta de alfiler; minuciosidad.—**p.-point bombing,** (mil.) bombardeo aéreo de gran precisión.— **I don't care a p.,** no se me da un bledo, no me importa un pito.—**to be on pins and needles,** estar en ascuas, brasas, o espinas. II. *va.* prender con alfileres; fijar, clavar, enclavijar, sujetar.— **to p. down,** acosar; restringir.—**to p. in,** (alb.) llenar con ripio.—**to p. one's faith to,** u **on,** confiar absolutamente en.—**to p. up,** arremangar, recoger y asegurar con alfileres.
pinaceous [painéišʌs], *a.* (Am., bot.) pináceo.
pinafore [pínafɔr], *s.* delantal de niño.
pinang [pinǽŋ], *s.* (Filip., bot.) areca.
pinaster [painǽstœ(r)], *s.* (bot.) pinastro, pino rodeno, aznacho.
pinball [pínbɔl], *s.* juego de azar donde (para ganar) las bolas deben de ser colocadas en determinados agujeros.
pinball machine, *s.* aparato para jugar *pinball.*
pincase [pinkeis], *s.* alfiletero.
pince-nez [pǽns nei], *s.* quevedos, lentes o anteojos de nariz (sujetados en la nariz).
pincers [pínsœrz], *s. sing.* y *pl.* pinzas, tenacillas; alicates, tenazas; (zool.) pinza(s), boca.—**p. movement,** (mil.) maniobra de pinzas.
pinch [pinch]. I. *va.* pellizcar; repizcar; apretar con pinzas o tenazas; oprimir, perseguir, estrechar; contraer, adelgazar; escatimar, limitar mucho los gastos; (fam.) prender, arrestar; hurtar, birlar.—**to p. one's self,** privarse de lo necesario.—**to p. out,** exprimir, hacer salir por presión. II. *vn.* pellizcar, apretar (*my shoes pinch,* me aprietan los zapatos).—**to p.-hit,** (baseball) batear por otro; (fig.) servir en lugar de otro en caso de necesidad. III. *s.* pellizco, repizco; pulgarada; (fam.) pizca; aprieto, apuro; dolor, tormento.—**p. bar,** palanca o barra con espolón.—**p. of snuff,** toma o polvo de rapé.— **in a p.,** en caso necesario, si es preciso.—**to be in a p.,** hallarse en un aprieto, en un apuro.
pinchbeck [-bek], *s.* similor, tumbaga; espurio.
pinchcock [-kak], *s.* abrazadera regulable de compresión, llave (*f.*) de pinzas.
pinchers [-œrz], *s. pl.* = PINCERS.
pinchfist(ed, pinchpenny [-fist(id, -peni], *s.* y *a.* avaro.
pincushion [pínkušon], *s.* acerico.
Pindaric [pindǽrik], *a.* (poét.) pindárico.
pindling [píndliŋ], *a.* (fam.) delicado, enfermizo.
pine [pain], *s.* (bot.) pino y su madera; piña, ananás.—**p. cone,** piña.—**p. grove,** pinar, pineda.—**p. kernel,** piñón.—**p. marten,** (zool.) marta cibelina o cebellina.—**p. needle,** pinocha.—**p. nut,** piña; piñón.—**p. resin,** zopisa, resina de pino.—**p. tree,** pino.—**P.-tree State,** (E. U.) Estado de Maine.
pine, *vn.* (con **away**) desfallecer, languidecer, consumirse; (con **for**) anhelar.
pineal [píniaI], *a.* de figura de piña.—**p. body,** o **gland,** (anat. y zool.) glándula pineal.
pineapple [páinæpl], *s.* (bot.) piña, ananá(s), *m.* —**p. plantation,** (Am.) piñal.
pinene [páinin], *s.* (quím.) pineno, el elemento principal de la trementina, etc.
pinfeather [pínfeðœ(r)], *s.* cañón, flojel, pluma rudimentaria.
pinfold [pínfould]. I. *s.* corral para animales mostrencos; redil. II. *va.* encerrar; encorralar.
ping [piŋ], *s.* silbido o zumbido de una bala.
ping-pong [-páŋ], *s. ping-pong,* juego de salón semejante al tenis que se juega sobre una mesa.
pinguid [píŋgwid], *a.* pingüe, craso, mantecoso.
pinhead [pínhed], *s.* cabeza de alfiler; objeto muy pequeño o insignificante; (fam.) bobalicón.
pinhole [pínhoul], *s.* agujero o pinchazo que hace el alfiler; agujero muy pequeño; (mec.) agujero para clavija, etc.; (fot.) punto transparente en una placa negativa.
pining [páiniŋ], *s.* languidez; anhelo.
pinion [pínyon]. I. *s.* ala de ave; alón; piñón (pluma y último huesecillo del ala); (mec.) piñón.—**p. drive,** (mec.) transmisión por engranajes. II. *va.* atar las alas; atar los brazos; maniatar.
pinioned [-d], *a.* alado; maniatado.
pinite [páinait], *s.* (min.) pinita; (quím.) pinita (ll. t. **pinitol**).
pink [piŋk]. I. *s.* (bot.) clavel; cualquier flor parecida al clavel; color de rosa; (pol., fam.) radical; (cost.) picadura; dechado, modelo; (Ingl.) casaquín encarnado de caza; (Ingl.) cazador de zorras; (mar.) pingüe (ll. t. **pinkie**). —**in the p. (of condition),** en el apogeo, en el mejor estado posible. II. *a.* (son)rosado, gilvo; (pol., fam.) radical, algo rojo.—**p.-sterned,** (mar.) de popa angosta.—**p. tea,** (fam.) té o recepción formal. III. *va.* herir con arma blanca, apuñalar; (cost.) picar, calar; ojetear.
pinkeye [píŋkai], *s.* (vet.) influenza o catarro epidémico de los caballos, acompañado de oftalmía; (med.) conjuntivitis purulenta contagiosa.
pinking [píŋkiŋ], *s.* (cost.) picadura, picado.—**p. iron,** picador, hierro de picar festones, etc.

pinkish [pínkiŝ], *a.* que tira a rosado.
pinky [píŋki], *a.* rosado, gilvo.
pinna [pínä], *s.* (bot.) hojuela de hoja pinada; (anat.) oreja, pabellón; (zool.) ala, aleta.
pinnace [pínis], *s.* (mar.) pinaza.
pinnacle [pínakl], *s.* (arq.) pináculo, ápice, remate, fastigio; cima, cumbre.
pinnate(d [píneit(id], *a.* (bot.) pinado.
pinnatifid [pinǽtifid], *a.* (bot.) pinatífido.
pinner [pínœ(r)], *s.* el que asegura con alfileres, pernos, clavijas, etc.; especie de toquilla.
pinnigrade [pínigreid], *a.* (zool.) que se mueve por medio de aletas o patas palmeadas.
pinniped [píniped], *s.* y *a.* (zool.) pin(n)ípedo.
pinnule [pínyul], *s.* (top., astr.) pínula; (zool.) aleta pequeña; (bot.) pínula, hojuela.
pinochle, pinocle [pínʌkl], *s.* cierto juego de naipes.
piñon [pínyon *o* pinyóun], *s.* (bot.) pino piñonero, u otro pino que da piñones comestibles.
pinpoint [pínpɔint]. **I.** *s.* punta de alfiler; cosa insignificante. **II.** *a.* con precisión, con puntería. **III.** *va.* apuntar o señalar con precisión.
pinprick [pínprik], *s.* alfilerazo, pinchazo; molestia, irritación, antagonismo a poquitos.
pint [paint], *s.* (como medida para líquidos) pinta (⅛ galón), cuartillo; (para áridos) octava parte de un celemín.
pintail [pínteil], *s.* (orn.) ánade (*mf.*) de cola larga.
pintle [píntl], *s.* clavija, perno, pinzote; macho del timón.
pinto [píntou]. **I.** *a.* pintado, de varios colores. *V.* PIEBALD. **II.** *s.* animal pintado; (Am.) pinto (caballo; frijol).
pin-up [pínʌp]. **I.** *s.* fotografía (de una chica) puesta en la pared. **II.** *a.* preciosa, hermosa, atrayente (chica).
pinwheel [pínhwil], *s.* (mec.) rueda de engranaje con clavijas en vez de dientes; girándula, rueda giratoria de fuegos artificiales; ventolera, molinete o rehilandero (juguete).
pinworm [pínwœrm], *s.* (zool.) oxiuro, gusano nemátodo o lombriz intestinal, ascáride, *f.*
piny [páini], *a.* pinoso.
pion [páian], *s.* (fís.) pión.
pioneer [paionír]. **I.** *s.* explorador, (neol.) pionero; iniciador, primer promotor; (mil.) gastador, zapador, palero. **II.** *va.* y *vn.* explorar; abrir un camino; guiar; introducir, promover.
pious [páiʌs], *a.* pío, piadoso, devoto.
piously [-li], *adv.* piadosamente.
pip [pip]. **I.** *s.* moquillo, pepita (de las aves); pepita, pipa o semilla de una manzana, naranja, etc.; punto de un naipe, dado o dominó. **II.** *va.* romper (un polluelo) el cascarón. **III.** *vn.* piar.
pipe [paip]. **I.** *s.* tubo, caño, conducto; tubería; cañería; pipa de fumar, (Am.) cachimbo; (mús.) cañón (como de órgano, etc.); (mús.) caramillo, churumbela; (mar.) pito o silbato del contramaestre; silbo, silbido; pipa, casco, tonel.—*pl.* (mús.) gaita; tubería. *V.* P. LINE.—**p. bowl,** tabaquera.—**p. clip,** o **fastener,** escarpiador. —**p. cutter,** cortatubos.—**p. die** = P. STOCK. —**p. dream,** (fam.) sueño, ilusión.—**p. fitter,** montador de tuberías.—**p. fitting,** instalación de tuberías; acoplamientos y accesorios de tuberías.—**p. layer,** tendedor o instalador de cañerías.—**p. laying,** instalación de cañerías. fontanería.—**p. line,** tubería, cañería; fontanería; oleoducto.—**p. of peace,** pipa de paz. *V.* CALUMET.—**p. organ,** órgano de cañones. —**pipes of Pan** = PAN'S PIPES.—**p. stock,** terraja.—**p. tree,** (bot.) lila; saúco; jeringuilla. —**p. wrench,** llave (*f.*) para tubos. **II.** *va.* tocar (flauta, caramillo o dulzaina, etc.); cantar con voz aguda; llamar con un pito o silbato· conducir por medio de cañerías o tubos; instalar cañerías en; (cost.) poner vivos. **III.** *vn.* tocar el caramillo o la gaita; pitar; gritar; (fund.) endurecerse en forma de tubo.—**to p. down,** (fam.) callarse.
pipefish [páipfiŝ], *s.* aguja, pez lofobranquio.
piper [páipœ(r)], *s.* flautista, gaitero.
piperaceous [pipəréiŝʌs], *a.* (bot.) piperáceo.
piperazin(e [pipérazin], *s.* (quím., farm.) piperacina.
piperin(e [píperin], *s.* (quím.) piperina.
piperonal [píperonal], *s.* (quím.) heliotropina.
pipestem [páipstεm], *s.* boquilla de pipa de fumar.
pipet(te [pipét], *s.* pipeta, probeta.
piping [páipiŋ]. **I.** *a.* muy caliente; que silba; agudo; pastoril.—**p. hot,** en (o muy) caliente, hirviendo. **II.** *s.* sonido de caramillo, etc.; (fam.) llanto, gemido; cañería, tubería; (cost.) vivo, cordoncillo; (fund.) burbujas e impurezas.
pipit [pípit], *s.* (orn.) especie de alondra.
pipkin [pípkin], *s.* pucherito, ollita.
pippin [pípin], *s.* (bot.) camuesa; fada.
pipy [páipi], *a.* que tiene tubos; tubular. *V.* PIPING.
piquancy [píkansi], *s.* picante, sabor.
piquant [píkant], *a.* picante; (ant.) áspero, mordaz.
piquantly [-li], *adv.* picantemente.
pique [pik]. **I.** *s.* pique, resentimiento, rencilla. **II.** *va.* picar, ofender, irritar; excitar (interés, curiosidad, etc.); (aer.) atacar picando, o de cabeza. **III.** *vn.* (aer.) picar, descender con grande inclinación hacia abajo. **IV.** *vr.* (gen. con **on** o **upon**) preciarse, jactarse; picarse, ofenderse.
piqué [pikéi], *s.* (tej.) piqué.
piquet [pikét], *s.* juego de los cientos.
piracy [páirasi], *s.* piratería; plagio.
pirate [páirit]. **I.** *s.* pirata, *m.*, corsario; plagiario. **II.** *va.* y *vn.* piratear; plagiar; pillar, robar.
piratical [pairǽtikal], *a.* pirático, raquero.
pirn [pœrn], *s.* (tej.) carrete; ovillo de hilo arrollado en la canilla.
pirogue [piróug,] *s.* piragua (ll. t. **piragua**).
pirouette [piruét]. **I.** *s.* pirueta, girada, cabriola. **II.** *vn.* piruetear.
Pisan [pízan], *a.* y *s.* pisano; de Pisa.
piscary [pískari], *s.* (for.) privilegio de pesca en aguas ajenas; pesquera; pesquería.
piscatorial [piskatórial], **piscatory** [pískatori], *a.* piscatorio.
pisces [písiz], *s. pl.* los peces; (astr. **P.**) Piscis, *m.*
pisciculture [písikʌlchū(r)], *s.* piscicultura.
pisciculturist [-kʌ́lchūrist], *s.* piscicultor.
pisciform [-fɔrm], *a.* pisciforme, de forma de pez.
piscina [pisáinä], *s.* piscina, pecina; (igl.) piscina.
piscivorous [pisívorʌs], *a.* piscívoro.
pish [piŝ], *interj.* ¡bah! ¡quita allá!
pisiform [páisiform], *a.* pisiforme.—**p. bone,** (anat. y zool.) hueso pisiforme.
pismire [písmair], *s.* (ent.) hormiga.
pisolite [páisolait], *s.* (miner.) pisolita.
piss [pis]. **I.** *vn.* (vulg.) orinar. **II.** *s.* orina.
pistachio [pistáŝiou], *s.* (bot.) alfóncigo o pistachero (árbol).—**p. nut,** alfóncigo o pistacho.
pistil [pístil], *s.* (bot.) pistilo.
pistillate [-eit], *a.* pistilado, con pistilos.
pistol [pístol]. **I.** *s.* pistola; revólver.—**p. case,** pistolera.—**p. shooting,** tiro a pistola.—**p. shot,** pistoletazo, tiro de pistola. **II.** *va.* tirar con pistola.
pistole [pistóul], *s.* doblón de oro.
pistoleer [-ír], *s.* pistolero.
piston [píston], *s.* (mec.) émbolo, pistón; (mús.) llave (*f.*) o pistón.—**p. displacement,** capacidad embolar.—**p. pin,** (aut., etc.) eje del émbolo.—**p. ring,** anillo de empaquetadura del émbolo; aro de pistón.—**p. rod,** vástago del émbolo.—**p.** (**slide**) **valve,** distribuidor cilíndrico de émbolo.—**p. stroke,** embolada; golpe de émbolo.—**p. travel,** carrera del émbolo.
pit [pit]. **I.** *s.* hoyo; hoya, cárcava; foso; abismo; (pozo de) mina; hullera; cacaraña (originada por las viruelas, etc.); hueso de ciertas frutas; (teat.) platea, patio.—**p. coal,** carbón de piedra, hornaguera, hulla.—**p. game fowl,** gallo(s) de pelea.—**p. head,** pozo de mina.—**p.**

of the stomach, boca del estómago.—**p. saw,** sierra cabrilla, sierra abrazadera.—**to be at the p.'s brink,** estar al borde del precipicio. **II.** *va.* marcar con hoyos; cacarañar; poner en un hoyo; incitar a pelear; deshuesar (una fruta).

pita [pítạ], *s.* pita (planta y fibra).—**p. fiber, p. flax, p. hemp, p. thread,** pita (fibra). (*Pita* se aplica a veces a la cabuya y otras fibras análogas.)

pitapat [pítạpæt]. **I.** *s.* taque taque, golpeteo. serie de golpecitos; palpitación. **II.** *vn.* andar a la carrerita, o con pasitos rápidos; golpetear; latir violentamente (el corazón). **III.** *adv.* a la carrerita, a pasitos cortos rápidos; golpeteando, taque taque.

pitch [pịch]. **I.** *s.* grado de inclinación, pendiente, *f.*, declive; paso (de tornillo, de rueda dentada, de arrollamiento); (mús.) tono; diapasón; término, extremo, punto; en ciertos juegos, lanzamiento, echada, tiro; pez, betún, brea, alquitrán; resina.—**p.-black** = P.-DARK.—**p. chain,** cadena articulada que mueve una rueda dentada, cadena de engranaje.—**p. circle,** círculo o circunferencia primitivos (de una rueda dentada).—**p.-colored,** pizmiento, atezado.—**p.-dark,** obscuro como boca de lobo.—**p. line** = P. CIRCLE.—**p. of an arch,** relación entre la flecha y la luz o la semiluz de un arco (gen. se toma en este último sentido).—**p. of a roof,** inclinación o pendiente de un tejado.—**p. pine,** (bot.) pino tea.—**p. pipe,** diapasón de voz.—**p. tree,** (bot.) abeto píceo.—**highest p.,** (fig.) cima, pináculo; colmo.—**to the highest p.,** a lo sumo. **II.** *va.* tirar, arrojar; echar, botar; en el juego de baseball, lanzar o arrojar la pelota al *batsman;* clavar, plantar o fijar (estacas, etc.) en tierra; armar, asentar (tienda, etc.); colocar, formar, arreglar; embrear, empecinar, embetunar; (mús.) graduar el tono, dar el diapasón. —**to p. tents,** (mil.) armar las tiendas, acamparse. **III.** *vn.* arrojar por bajo mano; caerse hacia abajo; caer de cabeza; instalarse, fijarse, establecerse; hocicar, arfar, cabecear (el buque). —**to p. in,** (fam.) poner manos a la obra, emprender (algo) con ahinco.—**to p. into,** (fam.) arremeter a, embestir; desatarse contra, sermonear, zurrar.—**to p. (up)on,** escoger.

pitchblende [-blend], *s.* (miner.) pechblenda, óxido natural de uranio.

pitched battle [pịcht bǽtl], *s.* batalla campal.

pitcher [píchœ(r)], *s.* jarro, cántaro; arrojador, botador; (béisbol) lanzador; (bot.) ascidia.

pitcher plant, *s.* (bot.) sarracenia, planta provista de ascidias.

pitchfork [píchfɔrk], *s.* (agr.) horca, horquilla; bielda, aviento, aventador; tridente.

pitchiness [píchịnịs], *s.* calidad de embreado o píceo; obscuridad; negrura, color de pez.

pitching [píchịŋ]. **I.** *a.* inclinado, en declive. **II.** *s.* acción del verbo TO PITCH; lanzamiento; embreadura, empecinamiento; revestimiento (de piedra, etc.); adoquinado; (mar.) arfada, cuneo, cabezada.

pitchstone [píchstoụn], *s.* (petr.) vidrio volcánico.

pitchy [píchị], *a.* embreado; píceo, peceño, peciento; negro, obscuro.

piteous [pítịʌs], *a.* lastimero, lastimoso; (ant.) compasivo, tierno.—**piteously** [-lị], *adv.* lastimosamente.—**piteousness** [-nịs], *s.* calidad de lastimoso.

pitfall [pítfɔl], *s.* trampa, armadijo, hoya cubierta; añagaza; peligro latente.

pith [pịθ]. **I.** *s.* meollo, medula o médula; (raro) medula espinal; tuétano; (fig.) meollo, corazón, fuerza, vigor; jugo; substancia, la parte esencial, el quid. **II.** *va.* quitar el meollo a (una planta); destruir los centros nerviosos de; atronar, descabellar, matar (ganado) cortando la medula espinal.

pithecanthrope, pithecanthropus [pịθịkǽnθroụp, -θróụpʌs], *s.* (pal.) pitecántropo.

pithily [píθịlị], *adv.* enérgica o sentenciosamente.

pithiness [píθịnịs], *s.* energía, eficacia; calidad de meduloso, sentencioso, etc.

pithless [píθlịs], *a.* falto de meollo; endeble.

pithy [píθị], *a.* enérgico, eficaz; meduloso, medulado, medular; expresivo, sentencioso.

pitiable [pítịạbl], **pitiful** [pítịfụl], *a.* lastimoso, enternecedor, digno de compasión; compasivo (apl. sólo a **pitiful**); pobre, despreciable.—**p. object,** lástima.

pitifully [-ị], *adv.* lastimosamente.

pitifulness [-nịs], *s.* calidad de lastimoso, etc.

pitiless [pítịlịs], *a.* desapiadado, empedernido, cruel, desalmado.—**pitilessly** [-lị], *adv.* desapiadadamente, sin compasión.—**pitilessness** [-nịs], *s.* crueldad, empedernimiento.

pitman [pítmạn], *s.* (*pl.* PITMEN) aserrador de foso; (min.) pocero; (mec.) (*pl.* PITMANS) biela.

pitpit [pítpịt], *s.* (orn.) pitpit, pipí (ll. t. **guitguit**).

pittance [pítạns], *s.* pitanza, ración, porción.

pitted [pítịd], *a.* picado, cacarañado, picoso (de viruelas); hoyoso; deshuesada (fruta).

pitter [pítœ(r)], *s.* deshuesadora (de cerezas, etc.).

pitter-patter [pítœ(r) pǽtœ(r)], *s.* serie rápida de golpecitos (como de la lluvia). *V.* PITAPAT.

pitting [pítịŋ], *s.* picadura(s) (de un metal), corrosión diseminada; deshuesamiento (de una fruta).

pituitary [pịtịúịterị], *a.* pituitario.—**p. body, p. gland,** (anat. y zool.) glándula pituitaria.

pituitous [-tʌs], *a.* pituitoso.

pity [pítị]. **I.** *s.* piedad, misericordia, lástima, compasión.—**for p.'s sake, from p.,** por piedad.—**it is a p.,** es lástima, es de sentirse.—**to have,** o **take, p. on,** tener piedad de, compadecer. **II.** *va.* compadecer, lastimar. **III.** *vn.* apiadarse, tener piedad o compadecerse de; enternecerse.

pityriasis [pịtịráịạsịs], *s.* (med.) pitiriasis.

pivot [pívọt]. **I.** *s.* (mec.) espiga, espigón, gorrón, (gal.) pivote, muñón, pezón; eje o centro de rotación; punto o hecho fundamental, corazón (fig.), punto de partida.—**p. chair,** silla giratoria.—**p. collar** = P. HOLE.—**p. gun,** cañón giratorio, colisa.—**p. hole,** rangua, quicio, buje o cuenca de pivote o de eje.—**p. (man),** (mil.) guía, *m.*, centro de giro de una hilera. **II.** *va.* colocar sobre un eje, o por medio de un pivote; proveer de gorrón o espigón. **III.** *vn.* girar sobre un pivote.—**to p. on,** girar sobre; depender de, estribar en.

pivotal [-ạl], *a.* cardinal, fundamental, céntrico.

pix [pịks], *s.* (igl.) píxide, *f.*, copón.

pixilated [píksịleịtịd], *a.* (E. U.) alocado, desatinado; (fam.) borracho, borrachín.

pixy, pixie [píksị], *s.* hada o duende travieso.

placability [pléịkạbílịtị], **placableness** [-blnịs], *s.* placabilidad; dulzura, clemencia.

placable [-bl], *a.* (a)placable.

placard [plǽkard]. **I.** *s.* cartel, letrero, anuncio, rótulo; (hist.) proclama, edicto. **II.** *va.* publicar por medio de carteles; fijar (cartel o aviso).

placate [pléịkeịt], *va.* aplacar, apaciguar, conciliar.

placation [pleịkéịšọn], *s.* aplacamiento.

place [pléịs]. **I.** *s.* lugar, sitio, paraje, local, puesto; (mil.) plaza, fortaleza, puesto militar; calle corta; callejón; situación, posición; empleo, puesto, colocación, emplazamiento, destino; grado, rango; asiento; cubierto (en la mesa); (mat.) decimal (*five-place table,* tabla de cinco decimales).—**p. card,** tarjeta (en la mesa).—**p. kick,** (E. U., fútbol) puntapié a la pelota parada en el terreno (para empezar o continuar la partida).—**p. mat,** tapete individual (de mesa).—**p. name,** nombre geográfico.—**in no p.,** en ninguna parte, en ningún sitio.—**in p.,** en su lugar; apropiado; in situ; en la obra (que se construye).—**in p. of,** en lugar de, en vez de. —**in that p.,** allí, allá.—**in the first p.,** en primer lugar.—**in the next p.,** luego, después. —**out of p.,** fuera de lugar o de propósito; impropio, indebido, intempestivo. **II.** *va.* colo-

car, poner, situar, emplazar; instalar; dar colocación o empleo a; recordar pormenores acerca de; prestar a interés, invertir o poner (dinero) en un negocio; (com.) disponer de, vender, dar salida a.—**to p. across,** atravesar. —**to p. before,** anteponer.
placeman [-mạn], *s.* empleado público, funcionario, oficinista (ú. gen. despectivamente).
placement [-mẹnt], *s.* acción del verbo TO PLACE; colocación; empleo.—**p. agency, p. office,** agencia de colocaciones o de empleos, donde se suministran sirvientes u otros empleados.
placenta [plạséntạ], *s.* (anat. y zool.) placenta, pares o parias, *f. pl.*; (bot.) placenta.
placental [-l]. **I.** *a.* placentario, referente a la placenta; provisto de placenta. **II.** *s.* (zool.) placentario.
placentate [-teit], *a.* placentario, que tiene placenta.
placentation [plæsẹntéiŝọn], *s.* (bot.) placentación; (anat. y zool.) modo de formación e inserción de la placenta.
placer [plǽsœ(r)], *s.* (min.) placer, lavadero de oro, etc.—**p. mine,** placer de oro.—**p. mining,** minería de placer o de lavado.
placer [pléisœ(r)], *s.* colocador.
placet [pléisɛt], *s.* permiso.
placid [plǽsid], *a.* plácido, apacible, sereno.
placidity [plạsíditi], **placidness** [plǽsidnis], *s.* placidez, apacibilidad, serenidad.
placing [pléisiŋ], *s.* colocación; instalación.
placket [plǽkit], *s.* (cost.) abertura en la parte superior de una saya o enagua; bolsillo (de falda).
placoid [plǽkoid], *a.* (zool.) placoideo.
plagal [pléigạl], *a.* (mús.) plagal.
plagiarism [pléidẑ(i)ărizm], *s.* plagio.—**plagiary, plagiarist** [-i, -ist], *s.* plagiario.—**plagiarize** [-aiz], *va.* y *vn.* plagiar.
plagioclase [pléidẑiokleis], *s.* (miner.) plagioclasa.
Plagiostomi [-ástomai], *s. pl.* (zool.) plagióstomos.
plague [pléig]. **I.** *s.* plaga, peste, *f.*, pestilencia; miseria, calamidad. **II.** *va.* vejar, importunar, fastidiar; apestar, infestar, plagar.
plaguily [-ili], *adv.* (fam.) moléstamente.
plagu(e)y [-i], *a.* (fam.) enfadoso, molesto.
plaice [pleis], *s.* (ict.) platija, acedía.
plaid [plæd]. **I.** *s.* manta escocesa listada a cuadros; tartán o género listado a cuadros; muestra o diseño en forma de cuadros. **II.** *a.* a cuadros, cuadriculado.
plain [pléin]. **I.** *a.* llano, simple, sencillo; desnudo, escueto, sin adornos; franco; natural, ingenuo; corriente, ordinario o común; feo, de facciones ordinarias; puro, sin mezcla; rematado, acabado (loco, desatino, etc.); manifiesto, palpable, claro; humilde, de humilde cuna.—**p. as a pikestaff,** obvio, evidente.—**p. chant, canto** llano.—**p. clothes,** traje ordinario, o de paisano (a distinción de uniforme).—**p.-clothes man,** detective, agente de policía secreta.—**p. dealer,** hombre sincero.—**p. dealing,** sinceridad, buena fe.—**p.-hearted,** bueno, sin doblez.—**p.-heartedness,** sinceridad.—**p. people,** gente sencilla, gente humilde; el común de las gentes. —**p. sailing,** camino fácil, cosa fácil, negocio liso y llano; coser y cantar.—**p. song** = P. CHANT.—**p. speaking,** franqueza.—**p.-spoken,** claro, franco(te).—**p. truth,** pura verdad.—**p. work,** costura sencilla, sin adorno. —**in p. English,** en romance, sin rodeos, en plata. **II.** *adv.* = PLAINLY. **III.** *s.* llano, llanura, planicie; vega; (Am.) pampa, sabana. **IV.** *va.* y *vn.* (ant.) lamentar(se).
plainly [-li], *adv.* llanamente; sencillamente; evidentemente; claramente, francamente.
plainness [-nis], *s.* simplicidad, llaneza, sencillez; franqueza; claridad; fealdad.
plainsman [pléinzmạn], *s.* llanero.
plaint [pléint], *s.* queja; (poét.) quejido, lamento; (for.) demanda.
plaintiff [-if], *s.* (for.) demandante, actor.
plaintive [-iv], *a.* dolorido, quejumbroso, élego.
plaintively [-li], *adv.* quejumbrosamente.—**plaintiveness** [-nis], *s.* calidad de quejumbroso.
plait [pléit]. **I.** *s.* (cost.) pliegue, doblez, *m.*, alforza, plegado; trenza.—**p. laces,** cordones, torzales. **II.** *va.* (cost.) plegar, alechugar, rizar, encañonar, encarrujar; tejer, trenzar.
plaiter [-œ(r)], *s.* plegador.
plaiting [-iŋ], *s.* plegadura, plegado; tejido; pleguería.—**p. machine,** plegador(a).
plan [plæn]. **I.** *s.* plan, designio, idea, proyecto, programa, *m.*, traza; plano, dibujo, diseño, bosquejo, esquema, *m.*, traz(ad)o; planta, proyección horizontal; (perspectiva) plano óptico, tabla. **II.** *va.* idear, proyectar, planear, planificar, proponerse; pensar, resolver. **III.** *vn.* hacer planes.
planchet [plǽnchit], *s.* tejuelo, disco metálico; (top.) plancheta.
planchette [plænŝét], *s.* (top.) brújula de agrimensor; tabla de escritura mesmeriana o mesmerista.
plane [pléin]. **I.** *s.* superficie plana; nivel (de carácter, conducta, dignidad, etc.); (geom.) plano; (carp.) cepillo, garlopa; (bot.) plátano falso; (f. c.; etc.) plano inclinado; (aer.) aeroplano; (aer.) plano, superficie de sustentación; (mec.) *V.* SURFACE PLATE.—**p. of projection,** plano de proyección.—**p. of sight,** plano visual, plano vertical de la línea visual. **II.** *a.* plano, llano; relativo al plano; (geom.) plano.—**p. angle,** ángulo plano.—**p. geometry,** geometría plana.—**p. sailing,** navegación sobre la carta de marear.—**p. surveying,** (top.) planimetría, topografía ordinaria, en que no se tiene en cuenta la curvatura de la tierra.—**p. table,** (top.) plancheta; (min.) plano inclinado.—**p. tree,** plátano falso, sicómoro.—**p. trigonometry,** trigonometría rectilínea o plana. **III.** *va.* acepillar; desbastar; allanar, alisar; (impr.) tamborilear, igualar las letras del molde. **IV.** *vn.* alisar, acepillar; funcionar (una cepilladora, etc.); (aer.) planear; volar, viajar en avión.
planer [-œ(r)], *s.* acepillador(a), cepillo mecánico; (impr.) tamborilete, aplanador.
planet [plǽnit], *s.* (astr.) planeta, *m.*—**p. gear,** (mec.) engranaje planetario.—**p.-stricken, p.-struck,** influído por los planetas; marchito; asombrado, atónito.—**p. wheel,** (mec.) rueda planetaria.
planetarium [plænɛtériʌm], *s.* (astr.) planetario.
planetary [plǽnɛteri], *a.* (astr., mec.) planetario. —**p. gear,** engranaje planetario.
planetoid [plǽnɛtoid], *s.* planetoide, asteroide.
planifolious [plænifóuliʌs], *a.* (bot.) planifoliado.
planimeter [plænímɛtœ(r)], *s.* planímetro.
planimetry [-tri], *s.* planimetría, medida de las áreas planas.
planing [pléiniŋ], *s.* acepilladura, alisadura, desbastadura.—**p. bench,** banco de carpintero.—**p. machine,** cepillo mecánico, (a)cepilladora.
planish [plǽniŝ], *va.* alisar, pulir, aplanar; pulir perfectamente con rodillos.
planisher [-œ(r)], *s.* alisador, aplanador.
planisphere [plǽnisfir], *s.* planisferio.
plank [plæŋk]. **I.** *s.* tablón, tabla gruesa; tablaje, tablazón, *f.* (gen. en *pl.*); (pol.) cada uno de los principios que forman el programa de un partido.—**p. road,** camino de tablas. **II.** *va.* entablar, enmaderar; (min.) encofrar; (con **down**) (fam.) pagar; poner de golpe.
planking [-iŋ], *s.* tablaje, tablazón, *f.*, entabladura, forro; (min., etc.) encofrado.
plankton [plǽŋktọn], *s.* (biol.) plancton o plankton, vegetación flotante marítima.
planned economy, *s.* economía dirigida.
planner [plǽnœ(r)], *s.* proyectista; tracista.
plano-concave [pleino kánkeiv], *a.* planocóncavo.—**plano-conical** [-kánikạl], *a.* planocónico.—**plano-convex** [-kánvɛks], *a.* planoconvexo.
plant [plænt]. **I.** *s.* (bot.) planta, mata, vegetal;

planta (industrial, etc.), fábrica; (mec.) instalación de maquinaria, etc.—**p. bed,** plantel de tabaco.—**p. house,** invernáculo, invernadero. —**p. louse,** (ent.) áfido, brugo, pulgón. **II.** *va.* plantar, sembrar; colocar, instalar; fijar, sentar, asegurar; plantar, dar o asestar (golpes); fundar, establecer; engendrar.

plantaginaceous [plæntạdžịnéịšʌs], *a.* (bot.) plantagináceo.

plantain [plǽntịn], *s.* (bot.) plátano; llantén, plantaina.

plantar [plǽntạ(r)], *a.* plantar.

plantation [plæntéịšọn], *s.* hacienda (esp. la en que se cultiva café, caña de azúcar, tabaco, etc.); (raro) plantación, siembra, plantío; criadero de árboles; (hist.) colonia.—**p. hoes,** azadones.

planter [plǽntœ(r)], *s.* plantador, cultivador, sembrador; hacendado; colono.

plantigrade [plǽntịgreịd], *a.* y *s.* (zool.) plantígrado.

planting [plǽntịŋ], *s.* plantación, plantío.—**p. stick,** o **tool,** plantador.

plantlet, plantule [plǽntlịt, -ịul], *s.* (bot.) plantita, plantilla.

plaque [plæk], *s.* (b. a.) placa, plato decorativo; broche, medalla; (zool.) disco; (anat.) = PLATELET.

plash [plǽš]. **I.** *s.* chapaleteo; charco, aguazal. **II.** *va.* y *vn.* chapalear, chapotear; enramar, entretejer (ramas); (pint.) manchar. *V.* SPLASH y PLEACH.

plashy [-ị], *a.* pantanoso; mojado; manchado.

plasma, plasm [plǽzmạ, plǽzm], *s.* (biol.) plasma, *m.;* protoplasma, *m.;* (min.) prasma (*m.*) o plasma, *f.*—**p. cell,** célula plasmática.

plasmagene [plǽzmạdžin], *s.* (biol.) plasmagene.

plasmatic [plæzmǽtịk], **plasmic** [plǽzmịk], *a.* (biol.) plasmático.

plasmodium [plæzmóụdịʌm], *s.* (biol.) plasmodio.

plasmon [plǽzman], *s.* (genét.) plasmón.

plasmosome [plǽzmosoụm], *s.* (biol.) plasmosoma, *m.*

plaster [plǽstœ(r)]. **I.** *s.* yeso; (alb.) argamasa, mortero, mezcla; enlucido, estuco; (farm.) parche, emplasto.—**p. cast,** yeso, obra de escultura vaciada en yeso; (cir.) vendaje o apósito enyesado, tablilla de yeso; (dent.) modelo de yeso.—**p. of Paris,** yeso mate, sulfato de cal. **II.** *va.* (alb.) enyesar, enlucir, revocar, jaharrar; (fig.) embarrar, embadurnar; cubrir (paredes, etc., con carteles o anuncios); (med.) emplastar, poner emplastos.

plasterboard [-bɔrd], *s.* plancha de yeso y fieltro que se emplea para tabiques.

plasterer [-œ(r)], *s.* revocador, yesero, enlucidor.

plastering [-ịŋ], *s.* (alb.) enlucido, revoque, enyesado, jaharro; (med.) emplastadura.

plasterwork [-wœrk], *s.* enyesado, enlucido; yesería.

plastic [plǽstịk]. **I.** *a.* plástico; formativo. **II.** *s.* materia plástica.

plastic art, *s.* plástica.

plastic bomb, *s.* bomba plástica.

plastic cement, *s.* cemento termoplástico.

plasticity [plæstísịtị], *s.* plasticidad.

plastic surgery, *s.* cirugía plástica, anaplastia.

Plastic Wood, *s.* madera plástica (marca de fábrica).

plastron [plǽstrọn], *s.* (arm.) peto; pechera, (gal.) plastrón; (zool.) peto, plastrón, concha inferior de las tortugas; (esgr.) perpunte.

plat [plæt]. **I.** *s.* solar, parcela; mapa (*m.*) o plano; trenza, cintilla. **II.** *va.* entretejer, trenzar; trazar el plano de; trasladar al papel. *V.* PLAIT y PLOT.

platanaceous [plætạnéịšʌs], *a.* (bot.) platáneo, platanáceo.

platan(e [plǽtạn], *s.* = PLANE TREE.

plate [pléịt]. **I.** *s.* plancha, chapa, lámina, placa; plat(ill)o (de mesa); contenido de un plato; plato (de comer); vajilla en general; plata; plaqué; (blas.) plata; platina (de una máquina neumática); (dep.) palio, copa de oro o plata dada como premio en regata o carrera; (impr.) estereotipo, clisé; electrotipo; ilustración, grabado; (dent.) dentadura postiza; (elec.) elemento de una pila; placa de acumulador; plancha de blindaje; (foto.) placa; (top.) placa, limbo (de un instrumento).—**p. armor,** blindaje.—**p. battery,** (rad.) batería de alta tensión, batería del ánodo o placa (de un tubo termiónico).—**p. circuit,** (rad.) circuito de la placa y el filamento.—**p. cultivation, p. culture,** platicultivo, cultivo de las bacterias en gelatina sobre láminas de vidrio.—**p. current,** (rad.) corriente (*f.*) de entre el filamento y la placa.—**p. girder,** viga de alma llena.—**p. glass,** vidrio cilindrado o en planchas; luna.—**p. holder,** (foto.) chasis, *m.*, portaplacas, bastidor.—**p. mark,** (marca de) contraste; línea del borde en relieve.—**p. matter,** planchas electrotípicas vendidas a varios periódicos para la publicación simultánea de un escrito.—**p. metal,** metal en planchas.—**p. paper,** papel de primera calidad para grabados.—**p. press,** prensa para grabados.—**p. printing,** impresión de grabados con planchas.—**p. rack,** escurreplatos; (foto.) bastidor para sostener las placas mientras se secan.—**p. rail,** riel plano; moldura plana o anaquel para platos ornamentales, etc.—**p. roller,** laminador.—**p. room,** repostería.—**p. shears,** cizalla.—**p. ship** = TREASURE SHIP.—**p. tracery,** (arq.) labor calada en una piedra.—**p. voltage,** (rad.) tensión de la batería de la placa.—**p. warmer,** calientaplatos.—**p. wheel,** rueda de disco lleno. **II.** *va.* planchear; revestir (un metal) con una capa (de otro metal) por la galvanoplastia u otro procedimiento; vg.: argentear o platear (si el metal de revestimiento es plata); dorar (si dicho metal es oro); niquelar, platinar; batir hoja; unir con planchas de metal; (a veces con **out**) cultivar (bacterias) sobre una lámina; hacer una plancha electrotípica de (para imprimir).

plateau [plætóụ], *s.* mesa, meseta, rasa, altiplanicie, altiplano.

plated [pléịtịd], *a.* plateado, niquelado, etc., según el metal (vg.: *silver-plated,* plateado; *gold-plated,* dorado; etc.).—**p. ware,** plaqué.

plateful [pléịtfụl], *s.* un plato lleno; ración.

platelet [pléịtlịt], *s.* (fisiol.) plaqueta, trombocito.

platen [plǽtẹn], *s.* (impr. y mec.) platina; cuadro; cilindro o rodillo de caucho (de una máquina de escribir).

plater [pléịtœ(r)], *s.* plateador (en gen., el que platea, dora, etc.); artífice que trabaja en metales en lámina; platero (que trabaja en plata, oro, joyas, etc.).

plateresque [plætẹrésk], *a.* (arq.) plateresco.

platform [plǽtfɔrm], *s.* plataforma, tablado, andamio; cadalso; tarima; (arti.) explanada; (fort.) terraplén; tribuna; (fig.) oratoria pública; (f. c.) andén; plataforma de un tranvía; (pol.) programa, *m.*, declaración formal de principios.—**p. car,** (f. c.) (vagón de) plataforma, batea, *truck.*—**p. scale,** báscula.

platinate [plǽtịneịt]. **I.** *s.* (quím.) platinato. **II.** *va.* platinar.

plating [pléịtịŋ], *s.* arte o acción de revestir con una capa metálica (dorado, plateado, etc.); capa o revestimiento metálico; blindaje.

platinic [plạtínịk], *a.* (quím.) platínico.—**platiniferous** [plætịnífẹrʌs], *a.* platinífero.—**platiniridium** [-aịrídịʌm], *s.* platiniridio, aleación de iridio y platino.—**platinize** [-aịz], *va.* platinar.—**platinoid** [-ɔịd]. **I.** *a.* semejante al platino. **II.** *s.* platinoide.—**platinotype** [-otaịp], *s.* (fot.) platinotipia; positiva platinotípica.—**platinous** [-ʌs], *a.* (quím.) platinoso.

platinum [plǽtịnʌm], *s.* platino.—**p. black,**

(quím.) polvo negro de platino.—**p. blond(e,** que tiene el pelo color platino.—**p. ore,** platina. —**p.-plated, p. plating,** platinado.—**p. point,** punta platinada.
platitude [plǽtitiud], *s.* perogrullada, trivialidad.
platitudinize [-tiúdinaiz], *vn.* decir perogrulladas o vejeces.—**platitudinous** [-nʌs], *a.* insípido, trivial, traqueado.
Platonic [platánik], *a.* platónico.—**P. year,** (astr.) año platónico.
Platonically [-ali], *adv.* platónicamente.
Platonism [pléitonizm], *s.* platonismo.
Platonist(ic [pléitonist, -ístik], *a.* y *s.* platónico.
platoon [platún], *s.* (mil.) pelotón.—**p. school,** escuela dividida en grupos (*platoons*) de alumnos, que se turnan en el uso de las aulas, talleres, etc.
platter [plǽtœ(r)], *s.* fuente, *f.*, platazo, platel; (fam., béisbol) puesto del bateador; (E. U., fam.) disco fonográfico.
platyhelminth [plætihélminθ], *s.* (zool.) platelminto.
platypus [plǽtipʌs], *s.* (zool.) ornitorrinco.
platyrrhine [plǽtirain], *s.* y *a.* (zool.) platirrino.
plaudit [plɔ́dit], *s.* aplauso, aclamación.
plausibility [plɔzibíliti], *s.* plausibilidad, credibilidad aparente.
plausible [-bl], *a.* que parece admisible, razonable, recomendable o digno de confianza, pero a veces no lo es; verosímil; (raro) de aceptación general; (ant.) plausible, digno de aplauso. *V.* SPECIOUS.
plausive [plɔ́siv], *a.* plausivo, laudatorio.
Plautine [plɔ́tain], *a.* plautino, rel. a Plauto.
play [pléi]. **I.** *va.* jugar (algún juego); practicar (un deporte); mover (la pieza de algún juego); hacerle o jugarle a uno (una mala partida, etc.); (teat.) dar, representar, poner en escena; hacer o desempeñar (un papel); (mús.) ejecutar, tocar, tañer, sonar (pieza o instrumento); manejar, menear, manipular; valerse o hacer uso de; arrojar, echar, lanzar.—**to p. a card,** echar una carta (p. ej., el as de triunfo).—**to p. a part,** hacer o representar un papel.—**to p. a joke on,** hacer una burla a, dar una broma a.—**to p. a set,** o **game,** jugar un partido o una partida, echar una partida (de ajedrez, billar, etc.).—**to p. both ends against the middle,** poner uno de punta entre sí a sus rivales, meter discordia entre ellos.—**to p. cards,** jugar a los naipes.—**to p. down,** hacer poco caso de.—**to p. first fiddle,** llevar la batuta, ser el principal o la cabeza de una reunión, empresa, etc.—**to p. hide and seek,** jugar al escondite.—**to p. hooky,** (fam.) hacer novillos, bolas o rabona. —**to p. one a (bad, dirty, mean) trick,** engañar a uno, hacerle una mala jugada, pegarle un petardo.—**to p. second fiddle,** estar subordinado, hacer un papel secundario.—**to p. the devil,** o **the mischief, with,** perturbar, trastornar, desbaratar por completo, causar daño a.—**to p. the fool,** hacerse el tonto, hacer del bobo.—**to p. the game,** jugar limpio.—**to p. the knave,** engañar.—**to p. the lottery,** echar a la lotería.—**to p. the market,** (fam.) jugar a la bolsa.—**to p. the monkey,** hacer monadas.—**to p. (the) truant,** hacer novillos. —**to p. tricks,** hacer suertes; hacer travesuras. **II.** *vn.* jugar, juguetear; divertirse, entretenerse, recrearse; burlarse, chancearse, bromear; (mús.) tocar; (mec.) jugar, moverse, funcionar; portarse, conducirse; flotar, ondular, ondear; (teat.) representar.—**to p. at cards,** jugar a los naipes.—**to p. by** o **from ear,** tocar de oído.— **to p. fair,** jugar limpio.—**to p. false,** engañar. —**to p. fast and loose,** embaucar, no ser digno de confianza.—**to p. into the hands of one,** dar entrada a, ayudar; hacer a uno el caldo gordo.—**to p. off,** hacer alarde; pretender, ostentar.—**to p. on,** tocar (un instrumento).— **to p. to the gallery,** o **to the galleries,** obrar sin más motivo que el aplauso o la aprobación públicos.—**to p. up to,** (fam.) adular.—**to p. upon one,** burlarse de uno; explotar o abusar de su credulidad, amor, etc.—**to p. upon words,** hacer equívoco de vocablos. **III.** *s.* juego; jugada; recreo, diversión; (teat.) drama, *m.*, comedia, pieza; función, representación; (mec.) juego, espacio libre; funcionamiento, operación; rienda suelta, libertad de acción, vuelo; movimiento ligero y rápido; reflejo de colores o de luces; (teat.) ejecución, desempeño. —**p. upon words,** equívoco, retruécano; juego de palabras.—**at p.,** jugando.—**in p.,** en chanza, de burlas.
playable [-abl], *a.* que puede ser jugado o tocado; (teat.) representable.
playbill [-bil], *s.* (teat.) cartel; programa, *m.*
playboy [-bɔi], *s.* (fam.) joven rico y algo disoluto; buscaplaceres; hombre de mundo.
playday [-dei], *s.* día (*m.*) de huelga o de asueto.
played [-d], *pp.* y *a.* jugado o tocado; ejecutado; representado.—**p. out,** agotado; acabado, concluído.
player [-œ(r)], *s.* jugador; actor, cómico, comediante, representante; (mús.) tocador, ejecutante, músico, instrumentista.—**p. piano,** pianola, piano mecánico o automático, autopiano.
playfellow [-fɛlou], *s.* compañero de juego.
playful [-ful], *a.* juguetón, retozón, travieso.
playgoer [-gouœ(r)], *s.* persona que frecuenta los teatros.
playground [-graund], *s.* patio o campo de recreo; campo de deportes o de juegos.
playhouse [-haus], *s.* teatro; coliseo; casilla de recreo; casita en miniatura para niños.
playing card [-iŋ kard], *s.* naipe, carta.
playlet [-lit], *s.* drama corto.
playmate [-meit], *s.* = PLAYFELLOW.
play-off [-ɔf], *s.* partida para desempatar.
plaything [-θiŋ], *s.* juguete; trebejo; niñería.
playtime [-taim], *s.* tiempo de recreo o para recreo; (teat.) hora de comenzar la función.
playwright [-rait], *s.* dramaturgo, autor dramático, comediógrafo.
plaza [plázä], *s.* plaza.
plea [pli], *s.* argumento; ruego, súplica; disculpa, pretexto; (for.) alegato, defensa; respuesta o declaración (del acusado); acción, litigio, proceso.—**p. in abatement,** instancia de nulidad. —**p. of the crown,** (Ingl.) causa criminal.
pleach [plich], *va.* entretejer ramas.
plead [plid]. **I.** *va.* (for.) defender (un pleito, una causa); alegar; aducir como razón, motivo o excusa. **II.** *vn.* suplicar, implorar; abogar (por); declarar o responder el acusado si es culpable o no.—**to p. guilty,** confesarse delincuente.— **to p. not guilty,** declararse inocente.
pleadable [-abl], *a.* que se puede alegar en un pleito, o en defensa; alegable, abogable.
pleader [-œ(r)], *s.* abogado, defensor.
pleading [-iŋ]. **I.** *a.* suplicante, implorante. **II.** *s.* súplica, imploración; (for.) alegación, defensa; informe; abogacía.—*pl.* alegatos.
pleasant [plézant], *a.* grato, agradable, gustoso, ameno, placentero; simpático, afable, tratable. —**p. journey** o **trip!** ¡feliz (o buen) viaje!—**p. weather,** buen tiempo.—**pleasantly** [-li], *adv.* agradablemente.—**pleasantness** [-nis], *s.* agradabilidad, agrado, amenidad; afabilidad.
pleasantry [-ri], *s.* chuscada, broma, humorada, agudeza, chanza.
please [pliz]. **I.** *va.* agradar, contentar; complacer, dar gusto, satisfacer, placer.—**to be easy (hard) to p.,** ser de buen (mal) contentar o contento.—**to be pleased to,** tener gusto en, o el gusto de; alegrarse de, complacerse en.—**to be pleased with,** estar satisfecho o contento de o con; gustarle a uno (cambiando el giro: *I am much pleased with this car,* me gusta mucho este coche).—**to p. one's self,** hacer uno su gusto sin miramientos por los demás. **II.** *vn.* agradar, satisfacer; querer, gustar. En el imperativo y con *if* se emplea por cortesía en el sentido de "hacer el favor," "tener la bondad,"

"servirse," etc.: *please speak slowly,* sírvase, o hágame el favor de, hablar despacio; *if you please,* o simplemente *please,* por favor, con permiso de Vd., si Vd. me hace el favor, si Vd. tiene la bondad.—**as one pleases,** como uno quiera o guste.

pleasing [-iŋ], *a.* complaciente; agradable, deleitable, grato, gustoso, ameno, placentero.—**to be p.,** gustar, dar gusto; caer bien.—**pleasingly** [-li], *adv.* agradablemente, donosamente.

pleasurable [pléžụrabl], *a.* agradable, grato.—**pleasurably** [-bli], *adv.* agradable o gratamente.

pleasurableness [-nis], *s.* calidad de agradable.

pleasure [pléžụ(r)], *s.* placer, gusto, deleite; voluntad, arbitrio; complacencia.—**p. boat, trip,** etc., embarcación, viaje, etc., de recreo.—**p. lover,** o **seeker,** amante de los placeres; el que busca o anda tras los placeres.—**at one's (own) p.,** como uno quiera, como le plazca.—**at p.,** a voluntad.—**to take p. in,** complacerse o deleitarse en, tener gusto en.—**what is your p.?** ¿qué desea Vd.? ¿en qué puedo complacerle?—**with (great) p.,** con (mucho) gusto, con placer; que me place.

pleat [plít]. **I.** *va.* (cost.) plegar, hacer pliegues, (gal.) plisar. **II.** *s.* pliegue.—**pleated** [-id], *a.* plegado.—**pleating** [-iŋ], *s.* (cost.) plegado, (gal.) plisado.

plebe [plib], *s.* (E. U. fam.) plebeyo, estudiante de primer año.

plebeian [plibían], *a.* y *s.* plebeyo; pechero.

plebeianism [-izm], *s.* plebeyismo; vulgaridad.

plebiscite [plébisait], *s.* (pol.) plebiscito.—**plebiscitary** [plibísitɛri], *a.* plebiscitario.

plebiscitum [plɛbisáitʌm], *s.* (hist.) plebiscito.

plebs [plɛbz], *s.* plebe, *f.,* populacho.

plectrum [pléktrʌm], *s.* (mús.) plectro, púa.

pledge [plédž]. **I.** *s.* prenda, señal, *f.,* arras, *f. pl.,* caución; empeño, fianza; rehén; compromiso; promesa, voto; brindis, *m.*—**to take the p.,** jurar abstenerse de bebidas alcohólicas, etc. **II.** *va.* prendar, pignorar, empeñar, dar en prenda; gravar, hipotecar; dar fianza; brindar por; prometer, comprometerse a, dar (la palabra).

pledgee [-í], *s.* (for.) depositario.

pledgeor, pledgor [-ɔr], *s.* (for.) prendador.

pledger [-œ(r)], *s.* el que empeña, promete, brinda, etc.; (for.) prendador.

pledget [plédžit], *s.* (cir.) tapón; (mar.) cordón de estopa para calafatear.

pledging [plédžiŋ], *s.* prendamiento, pignoración.

Pleiad [plíad], *s.* (astr.) una de las Pléyades; (fig.) grupo de escritores o artistas destacados.

Pleiades [plíadiz], *s. pl.* (astr.) Pléyades, *f. pl.*

Pleistocene [pláistosin], *a.* y *s.* (geol.) pleistoceno.

plenarily [plínarili], *adv.* plenariamente.

plenary [plínari], *a.* plenario; entero, completo; absoluto; (for.) plenario.—**p. indulgence,** (igl.) indulgencia plenaria.—**p. powers,** plenos poderes.

plenipotential [plɛnipoténšal], *a.* autorizado con poder pleno.

plenipotentiary [-šiɛri], *s.* y *a.* plenipotenciario.

plenitude [plénitiud], *s.* plenitud, abundancia.

plenteous [pléntiʌs], *a.* = PLENTIFUL.—**plenteously** [-li], *adv.* abundantemente.—**plenteousness** [-nis], *s.* abundancia.

plentiful [pléntiful], *a.* copioso, abundante; fértil, feraz.—**plentifully** [-i], *adv.* abundantemente, copiosamente.—**plentifulness** [-nis], *s.* abundancia, copia; fertilidad.

plenty [plénti]. **I.** *s.* copia, abundancia, profusión, afluencia. **II.** *a.* (fam.) copioso, abundante.

plenum [plínʌm], *s.* pleno, plenitud, plétora.

pleochroism [pliákroizm], **pleochromatism** [pliokróumatizm], *s.* (crist.) pleocroísmo, propiedad de variar de color según la dirección de la luz.

pleonasm [plíonæzm], *s.* (gram. y ret.) pleonasmo.—**pleonastic** [plionǽstik], *a.* pleonástico.—**pleonastically** [-ali], *adv.* pleonásticamente.

pleroma [pliróuma], *s.* plenitud.

plethora [pléθora], *s.* plétora, exceso, hartura.

plethoric [plɛθórik], *a.* pletórico, repleto.

plethysmograph [plɛθízmogræf], *s.* (fisiol.) pletismógrafo.

pleura [plúra], *s.* (anat., zool.) pleura.—**pleural** [-l], *a.* pleural; pleurítico.—**pleurisy** [plúrisi], *s.* (med.) pleuritis, pleuresía.—**pleuritic(al** [plurítik(al], *a.* pleurítico.

pleurodont [plúrodant], *a.* y *s.* (zool.) pleurodonto.

pleuron [plúran], *s.* (zool.) costado.

pleuronectid [pluronéktid], *s.* (ict.) pleuronecto.

pleuropneumonia [-niumóunia], *s.* (med. y vet.) pleuroneumonía.

pleurotomy [plurátomi], *s.* pleurotomía, incisión en la pleura.

Plexiglass [-glæs], *s.* plexiglás (marca de fábrica).

plexus [pléksʌs], *s.* trabazón, *f.,* entrelazamiento, red; (anat.) plexo.

pliability [plaiabíliti], *s.* flexibilidad, docilidad.

pliable [pláiabl], *a.* flexible; trefe; plegable, doblegable, cimbreante; dócil, manejable.

pliancy [pláiansi], *s.* flexibilidad, docilidad, blandura.

pliant [pláiant], *a.* flexible, doblegable, cimbreño; dócil, manejable, blando, tratable, manual.

plica [pláika], *s.* pliegue; (med.) plica.

plicate(d [pláikeit(id], *a.* (bot. y zool.) plegado.

plication [plaikéišon], *s.* plegadura, pliegue.

pliers [pláiœrz], *s. pl.* alicates, tenacillas, tenazas.

plight [plait]. **I.** *va.* empeñar o dar (palabra); prometer en matrimonio, contraer esponsales (gen. en la locución *to plight one's troth*). **II.** *s.* (raro) promesa, compromiso solemne; esponsales, promesa de matrimonio; situación, condición (gen. mala); apuro, aprieto.

plinth [plinθ], *s.* (arq.) plinto, orlo; zócalo.

Pliocene [pláiosin], *a.* y *s.* (geol.) plioceno.

plod [plád], *vn.* afanarse, ajetrearse, atrafagarse, trabajar con ahinco. *V.* TRUDGE y DRUDGE.

plodder [-œ(r)], *s.* trafagón; el que trabaja asidua y laboriosamente, o camina con dificultad.

plodding [-iŋ], *s.* tráfago, ajetreo, (Am.) atareo.

ploidy [plóidi], *s.* (genét.) ploidia.

plop [plap]. **I.** *va.* y *vn.* (dejar) caer de golpe, con ruido apagado, un objeto al agua, etc. **II.** *s.* el ruido así producido. **III.** *adv.* de golpe; a plomo. **IV.** *interj.* ¡paf!

plosion, *s.,* **plosive,** *a.* (fon.) = EXPLOSION, EXPLOSIVE.

plot [plát]. **I.** *s.* solar, parcela, porción de terreno; plano de un terreno; conspiración, complot, conjura(ción); (fam.) entruchada; (mat.) trazado, representación gráfica; (estad.) punto (en un diagrama); argumento, enredo, trama (de drama o novela). **II.** *va.* tramar, urdir, fraguar; hacer el plano o dibujo de; transportar al papel; (estad.) marcar puntos (en un diagrama). **III.** *vn.* conspirar, maquinar.

plotter [-œ(r)], *s.* conspirador, conjurado, tramador, maquinador.

plotting [-iŋ]. **I.** *s.* conspiración, maquinación; dibujo de planos; representación gráfica. **II.** *a.* que conspira; para planos o diagramas.—**p. paper,** papel cuadriculado.

plough [plau], etc. = PLOW, etc.

plover [plʌ́vœ(r) *o* plóuvœ(r)], *s.* (orn.) variedad de ave fría o avefría, frailecillo, chorlito.

plow [pláu]. **I.** *s.* arado; (**P.,** astr.) Carro, Osa Mayor.—**p. alms,** contribución a la iglesia por cada arado.—**p. beam,** pértigo del arado.—**p. co(u)lter,** reja o cuchilla del arado.—**p. handle,** mancera, esteva.—**p. knife,** (enc.) lengüeta.—**P. Monday,** primer lunes después de la Epifanía.—**p. pin,** telera.—**p. plane,** (carp.) guillame, acanalador.—**p. press,** (enc.) ingenio.—**p. sole,** o **pan,** (agr.) capa compacta de tierra formada por el arado en el fondo del surco.—**p. staff,** arrejada. **II.** *va.* (agr.) arar, labrar, surcar; (mar. y fig.) surcar o cortar (las aguas).

plowable [-abl], *a.* arable, labrantío.

plowboy [-bɔi], *s.* yuguero, yuntero.

plower [-œ(r)], *s.* arador, surcador.
plowing [-iŋ], *s.* aradura, labranza; (fig.) **reja.**
plowland [-lænd], *s.* tierra labrantía o de **pan** llevar.
plowman [-mạn], *s.* arador, labrador; yuguero; patán, campesino.
plowshare [-ŝer], *s.* reja de arado.
plowtail [-teịl], *s.* mancera, mangorrillo.
plowwright [-raịt], *s.* fabricante de arados.
pluck [plʌ́k]. I. *va.* coger, arrancar; pelar; desplumar (aves); (mús.) puntear, pulsar o tocar (las cuerdas) con los dedos o el plectro; (fam.) robar, estafar, desplumar; (Ingl., fam.) dar calabazas en los exámenes.—**to p. up,** arrancar.—**to p. up courage,** (re)cobrar ánimo; hacer de tripas corazón, sacar fuerzas de flaqueza. II. *vn.* (con **at**) tirar de, dar un tirón. III. *s.* valor, ánimo, resolución; arranque, (es)tirón; asadura (hígado, corazón y bofes).
plucky [-ị], *a.* animoso, denodado, resuelto.
plug [plʌ́g]. I. *s.* tapón, tarugo, taco; cuña; espita; (arti.) obturador; (dent.) obturador, empaste o empastadura; porción de tabaco comprimido; cala (de melón); cierre (de válvula); (elec.) enchufe, adaptador, tomacorriente; conectador; tapón (ll. t. **p. fuse**); (aut.) bujía; (fam.) rocín, penco; (fam.) sombrero de copa, chistera.—**p. board,** (elec.) conmutador de clavijas.—**p. clip,** contacto o terminal de tapón o botón eléctrico.—**p. fuse,** (elec.) fusible de tapón, tapón fusible.—**p. ga(u)ge,** calibre cilíndrico.—**p. jack,** (elec.) clavija-enchufe.—**p. key,** (elec.) clavija de conexión.—**p. tobacco,** tabaco curado y comprimido en forma de panes. II. *va.* atarugar, tapar, obturar; (dent.) orificar, empastar; (elec.) (con **in**) enchufar, conectar, insertar una clavija de conexión.—**to p. melons,** calar melones, etc.
plugger [-œ(r)], *s.* (dent.) obturador, orificador.
plug-ugly [-ʌglị], *s.* (E. U., fam.) alborotador, pendenciero.
plum [plʌm], *s.* (bot.) ciruela; pruna; bruno (ll. t. **black p.**); pasas para guisar; (fig.) golosina, gollería; lo mejor; la nata; turrón, o puesto muy ventajoso; (bolsa) dividendo extraordinario; (fam. Ingl.) la cantidad de £100,000; riquezas, fortuna.—**p. cake,** bizcocho con pasas.—**p. curculio,** (ent.) curculio, gorgojo.—**p. pie,** pastel de ciruelas o de pasas.—**p. pudding,** budín o pudín inglés.—**p. tree,** ciruelo, cirolero; bruno.
plumage [plúmịdẑ], *s.* plumaje, plum(aj)ería.
plumagery [-rị], *s.* plumajería.
plumb [plʌm]. I. *a.* perpendículo, a plomo; recto.—**off p., out of p.,** no vertical, desviado de la vertical. II. *s.* plomada.—**p. bob,** plomo, plomada (pesa de ella).—**p. level,** nivel de albañil.—**p. line,** tranquil.—**p. rule,** (regla) plomada. III. *adv.* a plomo, verticalmente; (fam.) completa o rematadamente. IV. *va.* (mar. y fig.) sond(e)ar; (alb.) aplomar; (em)plomar, sellar con plomo; instalar cañerías.
plumbaginaceous [plʌmbædẑịnéịŝʌs], *a.* (bot.) plumbagináceo, plumbagíneo.
plumbago [plʌmbéịgoụ], *s.* grafito, plombagina.
plumber [plʌ́mœ(r)], *s.* plomero, emplomador; fontanero; cañero, instalador de cañerías.
plumbic [plʌ́mbịk], *a.* plúmbico.
plumbing [plʌ́mịŋ], *s.* arte u oficio del plomero; plomería, instalación de cañerías; sistema (*m.*) de cañerías interiores; acción de sond(e)ar o aplomar.
plume [plúm]. I. *s.* pluma; plumaje, penacho, plumero.—**p. maker,** plumista, plumario.—**p. of feathers,** plumero, penacho. II. *va.* adornar con plumas, emplumar, empenachar; desplumar, pelar; (raro) robar, desvalijar. III. *vr.* jactarse, vanagloriarse o preciarse. *V.* PREEN.
plummet [plʌ́mịt]. I. *s.* plomo, plomada, nivel; sonda, sondaleza. II. *va.* sond(e)ar. III. *vn.* caer a plomo o verticalmente.
plumose, plumous [plúmoụs, -mʌs], *a.* plúmeo.
plump [plʌ́mp]. I. *a.* rollizo, regordete; brusco, claro, francote; rotundo, categórico.—**p.-faced,** carilleno. II. *adv.* de golpe; a plomo; (todo) derecho, directamente. III. *va.* soltar, dejar caer, arrojar; engordar, hinchar. IV. *vn.* caer a plomo; hincharse, engordar, llenarse.
plumpness [-nịs], *s.* gordura, corpulencia.
plumpy [-ị], *a.* rollizo, gordico, (fam.) gordiflón.
plumule [plúmịul], *s.* (bot.) plúmula; (orn.) plumón.
plumy [plúmị], *a.* plumado, plumoso, plúmeo.
plunder [plʌ́ndœ(r)]. I. *va.* despojar, saquear, pillar, entrar, meter o poner a saco; expoliar. II. *s.* pillaje, saqueo, rapiña, robo; botín.
plunderer [-œ(r)], *s.* saqueador, pillador; ladrón.
plunge [plʌ́ndẑ]. I. *va.* zambullir, sumergir, chapuzar; meter, hundir; arrojar, precipitar; sumir. II. *vn.* sumergirse, zambullirse; precipitarse, arrojarse; saltar, lanzarse; (mar.) hocicar. III. *s.* sumersión, zambullida; chapuz, *m.*; salto, arrojo, embestida; tanque para bañarse.—**p. bath,** baño de inmersión.
plunger [-œ(r)], *s.* buzo; (mec.) émbolo; chupón (ll. t. **p. piston**); cabeza del vástago (de ciertas válvulas); (hidr.) émbolo buzo; (fam.) jugador o bolsista desenfrenado.—**p. pump,** bomba de émbolo buzo.
plunk [plʌŋk]. I. *va.* (mús.) = TO PLUCK O TWANG; (fam.) golpear o arrojar fuerte o repentinamente. II. *vn.* (mús.) vibrar la cuerda punteada (de guitarra, etc.); (fam.) sonar como un golpe seco; caer a plomo o pesadamente. III. *s.* punteado de una cuerda; (fam.) golpe fuerte; ruido seco y repentino; dólar.
pluperfect [plupœ́rfịkt], *a.* y *s.* (gram.) pluscuamperfecto.
plural [plúrạl], *a.* y *s.* plural.—**p. marriage,** poligamia.—**p. vote,** derecho de dar más de un voto o de votar en varias partes.
plurality [plụrǽlịtị], *s.* pluralidad; mayoría relativa (de votos); multitud.
pluralize [plúrạlaịz], *va.* pluralizar.
plurally [plúrạlị], *adv.* en plural.
plus [plʌs]. I. *prep.* más (+); además de, con, con la añadidura de. II. *a.* (mat. y elec.) positivo; (fam.) y más, con algo de sobra; más otras cosas (gastos, ganancia, etc.).—**p. fours,** especie de calzones bombachos (para golf y otros deportes).—**p. lens,** (ópt.) lente convergente.—**p. sign,** (mat.) signo más (+).—**to be, come out,** etc., **p. (something),** (fam.) haber ganado, salir ganando (algo). III. *s.* signo más; cantidad positiva.
plush [plʌ́ŝ]. I. *s.* (tej.) felpa; pana, tripe; (gal.) peluche. II. *a.* afelpado.
plushlike [-laịk], **plushy** [-ị], *a.* felpudo, (a)felpado.
plutarchy [plútarkị], **plutocracy** [plutákrạsị], *s.* plutocracia.
plutocrat [plútokræt], *s.* plutócrata, *mf.*
plutocratic [-krǽtịk], *a.* plutocrático.
Plutonian [plutóụnịạn]. I. *a.* plutoniano; infernal; (geol.) plutónico. II. *s.* plutoniano; (geol.) plutonista.
Plutonic [plutánịk], *a.* (geol.) plutónico.—**P. theory,** plutonismo.
Plutonism [plútọnịzm], *s.* (geol.) plutonismo.
Plutonist [-ịst], *s.* (geol.) plutonista.
plutonium [plutóụnịʌm], *s.* (quím.) plutonio.
pluvial [plúvịạl], *a.* pluvial; (geol.) pluviátil.
pluviogram [plúvịogræm], *s.* pluviograma, diagrama trazado por el pluviógrafo.
pluviograph [-ogræf], *s.* pluviógrafo, pluviómetro registrador.
pluviometer [-ámɛtœ(r)], *s.* pluviómetro.
pluviometric(al [-ométrịk(ạl], *a.* pluviométrico.
pluviometry [-ámɛtrị], *s.* pluviometría.
pluvious [plúvịʌs], *a.* plúvioso, lluvioso.
ply [pláị]. I. *va.* trabajar con ahinco; ejercer, practicar; emplear, ocupar; manejar (la aguja, el remo); importunar, acosar (con preguntas, etc.); propinar, convidar a beber repetidas

veces; atacar tenazmente; plegar. **II.** *vn.* ir y venir, hacer viajes regulares; estar constantemente ocupado o funcionando; solicitar o aguardar compradores; (mar.) barloventear; hacer la travesía. **III.** *s.* pliegue, doblez, *m.;* propensión, inclinación; capa (de tela, etc.).—**two-ply,** de dos capas, láminas, hilos, etc.

plywood [-wụd], *s.* madera terciada, compuesta de varias hojas o láminas superpuestas.

pneumatic(al [niumǽtịk(al], *a.* neumático.—**p. tire,** neumático, llanta neumática.

pneumatics [niumǽtiks], *s.* neumática.

pneumatology [niumatálodži], *s.* neumatología.

pneumatometer [-támɛtœ(r)], *s.* neumatómetro.

pneumatotherapy [-toθérapi], *s.* (med.) neumatoterapia.

pneumobacillus [niumobasílʌs], *s.* (bact.) neumobacilo, bacilo de Friedländer.

pneumococcus [-kákʌs], *s.* (bact.) neumococo.

pneumograph [niúmogræf], *s.* (fisiol.) neumógrafo.

pneumonia [niumóunia], *s.* (med.) (p)neumonía, pulmonía.

pneumonic [niumánik], *a.* (anat.) neumónico, pulmonar; (med.) neumónico, pulmoníaco.

pneumothorax [-θóræks], *s.* (med.) neumotórax, acumulación de aire o gases en la cavidad pleural.

poa [póuä], *s.* (bot.) poa, género de gramíneas.

poaceous [poéišʌs], *a.* (bot.) gramíneo.

poach [póuch]. **I.** *va.* (coc.) escalfar (huevos); robar caza de algún vedado; invadir. **II.** *vn.* cazar o pescar en vedado; atollarse o meterse en un fangal; encenagarse un terreno.

poacher [-œ(r)], *s.* cazador furtivo, el que roba caza o pesca en vedado.—**poaching** [-iŋ], *s.* hurto de caza en vedado.

pochard [póuchärd], *s.* (orn.) pato de mar.

pock [pak], *s.* (med.) pústula, postilla, viruela.—**p.-marked,** cacarañado, picado de viruelas.

pocket [pákit]. **I.** *s.* bolsillo, faltriquera; cavidad, receptáculo; (anat., med.) bolsa; (min.) bolsa; (min.) depósito de pepitas de oro; nasa para pescados; hoyo; hondonada, depresión; calle tapada o sin salida; tronera (de billar); (aer.) AIR POCKET.—**p. battleship,** acorazado de bolsillo.—**p. clip,** sujetador (de lápiz, etc.).—**p. edition,** edición de bolsillo.—**p. flap,** (sast.) golpe, cartera.—**p. handkerchief,** pañuelo de bolsillo.—**p. lighter,** encendedor de bolsillo.—**p. money,** alfileres, *m. pl.*, dinero para gastos particulares.—**p. picking,** ratería de carterista, robo de faltriquera.—**p. pistol,** pistolete, cachorrillo.—**p. veto,** (E. U.) veto indirecto, o implícito, que consiste en no firmar el presidente una ley antes que el congreso se clausure, lo cual la invalida.—**in p.,** con ganancia.—**out of p.,** con pérdida. **II.** *va.* embolsar, meter en el bolsillo; tomar, apropiarse; entronerar, trucar (en el billar o trucos); tragarse (una injuria).

pocketbook [-bụk], *s.* portamonedas, bolsa; cartera, (Am.) billetera; (fig.) dinero, recursos, *m.pl.*; bolsilibro.

pocketful [-fụl], *s.* lo que cabe en un bolsillo.

pocketknife [-naif], *s.* cortaplumas.

pockmark [pákmark], *s.* cacaraña, hoyo que deja la viruela.—**pocky** [páki], *a.* (raro) cacarañado; sifilítico.

pod [pad]. **I.** *s.* (bot.) vaina (de legumbre), cápsula de una planta, silicua, hollejo; capullo (de gusano de seda); manada (de aves, focas, etc.); ranura o canal longitudinal (de ciertas brocas o barrenas); (fam.) panza.—**p. auger,** broca de media caña. **II.** *vn.* llenarse, hincharse; criar vainas.

podagra [podǽgrä], *s.* (med.) podagra, gota.

podesta [podéstä], *s.* podestá, primer magistrado.

podgy [pádži], *a.* = PUDGY.

podiatrist [podáiatrist], *s.* podiatra.

podiatry [-tri], *s.* podiatría.

podium [póudiʌm], *s.* (arq.) podio; estrado (de director de orquesta); (anat. y zool.) pie, *m.;* (bot.) sostén, pecíolo.

podometer [podámɛtœ(r)], *s.* podómetro.

podophyllin [padofílin], *s.* (farm.) podofilina.

podophyllum [-fílʌm], *s.* (bot.) podofilo.

Podunk [póudʌŋk], *s.* (E. U., fam.) ciudad imaginaria (pequeña, no desarrollada, etc.); (E. U., fam.) cualquier ciudad pequeña o no desarrollada.

poem [póuim], *s.* poema, *m.;* poesía, composición poética.—*pl.* versos, rimas.

poesy [póuisi], *s.* (ant.) poesía; arte poética.

poet [póuit], *s.* poeta, *m.*—**p. laureate,** poeta laureado.

poetaster [-æstœ(r)], *s.* poetastro, coplero.

poetess [-is], *s.* poetisa.

poetic(al [pouétik(al], *a.* poético; poemático.—**p. justice,** justicia ideal, justa distribución del premio y del castigo.—**p. licence,** licencia poética.—**p. vein,** vena, numen poético.

poetically [-i], *adv.* poéticamente.

poetics [pouétiks], *s.* (arte) poética.

poetize [póuitaiz], *vn.* y *va.* poetizar; versificar.

poetry [póuitri], *s.* poética; poesía.

pogrom [póugram *o* pográm], *s.* (Rusia) pogrom, asonada de asesinato y despojo de los judíos.

poignancy [póin(y)ansi], *s.* acerbidad, picante; calidad de conmovedor o lastimero.

poignant [-ant], *a.* acerbo, punzante, mordaz, picante; conmovedor.

poignantly [-antli], *adv.* acremente; conmovedoramente.

poilu [pwálu], *s. poilu,* soldado francés.

point [póint]. **I.** *s.* punto (en casi todas sus acepciones); punta, rasgo característico; fin, objeto, quid, *m.*, toque (*that's just the point,* ahí está el toque); herramienta puntiaguda (como un buril, punzón); (Ingl. f. c.) aguja (en plural, cambiavía); punta (de tierra), promontorio; peculiaridad, rasgo característico; grado (de una escala); sazón, *f.*, ocasión, momento crítico; instante; agudeza, sal, *f.*, chiste ingenioso; (mar.) rumbo, cuarta; (mús.) puntillo; en ciertos juegos, punto, tanto; (com.) entero, en la fluctuación de los valores; (gram.) cualquier signo de puntuación; (impr.) punto tipográfico (unidad de medida).—**p. (lace),** encaje hecho con aguja, encaje de punto, puntas, *f. pl.*—**p. at issue,** punto en cuestión.—**p. by p.,** punto por punto.—**p. of honor,** pundonor, cuestión de honor.—**p. of law,** cuestión de derecho.—**p. of no return,** (aer., fig.) punto sin regreso.—**p. of order,** cuestión de procedimiento, recurso al reglamento.—**p. of support,** punto de apoyo.—**p. of view,** punto de vista.—**p. system,** (impr.) sistema (*m.*) de medida (de tipos de imprenta) por puntos; sistema de Braille o de signos en relieve para la lectura de los ciegos.—**at all points,** por todos lados, enteramente.—**at the p. of death,** en artículo de la muerte, próximo a la muerte.—**at the p. of the sword,** a hierro y sangre, por la fuerza.—**in p.,** al caso, a propósito; en cuestión, de que se trata.—**in p. of,** en cuanto a, tocante a.—**in p. of law,** como cuestión de derecho, desde el punto de vista del derecho.—**on the p. of,** a punto de.—**to get the p.,** caer en la cuenta.—**to get to the p.,** venir o ir al grano.—**to give points,** dar tantos (en el juego); dar información útil.—**to see little p. in,** no ver la utilidad de (algo).—**to the p.,** al caso, a propósito; atinado, certero.—**what's the p.?,** ¿a qué viene eso? ¿de o para qué sirve? **II.** *va.* aguzar, afilar, sacar punta (a un lápiz, arma, etc.); (con **at, to** o **toward**) apuntar, señalar, indicar; encarar, dirigir, asestar; (gram.) puntuar; (alb.) unir con mortero, rellenar (juntas), llenar, fijar.—**to p. out,** apuntar, señalar, hacer notar u observar. **III.** *vn.* apuntar, señalar; hacer puntería; tender, propender o inclinarse a; dar, mirar a o hacia; parar y mostrar la caza (el perro); (med.) madurarse (un absceso).

point-blank [-blǽŋk]. **I.** *a.* horizontal; directo, claro, categórico. **II.** *adv.* a quema ropa, a boca

de jarro, a tenazón; directamente, en línea recta; categóricamente, sin ambages. III. s. (raro) tiro a quema ropa, tiro asestado.
pointed [-id], a. puntiagudo, aguzado; en punta; picante, satírico; directo, acentuado, enfático; (arq.) ojival, apuntado.—**pointedly** [-li], *adv.* sutilmente; mordazmente; categóricamente.—**pointedness** [-nis], s. agudeza, aspereza, acrimonia.
pointer [-œ(r)], s. afiladora; indicador, índice; manecilla, aguja o saeta (de reloj); fiel (de balanza); apuntador, puntero; punta, buril; (f. c.) palanca de aguja o cambiavía; perro de muestra o punta, ventor, pachón, braco; (fam.) indicación, observación o consejo útil.—*pl.* (P., astr.) las dos estrellas de la Osa Mayor que indican la polar.
pointillism [pwǽntilizm], s. (pint.) puntillismo.
pointillist [-ist], s. (pint.) puntillista.
pointing [pɔ́intiŋ], s. afiladura, aguzadura; señalamiento, indicación; puntería; punta (del perro de muestra); puntuación; (alb.) rejuntado, relleno de juntas; (med.) maduración de un absceso; (mar.) rabo de rata.—**p. trowel,** (alb.) espátula.
pointless [-lis], a. obtuso, sin punta; insubstancial; insípido; inútil.
poise [pɔiz]. I. s. equilibrio, contrapeso; balanza; estabilidad; serenidad; reposo; porte, talante; duda, indecisión. II. va. equilibrar; estabilizar; suspender, mantener en equilibrio o suspendido (en alto o en el aire); (raro) pesar. III. vn. quedar en equilibrio; estar suspendido; cernerse (las aves).
poison [pɔ́izon]. I. s. veneno, tóxico, tósigo, ponzoña.—**p. ash, p. dogwood, p. elder, p. ivy, p. oak, p. sumac,** etc., variedades de zumaque, rus, toxicodendro o hiedra venenosos que causan erupción cutánea.—**p. gas,** gas tóxico.—**p. hemlock,** (bot.) cicuta.—**p. nut,** (bot.) nuez vómica.—**p.-pen letter,** (fam.) paulina, carta anónima ofensiva. II. va. envenenar, toxicar, (a)tosigar, emponzoñar; (fig.) corromper, inficionar.
poisoner [-œ(r)], s. envenenador.—**poisoning** [-iŋ], s. envenenamiento, intoxicación, emponzoñamiento.—**poisonous** [-ʌs], a. venenoso, tóxico, emponzoñoso, deletéreo.—**poisonousness** [-nis], s. venenosidad, toxicidad.
poitrel [pɔ́itrel], s. (arm.) petral, antepecho.
poke [póuk]. I. s. empuje, empujón; hurgonada, hurgonazo; posma, *mf.*, hombre tardón o indolente; (ant.) barjuleta, bolsa; saquito; (ict.) vejiga de aire.—**p. bonnet,** papalina de mujer de ala abovedada. II. va. picar, aguijonear; atizar, hurg(one)ar; asomar, sacar (la cabeza, etc.).—**to p. fun at,** burlarse, mofarse de.—**to p. one's nose into,** meter las narices en; entremeterse, curiosear.—**to p. the fire,** hurgar la lumbre, atizar el fuego. III. vn. haronear; rezagarse; andar a tientas.
poker [-œ(r)], s. atizador o atizadero, hurgón(ero), espetón; (fam.) posma, *mf.*, perezoso; entremetido; persona tiesa; póker, juego de naipes.—**p.-faced,** (fam.) de rostro imperturbable o poco expresivo.—**p. picture,** pirograbado.—**p. work,** pirografía.
pokeweed [-wid], **pokeroot** [-rut], s. (bot.) hierba carmín, fitolaca (ll. su fruto **pokeberry**).
poking [-iŋ]. I. s. hurgonada. II. a. = POK(E)Y.
pok(e)y [-i], a. (fam.) flojo, pesado, lento; tedioso, sin interés; apretado, ahogado (cuarto); desaliñado (vestido).
polacre [polákœ(r)], s. (mar.) polacra.
Poland [póulənd], s. Polonia.
polar [póulä(r)], a. polar.—**p. bear,** (zool.) oso blanco.—**p. coördinates,** (mat.) coordenadas polares.—**p. curve,** curva dada en coordenadas polares.—**p. lights,** aurora boreal o austral.—**p. star,** (astr.) estrella polar (ll. gen. *la polar*).
polarimeter [-ímetœ(r)], s. (ópt.) polarímetro.
Polaris [poléris], s. (astr.) la (estrella) polar.
polariscope [polǽriskoup], s. (ópt.) polariscopio.
polarity [polǽriti], s. polaridad.
polarization [poulärizéiʃon], s. polarización.
polarize [póuläraiz], va. polarizar.
polarizer [-œ(r)], s. (ópt.) polarizador.
pole [póul]. I. s. (geog. y elec.) polo; pértiga, vara larga, palo largo, asta, paral, estaca; balancín (de volatinero); poste (de telégrafos, etc.); medida de 16½ pies; (top.) jalón; (P.), polaco.—**p. bean,** (bot.) frijol de enrame, frijol trepador.—**p. of a coach,** lanza, pértigo o timón de coche.—**p. prop,** (carr.) tentemozo.—**p. vault,** (dep.) salto de altura (o a veces, de longitud) con garrocha. II. va. empujar, llevar, sostener o armar con palos; (metal.) revolver o agitar con varas. III. vn. impeler un barco con pértiga.
poleax(e [-æks], s. (mil.) antigua hacha de armas; (mar.) hach(uel)a de abordaje; cierta hacha de matadero.
polecat [-kæt], s. (zool.) veso; mofeta; turón.
polemarch [pálimark], s. (hist. gr.) polemarca, *m.*
polemic(al [polémik(al], a. polémico.
polemic [polémik], s. polémica; polemista.
polemics [-s], s. polémica, dialéctica.
polemist [pálemist], s. polemista.
polemoscope [polémoskoup], s. (ópt.) polemoscopio.
polestar [póulstar], s. (astr.) estrella polar.
police [polís]. I. s. policía.—**p. commissioner,** o **chief of p.,** jefe de policía.—**p. court,** tribunal de policía.—**p. dog,** perro de policía.—**p. force,** cuerpo de seguridad.—**p. headquarters,** comisariato o jefatura de policía; dirección de seguridad.—**p. inspector,** comisario de policía.—**p. officer,** policía.—**p. state,** estado policíaco, dictadura.—**p. station,** prevención; comisaría; cuartel de la policía. II. a. policíaco, (Am.) policial. III. va. poner o mantener servicio de policía en; (E. U., mil.) mantener el orden y la limpieza.
policeman [-man], s. policía, *m.*, agente de policía, guardia municipal o de seguridad, (fam.) polizonte.
policewoman [-wuman], s. policía (mujer).
policlinic [paliklínik], s. (med.) dispensario anexo a un hospital; policlínica.
policy [pálisi], s. prudencia, sagacidad; curso o plan de acción; política; regla, sistema, *m.*; costumbre; póliza de seguro; especie de lotería.—**p. holder,** asegurado, tenedor de póliza.—**p. player,** jugador de lotería, que apuesta sobre ciertas combinaciones numéricas.
poliomyelitis [paliomaieláitis], **polio** [póuliou], s. (med.) poliomielitis, parálisis infantil.
Polish [póuliʃ]. I. a. polaco, polonés. II. s. polaco (idioma).
polish [páliʃ]. I. va. pulir, pulimentar, bruñir, limar, tersar; lustrar, dar lustre, embolar; educar; civilizar. II. vn. recibir lustre o pulimento. III. s. pulimento, bruñido, tersura, lustre; cultura, urbanidad; betún o bola para zapatos; embolada, acción de embolar (zapatos).
polished [-t], *pp.* y *a.* pulido, bruñido, terso; refinado, culto, urbano; cumplido, galante.
polishedness [-nis], s. bruñidura, tersura; finura, cortes(an)ía, urbanidad.
polisher [-œ(r)], s. pulidor, pulidero, bruñidor.
polishing [-iŋ]. I. s. bruñido, pulimento. II. a. pulidor, de pulir.—**p. bed,** bruñidor o pulidor mecánico; mesa de pulir.—**p. disk,** (dent.) disco pulidor.—**p. iron,** plancha o hierro de abrillantar.
polite [poláit], a. cortés, urbano, bien educado, comedido, civil, atento, político.—**politely** [-li], *adv.* cortésmente.—**politeness** [-nis], s. cortesía, comedimiento, civilidad, urbanidad, buena crianza, educación.—**for p.' sake,** por cortesía; por política.
politic [pálitik], a. político; sagaz, astuto, hábil, ladino; apropiado, atinado.
political [polítikal], a. político; (desp.) politiquero.—**p. economist,** crematólogo.—**p.**

economy, economía política, crematología o crematística.—**p. science,** ciencia política.

politically [-i̯], *adv.* políticamente.

politicaster [-kæstœ(r)], *s.* (desp.) politicastro.

politician [pali̯tíšąn], *s.* político; estadista; (desp.) politicastro, politiquero.

politicize [polítisai̯z], *vn.* politiquear (fam.).

politico [polítikou̯]. I. *s.* (a veces desp.) = POLITICIAN. II. *a.* **p.-economical,** etc., políticoeconómico, etc.

politics [páli̯ti̯ks], *s. sing.* o *pl.* política; asuntos, métodos o intereses políticos; (desp.) politiquería; rivalidades o maniobras de partido o facción.

polity [páli̯ti̯], *s.* constitución política, forma de gobierno; política.

polka [póu̯(l)ką]. I. *s.* (danz. y mús.) polca.—**p. dot,** (tej.) uno de una serie de lunares o puntos, de distribución uniforme en una tela; diseño formado por éstos. II. *vn.* polcar, bailar la polca.

poll [pou̯l]. I. *s.* nómina, padrón, empadronamiento; matrícula; lista electoral; votación; escrutinio; encuesta (de la opinión pública); (anat.) cabeza, nuca; cotillo de destral o martillo.—*pl.* lugar donde se vota; urnas electorales; elecciones.—**p. evil,** (vet.) úlcera en la nuca (de un caballo).—**p. pick,** (min.) punterola.—**p. tax,** capitación. II. *va.* empadronar, matricular, registrar; dar o recibir (votos); someter a la votación de; determinar los votos de; escrutar; descabezar; podar, desmochar; descornar. *V.* POLLARD. III. *vn.* votar en las elecciones.

pollack [páląk], *s.* (ict.) cierto pez semejante al bacalao o abadejo.

pollard [páląrd]. I. *s.* árbol desmochado o descopado; res descornada; (ict.) leucisco; salvado. II. *va.* desmochar, podar.

pollen [pálęn], *s.* (bot.) polen.—**p. mass,** polinia.

pollex [páli̯ks], *s.* (anat.) pólice, pulgar.

pollinate [páli̯nei̯t], *va.* (bot.) polinizar, fecundar con polen; fecundar.—**pollination** [-éi̯šǫn], *s.* polinación, polinización; fecundación.

polling [póu̯li̯ŋ], *s.* votación; escrutinio.—**p. booth, p. place,** puesto o lugar de votación; (fig.) las urnas electorales.

pollinic [palíni̯k], *a.* (bot.) polínico.

pollinium [palíni̯ʌm], *s.* (bot.) polinia, masa coherente de granos de polen.

pollinosis [pali̯nóu̯si̯s], *s.* (med.) = HAY FEVER.

polliwig, polliwog o **pollywog** [páli̯wi̯g, -wag], *s.* (zool.) renacuajo.

pollock [pálǫk], *s.* = POLLACK.

pollute [pǫli̯út], *va.* manchar, ensuciar; contaminar o corromper; violar, deshonrar; profanar, mancillar.—**polluted** [-i̯d], *a.* poluto, contaminado.—**pollutedness** [-i̯dni̯s], *s.* calidad de poluto, etc.

polluter [pǫli̯útœ(r)], *s.* corruptor, contaminador; violador; profanador.

pollution [pǫli̯úšǫn], *s.* contaminación, corrupción; violación; mancilla, mancha; contaminación, infección (del agua); (med.) polución.

Pollux [pálʌks], *s.* (astr.) Pólux.

Polly, o **polly** [páli̯], *s.* (orn., fam.) cotorra, lorito o papagayo domesticado (ll. t. **poll parrot**).

Pollyanna [pali̯ǽną], *s.* nombre propio que se usa como personificación del optimismo excesivo.

polo [póu̯lou̯], *s.* (dep.) polo (juego); polo (canto y baile popular de Andalucía).—**p. mallet,** taco o mazo.—**p. player, poloist** [-i̯st], polista.

polonaise [polonéi̯z], *s.* (sast.) polonesa; (mús.) polonesa, polaca.

polonium [polóu̯ni̯ʌm], *s.* (quím.) polonio.

poltroon(ish [paltrún(i̯š], *s.* y *a.* cobarde, pusilánime, menguado, mandria, (fam.) collón.

poltroonery [-œri̯], *s.* cobardía, pusilanimidad.

poly [páli̯], *s.* (bot.) zamarrilla; teucrio.

polyandry [páli̯ændri̯], *s.* (sociol. y bot.) poliandria.—**polyandrous** [pali̯ǽndrʌs], *a.* poliándrico; (bot.) poliandro.

polyanthus [pali̯ǽnθʌs], *s.* (bot.) primavera.

polyarchy [páli̯arki̯], *s.* (pol.) poliarquía.

polyatomic [-ątámi̯k], *a.* (quím.) poliatómico.

polybasic [-béi̯si̯k], *a.* (quím.) polibásico.

polycarpous [-kárpʌs], *a.* (bot.) policárpico.

polychroism [páli̯kroi̯zm], *s.* (min.) policroísmo.

polychromatic [-kromǽti̯k], *a.* policromático.

polychrome [-krou̯m], *s.* obra policroma.—**polychromic** [-króu̯mi̯k], *a.* policromo.

polyclinic [-klíni̯k], *s.* policlínica; hospital; escuela de clínica.

polycythemia [-sai̯θími̯ą], *s.* (med.) policitemia (vera).

polydactyl [-dǽkti̯l], *a.* (zool.) polidáctilo.

polyenergetic [-ɛnœrdžɛ́ti̯k], *a.* polienergético.

polyester [-ɛstœ(r)]. I. *s.* (quím.) poliestero. II. *a.* poliestérico.

polyethylene [-ɛ́θi̯lin], *s.* (quím.) polietileno.

polygala [polígąlą], *s.* (bot.) polígala.

polygalaceous [-léi̯šʌs], *a.* (bot.) poligaleo.

polygamist [polígąmi̯st], *s.*, **polygamous** [-mʌs], *a.* (sociol., bot. y zool.) polígamo.

polygamy [-mi̯], *s.* poligamia.

polygenesis [pali̯dženi̯si̯s], *s.* (biol.) poligénesis, doctrina de la pluralidad de orígenes.

polygenetic [-dženɛ́ti̯k], *a.* relativo a la poligénesis.

polygenism [polídženi̯zm], *s.* (biol.) poligenismo.

polygenist [-i̯st], *s.* poligenista.

polyglot [páli̯glat], *a.* y *s.* poligloto.—**p. Bible,** poliglota.

polygon [páli̯gan], *s.* (geom.) polígono.

polygonal [polígonąl], *a.* poligonal, polígono.

Polygonum [-nʌm], *s.* género de las poligonáceas.—**polygonaceous** [-néi̯šʌs], *a.* (bot.) poligonáceo.

polygraph [páli̯græf], *s.* policopia; polígrafo.

polygraphic(al [-grǽfi̯k(ąl], *a.* poligráfico.

polygraphy [polígrąfi̯], *s.* poligrafía.

polygyny [polídži̯ni̯], *s.* poligamia por parte del hombre, posesión de varias esposas; (bot.) poliginia.

polyhedral, polyhedrous, polyhedric(al [pali̯hídrąl, -drʌs, -dri̯k(ąl], *a.* poliédrico, poliedro.—**polyhedral angle,** ángulo poliedro.

polyhedron [-drǫn], *s.* (geom.) poliedro.

polymer [páli̯mœ(r)], *s.* (quím.) (cuerpo) polímero.—**polymeric** [pali̯mɛ́ri̯k], *a.* (quím.) polímero.—**polymerism** [polímeri̯zm], *s.* polimerismo, polimería.—**polymerization** [pali̯mɛri̯zéi̯šǫn], *s.* polimerización.—**polymerize** [páli̯mœrai̯z], *va.* y *vn.* polimerizar(se).

polymorph [páli̯mɔrf], *s.* ser u organismo polimorfo.—**polymorphism** [-mɔ́rfi̯zm], *s.* polimorfismo.—**polymorphous, polymorphic** [-mɔ́rfʌs, -fi̯k], *a.* polimorfo.

Polynesian [pali̯nížąn], *s.* y *a.* polinesi(an)o.

polynomial [pali̯nóu̯mi̯ąl]. I. *a.* de varios términos. II. *s.* (mat.) polinomio; vocablo científico compuesto de más de dos palabras.

polynuclear [-núkli̯ą(r)], *a.* (med.) polinuclear.

polyp [páli̯p], *s.* (zool.) pólipo, zoófito; (med.) pólipo; (ant.) pulpo. *V.* POLYPUS.

polypary [-ąri̯], *s.* (zool.) polipero.

polypetalous [pali̯pɛ́tąlʌs], *a.* (bot.) polipétalo.

polyphase [-fei̯z], *a.* (elec.) polifásico.

polyphonic [-fáni̯k], *a.* polifónico, polífono.—**polyphony** [polífoni̯], *s.* (mús.) polifonía.

polyploidy [-ploi̯di̯], *s.* (genét.) poliploidia.

polypodiaceous [-podi̯éi̯šʌs], *a.* (bot.) polipodiáceo.

polypody [-pou̯di̯], *s.* (bot.) polipodio.

polypus [-pʌs], *s.* (med.) pólipo; (zool.) pulpo; pólipo. *V.* POLYP.

polyscope [-skou̯p], *s.* (ópt. y med.) poliscopio.

polysepalous [-sɛ́pąlʌs], *a.* polisépalo.

polystyrene [-stái̯rin], *s.* (quím.) poliestireno.

polysyllabic(al [-si̯lǽbi̯k(ąl], *a.* polisílabo.

polysyllable [-si̯ląbl], *s.* polisílabo.

polysyndeton [-síndɛtan], *s.* (ret.) polisíndeton.

polytechnic [-tɛ́kni̯k]. I. *a.* politécnico. II. *s.* escuela politécnica.

polytheism [-θi̯i̯zm], *s.* politeísmo.—**polytheist** [-θi̯i̯st], *s.*, **polytheistic(al** [-θi̯ísti̯k(ąl], *a.* politeísta.

polyuria [-yúriä], *s.* (med.) poliura, secreción excesiva de orina.—**polyuric** [-rik], *a.* poliúrico.
polyvalent [-véilent], *a.* (quím. y bact.) polivalente.
polyzoan [-zóuan], *a.* y *s.* (zool.) polizoo.
pomace [pʌ́mis], *s.* bagazo de manzanas, uvas, etc., exprimidas; magma, *m.*
pomaceous [poméiŝʌs], *a.* (bot.) pomáceo.
pomade [poméid], *s.* pomada.
pomander [póumændœ(r)], *s.* bola de confecciones olorosas.—**p. box,** poma, pomo.
pomato [poméitou], *s.* injerto de papa y tomate.
pomatum [poméitʌm], *s.* pomada, manteca.
pome [poum], *s.* (bot.) pomo, fruta de pipa o pepita (manzana, pera, etc.).—**p.-bearing,** pomífero.
pomegranate [pámgrænit], *s.* (bot.) granada.—**p. flower,** granadino.—**p. tree,** granado.
pomelo [pámelou], *s.* (bot.) toronja.
Pomeranian [pamœréinian], *a.* y *s.* pomerano; (zool.) pomeranio, perro de Pomerania.
pomiculture [póumikʌlchū(r)], *s.* pomicultura.
pomiferous [pomífeɾʌs], *a.* (bot.) pomífero.
pommel [pʌ́mel]. **I.** *s.* pomo (de espada); perilla (de arzón); culata (de arma de fuego); (arq.) perilla, bolilla. **II.** *va.* cascar (fam.), aporrear.
pomological [poumoládẑikal], *a.* pomológico.
pomology [-dẑi], *s.* pomología.
pomp [pamp], *s.* pompa, fa(u)sto, aparato, tren.
pompadour [pámpador], *s.* copete (peinado).
pompano [pámpenou], *s.* (ict.) pámpano.
Pompeian [pampéian], *a.* y *s.* pompeyano.
pompelmous [pámpelmus], *s.* (bot.) toronja.
pompom, o **pom-pom** [pámpam] *s.* (arti.) cierto cañón antiaéreo automático.
pompon [pámpan], *s.* borl(it)a o madroño (adorno); (mil.) pompón (de chacó o morrión); (bot.) variedad pequeña de crisantema y de dalia.
pomposity [pampásiti], **pompousness** [pámpʌsnis], *s.* pomposidad, fa(u)sto, fastuosidad, ostentación; afectación, altisonancia (de estilo).
pompous [pámpʌs], *a.* pomposo, ostentoso.
pompously [-li], *adv.* pomposamente.
poncho [pánchou], *s.* poncho; capote de monte.
pond [pand], *s.* charca, laguna o lago pequeño, estanque.—**p. lily** = WATER LILY.
ponder [pándœ(r)]. **I.** *va.* pesar, estudiar, examinar, (fig.) rumiar. **II.** *vn.* (con **on** u **over**) considerar, deliberar, reflexionar (acerca de).
ponderable [-abl], *a.* ponderable.
ponderal [-al], *a.* ponderal, pert. a peso.
ponderosity [-ásiti], *s.* ponderosidad; pesadez, aridez.
ponderous [pándœrʌs], *a.* ponderoso, pesado; voluminoso; tedioso, cansado.—**ponderousness** [-nis], *s.* ponderosidad; aridez, sequedad, pesadez (de estilo).—**ponderously** [-li], *adv.* pesadamente.
pondweed [pándwid], *s.* (bot.) especie de planta acuática.
pone [poun], *s.* torta o panecillo de maíz.
pongee [pandẑí], *s.* cierta tela de seda o rayón.
poniard [pányärd]. **I.** *s.* puñal. **II.** *va.* apuñalar.
pontage [pántidẑ], *s.* pontazgo, pontaje.
pontederiaceous [pantediriéiŝʌs], *a.* (bot.) pontederiáceo.
Pontic [pántik], *a.* póntico.
pontifex [pántifeks], *s.* pontífice, sumo sacerdote (apl. esp. al de los antiguos romanos).
pontiff [pántif], *s.* pontífice; (arzo)bispo; el papa.
pontifical [pantífikal], *a.* pontifical; pontificio, papal.—**p. mass,** misa pontifical.—**P. States,** (hist. y geog.) Estados pontificios.
pontifical, *s.* pontifical.—*pl.* pontificales.
pontificalia [-kéiliä], *s. pl.* (igl.) pontificales.
pontifically [pantífikali], *adv.* pontificalmente.
pontificate [-keit], *s.* pontificado.
pontil [pántil], **ponty** [pánti], *s.* (vid.) pontil, puntel.
Pontine Marshes [pántin marŝis], *s. pl.* (geog.) lagunas pontinas.
pontlevis [pantlévis], *s.* puente levadizo.
ponton [pántan o pantún], *s.* (mil.) = PONTOON.
pontoon [pantún], *s.* (mil.) pontón; (mar.) pontón; chata, barcaza; (aer.) flotador (de un aeroplano).—**p. bridge,** puente de barcas o pontones.
pony [póuni]. **I.** *s.* jaca, haca, caballito; (fam.), clave (*f.*) o traducción empleada a hurtadillas como ayuda de estudios; (fam.) copa o vaso pequeños, o el licor que se sirve en ellos. **II.** *va.* y *vn.* (fam.) traducir con clave o ayuda; (fam.) (con **up**) pagar. **III.** *a.* pequeño.—**p. engine,** locomotora de maniobras.—**p. express,** (E. U. del Oeste) antiguo sistema de llevar el correo, etc., por caballos ligeros.—**p. truck,** truck o bogie articulado.—**p. truss,** puente bajo sin refuerzos transversales superiores.
pooch [puch], *s.* (E. U., fam.) perro mestizo, perro de raza indefinida.
poodle [púdl], *s.* perro de lanas o de aguas.
pooh [pu], *interj.* ¡bah! ¡fu!
pooh-pooh [pú pú], *va.* y *vn.* desdeñar; hacer mofa (de).—**p.-p. theory,** la teoría de que el lenguaje tuvo su origen en interjecciones.
pool [pul]. **I.** *va.* formar una polla o puesta (en ciertos juegos); pagar a escote; mancomunar intereses. **II.** *vn.* formar un charco, resbalarse. **III.** *s.* charco, lagunajo; alberca, balsa; hoya, rebalsa; estanque; piscina (natatoria); (med.) rebalsa; el juego de trucos; en ciertos juegos, polla; en el billar, truco; piña, fusión de intereses o de empresas; combinación para especular en fondos o valores públicos.—**p. room,** sala de apuestas, donde se apuesta a carreras, etc., verificadas en otro lugar; sala de trucos (a veces de billar también).
poop [pup], *s.* (mar.) popa o toldilla; ventosidad.
poor [pūr]. **I.** *a.* pobre, necesitado, indigente; deficiente, falto, escaso; en mal estado; de poco valor, de poco mérito; malo; de mala calidad, inferior; humilde; estéril (tierra); indispuesto, malo, enfermizo.—**p. box,** cepillo de pobres.—**p. devil,** pobre diablo.—**p. farm,** granja para alojar y mantener a los pobres.—**p. laws,** leyes (*f.*) de pobres o acerca de los pobres.—**p. rate,** contribución a la iglesia para limosnas; tasa o contribución para socorrer a los pobres.—**p.-spirited,** abatido, cobarde.—**p.-spiritedness,** poquedad, cobardía, pusilanimidad.—**p. thing,** pobrecito, pobrecillo.—**a p. horse,** un penco.—**a p. night,** una mala noche.—**a p. opinion of one,** mala opinión de uno. **II.** *s.* **the p.,** los pobres.
poorhouse [-haus], *s.* hospicio, asilo, casa de caridad o de beneficencia.
poorly [-li]. **I.** *adv.* pobremente; malamente.—**p. off,** escaso de dinero. **II.** *a.* (fam.) indispuesto, enfermizo.
poorness [-nis], *s.* pobreza, necesidad; deficiencia.
pop [páp]. **I.** *s.* chasquido, ruido seco, detonación; pistoletazo; taponazo; bebida gaseosa; (fam.) concierto popular. **II.** *va.* soltar, espetar, disparar; chasquear; hacer saltar un tapón.—**to p. the question,** (fam.) hacer una declaración de amor; pedir en matrimonio. **III.** *vn.* entrar o salir de sopetón; saltar un tapón; dar chasquidos o estallidos; detonar; reventar.—**to p. off,** (fam.) morir; dormirse.—**to p. up,** (fam.) aparecer de repente.
popcorn [-korn], *s.* maíz reventón de tostar o tostado; rosetas, flores o palomitas de maíz; (Am.) esquite.
pope o **Pope** [póup], *s.* papa, *m.*, sumo pontífice.—**p.'s head,** (Ingl.) escobillón para limpiar bóvedas.—**P.'s miter,** tiara.—**p.'s nose,** (fam.) obispillo o rabadilla de ave.
popedom [-dom], *s.* papado, papazgo.
popery [-œri], *s.* (desp.) papismo.
popgun [pápgʌn], *s.* cerbatana, tirabala, taco.
popinjay [pápindẑei], *s.* pisaverde, petimetre; (orn.) picamaderos verde; (ant.) loro, papagayo.
popish [póupiŝ], *a.* (desp.) papal, papista.
poplar [pápla(r)], *s.* (bot.) álamo, chopo, pobo.
poplin [páplin], *s.* (tej.) popelina.

popliteal [papl[í]tial]. *a.* (anat.) poplíteo.
popover [pápouvœ(r)], *s.* (coc.) tipo de panecillo hueco.
popper [pápœ(r)], *s.* (E.U.) cacerola para hacer esquite.
poppet [pápit]. *s.* válvula de movimiento vertical (ll. t. **p. valve**); (mar.) columna de basada.
poppy [pápi], *s.* (bot.) adormidera, amapola.
poppycock [pápikak]. *s.* (fam.) farsa, música celestial, farándula.
populace [pápyūlis]. *s.* pueblo, plebe, *f.*; (desp.) populacho, chusma, vulg(ach)o, gentuza.
popular [pápyūlä(r)], *a.* popular, democrático, comunero; populachero; preferido, estimado, de moda, en boga, favorecido.—**p. applause,** aura popular.—**p. front,** (pol.) frente (*f.*) popular. —**p.-priced,** de precio bajo o módico.—**to become p.,** generalizarse (ú. de deportes, etc.).
popularity [-lǽriti], *s.* popularidad, prestigio, boga, aura, aceptación o buena acogida general.
popularization [-lärizéiŝon], *s.* popularización; divulgación, vulgarización.—**popularize** [pápyūläraiz], *va.* popularizar, dar a conocer; divulgar, vulgarizar.
popularly [-li], *adv.* popularmente.
populate [pápyūleit]. **I.** *va.* poblar. **II.** *vn.* (raro) multiplicarse, propagarse.—**populated** [-id], *a.* poblado.—**populating** [-iŋ]. **I.** *a.* poblador. **II.** *s.* población, populación.
population [-léiŝon], *s.* población; vecindario.
populator [pápyūleito(r)], *s.* poblador.
Populism [pápyūlizm], *s.* (pol. E. U.) populismo, partido semisocialista.—**Populist** [-ist], *s.*, **Populistic** [-ístik], *a.* populista.
populous [pápyūlʌs], *a.* populoso, muy poblado. —**populously** [-li], *adv.* con mucha gente.— **populousness** [-nis], *s.* abundancia de población.
porbeagle [pórbigl], *s.* (ict.) especie de tiburón.
porcelain [pórselin], *s.* porcelana, china, loza fina. —**p. shell,** (zool.) porcelana, ciprea, concha de Venus (marisco).
porcelaneous [-léiniʌs], *a.* de o como porcelana.
porcelanite [pórselanait], *s.* (petr.) porcelanita.
porch [porch], *s.* pórtico, vestíbulo, atrio, porche, entrada, (so)portal, propileo; corredor, galería (del frente o los lados de una casa).
porcine [pórsain], *a.* porcuno, porcino.
porcupine [pórkyūpain], *s.* (zool.) puerco espín(o).
pore [por]. **I.** *s.* poro. **II.** *vn.* (con **on, upon** u **over**) escudriñar, estudiar escrupulosamente.
porgy [pórdẑi], *s.* (ict.) pargo.
poriness [pórinis], *s.* porosidad.
pork [pórk], *s.* carne (*f.*) de puerco; (pol., fam.) favores políticos otorgados por funcionarios públicos, honores mamados, canonjías.—**p. barrel,** (pol., fam.) partidas de favoritismo provincial, destinadas a determinadas localidades prescindiendo del bien general.—**p. chop,** chuleta o costilla de cerdo.—**p. sausage,** chorizo, embuchado, longaniza, salchicha.
porker [-œ(r)], *s.* (zool.) puerco, cerdo, cochino.
pornographer [pornágrafœ(r)], *s.* pornógrafo.
pornographic [pornogrǽfik], *a.* pornográfico.
pornography [pornágrafi], *s.* pornografía.
porosity [porásiti], **porousness** [pórʌsnis], *s.* porosidad, esponjosidad.
porous [pórʌs], *a.* poroso, esponjoso, permeable. —**p. plaster,** (med.) emplasto o parche poroso.
porphyritic(al [porfirítik(al], *a.* porfídico.
porphyry [pórfiri], *s.* (petr.) pórfido.
porpoise [pórpʌs], *s.* (zool.) puerco de mar, marsopa. *V.* DOLPHIN.
porridge [páridẑ], *s.* gachas, puches, *mf. pl.*, potaje.
porringer [párindẑœ(r)], *s.* escudilla.
port [port]. **I.** *s.* puerto; (mar.) port(ill)a, portañola, tronera; portal, puerta; (m. v.) lumbrera; (mar.) babor; porte, talante; oporto (vino de Oporto).—**p. bar,** obstrucción (natural o artificial) a la entrada de un puerto.—**p. captain,** capitán de puerto.—**p. of call,** escala, puerto de arribada.—**p. of destination,** puerto de destino.—**p. of entry,** puerto (marítimo o seco).—**p. side,** babor. **II.** *va.* y *vn.* (mar.) poner, o andar, a babor; (mil.) llevar un fusil terciado.
portable [pórtabl], *a.* portátil (máquina de escribir, aparato de radio, etc.); (loco)móvil, rodado.
portableness [-nis], *s.* propiedad de ser portátil.
portage [pórtidẑ], *s.* porte(o), portaje, portazgo; transporte, acarreo.
portal [pórtal], *s.* (arq.) portal, portada; vestíbulo.—**p. vein,** (anat.) vena porta.
portcrayon [portkréion], *s.* portalápiz (*m.*) de pintor.
portcullis [portkʌ́lis], *s.* (fort.) rastrillo.
Porte (The) [port], *s.* la Puerta otomana.
porte-cochère [-koŝér], *s.* puerta cochera.
porte-monnaie [portmonéi], *s.* portamonedas.
portend [porténd], *va.* pronosticar, presagiar.
portent [pórtent], *s.* presagio, augurio; prodigio, portento.
portentous [porténtʌs], *a.* ominoso, de mal agüero; prodigioso, portentoso.
porter [pórtœ(r)], *s.* port(e)ador; mozo de cordel o de cuerda, ganapán, faquín; mandadero; mozo de servicio (en trenes, hoteles, etc.); portero; cerveza oscura.—**p.'s lodge,** portería, garita.
porterage [-idẑ], *s.* oficio de faquín, portero, etc.; porte, portaje. *V.* PORTAGE.
porterhouse [-haus], *s.* cervecería; bodegón.—**p. steak,** biftek de solomillo y filete.
portfire [pórtfaiœ(r)], *s.* (arti.) lanzafuego, botafuego.
portfolio [-fóulioụ], *s.* cartera, carpeta, portapliegos; (fig.) ministerio.—**minister,** etc., **without p.,** ministro, etc., sin cartera, o sin departamento o ramo especial.
porthole [-houl], *s.* (mar.) port(ill)a, portañola, tronera.
portico [pórtikou], *s.* (arq.) pórtico, porche, (so)portal, atrio.—**porticoed** [-d], *a.* provisto de pórtico(s).
portière [portiér], *s.* portier, cortina de puerta.
portion [pórŝon]. **I.** *s.* porción, parte, *f.*; cuota; dote, *mf.* **II.** *va.* dividir, (re)partir; dotar.
portionless [-lis], *a.* indotado.
Portland cement [pórtland simént], *s.* cemento de pórtland.
portliness [pórtlinis], *s.* corpulencia; porte majestuoso.—**portly** [pórtli], *a.* corpulento, grueso; majestuoso, serio, grave.
portmanteau [portmǽntou], *s.* portamanteo, manga, maleta ligera.—**p. word,** palabra que combina parcialmente otras dos (vg.: *brunch*, de *breakfast* y *lunch*).
Porto Rican [pórto ríkan], *s.* y *a.* = PUERTO RICAN.
portrait [pórtrit], *s.* retrato.—**p. painter,** retratista.—**to sit for a p.,** retratarse.
portraitist [-ist], *s.* retratista.
portraiture [pórtrichū(r)], *s.* arte de hacer retratos; retrato; pintura, bosquejo.
portray [portréi], *va.* retratar, pintar.
portrayal [-al], *s.* representación gráfica, dibujo, pintura; descripción.
Portugal [pórchūgal]; *s.* Portugal.
Portuguese [pórchūgiz], *a.* y *s.* portugués.
portulaca [porchūlǽkä], *s.* (bot.) verdolaga.
pose [póuz]. **I.** *va.* (b. a.) colocar en cierta actitud o postura; proponer, afirmar; plantear (un problema); confundir con preguntas difíciles. **II.** *vn.* colocarse en cierta postura; tomar posturas afectadas; fachendear.—**to p. as,** pretender ser, hacerse pasar por, echárselas de, darlas de. **III.** *s.* postura, posición, actitud.
poser [-œ(r)], *s.* pregunta o problema (*m.*) difícil; (Ingl.) examinador; el que se coloca en cierta actitud; persona afectada o vanagloriosa (ll. t. **poseur**).
posit [pázit], *va.* (lóg.) afirmar, proponer, sentar; disponer, colocar.

position [pozíșǫn], *s.* posición, situación, ubicación: puesto, empleo, colocación, cargo, plaza; actitud; lo que uno sostiene.—**to be in (a) p. to,** estar en situación de, poder.
positive [pázitiv]. I. *a.* positivo: real, verdadero; absoluto, inherente; explícito, categórico, imperativo. rotundo; expreso. escrito, convenido; (lóg.) afirmativo; (filos.) positivista; empírico, experimental; seguro, cierto, convencido; obstinado, terco, porfiado; (mat., elec., foto., gram.) positivo; (mec.) de acción directa, de transmisión rígida; de vaivén; de alimentación continua bajo presión (apl. a la lubricación).—**p. law,** derecho positivo. II. *s.* realidad, certeza; (foto.) positivo, prueba positiva; (gram.) grado positivo de comparación; (elec.) plancha, polo, etc., positivos.
positively [-li], *adv.* positivamente, absolutamente; sin duda.
positivism [pázitivizm], *s.* positivismo; certeza, certidumbre; (filos.) positivismo.
positivist(ic [-ist, -ístik], *s.* y *a.* (filos.) positivista.
positron [pázitran], *s.* (fís.) posit(r)ón.
positronium [pazitróunịʌm], *s.* (quím.) positronio.
posology [posálodži], *s.* (med.) posología.
posse [pási], *s.* posibilidad; pelotón; fuerza civil que el *sheriff* tiene autoridad de juntar para evitar desórdenes, tumultos, etc. (ll. t. **p. comitatus**).
possess [pozés], *va.* poseer; gozar, disponer (de); (como *vr.*), apoderarse, hacerse dueño (de); señorear, dominar; posesionar, poner (a uno) en posesión.
possessed [-t], *pp.* poseso, poseído.—**as one p.,** como energúmeno, o persona poseída del demonio.
possession [pozéșǫn], *s.* posesión, dominio, (per)tenencia, goce; apoderamiento.—*pl.* patrimonio, propiedades, bienes.—**to put in p. of,** posesionar de.—**to take p. of,** hacerse dueño de. *V.* TO TAKE.
possessional [-al], *a.* posesional.
possessive [pozésiv]. I. *s.* y *a.* (gram., etc.) posesivo (pronombre). II. *a.* posesorio; posesional. —**p. case,** (gram.) genitivo.
possessor [pozésǫ(r)], *s.* poseedor, poseesor.
possessory [-i], *a.* posesorio.
posset [pásit]. *s.* bebida de leche cuajada y mezclada con cerveza o vino y especias.
possibility [pasibíliti], *s.* posibilidad; contingencia; potencia(lidad); oportunidad.
possible [pásibl], *a.* posible, potencial, dable, contingible.—**as far as, o as much as p.,** en lo posible.—**as soon as p., cuanto antes.**—**to render p.,** posibilitar.
possibly [-bli], *adv.* posiblemente, quizá(s).
possum [pásʌm], *s.* (fam.) = OPOSSUM.—**to play p.,** (fam.) disimular; fingir (enfermedad, ignorancia, etc.).
post [póust]. I. *s.* poste, pilar, paral; (carp.) montante, pie derecho; (mil.) puesto, plaza, guarnición, avanzada; empleo, destino, cargo; correo, posta, estafeta, ordinario, propio.—**p. bag,** mala, valija.—**p. card,** (tarjeta) postal, *f.* —**p. chaise, p. coach,** silla o coche de posta.— **P. Exchange,** (mil.) tienda de provisiones.— **p.-free,** franco de porte.—**p. horse,** caballo de posta.—*pl.* posta.—**p. note,** billete de banco redimible en fecha dada; pagaré circulante emitido por un banco.—**p. office,** correo, casa de correos, administración de correos, estafeta. —**p.-office box,** apartado de correos, (Am.) casilla postal.—**p.-office order,** giro postal.— **p.-office savings bank,** caja postal de ahorros. —**p. road,** camino de posta o correo. II. *adv.* con rapidez; por la posta; de prisa. III. *va.* anunciar, pegar o fijar (carteles); cerrar o prohibir la entrada a (un terreno, etc.); estigmatizar, infamar públicamente; apostar, situar; echar al correo o a la estafeta; (com.) pasar los asientos de un libro al libro mayor; (fam.) informar, tener al corriente, poner al tanto de. —**p. no bills,** se prohibe fijar carteles. IV. *vn.* viajar en posta; (equit.) montar a la inglesa.
postage [-idž], *s.* porte de correos, franqueo.—**p. free,** porte franco, franco de porte.—**p. (pre)-paid,** porte pagado.—**p. stamp,** sello de correo, (Am.) estampilla, timbre.
postal [-al], *a.* postal.—**p. (card),** postal, *f.*, o tarjeta postal.—**p. convention,** convenio postal.—**p. (money) order,** giro postal.—**p. tube,** cañuto para enviar papeles por correo.
post-bellum [poust bélʌm], *a.* de después de la guerra, posterior a la guerra.
postbox [póustbaks], *s.* buzón; apartado.
postboy [-bɔi], *s.* postillón. *V.* COURIER.
postcard [-kard]. *s.* = POST CARD.
postdate [-déit]. I. *va.* posfechar. II. [póustdeit], *s.* posfecha.—**postdated** [-déitid], *a.* fechado posteriormente; con fecha adelantada.
postdiluvial, postdiluvian [-dilįúvial, -vian], *a.* postdiluviano.
posted [póustid], *a.* al corriente, al tanto (de), enterado; cerrado, vedado (terreno, etc.).
poster [póustœ(r)], *s.* cartel, cartelón, papelón, letrero, rótulo; fijador de carteles; correo; propio; caballo de posta.
poste restante [poust restánt], *s.* (fr.) posta restante, lista de correos.
posterior [pastírio(r)], *a.* posterior.—*s. pl.* nalgas.
posteriority [pastiriáriti], *s.* posterioridad.
posterity [pastériti], *s.* posteridad.
postern [póustœrn], *s.* puerta trasera; (fort.) postigo, poterna.
postfix [poustfíks]. I. *va.* (gram.) añadir un sufijo. II. [póustfiks], *s.* sufijo, posfijo.
postgraduate [-grǽdžuit], *s.* y *a.* post-graduado.
posthaste [póusthéist]. I. *a.* urgente, apresurado. II. *s.* diligencia, presteza. III. *adv.* a toda prisa.
posthouse [-haus], *s.* posta, casa de postas.
posthumous [pástiumʌs o -chumʌs], *a.* póstumo.
postil(l)ion [poustílyǫn], *s.* postillón.
postimpressionism [poustimpréșǫnizm], *s.* (b. a.) postimpresionismo.—**postimpressionist(ic** [-ist,-ístik], *s.* y *a.* postimpresionista.
postliminium [-limínịʌm], **postliminy** [-límini], *s.* (for.) postliminio.
postlude [-liud], *s.* (mús.) postludio.
postman [-mạn], *s.* cartero; valijero.
postmark [-mark]. I. *s.* matasellos. II. *va.* matasellar.
postmaster [-mæstœ(r)], *s.* administrador de correos.—**p. general,** director general de correos.
postmeridian [-merídian], *a.* postmeridiano, de la tarde.
post mortem [-mórtem], *adv.* (lat.) después de la muerte.—**p.-m. examination,** (med.) necropsia, autopsia.
postnatal [-néital], *a.* postnatal, de después del nacimiento.
postnuptial [-nʌ́pșal], *a.* postnupcial o postconnubial, posterior al matrimonio.
postoperative [-ápreitiv], *a.* (cir.) postoperatorio, de después de la operación.
postorbital [-órbital], *a.* (anat.) postorbitario, postorbital (apl. esp. a la apófisis postorbital).
postpaid [póustpéid], *a.* porte pagado, franco (de porte).
postpalatal [-pǽlatal], *s.* y *a.* (fon.) postpalatal.
postpone [-póun], *va.* diferir, aplazar; postergar; posponer.—**postponement** [-mẹnt], *s.* aplazamiento; postergación; posposición.
postposition [-pozíșǫn], *s.* posposición.
postpositive [-pázitiv], *a.* (gram.) pospositivo.
postprandial [-prǽndial], *a.* de sobremesa.
postscript [-skript], *s.* pos(t)data.
posttonic [-tánik] *a.* (filol.) postónico.
postulant [páschulant], *s.* postulante; (igl.) novicio -cia, postulante, -anta; postulador.
postulate [-eit]. I. *va.* postular. II. *s.* (lóg. y geom.) postulado.—**postulation** [-éișǫn]. *s.* suposición, enunciado de una proposición que se da por sentada; (igl.) postulación.

posture [páschū(r)]. I. *s.* pos(i)tura, actitud; situación, estado, disposición. II. *va.* y *vn.* poner(se) en alguna postura. *V.* TO POSE.

postwar [póustwór], *a.* de postguerra, de después de la guerra.—**p. period,** postguerra.

posy [póuzi], *s.* ramillete de flores; (ant.) mote o cifra en verso.

pot [pat]. I. *s.* marmita, olla; pote; piñata, cacharro, caldereta; jarro; tiesto (para flores); orinal, (Am.) tibor; cantidad contenida en una olla; (fund.) crisol (de horno); en el juego, (a)puesta, polla.—**p.-bellied,** panzudo, barrigón, tripudo, ventrudo.—**p. cheese,** requesón.—**p. companion,** compañero de taberna. —**p. lead,** grafito.—**p. metal,** aleación de cobre y plomo; vidrio que se colora cuando está fundido.—**p. roast,** (coc.) carne asada en marmita.—**p. shot,** tiro a mansalva, traidor, o que no pide destreza alguna.—**p.-valiancy, p.-valor,** *s.* valor postizo, debido al licor, valor de borracho.—**p.-valiant,** *a.* envalentonado por el licor.—**to go to p.,** (fam.) arruinarse, desbaratarse, irse a pique (fig.). II. *va.* (coc.) estofar, cocer en olla; plantar en tiestos; conservar en potes; (caz.) matar para llenar el morral (o la olla) más bien que por el deporte. III. *vn.* (fam.) tirar o disparar.

potable [póutabl]. I. *a.* potable, bebedizo.—**to make p.,** potabilizar. II. *s.* bebida.

potableness [-nis], *s.* potabilidad.

potash [pátæš], *s.* potasa (hidróxido de potasio, o potasa cáustica); carbonato de potasio.—**p. bulbs,** (quím.) tubo de bolas.

potassic [potǽsik], *a.* (quím.) potásico.

potassium [potǽsiʌm], *s.* (quím.) potasio.

potassium bromide, *s.* (quím.) bromuro potásico.

potassium carbonate, *s.* (quím.) carbonato de potasio.

potassium chloride, *s.* (quím.) cloruro de potasio.

potassium cyanide, *s.* (quím.) cianuro de potasio.

potassium hydroxide, *s.* (quím.) hidróxido de potasio.

potassium nitrate, *s.* (quím.) nitrato de potasio.

potassium permanganate, *s.* (quím.) permanganato de potasio.

potation [potéišon], *s.* potación; bebida; trago.

potato [potéitou], *s.* (bot.) patata, papa, criadilla. —**p. beetle, p. bug,** (ent.) dorífora.—**p. blight,** enfermedad de las patatas.—**p. chips,** patatas fritas a la inglesa, frituras de papas, (Am.) papas doradas.—**p. flour,** (Am.) chuño. —**p. peeler,** o **slicer,** (máquina) mondadora o cortadora de patatas.—**p. rot** = P. BLIGHT.—**a small p.,** (fam.) cosa o persona de poca monta, nonada, nulidad.

potbellied [pátbɛlid], *a.* barrigón, panzudo.

potbelly [-bɛli], *s.* panzón; persona panzuda.

potboiler [pátbɔilœ(r)], *s.* (fam.) obra artística o literaria hecha de prisa para ganarse la vida.

potboy [pátbɔi], *s.* (Ingl.) mozo de taberna.

poteen [potín], *s.* whisky irlandés de contrabando.

potency [póutensi], *s.* potencia, fuerza; actividad (de un veneno); poder, influjo, autoridad.

potent [póutent], *a.* potente, poderoso, eficaz.

potentate [póutenteit], *s.* potentado; potestad.

potential [poténšal]. I. *a.* potencial, posible; virtual; (fís.) potencial; (gram.) potencial; eficaz, poderoso.—**p. energy,** energía potencial. II. *s.* (gram.) modo potencial; (fís.) potencial; (elec.) potencial, tensión.

potentiality [-šiǽliti], *s.* potencialidad, capacidad.—**potentially** [-šali], *adv.* potencialmente, en potencia, virtualmente.

potentilla [poutentílä], *s.* (bot.) potentila, planta rosácea; cincoenrama.

potentiometer [potenšiámɛtœ(r)], *s.* (elec.) potenciómetro.

potently [póutentli], *adv.* potentemente, poderosamente.

potentness [-nis], *s.* potencia, poder.

pothanger [páthæŋœ(r)], *s.* llares, *f. pl.*

pother [páðœ(r)]. I. *s.* baraúnda, alboroto; nube (*f.*) asfixiante de polvo, humo o vapor. II. *va.* y *vn.* atormentar, aturdir; alborotar.

potherb [pát(h)œrb], *s.* hortaliza (v. gr. espinaca para la olla; tomillo para sazonar).

pothole [-houl], *s.* bache; hoya.

pothook [-huk], *s.* llares, *f. pl.;* garabato.

pothouse [-haus]. I. *s.* taberna, bodegón. II. *a.* de taberna; bajo, vulgar.

pothunter [-hʌntœ(r)], *s.* cazador que mira más a la ganancia que al deporte.

potion [póušon], *s.* poción, brebaje, pócima.

potlid [pátlid], *s.* cobertera o tapadera de olla.

potluck [-lʌk], *s.* comida ordinaria, sin preparación ni cumplidos.—**to take p.,** (fig.) hacer penitencia.

potpie [-pai], *s.* (coc.) pastel de carne.

potpourri [-púri *o* poupurí], *s.* baturrillo, miscelánea, revoltillo, (gal.) pot-pourri o popurrí.

potsherd [-šœrd], *s.* tiesto, casco.

pottage [pátidž], *s.* potaje, menestra, acemite.

potted [pátid], *pp.* de TO POT.—**p. meat,** conserva de carne condimentada o en gelatina.—**p. plants,** plantas en tiestos.

potter [pátœ(r)], *vn.* carecer de seriedad, ocuparse en fruslerías, ser frívolo; parlotear; haraganear, vagar.

potter [pátœ(r)], *s.* alfarero, ollero, alcarracero.— **p.'s clay,** arcilla, barro de alfareros.—**p.'s field,** cementerio de los pobres, hoyanca.—**p.'s ore,** alquifol.—**p.'s ware,** alfarería, cacharros, *m. pl.*—**p.'s wheel,** rueda de alfarero.

pottery [-i], *s.* alfarería; alfar (taller); ollería; cacharros, *m. pl.*

pottle [pátl], *s.* azumbre (antigua medida); pichel o cangilón que cabe dos litros; bebida alcohólica; cestilla para frutas.—**p.-bellied,** panzudo.

pouch [pauch]. I. *s.* saquito, bolsa; zurrón, morral (de caza, etc.); mala, valija (de correo); (anat., zool.) bolsa, saco, cavidad en forma de bolsa; abazón; (med.) bolsa; (bot.) silícula. II. *va.* embolsar; tragar, engullir. III. *vn.* formar bolsas.—**pouched** [-t], *a.* (zool.) que tiene bolsa (como el canguro, pelicán, etc.).

poudrette [pudrét], *s.* abono compuesto.

poulard [pulárd], *s.* polla capona.

poulp(e [pulp], *s.* (zool.) pulpo, pólipo.

poult [poult], *s.* pavipollo; polluelo.

poulterer [póultœrœ(r)], *s.* pollero, gallinero.

poultice [póultis]. I. *s.* (med.) cataplasma, emplasto, bizma. II. *va.* bizmar.

poultry [póultri], *s.* aves (*f. pl.*) de corral.—**p. dealer** o **raiser,** pollero, gallinero, recovero.— **p. manure,** gallinaza.—**p. market,** pollería, recova.—**p. yard,** corral, gallinero, pollero.

pounce [pauns]. I. *s.* zarpada; calada (del ave de rapiña); zarpa, garra; grasa, grasilla.—**p. bag,** cisquero o muñequilla de estarcir.—**p.,** o **pouncet, box,** cajita agujereada para polvos de sandáraca, o para perfumes. II. *va.* y *vn.* repujar (oro, plata, etc.); agujerear; (a veces con **on** o **upon**) saltar o abalanzarse sobre; calarse (el ave de rapiña); dar una zarpada; agarrar; entrar, saltar, etc., de repente; polvorear con grasilla; apomazar; alisar (un sombrero) frotándolo.

pound [páund]. I. *s.* libra (peso); libra esterlina; corral municipal o de concejo; depósito.—**p. avoirdupois,** libra de 16 onzas.—**p.-foolish,** gastador, derrochador. *V.* PENNY-WISE.—**p. net,** nasa de pescar.—**p. sterling,** libra esterlina (20 chelines).—**p. troy,** libra de 12 onzas. —**p. weight,** peso de una libra. II. *va.* golpear, batir; machacar, majar, moler, aporrear; encerrar; poner a buen recaudo. III. *vn.* golpear; latir con violencia (el corazón); andar pesadamente; avanzar continua o enérgicamente.

poundage [-idž], *s.* derecho de tanto por libra; costo de rescatar el ganado acorralado.

poundal [-al], *s.* (fís.) unidad de fuerza que, obrando durante un segundo sobre una masa de una libra, le da velocidad de un pie por segundo.

poundcake [-keįk], *s.* (coc.) cierto bizcocho en que entra una libra de cada ingrediente principal (azúcar, mantequilla y harina).
pounder [-œ(r)], *s.* triturador(a); golpeador; majador, machaca(dera); mano (*f.*) de almirez o mortero; pala de lavar la ropa. Usase en composición para denotar el número de libras: *thirty-six pounder*, cañón de a treinta y seis; *six-pounder*, pescado, bala, etc., de seis libras.
poundkeeper, poundmaster [-kipœ(r), -mæstœ(r)], *s.* guardián de un corral de concejo.
pour [pór]. **I.** *va.* derramar; verter, vaciar; trasegar; echar, escanciar (vino, etc.); emitir, arrojar; gastar pródigamente.—**to p. out of,** vaciar de. **II.** *vn.* fluir, correr, caer copiosa o rápidamente; llover a cántaros, diluviar; salir a borbotones.
pourer [-œ(r)], *s.* trasegador; vaciador; echador, escanciador.
pourparler [purparléį], *s.* (fr.) coloquio, conferencia (esp. diplomática) preliminar.
pout [páųt]. **I.** *s.* pucherito; berrinche; (ict.) especie de siluro o bagre; faneca. **II.** *vn.* hacer pucheritos, (fam.) pujar; estar con o de hocico; poner mal gesto, enfurruñarse; hinchar el pecho (apl. a las aves).
pouter [-œ(r)], *s.* el que hace pucheritos; (orn.) paloma buchona (ll. t. **p. pigeon,** o **pouting pigeon**).
poverty [pávœrtį], *s.* pobreza, estrechez, necesidad, indigencia; falta, carencia.—**p.-stricken,** muy pobre.
powder [páųdœ(r)]. **I.** *s.* pólvora (explosiva o inflamable); (leng. ord., med., dent., etc.) polvo; polvos de tocador.—**p. box,** polvera, caja de los polvos (de tocador).—**p. chamber,** cámara de la pólvora en una mina o un arma de fuego.—**p. compact,** polvera de bolsillo.—**p. flask, p. horn,** frasco, cebador, chifle o cuerno para pólvora.—**p. magazine, p. room,** polvorín, pañol de pólvora, santabárbara.—**p. puff,** polvera o borla de polvos, (Am.) cisne, mota. **II.** *vn.* pulverizar; empolvar; polvorear, espolvorear. **III.** *vn.* pulverizarse; ponerse polvos.
powdered [-d], *a.* pulverizado; en polvo.—**p. eggs, milk,** etc., huevos, leche, etc., en polvo.
powdermill [-mįl], *s.* fábrica de pólvora.
powdery [-į], *a.* polvoriento; empolvado; lleno de polvo; deleznable, quebradizo.
power [páųœ(r)]. **I.** *s.* poder, poderío, potestad; potencia; fuerza, fuerza motriz; (mat., mec., pol.) potencia; energía; (ópt.) potencia (de un lente); mando, autoridad; atribución.—**in p.,** en el poder.—**the Great Powers,** las grandes potencias.—**the powers that be,** la(s) autoridad(es); los que mandan.—**to the best of one's p. (and ability),** con todo empeño, hasta donde uno pueda, hasta lo último de potencia, en lo sumo posible.—**under its own p.,** por sus propios medios. **II.** *va.* dotar de motores; impulsar, propulsar, accionar.
powerboat [-boųt], *s.* autobote, canoa automóvil, gasolinera.
power brake, *s.* freno mecánico.
power circuit, *s.* (elec.) ciclo de potencia.
power company, *s.* compañía de electricidad.
power dive, *s.* (aer.) ataque en picada.
power drill, *s.* (mec.) taladradora de fuerza.
power factor, *s.* (elec.) factor de potencia.
powerful [-fųl], *a.* poderoso, potente, fuerte; influente.
powerfully [-fųlį], *adv.* poderosamente.
powerhouse [-haųs], *s.* instalación de energía o de fuerza motriz; central eléctrica.
powerless [-lįs], *a.* impotente; ineficaz.
power line, *s.* (elec.) línea de alto voltaje.
power loading, *s.* carga por caballo o por unidad de potencia.
power of appointment, *s.* poder del nombramiento.
power of attorney, *s.* (for.) poder, procura(ción).
power output, *s.* rendimiento de energía, potencia disponible.
power plant, *s.* (aut.) motor y sus accesorios.
power politics, *s.* diplomacia de la superioridad militar (en asuntos exteriores).
power shovel, *s.* (máquina) excavadora.
power supply, *s.* suministro de energía.
power transformer, *s.* (elec.) transformador de potencia.
power transmission, *s.* (elec.) transmisión de energía.
power tube, *s.* (rad.) válvula generadora; (elec.) tubo de vacío generador de corriente alterna.
power unit, *s.* unidad de potencia, unidad motriz.
powwow [páųwaų]. **I.** *vn.* (entre los indios) conjurar las enfermedades con exorcismos; celebrar una junta; (fam. E. U.) deliberar con algarabía. **II.** *s.* curandero indio; exorcismo, baile, festín, holgorio; concilio; (fam.) cualquier mitin o junta.
pox [paks], *s.* (med.) cualquiera enfermedad que causa erupciones pustulosas (sífilis, viruelas, etc.).
pozz(u)olana [pats(w)ǫláną], *s.* (petr.) puzol(ana).
practicability [præktįkąbílįtį], *s.* calidad de practicable; factibilidad.
practicable [-bl], *a.* practicable, hacedero, factible.
practical [prǽktįkąl], *a.* práctico; de hecho, real; positivo, prosaico (a distinción de ideal, espiritual, teórico, etc.).—**p. joke,** burla, chanza, chasco.—**p. nurse,** enfermera práctica (no graduada).—**p. politics,** política de realidades; politiquería.
practicality [-kǽlįtį], *s.* calidad de práctico; cosa práctica; espíritu práctico.
practically [-į], *adv.* prácticamente; en la práctica; por la práctica; virtualmente, en realidad; casi, poco menos que (a veces se cambia el giro: *he is practically dead*, está casi muerto, puede darse por muerto; *this is practically a refusal*, esto es realmente una negativa. Éste es el uso más general del adverbio, y debe cuidarse de no traducirlo por *prácticamente*).
practice [prǽktįs]. **I.** *s.* práctica, uso, costumbre; ejercicio; experiencia; sistema, *m.*, regla, método; clientela.—**in p.,** en la práctica. **II.** *va.* y *vn.* practicar, ensayar(se), adiestrar(se), ejercitar(se); ejercer (una profesión); hacer ejercicios (en el piano, etc.); (raro) tramar; negociar secretamente.—**to p. at a target,** tirar al blanco.
practiced [-t], *a.* práctico, perito, experto, ejercitado; aprendido con la práctica o experiencia.
practicer [-œ(r)], *s.* practicante, practicador; el que ejerce una profesión; hombre artero.
practise [prǽktįs], *va.* y *vn.* = PRACTICE.
practitioner [præktíšǫnœ(r)], *s.* practicante; el que ejerce una profesión (médico, abogado, etc.).
praedial, *a.*, **praefect,** *s.* = PREDIAL, PREFECT.
prænomen [prįnóųmen], *s.* prenombre.
prætexta [prįtékstą], *s.* (antiq. rom.) pretexta.
praetor [prítǫ(r)], *s.* (hist. rom.) pretor.—**praetorian** [prįtórįąn]. **I.** *a.* pretoriano, pretorial, pretorio. **II.** *s.* pretoriano.—**praetorianism** [-įzm], *s.* pretorianismo.—**praetorium** [prįtórįʌm], *s.* pretorio.—**praetorship** [prítǫršįp], *s.* pretura, pretoría.
pragmatic [prægmǽtįk], *s.* (for.) pragmática (ll. t. **p. sanction**); persona entremetida, porfiada o engreída.—**pragmatic(al** [-ąl], *a.* pragmático.
pragmatism [prǽgmątįzm], *s.* (filos.) pragmatismo, doctrina que sostiene que el criterio de la verdad son los resultados prácticos.—**pragmatist(ic** [-tįst, (-tístįk], *s.* y *a.* pragmatista, partidario del pragmatismo o perteneciente a él.
prairie [prérį], *s.* llanura, pradera, (Am.) pampa, sabana.—**p. chicken,** o **hen,** (orn.) especie de chocha.—**p. dog,** (zool.) especie de marmota de las llanuras norteamericanas.—**p. schooner,** *V.* SCHOONER.—**P. State,** (E. U.) el Estado de Illinois.—**p. wolf,** (zool.) coyote.

praise [préįz]. I. *s.* alabanza, elogio, loor, loa, encomio; fama, renombre. II. *va.* encomiar, alabar, loar, preconizar, ensalzar.
praiser [-œ(r)], *s.* loador, ensalzador, alabador.
praiseworthily [-wœrðįlį], *adv.* laudablemente. —**praiseworthiness** [-nįs], *s.* calidad de loable. —**praiseworthy** [-į], *a.* digno de alabanza, laudable, loable, encomiable, plausible.
praline [prąlín], *s.* cierto dulce de azúcar con almendras, pacanas u otras nueces.
pram [præm], *s.* (fam.) = PERAMBULATOR.
prance [préns]. I. *vn.* cabriolar, trenzar, corvetear o gambetear (el caballo); cabalgar o andar garbosa u orgullosamente; bailar. II. *s.* cabriola, trenzado, corveta, gambeta.
prancer [-œ(r)], *s.* caballo pisador o que hace cabriolas, corvetas o gambetas.
prandial [préndįąl], *a.* pert. a una comida.
prank [préŋk]. I. *va.* hermosear, adornar. II. *vn.* emperejilarse, ataviarse con exceso. III. *s.* travesura, picardihuela; jugarreta.
prankish [-įš], *a.* travieso, retozón, revoltoso.
prankster [-stœ(r)], *s.* (fam.) persona traviesa, retozona, juguetona o chusca.
prase [preįz], *s.* (min.) prasio.
praseodymium [preįzįodímįʌm], *s.* (quím.) praseodimio.
prate [préįt]. I. *vn.* charlar, parl(ote)ar. II. *s.* charla.
prater [-œ(r)], *s.* hablador, charlatán, bachiller.
pratincole [prétįŋkoųl], *s.* (orn.) pratíncola, *m.*
prating [préįtįŋ], **prattling** [prétlįŋ]. I. *a.* gárrulo, charlatán, (fam.) chacharero. II. *s.* = PRATE O PRATTLE.
pratique [prætík], *s.* (mar.) libre plática.
prattle [prétl]. I. *vn.* charlar, parlotear, (fam.) chacharear; balbucear; murmurar (un arroyo). II. *s.* parlería, parloteo, charla, garrulería, (fam.) cháchara.
prattler [prétlœ(r)], *s.* charlador, parlanchín.
prawn [prɔn], *s.* (zool.) camarón, quisquilla, esquila.
praxis [préksįs], *s.* práctica, ejercicio; crestomatía.
pray [preį]. I. *va.* rogar, pedir, suplicar; implorar. II. *vn.* rezar, orar; (con **for**), hacer votos por. Se emplea como forma de cortesía en el sentido de "sírvase," "si me hace el favor," "sírvase decirme," "decidme," etc.
prayer [prér], *s.* oración, rezo, plegaria; súplica, ruego.—**p. beads,** rosario.—**p. book,** devocionario, oracional, horas, *f. pl.*—**p. desk,** reclinatorio.—**p. meeting,** reunión para ejercicios espirituales.
prayerful [-fųl], *a.* piadoso, devoto.—**prayerfulness** [-nįs], *s.* devoción; inclinación a rezar.—**prayerless** [-lįs], *a.* sin rezo; que no reza.
praying [préįįŋ]. I. *a.* orante; que reza.—**p. mantis,** (ent.) = MANTIS. II. *s.* acción de rezar, etc.
preacceleration [priæksεlęréįšǫn], *s.* (fís. nuclear) preaceleración.
preach [prích], *va.* y *vn.* predicar; sermonar.
preacher [-œ(r)], *s.* predicador.
preachify [-įfaį], *vn.* (fam.) sermonar, dar sermones (tediosamente).
preaching [-įŋ], *s.* predicación.
preaching friar, *s.* (igl.) dominico.
preachment [-męnt], *s.* prédica, plática o sermón; arenga.
preachy [-į], *a.* (fam.) sermoneador.
preadamite [priédąmaįt], *a.* y *s.* preadamita, *mf.*—**preadamitic** [-mítįk], *a.* preadamítico.
preamble [príæmbl], *s.* preámbulo.
preamplifier [priémplįfaįœ(r)], *s.* (rad.) preamplificador.
prearrange [priąréįndž], *va.* arreglar de antemano, predisponer, prevenir.—**prearrangement** [-męnt], *s.* arreglo o disposición previos.
preatomic [prıątámįk], *a.* preatómico.
prebend [prébęnd], *s.* (igl.) prebenda; prebendado.—**prebendal** [prįbéndąl], *a.* perteneciente a la prebenda.—**prebendary** [prébęndεrį], *s.* prebendado.

Pre-Cambrian [pri kémbrįąn], *s.* y *a.* (geol.) precambriano, precámbrico.
precancel [prikénsęl], *va.* cancelar (sello de correo) antes de usarlo.
precarious [prįkérįʌs], *a.* precario; peligroso, arriesgado.—**precariously** [-lį], *adv.* precariamente.—**precariousness** [-nįs], *s.* calidad de precario.
precast [prikést], *a.* prevaciado (apl. a construcciones y artefacto de hormigón, etc., hechos fuera de la obra y luego llevados a ella).
precaution [prįkɔ́šǫn], *s.* precaución.
precautionary [-εrį], *a.* de precaución, preventivo, precautorio.
precede [prisíd]. I. *va.* anteceder, preceder; anteponer. II. *vn.* preceder; ir delante; tener la primacía; sobresalir.
precedence [-ęns *o* présędεns], **precedency** [-į], *s.* prioridad, anterioridad, antelación; precedencia, superioridad.
precedent [présędęnt]. I. *s.* precedente; antecedente; (for.) decisión judicial que forma jurisprudencia. II. [prisídęnt *o* présędęnt], *a.* precedente.
preceding [prisídįŋ], *a.* precedente, anterior.
precentor [prįséntǫ(r)], *s.* (igl.) chantre, capiscol.
precept [prísεpt], *s.* precepto; ley, *f.* *V.* MAXIM.
preceptive [prįséptįv], *a.* preceptivo.
preceptor [-tǫ(r)], *s.* preceptor.
preceptor(i)al [-tǫrąl, -tórįąl], *a.* preceptoral.
preceptress [-trįs], *s.* preceptora.
precession [priséšǫn], *s.* precedencia; (astr.) precesión (de los equinoccios).
precinct [prísįŋkt], *s.* recinto; distrito, barriada.
precious [préšʌs]. I. *a.* precioso, preciado; de gran valor; caro, querido, amado.—**p. opal** = NOBLE OPAL.—**p. stones,** piedras preciosas. II. *s.* el bienamado o favorito. III. *adv.* (fam.) muy.
preciously [-lį], *adv.* preciosamente.
preciousness [-nįs], *s.* preciosidad.
precipice [présįpįs], *s.* precipicio, despeñadero.
precipitable [prįsípįtąbl], *a.* (quím.) que puede precipitarse.—**precipitance, precipitancy** [-įtąns, -į], *s.* precipitación.
precipitant [-tąnt]. I. *a.* precipitado, arrojado, arrebatado. II. *s.* (quím.) precipitante.
precipitantly [-lį], *adv.* precipitadamente.
precipitate [-teįt]. I. *va.* precipitar, despeñar, derrumbar, arrojar; acelerar, apresurar; (quím.) precipitar. II. *vn.* precipitarse; (quím.) precipitarse, depositarse. III. *a.* precipitado, atropellado. IV. *s.* (quím.) precipitado, depósito.
precipitately [-lį], *adv.* precipitadamente.
precipitating [-įŋ], *a.* precipitante.
precipitation [-téįšǫn], *s.* precipitación; derrumbamiento; rocío; cantidad de agua de lluvia; (quím.) precipitación.
precipitator [prįsípįteįtǫ(r)], *s.* (quím.) precipitante.
precipitin [prįsípįtįn], *s.* (bact.) precipitina.
precipitous [prįsípįtʌs], *a.* precipitoso, despeñadizo, escarpado; arrojado.
précis [preįsí], *s.* (fr.) resumen, epítome.
precise [prįsáįs], *a.* preciso, exacto; justo, ni más ni menos; estricto, quisquilloso, escrupuloso; propio, mismísimo, idéntico.
precisely [-lį], *adv.* precisamente, exactamente; justamente, cabalmente; formalmente.
preciseness [-nįs], *s.* precisión, exactitud; escrupulosidad.
precisian [prįsížąn], *s.* rigorista; formulista.
precision [prįsížǫn], *s.* precisión, exactitud, limitación exacta; escrupulosidad.
preclude [prįkliúd], *va.* evitar, impedir; excluir.
precocious [prįkóųšʌs], *a.* precoz.—**precociousness** [-nįs], **precocity** [prįkásįtį], *s.* precocidad.
precognition [prikagníšǫn], *s.* precognición.
pre-Columbian [prikǫlʌ́mbįąn], *a.* precolombino.
preconceive [prikǫnsív], *va.* preconcebir; concebir, opinar o imaginar de antemano.
preconception [-sépšǫn], *s.* idea o proyecto preconcebidos; concepto anticipado; prejuicio.

preconcert [-sœ́rt]. I. *va.* concertar de antemano. II. [prikánsœrt] *s.* acuerdo previo.
preconization [prikǫnizéiŝǫn], *s.* preconización.
preconize [príkǫnaiz], *va.* (igl. y leng. ord.) preconizar; citar o elogiar públicamente.
preconsign [-sáin], *va.* consignar anteriormente.
precontract [-trǽkt]. I. *va.* contratar con anterioridad. II. [prikántrækt], *s.* contrato anticipado.
precool [prikúl], *va.* enfriar previamente; (com.) enfriar (frutas, etc.) antes de embarcar.
precordial [prikórdiąl], *a.* (anat.) precordial.
precursive, precursory [prikœ́rsiv, -sori], *a.* precursor.—**precursor** [-sǫ(r)], *s.* precursor.
predaceous [pridéiŝʌs], **predatory** [prédątori], *a.* de rapiña, de presa, rapaz, voraz.
predate [pridéit], *va.* antedatar, poner fecha anterior a la verdadera; preceder (en tiempo).
predecease [pridisís]. I. *va.* y *vn.* premorir. II. *s.* (for.) premoriencia.—**predeceased** [-t], *a.* y *s.* premoriente; muerto antes que otro.
predecessor [prédisɛsǫ(r)], *s.* predecesor, antecesor; antepasado.
predesignate [pridézigneit], *va.* prefijar.
predestinarian [pridéstinérian], *a.* y *s.* partidario de o relativo a la doctrina de la predestinación. —**predestinarianism** [-izm], *s.* fatalismo, doctrina de la predestinación.—**predestinate** [-eit]. I. *va.* predestinar. II. *a.* y *s.* predestinado. —**predestination** [-éiŝǫn], *s.* predestinación.—**predestinator** [-eitǫ(r)], *s.* predestinante.—**predestine** [pridéstin], *va.* predestinar.
predeterminate [pridìtœ́rmin(e)it], *a.* predeterminado.—**predetermination** [-éiŝǫn], *s.* predeterminación.—**predetermine** [-min], *va.* predeterminar, prefijar.
predial [prídiąl], *a.* predial.
predicable [prédikąbl]. I. *a.* predicable. II. *s.* (lóg.) predicable; categorema.
predicament [pridíkąmęnt], *s.* dificultad, apuro, brete, compromiso; clase, *f.*, categoría, situación, circunstancias; (lóg.) predicamento.
predicamental [-méntąl], *a.* predicamental.
predicant [prédikąnt], *a.* y *s.* predicante.
predicate [prédikeit]. I. *va.* proclamar; predicar; basar o fundar (una acción o declaración) en algo; afirmar un predicado. II. *vn.* afirmarse. III. [-kit], *s.* (gram. y lóg.) predicado, atributo.
predication [-kéiŝǫn], *s.* afirmación, aserción.
predict [pridíkt], *va.* predecir, pronosticar, profetizar, vaticinar.—**prediction** [-ŝǫn], *s.* predicción, pronóstico, profecía.
predictive [-tiv], *a.* que predice; profético.
predigest [prid(a)idźést], *va.* digerir artificialmente.
predigestion [-dźéschǫn], *s.* predigestión, digestión artificial o peptonización del alimento.
predilection [prɛdilékŝǫn], *s.* predilección.
predispose [pridispóuz], *va.* predisponer, prevenir.
predisposition [-pozíŝǫn], *s.* predisposición, propensión, inclinación, prevención.
predominance, -cy [pridáminąns, -i], *s.* predominio, predominancia; ascendiente, influencia.
predominant [-ąnt], *a.* predominante, prepotente.—**predominantly** [-li], *adv.* predominantemente.
predominate [-eit], *vn.* predominar, prevalecer, reinar.—**predomination** [-éiŝǫn], *s.* predominación; ascendiente.
preëminence [priéminęns], *s.* preeminencia, supremacía.—**preëminent** [-ęnt], *a.* preeminente, supremo; extraordinario, superlativo.—**preëminently** [-li], *adv.* preeminentemente; sumamente, extraordinariamente.
preëmpt [priémpt], *va.* asegurar el derecho de prioridad en la compra de terrenos públicos; adquirir o apropiarse de antemano (cualquier cosa).—**preëmptible** [-ibl], *a.* sujeto al derecho de prioridad.—**preëmption** [-ŝǫn], *s.* derecho de prioridad; adquisición o apropiación de una cosa, excluyendo a los otros.—**preëmptor** [-tǫ(r)], *s.* el que adquiere derecho de prioridad.
preen [prin], *va.* y *vn.* limpiar y componer sus plumas las aves; componerse; emperejilarse.
preëngage [priingéidź], *va.* apalabrar.
preëstablish [priistǽbliŝ], *va.* preestablecer.
preëxist [priigzíst], *vn.* preexistir.—**preëxistence** [-ęns], *s.* preexistencia.—**preëxistent** [-ęnt], *a.* preexistente.
prefabricate [prifǽbrikeit], *va.* fabricar de antemano (las piezas intercambiables de una casa, etc.).
preface [préfis]. I. *s.* prefacio, prólogo, preámbulo, proemio. II. *va.* poner un prólogo a un libro; hacer un exordio a, decir por vía de introducción a, empezar (diciendo o escribiendo algo).
prefatory [préfątori], *a.* preliminar; por vía de introducción.
prefect [prífɛkt], *s.* prefecto.
prefecture [prífɛkchū(r)], *s.* prefectura.
prefer [prifœ́r], *va.* (con **to, before** o **above**) preferir, anteponer (a); elevar, exaltar, adelantar, ascender; presentar, ofrecer; (for.) dar preferencia, v. gr. a un acreedor.—**to p. a charge,** (for.) presentar una denuncia.
preferable [préfrąbl], *a.* preferible, preferente.—**preferably** [-bli], *adv.* preferible o preferentemente, de preferencia.
preference [préfręns], *s.* preferencia, predilección; prioridad, prelación; ventaja.—**p. shares,** o **stock,** (com.) acciones privilegiadas o preferidas.
preferent [-ęnt], *a.* preferente.—**p. right,** prelación.
preferential [prɛfęrénŝąl], *a.* preferente; privilegiado; parcial.—**p. ballot,** (E. U.) papeleta de *preferential voting*.—**p. shop,** establecimiento que emplea obreros sindicados.—**p. voting,** votación en la cual el elector indica otro candidato en caso de que su preferido no obtenga la mayoría.
preferentially [-i], *adv.* preferentemente.
preferment [prifœ́rmęnt], *s.* preferencia; promoción, elevación, ascenso, adelantamiento.
preferred [prifœ́rd], *a.* preferente.
preferred stock, *s.* (com.) acciones preferentes.
prefiguration [prifígyūréiŝǫn], **prefigurement** [-męnt], *s.* prefiguración; prototipo.
prefigurative [-ątiv], *a.* que prefigura.
prefigure [prifígyū(r)], *va.* prefigurar, representar anticipadamente algo; representarse en la imaginación.
prefix [prifíks]. I. *va.* prefijar, anteponer. II. [prífiks], *s.* (gram.) prefijo, afijo.
prefloration [priflɔréiŝǫn], *s.* (bot.) prefloración.
prefoliation [prifouliéiŝǫn], *s.* (bot.) prefoliación.
preformation [prifɔrméiŝǫn], *s.* (leng. ord. y biol.) preformación, formación previa.
pregnable [prégnąbl], *a.* expugnable, vulnerable.
pregnancy [prégnąnsi], *s.* preñez, embarazo, gravidez; gestación; (fig.) fertilidad, fecundidad.
pregnant [prégnąnt], *a.* preñada, embarazada, encinta, grávida (ú. t. en sentido figurado); fértil, copioso, fecundo.—**p. with,** repleto, lleno de.
pregnantly [-li], *adv.* abundante o plenamente.
preheat [prihít], *va.* calentar previamente.
prehensile [-sil], *a.* prensil.
prehension [-ŝǫn], *s.* prensión.
prehistoric(al [prihistárik(ąl], *a.* prehistórico.
prehistory [prihístori], *s.* prehistoria.
preignition [priigníŝǫn], *s.* (m. comb. int.) encendido anticipado.
prejudge [pridźʌ́dź], *va.* prejuzgar.
prejudg(e)ment [-męnt], *s.* prejuicio.
prejudice [prédźudis]. I. *s.* prevención, preju(d)icio, preocupación; parcialidad; perjuicio, detrimento, daño.—**in,** o **to, the p. of,** con perjuicio de.—**without p.,** (for.) sin detrimento de derechos, sin perjuicio o sin menoscabar. II. *va.* preocupar, prevenir, predisponer; perjudicar, dañar.

prejudicial [-díšạl], *a.* perjudicial, dañable, lesivo.
prejudicially [-i], *adv.* perjudicialmente.
prelacy [prélạsi], *s.* (igl.) prelacía; episcopado.
prelate [prélit], *s.* prelado.—**prelateship** [-šip], *s.* prelacía, prelatura.—**prelatess** [-is], *s.* prelada.
prelatic(al [prilǽtik(ạl], *a.* prelaticio, de prelado
prelature [prélachụr], *s.* prelatura, prelacía.
prelection [prilékšọn], *s.* lección, conferencia.
prelector [-tọ(r)], *s.* conferencista.
preliminarily [prilíminerili], *adv.* preliminarmente.
preliminary [-neri]. **I.** *a.* preliminar; preparatorio; proemial, introductorio. **II.** *s.* preliminar. —*pl.* exámenes preliminares; (dep.) eliminatorias (pruebas).
prelude [préliud]. **I.** *s.* preludio, prelusión; presagio; (mús.) preludio. **II.** *va.* y *vn.* preludiar.
preludial [priliúdiạl], **prelusive** [priliúsiv], *a.* previo, introductorio, proemial.
premature [primạchúr], *a.* prematuro, temprano.
prematurely [-li], *adv.* prematuramente.—**prematureness** [-nis], **prematurity** [-iti], *s.* madurez o sazón (*f.*) antes de tiempo.
premaxilla(ry [primǽksilạ(ri], *s.* y *a.* (anat. y zool.) premaxilar, hueso intermaxilar; relativo a o delante de éste.
premedical [primédikạl], *a.* preparatorio para el estudio de la medicina.
premeditate [primédite̥it], *va.* y *vn.* premeditar, pensar o deliberar de antemano.—**premeditatedly** [-idli], *adv.* premeditadamente.
premeditation [-éišọn], *s.* premeditación.
premier [prímiœ(r)]. **I.** *s.* primer ministro, jefe de gobierno. **II.** *a.* primero, principal.
première [primír *o* premiér], *s.* actriz protagonista; estreno (de un drama, etc.).
premiership [prímiœršip], *s.* dignidad u oficio de primer ministro; premierato.
premillennial [primiléniạl], *a.* anterior al milenario.—**premillennialism** [-izm], *s.* doctrina de que el milenario empezará con la segunda venida de Cristo.
premise [prémis]. **I.** *va.* sentar o establecer como premisa. **II.** *s.* (lóg.) premisa.—*pl.* (for.) asertos, aserciones anteriores; parte (*f.*) de una escritura o título de dominio en que se expresan la fecha, los nombres de los individuos, la descripción de la propiedad, precio, etc.; predio rústico o urbano, casa, tierra, posesiones; local. —**in the(se) premises,** tocante al asunto de que se trata.—**of the p.,** de lo dicho.—**off the p.,** fuera del local o terreno.—**on the p.,** (presente) en el local, etc.
premium [prímiʌm], *s.* premio; remuneración; galardón; (com.) prima; premio; interés; agio. —**p. note,** pagaré otorgado en lugar del pago de primas de seguro.—**at a p.,** a premio; sobre la par; en gran demanda, muy solicitado.
premolar [primóulạ(r)], *a.* y *s.* premolar (diente).
premonition [primoníšọn], *s.* prevención, advertencia; presentimiento, corazonada.
premonitory [primánitori], *a.* que advierte o anuncia; (med.) premonitorio.
Premonstratensian [primanstrạténšiạn], *s.* y *a.* (igl.) premo(n)stratense.
prenatal [prinéitạl], *a.* prenatal, antenatal, de antes del nacimiento.
prenotion [prinóušọn], *s.* prenoción.
prentice [préntis], *s.* (fam.) aprendiz, *mf.*
preoccupancy [priákyupạnsi], *s.* ocupación previa; preocupación.
preoccupant [-pạnt], *s.* el que ocupa antes que otro.
preoccupation [-péišọn], *s.* preocupación.
preoccupied [-paid], *a.* preocupado, absorto; ocupado anteriormente; puesto ya en uso.
preoccupy [-pai], *va.* preocupar; ocupar antes que otro.
preordain [priordéin], *va.* (teol.) preordinar; predestinar.
preordination [-dinéišọn], *s.* (teol.) preordinación; predestinación.
prepaid [pripéid], *a.* porte pagado.
prepalatal [pripǽlạtạl], *a.* y *s.* (fon.) prepalatal, *f.*
preparation [prepạréišọn], *s.* preparación; preparativo; (farm.) preparado, confección.
preparative [pripǽrạtiv]. **I.** *a.* preparativo, preparatorio. **II.** *s.* preparativo, apresto.
preparatory [-tori], *a.* preparatorio; previo, preliminar.—**p. school,** escuela de preparación para estudios universitarios.—**p. to,** como preparación, o preparándose, para; antes de.
prepare [pripér]. **I.** *va.* preparar, aprestar, apercibir; disponer, prevenir; aderezar, adobar, confeccionar, guisar. **II.** *vn.* prepararse, disponerse, hacer preparativos.
preparedly [-idli], *adv.* preventivamente.
preparedness [-nis], *s.* preparación, apercibimiento, prevención; preparación militar en tiempo de paz (ú. gen. en este sentido).
prepay [pripéi], *va.* (*pret.* y *pp.* PREPAID) pagar anticipadamente; antepagar; franquear (una carta).
prepayment [-mẹnt], *s.* pago adelantado; franqueo.
prepense [pripéns], *a.* premeditado.—**with malice p.,** (for.) maliciosa y premeditadamente.
preponderance, -cy [pripándœrạns, -i], **preponderation** [-éišọn], *s.* preponderancia, predominio, prepotencia.—**preponderant** [-ạnt], *a.* preponderante, predominante.—**preponderate** [-eit], *vn.* preponderar, pesar más; predominar, prevalecer.
preposition [prepozíšọn], *s.* (gram.) preposición. —**prepositional** [-ạl], *a.* preposicional, prepositivo.
prepositive [pripázitiv]. **I.** *a.* (gram.) antepuesto, prefijo. **II.** *s.* partícula prepositiva.
prepossess [pripozés], *va.* predisponer, causar buena impresión; preocupar, tomar posesión antes que otro.—**prepossessing** [-iŋ], *a.* simpático, atractivo.
prepossession [pripozéšọn], *s.* impresión favorable; simpatía, predisposición favorable; preocupación, ocupación o posesión previa.
preposterous [pripásterʌs], *a.* absurdo, ridículo, descabellado.—**preposterously** [-li], *adv.* absurdamente.
prepotency [pripóutẹnsi], *s.* prepotencia, predominio.—**prepotent** [-ẹnt], *a.* prepotente.
prepuce [prípius], *s.* (anat.) prepucio, capullo.
Pre-Raphaelite [pri rǽfielait], *s.* y *a.* prerrafaelista.—**Pre-Raphaelitism** [-izm], *s.* prerrafaelismo.
prerequisite [prirékwizit]. **I.** *a.* previamente necesario. **II.** *s.* requisito previo.
prerogative [prirágạtiv]. **I.** *s.* prerrogativa, privilegio, distinción. **II.** *a.* privilegiado.
presage [présidž]. **I.** *s.* presagio. **II.** [priséidž], *va.* presagiar.—**presageful** [priséidžful], **presaging** [-iŋ], *a.* presagioso, présago.
presbyope [prézbioup], *s.* présbite, présbita, *mf.* —**presbyopia, presbyopy** [-óupiạ, prézbioupi], *s.* (med.) presbiopia, presbicia.—**presbyopic** [-ápik], *a.* presbiópico, présbite.
presbyter [prézbitœ(r)], *s.* (igl.) presbítero, sacerdote.
presbyterial [-tírial], *a.* presbiteral.
Presbyterian [-tíriạn], *a.* y *s.* presbiteriano.—**Presbyterianism** [-izm], *s.* (igl.) presbiterianismo.
presbytery [prézbiteri], *s.* presbiterio; presbiterianismo; tribunal eclesiástico de los presbiterianos; (arq.) ábside, *mf.*, presbiterio.
preschool [priskúl], *a.* preescolar.
prescience [príšẹns], *s.* presciencia.
prescient [príšẹnt], *a.* presciente.
prescind [prisínd], *va.* y *vn.* (a veces con **from**) prescindir (de); separar, abstraer.
prescribe [priskráib], *va.* y *vn.* prescribir, ordenar, dictar; dar leyes o reglas; (med.) recetar, pres-

cribir un remedio o tratamiento; (for.) prescribir(se).
prescriptible [priskríptibl], *a.* prescriptible; (for.) adquirible por prescripción.
prescription [-ŝon], *s.* prescripción, disposición, precepto, regla; (med.) receta, récipe; (for.) prescripción; perención, caducidad de la instancia.
prescriptive [-tiv], *a.* prescriptivo; sancionado, autorizado por la costumbre; (for.) adquirido por prescripción.
presence [prézens], *s.* presencia; aspecto, porte; asistencia; interesencia; aparición, aparecido. —**p. chamber,** salón de audiencia.—**p. of mind,** presencia de ánimo, serenidad.—**in the p. of,** ante, a los ojos de.
present [prézent]. I. *a.* presente; actual, corriente (mes, semana, etc.); circunstante, interesente; flagrante.—**p. company excepted,** mejorando lo presente.—**p.-day,** actual, (del día) de hoy. —**p. participle,** (gram.) participio activo o (de) presente, gerundio.—**p. value, p. worth,** valor actual (de un pagaré, etc.).—**at the p. time,** hoy (por hoy), en la actualidad.—**to be p. (at),** asistir (a); presenciar; concurrir. II. *s.* el presente, la actualidad; (gram.) tiempo presente; regalo, presente, don, dádiva, obsequio.—*pl.* (for.) las escrituras presentes.—**at p.,** al presente, actualmente, (por) ahora.—**for the p.,** por ahora, por el (o lo) presente.—**know all men by these presents,** conste por la(s) presente(s).—**to all to whom these presents shall come, greeting,** a cuantos las presentes vieren, salud. III. [prizént], *va.* presentar, introducir, dar a conocer; dar, regalar, obsequiar; manifestar, mostrar, exponer; representar, poner en escena (una ópera, etc.); apuntar, asestar (arma); (for.) denunciar, acusar.—**to p. a person to another,** presentar a una persona a otra.—**to p. a person with a thing,** regalar una cosa a alguien.—**to p. arms,** (mil.) presentar las armas.—**to p. itself,** ofrecerse, surgir.—**to p. one's self,** presentarse, personarse; comparecer.
presentable [-abl], *a.* presentable; decente.
presentation [prezentéiŝon], *s.* presentación; introducción; entrega ceremoniosa de un obsequio; (teat.) exhibición, representación; (med.) presentación del feto; (psic.) presentación.—**p. copy,** ejemplar de regalo con dedicatoria.—**on p.,** (com.) a presentación.—**the P.,** (igl.) presentación.
presentative [prizéntativ], *a.* (filos.) concerniente a la presentación mental; (igl.) que tiene derecho de presentación.
presentee [prezentí], *s.* el a quien se presenta u obsequia algo; (igl.) presentado.
presenter [prizéntœ(r)], *s.* presentador, obsequiador.
presentiment [prizéntiment], *s.* presentimiento.
presently [prézentli], *adv.* luego, ya, dentro de poco, pronto.
presentment [prizéntment], *s.* presentación, introducción; representación, retrato; semejanza; conducta; (for.) denuncia, acusación.
preservable [prizœ́rvabl], *a.* preservable, conservable.
preservation [prezœrvéiŝon], *s.* preservación, conservación, resguardo.
preservative [prizœ́rvativ]. I. *a.* preservativo, conservativo; (med.) profiláctico. II. *s.* preservativo; defensivo o defensa, salvaguardia.
preserve [prizœ́rv]. I. *va.* preservar, guardar; resguardar, proteger; reservar, retener; conservar, mantener; (coc.) curar, sal(pres)ar; confitar, almibarar.—**preserved,** en conserva, en almíbar.—**preserved meats,** viandas conservadas. II. *vn.* hacer conservas de frutas. III. *s.* (gen. *pl.*) conserva, dulce, compota, confitura; (caz.) vedado, coto.—**p. jar,** o **dish,** dulcera, compotera, orza, bote para conservas.
preserver [-œ(r)], *s.* preservador, conservador; conservero; confitero.
preside [prizáid], *vn.* y *va.* (con **over** o **at**) presidir; gobernar; dirigir.
presidency [prézidensi], *s.* presidencia.
president [-dent], *s.* presidente; regente; rector (de ciertas universidades).
presidential [-dénŝal], *a.* presidencial.—**p. year,** (E. U.) año de elecciones presidenciales.
presidentship [prézidentŝip], *s.* presidencia.
presider [prizáidœ(r)], *s.* presidente, el que preside.—**presiding** [-iŋ]. I. *a.* presidente, que preside.—**p. officer, judge,** etc., presidente. II. *s.* presidencia, acción de presidir.
presidium [prisídiʌm], *s.* (en Rusia) presidium, comité administrativo de carácter gubernamental.
press [prés]. I. *va.* (a)prensar; apretar, comprimir; estrujar, exprimir (jugo, etc.); pisar (la uva, el acelerador, el pedal); oprimir (el botón); planchar (la ropa); lustrar, satinar; abrumar, afligir, oprimir; compeler, obligar; apresurar, apremiar, instar; acosar, perseguir; hostigar, fatigar; recalcar, ajustar; (mil.) hacer levas, enganchar soldados; abrazar, dar un apretón.—**pressed for money,** apurado de dinero.—**to p. into service,** enganchar (soldados); poner a trabajar.—**to p. the point,** apurar el punto, insistir en el asunto. II. *vn.* pesar, ejercer presión; urgir, apremiar; agolparse, apiñarse; ser importuno; influir en el ánimo.—**to p. forward, to p. on,** avanzar, adelantarse; arremeter, embestir. III. *s.* turba, muchedumbre; apiñamiento; empujón, apretón; prisa, presión, urgencia; cúmulo de negocios; (mec.) prensa (máquina); imprenta, estampa; prensa (periódica); escaparate, armario; (mil.) leva, enganche.—**p. agent,** agente de publicidad.—**p. bed,** catricofre.—**p. box** o **gallery,** tribuna de la prensa.—**p. clipping,** o **cutting,** recorte de periódico.—**p. conference,** entrevista con los periodistas.—**p. gang,** (mil.) patrulla de reclutamiento.—**p. money,** (mil.) prima de enganche.—**p. proof,** (impr.) prueba de prensa. —**p. roll,** (pap.) cilindro.—(**to carry a) p. of sail,** (mar.) (hacer) fuerza de vela.
pressboard [-bord], *s.* especie de cartón.
presser [-œ(r)], *s.* prensador, satinador, lustrador; planchador; pisacostura o prensatelas de una máquina de coser; prensa (para uva, etc.).
pressing [-iŋ]. I. *a.* urgente, apremiante, instante, importante; importuno.—**p. boards,** cartones de satinar; (enc.) tablillas.—**p. iron,** plancha. II. *s.* prensado, prensadura; recalcadura; (com)presión.—**p. out,** expresión, estrujadura (del jugo, etc.).—**p. together,** apiñamiento (de la gente).
pressingly [-li], *adv.* urgente o apremiantemente.
pressman [-man], *s.* prensador; (impr.) prensista, tirador; (Ingl.) periodista.
pressmark [-mark]. I. *s.* marca de imprenta. II. *va.* poner marca de imprenta a.
pressroom [-rum], *s.* taller de imprenta; **sala** o cuarto de las prensas.
pressure [préŝū(r)], *s.* presión; tensión; prensadura; urgencia, premura, prisa, apremio; ímpetu, impulso, apretón; carga, opresión; (elec.) fuerza electromotriz.—**p. circuit,** circuito derivado de un contador (que va al contador).—**p. coil,** bobina de tensión, bobina en derivación.—**p. cooker,** autoclave, *f.;* estufa o cocina de presión.—**p. gauge,** manómetro.— **p. group,** (pol., e. p., etc.) minoría que ejerce presión en los legisladores o la opinión pública para adelantar sus propios fines.—**p. nozzle,** (aer.) aparato para medir la presión del aire debida a la velocidad del avión.—**p. tube,** (quím.) probeta cerrada para reacciones a alta presión.—**p. wire,** alambre de derivación del voltímetro (que va al voltímetro).
presswork [préswœrk], *s.* (impr.) impresión, tiro, tirada; (ebanistería) encolado de chapas.

prester [préstœ(r)], *s.* (ant.) preste.—**P. John,** Preste Juan.
prestidigitation [prɛstịdịdžịtéịšǫn], *s.* prestidigitación, juegos de manos.—**prestidigitator** [-dídžịteịtǫ(r)], *s.* prestidigitador, jugador de manos.
prestige [prɛstíž], *s.* prestigio, fama.
presto [préstoụ]. **I.** *adv.* (mús.) presto; rápidamente. **II.** *interj.* ¡pronto!
presumable [prịzịúmạbl], *a.* presumible.
presumably [-blị], *adv.* probablemente.
presume [prịzịúm]. **I.** *va.* presumir, suponer; atreverse a. **II.** *vn.* jactarse, presumir, preciarse en demasía; obrar presuntuosamente, propasarse; (con **on** o **upon**) abusar de.
presumed [-d], *a.* presunto, supuesto.
presumer [-œ(r)], *s.* el que presume, etc.; presumido; hombre arrogante o presuntuoso.
presumption [prịzʌ́mpšǫn], *s.* presunción, conjetura; suposición; (for.) presunción; presunción, engreimiento, soberbia, (fam.) penacho, copete.
presumptive [-tịv], *a.* presunto, presuntivo.
presumptively [-lị], *adv.* presuntivamente.
presumptuous [-chụʌs], *a.* presuntuoso, presumido; insolente; atrevido.—**presumptuously** [-lị], *adv.* presuntuosamente.—**presumptuousness** [-nịs], *s.* presunción, presuntuosidad.
presuppose [prisʌpóụz], *va.* presuponer.
presupposition [prisʌpozíšǫn], *s.* presuposición, conjetura.
pretend [prịténd]. **I.** *va.* aparentar, fingir, (di)simular; alegar o afirmar falsamente. **II.** *vn.* fingir; hacer como si o como que; presumir, alardear.—**to p. to,** pretender, tener pretensiones a, reclamar, aspirar a.—**to p. to be,** echárselas de, darla(s) de, darse por, hacerse el o hacer (d)el.—**pretended** [-ịd], *a.* fingido, simulado, presunto, supuesto.—**pretender** [-œ(r)], *s.* pretendiente, pretensor; hipócrita, *mf.*; el que finge, etc.
pretense, pretence [prịténs *o* prítens], *s.* fingimiento; pretexto, excusa; máscara, capa, velo; pretensión (gen. mal fundada); ostentación; afectación, simulación.—**under false pretenses,** con falsas apariencias, con dolo.—**under p. of,** so pretexto de, so capa de, a título de.
pretension [prịténšǫn], *s.* pretensión, demanda; pretexto; simulación, afectación; presunción.
pretentious [-šʌs], *a.* presuntuoso, presumido, de pretensiones.—**pretentiousness** [-nịs], *s.* presunción; ostentación; boato, lujo falso o de mal gusto.
preterit(e [prétẹrịt], *a.* y *s.* (gram.) pretérito.
preterition [prɛtẹríšǫn], *s.* preterición, pretermisión; (for. y ret.) preterición.
pretermission [pritœrmíšǫn], *s.* pretermisión, omisión; (ret.) preterición.—**pretermit** [-mít], *va.* pretermitir, omitir, pasar por alto.
preternatural [-nǽchụrạl], *a.* preternatural.—**preternaturally** [-ị], *adv.* preternaturalmente.
pretest [pritést], *s.* prueba preliminar.
pretesting [-ịŋ], *s.* precomprobación.
pretext [prítɛkst], *s.* pretexto, excusa, expediente, socolor, especie.—**under p. of** = UNDER PRETENSE OF.
pretor, pretorian, etc. = PRAETOR, etc.
prettify [prítịfaị], *va.* alindar, hermosear, adornar.
prettily [-ịlị], *adv.* lindamente, bonitamente.
prettiness [-ịnịs], *s.* lindeza, galanura.
pretty [-ị]. **I.** *a.* lindo, bonito, (fam.) mono; bastante, pasadero, regular; (iron.) bello, grande, bueno (*a pretty mess you made of the business,* bueno lo hizo Vd. del negocio).—**a p. penny,** (fam.) una buena suma, una buena talegada. **II.** *adv.* algo, algún tanto; un poco, bastante (*pretty good,* bastante bueno; *pretty tired,* un poco, o algo, cansado).—**p. much,** bastante; casi.—**p. well,** medianamente, así así, tal cual.
pretzel [prétsẹl], *s.* cierto bizcocho seco, salado por fuera, y usualmente en forma de nudo.
prevail [prịvéịl], *vn.* reinar, regir, valer, prevalecer, preponderar; ser muy frecuente; estar en boga general; (con **over** o **against**) vencer a, triunfar de; sobresalir, predominar.—**to p. on, upon** o **with,** persuadir, inducir, convencer.
prevailing [-ịŋ], *a.* prevaleciente, (pre)dominante, reinante; eficaz; muy esparcido, extendido, general o común.—**p. winds,** vientos dominantes.
prevalence, prevalency [prévạlẹns, -ị], *s.* predominio, preponderancia; ocurrencia común, frecuencia; uso o aceptación general.
prevalent [-ẹnt], *a.* reinante, muy general(izado), de frecuente ocurrencia; (raro) prevaleciente, predominante.
prevaricate [prịvǽrịkeịt], *vn.* engañar con embuste; mentir; (for.) prevaricar.—**prevarication** [-éịšǫn], *s.* embuste, mentira; dolo; (for.) prevaricato.—**prevaricator** [-ǫ(r)], *s.* embustero, mentiroso; (for.) prevaricador.
prevenient [prịvínịẹnt], *a.* preveniente; preventivo.
prevent [prịvént]. **I.** *va.* prevenir, precaver, evitar, impedir, desbaratar, excusar, remediar; (con **from**) impedir (a uno), estorbar, atajar. **II.** *vn.* empecer, obviar, obstar.
preventable [-ạbl], o **preventible** [-ịbl], *a.* evitable.
preventative [-ạtịv], *s.* y *a.* = PREVENTIVE.
prevention [-šǫn], *s.* prevención, acción de evitar o impedir; obstáculo, estorbo.
preventive [-tịv]. **I.** *a.* impeditivo; (med., etc.) preservativo, profiláctico, preventivo. **II.** *s.* preservativo, profiláctico.
preventive medicine, *s.* medicina preventiva.
preventive war, *s.* guerra preventiva.
preview o **prevue** [príviụ], *s.* vista o examen previo.
previous [príviʌs], *a.* previo, anterior.—**p. question,** proposición de que se hace uso en las asambleas para poner fin a un debate.—**p. to,** antes de.
previously [-lị], *adv.* previamente, antes, con anterioridad, anteriormente, de antemano.
previousness [-nịs], *s.* prioridad, anterioridad.
prevision [prịvížǫn], *s.* previsión.
prewar [príwɔ́r], *a.* de antes de, o anterior a, la guerra.
prey [preị]. **I.** *s.* presa; pillaje, rapiña, robo; víctima. **II.** *vn.* (con **on** o **upon**) devorar (la presa); rapiñar, pillar, robar; consumir, oprimir, agobiar.
priapism [práịạpizm], *s.* (med.) priapismo.
price [práịs]. **I.** *s.* precio; costa, monta, importe, valor.—**p. catalogue,** catálogo con precios.—**p. ceiling,** máximo de precios.—**p. control,** control de precios.—**p. current,** cotización, lista o boletín de precios corrientes.—**p.-fixing,** (Am.) valorización; fijación oficial o arbitraria de precios.—**p. list,** lista de precios, tarifa.—**p. support,** conservación del precio a un nivel fijo.—**p. tag,** etiqueta o marbete.—**at any p.,** a toda costa, cueste lo que cueste; a todo trance.—**at the highest p.,** a las valías.—**cost p.,** precio de costo.—**fixed,** o **set, p.,** precio fijo.—**lowest p.,** último precio.—**selling p.,** precio de venta (al menudeo).—**to set a p. on one's head,** poner a precio la cabeza de uno, poner talla a uno (apl. a criminales).—**what's the p. of this?** ¿cuánto vale esto? II. *va.* valuar, (a)valorar, (a)preciar, fijar o poner precio a; (fam.) preguntar el precio de.
priceless [-lịs], *a.* inapreciable; sin precio.
prick [prík]. **I.** *va.* punzar, picar, pinchar; espinar; aguij(one)ar (al ganado), espolear (al caballo), agarrochar (al toro); marcar, indicar o calcar con agujerillos (en una lista, un mapa, etc.); causar una punzada (dolor punzante); (mar.) compasar, trazar o puntear sobre la carta de marear.—**to p. off,** o **out,** (agr.) transplantar en el criadero.—**to p. on,** o **forward,** aguijonear, aguzar, incitar.—**to p. up,** enderezar,

erguir, aguzar, levantar (las orejas); (alb.) dar la primera capa de enlucido a.—to **p. up one's ears,** aguzar las orejas o los oídos, poner la oreja, escuchar con ahinco. **II.** *vn.* causar o sentir una punzada o dolor punzante; erguirse o estar erguido; picarse (el vino); (ant.) correr (a caballo). **III.** *s.* aguijón; acicate; garrocha; puntura, picadura, punzad(ur)a, pinchazo, garrochada o puyazo; aguijerillo; (fig.) escozor, resquemor, espina, remordimiento; pista, rastro (de liebre); blanco a que tiran los ballesteros.

pricker [-œ(r)], *s.* punzón, aguijón, lesna; punzador; aguijoneador; picador, garrocheador; (hist.) jinete. *V.* PRICKLE.

pricket [-it], *s.* candelero con punta en que se inserta una bujía; (zool.) gamo de uno a dos años.

pricking [-iŋ]. **I.** *a.* punzante, picante. **II.** *s.* punzada, picad(ur)a, aguijadura.

prickle [príkl]. **I.** *s.* pincho, púa, espina. **II.** *va.* y *vn.* producir o sentir picazón.

prickliness [-linis], *s.* calidad de espinoso.

prickly [-li], *a.* lleno de púas o puntas, espinoso. —**p. heat,** erupción y picazón causada por el calor.—**p. pear,** (bot.) nopal, tuna(l); higo chumbo.—**p. poppy,** (bot.) argemone, *f.*, chicalote.—**p. thistle,** acanto.

prickpunch [-pʌnch], *s.* punzón de acero.

pricktimber, prickwood [-timbœ(r), -wud], *s.* (bot.) bonetero.

pride [práid]. **I.** *s.* orgullo; engreimiento, vanidad; altivez(a), arrogancia, soberbia; dignidad, amor propio, respeto de sí mismo; vigor, brío; persona o cosa predilecta, la flor y nata, causa de satisfacción; (ant.) majestuosidad, pompa, aparato.—**to take p. in,** ufanarse o preciarse de. **II.** *vr.* (gen. con **on** o **upon**), enorgullecerse (de), jactarse (de).

prideful [-ful], *a.* orgulloso, arrogante, vanidoso.

priedieu [pridyœ́], *s.* (igl.) reclinatorio.

prier [práiœ(r)], *s.* escudriñador, atisbador, acechador, husmeador.

priest [príst], *s.* sacerdote; presbítero, cura, *m.*—**p.-ridden,** dominado por sacerdotes o clérigos.

priestcraft [-kræft], *s.* (conocimiento del) arte y prácticas sacerdotales; (desp.) intriga eclesiástica.

priestess [-is], *s.* sacerdotisa.

priesthood [-hud], *s.* clero, sacerdocio.

priestly [-li], *a.* sacerdotal.

prig [príg], *s.* persona excesivamente escrupulosa, formal, melindrosa o remilgada en su conducta, habla, etc., y que parece pagada de su propia rectitud, superioridad o erudición; pedante; (ant.) = FOP.

priggish [-iš], *a.* propio del *prig;* presumido, afectado, gazmoño; pedantesco.

priggishness, priggism [-nis, -izm], *s.* formalidad exagerada; melindre, remilgo; pedantería.

prim [prim]. **I.** *a.* severamente modesto; etiquetero, relamido, estirado, (fam.) almidonado. **II.** *va.* y *vr.* vestir(se) con recato; ponerse de veinticinco alfileres. *V.* PRIMP. **III.** *vn.* y *va.* fruncir los labios. **IV.** *s.* (bot.) = PRIVET.

primacy [práimạsi], *s.* primacía; supremacía; precedencia.

prima donna [primạ dánạ], *s.* primera cantatriz.

prima facie [práimạ féiŝii], (lat.) a primera vista, (de) prima facie.—**p.-f. evidence,** (for.) prueba suficiente para justificar la presunción de un hecho.

primage [práimidẑ], *s.* (mar.) capa, quintalada.

primal [práimạl], *a.* prístino, primordial; principal.

primaquine [prímạkwin], *s.* (farm.) compuesto sintético antipalúdico.

primarily [-ɛrili], *adv.* primariamente, en primer lugar; originalmente; principalmente.

primariness [-ɛrinis], *s.* primacía, prioridad, supremacía.

primary [práimeri]. **I.** *a.* primario, primero; primitivo, prístino; radical, principal, fundamental; elemental, rudimental; (geol.) primario; (elec.) primario; inductivo.—**p. accent,** (fon.) acento tónico.—**p. coil,** bobina primaria, o del circuito primario.—**p. color,** (fís.) color elemental, color espectral.—**p. education,** primera enseñanza.—**p. feathers,** plumas primarias.—**p. motion,** (astr.) movimiento primario o aparente de la esfera celeste.—**p. necessities,** artículos de primera necesidad.—**p. planet,** planeta primario.—**p. point,** (com.) centro de distribución de granos, etc.—**p. school,** escuela primaria.—**p. union,** (cir.) cura por primera intención. **II.** *s.* (lo) primero; mitin de electores para elegir candidatos, delegados, etc.; comicios preliminares; (elec.) circuito primario; (astr.) planeta primario; (zool.) pluma primaria de un ave; ala de un insecto.

primate [práim(e)it], *s.* primate; (igl.) primado. —*pl.* **P.** [praiméitiz], (zool.) cuadrumanos, primates.

primateship [práimitŝip], *s.* (igl.) primacía.

primatial [praiméiŝạl], *a.* primacial; primado.

prime [práim]. **I.** *s.* la flor (de la vida, de la edad, juventud); albor, principio; alba, aurora, amanecer; flor, nata, lo mejor, lo más escogido; (igl.) (hora) prima; (arit.) número primo; (esgr.) primera; (impr.) virgulilla, signo ('). **II.** *a.* primero, principal; primoroso, de primera clase o calidad, selecto; original, prístino; (mat.) primo (número); (impr.) marcado con el signo (').—**p. conductor,** colector (de una máquina eléctrica).—**p. cost,** costo de fábrica o de producción.—**p. meridian,** primer meridiano, meridiano principal.—**p. minister,** primer ministro.—**p. mover,** fuente (*f.*) natural de energía o fuerza motriz (agua, viento, etc.); máquina generadora de energía (turbina, máquina de vapor, etc.); móvil primero; alma, palanca (de una empresa).—**p. vertical,** (astr.) vertical primario. **III.** *va.* preparar, alistar; informar; prevenir, dar instrucciones; cebar (un arma de fuego, una bomba, etc.); (alb. y pint.) imprimar; dar la primera capa; (impr.) poner el signo ('). **IV.** *vn.* (m. v.) arrastrar agua con el vapor; entrar una marea antes de tiempo.—**to be primed,** (arti. y mec.) estar cebado; estar listo o preparado.

primely [-li], *adv.* (fam.) excelentemente.

primer [prímœ(r)], *s.* cartilla, libro primero de lectura; devocionario; (impr.) *V.* LONG y GREAT.

primer [práimœ(r)], *s.* (pint.) imprimador; (arti.) pistón, fulminante; cebador.

primeval [praimívạl], *a.* primitivo, prístino.

primigenial [praimidẑíniạl], *a.* primogénito; primigenio, primitivo.

priming [práimiŋ], *s.* preparación; (arti. y mec.) cebo; (m. v.) arrastre de agua con el vapor; (pint.) imprimación; primera capa.—**p. hole,** oído.—**p. horn,** cebador, chifle.—**p. tool,** imprimadera.—**p. tube,** estopín.

primipara [praimípạrạ], *s.* primeriza, primípara.

primitial [praimíŝạl], *a.* primicial.

primitive [prímitiv]. **I.** *a.* primitivo, primordial, original; (biol.) rudimentario; (gram.) primitivo. **II.** *s.* y *a.* (b. a.) primitivo (artista u obra).

primitively [-li], *adv.* primitivamente.

primitiveness [-nis], *s.* calidad de primitivo.

primitivism [-izm], *s.* primitivismo.

primitivist [-ist], *a.* y *s.* primitivista.

primitivity [-tíviti], *s.* = PRIMITIVENESS.

primness [prímnis], *s.* formalidad o gravedad afectada; escrupulosidad, remilgo. *V.* PRIM.

primogenitor [praimodẑénito(r)], *s.* progenitor.

primogeniture [-chū(r)], *s.* primogenitura; mayorazgo (ll. t. **right of p.**).

primonish [primániŝ], *va.* advertir, anunciar.

primordial [praimórdiạl]. **I.** *a.* primordial, primitivo. **II.** *s.* principio elemental.

primp [primp], *va.* y *vn.* (a veces con **up**) vestir(se) con afectación; acicalar(se); portarse afectadamente.

primrose [prímrouz]. **I.** *s.* (bot.) vellorita. pri-

mavera; color amarillo verdoso o rojizo claro. **II.** *a.* florido, gayo.—**p. path,** vida sensual.
primulaceous [prịmịuléịšʌs], *a.* (bot.) primuláceo.
prince [prịns], *s.* príncipe; monarca, *m.*, soberano. —**P. Albert (coat),** levita.—**p. consort,** príncipe consorte.—**P. Rupert's drops,** lágrimas de Batavia.—**P. of Darkness,** Satanás. —**P. of Peace,** Jesucristo; Príncipe de la Paz (Manuel de Godoy).—**p. of the blood royal,** infante, príncipe de sangre real.—**P. of Wales,** Príncipe de Gales.
princedom [-dọm], *s.* principado.
princelet [-lịt], **princeling** [-lịŋ], *s.* principillo.
princeliness [-lịnịs], *s.* munificencia, nobleza, magnificencia.
princely [-lị]. **I.** *a.* semejante a un príncipe, propio o digno de un príncipe, principesco, magnífico, regio. **II.** *adv.* principescamente.
princess [-ịs], *s.* princesa.—**p. royal,** hija mayor de un soberano.
principal [prịnsịpạl]. **I.** *a.* principal, esencial, capital; máximo; (arq.) maestro, toral. **II.** *s.* principal, jefe; director o rector (de escuela o colegio); (for.) causante, comitente, constituyente; (com.) capital o principal (puesto a interés); (arq.) jamba de fuerza.
principality [-pǽlịtị], *s.* principado, soberanía.
principally [-plị], *adv.* principalmente, mayormente, máxime.
principalness [-pạlnịs], *s.* principalidad.
principle [prịnsịpl], *s.* principio, origen; fundamento, motivo, razón, *f.*; principio (regla, ley, teorema); (quím.) principio activo.—**in p.,** en principio.—**on general principles,** según, o de acuerdo con, principios generales; por sistema, según costumbre.
principle, *va.* imbuir, infundir principios o máximas a.—**(high-)principled** [-d], *a.* de principios, escrupuloso, probo.
prink [prịŋk], *vn.* y *va.* ataviar(se), adornar(se); acicalar(se).
print [prịnt]. **I.** *va.* estampar, imprimir; tirar, hacer una tirada; publicar, dar a la estampa; escribir a imitación de letras de molde; (foto.) imprimir, tirar una prueba; (fig.) imprimir o grabar en la memoria, etc.—**printed by,** impreso por; imprenta de.—**printed cotton,** (tej.) cotón, zaraza.—**print(ed) goods,** (tej.) estampados.—**printed matter,** impresos. **II.** *vn.* ser impresor. **III.** *s.* impresión, estampa; tipo o letra de molde (v. gr. *small print,* tipo menudo); impreso, folleto, volante, periódico, alcance, etc.; papel de imprenta; impresión, marca, señal (*f.*) o huella; lámina, grabado; (tej.) estampado, indiana; molde; muestra, dibujo; (foto.) impresión, (prueba) positiva.—*pl.* **prints,** (tej.) estampados, cotonada, zarazas.—**p. butter,** mantequilla moldeada.—**p. maker,** o **seller,** estampero.—**p. shop,** estampería; imprenta (tipográfica).—**p. works,** (tej.) fábrica de estampados.—**in p.,** impreso; publicado; en letra de molde.—**out of p.,** (edición) agotada.
printable [-ạbl], *a.* imprimible.
printed circuit, *s.* (elec., electrón.) circuito impreso.
printer [-œ(r)], *s.* impresor, tipógrafo.—**p.'s devil,** aprendiz (*m.*) de impresor.—**p.'s ink,** tinta de imprenta.—**p.'s mark,** pie (*m.*) de imprenta.—**p.'s proof,** prueba de imprenta.—**p.'s shooting stick,** (impr.) acuñador.
printery [-œrị], *s.* imprenta; (tej.) taller de estampar géneros.
printing [-ịŋ]. **I.** *s.* imprenta, tipografía; impresión; tiraje; estampa, impreso; (tej.) estampado. **II.** *a.* de imprenta, de imprimir.—**p. frame,** (foto.) marco de imprimir.—**p. ink,** tinta de imprenta.—**p. machine** = P. PRESS. —**p. office,** o **shop,** imprenta, tipografía.—**p. press,** prensa, máquina para imprimir o para estampar telas.—**p. types,** caracteres de imprenta, tipo.
prior [práịọ(r)]. **I.** *a.* anterior, precedente, prior, previo.—**p. to,** antes de. **II.** *s.* (igl.) prior.
priorate [-ịt], *s.* (igl.) priorato, priorazgo.
prioress [-ịs], *s.* (igl.) priora.
priority [praịárịtị], *s.* prioridad, precedencia, antelación, prelación.
priorship [práịọršịp], *s.* (igl.) priorazgo, priorato.
priory [práịọrị], *s.* (igl.) priorato, priorazgo.
prism [prịzm], *s.* (geom. y ópt.) prisma, *m.*
prismatic(al [prịzmǽtịk(al], *a.* prismático.
prison [prịzọn], *s.* prisión, cárcel, *f.*, encierro.—**p. bird** = JAILBIRD.—**p. cell,** celda.—**p. fever,** (med.) tifo.—**p. guard,** guardia (*m.*) penal.—**p. house,** cárcel, prisión.—**p. ship,** pontón.—**p. term,** condena, período que por condena se pasa en una prisión.—**p. van,** coche celular.
prisoner [-œ(r)], *s.* preso, prisionero, recluso.—**p.'s base,** marro, (Am.) rescate, juego de muchachos.
prissy [prịsị], *a.* (E. U., fam.) quisquilloso; remilgado, dengoso.
pristine [prịstin], *a.* prístino, primitivo.
prithee [prịðị], *v. contr.* de **I pray thee,** te ruego.
prittle-prattle [prịtl prǽtl], *s.* (fam.) cháchara.
privacy [práịvạsị], *s.* retiro, soledad, aislamiento, retraimiento; secreto; intimidad, condición de estar solo y poder obrar privadamente.
private [práịvịt]. **I.** *a.* privado; particular (a distinción de público); personal; confidencial; secreto, oculto; solo, retirado; reservado, excusado; callado, reticente.—**p. affair,** o **business,** asunto privado.—**p. enterprise,** empresa particular.—**p. hearing,** audiencia secreta, a puertas cerradas.—**p. house,** casa particular.—**p. letter,** carta reservada.—**p. lodging,** habitación en una casa particular.—**p. mass,** misa privada o rezada (sin canto).—**p. office,** gabinete, despacho particular.—**p. person,** particular.—**p. school,** escuela particular.—**p. secretary,** secretario o secretaria particular.—**p. staircase,** escalera secreta o excusada.—**p. theatricals,** comedias caseras o de aficionados; teatro casero; función de aficionados.—**at one's p. expense,** a costa propia.—**to be p.,** estar solo(s); estar ocupado en asuntos privados. **II.** *s.* soldado raso.—*pl.* partes pudendas.—**in p.,** particular o privadamente, en particular, en secreto, en reserva.
privateer [praịvạtịr]. **I.** *s.* corsario, armador. **II.** *vn.* corsear, armar en corso.—**privateering** [-ịŋ], *s.* corso.—**privateersman** [-zmạn], *s.* corsario.
privately [práịvịtlị], *adv.* privadamente, secretamente, reservadamente.
privateness [-nịs], *s.* calidad de privado. *V.* PRIVACY.
privation [praịvéịšọn], *s.* privación; carencia; estrechez, falta de bienestar.
privative [prịvạtịv]. **I.** *a.* privativo. **II.** *s.* negación; (gram.) prefijo o adjetivo privativo.—**privatively** [-lị], *adv.* privativamente.—**privativeness** [-nịs], *s.* calidad de privativo.
privet [prịvịt], *s.* (bot.) alheña, ligustro.
privilege [prịvịlịdž]. **I.** *s.* privilegio; gracia, prerrogativa; fuero; franquicia, patente, *f.*, inmunidad, exención, dispensa; indulto. **II.** *va.* privilegiar, exceptuar; (con **from**) exentar, eximir.
privileged [-d], *a.* privilegiado, inmune, franco, exento, libre.—**p. altar,** (igl.) altar privilegiado.—**p. debt,** (for.) deuda preferente.—**p. shares, p. stock,** (com.) acciones privilegiadas.—**p. witness,** (for.) testigo a quien las partes interesadas pueden impedir que declare.
privily [prịvịlị], *adv.* privadamente o secretamente.
privity [prịvịtị], *s.* informe reservado, secreto; (for.) relación mutua peculiar que existe entre individuos tocante a algún negocio.
privy [prịvị]. **I.** *a.* (con **to**) confidente, cómplice (en); instruído, informado, enterado (en);

(ant.) privado, secreto, excusado; particular, propio, personal.—**p. council,** consejo privado. —**p. purse,** (Ingl.) fondos para los gastos personales del rey; empleado que los maneja.—**p. seal,** sello privado (o pequeño). II. *s.* (for.) copartícipe; cómplice; retrete, necesaria, letrina, (lugar) excusado, (mar.) jardín.

prize [práiz]. I. *s.* premio, galardón; presa, botín; buque apresado; adquisición, ganancia, ventaja, buena suerte.—**p. court,** tribunal de presas.—**p. crew,** tripulación que lleva un buque apresado a su destino.—**p. fight,** pugilato, boxeo público entre profesionales.—**p. fighter,** boxeador, púgil, pugilista.—**p. fighting,** pugilismo.—**p. master,** capitán o cabo de presa.—**p. money,** parte (*f.*) de una presa. —**p. office,** negociado de las presas de guerra. —**p. ring,** liza o cuadrilátero de boxear; el boxeo como profesión.—**p. winner,** el premiado o vencedor en un concurso.—**p.-winning,** premiado. II. *va.* apreciar, estimar; valuar, tasar; alzaprimar.

prizer [-œ(r)], *s.* apreciador; valorador, tasador.

pro [prou]. I. *adv.* en favor; por. II. *s.* voto afirmativo; el que toma la afirmativa en un debate o votación.—**p. and con,** en pro (o en favor) y en contra.—**p. forma,** pro fórmula; (com.) simulado.—**p. rata,** a prorrata.—**pros and cons,** el pro y el contra.—**p. tem(pore,** pro témpore, interino; interinamente.—**neither p. nor con,** ni en pro ni en contra.

pro, *a.* y *s.* (fam.) *contr.* de PROFESSIONAL.

probabilism [prábabilizm], *s.* (fil.) probabilismo.

probabilist(ic [-bilíst(ik], *s.* y *a.* probabilista.

probability [-bíliti], *s.* probabilidad, verosimilitud.—**in all p.,** según toda probabilidad.—

probable [-bl], *a.* probable, verosímil; fácil, regular.—**probably** [-bli], *adv.* probablemente.

probang [próubæŋ], *s.* (cir.) sonda esofágica.

probate [próubeit]. I. *a.* (for.) testamentario.—**p. court,** tribunal de testamentarías. II. *s.* (for.) prueba plena y legal de la autenticidad de un testamento; competencia de un juez o tribunal en juicio testamentario. III. *va.* validar o legalizar (un testamento tras la muerte del testador).

probation [probéiŝon], *s.* prueba, ensayo, tentativa; probación, noviciado; (en los tribunales juveniles) libertad condicional o vigilada.—**p. officer,** vigilante, agente de vigilancia (en algunas partes se llama *delegado de libertad vigilada*).—**probational** [-al], **probationary** [-eri], *a.* probatorio.—**probationer** [-œ(r)], *s.* novicio; (for.) delincuente que goza de libertad condicional; aprendiz, *m.*, meritorio.

probative [próubativ], *a.* probatorio.

probatory [-tori], *a.* probatorio.

probe [proub]. I. *s.* (cir.) sonda, tienta, cánula, exploratorio; prueba, ensayo; indagación.—**p. scissors,** tijeras de cirujano. II. *va.* (cir.) tentar, explorar, sond(e)ar; escudriñar, indagar.

probity [próubiti], *s.* probidad, hombría de bien.

problem [prábl ɛm], *s.* problema, *m.*; cuestión.

problematic(al [-mǽtik(al], *a.* problemático.

problematically [-i], *adv.* problemáticamente.

Proboscidea [proubasídia], *s. pl.* (zool.) proboscidios.—**proboscidean** [-n], *s.* y *a.* proboscidio.

proboscis [probásis], *s.* proboscis, probóscide, *f.*, trompa (del elefante, etc.); (ent.) trompetilla; (fam.) nariz.

procaine [proukéin], *s.* procaína, novocaína.

procedural [prosídžūral], *a.* de procedimiento, tocante al procedimiento.

procedure [prosídžū(r)], *s.* proceder, procedimiento, conducta; (for.) procedimiento(s) judicial(es), tramitación, vía judicial.

proceed [prosíd], *vn.* seguir (adelante), proseguir; marchar, adelantar, avanzar; proceder, obrar; (for.) empezar, instituir (una causa); (con **against**) proceder contra; tramitar; provenir, dimanar, proceder (de).—**to p. to blows,** llegar a las manos, acudir a los golpes.—**to p. to business,** ir a lo que importa; poner manos a la obra; entrar en materia.—**proceeding from,** procedente de; originario u oriundo de.

proceeding [-iŋ], *s.* procedimiento, conducta, proceder; transacción; (for.) trámite, procedimiento; proceso.—*pl.* actas; (for.) proceso, expediente, autos, actuaciones.

proceeds [próusidz], *s. pl.* producto, réditos.

process [prásɛs]. I. *s.* procedimiento, método, sistema, *m.*; proceso (conjunto o serie de fenómenos naturales); progreso, continuación, adelantamiento; curso, serie, sucesión; (for.) causa, proceso, expediente, autos; (anat. y zool.) apófisis, protuberancia, excrescencia; (bot.) apéndice.—**p. butter,** mantequilla de inferior calidad que se derrite con leche o crema para "renovarla."—**p. of law,** procedimiento legal.—**p. of time,** lapso o (trans)-curso del tiempo.—**p. plate,** placa de fotografía lenta, empleada esp. para dispositivos.—**p. server,** portador de citaciones o notificaciones oficiales.—**in p. of time,** con el tiempo. —**in the p. (of),** haciéndose, en vía de (fabricación, preparación, etc.). II. *va.* cocinar o esterilizar bajo presión; fotograbar; someter a algún procedimiento especial, tratar, industrializar, elaborar (dícese sobre todo de las materias primas que se preparan para la industria); (com.) tramitar; (for.) procesar.

processal [prosésal], *a.* (for.) procesal.

processing [prásɛsiŋ], *s.* (ind.) elaboración (de materias primas, etc.); método particular de fabricar o preparar un producto.

processing tax, *s.* impuesto federal sobre ciertos productos agrícolas.

procession [proséŝon], *s.* procesión; cortejo; cabalgata; desfile de tropa; (teol.) procesión.

processional [-al]. I. *a.* procesional. II. *s.* (igl.) himno; procesionario (libro).

processionary [-eri], *a.* procesional.—**p. moth,** (ent.) procesionaria.

proclaim [prokléim], *va.* proclamar, anunciar, denunciar; promulgar; publicar, pregonar, vocear.

proclamation [praklaméiŝon], *s.* proclamación; publicación; proclama, decreto, edicto, bando.

proclitic [proklítik], *a.* (gram.) proclítico.

proclivity [proklíviti], *s.* propensión, proclividad.

proclivous [prokláivʌs], *a.* inclinado hacia adelante; proclive.

procœlia [prosília], *s.* (anat.) procelio; (P.), *pl.* (zool.) procelios, suborden de cocodrilos.

proconsul [prokánsʌl], *s.* procónsul.—**proconsular** [prokánsyūla(r)], *a.* proconsular.—**proconsulate, proconsulship** [-lit, -sʌlŝip], *s.* proconsulado.

procrastinate [prokrǽstineit], *va.* y *vn.* diferir, dilatar, trasmañanar, (fam.) perecear; ser moroso.—**procrastination** [-éiŝon], *s.* dilación, demora.—**procrastinator** [-eito(r)], *s.* hombre moroso.

procreant [próukriant], *a.* procreante.

procreate [próukrieit], *va.* procrear, engendrar, criar.—**procreation** [-éiŝon], *s.* procreación.—**procreative** [-eitiv], *a.* procreador.—**procreator** [-eito(r)], *s.* procreador.

Procrustean [proukrʌ́stian], *a.* (mit.) de Procusto.

proctor [práktọ(r)], *s.* (for.) procurador; apoderado, agente; censor de una universidad.

proctorage [-idž], *s.* procuración.

proctorial [praktórial], *a.* referente al procurador o al censor académico.

proctorship [práktọrŝip], *s.* procura(ción); procuraduría.

proctoscope [práktoskoup], *s.* (med.) proctoscopio.

procumbent [prokʌ́mbent], *a.* postrado, inclinado; (bot.) rastrero.

procurable [prokiúrabl], *a.* asequible.

procuration [-éiŝon], *s.* alcahuetería; (for.) procura(ción), poder; (for.) proxenetismo, lenocinio.

procuration fee, *s.* comisión sobre un préstamo.

procurator [-rei̯tǫ(r)], *s.* procurador, apoderado.
procuratorial [-rạtórị̯al], *a.* hecho por procurador.
procure [prokị̯úr]. **I.** *va.* procurar, lograr, obtener, conseguir; causar, ocasionar. **II.** *va.* y *vn.* solicitar mozas para un lupanar, alcahuetear.
procurement [-mẹnt], *s.* procuración, obtención, logro, consecución; solicitud, gestión.
procurer [-œ(r)], *s.* alcahuete, tercero, rufián; (for.) proxeneta, lenón (de rameras).
procuress [-ịs], *s.* alcahueta, tercera.
Procyon [próu̯sịan], *s.* (astr.) Proción, *m.*
prod [prad]. **I.** *va.* punzar, picar, aguijonear. **II.** *s.* pincho, aguijada; picadura, pinchazo. *V.* GOAD.
prodigal [prádịgạl]. **I.** *a.* pródigo, derramado(r). **II.** *s.* pródigo, manirroto, derrochador.
prodigality [-gǽlịtị], *s.* prodigalidad; desperdicio.
prodigally [prádịglị], *adv.* pródigamente.
prodigious [prodídžʌs], *a.* prodigioso; ingente.
prodigiously [-lị], *adv.* prodigiosamente.
prodigiousness [-nịs], *s.* prodigiosidad.
prodigy [prádịdžị], *s.* prodigio; portento, pasmo.
prodromal [prádromạl], **prodromic** [prodrámịk], *a.* (med.) prodrómico, premonitorio.
prodrome [próu̯drou̯m], *s.* (med.) pródromo.
produce [prodịús]. **I.** *va.* producir; generar; causar, ocasionar; (com., etc.) rendir, rentar, redituar; mostrar, exhibir; introducir, presentar al público; (teat.) poner en escena; (geom.) prolongar. **II.** *vn.* producir; fructificar, dar frutos. **III.** [prádịus], *s.* producto, producción; fruto; productos agrícolas, provisiones.—**p. exchange,** lonja de víveres.
producer [prodịúsœ(r)], *s.* productor, producidor; gasógeno, generador de gas pobre.—**p. gas,** gas pobre.—**producers' goods,** (e. p.) elementos de producción (materias primas, maquinaria, etc.).
producible [-ịbl], *a.* producible.
producing [-ịŋ], *a.* productor, producente, producidor.
product [prádʌkt], *s.* producto; resultado, efecto, fruto; (com.) renta, rendimiento; (mat.) producto.
productile [prodʌ́ktịl], *a.* dúctil.
production [prodʌ́kšọn], *s.* producción; producto; composición, obra del ingenio; (teat.) producción escénica, representación teatral.—**p. cost,** (com.) costo de fabricación.—**productive** [-tịv], *a.* productivo; generador; fértil, fecundo.—**productiveness** [-nịs], **productivity** [prou̯dʌktívịtị], *s.* productividad; fertilidad, fecundidad.
proem [próu̯em], *s.* proemio, prefacio; exordio.
proemial [prou̯ímị̯al], *a.* proemial.
profanation [prafạnéi̯šọn], *s.* profanación.
profane [proféi̯n]. **I.** *a.* profano, secular; profano, blasfemo, irreverente; indecente; de reniegos. **II.** *va.* profanar, violar; desacatar.
profanely [-lị], *adv.* profanamente.
profaner [-œ(r)], *s.* profanador, violador.
profaneness [-nịs], **profanity** [profǽnịtị], *s.* profanidad, blasfemia, impiedad; reniego, lenguaje profano; irreverencia, desacato.
profess [profés]. **I.** *va.* profesar, creer en; declarar, manifestar; fingir, aparentar; enseñar (como profesor); ejercer (una profesión); (igl.) profesar. **II.** *vn.* hacer profesión, declarar abierta o públicamente.
professed [-t], *a.* profeso, declarado, decidido; aparentado, (gal.) pretendido.
professedly [-ịdlị], *adv.* declaradamente; aparentadamente, (gal.) pretendidamente.
profession [proféšọn], *s.* profesión, carrera, ocupación; profesión o protestación de la fe; declaración, manifestación; (igl.) profesión.—**the p.,** (fam., teat.) arte dramático; los cómicos en general.
professional [-ạl]. **I.** *a.* profesional, facultativo; de profesión (v. gr.: *professional gambler*, jugador de profesión). **II.** *s.* profesional; (dep.) deportista de profesión; (teat.) actor o actriz; perito en algún arte o profesión.
professionally [-ị], *adv.* profesionalmente, en calidad de o como profesional.
professor [profésọ(r)], *s.* profesor, catedrático.
professorate [-ei̯t], *s.* profesorado.
professorial [prou̯fɛsórị̯al], *a.* profesoral, de profesor; pedagógico.—**professorship** [profésọršịp], *s.* profesorado, cátedra.
proffer [práfœ(r)]. **I.** *va.* proponer, ofrecer, brindar. **II.** *s.* oferta, propuesta, ofrecimiento.
proficiency [profíšẹnsị], *s.* aprovechamiento, adelant(amient)o; pericia, habilidad.
proficient [-ẹnt], *s.* y *a.* experto, perito; aprovechado, proficiente, adelantado.
profile [próu̯fai̯l]. **I.** *s.* contorno; recorte; perfil.—**p. paper,** papel cuadriculado.—**in p.,** de perfil. **II.** *va.* perfilar; recortar.
profit [práfịt]. **I.** *s.* provecho, pro, *mf.*, ventaja; fruto; beneficio; lucro, ganancia, utilidad.—**p. and loss,** (com.) lucros y daños, ganancias y pérdidas.—**p. sharing,** distribución de las ganancias con los empleados.—**p.-sharing system,** sistema cooperativo.—**clear p.,** beneficio neto. *V.* NET y GROSS. **II.** *va.* aprovechar a, servir. **III.** *vn.* sacar utilidad o provecho, ganar, lucrarse.—**to p. by,** sacar partido o provecho de, beneficiarse de.
profitable [-ạbl], *a.* provechoso, útil, beneficioso, ventajoso; productivo, lucrativo.—**profitableness** [-nịs], *s.* calidad de provechoso.—**profitably** [-ạblị], *adv.* provechosamente; lucrativamente.
profiteer [prafịtír]. **I.** *vn.* usurear, logrear, explotar con agio o buscando ganancias exorbitantes (apl. esp. a la usura que se aprovecha de una necesidad o calamidad nacional). **II.** *s.* usurero, logrero, explotador, acaparador, buitre (fig.), vampiro (fig.).—**profiteering** [-ịŋ], *s.* usura, logrería, explotación.
profligacy [práflịgạsị], *s.* libertinaje, desenfreno, disolución, crápula.
profligate [-gịt], *a.* y *s.* libertino, licencioso, relajado, perdido.—**profligately** [-lị], *adv.* disolutamente, licenciosamente.
profound [profáu̯nd]. **I.** *a.* profundo; hondo; intenso; pesado (sueño). **II.** *s.* (poét.) sima, abismo; profundo, mar, *mf.*, océano.
profoundly [-lị], *adv.* profundamente.
profundity [profʌ́ndịtị], *s.* profundidad, profundo; hondura.
profuse [profịús], *a.* profuso; pródigo.—**profusely** [-lị], *adv.* profusamente; pródigamente.
profuseness, profusion [-nịs, profịúžọn], *s.* profusión, abundancia; prodigalidad.
progenitor [prodžénịtọ(r)], *s.* progenitor.
progeny [prádžɛnị], *s.* progenie, prole, *f.*, linaje.
progesterone [prodžéstẹrou̯n], *s.* (bioquím.) progesterona.
prognathism [prágnạθịzm], *s.* prognatismo.
prognathous [-θʌs], *a.* (anat. y zool.) prognato.
prognosis [pragnóu̯sịs], *s.* (med.) pronóstico; prognosis, vaticinio, predicción; presciencia.
prognostic [pragnástịk]. **I.** *s.* pronóstico, presagio, señal, *f.*; predicción; (med.) síntoma (*m.*) determinante. **II.** *a.* pronosticador.
prognosticable [-ạbl], *a.* pronosticable.
prognosticate [-ei̯t], *va.* pronosticar; presagiar; agorar, augurar.—**prognostication** [-kéi̯šọn], *s.* pronosticación; presagio, pronóstico, agüero.—**prognosticator** [-kei̯tọ(r)], *s.* pronosticador, vaticinador.
program(me [próu̯grǽm]. **I.** *s.* programa, *m.*, agenda; plan, prospecto; (hist.) cartel.—**p. music,** música descriptiva. **II.** *va.* (Am.) programar.
progress [prágrɛs]. **I.** *s.* progreso; progresos, aprovechamiento, adelantamiento; desarrollo, mejoramiento; marcha, curso, carrera.—**to make p.,** hacer progresos, progresar. **II.** [progrés], *va.* adelantar, llevar adelante. **III.**

vn. progresar; avanzar, marchar; adelantar, hacer progresos.
progression [progrέŝǫn], *s.* progresión, adelantamiento, curso; (mat.) progresión.
progressional [-ąl], *a.* progresivo.
progressionist [-įst], *s.* (pol.) progresista; (biol.) evolucionista; transformista.
progressive [progrέsįv]. **I.** *a.* progresivo; progresista (t. *s.*). **II.** *a.* y *s.* (**P.**, pol.) progresista.—**progressively** [-lį], *adv.* progresivamente.—**progressiveness** [-nįs], *s.* calidad de progresivo o progresista.—**Progressivism** [-įzm], *s.* (pol.) progresismo, doctrinas del partido progresista.
prohibit [proųhíbįt], *va.* prohibir, vedar; impedir.
prohibition [proų(h)įbíŝǫn], *s.* prohibición, veda(miento); auto prohibitorio, entredicho o interdicto; veto; (E. U.) nefalismo obligatorio, prohibicionismo, prohibición legal de la manufactura y venta de bebidas alcohólicas.—**p. law,** ley antialcohólica.—**P. party,** (E. U.) partido prohibicionista, que aboga por la prohibición de bebidas alcohólicas.
prohibitionism [-įzm], *s.* prohibicionismo.
prohibitionist [-įst], *s.* y *a.* (E. U. pol.) prohibicionista, nefalista, afiliado al prohibicionismo.
prohibitive, prohibitory [proųhíbįtįv, -torį], *a.* prohibitivo, prohibitorio.
project [prodźέkt]. **I.** *va.* proyectar; trazar, dibujar; idear; echar, arrojar, despedir. **II.** *vn.* resaltar, sobresalir, (re)salir, destacarse. **III.** [prádźεkt], *s.* proyecto, plan; planta, plano, traza; empresa; (educ.) tema (*m.*) que se le asigna al alumno y que le exige iniciativa personal, la lectura de obras de consulta, etc.
projectile [prodźέktįl]. **I.** *s.* proyectil. **II.** *a.* proyectante; arrojadizo.
projecting [-tįŋ], *a.* proyectante (línea); saledizo, voladizo, saliente.
projection [-ŝǫn], *s.* lanzamiento, echamiento; resalte; (arq.) vuelo, saliente, salidizo, retallo proyectura; plan, proyecto; (geom.) proyección.—**p. machine,** proyector cinematográfico.
projector [-tǫ(r)], *s.* proyectista; tracista; proyector (eléctrico, cinematográfico, etc.); aparato de proyección.
projecture [-chū(r)], *s.* proyección; (arq.) proyectura, salidizo, vuelo.
prolapse [prolǽps]. **I.** *vn.* caer hacia adelante o afuera. **II.** *s.* (med.) prolapso, procidencia.
prolapsus [-ʌs], *s.* (med.) prolapso.
prolate [próųleįt], *a.* alargado hacia los polos.
proleg [próųlεg], *s.* (ent.) pie abdominal o falso.
prolegomena [proųlεgámεna], *s. pl.* (*sing.* **prolegomenon**) prolegómenos.
prolepsis [prolέpsįs], *s.* (ret.) prolepsis.
proleptic(al [prolέptįk(ąl], *a.* proléptico, previo.
proletarian [proųlεtέrįąn], *a.* y *s.* proletario.
proletariat [-įąt], *s.* proletariado; clase obrera.
prolicide [próųlįsaįd], *s.* infanticidio.
proliferate [prolífęreįt], *va.* y *vn.* (biol., bot.) (re)producir(se); desarrollar(se) por la reproducción de células similares.
proliferating [-įŋ], *a.* proliferante.
proliferation [-éįŝǫn], *s.* (biol., bot.) proliferación; multiplicación, reproducción.
proliferous [-ʌs], *a.* prolífero.
prolific(al [prolífįk(ąl], *a.* prolífico, fecundo, fértil.
prolifically [-į], *adv.* prolíficamente.
prolificness [-nįs], *s.* fecundidad, fertilidad.
prolix [prolíks], *a.* prolijo, nimio, difuso.—**prolixity** [-įtį], **prolixness** [-nįs], *s.* prolijidad, nimiedad.—**prolixly** [-lį], *adv.* prolijamente.
prolocutor [prolákįutǫ(r)], *s.* intercesor, portavoz, *m.*; presidente de una asamblea.
prolog(ue [próųlag], *s.* prólogo, proemio, prefacio; (teat.) introito, loa.
prolog(u)ize [-aįz], *va.* y *vn.* prologar.
prolong [prolóŋ], *va.* prolongar, extender, dilatar.
prolongation [-géįŝǫn], *s.* prolongación.
prolonge [prolándź], *s.* (arti.) prolonga.
prolusion [prolįúźǫn], *s.* prolusión, prelusión, preludio; ensayo preliminar.
prom [pram], *s.* (E. U., fam.) baile, danza (organizada por estudiantes de una clase).
promenade [pramεnád]. **I.** *vn.* pasear(se). **II.** *s.* paseo (lugar y acto); caminata, vuelta.—**p. concert,** concierto durante el cual la gente pasea o baila.—**p. deck,** (mar.) cubierta superior o de paseo.—**p. roof,** azotea de baile y diversión.
promenader [-œ(r)], *s.* paseante.
Promethean [promíθįąn], *a.* de Prometeo.
promethium [proųmíθįʌm], *s.* (quím.) prometio.
prominence, prominency [prámįnęns, -į], *s.* eminencia, altura, relieve, distinción; prominencia, protuberancia, saledizo, resalto; (anat.) prominencia, apófisis, elevación.
prominent [-ęnt], *a.* prominente, saliente, conspicuo, destacado, descollante, de viso; eminente, sobresaliente, distinguido.—**p. eyes,** ojos saltones.—**p. figures,** personalidades, figuras de relieve.
promiscuity [pramįskįúįtį], *s.* promiscuidad (apl. esp. a las relaciones sexuales).
promiscuous [promískyųʌs], *a.* promiscuo.—**p. intercourse,** relaciones sexuales promiscuas, libre amor.—**promiscuously** [-lį], *adv.* promiscuamente; sin distinción.—**promiscuousness** [-nįs], *s.* promiscuidad, confusión, mezcla.
promise [prámįs]. **I.** *s.* promesa, prometimiento, prometido, promisión; fe, *f.*, palabra dada; cosa prometida; expectativa, esperanza.—**p. of marriage,** palabra de matrimonio. **II.** *va.* y *vn.* prometer, ofrecer, mandar; dar o hacer concebir esperanzas.—**Promised Land,** Tierra Prometida o de Promisión.
promisee [-sí], *s.* (for.) persona que ha recibido una promesa.
promiser [-sœ(r)], **promisor** [-sor], *s.* prometedor.
promising [-sįŋ], *a.* prometiente, prometedor, que promete, halagador, halagüeño.
promissory [-sorį], *a.* promisorio.—**p. note,** pagaré, vale, abonaré.
promontory [prámǫntorį], *s.* (geog.) promontorio, punta, cabo; (anat.) promontorio, eminencia.
promote [promóųt], *va.* promover, fomentar; provocar, suscitar; alentar, estimular; mejorar, adelantar, ascender; (com.) agenciar, gestionar; capitalizar y organizar (una empresa).
promoter [-œ(r)], *s.* promotor, promovedor, gestor, agente que se dedica a capitalizar y organizar empresas industriales; agente de negocios.
promotion [promóųŝǫn], *s.* promoción, ascenso, adelant(amient)o; fomento.
promotive [promóųtįv], *a.* promovedor, promotor.
prompt [prámpt]. **I.** *a.* pronto, listo, expedito; puntual.—**p. book,** (teat.) apunte, libro del apuntador o consueta.—**p. box,** (teat.) concha.—**p. cash,** pago al contado, inmediato.—**p. note,** (com.) nota de aviso, especie de memorándum o factura que se da a quien compra al fiado. **II.** *va.* impulsar, mover, incitar; indicar, sugerir, insinuar; soplar, decir en voz baja (en una clase); (teat.) apuntar.
prompter [-œ(r)], *s.* incitador, instigador; (teat.) apuntador, traspunte, consueta, *mf.*
promptitude, promptness [-įtįud, -nįs], *s.* prontitud, presteza; puntualidad.—**promptly** [-lį], *adv.* prontamente, prestamente; puntualmente.—**p. at two o'clock,** a las dos en punto.
promulgate [promʌ́lgeįt], *va.* promulgar, proclamar, publicar, pervulgar.
promulgation [-géįŝǫn], *s.* promulgación, proclama(ción), publicación.
promulgator [-geįtǫ(r)], **promulger** [-dźœ(r)], *s.* promulgador.
pronaos [pronéįas], *s.* (arq.) pronaos.
pronation [pronéįŝǫn], *s.* (fisiol.) pronación.

prone [próun], *a.* prono, postrado; inclinado, pendiente; prono, dispuesto, propenso.
proneness [-nis], *s.* postración; inclinación; propensión, tendencia.
prong [práŋ], *s.* púa, diente, punta (de tenedor, horquilla, etc.); pitón de asta; punta de colmillo.
prongbuck, pronghorn [-bʌk, -hɔrn], *s.* (zool.) antílope americano.
pronged [-d], *a.* dentado, provisto de púas.
pronominal [pronáminal], *a.* (gram.) pronominal.
pronoun [próunaun], *s.* (gram.) pronombre.
pronounce [pronáuns]. **I.** *va.* pronunciar; declarar; (for.) pronunciar, dar o dictar (sentencia). **II.** *vn.* pronunciar; hablar magistralmente.
pronounceable [-abl], *a.* pronunciable.
pronounced [-t], *a.* pronunciado, marcado, fuerte, subido.—**pronouncement** [-ment], *s.* proclama, manifiesto, declaración; anuncio formal; (for.) pronunciamiento.—**pronouncing** [-iŋ], *a.* de pronunciación, con la pronunciación.
pronto [prántou], *adv.* (fam.) pronto, aprisa.
pronucleus [proniúkliʌs], *s.* (embr.) pronúcleo.
pronunciamento [pronʌnsiaméntou], *s.* proclama, manifiesto, declaración.
pronunciation [-éišon], *s.* pronunciación.
proof [prúf]. **I.** *s.* prueba, evidencia; probación; calificación; demostración; ensayo, experimento; impenetrabilidad; (impr.) prueba; graduación normal de licores alcohólicos; (foto. y b. a.) prueba; (mat.) prueba, comprobación. **II.** *a.* empleado en probar, cotejar o corregir; de comprobación; impenetrable; hecho a prueba de (agua, bomba, etc.); de prueba.—**p. plane,** (elec.) plano de prueba.—**p. sheet,** prueba (de imprenta); capilla.—**p. spirit,** licor de prueba (que contiene 50% de alcohol).—**to be p. against,** ser o estar a prueba de; (fig.) ser insensible a. **III.** *va.* probar; hacer (a) prueba de; impermeabilizar.
proofing [-iŋ], *s.* substancia o preparación impermeabilizadora o antipermeable.
proofread [-rid], *va.* y *vn.* leer y corregir pruebas. —**proofreader** [-œ(r)], *s.* corrector de pruebas. —**proofreading** [-iŋ], *s.* corrección de pruebas.
prop [prap]. **I.** *va.* (a veces con **up**) sostener, apuntalar, afianzar; (min.) entibar; (mar.) escorar; (arq.) apear, acodalar; ahorquillar; (fig.) mantener, sustentar. **II.** *s.* apoyo, puntal, paral, apeo, codal; asnilla, madrina, sustentáculo; (min.) entibo, ademe; (mar.) escora; (agr.) rodrigón, tentemozo; (fig.) apoyo, amparo, báculo, sostén, soporte; (teat.) = PROPERTY.—*pl.* (fam.) piernas.
propædeutic(al [propidiútik(al], *a.* propedéutico.—**propædeutics** [-tiks], *s.* propedéutica.
propagable [prápagabl], *a.* propagable.
propaganda [prapagǽnda], *s.* propaganda.
propagandism [-dizm], *s.* propagandismo, arte y práctica de la propaganda.
propagandist [-dist], *s.* y *a.* propagandista.
propagandize [-dais], *va.* y *vn.* hacer propaganda (a o en).
propagate [prápageit]. **I.** *va.* propagar, multiplicar, engendrar; diseminar; propalar. **II.** *vn.* propagarse, multiplicarse, reproducirse; cundir.
propagating [-iŋ], *a.* propagante.
propagation [-géišon], *s.* propagación, generación, reproducción; diseminación, difusión.
propagative, propagatory [-geitiv, -gatori], *a.* propagativo.
propagator [-geito(r)], *s.* propagador.
propane [próupein], *s.* (quím.) propano.
proparoxytone [proupærráksitoun], *a.* (gram.) proparoxítono, esdrújulo.
propel [propél], *va.* propulsar, impeler, empujar.
propellant [-ant], *s.* propulsor; carga propulsora (de un cohete).
propellent [-ent]. **I.** *a.* motor, propulsor, impelente. **II.** *s.* agente impelente o impulsor.
propeller [-œ(r)], *s.* impulsor, propulsor; hélice, *f.* (de un buque, de un avión); (mar.) buque de hélice.—**p. shaft,** (aut.) eje de propulsión, eje cardán.
propelling [-iŋ], *a.* de impulsión, de propulsión. —**p. power,** fuerza propulsora.
propense [propéns], *a.* (ant.) propenso.
propension, propensity [propénšon, -siti], *s.* propensión, tendencia, proclividad, predisposición.
proper [prápœ(r)], *a.* propio, conveniente, debido, apropiado, adecuado; decoroso, decente, formal, correcto; justo, exacto; propiamente dicho; (her.) natural.—**p. fraction,** (mat.) quebrado propio.—**p. noun,** o **name,** (gram.) nombre propio.—**properly** [-li], *adv.* propiamente, apropiadamente; en debida forma; correctamente, oportunamente, decorosamente.—**more p.,** mejor dicho.
propertied [prápœrtid], *a.* propietario.
property [prápœrti], *s.* propiedad; hacienda, haberes, *m. pl.*; cualidad; bienes (in)muebles; posesión, dominio, pertenencia; (teat.) (gen. *pl.* **properties**) aderezo, cualquier objeto necesario para la representación de una obra; (Am.) utilería.—**p. man,** (teat.) el encargado de los *properties;* (Am.) utilero.—**p. owner,** terrateniente, propietario (esp. de bienes raíces).
prophase [próufeiz], *s.* (genét.) profase.
prophecy [práfesi], *s.* profecía, predicción.
prophesy [-sai], *va.* y *vn.* profetizar, predecir.
prophet [práfit], *s.* profeta, *m.*, vaticinador.
prophetess [-is], *s.* profetisa, sibila.
prophetic(al [profétik(al], *a.* profético, profetal, sibilino.
prophetically [-i], *adv.* proféticamente.
prophylactic [proufilǽktik], *a.* y *s.* profiláctico.
prophylaxis [-lǽksis], *s.* (med.) profilaxis.
prophyll [próufil], *s.* (bot.) bractéola.
propinquity [propíŋkwiti], *s.* propincuidad, proximidad, cercanía; parentesco.
propionic [proupiánik], *a.* (quím.) propiónico.
propitiable [propíšiabl], *a.* que se puede propiciar, propiciable, favorable.
propitiate [propíšieit], *va.* propiciar, aplacar, conciliar.—**propitiation** [-éišon], *s.* propiciación.—**propitiator** [-eito(r)], *s.* propiciador.—**propitiatory** [-atori], *a.* y *s.* propiciatorio.
propitious [propíšʌs], *a.* propicio, favorable; benigno; oportuno.—**propitiously** [-li], *adv.* propiciamente.—**propitiousness** [-nis], *s.* calidad de propicio.
propolis [prápolis], *s.* (api.) propóleos, cera aleda.
proponent [propóunent], *s.* y *a.* proponente, proponedor.
proportion [propóršon]. **I.** *s.* proporción; simetría; (h)armonía; (mat.) proporción.—*pl.* tamaño, dimensiones.—**in p.,** proporcionadamente; a prorrata.—**in p. as, o to,** a proporción que, a medida que o de.—**out of p.,** desproporcionado. **II.** *va.* proporcionar, armonizar.
proportionable [-abl], *a.* proporcionable, proporcionado.—**proportionableness** [-nis], *s.* calidad de proporcionado.—**proportionably** [-abli], *adv.* proporcionablemente, proporcionadamente.
proportional [-al]. **I.** *a.* proporcional.—**p. dividers,** compás de proporción.—**p. representation,** (pol.) representación proporcional. **II.** *s.* (mat.) número o cantidad proporcional.
proportionality [-ǽliti], *s.* proporcionalidad.
proportionally [-ali], *adv.* proporcionalmente.
proportionate [-it]. **I.** *a.* proporcionado, armónico. **II.** [-eit], *va.* proporcionar, ajustar.
proportioned [-d], *a.* proporcionado.
proportioning [-iŋ], *s.* proporción; dosificación.
proposal [propóuzal], *s.* propuesta, proposición; declaración (de amor, etc.); (for.) ponencia
propose [propóuz]. **I.** *va.* proponer; proponerse, pensar, tener intención de. **II.** *vn.* declararse (a una mujer).
proposer [-œ(r)], *s.* proponente, proponedor.

proposition [prapozíšon], *s.* proposición, propuesta; (lóg. y mat.) proposición; (ret.) exposición, propósito; (mús.) tema, *m.* En lenguaje familiar se emplea a veces con alguna vaguedad en el sentido de "cosa," "asunto," "problema," "sujeto," etc.: *the war was a serious proposition*, la guerra fué cosa seria; *the working of those mines was a complicated proposition*, la explotación de esas minas era un problema complicado; *that man seems to be a very tough proposition*, ese hombre parece ser tipo muy difícil.
propositional [-al], *a.* de carácter de proposición; relativo a la proposición.
propound [propáund], *va.* proponer; presentar.
propounder [-œ(r)], *s.* proponente, proponedor.
propr(a)etor [prouprítø(r)], *s.* (hist. rom.) propretor.
proprietary [propráieteri]. I. *a.* propietario; privilegiado, patentado (apl. esp. a remedios de patente). II. *s.* propietario, dueño; hacendados, propietarios; propiedad; remedio de patente.
proprietor [-tø(r)], *s.* propietario, dueño, amo.
proprietorship [-šip], *s.* propiedad.
proprietress [-tris], *s.* propietaria, dueña, ama.
propriety [-ti], *s.* propiedad, corrección; decoro, decencia.—*pl.* **proprieties,** reglas, canones (del arte, sociales, etc.).
propulsion [propÁlšon], *s.* propulsión; impulso, impulsión.
propulsion system, *s.* sistema de propulsión.
propulsive, propulsory [-siv, -sori], *a.* propulsor, impelente.
propyl [próupil], *s.* (quím.) propilo.
propylæum [prapilíʌm], *s.* (arq.) propileo.
propylene [próupilin], *s.* (quím.) propileno.
prorate [prouréit], *va.* prorratear.
proration [prouréišon], *s.* prorrateo.
prorogation [prourogéišon], *s.* prórroga, prorrogación; (Ingl. pol.) suspensión de las sesiones del Parlamento.—**prorogue** [prouróug], *va.* (raro) diferir, aplazar; (raro) prorrogar; (Ingl. pol.) suspender las sesiones (del Parlamento).
prosaic [prozéiik], *a.* prosaico; insulso, trivial.
prosaically [-ali], *adv.* prosaicamente.
prosaism [próuziizm], *s.* prosaísmo.
proscenium [prosíniʌm], *s.* (teat.) proscenio.
proscribe [proskráib], *va.* proscribir; encartar; prohibir; condenar, reprobar.
proscriber [-œ(r)], *s.* proscriptor.
proscription [proskrípšon], *s.* proscripción; encartamiento; prohibición.
proscriptive [-tiv], *a.* que proscribe.
prose [prouz]. I. *s.* prosa; discurso pesado.—**p. writer,** prosista, prosador. II. *a.* de prosa, en prosa; insulso, pesado. III. *va.* y *vn.* escribir en prosa o en estilo pesado; prosificar.
prosect [prosékt], *va.* preparar disecciones anatómicas.—**prosector** [-ø(r)], *s.* prosector.
prosecute [prásikiut]. I. *va.* continuar, (pro)seguir, llevar adelante; (for.) acusar, encausar, enjuiciar, procesar. II. *vn.* querellarse ante el juez; seguir un pleito; fiscalizar.
prosecuting [-iŋ], *a.* (for.) acusante.—**p. attorney,** fiscal; abogado de la acusación.
prosecution [-kiúšon], *s.* prosecución, (pro)seguimiento; (for.) procesamiento, institución de juicio, acusación; parte actora; fiscal.
prosecutor [prásikiutø(r)], *s.* (for.) actor, acusador, demandante; acusador oficial, fiscal.
prosecutrix [-triks], *s.* acusadora, demandante.
proselyte [prásølait]. I. *s.* prosélito, converso. II. *va.* y *vn.* hacer prosélitos, convertir.
proselytism [-izm], *s.* proselitismo.
proselytize [-aiz], *va.* y *vn.* = PROSELYTE.
proselytizing [-aiziŋ], *a.* proselitista.
prosencephalon [prasensέfalan], *s.* prosencéfalo, parte anterior del cerebro (los hemisferios).
prosenchyma [prasέŋkimä], *s.* (bot., biol.) prosénquima, *m.*
proser [próuzœ(r)], *s.* prosista, prosador.
prosily [-li], *adv.* prosaicamente.
prosiness [-nis], *s.* prosaísmo, calidad de prosaico; insulsez, aridez.
prosit [próusit], *interj.* (lat.) ¡buen provecho!
proslavery [prousléivœri]. I. *a.* esclavista. II. *s.* defensa de la esclavitud.
prosodist [prásodist], *s.* el versado en la prosodia o métrica.—**prosodic** [prasádik], *a.* prosódico, métrico.—**prosody** [prásodi], *s.* prosodia, métrica.
prosopopœia [prasopopíiä], *s.* (ret.) prosopopeya, personificación.
prospect [práspekt]. I. *va.* y *vn.* (min.) explorar, catear, buscar. II. *s.* perspectiva, vista, panorama, *m.*; probabilidad; expectativa, esperanza; situación, orientación; (min.) indicación o señal (*f.*) de veta o criadero; cata, producto de un mineral catado, muestra; (com.) comprador o parroquiano probable o de expectativa.
prospecter, prospector [-œ(r)], *s.* (min.) explorador, buscador, (Am.) cateador.
prospecting [-iŋ], *s.* (min.) calicata, exploración en busca de minas, (Am.) cateo.
prospective [prospéktiv]. I. *a.* anticipado, venidero, en perspectiva; presunto, de expectativa.—**p. customer,** (com.) cliente presunto. *V.* PROSPECT. II. *s.* perspectiva, vista.
prospectus [prospéktʌs], *s.* prospecto.
prosper [práspœ(r)]. I. *va.* prosperar, hacer medrar. II. *vn.* prosperar, medrar, florecer.
prosperity [praspériti], *s.* prosperidad.
prosperous [práspœrʌs], *a.* próspero, floreciente, venturoso; favorable o propicio.—**prosperously** [-li], *adv.* prósperamente.—**prosperousness** [-nis], *s.* prosperidad.
prostate (gland) [prásteit (glænd)], *s.* (anat.) próstata, glándula prostática.
prostatic [prostǽtik], *a.* prostático.
prosthesis [prásθesis], *s.* (gram., cir.) pró(s)tesis. —**prosthetic** [prasθétik], *a.* (gram.) pro(s)tético.
prostitute [prástitiut]. I. *va.* y *vn.* prostituir(se); vender(se). II. *s.* prostituta, ramera, puta.
prostitution [-tiúšon], *s.* prostitución.
prostrate [prástreit]. I. *a.* postrado, humillado, prosternado; (bot.) tendido. II. *va.* tender, postrar; demoler, derribar; arruinar; (med.) postrar, debilitar. III. *vn.* postrarse, prosternarse.
prostration [-éišon], *s.* postración, abatimiento, depresión; (med.) postración o adinamia.
prostyle [próustail], *a.* y *s.* (arq.) próstilo.
prosy [próuzi], *a.* prosaico; insulso, árido.
protactinium [proutæktíniʌm], *s.* (quím.) protoactinio.
protagonist [protǽgonist], *s.* protagonista.
protasis [prátasis], *s.* (gram. y drama) prótasis.
protean [próutian], *a.* proteico, proteiforme.
protect [protékt], *va.* proteger, amparar, defender, (res)guardar; poner al abrigo o a cubierto (de).—**protected cruiser,** (mar.) crucero protegido, que tiene cubierta acorazada y torres blindadas, pero poco o ningún blindaje en los costados.—**protected state,** (der. int.) protectorado (territorio).
protection [protékšon], *s.* protección, amparo; resguardo, defensa; salvoconducto, pasaporte, carta de seguridad; (e. p.) protección; proteccionismo.
protectionism [-izm], *s.* (e. p.) proteccionismo.
protectionist [-ist], *s.* y *a.* (e. p.) proteccionista.
protective [protéktiv]. I. *a.* protector; (e. p.) proteccionista. II. *s.* protección; lo que protege; (cir.) cubierta aséptica para una herida.
protective custody, *s.* prisión preventiva, custodia protectora (de un procesado o testigo).
protector [-tø(r)], *s.* protector, amparador.
protectorate [-it], *s.* protectorado.
protectorship [-šip], *s.* protectoría, protectorado.
protectress [-tris], *s.* protectora, (-triz).
protégé [próutažei], *s.* (fr.) protegido, paniaguado.
proteid(e [próutiid], *s.* (bioquím.) = PROTEIN.
proteiform [protíiform], *a.* proteiforme, proteico.
protein [próuti(i)n]. I. *s.* (bioquím.) proteína. II. *a.* proteico, proteínico.

Proterozoic [pratęrozóu̧ik], *a.* (geol.) proterozoico.
protest [protést]. **I.** *va.* protestar, declarar; (com.) protestar (una letra).—**to p. for non-acceptance,** protestar por falta de aceptación.—**to p. for non-payment,** protestar por falta de pago. **II.** *vn.* protestar. **III.** [próu̧tɛst], *s.* protesta(ción); (com.) protesto.—**under p.,** bajo protesta.
Protestant [prátịstạnt], *a.* y *s.* protestante.
Protestantism [-ịzm], *s.* protestantismo.
protestation [pratɛstéịŝo̧n], *s.* protestación; protesta, declaración.
protester [protéstœ(r)], *s.* el que protesta.
protesting [-ịŋ], *a.* protestante, protestativo.
prothallium [proθǽlịʌm], *s.* (bot.) protalo.
prothesis [práθɛsịs], *s.* (gram., cir.) = PROSTHESIS.
prothetic [proθétịk], *a.* = PROSTHETIC.
prothonotary [proθánotɛrị], *s.* (for., igl.) protonotario.—**p. warbler,** (E. U. orn.) pájaro cantor.
prothorax [proθóu̧ræks], *s.* (ent.) protórax.
protium [próu̧tịʌm], *s.* (quím.) protio.
protoactinium [prou̧toæktínịʌm], *s.* (quím.) protoactinio.
protoblast [próu̧toblæst], *s.* (biol.) protoblasto.
protochloride [-klóraịd], *s.* (quím.) protocloruro.
protocol [próu̧tokạl]. **I.** *s.* protocolo, registro. **II.** *va.* protocol(iz)ar.
protohistory [-hístorị], *s.* protohistoria.
protolithic [-líθịk], *a.* del primer período de la edad de piedra.
protomartyr [-mártœ(r)], *s.* protomártir.
protometal [-mɛtạl], *s.* protometal.
proton [próu̧tan], *s.* (fís. y chem.) protón.
protoplasm [próu̧toplæzm], *s.* (biol.) protoplasma, *m.*
protoplasmic, protoplasmal, protoplasmatic [-plǽzmịk, -mạl, -mǽtịk], *a.* protoplásm(át)ico.
protoplast [-plæst], *s.* (biol.) protoplasto.
protosulphide [-sʌ́lfaịd], *s.* (quím.) protosulfuro.
prototype [-taịp], *s.* prototipo; arquetipo.
prototyp(ic)al [-táịpạl, -típịkạl], *a.* prototípico.
protoxid(e [protáksaịd], *s.* (quím.) protóxido.
Protozoa [prou̧tozóu̧ạ̈], *s. pl.* (zool.) protozo(ari)os.—**protozoan** [-n]. **I.** *a.* y *s.* protozoario. **II.** *s.* protozoo.
protract [protrǽkt], *va.* alargar, prolongar; (raro) demorar, dilatar; (top., etc.) trazar (un plano) por medio del transportador. *V.* PROTRUDE.
protracted [-ịd], *a.* largo, prolongado, lento.
protractile [-ịl], *a.* que se puede alargar hacia delante; (zool.) protráctil.
protraction [protrǽkŝo̧n], *s.* prolongación, continuación; demora; (top., etc.) trazamiento (de un plano) con el transportador.
protractive [-tịv], *a.* que alarga, prolonga, etc.; dilatorio.
protractor [-to̧(r)], *s.* prolongador; (dib.) transportador (instrumento); (anat.) músculo extensor; (sast.) molde o regla.
protrude [protrúd]. **I.** *va.* empujar, sacar fuera. **II.** *vn.* salir fuera o sobresalir.—**protrusi(b)le** [-sị(b)l], *a.* que puede sacarse o alargarse.—**protrusion** [-ẑo̧n], *s.* acción de sacar o empujar hacia afuera; parte (*f.*) que sobresale; proyección; (med.) protrusión.—**protrusive** [-sịv], *a.* que sobresale o tiende a sobresalir; que empuja hacia adelante.
protuberance, protuberancy [protịúbęrạns, -ị], *s.* protuberancia, prominencia, resalto.—**protuberant** [-ạnt], *a.* protuberante, prominente, saliente.—**protuberate** [-eịt], *vn.* sobresalir, resaltar.
proud [práu̧d], *a.* orgulloso; soberbio, arrogante, altivo, altanero, ufano; majestuoso; (poét.) brioso, pujante.—**p. flesh,** (cir.) tejido de granulación, bezo, carnosidad.—**to be p. (of),** enorgullecerse, preciarse, ufanarse (de).—**proudly** [-lị], *adv.* soberbiamente; orgullosamente.

provable [prúvạbl], *a.* demostrable, comprobable.
prove [prúv]. **I.** *va.* (*pp.* PROVED o PROVEN) probar, demostrar; comprobar; acreditar, evidenciar, substanciar; poner a prueba, examinar, experimentar; (for.) abrir y hacer público (un testamento) (*V.* PROBATE); (impr.) sacar prueba de.—**proving ground,** campo de prueba. **II.** *vn.* resultar, venir a parar, salir (bien o mal); demostrar que es (capaz, etc.).
proven [-n], *pp.* y *a.* (com)probado; experimentado; (for.) probado, demostrado.—**not p.,** veredicto de no probado.
Provençal [prou̧vansál]. **I.** *a.* y *s.* provenzal. **II.** *s.* provenzal, lemosín (lengua de oc).
provender [právęndœ(r)], *s.* forraje.
provenience [provínịęns], *s.* procedencia, origen.
proverb [právœrb], *s.* proverbio; adagio, refrán.—**proverbial** [provœ́rbịạl], *a.* proverbial; muy notorio.—**proverbialist** [-ịst], *s.* refranista, (fam.) proverbista.—**proverbially** [-ị], *adv.* proverbialmente.
provide [prováịd]. **I.** *va.* proveer, proporcionar, surtir, suplir, abastecer, suministrar; estipular. **II.** *vn.* (con **for**) mantener, proveer lo necesario, sufragar gastos, abastecer de víveres; encargarse de; tener en cuenta; precaverse, tener cuidado, tomar precauciones, prepararse; disponer, dar disposiciones para, sobre, o con respecto a; providenciar, dar providencias para.—**to p. against,** precaver, prevenir algún riesgo.—**provided (that),** con tal que, a condición que, siempre que.
providence [právịdęns], *s.* providencia; (raro) previsión; prudencia; frugalidad, economía; (**P.**) la Providencia, Dios.
provident [právịdęnt], *a.* próvido, providente; previsor; prudente; económico.
providential [-dénŝạl], *a.* providencial.
providentially [-ị], *adv.* providencialmente.
providently [právịdęntlị], *adv.* próvidamente.
provider [prováịdœ(r)], *s.* proveedor, provisor, suministrador, abastecedor.
providing [-dịŋ], *conj.* con tal que.
province [právịns], *s.* provincia; obligación, incumbencia, competencia.—**that is not my p.,** eso no me toca, no es de mi incumbencia.
provincial [provínŝạl]. **I.** *a.* provincial; provinciano; rudo, campesino, grosero. **II.** *s.* provinciano; (igl.) provincial.—**provincialism** [-ịzm], *s.* provincialismo.—**provincialist** [-ịst], *s.* provinciano.—**provinciality** [-ŝịǽlịtị], *s.* carácter provinciano.
provincially [-ŝạlị], *adv.* a modo provinciano.
provincialship [-ŝạlŝịp], *s.* (igl.) provincialato.
provine [prováịn], *va.* (agr.) amugronar.
provision [províẑo̧n]. **I.** *s.* provisión, aprovisionamiento, abastecimiento; medida, disposición, estipulación.—*pl.* provisiones, comestibles, víveres.—**till farther p. be made,** hasta más proveer.—**to make p. for** = TO PROVIDE FOR. **II.** *va.* proveer, abastecer, bastimentar.
provisional [-ạl], *a.* provisional, interino.—**provisionally** [-ị], *adv.* provisionalmente, interinamente, por el (o lo) pronto.
provisioning [-ịŋ], *s.* (mil.) avituallamiento.
proviso [prováịzou̧], *s.* estipulación, condición.
provisorily [-zorịlị], *adv.* condicionalmente.
provisory [-ị], *a.* provisional, (Am. o gal.) provisorio; condicional, que lleva estipulación.
provocation [pravokéịŝo̧n], *s.* provocación; excitación, estímulo.
provocative [provákạtịv]. **I.** *a.* provocativo, provocador. **II.** *s.* estimulante.—**provocativeness** [-nịs], *s.* calidad de provocativo.
provoke [provóu̧k]. **I.** *va.* provocar, irritar, encolerizar; excitar, incitar; causar, promover. **II.** *vn.* causar enojo, excitar cólera.—**provoker** [-œ(r)], *s.* provocador.—**provoking** [-ịŋ], *a.* provocativo, provocante, irritante.—**provokingly** [-lị], *adv.* provocativamente.
provost [právo̧st], *s.* preboste; (igl.) prepósito, pavorde; (Ingl.) director de colegio.—**p.**

marshal [próu̦vou̦ márŝa̦l], (mil.) capitán preboste.
provostship [-ŝi̦p], *s.* prebostazgo; prepositura.
prow [práu̦], *s.* (mar.) proa; tajamar.
prowess [-i̦s], *s.* valentía; proeza, hazaña.
prowl [práu̦l], *va.* y *vn.* rondar (para robar o vigilar); merodear; andar acechando; vagar.
prowl car, *s.* (E. U., fam.) carro de policía.
prowler [-œ(r)], *s.* vago; rondador; merodeador.
proximal [práksi̦ma̦l], *a.* (biol.) próximo.
proximate [práksi̦mi̦t], *a.* próximo, inmediato.
proximately [-li̦], *adv.* próximamente; inmediatamente.
proximity [praksími̦ti̦], *s.* proximidad, cercanía; inmediación, propincuidad.
proximity fuze, *s.* espoleta activada a distancia por ondas de radio.
proximo [práksi̦mou̦], *adv.* del o en el mes próximo.
proxy [práksi̦], *s.* apoderado, delegado, poderhabiente; procuración, poder.—**by p.**, por poder, mediante apoderado o substituto.
prude [prud], *s.* mojigata, remilgada, gazmoña.
prudence [prúde̦ns], *s.* prudencia, cordura, juicio, discreción, circunspección, cautela.
prudent [-e̦nt], *a.* prudente, cuerdo, juicioso, discreto, circunspecto, caut(elos)o.
prudential [pru̦dénŝa̦l], *a.* prudencial.
prudently [prúde̦ntli̦], *adv.* prudentemente.
prudery [prúdœri̦], *s.* melindrè(ría), remilgo, gazmoñería, pudibundez, dengue.
prudish [prúdi̦ŝ], *a.* gazmoño, remilgado, denguero.—**prudishness** [-ni̦s], *s.* = PRUDERY.
prune [prun]. **I.** *va.* y *vn.* (agri.) podar, cortar, (esca)mondar; expurgar. *V.* PREEN. **II.** *s.* (bot.) ciruela (pasa), pruna.—**p. tree**, variedad de ciruelo.
prunella, prunello [prunéla̦, -ou̦], *s.* (tej.) sempiterna, rompecoches, (Am.) prunela.
pruner [prúnœ(r)], *s.* podador.
pruniferous [pruníf̦e̦rʌs], *a.* (bot.) que produce ciruelas.
pruning [prúni̦ŋ], *s.* poda, (re)monda, escamonda.—**p. knife**, podadera, podón, márcola.—**p. shears**, podaderas, tijeras para podar.
prurience, pruriency [prúri̦e̦ns, -i̦], *s.* comezón, *f.*, prurito; sensualidad.—**prurient** [-e̦nt], *a.* salaz, lascivo; anheloso.
prurigo [pru̦ráigou̦], *s.* (med.) comezón, *f.*, prurigo.
Prussian [prʌ́ŝa̦n], *a.* y *s.* prusiano.—**P. blue**, azul de Prusia; ferrocianuro férrico.
Prussianism [-i̦zm], *s.* prusianismo, militarismo opresivo y ambicioso.
prussiate [prʌ́ŝi̦eit], *s.* (quím.) prusiato.
prussic [prʌ́si̦k], *a.* (quím.) prúsico.
prussic acid, *s.* (quím.) ácido prúsico o cianhídrico.
pry [prái̦]. **I.** *va.* y *vn.* espiar, acechar, atisbar, observar, registrar o escudriñar; (mec.) alzaprimar, apalancar.—**to̦ p. apart**, separar.—**to p. off**, despegar.—**to p. into**, fisgar, fiscalizar, curiosear, entremeterse, (fam.) husmear.—**to p. out a secret**, arrancar un secreto. **II.** *s.* inspección, reconocimiento o registro escrupuloso; persona curiosa o entremetida; (mec.) palanca, barra, alzaprima.—**pryer** [-œ(r)], *s.* = PRIER.
prying [-i̦ŋ]. **I.** *a.* curioso, entremetido, inquisitivo, husmeador. **II.** *s.* acción del verbo TO PRY; intromisión.
prytaneum [pri̦ta̦níʌm], *s.* pritaneo (en Atenas).
psalm [sám], *s.* salmo; himno.
psalmbook [-bu̦k], *s.* salterio. *V.* PSALTER.
psalmist [-i̦st], *s.* salmista.
psalmody [-odi̦ *o* sǽlmodi̦], *s.* salmodia.
psalter [sóltœ(r)], *s.* salterio, salmodia.
psalterium [soltíri̦ʌm], *s.* (zool.) libro, omaso, tercer estómago de los rumiantes.
psaltery [sóltœri̦], *s.* (mús.) salterio.
pseudo [si̦údou̦], *a.* (p)seudo, falso, pretendido. Se emplea en muchas palabras compuestas cuyo significado es obvio; v. gr.: *pseudo-apostle*, seudo apóstol, falso apóstol; *pseudo-emperor*, pretendido emperador; *pseudo-science*, falsa ciencia.
pseudomembrane [-mémbrei̦n], *s.* (anat.) seudomembrana.
pseudomorph [-morf], *s.* (min.) seudomorfo; forma irregular o falsa.—**pseudomorphous** [-mórfʌs], *a.* seudomorfo.
pseudonym [si̦údoni̦m], *s.* seudónimo.
pseudonymous [si̦udáni̦mʌs], *a.* seudónimo.
pseudopod [si̦údopad], *s.*, **pseudopodal** [si̦udápo̦da̦l], *a.* (biol.) seudópodo.
pshaw [ŝo], *interj.* ¡bah! ¡fuera! ¡quita allá!
psi [psai̦], *s.* psi (letra griega).
Psittaci [(p)síta̦sai̦], *s. pl.* (orn.) sitácidos.
psittacosis [(p)si̦ta̦kóu̦si̦s], *s.* (med.) (p)sitacosis.
psoas [(p)sóu̦æs], *s.* (anat.) psoas (músculo).
psoriasis [(p)sorái̦a̦si̦s], *s.* (med.) (p)soriasis.
psyche [(p)sáiki̦], *s.* psique o psiquis; mente, *f.*
psychiatric(al [sai̦ki̦ǽtri̦k(a̦l], *a.* psiquiátrico.—**psychiatrist** [(p)sai̦kái̦a̦tri̦st], *s.* psiquiatra o psicópata, *mf.*—**psychiatry** [-tri̦], *s.* psiquiatría.
psychic(al [(p)sái̦ki̦k(a̦l], *a.* psíquico, anímico.
psychoanalysis [(p)sai̦koa̦nǽli̦si̦s], *s.* psicoanálisis.—**psychoanalyst** [-ǽna̦li̦st], *s.* psicoanalista; alienista.
psychoanalyze [-ǽna̦lai̦z], *va.* psicoanalizar, someter a psicoanálisis, examinar psicoanalíticamente.
psychogenesis [-dẑéne̦si̦s], *s.* psicogénesis o psicogenia.—**psychogenic** [-dẑéni̦k], *a.* psicogénico, psicógeno.
psychological [-ládẑi̦ka̦l], *a.* psicológico.
psychological warfare, *s.* guerra psicológica.
psychologist [(p)sai̦kálodẑi̦st], *s.* psicólogo.
psychology [-dẑi̦], *s.* psicología.
psychometer [(p)sai̦kámetœ(r)], *s.* psicómetro.—**psychometry** [-tri̦], *s.* psicometría.
psychoneurosis [(p)sai̦koni̦uróu̦si̦s], *s.* psiconeurosis.
psychoneurotic [-áti̦k], *a.* psiconeurótico.
psychopath [(p)sái̦kopæθ], *s.* psicópata, *mf.*
psychopathic [-pǽθi̦k], *a.* psicopático.
psychopathology [(p)sai̦kopa̦θálodẑi̦], *s.* psicopatología, patología de la mente.
psychopathy [(p)sai̦kápa̦θi̦], *s.* psicopatía.
psychophysics [(p)sai̦kofízi̦ks], *s.* psicofísica.
psychophysiology [-fi̦ziálodẑi̦], *s.* psicofisiología, fisiología psicológica.
psychosis [(p)sai̦kóu̦si̦s], *s.* psicosis.
psychosomatic [-somǽti̦k], *a.* psicosomático.
psychosurgery [-sœrdẑœri̦], *s.* psicocirugía.
psychotherapy [-θéra̦pi̦], *s.* psicoterapia.
psychotic [(p)sai̦káti̦k]. **I.** *s.* y *a.* psicótico, psicopático, que sufre de enfermedad mental. **II.** *a.* psicótico, relativo a la psicosis.
psychrometer [(p)sai̦krámetœ(r)], *s.* psicrómetro.
ptarmigan [tármi̦ga̦n], *s.* (orn.) lagópodo.
pteridophyte [terídofai̦t], *s.* (bot.) teridofita, pteridofita.
pterodactyl [terodǽkti̦l], *s.* pterodáctilo.
ptisan [tíza̦n], *s.* (farm.) tisana.
Ptolemaic [tale̦méi̦i̦k], *a.* ptolemaico.
ptomain(e [tóu̦mei̦n], *s.* (bioquím.) (p)tomaína.
ptyalin [(p)tái̦a̦li̦n], *s.* (bioquím.) (p)tialina.
ptyalism [-li̦zm], *s.* (med.) (p)tialismo, salivación excesiva.
pub [pʌb], *s.* (Ingl., fam.) taberna.
puberty [pi̦úbœrti̦], *s.* pubertad; pubescencia.
pubes [pi̦úbiz], *s.* (anat.) pubes o pubis, *m.* (región).
pubescence [pi̦ubése̦ns], *s.* pubescencia, pubertad; (bot.) pelusa, vello.—**pubescent** [-e̦nt], *a.* pubescente, púber(o); (bot.) pubescente, velloso.
pubic [pi̦úbi̦k], *a.* (anat.) pubiano, púbico.—**p. region**, pubis, *m.*
pubis [pi̦úbi̦s], *s.* (anat.) pubis, *m.* (hueso).
public [pʌ́bli̦k]. **I.** *a.* público; común; notorio.—**p.-address system**, sistema de altoparlantes

para uso en ceremonias públicas.—**p. conveyance,** vehículo del servicio público.—**p. domain,** tierras baldías; sin derechos registrados; sin patente.—**p. enemy,** enemigo público.—**p. health,** higiene pública.—**p. health engineer,** ingeniero sanitario.—**p. house,** posada, hostería, fonda; (Ingl.) cantina.—**p. lands,** tierras incultas nacionales, tierras baldías.—**p. law,** derecho público; derecho internacional.—**p. library,** biblioteca pública.—**p. loan,** empréstito.—**p. notice,** cedulón, bando; manifiesto. —**p. official,** funcionario público.—**p. opinion,** opinión pública.—**p. prosecutor,** (for.) fiscal, acusador público.—**p. relations,** relaciones públicas.—**p. school,** escuela pública.—**p. servant,** burócrata, *mf.*—**p.-spirited,** patriótico, de espíritu cívico o público.—**p. toilet,** inodoro o retrete público; quiosco de necesidad.—**p. utility,** obra o empresa de servicio público.—**p. works,** obras públicas. —**the general p.,** el común de las gentes.—**to make p.,** hacer público, publicar, sacar a plaza, poner de manifiesto. **II.** *s.* público.

publican [-ạn], *s.* publicano; (Ingl.) mesonero, posadero, tabernero.

publication [pʌblịkéịŝọn], *s.* publicación; divulgación; promulgación; proclama(ción); revista, etc.

publicist [pʌ́blịsịst], *s.* publicista.

publicity [pʌblísịtị], *s.* publicidad, notoriedad.—**p. bureau,** u **office,** agencia publicitaria.—**p. man,** o **agent,** agente de publicidad o propaganda.

publicize [pʌ́blịsaịz], *va.* dar publicidad a, divulgar, publicar.

publicly [pʌ́blịklị], *adv.* públicamente.

publish [pʌ́blịŝ], *va.* publicar, divulgar, propalar; promulgar; dar a conocer; dar a luz; editar.—**to p. the banns,** amonestar, correr las amonestaciones o proclamas.

publisher [-œ(r)], *s.* editor; publicador.

publishing [-ịŋ], *a.* editorial, de publicaciones. —**p. house,** (casa) editorial, casa editora.

puccoon [pʌkún], *s.* (bot.) orcaneta, litospermo.

puck [pʌk], *s.* duende travieso; (dep.) disco de goma (en el hockey sobre hielo).

puckball [pʌ́kbɔl], *s.* (bot.) bejín.

pucker [pʌ́kœ(r)]. **I.** *va.* (cost.) fruncir, plegar, recoger, arrugar. **II.** *s.* (cost.) frunce o fruncido, fuelle, pliegue, arruga; (fam.) agitación.

puckish [pʌ́kịŝ], *a.* travieso.

pudding [púdịŋ], *s.* (coc.) budín, (neol.) pudín. —**p. dish** o **pan,** tortera, tartera.—**p. stone,** (geol.) pudinga.

puddle [pʌ́dl]. **I.** *s.* charco, poza; cimiento hidráulico. **II.** *va.* (fund.) pudelar; (hidr.) cimentar el fondo de un canal; enlodar, enfangar.

puddler [pʌ́dlœ(r)], *s.* (fund.) pudelador; horno de pudelar.

puddling [pʌ́dlịŋ], *s.* (fund.) pudelación, pudelaje; cimiento hidráulico; (hidr.) cimentación. —**p. furnace,** horno de pudelar.

puddly [pʌ́dlị], *a.* lodoso, cenagoso.

pudency [pịúdẹnsị], *s.* recato, pudor.

pudenda [pịudéndạ], *s. pl.* (anat.) órganos genitales.—**pudendal** [-dạl], *a.* pudendo.—**pudendum** [-dʌm], *s.* vulva.

pudgy [pʌ́dẑị], *a.* (fam.) regordete, gordiflón.

pudicity [pịudísịtị], *s.* pudicicia, pudor.

pudu [pịúdịu], *s.* (zool., Chile) pudú.

pueblo [pwébloụ], *s.* pueblo, aldea; casa comunal o aldea de indios.—**P. Indians,** tribus indígenas agrícolas de México y el sur de los E. U.

puericulture [pịúẹrịkʌlchṳ(r)], *s.* puericultura.

puerile [pịúẹrịl], *a.* pueril, infantil.

puerility [-ílịtị], *s.* puerilidad; niñada, niñería.

puerperal [pịuœ́rpẹrạl], *a.* (med.) puerperal.—**p. fever,** fiebre (*f.*) puerperal.

puerperium [-pírịʌm], **puerpery** [-pẹrị], *s.* (med.) puerperio, sobreparto.

Puerto Rican [pwértoụ ríkạn], *s.* y *a.* puertorriqueño, portorriqueño, borinqueño, boricua.

puff [pʌf]. **I.** *s.* resoplido; soplo, bufido; bocanada, fum(ar)ada; (Am.) chupada, pitada (de cigarro, etc.); bombo o elogio exagerado; colcha o cobertor (de ejedrón, lana, etc.); (cost.) bollo, bullón; (coc.) especie de bollo o buñuelo. *V.* POWDER PUFF.—**p. adder,** víbora venenosa.—**p. box,** polvera.—**p. paste,** (coc.) hojaldre, *mf.* —**p. of wind,** racha, ráfaga, soplo; ventolera. **II.** *va.* (a veces con **up**) hinchar, inflar; engreír, envanecer; ensalzar, dar bombo; (cost.) abollonar; (Am.) chupar (pipa, etc.). **III.** *vn.* inflarse, hincharse; engreírse; bufar, dar bufidos; resoplar, resollar; jadear, hipar; echar bocanadas; fumar; (Am.) pitar.—**to p. away,** disipar a soplos.—**to p. up,** hincharse, henchirse, ahuecarse, esponjarse, engreírse.

puffball [pʌ́fbɔl], *s.* (bot.) bejín.

puffer [pʌ́fœ(r)], *s.* soplador; ponderador; (Am.) chupador; (for.) = BY-BIDDER.

puffily [pʌ́fịlị], *adv.* hinchadamente; jadeando.

puffin [pʌ́fịn], *s.* (orn.) ave fría, frailecillo.

puffiness [pʌ́fịnịs], *s.* hinchazón, *f.;* (med.) hinchazón, intumescencia, tumefacción.

puffy [pʌ́fị], *a.* hinchado, inflado, entumecido.—**p. style,** estilo campanudo.

pug [pʌg]. **I.** *s.* moño o castaña (del pelo); (alb.) torta.—**p. (dog),** doguillo, perro *pug.*—**p. mill,** artesa de ladrillería; amasadera.—**p. nose,** nariz respingada.—**p.-nosed,** braco, nacho. **II.** *va.* (hidr.) cimentar; (alb.) embarrar, rellenar con torta o argamasa.

pugh [pịu], *interj.* ¡puf! ¡uf! ¡fo!

pugilism [pịúdẑịlịzm], *s.* pugilato, pugilismo, boxeo.—**pugilist** [-lịst], *s.* pugilista, púgil, boxeador.—**pugilistic** [-lístịk], *a.* de pugilato.

pugnacious [pʌgnéịŝʌs], *a.* pugnaz, belicoso.

pugnacity [pʌgnǽsịtị], *s.* pugnacidad.

puisne [pịúnị], *a.* (for.) (juez) pedáneo.

puissance [pịúịsạns], *s.* (poét.) pujanza, poder.

puissant [-ạnt], *a.* pujante, fuerte.

puke [pịuk]. **I.** *s.* vómito; (med.) vomitivo, emético. **II.** *va.* y *vn.* vomitar.

pulchritude [pʌ́lkrịtịud], *s.* belleza.

pule [pịul], *vn.* piar, pipiar; gemir, llorar.

pulex [pịúlɛks], *s.* (ent.) pulga.

pulicene [pịúlịsin], **pulicose** [-koụs], *a.* pulgoso.

pull [pụl]. **I.** *va.* tirar de, tirar hacia sí, cobrar; halar, arrastrar; estirar, arrancar, sacar (dientes, etc.); pelar, desplumar (aves); (mar.) bogar o remar; (impr.) sacar (una prueba); (fam.) sorprender y copar un garito; prender (a uno); sacar (un arma).—**to p. a face,** hacer una mueca.—**to p. a long face,** poner la cara larga. —**to p. asunder,** o **away,** arrancar, separar o quitar con violencia.—**to p. back,** tirar hacia atrás; hacer recular o cejar.—**to p. down,** derribar, demoler; degradar, deponer; humillar, abatir.—**to p. in,** tirar hacia adentro; contener, refrenar; redar.—**to p. to pieces,** hacer trizas, desgarrar, despedazar.—**to p. off,** arrancar; (fam.) efectuar, llevar a cabo.—**to p. one's leg,** (fam.) tomarle el pelo a uno.—**to p. one's self together,** recobrar la calma; arreglarse, componerse.—**to p. out,** sacar, arrancar.—**to p. the long bow,** exagerar, baladronear.—**to p. the trigger,** apretar el gatillo.—**to p. the wool over one's eyes,** engañar a uno como a un chino.—**to p. through,** sacar de dificultades o de un aprieto.—**to p. together,** llevarse bien; obrar armoniosamente.—**to p. up,** extirpar, desarraigar; contener, refrenar (un caballo); arrimar (una silla); subir (las persianas).—**to p. up stakes,** (fam.) prepararse para partir, liar el petate, alzar tiendas (fig.). **II.** *vn.* tirar con esfuerzo; tironear, dar un tirón; ejercer tracción (un motor, etc.).—**to p. ahead,** marchar avante; (mar.) halar avante.—**to p. apart,** romperse por tracción.—**to p. for,** estar o abogar por (una persona).—**to p. in,** contenerse, refrenarse; llegar (un tren).—**to p. over to the left** (**right**), desviarse hacia la izquierda (derecha).—**to p. through,** salir de un trance o aprieto.—**to p. up,** detenerse, refrenarse, hacer alto. **III.** *s.* tirón, estirón; tirador (de puerta, etc.); tracción; (fam.) influjo, influencia; (impr.) impresión hecha con la prensa de mano; (dep.) ejercicio de remos, boga.—**p. box,** (elec.) caja de acceso a los conductores y tubos que los llevan.—**p. switch,** interruptor de tiro o de cadena.—**to have a p.,** (fam.) tener buenas aldabas o una buena cuña. **IV.** *interj.* ¡hala!

pullback [púlbæk], *s.* acción de tirar hacia atrás; rémora, estorbo.

puller [púlœ(r)], *s.* el o lo que tira, saca o arranca; extractor, arrancador, sacador.

pullet [púlit], *s.* polla, gallina a medio crecer.

pulley [púli], *s.* polea, trocla, garrucha; (mar.) motón, cuadernal; (anat.) tróclea.—**p. block,** aparejo (de poleas); *pl.* (mar.) motonería.—**p. wheel,** roldana.—**set of pulleys,** poleame.

pullman [púlman], *s.* (f. c.) coche salón; coche cama o dormitorio (ll. t. **P. car**).

pull-over [púl ouvœ(r)], *s.* elástica, jersey, *f.*

pullulate [pÁlyūleit], *vn.* pulular.

pulmonary [pÁlmoneri], *a.* pulmonar.

pulmonate [pÁlmoneit], *s.* y *a.* (zool.) pulmonado.

pulmonic [pʌlmánik]. **I.** *s.* (farm.) pectoral; (med.) pulmoníaco, el que tiene una afección pulmonar. **II.** *a.* pulmonar; pulmoníaco.

pulmotor [pÁlmoutọ(r)], *s.* pulmotor (nombre de fábrica), pulmón de acero, aparato de respiración artificial.

pulp [pÁlp]. **I.** *s.* pulpa; (bot.) pulpa; la carne o parte mollar de la fruta; (anat.) pulpa; pulpejo; (pap.) pulpa, pasta, lechada; *pl.* (E. U., fam.) revista sensacionalista o escandalosa (impresa en papel barato). **II.** *va.* reducir a pulpa; descerezar (café).

pulpiness [-inis], **pulpousness** [-ʌsnis], *s.* calidad de pulposo.

pulpit [púlpit], *s.* (igl.) púlpito; clero; ambón.—**the p.,** el clero; predicación.

pulpous [pÁlpʌs], **pulpy** [pÁlpi], *a.* pulposo, carnoso, mollar.

pulque [púlki], *s.* pulque.—**p. brandy,** mezcal.

pulpwood [pÁlpwud], *s.* (pap.) madera de pulpa.

pulsate [pÁlseit], *vn.* pulsar, latir rítmicamente.

pulsatile [pÁlsatil], *a.* pulsátil, pulsativo; latiente; (mús.) de percusión.

pulsating [pÁlseitin], *a.* pulsativo.

pulsation [pʌlséiʃon], *s.* pulsación, latido.

pulsative [pÁlsativ], *a.* pulsativo.

pulsator [pʌlséitọ(r)], *s.* lo que pulsa, late o golpea; (hidr.) pulsómetro.

pulsatory [pÁlsatori], *a.* pulsante, latiente.

pulse [pÁls]. **I.** *s.* pulso; pulsación, vibración; (bot.) legumbres colectivamente (garbanzos, habas, lentejas, etc.). **II.** *vn* pulsar, latir, batir.

pulsejet [-dʒet], *s.* (aer.) pulsorreactor, motor de chorro pulsante.

pulsimeter [pʌlsímetœ(r)], *s.* pulsímetro, esfigmómetro.

pulsometer [pʌlsámetœ(r)], *s.* (med.) pulsímetro, esfigmómetro; (hidr.) pulsómetro.

pultaceous [pʌltéiʃiʌs], *a.* pultáceo; pulposo.

pulverizable [pÁlveraizabl], *a.* pulverizable, polvorizable.—**pulverization** [-éiʃon], *s.* pulverización, trituración.—**pulverize** [-aiz], *va.* pulverizar, reducir a polvo.—**pulverizer** [-œ(r)], *s.* pulverizador.

puma [piúma], *s.* (zool.) puma, *mf.*

pumice [pÁmis], *va.* apomazar.—**p. (stone),** piedra pómez, pumita.

pumiceous [piumíʃiʌs], *a.* que contiene piedra pómez.

pummel [pÁmel], *va.* y *s.* = POMMEL.

pump [pÁmp]. **I.** *s.* (mec.) bomba, aguatocha, (mar.) pompa; (Am.) inflador (de neumático, etc.); (zap.) escarpín, zapatilla, servilla.—**p. barrel** = P. CYLINDER.—**p. brake,** o **handle,** guimbalete, manubrio de bomba; (art.) freno o amortiguador hidráulico.—**p. cylinder,** caja o cuerpo de bomba.—**p. dale,** (mar.) dala.—**p. plunger,** émbolo buzo de bomba.—**p. priming,** (pol., E. U.) "cebar la bomba," ayudar con fondos públicos para echar a andar las cosas (el comercio, la industria, etc.).—**p. rod, p. spear,** vástago del émbolo de una bomba.—**p. water,** agua de pozo. **II.** *va.* y *vn.* dar a la bomba, (Am.) bombear; (fig.) sondear, tantear, sonsacar.—**to p. in,** inyectar (aire, etc.).—**to p. out,** achicar, sacar a bomba.—**to p. up,** inflar (un neumático, etc.).

pumper [-œ(r)], *s.* bombero; autobomba (del cuerpo de bomberos); sonsacador.

pumpernickel [pÁmpœrnikel], *s.* pan moreno.

pumping [pÁmpiŋ], *a.* de bombear.—**p. engine,** bomba de vapor.—**p. jack,** aparato de poleas de transmisión para actuar una bomba en un pozo profundo.

pumpkin [pÁmpkin *o* pÁŋkin], *s.* (bot.) calabaza (planta y fruto); calabacera (planta).—**p. pie,** (coc.) pastel de calabaza.

pun [pʌn]. **I.** *s.* equívoco, retruécano, juego de vocablos. **II.** *vn.* jugar del vocablo.

punch [pʌnch]. **I.** *va.* punz(on)ar, taladrar, horadar con punzón; sacar o cortar con punzón; aguijar o conducir (ganado); dar puñetazos, dar de puñadas, (fam.) apuñear.—**to p. a hole,** abrir un agujero. **II.** *s.* punzón, sacabocado(s), máquina o instrumento de taladrar; ponche (bebida); puñada o puñetazo; (fam.) energía, actividad; vivacidad.—**punching bag,** pelota de boxeo; saco de arena.—**P. and Judy show,** títeres, *m. pl.*—**p. bowl,** bol, ponchera.—**p. die,** punzón de estampar.—**p. pliers,** sacabocado(s).—**p. press,** punzonadora.—**p. sinker,** tallador, abridor o grabador en hueco.

puncheon [pÁnchọn], *s.* pipa (medida de líquidos); punzón; contrapunzón, estampador; cuña; (carp.) pie derecho.

puncher [pÁnchœ(r)], *s.* punzón; (E. U.) vaquero, boyero.

punchinello [pʌnchinélou], *s.* pulchinela, *m.;* títere.

punctate(d [pÁŋkteit(id], *a.* punteado, mosqueado.

punctilio [pʌŋktíliou], *s.* puntillo, punto.

punctilious [pʌŋktíliʌs], *a.* puntilloso, punt(u)oso, pundonoroso; etiquetero.—**punctiliousness** [-nis], *s.* puntillo, pundonor.

punctual [pÁŋkchual], *a.* puntual; exacto.—**punctuality** [-ǽliti], *s.* puntualidad; exactitud.

punctuate [-eit], *va.* y *vn.* puntuar.

punctuation [-éiʃon], *s.* (gram.) puntuación.

punctuation marks, *s.pl.* signos de puntuación.

puncture [pÁŋkchū(r)]. **I.** *va.* punzar; pinchar, perforar, agujerear, picar.—**punctured wound,** herida hecha con un instrumento puntiagudo. **II.** *s.* pinchadura, pinchazo, perforación; (med., etc.) puntura, punzad(ur)a, picad(ur)a; (cir.) punción; (zool.) hoyo.—**p.-proof,** a prueba de pinchazos (llanta, etc.).

pundit [pÁndit], *s.* erudito; bracmán sabio.

pungency [pÁndʒensi], *s.* picante, punta, sabor, resquemo; acerbidad, acrimonia, mordacidad.

pungent [-ent], *a.* picante; pungente, mordicante; acre, mordaz, acerbo; (zool.) punzante; (bot.) puntiagudo.

Punic [piúnik], *a.* púnico.

puniness [piúninis], *s.* encanijamiento.

punish [pÁniʃ], *va.* castigar, penar, corregir.—**punishable** [-abl], *a.* penable, punible.—**punishability** [-abíliti], **punishableness** [-ablnis], *s.* (for.) penalidad.—**punisher** [-œ(r)], *s.* castigador.—**punishment** [-ment], *s.* castigo; pena, punición, justicia.

punitive, punitory [piúnitiv, -tori], *a.* penal, punitivo.

punk [pʌŋk]. **I.** *s.* yesca, hupe, *f.*, pebete. **II.** *a.* (fam.) muy malo, sin valor ni mérito.

punka(h [pÁŋka], *s.* abanico colgante.

punner, punster [pÁn(st)œ(r)], *s.* equivoquista.

punt [pÁnt]. **I.** *va.* impeler una batea apoyando una vara en el fondo del río; (dep.) dar un

puntapié al balón en el aire. **II.** *vn.* cazar, pescar o ir en batea; despedir el balón con un puntapié; apuntar, en juegos de azar. **III.** *s.* (mar.) batea, barquichuelo de fondo plano; (dep.) puntapié dado al balón en el aire.
punter [-œ(r)], *s.* el que impele una batea; el que despide un balón a puntapiés; pelete (en juegos de azar).
punty [pʌ́nti], *s.* (vid.) pontil, puntel.
puny [piúni], *a.* encanijado; pequeño, diminuto; mezquino.—**p. child,** (fam.) redroj(uel)o, regojo.
pup [pʌp]. **I.** *vn.* parir la perra. **II.** *s.* cachorro, perrillo.—**p. tent,** (fam.) pequeña tienda de campaña.
pupa [piúpä], *s.* (ent.) ninfa, crisálida.
pupil [piúpil], *s.* (anat.) pupila, niña del ojo; (for.) pupilo; discípulo, alumno, escolar, educando.
pupilage [-idž], *s.* pupilaje.
pupil(l)ary, pupil(l)ar [-ɛri, -ä(r)], *a.* (anat. y for.) pupilar.—**p. margin,** borde de la pupila.
puppet [pʌ́pit], *s.* títere, muñeco, monigote, maniquí, marioneta; persona servil, que sirve de instrumento a otra.—**p. valve** = POPPET VALVE.—**p. show,** función de títeres.
puppeteer [-ír], **puppetman** [-mæn], *s.* titiritero.
puppy [pʌ́pi], *s.* cachorro, perrillo; (despec.) fatuo, petimetre; monicaco, trompeta, *m.*—**p. love** = CALF LOVE.
puppyish [-iŝ], *a.* parecido a un cachorro; fatuo.
puppyism [-izm], *s.* fatuidad.
purblind [pœ́rblaind], *a.* cegato.—**purblindness** [-nis], *s.* ofuscamiento de la vista.
purchase [pœ́rchis]. **I.** *va.* comprar, mercar; feriar; adquirir; (mec. y mar.) mover o sujetar con aparejo. **II.** *s.* compra, (fam.) merca; adquisición; (mec.) palanca, aparejo, maniobra.—**not to be worth a day's p.,** (fam.) estar en las últimas.
purchaseable [pœ́rchäsabl], *a.* comprable.
purchaser [-œ(r)], *s.*, **purchasing** [-iŋ], *a.* comprador; adquiridor.—**purchasing power,** valor mercantil (de la moneda), poder adquisitivo; capacidad consumidora o de comprar.
pure [piúr], *a.* puro (en todas sus acepciones); neto; castizo (idioma, etc.).—**p. mathematics,** matemáticas puras.—**pureblood** [-blʌd], **pure-blooded** [-id], *a.* de sangre pura; castizo.
purebred [-bréd], **pure-breed** [-bríd], *s.* y *a.* (animal) de raza pura.
purée [piuréi], *s.* (coc.) puré.
purely [piúrli], *adv.* puramente; meramente, simplemente; netamente.
purfle [pœ́rfl]. **I.** *s.* orla. **II.** *va.* orlar.
purgation [pœrgéiŝon], *s.* purgación, purgamiento; purificación; (for.) purgación.
purgative [pœ́rgativ]. **I.** *a.* purgador, purgativo, purgante. **II.** *s.* (med.) purga, purgante.
purgatorial [-tórial], *a.* del purgatorio; purgativo, expiatorio.
purgatory [pœ́rgatori], *s.* purgatorio.
purge [pœ́rdž]. **I.** *va.* purgar, purificar, limpiar, clarificar, acrisolar; justificar; (med.) purgar. **II.** *vn.* purificarse. **III.** *s.* (med.) purga(nte), catártico; purgamiento, purgación.
purger [-œ(r)], *s.* purgador; purificador; (med.) purga(nte).
purging [-iŋ]. **I.** *a.* purgativo, purgante. **II.** *s.* purgación; purificación, expiación; diarrea.
purifiable [piurifáiabl], *a.* purificable, depurable.—**purification** [-ikéiŝon], *s.* purificación, depuración; expiación; defecación.—**purificative, purificatory** [piúrifikätiv, piurífikätori], *a.* purificatorio, purificante.—**purificator** [piúrifikeito(r)], *s.* (igl.) purificador.—**purifier** [-faiœ(r)], *s.* purificador.—**puriform** [-fɔrm], *a.* (med.) puriforme, que se parece al pus.
purify [-fai]. **I.** *va.* purificar; purgar, limpiar, defecar, refinar, clarificar; expiar; expurgar, depurar. **II.** *vn.* purificarse.—**purifying** [-iŋ]. **I.** *s.* purificación. **II.** *a.* purificador; depurador.
purine [piúrin], *s.* (quím.) purina.
purism [piúrizm], *s.* purismo, casticismo.
purist [piúrist], *s.* purista, casticista.
Puritan [piúritan], *s.* y *a.* puritano.—**puritanic(al** [-tǽnik(al], *a.* puritano; riguroso, severo, rígido.—**Puritanism** [-izm], *s.* puritanismo.
purity [piúriti], *s.* pureza; casticidad (del idioma, etc.); limpieza (de sangre).
purl [pœrl]. **I.** *va.* (cost.) orlar, adornar con fleco; bordar con hilo de oro o plata. **II.** *vn.* murmurar o susurrar los arroyos; ondear, rizar; (ar)remolinar(se). **III.** *s.* murmullo, susurro; onda, rizo; (cost.) fleco de oro o plata, orla; pliegue de vestido; cierto encaje antiguo; cerveza aromatizada.
purlieus [pœ́rliuz], *s. pl.* cercanías, alrededores.
purlin(e [pœ́rlin], *s.* (arq.) ejión, *m.*, jabalcón.
purling [pœ́rliŋ]. **I.** *s.* murmullo, susurro, parlería (de un arroyo). **II.** *a.* murmurante, parlero.
purloin [pœrlɔ́in], *va.* hurtar, robar.
purloiner [-œ(r)], *s.* ladrón, ratero.
purparty [pœ́rparti], *s.* (for.) parte, *f.*, división.
purple [pœ́rpl]. **I.** *a.* purpúreo, purpurino, morado; imperial, regio; brillante, vistoso; (ant.) sangriento.—**p. heron,** (orn.) garza real. **II.** *s.* (zool.) púrpura, múrice (molusco); púrpura, (poét.) múrice (tinte y color); (hist. rom.) trábea; dignidad real o cardenalicia; (blas.) púrpura.—*pl.* (med.) = PURPURA. **III.** *va.* purpurar, teñir de púrpura.
purplish [pœ́rpliŝ], *a.* purpurino.
purport [pœ́rport]. **I.** *s.* significado, tenor, toque, substancia. **II.** [pœrpórt], *va.* y *vn.* significar, querer decir, implicar, dar a entender.
purpose [pœ́rpos]. **I.** *s.* propósito, fin(alidad), objeto, intención, mira, vista; resultado, utilidad; voluntad, resolución, determinación; uso, caso.—**p. clause, p. conjunction,** etc., (gram.) cláusula, conjunción, etc., final.—**for that p.,** a ese efecto.—**for what p.?** ¿con qué fin? ¿para qué?—**of p., on p.,** expresamente, de propósito, de intento, aposta.—**to come to the p.,** venir a cuento, o a(l) pelo.—**to no p.,** inútilmente, en vano, en balde.—**to the p.,** a o al propósito; al caso; al grano; de perilla.—**to very little p.,** casi para nada, con poco provecho. **II.** *va.* y *vn.* proponer(se), proyectar, intentar, designar o tener designio de.
purposeful [-ful], *a.* que tiene propósito o fin determinado.—**purposeless** [-lis], *a.* sin propósito ni fin determinado; vago.
purposely [-li], *adv.* adrede, de intento, de industria, de propósito, expresamente.
purposive [-iv], *a.* dirigido o adaptado a un fin; intencional.—**purposively** [-li], *adv.* con propósito, para un fin; intonoionalmente.
purpura [pœ́rpiurä], *s.* (med.) púrpura; (**P.,** zool.) púrpura, múrice.
purpurate [-reit], *s.* (quím.) purpurato.
purpuric [pœrpiúrik], *a.* (quím. y med.) purpúrico.
purpurin [pœ́rpiurin], *s.* (quím.) purpurina.
purr [pœr]. **I.** *s.* ronroneo del gato; (aut.) zumbido del motor. **II.** *vn.* ronronear (el gato).
purse [pœ́rs]. **I.** *s.* bolsa, bolso o bolsillo; portamonedas; talega, bolsa de dinero; (fig.) peculio, riqueza; colecta, derrama.—**p. bearer,** tesorero.—**p. net,** o **seine,** manga de pescar.—**p.-proud,** envanecido por la opulencia.—**p.-shaped,** bursiforme.—**p. strings,** cerradero, cordones de la bolsa.—**to loosen the p. strings,** (fam.) aflojar o soltar la mosca. **II.** *va.* embolsar; fruncir, arrugar (la frente, los labios).
purseful [-ful], *s.* la cantidad que contiene una bolsa.
purser [-œ(r)], *s.* (mar.) contador, sobrecargo, comisario de a bordo.
pursiness [pœ́rsinis], *s.* disnea, asma, dificultad en la respiración; gordura; engreimiento.
purslane [pœ́rslein], *s.* (bot.) verdolaga.
pursuable [pœrsiúabl], *a.* proseguible.
pursuance [-ans], *s.* prosecución, seguimiento, cumplimiento.
pursuant [-ant]. **I.** *a.* consiguiente, conforme.

II. *adv.* (con **to**) de acuerdo con, en cumplimiento de, según, con arreglo a.
pursue [pœrsiú], *va.* y *vn.* perseguir, dar caza, acosar; (pro)seguir, continuar; seguir (una carrera), dedicarse a, ejercer; (for.) demandar, poner pleito, procesar.
pursuer [-œ(r)], *s.* perseguidor.
pursuit [-t], *s.* (per)seguimiento, persecución, caza; práctica, ejercicio; prosecución; busca; ocupación; pretensión; conato, empeño.—**p. plane,** (aer., mil.) caza, *m.*—**in p. of,** en pos de.—*pl.* ocupaciones, estudios, investigaciones, actividades.—**p. of happiness,** busca de la felicidad o del bienestar.
pursuivant [pœ́rswivant], *s.* persevante.
pursy [pœ́rsi], *a.* asmático; obeso; engreído.
purulence, purulency [piúrulens, -i], *s.* purulencia.—**purulent** [-ent], *a.* purulento.
purvey [pœrvéi], *va.* y *vn.* proveer, surtir, suministrar, abastecer.—**purveyance** [-ans], *s.* abastecimiento; abasto, suministro.—**purveyor** [-o(r)], *s.* proveedor, provisor, surtidor, abastecedor.
purview [pœ́rviu], *s.* extensión, esfera, alcance; substancia de un estatuto; límite o alcance de una disposición legal.
pus [pʌs], *s.* (med.) pus, podre, *f.*
push [puŝ]. I. *va.* empujar, empellar, impeler; propugnar, promover, activar; oprimir, pulsar (el botón); apremiar, apretar, obligar, estrechar; importunar, molestar.—**to p. ahead,** o **through,** pujar.—**to p. away,** alejar, rechazar; apartar con la mano.—**to p. back,** rechazar, echar atrás.—**to p. down,** abatir, derribar.—**to p. in,** encajar, hacer entrar, introducir empujando.—**to p. off,** apartar con la mano; desalojar.—**to p. on,** incitar, aguijonear; apresurar. —**to p. one's self forward,** abrirse camino; entremeterse.—**to p. out,** empujar hacia fuera; echar, expulsar. II. *vn.* empujar; dar un empujón, dar empellones; apresurarse, darse prisa; acometer.—**to p. forward,** adelantarse dando empujones; avanzar, adelantar.—**to p. further,** seguir adelante.—**to p. in,** entremeterse. —**to p. off,** (mar.) desatracar.—**to p. on,** seguir adelante, avanzar. III. *s.* impulso; empuje, empujón, empellón; embestida, arremetida; apuro, aprieto; (fam.) energía, iniciativa; (mil.) ofensiva.—**p. button,** pulsador, botón de contacto, de presión o de llamada.—**p.-button switch,** (elec.) interruptor de botón.—**p.-over,** (E. U., fam.) ganga, breva; persona fácilmente persuadida (derrotada, seducida, etc.).
pushball [-bɔl], *s.* (dep.) balón o pelota de viento, muy grande y pesado; juego en que se usa.
pushcart [-kart], *s.* carretilla de mano.
pusher [-œ(r)], *s.* empujador; (fam.) persona enérgica o agresiva; (f. c.) locomotora de empuje o trasera (ll. t. **p. locomotive**).—**p. airplane,** (aer.) avión propulsivo, el cual tiene la hélice detrás de las superficies de sustentación. —**p. grade,** (f. c.) pendiente (*f.*) que requiere locomotora de empuje.
pushing [-iŋ], *a.* impelente, empujador; activo, diligente, emprendedor; agresivo.—**(by) p.,** a empujones, a empellones.
pushpin [-pin], *s.* especie de chinche o alfiler de cabeza plana para clavar papeles, etc.; crucillo, juego de alfileres; niñería.
pusillanimity [piusilanímiti], *s.* pusilanimidad. —**pusillanimous** [-lǽnimʌs], *a.* pusilánime.
puss [pus], *s.* miz, *m.*, minino, morro, micho, gata; liebre, *f.*; chica, mozuela; (vulg.) cara, boca.— **p. in the corner,** juego de las cuatro esquinas.
pussy [púsi], **pussycat** [-kæt], *s.* gatito, minino, etc.; (fam., bot.) amento de un sauce americano llamado *pussy willow;* cierto juego de niños.
pussyfoot [-fut]. I. *vn.* andar como el gato; (fam.) andarse con tiento, no declararse. II. *a.* (fam.) tímido, evasivo; prohibicionista.—**pussyfoot(er** [-œ(r)], *s.* (fam.) timorato, hombre de evasivas; (fam.) prohibicionista.
pussyfooting [-iŋ], *s.* subterfugio, evasiva; recurso a la evasión.
pustulant [pʌ́schulant], *a.* y *s.* (med.) pustulante.
pustular [pʌ́schulä(r)], *a.* (med.) pustuloso, postilloso, buboso.—**pustulate** [-leit]. I. *vn.* formarse pústulas. II. *a.* pustuloso.
pustule [pʌ́schul], *s.* (med.) pústula, pupa, bubilla.—**pustulous** [-ʌs], *a.* puposo, pustuloso.
put [put], *va.* (*ger.* PUTTING; *pret.* y *pp.* PUT) poner; situar, colocar; exponer, proponer, presentar para ser discutido; hacer, dirigir (una pregunta); expresar, declarar, interpretar; arrojar, lanzar (un peso, etc.); suponer.—**to p. about,** desconcertar; molestar.—**to p. across,** (fam.) realizar, llevar a cabo; hacer aceptar (algo).—**to p. after,** poner detrás de (sitio); posponer a (tiempo).—**to p. an end to,** poner fin a, terminar, acabar con.—**to p. a question,** hacer una pregunta o una interpelación.—**to p. aside,** deponer, descartar, desterrar; guardar, acumular.—**to p. a stop to,** poner coto o fin a; acabar con; impedir.—**to p. asunder,** separar, apartar; descasar.—**to p. away,** apartar, quitar; poner aparte; arrinconar, arrumbar; echar fuera, despedir; repudiar, rechazar; guardar, acumular; depositar.—**to p. back,** atrasar, retardar; devolver, reponer.—**to p. behind,** poner atrás; relegar a puesto o posición inferior. —**to p. by,** guardar; arrinconar; desviar, apartar.—**to p. down,** poner (en el suelo, etc.); sofocar, reprimir; deprimir, abatir, humillar, degradar; depositar; registrar, anotar, apuntar; rebajar, disminuir; hacer callar.—**to p. forth,** extender, alargar; publicar, dar a luz; producir, echar, brotar (retoños, etc.); presentar, proponer; ejercer; emplear.—**to p. forward,** adelantar; proponer, presentar (como candidato). —**to p. in,** poner en, echar en o a, meter; poner, insertar, ingerir, introducir, intercalar; presentar, hacer (reclamo, etc.); colocar (en un empleo, etc.); interponer (palabra, observación); (top., dib.) trazar (una curva, etc.); pasar o gastar (tiempo, haciendo algo).—**to p. in action,** actuar.—**to p. in a word for,** interceder por, hablar en favor de.—**to p. in an appearance,** aparecer, ir, llegar; (for.) comparecer.—**to p. in gear,** (aut.) hacer engranar. —**to p. in irons,** aherrojar.—**to p. in mind,** recordar.—**to p. in one's oar,** meter baza.—**to p. in order,** arreglar, ordenar.—**to p. in place,** colocar (en su sitio).—**to p. in,** o **into, practice,** poner en práctica, aplicar.—**to p. in print,** imprimir.—**to p. in the shade,** (fam.) eclipsar, dejar atrás o deslucido.—**to p. into,** meter dentro de, guardar en; expresar en.—**to p. into effect,** poner en práctica; poner en vigor.—**to p. into one's head,** meterle a uno en la cabeza.—**to p. in writing,** poner por escrito.—**to p. off,** diferir, dilatar, aplazar; desechar, apartar; evadir, entretener, salir de (con promesas); quitarse, desprenderse de (ropa, etc.).—**to p. on,** poner sobre; ponerse (ropa, etc.); calzar (zapatos, guantes, espuelas); echar o ganar (carnes); chantarse, vestir, armarse de; achacar, atribuir a; echar, poner, dar, aplicar (vapor, el freno, etc.); instigar a; engañar con; imponer, poner a; fingir, disimular; encender (las luces); (teat.) producir, representar, poner en escena.—**to p. on airs,** darse tono o ínfulas.—**to p. on one's thinking cap,** aguzar el seso, parar mientes.—**to p. on shore,** poner en tierra, desembarcar.—**to p. on the market,** lanzar al mercado.—**to p. on the spot,** poner en calzas prietas; matar.—**to p. one on,** o **to, one's mettle,** picar a uno el amor propio.—**to p. one's best foot forward,** (fam.) hacer uno lo sumo posible, poner sus cinco sentidos.—**to p. one's cards on the table,** jugar uno a cartas vistas, obrar franca y abiertamente.—**to p. one's foot down,** plantarse; oponerse o negarse rotundamente; obrar resueltamente y sin cejar.—**to p. one's nose**

out of joint, suplantar a uno; humillar, bajarle a uno los humos.—**to p. out,** brotar, echar (retoños); despedir, despachar, echar; apagar o matar (la luz, el fuego); publicar, dar a luz; cegar; borrar, tachar; cortar, confundir, desconcertar; dislocar, sacar de quicio; poner (dinero a interés), dar (a logro); extender, sacar, mostrar; enojar, irritar.—**to p. out of action,** poner fuera de combate.—**to p. out of all hope,** quitar la esperanza, desahuciar.—**to p. out of countenance,** o **face,** avergonzar; desconcertar.—**to p. out of doors,** poner en la calle.—**to p. out of joint,** dislocar.—**to p. out of one's head,** sacarse de la cabeza, dejarse de; hacer olvidar.—**to p. out of order,** descomponer, desordenar.—**to p. out of the way,** quitar de en medio, poner (algo) donde no estorbe; suprimir (matar).—**to p. over,** sobreponer; cubrir(se) con, echar(se) encima; dar a uno el cargo de; diferir, dilatar; conducir al otro lado; (fam.) llevar a cabo, hacer pasar o triunfar.—**to p. (something) around,** cubrir o abrigar con (algo).—**to p. something (o one) over on someone,** (fam.) pegársela a uno; darle gato por liebre.—**to p. the hand to,** poner manos a, meter las manos en, emprender; meter la mano en, apropiarse.—**to p. through,** meter al través de; atravesar; hacer ejecutar; someter a; dar curso a, hacer atender; hacer aceptar, lograr, llevar a cabo.—**to p. to,** agregar, añadir; exponer o someter a; consignar a; echar, juntar (machos con hembras).—**to p. to bed,** acostar, poner en cama.—**to p. to death,** matar; ajusticiar, ejecutar.—**to p. to flight,** poner en fuga, ahuyentar.—**to p. together,** acumular, juntar; reunir; armar (una máquina); confeccionar; coordinar, arreglar.—**to p. to it,** causar dificultad a, poner en calzas prietas, poner a parir.—**to p. to rights,** poner en orden; componer; reconciliar.—**to p. to shame,** avergonzar.—**to p. to silence,** hacer callar.—**to p. to sleep,** adormecer, hacer dormir; poner fuera de combate (ú. esp. en el boxeo).—**to p. to the sword,** pasar a cuchillo.—**to p. to the test, to trial,** u **on trial,** poner a prueba.—**to p. to the vote,** someter a votación; proceder a votar acerca de.—**to p. to use,** usar, utilizar; sacar partido de.—**to p. two and two together,** atar cabos.—**to p. up,** poner en su lugar, guardar, conservar; preparar, confeccionar (vg. conservas, remedios, etc.); construir, erigir; (mec.) montar (una máquina); proponer, presentar (como candidato); ofrecer, elevar; levantar (la mano); alojar, hospedar; envainar (la espada); oponer, ofrecer (resistencia); (fam.) poner dinero en una apuesta; (fam.) tramar, urdir.—**to p. up for sale,** poner en venta.—**to p. upon,** poner en, colocar encima de; atribuir o imputar a, acusar; embaucar; abusar de.—**to p. upon oath,** hacer prestar juramento.—**to p. up to,** incitar, instigar a; presentar o someter a; (fam.) dejar a uno (la decisión, elección, etc.); (fam.) enseñar, dar instrucciones a.—**to be hard p. to it,** estar en un brete, o muy apurado; hallarse en calzas prietas, serle a uno muy difícil.

put, *vn.* (mar.) dirigirse, seguir rumbo.—**to p. about,** (mar.) cambiar de rumbo, virar.—**to p. back,** retroceder; regresar; (mar.) volver a puerto.—**to p. forth,** partir; (mar.) zarpar.—**to p. in,** arribar, entrar; tocar en (un puerto); ponerse en salvo, esconderse.—**to p. in for,** pretender, solicitar; hacer oposición a algún destino.—**to p. into port,** (mar.) arribar, entrar de arribada.—**to p. off,** u **out,** partir, salir; (mar.) zarpar.—**to p. out,** salir, partir.—**to p. to sea,** salir a la mar, hacerse a la mar o a la vela.—**to p. up,** parar, hospedarse; detenerse (en combate), envainar la espada.—**to p. up with,** aguantar, tolerar, sufrir, resistir; conformarse con.

put, *s.* acción del verbo TO PUT en cualquiera de sus acepciones; golpe, tiro, lanzamiento; (E. U., com.) opción o privilegio que una persona adquiere pagando una prima a otra de venderle, dentro de un plazo determinado, un artículo por un precio estipulado; el mismo privilegio de compra se llama *call.*

put, *a.* fijo; en su sitio. *V.* TO STAY PUT.

putamen [piutéimen], *s.* (bot.) hueso, cuesco, núcleo; (anat.) capa externa del núcleo lenticular.

putative [piútativ], *a.* putativo.

putlog [pútlag], *s.* (arq.) almojaya.—**p. hole,** mechinal.

putrefaction [piútrefǽkŝon], *s.* putrefacción.

putrefactive [-tiv], *a.* putrefactivo.

putrefiable [-faiabl], *a.* que puede pudrirse.

putrefy [-fai], *va.* y *vn.* pudrir(se).

putrescence [piutrésens], *s.* pudrición.

putrescent [-ent], *a.* putrescente.

putrescible [-ibl], *a.* putrescible.

putrid [piútrid], *a.* podrido, pútrido, putrefacto.

putridity [piutríditi], **putridness** [piútridnis], *s.* podredumbre, putridez; corrupción.

Putsch [puch], *s.* (alem.) alzamiento o rebelión con fines políticos.

putt [pʌt]. **I.** *s.* golpe suave que hace rodar la pelota hacia el hoyuelo (en el juego de golf). **II.** *va.* y *vn.* ejecutar este golpe.

puttee [pʌ́ti *o* pʌtí], *s.* polaina.

putter [pʌ́tœ(r)]. **I.** *s.* uno de los palos del golf. **II.** *vn.* *V.* POTTER.

putting [pʌ́tiŋ], *s.* acción del verbo TO PUTT.—**p. green,** (golf) terreno nivelado y cubierto de hierba fina que rodea cada hoyuelo

putting [pútiŋ], *s.* acción del verbo TO PUT.

putty [pʌ́ti]. **I.** *s.* masilla de aceite; cemento (apl. esp. al de cal).—**p. coat,** revestimiento de cemento de cal dado a un enlucido.—**p. knife,** espátula (para masilla).—**p. powder,** cenizas de estaño. **II.** *va.* enmasillar, rellenar con masilla; revocar con cemento (gen. de cal).

put-up [pút ʌp], *a.* (fam.) tramado, urdido.—**p.-up job,** (fam.) trama, confabulación.

puzzle [pʌ́zl]. **I.** *s.* acertijo, adivinanza, rompecabezas; enigma, *m.*, misterio, (fam.) quisicosa; problema arduo. **II.** *va.* confundir, poner perplejo enmarañar, enredar, embrollar.—**to p. out,** resolver, descifrar, desenredar. **III.** *vn.* estar perplejo.—**to p. over,** tratar de resolver, hincarle el diente a, devanarse los sesos sobre.

puzzlement [-ment], *s.* perplejidad, maraña, enredo.

puzzler [pʌ́zlœ(r)], *s.* el o lo que confunde, etc.

puzzling [pʌ́zliŋ], *a.* confuso, nebuloso, enigmático, que pone a uno perplejo.

puzzolan(a [pútsolæn (-lǽna)], *s.* puzolana.

pycnometer [piknámetœ(r)], *s.* (fís.) picnómetro, frasco para pesos específicos.

pycnostyle [píknostail], *s.* (arq.) picnóstila, intercolumnio estrecho (de $1\frac{1}{2}$ diámetros).

pyelitis [paieláitis] *s.* (med.) pielitis.

py(a)emia [paiímia], *s.* (med.) piemia o piohemia, infección de la sangre por materias purulentas.

pygmean [pigmían], *a.*, **pygmy** [pígmi], *a.* y *s.* pigmeo, enano, liliputiense.

pyjamas [pidžámaz], *s. pl.* = PAJAMAS.

pylon [páilan], *s.* (arq. egipcia) pilón, portada con torres piramidales; (aer.) torre (*f.*) o poste de señal; soporte de la hélice de un dirigible.

pyloric [pailórik], *a.* (anat.) pilórico.—**p. valve,** esfínter pilórico.

pylorus [pailórʌs], *s.* (anat.) píloro.

pyogenesis [paiodžénesis], **pyogenia** [-džínia], *s.* (med.) piogénesis o piogenia, formación de pus.—**pyogenetic** [-dženétik], **pyogenic** [-dženik], *a.* piogénico, piógeno, que produce pus; relativo a la piogenia.

pyoh(æ)emia [paiohímia], *s.* (med.) = PY(A)EMIA.

pyorrhea [paioría], *s.* (med.) piorrea (apl. esp. a la alveolar).

pyramid [píramid]. **I.** *s.* pirámide, *f.*; (anat.) pirámide (de Malpighi, etc.). **II.** *va.* y *vn.* aumentar(se), acumular(se).—**pyramidal**

[pirǽmidal], **pyramidical** [pirąmídikąl], *a.* piramidal.
pyramidally [pirǽmidali], *adv.* piramidalmente.
pyrargyrite [pairárdžirait], *s.* (min.) pirargirita, plata roja.
pyre [pair], *s.* pira, hoguera.
Pyrenean [pirenían], *a.* pirenaico, pirineo.
pyretic [pairétik]. **I.** *a.* (med.) pirético, febril. **II.** *a.* y *s.* febrífugo.
pyretology [piretálodži], *s.* (med.) piretología.
Pyrex [páireks], *s.* pirex (vajilla de cristal resistente al calor) (marca de fábrica).
pyrexia [pairéksiä], *s.* (med.) pirexia, fiebre, *f.*
pyridic [pairídik], *a.* (quím.) pirídico.—**pyridin(e** [píridin], *s.* (quím.) piridina.
pyriform [píriform], *a.* piriforme.
pyrimethamine [pairiméθąmin], *s.* (farm.) pirimetamina.
pyrite [páirait], **pyrites** [piráitiz *o* páiraits], *s.* (min.) pirita.—**iron pyrites,** marcasita.
pyritic, pyritous [pirítik, píritʌs], *a.* piritoso.
pyro [páiro], *s.* (fam.) *contr.* de **pyrogallol.**
pyroacetic [-ąsítik], *a.* (quím.) piroacético.—**p. acid,** o **spirit,** ácido o espíritu piroacético.
pyroacid [-ǽsid], *s.* (quím.) ácido pirogenado.
pyrochemical [-kémikąl], *a.* relativo a los fenómenos químicos a altas temperaturas.
pyrochlore [páiroklor], *s.* (quím.) pirocloro.
pyroclastic [-klǽstik], *a.* (geol.) ígneo, volcánico.
pyrogallic [-gǽlik], *a.* pirogállico.—**p. acid,** o **pyrogallol** [-gǽloul], ácido pirogállico, pirogallol.
pyrogenous [pairádžɛnʌs], *a.* pirógeno, ígneo; febril.
pyrograph [páirogræf], *s.* pirografía, pirograbado (cosa pirograbada).—**pyrography** [pairágrąfi].
pyrogravure [pairogrąviúr], *s.* pirograbado.
pyrolater [pairaiątœ(r)], *s.* pirólatra, *mf.*
pyrolatry [-tri], *s.* pirolatría.
pyroligneous [pairolígniʌs], *a.* piroleñoso.
pyrolusite [-liúsait], *s.* (min.) pirolusita.
pyrolysis [pairálisis], *s.* pirólisis, descomposición química por el calor.
pyromagnetic [-mægnétik], *a.* piromagnético.
pyromancer [páiromænsœ(r)], *s.*, **pyromantic** [-mǽntik], *a.* piromántico.—**pyromancy** [páiromænsi], *s.* piromancía.
pyromania [-méiniä], *s.* piromanía.
pyrometallurgy [-métąlœrdži], *s.* pirometalurgia.
pyrometer [pairámɛtœ(r)], *s.* pirómetro.
pyromorphite [-mórfait], *s.* (min.) piromorfita.
pyrophone [-foun], *s.* (mús.) pirófono.
pyrophorus [pairáforʌs], *s.* (quím. y zool.) piróforo.—**pyrophosphoric** [-fasfórik], *a.* pirofosfórico.
pyrophosphate [-fásfeit], *s.* (quím.) pirofosfato.
pyroscope [-skoup], *s.* (fís.) piroscopio.
pyrosis [pairóusis], *s.* (med.) pirosis.
pyrosphere [páirosfir], *s.* (geol.) pirosfera.
pyrostat [-stæt], *s.* (fís.) piróstato.
pyrotechnic(al [-téknik(ąl], *a.*, **pyrotechnist** [-ist], *s.* pirotécnico.—**pyrotechny, pyrotechnics** [páirotɛkni, -tékniks], *s.* pirotecnia.
pyroxene [páiraksin], *s.* (min.) piroxena, piroxeno.—**pyroxenic** [-énik], *a.* piroxénico.—**pyroxenite** [pairáksenait], *s.* (geol.) piroxenita.
pyroxylin [pairáksilin], *s.* piroxilina, algodón pólvora.
pyrrhic [pírik]. **I.** *a.* pírrico; *s.* pírrica (danza griega). **II.** *s.* (pros.) pirriquio. **III.** **(P.)** *a.* de Pirro.—**P. victory,** triunfo de Pirro, victoria demasiado costosa.
Pyrrhonean [piróunian], **Pyrrhonist** [píronist], *a.* y *s.* pirrónico, pirroniano.
Pyrrhonism [píronizm], *s.* (filos.) pirronismo.
pyruvic [pairúvik], *a.* (quím.) pirúvico.
Pythagorean [piθægorían], *a.* y *s.* pitagórico.
Pythian [píθian], *a.* pitio (pert. a Apolo o Delfos).
python [páiθan], *s.* (zool.) pitón, boa (serpiente); adivino, agorero.
pythoness [páiθonis], *s.* pitonisa (sacerdotisa).
pythonic [paiθánik], *a.* pitónico; profético; (zool.) rel. a los pitones.
pyuria [paiyúriä], *s.* (med.) piuria, pus en la orina.
pyx [piks], *s.* (igl.) copón, píxide, *f.*
pyxidium [piksídiʌm], *s.* (bot.) pixidio.

Q

q [kiu], *s.* q.—**Q. boat, Q. ship** = MYSTERY BOAT.
qua [kwei *o* kwa], *adv.* como, en su calidad de.
quack [kwǽk]. **I.** *vn.* graznar, parpar, charlatanear; echárselas de médico; curar empíricamente o con sortilegios. **II.** *s.* graznido del pato. **III.** *s.* y *a.* charlatán; saltabanco; curandero, matasanos; medicucho, medicastro.
quackery [-œri], *s.* charlatanismo, charlatanería; empirismo; fraude.
quad [kwad], *s.* (impr.) = QUADRAT; (fam.) = QUADRUPLET.
quadra [kwádrä], *s.* (arq.) bastidor, marco; plinto.
Quadragesima [kwadrądžésimä], *s.* (igl.) el primer domingo de la cuaresma; (ant.) cuadragésima, cuaresma.
quadragesimal [-l], *a.* cuadragesimal.
quadrangle [kwádræŋgl], *s.* cuadrángulo; (arq.) patio.—**quadrangular** [-rǽŋgiulą(r)], *a.* cuadrangular, cuadrángulo.
quadrant [kwádrąnt], *s.* (geom.) cuadrante, cuarta; (mec.) sector oscilante; (astr., y mar.) cuadrante de altura.—**q. electrometer,** electrómetro de cuadrante.
quadrantal [-rǽntąl], *a.* (mat.) cuadrantal.
quadrat [kwádrąt], *s.* (impr.) cuadrado, cuadratín.
quadrate [kwádreit]. **I.** *a.* cuadrado. **II.** *s.* (anat.) hueso o musculo cuadrado; (astr.) cuadrado. **III.** *va.* y *vn.* cuadrar; conformar(se), adaptarse.
quadratic [kwadrǽtik]. **I.** *a.* cuadrático, de segundo grado. **II.** *s.* ecuación de segundo grado.
quadratics [-s], *s.* parte (*f.*) del álgebra que trata de las (ecuaciones) cuadráticas.
quadrature [kwádrąchur], *s.* (mat., elec. y astr.) cuadratura; (mec.) escuadreo.
quadrennial [kwadréniąl], *a.* cuadrienal.
quadrennium [-iʌm], *s.* cuadrienio, cuatrienio.
quadricentennial [kwadrisɛnténiąl], *a.* y *s.* de o rel. al tiempo, espacio o aniversario de 400 años.
quadrifid [kwádrifid], *a.* (bot.) cuadrífido.
quadrifoliate(d [-fóulieit(id], *a.* (bot.) cuadrifoliado.
quadriga [kwadráigä], *s.* cuadriga, cuadríyugo.
quadrilateral [kwadrilǽtęrąl], *a.* y *s.* (geom. y mil.) cuadrilátero.
quadrille [k(w)ądríl], *s.* (danz. y mús.) contradanza, rigodón; cuatrillo, cascarela (juego de naipes); cuadrícula; cuadrilla de toreros.
quadrillion [kwądrílyon], *s.* cuatrillón (E. U. y Fr., unidad seguida de 15 ceros; Ingl., Alem. y Esp., unidad seguida de 24 ceros).
quadripartite [kwadripártait], *a.* cuadripartido.
quadrisyllable [-sílabl], *s.* cuadrisílabo.
quadrivalent [-véilęnt], *a.* (quím.) tetravalente.
quadrivium [kwadríviʌm], *s.* cuadrivio.
quadroon [kwadrún], *s.* cuarterón.
Quadrumana [kwadrúmąnä], *s. pl.* cuadrúmanos.
quadrumane [kwádrumein], *s.* cuadrúmano.
quadrumanous [-rúmąnʌs], *a.* cuadrúmano.
quadruped [kwádruped], *s.* y *a.* (zool.) cuadrúpedo.
quadrupedal [-rúpɛdąl], *a.* cuadrupedal.
quadruple [kwádrupl]. **I.** *a.* cuádruple, cuádruplo. **II.** *s.* cuádruplo, cuatrotanto. **III.** *va.* y *vn.* cuadruplicar(se), cuatrodoblar(se).
quadruplet [kwádruplit], *s.* serie de cuatro cosas; cada uno de cuatro hijos nacidos de un parto; bicicleta de cuatro asientos.
quadruplex [-plɛks]. **I.** *a.* cuádruple. **II.** *s.* (tlg.) (instrumento telegráfico) cuadrúplex.
quadruplicate [kwadrúplikeit], *va.* cuadruplicar.
quadruplication [-éišon], *s.* cuadruplicación.
quadruply [kwádrupli], *adv.* al cuádruplo.

quadrupole [kwádrupoul], *s.* (fís.) cuadrípolo.
quaestor [kwéstǫ(r)], *s.* cuestor (romano).
quaestorship [-ŝip], *s.* cuestura.
quaff [kwaf]. **I.** *va.* y *vn.* beber a grandes tragos, o repetidas veces. **II.** *s.* trago.
quagga [kwǽgä], *s.* (zool.) cuaga, *m.*
quaggy [kwǽgi], *a.* pantanoso; blando.
quagmire [kwǽgmair], *s.* tremedal, tembladal, lodazal, cenagal, tollo, trampal; atolladero.
quahaug, quahog [kwóhag], *s.* almeja.
quail [kweil]. **I.** *s.* (orn.) codorniz; perdiz.—**q. pipe,** reclamo de codornices. **II.** *vn.* acobardarse, descorazonarse; cejar.
quaint [kwéint], *a.* de prístina belleza o amenidad; de curioso primor, de exquisito arcaísmo.—**quaintly** [-li], *adv.* de modo amenamente arcáico, con la curiosa exquisitez de tiempos que fueron.—**quaintness** [-nis], *s.* amenidad o belleza arcáica; rareza.
quake [kweik]. **I.** *vn.* temblar; tiritar; estremecerse. **II.** *s.* temblor; estremecimiento.
Quaker [kwéikœ(r)], *s.* y *a.* cuáquero o cuákero; temblador.—**Quakeress** [-is], *s.* cuáquera.—**Quakerism** [-izm], *s.* cuaquerismo.
quaking [kwéikiŋ]. **I.** *s.* temblor. **II.** *a.* temblante, temblador.—**q. bog,** tremedal. *V.* QUAGMIRE.
quaky [kwéiki], *a.* tembloroso, gelatinoso.
qualifiable [kwálifaiabl], *a.* calificable.
qualification [-fikéiŝǫn], *s.* calificación, requisito; c(u)alidad, capacidad, idoneidad; habilitación; atenuación, mitigación; limitación; salvedad.—**without q.,** sin distingos o reparos.
qualificator [-fikeitǫ(r)], *s.* (igl.) calificador.
qualified [-faid], *a.* calificado, habilitado, idóneo, apto, competente; modificado; (for.) limitado, restringido.—**q. voter,** elector habilitado.
qualifier [-faiœ(r)], *s.* calificador, habilitador; (gram.) calificativo.
qualify [-fai]. **I.** *va.* capacitar, habilitar, hacer idóneo; calificar; modificar, limitar, restringir; templar, suavizar; diluir (un licor). **II.** *vn.* prepararse, habilitarse; llenar los requisitos; (E. U.) prestar juramento antes de entrar en funciones.
qualifying [-faiiŋ], *a.* preparativo; calificativo.
qualitative [-teitiv], *a.* cualitativo.—**q. analysis,** análisis cualitativo.
quality [kwáliti], *s.* c(u)alidad; clase, *f.*, casta, jaez, *m.*; propiedad, poder o virtud; categoría, distinción, alta posición social.
qualm [kwám], *s.* basca; escrúpulo o remordimiento de conciencia.—**qualmish** [-iŝ], *a.* bascoso; escrupuloso.—**qualmishness** [-nis], *s.* náusea.
quandary [kwándari], *s.* incertidumbre, duda, perplejidad; aprieto, apuro, brete.
quantile [kwántail], *s.* (estad.) cuantil.
quantitative [kwántiteitiv], *a.* cuantitativo.—**q. analysis,** análisis cuantitativo.
quantity [kwántiti], *s.* cantidad, cuantía, tanto; dosis; gran cantidad, gran número; (mús. y pros.) cantidad; (elec.) intensidad (de una corriente).—*pl* **quantities,** (fam.) gran cantidad, gran número.—**q. production,** fabricación o producción en serie, en masa o en grande.—**q. surveying,** medida y cálculo de materiales en las construcciones.—**q. theory,** (e. p.) teoría de que las variaciones en la cantidad de la moneda circulante son causa y no efecto de las variaciones en los precios.
quantization [kwantizéiŝǫn], *s.* (fís.) cuantificación.
quantum [kwántʌm], *s.* (*pl.* QUANTA) tanto; cantidad; (fís., mec.) cuanto, quántum, unidad elemental de energía.
quantum mechanics, *s.* (fís.) mecánica cuántica.
quantum number, *s.* (fís.) número cuántico.
quarantine [kwárantin]. **I.** *s.* cuarentena; estación de cuarentena; aislamiento (de dolientes de enfermedad contagiosa); prohibición de transportar animales o plantas enfermos que transmiten enfermedades. **II.** *va.* poner en cuarentena; aislar.
quarrel [kwárel]. **I.** *s.* reyerta, pendencia, riña, altercación, querella, camorra, disputa; diamante de vidrieros; flecha o instrumento cortante de cuatro aristas; vidrio, loseta o adoquín romboidal.—**to have no q. with,** no reñir con; no oponerse a; no censurar. **II.** *vn.* pelear, reñir, pendenciar, altercar, desamistarse, romper.
quarrel(l)er [-œ(r)], *s.*, **quarrel(l)ing** [-iŋ], **quarrelsome** [-sʌm], *a.* altercador, quimerista, pendenciero.—**quarrelsomeness** [-nis], *s.* pugnacidad.
quarrier [kwáriœ(r)], *s.* cantero, picapedrero.
quarry [kwári]. **I.** *s.* cantera, pedrera; caza, presa; cuadrado, cuadro, rombo (de vidrio, teja, etc.). **II.** *va.* explotar (canteras).—**quarryman** [-man], *s.* cantero, picapedrero.
quart [kwort], *s.* cuarto de galón (como un litro); (mús.) cuarta; [kart] (esgr.) cuarta (ll. t. **quarte, carte**); en el juego de los cientos, cuarta.
quartan [kwórtan]. **I.** *a.* cuartanal. **II.** *s.* (med.) cuartana (fiebre que recidiva cada cuatro días).
quartation [kwortéiŝǫn], *s.* (metal.) incuartación.
quarter [kwórtœ(r)]. **I.** *s.* cuarto, cuarta parte; arroba (cuarto de quintal); trimestre; cuarto de hora; cuarto de tonelada; (E. U.) moneda de 25 centavos (un cuarto de dólar); cuarto de luna; (mús.) semínima; (mar.) cuarta; origen, procedencia; región, comarca, distrito (v. gr.: *from all quarters*, de todas partes); barrio, barriada, vecindad; (carp.) cuarterón, entrepaño; (mar.) cuadra de popa; cuartel, merced o clemencia.—*pl.* domicilio, vivienda, morada; (mil.) cuartel; alojamiento.—**q. cask,** cuarterola.—**q. day,** día (*m.*) en que principia una estación del año; día en que se paga un trimestre.—**q.-deck,** (mar.) alcázar.—**q.-deck ladder,** escala de alcázar.—**q. note,** (mús.) semínima (la mitad de la semibreve).—**q.-phase,** bifásico.—**q. plate,** (foto.) placa de 3¼ por 4¼ pulgadas.—**q. point,** (mar.) cuarto viento o rumbo de la brújula.—**q. round,** (arq.) cuarto bocel, óvolo.—**q.-sawed,** aserrado en cuartones.—**q. section,** (E. U.) cuarto de una milla cuadrada (160 acres).—**q. sessions,** tribunal inferior que se reúne cada trimestre.—**q. tone,** (mús.) cuarto de tono.—**q. wind,** viento al anca o a la cuadra.—**to give no q.,** no dar cuartel.—**to take up quarters at,** alojarse en. **II.** *a.* cuarto. **III.** *va.* cuartear; descuartizar, hacer cuartos; dividir en cuatro partes iguales o en cuarteles; (mil.) acuartelar, acantonar; alojar, hospedar; (blas.) cuartelar.
quarterage [-idẑ], *s.* sueldo o salario trimestral; cuartel, alojamiento(s).
quarterback [-bæk], *s.* (E. U., fútbol) zaguero.
quartered [-d]. **I.** *pp.* de TO QUARTER. **II.** *a.* hecho de madera aserrada a lo largo en cuartos, para mostrar la veta; (blas.) acuartelado.—**q. oak,** roble aserrado de dicho modo.
quarterly [-li]. **I.** *a.* trimestral.—**q. payment,** trimestre. **II.** *s.* publicación trimestral o cada tres meses. **III.** *adv.* trimestralmente; en cuartos, por cuartos.
quartermaster [-mæstœ(r)], *s.* (mil.) comisario ordenador.—**q.-general,** intendente de ejército.
quartern [kwórtœrn], *s.* (Ingl.) cuarta (parte), cuarto, cuarterón.—**q. loaf,** pan de cuatro libras.
quartet(te [kwortét], *s.* cuatro personas o cosas de una misma clase; (mús., poét.) cuarteto.
quartile [kwórtail], *s.* (astr.) cuadrado; (estad.) cuartil.
quarto [kwórtou]. **I.** *a.* (impr.) en cuarto. **II.** *s.* libro en cuarto.
quartz [kwórts], *s.* (min.) cuarzo, sílice, *f.*—**q. plate,** (elec.) placa eléctrica de cuarzo; condensador de cuarzo.—**quartziferous** [-íferʌs], *a.* cuarcífero.—**quartzite** [-ait], *s.* cuarcita.—**quartzose, quartzous, quartzy** [-ous, -ʌs, -i], *a.* cuarzoso.

quash [kwaŝ], *va.* sofocar, reprimir; (for.) anular, invalidar, derogar.
quasi [kwéisai], *adv.* y *a.* cuasi, casi, como si fuera, al parecer; aparente, que parece.—**q. contract,** (for.) cuasicontrato.—**q. delict,** cuasidelito.
quassia [kwáŝiä], *s.* (bot.) casia.
quassin [kwǽsin], *s.* (quím., farm.) cuasina, elemento amargo de la casia.
quaternary [kwatœ́rnari]. **I.** *a.* cuaternario; que consta de cuatro elementos. **II.** *a.* y *s.* grupo de cuatro; (Q., geol.) (período) cuaternario.
quaternion [-nion], *s.* cuaternidad; fila o serie de cuatro; (mat.) cuaternio.
quaternity [-niti], *s.* cuaternidad.
quatrain [kwátrein], *s.* (poét.) cuarteto o cuartete (de versos endecasílabos); cuarteta o redondilla (de versos octosílabos).
quattrocento [kwatrochéntou], *s.* (b. a.) período cuatrocentista, Renacimiento (esp. italiano) del siglo XV.
quaver [kwéivœ(r)]. **I.** *vn.* gargantear, gorjear, hacer quiebros, trinar; temblar, vibrar. **II.** *s.* gorjeo, trino; trémolo, vibración; (mús.) corchea.
quavering [-iŋ]. **I.** *s.* gorgorito (fam.), trin(ad)o, gorjeo. **II.** *a.* trémulo, temblante.
quay [ki], *s.* muelle; (des)embarcadero.
quayage [kíidẑ], *s.* = WHARFAGE.
quean [kwin], *s.* mujercilla, piruja; moz(uel)a.
queasiness [kwízinis], *s.* propensión a la náusea.
queasy [kwízi], *a.* propenso a la náusea, bascoso; nauseabundo; delicado, fastidioso.
quebracho [keibráchou], *s.* (bot.) quebracho.
Quechua(n [kéchwą(n], *s.* y *a.* quichua, quechua.
queen [kwin], *s.* reina; en los naipes, figura de reina que equivale al caballo; la dama en el juego de damas y la reina en el ajedrez.—**Q. Anne's lace,** (bot.) dauco, zanahoria silvestre.—**q. (bee),** abeja reina o maestra, enjambradera.—**q. cell,** maestral.—**q. consort,** esposa del rey.—**q. dowager,** reina viuda.—**q. mother,** reina madre.—**q. of the meadow,** (bot.) reina de los prados, espírea, ulmaria.—**q. olive,** aceituna de la reina.—**q. post,** (constr.) péndola.—**q.-post truss,** viga (de puente) o armadura (de techo) de dos péndolas.—**q. regent,** reina regente.—**q. regnant,** reina reinante.—**q.'s English,** inglés castizo o puro.—**Q.'s speech,** discurso de la Corona.—**q.'s ware,** vajilla de color de crema.
queenliness [-linis], *s.* majestad de una reina.
queenly [-li], *a.* como (de) reina; majestuoso, regio; propio de una reina.
queenship [-ŝip], *s.* dignidad, dominio o poder de una reina.
queer [kwír]. **I.** *a.* extraño, raro; indispuesto, desfalleciente; (fam.) chiflado, excéntrico, estrafalario, estrambótico; (fam.) sospechoso, misterioso; (fam.) falso. **II.** *s.* (fam.) moneda falsa. **III.** *va.* (fam.) comprometer, poner a uno en mal lugar; echar a perder; (fam.) ridiculizar.
queerly [-li], *adv.* extrañamente, estrafalariamente; sospechosamente.
queerness [-nis], *s.* rareza, extrañeza, ridiculez.
quell [kwél], *va.* reprimir, sofocar, domar, sojuzgar; calmar, mitigar (un dolor).
queller [-œ(r)], *s.* opresor, domador, sojuzgador.
quench [kwénch], *va.* apagar, matar (luz, fuego); calmar, apagar (la sed); ahogar, sofocar; sosegar; extinguir; templar (hierro).
quenchable [-abl], *a.* apagable, extinguible.
quencher [-œ(r)], *s.* apagador.
quenching [-iŋ], *s.* apagamiento, extinción.
quenchless [-lis], *a.* inapagable, inextinguible.
quercin [kwœ́rsin], *s.* (quím.) quercina, amargo de roble.—**quercine,** *a.* relativo al roble o a la encina.
quercitrin [kwœ́rsitrin], *s.* (quím.) quercitrina.
quercitron [-tron], *s.* (bot.) roble negro americano y su cáscara; quercitrón.
Quercus [kwœ́rkʌs], *s.* (bot.) querco, género que comprende los robles y las encinas.
querist [kwírist], *s.* inquiridor, preguntador.
querl, quirl [kwœrl]. **I.** *va.* torcer, enroscar. **II.** *s.* sinuosidad, enroscadura. *V.* TWIRL.
quern [kwœrn], *s.* molino de mano.
querulous [kwérulʌs], *a.* querelloso, quejicoso, (fam.) chinchoso.—**querulously** [-li], *adv.* querellosamente, quejosamente.—**querulousness** [-nis], *s.* disposición a querellarse o quejarse.
query [kwíri]. **I.** *s.* pregunta; duda; (impr.) signo interrogante (?). **II.** *va.* marcar con signo de interrogación; preguntar, indagar, pesquisar. **III.** *vn.* expresar una duda; preguntar.
quest [kwɛst]. **I.** *s.* pesquisa, averiguación; busca. **II.** *vn.* y *va.* averiguar, investigar; buscar.
question [kwéschon]. **I.** *s.* pregunta, demanda; cuestión, asunto; problema, *m.*; debate, controversia; proposición que ha de discutirse en una asamblea; objeción, discusión.—**q.-begging,** de carácter de círculo vicioso.—**q. mark,** (signo de) interrogación, interrogante.—**a fair q.,** una pregunta legítima, justa o cuerda.—**beside the q.,** impertinente, ajeno al asunto.—**beyond,** o **without, q.,** fuera de duda, indiscutible.—**in q.,** de referencia, de que se trata; consabido, de marras.—**out of q.,** sin duda, de veras.—**that is the q.,** he ahí el problema, o la cuestión; ahí está el quid.—**there is no q. about it,** eso es indiscutible, está fuera de duda.—**to be out of the q.,** ser indiscutible; no haber que pensar en.—**to put to the q.,** interrogar; torturar; someter a votación.—**what is the q.?** ¿de qué se trata? **II.** *va.* preguntar, examinar, interrogar; dudar, poner en tela de juicio; desconfiar de; oponerse a, objetar; recusar. **III.** *vn.* inquirir, preguntar, escudriñar; dudar.
questionable [-abl], *a.* cuestionable, problemático, discutible, dudoso, sospechoso.
questionary [-ɛri]. **I.** *s.* cuestionario; catecismo; (igl.) bulero. **II.** *a.* interrogativo.
questioner [-œ(r)], *s.* preguntador, interrogador, inquiridor; preguntón.
questionless [-lis]. **I.** *a.* indubitable; que no pregunta. **II.** *adv.* indiscutiblemente, fuera de duda.
questionnaire [-ér], *s.* cuestionario, encuesta.
questor [kwéstǫ(r)], *s.* cuestor. *V.* QUAESTOR.
que(t)zal [kɛ(t)sál], *s.* (orn.) quezal, quetzal(e).
queue [kiu]. **I.** *s.* coleta, trenza (de pelo); fila, cola, hilera de personas, coches, etc. **II.** *vn.* (a veces con **up**) hacer cola, ponerse en fila.
quibble [kwíbl]. **I.** *vn.* sutilizar, buscar escapatorias; hacer uso de argucias o sofismas. **II.** *s.* evasiva, subterfugio, argucia, sutileza; equívoco.—*pl.* sofistería, retóricas.
quibbler [kwíblœ(r)], *s.* sofista; equivoquista.
Quichua(n [kíchwä(n], *s.* y *a.* quichua, quechua.
quick [kwík]. **I.** *a.* rápido, presto, veloz, acelerado, expedit(iv)o, listo, ágil; ardiente; penetrante, fino; irritable, petulante; disponible, efectivo; vivo.—**q. assets,** (com.) activo de rápida liquidación, lo que es de fácil conversión a efectivo.—**q.-fire, q.-firing,** (art.) de tiro rápido.—**q. freezing,** congelación rápida.—**q. grass** = COUCH GRASS.—**q. hedge,** seto vivo.—**q. march,** (mil.) paso doble.—**q. match,** estopín.—**q.-sightedness,** agudeza de vista, penetración.—**q. time,** (mil.) paso redoblado.—**q. on the draw,** o **trigger,** impetuoso, impulsivo.—**q. with child,** embarazada, encinta.—**the q. and the dead,** los vivos y los muertos.—**to be q. about,** o **at,** hacer de prisa, despachar pronto. **II.** *s.* carne viva; lo más hondo o profundo (del alma, de la sensibilidad); lo más delicado.—**to cut (hurt, offend,** etc.) **to the q.,** herir en lo vivo, en el alma o profundamente. **III.** *adv.* con presteza, prontamente, velozmente.—**q.-sighted,** de vista aguda, penetrante.—**q.-tempered,** de genio vivo, de mal genio, irascible.—**q.-witted,** vivo de ingenio, listo, agudo, perspicaz.

quicken [-n]. **I.** *va.* vivificar, dar vida, resucitar; acelerar, urgir, avivar; excitar, aguzar, animar. **II.** *vn.* avivarse, vivificarse, revivir; moverse más aprisa; ser más sensitivo.
quickener [-œ(r)], *s.* vivificador, avivador.
quickening [-iŋ], *s.* vivificación, avivamiento; primera señal de vida que da el feto.
quickie [-i], *s.* (fam.) cosa cursi hecha aprisa (esp. una película).
quicklime [-laim], *s.* cal viva.
quickly [-li], *adv.* prontamente, pronto, aprisa.
quickness [-nis], *s.* presteza, vivacidad, prontitud, celeridad; sagacidad, viveza, penetración.
quicksand [-sænd], *s.* arena movediza.
quickset [-sɛt], *s.* espino o abrojo con que se hace un seto.—**q. (hedge)**, seto vivo, (Am.) cerco.
quicksilver [-silvœ(r)]. **I.** *s.* azogue, mercurio. **II.** *va.* azogar.
quickstep [-stɛp], *s.* (mús.) paso doble, pasacalle; (mil.) paso redoblado.
quid [kwid], *s.* mascada de tabaco; paja medio mascada que cae de la boca de un caballo; rumiadura; substancia. *V.* QUIDDITY.
quiddity [kwíditi], *s.* esencia de una cosa; quid, *m.*, (fam.) busilis, *m.*; sutileza, equívoco.
quidnunc [kwídnʌŋk], *s.* curioso, insaciable; cuentista, chismero, portanuevas, (fam.) refitolero.
quiesce [kwaiés], *vn.* aquietarse, callarse; (gram.) hacerse muda una letra.—**quiescence, quiescency** [-ẹns, -i], *s.* quiescencia, quietud, reposo. —**quiescent** [-ẹnt], *a.* quieto, inactivo; tranquilo; (gram.) mudo, que no se pronuncia; (ing.) estático, fijo.
quiet [kwáiɛt]. **I.** *a.* quieto, quedo; sereno, tranquilo, calmado; callado, silencioso; sencillo, modesto, sin ceremonia; ameno, apacible; (com.) inactivo (mercado, etc.).—**to be,** o **to keep, q.**, callarse; no hacer ruido. **II.** *s.* quietud; silencio; tranquilidad, calma.—**on the q.**, (fam.) a la sordina, a la chita callando, a cencerros tapados. **III.** *va.* acallar, (a)quietar, apaciguar; tranquilizar, calmar. **IV.** *vn.* (a veces con **down**) (a)quietarse, apaciguarse, calmarse.
quieting [-iŋ], *a.* calmante.—**quietism** [-izm], *s.* quietismo.—**quietist** [-ist], *s.* y *a.* quietista.—**quietly** [-li], *adv.* tranquilamente; calladamente; sin ruido; sin alharaca.—**quietness, quietude** [-nis, -iud], *s.* quietud, sosiego, tranquilidad, paz.
quietus [kwaiítʌs], *s.* carta de pago, finiquito; descanso; muerte, *f.*; golpe decisivo.
quill [kwil]. **I.** *s.* pluma de ave; cañón de pluma; cañón o pluma para escribir; escritor; púa del puerco espín; canilla, broca, devanador, canutillo; estría, pliegue cilíndrico de un rizado.—**q. embroidery,** cañutería, bordado a canutillo. —**q. men,** gente de pluma.—**q. pen,** pluma de ave.—**the q.**, la pluma, la profesión literaria. **II.** *va.* desplumar; encanillar; (cost.) rizar, hacer un encarrujado.
quilling [-iŋ], *s.* (cost.) rizado, encarrujado.
quilt [kwilt]. **I.** *s.* colcha, cobertor acolchado, edredón. **II.** *va.* (a)colchar, acojinar, estofar.
quilter [-œ(r)], *s.* acolchador; colchero.
quilting [-iŋ], *s.* colchadura; material para colchas; hechura de colchas; (tej.) cotí, piqué.—**q. bee,** reunión de amigas para hacer colchas. —**q. cotton,** guata, algodón en rama u hojas para acolchar.
quina(quina [kíną(kíną], *s.* (bot.) quina(quina).
quinary [kwáinari], *a.* y *s.* quinario.
quince [kwins], *s.* (bot.) membrillo.—**q. tree,** membrill(er)o.
quincentenary [kwinséntɛnɛri], *a.* y *s.* de o rel. al aniversario de 500 años.
quincuncial [kwinkʌ́nŝal], *a.* quincuncial, de figura de tresbolillo, al tresbolillo.
quincunx [kwínkʌŋks], *s.* quincunce, tresbolillo.
quinidin(e [kwínidin], *s.* (quím.) quinidina o cincolina.
quinine [kwáinain], *s.* (quím., farm.) quinina.
quinnat [kwínæt], *s.* (ict.) variedad de salmón del Pacífico.
quinol [kwínoul], *s.* (quím.) hidroquinona.
quinone [kwinóun], *s.* (quím.) quinona.
quinquagenarian [kwinkwądžɛnérian], *a.* y *s.* quincuagenario.
Quinquagesima [-džésimą], *s.* (igl.) quincuagésima.
quinquefoliate(d [kwinkwifóulieit(id], *a.* (bot.) quinquefoliado; quinquedigitado.
quinquennial [kwinkwénial]. **I.** *a.* quinquenal. **II.** *s.* quinquenio; quinto aniversario.
quinquennium [-iʌm], *s.* quinquenio.
quinquevalent [kwinkwęvéilẹnt], *a.* (quím.) quinquivalente.
quinquina [kwinkwáiną], *s.* (bot.) quina(quina).
quinsy [kwínzi], *s.* (med.) angina (tonsilar).
quint [kwint], *s.* registro de órgano; conjunto de cinco; (mús.) quinta; en algunos juegos de naipes, quinta; (fam.) = QUINTUPLET.
quintain [kwíntin], *s.* juego de lanza a caballo.
quintal [kwíntal], *s.* quintal, peso de 4 arrobas. *V.* HUNDREDWEIGHT.—**metric q.**, 100 kilos.
quintan [kwíntan]. **I.** *a.* de cada cinco días. **II.** *s.* (med.) fiebre (*f.*) intermitente que ocurre cada cinco días.
quintant [kwíntant], *s.* (astr.) quintante.
quinte [kænt], *s.* (esgr.) quinta.
quintessence [kwintésẹns]. **I.** *s.* quinta esencia, quintaesencia. **II.** *va.* quintaesenciar.—**quintessential** [kwintɛsénŝal], *a.* quintaesenciado, depuradísimo.
quintet(te [kwintét], *s.* cinco personas o cosas de una misma clase; (mús.) quinteto.
quintile [kwíntail], *s.* quintil.
quintillion [kwintílyon], *s.* quintillón (E. U. y Fr., sexta potencia de mil; Ingl., Alem. y Esp., quinta potencia de un millón).
quintuple [kwíntiupl]. **I.** *a.* y *s.* quíntuplo. **II.** *va.* y *vn.* quintuplicar(se).
quintuplet [-plit], *s.* quintupleta, bicicleta de asientos en tándem para cinco personas; uno de cinco hermanos mellizos.
quip [kwip]. **I.** *s.* pulla, chufleta, escarnio, mofa, vaya. **II.** *vn.* echar pullas, mofarse.
quipster [-stœ(r)], *s.* pullista, mofador.
quipu [kípu *o* kwípu], *s.* (Perú) quipo.
quire [kwair]. **I.** *s.* mano (*f.*) de papel (24 o 25 hojas); (enc.) cuadernos que forman un libro; libro. **II.** *va.* formar manos de papel.
quirk [kwœrk]. **I.** *s.* desviación, vuelta corta, recodo; arranque, capricho; plumada; pulla; evasiva, argucia, rodeo; (arq.) copada, caveto, avivador. **II.** *va.* acanalar, estriar.—**quirking plane,** cepillo de cavetos, avivador.
quirt [kwœrt]. **I.** *s.* látigo; (Méx.) cuarta. **II.** *va.* azotar con el látigo, (Am.) latiguear, cuartear.
quisling [kwízliŋ], *s.* quintacolumnista, traidor.
quit [kwit]. **I.** *va.* (*pret.* y *pp.* QUIT o QUITTED) dejar, parar, cesar o desistir de; dejarse de, soltar, dejar ir, abandonar; renunciar; evacuar, desocupar; irse, salir o marcharse de.—**q. your fooling,** o **nonsense,** déjate de tonterías.—**to q. scores,** ajustar cuentas.—**to q. work,** parar (en el trabajo). **II.** *vn.* desistir; parar; cejar; irse, quitarse; abandonar (una empresa, una causa, a sus amigos, etc.), zafarse.
quit, *a.* quito, libre, descargado, absuelto.—**to be quits,** estar en paz, no deberse nada, haberse vengado; empatar.—**to call it quits,** dar por terminado (un trabajo, etc.).—**to cry quits,** darse por buenos.
quitch (grass) [kwich (græs], *s.* (bot.) grama.
quitclaim [kwítkleim]. **I.** *va.* renunciar o ceder. **II.** *s.* (for.) renuncia; (com.) finiquito.
quite [kwait], *adv.* completamente, enteramente, absolutamente, del todo; verdadera, efectiva o justamente; (fam.) bastante, asaz, harto, más bien.—**q. a bit,** considerable, bastante.—**q. the,** enteramente lo; justamente el (la).
quitrent [kwítrɛnt], *s.* (ant.) censo para librarse del servicio feudal; renta fija pagada sobre propiedad inmueble.

quittance [kwítąns], *s.* quitanza, finiquito, descargo, recibo; liberación; recompensa, remuneración.
quitter [kwítœ(r)], *s.* (metal.) escorias; el que se da por vencido o vuelve el rabo; desertor (de una causa, etc.).
quittor [-ǫ(r)], *s.* (vet.) inflamación de las patas de los caballos, asnos, etc.
quiver [kwívœ(r)]. **I.** *s.* carcaj, aljaba; temblor, tiritón. **II.** *vn.* temblar, estremecerse; palpitar.
quivered [-d], *a.* provisto de aljaba, carcaj o goldre; metido en aljaba.
quivering [-iŋ]. **I.** *s.* tremor, temblor. **II.** *a.* tremulante, trémulo, temblador; palpitante.
quixotic [kwiksátik], *a.* quijotesco.—**quixotically** [-ali], *adv.* quijotescamente.—**quixotism, quixotry** [kwíksǫtizm, -tri], *s.* quijotismo, quijotería.
quiz [kwiz]. **I.** *s.* examen o serie de preguntas; chanza, broma, guasa; zumbón, chancero, guasón. **II.** *va.* examinar a un discípulo o clase; chulear, chancearse, tomar a guasa; mirar con aire burlón o zumbón.—**quizzing glass,** monóculo.
quizzical [kwízikąl], *a.* burlón, zumbón, bromista; raro, extraño, estrambótico.
quodlibet [kwádlibɛt], *s.* cuodlibeto, sutileza; (mús.) fantasía, miscelánea.—**quodlibetic(al** [-bétik(ąl], *a.* cuodlibético, cuodlibetal.
quoin [k(w)ɔ́in]. **I.** *s.* (arq.) adaraja, diente; mocheta, piedra angular; esquina, ángulo; clave (*f.*) de arco; (mec. e impr.) cuña. **II.** *va.* acuñar.
quoiner [-œ(r)], *s.* (impr.) acuñador.
quoit [kwɔit]. **I.** *s.* tejo, herrón; marrón.—*pl.* juego de tejos; marro. **II.** *vn.* jugar al tejo.
quondam [kwándam], *a.* antiguo, de otro tiempo, que fué.
quorum [kwɔ́rʌm], *s.* quórum.
quota [kwóutą], *s.* cuota o cota, cupo, escote; prorrata.—**q. of troops,** contingente de tropas.
quotable [kwóutąbl], *a.* citable; (com.) cotizable.
quotation [-éiŝǫn], *s.* citación; cita; texto citado; (com.) cotización.—**q. marks,** (impr.) comillas, el signo " ".
quote [kwóut]. **I.** *va.* y *vn.* citar; repetir un texto; (com.) cotizar. **II.** *s.* (fam.) cita.—*pl.* (fam.) comillas.
quoter [-œ(r)], *s.* citador; (com.) cotizador.
quoth [kwouθ], *pret.* del verbo desusado TO QUETH.—**q. I,** dije yo.—**q. he,** dijo él.
quotha [kwóuθą], *interj.* (ant.) ¡de veras! ¡vaya!
quotidian [kwotídiąn]. **I.** *a.* cotidiano, diario. **II.** *s.* (med.) calentura cotidiana.
quotient [kwóuŝent], *s.* (mat.) c(u)ociente.

R

r [ar], *s.* r.—**the three R's,** (fam.) lectura, escritura y aritmética (*reading, 'riting, 'rithmetic*).
rabbet [rǽbit]. **I.** *va.* (carp.) ensamblar a rebajo, encajar; hacer un rebajo. **II.** *s.* (carp.) rebajo, espera; encaje, ensambladura; batiente; (mar.) alefriz, *m.*—**r. plane,** guillame.
rabbi [rǽbai], **rabbin** [rǽbin], *s.* rabí, rabino.
rabbinic(al [ræbínik(ąl], *a.* rabínico.
rabbinism [rǽbinizm], *s.* rabinismo.—**rabbinist** [-ist], *s.* rabinista.
rabbit [rǽbit], *s.* (zool.) conejo.—**r.-ear faucet,** grifo de aletas o de cierre automático.—**r. fever,** (med.) tularemia.—**r. fur,** conejuna.—**r. hole, r. nest,** conejera, madriguera.—**r. warren,** conejera, conejar.
rabble [rǽbl]. **I.** *s.* canalla, chusma, populacho; (fund.) barra o agitador de pudelar, espetón. **II.** *va.* (fund.) pudelar, bracear, remover.
rabid [rǽbid], *a.* (med.) rabioso; fanático, violento, feroz.
rabies [réibiz], *s.* (med.) rabia, hidrofobia.
raccoon, racoon [rækún], *s.* (zool.) mapache, perro mudo, oso lavador; piel de mapache.
race [reis]. **I.** *s.* raza; estirpe, *f.*; casta; subespecie, variedad; calidad; nariz, sabor (del vino); carrera, corrida, regata, cualquier certamen de velocidad; curso, decurso de la vida; corriente (*f.*) de agua; canal estrecho, caz, *m.*, saetín; (tej.) paso, carrera de la lanzadera.—**r. course,** hipódromo; velódromo; estadio; pista.—**r. glass,** binóculo para carreras.—**r. horse,** caballo de carrera.—**r. problem,** problema (*m.*) racial o de razas. *V.* RACISM.—**r. suicide,** suicidio de la raza, reducción voluntaria de la población; neomaltusianismo exagerado.—**r. track** = R. COURSE. **II.** *va.* (hacer) correr de prisa; competir con, en una carrera, echar carrera con. **III.** *vn.* correr de prisa; (mar.) regatear; (mec.) desbocarse; correr más de lo normal.
raceme [ræsím], *s.* (bot.) racimo.
racemose, racemous [rǽsimous, -mʌs], *a.* racimoso, racimado, racimal.
racer [réisœ(r)], *s.* corredor; caballo de carrera.
raceway [réiswei], *s.* caz, *m.*, saetín; (mec.) guía; (elec.) conducto o canal para conductores eléctricos.
rachialgia [reikiǽldẑią], *s.* (med.) raquialgia.
rachis [réikis], *s.* (bot.) raquis, *m.*, raspa; (zool.) cañón de pluma; (anat.) rachis, columna vertebral, espinazo.
rachitic [rækítik], *a.* (med.) raquítico; raquídeo.
rachitis [rækáitis], *s.* (med.) raquitis, raquitismo.
racial [réiŝąl], *a.* racial, étnico, de (la) raza o de (las) razas. *V.* RACIST.
racily [réisili], *adv.* de una manera picante.
raciness [réisinis], *s.* picante; nariz del vino.
racism [réisizm], *s.* racismo.—**racist** [-ist], *a.* y *s.* racista.
rack [ræk]. **I.** *s.* bastidor, rambla; aparato para estirar; potro de tormento; dolor, pena, angustia; (mec.) cremallera o barra dentada; espetera, astillero, percha, cuelgacapas, soporte, sostén, colgador; armero (para armas de fuego); (coc.) morillos de asador; pesebre, comedero; (carr.) escaleta; celajes, *m. pl.*; (equit.) trote cochinero.—**r. and pinion,** engranaje de cremallera y piñón.—**r. and ruin,** (fam.) ruina completa, acabóse.—**r. bar,** cremallera.—**r. block,** (mar.) telera.—**r. rail,** riel de cremallera.—**r. railway,** ferrocarril de cremallera.—**racks of a cart,** adrales, laderas de carro.—**to be on the r.,** estar en el potro (fig.), estar en angustias. **II.** *va.* atormentar; despedazar, rasgar; extorsionar; estirar; mover con rueda y cremallera; agobiar, oprimir, vejar; hacer un enrejado para; (mar.) amarrar; trasegar, tra(n)svasar, zaquear (líquidos).—**to r. one's brains,** devanarse los sesos. **III.** *vn.* andar a trote cochinero.
racket [rǽkit]. **I.** *s.* baraúnda, ruido, confusión; (fam.) francachela, parranda; raqueta, pala; zapato para andar sobre fango o nieve; (fam.) (contubernio o pandilla de) fraude sistematizado.—*pl.* juego parecido al tenis. **II.** *vn.* meter bulla.
racketeer [rækitír]. **I.** *s.* contrabandista; socaliñero que se vale de la intimidación para sacar dinero a personas o a empresas comerciales, amenazándolas con la violencia o con la ruina de sus intereses. **II.** *vn.* ser *racketeer*, valerse de la intimidación para la exacción.—**racketeering** [-iŋ], *s.* socaliña por intimidación.
rackety [rǽkiti], *a.* (fam.) ruidoso.
racking [rǽkiŋ], *s.* tortura; trasiego (de licores).
rackrent [rǽkrɛnt]. **I.** *s.* arriendo o arrendamiento exorbitante. **II.** *va.* **rack-rent,** exigir alquiler usurario.
rackwork [rǽkwœrk], *s.* mecanismo de engranaje de cremallera.
raconteur [rækantœ́r], *s.* cuentista, anecdotista.
racquet, *s.* = RACKET.
racy [réisi], *a.* que tiene aroma (el vino); picante, chispeante (estilo o lenguaje); de raza; castizo.
radar [réida(r)], *s.* radar.
radar fence, *s.* barrera de radar.
radar screen, *s.* pantalla de radar.

radial [réịdịạl], *a.* radial; radiado.—**r. engine,** motor de cilindros radiales.
radian [réịdịạn], *s.* (geom.) radián, arco igual al radio.
radiance, radiancy [réịdịạns, -ị], *s.* brillo, resplandor, esplendor.
radiant [réịdịạnt]. **I.** *a.* radiante, radioso; resplandeciente, brillante; rebosante de alegría. **II.** *s.* (geom.) línea radial; foco irradiador; objeto radiante.
radiant energy, *s.* (fís.) energía radiante.
radiantly [-lị], *adv.* con brillo, con esplendor; con alegría.
radiate [réịdịeịt]. **I.** *va.* emitir, irradiar. **II.** *vn.* radiar, brillar.
radiate(d [-(ịd], *a.* radiado.
radiation [-éịŝọn], *s.* radiación, irradiación.
radiation shield, *s.* blindaje contra la radiación.
radiation sickness, *s.* (med.) radiopatía.
radiator [-ọ(r)], *s.* calorífero, aparato de calefacción; (aut., mec.) radiador; (fís. nuclear) emisor de radiaciones.
radical [rǽdịkạl]. **I.** *a.* radical; (bot.) radical, raigal, radicoso; esencial, fundamental; completo, extremo.—**r. sign,** signo radical (√). **II.** *s.* radical; (gram.) radical, raíz de una palabra.
radicalism [-ịzm], *s.* radicalismo.
radicality [-kǽlịtị], **radicalness** [rǽdịkạlnịs], *s.* naturaleza radical o fundamental.
radically [rǽdịkạlị], *adv.* radicalmente.
radicant [rǽdịkạnt], *a.* (bot.) que echa raíces.
radicate [rǽdịkeịt]. **I.** *vn.* radicar(se), arraigar(se). **II.** *a.* arraigado.—**radication** [-kéịŝọn]. *s.* radicación, arraigue, arraigo.
radicle [rǽdịkl], *s.* (bot.) radícula, raiceja.
radii [réịdịaị], *s. pl.* de RADIUS: radios.
radio [réịdịoụ]. **I.** *s.* radio, *f.* o *m.* (instrumento y transmisión); radiocomunicación (apl. esp. a la radiotelefonía).—**by r.,** por radio, radiado. **II.** *va.* y *vn.* radiar, radiodifundir, comunicar o transmitir por radio.
radioactinium [-æktínịʌm], *s.* (quím.) radioactinio.
radioactive [-ǽktịv], *a.* radiactivo.
radioactive airborne particles, *s.pl.* partículas radiactivas transportadas por el aire.
radioactive decay, *s.* decrecimiento radiactivo.
radioactive dust, *s.* polvo radiactivo.
radioactive element, *s.* elemento radiactivo.
radioactive fall-out, *s.* precipitación radiactiva (atmosférica).
radioactive series, *s.* (quím.) serie de desintegraciones radiactivas.
radioactive waste, *s.* desecho radiactivo.
radioactivity [-æktívịtị], *s.* radiactividad.
radio amateur o **ham,** *s.* radioaficionado.
radioamplifier [-ǽmplịfaịœ(r)], *s.* radioamplificador.
radio announcer, *s.* anunciador, locutor.
radio beacon, *s.* radiofaro.
radio beam, *s.* rayo o señal radial (de navegación).
radiobiology [-baịálodžị], *s.* radiobiología.
radiobroadcast [-bródkæst], *va.* transmitir por radio, radiar, radiodifundir.
radiobroadcaster [-œ(r)], *s.* locutor; radioemisora; aparato de radiodifundir.
radiobroadcasting [-ịŋ]. **I.** *s.* radiodifusión. **II.** *a.* de radiodifusión, difusor.
radiocarbon [-kárbọn], *s.* (quím.) radiocarbono.
radiocarbon dating, *s.* (fís.) determinación de la antigüedad por radiocarbono.
radiochemistry [-kémịstrị], *s.* radioquímica.
radiocolloid [-kálọid], *s.* (quím.) radiocoloide.
radio commentator, *s.* comentarista radial, locutor.
radiocompass [-kʌ́mpạs], *s.* (rad.) radiogoniómetro, detector de dirección.
radioconductor [-kọndʌ́ktọ(r)], *s.* (rad.) radioconductor.
radio control, *s.* mando o gobierno (de un mecanismo) por ondas hertzianas, control remoto.
radiodetector [-dịtéktọ(r)], *s.* (rad.) radiodetector, detector de ondas eléctricas.
radioelectronics [-ịlɛktránịks], *s.* radioelectrónica.
radioelement [-élịmẹnt], *s.* (fís. nuclear, quím.) radioelemento.
radio frequency, *s.* radiofrecuencia.
radio-frequency [-fríkwẹnsị], *a.* de o que opera en radiofrecuencia.
radio-frequency component, *s.* componente de radiofrecuencia.
radiogenic [-džénịk], *a.* radiogénico.
radiogoniometer [-goụnịámɛtœ(r)], *s.* (rad.) radiogoniómetro.
radiogoniometry [-ámɛtrị], *s.* (rad.) radiogoniometría.
radiogram [-græm], *s.* (rad.) radiograma, *m.*, radiotelegrama, *m.*; (fot.) radi(o)grafía.
radiograph [-græf]. **I.** *s.* radi(o)grafía, esquigrama. **II.** *va.* radi(o)grafiar, fotografiar por medio de rayos X; enviar un radiograma.
radiographic(al [-grǽfịk(ạl], *a.* radi(o)gráfico.
radiography [reịdịágrạfị], *s.* radi(o)grafía, fotografía con substancias radiactivas o con rayos X.
radio hookup, *s.* circuito de radio.
radioisotope [-áịsotoụp], *s.* isótopo radiactivo.
radio jamming, *s.* interferencia radial (a propósito).
radiolarian [reịdịolérịạn], *s.* y *a.* (zool.) radiolario.
radio link, *s.* circuito radiotelefónico intercalado en otro.
radio listener, *s.* radioyente, radioescucha, *mf.*
radiolocation [-lokéịŝọn], *s.* localización por radio.
radiologist [reịdịálodžịst], *s.* radiólogo.
radiology [-džị], *s.* radiología, ciencia de la radiactividad.
radioluminescence [-lịumịnésẹns], *s.* (fís. nuclear) radioluminiscencia.
radiolysis [-álịsịs], *s.* (quím.) radiolisis.
radiometer [reịdịámɛtœ(r)], *s.* radiómetro.
radiometry [-trị], *s.* radiometría.
radio network, *s.* cadena de radioemisoras.
radionuclide [-nịúklạid], *s.* (fís. nuclear) radionúclido.
radio operator, *s.* operador de radio.
radiophare [réịdịofɛr], *s.* radiofaro.
radiophone [-foụn], *s.* (rad.) radioteléfono; aparato receptor o transmisor de la radiotelefonía; (fís.) radiófono.
radiophony [reịdịáfonị], *s.* radiofonía.
radiophotography [réịdịofotágrạfị], *s.* radiofotografía, transmisión de fotografías por radio.
radio receiver, *s.* radiorreceptor.
radioresistance [-rịzístạns], *s.* (med., fís.) radioresistencia.
radioscope [-skoụp], *s.* radioscopio.
radioscopy [reịdịáskopị], *s.* radioscopia.
radiosensitivity [-sɛnsịtívịtị], *s.* (med., fís.) radiosensitividad.
radio set, *s.* radio (instrumento receptor o transmisor).
radiosonde [-sʌnd], *s.* (meteor.) radiosonda.
radio spectrum, *s.* (fís.) espectro radial.
radio station, *s.* estación de radio, radioemisora, radiodifusora.
radio strontium, *s.* (quím.) radioestroncio (estroncio 90).
radiotelegram [reịdịotélẹgræm], *s.* radio(tele)-grama, *m.*
radiotelegraph [-télẹgræf]. **I.** *s.* radiotelégrafo. **II.** *va.* radiotelegrafiar.
radiotelegraphy [-tẹlégrạfị], *s.* radiotelegrafía.
radiotelephone [-télẹfoụn], *s.* radioteléfono.
radiotelephony [-tẹléfonị], *s.* radiotelefonía.
radiotelescope [-telẹskoụp], *s.* radiotelescopio.
radiotherapeutics [-θɛrạpịútịks], **radiotherapy**

[-θérapi], *s.* radioterapia, empleo terapéutico de los rayos X; raditerapia, empleo terapéutico de la radioactividad.
radiothorium [-θórịʌm], *s.* (quím.) radiotorio.
radio tracking, *s.* localización por radio.
radio transmitter, *s.* radiotransmisor.
radio tube, *s.* tubo termiónico, tubo, lámpara o válvula de un radio.
radiovision [-vížon], *s.* radiovisión, transmisión de fotografías cinematográficas por radio.
radio wave, *s.* radionda, señal de radio.
radish [rǽdiš], *s.* (bot.) rábano, rabanillo.
radium [réịdịʌm], *s.* (quím.) radio.
radius [réịdịʌs], *s.* radio; (geom. y anat.) radio.—**r. of curvature,** radio de curvatura.—**r. of gyration,** radio de giro.
radix [réịdịks], *s.* raíz; base, *f.* (de un sistema de numeración).
radon [réịdan], *s.* (quím.) radón.
raffia [rǽfịä], *s.* (bot.) rafia.
raffle [rǽfl]. **I.** *va.* (gen. con **off**) rifar, sortear. **II.** *s.* rifa, sorteo, lotería.
raft [ræft]. **I.** *s.* balsa, almadía o armadía; maderada, jangada, zatara.—**r. port,** (mar.) porta. **II.** *va.* convertir en balsa; transportar en balsa; pasar en balsa.
rafter [rǽftœ(r)], *s.* (arq.) cabrio, cabio, viga.
raftsman [rǽftsman], *s.* almadiero, balsero; ganchero.
rag [ræg]. **I.** *s.* trapo, andrajo, harapo; (desp.) bandera, vela, periódico, capa; persona andrajosa; borde o canto mellado; risco; piedra granulosa; (fam.) broma, fisga. *V.* RAGTIME y RAGAMUFFIN.—**r. baby** o **doll,** muñeca de trapo.—**r. bolt,** tornillo con garfios; perno para empotrar en piedra; (mar.) perno arponado.—**r. fair** o **market,** rastro, baratillo.—**r. money,** (fam.) papel moneda. **II.** *va.* rasgar; quebrantar, triturar; (fam.) regañar, sermonear; embromar, fisgar; poner en música sincopada, o musiquilla. **III.** *vn.* (fam.) tocar música sincopada o popular, tocar musiquilla; bailar.
ragamuffin [rǽgamʌfịn], *s.* galopín, golfo, pelafustán, pelagatos.
rage [reịdž]. **I.** *s.* rabia, ira, furor, cólera; vehemencia, encarnizamiento; ardor, anhelo o entusiasmo; (fam.) boga, moda. **II.** *vn.* rabiar, bramar, encolerizarse, enfurecerse.
ragged [rǽgịd], *a* roto, rasgado, andrajoso, harapiento; mellado, desigual, escabroso o áspero.—**raggedly** [-lị], *adv.* andrajosamente; escabrosamente.—**raggedness** [-nịs], *s.* aspereza, escabrosidad; estado andrajoso.
raging [réịdžịŋ], *a.* rabioso, furioso, bramador.
raglan [rǽglan], *s.* (sast.) raglán.
ragman [rǽgmæn], **ragpicker** [-pịkœ(r)], *s.* trapero.
ragout [rægú], *s.* (coc.) guisado.
ragtag [rǽgtæg], *s.* chusma, morralla.
ragtime [rǽgtaịm], *s.* (mús.) tiempo sincopado; (fam.) música popular.
ragweed [rǽgwid], *s.* (bot.) ambrosía; (Ingl.) zuzón.
ragwort [rǽgwœrt], *s.* (bot.) zuzón.
raid [réịd]. **I.** *va.* invadir; (fam.) entrar o apoderarse por fuerza legal.—**to r. the market,** (bolsa) tratar de trastornar los precios. **II.** *vn.* hacer una irrupción. **III.** *s.* (mil.) correría, irrupción, incursión; (fam.) invasión repentina, sorpresa.
raider [-œ(r)], *s.* el que hace correrías, almogavar; (mar.) (buque) corsario.
rail [réịl]. **I.** *s.* baranda, barandilla; (f. c.) riel, rail, carril; ferrocarril (medio de transporte); (mar.) batayola, cairel, galón, brazal; (orn.) rascón, ave zancuda.—**r. chair,** (f. c.) cojinete de riel.—**r. guard,** contracarril; (f. c.) rastrillo, limpiavía.—**r. train,** tren de laminadores de rieles.—**by r.,** por ferrocarril. **II.** *va.* (a veces con **in** u **off**) poner barandilla, barrera o verja a; transportar por ferrocarril. **III.** *vn.* (con **at** o **against**) denunciar, vilipendiar o quejarse de, abusiva o vehementemente.
railhead [-hed], *s.* término de la vía (los rieles) de un ferrocarril no terminado; (mil.) estación ferroviaria de víveres y municiones.
railing [-ịŋ], *s.* baranda, barandilla, pasamano; barra; cerca, verja, reja, enrejado; (f. c.) carriles, rieles; material para rieles.
raillery [réịlœrị], *s.* chocarrería, fisga, zumba.
railroad [réịlroud], *va.* proveer de ferrocarriles; transportar por ferrocarril; (fam.) apresurar, hacer algo rápidamente; hacer aprobar (una ley, etc.) con precipitación; (fam.) encarcelar falsamente.
railroad, railway [réịlweị]. **I.** *s.* ferrocarril, vía férrea, camino de hierro. **II.** *a.* ferroviario, de ferrocarril, para ferrocarriles.—**r. car** o **carriage,** vagón o coche ferroviario.—**r. crossing,** paso a nivel.—**r. junction.** entronque.—**r. siding** o **switch,** apartadero, desviadero.—**railway spine,** (med.) desorden de la medula espinal debido a concusión.
raiment [réịmgnt], *s.* ropa, traje, indumento; prendas de vestir.
rain [réịn]. **I.** *vn.* (*impers.*) llover.—**r. or shine,** que llueva o no; con buen o mal tiempo. **II.** *va.* derramar copiosamente.—**to r. cats and dogs,** o **pitchforks,** llover chuzos, llover a cántaros. **III.** *s.* lluvia.—**r.-and-wind storm,** turbonada.—**r. cape,** capa aguadera.—**r. check,** (E. U.) devolución del billete cuando un espectáculo se suspende (*to take a rain check,* diferir o aplazar una invitación).—**r. ga(u)ge,** pluviómetro.—**r. water,** agua lluvia.
rainbow [-bou], *s.* arco iris.—**r.-hued,** irisado, iridiscente.
raincoat [-kout], *s.* impermeable (sobretodo).
raindrop [-drap], *s.* gota de agua.
rainfall [-fɔl], *s.* aguacero; cantidad de lluvia que cae durante tiempo determinado.
rainmaker [-meịkœ(r)], *s.* propiciador de lluvia (artificialmente o por medios sobrenaturales).
rainproof [-pruf]. **I.** *a.* a prueba de la lluvia. **II.** *s.* capa o abrigo impermeable. **III.** *va.* hacer impermeable.
rainstorm [-storm], *s.* aguacero, temporal, chubasco, tempestad de agua.
rainy [-ị], *a.* lluvioso, pluvioso.—**r. day,** (fig.) tiempo de escasez o necesidad.—**for a r. day,** por lo que pueda tronar.—**r. season,** época de las lluvias.
raise [réịz]. **I.** *va.* levantar, alzar, poner en pie; elevar, erguir, empinar; construir, erigir; aumentar, subir; promover, ascender, encumbrar, ensalzar; animar, incitar; crear; causar, ocasionar; criar, cultivar; hacer concebir, inspirar, dar lugar a; hacer surgir, hacer brotar; vivificar, revivir; llamar, evocar; reclutar, alistar; allegar, reunir, recoger o juntar (dinero); poner fin a, abandonar; formar en relieve; ofrecer, presentar, suscitar; levantar (en la caza); fermentar (pan.).—**to r. a check,** raspar y aumentar la cantidad de un cheque, etc.—**to r. a dust,** (fam.) hacer grande alharaca.—**to r. an eyebrow,** (fam.) arquear las cejas.—**to r. an objection,** poner una objeción.—**to r. an outcry,** causar gritería, gritar.—**to r. a point,** presentar una cuestión, hacer una observación.—**to r. a racket, a row, a rumpus, Cain, the devil, the dickens, the mischief, the Old Boy,** etc., (fam.) armar un alboroto; causar gran conmoción, trastorno o desbarajuste; armar un lío.—**to r. a storm,** levantar cisco, promover desórdenes.—**to r. money on,** empeñar, obtener dinero prestado por.—**to r. steam,** levantar vapor, poner la caldera bajo presión.—**to r. the country,** sublevar, alborotar, revolucionar el país.—**to r. the dead,** despertar a los muertos.—**to r. the nap of the cloth,** perchar los paños, sacarles el pelo.—**to r. to a power,** (mat.) elevar a una potencia. **II.** *s.* levantamiento,

alzamiento; aumento, subida; ascenso; traviesa (de una apuesta).
raised [-d], *a.* abollonado; en relieve; de resalto, de realce, que sobresale; (coc.) fermentado o leudo (pan).
raiser [-œ(r)], *s.* productor, cultivador; ganadero; educador; fundador.
raisin [réizin], *s.* pasa, uva seca.
raising [réiziŋ], *s.* acción de levantar, erigir, etc.; levantamiento; elevación; cría.
raison d'être [réizon détr], *s.* razón (*f.*) de ser.
raja(h [rádžä], *s.* rajá, *m.* (príncipe o caudillo).
rake [reik]. I. *s.* (agr.) rastro, mielga, rastrillo; inclinación, desviación de la vertical; (aer.) inclinación del extremo de un plano de sustentación al plano de simetría; (geol., min.) lanzamiento o caída; calavera, *m.*, libertino, perdido. —**r. dredge,** draga barredera. II. *va.* (agr.) rastrillar; barrer, raspar, rascar, raer; atizar, hurgar (el fuego); (fig.) escudriñar; (mil.) enfilar, barrer.—**to r. out,** ahondar raspando. —**to r. over the coals,** (fam.) criticar severamente, despedazar, despellejar, poner como un trapo. III. *vn.* pasar el rastro o la mielga; rascar, ahorrar; pasar con rapidez o violencia; llevar una vida disoluta; (mar.) inclinarse.
rake-off [réik ɔf], *s.* (fam.) ganancia, tajada.
raker [réikœ(r)], *s.* raedera, raspadera; rastrilladora mecánica.
rakish [réikiŝ], *a.* libertino, disoluto; airoso, garboso; (mar.) de mástiles muy inclinados; de aspecto velero y veloz.—**rakishness** [-nis], *s.* disolución, libertinaje; (mar.) caída, inclinación de los palos.
râle [ral], *s.* (med.) estertor.
rally [ræli]. I. *va.* (mil.) reunir y reanimar, rehacer; ridiculizar; dar matraca o zumba. II. *vn.* (mil.) reunirse, rehacerse; reanimarse; recobrar las fuerzas, revivir; chancearse, zumbarse. III. *s.* unión o reunión (de tropas dispersas o de gente); recuperación; mitin.
ram [ræm]. I. *s.* (zool.) morueco, carnero padre; (mec.) martinete, pisón; ariete hidráulico; (mar.) espolón; buque con espolón; (mil.) ariete; (**R.,** astr.) Aries. II. *va.* pisonear, apisonar, golpear con un pisón, espolón o ariete; meter por la fuerza, apretar; atacar (un arma de fuego); atestar, henchir; atracar.
Ramadan [rǽmadan], *s.* Ramadán.
ramble [rǽmbl]. I. *vn.* vagar, callejear; divagar, ir por las ramas; dar vueltas, serpentear; discurrir. II. *s.* paseo; paseadero.—**rambler** [rǽmblœ(r)], *s.* vagabundo, callejero; paseador; divagador; (bot.) rosa trepadora.—**rambling** [-iŋ]. I. *s.* correteo, divagación. II. *a.* divagador, etc.
rambunctious [ræmbʌ́ŋkŝʌs], *a.* (fam.) bullicioso, ruidoso; estrepitoso; ingobernable.
ramekin [rǽmekin], *s.* (coc.) quesadilla; tazuela para quesadillas.
ramie [rǽmi], *s.* (bot.) ramio; ramina.
ramification [rǽmifikéiŝon], *s.* ramificación, ramal.—**ramify** [-fai], *va.* y *vn.* ramificar(se).
ramjet [rǽmdžɛt], *s.* estatorreactor; motor de martinete.
rammer [rǽmœ(r)], *s.* baqueta de fusil; atacador; pisón de empedrador; (mar.) espolón.
rammish [rǽmiŝ], *a.* arietino; rancio, que huele a carnero o chotuno; libidinoso, salaz.
ramose [réimous], **ramous** [-mʌs], *a.* ramoso.
ramp [ræmp]. I. *s.* rampa, declive. II. *vn.* saltar, brincar; agitarse, bramar; (bot.) trepar.
rampage [rǽmpeidž]. I. *s.* alboroto, agitación violenta, turbulencia. II. *vn.* bramar, enfurecerse, embestir a ciegas.
rampancy [rǽmpansi], *s.* exuberancia, superabundancia, extravagancia.
rampant [rǽmpant], *a.* exuberante; excesivo; desenfrenado; general y sin coto; ufano, lozano; (blas.) rampante.
rampart [rǽmpart]. I. *s.* (fort.) terraplén; muro, muralla; baluarte. II. *va.* murar, abaluartar.
rampion [rǽmpion], *s.* (bot.) rapónchigo.
ramrod [rǽmrad], *s.* baqueta, atacador, cargador.
ramshackle [rǽmŝækl], *a.* desvencijado, destartalado, ruinoso.
ramulose, ramulous [rǽmiulous, -lʌs], *a.* (bot., zool.) ramoso.
ramus [réimʌs], *s.* (bot., anat.) ramal, ramificación.
ran [ræn], *pret.* de TO RUN.
ranch [rǽnch]. I. *s.* hacienda de ganado; granja; (Am.) estancia, rancho. II. *vn.* tener hacienda de ganado, ser hacendado.—**rancher** [-œ(r)], **ranchman** [-man], *s.* hacendado, ganadero; boyero; (Am.) estanciero, ranchero.
rancid [rǽnsid], *a.* rancio, rancioso.
rancidness, rancidity [-nis, rænsíditi], *s.* rancidez.
rancor [rǽŋko(r)], *s.* rencor, enemiga, encono, inquina.
rancorous [-ʌs], *a.* rencoroso.
random [rǽndom]. I. *s.* azar, casualidad.—**at r.,** a la ventura, al azar, a trochemoche. II. *a.* fortuito, impensado, casual; sin orden ni concierto.—**r. shot,** tiro sin puntería.
rang [ræŋ], *pret.* de TO RING.
range [réindž]. I. *va.* recorrer; batir (el monte); (mar.) costear; poner en posición; poner en fila; (a veces con *in*) alinear; arreglar, clasificar. II. *vn.* vagar; extenderse; estar en línea; ponerse al lado, adherirse; tener igual grado, estar a la misma altura; variar, fluctuar; (arti.) tener alcance (un proyectil).—**to r. by,** (mar.) pasar, dejar atrás. III. *s.* distancia que recorre alguna cosa; extensión, recorrido; trascurso, duración; límites, *m. pl.;* campo o esfera de actividad; excursión; vasta extensión de terrenos de pasto; alcance (de un arma o proyectil); fila, hilera, línea; clase, *f.*, orden; línea de un tiro de artillería; sitio para tirar al blanco, campo de tiro; dirección; cuerda (de la voz); cocina económica; (mar.) cornamusa.—**r. finder,** (arti.) telémetro.—**r. of mountains,** cadena de montañas, cordillera.—**r. pole,** (top.) jalón.—**r. stove,** cocina portátil.—**r. work,** (alb.) mampostería concertada con hiladas de una misma altura.—**at close r.,** a quema ropa.—**to be within the r. of,** estar a tiro, al alcance de.
ranger [-œ(r)], *s.* guardabosque, guardamonte; batidor; recorredor, vigilante; perro ventor.
rank [rǽŋk]. I. *a.* lozano, exuberante, fértil; espeso, cerrado; rancio; fétido; grosero, indecente; acabado, rematado, insigne (cobarde, traidor, etc.); (mec.) profundo, hondo. II. *s.* línea, hilera; (mil.) grado, graduación, categoría; jerarquía, rango; posición (social, etc.); cuantía; calidad, distinción; (mil.) fila.—**the ranks, the r. and file,** la tropa, los soldados de fila; las masas; el cuerpo, los miembros ordinarios (de una asociación, etc., a distinción de los dignatarios). III. *va.* clasificar, ordenar; colocar por grados; poner en fila; (mil.) tener un grado superior a. IV. *vn.* tener tal o cual grado o clasificación; ocupar (primer, segundo, etc.) lugar; figurar, contarse entre; (con **with**) estar al nivel (de); (con **high, low**), ocupar (alta, baja) posición.
ranker [-œ(r)], *s.* soldado; oficial que ha ascendido desde soldado raso.
rankle [-l], *vn.* enconarse, inflamarse; causar encono, resentimiento o enojo.
ransack [rǽnsæk], *va.* escudriñar, explorar, registrar a fondo; pillar, saquear.
ransom [rǽnsom]. I. *s.* rescate, redención. II. *va.* rescatar, redimir.—**ransomeless** [-lis], *a.* sin rescate; irrescatable, irredimible.
rant [rǽnt]. I. *vn.* gritar, desvariar, delirar, (fam.) desparpajar. II. *s.* lenguaje campanudo, retumbante.—**ranter** [-œ(r)], *s.* vociferador, energúmeno.
ranula [rǽnyulä], *s.* (med., vet.) ránula, barbilla, sapillo.
ranunculaceous [ranʌŋkiuléiŝiʌs], *a.* (bot.)

ranunculáceo.—**ranunculus** [-lʌs], *s.* (bot.) ranúnculo, botón de oro.

rap [ræp]. **I.** *va.* y *vn.* (*pret.* y *pp.* RAPPED) golpear, tocar, dar un golpe seco; proferir vivamente; (fam.) criticar, zaherir, echar púas; (hablar) echar paja.—**to r. at the door,** tocar a la puerta. **II.** *va.* (*pret.* y *pp.* RAPT) arrebatar; transportar con éxtasis (ú. esp. el *pp.*). **III.** *s.* golpe seco, taque; (fam.) crítica; (fam.) charla; (fam.) fruslería, ardite (v. gr.; *I don't care a rap,* no me importa un bledo); madeja, cadejo de 120 yardas de hilo.—**r. on the nose,** papirote, pasagonzalo.—**r. on the knuckles,** golpecito sobre los artejos; reconvención.—**to take the r.,** (fam.) pagar el pato o los vidrios rotos.

rapacious [rapéiŝʌs], *a.* rapaz.—**rapaciously** [-li], *adv.* con rapacidad.—**rapaciousness** [-nis], **rapacity** [rapǽsiti], *s.* rapacidad.

rape [réip]. **I.** *s.* violación, estupro; violencia, fuerza; rapto, robo; (bot.) nabo silvestre, colza; filtro para hacer vinagre; granuja.—*pl.* escobajo, raspajo.—**r. oil,** aceite de colza. **II.** *va.* violar, estuprar, desflorar.

rapeseed [-sid], *s.* (bot.) colza; nabina o simiente de colza o nabo silvestre.—**r. oil,** aceite de colza.

Raphaelesque [rǽfielésk], *a.* rafaelesco.—**Raphaelism** [-izm], *s.* rafaelismo, estilo o escuela de Rafael.—**Raphaelite** [-ait], *s.* rafaelista.

raphe [réifi], *s.* (anat., bot.) rafe, torillo.

rapid [rǽpid]. **I.** *a.* rápido, raudo, veloz.—**r.-fire gun,** o **r.-firer,** cañón de tiro rápido.—**r. transit,** tráfico o transporte rápido. **II.** *s. pl.* rabión, *m.*, recial, rápido.

rapidity [rapíditi], **rapidness** [rǽpidnis], *s.* rapidez, velocidad.

rapier [réipiœ(r)], *s.* espadín; estoque.

rapine [rǽpin], *s.* rapiña, robo.

rapist [réipist], *s.* raptor, violador, estuprador.

rapport [ræpórt], *s.* armonía, concordancia, simpatía.

rapprochement [raprόŝman], *s.* restablecimiento de las relaciones o la armonía (entre dos naciones); reconciliación; acercamiento.

rapscallion [ræpskǽlyon], *s.* bribón, pícaro.

rapt [ræpt], *pp.* y *a.* transportado, arrebatado o extasiado.—**r. in thought,** absorto.

raptorial [ræptóurial], *a.* (orn.) de presa, de rapiña, rapaz.

Raptores [ræptóuriz], *s. pl.* aves (*f.*) rapaces.

rapture [rǽpchu(r)], *s.* rapto, enajenamiento, arrobamiento, embeleso, embriaguez, éxtasis, *m.*

rapturous [-ʌs], *a.* arrobado, arrebatado, embelesado.—**rapturously** [-li], *adv.* con éxtasis, con transportes, extáticamente.

rare [rɛr], *a.* raro; precioso; contado, extraordinario, peregrino; (coc.) poco asado, a medio asar; raro (de la atmósfera); esparcido.

rarebit [rérbit], *s.* *V.* WELSH RABBIT.

rare earth, *s.* (quím.) metales alcalinos raros (tierras raras).

raree-show [réri ŝou], *s.* tutilimundi, mundinovi.

rarefaction [rérefǽkŝon], *s.* rarefacción.

rarefiable [-fáiabl], *a.* capaz de rarefacción.

rarefy [-fai]. **I.** *va.* enrarecer, rarefacer, rarificar; refinar, purificar. **II.** *vn.* rarificarse, etc.

rarely [rérli], *adv.* raramente, rara vez, por rareza; sólo de tarde en tarde; excelente o extremamente.

rareness [-nis], *s.* rareza, singularidad; escasez; excelencia.—**rareripe** [-raip]. **I.** *a.* precoz, temprano. **II.** *s.* legumbre o fruta precoz.

rarity [réritl], *s.* raridad, rareza; curiosidad, preciosidad; tenuidad.

rascal [rǽskal], *s.* pícaro, bribón, bellaco, pillo.

rascality [ræskǽliti], *s.* bellaquería, tunantería.

rascally [rǽskali], *a.* vil, bajo, ruin, truhanesco.

rase [reiz], *va.* = RAZE.

rash [ræŝ]. **I.** *a.* temerario, imprudente, arrebatado, precipitado. **II.** *s.* salpullido, erupción.

rasher [rǽŝœ(r)], *s.* lonja, magra, torrezno.

rashly [rǽŝli], *adv.* temerariamente, imprudentemente.

rashness [-nis], *s.* temeridad, imprudencia, precipitación.

rasorial [raŝóurial], *a.* gallináceo.

rasp [ræsp]. **I.** *s.* escofina, raspa, raspador, limatón, rallo, escarpelo; sonido estridente. **II.** *va.* raspar, escofinar, rallar.

raspberry [rǽzbɛri], *s.* (bot.) frambuesa, sangüesa; (fam.) sonido de mofa.—**r. bush,** frambueso.

rasping [rǽspiŋ]. **I.** *a.* raedor, raspante; ronco, áspero; irritante. **II.** *s.* raspadura, raedura.

raspy [rǽspi], *a.* = RASPING.

rat [ræt]. **I.** *s.* (zool.) rata; (desp.) esquirol, el que toma el lugar de un huelguista; (fam.) vil, cobarde; desertor, renegado; (fam.) postizo para el pelo.—**r. catcher,** cazador de ratas.—**r. dung,** cagarruta de ratas.—**r. poison,** arsénico, veneno para matar ratas.—**r.-tail file,** lima de cola de rata.—**r. trap,** ratonera.—**to smell a r.,** recelar, haber gato encerrado. **II.** *va.* y *vn.* (fam.) reemplazar obreros agremiados por otros no agremiados; trabajar por jornal menor que el que fija un gremio; tomar el lugar de un huelguista; cazar ratas; (pol. fam.) volver casaca.

ratable [réitabl], *a.* sujeto a contribución; imponible; valuable, que puede tasarse.

ratafia [rætafíä], *s.* ratafía (licor).

ratan [rætǽn], *s.* = RATTAN.

ratany [rǽtani], *s.* (bot.) ratania.

rataplan [rætaplǽn]. **I.** *s.* rataplán, sonido del tambor. **II.** *vn.* tamborear, tabalear.

ratch [ræch], *s.* cremallera; rueda dentada con trinquete.

ratchet [rǽchit], *s.* (mec.) trinquete, linguete, retén.—**r. brace,** carraca, berbiquí de trinquete.—**r. drill,** taladro de trinquete.—**r. wheel,** rueda de trinquete.—**r. wrench,** llave (*f.*) de trinquete.

rate [réit]. **I.** *s.* tarifa, precio o valor fijo; valuación; tasa; tipo (de interés, etc.); velocidad; proporción, tanto (por ciento, por unidad, etc.); contribución, impuesto; cuota; clase o clasificación de un buque mercante o de guerra, o de los miembros de la tripulación; error o variación diaria de un reloj; modo, manera; (Ingl.) contribución local. Se emplea a menudo, sobre todo en plural, para denotar sumas de dinero pagadas, exigidas, etc., regularmente, y puede traducirse por "precios," "salarios," "tarifa," "honorarios," "sueldos," etc., según el caso.—**r. of climb,** (aer.) velocidad de ascenso.—**r. of exchange,** cambio (valor relativo de las unidades monetarias), tipo del cambio.—**r. of grade,** (f. c.) pendiente relativa, pendiente (subentendiéndose que se expresa en tanto por ciento, por kilómetro, etc.).—**r. of population,** aumento proporcional de la población (expresado gen. en tantos por 1000, por 100,000, etc.).—**at any r.,** de todos modos, sea como fuere, en todo caso.—**at no r.,** de ningún modo.—**at that r.,** en esa proporción; de ese modo; a ese paso.—**at the r. of,** a razón de. **II.** *va.* tasar, valuar; clasificar; imponer contribuciones, derecho, gravamen, etc.; determinar el error de (un reloj); considerar, justipreciar; calcular, estimar; fijar precio, tarifa, etc.; dar o determinar la capacidad normal de (una máquina). **III.** *vn.* ser considerado (como), tenido (por); estar clasificado (como). **IV.** *va.* y *vn.* regañar, reñir, sermonear.

rateable [-abl], *a.* = RATABLE.

rated capacity, *s.* potencia nominal (capacidad nominal).

ratel [réitel], *s.* (zool.) ratel.

rather [rǽðœ(r)]. **I.** *adv.* bastante, un poco, algo (*she is rather pretty,* ella es bastante bonita; *I am rather tired,* estoy un poco cansado); más bien, por mejor decir, mejor dicho (*I am tired, or, rather, exhausted,* estoy cansado, o mejor dicho, agotado); por el contrario, antes bien.—

r. than, más bien que, primero que, en vez de, por no, antes que.—**the r., the r. as, the r. that,** tanto más cuanto que.—**(I) had r.,** o **would r.,** prefiero, preferiría, más bien quisiera, de mejor gana (haría algo). **II.** *interj.* ¡ya lo creo!, ¡claro!, ¡mucho!
rathskeller [rátskɛlœ(r)], *s.* restaurante o cantina de sótano.
ratification [rætịfịkéịŝǫn], *s.* ratificación, aprobación, sanción.—**ratifier** [-faịœ(r)], *s.* ratificador.—**ratify** [-faị], *va.* ratificar, aprobar, confirmar, sancionar.—**ratifying** [-ịŋ], *a.* ratificador, ratificatorio.
ratiné [rætịnéị], *s.* (tej.) ratina.
rating [réịtịŋ], *s.* justiprecio; apreciación; clasificación (de un buque, marinero, etc.); (mec.) capacidad o potencia normal o de régimen; fijación de impuestos; reprimenda, regaño, sermón.
ratio [réịŝịoụ], *s.* razón, *f.*, relación, proporción; (mat.) razón.
ratiocinate [ræŝịásịneịt]. **I.** *vn.* raciocinar, razonar. **II.** *a.* razonado.
ratiocination [-éịŝǫn], *s.* raciocinio.
ration [rǽŝǫn *o* réịŝǫn]. **I.** *s.* (mil.) ración.—**r. book** o **card,** cartilla o tarjeta de racionamiento. **II.** *va.* poner a ración; racionar; distribuir en raciones.
rational [rǽŝǫnạl], *a.* racional, cuerdo, juicioso; razonado; (mat.) racional.
rationale [ræŝǫnǽl], *s.* exposición razonada.
rationalism [rǽŝǫnạlịzm], *s.* racionalismo.
rationalist [-ịst], *s.* racionalista.
rationalistic(al [-ístịk(ạl], *a.* racionalista.
rationality [ræŝǫnǽlịtị], *s.* racionalidad.
rationalization [rǽŝǫnạlịzéịŝǫn], *s.* acción o efecto de explicar acciones, creencias, etc., de un modo racional(ista) o favorable; (mat.) supresión de radicales.—**rationalize** [-aịz]. **I.** *va.* hacer racional; interpretar o concebir racionalmente; buscar explicación racional o justificativa de; (mat.) hacer racional, quitar los radicales a. **II.** *vn.* profesar el racionalismo; emplear la razón y la lógica.
rationing [rǽŝǫnịŋ *o* réịŝǫnịŋ], *s.* racionamiento.
ratite [rǽtaịt], *s.* y *a.* (orn.) corredora (ave).
ratlin(e [rǽtlịn], **ratling** [rǽtlịŋ], *s.* (mar.) rebenque, flechaste, frenillo.
ratoon [rætún], *s.* retoño; soca de caña de azúcar.
ratsbane [rǽtsbeịn], *s.* arsénico.
rattan [rætǽn], *s.* (bot.) roten, rota, bejuco; junquillo; bastón o varilla de roten.
ratter [rǽtœ(r)], *s.* cazador de ratas; perro o gato ratonero; (fam.) desertor, renegado; esquirol.
rattle [rǽtl]. **I.** *va.* hacer sonar como una carraca o matraca; batir o sacudir con ruido; (fam.) atolondrar, aturrullar; (con **off**) decir a la carrera; (mar.) proveer de, o atar con, rebenques. **II.** *vn.* matraquear, rechinar, guachapear; charlatanear, parlotear; moverse o funcionar con matraqueo.—**to r. away,** parlotear; rodar a distancia, haciendo ruido. **III.** *s.* cascabel (de crótalo); sonajero (juguete); matraca, carraca; parla, charla; bulla; estertor.—**r.-brained, r.-headed, r.-pated,** ligero de cascos, casquivano.—**r. snake,** (zool.) crótalo, culebra de cascabel.
rattlebox [-baks], *s.* cascabel (juguete); charlador.
rattled [-d], *a.* (fam.) aturdido, azarado, confundido.
rattlehead [-hɛd], **rattlepate** [-peịt], **rattleskull** [-skʌl], *s.* parlanchín; casquivano.
rattler [rǽtlœ(r)], *s.* parlanchín, tarabilla; (zool.) crótalo; cosa que anda o funciona de prisa y con ruido.
rattlesnake [rǽtlsneịk], *s.* (zool.) culebra de cascabel, crótalo.
rattletrap [-træp], *s.* coche u otro objeto destartalado; (fam.) parlanchín; la boca.—*pl.* chucherías.
rattling [rǽtlịŋ], *a.* ruidoso; vivo; (fam.) extremamente bueno, rápido, etc.
raucous [rɔ́kʌs], *a.* ronco, (poét.) rauco; bronco.
ravage [rǽvịdẑ]. **I.** *va.* saquear, pillar; asolar, talar, destruir. **II.** *s.* ruina, estrago, destrucción; saqueo.
rave [reịv]. **I.** *vn.* delirar, desvariar; devanear, disparatar; bramar, enfurecerse, salirse de sus casillas.—**to r. after,** querer a toda costa, despepitarse por.—**to r. over,** o **about,** entusiasmarse locamente por. **II.** *s.* (carr.) adral de un carro; (fam.) (objeto de un) amor o infatuación exagerada. *V.* BLURB.
ravehook [réịvhụk], *s.* (mar.) descalcador.
ravel [rǽvẹl]. **I.** *va.* deshilar, deshebrar, deshacer; (con **out**) desenredar, desenmarañar; enredar (acepción original). **II.** *vn.* (con **out**) deshilarse, destorcerse; deshacerse; (ant.) enredarse. **III.** *s. V.* RAVELING Y RAVELMENT.
ravelin [rǽvlịn], *s.* (fort.) revellín.
ravel(l)ing [rǽvlịŋ], *s.* hilacha; deshiladura.
raven [réịvn]. **I.** *s.* (orn.) cuervo.—**r.'s-duck,** (tej.) loneta. **II.** *a.* negro y lustroso.
raven, ravin [rǽvn *o* rǽvịn]. **I.** *va.* y *vn.* apresar, prender por fuerza; devorar. **II.** *s.* presa, botín, rapiña.
ravening [rǽvẹnịŋ]. **I.** *s.* rapiña; rapacidad; voracidad. **II.** *a.* rapaz; voraz; (blas.) cebado.
ravenous [rǽvẹnʌs], *a.* voraz, famélico; rapaz.—**ravenously** [-lị], *adv.* vorazmente.—**ravenousness** [-nịs], *s.* voracidad; rapacidad.
ravine [rạvín], *s.* barranca, cañada, hondonada, hoz.
raving [réịvịŋ]. **I.** *s.* desvarío, delirio. **II.** *a.* delirante, desvariado.—**ravingly** [-lị], *adv.* desvariadamente, locamente.
ravish [rǽvịŝ], *va.* arrebatar, atraer, encantar; violar, estuprar.—**ravisher** [-œ(r)], *s.* estuprador; arrebatador.—**ravishing** [-ịŋ], *a.* arrebatador, embriagador.—**ravishingly** [-lị], *adv.* arrobadoramente.—**ravishment** [-mẹnt], *s.* rapto, transporte, arrobamiento; estupro, violación (de una mujer).
raw [rɔ́]. **I.** *a.* crudo; pelado, despellejado; en carne viva; descarnado; desapacible, frío y húmedo; (com.) en bruto; fresco, nuevo; novato, bisoño (recluta, etc.); vulgar, tosco, brutal; (fam.) indecente; injusto.—**r. cotton,** algodón en rama.—**r. flesh,** carne viva.—**r. gas,** gas sucio.—**r. hand,** novato, novicio.—**r. hemp,** cáñamo en bruto o sin peinar.—**r. material,** materia prima.—**r. silk,** seda en rama.—**r. spirits,** licores puros o sin mezcla.—**r. sugar,** azúcar bruto o mascabado.—**r. tallow,** sebo puro o en rama.—**r. weather,** tiempo crudo. **II.** *s.* carne viva o llagada; desolladura; (vet. y fig.) matadura; material en bruto; persona sin cultura.—**in the r.,** al desnudo; en su ser natural y crudo, etc.
rawboned [-boụnd], *a.* huesudo; flaco, desvaído.
rawhide [-haịd]. **I.** *a.* de cuero sin curtir. **II.** *s.* cuero crudo; látigo hecho de este cuero.
rawish [-ịŝ], *a.* algo crudo, un tanto crudo.
ray [reị]. **I.** *s.* rayo (de luz, calor, etc.); (geom.) radio; línea recta, hilera, raya; (bot.) lígula; (ict.) raya.—**r. filter,** pantalla fotocrómica.—**r. grass,** (bot.) vallico. **II.** *va.* y *vn.* emitir rayos; (ir)radiar; (fam.) radiografiar, fotografiar con los rayos X.
rayon [réịǫn], *s.* (tej.) rayón (fibra y tela).
raze [reịz], *va.* arrasar, demoler, derruir.
razor [réịzǫ(r)], *s.* navaja de afeitar; colmillo del jabalí.—**r. blade,** hoja o cuchilla de navaja de seguridad.—**r. case,** navajero.—**r. clam, r. fish,** navaja (marisco).—**r. grinder,** vaciador de navajas de afeitar.—**r. shell** = R. CLAM.—**r. strap, r. strop,** asentador o suavizador.
razorback [-bæk], *s.* (zool.) yubarta; cerdo (semi)salvaje.
razorbill [-bịl], *s.* (orn.) alca.
razz [ræz]. **I.** *s.* (fam.) crítica mordaz, desolladura, mofa, escarnio. **II.** *va.* (fam.) mofarse o burlarse de.
razzle-dazzle [rǽzl dæzl]. **I.** *va.* (fam.) embria-

gar; deslumbrar; aturdir. **II.** *s.* (fam.) borrachera; aturdimiento; especie de tiovivo.
re [rei o ri]. **I.** *s.* (mús.) re. **II.** [ri], *prep.* (for., com.) acerca de, concerniente a.
reabsorb [riabsórb], *va.* re(ab)sorber.
reabsorption [riabsórpŝon], *s.* re(ab)sorción.
reach [rích]. **I.** *va.* alargar, llegar a o hasta; alcanzar, lograr, conseguir, obtener; penetrar.—**to r. out one's hand,** tender la mano.—**to r. the heart,** llegar al o tocar el corazón. **II.** *vn.* extenderse, llegar, alcanzar, penetrar; esforzarse; coger; (mar.) ceñir el viento, navegar de bolina.—**to r. after,** procurar obtener o coger, hacer esfuerzos por alcanzar o coger.—**to r. into,** penetrar en. **III.** *s.* alcance; extensión, distancia; poder, facultad; capacidad; (carr.) barra que une el juego posterior con la parte delantera; (mar.) bordada.—**beyond one's r., out of one's r.,** fuera del alcance de uno.—**within one's r.,** al alcance de uno; dentro del poder de uno.
reachable [-abl], *a.* asequible.
react [riékt], *vn.* reaccionar.
reactance [-ans], *s.* (elec.) reactancia.—**r. coil,** bobina de reacción o de reactancia.
reaction [riékŝon], *s.* reacción.—**reactionary** [-eri]. **I.** *a.* reaccionario. **II.** *s.* (pol.) retrógrado.
reactive [riéktiv], *a.* reactivo.
reactivity [-tíviti], *s.* reactividad.
reactor [riékto(r)], *s.* reactor; (elec., fís.) reactor; (fís.) pila atómica; (quím.) reactivo.
read [rid]. **I.** *va.* (*pret.* y *pp.* READ [red]) leer; descifrar; marcar, indicar (*the thermometer reads 20°*, el termómetro marca 20°); (mús.) leer.—**to r. law,** estudiar derecho.—**to r. off hand,** leer de corrido.—**to r. one a lecture** o **lesson,** (fam.) sermonear, poner a uno como nuevo.—**to r. one to sleep,** dormir o adormecer a uno leyéndole.—**to r. out,** expulsar (a un miembro de una asociación).—**to r. over,** leerlo todo, recorrer (un escrito).—**to r. proofs,** (impr.) corregir pruebas.—**to r. through,** leer de cabo a rabo.—**to r. through one,** calar a uno, conocer sus intenciones. **II.** *vn.* leer; (con **of** o **about**) saber, enterarse de (leyendo); leer, decir, rezar (*the text reads thus*, el texto reza, o dice, así); (mús.) saber leer e interpretar las notas; conferenciar en público; indicar; sonar (bien, mal) al leerlo; ser lectura (amena, difícil, etc.).—**to r. about,** leer acerca de; aprender leyendo.—**to r. between the lines,** leer entre líneas.—**to r. on,** proseguir o continuar leyendo.—**to r. to,** indicar hasta, tener apreciación de (apl. a instrumentos de medida).—**to r. to one's self,** leer para sí. **III.** [red], *a.* leído, instruído, ilustrado, erudito.
readable [rídabl], *a.* leíble, legible; ameno, interesante, entretenido.
readability [ridabíliti], o **readableness** [rídablnis], *s.* calidad de legible; interés, amenidad de estilo.
reader [rídœ(r)], *s.* lector, leyente; declamador; libro de lectura (de texto); (impr.) corrector de pruebas; (igl.) lector.
readership [-ŝip], *s.* (igl.) lectoría.
readily [rédili], *adv.* fácilmente; prontamente, luego; con placer, de buena gana.
readiness [rédinis], *s.* disposición, buena voluntad; prontitud; facilidad; aptitud, desembarazo.—**r. of wit,** viveza o vivacidad de ingenio.—**in r.,** listo, preparado.
reading [rídiŋ]. **I.** *s.* lectura; material de lectura; significado (de algo escrito); conferencia, disertación; lectura de un proyecto de ley; apertura de un testamento; estudio; lectura, indicación de un instrumento graduado; interpretación; leyenda, variante, *f.*, glosa; solución de un enigma o acertijo; (teat.) desempeño o interpretación de un papel. **II.** *a.* de lectura.—**r. desk,** facistol, atril.—**r. glass,** vidrio de aumento; *pl.* carlita, lunetas para leer.—**r. matter,** material de lectura; sección de lectura (de un periódico).—**r. room,** sala de lectura.
readjust [riadžást], *va.* ajustar de nuevo; readaptar; (impr.) recorrer.—**readjustment** [-ment], *s.* readaptación; (impr.) recorrido.
readmission [riadmíŝon], *s.* readmisión.
readmit [riadmít], *va.* admitir de nuevo.
ready [rédi]. **I.** *a.* listo, pronto, preparado, dispuesto, en condiciones de; inclinado, propenso; ágil, diligente, ligero; fácil; manuable, a la mano, al alcance; útil, disponible; (com.) contante, efectivo.—**r.-made,** ya hecho; confeccionado.—**r. money,** dinero contante; dinero al contado.—**r. payment,** paga inmediata.—**r. reckoner,** libro de cálculos hechos.—**r. reply** o **retort,** réplica pronta.—**r. wit,** genio agudo.—**r.-witted,** de ingenio vivo, pronto. **II.** *va.* preparar, apercibir, aparejar.
reaffirm [riafœrm], *va.* reafirmar, reiterar.—**reaffirmance** [-ans], **reaffirmation** [riæfœrméiŝon], *s.* reafirmación, reiteración.
reagent [riéidžent], *s.* (quím.) reactivo.
real [ríal]. **I.** *a.* real, verdadero, auténtico, genuino, legítimo, efectivo; inmueble; referente a bienes raíces; (mat.) real.—**r. estate broker** = REALTOR.—**r. property,** o **r. estate,** bienes raíces o inmuebles; propiedad raíz, predio. **II.** *s.* real (moneda); (con *the*), (la) realidad, (lo) real. **III.** *adv.* (fam. e incorrecto) muy, bastante.
realgar [riælgä(r)], *s.* (min.) rejalgar, sandáraca
realign [rialáin], *va.* realinear.
realignment [-ment], *s.* realineación.
realism [ríalizm], *s.* positivismo; espíritu práctico; verismo; (fil. y b. a.) realismo; reconocimiento o criterio de la realidad.
realist [-ist], *s.* positivista hombre práctico o de realidades; (fil. y b. a.) realista.
realistic [-ístik], *a.* práctico, de acuerdo con la realidad; natural, vivo; (fil. y b. a.) realista.
reality [riæliti], *s.* realidad, verdad, veras, *f. pl.*—**in r.,** en realidad, de veras, efectivamente.
realizable [ríalaizabl], *a.* realizable, factible.
realization [rializéiŝon], *s.* realización, verificación; concepción, comprensión.
realize [ríalaiz], *va.* darse cuenta, hacerse cargo de; comprender; realizar, verificar, efectuar; dar vida; cumplir, llevar a cabo; ganar, reportar; (com.) realizar, convertir en dinero.
really [ríali], *adv.* realmente, verdaderamente.
realm [relm], *s.* reino; región, dominio; (zool.) extensión de una fauna.
realtor [ríalto(r)], *s.* corredor de bienes raíces (apl. esp. al que es miembro de la asociación de las Juntas de Bienes Raíces).
realty [ríalti], *s.* (for.) bienes raíces.
ream [rím]. **I.** *s.* resma (de papel). **II.** *va.* escariar, abocardar.
reamer [-œ(r)], *s.* escariador, ensanchador.
reanimate [riænimeit], *va.* reanimar, resucitar.
reap [ríp]. **I.** *va.* segar; cosechar; obtener o sacar provecho de. **II.** *vn.* cosechar, hacer el agosto, hacer la cosecha; recibir (uno) la recompensa, o el fruto de su trabajo.
reaper [-œ(r)], *s.* segador; segadora mecánica.—**the Grim R.,** (fig.) la de la guadaña, la Muerte.
reaping [-iŋ], *s.* siega, cosecha.—**r. hook,** hoz, segadera.—**r. machine,** segadora.—**r. time,** siega.
reappear [riapír], *vn.* reaparecer.
reappearance [-ans], *s.* reaparición.
reappoint [riapóint], *va.* nombrar, designar o fijar de nuevo.
reapportion [riapórŝon], *va.* proporcionar o repartir de nuevo.
reappraise [riapréiz], *va.* retasar.
reappraisement [-ment], *s.* retasa, revaluación.
rear [rír]. **I.** *a.* de atrás, trasero, posterior; último, de más atrás.—**r. admiral,** contra(a)lmirante.—**r. axle,** (carr., aut.) eje trasero, puente.—**r.-axle shaft,** semieje trasero.—**r. guard,** (mil.) retaguardia.—**r. rank,** última fila.—**r. view,**

vista posterior.—**r. wall,** pared trasera o posterior. II. *s.* fondo; espalda, parte (*f.*) de atrás o posterior; cola, trasera, zaga.—**r. drive,** (aut.) tracción posterior.—**r. sight,** alza (de armas de fuego).—**r. view mirror,** (aut.) espejo de retrovisión.—**to be in the r.,** estar detrás, o a la cola.—**to bring up the r.,** cerrar la marcha. III. *va.* levantar, alzar, erigir, construir; criar, educar. IV. *vn.* encabritarse, empinarse, arbolarse, irse a la empinada (el caballo); elevarse; exaltarse.

rearing [-iŋ], *s.* levantamiento; cría, crianza; encabritamiento, empinada.

rearm [riárm], *va.* (mil.) rearmar.—**rearmament** [-ament], **rearming** [-iŋ], *s.* rearme.

rearmost [rírmoust], *a.* último, de más atrás.

rearrange [riaréindž], *va.* volver a arreglar; cambiar el arreglo o el orden de; refundir.

rearrangement [-ment], *s.* reordenamiento.

rearward [rírwärd]. I. *a.* postrero, último. II. *adv.* hacia atrás. III. *s.* cola, retaguardia.

reason [rízon]. I. *s.* razón, *f.;* intelectiva; causa, motivo, porqué; moderación; argumento; sensatez; justicia; (lóg.) premisa.—**r. for existence, r. of being,** razón de ser.—**r. of state,** razón de estado.—**r. why,** el porqué.—**by r. of,** con motivo de, a causa de, en virtud de.—**in (all) r.,** con justicia, con razón.—**it stands to r.,** está puesto en razón.—**out of (all) r.,** fuera de razón, desrazonable.—**to bring to r.,** meter en razón. II. *va.* (a menudo con *out*) demostrar o concluir por el razonamiento; probar, argüir; persuadir; disuadir; deducir. III. *vn.* razonar, raciocinar; discurrir; argüir.

reasonable [-abl], *a.* razonable racional justo; equitativo; módico; regular, mediano; prudencial.—**reasonableness** [-nis], *s.* racionalidad; razón, *f.;* moderación; justicia.—**reasonably** [-abli], *adv.* razonablemente; bastante.

reasoner [-œ(r)], *s.* razonador; argumentador.

reasoning [-iŋ], *s.* razonamiento, raciocinio.

reassemble [riasémbl], *va.* juntar de nuevo.

reassert [riasœ́rt], *va.* reafirmar.

reassign [riasáin], *va.* asignar, destinar o repartir de nuevo.

reassignment [-ment], *s.* reinstalación; cambio de colocación; cambio de destinación.

reassume [riasiúm], *va.* reasumir.

reassumption [riasʌ́mpŝon], *s.* reasunción.

reassurance [riaŝúrans], *s.* confianza establecida, tranquilidad; afirmación repetida, certeza restablecida; (com.) reaseguro.

reassure [riaŝúr], *va.* tranquilizar; (com.) reasegurar, volver a asegurar.

reassuring [-iŋ], *a.* tranquilizador.

rebaptize [ribæptáiz], *va.* rebautizar.

rebate [ríbeit]. I. *va.* y *vn.* rebajar, descontar, hacer rebaja; reembolsar. *V.* RABBET. II. *s.* rebaja, descuento; di(s)minución, reducción; reembolso; (f. c.) detasa. *V.* RABBET.

rebec(k) [ríbɛk], *s.* (mús.) rabel.

rebel [rébel]. I. *a.* y *s.* rebelde; faccioso, insurrecto. II. [ribél], *vn.* rebelarse, sublevarse.

rebellion [-yon], *s.* rebelión, sublevación.

rebellious [-yʌs], *a.* rebelde, sublevado; insubordinado, refractario.—**rebelliously** [-li], *adv.* con rebeldía.—**rebelliousness** [-nis], *s.* rebeldía, insubordinación.

rebirth [ribœ́rθ], *s.* renacimiento.

reborn [ribórn], *a.* renacido.

rebore [ribór], *va.* (mec.) rectificar (un cilindro).

rebound [ribáund]. I. *vn.* repercutir; (re)botar, resurtir, (re)saltar. II. *s.* repercusión; (re)bote, resurtida, resalto; rechazo.

rebroadcast [ribródkæst]. I. *va.* y *vn.* (rad.) redifundir; difundir de una difusora un programa o comunicaciones recibidas de otra. II. *s.* redifusión o retransmisión radiofónica.

rebuff [ribʌ́f]. I. *s.* desaire, repulsa, denegación; contrariedad. II. *va.* rechazar, desairar.

rebuild [ribíld], *va.* (*pret.* y *pp.* REBUILT) reedificar, reconstruir.

rebuke [ribiúk]. I. *va.* increpar, reprochar, reprender, censurar, regañar. II. *s.* repulsa, reproche, increpación, reprensión, reprimenda.

rebus [ríbʌs], *s.* jeroglífico, logogrifo, acertijo; (fam.) quisicosa; (blas.) escudo alusivo al nombre de su dueño.

rebut [ribʌ́t]. I. *va.* (for.) refutar, contradecir. II. *vn.* replicar.

rebuttal [-al], *s.* refutación.

rebutter [-œ(r)], *s.* (for.) contrarréplica; el que la hace.

recalcitrant [rikǽlsitrant], *a.* recalcitrante.

recalcitrate [-treit], *vn.* recalcitrar.

recalescence [rikalésens], *s.* recalescencia.

recall [rikɔ́l]. I. *va.* revocar, anular; llamar, hacer volver; recordar, rememorar, acordarse de; deponer, destituir de un cargo o empleo.—**to r. an ambassador,** retirar a un embajador. II. *s.* recordación; revocación; (mil.) toque o aviso de llamada; (pol. E. U.) derecho de deponer funcionarios o anular sus decisiones por votación popular.

recant [rikǽnt], *va.* y *vn.* retractar(se); desdecirse, desmentirse, cantar la palinodia.

recantation [-éiŝon], *s.* retractación.

recap [rikǽp], *va.* recauchutar (neumáticos).

recapitulate [rikapíchuleit], *va.* recapitular.

recapitulation [-éiŝon], *s.* recapitulación.

recapitulatory [-atori], *a.* que recapitula.

recapping [rikǽpiŋ] *s.* (aut.) recauchutaje, revestimiento o reconstrucción de neumáticos.

recapture [rikǽpchu(r)]. I. *va.* volver a tomar; represar. II. *s.* represa.

recast [rikǽst], *va.* (*pret.* y *pp.* RECAST) (fund.) volver a fundir; refundir, volver a escribir; volver a hacer; calcular de nuevo; (teat.) volver a repartir (papeles).

recede [risíd]. I. *vn.* cejar, retroceder; retirarse, alejarse; desistir, volverse atrás; desdecirse; inclinarse, desviarse. II. *va.* volver a ceder.

receipt [risít]. I. *s.* recibo, cobranza; descargo, recibí, carta de pago; receta, fórmula, récipe.—*pl.* ingresos, entradas.—**r. and outgo,** entrada y salida.—**r. book,** (farm.) recetario, registro de recetas; (com.) libro de recibos.—**r. in full (of all demands),** recibo por saldo de cuenta, quitanza, finiquito.—**on r. of,** al recibo de.—**to acknowledge r.,** (com.) acusar recibo. II. *va.* y *vn.* firmar o extender recibo; poner el recibí.

receipted [-id], *a.* que lleva el recibí.

receivable [risívabl], *a.* recibidero; admisible; (com.) por cobrar.

receive [risív], *va.* recibir; aceptar, admitir; cobrar, percibir; hospedar, acoger, agasajar; contener.—**received payment,** recibí.—**to r. the sacrament,** comulgar.

receiver [-œ(r)], *s.* recibidor, receptor; recipiente, campana (de máquina neumática, etc.); (elec.) receptor; (tlf.) auricular, receptor; (rad.) radiorreceptor; (for.) depositario, síndico, administrador judicial; liquidador; receptador (encubridor de artículos robados).—**r. general,** receptor o recaudador general.

receivership [-ŝip], *s.* (for.) receptoría; sindicatura; administración judicial.

receiving [-iŋ], *a.* recipiente, receptor; de recibir.—**r. set,** (rad.) radiorreceptor, aparato receptor.—**r. station,** (rad.) estación receptora.—**r. teller,** (com.) cobrador, recibidor.

recension [risénŝon], *s.* revisión crítica; texto revisado.

recent [rísent], *a.* reciente; novedoso.

recently [-li], *adv.* recientemente.

receptacle [riséptakl], *s.* receptáculo, recipiente, vasija; (bot.) receptáculo, tálamo.

reception [risépŝon], *s.* recepción, recibimiento, recibo; acogimiento, acogida; audiencia; recibimiento social, besamanos.—**r. day,** día (*m.*) de recibo.—**r. room,** recibimiento, gabinete.

receptionist [-ist], *s.* recibidor(a), recepcionista, persona que recibe las visitas en una oficina o casa de negocios.

receptive [riséptiv], *a.* receptivo.
receptivity [-tíviti], *s.* receptividad; sensibilidad.
receptor [-to(r)], *s.* receptor; (fisiol.) receptor, órgano sensorio.
recess [risés]. **I.** *s.* nicho, hueco; depresión, entrada; tregua, suspensión; vacación, recreación, recreo (escolar); retiro, lugar apartado, lugar o cosa recónditos. **II.** *vn.* suspender temporalmente (una sesión, el trabajo, etc.).
recession [riséŝon], *s.* receso, retirada, desistimiento; retracción; (for.) retrocesión; (com.) depresión temporal.
recessional [-al], *s.* himno que se canta después del servicio divino.
recessive [risésiv], *a.* de receso, recesivo.
recessive character, *s.* (biol.) carácter recesivo.
recherché [rœŝerŝéi], *a.* deseado, buscado; excelente; estudiado, refinado; forzado.
recidivism [risídivizm], *s.* (for.) reincidencia, reiteración (delincuencia habitual).
recidivist [risídivist], *s.* criminal reincidente.
recipe [résipi], *s.* récipe, receta de médico; fórmula; (coc.) receta.
recipient [rispíient], *a.* y *s.* recibidor; recipiente.
reciprocal [risíprokal]. **I.** *a.* recíproco, mutuo; alterno, alternativo; permutable; (gram.) recíproco. **II.** *s.* (mat.) inverso (de un número—fracción cuyo numerador es 1 y cuyo denominador es el número).—**reciprocalness** [-nis], *s.* reciprocidad.—**reciprocally** [-i], *adv.* recíprocamente, mutuamente.
reciprocate [risíprokeit]. **I.** *va.* producir un movimiento de vaivén; permutar; corresponder. **II.** *vn.* alternar; ser recíproco; tener movimiento alternativo; estar a la recíproca.
reciprocating [-iŋ], *a.* de vaivén, alternativo; de movimiento alternativo.—**r. engine,** máquina oscilante o de cilindro, máquina de émbolo.
reciprocation [-éiŝon], *s.* reciprocación, reciprocidad; correspondencia (de amor, bondad, etc.); alternación.
reciprocity [resiprásiti], *s.* reciprocidad.
recision [risíẑon], *s.* rescisión; (cir.) resección.
recital [risáital], *s.* relación, narración; recitación; (mús.) recital.
recitation [resitéiŝon], *s.* recitación, declamación; clase, *f.;* acción de decir la lección en la clase.
recitative [résiteitiv, resitatív], *a.* y *s.* (mús.) recitativo, recitado.
recite [risáit], *va.* y *vn.* narrar, relatar, contar; recitar; declamar; citar; dar o decir la lección.
reciter [-œ(r)], *s.* recitador, declamador.
reckless [réklis], *a.* descuidado; temerario; atolondrado; derrochador.—**recklessly** [-li], *adv.* temerariamente; descuidadamente.—**recklessness** [-nis], *s.* temeridad; imprudencia; indiferencia.
reckon [rékon], *va.* y *vn.* contar, enumerar; calcular; estimar, considerar; suponer, creer; (con **on** o **upon**) contar con, fiar en.—**to r. with,** tener en cuenta; habérselas con.—**to r. without one's host,** hacer la cuenta sin la huéspeda.
reckoning [-iŋ], *s.* cuenta; tanteo, cómputo, cálculo; cuenta de gastos en una posada; ajuste de cuentas.—**(dead) r.,** (mar.) rumbo estimado, estima.—**r. book,** libro de cuenta y razón.—**day of r.,** día (*m.*) del juicio (final).—**everyone must pay his r.,** cada palo que aguante su vela.—**to be out in one's r.,** equivocarse en el cálculo.
reclaim [rikléim]. I. *va.* (for.) reclamar (derechos, etc.); (rei)vindicar; amansar, domesticar, domeñar; reducir; mejorar y utilizar (tierras), entarquinar (terrenos pantanosos), hacer labrantío o aprovechable; utilizar (material usado). **II.** *s.* = RECLAMATION.—**beyond r.,** perdido irreparablemente.
reclamation [reklaméiŝon], *s.* reclamación; (for.) reclamo; restauración; mejoramiento.
recline [rikláin]. **I.** *va.* reclinar, recostar. **II.** *vn.* recostarse.
recluse [riklús]. **I.** *a.* recluso, solitario. **II.** *s.* solitario, eremita, *mf.*, emparedado; (fam.) cartujo.
recluseness [-nis], **reclusion** [riklúẑon], *s.* reclusión, retiro, aislamiento.
reclusive [riklíusiv], *a.* recluso.
recognition [rekogníŝon], *s.* reconocimiento; admisión; confesión; agradecimiento; saludo.
recognizable [rékognaizabl], *a.* que puede ser reconocido, recognoscible.
recognizance [rikágnizans], *s.* (for.) reconocimiento; obligación contraída.
recognize [rékognaiz]. **I.** *va.* reconocer; admitir; confesar, conceder, comprender; (fil.) volver a conocer o percibir. **II.** [rikágnaiz], *vn.* (for.) subscribir una obligación auténtica; otorgar un reconocimiento.
recoil [rikóil]. **I.** *s.* rechazo, reculada; (arti.) coz, retroceso, rebufo; repugnancia, temor.—**r. spring,** resorte para disminuir el rebufo. **II.** *vn.* recular; retirarse; cejar, retroceder; rebufar (un arma de fuego).
recoin [rikóin], *va.* resellar, acuñar de nuevo.
recoinage [-idẑ], *s.* resello, nueva acuñación.
recollect [rekolékt], *va.* y *vn.* recordar, acordarse (de); [rikolékt] recoger, reunir; juntarse de nuevo.
Recollect [rékolekt], *s.* y *a.* (igl.) recoleto.
recollection [rekolékŝon], *s.* recuerdo, recordación, reminiscencia, memoria, acuerdo; (igl.) recolección.
recommence [rikoméns], *va.* y *vn.* empezar de nuevo.—**recommencement** [-ment], *s.* acción de comenzar de nuevo.
recommend [rekoménd], *va.* recomendar; elogiar, encarecer; acreditar; aconsejar, sugerir.—**recommendable** [-abl], *a.* recomendable.—**recommendation** [-éiŝon], *s.* recomendación; (fam.) carta de recomendación.—**recommendatory** [-atori], *a.* recomendatorio.
recommender [-œ(r)], *s.* recomendante.
recommit [rikomít], *va.* cometer de nuevo; trasladar de nuevo (un proyecto, etc.) a una comisión; prender de nuevo (a alguno que estaba bajo fianza); enviar otra vez a la cárcel, al manicomio, etc.—**recommitment, recommittal** [-ment, -al], *s.* nuevo traslado a una comisión; nuevo arresto, encarcelamiento, etc.
recompense [rékompens]. **I.** *va.* recompensar; remunerar, retribuir, indemnizar, resarcir. **II.** *s.* recompensa, compensación, remuneración.
recompose [rikompóuz], *va.* tranquilizar de nuevo; recomponer, rehacer.—**recomposition** [rikampozíŝon], *s.* recomposición.
reconcilable [rékonsailabl], *a.* reconciliable, componible; conciliable, compatible.—**reconcilableness** [-nis], *s.* calidad de reconciliable o compatible.—**reconcilably** [-bli], *adv.* compatiblemente.
reconcile [rékonsail], *va.* (re)conciliar, componer; dirimir; compadecerse, avenir(se); ajustar, componer; resignarse; (igl.) reconciliar.—**reconcilement** [-ment], *s.* reconciliación.—**reconciler** [-œ(r)], *s.* reconciliador; conciliador, pacificador.
reconciliation [-siliéiŝon], *s.* reconciliación; conciliación, ajuste; concordancia, conformidad.
reconciliatory [-síliatori], *a.* reconciliador.
recondite [rékondait], *a.* recóndito; abstruso.
recondition [rikondíŝon], *va.* (mec.) reacondicionar, rectificar, corregir.
reconduct [rikondʌ́kt], *va.* volver a conducir.
reconnaissance, reconnoissance [rikánasans], *s.* (mil.) reconocimiento; (f. c., geol.) reconocimiento, exploración.
reconnoitre [rekonóitœ(r)]. **I.** *va.* reconocer, explorar, inspeccionar. **II.** *vn.* practicar un reconocimiento; batir, descubrir el campo.
reconquer [rikáŋkœ(r)], *va.* reconquistar.
reconquest [rikáŋkwest], *s.* reconquista.
reconsider [rikonsídœ(r)], *va.* repensar; volver

a considerar o discutir.—**reconsideration** [-éịŝọn], *s.* nueva discusión o consideración.
reconstitute [rikánstịtịut], *va.* reconstituir, reorganizar.—**reconstitution** [-tịúŝọn], *s.* reconstitución, reorganización.
reconstruct [rikọnstrʌ́kt], *va.* reedificar, reconstruir; reconstituir.—**reconstructed ruby,** rubí artificial.—**reconstruction** [-kŝọn], *s.* reconstrucción; reconstitución.
reconvene [rikọnvín], *va.* y *vn.* convocar, juntar(se) o reunir(se) de nuevo.
reconvey [rikọnvéị], *va.* traspasar de nuevo; reponer, restituir.
record [rịkórd]. **I.** *va.* registrar, inscribir; protocolizar (documentos); archivar; apuntar; marcar, indicar; grabar, hacer un fonograma (impresión fonográfica) de.—**recorded music,** música en discos. **II.** [rékọrd], *s.* registro; partida, inscripción, anotación; acta; documento; relación, crónica, historia; hoja de servicios, antecedentes de una persona; fonograma, *m.*, placa o disco fonográficos; (for.) memorial, informe, expediente; atestación, testimonio; memoria, recuerdo, recordación; (dep.) record. —*pl.* **records,** archivo; protocolo; actas, autos; fastos; memorias; datos.—**r. breaker,** el que o lo que sobrepasa o sube el record.—**r.-breaking,** que pasa del record, que supera la marca. —**of r.,** (for.) que consta (en el expediente, la escritura, etc.).—**off the r.,** extraoficial.—**on r.,** registrado; de que hay o queda constancia; que la historia registra.—**to be of r.,** constar.
recorder [rịkórdœ(r)], *s.* registrador, archivero; (Ingl.) (for.) juez municipal superior que entiende en causas criminales; (mec.) indicador, contador; (mús.) flauta dulce; aparato inscriptor, trazador o grabador (de un fonógrafo, etc.). —**r. of deeds,** registrador de la propiedad.
recordership [-ŝịp], *s.* cargo de registrador o archivero.
recording [-ịŋ]. **I.** *s.* disco, grabación o impresión fonográfica; grabación o cinta magnetofónica. **II.** *a.* anotador, registrador; magnetofónico.
recording secretary, *s.* secretario de actas o escribiente.
recount [rịkáụnt]. **I.** *va.* referir, relatar; recitar, detallar; [rikáụnt] recontar, hacer un recuento. **II.** [ríkaụnt], *s.* recuento.
recountal [rịkáụntạl], *s.* relato.
recoup [rịkúp]. **I.** *va.* (for.) retener para indemnizarse; reintegrarse, desquitarse de; reparar, indemnizar, resarcir; amortizar. **II.** *s.* desquite, reintegro, resarcimiento.—**recoupment** [-mẹnt], *s.* desquite; resarcimiento, reembolso.
recourse [rịkórs], *s.* recurso, remedio, auxilio, refugio; (for.) recurso.—**to have r. to,** recurrir a, apelar a, valerse de.—**without r.,** (com.) sin responsabilidad (de parte del endosante).
re-cover [rikʌ́vœ(r)], *va.* volver a cubrir o tapar.
recover [rịkʌ́vœ(r)]. **I.** *va.* recobrar, recuperar; amortizar; desempeñar; rescatar; reintegrarse o resarcirse; (for.) obtener fallo judicial contra alguien. **II.** *vn.* recobrar la salud; reponerse, restablecerse; (for.) ganar un pleito.
recoverable [-ạbl], *a.* recuperable, recobrable.
recovery [-ị], *s.* recobro, recuperación; cobranza; rescate; restablecimiento; mejoría, convalecencia; (for.) fallo o decisión favorable; reivindicación.
recreancy [rékrịạnsị], *s.* deslealtad; pusilanimidad.—**recreant** [-ạnt], *a.* y *s.* falso, desleal; cobarde.
recreate [rékrịeịt], *va.* y *vn.* recrear(se), divertir(se), deleitar(se), refocilar(se); reanimar(se).
re-create [rikrịéịt], *va.* crear o criar de nuevo.
recreation [rɛkrịéịŝọn], *s.* recreación, recreo; pasatiempo, diversión; esparcimiento, holganza, huelga.—**recreation(al** [-ạl], *a.* recreativo.
re-creation [rikrịéịŝọn], *s.* nueva creación.
recreative [rékrịeịtịv], *a.* recreativo, divertido.
recrement [rékrịmẹnt], *s.* (med.) recremento; hez, escoria.
recremental [rɛkrịméntạl], *a.* recrementicio.
recriminate [rịkrímịneịt], *va.* y *vn.* recriminar.
recrimination [-éịŝọn], *s.* recriminación.
recriminative, recriminatory [-ạtịv, -ạtɔrị], *a.*, **recriminator** [-eịtọ(r)], *s.* recriminador.
recross [rikrɔ́s], *va.* volver a pasar o cruzar.
recrudesce [rikrịudés], *vn.* recrudecer(se), recidivar.—**recrudescence** [-ẹns], *s.* recrudecimiento, recrudescencia, recidiva.—**recrudescent** [-ẹnt], *a.* recrudescente.
recruit [rịkrịút]. **I.** *va.* y *vn.* (mil.) alistar, reclutar; restablecer, reparar; abastecer. **II.** *s.* (mil.) recluta, *m.*; novicio; renuevo, suministro.
recruiter [-œ(r)], *s.* reclutador.
recruiting [-ịŋ], *s.* recluta, reclutamiento.
rectal [réktạl], *a.* (anat.) rectal, del recto.
rectangle [réktæŋgl], *s.* rectángulo.—**rectangular** [rɛktǽŋgyụlạ(r)], *a.* rectangular.—**rectangularity** [-ǽrịtị], **rectangularness** [-nịs], *s.* calidad de rectangular.
rectifiable [réktịfaịạbl], *a.* rectificable.
rectification [-fịkéịŝọn], *s.* rectificación, corrección, enmienda; enderezamiento; (quím.) rectificación, refinación; (geom.) rectificación.
rectifier [-faịœ(r)], *s.* rectificador; refinador.
rectify [-faị], *va.* rectificar, corregir, enderezar, enmendar; (quím.) rectificar, refinar, depurar; (mat.) rectificar.
rectilineal, rectilinear [rɛktịlíniạl, -ạ(r)], *a.* rectilíneo.
rectitude [réktịtịud], *s.* rectitud; corrección.
rector [réktọ(r)], *s.* (igl.) rector, cura párroco; prior, superior; rector de universidad.—**rectoral** [-ạl], **rectorial** [rɛktóụrịạl], *a.* rectoral.—**rectorate, rectorship** [réktọrịt, -ŝịp], *s.* rectorado, rectoría.—**rectory** [-ị], *s.* rectoría.
rectrix [réktrịks], *s.* (orn.) (pluma) timonera.
rectum [réktʌm], *s.* (anat.) recto.
recumbency [rịkʌ́mbẹnsị], *s.* reclinación.
recumbent [-ẹnt], *a.* recostado, reclinado, echado.
recuperate [rịkịúpẹreịt]. **I.** *va.* recuperar, recobrar. **II.** *vn.* recobrar la salud, reponerse.—**recuperation** [-éịŝọn], *s.* recuperación; recobro, rehacimiento.—**recuperative, recuperatory** [rịkịúpẹrạtịv, -ạtɔrị], *a.* recuperativo.
recur [rịkœ́r], *vn.* repetirse, volver a ocurrir, presentarse de nuevo; (med.) recidivar, recaer.
recurrence, recurrency [-ẹns, -ị], *s.* repetición, reaparición; recurso; (med.) recidiva.—**recurrent** [-ẹnt], *a.* periódico; recurrente.
recurve [rịkœ́rv], *va.* y *vn.* encorvar, torcer o torcerse en sentido opuesto al ordinario; encorvarse hacia abajo.
recusancy [rékịuzạnsị], *s.* recusación.
recusant [-ạnt], *s.* y *a.* recusante.
recusation [-éịŝọn], *s.* (for.) recusación.
recycle [risáịkl], *va.* (fís.) recircular.
red [rɛd]. **I.** *a.* encarnado, colorado, rojo, escarlata, sanguíneo, encendido; (pol. y e. p.) rojo (apl. esp. a los comunistas rusos y sus partidarios).—**r. ant,** hormiga colorada.—**R. Army,** el ejército rojo o soviético.—**r. ball,** mingo (en el billar).—**r. banana,** cambur morado.—**r.-bearded,** barbirrojo, barbibermejo.—**r.-bellied,** pechirrojo.—**r.-blooded,** animoso; viril. —**r. (blood) cell,** hematíe, *m.*, glóbulo rojo (de la sangre).—**r. brass,** latón cobrizo, latón rojo.—**r. cabbage,** lombarda.—**r. cedar,** cedro colorado; junípero; tuya de la costa del Pacífico.—**r. cent,** (E. U.) centavo.—**r. chalk,** creta roja.—**r. clover,** trébol morado.—**r. copper,** cuprita, óxido rojo de cobre.—**r. corpuscle,** corpúsculo o glóbulo rojo (de la sangre).—**r. coral,** coral rojo.—**R. Cross,** Cruz Roja; Cruz de San Jorge.—**r. deer,** ciervo común.—**r. flag,** bandera roja (apl. hoy gen. a la bandera socialista y de revolución social); señal (*f.*) de peligro; cosa que irrita o enfurece.—**r.-haired,** pelirrojo.—**r.-handed,** con las manos en la masa, o ensangrentadas; en flagrante.—**r.-hard,** duro en caliente, o cuando está caliente.—**r. hat,** (igl.) capelo o birreta de cardenal; cardenalato, dignidad de

cardenal.—r. heat, calor rojo.—r. herring, arenque ahumado; artimaña para apartar la atención del asunto de que se trata (ú. esp. en la expresión to draw a r. herring across the track, distraer la atención, despistar).—r.-hot, candente, enrojecido al fuego; muy caliente; acérrimo, extremo; muy entusiasta o enardecido; fresco, reciente (informe, noticia, etc.).—r. iron, hematites, *f.*—r. lead, minio. —r.-lead pencil, lápiz rojo.—r.-letter, marcado con letras rojas; dichoso, de buen agüero. —r.-letter day, día de fiesta, día de dos cruces; día feliz o de regocijo, día de piedra blanca.—r. light, luz roja empleada como señal de peligro, o, en los cruces de calles, para detener el tránsito.—r.-light district, barrio de los lupanares, o de mala vida.—r. liquor, acetato de alúmina.—r. man, indio norteamericano. —r. mordant = R. LIQUOR.—r. mullet, salmonete.—r. ocher, ocre rojo o quemado, almagre, almazarrón.—r. pepper, pimentón; pimiento, ají, chile.—r. poppy, amapola.—R. Sea, Mar Rojo.—r.-short, frágil o quebradizo en caliente.—r. silver, plata roja, pirargirita; proustita.—r. sky, arrebol.—r. spider, ácaro rojo, cresa roja.—r. spruce, pícea roja.—r. tape, (fam.) balduque; expedienteo, rutina de oficina, formalismo, papeleo.—r. wine, vino tinto.—r.-winged, alirrojo. II. *s.* color rojo; (pol. y e. p.) rojo, revolucionario. —in the r., (fam.) en el debe; endeudado, perdidoso.—out of the r., (fam.) en el haber.—to see r., (fam.) enfurecerse. III. *va.* enrojar, pintar de rojo.

redact [rịdǽkt], *va.* redactar.—**redaction** [-ŝọn], *s.* redacción.—**redactor** [-tọ(r)], *s.* redactor.

redan [rịdǽn], *s.* (fort.) estrella.

redbait [rédbeịt], *va.* perseguir a uno, tildándole de rojo o comunista, etc.

redbird [-bœrd], *s.* (orn.) cardenal.

redbreast [-brɛst], *s.* (orn.) petirrojo, pechirrojo.

redbud [-bʌd], *s.* (bot.) ciclamor.

redbug [-bʌg], *s.* (ent.) nigua.

redcap [-kæp], *s.* (orn.) cardelina; mozo de gorra roja que sirve al público en las estaciones de ferrocarril.

redcoat [-koụt], *s.* (Ingl.) (fam.) soldado.

redden [rédn]. I. *va.* rojear, teñir de rojo. II. *vn.* ponerse colorado; ruborizarse.

reddish [rédịŝ], *a.* rojizo, berme(jiz)o, buriel.

reddle [rédl], *s.* almazarrón, almagre.

redeem [rịdím], *va.* redimir; desempeñar; amortizar; rescatar; cumplir; resarcir; compensar.

redeemable [-ạbl], *a.* redimible, rescatable, amortizable.

redeemer [-œ(r)], *s.* redentor o rescatador; (**R.**) Redentor, Salvador, Jesucristo.

redeeming [-ịŋ], *a.* redentor; rescatador; atenuante.—**r. feature,** circunstancia atenuante; rasgo compensador o paliatorio.

redemption [rịdémpŝọn], *s.* redención; rescate; desempeño; amortización de una deuda.

redemptive, redemptory [rịdémptịv, -ọrị], *a.* = REDEMPTIONAL.

redeploy [ridịplóị], *va.* (mil.) cambiar de frente (tropas).

redevelop [ridịvélọp], *va.* volver a desarrollar; (fot.) volver a revelar después de tratamiento químico.

redhead [rédhɛd], *s.* persona de cabello rojo.—**redheaded** [-ịd], *a.* pelirrojo; irascible.

redhibition [rɛdhịbíŝọn], *s.* (for.) redhibición.

redhibitory [rɛdhíbịtorị], *a.* redhibitorio.

redingote [rédịŋgoụt], *s.* redingote, levitón.

redintegrate [rɛdíntẹgreịt]. I. *va.* reintegrar, restablecer. II. *a.* reintegrado, restablecido; renovado.—**redintegration** [-éịŝọn], *s.* reintegración, reintegro; restauración, restablecimiento.

redirect [ridaịrékt]. I. *va.* dirigir de nuevo. II. *a.* (for.) dícese del segundo interrogatorio de un testigo por su abogado, después de las repreguntas del contrario.

rediscount [ridískaụnt], *s.* (com.) redescuento.

redness [rédnịs], *s.* rojez, rojura, bermejura.

redolence, redolency [rédolẹns, -ị], *s.* fragancia. —**redolent** [-ẹnt], *a.* fragante, oloroso.

redouble [ridʌ́bl]. I. *va.* redobl(eg)ar, reduplicar, aumentar; repetir. II. *vn.* redoblarse.

redoubt [rịdáụt], *s.* (fort.) reducto.

redoubtable [-ạbl], *a.* formidable, temible.

redound [rịdáụnd], *vn.* (gen. con **to**) redundar (en), resultar (en), contribuir (a).

redowa [rédowạ], *s.* (danz. y mús.) redova.

redraft [rídræft]. I. *s.* nuevo dibujo, copia o borrador; (com.) resaca. II. [ridrǽft], *va.* redactar, dibujar de nuevo. *V.* REDRAW.

redraw [ridró]. I. *va.* hacer un segundo dibujo o borrador. II. *vn.* (com.) resacar.

redress [rịdrés]. I. *va.* enderezar; reparar, resarcir; remediar, compensar, desagraviar; hacer justicia; (aer.) enderezar. II. [rídrɛs], *s.* reparación, satisfacción, desagravio; remedio; compensación.

re-dress [ridrés], *va.* y *vn.* vestir(se) de nuevo.

redresser [rịdrésœ(r)], *s.* reparador, remediador.

redshirt [-ŝœrt], *s.* (pol.) camisarroja; revolucionario (apl. esp. a los anarquistas y comunistas).

redskin [-skịn], *s.* piel roja, *m.*, indio norteamericano.

redstart [-start], *s.* (orn.) colirrojo; (E. U.) papamosca de la familia de los herreruelos.

redtop [-tap], *s.* (bot.) agróstide, *f.*

reduce [rịdiús]. I. *va.* reducir; disminuir, aminorar, minorar, rebajar; abreviar, acortar, contraer; mermar; sujetar, someter, sojuzgar; (mil.) degradar; (mat., quím., cir. y b. a.) reducir. II. *vn.* reducirse, etc.; adelgazar.

reducer [-œ(r)], *s.* reductor; (mec.) manguito, unión o tubo de reducción.

reducible [-ịbl], *a.* reducible.

reducing [-ịŋ], *a.* reductor, reductivo; de reducción (llama, agente, escala, etc.).

reducing agent, *s.* (quím.) reductor, agente reductor.

reduction [rịdʌ́kŝọn], *s.* reducción; rebaja, di(s)minución; sujeción, toma, conquista; (mat., quím., cir. y b. a.) reducción.—**r. works,** fundición, horno de reducción.

reductive [-tịv], *a.* reductivo.

redundance, redundancy [rịdʌ́ndạns, -ị], *s.* redundancia; superfluidad; pleonasmo.—**redundant** [-ạnt], *a.* redundante; pleonástico.

reduplicate [rịdiúplịkeịt]. I. *va.* reduplicar, repetir, multiplicar. II. *a.* reduplicado.—**reduplication** [-éịŝọn], *s.* reduplicación, repetición.

redwing [rédwịŋ], *s.* (orn.) malvís, *m.*

redwood [-wụd], *s.* (bot.) pino gigantesco de California.

reëcho [riékoụ], *vn.* responder, repercutir, resonar.

reed [ríd], *s.* (bot.) caña, cañuela, junquillo, (Am.) bejuco; (mús.) lengüeta; caramillo, dulzaina, churumbela, chirimía; por extensión, cualquier instrumento de boquilla; (min.) tubo para cebar un barreno; (arq.) baqueta, junquillo; (tej.) peine (cárcel); (poét.) flecha, saeta; barda; (zool.) abomaso.—**r. mace,** (bot.) anea, espadaña.—**r. organ,** armonio.

reedbird [-bœrd], *s.* (orn.) ave canora americana que se cría en los arrozales y praderas.

reedwork [-wœrk], *s.* lengüetería del órgano.

reedy [-ị], *a.* semejante a, o abundante en, cañas, junquillos, etc.; de tono delgado y agudo.

reef [ríf]. I. *s.* arrecife, escollo, bajío; (min.) filón, vena metálica; (mar.) rizo.—**r. band,** faja de rizos.—**r. cringle,** anillo de vela.—**r. knot,** nudo de rizos.—**r. tackles,** (mar.) aparejuelos o palanquines de rizos.—**to run on a r.,** (mar.) tropezar en un escollo, (Am.) escollar.—**to take in a r.,** (mar.) tomar un rizo. II. *va.* (mar.) tomar rizos, arrizar, amainar o recoger (las velas).

reefer [-œ(r)], *s.* (mar.) rizador; (sast.) chaquetón; (fam.) cigarrillo narcotizado con marijuana; (fam.) (f. c.) vagón o buque frigorífico.

reek [rík]. I. *va.* ahumar. II. *vn.* (gen. con **of** o **with**) humear, vah(e)ar; arrojar de sí un olor fuerte y desagradable. III. *s.* tufo; vaho, vapor; humo.
reel [ril]. I. *s.* carrete, carretel, canilla, tambor; aspa(dera), aspador; devanadera; broca; película de cine; cierta danza muy viva, y su música. II. *va.* aspar, devanar. III. *vn.* hacer eses, tambalear, bambolear, rehilar, vacilar.
reëlect [riẹlékt], *va.* reelegir.
reëlection [riẹlékŝọn], *s.* reelección.
reëmbark [riịmbárk], *va.* y *vn.* reembarcar.
reëmbarkation [-éịŝọn], *s.* reembarco.
reëmployment [riɛmplóịmẹnt], *s.* reempleo.
reënact [riịnǽkt], *va.* promulgar de nuevo, revalidar (una ley); volver a realizar o representar algo.
reënactment [-mẹnt], *s.* revalidación (de una ley); nueva realización o representación.
reënforce [riịnfórs]. I. *va.* reforzar, fortalecer. II. *s.* refuerzo. *V.* REINFORCE.
reënforcement [-mẹnt], *s.* refuerzo. *V.* REINFORCEMENT.
reëngage [riịngéịdẑ], *va.* reescriturar, contratar de nuevo.—**reëngagement** [-mẹnt], *s.* (mil.) nuevo ataque; renovación de una contrata o escritura.
reënlist [riịnlíst], *va.* y *vn.* (mil.) reenganchar(se), volver a alistar(se).—**reënlistment** [-mẹnt], *s.* reenganche.
reënter [riéntœ(r)]. I. *va.* reingresar; registrar o entrar de nuevo; (grabado) repasar con el buril. II. *vn.* (aer.) regresar.
reëntering [-iŋ], *a.* entrante; que regresa.
reëntrant [-trạnt], *a.* entrante; que regresa.
reëntry [-trị], *s.* regreso, vuelta.
reëstablish [riɛstǽblịŝ], *va.* restablecer, instaurar. —**reëstablisher** [-œ(r)], *s.* restablecedor, restaurador.—**reëstablishment** [-mẹnt], *s.* restablecimiento, restauración.
reeve [riv], *va.* (mar.) laborear, guarnir.
reëxamine [riịgzǽmịn], *va.* reexaminar, revisar, repasar.—**reëxamination** [-éịŝọn], *s.* reexaminación, revisión, repaso, revista.
reëxport [riɛkspórt], *va.* reexportar.
reëxportation [-éịŝọn], *s.* reexportación.
refection [rịfékŝọn], *s.* refacción, colación.
refectory [rịféktorị], *s.* refectorio.
refer [rịfœ́r]. I. *va.* referir, remitir, dirigir; trasladar, someter; asignar, atribuir. II. *vn.* referirse, remitirse, aludir; recurrir, acudir; indicar por medio de marcas; dar referencias.—**referred to,** mencionado; a que se hace referencia, a que uno se refiere.
referee [rɛfẹrí]. I. *s.* árbitro; (for.) arbitrador, (amigable) componedor, secuestro, ponente. II. *va.* y *vn.* arbitrar; servir de árbitro o juez.
reference [réfẹrẹns]. I. *s.* referencia; recomendación, informe; remisión; alusión, mención; nota, marca o señal (*f.*) de referencia; persona a quien se puede acudir para referencia; fiador; (for.) arbitramento.—**r. mark,** (impr.) llamada (* † ‡ ‖ § ¶).—**r. table,** guión, *m.*—**in,** o **with, r. to,** respecto de, en cuanto a. II. *a.* de referencia; de consulta (libro, etc.).
referendum [rɛfẹréndʌm], *s.* (dipl.) referéndum; (pol.) referéndum, plebiscito.
refill [rifíl], *va.* rellenar, rehenchir, reenvasar.
refill [rífịl], *s.* repuesto, relleno.
refine [rịfáịn]. I. *va.* refinar, purificar, clarificar, depurar; afinar; acrisolar; pulir, perfeccionar. II. *vn.* sutilizar; purificarse, refinarse, pulirse.
refined [-d], *a.* refin(ad)o, afinado; fino, cortés.
refinement [-mẹnt], *s.* refinamiento, cortesía, cultura; refinación, refinadura, purificación; afinamiento, finura, filigrana; sutileza.
refiner [-œ(r)], *s.* refinador.
refinery [-œrị], *s.* refinería.
refining [-iŋ], *s.* refinación, refinadura, depuración.
refit [rifít], *va.* reparar, componer, rehabilitar, recorrer, volver a equipar.
reflect [rịflékt]. I. *va.* reflejar; reflexionar; indicar, manifestar (gen. en la voz pasiva **to be reflected,** manifestarse, verse, hacerse sentir); traer consigo, dar.—**to r. credit on one,** hacer honor a uno. II. *vn.* reflexionar, meditar, considerar; reflejar.—**to r. on,** o **upon,** desprestigiar, desdorar, perjudicar, herir; hacer desmerecer, desdecir de.
reflected [-ịd], *a.* reflejado, reflejo; (anat.) replegado.
reflection [-ŝọn], *s.* (fís., psic.) reflexión; reflejo; consideración, meditación, refleja; reproche, tacha, baldón; (anat.) repliegue; acción refleja. —**on** o **upon r.,** después de pensarlo; bien pensado.—**to cast r. on,** criticar, censurar. *V.* TO REFLECT ON.
reflective [-tịv], *a.* reflexivo; meditativo, meditabundo; reflector; reflejo.
reflector [-tọ(r)], *s.* (ópt.) reflector; reverbero; telescopio de reflexión.
reflex [ríflɛks]. I. *a.* reflejo.—**r. action,** acción refleja. II. *s.* acción refleja; reflejo, reverberación; (psic.) reflejo. III. [rịfléks], *va.* replegar.
reflexion [rịflékŝọn], *s.* = REFLECTION.
reflexive [rịfléksịv], *a.* (gram.) reflexivo, reflejo; (fís.) reflector, de reflexión.
refluence, refluency [réflụẹns, -ị], *s.* reflujo.
refluent [-ẹnt], *a.* refluente.
reflux [ríflʌks], *s.* reflujo, menguante, *f.*
reforest [rifárịst], *va.* restablecer bosques.—**reforestation** [-éịŝọn], *s.* restablecimiento de bosques; repoblación forestal o arbórea.
re-form [rifórm], *va.* formar de nuevo, rehacer.
reform [rịfórm]. I. *va.* y *vn.* reformar(se), corregir(se), convertir(se), enmendar(se), mejorar(se). II. *s.* reforma, enmienda, renovación, conversión.—**r. school,** reformatorio para jóvenes.
reformation [rɛfɔrméịŝọn], *s.* reforma(ción), corrección; (**R.** hist.) Reforma.
re-formation [rifɔrméịŝọn], *s.* nueva formación.
reformative [rịfórmạtịv], *a.* reformatorio.
reformatory [-ạtɔrị]. I. *a.* reformatorio. II. *s.* reformatorio, casa de corrección.
reformer [-œ(r)], *s.* reformador, reformista.
reforming [-iŋ], *a.* reformatorio, reformador, reformista, renovador.
reformist [-ịst]. I. *s.* reformista; religioso reformado. II. *a.* reformista, reformador.
refract [rịfrǽkt], *va.* (fís., ópt.) refractar, refringir. —**refraction** [-ŝọn], *s.* refracción.—**refractive** [-tịv], *a.* refringente, refractor.—**r. power,** poder de refracción.—**refractivity** [-tívịtị], *s.* refractividad.
refractometer [-támɛtœ(r)], *s.* (fís.) refractómetro.
refractor [rịfrǽktọ(r)], *s.* refractor, telescopio de refracción; (ópt.) refractor.
refractorily [-ịlị], *adv.* tercamente, obstinadamente.—**refractoriness** [-ịnịs], *s.* contumacia, terquedad, porfía.—**refractory** [-ị], *a.* refractario, díscolo, contumaz, recalcitrante; (equit.) repropio; (quím.) refractario.
refrain [rịfréịn]. I. *vn.* refrenarse, abstenerse de, contenerse. II. *s.* (poét.) estribillo, bordón, contera; (fig.) cantilena o cantinela.
refrangibility [rịfrǽndẑịbílịtị], **refrangibleness** [-blnịs], *s.* (fís.) refrangibilidad.—**refrangible** [-bl], *a.* refrangible.
refresh [rịfrέŝ]. I. *va.* refrescar, renovar, vivificar; templar el calor, enfriar; aliviar. II. *vr.* refrescarse, cobrar nuevas fuerzas.—**refresher** [-œ(r)], *s.* refresco; recordatorio, algo que ayuda a recordar.—**refreshing** [-iŋ], *a.* refrescante, refrescador, oreante; alentador, placentero.—**refreshment** [-mẹnt], *s.* refresco, refrigerio, refacción ligera, (fam.) tentempié, *m.*, piscolabis, *m.*—*pl.* refrescos.
refrigerant [rịfrídẑẹrạnt], *a.* y *s.* refrigerante.
refrigerate [-eịt], *va.* refrigerar, enfriar.
refrigerating [-eịtiŋ], *a.* refrigerante, refrigerador, refrescador.—**r. chamber** o **vault,** cámara frigorífica.—**r. machine** refrigerador, instalación frigorífica.

refrigeration [-éišọn], *s.* refrigeración, refrigerio, enfriamiento.
refrigerative [-ātiv], *a.* refrigerativo, refrigerante, frigorífico.
refrigerator [-eitọ(r)], *s.* refrigerador, nevera; frigorífico; (quím.) refrigerante.—**r. car,** (f. c.) carro de refrigeración; furgón frigorífico.
refrigeratory [-ātori]. **I.** *s.* (quím.) refrigerante. **II.** *a.* refrigerativo, refrigerante.
refringence, refringency [rifríndžẹns, -i], *s.* refringencia, refractividad, poder de refractar.
refringent [-ẹnt], *a.* refringente.
refuel [rifiúẹl], *va.* y *vn.* reabastecer(se) de combustible, gasolina, etc.
refuge [réfiudž], *s.* refugio, amparo, asilo, albergue; guarida; subterfugio, escapatoria.
refugee [refiudží], *s.* refugiado; asilado.
refulgence, refulgency [rifʌ́ldžẹns, -i], *s.* refulgencia, fulgor, esplendor, brillantez.—**refulgent** [-ẹnt], *a.* refulgente, resplandeciente.
refund [rífʌnd], *s.* reembolso, restitución.
refund [rifʌ́nd], *va.* restituir, reintegrar, reembolsar; amortizar; consolidar una deuda.
refundable [-ąbl], *a.* restituíble, reembolsable.
refurbish [rifœ́rbiš], *va.* restaurar; retocar.
refusal [rifiúzạl], *s.* negativa, denegación; nones, *m. pl.;* repulsa; desaire; opción, exclusiva.
refuse [rifiúz]. **I.** *va.* y *vn.* rehusar; rechazar; desechar; renunciar, recusar, denegar; negarse a; resistirse a; decir que nones. **II.** [rifiúz], *va.* (fund.) refundir. **III.** [réfius], *s.* desecho, basura, desperdicio; sobra, residuo.—**r. dump,** escombrera. **IV.** *a.* desechado, de desecho.
refutation [refiutéišọn], **refutal** [rifiútạl], *s.* refutación, rebatimiento, respuesta, impugnación.
refute [rifiút], *va.* refutar, rebatir, repeler, impugnar, combatir, contradecir.
regain [rigéin], *va.* recobrar, recuperar.
regal [rígạl]. **I.** *a.* real, regio. **II.** *s.* (mús.) organillo portátil.
regale [rigéil]. **I.** *va.* regalar, agasajar, festejar; recrear, deleitar. **II.** *vn.* regalarse, festejarse.—**regalement** [-mẹnt], *s.* regal(amient)o, agasajo, festejo.
regalia [rigéiliä], *s. pl.* regalía(s) (de la corona); insignias reales; insignias, distintivos; galas.—**in full r.,** (fig.) de punta en blanco.
regalism [rígạlizm], *s.* regalismo.
regalist [-ist], *s.* y *a.* regalista.
regality [rigǽliti], *s.* realeza, soberanía.
regard [rigárd]. **I.** *va.* observar, mirar; considerar, reputar, juzgar; respetar, venerar; tocar, respectar, atañer, concernir; referirse a, relacionarse con.—**as regards,** tocante a, en cuanto a, por (o en) lo que respecta a. **II.** *s.* miramiento, consideración, acatamiento; aprecio, estimación, respeto; referencia, relación; mirada.—*pl.* memorias, expresiones, afectos, recuerdos.—**in r. to** = WITH REGARD TO.—**in this r.,** a este respecto.—**to have r. to,** tener en cuenta.—**with (best, kind) regards**—fórmula que a veces se pone al fin de una carta y que puede traducirse por "con expresiones," "con amistoso saludo," "con sentimientos de consideración," "me es grato subscribirme," etc., según el grado de confianza, o no traducirse.—**without (any) r. to,** sin miramientos por, sin hacer caso de.—**with r. to,** (con) respecto a o de, en punto a, tocante a.—**with due r. for,** sin menoscabo de.
regardful [-fụl], *a.* atento; cuidadoso, mirado.
regarding [-iŋ], *prep.* relativo a, respecto de.
regardless [-lis]. **I.** *a.* descuidado, indiferente, desatento, negligente, omiso.—**r. of,** sin cuidado de, sin hacer caso de, haciendo caso omiso de; a pesar de. **II.** *adv.* con todo; prescindiendo de todo, a todo trance.
regatta [rigǽtä], *s.* (dep.) regata.
regency [rídžẹnsi], *s.* regencia.
regeneracy [ridžénẹrąsi], *s.* regeneración.
regenerate [-reit]. **I.** *va.* regenerar; reproducir; reengendrar. **II.** [-rit], *s.* regenerado; reengendrado.
regenerateness [-nis], **regeneration** [-éišọn], *s.* regeneración; renacimiento (espiritual).
regenerative [-ātiv], *a.* regenerador, regenerativo.
regenerator [-eitọ(r)], *s.* regenerador.
regent [rídžẹnt]. **I.** *a.* regente, reinante. **II.** *s.* regente; gobernador, gobernante; regente de una universidad.
regentship [-šip], *s.* regencia, cargo de regente.
regicidal [redžisáidạl], *a.* regicida.
regicide [rédžisaid], *s.* regicidio; regicida, *mf.*
régime [reižím], *s.* régimen; administración; sistema (*m.*) social.
regimen [rédžimen], *s.* (med.) régimen; gobierno metódico, sujeción, freno; (gram.) régimen.
regiment [rédžimẹnt]. **I.** *s.* (mil.) regimiento. **II.** [rédžiment], *va.* (mil.) regimentar; reglamentar; dominar oficialmente.
regimental [-méntạl], *a.* perteneciente a un regimiento.—*pl.* uniforme militar.
regimentation [-téišọn], *s.* (mil.) regimentación; reglamentación; dominio oficial.
region [rídžọn], *s.* región.—**regional** [-ąl], *a.* regional.—**regionalism** [-izm], *s.* regionalismo.
regionalist(ic [-ist, (-ístik], *s.* y *a.* regionalista.
register [rédžistœ(r)]. **I.** *s.* registro, inscripción, matrícula; escalafón; lista, archivo, protocolo; libro de parroquia; registrador; indicador, contador; registro (de hornillo, de chimenea, etc.); reja regulable de calefacción; (impr. y enc.) registro; (mús.) registro (de la voz y del órgano); (mar.) matrícula; (com.) certificado de nacionalidad; cédula, albalá, *mf.*, registro de aduana.—**r. book,** registro. **II.** *va.* registrar, inscribir, matricular, protocolar, encartar; (mar.) matricular, abanderar; indicar, marcar (según escala o graduación); manifestar, indicar.—**to r. a letter,** certificar una carta. **III.** *vn.* inscribirse; matricularse; (impr.) estar en registro.
registered [-d], *a.* registrado, inscrito, matriculado.—**r. bond,** (com.) título nominativo.—**r. holder,** (com.) tenedor inscrito.—**r. letter,** carta certificada, carta de valores declarados.
registrant [-trạnt], *s.* el que se inscribe, etc.
registrar [-trar], *s.* registrador, archivero.
registration [-tréišọn], *s.* asiento, registro; inscripción, empadronamiento, encabezamiento.
registry [-tri], *s.* asiento, inscripción; matrícula; protocolo, registro; archivo; (aut., mar.) matrícula; patente de navegación.
reglet [réglet], *s.* (arq.) filete; (impr.) corondel, regleta.
regnant [régnạnt], *a.* reinante; predominante.
regress [rígres]. **I.** *s.* regreso; (astr.) movimiento retrógrado, retrogradación. **II.** [rigrés], *vn.* regresar; (astr.) retrogradar.—**regression** [rigréšọn], *s.* regresión.—**regressive** [rigrésiv], *a.* regresivo.
regret [rigrét]. **I.** *s.* pena, pesar, sentimiento; compunción, remordimiento.—*pl.* excusa cortés que se envía para rehusar una invitación. **II.** *va.* sentir, deplorar, lamentar.—**regretful** [-fụl], *a.* pesaroso.—**regretfully** [-i], *adv.* sentidamente.
regrettable [-ąbl], *a.* lamentable, sensible.
regrettably [-ąbli], *adv.* sensiblemente.
regular [régyụlä(r)]. **I.** *a.* regular, ordinario, normal, corriente; arreglado, ordenado, metódico; uniforme; formal, autorizado; (com.) mediano; (geom.) regular; (mil.) regular, de línea; (fam.) completo, cabal.—**r. army,** ejército permanente. **II.** *s.* (mil.) soldado de línea; obrero permanente; (igl.) regular.
regularity [-lǽriti], *s.* regularidad; simetría, igualdad; método, orden.
regularization [-lärizéišọn], *s.* regularización.—**regularize** [-läraiz], *va.* regularizar.
regularly [-lärli], *adv.* regularmente o con regularidad; por lo regular, común o general.
regulate [-leit], *va.* regular(izar), (ar)reglar, reglamentar, ordenar, ajustar, controlar, disponer; moderar.
regulation [-léišọn]. **I.** *s.* regulación; reglamento, orden, *f.*, regla; reglamentación.—*pl.* regla-

mento. II. *a.* reglamentario, de reglamento; corriente, ordinario, de ordenanza.
regulative [-lạtịv], *a.* regulativo, regulador.
regulator [-leịtọ(r)]. I. *s.* (tec.) regulador (de una máquina, turbina, etc.); registro (de reloj); cronómetro regulador. II. *a.* de regulación, regulador.—**r. valve,** (m. v.) válvula del regulador.—**regulatory** [-lạtorị], *a.* regulador; reglamentario, que reglamenta.
regulus [régyūlʌs], *s.* reyezuelo; (quím.) régulo; (min.) mata; (**R.**, astr.) Régulo; (orn.) régulo, reyezuelo.
regurgitate [rigœ́rdžịteịt], *va.* y *vn.* (hacer) regurgitar o refluir.
regurgitation [-éịŝọn], *s.* regurgitación, reflujo.
rehabilitate [rihạbílịteịt], *va.* rehabilitar.
rehabilitation [-éịŝọn], *s.* rehabilitación; reeducación (de los heridos, etc.); (for.) reivindicación.
rehash [rihǽŝ]. I. *va.* recomponer, refundir. II. [ríhæŝ], *s.* refundición; fárrago.
rehearing [rihíriŋ], *s.* (for.) revista.
rehearsal [rịhœ́rsạl], *s.* (teat.) ensayo; recitación, relación.
rehearse [rịhœ́rs], *va.* y *vn.* (teat.) ensayar; repasar; repetir, recitar, referir.
reheat [rihít], *va.* recalentar; recocer; calentar de nuevo.—**reheater** [-œ(r)], *s.* recalentador.—**reheating** [-iŋ], *s.* recalentamiento; recocido.
reign [réịn]. I. *vn.* reinar, imperar; prevalecer, predominar, estar en voga. II. *s.* reinado; soberanía, predominio.—**reigning** [-iŋ], *a.* reinante, imperante.
reimburse [riịmbœ́rs], *va.* reembolsar, reintegrar, indemnizar.—**reimbursement** [-mẹnt], *s.* reembolso, reintegración, indemnización.
reimport [riímport]. I. *s.* reimportación; mercancías reimportadas. II. *va.* [riịmpórt], reimportar.
reimportation [riịmportéịŝọn], *s.* reimportación.
reimpression [riịmpréŝọn], *s.* (impr.) reimpresión.
rein [reịn]. I. *s.* rienda; brida, (fig.) dirección; sujeción, freno.—**to give free r. to,** dar rienda suelta a.—**to take the reins,** tomar las riendas. II. *va.* gobernar (un caballo); llevar las riendas de; refrenar, contener. III. *vn.* obedecer a las riendas.
reincarnation [riịnkarnéịŝọn], *s.* reencarnación.
reincorporate [riịnkórporeịt], *va.* reincorporar.—**reincorporation** [-éịŝọn], *s.* reincorporación.
reindeer [réịndịr], *s.* (zool.) reno, rangífero o rengífero, tarando.
reindorse [riịndórs], *va.* (com.) contraendosar.
reinforce [riịnfórs], *va.* = REENFORCE; (ing.) armar, reforzar (hormigón).—**reinforced concrete,** hormigón o concreto armado.—**reinforcement** [-mẹnt], *s.* refuerzo; ayuda, socorro; (ing.) armadura (del hormigón armado).—*pl.* (mil.) refuerzos.
reins [reịnz], *s. pl.* (ant.) (anat.) riñones, región renal; (fig.) entrañas; afectos, las pasiones.
reinstall [riịnstól], *va.* reinstalar, rehabilitar, reponer, restablecer.—**reinstallment** [-mẹnt], *s.* reinstalación, rehabilitación, restablecimiento.
reinstate [riịnstéịt], *va.* reinstalar, rehabilitar, restablecer; en los seguros contra incendios, reparar o reponer lo dañado.
reinstatement [-mẹnt], *s.* reinstalación, rehabilitación, restablecimiento.
reinsurance [riịnŝúrạns], *s.* (com.) reaseguro.
reinsure [riịnŝúr], *va.* reasegurar.
reinvestment [riịnvéstmẹnt], *s.* reinversión.
reissue [riíŝụ]. I. *va.* volver a publicar o emitir. II. *vn.* volver a salir. III. *s.* reimpresión, nueva edición o emisión.
reiterate [riítẹreịt], *va.* reiterar.—**reiteratedly** [-ịdlị], *adv.* reiteradamente, repetidas veces.—**reiteration** [-éịŝọn], *s.* reiteración, repetición.
reject [rídžɛkt], *s.* persona o cosa no aceptada.
reject [rịdžékt], *va.* rechazar, recusar, rehusar, renunciar, rehuir, repeler; expeler, arrojar; (de)negar; desechar, despreciar; arrinconar, descartar; (mil.) excluir del servicio.
rejection [-ŝọn], *s.* rechazamiento, desecho, exclusión, repudiación.
rejective [-tịv], *a.* que rechaza, rehusa o excluye.
rejoice [rịdžóịs]. I. *va.* regocijar, alegrar. II. *vn.* regocijarse, gozarse, alegrarse, jubilar.
rejoicing [-iŋ]. I. *s.* alegría, fiesta, regocijo, júbilo, festividad. II. *a.* gozoso, regocijado.
rejoin [rịdžóịn]. I. *va.* reunirse con, volver a la compañía de. II. *vn.* replicar; (for.) triplicar.
rejoinder [-dœ(r)], *s.* respuesta, réplica; (for.) tríplica, contrarréplica.
rejuvenate [rịdžịúvẹneịt], *va.* rejuvenecer, remozar.
rejuvenation [-éịŝọn], **rejuvenescence** [-ésẹns], *s.* rejuvenecimiento, remozamiento.
rekindle [rikíndl], *va.* volver a encender, reavivar, despertar.
relapse [rịlǽps]. I. *vn.* recaer; reincidir (en un error, etc.); (relig.) renegar; (med.) recidivar. II. *s.* recaída; reincidencia; (med.) recidiva, relapso, recaída.
relate [rịléịt]. I. *va.* relatar, referir, contar, narrar; relacionar; emparentar. II. *vn.* relacionarse con; concernir, tocar, referirse a.
related [-ịd], *a.* relacionado, conexo; referido; afín o afine; emparentado, allegado.
relation [rịléịŝọn], *s.* relación; referencia, alusión; relato, narración; parentesco; pariente.—*pl.* parentela, deudos, parientes; tratos, comunicaciones.—**in r. to,** con relación a, respecto a.
relational [-ạl], *a.* que guarda o expresa relación; relativo.
relationship [-ŝịp], *s.* relación; parentesco; entronque, enlace; allegamiento.
relative [rélạtịv]. I. *a.* (leng. ord. y gram.) relativo.—**r. wind,** (aer.) viento relativo. II. *s.* pariente, deudo, allegado; (gram.) relativo, pronombre relativo.—**relatively** [-lị], *adv.* relativamente.
relativism [-ịzm], *s.* (fil. y fís.) relativismo, teoría de la relatividad en general, y de la relatividad del conocimiento en particular.—**relativist** [-ịst], *s.* relativista.
relativity [rẹlạtívịtị], *s.* relatividad.—**r. of knowledge,** (fil.) relatividad del conocimiento.
relax [rịlǽks]. I. *va.* relajar, aflojar; mitigar; remitir; desatar; aliviar el estreñimiento; causar languidez; (fon.) relajar. II. *vn.* aflojar, ceder; esparcirse, descansar; mitigarse.
relaxation [rilæksséịŝọn], *s.* aflojamiento, flojedad; descanso, reposo; solaz, *m.*, recreo, distracción, esparcimiento; mitigación, lenidad; relajación, relajamiento de nervios, músculos, etc.
relay [ríleị]. I. *s.* relevo, remuda, parada, posta (de caballos, etc.); (m. v.) máquina auxiliar reguladora (ll. t. **r. cylinder**); (elec.) relevador, relais, relé.—**r. broadcast,** (rad.) difusión, por una difusora, de comunicaciones recibidas de otra; redifusión.—**r. race,** (dep.) carrera de relevos o de equipos. II. *va.* enviar por posta; retransmitir (un mensaje, etc.); [riléị], volver a colocar.
release [rịlís]. I. *va.* soltar; poner en libertad; relevar, exonerar; renunciar a o abandonar; descargar (de una obligación); aliviar; poner en circulación, dar al público; [rilís], realquilar, volver a arrendar. II. *s.* liberación; exoneración; (com.) descargo; (for.) finiquito, quita; cesión (de un derecho); obra o pieza (de cine, fonógrafo, etc.) lista para darla al público; (m. v.) escape; (mec.) disparador, escape, trinquete.
relegate [rélẹgeịt], *va.* relegar; desterrar.
relegation [-éịŝọn], *s.* relegación; destierro.
relent [rịlént], *vn.* aplacarse, desenojarse; ceder, ablandarse, enternecerse.—**relentless** [-lịs], *a.* implacable, inexorable.
relevancy, relevance [rélẹvạnsị, -ạns], *s.* pertinencia.—**relevant** [-ạnt], *a.* pertinente, a propósito, apropiado; que hace o viene al caso.
reliability [rịlaịạbílịtị], **reliableness** [-blnịs], *s.* confiabilidad; calidad de seguro o digno de confianza; formalidad; precisión; veracidad.—

reliable [-bl], *a.* seguro, digno de confianza, confiable, fidedigno, formal.—**reliance** [-ąns], *s.* confianza, seguridad.—**reliant** [-ąnt], *a.* confiado (en sí mismo).
relic [rélįk], *s.* reliquia, vestigio.
relict [rélįkt], *s.* viuda.—*pl.* restos mortales.
relief [rįlíf], *s.* ayuda, auxilio; alivio, consuelo; relevación, aligeramiento; socorro, limosna; solaz, *m.*, descanso; (mil.) relevo; (for.) desagravio, satisfacción, compensación, reparación; (b. a.) relieve, realce, resalte o resalto.—**r. agencies,** agencias de auxilio o de socorro.—**r. map,** mapa (*m.*) en relieve.—**r. train,** tren de socorro.—**r. valve,** (mec.) válvula de seguridad.—**on r.,** socorrido.—**to be on r.,** estar viviendo de socorro, recibir o percibir auxilio social.
relieve [rįlív], *va.* relevar, remediar, socorrer, aligerar, aliviar; descargar, exonerar; mitigar, suavizar; vivificar; realzar, poner en relieve, hacer resaltar; acopar; (mil.) relevar; (for.) reparar, desagraviar, hacer justicia.—**to r. nature,** hacer del cuerpo.
relieving arch [rįlívįŋ arch], *s.* (arq.) sobrearco, arco de descarga.—**r. tackle** [tǽkl], (mar.) pluma de chata de carena; aparejos de la caña del timón.
relievo [rįlívoų], *s.* (b. a.) relieve.—**r.-work,** obra de relieve, mazonería.
religion [rįlídžǫn], *s.* religión, fe, *f.*
religionism [-įzm], *s.* estricta, excesiva o falsa religiosidad; fariseísmo.
religionist [-įst], *s.* religionario.
religiosity [rįlįdžįásįtį], *s.* religiosidad.
religious [rįlídžʌs]. **I.** *a.* religioso, pío, devoto; concienzudo, exacto, puntual. **II.** *s.* (igl.) religioso.—**religiously** [-lį], *adv.* religiosamente.
relinquish [rįlíŋkwįŝ], *va.* abandonar, dejar, ceder; renunciar; despojarse de.—**relinquishment** [-męnt], *s.* abandono, dejación, renuncia.
reliquary [rélįkwɛrį], *s.* relicario.
relish [rélįŝ]. **I.** *s.* gusto, apetencia, sabor grato, dejo; sazón, *f.*, condimento; entremés; fruición, goce, saboreo, paladar; (carp.) hombro de espiga. **II.** *va.* saborear, paladear; gustar de; hacer algo con fruición; sazonar, condimentar. **III.** *vn.* saber bien, ser sabroso; gustar, agradar.
reload [rilóųd], *va.* recargar; cargar de nuevo.
relucent [rįljúsęnt], *a.* reluciente.
reluctance, reluctancy [rįlʌ́ktąns, -į], *s.* repugnancia, renuencia, desgana, disgusto.—**with r.,** de mala gana.—**reluctant** [-ąnt], *a.* renuente, maldispuesto, repugnante.—**reluctantly** [-lį], *adv.* de mala gana, a contrapelo, a regañadientes.
relume [rįljúm], *va.* volver a encender.
rely [rįlái], *vn.* (con **on** o **upon**) confiar o fiar en, contar con, fiarse de, atenerse a.
remain [rįméįn], *vn.* quedar, restar o faltar; sobrar; estarse, permanecer; persistir, continuar.—**to r. behind,** rezagarse, quedarse atrás.—**to r. silent,** callar(se), guardar silencio; no chistar.—**to r. undone,** quedar sin hacer.
remainder [-dœ(r)]. **I.** *s.* resto, restante, residuo, sobra(nte); rezago. **II.** *a.* restante.
remaining [-įŋ], *a.* restante, sobrante.
remains [-z], *s. pl.* restos, cadáver; sobras, despojos, vestigios, reliquias; remanente; obras póstumas; esqueletos humanos; ruinas.
remake [riméįk], *va.* rehacer.
remand [rįmǽnd], *va.* enviar o mandar al punto de procedencia, devolver; (for.) reencarcelar; enviar a otro tribunal.
remand(ment [-(męnt], *s.* (for.) reencarcelamiento; mandato judicial para el traslado a otro tribunal.
remark [rįmárk]. **I.** *s.* observación, advertencia, nota. **II.** *va.* hacer una observación, observar, advertir, notar, reparar, echar de ver.
remarkable [-ąbl], *a.* notable, interesante, extraordinario, admirable, marcado, señalado.—**remarkably** [-ąblį], *adv.* notablemente.
remarriage [rimǽrįdž], *s.* segundas nupcias.
remarry [rimǽrį], *va.* y *vn.* volver a casar o casarse; contraer segundas nupcias.
remediable [rįmídįąbl], *a.* remediable, curable.
remedial [rįmídįąl], *a.* reparador; terapéutico.
remedy [rémędį]. **I.** *s.* remedio, medicamento; cura; recurso.—**to be past r.,** no tener cura o remedio. **II.** *va.* curar, remediar, sanar; corregir.
remember [rįmémbœ(r)]. **I.** *va.* recordar, acordarse de, rememorar; tener presente o en cuenta; mentar, hacer presente, dar memorias (*remember me to her*, déle Vd. expresiones mías). **II.** *vn.* acordarse, hacer memoria.
remembrance [-brąns], *s.* memoria, retentiva; recordación; recuerdo; rememoración; conmemoración.—**remembrancer** [-œ(r)], *s.* recordador; recordatorio; (Ingl.) oficial de Hacienda o del Tribunal Supremo.
remind [rįmáįnd], *va.* recordar, hacer presente.—**reminder** [-œ(r)], *s.* recordativo, señal, *f.*, recordatorio; advertencia.—**remindful** [-fųl], *a.* recordativo, rememorativo; atento, cuidadoso.
reminisce [rɛmįnís], *vn.* pensar en o hablar de cosas pasadas; contar (uno) sus recuerdos.
reminiscence [-ęns], *s.* reminiscencia, recuerdo.—*pl.* memorias.—**reminiscent** [-ęnt], *a.* recordativo, rememorativo.
remiss [rįmís], *a.* remiso, descuidado, omiso; flojo.
remissibility [-įbílįtį], *s.* calidad de remisible o perdonable.—**remissible** [-įbl], *a.* remisible.
remission [rįmíŝǫn], *s.* remisión, perdón; relevación, disminución; (com.) remesa; (med.) remisión.
remissness [-nįs], *s.* flojedad, negligencia.
remissory [-orį], *a.* remisorio, remisivo.
remit [rįmít]. **I.** *va.* (com.) remesar; remitir, enviar; remitir, perdonar, condonar; exonerar, eximir; relajar, aflojar; (for.) referir, someter, trasladar. **II.** *vn.* (com.) hacer remesas; girar; disminuir; (med.) debilitarse, bajar, templarse (una fiebre, etc.).
remitment [-męnt], *s.* remisión, gracia, exoneración; remesa.—**remittal** [-ąl], *s.* cesión, renuncia, abandono; remesa.—**remittance** [-ąns], *s.* (com.) remesa, envío, giro, letra de cambio.—**remittence,** *s.* (med.) remitencia.—**remittent** [-ęnt]. **I.** *a.* remitente. **II.** *s.* fiebre (*f.*) o calentura remitente.—**remitter** [-œ(r)], *s.* remitente; (for.) restitución.
remnant [rémnąnt], *s.* remanente, resto, residuo; dejo, vestigio; retal, retazo, maula.—**r. sale,** saldo.—**r. stand** o **store,** maulería.
remodel [rimádęl], *va.* modelar de nuevo; rehacer, reconstruir; renovar, refaccionar.
remonetize [rimánɛtaįz], *va.* remonetizar.
remonstrance [rįmánstrąns], *s.* protesta; memorial, representación; reprensión, amonestación, reconvención; (igl.) *V.* MONSTRANCE.
remonstrant [-strąnt]. **I.** *a.* en son de protesta o de reconvención. **II.** *s.* peticionario, exponente.
remonstrate [-streįt], *vn.* protestar, objetar; (con *with*) reconvenir, (fam.) sermonear.
remora [rémorą], *s.* (ict.) remora.
remorse [rįmórs], *s.* remordimiento, compunción, cargo de conciencia.—**remorseful** [-fųl], *a.* lleno de remordimientos; arrepentido, compungido.—**remorseless** [-lįs], *a.* cruel, sin conciencia.—**remorselessly** [-lį], *adv.* sin remordimiento, sin piedad, des(a)piadadamente.
remote [rįmóųt], *a.* remoto, apartado, lejano, distante; extraño, ajeno.
remote control, *s.* control remoto, telecontrol, mando a distancia.
remotely [-lį], *adv.* remotamente.
remount [rimáųnt]. **I.** *va.* y *vn.* remontar; volver a subir; volver a engastar (piedras preciosas), pegar (fotografías), etc.; (mil.) remontar(se). **II.** *s.* (mil.) remonta.—**r. cavalry,** remonta.
removability [rįmúvąbílįtį], *s.* removibilidad, amovilidad.—**removable** [-bl], *a.* removible; separable, de quita; transportable; amovible.
removal [rįmúvąl], *s.* acción de quitar, llevarse o levantar; remoción; removimiento; deposición; eliminación, extirpación; alejamiento, aparta-

miento; traslado, traslación, mudanza, cambio de domicilio; remudamiento; supresión.
remove [rimúv]. **I.** *va.* remover, amover; quitar; suprimir, eliminar; alejar; mudar, cambiar, trasladar; alzar o levantar la casa; destituir, deponer; derogar; apartar, desarrimar; sacar, extirpar, arrancar; desembarazarse de; poner fin a. **II.** *vn.* mudarse, trasladarse, alejarse; cambiar de sitio o domicilio. **III.** *s.* cambio de lugar, mudada; distancia, grado, paso, intervalo; grado de parentesco; plato o entrada que se quita en una comida.
removed [-d], *a.* apartado, alejado, distante; destituído; extraño.
remunerate [-eit], *va.* remunerar; premiar.—**remuneration** [-éišon], *s.* remuneración.—**remunerative** [-ātiv], *a.* remuneratorio; lucrativo, remunerador.—**remunerator** [-eito(r)], *s.* remunerador.
Renaissance [renāsáns]. **I.** *s.* renacimiento. **II.** *a.* renacentista.
renal [rínal], *a.* renal; pert. a los riñones.
Renard [rénārd], *s.* = REYNARD.
renascence [rinǽsens], *s.* renacimiento.
renascent [-ent], *a.* renaciente.
rencounter [renkáuntœ(r)]. **I.** *s.* encuentro casual; debate; combate, refriega, pendencia, riña. **II.** *va.* y *vn.* encontrar(se) por casualidad; acometer(se).
rend [rend]. **I.** *va.* (*pret.* y *pp.* RENT) rasgar, desgarrar; rajar, hender; lacerar, hacer pedazos; separar, desunir; arrancar. **II.** *vn.* rasgarse; rajarse; despedazarse.
render [réndœ(r)]. **I.** *va.* volver; poner; hacer; dar, suministrar, prestar, rendir; (mús., teat.) interpretar, ejecutar; traducir; devolver, restituir; derretir y clarificar; extraer por fusión; (com.) enviar, girar (una cuenta); (alb.) dar la primera capa de enlucido a.—**to r. assistance,** prestar auxilio, auxiliar.—**to r. into,** traducir o verter al.—**to r. justice,** hacer justicia. **II.** *s.* pago (esp. en forma de servicio); (alb.) capa de enlucido aplicada sin listonado.
rendezvous [rándāvu]. **I.** *va.* y *vn.* acudir, juntar(se), reunir(se). **II.** *s.* cita; reunión; lugar de la cita.
rendition [rendíšon], *s.* versión o traducción; (mús., teat.) interpretación, ejecución; rendición, entrega; (com.) rendimiento, producción.
renegade [rénigeid], **renegado** [-géidou]. **I.** *s.* renegado, apóstata, *mf.*, elche; desertor. **II.** *a.* renegado, falso, traidor.
renege [riníg]. **I.** *va.* negar; renunciar; desertar. **II.** *vn.* renunciar (en el juego); faltar a la palabra dada. **III.** *s.* renuncio.
renew [riniú]. **I.** *va.* renovar, reengendrar; restaurar, rehacer; reanudar; (com.) extender, prorrogar. **II.** *vn.* renovarse, recentarse, volver a empezar.
renewable [-abl], *a.* renovable.
renewal [-al], *s.* renovación, renuevo; reanudación; (com.) prórroga.
reniform [rínifɔrm], *a.* reniforme.
renitency [rénitensi], *s.* renitencia.
renitent [-ent], *a.* renitente.
rennet [rénit], *s.* cuajo; (anat.) cuajar.
rennin [rénin], *s.* (bioquím.) fermento del cuajo; enzima del jugo gástrico que cuaja la leche.
renominate [rinámineit], *va.* nombrar de nuevo.
renomination [-éišon], *s.* (pol.) segundo nombramiento.
renounce [rináuns], *va.* renunciar; rechazar, repudiar, renegar, abnegar, abandonar, abjurar; abdicar; en los naipes, renunciar.
renouncement [-ment], *s.* renuncia(miento).
renovate [rénoveit], *va.* renovar, rehacer; limpiar; purificar.—**renovation** [-éišon], *s.* renovación, rehacimiento, compostura; renuevo; limpiadura.—**renovator** [-eito(r)], *s.* renovador.
renown [rináun], *s.* renombre, fama, nombradía.
renowned [-d], *a.* renombrado, famoso, célebre.
rent [rent]. **I.** *pret.* y *pp.* de TO REND. **II.** *s.* rasgón, rasgadura, desgarro; raja, grieta, cuarteadura; cisma, *m.*
rent [rént]. **I.** *s.* renta, rento, alquiler; censo; arrendamiento, arriendo; rédito.—**r. day,** día de pagar el arrendamiento.—**for r.,** para arrendar; se arrienda; de alquiler. **II.** *va.* alquilar, arrendar, dar o tomar en arrendamiento.
rentable [-abl], *a.* arrendable, alquilable.
rental [-al]. **I.** *s.* renta, rento; arrendamiento, alquiler; censo. **II.** *a.* censual; rentoso; rel. a rentas o alquileres.
renter [-œ(r)], *s.* rentero, inquilino, arrendatario; arrendador; arrendante.
renunciation [rinʌnsiéišon], *s.* renuncia, renunciación, renunciamiento.
reopen [rióupn], *va.* y *vn.* reabrir, volver a abrir(se); reanudar (una discusión, etc.).—**reopening** [-iŋ], *s.* reapertura.
reorganization [riɔrganizéišon], *s.* reorganización.—**reorganize** [-aiz], *va.* reorganizar.
reorganizer [-œ(r)], *s.* reorganizador.
rep [rep], *s.* (tej.) reps, cierta tela de cordoncillo.
repack [ripǽk], *va.* reempacar; reembalar.
repaid [ripéid], *pret.* y *pp.* de TO REPAY.
repaint [ripéint], *va.* repintar.
repair [ripér]. **I.** *va.* reparar, componer, restaurar; remendar; subsanar; resarcir, indemnizar; restituir; (mar.) carenar. **II.** *vn.* (con **to**) ir, acudir o dirigirse a. **III.** *s.* reparo, reparación, compostura, restauración; remiendo; (mar.) carena.—**out of r.,** descompuesto, en mal estado.
repairer [-œ(r)], **repairman** [-mæn], *s.* reparador, componedor, restaurador.
repairing [-iŋ,] *s.* = REPAIR.
repair ship, *s.* buque taller.
repair shop, *s.* taller de reparaciones.
reparable [réparabl], **repairable** [ripérabl], *a.* reparable.
reparation [reparéišon], *s.* reparación, satisfacción, resarcimiento; indemnización; saneamiento; restauración.
reparative [ripǽrativ], *a.* reparativo, reparador, restaurativo.
repartee [repārtí], *s.* respuesta o réplica aguda, vuelta, agudeza, discreteo.
repartition [ripārtíšon], *s.* repartimiento, repartición.
repass [ripǽs], *va.* repasar, volver a pasar.
repassage [-idž], *s.* repaso.
repast [ripǽst], *s.* comida, alimento, colación.
repatriate [ripéitrieit], *va.* repatriar.
repatriation [-éišon], *s.* repatriación.
repay [ripéi]. **I.** *va.* (*pret.* y *pp.* REPAID) pagar, devolver, reembolsar, retornar; recompensar; reintegrar; convenir o aprovechar a; pagar en la misma moneda. **II.** *vn.* pagar, hacer un pago.
repayable [-abl], *a.* pagable, reembolsable.
repayment [-ment], *s.* pago, retorno, devolución.
repeal [ripíl]. **I.** *va.* derogar, revocar, abrogar, abolir, anular, casar. **II.** *s.* revocación, derogación, abrogación.—**repealable** [-abl], *a.* revocable.—**repealer** [-œ(r)], *s.* revocador.—**repealing** [-iŋ], *a.* derogatorio.
repeat [ripít]. **I.** *va.* repetir; (re)iterar; reproducir; duplicar; volver a (hacer algo); repasar, ensayar. **II.** *s.* repetición; duplicado; (mús.) repetición, guión, *m.*
repeatedly [-idli], *adv.* repetidamente, repetidas veces, a menudo.
repeater [-œ(r)], *s.* repetidor; reloj de repetición; arma de repetición; (elec.) repetidor; (E. U. pol.) elector que vota varias veces en una misma elección.
repeating [-iŋ], *a.* repetidor; de repetición.—**r. circle,** (top., ast., etc.) círculo repetidor.—**r. coil,** (elec.) bobina acopladora de inducción.—**r. decimal,** (arit.) fracción decimal periódica.—**r. firearm,** arma de repetición.—**r. instrument,** instrumento repetidor.—**r. watch,** reloj de repetición.
repel [ripél]. **I.** *va.* repeler, rechazar, repulsar; resistir; alejar, ahuyentar; (med.) repercutir los humores. **II.** *vn.* ser repelente o repulsivo.

repellent [-ent]. I. *a.* repelente, repulsivo; repercusivo; ahuyentador; impermeable. II. *s.* cosa repugnante o que causa aversión; tela impermeable; (med.) remedio repercusivo.
repent [rípent], *a.* (zool. y bot.) rastrero.
repent [ripént], *va.* y *vn.* arrepentirse (de), dolerse (de); sentir.—**repentance** [-ans], *s.* arrepentimiento, penitencia, compunción, contrición.—**repentant** [-ant], *a.* arrepentido, contrito.—**repentant, repenter** [-œ(r)], *s.* penitente, arrepentido.—**repentantly** [-antli], **repentingly** [-iŋli], *adv.* arrepentida o contritamente.
repeople [ripípl], *va.* repoblar.
repercussion [ripœrkʌ́ŝon], *s.* repercusión, resonación, reverberación, rechazo; rimbombo, retumbo.
repercussive [-kʌ́siv], *a.* repercusivo.
repertoire [répœrtwar], *s.* (mús. y teat.) repertorio.
repertory [-tori], *s.* depósito, colección; repertorio; inventario, lista, índice; almacén.
repetend [répitend], *s.* (mat.) período (de una fracción decimal periódica).
repetition [repitíŝon], *s.* repetición, (re)iteración; repaso; redición.—**repetitious** [-ʌs], *a.* que abunda en repeticiones; redundante.
repine [ripáin], *vn.* afligirse, desconsolarse, apurarse, quejarse.—**repiner** [-œ(r)], *s.* el que se queja.—**repining** [-iŋ], *s.* pesar; queja, descontento.
replace [ripléis], *va.* reemplazar, substituir; suplir; reponer; renovar; poner nuevo (una parte o pieza de un mecanismo); devolver, reembolsar o restituir.—**replaceable** [-abl], *a.* reemplazable, substituíble; renovable.—**replacement** [-ment], *s.* reemplazo, substitución; reemplazante; pieza de repuesto; restitución, reposición.
replant [riplǽnt], *va.* replantar.
replenish [riplénis], *va.* rellenar, rehenchir; llenar o surtir de nuevo.—**replenishment** [-ment], *s.* relleno, rehenchimiento; acción y efecto de llenar o proveer.
replete [riplít], *a.* lleno, repleto; ahito.
repletion [riplíŝon], **repleteness** [riplítnis], *s.* repleción, plenitud; ahito.
replevin [riplévin], *s.* (for.) reivindicación; auto de desembargo.
replevin, *o* **replevy** [riplévin, riplévi], *va.* (for.) desembargar; reivindicar.
replica [réplika], *s.* (b. a.) réplica, duplicado; copia, reproducción; (mús.) repetición.
reply [riplái]. I. *s.* respuesta, contestación; (for.) réplica, replicato. II. *vn.* y *va.* contestar, responder, reponer; (for.) replicar.
report [ripórt]. I. *va.* informar acerca de, dar parte de, enterar de; comunicar; relatar, referir, contar; redactar un informe o dictamen; reseñar (un libro); propalar, divulgar; quejarse de, acusar, delatar, denunciar.—**to r. out,** devolver (un proyecto de ley, etc.) con informe o dictamen.—**to r. progress,** dar cuenta de la marcha de un asunto.—**it is reported,** corre la voz, se dice. II. *vn.* presentar informe o dictamen; servir como repórter o noticiero; comparecer, personarse. III. *s.* relato, parte, noticia, reporte, información; (mil. y period.) comunicado; reseña (de un libro); informe, dictamen, memoria; voz, rumor; reportaje (de periódico); fama, reputación; (for.) relación de pleitos o causas; estampido, estallido, trueno, estruendo. —**r. of a gun, musket, pistol,** cañonazo, escopetazo, pistoletazo.—**by r.,** según se dice.
reporter [-œ(r)], *s.* repórter, reportero; noticiero; (for.) relator.—**reporters' gallery,** tribuna de los periodistas.
reportorial [reportórial], *a.* reporteril.
repose [ripóuz]. I. *va.* descansar, reclinar; poner (confianza o esperanza). II. *vn.* reposar, descansar; tener confianza en. III. *vr.* tenderse; reclinarse, recostarse. IV. *s.* reposo, descanso; tranquilidad, calma, quietud.
reposition [ripozíŝon], *s.* reposición, restablecimiento.
repositor [ripázito(r)], *s.* reponedor.
repository [-tori], *s.* repositorio, depósito; almacén, tienda.
repossess [ripozés], *va.* recobrar, recuperar.
repossession [ripozéŝon], *s.* recuperación.
repoussé [rœpuséi], *a.* y *s.* repujado.
reprehend [reprihénd], *va.* reprender, censurar, increpar, tachar, regañar.
reprehender [-œ(r)], *s.* reprendedor, reprensor.
reprehensible [-sibl], *a.* reprensible, censurable. —**reprehensibleness** [-nis], *s.* calidad de reprensible.—**reprehension** [-ŝon], *s.* reprensión, regaño, censura; (fam.) fraterna, repasata.— **reprehensive** [-siv], *a.* reprensor.
represent [reprizént], *va.* representar; figurar, pintar, simbolizar; significar, manifestar, exponer; [riprizént] presentar de nuevo.
representation [-éiŝon], *s.* representación (en todas sus acepciones); [ri-] nueva presentación.
representative [-ativ]. I. *a.* representativo, típico; representante. II. *s.* representante, gestor, apoderado, delegado, encargado; símbolo, tipo, ejemplar; (**R.**) diputado, representante (miembro de la Cámara de Representantes).
repress [riprés], *va.* reprimir, dominar, sofocar, moderar, represar; sojuzgar, sujetar; [riprés] volver a prensar, planchar, etc.
repression [ripréŝon], *s.* represión.
repressive [riprésiv], *a.* represivo.
reprieve [riprív]. I. *va.* (for.) suspender la ejecución de una sentencia; aliviar, librar temporalmente de peligro o dolor. II. *s.* suspensión temporal de una sentencia o de un dolor.
reprimand [réprimænd]. I. *va.* reprender, regañar, reñir, reconvenir, (fam.) sermonear. II. *s.* reprimenda, reprensión, regaño, censura.
reprint [riprínt]. I. *va.* reimprimir. II. [ríprint], *s.* reimpresión; tirada aparte (de un artículo).
reprisal [ripráizal]. *s.* represalia.
reproach [ripróuch]. I. *va.* reprochar, increpar, echar en cara, afear; vituperar, censurar. II. *s.* reproche, increpación; contumelia, vituperio; tacha, baldón, nota.—**above r.,** sin tacha.— **reproachable** [-abl], *a.* censurable, reprensible.
reproachful [-ful], *a.* increpante, reprensor, vituperioso; ceñudo.—**reproachfully** [-i], *adv.* vituperiosamente, contumeliosamente.
reprobate [réprobeit]. I. *a.* y *s.* réprobo, malvado. II. *va.* reprobar, condenar; desaprobar.— **reprobation** [-éiŝon], *s.* reprobación, desaprobación, condenación.—**reprobative** [-ativ],**reprobatory** [-atori], *a.* reprobador, reprobatorio.
reprocessing [riprásesiŋ], *s.* reprocesamiento, reacondicionamiento.
reproduce [riprodiús], *va.* reproducir, reengendrar; duplicar, copiar.—**reproducer** [-œ(r)], *s.* reproductor; aparato reproductor (fonográfico, etc.).—**reproducible** [-ibl], *a.* reproductible.
reproduction [riprodʌ́kŝon], *s.* reproducción; reminiscencia; (b. a.) copia, traslado, trasunto. —**reproductive, reproductory** [-tiv, -tori], *a.* reproductivo, reproductor.
reproof [riprúf], **reproval** [riprúval], *s.* reprobación, reproche, reprensión.—**reprovable** [riprúvabl], *a.* reprochable, censurable, reprensible.
reprove [riprúv], *va.* reprobar, culpar, censurar; acusar, condenar.—**reprover** [-œ(r)], *s.* reprensor, reprobador, censor.
reptant [réptant], *a.* (bot. y zool.) rastrero.
reptile [réptil], *s.* y *a.* (zool.) reptil; (fig.) bajo, vil, rastrero, traidor.—**Reptilia** [reptília], *s. pl.* reptiles.—**reptilian** [-n]. I. *s.* reptil. II. *a.* de reptil, de los reptiles.—**r. age,** (geol.) época mesozoica.
republic [ripʌ́blik], *s.* república.—**republican** [-an], *a.* y *s.* republicano; (orn.) republicano, que anida en manadas.—**republicanism** [-izm], *s.* republicanismo.
republication [ripʌblikéiŝon], *s.* nueva publi-

cación; reimpresión; (for.) renovación de un testamento.
republish [ripʌ́bli̦ŝ], *va.* publicar de nuevo; reimprimir; renovar.
repudiable [ri̦pi̦údi̦a̦bl], *a.* repudiable.
repudiate [-ei̦t], *va.* repudiar, repeler; rechazar, renunciar; desconocer.—**repudiated** [-i̦d], *pp.* y *a.* marfuz.—**repudiation** [-éi̦ŝo̦n], *s.* repudiación, repudio; rechazo, renuncia; desconocimiento.—**repudiator** [-o̦(r)], *s.* repudiador; renunciante; desconocedor.
repugnance, repugnancy [ri̦pʌ́gna̦ns, -i̦], *s.* repugnancia, repulsión; renitencia; mala gana, aversión.—**repugnant** [-a̦nt], *a.* repugnante, repulsivo; antipático; opuesto, renitente; contrario, incompatible.—**repugnantly** [-li̦], *adv.* con repugnancia, de mala gana.
repulse [ri̦pʌ́ls]. **I.** *s.* repulsa, repulsión; denegación. **II.** *va.* repulsar, desechar, rechazar, repeler.
repulsion [-ŝo̦n], *s.* (fís.) repulsión; rechazamiento; repugnancia, aversión.—**repulsive** [-si̦v], *a.* repulsivo, repugnante, repelente.
reputable [répyu̦ta̦bl], *a.* honroso, honrado, respetable, estimable, intachable; lícito.—**reputably** [-bli̦], *adv.* honrosamente, honradamente.
reputation [repyu̦téi̦ŝo̦n], *s.* reputación; opinión, crédito, estimación, fama, prestigio, nombradía.
repute [ri̦pi̦út]. **I.** *va.* reputar, estimar, juzgar, tener por. **II.** *s.* fama, crédito, reputación, nota, estimación; opinión común.
reputed [-i̦d], *a.* considerado, tenido por; supuesto, putativo (padre, autor, etc.).—**to be r.,** pasar o quedar por; tener fama de.—**reputedly** [-li̦], *adv.* según la opinión común; según se cree.
request [ri̦kwést]. **I.** *s.* súplica, ruego; petición, pedimento, instancia, solicitud; (com.) demanda.—**at the r. of,** o **by r.,** a petición, a solicitud de.—**in r.,** en boga, en demanda, pedido, buscado. **II.** *va.* rogar, pedir, suplicar, solicitar.
requiem (mass) [ríkwi̦em (mæs)], *s.* (igl. y mús.) misa de réquiem.
require [ri̦kwái̦r], *va.* requerir, demandar, pedir, obligar, exigir, necesitar.
requirement [-me̦nt], *s.* demanda, requerimiento, exigencia; requisito, necesidad; formalidad; estipulación.—**requirer** [-œ(r)], *s.* requeridor.
requisite [rékwi̦zi̦t]. **I.** *a.* necesario, forzoso, indispensable. **II.** *s.* requisito.
requisition [rekwi̦zíŝo̦n]. **I.** *s.* pedimento, petición, demanda; (mil.) requisa, requisición; necesidad, requisito, menester; (com.) demanda, solicitud; (for.) requisitoria.—**in r.,** en demanda, pedido, buscado. **II.** *va.* (mil.) requisar.
requital [ri̦kwái̦ta̦l], *s.* retorno, paga, satisfacción; compensación; desquite; pena del talión.
requite [ri̦kwái̦t], *va.* pagar, (re)compensar, retornar, devolver; pagar en la misma moneda.
reredos [rírdas], *s.* (igl.) retablo.
reroute [rirút], *va.* dirigir por otra vía.
resale [rísei̦l], *s.* reventa.
rescind [ri̦sínd], *va.* rescindir, anular, abrogar.
rescission [ri̦síŝo̦n], *s.* rescisión, anulación, abrogación.
rescissory [ri̦sísori̦], *a.* (for.) rescisorio.
rescript [rískri̦pt], *s.* rescripto, edicto, decreto.
rescue [réski̦u]. **I.** *va.* rescatar, redimir; salvar, librar, libertar. **II.** *s.* rescate, redención, salvación, libramiento, recobro; socorro.
rescuer [-œ(r)], *s.* salvador, rescatador, libertador.
research [ri̦sœ́rch]. **I.** *s.* investigación; averiguación, indagación, encuesta; rebusca(miento).—**r. station,** estación experimental. **II.** *va.* y *vn.* investigar.
researcher [-œ(r)], *s.* investigador.
resection [ri̦sékŝo̦n], *s.* (cir.) resección.
reseda [ri̦sídä], *s.* (bot.) reseda, género de las resedas; gualda.—**resedaceous** [resi̦déi̦ŝi̦ʌs], *a.* resedáceo.
resemblance [ri̦zémbla̦ns], *s.* parecido, semejanza.—**resemble** [-bl], *va.* (a)semejarse a, parecerse a; salir (uno) a (su padre, etc.).
resent [ri̦zént], *va.* (re)sentirse de, ofenderse por, agraviarse o sentirse agraviado por.—**resentful** [-fu̦l], *a.* resentido, agraviado, ofendido.—**resentment** [-me̦nt], *s.* resentimiento, pique, enojo.
reservation [rezœrvéi̦ŝo̦n], *s.* reservación; reserva, excepción, restricción (mental); (a veces *pl.*) pasaje, sitio, alojamiento, etc., reservados o retenidos de antemano por los viajeros; (E. U.) tierras nacionales reservadas por el gobierno (para indios, parques, escuelas, etc.).
reserve [ri̦zœ́rv]. **I.** *va.* reservar, guardar, retener, conservar; exceptuar, excluir. **II.** *s.* reserva, reservación; cautela, sigilo, reticencia, disimulación; (mil.) reserva, retén.—**r. bank,** banco de reserva.—**without r.,** sin reserva, sin excepción, enteramente.
reserved [-d], *a.* reservado; circunspecto, discreto; esquivo, callado, taciturno; disimulado; retenido, guardado.—**reservedly** [-i̦dli̦], *adv.* reservadamente; con cautela.—**reservedness** [-ni̦s], *s.* reserva, cautela, sigilo.
reservist [-i̦st], *s.* (mil.) reservista; soldado o marinero de reserva.
reservoir [rézœrvwar], *s.* depósito; receptáculo; cubeta (de barómetro, etc.); (com.) surtido de reserva; (hidr.) depósito de abastecimiento; pantano, estanque, alberca; cisterna, charca, aljibe; cambija, arca de agua; presada (de molino); depósito (de gas, petróleo, etc.).
reset [risét]. **I.** *va.* (joy.) reengastar, montar de nuevo; (cir.) encasar, reducir (un hueso roto); (agr.) replantar. (Para otros muchos usos, *v.* TO SET.) **II.** *s.* (joy.) nuevo engaste o montadura. *V.* SET y SETTING.
reship [riŝíp], *va.* y *vn.* reembarcar.—**reshipment** [-me̦nt], *s.* reembarco, reembarque.
reside [ri̦zái̦d], *vn.* residir, morar, vivir, habitar.
residence [rézi̦de̦ns], *s.* residencia, morada, domicilio; casa; estancia, mansión; estada, quedada, permanencia; (igl.) presencia.—**r. hall,** dormitorio para estudiantes.—**in r.,** dícese del que reside en un sitio (casa, universidad, hospital, etc.) mientras cumple sus funciones allí.
residency [-i̦], *s.* *V.* RESIDENCE; en la India inglesa, habitación oficial del representante del gobernador general.
resident [-de̦nt]. **I.** *a.* residente; morador, habitador; permanente; inherente. **II.** *s.* habitante, vecino; (dipl.) ministro residente.
residential [-dénŝa̦l], *a.* perteneciente o relativo a la residencia; de habitación, de habitaciones, de viviendas.
residual, residuary [ri̦zídźu̦a̦l, -eri̦], *a.* residual, restante.—**residual magnetism,** (elec.) magnetismo remanente.—**residuary legatee,** heredero universal.
residue [rézi̦di̦u], *s.* residuo, resto, sobrante, remanente, superávit.
residuum [ri̦zídźu̦ʌm], *s.* residuo, resta; desperdicio, desecho.
re-sign [risái̦n], *va.* firmar otra vez.
resign [ri̦zái̦n]. **I.** *va.* resignar, dimitir, renunciar, ceder, dejar, abandonar. **II.** *vr.* resignarse, rendirse, someterse, conformarse.
resignation [rezi̦gnéi̦ŝo̦n], *s.* dimisión, renuncia, dejación; resignación, conformidad.
resigned [ri̦zái̦nd], *a.* resignado, conforme.
resignedly [-i̦dli̦], *adv.* resignadamente.
resilience [ri̦zíli̦e̦ns], **resiliency** [-i̦], *s.* elasticidad, resorte, rebote; capacidad de recobrar la figura y el tamaño original después de deformación.—**resilient** [-e̦nt], *a.* elástico; (fig.) alegre, animado.
resin [rézi̦n], *s.* resina, colofonia.
resinaceous [-éi̦ŝi̦ʌs], *a.* resinoso.
resiniferous [-íferʌs], *a.* resinífero.
resinoid [-ɔi̦d]. **I.** *a.* parecido a la resina. **II.** *s.* substancia resinosa; resina sintética; gomorresina.—**resinous** [rézi̦nʌs], *a.* resinoso.
resist [ri̦zíst], *va.* y *vn.* resistir, rechazar, repeler;

oponerse; impedir, detener, contrariar, negarse a; aguantar, soportar, hacer frente a.
resistance [-ąns], *s.* (leng. ord. y tecn.) resistencia; defensa, oposición, fuerza contraria; (elec.) resistor.
resistance box, *s.* (elec.) caja de resistencias.
resistance coil, *s.* (elec.) bobina o carrete de resistencia.
resistance frame, *s.* (elec.) reóstato de cuadro, cuadro de resistencia.
resistant [-ąnt], *a.* resistente.
resister [-œ(r)], *s.* resistidor, lo que o el que resiste.
resistibility [-ibílįtį], *s.* resistibilidad.
resistible [-ibl], *a.* resistible.
resistivity [-ívįtį], *s.* capacidad de resistencia; (elec.) resistividad, resistencia específica.
resistless [-lįs], *a.* irresistible; indefenso.—**resistlessness** [-nįs], *s.* calidad de irresistible.
resistor [-ǫ(r)], *s.* (elec.) resistor; (elec.) resistencia.
resole [risóųl], *va.* (zap.) remontar, sobresolar; solet(e)ar (medias).—**resoling** [-iŋ], *s.* remonta; soleta.
resoluble [rézoljubl], *a.* soluble; resoluble.
resolute [rézoljut], *a.* resuelto, determinado, firme, denodado.—**resolutely** [-lį], *adv.* resueltamente.—**resoluteness** [-nįs], *s.* resolución, determinación, denuedo, firmeza.
resolution [rezoljúšǫn], *s.* resolución, determinación, denuedo; propósito; resolución, acuerdo (de una junta o asamblea); (mat.) resolución (de un problema); disolución de un todo: análisis (químico, mecánico o mental); descomposición; (med.) resolución (de un tumor, etc.); (mec.) descomposición (de fuerzas, velocidades, etc.).
resolvable [rįzálvąbl], *a.* resoluble.
resolve [rįzálv]. **I.** *va.*, *vr.* y *vn.* resolver(se); acordar, tomar un acuerdo, determinar, decidir(se a), venir en (hacer algo); reducir, analizar; solucionar, explicar; descomponer (un cuerpo, una fuerza, etc.); disipar, desvanecer; (med.) resolver (tumores, etc.); (con *into*) transformarse en o reducirse a. **II.** *s.* resolución, determinación, propósito, acuerdo.
resolved [-d], *pp.* acordado, decidido; resuelto, decidido; fundido, liquidado; separado, dividido.—**it is r.**, resuélvese, queda acordado.
resolvent [-ęnt], *a.* y *s.* resolvente; (med.) resolvente, resolutivo.
resonance [rézonąns], *s.* resonancia.—**resonant** [-ąnt], *a.* resonante, retumbante; sonoro.
resonate [-eit], *vn.* resonar.
resonator [-eitǫ(r)], *s.* resonador.
resorcin [rezórsįn], *s.* (quím.) resorcina.
resorcinol [-oųl], *s.* (quím.) resorcinol.
resorption [rįsórpšǫn], *s.* reabsorción, resorción.
resorptive [rįsórptįv], *a.* reabsorbedor.
resort [rįzórt]. **I.** *vn.* (gen. con **to**) acudir, recurrir, frecuentar, concurrir; pasar a, recorrer a; hacer uso de, echar mano de. **II.** *s.* concurso, concurrencia; punto de reunión; manida; recurso, medio, expediente, refugio; lugar de temporada, lugar frecuentado (gen. el objeto se indica por un substantivo modificativo: *summer resort*, lugar de veraneo; *health resort*, lugar de curación, colonia de enfermos).
re-sound [risáųnd], *va.* volver a sonar, sonar repetidas veces.
resound [rįzáųnd]. **I.** *va.* repetir, repercutir el sonido; cantar, celebrar. **II.** *vn.* resonar, retumbar; formar eco; tener resonancia; tener fama, ser celebrado.
resounding [-iŋ]. **I.** *a.* resonante; rimbombante. **II.** *s.* resonancia, resonación.
resource [rįsórs], *s.* recurso, arbitrio, medio, expediente.—*pl.* fondos, recursos, posibles, medios pecuniarios; riquezas (inclusas las naturales).
resourceful [-fųl], *a.* listo, ingenioso, mañoso.
respect [rįspékt]. **I.** *va.* respetar, venerar, honrar, estimar; acatar, observar, guardar; respectar, tocar, corresponder, concernir, referir.—**as respects**, en cuanto a, en lo tocante a, por lo que respecta a. **II.** *s.* respecto, relación, motivo; respeto, estima(ción); reverencia, veneración, culto; acatamiento, consideración, miramiento, decoro; honra, homenaje.—*pl.* memorias, recuerdos, respetos, expresiones.—**r. of persons**, acepción de personas.—**in every r.**, por todos estilos.—**in other respects**, por lo demás, por otra parte.—**in r. that**, puesto que.—**in**, o **with, r. to**, con respecto a, tocante a.—**in some r.**, de algún modo, hasta cierto punto.—**in this r.**, a este respecto, en este sentido.—**out of r. for**, o **to**, en obsequio de, por consideración a.—**to have r. for**, tener respeto a.—**to have r. to**, referirse a.—**without r. to**, sin consideración de, sin distinción de, prescindiendo de.
respectability [-ąbílįtį], **respectableness** [-ąblnįs], *s.* respetabilidad, crédito.
respectable [-ąbl], *a.* respetable, formal; estimable, apreciable, honroso; acreditado, autorizado; pasable, bastante bueno; considerable; mediano.—**respectably** [-ąblį], *adv.* respetablemente; medianamente.
respecter [-œ(r)], *s.* respetador.—**r. of persons**, aceptor o aceptador de personas.
respectful [-fųl], *a.* respetuoso, respetivo.
respectfully [-fųlį], *adv.* respetuosamente.
respecting [-iŋ], *prep.* con respecto a, en cuanto a, por lo que toca a, (en lo) tocante a.
respective [-įv], *a.* respectivo; particular, individual; sendos (*lying in respective bunks*, acostados en sendas literas).
respectively [-įvlį], *adv.* respectivamente.
respiration [respįréįšǫn], *s.* respiración, respiro.
respirator [réspįreitǫ(r)], *s.* respirador.
respiratory [rįspáįrątorį], *a.* respiratorio.—**r. disease**, enfermedad de las vías respiratorias.
respire [rįspáįr], *va.* y *vn.* resollar, respirar; espirar, exhalar.
respite [réspįt]. **I.** *s.* tregua, espera, pausa; plazo, prórroga, respiro. **II.** *va.* dar treguas, suspender o diferir, aplazar, prorrogar.
resplendence, resplendency [rįspléndęns, -į], *s.* resplandor, esplendor, fulgor, brillo.—**resplendent** [-ęnt], *a.* resplandeciente, fulgurante.—**resplendently** [-lį], *adv.* esplendorosamente.
respond [rįspánd]. **I.** *vn.* responder, contestar; reaccionar; corresponder; obedecer, acudir; venir bien, ajustarse. **II.** *s.* (igl.) = RESPONSORY.
respondent [-ęnt]. **I.** *a.* respondedor, (cor)respondiente. **II.** *s.* (for.) demandado, apelado.
response [rįspáns], *s.* respuesta, contestación.
responsibility [-ibílįtį], *s.* responsabilidad; obligación, deber; fideicomiso o depósito; solvencia.—**to assume r. for**, tomar por su cuenta.
responsible [-ibl], *a.* responsable; garante, fiable, solvente; autorizado; de responsabilidad.—**r. for**, responsable de; causa de; autor de; origen de.
responsive [-įv], *a.* respondiente, respondedor; sensible; obediente; interesado; correspondiente, conforme.—**responsiveness** [-nįs], *s.* correspondencia, simpatía, conformidad; sensibilidad; obediencia.
responsory [-orį], *s.* (igl.) responso(rio).
rest [rest]. **I.** *s.* descanso, reposo; holganza, huelga, inacción, tregua; paz, quietud, tranquilidad; sueño, paz (de los muertos); sustentáculo, apoyo, base, *f.*, soporte, arrimo, estribo; portaútil (de torno, etc.); cuja, ristre (de lanza); resto, residuo, sobra; excedente, sobrante, superávit; saldo semanal (del Banco de Inglaterra); posada, descansadero; parada, detención; (mús.) pausa; (poét.) cesura; (con *the*) los demás, los otros; lo demás; el resto.—**r. cure**, (med.) cura(ción) por el reposo y el sosiego.—**r. day**, día de descanso; domingo.—**r. room**, sala de descanso; retrete.—**a r.**, descanso.—**at r.**, en reposo; inactivo; tran-

quilo; en paz (apl. a los muertos); arreglado, terminado.—**without r.,** sin descanso, sin tregua. **II.** *vn.* descansar, reposar, holgar; echarse, dormir; yacer, reposar en el seno de la muerte; cesar, parar; estar en paz, vivir tranquilo; posar(se) o asentarse; descansar (sobre), apoyarse (en), cargar (sobre); confiar o fiar (en), contar (con); depender (de); quedar, permanecer; (for.) haber presentado una de las partes todas sus pruebas.—**to r. assured,** perder cuidado. **III.** *va.* y *vn.* descansar, proporcionar descanso, dejar descansar, poner, apoyar o asentar; (for.) terminar la presentación de pruebas.
restaurant [réstorant], *s.* restaurant(e), fonda.
restaurateur [restoratœr], *s.* dueño de un restaurante.
restful [réstful], *a.* reposado, quieto, tranquilo.
resting [réstiŋ]. **I.** *a.* quieto, inactivo. **II.** *s.* reposo, descanso.—**r. place,** descansadero; meseta de escalera; (fig.) la tumba.—**r. stage,** período de descanso.
restitution [restitiúŝon], *s.* restitución, restablecimiento; devolución, torna, reintegración; reparación, indemnización; recuperación, recobro; (fís.) elasticidad.
restitutive [réstitiutiv], *a.* restitutorio, devolutivo.
restive [réstiv], *a.* obstinado, ingobernable; impaciente; inquieto; (equit.) repropio.
restiveness [-nis], *s.* impaciencia, inquietud.
restless [réstlis], *a.* inquieto, impaciente, intranquilo; bullicioso, revoltoso, levantisco; insomne, desvelado.—**restlessness** [-nis], *s.* inquietud, impaciencia, desasosiego; insomnio, desvelo.
restock [risták], *va.* volver a surtir; renovar.
restoration [restoréiŝon], *s.* restauración, renovación, reparo; reintegración, instauración, rehabilitación, restablecimiento; (teol.) redención final; (**R.,** hist.) Restauración.
restorative [ristórativ], *a.* y *s.* restaurativo.
restore [ristór], *va.* restaurar, rehacer, reparar, reconstruir o reedificar; reintegrar, restablecer, instaurar; restituir, devolver, reponer; [ristór], depositar o almacenar de nuevo.
restorer [-œ(r)], *s.* restaurador; restituidor.
restrain [ristréin], *va.* refrenar, reprimir, contener, cohibir; represar; moderar, limitar, coartar, restringir; (for.) prohibir o vedar a.—**restrainable** [-abl], *a.* restringible.—**restrainedly** [-idli], *adv.* con restricción.—**restrainer** [-œ(r)], *s.* el o lo que refrena, etc.; (fot.) restringente.—**restraining** [-iŋ], *a.* restringente; coercitivo.
restraint [-t], *s.* sujeción, limitación, restricción, freno; coerción, prohibición.
restrict [ristríkt], *va.* restringir, limitar, confinar, coartar.—**restriction** [-ŝon], *s.* restricción, limitación, coartación.—**restrictive** [-tiv], *a.* restrictivo.—**restrictively** [-li], *adv.* restrictivamente.
result [rizʌ́lt]. **I.** *vn.* resultar; seguirse, inferirse; (con **in**) dar por resultado, venir a parar, acabar o terminar en, conducir a; causar. **II.** *s.* resultado, resulta; conclusión, deducción.—**as a r. of,** de resultas de, a consecuencia de.
resultant [-ant]. **I.** *a.* resultante. **II.** *s.* consecuencia, resultado; (mec.) resultante, *f.*
resulting [-iŋ], *a.* resultante; emergente; consecutivo a.—**r. use,** (for.) usufructo reversible.
resume [riziúm]. **I.** *va.* reasumir; reanudar; recobrar, reocupar, recuperar; resumir, epitomar, recapitular, compendiar. **II.** *vn.* tomar el hilo; empezar de nuevo.
résumé [rezuméi], *s.* resumen, sumario, recapitulación.
resumption [rizʌ́mpŝon], *s.* reasunción, reanudación, renovación; recobro.—**resumptive** [-tiv], *a.* que vuelve a tomar, asumir o resumir.
resupinate [risiúpineit], **resupine** [risiupáin], *a.* supino, boca arriba; (bot.) al revés, invertido.
resurface [risœ́rfis], *va.* revestir, renovar la superficie de.
resurge [risœ́rdž], *vn.* resurgir, volver a alzarse o a subir.—**resurgence** [-ens], *s.* resurgimiento; reaparición; resurrección.—**resurgent** [-ent], *a.* resurgente, que surge de nuevo; resurrecto.
resurrect [rezʌrékt], *va.* resucitar; desenterrar.
resurrection [rezʌrékŝon], *s.* resurrección; renovación, restablecimiento; (**R.**) Resurrección.
resurrectionist [-ist], *s.* el que resucita, vuelve al uso, o restablece (una doctrina, etc.); el que cree en la resurrección de la carne; el que desentierra y vende cadáveres.
resuscitate [risʌ́siteit], *va.* y *vn.* resucitar, reanimar, (hacer) revivir.—**resuscitation** [-téiŝon], *s.* resucitación, resurrección; renacimiento, renovación.—**resuscitative** [-tativ], *a.* resucitador, que reanima.—**r. faculty,** facultad reproductora de la mente.
ret [ret], *va.* enriar (cáñamo o lino).
retable [ritéibl], *s.* (igl.) retablo.
retail [riteil]. **I.** *va.* vender al menudeo, o por menor, revender; detallar. **II.** *s.* menudeo, venta (al) por menor, reventa; detalle; (com.) detal(l).—**r. market,** (Am.) mercado minorista.
retailer [-œ(r)], *s.* comerciante al por menor, detallista, (Am.) minorista, lonjista, tendero, revendedor, mangón.
retain [ritéin], *va.* retener, guardar, conservar, quedarse con; represar, detener, contener; contratar, ajornalar; ajustar (a un abogado).
retainer [-œ(r)], *s.* adherente, partidario; paniaguado; dependiente, criado, asistente; retenedor; iguala, anticipo que se da a un abogado al ajustar sus servicios.
retaining [-iŋ], *a.* que retiene o contiene; de retención, de contención.—**r. fee,** pago anticipado con que se ajusta a una persona.—**r. wall,** muro de sostenimiento o de contención.
retake [ritéik], *va.* (*pret.* RETOOK; *pp.* RETAKEN) volver a tomar; reasumir, recoger; represar; (fot. y cine) volver a fotografiar o filmar.
retaliate [ritǽlieit]. **I.** *va.* talionar. **II.** *vn.* desquitarse, vengarse; usar de represalias.
retaliation [-iéiŝon], *s.* talión, *m.*, revancha, desquite, despique; represalia; desagravio, satisfacción; pago, retorno.
retaliative [-iativ], *a.* vengativo.
retaliatory [-iatori], *a.* que usa de represalias.
retard [ritárd]. **I.** *va.* retardar, atrasar, retrasar, demorar; aplazar, diferir, dilatar. **II.** *s.* retraso, atraso, dilación, demora.
retardation [-éiŝon], *s.* retardación, retardo, atraso, retraso.
retch [rech], *vn.* arquear, basquear, nausear.—**retching** [-iŋ], *s.* arcada, basca(s), náuseas.
rete [ríti], *s.* (anat.) redecilla, plexo.
retention [riténŝon], *s.* retención, conservación; retentiva, memoria.—**retentive** [-tiv], *a.* retentivo.—**retentiveness** [-nis], *s.* retentiva.
retentivity [-tíviti], *s.* (magn.) retentividad.
reticence, reticency [rétisens, -i], *s.* reticencia, reserva; (ret.) reticencia.
reticent [rétisent], *a.* reticente, callado.
reticle [rétikl], *s.* (ópt.) retículo.
reticular [ritíkyulä(r)], *a.* reticular.—**reticulate** [-leit], *va.* y *vn.* formar a modo de red.—**reticulate(d** [-(id], *a.* reticular.—**reticulation** [-léiŝon], *s.* disposición en forma de red.
reticule [rétikiul], *s.* ridículo, bolsa.
reticulum [ritíkyulʌm], *s.* retículo (tejido); (anat.) retículo; redecilla, bonete de los rumiantes.
retiform [rétiform], *a.* reticular.
retina [rétinä], *s.* (anat.) retina.
retinitis [retináitis], *s.* (med.) retinitis, inflamación de la retina.
retinue [rétiniu], *s.* tren, comitiva, séquito, acompañamiento, corte, *f.*, mesnada.
retire [ritáir]. **I.** *vn.* retirarse, irse a acostar; retirarse de la vida activa o de un empleo; jubilarse; retraerse, retroceder, recogerse, apartarse, separarse. **II.** *va.* (com.) recoger, retirar de la circulación; jubilar.
retired [-d], *a.* retirado; apartado, aislado; re-

traído; (com.) recogido; retirado, jubilado.—**r. life,** vida retirada o solitaria.—**r. officer,** oficial retirado.—**to put on the r. list,** dar el retiro, jubilar.
retirement [-mẹnt], *s.* retiro; retraimiento; recogida, recogimiento; lugar retirado; jubilación.
retiring [-iŋ], *a.* retraído, austero, recatado; modesto, discreto; referente a la jubilación.
retook [ritųk], *pret.* de TO RETAKE.
retorsion [rịtórŝọn], *s.* talión, *m.*, represalia.
retort [rịtórt]. I. *va.* redargüir; devolver (un insulto); replicar, retorcer. II. *s.* redargución; réplica mordaz; (quím.) retorta; (metal.) cámara.
retouch [ritʌ́ch]. I. *va.* retocar, modificar, limar, pulir; (fot.) retocar.—**retouching frame,** bastidor de retocar. II. *s.* retoque, última mano.
retoucher [-œ(r)], *s.* (fot.) retocador.
retouching [-iŋ], *s.* retocamiento.
retrace [rịtréịs], *va.* seguir (las huellas) retrocediendo; desandar, volver atrás; buscar el origen de; repasar un trazado; relatar, narrar.—**to r. one's steps,** volver sobre sus pasos.
retract [rịtrǽkt]. I. *va.* retractar, retirar; retractarse de; retraer, encoger, esconder. II. *vn.* retractarse, desdecirse, cantar la palinodia; encogerse.—**retractable, retractible** [-ạbl], *a.* retractable; retráctil.—**retractile** [-ịl], *a.* retráctil.—**retraction** [-ŝọn], **retractation** [-téịŝọn], *s.* retracción; contracción; retractación.—**retractive** [-tịv], *a.* que tiende a retractar.—**retractor** [-tọ(r)], *s.* el que o lo que retracta; (cir.) retractor; (anat.) músculo contractor.
retread [ritréd]. I. *va.* volver a pisar o andar; (aut.) renovar la superficie de rodadura (de un neumático). *V.* RECAP. II. [rítrɛd], *s.* (aut.) *V.* RECAPPING.
retreat [rịtrít]. I. *s.* retiro; soledad, retraimiento; refugio, asilo; (mil.) retirada; retreta; (igl.) retiro. II. *vn.* retirarse; retroceder, retraerse, refugiarse; cejar; (esgr.) dar un paso atrás; apartarse, inclinarse o prolongarse hacia atrás.
retrench [rịtrénch]. I. *va.* cercenar, cortar, disminuir, abreviar; mondar o podar; (mil.) atrincherar. II. *vn.* reducirse, economizar o ahorrar.
retrenchment [-mẹnt], *s.* cercenadura, cercenamiento; economía; rebaja, di(s)minución; (mil.) atrincheramiento, trinchera.
retribution [retrịbịúŝọn], *s.* retribución, pago; justicia; justo castigo, pena incurrida.
retributive, retributory [rịtríbyųtịv, -torị], *a.* retributivo, retribuyente.—**r. justice,** justicia distributiva.
retrievable [rịtrívabl], *a.* recuperable; reparable.
retrieval [rịtrívạl], *s.* cobranza, recobro, recuperación; reintegración; (caza) cobra.
retrieve [rịtrív]. I. *va.* recuperar, recobrar; restaurar, reparar, remediar; cobrar (la caza). II. *vn.* cobrar la caza.
retriever [-œ(r)], *s.* perro cobrador o tomador; perdiguero.
retroact [rétroǽkt], *vn.* tener fuerza retroactiva.—**retroaction** [-ǽkŝọn], *s.* (for.) retroactividad.—**retroactive** [-ǽktịv], *a.* retroactivo.
retrocede [-síd]. I. *va.* (for.) hacer retrocesión. II. *vn.* retroceder, recular.
retrocession [-séŝọn], *s.* retrocesión, retroceso; contramarcha; (for.) retrocesión.
retro-firing [-fáịriŋ], *s.* (astronáut.) retrodisparo.
retroflex [-flɛks], *a.* doblado hacia atrás.
retroflexion [-flékŝọn], *s.* repliegue, flexión hacia atrás; (med.) retroflexión.
retrogradation [-grạdéịŝọn], *s.* retrogradación; retrogresión; degeneración.
retrograde [-greịd]. I. *a.* retrógrado. II. *s.* = RETROGRESSION. III. *vn.* retrogradar, retroceder, desandar; degenerar; ciar.
retrogression [-gréŝọn], *s.* retrogresión, retrogradación, retroceso, regresión.
retrogressive [-grésịv], *a.* retrógrado.
retro-rocket [-rákịt], *s.* (astronáut.) retrocohete.
retrospect [-spɛkt], *s.* mirada retrospectiva.—**in r.,** mirando hacia atrás.
retrospection [-spékŝọn], *s.* retrospección; ejercicio morboso de la memoria; consideración de cosas pasadas.
retrospective [-spéktịv], *a.* retrospectivo.
retroussé [rœtruséị], *a.* respingada, respingona.
retroversion [retrovœ́rŝọn], *s.* inclinación o miramiento hacia atrás; (med.) retroversión.
retrovert [rétrovœrt], *va.* desviar hacia atrás.
retry [ritráị], *va.* (for.) rever.
retting [rétịŋ]. I. *s.* enriado, enriamiento. II. *a.* de enriar; relativo al enriamiento.
return [rịtœ́rn]. I. *va.* (de)volver; corresponder a, pagar, (re)tornar, dar en cambio, recompensar; dar (gracias, fallo, respuesta, etc.); rendir (informe); redituar, producir; (pol.) elegir, enviar (al congreso, etc.).—**to r. a call,** pagar una visita.—**to r. a kindness,** corresponder a un favor.—**to r. a verdict,** fallar; dar un veredicto. II. *vn.* volver, regresar, (re)tornar; reaparecer, presentarse de nuevo; responder, reponer, replicar; (for.) revertir.—**to r. home,** regresar a casa. III. [ritœ́rn], *va.* y *vn.* doblar o volver de nuevo, dar otra vuelta o doblez. IV. *s.* vuelta, regreso, retorn(amient)o; torna, correspondencia (a un favor), pago, recompensa; respuesta; redargución; restitución, devolución, restablecimiento, reinstalación, instauración; reaparición; ganancia, utilidad, provecho, rédito; cambio, trueque, intercambio; estado, relación, informe o parte oficial; lista, nómina, padrón o censo; curva, vuelta; desviadero; (for.) reversión; diligencia; (arq.) ala; vuelta de moldura, marco, etc.; (pol.) elección.—*pl.* tablas estadísticas; resultado, cifras (de elecciones).—**r. address,** señas (*f. pl.*) del remitente.—**r. conductor,** (elec.) conductor de retorno.—**r. game, match,** etc.), juego (lucha, etc.) de desquite.—**r. request,** membrete en que se suplica la devolución de una carta al remitente, caso de no hallarse el destinatario.—**r. shock,** (elec.) choque de retroceso.—**r. stroke,** (mec.) golpe o carrera de retroceso.—**r. ticket,** billete de (ida y) vuelta.—**r. trip,** viaje de vuelta o de regreso.—**by r. mail, by r. of post,** a vuelta de correo.—**happy returns,** felices cumpleaños.—**in r.,** en cambio, en pago, en recompensa.
returnable [-ạbl], *a.* restituíble, reintegrable, devolutivo; (for.) reversible; devolutivo, restitutorio.
retuse [rịtiús], *a.* (bot.) achatado.
reunion [riyúnyọn], *s.* reunión; reconciliación; tertulia; junta.
reunite [riyụnáịt]. I. *va.* reunir, juntar; volver a unir; reconciliar. II. *vn.* reunirse, reconciliarse.
revaluation [rivælyụéịŝọn], *s.* revaluación.
revalue [rivǽlyụ], *va.* revalorar.
revamp [rivǽmp], *va.* (zap.) poner capellada nueva a; remendar; (fig.) reorganizar, volver a construir, o adaptar a otro uso.
revanche [rẹvánŝ], *s.* (fr.) venganza, revancha.
reveal [rịvíl]. I. *va.* revelar; manifestar, descubrir, publicar, divulgar, dar a conocer. II. *s.* (arq.) costado de vano de puerta o ventana; (aut.) borde de ventana.
reveille [révẹli], *s.* (mil.) diana; alborada.
revel [révẹl]. I. *vn.* jaranear, ir de parranda; gozarse (en). II. *s.* algazara, jarana, parranda.
revelation [-éịŝọn], *s.* revelación; visión; (**R.**) Apocalipsis.
revel(l)er [-œ(r)], *s.* parrandista, borrasquero.
revelry [-rị], *s.* jarana, gresca, francachela, orgía, borrachera.
revenge [rịvéndẑ]. I. *va.* vengar, vindicar; desquitarse, satisfacerse o vengarse de. II. *s.* venganza, desquite, vindicta, (gal.) revancha.—**revengeful** [-fụl], *a.* vengativo, vindicativo.
revenue [révẹnịu], *s.* rentas públicas, ingresos del Erario; (com.) renta; rédito; entrada, ingreso, provento; recompensa, beneficio.—**r. cutter,**

(mar.) escampavía, guardacostas.—**r. officer,** aduanero, empleado de aduana; resguardo; agente fiscal o del fisco.—**r. stamp,** sello fiscal, sello de impuesto.

reverberant [rịvœ́rbẹrạnt], *a.* repercusivo; reverberante; retumbante, resonante.—**reverberate** [-eịt], *va.* y *vn.* retumbar, repercutir; reverberar, reflejar.—**reverberation** [-éịŝọn], *s.* eco, repercusión; reverberación, reverbero; reflexión.—**reverberator** [-eịtọ(r)], *s.* reverberador, reverbero, reverberadero.

reverberatory [-ạtorị]. **I.** *a.* de reverbero, que reverbera o refleja. **II.** *s.* **r. (furnace),** horno de reverbero.

revere [rịvír], *va.* reverenciar, venerar.

reverence [révrẹns]. **I.** *s.* reverencia, veneración; reverencia (inclinación del cuerpo); **(R.,** igl.) Reverencia (tratamiento).—**to pay r.,** rendir homenaje. **II.** *va.* reverenciar, venerar.

reverend [révrẹnd]. **I.** *a.* reverendo, venerable; **(R.,** igl.) Reverendo (tratamiento). **II.** *s.* (fam.) clérigo.

reverent [révrẹnt], *a.* reverente.—**reverently** [-lị], *adv.* reverentemente.

reverential [rɛvẹrénŝạl], *a.* reverencial, respetuoso.—**reverentially** [-ị], *adv.* con reverencia, respetuosamente.

reverie [rέvẹrị], *s.* ensueño; embelesamiento, arrobamiento; (mús.) fantasía.

revers [rẹvír], *s.* (cost.) solapa, caída, vuelta (ll. t. **revere**).

reversal [rịvœ́rsạl], *s.* reversión; inversión; (for.) revocación; (ópt.) cambio de una línea obscura en una brillante y viceversa.

reverse [rịvœ́rs]. **I.** *va.* trastrocar, invertir; trastornar; (for.) revocar, anular; (mec.) invertir, dar contravapor. **II.** *vn.* invertirse; volver (a un estado anterior). **III.** *a.* reverso, inverso, invertido; opuesto, contrario; (mec.) de inversión, de marcha atrás, de contramarcha.—**r. curve,** (f. c.) curva en S.—**r. gear,** (mec.) mecanismo de marcha atrás.—**r. lever,** palanca de contramarcha.—**r. operation,** (mat.) operación inversa.—**r. running,** marcha hacia atrás.—**r. turn,** (aer.) maniobra de cambio de dirección. **IV.** *s.* lo contrario, lo opuesto; respaldo, dorso, reverso; reversión, inversión; contratiempo, revés, descalabro.

reversely [-lị], *adv.* al revés.

reversible [-ịbl]. **I.** *a.* volvible, versátil; (mec.) reversible; de vaivén; de dos caras; (for.) revocable. **II.** *s.* (tej.) género de dos caras.

reversibility [-ịbílịtị], *s.* reversibilidad, invertibilidad, calidad de poder invertirse; (for.) revocabilidad, carácter de revocable o anulable.

reversion [rịvœ́rŝọn], *s.* reversión; (biol.) atavismo; (for.) reversión; futura, derecho de sucesión.

reversionary [-ɛrị], *a.* (biol.) atávico; (for.) reversible.

revert [rịvœ́rt], *vn.* retroceder, volver, resurtir, recudir; (biol.) saltar atrás; (for.) revertir.

revery [révẹrị], *s.* = REVERIE.

revest [rivést], *va.* revestir; restablecer.

revet [rịvét], *va.* (alb.) revestir.

revetment [-mẹnt], *s.* (alb., fort., ing.) revestimiento; muro de contención.

review [rịvjú]. **I.** *va.* rever, remirar; repasar (estudios, etc.); revisar; censurar; reseñar, escribir una crítica o una síntesis de (un libro, etc.); criticar, analizar; (mil.) revistar, pasar revista a. **II.** *vn.* reseñar (libros), escribir (para) una revista. **III.** *s.* repaso; examen, análisis; reseña; revista, censura, juicio crítico; revista (publicación periódica); (mil.) revista, alarde, reseña, parada; (for.) revisión; (teat.) = REVUE.

reviewer [-œ(r)], *s.* crítico, revistero; revisor; examinador, inspector.

revile [rịváịl], *va.* denigrar, vilipendiar, injuriar, denostar, oprobiar.—**revilement** [-mẹnt], *s.* denuesto, vilipendio, injuria, oprobio.—**reviler** [-œ(r)], *s.* vilipendiador, denostador.—**revilingly** [-iŋlị], *adv.* denigrantemente, injuriosamente.

revise [rịváịz]. **I.** *va.* revisar, rever, releer, repasar; corregir, enmendar.—**revised** [-d], revisado; corregido.—**Revised Version,** traducción corregida de la Biblia (hecha en los años 1870 a 1885; otra hecha en el año 1952). **II.** *s.* revista, revisión; (impr.) segunda prueba.

reviser, revisor [-œ(r)], *s.* revisor; (impr.) corrector de pruebas.

revision [rịvíẑọn], *s.* revisión, revista, repaso; enmienda; (impr.) corrección de pruebas.

revisionist [-ịst], *s.* y *a.* revisionista.

revisit [rivízịt], *va.* volver a visitar.

revisory [rịváịzorị], *a.* revisor.

revitalize [rivá̦ịtạlaịz], *va.* (hacer) revivir, vivificar; dar un nuevo impulso a; (fig.) galvanizar.

revival [rịváịvạl], *s.* renacimiento, restauración, restablecimiento, renovación, reavivamiento; (teat.) reposición o reestreno de obras antiguas; despertamiento religioso.—**revivalist** [-ịst], *s.* predicador que recorre un país para despertar la fe.

revive [rịváịv]. **I.** *va.* hacer revivir, revivificar, (re)avivar, resucitar; restablecer, restaurar; despertar; hacer recordar, despertar la memoria; reponer (un drama). **II.** *vn.* revivir, resucitar; restablecerse, reanimarse; volver en sí, recobrar los sentidos; renacer.

revivification [rịvívịfịkéịŝọn], *s.* (re)vivificación.

revivify [-faị]. **I.** *va.* reavivar, revivificar, hacer revivir. **II.** *vn.* restablecerse, revivir.

revocable [révokạbl], *a.* revocable.—**revocableness** [-nịs], *s.* revocabilidad.

revocation [rɛvokéịŝọn], *s.* revocación; derogación.

revoke [rịvóụk]. **I.** *va.* revocar, derogar, abrogar, anular. **II.** *vn.* en los juegos de naipes, renunciar o hacer un renuncio. **III.** *s.* renuncio.

revolt [rịvóụlt]. **I.** *vn.* rebelarse, sublevarse, amotinarse; sentir repugnancia o repulsión. **II.** *va.* rebelar, sublevar; causar asco o repugnancia; chocar, indignar. **III.** *s.* sublevación, rebelión, revuelta, alzamiento, amotinamiento.

revolting [-iŋ], *a.* odioso; repugnante, chocante, sublevante, asqueroso.

revolution [rɛvolịúŝọn], *s.* revolución, revuelta; (mec.) revolución, vuelta, volteo, giro; (astr.) revolución.—**revolutionary** [-ɛrị], *a.* y *s.* revolucionario.—**revolutionist** [-ịst], *s.* revolucionario.—**revolutionize** [-aịz], *va.* revolucionar, sublevar; trastornar, alterar radicalmente.

revolve [rịválv]. **I.** *vn.* girar, dar vueltas, rodar; moverse en ciclos, suceder periódicamente. **II.** *va.* voltear, hacer girar o rodar; revolver (en la cabeza), considerar bajo todos los aspectos.

revolver [-œ(r)], *s.* revólver (arma de fuego).

revolving [-iŋ], *a.* giratorio, rotativo, rotatorio, rotante.—**r. chair,** silla giratoria.—**r. fund,** (E. U.) fondos públicos especiales para préstamos.—**r. light,** luz giratoria.

revue [rịvjú], *s.* (teat.) revista teatral; sainete de sucesos actuales o recientes.

revulsion [rịvʌ́lŝọn], *s.* cambio repentino, reacción; removimiento, apartamiento, retroceso; reculada; (med.) revulsión, contrairritación.

revulsive [rịvʌ́lsịv], *a.* y *s.* (med.) revulsivo, revulsorio.

reward [riwɔ́rd]. **I.** *va.* premiar, galardonar, recompensar. **II.** *s.* premio, recompensa, galardón; hallazgo; merecido; pago, remuneración, gratificación.—**rewardable** [-ạbl], *a.* remunerable, digno de premio.—**rewarder** [-œ(r)], *s.* premiador, remunerador.

reweigh [riwéị], *va.* (com.) repesar.

Reynard [réịnärd], *s.* (zool.) zorro.

Rhaetian, Rhetian [ríŝạn], *a.* y *s.* rético.

rhamnaceous [ræmnéịŝịʌs], *a.* (bot.) rámneo.

rhapsodist [rǽpsodịst], *s.* autor de rapsodias; rapsoda, *m.*—**rhapsodize** [-daịz], *va.* y *vn.* cantar o recitar rapsodias; escribir o hablar

con entusiasmo extravagante.—**rhapsody** [-di], *s.* rapsodia.
rhatany [rǽtani], *s.* (bot.) ratania.
rhea [ríä], *s.* (orn.) avestruz (*m.*) de la América del Sur, ñandú o nandú.
Rhenish [réniŝ]. **I.** *a.* renano. **II.** *s.* vino del Rin.
rhenium [ríniʌm], *s.* (quím.) renio.
rheometer [riámetœ(r)], *s.* reómetro.
rheophore [ríofɔr], *s.* (elec.) reóforo.
rheostat [ríostæt], *s.* (elec.) reóstato.
rheostatic [riostǽtik], *a.* reostático.
rhesus [rísʌs], *s.* (zool.) macaco de la India.
Rhesus factor, *s.* = RH FACTOR.
rhetoric [rétorik], *s.* retórica.—**rhetorical** [ritárikal], *a.* retórico.—**rhetorically** [-i], *adv.* retóricamente.—**rhetorician** [retoríŝan], *s.* retórico.
rheum [rum], *s.* (med.) reuma, *mf.*, fluxión, derrame catarral o mucoso.
rheumatic [rumǽtik], *a.* reumático.
rheumatic fever, *s.* (med.) fiebre reumática.
rheumatism [rúmatizm], *s.* (med.) reumatismo.
rheumatoid [-tɔid], *a.* reumatoideo.
Rh factor, *s.* (med.) factor Rh(esus).
rhinestone [ráinstoun], *s.* diamante de imitación (gen. hecho de vidrio).
rhinitis [rainάitis], *s.* (med.) rinitis, coriza.
rhinoceros [rainásεros], *s.* (zool.) rinoceronte.
rhinology [rainálodži], *s.* (med.) rinología.
rhinoplastic [rainoplǽstik], *a.* (cir.) rinoplástico. —**rhinoplasty** [ráinoplæsti], *s.* (cir.) rinoplastia.
rhinoscope [ráinoskoup], *s.* rinoscopio.
rhinoscopy [raináskopi], *s.* (med.) rinoscopia.
rhizocarpic [raizokárpik], **rhizocarpous** [-pʌs], *a.* (bot.) rizocárpeo.
rhizome, rhizoma [ráizoum, raizóumä], *s.* (bot.) rizoma, *m.*
rhizopod [ráizopad], *s.* (zool.) rizópodo.
rho [rou], *s.* rho (letra griega).
Rhodian [róudian], *s.* y *a.* rodio; caballero de la orden de Rodas, o San Juan de Jerusalén.
rhodic [róudik], *a.* (quím.) ródico.—**rhodium** [róudiʌm], *s.* (quím.) rodio.
rhododendron [roudodéndron], *s.* (bot.) rododendro.
rhodonite [róudonait], *s.* (min.) espato mangánico.
rhomb(us [rámb(ʌs], *s.* (geom.) rombo; (blas.) losange.
rhombic [rámbik], *a.* rombal.
rhombohedron [rambohídron], *s.* (geom.) romboedro.
rhomboid [rámbɔid], *s.* (geom.) romboide.
rhomboidal [rambɔ́idal], *a.* romboidal.
rhubarb [riúbarb], *s.* (farm.) ruibarbo; (bot.) ruipóntico o rapóntico.
rhumb [rʌm], *s.* (mar.) rumbo.
rhyme [ráim]. **I.** *s.* rima, consonancia, consonante; verso; poesía.—**without r. or reason,** sin ton ni son. **II.** *va.* rimar, versificar, metrificar, poner en verso; emplear como consonante. **III.** *vn.* rimar, consonar; corresponder, armonizarse.
rhymer [-œ(r)], **rhymster** [-stœ(r)], *s.* rimador, versificador; (desp.) coplero, poetastro.
rhythm [ríðm], *s.* ritmo, cadencia; armonía; (med.) periodicidad.—**rhythmic(al** [ríðmik(al], *a.* rítmico, cadencioso, cadente, armónico.—**rhythmically** [-li], *adv.* rítmicamente.
rial [ráial], *s.* rial (moneda irania).
rialto [riǽltou], *s* mercado, lonja.
rib [rib]. **I.** *s.* (anat.) costilla; (arq.) faja, listón, nervio, nervadura; cabrio, viga de tejado; arco; resalte, saliente; (mar.) cuaderna; varenga de hierro; varilla (de abanico o paraguas); tirante; (mec.) pestaña, reborde; (cost.) vivo; (bot.) costilla, nervadura de las hojas; (fam.) costilla, la mujer propia.—**r. grass,** (bot.) = RIBWORT. —**ribs of a ship,** (mar.) costillaje. **II.** *va.* marcar con rayas, listones o filetes; afianzar con rebordes o pestañas; proveer de nervios; (cost.) poner vivos; (fam.) embromar, burlarse de.
ribald [ríbald]. **I.** *a.* obsceno, lascivo, ribaldo. **II.** *s.* ribaldo, persona impúdica.
ribaldry [-ri], *s.* ribaldería, cinismo.
ribbon [ríbon]. **I.** *s.* cinta, listón, colonia; tira, banda, faja; galón.—*pl.* (fam.) riendas; perifollos.—**r. grass,** (bot.) alpiste. **II.** *va.* encintar. **III.** *a.* hecho de cinta; de forma de cinta.
riboflavin [raiboflέivin], *s.* (bioquím.) riboflavina, lactoflavina.
ribwort [ríbwœrt], *s.* (bot.) llantén, zaragatona.
rice [ráis], *s.* (bot.) arroz, *m.*—**r. paper,** papel de paja de arroz; papel de China.—**r. planter** o **dealer,** arrocero.—**r. plantation,** arrocería. —**r. mill,** molino arrocero.
ricebird [-bœrd], *s.* (orn.) = REEDBIRD.
ricefield [-fild], *s.* arrozal.
rich [rích], *a.* rico; adinerado, acomodado, opulento; costoso, precioso; suntuoso, abundante, cuantioso; exquisito; gras(ient)o; vivo (color, etc.); muy sazonado, dulce, fuerte, etc.; fértil; (fam.) muy divertido; risible, ridículo.—**to become r.,** enriquecerse.
riches [-iz], *s. pl.* riqueza(s); bienes; opulencia.
richly [-li], *adv.* ricamente; copiosamente.
richness [-nis], *s.* riqueza, opulencia; suntuosidad; fertilidad; abundancia, copia.
ricinic [risínik], **ricinoleic** [risinóuliik], *a.* (quím.) ricinólico o ricinoleico (ácido).
ricinin(e [rísinin], *s.* (quím.) ricinina.
rick [rik]. **I.** *s.* (agr.) niara, fascal, hacina, fajina. **II.** *va.* hacer niaras o hacinas de.
rickets [ríkits], *s.* (med.) raquitis, raquitismo.
rickety [ríkiti], *a.* desvencijado, destartalado; (med.) raquítico.
rickey [ríki], *s.* tipo de bebida (hecha de ginebra con gaseosa y zumo de limón).
ricochet [rikoŝéi]. **I.** *va.* hacer fuego de rebote. **II.** *vn.* rebotar. **III.** *s.* (arti.) fuego de rebote.
rictus [ríktʌs], *s.* ensanche de la boca (en las aves).
rid [rid], *va.* (*pret.* y *pp.* RID O RIDDED) desembarazar, librar, quitar de encima, zafar.—**to r. one's self of, to get r. of,** salir, desembarazarse, zafarse, deshacerse de.—**to be r. of,** estar libre o exento de.
riddance [-ans], *s.* libramiento o preservación de un mal, peligro o pejiguera; zafada.
ridden [rídn], *pp.* de TO RIDE.
riddle [rídl]. **I.** *s.* acertijo, enigma, *m.*, adivinanza, rompecabezas; (fam.) busilis, *m.*, quisicosa; misterio; criba o garbillo. **II.** *va.* resolver, adivinar; cribar, garbillar; acribillar. **III.** *vn.* hablar enigmáticamente.
ride [ráid]. **I.** *va.* (*pret.* RODE; *pp.* RIDDEN) cabalgar, correr, dirigir o manejar (un caballo, etc.); ir montado en o sobre; hender o surcar (las olas).—**to r. down** u **over,** pasar por encima de, atropellar, pisotear, derribar y hollar (como en un ataque de caballería); tratar o mandar con arrogancia.—**to r. out,** hacer frente a, resistir bien (el viento).—**to r. shank's mare,** ir a pie.—**to r. the goat,** (fam.) ser iniciado (en sociedad secreta). **II.** *vn.* montar a caballo, cabalgar; pasear a caballo o en carruaje; ir en coche; flotar; (mec.) rodar, tener juego, funcionar.—**to r. at anchor,** (mar.) estar fondeado.—**to r. easy,** mantenerse bien al ancla; marchar suavemente.—**to r. horseback,** montar a caballo.—**to r. roughshod** (a menudo con *over*) obrar con indiferencia del prójimo, pisoteando los derechos ajenos. **III.** *s.* paseo a caballo o en coche; camino de herradura.—**to take for a r.,** (fam.) entre los *gangsters,* llevar a uno a paseo en coche, para matarle; engañar, tomar el pelo a uno.
rider [-œ(r)], *s.* caballero, cabalgador, jinete; amazona; persona que va en coche, bicicleta, etc.; picador, (Am.) amansador; cosa que va montada sobre otra; pilón, pesa corrediza (de una balanza); hojuela pegada a un documento; aditamento, añadidura o adición a un proyecto de ley; (mar.) sobreplán, cochinata.
ridge [rídž]. **I.** *va.* (agr.) alomar, acaballonar; formar lomos o camellones; acanalar, arrugar,

encaballar. **II.** *vn.* tener lomos o camellones. **III.** *s.* cerro, colina, cordillera, serranía; (mar.) escollo, arrecife; (cost.) arruga, costurón; (agr.) caballón, lomo, camellón; (arq.) caballete del tejado.—**r. cap,** cubierta de caballete. —**r. roof,** tejado a dos vertientes o a dos aguas. —**r. tile,** teja acanalada.

ridgeband [-bænd], *s.* (tal.) sufra.

ridgebeam [-bim], **ridgepiece** [-pis], **ridgepole** [-poul], *s.* (arq.) parhilera, cumbrera.

ridgerope [-roup], *s.* (mar.) cuerda de toldo.

ridicule [rídikiul]. **I.** *s.* ridículo, irrisión, mofa, rechifla. **II.** *va.* ridiculizar, poner en ridículo, escarnecer, mofarse de, rechiflar.

ridiculous [ridíkyūlʌs], *a.* ridículo, risible, grotesco.—**ridiculously** [-li], *adv.* ridículamente.

riding [ráidiŋ]. **I.** *s.* paseo a caballo o en coche; cabalgata; camino de herradura; equitación, manejo; movimiento, marcha (de un vehículo). —**r. boots,** botas de montar.—**r. cloak, r. coat,** redingote.—**r. crop** = R. WHIP.—**r. habit,** (traje de) amazona, traje de montar.—**r. hood,** capirote, capotín, capuchón.—**r. horse,** caballo de silla, montura, caballería.—**r. party,** partida de cabalgata.—**r. school,** picadero, escuela de equitación.—**r. whip,** látigo de jinete. **II.** *pa.* cabalgante, caballero, montado (en caballo).

rife [raif], *a.* abundante, numeroso; corriente, reinante; (con **with**) lleno de.—**rifely** [-li], *adv.* abundantemente.—**rifeness** [-nis], *s.* abundancia.

Riff [rif], *s.*, **Riffian** [rífian], *s.* y *a.* rifeño.

riffle [rífl], *s.* rápido, rabión, *m.;* onda, rizo (del agua); cierto modo de barajar los naipes; (min.) ranura en el fondo de una gamella (para recoger el oro).

riffraff [rífræf], *s.* gentuza, canalla; desecho, desperdicio, ripio.

rifle [ráifl]. **I.** *va.* robar, pillar; arrebatar; (arti.) rayar (un arma). **II.** *s.* (arm.) rifle, fusil; espiral de rifle; (agr.) piedra de afilar guadañas.—**r. carbine,** carabina rayada.—**r. groove,** raya. —**r. pits,** pozos para rifleros.—**r. range,** campo de tiro; alcance de un tiro de fusil.—**r. shot,** fusilazo; tiro de fusil.

rifleman [-man], *s.* riflero.

rift [rift]. **I.** *s.* hendedura, rendija, grieta, reventón; cuarteadura; vado; rompimiento, desacuerdo. **II.** *va.* hender, dividir, rajar, rasgar. **III.** *vn.* reventar, cuartearse, agrietarse, rajarse, abrirse.

rig [rig]. **I.** *va.* (a menudo con **out** o **up**) ataviar, adornar, vestir, acicalar; aparejar, equipar, armar; (mar.) enjarciar, guarnir; (aer.) armar, arreglar (un avión o un dirigible).—**to r. the market,** manipular la lonja, tramar para cambiar los precios. **II.** *s.* (mar.) aparejo; (fam.) traje; tren de carruaje o caballos; apresto, equipo; aparato de pesca.

rigadoon [rigadún], *s.* (danz. y mús.) rigodón.

rigger [rígœ(r)], *s.* (mar.) aparejador; (aer.) montador aeronáutico.

rigging [rígiŋ], *s.* (mar.) aparejo, cordaje, jarcia, enjarciadura; (mec.) aparejo (de poleas); equipo de arrastre (de trozas).

right [rait]. **I.** *a.* recto, justo, equitativo; propio, conveniente; debido; correcto, exacto; fundado; verdadero, cierto, real, genuino, legal, legítimo; derecho, directo, en línea recta; ordenado, ajustado; derecho (lado, mano); sano; cuerdo; derecho (contrario de revés en las telas); que conviene, que se busca, que se quiere (a veces no se traduce, o se cambia el giro: *this is the right man,* éste es el hombre [que se busca]; éste es el hombre indicado, adecuado o que se necesita); (pol.) derechista, de las derechas.— **r. and left,** a diestra y siniestra.—**r. angle,** ángulo recto.—**r. ascension,** (astr.) ascensión recta.—**r. bower,** el mayor triunfo en el juego de *euchre.*—**r. cone, r. cylinder,** (geom.) cono, cilindro rectos.—**r. hand,** diestra.—**r.-hand,** de la mano derecha.—**r.-hand drive,** (aut.) conducción a la derecha.—**r.-hand man,** (fam.) hombre de confianza, brazo derecho.— **r. line,** línea recta.—**r. or wrong,** a tuertas o a derechas; con razón o sin ella; bueno o malo. —**r. side,** lado derecho; lado de afuera, cara; haz (de tela, etc.).—**r. triangle,** triángulo rectángulo.—**r. wing,** (pol.) bando derechista o moderado, las derechas.—**all r.,** bueno, enhorabuena, conforme.—**it is r.,** está bien; es justo.—**to be r.,** tener razón. **II.** *interj.* ¡bien! ¡bueno! **III.** *adv.* rectamente, justamente; exactamente, perfectamente, precisamente; bien; correctamente; debidamente; derechamente, en derechura; muy; inmediatamente, al instante, ahora mismo; mismo (vg. *right here,* aquí mismo).—**r. about,** vuelta a retaguardia; despedida.—**r. after,** a raíz de.—**r. afterward,** inmediatamente después.—**r. along,** sin interrupción, sin cesar; derecho, sin torcer. —**r.-angled,** rectangular, rectángulo.—**r.-angled triangle,** triángulo rectángulo.—**r. away,** ahora mismo, luego, ya, inmediatamente.—**r. down,** sin rodeos; sin demora.— **r.-handed,** derecho (que usa la mano derecha); diestro, mañoso, hábil; de movimiento a la derecha, o de izquierda a derecha.—**r.-handed screw,** tornillo de rosca a la derecha.—**R. Honorable,** honorabilísimo, muy honorable. —**r.-minded,** recto, honrado.—**r. now, r. off,** al punto, inmediatamente.—**r. reverend,** reverendísimo. **IV.** *s.* derecho; justicia; rectitud; propiedad, dominio, título; poder, autoridad; privilegio, prerrogativa; opción; la diestra, la derecha (lo opuesto a la izquierda); (pol.) derecha(s), bando conservador o moderado.— **r. of assembly,** derecho de reunión.—**r. of search, r. of visit,** (mar.) derecho de visita. —**r. of way,** precedencia, prelación; (for.) servidumbre de paso; derecho a la vía; (f. c.) servidumbre de vía.—**by r., by rights,** de derecho, por derecho; propiamente, con razón. —**by r. of,** por razón de.—**in one's own r.,** por derecho propio de uno.—**of r.,** de derecho, según derecho.—**on the r.,** a la derecha.—**to be in the r.,** tener razón.—**to be within one's rights,** estar (uno) en su derecho.—**to have a r.,** tener derecho; (fam.) tener obligación.— **to put,** o **set, to rights,** arreglar, poner en orden.—**to the r.,** a la derecha. **V.** *va.* hacer justicia; enderezar, ajustar, corregir; (mar.) adrizar.—**to r. a wrong,** enderezar un entuerto, corregir un abuso.

rightabout [-abaut], *s.* vuelta a la derecha, vuelta atrás, media vuelta.

righteous [ráichʌs], *a.* justo, recto, equitativo; virtuoso, honrado, probo.—**righteously** [-li], *adv.* virtuosamente, rectamente.—**righteousness** [-nis], *s.* rectitud, virtud, honradez, probidad.

rightful [-ful], *a.* legítimo; recto.—**rightfully** [-i], *adv.* legítimamente, rectamente, justamente.

rightist [-ist], *s.* y *a.* (pol.) derechista.

rightly [-li], *adv.* rectamente, justamente; con razón, con justicia; bien, como se debe; exactamente.

rightness [-nis], *s.* rectitud, justicia; derechura; propiedad.

rigid [rídžid], *a.* rígido, inflexible, tieso, yerto; austero, estricto, rigoroso.—**rigidity** [ridžíditi], **rigidness** [-nis], *s.* rigidez, inflexibilidad, tiesura; austeridad, rigor.—**rigidly** [-li], *adv.* rígidamente.

rigmarole [rígmaroul], *s.* jerigonza, galimatías.

rigor [rígo(r)], *s.* rigor, inflexibilidad; inclemencia; severidad, austeridad; tesón, terquedad; rigor, exactitud; (med.) escalofrío.—**r. mortis,** rigor de la muerte, rigidez cadavérica.

rigorism [-izm], *s.* rigorismo.

rigorist [-ist], *s.* y *a.* rigorista.

rigorous [-ʌs], *a.* rigoroso o riguroso; recio (tiempo); estricto, severo.—**rigorously** [-li], *adv.* rigorosamente, severamente.—**rigorousness** [-nis], *s.* rigurosidad, severidad, rigor.

rile [rail], *va.* (fam.) sulfurar, encolerizar. *V.* ROIL.

rill [ríl], *s.* riachuelo, arroyuelo, regajo.

rillet [-it], *s.* arroyuelo, reguero.

rim [rim]. **I.** *s.* canto, borde, margen, *mf.*, orilla; (carr.) llanta, aro; cerco, reborde, pestaña; ceja. **II.** *va.* proveer de canto, etc.; enllantar (una rueda).

rime, rimer, rimester = RHYME, etc.

rime [ráim]. **I.** *s.* escarcha; grieta, hendedura, resquicio; peldaño de escala. **II.** *va.* y *vn.* cubrir(se) de escarcha. **III.** *va.* (carp.) avellanar, escariar. *V.* REAM.

rimer [-œ(r)], *s.* (carp.) avellanador.

rimose [ráimous], **rimous** [-mʌs], *a.* hendido, rajado, cuarteado.

rimy [ráimi], *a.* escarchado.

rind [raind]. **I.** *s.* corteza, pellejo, cuero, hollejo. **II.** *va.* descortezar, mondar, pelar, deshollejar.

rinderpest [ríndœrpest], *s.* (vet.) morriña.

ring [ríŋ]. **I.** *s.* anillo, argolla, anilla; (joy.) sortija, anillo; circo, arena, liza; cerco; corro o corrillo de gente; camarilla, pandilla; ojera; campaneo, tañido o repique de campanas; juego de campanas; campanilleo, toque de campanilla; sonido metálico; rumor, clamor, estruendo; (mar.) arganeo, virola con chaveta.—**r. finger,** dedo anular.—**r. gauge,** calibre anular; (joy.) calibre para anillos.—**r.-shaped,** anular. **II.** *va.* (*pp.* y *pret.* RINGED) rodear, circundar, cercar; poner un anillo a, anillar, ensortijar; adornar con anillos; (hort.) quitar una tira circular de corteza. **III.** *vn.* moverse en círculo o en espiral; formar círculo. **IV.** *va.* (*pret.* RANG, RUNG; *pp.* RUNG) tocar, sonar, tañer, repicar (campanas); tocar (timbre o campanilla); anunciar, proclamar, celebrar (con repique de campanas); repetir, reiterar; llamar, convocar, por medio de una campana.—**to r. the bells in a peal,** tocar las campanas a vuelo.—**to r. up,** (fam.) llamar (a uno) por teléfono; (teat.) levantar (el telón). **V.** *vn.* sonar, tañer, campanillear; retumbar, resonar; zumbar (los oídos).—**to r. off,** terminar (una conversación telefónica); (fam.) cesar de hablar, etc.—**to r. true,** sonar bien (una moneda, etc.).

ringbolt [-boult], *s.* (mar.) cáncamo; armella.

ringbone [-boun], *s.* (vet.) sobrehueso de caballo.

ringdove [-dʌv], *s.* paloma torcaz, zurita o zorita.

ringed [-d], *a.* que lleva anillo (esp. de matrimonio); anular; (zool.) anillado.

ringer [ríŋœ(r)], *s.* campanero; (elec.) máquina de llamada.

ringing [ríŋiŋ]. **I.** *a.* resonante, sonoro, retumbante. **II.** *s.* campaneo, repique, retintín, toque; zumbido o silbido (de oídos).

ringleader [ríŋlidœ(r)], *s.* cabecilla, *m.*, abanderizador; promotor.

ringlet [ríŋlit], *s.* anillejo, círculo; sortija, bucle, rizo; (Am.) crespo.

ringmaster [ríŋmæstœ(r)], *s.* maestro de ceremonias (en un circo).

ringside [ríŋsaid], *s.* primera fila, lugar cercano al escenario.

ringworm [ríŋwœrm], *s.* (med.) empeine, culebrilla, serpigo, tiña.

rink [riŋk], *s.* patinadero; sala o pista de patinar.

rinse [ríns], *va.* lavar, limpiar, deslavar, enjuagar, aclarar.

riot [ráiot]. **I.** *s.* tumulto, sedición; alboroto, pelotera; motín, asonada, desorden, exceso; borrachera. **II.** *vn.* armar motines; alborotarse.

rioter [-œ(r)], *s.* alborotador; amotinador; bullanguero, jaranero, libertino.

riotous [-ʌs], *a.* sedicioso, faccioso; desenfrenado; desarreglado; bullicioso.—**riotously** [-li], *adv.* disolutamente; bulliciosamente.

rip [rip]. **I.** *va.* (con **up, open** u **off**) rasgar, rajar, romper; descoser, soltar; (con **out** o **away**) cortar, arrancar, destripar, destrozar; (carp.) aserrar con corte longitudinal.—**to r. off a plank,** (mar.) descoser un tablón.—**to r. out an oath,** jurar con violencia, jurar a la ligera, blasfemar. **II.** *vn.* rasgarse, rajarse, henderse, romperse. **III.** *s.* laceración, rasgadura, rasgón; (fam.) persona, caballo o cosa que no vale nada.

riparian [ripérian], *a.* y *s.* ribereño.—**riparious** [-ʌs], *a.* (bot. y zool.) ribereño.

rip cord, *s.* (aer.) cuerda que sirve para abrir el paracaídas.

ripe [ráip], *a.* maduro, sazonado; en sazón; hecho, acabado; pronto, preparado, a propósito; rosado, colorado; (agr.) espigado; (med.) maduro.

ripen [-n], *va.* y *vn.* madurar, sazonar(se).

ripeness [-nis], *s.* madurez, sazón, *f.*

ripening [-eniŋ], *s.* maduración.

rip panel o **strip,** *s.* (aer.) faja de desgarre, parche de desinflación rápida.

ripper [rípœ(r)], *s.* rasgador, desgarrador.

ripping [rípiŋ], *s.* rasgadura; deshiladura, descosedura.—**r. cord,** (aer.) cabo o cuerda de desgarre o de desinflación rápida (sirve para rasgar la faja de desgarre).—**r. iron,** (mar.) descalcador.—**r. panel** o **strip,** (aer.) faja de desgarre, parche de desinflación rápida.

ripple [rípl]. **I.** *va.* rizar, ondear; desgargolar el cáñamo. **II.** *vn.* agitarse, rizarse la superficie del agua; murmurar. **III.** *s.* escarceo, onda, rizo (del agua); murmullo; carda o peine para desgargolar.

riprap [rípræp]. **I.** *s.* (alb.) (cimiento de) piedras sueltas; ripio, rocalla, cascajo, broma. **II.** *va.* (alb.) construir de, o reforzar con, piedras sueltas, broma, etc.

rip-roaring [-róriŋ], *a.* (E. U., fam.) alegre; bullicioso; bullanguero.

ripsaw [rípsɔ], *s.* sierra para corte longitudinal de madera.

rise [raiz]. **I.** *vn.* (*pret.* ROSE; *pp.* RISEN) ascender, subir, elevarse, remontarse; (mar.) altearse; levantarse, ponerse en pie; levantarse (de la cama); suspender una sesión; salir (el sol); nacer, salir o brotar (las plantas o los manantiales); levantarse, alzarse, amotinarse, sublevarse; surgir, aparecer, presentarse; sobrevenir, armarse, suscitarse (una disputa, etc.); medrar, mejorar de posición; hincharse, aumentar de volumen; encarecerse, subir (el precio); resucitar.—**to r. early,** madrugar.—**to r. late,** (fam.) pegársele a uno las sábanas.—**to r. to one's feet,** ponerse en pie, levantarse.—**to r. to the occasion,** estar a la altura de las circunstancias. **II.** *s.* ascensión, elevación; levantamiento; crecimiento o desarrollo; cuesta, subida; nacimiento (de un manantial); altura, eminencia; inclinación, pendiente, *f.*; salida (de un astro); encarecimiento, subida, alza (de precios); crecida, creciente, *f.* (de un río, etc.); fuente, *f.*, principio, origen, manantial, causa; adelantamiento, medro; ascenso; elevación de la voz; (arq.) flecha de un arco; (carp.) altura de una contrahuella.—**r. and fall,** (mar.) pleamar y bajamar.—**r. of a hill** pendiente (*f.*) de una colina.—**r. of ground,** elevación del terreno.—**r. of mercury, of temperature,** subida del mercurio, de la temperatura.—**to give r. to,** dar origen a, causar, motivar, ocasionar.

riser [ráizœ(r)], *s.* el que se levanta; (carp.) contrahuella; soliviador; cosa que sirve para elevar; (arq.) tubería vertical; (elec.) conductor de un piso a otro; tubo ascendente; (fund.) = FEED-HEAD; respiradero.

risibility [rizibíliti], *s.* risibilidad.

risible [rízibl], *a.* risible.

rising [ráiziŋ]. **I.** *a.* naciente; creciente; ascendiente; que se levanta; saliente; próspero.—**r. tide,** (in)flujo.—**r. vote,** votación en que los votantes se ponen de pie, un grupo tras el otro, para indicar su voto afirmativo o negativo. **II.** *s.* ascenso, subida; resurrección; renacimiento; levantada; solivio; levantamiento, insurrección;

(astr.) orto, salida; acto de levantarse (una sesión, una persona); levadura, fermento; prominencia o protuberancia; (med.) lobanillo, lupia.

risk [rįsk]. I. *s.* riesgo, peligro; contingencia; (en el juego, y fig.) albur.—**at all risks,** a todo trance.—**to run** o **take a r.,** correr peligro, arriesgarse.—**without r.,** a mansalva. II. *va.* arriesgar, aventurar, exponer.

risky [-i]. *a.* peligroso, arriesgado, aventurado; imprudente, temerario.

risqué [rįskéį], *a.* verde, colorado, libre.

rite [raįt], *s.* rito, ceremonia.

ritornelle [ritornél], *s.* (mús.) retornelo.

ritual [ríchųal], *a.* y *s.* ritual, ceremonial.

ritualism [-įzm], *s.* ritualismo; ritualidad.—**ritualist** [-įst], *a.* y *s.* ritualista.—**ritualistic** [-ístįk], *a.* ritualista.—**ritually** [-i], *adv.* según el ritual, conforme a los ritos, de rúbrica.

rival [ráįval]. I. *s.* rival. II. *a.* émulo, competidor, opuesto. III. *va.* emular; competir con, rivalizar con. IV. *vn.* rivalizar.—**rivalry** [-ri], *s.* rivalidad, competencia, emulación.

rive [raįv]. I. *va.* (*pret.* RIVED; *pp.* RIVED O RIVEN) rajar, hender. II. *vn.* henderse.

river [rívœ(r)]. I. *s.* río.—**r. basin,** cuenca de río.—**r. bed,** lecho, álveo, madre (*f.*) de un río.—**r. front,** tierra ribereña.—**r. horse,** hipopótamo.—**r. transportation,** transporte fluvial.—**down (the) r.,** río abajo.—**up (the) r.,** río arriba.

riverhead [-hɛd], *s.* fuente (*f.*) o nacimiento de río.

riverside [-saįd], *s.* orilla o margen (*mf.*) de un río; ribera.

rivet [rívįt]. I. *s.* remache, roblón.—**r. knob,** embutidera. II. *va.* remachar, robl(on)ar; (fig.) asegurar, afianzar.—**to r. the attention on,** fijar la atención en.

riveter [-œ(r)], *s.* remachador; remachadora (máquina).

rivet(t)ing [-įŋ], *s.* remachado, remache, robl(on)adura.—**r. machine,** remachadora.

rivulet [rívyūlįt], *s.* riachuelo, arroyo, regajo.

roach [roųch], *s.* (ict.) escarcho; (ent.) cucaracha.

road [róųd], *s.* camino, vía; carretera; ferrocarril.—*pl.* (mar.) rada; fondeadero.—**r. agent,** (fam.) salteador.—**r. mender,** peón caminero.—**r. metal,** material (grava, etc.) para caminos, macadán.—**r. roller,** rodillo (para caminos), rulo compresor, apisonadora.—**r. runner,** (orn.) cuclillo de tierra, (Am.) cachila, correcaminos.—**to be on the r.,** viajar de pueblo en pueblo en el ejercicio de una profesión (apl. esp. a los agentes viajeros y a las compañías cómicas).

roadbed [-bɛd], *s.* firme (de camino o carretera); (f. c.) explanación, balasto, asiento de los durmientes.

roadblock [-blak], *s.* bloqueo, obstáculo (en una carretera); (mil.) barricada; (fig.) impedimento, obstrucción.

roadhouse [-haųs], *s.* parador o posada en el campo, gen. con salón de baile, *bar* y atracciones.

roadside [-saįd], *s.* orilla o borde del camino.—**r. inn,** venta, posada.

roadstead [-stɛd], *s.* (mar.) rada, fondeadero.

roadster [-stœ(r)], *s.* (aut.) coche abierto de turismo o de deporte; caballo o bicicleta para uso en las carreteras.

roadway [-weį], *s.* carretera, calzada (apl. esp. a la parte central o de tráfico).

roam [róųm], *va.* y *vn.* vagar, andar errante.

roamer [-œ(r)], *s.* vago, vagabundo.

roan [roųn]. I. *a.* roano o ruano, rosillo, sabino. II. *s.* caballo ruano; color ruano; badana de color ruano.

roar [rór]. I. *vn.* rugir, bramar. II. *s.* rugido, bramido; estruendo, estrépito.

roast [róųst]. I. *va.* (coc.) asar; tostar; calcinar; (fam.) hablar mal de; ridiculizar.—**to r. coffee,** tostar café. II. *a.* asado; tostado.—**r. beef,** carne de vaca asada, rosbif.—**r. meat,** asado; carne asada o buena para asar. III. *s.* asado.

roaster [-œ(r)], *s.* cocinero que asa; asador, tostador; pollo o lechón propio para asar.

rob [rab], *va.* y *vn.* robar, pillar; saquear.—**to r. one of,** robar, hurtar o quitarle a uno (el dinero, etc.).

robalo [róųbaloų], *s.* (ict.) róbalo.

robber [rábœ(r)], *s.* ladrón; salteador; caco.

robbery [-i], *s.* robo, hurto, latrocinio.

robe [roųb]. I. *s.* manto; túnico o túnica; ropón, ropaje, toga, traje talar; bata; corte de vestido; manta de coche.—**r. of state,** traje de ceremonia.—**the (long) r.,** la curia. II. *va.* vestir de gala o de ceremonia; vestir, ataviar. III. *vn.* vestirse, ponerse traje; cubrirse.

robin [rábįn], *s.* (orn.) pechicolorado, petirrojo.

roborant [ráborant], *a.* (med.) roborante, roborativo.

robot [róųbʌt], *s.* robot, hombre mecánico, autómata, *m.*; autómata (persona); (aer.) piloto mecánico.—**r. bomb,** (mil.) robot, bomba planeadora o voladora; avión (*m.*) cohete, sin piloto, cargado de explosivos.

robust [robʌ́st], *a.* robusto, vigoroso, fuerte.

roc [rak], *s.* rocho, ruc (ave fabulosa).

rochet [ráchįt], *s.* (igl.) roquete.

rock [rák]. I. *s.* roca, peña, peñasco; arrecife, escollo, laja; (fig.) amparo, defensa, protección; (fam.) diamante; moneda.—**r. alum (roche alum),** alumbre de roca, jebe.—**r. bass,** (ict.) papagayo.—**r.-bound,** rodeado de peñascos.—**r. bottom,** *s.* el fondo, lo más profundo; *a.* mínimo, bajísimo.—**r. candy,** azúcar cande.—**r. crusher,** triturador, bocarte.—**r. crystal,** cristal de roca, cuarzo.—**r. dove,** paloma silvestre o de las rocas.—**r. drill,** perforadora de rocas.—**r. garden,** jardincito rocoso; jardín con adornos de piedras.—**r. oil,** petróleo.—**r. quartz,** cristal de roca.—**r.-ribbed,** fuerte, firme; intransigente.—**r. salt,** sal (*f.*) de piedra.—**r. water,** agua de roca.—**r. wool,** lana de roca.—**on the rocks,** (fam.) arruinado, pobre. II. *va.* mecer, cunear, balancear; arrullar; calmar, sosegar. III. *vn.* mecerse, bambolear, oscilar.

rocker [-œ(r)], *s.* cualquier cosa que mece o se mece; cuna; columpio; cunera; mecedora (silla); soportes del asiento de una mecedora; (mec.) balancín; eje oscilante en sus cojinetes.—**r. arm,** brazo o palanca oscilante.—**r. cam,** leva oscilante.

rocket [rákįt]. I. *s.* cohete, volador; (bot.) oruga, jaramago, roqueta. II. *vn.* volar o ascender verticalmente en el aire.

rocket bomb, *s.* (mil.) bomba cohete.

rocket engine, *s.* motor cohete.

rocket launcher, *s.* (astronáut.) lanzacohetes.

rocket plane, *s.* avión (*m.*) cohete.

rocket propulsion, *s.* propulsión por cohete.

rocketry [-tri], *s.* técnica de los cohetes.

rocking [rákįŋ]. I. *a.* mecedor; oscilante.—**r. chair,** mecedora, (Am.) columpio.—**r. horse,** caballo mecedor, caballico.—**r. shaft** = ROCKSHAFT.—**r. valve,** válvula oscilante. II. *s.* mecedura, balance, balanceo; tabaleo.

rockrose [rákroųz], *s.* (bot.) estepa, cisto, cergazo.

rockshaft [rákŝæft], *s.* eje que oscila en sus cojinetes.

rocky [rákį], *a.* peñascoso, roqueño, roquero, rocoso, pedregoso, pétreo, duro, endurecido.—**R. Mountains,** Montañas Rocosas o Roqueñas.

rococo [rokóųkoų], *a.* y *s.* (estilo) rococó, barroco o churrigueresco.

rod [rad], *s.* vara, varilla; cetro; bastón de mando; vara de alcalde o de alguacil; disciplina(s); varilla de virtudes; caña de pescar; varilla o barra de cortina; vara de medir; medida de 16½ pies; jalón; (mec.) vástago, barra, varilla; azote; (fig.) disciplina, castigo; (bib.) vástago; alcurnia, linaje; raza, tribu, *f.*—**r. fishing,** pesca con caña.

rode [roųd], *pret.* de TO RIDE.

rodent [róųdɛnt], *a.* y *s.* (zool.) roedor.

rodeo [róudiou o roudéiou], *s.* rodeo (de ganado); corral; función de vaqueros.
rodman [rádman], *s.* (top.) jalonero.
rodomontade [radomantéid]. **I.** *s.* bravata, baladronada, fanfarronada. **II.** *vn.* baladronear, fanfarronear, bravear.
roe [róu], *s.* (zool.) corzo; hueva, freza, ovas de pescado.—**r. deer,** (zool.) corzo.
roebuck [-bʌk], *s.* (zool.) corzo.
roentgen [rœ́ntgen], *s.* (fís.) roentgen.
roentgenography [-ágrafi], *s.* radi(o)grafía.
Roentgen rays [réntgen réiz], *s. pl.* rayos X o de Roentgen.
rogation [rogéiŝon], *s.* (gen. *pl.*) (igl.) rogativa(s), rogación(es).
rogatory [róugatori], *a.* rogatorio.
roger [rádžœ(r)], *interj.* (radtlf.) ¡entendido! (fam.) ¡bien! ¡bueno!
rogue [róug], *s.* bribón, pícaro, pillo, bellaco, golfo, maleante, villano; (fam.) tunantuelo, pilluelo, perillán; (for., Ingl.) pordiosero, vago; elefante feroz y peligroso.—**r.'s gallery,** galería de malhechores, retratos de malhechores que colecciona la policía para su identificación.
roguery [-œri], *s.* picardía o bellaquería; tunantería; travesura, retozo.
roguish [-iŝ], *a.* picaresco, (fam.) belitre, tuno; travieso, juguetón.—**r. eyes,** ojos picarescos.
roil [rɔ́il], *va.* enturbiar; vejar, irritar.
roily [-i], *a.* turbio; agitado.
roister [rɔ́istœ(r)]. **I.** *vn.* bravear, fanfarronear. **II.** *s.* fanfarrón, baladrón.
rôle [roul], *s.* (teat.) papel, parte, *f.*, (Am.) rol.
roll [róul]. **I.** *va.* hacer rodar; volver, girar, voltear; arrollar o enrollar, abarquillar; (fund.) laminar; alisar, allanar, emparejar con rodillo; apisonar (el césped); liar (cigarrillos); envolver, fajar; redoblar (el tambor); vibrar la lengua (para pronunciar la **rr**) o la voz (para hacer un trino); mover (los ojos) hacia arriba, ponerlos en blanco.—**to r. up,** enrollar, arrollar; (fam.) acumular; revolver, revolverse. **II.** *vn.* rodar; agitarse (las olas); ondular, fluctuar, flotar; retumbar, retemblar; bambolearse, balancearse; arrollarse, abarquillarse, encarrujarse; dar un redoble de tambores.—**to r. about,** rodar, divagar, andar de acá para allá.—**to r. down,** bajar rodando.—**to r. in money,** nadar en la abundancia.—**to r. to a stop,** seguir rodando hasta pararse. **III.** *s.* rollo; rol, lista, nómina, matrícula, registro; (coc.) bollo, panecillo; (mec.) rodillo, cilindro de emparejar, allanar o laminar; laminador; maza de trapiche; redoble (de tambores); retumbo del trueno; balanceo, bamboleo; oleaje; (cir.) mecha; (arq.) voluta. —*pl.* archivos.—**r. call,** acto de pasar lista.—**r. film,** (fot.) película en rollo o sobre carrete. —**r. sulphur,** azufre en barretas.—**r.-top desk,** escritorio o pupitre de tapa rodadera o corrediza.
rolled [-d], *a.* enrollado, arrollado; alisado, allanado, emparejado; (fund.) laminado.—**r. oats,** avena aplastada que se usa como alimento.
roller [-œ(r)], *s.* rodillo, tambor, cilindro; arrollador, allanador, aplanadera; alisador; (impr.) rulo, rodillo; ola larga; (cir.) venda, faja; (mar.) polín, rollete, roldana.—**r. bearing,** cojinete de rodillos.—**r. bridge,** puente corredizo.—**r. coaster,** montaña rusa.—**r. mill,** molino de cilindros moledores (gen. para granos).—**r. skate,** patín de ruedas.—**r. towel,** toalla continua o sin fin.
roller-skate [-skeit], *vn.* (E. U.) patinar (con patín de ruedas).
rollick [rálik], *vn.* travesear, retozar, juguetear.
rollicking [-iŋ], *a.* jovial; juguetón, travieso, retozón.
rolling [róuliŋ]. **I.** *a.* rodador, rodante; rodadero; quebrado, undulado (terreno).—**r. kitchen,** (mil.) cocina de campaña. *V.* SOUP KITCHEN.—**r. mill,** (metal.) taller de laminar; laminador. —**r. pin,** rodillo de pastelero, rollo, fruslero, hataca.—**r. press,** laminador; calandria.—**r. stock,** (f. c.) material rodante.—**r. stone,** (geol.) galga, canto rodado (*a r. stone gathers no moss,* piedra movediza, nunca moho la cobija). **II.** *s.* rodadura; revuelco; balance(o), cuneo; enrollamiento; fajamiento; (aer.) escora lateral.
roly-poly [róuli pouli]. **I.** *a.* rechoncho, gordiflón. **II.** *s.* (coc.) pudín en forma de rollo; (fam.) persona gordiflona.
Romaic [rouméiik], *a.* romaico.
romaine [rouméin], *s.* (bot.) lechuga romana.
Roman [róuman], *s.* y *a.* romano; (impr.) tipo romano.
Roman candle, *s.* vela romana.
Roman Catholic, *s.* católico romano.
Romance, Romanic [romǽns, romǽnik], *a.* romance; neolatino.
romance [romǽns]. **I.** *s.* romance; novela, ficción, cuento, fábula; (mús.) romanza; aventura, drama, *m.*, episodio extraño y conmovedor; (fam.) amorío, idilio de amor.—**R. language,** lengua neolatina o románica. **II.** *vn.* mentir; fingir fábulas; hablar o pensar románticamente.—**romancer** [-œ(r)], **romancist** [-ist], *s.* romancero, novelista; romancista; embustero; visionario.
Romanesque [roumanésk], *a.* romanesco; (arq.) románico.
Romania [rouméinia], *s.* Rumania.
Romanian [-n], *s.* y *a.* rumano.
Romanism [róumanizm], *s.* catolicismo romano.
Romanist [-ist], *s.* y *a.* católico romano.
Romanization [-izéiŝon], *s.* romanización.
Romanize [-aiz], *va.* y *vn.* romanizar; latinizar, latinear; convertir(se) al catolicismo; conformar(se) a la doctrina del catolicismo romano.
Roman law, *s.* derecho romano.
Roman letter, *s.* (impr.) letra romana.
Roman nose, *s.* nariz aguileña.
Roman numeral, *s.* número romano.
romantic(al [romǽntik(al], *a.* romántico, novelesco, romancesco o romanesco; sentimental; fantástico.—**romantic(al)ly** [-i], *adv.* de un modo romántico.
romanticism [-tisizm], *s.* romanticismo.
romanticist [-ist], *s.* escritor romántico.
romp [ramp]. **I.** *s.* muchacha retozona, saltabardales, *mf.*; retozo. **II.** *vn.* retozar, juguetear, travesear.
rompers [rámpœrz], *s. pl.* traje de juego para niñitos.
rondeau, rondel [rándou, rándel], *s.* (poét.) rondel.
rondo [rándou], *s.* (mús.) rondó.
Röntgen rays = ROENTGEN RAYS.
rood [rud], *s.* cruz, crucifijo; cuarto de acre; pértica inglesa (entre 6 y 8 yardas).
roof [rúf]. **I.** *s.* tejado, tech(ad)o, techumbre, azotea; cubierta; (poét.) bóveda, cielo; tejadillo de un coche, imperial de una diligencia; casa, hogar, habitación.—**r. of the mouth,** cielo de la boca, bóveda palatina, paladar.—**r. garden,** jardín de la azotea; azotea de baile y diversión. —**r. paper,** papel cubretechos, papel para tejados.—**r. tile,** teja.—**r. tiler,** retejador.—**r. truss,** armadura de techo. **II.** *va.* techar; abrigar, alojar.
roofer [-œ(r)], *s.* techador, constructor de tejados.
roofing [-iŋ]. **I.** *s.* (arq.) techado, cubierta; material para techos; albergue. **II.** *a.* para techos o tejados, de techar.
roofless [-lis], *a.* destechado, sin techo; sin amparo, sin hogar.
rooftop [-tap], *s.* azotea; cumbrera; lo más alto de un techo.
rooftree [-tri], *s.* cumbrera.
rook [rúk]. **I.** *s.* (orn.) corneja, corvato; roque, torre (del ajedrez); fullero, trampista. **II.** *va.* enfullar, trampear.
rookery [-œri], *s.* manada de cornejas; lugar donde procrean las aves marinas o las focas;

casa destartalada y ruinosa; vecindario escuálido.
rookie, rooky [rúki], *s.* (fam.) recluta, *m.;* novicio.
room [rúm]. **I.** *vn.* tener una habitación o aposento, alojarse. **II.** *s.* lugar; paraje, sitio, espacio, puesto; cuarto, aposento, sala, habitación, cámara, pieza; causa, motivo, razón, *f.;* tiempo, ocasión, oportunidad.—**there is no r. for doubt,** no cabe duda.
roomer [-œ(r)], *s.* huésped, *m.*, inquilino.
roomette [rumét], *s.* (f. c.) dormitorio pequeño (en un coche).
roomful [-fụl], *s.* cuarto lleno.
rooming house [-iŋ], *s.* casa de huéspedes.
roommate [-meit], *s.* compañero de cuarto.
roomy [-i], *a.* espacioso, capaz, amplio, holgado.
roost [rúst]. **I.** *s.* percha de gallinero; lugar de descanso; sueño, descanso, reposo (de las aves domésticas). **II.** *vn.* dormir o descansar (las aves) en una percha.
rooster [-œ(r)], *s.* (orn.) gallo.
root [rút]. **I.** *s.* raíz (en todas sus acepciones); (mús.) base, *f.*—**r. and branch,** por completo.—**r. gall,** hinchazón (*f.*) de las raíces.—**r. hair,** (bot.) raicilla. **II.** *vn.* y *va.* echar o criar raíces, arraigar(se); hozar, hocicar (como los puercos).—**to r. for,** (fam.) aplaudir, alabar, vitorear; gritar por el éxito de.—**to r. up,** o **out,** arrancar de raíz, desarraigar; extirpar; desterrar.—**to take r.,** radicar, arraigar(se).
rootbeer [-bir], *s.* bebida no alcohólica hecha de varias raíces.
rootlet [-lit], *s. dim.* raicilla, radícula.
rootstock [-stak], *s.* (bot.) rizoma, *m.;* tallo subterráneo de una planta; (fig.) origen, *mf.*
rooty [-i], *a.* lleno de raíces; radicoso.
rope [róup]. **I.** *s.* soga, maroma; cuerda, cordel, cabo; driza, sirga; reata, cobra; sarta, ristra, trenza; hilera, fila.—**r. ladder,** escala de cuerdas.—**r. of onions,** ristra de cebollas.—**r. of pearls,** sarta o hilo de perlas.—**r.'s end,** (mar.) chicote de cabo; látigo; latigazo; dogal.—**ropes of a ship,** (mar.) jarcia, cordaje.—**r. railway,** cable aéreo de transporte.—**r. sandal,** alpargata.—**r. shop** o **yard,** cordelería, soguería.—**r. yarn,** filástica.—**to be at the end of one's r.,** estar sin recursos; estar uno en las últimas.—**to know the ropes,** (fam.) estar al tanto de, estar bien familiarizado con algo. **II.** *va.* atar, amarrar con una cuerda; rodear con soga; (E. U.) coger con lazo.—**to r. in,** (fam.) atraer, embaucar, engañar.—**to r. off,** cercar con cuerdas.—**roper-in,** (fam.) gancho, donillero. **III.** *vn.* ahilarse, hacer hebras o madeja.
ropedancer [-dænsœ(r)], *s.* volatín, bailarín de cuerda, funámbulo, maromero.—**r.'s pole,** balancín, balanza.
ropemaker [-meikœ(r)], *s.* cordelero, soguero.
ropery [-œri], *s.* cordelería.
ropewalk [-wɔk], *s.* cordelería, soguería.—**ropewalker** [-œ(r)], *s.* volatinero, maromero.
ropeway [-wei], *s.* cable aéreo; alambrecarril.
ropish [-iŝ], **ropy** [-i], *a.* viscoso, pegajoso, glutinoso.
roquet [roukéi]. **I.** *va.* y *vn.* en el juego de *croquet,* dar o hacer chocar la bola del que juega contra otra. **II.** *s.* choque de dichas bolas.
rorqual [rɔ́rkwal], *s.* (zool.) rorqual, yubarta.
Rorschach [rɔ́rŝak] **test,** *s.* (psic.) examen de Rorschach.
rosaceous [rouzéiŝʌs], *a.* (bot.) rosáceo.
rosanilin(e [rouzǽnilin], *s.* (quím.) rosanilina.
rosary [róuzari], *s.* (igl.) rosario; guirnalda o corona de rosas; rosaleda, macizo o jardín de rosales; (fig.) crestomatía.
rose [rouz], *pret.* de TO RISE.
rose [róuz], *s.* (bot.) rosal; rosa; color de rosa; (arq.) rosetón; remate perforado de una regadera.—**r. apple,** pomarrosa.—**r. beetle, r. bug, r. chafer,** nombres de insectos que atacan al rosal.—**r. bush,** rosal.—**r.-colored,** color de rosa, rosado; róseo, halagüeño.—**r. garden,** rosaleda o rosalera.—**r. geranium,** geranio de rosa.—**r. of Jericho,** rosa de Jericó.—**r. mallow,** malva rósea, malvarrosa. *V.* HOLLYHOCK.—**r. of Sharon,** rosa de Siria.—**r. spray** = ROSEHEAD.—**r. water,** agua rosada, agua de rosas.—**r. window,** (arq.) rosetón (ventana).—**under the r.,** bajo cuerda, secretamente.
roseate [-iit], *a.* rosado; róseo.
rosebay [-bei], *s.* adelfa, baladre; rododendro.
rosebud [-bʌd], *s.* pimpollo, botón o capullo de rosa; niña adolescente.
rosebush [-buŝ], *s.* (bot.) rosal.
rosemary [-meri], *s.* (bot.) romero, rosmarino.
roseola [rouzíolä], *s.* (med.) roséola.
roset [róuzet], *s.* rosicler.
rosette [rouzét], *s.* rosa, roseta; escarapela, moña; (arq.) rosetón, florón.
rosewood [róuzwud], *s.* palo de rosa; palisandro.
Rosicrucian [rouzikriúŝan], *s.* miembro de la secta secreta llamada Rosa Cruz.
rosin [rázin]. **I.** *s.* abetinote, resina. *V.* RESIN. **II.** *va.* dar con resina.
roster [rástœ(r)], *s.* (mil.) lista, rol; orden (*f.*) del día; registro, nómina, matrícula.
rostra [rásträ], *s. pl.* de ROSTRUM.
rostral [rástral], *a.* (zool.) rostral.
rostrate [rástreit], *a.* (zool., arq.) rostrado.
rostrum [rástrʌm], *s.* tribuna; (zool.) rostro, pico, hocico; (mar.) rostro, espolón.
rosy [róuzi], *a.* róseo, rosado, de color de rosa; sonrosado; sonrojado; (fig.) agradable, lisonjero; optimista.—**r. dream,** sueño dorado.—**r.-hued,** rosado.
rot [rat]. **I.** *vn.* pudrirse; echarse a perder; descomponerse; corromperse; (vet.) padecer de morriña las ovejas. **II.** *va.* pudrir; enriar (cáñamo o lino). *V.* RET. **III.** *s.* putrefacción, podre(dumbre), descomposición; (vet.) morriña; (bot.) enfermedad de las plantas causada por los hongos; (fam.) tontada, sandez.
rota [róutä], *s.* rol, nómina, lista; orden (*f.*) del día, rutina; (**R.**, igl.) Rota.
Rotarian [rotérian], *s.* y *a.* rotario.—**Rotarianism** [-izm], *s.* rotarismo.—**Rotary Club,** Club Rotario.
rotary [róutari], *a.* giratorio, rotativo, rotatorio.—**r. engine,** máquina rotativa.—**r. press,** (impr.) prensa rotativa.—**r. pump,** bomba rotatoria.
rotate [róuteit]. **I.** *vn.* girar, dar vueltas; alternar(se). **II.** *va.* hacer girar, dar vuelta o vueltas a; alternar; (agr.) alternar, sembrar o cultivar en rotación. **III.** *a.* (bot.) de venas radiales (apl. a las hojas); en forma de rueda.
rotating [-iŋ], *a.* rotatorio, rotante.
rotation [routéiŝon], *s.* rotación, giro; turno; cambio, alternación, alternativa; (agr.) rotación.—**r. of crops,** rotación de cultivos.—**by r., in r.,** por turnos, alternadamente.—**in r.,** (agr.) en rotación.
rotative, rotatory [róutativ, -tɔri], *a.* rotatorio, giratorio.
rotator [róuteito(r)], *s.* lo que hace rodar o girar.
rote [rout], *s.* lo que se aprende de memoria.—**by r.,** de memoria o de coro; mecánicamente.
rotifer [róutifœ(r)], *s.*, **rotiferal, rotiferous** [routíferal, -ʌs], *a.* (zool.) rotífero.
rotiform [róutifɔrm], *a.* (bot. y zool.) rotiforme, de forma de rueda o estrella; radiado.
rotogravure [routogravíur], *s.* rotograbado, huecograbado.
rotor [róuto(r)], *s.* pieza giratoria; (hidr.) rotor, rueda móvil (de turbina); (elec.) rotor; pequeño motor para hacer girar discos, etc.—**r. ship,** barco de cilindros giratorios (*rotores*) movidos por el viento.
rotten [rátn], *a.* podrido, carroño, putrefacto; (fam.) malísimo, pésimo; dañado, en mal estado, descompuesto o podrido.—**rottenness** [-nis], *s.* podredumbre, putrefacción.
rottenstone [-stoun], *s.* trípol o trípoli.
rotund [rotʌ́nd], *a.* rotundo, redondo; orbicular.
rotunda [-ä], *s.* rotonda o rotunda.
rotundity [-iti], *s.* rotundidad, redondez.

rouble [rúbl], *s.* = RUBLE.
roué [ruéi], *s.* libertino.
rouge [ruž]. **I.** *s.* color(ete), afeite, brasil; (joy.) colcótar. **II.** *a.* colorado, encarnado. **III.** *va.* y *vr.* arrebolar(se), pintar(se), dar(se) colorete.
rough [rʌf]. **I.** *a.* áspero; tosco; fragoso escabroso; erizado; peludo, encrespado; duro, bronco, desapacible; bruto, tosco, cerril; rudo, inculto; grosero, brusco; tempestuoso, borrascoso, agitado; chapucero, mal acabado; aproximativo, general; preliminar, preparativo.—**r.-and-ready,** tosco o rudo pero eficaz, pronto pero tosco.—**r.-and-tumble,** desordenado, sin restricción ni regla; a topa tolondro; fuerte, resistente.—**r. coat,** primera capa (de enlucido, etc.).—**r. copy,** borrador, minuta.—**r.-cut, r.-dressed,** a medio pulir, a medio labrar.—**r. diamond,** diamante en bruto; persona ruda pero de buen fondo.—**r. draft,** boceto, bosquejo; borrador.—**r. going,** camino difícil o escabroso; cosa ardua.—**r. dressing** o **grinding,** desbaste.—**r. sea,** mar bravo o alborotado.—**r. sketch** = R. DRAFT.—**r. usage,** uso rudo, estropeo, maltrato.—**r. wind,** viento borrascoso.—**r. wine,** vino áspero.—**as,** o **at, a r. guess,** a ojo de buen cubero. **II.** *s.* estado tosco; matón, belitre, rufián.—**in the r.,** en bruto, sin pulimento. **III.** *va.* poner áspero, tosco, escabroso; labrar toscamente; (fam.) molestar, irritar.—**to r. a horse,** domar un caballo; herrarle de modo que no resbale en el hielo. *V.* ROUGHSHOD.—**to r. it,** pasar trabajos, vivir sin comodidades.
roughage [-idž], *s.* alimento o forraje (salvado, paja, etc.) difíciles de digerir.
roughcast [-kæst]. **I.** *va.* bosquejar; picar, hacer áspero; dar una primera capa de mezcla gruesa. **II.** *s.* (alb.) mezcla o mortero gruesos; modelo tosco; obra sin acabar.
roughdry [-drái], *va.* secar (ropa) sin planchar.
roughen [-n], *va.* y *vn.* poner(se) áspero o tosco; picar, rascar.
roughhew [-hiú], *va.* desbastar.
roughhouse [-haus], *s.* (fam.) pelotera; algazara.
roughing-in [-iŋ in], *s.* primera capa de enlucido; aplicación de esta capa; colocación de las tuberías ocultas de un edificio.
roughly [-li], *adv.* ásperamente, rudamente; aproximadamente, de un modo general.
roughneck [-nek], *s.* (fam.) patán; rufián, truhán.
roughness [-nis], *s.* aspereza, rudeza, tosquedad, escabrosidad; severidad, dureza; ordinariez, bronquedad; chapucería; tempestad, tormenta.
roughride [-ráid], *va.* y *vn.* amansar; montar caballos indómitos; dominar, imponerse, dar la ley.
roughrider [-ráidœ(r)], *s.* picador o domador de caballos; jinete arrojado; *roughrider*, soldado voluntario norteamericano de caballería durante la guerra entre España y los E. U.
roughshod [-šád], *a.* herrado con púas o clavos que impiden resbalar en el hielo.—**to ride,** o **run, r. over,** andar u obrar sin hacer caso de dificultades; dominar, mandar a la baqueta; atropellar, tratar sin miramiento.
rouleau [rulóu], *s.* cartucho de dinero; rollo, cucurucho, alcartaz, *m.*; (fort.) fajina.
roulette [rulét], *s.* ruleta (juego); ruedecilla dentada de grabador, guarnicionero, etc.
Roumanian [ruméinian], *s.* y *a.* rumano.
round [ráund]. **I.** *a.* redondo, circular, cilíndrico, esférico, orbicular; rollizo; rotundo, lleno; sonoro; cabal; grande, cuantioso; liberal, amplio; franco, sincero, llano, ingenuo; vivo, veloz; justo, honrado.—**r. assertion,** afirmación clara y categórica.—**r. dance,** baile de parejas (vals, etc.); baile en círculo.—**r. hand,** letra redonda.—**r.-head screw,** tornillo de cabeza redonda.—**r. iron,** hierro redondo o en barras redondas.—**r. moulding,** bocel, torés.—**r. number,** número redondo; (*pl.* cifras globales).—**r. robin,** memorial firmado en rueda (con las firmas en rueda).—**r. shot,** bala rasa.—**r. sum,** cifra o suma redonda.—**r. table,** mesa redonda (sin ceremonia).—**R. Table,** (hist.) Tabla redonda; el rey Arturo y los caballeros de la Tabla redonda.—**r. timber,** madera en troncos.—**r. trip,** viaje redondo o de ida y vuelta.—**r.-trip ticket,** billete de ida y vuelta.—**to go r. and r.,** dar vuelta tras vuelta.—**to make r.,** redondear, dar figura redonda a. **II.** *s.* círculo, orbe, esfera; círculo de personas o cosas; redondez; vuelta, rodeo, giro, rotación, revolución; peldaño (de escala); listón o travesaño (de silla); rodaja de carne; (arq.) mediacaña; (mil.) ronda; andanada, salva, disparo, tiro, descarga; cartucho con bala; ruta, camino, circuito; rutina, serie; (dep.) tanda, suerte, *f.*, turno; asalto (boxeo); mano, *f.*, talla (naipes); (mús.) rondó; danza.—*pl.* *V.* ROUNDS. **III.** *adv.* alrededor, en derredor, por todos lados; a la redonda.—**r. about,** por el lado opuesto; por todos lados, a la redonda; en contorno.—**r.-faced,** carirredondo.—**r.-headed,** braquicéfalo; (bot.) repolludo.—**r.-headed bolt,** perno de cabeza de hongo.—**r.-shouldered,** cargado de espaldas.—**all-r.,** completo, que sirve para todo; cabal, experto en todos los detalles de su profesión u oficio.—**all the year r.,** todo el año, el año entero. **IV.** *prep.* alrededor de; a la vuelta de. **V.** *va.* (a veces con *off*) (ar)redondear; moverse alrededor, cercar, ceñir, dar vuelta a; doblar (un cabo, una esquina); acabar, perfeccionar; (mar.) (con **in** o **down**) halar.—**to r. up,** recoger, juntar, reunir; aprehender, coger; recoger el ganado para reconocerlo, marcarlo, etc., (Am.) rodear (ganado). **VI.** *vn.* redondearse; desarrollarse, perfeccionarse; dar vueltas; rondar.—**to r. on,** volverse contra, cerrar, atacar.—**to r. out,** llenarse, redondearse.—**to r. to,** (mar.) orzar.—**to r. up,** colmar; (mar.) halar.
roundabout [-abaut]. **I.** *a.* indirecto, vago; desviado. **II.** *s.* chaqueta; tiovivo; rodeo.
roundel, *o* **roundelay** [-el, -elei], *s.* (mús.) melodía; rondó; baile en círculo.
rounder [-œ(r)], *s.* (fam.) libertino, calavera, *m.*
roundhouse [-haus], *s.* (mar.) chupeta, toldilla, tumbadillo; (f. c.) rotunda, casa de máquinas.
rounding [-iŋ], *s.* redondeamiento; curvatura; (mar.) forro o doblamiento de cable.
roundish [-iš], *a.* casi redondo, medio redondo.
roundly [-li], *adv.* redondamente; claramente, francamente; aproximadamente.
roundness [-nis], *s.* redondez.
rounds [-z], *s. pl.* recorrido, demarcación (de un sereno, policía, etc.); jiras, idas y venidas, salidas de costumbre (como las de un médico, un sacerdote).—**to do,** o **go, one's r.,** hacer uno su ronda o su jira.
roundsman [-zman], *s.* (E. U.) rondador de policía.
roundup [-ʌp], *s.* rodeo de ganado; recogida, junta; apresamiento; redada.
roundworm [-wœrm], *s.* (zool.) lombriz intestinal.
roup [rup], *s.* (vet.) crup de las aves domésticas.
rouse [ráuz]. **I.** *va.* despertar, animar, excitar, suscitar, provocar; levantar (la caza); (mar.) halar o arronzar. **II.** *vn.* despertar(se), despabilarse, animarse, moverse.
rouser [-œ(r)], *s.* despertador, excitador; (fam.) cosa admirable o estupenda; bola, embuste.
rousing [-iŋ], *a.* vehemente, entusiasmador, entusiasta, ruidoso; activo, animado (el comercio); (fam.) estupendo; descarado.
roustabout [ráustabaut], *s.* peón, gañán, mozo de tareas sueltas, obrero de muelle, etc.
rout [raut]. **I.** *s.* rota, derrota, huída, destrozo; garulla, chusma; alboroto, tumulto, asonada. **II.** *va.* derrotar, desbaratar, destrozar; arrancar hozando.—**to r. out,** sacar a luz; forzar, echar, hacer salir.
route [rut *o* raut]. **I.** *s.* ruta, vía, camino; (mar.) rumbo, derrota, derrotero; marcha, curso; itinerario, trazado, línea.—**en r. to,** en ruta a.

II. *va.* dirigir o mandar por una ruta o vía específica.
routine [rutín], *a.* rutinario.
routine, *s.* rutina; costumbre, hábito.
rove [róuv]. I. *va.* (tej.) torcer el hilo antes de encanillarlo; ensartar, enhebrar. II. *vn.* corretear, vagar, vagabundear.—**to r. about the seas,** piratear. III. *s.* correría, paseo; (tej.) mechón, hebra, hilado; (mar.) arandela de remache.
rover [-œ(r)], *s.* errante, andorrero, vagabundo; persona inconstante; pirata, *m.;* flecha de arquero.
roving [-iŋ]. I. *s.* vagancia; (tej.) primera torsión. II. *a.* errante, vagabundo, andariego.
row [rou]. I. *s.* hilera, fila; paseo en lancha o bote; remadura. II. *vn.* (mar.) remar, bogar. III. *va.* conducir remando.
row [rau]. I. *vn.* (fam.) pelearse, armar camorra o bochinche. II. *s.* camorra, bochinche, trifulca.
rowan [róuan], *s.* (bot.) fresno.
rowboat [róubout], *s.* bote o lancha de remos.
rowdy [ráudi], *s.* y *a.* quimerista, alborotador, (fam.) zaragatero, rufián.—**rowdyism** [-izm], *s.* rufianismo, bellaquería, tunantería.
rowel [ráuel]. I. *s.* rodaja de espuela; (vet.) sedal. II. *va.* espolear; (vet.) poner sedal.
rowen [ráuen], *s.* segunda siega de heno.
rower [róuœ(r)], *s.* remero, bogador.
rowing [róuiŋ]. I. *s.* acción o deporte de remar. II. *pa.* remante.—**by r.,** a(l) remo, remando.
rowlock [róulak], *s.* (mar.) chumacera, escalamera, encaje de remo.
royal [rójal]. I. *a.* real, regio, magnífico, magnánimo, excelente, superior.—**R. Highness,** Alteza.—**r. navy,** real armada.—**r. palm,** (bot.) palma real.—**to have a r. time,** divertirse en grande, o a cuerpo de rey. II. *s.* tamaño de papel (19x24 pulgs. para escribir y de 20x25 para imprenta); (mar.) sobrejuanete; candil, o punta superior del asta del ciervo.
royalism [-izm], *s.* realismo.—**royalist** [-ist], *s.* realista.
royalty [-ti], *s.* realeza, soberanía, majestad real; miembro(s) de la realeza; regalía; prerrogativas reales; participación, tanto por ciento de los ingresos.—*pl.* derechos de autor o de inventor.
rub [rʌb]. I. *va.* estregar, refregar, frotar, friccionar; tocar, ludir; raspar, raer; incomodar, fastidiar.—**to r. away,** quitar frotando.—**to r. down,** sobar, dar un masaje a (un atleta, etc.); limpiar, almohazar (un caballo, etc.); rebajar o alisar frotando.—**to r. in,** hacer penetrar por los poros frotando; (fam.) machacar.—**to r. off,** quitar; limpiar frotando.—**to r. out,** borrar.—**to r. the wrong way,** frotar a contrapelo; irritar, incomodar.—**to r. up,** aguijonear, excitar; retocar, repasar, pulir. II. *vn.* pasar raspando, rozar; ser desagradable o molesto; ir a contrapelo. III. *s.* frotación, ludimiento, roce, estregamiento; tropiezo, obstáculo o dificultad; sarcasmo, denuesto.
rubadub [rʌ́badʌb], *s.* tan(taran)tán, rataplán.
rubber [rʌ́bœ(r)]. I. *a.* de caucho o goma elástica; cauchero, gomero.—**r. band,** faja de goma o de caucho, elástico, goma.—**r. belt,** correa (de trasmisión) de caucho (más propiamente, de tela y caucho).—**r. belting,** correaje de caucho.—**r. boots,** botas de goma.—**r. bulb,** pera de goma.—**r. cement,** cemento o pasta de caucho y azufre.—**r. cloth,** tela engomada.—**r. dam,** (dent.) reparo de goma.—**r. eraser,** goma de borrar.—**r. heel,** tacón de goma.—**r. industry,** industria cauchera.—**r. plant** o **tree,** cauchera.—**r. plantation,** cauchal.—**r. stamp,** estampilla, fechador de goma; (fam.) el que imita o aprueba sin consideración las acciones de otros.—**to r.-stamp,** estampar con un sello de goma; (fam.) aprobar ciegamente.—**r. trader,** gomista, gomero. II. *s.* caucho, goma elástica, hule; fregador, frotador, masajista; goma de borrar; estropajo, aljofifa, estregadera; escofina; jugada final que decide un empate; partida de juego.—*pl.* chanclos, zapatos de goma.
rubberize [-aiz], *va.* engomar, cubrir o impregnar de caucho.
rubberneck [-nɛk]. I. *s.* (fam.) preguntón; (fam.) excursionista, turista (que desea verlo todo). II. *vn.* (fam.) ver, mirar (de manera insistente). III. *a.* (fam.) de o para turistas.
rubbery [-i], *a.* semejante al caucho; de consistencia de caucho.
rubbing [rʌ́biŋ], *s.* fricción, frotación, frote, soba; roce; estregamiento.
rubbish [rʌ́biŝ], *s.* basura, desperdicio(s), desecho, escombro, cascajo, ripio; (fam.) tontería.
rubble [rʌ́bl], *s.* (alb.) mampuesto, piedra de cantera, piedra bruta o sin labrar; ripios, fragmentos de piedra y ladrillo para relleno; cascote, cascajo.—**r. masonry,** mampostería concertada (de piedras a medio labrar); mampostería de piedra bruta o de cantera (sin labrar).
rubblework [-wœrk], *s.* = RUBBLE MASONRY.
rubdown [rʌ́bdaun], *s.* fricción, masaje.
rube [rub], *s.* (fam.) aldeano, campesino, rústico.
rubefacient [rubeféiŝent], *a.* y *s.* (med.) rubefaciente.
rubefaction [-fǽkŝon], *s.* (med.) rubefacción.
rubella [rubéla], *s.* (med.) rubéola.
rubescence [rubésens], *s.* rubescencia, rubicundez.
rubescent [-ent], *a.* rubescente, sonrosado.
rubiaceous [rubiéiŝʌs], *a.* (bot.) rubiáceo.
rubicund [rúbikʌnd], *a.* rubicundo, rojizo.
rubicundity [-kʌ́nditi], *s.* rubicundez.
rubidium [rubídiʌm], *s.* (quím.) rubidio.
ruble [rúbl], *s.* rublo, moneda rusa.
rubric [rúbrik]. I. *a.* rubro, rojo, rojizo. II. *s.* rúbrica; título, encabezamiento; división, sección; (igl.) rúbrica.—**rubrical** [-al], *a.* de rúbrica.—**rubricate** [-eit]. I. *a.* iluminado, escrito o impreso de color rojo. II. *va.* marcar o iluminar con encarnado.
ruby [rúbi]. I. *s.* rubí; carmín, color encarnado vivo; (Ingl. impr.) *V.* AGATE. II. *a.* rúbeo, rojo. III. *va.* rubificar, enrojecer; arreglar.
ruche [ruŝ], *s.* (cost.) golilla, lechuguilla, (galic.) ruche, *f.*—**ruching** [-iŋ], *s.* (material para hacer) lechuguillas.
ruck [rʌk]. I. *va.* arrugar, ajar. II. *s.* arruga; muchedumbre; la masa de personas o cosas ordinarias.
rucksack [-sæk], *s.* mochila, morral.
ruckus [rʌ́kʌs], *s.* (E. U., fam.) alboroto, bulla; bochinche, trifulca.
ruction [rʌ́kŝon], *s.* (fam.) alboroto; alharaca.
rudder [rʌ́dœ(r)], *s.* (mar.) timón, gobernalle; gobierno, dirección; (aer.) timón de dirección.
ruddy [rʌ́di], *a.* rojo, rojizo; rubicundo.
rude [rúd], *a.* rudo, brusco, descortés; tosco, basto, chabacano, grosero; inculto; fuerte, vigoroso.—**rudely** [-li], *adv.* rudamente, groseramente, toscamente, descortésmente.—**rudeness** [-nis], *s.* grosería; patanería, descortesía; rudeza, dureza, aspereza; rusticidad, tosquedad, crudeza.
rudiment [rúdiment], *s.* rudimento; (biol.) embrión, *m.*, germen.—**rudimental** [-méntal], *a.* = RUDIMENTARY.—**rudimentarily** [-méntarili], *adv.* rudimentariamente.—**rudimentary** [-méntari], *a.* rudimentario; germinal, embrionario.
rue [rú]. I. *va.* y *vn.* lamentar(se); arrepentirse (de); llorar, sentir, deplorar. II. *s.* amargura, decepción, chasco; arrepentimiento, pesar; acción de volverse atrás (en un negocio, etc.); (bot.) ruda.—**rueful** [-ful], *a.* lamentable, lastimoso; triste, apesarado; terrible.
ruff [rʌf], *s.* (cost.) lechuguilla, gorguera, golilla, escarola; collarín de plumas o de pelo de algunos animales; gallineta de collar; pavo marino.
ruffed [-t], *a.* de collar, que tiene collar o collarín.—**r. grouse,** guaco norteamericano, especie de perdiz grande con collarín y moño.
ruffian [rʌ́fian], *a.* y *s.* rufián, bergante, belitre.—

ruffianism [-izm], *s.* bellaquería.—**ruffianly, ruffianlike** [-li, -laik], *a.* forajido, arrufianado.
ruffle [rʌ́fl]. I. *va.* (cost.) fruncir un volante, rizar; ajar, arrugar, descomponer, desordenar; encrespar; desazonar, enfadar, irritar; vejar; redoblar (el tambor). II. *vn.* rizarse, arrugarse; desarreglarse; tremolar; enojarse, incomodarse. III. *s.* (cost.) volante fruncido; desazón, *f.*, enojo, enfado; escarceo del agua; redoble de tambor.
rufous [rúfʌs], *a.* rufo, bermejo, leonado.
rug [rʌg], *s.* alfombr(ill)a, ruedo, tapete; felpudo; manta de viaje.
rugged [rʌ́gid], *a.* áspero, escarpado, escabroso, abrupto; tosco, basto; inculto; desapacible; bronco; descomedido, desvergonzado; arrugado, ceñudo, regañón; desgreñado; robusto, vigoroso; tempestuoso o borrascoso.—**ruggedly** [-li], *adv.* rudamente; ásperamente.—**ruggedness** [-nis], *s.* rudeza; aspereza, escabrosidad; robustez.
rugose, rugous [rúgous, rúgʌs], *a.* rugoso, arrugado, rizado.
rugosity [rugásiti], *s.* rugosidad.
ruin [rúin]. I. *s.* ruina, caída; bancarrota; estrago, destrucción; tala, devastación; degradación, perdición.—*pl.* escombros, ruinas; vestigios. II. *va.* arruinar, devastar, destruir; dar al traste con, echar a perder; desbaratar; estropear; seducir, perder (a una mujer). III. *vn.* caer en ruinas, arruinarse; decaer.
ruination [ruinéiŝon], *s.* arruinamiento, ruina, perdición.
ruinous [rúinʌs], *a.* ruinoso, desmantelado; desastroso, fatal, funesto.
rule [rúl]. I. *s.* regla; gobierno, mando, poder, dominio, autoridad; soberanía; régimen, reinado; estatuto, precepto, canon; arreglo, regularidad, buen orden; (arq.) ságoma, escantillón; regla graduada, metro; regla de trazar líneas, pauta; (fig.) norma, guía, modelo; (for.) auto, fallo de un tribunal; (impr.) pleca, raya, filete; raya, línea trazada.—**r. book,** reglamento.—**r. of false position,** (mat.) regla de falsa posición.—**r. of the road,** reglamento del tráfico (apl. esp. al de automóviles).—**r. of three,** (mat.) regla de tres.—**rules and regulations,** reglamento.—**r. of thumb,** regla empírica; método empírico.—**as a r.,** por regla general, por lo general.—**to be the r.,** ser la regla; ser de reglamento. II. *va.* gobernar, mandar, regir; reprimir, contener; (for.) decidir, determinar, disponer; dirigir, guiar; arreglar, ordenar; rayar, reglar (papel).—**to r. out,** excluir; descartar; no admitir, desechar.—**to r. the roost** (o **roast**), (fam.) mandar, dominar, tener vara alta. III. *vn.* gobernar, mandar; establecer una regla, formular una decisión; prevalecer, estar en boga, privar; (com.) mantenerse a un tipo.—**to r. over,** mandar, gobernar, dominar.
ruler [-œ(r)], *s.* soberano, príncipe; gobernador, gobernante; pauta, regla (para trazar líneas).
ruling [-iŋ]. I. *s.* (for.) decisión, fallo, disposición; rayadura; rayado. II. *a.* gobernante, imperante.—**r. grade,** (f. c.) pendiente determinante.—**r. machine,** máquina de rayar.—**r. pen,** tiralíneas.—**r. price,** (com.) precio predominante.
rum [rʌm]. I. *s.* ron; aguardiente de caña; cualquier bebida alcohólica. II. *a.* (fam.) extraño, singular.
Rumania [ruméinia], *s.* Rumania.
Rumanian [-n], *s.* y *a.* rumano.
rumba [rʌ́mba], *s.* (mús., danz.) rumba.
rumble [rʌ́mbl]. I. *vn.* retumbar, rugir; avanzar con estruendo. II. *va.* hacer retumbar, etc. III. *s.* rumor, ruido sordo y prolongado; estruendo.—**r. (seat),** (aut.) asiento trasero descubierto; pescante situado detrás de un coche.
rumen [rúmin], *s.* (zool.) rumen, panza.
ruminant [rúminant]. I. *a.* y *s.* (zool.) rumiante. II. *a.* (fig.) meditativo.
ruminate [rúmineit], *va.* y *vn.* rumiar; considerar, reflexionar.—**rumination** [-éiŝon], *s.* rumia, rumiadura; meditación.—**ruminative** [-ativ], *a.* reflexivo.
rummage [rʌ́midẑ]. I. *va.* y *vn.* revolver, explorar, escudriñar; (con **out** o **up**) hallar, desenterrar. II. *vn.* revolverlo todo en busca de algo. III. *s.* revuelta, trastorno, desorden.—**r. sale,** venta de cosas usadas o donadas con el fin de allegar fondos para obras caritativas; venta de rezagos o de artículos no reclamados.
rummy [rʌ́mi]. I. *s.* cierto juego de naipes; (fam.) borracho. II. *a.* pert. o semejante al ron; (fam.) extraño, raro.
rumor [rúmo(r)]. I. *s.* rumor, runrún. II. *va.* divulgar, propalar.—**it is rumored,** se dice, se rumorea, corre la voz o la especie.
rump [rʌmp], *s.* rabadilla u obispillo de ave; anca o grupa de caballo, etc.; nalgas; cadera de vaca; resto, retazo.
rumple [rʌ́mpl]. I. *va.* arrugar, ajar, chafar. II. *s.* arruga, doblez, *m.*, ajamiento, estrujadura.
rumpus [rʌ́mpʌs], *s.* (fam.) batahola, zipizape.
rumrunner [rʌ́mrʌnœ(r)], *s.* importador de licor de contrabando; transportador de licor.
run [rʌn]. I. *va.* (*pret.* RAN; *pp.* RUN) correr, hacer correr (*to run a horse,* correr un caballo); mover, poner en movimiento; dejar correr o salir (agua de un grifo, etc.); introducir; impeler; cazar, perseguir; trazar (una línea); atravesar, cruzar; manar, brotar; fundir; correr (riesgo o peligro); (cost.) bastear; tener o proponer como candidato; mandar, dominar; manejar, dirigir (una máquina, institución, empresa).—**to r. a blockade,** violar un bloqueo, burlar un bloqueo.—**to r. a level line,** (top.) hacer una nivelación, trazar una línea de cotas.—**to r. a race,** luchar a la carrera, a correr.—**to r. a risk,** correr riesgo o peligro.—**to r. a temperature,** tener fiebre.—**to r. down,** dar caza; (mar.) echar a pique; vilipendiar, difamar, hablar mal de; quebrantar, postrar; gastar (la salud, etc.).—**to r. in,** recorrer; encerrar; (fam.) prender; (impr.) = TO RUN ON.—**to r. into the ground,** meter en la tierra; extender hasta más abajo del suelo; (fam.) llevar al exceso.—**to r. off,** desviar; desecar, vaciar; repetir, decir de coro; imprimir.—**to r. on,** (impr.) poner de seguido, sin párrafo.—**to r. one's, o the, chances,** correr los riesgos.—**to r. out,** agotar; desperdiciar; (fam.) echar.—**to r. over,** atropellar, pasar encima de; hojear, repasar, revisar de prisa.—**to r. the danger,** correr el peligro.—**to r. the gantlet,** pasar por baquetas.—**to r. the hazard** = TO R. THE DANGER.—**to r. through,** ver, examinar, presentar, etc., a la ligera; atravesar, pasar de parte a parte; traspasar; hojear, leer por encima; gastar, derrochar, malbaratar.—**to r. up,** (cost.) remendar, repasar; incurrir, hacer subir (una cuenta); sumar, hacer una suma; montar o edificar de prisa; (mar.) izar (vela, bandera, etc.). II. *vn.* correr; pasar, deslizarse, volar; marchar, andar, funcionar, moverse (un buque, un reloj, una máquina); derretirse, fluir, gotear o chorrear; derramarse; correrse (un color, etc.); competir, lidiar (vg. *to run a race,* apostar a correr); ser candidato, presentarse (para presidente, etc.); (med.) supurar; (teat.) representarse consecutivamente; extenderse, ir, llegar (hasta), correr, transcurrir; inclinarse, tener predilección; continuar, durar; rezar, decir (*the deed runs thus,* la escritura reza así); ser, salir (mineral, carbón, tamaños, etc.); tener curso, circular; salirse, dejar fugar el agua, etc.; ir, andar, hallarse (en manadas, etc.).—**to r. about,** andar de lugar en lugar; andar de una parte a otra; corretear.—**to r. across,** atravesar corriendo; hallar; dar o tropezar con.—**to r. after,** ir tras de, seguir; perseguir; buscar, andar buscando.—**to r. against,** chocar, topar, dar contra; oponerse; ser contrario a.—**to r. aground,** (mar.) encallar.—**to r. ahead,** correr delante; llevar ventaja.—**to r. along,** correr a lo largo de; ir, correr.—**to r. amuck,** perder la chaveta, atacar a diestra y siniestra.—**to r.**

away, huir; escaparse, zafarse; desbocarse.—**to r. away with,** arrebatar; fugarse con; (fam.) llevarse la palma en, monopolizar, ser el protagonista en.—**to r. back,** retroceder, volver atrás.—**to r. behind,** correr detrás; quedarse atrás; atrasarse; no hacer frente a sus gastos.—**to r. counter,** oponerse a; ir en contra de.—**to r. down,** acabarse la cuerda de (un reloj); dejar de funcionar por falta de vapor, agua, etc.; agotarse, debilitarse.—**to r. foul of,** (mar.) chocar, abordar.—**to r. (a)foul of the law,** meterse o habérselas con la policía.—**to r. in,** entrar; entrar al pasar; ir un momento.—**to r. in the blood,** o **in the family,** venir de casta, estar en la sangre.—**to r. into,** meterse de cabeza en; topar, chocar con(tra); pasar a, convertirse en; parar en; internarse en.—**to r. mad,** enloquecerse; ser atacado de hidrofobia.—**to r. off,** huir; derramarse, fugarse (un líquido); (com.) estar pagado (pagaré, etc.); agotarse; salirse de.—**to r. off the rails,** u **off the track,** descarrilarse.—**to r. off with,** huirse con.—**to r. on** = TO R. UPON; continuar.—**to r. out,** salir; salirse; esparcirse, escurrirse, derramarse; gastarse, acabarse; expirar, terminar.—**to r. out of,** no tener más, habérsele acabado a uno.—**to r. over,** rebosar, derramarse, salirse (un líquido); pasar al otro lado.—**to r. short,** hallarse falto o escaso, habérsele acabado a uno.—**to r. riot,** desenfrenarse, desmandarse, desaforarse; correr a rienda suelta.—**to r. through,** hallarse o ser manifiesto en todo un escrito, plan, etc.—**to r. to,** acudir a; correr a o hacia; tener inclinación o propender a.—**to r. to seed,** granar; agotarse.—**to r. true to type,** seguir o conservar el tipo, ser del tipo legítimo (apl. a plantas y animales); no desdecir de sus antecedentes o afiliados; obrar como era de esperarse o como de usanza.—**to r. up,** acudir; crecer, aumentar.—**to r. up against,** estrellarse contra.—**to r. up and down,** correr de una parte a otra; subir y bajar corriendo.—**to r. up into,** o **to,** subir o llegar hasta.—**to r. upon,** versar sobre, referirse a; correr por encima de.—**to r. wild,** volver al estado primitivo; desenfrenarse.—**to r. with,** estar saturado o empapado de; manar, abundar en.—**as they r.,** (com.) al barrer, sin escoger.—**to be running for,** ser, o estar de, candidato para. **III.** *a.* extraído; vaciado; derretido; (fam.) de contrabando.—**r. metal,** metal derretido. **IV.** *s.* corrida, carrera; curso, marcha; batida de caza; (mil.) marcha forzada; vuelta; excursión; recorrido; distancia; (mar.) singladura; (mec.) marcha, funcionamiento; serie; duración; (cine, teatro) tiempo que una obra está en cartelera; mando, dirección; carrera, *ron* (béisbol); arribazón (*f.*) de peces; migración; producto al natural; (com.) asedio de un banco por los imponedores; (fís. nuclear) ciclo, período de marcha continua; (mús.) escala; (mar.) racel.—**r. of mine,** producto (mineral, carbón, etc.) tal como sale de la mina.—**in the long r.,** a la larga.—**the (common) run,** el común de las gentes; lo común, lo corriente.

runabout [rʌ́nạbaụt], *s.* vagabundo; (carr.) birlocho; (aut.) coche pequeño de un solo asiento.

runaway [rʌ́nạwei]. **I.** *a.* y *s.* tránsfuga, *mf.*, fugitivo, desertor. **II.** *s.* fuga; rapto, secuestro; desbocamiento; caballo desbocado.—**r. inflation,** (com.) inflación rápida.—**r. marriage,** o **r. match,** casamiento que sigue a un secuestro o fuga.—**r. race** o **victory,** victoria fácil y decisiva.

runcinate [rʌ́nsịneịt], *a.* (bot.) dentado hacia atrás.

rundle [rʌ́ndl], *s.* peldaño de escal(er)a; rueda.

run-down [rʌ́ndáụn], *a.* agotado, debilitado; ruinoso, maltrecho; parado (un reloj, por habérsele acabado la cuerda).

rune [run], *s.* runa; misterio.

rung [rʌŋ]. **I.** *pret.* y *pp.* de TO RING. **II.** *s.* peldaño de escala, travesaño de silla; listón, barrote.

runic [rúnịk]. **I.** *a.* rúnico, runo. **II.** *s.* (impr.) tipo rúnico.

run-in [rʌ́nịn], *s.* (fam.) reyerta, encuentro.

runlet, runnel [rʌ́nlịt, rʌ́nẹl], *s.* arroyuelo.

runner [rʌ́nœ(r)], *s.* corredor; peatón, andarín; pieza o parte giratoria o corrediza; correo, mensajero; (fam.) correve(i)dile, *mf.*; tránsfuga, *mf.*, o tránsfugo, fugitivo; contrabandista; maquinista; agente, factor; alguacil, corchete; corredera, volandera, muela (de molino); alfombra continua o pasacaminos; guía; anillo movible; pasador corredizo; hoja (de un patín); canal (para metal fundido); (bot.) sarmiento, tallo rastrero, serpa, jerpa; (hidr.) rueda móvil (de turbina); (aer.) patín o zapata de aterrizaje.—**r. of a tackle,** (mar.) amante de aparejo.

runner-up [-ʌ́p], *s.* jugador o equipo que queda en segundo lugar en un torneo.

running [rʌ́nịŋ]. **I.** *s.* carrera, corrida, curso; matute, contrabando; funcionamiento o marcha (de una máquina); celo de ciertos animales; (med.) corrimiento; (mar.) laboreo.—**to be in the r.,** tener posibilidades de ganar. **II.** *a.* corredor; corriente; correntío, manantío; (maq.) en marcha; que funciona (*this elevator not r.*, no funciona este ascensor); (med.) supurante; rápido, por encima; repetido.—**r. block,** polea movible.—**r. board,** estribo (de coche, locomotora).—**r. expenses,** gastos corrientes.—**r. fight,** combate en retirada.—**r. gate,** bebedero de orificio alimentador (de un molde).—**r. gear,** ejes y ruedas de un vehículo; tren de rodaje; mecanismo (a distinción de la armazón).—**r. hand,** letra cursiva.—**r. head,** (impr.) titulillo, título de página.—**r. knot,** nudo corredizo.—**r. lights,** luces de costado.—**r. mate,** (E. U., pol.) compañero de fórmula.—**r. title,** (impr.) titulillo.—**r. water,** agua corriente.—**twice r.,** de corrido, dos veces seguidas o consecutivas.

runoff [rʌ́nɔf]. **I.** *s.* agua de desagüe; (dep., equit.) carrera final y decisiva. **II.** *a.* final, decisivo; de desagüe.

run-of-the-mill [rʌn av ðị mịl], *a.* ordinario, común, sin mérito.

runround [rʌ́nraụnd], *s.* (med., fam.) panadizo.

runt [rʌnt], *s.* (fam.) redrojo; enano; (orn.) paloma.

runway [rʌ́nwei], *s.* lecho, madre, *f.*, cauce; senda; rampa; (aer.) pista (de aterrizaje); vía (gen. de rieles).

rupee [rupí], *s.* rupia (moneda).

rupestrian [rupéstrịạn], *a.* rupestre.

rupture [rʌ́pchụ(r)]. **I.** *s.* rompimiento, rotura, fractura; reventazón, *f.*; ruptura, desavenencia; (med.) hernia, quebradura, (fam.) potra. **II.** *va.* romper, fracturar, quebrar; reventar. **III.** *vn.* abrirse, romperse, rajarse, reventar.

rural [rúrạl], *a.* rural, rústico, campesino, campestre.—**r. free delivery,** distribución gratuita del correo en regiones rurales.—**r. postman,** peatón, hijuelero.

ruse [ruz], *s.* ardid, astucia, artimaña.

rush [rʌŝ], *s.* ímpetu, embestida, acometida; prisa, precipitación; torrente, tropel, agolpamiento, asedio; tierra rica en oro; lucha, rebatiña; (bot.) junco, junquera, junquillo, enea; friolera, bagatela.—**r.-bottomed,** con asiento de enea.—**r. candle,** vela de junco y sebo.—**r. hour,** hora del tropel (a la ida y a la vuelta del trabajo).—**r. mat,** estera de junco.—**r. rope,** aderra.—**it is not worth a r.,** no vale un bledo.—**there's no r. about it,** no corre prisa.—**with a r.,** de golpe; de repente. **II.** *vn.* lanzarse, abalanzarse, precipitarse; embestir, acometer; agolparse.—**to r. forward,** lanzarse.—**to r. in,** entrar precipitadamente o de rondón.—**to r. in upon,** sorprender.—**to r. out,** salir con precipitación.—**to r. through,** lanzarse por entre o a través de. **III.** *va.* empujar o arrojar con violencia; activar, despachar con prontitud, acelerar, precipitar; en el fútbol, llevar el balón a través del campo enemigo.—**to r. through,** ejecutar de prisa.

rushlight [-lait], *s.* vela de junco; luz débil.
rushy [-i], *a.* juncoso, juncino.
rusk [rʌsk], *s.* galleta, sequillo, rosca; bizcocho.
russet [rʌ́sit]. **I.** *a.* bermejo; burdo, tosco, grosero.—**r. leather,** cuero bermejo. **II.** *s.* color bermejo; paño burdo; cuero bermejo; (bot.) variedad de manzana.
Russia [rʌ́ŝa], *s.* Rusia.
Russian [-n], *s.* y *a.* ruso.
rust [rʌst]. **I.** *s.* orín, herrumbre, moho; (bot.) añublo, tizón, roya; hongo que produce esa enfermedad. **II.** *va.* y *vn.* enmohecer(se), aherrumbrar(se); entorpecer(se), embotar(se).
rustic [rʌ́stik]. **I.** *a.* rústico, rural; agrario, agreste; aldeano, campestre, campesino; sencillo; inculto, palurdo.—**r. work,** cosas (muebles, adornos, etc.) hechas de madera al natural; mampostería acanalada o de juntas rebajadas. **II.** *s.* rústico, campesino, palurdo, villano.
rusticate [-eit]. **I.** *vn.* rusticar, veranear. **II.** *va.* enviar al campo; (Ingl.) expulsar de un colegio; (arq.) biselar las juntas.
rustication [-éiŝon], *s.* rusticación.
rusticity [rʌstísiti], *s.* rusticidad, rustiquez.
rustle [rʌ́sl]. **I.** *va.* y *vn.* susurrar, crujir (la seda), murmurar (las hojas); (fam.) = HUSTLE; (fam.) hurtar ganado. **II.** *s.* susurro, crujido, murmullo.
rustler [rʌ́slœ(r)], *s.* (fam.) hombre activo o emprendedor; (fam.) abigeo, hurtador de ganado.
rustless [rʌ́stlis], *a.* sin herrumbre; inoxidable.
rustproof [rʌ́stpruf], *a.* inoxidable, a prueba de orín o herrumbre, etc.
rusty [rʌ́sti], *a.* mohoso, herrumbroso; rojizo o amarillento; entorpecido, torpe por falta de práctica; (bot.) añublado, atizonado.
rut [rʌt]. **I.** *va.* hacer rodadas o surcos. **II.** *vn.* bramar los venados, etc., estar en celo. **III.** *s.* rodada, surco, releje, bache, hoyo; rutina, costumbre, hábito arraigado; sendero trillado; brama, toriondez, celo (de los animales); mugido; bramido; ruido, batahola, alboroto.—**rutting time,** tiempo de brama, estación del celo, verriondez.
rutabaga [rutabéigä], *s.* (bot.) naba.
rutaceous [rutéiŝʌs], *a.* (bot.) rutáceo.
Ruthene [ruθín], *s.*, **Ruthenian** [-ian], *s.* y *a.* ruteno.
ruthenium [-iʌm], *s.* (quím.) rutenio.
rutherford [rʌ́θœ(r)fo(r)d], *s.* (fís. nuclear) rutherford (unidad de radiactividad).
ruthless [rúθlis], *a.* cruel, despiadado, inhumano, insensible, empedernido.—**ruthlessly** [-li], *adv.* cruelmente, sin piedad.—**ruthlessness** [-nis], *s.* crueldad, empedernimiento.
rutile [rútil], *s.* (min.) rutilo o rútilo.
rutty [rʌ́ti], *a.* lleno de rodadas.
Rwanda [rwánda], *s.* Rwanda.
Rwandese [rwandíz], *s.* y *a.* rwandés.
rye [rai], *s.* (bot.) centeno; whisky de centeno (ll. t. **r. whisky**).—**r. field,** centenal.—**r. grass,** (bot.) ballico.—**r. straw,** paja centenaza.

S

s [ɛs], *s.* s.—**'s,** de, el de (signo del posesivo: *this book is John's,* este libro es de Juan, o el de Juan).—**'s,** contr. de IS o HAS (*he's here,* está aquí; *he's lost it,* lo ha perdido).
S. I. *a.* en S, de forma de S.—**S bend,** codo, junta acodada.—**S brake,** freno de dos zapatas y palanca acodada.—**S-shaped,** sigmoideo. **II.** *s.* curva en S; junta en S o acodada; barra, tubo, etc., en S.
sabadilla [sæbadílä], *s.* (bot.) cebadilla.
Sabæan, Sabean [seibían], *a.* y *s.* sabeo.
Sabbatarian [sæbatérian], *a.* y *s.* sabatario (apl. hoy a los que guardan santamente el domingo o el sábado, conforme a su religión).
Sabbath [sǽbaθ], *s.* día (*m.*) de descanso en cada semana (sábado entre los judíos, domingo entre los cristianos).
Sabbatic(al [sabǽtik(al], *a.* sabático, sabatino.
saber [séibœ(r)]. **I.** *s.* sable. **II.** *va.* acuchillar, herir a sablazos.
sabine [séibain], *s.* (bot.) sabina.—(**S.**), *s.* y *a.* sabino.
sable [séibl]. **I.** *s.* (zool.) cebellina, marta cebellina; su piel, *f.* **II.** *a.* (blas.) sable, negro.
sabot [sǽbou], *s.* zueco, almadreña.
sabotage [sǽbotaž]. **I.** *s.* sabotaje. **II.** *va.* y *vn.* sabotear, cometer sabotaje (contra, en).
sabre [séibœ(r)], *s.* = SABER.
sabulous [sǽbiulʌs], *a.* sabuloso, arenoso.
sac [sæk], *s.* (bot., zool.) saco, bolsa, cavidad, receptáculo.
saccate [sǽkeit], *a.* (bot. y zool.) en forma de bolsa o saco; saculiforme; enquistado.
saccharate [sǽkareit], *s.* (quím.) sacarato.
saccharic [sakǽrik], *a.* (quím.) sacárico.
sacchariferous [sækaríferʌs], *a.* sacarífero.
saccharification [sakǽrifikéiŝon], *s.* (quím.) sacarificación.
saccharify [-fai], *va.* sacarificar.
saccharimeter, saccharometer [sækarímetœ(r), -ámɛtœ(r)], *s.* sacarímetro, sacarómetro.
saccharin [sǽkarin], *s.* sacarina.—**saccharine, saccharous** [sǽkarin, -ʌs], *a.* sacarino, azucarado.—**saccharoid** [-ɔid], *a.* sacaroideo.—**saccharose** [-ous], *s.* sacarosa.
sacerdotal [sæsœrdóutal], *a.* sacerdotal.
sacerdotalism [-izm], *s.* carácter y métodos sacerdotales; clericalismo.
sachem [séichɛm], *s.* cacique de ciertas tribus o confederaciones de indios norteamericanos.
sachet [sæŝéi], *s.* perfumador, bolsita de polvo perfumado; (gal.) sachet.
sack [sǽk]. **I.** *s.* saco, costal, talega; medida (variable); (mil.) saco, saqueo; botín; vino blanco generoso.—**s. coat,** saco, americana, chaqueta.—**s. race,** carrera de personas metidas en sacos.—**to get the s.,** (fam.) llevar calabazas; ser despedido (de un empleo).—**to hold the s.,** (fam.) quedar manivacío. **II.** *va.* ensacar, meter en un saco; empaquetar; envasar; saquear.
sackbut [-bʌt] *s.* (mús.) sacabuche.
sackcloth [-klɔθ], *s.* (h)arpillera; cilicio.
sacker [-œ(r)], *s.* saqueador.
sackful [-ful], *s.* costal o saco lleno; lo que cabe en un saco.
sacque [sæk], *s.* saco, chaqueta.
sacral [séikral], *a.* (anat.) sacro.
sacrament [sǽkrament], *s.* sacramento; eucaristía.—**sacramental** [-méntal], *a.* sacramental.—**sacramentally** [-i], *adv.* sacramentalmente.—**sacramentarian** [-mentérian]. **I.** *a.* sacramental. **II.** *s.* sacramentario.—**sacramentary** [-méntari]. **I.** *a.* sacramental. **II.** *s.* (igl.) sacramentario (libro).
sacrarium [sakréiriʌm], *s.* (igl.) sagrario; (arqueol.) capillita.
sacred [séikrid], *a.* (con)sagrado, sacro(santo), santo; inviolable.—**S. College,** (igl.) Colegio de cardenales.—**sacredly** [-li], *adv.* sagradamente, santamente.—**sacredness** [-nis], *s.* santidad, carácter de sagrado.
sacrifice [sǽkrifais]. **I.** *va.* y *vn.* sacrificar, inmolar; abandonar; (com.) malvender. **II.** *s.* sacrificio, inmolación.—**at a s.,** haciendo un sacrificio; perdiendo, con pérdida.
sacrificer [-œ(r)], *s.* sacrificador.—**sacrificial** [-fíŝal], *a.* sacrificador; de sacrificio, del sacrificio.
sacrilege [sǽkrilidž], *s.* sacrilegio.—**sacrilegious** [-lídžʌs], *a.* sacrílego.—**sacrilegiously** [-li], *adv.* sacrílegamente.
sacrist [séikrist], **sacristan** [sǽkristan], *s.* (igl.) sacristán.
sacristy [-ti], *s.* (igl.) sacristía.
sacrosanct [sǽkrosæŋkt], *a.* sacrosanto.
sacrum [séikrʌm], *s.* (anat.) sacro.
sad [sǽd], *a.* triste, melancólico, pesaroso; cariacontecido; conmovedor, lastimero, aciago, nefasto.
sadden [-n], *va.* y *vn.* entristecer(se); contristar(se); afligir, aquejar.

saddle [sǽdl]. I. *s.* silla de montar; enjalma; asiento, silla o sillín (de bicicleta); parte trasera de una res; (mec.) asiento, silla, soporte; cojinete, caballete de asiento (de una caldera); silla de los cilindros (de una locomotora); parte posterior del espinazo (de un ave); depresión, garganta, paso (de una montaña).—**s.-backed,** deprimido en la parte superior; ensillado; (caballo) de espalda baja y cuello largo; de espalda arqueada.—**s. cover,** acitara, telliz, *m.*—**s. gall,** matadura.—**s. horse,** caballo de silla, cabalgadura.—**s. maker** = SADDLER.—**s. of mutton,** lomo de carnero.—**s. pad,** baste, cojín.—**s. roof,** tejado de caballete o de dos aguas.—**to be in the s.,** (fig.) llevar las riendas, estar en el poder, tener la superioridad; estar listo. II. *va.* ensillar, enalbardar, aparejar; cargar, poner a cuestas.—**to s. with,** hacer cargar con; echar a cuestas a.

saddlebag [-bæg], *s.* alforja, jaque.

saddlebow [-bou], *s.* arzón, fuste delantero de la silla.

saddlecloth [-klɔθ], *s.* sudadero, mantilla de silla.

saddler [sǽdlœ(r)], *s.* sillero, talabartero.

saddlery [-i], *s.* talabartería.

saddletree [sǽdltri], *s.* fuste de silla; tejuela, borrén.

Sadducean [sædyusían], *a.*, **Sadducee** [sǽdyusi], *s.* saduceo.—**Sadduceeism** [-izm], *s.* saduceísmo.

sadiron [sǽdaiœrn], *s.* plancha para la ropa.

sadism [séidizm], *s.* sadismo, crueldad sexual.—**sadist** [séidist], *s.* sadista.—**sadistic(al** [seidístik(al], *a.* sádico, sadista, sadístico.—**sadistically** [-li] *adv.* sadista o sadísticamente.

sadly [sǽdli], *adv.* tristemente.

sadness [sǽdnis], *s.* tristeza, melancolía.

sad sack, *s.* (fam.) desmañado; (fam.) porro, sujeto torpe (esp. soldado).

safe [séif]. I. *a.* seguro; salvo, ileso, incólume; sin peligro, innocuo; intacto; leal, digno de confianza; cierto.—**s. and sound,** sano y salvo.—**s.-conduct,** salvoconducto, salvaguardia.—**s.-keeping,** guarda, depósito, custodia.—**s. load,** (ing.) carga de trabajo. II. *s.* caja de caudales, caja o cofre fuerte de hierro; despensa.

safeguard [-gard]. I. *s.* salvaguardia, *m.*; resguardo; carta de seguridad; defensor, escolta; defensa, abrigo. II. *va.* salvaguardar, guardar, proteger, poner a salvo.

safely [-li]. *adv.* seguramente, sin peligro; a salvo, felizmente, sin novedad.

safeness [-nis], *s.* estado o condición de seguridad; ausencia o falta de peligro.

safety [-ti]. I. *s.* seguridad; protección; incolumidad; innocuidad; ausencia de todo mal, daño o perjuicio; salud (pública); fiador o seguro (de un arma de fuego). II. *a.* de seguridad.—**s. arch,** (arq.) arco de descarga.—**s. belt,** salvavidas; cinturón de seguridad.—**s. bolt,** cerrojo de seguridad, que no puede moverse desde el otro lado de la puerta; (arm.) fiador.—**s. deposit box** o **vault,** caja de seguridad (en un banco).—**s. device,** dispositivo de protección o de seguridad.—**s. factor,** coeficiente o factor de seguridad.—**s. fuse,** mecha de seguridad, mecha de quema lenta; (elec.) fusible.—**s. isle,** o **island,** isla o plataforma de seguridad (en el centro de una calle).—**s. lamp,** lámpara de seguridad.—**s. lock,** cerradura de seguridad; (arm.) seguro.—**s. match,** fósforo de seguridad (ll. en algunas partes fósforo sueco).—**s. pin,** imperdible.—**s. razor,** maquinilla de seguridad, navaja de afeitar de seguridad.—**s. stop,** mecanismo de detención o de parada.—**s. valve,** (mec.) válvula de seguridad.—**s. zone,** zona de seguridad o de peatones, demarcación (en una calle) para el uso exclusivo de peatones.

safflower [sǽflauœ(r)], *s.* (bot.) alazor, cártamo.

saffranin(e [sǽfranin], **saffron yellow,** *s.* (quím.) azafranina.

saffron [sǽfron]. I. *s.* (bot.) azafrán, croco. II. *a.* azafranado. III. *va.* azafranar.

sag [sæg]. I. *va.* combar, empandar. II. *vn.* combarse; estirarse y combarse en el centro; aflojarse, ceder, doblegarse; hundirse; desplomarse, desviarse de la vertical; rezagarse; vagar; (mar.) irse a la ronza, sotaventarse. III. *s.* comba; pandeo; flecha (de un cable, etc., combado).

saga [sága], *s.* saga (leyenda).

sagacious [sagéiŝʌs], *a.* sagaz, perspicaz; ladino, vivo.—**sagaciously** [-li], *adv.* sagazmente, ladinamente.—**sagaciousness** [-nis], **sagacity** [sagǽsiti], *s.* sagacidad, perspicacia; astucia.

sagamore [sǽgamɔr], *s.* cacique inferior. *V.* SACHEM.

sagapenum [sægapínʌm], *s.* sagapeno.

sage [séidẑ]. I. *s.* (bot.) salvia; sabio, filósofo. II. *a.* sabio; grave; sagaz; cuerdo, prudente.—**sagely** [-li], *adv.* sabiamente; cuerdamente.—**sageness** [-nis], *s.* sabiduría.

sagebrush [-brʌŝ], *s.* (bot.) artemisia.

saggar, sagger [sǽga(r)], *s.* receptáculo refractario de cocción.

sagittal [sǽdẑital], *a.* sagital.

sagittaria [sædẑitéria], *s.* (bot.) sagitaria, saetilla.

Sagittarius [-ʌs], *s.* (astr.) Sagitario.

sagittate [sǽdẑiteit], *a.* sagital.

sago [séigou], *s.* (bot.) sagú.

saguaro [sagwárou], *s.* (bot.) pitahaya.

sahib [sáib], *s.* señor (tratamiento persa e indio).

said [sed], *pret.* y *pp.* de TO SAY; el tal, el mencionado o citado; (for.) dicho, antedicho.—**s. and done,** dicho y hecho.

sail [séil]. I. *s.* (mar.) vela; buque, nave, *f.* (en esta acepción el plural es como el singular); excursión o paseo en barco; aspa, vela (de molino).—*pl.* velamen.—**s. loft,** tinglado o almacén de velas.—**s. yard,** verga.—**under full s.,** a toda vela, a todo trapo. II. *vn.* darse a la vela; zarpar; salir (un buque); navegar; dar un paseo o viajar por mar, río o lago; ir embarcado; flotar, mecerse en el aire; deslizarse.—**to s. against wind and tide,** ir contra viento y marea.—**to s. along the coast,** costear.—**to s. before the wind,** navegar viento en popa.—**to s. close with the wind,** ceñir el viento, bolinear.—**to s. into,** (fam.) embestir; criticar, sermonear.—**to s. under convoy,** navegar en conserva. III. *va.* gobernar (una embarcación); navegar por, surcar.

sailable [-abl], *a* navegable.

sailboat [-bout], *s.* barco de vela, balandro, velero.

sailcloth [-klɔθ], *s.* lona o paño para hacer velas.

sailer [-œ(r)], *s.* buque de vela.—**good s.,** velero.

sailfish [-fiŝ], *s.* (ict.) aguja de mar.

sailing [-iŋ]. I. *s.* salida, partida (de un buque); navegación, náutica; deporte de vela. II. *a.* de vela; de o relativo a la navegación.—**s. directions,** avisos o noticias marítimas.—**s. master,** piloto.—**s. orders,** orden (*f.*) de salida, últimas instrucciones que se dan al capitán de un buque.—**s. regatta,** regata de balandros, yates, etc.—**s. ship,** o **vessel,** buque de vela.

sailmaker [-meikœ(r)], *s.* fabricante de velas, velero.

sailor [-o(r)], *s.* marinero; marino.

sainfoin [séinfɔin], *s.* (bot.) pipirigallo, esparceta.

saint [séint]. I. *s.* santo.—**s.'s day,** (día (*m.*) del santo. II. *a.* santo; como título (que generalmente se abrevia así: St.) San, Santo, Santa.—**St. Andrew's cross,** cruz de San Andrés.—**St. Anthony's fire,** (med.) fuego sacro, erisipela.—**St. Bernard,** perro de San Bernardo.—**St. Elmo's fire,** fuego de Santelmo; Cástor y Pólux.—**St. George's Cross,** cruz griega de la bandera inglesa.—**St. John's bread,** (bot.) algarroba.—**St. John's wort,** hierba de San Juan, hipérico, corazoncillo.—**St. Valentine's Day,** día de San Valentín (14 de febrero).—**St. Vitus's dance,** (med.) corea, baile de San Vito. III. *va.* (igl.) canonizar. IV. *vn.* (a veces con **it**) obrar como un santo.

sainted [-id], *a.* santo; bendito, canonizado; sagrado.—**sainthood** [-hud], *s.* = SAINTSHIP.—**saintlike** [-laik], *a.* de santo, como de santo.

—**saintliness** [-lịnịs], *s.* santidad.—**saintly** [-lị], *a.* santo.—**saintship** [-ŝịp], *s.* santidad, carácter de santo.
Saint-Simonian [seịnt saịmóụnịạn], *s.* y *a.* sansimoniano.—**Saint-Simonianism** [-ịzm], *s.* sansimonismo.
saith [sɛθ], (ant.) 3*a. pers. pres. ind.* de TO SAY.
sake [seịk], *s.* causa, motivo, fin, objeto, razón, *f.;* amor, respeto, consideración. Ú. casi siempre en el caso posesivo precedido de *for*, y a veces no se traduce o se cambia el giro: *for your sake*, por Vd., por su bien, por consideración a Vd.; *for brevity's sake*, o *for the sake of brevity*, por brevedad, para mayor brevedad; *for policy's sake*, por política; *for the sake of peace*, por amor a la paz, por la paz, para conservar la paz; *for the sake of fostering education*, a fin de fomentar la educación.—**art for art's s.,** el arte por el arte. —**for conscience's s.,** por conciencia, para cumplir con la conciencia.—**for God's s.,** por Dios, por el amor de Dios.—**for mercy's s.,** por piedad, por misericordia.—**for the s. of,** en obsequio de.
saker [séịkœ(r)], *s.* (orn. y arti.) sacre.
sal [sæl], *s.* (quím. y farm.) sal, *f.*—**s. ammoniac,** sal amoníaco.—**s. soda,** sosa, carbonato de sodio.—**s. volatile,** carbonato amónico.
salaam, salam [sạlám]. **I.** *va.* y *vn.* hacer zalemas. **II.** *s.* zalema.
salability [séịlạbílịtị], **salableness** [-blnịs], *s.* facilidad de ser vendido; venta, salida.
salable [séịlạbl], *a.* vendible.
salacious [sạléịŝʌs], *a.* salaz, lascivo, lujurioso.—**salaciously** [-lị], *adv.* salaz o lujuriosamente. —**salaciousness** [-nịs], **salacity** [sạlǽsịtị], *s.* salacidad, lascivia, lujuria.
salad [sǽlạd], *s.* ensalada.—**s. bowl, s. dish,** ensaladera.—**s. days,** (fig.) los buenos tiempos, juventud, mocedad.—**s. dressing,** salsa para ensalada; aderezo, aliño.—**s. oil,** aceite de comer, aceite de mesa.
salamander [sǽlạmændœ(r)], *s.* (zool.) salamandra; salamanquesa.—**s.'s hair,** o **wool,** (min.) asbesto, amianto.—**salamandrine** [sælạmǽndrịn], *a.* salamandrino, semejante a la salamandra; refractario.
salariat [sạléịrịạt], *s.* clases asalariadas no obreras (dependientes, profesionales, etc.).
salary [sǽlạrị], *s.* sueldo, salario, estipendio, paga. —**salaried** [-d], *a.* asalariado; con salario.
sale [séịl], *s.* venta; almoneda; liquidación, saldo; (com.) realización; venta a pública subasta; demanda, boga, mercado.—**s. by auction,** almoneda, subasta.—**s. on credit,** venta al fiado. —**s. on return,** (for.) retroventa.—**s. price,** precio de venta.—**s. representative,** agente de ventas.—**sales tax,** impuesto sobre ventas.—**for s.,** u **on s.,** de venta, en venta.
saleable, saleableness = SALABLE, -NESS.
saleratus [sælạréịtʌs], *s.* (quím., coc.) salerato, bicarbonato sódico o potásico.
Salesian [sạlíẑạn], *s.* y *a.* salesiano.
saleslady [séịlzleịdị], *s.* = SALESWOMAN.
salesman [-mạn], *s.* vendedor; dependiente de tienda, almacenista; viajante de comercio.
salesmanship [-mạnŝịp], *s.* arte de vender.
salesroom [-rum], *s.* salón de ventas; lonja.
saleswoman [-wụmạn], *s.* vendedora; dependienta de tienda.
Salian [séịlịạn], *s.* y *a.*, **Salic** [sǽlịk], *a.* sálico.—**Salic law,** ley sálica.
salicaceous [sælịkéịŝʌs], *a.* (bot.) salicíneo.
salicetum [sælịsítʌm], *s.* salceda, saucedal.
salicin(e [sǽlịsịn], *s.* (quím.) salicina.
salicylate [sǽlịsịleịt], *s.* (quím.) salicilato.
salicylic [sælịsílịk], *a.* salicílico.
salicylic acid, *s.* (quím.) ácido salicílico.
salience, saliency [séịlịẹns, -ị], *s.* calidad de sobresaliente; lo que sobresale; prominencia.
salient [-ẹnt]. **I.** *s.* saliente, *f.*, proyección, resalto; esquina, ángulo. **II.** *a.* saliente, saledizo, saltante; que sobresale; prominente, notorio.
saliferous [sạlífẹrʌs], *a.* (geol.) salífero.
salifiable [sǽlịfaịạbl], *a.* (quím.) salificable.
salify [sǽlịfaị], *va.* (quím.) salificar.
salina [sạláịnạ̈], *s.* salina (establecimiento); fuente (*f.*) de agua salina; salina marítima, charco artificial de agua de mar para obtener sal.
saline [séịlaịn], *a.* salino.—**salineness** [-nịs], **salinity** [sạlínịtị], *s.* salinidad.
salinometer [sælịnámɛtœ(r)], *s.* salinómetro.
salipyrin(e [sælịpáịrịn], *s.* (quím., med.) salipirina.
saliva [sạláịvạ], *s.* saliva; esputo.
salivant [-ạnt], *s.* y *a.* (med.) sialogogo.
salivary [sǽlịvɛrị], *a.* salival.
salivary gland, *s.* glándula salival.
salivate [-eịt], *vn.* (med.) (de)salivar.
salivation [-éịŝọn], *s.* (de)salivación; babeo.
Salk vaccine, *s.* (med.) vacuna Salk.
sallow [sǽloụ]. **I.** *a.* cetrino, pálido, lívido. **II.** *s.* (bot.) sarga, sauce.—**sallowness** [-nịs], *s.* palidez, amarillez, lividez.
sally [sǽlị]. **I.** *s.* (mil.) salida, surtida; paseo, excursión; ímpetu o arranque; humorada; salida de pie de banco; (arq.) saledizo, saliente, *f.*, vuelo.—**s. of wit,** agudeza, ocurrencia chistosa. **II.** *vn.* (a veces con *forth*) salir, hacer una salida; tener un arranque; avanzar con denuedo.
sallyport [-pɔrt], *s.* (fort.) surtida, poterna.
salmagundi [sælmạgʌ́ndị], *s.* salpicón, picadillo; mescolanza.
salmon [sǽmọn], *s.* (ict.) salmón; color de salmón. —**s. trout,** trucha salmonada.
salmonet [-ɛt], *s.* salmón joven o aún pequeño.
salol [sǽloụl], *s.* (quím.) salol.
salon [sạlán], *s.* salón, sala; exposición anual de cuadros.
saloon [sạlún], *s.* salón, gran sala; cámara de un vapor; (E. U.) taberna, cantina; (Ingl.) (f. c.) coche salón.—**s. keeper,** tabernero, cantinero.
salpa [sǽlpạ̈], *s.* (zool.) salpa.
salse [sæls], *s.* volcán de cieno.
salsify [sǽlsịfị], *s.* (bot.) salsifí.
salt [sɔlt]. **I.** *s.* sal, *f.;* (quím.) sal; sabor, gusto; sal ática, agudeza, ingenio chispeante; (fam.) marinero; (fig.) reserva, duda. *V.* GRAIN.—*pl.* sales medicinales; en especial, sal de la Higuera, sulfato de magnesia.—**not worth one's s.,** no valer uno el pan que come. **II.** *a.* salado; salobre; curado o conservado con sal.—**s. box,** salero de cocina.—**s.-bush,** (bot.) hierba de pasto.—**s. lick,** salegar, salero, lamedero.—**s. maker,** salinero.—**s. marsh,** saladar o marisma.—**s. meat,** carne salada, cecina.—**s. mine,** mina de sal; salina.—**s. pan,** caldera de saladar, salina.—**s. pit,** saladar, lagunajo; salina.—**s. pork,** tocino salado.—**s. rheum,** (med.) dermatosis reumática.—**s. shaker,** salero (de mesa).—**s. spring,** fuente (*f.*) de agua salada.—**s. tub,** saladero.—**s. water,** agua de mar, agua salada.—**s. well,** pozo de agua salada.—**s. works,** salina. **III.** *va.* salar, salpresar, marinar, arencar, curar con sal; (fig.) sazonar; purificar; poner mineral secretamente en una mina para darle valor.—**to s. away,** (fam.) reservar para uso futuro; ahorrar.
saltant [sǽltạnt], *a.* saltante.
saltation [sæltéịŝọn], *s.* saltación, salto; palpitación; (biol.) variación brusca.
saltatorial [sǽltạtórịạl], **saltatory** [-tɔrị], *a.* saltón.
saltcellar [sɔ́ltsɛlạ̈(r)], *s.* salero de mesa.
salted [sɔ́ltịd], *a.* salado; (fam.) perito, experimentado.
salter [sɔ́ltœ(r)], *s.* salador; salinero, curador.
saltern [sɔ́ltœrn], *s.* salina (fábrica); saladar.
salthouse [sɔ́lthaụs], *s.* salín.
saltier [sǽltir], *s.* (blas.) sotuer.
saltigrade [sǽltịgreịd], *a.* saltígrado.
salting [sɔ́ltịŋ], *s.* saladura.—**s. tub,** saladero.
saltish [-ịŝ], *a.* salobre, un poco salado.
saltless [-lịs], *a.* sin sal; soso, insulso, insípido.
saltness [-nịs], *s.* sabor de sal; salsedumbre.
saltpan [-pæn], *s.* paila o receptáculo para eva-

porar agua salada; charco artificial de agua salada.—*pl.* salina (establecimiento).
saltpeter, saltpetre [-pítœ(r)], *s.* nitro, salitre. —**s. house** o **works,** nitrería; salitrería.—**s. maker** o **worker,** salitrero.
saltwort [-wœrt], *s.* (bot.) barrilla, sosa.
salty [sólti], *a.* salado; salobre.
salubrious [saliúbriʌs], *a.* salubre, salutífero, saludable, sano.—**salubriously** [-li], *adv.* salutíferamente.—**salubrity, salubriousness** [saliúbriti, -nis], *s.* salubridad.
salutariness [sǽlyutărinis], *s.* salubridad.
salutary [-tări], *a.* saludable; salubre, sano, salutífero.
salutation [-téiŝon], *s.* salutación, saludo; bienvenida, enhorabuena, parabién.
salutatory [saliútatori]. **I.** *a.* saludador. **II.** *s.* discurso de bienvenida.
salute [saliút]. **I.** *va.* y *vn.* saludar; (mil.) saludar, cuadrarse. **II.** *s.* salutación; saludo; (mil.) saludo, salva.
salvability [sǽlvabíliti]; **salvableness** [-blnis], *s.* posibilidad de ser redimido o de salvarse.
salvable [-bl], *a.* que puede salvarse.
Salvador(e)an, Salvadorian [sælvadór(i)an], *s.* y *a.* salvadoreño.
salvage [sǽlvidž]. **I.** *s.* salvamento.—**s. money,** derecho de salvamento. **II.** *va.* salvar; recobrar.
salvarsan [sǽlvärsæn], *s.* (farm.) salvarsán (es nombre de fábrica).
salvation [sælvéiŝon], *s.* salvación, salvam(i)ento; redención.—**S. Army,** Ejército de Salvación (organización religiosa).
Salvationist [-ist], *s.* miembro del Ejército de Salvación.
salve [sæv *o* sav]. **I.** *s.* emplasto, ungüento, pomada; socorro, remedio.—**S. Regina,** salve, *f.* (oración). **II.** *va.* curar (una herida) con ungüentos o emplastos; salvar; socorrer; remediar.
salver [sǽlvœ(r)], *s.* salva, salvilla, bandeja.
salvia [sǽlviä], *s.* (bot.) salvia.
salvo [sǽlvou], *s.* (mil.) salva de artillería; aplausos, aclamaciones populares; salvedad, reservación.
samara [sǽmarä], *s.* (bot.) sámara.
Samaritan [samǽritan], *a.* y *s.* samaritano; persona benévola y caritativa.
samarium [saméríʌm], *s.* (quím.) samario.
samba [sǽmba], *s.* (mús., danz.) samba.
sambo, zambo [sǽmbou, zǽmbou], *s.* zambo: persona de sangre india y negra o mulata: mestizo; (S., fam.) negro o mulato.
sambuca [sæmbiúkä], *s.* (mús.) sambuca.
same [séim], *a.* y *pron.* mismo; igual, idéntico.—**all the s.,** a pesar de eso, a pesar de todo.—**at the s. time,** a la vez, al mismo tiempo; no obstante.—**if it is the s. to you,** si le es a Vd. lo mismo, o igual; si Vd. no tiene inconveniente. —**it is all the s. to me,** para mí es todo uno; lo mismo me da.—**just the s.,** del mismo modo; a pesar de eso.—**much the s.,** casi lo mismo.—**much the s. as,** casi como.—**the s.,** lo mismo, el mismo, los mismos; otro tanto; todo uno.—**the s. as,** lo mismo que, (al) igual que; el mismo, los mismos que.—**the s. old story,** lo de siempre, el cuento eterno.
sameness [-nis], *s.* igualdad; identidad, parecido exacto; uniformidad monótona, monotonía.
samlet [sǽmlit], *s.* = SALMONET.
Samnite [sǽmnait], *s.* y *a.*, **Samnitic** [sæmnítik], *a.* samnita, *mf.*
Samoan [samóuan], *s.* y *a.* samoano, de las islas de Samoa (Archipiélago de los Navegantes).
samovar [sǽmovar], *s.* samovar, urna rusa para agua caliente.
samp [sæmp], *s.* (E. U.) maíz triturado o molido bastamente; potaje del mismo.
sampan [sǽmpæn], *s.* (mar.) sampán, champán.
samphire [sǽmfair], *s.* (bot.) hinojo marino.
sample [sǽmpl]. **I.** *s.* muestra, prueba, espécimen; cata; patrón.—**s. book,** muestrario.—**s. room,** cuarto de muestras; (fam.) cantina, taberna, bar. **II.** *va.* sacar una muestra; probar, catar.
sampler [sǽmplœ(r)], *s.* probador, catador; (fam.) catacaldos; dechado, labor (*f.*) de las niñas.
sampling [sǽmpliŋ], *s.* (estad.) muestreo.
sanative [sǽnativ], *a.* curativo, sanativo.
sanatorium [-tóriʌm], *s.* sanatorio.
sanatory [-tori], *a.* sanador, sanitario.
sanbenito [sænbenítou], *s.* sambenito (capotillo de penitente).
sanctification [sǽŋktifikéiŝon], *s.* santificación; consagración.—**sanctifier** [-faiœ(r)], *s.* santificador.—**sanctify** [-fai], *va.* santificar, consagrar.
sanctimonious [-móuniʌs], *a.* beato, mojigato, santurrón, santucho.—**sanctimoniously** [-li], *adv.* con mojigatería, santurronamente, taimadamente.—**sanctimoniousness** [-nis], **sanctimony** [sǽŋktimouni], *s.* santurronería, beatería.
sanction [sǽŋkŝon]. **I.** *s.* sanción; ratificación, confirmación; justificación; pena que la ley establece para el que la infringe. **II.** *va.* sancionar; autorizar, ratificar.
sanctity [sǽŋktiti], *s.* santidad, santimonia.
sanctuary [sǽŋkchueri], *s.* santuario; asilo, refugio sagrado.—**to take s.,** acogerse a sagrado.
sanctum [sǽŋktʌm], *s.* paraje sagrado; retrete.—**s. sanctorum,** sanctasanctórum.
Sanctus [sǽŋktʌs], *s.* (igl.) sanctus.—**S. bell,** campanilla que anuncia la elevación de la hostia.
sand [sænd]. **I.** *s.* arena; (fam.) fuerza de carácter; valor; (fam.) dinero contante.—*pl.* granos de arena; arenales; momentos de tiempo o de vida. —**s. ballast,** (mar.) sorra.—**s. bank,** banco o bajo de arena, placer, encalladero.—**s. bar,** barra, banco de arena.—**s. bath,** (quím.) baño de arena; (med.) arenación.—**s. blast,** soplador o aventador de arena para grabar el vidrio, mármol, etc.; chorro de arena; tempestad de arena.—**s. blasting,** limpiadura por chorro de arena.—**s. box,** salvadera, arenillero; (f. c.) arenero.—**s. dollar,** (zool.) especie de erizo pequeño de mar.—**s. dune,** algaida, médano.—**s. pit,** arenal, mina de arena, hoyo de donde se saca arena. **II.** *va.* (en)arenar; (gen. con **down**) alisar con papel de lija.
sandal [sǽndal], *s.* sandalia, abarca; alpargata (de cáñamo); (Méx.) guarache o huarache, cacle.
sandalwood [-wud], *s.* (bot.) sándalo.
sandarac(h [sǽndaræk], *s.* sandáraca.—**s. tree,** (bot.) tuya.
sandbag [sǽndbæg]. **I.** *s.* saco de arena. **II.** *va.* proveer de, atacar o golpear con sacos de arena.
sanded [sǽndid], *a.* arenoso, arenisco, arenáceo.
sanders [sǽndœrz], *s.* (bot.) sándalo.
sandglass [sǽndglæs], *s.* reloj de arena, ampolleta.
sandiness [-inis], *s.* naturaleza arenosa; rubio bermejizo.
sandpaper [-peipœ(r)]. **I.** *s.* papel de lija. **II.** *va.* lijar.
sandpiper [-paipœ(r)], *s.* (orn.) gallineta.
sandstone [-stoun], *s.* piedra arenisca.
sandstorm [-storm], *s.* tempestad de arena.
sandwich [-wich]. **I.** *va.* colocar entre dos capas; intercalar, insertar. **II.** *s.* (coc.) emparedado, bocadillo, sandwich; combinación de cosas diferentes alternadas.—**s. man,** hombre que va por las calles con cartelones colgados por delante y por detrás.
sandy [-i], *a.* arenoso, arenisco; rufo (color).
sane [séin], *a.* cuerdo; sano.—**sanely** [-li], *adv.* sanamente; cuerdamente.—**saneness** [-nis], *s.* cordura.
Sanforize [sǽnforaiz], *va.* sanforizar (marca de fábrica).
sang [sæŋ], *pret.* de TO SING.
sangaree [sæŋgarí], *s.* sangría (bebida).
sang-froid [san frwá], *s.* (fr.) sangre fría.
Sangreal [sǽŋgrial], *s.* grial.
sanguiferous [sæŋgwíferʌs], *a.* sanguífero.
sanguification [sæŋgwifikéiŝon], *s.* sanguificación.—**sanguify** [-fai], *va.* sanguificar.

sanguinariness [-nɛrịnịs], *s.* calidad de sanguinario.—**sanguinary** [-nɛrị], *a.* sanguinario.
sanguine [sǽŋgwịn], *a.* confiado, lleno de esperanza; sanguíneo, sanguino(so); pletórico.—**sanguinely** [-lị], *adv.* ardientemente; confiadamente.—**sanguineness** [-nịs], *s.* plenitud de esperanza, confianza o entusiasmo; plétora.
sanguineous [sæŋgwíniʌs], *a.* sanguíneo, sanguinoso; sanguinolento.
sanguinolent [-olẹnt], *a.* sanguinolento.
Sanhedrin, Sanhedrim [sǽnhịdrịn, -drịm], *s.* sanedrín, sinedrio; cualquier asamblea.
sanicle [sǽnịkl], *s.* (bot.) sanícula.
sanies [séịnịiz], *s.* (med.) sanies, *f.*, icor.
sanious [séịnịʌs], *a.* (med.) sanioso, icoroso.
sanitarian [sænịtérịạn], *a.* y *s.* sanitario.
sanitarium [-térịʌm], *s.* sanatorio, enfermería.
sanitary [sǽnịtɛrị], *a.* sanitario.
sanitary corps, *s.* cuerpo de sanidad.
sanitary engineer, *s.* ingeniero sanitario.
sanitary napkin, *s.* almohadilla higiénica, toalla higiénica.
sanitation [-téịŝọn], *s.* saneamiento; aplicación práctica de la ciencia sanitaria.
sanity [sǽnịtị], *s.* cordura, juicio sano, sentido común, sensatez; sanidad.
sank [sæŋk], *pret.* de TO SINK.
San Marino [sæn mạrínou̥]. **I.** *s.* San Marino. **II.** *s.* y *a.* sanmarinese.
Sanskrit, Sanscrit [sǽnskrịt], *s.* y *a.* sánscrito.
santalaceous [sæntạléịŝʌs], *a.* (bot.) santaláceo.
santon [sǽntọn], *s.* santón; derviche oriental.
santonica [sæntánịkạ̈], *s.* (bot.) santónico.
santonin(e [sǽntonịn], *s.* (quím., farm.) santonina.
sap [sæp]. **I.** *s.* savia; (fort.) zapa. **II.** *va.* zapar, minar. **III.** *vn.* hacer trabajos de zapa; obrar por bajo mano.
sapajou [sǽpạdẑu], *s.* (zool.) sapajú, zambo.
sapanwood [sạpǽnwụd], *s.* (bot.) sapán, (Fil.) sibucao.
sapful [sǽpfụl], *a.* lleno de savia.
saphena [sạfínạ̈], *s.* (anat.) safena (vena).
saphenous [sạfínʌs], *a.* (anat.) safeno.
sapid [sǽpịd], *a.* sápido, sabroso.
sapidity, *o* **sapidness** [sæpídịtị, sǽpịdnịs], *s.* sapidez, sabor, gusto, sainete.
sapience [séịpịẹns], **sapiency** [-ị], *s.* sapiencia, sabiduría.—**sapient** [-ẹnt], *a.* sabio.
sapindaceous [sæpịndéịŝʌs], *a.* (bot.) sapindáceo.
sapless [sǽplịs], *a.* seco, sin jugo.
sapling [sǽplịŋ], *s.* renuevo, vástago, serpollo; mozuelo, mozalbete.
sapodilla [sæpodílạ̈], *s.* (bot.) chicozapote, zapotillo.
saponaceous [sæponéịŝʌs], *a.* jabonoso, saponáceo.
saponifiable [sạpánịfaịạbl], *a.* saponificable.
saponification [-fịkéịŝọn], *s.* saponificación.
saponify [-faị], *va.* saponificar.
saponifier [-œ(r)], *s.* saponificador.
saponin [sǽponịn], *s.* (quím.) saponina.
saporific [sæporífịk], *a.* saporífero.
sapota [sạpóu̥tạ̈], *s.* (bot.) zapote, zapotero.
sapotaceous [sæpotéịŝʌs], *a.* (bot.) sapotáceo.
sapper [sǽpœ(r)], *s.* (mil.) zapador, gastador.
Sapphic [sǽfịk]. **I.** *a.* sáfico. **II.** *s.* verso sáfico.
sapphire [sǽfaịr], *s.* (min.) zafiro, zafir; color de zafiro, cerúleo.
sapphirin(e [sǽfịrịn]. **I.** *a.* zafirino. **II.** *s.* (min.) zafirina.
Sapphism [sǽfịzm], *s.* safismo.
sappiness [sǽpịnịs], *s.* abundancia de savia, jugosidad; (fam.) sentimentalismo.
sappy [sǽpị], *a.* lleno de savia; jugoso; inmaturo; (fam.) ridículamente sentimental.
saprogenic [sæprodẑénịk], **saprogenous** [sæprádẑɛnʌs], *a.* que produce putrefacción; que se origina de la materia orgánica en descomposición.
saprophyte [sǽprofaịt], *s.* (biol.) saprofito.
saprophytic [-fịtịk], *a.* saprofítico.
sapsucker [sǽpsʌkœ(r)], *s.* (orn.) especie de pájaro carpintero que destruye la albura de los árboles.
sapwood [sǽpwụd], *s.* albura, alburno; (carp.) madera alburente, sámago.
saraband [sǽrạbænd], *s.* zarabanda.
Saracen [sǽrạsɛn], *s.* sarraceno.
Saracenic [særạsénịk], *a.* sarracénico.
sarbacane [sárbạkeịn], *s.* cerbatana.
sarcasm [sárkæzm], *s.* sarcasmo.—**sarcastic(al** [sarkǽstịk(ạl], *a.* sarcástico, mordaz.—**sarcastically** [-ị], *adv.* sarcásticamente.
sarcenet [sársnɛt], *s.* = SARSENET.
sarcocarp [sárkokarp], *s.* (bot.) sarcocarpio.
sarcocele [-sil], *s.* (med.) sarcocele.
sarcocol(la [-kál(ạ̈], *s.* sarcocola.
sarcode [sárkou̥d], *s.* sarcoda, protoplasma animal.
sarcologic(al [sarkoládẑịk(ạl], *a.* sarcológico.
sarcology [sarkálodẑị], *s.* (anat.) sarcología.
sarcoma [sarkóu̥mạ̈], *s.* (med.) sarcoma, *m.*
sarcomatous [sarkámạtʌs], *a.* sarcomatoso.
sarcophagous [sarkáfạgʌs], *a.* (zool.) carnívoro.
sarcophagus [sarkáfạgʌs], *s.* sarcófago, lucillo; variedad de piedra caliza.
sarcotic [sarkátịk], *a.* y *s.* (med.) sarcótico.
sard [sard], *s.* (joy.) sardio.
sardine [sardín], *s.* (ict.) sardina; (joy.) sardio.
Sardinian [sardínịạn], *a.* y *s.* sardo.
sardonic [sardánịk], *a.* sardónico, burlón.
sardonyx [sárdonịks], *s.* (joy.) sardónice, *f.*
sargasso [sargǽsou̥], *s.* sargazo (alga).
Sarmatian [sarméịŝịạn], *s.* y *a.* sármata, *mf.*
sarmentum [sarméntʌm], *s.* (bot.) sarmiento.
sarmentose [-tou̥s], *a.* (bot.) sarmentoso.
sarracenia [særạsínịạ̈], *s.* (bot.) sarracenia.
sarsaparilla [sarsạpạrílạ̈], *s.* (bot.) zarzaparrilla.
sarsenet [sársnɛt], *s.* (tej.) tafetán de Florencia
sartorial [sartórịạl], *a.* sartorio; de o relativo a sastres; de hechura de sastre.
sartorius [-rịʌs], *s.* (anat.) (músculo) sartorio.
sash [sæŝ], *s.* (mil.) faja, banda, trena; cíngulo, cinturón, ceñidor, cinto, cinta; (carp.) bastidor o marco de ventana.—**s. window,** ventana de guillotina.
sassafras [sǽsạfræs], *s.* (bot.) sasafrás.
Sassanid(e [sǽsạnịd], *a.* y *s.*, **Sassanian** [sæséịnịạn], *a.* sasánida, *mf.*
sassy [sǽsị], *a.* (E. U., fam.) insolente, descarado, descocado.
sat [sæt], *pret.* y *pp.* del verbo TO SIT.
Satan [séịtạn], *s.* Satanás, Satán, Luzbel, Lucifer.—**satanic(al** [seịtǽnịk(ạl], *a.* satánico.—**satanically** [-ị], *adv.* satánicamente.
satchel [sǽchẹl], *s.* maleta, maletín.
sate [seịt], *va.* hartar, saciar, repletar; hastiar.
sateen [sætín], *s.* (tej.) satén, rasete, (ant.) saetín
sateless [séịtlịs], *a.* insaciable.
satellite [sǽtẹlaịt], *s.* satélite.
satiable [séịŝịạbl], *a.* saciable.
satiate [séịŝịeịt], *va.* y *vn.* saciar(se); hartar(se), ahitar(se), repletar(se).—**satiated** [-ịd], *a.* saciado; harto, ahito, repleto.—**satiation** [-éịŝọn], *o* **satiety** [sạtáịẹtị], *s.* saciedad; hartura, hartazgo.
satin [sǽtịn], *s.* (tej.) raso.—**satinet** [-ét], *s.* (tej.) satinete; rasete.—**satiny** [-ị], *a.* (tej.) arrasado, asaetinado.
satire [sǽtaịr], *s.* sátira.—**satiric(al** [sạtírịk(ạl], *a.* satírico.—**satirically** [-ị], *adv.* satíricamente. —**satirist** [sǽtịrịst], *s.* escritor satírico.—**satirize** [sǽtịraịz], *va.* satirizar.
satisfaction [sætịsfǽkŝọn], *s.* satisfacción, contento, complacencia, regocijo, ufanía; recompensa o reparación; desquite; desagravio; finiquito, pago (de una deuda o cuenta).
satisfactorily [-trịlị], *adv.* satisfactoriamente.—**satisfactoriness** [-trịnịs], *s.* calidad de satisfactorio.—**satisfactory** [-trị], *a.* satisfactorio, satisfaciente; expiatorio; suficiente.
satisfied [-faịd], *a.* satisfecho, contento; pagado.
satisfy [-faị]. **I.** *va.* satisfacer, contentar; colmar,

saciar; convencer; recompensar, resarcir, pagar. II. *vn.* satisfacer, causar satisfacción.
satisfying [-faiiŋ], *a.* satisfaciente.
satrap [séitræp], *s.* sátrapa, *m.*
satrapy [séitrapi], *s.* satrapía.
saturable [sǽchūrabl], *a.* saturable.
saturant [-rant]. I. *a.* saturador. II. *s.* substancia que neutraliza a otra.
saturate [-reit]. I. *va.* saturar; empapar, embeber, impregnar; imbuir. II. *a.* saturado; intenso (color).
saturated [-id], *a.* saturado; (ópt.) puro, sin mezcla de blanco (apl. a colores).
saturation [-réiŝon], *s.* saturación.
saturation bombing, *s.* (aer.) bombardeo de saturación.
saturation point, *s.* punto de saturación.
Saturday [sǽtœrdi], *s.* sábado.
Saturn [sǽtœrn], *s.* (astr.) Saturno.
Saturnalia [sætœrnéiliä], *s. pl.* saturnales, *f. pl.* —**Saturnalian** [-n], *a.* saturnal, licencioso.
Saturnian [sætœ́rnian], *a.* saturnal, saturnio; feliz, dichoso.
saturnine [sǽtœrnain], *a.* saturnino; melancólico, triste, silencioso; (ant., quím.) plomizo.—**s. poisoning,** envenenamiento o intoxicación por el plomo, saturnismo.
saturnism [sǽtœrnizm], *s.* (med.) saturnismo, envenenamiento con plomo.
satyr [séitœ(r) *o* sǽtœ(r)], *s.* (mit.) sátiro.
satyriasis [sætiráiasis], *s.* satiriasis.
satyric [satírik], *a.* referente a los sátiros.
sauce [sós]. I. *s.* (coc.) salsa, aderezo, aliño; compota; (dial.) verduras, *f. pl.*; (fam.) lenguaje descomedido. II. *va.* condimentar, sazonar; (fam.) ser respondón con, desvergonzarse con o contra, decir insolencias a, deslenguarse con.
sauceboat [-bout], *s.* salsera.
saucebox [-baks], *s.* (fam.) muchacho descarado y atrevido.
saucedish [-diŝ], *s.* salsera; platillo dulcero.
saucepan [-pæn], *s.* cacerola, cazuela, perol.
saucer [sósœ(r)], *s.* platillo; salsereta.
saucily [sósili], *adv.* descarada o insolentemente.
sauciness [sósinis], *s.* insolencia, desmandamiento.
saucisse [sosís], *s.* (arti.) salchicha.
saucy [sósi], *a.* respondón, descarado, insolente.
Saudi Arabia [sáudi aréibia], *s.* Arabia Saudita.
Saudi Arabian [-n], *s.* y *a.* árabe saudita.
sauerkraut [sáurkraut], *s.* (coc.) col fermentada.
saunter [sóntœ(r)], *vn.* vagar; andar despacio y sin objeto; haraganear.
sauntering [-iŋ], *s.* vagancia; paseo lento.
saurian [sórian], *s.* y *a.* (zool.) saurio.
sauropod [sóropad], *s.* y *a.* (pal.) saurópodo.
sausage [sósidẑ], *s.* salchicha, embutido, chorizo, longaniza, salchichón.—**s. balloon** = KITE BALLOON.—**s. maker** o **seller,** salchichero, choricero.—**s. shop,** salchichería, choricería.—**s. stuffer,** jeringa choricera.
sauté [soutéi], *va.* (coc.) saltear.
savage [sǽvidẑ]. I. *a.* salvaje; silvestre; bárbaro, inculto; brutal, feroz; enfurecido. II. *s.* salvaje. —**savagely** [-li], *adv.* bárbaramente, salvajemente, fieramente.—**savageness, savagery** [-nis, -ri], *s.* salvajismo; barbarie; ferocidad, crueldad; los salvajes.
savanna(h [savǽnä], *s.* sabana, pradera.
savant [sǽvant], *s.* sabio.
save [séiv]. I. *va.* salvar, librar; guardar, conservar, preservar, reservar; ahorrar, economizar; evitar; aprovecharse de; proteger, eximir; dispensar (*save the word,* séame permitido el vocablo).—**God,** o **Heaven, s. the mark,** expresión de desprecio o impaciencia; puede traducirse: ¡que mal haya! ¡maldita la cosa! ¡vaya! etc., según el caso.—**to s. appearances, to s. (one's) face,** salvar las apariencias, cubrir el expediente. II. *prep.* salvo, excepto. III. *conj.* sino, a menos que, a no ser que.
sav(e)able [-abl], *a.* conservable; que se puede salvar o ahorrar.
save-all [-ɔl], *s.* baldncita, apuracabos; (mar.) vela rastrera.
saver [-œ(r)], *s.* libertador; salvador; auxiliador; economizador, ahorrador.
savin [sǽvin], *s.* (bot.) sabina, junípero; cedro rojo.
saving [séiviŋ]. I. *a.* ahorrativo, frugal, económico; salvador; calificativo.—**s. clause,** cláusula que contiene una salvedad o reserva. II. *s.* economía, ahorro; salvedad.—*pl.* ahorros, economías; hucha.—**savings bank,** caja de ahorros. III. *prep.* con excepción de, fuera de, excepto, salvo.—**s. your reverence,** con perdón de Vd.
savingly [-li], *adv.* económicamente, parcamente.
savingness [-nis], *s.* ahorro, economía; frugalidad, parquedad.
savior [séivyo(r)], *s.* salvador.—**the Saviour,** el Salvador, el Redentor (Jesucristo).
savor [séivo(r)]. I. *s.* sabor, sainete, dejo, gusto, gustillo; olor, perfume. II. *va.* saborear, sazonar, dar sabor y gusto a. III. *vn.* (con **of**) saber a, oler a, tener sabor, gusto u olor de; manifestar una calidad de.
savorily [-ili], *adv.* con gusto, sabrosamente, apetitosamente.
savoriness [-inis], *s.* buen sabor; fragancia.
savory [-i]. I. *a.* sabroso, apetitoso, gustoso, delicado; fragante. II. *s.* (bot.) ajedrea.
savoy [savói], *s.* (bot.) variedad de col o berza con hojas arrugadas.
Savoyard [-ärd], *a.* y *s.* saboyano.
savvy [sǽvi]. I. *s.* (fam.) sentido común; entendimiento; comprensión. II. *va.* y *vn.* (fam.) entender, comprender; caer en la cuenta.
saw [sɔ]. I. *s.* (carp.) sierra; dicho, decir, refrán, proverbio, sentencia.—**s. cut,** corte de sierra; muesca hecha con la sierra.—**s. swage, set,** o **wrest,** triscador.—**s.-tooth(ed)** = SERRATE(D).—**s.-tooth roof,** (arq.) tejado en diente de sierra. II. *va.* (*pp.* SAWED y SAWN) serrar, aserrar. III. *vn.* ser serrado, (a)serrarse (*this wood saws easily,* esta madera es fácil de aserrar); usar una sierra.
saw, *pret.* de TO SEE.
sawbuck [sóbʌk], *s.* (carp.) caballete o cabrilla de aserrar, tijera; (E. U. fam.) billete de diez dólares.
sawdust [sódʌst], *s.* (a)serrín, (a)serraduras.
sawer [sóœ(r)], *s.* aserrador. *V.* SAWYER.
sawfish [sófiŝ], *s.* (ict.) priste, pez sierra.
sawhorse [sóhɔrs], *s.* (carp.) caballete o cabrilla de aserrar, borriquete, burro.
sawmill [sómil], *s.* aserradero; sierra de agua.
sawn [sɔn], *pp. irr.* de TO SAW: aserrado.
sawpit [sópit], *s.* aserradero.
sawwort [sówœrt], *s.* (bot.) serrátula.
sawyer [sóyœ(r)], *s.* aserrador; chiquichaque.
sax [sæks], *s.* martillo de pizarrero.
saxatile [sǽksatil], *a.* (bot., zool.) saxátil.
saxhorn [sǽkshɔrn], *s.* (mús.) bombardino, bombardón.
saxicoline [sæksíkolin], **saxicolous** [-lʌs], *a.* (bot., zool.) saxátil, que se cría en las rocas.
saxifragaceous [sæksifragéiŝiʌs], *a.* (bot.) saxifragáceo.—**saxifrage** [sǽksifridẑ], *s.* saxífraga.
Saxon [sǽkson]. I. *a.* sajón. II. *s.* sajón; lengua sajona; anglosajón.
saxophone [sǽksofoun], *s.* (mús.) saxófono.
say [séi]. I. *va.* (*pret.* y *pp.* SAID) decir; alegar, afirmar; hablar; recitar.—**to s. a lesson,** recitar una lección.—**to s. good-bye (to),** despedirse (de).—**to s. in one's sleeve,** decir para su capote o para su sayo.—**to s. mass,** cantar misa.—**to s. nothing of,** sin mencionar.—**to s. one's prayers,** rezar, decir uno sus oraciones. —**to s. over again,** volver a decir, repetir.—**to s. the least,** por lo menos, si no algo peor. —**it is said, they s.,** se dice, dicen.—**so to s.,** por decirlo así.—**the book says so,** el libro lo reza.—**you don't s. (so)!,** ¡calle Vd.! ¡no es posible! II. *vn.* decir.—**s.! I s.!** ¡hola! ¡oiga! ¡digo!—**to s. on,** continuar hablando.—**to s. right,** decir bien, tener razón.—**to s. to,** decir a; opinar de.—**that is to s.,** es decir, esto es.

III. *s.* uso de la palabra; decisión; expresión de opinión; discurso, afirmación; (fam.) turno de hablar.—**s.-so,** (fam.) opinión o juicio personal; declaración autorizada.
saying [-iŋ], *s.* dicho, lo que se dice; aserto, relato; adagio, dicho, decir, refrán.—**as the s. is,** como dijo el otro, como dice el refrán.
'sblood, [zblʌd], *interj.* (ant.) ¡por Dios!
scab [skæb], *s.* (cir.) costra, escara; (vet.) roña, escabro; (fam.) hombre ruin o roñoso; (desp.) esquirol, obrero no agremiado que reemplaza a los agremiados en una huelga.
scabbard [skǽbărd], *s.* vaina de espada, cuchillera, funda.
scabbed [skæbd], **scabby** [skǽbi], *a.* costroso, postilloso; sarnoso; tiñoso, roñoso; (fam.) vil, ruin.
scabbiness [-nis], *s.* calidad de costroso, roñoso o tiñoso.
scabies [skéibiz], *s.* (med.) sarna.
scabious [skéibiʌs]. I. *a.* sarnoso. II. *s.* (bot.) escabiosa (ll. t. **scabiosa**).
scabrous [skéibrʌs], *a.* escabroso, desigual, áspero.
scabrousness [-nis], *s.* escabrosidad, aspereza.
scabwort [skǽbwœrt], *s.* (bot.) énula campana.
scad [skæd], *s.* (ict.) variedad de escombro; alosa; (fam., gen. *pl.*) la mar de, mucho (dinero, etc.).
scaffold [skǽfould]. I. *s.* andamio, tablado; cadalso, patíbulo. II. *va.* construir tablados o andamios para.
scaffolding [-iŋ], *s.* castillejo, andamiada, andamiaje; paral, armazón, bastidor de apoyo.
scaglia [skǽlyă], *s.* piedra caliza italiana.
scagliola [skælyóulă], *s.* (alb.) escayola, enlucido de imitación de piedra (mármol, granito, etc.).
scalar [skéilă(r)]. I. *a.* (mat.) numérico, no vectorial, escalar. II. *s.* cantidad puramente numérica o no vectorial, número escalar.
scal(l)awag [skǽlăwæg], *s.* (fam.) tuno; bribón; res raquítica; (fam. E. U.) nombre despectivo aplicado a los republicanos del Sur después de la guerra de Secesión.
scald [skɔld]. I. *va.* escaldar, quemar; (coc.) escalfar; lard(e)ar, pringar; limpiar con agua muy caliente. II. *s.* quemadura, escaldadura; escaldo, bardo escandinavo. III. *a.* tiñoso.—**s. head,** (med.) acores, usagre, tiña.
scale [skéil]. I. *s.* escala; platillo de balanza; (gen. en *pl.*) balanza, báscula; (**S.**, astr.) Libra; escama (de peces, reptiles); (med.) costra, costrita; (bot.) escama, hoja rudimentaria; incrustación (en las calderas); chispa; escama, laminita, plancha, hojuela; escalón; escalada; (mat.) escala o pitipié; escala (de un mapa); escala, regla graduada; graduación, división; (mús.) escala, gama.—**s. insect,** (ent.) insecto cóccido, pulgón.—**on a large s.,** en grande escala, en grande.—**on a small s.,** en pequeña escala, en pequeño.—**to s.,** (dib.) según escala. II. *va.* escamar o des(es)camar; descortezar; pelar, descascarar, raspar; cubrir con escamas; incrustar o desincrustar; escalar; (a veces con **off**) medir según escala; dibujar según escala; (con **down**) reducir o rebajar según escala; pesar, romanar; tener (tanto) peso; graduar, igualar. III. *vn.* (a veces con **off**) descostrarse; desconcharse, pelarse, descascararse; exfoliarse; formarse incrustaciones o escamas; formar escalera; dar facilidad de subir; subir.
scalebeam [-bim], *s.* ástil o brazo de balanza.
scaled [-d], *a.* escamudo, escamoso; costroso.
scalene [skeilín]. I. *a.* (geom.) escaleno; (anat.) escaleno (músculo). II. *s.* triángulo escaleno.—**scalenus** [-ʌs], *s.* músculo escaleno.
scalepan [skéilpæn], *s.* platillo de balanza.
scaler [skéilœ(r)], *s.* escalador; rascador; escamador (de pescado); (dent.) instrumento para quitar el sarro; (fís. nuclear) escalímetro, integrador; escala.
scaliness [skéilinis], *s.* escamosidad.
scaling [skéiliŋ]. I. *s.* escamadura (del pescado); (mil.) escalamiento; (med.) descamación; exfoliación; medida o ajuste según escala. II. *a.* de escalar.—**s. ladders,** escalas de sitio o de bombero.
scall [skɔl], *s.* (med.) tiña.—**scalled** [-d], *a.* tiñoso; costroso.
scallion [skǽlyon], *s.* (bot.) chalote, ascalonia.
scallop [skǽlop *o* skálop]. I. *s.* (zool.) venera, pechina, pecten, peine (molusco); venera o concha (distintivo de los romeros); (cost.) festón, recorte, onda; platito en forma de concha para ostras. II. *va.* festonear, ondear; (coc.) asar ostras empanadas; cocer al horno (pescado, patatas, etc.) con migas de pan, salsa de crema, etc.
scalp [skælp]. I. *s.* (anat.) pericráneo; cuero cabelludo, piel (*f.*) que cubre el cráneo; (fig.) trofeo. II. *va.* escalpar, quitar el pericráneo con la cabellera (como hacían los indios); (fam.) comprar y revender (acciones, billetes de f. c., teatro, etc.) por una ganancia rápida, o a precios extraoficiales.
scalpel [skǽlpel], *s.* (cir.) escalpelo.
scalper [skǽlpœ(r)], *s.* (fam.) revendedor de acciones o de billetes. *V.* SCALP, *va.*
scalping [skǽlpiŋ], *s.* acción de escalpar.—**s. iron,** (cir.) raspador.—**s. knife,** cuchillo que usaban los indios norteamericanos para desprender la piel del cráneo.
scaly [skéili], *a.* escamoso, conchado; herrumbroso; incrustada (caldera); (fam.) vil, ruin, deshonrado.
scammony [skǽmoni], *s.* (bot.) escamonea.
scamp [skæmp]. I. *s.* bribón, pícaro. II. *va.* hacer (algo) o ejecutar (trabajo) descuidada o malamente, con intención de perjudicar al patrón; (fam.) chafallar, frangollar.
scamper [-œ(r)]. I. *vn.* escaparse, (d)escabullirse, huir. II. *s.* fuga, huída precipitada.
scamping [-iŋ], *s.* mala ejecución del trabajo para perjudicar al patrón; producción de un obrero superior a la convenida con sus compañeros, para beneficiarse traicionándolos; sonsacamiento de los obreros de una compañía rival.
scan [skæn]. I. *va.* escudriñar, examinar, registrar; hojear, repasar; (poét.) escandir, medir (versos). II. *vn.* (poét.) ajustarse a las reglas de la métrica, tener la medida propia.
scandal [skǽndal], *s.* escándalo; difamación, maledicencia; reproche, censura; oprobio, ignominia.—**s. bearer** = SCANDALMONGER.—**to raise a s.,** armar un alboroto.
scandalize [-aiz], *va.* escandalizar; difamar.
scandalmonger [-mʌŋgœ(r)], *s.* murmurador, propagador de escándalos.
scandalous [-ʌs], *a.* escandaloso; vergonzoso; calumnioso o difamatorio.—**scandalously** [-li], *adv.* ignominiosamente; escandalosamente.—**scandalousness** [-nis], *s.* carácter escandaloso.
scandent [skǽndent], *a.* (bot.) trepador.
scandic [skǽndik], *a.* (quím.) escándico.
Scandinavian [skændinéivian], *s.* y *a.* escandinavo.
scandium [skǽndiʌm], *s.* (quím.) escandio.
scanner [skǽnœ(r)], *s.* (televisión) explorador, antena exploradora; (radar) antena direccional.
scanning [skǽniŋ], *s.* (televisión) exploración.
scansion [skǽnŝon], *s.* (poét.) escansión; métrica; (televisión) exploración de la imagen.
scansorial [skænsórial], *a.* (zool., orn.) trepador.
scant [skænt]. I. *va.* escatimar, limitar. II. *a.* escaso, escatimado, exiguo, limitado; insuficiente.—**s. of,** insuficientemente provisto de. —**a s.,** poco menos que.—**a s. two hours,** dos horas escasas.
scantily [-ili], *adv.* escasamente, parcamente, a duras penas.—**scantiness** [-inis], *s.* escasez, insuficiencia, exigüidad.
scantling [-liŋ], *s.* cuartón, madero, barrote; colección de cuartones; escantillón.
scanty [-i], *a.* escaso, escatimado, corto, insuficiente; económico, parco, estrecho.

scape [skéip], *s.* (bot.) escapo, bohordo; (ent.) cuerno, antena; (orn.) cañón de pluma; (arq.) escapo, fuste de columna; vista escénica.
scapegoat [-gout], *s.* víctima propiciatoria; persona que paga por las culpas de otras; cabeza de turco.—**to be made the s.,** pagar el pato, o los vidrios rotos.
scapegrace [-greis], *s.* persona incorregible; pícaro, travieso, bribón.
scaphoid [skǽfoid]. **I.** *a.* navicular; escafoideo. **II.** *s.* (anat.) navicular o escafoides.
scapula [skǽpyūlä], *s.* (anat.) escápula, omoplato.
scapular [-lä(r)], **scapulary** [-leri]. **I.** *a.* escapular. **II.** *s.* (igl.) escapulario; (cir.) escapulario, vendaje para el hombro.
scar [skar]. **I.** *s.* cicatriz; chirlo, costurón; (Ingl.) peñasco, farallón.—**s. tissue,** tejido cicatrizal. **II.** *va.* marcar con una cicatriz.
scarab(ee [skǽrab(i], *s.* (ent.) escarabajo; (arqueol.) escarabajo sagrado de los egipcios.—**scarabæid** [skærabíid], *s.* y *a.* escarabídeo.—**scarabæus** [-bíʌs], *s.* = SCARAB.
scaramouch [skǽramuŝ], *s.* pícaro, bribón; (S., teat.) fanfarrón cobarde; botarga, bufón.
scarce [skérs], *a.* raro, escaso, contado.—**to make one's self s.,** (fam.) largarse, ausentarse.—**scarce(ly** [-li], *adv.* escasamente, apenas, con dificultad, a duras penas, casi no, siquier(a); no bien, luego que.—**s. anything,** casi nada.—**s. ever,** casi nunca.—**scarceness, scarcity** [-nis, -iti], *s.* carestía, escasez; rareza.
scare [skér]. **I.** *va.* asustar, espantar; amedrentar, intimidar.—**to s. away,** espantar, ahuyentar. **II.** *s.* susto, sobresalto, alarma, espanto.
scarecrow [-krou], *s.* espantapájaros, espantajo; (fam.) esperpento, adefesio.
scarehead [-hed], *s.* título sensacionalista (de un periódico).
scarf [skárf]. **I.** *s.* banda, trena; faja; corbata, chalina; bufanda; (carp.) junta de solapa con bordes biselados o enmuescados; junta a diente de sierra (ll. t. **s. joint**). **II.** *va.* (carp.) ensamblar, empotrar, encabezar, empalmar, charpar; adornar con una banda.
scarfing [-iŋ], *s.* (carp.) acopladura, ensambladura, encabezadura, empalme.
scarfpin [-pin], *s.* alfiler de corbata.
scarfskin [-skin], *s.* (anat.) cutícula, epidermis.
scarification [skærifikéiŝon], *s.* (cir.) escarificación, saja.—**scarificator** [-fikeito(r)], *s.* (cir.) escarificador.—**scarifier** [-faiœ(r)], *s.* sajador, escarificador; (agr.) escarificador.—**scarify** [-fai], *va.* (cir.) escarificar, sajar; (agr.) revolver la superficie del terreno; (fig.) criticar severamente.
scarious, scariose [skéiriʌs, -ous], *a.* (bot.) escarioso; seco, delgado.
scarlatina [skarlatínä], *s.* (med.) escarlatina.
scarless [skárlis], *a.* sin cicatrices; ileso.
scarlet [skárlit]. **I.** *s.* escarlata, grana. **II.** *a.* de color escarlata.
scarlet fever, *s.* (med.) escarlatina, escarlata.
scarlet oak, *s.* (bot.) coscoja.
scarlet tanager, *s.* (orn.) pájaro rojo con las alas negras (de la familia de las tanagras).
scarp [skarp]. **I.** *va.* escarpar, hacer escarpa, cortar en declive. **II.** *s.* (fort.) escarpa; declive, pendiente, *f.*, acantilado.
scarred, scarry [skard, skári], *a.* que tiene cicatrices, cicatrizado.
scary [skéri], *a.* (fam.) medroso, asustadizo.
scat [skæt]. **I.** *interj.* ¡zape! **II.** *va.* zapear, ahuyentar.
scathe [skéið]. **I.** *va.* atacar con crítica mordaz. **II.** *s.* daño, perjuicio.
scatheless [-lis], *a.* sano y salvo.
scathing [-iŋ], *a.* severísimo; que chamusca.
scatology [skatálodẑi], *s.* escatología.
scatter [skǽtœ(r)]. **I.** *va.* esparcir, diseminar, regar, desparramar, desperdigar; disipar; dispersar.—**s.-brained,** atolondrado, casquivano, ligero de cascos. **II.** *vn.* dispersarse, esparcirse; disiparse.
scatterbrain [-brein], *s.* (fam.) cabeza de chorlito.
scattered [-d], *a.* disperso, regado, esparcido, desparramado; apartado; irregular.
scattering [-iŋ], *s.* dispersión, esparcimiento, desparramamiento, desperdigamiento.
scatteringly [-iŋli], *adv.* esparcidamente.
scaup [skop], *s.* (orn.) pato marino.
scavenge [skǽvindẑ], *va.* recoger la basura; (m. comb. int.) dar salida a los gases (de los cilindros de un motor); (metal.) barrer, lavar.
scavenger [-œ(r)], *s.* basurero; animal que se alimenta de carroña (aura tiñosa, zopilote, etc.).—**s. beetle,** escarabajo clavicornio.
scavenging [-iŋ], *s.* (ener. atóm., mec.) depuración.
scedastic [sedǽstik], *a.* (estad.) sedástico.
scedastic curve, *s.* (estad.) curva sedástica.
scedasticity [sedæstísiti], *s.* (estad.) sedasticidad.
scenario [sinérioų], *s.* (teat.) argumento, libreto; película, drama, *m.*, guión (*m.*) o argumento para cinematógrafo.—**s. writer o scenarist,** peliculero, escritor de películas.
scend [send]. **I.** *vn.* (mar.) arfar, cabecear. **II.** *s.* arfada.
scene [sín], *s.* escena, vista, paisaje; (teat.) escena, cuadro (de un acto); escenario; decoración; teatro, lugar de un acontecimiento; arrebato, escándalo, lance.—**s. painter,** pintor escenógrafo.—**behind the scenes,** entre bastidores.
sceneful [-ful], *a.* abundante en escenas o en imágenes, *f. pl.*
scenery [-œri], *s.* vista, paisaje; (teat.) decoraciones, decorado.
sceneshifter [-ŝiftœ(r)], *s.* (teat.) tramoyista.
scenic [sínik]. **I.** *a.* escénico; teatral, dramático; pintoresco. **II.** *s.* paisaje cinematográfico.
scenographer [sinágrafœ(r)], *s.* escenógrafo.
scenographical [sinogrǽfikal], *a.* escenográfico.—**scenographically** [-i], *adv.* escenográficamente.
scenography [sinágrafi], *s.* escenografía.
scent [sént]. **I.** *s.* olfato; olor, perfume, fragancia; mal olor; rastro, pista.—**to throw off the s.,** despistar. **II.** *va.* y *vn.* oler, olfatear, husmear, ventear; rastrear; perfumar; sospechar.
scentless [-lis], *a.* sin olfato; inodoro, sin olor.
sceptic, scepticism = SKEPTIC, SKEPTICISM.
scepter, sceptre [séptœ(r)], *s.* cetro.
sceptered, sceptred [-d], *a.* que lleva o tiene cetro; real, regio, imperial.
schedule [skédẑul]. **I.** *va.* incluir en una lista, catálogo, plan, programa (*m.*) o inventario; inventariar, catalogar; fijar el tiempo para. **II.** *s.* cédula; horario (de f. c., etc.); suplemento, aditamento; plan, programa; lista, catálogo, cuadro, descripción; (f. c.) cuadro de servicio de trenes.—**s. of charges,** tarifa.
schema [skímä], *s.* sumario, sinopsis, cuadro; diagrama, *m.*; esquema, *m.*
schematic [skimǽtik], *a.* esquemático.
scheme [skím]. **I.** *s.* plan, proyecto, programa, *m.*, designio; planta, esquema, *m.*, modelo; diseño, bosquejo, traza, diagrama, *m.*; sistema, *m.*, arreglo, disposición; ardid, *m.*, treta, artificio. **II.** *va.* y *vn.* proyectar, trazar, discurrir, idear; urdir, tramar.
schemer [-œ(r)], *s.* proyectista; maquinador, intrigante, tracista, fraguador.
Schick [ŝik] **test,** *s.* (med.) prueba o examen de Schick.
schilling [ŝíliŋ], *s.* schilling (unidad monetaria de Austria).
schism [sízm], *s.* cisma, *m.*; escisión.—**schismatic** [sizmǽtik], *s.* cismático.—**schismatic(al** [-al], *a.* cismático.—**schismatically** [-li], *adv.* cismáticamente, como cismático.—**schismatize** [sízmataiz], *vn.* dirigir, causar o fomentar un cisma.
schist [ŝist], *s.* (geol.) esquisto.
schizocarp [skízokarp], *s.* (bot.) esquizocarpo.
schizoid [-oid], *s.* y *a.* esquizoide, esquizofrénico.
schizophrenia [-fríniä], *s.* esquizofrenia.
schizophrenic [-frénik], *a.* y *s.* esquizofrénico.

schnap(p)s [ŝnæps], *s.* ginebra de Holanda.
scholar [skálą̈(r)], *s.* escolar, alumno, estudiante, colegial; beca(rio); erudito, hombre de letras, docto, letrado, sabio, humanista.
scholarly [-lį]. **I.** *a.* erudito; ilustrado, docto. **II.** *adv.* eruditamente, doctamente.
scholarship [-ŝįp], *s.* saber, erudición; beca, plaza pensionada.—**s. holder,** beca(rio), becado.
scholastic [skolǽstįk]. **I.** *a.* escolástico, escolar; (filos.) escolástico; pedantesco. **II.** *s.* escolástico.—**scholastically** [-ąlį], *adv.* escolásticamente.—**scholasticism** [skolǽstįsįzm], *s.* escolasticismo.
scholia [skóu̯lįą̈], *s. pl.* de SCHOLIUM.
scholiast [-æst], *s.* escoliador, escoliasta.
scholium [-ʌm], *s.* escolio, glosa.
school [skúl]. **I.** *s.* escuela; colegio; alumnado; facultad de una universidad (la Facultad de Teología, Medicina, etc.); cardumen, banco de peces.—**s. of painting,** escuela de pintura.—**s. year,** año escolar.—**at,** o **in, s.,** en clase, en la escuela. **II.** *a.* escolar; de escuela; para escuela.—**s. board,** junta de educación.—**s. desk,** pupitre.—**s. teacher,** maestro o maestra de escuela.—**s. teaching,** enseñanza de escuela; profesión de maestro de escuela. **III.** *va.* instruir, enseñar, aleccionar, ad(i)estrar, amaestrar; disciplinar. **IV.** *vn.* ir o andar en manadas, como algunos peces; moverse en masa.
schoolbook [-bu̯k], *s.* texto de escuela.
schoolboy [-bɔį], *s.* muchacho de escuela, colegial.
schooled [-d], *a.* enseñado, amaestrado, aleccionado.
schoolfellow [-fɛlou̯], *s.* condiscípulo.
schoolgirl [-gœrl], *s.* niña de escuela, colegiala.
schoolhouse [-hau̯s], *s.* escuela (edificio).
schooling [-įŋ], *s.* instrucción elemental; educación, enseñanza; experiencia; precio de la escuela.
schoolman [-mąn], *s.* (filos.) escolástico.
schoolmaster [-mæstœ(r)], *s.* maestro de escuela.
schoolmate [-meįt], *s.* condiscípulo.
schoolmistress [-mįstrįs], *s.* maestra de escuela.
schoolroom [-rum], *s.* aula, sala de clase.
schooner [skúnœ(r)], *s.* (mar.) goleta; (E. U.) galera con toldo que usaban los emigrantes (ll. t. **prairie s.**); (fam.) vaso alto y grande para cerveza.
schorl [ŝɔrl], *s.* (min.) chorlo; turmalina.
schottische [ŝátįŝ], *s.* schotis o chotis, *m.*
schwa [ŝwa], *s.* (fon.) vocal sin énfasis (en una sílaba); símbolo fonético de esta vocal.
sciagraphy [saįǽgrąfį], *s.* esciagrafía.
sciatica [saįǽtįką̈], *s.* (med.) ciática.
sciatic(al [-įk(ąl], *a.* (anat.) ciático, isquiático.—**s. nerve,** nervio ciático.
science [sáįęns], *s.* ciencia; pericia, facultad.
science fiction, *s.* ciencia-ficción.
scientific(al [saįęntífįk(ąl], *a.* científico.
scientifically [-lį], *adv.* científicamente.
scientist [sáįęntįst], *s.* sabio, hombre de ciencia o científico.
scilicet [sílįsɛt], *adv.* a saber.
scimitar, scimiter [símįtą̈(r), -œ(r)], *s.* cimitarra.
scintilla [sįntílą̈], *s.* centella, chispa.
scintillant [síntįlant], *a.* centelleante; titilante.—**scintillate** [-eįt]. **I.** *vn.* escintilar, chispear, centellear; titilar. **II.** *va.* destellar.—**scintillation** [-éįŝǫn], *s.* chispazo, centelleo, dęstello; titilación; (fís.) escintilación.
scintillation counter, *s.* (fís.) contador de escintilación.
sciolism [sáįolįzm], *s.* conocimientos superficiales.
sciolist [-įst], *s.* erudito a la violeta, semisabio.
scion [sáįǫn], *s.* (agr.) púa, acodo, plantón, esqueje; vástago, renuevo, verdugo; hijo, hija o descendiente.
scirrhosity [s(k)įrásįtį], *s.* calidad de escirroso.
scirrhous [s(k)írʌs], *a.* (med.) cirroso o escirroso, endurecido; canceroso.
scirrhus [s(k)írʌs], *s.* (med.) cirro o escirro.
scissel [sísęl], *s.* desperdicios o recortes de metal.
scission [síẑǫn], *s.* escisión, corte, división, separación.
scissor [sízǫ(r)], *va.* cortar con tijeras, tijeretear.—**scissors** [-z], *s. pl.* tijeras.
scissure [síŝu̯r], *s.* cisura, hendedura; escisión, cisma, *m.*; ruptura.
sclera [sklírą̈], *s.* (anat.) esclerótica.
scleroma [sklįróu̯mą̈], *s.* (med.) escleroma, *m.*
sclerosis [-sįs], *s.* (med.) esclerosis.
sclerotic [sklįrátįk]. **I.** *a.* escleroso, indurado. **II.** *s.* (anat.) esclerótica, córnea opaca (ll. t. **sclerotica**).—**sclerotitis** [sklįrotáįtįs], *s.* esclerotitis, inflamación de la esclerótica.—**sclerotomy** [sklįrátomį], *s.* (cir.) esclerotomía.
scoff [skáf]. **I.** *vn.* (con **at**) mofarse o burlarse de; befar. **II.** *s.* mofa, escarnio, burla, befa; hazmerreír.
scoffer [-œ(r)], *s.* mofador, burlón, burlador.
scoffingly [-įŋlį], *adv.* con mofa y escarnio.
scofflaw [-lɔ], *s.* burlador o violador de la ley.
scold [skóu̯ld]. **I.** *va.* y *vn.* regañar, reñir, reprender, increpar; rezongar, refunfuñar. **II.** *s.* reñidor, regañón; mujer de lenguaje soez.
scolding [-įŋ], *s.* regaño, reprensión.
scoliosis [skou̯lįóu̯sįs], *s.* (med.) escoliosis, encorvadura lateral de la columna vertebral.
scollop [skálǫp], *s.* y *v.* = SCALLOP.
Scolopendra [skalǫpéndrą̈], *s.* (ent.) género de las escolopendras o ciempiés.
scomber [skámbœ(r)], *s.* (ict.) escombro, caballa.
sconce [skans]. **I.** *s.* cobertizo, salidizo; (fort.) baluarte, fortín; (fam.) cabeza; seso, juicio, sentido; anaquel fijo; multa; cornucopia o candelabro de pared. **II.** *va.* abaluartar, fortificar con baluarte; multar.
sconcheon [skánchǫn], *s.* (arq.) mocheta.
scoop [skúp]. **I.** *s.* pala de mano; cuchara o cucharón de draga; excavación, ahuecamiento; paletada, cucharada; cavidad, hueco; (mar.) vertedor, achicador; (fam.) hallazgo, ganancia; noticia que publica un periódico antes que los demás.—**air s.,** cuchara de aire (de un dirigible).—**s. net,** red barredera. **II.** *va.* sacar con pala o cuchara; achicar, vaciar; ahuecar, cavar, excavar.
scooper [-œ(r)], *s.* achicador, vaciador; cavador; cincel de grabador.
scoot [skút], *vn.* (fam.) largarse, tomar las de Villadiego; pasar, volar velozmente.
scooter [-œ(r)], *s.* monopatín, patinete (juguete de niños); velero de fondo plano que puede pasar velozmente sobre el hielo o el agua; (agr.) especie de arado empleado para hacer surcos.
scope [skou̯p], *s.* alcance, extensión; campo, espacio o esfera de acción o aplicación; ámbito; (fig.) envergadura.
scopolamine [skopáląmin], *s.* (quím., farm.) escopolamina.
scorbutic(al [skɔrbįútįk(ąl], *a.* (med.) escorbútico.
scorbutus [skɔrbįútʌs], *s.* (med.) escorbuto.
scorch [skórch]. **I.** *va.* chamuscar, socarrar, aburar, rescaldar, tostar; agostar, abrasar, quemar, picar (el sol); censurar, criticar cáusticamente. **II.** *vn.* quemarse, secarse; agostarse, abrasarse (apl. a las plantas); (fam.) ir (en coche o en bicicleta) con gran velocidad.—**scorched earth,** tierra abrasada o chamuscada; (mil.) política de arrasarlo todo en una región antes de abandonarla al enemigo.
scorcher [-œ(r)], *s.* (fam.) día muy caluroso o bochornoso; reproche o censura cáustica; automovilista o biciclista que va a toda velocidad.
scorching [-įŋ]. **I.** *a.* ardiente, abrasador, bochornoso. **II.** *s.* chamusquina; agostamiento.
score [skór]. **I.** *s.* muesca, canalita, entalladura; señal, *f.*, línea, raya; cuenta, tantos (en el juego); (dep.) tanto, tanteo; resultado final; deuda; inquina; controversia; cuenta y razón; motivo, consideración; (mús.) partitura; veintena.—**s. board** o **keeper,** (dep.) tanteador.—**on that s.,** a ese respecto, en cuanto a eso.

—**on the s. of,** con motivo de.—**on,** o **upon, what s.,** con qué motivo, por qué razón.—**to settle a s.,** ajustar cuentas; saldar una cuenta. **II.** *va.* rayar, marcar con líneas, rayas o muescas; escoplear; azotar, censurar severamente; (con **out**) borrar, tachar, testar; apuntar, sentar, poner en cuenta; tantear; ganar tantos en un juego; alcanzar (un triunfo); (mús.) instrumentar.—**to s. a point,** (dep.) ganar un tanto; obtener un triunfo. **III.** *vn.* marcar; llevar una cuenta; marcar los tantos en un juego; llevar ventaja en un juego; (fig.) recibir buena acogida, merecer aplausos; hacer muescas, rayas o señales.

scorer [-œ(r)], *s.* marcador; tanteador; coime (en el billar).

scoria [skórịä], *s.* escoria, horrura, cagafierro.—*pl.* **scoriæ** [skórịi], escorias volcánicas.

scoriaceous [-éịŝʌs], *a.* escoriáceo.

scorification [-fịkéịŝọn], *s.* escorificación.

scoriform [-fɔrm], *a.* escoriforme.

scorify [-faị], *va.* escorificar.

scorn [skórn]. **I.** *va.* y *vn.* despreciar, desdeñar; escarnecer. **II.** *s.* desdén, desprecio, escarnio, menosprecio.—**scorner** [-œ(r)], *s.* despreciador, escarnecedor.—**scornful** [-fụl], *a.* desdeñoso, despreciativo.—**scornfully** [-ị], *adv.* desdeñosamente, despreciablemente, despectivamente.—**scornfulness** [-nịs], *s.* desprecio, desdén.

Scorpio [skórpịoụ], *s.* (astr.) Escorpión, *m.*

scorpioid [-pịɔịd], *a.* y *s.* (zool.) escorpiónido; semejante al escorpión.

scorpion [-pịọn], *s.* (zool.) escorpión, *m.*, alacrán; látigo o azote; (**S.,** astr.) Escorpión.—**s. fish,** (ict.) escorpión.—**s. grass,** (bot.) miosotis o nomeolvides.

Scorpionida [-pịánịdä], *s. pl.* (zool.) escorpiónideos.

scorpionwort [skórpịọnwœrt], *s.* (bot.) escorpioide, *f.*, alacranera.

scot [skat], *s.* escote; tasa, contribución; (**S.**) escocés.—**s.-free,** libre de gravámenes; sano y salvo.—**to go s. free,** salir enteramente libre, sin pena alguna.

scotch [skach]. **I.** *va.* escoplear, hacer muescas o cortes; herir ligeramente; picar piedra; calzar, poner calza o galga; engalgar, apear (una rueda); (fam.) frustrar. **II.** *s.* escopl(e)adura, cortadura, corte, incisión; rasguño; trazo para jugar al *hopscotch* o infernáculo; calzo o calza, cuña, galga.

Scotch, Scottish [skach, skátịŝ]. **I.** *a.* escocés.—**S. fir, S. pine,** pino albar.—**S. marriage,** matrimonio por mero acuerdo, sin ceremonia alguna.—**S. reel,** (danz. y mús.) especie de contradanza, muy animada.—**S. snap,** (mús.) ritmo peculiar de los cantos de Escocia.—**S. thistle,** cardo, emblema (*m.*) nacional de Escocia. **II.** *s.* el pueblo escocés; la lengua escocesa.

Scotchman, Scotsman [skáchmạn, skátsmạn], *s.* escocés.

scoter [skóụtœ(r)], *s.* (orn.) foja, falaris.

scotia [skóụŝä], *s.* (arq.) escocia, nacela.

Scotism [skóụtịzm], *s.* escotismo.

Scotist [-ịst], *s.* escotista.

Scotland Yard [skátlạnd yárd], cuartel de policía de Londres; la misma policía, esp. el cuerpo de detectives.

scotoma [skotóụmä], *s.* (med.) escotoma, *m.*

scotomy [skátomị], *s.* (med.) escotomía.

Scotticism [skátịsịzm], *s.* modismo, idiotismo o provincialismo escocés.

scoundrel [skáụndrẹl], *s.* pícaro, bribón, truhán.

scoundrelism [-ịzm], *s.* vida de bribón; bribones colectivamente; truhanería, pillería.

scoundrelly [-ị], *adv.* pícaramente.

scour [skáụr]. **I.** *va.* y *vn.* fregar, estregar, limpiar; blanquear; purgar; formar cauce; recorrer, batir (el monte); ahuyentar, expeler; pulir, alisar; quitar estregando; lavar con un chorro o una corriente; limpiar (el trigo). **II.** *s.* recorrida; barranco, zanja; limpiador (esp. de lana).—*pl.* diarrea del ganado.

scourer [-œ(r)], *s.* limpiador, desengrasador, sacamanchas; purgante eficaz; azotacalles.

scourge [skœrdẑ]. **I.** *s.* azote, flagelo, disciplinas, *f. pl.*; castigo severo; plaga, calamidad.—**the S. of God,** el azote de Dios (Atila). **II.** *va.* azotar, flagelar; mortificar; acosar.

scouring [skáụrịŋ], *s.* fregado, fregadura, estregadura; desengrase; purga.—*pl.* ripio.

scout [skáụt]. **I.** *s.* (mil.) explorador, batidor; (aer.) avión ligero de reconocimiento o caza; niño de la asociación de Niños Exploradores.—**s. commissioner,** director de un cuerpo de niños exploradores.—**s. master,** jefe de tropa de niños exploradores. **II.** *va.* y *vn.* (mil.) explorar; reconocer.—**to s. at,** burlarse de, escarnecer; rechazar con desdén.

scouting [-ịŋ], *a.* y *s.* (de) reconocimiento, (de) exploración.

scow [skaụ], *s.* chalana, lanchón.

scowl [skaụl]. **I.** *vn.* mirar con ceño, fruncir el ceño o el entrecejo, poner mal gesto, enfurruñarse; tener mal cariz. **II.** *va.* rechazar, repeler. **III.** *s.* ceño, sobrecejo; mal cariz, *m.*

scrabble [skrǽbl]. **I.** *va.* y *vn.* escarabajear, garabatear, hacer garabatos; emborronar papel; (ar)rebañar. *V.* SCRAMBLE y SCRIBBLE. **II.** *s.* escarabajeo, garabat(e)o; (ar)rebatiña.

scrag [skrǽg], *s.* cualquier cosa flaca y basta o áspera; el pescuezo.—**scragged, scraggly** [-ịd, -lị], *a.* áspero, escabroso; flaco, descarnado.—**scraggedness, scragginess** [-ịdnịs, -ịnịs], *s.* flaqueza, extenuación; aspereza, escabrosidad.—**scraggy** [-ị], *a.* áspero; desigual; flaco o descarnado.

scram [skræm]. **I.** *vn.* (E. U., fam.) partir, marchar (gen. usado como *interj.*, ¡fuera de aquí! ¡márchese Vd.!). **II.** *s.* (fís. nuclear) interrupción instantánea (por caída de las barras), interrupción de urgencia.

scramble [skrǽmbl]. **I.** *va.* arrebatar, arrebañar, recoger de prisa o confusamente; embrollar; (coc.) hacer un revoltillo de (huevos).—**scrambled eggs,** revoltillo, huevos revueltos. **II.** *vn.* trepar, subir gateando; (bot.) trepar; andar a la rebatiña, bregar. **III.** *s.* trepa; contienda, (ar)rebatiña.—**scrambler** [-blœ(r)], *s.* trepador; el que anda a la rebatiña.

scrap [skrǽp]. **I.** *s.* migaja, mendrugo; pedacillo, fragmento; material viejo o de desecho (apl. esp. al hierro viejo); (fam.) riña, camorra.—*pl.* cuero tostado (de tocino, etc.); basura, ripios, desperdicios; sobras.—**s. heap** o **pile,** montón de desechos, basura, hierro viejo.—**s. iron** o **metal,** chatarra, hierro viejo.—**s. of paper,** (fig.) tratado o convenio sin valor.—**s. paper,** papel de calidad inferior para apuntes, etc.; papel de desecho. **II.** *va.* echar a la basura; descartar; abolir, derogar; desguazar, desbaratar (un buque). **III.** *vn.* (fam.) reñir, armar camorra.

scrapbook [-bụk], *s.* álbum de recortes.

scrape [skréịp]. **I.** *va.* y *vn.* raer, raspar, rascar, rozar, arañar; (a veces con **up** o **together**) (ar)rebañar, recoger; amontonar poco a poco; rascar o tocar mal (un instrumento); restregar los pies.—**to s. acquaintance,** trabar amistad; lograr amistarse.—**to s. along,** (fam.) ganar la vida a duras penas.—**to s. down,** hacer callar (a un actor) con ruido de pies.—**to s. from, off,** o **out,** quitar raspando.—**to s. together,** arañar, juntar a poquitos (dinero, etc.). **II.** *s.* raspadura, raedura, rasguño, arañazo; ruido de raspar; restregadura de pies contra el suelo; enredo, lío, aprieto, apuro, embarazo.

scraper [-œ(r)], *s.* rascador, raspador; estregadera, raedera; arañador, escarbador; (fam.) rascatripas, mal violinista; (mar.) rasqueta; (ten.) garatura, descarnador.

scraping [-ịŋ], *s.* raedura, raimiento, raspadura;

escarbo.—*pl.* ahorros; raspaduras, rebañaduras.
scrapple [skrǽpl], *s.* pasta frita de harina de maíz con carne picada de cerdo.
scrappy [skrǽpi], *a.* deshilvanado, incoherente, fragmentario; (fam.) reñidor, pendenciero.
scratch [skrǽch]. **I.** *va.* y *vn.* rascar, raspar, raer; arañar; rasguñar; rayar (el vidrio); escribir mal, garrapatear; escarbar; cancelar, borrar.—**to s. out one's eyes,** sacar a uno los ojos con las uñas. **II.** *s.* rasguño, arañazo; rascadura; marca o raya; tachón, borradura, tildón; (dep.) línea de partida en una carrera; en el billar, bambarria, chiripa.—*pl.* (vet.) galápago, espundia.—**s. awl,** punzón de marcar.—**s. coat,** capa de base de un enlucido.—**s. paper** o **pad,** papel o cuadernillo de apuntes.—**s. wig,** peluquín.—**from s.,** de nada; de los comienzos.—**up to s.,** en buenas o excelentes condiciones.
scratcher [-œ(r)], *s.* arañador; rascador; escarbador; (agr.) azadilla.
scratchwork [-wœrk], *s.* (b. a.) esgrafiado.
scrawl [skról]. **I.** *va.* garrapatear, garabatear. **II.** *s.* (gen. *pl.*) garabatos, garrapatos, escarabajos.
scrawler [-œ(r)], *s.* garabateador.
scrawny [skróni], *a.* flaco y huesoso, flacucho.
screak [skrik]. **I.** *vn.* chirriar, rechinar; chillar. **II.** *s.* chirrido, rechinamiento.
scream [skrím]. **I.** *va.* y *vn.* chillar; gritar. **II.** *s.* grito, alarido, chillido; (fam.) cosa o persona divertidísima, que hace reventar de risa.
screamer [-œ(r)], *s.* chillón, chillador; (orn.) palamedea, especie de pájaro cornudo gritador; (fam.) cosa o persona divertidísima.
screaming [-iŋ]. **I.** *s.* gritería, grito(s), chillería, alarido(s); acción de gritar. **II.** *a.* gritador, que grita, chillador; (fam.) divertidísimo.
screech [skrích]. **I.** *vn.* chillar, ulular. **II.** *s.* chillido, ululato, estridor.—**s. owl,** (orn.) úlula, autillo, lechuza.
screechy [-i], *a.* chillante, chillón, agudo.
screed [skrid], *s.* escritura o discurso largos; diatriba, invectiva; arenga; (alb.) maestra.
screen [skrín]. **I.** *s.* cancel, biombo, mampara; pantalla; antipara, persiana; tabique, reja; albitana, cerca; reparo, abrigo, defensa; pantalla de chimenea; criba, cedazo, tamiz, *m.;* pantalla de cinematógrafo.—**s. plate,** (fot.) placa de filtros de colores.—**s. star,** (cine) estrella o astro de la pantalla.—**the s.,** el cine, el teatro de cinematógrafo, la pantalla, el celuloide. **II.** *va.* cribar, cerner, tamizar; ocultar, encubrir; escudar, proteger; (teat.) hacer una película de, poner en el cine.
screening [-iŋ], *s.* selección, tamizado; (fís., electrón.) blindaje, protección contra; (quím.) depuración, filtración.
screenings [-iŋz], *s. pl.* residuo, desperdicios de criba.
screw [skrú]. **I.** *s.* tornillo; rosca; hélice, *f.* (de buque o avión); (fam.) cicatero, tacaño. **II.** *a.* de tornillo, de rosca, roscado; para tornillos.—**s. bolt,** perno roscado.—**s. conveyor,** transportador de tornillo sin fin.—**s. driver,** destornillador.—**s. eye,** armella roscada.—**s. gear,** rueda dentada; engranaje de rueda dentada y tornillo sin fin.—**s. jack,** gato, cric.—**s. machine,** máquina de hacer tornillos; torno de roscar.—**s. nail,** tornillo para madera.—**s. pile,** pilote con pie metálico de hélice.—**s. plate,** terraja.—**s. propeller,** hélice (de buque o avión).—**s. steamer,** vapor de hélice.—**s. stair,** escalera de caracol.—**s. stock,** terraja.—**s. tap,** macho de aterrajar.—**s. thread,** filete de tornillo o rosca (de tornillo).—**s. wheel,** rueda dentada.—**s. wrench,** llave (*f.*) de atornillar; llave inglesa.—**to have a s. loose,** (fam.) ser excéntrico o destornillado.—**to put the screws on,** apretar los tornillos; poner las peras a cuatro. **III.** *va.* atornillar; fijar con tornillos; torcer, retorcer; forzar, apretar, comprimir, oprimir, estrechar; apremiar; hacer visajes, gestos o contorsiones (con la cara, el cuerpo, etc.).—**to s. down,** atornillar, fijar con tornillo; (fam.) apretar los tornillos.—**to s. in,** hacer entrar una cosa en otra dándole vueltas como a un tornillo; insinuar.—**to s. off,** des(a)tornillar.—**to s. one's wits,** devanarse los sesos, descalabazarse.—**to s. out of someone,** sonsacar a uno; exigirle (dinero, etc.).—**to s. up,** excitar, aguijonear; torcer.—**to s. up one's courage,** hacer de tripas corazón. **IV.** *vn.* retorcerse o dar vueltas una cosa en forma de rosca o espiral; ejercer extorsión u opresión.
screwball [-bɔl], *s.* (fam.) loco, excéntrico.
scribble [skríbl]. **I.** *va.* y *vn.* escribir de prisa; borrajear, garrapatear, garabatear, escarabajear, emborronar. **II.** *s.* escrito mal pergeñado; garabat(e)o.
scribbler [skríblœ(r)], *s.* mal escritor.
scribe [skraib]. **I.** *s.* escriba, *m.* (entre los hebreos); calígrafo; amanuense, escribiente, escribano; notario público; (fam.) autor, periodista. **II.** *va.* marcar, rayar, puntear; (carp.) juntar, ensamblar, ajustar.
scrim [skrim], *s.* cierto tejido de algodón o lino.
scrimmage [skrímidž], *s.* arrebatiña, reyerta.
scrimp [skrimp]. **I.** *va.* y *vn.* escatimar. **II.** *a.* escaso, reducido, corto. **III.** *s.* (fam.) avaro.
scrip [skrip], *s.* cédula; (com.) póliza, acción o certificado con carácter de vale o abonaré; vales o certificados fraccionarios de valores; esquela, apunte.—**s. holder,** tenedor de vales o certificados provisionales.
script [skript], *s.* letra cursiva; (impr.) plumilla inglesa; (for.) escritura; material escrito a máquina; sinopsis y argumento de un drama cinematográfico, guión (*m.*) de película; (teat.) manuscrito; (rad.) libreto.
scriptural [skrípchūral], *a.* bíblico.
scripturally [-i], *adv.* conforme a la Biblia.—
Scripture [skrípchū(r)], *s.* Escritura (la Biblia).
scrivener [skrívenœ(r)], *s.* plumista; notario; escribano, (fig.) tagarote; (ant.) corredor de cambios.
scrod [skrad], *s.* cría de bacalao.
scrofula [skráfyūlä], *s.* (med.) escrófula.—**scrofulism** [-lizm], *s.* escrofulismo.—**scrofulous** [-lʌs], *a.* escrofuloso.
scroll [skróul]. **I.** *s.* rollo de papel o pergamino; rasgo, rúbrica; hélice, *f.;* (arq.) cinta, voluta; concha (de violín, etc.); (hidr.) caja (de turbina) con conducto de caracol. **II.** *a.* en espiral; de caracol; en hélice; de o para volutas. **III.** *va.* adornar con volutas; dar forma de voluta o caracol.—**s. saw,** sierra de cinta para contornear.
scrollwork [-wœrk], *s.* obra con volutas, adornos de voluta.
Scrooge [skrudž], *s.* avariento, avaro, cicatero.
scroop [skrup]. **I.** *s.* chillido; chirrido. **II.** *vn.* chirriar; chillar.
Scrophularia [skrafiuléria], *s.* (bot.) (género de las) escrofularias.—**scrophulariaceous** [-iéišʌs], *a.* (bot.) escrofulariáceo.
scrotal [skróutal], *a.* (anat.) escrotal.
scrotum [skróutʌm], *s.* (anat.) escroto.
scrub [skrʌ́b]. **I.** *va.* fregar, estregar, estropajear; restregar; limpiar, depurar, lavar (un gas, etc.); limpiar fregando. **II.** *a.* achaparrado, desmirriado; inferior, mezquino.—**s. land,** chaparral, monte bajo.—**s. team,** (dep.) equipo compuesto de jugadores novicios o poco hábiles. **III.** *s.* estropajo, escoba vieja, aljofifa (de fregar); animal de raza mixta e inferior; persona mezquina; árbol achaparrado; monte bajo.
scrubber [-œ(r)], *s.* restregador; limpiasuelos; bruza; (quím. y metal.) limpiador, depurador.
scrubbing [-iŋ]. **I.** *s.* fregadura, fregado, estregadura; estropajeo (esp. del suelo). **II.** *a.* de estregar, de estropajear.—**s. brush,** bruza para el suelo, estregadera, cepillo limpiasuelos o de fregar.
scrubby [-i], *a.* estropajoso; despreciable; achaparrado.
scruff [skrʌf], *s.* nuca, pescuezo; (fund.) = DROSS.

scrumptious [skrʌ́mpŝʌs], *a.* (fam.) elegante; excelente, magnífico.
scrunch [skrʌnch]. **I.** *va.* y *vn.* = CRUNCH; (fam.) apretar, aplastar, arrugar. **II.** *s.* chasquido.
scruple [skrúpl]. **I.** *s.* escrúpulo; rescoldo; (farm.) escrúpulo (peso de 20 granos); cantidad ínfima. **II.** *vn.* escrupulizar, tener escrúpulos.
scrupulous [skrúpyu̧lʌs], *a.* escrupuloso, concienzudo, exacto, puntilloso.—**scrupulously** [-li̧], *adv.* escrupulosamente.—**scrupulousness** [-ni̧s], **scrupulosity** [-lásiti̧], *s.* escrupulosidad.
scrutineer [skrutinír], *s.* escrutiñador.
scrutinize [skrútinaiz], *va.* escudriñar, escrutar.
scrutinizing [-iŋ], **scrutinous** [skrútinʌs], *a.* escudriñador, curioso.
scrutiny [skrútini̧], *s.* escrutinio, escudriñamiento.
scud [skʌd]. **I.** *vn.* correr, volar o deslizarse rápidamente.—**to s. before the wind,** (mar.) correr viento en popa. **II.** *s.* carrera rápida; celajes, *m. pl.*
scuff [skʌf]. **I.** *va.* y *vn.* restregar; dañar(se) o poner(se) áspera una superficie con el uso o desgaste; arrastrar los pies; chancletear. **II.** *s.* desgaste (en una superficie); arrastramiento de los pies; chancleta.
scuffle [skʌ́fl]. **I.** *s.* rebatiña, forcejeo, refriega, pelea. **II.** *vn.* andar a la rebatiña, forcejear.
scull [skʌ́l]. **I.** *s.* (remo de) espadilla; botequín a dos remos. **II.** *vn.* bogar con espadilla; remar en botequín.
sculler [-œ(r)], *s.* bote de espadilla; remero de dicho bote o de un botequín a dos remos.
scullery [skʌ́lœri̧], *s.* espetera; fregadero.—**s. department** o **work,** sollastría.
scullion [skʌ́lyo̧n], *s.* marmitón, pinche, galopín de cocina, sollastre.—**s. wench,** fregona.
sculper [skʌ́lpœ(r)], *s.* buril, cincel (ll. t. **scauper**).
sculpin [skʌ́lpi̧n], *s.* (ict.) coto espinoso.
sculptor [skʌ́lpto̧(r)], *s.* escultor.—**sculptress** [-tri̧s], *s.* escultora.—**sculptural** [skʌ́lpchu̧ral], *a.* escultural, escultórico.—**sculpture** [skʌ́lpchu̧(r)]. **I.** *s.* escultura; estatuaria, entalladura, grabadura, grabazón, *f.* **II.** *va.* esculpir, entallar, cincelar.—**sculpturesque** [-ésk], *a.* escultural, majestuoso.
scum [skʌm]. **I.** *s.* espuma, nata, hez, escoria.—**s. of metals,** escoria de metales.—**the s. of the people,** la hez del pueblo. **II.** *va.* y *vn.* espumar.
scumble [skʌ́mbl]. **I.** *va.* (pint.) dar glacis; (dib.) esfumar. *V.* STUMP. **II.** *s.* (pint.) glacis, *m.*, unión de colores; (dib.) esfumino.
scummy [skʌ́mi̧], *a.* espumoso, espumajoso.
scup [skʌp], *s.* (ict.) especie de pargo.
scupper [skʌ́pœ(r)], *s.* (mar.) imbornal o embornal.
scuppernong [skʌ́pœrnaŋ], *s.* (bot.) tipo de uva verde-amarillenta; vino hecho de esta uva.
scurf [skœ́rf], *s.* caspa, fúrfura; costra.
scurfy [-i̧], *a.* casposo; costroso.
scurrility [skœrí̧li̧ti̧], *s.* grosería, insolencia, procacidad, desvergüenza.—**scurrilous** [skœ́ri̧lʌs], *a.* grosero, indecente, procaz; difamatorio.
scurrilously [-li̧], *adv.* injuriosa c groseramente.—**scurrilousness** [-ni̧s], *s.* calidad de procaz o de insolente.
scurry [skœ́ri̧]. **I.** *va.* poner en fuga, barrer. **II.** *vn.* echar a correr, escaparse, escabullirse. **III.** *s.* fuga precipitada; ventolera, remolino.
scurvied [skœ́rvi̧d], *a.* escorbútico.
scurvily [skœ́rvi̧li̧], *adv.* vilmente; groseramente; ignominiosamente.—**scurviness** [-ni̧s], *s.* torpeza; vileza.
scurvy [skœ́rvi̧]. **I.** *s.* (med.) escorbuto. **II.** *a.* vil, ruin, despreciable.—**s. grass,** (bot.) coclearia.
scutate [ski̧úteit], *a.* (zool.) escutiforme; cubierto de placas en forma de escamas; (bot.) escuteliforme.
scutch [skʌch]. **I.** *va.* agramar, espadar, tascar, espadillar. **II.** *s.* estopa; agramaduras, *f. pl.*; agramadera; martillo de enladrillador.
scutcheon [skʌ́cho̧n], *s.* (blas.) escudo de armas; (zool.) escudete, escudo.
scutcher [skʌ́chœ(r)], *s.* agramadera; batidera; aventador.
scute [ski̧út], *s.* (anat., zool.) escud(ill)o, escudete.
scutellate(d [-ȩleit(i̧d)], *a.* (zool.) escuteliforme; provisto de un escudete; cubierto de placas.
scutellum [ski̧utélʌm], *s.* (bot., zool.) escudete, escudillo.
scutiform [ski̧úti̧fɔrm], *a.* escutiforme.
scuttle [skʌ́tl]. **I.** *s.* escotillón; trampa; barreno, agujero; carrera corta; paso acelerado; cubo, balde.—**s. butt,** (mar.) pipa o tonel de agua de beber; (fam.) chismes, *m. pl.*; runrún. **II.** *va.* barrenar, dar barreno; echar a pique. **III.** *vn.* apretar a correr. *V.* SCURRY.
scythe [sai̧ð]. **I.** *s.* guadaña, dalle. **II.** *va.* guadañar.—**scythed** [-d], *a.* armado de guadaña, falcado.
Scythian [sí̧θi̧an]. **I.** *a.* y *s.* escita, *mf.* **II.** *a.* escítico.
'sdeath [zdeθ], *interj.* (ant.) ¡vive Dios!
sea [sí]. **I.** *s.* mar, *mf.*; (fig.) mar, gran cantidad.—**at s.,** en el mar; perplejo, confuso, perdido.—**beyond the s.,** allende el mar, ultramar.—**by s.,** por mar.—**by the s.,** en el litoral, en la costa.—**to follow the s.,** ganarse la vida en el mar.—**to go to s.,** hacerse marinero; viajar por el mar.—**to put to s.,** hacerse a la mar. **II.** *a.* de mar, marino, marítimo; naval.
sea anchor, *s.* (mar., aer.) ancla flotante.
sea anemone, *s.* (zool.) anémone (*f.*) de mar.
sea bass, *s.* (ict.) especie de lobina o róbalo marino.
seabee [-bi], *s.* (E. U.) miembro del batallón de construcción del Cuerpo de Ingenieros de la Armada.
sea biscuit, *s.* galleta de barco.
seaboard [-bɔrd]. **I.** *a.* costanero, litoral. **II.** *s.* costa, playa; litoral.
sea-born [-bɔrn], *a.* nacido en la mar; marino.
sea-borne [-bɔrn], *a.* transportado por mar.
sea bream, *s.* (ict.) besugo, besuguete, chopa.
sea breeze, *s.* brisa de mar, virazón, *f.*
sea cabbage, *s.* (bot.) berza marina.
sea calf, *s.* (zool.) foca o becerro marino.
seacoast [-kou̧st], *s.* costa marítima, litoral.
sea cow, *s.* (zool.) manatí, vaca marina, dugongo; morsa.
seacraft [-kræft], *s.* barcos de mar; habilidad en la navegación.
sea cucumber, *s.* (zool.) holoturia, cohombro de mar.
sea devil, *s.* (ict.) manta, tipo de raya grande de los mares calientes.
sea dog, *s.* (zool.) foca común; (ict.) tiburón espinoso, perro de mar; (fam.) lobo de mar, marinero viejo; pirata (*m.*), filibustero.
sea eagle, *s.* (orn.) halieto.
sea elephant, *s.* (zool.) elefante marino.
sea fan, *s.* (zool.) gorgonia.
seafarer [-fɛrœ(r)], *s.* marino, navegante.
seafaring [-fɛri̧ŋ]. **I.** *a.* marino, marinero, navegante, de mar. **II.** *s.* vida del marino o del mar.
sea fight, *s.* combate naval.
seaflower [-flau̧œ(r)], *s.* (zool.) anémone (*f.*) de mar.
sea foam, *s.* espuma de mar; (miner.) magnesita.
sea food, *s.* pescado y mariscos comestibles.
seafood [-fu̧d] **bar** o **restaurant,** *s.* marisquería.
seafowl [-fau̧l], *s.* ave marina.
sea gauge, *s.* profundidad del agua (necesaria para flotar un buque); medidor, indicador (de la profundidad del agua).
seagirt [-gœrt], *a.* rodeado o cercado por el mar.
seagoing [-gou̧i̧ŋ], *a.* (marinero) de altura; navegante.
sea-green [-grin], *a.* verdemar; glauco.
sea green, *s.* verdemar (color).
sea gull, *s.* (orn.) gaviota.
sea hedgehog, *s.* (zool.) erizo de mar.

sea hog, *s.* (zool.) marsopa.
sea holly, *s.* (bot.) cardo corredor, eringe.
sea horse, *s.* (ict.) caballo marino, hipocampo; (zool.) morsa; (mit.) hipocampo.
sea kale, *s.* (bot.) berza marina.
sea king, *s.* pirata-jefe escandinavo.
seal [síl]. **I.** *s.* sello; sigilo, signáculo; timbre; precinto; selladura, sigilación; firma; autenticación, fianza; sacramento; (hidr.) obturación; líquido obturador; substancia o artefacto de cierre; nema, cierre o sello de una carta; (zool.) foca.—**s. ring,** sortija con sello.—**under the hand and s. of,** firmado y sellado por. **II.** *va.* sellar, poner el sello, sigilar, precintar; estampar; concluir, poner fin; afirmar, confirmar; lacrar, cerrar una carta o un paquete (con lacre o goma); marchamar; (igl.) santiguar; bautizar, confirmar; guardar secreto; (mec.) tapar con chapaleta; obturar; tapar; (alb.) empotrar, encastrar.—**to s. up,** cerrar. **III.** *vn.* cazar focas.
sea lavender, *s.* (bot.) limonio.
sea lawyer, *s.* (fam.) marinero argumentador y capcioso.
sealed [-d], *a.* sellado o cerrado.—**s. orders,** instrucciones selladas.
sea legs, *s.pl.* (fam.) piernas de marino, pie marino.
sealer [sílœ(r)], *s.* sellador; cazador de focas.
sealery [-i], *s.* caza de focas; lugar para cazar focas.
sea lettuce, *s.* (bot.) lechuga marina (alga).
sea level, *s.* nivel del mar.
sea lily, *s.* (zool.) crinoideo.
sealine [silín], *s.* imitación de piel de foca hecha de pieles de conejo.
sealing [síliŋ]. **I.** *s.* selladura; caza o pesquería de focas. **II.** *a.* de sellar; de tapar.—**s. liquid,** líquido obturador.—**s. wax,** lacre.
sea lion, *s.* (zool.) foca, león marino.
sealskin [-skin], *s.* piel (*f.*) de foca.
seam [sim]. **I.** *s.* (cost.) costura; (fund.) rebaba; (cir.) sutura; (mec.) junta, costura (de un tubo, una caldera, etc.); grieta, hendedura; cicatriz, costurón; arruga; (geol. y min.) filón, vena, veta, criadero; capa delgada; yacimiento; (mar.) costura de los tablones. **II.** *va.* coser, juntar; señalar con cicatrices. **III.** *vn.* henderse, rajarse.
seamaid [símeid], *s.* (poét.) nereida; sirena.
seaman [síman], *s.* marinero, marino, nauta, *m.* —**seamanlike** [-laik], **seamanly** [-li], *a.* y *adv.* marino, marinesco; (como) de buen marino: a la marinera o marinesca.—**seamanship** [-ŝip], *s.* náutica, marina, marinaje, marinería.
seamark [símark], *s.* baliza, boya; señal, *f.*, faro.
sea mew, *s.* (orn.) gaviota.
sea mile, *s.* milla marina o náutica.
seamless [símlis], *a.* inconsútil, sin costura.—**s. tube,** tubo sin costura.
seamstress [símstris], *s.* costurera, labrandera; modistilla.
seamy [sími], *a.* con costuras; (fig.) lo peor.—**the s. side,** el lado peor.
Seanad Eireann [sænad éran], *s.* (en Irlanda) cámara alta, senado.
séance [séians], *s.* sesión (espec. de espiritistas).
sea onion, *s.* cebolla albarrana, escila marítima.
sea otter, *s.* (zool.) nutria de mar, lataz, *mf.*
sea pen, *s.* (zool.) pluma de mar (pólipo).
sea pike, *s.* (ict.) espetón; róbalo; merluza.
seaplane [síplein], *s.* hidroavión, *m.*
seaport [síport], *s.* puerto de mar.
sea power, *s.* potencia naval.
sea purse, *s.* cápsula córnea que contiene los huevos de la raya (del tiburón, etc.).
sear [sir]. **I.** *a.* seco, marchito, agostado. **II.** *s.* quemadura; (arm.) muelle real. **III.** *va.* agostar, secar, marchitar; tostar, chamuscar; cauterizar; endurecer, hacer insensible.
search [sœrch]. **I.** *va.* y *vn.* buscar, explorar, escudriñar; registrar (una casa); investigar, inquirir, indagar; (cir.) tentar.—**to s. after,** preguntar por; indagar, inquirir.—**to s. for,** buscar; solicitar, procurar.—**to s. into,** examinar, investigar.—**to s. out,** descubrir buscando. **II.** *s.* registro, visita, reconocimiento; pesquisa, indagación o investigación; búsqueda, busca, buscada.—**s. for arms,** cacheo. —**s. warrant,** (for.) auto que dispone que se haga un registro o reconocimiento.—**in s. of,** en busca de.
searchable [-abl], *a.* que puede buscarse o registrarse; investigable.
searcher [-œ(r)], *s.* investigador, buscador, explorador, escudriñador, indagador, registrador; vista (*mf.*) de aduanas, inspector; (arti.) gato de registro; (cir.) explorador, tienta; (ópt.) buscador.
searching [-iŋ], *a.* penetrante, escrutador; completo, cabal, minucioso, severo.
searchingly [-li], *adv.* minuciosamente; penetrantemente, de modo escrutinador.
searchlight [-lait], *s.* (elec.) proyector, reflector, faro, foco eléctrico.
sea risk, *s.* riesgo o peligro de mar.
sea robber, *s.* pirata, *m.*
sea robin, *s.* (ict.) pez de la familia de las trillas (esp. el tipo rojizo norteamericano).
sea room, *s.* espacio para maniobrar sin peligro (buque).
sea rover, *s.* pirata, *m.*
seascape [-skeip], *s.* (pint.) marina.
sea serpent, *s.* sierpe marina; (zool.) hidra.
sea shell, *s.* concha (de cualquier molusco marino).
seashore [sîŝor], **seaside** [sísaid], *s.* playa, litoral, ribera, costa, orilla del mar.—**seaside pine,** (bot.) pino bravo o rodeno, pinastro.
seasick [sísik], *a.* mareado.—**to get s.,** marearse.
seasickness [-nis], *s.* mareo, mareamiento.
sea snake, *s.* (zool.) hidra.
season [sízon]. **I.** *s.* estación (del año); sazón, *f.*, tiempo oportuno; temporada; época, momento, hora.—**s. cracks,** grietas longitudinales (de la madera, tubos metálicos, etc.).—**s. ticket,** billete de abono o de temporada.—**dull s.,** (com.) estación muerta.—**in due s., in s.,** en tiempo oportuno.—**in s.,** en sazón; a su tiempo.—**in s. and out of s.,** a todas horas, en tiempo y a destiempo.—**out of s.,** fuera de sazón; intempestivo, a destiempo.—**to be in s.,** ser de la estación o del tiempo debido. **II.** *va.* (coc.) sazonar, aliñar, aderezar, salar, condimentar; secar, curar (la madera); imbuir, persuadir, templar, moderar; aclimatar, habituar, acostumbrar. **III.** *vn.* secarse, endurecerse, curarse (madera); sazonarse, madurarse, habituarse.
seasonable [-abl], *a.* oportuno; a propósito; de estación.—**seasonableness** [-nis], *s.* sazón, *f.*, oportunidad, tempestividad.—**seasonably** [-abli], *adv.* en sazón, oportunamente, tempestivamente.
seasonal [-al], *a.* estacional, de estación, de temporada.
seasoning [-iŋ], *s.* (coc.) condimento, aliño, aderezo, sainete, sazón, *f.;* chiste, salsa o sal, *f.* (de un cuento, etc.); punto o madurez; aclimatación; desecación, cura (de la madera).
sea squirt, *s.* (zool.) ascidia.
sea swallow, *s.* (orn.) pájaro de la familia de las golondrinas de mar.
seat [sít]. **I.** *s.* asiento; silla, banco; escaño; (teat.) localidad; batalla (de la silla de montar); sillín (de bicicleta); (sast.) fondillos de los calzones; (anat.) nalga(s), asentaderas; sede, *f.* (de diócesis, etc.); sitio, paraje, lugar, situación, puesto; mansión, finca, quinta.—**s. back,** respaldo, espaldar.—**s. cover,** cubreasiento.—**s. of a valve,** asiento de una válvula.—**s. of war,** teatro de la guerra. **II.** *va.* sentar, asentar; colocar en asientos; tener asientos para; ajustar (una válvula) en su asiento; fijar, afianzar; establecer; arraigar; poner asiento a (una silla,

etc.); echar fondillos a (un pantalón). **III.** *vn.* asentar, ajustar en su asiento (una válvula, etc.).
seating [-iŋ], *s.* acción de sentar(se), de poner asientos, etc.; material para entapizar muebles; (mec.) lecho, base, *f.*, asiento.—**s. capacity,** cabida (de personas sentadas), número de asientos.
sea trout, *s.* (ict.) raño, baila.
sea urchin, *s.* (zool.) erizo de mar.
sea wall, *s.* malecón, muralla o dique de mar.
seaward [síwărd]. **I.** *adv.* hacia el mar; mar adentro. **II.** *a.* dirigido hacia el mar.
seaware [síwɛr], *s.* algas arrojadas a la playa, que se usan para abono, etc.
seaway [síwei], *s.* ruta marítima; la alta mar; marcha de un buque por las olas; mar gruesa o alborotada.
seaweed [síwid], *s.* alga marina.
sea wolf, *s.* (zool.) lobo marino.
seaworthy [síwœrði], *a.* marinero.—**seaworthiness** [-nis], *s.* buen estado de una embarcación.
sea wrack, *s.* (bot.) alga marina (esp. el tipo grande).
sebaceous [sibéiŝʌs], *a.* sebáceo.
sebacic [sibǽsik], *a.* sebácico.
sebiferous [sibífεrʌs], *a.* sebífero; cerífero.
seborrhea [sεboríă], *s.* (med.) seborrea, secreción excesiva de substancias sebáceas en la piel.
secant [síkænt], *a.* y *s.* (geom.) secante.
secede [sisíd], *vn.* separarse.
seceder [-œ(r)], *s.* separatista.
secession [siséŝon], *s.* secesión.—**secessionism** [-izm], *s.* (pol.) separatismo.—**seccessionist** [-ist], *s.* (pol.) separatista, secesionista.
seclude [siklíúd]. **I.** *va.* apartar, recluir o encerrar. **II.** *vr.* alejarse de otros.—**secluded** [-id], *a.* alejado o apartado; retirado, solitario, recogido.
seclusion [siklíúžon], *s.* reclusión, aislamiento, retraimiento, apartamiento, soledad; retiro.
seclusive [siklíúsiv], *a.* retraído, amigo de la soledad.
second [sékond]. **I.** *a.* segundo; secundario.—**at s. hand,** indirectamente, por conducto ajeno; de oídas.—**every s. day,** cada dos días; un día sí y otro no.—**on s. thought,** después de pensarlo bien.—**to be s. to none,** no ir en zaga a, no ser inferior. **II.** *s.* segundo; artículo de segunda clase; brazo derecho; ayudante; padrino (en un desafío); (mús., aut.) segunda. **III.** *va.* apadrinar, ayudar, favorecer; secundar, apoyar (una proposición). **IV.** *adv.* en segundo lugar.
Second Advent, *s.* adventismo.
Second Adventist, *s.* adventista.
secondary [-εri]. **I.** *a.* secundario, segundario. **II.** *s.* persona o cosa secundaria; (elec.) secundario (circuito, bobina, etc.); (orn.) pluma grande de la segunda articulación.
secondary accent, *s.* (fon.) acento secundario.
secondary battery, *s.* (elec.) acumulador; (mil.) batería secundaria.
secondary education, *s.* segunda enseñanza.
secondary school, *s.* escuela secundaria.
second base, *s.* (béisbol) segunda base.
second-best [-bεst], *a.* segundo; en segundo lugar.—**to come off** o **out second-best,** llevar lo peor, salir mal parado.
second best, *s.* el mejor después del primero; accésit.
second-born [-bɔrn], *s.* y *a.* segundogénito.
second childhood, *s.* senectud, chochez.
second-class [-klæs]. **I.** *a.* de segunda clase; inferior. **II.** *adv.* en o por segunda clase.
second cousin, *s.* primo segundo.
seconder [-œ(r)], *s.* el que apoya o secunda una proposición.
second fiddle, *s.* segundo violín.—**to play second fiddle,** (fig.) desempeñar un papel secundario.
second floor, *s.* piso segundo.
second growth, *s.* (agr.) bosque renacido.
second-guess [-gés], *va.* y *vn.* perceber tardíamente lo que se debió hacer o decir.
secondhand [-hǽnd], *a.* de segunda mano, o usado; indirecto, por conducto ajeno o de oídas.
second hand, *s.* segundero (de reloj).
second lieutenant, *s.* subteniente, alférez, *m.*
second mate, *s.* (mar.) segundo piloto.
second mortgage, *s.* hipoteca adicional de una propiedad.
second nature, *s.* costumbre arraigada.
second papers, *s.pl.* petición de naturalización, última aplicación para hacerse ciudadano estadunidense.
second person, *s.* (gram.) segunda persona.
second-rate [-reit], *a.* de segunda clase, de segunda categoría, de pacotilla.
second self, *s.* alter ego, persona con la personalidad de otra (por estar en asociación con ésta).
second sight, *s.* conocimiento del futuro; doble vista.
seconds pendulum, *s.* péndulo de segundos.
second-story [-stóri], *a.* del o en el piso segundo.
second-story man, *s.* (fam.) ladrón.
second-string [-striŋ], *a.* de segunda clase, de segunda categoría, de pacotilla.
second violin, *s.* segundo violín.
secrecy [síkrεsi], *s.* secreto; reserva; silencio, sigilo; clandestinidad; soledad, retiro.
secret [síkrit]. **I.** *a.* secreto; callado, reservado; clandestino; escondido, oculto, recóndito.—**s. agent,** agente secreto.—**s. service,** policía secreta. **II.** *s.* secreto; sigilo; clave, *f.*—**in s.,** en secreto, en puridad.
secretarial [sεkrεtέriăl], *a.* de secretario; de o para secretarios (escuela, etc.).
secretariat(e [sεkrεtέriat, -iit], *s.* secretaría (oficina); secretariado; cuerpo de secretarios.
secretary [sékrεtεri], *s.* secretario, secretaria; amanuense; secreter, buró, escritorio, pupitre, papelera.—**s. bird,** (orn.) serpentario.—**S. of Foreign Affairs,** Secretario o Ministro de Relaciones Exteriores.—**S. of State,** Secretario de Estado.—**S. of State for Air,** (Ingl.) Ministro de Aviación.—**S. of the Interior,** Secretario de lo Interior o de Gobernación.—**S. of the Navy,** Secretario de Marina.—**S. of the Treasury,** Secretario de Hacienda o del Tesoro.—**S. of War,** Secretario de Guerra.—**s.'s office,** secretaría.
secretaryship [-ŝip], *s.* secretaría, secretariado.
secrete [sikrít], *va.* esconder, ocultar, encubrir; recatar, callar; (fisiol.) secretar; segregar.
secretin [-in], *s.* (bioquím.) secretina.
secretion [sikríŝon], *s.* (fisiol.) secreción; encubrimiento, ocultación, escondimiento.
secretive [sikrítiv], *a.* callado, reservado; (fisiol.) secretorio.
secretiveness [-nis], *s.* inclinación a ocultar o esconder.
secretly [síkritli], *adv.* secretamente, a escondidas, de rebozo, en oculto, a puerta cerrada.
secretness [-nis], *s.* secreto, sigilo.
secretory [sikrítori], *a.* secretorio.
sect [sεkt], *s.* secta; partido, pandilla.
sectarian [sεktérian], *a.* y *s.* sectario, sectador.
sectarianism [-izm], *s.* sectarismo.
sectary [séktari], *s.* sectario; disidente.
sectile [séktil], *a.* sectil.
section [sékŝon]. **I.** *s.* sección, división; parte, *f.*, porción; lámina, tajada muy delgada; subdivisión, departamento, negociado; compartimiento; inciso, artículo (de una ley, etc.); tramo (de un terreno, etc.); (E. U.) división de terreno de 1 milla en cuadro (259 hectáreas o 640 acres); (dib.) corte, sección (gen. se entiende la transversal); (impr.) párrafo, signo §. —**s. cutter,** micrótomo. **II.** *va.* seccionar, dividir en secciones.
sectional [-ăl], *a.* regional, local; hecho de compartimientos.
sectionalism [-izm], *s.* regionalismo; devoción exagerada a los intereses locales.

sector [séktọ(r)], *s.* (geom. y mil.) sector; compás de proporción.
secular [sékyụlạ(r)]. **I.** *a.* secular, seglar, laico o lego; profano, mundano; secular, centenario. **II.** *s.* seglar, lego.—**secularity** [-lǽrịtị], **secularness** [-nịs], *s.* seglaridad, mundanalidad.—**secularly** [-lị], *adv.* seglarmente.—**secularization** [-ịzéịŝọn], *s.* secularización, exclaustración. —**secularize** [-aịz]. **I.** *va.* secularizar, exclaustrar. **II.** *vr.* aseglararse.
secularism [-ịzm], *s.* secularismo, laicismo; exclusión de la religión en las escuelas y otras instituciones; librepensamiento (en el sentido de antagonismo a la religión).—**secularist** [-ịst], *s.* secularista, partidario del secularismo.
secund [síkʌnd], *a.* (bot. y zool.) unilateral.
secundine [sékʌndịn], *s.* (bot.) secundina; (zool.) (gen. *pl.*) secundinas, placenta.
secure [sịkiúr]. **I.** *a.* seguro; tranquilo, confiado; descuidado; cierto, indudable; inexpugnable; firme, fuerte. **II.** *va.* asegurar, resguardar; salvar, proteger; asegurar, afianzar, fijar; garantizar; prender, coger; encerrar, aprisionar; procurarse, obtener, hacerse dueño de.
securely [-lị], *adv.* seguramente, firmemente, fuertemente; sin riesgo; tranquilamente.
secureness [-nịs], *s.* seguridad, calidad de seguro; falta de cuidado.
security [-ịtị], *s.* seguridad; seguro (social); afianzamiento, aseguramiento; firmeza; protección o defensa; tranquilidad, confianza; descuido; (for.) saneamiento; fianza, garantía, caución, prenda; fiador.—*pl.* (com.) valores, obligaciones, títulos.—**securities in hand,** valores en cartera.—**public securities,** efectos públicos.—**to give s.,** dar fianza; dar fiador.—**to stand s. for,** salir fiador de.
sedan [sịdǽn], *s.* silla de manos, toldillo; litera (ll. t. **s. chair**); (aut.) sedán.
sedate [sịdéịt], *a.* sentado, sosegado, serio, formal.
sedately [-lị], *adv.* sosegadamente.
sedateness [-nịs], *s.* compostura, formalidad.
sedative [sédạtịv], *a.* y *s.* (med.) sedativo, sedante, dormitivo, calmante.—**s. salt,** (farm. ant.) ácido bórico.
sedentariness [sédẹnterịnịs], *s.* vida sedentaria; calidad de sedentario.—**sedentary** [-terị], *a.* sedentario; inactivo; (zool.) sedentario.
sedge [sédẑ], *s.* (bot.) juncia, junco, enea.—**s. warbler,** (orn.) curruca.
sedgy [-ị], *a.* abundante en juncias.
sediment [sédịmẹnt], *s.* sedimento, poso, asiento, hez o heces, borra; (geol.) sedimento; tierras de aluvión; (quím.) depósito.—**sedimental** [-méntạl], **sedimentary** [-tạrị], *a.* sedimentario. —**sedimentation** [-tėịŝọn], *s.* sedimentación.
sedition [sịdíŝọn], *s.* sedición.—**seditious** [sịdíŝʌs], *a.* sedicioso.—**seditiously** [-lị], *adv.* sediciosamente.—**seditiousness** [-nịs], *s.* calidad de sedicioso.
seduce [sịdiús], *va.* seducir; corromper, pervertir, deshonrar.—**seducement** [-mẹnt], *s.* seducción. —**seducer** [-œ(r)], *s.* seductor, burlador.—**seducible, seduceable** [-ịbl, -ạbl], *a.* seducible.
seduction [sịdʌ́kŝọn], *s.* seducción; deshonra.—**seductive** [-tịv], *a.* seductivo, seductor; atractivo; persuasivo.—**seductress** [-trịs], *s.* seductora.
sedulity [sịdiúlịtị], *s.* diligencia, asiduidad o aplicación, ahinco.
sedulous [sédẑūlʌs], *a.* asiduo, diligente, cuidadoso, hacendero, hacendoso.—**sedulously** [-lị], *adv.* diligentemente, asiduamente.—**sedulousness** [-nịs], *s.* diligencia, asiduidad.
sedum [sídʌm], *s.* (bot.) género de las crasuláceas.
see [si], *va.* y *vn.* (*pret.* SAW; *pp.* SEEN) ver; discernir, columbrar, vislumbrar; mirar, observar; comprender, concebir, conocer.—*impv.* **see** (en citas) vide, véase.—**s.?** (fam.) ¿comprende? ¿sabe?—**to s. about,** pensar en; averiguar.—**to s. afar off,** ver de lejos, ver a lo lejos.—**to s. eye to eye,** estar enteramente de acuerdo.—**to s. fit,** creer conveniente.—**to s.** (**a person**) **home,** acompañar (a una persona) a su casa.—**to s. into,** penetrar, ver en lo interior de.—**to s.** (**a person**) **off,** ir a despedir (a una persona). —**to s. one another,** verse, visitarse.—**to s. one's way** (**clear**) **to,** saber uno cómo puede, o ver el modo de (hacer algo).—**to s. red,** echar chispas, montar en cólera.—**to s. service,** estar en servicio durante la guerra; pasar por trabajo o uso rudo o fuerte.—**to s. stars,** (fam.) ver las estrellas.—**to s. the back of,** deshacerse, salir de.—**to s. the light,** comprender, despertarse (fig.); nacer; darse a luz, publicarse.—**to s. the point,** comprender, ver el sentido o aplicación de lo dicho.—**to s. through** (**a proposition**), comprender (una proposición).—**to s. through** (**a person**), leer (fig.), verle el juego (fig.), adivinar la intención o el pensamiento (a una persona).—**to s.** (**a person**) **through,** ayudar (a una persona) a salir del paso, o hasta lo último.—**to s.** (**a thing**) **through,** llevar (una cosa) hasta el cabo; estar (en una cosa) hasta el fin o hasta lo último.—**to s. through a millstone,** tener mucha penetración.—**to s. to,** atender a, tener cuidado de; cuidarse de.—**to s. to it that,** atender a que, ver que, hacer que.—**I see,** ¡ya!, ya veo, comprendo.—**let me s., let us s.,** veamos, vamos a ver; déjeme pensar.
see, *s.* (igl.) silla, sede, *f.*
seed [síd]. **I.** *s.* semilla, simiente, *f.;* grano; semen, esperma; pepita, cuesco; progenie, prole, *f.,* generación; germen, origen, causa primitiva.—**s. bed,** sementera, semillero.—**s. bud,** botón, germen.—**s. corn,** trigo o maíz (*m.*) para sembrar.—**s. drill,** sembradera, máquina de sembrar.—**s. flat,** semillero de cajón.—**s. lac,** laca en grano.—**s. leaf,** (bot.) cotiledón.—**s. pearl,** aljófar, rostrillo.—**s. plant,** planta de semilla, que echa semillas.—**s. plot,** semillero.—**s. sowing,** siembra.—**s. vessel,** (bot.) pericarpio. —**to go,** o **run, to s.,** granar; agotarse, envejecerse. **II.** *va.* sementar, sembrar; despepitar; desgargolar (el lino). **III.** *vn.* hacer la siembra; granar.
seedcake [-keịk], *s.* torta de semillas aromáticas.
seedcase [-keịs], *s.* (bot.) pericarpio.
seeded [-ịd], *a.* sembrado; despepitado.
seeder [-œ(r)], *s.* (agr.) sembrador; sembradora o sembradera, máquina de sembrar; despepitador(a).
seediness [-ịnịs], *s.* calidad de granado o semilloso; (fam.) desaliño, desaseo.
seeding [-ịŋ], *s.* siembra; caída (de semillas); (meteor.) acto de sembrar en las nubes (para hacer lluvia artificial); (dep.) distribución (en un torneo) para evitar la confrontación de los mejores en las primeras partidas.
seedless [-lịs], *a.* sin semillas; sin pepitas.
seedling [-lịŋ], *s.* planta de semilla; planta de semillero; árbol de pie; planta recién nacida o joven; retoño, brote; grillo (tallo de semilla).
seedsman [-zmạn], *s.* sembrador; tratante en semillas o simientes.
seedtime [-taịm], *s.* sementera, siembra; tiempo de sembrar.
seedy [-ị], *a.* granado, semilloso, que tiene muchas semillas; (fam.) andrajoso, descamisado, zarrapastroso. *V.* SHABBY.
seeing [síịŋ]. **I.** *s.* vista, visión, ver. **II.** *conj.*—**s. that,** visto que, siendo así que, puesto que, ya que. **III.** *a.* vidente, que ve.—**S. Eye dog,** perro amaestrado para conducir a un ciego.
seek [sík], *va.* y *vn.* (*pret.* y *pp.* SOUGHT) buscar; tratar de, esforzarse por; pedir, exigir, procurar, solicitar, pretender, aspirar a; investigar.—**to s. a person's life,** querer matar a una persona. —**to s. after,** buscar, tratar de obtener.—**to s. for,** buscar.
seeker [-œ(r)], *s.* buscador; investigador.—**s. after,** investigador de; buscador de.
seel [sil], *va.* (cetr.) tapar o coser los ojos, cegar.
seem [sím], *vn.* parecer; parecerle a uno.—**it**

seems, parece, a lo que parece.—**it seems to me,** me parece.
seeming [-iŋ]. I. *s.* apariencia, parecer, exterior; apariencia falsa. II. *a.* aparente.—**seemingly** [-li], *adv.* aparentemente.—**seemingness** [-nis], *s.* apariencia; plausibilidad.
seemliness [-linis], *s.* decoro, decencia; bien parecer; propiedad.
seemly [-li]. I. *a.* decente, decoroso, correcto; conveniente. II. *adv.* decentemente; de manera conveniente.
seen [sin], *pp.* de TO SEE.
seep [sip], *vn.* filtrar, manar, brotar, salir; colarse, rezumarse, escurrirse.
seepage [-idž], *s.* coladura, escape, filtración; manadero (de petróleo, etc.).
seer [sir], *s.* profeta, *m.*, vate; adivinador, vidente; [síœ(r)], veedor.
seersucker [sírsʌkœ(r)], *s.* (tej.) cierto tejido de lino o algodón.
seesaw [síso]. I. *s.* vaivén, balance, vibración; balancín de sube y baja, columpio de balancín o de tabla. II. *a.* de vaivén, de balance. III. *vn.* balancear, columpiarse; jugar en el columpio de tabla; vacilar, alternar.
seethe [síð]. I. *va.* remojar, empapar; hacer hervir; (farm.) elijar. II. *vn.* hervir, bullir; estar agitado. III. *s.* acción de hervir o bullir; estado de agitación.
seething [-iŋ]. I. *a.* hirviente o herviente, bullicioso. II. *s.* hervor, ebullición.
segment [ségment]. I. *s.* segmento; sección. II. *va.* y *vn.* segmentar(se).
segmental [segméntal], **segmentary** [ségmenteri], *a.* segmentario.—**segmental arch,** (arq.) arco escarzano.
segmentation [-téišon], *s.* acción de dividir(se) en segmentos o partes; (biol.) segmentación.
segregate [ségregeit]. I. *va.* y *vn.* segregar(se), desagregar(se), separar(se). II. *a.* segregado, separado, apartado; selecto.
segregation [-géišon], *s.* segregación, desagregación, separación.
segregationist [-géišonist], *s.* segregacionista.
Seidlitz powders [sédlits páudœrz], *s. pl.* (farm.) polvos de Seidlitz.
seignior [sínyo(r)], *s.* señor.
seigniorage [-idž], *s.* señor(e)aje, monedaje; derecho de braceaje.
seigniory [-i], *s.* señoría, señorío.
seine [sein]. I. *va.* y *vn.* pescar con jábega o red barredera. II. *s.* jábega, red, traína, tirona.
seism [sáizm], *s.* sismo, terremoto, temblor de tierra.—**seismic(al** [sáizmik(al], *a.* sísmico.
seismogram [-mogræm], *s.* sismograma, *m.*, registro sismográfico.—**seismographer** [-mágrafœ(r)], *s.* sismólogo.—**seismographic(al** [-mogræfik(al], *a.* sismográfico.
seismograph, seismometer [-mogræf, -mámetœ(r)], *s.* sismógrafo, sismómetro.
seismologist [-málodžist], *s.* sismólogo.
seismology [-dži], *s.* sismología.
seizable [sízabl], *a.* expuesto a ser asido o embargado; (for.) embargable.
seize [síz]. I. *va.* asir, agarrar, coger; apresar, capturar, prender; apoderarse de; aprovecharse de; comprender, darse cuenta de; (for.) secuestrar, embargar, (de)comisar, encautarse de (bienes, etc.); sobrecoger.—**to be seized,** o **seised, of,** (for.) obtener posesión de.—**to be seized with,** sobrecogerse de. II. *vn.* (gen. con *on* o *upon*) agarrar, coger; apoderarse de.
seizer [-œ(r)], *s.* agarrador; (for.) secuestrador.
seizin, seisin [sízin], *s.* (for.) posesión (acto de poseer y cosa poseída); toma de posesión.
seizing [síziŋ], *s.* toma de posesión; (mar.) trinca, traba; ligadura, aferramiento.
seizure [sížų(r)], *s.* asimiento; aprehensión, prendimiento, prisión; captura, presa; (mil.) toma; (for.) embargo, secuestro, (de)comiso; (med.) ataque, acceso, comienzo súbito de una enfermedad.
sej(e)ant [sídžant], *a.* (blas.) sentado.
selachian [siléikian], *a.* y *s.* (ict.) selacio.
seldom [séldom], *adv.* raramente, rara vez, por rareza, pocas veces.
select [selékt]. I. *va.* seleccionar, escoger, elegir, entresacar, optar (por). II. *a.* selecto, escogido, florido, granado.
selection [-šon], *s.* selección o seleccionamiento, elección, escogimiento; trozo, pieza o escrito escogidos; (com.) surtido.
selective [-tiv], *a.* escogedor, que tiene la facultad o el poder de escoger; (biol.) selectivo.
Selective Service, *s.* (E. U.) selección para el servicio militar; reclutamiento obligatorio.
selectman [-man], *s.* (E. U.) miembro del ayuntamiento, administrador municipal.
selectness [-nis], *s.* calidad de selecto o escogido.
selector [-o(r)], *s.* escogedor; (elec.) selector.
selenic [selénik], *a.* (quím.) selénico.
selenid(e [sélenid, -aid], *s.* (quím.) seleniuro.
selenite [sélenait], *s.* (min. y quím.) espejuelo, selenita; (S.) selenita, *mf.*, habitante de la luna.
selenium [selíniʌm], *s.* (quím.) selenio.
selenographer [selenágrafœ(r)], *s.* selenógrafo.
selenographic(al [selinogræfik(al], *a.* selenográfico.
selenography [selenágrafi], *s.* selenografía.
self [sélf]. I. *a.* mismo; igual, uniforme; puro, no mezclado (colores, etc.); propio. II. *s.* (*pl.* SELVES) yo, uno mismo, sí mismo; egoísmo, egotismo, con provecho para uno.—**all by one's s.,** por sí mismo, por su propia cuenta, sin depender de nadie.—**one's other s.,** su otro yo. III. *pron.* (fam.) sí mismo.
self-, *pref.* auto- (por sí mismo, a sí mismo, de sí mismo, en sí mismo).
self-abasement [-abéisment], *s.* humillación de sí mismo.
self-abhorrence [-æbhórens], *s.* aborrecimiento o repugnancia de sí mismo.
self-abnegation [-æbnegéišon], *s.* abnegación.
self-absorbed [-absórbd], *a.* ensimismado, abstraído en sí mismo.
self-absorption [-absórpšon], *s.* ensimismamiento, abstracción en sí mismo; autoabsorción.
self-abuse [-abiús], *s.* abuso, engaño o censura de sí mismo; masturbación.
self-acting [-æktiŋ], *a.* automático.
self-addressed [-adrést], *a.* enderezado a sí mismo.
self-appointed [-apóintid], *a.* nombrado o escogido por sí mismo.
self-assertion [-asœršon], *s.* demanda de sus derechos; acto de hacerse sentir, agresividad.
self-assertive [-asœrtiv], *a.* que hace sentir sus derechos; que se hace sentir, agresivo.
self-assurance [-asúrans], *s.* confianza en sí mismo.
self-assured [-asúrd], *a.* confiado en o seguro de sí.
self-binder [-báindœ(r)], *s.* (agr.) segadora agavilladora.
self-centered [-séntœrd], *a.* egocéntrico; autosuficiente; inmovible, fijo.
self-centering [-séntœriŋ], *a.* (mec.) autocentrado.
self-colored [-kʌlord], *a.* puro, no mezclado, de color natural.
self-command [-komǽnd], *s.* dominio sobre sí mismo.
self-complacency [-kompléisensi], *s.* complacencia en sí mismo; engreimiento.
self-complacent [-kompléisent], *a.* complaciente de sí mismo; engreído.
self-conceit [-konsít], *s.* engreimiento, presunción, vanidad, arrogancia.
self-confessed [-konfést], *a.* autoconfesado.
self-confession [-konféšon], *s.* autoconfesión.
self-confidence [-kánfidens], *s.* confianza en sí mismo.
self-confident [-kánfident], *a.* confiado en o seguro de sí.

self-conscious [-kánŝʌs], *a.* consciente de sí mismo; tímido, recatado.
self-consciously [-kánŝʌsli], *adv.* tímidamente, recatadamente.
self-consciousness [-kánŝʌsnis], *s.* conciencia de sí mismo; timidez, recato.
self-consequence [-kánsekwens], *s.* conciencia de su propia importancia; presunción, arrogancia, altanería.
self-contained [-kontéind], *a.* reservado, callado, formal; dueño de sí mismo; independiente, autosuficiente; completo, autónomo.
self-content [-kontént], *s.* satisfacción de sí mismo; engreimiento.
self-contented [-konténtid], *a.* satisfecho de sí mismo; engreído.
self-contradiction [-kantradíkŝon], *s.* contradicción manifiesta; antinomía.
self-contradictory [-kantradíktori], antinómico.
self-control [-kontróul], *s.* continencia, dominio de sí mismo.
self-controlled [-kontróuld], *a.* continente, con dominio de sí mismo; autorregulado.
self-deception [-disépŝon], *s.* engaño de sí mismo, vana ilusión.
self-defeating [-difítiŋ], *a.* contraproducente.
self-defense [-diféns], *s.* defensa propia; (for.) legítima defensa.
self-denial [-dináial], *s.* abnegación.
self-denying [-dináiiŋ], *a.* abnegado.
self-destruction [-destrákŝon], *s.* autodestrucción, suicidio.
self-determination [-ditœrminéiŝon], *s.* autodeterminación; libre albedrío.
self-determined [-ditœ́rmind], *a.* autodeterminado; con libre albedrío.
self-determining [-ditœ́rminiŋ], *a.* con autodeterminación; con libre albedrío.
self-devotion [-divóuŝon], *s.* abnegación, sacrificio de sí mismo.
self-discipline [-dísiplin], *s.* disciplina de sí mismo.
self-distrust [-distrʌ́st], *s.* falta de confianza en sí mismo.
self-educated [-édẑukeitid], *a.* autodidacto.
self-effacement [-eféisment], *s.* retraimiento, modestia.
self-effacing [-ɛféisiŋ], *a.* retraído, modesto, discreto.
self-employed [-ɛmplóid], *a.* que trabaja para sí mismo.
self-esteem [-ɛstím], *s.* autoestimación, amor propio; vanidad, presunción, engreimiento.
self-evident [-évident], *a.* axiomático, evidente, incontrovertible.
self-examination [-ɛgzæminéiŝon], *s.* examen de conciencia; autocrítica; introspección.
self-excitation [-ɛksaitéiŝon], *s.* (elec.) autoexcitación.
self-executing [-éksikiutiŋ], *a.* que entra en vigor automáticamente.
self-explanatory [-ɛksplǽnatori], *a.* que se explica por sí mismo; evidente, obvio.
self-expression [-ɛkspréŝon], *s.* expresión de la individualidad.
self-feeder [-fídœ(r)], *s.* autoalimentador, alimentador automático.
self-feeding [-fídiŋ], *a.* autoalimentador, de o con alimentación automática.
self-filling [-fíliŋ], *a.* autorrelleno.
self-governing [-gʌ́vœrniŋ], *a.* autónomo.
self-government [-gʌ́vœrnment], *s.* autonomía; dominio sobre sí mismo, continencia.
self-hardening [-hárdeniŋ], *a.* autoendurecible (acero).
selfheal [-hil], *s.* (bot.) sanícula.
self-help [-hɛlp], *s.* ayuda propia o de sí mismo.
selfhood [-hud], *s.* personalidad consciente; existencia independiente; egoísmo.
self-identity [-aidéntiti], *s.* conciencia de la identidad del yo.
self-importance [-impórtans], *s.* engreimiento, presunción, vanidad.
self-important [-impórtant], *a.* presumido, vanidoso, arrogante.
self-imposed [-impouzd], *a.* impuesto a sí mismo.
self-improvement [-imprúvment], *s.* perfeccionamiento de sí mismo, mejora por propios esfuerzos.
self-induced [-indiúst], *a.* (elec.) autoinducido; inducido por sí mismo.
self-induction [-indʌ́kŝon], *s.* (elec.) autoinducción.
self-indulgence [-indʌ́ldẑens], *s.* falta de sobriedad, desenfreno; sibaritismo.
self-indulgent [-indʌ́ldẑent], *a.* con falta de sobriedad, desenfrenado; sibarita, regalón.
self-inflicted [-inflíktid], *a.* infligido o impuesto a sí mismo; que se hace daño a sí mismo.
self-interest [-íntrist], *s.* propio interés; egoísmo, egotismo.
selfish [-iŝ], *a.* egoísta, interesado.
selfishly [-iŝli], *adv.* por egoísmo; interesadamente, egoísticamente.
selfishness [-iŝnis], *s.* egoísmo, egotismo, amor propio.
self-knowledge [-nálidẑ], *s.* conocimiento de sí mismo.
selfless [-lis], *a.* desinteresado, generoso, desprendido.
self-limitation [-limitéiŝon], *s.* autolimitación.
self-liquidating [-líkwideitiŋ], *a.* autoamortizable.
self-loading [-lóudiŋ], *a.* autocargador.
self-locking [-lákiŋ], *a.* de cierre automático.
self-love [-lʌv], *s.* amor propio; egoísmo.
self-made [-méid], *a.* que se ha levantado por sus propios esfuerzos.
self-moving [-múviŋ], *a.* automotor.
self-opinionated [-opínyoneitid], *a.* con opinión exagerada de sí mismo; engreído, fatuo, vanidoso; porfiado, obstinado.
self-ordained [-ɔrdéind], *a.* nombrado o decretado por sí mismo.
self-pity [-píti], *s.* compasión de sí mismo.
self-pollinated [-pálineitid], *a.* (bot.) autopolinado, autofecundado.
self-pollination [-palinéiŝon], *s.* (bot.) autopolinación, autofecundación.
self-pollution [-poliúŝon], *s.* masturbación.
self-portrait [-pórtrit], *s.* autorretrato.
self-possessed [-pozést], *a.* dueño de sí mismo; sereno, calmo.
self-possession [-pozéŝon], *s.* dominio sobre sí mismo; presencia de ánimo, serenidad.
self-praise [-préiz], *s.* autobombo, elogio de sí mismo.
self-preservation [-prɛzœrvéiŝon], *s.* propia conservación.
self-pronouncing [-pronáunsiŋ], *a.* (fon.) con la pronunciación correcta mostrada por signos diacríticos.
self-propelled [-propéld], *a.* automóvil, autopropulsado.
self-protection [-protékŝon], *s.* defensa propia; (for.) legítima defensa.
self-radiation [-reidiéiŝon], *s.* (fís.) autorradiación.
self-realization [-rializéiŝon], *s.* desarrollo completo de las posibilidades del yo.
self-recording [-rikórdiŋ], *a.* autorregistrador.
self-regard [-rigárd], *s.* propio interés; egoísmo; respeto de sí mismo, pundonor, dignidad.
self-regulating [-régyuleitiŋ], *a.* autorregulador, de regulación automática.
self-regulation [-rɛgyuléiŝon], *s.* autorregulación.
self-reliance [-riláians], *s.* confianza en sí mismo.
self-reliant [-riláiant], *a.* confiado en sí mismo.
self-reproach [-riproúch], *s.* reproche a sí mismo; remordimiento de conciencia.
self-respect [-rispékt], *s.* pundonor, dignidad, respeto de sí mismo.
self-respecting [-rispéktiŋ], *a.* digno, pundonoroso.

self-restraint [-ristréint], *s.* moderación, continencia; dominio de sí mismo.
self-righteous [-ráichʌs], *a.* farisaico, gazmoño, santurrón.
self-righteousness [-nis], *s.* fariseísmo, gazmoñería, santurronería.
self-rising [-ráiziŋ], *a.* que se levanta por sí mismo; que crece sin añadidura de levadura (harina).
self-sacrifice [-sǽkrifais], *s.* abnegación.
self-sacrificing [-iŋ], *a.* con abnegación.
selfsame [-séim], *a.* idéntico, mismísimo.
self-satisfaction [-sætisfǽkŝon], *s.* satisfacción de sí mismo; engreimiento.
self-satisfied [-sǽtisfaid], *a.* satisfecho de sí mismo; engreído.
self-sealing [-síliŋ], *a.* autosoldable.
self-seeking [-sikiŋ]. **I.** *s.* egoísmo. **II.** *a.* egoísta.
self-service [-sœ́rvis], *a.* donde uno se sirve a sí mismo (restaurante, tienda, etc.); automático (ascensor).
self-sown [-souŋ], *a.* sembrado sin intervención humana.
self-starter [-stártœ(r)], *s.* (aut.) arranque automático.
self-starting [-stártiŋ], *a.* de o con arranque automático.
self-styled [-staild], *a.* apellidado o dado por sí mismo (título, nombre, etc.); supuesto, falso, fingido.
self-sufficiency [-sʌfíŝensi], *s.* autosuficiencia; independencia; presunción, altanería, arrogancia.
self-sufficient [-sʌfíŝent], *a.* autosuficiente; independiente; altanero, altivo, arrogante.
self-support [-sʌpórt], *s.* independencia, mantenimiento por sus propios recursos.
self-supporting [-sʌpórtiŋ], *a.* independiente, que se mantiene por propios recursos.
self-surrender [-sʌréndœ(r)], *s.* desistimiento de sí mismo o de su propia voluntad.
self-sustaining [-sʌstéiniŋ], *a.* automantenido; independiente, que se mantiene por propios recursos.
self-taught [-tót], *a.* autodidacto.
self-willed [-wíld], *a.* obstinado, terco.
self-winding [-wáindiŋ], *a.* de cuerda automática (reloj).
self-worship [-wœ́rŝip], *s.* egolatría.
sell [sél]. **I.** *va.* (*pret.* y *pp.* SOLD) vender, despachar; (fam.) hacer aceptar o reconocer, convertir, convencer (ú. esp. en la voz pasiva **to be sold on,** estar convencido de, haberse convertido a).—**to s.,** de venta, para la venta.—**to s. at auction,** almonedear, vender en pública subasta.—**to s. down the river,** (fam.) traicionar.—**to s. for a mere song,** vender por una bicoca.—**to s. (for) cash,** o **for ready money,** vender al contado.—**to s. on trust,** fiar, vender al fiado.—**to s. out,** realizar, hacer venta de realización, liquidar lo que queda antes de cerrar una tienda; vender los bienes de un deudor para pagar; agotar (una edición, etc.); (fam.) venderse, hacer traición.—**to s. short,** (com.) vender acciones o efectos que uno no tiene y que espera comprar a bajo precio antes de hacer la entrega; (fig.) desestimar. **II.** *vn.* vender, traficar, hacer el comercio; venderse, tener buena venta (un artículo). **III.** *s.* (fam.) engaño, fraude.
seller [-œ(r)], *s.* vendedor.
selling [-iŋ]. **I.** *s.* venta, acción de vender. **II.** *a.* de venta; que vende.
sellout [sélaut], *s.* (fam.) liquidación completa (de géneros); venta de todos los billetes disponibles; (fam.) traición.
Seltzer [séltsœ(r)], *s.* agua de Seltz, agua carbónica.
selvage [sélvidẑ], *s.* (tej.) hirma, orillo de paño; borde, orilla, lista, orla; (min.) salbanda.
selves [selvz], *pl.* de SELF.
semantics [semǽntiks], *s.* semántica, estudio del desarrollo del significado de las palabras.
semaphore [séməfor], *s.* semáforo, telégrafo óptico; (f. c.) disco, telégrafo de señales.
semaphoric(al [-fórik(al], *a.* semafórico.
semasiology [semeisiálodẑi], *s.* semasiología.—**semasiologic(al** [-sioládẑik(al], *a.* semántico.
semblance [sémblans], *s.* semejanza; exterior, aspecto, apariencia; ademán, velo; imagen.
semeiology [simaiálodẑi], **semeiotics** [-átiks], *s.* (med.) semeiología, semeiótica.
semen [símen], *s.* (fisiol.) semen, esperma; (bot.) simiente, *f.*, semilla.
semester [seméstœ(r)], *s.* semestre.
semi- [sémi], *prefijo,* semi, medio.
semiannual [-ǽnyual], *a.* semestral, de cada seis meses.—**semiannually** [-i], *adv.* semestralmente.
semiarid [-ǽrid], *a.* semiárido.
semiautomatic [-otomǽtik], *a.* semiautomático.
semibreve [-briv], *s.* (mús.) semibreve, *f.*—**s. rest,** aspiración de semibreve.
semicentennial [-senténial], *s.* y *a.* cincuentenario.
semicircle [-sœrkl], *s.* semicírculo, hemiciclo.
semicircular [-sœ́rkiulă(r)], *a.* semicircular.—**s. canals,** (anat.) canales semicirculares (del oído).
semicivilized [-sívilaizd], *a.* semicivilizado.
semicolon [-koulon], *s.* punto y coma (;).
semiconductor [-kondʌkto(r)], *s.* (elec.) semiconductor.
semiconscious [-kánŝʌs], *a.* semiconsciente.
semidetached [-ditǽcht], *a.* geminada (casa); parcialmente separado.
semideveloped [-divélopt], *a.* parcialmente desarrollado.
semidiameter [-daiǽmetœ(r)], *s.* semidiámetro.
semidiurnal [-daiœ́rnal], *a.* semidiurno.
semifinal [-fáinal]. **I.** *a.* semifinal. **II.** *s. pl.* (dep.) partido, carrera, etc., antes de los finales.
semifinalist [-fáinalist], *s.* semifinalista.
semifluid [-flúid], *a.* semiflúido.
semilunar(y [-liúnar(i)], *a.* semilunar.
semimonthly [-mʌ́nθli]. **I.** *a.* quincenal, bimensual. **II.** *s.* publicación quincenal. **III.** *adv.* quincenalmente, dos veces por mes.
seminal [séminal], *a.* seminal, espermático; embrionario; elemental; (bot.) seminal, sementino.
seminar [séminar], *s.* seminario.
seminarist [-nerist], *s.* seminarista.
seminary [-neri]. **I.** *s.* seminario; colegio. *V.* SEMINAR. **II.** *a.* perteneciente a los seminarios.
semination [seminéiŝon], *s.* sementera; diseminación, propagación; (biol.) seminación.
seminiferous [-níferʌs], *a.* seminífero.
seminific(al [-nífik(al], *a.* seminal, seminífero; sementino.
semiofficial [-ofíŝal], *a.* oficioso, semioficial.
semiology [simiálodẑi], **semiotics** [-átiks], *s.* (med.) semiología, semiótica.
semipermeable [-pœ́rmiabl], *a.* semipermeable.
semiprecious [-préŝʌs], *a.* semiprecioso.
semiquaver [-kweivœ(r)], *s.* (mús.) semicorchea.
semirigid [-rídẑid]. **I.** *a.* (aer.) semirrígido. **II.** *s.* aeróstato semirrígido.
semiskilled [-skíld], *a.* semicalificado (trabajador).
semisolid [-sálid], *s.* y *a.* semisólido.
semispherical [-sférikal], *a.* semiesférico, hemisférico.
Semite [sémait], *s.* semita, *mf.*
Semitic [semítik]. **I.** *a.* semítico, semita. **II.** *s.* semita; conjunto de las lenguas semíticas.—**Semitics** [-s], *s.* estudio de los semitas.
Semitism [sémitizm], *s.* semitismo.
semitone [sémitoun], *s.* (mús.) semitono.
semitropical [-trápikal], *a.* semitropical.
semivowel [-vauel], *s.* (fon.) letra semivocal.
semiweekly [-wíkli]. **I.** *a.* bisemanal. **II.** *s.* publicación bisemanal. **III.** *adv.* bisemanalmente.
semiyearly [-yírli], *a.* semestral.
semolina [semolínă], *s.* sémola.
sempiternal [sempitœ́rnal], *a.* sempiterno.

sempstress [sémpstrịs], *s.* costurera.
sen [sɛn], *s.* sen (moneda japonesa).
senary [sénạrị], *a.* y *s.* senario.
senate [sénịt], *s.* senado; (**S.**) Cámara alta, junta directiva de algunas universidades; consejo, cuerpo legislativo; junta de personas venerables.—**s. house,** senado (sala).
senator [sénạtọ(r)], *s.* senador.
senatorial [sɛnạtórịạl], *a.* senatorio, senatorial.
senatorship [sénạtọrŝịp], *s.* senaduría.
senatus consultum [sịnéịtʌs kọnsʌ́ltʌm], senadoconsulto.
send [sénd]. **I.** *va.* (*pret.* y *pp.* SENT) enviar, despachar, expedir, remesar, transmitir; echar, lanzar, arrojar, producir; difundir, extender, propagar; conceder, dar.—**to s. away,** despedir, poner en la calle.—**to s. back,** devolver; enviar de vuelta, enviar otra vez.—**to s. forth,** echar (retoños, etc.); emitir, despedir, exhalar (luz, vapores); enviar, despachar.—**to s. in,** hacer entrar; introducir.—**to s. in one's papers,** renunciar.—**to s. off,** despachar, expedir.—**to s. one about one's business,** enviar a paseo, echar o despachar a uno sin rodeos.—**to s. up,** enviar arriba; mandar subir; (mar.) izar; (fam.) enviar a la cárcel.—**to s. word,** mandar recado; avisar; enviar a decir. **II.** *vn.* enviar algún recado o recadero; (mar.) = SCEND.—**to s. for,** enviar a buscar, enviar por, hacer o mandar buscar.
sender [-œ(r)], *s.* remitente, expedidor; enviador; (elec.) transmisor.
send-off [-ɔf], *s.* (fam.) despedida afectuosa.
sending [-ịŋ], *s.* remisión o remesa, envío; transmisión.
Senegal [sénịgɔl], *s.* Senegal.
Senegalese [sɛnịgạlíz], *s.* y *a.* senegalés.
senescence [sẹnésẹns], *s.* senectud.
senescent [-ẹnt], *a.* que envejece.
seneschal [sénẹŝạl], *s.* senescal.
senile [sínaịl], *a.* senil, caduco.
senility [sẹnílịtị], *s.* senilidad, senectud; ñoñez.
senior [sínyọ(r)]. **I.** *a.* mayor, de mayor edad; más antiguo; (E. U.) del último año en un colegio. **II.** *s.* señor mayor, anciano; decano; socio más antiguo o más caracterizado; (E. U.) escolar del último año en un colegio; (después de un nombre, en la forma abreviada **Sr.**) padre.
senior high school, *s.* (E. U.) escuela secundaria (los tres últimos años).
seniority [sinyárịtị], *s.* antigüedad; ancianidad; decanato; prioridad.
senna [sénạ], *s.* (bot.) sen o sena.
sensate [sénseịt], *a.* percibido por los sentidos.
sensation [sɛnséịŝọn], *s.* sensación, sentimiento; excitación.—**to be a s.,** dar golpe; ser un exitazo.—**sensational** [-ạl], *a.* relativo a la sensación; notable, sensacional; escandaloso.—**sensationalism** [-ịzm], *s.* (filos.) sensualismo.—**sensationalist** [-ịst], *s.* sensualista.—**sensationally** [-ị], *adv.* sensacionalmente.
sense [séns]. **I.** *s.* sentido; razón, *f.*, juicio; sensación; sentimiento; inteligencia, entendimiento; significado, interpretación; substancia; (geom. y mec.) sentido, dirección (el primer término es el más propio y preciso).—**s. impression,** sensación, impresión sensual.—**s. organ,** órgano de los sentidos.—**s. perception,** percepción sensual.—**in a s.,** hasta cierto punto.—**in no s.,** por ningún concepto.—**the senses,** los sentidos.—**to be out of one's senses,** haber perdido el juicio, no estar en sus cabales. **II.** *va.* percibir por los sentidos; (fam.) sentir, inferir intuitivamente; sospechar.
senseless [-lịs], *a.* insensible, privado, desmayado, sin conocimiento; sin sentido, absurdo; insensato, necio.—**senselessly** [-lị], *adv.* insensatamente.—**senselessness** [-nịs], *s.* tontería, insensatez.
sensibility [sénsịbílịtị], *s.* sensibilidad; precisión (de instrumentos). *V.* SENSITIVENESS.
sensible [-bl], *a.* cuerdo, razonable; sensato; perceptible, sensible; sensitivo.—**s. note o tone,** (mús.) nota sensible o séptima.—**to be s. (of),** hacerse cargo de, estar persuadido de.
sensibly [-blị], *adv.* sensiblemente; cuerdamente; a cabalidad; perceptiblemente.
sensitive [sénsịtịv], *a.* sensitivo; sensible, impresionable; susceptible; tierno, sentido; delicado; (fís., etc.) sensible (instrumento, etc.); (fot.) sensibilizado.—**s. plant,** (bot.) sensitiva, mimosa.—**sensitively** [-lị], *adv.* sensiblemente.
sensitiveness [-nịs], *s.* sensibilidad (de una persona, de un instrumento); susceptibilidad; finura, delicadeza; precisión.
sensitivity [sɛnsịtívịtị], *s.* sensibilidad.
sensitization [-tịzéịŝọn], *s.* (fot.) sensibilización.—**sensitize** [-taịz], *va.* sensibilizar.—**sensitized** [-d], *a.* sensibilizado.—**sensitizer** [-œ(r)] *s.* sensibilizador.
sensor [sénsɔr], *s.* sensor.
sensorial [sɛnsórịạl], *a.* sensorio.
sensorium [-ịʌm], *s.*, **sensory** [sénsorị], *s.* y *a.* (anat.) sensorio.
sensual [sénŝụạl], *a.* sensual, voluptuoso, lascivo, lujurioso; carnal.—**sensualism** [-ịzm], *s.* sensualismo; sensualidad.—**sensualist** [-ịst], *s.* sibarita, *mf.*; (filos.) sensualista.
sensuality [-ǽlịtị], *s.* sensualidad, voluptuosidad, lascivia.
sensualize [-aịz], *va.* y *vn.* hacer sensual; volverse sensual.
sensually [-ị], *adv.* sensual o voluptuosamente.
sensuous [sénŝụʌs], *a.* sensorio o sensitivo; tierno, sensible, apasionado.
sensuousness [-nịs], *s.* sensibilidad; sensualidad; afición a lo bello.
sent [sɛnt], *pret.* y *pp.* de TO SEND.
sentence [séntẹns]. **I.** *s.* (gram.) oración, cláusula, período; dictamen, opinión, parecer; (for.) sentencia, fallo; condena (de presidio); máxima, sentencia o dicho; (mús.) frase, *f.* **II.** *va.* sentenciar, condenar.
sentential [sɛnténŝạl], *a.* (gram.) de la oración.
sententious [-ŝʌs], *a.* sentencioso, conceptuoso; lacónico.—**sententiously** [-lị], *adv.* sentenciosamente.—**sententiousness** [-nịs], *s.* estilo sentencioso.
sentience [sénŝịẹns], **sentiency** [-ị], *s.* conciencia, estado consciente; percepción; sensibilidad.—**sentient** [-ẹnt]. **I.** *a.* consciente. **II.** *s.* ser consciente; conciencia, sensibilidad mental.
sentiment [séntịmẹnt], *s.* sentimiento; afecto, simpatía; modo de sentir o de pensar, opinión, sentir, concepto; sentido, significado.
sentimental [-méntạl], *a.* sentimental.—**sentimentalism, sentimentality** [-ịzm, -mɛntǽlịtị], *s.* sentimentalismo.—**sentimentalist** [-méntạlịst], *s.* persona que se guía por sentimentalismo, sentimentalista.—**sentimentalize** [-méntạlaịz], *va.* y *vn.* tratar u obrar sentimentalmente; atribuir sentimiento a.
sentimentally [-méntạlị], *adv.* sentimentalmente.
sentinel [séntịnẹl], **sentry** [séntrị], *s.* (mil.) centinela, *mf.*—**to stand sentry,** hacer o estar de centinela.—**sentry box,** garita de centinela.
sepal [sípạl], *s.* (bot.) sépalo.
separability, separableness [sépạrạbílịtị, -blnịs], *s.* calidad de separable; naturaleza separable.—**separable** [-bl], *a.* separable, partible, disgregable.—**separably** [-blị], *adv.* separablemente.
separate [sépạreịt]. **I.** *va.* separar, segregar, disgregar, disolver, partir, dividir; disociar, apartar, alejar, divorciar; desnatar (leche); descarriar (ganado). **II.** *vn.* separarse, desunirse. **III.** [sépạrịt], *a.* separado, aparte, suelto; distinto, diferente; desunido, segregado.—**separately** [-lị], *adv.* separadamente, por separado, uno a uno, aparte, de por sí.—**separateness** [-nịs], *s.* estado de separación.—**separation** [-éịŝọn], *s.* separación, segregación, disgregación; divorcio.—**separatist** [sépạrạtịst], *s.* (pol.) separatista; (igl.) cismático.—**separative** [-ạtịv], *a.* separativo, distintivo.
separator [-eịtọ(r)], *s.* separador; divisor, parti-

dor; desnatadora, centrífuga (para desnata leche).
separatory [-ạtori], *a.* separativo.—**s.** (o **separating) funnel,** (quím.) embudo de separación.
Sephardic [sifárdik], *a.* sefardí, sefardita.
Sephardim [-dim], *s. pl.* sefardíes, sefarditas, *mf.*
sepia [sípiạ]. **I.** *s.* (pint.) sepia; dibujo a la sepia; (ict.) sepia, jibia; jibión, *m.* **II.** *a.* de sepia.
sepoy [sípoi], *s.* cipayo, soldado indio.
sepsis [sépsis], *s.* (med.) sepsis, infección séptica causada por substancias pútridas.
sept [sept], *s.* clan, tribu, *f.*
septa [séptạ], *s. pl.* de SEPTUM.
septal [séptal], *a.* (anat.) septal, rel. a un séptum.
septangle [séptæŋgl], *s.* (geom.) heptágono.
septate [sépteit], *a.* tabicado, que tiene tabiques.
September [septémbœ(r)], *s.* septiembre.
septemia [septímiạ], *s.* (med.) septicemia.
septenary [septénạri]. **I.** *a.* septenario. **II.** *s.* septena; septenio.
septennial [septéniạl], *a.* sieteñal.
septet [septét], *s.* septena; (mús.) septeto.
septic [séptik], *a.* séptico.—**s. tank,** foso séptico.
septicemia [septisímiạ], *s.* (med.) septicemia.—**septicemic** [-símik], *a.* septicémico.
septillion [septílyon], *s.* septillón; (E. U. y Fr.) unidad con 24 ceros; (Ingl.) unidad con 42 ceros.
septimole [séptimoul], *s.* (mús.) septillo.
septuagenarian [sepchuạdẑenériạn], *a.* y *s.* septuagenario, setentón.
septuagenary [-édẑeneri], *a.* septuagenario.—**Septuagesima** [-ạdẑésimạ], *s.* septuagésima.—**septuagesimal** [-l], *a.* septuagésimo.
Septuagint [sépchuạdẑint], *s.* (bib.) versión griega de los Setenta.—**Septuagintal** [-dẑíntạl], *a.* relativo a, o según, la versión de los Setenta.
septum [séptʌm], *s.* (anat.) séptum, septo, tabique.
septuple [séptiupl]. **I.** *a.* séptuplo. **II.** *va.* y *vn.* septuplicar(se).
septuplet [-plet], *s.* (mús.) septillo.
sepulchral [sẹpʌ́lkral], *a.* sepulcral, fúnebre.
sepulcher, sepulchre [sépʌlkœ(r)]. **I.** *s.* sepulcro, sepultura. **II.** *va.* sepultar, enterrar.
sepulture [sépʌlchū(r)], *s.* inhumación, sepultura, entierro.
sequacious [sikwéiŝʌs], *a.* secuaz; lógico.
sequel [síkwẹl], *s.* secuela, consecuencia, efecto; continuación.
sequela [sikwílạ], *s.* adherente, secuaz, *mf.;* grupo de adherentes; consecuencia, inferencia; (med.) secuela.
sequence [síkwẹns], *s.* serie, orden de sucesión; arreglo; encadenamiento, ilación; efecto; en los naipes, runfla de un palo; (mús.) modulación; (igl.) secuencia.
sequent [síkwẹnt], *a.* siguiente, subsiguiente.
sequester [sikwéstœ(r)]. **I.** *va.* separar, retirar, apartar; (for.) secuestrar. **II.** *vn.* (for.) renunciar una viuda a toda intervención en la liquidación de la herencia de su marido.
sequestrable [-trạbl], *a.* secuestrable.
sequestrate [-treit], *va.* (for.) confiscar, comisar; secuestrar.
sequestration [-tréiŝọn], *s.* (for.) embargo, secuestro, secuestración; reclusión, retiro.—**sequestrator** [síkwestreitọ(r)], *s.* secuestrador.
sequestrum [sikwéstrʌm], *s.* (cir.) secuestro.
sequin [síkwin], *s.* cequí (moneda); lentejuela, adorno reluciente para vestidos.
sequoia [sikwóiạ], *s.* (bot.) abeto gigantesco de California.
seraglio [sirǽlyou], *s.* serrallo, harem o harén; palacio turco; mancebía, burdel.
seraph [séraf], *s.* (*pl.* -PHIM) serafín.—**seraphic(al** [serǽfik(ạl], *a.* seráfico.—**seraphically** [-i], *adv.* seráficamente.
Serb [sœ́rb], **Serbian** [-iạn], *s.* y *a.* servio.—**Serbo-Croatian** [-okrouéiŝạn], *s.* y *a.* servocroata (idioma y raza).
sere [sir], *a.* seco, marchito, agostado. *V.* SEAR.
serenade [serẹnéid]. **I.** *s.* (mús.) serenata. **II.** *va.* dar serenata a.
serene [sẹrín], *a.* sereno, despejado; sosegado, tranquilo.—**most s.,** serenísimo (título).—**serenely** [-li], *adv.* serenamente.—**sereneness** [-nis], *s.* serenidad de ánimo, tranquilidad, calma.
serenity [sẹréniti], *s.* serenidad, bonanza; tranquilidad, calma, paz, quietud; presencia de ánimo; serenidad (título de algunos príncipes).
serf [sœ́rf], *s.* siervo.—**serfage** [-idẑ], **serfdom** [-dọm], *s.* condición de siervo, servitud.
serge [sœrdẑ], *s.* (tej.) estameña, anascote.—**s. silk,** sarga, jerguilla.
sergean(t)cy [sárdẑẹnsi], *s.* = SERGEANTSHIP.
sergeant [sárdẑẹnt], *s.* (mil.) sargento; (ant.) alguacil, ministril; escudero; (Ingl.) abogado de primera clase (ll. t. **s. at law**).—**s. at arms,** (en un cuerpo legislativo) oficial de orden, que hace guardar el orden.
sergeantship [-ŝip], *s.* sargentía; grado de sargento.
serial [síriạl]. **I.** *a.* de o en serie, de orden (número, marca, etc.); consecutivo; formando serie; que se publica por entregas; sucesivo. **II.** *s.* obra que se publica por entregas; (cine) drama cinematográfico de varias películas, representado en una serie de funciones; película periódica o episódica.—**serially** [-i], *adv.* en serie; por serie; por entregas.
serialize [-aiz], *va.* publicar o arreglar en forma de serie.
serial number, *s.* número de serie o de orden.
seriatim [siriéitim], *adv.* en serie; uno tras otro.
sericate [sérikeit], *a.* sedoso; velludo.
sericeous [siríŝʌs], *a.* sérico, sedoso, sedeño.
sericultural [serikʌ́lchūral], *a.* sericícola.
sericulture [sérikʌlchū(r)], *s.* seri(ci)cultura.
series [síriz]. **I.** *s.* serie; sucesión, cadena; ciclo; (mat.) serie; progresión.—**in s.,** (elec.) en serie. **II.** *a.* en serie (arrollamiento, dínamo, etc.).—**s.-parallel,** (elec.) en serie-paralelo.—**s.-wound,** (elec.) arrollado en serie.
serif [sérif], *s.* (impr.) rajitas de adorno (de una letra).
serigraph [sérigræf], *s.* (b.a.) serígrafo, impresión con estarcido de seda.
serigrapher [serígrạfœ(r)], *s.* serigrafista, persona que hace una impresión con estarcido de seda.
serigraphy [serígrạfi], *s.* serigrafía, arte de hacer una impresión con estarcido de seda.
serin [sérin], *s.* (orn.) verderón.
seringa [sẹríŋgạ], *s.* (bot.) siringa, variedad del árbol del caucho; jeringuilla. *V.* SYRINGA.
serio-comic(al [siriokámik(ạl], *a.* jocoserio.
serious [síriʌs], *a.* serio; formal, severo; grave, de peso, de consecuencia; verdadero, sincero.—**seriously** [-li], *adv.* seriamente, en serio, de veras; formalmente; gravemente.—**seriousness** [-nis], *s.* seriedad; formalidad, severidad; gravedad.
serjeant [sárdẑẹnt], *s.* = SERGEANT.
sermon [sœ́rmọn], *s.* sermón, prédica; sermoneo.—**S. on the Mount,** sermón del Monte.
sermonize [-aiz], *va.* y *vn.* predicar; sermonear.
sermonizer [-aizœ(r)], *s.* sermoneador.
serologist [sirálodẑist], *s.* serólogo.
serology [sirálodẑi], *s.* (med.) serología, estudio de los sueros y sus efectos.
seron, seroon [siróun, sirún], *s.* sera, serón.—**s. of cinnamon,** churla de canela.—**s. of cocoa,** sobornal de cacao.—**s. of indigo,** zurrón de añil.
serosity [sirásiti], *s.* (fisiol., med.) serosidad.
serotherapy [siroθérapi], *s.* (med.) s(u)eroterapia.
serotinous [sirátinʌs], *a.* (bot.) serondo, serotino.
serous [sírʌs], *a.* (fisiol.) seroso; icoroso.—**s. blood,** sanguaza.
serpent [sœ́rpẹnt], *s.* serpiente (*f.*) o sierpe, *f.;* (piro.) buscapiés; (mús.) serpentón; persona traidora; Satanás; (**S.** astr.) Serpiente; (aer.) sonda corta, cable corto de arrastre. (*V.* TRAIL

ROPE.)—**s. eater,** (orn.) serpentario.—**s. star,** (zool.) ofiuro.
serpentine [-tín *o* -táin]. **I.** *a.* serpentino; caracoleado.—**s. marble,** serpentina (mármol).—**s. verse,** (poét.) verso que comienza y acaba con la misma palabra. **II.** *s.* (min.) serpentina. **III.** *vn.* serpentear.
serpiginous [sœrpídžinʌs], *a.* (med.) serpiginoso.
serpigo [sœrpáigou], *s.* (med.) serpigo.
serrate(d [séreit(id], *a.* dentellado; (anat., bot., etc.) serrado; (blas.) endentado.
serration [seréiŝon], *s.* endentadura, recorte, recortadura.
serrature [sérachur], *s.* (biol.) estructura serrada, endentadura.
serried [sérid], *a.* apretado, apiñado, atestado.—**in s. ranks,** (mil.) en filas o hileras apretadas.
serriform [sériform], *a.* serrado, dentado.
serum [sírʌm], *s.* suero.—**s. sickness,** enfermedad causada por la inoculación de un suero.—**s. therapy,** (med.) sueroterapia, seroterapia.
servable [sœrvabl], *a.* servible.
servant [sœrvant], *s.* criado, sirviente, fámulo, doméstico; servidor.—*pl.* servidumbre.—**s. girl, s. maid,** criada, sirvienta, doncella.—**s. man,** criado.
serve [sœrv]. **I.** *va.* servir a, estar al servicio de; servir en, estar encargado de; servir de o para, ser de alguna utilidad para; prestar culto a Dios; servir (la mesa); escanciar (vino, etc.); manejar, hacer maniobrar o funcionar (un cañón, etc.); agasajar, obsequiar, divertir; abastecer, surtir; pagar, dar su merecido a; (for.) entregar (una citación o requerimiento); cumplir (una condena); (mar.) aforrar; recompensar; cubrir (el macho a la hembra).—**to s. an office,** desempeñar un cargo.—**to s. a warrant,** ejecutar un auto de prisión.—**to s. one a trick,** jugar a uno una mala partida.—**to s. one's time,** acabar el tiempo de servicio.—**to s. one's turn,** bastar, ser suficiente.—**to s. notice (on),** avisar o dar aviso, hacer saber, advertir, notificar.—**to s. time,** cumplir una condena en presidio.—**it serves you right,** (en tono de reprensión) te está bien empleado; bien se lo merece Vd. **II.** *vn.* servir, ser criado; estar en sujeción; desempeñar los deberes de un empleo; servir a su país, en el ejército o en la marina; bastar, ser suficiente, útil o apto; (dep.) efectuar el saque, sacar o dar saque, servir la pelota; en ciertos juegos, servir con naipe del mismo palo.—**to s. for,** servir de; hacer oficio de. **III.** *s.* saque (en el tenis o pelota).
server [-œ(r)], *s.* servidor; criado de mesa; mensajero, portador; (igl.) acólito; bandeja; pala (para pasteles, etc.); saque, (en el tenis o pelota); macho de cría (gallo, toro, etc.).
Servian [sœrvian], *s.* y *a.* servio. *V.* SERBIAN.
service [sœrvis]. **I.** *s.* servicio; servidumbre; desempeño; oficio; auxilio, ayuda, favor; uso, utilidad, ventaja; vajilla, servicio de mesa, juego (de café, etc.); (igl.) servicio; (for.) obligación de un criado o arrendatario; entrega legal de una citación; (mar.) forro de cable o cabos; cubrición; precio que se paga por la cubrición de un macho de cría; (bot.) serbal. **II.** *a.* de servicio; ordinario (uniforme, etc.).—**s. book,** misal; libro litúrgico.—**s. ceiling;** (aer.) techo utilizable, altura límite para una velocidad dada.—**s. elevator,** montacargas.—**s. line,** línea del saque (tenis).—**s. man,** empleado o mecánico que hace reparaciones o mantiene el servicio; (mil.) = SERVICEMAN.—**s. pipe,** (hidr.) tubería de toma, tubería que va de la maestra a un edificio.—**s. record,** (mil.) hoja de servicios.—**s. station,** (aut.) estación de servicio, taller de reparaciones.—**s. tree,** (bot.) serbal.—**at your s.,** a su disposición, a sus órdenes, servidor de Vd.—**it is of no s.,** no vale nada, de nada sirve.—**out of s.,** sin acomodo, desacomodado; (mec.) que no funciona.—**to be of s.,** ser útil, servir.—**to hold a s.,** (igl.) celebrar un servicio.—**to see s.,** prestar servicios, servir. **III.** *va.* atender a; suministrar lo necesario a o para.
serviceable [-abl], *a.* servicial, servible, útil; duradero.—**serviceableness** [-nis], *s.* calidad de servicial o duradero.—**serviceably** [-abli], *adv.* servicialmente, útilmente; duraderamente.
serviceman [-mæn], *s.* (mil.) individuo en el servicio militar o naval.
servient [sœrvient], *a.* (for.) subordinado.
servile [sœrvil], *a.* servil, bajo, abyecto; excesivamente obediente o adulador; (gram.) que no pertenece a la raíz de la palabra, o que no se pronuncia.
servilely [-li], *adv.* servilmente.
servileness [-nis], **servility** [sœrvíliti], *s.* servidumbre, esclavitud; bajeza, vileza.
serving [sœrviŋ]. **I.** *a.* sirviente; ministrante.—**s. maid,** criada, sirvienta.—**s. mallet,** (mar.) maceta de forrar.—**s. man,** sirviente, criado.—**s. pantry,** antecomedor.—**s. stuff** o **ropes,** (mar.) forro de cabos.—**s. table,** trinchero. **II.** *s.* acción de servir, etc.; porción (de comida). *V.* HELPING.
servitor [sœrvito(r)], *s.* servidor; ayudante; seguidor, secuaz, *m.*, partidario.
servitude [sœrvitiud], *s.* servidumbre; esclavitud; vasallaje; sujeción; trabajo forzado; (for.) servidumbre.
servomechanism [sœrvomɛkanizm], *s.* servomecanismo.
servomotor [sœrvomóuto(r)], *s.* servomotor, motor auxiliar; motor de dirección (de un torpedo).
sesame [sésami], *s.* (bot.) ajonjolí, sésamo, alegría. *V.* OPEN S.
sesamoid [sésamoid], *s.* y *a.* (anat.) sesamoide(o).
sesquicentennial [séskwisɛnténial]. **I.** *a.* de o pert. al cumplimiento de 150 años, o siglo y medio. **II.** *s.* aniversario o fiesta que conmemora tal ocasión.
sesquioxide [-áksaid], *s.* (quím.) sesquióxido.
sesquipedal [-pedal], **sesquipedalian** [-pidéilian], *a.* sesquipedal.
sessile [sésil], *a.* (bot., zool.) sesil, sentado.
session [séŝon], *s.* sesión; junta; tribunal inferior de la Iglesia presbiteriana; período escolar; (Ingl.) sala de justicia; término judicial.—**to hold a s.,** celebrar sesión, (Am.) sesionar.
sessional [-al], *a.* perteneciente a una sesión.
sesterce [séstœrs], *s.* sestercio (moneda romana).
sestertium [sɛstœrŝiʌm], *s.* mil sestercios.
sestet [sɛstét], *s.* las últimas seis líneas de un soneto; sextilla; (mús.) sexteto.
set [sɛt], *va.* (*pret.* y *pp.* SET) poner; colocar, asentar; instalar, establecer; poner (una gallina) a empollar; meter, poner (fuego a una casa, etc.); fijar, inmovilizar, paralizar; embarazar, poner en aprietos; determinar, señalar; (con **on**) poner (la mente, la fe, el corazón, la esperanza) en algo, resuelta, firme o anhelosamente; montar, engastar (un diamante); adornar, aderezar (con piedras preciosas, etc.); arreglar; preparar (insectos, etc.); ajustar; alistar, arreglar, poner (una herramienta, un reloj, etc.); afilar, amolar (una navaja, etc.); (cir.) reducir, encasar, ensalmar (un hueso roto); (mec.) triscar (los dientes de una sierra); (impr.) componer (tipo); (constr.) depositar, colocar (piedras, etc.); (mar.) desplegar (velas); (mús.) dar (la nota o la clave); (mús.) poner música a; apostar; (con **at**) apreciar (en), valuar (en); estimar (en), dar por; (con **on**) poner (precio, límite) a; apuntar, señalar, parar (la caza); dar (ejemplo, regla); mostrar, enseñar, establecer; armar, poner (una trampa), tender (lazos); (top.) establecer o poner (un instrumento) en estación.—**to s. afire,** poner fuego a, incendiar.—**to s. afloat,** poner a flote; esparcir, hacer circular.—**to s. against,** indisponer, malquistar con; oponer u oponerse; contraponer a.—**to s. agoing,** hacer ir; poner en juego o movimiento; echar (algo) a andar; dar impulso a.—**to s.**

ajar, entornar, entreabrir.—**to s. apart,** poner aparte.—**to s. a price on,** fijar precio a; poner a precio, ofrecer premio por.—**to s. aside,** dar de mano; poner a un lado o aparte; apartar; ahorrar; hacer caso omiso de; desechar, rechazar; abrogar, anular; destinar, reservar.—**to s. a task,** imponer una tarea.—**to s. at defiance,** retar, desafiar; desconocer, no hacer caso de.—**to s. at ease,** tranquilizar.—**to s. at liberty,** poner en libertad.—**to s. at naught,** despreciar, tener en nada.—**to s. at odds,** desunir, malquistar.—**to s. at rest,** poner en reposo; poner fin a.—**to s. at variance,** desunir, poner en contradicción o antagonismo.—**to s. back,** hacer retroceder; hacer perder lo ganado.—**to s. before,** presentar a, exponer ante; poner a la vista de.—**to s. by,** poner a un lado; guardar.—**to s. by the ears,** hacer reñir, malquistar.—**to s. down,** poner, colocar; poner por escrito; poner en tierra; apuntar, asentar; imponer, determinar; establecer, sentar, enunciar; censurar o humillar.—**to s. eyes on,** ver; mirar; clavar los ojos a.—**to s. fast,** sujetar, consolidar; adelantar (un reloj).—**to s. fire to,** poner o prender fuego a, incendiar; inflamar (las pasiones).—**to s. forth,** manifestar; exponer; promulgar; explicar; exhibir; ensalzar, alabar; publicar.—**to s. forward,** hacer adelantar o avanzar; promover, fomentar; empujar, impeler.—**to s. free,** poner en libertad.—**to s. great store by,** dar mucha importancia a.—**to s. in,** engastar.—**to s. in order,** arreglar, poner en orden.—**to s. light,** o **little, by,** menospreciar, dar poca importancia a.—**to s. milk,** poner leche a cuajar; cuajar leche.—**to s. off,** poner aparte, reservar, separar; comparar, contraponer; poner en relieve, hacer resaltar o destacarse; adornar, embellecer; disparar.—**to s. off against,** reemplazar por, dar como equivalente de.—**to s. on,** excitar, incitar, instigar contra; azuzar, echar (perros, etc.) a.—**to s. on end,** erizar, levantar el pelo.—**to s. one's cap at,** o **for,** (fam.) aspirar a, decidirse resueltamente a (casarse con cierto hombre, etc.).—**to s. one's course for,** hacer rumbo a.—**to s. one's face,** estar resuelto.—**to s. one's hand,** o **one's hand and seal to,** poner su firma a, firmar; (fig.) aceptar, aprobar.—**to s. one's house in order,** poner su casa en orden, arreglar sus negocios; prepararse para la muerte.—**to s. one's mind on,** aplicarse a.—**to s. one's teeth,** apretar los dientes.—**to s. one's teeth on edge,** dar dentera.—**to s. on fire,** pegar fuego a.—**to s. open,** abrir.—**to s. out,** exponer, manifestar; equipar, armar; publicar, promulgar; asignar, señalar; adornar, hermosear; (agr.) plantar, trasplantar.—**to s. over,** traspasar, ceder; dar la dirección o el mando de.—**to s. right,** colocar bien; enmendar, corregir, rectificar; desengañar.—**to s. sail,** hacerse a la vela, zarpar.—**to s. store by,** dar valor o importancia a.—**to s. the pace,** dar el ejemplo.—**to s. the river, the Thames,** o **the world, on fire,** hacer prodigios, ser el inventor de la pólvora (gen. en la forma negativa, vg. *he will never set the world on fire,* él no es una maravilla; él no fué el inventor de la pólvora).—**to s. the table,** poner la mesa.—**to s. the watch,** rendir la guardia.—**to s. thinking,** hacer pensar, dar que pensar.—**to s. to music,** poner en música.—**to s. to rights,** poner en orden.—**to s. to work,** poner a trabajar; emplear, ocupar.—**to s. up,** ensalzar, exaltar, elevar; erigir, fundar, instituir, constituir; sentar, levantar (tienda de campaña, etc.); enderezar, empinar; exponer y defender (una teoría, etc.); causar, producir, determinar; vender a subasta; (mec.) armar, montar; dar o pegar (un grito); establecer, abrir, poner (negocios, tienda, etc.); establecer (a una persona); instalar; poner de ejemplo o de modelo; (top.) poner en estación (un instrumento); (impr.) poner en tipo; componer (tipo).—**to s. up the drinks,** (fam.) convidar (a beber).

set, *vn.* (astr.) ponerse (un astro); cuajarse, solidificarse; endurecerse; fraguar (el hormigón, etc.); fijarse; correr, moverse o fluir (una corriente); tender, inclinarse; aplicarse, dedicarse, ponerse a; cambiar, alterarse, deformarse; empezar a crecer o desarrollarse; convertirse en fruto o semilla; (danz.) situarse enfrente del compañero de baile; empollar (las aves); (fam.) sentar, ajustar, caer bien (una prenda de vestir).—**to s. about,** emprender, comenzar.—**to s. down,** (aer.) aterrizar.—**to s. forth,** avanzar, ponerse en marcha.—**to s. in,** comenzar, aparecer, sobrevenir; fluir (la marea); cerrar (la noche).—**to s. off,** salir, partir.—**to s. on,** o **upon,** salir, partir; empezar; acometer, atacar.—**to s. out,** salir, partir; emprender un viaje o un negocio.—**to s. to,** aplicarse con vigor a; ponerse a (trabajar).—**to s. to work,** poner manos a la obra; emprender el trabajo.—**to s. up,** establecerse; principiar, aparecer.—**to s. up for,** pasar plaza de, darla o echarla(s) de, pasar por.

set. I. *a.* resuelto, determinado; obstinado, terco, testarudo, inflexible, inadaptable; fijo, invariable; establecido, prescrito; regular, arreglado, ajustado; formal; meditado, estudiado; puesto, sentado, colocado; rígido, yerto, inmóvil; hecho, trabajado, construído, fabricado; (mec.) armado; (joy.) montado, engastado.—**s. form,** formulario.—**s. price,** precio fijo.—**s. square,** (dib.) escuadra.—**to be (all) s. to,** estar listo o preparado a.—**to be s. on,** estar resuelto a. **II.** *s.* juego, surtido, colección, serie, grupo, clase, *f.;* equipo; aparato (de radio); instrumento, etc., con sus accesorios; recado; compañía, camarilla, cuadrilla, banda, hato, pandilla; círculo, centro, esfera, medio; (joy.) aderezo; (astr.) puesta; curso, movimiento, dirección, tendencia; encorvadura; porte; triscamiento de los dientes de ciertas sierras; deformación; (agr.) planta de trasplantar; bulbo; pie (*m.*) de árbol; fruto en estado rudimentario; (teat.) decoración; (sast.) *V.* FIT; (dep.) partida; (danz.) tanda; (tec.) endurecimiento (de la cola, etc.); fraguado (del cemento, etc.).—**s. of books,** colección de libros; juego de libros.—**s. of chairs,** *juego de sillas.*—**s. of china,** servicio de porcelana.—**s. of diamonds,** aderezo de diamantes; terno.—**s. of dishes,** vajilla.—**s. of drawing instruments,** estuche de compases.—**s. of horses,** tiro, tronco, pareja de caballos.—**s. of oars,** juego de remos.—**s. of stairs,** tramo de escalera.—**s. of surgical instruments,** instrumental.—**s. of teeth,** dentadura.

setaceous [sitéiŝʌs], *a.* cerdoso, cerdudo.

setback [sétbæk], *s.* retroceso, revés, contrariedad; contracorriente, *f.*

setbolt [sétboult], *s.* (mar.) botador, perno de trabante.

setdown [sétdaun], *s.* reprimenda; (fam.) peluca.

setiferous [sitífęrʌs], *a.* cerdoso.

setiform [sítiform], *a.* de forma de cerda.

setoff [sétof], *s.* compensación; contrapeso; adorno; relieve, realce; (arq.) saliente, *f.*, vuelo; (arq.) disminución progresiva; (for.) contrarreclamación; reconvención; (impr.) tiznadura.

seton [síton], *s.* (cir. y vet.) sedal, fuente, *f.*

setose [sítous], *a.* cerdoso.

setout [sétaut], *s.* salida; comienzo; (fam.) arreglos y equipo para un viaje; boato, aparato.

setscrew [sétskru], *s.* (mec.) tornillo de sujeción o de presión.

settee [setí], *s.* banco; canapé.—**s. bed,** cama turca, cama sofá.

setter [sétœ(r)], *s.* (en composición) el que monta, pone, coloca o fija; perro de ajeo, perdiguero; espión, *m.*, espía, *mf.;* corchete, alguacil.

setting [sétiŋ], *s.* puesta de un astro, ocaso, postura; (constr.) fraguado (del hormigón, etc.); medio circundante, ambiente; (teat.) puesta en escena, decoraciones; (joy.) engaste, montadura; armadura, marco, guarnición; (fam.) nidada.—**s. of the wind,** o **current,** (mar.)

dirección del viento o de la corriente.—**s. sun,** sol poniente.—**s. up,** establecimiento; (mec.) montaje.—**s.-up exercises,** calistenia, ejercicios físicos sin aparatos.

settle [sétl]. **I.** *va.* colocar, asentar; fijar, asegurar; arreglar; establecer, estatuir; dar una profesión o estado a; casar; colonizar, poblar; clarificar, quitar la hez; sosegar, calmar, decidir, determinar; poner fin a, acabar; aclarar, resolver (dudas); solucionar (un problema); señalar, fijar; saldar, liquidar, finiquitar, ajustar, arreglar (cuentas); componer, redondear; hacer firme y transitable (un camino).—**to s. on,** o **upon,** dar en dote, señalar, asignar. **II.** *vn.* posarse, reposarse, asentarse; (quím.) depositarse, sedimentarse; hacer sedimento; arraigar, establecerse, radicarse, fijar su residencia; tomar estado; casarse; instalarse, poner casa; sosegarse, calmar; contraerse; decidirse, determinarse; liquidar con acreedores; saldar una cuenta.—**to s. differences,** avenirse, hacer las paces.—**to s. down,** asentarse; fijarse; posarse (un hidroavión o ave); cobrar juicio; ponerse a. **III.** *s.* banco, escaño.—**s. bed** = SETTEE BED.

settled [-d], *a.* fijo; establecido; arraigado, en orden; asentado; determinado, decidido; arreglado; saldado; poblado; seguro (tiempo).

settlement [-mẹnt], *s.* establecimiento, instalación; colonización; colonia; caserío, ranchería, poblado, pueblo; (for.) asiento, domicilio; (for.) dote (*mf.*) que se da en arras a una mujer; institución, centro de asistencia o servicio social; comunidad formada por un grupo religioso; (arq.) hundimiento, descenso, asiento de un edificio; acomodo, empleo, destino; ajuste, convenio, arreglo; (com.) saldo, liquidación, finiquito; pago.—**s. worker** = SOCIAL WORKER.

settler [sétlœ(r)], *s.* poblador, colono, colonizador; establecedor, fundador; árbitro, conciliador (de disputas).—**s. of averages,** medidor de averías.

settling [sétlịŋ]. **I.** *s.* establecimiento, arraigo, colonización; arreglo; conciliación; instalación; (arq.) sentamiento, hundimiento; ajustamiento. —*pl.* heces, *f. pl.*, zurrapas; sedimiento, poso. **II.** *a.* de asentar; de sedimentación; de clarificación.

set-to [séttú], *s.* lucha, combate; disputa.

setup [sétʌp], *s.* organización; arreglo, disposición; porte, presencia (de una persona); (metal.) máquina de comprimir para rebordear; (fam.) invitación (a beber); (fam.) empresa o contienda fácil, o de éxito seguro.

setwall [sétwɔl], *s.* (bot.) valeriana.

seven [sévn], *s.* y *a.* siete.—**s. hundred(th),** setecientos.—**s. o'clock,** las siete.—**the s. deadly sins,** los siete pecados capitales.—**the S. Hills,** las siete colinas (de Roma).—**the S. Seas,** todos los mares, el mundo entero.—**the S. Wise Men,** los siete sabios (de Grecia). —**the S. Wonders,** las siete maravillas.

sevenfold [-fóuld]. **I.** *a.* séptuplo. **II.** *adv.* siete veces.

sevenscore [-skɔr], *a.* y *s.* siete veintenas.

seventeen [sɛvntín], *a.* y *s.* diecisiete.

seventeenth [-θ]. **I.** *a.* décimoséptimo, diecisiete (ordinal). **II.** *s.* y *a.* diecisieteavo (fracción).

seventh [sévnθ]. **I.** *a.* séptimo.—**s. heaven,** (fig.) éxtasis, *m.* **II.** *s.* y *a.* (arit.) séptimo, la séptima parte; (mús.) séptima.—**seventhly** [-lị], *adv.* en séptimo lugar.

seventieth [sévntịịθ]. **I.** *a.* septuagésimo, setenta (ordinal). **II.** *s.* y *a.* setentavo (fracción).

seventy [sévntị], *a.* y *s.* setenta.

seventy-five [-fáịv], *s.* (arti.) cañón de 75 milímetros (ll. t. simplemente *setenta y cinco*).

sever [sévœ(r)]. **I.** *va.* separar, desunir, dividir, seccionar; cortar, romper. **II.** *vn.* separarse, desunirse; entreabrirse; partirse.

severable [-ạbl], *a.* separable; excluíble.

several [sévœrạl]. **I.** *a.* varios, diversos; distinto(s), respectivo(s). **II.** *s.* varios, cada uno en particular.—**severally** [-ị], *adv.* separada, distinta o individualmente; a parte, cada uno de por sí.—**joint(ly) and s.,** (for.) solidario; solidariamente, in sólidum.

severalty [-tị], *s.* (for.) posesión privativa de un terreno.

severance [sévœrạns], *s.* separación, partición, división; (dipl.) ruptura o rompimiento (de relaciones).

severance benefit, *s.* prestación por cese en el servicio.

severance pay, *s.* paga adicional (para persona que deja el empleo).

severe [sẹvír], *a.* severo, riguroso; duro, cruel, acerbo; rígido, estricto, austero, escueto; grave, serio; recio, fuerte; bravo.—**severely** [-lị], *adv.* severamente, cruelmente, rigurosamente.

severeness [-nịs], **severity** [sẹvérịtị], *s.* severidad, rigor, crueldad; rigidez, rigorismo, exactitud, austeridad; seriedad, gravedad; inclemencia.

Sevillian [sẹvílyạn], *a.* y *s.* sevillano.

sew [sou], *va.* y *vn.* (*pp.* SEWED o SEWN) coser.

sewage [sịúịdž]. **I.** *s.* aguas de albañal, aguas fecales; alcantarillado. *V.* SEWERAGE.—**s. disposal, s. purification,** depuración de aguas fecales. **II.** *va.* (agr.) abonar o regar con aguas fecales.

sewer [sóuœ(r)], *s.* (cost., etc.) cosedor.

sewer [sịúœ(r)]. **I.** *s.* albañal, cloaca, alcantarilla. —**s. gas,** emanaciones de las cloacas. **II.** *va.* alcantarillar; proveer de, o desaguar con, un sistema de cloacas.

sewerage [-ịdž], *s.* alcantarillado; sistema (*m.*) de cloacas.

sewing [sóuịŋ]. **I.** *s.* costura. **II.** *a.* de coser; para coser.—**s. basket,** cesta de costura.—**s. bee,** reunión de amigas para hacer costura.—**s. case,** neceser de costura.—**s. machine,** máquina de coser.—**s.-machine needle,** aguja de máquina de coser.—**s. press,** (enc.) telar.—**s. room, s. stand** o **table,** costurero.—**s. thread,** hilo de coser.

sex [sɛks], *s.* sexo.—**s. appeal,** atracción sexual. —**the fair s.,** el bello sexo.

sexagenarian [sɛksạdžɛnérịạn], *a.* y *s.* sexagenario, sesentón.

sexagenary [sɛksǽdžɛnerị], *a.* y *s.* sexagenario.

Sexagesima [sɛksạdžésịmạ], *s.* (igl.) sexagésima.

sexagesimal [-l], *a.* sexagesimal.

sexangle [séksæŋgl], *s.* (geom.) hexágono.

sexed [sɛkst], *a.* sexuado.

sexennial [sɛksénịạl], *a.* que dura seis años, o acontece cada seis años.

sexless [sékslịs], *a.* neutro, sin sexo, asexual.

sext [sɛkst], *s.* (igl.) sexta (una de las horas menores); sexto (libro de decretos canónicos).

sextain [séksteịn], *s.* (poét.) sextilla.

sextant [sékstạnt], *s.* sextante (instrumento); (geom.) sextante.

sextet [sɛkstét], *s.* (mús.) sexteto.

sextile [sékstịl], *a.* y *s.* (astr.) (aspecto) sextil.

sextillion [sɛkstílyọn], *s.* sextillón; (E. U. y Fr.) unidad con 21 ceros; (Ingl.) unidad con 36 ceros.

sextodecimo [sɛkstodésịmou], *a.* y *s.* dieciseisavo.

sexton [sékstọn], *s.* (igl.) sacristán; sepulturero.

sextuple [sɛkstịúpl], *a.* séxtuplo.

sexual [sékŝuạl], *a.* sexual.—**s. intercourse,** cópula, coito; comercio sexual.

sexuality [-ǽlịtị], *s.* sexualidad.

sexually [sékŝuạlị], *adv.* sexualmente.

sexy [séksị], *a.* (fam.) sensual, excitante, estimulante; erótico; lascivo.

sfumato [sfumáto], *a.* (pint.) esfumado.

sgraffito [zgrafítou], *s.* (b. a.) obra esgrafiada.

shabbily [ŝǽbịlị], *adv.* zarrapastrosamente, andrajosamente; ruinmente, mezquinamente.

shabbiness [ŝǽbịnịs], *s.* desaseo, desaliño, estado zarrapastroso; ruindad, mezquindad.

shabby [ŝǽbị], *a.* usado, gastado, raído; desaseado, andrajoso, desharrapado, zarrapastroso; ruin, vil.—**s. genteel,** cursi.

shack [ŝæk], *s.* (fam.) choza, cabaña, casuca, casucha; casa destartalada.

shackle [ŝǽkl]. **I.** *va.* encadenar, aherrojar, atar; poner esposas o grilletes a; trabar; poner obstáculos, estorbar. **II.** *s.* grillete, grillo, esposa; maniota, arropea, trabón (para bestias); traba, impedimento; sujeción; (f. c.) cadena o perno de enganche.—*pl.* hierros, prisiones.—**s. bolt,** cáncamo de grillete; perno de horquilla; gancho o eslabón de candado.

shad [ŝæd]. *s.* (ict.) alosa, sábalo, trisa.

shadberry [ŝǽdbɛri], *s.* (bot.) cornejo, sanguiñuelo (fruto).

shadbush [-buŝ], *s.* cornejo, sanguiñuelo.

shaddock [ŝǽdǫk], *s.* (bot.) especie de cidro y su fruto algo parecido a la toronja.

shade [ŝéįd]. **I.** *s.* sombra; umbría; retiro; matiz, *m.*, tinte; ligera diferencia; un poco, cantidad pequeña; visillo, cortina, transparente (de ventana); pantalla de lámpara; visera; sombraje, umbráculo, toldo; (pint.) esbatimento; sombra, espectro, fantasma, *m.*; ficción, ilusión, imagen, *f.*—*pl.* (**the shades**) la obscuridad al anochecer; el báratro, el averno.—**s. tree,** árbol de sombra. **II.** *va.* sombrear, dar sombra; oscurecer; ensombrecer; entoldar; resguardar de la luz; (b. a.) sombrear; matizar, casar bien los colores; rasguear (las letras).

shadeless [-lįs], *a.* privado de sombra.

shadily [-įli], *adv.* con sombra, en la sombra; (fam.) sospechosamente.

shadiness [-įnįs], *s.* calidad de sombreado; (fam.) calidad de sospechoso o dudoso.

shading [-įŋ], *s.* (b. a.) degradación, sombreado.

shadow [ŝǽdoų]. **I.** *s.* sombra (proyectada por un objeto); obscuridad, sombrajo; imagen reflejada (en agua o espejo); sombra, aparecido; retiro, reclusión; (pint.) sombra, sombreado; vestigio, pizca (*not a shadow of doubt,* ni sombra de duda); (fig.) refugio, amparo. **II.** *va.* anublar, obscurecer, dar sombra, sombrear; (con **forth** o **out**) indicar, representar vagamente; simbolizar; espiar, seguir a uno como su sombra; (b. a.) sombrear, matizar; esbatimentar. **III.** *vn.* anublarse, obscurecerse; cambiar gradualmente de color.

shadowbox [-baks], *vn.* **shadowboxing** [-įŋ], *s.* (acción de) ejercitarse en el boxeo peleando con un contrario imaginario; luchar contra enemigos imaginarios.

shadowgraph [-græf], *s.* silueta; (fís.) = RADIOGRAPH.

shadowy [-i], *a.* sombroso, umbroso, umbrío; obscuro, tenebroso; vago, indefinido; visionario; indicador, simbólico.

shady [ŝéįdi], *a.* sombreado, sombrío, sombroso, umbroso; (fam.) sospechoso; de dudosa moralidad.—**on the s. side of,** pasado(s), más allá de (los cuarenta años, etc.).—**to keep s.,** (fam.) guardar oculto.

shaft [ŝǽft], *s.* flecha, dardo, saeta; (arq.) caña o fuste de columna; columna, obelisco; chapitel o aguja (de torre); (mec.) asta, eje, árbol; cualquier mango largo; barra, humero, cañón de chimenea; (carr.) limón o limonera, lanza, vara; varas de las sillas de manos; cañón o tubo de pluma; caja, pozo (de ascensor); caña (de un hueso); (min.) pozo, tiro; (fund.) vientre (de un alto horno); pozo de ventilación, respiradero (en edificios de varios pisos).—**s. furnace,** horno de alimentación superior o de carga por arriba.—**s. governor,** regulador axial (montado en el eje).—**s. horsepower,** potencia transmitida por el árbol de transmisión, potencia al freno.—**s. pump,** bomba de pozo.

shafted [-įd], *a.* provisto de eje(s), fuste(s), etc.

shafting [-įŋ], *s.* (mec.) juego de ejes y correajes; sistema (*m.*) de ejes de transmisión; transmisión por eje o ejes.

shag [ŝæg]. **I.** *s.* mechón, pelo áspero y lanudo; tabaco desmenuzado; (tej.) felpa, tripe; velludo; (orn.) corvejón, cuervo marino. **II.** *va.* y *vn.* (*pret.* y *pp.* SHAGGED) hacer peludo, hacer escabroso, desigual.—**s.-haired,** hirsuto.

shagbark [ŝǽgbark], *s.* = HICKORY.

shagginess [ŝǽgįnįs], *s.* calidad de peludo o afelpado.

shaggy [ŝǽgi], *a.* peludo, velludo, hirsuto; afelpado, lanudo; de somonte, áspero.

shagreen [ŝạgrín], *s.* piel (*f.*) de zapa; lija; (ten.) chagrín; zapa, piel labrada de manera que forme grano como la de la lija.

shah [ŝa], *s.* cha, *m.*, emperador de Persia.

shake [ŝéįk]. **I.** *va.* (*pret.* SHOOK; *pp.* SHAKEN) sacudir o menear, blandir, cimbr(e)ar; traque(te)ar (un líquido); hacer temblar; lanzar, despedir con ímpetu; debilitar; hacer vacilar o flaquear, desalentar; despertar, excitar, agitar; (mús.) trinar (una nota); (fam.) desembarazarse o salir de, despedir.—**to s. a leg,** (fam.) bailar; menearse, darse prisa.—**to s. down,** hacer caer sacudiendo; (fam.) robar o sacar dinero a.—**to s. hands,** estrecharse la mano.—**to s. hands with,** dar o estrechar la mano a. El *impv.*, **shake hands with,** se usa familiarmente para presentar una persona a otra, y puede traducirse por "tengo el gusto de presentar a."—**to s. in,** o **into,** introducir una cosa en, sacudiéndola.—**to s. off,** sacudir; arrojar con una sacudida; zafarse o salir de.—**to s. one's head,** cabecear, mover la cabeza.—**to s. the dust from one's feet,** sacudirse el polvo de los zapatos; marcharse para no volver.—**to s. to pieces,** sacudir hasta hacer pedazos.—**to s. up,** sacudir, remover; agitar; reorganizar; trastornar, cambiar bruscamente; (fam.) regañar, sermonear. **II.** *vn.* temblar; estremecerse; cimbr(e)arse; vacilar, titubear; (mús.) trinar; (Ingl.) rajarse, agrietarse (dicho de la madera); (fam.) dar(se) la mano.—**to s. with,** temblar o estremecerse de.—**to s. with cold,** tiritar.—**to s. with laughter,** desternillarse o reventar de risa.—**to s. in one's shoes,** o **boots,** temblar de miedo. **III.** *s.* sacudida; sacudimiento, traqueteo, meneo; vibración; temblor de tierra; temblor; apretón de manos; tabla de ripia; (fam.) periquete, instante; (ton.) duela; (mús.) trino; rajadura en una toza; bebida de leche batida con otros ingredientes.—**s.-down,** cama improvisada sobre sillas, o de paja; (fam.) robo; extorsión, socaliña mediante la intimidación.—**s.-up,** sacudida; reorganización o cambio de personal.—**no great shakes,** (fam.) no (es) gran cosa, no es cosa del otro jueves.—**the shakes,** (med.) (es)calofrío de la fiebre intermitente; (fam.) desasosiego; miedo.

shaken [-n], *pp.* de TO SHAKE; agitado; rajado o hendido (madero).

shaker [-œ(r)], *s.* temblador, temblón; sacudidor; espolvoreador; (**S.**) (E. U.) miembro de una secta religiosa.

Shakespearian [ŝeįkspíriạn], *a.* perteneciente o relativo a Shakespeare.

shaking [ŝéįkįŋ]. **I.** *s.* sacudimiento, sacudida; traqueteo; meneo, zaleo; concusión; temblor o estremecimiento. **II.** *a.* temblante, temblón, tembloroso, trepidante, vibrante.

shako [ŝǽkoų], *s.* (mil.) chacó.

shaky [ŝéįki], *a.* trémulo; movedizo, vacilante, tambaleante, débil; agrietado, hendido; (com.) falto de crédito o solvencia.

shale [ŝeįl], *s.* esquisto, pizarra; (geol.) lutita.—**s. oil,** aceite de esquistos.

shall [ŝæl], *v. defec.* (sin infinitivo, pretérito, participio ni imperativo). Como *will,* sirve para formar el futuro de otros verbos, conjugándose los dos en esta forma: para indicar simplemente una acción futura o probable, *I shall, thou wilt, he will, we shall, you will, they will;* para denotar propósito o determinación, mandato, permiso o amenaza, *I will, thou shalt, he shall, we will, you shall, they shall.* Así, por ejemplo: *I shall die,* moriré (tiempo futuro); *I will die,* quiero morir; *he will die,* él morirá (tiempo futuro); *he shall die,* morirá, que muera (imperativo). *V.* WILL. Asimismo el tiempo futuro con *shall* se emplea a menudo, como el futuro en español, para indicar

obligación o estipulación: *thou shalt not kill*, no matarás; *they shall not pass*, no pasarán; *the cement shall be Portland cement*, el cemento será cemento pórtland. También se usa como signo del subjuntivo: *when congress shall meet*, cuando el congreso se reúna.
shalloon [ŝạlún], *s.* (tej.) chalón.
shallop [ŝǽlọp], *s.* (mar.) chalupa.
shallot [ŝạlát], *s.* (bot.) chalote, ascalonia.
shallow [ŝǽloụ]. **I.** *a.* bajo, somero, vadoso, poco profundo; superficial.—**s.-draft**, (mar.) de poco calado.—**s.-brained, s.-pated**, ligero de cascos, bobo. **II.** *s.* (mar.) bajío.
shallowness [-nịs], *s.* poca profundidad; superficialidad; frivolidad.
shaly [ŝéịlị], *a.* pizarreño, esquistoso.
sham [ŝæm]. **I.** *va.* y *vn.* simular, fingir.—**to s. Abra(ha)m**, fingirse enfermo. **II.** *s.* fingimiento, ficción, impostura, (fam.) bambolla, farsa. **III.** *a.* fingido, disimulado, supuesto; falso, postizo. —**s. fight**, (mil.) simulacro.—**s. quarrel**, contienda simulada.—**s. sale**, mohatra.
shaman [ŝámạn], *s.* exorcista, hechicero.
shamble [ŝǽmbl]. **I.** *vn.* andar bamboleándose, vacilar. **II.** *s.* bamboleo, paso vacilante.
shambles [-z], *s. pl.* matadero, degolladero; carnicería; mercado de carne.
shame [ŝéịm]. **I.** *s.* vergüenza; ignominia, deshonra; humillación, bochorno.—**it is a s.**, es una vergüenza; es una lástima.—**for s.! s. on you!**, ¡qué vergüenza!—**to put to s.**, avergonzar.—**what a s.!**, ¡qué lástima! **II.** *va.* avergonzar, abochornar; afrentar, deshonrar; (con **into** o **out of**) impeler a, por un sentimiento de vergüenza.
shamefaced [-feịst], *a.* avergonzado, abochornado; tímido, vergonzoso; modesto, pudoroso. —**shamefacedly** [-lị], *adv.* con rubor o modestia.—**shamefacedness** [-nịs], *s.* timidez, vergüenza, rubor.
shameful [-fụl], *a.* vergonzoso, escandaloso.
shamefully [-ị], *adv.* vergonzosamente.—**shameless** [-lịs], *a.* desvergonzado, sin vergüenza, descarado, impudente.—**shamelessly** [-lị], *adv.* desvergonzadamente.—**shamelessness** [-nịs], *s.* desvergüenza, impudencia.
shammer [ŝǽmœ(r)], *s.* impostor, fingidor.
shammy, shamois [ŝǽmị], *s.* (zool.) gamuza.—**s. leather** = CHAMOIS.
shampoo [ŝæmpú]. **I.** *va.* lavar la cabeza; dar champú; sobar. **II.** *s.* lavado de cabeza; champú; frotación, soba.
shamrock [ŝǽmrak], *s.* (bot.) trébol, trifolio; emblema (*m.*) de Irlanda.
shandygaff [ŝǽndịgæf], *s.* bebida de cerveza y otro líquido gaseoso.
shanghai [ŝǽŋhaị], *va.* (mar.) emborrachar o narcotizar y embarcar (a alguien contra su voluntad o su conocimiento); llevar a uno por engaño o coerción.
Shangri-la [ŝǽŋgrịlá], *s.* (fig.) lugar remoto, secreto e idílico.
shank [ŝæŋk], *s.* caña o canilla de la pierna; zanca, pierna de las aves; (mec.) asta o astil, mango, vástago, caña, espiga; (impr.) cuerpo del tipo; (arq.) fuste, caña; (zap.) enfranque de la suela; rabo o cola de botón; (bot.) pecíolo.—**s. of an anchor**, (mar.) caña de ancla.
shanked [-t], *a.* que tiene caña, astil o mango.—**long-s.**, zancudo.
shan't, sha'n't [ŝænt]. (fam.) abreviación de SHALL NOT. *V.* SHALL.
shanty [ŝǽntị], *s.* casucha, choza, tabuquillo.
shapable, shapeable [ŝéịpạbl], *a.* capaz de recibir una forma; bien formado.
shape [ŝéịp]. **I.** *va.* formar; dar forma a; plasmar, labrar, ahormar, modelar; determinar; adaptar; dirigir; regular. **II.** *vn.* (a veces con **up**) empezar a tomar, formar o mostrar progreso; salir (bien o mal). **III.** *s.* forma, figura, aspecto; cuerpo, figura, hechura (de una persona); modelo; horma; molde; condición, estado; manera, modo.
shapeless [-lịs], *a.* informe; disforme.
shapelessness [-lịsnịs], *s.* deformidad, informidad.—**shapeliness** [-lịnịs], *s.* belleza de forma, proporción.
shapely [-lị], *a.* bien formado, simétrico.
shaper [-œ(r)], *s.* conformador; máquina de tallar o estampar.
shard [ŝard], *s.* fragmento; casco; (zool.) elitro, escama, cáscara.
share [ŝér]. **I.** *va.* repartir; compartir, partir; hacer a escote; (con **in**) participar de, tener o tomar parte en. **II.** *vn.* participar o tener parte; terciar.—**to s. alike**, repartir igualmente, tener una parte igual. **III.** *s.* parte, *f.*, porción; cuota, cupo, escote; (com.) acción; interés, participación; (agr.) reja (del arado, etc.).—**s. and s. alike**, por igual, por partes iguales.—**on shares**, a escote; a condición de tener una parte.—**to go shares**, ir a medias.
sharecrop [-krap], *va.* y *vn.* (agr.) cultivar como medianero.
sharecropper [-krapœ(r)], *s.* medianero.
sharecropping [-krapịn], *s.* (agr.) medianería.
shareholder [-hoụldœ(r)], *s.* (com.) accionista.
sharer [-œ(r)], *s.* (co)partícipe, *mf.*, participante, *mf.*
shark [ŝárk]. **I.** *s.* (ict.) tiburón, escualo; estafador, petardista; usurero; (fam.) perito, experto. **II.** *va.* y *vn.* estafar, petardear, hurtar; pescar tiburones.
sharker [-œ(r)], *s.* petardista, tahur, persona rapaz y astuta.
sharkskin [-skịn], *s.* piel (*f.*) de lija; zapa; (tej.) cierto paño de algodón o rayón.
sharp [ŝárp]. **I.** *a.* agudo; puntiagudo, aguzado; cortante, afilado; perspicaz, sagaz; listo, vivo, astuto; fino de oído; penetrante; acre, agrio; incisivo, mordaz, sarcástico; severo, rígido; violento, animado, acalorado; vigilante, atento; distinto, claro, bien delineado o definido; (mús.) sostenido; agudo, punzante (dolor); anguloso (fragmento, arena); abrupto, fuerte, pronunciado (pendiente, *f.*, curva, etc.).—**s. features**, facciones enjutas.—**s. pain**, punzada; dolor agudo. **II.** *s.* (mús.) sostenido (♯); aguja de coser larga y delgada; estafador, fullero; (fam.) perito, experto. **III.** *adv.* = SHARPLY; (fam.) exactamente, en punto (apl. a la hora); (mús.) demasiado alto de tono.—**s.-edged**, afilado, aguzado.—**s.-eyed**, linceo, de vista penetrante. —**s.-nosed**, de nariz puntiaguda; de finísimo olfato.—**s.-pointed**, puntiagudo.—**s.-pointed pliers**, alicates de punta.—**s.-set**, ávido, ansioso.—**s.-sighted** = S.-EYED.—**s.-witted**, penetrante, perspicaz.—**look s.!**, ¡ojo! ¡aviva! ¡avizora! **IV.** *va.* (mús.) elevar medio tono; marcar con un sostenido. **V.** *vn.* (mús.) cantar o tocar más alto que el tono debido; engañar, trampear, petardear.
sharpen [-n]. **I.** *va.* afilar; aguzar, sacar punta a, amolar; adelgazar; (fig.) despertar, despabilar, aguzar (el apetito, el ingenio, etc.); hacer más severo, intenso, acre, fogoso o ansioso. **II.** *vn.* aguzarse; afilarse; agriarse, acedarse.
sharpener [-ẹnœ(r)], *s.* amolador, aguzador, afilador.
sharper [-œ(r)], *s.* tahur, fullero, petardista, estafador, caballero de industria.
sharply [-lị], *adv.* (*v.* SHARP) con filo, corte o punta; prontamente; lacónicamente; brusca y mordazmente; severamente, rigorosamente; agudamente, vivamente; sutil o ingeniosamente.
sharpness [-nịs], *s.* calidad de cortante, agudo, etc. (*v.* SHARP, *a.*); agudeza; sutileza, perspicacia, viveza; acrimonia, mordacidad; acritud, acidez; violencia, rigor; inclemencia.
sharpshooter [-ŝutœ(r)], *s.* tirador certero.
shastra [ŝǽstrạ], *s.* colección de los libros sagrados y filosóficos de la India.
shatter [ŝǽtœ(r)]. **I.** *va.* destrozar, hacer pedazos, astillas o añicos; estrellar, romper, tro(n)zar; quebrantar (la salud); frustrar (esperanzas). **II.** *vn.* hacerse pedazos, quebrarse, romperse;

estallar, dar un estallido. **III.** *s.* fragmento, pedazo.—**s.-proof glass,** cristal inastillable.—**to break into shatters,** hacer(se) pedazos o añicos.

shattery [-i], *a.* desmenuzable, quebradizo.

shave [ŝéiv]. **I.** *va.* (*pp.* SHAVED o SHAVEN) rasurar o afeitar; descañonar; (carp.) acepillar; desbastar; raspar; rebajar; rozar, pasar rozando; rebanar; (ten.) descarnar; (fam.) desollar a uno en un negocio, estafar; (fam.) comprar (obligaciones comerciales) con descuento exorbitante. —**clean-shaven,** barbirrapado. **II.** *vn.* rasurarse, afeitarse, hacerse la barba; llevarse la mejor parte en un trato. **III.** *s.* afeitado, (Am.) afeitada; afeitadura; (carp.) cuchilla desbastadora de dos mangos; viruta (de madera o metal); rebanada delgada; (fam.) descuento exorbitante; (fam.) acción de pasar raspando o casi tocando (literal y figuradamente); escape, zafada (gen. en la expresión **to have a close s.,** escapar por casualidad, salvarse en una tabla).

shaveling [-liŋ], *s.* mozalbete; (desp.) hombre rapado (presidiario); monje o fraile.

shaver [-œ(r)], *s.* barbero; afeitadora (máquina); (fam.) desollador (en los negocios), estafador; (fam.) jovencito, rapaz.

shavetail [-teil], *s.* (fam., mil.) subteniente, alférez, *m.* (novato).

shaving [-iŋ]. **I.** *s.* afeitado, rasura(ción), (Am.) afeitada.—*pl.* raspaduras, acepilladuras, virutas, alisaduras. **II.** *a.* de afeitar, para afeitar.—**s. brush,** brocha de afeitar.—**s. cream,** crema de afeitar.—**s. dish,** bacía.

Shavian [ŝéivian], *a.* perteneciente o relativo a George Bernard Shaw y sus obras.

shawl [ŝɔl], *s.* chal, mantón, pañolón.

shay [ŝei], *s.* (fam.) = CHAISE.

she [ŝi], *pron. fem.* ella; (delante de *who* o *that*) la, aquella (*she who speaks,* la que habla); hembra (en composición: **s.-ass,** borrica, burra.—**s.-cat,** gata.—**s.-devil,** diabla.—**s.-goat,** cabra. —**s.-mule,** mula).

sheaf [ŝif]. **I.** *s.* (*pl.* SHEAVES) gavilla, haz, *m.,* garba, fajo, mostela; atado, paquete o lío; (mec.) roldana; manojo, colección. *V.* SHEAVE. —**s. of arrows,** haz de flechas. **II.** *va.* (agr.) agavillar, garb(e)ar.

shear [ŝír]. **I.** *va.* (*pp.* SHEARED o SHORN) tonsurar, rapar, esquilar, trasquilar; (tej.) tundir; cizallar, cortar (gen. con tijeras o cizallas); (mec.) someter a esfuerzo constante; (a veces con *off*) romper por fuerza cortante o por deslizamiento; estafar, petardear. **II.** *vn.* (mec.) romperse por deslizamiento o por esfuerzo cortante. **III.** *s.* tijeras, o una sola hoja de ellas; (mec.) esfuerzo cortante; fuerza cortante; deslizamiento, deformación debida al esfuerzo cortante; (fís.) cizallamiento o cizalladura del campo magnético.

shearer [-œ(r)], *s.* esquilador, trasquilador; tundidor (de tela).

shearing [-iŋ]. **I.** *s.* corte; tonsura, esquileo, trasquila(dura), trasquilón; (tej.) tundición, tundidura; cizallamiento; (mec.) deslizamiento; fractura por esfuerzo cortante. **II.** *a.* de deslizamiento; (mec.) cortante.—**s. machine,** esquiladora mecánica; máquina de cizallar; (tej.) tundidora.—**s. strength,** resistencia al deslizamiento.

shears [-z], *s. pl.* tijeras grandes; (mec.) cizallas; correderas de un torno; grúa de tijeras, machina, cabria (ll. t. **shear** o **sheer legs**).

sheatfish [ŝítfiŝ], *s.* (ict.) siluro.

sheath [ŝiθ], *s.* vaina; caja, manguito, funda, estuche, cubierta, envoltura.

sheathe [ŝíð], *va.* envainar; poner vaina, forro o cubierta; (mar.) aforrar, embonar.

sheathing [-iŋ], *s.* forro exterior, cubierta, revestimiento, envoltura; (mar.) (a forro, embono.

sheathing nail, *s.* clavo de entablar.

sheath knife, *s.* cuchillo de vaina.

sheathless [-lis], *a.* sin vaina.

sheave [ŝiv]. **I.** *s.* (mec.) roldana; polea, garrucha, monopastos; rueda excéntrica o su disco. *V.* SHEAF. **II.** *va.* (agr.) garb(e)ar, agavillar.

shebang [ŝibǽŋ], *s.* (E. U., fam.) usado en la expresión **the whole shebang,** todo; todo el mundo, todos los.

shed [ŝéd]. **I.** *va.* (*pret.* y *pp.* SHED) arrojar, quitarse; desprenderse de, largar; mudar; verter, derramar; esparcir, dejar caer; exhalar. **II.** *vn.* mudar (los cuernos, la piel, las plumas). **III.** *s.* vertiente, *f.;* cobertizo, tinglado; tejadillo, colgadizo, salidizo; sombraje, cabaña o barraca; (aer.) hangar.

shedder [-œ(r)], *s.* derramador; animal que muda la piel, las plumas, etc.

shedding [-iŋ], *s.* derramamiento, vertimiento; muda (de plumas, etc.).

sheen [ŝín], *s.* resplandor, lustre, viso.

sheeny [-i], *a.* lustroso.

sheep [ŝíp], *s.* (*sing.* y *pl.*) oveja, carnero; ovejas; pécora; ganado lanar u ovejuno; (fig.) rebaño, grey, *f.,* congregación de fieles; papanatas, simplón; (enc.) badana.—**s. botfly,** mosca de carnero.—**s. dip,** decocción insecticida para el lavado de los carneros antes de la esquila.—**s. dog,** perro de pastor.—**s. dung,** sirle o sirria. —**s. ranch,** hacienda de ovejas.—**s. run,** dehesa de ovejas, carneril.—**s.'s eye,** mirada al soslayo; ojeada modesta y amorosa.—**s.'s leather,** badana.—**s. sorrel,** (bot.) acedera, acetosa.—**s. tick,** garrapata.

sheepcote [-kout], **sheepfold** [-fould], *s.* redil, corral, aprisco, majada, ovil.

sheepherder [-hœrdœ(r)], *s.* pastor de ovejas.

sheephook [-huk], *s.* cayado, (prov.) gayata.

sheepish [-iŝ], *a.* avergonzado, corrido; tímido, pusilánime.—**sheepishly** [-li], *adv.* tímidamente.—**sheepishness** [-nis], *s.* timidez, cortedad, empacho.

sheepmaster [-mæstœ(r)], *s.* ganadero.

sheepshank [-ŝæŋk], *s.* pierna de carnero; (mar.) margarita, catabre.

sheepshead [-shed], *s.* (ict.) sargo.

sheepshearer [-ŝirœ(r)], *s.* esquilador.

sheepshearing [-iŋ], *s.* esquileo, trasquila.

sheepskin [-skin], *s.* badana; (E. U. fam.) diploma, *m.*—**s. dressed with wool** o **undressed s.,** zalea, vellón, zamarra.

sheepwalk [-wɔk], *s.* dehesa de ovejas, carneril.

sheer [ŝir]. **I.** *a.* puro, claro, consumado, cabal completo; (tej.) ligero, fino, delgado; escarpado, enhiesto.—**s. hulk,** chata de arbolar.—**s. legs** = SHEERS.—**s. rail,** escaño. **II.** *adv.* de un golpe, de una vez. **III.** *s.* (mar.) arrufo, arrufadura, desviación, cambio de dirección. **IV.** *vn.* (mar.) alargarse, desviarse; torcer, doblar.

sheers [-z], *s.* cabria de arbolar, machina, grúa de tijeras.

sheet [ŝít]. **I.** *s.* hoja, lámina, placa, chapa (de cualquier materia); sábana; pliego u hoja (de papel); diario; extensión de agua; (mar.) escota; (poét.) vela (de navío).—**s. anchor,** (mar.) ancla mayor, ancla de la esperanza, (fig.) áncora de salvación.—**s. card,** cartulina en hojas.—**s. glass,** vidrio cilindrado o laminado.—**s. lightning,** fucilazo(s).—**s. metal (iron, steel,** etc.), metal (hierro, acero) laminado, en lámina o en planchas; palastro.—**s. music,** música (en hojas sueltas).—**s. of copy,** (impr.) cuartilla.—**s. pile,** tablestaca.—**s. piling,** tablestacas; empalizada, construcción de tablestacas. **II.** *va.* ensabanar, envolver en sábanas; amortajar; extender en láminas u hojas.

sheeting [-iŋ], *s.* lencería para sábanas; (metal.) laminado; (hidr. y min.) encofrado.

sheik [ŝik], *s.* jeque.

shekel [ŝékel], *s.* siclo.—*pl.* (fam.) dinero.

sheldrake [ŝéldreik], *s.* (orn.) cataraña; mergánsar, mergo.

shelf [ŝelf], *s.* (*pl.* SHELVES) anaquel, estante, repisa, tabla, entrepaño, poyata; bajío, banco de arena; vuelo; capa horizontal (de roca)

saliente; (geol.) roca subyacente (de un depósito sedimentario).—**to put on the s.,** (fig.) archivar, arrinconar, olvidar.
shell [ŝɛl]. **I.** *s.* casco; cáscara (de nuez, de huevo, etc.); vaina, vainilla (de legumbres); (bot.) silicua; (zool.) concha, carapacho; marisco; cubierta, capa, corteza; armadura (de edificio, etc.); cualquier pieza hueca de paredes delgadas; esqueleto; cuerpo (de caldera); (fund.) camisa o revestimiento de horno; (arti.) bomba, granada, proyectil; cápsula para cartuchos; bote largo y angosto para regatas; (poét.) lira; (mar.) casco o caja de motón; pieza acopada o ahuecada. —**s. comb,** peineta.—**s.-lac,** laca en tablillas. —**s. shock,** neurosis de guerra, desorden especial nervioso o mental causado por heridas, concusión del aire, temor, excitación mental, etc., en los campos de batalla. **II.** *va.* descascarar, descortezar, desvainar, desgranar, deshollejar, mondar, pelar; encerrar en cáscara, vaina o cápsula; (arti.) bombardear, cañonear. **III.** *vn.* descascararse, desconcharse.—**to s. out,** (fam.) aflojar la mosca.
shellac [ŝɛlǽk]. **I.** *s.* laca, goma laca. **II.** *va.* revestir de laca, barnizar con laca.—**to take a shellacking,** (fam.) recibir una paliza, sufrir una derrota.
shellbark [ŝélbark], *s.* *V.* HICKORY.
sheller [ŝélœ(r)], *s.* desgranador; descascarador.
shellfire [ŝélfai̯r], *s.* (mil.) cañoneo con granadas; disparos de granadas.
shellfish [-fiŝ], *s.* mariscos, crustáceos, conchas.
shelling [-iŋ], *s.* descascaramiento; desgrane, desgranamiento; bombardeo.
shellproof [-pruf], *a.* a prueba de bomba.
shellwork [-wœrk], *s.* obra de concha.
shelly [ŝéli̯], *a.* conchado o conchudo; crustáceo.
shelter [ŝéltœ(r)]. **I.** *s.* resguardo, amparo, albergue, refugio, abrigo, asilo; guarida; protector, amparador. **II.** *va.* guarecer, abrigar, poner al abrigo o a cubierto, albergar, amparar, proteger, encubrir, ocultar, tapar.—**sheltered industries,** industrias no expuestas a la competencia extranjera. **III.** *vn.* refugiarse, guarecerse.
shelterer [-œ(r)], *s.* amparador, protector, el que guarece, cobija, acoge o recoge, etc.
shelterless [-li̯s], *a.* desamparado, sin asilo; desabrigado.
shelve [ŝélv]. **I.** *va.* poner sobre un estante o anaquel; (fig.) poner a un lado, dar carpetazo, archivar, arrinconar, olvidar; proveer de estantes o anaqueles. **II.** *vn.* inclinarse, estar en declive.
shelves [-z], *pl.* de SHELF.
shelving [-iŋ]. **I.** *a.* inclinado. **II.** *s.* estantería, anaquelería; carpetazo; declive.
shelvy [-i̯], *a.* inclinado; que abunda en escollos, arrecifes o bancos de arena.
shenanigans [ŝi̯nǽni̯ga̯ns], *s.pl.* (fam.) travesura, diablura; trampería; ardid, *m.*
Sheol [ŝíou̯l], *s.* báratro, infierno.
shepherd [ŝépœrd], *s.* pastor; zagal, ovejero; (fig.) párroco, cura, *m.*—**s. dog,** perro de pastor.—**s.'s crook,** cayado.—**s.'s hut,** tugurio.—**s.'s flute** o **pipe,** zampoña, caramillo.—**s.'s needle,** (bot.) aguja de pastor.—**s.'s pie,** especie de empanada.—**s.'s purse** o **pouch,** (bot.) bolsa de pastor.—**the (Good) S.,** Jesucristo.
shepherdess [-i̯s], *s.* pastora, zagala.
sherardize [ŝérạdai̯z], *va.* galvanizar por el procedimiento Cowper-Coles (revestir de cinc por calentamiento con polvo de cinc en retortas cerradas; algunos usan *sherardizar*).
sherbet [ŝœ́rbi̯t], *s.* sorbete.
sherd [ŝœrd], *s.* = SHARD.
shereef, sherif [ŝẹríf], *s.* jerife.
sheriff [ŝéri̯f], *s.* administrador ejecutivo de un condado; alguacil mayor, (prov.) verguer(o).
sheriffalty, sheriffship, sheriffwick [-ạlti̯, -ŝi̯p, -wi̯k], *s.* *V.* SHRIEVALTY.
sheriffdom [-dọm], *s.* jurisdicción del *sheriff.*
sherry [ŝéri̯], *s.* vino de Jerez.—**s. cobbler,** refresco hecho con vino de Jerez.
shew [ŝou̯], *va.* (Ingl. o ant.) (*pret.* SHEWED; *pp.* SHEWN o SHEWED) = SHOW.
shewbread [ŝóu̯brɛd], *s.* pan(es) de proposición.
shibboleth [ŝíboli̯θ], *s.* palabra que sirve de santo y seña; lema, *m.;* rasgo distintivo.
shield [ŝild]. **I.** *s.* escudo; broquel, tarja, rodela; égida, amparo; resguardo, reparo, defensa; protector, defensor; blindaje. **II.** *va.* escudar, amparar, resguardar, defender, proteger.
shield-bearer [-bɛrœ(r)], *s.* escudero.
shier, shyer [ŝái̯œ(r)], *s.* caballo asustadizo.
shift [ŝi̯ft]. **I.** *va.* cambiar; desviar; trasladar, transportar; mudar la ropa; (teat.) cambiar de decoración.—**to s. gears,** (aut.) cambiar de marcha.—**to s. into first,** (aut.) mover la palanca a primera velocidad.—**to s. into high,** (aut.) tomar la directa.—**to s. off,** diferir, aplazar; poner a un lado; librarse o salir de.—**to s. the helm,** cambiar el timón. **II.** *vn.* moverse, cambiar de puesto, mudarse; cambiar, variar, mudar; tergiversar, usar de frases equívocas.—**to s. about,** revolverse, girar.—**to s. for one's self,** ingeniarse, bandearse, valerse, darse maña, componérselas. **III.** *s.* cambio; mutación, desviación; su(b)stitución; trastrocamiento, trastrueque; recurso, expediente; ardid, *m.*, artificio; maña, subterfugio, fraude, evasión, excusa; camisa; turno o tanda de obreros; revezo.—**s. key,** tecla de mayúsculas (de una máquina de escribir).—**s. lock,** tecla de sujeción, sujetador. —**to make s.,** ingeniarse, arreglarse, hallar el medio de.—**to make s. without,** pasarse de.
shiftable [-ạbl], *a.* mudable; revecero.
shifter [-œ(r)], *s.* (mec.) desviador, disparador; (teat.) carpintero, tramoyista; zorrocloco.
shiftiness [-i̯ni̯s], *s.* maña, astucia; calidad de mañoso, etc.; versatilidad.
shiftless [-li̯s], *a.* inútil, incapaz; negligente, descuidado, perezoso; mal hecho, desaliñado.—**shiftlessly** [-li̯], *adv.* negligentemente.—**shiftlessness** [-ni̯s], *s.* negligencia, pereza; inutilidad, incapacidad.
shifty [-i̯], *a.* mañoso, astuto, industrioso; versátil, mudable.
shillalah, shillelah [ŝi̯léi̯lạ], *s.* palo, cachiporra.
shilling [ŝíli̯ŋ], *s.* (Ingl.) chelín.
shilly-shally [ŝíli̯ ŝæli̯]. **I.** *vn.* estar irresoluto, no saber qué hacer. **II.** *s.* vacilación, irresolución. **III.** *a.* irresoluto, indeciso, vacilante. **IV.** *adv.* irresolutamente.
shim [ŝi̯m]. **I.** *s.* (mec.) cuña o chaveta delgada; plancha o tira de relleno. **II.** *va.* (a)cuñar; tapar, rellenar con una tira o tablilla.
shimmer [ŝímœ(r)]. **I.** *vn.* rielar. **II.** *s.* luz trémula; débil resplandor, vislumbre.
shimmy [ŝími̯]. **I.** *s.* baile de movimientos temblorosos, baile nalgar; (fam.) camisa de mujer; (aut.) zigzagueo o bamboleo de las ruedas delanteras. **II.** *vn.* bailar el *shimmy;* (aut.) zigzaguear.
shin [ŝi̯n]. **I.** *s.* espinilla, canilla.—**s. bone,** (anat.) tibia, canilla, caña. **II.** *va.* y *vn.* trepar.
shindig [ŝíndi̯g], *s.* (fam.) festividad con baile.
shindy [ŝíndi̯], *s.* (fam.) zacapela. *V.* SHINDIG.
shine [ŝái̯n]. **I.** *vn.* (*pret.* y *pp.* SHONE) (re)lucir, brillar, fulgurar, alumbrar o relumbrar, resplandecer; sobresalir, distinguirse; hacer sol o buen tiempo; favorecer, ser propicio.—**to s. up to,** (fam.) engatusar, congraciarse con. **II.** *va. reg.* pulir, bruñir; dar lustre (a los zapatos), dar bola, embolar. **III.** *s.* resplandor, lustre, brillo; buen tiempo, claridad; embolada (del calzado), emboladura.—**to take a s. to,** (fam.) aficionarse de.
shiner [-œ(r)], *s.* el que o lo que brilla; (fam.) moneda de oro; (fam.) = BLACK EYE; (ict.) pez plateado.
shingle [ŝíŋgl]. **I.** *va.* cubrir con ripia; entejar con uralita o tejamaníes; cortar (el pelo) corto y en declive o en escalones; (metal.) cinglar, exprimir la escoria de. **II.** *s.* pelo corto en declive, o rebajado gradualmente; tabla de ripia o uralita, (Am.) tejamaní, tajamanil; (E. U.) muestra o

letrero de oficina; china, cascajo.—**s. nail,** abismal.
shingles [-z], *s.* (med.) zoster, *f.*, zona.
shining [ŝáiniŋ]. **I.** *a.* brillante, radiante, resplandeciente, (re)luciente, lúcido. **II.** *s.* lucimiento, esplendor, lustre; resplandor, brillo.
shiny [ŝáini], *a.* lustroso, brillante.
shinny [ŝíni]. **I.** *vn.* (gen. con **up**), trepar; jugar al *shinny*. **II.** *s.* juego de pelota o de *hockey* con palo encorvado.
Shinto [ŝíntou], **Shintoism** [-izm], *s.* sinto, sintoísmo.—**Shintoist** [-ist], *a.* y *s.* sintoísta.
ship [ŝip]. **I.** *s.* buque, barco, nave, *f.*, bajel, navío; aeróstato, dirigible, nave aérea; aeroplano.—**s. biscuit, s. bread,** galleta, bizcocho.—**s. boy,** paje de escoba, grumete.—**s. breaker,** desguazador.—**s. carpenter,** carpintero de navío o de ribera.—**s. chandler,** proveedor de buques.—**s. chandlery,** almacén de efectos navales.—**s. fever,** tifo.—**s. money,** (Ingl.) impuesto de defensa naval, o para la armada.—**s. of the desert,** (fig.) camello.—**s. of the line,** navío de alto bordo o de línea.—**s. of war,** buque de guerra.—**s.-plane,** avión (*m.*) de cubierta, que puede despegar de o aterrizar en la cubierta de un buque o portaaviones.—**s. railway,** vía férrea para el transporte de embarcaciones.—**s.'s company,** tripulación.—**s.'s husband,** agente de un buque o empresa naviera.—**s.'s papers,** papeles o documentos legales de un buque.—**s. stores,** matalotaje.—**s.'s time,** hora local del buque.—**s. timber,** madera para construcciones navales. **II.** *va.* embarcar; (com.) enviar, despachar, remesar; (fam.) despedir, deshacerse de; (mar.) tripular, recibir a bordo la tripulación; embarcar (*to ship a heavy sea,* embarcar agua, encapillar un golpe de mar); armar, montar (mástiles, timón, remos).—**to s. oars,** armar los remos. **III.** *vn.* ir a bordo, embarcar; engancharse como marinero.
shipboard [-bɔrd], *s.* (mar.) bordo.—**on s.,** a bordo.
shipbuilder [-bildœ(r)], *s.* constructor de buques, arquitecto naval.
shipbuilding [-iŋ], *s.* construcción naval.
shipload [-loud], *s.* cargazón, *f.*, cargamento que llena un buque; buque completamente cargado.
shipmaster [-mæstœ(r)], *s.* (mar.) patrón, capitán de buque.
shipmate [-meit], *s.* camarada (*m.*) de a bordo.
shipment [-ment], *s.* (com.) embarque; cargamento, partida; envío, despacho, consignación, remesa.
shipowner [-ounœ(r)], *s.* naviero, armador.
shipper [-œ(r)], *s.* (com.) embarcador, cargador, fletador; expedidor, remitente.
shipping [-iŋ]. **I.** *s.* buques; marina; tonelaje; (com.) embarque; envío, despacho. **II.** *a.* naval, marítimo, naviero, de marina mercante.—**s. agency,** agencia marítima.—**s. agent,** consignatario de buques.—**s. articles,** contrata de marinero.—**s. bill,** factura de embarque.—**s. charges,** gastos de embarque o de envío.—**s. clerk,** (com.) dependiente de muelle o de remesas.—**s. list** = S. BILL.—**s. master,** oficial que contrata marineros.—**s. receipt,** recibo de embarque.
shipshape [-ŝeip], *a.* en buen orden, bien arreglado.
shipway [-wei], *s.* (mar.) grada; canal para buques.
shipworm [-wœrm], *s.* (zool.) broma, tiñuela.
shipwreck [-rɛk]. **I.** *s.* naufragio; (com.) siniestro; desastre; desgracia, ruina. **II.** *va.* hacer naufragar o zozobrar, echar a pique.—**shipwrecked** [-rɛkt], *a.* naufragado.—**s. person,** náufrago.—**to be shipwrecked,** naufragar.
shipwright [-rait], *s.* carpintero de ribera o de navío; constructor de buques.
shipyard [-yard], *s.* astillero, varadero, arsenal.
shire [ŝair], *s.* (Ingl.) condado.
shirk [ŝœ́rk]. **I.** *s.* el que se evade de hacer algo. **II.** *va.* y *vn.* evadir(se de), eludir, evitar, esquivar, faltar a, desentenderse de, desatender.
shirker [-œ(r)], *s.* = SHIRK.
shirr [ŝœr]. **I.** *va.* (cost.) fruncir, gandujar; (coc.) escalfar huevos en crema de leche. **II.** *s.* (cost.) frunce, fruncimiento; hilo de goma tejido en una tela para hacerla elástica.
shirred [-d], *a.* (cost.) fruncido; (tej.) elástico.—**s. eggs,** huevos escalfados en crema.
shirt [ŝœ́rt], *s.* camisa de hombre; blusa o camisola de señora.—**s. bosom, s. front,** camisolín, pechera de camisa.—**s. store,** camisería.—**s. tail,** faldón.—**s. waist,** corpiño de mujer; cuerpo de camisa.—**in one's s. sleeves,** en mangas de camisa.
shirting [-iŋ], *s.* tela para camisas.
shirtless [-lis], *a.* descamisado; empobrecido.
shiver [ŝívœ(r)]. **I.** *s.* temblor, (es)calofrío, estremecimiento; brizna, astilla. **II.** *vn.* tiritar, temblar, calofriarse; cascarse, hacerse pedazos; estallar, estrellarse; (mar.) flamear (la vela). **III.** *va.* estrellar, romper, hacer astillas o añicos; vibrar, sacudir.—**shivering** [-iŋ], *s.* horripilación, calofrío, estremecimiento.—**shivery** [-i], *a.* trémulo, tembloroso; friolento, frío; friable, quebradizo.
shoal [ŝóul]. **I.** *s.* bajo, bajío, alfaque, banco de arena, cayo; multitud, muchedumbre o manada; banco de peces, cardume, cardumen. **II.** *a.* poco profundo, bajo. **III.** *va.* y *vn.* disminuir en profundidad; reunirse en gran número.
shoaliness [-inis], *s.* falta de profundidad; abundancia de bajos; calidad de somero.
shoaly [-i], *a.* lleno de bajos; vadoso; somero.
shoat, shote [ŝout], *s.* (zool.) cochinillo, gorrino.
shock [ŝák]. **I.** *s.* choque; sacudida, sacudimiento; concusión, golpe; susto, sobresalto, emoción; conmoción; ofensa; desazón, *f.*; (med.) choque, postración nerviosa; (elec.) choque; (agr.) fajina, hacina, fascal, tresnal; pelo tupido, greñas; perro de lanas. **II.** *a.* de choque; para choques; lanudo; desgreñado.—**s. absorber,** (mec., aut.) amortiguador.—**s. therapy,** (psic.) tratamiento terapéutico por choque.—**s. troops,** (mil.) tropas (escogidas) de asalto.—**s. wave,** onda de choque (en el aire). **III.** *va.* y *vn.* sacudir, dar una sacudida; chocar, ofender, disgustar; conmover; escandalizar, horrorizar; (agr.) hacinar.
shocking [-iŋ], *a.* espantoso, horrible; chocante, ofensivo.
shockproof [-pruf], *a.* a prueba de choques.
shod [ŝad], *pret.* y *pp.* de TO SHOE.
shoddy [ŝádi]. **I.** *a.* de lana renovada o regenerada; falso, aparente. **II.** *s.* lana regenerada, y paño burdo de ésta; (fam.) ostentación vulgar, impostura.
shoe [ŝú]. **I.** *s.* zapato, botín, bota; calzado; herradura (de caballo); suela de trineo; zapata (de ancla, de freno mecánico, de contacto eléctrico, etc.); galga de carruaje; (aut.) llanta, cubierta (de neumático); (mar.) calzo, solera; (arq.) tornapunta; contera, regatón; canal para conducir trigo o mineral a la tolva, etc.—**s. blacking,** bola, betún para zapatos.—**s. buckle,** hebilla de zapato.—**s. brush,** cepillo para sacar brillo (al calzado).—**s. lace,** cordón, cinta o lazo de zapato.—**s. of a wheel,** llanta.—**s. peg,** (zap.) puntilla, estaquilla.—**s. polish,** lustre, betún, bola.—**s. store,** zapatería.—**s. string, s. tie** = S. LACE.—**s. tree,** horma de zapatos; pernito.—**to be in his** (**their,** etc.) **shoes,** estar en su pellejo.—**to know where the s. pinches,** saber uno dónde le aprieta el zapato.—**to put on one's shoes,** calzarse. **II.** *va.* (*pret.* y *pp.* SHOD) herrar (un caballo); calzar (el ancla, a una persona); poner regatón a, proveer de regatón; enllantar o poner llantas a (una rueda).
shoeblack [-blæk], *s.* limpiabotas.
shoehorn [-hɔrn], *s.* calzador.
shoeing [-iŋ]. **I.** *s.* acto de herrar o de calzar. **II.** *a.* de herrar; de calzar.—**s.-horn,** calzador.
shoeless [-lis], *a.* descalzo, sin zapatos.
shoemaker [-meikœ(r)], *s.* zapatero.—**s.'s last,** horma.—**s.'s paring knife,** chaira o trinchete de zapatero.—**s.'s wax,** (zap.) cerapez, cerote.

shoemaking [-meįkiŋ], *s.* fabricación de calzado, zapatería.
shoer [-œ(r)], *s.* herrador.
shoestring [-striŋ], *s.* cordón o lazo de zapato.—**on a s.,** con poco dinero.
shogun [ŝóųgʌn], *s.* general en jefe (del ejército japonés en tiempos pasados; taicún.—**shogunate** [-eįt], *s.* taicunato, dignidad de taicún.
shole [ŝoųl], *s.* solera, tornapunta.
shone [ŝoųn], *pret.* y *pp.* de TO SHINE.
shoo [ŝu]. **I.** *va.* oxear (aves domésticas). **II.** *interj.* ¡ox(e)! ¡so! ¡fuera!
shook [ŝųk]. **I.** *pret.* de TO SHAKE. **II.** *s.* paquete de duelas, bocoyes o barriles abatidos; juego de tablas para hacer cajas.
shoot [ŝút]. **I.** *va.* (*pret.* y *pp.* SHOT) herir o matar con arma de fuego; fusilar, pasar por las armas; disparar, tirar; descargar; arrojar, lanzar, proyectar; emitir (un rayo); vaciar; empujar, hacer salir; traspasar, atravesar rápidamente; (min.) volar, hacer saltar, dar barreno; (carp.) ajustar (a una línea) cepillando; (cine) filmar, impresionar (una película).—**to s. a bolt,** echar, correr el pestillo.—**to s. down,** tumbar a balazos, derribar con armas de fuego.—**to s. off,** tirar, descargar (arma); llevarse.—**to s. the chute,** deslizarse en un tobogán de bote hacia el agua.—**to s. the rapids,** salvar el recial, bajar por los rápidos (de un río).—**to s. the works,** (fam.) jugar el todo por el todo, ir hasta el tope.—**to s. through,** atravesar, pasar de parte a parte.—**to s. up,** atacar a balazos (gen. en pandilla); entrar a (un pueblo) echando bala a diestra y siniestra. **II.** *vn.* tirar, disparar armas de fuego; pasar o correr rápidamente; salir, nacer, brotar, germinar; punzar (un dolor); sobresalir, destacarse.—**to s. at,** tirar a, hacer fuego o un tiro a.—**to s. forth,** lanzarse o abalanzarse.—**to s. out,** brotar, germinar.—**to s. over dogs,** cazar con perros.—**to s. straight,** dar en el hito; (fam.) hablar y portarse honradamente.—**to s. up,** nacer, crecer; madurar. **III.** *s.* (agr. y bot.) vástago, pimpollo, retoño, renuevo, tallo, acodo, plantón, sarmiento (de vid); recial de un río; artesa inclinada; tiro, certamen de tiradores, tiro al blanco; (arq.) refuerzo de arco o bóveda; (zool.) = SHOAT.
shooter [-œ(r)], *s.* tirador.
shooting [-iŋ]. **I.** *s.* caza con escopeta; tiro, descarga; latido doloroso, punzada; (cine) filmación (de una escena). **II.** *a.* de tiro; de tirar.—**s. box** o **lodge,** pabellón de caza.—**s. gallery** o **grounds,** tiro (al blanco).—**s. match,** certamen de tiro al blanco.—**s. post** o **stand,** tiradero.—**s. star,** estrella fugaz.—**s. stick,** (impr.) desacuñador; (fam.) arma de fuego (esp. el revólver).—**by s.,** a tiros, a balazos.
shop [ŝáp]. **I.** *s.* tienda o almacén; taller; fábrica. **II.** *a.* de tienda; de taller; de o relativo a gremios obreros (*shop committee,* comisión del gremio, o de los gremios; *shop deputy* o *steward,* representante o delegado del gremio; *shop foreman,* jefe de talleres). **III.** *vn.* ir de tiendas o de compras, hacer compras; feriar.
shopboard [-bɔrd], *s.* tabla de sastre.
shopboy [-bɔį], *s.* mancebo, dependiente.
shopgirl [-gœrl], *s.* muchacha de tienda, dependienta.
shopkeeper [-kipœ(r)], *s.* tendero, mercader.
shoplifter [-lįftœ(r)], *s.* ratero de tiendas, descuidero, mechero, mechera.
shoplifting [-lįftįŋ], *s.* ratería en las tiendas.
shopman [-mạn], *s.* tendero; mercader; mancebo de tienda.
shopper [-œ(r)], *s.* comprador.
shopping [-įŋ], *s.* compras; acto de ir de tiendas.
shoptalk [-tɔk], *s.* jerga, lenguaje profesional; conversación sobre la propia profesión.
shopwindow [-wįndoų], *s.* = SHOW WINDOW.
shopworn [-wɔrn], *a.* gastado, deteriorado con el trajín de la tienda; (fig.) traído y llevado.
shopwalker [-wɔkœ(r)], *s.* vigilante (para impedir raterías en tienda o almacén).
shopwoman [-wųmạn], *s.* tendera.
shore [ŝór]. **I.** *s.* costa, ribera, playa, orilla, litoral; (constr.) puntal; (mar.) escora; (min.) entibo, ademe.—**shore leave,** (mar.) licencia para ir a tierra.—**s. line,** contorno, borde de playa o ribera.—**s. patrol,** (E. U.) policía militar (naval). **II.** *va.* apuntalar, acodalar; (min.) (a veces con **up**) ademar, entibar; (mar.) escorar; llevar a tierra, a la orilla.
shoreless [-lįs], *a.* sin costa ni playa.
shoring [-iŋ], *s.* entibación, apuntalamiento.
shorn [ŝɔrn], *pp.* de TO SHEAR; mocho, chamorro.
short [ŝórt]. **I.** *a.* corto; bajo de estatura; diminuto, pequeño, reducido; falto, escaso; breve, conciso; brusco, seco; insuficiente, deficiente; próximo, cercano; menguado, corto de alcances; flaco (de memoria); (com.) falto de aquello que se vende y tiene que entregarse en cierto plazo; (pros.) breve; quebradizo.—**s. allowance,** media ración.—**s.-change,** engañar o defraudar al dar cambio; timar o estafar en pequeño.—**s. circuit,** (elec.) cortocircuito o corto circuito.—**s.-circuit,** *va.* y *vn.* poner(se) en cortocircuito.—**s. cut,** atajo; método o modo abreviado o corto; picadura de tabaco.—**s. division,** (arit.) división sencilla rápida, en que se escriben sólo las cifras del cociente y los residuos parciales, determinados mentalmente, o sólo aquéllas.—**s. money,** dinero prestado o para prestar a corto plazo (de pocos días).—**s. of,** lejos de; escaso de; inadecuado para; con excepción de, sin ir hasta; diferente de, sino, sólo (cambiando el giro: *nothing short of war,* sólo la guerra).—**S. Parliament,** (hist.) Parlamento Corto.—**s. rib,** (anat.) costilla falsa.—**s. sale,** venta de artículos que el vendedor no tiene aún.—**s. seller,** (com.) el que vende corto; el que vende acciones sin tenerlas.—**s. story,** cuento.—**s. subjects,** (cine) películas cortas.—**s. ton,** tonelada de 2000 libras (907 kg.).—**s. wave,** (rad.) onda corta.—**s.-weigh,** engañar en el peso.—**a s. time since,** poco ha que.—**a s. while,** un ratito.—**at s. notice** = ON S. NOTICE.—**in a s. time,** o **while,** en un rato; en poco tiempo; dentro de poco.—**in s. order,** prontamente.—**on s. notice,** prontamente, con poca demora, con poco tiempo de aviso.—**on s. term,** (com.) a corto plazo.—**to be s.,** estar escaso; para abreviar.—**to be s. of,** estar lejos de; no responder a; estar escaso de.—**to give s. shrift to, to make s. work of,** despachar sumariamente.—**to grow s.,** acortarse, menguar, disminuir. **II.** *s.* resumen, compendio; (pros.) sílaba o vocal breve; (com.) déficit; venta de aquello que no se posee y debe entregarse en cierto plazo; persona que contrae dicho compromiso; en el baseball, puesto que ocupa el *shortstop.*—*pl. V.* SHORTS.—**s. for,** forma abreviada de.—**for s.,** para abreviar, para mayor brevedad.—**in s.,** en suma, en resumen, en resumidas cuentas.—**the s. and the long of it,** el total, el todo, la substancia del asunto. **III.** *adv.* brevemente, breve.—**s.-bodied,** pequeño de estatura.—**s.-breathed,** asmático, corto de respiración, corto de resuello.—**s.-handed,** que carece de un número suficiente de operarios, marineros, etc.—**s.-lived,** de poca vida o duración; efímero.—**s.-nosed,** romo, chato, de nariz aplastada.—**s.-sighted** = SHORTSIGHTED.—**s.-stapled,** de hebra o fibra corta.—**s.-tailed,** rabicorto.—**s.-tempered,** irascible, irritable.—**s.-term,** (com.) a corto plazo.—**s.-waisted,** corto de talle.—**s.-winded,** asmático, corto de respiración, corto de resuello. **IV.** *va.* (elec.) poner en cortocircuito.
shortage [-įdž], *s.* déficit; carestía, escasez, falta, merma.
shortbread [-brɛd], *s.* (coc.) tortita o galleta dulce hecha con manteca u otra grasa.
shortcake [-keįk], *s.* (coc.) torta de frutas.
shortcoming [-kʌmiŋ], *s.* defecto; negligencia, descuido, omisión; falta, mengua.

shorten [-n]. **I.** *va.* acortar; encoger, abreviar, compendi(z)ar, resumir; reducir; impedir, limitar, restringir; (coc.) hacer tierna o deleznable (la pastelería) con mantequilla u otra grasa. **II.** *vn.* acortarse, abreviarse, disminuirse, encogerse.
shortening [-niŋ], *s.* acortamiento; disminución; abreviación; (coc.) manteca o mantequilla con que se hacen hojaldres, etc.
shorthand [-hænd]. **I.** *s.* taquigrafía, estenografía.—**to take s., to write in s.,** taquigrafiar. **II.** *a.* taquigráfico.
shorthorn [-hɔrn], *s.* tipo de ganado con cuernos curvos.
shortly [-li], *adv.* presto, luego, al instante, dentro de poco; brevemente; en breve.—**s. after,** a poco de.—**s. afterward,** al poco rato.
shortness [-nis], *s.* cortedad; pequeñez; brevedad; deficiencia.—**for s.,** para mayor brevedad.
shortsighted [-saitid], *a.* miope, cegato; falto de perspicacia.—**shortsightedness** [-nis], *s.* miopía, cortedad de la vista; falta de perspicacia.
shorts [-s], *s. pl.* calzones cortos flojos (traje de deporte, etc.); calzoncillos cortos; salvado; (cine) películas cortas.
shortstop [-stap], *s.* en el baseball, el jugador situado entre la segunda base y la tercera.
shot [šát]. **I.** *pret.* y *pp.* de TO SHOOT. **II.** *a.* (tej.) batido, tornasolado; relativo a o para perdigones.—**s. cartridge,** cartucho de perdigones. —**s. gage,** o **gauge,** vitola para calibrar proyectiles.—**s. locker,** (mar.) chillera; santabárbara, polvorín, pañol.—**s. plug,** tapabalazo.—**s. pouch,** perdigonera.—**s. samples,** (metal.) muestras en forma de perdigones o pulverizadas vaciando en agua el metal fundido.—**s. silk,** seda tornasolada.—**s. tower,** torre (*f.*) para hacer perdigones. **III.** *va.* cargar con perdigones. **IV.** *s.* perdigón; munición, perdigones; bala, proyectil; tiro, disparo; escopetazo; balazo; alcance (v. gr.: *within pistol shot,* a tiro de pistola); tirador; golpe, tirada, jugada (en el billar); escote; (fam.) inyección, jeringa (de morfina, etc.); (fam.) trago o dedo (de licores); (fot.) vista; (min.) barreno.—**a good s.,** un tirador certero.—**a long s.,** apuesta arriesgada. —**bird s., fine s.,** munición (menuda), mostaza.—**like a s.,** como un rayo; disparado.—**not by a long s.,** (fam.) ni por asomo, ni por pienso.—**to have,** o **take, a shot at,** hacer un tiro a; echar una púa, burla o indirecta a.—**to put the s.,** (dep.) lanzar el peso.—**with shots,** a tiros.
shotgun [-gʌn], *s.* escopeta.
shot-put [-put], *s.* (dep.) lanzamiento del peso.
should [šud], *pret.* de SHALL. Úsase como auxiliar para formar los modos condicionales de otros verbos, con la misma distinción respecto de *would,* que tiene *shall* respecto de *will* en la formación del futuro de indicativo (*v.* SHALL); vg.: *I said that I should go,* dije que iría; *would you go if I should go?* ¿iría Vd. si yo fuese? Se usa muy frecuentemente como verbo defectivo con la significación de deber o haber de: *you should write to him at once,* debiera Vd. escribirle en seguida; *you should tell him,* Vd. debe (o debería) decirle; *the room should be kept open,* el cuarto debe mantenerse abierto. (No se cometa el error de creer que *should* equivale siempre a *debiera* o *debería,* pues a menudo equivale a *debe* o *deberá*).
shoulder [šóuldœ(r)]. **I.** *s.* (anat.) hombro; espalda; encuentro (de un ave); pernil, brazuelo o cuarto delantero (de un cuadrúpedo); (carp.) can, pie (*m.*) de amigo; espaldón de espiga; sostén, soporte, parte (*f.*) saliente.—**s. belt,** tahalí.—**s. blade,** o **bone,** (anat.) espaldilla, omoplato u omóplato, escápula, palet(ill)a.—**s. knot,** (mil.) charretera mocha, capona.—**s. pad,** (sast.) hombrera.—**s. strap,** correón (de los aguadores), etc.; (mil.) dragona; (sast.) hombrera, tirante.—**s. to s.,** hombro a hombro; unidamente.—**on one's shoulders,** a cuestas. —**to put one's s. to the wheel,** arrimar el hombro, echar una mano. **II.** *va.* echarse a la espalda, cargar al hombro, llevar a hombros; (fig.) cargar con, asumir, tomar sobre sí.—**s. arms,** (mil.) armas al hombro. **III.** *vn.* hombrear.
shout [šáut]. **I.** *va.* y *vn.* vocear, gritar, baladrar, vociferar; vitorear, dar vivas.—**to s. one's self hoarse,** gritar hasta enronquecerse, desgañitarse. **II.** *s.* grito, baladro, alarido; aclamación. —**s. of applause,** viva, *m.*; ovación.
shouter [-œ(r)], *s.* gritador, baladrero, vociferador.
shouting [-iŋ]. **I.** *s.* vocerío, gritería; aclamación. **II.** *a.* que vocea; gritador, vociferador.
shove [šʌv]. **I.** *va.* y *vn.* empujar, empellar, impeler.—**to s. along,** empujar; hacer avanzar.—**to s. away,** rechazar, alejar.—**to s. back,** hacer retroceder.—**to s. forward** = TO S. ALONG.—**to s. from,** empujar, rechazar a empujones.—**to s. off,** echar afuera (una embarcación); alejarse de, dejar.—**to s. out,** empujar hacia afuera, hacer salir. **II.** *s.* empellón, empujón, empuje, impulso.
shovel [šʌvl]. **I.** *s.* pala.—**s. hat,** sombrero de teja. **II.** *va.* traspalar.—**shovel(l)er** [-œ(r)], *s.* palero, paleador.—**shovelful** [-ful], *s.* palada.—**shovel(l)ing** [-iŋ], *s.* traspaleo.
shovelboard [-bɔrd], *s.* tabla o mesa para jugar al tejo; juego de tejo (ll. t. SHUFFLEBOARD).
show [šóu]. **I.** *va.* (*pp.* SHOWN o SHOWED) mostrar, enseñar; hacer ver, señalar; exhibir, lucir, exponer, descubrir, manifestar, indicar; probar, demostrar; introducir, guiar, conducir; poner en escena, representar (un drama); poner, proyectar (una película); (com.) arrojar (un balance, o como resultado).—**to s. a clean pair of heels,** o **the heels,** escaparse.—**to s. cause,** (for.) rogar por la anulación de un decreto.—**to s. consideration,** o **regard, for,** guardar miramientos a.—**to s. displeasure,** poner mala cara.—**to s. fight,** ofrecer resistencia, mostrarse resuelto a pelear.—**to s. forth,** exponer, mostrar; publicar, manifestar.—**to s. in,** introducir, hacer entrar (a una persona).—**to s. one's cards,** o **hand,** mostrar el juego (fig.), dejarse ver sus intenciones.—**to s. one's face,** presentarse, aparecerse.—**to s. one's teeth,** enseñar los dientes.—**to s. off,** sacar a lucir.—**to s. spirit,** mostrar buen ánimo.—**to s. the door to,** echar, despedir.—**to s. to the door,** acompañar a la puerta.—**to s. up,** hacer subir (a una persona); denunciar, descubrir, arrancar la careta a. **II.** *vn.* parecer, tener apariencia o señales de; aparecer, mostrarse, asomar, dar señal.—**to s. off,** alardear, fachendear, pavonear.—**to s. through,** transparentarse; entreparecerse; entrelucir.—**to s. up,** presentarse, parecer, ir. **III.** *s.* exhibición, exposición; espectáculo público; (teat.) función; ostentación, boato, prosopopeya; señal, *f.*, indicación; apariencia, exterioridad; pretexto, máscara, velo; (fam. E. U.) oportunidad, suerte, *f.*—**by s. of hands,** (votación) por manos levantadas.—**in open s.,** públicamente.
show bill, *s.* cartel, cartelón, rótulo.
showboat [-bout], *s.* buque teatro.
showbread [-brɛd], *s.* (bib.) pan(es) de proposición.
show business, *s.* giro de espectáculos.
show card, *s.* tarjetón, letrero.
showcase [-keis], *s.* vitrina, aparador; caja de muestras.
showdown [-daun], *s.* declaración forzada (de recursos, intenciones, etc.); acción perentoria o definitiva.
shower [šáuœ(r)]. **I.** *s.* lluvia, chubasco, chaparrón; abundancia.—**s. bath,** (baño de) ducha. **II.** *va.* regar, mojar; derramar con abundancia. **III.** *vn.* llover, caer un chubasco; caer con profusión.
shower [šóuœ(r)], *s.* mostrador, el que muestra.
showerless [šáuœrlis], *a.* sin lluvia.
showery [šáuœri], *a.* lluvioso, chubascoso.

showily [ŝóu̯ili̯], *adv.* ostentosamente, aparatosamente.—**showiness** [-ni̯s], *s.* ostentación.
showing [ŝóu̯iŋ], *s.* exhibición, exposición (de artículos de industrias y artes); proyección (de una película).—**to make a good s.,** lucirse.
showman [ŝóu̯mạn], *s.* director de espectáculos; empresario de teatro, circo, museo, etc.
showmanship [-ŝi̯p], *s.* habilidad para montar espectáculos; teatralidad.
shown [ŝou̯n], *pp.* de TO SHOW.
show-off [-ɔf], *s.* fachendoso, ostentoso, jactancioso; (fig.) farolero.
showpiece [-pis], *s.* ejemplo relevante de una cosa (con fines de exhibición).
show place, *s.* lugar donde se exhiben espectáculos; lugar frecuentemente exhibido (debido a su reputación).
showroom [ŝóu̯rum], *s.* sala de exposición; cuarto de muestras (de mercancías).
show window, *s.* ventana o escaparate de tienda, vidriera; (P. Rico) vitrina.
showy [ŝóu̯i], *a.* vistoso, aparatoso, ostentoso, suntuoso, rimbombante; chillón, charro.
shrank [ŝræŋk], *pret.* de TO SHRINK.
shrapnel [ŝrǽpnẹl], *s.* (arti.) metralla; shrapnel, granada de metralla.
shred [ŝréd]. **I.** *va.* (*pret.* y *pp.* SHRED o SHREDDED) picar, desmenuzar, hacer tiras o trizas. **II.** *s.* triza, jirón, tira, retazo; fragmento, pizca.
shredded [-i̯d], *a.* trojezado, desmenuzado, hecho trizas.
shrew [ŝru], *s.* arpía, virago, mujer de mal genio; (zool.) musgaño, musaraña.
shrewd [ŝrúd], *a.* perspicaz, sagaz; astuto, sutil, (ant.) solapado; agudo, cortante.—**shrewdly** [-li̯], *adv.* astutamente, sagazmente; solapadamente.—**shrewdness** [-ni̯s], *s.* sagacidad, astucia, sutileza.
shrewish [ŝrúi̯ŝ], *a.* regañón(a), gruñidor(a).—**shrewishly** [-li̯], *adv.* de muy mal humor, a regañadientes.—**shrewishness** [-ni̯s], *s.* mal genio.
shrewmouse [ŝrúmau̯s], *s.* (zool.) musgaño, musaraña.
shriek [ŝrik]. **I.** *vn.* chillar, gritar. **II.** *s.* chillido, grito agudo.
shrievalty [ŝrívạlti̯], *s.* cargo o funciones de *sheriff.*
shrift [ŝri̯ft], *s.* (igl.) (ant.) confesión; absolución.—**to make short s. of,** (fam.) despachar de prisa.
shrike [ŝrai̯k], *s.* (orn.) pega reborda, alcaudón.
shrill [ŝri̯l]. **I.** *a.* chillón, estridente, agudo, penetrante.—**s.-tongued, s.-voiced,** de voz chillona. **II.** *va.* y *vn.* chillar.—**shrillness** [-ni̯s], *s.* calidad de chillón.
shrimp [ŝrímp], *s.* (zool.) camarón, esquila; enano, hombre pequeño.—**shrimper** [-œ(r)], *s.* camaronero.
shrine [ŝrai̯n]. **I.** *s.* relicario, urna, altar, sepulcro de santo; sagrario, santuario, capilla, templete. **II.** *va.* = ENSHRINE.
shrink [ŝríŋk]. **I.** *vn.* (*pret.* SHRANK, SHRUNK; *pp.* SHRUNK, SHRUNKEN) encogerse, contraerse, acortarse; disminuir, mermar; (con **from**) evadir, apartarse o huir de; retroceder; temblar, estremecerse; retirarse; apocarse.—**to s. away,** desaparecer por grados; su(b)straerse, huir.—**to s. back,** retirarse, retroceder.—**to s. up,** estrecharse; encogerse, arrugarse; temblar, estremecerse. **II.** *va.* encoger, contraer, reducir.—**to s. on,** (mec.) montar en caliente (una llanta, una abrazadera, etc.).—**to s. up,** estrechar. **III.** *s.* encogimiento, acortamiento; contracción de nervios.
shrinkage [-i̯dž], *s.* encogimiento o contracción; reducción, di(s)minución; (com.) merma, pérdida.
shrinkingly [-i̯ŋli̯], *adv.* encogiéndose, acortándose; retrocediendo; encogida o tímidamente.
shrive [ŝrai̯v], *va.* y *vn.* (*pret.* SHROVE o SHRIVED; *pp.* SHRIVEN o SHRIVED) (igl.) (ant.) confesar; oír en confesión; confesarse.
shrivel [ŝrívẹl]. **I.** *va.* arrugar, fruncir, doblar, encoger; estrechar; marchitar. **II.** *vn.* arrugarse, fruncirse, encogerse, deshincharse; marchitarse, avellanarse, acorcharse las frutas.
shriver [ŝrái̯vœ(r)], *s.* confesor.
shroud [ŝrau̯d]. **I.** *s.* mortaja, sudario; anillo de refuerzo (de una rueda dentada).—*pl.* (mar.) obenques, mostachos, jarcias. **II.** *va.* amortajar; (fig.) cubrir, ocultar.
shrove [ŝróu̯v], *pret.* de TO SHRIVE.—**Shrovetide** [-tai̯d], carnaval, carnestolendas, *f. pl.*—**Shrove Tuesday,** martes de carnaval, martes de carnestolendas.
shrub [ŝrʌ́b], *s.* (bot.) arbusto.—**shrubbery** [-œri̯], *s.* arbustos.—**shrubbiness** [-i̯ni̯s], *s.* abundancia de arbustos.—**shrubby** [-i̯]; *a.* cubierto de o abundante en arbustos; parecido a un arbusto; aparrado, fruticoso.
shrug [ŝrʌg]. **I.** *va.* encoger, contraer. **II.** *vn.* encogerse de hombros, o alzarse de hombros. **III.** *s.* encogimiento de hombros.
shrunk, shrunken, *pret.* y *pp.* de TO SHRINK.
shuck [ŝʌk]. **I.** *va.* descascarar, descortezar, pelar; desbullar, quitar la concha a una ostra. **II.** *s.* cáscara, vaina, hollejo; desbulla, concha de marisco.—**not worth shucks,** (fam.) no valer tres cominos.
shudder [ŝʌ́dœ(r)]. **I.** *vn.* estremecerse, temblar. **II.** *s.* temblor, estremecimiento.
shuffle [ŝʌ́fl]. **I.** *va.* y *vn.* barajar (naipes); mezclar, revolver; pasar, traspasar; restregar; esquivar, evadir; desordenar.—**to s. along,** arrastrar los pies, chancletear; ir tirando o pasando.—**to s. off,** soltar, echar a un lado, desprenderse o zafarse de.—**to s. up,** (fam.) frangollar, pergeñar, hacer una cosa de mala manera. **II.** *s.* barajadura; evasiva, embuste, salida; restregamiento de pies en el suelo, chancleteo.
shuffleboard [-bɔrd], *s.* juego de tejo.
shuffler [ŝʌ́flœ(r)], *s.* el que baraja, mezcla, arrastra los pies, etc.; embustero.
shuffling [ŝʌ́fli̯ŋ], *a.* lerdo, pesado; embustero; evasivo, (fam.) retrechero.
shun [ŝʌn], *va.* y *vn.* huir, rehuir, esquivar, evitar; retraerse, apartarse de.
shunt [ŝʌ́nt]. **I.** *va.* desviar; (f. c.) desviar, apartar; (elec.) shuntar, poner en derivación; evadir, eludir. **II.** *vn.* desviarse; mudar de curso o de opinión. **III.** *s.* desviación; (elec.) shunt, derivación.—**s. (-wound) dynamo,** dínamo (*f.*) con excitación en derivación. **IV.** *a.* (elec.) en derivación; de derivación.—**s.-wound,** de arrollamiento en derivación.
shunter [-œ(r)], *s.* (f. c.) guardagujas.
shut [ŝʌ́t]. **I.** *va.* (*pret.* y *pp.* SHUT) cerrar; vedar, prohibir, impedir; negar la entrada; excluir; coger, agarrar (con algo que se cierra); plegar, doblar, cerrar (abanico, paraguas, etc.).—**to s. against,** cerrar a.—**to s. close,** cerrar bien.—**to s. from,** excluir.—**to s. in,** encerrar, confinar.—**to s. off,** impedir la entrada, interceptar; detener, cortar (el agua, etc.); interrumpir (a uno) en el teléfono, cortarle el circuito.—**to s. one's eyes to,** no hacer caso de; taparse los ojos (fig.).—**to s. out,** cerrar la puerta (a uno); excluir; ocultar, tapar.—**to s. out rain,** impedir que entre la lluvia.—**to s. up,** cerrar; hacer callar; acabar, terminar; tapar; encerrar; acorralar, recluir, aprisionar.—**to s. up shop,** cerrar la tienda; terminar el trabajo o cesar en él; desistir de una empresa.—**to half s.,** entornar. **II.** *vn.* cerrarse.—**to s. close,** cerrarse bien.—**to s. down,** cesar (en el trabajo), parar.—**to s. down on,** (fam.) hacer cesar, suprimir, reprimir.—**to s. up,** callarse, (fam.) correr el pico. **III.** *a.* cerrado, entornado; (pros.) sordo, poco sonoro; (gram.) sordo, cerrado.
shutdown [-dau̯n], *s.* paro, cesación o suspensión de trabajo (en una fábrica, etc.).
shut-in [-i̯n], *a.* y *s.* (persona) confinada en su casa o en un hospital por enfermedad, etc.
shutoff [-ɔf], *s.* aparato para cerrar o cortar (el agua, gas, etc.).

shutout [-aut], *s.* (dep.) triunfo o partido en que el equipo contrario no registra tanto alguno. *V.* LOCKOUT.
shute [ŝut], *s.* trama de seda.
shutter [ŝʌtœ(r)], *s.* cerrador; persiana; hoja, contraventana; postigo; (foto.) obturador.
shuttle [ŝʌtl]. **I.** *s.* (tej.) lanzadera; (cost.) espolín, jugadera; lanzadera (de máquina de coser); tren de traspaso (entre dos vías férreas); tren que va y viene entre dos lugares cercanos (ll. t. **s. train**); compuerta corrediza. **II.** *va.* y *vn.* mover(se) alternativamente de un lado a otro o de una parte a otra; ir y venir.
shuttlecock [-kak], *s.* volante, rehilete.
shy [ŝái]. **I.** *a.* tímido; asustadizo; cauteloso, prudente; esquivo, arisco; vergonzoso, recatado; pudoroso, (fam.) ñoño; difícil, obscuro; poco prolífico o fértil; (fam.) falto, que falta (*I am shy a dollar*, me falta un dólar). **II.** *va.* (con **off** o **away**) hacer desviar, apartar; lanzar o arrojar. **III.** *vn.* respingar (un caballo); asustarse. **IV.** *s.* sobresalto; respingo; lanzamiento; (fam.) prueba, ensayo.
shyer [-œ(r)], *s.* caballo asustadizo.
shyly [-li], *adv.* cautelosamente; tímidamente.
shyness [-nis], *s.* timidez; recato; reserva; esquivez; vergüenza, (fam.) ñoñez.
shyster [ŝáistœ(r)], *s.* (fam. E. U.) picapleitos, trapisondista.
si [si], *s.* (mús.) si, séptima nota.
sialagogic [saialagádžik], *a.* **sialagogue** [saiélagag], *s.* sialagogo, que provoca la secreción de saliva.
Siamese [saiamíz], *a.* y *s.* siamés.
Siberian [saibírian], *a.* y *s.* siberiano.
sibilant [síbilant], *a.* sibilante.
sibilation [sibiléiŝon], *s.* silbido.
sibling [síbliŋ], *s.* hermano; hermana.
sibyl [síbil], *s.* sibila, profetisa.—**sibylline** [-in], *a.* sibilino.
sic [sik], *adv.* *sic*, así dice.
sic, *va.* atacar, acometer (ú. esp. de los perros); azuzar, incitar a los perros para que acometan. *V.* SICK.
siccative [síkativ], *s.* y *a.* (pint.) secante, sicativo.
Sicilian [sisílyan], *a.* y *s.* siciliano.
sick [sík]. **I.** *a.* enfermo; doliente, malo; nauseado; (con **of**) cansado, disgustado, fastidiado, harto; impuro, viciado; dañado, malo, imperfecto.—**s. at heart,** afligido de corazón, angustiado.—**s. bay,** (mar.) enfermería.—**s. bed,** lecho de enfermo.—**s. flag,** (mar.) bandera amarilla.—**s. for,** deseoso de, suspirando por.—**s. headache,** jaqueca con náuseas.—**s. leave,** licencia por enfermedad.—**s. rate,** proporción de enfermos.—**s. room,** cuarto del enfermo, enfermería.—**s. to death,** enfermo de peligro, de muerte.—**the S. Man of Europe,** la Turquía (en tiempo de los sultanes), el imperio turco.—**to be s. at one's stomach,** tener náuseas. **II.** *va.* buscar (ú. en imperativo para azuzar a un perro); excitar, incitar.
sicken [-n]. **I.** *va.* enfermar; dar asco; apestar; debilitar, extenuar. **II.** *vn.* enfermarse; hartarse, fastidiarse, cansarse; nausear, tener asco; flaquear.
sickening [-niŋ], *a.* nauseabundo, repugnante, asqueroso, apestoso.
sickish [-iŝ], *a.* enfermizo, delicado; nauseabundo; excesivamente dulce o azucarado.
sickle [síkl], *s.* hoz, segadera, segur, falce, *f.*—**s.-shaped,** falciforme.
sickliness [síklinis], *s.* calidad de enfermizo; achaque, indisposición habitual; insalubridad.
sickly [síkli], *a.* enfermizo, achacoso; enclenque, endeble; nauseabundo.
sickness [síknis], *s.* enfermedad, dolencia; náusea.
side [sáid]. **I.** *s.* lado, costado; cara (de un sólido); flanco; costado, orilla, margen, *mf.*; falda, ladera; facción, partido, bando, parte, *f.*, causa; lazo de parentesco; (mar.) costado, bordo, banda.—**s. by s.,** lado a lado; hombro a hombro, juntos.—**by the s. of,** al lado de; cerca de.—**on all sides,** u **on every s.,** por todos lados, por todas partes.—**on that s.,** a, de, en o por ese lado.—**on the other s.,** del o al otro lado; más allá; a la otra parte.—**on this s.,** a, de, en o por este lado; más acá. **II.** *a.* lateral; de lado; oblicuo; secundario, incidental; auxiliar.—**s. arms,** armas de cinto, armas blancas.—**s. car,** sidecar, carro lateral (de una motocicleta).—**s. dish,** entremés.—**s. door,** puerta lateral.—**s. effect,** (med., fig.) efecto secundario.—**s. glance,** mirada de soslayo.—**s. issue,** cuestión secundaria; incidente.—**s.-kick,** (fam.) amigo íntimo, inseparable; (fam.) socio.—**s. light,** luz lateral; información o detalle incidental.—**s. line,** negocio o actividad incidentales; (dep.) línea que marca el límite del juego.—**s. pocket,** bolsillo lateral.—**s. road,** vereda, camino apartado.—**s. show,** función o exhibición secundaria.—**s. table,** trinchero, bufete, aparador.—**s. trip,** correría.—**s. wall,** pared lateral; pared, *f.*—**s.-wheel boat,** o **steamer, s.-wheeler,** vapor (buque) de ruedas laterales.—**s. whiskers,** patillas, (fam.) chuletas. **III.** *va.* y *vn.* (con **with**) tomar parte por, declararse por, unirse con, ser de la opinión de.
sideboard [-bɔrd], *s.* aparador, bufete, copero.
sideburns [-bœrnz], *s. pl.* patillas.
sideface [-feis], *s.* perfil.
sidehill [-hil], *s.* ladera, falda.
sideling [-liŋ]. **I.** *a.* oblicuo; inclinado. **II.** *adv.* de soslayo; oblicuamente, lateralmente.
sidelong [-lɔŋ]. **I.** *a.* lateral, de lado. **II.** *adv.* lateralmente, de lado.
sidepiece [-pis], *s.* pieza o parte lateral.
sidereal [saidírial], *a.* sidéreo, sideral.
sidereal space, *s.* espacio sideral.
siderite [síderait], *s.* (min.) siderosa o siderita.
siderography [siderágrafi], *s.* grabado en acero blando.
siderostat [síderostæt], *s.* (astr.) sideróstato.
siderurgical [siderœ́rdžikal], *a.* siderúrgico.
siderurgy [síderœrdži], *s.* siderurgia.
sidesaddle [sáidsædl], *s.* silla de señora, silla de montar de lado, sillón; jamugas (*f. pl.*) para montar a mujeriegas.
sideslip [-slip]. **I.** *vn.* resbalar lateralmente. **II.** *s.* (aut.) resbalamiento o patinamiento lateral; (aer.) deslizamiento hacia adentro (en una curva).
side-step [-step]. **I.** *s.* paso lateral; paso a un lado. **II.** *vn.* dar un paso lateral; hacerse a un lado. **III.** *va.* huir el cuerpo a; evitar, evadir.
sideswipe [-swaip], *va.* (fam.) chocar o rozar oblicuamente.
sidetrack [-træk]. **I.** *s.* (f. c.) apartadero, desviadero. **II.** *va.* (f. c.) meter en un apartadero; desviar; distraer (de un propósito); reducir a cosa secundaria, echar a un lado, arrinconar.
sidewalk [-wɔk], *s.* acera, orilla; andén; (Am.) vereda.
sideward(s [-wärd(z], *adv.* de lado, de costado.
sideway(s [-wei(z], **sidewise** [-waiz], *a.* y *adv.* de lado, lateral(mente), de soslayo, oblicuamente, al través.
siding [sáidiŋ], *s.* (f. c.) apartadero, desviadero, vía muerta; (carp.) costaneras, entablado de los costados; adhesión a un partido.
sidle [sáidl], *vn.* andar o moverse de lado u oblicuamente; (con **up**) acercarse tímida o furtivamente.
siege [sidž], *s.* sitio, asedio, cerco; ataque (de una enfermedad).—**s. artillery,** (mil.) artillería de plaza o de sitio.
sienite [sáienait], *s.* = SYENITE.
sienna [siénä], *s.* tierra de siena.
Sierra Leone [siéra lióun]. **I.** *s.* Sierra Leona. **II.** *a.* de Sierra Leona.
siesta [siéstä], *s.* siesta.
sieve [siv]. **I.** *s.* cedazo, tamiz, *m.*, criba, harnero, zaranda; canasto; persona gárrula o incapaz de guardar un secreto.—**s. cell,** (bot.) célula perforada.—**s. disk,** o **plate,** parte perforada de una célula.—**s. tissue,** tejido de células per-

foradas.—**s. tube, s. vessel** = S. CELL. **II.** *va.* = SIFT.
sift [sîft]. **I.** *va.* cerner, cribar, a(h)echar, tamizar, zarand(e)ar; examinar, escudriñar; dividir, separar, entresacar.—**to s. out,** investigar. **II.** *vn.* caer o pasar al través de un tamiz o cedazo.
sifter [-œ(r)], *s.* cernedor, cribador; garbillador; escudriñador; tamiz, *m.*, harnero, cedazo, criba.
siftings [-iŋz], *s. pl.* granzas, cernidos o cerniduras, abaleaduras.
sigh [sái]. **I.** *vn.* suspirar; dar un quejido.—**to s. for,** anhelar, desear. **II.** *va.* (poét.) decir suspirando; lamentar. **III.** *s.* suspiro.
sighingly [-iŋli], *adv.* suspirando, entre suspiros.
sight [sáit]. **I.** *s.* vista; visión, perspectiva; ojo; escena, cuadro, espectáculo; aspecto, facha; concepto, parecer, modo de ver; puntería; mira, alza o punto (de armas de fuego); pínula (de una brújula de agrimensor, etc.); agujero o abertura para mirar.—**s. reader, s. reading,** lector, lectura a primera vista.—**s. unseen,** sin ser visto, sin verse.—**a s. of,** (fam.) gran cantidad o número de.—**after s.,** (com.) **a . . .** vista (*thirty days after sight,* a treinta días vista).—**at s.,** a la vista (giro, etc.); a primera vista; al ver, cuando se vea.—**by s.,** de vista.—**in s.,** visible; cercano.—**in s. of,** a vista de.—**out of s.,** fuera de vista, que no está a la vista.—**to be a s.,** (fam.) parecer o estar como un adefesio; ser extraordinario o extraño; tener aspecto maltrecho. **II.** *a.* visual; (com.) a la vista (*a sight draft,* una letra a la vista). **III.** *va.* ver, alcanzar con la vista, avistar, divisar; ver o descubrir con un instrumento; dirigir una visual; poner miras a un arma; apuntar; (com.) presentar (una letra) para su aceptación.—**to s. land,** (mar.) recalar. **IV.** *vn.* apuntar; dirigir una visual.
sighted [-id], *a.* (arm.) provisto de mira; con la mira arreglada para una distancia dada; que ve, que no es ciego; en composición, de vista (*sharp-s.,* de vista penetrante).—**s. for,** con la mira puesta para.
sightless [-lis], *a.* ciego; invisible.
sightliness [-linis], *s.* elegancia o hermosura; apariencia vistosa.
sightly [-li], *a.* vistoso, agradable a la vista.
sightseeing [-siiŋ], *s.* acto de visitar objetos o puntos de interés.—**sightseer** [-siœ(r)], *s.* persona que visita puntos u objetos de interés.
sigma [sígmą], *s.* sigma (letra griega).
sigmoid(al [sigmóid(ąl], *a.* (anat.) sigmoideo.
sigmoidoscope [-oskoup], *s.* sigmoidoscopio.
sign [sain]. **I.** *s.* signo; señal, *f.*, seña, signatura; muestra, letrero, rótulo, tablilla; firma, rúbrica; huella, vestigio, rastro, indicio, asomo.—**s. language,** dactilología, mímica.—**s. manual,** (Ingl.) firma del soberano; cualquier firma o rúbrica de propio puño.—**s. of the cross,** señal de la cruz.—**s. painter,** pintor de muestras o letreros.—**by signs,** por señas.—**the signs of the times,** las indicaciones de la actualidad, el rumbo de los acontecimientos, las orientaciones de la época.—**the signs of the zodiac,** los signos del zodíaco. **II.** *va.* firmar; rubricar, señalar, signar; subscribir (un tratado, etc.); (con **off** o **away**) firmar la cesión o traspaso de; poner una marca o firma. **III.** *vn.* firmar.—**to s. off,** (rad.) terminar, anunciar el fin de un programa o comunicación y cortar la transmisión.—**to s. on the dotted line,** firmar ciega y sumisamente.—**to s. up,** u **on,** contratarse, alistarse.
signal [sígnąl]. **I.** *a.* señalado, notable, insigne, memorable; de o para señales.—**s. box,** garita de señales.—**s. code,** código de señales.—**s. corps,** (mil. E. U.) cuerpo de señales y comunicaciones (inclusas las telegráficas, telefónicas, etc.).—**s. failure,** fracaso completo, (fam.) gran pifia.—**s. light,** fanal.—**s. service** = SIGNAL CORPS; sistema (*m.*) o servicio de señales.—**s. telegraph,** telégrafo óptico.—**s. tower,** garita alta de señales. **II.** *s.* seña, señal, *f.* **III.** *va.* y *vn.* hacer señas, señalar, indicar.
signalize [-aiz], *va.* señalar, distinguir; singularizar, hacer notable.
signally [-i], *adv.* insignemente, grandemente; señaladamente.
signalman [-mąn], *s.* guardavía, *m.*; señalador.
signalment [-męnt], *s.* marca, acción de poner marcas de identificación (apl. esp. a los criminales).
signatory [sígnątori], *a.* y *s.* firmante, signatario.
signature [sígnąchur], *s.* firma; rúbrica; (imp.) signatura; (mús.) signatura.
signboard [sáinbord], *s.* muestra de establecimiento; tablero de anuncios.
signer [sáinœ(r)], *s.* firmante, signatario.
signet [sígnit], *s.* sello; signáculo; timbre, estampilla.—**s. ring,** sortija con sello.
significance, significancy [signífikąns, -i], *s.* significación; significado.—**significant** [-kąnt], *a.* significante, significativo.—**significantly** [-li], *adv.* significativamente; expresivamente.
signification [-kéiŝǫn], *s.* significación o significado, sentido.
significative [signífikątiv], *a.* significativo; simbólico, emblemático.
signify [sígnifai]. **I.** *va.* significar, denotar, representar, simbolizar; expresar, manifestar, dar a entender. **II.** *vn.* significar; importar.
signpost [sáinpoust], *s.* poste o pilar de guía, que lleva letrero o señal, *f.*; hito.
silage [sáilidž], *s.* (agr.) ensilaje.
silence [sáilęns]. **I.** *s.* silencio; quietud; secreto; taciturnidad.—**s. gives consent,** quien calla otorga. **II.** *va.* imponer silencio, mandar o hacer callar; acorralar; sosegar, aquietar; (mil.) apagar el fuego de (la artillería enemiga).
silencer [-œ(r)], *s.* (tec.) silenciador, amortiguador de ruido.
silent [sáilęnt], *a.* silencioso; callado, taciturno, sigiloso; quieto; sordo, mudo (sonido, letra, etc.); tácito.—**s. film** o **picture,** (cine) película muda.—**s. partner,** (com.) socio comanditario.—**s. partnership,** sociedad en comandita.—**to be,** o **keep, silent,** callar(se).
silentiary [sailénŝiąri], *s.* silenciario.
silently [sáilęntli], *adv.* silenciosamente, calladamente, callandico; tácitamente.
Silesian [sailíŝąn], *s.* y *a.* silesio, silesiano.
silex [sáilɛks], *s.* (quím.) sílice, *f.*, pedernal; cierto vidrio resistente al fuego.
silhouette [siluét]. **I.** *va.* hacer aparecer en silueta. **II.** *s.* silueta.
silica [sílikä], *s.* (quím.) sílice, *f.*, pedernal.
silicate [sílikeit], *s.* (quím.) silicato.
siliceous [silíŝʌs], *a.* = SILICIOUS.
silicic [silísik], *a.* (quím.) silícico.
silicide [sílisaid], *s.* (quím.) siliciuro.
silicious [silíŝʌs], *a.* silíceo.—**s. earth,** tierra primitiva o sencilla de sílice o pedernal.
silicle [sílikl], *s.* (bot.) silícula.
silicon [sílikǫn], *s.* (quím.) silicio.
silicosis [silikóusis], *s.* (med.) silicosis.
silique [silík], *s.* (bot.) silicua.
siliquous [sílikwʌs], **siliquose** [-kwous], *a.* (bot.) silicuoso.
silk [sílk]. **I.** *s.* seda; tejido o hilo de seda.—*pl.* **silks,** sedería, géneros de seda. **II.** *a.* de seda; sedeño, sedoso, sedero, perteneciente o relativo a la seda.—**s. cotton,** lana vegetal.—**s.-cotton tree,** (bot.) árbol bombáceo (apl. más esp. a la ceiba).—**s. culture,** sericultura.—**s. dyer,** tintorero de sedas.—**s. goods,** géneros de seda, sedería.—**s. hat,** sombrero de copa, (fam.) chistera.—**s. mercer** = SILKMAN.—**s. plush,** felpa de seda.—**s.-producing,** (ent.) sericígeno, serígeno.—**s. serge,** sarga.—**s. skein,** capillejo.—**s. stocking,** media de seda.—**s.-stocking,** *a.* lujoso; aristocrático; *s.* aristócrata, *mf.*—**s. thrower,** devanador o torcedor de seda.—**s. throwing,** torcedura de la seda.—**s. throwster** = S. THROWER.—**s. twist,** torzal.

—s. **weaver,** tejedor de seda.—**all s.,** de toda seda.
silkaline [-alin], *s.* tela de algodón mercerizada muy semejante a la seda.
silken [-n], *a.* de seda; sedoso, sedeño, sedero, sérico; lujoso.
silkiness [-inis], *s.* calidad de sedoso, etc.; blandura, suavidad; molicie, afeminación.
silkman [-man], *s.* mercader de sedas, sedero.
silkweed [-wid], *s.* (bot.) asclepiada. *V.* MILKWEED.
silkworm [-wœrm], *s.* (ent.) gusano de seda.
silky [-i], *a.* asedado, sedoso, sedeño; de seda.
sill [sil], *s.* umbral de puerta; solera, mesilla, antepecho de ventana; (carp.) solera, viga de carrera.
sillabub [sílabʌb], *s.* manjar de leche con vino o sidra.
sillily [sílili], *adv.* tontamente.
silliness [sílinis], *s.* simpleza, tontería, necedad, mentecatada.
silly [síli], *a.* necio, tonto, mentecato, bobo; simple, inocente, cándido; disparatado, ridículo.
silo [sáilou], *s.* (agr.) silo, silero.
silt [silt]. **I.** *s.* cieno, sedimento, aluvión, *m.* **II.** *va.* y *vn.* (a veces con *up*) obstruir(se) con sedimentos. **III.** *vn.* infiltrarse; manar.
Silurian [siliúrian], *s.* y *a.* (geol.) siluriano, silúrico.
Siluric [siliúrik], *a.* (geol.) silúrico.
silurid [siliúrid], **silurus** [siliúrʌs], *s.* (ict.) siluro.
silvan [sílvan], *a.* = SYLVAN.
silver [sílvœ(r). **I.** *s.* plata; (com.) monedas de plata; vajilla de plata o plateada. **II.** *a.* de plata; argentado, argentino; plateado; blanco, cano.—**s. age,** edad de plata.—**s. bath,** (foto.) baño de plata.—**s.-bearing,** argentífero.—**s. beater,** batihoja, *m.,* batidor de plata.—**s. dollar,** peso fuerte o duro.—**s. embroidery,** argentería; escarchado.—**s. fir,** (bot.) abeto.—**s. fish,** (ent.) lepisma.—**s. foil,** hoja de plata. —**s. fox,** (zool.) zorro argentado y su piel.—**s. lace,** encaje de plata.—**s. leaf,** hoja de plata. —**s. lining,** (fig.) tabla de salvación.—**s. nitrate,** nitrato de plata; piedra infernal.—**s. paper,** papel plateado; (fot.) papel sensibilizado con sales de plata; papel de seda para envolver artículos de plata.—**s. plate,** vajilla de plata o plateada.—**s.-plate,** *va.* platear. —**s.-plated,** plateado.—**s. print,** fotografía en papel de plata (sensibilizado con sales de plata). —**s. standard,** (e. p.) patrón o talón de plata. —**s. screen,** la pantalla cinematográfica.—**s. thistle,** (bot.) acanto.—**s.-tongued,** elocuente.—**s. voice,** voz argentina.—**s. wedding,** bodas de plata (vigésimoquinto aniversario).—**s. work,** orfebrería. **III.** *va.* platear, argentar; azogar (un espejo, etc.); blanquear.
silvering [-iŋ], *s.* capa o baño de plata; plateado o plateadura; azogamiento.
silversmith [-smiθ], *s.* platero, argentador, argentario, orfebre.—**s.'s roll,** cilindro de escarchar. —**s.'s shop,** platería.
silverware [-wer], *s.* plata labrada; vajilla de plata; artículos de plata.
silverweed [-wid], *s.* (bot.) argentina.
silvery [-i], *a.* plateado; argentino, argentado.
silvicultural [silvikÁlchural], *a.* de silvicultura, relativo a la silvicultura.—**silviculture** [-chur], *s.* silvicultura.—**silviculturist** [-ist], *s.* silvicultor.
simian [símian]. **I.** *s.* (zool.) simio. **II.** *a.* símico.
similar [símila(r)], *a.* semejante, análogo, parecido, similar, símil; (geom.) semejante.
similarity [similǽriti], *s.* semejanza, analogía.
similarly [símilarli], *adv.* semejantemente, análogamente, asimismo, de igual manera.
simile [símili], *s.* (ret.) símil.
similitude [similítiud], *s.* similitud, semejanza.
simioid, simious [símioid, símiʌs], *a.* símico.
simitar [símita(r), *s.* cimitarra.
simmer [símœ(r)], *vn.* hervir a fuego lento.
simoleon [simóulion], *s.* (E. U., fam.) dólar.
simoniac [simóuniæk], *s.* y *a.,* **simoniacal** [saimonáiakal], *a.,* **simonist** [sáimonist], *s.* simoníaco, simoniático.—**simony** [sáimoni], *s.* simonía.
simon-pure [sáimon piúr], *a.* verdadero, puro, genuino.
simoom, simoon [simúm, simún], *s.* simún.
simp [simp], *s.* (fam.) simplón. *V.* SIMPLETON.
simper [símpœ(r)]. **I.** *vn.* sonreírse boba, afectada o fatuamente. **II.** *s.* sonrisa tonta.
simperingly [-iŋli], *adv.* sonriendo tontamente, con sonrisa necia o afectada.
simple [símpl]. **I.** *a.* simple; puro; sencillo; llano; mero; ingenuo, inocente, cándido; mentecato, necio; poco importante, insignificante, ordinario.—**s. contract,** (for.) contrato oral, o escrito pero no perfeccionado o sellado.—**s. engine,** (m. v.) máquina de simple expansión.—**s. equation,** (mat.) ecuación de primer grado. —**s.-hearted,** sencillo, ingenuo.—**s. interest,** (com.) interés simple.—**s. machines,** máquinas simples, mecanismos elementales—nombre que se da por costumbre a la palanca, el torno, el tornillo, la polea, la cuña y el plano inclinado.—**s.-minded,** cándido, confiado.—**s.-mindedness,** candor, sencillez.—**s. pendulum,** péndulo simple. **II.** *s.* simplón, bobo; (farm.) simple; (igl.) fiesta simple; persona de humilde alcurnia.—**the simples,** tontería, sandez.
simpleness [-nis], *s.* = SIMPLICITY.
simpleton [-ton], *s.* simplón, gaznápiro, bobalicón, papanatas, zonzo.
simplicity [simplísiti], *s.* sencillez, llaneza, candor, inocencia; simplicidad; simpleza, bobería.
simplification [símplifikéishon], *s.* simplificación. —**simplify** [-fai], *va.* simplificar.
simply [símpli], *adv.* sencillamente; simplemente; únicamente, solamente; tontamente.
simulacrum [simiuléikrʌm], *s.* simulacro; farsa, apariencia.
simulant [símiulant]. **I.** *a.* que simula, imita o finge; de forma de. **II.** *s.* simulador.
simulate [-leit], *va.* simular, fingir.—**simulated contract,** contrato simulado.
simulation [-léishon], *s.* simulación, fingimiento, imitación.
simulator, [-leito(r)], *s.* simulador.
simulcast [símulkæst]. **I.** *s.* transmisión simultánea (por radio y televisión). **II.** *va.* transmitir simultáneamente (por radio y televisión).
simultaneity, simultaneousness [saimʌltaníiti, -téiniʌsnis], *s.* simultaneidad.
simultaneous [-téiniʌs], *a.* simultáneo.—**simultaneously** [-li], *adv.* simultáneamente.
sin [sin]. **I.** *s.* pecado, culpa; transgresión.—**s.-born,** nacido de pecado, adulterino.—**s. offering,** sacrificio o voto propiciatorio. **II.** *vn.* pecar.
Sinaic [sainéiik], **Sinaitic** [sainaítik], *a.* sinaítico.
sinapism [sínapizm], *s.* (med.) sinapismo.
since [sins]. **I.** *adv.* hace (*four days since,* hace cuatro días); desde entonces.—**s. when?, how long s.?,** ¿de(sde) cuándo acá?—**not long s.,** no hace mucho, hace poco. **II.** *prep.* desde, después de, a contar de. **III.** *conj.* desde que, después que; puesto que, como, comoquiera que, ya que, en vista de que.
sincere [sinsír], *a.* sincero; genuino, verdadero; franco, cordial, abierto; serio.—**sincerely** [-li], *adv.* sinceramente.—**sincereness** [-nis], **sincerity** [sinsériti], *s.* sinceridad, integridad, cordialidad, franqueza, llaneza.
sinciput [sínsipʌt], *s.* (anat.) sincipucio, coronilla.
sine [sain], *s.* (mat.) seno.—**s. curve,** sinusoide, *f.*
sine [sáini], *prep.* (lat.) sin.—**s. die,** indefinidamente, hasta nueva orden.—**s. qua non,** condición esencial.
sinecure [sáinikiur], *s.* sinecura; prebenda, beneficio simple; (fam.) mina, pera, enchufe.
sinew [sínyu]. **I.** *va.* fortalecer. **II.** *s.* (anat.) tendón; fibra, nervio, fortaleza, vigor.

sinewed [-d], **sinewy**]-i], *a.* nerv(i)oso, musculoso; fuerte, robusto, vigoroso.
sinful [sínful], *a.* pecaminoso; pecador.—**sinfully** [-i], *adv.* pecaminosa o pecadoramente, pecando. —**sinfulness** [-nis], *s.* perversidad, iniquidad, maldad, calidad de pecaminoso.
sing [siŋ], *vn.* y *va.* (*pret.* SANG *o* SUNG; *pp.* SUNG) cantar; murmurar (el agua), gorjear (los pájaros), zumbar (los oídos).—**to s. a child to sleep,** arrullar a un niño.—**to s. out,** vocear, anunciar gritando.—**to s. out of tune,** o **false,** desafinar.—**to s. the same song,** cantar la misma cantinela, repetir la misma cosa.
singe [síndž], *va.* chamuscar, socarrar, sollamar; quemar (las puntas del pelo).—**singeing** [-iŋ], *s.* socarra, chamusquina; quemado (del pelo).—**singer** [-œ(r)], *s.* el o lo que chamusca o sollama.
singer [síŋœ(r)], *s.* cantor(a), cantante, *mf.*, cantatriz.
Singhalese [siŋgalíz], *s.* y *a.* cingalés.
singing [síŋiŋ]. **I.** *s.* canto, música vocal; acción de cantar; zumbido (en los oídos). **II.** *a.* cantante, de canto; cantor; canoro.—**s. bird,** ave canora.—**s. book,** cuaderno de solfa, de canto. —**s. master,** maestro de canto.—**s. society,** orfeón, *m.*
single [síŋgl]. **I.** *a.* único, solo; particular, singular, individual; aislado; simple, sencillo (no doble, etc.); célibe, soltero; puro, incorrupto; (mar.) single.—**s.-acting,** (mec.) de simple efecto.—**s. blessedness,** celibato, soltería, la (bendita) vida soltera.—**s. block,** (mec.) motón sencillo.—**s.-breasted,** (sast.) sencillo, de una sola hilera de botones (saco, americana, etc.).—**s. combat,** combate singular.—**s. entry,** (com.) partida simple.—**s.-entry,** por partida simple.—**s. file,** hilera; en hilera, uno tras otro; de reata (bestias); (mil.) por hileras, en desfilada.—**s.-handed,** solo, sin ayuda; manco.—**s.-hearted,** sencillo de corazón, ingenuo.—**s. life,** celibato.—**s. loader,** rifle de un solo cartucho.—**s.-minded,** concentrado en un solo propósito; ingenuo, sincero.—**s.-phase,** (elec.) monofásico.—**s.-phaser,** máquina monofásica.—**s.-pole,** unipolar.—**s.-screw,** (mar.) de una hélice.—**s.-seater,** de un solo asiento.—**s. state** = S. LIFE.—**s. tax,** (e. p.) impuesto único.—**s.-throw,** de una dirección.—**s.-track,** de una sola vía.—**s.-valued,** (mat.) de un solo valor (función, variable).—**not a s.,** ni un, ni una. **II.** *va.* (gen. con **out**) singularizar; particularizar; separar, retirar; escoger; señalar con especialidad. **III.** *s.* billete de un dólar.—*pl.* juego sencillo, (juego de) individuales (en el tenis, etc.).
singleness [-nis], *s.* unidad; sencillez, llaneza; sinceridad, ingenuidad; soltería, celibato.
singlestick [-stik], *s.* (esgr.) bastón.
singlet [síŋglit], *s.* camiseta, elástica; (fís.) singulete.
singleton [-ton], *s.* único naipe (de un determinado palo); persona o cosa aisladamente.
singletree [-tri], *s.* (carr.) volea, balancín.
singly [síŋgli], *adv.* individualmente, de uno en uno, uno a uno, separadamente.
singsong [síŋsoŋ], *s.* cadencia uniforme, sonsonete, tonillo.
singular [síŋgiulą(r)]. **I.** *a.* singular; aislado, aparte, peculiar; extraño, extraordinario, raro; sencillo, simple; único. **II.** *s.* (gram.) número singular.—**singularity** [-lǽriti], **singularness** [-nis], *s.* singularidad, rareza.—**singularize** [-aiz], *va.* singularizar, particularizar.—**singularly** [-li], *adv.* singularmente, particularmente.
Sinic [sínik], *a.* sínico, chinesco, chino.
sinister [sínistœ(r)], *a.* siniestro.—**sinistrad** [-træd], *adv.* hacia el lado izquierdo del cuerpo. —**sinistral, sinistrorse** [-tral, -trors], *a.* siniestro, izquierdo.—**sinistrorsely** [-li], *adv.* (bot.) sinistrórsum.—**sinistrous** [-trʌs], *a.* siniestro. —**sinistrously** [-li], *adv.* siniestramente; hacia la izquierda.
sink [síŋk]. **I.** *va.* (*pret.* SANK, SUNK; *pp.* SUNK, SUNKEN) hundir, sumergir; (mar.) echar a pique o a fondo; dar barreno (a un buque); sumir, ahondar; cavar, abrir (un pozo); clavar en tierra; deprimir, abatir, humillar; disminuir, bajar, rebajar; abatir, hacer bajar; derrochar, malbaratar; suprimir, ocultar, hacer desaparecer; arruinar; grabar en hueco. **II.** *vn.* hundirse, sumirse; (mar.) naufragar, zozobrar, anegarse, irse a pique; (arq.) (a)sentarse; introducirse, penetrar, caer; grabarse (en la memoria); descender, desaparecer; ponerse, tramontar (el sol); disminuir, menguar; debilitarse, sucumbir, perecer; dejarse caer, rendirse; abatirse, acoquinarse, amilanarse; decaer, empeorar.—**to s. down,** caer por grados; penetrar profundamente.—**to s. in,** (fam.) ser comprendido, calar.—**to s. into,** penetrar en, llegar a; caer en.—**to s. on one's knees,** caer de rodillas.—**to s. under,** atribularse en o con, anonadarse. **III.** *s.* sumidero, vertedero, derramadero; fregadero, pila de cocina; zahurda (fig.); cavidad; cauce, zanja.
sinkable [-abl], *a.* hundible, sumergible.
sinker [-œ(r)], *s.* el que o lo que hunde; grabador en hueco; plomada de pescar; (fam.) especie de buñuelo.
sinking [-iŋ]. **I.** *s.* hundimiento, sumergimiento; abertura (de un pozo, etc.); acción de hundir(se), echar a pique, etc. (*v.* SINK). **II.** *a.* que (se) hunde.—**s. fund,** fondo de amortización.
sinless [sínlis], *a.* impecable; inmaculado.
sinlessness [-nis], *s.* impecabilidad.
sinner [sínœ(r)], *s.* pecador, pecadora.
Sino-Japanese [sáino džæpaníz], *a.* sinojaponés.
Sinologist [sainálodžist], **Sinolog(ue** [sáinolag], *s.* sinólogo.—**Sinology** [sainálodži], *s.* sinología.
Sinophil(e [sáinofil, -fail], *s.* sinófilo, chinófilo, amigo o partidario de la China.
sinople [sínopl], *s.* (min.; blas. ant.) sinople.
sinter [síntœ(r)], *s.* (geol.) toba, incrustación.
sinuate [sínyueit], *vn.* formar oblicuidades, sinuosidades o senos.—**sinuate(d** [-id], *a.* tortuoso, sinuoso; (bot.) ondulado.—**sinuation** [-éišon], *s.* tortuosidad, corvadura.
sinuosity [sinyuásiti], *s.* sinuosidad, tortuosidad. —**sinuous** [sínyuʌs], *a.* sinuoso, tortuoso.
sinus [sáinʌs], *s.* curva, recodo; cavidad, abertura, hueco; (anat.) seno, cavidad hueca.
sinusitis [sainʌsáitis], *s.* (med.) sinusitis.
sinusoid [sáinʌsoid], *s.* (mat.) sinusoide, *f.*
sinusoidal [-sóidal], *a.* sinusoidal.
sip [sip]. **I.** *va.* sorber, libar, chupar o churrupear. **II.** *s.* sorbo.
siphon [sáifon]. **I.** *s.* sifón, cantimplora. **II.** *va.* y *vn.* sacar líquidos con sifón. **III.** *a.* de sifón.—**s. bottle,** sifón (botella), botella de sifón.—**s. pipe,** o **trap,** desagüe de sifón o en U.
siphonage [-idž], *s.* desagüe o extracción por sifón; acción o funcionamiento del sifón.
siphonophore [saifánofor], *s.* (zool.) sifonóforo.
sipper [sípœ(r)], *s.* sorbedor.
sippet [sípit], *s.* sopita, sopilla, sopa; pizca.
sir [sœr], *s.* señor, caballero; (Ingl.) sir, título que se antepone al nombre de pila de los barones y caballeros de las órdenes militares.
sirdar [sœrdár], *s.* sirdar, jefe; mozo de palanquín, cargador; criado.
sire [sair]. **I.** *s.* padre; progenitor; caballo padre; anciano; Señor, tratamiento del soberano. **II.** *va.* engendrar, producir (hablando esp. de caballos). **III.** *vn.* padrear.
siren [sáiren], *s.* (mit.) sirena; mujer peligrosa y hechicera; cantatriz de mérito; sirena eléctrica o de vapor, pito que se emplea en los buques, automóviles, fábricas, etc., para avisar.
siriasis [siráiasis], *s.* (med.) siríasis, insolación.
Sirius [síriʌs], *s.* (astr.) Sirio, Canícula.
sirloin [sœ́rloin], *s.* solomillo, lomo.
sirocco [sirákou], *s.* siroco, simún.
sirrah [síra], *s.* (desp.) señoritingo, don Tufuleque, u otra expresión despreciativa análoga.
sirup [sírʌp], *s.* jarabe, jarope, sirope.

sirupy [-i], *a.* semejante a jarabe, siruposo.
sisal [sísal], **s. hemp,** *s.* (bot.) henequén, cabuya.
siskin [sískin], *s.* (orn.) verderón.
sissy [sísi]. **I.** *s.* (fam.) hermanita; niñita. **II.** *s.* y *a.* (fam.) afeminado, adamado.
sister [sístœ(r)], *s.* hermana; (igl.) sor; monja.—**s.-in-law,** cuñada, hermana política.—**S. of Charity,** (igl.) hermana de la caridad.—**s. ships,** barcos gemelos.
sisterhood [-hud], *s.* hermandad; cofradía de mujeres o monjas; conjunto de hermanas.
sisterly [-li], *a.* con hermandad, como corresponde a hermanas, fraternal.
sistrum [sístrʌm], *s.* sistro, cascabel músico de los antiguos egipcios.
sit [sit]. **I.** *va.* (*pret.* y *pp.* SAT) sentar; dar asiento a; tener asientos o cabida para; cabalgar, sentarse en (un caballo, etc.).—**to s. out,** estarse (sentado) o aguantar (sentado) hasta el fin de; permanecer sentado durante; no tomar parte en. **II.** *vr.* sentarse. **III.** *vn.* sentarse; estar sentado; posarse; encobar, empollar (las aves); reunirse, celebrar junta o sesión; formar parte de un tribunal; sentar, venir (un vestido, etc.) bien o mal; montar, mantenerse a caballo; descansar, apoyarse.—**to s. at ease,** arrellanarse.—**to s. at meat,** o **at table,** sentarse a la mesa, o a comer.—**to s. by,** sentarse o estar sentado cerca de, junto a o al lado de.—**to s. down,** sentarse; detenerse, parar; residir.—**to s. down before** (**a city**), poner sitio a, sitiar (una ciudad).—**to s. down on,** o **upon,** sentarse en; (fam.) reprimir; desairar, desechar.—**to s. for,** servir de modelo de.—**to s. for one's picture,** hacerse retratar.—**to s. in (on),** asistir como miembro de, ser miembro, o participar en las deliberaciones, de; reunirse en.—**to s. on,** o **upon,** (fam.) hacer callar a, aplastar (fig.), dejar feo a.—**to s. over** (**a cup of coffee, their cigars,** etc.), hablar de sobremesa (tomando una taza de café, fumando, etc.).—**to s. tight,** (fam.) esperar sin decir nada, esperar la jugada del contrario (fig.), tenerse firme.—**to s. up,** incorporarse; sentarse (el enfermo, sea en la cama, sea en una silla); velar, estarse levantado, no acostarse.—**to s. up and take notice,** (fam.) abrir los ojos (fig.), despertar (fig.), poner cuidado.—**s. still,** estése quieto, no se mueva; conserve Vd. su asiento, no se levante Vd.
sit-down [-daun], *a.* que se hace (toma, etc.) sentado.—**s.-d. strike,** huelga de sentados, huelga pasiva, sentada, o de brazos caídos, en que los huelguistas permanecen en el taller sin trabajar.
site [sáit], *s.* asiento, solar; sitio, situación, local.
sith [siθ], (ant.) = SINCE.
sitter [sítœ(r)], *s.* persona que cuida niños durante la ausencia de sus padres, niñera por hora; el que se hace retratar; clueca.
sitting [sítiŋ]. **I.** *s.* acción o modo de sentarse; sentada delante de un retratista; sesión, junta; legislatura; (a)sentada; empolladura; nidada o cría. **II.** *a.* sentado.—**s. duck,** (fam.) blanco muy fácil para un ataque aéreo.—**s. room,** estancia, gabinete.
situate [síchueit]. **I.** *va.* situar; fijar sitio o lugar para. **II.** *a.* situado, sito, ubicado.
situation [-éišon], *s.* situación; ubicación, posición; (arq.) orientación, exposición; colocación, plaza, empleo; incidente, peripecia.—**out of a s.,** sin empleo, cesante.
situs [sáitʌs], *s.* situación, posición, colocación.
sitz bath [síts bæθ], *s.* baño de asiento o de caderas; semicupio; bidé.
six [síks], *a.* y *s.* seis.—**s. hundred(th,** seiscientos.—**s.-shooter,** (fam.) revólver de seis tiros.—**s.-year period,** sexenio.—**at sixes and sevens,** a manga por hombro, en desorden; en desacuerdo.
sixfold [-fould], *a.* seis veces, seis veces más; de seis clases; séxtuplo.
sixpence [-pens], *s.* (Ingl.) moneda de plata (seis peniques, o medio chelín).
sixpenny [-peni], *a.* que vale o se vende por seis peniques; mezquino.
sixscore [-skór], *s.* y *a.* seis veintenas.
sixteen [-tín], *s.* y *a.* dieciséis.—**sixteenth** [-tínθ]. **I.** *a.* décimosexto, dieciseiseno; dieciséis (ordinal). **II.** *s.* y *a.* dieciseisavo.
sixteenth note, *s.* (mús.) semicorchea.
sixth [síksθ]. **I.** *a.* sexto; seis (del mes). **II.** *s.* sexto; sexta parte; (mús.) sexta.—**sixthly** [-li], *adv.* en sexto lugar.
sixth sense, *s.* (fig.) sexto sentido.
sixtieth [síkstiiθ]. **I.** *a.* sexagésimo, sesenta. **II.** *s.* y *a.* sesentavo.
sixty [síksti], *a.* y *s.* sesenta.
sixty-fourth note, *s.* (mús.) semifusa.
siz(e)able [sáizabl], *a.* de tamaño adecuado, razonable o proporcionado; algo grande.
sizar [sáiză(r)], *s.* (Ingl.) estudiante con beca.
size [sáiz]. **I.** *s.* tamaño, medida, porte, capacidad, volumen, dimensiones; diámetro (de un tubo, alambre, etc.); cuerpo, talla, estatura; tipo de medida; número (de prendas de vestir); cantidad especificada; (pap. y tej.) apresto; cola; sisa de doradores, cola de retazo; calibre, diámetro interior.—**s. stick,** (zap.) cartabón.—**to s.,** del tamaño debido o exacto; según medida. **II.** *va.* medir el tamaño de; calibrar; clasificar o separar según tamaño o estatura; valuar, justipreciar; dar el tamaño debido a, reducir al tamaño debido; (pap. y tej.) aprestar; aderezar; (pint.) encolar; sisar; estofar, aparejar.—**to s. down,** disminuir gradualmente el tamaño de.—**to s. up,** tomar las medidas a (fig.), justipreciar, juzgar.
sized [-d], *a.* dispuestos según tamaño o estatura; (precedido de adjetivo) de tamaño (*good-sized,* de buen tamaño; *large-sized,* de tamaño grande); calibrado; aprestado; encolado; sisado.
sizer [-œ(r)], *s.* calibrador, pasabalas; encolador; aprestador; sisador.
siziness [-inis], *s.* viscosidad.
sizing [-iŋ], *s.* encolado, aparejo, aderezo, estofo; calibradura; (pap. y tej.) apresto.
sizy [-i], *a.* viscoso, pegajoso.
sizz [siz], *vn.* silbar, chillar, chirriar.
sizzle [sízl]. **I.** *va.* y *vn.* quemar(se) o chamuscar(se) produciendo chirrido o siseo. **II.** *s.* sonido como de siseo; calor excesivo.
skald [skold], *s.* escaldo, bardo escandinavo.
skate [skéit]. **I.** *vn.* patinar. **II.** *s.* patín; (ict.) raya, *m.*—**skater** [-œ(r)], *s.* patinador.
skating [-iŋ]. **I.** *s.* patinaje, (el) patinar. **II.** *a.* de o para patinar.—**s. rink,** patinadero; pista o sala de patinar.
skedaddle [skidǽdl], *vn.* (fam.) tomar las de Villadiego; largarse.
skee [ski], *s.* y *vn.* = SKI.
skeet [skit], *s.* (mar.) bañadera. *V.* TRAPSHOOTING.
skeg [skɛg], *s.* (mar.) remate posterior de la quilla.
skein [skein], *s.* madeja, cadejo, capillejo.
skeletal [skéletal], *a.* esquelético, de(l) esqueleto.
skeleton [skéleton]. **I.** *a.* en esqueleto o armazón; extenuado.—**s. crew,** equipo mínimo.—**s. key,** llave maestra. **II.** *s.* esqueleto, osambre, osamenta; armazón o armadura; esbozo, esquema, *m.*
skeletonize [-aiz], *va.* sacar el esqueleto a o de, reducir (un cuerpo muerto) a su estructura ósea; reducir a las partes esenciales; disminuir, reducir; bosquejar.
skelp [skɛlp], *s.* tira o plancha metálica para tubos.
skeptic [sképtik], *s.* y *a.* escéptico.—**skeptical** [-al], *a.* escéptico.—**skeptically** [-li], *adv.* escépticamente.—**skepticism** [-tisizm], *s.* escepticismo.
sketch [skéch]. **I.** *s.* diseño, esbozo, bosquejo,

dibujo, esquicio, trazado, boceto, croquis, *m.*; descripción a grandes rasgos; reseña; drama corto; (teat.) pieza corta o ligera; drama o cuadro dramático de radio. **II.** *va.* diseñar, dibujar, esbozar, trazar, esquiciar, delinear, bosquejar, hacer un croquis de; reseñar; describir a grandes rasgos.—**sketchily** [-ịlị], *adv.* de modo abocetado.—**sketchiness** [-ịnịs], *s.* modo abocetado de una obra artística.—**sketchy** [-ị], *a.* bosquejado, esquiciado; incompleto, fragmentario.

skew [skịú]. **I.** *a.* oblicuo, sesg(ad)o. **II.** *s.* movimiento, curso o posición oblicuos; mirada de soslayo. **III.** *va.* sesgar, poner al sesgo. **IV.** *vn.* andar o moverse sesgadamente; mirar de soslayo.

skewback [-bæk], *s.* (arq.) sotabanco.

skewer [-œ(r)]. **I.** *s.* (coc.) brocheta o broqueta, palillo, pincho. **II.** *va.* espetar, embroquetar.

skewness [-nịs], *s.* (estad.) asimetría.

ski [ski]. **I.** *s.* ski, esquí, patín largo noruego de madera.—**s. jump,** pista de salto; el salto hecho con esquís. **II.** *vn.* esquiar, deslizarse o andar en esquís.

skiagraph [skáịạgræf], *s.* = RADIOGRAPH.

skiagraphy [skaịǽgrạfị], *s.* esciagrafía; esquiagrafía, fotografía por los rayos X.

skid [skíd]. **I.** *va.* sostener sobre polines; arrastrar o hacer deslizar sobre rodillos o trozas; (mar.) proveer de o proteger con varaderas o defensas. **II.** *vn.* deslizar; patinar (una rueda); (aut.) patinar o resbalar lateralmente. **III.** *s.* (mar.) defensa del costado, varadera; calzo; polín; rodillo; troza; tabla o madero inclinado de arrastre o deslizamiento; arrastradero; (aer.) patín.—**s. chains,** cadenas para impedir el deslizamiento o patinamiento.—**s. road,** arrastradero para trozas; camino con trozas transversales a intervalos.

skidding [-ịŋ], *s.* deslizamiento, patinamiento, patinazo o patinaje.

skier [skíœ(r)], *s.* esquiador(a).

skiff [skịf], *s.* (mar.) esquife, botecillo, caique.

skiing [skíịŋ], *s.* acción de patinar con esquís; deporte de los esquís.

skil(l)ful [skílfụl], *a.* diestro, hábil, experto, ducho.—**skil(l)fully** [-ị], *adv.* diestramente.—**skil(l)fulness** [-nịs], *s.* habilidad, destreza.

skill [skíl], *s.* habilidad, destreza, pericia, maña.

skilled [-d], *a.* práctico, instruído, experimentado, experto.

skilled worker, *s.* trabajador calificado.

skillet [skílịt], *s.* (coc.) cacerola o cazuela pequeña.

skim [skím]. **I.** *va.* desnatar; (d)espumar; rasar, rastrear, tocar ligeramente; examinar superficialmente; hojear (un libro); echar una ojeada a.—**to s. the ocean,** (mar.) peinar las olas. **II.** *vn.* deslizarse o pasar rasando.—**to s. over,** resbalar, rozar; hojear; tocar ligeramente una cuestión. **III.** *s.* acción de desnatar; nata; escoria; desperdicios, inmundicias.—**s. milk,** leche desnatada.

skimmer [-œ(r)], *s.* (d)espumadera; (fam.) sombrero de paja.

skimming [-ịŋ], *s.* despumación.

skimp [skịmp]. **I.** *va.* escatimar; ejecutar con descuido. **II.** *vn.* ser tacaño; trabajar con descuido.

skimpy [-ị], *a.* (fam.) escaso, poco; (fam.) mezquino, cicatero.

skin [skịn]. **I.** *s.* piel, *f.* (cutis, *mf.*, dermis, epidermis, tez), pellejo, tegumento; (ten.) piel, cuero; odre, pellejo o cuero para vino, etc.; piel, pellejo o corteza de algunas frutas; forros (de un buque); cáscara, costra; (fam.) avaro; petardista, estafador.—*pl.* pieles, corambre, *f.*—**s.-deep,** superficial.—**s. disease,** (med.) dermatosis.—**s. diver,** *s.* buceador, zambullidor, buzo (con aparatos para sumergir).—**s. diving,** zambullidura, zambullimiento (con aparatos para sumergir).—**s. game,** (fam.) fullería.—**s. graft(ing),** (cir.) injerto cutáneo.—**s. test,** (med.) prueba cutánea.—**s.-tight,** ajustado como un guante.—**by the s. of one's teeth,** por un tris, (salvarse) en una tabla, apenas, a duras penas.—**to be s. and bones,** estar en los huesos; no tener más que la piel y los huesos.—**to be, o to get, under one's s.,** irritar o fastidiar a uno.—**to save one's s.,** salvar el pellejo. **II.** *va.* desollar, despellejar; pelar, deshollejar; cubrir con piel; cubrir superficialmente; (fam.) agotar; (fam.) sacar dinero a, pelar; (fam.) aventajar, ganar. **III.** *vn.* cubrirse de pellejo o tegumento; cicatrizarse; mudar la piel; (fam.) ser embaucador o engañador; (fam.) (gen. con **out**) escabullirse.—**to s. over,** cicatrizarse; hacerse costras.

skinflint [skínflịnt], *s.* avaro.

skink [skịŋk], *s.* (zool.) esquinco, sequinco o estinco.

skinless [skínlịs], *a.* desprovisto de pellejo, despellejado; de piel muy delgada.

skinner [skínœ(r)], *s.* desollador; (fam.) petardista, estafador; pellejero; peletero.

skinniness [skínịnịs], *s.* flacura, extenuación.

skinny [skínị], *a.* flaco; pellejudo.

skip [skíp]. **I.** *va.* saltar, omitir; saltar por encima de, pasar por alto; hacer saltar rozando, como una piedra sobre el agua. **II.** *vn.* saltar, brincar, cabriolar, triscar. **III.** *s.* cabriola, salto, brinco; omisión.

skipper [-œ(r)], *s.* saltador, brincador; (ict.) escombresoc(i)o; (ent.) gusanillo de queso; (apl. t. a varios otros insectos, mariposas, etc.); (mar.) patrón, mareante.—**s.'s daughters,** cabrillas de mar.

skipping [-ịŋ], *s.* acción de saltar.—**s. rope,** comba, cuerda con que saltan los niños.

skippingly [-lị], *adv.* a saltos, a brincos.

skirmish [skœ́rmịŝ]. **I.** *s.* (mil.) escaramuza, refriega, zalagarda, guerrilla, tiroteo; choque, encuentro. **II.** *vn.* escaramuzar, escaramucear.

skirmisher [-œ(r)], *s.* escaramuzador.

skirret [skírịt], *s.* (bot.) chirivía.

skirt [skœ́rt]. **I.** *s.* falda, faldellín, saya, refajo, enagua(s); (sast.) faldón; faldones de la silla de montar; orla, cenefa; orilla, margen, *mf.*, borde; (fam.) mujer, faldas (fig.).—**s. (board)** = BASEBOARD.—**s. dance,** (teat.) baile en que la bailarina hace graciosas posturas con su faldellín.—**skirts of a city,** contornos de una ciudad. **II.** *va.* poner enaguas a; proveer de borde, margen, etc.; seguir la orilla de; costear; (cost.) orillar; poner cenefa a. **III.** *vn.* (con *along, near,* etc.) moverse a lo largo de, ladear, (mar.) costear; escoger la lana separando la de inferior calidad.

skirting [-ịŋ], *s.* enaguas (consideradas como géneros); material para enaguas; rodapié, friso; *v.* BASEBOARD (ll. t. **s. board**).—*pl.* lana de inferior calidad.

skit [skịt], *s.* articulillo, suelto, pasquín; burla.

skitter [skítœ(r)], *vn.* deslizarse saltando, ir saltando y rozando.

skittish [skítịŝ], *a.* espantadizo; tímido; retozón; caprichudo, voluble.—**skittishly** [-lị], *adv.* caprichosamente.—**skittishness** [-nịs], *s.* calidad de espantadizo; desenvoltura; volubilidad, inconstancia.

skittles [skítlz], *s. pl.* juego de bolos.

skive [skáịv]. **I.** *va.* (ten.) raspar, adelgazar, chiflar, cortar en capas; (joy.) pulir. **II.** *s.* (joy.) disco para pulir el diamante.—**skiver** [-œ(r)], *s.* (ten.) el que raspa o adelgaza cueros; cuero hendido con cuchillo; (enc.) cuero para pastas; chifla, cuchillo de adelgazar.

skoal [skoụl], *s.* e *interj.* brindis, *m.*; ¡salud!

skul(l)duggery [skʌldʌ́gœrị], *s.* (fam.) tretas, mañas.

skulk [skʌ́lk], *vn.* remolonear, (mar.) estar o ponerse al socaire; acechar; andar a sombra de tejado.

skulker [-œ(r)], *s.* socairero, remolón, el que rehuye el trabajo; acechador.

skull [skʌ́l], *s.* cráneo, casco, sesera; calavera.

skullcap [-kæp], *s.* casquete (gorro), (igl.) solideo; (anat.) sincipucio; (bot.) escutelaria.
skunk [skʌŋk]. **I.** *s.* (zool.) mofeta, (Am.) zorrino, zorrillo; (fam.) canalla, *m.*, persona ruin.—**s. cabbage,** (bot.) cierta hierba fétida. **II.** *va.* (fam.) ganar completamente a (en un juego) sin perder una jugada.
sky [skái], *s.* cielo, firmamento, (poét.) éter.—**s.-blue, s.-colored,** azul celeste, cerúleo.—**s.-high,** por las nubes, tan alto como el cielo.—**s. pilot,** aviador; (fam.) clérigo.—**s. writing,** escritura aérea, formación de letreros o figuras con gases o vapores que se despiden de un avión.—**out of a clear s.,** de repente; inesperadamente.—**to praise to the skies,** poner en, o sobre, las nubes.
skyey [-i], *a.* (poét.) etéreo; del cielo; muy alto.
skylark [-lark]. **I.** *s.* (orn.) alondra, calandria. **II.** *vn.* (fam.) chacotear, jaranear.—**skylarking** [-iŋ], *s.* chacota, jarana.
skylight [-lait], *s.* claraboya, tragaluz, lucera, lumbre(ra), buhardilla; luz cenital.
skyline [-lain], *s.* horizonte; silueta; efecto de conjunto que dan edificios, árboles, etc., al destacarse contra el cielo.
skyman [-man], *s.* (fam.) aviador.
skyrocket [-rakit], **I.** *s.* cohete, volador. **II.** *vn.* (fam.) subir rápidamente; ir a las nubes (precios); aumentar prodigiosamente (la producción, etc.).
skysail [-seil], *s.* (mar.) monter(ill)a, (sobre)-periquito.
skyscraper [-skreipœ(r)], *s.* (mar.) = SKYSAIL; rascacielos, edificio sumamente alto.
skyward(s [-wărd(z], *adv.* hacia el cielo.
slab [slæb], *s.* costero; losa, plancha, tabla, laja, lancha o loncha, lastra.—**s. line,** (mar.) briol(ín).
slabber [slǽbœ(r)], *vn.* babear, salivar.—**slabberer** [-œ(r)], *s.* baboso.—**slabbering** [-iŋ], *s.* babeo.
slabby [slǽbi], *a.* espeso, viscoso; mojado.
slack [slǽk]. **I.** *a.* flojo, laxo; débil, poco firme, aflojado; perezoso, negligente, remiso, tardo.—**s. ropes,** (mar.) cabos sueltos o en banda.—**s. water,** repunte de la marea; aguas represadas.—**s.-water navigation,** navegación por tramos. **II.** *s.* (mar.) seno de un cabo; flojedad; (com.) período de poca actividad, estación muerta o de calma; polvo de carbón, cisco, carbón menudo.—*pl.* pantalones flojos.
slack, slacken [slǽk, -n]. **I.** *va.* aflojar, relajar, desapretar; retardar; disminuir; descuidar; eludir.—**to slack lime,** apagar la cal. **II.** *vn.* aflojarse, relajarse; (mar.) formar seno; disminuir; (a veces con *up*) mermar, menguar; retardarse; descuidarse, flojear; ceder, cejar.
slacker [-œ(r)], *s.* (fam.) el que elude su deber o el servicio militar en tiempo de guerra; tumbón; cobarde.
slackly [-li], *adv.* flojamente.
slackness [-nis], *s.* flojedad.
slag [slæg]. **I.** *s.* escoria (de metales o volcanes); chatarra, grasa, moco (de metales).—**s. heap,** escorial. **II.** *va.* escorificar.
slain [slein], *pp.* de TO SLAY.
slake [sleik]. **I.** *va.* apagar (la cal, la sed); extinguir; remojar; desleír; calmar, moderar.—**slaked lime,** cal muerta o apagada. **II.** *vn.* apagarse (la cal).
slam [slæm]. **I.** *va.* cerrar de golpe; en los juegos de naipes, dar capote. **II.** *vn.* cerrarse de golpe y con estrépito. **III.** *s.* portazo; capote en el juego; (fam.) crítica severa.—**s.-bang,** (fam.) de golpe y porrazo.
slander [slǽndœ(r)]. **I.** *va.* calumniar, denigrar, difamar, infamar. **II.** *s.* calumnia, difamación, denigración; (for.) calumnia oral.
slanderer [-œ(r)], *s.* calumniador, denigrante.
slandering [-iŋ]. **I.** *s.* calumnia. **II.** *a.* calumnioso, denigrante.
slanderous [-ʌs], *a.* infamatorio, calumnioso.
slang [slǽŋ]. **I.** *s.* (gram.) vulgarismo; jerga, jerigonza, caló, germanía. **II.** *a.* vulgar, familiar; germanesco.
slangy [-i], *a.* vulgar en el lenguaje; que emplea vulgarismos, dicharachos, o habla en caló.
slant [slǽnt]. **I.** *va.* y *vn.* oblicuar, sesgar; inclinarse, sesgarse. **II.** *s.* oblicuidad, sesgo; inclinación; plano inclinado, declive; punto de vista, prejuicio; (fam.) mirada.
slant(ing [-(iŋ], *a.* de soslayo; sesgado, terciado, oblicuo; inclinado, en declive.
slantingly [-li], **slantwise** [-waiz], *adv.* sesgadamente, oblicuamente, de o al través.
slap [slǽp]. **I.** *va.* abofetear, acachetear, dar una palmada a (una persona) o en (la cara); poner o tirar violentamente. **II.** *s.* manotada, bofetada.—**a s. in the face,** bofetada; insulto. **III.** *adv.* de golpe y porrazo, de sopetón.
slapdash [-dæŝ], *a.* y *adv.* (fam.) chafallón, chapucero; de prisa, de una vez, de un golpe.
slaphappy [-hæpi], *a.* (E. U., fam.) aturdido, atolondrado; calamocano; (fig.) tonto, necio, mentecato.
slapstick [-stik], *s.* y *a.* (farsa) de carácter bufonesco, con muchos porrazos y otras acciones grotescas.
slash [slæŝ]. **I.** *va.* acuchillar, dar cuchilladas; cortar, hacer un corte largo en; azotar; rebajar, reducir radicalmente (sueldos, gastos, precios, etc.); criticar mordazmente. **II.** *vn.* tirar tajos y reveses. **III.** *s.* cuchillada; latigazo, azote; (sast.) corte, cortadura, cuchillo; entrada, abertura (en un bosque).—*pl.* ramas; matorral pantanoso.—**slashed** [-d], *a.* acuchillado; (bot.) laciniado.—**s. sleeves,** (sast.) mangas acuchilladas.—**slasher** [-œ(r)], *s.* acuchillador.
slat [slæt], *s.* tablilla, loncha (de madera o metal).
slate [sléit]. **I.** *s.* pizarra, esquisto; pizarra para escribir; (E. U. pol.) lista de candidatos; candidatura; programa (*m.*) de partido.—**s.-colored,** apizarrado, pizarreño.—**s. pencil,** pizarrín.—**s. quarry,** pizarral, cantera de pizarra.—**s. roof,** empizarrado.—**to have a clean s.,** tener las manos limpias (fig.), no tener mácula.—**to wipe the s. clean,** empezar de nuevo, abrirse un nuevo derrotero. **II.** *va.* empizarrar; (ten.) quitar pelo a las pieles; (E. U. pol.) inscribir en una candidatura; redactar un programa de partido; inscribir u ofrecer para consideración; planear, proyectar, destinar.
slater [-œ(r)], *s.* pizarrero; raspador de pieles; crítico mordaz; (zool.) isópodo terrestre.—**slating** [-iŋ], *s.* empizarrado; pizarras; crítica pública y mordaz.
slattern [slǽtœrn]. **I.** *a.* puerco; desaliñado. **II.** *s.* mujer desaliñada.—**slatternliness** [-linis], *s.* desatavío; desaliño.—**slatternly** [-li]. **I.** *adv.* desaliñadamente. **II.** *a.* puerco, desaliñado.
slaty [sléiti], *a.* pizarreño.
slaughter [slótœ(r)]. **I.** *s.* carnicería, matanza, (fam.) degollina. **II.** *va.* matar, sacrificar (las reses); hacer una carnicería; destrozar.—**slaughterer, slaughterman** [-œ(r), -man], *s.* jifero, matarife, matachín; matador; asesino; verdugo.—**slaughterous** [-ʌs], *a.* mortífero, destructivo.
slaughterhouse [-haus], *s.* matadero, rastro, degolladero, desolladero, (Am.) carnicería.
slaughtering [-iŋ], *s.* matanza, jifería (de reses).
Slav [slav], *a.* y *s.* eslavo.
slave [sléiv]. **I.** *s.* esclavo.—**s. ant,** (ent.) hormiga esclava.—**s. driver,** capataz (*m.*) de esclavos; persona opresiva o despótica.—**s.-making ant,** hormiga esclavizadora.—**s. trade,** trata de esclavos.—**s. trader,** negrero, traficante en esclavos. **II.** *vn.* trabajar como esclavo. **III.** *va.* esclavizar.
slaveborn [-born], *a.* nacido en la esclavitud.
slaveholder [-houldœ(r)], *s.* amo de esclavos.
slaver [-œ(r)], *s.* negrero, esclavista; (persona o buque) traficante de esclavos.
slaver [slǽvœ(r)]. **I.** *s.* baba. **II.** *vn.* bab(os)ear.
slaverer [-œ(r)], *s.* baboso; adulador, lavacaras.
slavering [-iŋ]. **I.** *a.* baboso. **II.** *s.* bab(os)eo.

slavery [sléivœri], *s.* esclavitud.
Slavic [slávik], *a.* *V.* SLAVONIC.
slavish [sléiviŝ], *a.* servil, abyecto; esclavizado.—**slavishly** [-li], *adv.* servilmente.—**slavishness** [-nis], *s.* servilismo.
Slavism [slávizm], *s.* eslavismo.
Slavonian [slavóunian], *a.* y *s.*, **Slavonic** [slavánik], *a.* esclavón, esclavonio; eslavo.
slaw [slɔ], *s.* (ensalada de) col picada.
slay [sléi], *va.* (*pret.* SLEW; *pp.* SLAIN) **matar.**
slayer [-œ(r)], *s.* matador; asesino.
sleave [sliv]. **I.** *s.* seda en rama (ll. t. **s.,** o **sleaved, silk**). **II.** *va.* desenredar, desenmarañar.
sleaziness [slízinis], *s.* textura débil y ligera.
sleazy [slízi], *a.* baladí, delgado, ligero, tenue.
sled [slɛd]. **I.** *va.* y *vn.* ir o llevar en trineo o narria. **II.** *s.* trineo, narria, rastra.
sledder [-œ(r)], *s.* el que va en un trineo o lo arrastra; animal de trineo, que arrastra trineos. —**sledding** [-iŋ], *s.* acción de ir en trineo o usarlo; marcha en trineo.—**rough s.,** marcha difícil.
sledge [slɛdẑ]. **I.** *va.* y *vn.* transportar o viajar en una narria. **II.** *s.* rastra, narria, trineo.—**s. hammer,** macho, mandarria, acotillo.
sleek [slík]. **I.** *a.* liso, bruñido, alisado; suave, blando, zalamero. **II.** *va.* alisar, pulir, suavizar.
sleekly [-li], *adv.* lisamente.
sleekness [-nis], *s.* lisura.
sleeky [-i], *a.* liso; taimado, mañoso.
sleep [slíp]. **I.** *va.* y *vn.* (*pret.* y *pp.* SLEPT) dormir (en toda acepción).—**to s. away,** disipar o malgastar el tiempo durmiendo.—**to s. in Jesus,** estar muerto, dormir en el Señor.—**to s. like a log,** o **top,** dormir como un lirón.—**to s. off,** curar durmiendo (un dolor de cabeza, etc.); dormirla (la borrachera, etc.).—**to s. on,** seguir durmiendo.—**to s. on,** o **upon,** descuidarse o no hacer caso de; consultar con la almohada.—**to s. one's liquor away,** dormir la mona.—**to s. out,** dormir fuera de casa; saciarse de dormir.—**to s. over,** consultar con la almohada. —**to s. soundly,** dormir profundamente o a pierna suelta. **II.** *s.* sueño; dormida; descanso, reposo; muerte, *f.*
sleeper [-œ(r)], *s.* persona dormida o muerta; (f. c.) coche dormitorio, coche cama; (f. c.) traviesa, durmiente; viga; animal aletargado.
sleepily [-ili], *adv.* soñolientamente, con somnolencia, pesadez o torpeza.
sleepiness [-inis], *s.* somnolencia, sueño, modorra.
sleeping [-iŋ]. **I.** *s.* sueño. **II.** *a.* durmiente; dormido.—**s. bag,** especie de talego para envolverse por la noche cuando se duerme a la intemperie.—**s. car,** (f. c.) coche cama o coche dormitorio.—**s. draught,** bebida calmante, narcótico.—**s. partner** = SILENT PARTNER.—**s. potion** = S. DRAUGHT.—**s. sickness,** (med.) encefalitis letárgica, letargo epidémico.
sleepless [-lis], *a.* desvelado, insomne; de desvelo. —**sleeplessness** [-nis], *s.* insomnio.
sleepwalker [-wɔkœ(r)], *s.* so(m)námbulo.—**sleepwalking** [-wɔkiŋ], *s.* so(m)nambulismo.
sleepy [-i], *a.* soñoliento, amodorrado; soporífero, soporoso; letárgico.—**s.-head,** (fam.) dormilón.
sleet [slít]. **I.** *s.* cellisca, aguanieve, *f.*, agua nieve. **II.** *vn.* cellisquear, caer cellisca, etc.
sleetiness [-inis], *s.* estado del tiempo en que cellisquea.
sleety [-i], *a.* cubierto de cellisca.
sleeve [slív], *s.* (sast.) manga; (mec.) manguito; collar.—**s. band,** brazal; (sast.) vuelta de manga.—**s. coupling,** junta de manguito.—**s. garter,** sujetador de la manga de camisa.—**s. links,** o **buttons,** gemelos, (Am.) mancuernas. —**s. nut,** manguito de tuerca.—**to have up one's s.,** tener preparado en secreto.—**to laugh in,** o **up, one's s.,** reírse con disimulo. —**to say in one's s.,** decir para su sayo o capote.
sleeveless [-lis], *a.* sin mangas.
sleigh [sléi]. **I.** *s.* trineo.—**s. bell,** cascabel.—**s. ride,** paseo en trineo. **II.** *vn.* pasearse en trineo.
sleighing [-iŋ], *s.* paseo en trineo; estado de los caminos que permite ir en trineo.
sleight [slait], *s.* habilidad, pericia, maña; ardid, artificio, estratagema.—**s. of hand,** juego de manos, prestidigitación.—**s. of hand artist** o **performer,** prestidigitador.
slender [sléndœ(r)], *a.* delgado; adelgazado, cenceño, esbelto; sutil, fino, ligero; flaco; delicado; escaso; pequeño, poco, corto, insuficiente; mediano.
slenderize [-aiz], *va.* y *vn.* adelgazar, poner delgado o esbelto; enrarecer.
slenderness [-nis], *s.* delgadez; sutileza; debilidad; escasez; pequeñez.
slept [slɛpt], *pret.* y *pp.* de TO SLEEP.
sleuth [sliúθ]. **I.** *s.* detective; agente de policía secreta o investigador particular. *V.* SLEUTHHOUND. **II.** *vn.* hacer de detective; seguir una pista o un rastro; (fam.) andar espiando o acechando.
sleuthhound [-haund], *s.* (perro) sabueso o ventor; (fam.) detective.
slew [sliu]. **I.** *pret.* de TO SLAY. **II.** *va.*, *vn.* y *s.* = SLUE. **III.** *s.* (fam.) un gran número de, la mar de.
sley [slei], *s.* (tej.) peine, cárcel, *f.*
slice [sláis]. **I.** *va.* rebanar, cortar en tajadas; tajar, cortar. **II.** *s.* rebanada, tajada, lonja raja; pala; espátula.—**s. bar,** hurgón, atizador.
slicer [-œ(r)], *s.* rebanador; (joy.) sierra circular.
slick [slik]. **I.** *va.* alisar, pulir. **II.** *vn.* (gen. con **up**) (fam.) componerse, acicalarse. **III.** *a.* liso, terso, lustroso; resbaladizo; meloso, untuoso, facundo; (fam.) diestro, mañoso; (fam.) de primera. **IV.** *s.* lugar lustroso o aceitoso (en el agua); formón ancho de alisar (ll. t. **s. chisel**).
slicker [slíkœ(r)], *s.* impermeable flojo; (fam.) embaucador, farsante.
slide [sláid]. **I.** *vn.* (pret. SLID; *pp.* SLID o SLIDDEN) resbalar, deslizarse, correrse, caer(se); patinar; escabullirse; salirse, escaparse; correr, pasar aprisa; pasar insensiblemente o gradualmente de un estado, tono, etc., a otro. **II.** *va.* hacer resbalar; meter o poner mañosa o suavemente; (con **let**) dejar correr, no hacer caso de. **III.** *s.* tapa corrediza; (foto.) tapa del chasis o portaplacas; diapositiva; portaobjetos, platina de microscopio o linterna mágica; resbalón, resbaladura; resbaladero, deslizadero; (mec.) carro, guía de patín, cursor; plano inclinado; muesca, encaje (de un bastidor); (geol.) falla, dislocación; desmoronamiento, alud, *m.*; (mús.) ligado; bomba (de trombón, etc.). **IV.** *a.* corredizo; de corredera.—**s. bar,** guía, barra de guía; barra corrediza.—**s. bolt,** pestillo corredizo.—**s. box,** (elec.) caja de resistencia con alambre de contacto corredizo.—**s. fastener** = ZIPPER.—**s. rail,** (f. c.) aguja de cambiavía. —**s. rest,** (mec.) soporte de corredera; carrillo portaherramientas (de torno).—**s. rod,** vástago de la válvula de corredera.—**s. rule,** regla de cálculo.—**s. shaft** = S. ROD.—**s. valve,** válvula de corredera.—**s.-valve rod** = S. ROD.—**s. wire,** (elec.) alambre de contacto corredizo; brazo (del puente de Wheatstone) de contacto corredizo.
slider [-œ(r)], *s.* resbalador; (mec.) cursor.
sliding [-iŋ]. **I.** *s.* desliz(amiento), resbalamiento. **II.** *a.* corredizo; resbaladizo, escurridizo; oscilante, variable, transitorio.—**s. door,** puerta corrediza o de corredera.—**s. friction,** rozamiento de resbalamiento.—**s. gear,** (aut.) cambio de velocidades con tren corredizo.—**s. knot,** nudo escurridizo.—**s. place,** sitio resbaladizo, resbaladero, deslizadero.—**s. scale,** escala móvil, en la cual los impuestos, jornales, etc., varían según los precios de los artículos de consumo, o, en el caso de los obreros, según los precios corrientes de lo que producen.
slight [sláit]. **I.** *a.* ligero, leve; pequeño, corto, fútil, débil, flojo, delgado. **II.** *s.* desaire, desatención, feo, desprecio. **III.** *va.* menospreciar, despreciar, desairar, dejar feo; desatender, descuidar.

slightingly [-iŋli], *adv.* con desprecio.
slightly [-li], *adv.* ligeramente; escasamente; descuidadamente.
slightness [-nis], *s.* pequeñez, insignificancia.
slim [slim], *a.* delgado; sutil, tenue; poco lógico, débil, baladí; delicado; insuficiente, escaso.
slime [sláim]. I. *s.* limo, lama, légamo, cieno, fango, babaza, tarquín, pecina; (raro) asfalto. II. *va.* y *vn.* enfangar, enlodar, ensuciar con limo, lama, légamo o babaza; deslamar.
sliminess [-inis], *s.* viscosidad; mucosidad, limosidad, limazo.
slimy [-i], *a.* viscoso, limoso, legamoso; mucoso.
sling [sliŋ]. I. *s.* honda; (cir.) cabestrillo; (mil.) charpa, portafusil; (E. U.) bebida alcohólica con azúcar y nuez moscada; (mar.) eslinga, balso.—**slings of the yard,** (mar.) cruz de la verga; estribos de las vergas. II. *va.* (*pret.* y *pp.* SLUNG) tirar con honda; tirar, arrojar; (mar.) embalsar, embragar, izar, eslingar; (cir.) poner en cabestrillo.
slinger [-œ(r)], *s.* hondero, pedrero.
slingshot [-ŝat], *s.* tirador.
slink [sliŋk]. I. *vn.* (*pret.* y *pp.* SLUNK) escabullirse, escaparse, escurrirse. II. *vn.* y *va.* (*pret.* y *pp.* SLINKED o SLUNK) (vet.) abortar, malparir. III. *s.* (vet.) abortón; sujeto ruin o apocado; cobarde. IV. *a.* (vet.) nacido antes de tiempo; inmaturo; flacucho; bajo, despreciable.
slip [slip]. I. *va.* (*pret.* y *pp.* SLIPPED) deslizar; llevar secretamente; soltarse, zafarse, desprenderse de, eludir, escapar de; soltar, desatar; (agr.) esquejar, cortar esquejes de; (mar.) largar o soltar (un cable o cabo); malparir (la bestia); escaparse a, pasar inadvertido por; irse de (la memoria, etc.); descuidar, dejar pasar; dislocar (un hueso).—**to s. a cog,** equivocarse.—**to s. in,** introducir o meter (esp. secretamente).—**to s. off,** quitarse de encima, soltar.—**to s. on,** ponerse (anillo, bata, etc.) de prisa.—**to s. one over on,** (fam.) engañar, pegársela (a uno).—**to s. one's arm around,** o **through,** pasar el brazo por (la cintura o el brazo de uno).—**to s. out,** sacar (esp. disimuladamente).—**to s. the cable,** (mar.) soltar el cable por ojo.—**to let s.,** revelar, dejar escapar sin querer (un secreto, etc.). II. *vn.* resbalar, deslizarse; tropezar, dar traspiés; escurrirse, salirse de su sitio; cometer un desliz; errar o equivocarse; huirse; largarse; pasar sin ser visto; borrarse de la memoria, olvidársele a uno.—**to s. away,** escabullirse, huirse.—**to s. down,** dejarse caer; desguindarse, descolgarse (por una cuerda, etc.).—**to s. into,** introducirse, entrometerse; insinuarse.—**to s. out,** salir sin ser observado; escurrirse; dislocarse (un hueso); zafarse, soltarse; salirse.—**to s. through one's fingers,** perder uno, o írsele a uno, repentinamente, o en un abrir y cerrar de ojos.—**to s. up,** resbalar; (fam.) equivocarse; salir mal. III. *s.* resbalón; deslizamiento; tropiezo, traspié, *m.;* resbalamiento (de una rueda, de la hélice); patinamiento; velocidad retrógrada del agua tras un buque; (elec.) resbalamiento, *slip* (del inducido, etc.); desliz, *m.*, falta; platina (de microscopio, etc.); resbaladero; declive; falta, error; descuido, inadvertencia, lapso; (agr.) esqueje, estaca, plantón; escapada, huída; tira o pedazo; lengua de tierra; callejón; embarcadero; (geol.) falla, dislocación; (impr.) prueba, galerada; funda de almohada; bata o prenda de vestir holgada; combinación; mantilla de los niños; traílla de un perro; requesón de leche; boleta, papeleta, cédula; vástago, descendiente; mozuelo o mozuela, mozalbete.—**s. cover,** funda (de muebles, etc.).—**s. of the pen,** error de pluma.—**s. of the tongue,** lapsus linguæ.—**s. ring,** (elec.) anillo colector.—**s. stream,** (aer.) corriente retrógrada del aire.—**s. switch,** (f. c.) cruzamiento de (con) agujas; cruzamiento y cambiavías combinados.—**there's many a s. 'twixt the cup and the lip,** de la mano a la boca se pierde la sopa.—**to give one the slip,** zafarse o salir de uno, sacarle el cuerpo, darle esquinazo.
slipboard [-bɔrd], *s.* corredera, tabla corrediza.
slipknot [-nat], *s.* lazo o nudo corredizo.
slip-on [-an], *s.* prenda de vestir fácil de ponerse o quitarse, o que se pone por la cabeza (blusa, jersey o *swéter,* etc.). (En el segundo caso ll. t. **pullover**).
slippage [-idź], *s.* resbalamiento; pérdida de velocidad o rendimiento debida al resbalamiento.
slipper [slípœ(r)], *s.* chinela, babucha, chancleta, pantufla; escarpín, zapatilla.
slippered [-d], *a.* con zapatillas o chinelas, etc.
slipperiness [slípœrinis], *s.* calidad de resbaladizo; lubricidad; volubilidad.
slippery [slípœri], *a.* resbaladizo, resbaloso, deslizadizo; evasivo, astuto, zorro; voluble, voltario.—**s. elm,** (bot.) variedad de olmo y su corteza medicinal.
slipshod [slípŝad], *a.* en chancletas; desaseado, desaliñado; descuidado; tosco, hecho a la diabla.
slipslop [-slap], *s.* (fam.) aguachirle, *f.;* dislate.
slip-up [-ʌp], *s.* (fam.) error, descuido.
slit [slit]. I. *va.* (*pret.* y *pp.* SLIT) rajar, hender, tajar; cortar en tiras; rasgar (un vestido). II. *s.* raja; cortadura larga; hendedura, tajo; ranura, resquicio, quebradura, abertura.—**s. trench,** (mil.) zanja o trinchera estrecha. *V.* FOXHOLE.
slither [slíðœ(r)], *vn.* resbalarse, deslizarse, escurrirse por el suelo.
slitting [slítiŋ], *a.* de rajar, etc.—**s. file,** lima achaflanada.—**s. machine,** máquina de cortar metal, papel, etc., en tiras.—**s. saw,** sierra circular fina de cortar metales.
sliver [slívœ(r)]. I. *va.* y *vn.* cortar en tiras; desgajar(se), romper(se). II. *s.* brizna, astilla; lonja de pescado; torzal, mecha de fibras textiles; borde sin pulir de un tablón.
slob [slab], *s.* (fam.) sujeto desaliñado, estúpido o desmañado.
slobber [slábœ(r)]. I. *va.* babosear. II. *vn.* bab(os)ear. III. *s.* baba, bab(os)eo.
sloe [sloụ], *s.* (bot.) endrino; endrina.—**s.-eyed,** ojinegro, de ojos del color de endrino.
slog [slag]. I. *va.* pegar duro; aporrear. II. *vn.* (gen. con **along** o **away**) andar pesadamente (como por el fango); afanarse, atrafagar.
slogan [slóụgan], *s.* consigna; lema, *m.;* grito de combate.
sloop [slup], *s.* (mar.) balandra, chalupa.—**s. of war,** corbeta.
slop [slap]. I. *va.* verter, derramar; mojar, ensuciar, enlodar. II. *vn.* verterse, derramarse; chapotear, chapalear (por el fango, agua nieve, etc.). III. *s.* líquido derramado en el suelo; mojadura.—*pl.* agua sucia; aguachirle, *f.*, lavazas, zupia; (desp.) atole, gachas; té o café flojo; ropa mal hecha y barata; traje flojo; (mar.) ropa y otros efectos que se venden a los marineros.—**s. basin, s. bowl, s. bucket,** cubo o tina para agua sucia.—**s. jar,** tinaja de lavabo para aguas sucias.—**s. pail** = S. BUCKET.
slope [slóụp]. I. *s.* (geol. y min.) buzamiento, inclinación; (f. c.) talud, *m.;* derrame, declive, bajada; cuesta, recuesto, costanera, loma, falda, ladera; (arq.) agua, vertiente, *f.* (de tejado); (fort.) rampa; escarpa. II. *va.* sesgar, cortar o partir en sesgo; formar en declive; escarpar; (cost.) escotar. III. *vn.* inclinarse, declinar, estar en declive; ir oblicuamente.—**sloping** [-iŋ], *a.* inclinado, (poét.) clivoso; deprimida (frente).—**slopingly** [-li], *adv.* sesgadamente, al sesgo; en declive.
sloppiness [slápinis], *s.* calidad de mojado y sucio; estado cenagoso; (fam.) desaliño.
sloppy [slápi], *a.* mojado y sucio; lodoso, cenagoso; (fam.) chapucero; (fam.) desaliñado.
slopshop [slápŝap], *s.* bazar de ropa barata.
slopwork [slápwœrk], *s.* (fabricación de) ropa hecha y barata; chapucería.
slosh [slaŝ]. I. *va.* y *vn.* *V.* SPLASH. II. *s.* *V.* SLUSH; (fam.) bebida o comida floja e insípida.

slot [slat]. **I.** *s.* (mec.) muesca, ranura, canal, *f.*, abertura, hendedura; pista, rastro; tira de madera, tablilla.—**s. machine,** máquina de servicio automático, provista de una ranura por la cual se introduce una moneda, que la hace funcionar. **II.** *va.* ajustar en una ranura; acanalar, hacer una ranura en.

sloth [sloθ], *s.* pereza, haraganería, flojedad, acedia; (zool.) perezoso, perico ligero, calípedes.—**slothful** [-fụl], *a.* perezoso.—**slothfully** [-lị], *adv.* perezosamente, flojamente, haraganamente.—**slothfulness** [-nịs], *s.* pereza.

slouch [slauch]. **I.** *s.* postura floja y descuidada; sujeto desmañado y desaliñado, o poco emprendedor y falto de energía. **II.** *vn.* y *va.* tenerse en postura dejada al andar o al estar de pie o sentado; poner gacho.—**s. hat,** sombrero gacho.

slough [slau], *s.* lodazal, cenagal o fangal; estado de desánimo, impotencia o degradación abismales; [slu] (E. U.) charca; pantano.

slough [slʌf]. **I.** *va.* y *vn.* echar de sí una costra, tejido muerto, o la piel. **II.** *s.* piel o camisa que muda la serpiente; (med.) escara, tejido muerto.

sloughy [sláuị], *a.* fangoso, pantanoso.

sloughy [slʌ́fị], *a.* (med.) que tiene escara.

Slovak [slóuvæk], *s.*, **Slovakian** [slouvǽkịan], *s.* y *a.* eslovaco.

sloven [slʌ́vn], *s.* persona desaseada.—**slovenliness** [-lịnịs], *s.* desaliño, desaseo; suciedad, porquería; descuido, dejadez.—**slovenly** [-lị]. **I.** *a.* desaliñado, puerco o sucio; dejado, descuidado. **II.** *adv.* desaliñadamente, suciamente.

Slovene [slóuvin], *s.* y *a.* esloveno.

slow [slóu]. **I.** *va.* y *vn.* (con **up** o **down**) retardar, aflojar (el paso), ir más despacio. **II.** *a.* lento, despacioso; pausado; tardo, tardío; atrasado (el reloj); calmoso, cachazudo; lerdo, estúpido.—**s. coach** o **slowpoke,** (fam.) indolente, perezoso.—**s. fire,** fuego lento.—**s. match,** mecha de quema lenta.—**s. motion,** velocidad reducida; (cine) cámara lenta. **III.** *adv.* despacio, lentamente.—**s.-paced,** pesado en el andar.—**s.-witted,** torpe, estúpido.—**to go s.,** atrasar, estar atrasado (el reloj).

slowly [-lị], *adv.* despacio, lentamente, pausadamente.

slowness [-nịs], *s.* lentitud, morosidad, retraso, tardanza, dilación; cachaza; pesadez, torpeza.

slub [slʌ́b]. **I.** *va.* torcer la lana. **II.** *s.* mechón.

slubber [-œ(r)], *s.* (tej.) canillero; ovillador; mechón.

sludge [slʌdž], *s.* lodo, cieno; sedimento.

slue [slịu]. **I.** *va.* y *vn.* (a menudo con **round**) revirar, volver, girar. **II.** *s.* giro, vuelta.

slug [slʌ́g]. **I.** *s.* (zool.) babosa, babaza; (arti.) posta, bala; (fam.) puñetazo, aporreo; (fam.) trago (de bebida alcohólica); (fam.) ficha metálica; (fís. nuclear) cartucho; (impr.) lingote. **II.** *va.* (fam.) aporrear.

sluggard [-ärd], *s.* haragán, holgazán, pelmazo.

sluggish [slʌ́gịŝ], *a.* perezoso, tardo, pesado; inactivo.—**sluggishly** [-lị], *adv.* perezosamente, lentamente.—**sluggishness** [-nịs], *s.* lentitud, pesadez, (fam.) pachorra, cachaza, pelmacería; inactividad.

sluice [slịús]. **I.** *s.* acequia, saetín, boquera, bocacaz; esclusa; compuerta; canal; (fig.) salida.—**s. gate,** compuerta.—**s. post,** brenca.—**s. valve,** compuerta; válvula compuerta, llave compuerta, llave de corredera. **II.** *va.* mojar, regar; (min.) lavar; soltar la presa de agua.

sluiceway [-wei], *s.* saetín; canal, conducto; abertura de presa.

slum [slʌ́m]. **I.** *s.* barrio bajo, de gentes escuálidas o disolutas (ú. a menudo en *pl.*). **II.** *vn.* visitar los barrios bajos y lugares escuálidos o disolutos.—**slumdom** [-dọm], *s.* los barrios y lugares de la baja vida.—**slumming** [-iŋ], *s.* visita a los barrios de la baja vida.—**to go slumming,** recorrer los barrios o lugares de la baja vida.

slumber [slʌ́mbœ(r)]. **I.** *vn.* dormitar, estar medio dormido; dormir; dormirse o descuidarse; estar latente. **II.** *s.* sueño ligero y tranquilo.—**s. song,** canción de cuna, nana.

slumberous [-ʌs], *a.* soñoliento, soporífero; dormido; tranquilo.

slump [slʌmp]. **I.** *vn.* hundirse el pie en una materia blanda; aplastarse, rebajarse; caer, bajar. *V.* SLOUCH. **II.** *va.* arrojar violentamente; hacer bajar (precios) súbitamente. **III.** *s.* hundimiento (rompiendo una costra); aplastamiento, rebajamiento (de una masa húmeda por su propio peso); disminución de actividad o vigor; (com.) baja repentina en los valores.

slung [slʌŋ], *pret.* y *pp.* de TO SLING.—**s. shot,** rompecabezas, arma ofensiva.

slunk [slʌŋk], *pret.* y *pp.* de TO SLINK.

slur [slœr]. **I.** *va.* menospreciar, rebajar, amancillar, desdorar; pasar por encima, suprimir, ocultar; farfullar (fam.), comerse sílabas o letras; (mús.) ligar las notas; (impr.) repintar. **II.** *s.* reparo, pulla, observación en desdoro; estigma, *m.*; mancilla, borrón o mancha ligera en la reputación; (mús.) ligadura (⌒ o ⌣); (impr.) trozo repintado.

slurry [slœ́rị], *s.* (alb., agr., quím.) suspensión.

slush [slʌ́ŝ]. **I.** *va.* ensebar, engrasar, embarrar; (con **up**) (alb.) rellenar; lavar echando agua. **II.** *s.* cieno, lodo blando, fango; agua nieve fangosa; grasa lubricante; pintura para evitar el enmohecimiento; desperdicios crasos de cocina; (fam.) tonterías sentimentales.—**s. fund,** (fam., pol.) fondos para corrupción política.

slushy [-ị], *a.* fangoso; que abunda en o es como agua nieve fangosa; (fam.) sentimental en exceso.

slut [slʌ́t], *s.* perra; mujer sucia.

sluttish [-ịŝ], *a.* puerco, sucio, desaliñado.—**sluttishness** [-nịs], *s.* porquería, suciedad, desaseo.—**sluttishly** [-lị], *adv.* asquerosamente.

sly [slái], *a.* astuto, taimado, socarrón, disimulado.—**on the s.,** a hurtadillas, a la chiticallando.—**slyboots** [-buts], *s.* camastrón, mátalas callando.

slyly [-lị], *adv.* astutamente, disimuladamente; a hurtadillas, callandito.

slyness [-nịs], *s.* socarronería, astucia, disimulo.

smack [smǽk]. **I.** *va.* y *vn.* manotear, golpear; besar ruidosamente; hacer sonar o chasquear (un beso, golpe, latigazo, etc.); rechuparse, saborear; saborearse. **II.** *vn.* (con *of*) saber (a), tener gusto, dejo (de); oler (a). **III.** *s.* sabor, gusto, gustillo; olor; tintura, conocimiento ligero o superficial; beso sonado; rechupete, manotada; chasquido de látigo; (mar.) queche. **IV.** *adv.* (fam.) de golpe.—**s. on the lips,** de lleno en los labios.—**s. on the nose,** en las mismas narices.—**to fall s. on the face,** caer de bruces.—**to run s. into,** dar de narices en o contra.

smacking [-iŋ]. **I.** *s.* ruido agudo. *V.* SMACK. **II.** *a.* chasqueador, que chasquea; bueno, medianamente fuerte (*smacking breeze,* buena brisa).—**s. noise,** o **sound,** chasquido.

small [smɔl]. **I.** *a.* pequeño, menudo, diminuto, chico; menor; bajo de estatura; corto, exiguo, escaso, reducido; poco; insignificante; despreciable, mezquino; débil, flojo; tierno, blando; fino, delgado, de poco bulto o volumen; obscuro, bajo, vulgar, plebeyo.—**s. ale, s. beer,** cerveza débil o floja; vaso pequeño de cerveza; bagatela.—**s. arms,** armas ligeras o manuales (rifles, pistolas, espadas, etc.).—**s. cattle,** ganado menor.—**s. change,** calderilla, menudo, suelto, moneda suelta.—**s. coal,** cisco, carbón menudo.—**s. craft,** embarcaciones menores; cosas o personas de poca importancia.—**s. fry,** pececillos; gente menuda; cosas pequeñas.—**s. game,** caza menor.—**s. hours,** primeras horas (de la mañana).—**s. intestine,** (anat.) intestino delgado.—**s. letter,** letra minúscula.—**s. matters,** menudencias.—**s. nettle,** (bot.) ortiga menor, cania.—**s. pica,** (impr.) lecturita (tipo de 11 puntos).—**s. potatoes,** (fam.) persona o cosa de poca monta.—**s. print,** letra menuda. —**(to) s. purpose,** (para) bien poco.—**s. talk,** chismografía, vulgaridades, frivolidades.—**s. voice,** vocecita, voz delgada.—**s. wares,** mercería, artículos menudos.—**s. wood,** brusca, verdasca, leña menuda.—**in a s. way,** modestamente; (com.) con pequeño capital o existencias. **II.** *s.* parte estrecha de cualquier cosa y en particular del lomo, canto o filo; cosa o cantidad pequeña.—*pl.* (com.) artículos menudos; mineral menudo. *V.* SMALLCLOTHES. **III.** *adv.* en tono bajo o suave; menudamente; en miniatura; desdeñosamente.

smallage [smólịdž], *s.* (bot.) apio silvestre.

smallclothes [smólkloụðz], *s. pl.* calzones cortos; ropa para niños; ropa interior.

smaller [smólœ(r)], *a. comp.* de SMALL: menor, más chico, más pequeño, más bajo, más corto. —**smallest** [-ịst], *a. superl.* de SMALL: mínimo, menor, más chico, más pequeño, el más bajo, más corto.—**smallish** [-ịŝ], *a.* pequeñito.—**smallness** [-nịs], *s.* pequeñez; bajeza, ruindad; exigüidad; insignificancia.

smallpox [smólpaks], *s.* (med.) viruela(s).—**s. pit,** cacaraña.

smalt [smolt], *s.* esmalte, esmaltín.

smart [smárt]. **I.** *a.* vivo, listo, hábil, ingenioso, activo; despejado, despabilado, astuto, ladino; inteligente, talentoso; agudo, sutil; acerbo, punzante, mordaz; elegante, a la moda, de buen tono; galano.—**s. aleck,** tipo engreído o petulante.—**s. set,** gente (*f.*) de buen tono. **II.** *s.* escozor; dolor, aflicción. **III.** *vn.* escocer, picar; requemar; mordicar; dolerse.

smarten [-n], *va.* hermosear, embellecer.

smartly [-lị], *adv.* hábilmente; elegantemente; con despejo.—**smartness** [-nịs], *s.* agudeza, vivacidad, viveza; ingenio, habilidad, talento; astucia; elegancia, buen tono.—**smarty** [-ị], *s.* (fam.) persona que se pasa de listo.

smartweed [-wid], *s.* (bot.) persicaria.

smash [smǽŝ]. **I.** *va.* y *vn.* romper, quebrar, aplastar, destrozar o hacer pedazos; (fam.) fracasar, quebrar, hacer bancarrota. **II.** *s.* rotura, destrozo; fracaso; ruina, quiebra; bebida de coñac, hierbabuena y azúcar.—**s. hit,** (fam., teat., etc.) exitazo.—**to go to s.,** arruinarse; hacerse añicos.

smashing [-ịŋ]. **I.** *s.* rompimiento, aplastamiento, quebrantamiento. **II.** *a.* que rompe, destroza, etc.; extraordinario, triunfante o quebrantante.

smash-up [-ʌp], *s.* desastre; bancarrota, quiebra; desbarate; colisión desastrosa.

smatter [smǽtœ(r)]. **I.** *va.* y *vn.* saber o hablar superficialmente. **II.** *s.* = SMATTERING.—**smatterer** [-œ(r)], *s.* el que sabe una cosa superficialmente; erudito a la violeta.—**smattering** [-ịŋ], *s.* tintura, conocimiento superficial, barniz, *m.*

smaze [smeịz], *s.* niebla ahumada y espesa.

smear [smír]. **I.** *va.* untar, embarrar, tiznar, ensuciar, manchar; difamar, calumniar; (fam.) derrotar por completo. **II.** *s.* embarradura, mancha; calumnia, difamación; (bact.) frotis, *m.*, extensión de sangre, etc., sobre un portaobjetos para examen microscópico.

smeary [-ị], *a.* graso; lardoso.

smegma [smégma], *s.* (med.) esmegma, *m.*

smell [smél]. **I.** *va.* (*pret.* y *pp.* SMELLED o SMELT) oler; olfatear, oliscar, husmear; ventear; (fig.) (con **out**) percibir, descubrir.—**to s. a rat,** haber gato encerrado. **II.** *vn.* oler, exhalar fragancia o hedor.—**to s. of,** oler a. **III.** *s.* olfato; olor (bueno o malo); perfume o aroma, *m.*; traza, vestigio.

smeller [-œ(r)], *s.* oledor, rastreador, husmeador. —*pl.* (fam.) narices, *f. pl.*

smelling [-ịŋ], *s.* olfateo; husmeo, acción de oler. —**s. bottle,** vasito o redomilla para olores.—**s. salts,** sales aromáticas, carbonato de amonio.

smelt [smɛlt]. **I.** *pret.* y *pp.* de TO SMELL. **II.** *va.* (fund.) fundir o derretir (minerales). **III.** *s.* (ict.) eperlano.

smelter [sméltœ(r)], *s.* fundidor.

smeltery [-ị], *s.* fundición, fundería.

smelting [sméltịŋ], *s.* fusión, fundición.—**s. furnace,** alto horno, horno de fundición.—**s. house,** fundición, apartado.—**s. pot,** cubilote. —**s. works** = S. HOUSE.

smew [smịu], *s.* (orn.) mergo, mergánsar.

smilacaceous [smaịlakéịŝịʌs], *a.* (bot.) esmiláceo.

smilax [smáịlæks], *s.* (bot.) esmiláceo.

smile [smáịl]. **I.** *vn.* sonreír(se); favorecer, ser propicio.—**to s. at, on, upon,** sonreír a; favorecer. **II.** *va.* expresar con una sonrisa (*to smile assent,* consentir con una sonrisa; *to smile one's thanks,* dar las gracias con una sonrisa). **III.** *s.* sonrisa; aspecto agradable o risueño; disposición favorable o propicia.

smiling [-ịŋ], *a.* risueño, sonriente.

smilingly [-lị], *adv.* con cara risueña, con sonrisa, sonriendo.

smirch [smœrch]. **I.** *va.* ensuciar, tiznar; mancillar, deslucir. **II.** *s.* tiznón, tiznadura.

smirk [smœrk]. **I.** *vn.* sonreírse estúpida o afectadamente. **II.** *s.* sonrisa boba o afectada; visaje.

smite [smaịt]. **I.** *va.* (*pret.* SMOTE; *pp.* SMITTEN o SMIT) herir, golpear; afligir, castigar; destruir, asolar; encantar, robar el corazón; conmover, enternecer; apenar; aplanar, aplastar; (con **off** o **out**) cortar, partir o romper de un golpe; matar de un golpe. **II.** *vn.* venir con fuerza repentina; chocar.

smith [smịθ], *s.* forjador, herrero; herrador.—**s. and farrier,** herrador, albéitar.—**s.'s hammer,** destajador.—**s.'s parer,** pujavante.

smithereens [smịðœrínz], *s. pl.* (fam.) añicos, trizas.—**to break,** o **smash, to s.,** hacer(se) añicos o trizas.

smithery [smíθœrị], *s.* herrería.

smithy [smíθị], *s.* fragua, forja, hornaza; herrería.

smitten [smítn], *pp.* de TO SMITE; profundamente afectado; muy conmovido; muy enamorado.

smock [smak], *s.* bata corta; camisa de mujer.—**s. frock,** blusa de obrero, sayo.

smog [smag], *s.* niebla espesa y oscura (a causa del humo de fábricas).

smoke [smóụk]. **I.** *s.* humo; sahum(eri)o; (fam.) cigarr(ill)o, pito, etc.—**s. arch,** (locom.) = S. BOX.—**s. black,** negro de humo.—**s. box,** (m. v.) caja o cámara de humos.—**s.-burner, s.-consumer,** aparato fumívoro.—**s.-burning, s.-consuming,** fumívoro.—**s. condenser,** condensador o lavador de humo.—**s.-dried,** curado o ahumado.—**(to) s.-dry,** curar, ahumar.—**s. helmet,** casco o careta de protección contra el humo.—**s. pipe,** humero.—**s. puff** o **whiff,** fumarada.—**s. screen,** (mil.) cortina de humo, humo de protección.—**s. signal,** ahumada.—**s.-tight,** a prueba de humo.—**s. tree,** (bot.) fustete.—**s. washer** = S. CONDENSER.—**to end in s.,** volverse humo o agua de cerrajas. **II.** *va.* fumar; ahumar, curar al humo; sahumar; (con **out**) ahumar, ahogar con humo; hacer salir con humo; echar fuera.—**to s. the pipe of peace,** fumar la pipa de paz. **III.** *vn.* humear, echar humo; fumar, pipar (fumar en pipa), (Am.) pitar (cigarrillos).

smokehouse [-haụs], *s.* cuarto cerrado para ahumar o acecinar carnes, pieles, etc.

smokejack [-džæk], *s.* asador movido por el humo.

smokeless [-lịs], *a.* sin humo; (m. v.) fumívoro. —**s. powder,** pólvora sin humo.

smoker [-œ(r)], *s.* fumador; sahumador; (api.) caja de ahumar abejas; (f. c.) coche fumador, vagón de fumar; (fam.) tertulia en que se fuma.

smokestack [-stæk], *s.* chimenea.

smokiness [-ịnịs], *s.* fumosidad.

smoking [-ịŋ]. **I.** *s.* acción de fumar.—**no s. (allowed),** se prohibe fumar. **II.** *a.* fumante, humeante, fumífero.—**s. car,** (Ingl.) **s. carriage,** (f. c.) coche fumador, vagón de fumar.

—**s. jacket,** batín.—**s. room,** fumadero, cuarto o salón de fumar.—**s. stand** o **table,** mesita de fumar.
smoky [-i], *a.* humeante; humoso, ahumado.
smolder [smóuldœ(r)], *vn.* y *s.* = SMOULDER.
smolt [smoult], *s.* (ict.) murgón, salmón pequeño.
smooth [smúð]. **I.** *a.* liso, pulido, alisado; parejo, plano, igual; uniforme; fácil, suave, flúido; manso, tranquilo (agua, etc.); meloso, lisonjero; cortés, afable; (gram. griega) no aspirado; suave, que no rasca (v. gr. un licor).—**s.-faced,** barbilampiño, barbilucio; pulido, alisado; cariparejo.—**s.-grained,** de grano o veta lisa.—**s. muscle,** músculo no estriado.—**s.-paced,** que anda con paso igual.—**s.-shaven,** bien afeitado.—**s.-sliding,** que se desliza con suavidad e igualdad.—**s.-spoken, s.-tongued,** meloso, lisonjero o adulador. **II.** *va.* allanar, aplanar, alisar, suavizar; (a veces con **out**) desarrugar; (carp.) desbastar, acepillar; lijar; facilitar; pacificar, aquietar; calmar, ablandar; (a veces con **away**) quitar; (gen. con **over**) zanjar, atenuar.
smoothbore [-bɔr]. **I.** *a.* de ánima lisa. **II.** *s.* arma de ánima lisa.
smoother [-œ(r)], *s.* alisador; planador.
smoothing [-iŋ]. **I.** *a.* de alisar, de allanar, de emparejar; suavizador.—**s. iron,** plancha, alisador, raspa.—**s. plane,** cepillo corto. **II.** *s.* alisadura.
smoothly [-li], *adv.* llanamente; fácilmente; blandamente; con halagos o afablemente.—**smoothness** [-nis], *s.* lisura, tersura, igualdad; suavidad, blandura; dulzura.
smote [smout], *pret.* de TO SMITE.
smother [smʌ́ðœ(r)]. **I.** *va.* ahogar; asfixiar, sofocar; apagar; suprimir, ocultar, encubrir; embadurnar, embarrar; (coc.) estofar. **II.** *vn.* y *vr.* ahogar(se), asfixiar(se); estar latente, oculto o escondido. **III.** *s.* supresión, ocultación; ahoguío; asfixia, sofocación; humareda, polvareda.
smothering [-iŋ]. **I.** *a.* sofocante, asfixiante. **II.** *s.* = SMOTHER.—**smotheringly** [-li], *adv.* sofocantemente.
smo(u)lder [smóuldœ(r)]. **I.** *vn.* arder humeando, sin llama; arder en rescoldo; estar latente. **II.** *s.* humo.
smudge [smʌ́dž]. **I.** *va.* tiznar, ensuciar, manchar con tizne, tinta u hollín; fumigar, ahumar. **II.** *s.* tiznajo, tiznadura, tiznón; fumigación o ahumadura.—**s. fire,** fuego humoso (para ahuyentar los insectos, impedir la escarcha, etc.).
smudgy [-i], *a.* tiznado, holliniento, ensuciado; humeante.
smug [smʌg], *a.* presumido, relamido, complaciente, pagado (de sí); acicalado, pulido.
smuggle [smʌ́gl]. **I.** *va.* pasar o meter de contrabando, alijar. **II.** *vn.* hacer contrabando, contrabandear, matutear.
smuggler [-lœ(r)], *s.* contrabandista, matutero, alijador, pasador, metedor.
smuggling [-liŋ], *s.* contrabando, matute.
smugly [smʌ́gli], *adv.* pulidamente; afectadamente, con presunción.
smugness [-nis], *s.* afectación y nimiedad en el vestir; presunción, complacencia.
smut [smʌt]. **I.** *s.* tiznón, tiznadura, mancha; obscenidad, indecencia; (bot., agr.) añublo, tizón, tizoncillo; (min.) hulla terrosa. **II.** *va.* tiznar, manchar; (fig.) mancillar; (bot.) atizonar, añublar; destizonar. **III.** *vn.* (bot.) añublarse, atizonarse.
smutch [smʌch]. **I.** *va.* tiznar, manchar, ensuciar. **II.** *s.* mancha, tiznajo.
smuttily [smʌ́tili], *adv.* suciamente.—**smuttiness** [-nis], *s.* suciedad; obscenidad, indecencia.—**smutty** [-i], *a.* tiznado; humoso; (bot.) añublado, atizonado; obsceno, indecente, verde.
snack [snæk], *s.* parte, *f.*, porción; bocad(ill)o, refrigerio, (fam.) tente(e)mpié, *m.*, piscolabis, *m.*—**s. bar,** bar donde se puede tomar un refrigerio.—**to go snacks,** ir a medias.
snaffle [snæfl]. **I.** *s.* (equit.) filete; bridón del bocado (ll. t. **s. bit**). **II.** *va.* (equit.) refrenar; contener, reprimir.
snafu [snæfú]. **I.** *a.* (fam., mil.) desordenado, desaliñado, desarreglado. **II.** *va.* (fam., mil.) desordenar, desarreglar, desaliñar.
snag [snæg]. **I.** *s.* gancho, pedazo que queda en el árbol de una rama rota o desgajada; nudo que sobresale en la madera; protuberancia; (dent.) raigón; sobrediente; pitón del asta del ciervo; tronco o tocón sumergido; obstáculo oculto ignorado.—**s. boat,** buque arrancatroncos.—**to strike a s.,** chocar contra un tronco sumergido; hallarse con un obstáculo inesperado. **II.** *va.* desgajar, dejando ganchos; rasgar o dañar, chocando contra un gancho, clavo, tronco sumergido, etc.; impedir, obstruir; arrancar troncos y tocones (de un río).
snagged [-d], **snaggy** [-i], *a.* ganchoso; nudoso; lleno de troncos o tocones sumergidos (como un río); que abunda en obstáculos o tropiezos.
snaggletooth [snǽgltuθ], *s.* sobrediente.
snail [sneil], *s.* (zool.) caracol (de tierra); babosa, babaza (sin concha; *v.* SLUG); posma, persona roncera, lerda y pesada.—**s. clover,** (bot.) alfalfa, mielga.—**s.'s pace,** paso de tortuga, de caracol.—**s.-shaped,** acaracolado.—**s. shell,** caracola.
snake [snéik]. **I.** *s.* (zool.) culebra, sierpe, *f.*, serpiente, *f.*; reptil; persona traidora.—**s. in the grass,** (fam.) enemigo secreto y peligroso. **II.** *va.* (fam.) arrastrar tirando de una cosa; enrollar; (mar.) embutir. **III.** *vn.* culebrear, serpentear.
snakeroot [-rut], *s.* (bot.) serpentaria.
snakeweed [-wid], *s.* (bot.) bistorta.
snaky [-i], *a.* culebrino, serpentino, tortuoso; astuto, solapado; traidor; lleno de culebras.
snap [snæp]. **I.** *va.* chasquear, hacer estallar; dar, apretar o cerrar con golpe o estallido; romper con ruido y violencia; atrapar, arrebatar, echar la zarpa a; interrumpir; fotografiar instantáneamente.—**to s. one's fingers,** castañetear con los dedos; (con **at**) burlarse de.—**to s. up,** comprar, aceptar, etc., con avidez; cortar, interrumpir (a uno) con una réplica mordaz. **II.** *vn.* chasquear, dar un chasquido; estallar, romperse con estallido; romperse una cosa tirante; chispear (los ojos); levantar el gallo, hablar fuerte; fallar un tiro, dar higa.—**to s. at,** tirar mordiscos a, pegar una dentellada a; hablar mordazmente o con aspereza (a uno); aceptar (una oferta) con entusiasmo y de prisa.—**to s. in two,** romperse en dos pedazos.—**to s. off,** soltarse, saltar, abrirse de golpe.—**to s. out of it,** (fam.) animarse, reportarse. **III.** *s.* chasquido; castañeteo (con los dedos); estallido; cierre de resorte, corchete, cerrajita, garra; dentellada, mordiscón, mordedura; (coc.) galletica (*v.* GINGERSNAP); (fam.) vigor, energía; período corto (de frío); (fam.) ganga, cosa fácil, canonjía (ll. t. **soft s.**). **IV.** *a.* hecho de repente, de golpe o instantáneamente.—**s. fastener,** cierre, corchete, automático.—**s. judgment,** opinión o decisión mal pensada.—**s. lock,** cerradura de resorte.—**s. switch,** (elec.) llave (*f.*) de interrupción, interruptor giratorio de resorte.—**not to care a s.,** (fam.) importarle a uno un bledo o pito.
snapdragon [-drægon], *s.* (bot.) (boca de) dragón, becerra, antirrino; (vidr.) puntel.
snapper [snǽpœ(r)], *s.* el que o lo que chasquea, etc.; tralla, punta del látigo; (piro.) triquitraque, buscapiés; (ict.) pez (*m.*) comestible del golfo de México.—*pl.* castañuelas, castañetas. *V.* SNAPPING TURTLE.
snapping [snǽpiŋ]. **I.** *s.* acción del verbo TO SNAP. **II.** *a.* chasqueador; crepitante; saltadizo. *V.* SNAPPISH.—**s. beetle,** (ent.) escarabajo de resorte.—**s. turtle,** gran tortuga voraz.
snappish [snǽpiš], *a.* respondón; regañón, agrio, arisco.—**snappishly** [-li], *adv.* mordazmente; agriamente, con aspereza.—**snappishness** [-nis], *s.* aspereza, sequedad.

snapshot [snǽpŝat]. I. *s.* disparo rápido, sin apuntar; (foto.) instantánea. II. *va.* y *vn.* sacar una fotografía instantánea.
snappy [snǽpi̯]. *a.* = SNAPPISH; (fam.) vivo, enérgico; elegante, garboso.
snare [snɛr]. I. *s.* trampa, armadijo, lazo, cepo; garlito, celada, asechanza, insidia, artimaña, red; (fam.) gatuperio, petardo; cuerda de tripa (para tambor); (cir.) lazo.—**s. drum,** pequeño tambor militar con cuerdas de tripa, para mayor resonancia. II. *va.* enredar, tender trampas o lazos a. III. *vn.* cazar con trampas o cepos.
snarl [snárl]. I. *vn.* gruñir, regañar; refunfuñar; hacer fu (el gato). II. *va.* enredar, enmarañar; embutir, estampar (artículos huecos de metal). III. *vn.* enredarse, enmarañarse. IV. *s.* gruñido, regañ(amient)o; (fam.) contienda, riña; maraña, hilo enredado; cabellos desgreñados; complicación, enredo; (carp.) nudo en la madera.
snarler [-œ(r)], *s.* regañón, (fam.) perrengue.
snarly [-i̯], *a.* regañón, gruñón; malhumorado, displicente; enredoso, enredado.
snary [snéri̯], *a.* tramposo, enredador, insidioso.
snatch [snǽch]. I. *va.* arrebatar; arrapar, birlar, agarrar, (fam.) apercollar; (fam.) raptar (a una persona).—**to s. off,** arrebatar. II. *vn.* (con **at**) tratar de agarrar o arrebatar. III. *s.* arrebatamiento; arrebatiña; (fam.) rapto; pedacito; ratito.—**s. block,** (mar.) pasteca.—**by snatches,** a ratos.
snatcher [-œ(r)], *s.* arrebatador, ladrón.
snatchingly [-i̯ŋli̯], *adv.* arrebatadamente, precipitadamente; irregular o espasmódicamente.
snath(e [snæθ, snei̯ð], *s.* mango de guadaña.
sneak [sník]. I. *vn.* (con **in**) entrarse a hurtadillas; (con **out** o **away**) salirse a hurtadillas, escurrir el bulto, escabullirse; obrar solapadamente o con bajeza; arrastrarse. II. *va.* sisar, ratear.—**s. thief,** ratero que se introduce en las casas sin ser visto.
sneak(er [-œ(r)], *s.* sujeto ruin y solapado.
sneakers [-œrz], *s. pl.* (fam.) zapatos silenciosos (gen. de lona con suela de caucho); zapatos de gimnasia.
sneakiness [-i̯ni̯s], *s.* socarronería; husmeo; ruindad, bajeza.
sneaking [-i̯ŋ], *a.* servil, bajo, vil; secreto, oculto. —**s. fondness,** afición que se guarda secreta.—**sneakingly** [-li̯], *adv.* servilmente, con bajeza; solapadamente, a hurtadillas.—**sneakingness** [-ni̯s], *s.* bajeza, vileza, ruindad.
sneaky [-i̯], *a.* husmeador; socarrón, hipócrita; bajo, ruin.
sneer [snír]. I. *vn.* (gen. con **at**) hacer un gesto de desprecio; echar una mirada despectiva; mofarse de. II. *va.* expresar o decir con un gesto de desprecio o escarnecedor. III. *s.* gesto, mirada o expresión de desprecio; mofa.—**sneerer** [-œ(r)], *s.* mofador, fisgón, escarnecedor.—**sneering** [-i̯ŋ]. I. *a.* burlón, despreciativo o escarnecedor. II. *s.* escarnio, gesto despreciativo, mofa.—**sneeringly** [-li̯], *adv.* despreciativamente; con mofa.
sneeze [sníz]. I. *vn.* estornudar.—**to s. at,** despreciar, menospreciar (gen. en la expresión, **not to be sneezed at,** no ser de despreciar, no ser un cualquiera). II. *s.* estornudo.—**s. gas,** gas estornutatorio.
sneezewort [-wœrt], *s.* (bot.) cebadilla.
sneezing [-i̯ŋ], *s.* estornudo.—**s. powder,** cebadilla, estornutatorio.
snell [snɛl], *s.* hilo corto de tripa, etc., de que están provistos algunos anzuelos, al cual se ata el sedal.
snick [sni̯k]. I. *va.* cortar ligeramente. *V.* SNIP, NICK y CLICK. II. *s.* corte pequeño.—**s. and snee,** riña a navajazos o cuchilladas; (fam.) cuchillo.
snicker [sníkœ(r)], **snigger** [snígœ(r)]. I. *vn.* reírse tontamente o con desprecio. *V.* GIGGLE. II. *s.* risita.
snide [snai̯d], *a.* (fam.) malicioso; mezquino; ruin.
sniff [sni̯f]. I. *va.* husmear, olfatear, oliscar, ventear; inspirar o aspirar audiblemente. II. *vn.* resollar, oler; sorberse los mocos; (con **at**) desdeñar, mostrar desprecio por una cosa con resoplidos. III. *s.* olfateo; cosa olfateada.
sniffle [sní̯fl]. I. *vn.* resollar repetidas veces; aspirar ruidosamente por las narices; moquear; lloriquear. *V.* SNIVEL y SNUFFLE. II. *s.* moquita; lloriqueo.
sniffy [sní̯fi̯], *a.* (fam.) desdeñoso, estirado.
sniggle [sní̯gl], *va.* y *vn.* pescar anguilas; entrampar, enmarañar.
snip [sni̯p]. I. *va.* tijeretear, dar tijeretadas; cortar con tijeras.—**to s. off,** cortar o recortar de un golpe. II. *s.* tijeretada; recorte, retazo, pedacito; parte, *f.*; (fam.) persona pequeña o insignificante.
snipe [snái̯p]. I. *s.* (orn.) agachadiza, becardón. II. *va.* y *vn.* cazar agachadizas; (mil.) hacer fuego o tirar de un apostadero (apl. a tiradores apostados).—**sniper** [-œ(r)], *s.* tirador apostado.
sniperscope [-skou̯p], *s.* (mil.) especie de periscopio de rifle, para uso en las trincheras.
snippet [sní̯pi̯t], *s.* recorte, retacito.
snippy [sní̯pi̯], *a.* fragmentario; (fam.) brusco, rudo, arisco; (fam.) desdeñoso, estirado.
snips [sni̯ps], *s. pl.* tijeras de latonero.
snipsnap [sní̯psnæp], *s.* diálogo picante.
snitch [sni̯ch]. I. *va.* enlazar, coger en un lazo; (fam.) hurtar, ratear. II. *vn.* (fam.) hacerse delator o soplón.
snivel [snívḙl]. I. *s.* moquita. II. *vn.* moquear; lloriquear, llorar como una criatura; (Am.) jeremiquear; hacer pucheros.—**snivel(l)er** [-œ(r)], *s.* lloraduelos (fam.), llorón; mocoso.—**snivel(l)ing** [-i̯ŋ], *s.* moqueo; lloriqueo.—**snivelly** [-i̯], *a.* mocoso; llorón.
snob [snábl, *s.* (e)snob; fachendón, sujeto vulgar y fachendista, estirado con sus iguales e inferiores pero servil con sus superiores; (Ingl.) rompehuelgas, esquirol.—**snobbery** [-œri̯], *s.* (e)snobismo; fachenda, (fig.) ínfulas, *f. pl.*, tufos.—**snobbish** [-i̯ŝ], *a.* (e)snob, fachendoso, estirado.—**snobbishly** [-li̯], *adv.* fachendosamente, con vulgar presunción.—**snobbishness** [-ni̯s], **snobbism** [-i̯zm], *s.* = SNOBBERY.
snood [snud], *s.* redecilla, prenda de malla, gen. a modo de bolsa, usada para recoger el pelo y adornar la cabeza; cintillo o cinta para el pelo.
snoop [snúp]. I. *s.* (fam.) entremetido; curioso. II. *vn.* entremeterse, husmear.—**snooper** [-œ(r)], *s.* **snoopy** [-i̯], *a.* entremetido, curioso.
snooty [snúti̯], *a.* (fam.) arrogante, engreído; (fam.) esnob.
snooze [snuz]. I. *vn.* (fam.) dormitar, descabezar el sueño. II. *s.* (fam.) siestecita, sueño ligero.
snore [snór]. I. *vn.* roncar. II. *s.* ronquido.
snorer [-œ(r)], *s.* roncador.
snoring [-i̯ŋ], *s.* ronquido.
snorkel [snórkḙl], *s.* tubo snorkel, esnorkel.
snort [snɔrt]. I. *va.* y *vn.* resoplar, bufar. II. *s.* bufido, resoplido.
snot [snat], *s.* (vulg.) moco.
snout [snáu̯t]. I. *va.* proveer de hocico, lanza o embocadura. II. *s.* hocico, morro, jeta; trompa de elefante; cañón de un fuelle, tobera; lanza de manguera; embocadura de un cañón.—**s. beetle,** (ent.) gorgojo.—**long-snouted,** hocicón, hocicudo, jetudo.
snow [snóu̯]. I. *s.* nieve, *f.*; nevada, nevasca.—**s.-blind(ed,** cegado por el reflejo de la nieve.—**s. blindness,** nifablepsia, ceguera causada por el reflejo de la nieve.—**s.-bound,** sitiado o detenido por la nieve.—**s. broth,** agua con nieve; líquido muy frío.—**s. bunting,** (orn.) pinzón de las nieves.—**s.-capped,** nevado, coronado de nieve.—**s. ice,** hielo de nieve conglomerada. —**s. water,** aguanieve, *f.*—**s. whirl(wind),** torva.—**s.-white,** níveo, blanco como la nieve. II. *vn.* nevar; neviscar; ventiscar o ventisquear. III. *va.* (con **in, over, under,** o **up**) cubrir,

obstruir, detener o aprisionar con nieve.—**to s. under,** derrotar por completo (como a un candidato o equipo rival).
snowball [-bɔl]. **I.** *va.* lanzar bolas de nieve a. **II.** *s.* pella o pelota de nieve.
snowbank [-bæŋk], *s.* banco de nieve.
snowberry [-bɛri], *s.* (bot.) tipo de arbusto con bayas blancas.
snowbird [-bœrd], *s.* (orn.) pinzón de las nieves.
snowdrift [-drift], *s.* ventisca, ventisquero.
snowdrop [-drap], *s.* (bot.) campanilla blanca.
snowfall [-fɔl], *s.* nevada, nevasca, nevisca.
snowflake [-fleik], *s.* copo de nieve; (orn.) pinzón de las nieves; (bot.) campanilla.
snowplow [-plau], *s.* quitanieves; (máquina) barredora de nieve.
snowshed [-ŝɛd], *s.* guardaaludes.
snowshoe [-ŝu], *s.* raqueta reticular a la que se afirma el pie para andar sobre la nieve.
snowslide [-slaid], **snowslip** [-slip], *s.* alud, *m.*, avalancha de nieve.
snowstorm [-stɔrm], *s.* nevasca, nevada, ventisca, tormenta de nieve.
snowy [-i], *a.* nevoso; cargado de nieve; níveo; puro, sin mancha.
snub [snʌb]. **I.** *va.* desairar, tratar con desprecio estudiado o con afectada arrogancia; reprender, regañar (fam.); (con **up**) parar de repente. **II.** *s.* desaire, repulsa; (fam.) nariz chata. **III.** *a.* romo, chato.—**s.-nosed,** chato.
snuff [snʌf]. **I.** *s.* moco, pabilo o pavesa de candela; tufo, olor; tabaco en polvo, rapé.—**s. taker,** tomador de rapé.—**up to s.,** (fam.) despabilado. **II.** *va.* olfatear, oliscar, oler, ventear; introducir una cosa en la nariz con el aliento; despabilar (una vela); (gen. con **out**) extinguir, apagar; destruir.—**to s. up,** tomar por la nariz. **III.** *vn.* aspirar; tomar rapé; (con **it** o **out**) (fam.) morirse.
snuffbox [-baks], *s.* caja de rapé; tabaquera.
snuffer [-œ(r)], *s.* despabilador.—*pl.* despabiladeras.
snuffiness [-inis], *s.* tufo o suciedad causada por el rapé.
snuffle [snʌfl]. **I.** *vn.* ganguear. **II.** *s.* gangueo.—*pl.* romadizo, catarro nasal.
snuffling [snʌ́fliŋ], *a.* gangoso.
snuffy [snʌ́fi], *a.* manchado de rapé; tabacoso, que huele a rapé.
snug [snʌ́g]. **I.** *a.* cómodo, abrigado; bien dispuesto, bien aparejado; apañado, ajustado; acomodado.—**as s. as a bug in a rug,** (fam.) con toda comodidad. **II.** *s.* (mec.) tope, reborde. **III.** *va.* acomodar, aparejar, ajustar, apañar, alisar.
snuggery [-œri], *s.* (fam.) aposento cómodo y bien arreglado.
snuggle [snʌ́gl], *vn.* y *va.* arrimar(se), apretar(se), poner(se) juntitos.
so [sou]. **I.** *adv.* y *pron.* así (a veces en el sentido de "cierto," "verdad": *that is so;* así es, eso es verdad; *that is not so,* eso no es cierto); de esta manera; pues bien, conque (usado expletivamente); tan; (fam.) muy, tan (*he is so good,* él es tan bueno, o muy bueno); muy bien; sí, pues; (con **or**) poco más o menos, como (*ten years or so,* como diez años, poco más o menos diez años); (antes de adjetivo) así de, de este (antes de substantivo o adjetivo substantivado: *so wide,* así de ancho, de este ancho; *so big,* así de grande, de este tamaño); lo (*he is rich, but I am not so,* él es rico, pero yo no lo soy); también lo (*I am rich, and so is she,* soy rico, y ella también lo es).—**S.-and-S.,** Fulano, Fulano de tal.—**s. as to,** para, a fin de.—**s. be it,** amén, así sea.—**s.-called,** así llamado, llamado, según se llama (*the so-called hero,* el llamado héroe; *the new art, so called,* el llamado nuevo arte; el nuevo arte, según se llama).—**s. far,** hasta aquí, hasta ahí; hasta ahora.—**s. far as,** tan lejos como; hasta, hasta donde (a veces se cambia el giro: *so far as I know,* hasta donde yo sé, que yo sepa).—**s. far, s. good,** hasta aquí (ahí), muy bien; eso está bien.—**s. forth,** etcétera.—**s. long,** hasta luego, hasta más ver, (fam.) abur; hasta aquí (ahí).—**s. long as,** mientras que.—**s. many,** tantos.—**s. much,** tanto.—**s. much a,** tanto por.—**s. much as,** por mucho que; tanto como; siquiera.—**s. much for,** eso en cuanto a, eso basta en cuanto a.—**s. much s., that,** tanto que.—**s. much the better,** tanto mejor.—**s. much the less,** tanto menos.—**s. much the worse,** tanto peor.—**s. or s.,** de un modo u otro.—**s. s.,** así así, tal cual, regular, medianamente.—**s. that,** de suerte que, de modo que; para que, a fin de que.—**s. then,** así pues, conque, por tanto.—**s. to say, s. to speak,** por decirlo así.—**and s. forth,** etcétera, y demás, y así sucesivamente.—**be he ever,** o **never, s. powerful,** por poderoso que sea.—**how s.?** ¿cómo es eso? ¿cómo así?—**if ever s. little,** por poco que.—**if s.,** si así es, si lo fuere, en tal caso.—**I hope s., I think s.,** así lo espero, lo creo.—**is that s.?** ¿así? ¿de veras?—**just s.,** ni más ni menos; exactamente.—**not s.,** no es así, eso no es verdad.—**very much s.,** lo es (dijo, etc.) sin disputa o muy claramente. **II.** *conj.* con tal que; (fam.) para que; (fam.) por lo tanto; de modo que.
soak [sóuk]. **I.** *va.* empapar; remojar; poner a ablandar, abrevar (pieles); (con **in** o **up**) chupar, embeber, absorber; (con **through**) calar, poner hecho una sopa; (fam.) cobrar precios exorbitantes (a uno); (fam.) beber con exceso. **II.** *vn.* estar en remojo; (con **in, into** o **through**) remojarse, esponjarse, calarse; (fam.) beborrotear, empinar el codo.—**to be soaked to the skin,** estar mojado o calado hasta los huesos. **III.** *s.* remojo, calada; líquido en que se empapa alguna cosa; (fam.) bebedor, borrachín; orgía.
soakage [-idẑ], *s.* remojo; cantidad absorbida.
soaker [-œ(r)], *s.* remojador; (fam.) borrachín.
soaking [-iŋ], *s.* empapada, ensopada, calada.
soakingly [-iŋli], *adv.* empapando.
soaky [-i], *a.* empapado, calado.
soap [sóup]. **I.** *s.* jabón; (fam.) lisonja, adulación; (fam.) dinero. **II.** *va.* enjabonar; (fam.) adular.
soapbark [-bark], *s.* quillay, cáscara de quillay.
soapbark tree, *s.* (bot.) quillay.
soap(berry) tree [-bɛri tri], *s.* (bot.) jaboncillo.
soapbox [-baks], *s.* caja para jabón; (fig.) plataforma improvisada al aire libre para oradores populares.—**s. oratory,** oratoria demagógica de las calles.
soap bubble, *s.* burbuja o pompa de jabón.
soap dish, *s.* jabonera.
soap earth, *s.* (min.) esteatita, jaboncillo de sastre.
soap flakes, *s.pl.* jabón en escamas.
soap maker, *s.* jabonero.
soap opera, *s.* (fam.) novela, serie melodramática radial o televisada.
soap plant, *s.* (bot.) amole.
soap powder, *s.* jabón en polvo.
soapstone [-stoun], *s.* esteatita, jabón de sastre.
soapsuds [-sʌdz], *s. pl.* jabonaduras, bálago.
soapwort [-wœrt], *s.* (bot.) jabonera.
soapy [-i], *a.* jabonoso, saponáceo.
soar [sɔr]. **I.** *vn.* remontarse, cernerse; encumbrarse, aspirar; (aer.) deslizarse horizontalmente sin motor. **II.** *s.* vuelo o remonte.
sob [sab]. **I.** *s.* sollozo; suspiro (del viento).—**s. sister,** (fam.) escritora lacrimosa o de sentimentalismo cursi; repórter de lloriqueos.—**s. story,** (fam.) historia o reportaje lacrimosos. **II.** *vn.* sollozar. **III.** *va.* decir sollozando; expresar con sollozos.
sober [sóubœ(r)]. **I.** *a.* cuerdo, sano; en su juicio, no borracho; sereno, tranquilo; de sangre fría; grave, serio, modesto; sobrio, templado, moderado; sombrío, de color apagado.—**s.-minded,** desapasionado; sereno.—**s.-mindedness,** *s.* serenidad, espíritu desapasionado.—**in s. earnest,** de veras, con seriedad, formalmente. **II.**

va. y *vn.* (a veces con **up** u **off**) desemborrachar(se), desembriagar(se); poner grave, serio, o pensativo; volverse sobrio, cuerdo, moderado, sensato.—**to s. down,** serenar(se); hacer volver o volverse cuerdo; sosegar(se).

soberly [-lį], *adv.* sobriamente; juiciosamente.—**soberness** [-nįs], **sobriety** [sobráįętį], *s.* sobriedad; templanza, moderación; cordura; seriedad; calma.

sobriquet [sóųbrįkeį], *s.* apodo.

soccer [sákœ(r)], *s.* juego de fútbol (jugado según las reglas de *Asociación*).

sociable [sóųŝąbl]. **I.** *a.* sociable, social, conversable, comunicativo. **II.** *s.* tertulia; coche de asientos opuestos; cierto tipo de sofá o diván.—**sociability** [-bílįtį], *s.* sociabilidad.—**sociably** [-blį], *adv.* sociablemente.

social [sóųŝąl]. **I.** *a.* social; sociable; socialista; (zool.) social, que vive en comunidad; (bot.) de agrupación densa; que ocupa grandes áreas.—**s. democracy,** democracia socialista.—**s. evil,** prostitución.—**s. gathering,** tertulia, velada.—**s. insurance,** (e. p.) seguro social.—**s. medicine,** medicina social.—**s. register,** guía, registro, lista (de personas socialmente eminentes).—**s. science,** ciencia política; sociología. —*pl.* ciencias sociales.—**s. security,** (e.p.) seguro social.—**s. service, s. work,** auxilio, servicio o asistencia social; investigación y mejoramiento de la vida de las clases pobres y obreras (apl. esp. a la visitación de los hogares con el objeto de estudiar las condiciones existentes y ayudar a mejorarlas).—**s. settlement,** centro de asistencia social.—**s. worker,** el que se consagra al auxilio social. **II.** *s.* tertulia, reunión informal.

socialism [-įzm], *s.* socialismo.—**socialist** [-įst], *a.* y *s.* socialista.—**socialistic** [-ístįk], *a.* socialista.

sociality [soųŝįǽlįtį], *s.* sociabilidad.

socialization [sóųŝąlįzéįŝǫn], *s.* socialización.

socialize [-laįz], *va.* socializar.

socialized medicine, *s.* medicina socializada.

societal [sosáįętąl], *a.* societario.

society [sosáįętį], *s.* sociedad; comunidad; asociación, gremio; consorcio; círculos del buen tono; compañía, conversación o trato amenos.

Socinian [sosínįąn], *a.* y *s.* sociniano.

Socinianism [-įzm], *s.* (teol.) socinianismo.

socioeconomic [soųŝįoikonámįk], *a.* socioeconómico.

sociological [soŝįoládžįkąl], *a.* sociológico.

sociologically [-į], *adv.* sociológicamente.

sociologist [soŝįálodžįst], *s.* sociólogo.

sociology [-džį], *s.* sociología.

sock [sak], *s.* calcetín, media corta; escarpín, zueco; comedia; reja de arado.

socket [sákįt], *s.* cuenca, cubo, caja, encaje, cepo, ojo, casquillo, tubo de candelero, campana (de un tubo con junta de enchufe); (elec.) receptáculo, portalámpara, *m.;* cualquier hueco en que encaja alguna cosa.—**s. of a tooth,** alvéolo de un diente.—**s. of the eye,** cuenca del ojo.—**s. wrench,** llave (*f.*) de boca tubular.

socle [sákl], *s.* (arq.) zócalo; rodapié, *m.*

Socratic(al [sokrǽtįk(ąl], *a.* socrático.

sod [sad]. **I.** *va.* cubrir de césped. **II.** *s.* césped; témpano de tierra vegetal, turba, tepe.—**the old s.,** el terruño, el país natal.—**under the s.,** enterrado.

soda [sóųdą], *s.* (quím.) sosa, soda; carbonato u óxido de sodio; sal (*f.*) soda; gaseosa; refresco de gaseosa.—**s. ash,** (quím.) sosa, carbonato sódico anhidro del comercio.—**s. dispenser, s. jerk,** (fam.) dependiente de fuente de gaseosa. —**s. fountain,** fuente (*f.*) o sifón de agua de soda, y esp. de bebidas carbónicas, gen. con servicio de helados, etc.—**s. lime,** (quím.) mezcla de cal y soda cáustica.—**s. pop,** (fam.) gaseosa.—**s. water,** agua de soda; (agua) gaseosa.

sodality [sodǽlįtį], *s.* cofradía, hermandad.

sodden [sádn], *va.* y *vn.* empapar(se), mojar(se), saturar(se).

sodden [sádn]. **I.** *pp.* de TO SEETHE. **II.** *a.* mojado, empapado, saturado; ebrio; (coc.) pesado, mal cocido.

sodium [sóųdįʌm], *s.* (quím.) sodio.—**s. benzoate,** benzoato de sodio.—**s. bicarbonate,** bicarbonato de sodio.—**s. bromide,** bromuro de sodio.—**s. carbonate,** carbonato sódico.—**s. chlorate,** clorato de sodio.—**s. chloride,** cloruro de sodio, sal común.—**s. cyanide,** cianuro de sodio.—**s. hydroxide,** hidróxido de sodio.—**s. hyposulfite,** hiposulfito de sodio.—**s. nitrate,** nitrato de sodio.—**s. pentothal,** (med.) pentotal (sódico) (marca de fábrica).—**s. peroxide,** peróxido de sodio.—**s. phosphate,** fosfato de sodio.—**s. sulfate,** sulfato de sodio. —**s. sulfite,** sulfito de sodio.—**s. thiosulfate,** (quím., fot.) tiosulfato de sodio.—**s.-vapor lamp,** lámpara de vapor sódico.

sodomite [sádǫmaįt], *s.* sodomita, *mf.;* maricón.

sodomitical [-mítįkąl], *a.* sodomita, sodomítico.

sodomy [-mį], *s.* sodomía.

soever [soévœ(r)], *adv.* por mucho o por más que sea (*how great soever,* por grande que sea). *V* WHENSOEVER, WHERESOEVER, WHOSOEVER, etc.

sofa [sóųfą], *s.* sofá, *m.*

soffit [sáfįt], *s.* (arq.) sofito, paflón, intradós.

soft [sɔft]. **I.** *a.* blando, muelle; suave; liso; dulce, dúctil (metales, etc.); flojo; agradable, ameno; flexible, maleable; condescendiente, complaciente; tierno; delicado; fácil; fácil de persuadir; (phon.) sibilante, sonante; (elec.) poco penetrante (rayos X, etc.). **II.** *adv.* blandamente; suavemente; tiernamente, delicadamente; fácilmente. **III.** *interj.* ¡poco a poco! ¡sin ruido! ¡quedo!

softball [sɔ́ftbɔl], *s.* (E. U., dep.) tipo de béisbol jugado en campo menor (con una pelota mayor y más blanda que la normal).

soft-boiled eggs, *s.pl.* huevos pasados por agua.

soft coal, *s.* hulla grasa, carbón bituminoso.

soft drink, *s.* gaseosa, bebida no alcohólica.

soften [sɔ́fn]. **I.** *va.* ablandar, enmollecer, lenificar; reblandecer, molificar; mitigar, atemperar, calmar, amansar, suavizar; enternecer; endulzar; enervar, afeminar; apagar, amortiguar (colores). **II.** *vn.* ablandarse; reblandecerse; templarse; amansarse; enternecerse.

softener [-œ(r)], *s.* ablandador o suavizador; (pint.) brocha ancha para amortiguar los colores.

softening [-įŋ]. **I.** *a.* suavizador, emoliente, ablandativo, lenificativo.—**s. iron,** (ten.) hierro de ablandar. **II.** *s.* reblandecimiento; ablandamiento; blandura; enternecimiento; suavidad.—**s. of the brain,** reblandecimiento cerebral.

soft goods, *s.pl.* (com.) artículos no duraderos; (Ingl.) víveres, comestibles.

soft hat, *s.* sombrero flexible.

soft-headed [-hédįd], *a.* (fam.) de pocas luces.

soft-hearted [-hártįd], *a.* bondadoso, de buen corazón.

softish [sɔ́ftįŝ], *a.* blandito, blanducho.

softly [-lį], *adv.* blandamente; callando; suavemente, sin ruido; lentamente, con lentitud, paso a paso, pasito.

softness [-nįs], *s.* blandura; suavidad; pastosidad; (metal.) ductilidad, maleabilidad; dulzura, ternura; debilidad de carácter; delicadeza, molicie; (med.) morbidez.

soft palate, *s.* (anat.) velo del paladar.

soft-pedal [-pédąl], *va.* (mús.) disminuir, amortiguar el sonido; (fam.) ablandar, suavizar, moderar.

soft pedal, *s.* (mús.) pedal suave.

soft-shelled [-ŝɛld], *a.* de cáscara o carapacho blando.

soft snap, *s.* (fam.) ganga, chiripa.

soft-soap [-sóųp], *va.* (fam.) adular.

soft soap, *s.* jabón blando; (fam.) halago, adulación.

soft solder, *s.* estañosoldadura.
soft-spoken [-spóukẹn], *a.* de o con la voz suave.
soft water, *s.* agua no cruda o gorda (que no lleva en disolución muchas sales).
softwood [-wụd]. **I.** *s.* madera blanda; madera de las coníferas. **II.** *a.* con o hecho de madera blanda.
softy [-ị], *s.* (fam.) calzonazos; (fam.) simple, mentecato.
soggy [ságị], *a.* empapado, mojado.
soil [sóịl]. **I.** *va.* ensuciar, manchar, empañar; dar verde (al ganado); engordar o purgar con verde. **II.** *s.* terreno, tierra vegetal, suelo; país, región; suciedad, porquería; mancha; (agr.) abono; pantano en que se refugia la caza.
soilage [-ịdž], **soiling** [-ịŋ], *s.* acción o resultado de ensuciar, etc.; (agr.) verdes, *m. pl.*; alimentación con verdes.
soirée [swaréị], *s.* (fr.) tertulia, sarao, velada.
sojourn [sóudžœrn]. **I.** *vn.* residir, morar, permanecer. **II.** *s.* morada, permanencia, estada, estancia.—**sojourner** [-œ(r)], *s.* transeúnte.
sol [sal], *s.* sueldo, moneda de cobre de Francia; (quím.) sol, coloide en suspensión.—(S.) el sol, Febo.
sol [soul], *s.* sol, moneda del Perú; (mús.) sol.
solace [sálịs]. **I.** *s.* solaz, *m.*, consuelo, alivio. **II.** *va.* solazar, consolar, confortar, alegrar.
solanaceous [salạnéịŝʌs], *a.* (bot.) solanáceo.
solar [sóulạ(r)], *a.* solar.—**s. attachment,** (top., astr.) anteojo solar (de un teodolito, tránsito o brújula).—**s. compass**, (top.) brújula de anteojo solar.—**s. energy,** energía solar.—**s. lamp,** quinqué.—**s. microscope,** microscopio solar.—**s. plexus,** (anat.) plexo solar.—**s. print,** (fot.) impresión solar o heliográfica.—**s. salt,** sal obtenida por evaporación al sol.—**s. spot,** mancha del sol.—**s. system,** (astr.) sistema solar o planetario.—**s. telegraph,** telégrafo solar, heliotropo, helióstato.
solarium [soléríʌm], *s.* solana, carasol; apartamiento expuesto al sol (apl. esp. a los cuartos de convalescientes en los hospitales). *V.* SUN PARLOR.
sold [sould], *pret.* y *pp.* de TO SELL.—**s. out,** (com.) agotado.—**to be s. on,** (fam.) estar convencido de, o convertido a.
soldan [sáldạn], *s.* (hist.) soldán, sultán.
solder [sádœ(r)]. **I.** *va.* soldar. **II.** *s.* soldadura.—**solderer** [-œ(r)], *s.* soldador.—**soldering** [-ịŋ]. **I.** *s.* soldadura. **II.** *a.* de soldar.—**s. iron** o **copper,** soldador con puntas de cobre.—**s. lamp,** lámpara de soldar.
soldier [sóuldžœ(r)], *s.* soldado, militar.—*pl.* tropa, fuerzas.
soldierly [-lị], *a.* soldadesco, marcial, militar.
soldier of fortune, *s.* soldado aventurero.
soldiership [-ŝịp], *s.* soldadesca; abilidad militar.
soldiery [-ị], *s.* soldadesca, tropa; servicio o profesión militar.
sole [soul]. **I.** *va.* (zap.) solar, echar suelas a. **II.** *s.* planta (del pie); suela (del zapato); (ict.) sol, lenguado; dado, tejuelo, base, *f.*, fondo, suelo.—**s. leather,** (ten.) cuero de suela.—**s. of a gun carriage,** solera de cureña. **III.** *a.* único, solo; (for.) soltero; absoluto, exclusivo.—**s. agency** o **right,** (com.) exclusiva, exclusividad.—**s. agent,** único agente, agente exclusivo.
solecism [sálẹsịzm], *s.* solecismo; incongruencia.—**solecist** [-sịst], *s.* el que comete solecismos.—**solecistic(al** [-sístịk(ạl], *a.* incongruo o incongruente.—**solecize** [-saịz], *vn.* cometer solecismos.
solely [sóullị], *adv.* únicamente, solamente.
solemn [sálẹm], *a.* solemne, serio, grave, formal; augusto.—**solemness** [-nịs], *s.* solemnidad.—**solemnity** [solémnịtị], *s.* solemnidad; gravedad, formalidad; pompa; rito, ceremonia.—**solemnization** [sálẹmnịzéịŝọn], *s.* solemnización, celebración.—**solemnize** [-naịz], *va.* solemnizar, celebrar solemnemente.—**solemnly** [-lị], *adv.* solemnemente; con todas las formalidades.
solenoid [sóulẹ̄noịd], *s.* (elec.) solenoide.
sol-fa [sóulfá]. **I.** *va.* y *vn.* (mús.) solfear. **II.** *s.* solfa; solfeo.
solfaist [-ịst], *s.* solfista, solfeador.
solfatara [salfạtárạ], *s.* (geol.) solfatara.
solfeggio [salfédžịou], *s.* (mús.) solfeo.
solicit [solísịt]. **I.** *va.* solicitar; importunar, rogar, implorar; inducir, incitar, tentar. **II.** *vn.* pretender, agenciar, pedir, hacer una petición o solicitud.—**solicitation** [-éịŝọn], *s.* solicitación, cuestación; requerimiento, incitación.—**solicitor** [-ọ(r)], *s.* procurador, agente, solicitador, diligenciero; pretendiente; abogado.—**S. General,** (en los E. U.) subsecretario de justicia; (en Ingl.) subfiscal de la corona.—**solicitorship** [-ŝịp], *s.* personería; procuraduría.
solicitous [solísịtʌs], *a.* solícito, cuidadoso.
solicitously [-lị], *adv.* solícitamente.
solicitousness [-nịs], *s.* (Am.) acomedimiento.
solicitude [solísịtịud], *s.* solicitud, cuidado, afán.
solid [sálịd]. **I.** *s.* sólido. **II.** *a.* sólido; duro, firme, consistente, compacto; puro (oro, plata, etc.); macizo; cúbico; unánime; (fam.) completo, verdadero.—**s. angle,** (geom.) ángulo sólido.—**s. end,** (mec.) cabeza cerrada (de una biela).—**s. for,** unánimemente en favor de.—**s. geometry,** geometría del espacio.—**s. rock,** roca firme; (fig.) fundamento sólido.—**s. tire,** (aut.) macizo, llanta maciza.—**to be,** o **stand, s. with,** (fam.) gozar de la entera confianza o el favor de; estar muy en gracia o valimiento con.
solidarity [salịdǽrịtị], *s.* solidaridad.
solidary [sálịdɛrị], *a.* (for.) solidario.
solidification [solídịfịkéịŝọn], *s.* solidificación; consolidación.
solidify [-faị], *va.* y *vn.* solidificar(se).
solidity [-tị], **solidness** [sálịdnịs], *s.* solidez, firmeza, dureza, consistencia, macicez, asiento.
solidly [sálịdlị], *adv.* sólidamente, firmemente.
solidungulate [salịdʌ́ŋgịuleịt], *a.* y *s.*, **solidungulous** [-lʌs], *a.* (zool.) solípedo.
soliloquize [solílokwaịz], *vn.* soliloquiar, monologar, hablar a solas.
soliloquy [-kwị], *s.* soliloquio, monólogo.
soliped [sálịped], *s.* (zool.) solípedo.
solipsism [sálịpsịzm], *s.* (fil.) doctrina que sostiene que el yo es lo único cognoscible o lo único existente.
solitaire [sálịter], *s.* (joy.) solitario; solitario (juego de una sola persona).
solitarily [-ịlị], *adv.* solitariamente.
solitariness [-ịnịs], *s.* soledad, retiro.
solitary [-ị]. **I.** *a.* solitario; retirado; solo, único, aislado; incomunicado; (zool. y bot.) solitario; simple, sencillo. **II.** *s.* solitario, ermitaño.
solitary confinement, *s.* (for.) reclusión aislada; segregación celular; aislamiento penal.
solitude [sálịtịud], *s.* soledad; vida solitaria.
solmization [salmịzéịŝọn], *s.* (mús.) solfa.
solo [sóulou], *s.* (mús.) solo; (aer.) vuelo de un aviador solo (ll. t. **solo flight**).
soloist [-ịst], *s.* (mús.) solista.
Solomonic [salománịk], *a.* salomónico.
Solomon's seal [sálomọnz sil], *s.* (bot.) sello de Salomón.
solstice [sálstịs], *s.* (astr.) solsticio.
solstitial [salstíŝạl], *a.* (astr.) solsticial.
solubility [sályūbílịtị], **solubleness** [-blnịs], *s.* solubilidad.—**soluble** [-bl], *a.* soluble.
solute [sálịut], *s.* substancia disuelta.
solution [solịúŝọn], *s.* (quím.) solución, disolución; (mat.) solución (resultado, raíz de una ecuación, etc.); resolución (procedimiento); arreglo (de disputas).—**s. of continuity,** solución de continuidad.
solutive [sályūtịv], *a.* solutivo; soluble; laxativo, laxante.
solvability [sálvạbílịtị], **solvableness** [-blnịs], *s.* solubilidad.
solvable [-bl], *a.* disoluble; (re)soluble.

solve [salv], *va.* resolver; solucionar, desatar, desentrañar, desenredar, aclarar.
solvency [sálvęnsį], *s.* solvencia.
solvent [-ęnt]. **I.** *a.* solvente, resolvente, disolutivo; (com.) solvente. **II.** *s.* (quím.) disolvente, menstruo; (med.) disolvente.
Somali [somálį], *s.* y *a.* somalí.
Somalia [somálią], *s.* Somalia.
somatic(al [somǽtįk(ąl], *a.* somático, corporal, corpóreo, físico.
somatics [somǽtįks], *s.* somatología.
somatology [souṃątálodźį], *s.* somatología.
somatome [sóuṃątoum], *s.* (zool.) segmento teórico del cuerpo de un articulado. *V.* SOMITE.
somber, sombre [sámbœ(r)], *a.* sombrío, lóbrego, lúgubre, o(b)scuro, tétrico, severo, triste.
sombrero [sambrérouį], *s.* sombrero de fieltro de copa alta y alas anchas (el usado por los vaqueros mejicanos).
sombrous [sámbrʌs], *a.* (poét.) = SOMBER.
some [sʌ́m]. **I.** *a.* algo de, un poco (cantidad indefinida); algún, alguno; unos pocos, varios, ciertos; algunos, unos (número indefinido). Ú. en lenguaje fam. para indicar sumo grado, gran tamaño, excelencia, etc.: *some house*, gran casa, buena casucha (irón.); *he is some man*, es todo un hombre. Cuando es partitivo, se deja a menudo sin traducir: *give me some water*, déme agua.—**s. difficulty,** cierta dificultad.—**s. fine day,** el mejor día, cuando menos se piensa. —**s. . . . or other,** (fam.) alguno, uno . . . u otro (*for some reason or other*, por algún motivo, por un motivo u otro).—**s. people,** algunas personas, algunas gentes. **II.** *pron.* algunos; parte, una parte, una porción, un poco, algo (de). **III.** *adv.* (fam.) cerca de, como, poco más o menos.
somebody [-badį]. **I.** *pron. indef.* alguien, alguno. —**s. else,** algún otro. **II.** *s.* alguna persona; un personaje.
somehow [-hauį], **s. or other,** *adv.* de algún modo, de un modo u otro, por alguna razón.
someone [-wʌn], *pron. indef.* alguien, alguno.
somersault, somerset [sʌ́mœrsɔlt, -sɛt]. **I.** *s.* salto mortal, tumbo, voltereta. **II.** *vn.* dar un salto mortal.
something [sʌ́mθįŋ]. **I.** *pron. indef.* algo.—**s. else,** otra cosa; alguna otra cosa; algo más.—**s. or other,** algo, alguna cosa.—**to be s. of a,** tener algo de; ser de alguna magnitud o importancia, no ser fácil, pequeño, etc. (*he is something of an orator*, tiene algo de orador; *this is something of a problem*, ésto no es problema fácil). **II.** *adv.* algo, algún tanto. **III.** *s.* alguna cosa; cosa de importancia y suposición.
sometime [sʌ́mtaįm]. **I.** *adv.* algún día, oportunamente, en algún tiempo.—**s. last week,** durante la semana pasada.—**s. soon,** un día de éstos, en breve, sin tardar mucho. **II.** *a.* antiguo, pasado, ex (*sometime deputy*, ex diputado).
sometimes [-z], *adv.* algunas veces, a veces.
somewhat [sʌ́mhwat]. **I.** *s.* alguna cosa, algo; un poco; sujeto o cosa de consecuencia. **II.** *adv.* algo, algún tanto, un poco.
somewhere [sʌ́mhwɛr], *adv.* en alguna parte.—**s. else,** en alguna otra parte.
somite [sóuṃaįt], *s.* (zool.) somito, metámero.
somnambulant [samnǽmbįulant], *a.* y *s.* so(m)námbulo.—**somnambulate** [-leįt], *va.* y *vn.* andar, o andar por, en estado so(m)námbulo. —**somnambulism** [-lįzm], *s.* so(m)nambulismo.—**somnambulist** [-lįst], *s.* so(m)námbulo.
somniferous [samnífęrʌs], *a.* somnífero, somnífico, somnifaciente, soporífero.
somnific [samnífįk], *a.* narcótico, soporífero.
somniloquism, somniloquence [samnílokwįzm, -kwęns], *s.* somnilocuencia.
somniloquist [-kwįst], *s.* somnílocuo.
somniloquy [-kwį], *s.* somnilocuencia, somniloquia (apl. sobre todo a la hipnótica).
somnolence, somnolency [sámnolęns, -į], *s.* soñolencia, somnolencia.—**somnolent** [-ęnt], *a.* soñoliento; amodorrado; soporífero, adormecedor.
son [sʌn], *s.* hijo (varón).—**s.-in-law,** yerno, hijo político.—**s. of a gun,** (fam.) camastrón, tuno.
sonant [sóuṇąnt], *a.* (fon.) sonante; sonoro.
sonar [sóuṇar], *s.* sonar.
sonata [sonátą], *s.* sonata.
song [sóŋ], *s.* canción, cantinela, canto, cantar, copla, tonada; balada, poema lírico; poesía, verso; bagatela, nimiedad, poca cosa, bicoca.—**s. bird,** ave canora, pájaro cantor.—**s. writer,** cancionista.—**the S. of Songs, the S. of Solomon,** (bib.) el Cantar de los Cantares.
songbook [-bųk], *s.* cancionero, libro de canciones.
songful [-fųl], *a.* melodioso; dado a cantar.
songster [-stœ(r)], *s.* cantor, cantante, cancionista; poeta, *m.*; pájaro cantor.—**songstress** [-strįs], *s.* cant(ad)ora, cantatriz, cantante.
sonic [sánįk], *a.* sónico.
sonic barrier, *s.* barrera sónica.
sonic mine, *s.* (mil.) mina acústica.
soniferous [sonífęrʌs], *a.* sonante, sonoro.
sonnet [sánįt]. **I.** *va.* y *vn.* celebrar con sonetos; sonetear, componer sonetos. **II.** *s.* (poét.) soneto.
sonneteer [sanɛtír], *s.* compositor de sonetos, sonetista.
sonny [sʌ́nį], *s.* hijito.
sonometer [sonámɛtœ(r)], *s.* sonómetro.
sonorous [sonórʌs], *a.* sonoro, (re)sonante, retumbante.—**sonorously** [-lį], *adv.* sonoramente.—**sonorousness, sonority** [-nįs, sonórįtį], *s.* sonoridad.
sonship [sʌ́nŝįp], *s.* filiación, calidad de hijo.
soon [sún], *adv.* presto, pronto, prontamente, aína; de buena gana.—**s. after,** poco después (de).—**as s. as,** así que, no bien, como. *V.* AS.—**how s.?** ¿cuándo? ¿cuándo a más tardar?
sooner [-œ(r)], *adv. comp.* de SOON: más pronto; primero, antes; mejor.—**s. or later,** tarde o temprano.—**I had,** o **would, s. die,** antes la muerte; preferiría morir.—**no s. . . . than,** apenas . . ., tan pronto como . . . (*no sooner had John entered than she began to speak*, tan pronto como Juan hubo entrado, ella principió a hablar).—**the s. the better,** cuanto antes, o mientras más pronto, mejor.
soonest [-įst], *adv. superl.* de SOON: (el) más pronto; primero.—**at the s.,** no antes, no antes de, antes no; cuanto antes.
soot [sųt]. **I.** *va.* manchar o cubrir de hollín, tiznar. **II.** *s.* hollín, tizne, *mf.*—**sooted** [-įd], *a.* holliniento. *V.* SOOTY.
sooth [suθ]. **I.** *a.* (ant.) agradable, delicioso; verdadero, real. **II.** *s.* (ant.) verdad, realidad.
soothe [súð], *va.* calmar, aliviar, mitigar, sedar; consolar; ablandar, apaciguar, desenfadar.
soother [-œ(r)], *s.* consolador; aliviador; amansador, apaciguador; adulador.
soothing [-įŋ], *a.* calmante, sedante, sedativo; confortante, consolador.—**soothingly** [-lį], *adv.* con dulzura, consoladoramente.
soothsayer [súθseįœ(r)], *s.* adivino, adivinador.
soothsaying [-įŋ], *s.* adivinación.
sootiness [sųtįnįs], *s.* fuliginosidad.
sooty [sųtį], *a.* holliniento; fuliginoso.
sop [sap]. **I.** *s.* sopa, pan o cualquier cosa empapada en un líquido; soborno, regalo, para sobornar o apaciguar a alguien. **II.** *va.* (en)sopar, empapar, sope(te)ar; (con **up**) absorber.
sophism [sáfįzm], *s.* sofisma, *m.*—**sophist** [sáfįst], *s.* sofista; ergotista.—**sophistic(al** [sofístįk(ąl], *a.* sofístico.—**sophistically** [-į], *adv.* sofísticamente.—**sophisticalness** [-nįs], *s.* sofistería.
sophisticate [sofístįkeįt]. **I.** *va.* sofisticar; falsificar, alterar, adulterar; seducir, descarriar. **II.** *s.* persona corrida, que tiene mucho mundo.—**sophisticated** [-įd], *a.* corrido de mundo, falto

de simplicidad, avezado a las cosas del mundo, sabido.—**sophistication** [-kéiŝon], *s.* sofisticación; adulteración; falta de simplicidad.—**sophisticator** [-keito(r)], *s.* falsificador, adulterador.
sophistry [sáfistri], *s.* sofistería; ergotismo.
sophomore [sáfomor], *s.* estudiante de segundo año.
sopor [sóupo(r)], *s.* (med.) sopor, letargo.
soporiferous [-rífərʌs], *a.* soporífero, soporoso.
soporiferousness [-nis], *s.* virtud o calidad soporífera.
soporific [-rífik]. **I.** *a.* soporífico, adormecedor, dormitivo. **II.** *s.* (medicamento) soporífero.
soppy [sápi], *a.* mojado, empapado.
soprano [sopránou]. **I.** *s.* (mús.) tiple, soprano (voz).—**s. singer,** tiple, soprano, *mf.* **II.** *a.* de soprano, (fam.) tiplesonante.
sorb [sorb], *s.* (bot.) serbo o serval.—**s. apple,** sorba o serba.
sorcerer [sórsœrœ(r)], *s.* hechicero, brujo.
sorceress [sórsœris], *s.* hechicera, bruja.
sorcery [sórsœri], *s.* encantamiento, sortilegio, brujería, magia negra, hechicería.
sordes [sórdiz], *s. pl.* (med.) sarro; saburra.
sordid [sórdid], *a.* mercenario, avariento, codicioso, interesado; vil, bajo; sórdido; sucio; (bot., zool.) de color lodoso.—**sordidly** [-li], *adv.* codiciosamente, vilmente.—**sordidness** [-nis], *s.* codicia, avaricia; bajeza, vileza; sordidez.
sordine [sórdin], *s.* (mús.) sordina.
sore [sór]. **I.** *s.* (med.) llaga, úlcera; lastimadura; mal, dolor; (vet.) matadura (del ganado); encono; pena, espina, memoria dolorosa; disgusto. **II.** *a.* enconado, dolorido, sensible; apenado, apesarado; (fam.) enojado, sentido, picado, resentido; doloroso, penoso; molesto; vehemente.—**s. ears,** mal o dolor de oídos.—**s. eyes,** mal de ojos.—**s. need,** necesidad extrema.—**s. sight,** espectáculo doloroso.—**s. throat,** mal de garganta, angina; carraspera. **III.** *adv.* (ant.) = SORELY.
sorehead [-hɛd]. **I.** *s.* (fam.) persona que se pone de mal humor fácilmente. **II.** *a.* (fam.) encolerizado, airado.
sorely [-li], *adv.* penosamente; urgentemente.
soreness [-nis], *s.* dolor, mal; calidad de dolorido, enconado o sensible; amargura de una pena.
sorghum [sórgʌm], *s.* (bot.) sorgo, zahína; melaza de sorgo.
sorites [soráitiz], *s.* (lóg.) sorites.
sororicide [sorárisaid], *s.* asesino (o asesinato) de una hermana.
sorority [-iti], *s.* club o hermandad de mujeres.
sorosis [soróusis], *s.* (bot.) fruto compuesto y mollar (como la piña); club de mujeres.
sorption [sórpŝon], *s.* (fís., quím.) sorción.
sorrel [sárel]. **I.** *a.* alazán, roano. **II.** *s.* color alazán o roano; caballo (u otro animal) alazán; (bot.) acedera, acetosa, romaza.
sorrily [sárili], *adv.* mal, malamente, pésimamente, lastimosamente.
sorriness [sárinis], *s.* pesar, pesadumbre.
sorrow [sárou]. **I.** *s.* pesar, dolor, pena, congoja, aflicción, tristeza; duelo, luto; desgracia, infortunio.—**s.-stricken,** afligido, agobiado de dolor.—**to my s.,** con gran sentimiento mío. **II.** *vn.* afligirse, apesararse, sentir pena.
sorrowful [-ful], *a.* pesaroso, afligido, angustiado, doliente, desconsolado; triste, doloroso, lastimoso.—**sorrowfully** [-i], *adv.* dolorosamente, con pena; luctuosamente, lastimeramente.—**sorrowfulness** [-nis], *s.* pesar, tristeza, pesadumbre; calidad de triste o lastimoso.—**sorrowing** [-iŋ], *s.* aflicción, tristeza; lamentación.—**sorrowless** [-lis], *a.* sin pena, sin pesar, libre de pesares.
sorry [sári], *a.* apesadumbrado, pesaroso; arrepentido; triste, lamentable, lastimoso; malo, miserable, ruin, vil, de inferior calidad; despreciable, ridículo.—**to be s.,** (fuera del significado literal) sentir, lamentar (*I am sorry,* lo siento); arrepentirse; pesar (*you will be sorry,* le pesará).—**to be s. for,** sentir (una cosa), compadecer (a una persona).
sort [sórt]. **I.** *s.* clase, *f.*, suerte, *f.*, especie, género, jaez, *m.*, calaña; manera, modo, forma.—**s. of** = KIND OF.—**after a s., in a s.,** de cierto modo, hasta cierto punto.—**all sorts of,** toda clase de.—**in like s.,** de modo análogo.—**of sorts,** de varias clases; de mala muerte.—**out of sorts,** indispuesto; malhumorado; triste; (impr.) falto de una fundición especial de letra o guarismos.—**they are a bad s.,** son mala gente. **II.** *va.* (a veces con **over**) separar, dividir, distribuir en grupos, clasificar; (a veces con **out**) escoger, seleccionar, colocar, ordenar, arreglar. **III.** *vn.* corresponder, ajustar; estar de acuerdo; juntarse, rozarse; adaptarse.
sortable [-abl], *a.* separable, clasificable; acomodado, conveniente, apto, oportuno.
sorter [-œ(r)], *s.* distribuidor, clasificador.
sortie [sórti], *s.* (mil.) salida, surtida; cada vuelo de un avión en una misión o ataque.
sortilege [sórtilidž], *s.* sortilegio.
sorting [sórtiŋ], *s.* distribución (de correo, etc.), clasificación.
sortition [sortíŝon], *s.* sorteo.
S O S [és ou és], *s.* (rad.) SOS, llamada o señal (*f.*) internacional de auxilio.
so-so [sóu sou], *a.* y *adv.* así así; regular o mediocre(mente).
sot [sat], *s.* borrachín, (fam.) zaque, tumbacuartillos.
soteriology [sotiriálodži], *s.* discurso o exposición acerca de la higiene; (teol.) doctrina de la salvación por Jesucristo.
sottish [sátiŝ], *a.* embotado, hecho una uva, embrutecido.—**sottishly** [-li], *adv.* torpemente.—**sottishness** [-nis], *s.* embriaguez, embrutecimiento.
sotto voce [sátou vóuchi], *adv.* a sovoz.
sou [su], *s.* sueldo (moneda).
soubrette [subrét], *s.* (teat.) graciosa.
soubriquet [súbrikei], *s.* apodo.
souffle [súfl], *s.* (med.) soplo, sonido suave que se percibe por auscultación.
soufflé [sufléi], *s.* (coc.) manjar delicado y esponjoso cocido al horno, gen. con huevos batidos, queso, etc.
sough [sʌf *o* sau]. **I.** *vn.* suspirar, susurrar, murmurar. **II.** *s.* susurro, suspiro, murmullo.
sought [sot], *pret.* y *pp.* de TO SEEK.—**s.-after,** solicitado, pedido, buscado con avidez.
soul [sóul], *s.* alma, ánima; psiquis o psique, *f.*; espíritu; corazón (en sentido metafórico); esencia, virtud principal; inspiración; personificación; individuo, persona; vecino, habitante.—**All-Souls' Day,** día (*m.*) de los difuntos.—**every living s.,** todo bicho viviente (fam.).—**not a s.,** nadie.—**on, o upon my s.,** por vida mía, por mi vida.—**to be the s. of honor,** ser la misma honra o el honor mismo. Con *soul* y algunos adjetivos y gerundios se forman varios compuestos, como *s.-sick, s.-thrilling,* etc., cuyo significado puede inferirse por el segundo elemento.
souled [-d], *a.* animado, con alma.
soulful [-ful], *a.* conmovedor, espiritual.—**soulfully** [-li], *adv.* de un modo que llega hasta el alma.—**soulfulness** [-nis], *s.* sensibilidad; calidad conmovedora o de expresión emotiva.
soulless [-lis], *a.* desalmado; sin conciencia; sin nobleza; sin grandeza de espíritu; vil, ruin.
sound [sáund]. **I.** *a.* sano, bueno; sólido, firme; ileso, incólume, entero; puro, ortodoxo; cierto, indudable; recto, justo; firme; bueno, completo; profundo, cabal; (com.) solvente.—**s. business,** negocio seguro.—**s. reasoning,** raciocinio sólido, seguro.—**s. sleep,** sueño profundo.—**of s. and disposing mind and memory,** (for.) de mente y memoria sanas, capaz de hacer testamento.—**of s. mind,** en su cabal juicio. **II.** *adv.* sanamente, vigorosamente. **III.** *s.* (geog.) estrecho; (mar.) sonda, sondaleza; (cir.) tienta, sonda; son, sonido, tañido; ruido;

vejiga natatoria (de los peces).—**s. barrier,** barrera sónica o del son.—**s. damper,** (mús.) sordina.—**s. effects,** efectos sónicos o sonoros.—**s. film,** película sonora, filme sonoro.—**s. post,** alma de violín.—**s. track,** (cine) banda sonora.—**s. wave,** onda sonora. **IV.** *va.* sonar, tocar, tañer; dar el toque de; entonar, cantar; proclamar; celebrar; probar por el sonido; (mar.) sondear, hondear, fondear, escandallar; (a veces con **out**) inquirir, rastrear, tantear, sondear, tentar el pulso de; (cir.) sondar, tentar; (med.) auscultar.—**to s. a note,** dar señal, dar aviso; formular, enunciar (un plan, principio, regla, etc.).—**to s. the horn,** (aut.) tocar la bocina. **V.** *vn.* sonar; resonar, esparcirse, divulgarse; dar toque de aviso o llamada.

sounder [-œ(r)], *s.* (elec.) resonador; receptor acústico; (mar.) sondeador; (cir.) tienta, sonda.

sounding [-ịŋ]. **I.** *a.* sonante, sonable, sonoro; retumbante. **II.** *s.* (mar.) sondeo, braceaje, escandallada.—*pl.* sondas, cantidad de brazas; muestras sacadas del agua por el sondeador.—**s. balloon,** globo sonda, globo suelto de datos meteorológicos.—**s. board,** (mús.) tabla de armonía, caja armónica (de un piano); secreto, cajón de los órganos; tornavoz, *m.*, sombrero de púlpito.—**s. lead,** (mar.) escandallo.—**s. line,** (mar.) sondaleza, bolina.

soundless [-lịs], *a.* sin sonido, sin ruido, silencioso; mudo; insondable.

soundly [-lị], *adv.* sanamente, con salud; firmemente; verdaderamente, seguramente.—**to sleep s.,** dormir profundamente o a pierna suelta.

soundness [-nịs], *s.* sanidad, salud; vigor; firmeza, solidez, estabilidad; verdad, rectitud, pureza; fuerza, validez; rectitud, justicia; pureza de la fe, ortodoxia; (com.) solvencia.

soundproof [-pruf], *a.* a prueba de sonido o ruido.

soup [sup], *s.* sopa.—**s. kitchen,** (mil.) cocina de campaña; dispensario de alimentos para los pobres.—**s. ladle,** cucharón.—**s. plate,** plato hondo o sopero.—**s. spoon,** cuchara sopera o de sopa.—**s. tureen,** sopera.—**in the s.,** (fam.) en apuros, en aprietos.

sour [sáụr]. **I.** *a.* agrio; ácido, avinagrado, fermentado, rancio; acre, áspero, desabrido, huraño.—**s. apple,** manzana agria o verde.—**s. dock,** acedera.—**s. gourd,** (bot.) pan de mico. —**s. grapes!** ¡están verdes!—**s. grass,** acedera pequeña.—**s. gum,** (bot.) tupelo.—**to taste s.,** agrazar.—**to turn s.,** agriarse, acedarse. **II.** *va.* agriar, acedar, avinagrar; desabrir, irritar, indisponer (los ánimos); descontentar, desagradar; macerar (la cal); hacer fermentar (la col). **III.** *vn.* agriarse, avinagrarse; volverse, torcerse (el vino, etc.); cortarse (la leche); revenirse, fermentar; irritarse, enojarse; corromperse, podrirse; (agr.) malearse (la tierra).

source [sɔrs], *s.* fuente, *f.*; nacimiento; origen, causa, procedencia, germen.—**to have, o to know, from a good s.,** saber de buena tinta.

sourdough [sáụrdoụ], *s.* levadura; (fam.) explorador o buscador del Canadá o Alaska.

sourish [sáụrịš], *a.* agrillo, agrete, vinagroso.

sourly [-lị], *adv.* agriamente.

sourness [-nịs], *s.* agrio, agrura, acedía, acidez; acrimonia, acritud.

soursop [-sap], *s.* (bot.) árbol tropical (y su fruta) algo semejante al guanábano o chirimoyo. *V.* SWEETSOP Y CUSTARD APPLE.

souse [saụs]. **I.** *s.* escabeche; cabeza, patas u orejas de cerdo adobadas; zambullida, chapuz, *m.*, (fam.) borrachín; (cetr.) ataque repentino (del halcón). **II.** *adv.* zas, de cabeza. **III.** *va.* zabullir, chapuzar; arrojar, derramar, verter; (coc.) escabechar, adobar; arrojarse con violencia sobre. **IV.** *vn.* lanzarse de cabeza; (fam.) emborracharse.

soutane [sután], *s.* sotana.

south [saụθ]. **I.** *s.* sur o sud, mediodía, meridión, *m.*—**s. by east,** sur, cuarta sudeste.—**s. by west,** sur, cuarta sudoeste.—**the S.,** (E. U.) los estados del Sur. **II.** *a.* del sur, meridional, austral. **III.** *adv.* al sur, hacia el sur.

South Africa, *s.* Sudáfrica.

South African, *s.* y *a.* sudafricano.

South America, *s.* América del Sur, Sud-América, Suramérica.

South American, *s.* y *a.* sudamericano.

southeast [saụθíst], *s.* y *a.* sudeste.

southeaster [-œ(r)], temporal o viento de sudeste.

southeasterly [-œrlị], *a.* sudestal, del sudeste.

southeastern [-œrn], *a.* sudestal.

southeastward [-wạrd]. **I.** *s.* sudeste. **II.** *a.* y *adv.* hacia o al sudeste.

souther [sáụðœ(r)], *s.* viento o borrasca del sur.

southerly [sʌ́ðœrlị], *a.* sureño, meridional.

southern [sʌ́ðœrn], *a.* sureño, meridional, austral, del sur.

Southern Cross, *s.* (ast.) Cruz del Sur.

southerner [-œ(r)], *s.* sureño; (E. U.) (S.) sudista, habitante de los estados del Sur.

southernmost [-moụst], *a.* de más al sur, más meridional.

southernwood [-wụd], *s.* (bot.) abrótano, lombriguera, boja.

southing [sáụðịŋ], *s.* (mar.) derrota hacia el sur; diferencia de latitud sur.

southland [sáụθlænd], *s.* región o distrito meridional o del sur.

southmost [-moụst], *a.* más meridional (*superl.*).

southpaw [-pɔ], *s.* y *a.* (fam.) zurdo (apl. esp. al que tira la pelota en el baseball).

South Pole, *s.* polo sur.

southron [sʌ́ðrọn], *s.* habitante del sur, meridional.

southward [sáụθwạrd]. **I.** *a.* situado hacia el sur. **II.** *adv.* hacia el mediodía.—**s. of the line,** al sur de la línea (ecuador).

southwest [-wést], *s.* y *a.* sudoeste.

southwester [-œ(r)], *s.* vendaval del sudoeste; sudoeste; (mar.) sueste, sombrero de lona encerada (ll. t. **sou'wester**).

southwesterly [-œrlị], *a.* hacia el sudoeste, del sudoeste.

southwestern [-œrn], *a.* del sudoeste.

southwestward [-wạrd]. **I.** *s.* sudoeste. **II.** *a.* y *adv.* hacia el sudoeste.

southwest wind, *s.* ábrego, áfrico, el viento sudoeste.

south wind, *s.* austro, viento del sur.

souvenir [súvẹnịr], *s.* memoria, prenda de recuerdo; estrena.

sovereign [sóvrịn *o* sʌ́vrịn]. **I.** *s.* soberano, monarca, *m.*, príncipe, potentado; (Ingl.) libra esterlina. **II.** *a.* soberano, independiente; supremo, preeminente; eficacísimo.—**s. pontiff,** sumo pontífice.

sovereignly [-lị], *adv.* soberanamente; supremamente.—**sovereignty** [-tị], *s.* soberanía; estado soberano.

soviet [sóụvịɛt]. **I.** *s.* soviet. **II.** *a.* soviético, bolchevista.—**sovietdom** [-dọm], *s.* los países soviéticos; bolchevismo.—**sovietism** [-ịzm], *s.* sovietismo, bolchevismo.—**sovietist** [-ịst], *s.* sovietista, bolchevista.—**sovietize** [-aịz], *va.* y *vn.* sovietizar, convertir al sovietismo o bolchevismo; propagar el sovietismo.

sow [saụ], *s.* (zool.) puerca, cerda, cochina, marrana; (fund.) goa, galápago.—**s.,** o **s. bug,** (ent.) cochinilla de tierra.—**s. thistle,** (bot.) cerraja, cardo ajonjero.

sow [soụ]. **I.** *va.* y *vn.* (*pret.* SOWED; *pp.* SOWN o SOWED) (agr.) sembrar; desparramar, esparcir, diseminar.—**to s. one's wild oats,** correr sus mocedades, hacer travesuras juveniles.—**to s. to,** sembrar de.—**who sows the wind reaps the whirlwind,** como sembráredes, cogeredes.

sowbread [sáụbrɛd], *s.* (bot.) pamporcino.

sower [sóụœ(r)], *s.* (agr.) sembrador; diseminador, desparramador; sembradera (máquina).

sowing [sóụịŋ]. **I.** *s.* sementera, siembra; sembradura, diseminación. **II.** *a.* de sembrar, sem-

brador.—**s. machine,** sembradera.—**s. time,** sementera, tiempo de sembrar.
sown [soun], *pp.* de TO SOW.—**s. ground o land,** (agr.) sembrado, (tierra) sembrada.
soy [sói], **soya** [sóiä], *s.* (bot.) soja, soya, planta gramínea; salsa de soya; soya, fruto de la soya (ll. t. **soybean** y **s. pea**).
spa [spa], *s.* balneario; manantial de agua mineral; burga; caldas, *f. pl.*
space [spéis]. **I.** *va.* espaciar; (impr.) interlinear, regletear. **II.** *s.* (leng. ord., mús., impr.) espacio; extensión, trecho; distancia; lugar, cabida, intersticio; período, intervalo, rato. **III.** *a.* espacial.
space age, *s.* era espacial.
space band, *s.* (impr.) cuña o placa de espaciar.
space bar, *s.* tecla de los espacios (de tipiadora).
space capsule, *s.* (astronáut.) cápsula espacial.
space charge, *s.* (elec.) carga espacial.
spacecraft, *s.* (astronáut.) barco espacial.
space flight, *s.* vuelo espacial o sideral.
space line, *s.* (impr.) interlínea.
space platform, *s.* (astronáut.) estación espacial.
space probe, *s.* dispositivos investigadores del espacio.
spacer [-œ(r)], *s.* espaciador; separador.
space rule, *s.* (impr.) raya fina.
spaceship [-ŝip], *s.* astronave, cosmonave.
space suit, *s.* traje astronáutico.
space travel, viaje astronáutico, navegación astronáutica.
space vehicle, *s.* vehículo interplanetario o cósmico.
spacious [spéiŝʌs], *a.* espacioso, amplio, grande, extenso.—**spaciously** [-li], *adv.* espaciosamente. —**spaciousness** [-nis], *s.* espaciosidad, amplitud.
spade [spéid]. **I.** *s.* (agr.) laya, pala; (gen. *pl.*) espada(s) (en la baraja); (mil.) zapa.—**to call a s. a s.,** llamar al pan pan y al vino vino, hablar en plata. **II.** *va.* layar, cavar o remover el suelo con la laya o pala.—**spading fork,** horca de cavar.
spadeful [-ful], *s.* palada.
spadework [-wœrk], *s.* (fig.) trabajo preliminar.
spadiceous [spadíŝʌs], *a.* (bot.) espadíceo.
spadix [spéidiks], *s.* (bot.) espádice.
spaghetti [spagéti], *s.* fideos largos, macarrones delgados; (elec.) tubería aisladora.
spahee, spahi [spáhi], *s.* espahí, soldado de caballería turco o argeliano.
Spain [spein], *s.* España.
spake [speik], *pret. ant.* de TO SPEAK.
spall [spol]. **I.** *s.* astilla. **II.** *va.* y *vn.* (alb. y min.) desastillar(se); descantillar(se); descascarar(se); desbastar, alisar toscamente.
spallation [spæléiŝon], *s.* (fís. nuclear) espalación; resquebrajamiento, estallido.
span [spæn]. **I.** *s.* palmo, llave (*f.*) de la mano; lapso, espacio, trecho; (arq.) tramo, luz; (aer.) envergadura, dimensión máxima transversal; ojo, apertura de puente, arco o bóveda; pareja (de caballos); traba; (mar.) eslinga; amante, guía, braga, nervio. **II.** *va.* medir a palmos; atravesar; abrazar, abarcar, llegar de un lado a otro de; echar sobre, extenderse sobre; ligar, atar. **III.** *vn.* emparejarse (caballos); proceder por etapas o jornadas regulares.
span, *pret. ant.* de TO SPIN.
span [spæn], *adv.* enteramente, perfectamente.—**s.-new,** nuevecito, completamente nuevo.
spandrel [spǽndrel], *s.* (arq.) enjuta, embecadura, riñón de bóveda.
spangle [spǽŋgl]. **I.** *s.* lentejuela, bricho. **II.** *va.* adornar con lentejuelas.—**spangled skies,** cielo estrellado.
Spaniard [spǽnyard], *s.* español, española.
spaniel [spǽnyel], *s.* perro de aguas, especie de sabueso español.
Spanish [spǽniŝ]. **I.** *s.* español, castellano (el idioma); los españoles. **II.** *a.* español, castellano, hispánico, hispano.—**S.-American,** hispanoamericano.—**S. bayonet,** (bot.) yuca.—**S. black,** negro de España; corcho quemado. —**S. broom,** retama.—**S. cedar,** cedro rojo antillano.—**S. chalk,** esteatita de Aragón.—**S. fly,** (ent.) cantárida, cubillo, carraleja (ll. t. **S. blister(ing) beetle**).—**S. grass,** esparto.—**S. leather,** cordobán.—**S.-like,** españolado; a la española.—**S. mackerel,** (ict.) escombro. —**S. Main,** Tierra Firme; mar Caribe (apl. esp. a la parte meridional, que baña las costas de Tierra Firme).—**S. moss,** musgo negro o de Florida.—**S. oak,** roble español.—**S. puff,** buñuelo.—**S. saying, action,** etc., españolada.—**S. shawl,** mantón de Manila.—**S. sheep,** oveja merina.—**S. soap,** jabón de Castilla.—**S. style,** a la española.—**S. tile,** teja española.—**S. white,** blanco de España, yeso mate.
spank [spǽŋk]. **I.** *va.* zurrar, dar una zurra, dar palmadas o nalgadas. **II.** *vn.* correr, ir de prisa. **III.** *s.* nalgada, palmada.
spanker [-œ(r)], *s.* el o lo que da nalgadas; (mar.) maricangalla; (fam.) algo grande y hermoso; el o lo que marcha velozmente.
spanking [-iŋ]. **I.** *a.* pronto, veloz; fuerte (brisa); (fam.) extraordinariamente grande o hermoso. **II.** *s.* zurra, nalgadas, azotaina.
spanless [spǽnlis], *a.* que no se puede abarcar, medir, atravesar o colmar.
spanner [spǽnœ(r)], *s.* (mec.) llave (*f.*) de tuercas; (ent.) oruga geómetra (ll. t. **spanworm**).
spar [spar]. **I.** *s.* (min.) espato; (mar.) palo, mástil, verga, barra, cerreta; berlinga, percha, bordón; asna, cabrio (de grúa o cabria); boxeo, pugilato; altercado, riña; pelea con espolones o las patas (gallos); (aer.) larguero.—*pl.* arboladura.—**s. buoy,** (mar.) baliza.—**s. deck,** (mar.) cubierta de guindaste. **II.** *vn.* boxear; pelear con espolones o con las patas; altercar. **III.** *va.* proveer de vergas o mástiles; mover o alzar por medio de mástiles y poleas.
sparable [spǽrabl], *s.* (zap.) puntilla.
spare [spér]. **I.** *va.* ahorrar, economizar; escatimar; pasar o pasarse sin, prescindir de; conceder, dedicar (tiempo); perdonar; hacer gracia de; no abusar de, compadecer; evitar, ahorrar trabajo o molestia a; usar con moderación; ahorrarle a, eximir de, escapar de (en la voz pasiva **to be spared**: *I was spared the labor,* fuí eximido del trabajo, o escapé del trabajo). —**to s. oneself,** cuidarse de sí mismo, ahorrarse trabajo, molestia, etc.—**to have . . . to spare,** tener de sobra.—**and to s.,** y más, de sobra.—**there's no time to s.,** no hay tiempo que perder. **II.** *vn.* tener piedad o misericordia; abstenerse, detenerse, refrenarse, desistir; ser frugal, vivir con economía. **III.** *a.* disponible, sobrante; de reserva, de repuesto; enjuto, descarnado; económico, mezquino; escaso; sobrio.—**s. bed,** cama de repuesto o de sobra.—**s.-built,** flaco, delgado.—**s. hours,** horas de reserva, horas de recreo o de ocio.—**s. money,** dinero de reserva, ahorros.—**s. parts,** (mec.) piezas de repuesto o recambio, (Am.) refacciones.—**s. rigging,** (mar.) pertrechos o cordaje de respeto.—**s. room,** cuarto de sobra, cuarto para convidados.—**s. stores** = S. RIGGING.—**s. time,** tiempo desocupado, ratos de ocio.
spareness [-nis], *s.* magrura, flaqueza; escasez; ahorro; economía, frugalidad.
sparerib [-rib], *s.* costilla de puerco casi descarnada.
sparge [spardẑ], *va.* regar, rociar.
sparger [spárdẑœ(r)], *s.* regadera, rociadera.
sparing [spériŋ], *a.* escaso, limitado, poco; parco, frugal, económico.—**sparingly** [-li], *adv.* escasamente; parcamente; económicamente; rara vez; cautamente.—**sparingness** [-nis], *s.* ahorro; escasez; frugalidad, parsimonia.
spark [spárk]. **I.** *s.* chispa, morcella; (poét.) centella; pizca, jota; (joy.) chispa, diamante pequeño; petimetre o pisaverde.—*pl.* (rad., fam.) radiotelegrafista.—**s. arrester, s. catcher,** (f. c.) chispero, sombrerete; (elec.) amortigua-

dor de chispas, apagachispas.—**s. coil,** (elec.) bobina de inducción, bobina de chispas.—**s. gap,** (elec.) distancia explosiva; (rad.) mecanismo de chispa.—**s. lead,** (m. comb. int.) avance al encendido.—**s. plug,** (m. comb. int.) bujía (de encendido); (fam.) persona de iniciativa y bríos que estimula a sus compañeros. **II.** *va.* centellear; (fam.) galantear, enamorar. **III.** *vn.* chispear, echar chispas, centellear; (elec.) producir chispas.

sparker [-œ(r)], *s.* lo que centellea, produce chispas, etc.; (elec.) = SPARK ARRESTER.

sparking [-iŋ]. **I.** *s.* chispeo, chisporroteo; (elec.) producción de chispas; (fam.) galanteo. **II.** *a.* chispeante; (elec.) de chispas; que produce chispas.—**s. distance,** (elec.) distancia explosiva máxima.—**s. plug** = SPARK PLUG.—**s. voltage,** (elec.) tensión (mínima) de descarga, o de chispas.

sparkle [-l]. **I.** *s.* centelleo, destello, chispa. **II.** *vn.* chispear, rutilar, centellear, brillar, relumbrar, relampaguear; ser espumoso (ciertos vinos).

sparkler [-lœ(r)], *s.* (fam.) diamante, brillante.

sparkling [-liŋ], *a.* centelleante, resplandeciente, rutilante, brillante, chispeante, chisposo; espumoso.—**s. eyes,** ojos brillantes, chispeantes.—**s. wine,** vino espumoso.

sparklingly [-li], *adv.* con brillantez o brillo; con esplendor; brillantemente.

sparrow [spǽrou], *s.* (orn.) gorrión, *m.*, pardal.—**s. hawk,** (orn.) esparaván, gavilán, cernícalo.—**s. shot,** mostacilla.

sparrowgrass [-græs], *s.* (bot., fam.) espárrago (es corrupción de *asparagus*).

sparry [spári], *a.* (min.) espático.

sparse [spárs], *a.* esparcido, desparramado; claro, ralo.—**sparsely** [-li], *adv.* aquí y allá, a grandes trechos, no densamente.—**sparsity** [-iti], *s.* raleza; parquedad.

Spartan [spártan], *a.* y *s.* espartano.

spasm [spǽzm], *s.* (med.) espasmo.—**spasmodic** [spæzmádik], *a.* espasmódico; irregular.—**spasmodically** [-li], *adv.* espasmódicamente; a ratos, sin regularidad.

spastic [spǽstik], *a.* (med.) espástico, espasmódico.

spasticity [spæstísiti], *s.* (med.) espasticidad.

spat [spæt]. **I.** *pret.* y *pp.* de TO SPIT. **II.** *va.* y *vn.* desovar los mariscos o moluscos; dar una palmadita; (fam.) reñir ligeramente; batir (la lluvia); salpicar. **III.** *s.* huevas de los mariscos; palmadita; manotada; sopapo, bofetada; gota grande de lluvia; salpicadura; riña, disputa.—*pl.* **spats,** botines (de paño), polainas cortas.

spate [speit], *s.* (Ingl.) creciente, *f.*, avenida; chaparrón, aguacero; tropel, montón.

spathe [speið], *s.* (bot.) espata, espádice.

spathic [spǽθik], *a.* (min.) espático.

spatial [spéiŝal], *a.* del espacio, relativo al espacio, de espacio.

spatter [spǽtœ(r)]. **I.** *va.* y *vn.* salpicar; manchar; regar, rociar, esparcir. **II.** *s.* salpicadura; rociamiento, rociada.

spatterdashes [-dæŝiz], *s. pl.* polainas, botines.

spatterdock [-dak], *s.* (bot.) nenúfar amarillo.

spattle [spǽtl], *s.* (cerá.) instrumento para motear la vajilla de loza; espátula.

spatula [spǽchulä], *s.* espátula.

spatulate [spǽchuleit], *a.* espatulado.

spavin [spǽvin], *s.* (vet.) esparaván.

spawn [spón]. **I.** *s.* (ict.) freza, huevas; pececillos; (desp.) producto, fruto, resultado. **II.** *va.* y *vn.* (ict.) desovar, frezar; (desp.) producir en abundancia.

spawner [-œ(r)], *s.* pez hembra.—**spawning** [-iŋ], *s.* freza, desove.—**s. time,** desove.

spay [spei], *va.* (vet.) castrar, sacar los ovarios a.

speak [spík], *va.* y *vn.* (*pret.* SPOKE; *pp.* SPOKEN) hablar; decir; departir, platicar, conversar; comunicar(se); expresarse (en); recitar; producir con la palabra.—**to s. about,** u **of,** hablar o tratar de.—**to s. brokenly,** chapurr(e)ar.—**to s. by the book,** hablar con detallada exactitud; hablar como un libro.—**to s. by the card,** hablar con pleno conocimiento de causa.—**to s. daggers,** desatarse en improperios, echar chispas.—**to s. for,** hablar en favor de; hablar en nombre de; ser señal de o recomendación para; solicitar; apalabrar, hacer guardar o reservar.—**to s. for itself,** hablar por sí mismo, ser evidente por sí mismo, ser claro y suficiente.—**to s. one's mind,** decir uno lo que piensa, hablar en plata.—**to s. out,** decir, hablar claro.—**to s. thick,** hablar con media lengua, hablar tartajoso.—**to s. through the nose,** ganguear, hablar gangoso.—**to s. to,** hablar a; (fam.) reprender.—**to s. to the point,** ir al grano, dejarse de rodeos.—**to s. up,** hablar en alta voz; interponer; decir claridades.—**to s. volumes,** encerrar muchísimo, ser de suma significación.—**to s. well for,** ser recomendación para, dar prestigio, honrar, demostrar el valor o el mérito de.—**so to s.,** por decirlo así.

speakable [-abl], *a.* decible.

speakeasy [-izi], *s.* (fam.) taberna clandestina.

speaker [-œ(r)], *s.* el que habla; orador, conferenciante; preopinante (en un debate); presidente de un cuerpo legislativo (en los E. U., de la cámara de representantes); libro de declamación; (rad.) = LOUD-SPEAKER.—**speakership** [-ŝip], *s.* presidencia (de cuerpo legislativo).

speaking [-iŋ]. **I.** *a.* parlante, hablante; para hablar.—**s. arc,** (elec.) arco cantante.—**s. likeness,** retrato muy parecido o (fam.) que está hablando.—**s. machine,** máquina parlante (fonógrafo, etc.).—**s. rod,** (top.) mira parlante.—**s. trumpet,** bocina, portavoz, *m.*—**s. tube,** tubo acústico.—**English** (**Spanish,** etc.)-**s.,** de habla inglesa (española, etc.).—**to be on s. terms,** hablarse, tener conocimiento superficial (con). **II.** *s.* habla, discurso, declamación; oratoria.

spear [spír]. **I.** *s.* lanza; venablo; arpón de pesca; (poét.) lancero; (bot.) brizna.—**s. grass,** (bot.) hierba de los prados, espiguilla.—**s. side,** línea paterna, lado masculino de una familia. **II.** *va.* alancear. **III.** *vn.* (bot.) brotar.

spearhead [-hed]. **I.** *s.* punta de lanza; vanguardia; ataque de vanguardia; arma de entrada (fig.), cosa con que se abre brecha o se inicia algo. **II.** *va.* abrir la brecha (para un ataque).

spearmint [-mint], *s.* (bot.) hierbabuena puntiaguda, menta verde.

spearwood [-wud], *s.* (bot.) eucalipto; acacia.

spearwort [-wœrt], *s.* (bot.) ranúnculo.

special [spéŝal]. **I.** *a.* especial; extraordinario, particular, privativo; diferencial; hecho especialmente o a propósito.—**s. delivery,** entrega inmediata (de correo).—**s.-delivery stamp,** sello de urgencia.—**s. edition,** edición extra.—**s. warrant,** orden (*f.*) de arresto. **II.** *s.* persona o cosa especial; carta enviada para entrega inmediata; (fam., com.) ganga, saldo.

specialism [-izm], *s.* consagración a una especialidad; carácter de especialista.—**specialist** [-ist], *s.* y *a.* especialista, especializado.—**specialize, specialise** [-aiz], *va.* y *vn.* especializar(se); tener por especialidad.—**specialization** [-izéiŝon], *s.* especialización.—**specially** [-i], *adv.* especialmente; sobre todo.—**specialness** [-nis], *s.* especialidad.

speciality [speŝiǽliti], *s.* especialidad, peculiaridad, rasgo característico; caballo de batalla.

specialty [spéŝalti], *s.* especialidad; (for.) obligación firmada formalmente.

specie [spíŝi], *s.* efectivo, metálico, numerario.

species [spíŝiz], *s.* (biol., lóg.) especie; clase, *f.*, género, suerte, *f.*, variedad; forma, naturaleza; (farm.) simple; polvos compuestos.

specific [spisífik]. **I.** *a.* específico; especificativo, distinto. **II.** *s.* (med.) específico.

specifically [-ali], *adv.* específicamente; especificadamente.

specification [spésifikéiŝon], *s.* especificación, mención.—*pl.* descripción detallada de un plan o aparato; presupuesto detallado; datos fundamentales; especificaciones; normas.
specific gravity, *s.* (fís.) gravedad específica, peso específico.
specific heat, *s.* calor específico.
specificity [-físlti], *s.* especificidad, determinación, carácter de específico.
specify [-fai], *va.* especificar; estipular, prescribir.
specimen [spésimen], *s.* espécimen, muestra; ejemplar.—**s. book**, muestrario.
specious [spíŝʌs], *a.* especioso, aparentemente plausible.—**speciously** [-li], *adv.* especiosamente.—**speciousness** [-nis], *s.* plausibilidad aparente.
speck, speckle [spék, -l]. **I.** *s.* manchita, mácula, motita; nube (*f.*) en un ojo; lunar, señal, *f.*, peca; punto, pizca, átomo. **II.** *va.* abigarrar, manchar, jaspear, espolvorear, motear.
spectacle [spéktakl], *s.* espectáculo, ostentación, exhibición.—*pl.* (ópt.) espejuelos, gafas, anteojos, lentes, (fam.) antiparras.
spectacled [-d], *a.* que lleva anteojos.
spectacular [spektǽkyūla(r)]. **I.** *a.* espectacular; aparatoso. **II.** *s.* (televisión) espectáculo ostentoso y de larga duración.
spectator [spékteito(r)], *s.* espectador; mirón.
specter, spectre [spéktœ(r)], *s.* espectro, visión.
spectra [spéktrạ], *s. pl.* de SPECTRUM.
spectral [spéktral], *a.* espectral.
spectrograph [spéktrogræf], *s.* (fís.) espectrógrafo, aparato para obtener una fotografía o representación de un espectro.—**spectroheliograph** [-hílįogræf], *s.* (fís.) espectroheliógrafo.—**spectrometer** [spektrámetœ(r)], *s.* espectrómetro, refractómetro, instrumento para medir el índice de refracción.
spectroscope [spéktroskoup], *s.* (ópt.) espectroscopio.—**spectroscopic(al** [-skápik(al], *a.* espectroscópico.—**spectroscopy** [spektráskopi], *s.* espectroscopia.
spectrum [spéktrʌm], *s.* (ópt.) espectro; imagen o espectro ocular.—**s. analysis**, análisis espectral.
specular [spékyūlạ(r)], *a.* especular.—**s. iron**, (min.) hierro especular, hematites (*f.*) brillante.—**s. stone**, (min.) mica.
speculate [-leit], *va.* y *vn.* especular, meditar; (com.) especular.—**speculation** [-léiŝon], *s.* especulación, teoría; especulativa, teórica; meditación; (com.) especulación.
speculative [-leitiv], *a.* especulativo, contemplativo; teórico; (com.) especulador.—**speculatively** [-li], *adv.* especulativamente; teóricamente; (com.) por especulación.—**speculativeness** [-nis], *s.* carácter especulativo.
speculator [-leito(r)], *s.* teórico; (com.) especulador; bolsista, jugador (de bolsa); (teat.) revendedor de billetes.
speculum [-lʌm], *s.* (cir.) espéculo; (ópt.) espejo.
sped [sped], *pret.* y *pp.* de TO SPEED.
speech [spích], *s.* palabra, habla, oración; lenguaje, idioma, *m.*; voz; discurso, arenga, alocución, perorata, oración; disertación; (teat.) parlamento.—**s. from the throne**, discurso de la Corona.—**s. reading** = LIP READING.—**free s.**, (pol.) libertad de palabra.—**to make a s.**, pronunciar un discurso; echar perorata.
speechcraft [-kræft], *s.* arte de bien decir, don de la oratoria; lingüística; gramática.
speechify [-ifai], *vn.* (fam.) arengar, perorar.
speechless [-lis], *a.* mudo; callado; cortado, sobrecogido, sin habla.—**speechlessness** [-nis], *s.* mudez, falta de habla.
speechmaker [-meikœ(r)], *s.* orador; perorador.
speed [spíd]. **I.** *va.* (*pret.* y *pp.* SPED o SPEEDED) ayudar, favorecer; acompañar, despedir; despachar, expedir; (gen. con *up*) acelerar, apresurar, dar prisa, avivar. **II.** *vn.* correr, apresurarse, darse prisa; andar o moverse con presteza; (aut.) exceder la velocidad permitida; progresar, adelantar, prosperar, tener buen éxito. **III.** *s.* velocidad; rapidez; prontitud, presteza; progreso, éxito, suceso.—**s. counter**, (mec.) contador de vueltas (de una rueda), cuentavueltas.—**s. ga(u)ge, s. indicator, s. recorder**, cuentavueltas, cuenta-revoluciones, velocímetro; (f. c.) cursómetro; (aut.) taquímetro, contador de velocidad.—**s. gear**, (aut.) cambio de velocidades.—**s. limit**, velocidad máxima permitida; límite de velocidad.—**s. scout**, (aer. mil.) avión reconocedor rápido.—**s. trap**, (aut.) trampa para descubrir a los que exceden la velocidad permitida. Consiste en dos estaciones ocultas a lo largo de la vía, comunicadas por teléfono.—**at full s.**, a toda velocidad; a toda máquina; a carrera tendida; a escape, a rienda suelta; a todo correr o andar.—**with all s.**, a toda prisa, con toda la celeridad posible.
speedboat [-bout], *s.* canoa automóvil.
speeder [-œ(r)], *s.* el o lo que anda a gran velocidad o a revienta cinchas (apl. esp. al automovilista que excede la velocidad permitida).—**speeding** [-iŋ]. **I.** *s.* (aut.) exceder la velocidad permitida. **II.** *a.* veloz, rápido.
speedily [-ili], *adv.* rápidamente, velozmente; de prisa, pronto.—**speediness** [-inis], *s.* celeridad, rapidez; prontitud, prisa, diligencia.
speedometer [-ámetœ(r)], *s.* velocímetro, tacómetro o taquímetro, indicador o marcador de velocidad.
speedster [-stœ(r)], *s.* = SPEEDER; (aut.) róadster rápido de dos asientos.
speed-up [-ʌp], *s.* aceleración; aumento de velocidad, producción, etc.
speedway [-wei], *s.* autoestrada, autopista.
speedwell [-wel], *s.* (bot.) verónica.
speedy [-i], *a.* veloz, rápido; pronto, vivo.
speiss [spais], *s.* (metal.) compuesto de arseniuros y sulfuros de ciertos metales.
speleologist [spiliálodźist], *s.* espeleólogo.
speleology [-dźi], *s.* espeleología.
spell [spél]. **I.** *s.* hechizo, encanto, ensalmo; fascinación, arrobamiento; turno, tanda, revezo; (fam.) poco tiempo, rato, período, temporada, trecho.—**by spells**, por turnos; a ratos.—**under a s.**, fascinado. **II.** *va.* (*pret.* y *pp.* SPELLED o SPELT) deletrear; descifrar, leer con dificultad; indicar, significar; estudiar (a veces con **over** o **out**); hechizar, encantar; (fam.) revezar, relevar, reemplazar.—**to s. the watch**, (mil., mar.) relevar a la guardia. **III.** *vn.* deletrear; (fam.) descansar por un rato.
spellbind [-baind], *va.* (*pret.* y *pp.* SPELLBOUND) encantar, hechizar; fascinar, embelesar.
spellbinder [-baindœ(r)], *s.* arengador, orador popular impetuoso y arrebatador.—**spellbound** [-baund], *a.* arrebatado, embelesado, fascinado.
speller [-œ(r)], *s.* deletreador; libro de deletrear.
spelling [-iŋ], *s.* deletreo; ortografía, grafía.—**s. bee**, concurso o certamen de deletreo.—**s. book**, cartilla de deletrear, abecedario.
spelt [-t]. **I.** *pret.* y *pp.* de TO SPELL. **II.** *s.* (bot.) espelta, farro, escanda.
spelter [spéltœ(r)], *s.* cinc del comercio; peltre.
Spencerian [spensírian], *a.* (fil.) spenceriano, de Spencer.—**Spencerism** [spénsœrizm], *s.* spencerismo, filosofía de Spencer.
spend [spénd]. **I.** *va.* (*pret.* y *pp.* SPENT) gastar, expender; consumir, agotar; pasar, emplear (tiempo, etc.).—**to s. a mast**, (mar.) perder un palo. **II.** *vn.* gastar dinero, hacer gastos; gastarse, consumirse; (ict.) echar o poner huevas (los peces), frezar, desovar.
spender [-œ(r)], *s.* gastador.
spendthrift [-θrift], *s.* pródigo, manirroto, despilfarrador, derrochador, malgastador.
Spenserian [spensírian], *a.* (poét.) spenseriano, de Spenser.
spent [spent]. **I.** *pret.* y *pp.* de TO SPEND. **II.** *a.* agotado, rendido.—**s. ball, s. bullet**, bala fría o cansada.
sperm [spœ́rm], *s.* (biol.) esperma, semen, simiente, *f.*; esperma de ballena; aceite de ballena.—**s. oil**, cetina, aceite de ballena.—**s. sac**,

(anat., zool.) vesícula seminal.—**s. whale,** (zool.) cachalote.
spermaceti [-ąsḗti], *s.* espermaceti o esperma de ballena.—**s. oil,** aceite de esperma.
spermary [-ąri], *s.* (anat., zool.) glándula espermática; testículo.
spermatheca [-ąθíkă], *s.* (zool.) vesícula seminal.
spermatic(al [-ǽtik(ąl], *a.* (anat., zool.) espermático.—**s. cord,** cordón espermático.—**s. duct,** espermiducto, conductos deferente y eyaculador juntos.
spermatocyst [spœ́rmątosist], *s.* (zool.) vesícula seminal.—**spermatocyte** [-sait], *s.* (biol.) espermatocito, célula generatriz de células espermáticas o espermatozoos.
spermatogenesis [-dẑénisis], *s.* (biol.) espermatogenia, espermatogénesis, desarrollo de los espermatozoides.
sperm(at)ology [-(ąt)álodẑi], *s.* (biol., bot.) espermatología.
Spermatophyta [-táfită], *s. pl.* plantas que producen semillas.—**spermatophyte** [-tofait], *s.* planta que produce semillas.
spermatorrhœa [-toríă], *s.* (med.) espermatorrea.
spermatozoon [-tozóųan], *s.* (biol.) espermatozoo, espermatozoide, zoospermo.
spew [spiú], *va.* y *vn.* vomitar, arrojar.
spewer [-œ(r)], *s.* el que vomita.
spewing [-iŋ], *s.* vómito; espadañada.
sphacelate [sfǽsεleit]. **I.** *va.* y *vn.* (med.) esfacelar(se), gangrenarse, mortificar(se). **II.** *a.* esfacelado, gangrenoso, necrosado; (bot.) marchito.
sphacelus [-lʌs], *s.* (med.) esfacelo.
sphagnous [sfǽgnʌs], *a.* (bot.) esfagníneo.
sphagnum [-nʌm], *s.* (bot.) esfagnínea.
sphalerite [sfǽlęrait], *s.* (min.) esfalerita, blenda.
sphenoid [sfínɔid]. **I.** *a.* (anat.) esfenoidal. **II.** *s.* (hueso) esfenoides.
spheral [sfíręl], *a.* esférico, redondeado, simétrico; armonioso.
sphere [sfir]. **I.** *s.* esfera, globo; orbe; astro; esfera o círculo de acción. **II.** *va.* colocar en una esfera; redondear; rodear, abarcar.
spheric [sférik], *a.* celestial; exaltado; esférico.
spherical [-ąl], *a.* esférico, esferal, globular.
spherically [-li], *adv.* esféricamente.
sphericalness [-ąlnis], **sphericity** [sfirísiti], *s.* esfericidad.
spherics [sfériks], *s.* (mat.) teoría o estudio de las propiedades de la esfera.
spheroid [sfírɔid], *s.* esferoide.
spheroidal [sfirɔ́idąl], *a.* esferoidal, esferoídico.
spherometer [sfirámεtœ(r)], *s.* esferómetro.
spherule [sférul], *s.* glóbulo.
sphincter [sfíŋktœ(r)], *s.* (anat.) esfínter.
sphinx [sfiŋks], *s.* esfinge, *f.;* (ent.) esfinge (mariposa); persona misteriosa o enigmática.—**s.-like,** (ent.) esfíngido; (fig.) enigmático.
sphygmic [sfígmik], *a.* (fisiol.) esfígmico; pulsátil.
sphygmograph [sfígmogræf], *s.* esfigmógrafo.
sphygmomanometer [sfigmomąnámεtœ(r)], *s.* esfigmomanómetro, instrumento para medir la presión de la sangre arterial.
sphygmometer [sfigmámεtœ(r)], *s.* esfigmómetro.
sphygmus [sfígmʌs], *s.* (fisiol.) pulso.
spicate [spáikeit], *a.* (bot.) espigado; (orn.) espolonado.
spice [spáis]. **I.** *s.* especia; (fig.) saborete, sainete, picante, interés; (poét.) aroma, *m.*, fragancia.—*pl.* especiería, especias.—**s. bag,** churla, churlo.—**s. box, s. dealer,** especiero. **II.** *va.* (coc.) especiar, condimentar con especias; (fig.) dar gusto o picante a.
spicebush [-bųŝ], *s.* (bot.) benjuí.
spicery [-œri], *s.* especiería, especias; picante.—**spicily** [-ili], *adv.* de modo picante.—**spiciness** [-inis], *s.* sabor de especias; carácter picante, aromático, etc. *V.* SPICY.
spick-and-span [spík ąn spǽn], *a.* flamante, muy bien arregladito, fresco, nuevecito.
spicula [spíkiulă], *s.* (bot.) espiguita.
spicular [-(r)], *a.* agudo, puntiagudo.
spicule [spíkiul], *s.* espiguilla o espina; (zool.) espícula; púa; (bot.) espiguita, espiguilla.—*pl.* agujas de la escarcha o hielo.
spicy [spáisi], *a.* que contiene o sabe a especias; aromático, especiado; (fig.) sabroso, picante.
spider [spáidœ(r)], *s.* (zool.) araña, arácnido; (coc.) sartén; trébedes, *f. pl.*, cazo con pies; cubo y rayos (de una rueda).—**s. crab,** (zool.) meya, cangrejo marino.—**s.-like,** parecido a una araña.—**s. line, s. thread,** hilo de tela de araña de un instrumento (ll. gen. *hilo*).—**s. monkey,** (zool.) aracnoide.—**s. web, s.'s web,** telaraña.
spiegel [spígęl], **spiegeleisen** [-aizęn], *s.* (metal.) fundición especular (apl. hoy gen. a la manganica).
spiel [spil]. **I.** *s.* (fam.) habla, arenga. **II.** *vn.* (fam.) arengar, hablar.
spiffy [spífi], *a.* (fam.) elegante, bien parecido, de buen talante; excelente, magnífico.
spigot [spígąt], *s.* espiche, espita, canilla; tapón de espita; llave, *f.*, grifo; macho, espiga (de un tubo).
spike [spáik]. **I.** *s.* (bot.) espiga de grano; alcayata, escarpia, espigón, clavo largo, perno; (bot.) espiga de gramínea; alhucema, espliego. **II.** *va.* clavar con alcayatas, empernar, enclavijar; clavetear; anular, poner fin a; (mil.) clavar (un cañón).
spikelet [-lit], *s.* (bot.) espiguita, espiguilla; espiga secundaria.
spikenard [-nard], *s.* (bot.) espicanardo, nardo; aceite vegetal.
spiker [spáikœ(r)], *s.* clavador.
spiky [spáiki], *a.* erizado, puntiagudo; armado de púas; claveteado.
spile [spáil]. **I.** *va.* horadar un barril y ponerle espita, tapón o espiche; clavar estacas o pilotes. **II.** *s.* pilote (estaca); tarugo; clavija, espiche; llave (*f.*) de sangrar el arce azucarero.
spiling [-iŋ], *s.* pilotaje.
spill [spil]. **I.** *s.* astilla; clavija; mecha, pajuela, fósforo de cartón; (fam.) vuelco, caída (del caballo o de un vehículo); derramamiento. **II.** *va.* (*pret.* y *pp.* SPILLED o SPILT) derramar, verter; desparramar, esparcir; (fam.) divulgar; (fam.) volcar. **III.** *vn.* derramarse; rebosar.
spillway [-wei], *s.* (hidr.) aliviadero (de una presa); vertedero, bocacaz, *m.*
spin [spin]. **I.** *va.* (*pret.* SPUN, ant. SPAN; *pp.* SPUN) hilar; (mec.) tornear; (con **out**) alargar, prolongar; retorcer, hacer girar (una peonza).—**to s. a yarn,** hilar; contar un cuento increíble. **II.** *vn.* hilar; girar, rodar rápidamente; (aut., etc.) girar sin avanzar (las ruedas); bailar (una peonza). **III.** *s.* giro, vuelta; (fam.) paseo en coche o bicicleta; (aer.) barrena, picado muy pronunciado; (fís.) espín.
spinach [spínich *o* spínidẑ], *s.* (bot.) espinaca.
spinal [spáinąl], *a.* (anat.) espinal.—**s. canal,** conducto vertebral.—**s. column,** espina dorsal o columna vertebral.—**s. cord,** medula espinal.—**s. curvature,** (med.) cifosis, encorvadura anormal de la columna vertebral.
spindle [spíndl]. **I.** *s.* huso, broca; (mec.) gorrón; eje; carretel; árbol; mandril, torno, astil, aguja, peón; (mar.) pínola.—**s.-legged, s.-shanked,** zanquilargo, zanquivano.—**s.-shaped,** ahusado, fusiforme.—**s. side,** línea materna.—**s. tree,** (bot.) bonetero. **II.** *va.* ahusar, hacer fusiforme. **III.** *vn.* (bot.) espigar, crecer un tallo muy alto y delgado.
spindleful [-fųl], *s.* mazorca, husada.
spindlelegs [-lεgz], *s. pl.* = SPINDLESHANKS.
spindleshanks [-ŝæŋks], *s. pl.* zancas largas y flacas; (*sing.*) persona zanquivana.
spindling [spíndliŋ]. **I.** *a.* largo y delgado. **II.** *s.* persona o cosa larga y delgada.
spindrift [spíndrift], *s.* (mar.) rocío del mar.
spine [spain], *s.* (anat.) espinazo, raquis, *m.*, columna o espina dorsal; (bot.) espina; (zool.)

púa (del puerco espín, etc.); (ict.) raspa, esquena.

spinel [spinél], *s.* (min.) cierto mineral cristalino de varios colores.—**s. ruby,** (joy.) espinela, balaj(e), alabandina.

spineless [spáinlis], *a.* invertebrado (literal y fig.); pusilánime; sin espinazo, sin energía, sin nervio; servil.

spinet [spínit], *s.* (mús.) espineta.

spiniferous [spainífərʌs], *a.* espíneo, espinoso.

spinnaker [spínikœ(r)], *s.* (mar.) vela grande triangular o en forma de foque para yates de regata.

spinner [spínœ(r)], *s.* hilador, hilandero; hiladora, máquina de hilar; mosca, cuchara u otro cebo artificial para la pesca. *V.* SPOON.

spinneret [-ɛt], *s.* órgano hilandero de las arañas y gusanos de seda, glándula de la seda.

spinning [spíniŋ]. **I.** *s.* hilandería, arte de hilar; filatura; (aut.) rotación estacionaria de las ruedas. **II.** *a.* de hilar, hilador.—**s. frame,** hiladora continua de anillo.—**s. gland,** glándula hilandera o de la seda (del gusano o araña).—**s. lathe,** torno de ahuecar metal en lámina.—**s. machine, s. jenny,** hiladora, máquina de hilar; (elec.) máquina para poner aislamiento al alambre.—**s. mill,** hilandería (fábrica).—**s. top,** trompo, peonza.—**s. wheel,** torno de hilar.

spinor [spíno(r)], *s.* (mat.) espinor.

spinose [spáinous], *a.* espinoso.

spinosity [spainásiti], *s.* calidad de espinoso; dificultad, cosa espinosa, perplejidad, enredo.

spinous [spáinʌs], *a.* espinoso, espíneo.

Spinozism [spinóuzizm], *s.* (filos.) espinosismo.—**Spinozist** [-ist], *s.* y *a.* espinosista.

spinster [spínstœ(r)], *s.* solter(on)a; hilandera.—**spinsterhood** [-hud], *s.* soltería.

spiny [spáini], *a.* espinoso; penoso, difícil.

spiracle [spáirakl], *s.* (zool.) espiráculo, respiradero de un insecto o cetáceo; ventosa.

Spiræa [spairía], *s.* (bot.) género de las espireas; (s.) espirea, reina de los prados.

spiral [spáiral]. **I.** *s.* espiral; (geom.) hélice, *f.*; (f. c.) curva de transición, curva de enlace entre una recta y una curva circular; (aer.) vuelo en espiral. **II.** *a.* espiral, helicoidal; en espiral; de caracol.—**s. stairs,** escalera en caracol. **III.** *va.* formar o torcer en espiral. **IV.** *vn.* tomar forma o curso espiral; (aer.) volar en espiral.

spirally [-i], *adv.* espiralmente.

spirant [spáirant], *s.* (fon.) consonante continua.

spire [spair]. **I.** *s.* (arq.) aguja, chapitel; (bot.) brizna de hierba; cúspide, *f.*, cima, ápice; espira, espiral, caracol. **II.** *vn.* rematar en punta; (bot.) germinar.

spirillum [spairílʌm], *s.* (biol.) espirilo, bacteria espiral.

spirit [spírit]. **I.** *s.* espíritu; alma, ánima; aparecido, sombra, espectro; inclinación, vocación; humor, temple; intención; ánimo, aliento, brío, energía, denuedo, valor, arresto; espíritu de vino, alcohol; (fam.) espíritu; extracto, tintura; (ten. y tint.) solución usada como mordiente.—*pl.* espíritus, vapores; licores espirit(u)osos; humor (estado del ánimo).—**the S.,** Dios; el Espíritu Santo. *V.* HOLY.—**s. lamp,** lámpara de alcohol.—**s. level,** nivel de burbuja.—**s. of salt,** espíritu de sal, ácido clorhídrico o muriático.—**s.,** o **spirits, of wine,** espíritu de vino, alcohol.—**s. rapping,** (entre espiritistas) comunicación con los espíritus por medio de golpecillos o toques sobre una mesa.—**spirits of turpentine,** aceite de trementina, aguarrás.—**s. varnish,** barniz (*m.*) de alcohol.—**in a friendly s.,** de una manera amistosa.—**in a s. of friendship,** con ánimo amistoso, movido por un sentimiento de amistad. **II.** *va.* (con *away*) arrebatar, llevarse; alentar, animar.

spirited [-id], *a.* vivo, brioso; espiritoso, varonil, animoso.—**s. horse,** caballo fogoso.

spiritedly [-li], *adv.* animosamente, briosamente.—**spiritedness** [-nis], *s.* calor, vigor, energía; ardor; corazón, valor.

spiritism [-izm], *s.* espiritismo.—**spiritist** [-ist], *s.* espiritista.

spiritless [-lis], *a.* abatido, amilanado; insípido; exánime, muerto.—**spiritlessly** [-li], *adv.* sin vigor, sin espíritu.—**spiritlessness** [-nis], *s.* abatimiento, amilanamiento; falta de vigor.

spiritual [spírichual]. **I.** *a.* espiritual; mental, intelectual; santo, puro; místico; eclesiástico; piadoso, religioso; (fil.) espiritualista.—**s. director,** (igl.) director o padre espiritual.—**s. father,** (igl.) confesor.—**s. seance,** sesión espiritista. **II.** *s.* eclesiástico; canto religioso de los negros del sur de los E. U.—*pl.* asuntos eclesiásticos.

spiritualism [-izm], *s.* espiritismo; (filos.) espiritualismo, inmaterialismo.

spiritualist [-ist], *s.* espiritista; espiritualista.

spiritualistic [-ístik], *a.* espiritista; espiritualista.

spirituality [-ǽliti], *s.* espiritualidad; (gen. *pl.*) bienes espirituales o eclesiásticos.

spiritualization [-izéishon], *s.* espiritualización, acto de espiritualizar.—**spiritualize** [-aiz], *va.* espiritualizar.

spiritually [-i], *adv.* espiritualmente.

spirituous [spírichuʌs], *a.* espirit(u)oso, licoroso, destilado; embriagante, ardiente.—**s. liquors,** licores espirituosos, aguardientes.

spirituousness [-nis], *s.* calidad de espirituoso.

spirobacteria [spairobæktíria], *s. pl.* de **spirobacterium** [-ʌm], (biol.) espirilo, bacteria espiral.

spirochete [spáirokit], *s.* (biol.) espiroqueta o espiroqueto.

spirometer [spairámɛtœ(r)], *s.* espirómetro.

spirt [spœrt], *va., vn.* y *s.* = SPURT.

spiry [spáiri], *a.* espiral, caracolado; piramidal, puntiagudo, terminado en punta.

spit [spít]. **I.** *va.* (*pret.* y *pp.* SPIT, SPAT) escupir; esputar; echar en ráfagas o gotas (nieve o lluvia); (*pret.* y *pp.* SPITTED) (coc.) espetar; ensartar. **II.** *vn.* escupir, salivar; chisporrotear. **III.** *s.* (coc.) asador, espetón; (geog.) lengua de tierra; banco de arena; saliva; salivazo, escupitajo; espuma de varios insectos.—**the s. and image,** o **the spitting image,** (fam.) el vivo retrato, la imagen viva.

spitball [-bɔl], *s.* pelotilla o bolita de papel mascado.

spite [spáit]. **I.** *s.* rencor, despecho, ojeriza, encono, mala voluntad.—**(in) s. of,** a pesar de, a despecho de, no obstante.—**s. wall,** pared que por pique se levanta para obstruir la vista de un vecino. **II.** *va.* mostrar resentimiento, dar pique, mortificar.

spiteful [-ful], *a.* rencoroso; malicioso, malévolo.—**spitefully** [-i], *adv.* por despecho; con rencor, con tirria.—**spitefulness** [-nis], *s.* despecho; malevolencia, malicia, rencor.

spitfire [spítfair], *s.* fierabrás; mujer colérica.

spitter [spítœ(r)], *s.* (coc.) el que espeta; escupidor; (zool.) gamezno.

spitting [spítiŋ], *s.* escupidura, saliveo, salivación.—**no s.,** se prohibe escupir.

spittle [spítl], *s.* saliva, salivazo, escupido.

spittoon [spitún], *s.* escupidera.

spitz [spits], *s.* (zool.) perro pomerano.

splanchnic [splǽŋknik], *a.* esplácnico; visceral.

splanchnology [-nálodži] *s.* (anat.) esplacnología.

splash [splǽš]. **I.** *va.* salpicar, rociar, enlodar; chapotear, humedecer. **II.** *vn.* chapotear, chapalear.—**to s. down,** (astronáut.) chapotear, caer en el agua (astronave). **III.** *s.* salpicadura, rociada; chapoteo, chapaleo.

splashboard [-bord], *s.* guardabarros, guardalodos, parafango, alero (del carruaje); alza (de una presa).

splashdown [-daun], *s.* chapoteo, caída en el agua (astronave).

splash lubrication, *s.* lubricación por salpicadura.

splashy [-i̧], *a.* cenagoso, lodoso, sucio; salpicado, manchado; (fam.) ostentoso, sensacional.

splatter [splǽtœ(r)]. **I.** *va.* y *vn.* chapotear, guachapear (fam.), chapalear. **II.** *s.* salpicadura, rociada; bulla. *V.* SPATTER y SPLASH.

splay [spléi̧]. **I.** *va.* (arq.) alfeizar; (carp.) achaflanar, descantear; (vet.) despaldar o despaldillar un caballo. **II.** *a.* extendido, desplegado, ancho; pesado. **III.** *s.* (arq.) alféizar, derrame; (carp.) chaflán, bisel.

splayfoot(ed [-fu̧t(i̧d], *a.* que tiene los pies aplastados o achatados.

splay mouth [-mau̧θ], *a.* boquiancho.

spleen [splín], *s.* (anat.) bazo; rencor; mal humor; tristeza, esplín.—**spleenful** [-fu̧l], *a.* bilioso; irritable, adusto, irascible, enfadadizo.

spleenwort [-wœrt], *s.* (bot.) escolopendra, culantrillo.

spleeny [-i̧], *a.* melancólico; bilioso; irritable.

splendent [spléndęnt], *a.* esplendente; resplandeciente; ilustre.

splendid [spléndi̧d], *a.* espléndido; esplendente, brillante, resplandeciente; ilustre, glorioso; excelente.—**splendidly** [-li̧], *adv.* espléndidamente, brillantemente; excelentemente.

splendiferous [splendífęrʌs], *a.* (fam.) espléndido; magnificentísimo.

splendor [spléndǫ(r)], *s.* esplendor; esplendidez; resplandor, refulgencia, brillantez, luz.

splenetic [spli̧nétik], *a.* (anat.) esplénico; (med.) atrabiliario, (atra)bilioso; rencoroso; regañón.

splenic [splénik], *a.* (anat.) esplénico.—**s. fever,** (med.) ántrax, fiebre esplénica.

splenitis [spli̧náiti̧s], *s.* (med.) esplenitis, inflamación del bazo.

splenius [splíni̧ʌs], *s.* (anat.) esplenio.

splenotomy [spli̧nátomi̧], *s.* (cir.) esplenotomía.

splice [splái̧s]. **I.** *va.* (mar.) ayustar; empalmar; empotrar, unir, juntar; (fam.) casar. **II.** *s.* junta; empalme; (mar.) ayuste; gaza.—**s. bar,** (f. c.) eclisa, brida, placa de empalme.—**s. grafting,** (agr.) injerto de cópula.

splicer [-œ(r)], *s.* empalmador; (mar.) pasador.

splicing [-iŋ], *s.* ayuste; empalme, empalmadura.—**s. fid,** (mar.) pasador.

spline [splai̧n]. **I.** *s.* ranura para una junta de cuña; la cuña de tal junta; tira o faja flexible para dibujar curvas. **II.** *va.* ranurar; proveer de cuña.

splint [splínt]. **I.** *va.* (cir.) entablillar. **II.** *s.* tira plana y delgada; astilla; (cir.) tablilla; (vet.) sobrehueso.

splinter [-œ(r)]. **I.** *va.* astillar, hacer astillas; (cir.) entablillar. **II.** *vn.* hacerse pedazos, romperse en astillas. **III.** *s.* astilla; esquirla (de hueso); brizna; rancajo o astilla de madera clavada en la carne; astillazo.—**s. bar,** (carr.) balancín.

splintery [-œri̧], *a.* que puede astillarse; astilloso, astillado.

split [spli̧t]. **I.** *va.* (*pret.* y *pp.* SPLIT) hender, partir; rajar, cuartear, resquebrar, separar; cachar (un madero); dividir; fisionar; (quím.) desdoblar; descomponer (a veces con **off** o **up**); desunir, desamistar.—**to s. hairs,** pararse en pelillos, andarse con quisquillas.—**to s. the difference,** partir la diferencia. **II.** *vn.* henderse, rajarse, romperse a lo largo, cuartearse, abrirse, resquebrajarse; estallar, reventar; dividirse; (fam.) disentir, estar en desacuerdo; (fam.) revelar secretos, ser traidor.—**to s. upon a rock,** estrellarse contra una roca.—**to s. with laughing,** reventar o desternillarse de risa. **III.** *s.* hendidura, grieta, raja, rendija, cuarteadura; división, cisma, *m.*, rompimiento. **IV.** *a.* hendido, partido, rajado, cuarteado; curado (pescado).—**s. ballot, o ticket,** papeleta de voto dividido, en que no se vota por todos los candidatos regulares de un partido.—**s. infinitive,** (gram.) infinitivo partido, en que se interponen una o más palabras entre *to* y el verbo (*to clearly see,* en vez de *to see clearly*).—**s.-level,** con el piso a dos niveles (casa).—**s. nut,** tuerca hendida o partida.—**s. personality,** esquizofrenia.—**s. second,** (fam.) santiamén.

splitsaw [-sǫ], *s.* sierra para cortar madera longitudinalmente.

splitting [-iŋ]. **I.** *a.* hendedor; agudo; (fam.) rápido, vivo. **II.** *s.* acción de hender, etc.; (quím.) desdoblamiento, hidrólisis.

splotch [splách]. **I.** *va.* manchar, salpicar. **II.** *s.* mancha, borrón.

splotchy [-i̧], *a.* manchado, salpicado, emborronado.

splurge [splœrdẑ]. **I.** *vn.* (fam.) fachendear, papelonear, hacer una exhibición o esfuerzo ostentoso; permitirse ciertos gastos o placeres extraordinarios. **II.** *s.* (fam.) fachenda; boato, ostentación; lujo inusitado.

splutter [splʌ́tœ(r)]. **I.** *va.* y *vn.* balbucear, farfullar; chisporrotear. **II.** *s.* balbuceo; barullo; chisporroteo.

spoil [spói̧l]. **I.** *va.* (*pp.* SPOILED, SPOILT) echar a perder; dar al traste con; estropear, desgraciar, estragar; deteriorar, dañar, inutilizar; viciar, corromper, podrir; malcriar, consentir, mimar, echar a perder con mimos (a los hijos); despojar, saquear.—**to s. one's fun,** aguarle a uno la fiesta. **II.** *vn.* inutilizarse, dañarse, echarse a perder; podrirse, pasarse; ir al saqueo, robar. **III.** *s.* saqueo, robo; despojo, botín.—*pl.* (E. U. pol.) gajes o beneficios de un cargo público; (fam.) turrón.—**s. system,** (pol.) sistema (*m.*) de premiar servicios de partido con empleos públicos.

spoilage [-i̧dẑ], *s.* desperdicio; material o producto que se daña durante o después de su elaboración.

spoiled [-d], *pp.* y *a.* dañado, inutilizado, echado a perder; podrido, rancio, pasado; vicioso, mimado, consentido (niño).

spoiler [-œ(r)], *s.* despojador, saqueador; ladrón; corruptor; consentidor.

spoilsman [-zmąn], *s.* (E. U. pol.) partidario del reparto de los empleos dentro del partido que gana en las elecciones.

spoke [spóu̧k]. **I.** *s.* rayo (de rueda); galga, retranca; escalón de escalera; (mar.) cabilla de la rueda del timón. **II.** *va.* (carr.) enrayar.

spoke, spoken [-n], *pret.* y *pp.* de TO SPEAK.

spokeshave [-ŝei̧v], *s.* (carp.) rebajador de rayos; cuchilla de doble mango.

spokesman [-smąn], *s.* interlocutor; vocero, portavoz, *m.*, el que habla en nombre de otro; el que lleva la palabra.

spoliation [spou̧li̧éi̧ŝǫn], *s.* despojo, rapiña; (for.) expoliación.

spoliator [spóu̧li̧ei̧tǫ(r)], *s.* expoliador.

spondaic [spandéi̧ik], *a.* (poét.) espondaico.

spondee [spándi], *s.* (poét.) espondeo.

spondyl [spándi̧l], *s.* (anat.) espóndilo, vértebra.

sponge [spʌndẑ]. **I.** *s.* (zool.) esponja; (arti.) lanada, escobillón; (coc.) masa; (fam.) mogollón, gorrista.—**s. cake,** bizcochuelo.—**s. tree,** (bot.) cují, aromo.—**to throw up, o in, the s.,** confesarse vencido. **II.** *va.* mojar o limpiar con esponja; lavar(se) con esponja; borrar; esponjar; (con **up**) absorber; (fam.) comer de gorra, chupar; sablear; sacar (dinero, etc.) por extorsión; (arti.) escobillonar. **III.** *vn.* embeberse; pescar o recoger esponjas; (fam.) vivir o comer de mogollón, gorronear.

sponger [-œ(r)], *s.* (fam.) gorrista, sablista, pegote.

sponginess [-i̧ni̧s], *s.* esponjosidad.

sponging [-iŋ], *s.* acción de limpiar o lavar con esponja, de pescar esponjas, de sablear, etc. (*V.* SPONGE).

spongy [-i̧], **spongiose, spongious** [-i̧ous, -i̧ʌs], *a.* esponjoso, esponjado; fofo; empapado; alburente (madera).

sponsion [spánŝǫn], *s.* acto de salir fiador por otro; fianza u obligación formal.

sponson [spánsǫn], *s.* (mar.) barbeta lateral saliente de los buques de guerra.

sponsor [spánsǫ(r)]. **I.** *s.* fiador; persona responsable; padrino o madrina; defensor, apadrinador, fomentador, patrocinador, patrono; (rad.) patrono, quien costea un programa de radio que contiene un anuncio comercial. **II.** *va.* salir fiador de, ser responsable de; apadrinar, ser padrino de; promover, fomentar, patrocinar; (rad.) presentar, costear (un programa con anuncios comerciales).

sponsorship [-ŝi̦p], *s.* patrocinio.

spontaneity [spantani̦íti̦], *s.* espontaneidad; voluntariedad.

spontaneous [spantéi̦ni̦ʌs], *a.* espontáneo; voluntario; natural, indígena, silvestre.—**s. combustion,** combustión espontánea.—**s. generation,** (biol.) abiogénesis, generación espontánea.

spontaneously [-li̦], *adv.* espontáneamente.

spontaneousness [-ni̦s], *s.* espontaneidad.

spontoon [spantún], *s.* (arm.) espontón.

spoof [spuf]. **I.** *s.* (fam.) timo, engaño. **II.** *va.* (fam.) timar, engañar, tomarle el pelo a uno.

spook [spúk], *s.* (fam.) fantasma, *m.*, aparición.

spookish [-i̦ŝ], **spooky** [-i̦], *a.* (fam.) que se parece a un fantasma; visitado por fantasmas; horripilante, de fantasmas, de espantos.

spool [spul]. **I.** *s.* carrete, canilla, carretel, bobina.—**s. cotton,** hilo de algodón en carreteles. **II.** *va.* ovillar, encanillar, devanar.

spoon [spún]. **I.** *s.* cuchara; anzuelo de cebo artificial (ll. t. **s. bait, s. hook**).—**s. chisel,** gubia. **II.** *va.* sacar con cuchara. **III.** *vn.* pescar con anzuelo de cebo artificial; (fam.) acariciarse, besarse.

spoonbill [-bi̦l], *s.* (orn.) espátula.

spoondrift [-dri̦ft], *s.* (mar.) rocío del mar.

spoonful [-fu̦l], *s.* cucharada.

spoony [-i̦]. **I.** *a.* (fam.) amartelado, acaramelado; besador. **II.** *s.* (fam.) galán meloso.

spoor [spur]. **I.** *s.* pista, rastro (de animal). **II.** *va.* y *vn.* rastrear, seguir el rastro.

sporadic [spɔrǽdi̦k], *a.* esporádico.

sporangium [spɔrǽndži̦ʌm], *s.* (bot.) esporangio.

spore [spɔr], *s.* (bot. y biol.) espora, esporo; organismo diminuto, germen.—**s. case,** (biol.) esporangio.

sporidium [spɔrídi̦ʌm], *s.* (bot.) esporidio.

sporiferous [spɔrífe̦rʌs], *a.* esporífero, que produce esporas.

sporocarp [spɔ́rokarp], *s.* (bot.) esporocarpio.

sporocyte [-sai̦t], *s.* célula madre de las esporas.

sporogenesis [-džénɛsi̦s], *s.* esporogénesis.

sporogonium [-góu̦ni̦ʌm], *s.* (bot.) esporogonio.

sporophore [-fɔr], *s.* esporóforo.

sporophyll [-fi̦l], *s.* hoja generadora de esporas.

sporophyte [-fai̦t], *s.* (bot.) esporofito.

sporozoan [-zóu̦a̦n], *s.* y *a.* esporozoario.

sport [spɔ́rt]. **I.** *s.* deporte; juego, diversión, entretenimiento, pasatiempo; deportista; caballero, hidalgo, persona campechana o noble; burla, broma; hazmerreír; (biol.) individuo anormal; monstruo; (fam.) tahur.—*pl.* deportismo.—**for** o **in s.,** de burlas, en broma.—**to make s. of,** burlarse de. **II.** *va.* (fam.) ostentar, hacer alarde de, lucir. **III.** *vn.* divertirse, jugar, holgar; bromear, chancearse; (biol.) variar espontáneamente del tipo normal. **IV.** *a.* deportivo. *V.* SPORTS, *a.*

sporting [-i̦ŋ]. **I.** *s.* deportismo, deportes. **II.** *a.* deportivo; arriesgado.—**s. goods,** artículos deportivos (de juegos, caza, pesca, etc.).—**s. house,** garito, casa de juego; burdel.—**s. man,** deportista; (fam.) tahur.—**s. woman,** deportista; (fam.) mujer de la vida airada.

sportive [-i̦v], *a.* juguetón, retozón; bromista.—**sportively** [-li̦], *adv.* de un modo retozón o festivo.—**sportiveness** [-ni̦s], *s.* carácter retozón.

sports [spɔ́rts], *a.* deportivo; de o para deportes.—**s. clothes,** traje o prenda(s) de deporte o de *sport.*—**s. writer,** cronista deportivo.

sportsman [-ma̦n], *s.* deportista, sujeto aficionado a los deportes, o que los practica.—**sportsmanlike** [-lai̦k], *a.* deportivo, característico de los deportes; caballeroso, leal.—**sportsmanship** [-ŝi̦p], *s.* arte y pericia en el deporte; espíritu de equidad, juego limpio, proceder leal; nobleza, magnanimidad.

sportswoman [-wu̦ma̦n], *s.* deportista (mujer).

sporty [spɔ́rti̦], *a.* deportivo; (fam.) vistoso, ostentoso, chillón; (fam.) alegre, relajado, disipado.

sporule [spɔ́rul], *s. dim.* (bot. y biol.) espórulo.

spot [spát]. **I.** *s.* sitio, lugar, paraje, puesto, punto; mancha, borrón, maca, tacha; palo (de baraja).—**s. check,** comprobación hecha al azar.—**s. remover,** sacamanchas.—**s. welding,** soldadura eléctrica por puntos.—**in spots,** (fam.) en algunos respectos; aquí y allí.—**on the s.,** ahí mismo, allí mismo, al punto; puntual; (fam.) en dificultad, en aprieto, en calzas prietas.—**to be on the s.,** (fam.) hallarse en un aprieto o en calzas prietas; estar en peligro de muerte; hallarse en la escena misma o el punto preciso donde ocurre algo. **II.** *a.* en existencia, listo para entregarse (dicho de mercancías).—**s. cash,** dinero contante; pago al contado. **III.** *va.* abigarrar, motear; macular; manchar; (fam.) marcar, señalar, distinguir, observar, notar; poner (una bola de billar) en posición. **IV.** *vn.* salir manchas; mancharse.

spotless [-li̦s], *a.* inmaculado, sin mancha, puro.

spotlessness [-ni̦s], *s.* calidad de inmaculado.

spotlight [-lai̦t], *s.* luz concentrada; proyector, reflector móvil; lámpara proyectante de rayos concentrados, para iluminar objetos especiales.—**to be in the s.,** estar en posición conspicua, a vista del público.

spotted [-i̦d], *a.* manchado, moteado, pintado; apulgarado (ú. de la ropa blanca); esquizado (mármol).—**s. fever,** (med.) tabardillo pintado.

spotter [-œ(r)], *s.* vigilante secreto; observador.

spotty [-i̦], *a.* cubierto de manchas; desigual o irregular en carácter o calidad.

spousal [spáu̦za̦l]. **I.** *a.* nupcial, conyugal. **II.** *s. pl.* nupcias, bodas.

spouse [spáu̦s], *s.* esposo, esposa, cónyuge, *mf.*, consorte, *mf.*; (fam.) oíslo, media naranja.—**spouseless** [-li̦s], *a.* soltero o viudo; sin esposo.

spout [spau̦t]. **I.** *s.* caño, pitón, conducto, surtidor; canilla de tonel, espita; (arq.) gárgola, canalón; cuello de vasija; pico de cafetera o de tetera; chorro.—**to go up the s.,** (fam.) fracasar, irse todo en humo. **II.** *va.* y *vn.* arrojar o echar (un líquido); surgir, brotar, correr a chorro; soplar (la ballena); (fam.) recitar, declamar.

sprain [sprei̦n]. **I.** *va.* torcer, producir un esguince. **II.** *s.* (med.) torcedura, torcimiento, desguince.

sprang [spræŋ], *pret.* de TO SPRING.

sprat [spræt], *s.* (ict.) sardineta.

sprawl [sprɔl]. **I.** *va.* y *vn.* tender o tenderse, caer o hacer caer o moverse con piernas o brazos extendidos; (agr.) desparramarse. **II.** *s.* acto de caer o tenderse abierto de brazos y piernas.

spray [spréi̦]. **I.** *va.* y *vn.* rociar, pulverizar un líquido. **II.** *s.* rociada, rocío; espuma del mar; salpicadura; ducha; rociador, pulverizador; líquido o mixtura de rociar; ramaje.

sprayer [-œ(r)], *s.* rociador, pulverizador.

spread [spréd]. **I.** *va.* (*pret.* y *pp.* SPREAD) tender, extender, abrir, desplegar, desarrollar, desenvolver; desparramar, esparcir; divulgar; difundir, diseminar, propalar; untar con, dar una capa de; poner a la vista; exhibir; poner (la mesa), preparar; apartar, separar; (impr.) espaciar.—**to s. abroad,** esparcir, divulgar, propalar.—**to s. one's self,** (fam.) echar el resto, darse tono. *V.* TO SPLURGE.—**to s. over,** cubrir de o untar con. **II.** *vn.* extenderse, desplegarse; esparcirse; difundirse; desarrollarse, propagarse, cundir; apartarse, separarse; poner la mesa. **III.** *a.* extendido; desparramado; (joy.) de poco brillo.—**s.-eagle,** (E. U. fig.) exageradamente patriótico (discurso).—**s.-eagleism,** oratoria patriotera, en que se extreman los alardes patrióticos. **IV.** *s.* extensión, amplitud; ancho; expansión; desarrollo; propagación, diseminación; cobertor de cama; tapete de mesa, mantel; (fam.) festín, banquete, comil(it)ona; (com.) diferencia; anuncio con encabezamiento a través de dos páginas; *v.* STRADDLE; (aer.) envergadura.

spreader [-œ(r)], *s.* esparcidor; propagador; divulgador; separador; untador; distribuidor.

spree [spri]. **I.** *vn.* ir de parranda o jarana, correrla; emborracharse. **II.** *s.* borrachera; holgorio, parranda, jarana, juerga.

sprig [sprig]. **I.** *s.* (bot.) ramita, mugrón, renuevo, pimpollo; (fam.) vástago; (carp.) puntilla, hita, espiga. **II.** *va.* adornar con ramitas; formar ramajes; asegurar o clavar con puntillas, etc.

spriggy [-i], *a.* lleno de ramitas.

sprightliness [spráitlinis], *s.* viveza, despejo, vivacidad, desenvoltura.—**sprightly** [-li], *a.* alegre, despejado, despierto, vivo, garboso.

spring [spriŋ]. **I.** *va.* (*pret.* SPRANG o SPRUNG; *pp.* SPRUNG) soltar (un resorte o muelle); sacar o presentar de golpe; hacer volar o saltar (una mina); torcer, combar, encorvar; rendir un palo o verga; (arq.) arrancar o vaciar (un arco); insertar o meter doblando o forzando; saltar por encima de; pasar saltando; ojear (la caza); asegurar o montar con resortes.—**to s. a leak,** empezar a salirse o a hacer agua (un buque, una vasija). **II.** *vn.* saltar, brincar; salir, brotar, manar (un líquido); dimanar, provenir, originarse; presentarse súbitamente; alabearse, combarse, torcerse; nacer, brotar, crecer; levantarse, elevarse; arrancar (un arco, etc.).—**to s. at,** abalanzarse o lanzarse sobre; saltar a.—**to s. away,** saltar a un lado; lanzarse de un salto.—**to s. back,** saltar hacia atrás; volver a su estado anterior bajo la acción de un resorte; recular.—**to s. forth,** brotar, crecer; salir; lanzarse, precipitarse.—**to s. forward,** abalanzarse, arrojarse, dispararse.—**to s. up,** nacer, brotar, crecer, desarrollarse; salir a luz, presentarse a la vista; subir, engrandecerse.—**to s. upon** = TO S. AT. **III.** *s.* (mec.) muelle, resorte; (carr.) ballesta; elasticidad, fuerza elástica; blandura o suavidad elástica; salto, brinco, corcovo, bote; vuelta a su posición anterior; motivo, móvil; primavera (estación del año); fuente, *f.*, manantial; origen, nacimiento; surtidor; alabeo, combadura. **IV.** *a.* primaveral, vernal, de primavera; de manantial; de resorte; para resortes.—**s. back,** (enc.) lomo plegado (de un libro de cuentas, etc.).—**s. balance,** balanza de resorte.—**s. catch,** fiador de resorte.—**s. coil,** resorte espiral.—**s. gun,** pistola automática contra ladrones, disparada por un resorte.—**s. latch, s. lock,** picaporte, cerradura de golpe.—**s. line,** (arq.) arranque, imposta (de un arco).—**s. mattress,** colchón de muelles.—**s. nut,** piñón.—**s. of action,** móvil, motivo determinante de la voluntad.—**s. steel,** acero de (para) resortes.—**s. tide,** aguas vivas.—**s. valve,** válvula de resorte.—**s. water,** agua de manantial.

springboard [-bɔrd], *s.* trampolín.

springbok [-bak], *s.* (zool.) gacela del Cabo.

springe [sprindž], *s.* lazo, trampa (caza).

springer [spríŋœ(r)], *s.* saltador, brincador; (arq.) imposta; sillar de arranque; perro ojeador.

springhalt [spríŋhɔlt], *s.* (vet.) cojera de caballo.

springiness [spríŋinis], *s.* elasticidad, resorte, fuerza elástica.

springing [spríŋiŋ]. **I.** *s.* acción del verbo TO SPRING; (bot.) retoño, tallo; (arq.) línea de arranque. **II.** *pa.* de TO SPRING.—**s. line** = SPRING LINE.—**s. wall,** (arq.) pared de arranque (de un arco).

springtide [spríŋtaid], **springtime** [-taim], *s.* primavera.

springy [spríŋi], *a.* muelle, elástico; lleno de manantiales; esponjoso.

sprinkle [spríŋkl]. **I.** *va.* asperjar, rociar, esparcir; regar, desparramar; salpicar, polvorear o despolvorear; bautizar rociando. **II.** *vn.* (*impers.*) lloviznar (*it is sprinkling,* está lloviznando). **III.** *s.* rocío, rociada; una pizca, un poco.

sprinkler [-klœ(r)], *s.* rociador, irrigador, regadera; (igl.) aspersorio, hisopo; carricuba, carro de riego.

sprinkling [-kliŋ]. **I.** *s.* rociada, rociadura, aspersión; una pizca, un poco.—**s. of rain,** llovizna, cernidillo. **II.** *a.* de rociar, de riego.

sprint [sprint]. **I.** *vn.* correr a toda carrera. **II.** *s.* corrida, carrera corta y rápida, cosetada.

sprinter [-œ(r)], *s.* (dep.) el que corre velozmente en carreras cortas.

sprit [sprit], *s.* (mar.) botavara.

sprite [sprait], *s.* duende, trasgo; hada.

spritsail [sprítseil], *s.* (mar.) cebadera.

sprocket [sprákit], *s.* (mec.) diente de rueda de cadena.—**s. gear,** engranaje de rueda y cadena.—**s. wheel,** rueda dentada para cadena, piñón.

sprout [spraut]. **I.** *va.* hacer germinar o brotar; quitar los botones o vástagos. **II.** *vn.* (bot.) brotar o retoñar, echar botones o renuevos; crecer; ramificarse. **III.** *s.* (bot.) renuevo, retoño, tallo, plantón, grillo, serpollo, botón.—*pl.* bretones repolludos.—**a course of sprouts,** (fam.) disciplina severa.

spruce [sprús]. **I.** *a.* garboso, apuesto, majo, pulido. **II.** *s.* (bot.) abeto, pícea.—**s. beer,** cerveza de abeto.—**s. fir,** (bot.) pinabete. **III.** *va.* y *vn.* (gen. con **up**) vestir(se) con esmero, poner(se) majo.

sprucely [-li], *adv.* garbosamente.

spruceness [-nis], *s.* majeza, garbo.

sprue [spru], *s.* (fund.) mazarota; bebedero de molde; (med.) psilosis.

sprung [sprʌŋ], *pret.* y *pp.* de TO SPRING.—**s. mast,** (mar.) palo rendido.

spry [sprái], *a.* vivo, listo, ágil, activo.

spryness [-nis], *s.* agilidad.

spud [spʌd], *s.* (agr.) laya, escarda; escoplo; (cir.) limpiaojos; (fam.) patata, papa.

spue [spiu], *va.* y *vn.* = SPEW.

spume [spium]. **I.** *s.* espuma; espumarajo. **II.** *vn.* espumar, hacer espuma.

spumescent [spiumésent], *a.* espumescente.

spumous, spumy [spiúmʌs, spiúmi], *a.* espumoso, espumajoso, espumante.

spun [spʌn], *pret.* y *pp.* de TO SPIN.—**s. glass,** lana de vidrio.—**s.-out,** prolongado, prolijo.—**s. sugar,** nieve, *f.*—**s. work,** filigrana.—**s. yarn,** (mar.) meollar.

spunk [spʌ́ŋk], *s.* yesca; (fam.) corazón, genio (violento), coraje, valor; enojo.

spunky [-i], *a.* (fam.) vivo; valiente; enfadadizo, enojadizo.

spur [spœ́r]. **I.** *s.* espuela, acicate; aguijón, incentivo, estímulo; excitación; corvejón, espolón o navaja del gallo; uña puntiaguda; pincho; (geog.) estribación, estribo; (arq.) riostra, contrafuerte, botarel, machón, puntal.—**s. gear,** (mec.) rueda dentada; engranaje de ruedas dentadas (ll. t. **s. gearing**).—**s. stone,** guardacantón, recantón.—**s. track,** (f. c.) ramal corto.—**s. wheel** = S. GEAR.—**on the s. of the moment,** impulsivamente, sin pensarlo. **II.** *va.* y *vn.* espolear, acicatear, aguijonear, picar con la espuela; incitar, estimular; calzar o ponerse las espuelas; apretar el paso.—**to s. on,** espolear, aguijar, estimular.

spurgall [-gɔl]. **I.** *va.* herir con la espuela. **II.** *s.* espoleadura.

spurge [spœrdž], *s.* (bot.) lechetrezna, titímalo, tártago.—**s. laurel,** lauréola.

spurious [spiúriʌs], *a.* espurio; bastardo, ilegítimo; apócrifo; (biol.) falso; (bot.) aparente.—

spuriously [-li], *adv.* espuriamente.—**spuriousness** [-nis], *s.* falsedad, bastardía, calidad de espurio.

spurn [spœ́rn], *va.* y *vn.* despreciar, menospreciar; rechazar a puntapiés; cocear.

spurnwater [-wɔtœ(r)], *s.* (mar.) guardaaguas.

spurred [spœrd], *a.* con espuelas; con espolones.—**s. rye,** centeno atizonado o afectado de cornezuelo.

spurrer [spœ́rœ(r)], *s.* el que o lo que espolea.
spurrier [spœ́riœ(r)], *s.* el que hace espuelas.
spurry [spœ́ri], *s.* (bot.) espérgula.
spurt [spœrt]. **I.** *va.* y *vn.* arrojar o salir en chorro o chorros; espurrear; brotar, surgir; hacer un esfuerzo supremo. **II.** *s.* chorro; arrebato (de ira, etc.); esfuerzo supremo; rato, momento.
sputter [spʌ́tœ(r)]. **I.** *va.* y *vn.* espurrear; chisporrotear; farfullar, barbotar. **II.** *s.* chisporroteo; chispeo de saliva; farfulla.—**sputterer** [-œ(r)], *s.* escupidor, farfullador; el que chisporrotea saliva.
sputum [spiútʌm], *s.* saliva; (med.) esputo.
spy [spái]. **I.** *s.* espía, *mf.*, espión, *m.*—**s. hole,** atisbadero. **II.** *va.* atisbar, divisar, columbrar; espiar, observar; (con **out**) explorar, reconocer (un país). **III.** *vn.* espiar, atalayar; ser espía; meterse secretamente a averiguar.
spyboat [-bout], *s.* barco explorador.
spyglass [-glæs], *s.* anteojo de larga vista.
squab [skwáb]. **I.** *a.* acabado de salir de la cáscara; implume; rechoncho o regordete. **II.** *s.* (orn.) pichón; persona gordiflona; cojín, canapé, otomana. **III.** *adv.* (fam.) de golpe y porrazo.
squabbish [-iŝ], **squabby** [-i], *a.* rechoncho.
squabble [skwábl]. **I.** *va.* (impr.) empastelar. **II.** *vn.* reñir, disputar. **III.** *s.* pendencia, riña, disputa, contienda, trifulca.
squabbler [skwáblœ(r)], *s.* pendenciero.
squad [skwad], *s.* (mil.) escuadra, patrulla, pelotón; partida; equipo.
squad car, *s.* carro de policía.
squadron [skwádron], *s.* (mar.) escuadra, armada, flota; (mil.) escuadrón; cuadro; soldados en formación; (aer.) escuadrilla aérea.
squalid [skwálid], *a.* escuálido.—**squalidness** [-nis], **squalidity** [skwalídit̯i], *s.* = SQUALOR.
squall [skwól]. **I.** *va.* y *vn.* chillar, berrear. **II.** *v. impers.* haber borrasca. **III.** *s.* chillido, berrido; borrasca; (mar.) racha, turbonada, chubasco.
squaller [-œ(r)], *s.* chillador, chillón.
squally [-i], *a.* chubascoso; borrascoso.
squalor [skwálo(r)], *s.* escualidez, escualor, suciedad, porquería, mugre, *f.*
squama [skwéimä], *s.* (biol.) escama; laminilla delgada de hueso.—**squamaceous** [skwaméiŝʌs], **squamate** [skwéimeit], *a.* escamoso, lamelar.—**squamation** [skwaméiŝon], *s.* carácter escamoso; disposición de las escamas.
squander [skwándœ(r)], *va.* y *vn.* malgastar, malrotar, despilfarrar, derrochar, dilapidar, desparramar, disipar.—**squanderer** [-œ(r)], *s.* derrochador, disipador, manirroto, malbaratador, malgastador.
square [skwér]. **I.** *a.* cuadrado; en cuadro (*two square feet,* dos pies cuadrados; *two feet square,* dos pies en cuadro); rectangular; a escuadra; perfecto, exacto, justo, cabal; íntegro, honrado, equitativo; (fam.) completo, abundante (*square meal,* comida completa); (com.) saldado, en paz; (mar.) en cruz; (mat.) elevado al cuadrado.—**s. bracket,** (impr.) paréntesis angular.—**s. dance,** contradanza, baile de figuras.—**s. deal,** (fam.) equidad, justicia, juego limpio.—**s. knot,** nudo llano.—**s. measure,** medida cuadrada o de superficie.—**s. piano,** piano de mesa.—**s. root,** (mat.) raíz cuadrada.—**s. rigged,** (mar.) aparejo de cruzamen.—**s. screw,** tornillo de filete cuadrado.—**s. shooter,** (fam.) persona honrada.—**s. timber,** madero escuadrado.—**to get s. with,** (fam.) vengarse o desquitarse de, hacérselas pagar a. **II.** *s.* cuadrado; cuadro; (mat.) cuadrado, segunda potencia; plaza (de pueblo o ciudad); cristal de ventana; casilla o escaque (de tablero de damas, etc.); (E. U.) manzana de casas; (dib.) escuadra, cartabón; (carp.) escuadra, codal; proporción debida, orden; exactitud; honradez, equidad; (mil.) cuadro.—**on the s.,** (fam.) honradamente, de buena fe; a escuadra.—**out of s.,** fuera de escuadra, no en ángulo recto o a escuadra. **III.** *va.* cuadrar, formar en cuadro; escuadrar; acodar (madera); (mat.) cuadrar, elevar al cuadrado; (geom.) reducir a un cuadrado equivalente; (b. a.) cuadricular; (carp.) esquinar, cuadrar, escuadrar; (com.) saldar, ajustar, arreglar (cuentas); pasar balance; ajustar, arreglar, justificar, conformar, poner de acuerdo; medir una superficie en metros, pies, etc., cuadrados; (mar.) bracear en cuadro.—**to s. one's self,** sincerarse, justificarse; dar satisfacción. **IV.** *vn.* estar en ángulo recto; cuadrar, encajar, conformarse, ajustarse, convenir, concordarse, **estar** de acuerdo; (con **off**) tomar una actitud pugilística.
squared [-d], *a.* cuadrado; escuadrado; (mat.) elevado al cuadrado; (dib.) cuadriculado (papel).—**s. stone,** (alb.) mampuesto, piedra toscamente labrada y escuadrada.—**s. timber,** madera escuadrada o esquinada.
squarely [-li], *adv.* en cuadro; a escuadra; de frente; honradamente, con toda equidad.
squareness [-nis], *s.* calidad de cuadrado; honradez, equidad, justicia.
squaring [-iŋ], *s.* cuadratura; escuadreo; escuadración; cuadriculación.—**s. of the circle,** cuadratura del círculo.—**s. shears,** cizallas de escuadrar.
squarrose, squarrous [skwárous, -rʌs], *a.* (biol., bot.) áspero, escamoso.
squash [skwaŝ]. **I.** *s.* (bot.) calabaza (apl. gen. a la de cuello corvo); cosa blanda o inmatura; pulpa; aplastamiento, despachurramiento.—**s. beetle, s. borer, s. bug,** nombres de insectos norteamericanos que atacan la calabaza. **II.** *va.* aplastar, (fam.) despachurrar.
squat [skwát]. **I.** *vn.* agacharse, agazaparse, sentarse en cuclillas; establecerse en un local sin derecho. **II.** *a.* agachado, puesto en cuclillas; rechoncho, cachigordete, rehecho. **III.** *s.* posición del que está en cuclillas.—**squatter** [-œ(r)], *s.* advenedizo, intruso, colono usurpador.
squatty [-i], *a.* rechoncho, regordete.
squaw [skwɔ], *s.* india norteamericana.—**s. man,** hombre blanco casado con india.
squawk [skwɔk]. **I.** *vn.* graznar; (fam.) protestar o quejarse ruidosamente. **II.** *s.* graznido; (fam.) queja o protesta ruidosa.
squeak [skwik]. **I.** *vn.* chirriar, rechinar; (fam.) delatar. **II.** *s.* chillido, chirrido.—**to have a narrow s.,** (fam.) escapar en una tabla.
squeal [skwil]. **I.** *vn.* chillar, lanzar gritos agudos; (fam.) delatar. **II.** *s.* chillido, grito agudo.
squeamish [skwímiŝ], *a.* delicado, escrupuloso, remilgado; asqueado.—**squeamishly** [-li], *adv.* remilgadamente; con asco.—**squeamishness** [-nis], *s.* remilgo, escrúpulo; asco, náusea.
squeegee [skwídži]. **I.** *s.* rodillo o escobilla de goma para restregar y secar superficies mojadas. **II.** *va.* restregar con *squeegee.*
squeeze [skwíz]. **I.** *va.* apretar, comprimir; estrechar; estrujar, exprimir, prensar; tupir, apretujar; acosar, agobiar; rebajar (jornales); (b. a.) recalcar.—**to s. in,** hacer entrar apretando.—**to s. out,** hacer salir, exprimir.—**to s. through,** forzar al través de.—**to s. to death,** (fam.) matar a apretones, apretar hasta matar. **II.** *vn.* pasar, entrar o salir apretando.—**to s. in,** meterse por lugar apretado o ponerse en sitio apretado.—**to s. through,** pasar apretadamente a través de, abrirse paso por. **III.** *s.* apretadura, apretón; facsímile recalcado de una moneda, etc.
squeezer [-œ(r)], *s.* exprimidera.
squelch [skwélch]. **I.** *va.* aplastar; sofocar; (fam.) hacer callar, paralizar (fig.), desconcertar. **II.** *vn.* ser vencido, desconcertado; chapotear.—**squelcher** [-œ(r)], *s.* (fam.) cosa, persona o respuesta desconcertante.
squib [skwib]. **I.** *s.* suelto o articulejo satírico; (piro.) buscapiés, carretilla. **II.** *va.* y *vn.* atacar con sátiras o pullas; soltar carretillas.
squid [skwid], *s.* (zool.) calamar; cebo artificial.
squilgee [skwíldži], *va.* y *s.* = SQUEEGEE.
squill [skwíl], *s.* (bot.) escila, cebolla albarrana; (zool.) esquila.

squilla [-ä], *s.* (zool.) esquila, camarón.
squinch [skwinch], *s.* (arq.) pechina.
squint [skwínt]. **I.** *s.* estrabismo; mirada bizca; mirada furtiva; tendencia indirecta. **II.** *va.* y *vn.* bizcar, bizquear, mirar bizco; mirar de través o soslayo.—**squint(-eyed)** [-áid], *a.* bizco, bisojo, estrábico; avieso, torcido; ambiguo.—**squinting** [-iŋ], *s.* (med.) estrabismo.
squire [skwair]. **I.** *s.* escudero; acompañante de una dama; (Ingl.) hacendado; (E. U.) alcalde, juez (*m.*) de paz. *V.* ESQUIRE. **II.** *va.* acompañar, escoltar (a una dama).
squirm [skwœrm]. **I.** *vn.* retorcerse, serpear, serpentear; trepar; (con **out**) salir de un aprieto con trabajo. **II.** *s.* retorcimiento.
squirrel [skwœ́rel], *s.* (zool.) ardilla.
squirt [skwœ́rt]. **I.** *va.* y *vn.* (hacer) salir a chorros; espurrear; jeringar. **II.** *s.* chorretada, chisguete (fam.), chorro, jeringazo; (fam.) pisaverde.—**s. (gun)**, jeringa.—**squirter** [-œ(r)], *s.* el que jeringa.
stab [stæb]. **I.** *va.* y *vn.* herir con arma blanca, dar de puñaladas. **II.** *s.* puñalada, estocada.
stabber [-œ(r)], *s.* heridor, apuñalador.
stabile [stéibil], *a.* fijo, sin moverse.
stability [stabíliti], *s.* estabilidad; firmeza, consistencia, solidez; asiento.
stabilization [steibilizéiŝon], *s.* estabilización.
stabilize [stéibilaiz], *va.* estabilizar.
stabilizer [-œ(r)], *s.* estabilizador.
stable [stéibl]. **I.** *a.* estable, firme, fijo, sólido. **II.** *s.* establo, caballeriza, cuadra; caballos de carrera de un particular. **III.** *va.* y *vn.* poner o estar colocado en establo.
stableboy [-boi], **stableman** [-man], *s.* establero, mozo de cuadra o de caballos.
stableness [-nis], *s.* estabilidad.
stabling [stéibliŋ], *s.* estabulación.
staccato [stakátou], *a.* incisivo; (mús.) staccato.
stack [stæk]. **I.** *s.* niara, rima o rimero, pila, facina o hacina, montón; (mil.) pabellón de fusiles; cañón de chimenea; (fam.) copia, abundancia. **II.** *va.* hacinar, apilar, amontonar; (mil.) poner las armas en pabellón; (aer.) poner (un avión) a determinada altura en espera de aterrizar.—**to have the cards stacked against one**, estar en situación desventajosa.—**to s. the deck** o **cards**, florear, disponer (los naipes) para hacer trampa; preparar el terreno (para sacar partido de).
stactometer [stæktámetœ(r)], *s.* (farm.) cuentagotas.
stadia [stéidiä], *s. pl.* de STADIUM; (sing., top.) taquímetro, estadia.—**s. hairs** = s. WIRES.—**s. rod**, mira taquimétrica.—**s. surveying**, taquimetría.—**s. transit**, taquímetro.—**s. wires**, hilos taquimétricos.
stadiometer [steidiámetœ(r)], *s.* estadiómetro, instrumento para medir líneas en un dibujo.
stadium [stéidiʌm], *s.* estadio; carrera (lugar para correr); grado de progreso o adelantamiento.
stad(t)holder [stǽthouldœ(r)], *s.* estatúder.
staff [stæf]. **I.** *s.* báculo, palo, cayado; apoyo, sostén, alivio, arrimo; palo, porra, garrote; **vara**, bastón de mando; percha, pértiga; vara de medir; (top.) jalón de mira; asta (de lanza, pica, bandera, etc.); (mil.) estado mayor, plana mayor; personal; facultad; junta, cuerpo (*editorial staff*, redacción, cuerpo de redactores); (arq. y b. a.) cartón piedra; (constr.) yeso mezclado con fibra, cemento, etc., usado en construcciones temporales; (mús.) pentagrama, *m.;* (cir.) guía o sonda acanalada; (igl.) báculo pastoral.—**s. officer**, oficial de estado mayor. **II.** *va.* proveer de personal, funcionarios u oficiales.
stag [stæg], *s.* (zool.) ciervo, venado; (fam.) hombre, varón.—**s. beetle**, (ent.) ciervo volante.—**s. party**, (fam.) tertulia de hombres solos.
stage [stéidž]. **I.** *s.* (teat.) escenario, escena, tablas; por extensión, teatro (arte y profesión); escena de acción; tablado, entarimado, plataforma, estrado; andamio; parada, descansadero; etapa, jornada; grado, estado; período (de una enfermedad); platina (de microscopio); diligencia, ómnibus; (arq.) escalón, paso de escalera; (rad.) elemento, unidad; (mec.) grado (de una turbina de vapor, etc.).—**s. driver**, mayoral; cochero de ómnibus.—**s. effects**, efectos escénicos.—**s. forceps**, pinzas para microscopio.—**s. fright**, pánico oratorio; nerviosidad al presentarse en público.—**s. hand**, metesillas, tramoyista.—**s. manager**, (teat.) director de escena.—**s. micrometer**, micrómetro del portaobjetos.—**s. name**, nombre de teatro, nombre adoptado por un actor en su profesión.—**s. of growth**, grado de crecimiento.—**s. scenery** o **setting**, decoración, decorado.—**s.-struck**, fascinado por el teatro; que se muere por hacerse actor o actriz.—**s. whisper**, cuchicheo destinado al oído de los espectadores.—**by short stages**, a pequeñas etapas, a cortas jornadas. **II.** *va.* preparar; ejecutar, efectuar; (teat.) poner en escena, montar, escenificar; (re)presentar. **III.** *vn.* viajar en diligencia.
stagecoach [-kouch], *s.* diligencia (vehículo).
stagecraft [-kræft], *s.* arte teatral; arte de escribir dramas o ponerlos en escena.
stager [-œ(r)], *s.* caballo de diligencia; (gen. con **old**) persona de gran experiencia en la vida.
stagger [stǽgœ(r)]. **I.** *vn.* hacer eses, tambalear, bambolear; vacilar, titubear. **II.** *va.* causar vértigos o vahidos; asustar o azarar; hacer vacilar; hacer tambalear; disponer o arreglar (plantas, remaches, etc.) al tresbolillo; alternar; espaciar (horas del trabajo, etc.); escalonar (escobillas en una dínamo, planos en un biplano). **III.** *s.* tambaleo, vacilación; (aer.) decalaje.—**s. wires**, (aer.) alambres entre los planos de un avión, paralelos al plano de simetría.
staggered [-d], *a.* al tresbolillo (remachado, plantas, etc.); escalonado, de planos o alas escalonados (avión).
staggering [-iŋ]. **I.** *a.* tambaleante. **II.** *s.* = STAGGER.
staggers [-z], *s.* (vet.) vértigo de los caballos; modorra; vahido.
staghound [stǽghaund], *s.* sabueso.
staging [stéidžiŋ], *s.* andamiaje; tráfico en diligencias; (teat.) escenificación, puesta en escena.
Stagirite [stǽdžirait], *s.* y *a.* estagirita, *mf.*
stagnancy [stǽgnansi], *s.* estancación, estancamiento, paralización.—**stagnant** [-ant], *a.* estancado.—**stagnate** [-eit], *vn.* estancarse, estacionarse.—**stagnation** [-éiŝon], *s.* = STAGNANCY.
stagy [stéidži], *a.* teatral.
staid [stéid]. **I.** *pret.* y *pp.* de TO STAY. **II.** *a.* grave, serio, sosegado, formal, sentado, juicioso.—**staidly** [-li], *adv.* juiciosamente.—**staidness** [-nis], *s.* juicio, seriedad.
stain [stéin]. **I.** *va.* y *vn.* manchar, macular; colorar, teñir; tiznar; descolorar; ensuciar; mancillar, desdorar; impregnar de materia colorante.—**stained glass**, vidrio de color. **II.** *s.* mancha, mácula; descoloramiento, descoloración; tinte, tintura; solución colorante; borrón, estigma, *m.*
stainer [-œ(r)], *s.* el o lo que mancha, tiñe, etc.; tintorero; ensuciador.
stainless [-lis], *a.* limpio; inmaculado, acendrado; que no se mancha.—**s. steel**, acero inoxidable.
stair [stér], *s.* escalón, peldaño.—*pl.* escalera.—**s. carpet**, alfombra de escalera.—**s. rod**, varilla para alfombra de escalera.—**s. well**, caja de escalera.
staircase [-keis], **stairway** [-wei], *s.* escalera; escalinata (exterior).
stake [steik]. **I.** *s.* estaca; piquete; (agr.) rodrigón; (fig.) hoguera, pira; (carr.) telero; (metal.) tas, bigorneta; en los juegos, apuesta, posta o puesta; azar, riesgo; peligro, contingencia; premio (de contienda); (com.) interés, ganancia o pérdida contingente.—**s. boat**, bote anclado

para marcar la dirección y distancias en las regatas.—**at s.**, en juego, envuelto, comprometido, en peligro (*his honor was at stake*, su honor estaba comprometido, le iba en ello el honor). **II.** *va.* estacar; empalar (como suplicio); en los juegos, poner, jugar, apostar; aventurar, arriesgar, exponer; (fam.) establecer a uno en los negocios, etc.; darle o prestarle dinero.—**to s. all,** jugar el todo por el todo, envidar el resto, aventurarlo todo.—**to s. off,** o **out,** (top.) demarcar con estacas.

stakeholder [stéi̯khou̯ldœ(r)], *s.* persona que tiene y paga apuestas.

stalactic(**al** [stąlǽktįk(ąl], **stalactitic**]-tį́tįk], *a.* estalactítico.

stalactite [stąlǽktai̯t], *s.* (geol.) estalactita.

stalagmite [stąlǽgmai̯t], *s.* (geol.) estalagmita.

stalagmitic [-mį́tįk], *a.* estalagmítico.

stale [stéi̯l]. **I.** *a.* añejo, viejo; rancio, pasado; viciado (el aire); gastado, anticuado, trillado.—**s. beer,** cerveza pasada.—**s. bread,** pan viejo, duro o seco.—**s. news,** noticia fiambre.—**s. olive,** aceituna zapatera.—**s. wine,** vino picado. **II.** *va.* añejar, enranciar. **III.** *vn.* añejarse, enranciarse, picarse; orinar (el ganado).

stalemate [-mei̯t]. **I.** *s.* mate ahogado (en el ajedrez); empate; atolladero, dificultad insuperable; estancación. **II.** *va.* dar mate ahogado a; estancar, paralizar.

staleness [-nįs], *s.* ranciedad, rancidez, vejez.

stalk [stɔ́k]. **I.** *va.* cazar al acecho. **II.** *vn.* andar con paso majestuoso, taconear; acabestrillar, cazar con buey de cabestrillo u ocultándose de otro modo.—**stalking-horse,** [-iŋ hɔrs], bozuelo para la caza; máscara, disfraz, *m.* **III.** *s.* (bot.) tallo, caña, agramiza, cabillo, pedúnculo, pecíolo, rabillo; troncho de hortalizas; raspa de uva; pie (*m.*) de copa; paso majestuoso, taconeo.—**stalky** [-i], *a.* tronchudo.

stall [stɔl]. **I.** *s.* pesebre, casilla de establo; puesto, parada, tabanco; tabla (de carnicero); (teat.) luneta o butaca; (igl.) sitial de coro; (min.) galería, tajo de explotación; (aer.) caída de la velocidad de un avión más allá de la velocidad mínima de vuelo.—**s.-fed,** cebado en establo. **II.** *va.* encerrar o meter en cuadra o establo; poner puestos o casillas; atascar, atollar; poner obstáculos; (con **off**) eludir, evitar, tener a raya. **III.** *vn.* estar atascado, atollado; (aut.) pararse, ahogarse (el motor); (aer.) bajar de la velocidad mínima de vuelo; hacerse ingobernable a causa de esta caída.—**to s. for time,** (fam.) dar largas a un asunto, hacer demora innecesaria para ganar tiempo o para no hacer una cosa.

stallion [stǽlyon], *s.* caballo padre o semental.

stalwart [stɔ́lwą̈rt], *a.* y *s.* (sujeto) fornido, forzudo, membrudo; valiente; (pol.) leal, fiel, firme.

stamen [stéi̯men], *s.* (*pl.* STAMENS, rara vez STAMINA) (bot.) estambre.

stamina [stǽmįną̈], *s.* nervio, fibra, vigor; aguante.—**staminal** [-l], *a.* (bot.) estaminal; vital, esencial.

staminate [stǽmįnei̯t], *a.* (bot.) estaminífero.

stamineous [stąmį́nįʌs], *a.* (bot.) estamíneo, estaminoso.

stammer [stǽmœ(r)]. **I.** *va.* y *vn.* tartamudear; balbucear. **II.** *s.* tartamudeo; balbuceo.

stammerer [-œ(r)], *s.* tartamudo, gago.

stamp [stæmp]. **I.** *va.* estampar; marcar, señalar; imprimir; estampillar; sellar; timbrar (papel, cartas); fijar el sello de correo; acuñar (monedas y medallas); patear, golpear con los pies; (min.) triturar, quebrantar, bocartear; apisonar; (fig.) marcar, infamar, estigmatizar.—**to s. out,** extirpar, suprimir. **II.** *vn.* patear, patalear; piafar (el caballo). **III.** *s.* sello, estampilla (de correo); timbre; estampa, sigilación, impresión, marca; estampador, estampilla; cuño, troquel (de monedas, medallas, etc.); mano (*f.*) de mortero; (fig.) temple, suerte, *f.*, clase, *f.*; laya, calaña; (metal.) pisón, bocarte.—*pl.* **stamps,** timbres de impuesto; (fam.) dinero.—**S. Act,** (hist.) ley (*f.*) del timbre.—**s. duties,** derechos de papel sellado o del timbre.—**s. duty,** impuesto pagado en timbres puestos a ciertos artículos, timbres de contribución.—**s. mill,** (min.) molino de mineral, bocarte, molino de pisones.—**s. office,** oficina de timbres.

stamped [-t], *a.* estampado; sellado.—**s. envelope,** sobre con sello; cubierta de sello estampado.—**s. paper,** papel sellado o timbrado.—**s. weight,** peso marcado (por el contraste).

stampede [stæmpíd]. **I.** *va.* y *vn.* ahuyentar, espantar; huir con pavor; dispersarse en desorden; (pol.) obrar por común impulso, tomar de repente un acuerdo en una asamblea. **II.** *s.* (Am.) estampida; desbocada, huída con terror pánico; tropel; determinación repentina y unánime.

stamper [stǽmpœ(r)], *s.* estampador; impresor; martinete de fragua; pilón, punzón de forja; (metal.) bocarte, pisón; triturador de pólvora; mano (*f.*) de almirez.

stamping [-iŋ], *s.* timbrado, estampa, impresión, estampado; pataleo, pateo; trituración.—**s. machine,** estampador mecánico; máquina de franquear (cartas); máquina de perforar.—**s. mill,** bocarte, molino de pisones.

stance [stæns], *s.* postura, posición (esp. de los pies).

stanch [stanch]. **I.** *va.* restañar; estancar. **II.** *a.* firme, fiel, adicto; constante; sano, fuerte, seguro.—**s. ship,** buque marinero. **III.** *s.* (hidr.) compuerta.

stanchion [stǽnŝon], *s.* puntal, madrina, asnilla, pie derecho, montante, candelero.

stanchness [stánchnįs], *s.* firmeza, constancia, lealtad, fidelidad.

stand [stænd], *va.* (*pret.* y *pp.* STOOD) poner derecho, colocar o poner de pie; resistir, hacer frente a; aguantar, sufrir, tolerar; someterse a, soportar, pasar por; sostener, defender, conservar; (fam.) sufragar, pagar.—**to s. a chance,** o **a show,** tener probabilidad.—**to s. against the wall,** fusilar.—**to s. fire,** (mil.) aguantar el fuego; (quím.) resistir al calor.—**to s. off,** tener a raya; contener; salir de.—**to s. on end,** poner de punta, asentar por un extremo.—**to s. one's ground,** resistir, defender su puesto o posición, mantenerse en su puesto.—**to s. the test,** pasar por la prueba, resistir la prueba.—**to s. treat,** (fam.) pagar la convidada.—**to s. up,** (fam.) faltar a una cita, dejar plantado a uno.

stand, *vn.* estar; ponerse o estar de pie, tenerse derecho; sostenerse, resistir; quedarse; pararse, quedar suspenso; mantenerse, durar, perdurar; subsistir; tenerse, ponerse, estar en cierta postura; erguirse, levantarse, enderezarse; ocupar (buena o mala) posición, tener (buena o mala) reputación; poseer rectitud moral; estar situado, hallarse; persistir, perseverar; ser consecuente, acordar, convenir; quedar de acuerdo, quedar corrientes; (mar.) navegar, correr, dirigirse (*to stand on the same tack,* correr la misma bordada).—**to s. about,** rodear, cercar.—**to s. against,** resistir, hacer frente a.—**to s. alone,** estar solo; ser el único.—**to s. aloof (from),** mantenerse apartado, retraerse (de).—**to s. aside,** hacerse a un lado, apartarse; estarse alejado.—**to s. at attention,** (mil.) cuadrarse.—**to s. back,** retroceder; quedarse atrás.—**to s. by,** ser o permanecer fiel a; estar listo; sostener, favorecer, ayudar, auxiliar; atenerse a, sostenerse en; someterse a; estar de mirón; estar cerca, quedarse allí; mantenerse listo (para prestar ayuda, etc.).—**to s. far off,** mantenerse lejos.—**to s. fast,** no cejar o ceder.—**to s. for,** estar por, estar en lugar de, representar; significar, querer decir; tolerar, permitir; aprobar, favorecer; solicitar, pretender, presentarse como candidato u opositor; sostener, defender, abogar por; apadrinar; mantener o sostener (una opinión); (mar.) dirigirse o llevar rumbo a o hacia.—**to s. forth,** adelantarse, avanzar; presentarse.—**to s. from under,** (fam.) alejarse de alguna cosa que está por caer; retirar uno su apoyo.—**to s. . . . high,** tener . . . de alto (*the wall stands 20 feet high,* la pared tiene 20 pies de alto).—**to s. in,** costar, montar, importar; estar en; sentir.—**to s. in bold relief,** resaltar vigorosamente.—**to s. in good stead,** servir, ser útil.—**to s. in line,** hacer cola.—**to s. in need,** tener necesidad, necesitar.—**to s. in one's light,** taparle a uno la luz.—**to s. in with,** juntarse o estar aliado con; estar en gracia de, tener el favor de.—**to s. inshore,** (mar.) correr hacia la tierra.—**to s. in the way,** cerrar el paso; estorbar, ser un obstáculo.—**to s. off,** mantenerse a distancia, apartarse; negar, denegar; desconvenir; no acercarse, mantenerse apartado.—**to s. off and on,** (mar.) bordear, barloventear.—**to s. on** o **upon,** estar colocado sobre, estar en; adherirse a; interesar, concernir, tocar, pertenecer; estimar, valuar; fijarse en; picarse de, tener su orgullo en; insistir en, gastar (ceremonia, etc.).—**to s. on end,** erizarse; mantenerse derecho; ponerse de punta.—**to s. on one's own feet,** o **legs,** valerse a sí mismo.—**to s. on tiptoe,** ponerse o estar de puntillas.—**to s. out,** mantenerse firme; resistir; separarse, apartarse; desconvenir; denegar; resalir, resaltar, destacarse, estar en relieve.—**to s. out of the way,** quitarse de en medio, hacerse o estar a un lado, no estorbar.—**to s. out to sea,** (mar.) llevar la proa al mar.—**to s. over,** aplazar; plantarse al lado de para vigilar o apurar.—**to s. pat,** (fam.) estarse o mantenerse en sus trece; plantarse, oponerse inflexiblemente a todo cambio, marcar el paso (fig.).—**to s. still,** no moverse; estarse quieto; estancarse.—**to s. to,** mantenerse al lado de, no abandonar; seguir usando o manejando.—**to s. together,** mantenerse unidos; mancomunarse.—**to s. to lose** (**win,** etc.), tener probabilidad de perder (ganar, etc.).—**to s. to one's guns,** seguir haciendo fuego; mantenerse firme, no cejar.—**to s. to one's word,** mantenerse en lo dicho, cumplir (con) la palabra.—**to s. to reason,** ser lógico; ser justo.—**to s. under,** sufrir, sostener; estar bajo.—**to s. up,** levantarse, alzarse; ponerse en pie.—**to s. up for,** defender, sostener, apoyar; personarse por, sacar la cara por.—**to s. up to,** cumplir con; hacer resueltamente frente a.—**to s. upon ceremony,** gastar ceremonia, ser cumplimentero.—**to s. with,** convenirse; estar conforme con; disputar; irlas con.

stand, *s.* puesto, sitio, lugar, posición, situación, estación; tarima, estrado, plataforma; tribuna (de espectadores); mostrador, puesto en un mercado; velador, mesita, estante, pie, *m.,* pedestal, descanso, sostén, soporte; actitud, opinión; parada, pausa, alto; término; inactividad, estancamiento; atascamiento; oposición, resistencia; (bot.) herbaje.—**to make a s.,** pararse y resistir.—**to take a s. for,** declararse a favor de.—**to take the s.,** (for.) declarar, deponer (en el lugar o estrado destinado a los testigos).

standard [stǽndạrd]. **I.** *s.* norma, tipo, pauta, medida, patrón, modelo, dechado, ley, *f.,* marco, regla fija; patrón o talón monetario; (joy.) ley del oro o la plata; (mec.) soporte, poste, pilar, punta, madrina, pie, *m.,* montante, árbol; bandera, estandarte, pendón.—**s. of living,** nivel o norma de vida. **II.** *a.* normal, de ley; patrón (metro, yarda, libra, etc.); clásico.—**s. author,** autor clásico.—**s.-bearer,** (mil.) abanderado, portaestandarte, portaguión, *m.;* (pol.) cacique, jefe político.—**s. book,** o **work,** obra de autoridad reconocida; obra clásica.—**s. candle,** bujía normal.—**s. clock,** reloj magistral.—**s. equipment,** equipo corriente o regular.—**s. gauge,** marca, medida o marco que sirve de norma; (f. c.) entrevía normal, anchura normal (56½ pulgadas).—**s. pitch,** (mús.) diapasón normal.—**s. price,** precio corriente o regular.—**s. scale,** escala normal.—**s. solution,** (quím.) solución valorada.—**s. time,** tiempo normal; hora normal.—**s. weight,** peso legal, peso normal.

standardize [-aịz], *va.* uniformar, normalizar.—**standardization** [-ịzéịṣọn], *s.* uniformación, normalización.—**standardized production,** producción en serie.

stand-by [stǽnd baị], *s.* adherente fiel; cosa o persona en que se puede confiar o con que se puede contar.

standee [-í], *s.* (fam.) persona sin asiento, que asiste de pie a una función.

stand-in [-ịn], *s.* (fam.) posición favorable; influjo, influencia; (cine y teat.) contrafigura, doble, substituto.

standing [-ịŋ]. **I.** *a.* derecho o en pie; levantado, de pie; erecto; con pedestal, con pie; permanente, fijo, establecido; duradero, estable, constante; parado; estancado, encharcado; (for.) vigente.—**s. army,** ejército permanente.—**s. collar,** cuello recto.—**s. committee,** comisión permanente.—**s. place, s. room,** sitio para estar de pie.—**s. timber,** árboles en pie.—**s. water,** agua estancada. **II.** *s.* posición, reputación, crédito; categoría; puesto, sitio, paraje; duración, antigüedad; alto, parada.—**of long s.,** (que existe o dura, etc.) desde hace mucho tiempo.

stand-off [-ɔf]. **I.** *s.* empate, tablas (en el juego); indiferencia, frialdad; alejamiento; compensación, neutralización. **II.** *a.* reservado, retraído, frío.

standpatter [-pǽtœ(r)], *s.* (fam.) el que se opone inflexiblemente a cambios.—**standpattism** [-ịzm], *s.* (fam.) oposición a cambios de política, etc.

standpipe [-paịp], *s.* columna o tubo vertical de depósito o de alimentación (de agua).

standpoint [-pọint], *s.* punto de vista.

standstill [-stịl], *s.* parada, detención, alto; pausa, descanso.—**at a s.,** parado, atascado.

stand-up [-ʌp], *a.* recto, derecho, vertical; que se hace u ocupa de pie.—**s. collar,** cuello recto.

stanhope [stǽnhoụp], *s.* cabriolé ligero.

stank [stæŋk], *pret.* de TO STINK.

stannary [stǽnạri], *s.* mina de estaño.

stannate [stǽneịt], *s.* (quím.) estannato.

stannic [stǽnịk], *a.* (quím.) estánnico.

stanniferous [stænífẹrʌs], *a.* (min.) estannífero.

stannous [stǽnʌs], *a.* (quím.) estannoso.

stanza [stǽnzạ], *s.* (poét.) estancia, estrofa.

stapedius [stạpídịʌs], *s.* (anat.) músculo estapedio, o del estribo.

stapes [stéịpiz], *s.* (anat.) estribo (del oído).

staphylococcus [stæfịlokákʌs], *s.* (biol.) estafilococo.

staple [stéịpl]. **I.** *s.* artículo o producto principal; renglón de comercio; elemento o asunto principal; fibra, hebra o filamento; materia prima, materia bruta; emporio de comercio, mercado; (mec.) hembra de cerrojo, picolete, grapa, aro, argolla, armella; (mar.) cíbica, grampa. **II.** *a.* (com.) corriente, de consumo o uso general; principal, prominente; establecido, admitido, reconocido; vendible.—**s. commodities,** artículos corrientes de consumo.—**s. ring,** (mec.) argolla con espiga. **III.** *va.* asegurar (papeles, etc.) con grapas delgadas; coser con alambre; (tej.) clasificar hebras textiles según su longitud.

stapler [stéịplœ(r)], *s.* negociante en los artículos corrientes de consumo; (tej.) clasificador de lanas; abrochador, máquina para asegurar (papeles, etc.) con grapas.

star [star]. **I.** *s.* estrella (astro, figura, hado, actor, mancha en la frente de un animal); cosa o persona principal; (impr.) asterisco; mancha brillante en una superficie metálica.—**s. apple,** (bot.) caimito.—**S. Chamber,** (Ingl.) antiguo tribunal criminal y civil.—**s. connection,** (elec.) conexión de estrella.—**s. dust,** (astr.) cúmulo estelar.—**s.-of-Bethlehem,** (bot.) leche (*f.*) de gallina.—**s. polygon,** (geom.) polígono estrellado.—**s. sapphire,** (min.) zafiro que tiene la propiedad del asterismo. *V.* ASTERIATED y ASTERISM.—**s.-shaped,** estelulado.—**s. shell,** (mil.) bomba luminosa.—**s. shower,** caída de meteoritos.—**s.-spangled,** estrellado, tachonado de estrellas.—**S.-Spangled Banner,** bandera estrellada (nombre dado en los E. U. a la bandera nacional y a un himno patriótico).—**s. switch,** (elec.) estrella de interrupción, interruptor de estrella.—**s. thistle,** (bot.) cardo estrellado, abrojo.—**s. wheel,** (mec.) rueda catalina (de reloj).—**the Stars and Stripes,** las estrellas y listas (nombre de la bandera de los E. U.). **II.** *va.* adornar con estrellas; marcar con asterisco; dividir en líneas divergentes; (teat., cine) introducir como estrella. **III.** *vn.* ser estrella (de teatro, cine, etc.); brillar; figurar como estrella o persona sobresaliente.

starboard [stárbord]. **I.** *s.* (mar.) estribor.—**s. side,** banda de estribor.—**s. watch,** guardia de estribor. **II.** *a.* y *adv.* a estribor.

starch [stárch]. **I.** *s.* almidón, fécula; (fig.) entereza, energía, vigor; rigidez, entonación. **II.** *va.* almidonar, atiesar.

starched [-t], *a.* almidonado; tieso, serio, entonado.—**starcher** [-œ(r)], *s.* almidonador.—**starchmaker** [-meikœ(r)], *s.* almidonero.

starch(ed)ness [-(id)nis], **starchiness** [-inis], *s.* almidonamiento; feculencia, calidad de feculento o harinoso; tesura, gravedad.

starchy [-i], *a.* almidonado, amiláceo, de almidón; feculoso, feculento (ú. de ciertos alimentos); tieso, entonado.

stardom [stárdom], *s.* (fig.) el mundo de las estrellas (del teatro, pantalla, etc.); categoría de estrella.

stare [stér]. **I.** *va.* clavar o fijar la vista en o a; encararse con; mirar de hito en hito o descaradamente.—**to s. one in the face,** dar en cara; estar cerca o a la vista; ser claro. **II.** *vn.* abrir grandes ojos; mirar con fijeza, asombro o insolencia; saltar a la vista; ser muy vivo o chillón (un color); erizarse (el pelo). **III.** *s.* mirada fija o de hito en hito; encaro.

starer [-œ(r)], *s.* el que mira fijamente.

starfish [stárfiš], *s.* (zool.) estrellamar, *f.*, estrella de mar, asteria.

stargazer [stárgeizœ(r)], *s.* astrónomo; astrólogo.—**stargazing** [-iŋ], *s.* observación de las estrellas; distracción de ánimo; absorción en ideas quiméricas.

staring [stériŋ], *a.* que mira fijamente.—**s. colors,** colores llamativos, vivos, chillones.

stark [stárk]. **I.** *a.* tieso, rígido; muerto; (fig.) inflexible, severo; completo, cabal; puro.—**s. and stiff,** rígido, muerto.—**s. madness,** locura completa.—**s. nonsense,** pura tontería. **II.** *adv.* completamente, enteramente.—**s. mad,** rematadamente loco.—**s. naked,** completamente desnudo o en cueros.

starkly [-li], *adv.* tiesamente, totalmente.

starless [stárlis], *a.* sin estrellas.

starlet [-lit], *s. dim.* estrellita; (fam., cine) estrellita, actriz principiante.

starlight [-lait]. **I.** *s.* luz de las estrellas. **II.** *a.* estrellado. *V.* STARLIT.—**s. night,** noche estrellada.

starlike [-laik], *a.* estrellado; brillante, radiante, rutilante.

starling [stárliŋ], *s.* (orn.) estornino; (ing.) estacada de protección.

starlit [stárlit], *a.* iluminado por las estrellas.

starred [stard], *a.* estrellado; afortunado o desafortunado (*v.* EVIL, ILL); (teatro, cine) presentado o introducido como estrella.

starriness [stárinis], *s.* abundancia de estrellas.

starry [stári], *a.* estrellado; estrellar; centelleante, rutilante; (poét.) estelífero, astrífero; sideral, sidéreo.

starstone [stárstoun], *s.* (min.) piedra preciosa, esp. el zafiro, que tiene la propiedad del asterismo.

start [stárt], *va.* principiar, comenzar, empezar, iniciar; entablar (una conversación, etc.); poner en marcha o en movimiento, dar impulso, hacer mover, andar o funcionar; (mec.) hacer arrancar; levantar (la caza); aflojar, dislocar; sacar un líquido de.—**to s. a row,** armar una gresca, armar la gorda.—**to s. a train,** (f. c.) dar la señal de salida o partida; poner el tren en marcha.

start, *vn.* comenzar; partir, salir; arrancar (una máquina); sobresaltarse, asustarse; provenir, proceder, derivar; aflojarse; descoyuntarse; alabearse, combarse (como la madera).—**to s. aside,** echarse a un lado, ladearse.—**to s. after,** salir tras o en busca de; seguir a.—**to s. back,** dar un respingo; emprender el viaje de regreso.—**to s. for,** ponerse en camino hacia; presentarse como candidato para.—**to s. off,** partir, ponerse en marcha.—**to s. out,** salir, partir; principiar a.—**to s. to** (**cry,** etc.), o **to s.** (**crying,** etc.), echar a (llorar, etc.); empezar, principiar o ponerse a (hacer algo).—**to s. up,** levantarse precipitadamente; salir de repente; ponerse en movimiento, empezar a funcionar, arrancar.

start, *s.* principio, comienzo; salida, partida; arranque (de una máquina); sobresalto, susto; respingo; ímpetu, arranque, pronto; estampida; ventaja, delantera; grieta, raja, abrimiento.—**at the s.,** al primer paso, al principio.—**by starts,** a saltos, por botes.—**by fits and starts,** a saltos y corcovos; a ratos.—**to get the s. of,** coger la delantera a.

starter [-œ(r)], *s.* iniciador; levantador, ojeador (en la caza); el que da la señal de partida; (dep.) juez (*m.*) de salida; cualquiera de los que comienzan una carrera, etc.; principio, comienzo; cosa con que se principia; (m. v.) palanca de marcha; (aut.) arranque, mecanismo de arranque.

starting [-iŋ]. **I.** *s.* principio, comienzo; acción de comenzar, poner en marcha, etc.; arranque; (aer.) lanzamiento. **II.** *a.* que inicia o principia; que pone en movimiento; de salida, de partida; (mec.) de puesta en marcha, de arranque; (aer.) de lanzamiento.—**s. crank,** (aut.) manubrio o manivela de arranque.—**s. gear,** engranaje de arranque.—**s. place** o **point,** lugar o punto de partida o de arranque.—**s. post,** arrancadero, poste de partida (en las carreras).

startle [stártl], *va.* espantar, asustar, dar un susto; sobrecoger; alarmar; ojear.

startling [stártliŋ], *a.* pasmoso, sobrecogiente, alarmante; que causa sobresalto o susto.

start-up [stártʌp], *s.* arranque, puesta en marcha.

start-up time, *s.* período de arranque.

starvation [starvéišon]. **I.** *a.* que causa hambre o inanición. **II.** *s.* hambre, *f.*, inanición.

starve [stárv]. **I.** *vn.* morir de hambre; hallarse en la inopia. **II.** *va.* matar de hambre, hambrear.—**to s. one's self,** dejarse morir de hambre.—**to s. out,** (mil.) hacer rendirse por hambre.

starveling [-liŋ]. **I.** *s.* persona, animal o planta extenuados por el hambre. **II.** *a.* hambriento, muerto de hambre, famélico.

starver [-œ(r)], *s.* el que está muriendo de hambre; el que mata de hambre.

starving [-iŋ], *a.* famélico, hambriento.

stash [stæš], *va.* y *vn.* (fam.) esconder, guardar, reservar; ahorrar.

stasis [stéisis], *s.* (med.) estasis, estancamiento de la sangre o de otro líquido en el cuerpo.

state [stéit]. **I.** *s.* estado, situación, condición; (pol.) estado; fausto, pompa, ceremonia; majestad; gobierno civil, en contraposición al eclesiástico.—**s.'s evidence,** testimonio aducido en una causa criminal; cómplice que declara por evitar el castigo.—**States-General,** estados generales.—**in a s. of,** o **to,** en estado de.—**in a s. of nature,** desnudo; en estado de pecado, irregenerado; indomado; incivilizado.—**in s.,** con gran pompa, de gran ceremonia.—**the States,** los Estados Unidos.—**to lie in s.,** *v.* LIE, *vn.* **II.** *a.* de estado; del estado; estatal; político, público; de lujo; de gala; perteneciente a los estados o a cada estado (de una república). —**s. affairs,** negocios o asuntos públicos o de estado.—**S. Department,** (E. U.) Ministerio de Estado.—**S. house,** (E. U.) capitolio, edificio del Estado.—**S. paper,** documento de estado; pliego, documento o tratado político.—**S. prison,** penitenciaría del estado.—**S.** o **States' rights,** soberanía o derechos de los estados. **III.** *va.* y *vn.* decir, expresar, declarar, afirmar; exponer, aseverar; consignar (en un escrito); rezar (un texto); manifestar; enunciar, formular (un principio, ley, etc.); (mat., lóg.) enunciar, plantear.

statecraft [-kræft], *s.* política, arte de gobernar.

stated [-id], *a.* establecido, regular, fijo, periódico.

statehood [-hud], *s.* existencia y reconocimiento como estado.

Statehouse [-haus], *s.* (E. U.) capitolio, edificio del Estado, sede del gobierno estatal.

stateless [-lis], *a.* apátrida.

stateliness [-linis], *s.* grandeza, majestad, dignidad, pompa, señorío.

stately [-li], *a.* augusto, sublime, majestuoso, imponente, soberbio, regio, encumbrado.

statement [-mẹnt], *s.* declaración, exposición, presentación; afirmación, aserto o aseveración; manifestación; cuenta; relato, memoria, informe; planteo, enunciado (de problema, ley, etc.); proposición; (com.) balance, (estado de) cuenta.

stater [-œ(r)], *s.* el que declara, afirma, etc.; antigua moneda griega.

stateroom [-rum], *s.* (mar.) camarote; (f. c.) compartimiento, camarote; salón de recepción de un palacio (ll. t. **state room**).

stateside [-said]. **I.** *a.* (fam.) de o característico de los Estados Unidos. **II.** *adv.* en o hasta los Estados Unidos.

statesman [stéitsmạn], *s.* estadista, hombre de Estado.—**statesmanlike** [-laik], *a.* de una manera propia de un estadista, como de estadista.

statesmanship [-ŝip], *s.* calidad de estadista; habilidad de estadista.

static [stǽtik], *s.* (rad.) estática, perturbación eléctrica atmosférica.

static(al [-(ạl], *a.* estático.

statics [-s], *s.* (mec.) estática.

station [stéiŝọn]. **I.** *s.* estación (de f. c., de top.); sitio, situación, puesto; rango, condición o posición social; (mar.) apostadero; (mil.) puesto militar; (igl.) estación.—**s. agent** o **master,** jefe de estación.—**s. house,** cuartelillo de la policía; (f. c.) estación o paradero; caseta de salvamento en la costa.—**s. wagon,** camioneta. **II.** *va.* estacionar, apostar, colocar, situar, alojar.

stationary [-ɛri], *a.* estacionario, estantío, fijo; (astr.) estacional.—**s. engine,** máquina fija.—**to remain s.,** estacionarse, quedarse inmóvil.

stationer [-œ(r)], *s.* papelero, papelista.

stationery [-ɛri], *s.* papelería; papel de cartas; efectos de escritorio.—**s. expenses,** gastos de escritorio.—**s. store,** papelería.

statism [stéitizm], *s.* (pol.) estatismo.

statist [stéitist], *s.* estadístico; (raro) estadista.

statistic(al [stạtístik(ạl], *a.* estadístico.

statistician [stætistíŝạn], *s.* estadístico, (Am.) estadígrafo.—**statistics** [stạtístiks], *s.* estadística; datos estadísticos.

stator [stéitọ(r)], *s.* (elec., mec.) estator.

statoscope [stǽtoskoup], *s.* (fís.) estatoscopio, aneroide de gran precisión.

statuary [stǽchuɛri], *s.* estatuaria; estatuario, escultor.

statue [stǽchu], *s.* estatua, imagen, *f.*

statuesque [-ɛ́sk], *a.* escultural, estatuario.

statuette [-ɛ́t], *s.* figurilla.

stature [stǽchū(r)], *s.* estatura, altura, talla, tamaño; alzada (de caballo, etc.); importancia.

status [stéitʌs], *s.* estado legal; posición relativa.

status symbol, *s.* símbolo (bienes muebles) de rango o poder.

statute [stǽchut], *s.* estatuto, ley, *f.*, ordenanza, decreto, reglamento.—**s. law,** derecho escrito. —**s. mile,** milla ordinaria o terrestre (como 1609 m.), a distinción de la marina.

statutory [-ori], *a.* estatutario, estatuído, establecido por la ley.

staunch [stonch], *va.* y *a.* = STANCH.

stave [steiv]. **I.** *va.* (*pret.* y *pp.* STAVED o STOVE) (a menudo con **in**) romper las duelas; abrir boquete, desfondar; quebrantar, destrozar; (ton.) poner duelas; (con **off**) rechazar, parar; detener, evitar; retardar, diferir. **II.** *vn.* desfondarse, romperse, hacerse pedazos. **III.** *s.* duela de barril; escalón, peldaño (de escala); ladera de un pozo; (mús.) pentagrama, *m.;* (poét.) estrofa.—**staves and heading,** (ton.) duelas y fondos.

staves [-z], *s. pl. reg.* de STAVE; *pl. irreg.* de STAFF.

stavesacre [stéivzeikœ(r)], *s.* (bot.) estafisagria.

stay [stéi]. **I.** *va.* (*pret.* y *pp.* STAYED o STAID) parar, detener, impedir, poner freno; sostener, apoyar, reforzar; riostrar; aplazar; (for.) sobreseer.—**to s. the stomach,** tomar un bocado o tentempié, *m.* **II.** *vn.* quedarse, permanecer; estarse quieto; parar o pararse; tardar, detenerse; hospedarse, alojarse.—**to s. away,** no volver.—**to s. in,** quedarse en casa, no salir.—**to s. in bed,** guardar cama.—**to s. out,** quedarse fuera, no entrar.—**to s. put,** (fam.) estarse quieto o en un mismo sitio.—**to s. up,** velar, no acostarse. **III.** *s.* estancia, residencia, estada, permanencia, quedada; suspensión, espera, parada, detención; (for.) sobreseimiento, cesación temporal de un procedimiento judicial; freno, impedimento, obstáculo; refuerzo; sostén, soporte, sustentáculo, apoyo; puntal, entibo; atesador, fiador; (arq.) arbotante, apeo, estribo, tirante, riostra; tentemozo; ballena de corsé; (mar.) estay; diagonal.—*pl.* corsé, cotilla.

stay-at-home [-æt houm], *s.* (fam.) persona casera; el que se está en su casa (a veces por cobardía, como en la guerra).

staybolt [-boult], *s.* (mec.) virotillo roscado, tornillo de separación y refuerzo.

staysail [-seil], *s.* (mar.) vela de estay.

stead [stɛd], *s.* (precedido de **in**) lugar, sitio; utilidad, provecho; auxilio, ayuda.—**in his s.,** en su lugar.—**in s. of,** en lugar de, en vez de, haciendo las veces de.—**to stand in (good) s.,** ser útil o de provecho.

ste(a)dfast [stɛ́dfæst], *a.* constante, inmutable; resuelto, determinado.—**steadfastly** [-li], *adv.* con constancia, con resolución.—**steadfastness** [-nis], *s.* inmutabilidad, constancia.

steadily [stɛ́dili], *adv.* constantemente; con constancia; de firme; regular o progresivamente.

steadiness [-nis], *s.* estabilidad, firmeza; entereza, constancia; sostén (de un buque).

steady [stɛ́di]. **I.** *a.* firme, fijo, seguro, estable; juicioso, formal, (a)sentado; constante, uniforme, continuo.—**s. flow,** flujo o corriente (*f.*) forme, continuo.—**s.-going,** metódico, constante.—**to go s.,** (fam.) salir repetidamente con la misma persona (del sexo opuesto). **II.** *va.* reforzar; hacer firme, impedir el movimiento de; calmar; fortalecer. **III.** *s.* (fam.) compañero.

steak [steik], *s.* (coc.) tajada para asar; biftec.

steal [stil]. **I.** *va.* y *vn.* (*pret.* STOLE; *pp.* STOLEN) hurtar, robar; introducirse clandestinamente, pasar furtivamente o a hurtadillas; colarse, escabullirse, escapar sin ser visto.—**to s. along,**

pasar en silencio, deslizarse sin ruido.—**to s. a march on,** ganar por la mano, sorprender; adelantarse o anticiparse (a uno).—**to s. away,** marcharse a hurtadillas; escabullirse.—**to s. down, forth, in, into,** descender, salir, penetrar furtivamente.—**to s. off** = TO S. AWAY.—**to s. over,** ganar insensiblemente.—**to s. the show,** (fig.) ganarse todos los aplausos.—**to s. up,** subir a ocultas.—**to s. upon,** aproximarse sin ruido a; sorprender. **II.** *s.* (fam.) hurto, robo.
stealer [-œ(r)], *s.* ladrón, ratero.
stealing [-iŋ], *s.* hurto, robo, ratería.
stealingly [-li], *adv.* furtivamente, ocultamente, secretamente.
stealth [stélθ], *s.* recato, cautela, reserva.—**by s.,** a hurtadillas, a escondidas.—**stealthily** [-ili], *adv.* clandestinamente.—**stealthy** [-i], *a.* furtivo, escondido, clandestino.
steam [stím]. **I.** *s.* vapor; vaho; humo, sahum(eri)o. **II.** *a.* de vapor; para vapor; por vapor.—**s. boiler,** caldera de vapor.—**s. chest,** caja o cámara de vapor.—**s. dome,** (m. v.) cúpula o cámara de distribución.—**s. engine,** máquina de vapor.—**s. fitter,** montador de calderas y cañerías de vapor.—**s. ga(u)ge,** manómetro.—**s. hammer,** martinete de vapor.—**s. heat, s. heating,** calefacción por vapor.—**s. jacket,** camisa de vapor.—**s. pipe,** tubo o tubería de vapor.—**s. port,** (m. v.) lumbrera de admisión.—**s. pressure,** presión del vapor.—**s. roller,** rodillo de vapor; (máquina) apisonadora de vapor; (mil. y fig.) fuerza arrolladora e incontrastable; (fam.) opresión, dictadura (de un partido, comité, etc.).—**s. shovel,** pala mecánica o de vapor.—**s.-tight,** a prueba de vapor, hermético.—**s. trap,** purgador de agua de condensación.—**with all s. on,** a todo vapor. **III.** *va.* proveer de vapor; ablandar o preparar (comestibles) con vapor; saturar de o limpiar con vapor; secar (ladrillos o adobes). **IV.** *vn.* generar vapor; emitir vaho o vapor; navegar o funcionar por vapor; evaporarse.
steamboat [-bout], *s.* buque de vapor.
steamer [-œ(r)], *s.* buque de vapor; cualquier máquina o vehículo de vapor; bomba de vapor para incendios; (coc.) marmita al vacío, vasija para cocer, esterilizar, etc., con vapor.—**s. rug,** manta de viaje.—**s. trunk,** baúl de camarote.
steamship [-ŝip], *s.* buque de vapor.—**s. agency,** agencia de vapores.—**s. line,** línea de vapores, mensajería.
steapsin [stiǽpsin], *s.* (bioquím.) esteapsina.
stearate [stíareit], *s.* (quím.) estearato.
stearic [stiǽrik], *a.* (quím.) esteárico.
stearin [stíarin], *s.* (quím.) estearina.
steatite [stíatait], *s.* (min.) esteatita.
steed [stid], *s.* caballo de regalo; corcel.
steel [stíl]. **I.** *s.* acero; arma blanca, espada; afilón, chaira (de afilar cuchillos); eslabón. **II.** *a.* de acero, acerino, acerado; duro; insensible.—**s. bronze,** bronce Uchatius (92% cobre, 8% estaño).—**s.-clad,** cubierto o revestido de acero, acorazado.—**s. engraving,** grabado en acero.—**s. industry,** industria siderúrgica.—**s. wool,** limaduras finas de acero. **III.** *va.* acerar, cubrir o armar de acero; acorazar; fortalecer; hacer insensible.
steeliness [-inis], *s.* dureza de acero.
steelworks [-wœrks], *s.* fundición (fábrica) de acero.
steely [-i], *a.* acerado, acerino, de acero; fuerte, inflexible, firme, duro.
steelyard [-yard], *s.* romana.—**to weigh with a s.,** romanear.
steep [stip]. **I.** *a.* empinado, pendiente, acantilado, escarpado; (fam.) excesivo, exorbitante. **II.** *s.* precipicio, despeñadero, derrumbadero. **III.** *va.* empapar, impregnar, remojar, macerar; poner en infusión; enriar (lino o cáñamo); (ten.) apelambrar (pieles).
steeper [-œ(r)], *s.* el que remoja, empapa, etc.; (ten.) pelambrero; remojadero, pelambrera.
steeping [-iŋ], *s.* remojo, empapada, maceración.
—**s. trough, tub,** o **vat,** cuba de remojar, remojadero; (ten.) pelambrera.
steeple [stípl], *s.* espira, aguja, campanario, torre, *f.* (de iglesia).
steeplechase [-cheis], *s.* (dep.) carrera de obstáculos; salto de vallas.
steeplechaser [-cheisœ(r)], *s.* (dep.) caballo o corredor de carreras de obstáculos.
steeplejack [-dẑæk], *s.* reparador de espiras, chimeneas altas, etc.
steepness [stípnis], *s.* calidad de empinado o pendiente; inclinación.
steepy [stípi], *a.* (poét.) enriscado.
steer [stir]. **I.** *s.* (zool.) novillo, novillejo; buey. **II.** *va.* (leng. ord., aut., etc.) guiar, dirigir, conducir; (mar.) gobernar, patronear (un barco). **III.** *vn.* navegar, timonear; gobernarse, conducirse, dirigirse; obedecer al timón.—**to s. clear of,** navegar a distancia prudente de, o evitando; evitar.
steerage [stíridẑ], *s.* (mar. y fig.) gobierno, dirección.—**s. (accommodation),** alojamiento de los pasajeros que viajan en cuarta (o tercera) clase.—**s. passenger,** pasajero de proa, de entrepuentes, de bodega o de combés.
steerageway [-wei], *s.* (mar.) movimiento de una embarcación suficiente para poder gobernarla por el timón.
steering [stíriŋ]. **I.** *s.* dirección, gobierno (de buque, automóvil). **II.** *a.* de timonear; de dirección o gobierno.—**s. column,** (aut.) columna de dirección.—**s. committee,** (pol.) comité o comisión de iniciativas.—**s. gear,** (mecanismo de) dirección.—**s. wheel,** (mar.) rueda del timón; (aut.) volante (de dirección); rueda directriz (de bicicleta, etc.).
steersman [stírzman], *s.* (mar.) piloto, timonel, timonero.
steeve, steeving [stív, -iŋ], *s.* (mar.) elevación angular del bauprés; grúa.
stegosaurus [stεgosórʌs], *s.* (pal.) estegosaurio.
stein [stain], *s.* pichel alemán para cerveza.
steinbok [stéinbak], *s.* (zool.) íbice, cabra montés.
stele [stíli], *s.* (arq. y bot.) estela.
stellar [stélä(r)], *a.* astral, estelar; (fig.) sobresaliente, superlativo.
stellar guidance, *s.* guía por referencia astronómica o estelar.
stellate [stélit], *a.* estrellado, estrellar.
stelliferous [stelífεrʌs], *a.* (poét.) estelífero.
stelliform [stélifɔrm], *a.* estrellado.
stellionate [stélyoneit], *s.* (for.) estelionato.
stellular [stélyulä(r)], *a.* estrellado; estelulado.
stem [stém]. **I.** *s.* (bot.) tallo, tronco, vástago, caña, varita; rabillo, pecíolo, pedúnculo; estirpe, linaje; (mec. y carp.) vástago, caña, espiga, cabillo; pie, *m.* (de copa); cañón de pluma; (gram.) raíz; rabo o rabito de una nota de música; (mar.) roda, roa, tajamar, branque.—**s.-winder,** (reloj de) remontuar o remontoir.—**s.-winding,** de remontoir.—**from s. to stern,** de proa a popa. **II.** *va.* ir contra, hacer frente a, oponerse a, detener; embestir con la proa; represar, contener; tapar o enlodar (una junta); quitar los pedúnculos; desgranar (uvas, pasas); poner pedúnculos postizos (para hacer ramilletes).—**to s. the tide,** rendir la marea. **III.** *vn.* detenerse, contenerse.—**to s. from,** radicar en, originarse en, emanar de.
stemless [-lis], *a.* (bot.) acaule.
stempel, stemple [stémpel], *s.* (min.) estemple, montante, asnado; travesaño.
stemson [stémson], *s.* (mar.) contrabranque, contrarroda.
stench [stεnch], *s.* hedor, hediondez.
stencil [sténsil]. **I.** *va.* estarcir. **II.** *s.* patrón para estarcir, estarcidor; estarcido, marca.
stenciler [-œ(r)], *s.* estarcidor.
stenograph [sténogræf]. **I.** *s.* escritura taquigráfica; maquinita para taquigrafiar. **II.** *va.* estenografiar, taquigrafiar.
stenographer [stenágrafœ(r)], *s.* taquígrafo(-fa), estenógrafo(-fa).

stenographic(al [stenográfik(al], *a.* taquigráfico, estenográfico.
stenography [stenágrafi], *s.* taquigrafía, estenografía.
stenosis [stenóusis], *s.* (med.) estenosis.
stenotypy [sténotaipi], *s.* estenotipia.
Stentor [sténtor], *s.* (mit.) estentor.—**(s.)** persona de voz muy fuerte.
stentorian [stentórian], *a.* estentóreo.
step [stép]. **I.** *va.* (*pret.* y *pp.* STEPPED) poner, sentar, plantar (el pie); (con **off**) medir (a pasos); hacer dientes (en llaves); (mar.) plantar (un mástil); (gen. con **down**) reducir, disminuir; escalonar; hacer escaleras en.—**to s. down,** (elec.) reducir (la tensión de una corriente; de donde **s.-down transformer,** transformador de reducción).—**to s. up,** acelerar (el paso); (elec.) elevar (la tensión de una corriente; de donde **s.-up transformer,** transformador elevador). **II.** *vn.* dar un paso; pisar, andar, caminar.—**to s. after,** seguir o ir detrás.—**to s. aside,** apartarse, hacerse a un lado.—**to s. back,** retroceder, volver atrás.—**to s. down,** bajar, descender.—**to s. forth,** avanzar.—**to s. in,** entrar; intervenir; meterse, entrometerse.—**to s. on,** poner el pie sobre, pisar; andar sobre.—**to s. on it,** o **to s. on the gas,** (fam.) menearse, darse prisa.—**to s. out,** salir; apearse (de un vehículo); apretar el paso; (fam.) divertirse, andar de parranda.—**to s. over,** atravesar.—**to s. short,** (mil.) acortar el paso.—**to s. up,** subir. **III.** *s.* paso; escalón; grada, peldaño (de escalera); barrote (de escalera de mano); (carr.) estribo; umbral (de la puerta de entrada); grado; pisada, huella; medida, diligencia; comportamiento; (mús.) intervalo; pedestal de máquina; quicio de eje vertical; diente de una llave; (mar.) carlinga; (rad.) elemento, unidad.—*pl.* medios, medidas, pasos, diligencias, gestiones; gradería; escalinata (escalera exterior); (danz.) mudanza.—**s. box,** (mec.) rangua.—**s. by s.,** paso a paso; punto por punto.—**by such steps,** por tales medios.—**in s.,** de acorde; a compás; llevando el paso; (elec.) en fase.—**out of s.,** discorde, en desacuerdo; no llevando el paso; (elec.) en discordancia de fase.
stepbrother [-brʌðœ(r)], *s.* medio hermano, o hermanastro.—**stepchild** [-chaild], *s.* hijastro, entenado.—**stepdaughter** [-dɔtœ(r)], *s.* hijastra, entenada.—**stepfather** [-faðœ(r)], *s.* padrastro.
stephanite [stéfanait], *s.* (min.) plata agria, negrillo.
stepladder [stéplædœ(r)], *s.* escala, escalera de mano.
stepmother [stépmʌðœ(r)], *s.* madrastra.—**stepsister** [-sistœ(r)], *s.* media hermana, hermanastra.—**stepson** [-sʌn], *s.* hijastro, entenado, alnado.
steppe [step], *s.* estepa, llanura.
stepped [stept], *a.* escalonado.
stepped-up [-ʌp], *a.* (E. U., fam.) acelerado, aumentado.
stepping-stone [stépiŋ stoun], *s.* estriberón, pasadera; piedra para apoyar el pie; escalón.
stercoraceous [stœrkoréiŝiʌs], *a.* estercolizo.
stere [stír], *s.* estéreo (un metro cúbico).
stereo [stériou]. **I.** *a.* estereofónico; estereoscópico; estereotipado; tridimensional. **II.** *s.* sistema, reproducción o sonido estereofónico; fotografía estereoscópica; estereotipo.
stereobate [stériobeit], *s.* (arq.) estereóbato.
stereochromy [-kroumi], *s.* estereocromía.
stereogram [-græm], *s.* (estad.) estereograma.
stereographic(al [-græfik(al], *a.* estereográfico.
stereography [-ágrafi], *s.* (geom.) estereografía.
stereometer [-ámetœ(r)], *s.* (fís.) estereómetro.
stereometry [-ámetri], *s.* (geom.) estereometría.
stereophonic [-fánik], *a.* estereofónico.
stereopticon [-áptikon], *s.* estereóptico, linterna mágica.
stereoscope [-oskoup], *s.* estereoscopio; óptica.
stereoscopic [-oskápik], *a.* estereoscópico.
stereotomy [-átomi], *s.* estereotomía.
stereotype [stériotaip]. **I.** *va.* (impr.) estereotipar, clisar. **II.** *s.* estereotipo, clisé.—**s. plate,** plancha estereotípica, estereotipia, clisé.—**s. press,** prensa o molde de estereotipar.
stereotyper [-taipœ(r)], *s.* (impr.) estereotipador.
stereotypic [-típik], *a.* estereotípico.
stereotyping [-taipiŋ], *s.* estereotipia, clisado.
stereotypography [-taipágrafi], *s.* estereotipia.
sterile [stéril], *a.* estéril, infecundo; improductivo, infructuoso.—**sterility** [sterílit̮i], *s.* esterilidad, infecundidad.—**sterilization** [sterilizéiŝon], *s.* esterilización.—**sterilize** [stérilaiz], *va.* y *vn.* (leng. ord. y med.) esterilizar.—**sterilizer** [-œ(r)], *s.*, **sterilizing** [-iŋ], *a.* esterilizador.
sterling [stœ́rliŋ], *a.* esterlina; genuino, puro, verdadero, de ley.—**s. silver,** plata fina (de 0,925).
stern [stœ́rn]. **I.** *a.* austero, duro, torvo, severo; firme, decidido. **II.** *s.* (mar.) popa; (fam.) rabo, cola.—**s. chase,** caza en que la nave que persigue marcha en la estela de la otra.—**s. chaser,** (arti., mar.) guardatimón.—**s. fast,** codera, tangidera, amarra de popa.—**s. timbers,** gambotas de popa.—**s.-wheeler,** bote de rueda trasera, bote de vapor que tiene a popa una rueda de paletas.
sternly [-li], *adv.* severamente.
sternmost [-moust], *a.* (mar.) popel.
sternness [-nis], *s.* severidad, rigor.
sternpost [-poust], *s.* (mar.) codaste, estambor; (aer.) codaste.
sternson [-son], *s.* (mar.) estrave, talón de quilla (ll. t. **stern knee** o **sternson knee**).
sternum [stœ́rnʌm], *s.* (anat.) esternón.
sternutation [stœrniutéiŝon], *s.* estornudo.
sternutatory [stœrniútat̮ori], *s.* y *a.* estornutatorio.
sternward(s [stœ́rnwärd(z], *adv.* (mar.) hacia o por la popa.—**sternway** [-wei], *s.* (mar.) reculada, cía, retroceso.
stertor [stœ́rto(r)], *s.* (med.) estertor.
stertorous [-ʌs], *a.* estertoroso.
stet [stet], *va.* (impr.) dejar como está, no cambiar.
stethograph [stéθogræf], *s.* (med.) estetógrafo, neumatógrafo.
stethometer [steθámetœ(r)], *s.* estetómetro, instrumento para medir los movimientos del tórax.
stethoscope [stéθoskoup], *s.* (med.) estetoscopio.
stethoscopic [-kápik], *a.* estetoscópico.
stethoscopy [steθáskopi], *s.* (med.) estetoscopia.
stevedore [stívedor], *s.* estibador, cargador de muelle.
stew [stiu]. **I.** *va.* y *vn.* (coc.) estofar; (fam.) agitarse, inquietarse; achicharrarse. **II.** *s.* estofado, guisado, cocido, puchero, olla; (fam.) ansiedad; agitación mental.—*pl.* burdel, lupanar.
steward [stiúwärd], *s.* administrador; mayordomo, senescal; despensero, ranchero; camarero.—**s.'s room,** despensa.—**stewardess** [-is], *s.* mayordoma, (aer.) aeromoza, azafata.—**stewardship** [-ŝip], *s.* mayordomía.
stewed [stiud], *a.* estofado; (fam.) borracho.—**s. meat,** estofado.
stewpan [stiúpæn], *s.* cazuela, cacerola, estufador.
stewpot [stiúpat], *s.* olla.
sthenia [sθínia], *s.* (med.) estenia.
sthenic [sθénik], *a.* esténico.
stibial [stíbial], *a.* estíbico, antimonial.
stibin(e [stíbin], *s.* (quím.) estibina.
stibium [stíbiʌm], *s.* (quím.) estibio, antimonio.
stich [stik], *s.* (poét.) verso. *V.* HEMISTICH.
stick [stík]. **I.** *s.* palo, estaca; garrote, porra; vara, bastón (de mando o autoridad); varilla; palillo (de tambor); barra, barrilla (de lacre, tinta china, etc.); batuta (de director de orquesta); estique de escultor; (mús.) arco de contrabajo; (impr.) componedor; (mar.) palo, verga; hurgonazo, estocada, pinchazo; adhesión, pegadura; parada, demora; duda, escrúpulo, vacilación; (fam.) bodoque; (teat.) mal actor.—*pl.* **sticks,** támaras o rozo, leña menuda, chabasca, chamarasca.—**s. and stone,** todito, todito.—**s.-lac,** laca en palillos.—**the sticks,** (fam.) las

afueras, despoblado. **II.** *va.* (*pret.* y *pp.* STUCK) pegar; clavar, hincar; prender (con alfiler), fijar (con tachuelas, etc.); meter, introducir; matar o herir de una puñalada o cuchillada; picar, punzar; llenar de puntas; (fam.) confundir, aturrullar; (fam.) embaucar, pegársela a uno; componer (tipo); (agr.) plantar (jalones).—**to s. out,** sacar, asomar, mostrar; perseverar hasta el fin en.—**to s. up,** (fam.) atracar, saltear, parar para robar.—**to s. up one's hands,** alzar uno las manos en señal de entrega o sumisión.—**to s. up one's nose at,** hacer un gesto de desprecio, despreciar, hacer ascos. **III.** *vn.* estar clavado o prendido; (con **out, through, from**) salir, resaltar, sobresalir; pegarse, adherirse; permanecer fijo; permanecer, estarse; verse o estar parado o detenido; perseverar, ser constante; dudar, vacilar; atollarse.—**to s. at,** detenerse, sentir escrúpulo de. —**to s. at it,** (fam.) persistir.—**to s. at nothing,** (fam.) no pararse en nada.—**to s. at trifles,** reparar en pelillos.—**to s. by,** sostener, apoyar; pegarse (a alguno).—**to s. close,** mantenerse juntos.—**to s. fast,** pegarse, adherirse fuertemente.—**to s. in the mud,** atascarse en el fango, atollarse.—**to s. to,** pegarse o adherirse tenazmente a; perseverar, persistir en; atenerse a.—**to s. to one's guns,** estarse o seguir uno en sus trece; mantenerse firme.—**to s. to one's last,** meterse uno en lo que le importa.—**to s. up for,** (fam.) volver por, apoyar, salir a la defensa de.—**he sticks at everything,** (fam.) se ahoga en poca agua.

sticker [-œ(r)], *s.* fijador de carteles; papel engomado por un lado (rótulo, cartel, etc.); (fam.) cuestión batallona, cosa peliaguda; (fam.) tapaboca, *m.*, argumento incontestable; persona perseverante; persona que permanece fiel (a un partido, etc.); cosa que no se vende bien, que no tiene salida o demanda.

stickiness [-ịnịs], *s.* calidad de pegajoso, glutinosidad, viscosidad.

sticking plaster [stíkịŋ plæstœ(r)], *s.* (med.) tafetán inglés, esparadrapo.

stick-in-the-mud [stík ịn ðẹ mʌd], *s.* persona tarda, perezosa, rutinaria o ultraconservadora.

stickle [stíkl], *vn.* porfiar, disputar por menudencias.

stickleback [-bæk], *s.* (ict.) gasterosteo.

stickler [stíklœ(r)], *s.* porfiador.

stickpin [stíkpịn], *s.* alfiler de corbata.

stick-up [-ʌp], *s.* (fam.) atraco, salto, salteamiento, robo por salteadores.

sticky [stíkị], *a.* pegajoso, pegadizo, viscoso.

stiff [stíf]. **I.** *a.* tieso; duro, firme; envarado, entorpecido, embotado; yerto, aterido; rígido, inflexible; tenso, tendido; desmañado, chabacano; afectado, estirado, ceremonioso; almidonado; espeso; terco, persistente; difícil, severo; (fam.) peliagudo; fuerte, bravo (viento, etc.); fuerte, obstinado (resistencia, etc.); fuerte, cargado (medicamento, bebida alcohólica); (com.) firme (mercado, precios); (fam.) subido, caro (precio); (mar.) de aguante.—**s.-backed,** testarudo, terco.—**s. collar,** cuello duro o muy almidonado.—**s. neck,** (med.) torticolis. *m.*—**s.-necked,** obstinado, terco, testarudo; cuellierguido.—**to be frightened,** o **scared, s.,** (fam.) casi morirse de miedo, quedarse yerto. **II.** *s.* apresto para entiesar sombreros; (fam.) persona huraña o estirada; (fam.) cadáver.

stiffen [-n]. **I.** *va.* atiesar; endurecer; espesar; envarar, aterir o arrecir de frío; dificultar; (elec.) aumentar la inductancia de. **II.** *vn.* atiesarse; endurecerse; enderezarse; espesarse; envararse, arrecirse, aterirse; obstinarse.

stiffener [-nœ(r)], *s.* contrafuerte (del calzado); refuerzo, nervio; lo que sirve para dar tiesura o rigidez a una cosa.

stiffly [-lị], *adv.* tiesamente; obstinadamente, inflexiblemente.

stiffness [-nịs], *s.* tiesura, inflexibilidad; rigidez, envaramiento; aterimiento; (med.) rigor; terquedad, obstinación; dureza de estilo; espesura.

stifle [stáịfl]. **I.** *va.* sofocar, ahogar, asfixiar; apagar; suprimir, callar, ocultar. **II.** *vn.* ahogarse, sofocarse o asfixiarse. **III.** *s.* acto o condición de sofocar.—**s. (joint),** (vet.) articulación de la pata trasera que corresponde a la rodilla.

stifling [-flịŋ], *a.* sofocante, ahogado(r).

stigma [stígmạ], *s.* estigma, *m.*, baldón, afrenta; (bot.) estigma; (anat. y zool.) marca o poro; (igl.) estigma; (med.) estigma, mancha en la piel.

stigmata [-tạ], *s. pl.* de STIGMA.

stigmatic [stịgmǽtịk], *a.* señalado, marcado; ignominioso; deforme.

stigmatize [stígmạtaịz], *va.* estigmatizar.

stile [staịl], *s.* portillo con escalones o con molinete; (carp.) larguero. *V.* STYLE.

stiletto [stịlétoụ], *s.* estilete; ojeteador, punzón.

still [stíl]. **I.** *va.* acallar, hacer callar; amortiguar; calmar, aquietar, apaciguar; parar, detener; destilar. **II.** *vn.* acallarse; calmarse, aquietarse. **III.** *adv.* todavía, aún; aun; no obstante, sin embargo, a pesar de eso. **IV.** *a.* inmóvil; fijo; tranquilo, silencioso, quieto; apacible, sosegado; suave, sordo (ruido); no espumoso (vino); muerto, inanimado.—**s. life,** (pint.) naturaleza muerta.—**s.-life painting,** (pint.) bodegón.—**s. water,** agua tranquila. **V.** *s.* silencio, quietud; alambique, destiladera.

stillage [-ịdž], *s.* caballete.

stillbirth [-bœrθ], *s.* (med.) parto muerto.

stillborn [-bɔrn], *a.* nacido muerto.

still-hunt [-hʌnt]. **I.** *va.* y *vn.* cazar al acecho; (pol.) solicitar votos clandestinamente (*v.* STALK); buscar o investigar secretamente. **II.** *s.* caza al acecho; (fam.) busca, pesquisa, conducta o método callados y cautos.

stilling [-ịŋ], *s.* poíno, codal.

stillness [-nịs], *s.* silencio, quietud, tranquilidad, calma.

stilly [-ị]. **I.** *a.* (poét.) tranquilo, silencioso. **II.** [-lị], *adv.* quietamente.

stilt [stílt], *s.* zanco; soporte; (orn.) ave zancuda.

stilted [-ịd], *a.* hinchado, altisonante, pomposo.

stimulant [stímyụlạnt], *a.* y *s.* estimulante.—**stimulate** [-leịt]. **I.** *va.* estimular, excitar, incitar; avivar; (med.) estimular. **II.** *vn.* servir como estímulo o aguijón; ser estimulante.—**stimulation** [-léịšọn], *s.* estímulo, aguijón o excitación; (med.) estimulación.—**stimulative** [-leịtịv]. **I.** *a.* estimulante. **II.** *s.* estímulo; excitación.—**stimulator** [-leịtọ(r)], *s.* irritador, acuciador.—**stimulus** [-lʌs], *s.* estímulo, aguijón; incentivo; (med.) estimulante; (bot.) aguijón.

sting [stíŋ]. **I.** *va.* y *vn.* (*pret.* y *pp.* STUNG) picar; punzar, pinchar, pungir; estimular, aguijonear; herir, atormentar; remorder la conciencia.—**to s. to the quick,** herir en lo vivo. **II.** *s.* aguijón; picadura, picada; picazón; (bot.) púa, aguijón; remordimiento de conciencia; estímulo.—**s. ray,** (ict.) pastinaca.

stinger [-œ(r)], *s.* cosa o animal que punza o pica; aguijón de un insecto.

stingily [stíndžịlị], *adv.* cicatera o tacañamente.

stinginess [-nịs], *s.* tacañería, cicatería, mezquindad, avaricia, (fam.) roñería.

stingless [stíŋlịs], *a.* sin aguijón; sin púa.

stingy [stíndžị], *a.* mezquino, tacaño, cicatero, avar(ient)o, (fam.) roñoso; escaso, poco, nimio.

stink [stíŋk]. **I.** *vn.* (*pret.* STANK o STUNK; *pp.* STUNK) heder, oler mal, apestar. **II.** *s.* hedor, hediondez.

stinkball [-bɔl], *s.* = STINKPOT.

stinker [-œ(r)], *s.* cosa o persona hedionda; (fam.) sujeto vil, tipo despreciable, canalla, *m.*; (orn.) petrel grande que se alimenta de carroña.

stinking [-ịŋ], *a.* hediondo, apestoso, maloliente.

stinking camomile, *s.* (bot.) magarzuela, manzanilla hedionda.

stinking iris, *s.* (bot.) lirio hediondo.

stinkingly [-lị], *adv.* hediondamente, con hediondez.

stinkpot [-pat], *s.* bomba asfixiante.
stinkweed [-wid], *s.* (bot.) estramonio.
stint [stint]. **I.** *va.* restringir, escatimar; asignar una tarea. **II.** *vn.* ser económico o parco, estrecharse. **III.** *s.* cuota, tarea; límite, restricción.
stipend [stáipend], *s.* estipendio, sueldo.
stipendiary [staipéndieri], *a.* y *s.* estipendiario, soldadero.
stipple [stípl]. **I.** *va.* (b. a.) picar, puntear, granear. **II.** *s.* picado, punteado.—**s. graver,** graneador.
stippling [stípliŋ], *s.* (b. a.) graneo.
stiptic(al [stíptik(al], *a.* estíptico.
stipulate [stípyuleit]. **I.** *va.* estipular, especificar. **II.** *vn.* estipular, contratar, pactar. **III.** *a.* (bot.) provisto de estípulas.
stipulation [-léiŝon], *s.* estipulación, condición; convenio, contrato, pacto.
stipule [stípyul], *s.* (bot.) estípula.
stir [stœ́r]. **I.** *va.* agitar, menear, batir; hurgar, remover, revolver; perturbar, excitar, irritar; animar, incitar; conmover; ventilar, discutir.—**to s. the fire,** atizar o avivar el fuego o la lumbre.—**to s. up,** conmover, excitar; aguijonear; poner en movimiento; revolver; despertar, suscitar (interés, etc.).—**to s. up a hornet's nest,** o **storm,** armar cisco, promover desórdenes. **II.** *vn.* moverse; menearse; rebullir. **III.** *s.* movimiento, conmoción, excitación, bullicio, alboroto, revuelo.—**to cause,** o **kick up, a great s.,** levantar gran polvareda; dar golpe, causar sensación.
stirrer [-œ(r)], *s.* agitador; batidor, molinillo; mecedero (de vinos); meneador.
stirrup [stírʌp], *s.* estribo; (zap.) tirapié; (mar.) estribo.—**s. bone,** (anat.) estribo (del oído).—**s. cup,** trago o copa de despedida.—**s. leather** o **strap,** ación.—**s. pump,** bomba de estribo.
stitch [stích]. **I.** *va.* coser, embastar, bastear, hilvanar, unir, juntar.—**to s. up,** remendar, (cir.) dar puntos. **II.** *vn.* coser, bordar. **III.** *s.* (cost.) puntada, punto, baste, basta; (med.) punzada, dolor punzante; (agr.) caballón, surco.
stitcher [-œ(r)], *s.* cosedor, cosedora; ribeteadora; (enc.) cosedor; máquina cosedora o de coser.—**stitching** [-iŋ], *s.* puntos, puntadas; costura; (enc.) cosido; pespunte, punto atrás, costura a máquina.
stithy [stíði], *s.* fragua; yunque.
stiver [stáivœ(r)], *s.* moneda holandesa; ardite.
stoat [stout], *s.* (zool.) armiño.
stochastic [stokǽstik], *a.* (estad.) estocástico.
stock [stak]. **I.** *s.* (bot. y hort.) tronco, cepa; patrón; injerto; (bot.) variedad de alhelí; berza; progenitor; estirpe, *f.*, cepa, raza, linaje; (for.) línea directa de una familia; (com.) capital comercial; acciones, valores; abasto, surtido (de mercancías); mercancías almacenadas, existencias; repuesto, provisión, cantidad de primeras materias; (teat.) repertorio; enseres muebles; (mec.) mango, manija, cubo, zoquete, leño, tajo; berbiquí de barrena; caja (de fusil, cepillo, etc.); cepo (de ancla, yunque); corbatín, alzacuello; colonia de abejas, colmena; baceta o monte de una baraja; ganado (= LIVE STOCK); (coc.) extracto; (fam.) importancia; confianza, fe, *f.*—*pl.* cepo (castigo); (com.) valores, acciones; (mar.) astillero, gradas de construcción.—**s.-blind,** totalmente ciego.—**s. blocks,** (mar.) polines de la grada.—**s. breeder,** criador de ganado.—**s. company,** (com.) compañía o sociedad anónima; (teat.) compañía de repertorio.—**s. dove,** (orn.) paloma silvestre.—**s. exchange,** (com.) bolsa, lonja (de acciones); asociación de corredores de bolsa.—**s. farm, s. farming,** ganadería.—**s. farmer,** ganadero.—**s. in hand,** mercancías en almacén, existencias.—**s. in trade,** artículos que se venden en una tienda; equipo, útiles (de un artesano, etc.); (fam.) caballo de batalla.—**s. market,** (com.) bolsa, mercado de valores.—**s. raising,** ganadería.—**s.-still,** inmóvil, fijo.—**in s.,** (com.) en existencia.—**on the stocks,** (mar.) en vía de construcción; (fig.) en preparación.—**out of s.,** (com.) agotado.—**to lay in a s. (of),** almacenar, proveerse (de).—**to take s. (in),** *v.* TO TAKE, *va.* **II.** *a.* rel. o pert. a la bolsa, a la ganadería o al teatro de repertorio; normal, usual; muy usado; estereotipado; (com.) de surtido.—**s. car,** (f. c.) vagón para ganado; coche de paseo con motor sobrealimentado (usado en las carreras automovilistas). **III.** *va.* surtir, abastecer; poner en surtido; acumular, juntar, acopiar; encepar (anclas, armas de fuego, etc.).
stockade [stakéid]. **I.** *va.* empalizar. **II.** *s.* empalizada, estacada, palanquera; vallado.
stockbroker [stákbroukœ(r)], *s.* corredor de bolsa, bolsista.
stockfish [-fiŝ], *s.* bacalao seco, pejepalo.
stockholder [-houldœ(r)], *s.* accionista, tenedor de títulos o acciones.
stockinet [stakinét], *s.* (tej.) elástica.
stocking [stákiŋ], *s.* media, calceta.—**s. frame,** telar de medias.—**s. weaver,** tejedor de medias.
stockish [stákiŝ], *a.* estúpido.
stockjobber [stákdžabœ(r)], *s.* (Ingl.) agente de corredores de bolsa; (E. U.) corredor de bolsa (apl. esp. al agiotista).—**stockjobbing** [-džabiŋ], *s.* oficio del *stockjobber;* agio(taje).
stockman [-mæn], *s.* ganadero; (com.) el encargado de las existencias.
stockpile [-pail]. **I.** *s.* acumulación de reservas, depósito de reserva. **II.** *va.* y *vn.* acumular, almacenar (materiales estratégicos).
stockroom [-rum], *s.* (com.) almacén, depósito, cuarto de existencias.
stocktaking [-teikiŋ], *s.* (com. y fig.) inventorio, acción de inventariar.
stocky [-i], *a.* rechoncho, fornido.
stockyard [-yard], *s.* corral de ganado.
stodgy [stádži], *a.* pesado, indigesto; soso, insípido; regordete; hinchado.
stogy [stóugi], *s.* bota burda o basta; cigarro tosco y barato, (fam.) tagarnina (ll. t. **stogie**).
Stoic, stoic [stóuik], *s.* y *a.*, **stoical** [-al], *a.* estoico.—**stoically** [-li], *adv.* estoicamente.—**stoicism** [stóuisizm] *s.* estoicismo; estoicidad.
stoichiometry [stoikiámetri], *s.* (quím.) estequiometría.
stoke [stóuk], *va.* y *vn.* (m. v.) atizar el fuego; calentar, alimentar, cargar (un hogar).
stokehold [-hould], *s.* (mar.) puesto de fogonero; cuarto de calderas.
stokehole [-houl], *s.* (m. v.) boca del horno; sitio del fogonero; cuarto de calderas.
stoker [-œ(r)], *s.* fogonero, paleador; alimentador de hogar, cargador (automático).
stole [stóul], *s.* (igl.) estola; estola (de señora).
stole, stolen [-n], *pret.* y *pp.* de TO STEAL.
stolid [stálid], *a.* estólido, impasible.
stolidity [stolíditi], *s.* estolidez, impasibilidad.
stolon [stóulan], *s.* (bot.) estolón.
stoma [stóumä], *s.* (bot., fisiol.) estoma, *m.*
stomach [stʌ́mak]. **I.** *s.* (anat., zool.) estómago; vientre, barriga; apetito; deseo, afición, inclinación.—**s. ache,** dolor de estómago, gastralgia.—**s. plaster,** estomaticón.—**s. pump,** bomba estomacal. **II.** *va.* tragar, digerir, sufrir, aguantar.
stomachal [-al], *a.* (anat.) estomacal.
stomacher [-œ(r)], *s.* peto (prenda de vestir).
stomachic(al [stomǽkik(al]. **I.** *a.* estoma(ti)cal, estomáquico. **II.** *s.* medicamento estomacal.
stomachless [stʌ́maklis], *a.* (fig.) desganado.
stomata [stóumatä], *s. pl.* de STOMA.
stomatitis [-táitis], *s.* (med.) estomatitis.
stomatology [-tálodži], *s.* (med.) ciencia de la boca y sus enfermedades.
stomatopod [stóumatopad], *s.* y *a.* (zool.) estomápodo, estomatópodo.
stone [stóun]. **I.** *s.* piedra; canto; roca, peña; piedra de molino, de amolar; piedra sepulcral; (joy.) piedra preciosa; (med.) piedra, cálculo; hueso, cuesco (de las frutas); (Ingl.) peso de

14 libras.—**S. Age,** edad de piedra.—**s.-blind,** enteramente ciego.—**s. bottle** o **jug,** caneca, tarro, botella de greda.—**s. breaker,** bocarte, triturador.—**s.-broke,** (fam.) tronado, arrancado, sin un cuartillo.—**s. coal,** antracita.—**s.-cold,** frío como la piedra, frío helado.—**s. color,** gris azulado.—**s. crusher** = s. BREAKER.—**s.-dead,** muerto como una piedra.—**s.-deaf,** enteramente sordo.—**s.-dumb,** enteramente mudo.—**s. fruit,** fruta de hueso.—**s. hammer,** dolobre, almádana, marra.—**s. mason,** albañil.—**s. masonry,** mampostería (de piedra), calicanto, cal (*f.*) y canto.—**s. oil,** petróleo.—**s. pit, s. quarry,** pedrera, cantera.—**s.-still,** enteramente quieto.—**s.wall,** vallado.—**s.'s cast, s.'s throw,** tiro de piedra, corta distancia.—**s. trough,** pilón. **II.** *va.* apedrear; deshuesar, despepitar, quitar los cuescos o huesos a las frutas; (alb.) revestir de piedras.—**to s. to death,** lapidar, matar a pedradas.

stonebreak [-breịk], *s.* (bot.) quebrantapiedras, *mf.*, saxífraga.

stonecrop [-krap], *s.* (bot.) ombligo de Venus; cualquier planta crasulácea.

stonecutter [-kʌtœ(r)], *s.* picapedrero, cantero, labrador de piedra.—**stonecutting** [-kʌtịŋ], *s.* corte o labra de piedras.

stoner [-œ(r)], *s.* apedreador, lapidador; despepitador(a), deshuesador(a) de frutas.

stoneware [-wɛr], *s.* cacharros; objetos de barro.

stonework [-wœrk], *s.* obra de sillería; cantería, albañilería, mampostería.

stoneworks [-wœrks], *s.* taller de cantería.

stoniness [-ịnịs], *s.* calidad de pedregoso o pétreo; (fig.) dureza, insensibilidad.

stoning [-ịŋ], *s.* pedrea, apedre(amient)o, lapidación.

stony [-ị], *a.* pedregoso; (ant. y poét.) de piedra, pétreo, lapídeo, lapidoso; duro, insensible; petrificante.—**s.-hearted,** insensible, cruel.—**s. site, spot** o **tract,** pedregal, pedriza.

stood [stụd], *pret.* y *pp.* de TO STAND.

stooge [studẑ], *s.* (fam., teat.) preguntador apostado en el auditorio para que haga preguntas preparadas a un comediante, que las contesta chistosamente; bufón que hace un papel algo semejante en la escena misma; (fam.) paniaguado, esbirro, secuaz servil.

stool [stul]. **I.** *s.* banquillo, taburete, escabel; tarimilla, banqueta; inodoro, sillico; (bot.) planta madre; (hort.) vástago acodado; (caza) señuelo, añagaza; cimillo.—*pl.* cámara, evacuación de vientre, deposiciones.—**s. pigeon,** cimbel, señuelo (en la caza de aves); (fam.) persona que sirve de señuelo, ya como confederado de los tahures, etc., ya como espía al servicio de la policía.—**to go to s.,** hacer del cuerpo. **II.** *va.* atraer con añagazas o señuelos. **III.** *vn.* echar tallos, retoños, etc.; evacuar (el vientre); atraer con señuelos; (fam.) hacer el papel de *stool pigeon.*

stoop [stúp]. **I.** *vn.* agacharse, doblar o inclinar el cuerpo; ir encorvado, ser cargado de espaldas; encorvarse, combarse hacia adelante; bajarse, humillarse, rebajarse; condescender; lanzarse, arrojarse sobre la presa. **II.** *va.* rebajar, degradar; (ant.) someter, abatir, hacer bajar. **III.** *s.* inclinación de hombros, cargazón (*f.*) de espaldas; descenso, caída; caimiento, declinación, abatimiento; (E. U.) gradería, escalinata de entrada. *V.* STOUP.

stoopingly [-ịŋlị], *adv.* con inclinación hacia abajo; servilmente.

stop [stap]. **I.** *va.* parar; detener, atajar, interceptar; suspender, paralizar; contener, reprimir, refrenar; obstruir, atascar, tapar; estancar, represar.—**to s. one's mouth,** tapar la boca a uno, no dejarle que decir.—**to s. payment,** suspender el pago (de un cheque).—**to s. payments,** suspender pagos.—**to s. short,** detener brusca o repentinamente.—**to s. up,** tapar, cerrar, obstruir, obturar, tupir. **II.** *vn.* parar; pararse; detenerse, hacer alto, demorarse; cesar; acabarse, terminar; (fam.) quedarse algún tiempo, alojarse, hospedarse; (mús.) cambiar el tono por medio de un agujero o un traste.—**¡s.!,** ¡alto!—**to s. at,** detenerse en, reparar en, pararse en; hacer escala en (un puerto).—**to s. over,** hacer escala (en); hacer tránsito.—**to s. short,** detenerse repentina o bruscamente.—**to s. (working,** etc.), cesar o dejar de (trabajar, etc.). **III.** *s.* parada, detención; cesación; pausa, alto; interrupción; suspensión, paro (de trabajo); obstáculo, impedimento, obstrucción; represión; (mús.) tecla; llave, *f.*; traste de guitarra; registro de órgano; (gram.) punto; (mec.) retén, fiador, seguro, leva, tope, paleta, linguete, trinquete.—**s.-gap,** tapón, relleno; procedimiento o cosa de conveniencia; subterfugio, escapatoria.—**s. light,** luz de parada.—**s.-over,** que permite detenerse en lugares intermedios (apl. a billetes de f. c.)—**s.-over point,** punto de escala, estación de escalas.—**s. sign** o **signal,** señal (*f.*) de parada o de alto.—**s. valve,** válvula reguladora o de cierre.—**s. watch,** cronógrafo, cronómetro, reloj de detención.—**to make a s.,** hacer alto. *V.* MAKE, *va.*

stopcock [stápkak], *s.* llave, *f.*, grifo, espita.

stope [stoụp]. **I.** *va.* (min.) excavar en escalones. **II.** *s.* obra en escalones.

stopover [stápoụvœ(r)], *s.* parada temporal en un lugar.

stoppage [stápịdẑ], *s.* cesación, interrupción; paro (del trabajo); detención, interceptación; obstrucción, impedimento; represa; retención (sobre un pago); (med.) estrangulación.—**s. in transit,** (for.) embargo de mercancías durante su transporte, por insolvencia del comprador.

stopper [stápœ(r)]. **I.** *va.* entaponar, tapar con tapón; (mar.) bozar. **II.** *s.* tapón; taco, tarugo; tapador, obturador; detenedor; (mar.) boza, estopor.—**s. bolts,** (mar.) argollas de boza.

stopping [stápịŋ]. **I.** *s.* parada; detención; interrupción. **II.** *a.* de detención, que detiene o para.—**s. place,** escala; lugar de descanso o de detención.

stopple [stápl]. **I.** *va.* entaponar, atarugar. **II.** *s.* tapón, tarugo, taco, bitoque.

storage [stórịdẑ], *s.* (derechos de) almacenaje.—**s. battery,** (elec.) batería de acumuladores, o acumulador.—**s. reservoir, s. tank,** depósito de abastecimiento; tanque o depósito de reserva.

storax [stóụræks], *s.* estoraque.—**s. tree,** (bot.) estoraque.

store [stór]. **I.** *s.* abundancia, acopio; provisión, repuesto; almacén, depósito; tienda.—*pl.* pertrechos, equipos; víveres, provisiones; municiones; bastimentos, provisiones de boca. **II.** *va.* proveer o abastecer; municionar o pertrechar; guardar; acumular, acopiar, recoger; tener en reserva; almacenar.

storehouse [-haụs], *s.* almacén.

storekeeper [-kipœ(r)], *s.* guardaalmacén; jefe de depósito; tendero, comerciante; (mar.) pañolero.

storeroom [-rum], *s.* despensa; bodega; cilla (para granos); almacén, cuarto de almacenar; (mar.) pañol de víveres.

storeship [-ŝịp], *s.* (mar.) urca, navío almacén.

storied [stórịd], *a.* historiado; legendario; de (tantos) pisos (un edificio).

storiette [storịét], *s.* cuentecillo, novela corta, historieta.

stork [stɔrk], *s.* (orn.) cigüeña; (fam.) mensajero imaginario que trae los recién nacidos.—**s.'s bill,** (bot.) geranio.

storm [stórm]. **I.** *s.* tempestad, temporal, tormenta o borrasca; vendaval; arrebato, frenesí; conmoción, tumulto; (mil.) ataque, asalto; turbonada.—**s. cellar,** sótano, bodega (usado como refugio o abrigo).—**s. door,** guardapuerta, cancel.—**s. troops,** (mil.) tropas escogidas de asalto.—**s. window,** sobrevidriera. **II.**

va. (mil.) asaltar, tomar por asalto. **III.** *vn. impers.* haber tormenta; bramar o estallar de cólera.

stormbird [-bœrd], *s.* (orn.) procelario, petrel.

storminess [-inis], *s.* estado borrascoso, tempestuoso.

stormy [-i], *a.* tempestuoso, borrascoso; violento, turbulento.

stormy petrel, *s.* (orn.) petrel de la tempestad (así llamado porque dicen que la presagia).

story [stóri]. **I.** *s.* historia; cuento, fábula, conseja; historieta; anécdota; (fam.) cuento de viejas, hablilla; enredo, trama, argumento; (fam.) mentira, embuste; (fam.) artículo (escrito); (arq.) alto, piso, planta.—**s. teller,** decidor de cuentos y anécdotas, narrador, cuentista; chismoso; embustero.—**as the s. goes,** según se dice, según cuenta la historia.—**to make a long s. short,** para abreviar.—**that is quite another s.,** eso es harina de otro costal. **II.** *va.* historiar, narrar; colocar en pisos o rimeros.

stoup, stoop [stup], *s.* copa o frasco para beber; (igl.) pila de agua bendita.

stout [stáut]. **I.** *a.* fornido, forzudo; gordo, corpulento; fuerte, sólido, firme; resuelto, intrépido, animoso. **II.** *s.* cerveza fuerte.

stouthearted [-hártid], *a.* bravo, valiente, animoso.

stoutly [-li], *adv.* vigorosamente; recio; con resolución.

stoutness [-nis], *s.* corpulencia, gordura; solidez; fuerza; intrepidez.

stove [stóuv], *s.* estufa, hornillo, cocina o fogón de hierro; (Ingl.) invernadero; horno cerámico.

stove, *pret.* y *pp.* de TO STAVE.

stovepipe [-paip], *s.* tubería del fogón a la chimenea; (fam.) chistera (ll. t. **stovepipe hat**).

stow [stóu], *va.* (a)prensar, atestar, hacinar; colocar, meter, alojar; esconder, ocultar; (mar.) estibar, arrumar, abarrotar; arrizar.—**to s. the hold,** (mar.) estibar, abarrotar.

stowage [-idž], *s.* almacenaje; (mar.) estiba; arrumaje.

stowaway [-awei], *s.* (mar.) polizón, llovido.

stower [-œ(r)], *s.* estibador.

strabismic (strabízmik], *a.* estrábico.

strabismus [-mʌs], *s.* (med.) estrabismo.

strabotomy [strabátomi], *s.* (cir.) estrabotomía.

straddle [strǽdl]. **I.** *vn.* esparrancarse; montar a horcajadas; (mec., carr.) tener los extremos alternados o al tresbolillo; (fam.) no tomar partido. **II.** *va.* montar a horcajadas; montarse en; (fam.) no tomar partido en; estar por ambas partes en (un partido, disputa). **III.** *s.* posición del que se esparranca o monta a horcajadas; (fam.) posición equívoca; operación de bolsa con opción de compra o venta.—**s.-legged, straddling,** patiabierto.

straddler [strǽdlœ(r)], *s.* (fam.) el que no se decide, o está entre dos bandos opuestos inclinándose hacia ambos.

Stradivarius [strædivériʌs], *s.* (mús.) estradivario, violín, etc.

strafe [streif]. **I.** *s.* bombardeo violento; ametrallamiento aéreo (ll. t. **strafing**). **II.** *va.* bombardear violentamente; (fam.) castigar.

straggle [strǽgl], *vn.* extraviarse; rezagarse; rodar, andorrear; extenderse, desparramarse; estar esparcido.

straggler [-glœ(r)], *s.* rezagado; vagamundo, tunante; rama extendida; objeto aislado.

straggling [-gliŋ], *a.* rezagado; extraviado; disperso; (estad.) dispersión estadística.

straight [stréit]. **I.** *a.* derecho, recto; directo, en línea recta; lacio (el pelo); erguido, derecho; justo, equitativo; íntegro, honrado; correcto, exacto; franco, o sin estorbos; seguido, no interrumpido.—**s. angle,** ángulo rectilíneo o derecho, ángulo de lados colineares (180).—**s. face,** cara seria.—**s. line,** línea recta.—**s.-line,** en línea recta; de movimiento en línea recta.—**s.-out,** (fam.) sincero, franco, abierto, sin disfraz; firme, intransigente.—**s.-side tire,** (aut.) neumático sin talón. **II.** *adv.* directamente, en derechura, en línea recta; luego, al punto, inmediatamente.—**s. ahead,** (todo) derecho; enfrente.—**s. away,** en seguida, inmediatamente.—**s. off,** sin vacilar, sin demora. —**s.-out,** sin rodeos, directamente, francamente. **III.** *s.* runfla de cinco naipes del mismo palo en el juego de *poker* (ll. t. **s. flush**).

straightedge [-ɛdž], *s.* regla (de trazar líneas).

straighten [-n], *va.* enderezar; poner en orden, arreglar; (con **out**) desenmarañar; (carp.) desalabear.—**straightener** [-œ(r)], *s.* enderezador, el que endereza o pone en orden.—**straightening** [-iŋ], *s.* enderezamiento; (carp.) desalabeo.

straightforward(s [-fórwărd(z]. **I.** *a.* recto, derecho; honrado, íntegro, sincero. **II.** *adv.* de frente.

straightly [-li], *adv.* en línea recta, directamente.

straightness [-nis], *s.* derechura, calidad de recto o derecho; rectitud, probidad, honradez.

straightway [-wei], *adv.* inmediatamente, luego.

strain [stréin]. **I.** *va.* hacer fuerza a; poner tirante; poner, consagrar (la atención, etc.); forzar (la vista, los nervios, etc.); someter a esfuerzo; estirar; forzar; extremar; perjudicar por esfuerzo excesivo; colar; cerar, tamizar, cribar; apretar; agarrar; (mec.) someter a esfuerzo; (mec.) deformar.—**to s. a point,** excederse; hacer una concesión; hacer violencia (a la lógica, a la conciencia, etc.).—**to s. to one's breast,** apretar a uno contra sí, abrazándole.—**strained relations,** relaciones tirantes. **II.** *vn.* hacer grande esfuerzo, esforzarse; resistir o estar sometido a esfuerzo; pasar o meterse por (un cedazo, una pared); infiltrarse.—**to s. at,** esforzarse o hacer grandes esfuerzos en o por. **III.** *s.* tensión, tirantez, esfuerzo fuerte o violento; (med.) lesión, relajación, torcedura, o cualquier otro daño debido a esfuerzo excesivo; (mec.) esfuerzo; deformación; huella, vena, indicio; (mús.) aire, melodía; acorde, acentos; parte distintiva de un poema, canto; verso; estilo, tono, modo de hablar o pensar; estirpe, *f.*, descendencia, raza, linaje; clase, *f.*; genio o disposición heredada.

strainer [-œ(r)], *s.* colador, coladera, coladero, filtro, tamiz, *m.*

strait [stréit]. **I.** *a.* (ant.) estrecho, angosto, ajustado, apretado; estricto, rigoroso.—**s. jacket,** camisa de fuerza.—**s.-laced,** ceñido; estricto; mojigato. **II.** *s.* (geog.) estrecho; garganta, desfiladero, angostura o paso estrecho; (a menudo *pl.*) apuro, aprieto, estrechez.

straiten [-n], *va.* estrechar, angostar, contraer; constreñir, reducir; embarazar, poner en calzas prietas; estorbar; apenar.—**straitened,** *a.* financieramente embarazado, en circunstancias apremiantes; necesitado, sin recursos.

straitly [-li], *adv.* estrechamente; estrictamente, rigorosamente.—**straitness** [-nis], *s.* estrechez, estrechura, angostura; aprieto, apuro; penuria.

strake [streik], *s.* (mar.) traca, hilada.

stramineous [stramíniʌs], *a.* pajizo; de o semejante a la paja; de color de paja; sin valor.

stramonium [stramóuniʌm], *s.* (bot. y farm.) estramonio.

strand [strǽnd]. **I.** *va.* y *vn.* (mar. y fig.) encallar, embarrancar, vararse, zabordar; dejar o quedarse desamparado; romper uno de los cabos de una cuerda; romperse en cordones; (re)torcer o trenzar (los cabos de un cordel). **II.** *s.* costa, marina, playa, ribera; cabo, hebra, hilo; hilo o sarta (de perlas); ramal, cordón (de cable); (aer.) cable de alambre con núcleo, formado arrollando varios alambres juntos al rededor de un alambre central.

stranded [-id], *a.* de cabos o cordones retorcidos (cable); (mar. y fig.) varado, zabordado; desamparado, sin recursos.—**s. wire,** alambre retorcido, cable de alambre.

stranding [-i̩ŋ], *s.* (mar.) encalladura, varada, zaborda(miento); retorcimiento (de cordel).

strange [stréi̩ndẑ]. **I.** *a.* extraño, singular, extraordinario, inaudito; forastero; ajeno; desconocido; retraído, reservado, esquivo.—**s. face,** cara desconocida.—**s. to say,** lo cual es extraño; (es) cosa extraña. **II.** *interj.* ¡cosa rara! ¡cáspita!

strangely [-li̩], *adv.* extrañamente; extraordinariamente.

strangeness [-ni̩s], *s.* extranjería; extrañeza, rareza; reserva, esquivez; maravilla.

stranger [-œ(r)], *s.* extranjero, extraño, forastero; desconocido.—**he is a s. to me,** me es desconocido.—**to be a s. to,** desconocer, no conocer; ser desconocido.—**you are a s.,** se vende Vd. muy caro, no se le ve a Vd., milagro es verlo.

strangle [strǽŋgl]. **I.** *va.* estrangular; agarrotar, dar garrote; ahogar, sofocar. **II.** *vn.* morir estrangulado, estrangularse.—**s. hold,** (fig.) influencia o acción avasalladora o paralizadora; dominio completo.

strangler [-glœ(r)], *s.* estrangulador.

strangulate [-gi̩ulei̩t], *va.* estrangular; (med. y cir.) estrangular (cerrar u obstruir por compresión para cortar la circulación).

strangulated [-i̩d], *a.* (med. y cir.) estrangulado, sometido a la constricción.

strangulation [-léi̩ŝo̩n], *s.* estrangulación.

strangury [strǽŋgi̩uri̩], *s.* (med.) estangurria.

strap [strǽp]. **I.** *s.* correa; tira, faja, banda; abrazadera; precinta; (tal.) gamarra; (mec.) cabeza de biela; (mil.) capona o charretera mocha; agarradero (de tranvía, autobús, etc.); (sast.) trabilla de pantalón; (zap.) tirante, tirador; (carr.) correón, sopanda; (mar.) gaza.—**s. brake,** freno de cinta.—**s. hinge,** bisagra de ramales.—**s. iron,** hierro en tiras; tira de hierro. **II.** *va.* liar, fajar o atar con correas; precintar; asentar (navajas de barba).

straphanger [-hæŋœ(r)], *s.* (fam.) pasajero que va colgado (en un metropolitano, ómnibus, etc.).

strapper [-œ(r)], *s.* el o lo que lía, ata, etc.; (fam.) cosa o persona alta y talluda.

strapping [-i̩ŋ]. **I.** *a.* (fam.) robusto, alto y fuerte.—**s. girl, woman,** mocetona, mujerona.—**s. youth,** mocetón. **II.** *s.* acción de liar, atar, etc.; correaje; (fam.) tunda, azotaina.

strata [stréi̩tä], *s. pl.* de STRATUM.

stratagem [strǽta̩dẑεm], *s.* estratagema, artimaña.

strategic(al [stra̩tídẑi̩k (a̩l], *a.* estratégico; ventajoso, dominante.—**strategics** [-s], *s.* estrategia.—**strategist** [strǽti̩dẑi̩st], *s.* estratégico.—**strategy** [-dẑi̩], *s.* estrategia.

strath [stræθ], *s.* (Esco.) valle extenso.

stratification [strǽti̩fi̩kéi̩ŝo̩n], *s.* (geol.) estratificación.—**stratiform** [-fɔrm], *a.* estratiforme.—**stratify** [-fai̩], *va.* estratificar.—**stratigraphic(al** [-grǽfi̩k(a̩l], *a.* estratigráfico.—**stratigraphy** [stra̩tígra̩fi̩], *s.* estratigrafía.

stratocracy [stra̩tákra̩si̩], *s.* despotismo militar.

stratosphere [strǽtosfi̩r], *s.* estratosfera.

stratum [stréi̩tʌm], *s.* estrato, lecho, capa, tonga, cama; (geol.) estrato; (anat.) capa de tejido.

stratus [stréi̩tʌs], *s.* (meteor.) estrato.

straw [strɔ́]. **I.** *s.* paja; bálago; sombrero de paja; bagatela, fruslería; indicio.—**not to care a s., no** importarle a uno un comino, no dársele a uno un bledo.—**the last s.,** el golpe de gracia, el acabóse.—**the s. that broke the camel's back,** la gota que colmó el vaso.—**to grasp at a s.,** aferrarse a la última esperanza. **II.** *a.* de paja; pajizo; baladí; falso, ficticio.—**s. bed,** jergón de paja.—**s.-colored,** de color pajizo.—**s. hat,** sombrero de paja.—**s. man,** nulidad; testaferro; títere.—**s. vote,** voto o votación no oficial, votos recogidos para determinar la opinión pública.

strawberry [-bεri̩], *s.* (bot.) fresa, (Am.) fresón, frutilla.—**s. patch,** fresal.—**s. plant,** fresera.—**s. tree,** (bot.) madroño; gayuba.

strawboard [-bɔrd], *s.* cartón de paja.

strawworm [-wœrm], *s.* (ent.) gorgojo.

strawy [-i̩], *a.* pajizo; de paja.

stray [stréi̩]. **I.** *vn.* descarriarse, extraviarse; desman(d)arse (el ganado); errar, desviarse del deber. **II.** *a.* extraviado, descarriado, perdido. **III.** *s.* persona o animal descarriado o perdido.—**straying** [-i̩ŋ], *s.* descarriamiento, descarrío.

streak [strík]. **I.** *s.* raya, lista, línea, faja, veta; rayo de luz; vena, rasgo de ingenio; traza, pizca; antojo, capricho; (min.) raspadura; (mar.) costura de tablas, traca, hilada.—**s. of luck,** racha.—**like a s.,** veloz como un relámpago. **II.** *va.* rayar, listar; abigarrar; gayar. **III.** *vn.* pasar o viajar con suma rapidez.

streaky [-i̩], *a.* rayado, listado, veteado, abigarrado; variado, desigual.

stream [strím]. **I.** *s.* corriente, *f.*; arroyo; corriente de agua (término que comprende ríos y arroyos); flujo, chorro (de líquido, gas, luz, etc.); curso.—**s. anchor,** (mar.) anclote.—**s. cable,** (mar.) calabrote.—**s. tin,** (min.) estaño de aluvión, en grano.—**against the s.,** contra la corriente.—**down s., up s.,** agua abajo, agua arriba. **II.** *va.* y *vn.* correr, manar, fluir, brotar; salir a torrentes; derramar con abundancia; lavar en agua corriente; ondear, flotar, flamear, tremolar (una bandera); pasar dejando un rastro de luz.

streamer [-œ(r)], *s.* (mar.) flámula, gallardete, banderola, grímpola; aurora boreal; encabezamiento al través o del ancho de la página (ll. t. **s. headline**).

streamlet [-li̩t], *s.* arroyuelo, riachuelo.

streamline [-lai̩n]. **I.** *s.* trayectoria (de una corriente, esp. de las uniformes o que no tienen remolinos); línea de trabajo o trayectoria de la vena líquida; perfil aerodinámico; línea perfilada. **II.** *a.* continuo y sin remolinos (movimiento); que permite o facilita flujo o corriente continuos, sin remolinos; aerodinámico, de líneas aerodinámicas, perfilado, fuselado, de tipo torpedo (ú. de automóviles, aviones, etc.). **III.** *va.* dar líneas aerodinámicas, dar forma que permita flujo continuo; (fig.) reducir o simplificar para hacer más efectivo o para obtener mayor rendimiento.

streamlined [-d], *a.* (aer.) aerodinámico, fuselado, perfilado; (fig.) moderno, efectivo; (fig.) flúido, corriente, fácil (*a streamlined operation,* operación fácil y flúida).

streamy [strími̩]. *a.* surcado de arroyos; que mana a chorros; radiante.

street [strít], *s.* calle, *f.*, rúa, vía pública.—**s. Arab,** golfo, pillete.—**s. cleaner** o **sweeper,** barrendero; barredera (automóvil).—**s. intersection,** bocacalle, *f.*, encrucijada.—**s. lamp,** farol.—**s. porter,** mozo de cuerda o de cordel.—**s. railway,** tranvía, *m.*—**s. railway worker,** tranviario.—**s. scenes,** escenas callejeras.—**s. sprinkler,** carricuba, carro de riego.

streetcar [-kar], *s.* (coche de) tranvía, *m.*

streetwalker [-wɔkœ(r)], *s.* prostituta de calle, nocherniega, andorr(er)a; callejero, andorrero.

strength [stréŋθ], *s.* fuerza, vigor; reciedumbre, reciura; potencia, pujanza, poder; validez, fuerza legal; (ing.) resistencia; aguante; fortaleza, firmeza, resistencia, solidez; intensidad; vehemencia; (quím.) concentración, grado de potencia o de concentración; cuerpo (del vino); seguridad, confianza; (mil.) número, magnitud (de soldados, de ejército, de fuerzas militares); (ant.) baluarte, plaza fuerte.—**s. of a current,** (elec.) intensidad de una corriente (gen. expresada en amperios).—**s. of a field,** (fís.) intensidad de un campo (magnético, de atracción, etc.).—**s. of materials,** (ing.) resistencia de materiales.—**on,** o **upon, the s. of,** fundándose en, confiando en.

strengthen [-n]. **I.** *va.* fortalecer, fortificar, ro-

bustecer; consolidar; confirmar, corroborar; reforzar; animar, confortar, alentar. **II.** *vn.* fortalecerse; reforzarse; arreciar(se).
strengthener [-œ(r)], *s.* refuerzo; confortador; corroborante.
strengthening [-iŋ]. **I.** *s.* fortalecimiento, robustecimiento; consolidación. **II.** *a.* fortalecedor, fortificante, robustecedor, tónico.
strengthless [-lis], *a.* débil, sin fuerza(s).
strenuous [strényuʌs], *a.* estrenuo, fuerte; activo, enérgico; acérrimo, tenaz.
strenuously [-li], *adv.* vigorosamente, enérgicamente, con grandes esfuerzos.—**strenuousness** [-nis], *s.* estrenuidad, energía, fortaleza.
streptococcus [streptokákʌs], *s.* (bact.) estreptococo.—**streptococcal infection,** (med.) estreptococia.
streptomycin [-máisin], *s.* (farm.) estreptomicina.
stress [strɛs]. **I.** *s.* fuerza, peso, importancia, entidad; (ing., mec.) esfuerzo; violencia, tensión; compulsión, coacción; acento tónico, énfasis.—**s. of weather,** mal tiempo.—**by s. of weather,** (mar.) a causa de un temporal. **II.** *va.* someter a esfuerzo; dar importancia o énfasis a, subrayar, poner de relieve; poner en aprieto.
stretch [strɛ́ch]. **I.** *va.* extender, alargar, tender; estirar, atesar; ensanchar, dilatar; violentar, forzar; (fam.) exagerar, llevar al extremo; (mar.) hacer toda fuerza de vela.—**to s. a point,** excederse, pasarse de los justos límites; hacer alguna concesión, ceder un poco.—**to s. forth,** alargar, extender.—**to s. one's self,** (d)esperezarse.—**to s. out,** extender, estirar, alargar. **II.** *vn.* alargarse, extenderse, dar de sí, dilatarse; estirarse, desplegarse; (fig.) esforzarse; exagerar.—**to s. out,** extenderse, desplegarse, prolongarse, llegar (hasta); echarse (en la cama, etc.).—**to s. out to sea,** (mar.) tirar a la mar. **III.** *s.* alargamiento; extensión, dilatación; elasticidad; tirantez, esfuerzo; violencia o interpretación forzada; alcance, trecho, distancia, tramo, tracto; lapso, tirada, intervalo; (mar.) bordada.—**s. of the imagination,** esfuerzo de la imaginación.—**at a s.,** de una vez, de un tirón.
stretcher [-œ(r)], *s.* tendedor; estirador, dilatador, atesador, ensanchador; camilla, andas, *f. pl.*, parihuela; (alb.) soga; ladrillo o losa planos; (carp.) viga, madero largo, tirante; (pint.) bastidor (para lienzo); (mar.) peana o pedestal de bote.—**s.-bearer,** camillero.
stretching [-iŋ], *s.* tendedura, alargamiento, estiramiento, entesamiento, tensión; dilatación; acostamiento; (d)esperezo.
strew [stru], *va.* (*pp.* STREWED o STREWN) regar, esparcir, derramar; rociar, sembrar, salpicar.
stria [stráiä], *s.* (arq.) estría.—**striate** [stráieit], *va.* estriar.—**striate(d** [stráieit(id], *a.* estriado.—**striation, striature** [-éiŝon, stráiachur], *s.* estriación, estriadura.
stricken [stríkn]. **I.** *pp.* de TO STRIKE. **II.** *a.* herido (por un proyectil); atacado, agobiado.—**s. in years,** viejo, entrado en años.
strickle [stríkl], *s.* rasero.
strict [stríkt], *a.* estricto, rígido; exacto, riguroso, escrupuloso; severo; áspero; estirado, tirante; (zool.) limitado, ceñido, estrecho.
strictly [-li], *adv.* estrictamente, exactamente, rigurosamente.—**s. private,** muy reservado.
strictness [-nis], *s.* exactitud, puntualidad; severidad, rigor; tirantez.
stricture [stríkchū(r)], *s.* crítica severa, censura; (med.) estrechez, constricción.
stride [straid]. **I.** *s.* paso largo, tranco, zancada. **II.** *va.* (*pret.* STRODE; *pp.* STRIDDEN) cruzar a grandes trancos; montar a horcajadas. **III.** *vn.* andar a trancos, (fam.) atrancar.
stridency [stráidensi], *s.* estridencia.
strident [-ent], *a.* estridente.
stridor [-o(r)], *s.* estridor.
stridulate [strídźuleit], *vn.* chirriar.
stridulation [-léiŝon], *s.* chirrido.
stridulous [-lʌs], *a.* chirriante, rechinante; (med.) estriduloso.
strife [straif], *s.* contienda, lucha, refriega; rivalidad, porfía.
strigil [strídźil], *s.* cepillo fuerte, raspador; (arq.) ondulación.—**strigilation** [-éiŝon], *s.* (med.) estrigilación.
strike [stráik]. **I.** *va.* (*pret.* STRUCK; *pp.* STRUCK o STRICKEN) golpear, pegar, apuñear; herir; cutir o percutir; batir, tocar; sonar (una campana); chocar con, dar contra; encender (un fósforo); acuñar (monedas); (con **off**) cortar, quitar, cercenar; cerrar (un trato); (con **out** u **off**) borrar, tachar, testar; trazar, dibujar; dar (la hora); ocurrirle a uno (una idea); parecer, causar una impresión; descubrir, hallar, dar con, llegar a; asumir (una postura); (mar.) arriar (una bandera); parar (el trabajo); cerrar (un establecimiento como resultado de una huelga); allanar, nivelar; (com.) pasar o hacer (balance).—**to s. a jury,** elegir jurado.—**to s. a lead** [lid], (min.) hallar una veta.—**to s. an arc,** (elec.) hacer que se forme un arco.—**to s. an average,** formar el promedio, tomar el término medio.—**to s. a snag,** dar contra un tronco sumergido; encontrar un obstáculo.—**to s. blind,** cegar o poner ciego de repente.—**to s. camp,** levantar el campo.—**to s. down,** (mar.) arriar; derribar; matar.—**to s. dumb,** hacer mudo; pasmar, asombrar, dejar atónito.—**to s. fire,** sacar fuego del pedernal, dar lumbre.—**to s. hands,** tocar la mano en señal de cerrar un contrato.—**to s. off,** (impr.) tirar, imprimir.—**to s. oil,** encontrar petróleo; (fam.) hacerse rico de súbito; encontrarse un entierro (fig.).—**to s. root,** echar raíces, arraigarse, acepar.—**to s. sail,** arriar una vela.—**to s. the tents,** plegar tiendas, levantar el campo.—**to s. through,** traspasar, atravesar; calar.—**to s. up,** (mús.) tocar, tañer.—**to s. with admiration,** llenar de admiración.—**to s. work,** hallar trabajo; (rara vez) declararse en huelga. **II.** *vn.* golpear, dar golpes; tropezar, dar contra; batir; sonar (una campana); (mar.) varar, encallar, embarrancar; (con **upon**) encontrarse; ir adelante, avanzar; brotar, estallar, manifestarse (una epidemia, etc.); declararse en huelga; rehusar, resistirse, plantarse; arriar el pabellón, rendirse; arraigar, echar raíces; (geol.) inclinarse, yacer; saturarse de sal (el pescado salado); (elec.) formar arco.—**to s. against,** chocar con, estrellarse contra.—**to s. at,** atacar, acometer.—**to s. back,** dar golpe por golpe.—**to s. for,** (fam.) dirigirse hacia; acometer.—**to s. home,** dar en el vivo.—**to s. in,** meterse; juntarse, unirse; interrumpir; conformarse con.—**to s. into,** comenzar de repente; penetrar.—**to s. on,** dar contra; descubrir.—**to s. out,** tomar una resolución; arrojarse, lanzarse.—**to s. upon** = TO S. AGAINST.—**to s. while the iron is hot,** hacer (uno) su agosto; aprovechar la ocasión; a hierro candente, batir de repente. **III.** *s.* golpe; ataque rápido e inesperado; huelga, paro del trabajo; (min.) descubrimiento de un filón; (fam.) buen éxito, ganga; rasero.
strikebreaker [-breikœ(r)], *s.* esquirol, obrero que reemplaza a los huelguistas, trabajador amarillo.
strikeblock [-blak], *s.* (carp.) cepillo bocel.
striker [-œ(r)], *s.* golpeador, percusor; huelguista.
striking [-iŋ], *a.* sorprendente, notable; llamativo; que llama la atención; vívido; conspicuo; que está en huelga; percuciente.
string [stríŋ]. **I.** *s.* cuerda; cuerdecita, cordel, bramante; cuelga, ristra; cinta, presilla; hilera, hilo, retahila, fila; sarta (de mentiras, perlas, etc.); fibra, nervio, tendón; (mar.) durmiente del alcázar y castillo.—*pl.* (mús.) instrumentos de cuerda; (fam.) condiciones, reservaciones, estipulaciones.—**s. bean,** (bot.) habichuela verde, judía, alubia.—**s. instrument,** instrumento de cuerda.—**to have on a s.,** (fam.)

tener (a uno) en un puño. **II.** *va.* (*pret.* y *pp.* STRUNG; (raro) *pp.* STRINGED) encordar; templar (un instrumento); ensartar, enhilar; encordelar; enhebrar; atar con bramante; tender (alambre, etc.); estirar, entesar; quitar las fibras.—**to s. (along)**, (fam.) engañar, tomarle el pelo a uno; posponer, hacer esperar a uno.—**to s. out**, extender.—**to s. up**, (fam.) ahorcar. **III.** *vn.* extenderse en línea; parecer hebras o fibras.—**to s. along**, (fam.) quedar acorde o conforme (con otro).

stringboard [-bɔrd], *s.* (arq.) zanca, pieza lateral (de escalera).

stringcourse [-kɔrs], *s.* (arq.) cordón.

stringed [-d], *a.* encordado, encordelado.—**s. instrument**, instrumento de cuerda.

stringency [stríndžęnsį], *s.* aprieto, apuro, estrechez.—**stringent** [-ęnt], *a.* estricto, riguroso, severo; (com.) tirante.

stringer [stríŋœ(r)], *s.* (carp.) zanca; (arq.) riostra; (f. c.) durmiente longitudinal; ensartador; encordador.

stringhalt [stríŋhɔlt], *s.* (vet.) cujera de caballo.

stringless [stríŋlįs], *a.* sin cuerdas; sin fibras.

stringy [stríŋį], *a.* fibroso, filamentoso; tenaz, duro, correoso.

strip [strįp]. **I.** *va.* (*pret.* y *pp.* STRIPPED, STRIPT) desnudar; despojar, quitar; desvestir, desguarnecer; robar; descortezar; ordeñar hasta agotar; desgarrar o cortar en tiras; desvenar, despalillar (tabaco); (mec.) desmontar.—**to s. a mast**, (mar.) desaparejar un palo.—**to s. off**, desnudar; deshojar (hojas). **II.** *vn.* desnudarse, despojarse (de). **III.** *s.* tira, faja, listón, lista; lonja (de carne).—*pl.* tabaco desvenado (ll. +. **strip** o **stemmed tobacco**).

stripe [stráįp]. **I.** *va.* rayar, gayar. **II.** *s.* raya, lista, banda, franja, tira, (mil.) galón, barra; cardenal (en el cuerpo); calaña, clase, *f.*, género.—**striped** [-d], *a.* rayado, listado, a rayas.—**striper** [-œ(r)], *s.* (fam.) hombre de galones (apl. a los militares).—**striping** [-įŋ], *s.* listas, franjas.

stripling [strípl̹įŋ], *s.* mozalbete, mozuelo.

strip mining, *s.* explotación (por excavadora) a cielo abierto (mina).

stripper [strípœ(r)], *s.* despalillador (de tabaco); removedor (de pintura, barniz, etc.); (tej.) cilindro descargador o desprendedor; minero de cielo abierto; pozo (de petróleo) casi agotado; (fam.) desnudista.

stripping [strípįŋ], *s.* despalillación (de tabaco); remoción (de pintura, barniz, etc.); corte en tiras; (fam.) desnudamiento.

strip tease, *s.* (E. U., fam.) desnudamiento.

stripteaser [stríptizœ(r)], *s.* (fam.) desnudista.

strive [straįv], *vn.* (*pret.* STROVE; *pp.* STRIVEN) esforzarse, hacer lo posible; disputar; oponerse; contrarrestar.

strobilaceous [strabįléįŝįʌs], *a.* (bot.) estrobiliáceo, conífero; de forma de cono.—**strobilation** [-éįŝǫn], *s.* reproducción asexual por división.

strobile [strábįl], *s.* (bot.) estróbilo.

strode [strouɖ], *pret.* de TO STRIDE.

stroke [stróuk]. **I.** *s.* golpe; (mec.) golpe (de émbolo), carrera (del émbolo); golpe del remo, boga, remada; (pint.) toque, pincelada; plumada, trazo (de pluma o lápiz), raya, rasgo; (med.) ataque fulminante; rasgo de ingenio; golpe de mano; en el billar, tacada, jugada; proeza; éxito, feliz encuentro; caricia con la mano.—**s. oar**, (mar.) bogavante, primer remero (ll. t. **stroke** y **stroke oarsman**).—**s. of a bell**, campanada.—**s. of a pen** o **brush**, plumada, pincelada.—**s. of a piston**, (mec.) embolada.—**s. of fortune, of (good) luck**, golpe de fortuna.—**s. of wit**, chiste, gracia.—**at one s.**, de un golpe, de un tirón.—**at the s. of 12**, al acabar de dar las doce. **II.** *va.* pasar la mano por, acariciar; frotar suavemente; (alb.) ranurar la piedra con cincel; (cost.) alisar un plegado.

strokesman [-smąn], *s.* (mar.) bogavante.

stroll [stróul]. **I.** *vn.* vagar, callejear, flanear; pasearse. **II.** *s.* paseo, vuelta.

stroller [-œ(r)], *s.* vagabundo; paseante, paseador; cochecillo o carretilla de nene; (teat.) farandulero, cómico ambulante o de la legua.

strolling [-įŋ], *s.* acción de vagar, pasearse, etc.—**s. troupe**, (teat.) farándula.

stroma [stróumą], *s.* (biol. y anat.) estroma; (bot.) estromo.

strombus [strámbʌs], *s.* (zool.) estrombo.

strong [strɔ́ŋ]. **I.** *a.* fuerte; firme; recio, robusto, fornido, de puños; concentrado, fuerte, espirituoso, de cuerpo (vino); capaz, hábil; violento, impetuoso; enérgico, eficaz; vivo, brillante, subido (colores); intenso, conmovedor; picante; celoso, acérrimo; marcado, pronunciado; numéricamente fuerte; (com.) pujante, con tendencia a la alza.—**s.-arm**, que emplea la fuerza o violencia.—**s. box**, cofre fuerte, caja de caudales.—**s.-bodied**, fornido, membrudo.—**s.-bodied wine**, vino de mucho cuerpo.—**s. drink**, bebida alcohólica.—**s.-handed**, fuerte de manos y puños.—**s.-minded**, de espíritu vigoroso; de ideas ahombradas y hombrunas (apl. a mujeres).—**s. room**, cuarto fuerte para guardar objetos de valor.—**s. water**, agua fuerte.—**s.-willed**, de voluntad recia; resuelto; obstinado.—**an army ten thousand s.**, un ejército de diez mil hombres.—**by**, o **with, the s. arm**, con mano de hierro, por la fuerza. **II.** *adv.* fuertemente, enérgicamente; con entusiasmo.

stronghold [-houɫd], *s.* (mil.) plaza fuerte; fuerte, fortificación.

strongly [-lį], *adv.* fuertemente; firmemente, sólidamente; acérrimamente; vehementemente.

strongyle [strándžįl], *s.* estróngilo, gusano parásito del hombre y los animales.

strontia [stránŝįą], *s.* (quím.) estronciana.

strontianite [-naįt], *s.* (min.) estroncianita.

strontium [stránŝįʌm], *s.* (quím.) estroncio.

strop [strap]. **I.** *va.* asentar o suavizar (navajas). **II.** *s.* asentador o suavizador de navajas; (mar.) estrobo; gaza. *V.* STRAP.

strophe [stróufį], *s.* (poét.) estrofa.

strove [strouv], *pret.* de TO STRIVE.

struck [strʌk], *pret.* y *pp.* de TO STRIKE.—**s. jury**, (for.) jurado especial (escogido por procedimiento especial).—**s. measure**, medida al ras o rabajada (apl. a las de áridos cuando el contenido se empareja con los bordes superiores).—**s. plant**, establecimiento cerrado debido a una huelga.—**to be s. by**, o **with**, llamar la atención a uno (cambiando el giro), parecerle a uno digno de notar.

structural [strʌ́kchūrąl], *a.* estructural; de estructura; relativo a la estructura; (ing.) de construcción, de construcciones.—**s. iron** o **steel**, hierro o acero de construcciones; hierro o acero en barras de construcción.—**s. resistance**, (aer.) resistencia pasiva.—**s. shape**, barra de construcción (apl. a las que se denotan por su sección transversal—barra en U, de doble T, escuadra, etc.).—**structurally** [-į], *adv.* estructuralmente, en cuanto a la estructura.

structure [strʌ́kchū(r)], *s.* construcción (edificio, puente, etc.); estructura (disposición de las partes de un todo); (fig.) textura, hechura.

struggle [strʌ́gl]. **I.** *vn.* luchar, pugnar, bregar, forcejar; esforzarse; contender; agitarse. **II.** *s.* esfuerzo; disputa, contienda; pugna, forcejeo; lucha, conflicto.

strum [strʌm], *va.* y *vn.* arañar, tocar mal un instrumento de cuerda; rasguear una guitarra, etc.

struma [strúmą], *s.* (med.) estruma, escrófula, lamparón; bocio, papera.

strummer [strʌ́mœ(r)], *s.* rascacuerdas (fam.), mal tocador (de piano, guitarra, arpa, etc.).

strumous [strúmʌs], *a.* estrumoso, escrofuloso.

strumpet [strʌ́mpįt], *s.* ramera.

strung [strʌŋ], *pret.* y *pp.* de TO STRING.

strut [strʌt]. I. *vn.* contonearse, pavonearse, farolear; inflarse, ensoberbecerse. II. *va.* (ing., etc.) apuntalar; (ar)riostrar; ademar. III. *s.* contoneo, pavonada; (ing.) pieza de compresión, poste, puntal; columna; (carp.) riostra, jabalcón, tornapunta de caballete; (min.) adema.
struthious [strúθịʌs], *a.* (orn.) parecido o perteneciente a los avestruces.
strychnin(e [stríknịn], *s.* (quím.) estricnina.
stub [stʌ́b]. I. *s.* (agr.) tocón, cepa; zoquete; fragmento, resto; punta, cabo o colilla (de cigarro, etc.); talón.—**s. book,** libro talonario. —**s. iron,** hierro hecho de clavos viejos.—**s. nail,** puntilla, hita.—**s. pen,** pluma de escribir de punta mocha, pluma para letra redonda.—**s. twist,** hierro para cañones de fusil. II. *va.* tropezar contra una cosa baja; (agr.) rozar, desarraigar; reducir a tocón.
stubbed [-d], *a.* a modo de tocón; lleno de tocones; rozado; fuerte, vigoroso; grosero.
stubbedness [-ịdnịs], *s.* forma parecida a un tocón.
stubble [stʌ́bl], *s.* (agr.) rastrojo; barba cerdosa. —**s. field,** rastrojo, rastrojera.
stubborn [stʌ́bọrn], *a.* obstinado, terco, tesonero, contumaz, cabezudo, reacio, testarudo o porfiado; reñido; inquebrantable.—**stubbornly** [-lị], *adv.* inflexiblemente, tercamente.—**stubbornness** [-nịs], *s.* obstinación, terquedad, porfía, tesonería, testarudez, contumacia.
stubby [stʌ́bị], *a.* cachigordete (fam.); gordo, corto y tieso; cerdoso; cubierto de cepas.
stucco [stʌ́koụ]. I. *va.* (alb.) estucar. II. *s.* estuco. —**s. plasterer,** estucador, estuquista.—**s. work,** guarnecido, estuco.—**s. worker** = S. PLASTERER.
stuck [stʌk], *pret.* y *pp.* de TO STICK.—**s. on,** (fam.) enamorado de.—**s.-up,** (fam.) presuntuoso, presumido, encopetado, estirado.—**to get s.,** atascarse.
stud [stʌ́d]. I. *s.* (carp.) poste de tabique, paral, montante, pie derecho; perno, pasador; tachón, clavo de adorno; botón de camisa o cuello, gemelo de puño; refuerzo de eslabón; yeguada, caballada; caballeriza; (elec.) tornillo de contacto.—**s. bolt,** perno trabado o de extremos roscados. II. *va.* tachonar.
studbook [-bụk], *s.* registro genealógico de caballos.
studding sails [-ịŋ seịlz], *s. pl.* (mar.) alas o arrastraderas, rastreras.
student [stịúdẹnt], *s.* estudiante, estudianta; alumno, discípulo, escolar, educando; investigador; observador; persona que estudia o se ocupa en un asunto.—**s. body,** alumnado, estudiantado, el grupo estudiantil.—**s. lamp,** quinqué, lámpara Argand.
studhorse [stʌ́dhɔrs], *s.* caballo padre, semental.
studied [stʌ́dịd], *a.* estudiado, premeditado.
studio [stịúdịoụ], *s.* estudio, taller; gabinete.
studious [stịúdịʌs], *a.* estudioso; aplicado, asiduo, solícito; estudiado.—**studiously** [-lị], *adv.* estudiosamente, asiduamente.—**studiousness** [-nịs], *s.* estudiosidad, aplicación al estudio.
studwork [stʌ́dwœrk], *s.* (carp.) entramado.
study [stʌ́dị]. I. *s.* estudio; asignatura, materia que se estudia; estudio, retrete, gabinete, despacho; meditación profunda; solicitud, cuidado; (b. a.) ensayo, bosquejo; (mús.) estudio, ejercicio.—**to be in a brown s.,** estar absorto en sus pensamientos. II. *va.* estudiar; cursar (una asignatura, etc.); investigar, contemplar, examinar; (con **out** o **up**) considerar, meditar; idear, proyectar. III. *vn.* estudiar; meditar.
stuff [stʌ́f]. I. *s.* material, materia prima; materia, substancia, elemento fundamental; cosa, objeto; cachivaches, chismes, baratijas, mueblaje; desechos, desperdicios; cosas, ideas o sentimientos sin valor; fruslería; género, paño, tela, estofa; (farm.) jarope, mejunje, pócima; (mar.) betún; (carp.) tablas, tablillas. II. *interj.* ¡bagatela! ¡niñería! ¡fruslería! III. *va.* henchir, llenar; (coc.) rellenar (un pavo, etc.), embutir; hartar; atestar, empaquetar; disecar (un animal); meter (la mano en el bolsillo).—**to s. a ballot box,** (pol.) echar votos fraudulentos en una urna electoral. IV. *vn.* y *vr.* atracarse, hartarse, engullir, tupirse.
stuffed [-t], *a.* relleno; hartado; atestado.—**s. figure,** pelele.—**s. shirt,** (fam.) persona pretensiosa y pomposa.
stuffing [-ịŋ], *s.* material con que se atesta o rellena una cosa; atestadura, rehenchimiento; (mec.) empaquetado; (coc.) relleno.—**s. box,** (mec.) caja de empaquetado, prensaestopas.
stuffy [-ị], *a.* mal ventilado, sofocante; obstruído; insípido, de poco interés; (fam.) relamido; (fam.) murrio.
stull [stʌl], *s.* (min.) entablado o andamio de protección contra piedras desprendidas.
stultification [stʌltịfịkéịŝọn], *s.* embobecimiento, aturdimiento.
stultify [-faị], *va.* embrutecer, atontar, embobecer; (for.) alegar locura o estupidez.
stum [stʌm], *s.* mosto.
stumble [stʌ́mbl]. I. *vn.* tropezar, dar un traspié; (con **on** o **upon**) encontrar o tropezar con. II. *s.* traspié, tropiezo, tropezón, desliz, *m.*, desatino.
stumbler [-blœ(r)], *s.* tropezador.
stumbling [-blịŋ], *s.* tropezadura, tropezón.—**s. block,** tropiezo, obstáculo.
stump [stʌ́mp]. I. *s.* tocón, cepa; cabo; troncho (de col); muñón (de brazo o pierna); raigón (de una muela); poste; (b. a.) esfumino, difumino; tope de cerradura; tribuna pública; (pol.) arenga electoral; (fam.) desafío, reto.—**to be up a s.,** (fam.) estar en un brete. II. *a.* parecido a un tocón; perteneciente a una arenga política. —**s. speaker,** orador callejero. III. *va.* recorrer haciendo discursos políticos; (fam.) desafiar; cachifollar, dejar patidifuso; tropezar; (b. a.) esfumar, difum(in)ar. IV. *vn.* renquear; andar sobre los muñones; (fam.) pronunciar discursos políticos.
stumper [-œ(r)], *s.* **stump orator, stump speaker,** arengador político.
stumpy [-ị], *a.* lleno de tocones; tozo, (fam.) cachigordete.
stun [stʌn]. I. *va.* aturdir, atontar; pasmar, privar; atronar, atolondrar, ensordecer, aturrullar. II. *s.* choque, golpe o sacudimiento que aturde; aturdimiento.
stung [stʌŋ]. I. *pret.* y *pp.* de TO STING. II. *a.* (fam.) burlado, chasqueado, engañado.
stunk [stʌŋk], *pret.* y *pp.* de TO STINK.
stunner [stʌ́nœ(r)], *s.* el o lo que aturde, atolondra o aturrulla; (fam.) cosa pasmosa.
stunning [stʌ́nịŋ], *a.* aplastante; (fam.) sorprendente; (fam.) magnífico, excelente; (fam.) elegante, hermoso.
stunt [stʌ́nt]. I. *va.* impedir el crecimiento o desarrollo de, no dejar medrar. II. *vn.* (fam.) hacer ejercicios malabares o gimnásticos; hacer suertes y otras pruebas de agilidad y destreza; hacer maniobras sensacionales; (aer.) hacer acrobacias. III. *s.* falta de crecimiento o desarrollo; animal o planta achaparrados; (fam.) suerte, *f.*, ejercicio o acción de habilidad o destreza; maniobra sensacional (sobre todo en el aire); (aer.) acrobacia.—**s. flying,** vuelos acrobáticos.
stunted [-ịd], *a.* mal desarrollado, atrofiado; achaparrado (árbol); enclenque, raquítico.
stupe [stịup]. I. *s.* (med.) fomento, compresa. II. *va.* fomentar.
stupefacient [stịupẹféịŝẹnt], *s.* y *a.* estupefaciente.
stupefaction [-fǽkŝọn], *s.* estupefacción, pasmo, estupor.
stupefactive [-fǽktịv], *a.* estupefactivo.
stupefied [-faịd], *a.* estupefacto, (fam.) turulato.
stupefier [-faịœ(r)], *s.* lo que produce estupor.
stupefy [-faị], *va.* causar estupor, dejar estupefacto, entorpecer, atolondrar; pasmar.
stupendous [stịupéndʌs], *a.* estupendo.

stupendously [-li], *adv.* estupendamente.
stupendousness [-nis], *s.* calidad de estupendo o maravilloso.
stupid [stiúpid], *a.* estúpido, tonto, necio, mentecato; aburrido(r); estupefacto, turulato.
stupidity [stiupíditi], **stupidness** [-nis], *s.* estupidez; necedad, mentecatada; inepcia.
stupidly [-li], *adv.* estúpidamente.
stupor [stiúpo(r)], *s.* estupor; atontamiento, estupidez.
sturdily [stœ́rdili], *adv.* robustamente, vigorosamente; tenazmente.—**sturdiness** [-nis], *s.* robustez, fuerza, vigor; tenacidad.
sturdy [stœ́rdi]. **I.** *a.* fuerte, robusto, vigoroso; firme, tenaz, porfiado. **II.** *s.* (vet.) modorra.
sturgeon [stœ́rdžon], *s.* (ict.) esturión, *m.*, sollo, marón.
stutter [stʌ́tœ(r)]. **I.** *vn.* tartamudear; (fam.) tartalear. **II.** *s.* tartamudeo.—**stutterer** [-œ(r)], *s.* tartamudo.—**stuttering** [-iŋ]. **I.** *s.* tartamudeo. **II.** *a.* tartamudo, tartajoso, balbuciente.
sty [stai], *s.* (*pl.* STIES) zahurda, pocilga; zaquizamí, tabuco, cuchitril; lupanar, burdel; (med.) orzuelo, hordéolo (ll. t. **stye**).
Stygian [stídžian], *a.* estigio; infernal.
style [stáil]. **I.** *s.* estilo, dicción, lenguaje; modo, uso, manera, moda, tono; género, escuela; (arq.) estilo; título, tratamiento; estilo, punzón para escribir; buril; estilo o gnomon del reloj de sol; (cir.) estilete; (zool.) púa; (bot.) estilo.—**to be in s.**, estilarse, estar de moda. **II.** *va.* (in)titular, nombrar, llamar.
style book, *s.* (impr.) reglamento, libro de reglas; libro de moda.
stylet [-ɛt], *s.* estilete, punzón; (zool.) púa.
stylish [-iŝ], *a.* elegante; a la moda.
stylist [-ist], *s.* estilista.
stylite [-ait], *s.* (hist., igl.) estilita.
stylize [-aiz], *va.* estilizar.
stylobate [stáilobeit], *s.* (arq.) estilóbato.
stylograph [-græf], *s.* estilógrafo.
stylographic [-grǽfik], *a.* estilográfico.—**s. pen,** pluma estilográfica.
styloid [stáiloid], *a.* (anat.) estiloideo.
stylus [stáilʌs], *s.* estilo, punzón.
stymie [stáimi], *va.* frustrar, obstaculizar.
styptic [stíptik], *a.* y *s.* (med.) estíptico; astrictivo, astringente.
stypticity [stiptísiti], *s.* (med.) estipticidad.
styracaceous [stairakéiŝʌs], *a.* (bot.) estiracáceo.
styrax [stáiræks], *s.* (bot.) estoraque.
Styx [stiks], *s.* Estigia.
suable [siúabl], *a.* (for.) acusable, demandable; que puede ser perseguido en justicia.
suasion [swéižon], *s.* persuasión.—**moral s.,** influencia moral, medidas morales, sanción moral.
suasive [swéisiv], *a.* persuasivo, suasorio.
suave [swáv], *a.* suave, afable; urbano.
suavity [-iti], *s.* suavidad; afabilidad, dulzura, blandura; urbanidad.
sub [sʌb]. **I.** *s.* (abrev. fam.) subordinado; suplente, reemplazo; submarino. **II.** *vn.* (abrev. fam.) (con **for**) substituir, hacer las veces de.
subacetate [sʌbǽsēteit], *s.* (quím.) subacetato.
subacid [sʌbǽsid], *a.* agrillo; (quím.) subácido.
subacrid [sʌbǽkrid], *a.* asperillo.
subagent [sʌbéidžent], *s.* subejecutor, subagente.
subalpine [sʌbǽlpain], *a.* del límite superior de la vegetación forestal en las montañas.
subaltern [sʌbóltœrn]. **I.** *a.* subalterno, subordinado, dependiente. **II.** *s.* oficial subalterno; alférez, *m.*; teniente.
subalternant [sʌboltœ́rnant]. **I.** *a.* (lóg.) universal. **II.** *s.* proposición universal.
subalternate [sʌbóltœrnit], *a.* sucesivo; subalterno o subordinado.
subaqueous [sʌbéikwiʌs], *a.* subacuático.
subbase [sʌ́bbeis], *s.* (arq.) miembro más bajo de una base. *V.* SUBBASS.
subarctic [sʌbárktik], *a.* subártico.
subassembly [sʌ́basɛmbli], *s.* disposición; subconjunto.
subatom [sʌbǽtom], *s.* (fís.) subátomo.
subbass [sʌ́bbeis], *s.* (mús.) registro grave del pedal.
subcaliber [sʌbkǽlibœ(r)], *a.* de menor calibre que el del cañón del arma (apl. a proyectiles).
subcarbonate [sʌbkárbonit], *s.* (quím.) subcarbonato.
subcellar [sʌ́bsɛla(r)], *s.* subsótano, sótano inferior.
subchanter [sʌbchǽntœ(r)], *s.* (igl.) sochantre.
subchaser [sʌ́bcheisœ(r)], *s.* cazasubmarinos.
subclass [sʌ́bklæs], *s.* (bot., zool.) subclase.
subclavian [sʌbkléivian], *a.* (anat.) subclavio.
subcommittee [sʌ́bkomiti], *s.* subcomisión, subcomité.
subconscious [sʌbkánŝʌs], *a.* subconsciente.
subconsciousness [-nis], *s.* subconsciencia.
subcontinent [sʌ́bkantinent], *s.* subcontinente.
subcontract [sʌbkántrækt]. **I.** *s.* subcontrato. **II.** *va.* y *vn.* subcontratar.
subcontractor [-trǽkto(r)], *s.* subcontratista.
subcostal [sʌbkástal], *a.* (anat.) subcostal.
subcritical [sʌbkrítikal], *a.* (quím., fís.) subcrítico.
subcutaneous [sʌbkiutéiniʌs], *a.* subcutáneo, hipodérmico.
subdeacon [sʌbdíkon], *s.* (igl.) subdiácono.
subdeaconship [-ŝip], *s.* subdiaconato.
subdean [sʌ́bdin], *s.* subdecano o vicedecano.
subdeb [sʌ́bdɛb], *s.* (fam.) subdebutante.
subdelegate [sʌbdɛ́lēgeit]. **I.** *s.* subdelegado. **II.** *va.* subdelegar.—**subdelegation** [-éiŝon], *s.* subdelegación.
subdivide [sʌbdiváid], *va.* subdividir.
subdivisible [sʌbdivízibl], *a.* subdivisible.
subdivision [-vížon], *s.* subdivisión.
subdominant [sʌbdáminant], *a.* y *s.* (mús.) subdominante.
subduct [sʌbdʌ́kt], *va.* substraer, quitar, sacar.
subduction [sʌbdʌ́kŝon], *s.* substracción.
subdue [sʌbdiú], *va.* subyugar, sojuzgar, someter, vencer, avasallar, humillar, sujetar, dominar; domar o amansar; mejorar (tierras); suavizar. —**subdued tone,** tono sumiso; voz baja; color mortecino, apagado o amortiguado.
subduer [-œ(r)], *s.* sojuzgador, conquistador, avasallador; domador, amansador.
subeditor [sʌbɛ́dito(r)], *s.* subdirector de periódico, redactor subordinado.
subequatorial [-ikwatórial], *a.* vecino al ecuador.
suberic [siubɛ́rik], *a.* (quím.) subérico.
suberin(e [siúbœrin], *s.* (bioquím.) suberina.
suberose [súbœrous], *a.* (bot.) suberoso.
subexhaust [sʌ́bɛgzɔst], *s.* (m. comb. int.) escape auxiliar.
subfamily [-fǽmili], *s.* (biol.) tribu, *f.*, subfamilia.
subgenus [sʌbdžínʌs], *s.* (biol.) subgénero.
subgroup [sʌ́bgrup], *s.* subgrupo.
subhead(ing [sʌ́bhɛd(-hɛ́diŋ], *s.* subtítulo; título o encabezamiento secundario.
subhuman [sʌbhiúman], *a.* infrahumano, inferior al género humano; casi humano.
subindex [sʌbíndɛks], *s.* (mat.) subíndice.
subjacent [sʌbdžéisent], *a.* subyacente.
subject [sʌbdžɛ́kt]. **I.** *va.* sujetar, someter; sojuzgar, subyugar, avasallar; exponer, presentar; supeditar, subordinar. **II.** [sʌ́bdžikt], *a.* sujeto; expuesto, propenso; sometido, dominado, supeditado.—**s. to,** sujeto a, afecto a. **III.** *s.* súbdito; vasallo, materia, tópico, asunto, tema, *m.*, sujeto; asignatura (de estudios); (gram.) sujeto; (med.) individuo, sujeto; cadáver destinado a la disección.—**s. matter,** asunto, materia de que se trata.
subjection [sʌbdžɛ́kŝon], *s.* sujeción, supeditación, vasallaje, dependencia, servidumbre; sometimiento; ligadura.
subjective [-tiv], *a.* subjetivo.—**subjectively** [-li], *adv.* subjetivamente.—**subjectiveness** [-nis], *s.* subjetividad.—**subjectivism** [-izm], *s.* subjetivismo.—**subjectivist** [-ist], *s.* subjetivista.—**subjectivity** [-tíviti], *s.* subjetividad.

subjoin [sʌbdžóin], *va.* anadır, adjuntar.
subjugate [sʌ́bdžugeit], *va.* subyugar, sojuzgar, someter.
subjugation [-éišon], *s.* sujeción, subyugación, sojuzgamiento.
subjugator [-o(r)], *s.* sojuzgador, dominador.
subjunctive [sʌbdžʌ́nktiv], *a.* y *s.* subjuntivo.
subkingdom [sʌ́bkiŋdom], *s.* (biol.) subreino.
sublease [sʌ́blis]. **I.** *s.* subarriendo. **II.** [sʌblís], *va.* subarrendar.
sublet [sʌblét], *va.* subarrendar.—**subletter** [-œ(r)], *s.* subarrendador, subarrendante.—**subletting** [-iŋ], *s.* subarrendamiento.
sublevel [sʌ́blɛvel], *s.* subnivel.
sublieutenant [sʌbliuténant], *s.* (mil.) alférez, subteniente.
sublimate [sʌ́blimeit]. **I.** *s.* (quím.) sublimado. **II.** *va.* (quím.) sublimar; (fig.) refinar, purificar. —**sublimation** [-éišon], *s.* sublimación; exaltación; refinamiento, perfección.
sublimatory [sʌ́blimatori]. **I.** *a.* (quím.) sublimatorio. **II.** *s.* vasija para sublimar.
sublime [sʌbláim]. **I.** *a.* sublime, elevado, exaltado, excelso; supremo, extremo. **II.** *s.* lo sublime, sublimidad. **III.** *va.* y *vn.* sublimar, exaltar, ensalzar; (quím.) sublimar(se).—**sublimely** [-li], *adv.* sublimemente.—**sublimeness** [-nis], **sublimity** [sʌblímiti], *s.* sublimidad.
subliminal [sʌblíminal], *a.* subconsciente.
sublingual [sʌblíŋgwal], *a.* (anat.) sublingual.
sublunar [sʌbliúnär], **sublunary** [-i], *a.* sublunar, terrestre.
submachine gun [sʌbmašín gʌn], *s.* (mil.) ametralladora ligera, arma de fuego automática que puede usarse como fusil.
submarine [sʌ́bmarin]. **I.** *s.* y *a.* submarino, sumergible. **II.** *va.* hundir o atacar con un submarino.—**s. boat,** submarino (barco).—**s. chaser,** cazasubmarinos.—**s. mine,** mina submarina.
submarginal [sʌbmárdžinal], *a.* submarginal.
submaxilla [sʌbmæksílä], *s.* (anat.) maxilar inferior.
submaxillary [sʌbmǽksiläri], *a.* submaxilar.
submaxillary gland, *s.* (anat.) glándula submaxilar.
submerge [sʌbmœ́rdž], *va.* y *vn.* sumergir(se), hundir(se).—**submergence** [-ens], **submersion** [-šon], *s.* sumersión, sumergimiento, hundimiento.
submersible [-sibl], *s.* y *a.* sumergible; submarino.
submersion [sʌbmœ́ršon], *s.* sumersión, inmersión.
submicroscopic [sʌbmaikroskápik], *a.* submicroscópico.
submission [sʌbmíšon], *s.* sumisión, sometimiento, rendimiento; resignación; obediencia, deferencia; (for.) sometimiento a arbitraje.
submissive [-siv], *a.* sumiso, obediente, dócil.
submissively [-li], *adv.* sumisamente, humildemente, rendidamente.
submissiveness [-nis], *s.* calidad de sumiso; obediencia, mansedumbre, docilidad, humildad.
submit [sʌbmít]. **I.** *va.* someter, referir, dejar a la decisión (de); presentar, exponer como opinión propia, permitirse decir, proponer. **II.** *vr.* y *vn.* ceder, rendirse, someterse, conformarse, resignarse.
submultiple [sʌbmʌ́ltipl], *s.* (mat.) submúltiplo.
subnormal [sʌbnórmal]. **I.** *a.* subnormal, deficiente. **II.** *s.* (mat.) subnormal.
suborder [sʌbórdœ(r)], *s.* (bot. y zool.) suborden; (arq.) orden subordinado.
subordinacy [sʌbórdinäsi], *s.* subordinación, dependencia, sujeción.
subordinate [sʌbórdinit]. **I.** *a.* y *s.* subalterno, subordinado, inferior, dependiente, secundario. **II.** [-eit], *va.* subordinar, someter, sujetar.—**subordinately** [-li], *adv.* subordinadamente.—**subordination** [-éišon], *s.* subordinación, dependencia, sujeción; menoría.
suborn [sʌbórn], *va.* (for.) sobornar, cohechar.
subornation [-éišon], *s.* soborno, cohecho.
subornation of perjury, *s.* (for.) soborno de testigo.
suborner [-œ(r)], *s.* sobornador, cohechador.
subpena, subpœna [sʌ(b)pínä]. **I.** *s.* (for.) citación, comparendo. **II.** *va.* citar, emplazar.
subpolar [sʌbpóulä(r)], *a.* subpolar.
subprefect [sʌbprífɛkt], *s.* subprefecto.
subprefecture [-chū(r)], *s.* subprefectura.
subreption [sʌbrépšon], *s.* (for.) subrepción; juicio erróneo debido a subrepción.
subrogate [sʌ́brougeit], *va.* (for.) subrogar, poner en lugar de otro, substituir. *V.* SURROGATE.—**subrogation** [-éišon], *s.* subrogación, substitución.
sub rosa [sʌb róuzä], *adv.* muy confidencialmente, muy en secreto.
subscapular [sʌbskǽpiulä(r)], *a.* y *s.* (anat.) sub(e)scapular.
subscribe [sʌbskráib], *va.* y *vn.* subscribir, firmar, rubricar; aprobar, consentir; subscribirse, abonarse.—**to s. for,** subscribirse a.—**subscriber** [-œ(r)], *s.* infrascrito, firmante, el que subscribe; subscriptor, abonado.
subscript [sʌ́bskript]. **I.** *s.* algo subscrito (letra, símbolo, etc.). **II.** *a.* subscrito.
subscription [sʌbskrípšon], *s.* firma; subscripción, abono; cantidad subscrita.
subsection [sʌbsékšon], *s.* subdivisión; párrafo de un artículo de ley.
subsequence, subsequency [sʌ́bsikwɛns(i)], *s.* calidad de subsiguiente; suceso posterior.
subsequent [-ɛnt], *a.* subsecuente, subsiguiente. —**s. to,** con posterioridad a, después de.
subsequently [-li], *adv.* posteriormente, subsiguientemente, ulteriormente.
subserve [sʌbsœ́rv]. **I.** *va.* servir, ayudar. **II.** *vn.* servir como subordinado.—**subservience, subserviency** [-iens, -i], *s.* servicio, ayuda; subordinación.—**subservient** [-ient], *a.* útil o servicial; subordinado.—**subserviently** [-li], *adv.* subordinadamente; útilmente.
subside [sʌbsáid], *vn.* apaciguarse, calmarse; bajar (un flúido); hundirse, irse a fondo.—**subsidence, subsidency** [-ens, -i], *s.* apaciguamiento, calma; desplome, sumersión, asiento.
subsidiary [sʌbsídieri]. **I.** *a.* subsidiario; secundario, incidental, auxiliar, dependiente, su‹ordinado; (com.) sucursal. **II.** *s.* auxiliar; (com.) dependencia, compañía dependiente, sucursal, *f.*
subsidize [sʌ́bsidaiz], *va.* subvencionar.
subsidy [sʌ́bsidi], *s.* subvención, subsidio.
subsist [sʌbsíst]. **I.** *vn.* subsistir, existir; permanecer, perdurar, conservarse; sustentarse, mantenerse. **II.** *va.* alimentar o mantener.
subsistence [-ens], *s.* existencia, subsistencia; sostenimiento o mantenimiento, manutención, cualidad inherente.—**s. department,** (mil.) comisaría general.
subsistent [-ent], *a.* subsistente; inherente.
subsoil [sʌ́bsoil]. **I.** *va.* (agr.) arar, labrar, desfondar la tierra. **II.** *s.* subsuelo.
subsolar [sʌbsóulä(r)], *a.* subsolar, que está debajo del sol; terrestre; intertropical.
subsonic [sʌbsánik], *a.* subsónico.
subsonic speed, *s.* velocidad subsónica.
subspecies [sʌ́bspišiz], *s.* (bot., zool.) subespecie.
substage [sʌ́bsteidž], *s.* (fís.) disposición para los accesorios que van bajo la platina del microscopio; (geol.) subpiso, subdivisión de un sistema estratificado.
substance [sʌ́bstans], *s.* substancia; esencia, alma; realidad; miga, enjundia, jugo, fuste; hacienda, caudal o bienes.—**in s.,** en substancia, en el fondo.
substandard [sʌbstǽndard], *a.* inferior a la norma; defectuoso, imperfecto, falto; vulgar (lenguaje).
substantial [sʌbstǽnšal]. **I.** *a.* sólido, fuerte, resistente; importante, valioso; cuantioso, considerable; seguro; responsable; real, existente, verdadero; duradero; esencial; corpóreo, ma-

terial; substancial, substancioso; enjundioso. II. *s.* realidad; parte (*f.*) esencial.
substantiality [-ŝiǽliti], *s.* realidad; corporeidad; materialidad; solidez.
substantially [-ŝali], *adv.* substancialmente; sólidamente.
substantialness [-ŝalnis], *s.* calidad de substancial; firmeza, fuerza, duración.
substantiate [-ŝieit], *va.* verificar, establecer, comprobar, justificar.
substantiation [-ŝiéiŝon], *s.* substanciación, comprobación, verificación, (gal.) constatación.
substantival [sʌbstantáivạl], *a.* (gram.) substantivo.
substantive [sʌ́bstạntiv]. I. *a.* substantivo; real, esencial, duradero; explícito; que tiene individualidad distinta, o recursos propios.—**s. dye,** tinte que no requiere mordente. II. *s.* (**gram.**) substantivo; el o lo que es independiente.
substantively [-li], *adv.* substancialmente; (gram.) substantiv(ad)amente.
substantiveness [-nis], *s.* substantividad.
substantivize, substantize [-(iv)aiz], *va.* (gram.) substantivar.
substation [sʌ́bsteiŝon], *s.* subestación.
substitute [sʌ́bstitiut]. I. *va.* substituir, reemplazar, suplir; (for.) subrogar. II. *s.* substituto, suplente, reemplazo; sobresaliente. III. *a.* substitutivo, reemplazante.
substitution [-tiúŝon], *s.* substitución; reemplazo; delegación; (for.) subrogación.
substitutional [-tiúŝonal], *a.* substituidor.
substitutive [-iv], *a.* substitutivo.
substratum [sʌbstréitʌm], *s.* capa inferior; (agr.) subsuelo; (fil.) substrato.
substructure [sʌbstrʌ́kchū(r)], *s.* subestructura, substrucción, (neol.) infraestructura, cimientos, *m. pl.*
subsume [sʌbsiúm], *va.* incluir (en una clase o categoría mayor); (lóg.) clasificar (dentro de una premisa mayor).—**subsumption** [sʌbsʌ́mpŝon], *s.* inclusión; cosa o asunto incluídos; (lóg.) premisa menor.
subtangent [sʌbtǽndẑent], *s.* (geom.) subtangente.
subtenancy [sʌbténansi], *s.* subarriendo.
subtenant [sʌ́btenant], *s.* subarrendatario.
subtend [sʌbténd], *va.* (geom.) subtender; (bot.) encerrar en la axila.
subtense [sʌbténs], *s.* (geom.) subtensa.
subterfuge [sʌ́btœrfiudẑ], *s.* subterfugio, evasiva.
subterranean, subterraneous [sʌbteréinian, -iʌs], *a.* subterráneo.
subtile [sʌ́(b)til], *a.* sutil, delicado, tenue; refinado; penetrante.—**subtilely** [-li], *adv.* sutilmente.—**subtileness** [-nis], **subtility** [sʌbtíliti], *s.* sutileza, sutilidad; delgadez, tenuidad. —**subtilization** [-izéiŝon], *s.* sutilización.—**subtilize** [sʌ́(b)tilaiz], *va.* y *vn.* sutilizar, adelgazar, refinar.
subtilty [sʌ́(b)tilti], *s.* sutileza, alambicamiento, agudeza, argucia.
subtitle [sʌ́btaitl], *s.* subtítulo; título de escena cinematográfica.
subtle [sʌ́tl], *a.* sutil, astuto, artero; perspicaz, penetrante; apto, perito; ingenioso, primoroso.
subtleness, subtlety [-nis, -ti], *s.* sutileza; astucia, artificio.
subtly [sʌ́tli], *adv.* sutilmente, delicadamente, artificiosamente.
subtract [sʌbtrǽkt], *va.* y *vn.* substraer, quitar; (mat.) restar, substraer.—**subtraction** [-ŝon], *s.* substracción; (mat.) resta, substracción.
subtractive [-tiv], *a.* rel. a la substracción; que puede o tiende a substraer; (mat.) negativo; que lleva el signo menos (—).
subtrahend [sʌ́btrahend], *s.* (mat.) substraendo.
subtreasurer [sʌbtréẑūrœ(r)], *s.* subtesorero.
subtreasury [-i], *s.* subtesorería.
subtropic(al [sʌbtrápik(al], *a.* subtropical.
suburb [sʌ́bœrb], *s.* suburbio, arrabal.—*pl.* afueras, inmediaciones.—**suburban** [sʌbœ́rban], *s.* y *a.*, **suburbanite** [-ait], *s.* suburbano, arrabalero.
suburbia [sʌbœ́rbia], *s.* afueras, inmediaciones (de una ciudad).
suburbicarian [-bikéirian], *a.* suburbicario.
subvene [sʌbvín], *vn.* subvenir.
subvention [sʌbvénŝon], *s.* subvención, subsidio, ayuda. *V.* SUBSIDY.
subversion [sʌbvœ́rŝon], *s.* subversión, ruina, trastorno.—**subversive** [-siv], *a.* subversivo.—**subvert** [sʌbvœ́rt], *va.* subvertir, destruir, trastornar.—**subverter** [-œ(r)], *s.* subversor, destructor, trastornador.—**subvertible** [-ibl], *a.* subvertible, trastornable, destruible.
subway [sʌ́bwei], *s.* camino artificial subterráneo; mina; (ferrocarril) subterráneo, metropolitano, (fam.) el metro, el subte.
succedaneous [sʌksidéiniʌs], *a.* sucedáneo.
succedaneum [-niʌm], *s.* substituto; (med.) sucedáneo.
succeed [sʌksíd]. I. *va.* suceder o seguir a. II. *vn.* salir bien, tener buen éxito.—**to s. in,** tener buen éxito en; lograr, conseguir, acertar (a).
succeeder [-œ(r)], *s.* sucesor.—**succeeding** [-iŋ], *a.* subsiguiente, sucediente, futuro, venidero.
succentor [sʌkséntọ(r)], *s.* (igl.) sochantre.
success [sʌksés], *s.* buen éxito, buen resultado, logro, fortuna, prosperidad, medro; triunfo; persona o asunto que tiene buen éxito.
successful [-fụl], *a.* próspero; afortunado; airoso, exitoso; fructuoso, productivo; satisfactorio.
successfully [-fụli], *adv.* con buen resultado, prósperamente, con buen éxito.
succession [sʌkséŝon], *s.* sucesión, serie; seguida, continuación; linaje, descendencia; herencia.
successive [sʌksésiv], *a.* sucesivo.—**successively** [-li], *adv.* sucesivamente, arreo.
successor [sʌksésọ(r)], *s.* sucesor; heredero.
succinate [sʌ́ksineit], *s.* (quím.) succinato.
succinct [sʌksíŋkt], *a.* sucinto, breve; (ent.) enfaldado.—**succinctly** [-li], *adv.* sucintamente.—**succinctness** [-nis], *s.* brevedad, concisión.
succinic [sʌksínik], *a.* (quím.) succínico.
succinite [sʌ́ksinait], *s.* (min.) succino, ámbar.
succor [sʌ́kọ(r)]. I. *va.* socorrer. II. *s.* socorro; (mil.) refuerzo; socorredor, auxiliador.
succory [sʌ́kori], *s.* (bot.) achicoria.
succotash [sʌ́kotæŝ], *s.* (E. U.) potaje de maíz tierno y habas.
succubus [sʌ́kyūbʌs], *s.* súcubo (demonio).
succulence, succulency [sʌ́kyūlens(i], *s.* suculencia, jugosidad.
succulent [-ent], *a.* suculento, jugoso.
succumb [sʌkʌ́m], *vn.* sucumbir, rendirse; morir.
succumbent [-bent], *a.* sucumbiente.
succuss [sʌkʌ́s], *va.* sacudir; (med.) practicar la sucusión.—**succussion** [sʌkʌ́ŝon], *s.* sacudimiento; (med.) sucusión.
such [sʌch]. I. *a.* tal; semejante; dicho, mencionado. Generalmente va seguido del *art. indef.* (*v.* A, *art indef.*) (*such a man,* tal hombre, semejante hombre; *such a case,* tal caso).—**s. a,** (fam.) tan (*such a bad man,* un hombre tan malo).—**s. and s.,** o **s. or s.,** tal(es) y tal(es), tal o cual (*he did such and such things in such and such a place,* hizo tales y tales cosas en tal y tal sitio).—**s. as,** (tal) como (*a house such as this,* una casa (tal) como ésta).—**s. . . . as,** como el que, de la clase del que; el . . . que (*such books as he reads,* libros como los que él lee, los libros que él lee).—**s. as it is** (**they are,** etc.), tal cual es, por poco(s), pequeño(s), etc., que sea(n) (*the house, such as it is, suits me,* la casa, tal cual es, me conviene; *these advantages, such as they are,* estas ventajas, por pequeñas que sean; *his argument, such as it is,* su argumento, por débil que sea).—**no s.** (**a**) **thing,** no hay tal.—**there is s. a thing as,** hay algo que se llama, existe (*there is such a thing as honesty,* hay algo que se llama honradez, la honradez existe). A veces conviene cambiar

el giro: *there is such a thing as losing patience,* hay casos en que se pierde la paciencia, la paciencia no es inagotable, o tiene sus límites. II. *pron.* tal.—**s. as,** los que, quienes (*such as come here,* los qué vienen aquí; *such as wish to come,* los que, o quienes, deseen venir).—**s. is life,** tal (o así) es la vida.
suchlike [sʌ́chlaịk]. I. *a.* similar, semejante, lo mismo que. II. *pron. indef.* cosas o personas de tal clase.
suck [sʌ́k]. I. *va.* y *vn.* chupar, libar; mamar; amamantar; (mec.) aspirar.—**to s. in,** embeber, absorber, chupar.—**to s. out, o up,** chupar, extraer o sacar chupando o por succión. II. *s.* succión; chupada; mamada.—**to give s.,** amamantar, dar de mamar, lactar.
sucker [-œ(r)], *s.* lechón, gorrinillo, cochinillo que todavía mama; chupador; mamador; mamón, chupón; chupadero (para niños); (mec.) émbolo, chupón, sopapo de bomba; tubo de aspiración; (bot.) pimpollo, chupón, vástago, retoño, serpollo, barbado; (ict.) rémora; nombre que se da a peces de varias especies; (zool.) ventosa (órgano); (fam.) gorrista, chupón, gorrero; pelele, primo, persona fácil de engañar.
sucking [-ịŋ]. I. *s.* chupadura. II. *a.* mamante, chupadero; lechal, recental (apl. al animal de cría que mama).—**s. fish,** rémora, pega, guaicán.—**s. pig,** corezuelo, cochinillo, lechoncillo.
suckle [-l]. I. *va.* amamantar, dar de mamar, criar, lactar, tetar. II. *vn.* lactar, mamar.
suckling [-lịŋ]. I. *s.* lactación, lactancia, acción de mamar. II. *s.* y *a.* mamón, mamantón; recental. III. *a.* lactante, de teta, de cría. —**s. pig** = SUCKING PIG.
sucrose [sịúkroụs], *s.* (quím.) sucrosa.
suction [sʌ́kŝọn], *s.* succión.—**s. hose,** manguera de alimentación.—**s. pipe,** tubo aspirante o de succión.—**s. pump,** bomba aspirante.—**s. tube,** chupadero, chupador.
suctorial [sʌktóriạl], *a.* chupador, chupadero o chupón.
Sudan [sudǽn], *s.* Sudán.
Sudanese [sudạníz], *a.* y *s.* sudanés.
sudatory [sịúdạtorị]. I. *a.* sudorífero. II. *s.* sudorífico; sudadero, estufa.
sudden [sʌ́dn], *a.* repentino, súbito; apresurado, precipitado; (med.) fulminante.—**all of a s., of a s., on a s.,** de repente, de pronto.
suddenly [-lị], *adv.* de repente, repentinamente.
suddenness [-nịs], *s.* calidad de repentino, impensado, inesperado o imprevisto; brusquedad.
sudor [sịúdor], *s.* sudor.
sudoriferous [sịudorífẹrʌs], *a.* sudorífero.
sudorific [-fịk], *a.* y *s.* sudorífico.
Sudra [súdrạ̈], *s.* zudra, *m.,* miembro de la cuarta casta de la India.
suds [sʌdz], *s. pl.* jabonaduras; espuma.—**in the s.,** (fam.) en apuros.
sue [sịu], *va.* y *vn.* (for.) demandar, poner pleito, entablar juicio; (con **to** or **for**) rogar, pedir, suplicar, tratar de persuadir; (ant.) galantear. —**to s. for damages,** (for.) demandar por daños y perjuicios.—**to s. for divorce,** (for.) solicitar el divorcio.—**to s. out,** (for.) solicitar y obtener.
suède [sweịd], *s.* gamuza, ante (piel); cierto tejido o género a imitación de esta piel.
suet [sịúịt], *s.* sebo en rama; grasa, gordo.
suety [-ị], *a.* seboso.
suffer [sʌ́fœ(r)], *va.* y *vn.* sufrir, padecer, sentir; soportar, tolerar, conllevar; permitir, consentir, pasar; (con **from**) adolecer de.
sufferable [-ạbl], *a.* sufrible, soportable, aguantable, tolerable, pasadero.
sufferably [-ạblị], *adv.* sufriblemente.
sufferance [sʌ́f(œ)rạns], *s.* tolerancia, consentimiento tácito; sufrimiento; conformidad, resignación; (com., Ingl.) permiso especial de la aduana.
sufferer [sʌ́fœrœ(r)], *s.* sufridor, paciente; víctima; perjudicado, damnificado; el que tolera tácitamente.
suffering [-ịŋ]. I. *s.* sufrimiento, padecimiento, pena, dolor, suplicio. II. *a.* sufriente, sufridor, paciente, penante.—**s. humanity,** la doliente, o pobre, humanidad.
suffice [sʌfáịs], *va.* y *vn.* bastar, ser suficiente, alcanzar, satisfacer.—**s. it to say,** baste decir.
sufficiency [sʌfíŝẹnsị], *s.* suficiencia; lo suficiente; eficacia; presunción.
sufficient [-ẹnt], *a.* suficiente, bastante.—**sufficiently** [-lị], *adv.* suficientemente; asaz, bastante(mente).
suffix [sʌfịks]. I. *va.* añadir como sufijo. II. [sʌ́fịks] *s.* (gram.) sufijo, afijo.
suffocate [sʌ́fokeịt]. I. *va.* sofocar, asfixiar, ahogar; apagar (un fuego). II. *vn.* sofocarse, asfixiarse, ahogarse.—**suffocating** [-ịŋ], *a.* sofocante, asfixiante.—**suffocation** [-éịŝọn], *s.* sofocación, asfixia, ahog(amient)o.
suffocative [-ịv], *a.* sofocante, sofocador, asfixiante.
suffragan [sʌ́frạgạn], *a.* y *s.* (igl.) sufragáneo.
suffrage [sʌ́frịdẑ], *s.* sufragio, voto; aprobación, consentimiento; (igl.) sufragio.—**suffragette** [sʌfrạdẑét], *s.* sufragista (mujer).—**suffragism** [sʌ́frạdẑịzm], *s.* sufragismo.—**suffragist** [-dẑịst], *s.* sufragista.
suffruticose [sʌfrútịkoụs], *a.* (bot.) sufruticoso, sufrutescente, leñoso y herbáceo.
suffuse [sʌfịúz], *va.* difundir, bañar, cubrir.
suffusion [sʌfịúẑọn], *s.* difusión, baño; (med.) sufusión.
Sufi [súfị], *s.* sufí, sofí, místico mahometano. —**Sufism** [-fịzm], *s.* sufismo.
sugar [ŝúgạ̈(r)]. I. *s.* azúcar; (fig.) agasajo, lisonja. —**s. almond,** almendra garapiñada.—**s. beet,** (bot.) remolacha.—**s. bowl,** azucarero.—**s. cane,** (bot.) caña de azúcar.—**s.-cane grinding,** molienda de caña de azúcar.—**s. candy,** azúcar cande.—**s.-coated,** confitado, garapiñado; azucarado.—**s.-coated pill,** píldora azucarada.—**s. crop,** zafra.—**s. loaf,** pan de azúcar.—**s. making (season),** zafra.—**s. maple,** (bot.) arce de azúcar.—**s. mill,** trapiche, central azucarera.—**s. of lead,** (quím.) azúcar de plomo o sal de Saturno.—**s. of milk,** azúcar de leche, lactina, lactosa.—**s. paste,** alféñique.—**s. plantation,** ingenio de azúcar, cañaveral, plantación azucarera.—**s. refinery,** refinería.—**s. syrup,** miel, *f.,* melado.—**s. tongs,** tenacillas para azúcar. II. *va.* azucarar, endulzar; confitar, garapiñar.—**to s.-coat,** confitar, garapiñar; (fig.) dorar la píldora, ocultar la verdad desagradable. III. *vn.* (E. U. y Canadá) (con **off**) hacer el azúcar de arce.
sugared [-d], *a.* azucarado, endulzado, dulce; garapiñado.
sugarplum [-plʌm], *s.* confite, dulce.
sugary [-ị], *a.* azucarado, dulce; meloso.
suggest [sʌgdẑést], *va.* sugestionar; sugerir, insinuar, indicar, intimar, proponer; evocar (un recuerdo).
suggestion [-chọn], *s.* sugestión; sugerencia, insinuación, indicación.
suggestive [-tịv], *a.* sugestivo; sugerente.
suicidal [sịuịsáịdạl], *a.* suicida.
suicide [sịúịsaịd], *s.* suicidio (el acto); suicida, *mf.*—**to commit s.,** suicidarse.
sui juris [sịúị dẑúrịs], de completa capacidad legal.
suing [sịúịŋ], *s.* (for.) solicitación, procesamiento, presentación de demanda; galanteo.
suit [sịút]. I. *s.* petición, súplica, solicitación; galanteo, cortejo; (for.) pleito; litigio, juicio; colección, serie, juego, surtido; (sast.) traje completo, terno, (Am.) flux o flus; (en la baraja) palo. II. *va.* y *vn.* cuadrar, convenir, acomodar, adaptar(se), ser apropiado o a propósito; ir o venir bien, sentar, encajar; agradar, contentar, satisfacer; ajustarse, acomodarse, casar, hermanarse.—**to s. (down) to a T,** sentar al dedillo, venir pintiparrado o de perilla.—**to s. one's self,** hacer uno lo que guste.
suitable [-ạbl], *a.* adecuado, apropiado, con-

veniente, satisfactorio, adaptable, a propósito.
suitability [-ąbíliti], **suitableness** [-ąblnis], *s.* adaptabilidad, conveniencia, adecuación.—**suitably** [-ąbli], *adv.* adecuada o convenientemente, propiamente, debidamente, en conformidad.
suitcase [-keis], *s.* maleta.
suite [swit], *s.* serie, juego; séquito, tren, acompañamiento, comitiva.—**s. of rooms,** serie o crujía de piezas, apartamiento o departamento.
suitor [siútǫ(r)], *s.* (for.) demandante, parte actora; pretendiente, cortejo, requebrador, novio; suplicante, aspirante; postulante.
sulcate(d [sálkeit(id], *a.* surcado, acanalado.
sulcus [sálkʌs], *s.* (anat.) surco.
sulf-, *pref.* sulf- (de o que contiene azufre).
sulfacid [sʌlfǽsid], *s.* (quím.) sulfácido.
sulfadiazine [sʌlfądáiązin], *s.* (farm.) sulfadiacina.
sulfa drugs, *s.pl.* (farm.) sulfas, drogas de sulfa.
sulfanilamide [sʌlfænílamaid], *s.* (farm.) sulfanilamida.
sulfapyridine [sʌlfąpíridin], *s.* (farm.) sulfapiridina.
sulfarsphenamine [sʌlfarsfénamin], *s.* (farm.) sulfarsfenamina.
sulfate [sálfeit]. **I.** *s.* (quím.) sulfato. **II.** *va.* y *vn.* sulfatar.
sulfathiazole [sʌlfąθáiązoul], *s.* (farm.) sulfatiazol.
sulfatize [sálfątaiz], *va.* convertir en sulfato.
sulfhydrate [sʌlfháidreit], *s.* (quím.) sulfhidrato.
sulfide, sulfid [sálfaid, -fid], *s.* (quím.) sulfuro.
sulfite [sálfait], *s.* (quím.) sulfito.
sulfonal [sálfonal], *s.* (farm.) sulfonal.
sulfonic [sʌlfánik], *a.* (quím.) sulfónico.
sulfovinic [sʌlfováinik], *a.* (quím.) sulfovínico.
sulfurate [sálfiureit]. **I.** *a.* sulfúreo. **II.** *va.* sulfurar; azufrar.
sulfuration [-éiŝǫn], *s.* sulfuración.
sulfurator [-eitǫ(r)], *s.* sulfurador.
sulfureous [sʌlfiúriʌs], *a.* sulfúreo, azufroso, azufrado.
sulfuret [sálfiurit], *s.* (quím.) sulfuro.
sulfuric [sʌlfiúrik], *a.* sulfúrico.
sulfuric acid, *s.* (quím.) ácido sulfúrico.
sulfurize [sálfiuraiz], *va.* sulfurar.
sulfurous [sálfiurʌs], *a.* sulfúreo, azufroso, azufrado; ardiente, abrasador; infernal; impío, blasfemo.
sulfurous acid, *s.* (quím.) ácido sulfúreo.
sulfury [sálfœri], *a.* sulfúreo, azufroso.
sulk [sálk]. **I.** *vn.* (fam.) amorrar(se), enfurruñarse, ponerse de mal humor. **II.** *s.* murria, (fam.) fanfurriña.
sulkiness [-inis], *s.* ceño; murria.
sulky [-i]. **I.** *a.* murrio, malhumorado. **II.** *s.* (carr.) solitaria, calesín de un solo asiento.
sullen [sálen], *a.* hosco, adusto, murrio, arisco, huraño; lento (río); sombrío, tétrico.—**sullenly** [-li], *adv.* con murria, de mal humor.—**sullenness** [-nis], *s.* murria, malhumor; enfado, ceño.
sully [sáli]. **I.** *va.* manchar, empañar, ensuciar; desdorar, mancillar. **II.** *vn.* empañarse. **III.** *s.* mancha; mancilla.
sulpha-, *pref.* = SULFA- (las palabras comenzadas en **sulph-,** *V.* SULF-.).
sulphur [sálfœ(r)]. **I.** *s.* (quím.) azufre.—**s. dioxide,** anhídrido sulfuroso.—**s. trioxide,** anhídrido sulfúrico. **II.** *va.* azufrar; sulfurar.
sulphurwort [sálfœrwœrt], *s.* (bot.) servato.
sultan [sáltąn], *s.* sultán, soldán.
sultana [sʌltǽnä], *s.* sultana.
sultriness [sáltrinis], *s.* bochorno.
sultry [sáltri], *a.* bochornoso, sofocante.
sum [sʌm]. **I.** *s.* suma, tanto, cantidad de dinero; substancia, esencia; cima, máximo, lo sumo; (fam.) problema (*m.*) de aritmética.—**s. and substance,** substancia.—**s. total,** total, cifra, monta o monto.—**in s.,** en suma, en resumen. **II.** *va.* y *vn.* sumar; (gen. con **up**) recapitular o resumir, sintetizar, compendiar; (for.) presentar o exponer su alegato (un abogado).
sumac(h [siúmæk, ŝúmæk], *s.* (bot.) zumaque.
sumless [sámlis], *a.* innumerable.
summarily [sámarili], *adv.* sumariamente.
summarize [sámąraiz], *va.* epitomar, resumir.
summary [sámąri]. **I.** *a.* sumario, compendioso, breve, sucinto; pronto, sin demora. **II.** *s.* sumario, resumen, recopilación, compendio, reseña (de un libro).
summation [sʌméiŝǫn], *s.* (mat.) suma, total; (for., etc.) recapitulación, resumen (de los argumentos, etc.).
summer [sámœ(r)]. **I.** *a.* estival, veraniego, de verano. **II.** *s.* verano, estío; (arq.) viga maestra; dintel; sotabanco; manto de chimenea.—**s. beam,** (arq.) travesero de viga maestra.—**s. boarder,** veraneante.—**s. camp,** campo de verano; colonia juvenil de verano.—**s. house,** casa de verano.—**s. pasture,** veranadero.—**s. resident** o **vacationist,** veraneante.—**s. resort,** lugar de veraneo.—**s. solstice,** solsticio vernal o de verano.—**s. squash,** (bot.) pequeña calabaza (que crece durante el verano).—**s. time,** hora de verano.—**s. wheat,** (bot.) trigo candeal. **III.** *vn.* veranear, pasar el verano.
summerhouse [-haus], *s.* cenador, glorieta, lonjeta, pabellón, quiosco (de jardín).
summersault, summerset [-sǫlt, -sɛt], *s.* salto mortal.
summertide [-taid], *s.* = SUMMERTIME. *V.* SUMMER.
summertime [-taim], *s.* verano, estío.
summertree [-tri], *s.* = SUMMER BEAM.
summit [sámit], *s.* cima, cumbre, cúspide, *f.*, ápice.
summon [sámǫn], *va.* (for.) citar, emplazar, apercibir; llamar, convocar; mandar, requerir; (mil.) intimar; (con **up**) evocar; reunir, despertar, espolear, excitar (valor, bríos, fuerza, etc.).—**summoner** [-œ(r)], *s.* (for.) citador, emplazador.
summons [-z], *s.* (for.) citación, comparendo, emplazamiento, requerimiento, apercibimiento; (mil.) intimación (de rendición).
sump [sʌmp], *s.* (min.) sumidero; (m. comb. int.) colector de aceite; pozo colector; pantano.
sump pump, *s.* bomba de sumidero.
sumpter [sámptœ(r)], *s.* acémila, cabalgadura.
sumption [sámpŝǫn], *s.* (lóg.) premisa mayor.
sumptuary [sámpchueri], *a.* suntuario.—**s. laws,** leyes suntuarias.
sumptuous [sámpchuʌs], *a.* suntuoso, magnífico, lujoso, ostentoso, regio, espléndido.—**sumptuously** [-li], *adv.* suntuosamente.—**sumptuousness** [-nis], *s.* suntuosidad, pompa.
sun [sán]. **I.** *s.* sol; luz de sol, solana.—**s. bath,** baño de sol, solana.—**s.-bathed, s.-beat,** asoleado.—**s. bittern,** (orn.) alcaraván.—**s.-bright,** resplandeciente como el sol.—**s. dance,** danza del sol.—**s.-dried brick** = ADOBE.—**s. god,** (mit.) dios del sol.—**s. lamp,** (med.) lámpara de radiación o de cuarzo.—**s. parlor, s. porch,** solana, carasol.—**s. valve,** (mec.) válvula solar, actuada por el sol.—**in the s.,** al sol.—**to have a place in the s.,** ocupar su puesto en el mundo; hacerse conocer o sentir; tener importancia.—**under the s.,** en el mundo. **II.** *va.* (a)solear.—**to s. one's self,** tomar el sol.
sunbeam [-bim], *s.* rayo de sol.
sunbonnet [-banit], *s.* papalina.
sunburn [-bœrn]. **I.** *va.* y *vn.* quemar(se) o tostar(se) con el sol. **II.** *s.* quemadura de sol.—**sunburning** [-iŋ], *s.* quemadura del sol, solanera.
sunburnt [-bœrnt], *a.* quemado, tostado o bronceado por el sol, requemado.
sundae [sándi], *s.* refresco de helado con frutas o nueces molidas.
Sunday [sándi]. **I.** *s.* domingo. **II.** *a.* dominical, del domingo, dominguero.—**S. clothes,** (fam.) trapitos de cristianar.—**S. law,** ley (*f.*) sobre

la observancia del domingo.—**S. letter,** carta dominical.—**S. school,** escuela dominical de iglesia, doctrina dominical.
sunder [sʌ́ndœ(r)]. **I.** *s.* separación.—**in s.,** en dos. **II.** *va.* y *vn.* separar, apartar, dividir; romper o romperse; separarse.
sundial [sʌ́ndaiąl], *s.* reloj de sol, cuadrante solar, gnomon.
sundog [-dɔg], *s.* parhelio.
sundown [-daun], *s.* puesta del sol.
sundries [sʌ́ndriz], *s. pl.* (com.) géneros varios.
sundry [sʌ́ndri], *a.* varios, diversos.—**all and s.,** todos y cada uno.
sunfish [sʌ́nfiŝ], *s.* (ict.) rueda.
sunflower [-flauœ(r)], *s.* (bot.) girasol.
sung [sʌŋ], *pret.* y *pp.* de TO SING.
sunglasses [sʌ́nglæsis], *s.pl.* anteojos contra el sol, gafas de sol.
sunglow [sʌ́nglou], *s.* arrebol.
sunk [sʌ́ŋk], *pret.* y *pp.* de TO SINK.
sunken [-n], *a.* sumido, hundido.
sunless [sʌ́nlis], *a.* sombrío; sin luz; sin sol, nublado.
sunlight [-lait], *s.* luz del sol.
sunlike [-laik], *a.* semejante o parecido al sol; resplandeciente.
sunlit [-lit], *a.* iluminado por el sol.
sunn [sʌ́n], **sunn hemp** [-hɛmp], *s.* (bot.) cáñamo de Bengala.
Sunna, Sunnah [sún̥ą], *s.* Zuna, cuerpo de tradiciones musulmanas.
Sunnite [súnait], *s.* zunita, *mf.*, miembro de cierta secta musulmana.
sunny [sʌ́ni], *a.* de sol (día); asoleado, resolano; resplandeciente; alegre, risueño; halagüeño.—**s. side,** lado del sol; lado bueno, aspecto favorable.
sunproof [sʌ́npruf], *a.* a prueba de sol.
sunrise [-raiz], *s.* salida del sol, amanecer; (poét.) Oriente.
sunscald [-skɔld], **sunscorch** [-skɔrch], *s.* (bot.) enfermedad causada por exceso de sol.
sunset [-sɛt], *s.* puesta del sol, ocaso; anochecida.
sunshade [-ŝeid], *s.* quitasol, parasol, guardasol, sombrilla; sombrero; pantalla.
sunshine [-ŝain], *s.* solana, luz del sol; claridad del sol; día, *m.*—**in the s.,** al sol.
sunshiny [-ŝaini], *a.* lleno de sol; risueño.
sunspot [-spat], *s.* (astr.) mácula, mancha solar.
sunstroke [-strouk], *s.* (med.) insolación.
sunstruck [-strʌk], *a.* atacado de insolación.
sunup [-ʌp], *s.* salida del sol.
sunward [-wąrd], *adv.* hacia el sol.
sunwise [-waiz], *adv.* con el sol.
sup [sʌp]. **I.** *va.* sorber. **II.** *vn.* cenar. **III.** *s.* sorbo.
super [siúpœ(r)]. **I.** *s.* (com.) cosa excelente; excelencia, alta calidad; (abrev. fam.) = SUPERNUMERARY; SUPERINTENDENT. **II.** *a.* (fam.) excelente, de más de marca, de marca mayor.
superable [-ąbl], *a.* superable, vencible.
superableness [-nis], *s.* calidad de superable.
superabound [-ąbáund], *vn.* superabundar, sobreabundar.
superabundance [-ąbʌ́ndąns], *s.* superabundancia, sobreabundancia, plétora; redundancia.—**superabundant** [-ąnt], *a.* superabundante.—**superabundantly** [-li], *adv.* superabundantemente.
superadd [-ǽd], *va.* sobreañadir, requintar.
superaddition [-ædíŝǫn], *s.* sobreañadidura.
superannuate [-ǽnyueit], *va.* y *vn.* jubilar(se); inhabilitar(se), imposibilitar(se) (por edad, vejez, etc.).
superannuated [-id], *a.* jubilado, inhabilitado; fuera de moda, anticuado; obsoleto; gastado, raído.
superannuation [-éiŝǫn], *s.* jubilación; inhabilitación.
superb [siupœ́rb], *a.* soberbio, grandioso, magnífico, espléndido; (fam.) de primera.—**superbly** [-li], *adv.* soberbiamente, grandiosamente.
supercargo [siupœrkárgou], *s.* (mar.) sobrecargo.
supercharge [-chárdẑ], *va.* sobrecargar; (m. comb. int.) sobrealimentar.—**supercharged engine,** motor de alimentación adicional por presión.
supercharger [-chardẑœ(r)], *s.* (m. comb. int.) compresor para alimentación adicional forzada.
superciliary [-síliɛri], *a.* (anat., zool.) superciliar.
supercilious [-síliʌs], *a.* ceñudo; arrogante, altanero.—**superciliously** [-li], *adv.* arrogantemente.—**superciliousness** [-nis], *s.* arrogancia, altanería.
supercolumniation [-kolʌmniéiŝǫn], *s.* (arq.) supercolumnata (superposición de columnatas).
superconductor [-kǫndʌktǫ(r)], *a.* (elec.) superconductor.
supercool [-kúl], *va.* y *vn.* (fís.) sobreenfriar(se).
supercooling [-kúliŋ], *s.* (quím.) sobrefusión.
supercritical [-krítikąl], *a.* (fís.) supercrítico.
superdominant [-dáminąnt], *s.* (mús.) superdominante, *f.*
superdreadnought [-drɛ́dnɔt], *s.* (mar.) acorazado mayor.
superego [-igou], *s.* (psic.) superego.
superelevation [-ɛlęvéiŝǫn], *s.* (f. c.) peralte (del riel exterior).
supereminence, supereminency [-ɛ́minęns, -i], *s.* supereminencia.—**supereminent** [-ęnt], *a.* supereminente, eminentísimo.
supererogate [-ɛ́rogeit], *vn.* hacer más de lo obligatorio.—**supererogation** [-éiŝǫn], *s.* supererogación.—**supererogatory** [-ágątori], *a.* supererogatorio.
superexcellent [-ɛ́ksęlęnt], *a.* sobreexcelente, muy excelente.
superfetation [-fitéiŝǫn], *s.* (fisiol.) superfetación.
superficial [-fíŝąl], *a.* superficial, somero.
superficiality [-fiŝiǽliti], **superficialness** [-fíŝąlnis], *s.* superficialidad.
superficially [-fíŝąli], *adv.* superficialmente.
superficiary [-fíŝiɛri], *s.* (for.) superficiario.
superficies [-fíŝiiz], *s.* superficie.
superfine [-fáin], *a.* superfino, sobrefino; florete.
superfluous [sųpœ́rfluʌs], *a.* superfluo, sobrado.
superfluousness [-nis], **superfluity** [siupœrfliúiti], *s.* superfluidad, demasía, nimiedad.
superfluously [-li], *adv.* superfluamente.
superfortress [-fɔrtris], *s.* (aer., mil.) superfortaleza (es nombre de fábrica).
superheat [-hít], *va.* recalentar, sobrecalentar.
superheated steam, *s.* vapor recalentado o sobrecalentado.
superheater [-hitœ(r)], *s.* recalentador o sobrecalentador (de vapor).
superheating [-hitiŋ], *s.* recalentamiento, sobrecalentamiento.
superheterodyne [-hɛ́tęrodain], *a.* (rad.) superheterodino.
superhighway [-haiwei], *s.* supercarretera (carretera para alta velocidad).
superhuman [-hiúmąn], *a.* sobrehumano.
superimpose [-impóuz], *va.* superponer, sobreponer.—**superimposition** [-impozíŝǫn], *s.* superposición.
superincumbent [-inkʌ́mbęnt], *a.* superyacente, sobrepuesto.
superinduce [-indiús], *va.* sobreañadir, promover.
superinduction [-indʌ́kŝǫn], *s.* sobreañadidura.
superintend [-intɛ́nd], *va.* superentender, vigilar, dirigir.—**superintendence,** *o* **superintendency** [-ęns, -i], *s.* superintendencia, inspección, dirección.—**superintendent** [-ęnt], *s.* superintendente, inspector, interventor; capataz, *m.*
superior [sųpírio(r)], *s.* y *a.* superior.
superiority [sųpiriáriti], *s.* superioridad.
superiority complex, *s.* (psic.) complejo de superioridad.
superlative [sųpœ́rlątiv], *s.* y *a.* superlativo.
superman [siúpœrmæn], *s.* superhombre.
supermarket [-markit], *s.* supermercado.
supernal [siupœ́rnąl], *a.* superno o supremo; celeste.
supernatant [siupœrnéitąnt], *a.* flotante.
supernatural [-nǽchūrąl]. **I.** *a.* sobrenatural. **II.**

s. lo sobrenatural.—**supernaturally** [-i̧], *adv.* sobrenaturalmente.—**supernaturalism** [-i̧zm], *s.* calidad de sobrenatural; creencia en lo sobrenatural.
supernumerary [-niúmęrεri̧]. I. *a.* supernumerario, suplementario, agregado. II. *s.* supernumerario; (teat.) figurante, comparsa, *mf.*
superorganic [-orgǽnik], *a.* sobreorgánico, fuera del organismo; mental; sobreindividual, superior al individuo.
superphosphate [-fásfeit], *s.* (quím.) superfosfato.
superphysical [-fízikal], *a.* más allá de lo físico, inmaterial.
superpose [-póuz], *va.* sobreponer, superponer.
superposition [-pozíshon], *s.* superposición.
superpower [-pauœ(r)], *s.* superpotencia.
supersaturate [-sǽchūreit], *va.* supersaturar.
supersaturation [-sæchūréishon], *s.* supersaturación.
superscribe [-skráib], *va.* sobrescribir, poner un sobrescrito a.
superscript [-skript]. I. *a.* sobrescrito. II. *s.* carácter sobrescrito.
superscription [-skrípshon], *s.* sobrescrito.
supersede [-síd], *va.* reemplazar; desalojar; invalidar; (for.) sobreseer.
supersedeas [-sídiæs], *s.* (for.) auto de sobreseimiento.
supersedure, supersession [-sídžū(r), -séshon], *s.* (for.) sobreseimiento.
supersensitive [-sénsitiv], *a.* supersensitivo; supersensible.
superserviceable [-sœ́rvisabl], *a.* demasiado servicial u oficioso.
supersonic [-sánik], *a.* supersónico (ú. de velocidades que superan la del sonido).
supersonic speed, *s.* velocidad supersónica.
superstition [-stíshon], *s.* superstición.
superstitious [-stíshʌs], *a.* supersticioso.
superstitiously [-li], *adv.* supersticiosamente.
superstructure [-strʌkchū(r)], *s.* superestructura, la parte superior de una construcción, o la obra propiamente, a distinción de los cimientos.
supertax [-tæks], *s.* (e. p.) sobreimpuesto, impuesto adicional (impuesto sobre capitales o rentas que exceden cierto límite fijado por la ley). *V.* SURTAX.
supervene [-vín], *vn.* sobrevenir, supervenir; suceder, acaecer.
supervenient [-víniȩnt], *a.* superveniente.
supervention [-vénshon], *s.* superveniencia, supervención, sobrevenida.
supervise [-vaiz], *va.* supervisar, superentender.
supervision [-vížon], *s.* supervisión, superintendencia.
supervisor [-vaizo(r)], *s.* supervisor, superintendente, sobrestante, veedor.
supervisory [-váizori], *a.* supervisor, fiscalizador, relativo a la supervisión.
supervoltage [-vóultidž], *s.* sobretensión.
supination [siupinéishon], *s.* supinación.
supinator [-éito(r)], *a.* y *s.* (anat.) supinador (músculo).
supine [siupáin]. I. *a.* supino, boca arriba; inclinado, pendiente; negligente, indolente, descuidado. II. [siúpain], *s.* (gram.) supino.—**supinely** [siupáinli], *adv.* boca arriba; descuidadamente, con negligencia.—**supineness** [-nis], *s.* posición supina; descuido, negligencia, dejadez.
supper [sʌ́pœ(r)], *s.* cena.—**s. time,** hora de cenar.
supperless [-lis], *a.* sin cenar.
supplant [sʌplǽnt], *va.* suplantar, desbancar; reemplazar, desalojar.
supplanter [-œ(r)], *s.* suplantador, el que suplanta a otro.
supplanting [-iŋ], *s.* suplantación.
supple [sʌ́pl]. I. *a.* flexible; dócil, obediente, deferente; servil. II. *va.* y *vn.* hacer o volverse flexible, dócil u obediente.
supplement [sʌ́plęmȩnt]. I. *s.* suplemento; alcance; apéndice. II. [sʌ́plęment], *va.* suplementar, completar; reforzar, ayudar.
supplemental, supplementary [sʌplęméntal, -tari], *a.* suplementario, suplemental; supletorio.—**s. angles,** (geom.) ángulos suplementarios.
suppleness [sʌ́plnis], *s.* flexibilidad; docilidad, condescendencia.
suppletory [sʌ́plitori], *a.* supletorio.
suppliance [sʌ́plians], *s.* ruego, súplica.
suppliant [-ant], **supplicant** [-kant], *s.* y *a.* suplicante.—**supplicate** [-keit], *va.* y *vn.* suplicar, deprecar, implorar, impetrar.—**supplication** [-kéishon], *s.* súplica, deprecación, ruego; (igl.) preces, *f. pl.*, rogativa.—**supplicating** [-keitiŋ], **supplicatory** [-katori], *a.* suplicante, deprecante, deprecatorio, rogativo.
supplier [sʌpláiœ(r)], *s.* suministrador, proveedor, abastecedor.
supply [sʌplái]. I. *va.* surtir, abastecer, proveer (de); suministrar, proporcionar, habilitar; suplir, reemplazar. II. *s.* (*pl.* SUPPLIES) suministro, provisión, abastecimiento, surtimiento; substituto, suplente; (com.) abasto, oferta; repuesto, surtido.—*pl.* (mil.) pertrechos; materiales, artículos, efectos; víveres, subsistencias, provisiones; enseres.—**s. and demand,** la oferta y la demanda.—**s. line,** (mil.) vía de abastecimiento.—**s. of provisions,** prevención, bastimento.—**s. pipe,** (hidr.) caño o cañería de abastecimiento.—**s. price,** precio mínimo.
support [sʌpórt]. I. *va.* sostener, aguantar, sustentar; mantener (a una persona, etc.), proveer para; sostener (un trato o diálogo); resistir, sufrir, tolerar; asistir, amparar; abogar por, apoyar; defender, atestiguar, probar, confirmar, justificar, vindicar; acompañar en público; (teatro) hacer un papel subordinado a otro; desempeñar un papel.—**to s. one's self,** mantenerse, ganarse la vida. II. *s.* sostén, apoyo, soporte; respaldo, puntal, apoyadero, pedestal, sustentáculo; sustentación, sostenimiento; ayuda, protección; sufragio; prueba, justificación; sustento, manutención.—**in s. of,** en favor de, en apoyo de, en defensa de.
supportable [-abl], *a.* soportable, llevadero, pasadero, tolerable; sostenible.—**supportably** [-abli], *adv.* soportable o llevaderamente.
supporter [-œ(r)], *s.* mantenedor; defensor, sostenedor; partidario; fautor; sostén, soporte, sustentáculo; (arq.) atlante o telamón; (blas.) tenante.
supposable [sʌpóuzabl], *a.* que puede suponerse, presumible, imaginable.
suppose [sʌpóuz], *va.* suponer; dar por sentado o existente; poner por caso, dar de barato; presuponer; creer, imaginar, hacer (*I supposed he was in Paris,* le hacía en París).
supposed [-d], *a.* supuesto; hipotético; presunt(iv)o, pretendido, pretenso, fingido.
supposedly [-idli], *adv.* supuestamente, que se supone (suponía, etc.).
supposer [-œ(r)], *s.* suponedor.
supposing [-iŋ], *conj.* dado (caso) que.—**s. he did it?,** ¿y si lo hiciera?
supposition [sʌpozíshon], *s.* suposición, supuesto, hipótesis.
suppositional [-al], *a.* hipotético, supositivo.
supposititious [sʌpazitíshʌs], *a.* supositicio, hipotético, supuesto; falso, fingido.
suppositive [sʌpázitiv], *a.* supositivo.
suppository [sʌpázitori], *s.* supositorio, cala.
suppress [sʌprés], *va.* suprimir, sofocar, extinguir, acabar con; reprimir, contener; ocultar, omitir, eliminar; parar, detener.
suppressible [-ibl], *a.* suprimible; reprimible.
suppression [-shon], *s.* supresión, extinción, represión; (med.) suspensión.—**suppressive** [-siv], *a.* supresivo o represivo.—**suppressor** [-so(r)], *s.* supresor.

suppurate [sʌ́pyūreit], *vn.* (med.) supurar.
suppuration [-éiŝǫn], *s.* supuración; pus.
suppurative [-ạtiv], *a.* y *s.* supurativo.
supramaxillary [siuprạmǽksilạri], *a.* y *s.* (anat.) supramaxilar.
supramundane [-mʌ́ndein], *a.* sobrenatural.
suprarenal [-rínạl], *a.* y *s.* (anat.) suprarrenal.—**s. body, capsule,** o **gland,** cápsula suprarrenal.
supremacy [siuprémạsi], *s.* supremacía.
supreme [siuprím], *a.* supremo, sumo, soberano, superno.—**S. Being,** Ser Supremo.—**s. commander,** (mil.) generalísimo.—**S. Court,** Corte Suprema, consejo o tribunal supremo.—**s. work,** obra cumbre.
supremely [-li], *adv.* supremamente; soberanamente, sumamente.
sural [siúrạl], *a.* (anat.) sural.
surbase [sœ́rbeis], *s.* (arq.) cornisa de pedestal; moldura o vuelo en la parte superior.—**surbased** [-t], *a.* provisto de cornisa o moldura superior; rebajado (arco).
surcease [sœrsís]. **I.** *vn.* (ant.) cesar, acabarse. **II.** *va.* (ant.) dejar de. **III.** *s.* (ant.) cesación.
surcharge [sœ́rchardẑ]. **I.** *s.* sobrecarga, sobrepeso; recargo; resello. **II.** [sœrchárdẑ], *va.* sobrecargar, recargar; resellar.
surcingle [sœ́rsingl], *s.* (tal.) sobrecincha; (igl.) cíngulo, ceñidor.
surcoat [sœ́rkout], *s.* (sast.) sobretodo, gabán; (arm.) sobreveste, sobrevesta.
surd [sœ́rd]. **I.** *a.* (mat.) irracional; (fon.) sordo (no sonoro). **II.** *s.* (mat.) cantidad irracional; (fon.) consonante sorda.
sure [ŝúr]. **I.** *a.* seguro, cierto, indudable, infalible; firme, sentado; certero; puntual; constante, estable.—**be s. to,** o **be s. and,** (seguido de imperativo), no deje(n de, . . . sin falta (*be sure to come,* no deje de venir, venga sin falta).—**for s.,** de fijo, con seguridad, con certidumbre.—**to be s.,** estar seguro; seguramente, sin duda; ya se ve. **II.** *adv.* (fam.) ciertamente, indudablemente, sin duda alguna.—**s. enough,** a buen seguro, con certeza; efectivamente, en efecto, en realidad de verdad.—**s.-footed,** de pie firme, seguro.
surely [-li], *adv.* ciertamente, seguramente, sin duda; indudablemente.
sureness [-nis], *s.* certeza, seguridad.
surety [ŝúrti], *s.* (for., com.) fiador, dita, garante; fianza, garantía, caución; seguridad, fieldad, certeza.—**of a s.,** de seguro, como cosa cierta.—**to be,** o **go, s. for,** ser fiador, salir garante de.
suretyship [-ŝip], *s.* (for.) seguridad, fianza.
surf [sœrf], *s.* (mar.) oleaje, oleada, marejada.
surface [sœ́rfis]. **I.** *va.* allanar, alisar, igualar. **II.** *va.* y *vn.* (hacer) emerger, surgir o salir a la superficie (submarino, etc.). **III.** *s.* superficie, cara, sobrefaz.—**s. plate,** (mec.) tabla rasa de comprobación de superficies planas.—**s. speed,** o **velocity,** velocidad superficial, o periférica.—**s. tension,** (fís.) tensión superficial.—**s. water,** agua superficial (a distinción de la subterránea).
surfacer [-œ(r)], *s.* máquina de alisar o cepillar madera, metal, piedra, etc.
surfacing [-iŋ], *s.* alisamiento, aplanamiento; arreglo de la superficie; material de revestimiento o coronamiento; (min.) extracción (de mineral) cerca de la superficie; (f. c.) alineación (de los rieles entre sí); emergencia o salida a la superficie del mar.
surfboard [sœ́rfbɔrd], *s.* (dep.) tabla larga y angosta para flotar sobre las olas.
surfboat [-bout], *s.* (mar.) lancha salvavidas o de auxilio, capaz de resistir a las marejadas.
surfeit [sœ́rfit]. **I.** *va.* ahitar, hartar, saciar; (vet.) encebadar. **II.** *vn.* ahitarse, hartarse. **III.** *s.* ahito, empacho, indigestión; (vet.) encebadamiento; empalagamiento; exceso.
surge [sœrdẑ]. **I.** *s.* (mar.) oleaje, oleada, mareta; (fig.) ola, onda. **II.** *vn.* agitarse o embravecerse (el mar); romper (las olas). **III.** *va.* hacer undular; (mar.) largar, lascar (un cable o maroma).
surgeon [sœ́rdẑǫn], *s.* cirujano, quirurgo; (mil., mar.) médico (de ejército, de un buque).—**s. dentist,** cirujano dentista.—**s. fish,** (ict.) barbero.—**s.-general,** (E. U.) médico mayor, jefe de sanidad militar o naval.
surgery [sœ́rdẑœri], *s.* cirugía.
surgical [sœ́rdẑikạl], *a.* quirúrgico.
surgy [sœ́rdẑi], *a.* (mar.) agitado, de leva, ondeante.
surlily [sœ́rlili], *adv.* ásperamente, con mal humor, de mal modo.—**surliness** [-nis], *s.* mal genio, mal humor, displicencia; murria.
surly [sœ́rli], *a.* áspero, rudo, insolente, arisco, displicente; furioso, tempestuoso.
surmise [sœrmáiz]. **I.** *va.* conjeturar, suponer, presumir, barruntar, vislumbrar. **II.** *s.* conjetura, suposición, barrunto, vislumbre.
surmount [sœrmáunt], *va.* vencer, superar, salvar; pasar; coronar, poner (algo) sobre.
surmountable [-ạbl], *a.* vencible, superable.
surmullet [sœrmʌ́lit], *s.* (ict.) mullo, salmonete.
surname [sœ́rneim]. **I.** *s.* apellido, sobrenombre, apodo. **II.** *va.* apellidar, denominar, llamar.
surpass [sœrpǽs], *va.* sobrepasar, sobrepujar, superar, aventajar, ganar, exceder, campar.—**surpassing** [-iŋ], *a.* sobresaliente, superior, excelente.
surplice [sœ́rplis], *s.* (igl.) sobrepelliz.
surpliced [-t], *a.* con sobrepelliz.
surplus [sœ́rplʌs]. **I.** *s.* sobra(nte), demasía, excedente, exceso; (com.) superávit. **II.** *a.* excedente, sobrante, que sobra, de sobra.
surplusage [-idẑ], *s.* = SURPLUS.
surprise [sœrpráiz]. **I.** *s.* sorpresa; novedad; extrañeza, asombro.—**by s.,** de sorpresa.—**to my great s.,** con grande sorpresa mía. **II.** *va.* sorprender, asombrar, sobrecoger.—**to be surprised (at),** admirarse (de).—**surprising** [-iŋ], *a.* sorprendente.—**surprisingly** [-li], *adv.* sorprendentemente.
surrealism [suríạlizm], *s.* surrealismo.
surrealist [suríạlist], *s.* y *a.* surrealista.
surrebut [sœrribʌ́t], *vn.* (for.) triplicar.
surrebutter [-œ(r)], *s.* (for.) tríplica.
surrejoinder [-dẑóindœ(r)], *s.* (for.) contrarréplica.
surrender [sʌréndœ(r)]. **I.** *va.* rendir, entregar; ceder, renunciar a, abandonar. **II.** *vn.* rendirse. entregarse; (mil.) capitular. **III.** *s.* rendición, entrega; (mil.) capitulación; renuncia, dejación, abandono; sumisión; (for.) cesión.—**s. value,** valor de rescate (de un seguro, etc.).
surreptitious [sœreptíŝʌs], *a.* subrepticio.
surreptitiously [-li], *adv.* subrepticiamente.
surrey [sœ́ri], *s.* (carr.) especie de birlocho.
surrogate [sœ́rogeit]. **I.** *va.* subrogar, substituir, reemplazar. **II.** *s.* substituto; (igl.) vicario; (for.) juez (*m.*) de testamentarías.
surround [sʌráund], *va.* circundar, cercar, rodear, ceñir, circuir, envolver.—**surrounding** [-iŋ]. **I.** *a.* circunstante, circunvecino, circumambiente. **II.** *s. pl.* alrededores, contornos, cercanías, inmediaciones; medio, circunstancias rodeantes.
surtax [sœ́rtæks], *s.* recargo; impuesto adicional (sobre rentas que pasan de cierto límite).
surtout [sœrtút], *s.* (sast.) levitón, sobretodo.
surveillance [sœrvéilạns], *s.* vigilancia.
survey [sœrvéi]. **I.** *va.* examinar, estudiar; reconocer, inspeccionar; (top.) apear, medir o deslindar terrenos. **II.** *vn.* ejecutar operaciones topográficas. **III.** *s.* examen, estudio; escrutinio, reconocimiento; vista panorámica (de una materia); encuesta (de la opinión pública); (top.) medida, medición, deslinde (de un terreno).
surveying [-iŋ]. **I.** *s.* topografía, agrimensura. **II.** *a.* de o para topografía.
surveyor [-ǫ(r)], *s.* topógrafo; agrimensor; investigador, examinador; medidor de licores gravados (en la aduana); vista, *m.*, inspector de

aduana.—**s.'s chain,** cadena de agrimensor (gen. GUNTER'S CHAIN).—**s.'s compass,** brújula de agrimensor.—**s.'s level,** nivel de topografía.—**surveyorship** [-ŝịp], *s.* empleo de topógrafo o inspector.
survival [sœrváịvạl], *s.* supervivencia; sobreviviente; reliquia.—**s. of the fittest,** (biol.) supervivencia del más apto.
survive [sœrváịv], *va.* y *vn.* sobrevivir (a); salir o quedar vivo.—**surviving** [-ịŋ], *a.*, **survivor** [-ọ(r)], *s.* sobreviviente, superviviente.—**survivorship** [-ŝịp], *s.* supervivencia.
susceptibility [sʌsέptịbílịtị], *s.* susceptibilidad; delicadeza.—**susceptible** [-tịbl], *a.* susceptible; sensible o delicado; capaz; impresionable; enamoradizo.—**susceptibly** [-tịblị], *adv.* de manera susceptible.—**susceptive** [-tịv], *a.* susceptivo.
suspect [sʌspέkt]. **I.** *va.* y *vn.* sospechar (de), tener sospecha (de), desconfiar (de); imaginar, barruntar, maliciar. **II.** [sʌ́spɛkt], *s.* persona sospechosa. **III.** *a.* sospechoso.
suspend [sʌspέnd]. **I.** *va.* suspender; colgar; so(s)pesar; mantener suspenso; interrumpir, descontinuar, aplazar, diferir, remitir. **II.** *vn.* (com.) suspender pagos; dejar de funcionar u obrar.
suspender [-œ(r)], *s.* suspendedor.—*pl.* elásticos, tirantes del pantalón.
suspense [sʌspέns], *s.* suspensión, duda, incertidumbre; impaciencia; ansiedad; (for.) entredicho.—**in s.,** en suspenso.
suspension [-ŝọn], *s.* suspensión (en todas sus acepciones).—**s. bridge,** (ing.) puente colgante.—**s. spring,** ballesta.
suspensive [-sịv], *a.* suspensivo.
suspensory [-sorị], *a.* y *s.* (anat., med.) suspensorio (ll. t. **s. bandage**).
suspicion [sʌspíŝọn], *s.* sospecha, recelo, malicia, aprensión, cavilación; (fam.) pizca, sombra.
suspicious [sʌspíŝʌs], *a.* sospechoso; suspicaz, desconfiado, malicioso, receloso, caviloso, escamado.—**suspiciously** [-lị], *adv.* sospechosamente; suspicazmente.
suspiciousness [-nịs], *s.* calidad de sospechoso; suspicacia, recelo, desconfianza.
sustain [sʌstéịn], *va.* sostener, aguantar, sustentar; tener, mantener; sufrir (como pérdida, desgracia, daño); (mús.) prolongar, sostener; apoyar, afianzar; animar, confortar; alimentar; defender; establecer, probar.
sustainable [-ạbl], *a.* sostenible; sustentable; defendible.
sustainer [-œ(r)], *s.* sostenedor, defensor; protector, sustentador.
sustaining program, *s.* (rad.) programa sin patrocinador.
sustenance [sʌ́stẹnạns], *s.* sustento, mantenimiento, subsistencia; alimentos, *m. pl.*
sustentation [sʌstentéịŝọn], *s.* sostenimiento, sustentación, sustentamiento, sustento.
sutler [sʌ́tlœ(r)], *s.* vivandero, cantinero.
Sutra [súträ], *s.* precepto o colección de preceptos budistas o brahmanistas.
suttee [sʌtí], *s.* costumbre india de inmolar a la viuda en la hoguera funeraria de su marido; la viuda así inmolada.
suttle [sʌ́tl], *a.* y *s.* (com.) neto; peso limpio.
sutural [sịúchūrạl], *a.* sutural.
suture [sịúchū(r)]. **I.** *va.* (cir.) suturar. **II.** *s.* (anat.) sutura, comisura; (bot.) rafe, *mf.;* (cir.) sutura, costura.
suzerain [sịúzẹrịn], *s.* soberano.
suzerainty [-tị], *s.* soberanía.
svelte [svɛlt], *a.* esbelto; flexible.
swab [swáb]. **I.** *s.* escobón, estropajo, fregajo; (cir.) esponja de hilas; (arti.) escobillón; (mar.) lampazo. **II.** *va.* fregar, limpiar; (mar.) lampacear.
swabber [-œ(r)], *s.* (mar.) lampacero, galopín.
Swabian [swéịbịạn], *s.* y *a.* suabo.
swaddle [swádl], *va.* fajar, empañar.—**swaddling** [-lịŋ], *s.* fajadura, fajamiento.—**s. band,** o cloth, faja, pañal, envoltura de niños.—**s. clothes,** *pl.* pañales, empañadura.
swag [swǽg]. **I.** *vn.* = SWAY O SAG. **II.** *s.* (fam.) robo, hurto; (b. a.) guirnalda.—**swagbellied** [-bɛlịd], *a.* ventrudo, panzudo.
swage [sweịdẑ]. **I.** *s.* estampa, tas, yunque de estampar; herramienta o artificio para dar forma al metal al forjarlo.—**s. block,** matriz o bloque de estampar o modelar. **II.** *va.* forjar en estampa, estampar, dar forma a en el yunque de estampar.
swagger [swǽgœ(r)]. **I.** *vn.* fanfarr(on)ear. **II.** *s.* jactancia, (fam.) fanfarria, baladronada.—**swaggerer** [-œ(r)], *s.* jaque, baladrón, matasiete.
swain [sweịn], *s.* zagal; enamorado.
swale [sweịl], *s.* terreno pantanoso.
swallow [swáloụ]. **I.** *va.* tragar(se); deglutir, ingurgitar; engullir; retractar, retirar, desdecir; aguantar (un insulto, etc.); (fam.) tragar el anzuelo, creer a ciegas.—**to s. up,** tragar(se); absorber. **II.** *vn.* deglutir. **III.** *s.* bocado, trago; deglución; (anat.) tragadero, esófago; (ant.) abismo, sima; sumidero; (orn.) golondrina; (orn.) vencejo, avión, *m.*—**s. dive** = SWAN DIVE.—**s. fish,** (ict.) golondrina.—**s.-tailed coat,** frac.
swallowtail [-teịl], *s.* (carp.) cola de milano.
swallowwort [-wœrt], *s.* (bot.) golondrinera, asclepiada, celidonia.
swam [swæm], *pret.* de TO SWIM.
swamp [swámp]. **I.** *s.* pantano, marisma, ciénaga, fangal.—**s. oak,** (bot.) carrasco. **II.** *va.* sumergir, echar a pique, hacer zozobrar; empantanar, encenagar, encharcar; arruinar, hundir; abrumar, recargar; inundar (fig.). **III.** *vn.* empantanarse; irse a pique, zozobrar.
swampy [-ị], *a.* pantanoso, cenagoso.
swan [swan], *s.* (orn.) cisne.—**s. dive,** salto de ángel (natación).—**s.-like,** semejante al cisne; como de cisne.—**s.'s-down,** plumón de cisne; (tej.) (gen. **swansdown**) muletón o moletón; paño de vicuña.—**s. song,** último canto del cisne moribundo; obra última.
swank [swǽŋk]. **I.** *s.* (fam.) ostentación, boato, elegancia, baladronada. **II.** *a.* (fam.) elegante, ostentoso; jactancioso. **III.** *vn.* (fam.) alardear, fachendear.
swankiness [-ịnịs], *s.* (fam.) = SWANK.
swanky [-ị], *a.* (fam.) = SWANK.
swanneck [swánnɛk], *s.* nombre dado a varios artificios en que la parte más conspicua (brazos, soporte, etc.) tiene forma de U; (hidr.) pestaña saliente de paleta de una rueda.
swanskin [swánskịn], *s.* piel (*f.*) de cisne; (tej.) lanilla, bayeta fina.
swap [swap]. **I.** *va.* cambiar, cambalachear (fam.), permutar. **II.** *vn.* hacer cambalaches o trueques. **III.** *s.* cambalache (fam.), trueque, cambio.
swaraj [swạrádẑ], *s.* (India) autonomía, independencia.
sward [sword]. **I.** *va.* encespedar. **II.** *vn.* cubrirse de hierbas. **III.** *s.* césped, céspede. *V.* TURF.
swarm [swórm]. **I.** *s.* enjambre, jabardo (de abejas); (fig.) hormiguero, multitud. **II.** *va.* y *vn.* enjambrar, jabardear, desahijarse (abejas); arrebozarse; pulular, hervir, bullir, hormiguear; (fam.) trepar.
swarmer [-œ(r)], *s.* enjambrador; insecto que vive o anda en enjambres.
swart [swort], *a.* prieto, moreno, atezado.
swarthily [swórθịlị], *adv.* morenamente.
swarthiness [-ịnịs], *s.* color moreno, atezamiento, tez morena.
swarthy [-ị], *a.* atezado, prieto, moreno, trigueño.
swash [swáŝ]. **I.** *s.* ruido o golpe de agua, chorretada; (mar.) canalizo.—**s. plate,** (mec.) placa motriz. **II.** *va.* lanzar una chorretada. **III.** *vn.* batir o hacer ruido el agua; baladronear; meter bulla.—**swashbuckle** [-bʌkl], *vn.* fanfarronear.—**swashbuckler** [-bʌklœ(r)], *s.* matasiete, espadachín, fanfarrón.—**swasher**

[-œ(r)], *s.* jaque, fanfarrón.—**swashing** [-iŋ], *a.* fanfarronesco; violento, batiente, abrumador.
swastika [swástikä], *s.* svástica, signo simbólico en forma de cruz griega con los cuatro extremos volteados en ángulo recto en un mismo sentido.
swat [swat]. **I.** *s.* (fam.) golpazo. **II.** *va.* (fam.) golpear súbita y violentamente.
swatch [swach], *s.* muestra, prueba (de tejido, cuero, etc.).
swath [swað], *s.* (agr.) ringla o ringlera de mies segada; guadañada (ll. t. **swathe**).—**to cut a wide s.,** hacer alarde u ostentación. *V.* SPLURGE y SWANK.
swathe [sweið]. **I.** *va.* fajar (una criatura); enrollar, vendar. *V.* SWADDLE. **II.** *s.* faja, pañal; venda.
sway [swei]. **I.** *va.* inclinar, ladear; influir en el ánimo de (alguno), inducir; blandir, cimbrar, mover; mandar, dominar, gobernar, regir; (mar.) izar, guindar.—**to s. up,** guindar. **II.** *vn.* ladearse, inclinarse, torcerse; oscilar, mecerse; ondular, undular; tambalear, flaquear. **III.** *s.* poder, imperio, predominio, preponderancia, influjo; vaivén, oscilación, ondulación, balanceo, bamboleo.—**to give full s. to,** dar ancho campo a.
swaybacked [swéibækt], *a.* deslomado, agobiado, con el espinazo encorvado.
swear [swér], *va.* y *vn.* (*pret.* SWORE, y ant. SWARE; *pp.* SWORN) jurar; (gen. con **to**) declarar bajo juramento; renegar, blasfemar, echar votos o ternos; juramentar, tomar o prestar juramento.—**to s. by,** jurar por; (fam.) poner confianza implícita en.—**to s. in,** juramentar, tomar juramento a.—**to s. off,** jurar o resolverse a abandonar (una costumbre).—**to s. up and down,** (fam.) jurar y perjurar, jurar por todos los santos.
swearer [-œ(r)], *s.* jurador; renegador.
sweat [swét]. **I.** *va.* y *vn.* (*pret.* y *pp.* SWEAT o SWEATED) sudar; trasudar; resudar; hacer sudar; trabajar duro; (fam.) arrancar informes o confesión a (un preso) con preguntas continuas, someter a interrogatorio persistente y minucioso; secar en horno; apelambrar o calentar (pieles); soldar; recortar o cercenar monedas.—**to s. it out,** (fam.) aguantarlo lo mejor posible. **II.** *s.* sudor; trabajo, fatiga; exudación.—**s. gland,** (anat.) glándula sudorípara.
sweatband [-bænd], *s.* tira de cuero del forro del sombrero, badana, (Am.) tafilete.
sweatbox [-baks], *s.* sudadero; tina de apelambrar; aparato secador.
sweater [-œ(r)], *s.* el que suda; patrón que impone trabajo excesivo por poco jornal; *swéter, sueter* o *jersey,* chaqueta elástica de punto de lana.
sweating [-iŋ], *s.* y *ger.* de TO SWEAT: transpiración, exudación sudación; sudante.—**s. fever,** fiebre palúdica.—**s. iron,** raspador de sudor, cuchillo para raspar el sudor de los caballos.—**s. room,** sudadero, cuarto de sudar.—**s. sickness,** peste negra, muerte negra (de los siglos XV, XVI).—**s. system,** sistema opresivo que se aprovecha de la pobreza del obrero para forzarlo a trabajar sin tregua en cuartos apiñados (*v.* SWEATSHOP) por la mera subsistencia.
sweatshop [-šap], *s.* taller donde se impone un trabajo excesivo por paga que escasamente alcanza para la vida.
sweaty [-i], *a.* sudado, sudoso.
Swede [swíd], *s.* sueco; (bot.) nabo sueco, naba.
Sweden [swídęn], *s.* Suecia.
Swedish [-iš]. **I.** *a.* sueco.—**S. turnip,** (bot.) naba. **II.** *s.* idioma sueco.
sweep [swíp]. **I.** *va.* (*pret.* y *pp.* SWEPT) barrer, escobar; deshollinar (chimeneas); arrastrar; repasar, pasar rápidamente por; recorrer, pasar la vista por; cubrir, abarcar.—**to s. away,** robar sin dejar nada; arrollar, arrastrar con todo.—**to s. the bottom,** (mar.) rastrear, dragar. **II.** *vn.* barrer; pasar o deslizarse rápidamente; pasar arrasando; (a veces con *along*) pasar con paso o ademán majestuoso.—**to s. down,** descender precipitadamente. **III.** *s.* barredura, barrido; escobada; movimiento de abarque o comprensión (como ojeada, vistazo); alcance, abarque, extensión; curva, comba; barrendero; deshollinador; pieza de una máquina a lo largo de la cual se efectúa un rozamiento; remo largo y pesado; cigoñal de pozo; aspa de molino; guimbalete de bomba; (mar.) cuerda dragaminas. *V.* SWEEPSTAKES.—*pl.* barreduras.—**s. net, o seine,** (mar.) jábeca, jábega, red barredera.
sweeper [-œ(r)], *s.* barrendero, barredor; basurero; barredera doméstica (ll. t. **carpet sweeper**) o automóvil (para barrer las calles); (mar.) barco barredor de minas; cable barredor.
sweeping [-iŋ]. **I.** *a.* que barre; arrastrador, arrebatador; arrollador; absoluto, vasto, comprehensivo. **II.** *s.* barrido.—*pl.* barreduras, basura.
sweepstakes [-steiks], *s. sing.* y *pl.* (dep.) carrera (esp. de caballos) o a veces una especie de lotería en que una sola persona puede ganar todas las apuestas, o en que éstas suelen dividirse entre varios individuos.
sweet [swít]. **I.** *a.* dulce; sabroso, rico, gustoso; oloroso, fragante; (mús.) melodioso, grato al oído; bello, bonito, lindo; amable, afable, agradable; fresco; (mec.) suave y sin ruido; (agr.) bueno, fértil (tierra).—**s. alyssum,** (bot.) alhelí dulce.—**s. apple,** (bot.) manzana dulce; anona, chirimoya.—**s. basil,** (bot.) albahaca.—**s. cicely,** (bot.) perifollo.—**s. corn,** (bot.) variedad de maíz tierno cuyas mazorcas se cuecen para comer.—**s. fern,** helecho miricáceo.—**s. flag,** (bot.) cálamo aromático, ácoro.—**s. gale** = S. WILLOW.—**s. gum,** (bot.) ocozol.—**s. herbs,** (coc.) hierbas olorosas.—**s. marjoram,** (bot.) mejorana.—**s. oil,** aceite de oliva.—**s. pea,** (bot.) guisante de olor.—**s. pepper,** (bot.) pimiento dulce, morrón o de bonete.—**s. potato,** (bot.) batata, patata dulce, buniato, (Am.) camote.—**s. rush** = S. FLAG.—**s.-scented,** perfumado.—**s.-smelling,** odorífero, fragante, oloroso.—**s.-spoken,** melifluo.—**s.-tempered,** de carácter dulce, complaciente.—**s.-toned,** (poét.) dulcísono.—**s.-tongued,** melifluo, (de) pico de oro.—(**to have a**) **s. tooth,** (tener) gusto por, o gustar de, dulces; (ser) goloso.—**s.-toothed,** goloso, aficionado a los dulces.—**s. william,** (bot.) clavel barbado, minutisa, clavel de China.—**s. willow,** (bot.) mirto holandés o de Brabante. **II.** *s.* dulzura; deleite; persona querida.—*pl.* dulces, golosinas.
sweetbread [-bred], *s.* lechecillas o mollejas (*f. pl.*) de ternera.
sweetbrier [-braiœ(r)], *s.* (bot.) escaramujo oloroso, agavanzo.
sweeten [-n]. **I.** *va.* endulzar, dulcificar, azucarar; (farm.) edulcorar; suavizar, mitigar, aplacar; embalsamar; purificar; hacer salubre. **II.** *vn.* endulzarse.—**sweetener** [-œ(r)], *s.* dulcificante.
sweetening [-iŋ], *s.* endulzadura, dulcificación; dulcificante.
sweetheart [-hart], *s.* dulce amiga; querida, amante, *mf.;* amador, galán, galanteador, cortejo.
sweeting [-iŋ], *s.* (bot.) camuesa.
sweetish [-iš], *a.* algo dulce.
sweetly [-li], *adv.* dulcemente.
sweetmeat [-mit], *s.* dulce, confitura, golosina.
sweetness [-nis], *s.* dulzura, melosidad, suavidad, delicadeza, apacibilidad, bondad.
sweetsop [-sap], *s.* (bot.) anona, chirimoya.
swell [swél]. **I.** *va.* (*pp.* SWELLED o SWOLLEN) hinchar, engrosar, inflar, entumecer, henchir, abultar, agravar; engreír, envanecer. **II.** *vn.* hincharse, engrosarse, entumecerse, abotagarse, inflarse; henchirse; crecer, subir; dilatarse, esponjarse; hincharse, engreírse; embravecerse (el mar).—**to s. out,** arrojar (el árbol) sus hojas; espetarse, ampollarse, bufar. **III.** *a.* (fam.) elegante, del buen tono; magnífico, de órdago.—**to have a s. head,** (fam.) estar en-

greído. **IV.** *s.* entumecencia, hinchazón, *f.*, bulto; aumento de volumen; (mar.) oleada, marejada; ondulación del terreno; prominencia, protuberancia; (mús.) unión de crescendo y diminuendo, y los signos (< >); (fam.) petimetre, persona que sigue las modas con exageración.—**s. box,** (mús.) caja de expresión (de un órgano).—**s. organ,** órgano de expresión.—**s. pedal,** pedal de expresión.

swelling [-iŋ]. **I.** *s.* hinchazón, *f.*, inflación; (med.) tumefacción, entumescencia, turgencia, abotagamiento; bulto, chichón, protuberancia. **II.** *a.* que se hincha o infla; turgente.—**s. breast,** seno agitado; pecho turgente.—**s. sea,** mar agitado.

swelter [swéltœ(r)]. **I.** *va.* sofocar, achicharrar, abrumar de calor. **II.** *vn.* abrasarse, achicharrarse; sudar la gota gorda.

swept [swept], *pret.* y *pp.* de TO SWEEP.

swept-back [swéptbǽk], *a.* (aer.) con las alas en flecha.

swerve [swœrv]. **I.** *va.* desviar, apartar, torcer. **II.** *vn.* desviarse, apartarse, extraviarse, virar. **III.** *s.* desviación, viraje.

swift [swift]. **I.** *a.* rápido, ligero, raudo, pronto, presto; veloz, volador; vivo, diligente, activo; sumarísimo, repentino; (mar.) velero. **II.** *adv.* = SWIFTLY.—**s.-footed, s. of foot,** de paso rápido, ligero, alípedo. **III.** *s.* (orn.) vencejo, arrejaque; (zool.) lagartija; (mec.) carrete, devanadera.

swifter [-œ(r)], *s.* (mar.) tortor, andarivel.

swiftly [-li], *adv.* velozmente, prontamente, aprisa.—**swiftness** [-nis], *s.* velocidad, rapidez, prontitud.

swig [swig]. **I.** *va.* y *vn.* (fam.) beber a grandes tragos. **II.** *s.* (fam.) trago.

swill [swil]. **I.** *va.* lavar, inundar (con agua); (a menudo con **down**) tragar o engullir vorazmente. **II.** *vn.* emborracharse. **III.** *s.* bazofia; tragantada.

swim [swim]. **I.** *vn.* (*pret.* SWAM; *pp.* SWUM) nadar; flotar, sobrenadar; dejarse ir o llevar; resbalar o deslizarse suavemente; tener la cabeza ida o desvanecida; tener vértigo; padecer vahidos.—**to s. with the tide,** seguir la corriente o ir con la corriente. **II.** *va.* pasar a nado; hacer nadar o flotar. **III.** *s.* natación, nado; nadadera de pez; movimiento de deslizarse; mundo, corriente de las cosas; sociedad, vida social; vida de tono; clases influyentes.—**to be in the s.,** estar en la corriente o la marcha de las cosas.—**to go for, o take, a s.,** ir a nadar, meterse al agua.

swimmer [-œ(r)], *s.* nadador.

swimming [-iŋ]. **I.** *a.* nadador, nadante, natatorio; aguado; lleno de lágrimas.—**s. bladder,** vejiga natatoria de pez.—**s. place,** nadadero.—**s. pool,** piscina natatoria o de natación, alberca de natación.—**by s.,** a nado. **II.** *s.* natación, nado; vértigo, vahido.

swimmingly [-li], *adv.* fácilmente, lisamente.

swindle [swíndl]. **I.** *va.* petardear, estafar, (fam.) timar, trampear. **II.** *s.* estafa, (fam.) timo, petardo.—**swindler** [-dlœ(r)], *s.* estafador, timador, trampeador.

swine [swáin], *s. sing.* y *pl.* marrano(s), puerco(s), cerdo(s); persona bruta y soez.—**s. plague,** (vet.) peste (*f.*) de los puercos.—**s. pox,** (med. y vet.) variedad de viruelas locas.—**s. thistle** = SOW THISTLE.

swinebread [-bred], *s.* (bot.) trufa, criadilla de tierra; pan de puerco.

swineherd [-hœrd], *s.* porquero, porquerizo.

swing [swiŋ]. **I.** *va.* (*pret.* y *pp.* SWUNG) columpiar, mecer, cunear, hacer oscilar; balancear, bambolear; blandir (arma); hacer girar; engoznar; controlar, influir en (las elecciones, etc.). **II.** *vn.* oscilar, columpiarse, mecerse, balancearse; girar, volverse, dar vueltas; (mar.) bornear; (fam.) ser ahorcado.—**to s. about,** dar una vuelta.—**to s. clear,** evitar un choque. **III.** *s.* vibración, oscilación, vaivén, balanceo, bamboleo, balance; columpio, mecedor; libertad de acción, libre curso; autoridad, control; (mec.) juego, carrera, movimiento, recorrido, alcance.—**s. back,** respaldo de articulación de una cámara fotográfica.—**s. block,** (mec.) gorrón.—**s. bridge,** puente giratorio.—**s. door,** puerta giratoria de soporte central y varias alas.—**s. lamp,** lámpara colgante.—**s. plow,** arado de reja reversible.—**s. shift,** (fam.) turno de tarde (a menudo, de las tres hasta medianoche).—**in full s.,** en plena operación, en su apogeo. **IV.** *a.* giratorio; engoznado.

swingbar [-bar], *s.* (carr.) balancín.

swingeing [swíndžiŋ], *a.* (fam.) grande, enérgico; magnífico, estupendo, de primera.

swinger [swíŋœ(r)], *s.* oscilador; columpiador.

swinging [swíŋiŋ]. **I.** *s.* oscilación, vibración; balanceo; (mar. y danz.) borneo. **II.** *a.* oscilante, mecedor; colgante; giratorio.

swingle [swíŋgl]. **I.** *va.* espad(ill)ar (el lino). **II.** *s.* espadilla; (agr.) brazo corto del mayal.

swingletree [-tri], **swingtree** [swíŋtri], *s.* (carr.) balancín, volea; barra articulada de tiro.

swinish [swáiniš], *a.* porcuno; cochino, grosero, sucio.—**swinishly** [-li], *adv.* cochinamente.—**swinishness** [-nis], *s.* calidad de cochino; (fam.) marranada, cochinada.

swipe [swaip]. **I.** *va.* (fam.) dar o golpear duro; robar. **II.** *s.* (fam.) golpe fuerte; cigüeñal de pozo.

swirl [swœrl]. **I.** *va.* y *vn.* arremolinar(se). **II.** *s.* remolino, torbellino.

swish [swiš]. **I.** *va.* y *vn.* blandir, dar un latigazo, bastonazo, etc.; zurriagar. **II.** *s.* movimiento o silbido del látigo o bastón al cortar el aire.

Swiss [swis], *s.* y *a.* suizo, helvecio, helvético.

Swiss chard, *s.* (bot.) acelga.

Swiss cheese, *s.* queso suizo.

switch [swich]. **I.** *s.* varilla, bastoncillo, latiguillo; trenza postiza; (f. c.) cambiavía, *m.*, agujas, *f. pl.*, cambio; (elec.) interruptor, conmutador; acción u operación de desviar un tren o una corriente eléctrica mediante un *switch;* (mil.) sistema (*m.*) de trincheras de comunicación (ll. t. **switch line**).—**s. engine,** locomotora de maniobras.—**s. lever,** (f. c.) palanca de maniobra (de las agujas).—**s. rail,** (f. c.) aguja (de cambio).—**s. stand,** (f. c.) plataforma de maniobra (de las agujas).—**s. tender,** (f. c.) guardagujas, cambiavía, *m.*—**s. tower,** caballete de maniobras. **II.** *va.* azotar, fustigar, dar latigazos; (f. c.) desviar, apartar; (elec.) cambiar.—**to s. off,** desconectar, cortar (la corriente); apagar (las luces).—**to s. on,** conectar; encender (las luces). **III.** *vn.* (a veces con **off**) desviarse, cambiarse.

switchback [-bæk]. **I.** *s.* (f. c.) desarrollo o construcción (de una vía inclinada) en zigzag; montaña rusa. **II.** *a.* (f. c.) (de desarrollo) en zigzag.

switchboard [-bɔrd], *s.* (elec.) cuadro de distribución; (tlf.) cuadro conmutador.

switcher [-œ(r)], *s.* (f. c.) guardagujas; locomotora de maniobras.

switchman [-man], *s.* (f. c.) guardagujas.

switchyard [-yard], *s.* (f. c.) estación de clasificación, playa de maniobras.

Switzerland [swítzœrland], *s.* Suiza.

swivel [swívl]. **I.** *va.* y *vn.* girar o hacer girar sobre un eje. **II.** *s.* (mec.) alacrán, torniquete, eslabón giratorio; articulación giratoria; lanzadera de un telar de cintas; (arti.) colisa (ll. t. **s. gun**).—**s. chair,** silla giratoria.

swob [swab], *s.* y *va.* = SWAB.

swollen [swóuln]. **I.** *pp.* de TO SWELL. **II.** *a.* hinchado, entumecido; henchido; crecido; turgente.—**s. with pride,** inflado, hinchado de orgullo.

swoon [swun]. **I.** *vn.* desmayarse, desvanecerse, desfallecer. **II.** *s.* desmayo, síncope, desfallecimiento, soponcio, deliquio.

swoop [swup]. **I.** *va.* descender y agarrar la presa al vuelo; coger, arrebatar. **II.** *vn.* caer, calarse

(las aves), precipitarse sobre algo. **III.** *s.* descenso rápido y cogida al vuelo; calada.
sword [sórd], *s.* espada.—**s. arm,** brazo derecho. —**s. belt,** talabarte, biricú, cinturón.—**s. cane,** bastón de estoque.—**s. grass,** (bot.) espadaña. —**s. hilt,** empuñadura, puño.—**s. knot,** borla, campanilla (de espada).—**s. lily,** (bot.) estoque. —**s.-shaped,** ensiforme.—**to be at swords' points,** estar de punta, estar a matar, estar como perros y gatos.
swordfish [-fiš], *s.* (ict.) pez espada, *m.*, jifia.
swordplay [-plei], *s.* esgrima, manejo de la espada.
swordsman [-zman], *s.* (*pl.* SWORDSMEN) espadachín, esgrimista, espada, *m.*; militar.
swore, sworn [swor(n], *pret.* y *pp.* de TO SWEAR.
swum [swʌm], *pret.* y *pp.* de TO SWIM.
swung [swʌŋ], *pret.* y *pp.* de TO SWING.
Sybarite [síbarait], *s.* sibarita, *mf.*—**sybaritic(al** [sibarítik(al], *a.* sibarítico, sibarita.
sybaritism [síbaraitizm], *s.* sibaritismo.
sycamore [síkamor], *s.* (bot.) sicómoro; (E. U.) plátano falso.
syconium [saikóuniʌm], *s.* (bot.) siconio.
sycophancy [síkofansi], *s.* adulación, servilismo; parasitismo.—**sycophant** [-ant], *s.* adulador; parásito; (hist.) sicofanta, *m.* sicofante.—**sycophantic** [-éntik], *a.* adulatorio; lisonjero; chismoso.
syenite [sáienait], *s.* (min.) sienita.
syenitic [saienítik], *a.* (min.) sienítico.
syllabary [sílabari], *s.* silabario.
syllabic [silǽbik], *a.* silábico.
syllabicate [-keit], *va.* silabear.
syllabication [-kéišon], *s.* silabeo.
syllabification [-ifikéišon], *s.* silabeo.
syllabify [-ifai], *va.* silabear, silabar.
syllable [sílabl], *s.* sílaba; (poét.) pie, *m.*
syllabus [sílabʌs], *s.* sílabo, sumario, extracto, resumen, compendio.
syllepsis [silépsis], *s.* (gram. y ret.) silepsis.
sylleptic(al [-tik(al], *a.* que envuelve silepsis.
syllogism [sílodžizm], *s.* (lóg.) silogismo.
syllogistic(al [silodžístik(al], *a.* silogístico.
syllogistically [-li], *adv.* silogísticamente.
syllogize [sílodžaiz], *vn.* silogizar.
sylph [silf], *s.* (mit.) silfo, sílfide, *f.*; (fig.) sílfide, mujer esbelta y graciosa; (orn.) colibrí.
sylva [sílvä], *s.* selva.—**sylvan** [-n], *a.* selvático, silvático; rústico, rural.
sylvanite [-nait], *s.* (min.) telururo de oro y plata.
sylviculture [sílvikʌlchū(r)], *s.* silvicultura.
symbiont [símbiont], *s.* y *a.* (biol.) simbionte.
symbiosis [simbióusis], *s.* (biol.) simbiosis.
symbiotic [simbiátik], *a.* (biol.) simbiótico.
symbol [símbol], *s.* símbolo; emblema, *m.*; (teol.) credo.
symbolic(al [simbálik(al], *a.* simbólico.
symbolically [-ali], *adv.* simbólicamente.
symbolics [-s], *s.* ciencia de los símbolos.
symbolism [símbolizm], *s.* simbolismo.
symbolist [-ist], *s.* simbolista.
symbolistic [-ístik], *a.* simbolista.
symbolization [-izéišon], *s.* simbolización.
symbolize [-aiz], *va.* y *vn.* simbolizar.
symbology [simbálodži], *s.* arte o tratado de los símbolos; simbología.
symmetalism [simmétalizm], *s.* (e. p.) sistema monetario en que la moneda patrón consta de dos o más metales.
symmetrical [simétrikal], *a.* simétrico.
symmetrically [-i], *adv.* simétricamente.
symmetrization [simetrizéišon], *s.* transformación simétrica.
symmetrize [símitraiz], *va.* simetrizar.
symmetry [símitri], *s.* simetría.
sympathectomy [simpaθéktomi], *s.* (cir.) simpaticectomía.
sympathetic(al [simpaθétik(al], *a.* simpático; que simpatiza; simpatizador, simpatizante; afín; benévolo, compasivo.—**s. ink,** tinta simpática o invisible.—**s. nervous system,** (anat.) gran simpático.
sympathetically [-i], *adv.* simpáticamente, con simpatía, benévolamente.
sympathize [símpaθaiz], *vn.* simpatizar, compadecerse, condolerse; doler, padecer o sentir por simpatía; convenir, armonizarse, ajustarse, congeniar.—**sympathizer** [-œ(r)], *s.* simpatizante, el que simpatiza con otro; aprobador, partidario, seguidor.
sympathy [símpaθi], *s.* simpatía, afinidad; benevolencia; conmiseración, compasión, lástima; pésame; (med.) simpatía.
sympathy strike, *s.* huelga de solidaridad.
sympetalous [simpétalʌs], *a.* (bot.) simpétalo.
symphonic [simfánik], *a.* sinfónico; homónimo.
symphonious [simfóuniʌs], *a.* armonioso.—**symphonist** [símfonist], *s.* sinfonista.—**symphony** [símfoni], *s.* sinfonía.
symphysis [símfisis], *s.* (anat.) sínfisis.
sympodium [simpóudiʌm], *s.* (bot.) simpodio.
symposiac [simpóuziæk], *a.* perteneciente a los banquetes o convites.—**symposium** [-ʌm], *s.* (hist. griega) simposia, festín, banquete; (hoy) reunión, debate o conferencia para tratar algún tema; colección de artículos o comentarios.
symptom [símptom], *s.* (med. y fig.) síntoma, *m.*
symptomatic(al [-ǽtik(al], *a.* sintomático.
symptomatically [-i], *adv.* sintomáticamente.
symptomatology [-atálodži], *s.* (med.) sintomatología, semiología, semiótica.
synæresis [sinérisis], *s.* = SYNERESIS.
synagogue [sínagag], *s.* sinagoga.
synalepha [sinalífä], *s.* (gram.) sinalefa.
synalgia [sinǽldžä], *s.* (med.) dolor proveniente de acción simpática.
synantherous [sinǽnθerʌs], *a.* (bot.) sinantéreo.
synapse [sinǽps], *s.* (fisiol.) sinapsis.
synapsis [sinǽpsis], *s.* (fisiol., biol.) sinapsis.
synarthrosis [sinarθróusis], *s.* (anat.) sinartrosis, articulación no movible.
syncarp [sínkarp], *s.* (bot.) sincarpo.
syncarpous [sinkárpʌs], *a.* (bot.) sincárpeo.
synchro-cyclotron [síŋkrosáiklotran], *s.* (fís,) sincrociclotrón.
synchromesh [síŋkromeš], *s.* (aut.) engranaje sincrónico.
synchronal [síŋkronal], **synchronic(al** [siŋkránik(al], *a.* sincrónico.
synchronism [síŋkronizm], *s.* sincronismo.
synchronization [-izéišon], *s.* sincronización.
synchronize [-aiz], *va.* y *vn.* sincronizar.
synchronizer [-œ(r)], *s.* sincronizador.
synchronoscope [-oskoup], *s.* sincronoscopio.
synchronous [síŋkronʌs], *a.* sincrónico.
synchronous motor, *s.* motor sincrónico.
synchronous speed, *s.* velocidad sincrónica.
synchrotron [síŋkrotran], *s.* (fís.) sincrotrón.
synclastic [sinklǽstik], *a.* (mat.) sinclástico.
synclinal [sinkláinal], *s.* y *a.* (geol.) sinclinal.
syncline [síŋklain], *s.* (geol.) sinclinal.
syncopate [síŋkopeit], *va.* (gram., mús.) sincopar.
syncopated [-id], *a.* sincopado.
syncopation [-éišon], *s.* (gram. y mús.) síncopa.
syncope [síŋkopi], *s.* (med.) síncope; (gram., mús.) síncopa.
syncretic [siŋkrétik], *a.* sincrético.
syncretism [síŋkritizm], *s.* sincretismo.—**syncretist** [-ist], *s.* sincretista.—**syncretize** [-aiz], *va.* conciliar o tratar de conciliar o armonizar (doctrinas distintas).
syncrisis [síŋkrisis], *s.* (ret.) sincrisis.
syndactyl [sindǽktil], *s.* y *a.*, **syndactylous** [-ʌs], *a.* (zool.) sindáctilo, que tiene dos o más dedos soldados o unidos entre sí.
syndic [síndik], *s.* (com. y for.) síndico.
syndical [síndikal], *a.* sindical.
syndicalism [-izm], *s.* (e. p.) sindicalismo.—**syndicalist** [-ist], *a.* y *s.* sindicalista.—**syndicalize** [-aiz], *va.* sindicalizar, poner bajo dominio sindicalista, u organizar según el sistema sindicalista.
syndicate [síndikeit]. **I.** *va.* y *vn.* (com.) sindicar(se); publicar o vender (artículos, etc.) por

medio de un sindicato. **II.** *s.* (for.) sindicado; sindicatura; (com.) sindicato, asociación de capitalistas para emprender un negocio magno; (e. p.) sindicato, asociación de obreros; grupo de periódicos, revistas, etc., bajo una misma dirección; empresa que compra artículos manuscritos, fotografías, etc., y los vende para su publicación simultánea en varios periódicos o revistas.
syndication [-éiʃon], *s.* sindicación.
syndrome [síndroum], *s.* (med.) síndrome.
synecdoche [sinékdoki], *s.* (ret.) sinécdoque, *f.*
syneresis [sinérisis], *s.* (gram.) sinéresis.
synergism [sínœrdžizm], *s.* (teol.) doctrina según la cual el alma coopera con la gracia divina.
synergy [sínœrdži], *s.* (fisiol.) sinergia.
synesthesia [sinesθížä], *s.* (fisiol.) sinestesia; sensación en una parte del cuerpo diferente de la afectada directamente por el estímulo que la produce; sensación asociada o concomitante.
syngamy [síngami], *s.* (biol.) singamia.
syngenesis [sindžénisis], *s.* (biol.) concurrencia de los gérmenes masculino y femenino en la formación del feto; generación o reproducción sexual.
synizesis [sinizísis], *s.* (gram., biol.) sinizesis.
synod [sínod], *s.* (igl., astr.) sínodo.
synodal [-al], **synodic(al** [sinádik(al], *a.* (igl.) sinodal; (igl., astr.) sinódico.
synonym [sínonim], *s.* sinónimo.
synonymity [sinonímiti], *s.* sinonimia.
synonymize [sinánimaiz], *va.* usar sinónimos.
synonymous [-mʌs], *a.* sinónimo.
synonymy [-mi], *s.* sinonimia.
synopsis [sinápsis], *s.* sinopsis.
synoptic(al [sinteam(al], *a.* sinóptico.
synovia [sinóuviä], *s.* (anat.) sinovia.—**synovial** [-l], *a.* sinovial.—**synovitis** [sinováitis], *s.* sinovitis.
syntactic(al [sintǽktik(al], *a.* sintáctico.
syntax [síntæks], *s.* (gram.) sintaxis.
synthesis [sínθesis], *s.* síntesis; (cir.) reunión de partes divididas.—**synthesize** [-aiz], *va.* y *vn.* sintetizar; producir por síntesis.
synthetic(al [sinθétik(al], *a.* sintético; fabricado.
synthetically [-i], *adv.* sintéticamente.
synthetic rubber, *s.* caucho sintético.
syntonic [sintánik], *a.* sintónico, sintonizado.
syntonin [síntonin], *s.* (bioquím.) sintonina.
syntonization [sintonizéiʃon], *s.* (rad.) sintonización.—**syntonize** [síntonaiz], *va.* sintonizar.—**syntonizer** [-œ(r)], *s.* sintonizador.—**syntony** [síntoni], *s.* sintonía, sintonismo.
syphilis [sífilis], *s.* (med.) sífilis.—**syphilitic** [-ítik], *a.* sifilítico.—**syphilologist** [-álodžist], *s.* sifilógrafo.—**syphilology** [-álodži], *s.* sifilografía.
syphon [sáifon], *s.* y *va.* = SIPHON.
Syria [síria], *s.* Siria.
Syriac [-æk], *s.* y *a.* siríaco.
Syrian [-n], *s.* y *a.* sirio.
syringa [siríngä], *s.* (bot.) jeringuilla; lila.
syringe [síríndž]. **I.** *s.* (med.) jeringa. **II.** *va.* jeringar, dar una lavativa o inyección.
syringeal [siríndžial], *a.* relativo a la siringe.
syringomyelia [siríngomaiília], *s.* (med.) siringomielia.
syringotomy [siringátomi], *s.* (cir.) siringotomía.
syrinx [síriŋks], *s.* (anat.) trompa de Eustaquio; (orn.) siringe, *f.*, segunda laringe de las aves; (S., mit.) Siringe, flauta de Pan.
syrtis [sœ́rtis], *s* sirte, *f.*, banco de arena.
syrup [sírʌp], *s.* jarabe, jarope; almíbar.
syrupy [-i], *a.* siruposo, pegajoso, viscoso; azucarado, meloso.
syssarcosis [sisarkóusis], *s.* (anat.) sisarcosis.
systaltic [sistóltik], *a.* sistáltico.
system [sístem], *s.* sistema, *m.*, método; clasificación ordenada; (fisiol. y biol.) sistema, *m.*; (geol.) formación; instalación (de gas, etc.).
systematic(al [sistemǽtik(al], *a.* sistemático, metódico.
systematically [-i], *adv.* sistemáticamente.
systematization [-tizéiʃon], *s.* sistematización.
systematize [sístemataiz], *va.* sistematizar; metodizar.
systematology [sistematálodži], *s.* sistematología.
systemic [sistémik], *a.* sistemático; (fisiol. y anat.) relativo a todo el sistema o cuerpo.
systemize [sístemaiz], *va.* sistematizar.
systole [sístoli], *s.* (fisiol. y ret.) sístole, *f.*
systolic [sistálik], *a.* sistólico.
systyle [sístail], *s.* (arq.) sístilo.
syzygy [sízidži], *s.* (astr.) sicigia.

T

t [ti], *s.* t.
T [ti]. **I.** *s.* objeto en forma de T; pieza (tubo, viga, etc.) en T. **II.** *a.* en T, de forma de T.—**T iron,** hierro en T.—**T rail,** riel en T, o de hongo.—**T square,** (dib.) regla T.—**to a T,** exactamente, perfectamente.
tab [tæb], *s.* proyección, apéndice; oreja de zapato; herrete de cordón; (fam.) cuenta; vigilia.—**to keep tabs on,** vigilar, no perder de vista.
tabard [tǽbärd], *s.* tabardo; cota.
Tabasco (sauce) [tabǽskou (sos)], *s.* la marca de fábrica de una salsa hecha de chiles (ajíes) selectos, sujetos a fermentación natural, y condimentados con vinagre y sal.
tab(b)inet [tǽbinit], *s.* (tej.) tabinete.
tabby [tǽbi]. **I.** *s.* (tej.) tabí; gato romano; gata; solterona chismosa. **II.** *a.* ondeado, moteado, mosqueado, que hace aguas.
tabefaction [tæbifǽkʃon], *s.* (med.) tabefacción, extenuación, emaciación, atrofia, marasmo. *V.* TABES.
tabernacle [tǽbœrnækl], *s.* tabernáculo.
tabes [téibiz], *s.* (med.) tabes, *f.*, consunción.
tabetic [tabétik]. **I.** *a.* (med.) tabético. **II.** *s.* tísico.
tabid [tǽbid], *a.* (med.) tábido.
tablature [tǽblachur], *s.* (anat.) tablatura, pared del cráneo; (b. a.) pintura mural.
table [téibl]. **I.** *s.* mesa; comida, manjares; tabla (matemática, de la ley, de materias, etc.), cuadro; losa, plancha; tarima; tablero; banco; (geog.) meseta; (b. a.) tabla, pintura en tabla o piedra; (arq.) entablamento; palma de la mano; faceta superior de un diamante; piedra preciosa de dos facetas.—**t. boarder,** pupilo, pensionista.—**t. cover,** carpeta, sobremesa.—**t. d'hôte,** mesa redonda de una fonda; comida de varios platos, o a la francesa; comida corrida.—**t. knife,** cuchillo de mesa.—**t.-land,** (alti)-planicie, altiplano, mesa, meseta.—**t. linen,** mantelería.—**t. of contents,** tabla de materias, índice.—**t. runner,** camino de mesa.—**t. service,** o **set,** vajilla.—**t. wine,** vino de pasto o de mesa. **II.** *va.* y *vn.* dar carpetazo, encarpetar; poner (un naipe) sobre la mesa; (impr.) catalogar; poner índice; (carp.) ensamblar, acoplar.
tableau [tǽblou], *s.* (*pl.* TABLEAUX) cuadro (al vivo).
tablecloth [téiblkloθ], *s.* mantel; tela para manteles, alemanisco.
tablespoon [-spun], *s.* cuchara ordinaria de mesa.—**tablespoonful** [-ful], *s.* cucharada.
tablet [tǽblit], *s.* tabla, tableta, tablilla; bloc de papel; plancha, lápida; (farm.) tableta, pastilla, comprimido.
tableware [téiblwer], *s.* servicio de mesa, artículos para la mesa.
tabloid [tǽbloid]. **I.** *s.* (farm.) tabloide; comprimido; periódico de noticias concisas o condensadas (apl. esp. a los chismosos y sensacionales). **II.** *a.* condensado, breve, conciso; de noticias breves (apl. esp. a periódicos populares ilustrados).
taboo, tabu [tabú]. **I.** *va.* declarar tabú; (fig.) prohibir, excluir, desterrar. **II.** *s.* tabú; pre-

cupación, ostracismo. **III.** *a.* proscri(p)to, prohibido.
tabo(u)r [téjbǫ(r)], *s.* tamboril.—**taborer** [-œ(r)], *s.* tamborilero.
tabo(u)ret [tæborét], *s.* tamborilete; taburete; bastidor de bordar.
tabo(u)rine [tæborín], **tabret** [tǽbrįt], *s.* tamborilete; pandereta, adufe. *V.* TAMBOURINE.
tabular [tǽbyūlą(r)], *a.* tabular.—**tabulate** [-lejt], *va.* poner o arreglar en forma de tabla.—**tabulated** [-įd], *a.* liso, plano.—**tabulation** [-léjšǫn], *s.* reducción a forma tabular.—**tabulator** [-lejtǫ(r)], *s.* constructor de tablas; tabulador (de máquina de escribir).—**t. key,** tecla del tabulador (ll. t. **tabular key**).
tacamahac [tǽkąmąhæk], *s.* (bot.) tacamaca; álamo balsámico.
tacheometer [tækįámetœ(r)], *s.* = TACHYMETER.
tachograph [tǽkogræf], *s.* tacógrafo, registrador de velocidad; registro gráfico hecho con este instrumento o con el tacómetro (ll. t. TACHOGRAM).
tachometer [tækámetœ(r)], *s.* tacómetro, contador de velocidad.
tachygraphy [tækígrąfį], *s.* taquigrafía.—**tachygrapher** [-fœ(r)], *s.* taquígrafo.—**tachygraphic(al** [-grǽfįk(ąl], *a.* taquigráfico.—**tachygraphist** [tækígrąfįst], *s.* taquígrafo, taquígrafa.
tachymeter [tækímetœ(r)], *s.* contador de velocidad; (top.) taquímetro.—**tachymetric** [-métrįk], *a.* taquimétrico.—**tachymetry** [tækímetrį], *s.* (top.) taquimetría.
tacit [tǽsįt], *a.* tácito.
tacitly [-lį], *adv.* tácitamente.
taciturn [tǽsįtœrn], *a.* taciturno.
taciturnity [-tœ́rnįtį], *s.* taciturnidad.
tack [tæk]. **I.** *va.* clavar con tachuelas; (cost.) puntear, pegar, coser, hilvanar; unir, añadir o anexar. **II.** *vn.* (mar.) virar, cambiar de bordada, voltejear. **III.** *s.* tachuela, puntilla; (cost.) hilván; (mar.) amura; bordada, viraje, virada; cambio de política; nuevo plan de acción.—**t. claw,** sacatachuelas.—**t. hammer,** martillo para tachuelas.
tackle [tǽkl]. **I.** *va.* agarrar, asir; atacar, abordar (un problema, etc.), luchar con; (football) atajar a un adversario. **II.** *s.* (mar.) aparejo, poleame, maniobra, motonería, cuadernal, jarcia; equipo, (fam.) avíos, enseres (vg. *fishing tackle,* avíos de pescar); (football) atajo y agarrada; atajador.—**t. block,** (mar.) motón de aparejo.—**t. fall,** tira de aparejo.—**t. hooks,** ganchos de aparejo.
taconite [tǽkǫnajt], *s.* (min.) taconite.
tact [tækt], *s.* tacto; tino, tiento, tacto, maña, ten con ten, (don de) acierto.
tactful [-fụl], *a.* discreto, cauto, mañoso.
tactfully [-į], *adv.* discreta, cauta, mañosamente.
tactic(al [tǽktįk(ąl], *a.* táctico.
tactician [tæktíšąn], *s.* táctico.
tactics [tǽktįks], *s. pl.* (mil.) táctica.
tactile [tǽktįl], *a.* tangible, palpable; táctil, del tacto, relativo al tacto.
tactility [tæktílįtį], *s.* calidad de tangible.
tactless [tǽktlįs], *a.* falto de tacto o de tino, impolítico.
tactual [tǽkchụąl], *a.* relativo a, o causado por, el tacto.
tadpole [tǽdpoụl], *s.* (zool.) renacuajo.
ta'en [tejn], *contr. poét.* de TAKEN.
tænia, tenia [tínįą], *s.* (antig. gr.) banda, faja, cinta; (arq.) filete, cinta; (zool.) tenia, solitaria.
taffeta, taffety [tǽfįtą, -tį], *s.* (tej.) tafetán.
taffrail [tǽfrejl], *s.* (mar.) coronamiento.
taffy [tǽfį], *s.* melcocha, arropía; (fam.) lisonja, halago.
tag [tæg]. **I.** *s.* herrete; marbete, marca, rótulo, tejuelo; cartela; apéndice, extremo del rabo; tirador de una bota; (fam.) pingajo, arrapiezo; muchedumbre, populacho; juego de muchachos.—**t. day,** *día de cartelas,* en que se solicitan en las calles contribuciones para obras de caridad, etc., colgando una cartelilla o flor en el pecho o el ojal del contribuyente.—**the t. and rag,** o **the t., rag and bobtail,** el populacho, la canalla. **II.** *va.* clavetear o poner herretes; marcar con marbete o rótulo; pisar los talones, alcanzar y tocar.
Tagalog [tǽgąlag], *s.* tagalo.
tagged atom, *s.* (fís.) átomo marcado.
tagrag [tǽgræg], *s.* (fam.) chusma.
tagtail [tǽgtejl], *s.* (zool.) lombriz; sicofante.
Tahitian [tahítįąn], *s.* y *a.* tahitiano, de Tahití.
tail [tejl]. **I.** *s.* cola, rabo; cabo, extremidad; apéndice; (astr.) cola (de cometa); (mús.) rabito de una nota; pie (*m.*) de página; reverso o cruz de una moneda; (sast.) faldón; (alb.) cola o entrega de un sillar; acompañamiento, escolta; fila o hilera de gente; (for.) limitación de propiedad; (aer.) planos de cola, planos estabilizadores traseros.—*pl.* (fam.) frac; cruz (de una moneda).—**t. coat,** frac, saco de faldas sesgadas.—**t. end,** extremo trasero, parte (*f.*) de atrás; lo último.—**t. fin,** (aer.) plano de deriva de cola.—**t. gunner,** (aer.) artillero de cola.—**t. lamp, t. light,** farol trasero.—**t. plane,** (aer.) plano fijo de cola, estabilizador de cola.—**t. rod,** (m. v.) prolongación del vástago del émbolo.—**t. skid,** (aer.) patín de cola.—**t. spin,** (aer.) barrena.—**t. unit,** (aer.) conjunto de cola.—**t. wind,** (aer.) viento de cola. **II.** *va.* proveer de cola; (vet.) cortar la cola; desrab(ot)ar; (a veces con **on, in** o **into**) añadir, agregar, juntar, unir, empatar; tirar de (la cola); (fam.) espiar, seguir muy de cerca (a uno).
tailage [-įdž], *s.* derecho, tributo. *V.* TALLAGE.
tailblock [-blak], *s.* (mar.) motón de rabiza.
tailboard [-bɔrd], *s.* sección movible de la parte trasera de un vehículo.
tailed [-d], *a.* rabudo; con cola o rabo.
tailgate [-gejt]. **I.** *s.* sección movible de la parte trasera de un vehículo. **II.** *vn.* (fam.) seguir a un vehículo muy de cerca.
tailing [-įŋ], *s.* (alb.) cola, entrega.—*pl.* restos, desechos.
tailless [-lįs], *a.* sin cola; desrab(ot)ado.
tailor [téjlǫ(r)]. **I.** *s.* sastre.—**t.-made,** de sastrería, hecho por sastres; hecho sobre medidas o a la medida.—**t.-made suit,** traje sastre.—**t.'s shop,** o **trade,** sastrería. **II.** *va.* vestir, proveer de ropa. **III.** *vn*: ser sastre; ser (bueno o malo) para hacer ropa (ú. de telas).
tailorbird [-bœrd], *s.* (orn.) pájaro sastre.
tailored [-d], *a.* (de) sastre; sencillo, de corte algo severo (ú. de ropas de señoras).
tailoring [-įŋ], *s.* sastrería (arte); corte y confección de vestidos.
tailpiece [téjlpis], *s.* apéndice; (impr.) florón; culo de lámpara; cola de violín o guitarra.
tailrace [-rejs], *s.* (hidr.) canal o conducto de salida o escape (del agua de una rueda); agua de salida.
tailspin [-spįn], *vn.* (aer.) descender en barrena.
taint [tejnt]. **I.** *va.* manchar, inficionar, corromper. **II.** *vn.* inficionarse, corromperse, podrirse. **III.** *s.* mácula, mancha, corrupción.—**taintless** [-lįs], *a.* incorrupto, puro.
take [tejk], *va.* (*pret.* TOOK; *pp.* TAKEN) tomar; coger, asir, agarrar; recibir, aceptar; apropiarse, apoderarse de; percibir o cobrar; quitar, hurtar, llevarse; quedarse con (una compra); llevar, conducir, acompañar; restar, deducir; prender, hacer prisionero; escoger; usar, emplear, adoptar; considerar, tener por; asumir, aceptar; admitir; adaptarse o hacerse a; tomar, emplear o necesitar (tiempo); coger, contraer (una enfermedad); coger, sorprender; sacar (un retrato, una copia); dar (un paseo); hacer (ejercicio); saltar (una barrera).—**to t. aback,** desconcertar.—**to t. a back seat,** ceder su puesto, perder influencia.—**to t. a bath,** bañarse.—**to t. a bite,** comer algo.—**to t. account of,** tener en cuenta, hacer caso de.—**to t. a chance (on** o

with) arriesgar(se); probar.—**to t. action,** actuar, hacer diligencia, tomar medidas; (for., etc.) proceder (contra).—**to t. a different,** o **another, turn,** cambiar de aspecto.—**to t. advantage of,** aprovecharse de, sacarle partido a (una persona) o de (una situación); abusar de.—**to t. advice,** a onsejarse, tomar consejo.—**to t. a fancy to,** prendarse de; antojarse de.—**to t. a header,** irse de cabeza.—**to t. aim,** apuntar, tomar puntería.—**to t. a journey,** hacer un viaje.—**to t. a leap,** dar un salto o brinco.—**to t. a liking to,** aficionarse a, coger cariño a.—**to t. a look at,** echar una ojeada a, mirar.—**to t. amiss,** tomar en mala parte, ofenderse de—**to t. an examination,** sufrir un examen.—**to t. an oath,** prestar juramento.—**to t. a notion to,** aficionarse a; coger cariño a; metérsele a uno (algo) en la cabeza.—**to t. apart,** desarmar, desmontar (una máquina).—**to t. a rest,** descansar.—**to t. arms,** tomar las armas; principiar la guerra.—**to t. asunder,** separar, desunir.—**to t. a short cut,** atajar.—**to t. a shot at,** hacer un tiro a; (fig.) echar una pulla a.—**to t. a step,** dar un paso; tomar una medida.—**to t. a turn,** o **a walk,** dar una vuelta, un paseo.—**to t. away,** quitar, sacar; llevarse.—**to t. back,** retractar, desdecirse de; recibir (algo) devuelto; devolver; llevar a, o hacer pensar en (tiempos pasados, etc.).—**to t. breakfast,** desayunarse.—**to t. breath,** descansar; tomar aliento.—**to t. by storm,** tomar por asalto.—**to t. care,** tener cuidado.—**to t. care of,** cuidar de, atender a.—**to t. chances,** correr el riesgo, arriesgar; confiar en la suerte.—**to t. charge of,** hacerse cargo de, encargarse de, ocuparse de, tomar por su cuenta.—**to t. cold,** resfriarse.—**to t. counsel,** deliberar; consultar.—**to t. cover,** buscar abrigo, abrigarse.—**to t. down,** asentar, tomar nota de; bajar o poner más bajo; descolgar; derribar; quitar los humos a; tragar.—**to t. effect,** surtir efecto; entrar en vigencia; poner en, o llevar a, efecto.—**to t. exception to,** oponerse a, no conceder o aceptar (una proposición, aserción, etc.).—**to t. fire,** encenderse; incendiarse.—**to t. for,** tomar o tener por.—**to t. for granted,** dar por sentado.—**to t. French leave,** despedirse a la francesa, escabullirse, irse callandito.—**to t. fright,** atemorizarse, sobresaltarse.—**to t. from,** despojar a, privar a, quitar a; restar o substraer de.—**to t. heart,** tomar o cobrar aliento, no desalentar.—**to t. heed,** hacer caso, poner atención.—**to t. hold** (**of** u **on**), asir, coger, agarrar; tomar posesión, apoderarse; encargarse; aprender, comprender, ponerse al corriente.—**to t. horse,** cabalgar, pasear a caballo.—**to t. in,** hacer entrar, dar ingreso; admitir, recibir (en su casa, en la sociedad, etc.); acomodar; tomar; cobrar; recibir (dinero); entender; abarcar, comprender, incluir; observar, notar; (cost.) sisar; contraer, encoger; cercar; (fam.) creer, tragar; estafar, embaucar, engañar.—**to t.** (**in**) **a reef,** (mar.) tomar un rizo.—**to t. in hand,** emprender; tomar por su cuenta, hacerse cargo de.—**to t. into account,** o **consideration,** tener o llevar en cuenta, hacerse cargo de.—**to t. into one's head,** metérsele a uno en la cabeza.—**to t. in tow,** tomar a remolque.—**to t. issue with,** oponerse a; disputar.—**to t. it easy,** ir despacio, no afanarse; descansar.—**to t. it or leave it,** aceptar o rechazar sin discusión (gen. en forma imperativa, y puede traducirse por *sí* o *no*).—**to t. it out of,** u **on,** (fam.) desquitarse a costa de, hacer pagar el pato a.—**to t. it that,** entender que, inferir que.—**to t. leave,** despedirse.—**to t. leg bail,** (fam.) tomar las de Villadiego.—**to t. lunch,** almorzar.—**to t. note,** tomar nota, apuntar; notar, advertir.—**to t. notice,** darse por avisado; notar.—**to t. notice of,** hacer caso de; notar, observar, advertir, fijarse en; cuidarse de.—**to t. oath,** prestar juramento.—**to t. occasion,** aprovechar la oportunidad.—**to t. off,** separar, quitar; rebajar; cercenar, amputar; llevarse; arrebatar; causar la muerte a, matar; destruir; (fam.) imitar, remedar, ridiculizar; copiar; despegar; embotar; quitarse (el sombrero, etc.).—**to t. offense,** ofenderse, darse por sentido.—**to t. offense at,** agraviarse u ofenderse de.—**to t. office,** ocupar el poder.—**to t. on,** recibir a bordo; asumir (una actitud, etc.); emprender, asumir (un cargo, etc.).—**to t. one at his word,** fiarse de la palabra de uno.—**to t. one down a peg,** (fam.) bajarle a uno los humos.—**to t. one's breath** (**away**), dejar a uno sin resuello, pasmado o turulato.—**to t. one's death of** (**cold, fever**), (fam.) exponerse a morir de (catarro, fiebre).—**to t. one's head off,** (fam.) echar a uno un sermón, ponerlo como nuevo.—**to t. one's life in one's hand,** arriesgar, o jugarse, la vida.—**to t. one's time,** ir despacio, no darse prisa.—**to t. out,** llevar o poner fuera; sacar, obtener; omitir; quitar; arrancar; extraer.—**to t. over,** tomar posesión de; hacerse cargo de.—**to t.** (**great**) **pains,** afanarse, empeñarse, esmerarse.—**to t. part in,** participar en, intervenir en.—**to t. part with one,** tomar la defensa o el partido de uno.—**to t. pity on,** apiadarse o compadecerse de.—**to t. place,** tener lugar, suceder, ocurrir.—**to t. possession** (**of**), apoderarse (de), posesionarse (de); ocupar (el poder, etc.).—**to t. pot luck,** hacer penitencia.—**to t. precedence over,** privar sobre, tener la prioridad a.—**to t. pride in,** gloriarse en.—**to t. refuge** o **shelter,** refugiarse, abrigarse, guarecerse.—**to t. root,** echar raíces, arraigarse, radicar, prenderse.—**to t. sanctuary,** acogerse a sagrado.—**to t. sides,** tomar partido; (con **with**) ponerse de parte de, apoyar a.—**to t. steps,** dar pasos, tomar medidas.—**to t.** (**account of**) **stock,** hacer inventario.—**to t. stock in,** creer; tener confianza en, dar importancia a.—**to t. the cake,** (fam.) llevarse la palma; ser el mejor (o el peor).—**to t. the chair,** presidir.—**to t. the field,** (dep.) entrar (en la cancha, etc.); (mil.) salir a campaña.—**to t. the floor,** tomar la palabra.—**to t. the heart out of,** (fam.) desalentar, quitar los bríos a.—**to t. the law in**(**to**) **one's own hands,** hacerse justicia por sí mismo.—**to t. the stand,** (for.) *V.* STAND, *s.*—**to t. the wall,** tomarse la acera; tomar la mayor parte.—**to t. the wind out of one's sails,** (fig.) desarmar a uno, apagarle los fuegos, bajarle los humos.—**to t. to heart,** tomar a pechos.—**to t. to pieces,** hacer pedazos; desarmar; refutar punto por punto.—**to t. to task,** reprender, regañar; censurar, criticar.—**to t. up,** alzar, levantar; arrestar, poner preso; tomar, recibir, admitir; ocupar o llenar (espacio); comprender o incluir; quitar, rebajar o reducir; recoger; empezar o comenzar; atender a, emprender; dedicarse a; tomar posesión; (com.) pagar al vencimiento; aceptar; reprochar, censurar; (fam.) comprar o tomar al fiado, tomar prestado (dinero, etc.); (mec.) sostener, resistir (el peso, etc.); absorber, amortiguar.—**to t. upon one's self,** tomar a su cargo, encargarse de, asumir.—**to t. up quarters at,** alojarse en.—**to t. up the gauntlet,** o **glove,** aceptar un desafío.—**to t. up the hatchet** = TO DIG UP THE HATCHET.—**to t. warning,** estar alerta, tener cuidado.—**to t. water,** (mar.) hacer agua.—**take my word for it,** créame Vd., bajo mi palabra.—**take notice,** aviso, advertencia.—**to be taken with,** prendarse o estar prendado de.

take, *vn.* ser poseedor, adquirir propiedad; pegar bien, tener éxito, dar golpe, (fam.) cuajar; prender (la vacuna, el fuego, etc.); hacer su efecto, ser eficaz; (fam.) picar (el pez); sacar buen o mal retrato; pegar, adherirse; arraigar (las plantas).—**to t. after,** parecerse a, salir a; imitar a, seguir el ejemplo de; ser como.—**to t. ill,** caer enfermo.—**to t. off,** partir, salir; (aer.) despegar, levantar el vuelo, hacerse al aire.—

to t. on, (fam.) echarse a morir, lamentarse con vehemencia; hacer grande alharaca.—to t. on with, juntarse con; prendarse de.—to t. to, dedicarse a; recurrir a; irse a; tomar afición a; ponerse a.—to t. to one's heels, apretar los talones, huir.—to t. up with, resignarse a; adoptar, aceptar; entrar en relaciones con.

take, *s.* toma; cogida, redada; entrada, producto, ingresos (de una función, etc.); (impr.) toma; (cine) porción de una película filmada de una vez.—**t.-home pay**, paga líquida.—**t.-in**, (fam.) fraude; estafador; (fam.) paga.—**t.-off**, (fam.) sátira; caricatura, remedo; (aer.) despegue; (dep., gimn.) trampolín, raya de donde se salta.—**t.-up**, (mec.) atesador; (tej.) enjullo.

takedown [téįkdaụn]. I. *s.* rifle desmontable; mecanismo de desmontar o desarmar. II. *a.* desarmable.

taken [téįkn], *pp.* de TO TAKE.—**to be t. ill**, o **sick**, caer enfermo, enfermar.—**to be t. off**, o **away**, morir.

taker [téįkœ(r)], *s.* tomador.

taking [téįkiŋ]. I. *a.* encantador, seductor, atractivo; (fam.) contagioso. II. *s.* toma; (for.) secuestro, embargo; (con **for**) afición, inclinación, afecto; (fam.) arrebato, agitación; (fam.) brete, trance apurado.—*pl.* ingresos.

talaria [tąléįrįą], *s. pl.* (mit.) talares.

talbot [tɔ́lbǫt], *s.* perro de San Huberto.

talc [tǽlk]. I. *s.* (min.) talco.—**t. powder**, talco en polvo.—**t. schist**, talquita. II. *va.* tratar con talco, aplicar talco a.

talcose, talcous, talcky, talcoid [-oụs, -ʌs, -į, -ɔįd], *a.* talcoso.

talcum [-ʌm], *s.* (min.) talco.—**t. powder**, (farm.) polvos de talco.

tale [téįl], *s.* cuento; novela; narración, relato; fábula, conseja; embuste, filfa; hablilla, chisme; cuenta, número.

talebearer [-bɛrœ(r)], **taleteller** [-tɛlœ(r)], *s.* chismoso, cuentista, (fam.) correve(i)dile, enredador, soplón.—**talebearing, taletelling** [-bɛriŋ, -tɛliŋ]. I. *a.* chismoso, (fam.) soplón. II. *s.* hablilla, (fam.) chismografía.

talent [tǽlęnt], *s.* talento, capacidad, ingenio; aptitud; personas que tienen alguna habilidad; artistas; talento (peso o valor de moneda).

talented [-įd], *a.* talentoso; hábil.

taler [tálœ(r)], *s.* tálero (moneda alemana).

tales [téįliz], *s.* (for.) auto para la citación de jurados suplentes; lista de jurados suplentes.

talesman [téįl(i)zmąn], *s.* (*pl.* TALESMEN) (for.) jurado suplente.

taleteller [téįltɛlœ(r)], *s.* V. TALEBEARER.

talion [tǽlįǫn], *s.* talión, *m.*

talipes [tǽlįpiz], *s.* talipes, *m.*, pie (*m.*) de piña.—**taliped** [-pɛd], *a.* talipédico, de pie contrahecho.

talipot [tǽlįpǫt], *s.* (bot.) gran palma de Ceilán.

talisman [tǽlįsmąn], *s.* talismán.

talismanic [-mǽnįk], *a.* talismánico.

talk [tɔ́k]. I. *va.* hablar o tratar de (*to talk business*, hablar de negocios); hablar (en) (*they talk German*, hablan (en) alemán); decir (*he talks nonsense*, dice disparates).—**to t. a blue streak**, (fam.), hablar por los codos.—**to t. away**, malgastar (el tiempo) hablando; disipar con la palabra.—**to t. into**, convencer de, inducir a.—**to t. out of**, disuadir; sonsacar.—**to t. over**, discutir, conferenciar acerca de.—**to t. shop**, hablar de negocios o de la propia profesión sin necesidad o fuera de tiempo.—**to t. up**, alabar, ensalzar. II. *vn.* hablar; conversar, charlar, platicar.—**to t. away, to t. on**, hablar sin parar.—**to t. to**, hablar a; reprender.—**to t. to the purpose**, hablar al alma.—**to t. up**, (fam.) hablar claro. III. *s.* plática, conversación; habla; discurso (apl. gen. al sencillo), conferencia, plática; charla; voz común, fama, rumor; tema (*m.*) de una conversación; comidilla (objeto de chismes, etc.).

talkative [-ątįv], *a.* gárrulo, locuaz, hablador, parlero, charlatán.

talkativeness [-nįs], *s.* locuacidad, garrulidad.

talker [-œ(r)], *s.* conversador, charlador; decidor; discursista; orador; charlatán, fanfarrón.

talkie [-į], *s.* película sonora o de cine parlante.—*pl.* **talkies**, cine parlante.

talking [-iŋ], *a.* parlante, hablante.—**t. doll**, muñeca parlante.—**t. machine**, máquina parlante (fonógrafo, etc.).—**t. picture**, película de cine parlante.—**t. point**, argumento, razón, *f.*, aliciente (para inducir a la compra de algo).

talking-to [-tu], *s.* reprensión, regaño, rapapolvo.

tall [tɔl], *a.* alto, elevado; espigado; (fam.) grande; (fam.) altisonante, exagerado, increíble.—**t. hat**, sombrero de copa, chistera.

tallage [tǽlįdž], *s.* (hist., Ingl.) alcabala; impuesto.

tallboy [tɔ́lbɔį], *s.* cajonería.

tallish [tɔ́lįš], *a.* un poco alto.

tallness [tɔ́lnįs], *s.* altura, estatura, talla.

tallow [tǽloụ]. I. *va.* ensebar. II. *s.* sebo.—**t. chandler**, velero.—**t.-chandler's shop**, velería.—**t. dip**, vela de sebo.—**t. tree**, (bot.) árbol del sebo.

tallowy [-į], *a.* seboso, sebáceo.

tally [tǽlį]. I. *s.* tarja, taja, tara, cuenta.—**t. sheet**, hoja de cuentas o apuntes.—**t. stick**, tarja. II. *va.* tarjar, llevar la cuenta. III. *vn.* cuadrar, concordar, estar conforme.

tallyho [-hóụ]. I. *interj.* grito del cazador. II. [tǽlįhoụ], *s.* coche de cuatro caballos.

tallyman [-mąn], *s.* tendero que vende a tarja.—**tallywoman** [-wụmąn], *s.* tendera que vende a tarja.

Talmud [tǽlmʌd], *s.* Talmud, *m.*—**Talmudic(al** [-mʌ́dįk(ąl], *a.* talmúdico.—**Talmudist** [tǽlmʌdįst], *s.* talmudista.

talon [tǽlǫn], *s.* (zool.) garra; (dent.) talón; monte de la baraja; talón de hoja de espada.

talus [téįlʌs], *s.* (anat.) astrágalo, tobillo; (arq.) talud, *m.*

tamable [téįmąbl], *a.* domable, domesticable.

tamal(e [tąmál(į], *s.* (Am.) tamal.

tamandua [tamandwá], *s.* (Am., zool.) tamanduá, especie de oso hormiguero.

tamarack [tǽmąræk], *s.* (bot.) alerce.

tamarind [tǽmąrįnd], *s.* (bot.) tamarindo.

tamarisk [tǽmąrįsk], *s.* (bot.) tamarisco, tamariz, *m.*, taraje, taray.

tambac [tǽmbæk], *s.* = TOMBAC.

tambour [tǽmbụr]. I. *s.* (mús., fort.) tambor; (arq.) cancel; tambor.—**t. (frame)**, (cost.) tambor, bastidor para bordar. II. *va.* bordar a tambor.

tambourine [tæmbǫrín], *s.* pandero, pandereta.

tame [téįm]. I. *a.* amansado, domado, domesticado, manso; dócil, tratable, manso, sumiso; insubstancial, insípido; (fam.) moderado. II. *va.* domar, desbravar, domeñar, domesticar, amansar; avasallar, abatir; suavizar; represar (un río).—**tameable** [-ąbl], *a.* domable.—**tameless** [-lįs], *a.* indomado, indomable.—**tamely** [-lį], *adv.* mansamente, dócilmente, sumisamente.—**tameness** [-nįs], *s.* domestiquez; mansedumbre; sumisión; docilidad.—**tamer** [-œ(r)], *s.* domador, amansador.—**taming** [-iŋ], *s.* amansamiento, domadura.

tamis [tǽmįs], *s.* tamiz, *m.*, cedazo.

tam-o'shanter [tæm ǫšǽntœ(r)], *s.* boina escocesa.

tamp [tǽmp], *va.* atacar (un barreno); apisonar.

tamper [-œ(r)]. I. *vn.* (con **with**) entremeterse en, tocar lo que no se debe, meterse en o con; sobornar, corromper (a un testigo, etc.). II. *s.* pisón.—**tamping** [-iŋ], *s.* apisonamiento.—**t. bar, t. iron**, pisón metálico.

tampion [-įǫn], *s.* (arti.) tapabocas.

tampon [-an]. I. *s.* (cir.) tapón. II. *va.* taponar.

tam-tam [tám tam], *s.* tam-tam o tantán; gongom, batintín. V. TOM-TOM.

tan [tǽn]. I. *va.* (ten.) curtir, zurrar, adobar, aderezar; tostar, quemar; (fam.) zurrar la badana (a uno). II. *a.* tostado, de color de canela.

III. *s.* (ten.) casca, corteza de curtir (ll. t. **tanbark**); color de canela; tostadura del sol.—**t. liquor,** baño de casca.—**t. mill,** molino de corteza de roble.—**t. pit,** o **vat,** noque, tina de curtir.

tanager [tǽnidžœ(r)], *s.* (orn.) tanagra, (Arg.) tangará.

tanbark [tǽnbark], *s.* (ten.) casca, corteza curtiente.

tandem [tǽndem]. **I.** *a.* tándem, con cilindros, planos, etc., uno tras otro (apl. a máquinas, aeroplanos, etc.); (elec.) de cascada. **II.** *s.* dos o más caballos enganchados uno tras otro; coche tirado en esa forma; tándem, bicicleta para dos ciclistas; (aer.) avión (*m.*) con alas en tándem (una tras otra). **III.** *adv.* en tándem, uno delante de otro; (elec.) en cascada.

tang [tæŋ]. **I.** *s.* dejo, gustillo, sabor; sonido, retintín; (mec.) cola, espiga, rabera. **II.** *va.* hacer retiñir. **III.** *vn.* retiñir.

Tanganyika [tæŋgænyíka], *s.* Tanganyika.

Tanganyikan [-n], *s.* y *a.* tanganyikano.

tangency [tǽndžensi], *s.* tangencia.

tangent [tǽndžent]. **I.** *s.* (geom., trig.) tangente, *f.*; (f. c.) (fam.) recta, vía recta.—**to fly off,** o **go off, at a t.,** tomar súbitamente otro rumbo, pensamiento, etc. **II.** *a.* tangente; tangencial; de tangentes.—**t. distance,** (f. c.) tangente (distancia de la intersección de dos tangentes al punto de tangencia).—**t. galvanometer,** (elec.) galvanómetro de tangentes.—**t. point,** punto de tangencia.—**t. screw,** tornillo de aproximación (de un instrumento de precisión); (mec.) tornillo sin fin.—**t. spoke,** rayo tangencial, o tangente al cubo (de una rueda).—**t. wheel,** rueda de rayos tangenciales; rueda de engranaje con tornillo sin fin.

tangential [tændžénšal], *a.* tangencial.—**t. stress,** esfuerzo cortante.—**tangentially** [-i], *adv.* tangencialmente.

Tangerine [tændžerín]. **I.** *a.* y *s.* tangerino, natural de Tánger. **II.** *s.* (**t.,** bot.) (naranja) tangerina o mandarina.

tangibility [tændžibíliti], *s.* calidad de tangible.

tangible [tǽndžibl], *a.* tangible, palpable.

tangle [tǽŋgl]. **I.** *va.* y *vn.* enredar(se), enmarañar(se), embrollar(se); confundir(se).—**to t. (with),** venir a las manos (con). **II.** *s.* enredo, embrollo, maraña; confusión; (bot.) alga marina.

tango [tǽŋgou], *s.* (danz.) tango.

tank [tǽŋk]. **I.** *s.* tanque, depósito, cuba; aljibe, arca (para agua); (mil.) tanque, tractor blindado.—**t. car,** (f. c.) vagón tanque.—**t. engine, t. locomotive,** locomotora ténder, que lleva sus propios depósitos de agua y carbón.—**t. ship,** o **steamer,** (mar.) aljibe, barco tanque.—**t. tender,** (locom.) ténder para agua.—**t. truck,** camión (*m.*) tanque. **II.** *va.* almacenar o poner en depósitos o tanques.

tankage [-idž], *s.* acto de poner en tanques; precio que se paga por guardar algo en tanques; cabida o capacidad de un tanque; (agr.) residuo de las grasas.

tankard [tǽŋkard], *s.* taza grande para beber, pichel, cangilón.

tanker [tǽŋkœ(r)], *s.* (mar.) barco tanque, aljibe.

tannate [tǽneit], *s.* (quím.) tanato.

tanned [tænd], *pp.* y *a.* (ten.) curtido, curado; tostado del sol, bronceado.—**t. leather(s),** curtidos.

tanner [tǽnœ(r)], *s.* curtidor, noquero.

tannery [-i], *s.* tenería o curtiduría.

tannic [tǽnik], *a.* (quím.) tánico.

tannin [tǽnin], *s.* (quím.) tanino.

tanning [tǽniŋ]. **I.** *s.* curtimiento, curtido, curtiembre, *f.* **II.** *a.* curtiente.

tansy [tǽnzi], *s.* (bot.) tanaceto, balsamita menor, hierba lombriguera, pazote.

tantalize [tǽntalaiz], *va.* atormentar mostrando lo inasequible; atormentar, molestar.

tantalizing [-iŋ], *a.* atormentador.

tantalum [tǽntalʌm], *s.* (quím.) tantalio.

tantamount [tǽntamaunt], *a.* equivalente.

tantivy [tæntívi]. **I.** *a.* veloz, rápido. **II.** *adv.* (ant.) velozmente, de galope. **III.** *s.* galope; prisa; grito de caza.

tantrum [tǽntrʌm], *s.* (fam.) berrinche, pataleta.

Tanzania [tænzanía], *s.* la República Unida de Tanzania.

Tanzanian [-n], *s.* y *a.* tanzaniano.

tap [tæp]. **I.** *va.* decentar (un barril); espitar (una cuba, etc.); horadar, taladrar, perforar (para sacar líquido); hacer incisión a un árbol (para extraer el jugo); unir o conectar con (para tomar agua, corriente, gas, etc.); hacer una unión de toma o derivación en; hacer conexión con (líneas telefónicas o telegráficas, para interceptar o transmitir mensajes); sacar de, tomar de; (mec.) aterrajar, roscar (tuerca o hembra de tornillo); (cir.) hacer una puntura en (un absceso); golpear ligeramente, dar una palmadita; poner (media) suela o tacón a (un zapato). **II.** *vn.* tocar o golpear ligeramente.—**to t. at the door,** llamar a la puerta. **III.** *s.* canilla, espita, tubo o llave (*f.*) para sacar vino de un barril; tapón, tarugo; (mec.) macho de terraja; toma (de agua, etc.); (elec.) derivación; colada (de un alto horno); calidad o clase (*f.*) de vino; (fam.) bar; mostrador de taberna; golpecito, golpe ligero; remiendo echado a la suela de un zapato.—*pl.* (mil.) toque de apagar las luces.—**t. dance,** baile zapateado.—**t. hole,** (metal.) piquera, orificio de colada (de un alto horno).—**t. water,** agua corriente.—**on t.,** sacado del barril, por vaso (cerveza, vino, etc.).

tape [téip]. **I.** *s.* cinta, cintilla, listón, galoncillo, trencilla, bocadillo; (top.) cinta. **II.** *va.* proveer de cinta, etc.; atar o arrollar con cinta; vendar; medir con el metro.

tape measure, *s.* metro, cinta métrica.

taper [-œ(r)]. **I.** *s.* bujía, cerilla, candela, vela pequeña; cirio (de iglesia); hacha, blandón; ahusamiento de un objeto. **II.** *a.* cónico, piramidal, ahusado; (fam.) menguante, que disminuye. **III.** *va.* afilar, adelgazar, ahusar. **IV.** *vn.* rematar en punta, tener forma ahusada; (a veces con **off**) ahusarse; (fam.) menguar; ir disminuyendo; cesar poco a poco.

tape recorder, *s.* grabadora o registradora (de cinta magnetofónica).

tape recording, *s.* grabación en cinta magnetofónica.

tapestry [tǽpistri]. **I.** *va.* entapizar; adornar con colgaduras. **II.** *s.* tapiz, *m.*; tapicería, colgadura.—**t. maker,** tapicero.—**t. shop,** tapicería.

tapeworm [téipwœrm], *s.* (zool.) tenia, solitaria.

taphouse [tǽphaus], *s.* taberna; bar.

tapioca [tæpióuka], *s.* tapioca, mandioca.

tapir [téipœ(r)], *s.* (zool.) tapir, danta.

tapis [tǽpi(s)], *s.* tapete.—**on the t.,** sobre el tapete.

tapper [tǽpœ(r)], *s.* el o lo que golpea; (tlg.) manipulador; (radtlg.) descohesor; (mec.) aterrajadora.

tappet [tǽpit], *s.* (mec.) brazo, aleta; leva.—**t. gear,** (aut.) mando de levas.

tapping [tǽpiŋ], *s.* (cir.) paracentesis.

taproom [tǽprum], *s.* taberna, bar.

taproot [tǽprut], *s.* (bot.) raíz principal o central.

tapster [tǽpstœ(r)], *s.* mozo de taberna.

tar [tar]. **I.** *s.* alquitrán, brea o pez líquida; (fam.) marinero.—**t. paper,** papel alquitranado, cartón embreado.—**t. soap,** jabón de brea.—**t. water,** (farm.) agua de alquitrán. **II.** *va.* alquitranar, embrear, embetunar.—**to t. and feather,** embrear y emplumar.

tarantella [tærantéla], *s.* (danz. y mús.) tarantela.

tarantula [tarǽnchula], *s.* (ent.) tarántula.

tarboosh [tarbúš], *s.* fez, *m.*

tarbrush [tárbrʌš], *s.* (mar.) escopero.

tardigrade [tárdįgreįd], *a.* (zool.) tardígrado, lento.
tardily [tárdįlį], *adv.* morosamente, tardíamente; fuera de tiempo.—**tardiness** [-nįs], *s.* lentitud, tardanza, morosidad, demora; cachaza, flema.
tardo [tárdoų], *a.* (mús.) lento.
tardy [tárdį], *a.* tardío, moroso, tardo, lento.
tare [tɛr]. **I.** *s.* (bot.) cizaña; veza, algarroba, vicia, arveja; lenteja; (com.) tara, merma. **II.** *va.* destarar, restar la tara al pesar una cosa.
target [tárgįt], *s.* (arti. y fig.) blanco a que se tira, terrero; (top.) tablilla, corredera (de mira de nivelar); (hist.) tarja; (fís.) foco o superficie de emisión de rayos X.—**t. nucleus,** (fís.) núcleo-blanco.—**t. practice,** tiro al blanco.—**t. (leveling) rod,** mira de tablilla o de corredera (para nivelación).—**to be on,** u **over, the t.,** (aer.) estar sobre el objetivo.
tariff [tǽrįf]. **I.** *s.* tarifa; arancel; impuesto; ley (*f.*) de impuestos (apl. esp. a los de aduana). **II.** *a.* arancelario, aduanero.—**t. protection,** (e. p.) protección arancelaria. **III.** *va.* tarifar; hacer una tarifa (lista) de; afectar por razón de impuestos.
tarlatan, tarletan [tárlątąn], *s.* (tej.) tarlatana.
tarn [tarn], *s.* lago pequeño entre montañas.
tarnish [tárnįŝ]. **I.** *va.* deslustrar, empañar, deslucir; manchar, mancillar. **II.** *vn.* deslustrarse, perder el lustre; enmohecerse. **III.** *s.* deslustre, empañadura, mancha.
taro [tároų], *s.* (bot.) taro, colocasia.
tarpaulin [tarpólįn], *s.* lienzo empegado o alquitranado; encerado; sombrero encerado; (fam.) marinero.
Tarpeian rock [tarpíąn rak], *s.* roca Tarpeya.
tarpon [tárpan], *s.* (ict.) tarpón.
tarragon [tǽrągan], *s.* (bot.) estragón.
tarred [tard], *a.* embreado, alquitranado.
tarry [tǽrį], *vn.* tardar, demorarse, detenerse, quedarse.
tarry [tárį], *a.* embreado, alquitranado; píceo.—**t.-fingered,** aficionado al hurto.
tarsal [társąl], *a.* (anat.) tarsal, tarsiano, del tarso.
tarsus [társʌs], *s.* (anat.) tarso.
tart [tart]. **I.** *a.* acre, ácido, acídulo, picante, acedo; agridulce; mordaz. **II.** *s.* tarta; pastelillo de fruta.
tartan [tártąn], *s.* (tej.) tartán; (mar.) tartana.
tartar [tártą̈(r)], *s.* (quím.) tártaro (*v.* ARGOL); (dent.) tártaro, sarro, toba.—**t. emetic,** (quím.) tártaro emético.—**t. sauce,** (coc.) salsa tártara (ll. t. **tartare sauce**).
Tartar, *s.* y *a.* tártaro; (**t.**) persona de mal genio; arpía.—**to catch a t.,** hallar uno la horma de su zapato.
Tartarean [tartérįąn], *a.* (poét.) tartáreo; infernal.
tartareous [tartérįʌs], *a.* (quím.) compuesto de, o semejante al, tártaro; tártrico.
tartaric [tartǽrįk], *a.* tártrico, tartárico.
tartaric acid, *s.* (quím.) ácido tartárico tártrico.
tartarize [tártą̈raįz], *va.* (quím., farm.) tartarizar.
tartarous [tártą̈rʌs], *a.* (quím.) = TARTAREOUS.
Tartarus [tártą̈rʌs], *s.* (mit.) tártaro, el infierno.
tartly [tártlį], *adv.* agriamente.—**tartness** [-nįs], *s.* acidez, agrura, acedía; acrimonia.
tartrate [tártreįt], *s.* (quím.) tartrato.
tasco [tǽskoų], *s.* talque.
task [tǽsk]. **I.** *s.* tarea, faena, labor, *f.*—**t. force,** (mil., mar.) contingente naval reunida para una misión específica.—**to take to t.,** *v.* TAKE. **II.** *va.* atarear, señalar tarea; exigir esfuerzo de o someter a esfuerzo; poner a prueba; acusar o tachar de.—**tasker** [-œ(r)], **taskmaster** [-mæstœ(r)], *s.* el que da o señala tareas; capataz, *m.*
taskwork [-wœrk], *s.* destajo. *V.* PIECEWORK.
Tasmanian [tæzméįnįąn], *s.* y *a.* tasmanio.
tassel [tǽsęl]. **I.** *s.* borla, campanilla. **II.** *va.* adornar con borlas.—**tassel(l)ed** [-d], *a.* adornado con borlas o campanillas.
tasse [tæs], **tasset** [tǽsįt], *s.* (gen. *pl.*) (arm.) escarcela; faldar.
tastable [téįstąbl], *a.* sabroso, gustable.
taste [téįst]. **I.** *va.* gustar; saborear, paladear; probar, catar; experimentar, ensayar. **II.** *vn.* (a menudo con **of**) saber a, tener sabor o gusto. **III.** *s.* gusto; sabor, (fig.) paladar; gustadura; paladeo, saboreo; cata, sorbo, trago; ligera cantidad, un poco, muy poco; muestra, ejemplar; ensayo, prueba, experimento; gusto, discernimiento; afición, inclinación.—**t. bud,** (anat.) papila del gusto.—**in bad t.,** de mal gusto.—**in good t.,** de buen gusto.—**in poor t.** = IN BAD T.—**to have a t. for,** tener gusto por, gustar de.
tasteful [-fųl], *a.* elegante, de buen gusto; (raro) sabroso.—**tastefully** [-į], *adv.* elegantemente, con gusto.—**tastefulness** [-nįs], *s.* gusto, discernimiento; gracia, elegancia.
tasteless [-lis], *a.* insípido, insulso; desabrido, falto de gracia; de mal gusto.—**tastelessly** [-lį], *adv.* insípidamente; sin gusto, sin gracia.—**tastelessness** [-nįs], *s.* insipidez, falta de gusto o de gracia.
taster [-œ(r)], *s.* catador, probador; catavinos; probeta, catavino.
tasting [-įŋ], *s.* degustación; acto de gustar, etc.
tasty [-į], *a.* sabroso, gustoso; embocado (vino).
tat [tæt], *va.* y *vn.* hacer encaje de frivolité.
Tatar [tátą̈r], *s.* = TARTAR.
tatou [tatú], *s.* (zool.) tato, tatú, armadillo grande americano.
tatter [tǽtœ(r)], *s.* andrajo, pingajo, harapo, guiñapo, trapajo, jirón.
tatterdemalion [-dįméįlyǫn], *s.* zarrapastrón.
tattered [-d], *a.* andrajoso, harapiento.
tatting [tǽtįŋ], *s.* encaje de hilo, frivolité, *f.*
tattle [tǽtl]. **I.** *va.* charlar, chacharear. **II.** *vn.* chismear, comadrear. **III.** *s.* charla, cháchara; chismografía.—**tattler** [tǽtlœ(r)], *s.* charlador, chacharero; chismoso; (orn.) agachadiza.
tattoo [tætú]. **I.** *s.* (mil.) retreta; tatuaje. **II.** *va.* tatuar.
tau [taų], *s.* tau (letra griega).
taught [tɔt], *pret.* y *pp.* de TO TEACH.
taunt [tónt]. **I.** *va.* vilipendiar, vituperar; mofarse de; reprender. **II.** *s.* vituperio; dicterio, mofa, sarcasmo. **III.** *a.* (mar.) altísimo.—**t.-masted,** (mar.) de mucha guinda.—**taunter** [-œ(r)], *s.* vituperador; mofador.—**taunting** [-įŋ], *a.* insultante.—**tauntingly** [-lį], *adv.* con vituperio; en tono insultante.
taupe [toųp], *s.* y *a.* gris oscuro de varios matices.
tauriform [tórįfɔrm], *a.* de forma de toro; (astr.) referente a Tauro.
taurine [tórįn], *a.* taurino, de toro; (astr.) relativo a Tauro.
Taurus [tórʌs], *s.* (astr.) Tauro.
taut [tɔ́t], *a.* tieso, tirante, tenso; listo, preparado, en regla.—**to haul,** o **pull, t.,** (a)tesar.
tauten [-n], *va.* y *vn.* (mar.) tesar; entesar, atiesar(se).
tautness [-nįs], *s.* calidad de tieso; tensión.
tautog [tɔtág], *s.* (ict.) pez negruzco.
tautologic(al [tɔtoládžįk(ąl], *a.* tautológico.
tautologist [tɔtálodžįst], *s.* tautologista.
tautologize [-džaįz], *vn.* repetir en diferentes palabras.
tautology [-džį], *s.* tautología.
tavern [tǽvœrn], *s.* taberna; mesón, posada, figón.—**t. keeper,** tabernero; posadero.
taw [tɔ]. **I.** *va.* (ten.) curtir (ciertas pieles) en alumbre, sal, etc., para hacer baldés. **II.** *s.* bolita de mármol con que juegan los niños; línea desde donde se lanzan las bolas.
tawdrily [tódrįlį], *adv.* charramente.
tawdriness [-nįs], *s.* charrería.
tawdry [tódrį], *a.* charro, chillón, curro.
tawny [tónį], *a.* (a)leonado, atezado, tostado.
tax [tǽks]. **I.** *s.* impuesto, tributo, contribución, gabela; carga, exacción.—**t. collector,** recaudador de contribuciones, exactor; alcabalero.—**t.-exempt, t.-free,** exento de contribución,

libre de impuestos.—**t. list,** lista de contribuyentes.—**t. rate,** cupo.—**t. system,** sistema tributario; tributación. **II.** *va.* imponer contribuciones a; (for.) tasar; acensuar; cargar, abrumar; abusar de; someter a esfuerzo o exigir esfuerzo de; (fam.) pedir como precio; (con **of** o **with**) acusar, tachar, imputar.

taxable [-abl], *a.* tributable, sujeto a impuesto o tributación; pechero.

taxable income, *s.* renta gravable.

taxaceous [tæksélšʌs], *a.* (bot.) taxáceo.

taxation [tækséišon], *s.* tributación; imposición o repartimiento de contribuciones o impuestos.

taxer [tæksœ(r)], *s.* exactor; acusador.

taxgatherer [tæksgæðœrœ(r)], *s.* = TAX COLLECTOR.

taxi [tæksi]. **I.** *s.* taxi, taxímetro (coche).—**t. driver,** chófer de taxi. **II.** *va.* y *vn.* llevar, andar o ir en taxímetro; (aer.) (hacer) correr por tierra o sobre el agua (un avión).—**taxicab** [-kæb], *s.* taxímetro (coche).

taxidermal, taxidermic [tæksidœrmal], -mik], *a.* taxidérmico.—**taxidermist** [tæksidœrmist], *s.* taxidermista, disecador.—**taxidermy** [-mi], *s.* taxidermia.

taximeter [tæksimitœ(r)], *s.* taxímetro (coche o instrumento).

taxonomic [tæksonámik], *a.* taxonómico.

taxonomy [tæksánomi], *s.* taxonomía.

taxpayer [tækspeiœ(r)], *s.* contribuyente, pechero, tributario.

taxying [tæksiiŋ], *s.* (aer.) corrida.

tazza [tátsä], *s.* (arq.) pila, tazón (receptáculo sostenido por un pie o pedestal).

tea [ti], *s.* té; cualquier cocimiento, infusión o decocción medicinal; colación o refección de la tarde o prima noche; reunión en que se sirve té. —**t. ball,** bolsita de tela o papel, o bola metálica perforada, para hacer té.—**t. canister,** caja para té.—**t. dance,** té bailable.—**t. rose,** o **t.-scented rose,** (bot.) rosa té.—**t. service,** **t. set,** juego de té, servicio para té.—**t. wagon,** mesa rodadiza para té, carrito del té.

teach [tích]. **I.** *va.* (*pret.* y *pp.* TAUGHT) enseñar, instruir, profesar; aleccionar. **II.** *vn.* ejercer el magisterio, enseñar, ser maestro.

teachable [-abl], *a.* dócil; susceptible de enseñanza, educable.

teache [tich], *s.* (Am.) tacho, paila evaporadora.

teacher [tíchœ(r)], *s.* maestro, maestra, preceptor, instructor, profesor.—**teachers' institute,** congreso o instituto pedagógico.

teaching [tíchiŋ]. **I.** *a.* docente, enseñante, enseñador. **II.** *s.* enseñanza, instrucción, docencia, adiestramiento, aleccionamiento, magisterio; doctrina.

teacup [tíkʌp], *s.* taza para té.—**teacupful** [-ful], *s.* taza llena.

teak [tik], *s.* (bot.) teca.

teakettle [tíkɛtl], *s.* marmita, olla de calentar agua.

teakwood [tíkwud], *s.* (bot.) (madera de) teca.

teal [til], *s.* (orn.) cerceta; trullo; verde azulado.

team [tím]. **I.** *s.* tronco, tiro, par, yunta (de animales de tiro); atelaje; pareja; (dep.) equipo, cuadro (grupo de jugadores); partido; cuadrilla (de toreros); bandada de pájaros. **II.** *vn.* guiar un tronco o yunta; (con **up**) asociarse (con). **III.** *va.* uncir, enganchar, enyugar; transportar (con carro y animales de tiro).

teammate [-meit], *s.* compañero de juego o de equipo.

teamster [-stœ(r)], *s.* tronquista.

teamwork [-wœrk], *s.* trabajo aunado o colectivo, ejecutado por varias personas con cooperación mutua.

teapot [típat], *s.* tetera.

teapoy [típoi], *s.* mesita de adorno (para té, etc.).

tear [tir]. **I.** *s.* lágrima; gota; (fig.) llanto, aflicción.—**t. bomb** o **shell,** (mil.) bomba lacrimógena.—**t. gas,** gas lacrimógeno.—**t. sac,** (anat.) saco lagrimal.—**in tears,** llorando. **II.** *vn.* llorar, derramar lágrimas.

tear [tɛr]. **I.** *va.* (*pret.* TORE; *pp.* TORN) desgarrar, romper, rasgar, lacerar; rasguñar, arañar, arpar; arrancar, separar con violencia; atormentar.—**to t. asunder,** separar con violencia. —**to t. away,** arrancar; desmembrar.—**to t. down,** derribar, demoler.—**to t. (in) to pieces,** despedazar, hacer añicos.—**to t. off** = TO T. AWAY.—**to t. one's hair,** arrancarse uno los cabellos.—**to t. one's self away,** arrancarse o desprenderse de un lugar, partir uno contra su voluntad.—**to t. out,** arrancar; separar con violencia.—**to t. to tatters,** hacer jirones.—**to t. up,** arrancar, desarraigar; deshacer, desbaratar. **II.** *vn.* rasgarse; andar precipitadamente.—**to t. away,** u **off,** irse precipitadamente. **III.** *s.* rasgón, rasgadura; desgarradura; precipitación; raja; (fam.) borrachera, jarana.

teardrop [tírdrap], *s.* lágrima.

tearful [-ful], *a.* lloroso, lagrimoso, lacrimoso.

tearing [tériŋ], *a.* (fam.) con furia o precipitación, frenético.

tearless [tírlis], *a.* sin lágrimas.

tearoom [tírum], *s.* salón de té; restaurante de comidas ligeras.

tease [tíz]. **I.** *va.* molestar, atormentar, fastidiar; embromar, torear; (tej.) cardar, rastrillar, despinzar, carduzar (*v.* TEASEL); despedazar, desgarrar. **II.** *s.* broma continua; acción de embromar; (fam.) atormentador, embromador, cócora, *mf.*

teasel, teazel [tízel]. **I.** *s.* (bot. y tej.) cardencha, carda. **II.** *va.* (tej.) carmenar, cardar paño.—**teaseler** [tíz(e)lœ(r)], *s.* pelaire, cardador, carmenador.

teaser [tízœ(r)], *s.* (tej.) = TEASELER; (fam.) cócora, *mf.*, persona molesta o fastidiosa; cosa tentadora; (elec.) excitador de una dínamo.

teaspoon [tíspun], *s.* cucharita, cucharilla.—**teaspoonful** [-ful], *s.* cucharadita.

teat [tit], *s.* pezón; teta; tetilla; ubre, *f.*

technetium [tɛkníšiʌm], *s.* (quím.) tecnecio.

technical [téknikal], *a.* técnico, tecnológico; literal, aparente.—**t. term** o **vocabulary,** tecnicismo.—**technicality** [-kǽliti], *s.* cosa técnica; argucia o sutileza; tecnicismo.—**technically** [-kali], *adv.* técnicamente.—**technician** [tɛkníšan], **technicist** [-sist], *s.* técnico, experto.—**technicism** [-sizm], *s.* tecnicismo.—**technics** [tékniks], *s.* técnica.

Technicolor [-kʌlo(r)], *s.* (foto., cine) tecnicolor.

technique [tɛkník], *s.* técnica, ejecución.

technocracy [tɛknákrasi], *s.* tecnocracia.

technological [tɛknoládžikal], *a.* tecnológico.

technologist [tɛknálodžist], *s.* tecnólogo.

technology [-dži], *s.* tecnología, politecnia.

techy [téchi], *a.* cosquilloso, quisquilloso.

tectonic [tɛktánik], *a.* tectónico.

tectonics [-s], *s.* tectónica.

ted [tɛd], *va.* (agr.) henear.—**tedder** [-œ(r)], *s.* heneador; máquina para volver el heno.—**tedding** [-iŋ], *s.* henaje.

Teddy bear [tédi bér], *s.* osito, juguete en forma de oso.

Te Deum [ti díʌm], *s.* (igl.) tedéum.

tedious [tídiʌs], *a.* tedioso, fastidioso, pesado, prolijo, aburrido(r).—**tediously** [-li], *adv.* tediosamente, aburridamente.—**tediousness** [-nis], **tedium** [tídiʌm], *s.* tedio, aburrimiento, pesadez.

tee [ti]. **I.** *s.* (dep.) meta; en el golf, montoncillo donde se coloca la pelota que hay que lanzar; te, letra *t;* cosa en T (*v.* T); tubo en T; viga en T; barra atada por el centro a una cuerda o cadena. **II.** *va.* y *vn.* (a veces con **up**) (golf) colocar la pelota en el *tee;* (con **off**) dar el golpe a la pelota o bola; (fig.) comenzar.

teem [tím]. **I.** *va.* (ant.) parir; producir. **II.** *vn.* (gen. con **with**) rebosar (de), abundar (en); estar lleno (de).—**teeming** [-iŋ], *a.* prolífico, fecundo; lleno; abundante.

teens [tinz], *s. pl.* los números cuyos nombres terminan en **-teen;** edad de trece a diecinueve años.
teeny [tíni], *a.* (fam.) chiquitico, diminuto. *V.* TINY.
teepee [típi], *s.* = TEPEE.
teeter [títœ(r)]. **I.** *va.* y *vn.* balancear(se), columpiar(se). **II.** *s.* balanceo, vaivén; columpio. *V.* SEESAW.
teeth [tiθ], *s. pl.* de TOOTH.—**in the t. of,** contra; en presencia de; a despecho de.—**to cast, to throw, in one's t.,** echar en cara a uno, arrojarle a la cara, en señal de insulto o desafío.
teethe [tíð], *vn.* endentecer, dentar, echar los dientes.—**teething** [-iŋ], *s.* dentición.—**t. ring,** chupador, chupadero, (Am.) chupete.
teetotal [titóutal], *a.* (fam.) entero, completo, total; referente a, o que favorece y practica, la abstinencia completa de bebidas alcohólicas. —**teetotaler** [-œ(r)], *s.* abstemio, nefalista, el que se abstiene por completo de bebidas alcohólicas.—**teetotalism** [-izm], *s.* nefalismo, abstinencia completa de bebidas alcohólicas.
teetotum [titóutʌm], *s.* perinola (juguete).
tegmen [tégmin], *s.* (anat.) placa de hueso; (ent.) élitro; (bot.) túnica interior.
tegument [tégyūment], *s.* tegumento.
tegumentary [-méntari], *a.* tegumentario.
teil (tree [tíl(tri], *s.* (bot.) tilo.
telamon [télamon], *s.* (arq.) telamón, atlante.
telautograph [telótogræf], *s.* telautógrafo.
telecast [télēkæst]. **I.** *va.* transmitir (imágenes) por televisión. **II.** *s.* transmisión por televisión.
telecommunication [telēkomiunikéiŝon], *s.* telecomunicación.
telectroscope [teléktroskoup], *s.* telectroscopio, aparato para transmitir imágenes eléctricamente.
telega [teléigä], *s.* telega, especie de carro tosco usado en Rusia.
telegenic [telidẑénik], *a.* telegénico.
telegony [telégoni], *s.* (biol.) telegonia.
telegram [télēgræm], *s.* telegrama, *m.*
telegraph [-græf]. **I.** *va.* y *vn.* telegrafiar; enviar por telégrafo. **II.** *s.* telégrafo; tablero de noticias telegráficas, en el cual se escriben éstas para el público (ll. t. **t. board**).—**t. cable,** cable telegráfico.—**t. money order,** giro telegráfico.—**t. operator,** telegrafista.—**t. wire,** alambre de telégrafos.
telegrapher, telegraphist [telégrafœ(r), -fist], *s.* telegrafista.
telegraphic [telēgræfik], *a.* telegráfico.
telegraphically [-li], *adv.* telegráficamente.
telegraphone [telégrafoun], *s.* telegráfono, especie de telégrafo magnético.
telegraphy [-fi], *s.* telegrafía.
telelectric [telēléktrik], *a.* teleléctrico, transmitido eléctricamente a distancia.
telemechanics [-mēkæniks], *s.* telemecánica.
telemeter [telémetœ(r)], *s.* telémetro.—**telemetric** [telēmétrik], *a.* telemétrico.—**telemetry** [telémetri], *s.* telemetría.
telencephalon [telenséfalan], *s.* (anat.) telencéfalo.
telengiscope [teléndẑiskoup], *s.* (ópt.) telengiscopio, combinación del telescopio y el microscopio.
teleologic(al [tilioládẑik(al], *a.* teleológico.
teleology [tiliálodẑi], *s.* (filos.) teleología.
teleost [téliast], *s.* y *a.* (ict.) teleósteo.
telepathy [telépaθi], *s.* telepatía.—**telepathic** [telēpæθik], *a.* telepático.—**telepathically** [-li], *adv.* telepáticamente.
telephone [télēfoun]. **I.** *va.* y *vn.* telefon(e)ar. **II.** *s.* teléfono.—**t. booth,** cabina o casilla de teléfonos.—**t. call,** llamada o golpe de teléfono; telefonazo.—**t. directory,** guía de teléfonos.—**t. exchange,** central telefónica.—**t. girl,** (fam.) chica telefonista.—**t. message,** telefonema, *m.,* despacho telefónico.—**t. operator,** telefonista.
telephonic(al [-fánik(al], *a.* telefónico.
telephonist [télēfounist], *s.* telefonista.
telephony [teléfoni], *s.* telefonía.
telephote [télēfout], *s.* teléfoto, aparato para reproducir eléctricamente imágenes a distancia.
telephoto [télifoutou]. **I.** *s.* telefotografía. **II.** *a.* telefotográfico.
telephotograph [-fóutogræf], *s.* telefotografía, imagen fotográfica hecha a distancia.—**telephotography** [-fotágrafi], *s.* telefotografía, procedimiento de fotografiar a distancia.
telephoto lens, *s.* teleobjetivo (lente).
Teleprompter [télēpramptœ(r)], *s.* teleprompter, apuntador electrónico (marca de fábrica).
teleran [télēræn], *s.* (electrón.) telerán.
telergy [télœrdẑi], *s.* telepatía.
telescope [télēskoup]. **I.** *s.* telescopio; catalejo; (top.) anteojo (de teodolito, nivel, etc.). **II.** *va.* y *vn.* enchufar(se), meter(se) uno entre otro; meter(se) en.
telescopic(al [-skápik(al], *a.* telescópico; de larga vista; de enchufe, de secciones enchufadas.
telescopic sight, *s.* mira o mirilla telescópica.
telespectroscope [-spéktroskoup], *s.* telespectroscopio; espectroscopio para telescopio.
telestereoscope [telēstérioskoup], *s.* te lestereoscopio.
telesthesia [telēsθíẑa], *s.* telestesia.
telethermograph [-θœrmogræf], *s.* teletermómetro registrador; registro gráfico hecho con este instrumento.
telethermometer [-θœrmámetœ(r)], *s.* teletermómetro, instrumento para medir temperaturas a distancia.
teletype [-taip], *s.* teletipo.
teletypewriter [-táipraitœ(r)], *s.* máquina de escribir telegráfica.
teleview [-viu[, *va.* y *vn.* ver por televisión.
televise [-vaiz], *va.* televisionar, transmitir o recibir imágenes por televisión.
television [-viẑon], *s.* televisión, radiovisión.
television screen, *s.* pantalla de televisión.
television set, *s.* aparato de televisión.
telex [téleks], *s.* telex.
telford pavement [télford péivment], *s.* pavimento compuesto de mezcla de piedras grandes y pequeñas y una capa superficial de grava.—**telfordize** [-aiz], *va.* poner pavimento télford.
telic [télik], *a.* referente a un designio o intento.
tell [tél]. **I.** *va.* y *vn.* (*pret.* y *pp.* TOLD) decir; expresar; contar, relatar; explicar; descubrir, revelar. **II.** *va.* decidir, determinar; saber; descifrar, distinguir, ver (la diferencia, etc.); adivinar, predecir; mandar, disponer, ordenar; contar, numerar.—**to t. off,** contar, recontar; (mil.) designar.—**to t. one (where to get) off,** (fam.) decir a uno cuántas son cinco, cantárselas claras, soltarle cuatro frescas.—**to t. one's, o its, own tale,** contar por sí mismo el cuento, hacer ver por sí mismo lo que hay.—**to t. tales out of school,** revelar secretos.—**to t. the story,** contar el cuento, poner a las claras lo que hay.—**to t. volumes,** ser sumamente significativo.—**tell that to the marines,** (fam.) cuéntaselo a tu abuela; a otro perro con ese hueso. **III.** *vn.* saber, juzgar, predecir; producir efecto; acertar (un tiro).—**to t. on,** descubrir, delatar a; dejarse ver en, afectar a.
teller [-œ(r)], *s.* relat(ad)or, narrador; escrutador de votos; computista; pagador o cobrador (de un banco).—**t.'s window,** taquilla.
telling [-iŋ]. **I.** *a.* eficaz, notable. **II.** *s.* manera de decir o de contar.—**there is no t.,** no es posible decir, no puede preverse, ¡quién sabe!
telltale [-teil]. **I.** *s.* soplón, chismoso; indicador, contador, reloj de vigilancia; (mar.) axiómetro. **II.** *a.* delator, denunciador, revelante.
tellurian [teliúrian]. **I.** *s.* morador de la tierra. **II.** *a.* telúrico, terrestre.
telluric [teliúrik], *a.* (quím.) telúrico.
tellurid(e [téliurid, -aid], *s.* (quím.) telururo.
tellurium [teliúriʌm], *s.* (quím.) telurio.
tellurous [téliurʌs], *a.* (quím.) teluroso.

telodynamic [telodainǽmik], *a.* teledinámico.
telpher, telfer [télfœ(r)]. **I.** *a.* y *s.* teleférico. **II.** *va.* teleferar.
telpherage, telferage [télfœridž], *s.* teleferaje.
temblor [temblór], *s.* (geol.) terremoto.
temerity [tēmériti], *s.* temeridad.
temper [témpœ(r)]. **I.** *va.* moderar, mitigar, calmar; (pint.) mezclar; modificar, ajustar; (a)temperar, ablandar; (metal.) templar. **II.** *s.* mal genio o carácter irascible; índole, *f.*, humor, disposición, natural, genio, condición; calma, ecuanimidad, sangre fría; (metal.) temple, templadura; punto (grado de densidad de una mezcla); cal (*f.*) de defecación (para el azúcar); (ant.) temperamento.—**to lose one's t.**, perder la paciencia, enojarse.
tempera [témperạ], *s.* (pint.) templa.
temperament [témp(œ)ramẹnt], *s.* temperamento; (fisiol.) complexión, constitución, naturaleza; composición; disposición, genialidad; (mús.) temple.
temperamental [-méntạl], *a.* extremadamente sensible, emocional o irascible; complexional; genial.
temperamentally [-i], *adv.* por naturaleza, por índole, genialmente.
temperance [témp(œ)rạns], *s.* templanza, temperancia, sobriedad.—**temperate** [témp(œ)rit], *a.* sobrio, abstemio; templado, benigno; moderado.—**T. Zone,** (geog.) zona templada.—**temperately** [-li], *adv.* sobriamente.—**temperateness** [-nis], *s.* templanza, moderación; serenidad.
temperature [témp(œ)rạchụ(r)], *s.* temperatura; exceso de temperatura, fiebre, *f.*
tempered [témpœrd], *a.* templado, moderado; templado (cristal, metal); dispuesto, inclinado.
tempering [témp(œ)riŋ]. **I.** *a.* atemperante, templador. **II.** *s.* temple; temperación; templadura.
tempest [témpist]. **I.** *s.* tempestad, borrasca. **II.** *va.* agitar, conmover violentamente.
tempestuous [tempéschụʌs], *a.* tempestuoso, borrascoso; impetuoso.—**tempestuously** [-li], *adv.* tempestuosamente.—**tempestuousness** [-nis], *s.* calidad de tempestuoso, impetuosidad.
Templar [témplạ(r)], *s.* (hist., igl.) Templario.
template, templet [témplit], *s.* (tec.) plantilla, patrón, modelo; (mar.) gálibo; (constr.) solera, piedra o madero para distribuir la carga; cuña.
temple [témpl], *s.* (igl.) templo; (anat.) sien, *f.*; (tej.) encuentro, vara de telar.
tempo [témpou], *s.* (mús.) tiempo, movimiento.
temporal [témporạl]. **I.** *a.* temporal, secular, profano; civil; transitorio, pasajero; (anat.) temporal. **II.** *s.* (anat.) hueso temporal.
temporality [-rǽliti], *s.* calidad de temporal o secular, temporalidad; (igl.) (gen. *pl.*) temporalidad(es).—**temporally** [témporạli], *adv.* temporalmente, transitoriamente.—**temporariness** [-rerinis], *s.* calidad de transitorio o provisional; interinidad.—**temporary** [-reri], *a.* temporal, temporáneo o temporario, provisional, provisorio, interino.
temporize [-raiz], *vn.* (con)temporizar; (fam.) pastelear; andar al uso; ganar tiempo.
temporizer [-œ(r)], *s.* (con)temporizador; (fam.) pastelero.
tempt [témpt], *va.* tentar, incitar, instigar, solicitar; seducir; poner a prueba; provocar, desafiar.—**temptable** [-ạbl], *a.* capaz de dejarse tentar.—**temptation** [-éišọn], *s.* tentación, aliciente; solicitación; prueba.—**tempter** [-œ(r)], *s.* tentador.—**tempting** [-iŋ], *a.* tentador, seductor, atractivo.—**temptingly** [-li], *adv.* de modo atractivo, tentador, etc.—**temptress** [-ris], *s.* tentadora.
ten [ten], *a.* y *s.* diez, *m.*; decena.—**t.-strike,** jugada en que se derriban los diez bolos con una sola bocha; (Méx.) chufa.
tenable [ténạbl], *a.* defendible, sostenible.
tenacious [tinéišʌs], *a.* tenaz; pegajoso, adhesivo; cohesivo; porfiado, terco, testarudo; firme.—**tenaciously** [-li], *adv.* tenazmente, con firmeza.—**tenaciousness** [-nis], *s.* tenacidad; tesón, pertinacia; firmeza.
tenacity [tinǽsiti], *s.* tenacidad; tesón; terquedad, porfía; cohesión; adhesión.
tenaculum [tinǽkiulʌm], *s.* (cir.) tenáculo.
tenail(le [tinéil], *s.* (fort.) tenaza.
tenancy [ténạnsi], *s.* (for.) tenencia, posesión; inquilinato.
tenant [ténạnt]. **I.** *s.* (for.) arrendatario, inquilino; residente, morador, inquilino.—**t. for life,** residente, usufructuario o inquilino vitalicio. **II.** *va.* y *vn.* arrendar; tener en arriendo.
tenantable [-ạbl], *a.* habitable.
tenantless [-lis], *a.* desarrendado, sin inquilinos; deshabitado.—**tenantry** [-ri], *s.* inquilinato; inquilinos en general.
tench [tench], *s.* (ict.) tenca.
tend [tend]. **I.** *va.* guardar, vigilar, cuidar; atender. **II.** *vn.* tender, propender; dirigirse; atender; (con **on** o **upon**) asistir, servir a.
tendance [téndạns], *s.* atención, cuidado.
tendency [-ẹnsi], *s.* tendencia, propensión; dirección, inclinación.—**to have a t.**, propender (a).
tendentious [tendénšʌs], *a.* tendencioso.
tender [téndœ(r)]. **I.** *a.* tierno; delicado; muelle, mollar; benigno, benévolo, compasivo; sensible; afectuoso, amoroso; adolorido; dulce, ameno; frágil; cosquilloso, difícil.—**t.-hearted,** tierno de corazón, compasivo.—**t. of,** u **over,** cuidadoso de, solícito de los sentimientos de otros. **II.** *s.* oferta, ofrecimiento, propuesta; (for.) oferta formal de pago; lo que se ofrece en pago de una deuda; (mar.) escampavía, patache, falúa; guarda, *mf.*, servidor; (f. c.) ténder. **III.** *va.* ofrecer, presentar, proponer; (for.) ofrecer en pago sin condiciones; enternecer, ablandar. **IV.** *vn.* hacer una oferta o propuesta; enternecerse.
tenderfoot [-fut], *s.* (fam.) apodo que dan los mineros al recién llegado; inexperto, novato.
tenderling [-liŋ], *s.* persona consentida o enfermiza; criatura; (zool.) pitón de asta de venado.
tenderloin [-lɔin], *s.* filete.—**T.,** o **t. district,** barrio de una ciudad (originalmente de Nueva York) donde se vive la vida alegre y corrupta.
tenderly [-li], *adv.* tiernamente.—**tenderness** [-nis], *s.* terneza, ternura; sensibilidad; delicadeza; benignidad, benevolencia.
tending [téndiŋ], *a.* tend(i)ente.
tendinous [téndinʌs], *a.* (anat.) tendinoso.
tendon [téndọn], *s.* (anat.) tendón.
tendril [téndril], *s.* (bot.) zarcillo, tijereta.
tenebræ [ténẹbri], *s. pl.* (igl.) tinieblas, maitines del jueves, viernes y sábado santos.
tenebrous [ténẹbrʌs], *a.* tenebroso.
tenement [ténẹmẹnt], *s.* habitación, vivienda, alojamiento (apl. gen. a los de la gente pobre); (for.) heredamiento.—**t.** (**house**), casa de vecindad, (Am.) conventillo.
tenementary [tenẹméntạri], *a.* (for.) arrendable.
tenesmus [tẹnézmʌs], *s.* (med.) tenesmo, pujo(s).
tenet [ténit], *s.* dogma, *m.*; principio; credo.
tenfold [ténfould]. **I.** *a.* décuplo. **II.** *adv.* diez veces.
tennis [ténis], *s.* tenis (juego).—**t. ball,** pelota de tenis.—**t. court,** campo o cancha de tenis.—**t. player,** tenista.
tenon [ténọn]. **I.** *va.* (carp.) espigar, despatillar, desquijerar; juntar a espiga y mortaja. **II.** *s.* (carp.) espiga, almilla.—**t. saw,** sierra de ingletes, sierra de trasdós.
tenonitis [tenọnáitis], *s.* (med.) tenon(t)itis, inflamación de un tendón.
tenor [ténọ(r)]. **I.** *s.* tenor, curso, método; tendencia; texto, contenido, substancia de un escrito; (mús.) tenor; alto; viola. **II.** *a.* (mús.) de tenor.
tenotomy [tinátomi], *s.* (cir.) tenotomía.
tenpenny [ténpeni]. **I.** *a.* de diez peniques. **II.** *s.* clavo de cierto tamaño; moneda de diez peniques.
tenpins [ténpinz], *s.* juego con diez bolos de madera.

tenrec [ténrεk], *s.* (zool.) mamífero insectívoro de Madagascar.
tense [téns]. **I.** *a.* tieso, estirado, tenso, tirante. **II.** *s.* (gram.) tiempo (del verbo).
tenseness [-nįs], *s.* tirantez, tensión.
tensibility [tensįbílįtį], *s.* facilidad en ponerse tenso.
tensible [ténsįbl], *a.* capaz de tensión, extensible.
tensile [ténsįl], *a.* tensor; extensible; de tensión. —**t. strength,** resistencia de tensión, o a la tracción.—**t. stress,** esfuerzo de tensión o de tracción.
tensimeter [tensímεtœ(r)], *s.* (fís.) manómetro.
tension [ténŝǫn], *s.* tensión, tirantez; esfuerzo mental o emocional; ansiedad, nerviosidad; (mec.) tensión, tracción; (fís.) fuerza expansiva de un gas; regulador del hilo en una máquina de coser; (elec., med.) tensión; (dipl.) tirantez de relaciones.
tensive [ténsįv], *a.* tensivo, tirante, tensor.
tensor [ténsǫ(r)], *s.* (anat.) músculo extensor; (mat.) tensor.
tent [tεnt]. **I.** *s.* toldo; (mil.) tienda de campaña, pabellón, alfaneque, (Am.) carpa; (cir.) lechino. **II.** *vn.* acampar bajo tiendas. **III.** *va.* (cir.) mantener abierta (una herida, etc.) con lechino.
tentacle [téntąkl], *s.* (zool. y bot.) tentáculo.
tentacular [tεntǽkįųlą̈(r)], *a.* tentacular.
tentative [téntątįv]. **I.** *a.* tentativo, de ensayo. **II.** *s.* tentativa, ensayo, prueba, tanteo.
tentatively [-lį], *adv.* tentativamente, etc.; de primera intención.
tent caterpillar, *s.* (ent.) gusano hilador.
tented [téntįd], *a.* entoldado.
tenter [téntœ(r)]. **I.** *s.* (tej.) tendedor, rambla (máquina o bastidor). **II.** *va.* y *vn.* (tej.) estirar(se) (el paño).
tenterhook [-hųk], *s.* (tej.) escarpia, alcayata; (fig.) causa de ansiedad o tensión.—**to be on tenterhooks,** estar en ascuas o en un potro.
tenth [ténθ]. **I.** *a.* décimo, deceno; diez (ordinal). **II.** *s.* décima parte, décimo; (igl.) diezmo.
tenthly [-lį], *adv.* en décimo lugar.
tentmaker [téntmeįkœ(r)], *s.* tendero.
tent pole, *s.* mástil; montante de tienda.
tent show, *s.* espectáculo ofrecido en una tienda (como un circo).
tentwort [téntwœrt], *s.* (bot.) culantrillo.
tenuirostral [tεnyųįrástrąl], *a.* (orn.) tenuirrostro.
tenuity [tįnįúįtį], *s.* tenuidad, delicadeza; delgadez, sutileza; raridad, rarefacción.
tenuous [ténγųʌs], *a.* tenue, delgado, sutil; raro.
tenuousness [-nįs], *s.* tenuidad. *V.* TENUITY.
tenure [ténγū(r)], *s.* (for.) (per)tenencia, posesión.—**t. of office,** tenencia de un cargo o puesto.—**t. rights, o right of t.,** inamovilidad (de un cargo, etc.).
teocalli [tiokǽlį], *s.* (Méx.) teocali, teucali.
tepee [típį], *s.* tienda o vivienda de los indios de los E. U.
tepefaction [tεpįfǽkŝǫn], *s.* templadura.
tepefy [tépįfaį], *va.* y *vn.* entibiar(se), poner(se) tibio.
tepid [tépįd], *a.* tibio, templado.—**tepidity** [tįpídįtį], *s.* tibieza.—**tepidly** [tépįdlį], *adv.* tibiamente.
teratogeny [tεrątádẑenį], *s.* teratogenia, producción de monstruos.—**teratoid** [térątoįd], *a.* monstruoso, anormal.—**teratologic** [-toládẑįk], *a.* teratológico.—**teratology** [-tálodẑį], *s.* (biol.) teratología, estudio de las monstruosidades.
terbium [tœ́rbįʌm], *s.* (quím.) terbio.
tercentenary [tœrséntεnąrį], **tercentennial** [-téniąl]. **I.** *a.* de tres siglos. **II.** *s.* tricentenario, tercer centenario; aniversario tricentésimo.
tercet [tœ́rsįt *o* tœrsét], *s.* (poét., mús.) terceto.
terebinth [térębįnθ], *s.* (bot.) terebinto.
terebinthic [tεrębínθįk], *a.* relativo a o del carácter de la trementina.
terebinthin(e [tεrębínθįn], *a.* terebintáceo.
teredo [terídoụ], *s.* (zool.) broma.
terete [terít], *a.* cilíndrico, redondo.
tergal [tœ́rgąl], *a.* (zool.) tergal, dorsal.
tergiversate [tœ́rdẑįvœrseįt], *vn.* tergiversar.
tergiversating [-įŋ], *a.* tergiversador.
tergiversation [-séįŝǫn], *s.* tergiversación, efugio, evasión.
tergiversator [-seįtǫ(r)], *s.* tergiversador.
term [tœrm]. **I.** *s.* término, vocablo, palabra, voz, denominación, calificativo; plazo; término, período; semestre (de la escuela); (for.) tiempo en que un tribunal está en sesión; (ant.) límite, confín, fin; (lóg., arq. y mat.) término.—*pl.* términos, palabras, expresiones; condiciones, estipulaciones; obligaciones impuestas; relaciones mutuas; precio; (com.) facilidades de pago.—**in set terms,** en términos escogidos.—**in terms of,** (mat.) en función de.—**not on any terms,** por ningún concepto, a ningún precio.—**to be on good (bad) terms with,** llevarse bien (mal) con; estar en buenas (malas) relaciones con.—**to bring to terms,** imponer condiciones a, hacer arreglos con.—**to come to terms,** arreglarse, convenirse.—**upon what terms?,** ¿en qué términos? **II.** *va.* nombrar, llamar, calificar (de).
termagancy [tœ́rmągąnsį], *s.* carácter pendenciero.
termagant [tœ́rmągąnt]. **I.** *a.* turbulento; pendenciero. **II.** *s.* (fig.) sierpe, *f.*, fiera, arpía, marimacho.
terminability [tœrmįnąbílįtį], *s.* terminabilidad.
terminable [-bl], *a.* terminable, limitable.—**terminably** [-blį], *adv.* terminablemente.
terminal [tœ́rmįnąl]. **I.** *a.* terminal, último, extremo, final. **II.** *s.* término, final; (arq.) término; (f. c.) estación terminal o extrema; (elec.) terminal, borne.
terminal guidance, *s.* (astronáut.) guía terminal.
terminal velocity, *s.* velocidad terminal.
terminate [-eįt], *va.* y *vn.* terminar.
termination [-éįŝǫn], *s.* terminación o fin; (gram.) terminación, desinencia.
terminative [-ątįv], *a.* terminativo.
terminator [-eįtǫ(r)], *s.* el o lo que termina; (astr.) límite de iluminación (de la luna o un planeta).
terminer [-œ(r)], *s.* (for.) = OYER.
terminology [-álodẑį], *s.* terminología.
terminus [tœ́rmįnʌs], *s.* término, fin; (f. c.) estación terminal; (top.) límite, mojón; (arq.) término, remate; (T., mit.) el dios Término.
termite [tœ́rmaįt], *s.* (ent.) termita, termes, comején, hormiga blanca.—**t. nest,** termitero, comejenera.
termless [tœ́rmlįs], *a.* ilimitado.
tern [tœrn]. **I.** *s.* terno; (orn.) golondrina de mar. **II.** *a.* ternario.
terna [tœ́rną̈], *s.* (igl.) terna.
ternary [tœ́rnąrį]. **I.** *a.* ternario, trino. **II.** *s.* terno, trinca; terna.
ternate [tœ́rneįt], *a.* ternario; (bot.) ternario.
terne [tœ́rn]. **I.** *s.* aleación de estaño y plomo. **II.** *va.* revestir con esta aleación.—**terneplate** [-pleįt], *s.* lámina con revestimiento de *terne.*
terpene [tœ́rpin], *s.* (quím.) terpeno.—**terpin** [tœ́rpįn], *s.* (quím.) terpina.—**terpinol** [-al], *s.* (quím.) terpinol.
Terpsichorean [tœrpsįkorían]. **I.** *a.* de Terpsícore, del baile. **II.** *s.* (t., fam.) bailador, bailarina.
terra [térą̈], *s.* tierra.—**t. alba,** tierra de pipa.—**t. cotta,** terracota, figulino.—**t. cotta lumber,** objetos de barro en que pueden clavarse clavos.—**t. firma,** tierra firme.—**t. incognita,** tierra desconocida.
terrace [térįs]. **I.** *va.* terraplenar. **II.** *s.* terraplén, bancal, balate, parata; terraza, terrero, terrado; azotea; balcón, galería abierta.
terrain [teréįn], *s.* campo; ambiente, medio; (mil.) campo, terreno; (geol.) *V.* TERRANE.
terramycin [tεrąmáįsįn], *s.* (farm.) terramicina.
terrane [teréįn], *s.* (geol.) serie continua de rocas.
terrapin [térąpįn], *s.* (zool.) terrapene.
terraqueous [tεréįkwįʌs], *a.* terráqueo.

terrazzo [terátso], *s.* piso veneciano, pavimento de cemento con astillas o fragmentos irregulares de piedra ornamental (mármol, etc.).—**t. tile,** mosaico de terrazo, mosaico granítico.
terrene [terín], *a.* térreo, terreno, terrenal.
terreplein [térplein], *s.* (fort.) plataforma; (ing.) terraplén.
terrestrial [teréstrial], *a.* terrestre, terreno.
terret [térit], *s.* (tal.) portarriendas.
terre-tenant, tertenant [tértenant], *s.* (for.) terrateniente.
terre-verte [tér vért], *s.* (min., b. a.) tierra verde, verdacho; color verde azulado.
terrible [téribl], *a.* terrible o espantoso; (fam.) tremendo, extremado.
terribleness [-nis], *s.* terriblez.—**terribly** [téribli], *adv.* terriblemente, espantosamente.
terrier [tériœ(r)], *s.* perro de busca; zorrero.
terrific [terífik], *a.* terrífico, espantoso; (fam.) tremendo, extremado, sobresaliente.
terrify [térifai], *va.* aterrar, aterrorizar, espantar.
terrigenous [terídženʌs], *a.* terrígeno.
territorial [teritórial], *a.* territorial.—**t. waters,** aguas jurisdiccionales.
territoriality [-iǽliti], *s.* territorialidad.
territory [téritori], *s.* territorio, región, distrito, comarca; (geog.) territorio (división política).
terror [térø(r)], *s.* espanto, terror.—**terrorism** [-izm], *s.* terrorismo.—**terrorist** [-ist], *s.* terrorista, partidario del terrorismo.—**terrorize** [-aiz], *va.* aterrorizar.—**terrorizer** [-aizœ(r)], *s.* aterrorizador.
terry cloth, *s.* géneros de algodón (albornoz, felpa, toalla, etc.).
terse [tœrs], *a.* sucinto, breve, conciso; (ant.) terso, liso, pulido.—**tersely** [-li], *adv.* concisamente.—**terseness** [-nis], *s.* concisión.
tertian [tœršan]. **I.** *a.* tercianario. **II.** *s.* (med.) terciana.
tertiary [tœršieri]. **I.** *a.* terciario, tercero; (T., geol.) terciario. **II.** *s.* (T., geol.) terreno terciario; (orn.) pluma terciaria de un ave.
tertiate [tœršieit], *va.* (arti.) medir el espesor de.
terzet [tértset, tertsét], *s.* (poét., mús.) terceto.
terzetto [tertsétou], *s.* (mús.) terceto.
tessellate [téseleit], *va.* taracear, poner teselas.
tessellate(d [-(id], *a.* teselado.
tessellation [-léišon], *s.* mosaico.
tessera [téserä], *s.* tesela; (antig. rom.) tésera.
tessitura [tesitúrä], *s.* (mús.) tesitura.
test [test]. **I.** *s.* prueba, ensayo, experimento; examen; piedra de toque, criterio; (quím.) análisis, *mf.*; resultado positivo de un análisis, reacción; reactivo; (zool.) concha; (bot.) tegumento de una semilla.—**T. Act,** (Ingl.) ley (*f.*) que imponía cierto juramento de prueba a los empleados públicos.—**t. case,** (for.) acción o causa de ensayo, para determinar la interpretación de una ley.—**t. flight,** (aer.) vuelo experimental o de prueba.—**t. meal,** (fisiol.) comida de prueba, para analizar el contenido o condición del estómago.—**t. paper,** (quím.) papel reactivo.—**t. pilot,** (aer.) piloto ensayador o probador.—**t. tube,** (quím.) probeta, tubo de ensayo.—**t. type,** (ópt.) serie de letras para probar la vista.—**the acid t.,** la prueba suprema, decisiva. **II.** *va.* probar, ensayar, comprobar, hacer la prueba de, poner o someter a prueba; examinar (a un estudiante, etc.); (for.) atestiguar.—**to t.-fly,** (aer.) comprobar mediante el vuelo.
testable [téstabl], *a.* que puede probarse; (for.) que puede legarse, atestiguar(se), o hacer testamento.
testacean [testéišan], *a.* y *s.* (zool.) testáceo.
testaceous [testéišʌs], *a.* (zool.) testáceo.
testacy [téstasi], *s.* estado o hecho de haber testado.
testament [téstament], *s.* (for.) testamento; (T.), el Viejo y el Nuevo Testamento.—**testamental, testamentary** [-méntal, -méntari], *a.* (for.) testamentario.—**testate** [tésteit], *a.* (for.) testado.
testator, testatrix [testéitø(r), -triks], *s.* (for.) testador(a).
tested [téstid], *a.* ensayado, probado.
tester [téstœ(r)], *s.* probador, ensayador; (quím.) reactivo; pabellón (de cama); baldaquín (de altar).
testes [téstiz], *s. pl.* de TESTIS.
testicle [téstikl], *s.* (anat., zool.) testículo.—**testicular** [testíkiulä(r)], *a.* testicular.—**testiculate** [-leit], *a.* en forma de testículo; que tiene testículos u órganos parecidos a ellos.
testification [téstifikéišon], *s.* testificación.
testifier [-faiœ(r)], *s.* testigo, testificador.
testify [-fai], *va.* y *vn.* (for.) testificar, atestiguar, declarar, atestar, rendir declaración; aseverar.
testily [téstili], *adv.* con mal humor o displicencia.
testimonial [testimóunial]. **I.** *a.* testimonial, testificativo. **II.** *s.* certificación o certificado, fe, *f.*, atestado, testimoniales; recomendación; encomio.
testimony [téstimoni], *s.* (for.) testimonio, atestación, declaración, fe, *f.*; Tablas de la Ley, el decálogo; Libro de la Ley, Antiguo Testamento.—**in t. whereof,** en fe de lo cual.
testiness [téstinis], *s.* quisquillosidad, mal humor, mal genio.
testis [téstis], *s.* (anat., zool.) teste, testículo; testigo.
testosterone [testásteroun], *s.* (bioquím.) testosterona.
testudinal [testiúdinal], *a.* (zool.) testudíneo.
testudo [testiúdou], *s.* (mil. ant.) testudo; (zool.) tortuga; (med.) testudo (tumor).
testy [ésti], *a.* enojadizo, quisquilloso.
tetanic [titǽnik]. **I.** *a.* (med.) tetánico. **II.** *s.* (med.) droga o substancia que causa tétano(s).
tetanus [tétanʌs], *s.* (med.) tétano(s), pasmo.
tetany [tétani], *s.* (med.) tétano(s) intermitente.
tête-à-tête [téit a téit]. **I.** *adv.* (fr.) cara a cara, a solas. **II.** *a.* confidencial; privado. **III.** *s.* conversación íntima entre dos personas; confidente (mueble).
tether [téðœ(r)]. **I.** *s.* traba, maniota, correa, atadura.—**to be at the end of one's t.,** estar sin recursos, estar en las últimas. **II.** *va.* estacar, trabar, atar (con maniota, etc.); (Am.) apersogar.
tetrachloride [tetraklóraid], *s.* (quím.) tetracloruro.
tetrachord [tétrakord], *s.* (mús.) tetracordio.
tetracid [tetrǽsid], *s.* (quím.) tetrácido.
tetrad [tétræd], *s.* grupo de cuatro; (quím.) átomo o elemento tetravalente.
tetradynamous [tetradínamʌs], *a.* (bot.) tetradínamo.
tetragon [tétragan], *s.* (geom.) tetrágono.
tetragonal [tetrǽgonal], *a.* (geom.) tetragonal, cuadrangular.
tetragram [tétragræm], *s.* (geom., mús.) tetragrama, *m.*; tetragrámaton.
Tetragrammaton [-grǽmatan], *s.* tetragrámaton.
tetrahedral [-hídral], *a.* (geom.) tetraédrico.
tetrahedron [-hídron], *s.* (geom.) tetraedro.
tetralogy [tetrǽlodži], *s.* (teat., mús.) tetralogía.
tetrameter [tetrǽmetœ(r)], *s.* y *a.* (pros.) tetrámetro.
Tetrao [tétraou], *s.* tetrao, género de gallináceas cuyo tipo es el urogallo.—**Tetraonidæ** [tetraánidi], *s. pl.* tetraónidas.
tetrarch [títrark], *s.* tetrarca, *m.*—**tetrarchate** [-eit], **tetrarchy** [-i], *s.* tetrarquía.
tetrastyle [tétrastail]. **I.** *s.* (arq.) tetrastilo. **II.** *a.* de cuatro columnas o pilastras.
tetrasyllable [-sílabl], *s.*, **tetrasyllabic(al)** [-silǽbik(al)], *a.* (pros.) tetrasílabo.
tetratomic [-támik], *a.* (quím.) tetratómico.
tetravalent [tetravéilent], *a.* (quím.) tetravalente.
tetrode [tétroud], *s.* (elec.) tubo de vacío de cuatro electrodos.
tetter [tétœ(r)], *s.* (med.) herpe, *mf.*, empeine, serpigo, culebrilla.

Teuton [tiútọn], *a.* y *s.* teutón; tudesco, alemán. —**Teutonic** [tiutánik]. **I.** *a.* teutónico. **II.** *s.* teutónico (idioma).—**T. Knights,** Caballeros Teutónicos.
tewel [tiúẹl], *s.* tobera, alcribís, *m.* (de forja).
Texan [téksạn], *a.* y *s.* tejano, de Tejas.
Texas Tower, *s.* torre de radar (en el mar).
text [tékst], *s.* texto; lema, *m.*, tema, *m.*, tesis; (impr.) tipo.—**t. hand,** carácter de letra muy grueso.
textbook [-bụk], *s.* texto, libro de texto; libreto de ópera.
textile [tékstịl]. **I.** *a.* textil, tejido; de tejer o de tejidos. **II.** *s.* tejido; material textil.
textual [tékschụạl], *a.* textual.—**textualist** [-ịst], *s.* textualista.—**textually** [-ị], *adv.* textualmente.
textural [tékschụrạl], *a.* de textura, relativo a la textura o contextura.
texture [tékschụr], *s.* textura, contextura; tejido, obra tejida; (biol.) tejido.
Thai [tái, taị], *s.* y *a.* tailandés.
Thailand [táịlạnd], *s.* Tailandia.
thalamus [θǽlạmʌs], *s.* (bot.) tálamo; (anat.) tálamo óptico (ll. t. **optic t.**).
thalassography [θạlæságrạfị], *s.* oceanografía, ciencia de la vida y otros fenómenos del mar.
thaler [tálœ(r)], *s.* tálero (moneda alemana).
thallic [θǽlịk], *a.* (quím.) tálico.
thallium [θǽlịʌm], *s.* (quím.) talio.
thallophyte [θǽlofaịt], *s.*, **thallophytic** [-fítịk], *a.* (bot.) talofita.—**thallus** [θǽlʌs], *s.* (bot.) talo, aparato vegetativo de la planta talofita.
than [ðæn], *conj.* que (comparativo: *I am taller than he,* soy más alto que él); de (cuando va delante de números: *fewer than ten,* menos de diez; *more than two,* más de dos; *more than once,* más de una vez); del que, de la que, etc., de lo que (*less time than they expected,* menos tiempo del que esperaban; *easier than you think,* más fácil de lo que Vd. cree). Las frases **t. whom, t. which,** se traducen cambiando el giro: *Shakespeare, than whom there is no greater poet,* Shakespeare, que como poeta no tiene superior, *o* S., poeta de grandeza nunca sobrepasada. Lo mejor es traducir primero la expresión a manera de paréntesis, y luego darle forma más apropiada: Shakespeare (no hay poeta más grande que él); *this book, than which I know few more useful,* este libro (conozco pocos más útiles); este libro, cuya utilidad, que yo sepa, hay pocos que la sobrepasen.
thanage [θéịnịdž], *s.* dignidad o dominio del *thane.*
thane [θeịn], *s.* (hist.) caballero, gentilhombre.
thank [θǽŋk]. **I.** *va.* agradecer, dar gracias a.—**t. God,** a Dios gracias.—**t. you,** gracias. **II.** *s. pl.* **thanks,** gracias.—**t. to,** gracias a, debido a.
thankful [-fụl], *a.* agradecido.—**thankfully** [-ị], *adv.* con agradecimiento.—**thankfulness** [-nịs], *s.* agradecimiento, gratitud.—**thankless** [-lịs], *a.* desagradecido; ingrato, infructuoso.—**thanklessness** [-nịs], *s.* ingratitud.
thanksgiving [-sgívịŋ], *s.* acción de gracias.—**T. Day,** día (*m.*) de acción de gracias.
thankworthy [-wœrðị], *a.* digno de reconocimiento; meritorio.
that [ðæt]. **I.** *a.* (*pl.* THOSE [ðoụz]) ese, esa, aquel, aquella.—**t. way,** por aquel camino, por allí; de ese modo. **II.** *pron. dem.* ése, ésa, eso; aquél, aquélla, aquello; *pron. rel.* que, quien, el que, la que, lo que; el cual, la cual, lo cual; el, la, lo (substantivados: *that of John,* el de Juan; *that of yesterday,* el o lo de ayer).—**t. is,** o **t. is to say,** es decir.—**t. is how,** así es como se hace.—**t. is t.,** eso es lo que hay, es asunto concluído, no hay más que hablar; y sanseacabó.—**t. may be,** eso puede ser, es posible.—**t. which,** el que, la que, lo que; lo cual.—**all t.,** cuanto(s), todo(s) lo(s) que.—**and all t.,** (fam.) y cosas por ese estilo.—**at t.,** (fam.) así; aun así, aunque sea así; sin embargo, a pesar de eso.—**for all t.,** a pesar de eso.—**to put this and t. together,** atar cabos.—**upon t.,** sobre esto; luego. **III.** *conj.* que; para que, a fin de que, con el objeto de.—**in t.,** en que; a causa de que, por cuanto.—**not but t.,** no es decir que.—**save t.,** salvo que.—**so t.,** para que; con tal que; de modo que, de suerte que. **IV.** *adv.* (fam.) tan; tan . . . así, así de, de este tamaño, etc. (*that large,* tan grande así, así de grande, de este tamaño; *not that far,* no tan lejos).—**t. many,** tantos.—**t. much,** tanto.
thatch [θǽch]. **I.** *s.* barda; tejado de paja u hojas. **II.** *va.* bardar; empajar, techar con paja. —**thatched roof,** techumbre de paja.—**thatcher** [-œ(r)], *s.* bardador, empajador.—**thatching** [-ịŋ], *s.* (acción de) empajar; material de empajar.
thaumaturge [θómạtœrdž], *s.* taumaturgo.—**thaumaturgic(al** [-tœ́rdžịk(ạl], *a.* taumatúrgico.—**thaumaturgist** [θómạtœrdžịst], *s.* taumaturgo.—**thaumaturgy** [-džị], *s.* taumaturgia.
thaw [θɔ]. **I.** *va.* y *vn.* deshelar(se), derretir(se).—**to t. out,** hacer(se) más tratable, menos reservado o ceremonioso, abrirse.—**it thaws,** deshiela. **II.** *s.* deshielo, derretimiento.
the [ðị *o* ðẹ]. **I.** *art.* el, la, lo, los, las. **II.** *adv.* Cuando precede a un comparativo, se traduce en español por cuanto . . . tanto, mientras más . . . tanto más, o expresiones análogas: *the more he spoke, the more we admired him,* mientras más hablaba, más lo admirábamos; *the less you say, the better,* cuanto menos diga Vd., tanto mejor; *the sooner the better,* mientras más pronto, tanto mejor.
theater, theatre [θíạtœ(r)], *s.* teatro, coliseo; arte dramático; drama, *m.*, comedia, teatro (literatura); asunto o composición teatral, o para las tablas; teatro o escena de algún suceso.—**theatergoer, theatregoer** [-goụœ(r)], *s.* el que frecuenta el teatro o la comedia.
theatric(al [θiǽtrịk(ạl], *a.* teatral, teátrico; artificial, extravagante.
theatrically [-lị], *adv.* teatralmente.
theatricals [-ạls], *s. pl.* funciones teatrales; asuntos del teatro; acciones teatrales o de carácter artificial.
theatrics [-s], *s. pl.* arte dramático.
Theban [θíbạn], *a.* y *s.* tebano, tebeo.
thee [ðiˌ], *pron.* caso oblicuo de THOU: te, a ti.—**for t.,** para o por ti.—**with t.,** contigo.
theft [θɛft], *s.* hurto, robo, ladronicio, latrocinio.
thein(e [θíịn, θíin], *s.* (quím.) teína, alcaloide del té, idéntico a la cafeína.
their [ðɛr], *pron. pos.* su, suyo, suya, de ellos, de ellas.—**theirs,** el suyo, la suya, los suyos, las suyas, de ellos o de ellas.
theism [θíịzm], *s.* teísmo.—**theist** [θíịst], *s.*, **theistic(al** [θiístịk(ạl], *a.* teísta.
them [ðɛm], *pron.* caso oblicuo de THEY: los, las, les; (con *prep.*) ellos, ellas.—**t. that, t. who** (después de preposición) los que, aquellos que, quienes (*this is for them who wish to learn,* esto es para los que, *o* para quienes, deseen aprender).
thematic [θimǽtịk], *a.* temático.
theme [θim], *s.* tema, *m.*, asunto; tesis, disertación; (mús.) tema, *m.*, motivo.
themselves [ðɛmsélvz], *pron. pl.* ellos mismos, ellas mismas; sí mismos. Es el caso oblicuo del pronombre recíproco, y a veces se usa enfáticamente como nominativo. *V.* HIMSELF.
then [ðɛn]. **I.** *adv.* entonces, en aquel tiempo, a la sazón; luego, después, en seguida; en otro tiempo; además; entonces, en tal caso; por consiguiente, pues, luego, por esta razón.—**t. and there,** allí mismo, al punto.—**but t.,** por otra parte, sin embargo, si bien es cierto que.—**by t.,** para entonces.—**now and t.,** de cuando en cuando; de vez en cuando.—**now . . . t. . . .,** ya . . . ya . . .; ora . . . ora . . ..—**now t.,** ahora bien; tenemos pues.—**until t.,** hasta entonces; hasta luego.—**what t.?** ¿qué más? ¿qué resultó, o qué resultará?

¿qué vendrá (vino) luego? ¿qué se hará (se hizo) luego? **II.** *a.* entonces, de esos días, de aquella época, etc. (*the then President*, el entonces Presidente). **III.** *s.* entonces (*by then*, para entonces; *until then*, hasta entonces).
thenar [θínar], *s.* y *a.* (anat.) tenar.
thence [ðens], *adv.* (de lugar) de allí, desde allí; (de tiempo) desde entonces, desde aquel momento, de allí en adelante; (de modo) de ahí, por eso, por esa razón, por ese motivo.—**thenceforth** [-fórθ], *adv.* desde entonces, de allí en adelante.—**thenceforward** [-fórwărd], *adv.* desde entonces; desde [illegible] hacia adelante.
Theobroma [θiobróumă], *s.* (bot.) teobroma, *m.*, género cuyo tipo es el cacao.—**theobromin(e** [-min, min], *s.* (quím.) teobromina.
theocentric [θiosénntrik], *a.* (teol.) teocéntrico.
theocracy [θiákrasi], *s.* (pol.) teocracia.
theocrat [θíokræt], *s.* (pol.) teócrata, *mf.*
theocratic(al [θiokrǽtik(al], *a.* teocrático.
theodicy [θiádisi], *s.* (teol.) teodicea.
theodolite [θiádolait], *s.* (top.) teodolito.
theogony [θiágoni], *s.* (mit., teol.) teogonía.
theologian [θiolóudžan], *s.* teólogo.
theological [θioládžikal], *a.* teológico, teologal.—**t. seminary,** seminario eclesiástico.—**t. virtues,** virtudes teologales.
theologically [-i], *adv.* teológicamente.—**theologism** [θiálodžizm], *s.* teologismo.—**theologize** [-džaiz]. **I.** *va.* hacer teológico; tratar teológicamente. **II.** *vn.* teologizar.—**theologue** [θíolag], *s.* (fam.) seminarista; (raro) teólogo.—**theology** [θiálodži], *s.* teología.
theorbo [θiórbou], *s.* (mús.) tiorba.
theorem [θíorem], *s.* teorema, *m.;* (mat.) serie; ecuación. *V.* BINOMIAL THEOREM, TAYLOR'S THEOREM.
theoretic(al [θiorétik(al], *a.* teórico, especulativo. —**theoretically** [-i], *adv.* teóricamente.—**theoretician** [-tíšan], *s.* teórico.—**theorist** [θíorist], *s.* teórico.—**theorize** [-raiz], *vn.* y *va.* exponer o formar teorías (sobre); teorizar.—**theorizer** [-œ(r)], *s.* teórico.—**theorizing** [-iŋ]. **I.** *a.* teorizante. **II.** *s.* especulación.—**theory** [θíori], *s.* teoría; teórica, especulación.
theosophic(al [θiosáfik(al], *a.* teosófico.
theosophism [θiásofizm], *s.* teosofismo.
theosophist [-fist], *s.* teósofo.
theosophy [-fi], *s.* teosofía.
Therapeutæ [θerapiúti], *s. pl.* (hist.) terapeutas, *mf.*—**therapeutic(al** [θerapiútik(al], *a.* (med.) terapéutico.
therapeutics [-tiks], *s.* (med.) terapéutica.
therapeutist [-tist], *s.* (med.) terapeuta, *mf.*
therapy [θérapi], *s.* terapia, terapéutica.—**group t.**, terapia de grupo.
there [ðer]. **I.** *adv.* ahí, allí, allá; en eso, en cuanto a eso. Ú. como expletivo, sobre todo antes del verbo cuando el sujeto va después: *there came a man*, vino un hombre.—**t. is, t. are,** hay. *V.* BE.—**t. you are,** (fam.) eso es todo; ahí nos (me, etc.) tiene; ahí está el busilis. **II.** *interj.* ¡eso es! ¡toma! ¡vaya! ¡mira!
thereabout(s [-abáut(s], *adv.* por ahí, por allí, cerca; acerca de eso; aproximadamente.
thereafter [-ǽftœ(r)]. **I.** *s.* tiempo después. **II.** *adv.* después, después de eso; conforme.
thereat [-ǽt], *adv.* en eso, entonces, en aquel punto o lugar; por eso; allí, ahí.
thereby [-bái], *adv.* con eso, con lo cual; de tal modo, así; allí, por allí cerca; acerca de eso.
therefor [-fór], *adv.* por es(t)o; para es(t)o.
therefore [ðérfɔr], *adv.* por es(t)o, por (lo) tanto, por ende, por consiguiente, en consecuencia, luego.
therefrom [-frám], *adv.* de allí, de ahí; de eso.
therein [-ín], *adv.* allí dentro; en esto, en eso.—**thereinafter** [-ǽftœ(r)], *adv.* (for.) posteriormente, después, adelante.—**thereinbefore** [-bifór], *adv.* (for.) anteriormente, antes, más arriba.
thereinto [-íntu], *adv.* dentro de eso o de esto.
thereof [-áv], *adv.* de esto, de eso.
thereon [-án], *adv.* sobre o encima de él, ella, etc.; por encima; por lo tanto; luego, al punto.
thereto [-tú], **thereunto** [-ʌ́ntu], *adv.* a eso, a ello; además.
theretofore [-tufór], *adv.* antes de eso, hasta entonces.
thereunder [-ʌ́ndœ(r)], *adv.* debajo (de eso), bajo eso; menos de o que; en posición subordinada.
thereupon [-ʌpán], *adv.* sobre o encima de él, ella, etc.; por lo tanto, por consiguiente; sobre lo cual, luego, al punto.
therewith [-wíð], *adv.* con eso, con esto; en eso, entonces, luego, inmediatamente.
therewithal [-wiðól], *adv.* a más, además; con todo; en eso, inmediatamente; con es(t)o.
theriaca [θiráiakă], *s.* (ant. farm.) triaca, teriaca.
theriac(al [θíriæk(al], *a.* teriacal, triacal.
therm [θœrm], *s.* (fís.) unidad térmica (el término se aplica a varias de ellas).
thermæ [-i], *s. pl.* termas (de los romanos).
thermal [θœ́rmal], *a.* termal, térmico.
thermal alarm, *s.* alarma térmica.
thermal barrier, *s.* barrera térmica.
thermal insulation, *s.* aislamiento térmico.
thermal unit, *s.* unidad térmica.
thermal waters, *s.pl.* aguas termales.
thermesthesia [θœrmesθížă], *s.* (fisiol.) sentido de la temperatura, capacidad de sentir cambios de temperatura.
thermic [θœ́rmik], *a.* termal, térmico, calorífico.
thermion [θœ́rmion], *s.* termión, *m.*, ión (*m.*) o electrón emitido por una substancia incandescente.
thermionic [θœrmiánik], *a.* (fís.) termiónico.
thermionic current, *s.* (fís.) corriente termiónica.
thermionic emission, *s.* (fís.) emisión termiónica.
thermionics [-s], *s.* (fís.) termiónica, ciencia de los fenómenos termiónicos.
thermionic tube o **valve,** *s.* (fís.) válvula termiónica.
thermit(e [θœ́rmit *o* -mait], *s.* (quím.) (nombre de fábrica), termita, mezcla de aluminio pulverizado y un óxido metálico, gen. de hierro.—**t. welding process,** soldadura con termita.
thermobattery [θœrmobǽtœri], *s.* pila termoeléctrica.
thermocautery [-kótœri], *s.* (cir.) termocauterio.
thermochemical [-kémikal], *a.* termoquímico.
thermochemistry [-kémistri], *s.* termoquímica.
thermoconductor [-kondʌktor], *s.* y *a.* (fís.) termoconductor.
thermocouple [θœ́rmokʌpl], *s.* par termoeléctrico.
thermodynamic [-dainǽmik], *a.* termodinámico.
thermodynamic efficiency, *s.* (fís.) rendimiento termodinámico.
thermodynamics [-s], *s.* (fís.) termodinámica.
thermoelectric [-iléktrik], *a.* termoeléctrico.
thermoelectric effect, *s.* (fís.) efecto termoeléctrico.
thermoelectricity [-ilektrísiti], *s.* termoelectricidad.
thermoelement [-élimẹnt], *s.* (fís.) termoelemento.
thermofission [-fíšon], *s.* (fís.) termofisión.
thermofusion [-fiúšon], *s.* (fís.) termofusión.
thermogenesis [-džénisis], *s.* termogénesis, producción de calor (apl. esp. al de las funciones orgánicas); combustión espontánea.
thermograph [-græf], *s.* termógrafo, termómetro registrador automático.
thermolabile [-léibil], *a.* (bioquím.) termolábil.
thermology [θœrmálodži], *s.* termología.
thermometer [θœrmámetœ(r)], *s.* termómetro.
thermometric(al [-métrik(al], *a.* termométrico.
thermometry [θœrmámetri], *s.* termometría.
thermonuclear [-niúklia(r)], *a.* termonuclear.

thermonuclear cycle, *s.* (fís. nuclear) ciclo termonuclear.
thermophysics [-fízịks], *s.* termofísica.
thermopile [-paịl], *s.* (fís.) pila termoeléctrica.
thermoplastic [-plǽstịk], *a.* termoplástico.
thermopump [-pʌmp], *s.* termobomba.
thermos [θœ́rmos], **thermos bottle** o **flask,** *s.* termos (es nombre de fábrica).
thermoscope [-skoụp], *s.* (fís.) termoscopio.
thermosetting [-sɛtịŋ], *a.* termofraguado, termoendurecido (plásticos).
thermosiphon [-sáịfọn], *s.* termosifón.
thermostat [-stæt], *s.* termóstato.
thermostatic [-stǽtịk], *a.* termostático.
thermotank [-tæŋk], *s.* caja de calefacción (o de enfriamiento), que contiene tubos por los cuales circula vapor, agua, etc. (puede llamarse *caja térmica*).
thermotherapy [-θérạpi], *s.* (med.) termoterapia.
thermotropism [θœrmátropịzm], *s.* (fís.) termotropismo.
thesaurus [θịsórʌs], *s.* tesauro, tesoro.
these [ðiz]. **I.** *a. pl.* de THIS: estos, estas. **II.** *pron.* éstos, éstas.
thesis [θísịs], *s.* tesis; disertación.
Thespian [θéspịạn], *a.* trágico, dramático.
Thessalian [θɛséịlịạn], *s.* y *a.* tesaliense.
Thessalonian [θɛsạlóụnịạn], *s.* y *a.* tesalonicense.
theta [θéịta], *s.* theta (letra griega).
theurgy [θíœrdži], *s.* teurgia.—**theurgic(al** [θiœ́rdžịk(ạl], *a.* teúrgico.—**theurgist** [θíœrdžịst], *s.* teurgo.
thew [θịu], *s.* (anat.) tendón, músculo.—*pl.* (fig.) fuerza muscular, vigor.
they [ðeị], *pron. pl.* de HE, SHE o IT: ellos, ellas.
thiamine [θáịạmin], *s.* (bioquím.) tiamina.
thick [θík]. **I.** *a.* grueso; espeso; tupido, denso; de espesor (2 *inches thick*, de 2 pulgadas de espesor); continuado, repetido; basto, grosero, tosco; nebuloso, brumoso, sombrío; estúpido, torpe; apagado (la voz, etc.); borroso; oscuro, impenetrable, profundo (la sombra, etc.); (fam.) íntimo.—**t.-and-thin,** cabal, a toda prueba.—**t. of hearing,** teniente de oído, duro de oído.—**t. stuff,** (mar.) tablones, palmejares. **II.** *s.* grueso, espesor; lo más denso, nutrido, tupido o recio.—**the t. of the fight,** lo más reñido del combate.—**through t. and thin,** por sobre todo; a toda costa, a despecho de todo. **III.** *adv.* frecuentemente, continuadamente; densa o tupidamente.—**t.-headed,** espeso, torpe.—**t.-lipped,** bezudo, jetudo.—**t.-necked,** cervigudo.—**t.-set,** rechoncho, grueso; (agr.) plantado muy espeso.—**t.-skinned,** de pellejo espeso; sin vergüenza; indiferente; (zool.) paquidermo.—**t.-skulled,** lerdo, torpe.
thicken [-n], *va.* y *vn.* espesar(se), condensar(se), engrosar(se), aumentar; reforzar(se); enturbiar(se); cerrarse; complicar(se).
thickening [-nịŋ]. **I.** *s.* espesamiento. **II.** *a.* espesativo.
thicket [-ịt], *s.* maleza, soto, espesura, matorral, broza, (Cuba) manigua.
thickhead [-hɛd], *s.* estúpido.
thickish [-ịš], *a.* algo espeso o denso.
thickly [-lị], *adv.* espesamente; densa o tupidamente; repetidamente.—**t. settled,** muy poblado.
thickness [-nịs], *s.* espesor; densidad; grueso, grosor; cuerpo, consistencia; capa (superpuesta); (fam.) estupidez.
thickskin [-skịn], *s.* persona sin vergüenza.
thickskull [-skʌl], *s.* estúpido.
thief [θif], *s.* ladrón, hurtador, caco, estafador.—**t. tube,** pipeta, bombillo, catavino.
thieve [θív], *va.* y *vn.* hurtar, robar.—**thievery** [-œrị], *s.* latrocinio o robo.—**thievish** [-ịš], *a.* rapaz, ladrón, hurtador.—**thievishly** [-lị], *adv.* ladronamente, a modo de ladrones.—**thievishness** [-nịs], *s.* latrocinio; rapacidad.
thigh [θaị], *s.* (anat.) muslo.—**t. bone,** fémur.
thill [θịl], *s.* (carr.) limonera, limón, vara.
thimble [θímbl], *s.* (cost.) dedal; (mec.) manguito; (mar.) guardacabo.
thimblerig [θímblrịg]. **I.** *s.* juego fullero de adivinación; estafador. **II.** *va.* estafar, engañar (por medio de este juego).
thimbleberry [-bɛrị], *s.* (bot.) frambuesa negra.
thin [θịn]. **I.** *a.* delgado, fino, tenue; flaco, descarnado; raro, ralo, claro (el aire, etc.); ligero, transparente; seroso, aguado (un líquido); (mús.) poco resonante, débil; apagado (color); poco, corto, ligero, escaso; pequeño; (fam.) transparente, débil, artificial, inverosímil (apl. a excusas, etc.). **II.** *va.* y *vn.* enrarecer(se), poner(se) ralo; adelgazar(se), enflaquecer(se); fluidificar(se) (la sangre, etc.); (gen. con **out**) aclarar, entresacar (el monte, etc.); (con **out, off** o **away**) esparcir(se), hacer o ponerse menos denso, tupido, etc.
thine [ðaịn], *pron.* y *a.* (ant.) tuyo, el tuyo, tu; suyo, el suyo; vuestro, vuestros.
thing [θịŋ], *s.* cosa, objeto; asunto, acontecimiento, hecho.—*pl.* cosas, efectos, bártulos. En lenguaje familiar, se aplica a veces a personas, sobre todo para expresar desprecio, compasión, etc.: *the young thing*, la chica, la pobre chica; *the mean thing*, el malvado, el ruin, el maldito, el sinvergüenza, el desconsiderado, etc.—**t.-in-itself,** (filos.) una realidad final o metafísica; las cosas en sí mismas, el mundo objetivo en sí mismo.—**above all things,** sobre todas las cosas, sobre todo, muy especialmente.—**as things stand,** como están las cosas.—**for one t.,** entre otras cosas.—**no such** (a) **t.,** no hay tal (cosa); nada de eso.—**poor (little) t.,** ¡pobrecito!—**the t.,** lo conveniente, lo que está de moda, lo necesario o lo que se desea.
think [θịŋk], *va.* y *vn.* (*pret.* y *pp.* THOUGHT) pensar; proponerse, tener intención de; creer, juzgar, conjeturar, considerar; (con **of, on** o **upon**) acordarse de, recordar; pensar en; reflexionar acerca de, meditar, considerar.—**to t. better of,** cambiar de opinión acerca de; formar mejor opinión de.—**to t. it over,** pensarlo, meditarlo.—**to t. nothing of,** mirar con desprecio, tener en poco; creer fácil, considerar como cosa común y corriente, no dar importancia a.—**to t. twice,** reflexionar mucho, andar con tiento.—**to t. well (ill) of,** tener buen (mal) concepto de.—**as you t. fit,** como a Vd. le parezca mejor, como Vd. quiera.—**I don't t. so, I t. not,** creo que no.
thinkable [-ạbl], *a.* concebible.
thinker [-œ(r)], *s.* pensador.
thinking [-ịŋ], *s.* pensamiento, meditación, reflexión; juicio, concepto.—**to my t.,** en mi opinión, en mi concepto.—**to put on,** o **have on, one's t. cap,** poner las mientes, avivar el seso.—**way of t.,** modo de pensar, opinión, parecer.
thinly [θínlị], *adv.* delgadamente; esparcidamente, etc. (*V.* THIN); poco, en corto número.
thinness [θínnịs], *s.* tenuidad, delgadez; flacura, magrez, escasez; raleza; raridad; poca consistencia; falta de resonancia; debilidad.
thin-skinned [-skínd], *a.* de piel (*f.*) fina; sensible, impresionable; quisquilloso.
thioaldehyde [θaịoǽldēhaịd], *s.* (quím.) aldehido sulfúrico.
thionic [θaịánịk], *a.* (quím.) tiónico.
thiosulphuric [θaịosʌlfịúrịk], *a.* tiosulfúrico.
third [θœ́rd]. **I.** *a.* tercero, tercio, terciario.—**t. boiler,** meladora de azúcar.—**t.-class,** de tercera clase.—**t. degree,** grado tres (en la masonería); (fam.) interrogatorio severo de un preso, gen. con crueldad o mal tratamiento.—**t. estate,** estado llano o común.—**t. eyelid,** (anat.) membrana nictitante.—**t. house,** (fam., pol.) camarilla de cabilderos.—**t. person,** tercero; (gram.) tercera persona.—**t. rail,** (elec.) tercer riel, riel conductor.—**t.-rate,** de calidad

muy inferior.—**t. service,** (E. U., mil.) servicio de aviación, fuerzas aéreas. **II.** *s.* tercio, tercero, terzuelo, tercera parte; (mús.) tercera. **III.** *va.* terciar.
thirdly [-li], *adv.* en tercer lugar.
thirst [θœ́rst]. **I.** *s.* sed; ansia, anhelo. **II.** *vn.* tener o padecer sed; ansiar, anhelar.—**to t. for,** tener sed de; anhelar.
thirstiness [-inis], *s.* sed; ansia.
thirsty [-i], *a.* sediento.—**to be t.,** tener sed.
thirteen [θœrtín], *s.* y *a.* trece.—**t. hundred,** mil trescientos.—**thirteenth** [-θ]. **I.** *a.* décimotercio, trece (ordinal). **II.** *s.* y *a.* trezavo.
thirtieth [θœ́rtiiθ]. **I.** *a.* trigésimo, treinta (ordinal). **II.** *s.* y *a.* treintavo.
thirty [θœ́rti], *s.* y *a.* treinta.
this [ðis]. **I.** *a.* (*pl.* THESE) este, esta. **II.** *pron.* éste, ésta, esto.
thistle [θísl], *s.* (bot.) cardo, abrojo.—**t. bird, t. finch,** (orn.) jilguero, pintacilgo.
thistledown [-daun], *s.* (bot.) papo, vilano, milano o escardillo del cardo.
thistly [-i], *a.* lleno de cardos.
thither [θíðœ(r)]. **I.** *adv.* allá, hacia allá; a ese fin, punto o resultado. **II.** *a.* ulterior, situado de la parte de allá.—**on the t. side of,** allende, del otro lado de.
tho' [ðou], *conj. contr.* de THOUGH.
thole [θóul], *s.* (mar.) tolete, escálamo; (agr.) asidero del mango de la guadaña; (arq.) tambor. *V.* THOLOS.—**tholepin** [-pin], *s.* (mar.) tolete, escálamo.
tholos, tholus [θálʌs], *s.* (arq.) tambor, cúpula.
Thomism [tóumizm], *s.* (filos.) tomismo.—**Thomist** [-ist], *s.* y *a.* tomista.
thong [θaŋ], *s.* correa, correhuela, tira, zurriaga, (Am.) guasca.
thoracic [θorǽsik], *a.* (anat. y zool.) torácico.
thorax [θóræks], *s.* (anat. y zool.) tórax, pecho, (ent.) coselete; (ant. arm.) coselete.
thoria [θória], *s.* (quím.) torina, óxido de torio.
thorianite [-nait], *s.* (min.) torianita.
thoride [θóraid], *s.* (quím.) torido.
thorite [θórait], *s.* (min.) torita.
thorium [θóriʌm], *s.* (quím.) torio.
thorn [θórn]. **I.** *va.* pinchar, traspasar o asegurar con una espina. **II.** *s.* (bot.) espina, púa; espino, abrojo; pincho; (fig.) llaga, pesadumbre, zozobra.—**t. apple,** (bot.) estramonio.—**t. in the side,** (fig.) molestia.—**t. prickle,** abrojo, púa.—**to be upon thorns,** estar en ascuas.
thornback [-bæk], *s.* (ict.) raya espinosa.
thornless [-lis], *a.* sin espinas.
thorny [-i], *a.* espinoso; arduo.
thoron [θóran], *s.* (quím.) torón.
thorough [θœ́rou], *a.* cabal, completo, cumplido, acabado; consumado, perfecto; cuidadoso, concienzudo.—**t. bass,** (mús.) contrapunto.
thoroughbred [-bred]. **I.** *a.* de pura raza, casta o sangre; bien nacido. **II.** *s.* (un) pura sangre (caballo, etc.).
thoroughfare [-fer], *s.* vía pública; paso, tránsito.—**no t.,** no se pasa; calle cerrada.
thoroughgoing [-gouiŋ], *a.* cabal, completo, esmerado, minucioso; pronunciado, intransigente.
thoroughly [-li], *adv.* enteramente, cabalmente; a fondo; concienzudamente, detenidamente.
thoroughness [-nis], *s.* entereza, calidad de cabal o completo; minuciosidad; escrupulosidad, detenimiento.
thoroughpaced [-peist], *a.* (equit.) instruído en todos los pasos; cabal, completo, perfecto; intransigente.
thoroughwax [-wæks], *s.* (bot.) perfoliada.
thoroughwort [-wœrt], *s.* (bot.) eupatorio.
thorp(e) [θɔrp], *s.* (ant.) lugar, villorrio, caserío.
those [ðouz]. **I.** *a. pl.* de THAT: aquellos, aquellas; esos, esas. **II.** *pron. pl.* ésos, ésas; aquéllos, aquéllas.—**t. that, t. which, t. who,** los que, aquellos que, quienes.
thou [ðau]. **I.** *pron.* tú. **II.** *va.* y *vn.* tutear.
though [ðou]. **I.** *conj.* aunque, bien que, si bien, aun cuando.—**as t.,** como si.—**what t.,** aunque, ¿qué importa que . . .? **II.** *adv.* (fam.) sin embargo; a pesar de eso. En lenguaje familiar, ú. a menudo adverbialmente, sobre todo en oraciones de forma interrogativa, como expletivo enfático de encarecimiento: *isn't she pretty, though?* ¡y qué bonita que es! *aren't you smart, though?* ¡qué vivo que eres!
thought [θót]. **I.** *pret.* y *pp.* de TO THINK.—**to be well t. of,** ser tenido en buen concepto, ser estimado. **II.** *s.* pensamiento; meditación, reflexión, consideración; idea; intención, propósito; memoria, recuerdo; cuidado, solicitud, atención; poquito, migaja, pizca.—**to give** (a) **t. to,** pensar en, acordarse de.—**to take t. of,** o **for,** pensar en, proveer para.
thoughtful [-ful], *a.* pensativo, meditabundo; considerado; precavido.—**thoughtfully** [-i], *adv.* meditativamente, con reflexión; con previsión; con consideración.—**thoughtfulness** [-nis], *s.* calidad de meditativo, precavido o considerado; consideración; cuidado, atención; previsión.
thoughtless [-lis], *a.* atolondrado, descuidado; irreflexivo; inconsiderado.—**thoughtlessly** [-li], *adv.* descuidadamente; irreflexivamente; sin consideración.—**thoughtlessness** [-nis], *s.* descuido o inadvertencia; falta de consideración; ligereza o indiscreción; atolondramiento.
thousand [θáuzand]. **I.** *a.* mil. **II.** *s.* mil; millar.—**t. and one,** mil y un(o); innumerables.—**t.-legs,** (ent.) cientopiés, escolopendra.—**a t., one t.,** mil.—**two t.,** dos mil.—**by the t.,** por millar; por millares; a o por miles.
thousandfold [-fould], *a.* y *adv.* mil veces más.
thousandth [-θ]. **I.** *a.* milésimo. **II.** *s.* milésimo, milésima.
Thracian [θréiŝan], *s.* y *a.* tracio.
thrall [θról], *s.* esclavo, siervo.—**thral(l)dom** [-dom], *s.* esclavitud, servidumbre.
thrash [θrǽŝ]. **I.** *va.* (agr.) trillar, desgranar; batanear; batir; sacudir; apalear, azotar, zurrar; (fam.) vencer o derrotar de modo decisivo. **II.** *vn.* trillar el grano; arrojarse, agitarse; (con **at**) asestar golpes, etc., a.—**thrasher** [-œ(r)], *s.* (agr.) trillador, desgranador; trilladora mecánica, (máquina) trilladora; (orn.) malviz, *m.*, malvís.—**t. shark,** (ict.) tiburón.
thrashing [-iŋ], *s.* (agr.) trilla, trilladura, desgranamiento; zurra, paliza, azotaina; (fam.) derrota.—**t. floor,** era.—**t. machine,** trillo, trilladora.
thrasonical [θreisánikal], *a.* jactancioso, fachendoso.—**thrasonically** [-li], *adv.* con jactancia.
thread [θréd]. **I.** *s.* hilo; fibra, hebra, filamento; filete (de un tornillo).—**t. lace,** encaje de hilo.—**t.-like,** filiforme. **II.** *va.* enhebrar, enhilar, ensartar; colarse a través de, pasar por; (mec.) roscar, labrar un filete en, aterrajar (un tornillo). **III.** *vn.* colarse en, llegar hasta; (coc.) formar hilos (jarabe).
threadbare [-ber], *a.* raído, muy usado, gastado.
threadfish [-fiŝ], *s.* (ict.) zapatero.
threadworm [-wœrm], *s.* (zool.) lombricilla filiforme, nematodo, ascáride, *f.*
threat [θret], *s.* amenaza.—**threaten** [θrétn], *va.* y *vn.* amenazar, amagar.—**threatener** [-œ(r)], *s.* amenazador.—**threatening** [-iŋ]. **I.** *s.* amenaza. **II.** *a.* amenazador, amenazante.—**threateningly** [-li], *adv.* con amenazas.
three [θrí], *s.* y *a.* tres.—**t.-cleft,** (bot.) trífido.—**t.-color,** tricolor; tricromo (estampado).—**t.-cornered,** triangular; de tres picos.—**t.-decker,** navío de tres puentes; edificio de tres pisos; etc.—**t. deep,** en tres hileras o filas.—**t. hundred**(th), trescientos; tricentésimo.—**t.-leaved,** (bot.) trifilo.—**t.-legged,** de tres pies.—**t.-lobed,** trilobulado.—**t.-mile limit,** (der.) límite de tres millas.—**t.-parted,** tripartito.—**t.-phase,** (elec.) trifásico.—**t.-piece suit,** traje de tres prendas (vg. pantalón, chaleco y chaqueta).—**t.-ply,** triple; de tres capas.—**t. R's.** *V.* **R.**—**t.-square file,** (mec.) lima triangular.—**t.-stringed,** de tres cuerdas.

—**t.-toed,** de tres dedos (del pie.).—**t.-way cock,** llave (*f.*) o grifo de tres vías.—**t.-way switch,** (elec.) interruptor de tres direcciones. —**t.-way valve,** válvula de paso triple.
threefold [-fould]. **I.** *a.* triple, tríplice, tresdoble; tres veces más. **II.** *adv.* tres veces; triplicadamente.
threepence [θrépens], *s.* (Ingl.) tres peniques; moneda de tres peniques.
threepenny [θrépeni], *a.* que vale tres peniques; barato, despreciable.
threescore [θrískór], *a.* y *s.* tres veintenas, sesenta.—**t. and ten,** setenta.
threesome [θrísʌm], *s.* trinca, grupo de tres personas; partida jugada por tres personas (esp. golf).
threnody [θrénodi], *s.* treno.
thresh [θreŝ]. **I.** *va.* (agr.) trillar, desgranar (el grano); batanear, batir; (con **out**) discutir a fondo (un problema, etc.); (con **over**) decir, cantar, etc., repetidas veces. **II.** *vn.* trillar el grano; asestar golpes; agitarse. *V.* THRASH.
thresher [-œ(r)], *s.* (agr.) trillador; (máquina) trilladora; (ict.) especie de tiburón. *V.* THRASHER.
threshold [θréŝould], *s.* (arq.) umbral, tranco; entrada; (fig.) comienzo.
threw [θru], *pret.* de TO THROW.
thrice [θrais], *adv.* tres veces.
thrift [θrift], *s.* economía, frugalidad, ahorro; crecimiento o desarrollo vigoroso (de una planta, etc.).
thriftily [-ili], *adv.* frugalmente, económicamente.—**thriftiness** [-inis], *s.* frugalidad; parsimonia.—**thriftless** [-lis], *a.* manirroto, pródigo; extravagante.—**thrifty** [-i], *a.* frugal, económico, ahorrativo; próspero, floreciente; vigoroso.
thrill [θril]. **I.** *va.* causar una emoción viva, hacer estremecerse. **II.** *vn.* emocionarse, conmoverse. **III.** *s.* emoción, estremecimiento.
thriller [-œ(r)], *s.* cosa, persona o historia conmovedora, entusiasmadora, espeluznante, etc.
thrilling [-iŋ], *a.* conmovedor; espeluznante.
thrive [θráiv], *vn.* (*pret.* THROVE o THRIVED; *pp.* THRIVED o THRIVEN) medrar, prosperar, adelantar, tener buen éxito.—**thriving** [-iŋ], *a.* próspero, floreciente.—**thrivingly** [-li], *adv.* prósperamente.
thro' [θru], *a.*, *adv.* y *prep.* abrev. de THROUGH.
throat [θróut], *s.* (anat.) garganta, cuello, gola, gaznate; paso, entrada, orificio; tragante (de alto horno).
throatband [-bænd], **throatlatch** [-læch], *s.* (tal.) ahogadero (de la cabezada).
throating [-iŋ], *s.* (arq.) goterón.
throb [θrab]. **I.** *vn.* latir, palpitar, pulsar; vibrar. **II.** *s.* latido, pulsación, palpitación.
throe [θrou], *s.* angustia, dolor, agonía.
thrombosis [θrambóusis], *s.* (med.) trombosis, coagulación en los vasos sanguíneos.—**thrombus** [θrámbʌs], *s.* coágulo que forma la trombosis.
throne [θroun]. **I.** *s.* trono; poder o dignidad soberanos.—*pl.* (igl.) tronos. **II.** *va.* entronizar, elevar al trono, exaltar. **III.** *vn.* ocupar el trono.
throng [θraŋ]. **I.** *s.* tropel de gente, multitud, muchedumbre, caterva. **II.** *va.* apretar, atestar, llenar de bote en bote; estrujar. **III.** *vn.* venir en tropel, amontonarse, apiñarse.
throstle [θrásl], *s.* (orn.) zorzal, malvís, *m.*, tordo; (tej.) telar continuo.
throttle [θrátl]. **I.** *s.* (anat. y zool.) gaznate, gorja, gargüero, gollete, traquearteria; gollete o cuello (de botella, etc.).—**t. valve,** (m. v.) válvula de estrangulación, válvula reguladora; (locom.) regulador; (aut.) acelerador. **II.** *va.* ahogar, estrangular; (a veces con **down**) interrumpir, cortar, reducir (el vapor, etc.). **III.** *vn.* ahogarse, asfixiarse.
through [θru]. **I.** *a.* continuo, que va hasta el fin. —**t. bridge,** puente de tablero inferior.—**t. ticket,** (f. c.) billete para determinado punto pasando por varias líneas.—**t. train,** tren directo o terminal. **II.** *adv.* de o **al través,** de parte a parte, de un lado a otro; desde el principio hasta el fin; enteramente, completamente. —**t. and t.,** enteramente; en todo; hasta los tuétanos.—**to be t.,** haber terminado; (fam.) no poder más.—**to be t. with,** haber terminado con; no tener más que ver con; no ocuparse ya en. **III.** *prep.* por; a través de; de un extremo (o de un lado) a otro de; por conducto o por medio de, mediante, por entre; por causa de, gracias a, por mediación de.
throughout [-áut]. **I.** *prep.* por todo, en todo; a lo largo de; durante todo. **II.** *adv.* en todas partes; desde el principio hasta el fin; de parte a parte; en todo respecto.
throve [θrouv], *pret.* de TO THRIVE.
throw [θróu]. **I.** *va.* y *vn.* (*pret.* THREW; *pp.* THROWN) arrojar, tirar, disparar, lanzar; echar (suertes, *f. pl.*, dados).—**to t. up,** (fam.) vomitar. **II.** *va.* derribar, echar por tierra; desmontar, apear; despojarse de; mudar (la piel); dirigir (la mirada); torcer (hilo); mover rápidamente; dar vuelta a; (vet.) parir; (fam.) perder con premeditación (una carrera, un juego); dar forma a los objetos de alfarería.—**to t. about,** esparcir.—**to t. aside,** desechar, poner de lado.—**to t. away,** arrojar; desperdiciar, malgastar; desechar, arrinconar.—**to t. back,** rechazar, devolver.—**to t. by,** arrinconar.— **to t. cold water, o a wet blanket on,** (fam.) aguar (la fiesta, un plan, etc.). *V.* WET BLANKET. —**to t. down,** derribar, echar por tierra; trastornar.—**to t. down the gauntlet,** echar el guante, retar.—**to t. in,** echar dentro; intercalar, insertar; añadir, dar de más, dar además de lo convenido.—**to t. light on,** esclarecer. —**to t. off,** echar fuera; expeler, hacer salir; quitarse; sacudir; renunciar.—**to t. oneself away,** sacrificarse tontamente, rebajarse, echarse a pique.—**to t. open,** abrir de par en par.—**to t. out,** proferir, insinuar; expeler, excluir; esparcir, exhalar, despedir, emitir.— **to t. out of gear,** (mec.) desengranar, desconectar; (fig.) trastornar.—**to t. overboard,** (mar.) echar a la mar, echar al agua; (fig.) desechar, tirar.—**to t. silk,** torcer seda.—**to t. to the wind**(s), descartar, no hacer caso de.— **to t. up,** echar al aire; elevar, levantar; renunciar a, abandonar.—**to t. up the heels of,** echar a tierra de una zancadilla; frustrar.—**to t. up the sponge,** (fam.) darse por vencido, desistir, rendirse, cantar el kirieleisón. **III.** *s.* tiro, echada, tirada; (elec.) dirección (**two-t., three-t.,** de dos, tres direcciones); (min.) desviación; (geol.) falla; (mec.) golpe o carrera; (mec.) radio (de la excéntrica, manivela); lance de dados.—**within a stone's t.,** a tiro de piedra.
throwback [-bæk], *s.* vuelta atrás, retroceso; (biol.) reversión, atavismo; (cine) escena retrospectiva, que enseña acontecimientos pasados relacionados con el drama que se representa (ll. t. **flashback**).
thrower [-œ(r)], *s.* tirador, lanzador, arrojador; (tej.) torcedor de seda.
throwing [-iŋ], *s.* lanzamiento; acción de arrojar, tirar, echar, etc.
throwster [-stœ(r)], *s.* (tej.) torcedor de seda; jugador de dados.
thrum [θrʌm]. **I.** *s.* cadillos, *pl.*; hilo basto; borla; sonido de rascar una guitarra, etc. **II.** *va.* adornar con borlas; rascar las cuerdas de un instrumento.
thrush [θrʌŝ], *s.* (orn.) tordo, zorzal, malvís, *m.;* (med.) afta.
thrust [θrʌst]. **I.** *vn.* (*pret.* y *pp.* THRUST) acometer, embestir (con espada, estoque, etc.); tirar una estocada (con); meterse, pasar abriéndose campo. **II.** *va.* meter; empujar, impeler; forzar; atravesar; clavar, hincar; (*vr.* gen. con **on** o **upon**) entremeterse, meterse,

tratar de hacerse recibir o aceptar; lanzarse.—**to t. aside,** rechazar; empujar a un lado.—**to t. forward,** empujar, echar adelante.—**to t. in,** meter, introducir.—**to t. on,** incitar, empujar.—**to t. out,** echar fuera; sacar (la lengua, etc.).—**to t. the, o one's, nose into,** entremeterse, meter las narices en, curiosear.—**to t. through,** apuñalar, atravesar de parte a parte. —**to t. upon,** imponer, hacer aceptar. **III.** *s.* empuje, empujón; (esgr.) cornada, pase; bote, estocada; lanzada; cornada (de un animal astado); aguijonazo; arremetida, ataque; (mec., ing.) empuje, presión (de un eje, de un arco, etc.); (min.) derrumbe.—**t. bearing, t. block,** cojinete de empuje (apl. esp. al de anillos).—**t. collar,** anillo de empuje.—**t. shaft,** (mar.) extremo del eje del motor provisto de anillos de empuje.

thruway [θrúweį], *s.* carretera de velocidad, autopista.

thud [θʌd]. **I.** *s.* baque, golpe o sonido sordo de un objeto duro que choca con otro blando. **II.** *vn.* hacer ese ruido.

thug [θʌg], *s.* miembro de una secta de asesinos fanáticos de la India; por extensión, asesino.

thuja [θúhä], *s.* (bot.) tuya.

thulium [θįúlįʌm], *s.* (quím.) tulio.

thumb [θʌm]. **I.** *s.* (anat.) pulgar.—**t. nut,** (mec.) tuerca de orejetas.—**thumbs down (up),** señal (*f.*) de desaprobación (aprobación).—**under the t. of,** dominado por, bajo el talón de. **II.** *va.* manosear con poca destreza; emporcar con los dedos; hojear (un libro, etc.).—**to t. a ride,** señalar con el pulgar para ser llevado gratis en automóvil.

thumbnail [-neįl]. **I.** *s.* uña del pulgar. **II.** *a.* pequeño, en miniatura.

thumbscrew [-skru], *s.* (mec.) tornillo de mano (gen. de orejas); empulgueras, *f. pl.* (antiguo instrumento de tormento).

thumbstall [-stɔl], *s.* dedal, dedil.

thumbtack [-tæk], *s.* chinche, *f.* (de dibujo).

thump [θʌmp]. **I.** *s.* baque; porrazo, remoquete, (fam.) trastazo. **II.** *va.* y *vn.* aporrear, acachetear, (fam.) cascar, apuñear; latir con violencia (el corazón).

thunder [θʌ́ndœ(r)]. **I.** *s.* trueno; tronido, estruendo, estrépito, estampido. **II.** *vn.* tronar, (poét.) tonar; retumbar. **III.** *va.* pronunciar en tono amenazador, fulminante, etc.; fulminar. —**it thunders,** truena.

thunderbolt [-boųlt], *s.* rayo, centella.

thunderclap [-klæp], *s.* trueno.

thundercloud [-klaųd], *s.* nube cargada de electricidad; (fam.) cosa amenazadora.

thunderhead [-hed], *s.* nube tempestuosa (cúmulo).

thundering [-įŋ], *a.* atronador, fulminante; (fam.) extraordinario.

thunderous [-ʌs], *a.* atronador, fulminante.

thundershower [-šaųœ(r)], *s.* tronada con chubascos.

thunderstorm [-stɔrm], *s.* tronada, tormenta eléctrica.

thunderstruck [-strʌk], *a.* estupefacto, turulato. —**to be t.,** atronarse.

thurible [θįúrįbl], *s.* (igl.) turíbulo, incensario.—**thurifer** [θįúrįfœ(r)], *s.* (igl.) turibulario.—**thuriferous** [θįųrífęrʌs], *a.* turífero.—**thurification** [-fįkéįšǫn], *s.* turificación.

Thursday [θœ́rzdį], *s.* jueves.

thus [ðʌs], *adv.* así, de este modo; por eso, por lo tanto; en estos términos, *sic;* hasta ese punto, tanto; a ese grado; siendo así, en este caso.—**t. and so,** tal y tal cosa; de tal y tal modo.—**t. far,** hasta ahora; hasta aquí.—**t. it is that,** así es que; así es como.

thus [θʌs], *s.* trementina cruda; incienso.

thuya [θúyä], *s.* (bot.) tuya.

thwack [θwæk]. **I.** *va.* aporrear, pegar, golpear, (fam.) zurrar. **II.** *s.* golpe, sequete, porrazo.

thwart [θwɔrt]. **I.** *va.* impedir, desbaratar, frustrar. **II.** *a.* transversal, oblicuo, atravesado. **III.** *s.* banco de remeros, banco de bogar.

thy [ðaį], *a. pos.* (ant.) tu; vuestro, vuestros.

thyme [taįm], *s.* (bot.) tomillo.

thymelæaceous [θįmɛlįéįšʌs], *a.* (bot.) timeleáceo.

thymol [θáįmoųl], *s.* (quím.) timol.

thymus [θáįmʌs], *s.* (anat.) timo.

thymy [táįmį], *a.* oliente a tomillo.

thyroid [θáįrɔįd]. **I.** *a.* (anat.) tiroideo. **II.** *s.* (anat.) tiroides.

thyroid gland, *s.* (anat.) tiroides (cuerpo o glándula).

thyroiditis [-áįtįs], *s.* (med.) tiroiditis.

thyroxin(e [θaįráksin], *s.* (bioquím.) tiroxina.

thyrse, thyrsus [θœ́rs, -ʌs], *s.* (bot.) tirso.

thyself [ðaįsélf], *pron. refl.* tú mismo, ti mismo.—**love thy neighbor as t.,** ama a tu prójimo como a ti mismo.

tiara [tįárä], *s.* tiara; diadema.

Tibetan [tįbétąn], *s.* y *a.* tibetano.

tibia [tíbįä], *s.* (anat.) tibia; (ent.) cuarta articulación; (mús.) tibia.

tibial [-l], *a.* tibial, de la tibia.

tic [tįk], *s.* (med.) tic, contracción nerviosa.

tick [tįk]. **I.** *s.* tictac, sonido acompasado; golpecito; contramarca, contraseña; (ent.) garrapata, rezno, pito, ácaro; funda de colchón; (tej.) terliz, *m.*, cotí, cutí; (fam.) crédito, fiado. **II.** *va.* sonar produciendo tictac; contramarcar. **III.** *vn.* hacer sonido de tictac, batir; (fam.) vender o comprar al fiado; (fam.) tener éxito.

tick(en [-ęn], *s.* (tej.) terliz, *m.*, cotí. *V.* TICKING.

ticker [-œ(r)], *s.* (tlg.) indicador eléctrico automático de cotizaciones y noticias (esp. de la bolsa); (fam.) reloj de bolsillo.—**t. tape,** (tlg.) cinta del indicador automático.

ticket [tíkįt]. **I.** *s.* billete, boleto; pase, entrada; marbete, marca; (pol.) balota, cédula; (pol.) candidatura. **II.** *va.* marcar, marcar con marbete.

ticket agent, *s.* taquillero, boletero.

ticket collector, *s.* (f. c.) conductor; colector.

ticket holder, *s.* tenedor de un billete.

ticket office, *s.* taquilla o despacho de billetes.

ticket of leave, *s.* (Ingl.) licencia que se da a un penado para salir de la cárcel.

ticket of leave man, *s.* (Ingl.) penado con licencia.

ticket punch, *s.* sacabocados.

ticket speculator o scalper, *s.* revendedor de billetes (a precios de especulación).

ticket window, *s.* ventanilla o taquilla de billetes.

ticking [tíkįŋ], *s.* tictac (de reloj, etc.); (tej.) terliz, *m.*, cotí; marga, márraga. *V.* TICK(EN.

tickle [tíkl]. **I.** *va.* hacer cosquillas a; halagar, lisonjear, regalar los oídos; agradar; divertir.—**tickled to death,** (fam.) contentísimo. **II.** *vn.* hacer, tener o sentir cosquillas.—**tickler** [tíklœ(r)], *s.* el que hace cosquillas; libro borrador o diario.—**tickling** [tíklįŋ], *s.* cosquillas, *f. pl.*, cosquilleo.—**ticklish** [tíklįš], *a.* cosquilloso; inseguro, incierto; arduo, delicado, difícil. —**ticklishness** [-nįs], *s.* calidad de cosquilloso o delicado.

ticktack [tíktæk], *s.* tictac; chaquete (juego).

tick-tack-toe [tįk tæk tóų], *s.* juego del tres en raya.

tidal [táįdąl], *a.* de marea; periódico.—**t. basin,** dique de marea.—**t. harbor,** puerto de grandes mareas.—**t. wave,** aguaje; ola enorme que acompaña un terremoto o viento violento; gran conmoción, ola popular.

tidbit [tídbįt], *s.* bocado regalado o predilecto, golosina, sainete, cotufa; trozo escogido.

tiddlywinks [tídlįwįŋks], *s.* juego que consiste en hacer caer fichas de colores dentro de un recipiente.

tide [táįd]. **I.** *s.* marea; corriente; curso, marcha; flujo; tiempo, estación.—**to go against the t.,** ir contra la corriente.—**to go with the t.,**

seguir la corriente. **II.** *va.* llevar, conducir (la marea).—**to t. over**, ayudar a superar una dificultad; superar, soportar. **III.** *vn.* flotar o navegar con la marea.
tide gate, *s.* compuerta de marea.
tideland [-lænd], *s.* tierras bañadas por la marea alta.
tideless [-lis], *a.* sin marea.
tidesman [-zman] o **tidewaiter** [-weitœ(r)], *s.* inspector o empleado de aduanas.
tidewater [-wɔtœ(r)], *s.* agua traída por la marea; costa afectada por la marea.
tideway [-wei], *s.* canal de marea.
tidily [táidili], *adv.* aseadamente.
tidiness [-nis], *s.* aseo, pulcritud, atildamiento.
tidings [-iŋz], *s.pl.* noticias, nuevas.
tidy [táidi]. **I.** *a.* limpio, aseado, pulcro, ordenado; (fam.) considerable. **II.** *s.* cubierta de respaldar. **III.** *va.* y *vn.* asear, poner en orden.
tie [tai]. **I.** *va.* (*pret.* y *pp.* TIED; *pa.* TYING) atar, amarrar, liar, trincar; unir, enlazar, encadenar, vincular; restringir, limitar; (pol., dep.) empatar.—**to t. the knot,** (fam.) casar(se).—**to t. tight,** apretar.—**to t. up,** atar, amarrar, asegurar; recoger; impedir, obstruir, paralizar (el tráfico, la industria, etc. *V.* TIE-UP); envolver (un paquete, etc.); vincular (con). **II.** *vn.* liarse; relacionarse; empatarse. **III.** *s.* lazo, nudo, atadura, ligadura; vínculo, conexión, ligazón, *f.*; parentesco; apego, adhesión, unión; (dep.) empate; corbata; (mús.) ligadura; (mar.) maroma, ostaga; (carp., ing.) tirante; (f. c.) traviesa.—*pl.* zapatos bajos.—**t. bar,** *s.* (ing.) tirante; (f. c.) barra transversal de las agujas de un cambio.—**t. beam,** *s.* (arq.) tirante, viga de tensión (apl. esp. a la que sostiene la parte superior de una armadura).—**t. plate,** (f. c.) placa de asiento del riel; (mar.) cuerda.—**t. rod,** (ing.) tirante; riostra.
tier [tir], *s.* fila, hilera, andana, ringlera, tonga; (teat.) fila de palcos.
tierce [tírs], *s.* tercerola (medida para líquidos), barril de mediana cabida; tercera o tercerola (en los naipes); (mús.) tercera; (igl.) tercia, hora canónica; (esgr.) parada y posición de mano en tercera.
tiercet [-ɛt], *s.* (poét.) terceto.
tie-up [tái ʌp], *s.* paro o paralización (de la industria, el tráfico, etc.) debida a trastornos imprevistos, sobre todo a las huelgas; enlace, conexión; contubernio, alianza subrepticia.
tiff [tif]. **I.** *s.* pique, disgusto, desavenencia; traguito, sorbo. **II.** *vn.* picarse, atufarse, reñir.
tiffany [tífani], *s.* (tej.) gasa de muselina.
tiffin [tífin], *s.* merienda.
tiger [táigœ(r)], *s.* (zool.) tigre; persona o animal de carácter feroz; (fam.) rufián farandulero; un viva (vítor) más, el último viva.—**t. beetle,** (ent.) cicindela.—**t. cat,** (zool.) gato cerval o gato montés; gato doméstico atigrado.—**t. flower, t. lily,** (bot.) tigridia.
tigereye [-ai], *s.* (min.) ojo de gato.
tigerish [-iŝ], *a.* como de tigre, feroz; atigrado.
tight [táit], *a.* bien cerrado, hermético; (mar.) estanco; tirante, tieso; apretado, estrecho; compacto; muy ajustado; (com.) escaso, difícil de obtener; (fam.) apurado, difícil, grave (situación, etc.); (fam.) cicatero, tacaño; (fam.) embriagado, encandilado.—**t.-fisted,** tacaño.—**t. fit,** empalme muy ajustado.—**t.-fitting,** muy ajustado.—**t.-laced,** (fam.) severo, estricto, formal(ote).—**t. lacing,** hábito de apretarse el corsé.—**t.-lipped,** callado, taciturno.—**t. rope,** cuerda tesa, cuerda de volatinero.—**t. squeeze,** (fam.) aprieto.
tighten [-n], *va.* y *vn.* estrechar(se), apretar(se); estirar(se), at(i)esar(se).—**to t. one's belt,** hacer economías o sacrificios, aguantar privaciones.—**tightener** [-nœ(r)], *s.* tensor.—**tightening** [-niŋ], *s.* apretamiento, estrechamiento.
tightly [-li], *adv.* estrechamente; apretadamente; ajustadamente.—**tightness** [-nis], *s.* tensión, tirantez; estrechez; apretadura; impermeabilidad; (fam.) tacañería.
tights [-s], *s. pl.* calzas atacadas; traje de malla (de los gimnastas, etc.); taparrabo (para nadar).
tightwad [táitwad], *s.* (fam.) tacaño, cicatero.
tigress [táigris], *s.* (zool.) hembra del tigre.
tigrine [táigrin], *a.* rel. al tigre; atigrado.
tigrish [táigriŝ], *a.* = TIGERISH.
tilbury [tílberi], *s.* (carr.) tílburi.
tilde [tílda], *s.* (fon.) tilde.
tile [táil]. **I.** *s.* azulejo, losa, baldosa (de suelo, etc.); teja (de techo); mosaico, baldosín; bloque hueco de hormigón o de arcilla; (hidr.) tubo de barro cocido, atanor; (fam.) sombrero de copa, chistera.—**t. floor** o **pavement,** embaldosado.—**t. kiln,** tejar, tejera.—**t. maker,** tejero.—**t. roof,** techo de tejas. **II.** *va.* tejar, trastejar, (en)losar; poner desagüe de atanores en.—**tiler** [-œ(r)], *s.* trastejador; tejero; solador; tejar, tejera.
tiliaceous [tiliéiŝʌs], *a.* (bot.) tiliáceo.
tiling [táiliŋ], *s.* trastejadura, trastejo; azulejos, tejas en general; tejado; cubierta de tejas.
till [tíl]. **I.** *s.* caja, cajón o gaveta para guardar dinero. **II.** *prep.* hasta.—**t. further orders,** hasta nueva orden. **III.** *conj.* hasta que. **IV.** *va.* (agr.) cultivar, laborar, labrar.
tillable [-abl], *a.* (agr.) labrantío, laborable.—**t. land,** tierra labrantía o de pan llevar.
tillage [-idẑ], *s.* labranza, labor, *f.*, cultivo, reja.
tiller [-œ(r)]. **I.** *s.* agricultor, labrador, cultivador; (mar.) caña del timón; (bot.) retoño, gamonito, vástago, renuevo.—**t. chain** o **rope,** (mar.) guardín. **II.** *vn.* echar retoños de la raíz.
tilt [tilt]. **I.** *s.* inclinación, declive; justa, torneo; lanzada; toldillo, toldo, tendal.—**t. cart,** volquete, carro de vuelco o volteo.—**t. hammer,** martinete de báscula.—**t. table,** mesa volcable. **II.** *va.* ladear, inclinar, volcar, voltear; martillar, forjar con martinete; dar una lanzada; entoldar. **III.** *vn.* inclinarse, reclinarse, ladearse; justar, tornear.—**to t. at windmills,** atacar molinos de viento (enemigos o abusos imaginarios).
tilter [-œ(r)], *s.* justador, torneador.
tilth [tilθ], *s.* labranza, cultivo, labor, *f.*; tierra cultivada; capa de cultivo del suelo.
tilting [tíltiŋ]. **I.** *s.* inclinación; vuelco, volteo; forjadura con martinete basculante; acción de justar o tornear. **II.** *a.* inclinado, ladeado; de vuelco, de volteo.—**t. car,** carro o vagón de vuelco.—**t. hammer,** martinete basculante.
timbal, tymbal [tímbal], *s.* (mús.) timbal.
timber [tímbœ(r)]. **I.** *s.* madera o materiales de construcción; palo, fuste; maderamen, maderaje; monte, bosque, árboles de monte; viga, madero; (mar.) cuaderna; armazón; mango de madera; (fig.) cualidades.—**t. forest,** bosque maderable.—**t. line,** límite de la vegetación selvática.—**t. merchant,** maderero.—**t. saw,** sierra bracera.—**t. wolf,** (zool.) lobo gris del Canadá y E. U.—**t. yard,** maderería, taller de maderas. **II.** *va.* enmaderar.
timbered [-d], *a.* enmaderado; arbolado.
timbering [-iŋ], *s.* (min.) entibación.
timberland [-lænd], *s.* tierras maderables.
timberwork [-wœrk], *s.* maderaje, maderamen.
timbre [tǽmbœ(r)], *s.* (blas., mús., fon.) timbre.
timbrel [tímbrel], *s.* (mús.) pandereta, adufe.
time [táim]. **I.** *s.* tiempo; época, edad; plazo; período, estación; vez; turno; intervalo; oportunidad, ocasión; (com.) prórroga, plazo; (mús.) compás, tiempo; (gram.) tiempo; hora (*what time is it?* ¿qué hora es?; *tell me the time,* dígame la hora; *my time has come,* me ha llegado la hora).—*pl.* (mat.) veces (*six times two,* seis veces dos o seis por dos).—**t. and tide,** oportunidad.—**t. and (t.) again,** una y otra vez, repetidamente.—**t. out of mind,** tiempo inmemorial.—**t. to come,** lo venidero o futuro.—**t. will tell,** el tiempo decidirá, veremos.—**a short t.,** un rato.—**any t.,** a cualquier hora; en cualquier

tiempo u ocasión; cuando Vd. guste.—**at a t.**, a la vez.—**at no t.**, jamás, nunca.—**at that t.**, en aquel entonces.—**at the proper t.**, en su día, a su tiempo.—**at the same t.**, a la vez; al mismo tiempo; sin embargo.—**at the same t. as, o that**, a medida que.—**at the t.**, en ese tiempo, entonces.—**at this t.**, al presente, ahora.—**at this t. of day**, a la hora de ésta, a estas horas.—**at times**, a veces.—**behind the times**, atrasado de noticias; anticuado; fuera de moda.—**behind t.**, atrasado, retardado.—**between times**, en los intervalos.—**by that t.**, para entonces.—**each t.**, cada vez.—**for all t.**, para siempre, por siempre.—**for the t. being**, por ahora, de momento, por el pronto.—**from this t. forth**, desde ahora, de hoy en adelante, en lo futuro.—**from t. to t.**, de cuando en cuando.—**in an hour's t.**, en una hora.—**in no t.**, en un instante, en un abrir y cerrar de ojos.—**in old times, in times of yore**, antiguamente, en otros tiempos, en tiempos de Maricastaña.—**in these times**, hoy (en) día, hoy por hoy.—**in t.**, a tiempo; con o andando el tiempo.—**on t.**, a la hora debida, con puntualidad; (com.) a plazos.—**the t. is not yet**, todavía no es tiempo, aún no ha llegado la hora.—**this t. a twelvemonth**, de aquí a un año.—**to be on t.**, ser puntual; llegar con puntualidad.—**to have a good t.**, pasar un buen rato; pasar un día (unos días, una noche, etc.) agradable; divertirse. **II.** *va.* adaptar al tiempo, hacer con oportunidad; regular, poner a la hora; contar o medir el tiempo de; (mús.) llevar el compás.

time bomb, *s.* bomba de tiempo.

timecard [-kard], *s.* tarjeta registradora (de la entrada y salida de empleados).

time clock, *s.* reloj registrador (de la entrada y salida de empleados).

time exposure, *s.* (foto.) exposición de tiempo.

time fuse, *s.* espoleta o mecha graduada o de tiempo.

time-honored [-ánord], *a.* tradicional, consagrado por el tiempo.

timekeeper [-kipœ(r)], *s.* reloj; cronómetro; marcador de tiempo; listero; (dep.) cronometrista.

timeless [-lis], *a.* eterno; independiente del tiempo; intempestivo, inoportuno.

timeliness [-linis], *s.* oportunidad.

timely [-li]. **I.** *adv.* oportunamente; a tiempo. **II.** *a.* oportuno, conveniente.

timepiece [-pis], *s.* reloj.

timer [-œ r], *s.* cronómetro; marcador de tiempo; (dep.) cronometrista.

timesaving [-seiviŋ], *a.* que ahorra tiempo.

timeserver [-sœrvœ(r)], *s.* persona servil.

timeserving [-sœrviŋ], *a.* servil, contemporizador.

time switch, *s.* interruptor de tiempo.

timetable [-teibl], *s.* horario, itinerario de trenes, etc.

time work, *s.* trabajo a jornal o pagado por tiempo.

timeworn [-worn], *a.* usado, gastado por el tiempo; traqueado, viejo.

timid [tímid], *a.* tímido.—**timidity** [timíditi], **timidness** [tímidnis], *s.* timidez.—**timidly** [-li], *adv.* tímidamente.

timing [táimiŋ]. **I.** *a.* de regulación de tiempo; registrador de tiempo. **II.** *s.* medida o cuenta del tiempo; (el) llevar cuenta del tiempo; (m. comb. int.) regulación o distribución del encendido; (mús.) sentido del compás; (teat., etc.) habilidad de escoger el momento oportuno para producir mayor efecto.

timocracy [taimákrasi], *s.* (pol.) timocracia.—**timocratic** [taimokrǽtik], *a.* timocrático.

timorous [tímorʌs], *a.* miedoso, timorato; tímido.—**timorously** [-li], *adv.* miedosamente; tímidamente.—**timorousness** [-nis], *s.* timidez; temor, miedo.

timothy [tímoθi], *s.* (bot.) cierta hierba forrajera.

timpani [tímpani], *s. pl.* (mús.) timbales, tímpanos.

timpanist [tímpanist], *s.* (mús.) timbalero.

tin [tin]. **I.** *s.* estaño; hoja de lata, hojalata; lata; objeto de hojalata; (fam.) dinero, moneda. **II.** *va.* estañar; cubrir con hojalata; (Ingl.) envasar en lata (*V.* CAN); dar una capa (de soldadura, etc.) a. *V.* TINNED GOODS.

tinamou [tínamu], *s.* (Am.) (orn.) tinamú.

tincal [tíŋkal], *s.* atíncar, bórax.

tin can, *s.* lata; envase de lata.

tinctorial [tiŋktórial], *a.* tintóreo.

tincture [tíŋkchū(r)]. **I.** *s.* tintura, tinte; (farm.) tintura; (fig.) baño, gusto, gustillo.—**t. of iron, u of steel**, solución alcohólica de cloruro de hierro. **II.** *va.* teñir, colorar, tinturar; impregnar, imbuir.

tinder [tíndœ(r)], *s.* yesca; mecha.

tinderbox [-baks], *s.* yesquero.

tine [tain], *s.* púa, punta; diente (de tenedor).

tinea [tíniä], *s.* (med.) tiña. *V.* RINGWORM.

tin foil, *s.* hoja o papel de estaño.

ting [tiŋ]. **I.** *va.* y *vn.* retiñir. **II.** *s.* retintín.—**t.-a-ling**, tilín tilín.

tinge [tindž]. **I.** *va.* colorar, teñir, matizar. **II.** *s.* tinte, matiz, *m.*; gustillo, dejo.

tingle [tíŋgl]. **I.** *vn.* y *va.* sentir o producir hormigueo o picazón; zumbar los oídos. **II.** *s.* picazón, *f.*, hormigueo, comezón, *f.*; retintín.

tingling [-iŋ], *a.* hormigueante, escociante.

tin hat, *s.* (fam.) yelmo de acero.

tinhorn [tínhɔrn], *a.* (fam.) vistoso; pretencioso.

tinker [tíŋkœ(r)]. **I.** *va.* y *vn.* desabollar; chafallar (fam.), remendar chapuceramente. **II.** *s.* latonero; calderero remendón; desabollador.—**not to be worth, o care, a tinker's dam(n)**, no valer, o importarle a uno, un pito.

tinkle [tíŋkl]. **I.** *va.* hacer retiñir. **II.** *vn.* retiñir, tintin(e)ar; campanillear; (fam.) cencerrear (esp. en la guitarra); (raro) zumbar los oídos. **III.** *s.* = TINKLING.

tinkling [tíŋkliŋ], *s.* (re)tintín, tintineo.

tinman [tínmæn], *s.* hojalatero, estañero.

tinned [tind], *pp.* y *a.* cubierto o bañado con estaño.—**t. goods**, conservas alimenticias en latas.

tinner [tínœ(r)], *s.* minero de estaño; hojalatero, estañero; (Ingl.) el que envasa o enlata conservas.

tinny [tíni], *a.* de estaño.

tin opener, *s.* (Ingl.) abrelatas.

tin ore, *s.* (min.) casiterita.

tin-pan alley, *s.* barrio bohemio (frecuentado por compositores, músicos, etc.); grupo (de compositores, músicos, etc.) de música popular.

tin-plate [tínpleit], *va.* estañar.

tin plate, *s.* hojalata.

tin roof, *s.* tejado de cinc.

tinsel [tínsel]. **I.** *s.* oropel, relumbrón; talco; lentejuelas; (tej.) lama de oro o plata, brocadillo; restaño. **II.** *a.* de oropel; de relumbrón. **III.** *va.* adornar con oropel.

tin sheet, *s.* hojalata.

tin shop, *s.* hojalatería.

tinsmith [tínsmiθ], *s.* hojalatero, estañero.

tint [tint]. **I.** *va.* teñir, colorar, matizar. **II.** *s.* tinte, color, matiz, *m.*; (b. a.) media tinta.

tintinnabulation [tintinæbyūléiŝon], *s.* retintín, campanilleo.—**tintinnabulum** [-nǽbyūlʌm], *s.* campanilla.

tintype [tíntaip], *s.* (foto.) ferrotipo.

tinware [tínwer], *s.* efectos de hojalata.

tin wedding, *s.* bodas de estaño (décimo aniversario).

tinwork [tínwœrk], *s.* hojalatería.

tiny [táini], *a.* chiquitico, menudo, minúsculo.

tip [tip]. **I.** *s.* punta, extremidad, cabo; casquillo, regatón, virola, contera (de bastón, etc.); yema (del dedo); (zap.) puntera, bigotera; propina, gratificación; aviso confidencial, informe dado a veces anónimamente o por debajo de cuerda; palmadita, golpecito.—**from t. to t.**, de extremo a extremo.—**from t. to toe**, de pies a

cabeza —**on the t. of one's tongue,** en la punta de la lengua.—**to have at the tips of one's fingers,** saber al dedillo. **II.** *va.* ladear, inclinar, voltear; dar un golpecito a; dar propina a; informar por debajo de cuerda; guarnecer; poner regatón a.—**to t. off,** (fam.) advertir en confianza o en secreto.—**to t. over,** volcar. **III.** *vn.* ladearse, inclinarse; dar propina.
tipcart [-kart], *s.* carro de vuelco, volquete.
tip-off [típ ɔf], *s.* (fam.) advertencia secreta.
tippet [típit], *s.* palatina, esclavina; boa, *m.*
tipple [típl]. **I.** *va.* y *vn.* beber con exceso, empinar el codo. **II.** *va.* (mec.) volcar, vaciar. **III.** *s.* bebida, licor; mecanismo de vuelco.—**tippling house,** taberna, bodegón.
tippler [típlœ(r)], *s.* bebedor, borrachón.
tipsily [típsili], *adv.* como borracho.—**tipsiness** [-nis], *s.* borrachera, embriaguez, chispa.
tipstaff [típstæf], *s.* alguacil de vara, ministril; vara de justicia.
tipster [típstœ(r)], *s.* (fam.) soplón, persona que vende información secreta.
tipsy [típsi], *a.* achispado, calamocano; vacilante.
tiptoe [típtou]. **I.** *s.* punta del pie.—**on t.,** de o en puntillas; ansioso. **II.** *vn.* andar de puntillas.
tiptop [típtáp]. **I.** *a.* (fam.) lo mejor de su clase, de primera, excelente. **II.** *s.* cumbre, cima.
tirade [táireid], *s.* diatriba, andanada, invectiva.
tire [táir]. **I.** *s.* (carr.) llanta, calce; (aut.) neumático, llanta, goma, bandaje.—**t. chain** = SKID CHAIN.—**t. pump,** (Am.) inflador. **II.** *va.* cansar, fatigar; aburrir, fastidiar; (carr.) poner llantas.—**to t. out,** rendir de cansancio. **III.** *vn.* cansarse; aburrirse, fastidiarse.
tired [-d], *pp.* y *a.* provisto de llantas; cansado, fatigado; aburrido.—**t. feeling,** lasitud, flojedad.—**t. out,** agotado, rendido de cansancio.
tiredness [-dnis], *s.* cansancio, fatiga, lasitud.
tireless [-lis], *a.* infatigable, incansable; sin llanta. —**tiresome** [-sʌm], **tiring** [-iŋ], *a.* tedioso, cansado, pesado, aburrido(r).—**tiresomeness** [-nis], *s.* tedio, fastidio, aburrimiento.
'tis [tiz], *abreviatura* de IT IS.
tisane [tizán], *s.* (farm.) tisana.
tissue [tíŝu]. **I.** *s.* (biol.) tejido; (tej.) gasa, tisú, gloria, lama; (fig.) serie conexa, encadenamiento.—**t. paper,** papel de seda.—**a t. of lies,** un tejido de mentiras. **II.** *va.* entretejer.
tit [tit], *s.* (orn.) paro; pezón, teta; jaca, caballito; golpecito.—**t. for tat,** taz a taz, taz por taz; tal para cual; pata es la traviesa.—**to give t. for tat,** rechazar o volver la pelota.
Titan [táitan], *s.* (mit.) titán; (t.) gigante.
titanate [táitaneit], *s.* (quím.) titanato.
titanic [taitǽnik], *a.* titánico, gigantesco; (quím.) titánico; (T.) titánico, titanio.
titanium [taitéiniʌm], *s.* (quím.) titanio.
titbit [títbit], *s.* = TIDBIT.
titer, titre [táitœ(r)], *s.* (quím., fisiol.) concentración de una solución, determinada por análisis volumétrico; temperatura de solidificación.—**t. test,** determinación de la temperatura de solidificación.
tithable [táiðabl], *a.* diezmable.—**tithe** [táið]. **I.** *s.* diezmo; décima parte; minucia, (fam.) pizca.—**t. free,** exento de diezmo. **II.** *va.* diezmar.—**tither** [-œ(r)], *s.* diezmero.—**tithing** [-iŋ], *s.* diezmo; (Ingl., for.) decena de vecinos.—**tithingman** [-man], *s.* (Ingl.) cabeza del *tithing.*
titi [tití], *s.* (zool.) tití.
titian [tíŝan], *s.* castaño rojizo (color).
titillate [títileit]. **I.** *va.* cosquillear, hacer cosquillas; causar placer, dar gusto. **II.** *vn.* titilar.
titillation [-léiŝon], *s.* titilación; cosquilleo; sensación agradable.
titlark [títlark], *s.* (orn.) especie de alondra.
title [táitl]. **I.** *s.* título; calificativo; tratamiento; rótulo, inscripción; (for.) título, derecho.—**t. by occupancy,** (for.) derecho del primer ocupante. **II.** *va.* (in)titular; conferir título a; rotular.
titled [-d], *a.* de título o que tiene título.
title deed, *s.* (for.) título.
titleholder [-houldœ(r)], *s.* (dep.) campeón.
title page, *s.* portada.
title role, *s.* (teat., cine) papel que lleva el título del personaje principal y que da nombre a la obra.
titling [táitliŋ], *s.* acción de (in)titular, etc.
titmouse [títmaus], *s.* (orn.) paro.
titrate [táitreit], *va.* (quím.) graduar o determinar por análisis volumétrico; titular, dosificar.—**to t. against,** analizar volumétricamente, o dosificar, por comparación con.—**titration** [taitréiŝon], *s.* análisis volumétrico, titulación.
titrimetry [taitrímɛtri], *s.* (quím.) análisis volumétrico.
titter [títœ(r)], *vn.* reír entre dientes. *V.* GIGGLE y SNICKER.—**titter(ing** [-iŋ], *s.* risita entre dientes; retozo de la risa.—**titterer** [-œ(r)], *s.* el que ríe entre dientes.
tittle [títl], *s.* tilde, vírgula; ápice, jota.
tittle-tattle [-tǽtl]. **I.** *s.* charla ociosa o chismera; chisme, chismografía, murmuración; chismoso. **II.** *vn.* chacharear; chismear, comadrear. *V.* TATTLE.
tittle-tattler [-tǽtlœ(r)], *s.* chacharero; chismoso.
tit(t)up [títʌp]. **I.** *vn.* corvetear, cabriolar. **II.** *s.* cabriola, brinco de contento.
titubation [tichubéiŝon], *s.* (med.) titubeo, tambaleo, andar vacilante, instabilidad.
titular [tíchulă(r)]. **I.** *a.* titular; nominal. **II.** *s.* titular.—**titularly** [-li], *adv.* con sólo el título. —**titulary** [-i]. **I.** *a.* titular. **II.** *s.* el que tiene título o derecho a alguna cosa.
tizzy [tízi], *s.* (fam.) estremecimiento; agitación, excitación.
TNT, T.N.T., *s. abrev.* de TRINITROTOLUENE (explosivo).
to [tu]. **I.** *adv.* hacia el fin que se persigue; en la posición o dirección que conviene (*to lie to,* (mar.) ponerse a la capa); en o al estado normal (*he came to,* volvió en sí).—**t. and fro,** de un lado a otro, de acá para allá.—**t.-and-fro motion,** vaivén. **II.** *prep.* a, en dirección a; hasta, hacia; para. Antepuesto al nombre o pronombre después de verbos de movimiento, dirección, unión, pertenencia, preferencia o atención, se traduce por "a" (*give it to him,* dáselo a él; *I go to London,* voy a Londres; *it belongs to Peter,* pertenece a Pedro; *I prefer this book to mine,* prefiero este libro al mío). Cuando denota la intención o fin con que se ejecuta algo, o después de un participio pasivo o de un adjetivo, corresponde a "para," "por" o "a" en castellano (*he came only to see me,* vino sólo por verme, a verme, o para verme; *born to die,* nacido para morir; *ready to go out,* dispuesto para salir). Cuando expresa obligación o acción futura, se traduce por "que," "por" o "de" (*I have to go,* tengo que irme; *I have much to do,* tengo mucho que hacer; *much remains to be done,* queda mucho por hacer; *he is to come,* ha de venir). En otros casos se traduce de varios modos difíciles de clasificar, como en los siguientes ejemplos: *to my great surprise,* con gran sorpresa mía; *from door to door,* de puerta en puerta; *ten minutes to nine,* las nueve menos diez minutos; *he is a friend to the poor,* es amigo de los pobres; *King Philip II was son and successor to Charles V,* el rey Felipe II fué hijo y sucesor de Carlos V. **III.** partícula que sirve para indicar el infinitivo, y que a menudo no se traduce (*he wishes to go,* desea ir; *the verb "to go,"* el verbo "ir"; *to be or not to be,* ser o no ser).
toad [tóud], *s.* (zool.) sapo, escuerzo.
toadeater [-itœ(r)], *s.* parásito adulador y servil, sicofante; (fam.) pegote.—**toadeating** [-itiŋ]. **I.** *s.* parasitismo servil. **II.** *a.* adulador, servil y parásito.
toadflax [-flæks], *s.* (bot.) linaria, lino bastardo.
toadstone [-stoun], *s.* (min.) estel(i)ón, *m.*
toadstool [-stul], *s.* (bot.) hongo; seta venenosa (gen. se usa en el segundo sentido).
toady [-i]. **I.** *va.* y *vn.* adular servilmente; ser zalamero. **II.** *s.* adulador, (fam.) quitamotas.

toast [tóu̯st]. **I.** *va.* tostar; brindar por. **II.** *vn.* tostarse; calentarse; brindar, beber a la salud de. **III.** *s.* tostada; brindis, *m.*—**French t.,** torrija.—**to return a t.,** hacer la razón.
toasted [-i̯d], *a.* tostado.—**t. bread,** tostada.
toaster [-œ(r)], *s.* brindador, el que brinda; tostador; tostadera, parrilla.
toasting [-i̯ŋ]. **I.** *a.* de tostar.—**t. fork,** horquilla de tostar; (fam.) espada. **II.** *s.* tostadura, tostado, tueste.
toastmaster [-mæstœ(r)], *s.* el que propone los brindis en un banquete, o que presenta a los oradores de sobremesa; maestro de ceremonias.
tobacco [tobǽkou̯], *s.* (bot.) tabaco.—**t. box,** tabaquera.—**t. field,** tabacal.—**t. heart,** (med.) afección cardíaca debida al abuso del tabaco.—**t.-pipe clay,** tierra de pipa.—**t. plantation,** vega de tabaco, tabacal.—**t. pouch,** bolsa para tabaco, (Am.) tabaquera.—**t. shop** o **store,** tabaquería, estanco, estanquillo, expendeduría de tabaco.—**t. worm,** (ent.) oruga del tabaco.
tobaccoism [-i̯zm], *s.* (med.) tabaquismo.
tobacconist [-o̧ni̯st], *s.* fabricante de tabaco; tabaquero, estanquero.
tobacconize [-onai̯z], *va.* fumigar con tabaco.
toboggan [tobága̧n]. **I.** *s.* (dep.) tobogán, especie de trineo plano y sin rieles.—**t. slide,** tobogán, pendiente (*f.*) natural o artificial para deslizarse. **II.** *vn.* deslizarse en tobogán; bajar rápidamente (los valores).
toby [tóu̯bi̯], *s.* pichel, vaso grande, gen. en forma de hombre; (fam.) cigarro delgado y barato.
toccata [to̧kátạ], *s.* (mús.) tocata.
tocsin [táksi̯n], *s.* rebato; toque a rebato.
today, to-day [tudéi̯], *s.* y *adv.* hoy; hoy (en) día.
toddle [tádl]. **I.** *vn.* hacer pinitos. **II.** *s.* pinitos.—**toddler** [tádlœ(r)], *s.* el que hace pinitos.
toddy [tádi̯], *s.* ponche; vino de palmera.
to-do [tudú], *s.* (fam.) baraúnda, alharaca.
tody [tóu̯di̯], *s.* (orn.) pajarillo verde antillano.
toe [tóu̯]. **I.** *s.* dedo del pie; uña o pezuña; punta del pie (de media, del calzado); pie, base, *f.* (de un terraplén, etc.); (mec.) saliente, *f.*, brazo.—**t. cap,** o **piece,** (zap.) puntera.—**t. clip,** estribo de bicicleta.—**toe-in,** (mec.) convergencia (de una rueda).—**toes up,** muerto.—**great t.,** dedo gordo del pie.—**five-toed,** que tiene cinco dedos.—**to be on one's toes,** estar alerta, activo o despabilado.—**to turn up one's toes,** morir. **II.** *va.* tocar con la punta del pie; dar un puntapié; (zap.) poner punteras; (carp.) clavar oblicuamente; asegurar con clavos un puntal.—**to t. the line** o **mark,** estar o ponerse en la raya o punto de partida; obrar como se debe; hacerlo bien. **III.** *vn.* **to t. in,** andar con las puntas de los pies hacia adentro; (mec.) convergir (una rueda).
toenail [-nei̯l], *s.* uña de los dedos del pie.
toffee, toffy [tófi̯ *o* táfi̯], *s.* = TAFFY.
tog [tag]. **I.** *s.* (fam.) trapo, prenda de vestir.—*pl.* ropa, trapos. **II.** *va.*, *vn.*, y *vr.* (gen. con **out** o **up**) (fam.) acicalar(se), poner(se) majo, engalanar(se).
toga [tóu̯gạ], *s.* toga.—**t. virilis,** toga viril.
togaed [-d], **togated** [-ti̯d], *a.* togado.
together [tugéðœ(r)]. **I.** *adv.* juntamente, de consuno; a un tiempo, simultáneamente; de continuo, de seguida, sin interrupción.—**t. with,** a una con, juntos; junto con. **II.** *a.* juntos.
toggery [tágœri̯], *s.* (fam.) ropa, trapos, *pl.;* arreos.
toggle [tágl], *s.* (mar.) cazonete; (mec.) palanca acodillada.—**t. bolt,** tornillo con fiador giratorio en T.—**t. joint,** junta de codillo.—**t. switch,** interruptor de presión.
Togo [tóu̯gou̯], *s.* Togo.
Togolese [tou̯gou̯líz], *s.* y *a.* togolés.
toil [to̯i̯l]. **I.** *vn.* trabajar asiduamente, afanarse, atrafagar; moverse con dificultad. **II.** *va.* labrar o conseguir a duras penas. **III.** *s.* faena, trabajo; pena, fatiga, afán; obra laboriosa; (fig.) (gen. *pl.*) red, lazo.
toilet [tó̯i̯li̯t], *s.* acto de vestirse; tocado, vestido, atavío; tocador; excusado, retrete; (cir.) limpiadura de una herida.—**t. case,** neceser.—**t. paper** o **tissue,** papel higiénico.—**t. powder,** polvos, *m. pl.*—**t. room,** tocador; retrete, (lugar) excusado.—**t. set,** juego de tocador.—**t. soap,** jabón de olor, jaboncillo.—**t. water,** (agua de) Colonia.
toilful [tó̯i̯lfu̯l], *a.* trabajoso, afanoso.
toilsome [tó̯i̯lsʌm], *a.* laborioso, trabajoso; penoso.—**toilsomely** [-li̯], *adv.* laboriosamente; fatigosamente.—**toilsomeness** [-ni̯s], *s.* calidad de laborioso o fatigoso; laboriosidad, fatiga.
Tokay [tou̯kéi̯], *s.* uva o vino de Tokay.
token [tóu̯kn], *s.* señal, *f.*, muestra, prueba; prenda, recuerdo; medalla; tanto, ficha (en ciertos juegos); disco metálico (usado en los tranvías, etc.); (hist. rom.) tésera; distintivo, rasgo característico; (impr.) tirada de 250 impresiones.—**t. money,** moneda divisionaria. (En los E. U., monedas inferiores al dólar).—**t. payment,** pago parcial en señal de buena fe y de adeudo.—**as a t. of,** en señal o en prenda de.
told [tou̯ld], *pret.* y *pp.* de TO TELL.
Toledan [tolída̧n], *a.* y *s.* toledano.
tolerable [tálẹra̧bl], *a.* tolerable, sufrible, llevadero; mediano, pasadero.—**tolerableness** [-ni̯s], *s.* calidad de tolerable o mediano.—**tolerably** [-bli̯], *adv.* tolerablemente; medianamente.
tolerance [tálẹra̧ns], *s.* tolerancia; (tecn.) tolerancia, discrepancia permitida.—**tolerant** [-a̧nt], *a.* tolerante.—**tolerate** [-ei̯t], *va.* tolerar, sufrir; consentir, permitir.—**toleration** [-éi̯ṣo̧n], *s.* tolerancia, indulgencia; tolerantismo.
tolidin(e [táli̯di̯n], *s.* (quím.) tolidina.
toll [tóu̯l]. **I.** *s.* peaje, portazgo, pontazgo, pontaje, puerta; derecho de molienda; (fig.) pérdida, sacrificio, número de víctimas (en una batalla, siniestro, etc.); tañido o doble de las campanas.—**to take a heavy t.,** (fig.) costar caro (en víctimas, etc.). **II.** *va.* y *vn.* cobrar o pagar peaje o portazgo; tañer, tocar o doblar (una campana); atraer.—**to t. the hour,** dar la hora.—**to t. the passing bell,** doblar, tocar a muerto.
tollage [-i̯dž], *s.* peaje.
tollbooth [-buθ], *s.* caseta de peaje, garita en que se cobra el portazgo; (Esco.) casa consistorial, casa de ayuntamiento; calabozo.
toll bridge, *s.* puente de peaje.
toll call, *s.* llamada telefónica de larga distancia.
tollgate [-gei̯t], *s.* barrera de peaje.
tollhouse [-hau̯s], *s.* oficina de portazgos.
tollkeeper [-kipœ(r)], *s.* portazguero, peajero.
toll road, *s.* carretera de peaje o portazgo.
Toltec [táltɛk], *a.* y *s.* tolteca, *mf.*
tolu [tolú], *s.* bálsamo de tolú.—**t. tree,** (bot.) árbol de tolú.
toluate [tályu̯ei̯t], *s.* (quím.) toluato.—**toluene** [tályu̯in], *s.* tolueno.—**toluic** [tályu̯i̯k], *a.* toluico (ácido).—**toluidin(e** [tolúi̯di̯n], *s.* (quím.) toluidina.
tom [tam], *s.* macho de algunos animales.—*Tom, Dick and Harry,* (fam.) Fulano, Zutano y Mengano.
tomahawk [támạho̧k]. **I.** *s.* (E. U.) hacha de guerra de los indios.—**to bury the t.,** envainar la espada (fig.), hacer la paz.—**to dig up the t.,** desenvainar la espada (fig.), declarar la guerra. **II.** *va.* herir con *tomahawk.*
tomato [toméi̯tou̯], *s.* (bot.) tomate.—**t. plant,** tomatera.
tomb [tum], *s.* tumba, sepulcro, sepultura, enterramiento.
tombac [támbæk], *s.* tombac, latón de 90% de cobre y 10% de cinc; (joy.) tumbaga, liga metálica de oro y de cobre.
tombless [túmli̯s], *a.* sin sepulcro.
tomblike [túmlai̯k], *a.* sepulcral, como la tumba.
tomboy [támbo̯i̯], *s.* moza retozona.
tombstone [túmstou̯n], *s.* lápida o piedra sepulcral.
tomcat [támkæt], *s.* gato (macho).

tomcod [támkad], *s.* (ict.) pez (*m.*) semejante al bacalao.
tome [toum], *s.* tomo, volumen.
tomentose [toméntous], *a.* (bot.) tomentoso.—**tomentum** [toméntʌm], *s.* (bot.) tomento.
tomfool [tamfúl], *s.* necio, mentecato; payaso.—**tomfoolery** [-œri], **tomfoolishness** [-iŝnis], *s.* ñecedad, mentecatada; payasada.
tommy-gun [támigʌn], *s.* (mil.) ametralladora ligera.
tommyrot [-rat], *s.* (fam.) tontería, música celestial.
to-morrow, tomorrow [tumárou], *s.* y *adv.* mañana.—**t. afternoon, morning, noon, night,** mañana por la tarde, por la mañana, al mediodía, por la noche.—**day after t.** pasado mañana.
tompion [támpion], *s.* (arti.) tapabocas (*v.* TAMPION); (impr.) rodillo.
tomtit [támtit], *s.* (orn.) paro. *V.* TIT(MOUSE).
tom-tom [támtam], *s.* especie de tambor indio u oriental; tamtám o tantán, gongo(m), batintín. *V.* TAM-TAM.
ton [tʌn], *s.* tonelada.—**t.-mile,** tonelada-milla, transporte de 1 tonelada a 1 milla de distancia.
tonal [tóunal], *a.* (mús.) tonal.
tonality [tounǽliti], *s.* tonalidad.
tone [toun]. **I.** *s.* tono; sonido, metal o timbre de la voz; (mús., pint., med.) tono; entonación, tonillo, sonsonete; (gram.) acento, inflexión; carácter, substancia (de un escrito, etc.).—**t. poem,** (mús.) poema sinfónico.—**t. wheel,** (rad.) disco conmutador de audiofrecuencia. **II.** *va.* dar o modificar el tono, entonar; templar, afinar.—**to t. down,** (pint.) suavizar el tono; (mús.) amortiguar el sonido; modificar la expresión.—**to t. up,** vigorizar, robustecer; subir de tono; (med.) entonar, tonificar. **III.** *vn.* corresponder en tono o matiz.
tongs [taŋz], *s. pl.* tenazas, tenacillas, mordazas, pinzas, alicates.
tongue [tʌŋ]. **I.** *s.* (anat.) lengua; lenguaje, lengua, idioma, *m.;* (mús.) lengüeta; (mec. y carp.) espiga, lengüeta; lengüeta de zapato; clavillo de hebilla; lengua de tierra; badajo de campana; (f. c.) carril movible (de un cambio).—**t.-and-groove joint,** (carp.) unión machihembrada.—**t.-and-lip joint,** empalme de espiga.—**t. grafting,** (agr.) injerto de lengüeta.—**t.-tie,** (med.) anquiloglosis, adherencia de la lengua, impedimento en el habla debido esp. a la cortedad anormal del frenillo.—**t.-tied,** que tiene impedimento en el habla; mudo, cortado, tímido.—**t. twister,** trabalenguas.—**t. worm,** (vet.) landrilla.—**to give t.,** ladrar. **II.** *va.* dar voz o expresión a; (mús.) tomar la embocadura; (carp.) engargolar, machihembrar.—**to t.-tie,** hacer callar.—**to hold one's t.,** callar(se). **III.** *vn.* (mús.) tener embocadura; usar la lengua, hablar.
tongued [-d], *a.* que tiene lengua o lengüeta.
tongueless [-lis], *a.* mudo, sin habla; deslenguado; turbado.
tonic [tánik]. **I.** *a.* (med.) tónico, tonificador, tonificante; (mús.) tónico; tenso, rígido, tieso.—**t. accent,** (fon., pros.) acento tónico. **II.** *s.* (med.) tónico, cordial; (mús.) tónica o dominante, *f.*
tonicity [tounísiti], *s.* (fisiol.) tonicidad.
tonight, to-night [tunáit], *adv.* y *s.* esta noche; durante esta noche.
toning [tóuniŋ], *s.* entonación.
tonka bean [táŋkä bín], *s.* (bot.) sarapia, (Am.) cumarú; haba tonca (semilla de la sarapia).
tonnage [tʌ́nidẑ], *s.* tonelaje, porte o arqueo; (com.) derechos de tonelaje.
tonsil [tánsil], *s.* (anat.) tonsila, amígdala.
tonsil(l)ectomy [-éktomi], **tonsil(l)otomy** [-átomi], *s.* (cir.) tonsilectomía, amigdalotomía, ablación de las amígdalas.
tonsil(l)itis [-áitis], *s.* (med.) tonsilitis, amigdalitis.
tonsorial [tansórial], *a.* barberil.
tonsure [tánŝũ(r)]. **I.** *s.* (igl.), tonsura, corona. **II.** *va.* tonsurar.
tontine [tántin], *s.* tontina.
tonus [tóunʌs], *s.* (fisiol.) tonicidad; tono; (pat.) espasmo muscular.
too [tu], *adv.* demasiado, demasiadamente; además; asimismo, también.—**t. many,** demasiados.—**t. much,** demasiado, excesivo; excesivamente.—**to be t. much for one,** no poder uno con; no poder aguantar más; ser el colmo; no entrarle a uno, parecerle increíble. Como la frase "un poco demasiado" no es usual en español, **a little t., a little t. much,** etc., se traducen cambiando el giro: *he came a little too early,* vino un poco antes de lo que convenía, un poco anticipadamente, un poco temprano, etc.; *you went a little too far,* Vd. se pasó un poco, Vd. se excedió un poco, etc.; *he spoke a little too long,* habló un poco más de lo que convenía, su discurso se pasó un poco de largo, etc.—(**it is**) **t. bad,** es lástima, es de sentirse.—**t.** (**funny, strange,** etc.) **for words,** inmensamente (chistoso, extraño, etc.), lo más . . . del mundo.—**but t.,** desgraciadamente; muy, sumamente.—**none t., not t.,** no muy, que a duras penas puede llamarse (bueno, eficaz, etc.).—**only t.** = BUT T. (*V.* t. ALL TOO.)
took [tuk], *pret.* de TO TAKE.
tool [tul]. **I.** *va.* y *vn.* labrar con herramienta; filetear; (enc.) relevar. **II.** *s.* herramienta, utensilio o instrumento; persona que sirve de instrumento a otra.—*pl.* útiles, bártulos, aperos.—**t. bag, t. chest,** barjuleta, herramental, bolsa de herramientas.—**t. holder,** portaherramientas.—**t. steel,** acero de herramientas.
tooling [túliŋ], *s.* trabajo de herramientas; montaje de una fábrica.
toot [tut]. **I.** *va.* y *vn.* tocar el cuerno de caza, un instrumento de viento, una bocina o un silbato.—**to t. one's own horn,** alabarse. **II.** *s.* sonido de trompa, pitazo, bocinazo, etc.—**to go on a t.,** (fam.) ir de parranda.
tooth [túθ]. **I.** *s.* (*pl.* TEETH) diente, muela; (mec.) diente de sierra o de rueda; (mec.) leva, cama; púa (de un peine o carda); mella; gusto, paladar.—**t. and nail,** con todo tesón, con empeño.—**t. decay,** caries (*f.*) dental.—**t. extraction,** avulsión dentaria.—**t. paste,** pasta o crema dentífrica.—**t. powder,** polvo dentífrico.—**decayed tooth,** diente cariado.—**to have a sweet t.,** ser muy goloso, gustar de los dulces. **II.** *va.* (en)dentar; mellar. **III.** *vn.* (mec.) engranar, endentar, engargantar.
toothache [-eik], *s.* dolor de diente o de muelas.
toothbrush [-brʌŝ], *s.* cepillo de dientes.
toothed [-t], *a.* dentado, serrado, dentellado.—**t. bar,** cremallera.—**t. wheel,** rueda dentada.
toothless [-lis], *a.* desdentado, edentado.
toothpick [-pik], *s.* mondadientes, limpiadientes, palillo.—**t. case** o **holder,** palillero.
toothshell [-ŝel], *s.* concha parecida a un diente.
toothsome [-sʌm], *a.* sabroso.—**toothsomeness** [-nis], *s.* sabor agradable.
toothwort [-wœrt], *s.* (bot.) dentaria.
top [tap]. **I.** *s.* cima, cumbre, pico, cúspide, *f.*, vértice, cabeza, cresta (de una montaña); ápice, punta, remate; parte (*f.*) superior o parte de arriba; superficie; cabeza (de una página); tabla (de mesa); coronilla (de la cabeza); coronamiento (de pared); copa (de árbol); cielo (de cama, coche, etc.); auge, apogeo; primer puesto, último grado; copete, tupé; trompo, peonza, peón (juguete); (carr.) fuelle; (aut.) capota; (mar.) cofa; tope.—**t.-armor,** (mar.) empavesadas de cofas.—**t. boots,** botas de campaña; botas de librea.—**t. cross,** cruzamiento de una raza inferior con una superior.—**t.-dress,** *va.* (agr.) abonar la superficie del suelo.—**t.-dressing,** abono aplicado a la superficie.—**t. grafting,** (agr.) modo de injertar en que el injerto se introduce en la copa o las ramas del patrón.—**t. hat,** (fam.) sombrero de copa, chistera.—**t.-heavy,** demasiado pesado

o grande por arriba; mal proporcionado, organizado o distribuído; que tiene demasiado personal dirigente.—**t. light,** (mar.) farol de la cofa; (arq.) claraboya, tragaluz; luz cenital.—**t. of the skull,** (anat.) tapa de los sesos.—**t. tackle,** (mar.) aparejo de virador.—**t.-timber,** (mar.) barraganete.—**at,** o **from, the top,** por arriba.—**from t. to bottom,** de arriba abajo; completamente.—**from t. to toe,** de pies a cabeza, de alto abajo.—**on t.,** con éxito; victorioso.—**on t. of,** encima de, sobre.—**over the t.,** (mil.) a la carga, al ataque, saliendo de las trincheras.—**the t. of the world,** (fam.) "el tejado del mundo," el polo.—**to come out on t.,** (fam.) salir sobresaliente.—**to go over the t.,** (mil.) irrumpir fuera de las trincheras para dar el asalto; (fig.) recaudar todos los fondos asignados en una colecta. **II.** *a.* superior, más alto; primero, principal.—**t.-flight, t.-notch,** (fam.) de primera fila o línea, preeminente, sobresaliente.—**t.-level,** (fam.) superior, de primera clase.—**t.-ranking,** de primer rango.—**t.-secret,** de estado (secreto), muy confidencial.—**t. sergeant,** (E.U., mil., fam.) primer sargento. **III.** *va.* descabezar, desmochar (un árbol, etc.); cubrir, coronar, rematar; llegar a la cima de, coronar; sobrepujar, sobrepasar, aventajar, exceder.—**to t. a yard,** (mar.) embicar, amantillar una verga.—**to t. off,** rematar; terminar. **IV.** *vn.* erguirse, ser eminente; sobresalir; predominar.—**to t. off with,** terminar con.

topaz [tóupæz], *s.* (joy.) topacio; (orn.) colibrí.

topcoat [tápkout], *s.* saco; sobretodo, abrigo ligero, gabán de entretiempo.

tope [toup]. **I.** *vn.* excederse en la bebida. **II.** *s.* altar, monumento o bóveda budista.

toper [tóupœ(r)], *s.* borrachín, bebedor, (fam.) cuba.

topfull [tápfúl], *a.* lleno hasta los bordes.

topgallant [tapgǽlant], *s.* (mar.) juanete.

toph(e) [touf], *s.* (geol.) toba, tosca, tufo.

tophaceous [taféiŝʌs], *a.* arenoso, áspero.

tophus [tóufʌs], *s.* (med.) tofo, nodo; (dent.) sarro.

topic [tápik], *s.* asunto, materia, tema, *m.*—*pl.* (ret.) lugares comunes, tópicos.—**topic(al** [-(al], *a.* tópico; local, limitado.—**topically** [-li], *adv.* localmente.

topknot [tápnat], *s.* moño alto, tupé, copete.

toplofty [táplófti], *a.* (fam.) pomposo, hinchado.

topman [tápman], *s.* aserrador de arriba; (mar.) gaviero.

topmast [tápmæst], *s.* (mar.) mastelero.

topmost [tápmoust], *a.* el más alto; de la cima o cumbre, de coronamiento.—**to be t.,** o **the tops,** (fam.) descollar sobre todos los otros; ser flor.

topographer [topágrafœ(r)], *s.* topógrafo.—**topographic(al** [tapogrǽfik(al], *a.* topográfico.—**topographically** [-i], *adv.* topográficamente.—**topography** [topágrafi], *s.* topografía.

toponymy [topánimi], *s.* toponimia.

topper [tápœ(r)], *s.* (fam.) persona o cosa excelente; (fam.) sombrero de copa, chistera.

topping [tápiŋ]. **I.** *a.* eminente, distinguido; (fam.) excelente, magnífico; (fam.) empingorotado, empenachado, arrogante; de excelente salud.—**t. lift,** (mar.) perigallo. **II.** *s.* cubierta; punta, extremidad, cabo.

topple [tápl]. **I.** *va.* hacer caer, derribar, volcar. **II.** *vn.* (a veces con **over**) volcarse, venirse abajo.

tops [taps], *a.* (fam.) el mejor; (fam.) admirable, excelente.

topsail [tápseil], *s.* (mar.) gavia.

topsail sheets, *s.pl.* (mar.) escotines.

topside [tápsáid]. **I.** *s.* (mar., gen. *pl.*) obra muerta; costado superior. **II.** *adv.* (mar.) en o sobre cubierta; de o para arriba.

topsoil [tápsoil]. **I.** *s.* capa superior del suelo (a distinción del subsuelo). **II.** *va.* quitar la capa superior.

topsy-turvy [tápsitœ́rvi]. **I.** *adv.* y *a.* trastornado, desbarajustado, patas arriba. **II.** *s.* confusión.

toque [touk], *s.* cofia, toca.

tor [tor], *s.* tormo.

Torah [tóurä], *s.* Tora, Libro de la Ley (entre los judíos)—es el Pentateuco.

torch [tórch], *s.* antorcha; tea; hacha.

torchbearer [-berœ(r)], *s.* hachero, portahachón.

torch holder, *s.* tedero.

torchlight [-lait], *s.* luz de antorcha.

torch singer, *s.* cantante sentimental (esp. el que trae recuerdos de un amor no correspondido).

torch song, *s.* canción sentimental (esp. la que trae recuerdos de un amor no correspondido).

torchwood [-wud], *s.* grupo de árboles resinosos que producen madera propia para antorchas; la madera de estos árboles.

tore [tor]. **I.** *pret.* de TO TEAR. **II.** *s.* = TORUS.

toreador [tóriador], *s.* toreador, torero.

torment [tormént]. **I.** *va.* atormentar, dar tormento, torturar; afligir. **II.** [tórment] *s.* tormento, suplicio, tortura; pena, angustia.

tormenter, *o* **tormentor** [torméntœ(r)], *s.* atormentador.

tormentil [tórmentil], *s.* (bot.) tormentila.

tormenting [torméntiŋ], *a.* atormentador.

tormentingly [-li], *adv.* atormentadoramente, de modo atormentador.

torn [torn], *pp.* de TO TEAR: roto, rasgado.

tornado [tornéidou], *s.* tornado, huracán.

torpedo [torpídou]. **I.** *s.* (*pl.* TORPEDOES) torpedo; (ict.) torpedo, tremielga, tembladera; (aut.) torpedo.—**t. boat,** torpedero.—**t.-boat destroyer,** cazatorpedero, contratorpedero.—**t.-plane,** (hidro)avión (*m.*) torpedero.—**t. tube,** tubo o cañón lanzatorpedos. **II.** *va.* torpedear. **III.** *a.* (aut.) torpedo (carrocería).—**torpedoing** [-iŋ], *s.* torpede(amient)o.

torpid [tórpid], *a.* torpe; entorpecido; adormecido, aletargado.—**torpidity** [torpíditi], **torpidness** [tórpidnis], *s.* entorpecimiento, embotamiento; apatía, pesadez.—**torpor** [tórpo(r)], *s.* torpor, torpeza; entorpecimiento; adormecimiento; letargo, apatía, estupor.

torque [tork], *s.* (joy.) collar; (fís., mec., elec.) momento o fuerza de torsión; impulsivo rotativo.

torrefaction [tarifǽkŝon], *s.* (farm.) torrefacción.—**torrefy** [tárifai], *va.* torrar, tostar.

torrent [tárent], *s.* torrente; raudal, agolpamiento.—**torrential** [tarénŝal], *a.* torrencial.

torrid [tárid], *a.* tórrido, tostado; abrasador, ardiente.—**T. Zone,** zona tórrida.

torridness [-nis], **torridity** [taríditi], *s.* calidad de tórrido o abrasador.

torsade [torséid], *s.* torzal.

torsion [tórŝon], *s.* torcedura; torsión.—**t. balance,** (fís., elec.) balanza de torsión.—**torsional** [-al], *a.* de torsión.

torso [tórsou], *s.* torso.

tort [tort], *s.* (for.) tuerto, agravio, sinrazón, *f.*

torticollis [tortikális], *s.* (med.) torticolis, *m.*

tortile [tórtil], *a.* torcido, doblado.

tortoise [tórtis], *s.* (zool.) tortuga, galápago.—**t. shell,** carey, concha de tortuga.

tortuosity [torchuásiti], **tortuousness** [tórchuʌsnis], *s.* tortuosidad, sinuosidad.—**tortuous** [tórchuʌs], *a.* tortuoso, torcido, sinuoso.

torture [tórchū(r)]. **I.** *s.* tortura, tormento, suplicio. **II.** *va.* torturar, dar tormento, atormentar; torcer o tergiversar.—**torturer** [-œ(r)], *s.* atormentador.

torus [tórʌs], *s.* (arq.) torés, toro, bocel, collarino; (geom.) toro; (bot.) receptáculo (de una flor).

Tory [tóri], *s.* (Ingl. pol.) tory, conservador.

Toryism [-izm], *s.* credo político del partido tory en Inglaterra, torysmo.

tosh [taŝ]. **I.** *s.* (fam. Ingl.) música celestial, tonterías, *f. pl.;* baño portátil. **II.** *vn.* bañarse.

toss [tos]. **I.** *va.* tirar, lanzar al aire; menear, agitar, mover, sacudir.—**to t. aside,** echar a un lado.—**to t. in a blanket,** mantear.—**to t. in,** o **up, the sponge,** darse por vencido; desistir.—**to t. oars,** arbolar los remos.—**to t. off,** tragar de golpe; echar a un lado, no hacer caso de; hacer sin esfuerzo ni esmero.—**to t. out,** derrocar (un gobierno, etc.). **II.** *vn.* ajetrearse; corcovear; mecerse, ondear.—**to t. for, to t. up,** echar o jugar a cara o cruz. **III.** *s.* meneo, sacudimiento, sacudida; lanzamiento; ajetreo; cara o cruz.—**t.-up,** cara y cruz; lance de resultado dudoso.

tot [tat], *s.* chiquitín, nene, nena, niño, niña.

total [tóutal]. **I.** *a.* total, entero, completo, cabal, global.—**t. abstinence,** abstinencia absoluta de bebidas alcohólicas.—**t. war,** la guerra total. **II.** *s.* total(idad), suma; (arit.) suma. **III.** *va.* y *vn.* sumar, ascender a; totalizar.

totalitarian [toutælitérian], *s.* y *a.* totalitario.—**totalitarianism** [-izm], *s.* totalitarismo.

totality [toutæliti], *s.* totalidad.

totalize [tóutalaiz], *va.* totalizar, hacer la suma de.

totalizer [-œ(r)], **totalizator** [-éito(r)], *s.* (aparato) totalizador (ú. esp. para registrar apuestas en las carreras de caballo).

totally [tóutali], *adv.* totalmente.

tote [tout], *va.* (fam.) cargar, llevar sobre los hombros o en los brazos; transportar.

totem [tóutem], *s.* totem, objeto o animal reverenciado por algunos salvajes como emblema (*m.*) o progenitor de la tribu.—**t. pole,** o **post,** pilar totémico, erigido por los indios de los E. U. y por otros pueblos primitivos con figuras totémicas pintadas y esculpidas.—**totemism** [-izm], *s.* totemismo.

t'other [tʌðœ(r)], *abrev.* de THE OTHER, el otro.

totter [tátœ(r)], *vn.* tambalear, temblar, vacilar.

tottering [-iŋ]. **I.** *a.* vacilante, tambaleante; derruído, ruinoso. **II.** *s.* bamboleo, tambaleo.

toucan [túkæn], *s.* (orn.) tucán.

touch [tʌch]. **I.** *va.* tocar; tentar, palpar, manosear; rasar; alcanzar, herir; igualar, aproximarse a; ensayar, probar con la piedra de toque; (b. a.) delinear, esbozar; (mús.) pulsar, tañer o tocar (un instrumento); enternecer, (con)mover, afligir; irritar, aguijonear; tratar (un asunto); influir; tocar a, concernir, importar; (geom.) tocar, ser tangente a; aludir a, tratar por encima; afectar; (fam., a veces con **for**) dar un sablazo a, pedir prestado a; robar a.—**to t. off,** descargar (arma); hacer o acabar de prisa; bosquejar.—**to t. up,** retocar; corregir. **II.** *vn.* tocar(se); estar en contacto; imponer las manos para curar.—**to t. and go,** tratar de un asunto ligeramente.—**to t. at a port,** hacer escala en un puerto.—**to t. on,** o **upon,** tocar en; tratar ligeramente de; concernir; acercarse a. **III.** *s.* tacto (sentido); toque, tocamiento; tiento; contacto; (b. a.) toque, ejecución, pincelada, rasgo; retoque, última mano; (mús.) pulsación (de un instrumento); dolorcito, punzada; una sombra, un ápice; indirecta; buena inteligencia, armonía o correspondencia; ensayo de metales con la piedra de toque; prueba, examen; corazonada; (fam.) sablazo.—**t.-and-go,** montado al pelo; precario, incierto; ligero de cascos.—**t. paper,** (piro.) papel de salitre para cebo.—**in t. with,** en contacto, en comunicación o relaciones con; al corriente de.

touchable [-abl], *a.* tocable, tangible.

touchback [-bæk], *s.* (E. U., fútbol) acción de tocar el suelo con la pelota (detrás de la raya de la meta).

touchdown [-daun], *s.* (E. U., fútbol) acción de tocar el suelo con la pelota (detrás de la raya de la meta adversaria); (E. U., fútbol) tantos (seis puntos) marcados con tal jugada; (aer.) toque del avión con la pista (en un aterrizaje).

touched [-t], *a.* (fam.) enternecido, conmovido; alocado; (fam.) estrafalario, estrambótico.

touchhole [-houl], *s.* (arti.) fogón, oído del cañón.

touchily [-ili], *adv.* susceptiblemente.

touchiness [-inis], *s.* susceptibilidad, quisquillosidad.

touching [-iŋ]. **I.** *prep.* tocante a, en cuanto a, acerca de. **II.** *a.* patético, conmovedor. **III.** *s.* toque, palpamiento; tacto; contacto.—**touchingly** [-li], *adv.* patéticamente, tiernamente.

touch-me-not [-mi nat], *s.* (bot.) balsamina silvestre o del jardín; (med.) lupus, noli me tángere.

touchstone [-stoun], *s.* piedra de toque; examen, prueba; criterio.

touchwood [-wud], *s.* yesca; hupe, *f.*

touchy [-i], *a.* quisquilloso, susceptible.

tough [tʌf]. **I.** *a.* correoso, duro; vigoroso, de puños, (fam.) de pelo en pecho; resistente; testarudo, tenaz; flexible y fuerte; (metal.) trabajable; (fam.) difícil, penoso, arduo; rudo, vulgar.—**t. break, t. luck,** (fam.) mala pata o suerte. **II.** *s.* villano, malvado, rufián, truhán.

toughen [-n], *va.* y *vn.* hacer(se) correoso; endurecer(se).

toughly [-li], *adv.* tenazmente, etc.

toughness [-nis], *s.* tenacidad; endurecimiento; tesura, rigidez; flexibilidad; resistencia; rudeza.

toupee, toupet [tupéi], *s.* tupé, copete.

tour [tur]. **I.** *s.* viaje de turismo, excursión, recorrido, peregrinación; (neol.) jira de inspección; vuelta, circuito; turno. **II.** *va.* viajar por, recorrer. **III.** *vn.* viajar por placer.

tour de force, *s.* (gal.) proeza de fuerza o de habilidad.

touring [-iŋ]. **I.** *s.* turismo. **II.** *a.* turístico o de turismo (apl. esp. a automóviles).

tourism [-izm], *s.* turismo.

tourist [-ist]. **I.** *s.* turista. **II.** *a.* turístico.

tourist camp, *s.* (E. U.) campamento de turistas.

tourist class, *s.* clase turista.

tourist trade o **traffic,** *s.* turismo.

tourmalin(e [túrmalin], *s.* turmalina, chorlo.

tournament [túrnament], *s.* torneo, justa.

tourney [túrni]. **I.** *s.* torneo, justa. **II.** *vn.* justar.

tourniquet [túrniket], *s.* (cir.) torniquete.

tousle [táuzl]. **I.** *va.* despeinar, desgreñar, alborotar (los cabellos). **II.** *s.* greña. *V.* TUSSLE.

tout [taut]. **I.** *va.* y *vn.* espiar (apl. esp. a la observación clandestina de caballos de carrera, su manejo, etc.); solicitar parroquianos; dar bombo, bombear o elogiar con exageración. **II.** *s.* espía, *mf.*, acecho (espía que obtiene y vende informes relativos a carreras de caballos).

tow [tóu]. **I.** *s.* estopa; remolque; lo que va remolcado; atoaje.—**to take in t.,** atoar; encargarse de (algo o alguien), manejar. **II.** *va.* remolcar, atoar.

towage [-idž], *s.* remolque, atoaje; derechos de remolque.

toward(s [tord(z *o* tuwórd(z], *prep.* hacia; con, para con; cosa de, alrededor de; tocante a.

toward, towardly [tórd(li], *a.* que promete o da esperanza; apto; propicio; dócil, complaciente, deferente.—**toward(li)ness** [tórd(li)nis], *s.* aptitud; calidad de propicio; docilidad, complacencia, deferencia.

towboat [tóubout], *s.* remolcador.

towel [táuel], *s.* toalla, paño de manos.—**t. rack,** toallero, colgador de toallas.

towel(l)ing [-iŋ], *s.* género para toallas.

tower [táuœ(r)]. **I.** *s.* torre, *f.*, campanario; (mil.) torreón; ciudadela, fortaleza. **II.** *vn.* elevarse, remontarse; descollar, sobresalir, destacarse.—**towered** [-d], **towery** [-i], *a.* torreado, guarnecido de torres.—**towering** [-iŋ], *a.* elevado; descollante, sobresaliente; dominante; violento.

towhead [tóuhed], *s.* el que tiene los cabellos muy rubios, amarillentos o blanquecinos.—**towheaded** [-id], *a.* pelirrubio.

towhee [táuhi *o* tóuhi], *s.* (orn.) variedad de pinzón.

towing [tóuiŋ], *s.* remolque, atoaje.

towline [tóulain], *s.* cable de remolque; (mar.) sirga; estacha, cable de arpón ballenero.

town [táun], *s.* ciudad; villa; pueblo, aldea, lugar, poblado, población; municipio; la ciudad, el pueblo (*he is in town,* está en la ciudad).

town clerk, *s.* secretario de ayuntamiento.

town crier, *s.* pregonero.
town hall, *s.* ayuntamiento, concejo, casa consistorial.
town house, *s.* casa de ciudad.
town meeting, *s.* reunión de los residentes de una ciudad o de los electores de un municipio.
town planning, *s.* urbanismo.
town(s)folk [-(z)foųk], **townspeople** [-pipl], *s. pl.* vecinos, ciudadanos, de un pueblo.
township [-ŝịp], *s.* (E. U.) municipio, sexmo; extensión de terrenos públicos de seis millas en cuadro.
townsman [-zmạn], *s.* vecino; conciudadano, paisano; miembro del ayuntamiento.
town talk, *s.* comidilla o hablilla(s) de un pueblo.
towpath [tóųpæθ], *s.* camino de sirga.
towrope [tóųroųp], *s.* = TOWLINE.
tox(a)emia [taksímịạ], *s.* (med.) toxemia.
toxic(al [táksịk(ạl], *a.*, **toxicant** [-kạnt], *s.* y *a.* tóxico.—**toxication** [-kéịŝọn], *s.* (med.) toxicación, envenenamiento.—**toxicity** [taksísịtị], *s.* toxicidad.—**toxicological** [-koládžịkạl], *a.* toxicológico.—**toxicologist** [-kálodžịst], *s.* toxicólogo.—**toxicology** [-džị], *s.* toxicología.
toxin(e [táksịn], *s.* (bioquím.) toxina.
toy [tóị]. **I.** *s.* juguete; retozo, capricho; fruslería, bagatela; perrillo diminuto (ll. t. **t. dog**).—**t. dealer,** juguetero.—**t. store,** juguetería (tienda). **II.** *a.* de juego; diminuto. **III.** *vn.* jugar, retozar, juguetear, estar de chacota.—**toyish** [-ịŝ], *a.* menudo, de juguete; juguetón; frívolo.—**toyishness** [-nịs], *s.* puerilidad, muchachada, fruslería, niñería.—**toyman** [-mæn], *s.* juguetero.—**toyshop** [-ŝap], *s.* juguetería.
trace [tréịs]. **I.** *s.* rastro, huella, pisada, pista; vestigio, señal, *f.*, indicio; una sombra, un ápice, una pizca; tirante o tiradera (de carruaje).—*pl.* (quím.) indicios. **II.** *va.* trazar, delinear; calcar; rastrear, seguir la pista; trazar, señalar, plantear, indicar; reconstruir, determinar el origen o la forma primitiva de, investigar, descubrir, escudriñar; (tal.) enjaezar, enganchar (caballo); (mar.) galibar.—**to t. (back) to,** derivar de; demostrar que (algo) proviene de; seguir, llevar o hacer remontar hasta.
traceable [-ạbl], *a.* que se puede trazar, rastrear, o descubrir; atribuible.
tracer [-œ(r)], *s.* trazador; rastreador; (dib.) tiralíneas (instrumento); calcador; puntero, punzón; cédula de investigación para averiguar el paradero de cartas o bultos extraviados; averiguación o averiguador de cosas perdidas (en los trenes, el correo, etc.); (arti.) artificio luminoso unido a un proyectil para determinar su trayectoria.
tracer atom, *s.* (fís.) átomo marcado.
tracer bullet, *s.* bala trazante.
tracery [-œrị], *s.* (arq.) tracería.
trachea [tréịkịạ], *s.* (anat.) tráquea, traquearteria; (bot.) tráquea, ducto.—**tracheal** [-l], *a.* traqueal.
tracheotomy [-átomị], *s.* (cir.) traqueotomía.
trachoma [trạkóųmạ], *s.* (med.) tracoma, *m.*
trachyte [tréịkaịt], *s.* (min.) traquita.
trachytic [trạkítịk], *a.* traquítico.
tracing [tréịsịŋ]. **I.** *s.* trazo; calc(ad)o, copia; vía, pista; acción de trazar, calcar, etc. *V.* TRACE, *va.* **II.** *a.* que traza; de trazar; de calcar.—**t. cloth,** tela de calcar.—**t. line,** (mar.) perigallo.—**t. paper,** papel de calcar, papel tela.—**t. point,** aguja recorredora o estilete recorredor (de un planímetro, etc.).
track [træk]. **I.** *s.* vestigio, rastro, pista, huella, pisada, estampa; rodada, carril (de carro, etc.); rumbo, ruta; curso (de cometa, etc.); camino trillado, senda, vereda; (f. c.) vía; rieles o carriles (*pl.*) de la vía; banda o cadena (de tractor oruga); (equit.) pista; (mar.) derrota, estela.—**t. ga(u)ge,** calibre de entrevía.—**t. meet,** (dep.) concurso o competencia de juegos atléticos de pista y campo.—**off the t.,** descarrilado; desviado, extraviado; (fam.) por los cerros de Ubeda.—**on the t.,** en la pista, en el rastro. **II.** *va.* rastrear, seguir la pista a; (con **down**) lograr descubrir (el origen, escondite, etc., de); (mar.) sirgar.
trackage [-ịdž], *s.* remolque; (mar.) sirgadura; (f. c.) el conjunto de rieles de un sistema ferroviario.—**tracker** [-œ(r)], *s.* el que rastrea, etc.; (mar.) sirgador.
tracking [-ịŋ], *s.* (aer., astronáut.) localización.
tracklayer [-leịœ(r)], *s.* (f. c.) tendedor o instalador de carriles.—**tracklaying** [-leịịŋ], *s.* tendido, instalación o asiento de carriles.
trackless [-lịs], *a.* que no presenta ni deja rastro ni huellas; sin caminos; cerrado; intransitado.
trackman [-mạn], **trackwalker** [-wɔkœ(r)], *s.* (f. c.) recorredor de la vía, guardavía, *m.*
trackwork [-wœrk], *s.* cálculo y construcción del sistema de carriles de las vías férreas.
tract [trækt], *s.* trecho, tracto; región, comarca, terreno; (anat.) área, región, canal, sistema, *m.*; (igl.) tracto; folleto, tratadico, opúsculo.
tractable [-ạbl], *a.* tratable, manejable, dócil; afable.
tractate [-eịt], *s.* opúsculo, ensayo.
tractile [-ịl], *a.* dúctil.
traction [trækŝọn], *s.* tracción, arrastre; acarreamiento; transporte (por ferrocarriles, tranvías, etc.); fricción; (fisiol.) contracción.—**t. engine,** tractor, locomotora o máquina de arrastre.
tractive [træktịv], *a.* de tracción.
tractor [træktọ(r)], *s.* tractor; máquina de arrastre; automóvil tractor; (aer.) aeroplano de tracción o de hélice delantera (ll. t. **t. airplane**).
tractor engine, *s.* motor tractor o delantero.
tractor plow, *s.* (agr.) arado mecánico.
tractor propeller, *s.* (aer.) hélice de tracción o delantera.
trade [tréịd]. **I.** *s.* comercio; industria; ramo (vg. *the building trade,* el ramo de la construcción); movimiento mercantil; oficio; contratación, negocio, trato; gremio; (pol.) convenio de mala ley.—**t. acceptance,** (com.) giro del vendedor contra el comprador que una vez aceptado por este último se convierte en papel negociable.—**t. agreement,** tratado o convenio comercial (entre naciones); pacto entre patronos y gremios obreros.—**t. discount,** (com.) descuento usual del giro o ramo.—**t.-in,** algo dado como pago (parcial o completo) de compra.—**t.-last,** lisonja mutua.—**t.-mark,** marca de fábrica.—**t. name,** razón (*f.*) social; nombre comercial; nombre de fábrica (el especial o arbitrario dado por un fabricante a un producto).—**t. school,** escuela de artes y oficios, escuela industrial.—**t.(s)-union,** gremio de obreros, sindicato.—**t.(s)-unionism,** gremialismo, sindicalismo.—**t.(s)-unionist,** sindicalista, miembro de un gremio obrero; partidario de los gremios obreros.—**t. winds,** vientos alisios. **II.** *va.* y *vn.* negociar, comerciar, tratar, traficar; cambiar.—**to t. in,** negociar en; entregar un objeto (auto, radio, etc.) en pago entero o parcial de otro objeto semejante o de otras mercancías.—**to t. off,** cambalachear.—**to t. on,** aprovecharse de.
trader [-œ(r)], *s.* negociante, comerciante, traficante, mercante, mercader; buque mercante.
tradesfolk, tradespeople [-zfoųk, -zpipl], *s. pl.* comerciantes; gentes (*f. pl.*) del oficio o ramo.
tradesman [-zmạn], *s.* tendero, mercader; artesano, menestral.—**tradeswoman** [-zwųmạn], *s.* mujer comerciante o de negocios.
trading [-ịŋ]. **I.** *s.* comercio, trato. **II.** *a.* mercantil, comercial; venal, corrompido, prostituído.—**t. account,** (com.) cuenta de compraventa.—**t. post,** factoría.—**t. stamp,** billete de premio que se da al comprador como aliciente.—**t. vessel,** buque mercante.
tradition [trạdíŝọn], *s.* tradición; (for.) tradición, entrega.—**traditional** [-ạl], *a.* tradicional.—

traditionalism [-ąlizm], *s.* tradicionalismo.—**traditionalist** [-ąlist], *s.* tradicionalista.—**traditionally** [-ąli], *adv.* tradicionalmente.—**traditionary** [-ari]. **I.** *a.* tradicional. **II.** *s.* tradicionalista.
traduce [tradiús], *va.* calumniar.—**traducer** [-œ(r)], *s.* calumniador.
traducianism [tradiúŝanizm], *s.* (teol.) traducianismo, doctrina según la cual tanto el alma como el cuerpo son engendrados por los padres.
traffic [trǽfik]. **I.** *s.* tráfico, tráfago, comercio, negocio; transporte, acarreo; tránsito, movimiento; circulación, tráfico o tránsito (en las calles, etc.); mercancías, artículos.—**t. control,** regulación del tráfico.—**t. light,** luz, semáforo o señal (*f.*) de circulación.—**t. policeman** o **cop** (fam.), agente de tráfico o tránsito.—**t. sign,** señal (*f.*) de tránsito.—**t. violation,** infracción del reglamento del tráfico. **II.** *va.* y *vn.* negociar, comerciar, traficar.—**trafficker** [-œ(r)], *s.* traficante.
tragacanth [trǽgąkænθ], *s.* (bot.) tragacanto, adraganto, alquitira (arbusto y goma).
tragedian [tradžídian], *s.* (actor) trágico; escritor de tragedias.—**tragedienne** [tradžidién], *s.* (actriz) trágica.
tragedy [trǽdžidi], *s.* tragedia.
tragic(al [-k(ąl], *a.* trágico.—**tragically** [-li], *adv.* trágicamente.—**tragicalness** [-kąlnis], *s.* calidad de trágico, carácter trágico o calamitoso.
tragicomedy [-kámedi], *s.* tragicomedia.
tragicomic(al [-kámik(ąl], *a.* tragicómico, jocoserio.
tragus [tréigʌs], *s.* (anat.) trago.
trail [tréil]. **I.** *va.* arrastrar; remolcar; traer, llevar (barro, etc.) en los pies, zapatos, etc.; asentar (la yerba) con el andar, hasta formar vereda; rastrear, seguir el rastro o la pista; (f. c.) agregar (vagones) a un tren. **II.** *vn.* arrastrar, ir arrastrando; dejar rastro; rezagarse; seguir el rastro o la pista; arrastrarse, trepar (una planta). **III.** *s.* rastro, pisada, pista, huella; cola (de vestido, de cometa, etc.); trocha, sendero, vereda; carretera; indicio; (arti.) gualdera.—**t. bridge,** andarivel.—**t. car,** coche de habitación remolcado por un vehículo automóvil (ll. t. **trailer**).—**t. rope,** (aer.) sonda, cuerda freno (cable colgante o de arrastre de un globo, que sirve de lastre variable para regular la altura). *V.* TOWROPE.
trailer [-œ(r)], *s.* el o lo que sigue el rastro o la pista; rezagado; carro o coche remolcado; remolque, acoplado; (cine) avances.
trailer camp o **park,** *s.* campamento para coches de remolques.
trailer truck, *s.* camión (*m.*) con remolque.
trailing [-iŋ], *a.* rastrero; remolcado; trasero; colgante.—**t. aerial,** (rad.) antena colgante.—**t. arbutus,** (bot.) epigea.—**t. edge,** (aer.) borde de salida.—**t. wheel,** (f. c., carr.) rueda trasera.
train [tréin]. **I.** *va.* y *vn.* disciplinar, adiestrar, amaestrar; preparar, educar, enseñar; domar y manejar (un caballo, etc.); (dep.) entrenar; (agr.) poner en espaldera; (arti.) apuntar (un cañón); enfocar (un anteojo). **II.** *s.* (f. c.) tren; séquito, comitiva (de rey, etc.); cabalgata; recua; (arti., min.) reguero de pólvora; serie, sucesión, orden, curso (de ideas, acontecimientos, etc.); cola (de ave, de vestido, de cometa), cauda (de la capa magna); (mec.) tren, juego, movimiento; artimaña; lazo, celada, trampa.
trainband [-bænd], *s.* (hist. Ingl.) milicia.
trainbearer [-bérœ(r)], *s.* (igl.) caudatario.
train dispatcher, *s.* jefe del tráfico de trenes.
trained [-d], *a.* adiestrado, amaestrado, enseñado, educado, preparado.
trained nurse, *s.* enfermera graduada.
trainee [-í], *s.* persona que se entrena o que se adiestra; (mil.) soldado bisoño, recluta, *m.*
trainer [-œ(r)], *s.* domador (de animales); amaestrador; (dep.) entrenador; (agr.) espaldera; (aer.) entrenador, avión (*m.*) de entrenamiento.
training [-iŋ]. **I.** *s.* disciplina, adiestramiento, formación, enseñanza, educación, instrucción, preparación; (dep.) entrenamiento. **II.** *a.* de instrucción, (dep.) de entrenamiento.
training school, *s.* escuela de entrenamiento.
training ship, *s.* buque escuela.
trainload [-loud], *s.* tren completamente cargado.
trainman [-man], *s.* empleado ferroviario.
train-mile [-mail], *s.* tren-milla, milla por tren.
train mileage, *s.* kilometraje por tren (total de tren-millas).
train oil, *s.* aceite de pescado o de ballena.
trait [treit], *s.* rasgo, cualidad; golpe, toque.
traitor [tréito(r)], *s.* traidor.—**traitorous** [-ʌs], *a.* pérfido, aleve, alevoso, traidor.—**traitorously** [-li], *adv.* alevosamente, pérfidamente.—**traitorousness** [-nis], *s.* alevosía, perfidia, traición.—**traitress** [tréitris], *s.* traidora.
traject [tradžékt], *va.* tirar, arrojar.
trajection [-ŝon], *s.* trayecto, travesía.
trajectory [-tori], *s.* trayectoria.
tram [trǽm], *s.* (Ingl.) tranvía, *m.*; carril, riel plano; (mec.) calibre de alineación; compás de barra o de vara(s).
tramcar [-kar], *s.* (Ingl.) coche de tranvía; (min.) carreta de carbón, mineral, etc.
trammel [trǽmel]. **I.** *s.* impedimento, obstáculo, estorbo; traba, manea; llares, *f. pl.*, garabato de chimenea; (mec.) compás de barra o de vara(s); calibre de alineación; red de pescar; red para coger pájaros. **II.** *va.* trabar, poner trabas; estorbar, impedir.
tramontane [tramántein]. **I.** *a.* tramontano, ultramontano. **II.** *s.* extranjero.
tramp [trǽmp]. **I.** *va.* y *vn.* patullar, patear, pernear, pisar con fuerza; corretear, vagabundear. **II.** *s.* marcha pesada; ruido de pisadas; caminata, paseo largo; vago, vagabundo, guitón.—**t. steamer,** vapor volandero.
trample [-l]. **I.** *va.* hollar, pisar, pisotear, conculcar. **II.** *vn.* patullar, pisar fuerte; (con **on**) ajar, atropellar, hollar, pisotear. **III.** *s.* pisoteo; atropello.
trampler [-lœ(r)], *s.* pisador, conculcador.
tramroad [trǽmroud], **tramway** [-wei], *s.* (Ingl.) tranvía, *m.*; (min.) ferrocarril o cable aéreo para transporte de mineral, etc.—**t. worker,** tranviario.
trance [træns], *s.* rapto, arrobamiento; (med.) síncope, *f.*, catalepsia; estado hipnótico.
tranquil [trǽŋkwil], *a.* tranquilo, sosegado, sereno.—**tranquil(l)ity** [træŋkwíliti], *s.* tranquilidad, paz, sosiego, serenidad, calma.—**tranquil(l)ize, tranquil(l)ise** [trǽŋkwilaiz], *va.* y *vn.* tranquilizar(se).—**tranquilly** [trǽŋkwili], *adv.* tranquilamente.
transact [trænzǽkt], *va.* negociar, desempeñar, gestionar, tramitar, hacer, ejecutar, despachar.
transaction [-ǽkŝon], *s.* desempeño, gestión, negociación; operación, transacción, negocio.—*pl.* trabajos de una sociedad docta; memorias; actas.
transactor [-ǽkto(r)], *s.* negociador, gestor.
transalpine [-ǽlpain], *a.* transalpino.
transatlantic [-ætlǽntik], *a.* transatlántico.—**t. liner,** (vapor o buque) transatlántico.
transcend [trænsénd]. **I.** *va.* sobrepujar, superar, propasar(se). **II.** *vn.* tra(n)scender.—**transcendence, transcendency** [-ens, -i], *s.* tra(n)scendencia; excelencia, superioridad; (teol.) doctrina de que Dios es anterior al universo.—**transcendent** [-ent], *a.* sobresaliente, excelente; (filos.) incognoscible; (teol.) no inmanente, sino anterior al universo.
transcendental [-déntal], *a.* trascendental; eminente, sobresaliente; vago, indefinido; (mat.) transcendental, no algébrico; (filos.) transcendental.—**transcendentalism** [-izm], *s.* (filos.) transcendentalismo.—**transcendentally** [-i], *adv.* de modo tra(n)scendental.

transcendently [trænséndẹntlị], *adv.* excelente o superlativamente; de modo trascendental.
transcontinental [trænskantịnéntạl], *a.* transcontinental.
transcribe [trænskráịb], *va.* transcribir, copiar, trasladar; (mús.) transcribir, adaptar; (rad.) grabar (música, discursos, etc.) en un disco fonográfico para la radiodifusión.—**transcriber** [-œ(r)], *s.* copiador, copista; adaptador.
transcript [trǽnskrịpt], *s.* trasunto, copia, traslado.
transcription [trænskrípŝọn], *s.* transcripción, trasunto, traslado; (mús.) adaptación; (rad.) perifonía de un programa preparado de antemano en discos fonográficos.—**transcriptive** [-tịv], *a.* perteneciente al traslado.
transept [trǽnsept], *s.* (arq.) crucero.
transfer [trænsfœ́r]. **I.** *va.* transferir, trasladar, transponer, pasar, transbordar; (for.) transferir, traspasar, transmitir, ceder. **II.** [trǽnsfœ(r)], *s.* traspaso, transferencia; transbordo, traslado, transporte; (for.) traspaso, cesión.—**t. paper,** papel de calcar.—**transferable** [-fœ́rạbl], *a.* transferible, cesible; convertible.—**transferee** [-fẹrí], *s.* cesionario; persona transferida de un puesto o empleo a otro.—**transference** [trǽnsfẹrẹns], *s.* transfẹrẹncia.—**transferrer, transferror** [-fœ́rœ(r)], *s.* (for.) transferidor, cesionista, cedente.
transfiguration [-fịgyụ̈réịŝọn], *s.* transfiguración.—**transfigure** [-fígyụ̈(r)], *va.* transfigurar.
transfix [-fíks], *va.* traspasar, atravesar.
transfixion [-fíkŝọn], *s.* transfixión.
transform [-fɔ́rm], *va.* y *vn.* transformar(se), convertir(se), alterar(se).
transformable [-ạbl], *a.* transformable.
transformation [-fɔrméịŝọn], *s.* transformación, conversión.—**transformative** [-fɔ́rmạtịv], *a.* transformativo.
transformer [-fɔ́rmœ(r)], *s.* transformador; (elec.) transformador.
transformism [-fɔ́rmịzm], *s.* (biol.) transformismo.
transfuse [-fịúz], *va.* transfundir, transvasar, decantar.—**transfusion** [-fịúẑọn], *s.* transfusión.
transgress [-grés]. **I.** *va.* transgredir, violar, quebrantar, infringir. **II.** *vn.* propasarse, excederse, pecar.—**transgression** [-gréŝọn], *s.* transgresión, delito, ofensa, atentado; traspaso, extralimitación.—**transgressor** [-grésọ(r)], *s.* transgresor, infractor.—**transgressible** [-grésịbl], *a.* violable.—**transgressing** [-grésịŋ], *a.* transgresor.—**transgressingly** [-lị], *adv.* transgresoramente, cometiendo transgresión.—**transgressive** [-grésịv], *a.* transgresor, culpable.
tranship [trænŝíp], *va.* = TRANSSHIP.
transience [trǽnŝẹns] o **transiency** [-ị], *s.* transitoriedad.
transient [trǽnŝẹnt]. **I.** *a.* pasajero, transitorio; de tránsito, que está de paso; transeúnte. **II.** *s.* transeúnte, viajero de paso, persona de tránsito.
transistor [trænsístọ(r)], *s.* (electrón.) transistor.
transit [trǽnsịt]. **I.** *s.* tránsito, paso, pasaje, trámite; (astr.) tránsito; (top.) tránsito (teodolito de anteojo invertible sobre el eje horizontal).—**t. instrument,** (top.) = TRANSIT; (astr.) anteojo meridiano. **II.** *va.* y *vn.* (astr., top.) pasar por; invertir(se) (el anteojo del tránsito) en el plano vertical.
transition [trænzíŝọn], *s.* tránsito, paso, mudanza; transición; (mús.) transición.
transitional, transitionary [-ạl, -ạrị], *a.* transitorio.
transitive [trǽnsịtịv], *a.* (gram.) transitivo, activo.—**transitively** [-lị], *adv.* transitivamente.
transitman [trǽnsịtmạn], *s.* (top., f. c.) encargado del tránsito (instrumento).
transitory [-ɔrị], *a.* transitorio, pasajero, transeúnte; provisional.
translatable [trænsléịtạbl], *a.* traducible.
translate [-léịt], *va.* traducir, verter; descifrar, interpretar; transformar, cambiar; (tlg.) transmitir por relevador; (igl.) trasladar de una silla episcopal a otra; transformar, cambiar.—**to t. from . . . into,** traducir del . . . al.
translation [-léịŝọn], *s.* traducción, traslación, versión; interpretación; traslación, remoción; (ret.) traslación.—**motion of t.,** (mec.) movimiento de traslación.
translator [-léịtọ(r)], *s.* traductor, intérprete.
transliterate [-lítẹreịt], *va.* representar las letras o sonidos de una lengua por las letras de otra.
translucency [-lịúsẹnsị], *s.* translucidez.
translucent, translucid [-ẹnt, -ịd], *a.* translúcido, transluciente; transparente.
translunar [-liúnar], *a.* translunar.
transmarine [-mạrín], *a.* ultramarino o transmarino.
transmigrate [-máịgreịt], *vn.* transmigrar.
transmigration [-éịŝọn], *s.* transmigración.
transmigrator [-máịgreịtọ(r)], *s.*, **transmigratory** [-máịgrạtorị], *a.* transmigrador.
transmissibility [-mịsịbílịtị], *s.* transmisibilidad.—**transmissible** [-mísịbl], *a.* transmisible.—**transmission** [-míŝọn], *s.* transmisión; (aut.) cambio de velocidades (ll. t. **transmission gear** y **gear box**).—**transmissive** [-mísịv], *a.* transmisible; transmisor.
transmit [-mít], *va.* transmitir.—**transmittal** [-ạl], *s.* transmisión.—**transmittance** [-ạns], *s.* transmisión.—**transmitter** [-œ(r)], *s.* remitente; (tlg., tlf., elec.) transmisor; (rad.) emisora, transmisor.—**transmitting** [-iŋ], *a.* transmisor, de transmisión.—**t. set** [-iŋ sẹt], (rad.) radiotransmisor, aparato de transmisión.—**t. station,** (rad.) estación emisora.
transmutability [-miutạbílịtị], *s.* transmutabilidad.
transmutable [-mịútạbl], *a.* transmutable.
transmutably [-blị], *adv.* transmutablemente.
transmutation [-éịŝọn], *s.* transmutación.
transmute [-mịút], *va.* transmutar.
transmuter [-œ(r)], *s.* transmutador.
transoceanic [-oụŝịǽnịk], *a.* transoceánico.
transom [trǽnsọm], *s.* (carp.) travesaño, durmiente; (arq.) montante, lumbre, claraboya; (carr.) telera; (mar.) yugo (de popa).
transonic [-sánịk], *a.* transónico.
transonic speed, *s.* velocidad transónica.
transpacific [trænspạsífịk], *a.* transpacífico, allende el Pacífico.
transpadane [-péịdeịn], *a.* transpadano.
transparency [-pǽrẹnsị], *s.* transparencia, diafanidad; transparente; (foto.) diapositiva.—**transparent** [-ẹnt], *a.* transparente, diáfano, hialino; (fig.) franco, sincero.
transpiration [-pịréịŝọn], *s.* transpiración.
transpire [-páịr]. **I.** *va.* transpirar, exhalar, sudar. **II.** *vn.* rezumarse; traslucirse, trascender; (fam.) acontecer, suceder.
transplant [-plǽnt], *va.* trasplantar.
transplantation [-éịŝọn], **transplanting** [-ịŋ], *s.* (agr.) trasplante.
transport [-pɔ́rt]. **I.** *va.* transportar, acarrear; transponer; deportar, desterrar; arrebatar, enajenar, conmover. **II.** [trǽnspɔrt], *s.* transporte, transportación, acarreo; buque o avión transporte; arrobamiento, rapto; paroxismo, acceso.
transportable [-pɔ́rtạbl], *a.* transportable.
transportation [-portéịŝọn], *s.* transportación, transporte, acarreo; pasaje, billete; extrañamiento, deportación, destierro; coste del transporte.
transporter [-pɔ́rtœ(r)], *s.* transportador, porteador.
transporting [-ịŋ], *a.* transportador, de transporte; arrobador, arrebatador.
transposal [-póụzạl], *s.* transposición.
transpose [-póụz], *va.* transponer; (mús.) transportar.
transposition [-pozíŝọn], *s.* transposición, trastrueque; (mús.) transportación.
transship [-ŝíp], *va.* transbordar.
transshipment [-mẹnt], *s.* transbordo.
transsonic, *a.* = TRANSONIC.

transubstantiate [trænsʌbstǽnŝịeịt], *va.* transubstanciar.—**transubstantiation** [-éịŝǫn], *s.* transubstanciación.
transudation [trænsịụdéịŝǫn], *s.* trasudación; diapédesis; endosmosis.
transude [trænsịúd], *vn.* trasudar, trazumarse.
transvase [trænsvéịs], *va.* transvasar, trasegar (licores, etc.).
transversal [-vœ́rsạl]. **I.** *a.* transversal. **II.** *s.* (geom.) (línea) transversal.
transverse [-vœ́rs], *a.* transversal, transverso.
transverse(ly) [-lị], *adv.* transversalmente.
transvestite [-véstaịt], *s.* y *a.* transvestido.
trap [trǽp]. **I.** *s.* trampa, artimaña, ardid, *m.*; armadijo, garlito, red, lazo; tranquilla; (mec.) sifón, tubo en U para obturación hidráulica; bombillo de retrete, válvula de inodoro; carruaje ligero; juego del palo corvo (ll. t. **trapball**); (teat., etc.) escotillón.—*pl.* (fam.) equipaje, bártulos; (mús.) instrumentos del redoblante (en una orquesta).—**t.** (**rock**), roca ígnea o volcánica, basalto.—**t. shooting,** tiro al vuelo o a blanco que se mueve, tiro de pichón. —**to be caught in the t.**, caer en el garlito, en la trampa o en la ratonera. **II.** *va.* coger con trampa; atrapar; proveer de escotillones, sifones, etc.; hacer caer en el lazo o en el garlito; enjaezar (caballos, etc.). **III.** *vn.* armar lazos o asechanzas.
trapdoor [-dor], *s.* (teat. y uso ord.) escotillón, trampa; (min.) puerta de ventilación.
trapeze [trạpíz], *s.* trapecio de gimnasia o circo.
trapezing [-ịŋ], *s.* ejercicio o suertes (*f. pl.*) de trapecio.—**trapezist** [-ịst], *s.* gimnasta (*mf.*) de trapecio, trapecista.
trapezium [-ịʌm], *s.* (geom.) trapezoide; (anat.) trapecio, hueso radial del carpo.
trapezoid [trǽpẹzoịd], *s.* (geom.) trapecio.
trapezoidal [-zóịdạl], *a.* (geom.) trapecial.
trappean [trǽpịạn], *a.* (geol.) de o rel. a cierta roca volcánica. *V.* TRAP(ROCK).
trapper [trǽpœ(r)], *s.* trampero, cazador de pieles.
trappings [trǽpịŋz], *s. pl.* jaeces, arreos, aderezos (de caballo, etc.); adornos.
Trappist [trǽpịst], *s.* (igl.) trapense.
trash [trǽŝ]. **I.** *s.* hojarasca, paja, basura, desperdicio, escombro, desecho; bagazo; cachivache, trasto, patarata; escamonda; quídam, un cualquiera; trabanco, trangallo. **II.** *va.* podar, escamondar; poner trabanco (a un perro).
trashy [-ị], *a.* hojarascoso; baladí, despreciable.
trauma [trómạ], *s.* (med.) trauma, *m.*, lesión, herida.
traumatic [trɔmǽtịk], *a.* traumático.
traumatism [trómạtịzm], **traumatosis** [-tóụsịs], *s.* (med.) traumatismo, traumatosis.
travail [trǽveịl]. **I.** *vn.* trabajar, afanarse; estar de parto. **II.** *s.* afán, fatiga, trabajo; dolores de parto.
travel [trǽvẹl]. **I.** *va.* y *vn.* viajar; navegar; andar, correr; (with **over**) recorrer. **II.** *s.* viaje; excursión; jornada; (mec.) golpe, curso, carrera, recorrido.—*pl.* correrías; relación de un viaje.— **t. agency, t. agent,** agencia, agente, de viajes o pasajes.—**t.-soiled, t.-stained,** manchado o sucio a causa del viaje.—**t.-worn,** fatigado por el viaje.
travel(l)ed [-d], *a.* que ha viajado mucho; experimentado, versado; trillado, frecuentado (camino).
travel(l)er [-œ(r)], *s.* viajero, viajador; viajante (comercial); (mar.) raca, arracada; (mec.) artefacto movible, como carretilla, corredera, etc.— **t.'s check,** cheque para viajeros.
travel(l)ing [-ịŋ], *a.* de viaje, para viajar, viajero, viajante.—**t. crane,** puente grúa o grúa puente, grúa corredera.—**t. salesman,** viajante (de comercio), agente viajero.
travelog(ue [-ag], *s.* descripción o representación de un viaje, o de objetos interesantes para viajeros.
traversable [trǽvœrsạbl], *a.* atravesable; (for.) negable, contestable.
traverse [trǽvœrs]. **I.** *a.* transversal, atravesado, cruzado.—**t. board,** (mar.) rosa náutica o de los vientos.—**t. circle,** (arti.) círculo en que se mueve la cureña.—**t. jury** (for.) = PETTY JURY.—**t. line,** (top.) poligonal, *f.*, línea quebrada.—**t. survey,** (top.) trazado de una poligonal o línea quebrada.—**t. table,** (top., mar.) tabla de coordenadas de latitud y longitud; (f. c.) plataforma corrediza con rieles para pasar vehículos de una vía a otra. **II.** *adv.* de través, en sentido transversal. **III.** *s.* (carp.) travesaño, travesero; traviesa, cerco travesero; obstáculo, revés; (fort.) través; (top.) trazado de una poligonal, o línea quebrada; línea transversal; viaje, pasaje; (for.) negación, contradicción, objeción legal; (mar.) bordada, ruta oblicua. **IV.** *va.* atravesar, cruzar, recorrer; examinar o escudriñar con cuidado; mover lateral o transversalmente; (carp.) (a)cepillar de través; (for.) negar, oponerse; estorbar, impedir; contrariar, frustrar. **V.** *vn.* atravesarse; hacer vaivén, moverse de un lado a otro; dar vueltas, girar; (top.) trazar una poligonal, o línea quebrada.
travertin(e [trǽvœrtịn], *s.* (geol., min.) travertino.
travesty [trǽvịstị]. **I.** *va.* disfrazar; parodiar. **II.** *s.* parodia, farsa, imitación burlesca.
trawl [tról]. **I.** *va.* arrastrar o rastrear (un arte de pesca). **II.** *vn.* pescar a la rastra o rastreando. **III.** *s.* cuerda larga y gruesa a la cual se atan otras provistas de anzuelos (ll. t. **t. line**). *V.* TRAWLNET.
trawler [-œ(r)], *s.* pescador rastreador, que pesca a la rastra; barco rastreador, o de pesca a la rastra; barco dragaminas.
trawling [-ịŋ], *s.* pesca a la rastra.
trawlnet [-nɛt], *s.* especie de jábega o red barredera en forma de bolsa, red rastrera.
tray [treị], *s.* bandeja, salvilla, batea, platillo; cajón (de baúl, etc.); cualquier vasija casi plana o de bordes bajos; (foto.) cubeta de revelar.
treacherous [tréchœrʌs], *a.* traidor, traicionero, alevoso, pérfido.—**t. memory,** memoria infiel. —**treacherously** [-lị], *adv.* traidoramente, alevosamente, a traición.—**treacherousness** [-nịs], *s.* calidad de traidor o pérfido; perfidia.
treachery [tréchœrị], *s.* traición, felonía, perfidia, falsedad, falsía, deslealtad.
treacle [tríkl], *s.* melado, meladura; (farm.) triaca.
tread [tréd]. **I.** *va.* y *vn.* (*pret.* TROD; *pp.* TRODDEN o TROD) pisar, hollar; andar, caminar; pisotear; pat(al)ear; pisar (las aves); gallear, cubrir (el gallo a las gallinas).—**to t. back,** desandar, volver atrás.—**to t. in the footsteps of,** seguir las pisadas de, imitar.—**to t. on air,** estar alegre, o como una pascua.—**to t. on eggs,** (fam.) andar pisando huevos.—**to t. on one's heels,** pisarle a uno los talones, seguirle de cerca.—**to t. on one's toes** o **corns,** (fam.) ofender o vejar a uno. **II.** *s.* pisa; paso; pisada, huella, pisadura; escalón o peldaño de escalera; galladura, cicatrícula (del huevo); chalaza (del huevo); superficie de rodadura (de rueda, neumático, riel, etc.); banda o cadena (de tractor oruga); distancia entre los centros de las superficies de rodadura de dos ruedas opuestas.
treadle [-l], *s.* (mec.) cárcola, pedal; galladura (del huevo); chalaza (del huevo).
treadmill [-mịl], *s.* molino de rueda de andar; (fig.) tráfago.
treason [trízǫn], *s.* traición.—**treasonable** [-ạbl], *a.* pérfido, desleal, traidor.—**treasonableness** [-nịs], *s.* calidad de traidor; traición.—**treasonably** [-ạblị], *adv.* traidoramente, a traición.
treasure [tréẑū(r)]. **I.** *s.* tesoro, caudal, riqueza; preciosidad, prenda.—**t. house,** tesorería.—**t.-ship,** barco que lleva fondos o riquezas.—**t.-trove,** tesoro hallado. **II.** *va.* atesorar; acumular riquezas; guardar o recordar como un tesoro.
treasurer [-œ(r)], *s.* tesorero.—**treasurership** [-ŝịp], *s.* dignidad o puesto de tesorero.
treasury [-ị], *s.* tesorería; erario, tesoro, hacienda; (com.) caja; (**T.**) ministerio de hacienda o del tesoro (ll. t. **T. Department**).—**T. note,** bono (a la vista) de la tesorería.

treat [trít]. I. *va.* tratar; dar (buen o mal) trato; tratar o atender (a los enfermos); escribir o discurrir sobre alguna materia; convidar, invitar, obsequiar, agasajar. II. *vn.* (con **of**) tratar de, versar sobre; negociar un tratado; convidar. III. *s.* solaz, *m.*, placer, deleite; obsequio, agasajo, convite, convidada.—**to stand t.**, pagar la convidada.
treatise [-is], *s.* tratado (libro, escrito).
treatment [-mẹnt], *s.* trat(amient)o; manera de tratar; (med.) tratamiento, régimen; terapéutica.
treaty [-i], *s.* tratado, pacto, convenio.—**t. port,** puerto o ciudad abiertos al comercio extranjero.
treble [trébl]. I. *a.* triple, triplo; (mús.) atiplado, sobreagudo. II. *s.* tresdoble; (mús.) tiple. III. *va.* triplicar, tresdoblar. IV. *vn.* triplicarse.
treble clef, *s.* (mús.) clave de sol.
trebling [tréblịŋ], *s.* triplicación.
trebly [tréblị], *adv.* triplicadamente.
trecentist [treịchéntịst], *s.* trecentista.—**trecento** [-toụ], *s.* el siglo XIV del arte y de la literatura italianos.
tree [trí]. I. *s.* (bot.) árbol; palo, madero; horca; cruz.—**t. cactus,** pitahaya.—**t. fern,** helecho arborescente.—**t. frog** o **toad,** (zool.) calamite, rana arbórea.—**t. of heaven,** (bot.) árbol del cielo, ailanto.—**t. of life,** (bib., bot.) árbol de la vida, tuya.—**t. of the knowledge of good and evil,** (bib.) árbol de la ciencia del bien y del mal.—**t. pruner,** descocador.—**t. stump,** tocón.—**t. trunk,** tronco.—**t. worship,** culto de los árboles.—**up a t.,** (fam.) puesto entre la espada y la pared. II. *va.* hacer refugiarse (a una persona o animal) en un árbol; (fam.) poner en aprieto.
treeless [-lịs], *a.* pelado, sin árboles.
treenail [-neịl], *s.* (carp.) espiga, cabilla, clavija.
treetop [-tap], *s.* copa.
trefoil [trífɔịl], *s.* (bot.) trébol, trifolio.
treillage [tréịlịdẑ], *s.* varaseto.
trek [trɛk]. I. *vn.* (*pret.* y *pp.* TREKKED) viajar en carromato; emigrar; tirar de una carga. II. *s.* emigración; incursión; jornada.
trellis, trelliswork [trélịs, -wœrk], *s.* enrejado; espaldera, espaldar, arriate, varaseto.
trematode [trémạtoụd], *s.* y *a.* (zool.) tremátodo.
tremble [trémbl]. I. *vn.* temblar, tremer; estremecerse; tiritar (de frío); trinar (la voz). II. *s.* temblor, estremecimiento.
trembler [-blœ(r)], *s.* el o lo que tiembla; (elec.) interruptor intermitente.
trembly [-i], *a.* trémulo, temblante.
tremendous [trịméndʌs], *a.* tremendo, formidable, terrible; inmenso, grande.—**tremendously** [-lị], *adv.* tremendamente.
tremolo [trémoloụ], *s.* (mús.) trémolo.
tremor [trémọ(r)], *s.* tremor, temblor, estremecimiento; vibración, trepidación.
tremulous [trémyụlʌs], *a.* trémulo, tembloroso.
tremulously [-lị], *adv.* trémulamente.
trench [trench]. I. *va.* y *vn.* surcar, hacer surcos; hacer zanjas o fosos; (mil.) atrincherar. II. *s.* foso, zanja; tajo; agüera, presa (de riego); (mil.) trinchera.—**t. back,** dolor de espalda acompañado de rigidez.—**t. coat,** trinchera (abrigo impermeable).—**t. fever,** especie de fiebre remitente, común en las trincheras, transmitida por los piojos.—**t. foot, t. feet,** enfermedad de los pies semejante a los sabañones, causada por el frío y la humedad, como en las trincheras.—**t. gun,** cañón de trinchera, usado en las trincheras.—**t. mouth,** inflamación de la boca; angina diftérica.—**t. nephritis,** nefritis aguda causada por la intemperie, como en las trincheras.—**t. warfare,** guerra de trincheras.
trenchant [trénchạnt], *a.* afilado, cortante; mordaz, picante; vigoroso, eficaz.
trencher [trénchœ(r)], *s.* el que abre zanjas o fosos; trinchador; (coc.) trinchero, tajadero; (ant.) comida; placeres de la mesa.—**trencherman** [-mạn], *s.* comedor, glotón, goloso; parásito, gorrista.
trend [trend]. I. *vn.* dirigirse, tender, inclinarse. II. *s.* dirección, rumbo, curso, giro, tendencia.
Trentine [tréntịn], *s.* y *a.* tridentino.
trepan [trịpǽn]. I. *s.* (cir.) trépano; (mec.) taladro. II. *va.* (cir.) trepanar; (mec.) taladrar.—**trepanation** [trɛpạnéịŝọn], *s.* (cir.) trepanación.
trephine [trịfáịn]. I. *va.* (cir.) trepanar. II. *s.* (cir.) trépano.
trepidation [trɛpịdéịŝọn], *s.* trepidación, azoramiento, alarma, ansiedad nerviosa.
Treponema [trɛpọnímặ], *s.* (biol.) treponema, género de bacterias a que pertenece el espiroqueto, bacteria de la sífilis.
trespass [tréspạs]. I. *vn.* (con **on** o **upon**) violar, quebrantar, infringir; invadir, rebasar o traspasar los límites; (con **against**) pecar, faltar.—**to t. on one's patience,** abusar de la paciencia de uno. II. *s.* transgresión, translimitación, invasión; infracción, violación; culpa, pecado; deuda (en el padrenuestro).
trespasser [-œ(r)], *s.* transgresor, violador de una ley; pecador; deudor (en el padrenuestro).
tress [trɛs], *s.* trenza; rizo, bucle.—*pl.* cabellera, cabellos abundantes.—**tressed** [trɛst], *a.* trenzado.
trestle [trésl], *s.* (carp.) bastidor (*v.* T. HORSE); armadura; armazón de soporte o refuerzo; (ing.) caballete, viaducto sostenido por armaduras transversales reticuladas.—**t. bridge,** puente de caballetes.—**t. horse,** (carp.) borriquete, caballete.
trestletree [-tri], *s.* (mar.) bao del palo.
trestlework [-wœrk], **trestling** [-iŋ], *s.* (ing.) caballete, sistema (*m.*) o serie de caballetes; obra de celosía y caballete; obra sobre pilares.
tret [trɛt], *s.* (com.) deducción por merma, rebaja.
trey [treị], *s.* el tres (en dados o naipes).
triable [tráịabl], *a.* que se puede probar, ensayar, adjudicar, etc.
triad [tráịæd]. I. *s.* tríada, tríade, *f.*, terno, terna, trinca; (mús.) acorde. II. *a.* (quím.) trivalente.
triadic [traịǽdịk], *a.* trino; (quím.) trivalente.
trial [tráịạl]. I. *s.* prueba, esfuerzo, ensayo, experimento, tanteo; toque, ensay(e) (de metales); desgracia, aflicción; (for.) proceso, juicio, vista de una causa. II. *a.* de prueba; hecho por vía de experimento.—**t. and error,** ensayo, experimento, prueba.—**t. balance,** (com.) balance de comprobación.—**t. balloon,** globo de prueba; artificio para probar la opinión pública, etc.—**t. by jury,** juicio por jurado.—**t. jury,** jurado procesal.—**t. pit,** (min.) calicata.—**t. trip,** viaje de prueba.—**by t.,** al tanteo.—**on t.,** (com.) a prueba; (for.) enjuiciado.
triangle [tráịæŋgl], *s.* (geom.) triángulo; (mús.) triángulo; (dib.) escuadra, cartabón; conjunto de tres cosas o personas; enredo amoroso en que están envueltas tres personas.
triangular [traịǽŋgyụlặ(r)], **triangled** [tráịæŋgld], *a.* triangular, triangulado, deltoideo; de tres (cosas, personas, etc.).—**triangularly** [-lị], *adv.* triangularmente.
triangulate [traịǽŋgyụleịt], *va.* (top.) triangular.
triangulation [-éịŝọn], *s.* (top.) triangulación.
Triassic [traịǽsịk], *a.* y *s.* (geol.) triásico.
triatomic [traịạtámịk], *a.* triatómico; trivalente.
tribal [tráịbạl], *a.* tribal, de tribu, relativo a la tribu o a las tribus; descendiente de una misma hembra por la línea materna (apl. al ganado).
tribalism [-ịzm], *s.* vida o sociedad tribal, o de tribu; espíritu tribal, o de tribu.
tribasic [traịbéịsịk], *a.* (quím.) tribásico.
tribe [tráịb], *s.* tribu, *f.*; (biol.) tribu, grupo.
tribesman [-zmạn], *s.* miembro de una tribu.
tribrach [tráịbræk], *s.* (pros.) tribraquio.
tribulation [trịbyụléịŝọn], *s.* tribulación, congoja, duelo, pena, aflicción.
tribunal [trịbịúnạl], *s.* (for.) sala, juzgado; tribunal; foro.
tribune [trịbịun], *s.* tribuno, defensor del pueblo; tribuna.—**tribuneship** [-ŝịp], *s.* tribunado.

tribunicial, tribunitial [trịbịuníŝal], *a.* tribunicio.
tributary [tríbyŭtɛri], *a.* y *s.* tributario (río, estado); subalterno, subordinado.
tribute [tríbịut], *s.* tributo; contribución, impuesto; homenaje.
trice [trais]. **I.** *s.* momento, instante, tris.—**in a t.,** en un abrir y cerrar de ojos. **II.** *va.* (mar.) izar; amarrar, ligar.
tricennial [traisénial], *a.* tricenal.
tricentennial [-ténial], *a.* y *s.* = TERCENTENARY.
triceps [tráiseps], *a.* y *s.* (anat.) triceps o tríceps.
trichina [trikáinä], *s.* (zool.) triquina.
trichinization [trikinizéiŝon], **trichinosis** [-nóusis], *s.* (med.) triquinosis.—**trichinous** [tríkinʌs], *a.* triquinoso; triquinado.
trichloride [traiklóraid], *s.* (quím.) tricloruro.
trichotomic [trikotámik], **trichotomous** [trikátomʌs], *a.* tricotómico, tricótomo.
trichotomy [trikátomi], *s.* tricotomía.
trichroic [traikróuik], *a.* tricroico.—**trichroism** [tráikrouizm], *s.* tricroísmo.
trichromatic [traikromǽtik], *a.* tricromático.—**trichromatism** [traikróumatizm], *s.* tricromatismo.
trick [trík]. **I.** *s.* treta, petardo, timo, engaño, socaliña; artería, ardid, *m.*, truco, artificio, arte; trampa, tramoya, manganilla; juego de manos; chasco, burla; travesura; jugarreta, (fam.) parchazo, (Am.) volada; destreza, maña; marrullería; costumbre, vicio, muletilla; baza, en el juego de naipes; (mar.) guardia del timonel.—**to do the t.,** resolver el problema, dar en el busilis. **II.** *va.* engañar, embaucar, timar, burlar, petardear, estafar; (con **out**) ataviar, componer, asear. **III.** *vn.* trampear (fam.), vivir de trampas.
tricker, trickster [-œ(r), -stœ(r)], *s.* trampista, embustero, embaucador, (fam.) engañabobos.
trickery [-œri], *s.* trampería, ardid, *m.*, embrollo.
trickish [-iŝ], *a.* falso, trapacero; mañoso.
trickle [-l]. **I.** *s.* hilo, escurrimiento (de un líquido); goteo, chorreo. **II.** *va.* hacer escurrir (un líquido); correr gota a gota. **III.** *vn.* gotear, chorrear, destilar; escurrir (un líquido).
tricksy [-si], *a.* juguetón, retozón, travieso; artificioso, embustero; ilusorio, engañoso.
tricky [-i], *a.* falso, tramposo, marrullero; vicioso (el animal).
triclinium [traiklíniʌm], *s.* (hist. rom.) triclinio.
tricolor [tráikʌlo(r)]. **I.** *a.* tricolor. **II.** *s.* bandera tricolor (apl. gen. a la francesa).
tricot [tríkou], *s.* tricot, tejido de punto.
tricuspid [traikʌ́spid], *a.* tricúspide.—**t. valve,** (anat.) válvula tricúspide.
tricycle [tráisikl], *s.* triciclo, velocípedo.
trident [tráident]. **I.** *s.* arrejaque (de pescar). **II.** *a.* tridente.
tridentate [traidénteit], *a.* tridente.
Tridentine [traidéntin]. **I.** *a.* tridentino. **II.** *s.* católico romano.
tried [traid]. **I.** *pret.* y *pp.* de TO TRY. **II.** *a.* probado, experimentado; leal, fidedigno.
triennial [traiénial], *a.* trienal.—**triennium** [-iʌm], *s.* trienio, período de tres años.
trier [tráiœ(r)], *s.* experimentador, ensayador; juez, *m.*, censor; examinador; ensayo, prueba.
trierarch [tráierark], *s.* (hist. gr.) trierarca, *m.*, capitán de trirreme.
trifacial [traiféiŝal], *s.* y *a.* trifacial.—**t. nerve,** (anat.) trigémino.
trifid [tráifid], *a.* trífido.
trifle [tráifl]. **I.** *s.* bagatela, fruslería, friolera, baratija, menudencia, pequeñez, chuchería, chisme.—**a t.,** (como *adv.*) un poco, un poquito.—**to stop at trifles,** (fam.) pararse en pelillos. **II.** *va.* (gen. con **away**) malgastar (el tiempo, etc.). **III.** *vn.* bromear, chancearse, guasearse; holgar(se); (con **with**) jugar; tratar sin seriedad; burlarse de, engañar.
trifler [tráiflœ(r)], *s.* persona frívola.
trifling [-fliŋ], *a.* frívolo; fútil, insignificante.
trifoliate(d [traifóulieit(id], *a.* (bot.) trifoliáceo.
trifoliolate [-lioleit], *a.* (bot.) trifoliado.
triforium [traifóriʌm], *s.* (arq.) triforio.
triform(ed [tráiform(d], *a.* triforme.
trifurcate(d [traifœ́rkeit(id], *a.* trifurcado.
trifurcation [-éiŝon], *s.* trifurcación.
trig [trig]. **I.** *va.* calzar, atar o trabar las ruedas; (gen. con **up** o **out**) acicalar, ataviar. **II.** *s.* calzo, galga. **III.** *a.* peripuesto, acicalado; sano, firme.
trigeminal [traidẑéminal], *a.* y *s.* (anat.) (relativo al) trigémino (nervio).—**trigeminous** [-ʌs], *a.* trigémino; triple.
trigger [trígœ(r)]. **I.** *s.* (arm.) gatillo, disparador; (mec.) fiador; (carr.) pararruedas, calzo, galga. **II.** *va.* dar impulso a, causar.
trigger guard, *s.* (arm.) guardamonte.
trigger-happy [-hǽpi], *a.* (persona) ávida de apretar el gatillo; (persona) irresponsable en el uso de armas de fuego.
trigger mechanism, *s.* mecanismo de disparo.
triglyph [tráiglif], *s.* (arq.) tríglifo.
trigon [tráigan], *s.* (geom., astr.) trígono.
trigonal [trígonal], *a.* triangular.
trigonometric(al [trigonométrik(al], *a.* trigonométrico.—**t. function,** función o razón trigonométrica.—**trigonometrically** [-i], *adv.* trigonométricamente.
trigonometry [-námetri], *s.* trigonometría.
trihedral [traihídral], *a.* (geom.) triedro.—**t. angle,** (ángulo) triedro.—**trihedron** [-dron], *s.* triedro.
trilateral [-lǽteral], *a.* trilátero, trilateral.
trilingual [-líŋgwal], *a.* trilingüe.
triliteral [-líteral], *a.* trilítero.
trill [tril]. **I.** *s.* trino, gorjeo, (fam.) gorgorito(s); (fon.) vibración. **II.** *va.* (fon.) vibrar (la *r*). **III.** *vn.* trinar, gorjear, (fam.) gorgoritear; gotear.
trillion [trílyon], *s.* trillón (en Ingl. y Esp., la tercera potencia de un millón; en Fr. y E. U., un millón de millones).
trillium [tríliʌm], *s.* (bot.) lirio del bosque, trilio.
trilobate(d [trailóubeit(id], **trilobed** [tráiloubd], *a.* trilobulado, de tres lobos o lóbulos.
trilobite [tráilobait], *s.* (pal.) trilobites.
trilocular [trailákiulä(r)], *a.* trilocular, de tres células o tres cavidades.
trilogy [trílodẑi], *s.* trilogía.
trim [trim]. **I.** *a.* ajustado, bien acondicionado; ataviado, acicalado. **II.** *va.* componer, arreglar, pulir, ajustar, adaptar; (carp.) alisar, desbastar, acepillar; (agr.) podar, mondar, recortar; cortar ligeramente o un poco (cabellos, barba); despabilar (lámpara o vela); reponer (los carbones de una lámpara de arco); (cost.) adornar, guarnecer, franjear, ribetear, pasamanar; (enc.) afinar; igualar o equilibrar; (fam.) reprender; (fam.) zurrar; (fam.) derrotar; sacar ventaja a.—**to t. a ship,** (mar.) orientar o equilibrar un buque.—**to t. off,** recortar; atusar.—**to t. the hold,** (mar.) estibar, abarrotar.—**to t. the sails,** orientar las velas.—**to t. up,** adornar, hermosear, componer. **III.** *vn.* vacilar, titubear entre dos partidos; nadar entre dos aguas; (mar.) estar bien orientado o equilibrado (buque). **IV.** *s.* atavío, adorno, aderezo, compostura; traje, vestido; estilo; condición, estado; buena condición, buen estado; (cost.) franja, ribete, guarnición; (arq.) enmaderamiento, molduras, *f. pl.*; disposición marinera de un buque, asiento.—**t. of the hold,** (mar.) disposición de la estiba.—**t. of the sails,** (mar.) orientación de las velas.—**in (good) t.,** en buena condición, en buen estado; listo, preparado.
trimester [traiméstœ(r)], *s.* trimestre.—**trimestr(i)al** [-tr(i)al], *a.* trimestral, de cada tres meses.
trimeter [trímetœ(r)], *a.* y *s.* (poét.) trímetro.
trimly [trímli], *adv.* en regla.
trimmed [trimd], *a.* ataviado, adornado, guarnecido; (mar.) equilibrado; (fam.) derrotado.
trimmer [trímœ(r)], *s.* guarnecedor; contemporizador, pastelero; (cost.) ribeteador.

trimming [trímiŋ], *s.* (cost.) guarnición, cenefa, galoneadura, galón, alamar, franja, orla, adorno, pasamanería; (carp.) desbastadura; ajuste, arreglo; (agr.) poda; recorte (del pelo, barba); (fam.) derrota.—*pl.* accesorios, piezas de adorno; arrequives; recortes.
trinal [tráinal], *a.* triple; trino.—**trinary** [tráinary], *a.* ternario.—**trine** [train]. **I.** *a.* triple; (astr.) trino. **II.** *s.* compuesto o reunión de tres elementos; (**T.**, igl.) Trinidad; (astr.) aspecto trino.
tringle [tringl], *s.* vara de cortina; (arq.) listel.
trinitarian [trinitérian], *s.* y *a.* (t. **T.**, igl.) trinitario.
trinitrocresol [trainaitrokrísoul], *s.* trinitrocresol.
trinitrophenol [-fínoul], *s.* (quím.) ácido pícrico.
trinitrotoluene [-tályuin], *s.* (quím.) trinitrotolueno.
trinity [tríniti], *s.* (t. **T.**, teol.) trinidad.
trinket [tríŋkit], *s.* dije, bujería, chuchería.
trinomial [trainóumial]. **I.** *a.* (biol.) que tiene tres nombres; (álg.) trinomio. **II.** *s.* trinomio.
trio [tríou], *s.* terno, terna; (mús.) trío, terceto.
triode [tráioud], *s.* (elec.) tubo de vacío con tres electrodos.
trioxid(e [traiáksaid], *s.* (quím.) trióxido.
trip [trip]. **I.** *va.* hacer caer a uno echándole la zancadilla; trompicar; armar un lazo o zancadilla; coger a uno en falta o cogerle un renuncio; bailar, mover los pies con ritmo; (mec.) soltar, disparar; desatar; (mar.) zarpar, levar anclas. **II.** *vn.* tropezar; equivocarse, cometer un desliz o descuido; (mar.) zarpar; correr, ir aprisa. **III.** *s.* viaje corto, excursión; tropiezo, traspié, *m.*; paso falso; zancadilla; movimiento ágil; (fam.) alucinación prolongada indució por un alucinógenos.—**t. hammer,** martinete de fragua.
tripartite [traipártait], *a.* tripartito.
tripe [traip], *s.* (coc.) callos, *m. pl.*, mondongo; (fam.) cosa sin valor; necedad(es).—**honeycomb t.,** callos de redecilla.—**plain t.,** callos de panza.
tripetalous [traipétalʌs], *a.* (bot.) tripétalo.
triphthong [trífθaŋ], *s.* (fon.) triptongo.
triplane [tráiplein], *s.* (aer.) triplano.
triple [trípl]. **I.** *s.* (béisbol) golpe por el cual el bateador alcanza la tercera base. **II.** *a.* triple, triplo, tríplice, tresdoble. **III.** *va.* triplicar, tresdoblar.
triple crown, *s.* (igl.) tiara.
triple-expansion [-ekspǽnšon], *a.* de expansión triple.
triple play, *s.* (béisbol) jugada que saca tres jugadores fuera de una partida.
triplet [tríplit], *s.* terno; cada uno de tres hermanos nacidos de un parto; (poét.) terceto, tercerilla; (mús.) trecillo; (fís.) triplete.
triple time, *s.* (mús.) compás ternario.
triplex [trípleks], *a.* tríplice.
triplicate [tríplikit]. **I.** *a.* triplicado, triplo. **II.** *s.* tercera copia.—**in t.,** por triplicado. **III.** [-eit], *va.* triplicar.
triplication [-éišon], *s.* triplicación.
triplicity [triplísiti], *s.* triplicidad.
triply [trípli], *adv.* por triplicado.
tripod [tráipad], *s.* trípode, *mf.*
tripoli [trípoli], *s.* (min.) trípol(i) (ll. **t. t. stone**).
Tripolitan [tripálitan], *s.* y *a.* tripolitano.
tripper [trípœ(r)], *s.* saltarín; excursionista; (mec.) disparador.
trippet [trípit], *s.* brazo, saliente, *f.*, leva, uña.
tripping [trípiŋ]. **I.** *s.* tropezón, traspié, *m.*; baile ligero. **II.** *a.* veloz, ágil, ligero.—**trippingly** [-li], *adv.* velozmente, con agilidad y ligereza.
triptych [tríptik], *s.* (b. a.) tríptico.
triptyque [triptík], *s.* (aut.) pase de aduana.
trireme [tráirim], *s.* (hist. rom. y gr.) trirreme.
Trisagion [triséigion], *s.* (igl.) trisagio.
trisect [traisékt], *va.* trisecar.
trisection [-sékšon], *s.* trisección.
trismus [trízmʌs], *s.* (med.) trismo, tétano de la mandíbula inferior.
trisulfide [traisʌ́lfaid, -fid], *s.* (quím.) trisulfuro.
trisyllabic(al [traisilǽbik(al], *a.*, **trisyllable** [traisílabl], *s.* trisílabo.
trite [tráit], *a.* traqueado, gastado, trillado; trivial, vulgar.—**tritely** [-li], *adv.* vulgarmente; trilladamente.—**triteness** [-nis], *s.* vulgaridad; trivialidad; calidad de gastado o trillado.
tritheism [tráiθiizm], *s.* (teol.) triteísmo.
tritium [trítiʌm], *s.* (quím.) tritio.
triton [tráiton], *s.* (zool.) tritón (gasterópodo y lagartija acuática); (**T.**, mit.) Tritón, tritón.
tritone [tráitoun], *s.* (mús.) trítono.
triturable [tríchurabl], *a.* triturable.—**triturate** [-eit], *va.* triturar.—**trituration** [-éišon], *s.* trituración.
triumph [tráiʌmf]. **I.** *s.* triunfo, victoria. **II.** *vn.* triunfar; vencer, salir victorioso.
triumphal [traiʌ́mfal], *a.* triunfal.—**t. arch,** arco de triunfo.—**t. crown,** lauro.
triumphant [-ant], *a.* triunfante, victorioso.
triumphantly [-li], *adv.* triunfalmente, triunfantemente, en triunfo.
triumpher [tráiʌmfœ(r)], *s.* triunfador.
triumvir [traiʌ́mvœ(r)], *s.* (hist. rom.) triunviro.
triumvirate [-eit], *s.* triunvirato.
triune [tráiyun]. **I.** *a.* (teol.) trino y uno. **II.** *s.* (**T.**) Trinidad.
trivalent [traivéilent], *a.* (quím.) trivalente.
trivet [trívit], *s.* trébedes, *f. pl.*, trípode, *mf.*
trivial [trívial], *a.* trivial, frívolo, fútil.—**trivially** [-i], *adv.* frívola o trivialmente.—**triviality** [triviǽliti], **trivialness** [trívialnis], *s.* trivialidad.
trivium [tríviʌm], *s.* trivio, las tres artes liberales (la gramática, la retórica y la dialéctica).
triweekly [traiwíkli], *a.* que sucede tres veces por semana, o cada tres semanas.
trocar [tróukar], *s.* (cir.) trocar.
trochaic(al [trokéiik(al], *a.* (poét.) trocaico.
trochanter [trokǽntœ(r)], *s.* (anat.) trocánter; (ent.) segunda articulación de la pierna de un insecto.
troche [tróuki], *s.* (farm.) trocisco, rótula, pastilla.
trochee [tróuki], *s.* (poét.) troqueo (— ⌣).
trochlea [tráklia], *s.* (anat.) tróclea.
trochoid [tróukɔid]. **I.** *a.* que gira sobre su propio eje. **II.** *s.* (geom.) trocoide, *f.*
trochotron [tróukotran], *s.* (fís.) trocotrón.
trod, trodden [trád, -n], *pret.* y *pp.* de TO TREAD.—**trodden path,** camino trillado.
troglodyte [tráglodait], *s.* troglodita, *m.*; (fig.) ermitaño; hombre bárbaro y cruel; (zool.) mono antropoide, chimpancé; (orn.) troglodita, *m.*—**troglodytic** [-dítik], *a.* troglodita; troglodítico.
trogon [tróugan], *s.* (orn.) quetzal.
Trojan [tróudžan], *a.* y *s.* troyano; valiente, enérgico.
Trojan horse, *s.* caballo de Troya; (fam.) quinta columna.
troll [troul]. **I.** *va.* y *vn.* cantar alegre y briosamente; cantar en sucesión (las partes de una canción o rondó); pescar de un bote en movimiento, arrastrando el anzuelo; voltear, girar, rodar. **II.** *s.* rondó, cantar que se entona en partes sucesivas; repetición, rutina; carrete de la caña de pescar (*v.* TROLLING); (mit.) gnomo, enano.
trolley, trolly [tráli], *s.* (elec.) polea del trole; coche o tranvía (*m.*) de trole; vagoneta de volquete; carretilla; carro de grúa (ll. t. **crane t.**).—**t. bus** o **coach,** ómnibus eléctrico (es de trole, pero no necesita rieles).—**t. car,** (coche de) tranvía, *m.*—**t. line** o **system,** línea o sistema (*m.*) de tranvías de trole.—**t. wire,** conductor o alimentador del trole; alambre de o para troles.
troll(e)yman [-man], *s.* conductor de tranvía de trole, motorista.
trolling [tróuliŋ], *s.* modo de pescar arrastrando el sedal y anzuelo casi a flor de agua desde un bote en movimiento.
trollop [trálop], *s.* mujer sucia y desaseada, (fam.) zangarilleja; gorrona, ramera.
trombone [trámboun], *s.* (mús.) trombón.

trompe [tramp], *s.* (fund.) trompa.
troop [trúp]. **I.** *s.* tropa, cuadrilla, turba, caterva; compañía (de actores); (mil.) escuadrón de caballería.—*pl.* tropas, ejército.—**t. carrier** = TROOPSHIP. **II.** *vn.* atroparse, apiñarse, agavillarse, ir en tropel.—**to t. away,** u **off,** retirarse, marcharse en tropel.
trooper [-œ(r)], *s.* soldado de caballería; policía montado; corcel de guerra; (Ingl.) = TROOPSHIP.
troopial [-ịal], *s.* (orn.) turpial, trupial.
troopship [-ŝịp], *s.* buque de transporte de tropas.
tropæolum [tropíolʌm], *s.*, **tropæolaceous** [tropioléįŝʌs], *a.* (bot.) tropeoleo.
trope [troụp], *s.* (ret.) tropo (metáfora, sinécdoque, metonimia, ironía).
tropein(e [tróụpịịn], *s.* (quím.) tropeína.
trophic(al [tráfịk(al], *a.* trófico, relativo a la nutrición.
trophied [tróụfịd], *a.* adornado de trofeos.
trophy [tróụfị], *s.* trofeo.
tropic [trápịk], *s.* (geog. y astr.) trópico.—**T. of Cancer,** trópico de Cáncer.—**T. of Capricorn,** trópico de Capricornio.
tropic(al [-al], *a.* tropical; (ret.) trópico, figurado.
tropically [-lị], *adv.* (ret.) metafóricamente, etc.
tropine [tróụpịn], *s.* (quím.) tropina.
tropism [tróụpịzm], *s.* (biol.) tropismo.
tropological [trapoládžịkal], *a.* (ret.) tropológico.
tropology [tropálodžị], *s.* (ret.) tropología.
tropopause [trápopɔz], *s.* (meteor.) tropopausa.
troposphere [tráposfịr], *s.* (meteor.) troposfera.
trot [trat]. **I.** *va.* (equit.) hacer trotar; pasar al trote; (con **out**) (fam.) sacar a exhibir. **II.** *vn.* trotar, ir al trote. **III.** *s.* trote.—**at a t.,** al trote.
troth [troθ], *s.* verdad, fe, *f.*, fidelidad; esponsales, *m. pl.*—**in t.,** en verdad.—**to plight one's t.,** desposarse.
trotline [trátlaịn], *s.* palangre, espinel.
trotol [tróụtoụl], **trotyl** [-tịl], *s.* (quím.) trinitrotolueno.
trotter [trátœ(r)], *s.* trotón, trotador.—*pl.* (coc.) manos (*f. pl.*) o pies (*m. pl.*) de carnero o cerdo.
trotting [-ịŋ], *a.* trotón, trotador.
troubadour [trúbadɔr], *s.* trovador.
trouble [trʌ́bl]. **I.** *va.* (per)turbar, disturbar; revolver, enturbiar; enfadar, hostigar; atribular, preocupar; incomodar, molestar, importunar.—**to t. oneself,** molestarse, tomarse la molestia; inquietarse. **II.** *vn.* incomodarse, darse molestia, apurarse. **III.** *s.* (per)turbación; disturbio, inquietud; enfermedad, mal (*stomach trouble,* mal de estómago; *throat trouble,* enfermedad de la garganta); (mec.) avería (*engine trouble,* avería del motor); cuita, pena, congoja; disgusto, desavenencia; dificultad; molestia, incomodidad, inconveniencia; impertinencia, engorro.—**to be in t.,** estar afligido; hallarse en un apuro.—**to be looking for t.,** (fam.) buscar tres pies al gato.—**not to be worth the t.,** no valer la pena.
troubled [-d], *a.* afligido; inquieto, agitado; preocupado; en dificultades.—**t. waters,** aguas revueltas o agitadas.—**to be t. with,** sufrir de.
troublemaker [-meịkœ(r)], *s.* = TROUBLER.
troubler [trʌ́blœ(r)], *s.* alborotador, perturbador.
trouble-shooter [-ŝutœ(r)], *s.* persona que repara (averías, fallas mecánicas, etc.); (fig.) mediador (en una discordia, desavenencia, etc.).
troublesome [trʌ́blsʌm], *a.* penoso, pesado, gravoso; importuno, enfadoso, impertinente; incómodo, fastidioso, dificultoso, molesto; querelloso, camorrista, pendenciero.
troublesomely [-lị], *adv.* molestamente, enfadosamente.—**troublesomeness** [-nịs], *s.* calidad de molesto, pesado, dificultoso.
troublous [trʌ́blʌs], *a.* turbulento, confuso; inquietante; inquieto, agitado. *V.* TROUBLESOME.
trough [trɔf], *s.* artesa, gamella, dornajo, cubeta, pila, batea; gamellón (para pisar uvas); seno de dos olas; canal, *mf.;* (meteor.) mínimo (de una depresión).
trounce [traụns], *va.* (fam.) zurrar; derrotar.
troupe [trúp], *s.* (teat.) compañía.
trouper [-œ(r)], *s.* actor (apl. esp. al veterano).
trousers [tráụzœrz], *s. pl.* pantalón(es), calzón(es).
trousseau [trúsoụ], *s.* ajuar de novia.
trout [traụt], *s.* (ict.) trucha.
trover [tróụvœ(r)], *s.* (for.) repetición.
trowel [tráụẹl]. **I.** *s.* (alb.) llana, paleta, fratás, palustre; (agr.) desplantador. **II.** *va.* allanar, emparejar con la llana, fratasar.
trowelful [-fụl], *s.* paletada.
troy (**weight** [trɔ́ị(weịt], *s.* sistema (*m.*) de pesos cuya unidad es la libra de 12 onzas (5760 granos).
truancy [trúansị], *s.* briba, tuna; ausencia sin permiso de la escuela o del deber.—**truant** [trúant]. **I.** *s.* novillero; tunante.—**t. officer,** vigilante escolar.—**to play t.,** hacer novillos (fam.). **II.** *a.* que hace novillos; holgazán, tunante. **III.** *vn.* hacer novillos (fam.); correr la tuna, andar a la briba.
truce [trus], *s.* (mil.) tregua; suspensión, cesación.
truck [trʌk]. **I.** *va.* y *vn.* trocar, permutar, cambiar, traficar; acarrear, transportar en camión (*m.*) o carretón. **II.** *s.* carro, carretón; (auto)-camión, *m.;* carretilla de mano; (f. c.) bog(g)ie, truc(k); (Ingl.) furgón de plataforma; (mar.) vertellos, bolas; efectos para vender o trocar; hortalizas para el mercado; (fam.) cosas sin valor, hojarasca, basura; cambio, permuta, trueque; (fam.) trato.—**t. driver,** camionero; carret(on)ero.—**t. farm** o **garden,** huerta.—**t. farmer,** hortelano.—**t. horse,** caballo de tiro.—**t. system,** sistema (*m.*) de pago de salarios en especie.—**t. tractor,** camión remolcador que lleva parte del peso del remolque.
truckage [-ịdž], *s.* camionaje; carreteo, acarreo.
trucker [-œ(r)], *s.* = TRUCKMAN.
truckle [trʌ́kl]. **I.** *vn.* someterse servilmente; servir para ganar favores. **II.** *s.* ruedecilla.—**t. bed,** carriola.
truckman [trʌ́kman], *s.* camionero; carret(on)ero; traficante; hortelano, el que cultiva hortalizas para el mercado.
truculence [trʌ́kyụlẹns], *s.* fiereza, crueldad.
truculent [-ẹnt], *a.* truculento, feroz, cruel.
trudge [trʌdž]. **I.** *vn.* andar a pie; caminar con trabajo. **II.** *s.* caminata (fam.), paseo largo y difícil.
true [trú]. **I.** *a.* verdadero, cierto, real, efectivo; ingenuo, sincero; verídico; exacto; justo, a plomo, a nivel, alineado, bien arreglado; legítimo, genuino, puro, propio, natural; fiel, constante, leal.—**t. bearing,** (top., mar.) rumbo relativo al meridiano astronómico.—**t. bill,** (for.) acusación de un gran jurado por haber evidencia suficiente para procesar.—**t.-blue,** leal, fiel.—**t.-born,** legítimo, verdadero; de nacimiento legítimo.—**t.-bred,** de casta o raza legítima.—**t. copy,** copia fiel.—**t. course,** (mar.) rumbo astronómico, o relativo al meridiano astronómico.—**t.-hearted,** leal, sincero.—**t.-heartedness,** fidelidad, sinceridad.—**t.-lover's knot,** nudo o lazo de perfecto amor.—**t. meridian,** meridiano astronómico (a distinción del magnético).—**t. time,** tiempo (solar) verdadero.—**t. to life,** ajustado a la vida real, que pinta la vida al natural.—**in t.,** alineado, exacto, bien arreglado.—**out of t.,** desarreglado, desalineado, mal dispuesto. **II.** *adv.* exactamente, con verdad. **III.** *va.* (a veces con **up**) pulir, alisar, acabar; arreglar, corregir, rectificar.
trueness [-nịs], *s.* fidelidad; sinceridad; verdad; exactitud, arreglo perfecto.
truffle [trʌ́fl], *s.* (bot.) criadilla de tierra, trufa.
truism [trúịzm], *s.* axioma, *m.*, verdad trillada, vejez, (fam.) perogrullada.
trull [trʌl], *s.* perendeca, prostituta, ramera.
truly [trúlị], *adv.* verdaderamente, en verdad; realmente, exactamente, con precisión; sincera-

mente, de buena fe.—**yours (very) t.,** su afectísimo, su seguro servidor.
trump [trʌmp]. **I.** *s.* triunfo, en juegos de naipes; (fam.) real mozo, excelente persona; (ant. y poét.) trompeta; trompetazo.—**t. card,** naipe de triunfo (en el juego y fig.).—**no t.,** sintriunfo. **II.** *va.* (en los naipes) matar con un triunfo; engañar.—**to t. up,** forjar; inventar. **III.** *vn.* (en los naipes) triunfar, jugar (del palo del) triunfo, matar.
trumpery [-œri], *s.* hojarasca, oropel, relumbrón; cachivache, bujería, baratija; (ant.) engaño, fraude.
trumpet [-it]. **I.** *s.* (mús.) trompa, trompeta, clarín (instrumento y músico); trompetilla acústica; bocina, portavoz, *m.;* (bot.) serracenia.—**t. blast,** trompetazo.—**t. creeper** o **vine,** (bot.) planta bignoniácea norteamericana.—**t. daffodil** o **narcissus,** (bot.) narciso atrompetado.—**t.-shaped,** atrompetado, abocinado, abocardado.—**t. shell,** trompa o bocina marina.—**t.-tongued,** vocinglero. **II.** *va.* pregonar a son de trompeta. **III.** *vn.* tocar la trompeta o el clarín, (fam.) trompetear.
trumpeter [-œ(r)], *s.* (mús. y mil.) trompetero, trompeta, *m.*, clarín; pregonero; (orn.) agamí; cisne blanco norteamericano de voz sonora.
truncate [trʌŋkeit], *va.* truncar, troncar.—**truncate(d** [-id], *a.* truncado, trunco.—**truncation** [-kéiŝon], *s.* truncamiento, tronca.
truncheon [trʌnchon]. **I.** *s.* tranca, garrote, (cachi)porra; bastón de mando. **II.** *va.* golpear con tranca, etc.
trundle [trʌndl]. **I.** *s.* rodaja, rodillo.—**t. bed,** carriola. **II.** *va.* y *vn.* (hacer) rodar.
trundleshot [-ŝat], *s.* (arti.) palanqueta.
trunk [trʌŋk]. **I.** *s.* tronco (de árbol, del cuerpo, arterial); baúl, (baúl) mundo, cofre; trompa (de elefante); (ing.) línea principal (de un ferrocarril); tubería maestra o principal de abastecimiento, de alcantarillas, etc. (en los dos últimos sentidos se dice gen. **t. line,** y en español se dice también *tronco* y *línea troncal*); (arq.) fuste (de columna); tolva (para el grano, etc.); pozo, conducto (de ventilación, descarga, etc.); (m. v.) vástago tubular de émbolo.—*pl.* taparrabo, calzones cortos usados para baño, gimnasia, etc. **II.** *a.* troncal, del tronco; de la parte (vía, tubería, etc.) principal.—**t. dealer** o **maker,** baulero, cofrero.—**t. engine,** (m. v.) máquina de vástago tubular.—**t. hose,** (hist., sast.) gregüescos, trusas.—**t. sleeve,** (hist., sast.) manga corta y ancha.
trunnel [trʌnel], *s.* = TREENAIL.
trunnion [trʌnyon], *s.* (arti.) muñón.—**t. plates,** muñoneras, contramuñones.
truss [trʌs]. **I.** *s.* (cir.) braguero; (constr.) armazón, *f.;* armadura (de techo o tejado); viga de celosía o reticulada (de puente); (mar.) troza; (bot.) mazorca, racimo; haz, *m.*, atado, lío, paquete; (Ingl.) 36 libras de paja o 60 de heno. —**t. beam,** viga armada o reforzada.—**t. bridge,** puente de vigas de celosía.—**t. girder,** viga de celosía.—**t. rod,** tirante. **II.** *va.* (constr.) atirantar, apuntalar, armar; (mar.) atrozar; (coc.) espetar.—**to t. up,** sofaldar; empaquetar, liar; (ant.) ahorcar.
trussing [-iŋ], *s.* (constr.) refuerzo, armadura; viga de celosía; piezas de una viga de celosía.
trusswork [-wœrk], *s.* (constr.) armazón, *f.*
trust [trʌst]. **I.** *s.* confianza, fe, *f.* (en una persona); esperanza, expectación, creencia; (com.) crédito; (for.) fideicomiso, cargo, depósito; (com.) trust, asociación de compañías industriales para fijar la producción, precio, etc., de un artículo, o para asumir la dirección y las ganancias de un negocio; monopolio.— **t. deed of sale,** (for.) escritura de venta condicionada.—**in t.,** en confianza; en depósito; en administración.—**on t.,** al fiado. **II.** *va.* y *vn.* confiar (en), contar (con); esperar (con confianza); tener confianza en o hacer confianza de; encargar y fiar; confiarse, fiarse (de); creer, dar crédito a; vender al fiado.—**to t. to** o **unto,** confiar en.
trust buster, *s.* (fam.) fiscal u otro funcionario público encargado de disolver trusts o monopolios.
trust company, *s.* banco de depósito; compañía fiduciaria o fideicomisaria.
trustee [trʌstí], *s.* (for.) síndico, fideicomisario, fiduciario, depositario; director de una compañía.
trusteeship [-ŝip], *s.* cargo de fideicomisario; (dipl.) administración fiduciaria (de un territorio).
truster [trʌstœ(r)], *s.* fiador.
trustful [trʌstful], *a.* confiado.
trustfully [-i], *adv.* confiadamente.
trust fund, *s.* fondo fiduciario.
trustily [trʌstili], *adv.* fielmente, lealmente, honradamente.
trustiness [-inis], *s.* fidelidad, integridad, probidad.
trust territory, *s.* territorio o colonia bajo la administración de las Naciones Unidas.
trustworthiness [-wœrðinis], *s.* confiabilidad, integridad, honradez.
trustworthy [-wœrði], *a.* fiable, confiable; fidedigno, seguro.
trusty [-i], *a.* fiel, leal; íntegro, confiable; firme, fuerte, seguro.
truth [trúθ], *s.* verdad, realidad; veracidad; exactitud; (ant.) fidelidad, constancia.—**in t.,** a la verdad, en verdad; en realidad, seriamente. —**of a t.,** de veras, por supuesto.
truthful [-ful], *a.* verídico, veraz; verdadero, exacto.—**truthfully** [-li], *adv.* con verdad, con certeza.—**truthfulness** [-nis], *s.* veracidad; exactitud; verismo, realismo.
truth serum o **drug,** *s.* (farm.) suero de la verdad, escopolamina, hioscina.
try [trái]. **I.** *va.* (*pret.* y *pp.* TRIED) probar, ensayar, tantear; procurar, tratar de; intentar, pretender, querer; poner a prueba; exasperar, irritar, cansar; comprobar, (for.) procesar; ver (una causa o litigio); (metal.) purificar, refinar, afinar.—**to t. on,** probarse (ropa).—**to t. one's hand,** hacer uno la prueba.—**to t. one's luck,** probar fortuna.—**to t. out,** probar, someter a prueba; derretir y clarificar (grasas). **II.** *vn.* probar, ensayar; procurar, hacer lo posible; (mar.) capear.—**to t. and, to t. to,** tratar de, hacer lo posible por. **III.** *s.* prueba, ensayo.— **t. cock,** (m. v.) llave (*f.*) de nivel; llave de purga.—**t. square,** (carp.) escuadra de comprobación.
trying [-iŋ], *a.* de prueba; molesto, exasperador, irritante; angustioso, de tribulación, penoso.
tryout [-aut], *s.* prueba de la capacidad, eficacia o competencia de una persona o cosa.
trypsin [trípsin], *s.* (bioquím.) tripsina.
trysail [-seil], *s.* (mar.) vela cangreja.
tryst [trist]. **I.** *s.* cita o lugar de cita. **II.** *va.* y *vn.* dar una cita; acudir a una cita.
tsar [tsar], **tsarina** [tsarína], *s.* = CZAR, CZARINA.
tsetse (fly) [tsétsi (flai)], *s.* (ent.) tsetsé, *f.*
tub [tʌb]. **I.** *s.* cuba, artesón; batea, artes(ill)a; tina; cubeta, tonel pequeño; baño, bañera, tina; (fam.) baño (el acto); (fam.) buque viejo y lento. **II.** *va.* encubar; entinar; lavar (ropa) en cuba, tina, etc.; (fam.) bañar (a uno) en bañera. **III.** *vn.* (fam.) bañarse en bañera; lavarse (un tejido) sin daño.
tuba [tiúba], *s.* (mús.) tuba.
tubage [tiúbidž], *s.* (cir.) intubación. *V.* TUBING.
tubbing [tʌbiŋ], *s.* baño; lavado, lavamiento.
tubby [tʌbi], *a.* de forma de un cubo; (fam.) rechoncho.
tube [tiub]. **I.** *s.* tubo, caño, cañón, cañuto; (anat.) conducto, tubo; cámara (de llanta o neumático); (rad.) válvula o lámpara de radio; tubo termiónico o al vacío; bombillo, bulbo; túnel; (fam.) ferrocarril subterráneo (ll. **t. t. railway**).—**t. saw,** sierra tubular.—**t.-**

shaped, tubular.—**t. transmitter,** (rad.) radiotransmisor de tubos termiónicos. **II.** *va.* entubar; proveer de tubos, etc.
tuber [tiúbœ(r)], *s.* (bot.) tubérculo; (anat.) tubérculo, tuberosidad, hinchazón, *f.*, prominencia.
tubercle [-kl], *s.* (bot., anat., med.) tubérculo.
tubercular [tiubœ́rkyūlä(r)]. **I.** *a.* tubercular, tuberculoso; rel. o parecido a tubérculos o nódulos. **II.** *s.* (med.) víctima de la tuberculosis.
tuberculate(d [-leit(id], *a.* tuberculado; cubierto o afecto de tubérculos.
tuberculation [-léiŝon], *s.* tuberculización.
tubercule [tiúbœrkiul], *s.* = TUBERCLE.
tuberculin [tiubœ́rkyūlin], *s.* (med.) tuberculina.
tuberculose [-lous], *a.* tuberculoso.
tuberculosis [-lóusis], *s.* (med.) tuberculosis.
tuberculous [-lʌs], *a.* (med.) tuberculoso, referente a la tuberculosis o afecto de ella.
tuberose [tiúbrouz], *s.* (bot.) tuberosa, nardo.
tuberosity [tiubərásiti], *s.* (anat., zool.) tuberosidad; tubérculo.—**tuberous** [tiúbərʌs], *a.* tuberoso.
tubiform [tiúbifɔrm], *a.* tubiforme.
tubing [tiúbiŋ], *s.* tubería; cañería; instalación de tubos, canalización; material para tubos.
tubular [tiúbyūlä(r)], *a.* tubular.—**t. boiler,** caldera de tubos de humos, caldera multitubular.
tubulate [-leit], *va.* poner en tubos; dar forma de tubo a.—**tubulate(d** [-id], *a.* tubular, tubulado, tubiforme.—**t. retort,** retorta tubulada.
tubule [tiúbiul], *s.* túbulo, tubito.
tubuliflorous [-liflórʌs], *a.* (bot.) tubulifloro.
tubulose [-lous], **tubulous** [-lʌs], *a.* tubuloso; tubular.
tubulure [tiúbiuliur], *s.* (quím.) tubo corto abierto de una retorta, recipiente, etc.
tuck [tʌ́k]. **I.** *s.* (cost.) alforza, recogido; (enc.) tapa con cartera; (mar.) falda, arca de popa. **II.** *va.* (cost.) alforzar, hacer alforzas; arropar; doblar, apretar; (gen. con **up**) arremangar, recoger, asobarcar, sofaldar (la ropa); (con **away**) guardar, esconder; (con **in**) remeter bien (la ropa de cama, etc.); acostar o meter en cama (a una criatura, etc.) arropándola bien.—**to t. up one's clothes,** arremangarse, sofaldar.
tucker [-œ(r)]. **I.** *s.* (cost.) alforzador; camisolín, escote. **II.** *va.* (fam.) (con **out**) cansar, fatigar.
Tuesday [tiúzdi], *s.* martes.
tufa [tiúfä], *s.* (geol.) tufo, toba.—**tufaceous** [tiuféiŝʌs], *a.* tobáceo.—**tuff** [tʌf], *s.* = TUFA. (Ú. t. de cierta roca de origen volcánico).
tuft [tʌ́ft]. **I.** *s.* copete, penacho, cresta; borla; manojo, ramillete; tupé, moño; (bot.) ramillete, mata espesa. **II.** *va.* empenachar; adornar con borlas; (tapicería) fijar a intervalos regulares con copetes, borlas o botones.
tufted [-id], *a.* copetudo, penachudo; cespitoso.
tufthunter [-hʌntœ(r)], *s.* zalamero, adulón.
tufty [-i], *a.* = TUFTED.
tug [tʌ́g]. **I.** *va.* tirar de, arrastrar; (mar.) halar, remolcar. **II.** *vn.* luchar, esforzarse, tirar con fuerza. **III.** *s.* tirón, estirón; (mar.) remolcador. —**t. of war,** contienda de tiro de cuerda, en que los contrincantes tiran de los extremos de una cuerda en direcciones opuestas; esfuerzo supremo; lucha crítica.
tugboat [-bout], *s.* remolcador.
tugger [-œ(r)], *s.* el que da tirones.
tuille [twil], *s.* (arm.) faldar.
tuition [tuíŝon], *s.* instrucción, enseñanza.
tuition fees, *s.* derechos de matrícula y enseñanza.
tularemia [tularímiä], *s.* (med. y vet.) tularemia.
tulip [tiúlip], *s.* (bot.) tulipán, tulipa.—**t. tree,** (bot.) tulipero, tulipanero.
tulipwood [-wud], *s.* (bot.) madera del tulipero o tulipanero; estos mismos árboles.
tulle [tul], *s.* (tej.) tul.
tumble [tʌ́mbl]. **I.** *vn.* caer, dar en tierra, tumbar; (gen. con **down**) desplomarse, venirse abajo; voltear, rodar, dar vueltas; dar saltos, brincar; volquearse, revolverse, revolcarse; (fam.) comprender, entender, caer en ello.—**to t. in o into bed,** (fam.) tumbarse, acostarse.—**to t. out,** (fam.) levantarse. **II.** *va.* revolver; tirar, arrojar; (gen. con **over** o **about**) tumbar, derribar; volcar; desarreglar, trastornar; ajar o arrugar (la ropa); cazar al vuelo; (fund., mec.) pulir por fricción. **III.** *s.* tumbo, caída; vuelco, voltereta, tumba, trepa; desorden, confusión.
tumblebug [-bʌg], *s.* (ent.) escarabajo pelotero.
tumble-down [-daun], *a.* destartalado.
tumbler [tʌ́mblœ(r)], *s.* vaso para beber, cortadillo; cubilete; volteador, saltabanco, titiritero; tentemozo, dominguillo (juguete); (mec.) tambor; seguro, fiador (de cerradura); (orn.) paloma volteadora.
tumbleweed [-wid], *s.* (bot.) cualquiera de varios tipos de plantas semejantes al amaranto
tumbrel, tumbril, [tʌ́mbrel, -bril], *s.* chirrión, *m.*, carreta; (arti.) carro de artillería.
tumefacient [tiuməféiŝənt], **tumescent** [tiuméšənt], *a.* (med.) tumescente, hinchado.
tumefaction [tiuməfǽkŝon], *s.* (med.) tumefacción, hinchazón, *f.*—**tumefy** [tiúməfai], *va.* y *vn.* entumecer(se), hinchar(se).
tumescence [tiuméšəns], *s.* (med.) tumescencia; tumefacción, hinchazón, *f.*
tumid [tiúmid], *a.* (med.) túmido, turgente, hinchado; prominente, (poét.) turgente; inflado, rimbombante (estilo, lenguaje, etc.).
tumidity, tumidness [tiumíditi, tiúmidnis], *s.* hinchazón, *f.*; turgencia; calidad de inflado.
tummy [tʌ́mi], *s.* (fam.) estómago, panza.
tumor [tiúmo(r)], *s.* (med.) tumor, dureza.
tumular [tiúmiulä(r)], *a.* tumulario; abultado.
tumult [tiúmʌlt], *s.* tumulto, alboroto, escándalo, barullo, motín, conmoción; agitación.
tumultuarily [tiumʌ́lchuɛrili], *adv.* tumultuariamente, desordenadamente.—**tumultuariness** [-ɛrinis], *s.* turbulencia.—**tumultuary** [-ɛri], *a.* tumultuario.
tumultuous [-ʌs], *a.* tumultuoso, alborotado.
tumultuously [-li], *adv.* tumultuosamente.
tumultuousness [-nis], *s.* turbulencia, tumulto.
tumulus [tiúmiulʌs], *s.* túmulo.
tun [tʌn], *s.* tonel, cuba; tanque de fermentación; cantidad de cerveza fermentada de una vez; medida indeterminada de líquidos.—**t. belly,** gran barriga. **II.** *va.* entonelar, envasar, embarrilar.
tuna [túnä], *s.* (bot.) tuna, higo de tuna; nopal (árbol); (ict.) atún (ll. t. **t. fish**).
tunable [tiúnəbl], *a.* acordable, que se puede templar; cantable, armonioso, musical.
tundra [tʌ́ndrä], *s.* tundra, llanura árida musgosa de las regiones árticas.
tune [tiún]. **I.** *s.* (mús.) tonada, son, tañido, tono; afinación, concordancia, armonía.—**in t.,** templado, afinado.—**out of t.,** destemplado, desafinado, desentonado.—**to the t. of,** al son de, tocando o entonando (tal o cual tonada). **II.** *va.* templar, afinar, acordar, entonar; ajustar, adaptar; (rad.) sintonizar.—**to t. out,** (rad.) excluir (señales, etc.) por sintonización apropiada.—**to t. up,** (mec.) hacer funcionar por corto tiempo (una máquina, un automóvil) para poner en punto. **III.** *vn.* armonizar, modular; (rad.) (a veces con **in**) sintonizar el aparato receptor.
tuneful [-ful], *a.* armonioso, melodioso.
tuneless [-lis], *a.* desentonado, disonante; mudo.
tuner [-œ(r)], *s.* afinador, templador; (rad.) sintonizador; circuito de sintonización.
tung oil [tʌ́ŋ oil], *s.* tung.—**t. tree,** (bot.) aleurita.
tungstate [tʌ́ŋsteit], *s.* tungstato, volframiato.
tungsten [-sten], *s.* (quím.) tungsteno, volframio. —**t. steel,** acero tungsteno.
tungstic [-stik], *a.* (quím.) túngstico.
tungstite [-stait], *s.* (min.) tungstita, volframina.
tunic [tiúnik], *s.* túnica, blusa, ropón; (hist.)

túnica; (igl.) túnica, tunicela; (mil.) casaca; (bot. y anat.) túnica.
Tunicata [tịunịkéịtạ], *s. pl.* (zool.) tunicados.
tunicate(d [tịúnịkeịt(ịd]. **I.** *a.* (bot.) tunicado (bulbo). **II.** *a.* y *s.* (zool.) tunicado.
tunicle [tịúnịkl], *s.* (bot., anat., zool.) túnica, tegumento; (igl.) tunicela, túnica.
tuning [tịúnịŋ]. **I.** *s.* (mús.) afinación, templadura; (rad.) sintonización. **II.** *a.* de templar, de afinar; (rad.) sintonizador, de sintonización.—**t. coil,** (rad.) bobina de sintonización.—**t. dial,** (rad.) cuadrante graduado.—**t. fork,** (mús.) diapasón.—**t. hammer, t. key,** (mús.) (llave (*f.*) de) afinador, templador, martillo.
Tunisia [tịuníŝạ], *s.* Túnez.
Tunisian [tịuníŝạn], *a.* y *s.* tunecí, tunecino.
tunnage [tʌ́nịdẑ], *s.* tonelaje.
tunnel [tʌ́nẹl]. **I.** *s.* túnel; (min.) socavón; (aer.) túnel de pruebas.—**t. net,** red abocinada. **II.** *va.* atravesar por túnel, construir un túnel a través de; horadar. **III.** *vn.* construir o abrir un túnel.—**tunnel(l)ing** [-ịŋ], *s.* perforación; construcción de túneles o de un túnel o socavón.
tunny [tʌ́nị], *s.* (ict.) atún.—**t. fishery,** almadraba.—**striped t.,** bonito.
tup [tʌp], *s.* (zool.) morueco, carnero padre; (mec.) martillo, (cabeza o mazo de) martinete.
tuppence [tʌ́pẹns], *s.* moneda de dos peniques.
Turanian [tyụréịnịạn], *s.* y *a.* turanio.
turban [tœ́rbạn], *s.* turbante.
turbellarian [tœrbɛléịrịạn], *a.* y *s.* (zool.) turbelario.
turbid [tœ́rbịd], *a.* turbio, túrbido, espeso; zurrapiento, zurraposo; turbulento.
turbidity [tœrbídịtị], **turbidness** [tœ́rbịdnịs], *s.* turbieza, turbiedad; turbulencia.
turbinal [tœ́rbịnạl], **turbinate(d** [-eịt(ịd]. **I.** *a.* (bot., anat., etc.) turbinado, en forma de peonza; espiral. **II.** *s.* (anat., zool.) cornete de la nariz.
turbine [tœ́rbịn], *s.* (hidr.) turbina (ll. **t. t. wheel**).
turbocompressor [tœ́rboụkọmprɛsọ(r)], *s.* turbocompresor.
turbocondenser [-kọndénsœ(r)], *s.* turbocondensador.
turbodynamo [-dáịnạmoụ], *s.* turbodínamo.
turbofan [-fæn], *s.* turboventilador.
turbogenerator [-dẑénẹreịtọ(r)], *s.* turbogenerador.
turbojet [-dzɛt], *s.* turborreactor; turbina de reacción.
turbomotor [-moụtọ(r)], *s.* turbomotor.
turboprop engine, *s.* (aer.) motor de turbohélice.
turbopump [-pʌmp], *s.* turbobomba.
turboreactor [-rịæktọ(r)], *s.* turborreactor.
turbot [tœ́rbọt], *s.* (ict.) rodaballo, rombo.
turbulence, turbulency [tœ́rbyụlẹns, -ị], *s.* turbulencia, tumulto, alboroto, agitación.—**turbulent** [-ẹnt], *a.* turbulento; levantisco, revoltoso.—**turbulently** [-lị], *adv.* turbulentamente.
Turcoman [tœ́rkomạn], *s.* = TURKOMAN.
Turdidæ [tœ́rdịdi], *s. pl.* (orn.) túrdidos.
Turdus [tœ́rdʌs], *s.* (orn.) género de los tordos.
tureen [tụrín], *s.* sopera, salsera.
turf [tœrf]. **I.** *s.* césped(e), *m.*, tepe; turba; (con **the**) las carreras de caballos, el hipódromo.—**t. parlance,** el tecnicismo hípico. **II.** *va.* encespedar.
turfiness [-ịnịs], *s.* abundancia de césped o de turba.—**turfman** [-mạn], *s.* aficionado a las carreras de caballos.—**turfy** [-ị], *a.* encespedado; rel. a las carreras de caballos.—**t. ground,** cespedera.
turgescence, turgescency [tœrdẑésẹns, -ị], *s.* (med.) turgencia, hinchazón, *f.*; ostentación.
turgescent [-ẹnt], *a.* turgente, hinchado. *V.* TURGID.
turgid [tœ́rdẑịd], *a.* turgente, hinchado; ampuloso, pomposo.—**turgidity** [tœrdẑídịtị], *o* **turgidness** [tœ́rdẑịdnịs], *s.* turgencia, hinchazón, *f.*; ampulosidad.
Turk [tœrk], *s.* turco.—**T.'s-cap (lily),** (bot.) martagón.—**T.'s-head,** escobón, deshollinador; (*v.* POPE'S HEAD); (mar.) cierto nudo en forma de turbante.
turkey [tœ́rkị], *s.* (orn.) pavo; (T.) Turquía; (fam.) fracaso.—**to talk t.,** (fam.) no tener pelos en la lengua.
turkey buzzard, *s.* (orn.) aura, gallinazo.
turkey cock o **gobbler,** *s.* (orn.) (galli)pavo, (Am.) guanajo; (fig.) persona engreída que se pavonea.
turkey hen, *s.* (orn.) pava.
Turkey red, *s.* carmesí.
turkey trot, *s.* (E. U.) danza popular bailada antiguamente.
Turkish [tœ́rkịŝ]. **I.** *a.* turco, turquesco.—**T. bath,** baño turco.—**T. tobacco,** tabaco turco.—**T. towel,** toalla de baño, toalla rusa o peluda.—**T. towel(l)ing,** género de algodón grueso y velludo para toallas ásperas de baño.—**in the T. fashion,** a la turquesca. **II.** *s.* turco (idioma).
Turkoman [tœ́rkomạn], *s.* (*pl.*–MANS) turcomano.
turmeric [tœ́rmẹrịk], *s.* (bot.) cúrcuma.—**t. paper,** (quím.) papel de cúrcuma.
turmoil [tœ́rmɔịl], *s.* disturbio, tumulto, barahúnda, alboroto, desorden, agitación.
turn [tœrn], *va.* volver, voltear; dar vueltas a, hacer girar; cambiar, transformar, convertir; (mec.) tornear; volver del revés al derecho; revolver (en la mente); desviar; traducir, verter; rechazar; doblar, dar la vuelta a (una esquina, etc.); aplicar, destinar, adaptar; transferir; dar náusea; echar (una llave); cumplir (años): expresar o crear de modo artístico.—**to t. a deaf ear to,** no dar oídos a, no hacer caso a o de, hacer oídos de mercader, hacerse el sordo.—**to t. adrift,** soltar o abandonar.—**to t. against,** predisponer en contra de; causar aversión a o contra.—**to t. an honest penny,** (fam.) ganar el dinero honradamente.—**to t. around,** voltear, dar vuelta a.—**to t. (a person) around one's fingers,** tener (a una persona) de la ternilla, dominarla.—**to t. aside,** desviar; hacer a un lado.—**to t. away,** despedir, echar; desviar.—**to t. back,** volver atrás; devolver, restituir.—**to t. down,** plegar, doblar; poner boca abajo; bajar (el gas); (fam.) abandonar; rechazar, rehusar.—**to t. from,** desviar o alejar de.—**to t. in,** replegar; doblar hacia adentro; entregar.—**to t. into,** convertir en, cambiar en.—**to t. off,** despachar, rechazar, despedir; desviar, apartar; (mec.) reducir torneando o en el torno; tornear; cortar (el agua, el vapor); cerrar (la radio o la llave del gas, del agua, etc.); desconectar (el encendido, la lámpara, etc.); apagar (la luz), volteando una llave.—**to t. on** (*water, steam*), abrir la llave (del agua, vapor); dar (vapor); echar (el agua); establecer (la corriente eléctrica); encender (la luz); poner (la radio).—**to t. one's back on,** volver la(s) espalda(s) a.—**to t. one's coat,** chaquetear, volver la casaca; pasarse al partido opuesto.—**to t. one's hand to,** dedicarse a, meter el hombro a.—**to t. out,** echar, expeler, arrojar; sacar hacia afuera; apagar (la luz, etc.); producir; volver al revés; doblar, torcer; echar al campo (los animales).—**to t. over,** transferir, pasar, trasladar; volver, invertir, volcar; revolver; doblar; abuñuelar (huevos).—**to t. over a new leaf,** enmendarse, empezar vida nueva.—**to t. over in one's mind,** pensar con detenimiento, meditar sobre.—**to t. tail,** volver la espalda, mostrar los talones.—**to t. the brain** o **the head of,** trastornar la cabeza o el juicio a; volver loco.—**to t. the cold shoulder to,** desairar, tratar con desprecio.—**to t. the flank of,** (mil.) flanquear.—**to t. the scale**(s), cambiar el orden de las cosas; determinar, decidir.—**to t. the stomach,** causar asco.—**to t. the tables,** cambiar la suerte; devolver la

pelota, (fam.) volver la tortilla.—**to t. thumbs down on,** condenar a; rechazar.—**to t. to account, advantage,** o **profit,** sacar partido de, aprovechar.—**to t. up,** voltear, volver; levantar; cavar (el suelo); arremangar (la manga, la ropa); subir (el cuello).—**to t. up one's nose at,** mirar con desprecio, desdeñar; (fam.) respingar.—**to t. up one's toes,** (fam.) lanzar el último suspiro, marcharse al otro mundo.—**to t. upside down,** trastornar; volver lo de arriba abajo, poner patas arriba; volcar.

turn, *vn.* girar, rodar, voltear, dar vueltas; torcer, seguir otra dirección; (mar.) virar, bornear; volverse, voltearse; convertirse en; hacerse, ponerse, volverse (a menudo se expresa usando el verbo indicado por un adjetivo: *to turn pale,* palidecer; *to turn red,* enrojecerse); mudar de posición, estado u opinión; desdecirse, cambiar de casaca o de religión; avinagrarse (vino), agriarse (leche).—**to t. about** o **around,** volverse, volver la cara; voltearse.—**to t. against,** volverse contra; coger aversión a.—**to t. aside,** desviarse, torcer.—**to t. away,** desviarse, alejarse, apartarse; volver la cara o espalda.—**to t. back,** retroceder; volverse.—**to t. down a street,** torcer por una calle.—**to t. from,** apartarse de; huir de.—**to t. in,** guarecerse; entrar; llegar a casa; (fam.) irse a la cama, acostarse.—**to t. into,** entrar en; transformarse, convertirse en; volverse.—**to t. off,** torcer, desviarse.—**to t. on,** depender de; volverse contra; acometer a.—**to t. out,** resultar; asistir, acudir; volverse o estar vuelto o dirigido hacia fuera; (fam.) salir de casa; (fam.) levantarse.—**to t. over,** dar vueltas, revolverse, voltearse; volcar (un coche, etc.).—**to t. round,** cambiar de frente; voltearse, volverse; cambiar de opinión o partido.—**to t. short,** dar media vuelta.—**to t. state's evidence,** confesar su delito y declarar contra sus cómplices (dicho de un reo).—**to t. to,** recurrir o acudir a; dirigirse hacia o a; convertirse o transformarse en; redundar en.—**to t. turtle,** voltearse patas arriba; (mar.) zozobrar.—**to t. up,** acontecer, suceder; aparecer; tirar hacia arriba (la nariz).—**to t. upon,** estribar, depender de; recaer sobre.—**to t. upside down,** voltearse patas arriba; (mar.) zozobrar.—**my head turns (round),** se me va la cabeza.—**not to t. a hair,** quedar impávido, no pestañear.—**please t. over (p. t. o.** en abreviatura), a la vuelta (de la página).

turn [tœ́rn], *s.* vuelta, revolución, giro, rotación; rodeo, (re)vuelta, recodo; turno, revezo, tanda; lance (en un juego); ocasión, oportunidad; mudanza, cambio; torcimiento, torcedura; curso, marcha, dirección; fase, *f.*, faz, aspecto, sesgo, cariz, *m.;* proceder, procedimiento, comportamiento; partida o pasada (buena o mala) hecha a alguno; genio, inclinación, propensión, aptitud, carácter; provecho, utilidad; forma, figura, hechura; giro de frase; vuelta, paseo corto, caminata; (teat.) pieza u acto cortos; (dep.) contienda, partido; (com.) transacción.—**t. indicator,** (aer.) indicador de giro.—**t. of life,** (med.) menopausia.—**a friendly t.,** un favor.—**an ill t.,** una partida serrana.—**at every t.,** a cada instante, a cada momento.—**by turns,** por turnos.—**in t.,** a su turno, a su vez.—**to a t.,** exactamente, con absoluta perfección.—**to have a t. for,** ser aficionado a, tener aptitud para.—**to take a t.,** dar un paseo.—**to take a t. for the better** o **worse,** mejorarse, empeorarse.—**to take another t.,** cambiar de aspecto, tomar otro sesgo o cariz.—**to take turns,** turnarse, alternar.

turnabout [-ąbauṭ], *s.* vuelta, voltereta; cambio (en el curso de algo).

turnbuckle [-bʌkl], *s.* torniquete; tensor, templador; tarabilla.

turncoat [-kouṭ]. **I.** *s.* (pol.) desertor, renegado, apóstata, *mf.*, tránsfuga, *mf.* **II.** *vn.* volver (la) casaca.

turndown [-dauṇ], *a.* doblado hacia abajo, caído (cuello, etc.).

turned-up [-d-ʌ́p], *a.* vuelto o doblado hacia arriba; respingada o respingona (la nariz).

turner [-œ(r)], *s.* (mec.) tornero, fustero; gimnasta, *m.*, volteador.—**t.'s lathe,** torno.

turnery [-œri], *s.* (mec.) tornería.

turning [-iŋ]. **I.** *s.* vuelta, rodeo; recodo, ángulo; (mec.) tornería; gimnasia.—*pl.* virutas que se hacen torneando. **II.** *a.* giratorio; de giro; de rotación.—**t. point,** punto decisivo, crisis; (top.) punto de cambio (en nivelación).—**t. radius,** radio de giro.

turnip [tœ́rnip], *s.* (bot.) nabo.—**t. greens** o **tops,** nabizas.

turnkey [tœ́rnki], *s.* llavero de una cárcel.

turnout [-auṭ], *s.* salida de personas a paseo; concurrencia; huelga de obreros; tren, séquito; carruaje de lujo; andén; (f. c.) apartadero, desviadero; producción de una fábrica en un tiempo determinado.

turnover [-ouvœ(r)]. **I.** *a.* doblado o vuelto hacia abajo. **II.** *s.* vuelco; vuelta, voltereta; (coc.) pastelillo con repulgo; (coc.) estrelladera, pala; (com.) cambio (de personal); reorganización; número de transacciones comerciales; compras y ventas; período de venta y repuesto de un surtido de mercancías, o tiempo en que se les da salida o en que hay que reponerlas; número de empleados que se cambian o reemplazan en un tiempo dado; (e. p.) capital invertido transitoriamente, que debe reintegrarse antes de empezar a contar ganancias; cada una de las personas que se emplean durante períodos cortos para mantener un número constante de empleados; empleo parcial turnado; (bioquím.) renovación.

turnpike [-paik], *s.* camino o barrera de portazgo, carretera de peaje.—**t. duty** o **toll,** portazgo.—**t. road,** camino de portazgo.

turnplate [-pleiṭ], *s.* (f. c., Ingl.) = TURNTABLE.

turnscrew [-skru], *s.* destornillador.

turnsole [-soul], *s.* (bot.) heliotropo; tornasol, girasol, mirasol.

turnspit [-spiṭ], *s.* galopillo o perro que voltea el asador.

turnstile [-stail], *s.* torniquete.

turnstone [-stouṇ], *s.* (orn.) revuelvepiedras.

turntable [-teibl], *s.* (f. c.) placa giratoria; disco giratorio del microscopio; plato (de un tocadiscos).

turpentine [tœ́rpęntain], *s.* trementina.—**t. tree,** (bot.) terebinto.—**oil of t.,** aguarrás.

turpeth [tœ́rpεθ], *s.* (bot.) turbit.—**t. mineral,** (farm.) turbit mineral.

turpitude [tœ́rpitiud], *s.* vileza, infamia; depravación.

turquoise [tœ́rkwɔiz], *s.* (min.) turquesa.

turret [tœ́riṭ], *s.* torre(cilla); (fort.) roqueta; (mar.) torre blindada, cúpula; (aer.) torre blindada.

turreted [-id], *a.* que tiene torre o figura de torre.

turtle [tœ́rtl], *s.* (zool.) tortuga de mar, carey; (impr.) bastidor cilindrado que sostiene el tipo en una prensa rotatoria.—**t. shell,** carey.

turtledove [-dʌv], *s.* (orn.) tórtola.

Tuscan [tʌ́skąn], *a.* y *s.* toscano.

tush [tʌŝ]. **I.** *s.* = TUSK. **II.** *interj.* ¡bah!

tusk [tʌ́sk], *s.* colmillo, diente incisivo o canino, navaja, presa (de elefante, jabalí, foca, etc.).

tusked, tusky [-t, -i], *a.* (zool.) colmilludo, que tiene colmillos, etc.

tussis [tʌ́sis], *s.* (med.) tos, *f.*

tussive [tʌ́siv], *a.* (med.) tusivo.

tussle [tʌ́sl]. **I.** *vn.* forcejear, (fam.) tener una agarrada (con). **II.** *s.* sarracina, agarrada, pelea.

tussock [tʌ́sǫk], *s.* montecillo de hierbas crecientes; penacho, copete.

tut [tʌt], *interj.* ¡tate! ¡basta! ¡bah!

tutelage [tiútęlidž], *s.* tutela, tutoría, curaduría.

tutelar, tutelary [tiútęlä(r), -eri], *a.* tutelar.—**t.**

angel, ángel de la guardia.—**t. saint,** santo patrón.
tutor [tjútǫ(r)]. I. *s.* tutor, ayo, preceptor; (for.) curador. II. *va.* enseñar, instruir; (for.) ser curador de.
tutorage [-idž], *s.* tutoría, tutela; (for.) curaduría.
tutoress [-is], *s.* tutora, tutriz, aya.
tutorial [tjutórial], *a.* relativo a preceptores, curadores o curaduría.
tutorship [tjútǫrŝip], *s.* curaduría, oficio de curador.
tutti-frutti [túti frúti]. I. *s.* tutifruti, dulce o confitura de varias clases de frutas. II. *a.* compuesto de frutas de varias clases.
tutty [tʌ́ti], *s.* (quím.) tucía, (a)tutía, cadmía.
tu-whit, tu-whoo [tụ hwít, tụ hwú]. I. *vn.* gritar (el buho). II. *s.* grito del buho.
tuxedo [tʌksídou], *s.* *smoking,* saco de ceremonia.
tuyère [twiér], *s.* (metal.) alcribís, tobera.
twaddle [twádl]. I. *vn.* disparatar, decir tonterías, charlar, parlotear. II. *s.* habladuría, charla; tonterías, *f. pl.,* disparates, *m. pl.;* charlatán.
twain [twein]. I. *a.* (poét.) dos. II. *s.* un par.
twang [twæŋ]. I. *va.* y *vn.* producir un sonido vibrante; puntear las cuerdas de un instrumento; hablar por la nariz. II. *s.* punteado de una cuerda; tonillo nasal, gangueo, dejo.
'twas [twaz], *contr.* de IT WAS.
tweak [twik]. I. *va.* pellizcar retorciendo. II. *s.* pellizco retorcido.
tweed [twid]. I. *s.* (tej.) paño de lana de dos colores. II. *a.* hecho de este paño.
tweedle [twídl]. I. *va.* y *vn.* cantar o silbar; tocar un instrumento. II. *s.* sonido agudo del violín, etc.—**tweedledum** [-dʌ́m] **and tweedledee** [-dí], fo o fa.
'tween [twin], *prep. contr.* de BETWEEN, entre.
tweet [twit]. I. *s.* gorjeo. II. *vn.* gorjear, piar.
tweeter [twítœ(r)], *s.* altavoz de altafrequencia.
tweezers [twízœrz], *s. pl.* tenacillas, tenazuelas, pinzas; despinzas, despinces (para el paño).
twelfth [twélfθ]. I. *a.* duodécimo, doceno, dozavo; doce (ordinal).—**T.-day** = TWELFTHTIDE.—**T.-night,** víspera del día de los Reyes. II. *s.* dozavo; (mús.) duodécima.—**Twelfthtide** [-taid], *s.* día (*m.*) de los Reyes, Epifanía.
twelve [twélv], *a.* y *s.* doce.
twelvemo [-mou], *a.* y *s.* (enc.) duodécimo, en dozavo (libro).
twelvemonth [-mʌnθ], *s.* un año, o doce meses.
twentieth [twéntiiθ]. I. *a.* vigésimo, vicésimo, veintavo; veinte (ordinal). II. *s.* veintavo.
twenty [twénti], *a.* y *s.* veinte; una veintena. —**t. odd,** veintitantos.—**t.-one,** veintiuna (juego de naipes o dados).
'twere [twœr], *contr.* de IT WERE.
twibill [twáibil], *s.* (hist.) hacha de dos filos.
twice [twais], *adv.* dos veces; al doble.—**t. as much** o **as many,** el doble, otros tantos.—**t.-told,** repetido; trillado.
twiddle [twídl]. I. *va.* y *vn.* jugar con algo (ociosa o distraídamente); (hacer) girar (los pulgares, etc.); estar mano sobre mano; entretenerse con menudencias. II. *s.* vuelta, movimiento giratorio u ocioso.
twig [twig], *s.* (bot.) ram(it)a, vástago; varilla.
twilight [twáilait]. I. *s.* crepúsculo, nochecita.—**by t.,** entre dos luces. II. *a.* obscuro, sombrío, crepuscular.—**t. sleep,** (med.) narcosis parcial obstétrica, producida para mitigar los dolores del parto.
twill [twil]. I. *va.* (tej.) cruzar, asargar.—**twilled silk,** tela cruzada de seda, sarga. II. *s.* tela cruzada o asargada.
'twill [twil], *contr.* de IT WILL.
twin [twín]. I. *s.* y *a.* gemelo, mellizo.—**t. beds,** cama doble o gemela.—**t. brother** o **sister,** hermano o hermana gemela; mellizo. —**T. Brothers,** o **Brethren,** (mit., astr.) Cástor y Pólux.—**t.-cylinder,** (m. v.) de cilindros gemelos.—**t. engine,** (m. v.) máquina de cilindros gemelos.—**t.-engine(d), t. motor(ed),** (aer.) bimotor, provisto de dos motores.—**Twins,** (astr.) Géminis, *m.*—**t.-screw,** (mar.) de doble hélice, *f.,* de dos hélices.—**t.-six,** de doce cilindros (motor, coche). II. *vn.* nacer mellizo; aparearse; parir mellizos.
twinborn [-bɔrn], *a.* mellizo, gemelo.
twine [twain]. I. *va.* (re)torcer; enroscar, acordonar. II. *vn.* enroscarse; ensortijarse; caracolear. —**to t. about,** abrazar. III. *s.* (hilo de) bramante, guita; enroscadura; abrazo.
twinge [twindž]. I. *va.* y *vn.* causar o sentir un dolor agudo; atormentar; sufrir. II. *s.* dolor agudo, punzada; remordimiento.
twining [twáiniŋ], *a.* que se enrosca, etc.; (bot.) voluble.
twinkle [twíŋkl], *va.* y *vn.* destellar, (hacer) centellear, chispear, rutilar, titilar; (hacer) parpadear, pestañear.
twinkle, twinkling [twíŋkl, -kliŋ], *s.* destello, titilación, centelleo; pestañeo, guiñada; momento, instante.—**in the twinkling of an eye,** en un abrir y cerrar de ojos.
twirl [twœrl]. I. *va.* y *vn.* (hacer) girar; dar vueltas. II. *s.* rotación, vuelta, giro; rasgueo.
twist [twist]. I. *va.* (re)torcer, enroscar, entrelazar, entretejer, arrollar, enrollar; doblar, doblegar; trenzar; ceñir, bornear, rodear; (mar.) virar. II. *vn.* enroscarse, envolverse, torcerse; virar; encarrujarse, ensortijarse; serpentear; caracolear. III. *s.* torsión, torcedura, enroscadura; tirón, sacudida; cordoncillo, torzal; peculiaridad, rasgo característico; contorsión, quiebro; rosca de pan, pan retorcido; rollo de tabaco; en baseball, efecto dado a la pelota.—**t. drill,** barrena o broca espiral.
twister [-œ(r)], *s.* torcedor; cordelero, soguero, cabestrero, guitero; torcedero (instrumento); torbellino, viento giratorio; ciclón.
twisting [-iŋ], *s.* torcedura, torsión, retorcimiento.—**t. machine,** torcedor, torcedero.
twit [twit]. I. *va.* fisgar, escarnecer, dar matraca a; reprender. II. *s.* escarnio, mofa, fisga; reprensión.
twitch [twich]. I. *va.* tirar o sacudir bruscamente. II. *vn.* crisparse, convelerse, contorcerse. III. *s.* tirón, sacudida; crispatura, contracción nerviosa o espasmódica; (vet. y herr.) acial.—**t. grass,** (bot.) grama.
twitter [twítœ(r)]. I. *vn.* gorjear los pájaros; temblar de agitación. *V.* TITTER y GIGGLE. II. *s.* gorjeo (de los pájaros); agitación, inquietud, emoción.
'twixt [twikst], *prep. contr.* de BETWIXT (poét.)
two [tú]. I. *s.* y *a.* dos.—**t. abreast,** de dos en dos. —**t. bits,** (fam.) 25 centavos (*v.* TWO-BIT).—**t. by t., by twos, in twos,** dos a dos, de dos en dos, a pares.—**t. hundred(th),** doscientos. —**in t.,** en dos (partes o pedazos).—**to put t. and t. together,** atar cabos. II. *a.* de dos. En esta acepción modifica a muchos substantivos y adjetivos y participios derivados de substantivos, indicando siempre la existencia de dos de las partes que el substantivo denota, como en *two-volume,* de dos volúmenes; *two-cylinder,* de dos cilindros; *two-barreled,* de dos cañones.—**t.-bit,** (fam.) del valor de 25 centavos; pequeño, estrecho, de poco valor.—**t.-by-four,** madera o cualquier objeto que mide cuatro pulgadas (o pies) por dos; (fam.) pequeño, insignificante. —**t.-cleft,** (bot.) bífido, hendido en dos.—**t.-color,** bicromático, relativo a la bicromía; de dos colores.—**t.-cycle engine,** motor de dos tiempos; bifásico.—**t.-decker,** barco de dos puentes.—**t.-edged,** de dos filos.—**t.-faced,** de dos caras; doble, falso, disimulado.—**t.-fisted,** (fam.) viril, vigoroso.—**t.-foot rule,** regla de dos pies de largo.—**t.-handed,** de o para dos manos; ambidextro.—**t.-handed saw,** tronzador.—**t.-handed sword,** espadón. —**t.-headed,** bicéfalo, bicípite, de dos cabezas. —**t.-horse,** de dos caballos.—**t.-leaf, t.-leaved,** difilo o difilo.—**t.-legged,** de dos patas o pies; bípedo.—**t.-masted,** de dos palos

o mástiles.—**t.-motor,** bimotor.—**t.-phase,** (elec.) bifásico.—**t.-ply,** de dos tramas, capas, o hilos.—**t.-seater,** coche, avión, *m.*, etc., de dos asientos.—**t.-sided,** de dos lados; de dos caras, falso.—**t.-step,** (mús. y danz.) cierto baile de salón; (mús.) paso doble.—**t.-throw,** de dos direcciones (interruptor, etc.).—**t.-tongued,** falso, doble.—**t.-way,** de dos direcciones; de dos conductos; de tránsito en ambas direcciones (calle, vía).—**t.-wheeler,** (fam.) vehículo de dos ruedas.—**t.-wire** (elec.) bifilar (sistema, distribución, etc.); de o para dos conductores.

twofold [-fóu̯ld]. **I.** *a.* doble; duplicado; de dos clases o aspectos. **II.** *adv.* duplicadamente, al doble.

twopence [tʌ́pens], *s.* moneda de dos peniques.

twopenny [túpɛni̯], *a.* de dos peniques; (fig.) barato; (fig.) despreciable.

twosome [túsʌm]. **I.** *s.* pareja, par; partida jugada por dos personas. **II.** *a.* de o por dos personas.

tycoon [tai̯kún], *s.* taicún (*v.* SHOGUN); (fam.) magnate industrial.

tying [tái̯iŋ]. **I.** *ger.* de TO TIE. **II.** *s.* acción de atar, ligar, amarrar, etc.; ligamiento, ligadura, (mar.) ligada.

tyke [tái̯k], *s.* (fam.) trasgo, picaruelo, tunantuelo; mestizo, cruzado; de raza indefinida (perros).

tympan [tímpa̤n], *s.* membrana tensa; (impr.) tímpano; (mús., ant.) tímpano, timbal; (arq.) = TYMPANUM.

tympanic [ti̯mpǽni̯k], *a.* timpánico.—**t. membrane,** (anat., zool.) tímpano.

tympanist [tímpa̤ni̯st], *s.* (mús.) timbalero, el que toca el timbal u otros instrumentos de percusión.

tympanites [ti̯mpa̤nái̯tiz], *s.* (med.) timpanitis, distensión o enfisema (*m.*) abdominal.

tympanitis [ti̯mpa̤nái̯ti̯s], *s.* (med.) inflamación del tímpano, otitis media.

tympanum [tímpa̤nʌm], *s.* (anat., zool.) tímpano; (arq.) tímpano, témpano, faldón.

type [tái̯p]. **I.** *s.* tipo, género; símbolo, signo, emblema, *m.*; ejemplar distintivo; (impr.) tipo, letra; (biol.) tipo, modelo.—**t. bar,** línea de tipos que se funde en una sola pieza; palanca que sostiene el tipo (de una máquina de escribir).—**t. founder,** fundidor de letras de imprenta.—**t. foundry,** fundición de tipos.—**t.-measure,** regla, tipómetro.—**t. metal,** metal de imprenta. **II.** *va.* y *vn.* mecanografiar, escribir en máquina; (bioquím.) clasificar, determinar el tipo de (la sangre, el suero, etc.).

typescript [-skri̯pt], *s.* material escrito a máquina; tipo de imprenta o de máquina que imita la letra de mano.

typesetter [-sɛtœ(r)], *s.* máquina para componer tipos; (impr.) cajista, tipógrafo, componedor.—**typesetting** [-sɛtiŋ], *s.* (impr.) composición (de tipo); tipografía.

typewrite [-rai̯t], *va.* y *vn.* (*pret.* TYPEWROTE; *pp.* TYPEWRITTEN) mecanografiar, escribir a máquina.

typewriter [-rai̯tœ(r)], *s.* máquina de escribir, tipiadora. *V.* TYPIST.

typewriting [-rai̯tiŋ]. **I.** *s.* acción o arte de usar una máquina de escribir; trabajo hecho con dicha máquina; mecanografía, dactilografía. **II.** *a.* mecanográfico.

typewritten [-ri̯tn], *a.* escrito con o a máquina.

typhlitis [ti̯flái̯ti̯s], *s.* (med.) tiflitis, inflamación del intestino ciego.

typhlology [ti̯flálodži̯], *s.* (med.) ciencia de la ceguera.

typhoid [tái̯fɔi̯d]. **I.** *a.* (med.) tifoideo, parecido al tifo.—**t. fever,** fiebre tifoidea. **II.** *s.* fiebre tifoidea.

typhoon [tai̯fún], *s.* tifón.

typhous [tái̯fʌs], *a.* (med.) tifoso, tífico.

typhus [tái̯fʌs], *s.* (med.) tifus, tifo (ll.' t. **t. fever**).

typical [típi̯ka̤l], *a.* típico; característico, regular.

typically [-i̯], *adv.* típicamente.

typicalness [-ni̯s], *s.* calidad de típico, etc.; representación figurativa o simbólica.

typify [típi̯fai̯], *va.* representar, simbolizar, ser ejemplo de.

typist [tái̯pi̯st], *s.* mecanógrafo (-fa), dactilógrafo (-fa), dactilografista, tipiadora, escribiente a máquina; (Am. fam.) tiperrita.

typographer [tai̯págra̤fœ(r)], *s.* tipógrafo.

typographic(al [tai̯pogrǽfi̯k(a̤l], *a.* tipográfico.—**t. error,** errata (de impresión).

typographically [-i̯], *adv.* tipográficamente.

typography [tai̯págra̤fi̯], *s.* tipografía.

typoscript [tái̯poskri̯pt], *s.* trabajo mecanográfico.

tyrannic(al [ti̯rǽni̯k(a̤l], **tyrannous** [tíra̤nʌs], *a.* tiránico, tirano.—**tyrannically** [-a̤li̯], **tyrannously** [-li̯], *adv.* tiránicamente, tiranamente, tiranizadamente.—**tyrannicide** [ti̯rǽni̯sai̯d], *s.* tiranicidio; tiranicida, *mf.* (persona).—**tyrannize** [tíra̤nai̯z], *va.* y *vn.* tiranizar.

tyranny [tíra̤ni̯], *s.* tiranía.

tyrant [tái̯ra̤nt], *s.* tirano.

Tyrian [tíri̯a̤n], *a.* y *s.* tirio.—**T. dye,** púrpura de Tiro, múrice.

tyro [tái̯rou̯], *s.* tirón, bisoño, novicio, novato.

Tyrolese [ti̯rolíz], **Tyrolian** [ti̯róu̯li̯a̤n], *a.* y *s.* tirolés, del Tirol.

Tyrrhenian [ti̯ríni̯a̤n], *a.* tirreno, etrusco.

tythe [tai̯ð], *s.* y *v.* = TITHE.

tzar, tzarina [tsar, -ína̤], *s.* = CZAR, CZARINA.

tzetze [tsétsi̯], *s.* = TSETSE.

U

u [yú], *s.* u.

U [yú], **U-shaped** [-šei̯pt], *a.* en U, en forma de U (*U iron,* hierro en U; *U tube,* tubo en U).—**U-boat** [-bou̯t], *s.* submarino.

Ubiquitarian [yubi̯kwi̯téri̯a̤n], *a.* y *s.* ubiquitario.

ubiquitous, ubiquitary [yubíkwi̯tʌs, -tɛri̯], *a.* ubicuo, omnipresente.

ubiquity [-ti̯], *s.* ubicuidad, omnipresencia.

udder [ʌ́dœ(r)], *s.* (zool.) ubre, *f.*, teta.

udometer [yu̯dámɛtœ(r)], *s.* udómetro o pluviómetro.

Uganda [yugǽnda̤], *s.* Uganda.

Ugandan [-n], *s.* y *a.* ugandés.

ugh! [uk, ʌk, u, ʌ], *interj.* ¡puf! ¡uf! ¡fo!

uglily [ʌ́glili̯], *adv.* feamente; perversamente; con mal genio.—**ugliness** [-ni̯s], *s.* fealdad; fiereza; perversidad; mal genio.

ugly [ʌ́gli̯], *a.* feo, malparecido; asqueroso, repugnante; perverso, endiablado; fiero, feroz; malcarado, insolente, de mal genio, rudo.

uhlan, ulan [úlan], *s.* (mil.) ulano.

uinta(h)ite [yu̯ínta̤ai̯t], *s.* asfalto de Utah.

ukase [yu̯kéi̯s], *s.* ucase.

Ukraine [yúkrei̯n], *s.* Ucrania.

Ukrainian [yukréi̯ni̯a̤n], *s.* y *a.* ucranio.

ukulele [yuke̯léi̯li̯], *s.* (E. U.) pequeña guitarra de cuatro cuerdas.

ulcer [ʌ́lsœ(r)], *s.* (med. y fig.) úlcera, llaga.—**ulcerate** [-ei̯t], *va.* y *vn.* ulcerar(se).—**ulceration** [-éi̯šo̤n], *s.* ulceración.—**ulcerous** [-ʌs], *a.* ulceroso.

ulema [ule̯má], *s.* concilio de los ulemas.

ullage [ʌ́li̯dža̤], *s.* merma de un tonel.

ulmaceous [ʌlméi̯šʌs], *a.* (bot.) ulmáceo.

ulna [ʌ́lna̤], *s.* (anat.) cúbito.—**ulnar** [-r], *a.* cubital.

ulster [ʌ́lstœ(r)], *s.* levitón ruso.

ulterior [ʌltíri̯o̤(r)], *a.* ulterior.

ultima [ʌ́lti̯ma̤], *s.* última sílaba.

ultimate [ʌ́lti̯mi̯t], *a.* último, final; fundamental, esencial; primario.—**ultimately** [-li̯], *adv.* últimamente, en su esencia; finalmente, al fin.

ultimatum [ʌlti̯méi̯tʌm], *s.* ultimátum.

ultimo [ʌ́lti̯mou̯], *adv.* del mes próximo pasado (abrev. **ult.,** ppdo.).

ultimogeniture [-džéni̯chu̯r], *s.* ultimogenitura.

precedencia del hijo menor (opuesto a primogenitura).
ultra- [ʌ́ltrą]. I. *prefijo* (lat.) más allá o además. II. *a.* exagerado, extremo.
ultraconservative [-kǫnsœ́rvątįv], *s.* y *a.* ultraconservador.
ultramarine [-mąrín]. I. *a.* ultramarino. II. *s.* azul de ultramar(ino), formado del lapislázuli.
ultramicroscope [-máįkroskoụp], *s.* ultramicroscopio.
ultramicroscopic [-kápįk], *a.* ultramicroscópico, invisible con el microscopio ordinario; relativo al ultramicroscopio.
ultramodern [-mádœrn], *a.* ultramoderno.
ultramontane [-mánteįn], *s.* y *a.* ultramontano; ultracatólico.
ultramontanism [-mántąnįzm], *s.* ultramontanismo.
ultramundane [-mʌ́ndeįn], *a.* ultramundano, ultraterreno.
ultranationalism [-nǽŝǫnąlįzm], *s.* ultranacionalismo.
ultranationalist [-nǽŝǫnąlįst], *s.* y *a.* ultranacionalista.
ultrasonic [-sánįk], *a.* ultrasónico.
ultraviolet [-váįolįt], *a.* (fís.) ultravioleta o ultraviolado.
ululant [ʌ́lįulą nt], *a.* ululante.
ululate [-eįt], *vn.* ulular.
ululation [-éįŝǫn], *s.* ululato.
umbel [ʌ́mbęl], *s.* (bot.) umbela.
umbellate(d [-eįt(įd], **umbelliferous** [-ífęrʌs], *a.* (bot.) umbelífero, aparasolado.
umber [ʌ́mbœ(r)]. I. *s.* (pint.) tierra de sombra; sombra. II. *a.* pardo obscuro. III. *va.* sombrear.
umbilic(al [ʌmbílįk(ąl], *a.* (anat.) umbilical; central; descendiente por parte de madre.—**u. cord,** (anat.) cordón umbilical, ombligo.
umbilicus [-ʌs], *s.* (anat.) ombligo.
umbo [ʌ́mboụ], *s.* cazoleta de broquel.
umbra [ʌ́mbrą], *s.* (astr.) sombra.
umbrage [ʌ́mbrįdẑ], *s.* pique, resentimiento; sombra, umbría; sombrajo.
umbrageous [ʌmbréįdẑʌs], *a.* sombrío, umbroso, umbrío, umbrático.—**umbrageousness** [-nįs], *s.* umbría, sombra; calidad de umbroso.
umbrella [ʌmbrélą], *s.* paraguas; parasol, sombrilla.
umbrella shop, *s.* paragüería.
umbrella stand, *s.* paragüero.
umlaut [úmlaụt], *s.* (filol.) diéresis; cambio de sonido indicado por la diéresis.
umpirage [ʌ́mpaįrįdẑ], *s.* arbitraje; (for.) arbitramento, tercería.
umpire [ʌ́mpaįr]. I. *s.* (dep. y for.) árbitro; (juez) arbitrador; tercero en discordia; compromisario o secuestro. II. *va.* y *vn.* arbitrar.
un- [ʌn], *prefijo* que denota negación, oposición, contrariedad o privación, y corresponde gen. a no, sin, des-, o in-. Anteponiéndolo a un infinitivo, participio, gerundio, substantivo, adjetivo o adverbio, se forman gran número de voces, muchas de las cuales no están en los diccionarios, por ser obvio su significado, dado el carácter negativo del prefijo.
unabased [ʌnąbéįst], *a.* no envilecido.
unabashed [ʌnąbǽŝt], *a.* desenvuelto, desenfadado; descarado, (fam.) descocado.
unabated [ʌnąbéįtįd], *a.* no disminuído; cabal.
unabbreviated [ʌnąbrívįeįtįd], **unabridged** [ʌnąbrídẑd], *a.* íntegro, completo, sin abreviar.
unable [ʌnéįbl], *a.* inhábil, incapaz, impotente; imposibilitado.—**to be u.,** no poder, serle a uno imposible.
unabsolved [ʌnąbzálvd], *a.* no absuelto.
unaccented [ʌnæksέntįd], *a.* sin acento; átono.
unacceptable [ʌnæksέptąbl], *a.* inaceptable.
unaccessible [ʌnæksésįbl], *a.* inaccesible.
unaccompanied [ʌnąkʌ́mpąnįd], *a.* solo, sin acompañamiento.
unaccomplished [ʌnąkámplįŝt], *a.* incompleto, no acabado; falto de prendas o gracias.
unaccountable [ʌnąkáụntąbl], *a.* inexplicable, extraño; irresponsable.—**unaccountably** [-blį], *adv.* extraña o inexplicablemente; irresponsablemente.
unaccustomed [ʌnąkʌ́stǫmd], *a.* desacostumbrado, insólito, inhabituado.
unacknowledged [ʌnæknálįdẑd], *a.* no reconocido; no declarado; por contestar (una carta).
unacquainted [ʌnąkwéįntįd], *a.* inexperto; (con **with**) ignorante de.—**to be u. with,** no conocer; ignorar.
unadjusted [ʌnądẑʌ́stįd], *a.* no ajustado; no regulado o arreglado.
unadorned [ʌnądórnd], *a.* llano, liso, simple, sin adorno.
unadulterated [ʌnądʌ́ltœreįtįd], *a.* genuino, puro, neto; natural, sin mezcla.
unadvisable [ʌnædváįząbl], *a.* poco cuerdo, no prudente o conveniente.—**unadvised** [-d], *a.* inconsiderado; desatentado.—**unadvisedly** [-įdlį], *adv.* imprudentemente, desacordadamente.
unaffected [ʌnąféktįd], *a.* inafectado; franco, natural; impasible.
unaffectedly [-lį], *adv.* sin afectación.
unafraid [ʌnąfréįd], *a.* sin temor, intrépido.
unaided [ʌnéįdįd], *a.* sin ayuda.
unallocated [ʌnǽlokeįtįd], *a.* no asignado.
unallocated balance, *s.* saldo no asignado.
unallowable [ʌnąláụąbl], *a.* inadmisible; no permisible.
unalloyed [ʌnąlóįd], *a.* puro, sin mezcla.
unalterable [ʌnóltœrąbl], *a.* inalterable; invariable, inmutable.—**unalterably** [-blį], *adv.* inalterablemente.
un-American [ʌnąmérįkąn], *a.* contrario al espíritu o a las instituciones norteamericanos.
unanimity [yunąnímįtį], *s.* unanimidad.
unanimous [yụnǽnįmʌs], *a.* unánime.
unanimously [-lį], *adv.* unánimemente, por unanimidad, de común acuerdo, al unísono, a una.
unanimousness [-nįs], *s.* unanimidad.
unannealed [ʌnąníld], *a.* (cerá., etc.) no recocido.
unanswerable [ʌnǽnsœrąbl], *a.* incontrovertible, incontestable, indisputable.
unanswerably [-blį], *adv.* indisputablemente.
unanswered [ʌnǽnsœrd], *a.* por contestar, no contestado; no correspondido.
unappealable [ʌnąpíląbl], *a.* (for.) inapelable.
unapprehensive [ʌnæprįhénsįv], *a.* inaprensivo; impertérrito; lerdo, torpe.
unapproachable [ʌnąpróụchąbl], *a.* inaccesible.
unapproachableness [-nįs], *s.* inaccesibilidad.
unappropriate(d [ʌnąpróụprįeįt(įd], *a.* no concedido o designado (fondos, etc.); libre; baldío, realengo (terrenos).
unapproved [ʌnąprúvd], *a.* desaprobado.
unapt [ʌnǽpt], *a.* poco inclinado, poco propenso; inepto, inhábil; lerdo.—**unaptly** [-lį], *adv.* ineptamente.—**unaptness** [-nįs], *s.* ineptitud.
unarmed [ʌnármd], *a.* desarmado, indefenso, inerme; (zool. y bot.) inerme.
unasked [ʌnǽskt], *a.* no solicitado, espontaneo; no llamado; no convidado, sin convidar.
unaspirated [ʌnǽspįreįtįd], *a.* (fon.) no aspirado.
unassailable [ʌnąséįląbl], *a.* inexpugnable.
unassembled [ʌnąsémbld], *a.* (mec., etc.) sin montar, desarmado, en piezas.
unassignable [ʌnąsáįnąbl], *a.* intransferible.
unassuming [ʌnąsįúmįŋ], *a.* modesto.
unattached [ʌnątǽcht], *a.* suelto, despegado; libre; (for.) no embargado; (mil.) de reemplazo.
unattainable [ʌnątéįnąbl], *a.* inasequible, inalcanzable, irrealizable.
unattempted [ʌnątémptįd], *a.* no experimentado, no ensayado, no intentado.
unattended [ʌnąténdįd], *a.* solo.
unattractive [ʌnątrǽktįv], *a.* inatractivo.
unau [yunóụ], *s.* (zool.) perezoso del Brasil.
unauthorized [ʌnóθǫraįzd], *a.* sin autorización, no autorizado, desautorizado.
unavailable [ʌnąvéįląbl], *a.* inasequible, inaprovechable; inadaptable.

unavailing [-iŋ], *a.* inútil, vano, infructuoso.
unavoidable [ʌnavóidabl], *a.* inevitable, ineludible, ineluctable, fatal.
unavoidableness [-nis], *s.* inevitabilidad.
unavoidably [-bli], *adv.* inevitablemente.
unaware [ʌnawér], *a.* ignorante o inconsciente de, ajeno a.—**to be u. of,** no percatarse de, no tener conocimiento de.
unaware(s [-(z], *adv.* inopinadamente, repentinamente, de improviso, de golpe y porrazo; sin pensar, inadvertidamente.—**to take u.,** coger desprevenido.
unawareness [-nis], *s.* inconsciencia.
unbacked [ʌnbǽkt], *a.* sin ayuda, sin apoyo (financiero, etc.); sin respaldo; cerril (caballo).
unbalance [ʌnbǽlans], *va.* desequilibrar; trastornar.—**unbalanced** [-t], *a.* desequilibrado; (fam.) chiflado, destornillado; (com.) no balanceado.
unballast [ʌnbǽlast], *va.* (mar.) deslastrar.
unbaptized [ʌnbæptáizd], *a.* no bautizado; gentílico, pagano.
unbar [ʌnbár], *va.* desatrancar, desbarretar.
unbearable [ʌnbérabl], *a.* intolerable, insoportable, insufrible, inaguantable.
unbeaten [ʌnbítn], *a.* no pisado, no frecuentado; no batido; invicto.
unbecoming [ʌnbikʌ́miŋ], *a.* indecoroso; impropio, indigno; que sienta mal (vestido, etc.).—**unbecomingly** [-li], *adv.* indecorosamente, etc.
unbeknown [ʌnbinóun]. **I.** *a.* (fam.) no conocido, no sabido. **II.** *adv.* (fam.) sin conocimiento (de otro), por o de sorpresa.
unbelief [ʌnbilíf], *s.* incredulidad, descreimiento; irreligión, infidelidad.
unbeliever [ʌnbilívœ(r)], *s.* incrédulo, descreído; infiel, irreligioso.
unbend [ʌnbénd]. **I.** *va.* (*pret.* y *pp.* UNBENT o UNBENDED) enderezar, desencorvar; aflojar, relajar, zafar, soltar; (mar.) desenvergar (las velas). **II.** *vn.* enderezarse; condescender, ceder; ponerse afable; descansar, solazarse.
unbending [-iŋ], *a.* inflexible.
unbias(s)ed [ʌnbáiast], *a.* imparcial.
unbid(den [ʌnbíd(n], *a.* no invitado; espontáneo, no pedido o solicitado.
unbind [ʌnbáind], *va.* (*pret.* y *pp.* UNBOUND) desligar, desatar, desamarrar; desvendar.
unbleached [ʌnblícht], *a.* crudo, sin blanquear.
unblemished [ʌnblémisht], *a.* puro, sin mancha.
unblushing [ʌnblʌ́shiŋ], *a.* desvergonzado, descarado.
unbolt [ʌnbóult], *va.* desbarretar, desempernar.—**unbolted** [-id], *a.* desempernado; sin cerner.
unborn [ʌnbɔ́rn], *a.* no nacido aún; venidero.
unbosom [ʌnbúzom], *va., vn.* y *vr.* mostrar (uno) su corazón; desahogarse (de), confesar, (fam.) desembuchar.
unbottomed [ʌnbátomd], *a.* insondable; infundado; sin fondo.
unbound [ʌnbáund]. **I.** *pret.* y *pp.* de TO UNBIND. **II.** *a.* no encuadernado, sin encuadernar, en rústica; suelto, desatado.
unbounded [-id], *a.* infinito, ilimitado.
unbowed [ʌnbáud], *a.* recto, erguido; (fig.) indomado.
unbrace [ʌnbréis], *va.* aflojar, soltar, desabrochar; desasegurar.
unbraid [ʌnbréid], *va.* destejer, destrenzar.
unbreakable [ʌnbréikabl], *a.* irrompible; impenetrable.—**u. glass,** cristal o vidrio irrompible.
unbreathed [ʌnbríðd], *a.* no comunicado a nadie.
unbred [ʌnbréd], *a.* malcriado.
unbridled [ʌnbráidld], *a.* desenfrenado, licencioso, irrefrenable.
unbroken [ʌnbróukn], *a.* intacto, entero; inviolado; continuo, no interrumpido; invicto; indómito, cerril (caballo).
unbuckle [ʌnbʌ́kl], *va.* deshebillar.
unburden [ʌnbœ́rdn], *va.* descargar; aliviar.
unburied [ʌnbérid], *a.* insepulto.
unburned, unburnt [ʌnbœ́rnd, ʌnbœ́rnt], *a.* no cocido; incombusto.—**u. brick,** adobe.
unbury [ʌnbéri], *va.* desenterrar, exhumar.
unbusinesslike [ʌnbíznislaik], *a.* contrario a la práctica mercantil; informal; inexperto en los negocios.
unbutton [ʌnbʌ́tn], *va.* desabotonar, desabrochar.
uncage [ʌnkéidž], *va.* desenjaular; libertar, soltar.
uncalled [ʌnkɔ́ld], *a.* no llamado, no pedido.—**u.-for,** inmerecido, innecesario, gratuito; no reclamado.
uncancelled [ʌnkǽnseld], *a.* sin cancelar; no anulado, no rescindido.
uncanny [ʌnkǽni], *a.* misterioso, pavoroso.
uncap [ʌnkǽp]. **I.** *va.* destapar. **II.** *vn.* desgorrarse, descubrirse para saludar.
uncared [ʌnkérd], *a.* (con **for**) desamparado, descuidado, abandonado.
uncase [ʌnkéis], *va.* desenvainar; (mil.) desplegar (la bandera); revelar.
unceasing [ʌnsísiŋ], *a.* incesante.
unceasingly [-li], *adv.* sin cesar, incesantemente.
unceremonious [ʌnseremóuniʌs], *a.* familiar, llano, de confianza, inceremonioso.
uncertain [ʌnsœ́rtan], *a.* incierto; perplejo, irresoluto, indeciso.—**uncertainly** [-li], *adv.* inciertamente.—**uncertainty** [-ti], *s.* incertidumbre; (lo) incierto; irresolución; instabilidad, inseguridad.
unchain [ʌnchéin], *va.* desencadenar.
unchangeable [ʌnchéindžabl], *a.* inalterable, invariable, inmutable; igual.—**unchangeableness** [-nis], *s.* inmutabilidad o invariabilidad.—**unchangeably** [-abli], *adv.* inmutablemente, invariablemente.—**unchanged** [-d], *a.* inalterado.—**unchanging** [-iŋ], *a.* inalterable, inmutable, uniforme.
uncharitable [ʌnchǽritabl], *a.* no caritativo, falto de benevolencia, duro.—**uncharitableness** [-nis], *s.* falta de benevolencia, dureza.—**uncharitably** [-bli], *adv.* sin benevolencia o caridad, duramente.
unchaste [ʌnchéist], *a.* incasto.—**unchastity** [ʌnchǽstiti], *s.* incontinencia, falta de castidad.
unchecked [ʌnchékt], *a.* desenfrenado, inestorbado; no confrontado, cotejado o comprobado.
unchristian [ʌnkríschan], *a.* no cristiano; pagano, anticristiano.
unchurch [ʌnchœ́rch], *va.* expulsar o excluir de la iglesia; excomulgar.—**unchurched** [-t], *a.* no perteneciente a, o miembro de, ninguna iglesia.
uncial [ʌ́nshial], *a.* y *s.* uncial (letra).
unciform [ʌ́nsifɔrm], *s.* y *a.* (anat.) unciforme.
uncinariasis [-naráiasis], *s.* (med.) uncinariasis.
uncircumcised [ʌnsœ́rkʌmsaizd], *a.* y *s.* incircunciso.
uncivil [ʌnsívil], *a.* incivil, descortés, grosero.
uncivilized [-aizd], *a.* incivilizado, bárbaro.
uncivilly [-i], *adv.* incivilmente, descortésmente.
unclad [ʌnklǽd], *a.* desnudo, sin vestir.
unclaimed [ʌnkléimd], *a.* no reclamado (correo, etc.).
unclasp [ʌnklǽsp], *va.* desabrochar.
unclassifiable [ʌnklǽsifaiabl], *a.* inclasificable.
uncle [ʌ́ŋkl], *s.* tío; anciano; (fam.) prestamista, usurero.—**U. Sam,** el tío Sam (los E. U.).
unclean [ʌnklín], *a.* sucio, inmundo, desaseado; impuro; obsceno.
uncleanliness [ʌnklénlinis], *s.* suciedad, desaseo, falta de limpieza.
uncleanly [-li], *a.* sucio, desaseado, inmundo; impuro; indecente.
uncleanness [ʌnklínnis], *s.* suciedad; impureza, obscenidad.
uncloak [ʌnklóuk], *va.* quitar la capa o el abrigo a; (fig.) desembozar, desenmascarar.
unclog [ʌnklág], *va.* desembarazar, exonerar.
uncloister [ʌnklɔ́istœ(r)], *va.* exclaustrar.
unclose [ʌnklóuz], *va.* abrir; revelar.
unclothe [ʌnklóuð], *va.* quitar la ropa a, desnudar.
unclouded [ʌnkláudid], *a.* claro, despejado.
uncock [ʌnkák], *va.* desmontar (arma de fuego).

uncoil [ʌnkɔ́i̯l], *va.* desarrollar, desenrollar.
uncoined [ʌnkɔ́i̯nd], *a.* no acuñado, sin acuñar.
uncollectable [ʌnkǫléktąbl], *a.* incobrable.
uncollected [-tįd], *a.* disperso; no cobrado.
uncolored [ʌnkʌ́lǫrd], *a.* descolorado; incoloro; imparcial.
uncombed [ʌnkóu̯md], *a.* despeinado.
uncomfortable [ʌnkʌ́mfǫrtąbl], *a.* incómodo, penoso, desagradable, molesto; embarazado, intranquilo; indispuesto, con malestar.—**uncomfortableness** [-nįs], *s.* incomodidad, penalidad; malestar; molestia, desagrado.—**uncomfortably** [-blį], *adv.* incómodamente; molestamente; etc.
uncommerical [ʌnkǫmœ́rŝąl], *a.* poco versado o interesado en el comercio; impropio de comerciantes o de los métodos comerciales.
uncommitted [ʌnkǫmítįd], *a.* no cometido; no cumplido, no hecho; no comprometido, sin compromiso.
uncommitted funds, *s. pl.* fondos disponibles.
uncommon [ʌnkámǫn], *a.* poco común, excepcional, extraordinario, infrecuente, raro, extraño.
uncommonly [-lį], *adv.* raramente, infrecuentemente; excepcionalmente.
uncommunicative [ʌnkǫmi̯únįkątįv], *a.* no comunicativo; callado; taciturno; circunspecto.
uncompleted [ʌnkǫmplítįd], *a.* inacabado, incompleto.
uncomplimentary [ʌnkamplįméntąrį], *a.* poco halagüeño; desfavorable, ofensivo.
uncompromising [ʌnkámpromai̯zįŋ], *a.* inflexible, firme; intransigente; irreconciliable.
uncompromisingly [-lį], *adv.* inflexiblemente, firmemente; de manera intransigente, sin concesión alguna.
unconcern [ʌnkǫnsœ́rn], *s.* indiferencia, frialdad.
unconcerned [-d], *a.* indiferente, frío, impasible.
unconcernedly [-įdlį], *adv.* indiferentemente, sin inmutarse.
unconditional [ʌnkǫndíŝǫnąl], *a.* absoluto, incondicional; a discreción.—**unconditionally** [-i], *adv.* incondicionalmente; a discreción.
unconditioned [ʌnkǫndíŝǫnd], *a.* libre, exento de condiciones, no limitado ni restringido; (filos.) incondicional, absoluto; (psic.) espontáneo, no aprendido.
unconfined [ʌnkǫnfái̯nd], *a.* libre, ilimitado, sin trabas, sin obstáculos.
unconfirmed [ʌnkǫnfœ́rmd], *a.* no confirmado.
unconformable [ʌnkǫnfɔ́rmąbl], *a.* desconforme, diferente; (geol.) discordante.—**unconformableness** [-nįs], **unconformity** [-įtį], *s.* desconformidad; (geol.) discordancia.
uncongenial [ʌnkǫndźíniąl], *a.* incompatible.
uncongeniality [-ǽlįtį], *s.* incompatibilidad.
unconnected [ʌnkǫnéktįd], *a.* inconexo, irrelacionado.
unconquerable [ʌnkáŋkœrąbl], *a.* invencible, insuperable, inconquistable.
unconscionable [ʌnkánŝǫnąbl], *a.* exorbitante, desmedido, injusto; sin conciencia.
unconscionably [-blį], *adv.* sin razón, sin conciencia.
unconscious [ʌnkánŝʌs], *a.* inconsciente; privado, insensible, desmayado, sin conocimiento; no sabedor, que ignora; desconocido, involuntario.—**the u.**, (psic.) lo inconsciente.—**unconsciously** [-lį], *adv.* inconscientemente, sin saberlo.—**unconsciousness** [-nįs], *s.* insensibilidad; falta de conocimiento, privación, inconsciencia.
unconstitutional [ʌnkanstįti̯úŝǫnąl], *a.* inconstitucional.—**unconstitutionality** [-ǽlįtį], *s.* carácter inconstitucional.—**unconstitutionally** [-ąlį], *adv.* inconstitucionalmente.
uncontrollable [ʌnkǫntróu̯ląbl], *a.* ingobernable; indomable, irrefrenable.
uncontrolled [-d], *a.* sin freno, libre.
unconventional [ʌnkǫnvénŝǫnąl], *a.* despreocupado, informal, libre.—**unconventionality** [-ǽlįtį], *s.* despreocupación, informalidad, libertad de acción.
unconverted [ʌnkǫnvœ́rtįd], *a.* no convertido.
uncork [ʌnkɔ́rk], *va.* destapar, descorchar.
uncorrected [ʌnkǫréktįd], *a.* sin corregir, no corregido.
uncorrupted [ʌnkǫrʌ́ptįd], *a.* incorrupto.
uncounted [ʌnkáu̯ntįd], *a.* no contado, sin contar; innumerable.
uncouple [ʌnkʌ́pl], *va.* desconectar, desengranar, zafar, soltar.—**uncoupled** [-d], *a.* suelto; soltero.
uncouth [ʌnkúθ], *a.* tosco, rústico, desgarbado; extraño.—**uncouthly** [-lį], *adv.* rústicamente, toscamente; singularmente.—**uncouthness** [-nįs], *s.* tosquedad, rusticidad; extrañeza, rareza.
uncover [ʌnkʌ́vœ(r)], **I.** *va.* destapar, descubrir; desabrigar, desarropar; revelar, poner al descubierto. **II.** *vn.* descubrirse; desarrebozarse.
uncowl [ʌnkáu̯l], *va.* quitar la capucha de o a.
uncreated [ʌnkri̯éi̯tįd], *a.* increado, sin crear.
uncrown [ʌnkráu̯n], *va.* destronar.
unction [ʌ́ŋkŝǫn], *s.* unción, ungimiento; untura, untamiento; ungüento; (igl.) extremaunción; fervor, unción; divina gracia.
unctuous [ʌ́ŋkchu̯ʌs], *a.* untuoso, craso; zalamero.—**unctuousness** [-nįs], *s.* untuosidad.
uncultivated [ʌnkʌ́ltįvei̯tįd], *a.* yermo, baldío, inculto; rústico, grosero.
uncurl [ʌnkœ́rl], *va.* desrizar, desencrespar, destorcer.
uncut [ʌnkʌ́t], *a.* sin cortar; sin tallar, sin labrar (apl. a piedras preciosas).
undamaged [ʌndǽmįdźd], *a.* ileso, indemne.
undaunted [ʌndɔ́ntįd], *a.* impávido, denodado, intrépido, impertérrito.—**undauntedly** [-lį], *adv.* intrépidamente, impávidamente.—**undauntedness** [-nįs], *s.* intrepidez, impavidez.
undeceive [ʌndįsív], *va.* desengañar, desilusionar.
undecided [ʌndįsái̯dįd], *a.* indeciso; irresoluto.
undecipherable [ʌndįsái̯fœrąbl], *a.* indescifrable.
undeclinable [ʌndįklái̯nąbl], *a.* indeclinable.
undefiled [ʌndįfái̯ld], *a.* impoluto, puro, limpio, inmaculado.
undefinable [ʌndįfái̯nąbl], *a.* indefinible.
undefined [ʌndįfái̯nd], *a.* indefinido.
undeniable [ʌndįnái̯ąbl], *a.* innegable.
undeniably [-blį], *adv.* innegablemente.
undenominational [ʌndįnamįnéi̯ŝǫnąl], *a.* no sectario.
under [ʌ́ndœ(r)]. **I.** *a.* inferior, bajero; subalterno, subordinado; bajo (de tono). **II.** *adv.* debajo; más abajo; menos. **III.** *prep.* debajo de, bajo; so; menos de o que; a (*under sail*, a la vela; *under steam*, al vapor); en; en tiempo de, en la época de; conforme a, según.—**u. a cloud**, en aprietos.—**u. arms**, bajo las armas.—**u. color of**, so color de.—**u. consideration**, en consideración.—**u. contract**, bajo contrato; conforme al contrato.—**u. cover**, al abrigo, a cubierto.—**u. fire**, en combate; bajo el fuego del enemigo; (fig.) atacado, criticado, en aprietos.—**u. one's nose**, en las barbas de uno, en su presencia.—**u. pain of**, bajo o so pena de.—**u. separate cover**, por separado, bajo cubierta.—**u. the care of**, al cuidado de.—**u. the circumstances**, en las circunstancias.—**u. the command of**, al mando de.—**u. the rose**, en secreto.—**u. this act**, (for.) con arreglo a esta ley.—**u. way**, en camino, en marcha; andando; principiando.—**to be u. an obligation**, deber favores. *Under* se usa en composición para denotar inferioridad de categoría o de lugar, o bien falta o escasez.
underage [-éidź], *a.* menor de edad.
underbid [-bíd], *va.* (*pret.* y *pp.* UNDERBID) rebajar; ofrecer o pedir (según el caso) menos que otro.
underbred [-bréd], *a.* de raza impura (caballo, etc.); vulgar, sin urbanidad, rudo.
underbrush [-brʌŝ], *s.* maleza, broza.
underbuy [-bái̯], *va.* comprar a menor precio que; pagar por (algo) menos de lo que vale.

undercarriage [-kærịdẑ], *s.* (aer.) tren de aterrizaje. *V.* UNDERFRAME.—**u. skid,** patín de cola.
undercharge [-chárdẑ], *va.* cargar por (algo) menos de lo que conviene; (arti.) cargar insuficientemente.
underclassman [-klǽsmạn], *s.* estudiante del primero o segundo año.
underclerk [-klœrk], *s.* subsecretario; escribiente.
underclothes [-klouðz], *s. pl.*, **underclothing** [-klouðịŋ], *s.* ropa interior.
undercover [-kʌ́vœ(r)], *a.* secreto, clandestino; escondido.—**u. agent,** agente secreto de la policía, etc.; espía.
undercurrent [-kœrẹnt], *s.* corriente submarina; tendencia oculta.
undercut [-kʌ́t]. **I.** *va.* (min.) socavar; en pugilismo, dar una puñada de abajo arriba; (b. a.) formar (obra de relieve, etc.) con base adelgazada o rebajada (menor que la parte superior); vender, o trabajar, a menor precio que (un competidor). **II.** [-kʌt], *s.* (min.) socava(ción); (coc.) solomillo (de carne); puñada pugilística de abajo arriba; corte sesgado; muesca hecha en un árbol para que caiga por ella al cortarlo. **III.** *a.* de base rebajada o entallada, más angosto en la base que arriba.
underdevelop [-dịvélọp], *va.* subdesarrollar; (foto.) revelar insuficientemente.
underdeveloped [-dịvélọpt], *a.* subdesarrollado; (foto.) revelado insuficientemente.
underdevelopment [-dịvélọpmẹnt], *s.* subdesarrollo; (foto.) revelamiento insuficiente.
underdo [-dú], *va.* (*pret.* UNDERDID; *pp.* UNDERDONE) (coc.) soasar, medio asar.—**underdone** [-dʌ́n], *a.* soasado, a medio asar.
underdog [-dɔg], *s.* el perdidoso; el más débil.—**the underdogs,** los de abajo.
underdrain [-drein], *s.* (hidr., agr.) desagüe o avenamiento subterráneo.
underdrawers [-drɔœrz], *s. pl.* calzoncillos.
underemployment [-ịmplɔ́ịmẹnt], *s.* empleo insuficiente o reducido.
underestimate [-éstịmeịt], *va.* menospreciar, desestimar, subestimar, apreciar en menos de lo que merece; no dar suficiente importancia a.
underexposure [-ɛkspóuẑŭ(r)], *s.* (foto.) insuficiente exposición.
underfeed [-fíd], *va.* (*pret.* y *pp.* UNDERFED) desnutrir, no alimentar suficientemente.—**underfeeding** [-ịŋ], *s.* desnutrición, alimentación deficiente.
underfilling [-fịlịŋ], *s.* cimiento de un edificio.
underfoot [-fụt]. **I.** *adv.* bajo los pies; en el piso, en el suelo. **II.** *a.* pisoteado, oprimido; abyecto.
underframe [-freịm], *s.* armazón (*f.*) de sustentación.
undergarment [-garmẹnt], *s.* prenda de ropa interior.
undergo [-góu], *va.* (*pret.* UNDERWENT; *pp.* UNDERGONE) sufrir, padecer; aguantar, sobrellevar; pasar por, ser sometido a; arrostrar.
undergraduate [-grǽdẑuịt], *s.* estudiante no graduado aún.
underground [-graund]. **I.** *a.* subterráneo; secreto.—**u. movement,** (pol.) movimiento de resistencia.—**u. trolley,** tranvía (*m.*) de canalización subterránea. **II.** *s.* sótano, subterráneo; ferrocarril subterráneo; (fam.) el subte; (fam.) modo secreto de permitir escapar a los esclavos, fugitivos, etc. **III.** *adv.* bajo tierra; ocultamente.
undergrown [-gróun], *a.* de pequeña estatura, de desarrollo incompleto; (bot.) achaparrado; (agr.) cubierto de malezas.
undergrowth [-grouθ], *s.* maleza; baja estatura, desarrollo imperfecto.
underhand [-hǽnd]. **I.** *adv.* bajo mano, por debajo de cuerda, clandestinamente. **II.** *a.* secreto, clandestino, solapado.
underhanded [-ịd], *a.* disimulado, clandestino.
underhandedly [-lị], *adv.* por debajo de cuerda.
underlay [-léị]. **I.** *va.* (*pret.* y *pp.* UNDERLAID) reforzar; (impr.) calzar, realzar. **II.** *vn.* (min.) inclinarse (un filón). **III.** [-leị], *s.* (impr.) calzo, realce; (min.) buzamiento.
underlease [-lis], *s.* (for.) subarriendo.
underlet [-lét], *va.* (*pret.* y *pp.* UNDERLET) (for.) arrendar a menor precio que el valor verdadero; subarrendar.
underlie [-láị], *va.* (*pret.* UNDERLAY; *pp.* UNDERLAIN) estar debajo de; ser la razón fundamental o sostén de; sustentar, sostener.
underline [-láịn], *va.* subrayar.
underling [-lịŋ], *s.* subordinado.
underlying [-láịịŋ], *a.* subyacente; fundamental.
undermine [-máịn], *va.* socavar, minar, descalzar, zapar; trasminar; debilitar, arruinar subrepticiamente.—**underminer** [-œ(r)], *s.* minador, zapador; enemigo oculto.
undermost [-moust]. **I.** *a.* ínfimo, el más bajo. **II.** *adv.* debajo de todo.
underneath [-níθ]. **I.** *adv.* debajo. **II.** *prep.* debajo de, bajo.
undernourished [-nœ́rịŝd], *a.* desnutrido, mal alimentado.
underpaid [-péịd], *pp.* y *a.* mal pagado, insuficientemente retribuído.
underpass [-pæs], *s.* paso inferior.
underpay [-péị]. **I.** *va.* pagar insuficientemente. **II.** *s.* retribución insuficiente.
underpin [-pín], *va.* (alb., constr.) socalzar, apuntalar, poner puntales; apoyar, mantener.—**underpinning** [-pịnịŋ], *s.* apuntalamiento por la base.
underplot [-plat], *s.* acción secundaria en un drama o novela; trama secreta.
underprivileged [-prívịlịdẑd], *a.* menesteroso; que no goza de las ventajas de la mayoría.
underprize [-práịz], *va.* desapreciar, desestimar.
underproduction [-prodʌ́kŝọn], *s.* baja producción, producción insuficiente.
underprop [-práp], *va.* apuntalar. *V.* UNDERPIN.
underrate [-réịt], *va.* menospreciar, desestimar, adocenar, rebajar.
underrun [-rʌ́n], *va.* correr por debajo de; (mar.) resacar; recorrer (los cables).
underscore [-skɔ́r]. **I.** *va.* subrayar. **II.** *s.* línea de subrayar o que subraya.
undersea [-sí], *a.* submarino.—**undersea(s)** [-z], *adv.* bajo la superficie del mar.
undersecretary [-sékrẹterị], *s.* subsecretario.
undersell [-sél], *va.* vender a bajo precio, malbaratar; vender a menor precio que.
undershirt [-ŝœrt], *s.* elástica, camiseta.
undershot [-ŝat], *a.* (hidr.) de alimentación o impulsión por abajo (apl. a ruedas).
underside [-saịd], *s.* superficie inferior, parte de abajo.
undersign [-sáịn], *va.* su(b)scribir.—**the undersigned,** el infrascrito, el suscrito, el abajo firmado.
undersized [-sáịzd], *a.* de tamaño o estatura menor que lo normal.
underskirt [-skœrt], *s.* enagua(s); faldellín, refajo, zagalejo, (Cuba) sayuela.
underslung [-slʌ́ŋ], *a.* (aut.) aplícase a carrocerías suspendidas de las ballestas de tal modo que el bastidor del chasis queda más bajo que los ejes.
undersold [-sóuld], *pret.* y *pp.* de TO UNDERSELL.
understand [-stǽnd], *va.* y *vn.* (*pret.* y *pp.* UNDERSTOOD) entender, comprender; saber, ser sabedor, hacerse cargo, tener conocimiento de, tener entendido; conocer, penetrar; sobrentender.
understandable [-ạbl], *a.* comprensible.
understanding [-ịŋ]. **I.** *s.* entendimiento, inteligencia; modo de ver o entender; comprensión; acuerdo, arreglo; armonía, mutua comprensión. **II.** *a.* entendedor, inteligente, comprensivo.
understandingly [-lị], *adv.* de manera inteligente, con conocimiento (de causa, de los hechos).
understate [-stéịt], *va.* decir menos de lo que es.

understatement [-mẹnt], *s.* proposición en que no se dice todo, en que se dice menos de lo que realmente hay; exposición incompleta.
understood [-stụ́d], *pret.* y *pp.* de TO UNDERSTAND; sobrentendido, subentendido; convenido.—**to be u.**, sobrentenderse, subentenderse.—**be it u.**, entiéndase.—**it being u.**, bien entendido.—**that is u.**, está entendido; por supuesto, eso se entiende.—**to make one's self u.**, hacerse comprender.
understratum [-streịtʌm], *s.* estrato subyacente.
understudy [-stʌdị], *s.* (teat.) sobresaliente, suplente, substituto.
undertake [-téịk], *va.* y *vn.* (*pret.* UNDERTOOK; *pp.* UNDERTAKEN) emprender, acometer, intentar; comprometerse a, responder de, encargarse de.
undertaker [-teịkœ(r)], *s.* empresario de pompas fúnebres, (Am.) muñidor, zacateca, *m.*; contratista.—**u.'s establishment**, funeraria, casa mortuoria.
undertaking [-teịkịŋ], *s.* empresa; contratación; empresa funeraria; (for.) compromiso, promesa; empeño o garantía.
undertenant [-tenạnt], *s.* (for.) subarrendatario, subinquilino.
undertone [-toụn], *s.* voz baja; color apagado; sentido que se implica pero no se expresa.
undertook [-tụ́k], *pret.* de TO UNDERTAKE.
undertow [-toụ], *s.* resaca, corriente submarina.
undervaluation [-vælyụéịṣọn], *s.* menosprecio, estimación baja, avalúo inferior al verdadero.
undervalue [-vǽlyụ], *va.* des(a)preciar, desestimar, menospreciar; tasar en menos del valor real.
underwater [-wótœ(r)], *a.* que está (o sirve para uso) debajo de la superficie del agua.
underwear [-wɛr], *s.* ropa interior.
underweight [-wéịt], *a.* que no tiene el peso justo o normal.
underwent [-wént], *pret.* de TO UNDERGO.
underwood [-wụd], *s.* maleza.
underwork [-wœrk]. **I.** *va.* trabajar por menos jornal que otro. **II.** *vn.* trabajar menos de lo que se debe. **III.** *s.* trabajo de rutina.
underworld [-wœrld], *s.* averno, infierno; los antípodas; mundo terrenal, la tierra; hampa, vida del vicio, clases depravadas.
underwrite [-ráịt], *va.* (*pret.* UNDERWROTE; *pp.* UNDERWRITTEN) su(b)scribir; (com.) asegurar (contra riesgos); subscribir una emisión de valores.—**underwritten** [-rítn], *a.* infrascripto; asegurado (por); subscrito; garantizado.
underwriter [-raịtœ(r)], *s.* el que firma o suscribe un documento; (com.) asegurador; suscriptor de una emisión de bonos, etc.
undeserved [ʌndịzœ́rvd], *a.* inmerecido.
undeservedly [-vịdlị], *adv.* inmerecidamente, injustamente.—**undeserving** [-vịŋ], *a.* desmerecedor, inmeritorio, indigno.
undesignedly [ʌndịzáịnịdlị], *adv.* involuntariamente, sin intención.—**undesigning** [-ịŋ], *a.* sincero, sencillo; de buena fe.
undesirable [ʌndịzáịrạbl], *a.* que no es de desearse, indeseable; inconveniente, desventajoso; nocivo, pernicioso.
undetected [ʌndịtéktịd], *a.* no descubierto.
undetermined [ʌndịtœ́rmịnd], *a.* indeterminado; indeciso, incierto.—**u. coefficients,** (mat.) coeficientes indeterminados.
undeveloped [ʌndịvélọpt], *a.* rudimentario, sin desarrollo; inexplotado (tierras, etc.); (foto.) sin revelar, no revelado.
undeviating [ʌndívịeịtịŋ], *a.* regular, directo; sin rodeo, siempre igual.
undid [ʌndíd], *pret.* de TO UNDO.
undies [ʌ́ndiz], *s. pl.* (fam.) prendas íntimas.
undigested [ʌndaịdẑéstịd], *a.* indigesto, no digerido; mal ordenado.
undignified [ʌndígnịfaịd], *a.* indecoroso, falto de dignidad; falto de seriedad o de gravedad.
undiminished [ʌndịmínịṣ̌t], *a.* sin disminución, sin merma, no disminuído.
undine [ʌndín], *s.* (mit.) ondina.
undirected [ʌndịréktịd], *a.* sin dirección, sin señas.
undiscernible [ʌndịzœ́rnạbl], *a.* invisible, imperceptible.
undisciplined [ʌndísịplịnd], *a.* indisciplinado, falto de corrección; sin instrucción.
undiscovered [ʌndịskʌ́vœrd], *a.* ignoto, oculto, por descubrir.
undisguised [ʌndịsgáịzd], *a.* sin disfraz; cándido, franco, abierto, sencillo.
undismayed [ʌndịsméịd], *a.* perseverante, que no ha perdido el ánimo o valor; firme.
undisputed [ʌndịspịútịd], *a.* que no se disputa; indisputable, incontestable.
undistinguishable [ʌndịstíŋgwịṣ̌ạbl], *a.* indistinguible.
undisturbed [ʌndịstœ́rbd], *a.* imperturbable, impasible, sereno; sin molestar, sin cambiar, sin mover, como está (estaba).
undivided [ʌndịváịdịd], *a.* indiviso, íntegro.
undo [ʌndú], *va.* (*pret.* UNDID; *pp.* UNDONE) anular, desvirtuar, contrarrestar; reparar (un daño); arruinar, perder; causar pesadumbre a; deshacer; desatar, desliar; (mec.) desarmar, desmontar.
undoing [-ịŋ], *s.* anulación; ruina, pérdida.
undone [ʌndʌ́n], *pp.* de TO UNDO; sin terminar; sin hacer; deshecho.—**to be u.**, estar perdido o arruinado.—**to come u.**, deshacerse; desatarse.—**to leave nothing u.**, no dejar nada por hacer.
undoubted [ʌndáụtịd], *a.* indudable, seguro.
undoubtedly [-lị], *adv.* indudablemente.
undraw [ʌndrɔ́], *va.* (*pret.* UNDREW; *pp.* UNDRAWN) abrir, tirar hacia fuera; tirar (una cortina).—**undrawn** [-n], *pp.* y *a.* no sacado; no extraído; no sorteado (billete de lotería); (com.) no girado.
undreamed, undreamt [ʌndrímd, -drémt], *a.* (a menudo con **of**) no soñado; inopinado.
undress [ʌndrés]. **I.** *va.* desnudar, desvestir, quitar la ropa; (cir.) desvendar, quitar el vendaje. **II.** *vn.* desnudarse. **III.** [ʌ́ndrɛs], *s.* desabillé, paños menores; ropa de casa; (mil.) traje de cuartel.—**to be in u.**, estar de trapillo. **IV.** *a.* de trapillo; de confianza.
undressed [-t], *a.* desnudo; de trapillo; (com.) en rama o en bruto.—**u. sheepskin,** zalea, vellón, zamarra.—**u. skin,** cuero sin curtir o al pelo.
undried [ʌndráịd], *a.* húmedo, sin secar; verde (frutos, etc.).
undue [ʌndịú], *a.* indebido, excesivo, desmedido; ilícito, injusto; (com.) por vencer.
undulant [ʌ́ndịụlạnt], *a.* undulante, ondulante.—**u. fever,** (med.) fiebre de Malta o mediterránea.
undulate [ʌ́ndịụleịt]. **I.** *vn.* undular, ondular, ondear, fluctuar. **II.** *va.* hacer ondear. **III.** *a.* ondeado, ondulado.—**undulating** [-ịŋ], *a.* ondulante, undoso.—**undulation** [-éịṣọn], *s.* ondulación, onda, ondeo.
undulatory [ʌ́ndịụlạtorị], *a.* undulatorio, undoso.—**u. theory,** (fís.) teoría de las ondulaciones.
unduly [ʌndịúlị], *adv.* indebidamente; irregularmente, ilícitamente.
undutiful [ʌndịútịfụl], *a.* desobediente, que falta a sus deberes.—**undutifulness** [-nịs], *s.* desobediencia; falta de respeto; falta de cumplimiento del deber.
undying [ʌndáịịŋ], *a.* imperecedero.
unearned [ʌnœ́rnd], *a.* no ganado; inmerecido.—**u. increment,** plusvalía.
unearth [ʌnœ́rθ], *va.* desenterrar.
unearthly [-lị], *a.* sobrenatural; aterrador, espantoso; ultraterreno.
uneasily [ʌnízịlị], *adv.* inquietamente, desasosegadamente; incómodamente, penosamente.—**uneasiness** [-nịs], *s.* inquietud, desasosiego, ansiedad; incomodidad, disgusto, malestar.—**uneasy** [ʌnízị], *a.* inquieto, intranquilo, ansioso, desasosegado; molesto, incómodo; desgarbado; difícil, pesado.—**to be u.**, no tenerlas todas consigo.

uneducated [ʌnédźųkeįtįd], *a.* falto de educación, indocto, ignorante.
unemployable [ʌnįmplóįạbl], *s.* y *a.* que no puede ser empleado; inservible.
unemployed [ʌnįmplóįd], *a.* sin empleo, desocupado, desempleado, cesante, parado; ocioso, inactivo.—**the u.**, los cesantes o sin trabajo.
unemployment [-mẹnt], *s.* falta de empleo u ocupación, cesantía, desempleo, desocupación.
unemployment insurance, *s.* seguro de desempleo.
unencumbered [ʌnįnkʌ́mbœrd], *a.* (for.) libre de gravamen; saneado; sin trabas.
unending [ʌnéndįŋ], *a.* inacabable, sin fin, eterno.
unendowed [ʌnįndáųd], *a.* indotado, no dotado.
unendurable [ʌnįndįúrạbl], *a.* insufrible, inaguantable, insoportable.
unengaged [ʌnįngéįdźd], *a.* desocupado, libre; no comprometido.
unenviable [ʌnénviạbl], *a.* poco envidiable o que no es envidiable.
unenvied [ʌnénvįd], *a.* no envidiado.
unequal [ʌníkwạl], *a.* desigual, dispar; ineficaz, insuficiente, inferior; desproporcionado; injusto, parcial; falto de uniformidad.—**to be u. to,** no tener fuerzas para, ser incapaz de.—**unequalled** [-d], *a.* sin igual, sin par, incomparable.—**unequally** [-i], *adv.* desigualmente.
unequipped [ʌnįkwípt], *a.* desprovisto, no preparado.
unequivocal [ʌnįkwívokạl], *a.* inequívoco.
unerring [ʌnœ́rįŋ], *a.* infalible.—**unerringly** [-lį], *adv.* infaliblemente.
unessayed [ʌnɛséįd], *a.* no ensayado.
unessential [ʌnɛsénŝạl]. **I.** *a.* que no es esencial o indispensable; de poca importancia, que no importa. **II.** *s.* cosa accesoria o no esencial.
uneven [ʌnívn], *a.* desigual; escabroso, quebrado, accidentado, fragoso; irregular, poco uniforme; non, impar (número).—**unevenly** [-lį], *adv.* desigualmente.—**unevenness** [-nįs], *s.* desigualdad; escabrosidad, aspereza; abolladura; desnivel; irregularidad, intercadencia.
uneventful [ʌnįvéntfųl], *a.* exento de acontecimientos notables; sin peripecias, sin novedad; tranquilo, quieto.
unexamined [ʌnįgzǽmįnd], *a.* no examinado.
unexampled [ʌnįgzǽmpld], *a.* que no tiene igual, sin ejemplo, único.
unexceptionable [ʌnįksépŝọnạbl], *a.* intachable; irrecusable.—**unexceptional** [-ạl], *a.* ordinario, usual y corriente; que no admite excepción.
unexpected [ʌnįkspéktįd], *a.* inesperado, impensado; repentino.—**unexpectedly** [-lį], *adv.* de repente o inesperadamente.—**unexpectedness** [-nįs], *s.* calidad de inesperado; (lo) inesperado.
unexperienced [-spíriẹnst], *a.* inexperto, novel.
unexploited [-splóįtįd], *a.* inexplotado.
unexplored [-splórd], *a.* inexplorado.
unexposed [-spóųzd], *a.* (foto.) no expuesto.
unexpressive [-sprésįv], *a.* sin expresión, poco expresivo, inexpresivo.
unfading [ʌnféįdįŋ], *a.* inmarcesible.
unfailing [ʌnféįlįŋ], *a.* inagotable; indefectible; seguro, cierto, infalible.
unfair [ʌnfér], *a.* doble, falso, desleal; injusto; (for.) leonino (pacto).—**unfairly** [-lį], *adv.* de mala fe; injustamente; con doblez.—**unfairness** [-nįs], *s.* falta de equidad; deslealtad, mala fe.
unfaithful [ʌnféįθfųl], *a.* infiel; infidente, fementido, desleal, pérfido; inexacto.—**the u.**, los infieles.—**unfaithfully** [-į], *adv.* infielmente, deslealmente.—**unfaithfulness** [-nįs], *s.* infidelidad, perfidia, infidencia, deslealtad.
unfaltering [ʌnfóltœrįŋ], *a.* firme, resuelto, inquebrantable.—**unfalteringly** [-lį], *adv.* sin vacilar, resueltamente.
unfamiliar [ʌnfạmílyạ̈(r)], *a.* poco familiar, poco común; no conocido; ignorante, poco conocedor.
unfasten [ʌnfǽsn], *va.* desatar, desligar, desabrochar, desenganchar, desprender, soltar, aflojar, zafar.
unfathomable [ʌnfǽðọmạbl], *a.* insondable; sin fondo; impenetrable, inescrutable.
unfavorable [ʌnféįvọrạbl], *a.* desfavorable, desventajoso, contrario, adverso.
unfavorably [-blį], *adv.* desfavorablemente, desventajosamente.
unfeathered [ʌnféðœrd], *a.* (orn.) implume.
unfed [ʌnféd], *a.* falto de alimento; sin comer.
unfeeling [ʌnfílįŋ], *a.* insensible, impasible, empedernido.—**unfeelingly** [-lį], *adv.* cruelmente; insensiblemente.
unfeigned [ʌnféįnd], *a.* verdadero, genuino; sincero, ingenuo.—**unfeignedly** [ʌnféįnįdlį], *adv.* ingenuamente, sinceramente; sin fingimiento.
unfelt [ʌnfélt], *a.* no percibido, no sentido.
unfermented [ʌnfœrméntįd], *a.* no fermentado.
unfetter [ʌnfétœ(r)], *va.* desencadenar; desmanear, destrabar (bestias).—**unfettered** [-d], *a.* libre, sin cadenas; sin trabas.
unfinished [ʌnfínįŝt], *a.* incompleto, inconcluso, inacabado; imperfecto.
unfit [ʌnfít]. **I.** *a.* inepto, incapaz, incompetente; impropio, inoportuno; inadaptable, inadecuado, inservible. **II.** *va.* inhabilitar.—**unfitly** [-lį], *adv.* ineptamente; impropiamente.—**unfitness** [-nis], *s.* ineptitud, incompetencia; inadaptabilidad.
unfixed [ʌnfíkst], *a.* suelto, desprendido; errante, voluble; desarreglado.
unflagging [ʌnflǽgįŋ], *a.* persistente, incansable.
unfledged [ʌnflédźd], *a.* (orn.) sin empollar, implume; (fig.) inmaturo, novel.
unflinching [ʌnflínchįŋ], *a.* firme, resuelto.
unfold [ʌnfóųld]. **I.** *va.* desplegar, desdoblar, desenvolver, desarrollar, abrir; extender; descifrar, revelar, descubrir, poner en claro; manifestar, explicar. **II.** *vn.* abrirse, desenvolverse, desarrollarse.
unfolding [-įŋ], *s.* despliegue; desarrollo.
unforeseeable [ʌnfɔrsíạbl], *a.* imprevisible.
unforeseen [-sín], *a.* imprevisto, impensado, inesperado, inopinable.
unforgettable [ʌnfɔrgétạbl], *a.* inolvidable.
unforgiving [ʌnfɔrgívįŋ], *a.* duro, inexorable, implacable, que no perdona.
unformed [ʌnfórmd], *a.* informe; amorfo; embrionario; crudo.
unfortunate [ʌnfórchųnįt]. **I.** *a.* desafortunado, infortunado, desgraciado, desventurado, desdichado; aciago, malhadado. **II.** *s.* infortunado, desgraciado; prostituta.—**unfortunately** [-lį], *adv.* por desgracia, desgraciadamente.—**unfortunateness** [-nįs], *s.* desventura; calidad de desafortunado, desdichado o aciago.
unfounded [ʌnfáųndįd], *a.* infundado, sin fundamento; (for.) improcedente.
unfrequented [ʌnfrįkwéntįd], *a.* solitario, poco frecuentado.
unfriendliness [ʌnfréndlįnįs], *s.* falta de amistad, hostilidad, malevolencia.—**unfriendly** [-lį], *a.* poco amistoso; hostil, enemigo; desfavorable, perjudicial.—**an u. act**, un acto hostil.
unfrock [ʌnfrák], *va.* expulsar, deponer, degradar (a un monje, ministro del culto, etc.).
unfruitful [ʌnfrútfųl], *a.* estéril, infecundo; improductivo, infructuoso, vano.—**unfruitfully** [-į], *adv.* infructuosamente.—**unfruitfulness** [-nįs], *s.* esterilidad, infecundidad; infructuosidad.
unfulfilled [ʌnfųlfíld], *a.* incumplido.
unfurl [ʌnfœ́rl], *va.* desplegar, desarrollar, desdoblar, extender; (mar.) desaferrar.
unfurnished [ʌnfœ́rnįŝt], *a.* desamueblado; sin muebles, sin amueblar (piso, etc.); desprovisto.
ungainliness [ʌngéįnlįnįs], *s.* falta de gracia, desgarbo, mala apariencia.—**ungainly** [-lį], *a.* desmañado, desgarbado, torpe.
ungear [ʌngír], *va.* desengranar, desembragar.
ungenerous [ʌndźénẹrʌs], *a.* poco generoso, ajeno o contrario a la generosidad.—**ungen-**

erously [-li], *adv.* sin generosidad; indignamente.
ungentlemanly, *o* **ungentlemanlike** [ʌndžéntlmanli, -laik], *a.* indigno de un caballero.
ungird [ʌngœ́rd], *va.* desceñir, desfajar; descinchar (bestias).
unglazed [ʌngléizd], *a.* sin vidrios; sin vidriar; deslustrado; sin satinar (papel).
ungloved [ʌnglʌ́vd], *a.* sin guantes.
unglued [ʌngliúd], *a.* despegado, desencolado.
ungodliness [ʌngádlinis], *s.* impiedad, irreligión.
ungodly [-li], *a.* impío, irreligioso; malvado.
ungovernable [ʌngʌ́vœrnabl], *a.* indomable, ingobernable, díscolo.
ungraceful [ʌngréisful], *a.* desagraciado, desgarbado.
ungracefully [-i], *adv.* sin gracia, deslucidamente.
ungracious [ʌngréišʌs], *a.* poco afable, rudo, descortés; desagradable, ofensivo.—**ungraciously** [-li], *adv.* rudamente, ásperamente.—**ungraciousness** [-nis], *s.* aspereza, descortesía.
ungrammatical [ʌngramǽtikal], *a.* ingramatical, incorrecto.
ungrateful [ʌngréitful], *a.* desagradecido, ingrato, desconocido; desagradable.—**ungratefully** [-i], *adv.* ingratamente, desagradecidamente; desagradablemente, de mala gana.—**ungratefulness** [-nis], *s.* ingratitud, desagradecimiento.
ungratified [ʌngrǽtifaid], *a.* no satisfecho.
ungrounded [ʌngráundid], *a.* infundado, inmotivado, gratuito.
ungrudgingly [ʌngrʌ́džiŋli], *adv.* de buena gana, sin quejarse.
ungual [ʌ́ŋgwal], *a.* (zool.) unguinal, unguiculado.
unguarded [ʌngárdid], *a.* sin guardia; desguarnecido, indefenso; descuidado, desprevenido; incauto, indiscreto.
unguent [ʌ́ŋgwent], *s.* (farm.) ungüento.
unguicular [ʌŋgwíkiulä(r)], *a.* unguiculado.
unguiculate [-eit], *a.* y *s.* (zool.) unguiculado.
unguided [ʌngáidid], *a.* no dirigido, no gobernado, sin guía.
unguinous [ʌ́ŋgwinʌs], *a.* oleoso, aceitoso.
unguis [ʌ́ŋgwis], *s.* (zool.) uña, pezuña, garra, zarpa; (anat.) unguis, *m.*, hueso lagrimal.
ungula [ʌ́ŋgiulä], *s.* (zool.) = UNGUIS; (geom.) cilindro o cono cortados por un plano oblicuo a la base.
ungulate [ʌ́ŋgiuleit], *a.* y *s.* ungulado.
ungum [ʌngʌ́m], *va.* desengomar.
unhair [ʌnhér], *va.* (ten.) apelambrar.
unhallowed [ʌnhǽloud], *a.* no consagrado; profano, impío; profanado.
unhand [ʌnhǽnd], *va.* soltar (de las manos), desasir.
unhandy [-i], *a.* desmanotado (fam.), desmañado, torpe; incómodo, inconveniente.
unhang [ʌnhǽŋ], *va.* (*pret.* y *pp.* UNHUNG) descolgar, desprender, desmontar, desarmar.
unhappily [ʌnhǽpili], *adv.* desgraciadamente, por desgracia.
unhappiness [-inis], *s.* infelicidad, desdicha; desgracia.
unhappy [ʌnhǽpi], *a.* infeliz, desdichado, desventurado; desgraciado; malhadado.
unharmed [ʌnhármd], *a.* ileso, incólume, sano y salvo; sin daño, a salvo.
unharness [ʌnhárnis], *va.* desenjaezar, desguarnecer, desaparejar, desenganchar.
unhealthful [ʌnhélθful], *a.* malsano, insalubre.
unhealthfulness [-nis], *s.* insalubridad.
unhealthiness [-inis], *s.* falta de salud.
unhealthy [-i], *a.* enfermizo, achacoso; insalubre, malsano.
unheard [ʌnhœ́rd], *a.* que no se ha oído; (con **of**) desconocido, sin ejemplo, inaudito, extraño.
unheeded [ʌnhídid], *a.* desatendido, despreciado.
unheeding [-iŋ], *a.* desatento, descuidado, distraído.
unhesitating [ʌnhézitеitiŋ], *a.* que no vacila; resuelto; pronto, listo.—**unhesitatingly** [-li], *adv.* sin vacilar; prontamente.
unhewn [ʌnhiún], *a.* en bruto.
unhinge [ʌnhíndž], *va.* desgoznar, desgonzar; desquiciar, sacar de quicio; desequilibrar, trastornar (el juicio).
unhitch [ʌnhích], *va.* descolgar, desatar; desenganchar, desaparejar (bestias).
unholily [ʌnhóulili], *adv.* impíamente.
unholiness [-nis], *s.* impiedad.
unholy [ʌnhóuli], *a.* profano, impío.
unhonored [ʌnánord], *a.* sin honrar; despreciado.
unhook [ʌnhúk], *va.* desenganchar, desabrochar, desaferrar; descolgar.
unhoped-for [ʌnhóupt fɔr], *a.* inesperado.
unhorse [ʌnhɔ́rs], *va.* desarzonar, desmontar.
unhung [ʌnhʌ́ŋ], *pp.* y *pret.* de TO UNHANG.
unhurt [ʌnhœ́rt], *a.* ileso, indemne.
unhygienic [ʌnhaidžiénik], *a.* antihigiénico.
uniaxial [yuniǽksial], *a.* uniaxial, de un solo eje.
unicameral [yunikǽmeral], *a.* unicameral.
unicellular [yuniséĺyulä(r)], *a.* (biol.) unicelular.
unicolor [yúnikʌlo(r)], *a.* unicolor.
unicorn [yúnikɔrn], *s.* (mit.) unicornio.
unidirectional [yunidirékšonal], *a.* de una sola o misma dirección, unidireccional.
unidirectional current, *s.* (fís.) corriente unidireccional.
unification [yunifikéišon], *s.* unificación.
uniflorous [yuniflórʌs], *a.* (bot.) unifloro.
uniflow [yúniflou], *a.* (hidr.) de corrientes paralelas.
unifoliate [yunifóulieit], *a.* (bot.) unifoliado.
uniform [yúnifɔrm]. **I.** *a.* uniforme; semejante; acorde, armonioso; consistente, constante. **II.** *s.* uniforme.—**in full u.,** de gran uniforme, de gala. **III.** *va.* uniformar; hacer uniforme; vestir de uniforme.
uniformity, uniformness [yunifɔ́rmiti, yúnifɔrmnis], *s.* uniformidad, uniformación.—**uniformly** [-li], *adv.* uniformemente.
unify [yúnifai], *va.* unificar, unir.
unifying [-iŋ], *a.* unificador, unidor.
unigenital [yunidžénital], *a.* unigénito.
unilateral [yunilǽteral], *a.* unilateral.
unimaginable [ʌnimǽdžinabl], *a.* inimaginable.
unimodal [yunimóudal], *a.* (estad.) unimodal.
unimpaired [ʌnimpérd], *a.* intacto, ileso, inalterado, incólume.
unimpeachable [ʌnimpíchabl], *a.* intachable, irreprensible; irrecusable.
unimportant [ʌnimpɔ́rtant], *a.* de poca o ninguna importancia, insignificante.
unimproved [ʌnimprúvd], *a.* no adelantado; yermo, baldío, inculto; sin urbanizar.
uninfluenced [ʌnínfluenst], *a.* no predispuesto, no afectado; exento de preocupaciones.
uninformed [ʌninfɔ́rmd], *a.* inculto, ignorante; mal informado; desaprensivo.
uninhabitable [ʌninhǽbitabl], *a.* inhabitable.
uninhabited [-id], *a.* inhabitado; deshabitado.
uninjured [ʌníndžurd], *a.* ileso, incólume; sin daño.
uninstructed [ʌninstrʌ́ktid], *a.* indocto; que no ha recibido aviso o instrucciones.
uninsured [ʌninšúrd], *a.* no asegurado.
unintelligible [ʌnintélidžibl], *a.* ininteligible.
unintelligibility [-ibíliti], *o* **unintelligibleness** [-iblnis], *s.* calidad de ininteligible.
unintelligibly [-ibli], *adv.* ininteligiblemente.
unintentional [ʌninténšonal], *a.* hecho sin intención, involuntario, no intencional.
unintentionally [-i], *adv.* sin intención, involuntariamente.
uninterested [ʌníntristid], *a.* no interesado.
uninteresting [-iŋ], *a.* falto de interés, poco interesante, soso, insípido.
uninterrupted [ʌnintерʌ́ptid], *a.* continuo, ininterrumpido, no interrumpido.—**uninterruptedly** [-li], *adv.* sin interrupción, continuamente.

union [yúnyǫn]. I. *s.* unión; conformidad, concordia, armonía; mancomunidad, fusión; estado matrimonial; emblema (*m.*) de unión representado en un pabellón; (E. U.) las estrellas (de la bandera nacional); (e. p.) sindicato, gremio.—**the U.,** (E. U.) la Unión Norteamericana. II. relativo al unionismo o a los gremios obreros; perteneciente a un gremio obrero.
union card, *s.* matrícula gremial o sindical.
unionism [-ịzm], *s.* unionismo; (e. p.) gremialismo o sindicalismo.
unionist [-ịst], *s.* unionista; (e. p.) gremialista o sindicalista.
unionization [-ịzéịŝǫn], *s.* (e. p.) agremiación, sindicalización.
unionize [-aịz], *va.* (e. p.) reducir a gremio obrero; hacer entrar en un gremio, agremiar, sindicar; establecer el sistema unionista en.
Union Jack, *s.* pabellón militar de la Gran Bretaña.
union-made [-méịd], *a.* hecho por obreros sindicalizados.
Union of Soviet Socialist Republics, *s.* Unión de Repúblicas Socialistas Soviéticas (U.R.S.S.).
union shop, *s.* factoría o taller que emplea obreros sindicalizados.
union suit, *s.* traje interior de una sola pieza.
uniparous [yụnípąrʌs], *a.* unípara.
unipersonal [yunịpǿersǫnąl], *a.* unipersonal.
unipolar [yunịpóụlą(r)], *a.* (elec.) unipolar.
unique [yụník], *a.* único en su género, singular, señero, raro, original.
unisexual [yunịsékŝụąl], *a.* unisexual.
unison [yúnịsǫn]. I. *s.* (mús.) unisonancia; unisón; (fig.) concordancia, armonía.—**in u.,** todos juntos, a una. II. *a.* unísono, unisón.—**unisonal** [yụnísǫnąl], **unisonant** [-ąnt], **unisonous** [-ʌs], *a.* unísono; concordante, armonioso; unisonante, que suena solo.
unit [yúnịt]. I. *s.* unidad. II. *a.* individual; unitario; unidad (en expresiones como *unit force,* fuerza unidad; *unit volume,* volumen unidad); igual a la unidad; (arit.) de las unidades (*unit figure,* cifra de las unidades).
Unitarian [yunịtérịąn], *a.* y *s.* (igl.) unitario.
Unitarianism [-ịzm], *s.* (igl.) unitarismo.
unitary [yúnịterị], *a.* unitario.
unite [yụnáịt]. I. *va.* unir, juntar, reunir, enlazar, adunar, mancomunar; avenir, concordar. II. *vn.* unirse, juntarse; concertarse.
united [-ịd], *a.* unido; de acuerdo; conexo.
United Kingdom, *s.* Reino Unido.
United Nations, *s.pl.* Naciones Unidas.
United States. I. *s.pl.* Estados Unidos. II. *a.* estadounidense, estadunidense.
unitive [yúnịtịv], *a.* unitivo.
unity [yúnịtị], *s.* unidad; unión, concordia; (mat.) la unidad.
univalence [yụnívąlęns], *s.* (quím.) univalencia.
univalent [-ęnt], *a.* (quím.) univalente.
univalve [yúnịvælv]. I. *a.* univalvo. II. *s.* (zool.) molusco univalvo, gasterópodo.
univalvate, univalved [yunịvǽlveịt, yúnịvælvd], *a.* *V.* UNIVALVE.
universal [yunịvǿersąl], *a.* universal.—**u. chuck,** (mec.) mandril universal de torno.—**u. coupling,** o **joint,** (mec.) junta universal; cardán, junta cardánica.
Universalism [-ịzm], *s.* (igl.) universalismo.—**Universalist** [-ịst], *a.* y *s.* universalista.
universality [-sǽlịtị], *s.* universalidad, generalidad.—**universalize** [-vǿersąlaịz], *va.* universalizar.—**universally** [-vǿersąlị], *adv.* universalmente, generalmente.
universe [yúnịvœrs], *s.* universo, mundo.—**u. of discourse,** (lóg.) extensión de una idea o concepto, o conjunto de cosas o ideas que abarca.
university [yunịvǿersịtị]. I. *s.* universidad. II. *a.* universitario.
univocal [yụnívokąl], *a.* unívoco.—**univocally** [-ị], *adv.* unívocamente.
unjointed [ʌndžǿịntịd], *a.* desunido; desencajado, desarticulado.
unjust [ʌndžʌ́st], *a.* injusto; pecador.—**the just and the u.,** justos y pecadores.
unjustifiable [ʌndžʌstịfáịąbl], *a.* injustificable, inexcusable.—**unjustifiableness** [-nịs], *s.* falta de justificación o razón.—**unjustifiably** [-blị], *adv.* injustificadamente.
unjustly [ʌndžʌ́stlị], *adv.* injustamente.
unkempt [ʌnkémpt], *a.* despeinado, desgreñado; desarreglado, desaseado; sin pulimento, tosco.
unkind [ʌnkáịnd], *a.* desprovisto de bondad o benevolencia, des(a)piadado, poco amable; duro, hiriente, áspero.
unkindliness [-lịnịs], *s.* aspereza, dureza, falta de benevolencia o amabilidad.
unkindly [-lị], *adv.* duramente, despiadadamente.
unkindness [-nịs], *s.* falta de bondad, dureza; acción cruel, tratamiento duro o des(a)piadado.
unknown [ʌnnóụn]. I. *a.* desconocido, ignoto.—**u. quantity,** (mat.) incógnita.—**u. to one,** sin saberlo uno. II. *s.* cosa o persona desconocida; (mat.) incógnita.
unlace [ʌnléịs], *va.* desenlazar; desatar.
unlade [ʌnléịd], *va.* descargar. *V.* UNLOAD.
unladylike [ʌnléịdịlaịk], *a.* impropio de una dama; poco femenino.
unlaid [ʌnléịd], *a.* y *pp.* de TO UNLAY; que no está colocado o puesto; no apaciguado ni aquietado.
unlatch [ʌnlǽch], *va.* levantar (una aldaba), abrir (una puerta).
unlawful [ʌnlófụl], *a.* ilegal, ilícito, ilegítimo.
unlawful interest, *s.* (for.) usura.
unlawfully [-ị], *adv.* ilegalmente, ilícitamente, ilegítimamente.
unlawfully born, *s.* (for.) bastardo, ilegítimo.
unlay [ʌnléị], *va.* (mar.) destorcer (un cable).
unlearn [ʌnlǿern], *va.* desaprender, olvidar.
unlearned [-d], *pp.* y *a.* indocto, ignorante, ignaro; ignorado, no aprendido.
unleavened [ʌnlévnd], *a.* ázimo, cenceño (pan).
unless [ʌnlés], *conj.* a menos que, a no ser que, como no sea, no siendo; salvo, con excepción de que, excepto, si no, si no es que.
unlettered [ʌnlétœrd], *a.* iletrado, iliterato.
unlevelled [ʌnlévęld], *a.* desnivelado.
unlicensed [ʌnláịsęnst], *a.* no autorizado, sin permiso o licencia.
unlike [ʌnláịk]. I. *a.* desemejante, diferente, distinto, dispar. II. *adv.* otramente, de otro modo; a diferencia de.
unlikelihood [-lịhụd], *s.* improbabilidad, inverisimilitud.
unlikely [-lị]. I. *a.* inverosímil, improbable, difícil. II. *adv.* improbablemente.
unlimber [ʌnlímbœ(r)]. I. *va.* (arti.) quitar el avantrén (a un cañón). II. *va.* y *vn.* alistar(se), preparar(se).
unlimited [ʌnlímịtịd], *a.* ilimitado; sin restricción, sin trabas.
unlink [ʌnlíŋk], *va.* deseslabonar.
unliquidated [ʌnlíkwịdeịtịd], *a.* (com.) ilíquido, no liquidado, por liquidar, pendiente de pago.
unload [ʌnlóụd]. I. *va.* descargar; exonerar, aligerar; (arti.) descargar; (fam., com.) deshacerse de una mercancía. II. *vn.* descargar.—**unloader** [-œ(r)], *s.* descargador.—**unloading** [-ịŋ], *s.* descarga, descargo, descargue.
unlock [ʌnlák], *va.* abrir (una cerradura, etc.); (impr.) desapretar (las formas); dar libre acceso; revelar (secretos).
unlooked-for [ʌnlụ́kt fǫr], *a.* inesperado, imprevisto, inopinado.
unloose(n) [ʌnlús(n)]. I. *va.* desatar, aflojar; desencadenar. II. *vn.* deshacerse, aflojarse.
unlovely [ʌnlʌ́vlị], *a.* desairado, desgarbado, desagraciado; desagradable; feo.
unluckily [ʌnlʌ́kịlị], *adv.* desgraciadamente, por desgracia.—**unluckiness** [-ịnịs], *s.* mala suerte.
unlucky [ʌnlʌ́kị], *a.* de mala suerte; desgraciado, desafortunado; funesto, infausto, aciago, de mal agüero.
unmade [ʌnméịd], *a.* y *pp.* increado; deshecho.

unmaidenly [ʌnméidṇli], *a.* impropio de una doncella.
unmake [ʌnméik], *va.* (*pret.* y *pp.* UNMADE) deshacer, destruir, aniquilar; deponer, destituir.
unman [ʌnmǽn], *va.* acobardar, desanimar; castrar, capar; (mil.) desguarnecer.
unmanageable [ʌnmǽnidžạbl], *a.* inmanejable, ingobernable, indomable.
unmanlike, unmanly [ʌnmǽnlaik, -li], *a.* indigno de un hombre; afeminado, enervado.
unmannered [ʌnmǽnœrd], *a.* rudo, incivil, grosero.—**unmannerliness** [-linis], *s.* rudeza, grosería, mala crianza.—**unmannerly** [-li]. **I.** *a.* malcriado, mal educado, grosero. **II.** *adv.* descortésmente, groseramente.
unmarked [ʌnmárkt], *a.* sin marca; inadvertido.
unmarketable [ʌnmárkitạbl], *a.* invendible, incomerciable.
unmarriageable [ʌnmæridžạbl], *a.* incasable.
unmarried [ʌnmǽrid], *a.* soltero, célibe, mozo, libre.—**u. man, woman,** soltero, soltera.
unmask [ʌnmǽsk]. **I.** *va.* desenmascarar, quitar la careta a; descubrir. **II.** *vn.* desenmascararse.
unmast [ʌnmǽst], *va.* (mar.) desarbolar.
unmatched [ʌnmǽcht], *a.* único, sin par; desapareado, dispar.
unmeaning [ʌnmíniŋ], *a.* sin significación, vacío o falto de sentido.
unmeasurable [ʌnmɛ́žūrạbl], *a.* ilimitado, inmensurable, inmenso.
unmeasured [ʌnmɛ́žūrd], *a.* desmedido; infinito, ilimitado.
unmentionable [ʌnmɛ́nšọnạbl]. **I.** *a.* infando, que no debe mencionarse. **II.** *s. pl.* (fam.) prendas íntimas, calzones, pantalones.
unmerchantable [ʌnmœ́rchạntạbl], *a.* invendible, incomerciable.
unmerciful [ʌnmœ́rsifụl], *a.* inclemente, riguroso; cruel, desapiadado.—**unmercifully** [-i], *adv.* cruelmente, desapiadadamente, sin misericordia.—**unmercifulness** [-nis], *s.* inclemencia, crueldad.
unmerited [ʌnmɛ́ritid], *a.* desmerecido, inmerecido, inmérito.
unmindful [ʌnmáindfụl], *a.* olvidadizo, desatento, desentendido.—**to be u. of,** o **that,** olvidar, olvidar que; desconocer.
unmindfulness [-nis], *s.* desatención, descuido, negligencia.
unmistakable [ʌnmistéikạbl], *a.* inequívoco, inconfundible, inerrable, evidente.
unmitigated [ʌnmítigeitid], *a.* duro, no mitigado; redomado, absoluto.
unmixed, unmixt [ʌnmíkst], *a.* puro, sin mezcla; simple, sencillo.
unmolested [ʌnmolɛ́stid], *a.* quieto, tranquilo, sin ser molestado.
unmoor [ʌnmúr], *va.* (mar.) desamarrar, desaferrar.
unmoral [ʌnmárạl], *a.* amoral, ajeno a la moral o independiente de ella.
unmounted [ʌnmáuntid], *a.* desmontado.
unmoved [ʌnmúvd], *a.* inmoble, inmovible, fijo; inmutable, impasible, frío; inflexible, inexorable.
unmuzzle [ʌnmʌ́zl], *va.* quitar el bozal (a un perro); (fig.) quitar la mordaza de, dar libertad de palabra.
unnamed [ʌnnéimd], *a.* innominado, sin nombre.
unnatural [ʌnnǽchūrạl], *a.* contranatural, monstruoso, inhumano; desnaturalizado; forzado, artificial o afectado.—**unnaturally** [-i], *adv.* contra la naturaleza; afectada o forzadamente. —**unnaturalness** [-nis], *s.* calidad de desnaturalizado o afectado.
unnavigable [ʌnnǽvigạbl], *a.* innavegable.
unnecessarily [ʌnnɛ́sɛsɛrili], *adv.* sin necesidad, inútilmente.—**unnecessariness** [-inis], *s.* superfluidad; inutilidad.—**unnecessary** [-i], *a.* innecesario, inútil, superfluo, excusado.
unnerve [ʌnnœ́rv], *va.* enervar, acobardar, quitar el valor, desalentar.
unnoticed [ʌnnóutist], *a.* inadvertido, desadvertido, no observado.
unnumbered [ʌnnʌ́mbœrd], *a.* no numerado o contado; innumerable.
unobjectionable [ʌnọbdžɛ́kšọnạbl], *a.* exento de objeciones o inconvenientes.
unobservant, unobserving [ʌnọbzœ́rvạnt, -iŋ], *a.* inobservante.
unobserved [-d], *a.* inadvertido.
unobstructed [ʌnọbstrʌ́ktid], *a.* libre, no obstruído, despejado, raso.
unobtainable [ʌnọbtéinạbl], *a.* inalcanzable.
unobtrusive [ʌnọbtrúsiv], *a.* discreto, modesto, moderado, recatado.
unoccupied [ʌnákiupaid], *a.* desocupado o vacante.
unoffending [ʌnọfɛ́ndiŋ], *a.* inofensivo.
unofficial [ʌnọfíšạl], *a.* no oficial, oficioso, extraoficial.
unopened [ʌnóupnd], *a.* cerrado, sin abrir.
unorganized [ʌnórgạnaizd], *a.* inorganizado; inorgánico.
unorthodox [ʌnórθodaks], *a.* no ortodoxo, heterodoxo; herético.
unostentatious [ʌnastɛntéišʌs], *a.* sencillo, llano, modesto.—**unostentatiously** [-li], *adv.* sin ostentación.
unowned [ʌnóund], *a.* sin dueño; mostrenco.
unoxidizable [ʌnáksidaizạbl], *a.* inoxidable.
unpack [ʌnpǽk], *va.* desempaquetar, desembalar, desenfardar; abrir, vaciar (un baúl, etc., para sacar lo que en él se ha transportado).
unpaid [ʌnpéid], *a.* no pagado, sin pagar o por pagar.
unpalatable [ʌnpǽlạtạbl], *a.* ingustable, de mal sabor.
unparalleled [ʌnpǽrạlɛld], *a.* único, sin igual.
unpardonable [ʌnpárdọnạbl], *a.* imperdonable, inexcusable.
unpardonably [-bli], *adv.* imperdonablemente.
unparliamentary [ʌnparliméntạri], *a.* contrario a las reglas parlamentarias.
unpatriotic [ʌnpeitriátik], *a.* antipatriótico.
unpaved [ʌnpéivd], *a.* sin pavimentar, sin empedrar, desempedrado.
unpeg [ʌnpɛ́g], *va.* desenclavijar.
unpen [ʌnpɛ́n], *va.* soltar del redil.
unpeople [ʌnpípl], *va.* despoblar.
unperceived [ʌnpœrsívd], *a.* inadvertido.
unpin [ʌnpín], *va.* quitar los alfileres, desprender; desenclavijar.
unpleasant [ʌnplɛ́zạnt], *a.* desagradable.
unpleasantly [-li], *adv.* desagradablemente.
unpleasantness [-nis], *s.* calidad de desagradable; (lo) desagradable; desagrado o desazón, *f.*; (fam.) riña, desavenencia.
unpleasing [ʌnplíziŋ], *a.* desagradable.
unploughed, unplowed [ʌnpláud], *a.* (agr.) inculto.—**u. land,** erial.
unplumbed [ʌnplʌ́md], *a.* sin sondar o medir, desconocido; sin cañerías.
unpolished [ʌnpáliŝt], *a.* áspero, tosco, sin pulir, mate; rudo, grosero; impolítico, zafio.—**u. diamond,** diamante en bruto.
unpolluted [ʌnpọliútid], *a.* impoluto, puro, limpio; inmaculado, sin mancha.
unpopular [ʌnpápyūlạ(r)], *a.* impopular.
unpopularity [-lǽriti], *s.* impopularidad.
unpractical [ʌnprǽktikạl], *a.* impráctico.
unpracticed, unpractised [ʌnprǽktist], *a.* inexperto, imperito; no practicado.
unprecedented [ʌnprɛ́sẹdɛntid], *a.* inaudito, nunca visto, sin precedente, sin ejemplar.
unprecise [ʌnprisáis], *a.* impreciso, vago, indefinido.
unprejudiced [ʌnprɛ́džudist], *a.* sin prejuicios, imparcial, despreocupado.
unpremeditated [ʌnpriméditeitid], *a.* impremeditado.—**unpremeditation** [-éišọn], *s.* ausencia o falta de premeditación.
unprepared [ʌnpripɛ́rd], *a.* desprevenido, desapercibido, desproveído.
unpreparedness [-pɛ́ridnis], *s.* falta de preparación.
unprepossessing [ʌnpripọzɛ́siŋ], *a.* poco atractivo, poco insinuante.

unpretending [ʌnprịténdịŋ], **unpretentious** [-šʌs], *a.* modesto, sencillo, sin pretensiones.
unprincipled [ʌnprínsịpld], *a.* sin conciencia.
unprintable [ʌnpríntabl], *a.* no imprimible.
unproductive [ʌnprodʌ́ktịv], *a.* improductivo.
unprofessional [ʌnproféšǫnąl], *a.* que no tiene profesión; extraño a una profesión o contrario a sus reglas.
unprofitable [ʌnpráfịtąbl], *a.* improductivo, inútil, infructuoso.—**unprofitableness** [-nịs], *s.* inutilidad.—**unprofitably** [-blị], *adv.* inútilmente, sin provecho, sin beneficio.
unpromising [ʌnprámịsịŋ], *a.* que no promete, que da poca esperanza.
unpronounceable [ʌnpronáụnsąbl], *a.* impronunciable.
unpropitious [ʌnpropíšʌs], *a.* desfavorable, impropicio.
unprosperous [ʌnpráspœrʌs], *a.* impróspero.
unprotected [ʌnprotéktịd], *a.* sin protección, sin defensa, desamparado.
unproved, unproven [ʌnprúvd, ʌnprúvn], *a.* sin demostrar, no probado, no demostrado.
unprovided [ʌnprováịdịd], *a.* desproveído, desprovisto, desabastecido, desprevenido.—**u. for,** (for.) no proveído.—**u. with,** desprovisto de.
unprovoked [ʌnprovóụkt], *a.* no provocado; sin motivo, sin provocación; infundado.
unpublished [ʌnpʌ́blịšt], *a.* no publicado; inédito.
unpunished [ʌnpʌ́nịšt], *a.* impune.
unqualified [ʌnkwálịfaịd], *a.* inhábil, inepto, incompetente; desautorizado; inhabilitado; absoluto, ilimitado, incondicional, omnímodo, sin restricción; completo, entero.
unquenchable [ʌnkwénchąbl], *a.* inextinguible.
unquestionable [ʌnkwéschǫnąbl], *a.* incuestionable, indisputable, indiscutible.—**unquestionably** [-blị], *adv.* incuestionablemente, sin disputa.
unquestioned [-d], *a.* incontestable, indisputable; no examinado, no preguntado.
unquiet [ʌnkwáịet], *a.* inquieto, desasosegado; agitado, turbado.
unquote [ʌnkwóụt], *va.* (fam.) cerrar comillas (usado al referirse a una cita verbal).
unracked [ʌnrǽkt], *a.* no trasegado (el vino).
unraked [ʌnréịkt], *a.* no rastrillado.
unravel [ʌnrǽvl]. **I.** *va.* desenredar, desenmarañar; deshilar; desembrollar, aclarar; descifrar; desatar o desenredar el nudo de un drama. **II.** *vn.* desenredarse; desenlazarse.
unread [ʌnréd], *a.* no leído, sin leer; iliterato, indocto.
unreadiness [ʌnrédịnịs], *s.* desprevención, falta de preparación; lentitud.—**unready** [-ị], *a.* lento, lerdo; desprevenido.
unreal [ʌnríąl], *a.* no real; quimérico, ilusorio, imaginario, inmaterial, incorpóreo; insincero.
unreality [ʌnrịǽlịtị], *s.* irrealidad.
unrealizable [ʌnríąlaịząbl], *a.* irrealizable.
unreasonable [ʌnrízǫnąbl], *a.* desrazonable, irrazonable; irracional; inmoderado, exorbitante.
unreasonableness [-nịs], *s.* sinrazón, *f.*, falta de razón.
unreasonably [-blị], *adv.* desrazonablemente.
unreasoning [ʌnrízǫnịŋ], *a.* desrazonable, irracional; ilógico; irreflexivo.
unreclaimed [ʌnrịkléịmd], *a.* no reclamado; sin mejorar; no aprovechado; incorregible.
unrecognizable [ʌnrékǫgnaịząbl], *a.* que no puede reconocerse.
unreconcilable [ʌnrékǫnsaịląbl], *a.* incompatible; irreconciliable; intransigente (en pol. ú. a veces como *s.*).
unreconciled [ʌnrékǫnsaịld], *a.* no reconciliado, no resignado.
unrecoverable [ʌnrịkʌ́vœrąbl], *a.* irrecuperable; irreparable; incurable.
unrecovered [ʌnrịkʌ́vœrd], *a.* no recobrado.
unreel [ʌnríl], *va.* y *vn.* desenrollar(se), desarrollar(se).
unreeve [ʌnrív], *va.* (mar.) despasar.
unrefined [ʌnrịfáịnd], *a.* no refinado, impuro; en bruto; inculto, rudo, grosero, ordinario.
unregenerate [ʌnrịdžénęrịt], *a.* irregenerado, no regenerado.
unrelenting [ʌnrịléntịŋ], *a.* inexorable, inflexible; tenaz.—**unrelentingly** [-lị], *adv.* inexorablemente; sin tregua.
unreliable [ʌnrịláịąbl], *a.* indigno de confianza.
unremitting [ʌnrịmítịŋ], *a.* ininterrumpido, incesante, constante; incansable.
unrepentant, unrepented, unrepenting [ʌnrịpéntąnt, -ịd, -ịŋ], *a.* impenitente.
unreserved [ʌnrịzœ́rvd], *a.* que no es reservado; sin restricción; franco, libre; comunicativo, abierto.
unreservedly [-vịdlị], *adv.* sin reserva; francamente.
unreserved seat, *s.* puesto sin reservar, entrada general.
unresisted [ʌnrịzístịd], *a.* sin resistencia.
unresisting [-ịŋ], *a.* que no ofrece resistencia.
unrest [ʌnrést], *s.* inquietud, desasosiego.
unrestrained [ʌnrịstréịnd], *a.* desenfrenado, licencioso; suelto, desembarazado; ilimitado.
unrestricted [ʌnrịstríktịd], *a.* ilimitado; libre, sin trabas.
unriddle [ʌnrídl], *va.* descifrar, resolver.
unrifled [ʌnráịfld], *a.* no pillado ni saqueado; (arti.) no rayado, de ánima lisa.
unrig [ʌnríg], *va.* (mar.) desaparejar.
unrighteous [ʌnráịchʌs], *a.* inicuo, malo, perverso; injusto.—**unrighteously** [-lị], *adv.* inicuamente, perversamente.—**unrighteousness** [-nịs], *s.* iniquidad, perversidad; injusticia.
unripe [ʌnráịp], *a.* verde, agraz, inmaturo; crudo, prematuro.
unrivalled [ʌnráịvąld], *a.* sin rival, sin igual.
unrivet [ʌnrívịt], *va.* quitar los remaches a.
unrobe [ʌnróụb], *va.* y *vn.* desnudar(se), desvestir(se).
unroll [ʌnróụl]. **I.** *va.* desarrollar, desenrollar, desenvolver, desplegar. **II.** *vn.* abrirse, desarrollarse.
unroof [ʌnrúf], *va.* destechar.
unroot [ʌnrút], *va.* desarraigar, extirpar.
unruffled [ʌnrʌ́fld], *a.* tranquilo, sereno.
unruled [ʌnrúld], *a.* sin rayar (papel).
unruliness [ʌnrúlịnịs], *s.* turbulencia, inquietud; desenfreno.
unruly [ʌnrúlị], *a.* indócil, inmanejable; ingobernable; indómito; revoltoso, levantisco; intratable; desarreglado.
unsaddle [ʌnsǽdl], *va.* desensillar (bestias); sacar de la silla, derribar (a una persona).
unsafe [ʌnséịf], *a.* inseguro, peligroso.
unsaid [ʌnséd], *a.* no proferido, no dicho.
unsal(e)able [ʌnséịląbl], *a.* invendible.
unsalted [ʌnsóltịd], *a.* no salado, sin salar.
unsanitary [ʌnsǽnịtɛrị], *a.* no sanitario, insalubre, malsano.
unsatisfactory [-orị], *a.* insatisfactorio, que no satisface; malo, inaceptable.
unsatisfied [ʌnsǽtịsfaịd], *a.* no satisfecho, insatisfecho; descontento; no convencido; (com.) no saldado (cuenta, etc.).
unsatisfying [-faịịŋ], *a.* que no satisface.
unsaturated [ʌnsǽchụreịtịd], *a.* no saturado.
unsavorily [ʌnséịvǫrịlị], *adv.* desabridamente, con sabor soso.—**unsavoriness** [-ịnịs], *s.* insipidez; mal sabor; mal olor.—**unsavory** [-ị], *a.* insípido, soso; desabrido; hediondo; desagradable, ofensivo (moralmente); de mala conducta.
unsay [ʌnséị], *va.* (*pret.* y *pp.* UNSAID) retractar (lo dicho).
unscathed [ʌnskéịðd], *a.* ileso, sin daño, incólume.
unscientific [ʌnsaịęntífịk], *a.* no científico.
unscramble [ʌnskrǽmbl], *va.* (fam.) poner en orden, arreglar.
unscrew [ʌnskrú], *va.* des(a)tornillar, desenroscar; desenganchar, separar.

unscrupulous [ʌnskrúpyūlʌs], *a.* inescrupuloso, falto de escrúpulo.
unscrupulously [-li], *adv.* sin escrúpulo, sin conciencia.
unseal [ʌnsíl], *va.* desellar, abrir.
unsearchable [ʌnsœ́rchabl], *a.* inescrutable.
unseasonable [ʌnsízonabl], *a.* intempestivo, inoportuno; fuera de tiempo; prematuro; indebido, inconveniente.—**at u. hours,** a deshora.
unseasonableness [-nis], *s.* inoportunidad.
unseasonably [-bli], *adv.* intempestivamente, fuera de tiempo o sazón.
unseasoned [ʌnsízond], *a.* sin sazonar, no sazonado; soso, insípido; verde (madera).
unseat [ʌnsít], *va.* quitar de un asiento; (equit.) desarzonar; privar del derecho de tomar asiento (como legislador, etc.); echar abajo (a un ministerio).
unseaworthy [ʌnsíwœrði], *a.* innavegable, sin condiciones marineras.
unseemly [ʌnsímli], *a.* indecoroso, impropio, indigno.
unseen [ʌnsín], *a.* no visto, inadvertido; oculto; invisible.
unselfish [ʌnsélfiŝ], *a.* desinteresado, generoso, abnegado, no egoísta, desprendido.—**unselfishness** [-nis], *s.* desinterés, generosidad, abnegación.
unsensitized [ʌnsénsitaizd], *a.* (foto.) no sensibilizado, sin sensibilizar.
unserviceable [ʌnsœ́rvisabl], *a.* inútil o inservible.
unserviceableness [-nis], *s.* inutilidad.
unsettle [ʌnsétl], *va.* alterar, perturbar, desarreglar, trastornar, conmover.
unsettled [-d], *a.* instable, variable, inconstante; desarreglado, descompuesto; no establecido, no instalado, vago, errante, sin residencia fija; indeciso; incierto; (com.) por pagar, no liquidado, pendiente; turbio, revuelto; inhabitado, despoblado; lunático.
unsex [ʌnséks], *va.* quitar (esp. a una mujer) los atributos y condiciones propios de su sexo.
unshackle [ʌnŝǽkl], *va.* destrabar, desencadenar, desaherrojar, libertar.
unshaken [ʌnŝéikn], *a.* firme, inmovible.
unshapely [ʌnŝéipli], *a.* desproporcionado.
unshapen [ʌnŝéipn], *a.* disforme.
unshaven [ʌnŝéivn], *a.* sin afeitar.
unsheathe [ʌnŝíð], *va.* desenvainar.
unsheltered [ʌnŝéltœrd], *a.* desabrigado; sin asilo, sin casa.
unship [ʌnŝíp], *va.* desembarcar.—**to u. the oars,** desarmar los remos.—**to u. the rudder,** desmontar el timón.
unshod [ʌnŝád], *a.* descalzo; sin herrar, sin herraduras (caballos).
unshorn [ʌnŝórn], *a.* intonso.—**u. sheep,** ovejas sin esquilar.
unsightliness [ʌnsáitlinis], *s.* fealdad, deformidad.—**unsightly** [-li], *a.* feo, repugnante.
unsized [ʌnsáizd], *a.* desencolado; sin apresto (apl. al papel).
unskilled [ʌnskíld], *a.* inexperto, imperito.
unskilled labor, *s.* mano de obra no calificada.
unskilled worker, *s.* operario.
unskillfully [ʌnskílfuli], *adv.* sin arte o pericia; torpemente.
unsnap [ʌnsnǽp], *va.* desabrochar, desabotonar.
unsnarl [ʌnsnárl], *va.* desenredar, desenmarañar.
unsociable [ʌnsóuŝabl], *a.* insociable; intratable, huraño.
unsociably [-bli], *adv.* insociablemente.
unsold [ʌnsóuld], *a.* no vendido, sin o por vender.
unsolder [ʌnsádœ(r)], *va.* desoldar, desestañar.
unsoldierlike, unsoldierly [ʌnsóuldžœrlaik, -li], *a.* indigno de un soldado, poco marcial.
unsolicited [ʌnsolísitid], *a.* no solicitado, no buscado, sin solicitar.
unsolved [ʌnsálvd], *a.* sin solución, sin resolver.
unsophisticated [ʌnsofístikeitid], *a.* puro, sin adulteración; sencillo, cándido; inexperto.
unsound [ʌnsáund], *a.* defectuoso; falto de vigor, de fuerza, de solidez; poco firme; falto de salud, enfermizo; erróneo, falso; (rel.) heterodoxo; podrido, corrompido.
unsoundness [-nis], *s.* calidad de defectuoso; mal estado; (rel.) heterodoxia; falta de solidez o de fuerza; corrupción.
unsparing [ʌnspériŋ], *a.* liberal, generoso, pródigo; inhumano, cruel.—**unsparingly** [-li], *adv.* liberalmente, pródigamente; sin piedad.
unspeakable [ʌnspíkabl], *a.* indecible; inefable; execrable, atroz.—**unspeakably** [-bli], *adv.* indeciblemente; execrablemente, atrozmente.
unspecialized [ʌnspéŝalaizd], *a.* general(izado); (biol.) no específico.
unspent [ʌnspént], *a.* inexhausto; no gastado.
unspotted [ʌnspátid], *a.* inmaculado, sin mancha.
unstable [ʌnstéibl], *a.* instable, inestable; no fijo.
unstable element, *s.* (quím.) elemento inestable.
unstamped [ʌnstǽmpt], *a.* no sellado.—**u. letter,** carta sin sello o sin franquear.
unsteadily [ʌnstédili], *adv.* instablemente; inconstantemente.—**unsteadiness** [-inis], *s.* instabilidad, falta de firmeza o equilibrio, inconstancia.—**unsteady** [-i], *a.* instable, inseguro, no firme; vacilante, tambaleante; inconstante, veleidoso.
unstinted [ʌnstíntid], *a.* liberal, no escatimado.
unstop [ʌnstáp], *va.* destapar; abrir, dar paso.
unstrap [ʌnstrǽp], *va.* sacar o aflojar una correa.
unstratified [ʌnstrǽtifaid], *a.* no estratificado.
unstring [ʌnstríŋ], *va.* (*pret.* y *pp.* UNSTRUNG) desencordar; desensartar; desliar, desatar, aflojar; debilitar, trastornar (los nervios).
unstrung [ʌnstrʌ́ŋ], *pp.* de TO UNSTRING y *a.* desencordado, desensartado; (fam.) debilitado; (fam.) enervado.
unstudied [ʌnstʌ́did], *a.* no estudiado; impensado, natural; desaplicado.
unsubstantial [ʌnsʌbstǽnŝal], *a.* insubstancial, poco sólido; inconsistente.
unsuccessful [ʌnsʌksésful], *a.* infructuoso, sin éxito; desafortunado; que no logra buen éxito, impróspero.
unsuccessfully [-i], *adv.* infructuosamente, sin éxito; infelizmente.
unsuitable [ʌnsiútabl], **unsuited** [-id], *a.* inapropiado, impropio, inadaptable; incompetente.
unsung [ʌnsʌ́ŋ], *a.* no cantado; (fig.) olvidado.
unsupported [ʌnsʌpórtid], *a.* sin apoyo; sin sostén.
unsurmountable [ʌnsœrmáuntabl], *a.* insuperable, invencible, infranqueable.
unsurpassable [-pǽsabl], *a.* insuperable, inmejorable.—**unsurpassed** [-pǽst], *a.* excelente, insuperado.
unsuspected [ʌnsʌspéktid], *a.* insospechado.
unsuspecting, unsuspicious [-iŋ, -píŝʌs], *a.* confiado, cándido, poco receloso o sospechoso.
unswear [ʌnswér], *va.* (*pret.* UNSWORE; *pp.* UNSWORN) abjurar, retractar.
unsworn [ʌnswórn], *a.* no juramentado.
unsymmetrical [ʌnsimétrikal], *a.* asimétrico.
unsympathetic [ʌnsimpaθétik], *a.* indiferente, frío, falto de conmiseración.
unsystematic [ʌnsistemǽtik], *a.* no sistemático, poco metódico.
untainted [ʌntéintid], *a.* incorrupto.
untamable [ʌntéimabl], *a.* indomable.
untamed [ʌntéimd], *a.* indomado, bravío, cerril.
untangle [ʌntǽŋgl], *va.* desenredar, desenmarañar.
untarnished [ʌntárniŝt], *a.* limpio, sin mancha.
untaught [ʌntót]. **I.** *pret.* y *pp.* de TO UNTEACH. **II.** *a.* no enseñado, sin instrucción, ignorante.
unteach [ʌntích], *va.* hacer desaprender; hacer olvidar o abandonar (una creencia, etc.).
untenable [ʌnténabl], *a.* insostenible.
untenanted [ʌnténantid], *a.* desarrendado, desalquilado, vacío, desocupado, deshabitado.

unthankful [ʌnθǽŋkfụl], *a.* ingrato; mal recibido.
unthankfully [-ị], *adv.* ingratamente.
unthinkable [ʌnθíŋkạbl], *a.* impensable.
unthinking [ʌnθíŋkịŋ], *a.* descuidado, desatento, indiscreto; irreflexivo.
unthought-of [ʌnθót ọv], *a.* impensado; inesperado; olvidado.
unthread [ʌnθréd], *va.* desenhebrar, desensartar; deshilachar.
untidily [ʌntáịdịlị], *adv.* desaseadamente; sin pulcritud.—**untidiness** [-ịnịs], *s.* desaliño, desaseo, falta de pulcritud.—**untidy** [-ị], *a.* desaliñado, desarreglado, falto de pulcritud.
untie [ʌntáị], *va.* desatar, desprender, desligar; deshacer (un nudo); aflojar, soltar, zafar.
until [ʌntíl]. **I.** *prep.* hasta. **II.** *conj.* hasta que.
untile [ʌntáịl], *va.* destejar; desembaldosar.
untilled [ʌntíld], *a.* (agr.) inculto, baldío.
untimely [ʌntáịmlị]. **I.** *a.* intempestivo, extemporal, inoportuno, prematuro.—**to have an u. end,** malograrse. **II.** *adv.* intempestivamente, sin sazón, a deshora, a destiempo; abortivamente.
untiring [ʌntáịrịŋ], *a.* incansable, infatigable.
unto [ʌ́ntụ], *prep.* (poét., ant.) hasta; a, hacia.
untold [ʌntóụld], *a.* nunca dicho, no narrado; sin decir; indecible, incalculable.
untouchable [ʌntʌ́chạbl], *a.* intocable, intangible.
untouched [ʌntʌ́cht], *a.* intacto, ileso; insensible, impasible.
untoward [ʌntórd], *a.* adverso, desfavorable; embarazoso; indócil, testarudo, refractario.
untowardness [-nịs], *s.* calidad de adverso o embarazoso; testarudez, terquedad.
untraceable [ʌntréịsạbl], *a.* que no se puede rastrear, inquirir o averiguar.
untractable [ʌntrǽktạbl], *a.* intratable.
untrained [ʌntréịnd], *a.* indisciplinado, indócil; inexperto, imperito.
untrammelled [ʌntrǽmẹld], *a.* libre, sin trabas; desembarazado.
untransferable [ʌntrænsfœ́rạbl], *a.* intransferible, que no se puede traspasar o ceder.
untranslatable [-léịtạbl], *a.* intraducible.
untravelled [ʌntrǽvẹld], *a.* desconocido, inexplorado; provinciano.
untried [ʌntráịd], *a.* no probado o ensayado; no experimentado; novel.
untrimmed [ʌntrímd], *a.* sin adornos, sin guarniciones; sin cortar.
untrod(den [ʌntrád(n], *a.* no pisado ni hollado; no frecuentado.
untroubled [ʌntrʌ́bld], *a.* no molestado o perturbado; quieto, tranquilo; claro, transparente.
untrue [ʌntrú], *a.* falso; mendaz, falsario; engañoso, pérfido.—**untruly** [-lị], *adv.* falsamente.
untrustworthy [ʌntrʌ́stwœrðị], *a.* indigno de confianza.
untrusty [ʌntrʌ́stị], *a.* infiel, pérfido.
untruth [ʌntrúθ], *s.* falsedad, mentira; infidelidad, traición.
untruthful [-fụl], *a.* falso, mendaz, falto de veracidad.
untruthfully [-ị], *adv.* falsamente, mendazmente.
untutored [ʌntịútọrd], *a.* inculto, que no ha recibido educación.
untwine [ʌntwáịn], **untwist** [ʌntwíst], *va.* destorcer, desenrollar, desarrollar, desenroscar.
unused [ʌnyúzd], *a.* inusitado, insólito; no usado, nuevo; desacostumbrado.
unusual [ʌnyúẑụạl], *a.* raro, extraordinario, extraño; excepcional; insólito, inusitado; desacostumbrado.—**unusually** [-ị], *adv.* excepcionalmente; raramente.
unutterable [ʌnʌ́tœrạbl], *a.* inenarrable, indecible, inexpresable, inefable.
unutterably [-blị], *adv.* indeciblemente.
unvalued [ʌnvǽlyụd], *a.* desestimado, menospreciado; inapreciable.
unvanquished [ʌnvǽŋkwịŝt], *a.* invicto.
unvarnished [ʌnvárnịŝt], *a.* sin barnizar; sin adorno, sencillo.
unvarying [ʌnvérịịŋ], *a.* invariable, constante, uniforme.
unveil [ʌnvéịl]. **I.** *va.* quitar el velo a, descubrir. **II.** *vn.* descubrirse, quitarse el velo.
unventilated [ʌnvéntịleịtịd], *a.* ahogado, falto de ventilación.
unwalled [ʌnwóld], *a.* sin murallas, sin muros; abierto; sin paredes.
unwarily [ʌnwérịlị], *adv.* incautamente, imprudentemente.—**unwariness** [-ịnịs], *s.* imprevisión, falta de precaución.
unwarlike [ʌnwórlaịk], *a.* pacífico.
unwarned [ʌnwórnd], *a.* desprevenido.
unwarrantable [ʌnwárạntạbl], *a.* indisculpable, injustificable, insostenible; no garantizable.
unwarrantably [-ạblị], *adv.* injustamente; injustificablemente, indefensiblemente.
unwarranted [-ịd], *a.* injustificable, indefensible, inexcusable; sin garantía.
unwary [ʌnwérị], *a.* incauto, imprudente, irreflexivo.
unwashed [ʌnwáŝt], *a.* sin lavar; puerco, sucio.—**the great u.,** (fam.) el populacho, la canalla.
unwavering [ʌnwéịvœrịŋ], *a.* firme, determinado, resuelto.
unwearied [ʌnwírịd], *a.* infatigable.
unweave [ʌnwív], *va.* (*pret.* UNWOVE; *pp.* UNWOVE o UNWOVEN) destejer, destramar.
unwed(ded [ʌnwéd(ịd], *a.* soltero, soltera, célibe.
unwelcome [ʌnwélkʌm], *a.* mal recibido, mal acogido; desagradable, incómodo, importuno.
unwell [ʌnwél], *a.* indispuesto, enfermizo, malo; menstruante.
unwept [ʌnwépt], *a.* no llorado, no lamentado; no vertidas (lágrimas).
unwholesome [ʌnhóụlsʌm], *a.* dañino, nocivo, malo para la salud, malsano, insalubre.
unwieldily [ʌnwíldịlị], *adv.* pesadamente.
unwieldiness [-ịnịs], *s.* pesadez, incomodidad.
unwieldy [-ị], *a.* pesado, ponderoso, difícil de manejar.
unwilling [ʌnwílịŋ], *a.* desinclinado, renuente, maldispuesto.—**unwillingly** [-lị], *adv.* de mala gana o voluntad, con repugnancia.—**unwillingness** [-nịs], *s.* mala gana, repugnancia, renuencia.
unwind [ʌnwáịnd]. **I.** *va.* (*pret.* y *pp.* UNWOUND) devanar (hilo, etc.); desenredar, desenrollar, desenvolver. **II.** *vn.* devanarse; desarrollarse.
unwise [ʌnwáịz], *a.* imprudente, no cuerdo, indiscreto; ignorante, tonto, necio.—**unwisely** [-lị], *adv.* neciamente; imprudentemente, sin cordura.
unwitting [ʌnwítịŋ], *a.* inconsciente.
unwittingly [-lị], *adv.* inconscientemente, sin saberlo.
unwomanly [ʌnwúmạnlị], *a.* indigno de una mujer.
unwonted [ʌnwʌ́ntịd], *a.* no acostumbrado, poco común, inusitado.
unwooded [ʌnwúdịd], *a.* sin árboles, pelado.
unworkmanlike [ʌnwœ́rkmạnlaịk], *a.* desmañado, sin maña, chapucero.
unworldly [ʌnwœ́rldlị], *a.* espiritual, no terrenal.
unworthily [ʌnwœ́rðịlị], *adv.* indignamente.
unworthiness [-ịnịs], *s.* indignidad, desmerecimiento.—**unworthy** [-ị], *a.* indigno, desmerecedor.
unwound [ʌnwáụnd], *pret.* y *pp.* de TO UNWIND; sin cuerda (reloj).
unwounded [ʌnwúndịd], *a.* ileso, sin herida.
unwove(n [ʌnwóụv(n], *pret.* y *pp.* de TO UNWEAVE.
unwrap [ʌnrǽp], *va.* desenvolver.
unwrinkle [ʌnríŋkl], *va.* desarrugar.
unwritten [ʌnrítn], *a.* no escrito; en blanco; tradicional.—**u. law,** derecho consuetudinario; derecho no escrito (apl. esp. a lo que muchos consideran el derecho natural de un cónyuge de vengar personalmente la afrenta del adulterio del otro).

unwrought [ʌnrɔ́t], *a.* en bruto; no elaborado o manufacturado.—**u. wax,** cera virgen.
unyielding [ʌnyíldiŋ], *a.* inflexible, inexorable, inconmovible, firme; reacio, terco.
unyoke [ʌnyóuk]. **I.** *va.* desuncir; separar, desunir. **II.** *vn.* libertar(se) de un yugo.
up [ʌp]. **I.** *a.* que va hacia arriba; levantado (de la cama); empinado; erecto; ascendente (tren, etc.). **II.** *s.* tierra elevada; prosperidad.—**ups and downs,** altibajos, vaivenes.—**on the u. and u.,** (fam.) sin fraude o dolo. **III.** *adv.* arriba, en lo alto, hacia arriba; para arriba (*from three dollars up,* de tres dólares para arriba); en pie, derecho; de pie, levantado; (fam.) bien enterado, adelantado, competente, capaz, a la altura de, a la par de; llegado, acabado, concluído; enteramente, totalmente, completamente.—**u. above,** arriba, más arriba.—**u. and aboveboard,** legítimo, legal; honrado; sincero.—**u.-and-doing,** *a.* que se menea, enérgico, emprendedor.—**u. and down,** *adv.* acá y allá; por todas partes; de arriba abajo; por todos lados; de un lado a otro.—**u.-and-down,** *a.* vertical, de vaivén (movimiento); (fam.) franco, claro, abierto.—**u. and u.,** subiendo más y más; progresando.—**u. to,** hasta; capaz de; tramando, proyectando, haciendo (gen. algo reprensible); al corriente de, sabedor de. *V.* TO BE UP TO.—**u. to anything,** dispuesto para cualquier travesura.—**u. to date,** hasta la fecha.—**u.-to-date,** *a.* moderno, al día.—**u. to the minute,** hasta este momento, hasta la fecha.—**u.-to-the-minute,** *a.* que llega hasta el último momento o hasta la fecha; que está enteramente al día, de actualidad.—**it is all u.,** todo se acabó.—**the hour is u.,** ha llegado la hora.—**time is u.,** ha expirado el plazo, se ha cumplido el tiempo; ha llegado la hora.—**to be u. against it,** (fam.) hallarse en apuros; tener que luchar con.—**to be u. in,** u **on,** estar al corriente de, al día de, o versado en.—**to be u. in arms,** estar sublevado; haber tomado las armas; estar alborotado o excitado.—**to be u. to,** ser suficiente o competente para; estar al nivel o a la altura de; estar haciendo o urdiendo, andar en (travesuras, intrigas, etc.).—**to be u. to one,** (fam.) depender de, ser asunto de, o tocarle a uno.—**what's u.?** (fam.) ¿qué hay? ¿qué pasa? ¿de qué se trata?—El adverbio *up* se usa a menudo como expletivo enfático para indicar acción completa, y o no se traduce o se traduce cambiando algo el giro: *they ate up all they found,* se comieron cuanto encontraron (sin dejar nada); *the enemy burned up the village,* el enemigo quemó la aldea por completo. **IV.** *prep.* hacia arriba de; a lo largo de; en lo alto de.—**u. one's sleeve,** en secreto, para sí.—**u. the river,** río arriba; (fam.) en o a la cárcel. **V.** *interj.* ¡arriba! ¡aupa! ¡sus! ¡levántese Vd.! **VI.** *va.* (fam.) subir, elevar; aumentar (precios, etc.).
upas [yúpas], *s.* (bot.) antiar; (fig.) ponzoña.
upbraid [ʌpbréid], *va.* echar en cara, vituperar, afear; reconvenir.
upbringing [ʌ́pbriŋiŋ], *s.* crianza, educación.
upcast [ʌ́pkæst]. **I.** *a.* tirado o arrojado a lo alto. **II.** *s.* tiro por alto; (min.) pozo de ventilación ascendente.
upcountry [ʌ́pkʌ́ntri]. **I.** *s.* tierra adentro, lo interior (de un país). **II.** *a.* de tierra adentro, del interior.
upend [ʌpénd], *va.* y *vn.* levantar(se), poner(se) de pie o en posición vertical.
upgrade [ʌ́pgreid]. **I.** *a.* ascendente. **II.** *adv.* hacia arriba. **III.** *s.* pendiente (*f.*) o cuesta arriba; ascensión, ascenso.
upgrowth [ʌ́pgrouθ], *s.* crecimiento; lo que crece o ha crecido.
upheaval [ʌphívạl], *s.* solevantamiento; trastorno, cataclismo.
upheave [ʌphív]. **I.** *va.* solevantar. **II.** *vn.* levantarse, alzarse.
upheld [ʌphéld], *pret.* y *pp.* de TO UPHOLD.
uphill [ʌ́phịl]. **I.** *adv.* cuesta arriba. **II.** *a.* ascendente; penoso, dificultoso.
uphold [ʌphóuld], *va.* (*pret.* y *pp.* UPHELD) sostener, apoyar; defender.—**upholder** [-œ(r)], *s.* defensor, sostenedor; sustentáculo, apoyo.
upholster [ʌphóulstœ(r)], *va.* rellenar y cubrir muebles; tapizar o entapizar; poner colgaduras, cortinas, etc.—**upholsterer** [-œ(r)], *s.* tapicero.—**upholstery** [-i], *s.* tapicería.
upkeep [ʌ́pkip], *s.* conservación; mantenimiento.
upland [ʌ́plænd]. **I.** *s.* terreno elevado, tierra alta. **II.** *a.* alto, elevado.—**u. cotton, uplands,** algodón superfino.—**uplander** [-œ(r)], *s.* montañés.
uplift [ʌplịft]. **I.** *va.* levantar, elevar, alzar. **II.** [ʌ́plịft], *s.* levantamiento, elevación.
upmost [ʌ́pmoust], *a.* = UPPERMOST.
upon [ʌpán], *prep.* = ON, pero hay frases en que gen. se prefiere.—**u. my honor,** a fe mía, por mi (palabra de) honor.—**u. my word,** por mi palabra; (fam., *interj.*) ¡qué cosa! ¿habráse visto?
upper [ʌ́pœ(r)]. **I.** *a.* superior, de encima o de arriba, encimero; más alto.—**the u. regions,** las regiones etéreas.—**to have the u. hand,** (fam.) tomar la delantera. **II.** *s.* caña y pala (zapato).—*pl.* botines.—**on one's uppers,** (fam.) en aprietos, sin blanca, tronado.
upper-case [-kéis], *a.* mayúscula (letra).
upper case, *s.* (impr.) caja alta (mayúsculas y versalitas).
upper class, *s.* clase alta, aristócratas.
upperclassman [-klǽsmạn], *s.* estudiante del tercero o cuarto año.
upper crust, *s.* (fam.) alta sociedad.
uppercut [-kʌt], *s.* (dep.) golpe de abajo arriba con el brazo encogido.
upper millstone, *s.* muela, volandera, corredera.
uppermost [-moust]. **I.** *a.* más alto, supremo, más elevado, de encima de todo; principal, predominante. **II.** *adv.* en lo más alto; en primer lugar.
Upper Volta, *s.* Alto Volta.
uppish [ʌ́piŝ], *a.* (fam.) arrogante, encopetado.
uppishness [-nịs], *s.* (fam.) altivez, arrogancia.
upright [ʌ́prait]. **I.** *a.* derecho, vertical, recto, enhiesto; recto, probo, honrado, equitativo.—**u. piano,** piano recto o vertical.—**u. projection,** alzado, proyección vertical. **II.** *s.* montante, pieza vertical; soporte, apoyo.—**uprightly** [-li], *adv.* verticalmente; rectamente, con justicia.—**uprightness** [-nịs], *s.* calidad de vertical; rectitud, probidad.
uprise [ʌpráiz], *vn.* (*pret.* UPROSE; *pp.* UPRISEN) levantarse; alzarse; sublevarse, rebelarse.
uprising [-iŋ], *s.* levantamiento; solevantamiento; alzamiento; insurrección, sublevación; subida, cuesta, pendiente, *f.*
uproar [ʌ́prɔr], *s.* grita, bulla, bullicio, alboroto, conmoción; (fig.) rugido.—**uproarious** [ʌprɔ́riʌs], *a.* ruidoso, tumultuoso; bullanguero.
uproot [ʌprút], *va.* desarraigar, descuajar.
upset [ʌpsét]. **I.** *va.* trastornar, desbaratar, desbarajustar, desarreglar, trasegar; volcar, tumbar, derribar; desconcertar, inquietar, agitar, turbar; (metal.) acortar a macha martillo; recalcar; triscar los dientes de una sierra; (mar.) zozobrar. **II.** *vn.* volcarse; (mar.) zozobrar. **III.** *a.* trastornado; volcado, turbado, inquieto; erigido; fijo, determinado.—**u. price,** precio mínimo fijado en una subasta. **IV.** [ʌ́pset], *s.* vuelco; trastorno.
upsetter [ʌpsétœ(r)], *s.* (mec.) prensa de acortar llantas.
upsetting [-iŋ]. **I.** *s.* trastorno, desbarajuste; vuelco; (mec.) acortamiento. **II.** *a.* desconcertante.
upshot [ʌ́pŝat], *s.* secuela, resultado final; total.
upside [ʌ́psaid], *s.* parte (*f.*) superior, lo de arriba.
upside down, *a.* y *adv.* lo de arriba abajo, al re-

vés, invertido; (fam.) patas arriba, confuso, trastornado.
upsilon [yúpsịlạn], *s.* ipsilón (letra griega).
upstage [ʌpstéịdž]. **I.** *a.* de o relativo al fondo del escenario (teatro); (fam.) engreído, arrogante, altanero. **II.** *va.* situar (un actor) al fondo del escenario; (fam.) ganar todos los aplausos, robar la escena; (fam.) tratar con arrogancia. **III.** *adv.* en o hacia el fondo del escenario.
upstairs [ʌ́pstérz]. **I.** *adv.* arriba, en el (*o* un) piso de arriba. **II.** [ʌ́pstɛrz], *a.* de arriba (de las escaleras); alto (piso, etc.).
upstanding [ʌpstǽndịŋ], *a.* de pie; erguido; honrado.
upstart [ʌ́pstart], *a.* y *s.* advenedizo; encumbrado, presuntuoso.
upstream [ʌ́pstrím], *adv.* agua(s) o río arriba.
upsurge [ʌ́psœrdž], *s.* ascenso repentino.
upswing [ʌ́pswịŋ], *s.* vuelta hacia arriba; (com., etc.) mejora, alza.
uptake [ʌ́pteịk], *s.* acción de alzar o levantar; compresión; tubo o conducto ascendente; (m.v.) canal de salida a la chimenea; incorporación, captación, ingestión, asimilación, consumo, entrada.
upthrust [ʌ́pθrʌst], *s.* (geol.) solevantamiento.
uptight [ʌptáịt], *a.* (fam.) tieso, estirado.
uptown [ʌ́ptáụn]. **I.** *adv.* en o a la parte alta de la ciudad, arriba (hablando de dicha parte). **II.** [ʌ́ptaụn], *a.* de arriba, de la parte alta de la ciudad.
upturn [ʌ́ptœrn]. **I.** *s.* vuelta hacia arriba; alza. **II.** [ʌptœ́rn], *va.* volver hacia arriba; trastornar; volcar.—**upturned** [-d], *a.* respingada (nariz).
upward [ʌ́pwərd], *a.* vuelto hacia arriba; ascendente.—**u. moving** o **pulling,** ascensional.
upward(s [-(z], *adv.* hacia arriba; más.—**u. and downwards,** por arriba y por abajo.—**u. of,** más de, arriba de (una suma o cantidad indicada).—**from ten cents u.,** de diez centavos en adelante.
uralite [yúrạlaịt], *s.* (min.) uralita.
uranic [yụrǽnịk], *a.* celeste, astronómico; (quím.) uránico.
uraninite [yụrǽnịnaịt], *s.* (min.) uranina, uraninita, pechurana, mineral de uranio que contiene helio, radio, etc.
uranism [yúrạnịzm], *s.* uranismo.
uranite [yúrạnaịt], *s.* (min.) uranita.
uranium [yụréịnịʌm], *s.* (quím.) uranio.
uranometry [yụrạnámɛtrị], *s.* (astr.) uranometría.
Uranus [yúrạnʌs], *s.* (astr.) Urano.
urate [yúreịt], *s.* (quím.) urato.
urban [œ́rbạn], *a.* urbano.
urbane [œrbéịn], *a.* urbano; fino, cortés.
urbanism [œ́rbạnịzm], *s.* urbanismo, urbanización.
urbanistic [œrbạnístịk], *a.* urbanista.
urbanity [œrbǽnịtị], *s.* urbanidad, cultura.
urbanization [œrbạnịzéịšọn], *s.* urbanización.
urbanize [œ́rbạnaịz], *va.* urbanizar.
urceolate [œ́rsịoleịt], *a.* (bot.) urceolado.
urchin [œ́rchịn], *s.* rapacejo, (fam.) granuja, *m.*, pilluelo, golfillo, bribonzuelo; (zool.) erizo.
urea [yụríạ], *s.* (quím.) urea.
uredo [yụrídoụ], *s.* (med.) urticaria.
uremia [yụrímịạ], *s.* (med.) uremia.—**uremic** [yụrímịk], *a.* urémico.
ureter [yụrítœ(r)], *s.* (anat.) uréter.
urethra [yụríθrạ], *s.* (anat.) uretra.
urethral [-l], *a.* urético, uretral.
urethritis [yụrịθráịtịs], *s.* (med.) uretritis.
urethroscope [yụríθroskoụp], *s.* (cir.) uretroscopio.
urge [œ́rdž]. **I.** *va.* impeler, empujar; incitar, impulsar; instar, apremiar; apresurar, acuciar, acelerar; acosar, seguir de cerca; solicitar, importunar; pedir, recomendar con ahinco.—**to u. upon,** instigar; pedir o manifestar vehementemente a; empeñarse con, esforzarse por convencer a. **II.** *vn.* presentar argumentos o pretensiones; perorar; estimular, animar. **III.** *s.* impulso, instinto.
urgency [-ẹnsị], *s.* urgencia.—**urgent** [-ẹnt], *a.* urgente, apremiante.—**to be u.,** urgir.—**urgently** [-lị], *adv.* urgentemente.
urger [-œ(r)], *s.* acuciador.—**urging** [-iŋ], *s.* acuciamiento, incitación, apremio, instancia.
uric [yúrịk], *a.* (quím.) úrico.
uric acid, *s.* (quím.) ácido úrico.
Urim [yúrịm], *s.pl.* (igl.) adornos del pectoral del gran rabino de los judíos.
urinal [yúrịnạl], *s.* orinal, urinario, meadero.
urinalysis [-ǽlịsịs], *s.* (med.) uroscopía, análisis de la orina.
urinary [-ɛrị], *a.* urinario.
urinate [-eịt], *va.* y *vn.* orinar(se).
urination [-eịšọn], *s.* urinación, micción.
urine [yúrịn], *s.* orina, orines, *m. pl.*
uriniferous [-ífẹrʌs], *a.* urinífero.
urinology [-álodžị], *s.* (med.) ur(in)ología.
urinoscopy [-áskopị], *s.* = UROSCOPY.
urinose [-oụs], **urinous** [-ʌs], *a.* urinoso; urinario.
urn [œrn], *s.* urna; jarrón.
urobilin [yụrobílịn], *s.* (quím.) urobilina.
urogenital [yụrodžénịtạl], *a.* (anat.) genitourinario.
urolith [yúrolịθ], *s.* (med.) urolito, cálculo urinario.
urology [yụrálodžị], *s.* (med.) ur(in)ología.
uropygium [yụropídžịʌm], *s.* (orn.) rabadilla.
uroscopy [yụráskopị], *s.* (med.) uroscopia.
ursa [œ́rsạ], *s.* (zool.) osa.
Ursa Major, *s.* (astr.) Osa Mayor.
Ursa Minor, *s.* (astr.) Osa Menor.
ursine [œ́rsịn], *a.* ursino, relativo al oso.
Ursuline [œ́rsyụlịn], *a.* y *s.* (igl.) ursulina.
urticaceous [œrtịkéịšịʌs], *a.* (bot.) urticáceo.
urticaria [œrtịkérịạ], *s.* (med.) urticaria.
urticate [œ́rtịkeịt], *va.* flagelar con ortigas.
urtication [-éịšọn], *s.* (med.) urticación.
Uruguay [yúrụgweị, -gwaị], *s.* Uruguay.
Uruguayan [yúrụgwéịạn, -gwáịạn], *s.* y *a.* uruguayo.
us [ʌs], *pron.* nos; nosotros (caso oblicuo de WE).
us(e)able [yúzạbl], *a.* que se puede usar; utilizable, practicable.
usage [yúsịdž], *s.* trato, tratamiento; uso, usanza.
usance [yúzạns], *s.* (com.) usanza.
use [yus]. **I.** *s.* uso; aprovechamiento; aplicación; servicio, utilidad, provecho, ventaja; necesidad; ocasión de usar; costumbre, uso.—**uses of the sea,** usos de la mar.—**in u.,** en uso; usándose.—**no u. (of) talking,** es inútil discutirlo, eso no tiene discusión; sin duda, es claro que.—**(of) no u.,** inútil.—**out of u.,** inusitado, olvidado o fuera de moda.—**to be of no u.,** no servir; ser inútil.—**to have no u. for,** no necesitar; no servirse de; (fam.) no tener muy buena opinión de, tener en poco, no tener en mucho.—**what is the u. (of)?,** ¿de qué sirve? ¿para qué?, es inútil. **II.** [yuz], *va.* usar, utilizar, emplear, gastar; hacer uso, servirse o valerse de; usar de; practicar; tratar; acostumbrar, habituar (gen. en la voz pasiva **to be used,** estar acostumbrado).—**to u. one's (own) judgment,** obrar uno como le parezca.—**to u. one's (own) way,** obrar uno, o hacer (algo), a su modo.—**to u. up,** gastar, consumir, agotar; (fam.) rendir, agotar de cansancio o fatiga. **III.** *vn.* soler, acostumbrar. Ú. gen. en *pret.* para indicar acción, condición o costumbre pasadas y casi siempre equivale al pretérito imperfecto o de coexistencia con negación implícita, la cual puede hacerse explícita mediante un adverbio, como *antes: he used to come every day,* él solía venir todos los días, él venía todos los días; *the city used to be smaller,* antes (en otro tiempo) la ciudad era más pequeña; *slaves*

used to be sold, antes (en otro tiempo) se vendían esclavos.
useful [yúsful], *a.* útil; provechoso.—**u. load,** (aer.) carga útil.—**usefully** [-i], *adv.* útilmente; provechosamente.—**usefulness** [-nis], *s.* utilidad.
useless [yúslis], *a.* inútil; ocioso; inservible; inepto.—**to be (wholly) u.,** no servir (para nada).—**uselessly** [-li], *adv.* inútilmente.—**uselessness** [-nis], *s.* inutilidad.
user [yúzœ(r)], *s.* el que usa, se sirve o se vale de alguna cosa; consumidor, comprador; dueño.
usher [ʌ́ŝœ(r)]. **I.** *s.* ujier, conserje, aposentador; (igl. y teat.) acomodador; (Ingl.) sotamaestro. **II.** *va.* (a menudo con **in**) introducir, aposentar, acomodar; anunciar.
usual [yúžual], *a.* usual, acostumbrado, ordinario, común.—**as u.,** como de costumbre, como siempre.—**usually** [-i], *adv.* usualmente, por lo general, por regla general, ordinariamente, de ordinario.—**usualness** [-nis], *s.* calidad de común u ordinario; (lo) común.
usucapt [yúziukæpt], *va.* (for.) usucapir.
usucap(t)ion [-kéipion, -kǽpŝon], *s.* (for.) usucapión.
usufruct [-frʌkt], *s.* (for.) usufructo.—**usufructuary** [-frʌ́kchuări], *a.* y *s.* usufructuario.
usurer [yúžūrœ(r)], *s.* usurero, logrero, lechero.
usurious [yužúriʌs], *a.* usurario.—**usuriously** [-li], *adv.* usurariamente.—**usuriousness** [-nis], *s.* calidad de usurario.
usurp [yuzœ́rp], *va.* usurpar; arrogarse.
usurpation [yuzœrpéiŝon], *s.* usurpación.
usurper [yuzœ́rpœ(r)], *s.*, **usurping** [-iŋ], *a.* usurpador.
usurpingly [-li], *adv.* por usurpación.
usury [yúžūri], *s.* usura.—**to practice u.,** usurear.
ut [ut], *s.* (mús.) do; (ant.) ut.
utensil [yuténsil], *s.* utensilio.—*pl.* útiles.
uterine [yúterin], *a.* (anat.) uterino.
uterus [yúterʌs], *s.* (anat.) útero, matriz.
utilitarian [yutilitérian], *s.* y *a.* utilitario; (filos.) utilitarista.—**utilitarianism** [-izm], *s.* (filos.) utilitarismo.
utility [yutíliti], *s.* utilidad; servicio; empresa de servicio público.—**u. man,** criado o mozo para todo; (teat.) racionista, suplente.
utilizable [yútilaizabl], *a.* utilizable, aprovechable.—**utilization** [-izéiŝon], *s.* utilización, aprovechamiento.
utilize, utilise [yútilaiz], *va.* utilizar, hacer uso de, aprovechar.
utmost [ʌ́tmoust]. **I.** *a.* extremo, sumo; mayor, más grande; más posible; más distante; último, postrero. **II.** *s.* lo sumo, lo mayor, lo más.—**to do one's u.,** hacer uno lo sumo posible o cuanto pueda.—**to the u.,** hasta no más.
Utopia [yutóupia], *s.* Utopía; (**u.**) utopía.
utopian [-n]. **I.** *a.* utópico. **II.** *s.* y *a.* utopista.
utricle [yútrikl], *s.* (anat., bot.) utrículo.
utricular [yutríkiulă(r)], *a.* utricular.
utter [ʌ́tœ(r)]. **I.** *a.* total, entero, cabal, completo; absoluto, perentorio, terminante. **II.** *va.* proferir, pronunciar, articular; decir, expresar; dar (un grito, etc.); descubrir, publicar, revelar; engañar, defraudar con (moneda falsa); hacer pasar fraudulentamente; emitir, poner en circulación.
utterable [-abl], *a.* articulable, decible.
utterance [-ans], *s.* pronunciación; expresión, lenguaje; aserción, declaración.
utterer [-œ(r)], *s.* el que pronuncia o profiere; divulgador.
utterly [-li], *adv.* totalmente, completamente, enteramente, absolutamente.
uttermost [-moust], *a.* y *s.* = UTMOST.
utterness [-nis], *s.* extremidad; calidad de completo o absoluto.
uvate [yúveit], *s.* (coc.) uvate.
uvea [yúvia], *s.* (anat.) úvea, túnica del ojo.
uvula [yúvyūlă], *s.* (anat.) úvula, campanilla, galillo.—**uvular** [-(r)], *a.* (anat.) uvular.
uxorial [ʌksórial], *a.* perteneciente a la esposa.
uxoricide [ʌksórisaid], *s.* uxoricida, *m.* (persona); uxoricidio (crimen).
uxorious [ʌksóriʌs], *a.* gurrumino (fam.).—**uxoriously** [-li], *adv.* con gurrumina.—**uxoriousness** [-nis], *s.* gurrumina (fam.).

V

v [vi], *s.* v.
V [vi]. **I.** *s.* (mec.) apoyo o guía en V; (fam.) billete de 5 dólares. **II.** *a.* en V, de forma de V; triangular.—**V engine** = V MOTOR.—**V gear,** rueda de dientes en hélice.—**V motor,** (aut.) motor de cilindros convergentes o en V.—**V-threaded,** de filete triangular.—**V. tool,** cincel para ranuras triangulares.
vacancy [véikansi], *s.* vacuidad; vacío; vacancia, vacante, *f.*—**to fill a v.,** proveer o cubrir una vacante.—**vacant** [-ant], *a.* vacío, desocupado; descargado; libre, desembarazado; vacante; vago; estúpido, estólido; (for.) ocioso, abandonado.
vacate [véikeit]. **I.** *va.* evacuar, dejar vacío; desocupar; abandonar; dejar vacante; (for.) anular, rescindir, revocar. **II.** *vn.* salir, irse, marcharse; desalojar; vacar; desocupar.
vacation [veikéiŝon], *s.* vacación, días feriados, asueto; (igl.) recle; (for.) anulación, revocación. —**vacationist** [-ist], *s.* persona que está de vacaciones (veraneante, *si se trata del verano*).
vaccinal [vǽksinal], *a.* (med.) vacunal.
vaccinate [vǽksineit], *va.* (med.) vacunar.—**vaccination** [-éiŝon], *s.* vacunación, inoculación.—**vaccinator** [-eito(r)], *s.* vacunador.
vaccine [vǽksin]. **I.** *a.* vacuno. **II.** *s.* (med.) vacuna, vaccino.—**v. point,** lanceta o aguja de vacunar.
vaccineaceous [væksiniéiŝʌs], *a.* (bot.) vaccinieo.
vaccinia [væksínia], *s.* (med.) vacuna.
vacillate [vǽsileit], *vn.* vacilar.
vacillating [-iŋ], *a.* vacilante, remiso.
vacillation [-éiŝon], *s.* vacilación.
vacuity [vækiúiti], *s.* vacuidad, vacío; hueco, laguna; ociosidad; estupidez; inanidad.
vacuo [vǽkyuou], *s.* el vacío (en la expresión **in v.,** en el vacío).
vacuole [-yuoul], *s.* (biol.) vacuola.
vacuous [-yuʌs], *a.* vacío, desocupado; fatuo, mentecato.
vacuum [-yuʌm]. **I.** *s.* vacío. **II.** *a.* de vacío; (mec.) aspirante.—**v. bottle,** termos.—**v. brake,** freno de vacío.—**v. cleaner,** aspirador (de polvo), limpiador o barredera aspirante.—**v. ga(u)ge,** vacuómetro, indicador de vacío.—**v. pan,** (azú.) tacho de vacío.—**v. pump,** bomba aspirante o de vacío; (hidr.) pulsómetro.—**v. tube,** (elec.) tubo de vacío; (rad.) audión, *m.*, tubo termiónico.—**v. valve,** (m. v.) válvula de admisión de aire; (rad.) = V. TUBE. —**in a v.,** en el vacío.
vade mecum [véidi míkʌm], *s.* (lat.) vademécum.
vagabond [vǽgaband]. **I.** *a.* vagabundo, vagamundo, errático, errante; fluctuante. **II.** *s.* vag(amund)o, (fam.) pelafustán.—**vagabondage, vagabondism** [-idž, -izm], *s.* vagancia.—**vagabondize** [-aiz], *vn.* vagabundear, vagamundear.
vagary [văgéri], *s.* capricho, extravagancia, humorada, antojo.
vagina [vădžáină], *s.* (anat.) vagina; (bot.) vaina.—**vaginal** [vǽdžinal], *a.* (anat.) vaginal; (bot.) rel. o semejante a una vaina.—**v. process,** apófisis vaginal (del temporal).—**v. tunic,** túnica vaginal.—**vaginate** [-neit], *a.* (bot.) vaginado, provisto de una vaina.—**vaginitis** [-náitis], *s.* (med.) vaginitis, inflamación de la vagina.
vaginula [vadžínyūlă], *s.* (bot., zool.) vagínula.
vagitus [vædžáitʌs], *s.* primer grito de la criatura recién nacida.
vagrancy [véigransi], *s.* vagancia.—**vagrant**

[-ant]. I. *a.* vagabundo, vagamundo, vagante, vag(aros)o, errante. II. *s.* vago, vagabundo, golfo.—**vagrantly** [-li], *adv.* vagarosamente.
vague [véig], *a.* vago, indefinido, impreciso; incierto, dudoso.—**vaguely** [-li], *adv.* vagamente. —**vagueness** [-nis], *s.* vaguedad.
vagus [véigʌs], *s.* (anat.) nervio neumogástrico.
vain [véin], *a.* vano, vanidoso; inútil, vano; fútil, hueco, insubstancial.—**in v.**, en vano.
vainglorious [-glórijʌs], *a.* vanaglorioso, jactancioso.—**vaingloriously** [-li], *adv.* jactanciosamente.—**vainglory, vaingloriousness** [-glóri, -ʌsnis], *s.* vanagloria, jactancia.
vainly [-li], *adv.* vanamente, arrogantemente; inútilmente.—**vainness** [-nis], *s.* vanidad, envanecimiento; inutilidad.
vair [vɛr], *s.* (blas.) veros (*pl.*); cierta piel.
valance [vǽlans], *s.* cenefa, doselera, gotera del dosel.
vale [véil], *s.* (poét.) val o valle; cañada.
vale [-i], *interj.* (lat.) ¡adiós!
valediction [vælidíkŝon], *s.* vale, despedida.
valedictorian [-diktórian], *s.* alumno que hace el discurso de despedida a fin de curso.
valedictory [-díktori]. I. *a.* de despedida. II. *s.* discurso de despedida en los colegios.
valence [véilens], **valency** [-i], *s.* (quím.) valencia.
Valenciennes [valensiénz], *s.* puntas (*pl.*) de Valenciennes (ll. t. **V. lace**).
valentine [vǽlentain], *s.* misiva o regalo que se suele enviar a una persona amada el día de San Valentín (14 de febrero); a veces, misiva anónima, jocosa o satírica.
valerian [valírian], *s.* (bot.) valeriana.
valerianaceous [-éiŝʌs], *a.* (bot.) valerianáceo.—**valerianate** [-eit], *s.* (quím.) valerianato.—**valerianic** [-ǽnik], **valeric** [valírik], *a.* (quím.) valeriánico, valérico.
valet [vǽlit *o* vǽlei], *s.* criado, camarero, paje; aguijón para adiestrar caballos.—**v. de chambre,** (fr.) ayuda (*m.*) de cámara.
valetudinarian [vælètiudinérian], *a.* y *s.* valetudinario.—**valetudinary** [-tiúdineri], *a.* valetudinario, enfermizo, delicado, impedido.
Valhalla [vælhǽla], *s.* Valhala (Campos Elíseos de los escandinavos); sala o templo de héroes.
valiant [vǽlyant], *a.* valiente, valeroso, bravo, (fam.) de puños.—**valiantly** [-li], *adv.* valerosamente.—**valiantness** [-nis], *s.* valentía, valor.
valid [vǽlid], *a.* válido, justo; valedero; fuerte.
validate [-eit], *va.* validar, hacer válido; legalizar. —**validation** [-éiŝon], *s.* validación.
validity [valíditi], **validness** [vǽlidnis], *s.* validez, valor; fuerza legal.
validly [vǽlidli], *adv.* válidamente.
valise [valís], *s.* maleta, valija, saco de viaje.
Valkyr(ie [vælkír(i], *s.* (mit. escand.) valquiria.
valley [vǽli], *s.* valle, cuenca; (arq.) lima hoya.
valor [vǽlo(r)], *s.* valor, valentía, ánimo, aliento, brío, fuerza, fortaleza.
valorization [-izéiŝon], *s.* fijación arbitraria oficial de precios.—**valorize** [-aiz], *va.* y *vn.* fijar o tratar de fijar precios arbitrarios oficialmente.
valorous [-ʌs], *a.* valeroso, valiente, intrépido.—**valorously** [-li], *adv.* valerosamente.
valuable [vǽlyuabl]. I. *a.* valioso; precioso, apreciable, estimable, preciado. II. *s. pl.* joyas u otros objetos de valor.—**valuably** [-bli], *adv.* valiosamente.—**valuation** [-éiŝon], *s.* justiprecio, aprecio, tasa(ción), (a)valuación, valoración, avalúo.—**valuator** [-eito(r)], *s.* tasador, avaluador.
value [vǽlyu]. I. *s.* valor, mérito, valía; precio, justiprecio, valuación, monta, importe; aprecio, estimación; entidad, importancia; (mús.) valor de una nota.—**v. received,** (com.) valor recibido.—**to the v. of,** por valor de. II. *va.* (a)valuar, (a)valorar, tasar, (a)preciar; hacer caso de, tener en mucho; considerar.—**valueless** [-lis], *a.* sin valor, despreciable.—**valuer** [-œ(r)], *s.* tasador, (a)valuador.
valval, valvar [vǽlval, -ä(r)], *a.* (biol.) valvar, valvular, relativo a las valvas o válvulas.
valvate [vǽlveit], *a.* valvulado, valvular.
valve [vælv], *s.* (mec.) válvula, ventalla; (anat.) válvula; (zool.) valva de los moluscos; (bot.) ventalla; (rad.) válvula, tubo termiónico.—**v. box, v. chest,** (m. v.) caja de válvula.—**v. face,** cara, superficie de trabajo de la válvula.—**v. gear,** (m. v.) distribución, mecanismo de distribución.—**v. lift,** alza de la válvula.—**v. rod,** varilla de la válvula.—**v. seat,** asiento de la válvula.—**v. stem,** vástago de la válvula. —**v. travel,** carrera de la válvula.
valvular [vǽlvyulä(r)], *a.* valvular.—**v. heart disease,** enfermedad orgánica de las válvulas del corazón.
valvule [vǽlviul], *s.* valvulilla.
vamoose [væmús]. I. *va.* (E. U., fam.) dejar (a prisa). II. *vn.* (fam.) irse, marcharse, largarse.
vamp [vǽmp]. I. *s.* (zap.) pala, empella; capellada; remiendo, remonta; acompañamiento músico improvisado; (fam.) coqueta; aventurera poco escrupulosa; (fam.) bombero voluntario. II. *va.* (zap.) poner pala, empella, o capellada; remontar, remendar; (mús.) improvisar (acompañamiento); (fam.) embaucar (una mujer a un hombre). III. *vn.* (fam.) coquetear; hacer el papel de *vamp* o *vampire.*
vamper [-œ(r)], *s.* remendón.
vampire [vǽmpair], *s.* (zool. y fig.) vampiro; chupador de sangre; concusionario; parásito; estafador, aventurero (apl. esp. a mujeres).
vampirism [-izm], *s.* vampirismo.
van [væn], *s.* camión, *m.*, carromato, galera, conductora de muebles; (Ingl., f. c.) furgón de equipajes; (mil., etc.) vanguardia; jefes (*pl.*) de una empresa.
vanadate [vǽnadeit], *s.* (quím.) vanadato.
vanadic [vanǽdik], *a.* (quím.) vanádico.
vanadium [vanéidiʌm], *s.* (quím.) vanadio.
vandal [vǽndal], *a.* y *s.* vándalo.—**vandalism** [-izm], *s.* vandalismo.
Vandyke [vændáik]. I. *a.* de Van Dyck, a la Van Dyck.—**V. beard,** barba corta y puntiaguda.—**V. collar,** cuello ancho de lienzo y encaje. II. *s.* (b. a.) cuadro pintado por Van Dyck.
vane [vein], *s.* veleta; (mar.) grímpola; aspa (de molino); paleta (de hélice); (orn.) barbas (*pl.*) (de pluma); pínula (de instrumentos matemáticos); (top.) tablilla, corredera (de una mira).
vanguard [vǽngard], *s.* vanguardia.—**Vanguardism** [-izm], *s.* (lit., b. a.) vanguardismo. —**Vanguardist** [-ist], *a.* y *s.* vanguardista.
vanilla [vaníla], *s.* (bot.) vainilla.
vanillin [vanílin], *s.* (quím.) va(i)nil(l)ina.
vanish [vǽniŝ], *vn.* desvanecerse, desaparecer, esfumarse.—**vanishing** [-iŋ]. I. *s.* desaparición. II. *a.* que desaparece, etc.—**v. point,** (dib.) punto de la vista.
vanity [vǽniti], *s.* vanidad.—**v. bag, v. box, v. case,** neceser, cajita de polvo y afeites.—**v. dresser,** tocador.
vanquish [vǽŋkwiŝ], *va.* y *vn.* vencer.—**vanquishable** [-abl], *a.* vencible.—**vanquisher** [-œ(r)], *s.* vencedor.
vantage [vǽntidẑ], *s.* ventaja, superioridad.—**v. ground,** posición ventajosa.
vapid [vǽpid], *a.* insípido, soso, insulso.—**vapidity** [væpíditi], **vapidness** [vǽpidnis], *s.* insipidez.
vapor [véipo(r)]. I. *s.* vapor; niebla, bruma; vaho, exhalación; hálito; humo, cosa insubstancial; (med.) remedio inhalado.—*pl.* (ant.) vapores, melancolía. II. *vn.* exhalar vapor, avahar; evaporarse; alardear. III. *va.* evaporar; reducir a vapor; exhalar. *V.* VAPORIZE.
vapor bath, *s.* baño de vapor.
vaporish [-iŝ], *a.* vaporoso; hipocondríaco.
vaporization [-izéiŝon], *s.* vaporización.
vaporize [-aiz], *va.* y *vn.* (e)vaporizar(se), vapor(e)ar(se).
vaporizer [-aizœ(r)], *s.* vaporizador.
vaporous [-ʌs], *a.* vaporoso, nebuloso; vano; caprichoso.

vapor trail, *s.* (aer.) estela de condensación o de vapor.
vapory [-i], *a.* vaporoso; melancólico; hipocondríaco.
varanus [vǽranʌs], *s.* (zool.) varano, monitor.
variability [veriabíliti], *s.* variabilidad.
variable [vériabl], *s.* y *a.* (leng. ord., mec. y mat.) variable, *f.*
variable condenser, *s.* (elec.) condensador de capacidad graduable.
variable gear, *s.* (ing.) engranaje de multiplicación variable.
variable inductor, *s.* (elec.) inductor variable o variómetro.
variable-speed gear, *s.* (aut.) cambio de velocidades.
variably [-bli], *adv.* variablemente.
variance [vérians], *s.* variación, cambio, mudanza; discordia, desavenencia, desacuerdo; discrepancia.—**to be at v.,** estar discorde(s) o en desacuerdo, estar de punta o reñido (con): discrepar.
variant [-ant]. **I.** *a.* variante, vario; variable; mudable, inquieto, indeciso. **II.** *s.* variante, *f.*
variate [vériit], *s.* variable (estadística).
variation [-éishon], *s.* variación; variedad; (gram.) (in)flexión; (mús., astr., biol.) variación.
varicella [værisélä], *s.* (med.) varicela.
varicocele [vǽrikousil], *s.* (med.) varicocele.
varicolored [vérikʌlord], *a.* abigarrado.
varicose [vǽrikous], *a.* (med.) varicoso.
varied [vérid], *a.* variado, vario; cambiado, alterado; (zool., orn.) abigarrado, multicolor.
variegate [vérigeit], *va.* jaspear, vetear, varetear, matizar, gayar; (pint.) abigarrar, (fam.) pintorrear, pintarrajar; (fig.) diversificar, diferenciar.—**variegated** [-id], *a.* abigarrado, jaspeado, veteado; divers(ificad)o.—**variegation** [-éishon], *s.* jaspeadura, abigarramiento; variedad de colores; diversificación; veteado, jaspeado.
variety [varáieti], *s.* variedad, diversidad; surtido; tipo, clase, *f.*, especie.—**v. is the spice of life** en la variedad está el placer.
variety show, *s.* (teat.) función de variedades.
variola [varáiolä], *s.* (med.) viruela.
varioloid [vérioloid], *s.* (med.) varioloide, *f.*
variolous [varáiolʌs], *a.* varioloso, variólico.
variometer [veriámetœ(r)], *s.* (rad.) variómetro.
variorum [verióram], *s.* y *a.* (texto) con variantes o anotado por varios críticos o expertos.
various [vériʌs], *a.* varios, algunos, unos cuantos, *pl.;* vario, desemejante, distinto, diverso, diferente; inconstante, mudable; veteado, abigarrado.
variously [-li], *adv.* variamente.
varix [vériks], *s.* (med.) varice, várice, *f.* o variz.
varlet [várlit], *s.* (ant.) lacayo; paje. *V.* KNAVE.
varletry [-ri], *s.* (ant.) chusma, canalla.
varmint [vármint], *s.* (fam.) sabandija; (fam.) pícaro, bribón, bellaco.
varnish [várnish]. **I.** *s.* barniz, *m.*, charol; (cerá.) mogate. **II.** *va.* barnizar, charolar; (cerá.) vidriar; paliar, disimular, encubrir.—**varnisher** [-œ(r)], *s.* barnizador, charolista; encubridor.
varsity [vársiti], *s.* (*abrev.* fam. de **university**) universidad; (dep.) equipo de primera categoría que representa a una universidad o colegio.
vary [véri], *va.* y *vn.* variar, cambiar; diversificar(se); desviar(se).—**varying** [-iŋ], *a.* variante, variable.
vas [væs], *s.* (anat.) conducto, vaso.—**v. deferens,** conducto deferente.
vascular [vǽskyūlä(r)], *a.* (zool., bot.) vascular, vasculoso.—**vascularity** [-ǽriti], *s.* vascularidad, calidad de vascular.—**vasculose** [-ous], **vasculous** [-ʌs], *a.* = VASCULAR.
vase [veis], *s.* jarrón, vaso; florero.
Vaseline [vǽselin], *s.* vaselina (marca de fábrica).
vasomotor [væsomóutq(r)]. **I.** *a.* (anat.) vasomotor. **II.** *s.* (med.) estimulante que produce acción vascular.
vassal [vǽsal]. **I.** *s.* vasallo, siervo. **II.** *a.* tributario, servil.—**vassalage** [-idž], *s.* vasallaje.
vast [vǽst]. **I.** *a.* vasto, dilatado; inmenso, enorme, grandísimo. **II.** *s.* (poét.) inmensidad, infinito.—**vastly** [-li], *adv.* en sumo grado, muy, muchísimo, sumamente.—**vastness** [-nis], *s.* vastedad, inmensidad.—**vasty** [-i], *a.* (poét.) vasto, inmenso.
vat [væt], *s.* tina, tanque, cuba; (ten.) noque.
vatic(al [vǽtik(al], *a.* vaticinante, profético.
Vatican [vǽtikan], *s.* Vaticano.
vaticide [vǽtisaid], *s.* asesino o asesinato de un profeta.
vaticinate [vatísineit], *vn.* y *va.* vaticinar
vaticination [-éishon], *s.* vaticinio.
vaudeville [vóudvil], *s.* (teat.) función de variedades; jácara, romance, canción.
vaudevillian [voudvílyan], *a.* de, o relativo a, un teatro de variedades.
vault [vólt]. **I.** *s.* (arq.) bóveda, cúpula, cimbor(r)io; cueva, bodega, subterráneo, sibil; tumba; (igl.) cripta; (fig.) cielo, firmamento; (dep.) voltereta, salto con garrocha o pértiga. **II.** *va.* (arq.) abovedar, voltear. **III.** *va.* y *vn.* (dep.) voltear, saltar por encima con garrocha o pértiga, o apoyando las manos en potro de madera, etc.
vaulted [-id], *a.* abovedado, arqueado.
vaulter [-œ(r)], *s.* (dep.) volteador, saltador.
vaulting [-iŋ], *s.* abovedado, bóvedas, *f. pl.;* construcción de bóvedas; (dep.) acto de saltar con garrocha, etc.—**v. horse,** (gimn.) caballo o potro de madera.
vaunt [vónt]. **I.** *va.* y *vn.* ostentar, alardear, jactarse, vanagloriarse (de), decantar, blasonar, hacer alarde o gala (de). **II.** *s.* jactancia, gala, (fam.) fachenda.—**vaunter** [-œ(r)], *s.* blasonador, (fam.) fanfarrón, fachendista.—**vaunting** [-iŋ], *a.* jactancioso.—**vauntingly** [-li], *adv.* con jactancia.
veal [vil], *s.* (carne (*f.*) de) ternera.—**v. cutlet,** chuleta de ternera.—**v. pie,** pastel de ternera.
vector [véktq(r)], *s.* (mat.) vector.—**v. quantity,** cantidad vectorial.—**vectorial** [vɛktórial], *a.* vectorial.
Veda [véidä], *s.* Veda, *m.*, libro sagrado de la India.
vedette [vedét], *s.* (mil.) centinela (*m.*) o escucha de caballería; lancha naval de reconocimiento.
Vedic [véidik], *a.* védico, rel. a o de los Vedas.
veer [vír]. **I.** *vn.* desviarse; cambiar, variar (el viento, etc.); (mar.) virar, rolar. **II.** *va.* virar, dirigir el buque a otro rumbo; arriar, aflojar, largar.—**to v. and haul,** lascar y halar; largar y escasear.—**to v. away the cable,** soltar cable.
veery [-i], *s.* (orn.) tordo canoro.
vegetable [védžtabl]. **I.** *s.* vegetable, planta vegetal.—*pl.* verduras, hortalizas, legumbres. **II.** *a.* vegetable, vegetal; de hortalizas.—**v. garden,** huerta (de legumbres).—**v. ivory,** tagua.—**v. kingdom,** reino vegetal.—**v. market,** verdulería.—**v. marrow,** (bot.) calabacín, especie de calabaza.—**v. stew,** potaje, menestra.—**v. sulphur,** azufre vegetal, licopodio en polvo.
vegetal [védžetal], *a.* vegetal.
vegetarian [vɛdžetérian], *a.* y *s.* vegetariano, vegetalista.—**vegetarianism** [-izm], *s.* vegetarianismo.
vegetate [védžeteit], *vn.* vegetar.—**vegetating** [-iŋ], *a.* vegetante.—**vegetation** [-éishon], *s.* vegetación.—**vegetative** [-eitiv], *a.* vegetativo, vegetante.—**vegetativeness** [-nis], *s.* potencia vegetativa.
vehemence, vehemency [víhimens, -i], *s.* vehemencia, viveza.—**vehement** [-ent], *a.* vehemente, impetuoso, intensivo, extremoso.—**vehemently** [-li], *adv.* vehementemente, impetuosamente.
vehicle [víhikl], *s.* vehículo, carruaje; medio; (farm.) excipiente.—**v. road,** camino carretero.
vehicular [vihíkyūlä(r)], *a.* perteneciente o relativo al vehículo; de o para vehículos.

veil [veil]. I. *va.* velar, cubrir con velo; encubrir, disimular, disfrazar, tapar. II. *s.* velo; cortina; disfraz, *m.*, máscara, pretexto.—**to take the v.**, (igl.) profesar.—**veiled** [-d], *a.* velado, encubierto, indirecto, disfrazado.
vein [véin]. I. *s.* (anat.) vena; (ent.) nervio del ala de un insecto; (bot.) vena, nervio; (min.) venero, vena, veta, capa, filón; (carp.) vena, veta, hebra, trepa (de la madera); (fig.) humor, genio. II. *va.* jaspear, vetear.
veined [-d], *a.* venoso, que tiene venas; veteado, avetado.—**veinless** [-lis], *a.* sin venas, desprovisto de venas.—**veinlet** [-lit], *s.* venilla.
veinstone [-stoun], *s.* (min.) ganga.
veiny [-i], *a.* = VEINED.
velar [vílä(r)], *a.* (fon.) velar.
veld, veldt [vɛlt], *s.* veldt, tierra abierta; sabana, tierras ganaderas o de pastos.
vellication [vɛlikéiŝon], *s.* (med.) sacudimiento muscular espasmódico.
vellum [vélʌm], *s.* vitela, pergamino.—**v. paper,** papel vitela o avitelado.
velocimeter [vɛlosímɛtœ(r)], *s.* velocímetro.
velocipede [vilásipid], *s.* velocípedo.
velocity [vilásiti], *s.* velocidad.
velodrome [vílodroum], *s.* velódromo, lugar de carreras (apl. esp. a las de bicicleta).
velour(s [vɛlúr], *s.* (tej.) terciopelado.
velum [vílʌm], *s.* (anat.) cubierta membranosa: velo del paladar.
velure [vɛliúr]. I. *s.* (tej.) terciopelado; cepillo de pana (para sombreros de copa). II. *va.* cepillar o limpiar con cepillo de pana.
velvet [vélvit]. I. *s.* (tej.) terciopelo, velludo; (zool.) vello.—**v.-like,** terciopelado.—**v. weaver,** terciopelero. II. *a.* de terciopelo, terciopelado.
velveteen [vɛlvɛtín], *s.* (tej.) pana, velludillo.
velvety [vélviti], *a.* (a)terciopelado.
vena [vínä], *s.* (*pl.* **venæ** [víni]) (anat., hidr.) vena. —**v. cava,** (anat.) vena cava.—**v. contracta,** (hidr.) contracción de la vena flúida.—**v. portæ,** (anat.) vena porta.
venal [vínal], *a.* venal, mercenario.
venality [vinǽliti], *s.* venalidad.
venatic [vinǽtik], *a.* venatorio.
venation [vinéiŝon], *s.* (ent., bot.) venación.
vend [vɛnd]. I. *va.* vender (esp. en carretón, o como buhonero); divulgar, decir públicamente. II: *vn.* vender(se).
vendee [vɛndí], *s.* (for.) comprador; cesionario.
vender [véndœ(r)], *s.* vendedor (esp. el ambulante), buhonero. *V.* VENDING MACHINE.
vendetta [vɛndétä], *s. vendetta,* venganza particular ejecutada por familias.
vendible [véndibl]. I. *a.* vendible; venal, mercenario. II. *s.* (gen. *pl.*) artículos o géneros de venta.
vending [véndiŋ], *s.* acción de vender.—**v. machine,** máquina vendedora o expendedora (de confituras, cigarillos, sellos, etc.).
vendor [véndo(r)], *s.* (for.) vendedor; cedente.
vendue [vɛndiú], *s.* almoneda, subasta, venta pública, (Am.) venduta.
veneer [vɛnír]. I. *va.* chapear, enchapar; revestir; tapar, ocultar, disfrazar. II. *s.* hoja para chapear, chapa; capa exterior, apariencia.
veneering [-iŋ], *s.* chapeado, enchapado; material para chapas; chapería.
venerability [vɛnɛrabíliti], *s.* venerabilidad.
venerable [vénɛrabl], *a.* venerable, venerando, reverenciable; sagrado; antiguo.—**venerableness** [-nis], *s.* venerabilidad.—**venerably** [-bli], *adv.* venerablemente, con veneración o reverencia.—**venerate** [vénɛreit], *va.* venerar, reverenciar.—**veneration** [-éiŝon], *s.* veneración, reverencia.—**venerator** [-eito(r)], *s.* venerador.
venereal [vɛníriąl], *a.* venéreo.
venery [vénɛri], *s.* venus, *f.*, acto venéreo; (ant.) montería o caza mayor.
venesection [vinisékŝon], *s.* flebotomía, sangría.
Venetian [vɛníŝan], *a.* y *s.* veneciano.
Venetian blind, *s.* persiana veneciana.
Venetian chalk, *s.* jabón de sastre, esteatita blanca, talco gráfico.
Venetian sumac, *s.* (bot.) fustete.
Venezuela [vɛnɛzwílą], *s.* Venezuela.
Venezuelan [-n], *s.* y *a.* venezolano.
vengeance [véndžans], *s.* venganza.—**with a v.,** con violencia, con toda su alma; con creces, extremamente.
vengeful [véndžful], *a.* vengativo.
venial [víniąl], *a.* venial; perdonable.—**v. sin,** pecado venial.—**venially** [-i], *adv.* venialmente, levemente, ligeramente.—**veniality, venialness** [viniǽliti, víniąlnis], *s.* venialidad.
venire (facias [vináiri (féiŝas], *s.* (for.) auto de convocación del jurado; (Ingl.) orden (*f.*) o requerimiento de comparecencia.
venireman [-man], *s.* jurado (persona).
venison [vénizon], *s.* carne (*f.*) de venado.
venom [vénom], *s.* veneno, tósigo, ponzoña; rencor, malicia, malignidad.
venomous [-ʌs], *a.* venenoso, ponzoñoso; dañoso; maligno.—**venomously** [-li], *adv.* venenosamente.—**venomousness** [-nis], *s.* venenosidad.
venosity [vinásiti], *s.* (anat.) venosidad.
venous [vínʌs], *a.* venoso; veteado.—**v. blood,** sangre venosa.
vent [vɛnt]. I. *s.* respiradero, resolladero, tronera, lumbrera, ventosa; salida, paso, abertura, pasaje; (arti.) oído, fogón (de arma de fuego); (fund.) bravera; (zool.) ano; expresión; emisión; desahogo.—**v. searcher,** (arti.) gubia. II. *va.* expresar, desembuchar (fam.), desahogar, desfogar, dar salida.—**to v. one's spleen,** descargar uno la bilis.
venter [véntœ(r)], *s.* (anat.) vientre; (con)cavidad; (for.) matriz.
venthole [vénthoul], *s.* orificio de escape; (arti.) oído, fogón; (ton.) venteo; atabe de cañería.
ventiduct [véntidʌkt], *s.* conducto de ventilación.
ventilate [véntileit], *va.* ventilar; proveer de respiradero; (ant.) aechar.—**ventilation** [-éiŝon], *s.* ventilación.—**ventilator** [-eito(r)], *s.* ventilador.
ventral [véntral], *a.* (anat.) ventral, abdominal. —**v. hernia,** (med.) eventración, hernia abdominal.
ventricle [véntrikl], *s.* (anat.) ventrículo.
ventricular [vɛntríkiulä(r)], *a.* ventricular.
ventriloquism [vɛntrílokwizm], *s.* ventriloquia. —**ventriloquist** [-ist], *s.* ventrílocuo.—**ventriloquize** [-aiz], *vn.* hablar como ventrílocuo, ser ventrílocuo.—**ventriloquy** [-i], *s.* = VENTRILOQUISM.
venture [vénchū(r)]. I. *s.* riesgo, ventura, albur; (com.) pacotilla, ancheta; operación o empresa arriesgada; especulación.—**at a v.,** a la ventura, al azar. II. *va.* aventurar, arriesgar. III. *vn.* osar, atreverse; aventurarse, arriesgarse.—**to v. abroad, o out,** atreverse a salir, arriesgarse fuera.—**to v. at, o (up)on,** probar ventura en.
venturer [-œ(r)], *s.* aventurero.
venturesome [-sʌm], *a.* atrevido, emprendedor; aventurado, azaroso.—**venturesomely** [-li], *adv.* atrevidamente.—**venturesomeness** [-nis], *s.* arrojo, temeridad, carácter aventurero.
venturous [-ʌs], *a.* osado, atrevido.—**venturously** [-li], *adv.* osadamente.—**venturousness** [-nis], *s.* arrojo, temeridad.
venue [véniu], *s.* (for.) jurisdicción en que se ha cometido un crimen o en que está sita la cosa litigiosa.—**change of v.,** cambio de tribunal en un pleito.
venule [véniul], *s.* (anat., zool.) venilla.
Venus [vínʌs], *s.* Venus: (astr.) Venus.—**V.'s-comb,** (bot.) peine de pastor o de Venus.—**V.'s-fan,** especie de zoófito.—**V.'s-flytrap,** (bot.) atrapamoscas, *f.*, dionea.—**V.'s-looking-glass,** (bot.) espejo de Venus, especularia. —**V.'s navelwort,** (bot.) ombligo de Venus.
veracity [virǽsiti], *s.* veracidad.
veracious [viréiŝʌs], *a.* veraz, verídico.

veranda(h [vįrǽndą], *s.* pórtico, galería, balcón largo.
veratrin(e [vératrin], *s.* (quím.) veratrina.
Veratrum [vįréįtrʌm], *s.* veratro, eléboro blanco.
verb [vœ́rb], *s.* (gram.) verbo.
verbal [-ąl]. **I.** *s.* substantivo verbal. **II.** *a.* verbal; oral; literal; (gram.) verbal.
verbal contract, *s.* contrato verbal o de palabra.
verbalism [-ąlizm], *s.* verbalismo, palabrería.
verbalize [-aįz]. **I.** *va.* expresar con palabras; (gram.) convertir en verbo. **II.** *vn.* expresarse verbosamente.
verbal noun, *s.* (gram.) substantivo verbal.
verbatim [vœrbéįtim], *adv.* al pie de la letra, palabra por palabra.
verbena [vœrbíną], *s.* (bot.) verbena.
verbenaceous [vœrbįnéįŝʌs], *a.* (bot.) verbenáceo.
verbiage [vœ́rbįidž], *s.* verbosidad; ripio.
verbose [vœrbóus], *a.* verboso, difuso, prolijo.
verboseness [-nis], **verbosity** [vœrbásįtį], *s.* verbosidad, ampulosidad, filatería; palabrería.
verdancy [vœ́rdąnsį], *s.* verdor, verdín.
verdant [vœ́rdąnt], *a.* verde, verdoso, fresco; inocente, sencillo.
verd antique [vœrd æntík], *s.* verde antiguo; variedad de serpentina (mármol).
verdict [vœ́rdįkt], *s.* (for.) veredicto, fallo; opinión, dictamen.—**v. of guilty,** fallo condenatorio.
verdigris [vœ́rdįgris], *s.* verdete, cardenillo, verdín, pátina verdosa o azulada.
verdin [vœ́rdin], *s.* (orn.) especie de paro.
verditer [vœ́rdįtœ(r)], *s.* (pint.) verdete.
verdure [vœ́rdžur], *s.* verde, verdor; frondas, *f. pl.*
verdurous [-ʌs], *a.* verdoso.
Verein [feráin], *s.* (alem.) sociedad, asociación.
verge [vœ́rdž]. **I.** *s.* borde, margen, *mf.*; vera; círculo, anillo; alcance, esfera; vara, varilla, báculo; (arq.) fuste de columna; árbol de volante de un reloj; (Ingl., for.) jurisdicción del mayordomo de palacio.—**on,** o **upon, the v. of,** al borde de; a punto de, al, a dos dedos de. **II.** *vn.* acercarse a, tender.—**to v. on,** o **upon,** llegar casi hasta, acercarse a, rayar en.
verger [-œ(r)], *s.* alguacil de vara; macero; aposentador, pertiguero.
veridical [vįrídįkąl], *a.* verídico.—**veridically** [-i], *adv.* verídicamente.
verifiable [vérįfaįąbl], *a.* verificable.
verification [-fįkéįŝon], *s.* verificación, comprobación, constatación.
verify [-faį], *va.* verificar, justificar, comprobar, constatar, demostrar; cerciorarse de; cumplir, ejecutar (una promesa); (for.) afirmar bajo juramento; acreditar.
verily [vérįlį], *adv.* en verdad.
verisimilar [verįsímįlą(r)], *a.* verosímil.
verisimilitude [-simílįtįud], *s.* verosimilitud.
veritable [vérįtąbl], *a.* verdadero.
verity [vérįtį], *s.* verdad, realidad; hecho; axioma, *m.*
verjuice [vœ́rdžus], *s.* agraz, *m.*; agrazada; aspereza, mordacidad.
vermeil [vœ́rmįl], *s.* plata o bronce sobredorados; barniz (*m.*) transparente de agua; (poét.) bermellón; granate rojo anaranjado.
Vermes [vœ́rmįz], *s. pl.* (zool.) vermes, gusanos.
vermicelli [vœrmįsélį *o* -chélį], *s.* fideos, *m. pl.*
vermicide [vœ́rmįsaįd], *s.* (med.) vermicida, *m.*
vermicular [vœrmíkįulą(r)], *a.* vermicular.—**v. work,** (arq.) ornamentación vermiforme.
vermiculate [-eįt]. **I.** *va.* poner adornos vermiformes. **II.** *a.* vermiforme, vermicular.—**vermiculation** [-éiŝon], *s.* ornamentación vermiforme; (fisiol.) vermiculación, peristalsis, movimiento vermicular de los intestinos.—**vermiculose, vermiculous** [-ous, -ʌs], *a.* vermicular.
vermiform [vœ́rmįfɔrm], *a.* vermiforme, vermicular.—**v. appendix,** apéndice vermiforme.
vermifuge [-fįudž], *a.* y *s.* (med.) vermífugo.
vermilion [vœrmílyon]. **I.** *s.* bermellón, cinabrio. **II.** *va.* enrojar, teñir de rojo.
vermin [vœ́rmin], *s.* (*sing.* y *pl.*) bichos asquerosos, sabandijas (gusanos, chinches, piojos, etc.).
vermination [-éįŝon], *s.* generación de bichos.
verminous [-ʌs], *a.* verminoso.
vermivorous [vœrmívorʌs], *a.* vermívoro.
vermouth [vœrmúθ], *s.* vermut (licor).
vernacular [vœrnǽkyųlą(r)]. **I.** *a.* vernáculo, nativo; local. **II.** *s.* idioma vernáculo.
vernacularism [-įzm], *s.* modismo.
vernal [vœ́rnąl], *a.* vernal; primaveral.—**v. equinox,** (astr.) equinoccio vernal.
vernation [vœrnéįŝon], *s.* (bot.) prefoliación.
vernier [vœ́rnįœ(r)], *s.* nonio, vernier; aparato o instrumento auxiliar de regulación o graduación.
Veronese [vɛronís], *a.* y *s.* veronés, veronense.
veronica [vęránįką], *s.* (bot.) verónica; lienzo de la Verónica.
verruca [vɛrúką], *s.* (med., zool.) verruga.
verrucose, verrucous [vérųkous, vérųkʌs], *a.* verrugoso, cubierto de verrugas.
versatile [vœ́rsątįl], *a.* versátil, de conocimientos muy variados; adaptable, que se adapta fácilmente a varias ocupaciones o situaciones; giratorio; inconstante, voluble.—**versatility** [-tílįtį], *s.* versatilidad, adaptabilidad; variedad de conocimientos; veleidad, inconstancia.
verse [vœ́rs]. **I.** *s.* verso; estrofa, copla, poesía; (igl.) versículo.—**v. maker,** versificador.—**v. making,** versificación, metrificación. **II.** *va.* y *vn.* rimar, metrificar, versificar, hacer versos.
versed [-t], *a.* versado, perito.
versed sine [-sain], *s.* (mat.) seno verso.
verseman [-mąn], *s.* poeta, *m.*, versista; poetastro.
versemonger [-mʌŋgœ(r)], *s.* poetastro.
versicle [-įkąl], *s.* verso corto; (igl.) versículo.
versification [-įfįkéįŝon], *s.* versificación, metrificación.—**versifier** [-faįœ(r)], *s.* versificador, metrista.—**versify** [-faį], *va.* y *vn.* versificar. *V.* VERSE.
version [vœ́rŝon], *s.* versión; exposición, interpretación; traducción; (cir.) versión.
verso [vœ́rsou], *s.* reverso; (impr.) página par.
versus [vœ́rsʌs], *prep.* (for., dep., etc.) contra.
vert [vœrt], *s.* (Ingl., for.) árbol o arbusto con hojas en un bosque; derecho de tala; (blas.) sinople.
vertebra [vœ́rtębrą], *s.* (*pl.* **vertebræ** [-bri]), (anat., zool.) vértebra.—**vertebral** [-brąl], *a.* vertebral; vertebrado.—**Vertebrata** [-bréįtą], *s. pl.* vertebrados.—**vertebrate** [-breįt], *s.* y *a.* vertebrado.
vertex [vœ́rtɛks], *s.* vértice; cima, cumbre, cúspide, *f.*, ápice.
vertical [vœ́rtįkąl], *a.* vertical; (e. p.) por industrias, de cada industria por separado.—**v. angles,** ángulos opuestos por el vértice.—**v. circle,** (astr.) vertical, *m.*—**v. line, plane,** etc., (geom.) vertical, *f.*—**verticality** [-ǽlįtį], *s.* verticalidad.—**vertically** [-lį], *adv.* verticalmente.
vertices [vœ́rtįsiz], *s. pl.* de VERTEX.
verticil [vœ́rtįsįl], *s.* (bot.) verticilo.
verticillate [vœrtísįleįt], *a.* (bot.) verticilado.
verticity [vœrtísįtį], *s.* verticidad, giro.
vertiginous [vœrtídžįnʌs], *a.* vertiginoso.
vertigo [vœ́rtįgou], *s.* (med.) vértigo, vahido.
vervain [vœ́rvein], *s.* (bot.) verbena.
verve [vœrv], *s.* estro, numen, entusiasmo, energía, vigor; (teat.) vis cómica.
very [vérį]. **I.** *a.* mismo, propio, idéntico; verdadero, real; mismísimo.—**for that v. reason,** por lo mismo.—**the v. idea of doing it,** sólo la idea, o la mera idea de hacerlo.—**this v. day,** hoy mismo.—**this v. night,** esta misma noche.—**to conceal his v. name,** ocultar aun (o hasta) su nombre.—**to weep for v. joy,** llorar de pura alegría. **II.** *adv.* muy; mucho, muchísimo.—**v. much,** mucho, muchísimo; sumamente, muy (antes de un participio).—**v. many,** muchísimos.—**v. much so,** muy mucho, muchísimo, en sumo grado.
vesania [vįséįnįą], *s.* (med.) vesania, locura.
vesica [vįsáįką], *s.* (anat.) vejiga.—**v. piscis** [písis], (b. a.) aureola.

vesical [vésikal], *a.* vesical.—**vesicant** [-kant]. **I.** *a.* (med.) vesicante. **II.** *s.* vejigatorio.—**vesicate** [-keit], *va.* avejigar.—**vesication** [-kéišon], *s.* acción de producir vejigas o ampollas.—**vesicatory** [-katori], *s.* y *a.* vesicante, vejigatorio.—**vesicle** [-kl], *s.* (anat., bot., med.) vesícula, vejiguilla.
vesicula [visíkjulä], *s.* (anat., med.) vesícula.—**v. seminalis,** (anat.) vesícula seminal.
vesicular [-(r)], **vesiculate** [-eit], *a.* vesicular; vesiculoso.
vesper [véspœ(r)]. **I.** *s.* tarde, caída de la tarde, el anochecer; campana que llama a vísperas; (V., astr.) Véspero, estrella vespertina.—*pl.* (igl.) vísperas. **II.** *a.* vespertino.—**vespertine** [-tin], *a.* vespertino.
vespid [véspid], *s.* y *a.* (ent.) véspido.
vessel [vésel], *s.* vasija, vaso; (anat.) vaso; (mar.) barco, buque, bajel, embarcación; (bot.) *V.* DUCT.
vest [vest]. **I.** *s.* chaleco; chaqueta antigua; (Ingl.) elástica, camiseta interior; (poét.) vestido, vestidura.—**v.-pocket,** (de tamaño) propio para el bolsillo del chaleco; en miniatura. **II.** *va.* vestir; revestir (de autoridad), investir; (for.) hacer entrega, dar posesión.—**to v. in,** revestir de, investir de, poner en posesión de.—**to v. with,** (re)vestir de. **III.** *vn.* vestirse; tener validez, ser válido; (con **in**) pasar (un título o derecho) a.
vestal [véstal], *s.* y *a.* vestal, *f.*; virgen, *f.*
vested [véstid], *a.* (re)vestido; (igl.) que lleva vestimentas; cabal y completo, absoluto; establecido o protegido por la ley.
vested interests, *s.pl.* intereses creados.
vestee [vestí], *s.* pechera, chaquetilla (de mujer).
vestibule [véstibjul], *s.* vestíbulo, recibimiento, portal, zaguán; salón de entrada (de un hotel, etc.); (anat.) vestíbulo (del oído); (f. c.) pasillo cubierto entre dos coches ferroviarios.—**v. car,** (f. c.) coche de un tren de pasillos cubiertos de comunicación (llamado **v. train**).
vestige [véstidž], *s.* vestigio, huella, señal, *f.*; reliquia; (biol.) rudimento.—**vestigial** [vestídžial], *a.* (biol.) atrofiado, degenerado, rudimentario.
vesting [véstiŋ], *s.* corte de chaleco.
vestment [véstment], *s.* prenda de vestir; ropa, vestidura; (igl.) vestimenta; sabanilla (de altar).
vestry [véstri], *s.* (igl.) vestuario, sacristía; junta que administra los asuntos de una iglesia episcopal protestante.—**vestryman** [-man], *s.* miembro de dicha junta.
vesture [véschū(r)], *s.* vestidura, vestuario; traje, hábito; (Ingl., for. ant.) todo lo que cubre el terreno excepto los árboles.
vetch [vech], *s.* (bot.) arveja, veza, yer(v)o, algarroba, almorta.
vetchling [-liŋ], *s.* (bot.) arveja, áfaca.
veteran [vétєran], *s.* y *a.* veterano.
veterinarian [vetєrinérian], *s.* albéitar, veterinario.
veterinary [vétєrineri], *a.* y *s.* veterinario.—**v. science,** veterinaria, albeitería.—**v. surgeon,** albéitar.
veto [vítou]. **I.** *va.* poner el veto; vedar, prohibir; rehusar la aprobación de, (Am.) vetar. **II.** *s.* veto; prohibición hecha con autoridad.
vex [veks], *va.* vejar, molestar, hostigar, acosar, irritar, enfadar; afligir, desazonar, acongojar; agitar, turbar, perturbar.
vexation [-éišon], *s.* vejación, vejamen, molestia, maltrato, provocación; enojo, enfado; disgusto, (fam.) chinchorrería.—**vexatious** [-éišʌs], *a.* vejatorio, molesto, enfadoso, provocativo.—**vexatiously** [-li], *adv.* enfadosamente, con molestia.—**vexatiousness** [-nis], *s.* vejamen, molestia, vejación.
vexed [vekst], *a.* vejado, enfadado; discutido, debatido.—**v. question,** cuestión batallona.—**to be v.,** incomodarse, enojarse, picarse, (fam.) amostazarse.
via [váiä]. **I.** *prep.* por (la vía de). **II.** *s.* vía.
viability [vaiabíliti], *s.* viabilidad.
viable [váiabl], *a.* viable, capaz de vivir.
viaduct [váiadʌkt], *s.* viaducto.
vial [váial], *s.* redoma, frasco, ampolleta, pomo.
viand [váiand], *s.* vianda.—*pl.* comida, alimentos, provisiones, vitualla.
viatic [vaiǽtik], *a.* de viaje, de viático.
viaticum [-ʌm], *s.* viático; (igl.) Viático.
vibrant [váibrant], *a.* vibrante.
vibrate [-reit]. **I.** *va.* vibrar, blandir. **II.** *vn.* vibrar, oscilar, cimbrarse.—**vibratile** [-ratil], *a.* vibrátil, vibratorio.—**vibrating** [-reitiŋ], *a.* vibrador, vibrante, oscilante, trepidante.—**vibration** [-réišon], *s.* vibración, oscilación.—**vibrative** [-rativ], *a.* vibratorio.—**vibrator** [-reito(r)], *s.* (elec.) interruptor intermitente, vibrador; (rad.) oscilador, interruptor de la bobina de inducción; (impr.) cilindro oscilante.—**vibratory** [-ratori], *a.* = VIBRATIVE.
vibrio(n [víbriou(n], *s.* vibrión, *m.*, especie de bacteria.
viburnum [vaibœ́rnʌm], *s.* (bot.) viburno, mundillo.
vicar [víkä(r)], *s.* (igl.) vicario.—**v. forane,** vicario foráneo.—**v. general,** vicario general.—**vicarage** [-idž], *s.* vicaría.—**vicarial** [vikérial], *a.* vicarial.—**vicariate** [vikérieit]. **I.** *s.* vicariato. **II.** *a.* vicario.—**vicarious** [vaikériʌs], *a.* vicario; (fisiol.) substitutivo.—**vicariously** [-li], *adv.* substitutivamente, por substitución.—**vicarship** [víkäršip], *s.* vicaría.
vice [vais], *s.* vicio, inmoralidad; defecto, falta; vicio o resabio del caballo; (fam.) substituto, suplente. *V.* VISE.
vice [váisi], *prep.* en lugar de, en vez de.
vice- [váis], *prefijo* que corresponde a "vice-" en español.
vice-admiral [-ǽdmiral], *s.* vicealmirante.
vice-admiralty [-ti], *s.* vicealmirantazgo.
vice-chancellor [-chǽnselo(r)], *s.* vicecanciller; vicecancelario (universidad).
vice-consul [-kánsʌl], vicecónsul.
vice-consulate [-eit] o **vice-consulship** [-šip], *s.* viceconsulado.
vicegerency [-džírensi], *s.* vicegerencia; agencia, tenencia, substitución.
vicegerent [-džírent], *s.* vicegerente; teniente, diputado, substituto.
vicennial [vaisénial], *a.* vicenial.
vice-presidency [-prézidensi], *s.* vicepresidencia.
vice-president [-dent], *s.* vicepresidente.
vice-presidential [-dénšal], *a.* vicepresidencial.
viceregal [-rígal], *a.* de virrey.
vice-regent [-ridžent], *s.* vicerregente.
viceroy [-rɔi], *s.* virrey.
viceroyalty [-rɔ́ialti] o **viceroyship** [-rɔišip], *s.* virreinato.
vice versa [váisi vœ́rsa], *adv.* viceversa.
Vichy water, *s.* agua mineral de Vichy.
vicinage [vísinidž], *s.* vecindad.—**vicinal** [-al], *a.* vecino, vecinal.
vicinity [visíniti], *s.* vecindad, cercanía, proximidad, alrededores, *pl.*, contornos, *pl.*, inmediaciones, *pl.*
vicious [víšʌs], *a.* vicioso, depravado; defectuoso, imperfecto; (fam.) maligno, rencoroso.—**v. circle,** círculo vicioso.—**viciously** [-li], *adv.* viciosamente.—**viciousness** [-nis], *s.* vicio; depravación; resabio, lacra; malignidad.
vicissitude [visísitiud], *s.* vicisitud, alternativa.
victim [víktim], *s.* víctima; (for.) interfecto.
victimize [-aiz], *va.* hacer víctima; estafar, embaucar; sacrificar.
victor [víkto(r)], *s.* vencedor, triunfador.
victoria [viktória], *s.* (bot.) victoria, ninfea gigantea; (carr.) victoria.
Victorian [-n], *s.* y *a.* victoriano.
victorious [-ʌs], *a.* victorioso.
victoriously [-ʌsli], *adv.* victoriosamente.
victory [víktori], *s.* victoria, triunfo.
victress [víktris], *s.* vencedora.
victual [vítal]. **I.** *va.* abastecer, bastimentar.

avituallar. **II.** *s. pl.* (fam. o dial.) vitualla, víveres, provisiones, comestibles.
victual(l)er [-œ(r)], *s.* abastecedor, proveedor; vivandero; (Ingl.) hostelero.
vicugna, vicuña [vikúnyä], *s.* (zool.) vicuña.
vide [váidi], *v.* (lat.) véase, véanse, *vide*.—**v. ante,** véase lo anterior.—**v. infra,** véase más abajo. —**v. supra,** véase más arriba.—**quod v.,** véase (esto, esta palabra, etc.).
videlicet [vidélisit], *adv.* (lat.) a saber. *V.* VIZ.
video [vídiou], *a.* y *s.* (de o rel. a la) televisión.
vie [vai], *vn.* competir, rivalizar, disputar(se).
Viennese [vieníz], *a.* y *s.* vienés.
view [viú]. **I.** *va.* mirar, ver; contemplar; examinar, inspeccionar, reconocer; considerar, especular. **II.** *s.* vista, mirada; inspección; contemplación; visión; escena, panorama, *m.*, paisaje, perspectiva; alcance de la vista; modo de ver, criterio; opinión, parecer; fase, *f.*, aspecto; mira, intento, propósito; (for.) inspección judicial de una propiedad o paraje.—**v. finder,** (foto.) visor.—**at first v.,** a primera vista.—**at one v.,** de una ojeada, de una mirada.—**in v.,** en mira.—**in v. of,** en vista de; respecto de.—**on v.,** en exhibición.—**with a v. to,** con miras a, a fin de, con el propósito de.—**with this v.,** con esta mira, con este intento.
viewer [-œ(r)], *s.* veedor, mirador.
viewless [-lis], *a.* invisible; sin opiniones.
viewpoint [-point], *s.* punto de vista.
viewy [-i], *a.* (fam.) destornillado; visionario; teorizante; espectacular, vistoso.
vigesimal [vaidźésimal], *a.* vigésimo.
vigil [vídźil], *s.* vela, velación, vigilia, desvelo; vigilancia; (igl.) vigilia.
vigilance [-ans], *s.* desvelo; vigilancia, cuidado.—**v. committee,** junta de vigilancia.—**vigilant** [-ant], *a.* vigilante, atento, alerto.—**vigilante** [-ǽnti], *s.* vigilante, miembro de una junta vigilante.—**vigilantly** [-li], *adv.* vigilantemente, alertamente.
vignette [vinyét]. **I.** *va.* (foto.) hacer un retrato en viñeta; aviñetar, adornar con viñetas. **II.** *s.* (arq.) ramaje; (impr.) viñeta, marmosete; (foto. y grab.) viñeta; corto bosquejo literario.
vigor [vígo(r)], *s.* vigor; fuerza, fortaleza, reciedumbre, tesón, energía; verdor, lozanía.—**vigorous** [-ʌs], *a.* vigoroso, fuerte, robusto, esforzado.—**vigorously** [-li], *adv.* vigorosamente, enérgicamente, con fuerza o con tesón. —**vigorousness** [-nis], *s.* vigorosidad, robustez; actividad.
viking [váikiŋ], *s.* antiguo pirata escandinavo.
vilayet [vilayét], *s.* vilayato, provincia (de Turquía).
vile [váil], *a.* vil, bajo, soez, despreciable; malvado, ruin; malísimo, detestable (dicho de las cosas).—**vilely** [-li], *adv.* vilmente, bajamente, ruinmente.—**vileness** [-nis], *s.* vileza, ruindad.
vilification [vilifikéiŝon], *s.* vilipendio, difamación; (raro) envilecimiento.
vilifier [-faiœ(r)], *s.* difamador.—**vilify** [-fai], *va.* difamar, vilipendiar; envilecer.
vilipend [-pend], *va.* vilipendiar; difamar.
villa [vílä], *s.* villa, quinta, casa de campo.
village [vílidź], *s.* aldea, pueblo, lugar, caserío.—**villager** [-œ(r)], *s.* aldeano.
villain [vílän], *s.* villano, bellaco, malvado, maleante, infame; pechero. *V.* VILLEIN.
villa(i)nous [-ʌs], *a.* villano, bellaco, ruin, malvado; asqueroso, repugnante.
villainously [-li], *adv.* vilmente, villanamente.
villainousness [-nis], *s.* ruindad, villanía.
villa(i)ny [-i], *s.* villanía, vileza, infamia.
villa(i)nage, ville(i)nage [vílinidź], *s.* villanaje, servidumbre; feudo.
villose [vílous], **villous** [vílʌs], *a.* (anat., bot.) velludo, velloso; felpudo.
villosity [vilásiti], *s.* vellosidad.
villus [vílʌs], *s.* (*pl.* VILLI) (anat., bot.) vello.
vim [vim], *s.* fuerza, vigor; energía, espíritu, brío.
vimineous [vimíniʌs], *a.* mimbreño; mimbroso.
vinaceous [vainéiŝʌs], *a.* vinario; vinoso.
vinaigrette [vinägrét], *s.* redomilla para vinagre o sales aromáticos; (coc.) salsa de vinagre, aceite, etc.
vinca [vínkä], *s.* (bot.) (vinca)pervinca.
vincible [vínsibl], *a.* vencible.
vinculum [vínkiulʌm], *s.* vínculo.
vindicable [víndikabl], *a.* vindicable.
vindicate [víndikeit], *va.* vindicar.—**vindication** [-éiŝon], *s.* vindicación.—**vindicative** [vindíkativ], *a.* vindicativo, justificativo.—**vindicator** [víndikéito(r)], *s.* defensor, vindicador.—**vindicatory** [-kätori], *a.* vindicatorio.
vindictive [vindíktiv], *a.* vindicativo, vengativo. —**vindictively** [-li], *adv.* vengativamente, por venganza.—**vindictiveness** [-nis], *s.* carácter vengativo.
vine [váin], *s.* (bot.) enredadera; vid, parra.—**v. arbor,** emparrado.—**v. beetle,** (ent.) escarabajuelo.—**v. branch,** sarmiento.—**v. bud,** brota, botón.—**v.-clad,** cubierto de enredaderas, de vides o de viñas.—**v. fretter, v. grub,** (ent.) pulgón de las viñas, brugo, (gusano) revoltón.—**v. grower,** vitícola, *mf.*, viticultor.—**v. growing,** viticultura.—**v. leaf,** hoja de vid o de parra.—**v.-like,** aparrado.—**v.-moth,** (ent.) piral de la vid.—**v. pest,** (ent.) filoxera.—**v. shoot,** sarmiento.—**v. stock,** cepa.
vinedresser [-dresœ(r)], *s.* viñador, deslechugador.
vinegar [vínigä(r)], *s.* vinagre.—**v. aspect,** cara de vinagre.—**v. cruet,** vinagrera.—**v. sauce,** (coc.) vinagreta.—**vinegarish, vinegary** [-iŝ, -i], *a.* vinagroso, avinagrado, agrio.
vinery [váinœri], *s.* invernadero para las uvas; emparrado.
vineyard [vínyärd], *s.* viña, viñedo.—**v. keeper,** viñadero, viñador, (Am.) viñatero.
vinic [váinik], *a.* vínico.
viniculture [víniknlchū(r)], *s.* vinicultura.—**vinicultural** [-kʌ́lchūral], *a.* vinícola.—**viniculturist** [-ist], *s.* vinicultor, viñero.
viniferous [vainífɛrʌs], *a.* vinífero.
vinification [vinifikéiŝon], *s.* vinificación.
vinosity [vainásiti], *s.* vinosidad.
vinous [váinʌs], **vinose** [váinous], *a.* vinoso; de color de vino.
vintage [víntidź], *s.* vendimia.—**vintager** [-œ(r)], *s.* vendimiador, vinícola, *mf.*, vinariego.
vintner [víntnœ(r)], *s.* vinatero, tratante en vinos.
viny [váini], *a.* perteneciente a las vides, parras o enredaderas; productor de vides.
vinyl [váinil], *s.* (quím.) vinilo.
viol [váiol], *s.* (mús.) violón; (mar.) virador.—**double-base v.,** (mús.) contrabajo.
viola [vióulä], *s.* (mús.) viola, alto; (**V.,** bot.) género que incluye las violetas y los pensamientos.
violable [váiolabl], *a.* violable.
violaceous [vaioléiŝʌs], *a.* violado, de color de violeta; (bot.) violáceo.
violate [váioleit], *va.* violar, infringir (una ley); atropellar; violar o deshonrar (a una mujer).—**violation** [-éiŝon], *s.* violación, infracción (de una ley); violación, deshonra (de una mujer). —**violator** [-o(r)], *s.* violador.
violence [váiolens], *s.* violencia.—**violent** [-ent], *a.* violento.—**violently** [-li], *adv.* violentamente.
violet [váiolit]. **I.** *s.* (bot.) violeta; color violado. **II.** *a.* violado, violáceo.
violet rays, *s.pl.* (fís.) rayos violetas.
violin [vaiolín], *s.* (mús.) violín; violinista.—**violinist** [-ist], *s.* violinista.
violoncellist [violanchélist], *s.* (mús.) violoncelista.—**violoncello** [-chélou], *s.* violoncelo o violonchelo.
viper [váipœ(r)], *s.* (zool.) víbora.—**vipergrass** [-græs], *s.* (bot.) escorzonera.—**viperine, viperish, viperous** [-in, -iŝ, -ʌs], *a.* viperino, vipéreo.
virago [viréigou], *s.* arpía, mujer regañona o pendenciera; (ant.) virago, *f.*, marimacho.
vireo [víriou], *s.* (orn.) víreo, virio, oropéndola.

virescent [vairésent], *a.* verdoso.
Virgilian [vœrdžílian], *a.* virgiliano.
virgin [vœ́rdžin]. **I.** *s.* virgen, *f.*, doncella; religiosa que ha hecho voto de virginidad; (V., astr.) Virgo.—**the V.**, (igl.) la Virgen. **II.** *a.* virginal, virgen.—**v. birth,** (biol.) partenogénesis; (teol.) parto virginal de María, virginidad de María.—**v. forest,** selva virgen.—**v. metal,** metal nativo.—**v. queen,** (Ingl.) la reina virgen (Isabel).—**v.'s bower,** (bot.) clemátide, *f.*—**v. soil,** tierra virgen.
virginal [-al]. **I.** *a.* virginal, virgíneo. **II.** *s.* (mús.) especie de clavicordio o espineta.
Virginian [vœrdžínian], *a.* y *s.* virginiano (de Virginia).
virginity [vœrdžíniti], *s.* virginidad, virgo.
virginium [vœrdžíniʌm], *s.* (quím.) virginio.
Virgo [vœ́rgou], *s.* (astr.) Virgo.
virgule [vœ́rgyul], *s.* diagonal que indica opción entre dos palabras (/).
viridescent [viridésent], *a.* verdoso.
viridity [virídit̬i], *s.* verdor.
virile [víril], *a.* viril.
virility [viríliti], *s.* virilidad.
virologist [vairálodžist], *s.* virólogo.
virology [vairálodži], *s.* virología.
virose [váirous], *a.* viroso, ponzoñoso.
virtu [vœrtú], *s.* objetos curiosos o raros; valor, mérito o excelencia de tales objetos; afición a, o conocimiento de, dichos objetos.
virtual [vœ́rchual], *a.* virtual.—**v. amperes,** (elec.) amperaje efectivo, intensidad efectiva.—**v. axis,** (mec.) eje instantáneo de rotación.—**v. displacement,** (mec.) desalojamiento virtual.—**v. focus,** (fís.) foco virtual.—**v. volts,** (elec.) voltaje efectivo.
virtuality [-ǽliti], *s.* virtualidad.
virtually [-i], *adv.* virtualmente.
virtue [vœ́rchu], *s.* virtud (en todas sus acepciones).—**virtues,** virtudes (quinto coro celestial).—**by** o **in v. of,** en virtud de.
virtuosity [-ásiti], *s.* (b. a.) maestría, habilidad técnica, esp. en la música; afición a los objetos curiosos o raros; los maestros, los técnicos.
virtuoso [-óusou], *s.* artista eximio; músico muy hábil; el aficionado a los objetos curiosos o raros.
virtuous [vœ́rchuʌs], *a.* virtuoso, honesto, santo; pura, casta (mujer); (ant.) eficaz.—**virtuously** [-li], *adv.* virtuosamente.—**virtuousness** [-nis], *s.* virtud, calidad de virtuoso.
virulence [víryulens], *s.* virulencia; malignidad, acrimonia.—**virulent** [-ent], *a.* virulento, ponzoñoso; maligno, cáustico.—**virulently** [-li], *adv.* virulentamente, malignamente.
virus [váirʌs], *s.* (med.) virus; linfa vacunal; virulencia, influencia maligna.
vis [vis], *s.* (lat.) fuerza.
visa [víza]. **I.** *va.* visar, refrendar. **II.** *s.* visa, visado, refrendo.
visage [vízidž], *s.* rostro, cara, semblante, faz, aspecto distintivo.
visaged [-d], *a.* de cara, de rostro, de semblante.
vis-à-vis [ví za vi]. **I.** *s.* (fr.) el o lo que está enfrente; confidente (mueble). **II.** *adv.* y *a.* cara a cara, frente a frente, vis a vis. **III.** *prep.* comparado, o por comparación, con; acerca de; en presencia de.
viscacha [viskáchä], *s.* (zool.) vizcacha.
viscera [vísȩrä], *s. pl.* (anat.) vísceras, entrañas.
visceral [-l], *a.* visceral; ventral, abdominal.
viscid [vísid], *a.* viscoso, pegajoso.—**viscidity** [visíditi], **viscosity** [viskásiti], *s.* viscosidad.
viscount [váikaunt], *s.* vizconde.—**viscountess** [-is], *s.* vizcondesa.—**viscountship** [-ŝip], *s.* vizcondado.
viscous [vískʌs], *a.* viscoso, glutinoso, pegajoso.
vise [vais], *s.* tornillo de carpintero o de banco.
visé [vízei], *s.* y *va.* = VISA.
visibility [vízibíliti], **visibleness** [-blnis], *s.* visibilidad.—**visible** [-bl], *a.* visible; notorio, manifiesto; externo.—**visibly** [-bli], *adv.* visiblemente; manifiestamente.
Visigoth [vízigaθ], *a.* y *s.* visigodo.—**Visigothic** [-gáθik], *a.* visigodo, visigótico.
vision [vížon], *s.* visión, vista; clarividencia, perspicacia, previsión; fantasma, *m.*; fantasía; revelación inspirada y profética; (cine) representación de los pensamientos o sueños de un actor. (Podría llamarse *psicograma, m.*)
visionary [-ɛri]. **I.** *a.* visionario, imaginario, quimérico; impracticable, infactible. **II.** *s.* visionario, soñador.
visit [vízit]. **I.** *va.* visitar; hacer visita a; hacer un reconocimiento o registro de; (teol.) visitar. **II.** *vn.* visitarse; hacer visitas, ir de visita. **III.** *s.* visita, visitación; reconocimiento, registro, inspección; visita de médico; visitación de un obispo, etc.—**visitable** [-abl], *a.* visitable, sujeto a inspección.
visitant [-ant], *s.* visitador, visitante.
visitation [-éiŝon], *s.* visitación, visita; inspección, registro, reconocimiento; gracia o castigo del cielo.—**visitatorial** [-atórial], *a.* perteneciente a la visitación.
visiting [-iŋ]. **I.** *a.* visitador, visitante; de visita.—**v. card,** tarjeta de visita. **II.** *s.* visita(ción).
visitor [-o(r)], *s.* visita, visitador, visitante.
visor, visored [váizo(r), -d] = VIZOR, VIZORED.
vista [vístä], *s.* vista, perspectiva.
visual [vížual], *a.* visual.
visual aid, *s.* enseñanza visual.
visual angle o **line,** *s.* ángulo o línea visual.
visuality [-ǽliti], *s.* calidad de visual; visibilidad.
visualization [-izéiŝon], *s.* representación, formación de una imagen mental clara; imagen mental; descripción vívida o gráfica.—**visualize** [-aiz], *va.* y *vn.* representar(se) vívidamente en la mente.
visually [-i], *adv.* visualmente; visiblemente.
vital [váital], *a.* vital, esencial, cardinal, fundamental; fatal, mortal.—**v. statistics,** estadística demográfica.—**vitalism** [-izm], *s.* (biol.) vitalismo.—**vitalist** [-ist], *s.* y *a.* vitalista.
vitality [-ǽliti], *s.* vitalidad, energía vital.
vitalize [-aiz], *va.* vitalizar, vivificar, dar vida; animar, reanimar.
vitally [-i], *adv.* vitalmente, fundamentalmente.
vitals [-z], *s. pl.* (anat., etc.) partes (*f.*) vitales.
vitamin(e [váitamin], *s.* (quím.) vitamina.—**vitaminic** [vaitamínik], *a.* vitamínico.
vitascope [váitaskoup], *s.* proyector cinematográfico.
vitellin [vitélin], *s.* (bioquím.) vitelina.
vitelline [vitélin], *a.* (biol.) vitelina (bilis, etc.).
vitellus [vitélʌs], *s.* (biol.) vitelo, yema del huevo.
vitiate [víŝieit], *va.* viciar; inficionar, infectar, corromper; (for.) viciar, invalidar.—**vitiation** [-éiŝon], *s.* depravación, corrupción; (for.) invalidación.
viticulture [vítikʌlchur], *s.* viticultura.
viticultural [-kʌ́lchural], *a.* vitícola.—**viticulturist** [-ist], *s.* viticultor, vitícola, *mf.*, viñero, viñador.
vitreous [vítriʌs], *a.* vítreo; vidrioso.—**v. body,** o **humor,** (anat.) humor vítreo (del ojo), vitrina.—**vitreousness** [-nis], *s.* vidriosidad.
vitrescent [vitrésent], *a.* vitrescible, vitrificable.
vitrifiable [vítrifaiabl], *a.* vitrificable.
vitrification [-fikéiŝon], *s.* vitrificación.
vitriform [-form], *a.* vítreo.
vitrify [-fai], *va.* y *vn.* vitrificar(se).
vitriol [vítriol], *s.* (quím.) vitriolo; ácido sulfúrico; sulfato; crítica cáustica.—**vitriolate(d** [-eit(id], *a.* vitriolado.—**vitriolic** [vitriálik], *a.* vitriólico; mordaz, sumamente hiriente, feroz.
vituline [víchulin], *a.* becerril.
vituperable [vaitiúpœrabl], *a.* vituperable.
vituperate [-eit], *va.* vituperar.—**vituperation** [-éiŝon], *s.* vituperación, vituperio.—**vituperator** [-eito(r)], *s.* vituperador.
vivacious [vivéiŝʌs], *a.* vivo, vivaracho, vivaz.
vivaciousness [-nis], **vivacity** [vivǽsiti], *s.* vivacidad, viveza.

vivandier [vivandyéi], *s.* (mil.) vivandero.

vivandière [vivandyér], *s.* cantinera, vivandera.

vivarium [vaịvérịʌm], **vivary** [váịvạrị], *s.* vivar, vivero.

viva voce [váịvạ vóụsi], *adv.* y *a.* de viva voz, de palabra.

Viverridæ [vaịvérịdi], *s. pl.* (zool.) vivérridos.—**viverrine** [vaịvérịn], *s.* y *a.* (zool.) vivérrido.

vives [váịvz], *s. pl.* (vet.) adivas.

vivid [vívịd], *a.* vivo, vívido, gráfico; intenso; subido, brillante (color); animado, enérgico, activo.—**vividly** [-lị], *adv.* vivamente; vívidamente; a lo vivo, al vivo.—**vividness** [-nịs], *s.* vivacidad; intensidad, fuerza, brillo.

vivification [vịvịfịkéịŝọn], *s.* vivificación.

vivify [vívịfaị], *va.* vivificar, avivar, dar vida.

vivifying [-ịŋ], *a.* vivificador, vivificante.

viviparous [vaịvípạrʌs], *a.* (zool.) vivíparo.

vivisect [vịvịsékt], *va.* y *vn.* disecar un animal vivo.

vivisection [-sékŝọn], *s.* vivisección.

vixen [víksn], *s.* (zool.) zorra o raposa; mujer regañona o colérica, arpía.

viz [vịz], *abrev.* de **videlicet** (se lee generalmente **namely** o **to wit**), a saber, o sea.

vizier, vizir [vịzír], *s.* visir.—**vizierate** [-eịt], **viziership** [-ŝịp], *s.* visirato, oficio o dignidad de visir.

vizor [váịzọ(r)], *s.* visera.—**vizored** [-d], *a.* con visera, provisto de visera.

vocable [vóụkạbl], *s.* voz, vocablo.

vocabulary [vokǽbyụ̈lerị], *s.* vocabulario; nomenclador; léxico.

vocal [vóụkạl]. **I.** *s.* (fon.) vocal, *f.*; diptongo; consonante líquida (*l, r*). **II.** *a.* vocal; oral; vocinglero, voceador.—**v. bands** = v. CORDS.—**v. chink,** (anat.) glotis.—**v. cords, v. lips,** (anat.) cuerdas vocales.—**v. music,** canto.

vocalic [vokǽlịk], *a.* vocálico.

vocalist [vóụkạlịst], *s.* cantor, cantora, cantatriz.

vocality [vokǽlịtị], *s.* calidad de vocal.

vocalization [voụkạlịzéịŝọn], *s.* vocalización.

vocalize [-aịz], *va.* y *vn.* (mús.) vocalizar; articular; cantar; marcar los puntos vocales.

vocally [-ị], *adv.* vocalmente; verbalmente.

vocation [vokéịŝọn], *s.* vocación; oficio, profesión, carrera.

vocational [-ạl], *a.* profesional; práctico; de artes y oficios.

vocational counseling o **guidance,** *s.* orientación profesional.

vocational school, *s.* escuela vocacional, escuela de artes y oficios.

vocational training, *s.* enseñanza de oficios.

vocative [vákạtịv], *s.* y *a.* (gram.) vocativo.

vociferate [vosífẹreịt], *va.* y *vn.* vociferar, vocear.

vociferation [-éịŝọn], *s.* vociferación; vocería.

vociferator [-ọ(r)], *s.* vociferador, voceador.

vociferous [vosífẹrʌs], *a.* vocinglero, clamoroso.—**vociferously** [-lị], *adv.* vocingleramente, a gritos.

vodka [vádkạ̈], *s.* vodca, bebida alcohólica rusa.

vogue [voụg], *s.* moda.—**in v.,** en boga, de moda.

voice [vóịs]. **I.** *s.* voz; habla, palabra; el que habla en nombre de otro; opinión; voto, sufragio; (gram.) voz (del verbo).—**with one v.,** por unanimidad. **II.** *va.* expresar, proclamar, decir su parecer; interpretar; hacerse eco de; (mús.) dar el tono; acordar o templar (un instrumento); escribir la parte vocal de; (fon.) vocalizar, hacer sonoro.

voiced [-t], *a.* que tiene voz; dicho, expresado, hablado; (fon.) sonoro.

voiceless [-lịs], *a.* mudo; que no tiene voz ni voto; (fon.) sordo, no sonoro.

void [vóịd]. **I.** *a.* vacío, desocupado, hueco; vacante; vano, ilusorio; (for.) nulo, inválido, írrito, sin valor ni fuerza; (con **of**) falto, privado, desprovisto de. **II.** *s.* vacuo, vacío; claro, laguna. **III.** *va.* (for.) anular, invalidar, irritar; vaciar, desocupar, evacuar. **IV.** *vn.* vaciarse, evacuarse.

voidable [-ạbl], *a.* anulable; que se puede evacuar o vaciar.—**voidance** [-ạns], *s.* vaciamiento, evacuación; vacancia; (for.) anulación.—**voider** [-œ(r)], *s.* vaciador; anulador.—**voidness** [-nịs], *s.* vacío, vacuidad; invalidez.

voile [vɔịl], *s.* (tej.) espumilla.

volant [vóụlạnt]. **I.** *a.* volante; ligero. **II.** *s.* volante.

Volapük [válạpụk], *s.* volapuk, una de las lenguas artificiales universales.

volatile [válạtịl], *a.* volátil, vaporable; sutil, fugaz; voluble; pasajero, transitorio.—**v. oil,** aceite esencial o volátil.

volatileness [-nịs], **volatility** [-ílịtị], *s.* volatilidad; fugacidad; voltariedad, volubilidad.—**volatilization** [-ịzéịŝọn], *s.* volatilización.—**volatilize** [-aịz], *va.* y *vn.* volatilizar(se).

vol-au-vent [val o ván], *s.* (fr.) (coc.) una especie de fajardo.

volcanic [valkǽnịk], *a.* volcánico.—**v. glass,** (min.) obsidiana.

volcano [valkéịnoụ], *s.* volcán.

vole [voụl], *s.* (zool.) ratón campestre.

volition [volíŝọn], *s.* voluntad; (filos.) volición.

volitional [-ạl], **volitive** [válịtịv], *a.* volitivo.

volley [válị]. **I.** *s.* (mil.) descarga cerrada, andanada; salva; (dep.) voleo de la pelota. **II.** *va.* y *vn.* lanzar una descarga; (dep.) volear.

volleyball [-bɔl], *s.* (dep.) pelota de voleo.

volplane [válpleịn], *vn.* (aer.) planear, deslizarse en aeroplano.

Volsci [válsaị], *s. pl.* (hist.) volscos.—**Volscian** [válŝạn], *s.* y *a.* volsco.

volt [vóụlt], *s.* (elec.) volt, voltio; (equit.) vuelta.—**v.-ampere,** (en corriente continua) vatio; (en corriente alterna) voltamperio, vatio aparente.

voltage [-ịdẑ], *s.* (elec.) voltaje, tensión.

voltaic [valtéịịk], *a.* (elec.) voltaico, galvánico.—**v. arc,** arco voltaico.—**v. battery,** pila voltaica.—**v. cell,** elemento de una pila.—**v. electricity,** electricidad dinámica.

Voltairian [valtérịạn], *a.* y *s.* volteriano.

Voltairianism [-ịzm], *s.* volterianismo.

voltaism [váltạịzm], *s.* voltaísmo, galvanismo.

voltameter [valtǽmetœ(r)], *s.* (fís.) voltámetro.

voltammeter [vóụltǽmmitœ(r)], *s.* voltamperímetro (si se trata de corriente alterna); voltímetro (si de corriente continua).

voltmeter [vóụltmitœ(r)], *s.* (elec.) voltímetro.

volubility [vályụbílịtị], *s.* volubilidad; verbosidad.—**voluble** [-bl], *a.* voluble, suelto, flúido, facundo.—**volubly** [-blị], *adv.* volublemente.

volume [vályụm], *s.* tomo, volumen, obra; (hist.) rollo de vitela; volumen, bulto; caudal de río; importe, suma, gran cantidad; (mat. y mús.) volumen; (fís.) masa.

volumetric [-étrịk], *a.* (fís. y quím.) volumétrico.

voluminous [volịúmịnʌs], *a.* voluminoso, abultado; prolijo, copioso.—**voluminously** [-lị], *adv.* voluminosa o copiosamente.—**voluminousness** [-nịs], *s.* calidad de voluminoso; prolijidad.

voluntarily [válʌnterịlị], *adv.* voluntariamente.

voluntariness [-nịs], *s.* voluntariedad.

voluntary [válʌnterị]. **I.** *a.* voluntario. **II.** *s.* voluntario; cualquier acción voluntaria; (igl.) solo de órgano.

volunteer [valʌntír]. **I.** *s.* voluntario. **II.** *va.* contribuir u ofrecer voluntariamente. **III.** *vn.* ofrecerse a hacer algo; servir como voluntario.

voluptuary [volʌ́pchụerị]. **I.** *s.* sibarita, *mf.*, voluptuoso. **II.** *a.* sibarítico, voluptuoso, sensual.

voluptuous [-chụʌs], *a.* voluptuoso.

voluptuously [-lị], *adv.* voluptuosamente.

voluptuousness [-nịs], *s.* voluptuosidad.

volute [volịút], *s.* (arq.) voluta; (zool.) voluta (molusco).—**v. spring,** (mec.) resorte de espiral.

volvulus [válvịụlʌs], *s.* (med.) volvo, vólvulo, íleo.

vomer [vóụmœ(r)], *s.* (anat.) vómer.—**vomerine** [-ịn], *a.* del vómer.

vomica [vámịkạ̈], *s.* (med.) vómica.

vomit [vámịt]. **I.** *va.* y *vn.* vomitar, arrojar, (fam.)

provocar. **II.** *s.* vómito; vomitivo, emético.—**vomiting** [-iŋ], *s.* vómito.—**vomitive** [-iv], *a.* vomitivo, emético.—**vomitory** [-ori]. **I.** *a.* y *s.* vomitorio, vomitivo. **II.** *s.* (arq.) vomitorio.
voodoo [vúdu]. **I.** *s. vudú,* brujería de los negros de los E. U. y las Antillas. **II.** *a. vuduísta,* relativo al *vudú.* **III.** *va.* hechizar, conjurar según las prácticas vuduístas.—**voodooism** [-izm], *s. vuduísmo,* creencias y prácticas *vuduístas.*
voracious [voréiʃʌs], *a.* voraz, devorador; rapaz.—**voraciously** [-li], *adv.* vorazmente.—**voraciousness** [-nis], **voracity** [vorǽsiti], *s.* voracidad.
vortex [vɔ́rteks], *s.* (*pl.* VORTICES o VORTEXES) vórtice, vorágine, *f.*, remolino, torbellino.
vortical [vɔ́rtikal], **vortiginous** [vɔrtídžinʌs], *a.* vortiginoso.
votaress [vóutaris], **votress** [vóutris], *s.* mujer que ha hecho y cumple un voto.
votary [vóutari]. **I.** *a.* votivo, consagrado al cumplimiento de un voto. **II.** *s.* el que se consagra a cumplir un voto; adorador; seguidor, partidario, adepto.
vote [vóut]. **I.** *s.* voto; votación; sufragio.—**v. by show of hands,** votación que se efectúa levantando las manos.—**v. of confidence,** voto de confianza. **II.** *va.* votar por; (fam.) declarar por consentimiento general; (fam.) dominar el voto de.—**to v. down,** rechazar por votación. **III.** *vn.* votar, dar voto.
voter [-œ(r)], *s.* votante, voto, votador, elector.
voting [-iŋ]. **I.** *s.* votación. **II.** *a.* votador; de votación; de votar; electoral.
voting machine, *s.* (E. U.) máquina electoral.
voting precinct, *s.* distrito electoral.
voting trust, *s.* (com.) fideicomiso electoral.
votive [-iv], *a.* votivo.—**v. mass,** (igl.) misa votiva.—**v. offering,** (igl.) exvoto, presentalla.
vouch [váuch]. **I.** *va.* atestiguar, certificar, atestar, testificar, afirmar; garantizar, responder de o por. **II.** *vn.* salir fiador.—**to v. for,** responder de; confirmar.
voucher [-œ(r)]. **I.** *s.* comprobante, resguardo, recibo, descargo, cualquier documento justificativo; fiador. **II.** *va.* atestar, confirmar, certificar.
vouchsafe [-séif]. **I.** *va.* conceder, permitir, otorgar. **II.** *vn.* dignarse, condescender.
voussoir [vuswár], *s.* (arq.) dovela, piedra de arco.
vow [vau]. **I.** *s.* voto, promesa solemne. **II.** *va.* hacer promesa solemne de, votar, hacer voto de, jurar. **III.** *vn.* hacer un voto.
vowel [váuel]. **I.** *s.* (fon., gram.) vocal, *f.* **II.** *a.* vocal; vocálico. **III.** *va.* poner vocales.
vowellike [-laik], *a.* (fon.) vocálico.
vox [vaks], *s.* voz.
vox humana, *s.* (mús.) registro del órgano que imita a la voz humana.
vox populi, *s.* (lat.) vox populi (la voz del pueblo).
voyage [vɔ́iidž]. **I.** *s.* viaje por mar, travesía; viaje redondo de un buque. **II.** *vn.* navegar, viajar.—**voyager** [-œ(r)], *s.* viajero.
Vulcanian [vʌlkéinian], *a.* (geol.) vulcanio; (v.) volcánico; metalúrgico.
Vulcanism [vʌ́lkanizm], *s.* (geol.) vulcanismo.
Vulcanist [-ist], *s.* vulcanista.
vulcanite [-ait], *s.* vulcanita.
vulcanization [-izéiʃon], *s.* vulcanización.
vulcanize [-aiz], *va.* vulcanizar.—**vulcanizer** [-œ(r)], *s.* vulcanizador.—**vulcanizing** [-iŋ]. **I.** *a.* vulcanizador, de vulcanizar. **II.** *s.* vulcanización.
vulgar [vʌ́lgä(r)]. **I.** *a.* vulgar; común, ordinario, adocenado, cursi; vernáculo; público, generalmente sabido.—**v. fraction,** (mat.) fracción común, quebrado.—**V. Latin,** latín rústico o vulgar. **II.** *s.* (ant.) vulgo, plebe, *f.*; (ant.) idioma vernáculo.
vulgarism [-izm], *s.* vulgarismo.
vulgarity [vʌlgǽriti], *s.* vulgaridad; trivialidad; bajeza, grosería; mal tono.
vulgarization [-izéiʃon], *s.* vulgarización.
vulgarize [-aiz], *va.* vulgarizar; adocenar.
vulgarly [-li], *adv.* vulgarmente.
vulgarness [-nis], *s.* = VULGARITY.
Vulgate [vʌ́lgeit], *s.* (igl.) Vulgata.
vulnerability [vʌlnerabíliti], *s.* vulnerabilidad.—**vulnerable** [-bl], *a.* vulnerable.—**vulnerableness** [-nis], *s.* = VULNERABILITY.
vulnerary [vʌ́lnerări]. **I.** *a.* vulnerario. **II.** *s.* medicamento vulnerario.
vulpine [vʌ́lpain], *a.* zorruno, raposuno, vulpino; astuto, ladino.
vulture [vʌ́lchū(r)], *s.* (orn.) buitre.—**vulturine, vulturous** [-in, -ʌs], *a.* buitrero; rapaz.
vulva [vʌ́lvä], *s.* (anat.) vulva.
vulval [-l], **vulvar** [-(r)], *a.* vulvario.
vulvitis [vʌlváitis], *s.* (med.) vulvitis.
vying [váiiŋ] (*ger.* de TO VIE), *a.* rival, emulador.—**vyingly** [-li], *adv.* con emulación, rivalizando, a cuál más.

W

w [dʌ́blyu *o* dʌ́b(l)iu], *s.* w.
wabble [wábl], *v.* y *s.* = WOBBLE.
wabbly [wábli], *a.* = WOBBLY.
wacke [wǽkœ], *s.* roca parda arenisca o basáltica.
wacky [wǽki], *a.* (E. U., fam.) excéntrico, estrambótico, raro; ilógico, absurdo; alocado.
wad [wád]. **I.** *s.* borra o pelote para rehenchir muebles; (cost.) guata; (arti.) taco; mineral de manganeso y cobalto; rollo (de papeles, billetes de banco, etc.); (fam.) dinero, dineral, ahorros, *pl.*—**w. hook,** (arti.) sacatrapos, descargador. **II.** *va.* (cost.) acolchar, enguatar; emborrar (muebles); (arti.) atacar.
wadding [-iŋ], *s.* (sast.) entretela, entreforro, relleno; guata, algodón en rama; pelotes, *pl.*; (arti.) taco.
waddle [wádl]. **I.** *vn.* anadear, nanear, (fam.) nalguear, columpiarse. **II.** *s.* anadeo, meneo, tambaleo.
wade [wéid], *va.* y *vn.* vadear; meterse en agua baja y andar en ella (como hacen los niños); (gen. con **in** o **through**) andar con dificultad en (el lodo, etc.); terminar con dificultad o con tedio; (con **into**) (fam.) atacar resueltamente.—**wader** [-œ(r)], *s.* el que vadea.—**w.,** o **wading bird,** (orn.) ave zancuda.
wadi, wady [wádi], *s.* uadi, valle (el primer término es árabe, y se aplica gen. a un valle atravesado por el cauce de un arroyo que se seca en tiempo seco).
wafer [wéifœ(r)]. **I.** *va.* pegar o cerrar con oblea. **II.** *s.* oblea; (igl.) hostia; (coc.) barquillo; (farm.) sello.—**w. holder,** obleera.—**w. iron,** o **mold,** (coc.) barquilla, barquillero (molde).—**w. man,** obleero; barquillero.
waffle [wáfl], *s.* (coc., E. U.) especie de barquillo plano; suplicación.—**w. iron,** barquilla, molde para hacer tales barquillos.
waft [wáft]. **I.** *vn.* mecer, flotar, sobrenadar. **II.** *va.* llevar por el aire o por encima del agua. **III.** *s.* mecedura, fluctuación; bationdeo; ráfaga de aire o de olor; (mar.) señal hecha con bandera; banderín de señales.
waftage [-idž], *s.* acción de mecer, etc.; conducción por el aire o por el agua.
wafture [wáfchū(r)], *s.* fluctuación. *V.* WAFTAGE.
wag [wæg]. **I.** *va.* sacudir, mover o menear ligeramente.—**to w. the tail,** rabear, colear. **II.** *vn.* oscilar, tambalear, balancearse; ir pasando, deslizarse; (fam.) irse. **III.** *s.* meneo; coleada, coleo; movimiento de cabeza; burlador, matraquista, bromista.
wage [wéidž]. **I.** *va.* emprender, sostener, empeñar; (cerá.) hacer la masa.—**to w. war,** hacer guerra. **II.** *s.* (gen. en *pl.*, **wages**) (ant.) premio, galardón; (e. p.) gaje, paga, jornal, sueldo, salario.—**w. earner,** trabajador, obrero; asalariado.
wager [-œ(r)]. **I.** *va.* apostar, poner (apuesta). **II.** *s.* apuesta, postura; competidor; (ant.) gaje.

palabra, empeño; (hist.) prueba.—**w. of battle,** prueba del duelo, juicio de Dios determinado por el duelo.—**w. of law,** prueba de la compurgación, juicio de Dios determinado por el juramento del acusado y sus compurgadores.
waggery [wǽgœri], *s.* jocosidad, chocarrería, bufonada; travesura.—**waggish** [wǽgiŝ], *a.* juguetón, retozón, (fam.) chacotero, zumbón.—**waggishness** [-nis], *s.* retozo, chacota, chocarrería.
waggle [wǽgl]. **I.** *va.* menear ligeramente. **II.** *vn.* anadear; menearse; tambalear(se); bullir. **III.** *s.* meneo, anadeo, tambaleo.
Wagnerian [vagníriạn], *a.* vagneriano.
wag(g)on [wǽgọn], *s.* carro, carretón, carreta, carromato, galera; vehículo, coche; (mil., f. c., etc.) furgón; vagón; (Ingl., f. c.) furgón.—**w.-lit** [-lí], *s.* (f. c.) vagón-cama, coche cama o dormitorio.—**w. train,** convoy de furgones.—**wagonage** [-idž], *s.* porte, carretaje.—**wagoner** [-œ(r)], *s.* carret(on)ero, carromatero; (**W.,** astr.) Carro, Osa Mayor.—**wagonet(te** [-ét], *s.* carricoche, birlocho.—**wagonful** [-fụl], **wagonload** [-loụd], *s.* galerada, carretada.—**wagonwright** [-raịt], *s.* carretero.
wagtail [wǽgteịl], *s.* (orn.) aguzanieve(s), *f.*, nevatilla, motacila, herreruelo.
waif [weịf], *s.* granuja, *m.*; niño, animalito u objeto extraviado o abandonado; (for.) cosa robada y soltada por el ladrón; bienes mostrencos; (mar.) *V.* WAFT.
wail [wéịl], *va.* y *vn.* deplorar, llorar, lamentar o lamentarse, gemir.—**wail(ing** [-iŋ], *s.* lamentación, lamento, gemido.
wain [weịn], *s.* (ant. o poét.) carreta, carruaje.—**the W.,** (astr.) Carro Osa Mayor.
wainscot [wéịnskọt]. **I.** *s.* (arq. y carp.) enmaderamiento, friso inferior, arrimadillo. **II.** *va.* entablar, enmaderar; poner friso de madera.—**wainscoting** [-iŋ], *s.* entablamento, entabladura.
wainwright [-raịt], *s.* carretero.
waist [wéịst], *s.* (anat.) cintura, talle, cinto; (cost.) talle, corpiño, corpecico, jubón; (mar.) combés de una nave.—**w. board,** (mar.) falca.
waistband [-bænd], *s.* pretina, cinto, cinturón.
waistcloth [-kloθ], *s.* pampanilla.
waistcoat [-koụt *o* wéstkọt], *s.* (sast.) chaleco; (ant.) chupa; (cost.) justillo, ajustador, monillo.
waistline [-laịn], *s.* cintura.
wait [wéịt]. **I.** *va.* esperar, aguardar; (fam.) dilatar, diferir. **II.** *vn.* estar aguardando o esperando, estar en expectativa; atender; estar listo; servir; ser criado, sirviente o mozo (de fonda).—**to w. at table,** servir a la mesa.—**to w. for,** esperar.—**to w. on,** o **upon,** ir a ver o presentar sus respetos a; servir a; atender a, despachar (en una tienda); seguirse, inferirse; (fam.) acompañar. **III.** *s.* espera; (fam.) plantón; pausa, dilación, demora; (ant.) asechanza, celada.—*pl.* murga (fam.) de nochebuena.—**in w.,** al o en acecho. *V.* LIE IN WAIT.
waiter [-œ(r)], *s.* mozo de café o restaurante, camarero, sirviente, criado; azafate o bandeja.
waiting [-iŋ]. **I.** *s.* espera; demora; servicio. **II.** *a.* que espera; que sirve; de o en espera.—**w. (gentle)woman, w. maid,** doncella, camarera.—**w. room,** antesala; sala de espera.
waitress [-ris], *s.* criada, moza, camarera.
waive [wéịv], *va.* renunciar a; desistir de; diferir, posponer; repudiar.—**waiver** [-œ(r)], *s.* renuncia (de un derecho, etc.); repudio.—**w. of notice,** (for.) renuncia de citación.
wake [wéịk]. **I.** *va.* (*pret.* y *pp.* WAKED o WOKE) despertar; resucitar; excitar, animar; (dial.) velar un muerto.—**to w. up,** llamar o despertar. **II.** *vn.* despertar(se) (a veces con **up**); (fig.) recordar; velar, pasar la noche en vela; despabilarse; estar de velorio. **III.** *s.* vela o velación de un muerto, vel(at)orio; (Ingl., igl.) vela; fiesta nocturna o verbena; (mar.) estela, aguaje.—**in the w. of,** tras; inmediatamente después de; a raíz de.
wakeful [-fụl], *a.* vigilante, en vela, alerto; desvelado.—**wakefully** [-i], *adv.* alerta; desveladamente.—**wakefulness** [-nis], *s.* vigilia, pervigilio, desvelo, falta de sueño, insomnio.
waken [-n], *va.* y *vn.* despertar(se).
wake-robin [-rabin], *s.* (bot.) aro o yaro; (E. U.) hierba liliácea.
waking [-iŋ]. **I.** *s.* vela; acto de despertar(se). **II.** *a.* que despierta; despierto; de vela o vigilia.—**w. hours,** horas de vela o de estar despierto.
Walachian [waléịkiạn], *a.* y *s.* valaco.
Waldenses [waldénsiz], *s. pl.* (igl.) valdenses.—**Waldensian** [-ŝạn], *s.* y *a.* valdense.
wale [weịl]. **I.** *va.* levantar roncha; azotar; (tej.) cruzar, tejer con relieve. **II.** *s.* roncha, cardenal, verdugo; (tej.) relieve; (mar.) cinta.
Walhalla [wælhǽlạ], *s.* = VALHALLA.
walk [wók]. **I.** *vn.* andar, caminar, marchar, ir a pie; pasear(se); (equit.) ir al paso; obrar, conducirse, portarse; aparecer (fantasmas, espectros o duendes); (fam.) liar el petate, ser despedido.—**to w. after,** seguir a, ir tras.—**to w. away,** irse, marcharse.—**to w. back,** volver atrás, regresar.—**to w. down,** bajar (a pie).—**to w. forth,** salir.—**to w. in,** entrar, pasar adelante; pasearse en.—**to w. off,** disipar, quitarse (una jaqueca, etc.) a fuerza de andar mucho.—**to w. off with,** ganar, llevarse; robar.—**to w. on air,** estar muy gozoso o ufano.—**to w. out,** salir, irse; (e. p.) declararse en huelga.—**to w. over,** ir al paso (caballo); (fam.) ganar fácilmente; dominar a, abusar de.—**to w. up,** subir (a pie); acercarse.—**to w. up and down,** pasearse, ir y venir. **II.** *va.* hacer andar, (sacar a) pasear; recorrer, andar o pasar de una parte a otra de; andar por; hollar; conducir; hacer ir al paso (un caballo).—**to w. Spanish,** entrar por el aro (fam.); someterse, ceder; ser despedido.—**to w. the hospitals,** estudiar clínica en los hospitales.—**to w. the plank,** ser echado al mar (por los piratas, que hacían andar la víctima por una tabla oscilante hasta volcarla); ser echado o despedido.—**to w. the streets,** andar por las calles, andorrear. **III.** *s.* paseo, caminata; modo de andar; paso del caballo; paseo, alameda; andador; plantación de árboles en hileras; acera; carrera, oficio, empleo, estado, condición; método de vida, conducta, porte.—**w. of life,** clase (*f.*) social; oficio, ocupación.
walkaway [-ạweị], *s.* triunfo fácil, ganga.
walker [-œ(r)], *s.* paseante, caminante; peatón.
walkie-talkie [-i tóki] *s.* (rad.) transmisor portátil.
walking [-iŋ]. **I.** *s.* paseo; piso (estado de los caminos para andar).—**to go w.,** ir de paseo, dar un paseo. **II.** *a.* de andar, para andar; que anda; andador, ambulante.—**w. beam,** balancín (de máquina vertical de vapor).—**w. cane,** bastón.—**w. delegate,** visitador y representante o delegado de un gremio obrero.—**w. gentleman, w. lady,** (teat.) segundo galán, segunda dama.—**w. pace,** paso de andadura.—**w. staff,** o **stick** = W. CANE.—**to give one his w. papers,** o **ticket,** (fam.) despedir a uno, darle calabazas.
walkout [-aụt], *s.* (fam.) paro, huelga de obreros.
walkover [-oụvœ(r)], *s.* (fam.) triunfo fácil, ganga.
walk-up [-ʌp]. **I.** *s.* (E. U.) edificio sin ascensor. **II.** *a.* sin ascensor (edificio).
wall [wol]. **I.** *s.* pared; tabique; muro o tapia; (fort.) muralla; (geol.) banco de roca natural.—**w. bracket,** palomilla.—**w. clock,** reloj de pared.—**w. creeper,** (orn.) pico murario.—**w. fence,** tapia.—**w. fruit,** fruta de espal(d)era.—**w. louse,** (ent.) chinche. *V.* WOOD LOUSE.—**w. paper,** empapelado, papel de empapelar.—**w. pepper,** (bot.) siempreviva.—**w. plate,** (arq.) solera, viga de apoyo.—**w. rock,** (geol. y min.) roca estéril, roca circundante de una veta.—**w. rue,** (bot.) ruda muraria.—**w. salt-**

petre, afronitro, espuma de nitro.—**w. tile,** azulejo.—**w. tree,** (hort.) árbol frutal de espaldera.—**to drive, push,** o **thrust, to the w.,** acosar; poner entre la espada y la pared.—**to go to the w.,** verse o hallarse acosado, o en calzas prietas; verse obligado a ceder; (com.) quebrar. **II.** *va.* emparedar, tapiar; tabicar; murar, cercar; (fort.) amurallar.

wallaby [wálạbi], *s.* (zool.) especie de canguro.

Wallachian [waléikiạn], *s.* y *a.* valaco.

wallboard [wólbord], *s.* tabla de fibra comprimida para revestir paredes.

wallet [wálit], *s.* cartera; bolsa de cuero; mochila; zurrón o alforja.

walleye [wólai], *s.* (med.) estrabismo divergente; leucoma, *m.*—**walleyed** [-d], *a.* que padece leucoma, etc.; de ojos saltones o reventones; (oji)zarco, o de ojos casi blancos.

wallflower [wólflauœ(r)], *s.* (bot.) al(h)elí doble; (fam.) mujer que en un baile "come pavo."

Walloon [walún], *s.* y *a.* valón.

wallop [wálọp]. **I.** *va.* (fam.) zurrar, tundir; vencer decisivamente. **II.** *s.* (fam.) golpe rudo; capacidad de asestar tales golpes.

walloping [-iŋ]. **I.** *s.* (fam.) tunda, zurra; derrota decisiva. **II.** *a.* (fam.) ingente, tremendo.

wallow [wálou]. **I.** *vn.* revolcarse, chapalear, estar encenagado en algún vicio.—**to w. in riches,** nadar en la opulencia. **II.** *s.* revuelco, revolcadura.

wallower [-œ(r)], *s.* el que se revuelca en el fango.

wallwort [wólwœrt], *s.* (bot.) cañarroya.

walnut [wólnʌt], *s.* (bot.) nogal; nuez de nogal.—**w. color** o **stain,** nogalina.—**w.-colored,** noguerado.—**w. tree, w. wood,** nogal, noguera.

walrus [wólrʌs], *s.* (zool.) morsa.

waltz [wólts]. **I.** *vn.* valsar, bailar el vals. **II.** *s.* (mús. y danz.) vals.

waltzer [-œ(r)], *s.* valsador, valsadora.

wampum [wámpʌm], *s.* cuentas o cañutillos de madreperla que usaban los indios americanos como dinero y como adorno; abalorio; (fam.) dinero.

wan [wan], *a.* pálido, descolorido.

wand [wand], *s.* vara; varilla de virtudes; batuta.

wander [wándœ(r)]. **I.** *vn.* errar, vagar, rodar, andorrear; delirar; perderse, extraviarse; desviarse, apartarse. **II.** *va.* recorrer, andar por.—**wanderer** [-œ(r)], *s.* vagamundo, andorrero; persona errante o extraviada; transgresor.—**wandering** [-iŋ]. **I.** *s.* viaje; divagación; aberración; extravío; delirio. **II.** *a.* errante, errabundo; vago, vagamundo; descaminado, descarriado; delirante.—**w. cell,** (anat.) leucocito.—**W. Jew,** judío errante.—**w. kidney,** (anat.) riñón flotante.

wanderlust [-lʌst], *s.* impulso hacia la vida errante, pasión de viajar.

wanderoo [wandẹrú], *s.* (zool.) macaco con crin, mono grande.

wane [wein]. **I.** *vn.* menguar, disminuir; decaer. **II.** *s.* mengua, disminución; decadencia, decremento, declinación; menguante, *f.* (de la luna); (carp.) bisel.

wangle [wǽŋgl], *va.* (fam.) sacar (dinero, etc.) con engañifas, obtener (algo) por astucia o engatusamiento.

waning [wéiniŋ]. **I.** *a.* menguante. **II.** *s.* = WANE.

wanness [wánnis], *s.* palidez; descaecimiento, languidez.

want [wánt]. **I.** *va.* necesitar, tener necesidad de; estar desprovisto de, carecer de; querer, desear; clamar, pedir con urgencia; exigir, requerir; dispensarse de, pasarse sin. **II.** *vn.* estar necesitado o indigente, carecer, pasar necesidades; faltar. **III.** *s.* necesidad, falta, carencia; privación, necesidad, indigencia; exigencia; solicitud, demanda.—**for w. of,** a o por falta de.—**to be in w.,** estar necesitado, sufrir necesidad.

want ad, *s.* (fam.) anuncio clasificado (de oferta o demanda).

wantage [-idž], *s.* deficiencia, merma, déficit.

wanted [-id], *pp.* de TO WANT. Ú. elípticamente en anuncios en el sentido de "se solicita," "se necesita," "se desea," "se busca."

wanting [-iŋ]. *a.* falto, defectuoso, deficiente; menguado; necesitado, escaso.—**to be w.,** faltar.

wanton [wántọn]. **I.** *a.* desenfrenado; protervo; (poét.) juguetón, retozón, travieso; extravagante; suelto, libre; lascivo, salaz; licencioso, disoluto; desconsiderado; imperdonable; injustificable. **II.** *s.* libertino; ramera; persona frívola. **III.** *va.* malgastar; echar a perder. **IV.** *vn.* retozar, juguetear; hacer picardías; pasar el tiempo en liviandades.—**wantonly** [-li], *adv.* desenfrenada o licenciosamente; protervamente.

wantonness [-nis], *s.* desenfreno, licencia; protervia; (poét.) retozo; picardía; desgarro.

wapiti [wápiti], *s.* (zool.) uapití, gran ciervo de la América del Norte.

war [wor]. **I.** *s.* guerra; estrategia, arte militar; lucha, disensión. **II.** *a.* de o rel. a la guerra; bélico, guerrero, militar, marcial.—**w. baby,** hijo natural de un soldado; (fam.) ganga debida a la guerra.—**w. bonnet,** (E. U.) casco de plumas que usa(ba)n los indios en sus ritos y cuando guerreaban.—**w. bride,** novia (esposa reciente) de un soldado en servicio de guerra; (fam.) ganga de guerra; empresa industrial o comercial que prospera con la guerra.—**w. club,** maza.—**w. cry,** grito de guerra.—**w. dance,** danza bélica de los salvajes.—**W. Department,** ministerio de la guerra.—**w. flail,** mangual.—**w. games,** (mil.) simulacros.—**w. horse,** (fam.) veterano.—**w. lord,** jefe guerrero.—**w. paint,** pintura con que se embadurnaban los indios para guerrear; (fam.) los trapitos de cristianar.—**w. to the death,** guerra a muerte.—**w. whoop,** alarido de guerra (de los indios americanos).—**on a w. footing,** en pie de guerra. **III.** *vn.* guerrear, estar en guerra.—**to w. on,** hacer la guerra a.

warble [wórbl]. **I.** *va.* y *vn.* cantar con quiebros y trinos; trinar, gorjear, gargantear; murmurar (un arroyo). **II.** *s.* canto, gorjeo.—**warbler** [-blœ(r)], *s.* cantor, gorjeador; pájaro cantor; (orn.) cerrojillo.—**warbling** [-bliŋ]. **I.** *a.* canoro, melodioso; susurrante. **II.** *s.* garganteo; canto, gorjeo.

ward [word]. **I.** *va.* (ant.) guardar, defender, proteger, poner a buen recaudo; (con **off**) parar, detener, evitar, desviar. **II.** *s.* pupilo o menor en tutela; barriada, barrio, cuartel o distrito de ciudad; sala, división, cuadra de hospital, etc.; pupilaje, tutela; guarda, custodia, protección; guarda de llave o cerradura; defensa, posición defensiva.—**w. chief** o **leader,** (pol.) alcalde o cacique de barrio.—**w. heeler,** (fam.) ayudante de cacique político.

warden [wórdẹn], *s.* custodio, guardián, celador, capataz, *m.;* castellán o castellano (de un castillo); alcaide, carcelero; conserje; bedel; (en Ingl.) director de ciertos colegios; (igl.) *V.* CHURCHWARDEN.—**w. of a port,** capitán de un puerto.—*pl.* maestros o jurados en algún oficio.—**wardens and vestry,** (igl.) mayordomos y junta parroquial.

wardenry [-ri], **wardenship** [-ŝip], *s.* conserjería; bedelía; alcaidía; celaduría.

warder [wórdœ(r)], *s.* guarda, *mf.;* guardia, *m.;* alcaide; bastón de mando; (fig.) baluarte, fuerte.

wardrobe [-roub], *s.* guardarropa, *mf.*, armario, ropero, (Am.) escaparate; ropería; (teat.) guardarropía; vestuario, ropa.—**w. trunk,** baúl ropero, baúl cuelgarropa.

wardroom [-rum], *s.* (mar. mil.) cuarto de los oficiales; (pol.) sala de reunión de un barrio.

wardship [-ŝip], *s.* tutela, tutoría, pupilaje.

ware [wɛ́r], *s.* (gen. *pl.*) mercancías, mercaderías, efectos, géneros o artículos de comercio. *V.* HARDWARE, TINWARE, POTTER'S WARE.

ware. I. *a.* (ant.) = AWARE. **II.** *va.* y *vn.* (ant.) = BEWARE.

warehouse [-haus]. I. *s.* almacén, depósito.—**w. keeper,** guarda(a)lmacén.—**w. rent,** almacenaje. II. *va.* almacenar.—**warehouseman** [-man], *s.* almacenero, almacenador.
warehousing system [-hauziŋ sistim], *s.* sistema (*m.*) de almacenaje o de depósitos.
wareroom [-rum], *s.* pieza para almacenaje o venta de géneros.
warfare [wórfɛr], *s.* guerra; milicia, arte militar; operaciones militares; lucha, combate.
warhead [wórhɛd], *s.* sección explosiva de un proyectil; carga, cabeza de guerra.
warily [wérili], *adv.* cautelosamente; astutamente.—**wariness** [-nis], *s.* cautela, precaución.
warlike [wórlaik], *a.* bélico, belicoso, marcial.
warlock [wórlak], *s.* brujo, hechicero, mago.
warm [wórm]. I. *a.* caloroso, cálido, caliente; ardiente, acalorado; fogoso, furioso, violento, celoso; conmovido, arrebatado, apasionado; expresivo; afectuoso; (pint.) caliente, que tira a rojo o amarillo; reciente, fresco; (fam.) cercano al objeto buscado; molesto, fastidioso; peligroso.—**w.-blooded,** de sangre caliente; entusiasta, ardiente.—**w.-hearted,** de buen corazón; afectuoso; simpático.—**w. temper,** genio vivo, ardiente.—**to be w.,** tener calor; estar o ser caliente (una cosa); (con **it** por sujeto) hacer calor. II. *va.* calentar; caldear; abrigar; entusiasmar, encender, enfervorizar; (fam.) azotar, zurrar.—**to w. over,** o **up,** (re)calentar (comida fría). III. *vn.* calentarse; (gen. con **up**) entusiasmarse; acalorarse; tomar bríos.—**to w. to(ward),** simpatizar con; cobrar cariño o afición a.
warming [-iŋ]. I. *s.* calentamiento; calefacción. II. *a.* de calentar, para calentar; calentador.—**w. pan,** calentador (de cama); mundillo.
warmly [-li], *adv.* acaloradamente; con entusiasmo, ardientemente; afectuosamente.
warmonger [wórmʌŋgœ(r)], *s.* atizador de la guerra.
warmth [wɔrmθ], *s.* calor (moderado); celo, entusiasmo, ardor, viveza, animación; cordialidad; irritación, enojo, resentimiento.
warn [wórn]. I. *va.* avisar, prevenir, advertir, poner en guardia o sobre aviso; aconsejar, amonestar; (for.) apercibir. II. *vn.* servir de escarmiento.—**warner** [-œ(r)], *s.* amonestador.—**warning** [-iŋ], *s.* amonestación; advertencia, aviso, admonición; (for.) apercibimiento; lección, escarmiento, gobierno.
warp [wɔrp]. I. *s.* torcedura, torcimiento, alabeo, comba; (tej.) urdi(e)mbre, *f.*; (mar.) espía, calabrote, estacha, remolque.—**w. and woof,** (tej.) trama y urdimbre.—**w. beam,** (tej.) enjullo, plegador.—**w. thread,** lizo. II. *va.* torcer, retorcer; encorvar, empandar; combar, alabear; prevenir el ánimo; (tej.) urdir; (mar.) remolcar. III. *vn.* torcerse; combarse, alabearse; desviarse, alejarse, apartarse del camino recto; (tej.) urdir; (mar.) ir a remolque, espiarse.
warpath [wórpæθ], *s.* senda que siguen los indios para atacar al enemigo.—**to be on the w.,** (fam.) estar en guerra; buscar pendencia, pelear.
warped [wɔrpt], *a.* con comba, combado, adunco.—**w. surface,** (geom.) superficie alabeada.
warper [wórpœ(r)], *s.* (tej.) urdidor(a).
warping [wórpiŋ], *pa.* y *s.* alabeo, combadura; (tej.) urdidura; (mar.) remolque, atoaje.—**w. machine, frame** o **mill,** (tej.) urdidera, urdidora.
warplane [wórplein], *s.* avión (*m.*) de guerra.
warrant [wárant]. I. *va.* garantir, garantizar, abonar; responder por; asegurar, fiar, certificar, aseverar; justificar; autorizar. II. *s.* (for.) auto, decreto, libramiento, mandamiento, cédula, patente, despacho; orden (*f.*) de prisión; autorización, poder; documento justificativo, comprobante, garantía; (com.) certificado de depósito; autoridad, apoyo, testimonio; sanción; justificación, apología, razón, *f.*, motivo.—**w. officer,** (E. U.) oficial subalterno del ejército o de la marina.
warrantable [-abl], *a.* que se puede abonar, garantizar o justificar.—**warrantableness** [-nis], *s.* calidad de justificable; certeza, seguridad.—**warrantably** [-abli], *adv.* justificadamente.
warrantee [warantí], *s.* (for.) afianzado.
warranter, warrantor [wárantœ(r), -o(r)], *s.* (for.) garante, fiador.
warranty [wáranti], *s.* (for.) garantía; seguridad; autoridad, autorización.—**w. clause,** cláusula de evicción y saneamiento.—**w. of title,** (for.) saneamiento, garantía de título.
warren [wárin], *s.* conejera, conejar; vivar, vivero; vedado.—**warrener** [-œ(r)], *s.* conejero.
warrior [wório(r)], *s.* guerrero.
warship [wórŝip], *s.* navío o buque de guerra.
wart [wórt], *s.* verruga; espejuelo en la cuartilla del caballo; (bot.) verruga.—**w. hog,** (zool.) facóquero, especie de jabalí sudafricano.—**warty** [-i], *a.* verrugoso, averrugado.
wartime [wórtaim]. I. *s.* período o tiempo de guerra. II. *a.* rel. a dicho período; de guerra.
warworn [wórwɔrn], *a.* agotado por el servicio militar.
wary [wéri], *a.* cauto, cauteloso, prudente, avisado, precavido, astuto, sagaz.
was [waz], *pret.* del verbo TO BE.
wash [wáŝ]. I. *va.* lavar; bañar, regar; fregar (la loza, los platos); dar un baño o capa de metal; dar una mano o capa de color; (min.) lavar el mineral; (alb.) deslavar; (mar.) baldear.—**to w. away, off,** o **out,** lavar, borrar, hacer desaparecer; quitar lavando; llevarse (el agua o un golpe de mar).—**to w. one's hands of,** lavarse las manos en cuanto a, no tomar parte en. II. *vn.* lavarse; lavar ropa, hacer la colada; no perder el color al lavarse, no desteñir; (fam.) colar, ser creído, soportar examen o prueba; gastarse por la acción del agua; mecerse (las olas). III. *s.* lavado, lavadura; colada; ropa lavada o para lavar (ropa sucia); lavación, ablución; lavatorio; loción, agua de tocador, cosmético; (min.) baño, capa; batiente del mar; chapaleo; (geol.) aluvión, *m.*, depósito; bazofia, lavazas, *f. pl.*; aguachirle, *f.*; (mar.) pala de remo; (aer.) perturbación aerodinámica, conmoción del aire. IV. *a.* de o para lavar; lavable, que puede lavarse (apl. esp. a géneros que no destiñen).—**w. ball,** bola de jabón, jaboncillo de olor.—**w. leather,** gamuza.—**w.-off,** fugitivo, que se destiñe.—**w. sale,** (com.) venta ficticia.
washable [-abl], *a.* lavable, que puede lavarse.
washbasin [-beisin], *s.* lavamanos. *V.* WASHBOWL.
washboard [-bɔrd], *s.* tablilla de lavandera; (carp.) rodapié; (mar.) falca, batemar, batidero.
washbowl [-boul], *s.* jofaina, palangana.
washcloth [-klɔθ], *s.* paño (para lavarse).
washed-out [wáŝt áut], *a.* descolorido, desteñido; (fam.) agotado, rendido.
washed-up [wáŝt ʌp], *a.* (fam.) agotado; descartado, rechazado, fracasado.
washer [wáŝœ(r)], *s.* lavador; máquina de lavar; (mec.) arandela, volandera, estornija, disco de cuero o de goma, (prov.) alfardón.
washerman [-man], *s.* lavandero.
washerwoman [-wuman], *s.* lavandera.
washery [-i], *s.* (min.) lavadero (apl. esp. a los de hulla).
washhouse [wáŝhaus], *s.* lavadero.
washin [wáŝin], *s.* (aer.) alabeo que aumenta el ángulo de ataque; dicho aumento.
washing [wáŝiŋ], *s.* lavado, lavadura, lavamiento; colada, ropa lavada o para el lavado; loción, lavatorio; blanqueadura; (mar.) baldeo; (min.) lave.—**w. machine,** máquina de lavar, lavadora mecánica.—**w. soda,** sosa para blanquear.
washout [wáŝaut], *s.* hundimiento o derrumbe causado por el arrastre del agua; (aer.) alabeo que disminuye el ángulo de ataque; disminución

del ángulo de ataque; (fam.) fracaso; chasco; persona o cosa sosa, inútil, etc.
washpot [-pat], *s.* bacía; paila de lavar.
washrag [-ræg], *s.* = WASHCLOTH.
washroom [-rum], *s.* cuarto de aseo; retrete, excusado (en un restaurante, etc.).
washstand [-stænd], *s.* palanganero, lavabo, lavamanos, aguamanil.
washtub [-tʌb], *s.* cuba de lavar o de colada; artesa, gamella, tina de lavar.
washwoman [-wuman], *s.* lavandera.
washy [-i], *a.* aguado; mojado; débil, flojo; insulso.
wasp [wásp], *s.* (ent.) avispa.—**w.('s) nest,** avispero.—**w. waist, w.-waisted,** (de) cintura de avispa; muy ceñido.
waspish [-iš], *a.* enojadizo, irascible; de cintura de avispa.—**waspishly** [-li], *adv.* ásperamente, con mal humor.—**waspishness** [-nis], *s.* mal genio, mal humor, irritabilidad.
wassail [wásal], *s.* francachela, gaudeamus (fam.), borrachera, orgía; bebida compuesta de vino, cerveza y especias; brindis, *m.*—**w. bowl,** ponchera.
wast [wast], (poét.) *2d pers. sing.* (pret.) de TO BE.
wastage [wéistidž], *s.* merma, desgaste; desperdicio; material desechado.
waste [wéist]. **I.** *va.* malgastar, derrochar, desperdiciar, malbaratar, disipar, dilapidar; gastar, consumir; comer, mermar, agotar; desolar, arruinar, talar. **II.** *vn.* gastarse, consumirse; desgastarse, alterarse, dañarse.—**to w. away,** demacrarse, descaecer, consumirse; ir a menos, menguar. **III.** *a.* desechado, inútil; yermo, baldío, desierto, inculto; desolado; arruinado; superfluo, sobrante.—**w. iron,** chatarra.—**w. matter,** o **products,** residuos, desperdicios.—**w. mold,** (esc.) molde transitorio, gen. de yeso, que se usa una vez y luego se rompe.—**w. paper,** papel de desecho.—**w. silk,** borra de seda.—**w. steam,** vapor de escape o de educción; vapor que se fuga. **IV.** *s.* despilfarro, derroche, disipación, desperdicio; decadencia, consunción; merma, pérdida; borra, restos, despojos, desperdicio(s); erial, desierto; extensión, inmensidad; estrago, devastación, destrozo, ruina; (min.) escombros.—**w. heap,** o **pile,** (min.) escombrera.—**w. pipe,** tubo de desagüe, desaguadero.
wastebasket [-bæskit], *s.* cesto para papeles y desechos.
wasteful [-ful], *a.* manirroto, malgastador, disipador, despilfarrado(r), pródigo; destructivo, ruinoso; antieconómico.—**wastefully** [-li], *adv.* pródigamente, despilfarradamente; antieconómicamente.—**wastefulness** [-nis], *s.* prodigalidad; calidad de antieconómico; gasto inútil.
waster [-œ(r)], *s.* disipador, (mal)gastador, derrochador; devastador; objeto imperfecto.
wasting [-iŋ]. **I.** *a.* que usa, agota o consume. **II.** *s.* derramamiento; desgaste; agotamiento; (med.) extenuación, consunción, marasmo.
wastrel [-rel], *s.* desperdicios, *pl.;* objeto imperfecto o inútil; pródigo, manirroto; (fam.) botarate; libertino, perdido, holgazán.
watch [wách]. **I.** *s.* reloj de bolsillo; vela, velación, desvelo o vigilia; velorio; vigilancia, cuidado, observación; centinela, *mf.*, vigía, *m.*, atalaya, *m.*, guardia, *m.*, sereno, vigilante; (mar.) cuarto, servicio, guardia, *f.*—**w. and ward,** patrulla, ronda.—**w. case,** caja de reloj, relojera.—**w. chain,** cadena o cinta de reloj, leontina.—**w. charm,** dije.—**w. fire,** hoguera de vigilia, hoguera (de campamento) encendida toda la noche.—**w. glass,** cristal de reloj; (mar.) ampolleta de media hora.—**w. night,** víspera de año nuevo.—**w. spring,** muelle de reloj.—**w. stand,** relojera, portarreloj.—**to be on the w.,** estar alerta o a quién vive. **II.** *va.* vigilar, observar; contemplar; espiar, atisbar, (Am.) aguaitar; cuidar, guardar; tener cuidado de o con.—**to w. one's step,** tener cuidado, andarse con tiento. **III.** *vn.* vigilar, estar alerta; hacer centinela o guardia; velar.—**w. out!** ¡cuidado! ¡ojo!—**to w. for,** esperar; buscar.—**to w. out for,** tener cuidado con.—**to w. over,** guardar, vigilar; velar por, cuidar de; inspeccionar, superentender.
watchdog [-dog], *s.* perro de guarda, perro guardián; (fig.) guardián fiel.
watcher [-œ(r)], *s.* vigilante, velador; el que vela a un enfermo.
watchful [-ful], *a.* despierto, vigilante, observador, que está alerta; desvelado.—**w. waiting,** (pol.) espera vigilante, paciencia vigilante.
watchfully [-i], *adv.* desveladamente; atentamente, vigilando.—**watchfulness** [-nis], *s.* vigilia, vigilancia, cuidado; desvel(amient)o.
watching [-iŋ], *s.* observación, vigía; desvelo.
watchmaker [-meikœ(r)], *s.* relojero.—**w.'s shop,** relojería.
watchman [-man], *s.* sereno, guardián, vigilante, salvaguardia, *m.*
watchtower [-tauœ(r)], *s.* (mil.) atalaya, torre, torre albarrana; mira(dero).
watchword [-wœrd], *s.* (mil.) santo y seña, (contra)seña, nombre; lema, *m.*
watchwork [-wœrk], *s.* mecanismo de un reloj de bolsillo.
water [wótœ(r)]. **I.** *s.* agua; *pl.* aguas minerales; *pl.* secreciones orgánicas; *pl.* flúido amniótico; *pl.* aguas (visos u ondulaciones de algunas telas, piedras preciosas, etc.); (com.) acciones emitidas sin aumento de capital.—**above w.,** fuera de una situación peliaguda.—**like w.,** en gran abundancia; pródigamente.—**of the first w.,** de la mejor calidad, de primera clase.—**on the w. wagon,** abstinente de bebida alcohólica.—**to back w.,** ciar; (fig.) ciar, recular.—**to be in deep** o **hot w.,** estar con el agua hasta la boca, estar en gran aprieto, hallarse en apuros.—**to fish in troubled waters,** (fig.) pescar en río revuelto.—**to hold w.,** (fig.) ser lógico, tener fundamento.—**to make w.,** (mar.) hacer agua; hacer aguas, orinar.—**to throw cold w. on,** (fig.) aguar, poner paño frío en, apagar el entusiasmo de.—**to tread w.,** patalear para mantenerse a flote (en posición vertical); (fig.) marcar el paso. **II.** *va.* regar; bañar; aguar, hechar agua a; abrevar (ganado); aguar, bautizar (vino); proveer de visos u ondulaciones (piedras preciosas, telas, etc.); (com.) emitir acciones sin el aumento de capital. **III.** *vn.* aguarse (ojos, boca, etc.); tomar agua (locomotora, etc.)—**to make one's mouth w.,** hacérsele a uno agua la boca. **IV.** *a.* acuático; de o por agua, marítimo; hidráulico; fluvial.
water back, *s.* caja de agua caliente.
water ballast, *s.* lastre de agua.
water bar, *s.* (arq.) plancha o chapa obturadora (para impedir la entrada del agua); caballón, lomo de desviación.
water bath, *s.* baño María.
water beetle, *s.* (ent.) tipo de escarabajo acuático.
water bird, *s.* ave acuática.
water blister, *s.* (med.) ampolla de agua.
water-borne [-born], *a.* flotante, boyante; levado o transportado por agua.
water bottle, *s.* botella o bolsa para agua; vasija para recoger muestras acuáticas.
water brash, *s.* (med.) pirosis, acedía.
water buffalo, *s.* (zool.) carabao.
water bug, *s.* (ent.) chinche de agua.
water butt, *s.* bota de agua, pipa.
water carrier, *s.* aguador, azacán; transporte (barco, etc.) marítimo o fluvial; tubería de agua; depósito de agua.
water cask, *s.* bota de agua, pipa.
water clock, *s.* clepsidra, reloj de agua.
water closet, *s.* inodoro, excusado, retrete, letrina, común.
water-color [-kʌlo(r)], *a.* (b.a.) pintado a la acuarela.

water color, *s.* (pint.) acuarela, pintura a la aguada; (pint.) color para acuarela.
water colorist, *s.* acuarelista.
water column, *s.* columna de agua; indicador del nivel de agua.
water-cooled [-kuld], *a.* enfriado por agua.
water cooler, *s.* bebedero, cantimplora, enfriador de agua.
water-cooling [-kuliŋ], *s.* enfriamiento por agua.
watercourse [-kɔrs], *s.* corriente (*f.*) de agua; vaguada; río, arroyo; madre (*f.*) o lecho de un río; (for.) derecho de aguas.
watercraft [-kræft], *s.* destreza en la navegación, natación o en los deportes acuáticos; cualquier buque; barcos, embarcaciones en general.
water cress, *s.* (bot.) berro.
water cure, *s.* (med.) hidroterapia.
water dog, *s.* perro de aguas; (fam.) marinero viejo; buen nadador.
watered [-d], *a.* aguado, diluído; regado, abundante en agua.—**w. silk,** (tej.) muaré.
waterer [-œ(r)], *s.* regador; aguador de noria; abrevador (de ganado, etc.).
waterfall [-fɔl], *s.* cascada, catarata, salto o caída de agua. Ú. gen. en *pl.*
water faucet, *s.* grifo.
water flea, *s.* (ent.) pulga de agua.
waterfowl [-faul], *s. sing.* y *pl.* ave(s) acuática(s).
water front, *s.* tierra ribereña; barrio o distrito ribereño.
water ga(u)ge, *s.* indicador del nivel de agua; fluviómetro, fluviógrafo; (hidr.) hidrómetro.
water gap, *s.* boquete, puerto de montaña (por donde pasa una corriente de agua).
water gas, *s.* gas de agua.
water gate, *s.* abertura para el agua; compuerta.
water germander, *s.* (bot.) escordio, ajote.
water glass, *s.* vaso para beber; vidrio soluble, silicato de sodio o de potasio; (m.v.) indicador de nivel; clepsidra, reloj de agua.
water hammer, *s.* (fís.) martillo hidráulico; choque de ariete, baque de agua.
water heater, *s.* calentador de agua.
water hemlock, *s.* (bot.) cicuta.
water hole, *s.* charco, charca, lagunajo.
water ice, *s.* sorbete, (Am.) granizada.
wateriness [-inis], *s.* acuosidad, humedad.
watering [-iŋ]. **I.** *s.* riego, regadura; irrigación; (mar.) aguada. **II.** *a.* de regar; de beber; de aguas.—**w. boat,** barco aguador.—**w. cart,** carro de regar.—**w. place,** aguadero o abrevadero; balneario, lugar de baños; fuentes (*f. pl.*) de aguas minerales; (mar.) aguada.—**w. pot,** regadera, hurtagua.—**w. trough,** abrevadero.
water jacket, *s.* (m.v.) camisa de agua.
water jug, *s.* aguamanil, jarro.
water level, *s.* nivel de agua.
water lily, *s.* (bot.) ninfea, nenúfar.
water line, *s.* (mar.) línea de agua, línea de flotación; orilla del agua.
water-logged [-lagd], *a.* anegado en agua.
water main, *s.* (hidr.) cañería principal de agua.
waterman [-man], *s.* barquero; remero.
watermark [-mark], *s.* (pap.) marca de agua, filigrana, corondeles, *m. pl.;* (mar.) nivel del agua.
watermelon [-mɛlon], *s.* (bot.) sandía, badea, melón de agua.
water meter, *s.* contador de agua.
water mill, *s.* aceña, molino de agua.
water mint, *s.* (bot.) hierbabuena acuática.
water mite, *s.* (ent.) ácaro acuático.
water moccasin, *s.* (zool.) mocasín, culebra venenosa de agua.
water nymph, *s.* náyade, *f.*, ninfa.
water of crystallization, *s.* (quím.) agua de cristalización.
water ouzel, *s.* (orn.) mirlo de agua.
water pipe, *s.* cañería de agua.
water pitcher, *s.* jarro.
water plantain, *s.* (bot.) alisma, llantén de agua.
water polo, *s.* (dep.) polo acuático.
waterpot [-pat], *s.* aguamanil; regadera.
water power, *s.* fuerza o energía hidráulica.
waterproof [-pruf]. **I.** *a.* a prueba de agua, impermeable. **II.** *va.* impermeabilizar, hacer impermeable.—**waterproofing** [-iŋ]. **I.** *s.* impermeabilización; material impermeable o de impermeabilizar. **II.** *a.* impermeable; de impermeabilizar.
water rat, *s.* (zool.) rata de agua; ratón almizclero, desmán.
water seal, *s.* cierre hidráulico, agua de obturación.
water seller, *s.* aguador.
watershed [-ŝɛd], *s.* hoya, cuenca; vertiente, *f.*, divisoria de aguas.
waterside [-said], *s.* borde u orilla del agua.
water-ski [-ski], *vn.* esquiar (en el agua).
water ski, *s.* esquí acuático.
water skipper o **strider,** *s.* (ent.) tejedor.
water snake, *s.* (zool.) culebra de agua.
water-soak [-souk], *va.* remojar, embeber, empapar de agua.
water softener, *s.* ablandador del agua, neutralizador.
water spaniel, *s.* perro de aguas.
waterspider [-spaidœ(r)], *s.* (ent.) esquila.
waterspout [-spaut], *s.* tromba, prester, manga o bomba marina, surtidor; remolino.
water sprite, *s.* ondina.
water supply, *s.* abastecimiento de agua.
water table, *s.* (arq.) retallo de derrame; (geol.) nivel hidrostático; capa freática.
water tank, *s.* aljibe, tanque o depósito para agua.
watertight [-tait], *a.* impermeable, a prueba de agua, hermético, estanco.
water tower, *s.* torre (*f.*) de elevación de aguas; torre de agua para incendios; arca de agua, cambija.
water trough, *s.* abrevadero.
water-tube boiler, *s.* caldera acuatubular.
water vapor, *s.* vapor de agua.
water wagon, *s.* carro de agua; (mil.) furgón de agua.—**on the water wagon,** (fam.) abstinente de bebida alcohólica.
water wave, *s.* onda de agua; ondulación del cabello con agua.
waterway [-wei], *s.* vía acuática, fluvial o de agua; canal o río navegable; (mar.) trancanil.
water wheel, *s.* rueda hidráulica.
water wings, *s.pl.* nadaderas.
waterworks [-wœrks], *s.* instalación de abastecimiento de agua.
waterworn [-wɔrn], *a.* gastado, alisado o pulido por la acción del agua.
watery [-i], *a.* acuoso, ácueo, aguajoso, aguanoso, aguado; seroso; insípido, insulso, soso; lloroso.
watt [wát], *s.* (elec.) vatio.—**w. hour,** vatio-hora.—**w.-hour meter,** contador de vatio-horas; contador de energía eléctrica.
wattage [-idẑ], *s.* (elec.) vatiaje, potencia en vatios.
wattle [wátl]. **I.** *s.* zarzo; sebe, *f.;* barba de gallo, pavo, etc.; barba de pez. **II.** *va.* enzarzar, tejer, entretejer, entrelazar.
wattless [wátlis], *a.* (elec.) sin energía o vatios; desvat(i)ada (corriente).
wattmeter [wátmitœ(r)], *s.* vatiómetro; (errónea pero frecuentemente) contador de vatio-horas.
waul [wɔl], *vn.* maullar.
wave [wéiv]. **I.** *s.* ola; onda, ondulación; movimiento de la mano, ademán; (tej. y joy.) aguas, *pl.*, visos, *pl.*—**w. band,** (rad.) escala de longitudes de onda dentro de ciertos límites.—**w. detector,** (rad.) detector de ondas.—**w. guide,** (electrón.) guía de ondas.—**w. length,** (rad.) longitud de onda.—**w. meter,** (rad.) ondómetro.—**w. train,** (fís.) tren de ondas, serie o sucesión de ondas.—**w. winding,** (elec.) arrollamiento ondulado. **II.** *va.* y *vn.* (hacer) ondear o flamear, tremolar, blandir(se), agitar(se); ondular (el pelo, etc.); hacer señas o señales.

waved [-d], *a.* ondeado, ondulado.
waveless [-lis], *a.* sin olas, tranquilo, calmado; sin ondas.
wavelet [-lit], *s.* olita, cabrilla.
waver [-œ(r)], *vn.* ondear, oscilar; tambalear, balancearse; vacilar, titubear, fluctuar.—**waverer** [-œ(r)], *s.* veleta, *mf.*, persona mudable o irresoluta.—**wavering** [-iŋ]. **I.** *a.* irresoluto, inconstante, fluctuante. **II.** *s.* irresolución, vacilación, titubeo, fluctuación.—**waveringly** [-li], *adv.* con incertidumbre y vacilación.
wavy, waving [-i, -iŋ], *a.* ondeado, ondulado, undoso, ondeante, ondulante, (poét.) undante.
wawl [wɔl], *vn.* = WAUL.
wax [wǽks]. **I.** *s.* cera; cerumen, cer(ill)a (del oído); parafina. **II.** *a.* de cera, céreo, ceroso.—**w. bean,** (bot.) variedad de judía amarilla.—**w.-bearing,** cerífero.—**w. cake,** pan o marqueta de cera.—**w. candle,** vela de cera.—**w. chandler,** cerero.—**w. end,** (zap.) hilo encerado.—**w. engraving, w. etching,** electrotipia en cera.—**w. match,** cerilla, fósforo de cera.—**w. model(l)ing,** modelado en cera.—**w. myrtle,** (bot.) mírica cerífera.—**w. painting,** encausto a la cera.—**w. paper,** papel encerado.—**w. plant,** (bot.) ceriflor, *f.*; especie de begonia de follaje lustroso; mírica cerífera.—**w. pocket,** cavidad secretora (de la abeja).—**w. process** = W. ETCHING.—**w. taper,** cerilla; cirio, blandón, hacha de cera.—**w. tree,** (bot.) árbol de la cera. **III.** *va.* encerar; encerotar (hilo). **IV.** *vn.* aumentarse, crecer (la luna, etc.); hacerse, ponerse (*he waxed angry,* se puso colérico, se encolerizó; *I am waxing old,* me estoy haciendo viejo, me estoy envejeciendo).
waxen [-n], *a.* de cera; plástico. *V.* WAXY.
waxer [-œ(r)], *s.* encerador.
waxflower [-flauœ(r)], *s.* = WAX PLANT.
waxing [-iŋ], *s.* enceramiento; creciente, *f.* (de la luna).
waxwing [-wiŋ], *s.* (orn.) picotero.
waxwork [-wœrk], *s.* objeto o figura de cera.—*pl.* figuras de cera.—**waxworker** [-œ(r)], *s.* cerero; (ent.) abeja obrera.
waxy [-i], *a.* ceroso, céreo; ceráceo; de cera; encerado; plástico.
way [wéi], *s.* vía; camino, senda, derrota; conducto, paso, pasaje; canal, *mf.*; distancia, espacio recorrido; rumbo, curso, dirección; (mar.) ruta, rota, derrota; marcha, andar, velocidad de un buque, etc.; modo, medio, manera, expediente, derrotero; uso, costumbre, hábito; modo de obrar, sistema, *m.*, línea de conducta, comportamiento; avance, progreso, adelantamiento; (fam.) situación, estado.—*pl.* (mar.) anguilas de grada.—**w. in,** entrada.—**w. out,** salida.—**w. station,** (f. c.) estación intermediaria.—**w. through,** pasaje.—**w. train,** tren de escala.—**ways and means,** medios y arbitrios.—**across the w.,** al otro lado en el otro lado, en frente.—**all the w.,** en todo el camino; en todo; del todo; hasta el fin; (gen. con **in, out, to**) hasta.—**a long w. off,** muy lejos.—**any w.** (no ANYWAY) de cualquier modo, de cualquiera manera, como se quiera.—**by w. of,** por la vía de, pasando por; por vía de, a modo de; a título de.—**by the w.,** a propósito, entre paréntesis; de paso.—**by the w. of,** por la vía de.—**every w.,** por todas partes, de todos lados; de todos modos.—**in the w. of,** para impedir o estorbar; que impide o estorba.—**no w.,** de ningún modo, de ninguna manera.—**on the w.,** en camino; de paso.—**on the w. to,** (en) camino de, con rumbo a.—**out of the w.,** fuera de camino; extraviado; escondido; fuera de orden; donde no estorba o estorbe; a un lado; poco común, extraordinario, original.—**that w.,** por ahí, por allí; de ese modo, así.—**the other w. around,** al contrario, al revés.—**this w.,** por aquí; de este modo, así.—**to be in the w.,** estar en el camino o en la vía; incomodar, estorbar.—**to go one's w.,** seguir su camino.—**to have a w. with one,** tener don de gentes; saber congraciarse.—**to have one's (own) w.,** hacer uno lo que quiera; salirse con la suya.—**under w.,** en camino, en marcha; empezado, haciéndose.
waybill [-bil], *s.* hoja de ruta; itinerario.
wayfarer [-fɛrœ(r)], *s.* pasajero, viajador, viajante, caminante.
wayfaring [-fɛriŋ], *a.* que va de viaje o de camino.—**w. man** = WAYFARER.—**w. tree,** (bot.) viburno.
waylay [-léi], *va.* (*pret.* y *pp.* WAYLAID) insidiar, asechar o acechar para asaltar o robar.—**waylayer** [-œ(r)], *s.* asechador, insidiador.—**waylaying** [-iŋ]. **I.** *s.* asechanza, asechamiento, acecho. **II.** *a.* asechoso.
waymark [-mark], **waypost** [-poust], *s.* hito, mojón, poste indicador.
wayside [-said]. **I.** *s.* orilla o borde del camino. **II.** *a.* que está junto al camino.
wayward [-wărd], *a.* descarriado; díscolo, voluntarioso, avieso; vacilante.—**waywardly** [-li], *adv.* voluntariosa o aviesamente.—**waywardness** [-nis], *s.* indocilidad, voluntariedad.
we [wi], *pron. pers.* (*pl.* de I) nosotros, nosotras.
weak [wík], *a.* débil, endeble, enclenque; deleznable, frágil; poco fuerte, poco resistente; inseguro; ineficaz; impotente; escaso; (com.) flojo (precio o mercado); (gram. ingl.) regular (verbo o nombre) en sus desinencias o (adjetivo) en la formación del comparativo.—**w.-eyed,** de vista débil.—**w.-handed,** escaso de braceros; de manos débiles.—**w.-headed,** de inteligencia menguada.—**w.-kneed,** débil de rodillas; (fig.) falto de energía; servil.—**w.-minded,** pobre de espíritu; simple, mentecato, pusilánime.—**w. point, w. side,** el flaco, el lado débil.—**w.-sighted** = W.-EYED.
weaken [-n]. **I.** *va.* debilitar, enflaquecer, enervar; relajar; quebrantar; disminuir, atenuar. **II.** *vn.* debilitarse, flaquear, desfallecer, resentirse; perder resolución, enervarse; ahilarse.
weakening [-iŋ]. **I.** *a.* debilitante, enervante. **II.** *s.* debilitación, enervamiento.
weakfish [-fiŝ], *s.* (ict.) nombre de un pez norteamericano de boca muy delicada.
weakling [-liŋ]. **I.** *a.* = WEAKLY. **II.** *s.* criatura débil (física, mental o moralmente); (fam.) canijo, alfeñique.
weakly [-li]. **I.** *adv.* débilmente, sin vigor, sin fuerzas. **II.** *a.* enfermizo, achacoso, enclenque, (fam.) canijo, alfeñicado.
weakness [-nis], *s.* debilidad, debilitamiento; decaimiento; poca consistencia; fragilidad; flaqueza, desliz, *m.*; (fam.) el flaco o lado débil.
weal [wil], *s.* (ant.) bienandanza, bienestar o felicidad, prosperidad; cardenal, verdugón.
weald [wild], *s.* (poét.) campiña, campo abierto.
wealth [wélθ], *s.* riqueza, opulencia; lujo; caudal, abundancia.
wealthily [-ili], *adv.* rica u opulentamente.
wealthiness [-inis], *s.* riqueza, opulencia.
wealthy [-i], *a.* rico, adinerado, acaudalado.
wean [wín], *va.* destetar, ablactar; desahijar; desbecerrar; descorderar; enajenar el afecto de.
weaning [-iŋ], *s.* destete, ablactación.
weanling [-liŋ], *s.* niño o animal recién destetado o desmamado.—*pl.* desteto.
weapon [wépon], *s.* arma.—*pl.* (biol.) púas, espinas; aguijones, garras, etc.; medios de defensa de vegetales y animales.—**weaponed** [-d], *a.* armado.—**weaponless** [-lis], *a.* desarmado.
wear [wér]. **I.** *va.* (*pret.* WORE; *pp.* WORN) usar; vestir, llevar o traer puesto (un traje, etc.); gastar (sombrero, corsé, bigote, etc., habitualmente); mostrar, tener aspecto o apariencia de, exhibir; gastar, consumir; desgastar, deteriorar; apurar, agotar; cansar, aburrir, enfadar; (mar.) virar.—**to w. away,** mermar, gastar o consumir.—**to w. down,** gastar, consumir; desgastar por rozamiento.—**to w. one's heart on one's sleeve,** andar con la cara descubierta, llevar el corazón en la mano.—**to w. out,** gastar, desgastar; acabar con, agotar; cansar, fastidiar.—

to **w. the breeches,** o **the pants,** (fam.) llevar o haberse puesto los calzones, mandar. **II.** *vn.* gastarse, consumirse; durar, perdurar; pasar, correr (el tiempo); (mar.) virar.—**to w. away,** decaer; gastarse, consumirse, mermarse.—**to w. off,** usarse, gastarse; borrarse; pasarse, disiparse, desaparecer.—**to w. on,** pasarse lentamente.—**to w. on one's nerves,** cansar, enfadar, fastidiar.—**to w. out,** gastarse; inutilizarse.—**to w. well,** durar largo tiempo, ser duradero. **III.** *s.* uso, gasto, deterioro; moda, boga; prendas (*f. pl.*) de vestir; durabilidad.—**w. and tear,** uso; desgaste o deterioro natural (debido al uso).—**little the worse for w.,** casi nuevo, casi sin usar; como nuevo.

wearable [-abl], *a.* que se puede llevar, usar o gastar.

wearer [-œ(r)], *s.* el que lleva, gasta o usa algo.

wearied [wírid], *a.* cansado, fatigado; aburrido, fastidiado.—**weariness** [wírinis], *s.* lasitud, cansancio; aburrimiento, fastidio.

wearing [wériŋ]. **I.** *s.* uso; desgaste, deterioro; pérdida, decaimiento. **II.** *a.* de uso; desgastador; agotador, fatigoso.—**w. apparel,** ropa, ropaje, indumentaria, prendas (*f. pl.*) de vestir.

wearisome [wírisʌm], *a.* fatigoso; tedioso, fastidioso, pesado, cansado, aburrido(r).—**wearisomely** [-li], *adv.* fatigosa o pesadamente.—**wearisomeness** [-nis], *s.* tedio, fastidio, cansancio, hastío.

weary [wíri]. **I.** *va.* cansar, fatigar; hastiar, aburrir, enfadar, molestar.—**to w. out,** moler, cansar la paciencia. **II.** *vn.* fatigarse, cansarse, aburrirse. **III.** *a.* cansado, fatigado, rendido, molido; aburrido, hastiado; tedioso, fastidioso.

weasand [wízand], *s.* (anat.) gaznate.

weasel [wízel], *s.* (zool.) comadreja.

weather [wéðœ(r)]. **I.** *s.* tiempo (estado atmosférico); (gen. *pl.*) vicisitudes de la suerte.—**bad w.,** intemperie.—**to be bad, good w.,** hacer mal, buen tiempo. **II.** *a.* del tiempo, relativo al tiempo; (mar.) de barlovento, del lado del viento.—**w.-beaten,** trabajado por la tormenta; curtido por la intemperie.—**w.-bound,** detenido por el mal tiempo.—**W. Bureau,** (E. U.) Oficina Meteorológica (en el Ministerio de Agricultura de Wáshington).—**w. changes,** cambios atmosféricos.—**w. chart,** o **map,** mapa meteorológico.—**w. forecast(ing),** predicción o pronóstico del tiempo.—**w. prophet,** pronosticador del tiempo.—**w. report,** boletín meteorológico.—**w. sheets,** (mar.) escotas de barlovento.—**w. side,** costado de barlovento.—**w. signal,** señal, *f.* (bandera, etc.) para indicar las variaciones del tiempo.—**w. strip,** burlete.—**w. vane,** veleta, giraldilla, (mar.) cataviento, grímpola.—**w.-worn,** gastado o deteriorado por la intemperie, o por los agentes atmosféricos. **III.** *va.* aguantar (el temporal); resistir a, sobrevivir a (la adversidad); orear, airear, poner al aire; secar al aire; (mar.) ganar (el barlovento); doblar o montar (un cabo).—**to w. a point,** ganar alguna ventaja.—**to w. out,** vencer (obstáculos). **IV.** *vn.* curtirse en la intemperie.

weatherboard [-bɔrd], *s.* (carp.) tabla solapada; (mar.) lado del viento.—**weatherboarding** [-iŋ], *s.* solapadura de tablas; (mar.) falcas, *f. pl.*

weathercock [-kak], *s.* veleta, giraldilla, (mar.) cataviento; persona inconstante o mudable.

weatherglass [-glæs], *s.* instrumento indicador del tiempo (barómetro, etc.).

weathering [-iŋ], *s.* desgaste o alteración debida a los agentes atmosféricos; (arq.) declive de derrame.

weatherly [-li], *a.* (mar.) de bolina, de barlovento.

weatherman [-mæn], *s.* (fam.) meteorologista.

weatherproof [-pruf], *a.* a prueba de mal tiempo, a prueba de intemperie, inatacable por los agentes atmosféricos.

weatherwise [-waiz], *a.* perito en pronosticar las mudanzas del tiempo.

weave [wív]. **I.** *va.* (*pret.* WOVE; *pp.* WOVEN, WOVE) tejer, tramar; trenzar; entrelazar, entretejer; urdir, forjar (cuentos). **II.** *vn.* tejer, trabajar en telar. **III.** *s.* tejido; textura.

weaver [-œ(r)], *s.* tejedor(a), tejedera; tramador; (ent.) araña tejedora.—**w. bird,** (orn.) tejedor.

weaving [-iŋ], *s.* tejido, tejedur(í)a; textura.

web [wéb], *s.* tela, tejido, obra tejida; bobina o rollo de papel continuo; trama, lazo; artificio engañoso, trampa; (orn.) membrana que une los dedos de los palmípedos; tela de araña; barba o pelo de pluma; (ing.) alma (de viga, de riel); hoja de sierra.—**w.-footed,** palm(e)ado, palmípedo.

webbed [-d], *a.* unido por una telilla o membrana; (orn.) palm(e)ado, palmípedo.

webbing [-iŋ], *s.* tejedura; tejido; cincha, pretal.

webfoot [-fut], *s.* (orn.) pie palm(e)ado.

wed [wéd]. **I.** *va.* casarse con; casar, unir en matrimonio. **II.** *vn.* casarse, contraer matrimonio.

wedded [-id], *pp.* y *a.* casado.—**w. to,** (fig.) empeñado en, declarado por, aferrado en.

wedding [-iŋ]. **I.** *s.* boda, nupcias, *f. pl.*, casamiento; unión, enlace. **II.** *a.* de boda, nupcial, de casamiento; de novia.—**w. cake,** torta o pan de boda.—**w. dress,** traje nupcial, o de boda.—**w. ring,** anillo nupcial, sortija de matrimonio.—**w. trip,** viaje de novios.

wedge [wedž]. **I.** *s.* cuña, calza, calce, alzaprima; (geom.) prisma (*m.*) triangular.—**w.-shaped,** cuneiforme, (anat.) esfenoidal.—**entering w.,** comienzo, entrada; (cambiando el giro) para abrir brecha. **II.** *va.* acuñar, meter cuñas, calzar; (cerá.) hacer la masa.

wedlock [wédlak], *s.* matrimonio, himeneo, (poét.) connubio.

Wednesday [wénzdi], *s.* miércoles.

wee [wi], *a.* pequeñito, chiquito.—**a w. bit,** un poquit(ill)o.

weed [wíd]. **I.** *s.* maleza, mala hierba o yerba, cizaña; lo que crece en abundancia dañosa o inútil; (fam.) tabaco; (gen. *pl.*) ropa o gasa de luto. **II.** *va.* desyerbar, escardar, sachar, sallar, arrancar las malas hierbas; (a veces con **out**) quitar, extirpar, suprimir; entresacar, segregar.—**weeder** [-œ(r)], *s.* desyerbador, desmalezador, escardador; escarda, sacho, sallete.—**weedhook** [-huk], *s.* escarda, escardillo, azadilla.—**weeding** [-iŋ], *s.* deshierba o desyerba, escarda(dura), sachadura, salladura.

weedy [-i], *a.* enmalezado; herboso; que abunda en malas hierbas; flacucho; malhecho, inservible.

week [wík], *s.* semana, hebdómada.—**w. about,** una semana sí y otra no.—**w.-end,** *vn.* pasar el fin de la semana; salir de vacación o ir a descansar durante el fin de la semana.—**w.-ender,** *s.* el que sale, o tiene costumbre de salir, de vacación durante el fin de la semana.—**w. end,** fin de semana.—**w. in, w. out,** semana tras semana.—**this day w.,** de hoy en ocho días; hoy hace ocho días.

weekday [-dei], *s.* día (*m.*) de trabajo.—*pl.* los días laborables o de entre semana.

weekly [-li]. **I.** *a.* semanal, hebdomadario.—**w. paper,** semanario, periódico semanal. **II.** *adv.* semanalmente, por semana.

ween [win], *va.* y *vn.* (ant.) imaginar, pensar, creer.

weep [wíp], *va.* y *vn.* (*pret.* y *pp.* WEPT) llorar; deplorar, lamentar, condolerse de; (bot.) llorar, destilar; estar pendiente, inclinarse hacia el suelo.—**to w. for,** llorar a; llorar por; llorar de (tristeza, alegría, etc.).

weeper [-œ(r)], *s.* llorador, plañidero, (fam.) lloraduelos; llorón; gasa o señal (*f.*) de luto; (gen. *pl.*) velo de viuda; festón de musgo que pende de algunos árboles.

weeping [-iŋ]. **I.** *s.* llanto, lloro, lágrimas, *f. pl.* **II.** *a.* plañidero, llorón.—**w. ash,** (bot.) fresno llorón.—**w. willow,** (bot.) sauce llorón.

weepingly [-li], *adv.* llorosamente, con lágrimas, con llanto.

weevil [wívil], *s.* (ent.) gorgojo, calapatillo, mordihuí, gusano del trigo.

weft [wɛft], *s.* (tej.) trama. *V.* WOOF, (mar.) WAFT.
weigh [wéi̯]. **I.** *va.* pesar; considerar, reflexionar acerca de.—**to w. anchor,** (mar.) levar anclas, desancorar, zarpar.—**to w. down,** exceder en peso; sobrepujar; sobrecargar, agobiar, abrumar, oprimir.—**to w. out,** pesar, sacar o separar por peso. **II.** *vn.* pesar, ser pesado; ser digno de mucho aprecio, ser de importancia; (gen. con **on**) gravar, pesar sobre, ser opresivo o gravoso; (mar.) levar anclas; hacerse a la vela.—**to w. down,** hundirse por su propio peso.
weighable [-abl], *a.* capaz de ser pesado o vendido al peso.
weighed [-d], *a.* pesado; experimentado, probado.
weigher [-œ(r)], *s.* pesador.—**public w.,** almotacén, pesador público.
weighing [-iŋ]. **I.** *s.* peso; pesada. **II.** *a.* de pesar, para pesar; pesante.—**w. machine, w. scale,** balanza; báscula.
weight [wéi̯t]. **I.** *va.* cargar, gravar; aumentar el peso de; poner un peso o una pesa a. **II.** *s.* peso, pesantez; pesa; carga, gravamen; cargo, lastre; importancia, autoridad.—**weights and measures,** pesas y medidas.—**by w.,** por peso.—**to be worth its w. in gold,** valer su peso en oro.
weightily [-ili], *adv.* pesadamente; con mucho peso, con gran fuerza.
weightiness [-inis], *s.* ponderosidad, pesadez; solidez, fuerza; importancia, momento.
weighting [-iŋ], *s.* (estad.) ponderación.
weightless [-lis], *a.* ingrávido, sin peso; ligero, leve; imponderable.
weightlessness [-lisnis], *s.* impesantez; ingravidez.
weighty [-i], *a.* ponderoso, pesado; grave, serio, importante; de peso.
weir [wir], *s.* (hidr.) vertedero, vertedor, azud, presa de aforo; presa, cañal (para pescar).
weird [wírd]. **I.** *a.* misterioso, horripilante, fantástico, sobrenatural, como del otro mundo.—**the W. Sisters,** (Esco.) las Parcas. **II.** *s.* (ant. o Esco.) destino; pronóstico; encantamiento.—**weirdness** [-nis], *s.* calidad de horripilante y misterioso.
welcome [wélkʌm]. **I.** *a.* bienvenido, bien llegado; grato, agradable.—**you are w.,** sea Vd. bienvenido; de nada, no hay de qué (cuando se dan las gracias).—**you are w. to it,** está a la disposición de Vd.; tengo mucho gusto en dárselo (prestárselo) a Vd.; (irónico) con gusto se lo dejo, buen provecho le haga. **II.** *interj.* ¡bien venido! **III.** *s.* bienvenida, buena acogida. **IV.** *va.* dar la bienvenida a, recibir con agasajo o regocijo.
weld [wéld]. **I.** *va.* soldar; unir; unificar. **II.** *vn.* ser soldable, soldarse. **III.** *s.* soldadura (procedimiento y resultado); (bot., tint.) gualda. **IV.** *a.* gualdo.—**w.-colored,** gualdado.—**weldable** [-abl], *a.* soldable.—**welder** [-œ(r)], *s.* soldador; (elec.) transformador de soldar.—**welding** [-iŋ]. **I.** *s.* soldadura. **II.** *a.* de soldar, para soldar.—**w. blowpipe,** soplete de soldar.—**w. rod,** varilla de soldar, o de soldadura.—**w. torch,** lámpara de soldar; soplete de soldar.
welfare [wélfɛr], *s.* bien, bienestar, bienandanza, felicidad, prosperidad.—**w. society,** sociedad benéfica.—**w. work,** obra social o de beneficencia.
welkin [wélkin], *s.* (poét.) firmamento, cielo.—**to make the w. ring,** atronar el espacio.
well [wɛl]. **I.** *s.* pozo; fuente, manantial, ojo de agua; aljibe, cisterna; cañón (de pluma fuente); (arq.) caja o pozo de escalera; (mar.) caja de bombas o sentina. **II.** *a.* bien; bueno, bien, en buena salud; conveniente, provechoso.—**w. and good,** enhorabuena, bien está. **III.** *adv.* (*comp.* **better**; *superl.* **best**) bien; muy; mucho; con razón.—**as w.,** también; igualmente.—**as w. as,** así como, tan bien como; lo mismo que. **IV.** *interj.* ¡vaya! ¡toma! ¡bueno! **V.** *va.* verter, derramar. **VI.** *vn.* verter, manar, fluir (gen. con **up, forth, down,** etc.).
well-aged [-éi̯dẑd], *a.* añejo (vino, etc.).
well-aimed [-éi̯md], *a.* acertado, certero.
well-appointed [-apói̯ntid], *a.* bien amueblado, bien equipado; bien provisto.
well-balanced [-bǽlanst], *a.* bien equilibrado, ajustado o regulado; cuerdo, sensato, razonable.
well-behaved [-bihéi̯vd], *a.* de buena conducta; cortés.
well-being [-bíiŋ], *s.* bienestar, confort.
wellborn [wélbórn], *a.* bien nacido, de buena familia.
well-bred [wélbréd], *a.* bien criado, bien educado; de pura sangre (animales).
well-content [-kontént], *a.* contento, satisfecho.
well curb, *s.* brocal (de pozo).
well digger o **borer,** *s.* pocero.
well-disposed [-dispóu̯zd], *a.* bien dispuesto, favorable; bien cuidado, bien arreglado.
well-doing [-dúiŋ], *s.* buena acción; buena conducta.
well-done [wéldʌ́n], *a.* bien hecho; (coc.) bien cocido, bien asado.
well-dressed [-drést], *a.* bien vestido.
well-favored [-féi̯vord], *a.* agraciado, bien parecido.
well-fed [-féd], *a.* bien nutrido, bien alimentado; rollizo, regordete.
well-fixed [-fíkst], *a.* (fam.) acomodado, acaudalado, rico.
well-founded [-fáu̯ndid], *a.* bien fundado, bien fundamentado.
well-groomed [-grúmd], *a.* bien cuidado; limpio, pulcro.
well-grounded [-gráu̯ndid], *a.* bien fundado.
wellhead [-hɛd], *s.* fuente, *f.*, manantial.
well-heeled [-híld], *a.* (fam.) adinerado, acomodado, acaudalado.
well-informed [-infórmd], *a.* instruído.
well-intentioned [-inténŝond], *a.* bien intencionado.
well-kept [wélképt], *a.* bien conservado, bien cuidado; bien guardado.
well-known [-nóu̯n], *a.* bien conocido, notorio, famoso; muy conocido.
well-mannered [-mǽnœrd], *a.* de buenas maneras, bien educado, cortés.
well-meaning [-míniŋ], *a.* bien intencionado.
well-meant [-mént], *a.* con buena intención.
well-nigh [wélnái̯], *adv.* casi; poco menos que.
well-off [wélóf], *a.* acomodado, bien de fortuna.
well-ordered [-órdœrd], *a.* bien arreglado, bien organizado.
well-preserved [-prizœ́rvd], *a.* bien conservado.
well-read [wélréd], *a.* leído, instruído, ilustrado.
well-spent [wélspént], *a.* bien investido, bien empleado (dinero).
well-spoken [-spóu̯ken], *a.* que habla bien; bien dicho; urbano.
wellspring [-spriŋ], *s.* manantial, fuente, *f.*
well-stocked [-stákt], *a.* bien abastecido.
well-suited [-siútid], *a.* apropiado, adecuado.
well sweep, *s.* cigueñal, cigoñal (de pozo).
well-thought-of [-θótof], *a.* bien mirado.
well-timed [-tái̯md], *a.* oportuno.
well-to-do [-tudú], *a.* acomodado.
well-wisher [-wíŝœ(r)], *s.* bienqueriente.
well-worn [-wórn], *a.* usado, gastado.
welsh [wélŝ], *va.* y *vn.* (fam.) no cumplir; no pagar; alzarse con el santo y la limosna; engañar, estafar.—**welsher** [-œ(r)], *s.* (fam.) estafador, pícaro.
Welsh. I. *a.* galés, de Gales.—**W. rabbit,** o **rarebit,** tostada cubierta de queso derretido con cerveza.—**the W.,** los galeses. **II.** *s.* idioma galés.
Welshman [-man], *s.* galés.
welt [wɛlt]. **I.** *s.* (cost.) ribete, vivo; (zap.) vira, cerquillo; (carp.) refuerzo; (fam.) costurón, roncha, verdugo; (fam.) azotaina, tunda. **II.** *va.* (cost.) ribetear; (zap.) poner viras; (fam.) azotar levantando ronchas.
welter [wéltœ(r)]. **I.** *vn.* encenagarse; revolcarse en agua, cieno o lodo; hincharse (las olas).

II. *s.* oleaje; conmoción, agitación, tumulto; cenagal, revolcadero.
welterweight [-weit], *s.* (dep.) peso *welter;* púgil o luchador que pesa 60 a 68 kilos.
wen [wen], *s.* (med., vet.) lobanillo, lupia, quiste sebáceo, talpa(ria).
wench [wench], *s.* moza; criada; (desp.) ramera.
wend [wend]. **I.** *va.* dirigir, encaminar. **II.** *vn.* andar, ir, seguir camino, pasar.
wennish [wénniŝ], **wenny** [wénni], *a.* (med.) que parece un lobanillo o lo tiene.
went [went], *pret.* de TO GO.
wept [wept], *pret.* y *pp.* de TO WEEP.
were [wœr], *pret. pl.* de *indic.* y *sing.* y *pl.* de *subj.* de TO BE: *we were,* nosotros éramos o estábamos, fuimos o estuvimos; *if I were,* si yo fuera o fuese, estuviera o estuviese; *if they were,* si ellos fueran, fuesen, estuvieran o estuviesen; *there were,* había, hubo.—**as it w.,** por decirlo así; como si fuese.
wer(e)wolf [wírwulf, *o* wœ́rwulf], *s.* persona que, según la superstición, se convertía en lobo y devoraba a otras personas; licántropo.
wergild [wœ́rgild], *s.* (hist.) multa o indemnización impuesta a un asesino y sus parientes entre los antiguos teutones y anglosajones.
wert [wœrt], (poét.) 2*a. pers. sing. pret.* de TO BE.
Wesleyan [wésliạn], *a.* y *s.* wesleyano, de Wesley.
west [west]. **I.** *s.* oeste, poniente, occidente, ocaso. —**w. northwest,** oesnorueste.—**w. southwest,** oessudueste. **II.** *a.* occidental, del oeste. —**W. End,** barrio aristocrático de Londres, al oeste de Charing Cross.—**W. Indies,** Antillas. —**W. Indian,** antillano.—**W. Pointer,** (E. U.) cadete o graduado de West Point (escuela militar nacional).—**W. wind,** poniente, favonio, céfiro. **III.** *adv.* a poniente o hacia el poniente; hacia el occidente.
westerly [-œrli]. **I.** *a.* occidental; del oeste; al oeste; hacia el oeste. **II.** *adv.* hacia el oeste.
western [-œrn]. **I.** *a.* occidental, ponentino. **II.** *s.* novela o película de la vida (esp. la de los vaqueros o *cowboys*) del oeste de los E. U.
westerner [-œ(r)], *s.* natural o habitante del oeste.
westernmost [-moust], *a.* más occidental, del extremo occidental.
Westphalian [-féiliạn], *s.* y *a.* vestfaliano.
westward [-wărd], *a.* que tiende o está al oeste.
westward(s, westwardly [-(z, -li], *adv.* a poniente, hacia occidente, hacia el ocaso.
wet [wet]. **I.** *a.* mojado; húmedo; lluvioso; (E. U.) antiprohibicionista.—**w. blanket,** (fam.) aguafiestas, paño frío (fig.), el o lo que echa a perder o apaga el entusiasmo, la alegría, etc.—**w. bulb,** ampolla humedecida del psicrómetro.—**w.-bulb thermometer,** psicrómetro.—**w. cell,** (elec.) pila hidroeléctrica.—**w. cupping,** (med.) ventosa escarificada o sajada.—**w. goods,** (com.) líquidos envasados; (fam.) aguardiente, licor, vino.—**w. nurse,** ama de leche, nodriza.—**w. pack,** (med.) tratamiento con sábanas mojadas.—**w. plate,** (fot.) placa de colodión.—**w. process,** (quím.) vía húmeda. —**w. through,** empapado, hecho una sopa.—**to get w. (through),** mojarse, calarse. **II.** *s.* humedad, agua; lluvia; (E. U.) antiprohibicionista, antinefalista. **III.** *va.* mojar, humedecer, humectar.—**to w. one's whistle,** (fam.) mojar el gaznate, beber.
wetback [wétbæk], *s.* (fam.) peón mejicano que entra ilegalmente en los Estados Unidos.
wether [wéðœ(r)], *s.* carnero castrado; eunuco.
wetness [wétnis], *s.* humedad.
wetted [wétid], *pret.* y *pp.* de TO WET.—**w. perimeter,** (hidr.) perímetro mojado.
wetting [wétiŋ], *s.* mojada, (re)mojadura, remojo, calada.
whack [hwæ̂k]. **I.** *va.* (fam.) pegar, golpear, vapulear. **II.** *vn.* (fam.) dar una tunda; ajustar cuentas; participar de. **III.** *s.* (fam.) golpe, trastazo; participación; porción; prueba, tentativa.—**whacker** [-œ(r)], *s.* (fam.) vapuleador.
—**whacking** [-iŋ], *a.* (fam.) grueso, desmesurado, enorme.
whale [hwéil]. **I.** *va.* (fam.) vapulear, dar una tunda. **II.** *vn.* dedicarse a la pesca de la ballena. **III.** *s.* (zool.) ballena; cachalote; (fam.) cosa enorme o descomunal.—**w. fin,** (com.) = WHALEBONE.—**w. fishing** = WHALING.—**w. oil,** grasa de ballena.
whaleback [-bæk], *s.* (mar.) buque de cubierta cerrada y redondeada que se usa en aguas turbulentas.—**whaleboat** [-bout], *s.* buque ballenero.—**whalebone** [-boun], *s.* ballena o barba de ballena.—**whaler** [-œ(r)], *s.* ballenero, pescador de ballenas; buque ballenero.—**whaling** [-iŋ], *s.* pesca de ballenas; (fam.) tunda, zurra, vapuleo.
wham [hwæm], **whang** [hwæŋ], *interj.* ¡zas! ¡cataplum! ¡pum!
whang [hwæŋ]. **I.** *va.* y *vn.* (fam.) dar tundas; golpetear. **II.** *s.* (Esco.) cuero fuerte; (fam.) tunda, paliza; golpazo.
wharf [hwórf], *s.* (*pl.* WHARFS o WHARVES) muelle, (des)embarcadero, descargadero. —**wharfage** [-idẑ] , *s.* muellaje.
wharfinger [-indẑœ(r)], *s.* fiel de muelle.
what [hwát]. **I.** *a. interr.* y *rel.* qué (*what train?* ¿qué tren?; *what a pity!* ¡qué lástima!); el, la, los o las . . . que (*give me what books you can,* déme Vd. los libros que pueda). **II.** *pron.* qué, qué cosa; cuál; el que, lo que, aquello que.—**w. about,** qué diremos de, qué opina Vd. de, qué le parece, qué hay de, qué hay en cuanto a, etc. (Gen. se cambia el giro.)—**w. about it?** = W. OF IT?—**w. else?** ¿qué más?—**w. for?** ¿para qué?—**w. ho!** ¡hola!—**w. if,** qué será si, y si, qué se hará o sucederá si (en interrogaciones problemáticas: *what if he should refuse?* ¿y si él rehusa?); y qué importa que, aunque (*what if he is a doctor?* ¿y qué importa que él sea médico? aunque sea médico).—**w. is w.,** (fam.) lo que hay; cuántas son cinco.—**w. of it?** ¿y qué?, ¿y eso qué importa?—**w. though,** aun cuando; ¿qué importa que?—**and w. not,** o **w. all,** y qué sé yo qué más.—**but w.,** que no (*he is not so rich but what he needs assistance,* él no es tan rico que no necesite ayuda). **III.** *adv.* cuán, cuánto; cómo (*what do you call it?* ¿cómo se llama?).—**w. with,** tanto, sea, en parte, entre (*what with hunger and what with weariness,* parte por hambre, parte por cansancio; entre el hambre y el cansancio).
whate'er [-ér], **whatever** [-évœ(r)]. **I.** *pron.* cuanto, cualquier cosa que, todo lo que; sea lo que fuere, que sea. **II.** *a.* cualquier(a), *pl.* cualesquiera.
whatnot [-nat], *s.* rinconera, estante, juguetero; (fam.) lo que Vd. guste; cualquier cosa.
whatsoever [-soévœ(r)], *pron.* y *a.* = WHATEVER.
wheal [hwil], *s.* cardenal, roncha.
wheat [hwít], *s.* (bot.) trigo.—**w. field,** trigal, sembrado de trigo.—**w.-growing,** triguero.
wheatear [-ir], *s.* (orn.) triguero.
wheaten [-n], *a.* de trigo.
wheedle [hwídl], *va.* y *vn.* halagar, engatusar, sonsacar, hacer zalamerías, (fam.) engaitar, lagotear.
wheedler [hwídlœ(r)], *s.* zalamero, engatusador, (fam.) engaitador, lagotero.
wheedling [-iŋ], *s.* engatusamiento, zalamería.
wheel [hwíl]. **I.** *s.* rueda; torno; disco, roldana, rodete, rodaja; polea; (fam.) bicicleta; rueda de fuegos artificiales; (mar.) rueda del timón; (aut.) volante (de dirección); (fig.) timón; muela o rodezno del molino; noria; rueda, instrumento de tortura.—**w. and axle,** cabria.—**w. animal,** o **animalcule,** (zool.) rotífero.—**w. barometer,** barómetro de cuadrante.—**w. base,** (f. c., aut.) distancia entre ejes.—**w. boss,** cubo de rueda.—**w. chair,** silla de ruedas. —**w. horse,** caballo de varas.—**w. rope,** (mar.) guardín del timón.—**w. track,** carril. **II.** *va.* (hacer) rodar; acarrear, transportar o llevar sobre ruedas; volver, (hacer) girar, dar vueltas

a; poner ruedas; labrar con rueda de alfarero. **III.** *vn.* rodar, girar, dar vueltas; (fam.) ir en bicicleta; (a veces con **about** o **around**) cambiar de rumbo o de opinión.
wheelbarrow [-bærou̯], *s.* carretilla.
wheeler [-œ(r)], *s.* rodador, girador; caballo de varas; el o lo que rueda o da vueltas; vapor de ruedas.
wheeler-dealer [hwílœrdílœ(r)], *s.* (E. U., fam.) negociante arrojado.
wheelhouse [-hau̯s], *s.* (mar.) timonera.
wheeling [-i̯ŋ], *s.* transporte sobre ruedas; (fam.) ciclismo, paseo en bicicleta; estado de un camino carretero; rotación; (mil.) vuelta, conversión.
wheelman [-mạn], *s.* (mar.) timonero, timonel; (dep.) biciclista, ciclista.
wheelwork [-wœrk], *s.* rodaje, conjunto de ruedas de una máquina.
wheelwright [-rai̯t], *s.* carretero, aperador, carpintero de carretas.
wheeze [hwiz]. **I.** *vn.* resollar con dificultad y ronquera o ruido silbante. **II.** *s.* resuello difícil y ronco (ll. t. **wheeziness, wheezing** [-i̯nis, -i̯ŋ]); (fam.) chiste viejo, cuento viejo.—**wheezy** [-i̯], *a.* que resuella con dificultad.
whelk [hwelk], *s.* (zool.) buccino, caracol de mar; (med.) pápula, roncha, pústula.
whelm [hwelm], *va.* sumergir, anegar; sobrepujar, subyugar; destruir.
whelp [hwelp]. **I.** *s.* (zool.) cachorro, perrezno; osezno (de oso); (despec.) mozalbete; (mar.) guardainfante; (mec.) diente de engranaje. **II.** *vn.* parir (la hembra de animal carnívoro).
when [hwen], *adv.* y *conj.* cuando, al tiempo que, mientras que; que, en que (*the day when he arrived*, el día (en) que llegó); en cuanto, así que, tan pronto como; y entonces (*I waited till noon, when I went home*, esperé hasta mediodía, y entonces me fuí a casa).—**since w.?** ¿desde cuándo? ¿de cuándo acá?
whence [hwens], *adv.* de donde o desde donde, de que o quien; de qué causa; de ahí que, por eso es por lo que; por consiguiente.
whencesoever [-soévœ(r)], *adv.* de dondequiera, de cualquier paraje que sea.
whene'er, when(so)ever [hwenér, hwen(so)-évœ(r)], *adv.* cuando quiera que, siempre que, en cualquier tiempo que sea, todas las veces que.
where [hwér], *adv.* donde, dónde; en donde, por donde, adonde.
whereabout(s [-ạbau̯t(s]. **I.** *s.* paradero. **II.** *adv.* donde, dónde, en qué lugar.
whereas [-ǽz], *conj.* considerando; por cuanto, visto que, en vista de que, puesto que, siendo así que; mientras que, al paso que.
whereat [-ǽt], *adv.* a lo cual, con lo cual; en qué, por qué, de qué. *V.* WHEREUPON.
whereby [-bái̯], *adv.* por lo cual, con lo cual, por donde, de que; por medio del cual; ¿por qué? ¿cómo?
where'er [-ér], *contr.* de WHEREVER.
wherefore [-fɔr]. **I.** *adv.* por lo cual; por qué; por eso. **II.** *s.* porqué, causa, motivo.
wherefrom [-frám], *adv.* de donde.
wherein [-ín], *adv.* donde, en donde, en lo cual; en qué, (en) dónde.
whereinto [-íntu], *adv.* en donde, dentro de lo que o dentro de lo cual, en lo cual.
whereof [-áv], *adv.* de lo cual, de (lo) que; cuyo; de qué, de quién.
whereon [-án], *adv.* en que; sobre lo cual, sobre que; en qué.
wheresoe'er, wheresoever [-soé(v)œ(r)], *adv.* y *conj.* dondequiera (que), en cualquier parte que, en cualquier sitio que sea.
whereto [-tú], (ant.) **whereunto** [-ʌ́ntu], *adv.* a lo que, a que; donde, adónde; a qué.
whereupon [-ʌpán], *adv.* sobre lo cual, después de lo cual, con lo cual; entonces; en qué, sobre qué.
wherever [-évœ(r)], *adv.* dondequiera que o por dondequiera que, adondequiera que.
wherewith [-wíð], **wherewithal** [-wi̯ðól]. **I.** *adv.* con que, con lo cual; ¿con qué? **II.** [hwér-wi̯ðəl], *s.* dinero necesario, (fam.) cumquibus.
wherry [hwéri̯]. **I.** *s.* barquilla, chalana; botiquín. **II.** *va.* y *vn.* pasar, llevar o ir en barco, chalana, etc. —**wherryman** [-mạn], *s.* barquero.
whet [hwét], *va.* afilar, amolar; (con **on** o **forward**) estimular, incitar; aguzar o abrir el apetito.
whet(ting [-(i̯ŋ], *s.* afiladura, aguzadura, amoladura; aperitivo.
whether [hwéðœ(r)]. **I.** *conj.* si; sea, sea que, ora, ya.—**w. or no,** o **w. or not,** de un modo u otro; sea que . . . o que no . . .; tanto si . . . como si no (*whether you will or not*, que quieras, que no quieras). **II.** *pron.* (ant.) cual o cuál (de los dos).
whetstone [hwétstou̯n], *s.* aguzadera, amoladera, afiladera, piedra de afilar, eslabón, mollejón.
whetter [hwétœ(r)], *s.* amolador. *V.* WHETSTONE.
whew [hwi̯u], *interj.* ¡cáspita! ¡zambomba! ¡sopla!
whey [hwéi̯], *s.* suero.
wheyey, wheyish [-i̯, -i̯š], *a.* seroso.
which [hwi̯ch]. **I.** *a. interr.* y *rel.* qué, cuál (*which book have you?* ¿qué libro tiene Vd.?; *which sister did he marry?* ¿con cuál de las hermanas se casó?); cuyo, el cual, la cual, etc. (*for which reason*, por cuya razón, por la cual razón). **II.** *pron. rel.* e *interr.* que, el cual, la cual, lo cual, los cuales, las cuales; el que, la que, lo que, etc.; qué, cuál.—**w. is w.?** ¿cuál es cuál?—**w. of them?** ¿cuál de ellos?—**w. way?** ¿por dónde? ¿por qué camino?—**all of w., all w.,** todo lo cual.—**both of w.,** que . . . ambos, que (*the book and the hat, both of which are on the table*, el libro y el sombrero, que están [ambos] sobre la mesa).
whichever, whichsoever [-(so)évœ(r)], *pron.* y *a.* cualquiera (que), *pl.* cualesquiera; el que.
whidah bird [hwídạ bœrd], *s.* (orn.) viuda (ll. t. **widow bird**).
whiff [hwi̯f]. **I.** *s.* vaharada; fumada, fumarada, bocanada; soplo de viento; olor, sabor. **II.** *va.* soplar; fumar (cigarro, pipa, etc.). **III.** *va.* y *vn.* echar bocanadas o vaharadas; (fam.) oler (mal).
whiffet [-i̯t], *s.* pelagatos, nulidad.
whiffle [-l]. **I.** *va.* hacer bambolearse, sacudir; soplar, disipar, desvanecer; tremolar. **II.** *vn.* vacilar, cambiar de rumbo o de opinión; soplar a ráfagas ligeras; revolotear; revolverse; echar bocanadas.—**whiffler** [-lœ(r)], *s.* veleta (persona); fumador que echa bocanadas de humo.
whiffletree [-ltri], *s.* (carr.) balancín, volea. *V.* SWINGLETREE.
Whig [hwíg]. **I.** *s.* (Ingl., pol.) partido liberal; liberal; (E. U., pol.) partidario de la independencia en 1776; partido centralista, predecesor del actual partido republicano. **II.** *a.* pert. a dicho partido.
Whiggery [-œri̯], **Whiggism** [-i̯zm], *s.* credo del partido *whig.*
while [hwái̯l]. **I.** *s.* rato; tiempo.—**a (little) w. ago,** hace poco rato, no hace mucho.—**all this w.,** en todo este tiempo.—**at whiles,** a ratos; de cuando en cuando.—**a w. after,** poco después, a poco.—**between whiles,** de cuando en cuando, a intervalos.—**for a w.,** por algún tiempo.—**little w.,** ratito.—**the w.,** mientras tanto, entre tanto.—**to be worth w.,** valer la pena. **II.** *conj.* mientras (que), en tanto que, al mismo tiempo que; aun cuando, si bien. **III.** *va.* (gen. con **away**) pasar, entretener (el tiempo).
whilom [-ọm]. **I.** *a.* (poét.) antiguo, que fué. **II.** *adv.* antiguamente, en otro tiempo; a veces.
whilst [-st], *conj.* = WHILE.
whim [hwím], **whims(e)y** [-zi̯], *s.* antojo, capricho, fantasía; (min.) malacate, cabria, trucha (ll. t. **w. gin**).
whimper [hwímpœ(r)]. **I.** *vn.* sollozar, plañir, quejarse; lloriquear, (fam.) gimotear. **II.** *va.* decir lloriqueando, etc. **III.** *s.* plañido, quejido; lloriqueo, (fam.) gimoteo.

whimsical [hwímzịkạl], *a.* caprichoso, caprichudo.
whimsicality [-kǽlịtị], *s.* extravagancia, capricho, ridiculez.—**whimsically** [-ị], *adv.* caprichosamente, de un modo raro.—**whimsicalness** [-nịs], *s.* rareza, singularidad, extravagancia.
whin [hwịn], *s.* (bot.) aliaga, aulaga, tojo, retama.
whine [hwaịn]. **I.** *vn.* gemir, plañir, quejarse, lamentarse; lloriquear, (fam.) gimotear. **II.** *s.* quejido, plañido, lamento; lloriqueo, (fam.) gimoteo.
whinny [hwínị]. **I.** *vn.* relinchar. **II.** *s.* hin; relincho.
whip [hwíp]. **I.** *va.* azotar, fustigar, flagelar; zurrar, vapular, tundir; (fam.) vencer, batir, ganar a; (agr.) trillar; (coc.) batir (huevos, crema); (cost.) sobrecoser; enrollar, envolver un cabo, soga, palo, etc., con cuerdecilla; (mar.) izar con candaliza.—**to w. away,** arrebatar, llevarse.—**to w. in,** meter con violencia; reunir, hacer juntar; mantener juntos.—**to w. into shape,** poner en debida forma o en forma final.—**to w. off,** ahuyentar a latigazos; sacar, quitar de repente; despachar prontamente.—**to w. on,** poner(se) rápidamente.—**to w. out,** arrebatar; sacar prontamente.—**to w. up,** agarrar, coger de repente; arreglar o preparar al instante; (mar.) izar con la candaliza.—**whipped cream,** nata o crema batida. **II.** *vn.* (gen. con **away, off,** etc.) echar a correr, marcharse de prisa; obrar con ligereza; echar repetidas veces el anzuelo al agua.—**to w. down,** bajar corriendo o volando.—**to w. out,** zafarse, escaparse.—**to w. up,** subir corriendo. **III.** *s.* azote; látigo, zurriago, fusta, (Am.) fuete; latigazo; cochero, mayoral; vibración; movimiento circular de vaivén; aspa de molino de viento; (coc.) huevos batidos con leche, etc., (Am.) caspiroleta; (pol.) diputado encargado de velar por los intereses de su partido en el Parlamento o Congreso; exhortador, llamador; (caz.) perrero, el encargado de mantener juntos los perros; (mec.) malacate, izador.—**w. and spur,** a uña de caballo.—**w. graft, graftage,** o **grafting,** (hort.) injerto machihembrado o de lengüeta.—**w. hand,** mano (*f.*) del látigo; mano derecha; (fig.) ventaja.—**w. money,** agujetas.
whipcord [-kɔrd], *s.* mecha o tralla del látigo; (tej.) cierto paño fuerte. *V.* CATGUT.
whipgraft [-græft], *va.* (hort.) injertar a lengüeta y ranura, o por unión machihembrada.
whiplash [-læŝ], *s.* fusta del látigo.
whipper [-œ(r)], *s.* azotador; batidor.
whippersnapper [-œrsnæpœ(r)], *s.* títere, (fam.) mequetrefe, ñiquiñaque.
whippet [-ịt], *s.* especie de perro lebrero; (mil.) tanque ligero (ll. t. **w. tank**).
whipping [-ịŋ]. **I.** *s.* azotamiento, flagelación, vapuleo, zurriazgo. **II.** *a.* de azotar, para azotar; azotador.—**w. boy** = SCAPEGOAT.—**w. post,** poste de flagelación, al cual se ata a los reos para azotarlos.—**w. top,** trompo, peonza.
whippletree [hwípltri], *s.* (carr.) volea, balancín.
whippoorwill [hwịpurwíl], *s.* (orn.) chotacabras americana.
whipsaw [hwípsɔ], *s.* sierra larga y angosta de bastidor para cortes longitudinales.
whipstaff [-stæf], *s.* (mar.) pinzote; puño del látigo.
whipster [-stœ(r)], *s.* mequetrefe (fam.); azotador.
whipstitch [-stịch]. **I.** *va.* (cost.) sobrecoser. **II.** *s.* sobrecostura.
whir(r [hwœr]. **I.** *va.* y *vn.* girar; zumbar; (hacer) rehilar. **II.** *s.* zumbido, aleteo.
whirl [hwœ́rl]. **I.** *va.* y *vn.* girar, rodar, voltejear, dar vueltas, remolin(e)ar, danzar. **II.** *s.* giro, vuelta, rotación, volteo, remolino.
whirlbone [-boụn], *s.* (anat.) rótula, choquezuela.
whirligig [-ịgig], *s.* perinola; tiovivo; (ent.) girino.
whirlpool [-pul], *s.* vórtice, vorágine, *f.*, remolino.
whirlwind [-wịnd], *s.* torbellino, remolino de viento, tifón.
whirly-bird [hwœ́rlịbœrd], *s.* (E. U., fam.) helicóptero.
whirr [hwœr], *v.* y *s.* = WHIR.
whish [hwịŝ]. **I.** *s.* zumbido de una varita que corta el aire. **II.** *vn.* = WHIZ y SWISH.
whisk [hwịsk]. **I.** *s.* escobilla, cepillo (ll. t. **w. broom**); movimiento rápido; (coc.) batidor; manojo de heno o paja. **II.** *va.* cepillar, barrer, arrastrar; (con **away, off**) arrebatar, llevarse. **III.** *vn.* hopear, menear la cola; moverse con velocidad; marcharse de prisa.
whisker [hwískœ(r)], *s.* (gen. *pl.*) patilla; barba; bigotes del gato, de la rata, etc.
whiskered [-d], *a.* patilludo, barbudo.
whisk(e)y [hwískị], *s.* whisk(e)y, wiski, aguardiente de semillas.
whisper [hwíspœ(r)]. **I.** *va.* y *vn.* cuchichear, secretear, decir al oído; murmurar, susurrar; apuntar, soplar o sugerir. **II.** *s.* cuchicheo; susurro, murmullo.—**whisperer** [-œ(r)], *s.* cuchicheador; susurrador.—**whispering** [-ịn]. **I.** *s.* cuchicheo; susurro o murmullo. **II.** *a.* de cuchicheo, baja (la voz); murmurante, susurrante.
whist [hwịst]. **I.** *a.* (ant.) silencioso, mudo, callado. **II.** *interj.* ¡chitón! ¡punto en boca! **III.** *s.* whist (juego de naipes).
whistle [hwísl]. **I.** *va.* y *vn.* silbar; chiflar.—**to w. for,** llamar silbando; (fam.) buscar en vano. **II.** *s.* silbo, silbido, (re)chifla (sonido); silbato, pito, chifl(at)o (instrumento); silbido del viento; (fam.) gaznate.—**to pay (too) dear for one's w.,** pagar demasiado cara una chuchería.—**to wet one's w.,** (fam.) remojar el gaznate.
whistler [hwíslœ(r)], *s.* silbador.
whistle stop, *s.* (E. U., fam.) lugarejo, ciudad de poca importancia.
whistling [hwíslịŋ]. **I.** *s.* silbido, chiflido. **II.** *a.* silbante, silbador, silboso.
whistling buoy, *s.* (mar.) boya de silbato.
whit [hwịt], *s.* ápice, jota, punto, (fam.) pizca.
white [hwáịt]. **I.** *a.* blanco, (poét.) cano, albo; cano (pelo, barba); candeal (trigo, pan); puro, inmaculado; inocente; feliz, propicio; de plata; de vestiduras o hábitos blancos; (blas.) argén; (pol.) monarquista; antirrevolucionario.—**w. alkali,** (agr.) depósito blanco de sales de sodio y magnesio; (com.) carbonato sódico calcinado y refinado.—**w. ant,** (ent.) comején, hormiga blanca, termita.—**w.-breasted,** pechiblanco.—**w. bronze,** bronce claro, rico en estaño.—**w. city,** (fam.) lugar de diversiones.—**w. coal** = WATER POWER.—**w.-collar,** de o pert. a los dependientes, empleados de oficina, hombres profesionales, etc.—**w. corpuscle,** (anat.) leucocito.—**w. crop,** cereal (apl. esp. al ya maduro en la planta).—**w. damp,** gas venenoso de las minas de carbón (se cree ser óxido de carbono).—**w. elephant,** (zool. y fam.) elefante blanco; carga, fardo, posesión estorbosa o gravosa.—**w.-eyed,** ojiblanco.—**w.-faced,** pálido; cariblanco.—**w. feather,** (fig.) cobardía o señal (*f.*) de cobardía.—**w. flag,** (mil.) bandera de parlamento o de rendición.—**w. flux,** (metal.) castina blanca de carbonato potásico.—**w.-footed,** patiblanco, patialbo, maniblanco, manialbo.—**W. Friar,** (igl.) carmelita, *m.*—**w.-fronted,** cariblanco.—**w. gold,** aleación blanquizca de oro.—**w.-handed,** maniblanco; puro, inocente, de manos limpias (fig.); (zool.) = W.-FOOTED.—**w. heat,** rojo blanco, candencia, incandescencia; (fig.) fiebre, *f.*, sumo acaloramiento, exacerbación.—**w.-hot,** calentado al (rojo) blanco.—**W. House,** Casa Blanca, palacio presidencial de los E. U.—**w. iron,** fundición blanca; hierro estañado, hojalata.—**w. lead,** albayalde, cerusa.—**w. lie,** mentirilla, mentira oficiosa.—**w. lily,** azucena.—**w. list,** lista de gente favorecida, digna de confianza, etc.; (com., E. U.) lista de las transacciones de la bolsa.—**w.-livered,** pálido, débil; co-

barde.—**w. magic,** magia blanca.—**w. matter,** (anat.) substancia blanca, tejido nervioso (del cerebro y médula espinal).—**w. meat,** pechuga; carne (*f.*) de ternera o cerdo.—**w. metal,** régulo como de 78% de cobre; (com., ind.) maillechort y otras aleaciones blancas semejantes.—**w. oak,** roble blanco.—**w. paper,** papel blanco; informe ,oficial.—**w. pine,** (bot.) pino blanco.—**w. plague** (med.) tisis.—**w. poplar,** álamo blanco.—**w. potato,** (bot.) patata blanca o común.—**w. rat,** rata blanca.—**w. sauce,** (coc.) salsa blanca.—**w. slave,** víctima de la trata blanca, mujer forzada a vivir en la prostitución.—**w. slaver,** traficante en mujeres para la prostitución.—**w. slavery,** trata de blancas.—**w. sugar,** azúcar blanco, refino o de flor.—**w. vitriol,** (quím.) vitriolo blanco, sulfato de cinc. **II.** *s.* blanco (color); pintura blanca; blanco, persona blanca; (ant.) blanco, o centro del blanco (a que se tira); clara (del huevo); (anat.) lo blanco de los ojos, esclerótica; (impr.) espacio en blanco; (pol.) monarquista; reaccionario, antirrevolucionario.—*pl.* **whites,** (med.) flores blancas, leucorrea; flor de harina. **III.** *va.* y *vn.* = WHITEN.

whitebait [-beit], *s.* (ict.) sardineta; arenques o boquerones pequeños.

whitecap [-kæp], *s.* (mar.) cabrilla; (**W.**, E. U.) miembro de una sociedad secreta de hombres enmascarados que castigan cruelmente a los vecinos que faltan a la moral.

whitefish]-fiŝ], *s.* (ict.) pez parecido al salmón.

whiten [-n], *va.* y *vn.* blanquear(se), emblanquecer(se).—**whitener** [-œ(r)], *s.* blanqueador.

whiteness [-nis], *s.* blancura, albura, albor; palidez; pureza, candor.

whitening [-niŋ], *s.* blanqueo, emblanquecimiento; enjalbegadura; lechada.

whitewash [-waŝ]. **I.** *s.* (alb.) jalbegue, lechada, blanqueo; blanquete (afeite); informe en que se encubren las faltas de alguno.—**w. brush,** brochón. **II.** *va.* (alb.) blanquear, enlucir, encalar; encubrir (las faltas o defectos de alguno); (fam., Ingl.) poner a un deudor insolvente al abrigo de procedimientos ulteriores; (fam.) en el juego y en varios deportes, dejar al contrario zapatero o sin ganar un solo tanto.

whitewasher [-œ(r)], *s.* enjalbegador, blanqueador.

whitewashing [-iŋ], *s.* blanqueo, encaladura, jalbegue, enlucido; (fig.) cohonestación.

whitewood [-wud], *s.* (bot.) tulipero.

whither [hwíðœ(r)], *adv.* (poét.) adonde; adónde, a qué parte.—**whithersoever** [-soévœ(r)], *adv.* adondequiera, al lugar que fuere.

whiting [hwáitiŋ], *s.* blanco de España, yeso blanco, tiza; (ict.) fice, romero, especie de merluza o pescadilla.

whitish [hwáitiŝ], *a.* blanquizco, blanquecino.

whitishness [-nis], *s.* color blanquizco.

whitleather [hwítlɛðœ(r)], *s.* (ten.) baldés; (zool.) ligamento de la nuca (ll. t. **white leather**).

whitlow [hwítlou], *s.* (med.) panadizo.

whitlowwort [-wœrt], *s.* (bot.) nevadilla.

Whitsunday [hwítsʌndei], *s.* (igl.) domingo de Pentecostés.—**Whitsuntide** [-taid], *s.* pascua de Pentecostés.

whittle [hwítl]. **I.** *va.* cortar, tallar, cercenar, mondar; aguzar, sacar punta. **II.** *vn.* cortar un pedazo de madera con cuchillo.

whiz(z [hwiz]. **I.** *vn.* zumbar o silbar; rehilar (flecha, etc.); pasar o ir muy a prisa. **II.** *s.* sonido entre zumbido y silbido; (fam.) perito; persona muy experta en cierta materia o especialización; cosa excelente.

who [hu], *pron., interr.* y *rel.* quién(es); quien(es), que, el, la, los, las que, el, la, los, las cual(es).—**as w. should say,** (ant.) como quien dice, como si dijéramos.

whoa [hwou], *interj.* ¡so! ¡cho! ¡jo!

whodunit [hudʌ́nit], *s.* (fam.) novela policíaca.

whoever [huévœ(r)], *pron.* quienquiera que, cualquiera que; quien, el que, la que, etc.

whole [hóul]. **I.** *a.* todo; entero, completo, total; íntegro, intacto; enterizo, continuo; sano; ileso.—**w. brother, w. sister,** hermano, hermana carnal.—**w.-hearted,** sincero; enérgico, activo.—**w.-heartedly,** sinceramente, de todo corazón; con tesón.—**w. note,** (mús.) semibreve, *f.*, redonda.—**w. number,** (arit.) número entero.—**w.-wheat bread,** morena, pan íntegro, pan moreno de trigo entero.—**of w. cloth,** sin fundamento, por invención.—**the w.** (seguido de substantivo), todo el (*the whole country,* todo el país). **II.** *s.* total, totalidad, conjunto, todo.—**as a w.,** en conjunto.—**on,** o **upon, the w.,** en conjunto; en general.

wholeness [-nis], *s.* todo, integridad, totalidad; calidad de entero.

wholesale [-seil]. **I.** *a.* y *adv.* (com.) (al) por mayor; en grande.—**w. house,** (Am.) casa mayorista. **II.** *s.* venta o comercio (al) por mayor.—**by w.,** (al) por mayor. **III.** *va.* y *vn.* vender (al) por mayor.

wholesaler [-œ(r)], *s.* comerciante (al) por mayor; (Am.) mayorista.

wholesome [-sʌm], *a.* sano, saludable, salutífero; edificante.—**wholesomely** [-li], *adv.* saludablemente.—**wholesomeness** [-nis], *s.* calidad de saludable o sano; sanidad, salubridad.

wholly [-i], *adv.* totalmente, enteramente, del todo, por completo.

whom [hum], *pron.* (caso oblicuo de WHO) a quién(es); a quien(es), que, al que o al cual, etc.—**by w.,** por quien, por el que o el cual, etc.—**than w.** *V.* THAN.

whom(so)ever [-(so)évœ(r)], *pron.* (caso oblicuo de WHOSOEVER) a quienquiera o cualquiera que.

whoop [hup]. **I.** *s.* grito; alarido; estertor de la tos ferina; chillido del buho. **II.** *va.* expresar, alentar, vitorear, incitar, insultar, etc., a gritos.—**to w. it up,** (fam.) jaranear, armarla. **III.** *vn.* huchear, chiflar, gritar, vocear; respirar ruidosa y convulsivamente, como después de un paroxismo de tos.—**whooping cough,** (med.) tos ferina, coqueluche, *f.*

whoopee [hwúpi], *s.* (fam.) gran parranda, holgorio o jolgorio, diversión bulliciosa.

whooping crane, *s.* (orn.) tipo de grulla blanca conocida por su grito característico.

whopper [hwápœ(r)], *s.* (fam.) mentira o bola colosal; cosa extraordinaria, non plus ultra.

whopping [-iŋ], *a.* (fam.) colosal, ingente.

whore [hór]. **I.** *s.* prostituta, ramera, puta. **II.** *va.* prostituir. **III.** *vn.* prostituirse, hacer de prostituta; (fam.) put(añ)ear; (bib.) adorar dioses falsos.—**whoredom** [-dom], *s.* prostitución; clase (*f.*) de las prostitutas; (bib.) idolatría.—**whorish** [-iŝ], *a.* lascivo, putesco.

whorl [hwœrl], *s.* (tej.) tortera o tortero, volante (de la rueca), nuez (del huso); (bot.) verticilo; (zool.) espira del caracol marino.

whorled [-d], *a.* verticilado.

whortleberry [hwœ́rtlberi], *s.* (bot.) variedad de arándano, planta vacciniea.

whose [huz], *pron.* y *a. rel.* e *interr.* (genitivo de WHO y WHICH) cuyo, cuya, cuyos, cuyas, de quien(es) (*the author whose name I recall,* el autor cuyo nombre recuerdo, o de quien recuerdo el nombre); de quién(es) (*whose hat is this?* ¿de quién es este sombrero?).

whoso(ever [huso(évœ(r)], *pron.* *V.* WHOEVER.

why [hwai]. **I.** *adv.* ¿por qué? ¿para qué? ¿a qué?; por qué, por el cual, etc. (vg.: *the reason why,* la razón por la cual; *we don't know why,* no sabemos por qué). A veces se cambia el giro (*that is why,* es por eso que). **II.** *interj.* ¡cómo! ¡toma! ¡qué! ¡ca! A veces se traduce por si: *why, I just saw it,* si lo acabo de ver; *why, he must be crazy,* si debe de estar loco. Se usa a menudo para dar énfasis, y no se traduce: *why, certainly,* por supuesto, ciertamente. **III.** *s.*

el porqué, la causa.—**the w. and wherefore,** el porqué y la razón.
wick [wịk], *s.* mecha, pabilo, torcida.
wicked [wíkịd], *a.* malo, malvado, perverso, inicuo; travieso, picaresco.—**wickedly** [-lị], *adv.* inicuamente, perversamente.—**wickedness** [-nịs], *s.* maldad, iniquidad, perversidad; impiedad.
wicker [wíkœ(r)]. **I.** *a.* mimbroso, tejido de mimbres. **II.** *s.* mimbre.—**wickerwork** [-wœrk], *s.* cestería, artículos de mimbre.
wicket [wíkịt], *s.* portillo, postigo, portezuela; meta (en el juego de criquet).
wicking [wíkịŋ], *s.* mechas, *f. pl.;* material para mechas; material fibroso trenzado o torcido.
wide [wáịd]. **I.** *a.* ancho, anchuroso; holgado; vasto, dilatado; extenso, amplio, espacioso; del ancho de, de ancho (*five inches wide,* cinco pulgadas de ancho); remoto, apartado, lejano; comprensivo; muy abierto.—**w. ga(u)ge** = BROAD GA(U)GE. **II.** *adv.* lejos, a gran distancia; anchamente; extensamente; descaminadamente; fuera de lugar o del caso.—**w.-awake,** muy despierto, vigilante.—**w.-eyed,** de ojos muy abiertos.—**w.-mouthed,** boquiancho.—**w.-open,** abierto de par en par.
widely [-lị]. *adv.* lejos, a gran distancia; extensivamente; muy, mucho; ancha u holgadamente.
widen [-n]. **I.** *va.* ensanchar, extender, ampliar, dilatar; abocardar. **II.** *vn.* ensancharse, dilatarse.
wideness [-nịs]. *s.* anchura.
widespread [-spred], *a.* esparcido, difuso, diseminado; general, extenso.
widgeon [wídžọn], *s.* (orn.) cerceta, zarceta.
widow [wídoụ]. **I.** *s.* viuda.—**w.'s pension,** viudedad.—**w.'s weed,** luto de una viuda. **II.** *va.* dejar viuda; privar de una cosa muy útil.—**widowed** [-d], *a.* enviudado, -da; privado.—**widower** [-œ(r)], *s.* viudo.—**widowhood** [-hụd], *s.* viudez.
width [wịdθ], *s.* anchura, ancho.
wield [wíld], *va.* esgrimir; manejar; (fig.) empuñar (el cetro); mandar, gobernar.—**wielder** [-œ(r)], *s.* esgrimidor.—**wieldy** [-ị], *a.* manejable.
wiener(wurst [wínœr(wœrst], *s.* especie de salchicha.
wife [wáịf], *s.* (*pl.* WIVES) esposa, mujer, señora, (fam.) costilla, media naranja, oíslo.
wifehood [-hụd], *s.* estado de la mujer casada.
wifeless [-lịs], *a.* sin mujer; soltero o viudo.
wifely [-lị], *adv.* como mujer casada.
wig [wịg], *s.* peluca; (fam.) juez, *m.;* regaño.
wigged [-d], *a.* con peluca, de peluca.
wiggle [wígl]. **I.** *va.* y *vn.* menear(se) rápidamente; culebrear. *V.* WRIGGLE. **II.** *s.* culebreo; meneo.—**to get a w. on,** (fam.) apresurarse.—**wiggler** [wíglœ(r)], *s.* el o lo que se menea o culebrea; (ent.) larva de mosquito.
wight [waịt], *s.* (ant. o despec.) tipo, sujeto.
wigmaker [wígmeịkœ(r)], *s.* peluquero, fabricante de pelucas.
wigwag [wígwæg]. **I.** *va.* y *vn.* mover(se) rápidamente de un lado a otro; menear(se); (hacer) ondear; (mil. y mar.) comunicar(se) por señales, banderolas, etc. **II.** *s.* comunicación por señales.
wigwam [wígwam], *s.* tienda o vivienda de los indios norteamericanos; (fam., E. U.) gran edificio público para reuniones políticas, etc.
wild [wáịld]. **I.** *a.* silvestre (ú. de plantas, aves y animales); rusticano (ú. de plantas); salvaje; selvático, montés, montaraz; cerril, indómito, fiero, feroz, bravo, (Am.) bagual, cimarrón (ú. de animales); inculto, desierto, despoblado; turbulento, alborotado, borrascoso; atronado, alocado; descabellado o disparatado; desenfrenado, libre, desarreglado o desordenado; extravagante, estrafalario o insensato; impetuoso, violento, fogoso.—**w. ass,** (zool.) onagro.—**w. beast,** fiera.—**w. boar,** jabalí.—**w. carrot,** (bot.) dauco.—**w. duck,** pato salvaje.—**w. flower,** flor silvestre, flor rusticana.—**w. fowl,** aves de caza.—**w. goat,** cabra montés.—**w. goose,** (orn.) ganso silvestre.—**w.-goose chase,** (fig.) caza infructuosa; empresa quimérica.—**w. life,** fauna, animales salvajes; caza.—**w. marjoram,** (bot.) orégano silvestre.—**w. mustard,** ajenabo.—**w. oats,** (fig.) excesos de la juventud.—**w. olive,** acebuchina.—**w.-olive tree,** (bot.) oleastro, acebuche.—**w. rye,** (bot.) ballico o vallico. **II.** *adv.* sin cultivo; salvajemente; desatinadamente.—**w.-eyed,** enfurecido, furioso; desvariado. **III.** *s.* desierto, yermo, selva o tierra virgen.
wildcat [-kæt]. **I.** *s.* (zool.) gato montés; negocio arriesgado; pozo (de petróleo) de prueba o de exploración; (fam.) locomotora sin vehículos. **II.** *a.* atolondrado, descabellado; quimérico, sin fundamento; ilícito, no autorizado.—**w. bank,** (E. U., fam.) banco que emitía billetes sin valor.—**w. strike,** (e. p.) huelga no autorizada por el sindicato obrero.
wildebeest [wíldẹbist], *s.* (zool.) gnú.
wilder [wíldœ(r)]. **I.** *va.* (poét.) despistar, confundir. **II.** *vn.* (poét.) extraviarse; confundirse.
wilderness [wíldœrnịs], *s.* desierto, yermo; soledad; multitud confusa, (fam.) mezcolanza; la inmensidad del mar.
wildfire [wáịldfaịr], *s.* fuego griego; fuego fatuo; fucilazo; (ant., med.) erisipela; sarpullido.—**like w.,** muy rápidamente, como un relámpago.
wilding [-ịŋ]. **I.** *s.* planta o animal silvestre. **II.** *a.* inculto; indómito.
wildly [-lị], *adv.* sin cultivo; salvajemente; desatinadamente.
wildness [-nịs], *s.* selvatiquez; tosquedad, rusticidad; rudeza, brutalidad, ferocidad; travesura; desvarío, locura.
wile [waịl]. **I.** *va.* engañar, sonsacar, (fam.) engatusar, embaucar; (con **away**) pasar (el rato). **II.** *s.* ardid, *m.,* red, superchería, treta, fraude, engaño; astucia, artería.
wilful [wílfụl], *a.* voluntarioso, testarudo; voluntario, premeditado.—**wilfully** [-ị], *adv.* voluntariosamente; voluntariamente, intencionadamente.—**wilfulness** [-nịs], *s.* terquedad, obstinación, voluntariedad; intención, premeditación.
wilily [wáịlịlị], *adv.* astutamente, arteramente, con astucia.—**wiliness** [wáịlịnịs], *s.* artería, astucia.
will [wịl], *va.* y *vn.* Debe considerarse bajo tres aspectos: 1. *defectivo;* 2. *auxiliar;* 3. *regular.*—1. Como defectivo, no tiene más tiempos que el indicativo presente (WILL en todas las personas, menos la 2a. del singular, que es [ant. o poét.] WILT), el pretérito y el subjuntivo (WOULD para todas las personas menos la 2a. del singular, que es [ant. o poét.] WOULDST), y significa desear: *what wilt thou?* ¿qué deseas? *come when you will,* venga Vd. cuando guste; *would God it were daylight,* pluguiera a Dios (u ojalá) que fuese de día.—2. Como auxiliar, tiene igualmente los tres tiempos citados, que se anteponen a un infinitivo (sin la partícula *to*) para formar el futuro de indicativo o de subjuntivo del segundo verbo, con la particularidad de que en las primeras personas significa determinación, voluntad, promesa, o amenaza, por parte del que habla, mientras que en las otras personas sólo indica tiempo futuro (véase SHALL): *I will go by all means,* iré a todo trance; *I suppose he will go too,* supongo que él irá también. A menudo el infinitivo se subentiende: *he will not go, but she will* (*go*), él no irá, pero ella sí. A veces se usa enfáticamente en las segundas y terceras personas para denotar voluntad o determinación: *if you will go, then go,* si quieres ir, vé. Otras veces indica costumbre o persistencia: *he will sit for hours by the fire,* se pasa las horas junto a la lumbre; *he would get up early,* se levantaba, o acostumbraba o solía levantarse temprano. Ú. t. para indicar propiedades físicas: *platinum will not rust,* el platino no se enmohece. En preguntas de cortesía, se usa en el sentido de "¿me hace Vd. el favor?" etc.: *will you tell me the time?* ¿me hace Vd.

el favor de decirme la hora? —3. Como verbo regular (*pret.* y *pp.* WILLED, *ger.* WILLING; *pres. ind. I* WILL, *thou* WILT, *he* WILLS; *we, you, they,* WILL), significa: querer, estar resuelto a, resolver, determinar, tener o determinar la voluntad; disponer, mandar, ordenar; (for.) legar, dejar en testamento; sugestionar, hipnotizar. Cuando va seguido de infinitivo, éste retiene la partícula *to: I will to raise my arm, but cannot,* tengo la voluntad de levantar el brazo, pero no puedo; *I will my estate to be distributed,* dispongo que mis bienes se repartan. —**w. I, nill I; w. he, nill he,** quiera o no quiera. *V.* WILLY-NILLY.

will, *s.* voluntad, facultad de querer; albedrío; discreción; volición; decisión; intención, resolución, determinación; gana, inclinación, deseo; precepto, mandato; (for.) testamento.—**w.-o'-the-wisp,** fuego fatuo.—**w. power,** fuerza de voluntad.—**at w.,** a gusto, a voluntad, a discreción.—**thy w. be done,** hágase tu voluntad. —**to have one's w.,** salirse uno con la suya; hacer lo que quiera.—**to make one's w.,** hacer testamento, disponerse.—**with a w.,** con toda el alma, con todo el corazón.

willful, *a.*, **willfully,** *adv.*, etc. = WILFUL, etc.

willies [wíliz], *s. pl.* (fam.) ataque de nervios; pavor, miedo pánico.

willing [wíliŋ], *a.* gustoso, dispuesto, pronto, complaciente; espontáneo, voluntario.

willingly [-li], *adv.* voluntariamente; de buena gana, con gusto.—**willingness** [-nis], *s.* buena voluntad, buena gana, gusto, complacencia.

willow [wílou]. **I.** *s.* (bot.) sauce, salce, mimbrera, bardaguera; (mec.) diablo, máquina para limpiar el algodón.—**w. oak,** (E. U.) roble con hojas parecidas a las del sauce.—**w. plot,** saucedal, salceda. **II.** *va.* limpiar (fibras).—**willowish** [-iŝ], *a.* parecido al sauce.—**willowy** [-i], *a.* mimbreño, sarguero; lleno de sauces; que se cimbrea, esbelto.

willy [wíli], *va.* limpiar (algodón, etc.).

willy-nilly [-níli]. **I.** *a.* irresoluto. **II.** *adv.* quieras o no quierás, de grado o por fuerza, de buen o mal grado, (fam.) velis nolis.

wilt [wilt]. **I.** *va.* marchitar, ajar. **II.** *vn.* agostarse, marchitarse, secarse; descaecer; (fam.) amansarse; irse con el rabo entre piernas. **III.** *s.* (agr.) enfermedad hongosa que causa marchitamiento.

wilt, (poét.) 2*a. pers. sing. pres. ind.* de WILL.

wily [wáili], *a.* astuto, marrullero.

wimble [wímbl], *s.* barrena, taladro.

wimple [wímpl], *s.* toca, griñón.

win [win], *va.* y *vn.* (*pret.* y *pp.* WON) ganar, vencer; lograr, conquistar, obtener, alcanzar; persuadir, atraer, arrastrar tras sí; prevalecer.—**to w. one's spurs,** ganar la dignidad de caballero; llevarse la palma; hacerse una reputación.—**to w. out,** triunfar, salir bien, lograr buen éxito.—**to w. the favor of,** caer en gracia a.

wince [wins]. **I.** *vn.* retroceder, recular; respingar. **II.** *s.* respingo; devanadera de tintorero.

winch [winch], *s.* (mec.) montacargas, malacate, torno, cabria, cabrestante; manubrio, cigüeña.

wind [wind; waind *en poesía*]. **I.** *s.* viento, aire; resuello, aliento, respiración; flatulencia, flato, ventosidad; palabrería; presunción, vanidad.—*pl.* (mús.) instrumentos de viento; los músicos que los tocan.—**w. aft,** (mar.) viento en popa. —**w. ahead,** viento por la proa o a fil de roda. —**w.-blown,** soplado o desarreglado por el viento.—**w.-borne,** llevado por el viento (polen, etc.).—**w.-bound,** detenido por vientos contrarios.—**w. brace,** contraviento, pieza de refuerzo contra el viento.—**w. bracing,** contravientos, *pl.*—**w. ga(u)ge,** anemómetro.—**w. instrument,** (mús.) instrumento de viento.—**w. on end** = W. AHEAD.—**w. on the beam,** (mar.) viento derrotero.—**w. sail,** aspa (de molino); (mar.) mang(uer)a de ventilación.—**w. tunnel,** (aer.) túnel aerodinámico.—**between w. and water,** a flor del agua.—**in the teeth of the w., in the w.'s eye,** de cara al viento. —**something is in the w.,** se trama algo, algo pasa, algo se prepara.—**to catch,** o **get, one's w.,** recobrar el aliento.—**to get w. of,** husmear, descubrir.—**to have the w. up,** (fam.) estar ansioso o alarmado; enojarse. **II.** *va.* dejar recobrar el aliento; ventear, husmear u olfatear; quitar el resuello a; airear, orear. **III.** [waind], *va.* (*pret.* y *pp.* WOUND) soplar; tocar un instrumento de viento (ú. esp. del cuerno).

wind [waind]. **I.** *va.* (*pret.* y *pp.* WOUND [waund] *o* WINDED [wáindid]) devanar, ovillar, encanillar (hilo, etc.); enrollar, arrollar; tejer; (re)torcer; dar cuerda a; manejar, dirigir, gobernar; perseguir, seguir las vueltas o los rodeos de; (mar.) virar; levantar o izar con torno.—**to w. a ship,** virar en redondo.—**to w. off,** desdevanar; desenrollar.—**to w. out,** desenmarañar, desenredar; salir de un enredo o laberinto.—**to w. up,** concluir, acabar, finalizar; devanar, ovillar; montar, excitar; dar cuerda a (un reloj). **II.** *vn.* enrollarse, arrollarse; (a veces con **up**) enroscarse; serpear, culebrear, serpentear; rodear, ir con rodeos, insinuarse; (re)torcerse, ensortijarse, retortijarse.—**to w. about,** enrollarse.—**to w. along,** serpentear, culebrear.—**to w. up,** (fam.) terminar, acabar; ir o dar a (la cárcel, etc.).

windage [wíndidẑ], *s.* (arti.) viento o huelgo de la bala.

windbag [wíndbæg], *s.* (fam.) palabrero vano.

windbreak [-breik], *s.* árboles o estructuras que sirven de abrigo contra el viento.

windbreaker [-breikœ(r)], *s.* chaqueta corta (contra el viento).

winded [-id], *a.* falto de aliento, sin resuello.

winder [wáindœ(r)], *s.* el o lo que devana, etc.; argadillo, devanador, devanadera, carretel, canilla; (bot.) enredadera; (arq.) escalón de abanico.

windfall [wíndfol], *s.* fruta caída del árbol; **ganga,** ganancia inesperada, (fam.) chiripa.

windflower [-flauœ(r)], *s.* (bot.) anemone, *f.*, anemona.

windgall [-gol], *s.* (vet.) aventadura, vejiga, agalla.

windhover [-hʌvœ(r)], *s.* (orn.) cernícalo.

windiness [-inis], *s.* ventolera; ventosidad, flatulencia, flato; hinchazón, *f.*, verbosidad, vanidad, presunción.

winding [wáindiŋ]. **I.** *s.* vuelta, revuelta, giro, rodeo; recodo, recoveco, tortuosidad; alabeo, comba, combadura; (elec., etc.) arrollamiento; (min.) extracción del mineral; (mar.) pitazo del contramaestre.—**w. engine,** (Ingl.) cabria; (min.) máquina de extracción.—**w. frame,** (tej.) devanadera, argadillo.—**windings and turnings,** vueltas y revueltas, recovecos.—**w. up,** acto de dar cuerda (a un reloj); liquidación; conclusión; desenlace. **II.** *a.* sinuoso, tortuoso; serpentino; enrollado; en espiral; de caracol (escalera, etc.).—**w. sheet,** mortaja, sudario; ladrón de vela o bujía.

windjammer [wínddžæmœ(r)], *s.* (mar., fam.) buque de vela; miembro de la tripulación.

windlass [wíndlas], *s.* (mec.) argüe, árgana, árgano, torno, cabria, montacargas; (min.) malacate; (mar.) cabrestante pequeño o molinete.

windless [wíndlis], *a.* sin viento, encalmado; sin resuello.

windmill [wíndmil], *s.* molino de viento; (aer.) turbina de aire.

window [wíndou], *s.* ventana; ventanilla (de coche, etc.); vidriera, escaparate (de tienda).—**w. blind,** persiana, celosía (en el interior); postigo, contraventana, puertaventana (en el exterior).—**w. case,** o **frame,** cuadro, bastidor o marco de ventana.—**w. curtain** = W. SHADE. —**w. dresser,** (com.) el que arregla los escaparates.—**w. fastener,** pasador.—**w. glass,** cristal o vidrio para ventanas.—**w. post,** jamba de ventana.—**w. sash,** bastidor o marco de vidriera.—**w. seat,** asiento o banco interior al pie de una ventana.—**w. shade,** transparente, visillo, (gal.) estor.—**w. shutter** = W. BLIND. —**w. sill,** antepecho o mesilla de ventana.—**w. stud,** montante o jamba de ventana.

windowed [-d], *a.* fenestrado.

windowpane [-pein], *s.* cristal o vidrio de ventana.

windowshop [-ŝap], *vn.* curiosear, husmear, mirar mercancías en una vidriera (sin comprarlas).

windpipe [wíndpaip], *s.* (anat.) tráquea; gaznate.

windrow [wíndrou]. **I.** *s.* (agr.) hilera de heno amontonado con el rastrillo; hilera doble de maíz para secar; hilera de árboles, yerba, etc., formada por el viento. **II.** *va.* arrollar (heno) en una hilera, rastrillar.

windscreen [wíndskrin], **windshield** [-ŝild], *s.* (aut.) parabrisa(s), *m.*, guardabrisa, *m.*—**w. wiper,** limpiavidrios del parabrisa.

windstorm [-storm], *s.* ventarrón, vendaval, huracán.

wind-up [wáind ʌp], *s.* conclusión, final, fin, desenlace.

windward [wíndwărd]. **I.** *a.* (mar.) de barlovento. —**W. Islands,** Islas de Barlovento.—**w. tide,** marea contraria al viento. **II.** *s.* barlovento.—**to lie to w.,** barloventear. **III.** *adv.* a barlovento.

windy [wíndi], *a.* ventoso; ventiscoso; borrascoso; expuesto al viento; vano, hinchado, pomposo; flatulento.—**it is w.,** hace viento.

wine [wáin]. **I.** *s.* vino; licor; zumo fermentado de algunas frutas; color de vino, rojo oscuro; embriaguez; (Ingl.) holgorio o parranda en que se bebe.—**w. bag** = WINESKIN.—**w. bottle,** botella para vino.—**w. cellar,** bodega, cueva.—**w.-colored,** color de vino.—**w. cooler,** garapiñera.—**w. gallon,** galón de 231 pulgadas cúbicas.—**w. grower,** vinariego, viñero, viticultor.—**w. industry,** industria vinícola.—**w. merchant,** vinatero.—**w. palm,** (bot.) palma de vino, de que se hace vino.—**w. press,** lagar, trujal, prensa de lagar.—**w. shop,** vinatería, taberna.—**w. vault,** candiotera, cueva, bodega. —**to be in w.,** estar ebrio. **II.** *va.* convidar u obsequiar con vino; proveer de vino. **III.** *vn.* beber vino.

winebibber [-bibœ(r)], *s.* borrachín, bebedor.—**winebibbing** [-bibiŋ]. **I.** *s.* beber en demasía, ser borracho. **II.** *a.* borracho, bebedor.

wineglass [-glæs], *s.* copa para vino.

winery [-œri], *s.* fábrica vinícola; bodega de vino, candiotera.

Winesap [-sæp], *s.* (E. U., bot.) manzana roja de invierno.

wineskin [-skin], *s.* odre, boto, cuero, pellejo.

winetaster [-teistœ(r)], *s.* catavinos, mojón.

wing [wíŋ]. **I.** *s.* ala; vuelo; (arq.) ala; (mil.) ala, flanco; costado, lado; apéndice; aspa o vela (de molino de viento); (teat.) bastidor; bambalina; (bot.) apéndice foliáceo; (aer.) ala; (pol.) facción (dentro de un partido).—**w. case, w. cover,** (ent.) élitro.—**w. chair,** sillón de respaldo alado.—**w. collar,** cuello doblado, o de pajarita.—**w. flap,** (aer.) alerón engoznado.—**w.-footed,** (poét.) alípede, rápido.—**w. loading,** (aer.) intensidad de la carga, carga por unidad de superficie de sustentación.—**w. nut,** (mec.) tuerca de orejas.—**w. rail,** (f. c.) guardarriel.—**w. resistance,** (aer.) resistencia activa. —**w. screw** = W. NUT.—**w.-shaped,** aliforme. —**w. transom,** (mar.) yugo principal.—**w. wall,** (ing.) ala (de alcantarilla, etc.).—**on,** o **upon, the w.,** al vuelo; con un pie en el estribo; en marcha.—**to take w.,** alzar el vuelo, irse volando.—**under one's w.,** bajo la protección de uno. **II.** *va.* llevar, transportar sobre las alas; ejecutar por medio de las alas; hender (volando); dar o prestar alas a, impeler; añadir una ala (a un edificio, etc.); herir en el ala; dañar, incapacitar, inhabilitar. **III.** *vn.* alear; volar.

winged [-d *o* -id], *a.* alado, alífero, (poét.) alígero; que vuela; elevado.—**w. ant,** (ent.) aluda, aladica.

wingless [-lis], *a.* sin alas; áptero.

wingspan [-spæn], *s.* envergadura de alas.

wingspread [-spred], *s.* (aer., orn.) extensión máxima de las alas.

wink [wíŋk]. **I.** *vn.* pestañear, parpadear; guiñar (esp. a otra persona); centellear, dar luz trémula; (con **at**) tolerar, disimular; hacer la vista gorda. **II.** *s.* pestañeo, parpadeo; un abrir y cerrar de ojos; guiño, guiñada; siestecita.—**to take forty winks,** (fam.) descabezar el sueño. —**not to sleep a w.,** no pegar o cerrar los ojos.

winker [-œ(r)], *s.* guiñador; anteojera (de caballo); músculo que produce el pestañeo; (fam.) pestaña u ojo.

winkle [-l], *s.* (zool.) caracol marino.

winner [wínœ(r)], *s.* ganador, vencedor.

winning [wíniŋ]. **I.** *s.* triunfo; (gen. *pl.*) ganancia, lucro. **II.** *a.* victorioso, triunfante, ganador, vencedor; ganancioso; que gana; afortunado; atractivo, encantador; persuasivo.—**w. back,** desquite.—**w. manners,** don de gente.—**w. post,** poste o pilar que marca el fin de una carrera.—**w. side,** partido triunfante.

winnow [wínou]. **I.** *va.* (agr.) aventar, ventilar, bieldar, despajar; (fig.) zarandar, cerner, analizar, entresacar, escoger; (poét.) batir el aire (como con alas); soplar. **II.** *vn.* aventar o ventilar el grano.

winnower [-œ(r)], *s.* aventador.

winnowing [-iŋ], *s.* aventamiento, despajadura; zarandeo.—**w. fork,** bieldo.—**w. machine,** aventadora, aventador mecánico.—**winnowings** [-iŋz], *s. pl.* tamo.

winrace [wínreis], *s.* velocidad máxima de trote de un caballo victorioso.

winsome [wínsʌm], *a.* atractivo, simpático.

winter [wíntœ(r)]. **I.** *s.* invierno.—**w.-beaten,** invernizo.—**W.'s bark,** (bot.) magnolia magallánica. **II.** *a.* hibernal, hiemal, invernal, de invierno.—**w. cherry,** (bot.) alquequenje.—**w. clothes,** ropa de invierno.—**w. pasture,** invernadero.—**w. quarters,** invernadero; (mil.) cuarteles de invierno.—**w. resort,** lugar invernal.—**w. season,** invierno, invernada.—**w. solstice,** solsticio de invierno.—**w. wheat,** (bot.) trigo otoñal, o de invierno. **III.** *va.* hacer invernar, guardar durante el invierno. **IV.** *vn.* invernar, pasar el invierno.

winterberry [-beri], *s.* (bot.) apalachina; especie de acebo o agrifolio norteamericano, planta ilínica.

wintergreen [-grin], *s.* (bot.) pirola; gaulteria.

wintering [-iŋ], *s.* invernada.

winterish [-iŝ], *a.* invernizo.

winterkill [-kil], *va.* y *vn.* matar o morir por el frío invernal (dicho esp. de plantas).

winterless [-lis], *a.* sin invierno.

wintertide, wintertime [-taid, -taim], *s.* (tiempo o estación de) invierno.

wint(e)ry [wínt(œ)ri], *a.* invernal, invernizo; como de invierno.

wintriness [wíntrinis], *s.* invernada.

winy [wáini], *a.* vinoso; avinado.

wipe [wáip]. **I.** *va.* limpiar frotando (con un trapo, etc.); enjugar, secar; frotar, restregar; cepillar; aplicar soldadura a; soldar.—**to w. away,** secar (frotando).—**to w. off,** borrar, cancelar; limpiar, lavar.—**to w. off the slate,** o **to w. the slate clean,** cancelar la cuenta; cancelar los planes o el programa anteriores para empezar de nuevo; mudar la hoja, cambiar de plan o de intento.—**to w. one's boots on,** (fam.) abusar de, tratar de una manera ofensiva.—**to w. out,** borrar, cancelar, testar, suprimir; destruir, extirpar, aniquilar, exterminar; agotar. **II.** *s.* limpión, *m.*, limpiadura; (fam.) revés, manotada.

wiper [-œ(r)], *s.* persona que enjuga o restrega; limpiador, trapo, paño, toalla, (cualquier objeto que sirve para limpiar frotando); (mec.) leva, álabe; (aut.) limpiavidrios del guardabrisa.

wire [wáir]. **I.** *s.* alambre; hilo o cuerda metálicos;

cuerda de piano o arpa; telégrafo eléctrico, sistema telegráfico; (fam.) telegrama, *m.*, parte; hilo (del retículo de un teodolito, etc.); (gen. *pl.*) (fam.) medios subrepticios de controlar ciertos actos, cargos, etc.—**w. brush,** cepillo metálico. —**w. cloth,** tela o gasa de alambre.—**w. coil,** carrete.—**w. cover, netting, screen,** etc., alambrera, alambrado.—**w. edge,** filván (de una navaja, etc.).—**w. entanglement,** (mil.) alambrada, defensa de alambres trabados.—**w. fence,** alambrado, cerca de alambre.—**w. ga(u)ge,** calibrador para alambre; escala de calibres o diámetros de alambre.—**w. gauze,** gasa de alambre, tela metálica.—**w. glass,** vidrio armado con tela de alambre, la cual va encajada en el vidrio para reforzarlo e impedir que los fragmentos se caigan si el vidrio se rompe.—**w.-haired terrier,** foxterrier de pelo áspero.—**w. nail,** alfiler o punta de París.—**w. recorder,** registrador magnetofónico.—**w. recording,** registración magnetofónica.—**w. rod,** varilla para alambre,—**w. rope,** cable de alambres.—**w. screening,** tela metálica.—**w. stretcher,** estirador de alambre.—**w. tapper,** quien forma subrepticiamente conexión con una línea telefónica o telegráfica para interceptar mensajes u obtener informes.—**w. tapping,** interceptación de mensajes telefónicos o telegráficos.—**w. wheel,** pulidor o limpiador giratorio de alambre. **II.** *va.* proveer de alambre; atar o liar con hilo metálico; (elec.) instalar alambres o conductores eléctricos en, hacer una canalización en; (caz.) coger con lazo de alambre. **III.** *va.* y *vn.* (com.) telegrafiar.

wiredraw [-drɔ], *va.* (*pret.* WIREDREW; *pp.* -DRAWN) estirar (metal); alargar, prolongar; sutilizar; desfigurar; (m. v.) estrangular (el vapor).—**wiredrawer** [-œ(r)], *s.* hilera; estirador de metales.

wireless [-lis]. **I.** *s.* radiocomunicación; telégrafo o teléfono sin hilos. **II.** *va.* y *vn.* comunicar por radiotelegrafía o radiotelefonía (gen. lo primero). **III.** *a.* inalámbrico, sin hilos (telégrafo, teléfono); de o por radiocomunicación.—**w. compass** = RADIOCOMPASS.—**w. telegraphy,** radiotelegrafía.—**w. telephony,** radiotelefonía.

wireman [-man], **wirer** [-œ(r)], *s.* alambrero; (elec.) montador o tendedor de alambres de distribución; (caz.) armador de trampas de alambre.

wirephoto [-fóutou], *s.* teléfoto. *V.* TELEPHOTE.

wirepuller [-pulœ(r)], *s.* titiritero; (fam.) intrigante político.—**wirepulling** [-iŋ], *s.* (fam.) maquinaciones secretas; intrigas políticas.

wirework [-wœrk], *s.* enrejado, alambrado.

wireworm [-wœrm], *s.* (ent.) larva de escarabajo.

wiring [-iŋ], *s.* acción del verbo TO WIRE; (elec.) alambrado (sistema (*m.*) o distribución); instalación de alambres o cables de distribución; canalización (eléctrica); (cir.) costura con alambre; (aer.) alambrado.

wiry [-i], *a.* de alambre; alambrino, semejante a un alambre; tieso, tenso; flaco pero fuerte y nervioso.—**w.-coated, w.-haired,** de pelo áspero.

wisdom [wízdom], *s.* sabiduría; sapiencia; discernimiento, juicio, buen criterio; cordura, prudencia, sentido común; buena conducta; erudición; máxima, apotegma, *m.*—**w. tooth,** muela cordal o del juicio.

wise [wáiz]. **I.** *a.* sabio, docto, ilustrado, erudito; cuerdo, juicioso, prudente, sensato, discreto, sesudo; atinado.—**w. move,** paso acertado.—**the w. men,** los tres reyes magos; los siete sabios de Grecia.—**to put one w.,** (fam.) advertir a uno lo que hay o lo que pasa, ponerlo al tanto. **II.** *s.* modo, manera.—**in any w.,** de cualquier modo.—**in no w.,** de ningún modo, absolutamente.

wiseacre [-eikœ(r)], *s.* sabihondo (fam.), el que presume de sabio.

wisecrack [-kræk]. **I.** *s.* (fam.) agudeza, chiste, dicho u observación agudos. **II.** *vn.* (fam.) chancear(se), decir agudezas.

wisecracker [-œ(r)], *s.* (fam.) decidor de agudezas.

wisely [-li], *adv.* sabiamente; cuerdamente.

wish [wísh]. **I.** *va.* y *vn.* (a menudo con **for**) desear, querer, apetecer, ansiar, anhelar; hacer votos por; pedir. **II.** *s.* deseo, anhelo; cosa deseada; voto; súplica.—**to make a w.,** formar un deseo, pensar algo que se quiere.

wishbone [-boun], *s.* espoleta de la pechuga de las aves.

wisher [-œ(r)], *s.* persona que desea, deseador.

wishful [-ful], *a.* deseoso, ganoso; ansioso, anheloso, ávido.—**w. thinking,** creencia deseada, o movida por el deseo; creer en lo que se desea; racionalización de la esperanza.—**wishfully** [-i], *adv.* ansiosamente, ardientemente, con anhelo.

wishy-washy [wíshi washi], *a.* (fam.) débil, ligero, diluído, aguado, flojo.

wisp [wisp]. **I.** *va.* cepillar; hacer un manojo. **II.** *s.* manojito, mechón, puñado; trozo; bandada de pájaros; escobilla; fuego fatuo.

wist [wist], (ant.) *pret.* y *pp.* de TO WIT.

wistaria, wisteria [wistéria, wistíria], *s.* (bot.) vistaria.

wistful [wístful], *a.* anhelante, ansioso, ávido; pensativo.—**wistfully** [-i], *adv.* ansiosamente, ávidamente; pensativamente.—**wistfulness** [-nis], *s.* avidez, anhelo; estado pensativo.

wit [wit]. **I.** *va.* y *vn.* (*pret.* y *pp.* WIST) (ant.) saber, tener noticia.—**to w.,** a saber, o sea. **II.** *s.* rasgo de ingenio, agudeza, sal, *f.;* ingenio, decidor (persona); talento, ingenio; imaginación, inventiva.—*pl.* juicio, sentido, razón, *f.;* industria.—**the five wits,** los cinco sentidos.—**to be at one's w.'s end,** no saber uno qué hacer o decir, (fam.) perder la chaveta.—**to be out of one's wits,** estar fuera de juicio o fuera de sí; no saber uno lo que hace.—**to live by one's wits,** vivir de gorra, ser caballero de industria.

witch [wich]. **I.** *s.* bruja, hechicera; (fam.) vejarrona; (fam.) mujer encantadora; niña traviesa. —**w. doctor,** exorcista, brujo, hechizero, curandero.—**witches' Sabbath,** aquelarre.—**w. hazel,** (bot.) carpe; hamamelis; (med.) hamamelina (loción).—**w. hunt,** (E. U., fam., fig.) persecución, difamación (para conseguir ventaja política). **II.** *va.* encantar, maleficiar, hechizar, embrujar.

witchcraft, witchery [-kræft, -œri], *s.* brujería, hechicería, sortilegio, aojadura; fascinación.

witch-elm [-elm], *s.* (bot.) = WYCH-ELM.

witching [-iŋ], *a.* encantador, hechicero.

with [wið], *prep.* con; en compañía de; de (*to fill with,* llenar de; *to part with,* separarse de; *smitten with,* enamorado de; *a man with good sense,* un hombre de juicio; *the lady with the camellias,* la dama de las camelias; *the boy with a straw hat,* el niño del sombrero de paja). A veces queda mejor traducida por: contra, en, entre, a, hacia, con respecto a, para con, concerniente (*with all speed,* a toda prisa; *to struggle with need,* luchar contra la necesidad; *deal not harshly with me,* no sea Vd. duro para conmigo; *this happens with students,* esto sucede entre estudiantes; *identical with,* idéntico a; *that country abounds with oil,* ese país abunda en petróleo).

withal [-ól], *adv.* además, a más de esto; también; por otra parte; con todo; al mismo tiempo.

withdraw [wiðdró]. **I.** *va.* (*pret.* WITHDREW; *pp.* WITHDRAWN) retirar; apartar, separar, quitar, sacar, privar de; distraer, remover; desdecirse de, retractar o retractarse de. **II.** *vn.* retirarse, apartarse, separarse; irse, salir.

withdrawal [-al], *s.* retiro, retirada; recogida.

withdrawing room [-iŋ rum], *s.* retrete, gabinete. *V.* DRAWING ROOM.

withe [waið]. **I.** *s.* mimbre, junco; vencejo; (mec.) mango flexible. **II.** *va.* atar con juncos o mimbres.

wither [wíðœ(r)]. **I.** *va.* marchitar; ajar, deslucir,

poner mustio; debilitar; avergonzar, sonrojar. **II.** *vn.* (a veces con **away**) marchitarse, secarse.
witherband [-bænd], *s.* (tal.) pieza que sujeta los fustes de la silla de montar.
withered [-d], *a.* mustio, marchito, seco, lacio, macilento.—**witheredness** [-nis], *s.* marchitez, marchitamiento, sequedad.
withers [wíðœrz], *s. pl.* cruz o crucera del caballo, etc.—**wither-wrung,** herido en la cruz.
withhold [wiθhóuld]. **I.** *va.* (*pret.* y *pp.* WITHHELD) detener, impedir; retener; apartar, contener; negar, rehusar. **II.** *vn.* reprimirse, contenerse.
withholding tax, *s.* impuesto deducido en la fuente.
within [wiðín]. **I.** *prep.* dentro de, en lo interior de; dentro de, en el espacio de; a la distancia de; al alcance de; a; a poco de; casi a, cerca de.—**w. an inch,** pulgada más o menos; (fig.) a dos dedos (de).—**w. bounds,** a raya.—**w. a short distance,** a poca distancia.—**w. four months,** dentro de cuatro meses.—**w. hearing,** al alcance de la voz.—**he was w. a little of being killed,** por poco lo matan. **II.** *adv.* dentro, adentro, en el interior; dentro de uno, en el corazón o en la mente; en casa, en la habitación.—**from w.,** de adentro.
without [wiðáut]. **I.** *prep.* sin; falto de; fuera de, más allá de.—**w. prejudice,** (for.) sin prejuicio o menoscabo. **II.** *adv.* fuera, afuera, por fuera, hacia fuera, de la parte de afuera; exteriormente, en lo exterior. **III.** *conj.* (fam. o dial.) si no, a menos que.
withstand [wiθstǽnd], *va.* (*pret.* y *pp.* WITHSTOOD) resistir, contrarrestar; sufrir, soportar.
withy [wíði]. **I.** *a.* de mimbre; delgado; flexible. **II.** *s.* mimbre.
witless [wítlis], *a.* necio, tonto; ignorante (de).
witling [wítliŋ], *s.* presumido de ingenioso; pelele.
witness [wítnis]. **I.** *s.* testigo; espectador; testimonio, atestación, prueba; (for.) testigo, declarante.—**in w. whereof,** en fe de lo cual.—**to be a w. of,** ser testigo de, presenciar.—**to take the w. stand,** (for.) subir al estrado o a la tribuna de testigos. **II.** *va.* presenciar, ver, ser espectador de o concurrir a; (for.) atestar, atestiguar, testificar, declarar (como testigo); dar fe; mostrar.—**witnessed before me,** atestado ante mí. **III.** *vn.* dar testimonio; servir de testigo.
witted [wítid], *a.* ingenioso.
witticism [wítisizm], *s.* rasgo de ingenio, dicho agudo, chiste, gracia, donaire, aticismo.
wittily [wítili], *adv.* ingeniosamente, agudamente, donosamente.
wittiness [-nis], *s.* donosura, ingenio, sal, *f.*, gracia.
wittingly [wítiŋli], *adv.* a sabiendas, ex profeso, adrede, de propósito.
witty [wíti], *a.* satírico, sarcástico; ingenioso, agudo; chistoso, gracioso, ocurrente.—**w. saying,** chiste, agudeza, ocurrencia.
wive [waiv]. **I.** *va.* tomar por esposa, casarse con; casar a o con. **II.** *vn.* casarse, tomar esposa.
wives [-z], *s. pl.* de WIFE.
wizard [wízərd]. **I.** *a.* hechicero, mágico. **II.** *s.* brujo, hechicero, mago, adivino.
wizardry [-ri], *s.* hechicería, magia.
wizen [wízn], *va.* y *vn.* marchitar(se), secar(se).—**wizen(ed** [-(d], *a.* marchito, mustio.
woad [wóud], *s.* (bot., tint.) (hierba) pastel, glasto.
woaded [-id], *a.* teñido con glasto.
wobble [wábl]. **I.** *vn.* balancear(se), tambalear(se), bambolear(se); (fam.) vacilar. **II.** *va.* hacer tambalear(se) o vacilar. **III.** *s.* bamboleo, tambaleo.
wobbly [wábli], *a.* que se bambolea; instable.
wo(e [wóu]. **I.** *s.* dolor, pena, angustia, pesar, calamidad, infortunio, miseria. **II.** *interj.* **w. is me!** ¡desgraciado de mí! ¡pobre de mí!—**w. to!** ¡guay de! ¡ay de! ¡desdichado el que!
wo(e)begone [-bigɔn], *a.* angustiado, desdichado, abrumado de pesares.
wo(e)ful [-ful], *a.* calamitoso, funesto, desastroso; triste, afligido, angustiado; lastimero, doloroso; ruin, vituperable.—**wo(e)fully** [-i], *adv.* funestamente, desastrosamente; tristemente; ruinmente.
wold [would], *s.* campiña undulada; (bot.) gualda.
wolf [wúlf]. **I.** *s.* (*pl.* WOLVES) (zool.) lobo; persona cruel o rapaz; (fam.) libertino o faldero; (ent.) larva destructora de varios escarabajos y mariposas nocturnas; (med.) = LUPUS.—**w. cub,** lobezno, lobato.—**w. dog,** perro lobero o de cazar lobos; híbrido de perro y lobo.—**w. fish,** (ict.) cierto pez muy feroz.—**w.'s milk,** (bot.) titímalo, lechetrezna.—**to cry w.,** gritar "¡el lobo!", dar falsa alarma.—**to have a w. by the ears,** ver las orejas al lobo.—**to have a w. in the stomach,** tener apetito voraz.—**to keep the w. from the door,** ponerse a cubierto del hambre. **II.** *va.* (fam.) engullir.
wolfhound [-haund], *s.* mastín, perro lobero ruso.
wolfish [-iš], *a.* lobero, lobuno, lupino.
wolfram [wúlfram], *s.* (quím.) volframio, tungsteno.—**wolfram(ite** [-(ait], *s.* (min.) volfram(ita).
wolfsbane [wúlfsbein], *s.* (bot.) acónito, napelo.
wolverine [wulverín], *s.* (zool.) carcayú, glotón.
wolves [wulvz], *s. pl.* de WOLF.
woman [wúman], *s.* (*pl.* **women** [wímin]) mujer; (fam.) hembra; las mujeres; criada, sirvienta. Ú. adjetivamente para denotar sexo femenino, v. gr.: *woman writer,* escritora; *woman voter,* electora; *woman witness,* testigo mujer, o mujer testigo.—**w. hater,** misógino, aborrecedor de las mujeres.—**w. of the street,** prostituta, mujer de mala vida.—**w. of the town,** dama cortesana.—**w. of the world,** mujer de mundo.—**w. servant** = SERVANT GIRL.—**w. suffragist,** sufragista.
womanhood [-hud], *s.* estado o condición de mujer; sexo femenino.
womanish [-iš], *a.* mujeril, femenil, femenino, afeminado.
womankind [-kaind], *s.* la mujer (en general), las mujeres; el sexo femenino.
womanliness [-linis], *s.* naturaleza o carácter femenil.
womanly, womanlike [-li, -laik]. **I.** *a.* mujeril; de mujer, femenil, femenino. **II.** *adv.* mujerilmente; femenilmente.
womb [wum], *s.* (anat.) útero, matriz; (fig.) madre, *f.*; caverna; seno, entrañas, *f. pl.*
women [wímin], *s. pl.* de WOMAN.
womenfolk [-fouk], *s.* las mujeres.
won [wʌn], *pret.* y *pp.* de TO WIN.
wonder [wʌ́ndœ(r)]. **I.** *va.* desear saber; sorprenderse, maravillarse de; preguntarse (con una cláusula como complemento). Ú. a menudo para indicar incertidumbre o curiosidad, y puede traducirse por el futuro del verbo que le sigue: *I wonder if it will rain tomorrow,* ¿si lloverá mañana? *I wonder what he wants,* ¿qué querrá? **II.** *vn.* admirarse, asombrarse, pasmarse.—**to w. at,** extrañar, maravillarse de. **III.** *s.* admiración, pasmo; maravilla, prodigio, portento, milagro; enigma, *m.*, misterio, cosa extraña o inexplicable.—**w.-worker,** fabricador de prodigios o milagros.—**no w.,** no es extraño, no es mucho.—**the seven wonders of the world,** las siete maravillas del mundo.
wonderer [-œ(r)], *s.* el que se admira de algo o lo extraña; el que se pregunta, o desea saber algo.
wonderful [-ful], *a.* maravilloso, portentoso, pasmoso, asombroso; admirable, excelente.
wonderfully [-i], *adv.* maravillosamente, prodigiosamente, a las mil maravillas; admirablemente, sumamente.
wonderland [-lænd], *s.* mundo fantástico; reino de las hadas o de los duendes.
wonderment [-mɐnt], *s.* admiración, asombro, extrañeza, maravilla.
wonderstricken [-strikn], **wonderstruck** [-strʌk], *a.* atónito, pasmado, asombrado.
wondrous [wʌ́ndrʌs], *a.* (poét.) extraño, mara-

villoso, pasmoso, asombroso.—**wondrously** [-li], *adv.* pasmosamente, maravillosamente.
wont [wʌnt]. **I.** *a.* acostumbrado, sólito.—**to be w.,** soler, tener la costumbre. **II.** *s.* uso, costumbre, hábito. **III.** *vn.* soler, acostumbrar. **IV.** *va.* habituar, acostumbrar.
won't [wount], *contr.* de **will not.**
wonted [wʌ́ntid], *a.* acostumbrado, usual, habitual, ordinario.
woo [wu], *va.* y *vn.* cortejar, galantear, enamorar; pretender a una mujer; solicitar, importunar; buscar, esforzarse por obtener (fama, etc.).
wood [wúd]. **I.** *va.* proveer de leña; cubrir con bosques; convertir en selva. **II.** *vn.* proveerse de leña. **III.** *s.* madera; leña; bosque, selva, monte (en este sentido ú. gen. en *pl.*, **woods**); madero, palo. **IV.** *a.* de o para madera; de o para almacenar, transportar o labrar madera; de monte, que vive o crece en la selva.—**w. acid,** vinagre de madera, ácido piroleñoso, ácido acético.—**w. alcohol,** alcohol metílico.—**w. ant,** (ent.) hormiga leonada.—**w.-block pavement,** pavimento de bloques de madera.—**w. borer,** xilófago, insecto u otro animal horadador (de los árboles y la madera); broma (molusco horadador).—**w. carver,** tallador en madera.—**w. carving,** talla en madera.—**w. cement,** cola de alcohol (aglutinante disuelto en alcohol) para madera.—**w. dealer,** leñero.—**w. engraver,** grabador en madera.—**w. engraving,** grabado en madera.—**w. fiber,** fibra de la madera; célula de los tejidos vegetales; madera molida.—**w. grouse,** (orn.) urogallo.—**w. ibis,** (orn.) tántalo, ave zancuda americana.—**w. lark,** (orn.) alondra, calandria.—**w. louse,** (ent.) porqueta, cochinilla, milpiés.—**w. nymph,** orea, napea.—**w. pigeon,** (orn.) paloma torcaz.—**w. pulp,** pulpa de madera (para papel).—**w. rasp,** escofina.—**w. screw,** tirafondo, tornillo de metal para madera (evítese el disparate "tornillo *de* madera").—**w. sorrel,** (bot.) aleluya, acederilla.—**w. tar,** alquitrán.—**w. thrush,** (orn.) tordo pardo.—**w. tick,** (ent.) carcoma.—**w. turner,** torneador.—**w. turning,** arte de tornear.—**w. wind,** (mús.) instrumento de viento de madera.—**w. yard,** depósito de maderas, maderería.—**to be out of the woods,** haber salido de la dificultad, estar a salvo.
woodbin [-bin], **woodbox** [-baks], *s.* leñera.
woodbine [-bain], *s.* (bot.) madreselva; especie de enredadera norteamericana.
woodchopper [-chapœ(r)], *s.* leñador.
woodchuck [-chʌk], *s.* (zool.) marmota.
woodcock [-kak], *s.* (orn.) chocha, pitorra, chochaperdiz o becada.
woodcraft [-kræft], *s.* conocimientos relativos a los bosques o a los trabajos en madera.
woodcut [-kʌt], *s.* grabado en madera.
woodcutter [-œ(r)], *s.* leñador, hachero; grabador en madera.—**woodcutting** [-iŋ], *s.* tala; corte de leña.
wooded [-id], *a.* provisto de madera; arbolado, plantado de árboles; boscoso, cubierto de bosques.
wooden [-n], *a.* de palo o madera; grosero, rudo; torpe, estúpido.—**w. bowl,** dornillo, hortera, cuenca.—**w.-headed,** (fam.) zote, zopenco, bolo.—**w. horse,** potro de madera (para gimnasia).—**w. leg,** pierna o pata de palo.—**w. shoes,** zuecos, chanclos, almadreñas.—**w. spoon,** cuchara de palo.—**w. wedding,** quintó aniversario.
woodenhead [-hɛd], *s.* (fam.) zopenco, imbécil.
woodenware [-wɛr], *s.* utensilios domésticos (de madera).
woodhouse [-haus], *s.* leñera.
woodiness [-inis], *s.* calidad de leñoso.
woodland [-lænd]. **I.** *s.* arbolado, monte, bosque, selva. **II.** *a.* de bosque, selvático.
woodless [-lis], *a.* sin bosques.
woodman [-man], *s.* leñador, hachero; (Ingl.) guardabosque; habitante de los bosques.
woodpecker [-pɛkœ(r)], *s.* (orn.) pico, picaposte, picamaderos, pájaro carpintero.
woodpile [-pail], *s.* pila de leña, tinada; hoguera.
woodruff [-rʌf], *s.* (bot.) aspérula, asperilla.
woodshed [-ŝɛd], *s.* leñera.
woodsman [-zman], *s.* leñador, hachero; cazador o habitante del bosque.
woodsy [-zi], *a.* selvático.
woodwork [-wœrk], *s.* enmaderamiento, maderaje, maderamen; obra de carpintería; ebanistería.
woodworker [-œ(r)], *s.* carpintero, ebanista; artífice que labra madera.
woodworm [-wœrm], *s.* (ent.) larva de carcoma.
woody [-i] *a.* leñoso; de madera; arbolado, selvoso.—**w. tissue,** tejido leñoso.
wooer [wúœ(r)], *s.* cortejador, pretendiente.
woof [wuf], *s.* (tej.) trama; textura. *V.* WEFT.
woofer [wúfœ(r)], *s.* altavoz (*m.*) para bajas frecuencias o sonidos graves.
wooing [wúiŋ], *s.* galanteo.
wool [wul]. **I.** *s.* lana, vellón; pasa (cabello de los negros). **II.** *a.* lanar, de lana; para lana; relativo o perteneciente a la lana.—**w. ball,** pelotón de lana.—**w.-bearing,** lanar.—**w. card,** carda.—**w. comber,** o **dresser,** cardador, pelaire.—**w. combing,** cardadura; pelairía.—**w. fat, w. grease,** lanolina.—**w. gatherer,** vellonero.—**w. stapler,** lanero, comerciante en lanas. *V* WOOLSORTER.
woold [wuld], *va.* (mar.) trincar, reatar, encarcelar.
wooled [wuld], *a.* que tiene lana, con lana.
wool(l)en [wulin]. **I.** *a.* de lana; lanoso, lanudo; lanero.—**w. draper,** (Ingl.), o **merchant,** pañero, comerciante en paños.—**w. dyer,** tintorero de lana.—**w. yarn,** estambre, *mf.* **II.** *s.* paño o tejido de lana.—*pl.* ropa o prendas de lana, lanificio.
woolfell [wúlfɛl], *s.* piel (*f.*) con su lana.
woolgathering [-gæðœriŋ]. **I.** *s.* acción de recoger los vellones; (fig.) distracción, ensimismamiento. **II.** *a.* distraído, ensimismado, visionario.
woolgrower [-grouœ(r)], *s.* criador de ganado lanar.
woolgrowing [-iŋ], *s.* cría de ganado lanar.
woolliness [-inis], *s.* calidad de lanudo; lanosidad, vellosidad; pelaje.
wool(l)y [-i], *a.* lanudo, lanoso; lanar, lanífero; de lana; crespo, (Am.) pasudo (cabello); (b. a.) falto de detalles, vago y borroso; aborregado (cielo); (bot.) lanoso, lanuginoso, velludo.
woolman [-man], *s.* lanero.
woolpack [-pæk], *s.* paca o fardo de lana; cúmulo (nube).
woolsack [-sæk], *s.* saco de o para lana; asiento del gran canciller en la Cámara de los Lores; por extensión, dignidad de gran canciller.
woolsorter [-sɔrtœ(r)], *s.* escogedor de lana.
woozy [wúzi], *a.* (fam.) confuso, ofuscado, vaguido.
word [wœ́rd]. **I.** *s.* palabra; vocablo, voz; habla; conversación breve, dos palabras; palabra de honor, promesa; (ant.) dicho, sentencia, apotegma, *m.;* aviso, recado, mensaje; noticia, noticias; santo y seña; voz de mando, orden, *f.*, mandato.—*pl.* palabras mayores; disputa, contienda verbal; (desp.) frases; (mús.) letra (de una canción).—**w. element,** (gram.) elemento morfológico.—**w. of honor,** palabra de honor.—**w. order,** (gram.) orden de colocación de las palabras; construcción sintáctica.—**w. square,** cuadrado de palabras, palabras cruzadas.—**by w. of mouth,** verbalmente, de palabra.—**in a w.,** en una palabra, en resumidas cuentas.—**in other words,** en otros términos.—**in so many words,** en esas mismas palabras, exactamente así; claramente, sin ambages.—**in the words of,** según las palabras de, como dice.—**in w.,** de palabra.—**on my w.,** bajo mi palabra, a fe mía.—**the W.,** (bib.) el Verbo; la Escritura.—**to have a w. with,** hablar con.—**to have words,** (fam.) tener palabras, reñir de palabra.

—**to leave w.**, dejar dicho.—**too . . . for words.** (*V.* TOO). **II.** *va.* expresar; enunciar, formular; redactar.
wordage [-idž], *s.* palabras, número de palabras (en un libro, etc.).
wordbook [-buk], *s.* vocabulario; diccionario, léxico; (mús.) libro, libreto (de ópera).
wordiness [-inis], *s.* verbosidad; palabrería.
wording [-iŋ], *s.* dicción, estilo; redacción, fraseología; expresión, términos, *m. pl.*
wordless [-lis], *a.* falto de palabras, mudo.
wordy [-i], *a.* verbal; verboso, difuso.
wore [wor], *pret.* de TO WEAR.
work [wœrk]. **I.** *va.* trabajar; lab(o)rar, explotar (una mina, un privilegio, etc.); (cost.) bordar; tallar (una piedra); fabricar, elaborar, manufacturar; producir, preparar; formar, componer; obrar sobre, influir en, impeler, excitar, inducir; investigar o resolver (un problema); hacer trabajar (a persona o bestia) o funcionar (máquina, etc.); hacer mover o andar, poner en movimiento; manejar, manipular; mover nerviosamente (los dedos); hacer fermentar; causar, efectuar, producir, surtir (algún efecto); pagar (algo) con o en trabajo; (mar.) maniobrar.—**to w.!** ¡manos a la obra!—**to w. a pump,** dar a una bomba.—**to w. down,** hacer bajar.—**to w. in,** hacer entrar, meter.—**to w. it,** manejar las cosas, darse trazas.—**to w. off,** deshacerse de; satisfacer, desempeñar, pagar trabajando o con el trabajo (una deuda, etc.).—**to w. one's head off,** (fam.) trabajar duro o hasta más no poder.—**to w. one's way through,** abrirse camino por o en; pagar uno con su trabajo los gastos de.—**to w. out,** resolver (un problema); borrar o expiar (culpas, etc.); acabar, lograr o conseguir a fuerza de trabajo; ejecutar, llevar a cabo, efectuar; agotar (una mina); labrarse, determinar (su destino, etc.).—**to w. over,** alterar, rehacer.—**to w. through,** penetrar; atravesar a fuerza de trabajo.—**to w. up,** elaborar, labrar, dar forma a; amasar; agotar, consumir; excitar, inflamar.—**to w. water,** (m. v.) hacer o arrastrar espuma. **II.** *vn.* trabajar, estar empleado u ocupado, (Méx., fam.) chambear; obrar, tener buen éxito, ser eficaz; funcionar, ir (bien o mal); obrar u operar (un remedio); fermentar; (mec.) efectuar trabajo.—**to w. against,** trabajar contra; oponerse a.—**to w. at,** trabajar en; ocuparse en o de.—**to w. down,** descender, bajarse.—**to w. free,** aflojarse o soltarse con el movimiento o el uso.—**to w. in,** trabajar en; insinuarse en; entrar poco a poco. —**to w. into,** entrar en, penetrar en.—**to w. loose** = TO W. FREE.—**to w. out,** tener éxito (bueno o malo); surtir o no efecto; resultar.—**to w. round,** volverse lentamente y con esfuerzo.—**to w. to windward,** (mar.) barloventear, ceñir el viento.—**to w. upon,** obrar sobre; trabajar en, estar ocupado en; sublevar, excitar, mover a compasión. **III.** *s.* trabajo; tarea, empresa, labor, *f.*, faena, fajina; obra (construcción, libro, producción, etc.); (cost.) labor, costura; bordado; obra, acción; empleo u ocupación; (mec.) trabajo (de una fuerza); obra (cosa en que se trabaja).—*pl.* fábrica, taller, establecimiento; rodaje, engranaje motor; mecanismo, maquinaria; (reloj.) movimiento.—**w. of art,** obra de arte.—**out of w.,** sin trabajo, sin empleo, cesante.—**(to be) at w.,** (estar) ocupado o trabajando.—**to be hard at w.,** estar muy afanado o atareado.
workable [-abl], *a.* (min.) explotable; practicable; trabajable, laborable, labradero; labrantío, labradío (campo o tierra); factible, viable; que puede trabajar, trabajarse o funcionar.—**workableness** [-nis], **workability** [-abíliti], *s.* aplicabilidad, practicabilidad, viabilidad; calidad de trabajable, explotable o manejable.
workaday [-adei], *a.* laborable (día); práctico; ordinario, cuotidiano, de cada día; prosaico, árido, escueto.
workbag [-bæg], *s.* saco de labor.
workbasket [-bæskit], **workbox** [-baks], *s.* caja o estuche de labor, costurero, neceser de costura, tabaque.
workbench [-bench], *s.* banco de taller.
workbook [-buk], *s.* cuaderno de ejercicios.
workday [-dei]. **I.** *s.* día (*m.*) útil, laborable, o de trabajo. **II.** *a.* = WORKADAY.
worker [-œ(r)], *s.* trabajador, obrero, operario; (ent.) abeja u hormiga obrera.
workfellow [-fɛlou], *s.* compañero de trabajo; obrero.
workfolk(s [-fouk(s], *s.* = WORKPEOPLE.
workhouse [-haus], *s.* (Ingl.) hospicio, casa de misericordia; (E. U.) casa de corrección; presidio.
working [-iŋ]. **I.** *s.* obra, trabajo; (mec., etc.) actuación, juego, funcionamiento, operación; (min.) explotación, laboreo; (mar.) maniobra. **II.** *a.* que trabaja, laborante; obrero, trabajador; de trabajo; fundamental, que sirve de base, guía o regla.—**w. ant, w. bee,** hormiga, abeja obrera o neutra.—**w. barrel,** cuerpo o cilindro (de bomba).—**w. capital,** capital circulante o de explotación.—**w. class,** clase obrera o proletaria; obrerismo.—**w. cylinder,** (m. comb. int.) cilindro motor.—**w. day,** día (*m.*) de trabajo, día útil o laborable; jornada.—**w. drawing,** (ing.) plano, dibujo de guía; (arq.) montea. —**w. fluid,** (mec.) flúido de trabajo.—**w. hypothesis,** postulado.—**w. load,** (ing.) carga (máxima) normal, carga de trabajo.—**w. model,** modelo de guía.—**w. plan** = W. DRAWING; plan, sistema, *m.*—**w. steam,** (m. v.) vapor vivo.—**w. strength, w. stress,** (mec.) coeficiente de trabajo; esfuerzo de trabajo.—**w. theory,** postulado.
workingman [-man], *s.* obrero, operario, jornalero, trabajador.—**workingwoman** [-wuman], *s.* obrera.
workman [-man], *s.* trabajador, obrero, operario. —**workmen's compensation law (insurance),** ley, *f.* (seguro) de accidentes del trabajo.
workmanlike, workmanly [-laik, -li]. **I.** *a.* primoroso, bien acabado. **II.** *adv.* primorosamente.
workmanship [-ŝip], *s.* hechura, mano (*f.*) de obra; artificio; primor o destreza del artífice.
workmaster [-mæstœ(r)], *s.* oficial, maestro de taller.
workout [-aut], *s.* prueba, ensayo; (dep.) ejercicio de entrenamiento.
workpeople [-pipl], *s. pl.* obreros, operarios.
workroom [-rum], *s.* taller.
workshop [-ŝap], *s.* taller, obrador.
worktable [-teibl], *s.* costurero.
workwoman [-wuman], *s.* obrera.
world [wœrld], *s.* mundo.—**w. history,** historia mundial.—**w. power,** (pol. int.) gran potencia. —**w.'s end,** cabo del mundo.—**w. soul,** alma del universo.—**w. spirit,** espíritu del universo; Dios.—**W. War,** guerra mundial, gran guerra (la de 1914 a 1918, o la de 1939-1945).—**w.-weary,** cansado o hastiado del mundo.—**w.-wide,** mundial, global, de alcance mundial.—**w. without end,** para siempre jamás; por los siglos de los siglos.—**for all the w.,** exactamente, cabalmente; bajo todos conceptos; por nada del mundo.—**the other w.,** el otro mundo, la vida futura.
worldliness [-linis], *s.* mundanalidad.
worldling [-liŋ], *s.* persona mundana.
worldly [-li]. **I.** *a.* mundano, mundanal, carnal, terreno, terrenal, terrestre; seglar, profano. **II.** *adv.* mundana(l)mente, profanamente.—**w.-minded,** mundano, carnal, entregado a las cosas de este mundo.—**w.-mindedness,** mundanalidad, carnalidad.
worm [wœrm]. **I.** (zool.) *s.* gusano; lombriz; oruga; polilla, carcoma; coco; gorgojo; (fig.) gusano roedor, remordimiento; persona vil o despreciable; (mec.) tornillo sin fin; (arti.) sacatrapos; (quím.) serpentín.—**w. drive,** (mec.) transmisión de tornillo sin fin.—**w.-eaten,** agusanado, carcomido, apolillado, abromado,

picado o comido de gusanos.—**w. fence,** cercado en zigzag.—**w. gear,** (mec.) rueda para tornillo sin fin.—**w. gear, w. gearing,** engranaje de tornillo sin fin.—**w. in the conscience,** gusano de la conciencia, remordimiento.—**w. tea,** tisana vermífuga.—**w. wheel,** rueda para engranaje de tornillo sin fin. **II.** *va.* y *vr.* insinuarse, introducirse o arrastrarse (como un gusano); (arti.) sacar con sacatrapos; (fig.) (con **from** o **out of**) arrancar mañosamente un secreto; quitar gusanos o lombrices.—**to w. a cable,** (mar.) embutir un cable. **III.** *vn.* trabajar u obrar lentamente y por bajo mano.
wormer [-œ(r)], *s.* (arti.) sacatrapos.
wormhole [-houl], *s.* agujero o picadura de gusano.
wormlike [-laik], *a.* vermicular, vermiforme.
wormseed [-sid], *s.* (bot.) santónico.
wormwood [-wud], *s.* (bot.) ajenjo; amargura.
wormy [-i], *a.* gusarapiento, agusanado.
worn [worn], *pp.* de TO WEAR.—**w.-out,** gastado, raído; estropeado; cansado, rendido; agotado; desgastado, deteriorado.
worried [wœ́rid], *a.* angustiado; intranquilo, preocupado; vejado, incomodado.—**to be w.,** estar con cuidado; no tenerlas todas consigo.
worriment [wœ́riment], *s.* (fam.) = WORRY.
worrisome [-sʌm], *a.* angustioso, inquietante; molesto, vejatorio.
worry [wœ́ri]. **I.** *va.* acosar, vejar; atormentar, angustiar; inquietar, preocupar; lacerar, desgarrar o matar mordiendo o sacudiendo. **II.** *vn.* estar intranquilo, inquietarse, apurarse; morderse (los perros que riñen). **III.** *s.* cuidado, ansiedad, inquietud, apuro, preocupación, quebradero de cabeza, zozobra; mordedura, desgarro, laceración.
worse [wœrs]. **I.** *a. comp.* de BAD, ILL, EVIL: peor, más malo; inferior; en peor situación.—**w. and w.,** de mal en peor, peor que nunca; cada vez más malo (o peor).—**w. than ever,** peor que nunca.—**to be w. off,** estar en peores circunstancias, o quedar peor.—**to make,** o **render, w.,** empeorar. **II.** *adv.* peor; menos. **III.** *s.* peoría, menoscabo, detrimento; lo peor.—**for the w.,** en mal (gen. se traduce por *empeorar,* cambiando un poco el giro: *there has been a change for the worse,* la situación ha empeorado).—**to have the w. of it** (**of the fight,** etc.), llevar la peor parte, salir perdiendo.
worsen [-n], *va.* y *vn.* empeorar(se), agravar(se).
worsening [-iŋ], *s.* empeoramiento.
worship [wœ́rʃip]. **I.** *s.* culto, adoración; reverencia, respeto.—**your w.,** usía; vuestra merced. **II.** *va.* adorar; reverenciar, honrar. **III.** *vn.* adorar; profesar culto o religión.—**worship(p)er** [-œ(r)], *s.* adorador, devoto, cultor.
worshipful [-ful], *a.* adorable, venerable; (como tratamiento) honorable, respetable (*the worshipful president,* el respetable presidente).—**w. master** (entre los francmasones), el Venerable.—**worshipfully** [-fuli], *adv.* venerablemente, con adoración.
worship(p)ing [-iŋ]. **I.** *s.* adoración, culto. **II.** *a.* adorador, cultor, devoto; venerador.
worst [wœrst]. **I.** *a. superl.* de BAD, ILL, EVIL: pésimo, malísimo, más malo, peor. **II.** *adv.* del peor modo posible; pésimamente. **III.** *s.* lo peor, lo más malo.—**at the w.,** a peor andar; en el peor estado posible; en las peores circunstancias.—**if** (**the**) **w. comes to the w.,** si sucede lo peor.—**the w. is yet to come,** aún falta lo peor, (fam.) falta el rabo por desollar.—**to get the w. of,** llevar la peor parte en.—**to want the w. way,** (fam.) desear muchísimo. **IV.** *va.* vencer, rendir o derrotar a; triunfar de.
worsted [-id], *a.* vencido.
worsted [wústid], *s.* estambre.—**w. stockings,** medias de estambre o de lana.—**w. work,** (cost.) labor hecha con estambre.—**w. yarn,** estambre.
wort [wœrt], *s.* (bot.) planta, hierba (en composición); mosto de cerveza, jugo de lúpulo, repollo; cerveza nueva que no ha fermentado.
worth [wœrθ]. **I.** *s.* mérito; consideración, importancia, entidad; valor, valía; monta, precio; nobleza, excelencia, dignidad.—**a dollar's w. of,** un dólar de (lo que se compra). **II.** *a.* que vale o posee; equivalente a; de precio o valor de; (antes de gerundio) digno de, que vale la pena de, que merece (*he is a man worth knowing,* es hombre digno de conocerse; *the change is not worth making,* el cambio no vale la pena [de hacerse]).—**to be w.,** valer, costar; merecer; (hablando de riqueza) tener (*Jones is worth a million dollars,* Jones tiene un millón de dólares).—**to be w. while,** valer la pena.
worthily [wœ́rðili], *adv.* dignamente, honorablemente.—**worthiness** [-nis], *s.* dignidad, mérito, valía.
worthless [wœ́rθlis], *a.* inútil, inservible; sin valor; indigno, despreciable.—**worthlessness** [-nis], *s.* falta de mérito o de valor; inutilidad.
worthy [wœ́rði]. **I.** *a.* digno; apreciable, benemérito; merecedor, acreedor, meritorio.—**w. of notice,** digno de atención o de mención. **II.** *s.* notable, ilustre, benemérito, prócer, primate.
would [wud], *pret.* y *subj.* de WILL. La distinción que se hace en el empleo de *would* y *should* es la misma que existe entre *will* y *shall.* (*V.* WILL, SHALL, SHOULD.) *Would* se usa a veces en el sentido de *querer* y equivale al presente, futuro o pretérito de subjuntivo, según las circunstancias: *those that would prosper,* los que quieran (o quisieren) prosperar; *I would I were there,* yo quisiera estar allá; *would* (*to*) *God,* quiera (o quisiera) Dios, plegue (o pluguiera) a Dios.—**it w. seem,** parecería; parece, según parece.
would-be [-bi], *a.* pretendiente, aspirante, seudo, supuesto: *would-be poet,* presumido de poeta.
wound [waund], *pret.* y *pp.* de TO WIND.
wound [wúnd; (poét.) waund]. **I.** *s.* herida; llaga, lesión; ofensa, golpe, daño. **II.** *va.* y *vn.* herir, lesionar, llagar, lastimar; ofender, agraviar.
wounded [-id], *a.* herido, leso; descalabrado.
woundwort [-wœrt], *s.* (bot.) vulneraria.
wove(n [wóuv(n], *pret.* y *pp.* de TO WEAVE.—**w. paper,** papel avitelado.
wowser [wáuzœ(r)], *s.* puritano quisquilloso; fariseo, formalista.
wrack [ræk], *s.* (bot.) fuco, ova; naufragio, ruina; pecio; nubes (*f. pl.*) sutiles, celajes (*pl.*).—**to go to w.** (**and ruin**), arruinarse; correr a su perdición.
wraith [reiθ], *s.* fantasma, *m.,* espectro, aparecido, ánima en pena.
wrangle [rǽŋgl]. **I.** *vn.* reñir; disputar, contender, altercar. **II.** *s.* pelotera, pendencia, riña; disputa, altercado.—**wrangler** [-glœ(r)], *s.* pendenciero, camorrista (fam.); disputador, argumentador.
wrangling [-gliŋ], *s.* camorra (fam.), reyerta, riña; disputa, altercación.
wrap [rǽp]. **I.** *va.* (*pret.* y *pp.* WRAPPED o WRAPT) arrollar o enrollar; envolver.—**to w. up,** rollar, arrollar; envolver; apañar, arropar; embozar; cubrir, ocultar.—**to be wrapped up in,** estar envuelto o enrollado en; estar demasiado prendado de o embebido en. **II.** *vn.* arrollarse; envolverse.—**to w. up** (**in**), envolverse (en). **III.** *s.* bata; abrigo.—*pl.* abrigos y mantas (de viaje, etc.).—**to put on a w.,** abrigarse.
wrapper [-œ(r)], *s.* envolvedor; funda, cubierta, cobertura, carpeta, papel; faja de periódico; capa de tabaco; bata, peinador, abrigo holgado; envoltura o pañal de niño; (fam.) elástica, camiseta.
wrapping [-iŋ]. **I.** *a.* de envolver, de estraza (apl. esp. al papel). **II.** *s.* envoltura, cubierta.
wrath [rǽθ], *s.* ira, cólera.—**wrathful** [-ful], *a.* airado, colérico.—**wrathfully** [-i], *adv.* airada o coléricamente.
wreak [rik], *va.* descargar (la cólera); tomar (venganza).

wreath [riθ], *s.* corona, guirnalda; festón; trenza; espiral, *f.*
wreathe [ríð]. **I.** *va.* enroscar, entrelazar, tejer (coronas o guirnaldas), enguirnaldar; ceñir, rodear. **II.** *vn.* enroscarse, ensortijarse.
wreathy [-i̧], *a.* coronado; enroscado, ensortijado; en espiral.
wreck [rék]. **I.** *s.* naufragio; ruina, destrozo, destrucción; buque naufragado, barco perdido; restos (*pl.*) de un naufragio, pecios (*pl.*). **II.** *va.* hacer naufragar; arruinar, echar a pique; demoler, desbaratar. **III.** *vn.* naufragar, zozobrar, irse a pique; fracasar.
wreckage [-i̧dẑl, *s.* naufragio; restos (*pl.*) de naufragio, pecios (*pl.*); despojos, ruinas (*pl.*).
wrecker [-œ(r)], *s.* raquero; destructor; demoledor. *V.* WRECKING CAR.
wrecking [-i̧ŋ], *a.* de o relativo a naufragios; demoledor; que hace naufragar; ruinoso, desastroso.—**w. car,** (f. c., aut.) furgón, carro o automóvil de auxilio (en accidentes).
wren [rɛn], *s.* (orn.) reyezuelo, abadejo, régulo.
wrench [rɛnch]. **I.** *va.* arrancar, arrebatar; (re)-torcer; dislocar, desencajar, sacar de quicio.—**to w. one's foot,** torcerse el pie. **II.** *s.* arranque; tirón; torcedura, arrancamiento; (mec.) llave (*f.*) de tuerca; sistema (*m.*) compuesto de un par y una fuerza.
wrest [rést]. **I.** *va.* arrancar; torcer; desvirtuar, pervertir.—**to w. from,** arrebatar. **II.** *s.* violencia; torsión, torcimiento; dislocación; arranque; (mús.) llave (*f.*) de afinar.—**w. pin,** clavija de piano.
wrested [-i̧d], *a.* torcido; forzado.
wrester [-œ(r)], *s.* violador, infractor.
wrestle [résl]. **I.** *va.* luchar con; forcejear con-(tra). **II.** *vn.* luchar a brazo partido; esforzarse; disputar.—**wrestler** [réslœ(r)], *s.* luchador.—**wrestling** [résli̧ŋ], *s.* lucha.
wretch [réch], *s.* infeliz, desventurado, miserable; ente vil, despreciable.
wretched [-i̧d], *a.* infeliz, cuitado, desdichado, miserable, desgraciado; calamitoso, lastimero; vil, despreciable; perverso; mezquino; malísimo, detestable.—**wretchedly** [-li̧], *adv.* míseramente, desastradamente; ruinmente, vilmente.
wretchedness [-ni̧s], *s.* desdicha, miseria, desgracia; escualidez, laceria; vileza, ruindad, bajeza.
wriggle [rígl]. **I.** *va.* menear, retorcer, hacer colear. **II.** *vn.* colear, culebrear, serpentear, undular; retorcerse.—**to w. away,** escaparse culebreando.—**to w. into,** insinuarse en.—**to w. off,** escaparse culebreando o retorciéndose.—**to w. out,** escaparse, deslizarse.
wriggling [rígli̧ŋ], *s.* enroscadura, coleadura, ondulación, meneo serpentino.
wright [rai̧t], *s.* artífice, artesano, obrero.
wring [ri̧ŋ], *va.* (*pret.* y *pp.* WRUNG) torcer, retorcer; arrancar; estrujar, exprimir, escurrir; forzar; atormentar, aquejar.—**to w. off,** arrancar retorciendo.—**to w. out,** exprimir.
wringbolt [-bou̧lt], *s.* perno de atraca, clavija de apretar, argolla.
wringer [-œ(r)], *s.* torcedor, torcedora; exprimidor (de ropa mojada).
wrinkle [ríŋkl]. **I.** *s.* arruga; surco, buche; (fam.) capricho, maña; artificio; idea, ocurrencia; indicio, insinuación. **II.** *va.* arrugar, hacer arrugas.—**to w. one's brow,** fruncir o arrugar las cejas.—**to w. up,** arrugar, plegar. **III.** *vn.* arrugarse; encarrujarse.
wrinkled [-d], *a.* arrugado, rugoso; encarrujado; (cost.) fruncido, plegado.
wrinkly [ríŋkli̧], *a.* arrugado.
wrist [ríst], *s.* (anat.) muñeca, carpo; (mec.) muñón; (m. comb. int.) muñón del pie de la biela, o eje del émbolo (ll. t. **w. pin**); (m. v.) pasador de la cruceta.—**w. bandage,** pulsera.—**w. watch,** reloj de pulsera.
wristband [-bænd], *s.* puño de camisa.
wristdrop [-drap], *s.* (med.) parálisis de los músculos de la mano debida a envenenamiento plúmbico.
wristfall [-fɔl], *s.* (cost.) vuelo, vuelillo.
wristlet [-li̧t], *s.* manguito elástico, pulsera.
writ [ri̧t], *s.* escritura; (for.) escrito, orden, *f.*, auto, mandamiento, decreto judicial, provisión, ejecutoria.—**w. of privilege,** auto de excarcelación.—**Holy W.,** Sagrada Escritura.
write [ráit]. **I.** *va.* (*pret.* WROTE; *pp.* WRITTEN) escribir; describir.—**to w. after,** copiar de.—**to w. a good hand,** hacer o tener buena letra.—**to w. down,** poner por escrito; redactar; apuntar; vilipendiar por escrito.—**to w. in,** o **into,** insertar o incorporar en.—**to w. off,** (com.) cancelar, saldar.—**to w. one's self,** calificarse, tomar algún título, calidad, honor, etc.—**to w. out,** redactar; copiar, trasladar, transcribir; escribir entero (sin abreviar).—**to w. over again,** volver a escribir.—**to w. up,** narrar, relatar; describir; (fam.) ensalzar por escrito, alabar, bombear, dar bombo; (com.) poner al día (el libro mayor); valorar en demasía una partida del activo. **II.** *vn.* escribir; tener correspondencia epistolar; ser escritor o autor.—**to w. back,** contestar a una carta.—**to w. on,** continuar escribiendo; escribir acerca de.
write-in [-i̧n], *s.* voto por inserción escrita de un nombre que no consta en la cédula electoral.
writer [-œ(r)], *s.* escritor; literato, hombre de letras, autor; pendolista.—**w.'s cramp,** (med.) mogigrafía; calambre del escribiente.—**the w.** (usado por modestia fingida para no decir *yo*) el que esto escribe; el infrascrito; nosotros (cambiando el verbo).
write-up [-ʌp], *s.* (fam.) bombo, escrito encomiástico; descripción o narración escrita; crónica de prensa.
writhe [ráið]. **I.** *va.* (re)torcer. **II.** *vn.* retorcerse; contorcerse (por algún dolor).
writhing [-i̧ŋ], *s.* retorcimiento, contorsión.
writing [rái̧ti̧ŋ]. **I.** *s.* escritura; letra; escrito; el (arte de) escribir. **II.** *a.* de o para escribir.—**w. book,** cuaderno de escritura.—**w. desk,** escritorio, mesa de escribir, pupitre, buró.—**w. machine,** máquina de escribir.—**w. master,** maestro de escritura.—**w. materials** = W. SET.—**w. pad,** bloc de papel.—**w. paper,** papel de escribir (gen. se subentiende que es de cartas).—**w. set,** recado de escribir.—**at the present, o at this, w.,** al tiempo que esto se escribe, ahora mismo.—**in one's own w.,** de su puño y letra.—**(to put) in w.,** (poner) por escrito.
written [rítn], *pp.* de TO WRITE.
wrong [rɔ́ŋ]. **I.** *s.* injuria, injusticia, sinrazón, *f.*, agravio, tuerto, entuerto; mal (*knowledge of right and wrong,* conocimiento del bien y el mal); daño, perjuicio; culpa; error, extravío; falsedad.—**to be in the w.,** no tener razón.—**to do w.,** obrar o hacer mal; hacer daño, causar perjuicio. **II.** *a.* injusto; censurable, repre(he)nsible; inicuo; desacertado, erróneo, incorrecto; falso; irregular; equivocado; inconveniente o inoportuno; mal hecho, mal escrito, etc.; que no es (era, etc.) (*he brought the wrong book,* trajo el libro que no era, *u* otro libro que el que debía haber traído, etc.).—**w.-headedness,** terquedad, obstinación (en el error).—**w. side,** envés, revés; lado malo.—**w. side out**(ward), al envés, al revés.—**to be w.,** ser malo; no ser justo; estar mal hecho (dicho, escrito, etc.); no tener razón, equivocarse. **III.** *adv.* mal; sin razón, sin causa; injustamente; al revés. **IV.** *va.* causar perjuicio a; hacer mal a; ofender; agraviar, injuriar; ser injusto con.
wrongdoer [-dúœ(r)], *s.* injuriador; malvado, perverso; pecador.—**wrongdoing** [-dúi̧ŋ], *s.* maldad; perversidad, iniquidad.
wrongful [-fu̧l], *a.* injusto; inicuo.
wrongfully [-li̧], *adv.* injustamente, sin razón, sin causa ni motivo.—**wrongly** [-li̧], *adv.* injustamente; mal; equivocadamente.
wrongness [-ni̧s], *s.* injusticia, maldad, iniquidad; falsedad, error, inexactitud.
wrote [rou̧t], *pret.* de TO WRITE.

wroth [rɔθ], *a.* airado, enojado.
wrought [rɔt]. **I.** *pret.* y *pp. irreg.* de TO WORK. **II.** *a.* forjado, labrado, trabajado.—**w. iron,** hierro forjado.—**w.-up,** (sobre)excitado; perturbado.
wrung [rʌŋ], *pret.* y *pp.* de TO WRING.
wry [rái], *a.* torcido, doblado, sesg(ad)o; pervertido, tergiversado.—**w. face,** gesto, visaje, mueca, mohín.—**w.-mouthed,** boquitorcido, boquituerto.—**to make a w. face,** hacer visajes, etc.—**wryly** [-li], *adv.* torcidamente.
wryneck [-nɛk], *s.* (orn.) torcecuello; (med.) torticolis, *m.*
wryness [-nis], *s.* torcedura.
wych-elm [wích ɛlm], *s.* (bot.) olmo escocés.
wych-hazel, *s.* = WITCH HAZEL.
Wyclif(f)ite [wíklifait], *s.* y *a.* wiclefista, viclefista, seguidor de o relativo a Wiclef.
wye [wai], *s.* la letra Y; horquilla, cualquier cosa en forma de Y. *V.* Y.

X

x [ɛks], *s.* x.
X [ɛks]. **I.** *s.* cruz; cualquier cosa de forma de X; (fam.) billete de 10 dólares. **II.** *a.* en cruz; en X, de forma de X.—**X-ray,** rayo X, catódico o Roentgen.—**X-ray film,** película radiográfica. —**X-ray picture,** radi(o)grafía.—**X-ray room, table,** sala, mesa, de radiaciones.—**X-ray tube,** tubo de rayos X, tubo de vacío para la producción de rayos X.—**X-ray,** *va.* radiografiar.
xanthate [zǽnθeit], *s.* (quím.) jantato, xantato.
xanthein(e [zǽnθiin], *s.* (quím.) xanteína.
xanthic [zǽnθik], *a.* (quím.) jántico, xántico.
xanthin(e [zǽnθin], *s.* (quím.) xantina, jantina.
Xanthochroi [zænθokrói], *s. pl.* caucasianos rubios.—**xanthocroid** [-króid], *a.* y *s.* rubio.
xanthophyl(l [zǽnθofil], *s.* (bioquím.) jantofila, xantofila, pigmento amarillo de las hojas.
xanthous [zǽnθʌs], *a.* mogol; rubio, blondo.
Xanthoxylum [zænθáksilʌm], *s.* (bot.) jantoxilo, xantoxilo o zantoxilo; fresno espinoso.
xebec [zíbɛk], *s.* (mar.) jabeque.
xenogenesis [zɛnodžɛ́nisis], *s.* (biol.) xenogénesis.
xenon [zɛ́nan], *s.* (quím.) xenón.
xenophobia [zɛnofóubiä], *s.* xenofobia, odio o antipatía hacia los extraños.
xerophagy [ziráfadži], *s.* xerofagia.
xerophthalmia [zirafθǽlmiä], *s.* (med.) xeroftalmía.
xerophyte [zírofait], *s.* (bot.) planta xerófila, planta de climas y suelos secos.
xerosis [ziróusis], *s.* (med.) xerodermia.
xi [zai, sai], *s.* xi (letra griega).
xiphias [zífias], *s.* (ict.) jifia.
xiphisternum [zifistœ́rnʌm], *s.* (anat., zool.) xifisternón, cartílago o apófisis xifoides.
xiphoid [zífɔid], *a.* (anat., zool.) xifoideo, xifoides, ensiforme.—**x. cartilage,** (anat.) xifoides.
xiphosuran [zifosúran], *a.* y *s.* (zool.) xifosuro.
Xmas [krísmas], *s.* = CHRISTMAS.
xylem [záilɛm], *s.* (bot.) parte leñosa de las plantas.
xylene [záilin], *s.* (quím.) xileno.—**xylic** [záilik], *a.* xílico.—**xylidin(e** [záilidin], *s.* xilidina.
xylocarpous [zailokárpʌs], *a.* (bot.) de fruto duro y leñoso.
xylograph [záilogræf], *s.* grabado en madera.—**xylographer** [zailágrafœ(r)], *s.* xilógrafo, grabador en madera.—**xylographic(al** [zailográ́fik(al], *a.* xilográfico.—**xylography** [zailágrafi], *s.* xilografía (arte).
xyloid [záilɔid], *a.* xiloide, semejante o relativo a la madera.
xylol [záilal], *s.* (quím.) xileno.
xylophagous [zailáfagʌs], *a.* (ent., zool.) xilófago.
xylophone [záilofoun], *s.* (mús.) xilórgano o xilófono; (Am.) especie de marimba.
xyster [zístœ(r)], *s.* (cir.) raspador de huesos.
xyst(us [zíst(ʌs], *s.* (arq.) pórtico, galería, terrado.

Y

y [wai], *s.* y.
Y [wai]. **I.** *s.* horquilla; Y, cualquier cosa en forma de Y; (f. c.) cambio en Y, triángulo de cambio de marcha; (hidr.) tubo bifurcado, horquilla, tubo en Y; (quím.) itrio; (fam.) Asociación Cristiana de los Jóvenes. **II.** *a.* en Y, de forma de Y; de horquilla; bifurcado.—**Y box,** (elec.) caja bifurcada.—**Y connection,** (elec.) conexión de estrella.—**Y gun,** cañón doble antisubmarino en Y.—**Y level,** (top.) nivel de apoyos en Y, nivel invertible en los apoyos (ll. a veces *nivel norteamericano,* por ser el más usado en los E. U.).—**Y track,** (f. c.) triángulo de inversión de marcha.
yacht [yát]. **I.** *s.* (mar.) yate.—**y. race,** regata de yates. **II.** *vn.* ir, viajar o pasear en yate; manejar un yate.—**yachting** [-iŋ], *s.* deporte de los yates; paseo o navegación en yate.—**yachtsman** [-sman], *s.* dueño o timonel de yate; deportista de yates.—**yachtsmanship** [-ŝip], *s.* arte del conductor de yates; habilidad en la conducción de yates.
yahoo [yáhu], *s.* (fam.) persona que tiene malos modales; patán, rústico.
yak [yæk], *s.* (zool.) yack o yak (del Tibet).
yam [yæm], *s.* (bot.) ñame; (bot.) batata, (Cuba) boniato amarillo.
yank [yæŋk]. **I.** *va.* y *vn.* (fam.) sacar de un tirón; dar un tirón. **II.** *s.* (fam.) tirón, estirón.
Yankee [yǽŋki], *a.* y *s.* (fam.) yanqui, natural de la Nueva Inglaterra.—**Y. Doodle,** canción popular de los norteamericanos.—**Yankeedom** [-dom], *s.* tierra de los yanquis; los yanquis.—**Yankeeism** [-izm], *s.* yanquismo.—**Yankeeland** [-lænd], *s.* Yanquilandia (apl. a la Nueva Inglaterra y a los E. U.).
yap [yæp]. **I.** *vn.* (fam.) ladrar, (re)gañir (el perro); charlar agria o ruidosamente; parlotear. **II.** *s.* (fam.) ladrido, gañido; charla o charlador displicentes, ruidosos u ociosos.
yard [yárd]. **I.** *va.* acorralar, apriscar. **II.** *s.* corral; patio; cercado; yarda (medida); (mar.) verga.
yardage [-idž], *s.* medida en yardas.
yardarm [-arm], *s.* (mar.) penol de la verga.
yardmaster [-mæstœ(r)], *s.* (f. c.) encargado de la estación de clasificación.
yardstick, yardwand [-stik, -wand], *s.* yarda graduada de medir; patrón, modelo; criterio.
yarn [yarn], *s.* hilaza; hilo, hilado; estambre; (fam.) cuento chino o increíble, andaluzada.
yarrow [yǽrou], *s.* (bot.) milenrama, milhojas, *f.*
yashmak [yǽŝmæk], *s.* velo de las musulmanas.
yataghan [yǽtagæn], *s.* yatagán.
yaw [yó]. **I.** *s.* (mar.) guiñada; (aer.) derrape, desviación lateral con respecto a la línea regular de vuelo. **II.** *va.* y *vn.* (mar.) guiñar; (aer.) desviar(se) de la línea regular de vuelo por rotación alrededor del eje vertical.
yawing [-iŋ], *s.* (aer.) derrape, movimiento alrededor del eje vertical.
yawl [yɔl], *s.* (mar.) bote, yola; serení; balandra.
yawmeter [yómitœ(r)], *s.* (aer.) goniómetro de derrape, medidor de ángulos de derrape.
yawn [yón]. **I.** *vn.* bostezar; quedarse con la boca abierta; anhelar; abrirse. **II.** *s.* bostezo; abrimiento; abertura.—**yawner** [-œ(r)], *s.* bostezador.—**yawning** [-iŋ]. **I.** *a.* bostezante; abierto. **II.** *s.* bostezo.
yawp [yɔp]. **I.** *s.* (fam.) grita, alboroto, bulla; (fam.) charla, conversación (ruidosa y ociosa). **II.** *vn.* (fam.) gritar, armar bulla; (fam.) charlar, conversar (ruidosa y ociosamente).
yaws [yɔz], *s.pl.* (med.) frambesia, pian, bejel, pinta, mal de pinto.
ye [yi]. **I.** *pron.* ant. (*pl.* de THOU) vosotros, (v)os. **II.** [ði], *art.* (*contr.* ant. de THE), el, la, los, las.
yea [yei]. **I.** *adv.* sí, ciertamente, verdaderamente; y aún, más aún, no solamente . . . sino.—**y.**

or nay, sí o no. II. *s.* sí, voto afirmativo.—**the yeas and nays,** los votos en pro y en contra.
yean [yín], *va.* y *vn.* parir la oveja o cabra.
yeanling [-liŋ], *s.* cordero o cabrito mamantón.
year [yír], *s.* año.—*pl.* años, edad; vejez.—**y. of grace, y. of our Lord,** año de gracia.—**y.'s purchase,** renta anual.—**by the y.,** por año.—**in years,** de edad.—**of late years,** en los últimos años, en años recientes.—**once a y.,** una vez al año, cada año.—**to grow in years,** envejecer.
yearbook [-bụk], *s.* anuario.
yearling [-liŋ], *s.* primal, añojo, añal, borro.
yearlong [-lɔŋ], *a.* que dura un año, o años.
yearly [-li]. I. *a.* anual. II. *adv.* anualmente, cada año; una vez al año; al año.
yearn [yœ́rn], *vn.* anhelar, desear vivamente, suspirar por; añorarse.—**yearning** [-iŋ], *s.* anhelo.
yeast [yíst], *s.* levadura, fermento, ludia; giste, espuma.—**y. cake,** pastilla o tortita de levadura.
yeasty [-i], *a.* de o semejante a levadura; espumoso; ligero; frívolo, trivial.
yegg(man [yég(mạn], *s.* (fam.) ladrón.
yelk [yɛlk], *s.* (dialecto) *V.* YOLK.
yell [yɛl]. I. *va.* y *vn.* dar alaridos, vociferar, gritar, aullar; decir a gritos. II. *s.* alarido, grito, aullido; grito salvaje o de guerra.—**college y.,** grito peculiar que sirve de distintivo a los estudiantes de cada colegio.
yellow [yélou̯]. I. *a.* amarillo, gualdo; rubio; sensacional, escandaloso (periódico, etc.); (fam.) cobarde, gallina, medroso.—**y. berries,** bayas persas, semillas de cambrón.—**Y. Book,** Libro Amarillo (de Francia).—**y. brass,** latón ordinario.—**y.-dog money,** (hist., E. U.) moneda sin valor; billetes de un *wildcat bank.* (*V.* WILDCAT.)—**y. fever,** (med.) fiebre amarilla.—**y. flag,** bandera amarilla (la insignia de cuarentena).—**y. iris,** (bot.) ácaro falso, bastardo o palustre.—**y. jack** = Y. FEVER; Y. FLAG.—**y. jacket,** especie de avispa con pintas amarillas.—**y. journalism,** periodismo sensacional.—**y. lead,** albayalde calcinado.—**y. metal,** oro; metal Muntz (aleación como de 60% de cobre y 40% de cinc).—**y. ocher,** anorca, ocre amarillo.—**y. pine,** pino amarillo.—**y. spot,** (anat.) mácula amarillenta en la retina de los vertebrados; (ent.) mariposa de mancha amarilla.—**y. water lily,** (bot.) nenúfar amarillo. II. *s.* amarillo (color). III. *vn.* ponerse amarillo, enmarillecerse, amarillear.
yellowbird [-bœrd], *s.* (orn.) jilguero, pintacilgo; oropéndola.
yellowhammer [-hæmœ(r)], *s.* (orn.) emberizo, verderol, verderón; (E. U.) picamaderos.
yellowish [-i̯ŝ], *a.* amarillento, amarillazo, gualdado.—**yellowishness** [-i̯ŝni̯s], *s.* color amarillento.—**yellowness** [-ni̯s], *s.* amarillez.
yellowwood [-wụd], *s.* (bot.) fustete.
yelp [yélp]. I. *vn.* latir, (re)gañir (el perro). II. *s.* latido, gañido del perro.—**yelping** [-iŋ], *s.* gañido.
Yemen [yémẹn], *s.* Yemen.
Yemeni [-i], **Yemenite** [-ai̯t], *s.* y *a.* yemenita.
yen [yɛn]. I. *s.* yen (moneda japonesa); (fam.) deseo, voluntad, ganas.—**to have a y. for,** tener ganas de. II. *vn.* (fam.) anhelar, sentir deseo.
yeoman [yóu̯mạn], *s.* (*pl.* YEOMEN) (Ingl., hist.) hacendado, labrador acomodado; (mar.) pañolero; (E. U.) subalterno de marina.—**y. of the guard,** (Ingl.) alabardero de palacio.—**y. ('s) service,** servicio leal o notable.—**yeomanry** [-ri], *s.* (hist.) burguesía; cuerpo de los *yeomen;* (Ingl.) cuerpo de guardia del rey.
yes [yɛs]. I. *adv.* sí.—**y. indeed,** sí por cierto, ya lo creo. II. *s.* respuesta afirmativa o favorable.—**y. man,** (fam.) hombre servil, que obedece ciegamente.
yesterday [yéstœrdi], *s.* y *adv.* ayer.—**y. morning,** ayer por la mañana.—**yesternight** [-nái̯t], *s.* y *adv.* (poét.) anoche, la noche pasada.—**yesteryear** [-yír], *s.* y *adv.* (poét.) el año pasado; antaño.
yet [yɛt]. I. *conj.* con todo, sin embargo, no obstante; mas, pero, empero; aun así. II. *adv.* aún, todavía, hasta ahora; a lo menos; más, además, más que.—**as y.,** hasta ahora, hasta aquí, todavía.—**not y.,** todavía no, aún no.
yew [yu], *s.* (bot.) tejo.
yield [yíld]. I. *va.* producir; redituar, rendir, rentar, dar, dejar; dar de sí, ceder; deferir, condescender; devolver, restituir; admitir, pasar por, conceder; otorgar.—**to y. consent,** dar consentimiento, consentir.—**to y. up,** ceder, entregar; devolver; abandonar. II. *vn.* producir; dar utilidad; ceder, caer, sucumbir, rendirse o someterse; consentir; flaquear, ceder, doblegarse; mollearse, blandear.—**to y. to,** ceder a, rendirse a; acceder a, consentir en; someterse a. III. *s.* rendición; producción; rédito, rendimiento, renta, beneficio; cosecha.—**y. point,** (ing.) límite elástico aparente, esfuerzo mínimo de deformación permanente.
yielding [-iŋ], *a.* dócil, complaciente; flojo; condescendiente; dúctil.—**yieldingly** [-li], *adv.* libremente; flojamente.—**yieldingness** [-ni̯s], *s.* facilidad en ceder o en condescender.
yip [yi̯p]. I. *s.* (fam.) gañido (del perro). II. *vn.* gañir (perro).
yodel [yóu̯dẹl]. I. *va.* y *vn.* cantar modulando la voz rápidamente desde el tono natural al falsete, y viceversa. II. *s.* manera de cantar de los tiroleses.
yoga [yóu̯gạ], *s.* yoga, *m.*
yogi [yóu̯gi], *s.* yogi, asceta (*m.*) de la India.
yogurt [yóu̯gụrt], *s.* yogurt, yogh(o)urt.
yoke [yóu̯k]. I. *s.* yugo; (fig.) férula, esclavitud, opresión, servidumbre; horcajo, camella; horquilla; guía; (arq.) tirante; (elec.) culata (de imán); (mec.) garra de fijación (de taladro); (mar.) barra de timón; balancín o pinga (para llevar pesos); (cost.) canesú, hombrillo de la camisa; (aer.) palanca de mando.—*sing.* y *pl.* yunta de bueyes; par de otros animales de tiro.—**y. elm,** (bot.) carpe.—**y. of land,** yugada.—**y. pad,** frontil, rollo.—**y. ring,** barzón.—**to throw off the y.,** sacudir el yugo. II. *va.* uncir, acoyundar, acollarar, acoplar; (raro) sojuzgar, sujetar; oprimir.
yokefellow [-fɛlou̯], **yokemate** [-mei̯t], *s.* compañero de fatigas; socio; esposo o esposa.
yokel [yóu̯kẹl], *s.* campesino, patán, paleto.
yolk [you̯k], *s.* yema (de huevo); exudación de las ovejas.
yon, yond [yan(d], *adv.* y *a.* (ant. o dial.) = YONDER.
yonder [yándœ(r)]. I. *adv.* allí, allá, acullá. II. *a.* aquel, aquella, aquellos, aquellas.
yore [yɔr], *s.* (con **of**) de otro tiempo; de antaño.
Yorkshire pudding, *s.* (coc.) pudín de mantequilla asado en horno con el pringue de la carne.
you [yu], *pron. pers. sing.* y *pl.* (nominativo y caso oblicuo) tú, usted, vosotros, ustedes; te, a ti, le, la, a usted, os, a vosotros, les, a ustedes. Se usa indefinidamente, y entonces se traduce por *uno* o haciendo refleja la construcción: *as you come near it, you see nothing,* cuando uno se acerca, no ve nada; *you cannot enter without permission,* no se puede entrar sin permiso.—**y. thief!** ¡so (o don) ladrón!
young [yʌ́ŋ]. I. *a.* joven; mozo; nuevo; tierno, verde; fresco, reciente; novicio, inexperto.—**y. ass,** pollino, asnico.—**y. face,** cara remozada.—**y. fellow,** joven, mozo.—**y. girl,** chica, mozuela (apl. gen. a jóvenes no mayores de 20 años).—**y. goat,** cabrito, chivo, choto.—**y. hare,** lebrat(ill)o.—**y. lady,** señorita.—**y. man,** joven (hombre).— **Y. Men's Christian Association,** Asociación de los Jóvenes Cristianos (más propiamente, Asociación Cristiana de los Jóvenes).—**Y. Men's Hebrew Association,** Asociación Hebrea de los Jóvenes.—**y. one,** mozo; hijuelo; (fam.) niño, chiquillo.—**y. partridge,** perdigón.—**y. people,** la juventud,

los jóvenes.—**y. rabbit,** gazap(ill)o.—**y. woman,** joven, mujer joven.—**Y. Women's Christian Association,** Asociación de las Jóvenes Cristianas (es la expresión usual, aunque la traducción propia es Asociación Cristiana de las Jóvenes).—**to grow y. again,** remozarse, rejuvenecer(se). **II.** *s. pl.* hijuelos, la cría de los animales.—**with y.,** preñada, encinta.
younger [-gœ(r)], *a.* más joven.—**y. brother,** hermano menor.—**Pliny the Y.,** Plinio el Joven.—**to be the y. hand,** ser pie (en el juego).
youngish [-įŝ], *a.* mozuelo, jovencillo, tierno.
youngling [-liŋ], *s.* pequeñuelo, joven.
youngster [-stœ(r)], *s.* jovencito, mocito, mozalbete, rapaz, *mf.;* niño, chiquillo, pequeñuelo.
your [yųr], *a. pos.* tu(s), vuestro(s), vuestra(s); su(s), de usted(es).
yours [-z], *pron. pos.* (*sing.* y *pl.*) el tuyo, la tuya, los tuyos, las tuyas; el vuestro, etc.; el, la, lo, los o las de usted(es); el suyo, etc. (de usted(es)).—**y. affectionately,** su afectísimo.—**y. (very) cordially,** su afectísimo servidor.—**y. (very) faithfully,** su seguro servidor (o su afmo. y atto. S. S.).—**y. sincerely, y. (very) truly** = Y. FAITHFULLY. (Estas son formas convencionales de significado más o menos vago, y a veces se usan las unas por las otras.)
yourself [-sélf], *pron. pers.* tú mismo, Vd. mismo.—*pl.* **yourselves** [-sélvz], vosotros o Vds. mismos.
youth [yúθ], *s.* juventud, mocedad; mozalbete, joven; la juventud, los jóvenes.
youthful [-fųl], *a.* juvenil; joven, mozo; fresco, vigoroso; juguetón.—**y. exploits,** mocedades.—**youthfully** [-i], *adv.* de un modo juvenil, como muchacho.—**youthfulness** [-nis], *s.* mocedad, juventud; frescura.
yowl [yaųl]. **I.** *vn.* aullar, ladrar; gritar. **II.** *s.* aullido; alarido.
yo-yo [yóųyoų], *s.* yoyo (juego y objeto).
yperite [ípœraįt], *s.* yperita, gas mostaza.
ytterbia [itœ́rbįą], *s.* iterbia, óxido de iterbio.
ytterbium [itœ́rbiʌm], *s.* (quím.) iterbio.
yttria [ítrįą], *s.* (quím.) itria.
yttrium [-ʌm], *s.* (quím.) itrio.
yuca [yįúką], *s.* (bot.) mandioca.
yucca [yʌ́ką], *s.* (bot.) yuca.
Yugoslav [yúgoųslav], *s.* y *a.* yugoeslavo, yugoslavo.
Yugoslavia [yugoųslávįą], *s.* Yugoeslavia, Yugoslavia.
Yugoslavic [-ik], *s.* yugoeslavo, yugoslavo (lengua).
Yule [yúl], **Yuletide** [-taįd], *s.* pascua de Navidad, natividad.—**yule log,** nochebueno.

Z

z [zi], *s.* z.
Z [zi]. **I.** *s.* hierro en Z; cosa de forma de Z. **II.** *a.* en Z, en forma de Z.—**Z bar,** barra en Z.
zaffer, zaffre [zǽfœ(r)], *s.* (min.) zafre.
Zanthoxylum [zænθáksiʌm], *s.* (bot.) jantoxilo.
zany [zéįni]. **I.** *s.* (ant.) bufón, truhán; simplón. **II.** *a.* (fam.) tonto, estúpido, alocado.
Zanzibar [zǽnzibar], *s.* Zanzíbar.
Zanzibari [zænzibári], *s.* y *a.* zanzibareño.
zeal [zil], *s.* celo, fervor, ardor, ahinco; acucia.
zealot [zélot], *s.* entusiasta, *mf.*, partidario acérrimo, fanático.—**zealotry** [-ri], *s.* fanatismo.—**zealous** [zélʌs], *a.* celoso, entusiasta, fervoroso, acucioso.—**zealously** [-li], *adv.* apasionadamente, con pasión y celo; con ardor.
zebec [zíbɛk], *s. V.* XEBEC.
zebra [zíbrą], *s.* (zool.) cebra.
zebrass [zíbræs], *s.* (zool.) híbrido nacido de cebra macho y burra.
zebu [zíbiu], *s.* (zool.) cebú.
zed [zɛd], *s.* zeda, zeta, ceda, ceta (la letra *z*).
zedoary [zédoąri], *s.* (bot.) cedoaria.
Zeitgeist [tsáįtgaįst], *s.* espíritu u orientaciones de la época.
zenana [zɛnáną], *s.* harén indio.
Zend [zɛnd], *s.* zendo.—**Z.-Avesta,** Zendavesta, *m.*
zenith [zíniθ], *s.* (astr.) cenit; (fig.) apogeo.—**z. distance,** distancia cenital.
zephyr [zéfœ(r)], *s.* céfiro, (poét.) favonio; hilaza muy ligera para bordar; (tej.) céfiro, tela ligera o diáfana; prenda de vestir de dicha tela.
Zeppelin [zépęlin]. **I.** *s.* (aer.) zepelín. **II.** *va.* (z.) bombardear desde un zepelín.
zero [zíroų], *s.* cero.—**z. hour,** (mil.) hora de ataque; hora o momento críticos.—**z. lift,** (aer.) resistencia nula.—**z. weather,** tiempo de cero grados (de temperatura).—**below z.,** bajo cero.
zest [zɛst]. **I.** *s.* deleite, gusto; sainete, sabor; luquete (que se echa a una bebida). **II.** *va.* dar gusto o sabor.
zeta [zéįtą, zítą], *s.* zeda (letra griega).
zeugma [zįúgmą], *s.* (gram. y ret.) zeu(g)ma.
Zeus [zįus], *s.* (mit.) Júpiter griego.
zibel(l)ine [zíbęlin]. **I.** *a.* cebellino, de marta; de piel de marta. **II.** *s.* piel (*f.*) de marta.
zibet [zíbit], *s.* (zool.) gato de algalia.
zigzag [zígzæg]. **I.** *va.* y *vn.* ir o pasar en zigzags, hacer zigzags, zigzaguear. **II.** *a.* serpentino, en zigzag. **III.** *s.* zigzag, ziszás, (Am.) quingos.
zinc [ziŋk]. **I.** *s.* (quím. y com.) cinc o zinc.—**z. blende,** (min.) esfalerita, blenda.—**z. bloom,** (min.) flor (*f.*) de cinc.—**z. ointment,** (farm.) pomada de cinc.—**z. oxide,** (quím.) óxido de cinc.—**z. white,** blanco u óxido de cinc. **II.** *va.* plaquear con cinc, galvanizar.
zincate [-eit], *s.* (quím.) cincato.—**zincic** [-ik], *a.* cíncico.—**zinciferous, zinkiferous** [ziŋkífęrʌs], *a.* cincífero.—**zincite** [zíŋkaįt], *s.* (min.) cincita, óxido natural de cinc.
zincograph [zíŋkogræf], *s.* cincograbado, grabado en cinc.—**zincography** [ziŋkágrąfi], *s.* cincografía, arte de grabar en cinc.
zincous [zíŋkʌs], *a.* cíncico, de cinc; del cinc, electropositivo (en una pila eléctrica).
zinnia [zínįą], *s.* (bot.) zinia, (Cuba) extrañarosa.
Zion [záįon], *s.* Sión; cielo.—**Zionism** [-izm], *s.* sionismo, movimiento en favor de reestablecer a los judíos en Palestina.—**Zionist** [-ist], *s.* y *a.* sionista.
zip [zip]. **I.** *s.* zumbido de, o como de, bala; (fam.) energía, vigor. **II.** *vn.* zumbar como una bala.
zipper [-œ(r)], *s.* cierre (de) cremallera, cierre (automático, metálico o relámpago); abrochador o apretador de corredera; bota o zapato que lo lleva. (Es nombre de fábrica).
zippy [-i], *a.* (fam.) vivo, animado, festivo, alegre.
zircon [zœ́rkan], *s.* (min.) circón.
zirconium [zœrkóųniʌm], *s.* (quím.) circonio, zirconio.—**z. oxide,** circona.
zither(n [zíθœr(n], *s.* (mús.) cítara.
zloty [zlóti], *s.* unidad monetaria de Polonia.
zoanthropy [zoǽnθroųpi], *s.* (med.) zoantropía.
zodiac [zóųdiæk], *s.* (astr.) zodíaco; circuito.
zodiacal [zodáiąkąl], *a.* zodiacal.—**z. light,** luz zodiacal.
zoea [zoíą], *s.* forma larval de algunos crustáceos.
zoetic [zoétik], *a.* (biol.) zoético.
zoic [zóųik], *a.* (zool.) zoico.
Zollverein [tsólfɛrain], *s.* unión aduanera.
zombi, zombie [zámbi], *s.* (folklore) zombi, poder sobrenatural; cadáver bajo la influencia de tal poder; (fam.) mentecato, necio, tonto; coctel de ron, zumo de frutas y soda.
zonal [zóųnąl], *a.* perteneciente a una zona; que tiene bandas o zonas.
zone [zóųn]. **I.** *s.* zona; distrito, sección, territorio; zona, división, sección de una ciudad; banda circular, faja; (poét.) cinturón o cíngulo. **II.** *va.* dividir en zonas o secciones.
zoned [-d], *a.* zonal; dividido en zonas; (poét.) que lleva cinturón; marcado con fajas.
zoneless [-lis], *a.* que no tiene zona, etc.
zoning [-iŋ], *s.* zonificación.

zonule [-i̥ul], *s.* zona pequeña: faja, anillo, aro pequeño.
zoo [zu], *s.* (*contr.* de ZOOLOGICAL) jardín o parque zoológico.
zoochemistry [zoyokémi̥stri̥], *s.* zooquímica.
zoogeny [zoyádženi̥], *s.* zoogenia, zoogonía.
zoogeography [zoyodži̥ágrafi̥], *s.* zoogeografía.
zooglœa [zoyoglíä], *s.* (bacter.) zooglea, aglomerado gelatinoso de bacterias.
zoographer [zoyágrafœ(r)], *s.* zoógrafo.
zoographic(al [zoyogræfi̥k(a̧l], *a.* zoográfico.
zoography [zoyágrafi̥], *s.* zoografía.
zooid [zóyɔi̥d]. **I.** *a.* zooideo; de carácter animal. **II.** *s.* (biol.) zooide.
zooidal [zoyói̥da̧l], *a.* (biol.) zooideo.
zoolater [zoyála̧tœ(r)], *s.*, **zoolatrous** [-trʌs], *a.* zoólatra.
zoolatry [-tri̥], *s.* zoolatría.
zoolite [zóyolai̥t], **zoolith** [-li̥θ], *s.* (geol.) zoolito.
zoolit(h)ic [-líti̥k *o* líθi̥k], *a.* zoolítico.
zoologic(al [zoyoládži̥k(a̧l], *a.* zoológico.
zoological garden, *s.* jardín o parque zoológico.
zoologist [zoyálodži̥st], *s.* zoólogo.
zoology [zoyálodži̥], *s.* zoología.
zoom [zum], *vn.* (aer.) subir de pronto, levantar el vuelo rápidamente; empinarse.
zoomorphic [zoyomórfi̥k], *a.* zoomorfo, de forma de animal; que representa animales.—**zoomorphism** [-i̥zm], *s.* representación de o por medio de animales; culto de animales.
zoonomy [zoyánomi̥], *s.* zoonomía.
zoophagan [zoyáfa̧ga̧n], *s.* zoófago, carnívoro.
zoophagous [zoyáfa̧gʌs], *a.* zoófago.
zoophoros [zoyáfo̧rʌs], *s.* (arq.) zoóforo.
zoophyte [zóyofai̥t], *s.* (zool.) zoófito.
zoophytic(al [-fíti̥k(a̧l], *a.* zoofítico.
zoosperm [-spœrm], *s.* (biol.) zoospermo.
zoosporangium [-spo̧rændži̥ʌm], *s.* zoosporangio.
zoospore [-spɔr], *s.* (bot.) zoospora, zoosporo.
zootechnic(al [-tékni̥k(a̧l], *a.* zootécnico.—**zootechnics, zootechny** [-tékni̥ks, zóyotɛkni̥], *s.* zootecnia.
zootomist [zoyátomi̥st], *s.* zootomista.
zootomy [zoyátomi̥], *s.* zootomía.
Zoroastrian [zoyroæstri̥a̧n], *a.* parsi, zoroástrico.
Zoroastrianism [-i̥zm], *s.* zoroastrismo.
zoster [zástœ(r)], *s.* cíngulo; (med.) zoster, *f.*, zona.
Zouave [zyáv], *s.* (mil.) zuavo.
zounds [zayndz], *interj.* ¡voto al chápiro! ¡cáspita!
Zulu, Zooloo [zúlu], *a.* y *s.* zulú.
zwieback [swíbak], *s.* especie de pan retostado.
Zwinglian [zwíŋli̥a̧n]. **I.** *s.* zuingliano o zwingliano, partidario de Zuinglio. **II.** *a.* zuingliano, relativo a Zuinglio o a sus doctrinas.
Zwinglianism [-i̥zm], *s.* (teol.) zuinglianismo.
zygoma [zai̥góyma̧], *s.* (anat.) cigoma, *m.*, arco cigomático; apófisis cigomática del temporal.
zygomatic [zai̥gomǽti̥k], *a.* (anat.) cigomático. —**z. bone**, hueso malar, pómulo.—**z. process**, apófisis cigomática del temporal.
zygomorphic, zygomorphous [-mórfi̥k,-fʌs], *a.* (bot.) cigomorfo, en forma de yugo.—**zygomorphism** [-fi̥zm], *s.* cigomorfismo.
zygophyllaceous [-fi̥léi̥šʌs], *a.* (bot.) cigofileo.
zygote [zái̥goyt], *s.* (biol., genét.) cigoto, huevo.
zymase [zái̥mei̥z], *s.* (bioquím.) zimasa.
zyme [zái̥m], *s.* (biol.) zimo o cimo; un fermento: germen de enfermedad cimótica.
zymogen [zái̥modžɛn], *s.* (bioquím.) cimógeno; (bact.) organismo productor de fermentos.
zymogenesis [-džéni̥si̥s], *s.* (bioquím.) cimogénesis, fermentación.
zymogenic [-džéni̥k], *a.* (bioquím.) cimógeno o zimógeno, que produce fermentación.
zymology [zai̥málodži̥], *s.* cimología, zimología.
zymosis [zai̥móysi̥s], *s.* cimosis o zimosis, fermentación morbífica; enfermedad cimótica.
zymotic [zai̥máti̥k], *a.* cimótico, zimótico.
zymurgy [zái̥mœrdži̥], *s.* cimurgia.

APÉNDICE

Nombres geográficos que se escriben de distinto modo en inglés y en español

A

Aachen [ákẹn], Aquisgrán, Aix-la-Chapelle.
Abydos [ạbáịdas], Abidos.
Abyssinia [æbịsíniạ̈], Abisinia.
Achaia [ạkéịyạ̈], **Achæa** [ạkíạ̈], Acaya.
Actium [ǽkšịʌm o ǽktịʌm], Accio.
Adelaide [ǽdẹleịd], Adelaida.
Admiralty Islands, Islas del Almirante.
Adrianople [eịdrịạnóupl], Adri(a)nópolis.
Adriatic [eịdrịǽtịk] **Sea,** Mar Adriático.
Ægean [ịdžíạn] **Sea,** Mar Egeo.
Ægina [ịdžáịnạ̈], Egina.
Æolis [íolịs], Eólida.
Ætna [étnạ̈], Etna.
Ætolia [ịtóuliạ̈], Etolia.
Afghanistan [æfgǽnịstæn], Afganistán.
Aix-la-Chapelle [eks la šapél], Aquisgrán.
Aleppo [ạlépou], Alepo.
Alessandria [alesándriạ̈], Alejandría (Italia).
Aleutian [ạliúšạn] **Islands,** Islas Aleutas *o* Aleutianas.
Alexandria [ælegzǽndriạ̈], Alejandría (Egipto).
Algeria [ældžíriạ̈], Argelia.
Algiers [ældžírz], Argel.
Allegheny [ælẹgéịni] **Mountains,** Montes Alleghanys.
Alps [ælps], Alpes.
Alsace [ælséịs *o* ælsǽs], Alsacia.
Alsace-Lorraine, Alsacia-Lorena.
Amazon [ǽmạzan], (Río de las) Amazonas.
Andalusia [ændạlúžạ̈], Andalucía.
Angouleme [angulém], Angulema.
Annam [ænǽm], Anam.
Antilles [æntíliz], Antillas.
Antioch [ǽntịak], Antioquía.
Antwerp [ǽntwœrp], Amberes.
Apennines [ǽpenaịnz], Apeninos.
Appalachian [æpạlǽchịan] **Mountains,** Montes Apalaches.
Apulia [ạpiúlyạ̈], Pulla, Apulia.
Aquitaine [ǽkwịteịn], Aquitania.
Arabia Deserta [ạréịbịạ̈ dịzœ́rtạ̈], Arabia Desierta.—**A. Felix** [fílịks], Arabia Feliz.—**A. Petræa** [pẹtríạ̈], Arabia Petrea.
Archipelago [arkịpélạgou], Archipiélago, Mar Egeo.
Ardennes [ardén], Ardenas.
Asia Minor [éịžạ̈ máịnọ(r)], Asia Menor.
Assisi [asízi], Asís.
Assyria [ạsíriạ̈], Asiria.
Astrakhan [ǽstrạkæn], Astracán.
Athens [ǽθịnz], Atenas.
Attica [ǽtịkạ̈], Atica.
Augsburg [ógzbœrg], Augsburgo.
Austria-Hungary [óstriạ̈ hʌ́ŋgạri], Austria-Hungría.
Auvergne [ouvérn], Auvernia.
Avignon [avinyán], Aviñón.

B

Babylon [bǽbịlan], **Babylonia** [-lóuniạ̈], Babilonia.
Bactra [bǽktrạ̈], Bactria.—**Bactria** [-triạ̈], Bactriana.
Baku [bakú], Bakú.
Bâle [bal], **Basel** [bázẹl], **Basle** [bal], Basilea.
Balearic [bæliǽrịk] **Islands,** Islas Baleares.
Balkan [bólkạn] **Mountains,** Montes Balcanes.
Balkans [-z], Balcanes.
Baltic [bóltịk] **Sea,** Mar Báltico.
Baluchistan [bạlúchịstæn], Beluchistán, Baluchistán.
Banat [banát], Banato.
Barbados [barbéidouz], Barbada, Barbados.
Barbary [bárbạri], Berbería.
Basque [bæsk] **Provinces,** Provincias Vascongadas.
Bavaria [bạvériạ̈], Baviera.
Bayonne [beịyóun], Bayona.
Bayreuth [baịróịt], Baireut.
Bearn [beịár], Bearne.
Beaucaire [boukér], Belcaire.
Bechuanaland [bechuánạlænd], Bechuanalandia.
Beirut, Beyrouth [béịrut], Beirut.
Belgium [béldž(i)ʌm], Bélgica.
Belgrade [belgréịd], Belgrado.
Belize [belíz], Belice.
Belleisle [beláịl], **Strait of,** Estrecho de Bella Isla.
Bengal [bengól], Bengala.
Bern *o* **Berne** [bœrn], Berna.
Bethany [béθạni], Betania.
Bethlehem [béθlị(h)ẹm], Belén.
Bethsaida [beθséịạdạ̈], Betsaida.
Biscay [bískeị], Vizcaya.
Bithynia [bịθíniạ̈], Bitinia.
Black Sea, Mar Negro, Ponto Euxino.
Bœotia [bióušạ̈], Beocia.
Bokhara [boukárạ̈], Bojara, Bokhara, Bujara.
Bologna [boulóunyạ̈], Bolonia.
Bordeaux [bordóu], Burdeos.
Bosporus [básporʌs], Bósforo.
Bothnia [báθniạ̈], Botnia.
Boulogne [bulóun], Boloña.
Brabant [brạbǽnt], Brabante.
Brandenburg [brǽndẹnbœrg], Brandeburgo.
Brazil [brạzíl], Brasil.
Bretagne [bretány], **Brittany** [brítạni], Bretaña.
British Columbia [kolʌ́mbịạ̈], Columbia Británica.
British Honduras [handúrạs], Belice, Honduras Británica.
British Isles, Islas Británicas.
Bruges [brúdžiz *o* bruž], Brujas.
Brussels [brʌ́sẹlz], Bruselas.
Bucharest [bjukarést], Bucarest.
Bukhara [buhárạ̈] = BOKHARA.
Bucovina, Bukovina, Bukowina [bukovínạ̈], Bucovina.
Burgundy [bœ́rgʌndi], Borgoña.
Byzantium [bịzǽnšịʌm], Bizancio.

C

Cæsarea [sesaríạ̈], Cesarea.
Calcutta [kælkʌ́tạ̈], Calcuta.
Cameroon [kæmẹrún], Camerún.

Para la pronunciación véase la clave al principio del libro.

Canaan [kéịnạn], Canaán.
Canary Islands, Islas Canarias.
Canossa [kạnásä̧], Canosa.
Canterbury [kǽntœrb(ɛ)rị], Cantórbery.
Cape Breton [keịp brḯtọn *o* brétọn] **Island,** Isla Real o del Cabo Bretón.
Cape Colony, Colonia del Cabo.
Cape Haitien [héịtịɛn], Cabo Haitiano.
Cape of Good Hope, Cabo de Buena Esperanza.
Capernaum [kạpœ́rneịʌm], Cafarnaúm.
Cape Verde [vœrd] **Islands,** Islas del Cabo Verde.
Carcassonne [karkasón], Carcasona.
Caribbean [kærịbíạn *o* kạrḯbịạn] **Sea,** Mar Caribe, Mar de las Antillas.
Caroline [kǽrolaịn] **Islands,** Islas Carolinas.
Carpathian [karpéịθịạn] **Mountains,** Montes Cárpatos.
Carthage [kárθịdẑ], Cartago.
Caspian [kǽspịạn] **Sea,** Mar Caspio.
Castile [kæstíl], Castilla.
Catalonia [kætạlóụnịä̧], Cataluña.
Caucasus [kókạsʌs], Cáucaso.
Cayenne [kaịén *o* keịén], Cayena.
Ceylon [sịlán], Ceilán.
Chæronea [kɛroníä̧], Queronea.
Chalcedon [kǽlsịdan], Calcedonia.
Chaldea [kældíä̧], Caldea.
Champagne [ŝæmpéịn], Champaña.
Chefoo [chifú], Chifú.
Cherbourg [ŝérbụrg *o* ŝɛrbúr], Cherburgo.
Chersonese [kœrsọníz], Quersoneso.
China [cháịnä̧] **Sea,** Mar de la China.
Christiania [krịschịǽnịä̧], Cristianía, Oslo.
Circassia [sœrkǽŝ(ị)ä̧], Circasia.
Coblenz [kóụblɛnts], Coblenza.
Coburg [kóụbœrg], Coburgo.
Cochin China [kóụchịn cháịnä̧], Cochinchina.
Cologne [kọlóụn], Colonia.
Constance [kánstạns], **Lake of,** (lago de) Constanza.
Constantine [kánstạntin], Constantina.
Constantinople [kanstæntịnóụpl], Constantinopla, (ant.) Bizancio.
Copenhagen [koụpẹnhéịgẹn], Copenhague.
Corinth [kórịnθ], Corinto.
Cornwall [kórnwɔl], Cornualles.
Corsica [kórsịkä̧], Córcega.
Corunna [kọrʌ́nä̧], **Coruña** [kọrúnyä̧], la Coruña.
Côte d'Or [koụt dór], Costa de Oro.
Cracow [krǽkaụ *o* kréikoụ], Cracovia.
Crete [krit], Creta.
Croatia [kroéịŝä̧], Croacia.
Curaçao [kyụrạsóụ], Curazao.
Cyclades [sḯklạdiz], Cíclades.
Cydnus [sḯdnʌs], Cidno.
Cyprus [sáịprʌs], Chipre.
Czecho-Slovakia, Czechoslovakia [chekoslovǽkịä̧], Checo(e)slovaquia.
Czernowitz [chérnɔvịts], Cernaut(z)i.

D

Damascus [dạmǽskʌs], Damasco.
Dalmatia [dælméịŝä̧], Dalmacia.
Danube [dǽnịub], Danubio.
Dardanelles [dardạnélz], Dardanelos.
Dauphiné [doụfinéị], Delfinado.
Dead Sea, Mar Muerto.
Deccan [dékạn], Decán.
Delphi [délfaị], Delfos.
Denmark [dénmark], Dinamarca.
Dnieper [nípœ(r)], Dniéper.
Dordogne [dɔrdórny], Dordoña.
Douro [dóụrụ], Duero.
Dover, Dóver.
Dover [dóụvœ(r)], **Strait of,** Paso de Calais.
Dresden [drézdẹn], Dresde.
Dunkirk, Dunkerque [dʌ́nkœrk], Dunkerque, Dunquerque.
Dvina [dvìná], Duina.

E

Easter Island, Isla de Pascua, Rapanuí.
East Indies [ḯndiz], Indias Orientales.
Edinburgh [édịnbœroụ], Edimburgo.
Egypt [ídẑịpt], Egipto.
Elbe [élbä̧], Elba.
England [ịnglạnd], Inglaterra.
English Channel, Paso de Calais.
Ephesus [éfẹsʌs], Éfeso.
Epirus [ịpáịrʌs], Epiro.
Erin [érịn], (poét.) Erín (Irlanda).
Escurial [ɛskyúrịạl], Escorial.
Esthonia [ɛstóụnịä̧ *o* ɛsθóụnịä̧], Estonia.
Ethiopia [iθịóụpịä̧], Etiopía, Abisinia.
Eubœa [yubíä̧], Eubea.
Euphrates [yufréịtiz], Eufrates.
Europe [yúrọp], Europa.

F

Falkland Islands [fóklạnd], Islas Malvinas o Falkland.
Finland [fḯnlạnd], Finlandia.
Flanders [flǽndœrz], Flandes.
Florence [flórẹns], Florencia.
Florida [flórịdä̧] **Keys,** Cayos de la Florida.
Flushing [flʌ́ŝịŋ], Flesinga.
France [fræns *o* frans], Francia.
Franche-Comté [fránŝ kɔnté], Franco-Condado.
Franz Josef [fránts yóụzɛf] **Land,** Archipiélago o Tierra de Francisco José.
Freiburg, Fribourg [fráịbụrk *o* fribúr], Friburgo.
Friesland [frízlạnd], Frisia.

G

Galilee [gǽlịli], Galilea.
Gallipoli [gạlḯpolị], Gal(l)ípoli.
Gand [gan], Gante.
Garonne [garón], Garona.
Gascony [gǽskonị], Gascuña.
Gaul [gɔl], Galia.
Gelderland [géldœrlænd], Güeldres.
Geneva [dẑenívä̧], Ginebra.
Genoa [dẑénowä̧], Génova.
Germany [dẑœ́rmạnị], Alemania; (hist. ant.) Germania.
Ghent [gɛnt], Gante.
Gironde [dẑịránd *o* ẑirónd], Gironda.
Giza [gízä̧], Guidsé.
Glarus [glárụs], Glaris.
Gold Coast, Costa de Oro.
Good Hope (Cape of), Cabo de Buena Esperanza.
Göteborg [yœ́tẹbary], **Gothenburg** [gátẹnbœrg], Göteborg, Gotemburgo.
Göttingen [gœ́tịŋẹn], Got(t)inga, Gottingen.
Græcia Magna [gríŝịä̧ mǽgnä̧], Magna Grecia.
Granicus [grạnáịkʌs], Gránico.
Great Britain [brḯtn], Gran Bretaña.
Greece [gris], Grecia.
Greenland [grínlạnd], Groenlandia.
Guadaloupe [gwadạlúp], Guadalupe.
Guam [gwam], Guaján, o Guam.
Guelderland [géldœrlænd], Güeldres.
Guernsey [gœ́rnzị], Guernesey.
Guiana [giǽnä̧ *o* giánä̧], Guayana.
Guienne [gwiyén], Guiena.

H

Hague [héig], **The,** La Haya.
Hainaut [ɛnóụ], Henao.
Haiti [héịtị], Haití, Isla Española.
Halicarnassus [hælịkarnǽsʌs], Halicarnaso.
Hamburg [hǽmbœrg], Hamburgo.

Hankow [hǽnkáu̯], Hankao, Hankow.
Hanse [hǽns] **Towns, Hanseatic** [-i̯ǽti̯k] **Towns,** ciudades hanseáticas.
Harbin [hárbín], Jarbín o Karbín.
Havana [hạvǽnạ̈], La Habana.
Hawaii [hạwái̯i], Hawaii, Hawái, Hauái.
Hawaiian [hạwái̯yạn] **Islands,** Islas Hawái.
Hebrides [hébri̯diz], Hébridas.
Hejaz [hidžǽz], Heyaz.
Hellas [hélạs], Hélada.
Helvetia [hɛlvíšạ̈], Helvecia.
Herculaneum [hœrkyu̯léi̯ni̯ʌm], Herculano.
Hindustan [hi̯ndu̯stán], Indostán.
Hispaniola [hi̯spạnyóu̯lạ̈], la Española.
Holland [hálạnd], Holanda.
Holy Land, Tierra Santa.
Horn [hɔ́rn] (**Cape**), Cabo de Hornos.
Hungary [hʌ́ŋgạri], Hungría.
Hymettus [hai̯métʌs], Himeto.

I

Iceland [ái̯slạnd], Islandia.
Ilion [íli̯ọn], **Ilium** [íli̯ʌm], Ilión (Troya).
Illyria [i̯líri̯ạ̈], Iliria.
India [índi̯ạ̈], India, Indostán.
Indian Ocean, Mar de las Indias, Océano Índico.
Indus [índʌs], Indo.
Ionia [ai̯óu̯ni̯ạ̈], Jonia.
Ionian [ai̯óu̯ni̯ạn] **Sea,** Mar Jónico.
Ireland [ái̯rlạnd], Irlanda.
Iron Gates, Puertas de Hierro.
Issus [ísʌs], Iso.
Italy [ítạli], Italia.
Ithaca [íθạkạ̈], Itaca.
Ivory Coast, Costa del Marfil.

J

Japan [džạpǽn], Japón.
Jericho [džéri̯kou̯], Jericó.
Jerusalem [dži̯rúsạlɛm], Jerusalén.
Judah [džúdạ̈], Judá.
Jugoslavia [yúgoslávi̯ạ̈], Yugoeslavia.
Julian Alps [džúli̯ạn ælps], Alpes Julianos.
Jutland [džʌ́tlạnd], Jutlandia.

K

Kaffraria [kạfréri̯ạ̈], Cafrería.
Karelia [karílyạ̈], Carelia.
Kashmir [kæšmír], Cachemira.
Key West, Cayohueso, Cayo Hueso.
Khartoum [kartúm], Jartum o Kartum.
Khiva [hívạ̈], Jiva.
Kiaochow [kyáu̯cháu̯], Kiao-Cheu.
Korea [kou̯ríạ̈], Corea.
Kronstadt [kranštát], Cronstadt.
Kurdistan [kœ́rdi̯stæn], Curdistán o Kurdistán.
Kurland [kúrlạnd], Curlandia.

L

Labrador [lǽbrạdɔr], Tierra del Labrador.
Lacedæmon [læsẹdímọn], Lacedemonia.
Lapland [lǽplạnd], Laponia.
Lassa [lásạ̈], Lasa.
Latium [léi̯ši̯ʌm], Lacio.
Lausanne [lou̯zǽn], Lausana.
Lebanon [lébạnọn], Líbano.
Leeward Islands, Islas de Sotavento.
Leghorn [léghɔrn], Liorna.
Leningrad [léni̯ngræd], Leningrado.
Lesser Antilles, Las Pequeñas Antillas.
Lhasa [lásạ̈], Lasa.
Libya [líbi̯ạ̈], Libia.
Liége [li̯éž *o* li̯éi̯ž], Lieja.
Lille [lil], Lila.
Limburg [límbœrg], Limburgo.
Limousin [limuzǽn], Lemosín.
Lisbon [lízbọn], Lisboa.
Lisle [lái̯l *o* lil], Lila.
Lithuania [li̯θu̯éi̯ni̯ạ̈], Lituania.
Loire [lwar], Loira.
Lombardy [lámbạ̈rdi], Lombardía.
London [lʌ́ndọn], Londres.
Lorraine [loréi̯n], Lorena.
Louisiana [luizi̯ǽnạ̈], Luisiana.
Louvain [luvǽn], Lovaina.
Low Countries, Países Bajos.
Lower California [kæli̯fórnyạ̈], Baja California.
Lower Egypt [ídži̯pt], Bajo Egipto.
Lower Rhine [rai̯n], Bajo Rin.
Lucerne [lusœ́rn], Lucerna.
Luxemburg [lʌ́ksẹmbœrg], Luxemburgo.
Lyons [lái̯ọnz], Lión, Lyón, León de Francia.

M

Maas [mas], Mosa.
Macedon(ia [mǽsẹdan, -dóu̯ni̯ạ̈], Macedonia.
Madeira [mạdírạ̈], Madera.
Magellan [mạdžélạn], **Strait of,** Estrecho de Magallanes.
Magna Græcia [mǽgnạ̈ gríši̯ạ̈], Magna Grecia.
Mainz [mái̯nts], Maguncia.
Majorca [mạdžɔ́rkạ̈], Mallorca.
Malay [méi̯lei̯ *o* mạléi̯] **Archipelago,** Malasia, Archipiélago Malayo.
Malay Peninsula, Península de Malaca.
Malay States, Federated, Estados Federados de Malaca.
Malines [mạlínz *o* malín], Malinas.
Marathon [mǽrạθan], Maratón.
Marseilles [marséi̯(lz)], Marsella.
Martinique [marti̯ník], Martinica.
Maskat, Masqat [mæskǽt] = MUSCAT.
Mauritius [mɔríš(i̯)ʌs], Isla de Francia, o Mauricio.
Mayence [mayáns], Maguncia.
Mecca [mékạ̈], Meca.
Mechlin [mékli̯n], Malinas.
Mediterranean [mɛdi̯tẹréi̯ni̯ạn] **Sea,** Mar Mediterráneo.
Memphis [mémfi̯s], Menfis.
Metaurus [mɛtɔ́rʌs], Metauro.
Meuse [mi̯uz], Mosa.
Mexico [méksi̯kou̯], México, Méjico.
Middleburg [mídẹlbœrg], Middelburgo.
Milanese [milạníz], Milanesado.
Minho [mínyu], Miño.
Minorca [mi̯nɔ́rkạ̈], Menorca.
Mississippi [mi̯si̯sípi], Misisipí.
Missouri [mi̯súri], Misurí.
Mobile [mou̯bíl], Mobila.
Mœsia [míši̯ạ̈], Mesia.
Montpellier [mɔnpɛlyé], Mompeller.
Montserrat [mɔntsɛrát], Mon(t)serrat(e).
Morocco [mọrákou̯], Marruecos.
Moscow [máskau̯ *o* máskou̯], Moscú.
Moselle [mou̯zél], Mosela.
Muscat [mʌskǽt], Mascate (y Omán).
Muscovy [mʌ́skovi], Moscovia.
Mycenæ [mai̯síni], Micenas.
Mysore [mai̯sóu̯r], Maisur o Misora.

N

Naples [néi̯plz], Nápoles.
Narbonne [narbɔ́n], Narbona.
Navarre [nạvár], Navarra.
Nazareth [nǽzạrɛθ *o* nǽzri̯θ], Nazaret.
Nejd [nɛžd *o* nei̯d], Neyed.
Netherlands [néðœrlạndz], Países Bajos, Holanda.
New England [íŋglạnd], Nueva Inglaterra.
Newfoundland [ni̯úfʌndlænd], Terranova.
New Orleans [ɔ́rli̯ạnz *o* ɔrlínz], Nueva Orleáns.
New South Wales [wéi̯lz], Nueva Gales del Sur.
New York [yɔrk], Nueva York.
New Zealand [zílạnd], Nueva Zelandia.

Nicæa [naịsíạ], Nicea.
Nice [nis], Niza.
Nile [naịl], Nilo.
Nineveh [nínẹvẹ], Nínive.
Nippon [nịpán o nípan], Nipón.
Normandy [nórmạndị], Normandía.
North America [ạméṛịkạ], América del Norte.
North Carolina [kæroláịnạ], Carolina del Norte.
North Sea, Mar del Norte.
Norway [nórweị], Noruega.
Nova Scotia [nóụvạ skóụŝạ], Nueva Escocia.
Nova Zembla [nóvạ zɛmblá], Nueva Zembla.
Numantia [n(ị)umǽnŝịạ], Numancia.

O

Oceania [oụŝịǽnịạ], **Oceanica** [-ǽnịkạ], Oceanía.
Odessa [oụdésạ o adésa], Odesa.
Old Castile [kæstíl], Castilla la Vieja.
Olives (Mount of), Olivet [áḷịvɛt], Monte Olivete, o de los Olivos.
Olympia [oụlímpịạ], Olimpia.
Olympus [oụlímpʌs], Olimpo.
Olynthus [oụlínθʌs], Olinto.
Ophir [óụfị(r)], Ofir.
Orange Free State, Estado Libre de Orange.
Ostend [astɛ́nd], Ostende.
Ottoman [átomạn] **Empire,** Imperio Otomano.
Oxus [áksʌs], Oxo, Oxus.

P

Pacific Ocean, Océano Pacífico.
Palatinate [pạlǽtịneịt], Palatinado.
Palestine [pǽlɛstaịn], Palestina.
Palmyra [pælmáịrạ], Palmira.
Pamphylia [pæmfíḷịạ], Panfilia.
Parnassus [parnǽsʌs], Parnaso.
Parthia [párθịạ], Partia.
Peiping [béịpíŋ], Peiping, Pei-Ping, Pekín.
Pekin(g [pikín o pikíŋ], Pekín.
Pella [pɛ́lạ], Pela.
Peloponnesus [pɛ́lopanísʌs], Peloponeso.
Pennine Alps [pɛ́naịn ælps], Alpes Peninos.
Pennsylvania [pɛnsịlvéịnịạ], Pensilvania.
Pergamum [pœ́rgạmʌm], Pérgamo.
Perpignan [pɛrpinyán], Perpiñán.
Persian Gulf, Golfo Pérsico.
Perugia [pɛrúẑa], Perusa.
Petrograd [pétrogræd], Petrogrado.
Pharsalia [farséịḷịạ], Farsalia.
Philadelphia [fịlạdélfịạ], Filadelfia.
Philippi [fịlípaị], Filipos.
Philippines [fílịpinz], Filipinas.
Philippopolis [fịlịpápolịs], Filipópolis.
Phocis [fóụsịs], Fócida, Fócide.
Phœnicia, Phenicia [fịníŝạ], Fenicia.
Phrygia [frídẑịạ], Frigia.
Picardy [píkạrdị], Picardía.
Piedmont [pídmant], Piamonte.
Pillars of Hercules [hœ́rkyụliz], Columnas de Hércules.
Piræus [paịríʌs], Pireo.
Platæa [plạtíạ], Platea.
Poland [póụlạnd], Polonia.
Polynesia [palinísạ], Polinesia.
Pompeii [pampéịi], Pompeya.
Pontus [pántʌs], Ponto.
Port Arthur [árθœr], Puerto Arturo.
Port-au-Prince [pɔrt o prins], Puerto Príncipe.
Port of Spain [spéịn], Puerto (de) España.
Porto Rico [pórtoụ ríkoụ], Puerto Rico.
Prague [prag o préịg], Praga.
Pressburg [présbụrk], Presburgo.
Prince Edward Island, Isla del Príncipe Eduardo.
Provence [prɔváns], Provenza.
Providence [právịdẹns], Providencia.
Prussia [prʌ́ŝạ], Prusia.
Pyrenees [pírệniz], Pireneos.

R

R(h)ætia [ríŝạ], Retia.
Ratisbon [rǽtịsban], **Regensberg** [réịgẹnsbụrk], Ratisbona (ciudad de Alemania).
Red Sea, Mar Rojo.
Rheims [rimz o ræns], Reims.
Rhine [ráịn], Rin o Rhin.
Rhineland [-lænd], Provincias Renanas.
Rhodes [roụdz], Rodas.
Rhodesia [roụdíẑạ], R(h)odesia.
Rhone [roụn], Ródano.
Rif, Riff [rịf], (el) Rif.
River Plate [pléịt], Río de la Plata.
Rochelle (La) [rɔŝél], La Rochela.
Rocky [rákị] **Mountains,** Montes Rocosos o Rocallosos.
Romagna [rɔmánya], Romaña.
Rome [roụm], Roma.
Rouen [ruán o rwan], Ruán.
Roumania [ruméịnịạ], Rumania.
Roussillon [rusiyón], Rosellón.
Russia [rʌ́ŝạ], Rusia.

S

Saint-Quentin [sæn kantǽn], San Quintín.
Salamis [sǽlạmịs], Salamina.
Salonika [salɔníka], Salónica.
Salt Lake, Lago Salado.
Samothrace [sǽmoθreịs], Samotracia.
Sandwich Islands, Islas Sándwich (Hawaii).
Saragossa [særạgásạ], Zaragoza.
Sardinia [sardínịạ], Cerdeña.
Sarmatia [sarméịŝịạ], Sarmacia.
St. Gothard [seịnt gátạrd o sæn gɔtár], San Gotardo.
St. Helena [hɛlínạ], Santa Elena.
St. Kitts [kịts], San Kitts o San Cristóbal.
St. Lucia [lúŝịạ], Santa Lucía.
St. Petersburg [pítœrzbœrg], San Petersburgo.
Savoy [sạvóị], Saboya.
Saxe-Coburg [sæks kóụbœrg], Sajonia-Coburgo. —**S.-Gotha** [góụtạ], Sajonia-Gotha.—**S.-Weimar** [váịmar], Sajonia-Wéimar.
Saxony [sǽksọnị], Sajonia.
Scamander [skạmǽndœ(r)], Escamandro.
Scandinavia [skændịnéịvịạ], Escandinavia.
Scania [skéịnịạ], Escania.
Schaffhausen [ŝáfhaụzẹn], Escafusa.
Scheldt [skɛlt], Escalda.
Scotland [skátlạnd], Escocia.
Scutari [skútari], Escútari.
Seine [seịn o sɛn], Sena.
Seoul [saúl], Seúl.
Serb-Croat-Slovene State [sœ́rb kroụæt sloụvín], Servia-Croacia-Eslovenia.
Serbia [sœ́rbịạ], (antes) **Servia,** Servia.
Seville [sẹvíl o sévịl], Sevilla.
Shantung [ŝǽntʌ́ŋ], Chantung.
Sheba [ŝíbạ], Saba o Sabá.
Sicily [sísịḷị], Sicilia.
Siena [syénạ], Sena.
Slavonia [slạvóụnịạ], Eslavonia.
Slovakia [sloụvákịạ], Eslovaquia.
Slovenia [sloụvínịạ], Eslovenia.
Smyrna [smœ́rnạ], Esmirna.
Society Islands, Islas de la Sociedad, Tahití.
Somaliland [soụmáḷịlænd], Somalia.
Soudan [sudán], Sudán.
Sound [saụnd], Sund.
South Africa, Union of, Unión Sudafricana.
South America, América del Sur, Sud-América.
South Carolina, Carolina del Sur.
South Dakota [dạkóụtạ], Dakota del Sur.
Spain [speịn], España.
Spanish America, Hispano-América, América Española.
Sparta [spártạ], Esparta.
Spitzbergen [spítsbœrgẹn], Spitzberg.
Spoleto [spoléịtoụ], Espoleto.

Sporades [spórạdiz], Espórades.
Stalingrad [stálịngræd], Stalingrado.
Stambul [stambúl], Estambul, Istanbul.
Stockholm [stákhoụ(l)m], Estocolmo.
Straits Settlements, Establecimientos del Estrecho (de Malaca).
Strasbourg [strǽsbœrg, strázbụrg], Estrasburgo.
Stromboli [strómbọli], Estrómboli.
Styria [stírịä], Estiria.
Sudan [sudǽn], Sudán.
Sunda [sʌ́ndạ, súnda] **Isles,** Islas de la Sonda.
Swabia [swéịbịä], Suabia.
Sweden [swídẹn], Suecia.
Switzerland [swítsœrlạnd], Suiza.
Syracuse [sírạkịus], Siracusa.
Syria [sírịä], Siria.

T

Tagus [téịgʌs], Tajo.
Tahiti [tahíti *o* táịti], Tahití.
Tanganyika [tængạnyíkä], Tangañica, Tanganyka.
Tangier [tændẑír], Tánger.
Tartary [tártạrị], **Tatary** [tátạrị], Tartaria.
Taurus [tórʌs], Tauro.
Texas [téksạs], Tejas.
Thailand [táịlạnd], Thailandia (Siam).
Thames [tɛmz], Támesis.
Thapsus [θǽpsʌs], Tapso.
Thebes [θibz], Tebas.
Thermopylæ [θœrmápịli], Termópilas.
Thessalonica [θɛsạlonáịkä], Tesalónica, Salónica.
Thessaly [θésạlị], Tesalia.
T(h)ibet [tịbét], Tibet.
Thrace [θreịs], Tracia.
Tiberias [taịbírịas], Tiberíades.
Ticino [tichínoụ], Tesino.
Tobago [toụbéịgoụ], Tabago.
Tokio, Tokyo [tóụkịoụ], Tokio.
Toulon [tulán], Tolón.
Toulouse [tulúz], Tolosa.
Touraine [turén], Turena.
Trebizond [trébịzand], Trebisonda.
Trent [trɛnt], Trento.
Tréves [trivz], Tréveris.
Troy [trọị], Troya.
Tunis [tịúnịs *o* túnịs], Túnez.
Tunisia [t(ị)unísä], Túnez (región).
Turkestan [tœrkịstǽn], Turquestán.
Turkey [tœ́rkị], Turquía.
Tuscany [tʌ́skạnị], Toscana.
Tusculum [tʌ́skyụlʌm], Túsculo.
Tyre [taịr], Tiro.
Tyrol [tíral *o* tiróụl], Tirol.
Tyrrhenian [tịrínịạn] **Sea,** Mar Tirreno.

U

Ukraine [yúkreịn *o* yukréịn], Ucrania.
United States of America, Estados Unidos de América.
Upper Egypt, Alto Egipto.
Ural [yúrạl] **Mountains,** Montes Urales.

V

Valence [valáns], Valencia de Francia.
Veii [víyaị], Veyos.
Venetia [vɛníŝịä], Véneto.
Venice [vénịs], Venecia.
Versailles [vœrséịlz *o* vɛrsáy], Versalles.
Vesuvius [vẹsúvịʌs], Vesubio.
Vienna [vịénä], Viena (de Austria).
Vienne [vyén], Viena (de Francia).
Villefranche [vilfránŝ], Villafranca.
Virgin Islands, Islas Vírgenes.
Vosges [voụẑ], Vosgos.

W

Wales [weịlz], Gales.
Wal(l)achia [waléịkịä], Valaquia.
Warsaw [wórsó], Varsovia.
Wartburg [vártbụrk], Wartburgo.
Watling [wátlịŋ] **Island,** Isla de Guanahaní o San Salvador.
West Indies, Antillas.
Westphalia [wɛstféịlịä], Westfalia, Vestfalia.
West Virginia [vœrdẑínyä], Virginia Occidental.
White Sea, Mar Blanco.
Windward Islands, Islas de Barlovento.
Würtemburg [wœ́rtẹmbœrg], Wurtemberg.

Y

Yan(n)ina [yánịnä], Janina, Yanina.
Yeddo [yédó], Yedo.
Yellow River, Río Amarillo.
Yellow Sea, Mar Amarillo.
Yugoslavia [yúgoụslávịä], Yugo(e)slavia.

Z

Zambesi [zæmbízị], Zambese, Zambeze.
Zanzibar [zǽnzịbar], Zanguebar (costa); Zanzíbar o Zanzibar (isla).
Zealand [zílạnd], Zelandia.
Zion [záịọn], Sión.
Zululand [zúlulænd], Zululand(ia).

Nombres propios ordinarios de personas y nombres de personajes notables

[Se dan sólo los que se escriben de distinto modo en inglés y en español.]

A

Abélard [ǽbẹlard], Abelardo.
Abraham [éịbrạhæm], Abrahán.
Absalom [ǽbsạlọm], Absalón.
Abu-Bekr [ạbú békœ(r)], Abubéker.
Achilles [ạkíliz], Aquiles.
Ada [éịdä], Edita.
Adam [ǽdạm], Adán.
Adelaide [ǽdẹleịd], Adelaida.
Adeline [ǽdẹlaịn], Adelina.
Adolph [ǽdalf *o* éịdolf], **Adolphus** [ạdálfʌs], Adolfo.
Adrian [éịdrịạn], Adriano, Adrián.
Æmilius [ịmílịʌs], Emilio.
Æneas [ịníạs], Eneas.
Æschines [éskịniz], Esquines.
Æschylus [éskịlʌs], Esquilo.
Æsop [isọp *o* ísap], Esopo.
Agatha [ǽgạθä], Águeda, Agata.
Agnes [ǽgnịs], Inés.
Aileen [eịlín *o* aịlín] = HELEN.
Alan, Allen [ǽlạn, ǽlẹn], Alano.
Alaric [ǽlạrịk], Alarico.
Albert [ǽlbœrt], Alberto.
Albertus Magnus [ælbœ́rtʌs mǽgnʌs], Alberto Magno.
Alcæus [ælsíʌs], Alceo.
Alexander [ælịgzǽndœ(r)], Alejandro.
Alexandra [-drä], Alejandra.

Alfred [ǽlfrid], Alfredo.
Alice [ǽlis], Alicia.
Alison [ǽlisọn], Eloísa.
Allan, Allen [ǽlạn, ǽlẹn], Alano.
Alphonso [ælfánsou], Alfonso, Alonso, Ildefonso.
Alwin [ǽlwin], Aluino.
Amadeus [æmạdíʌs], Amadeo.
Ambrose [ǽmbrouz], Ambrosio.
Amy [éimi], Amata.
Anacreon [ạnǽkriọn], Anacreonte.
Andrew [ǽndru], Andrés.
Ann, Anna [æn, ǽnạ], **Anne** [æn], Ana.—**Anne Boleyn** [búlin], Ana Bolena.
Anselm [ǽnsɛlm], Anselmo.
Anthony [ǽntoni o ǽnθoni], Antonio.
Antigonus [æntígonʌs], Antígono.
Antiochus [æntáiokʌs], Antíoco.
Antoinette [æntwanét], Antonia.
Antoninus [æntonáinʌs], Antonino.
Antony [ǽntoni], Antonio.
Apuleius [ǽpyulíʌs], Apuleyo.
Archibald [árchibɔld], Archibaldo.
Archimedes [arkimídiz], Arquímedes.
Aristophanes [æristáfạniz], Aristófanes.
Aristotle [ǽristatl], Aristóteles.
Arius [ạráiʌs o ǽriʌs], Arrio.
Arnold [árnọld], Arnaldo.
Arrian [ǽriạn], Arriano.
Artaxerxes [artạzœ́rksiz], Artajerjes.
Arthur [árθœr], Arturo.
Ashurbanipal [áŝurbanipál], Asurbanipal.
Athanasius [æθạnéiŝʌs], Atanasio.
Attila [ǽtilạ], Atila.
Augustine [ɔ́gʌstin u ɔgʌ́stin], Agustín.
Augustus [ɔgʌ́stʌs], Augusto.
Aurelian [ɔríliạn], Aureliano.
Aurelius [ɔríliʌs], Aurelio.
Austin [ɔ́stin], Agustín.

B

Bacchus [bǽkʌs], Baco.
Baldwin [bɔ́ldwin], Balduino, Baldovino(s).
Baptist [bǽptist], Bautista.
Barnabas, Barnaby [bárnạbạs, -bi], Bernabé.
Bartholomew [barθálomiu], Bartolomé.
Basil [bǽzil o bǽsil], Basilio.
Bayard [béiạrd], Bayardo.
Beatrice, Beatrix [bíạtris, -triks], Beatriz.
Bede [bid], **Bæda** [bídạ], Beda.
Belisarius [bɛlisériʌs], Belisario.
Benedict [bénẹdikt], Benito, Benedicto.
Benedicta [bɛnẹdíktạ], Benita, Benedicta.
Benjamin [béndẑạmin], Benjamín.
Bernard [bœ́rnạrd o bɛrnárd], Bernardo.
Bertha [bœ́rθạ], Berta.
Bertram [bœ́rtrạm], Beltrán.
Blaise [blɛz], Blas.
Boccaccio [bokách(i)o], **Boccace** [bokás], Bocacio, Boccaccio.
Bonaventura [bánạvɛnchúrạ], Buenaventura, Ventura.
Boniface [bánifeis], Bonifacio.
Bourbon [búrbọn], Borbón.
Bridget [brídẑit], Brígida.
Brutus [brútʌs], Bruto.
Buddha [búdạ], Buda.

C

Cæsar [sízạ(r)], César.
Calvin [kǽlvin], Calvino.
Cambyses [kæmbáisiz], Cambises.
Camilla, Camille [kạmílạ, kạmíl], Camila.
Camillus [kạmílʌs], Camilo.
Caracalla [kærạkǽlạ], Caracal(l)a.
Caroline [kǽrolain], Carolina.
Casimir [kǽsimir], Casimiro.
Caspar, Casper [kǽspạ(r),-œ(r)], Gaspar.
Cassandra [kạsǽndrạ], Casandra.
Cassius [kǽŝiʌs], Casio.
Catharine [kǽθạrin], **Catherine** [kǽθẹrin], Catalina.
Catiline [kǽtilain], Catilina.
Cato [kéitou], Catón.
Catullus [kạtʌ́lʌs], Catulo.
Cecil [sísil o sésil], Cecilio.
Cecile [sisíl], **Cecily** [sésili], Cecilia.
Charlemagne [ŝárlẹmein], Carlomagno.
Charles [charlz], Carlos.
Charlotte [ŝárlọt, -lɔt], Carlota.
Charon [kérọn], Caronte.
Christ [kraist], Cristo.
Christian [kríschạn], Cristiano.
Christine [kristín], Cristina.
Christopher [krístofœ(r)], Cristóbal.
Chrysostom [krísostọm], Crisóstomo.
Ciceley [sísẹli], Cecilia.
Cicero [sísẹrou], Cicerón.
Cincinnatus [sinsinéitʌs], Cincinato.
Claude [klɔd], Claudio.
Claudia [klɔ́diạ], Claudia, Claudina.
Claudine [klɔdín], Claudina.
Claudius [klɔ́diʌs], Claudio.
Cleanthes [kliǽnθiz], Cleanto.
Clement [klémẹnt], Clemente.
Cleobulus [klióubulʌs], Cleóbulo.
Clotilda [kloutíldạ], Clotilde.
Clovis [klóuvis], Clodoveo.
Columbus [kolʌ́mbʌs], Colón.
Commodus [kámodʌs], Cómodo.
Confucius [kọnfiúŝʌs], Confucio.
Conrad [kánræd], Conrado.
Constance [kánstạns], Constanza, Constancia.
Constantine [kánstạntain o -tin], Constantino.
Cornelius [kɔrnílyʌs], Cornelio.
Crœsus [krísʌs], Creso.
Cyprian [sípriạn], Cipriano.
Cyril [síril], Cirilo.
Cyrus [sáirʌs], Ciro.

D

Dagobert [dǽgobɛrt, dagobér], Dagoberto.
Daisy [déizi], Margarita.
Darius [dạráiʌs], Darío.
Democritus [dimákritʌs], Demócrito.
Demosthenes [dimásθẹniz], Demóstenes.
Dennis [dénis], Dionisio.
Diogenes [daiádẑẹniz], Diógenes.
Dionysius [daioníŝiʌs], Dionisio.
Dominic [dáminik], Domingo.
Domitian [domíŝạn], Domiciano.
Dorothy [dɔ́roθi o dároθi], Dorotea.

E

Edith [ídiθ], Edita.
Edmund [édmʌnd], Edmundo.
Edward [édwạrd], Eduardo.
Elagabalus [ɛlạgǽbạlʌs], Elagábalo, Heliogábalo (hoy se prefiere el primero).
Eleanor, Elinor [élinọ(r)], Leonor.
Elias [iláiạs], **Elijah** [iláidẑạ], Elías.
Elisha [iláiŝạ], Eliseo.
Eliza [iláizạ], Elisa.
Elizabeth [ilízạbẹθ], Isabel.
Ellen [élẹn], Elena.
Elsa [élsạ], Alicia.
Em(m)anuel [imǽnyuɛl], Manuel.
Emma [émạ], Ema o Manuela.
Emily [émili], Emilia.
Epictetus [ɛpiktítʌs], Epicteto.
Epicurus [ɛpikyúrʌs], Epicuro.
Erasmus [irǽzmʌs], Erasmo.
Eratosthenes [ɛrạtásθẹniz], Eratóstenes.
Ernest [œ́rnist], Ernesto.
Ernestine [œ́rnɛstin], Ernestina.
Esther [éstœ(r)], Ester.
Euclid [yúklid], Euclides.
Eugene [yudẑín o yúdẑin], Eugenio.
Eugénie [œẑɛní], Eugenia.

Euphemia [yufímịä], Eufemia.
Euphrosyne [yufrásịni], Eufrosina.
Eusebius [yusíbịʌs], Eusebio.
Eustace [yústịs], Eustacio; Eustaquio.
Evangeline [ịvǽndžęlin, -laịn], Evangelina.
Eve [iv], Eva.
Ezekiel [ịzíkịęl], Ezequiel.

F

Fabius [féịbịʌs], Fabio.
Faustine [fɔstín], Faustina.
Felicia [fịlíšịä], Felisa, Felicia.
Ferdinand [fœ́rdịnænd], Fernando.
Florence [flóręns], Florencio, Florencia.
Frances [frǽnsịs], Francisca.
Francis [frǽnsịs], Francisco.
Frédégonde [frɛdɛgónd], Fredegunda.
Frederica [frɛdęríkä], Federica.
Frederick [frédęrịk], Federico.

G

Gabrielle [geịbrịél *o* gæbrịél], Gabriela.
Gaius [géịʌs], Gayo.
Galen [géịlęn], Galeno.
Gallienus [galyéịnʌs], Galieno.
Genevieve [dženęvív], Genoveva.
Genseric [džénsɛrịk], Genserico.
Geoffrey [džéfrị], Geofredo.
George [džɔrdž], Jorge.
Geraldine [džérąldin], Gerarda.
Gerard [džịrárd *o* džérard], Gerardo.
Germanicus [džœrmǽnịkʌs], Germánico.
Gertrude [gœ́rtrud], Gertrudis.
Gideon [gídịǫn], Gedeón.
Gilbert [gílbœrt], Gilberto.
Giles [džaịlz], Gil, Egidio.
Godfrey [gádfrị], Godofredo.
Gracchii [grǽkaị], Gracos.
Gracchus [grǽkʌs], Graco.
Grace [greịs], Engracia.
Gregory [grégorị], Gregorio.
Gustavus [gʌstéịvʌs], Gustavo.
Guy [gaị], Guido.
Gwendolyn [gwéndolịn], Genoveva.

H

Hadrian [héịdrịąn], Adriano.
Hannah [hǽnä], Ana.
Hannibal [hǽnịbąl], Aníbal.
Harold [hǽrǫld], Haraldo.
Helen [hélịn], Elena.
Héloïse [ɛlɔíz], Eloísa.
Helvetius [hɛlvíšʌs], Helvecio.
Henrietta [hɛnrịétä], Enriqueta.
Henry [hénrị], Enrique.
Heraclitus [héręklaịtʌs], Heráclito.
Herbert [hœ́rbœrt], Heriberto.
Herman [hœ́rmąn], Arminio.
Herod [hérǫd], Herodes.
Herodotus [hịrádǫtʌs], Herodoto.
Hesiod [hísịǫd *o* hésịǫd], Hesíodo.
Hester [héstœ(r)], Ester.
Hezekiah [hɛzękáịä], Ezequías.
Hiero [háịịroụ], Herón.
Hieronymus [haịeránịmʌs], Jerónimo.
Hilary [híląrị], Hilario.
Hildebrand [híldębrænd], Hildebrando.
Hipparchus [hịpárkʌs], Hiparco.
Hippocrates [hịpákrątiz], Hipócrates.
Hippolytus [hịpálịtʌs], Hipólito.
Homer [hóụmœ(r)], Homero.
Honorius [honórịʌs], Honorio.
Horace, Horatio [hórịs, horéịšịoụ], Horacio.
Hortense [hɔrténs *o* hɔ́rtɛns], Hortensia.
Hosea [hozíä *o* hozéịä], Oseas.
Hubert [hịúbœrt], Huberto.
Hugh [hịu], Hugo.—**H. Capet** [kéịpịt], Hugo Capeto.
Humbert [hʌ́mbœrt], Humberto.
Humphrey [hʌ́mfrị], Hunfredo.

I

Ignatius [ịgnéịšịʌs], Ignacio.
Immanuel [ịmǽnyụęl], Manuel.
Inez [áịnɛz *o* ínɛz], Inés.
Innocent [ínosęnt], Inocencio.
Irenæus [aịrịníʌs], Ireneo.
Isabella [ịząbélä], Isabel.
Isidore [ízịdɔr], Isidro o Isidoro.

J

James [džeịmz], Jaime, Jacobo, Santiago.
Jane [džeịn], Juana.
Jansen, Jansenius [džǽnsęn, -sínịʌs], Jansenio.
Jasper [džǽspœ(r)], Gaspar.
Jehovah [džịhóụvä], Jehová.
Jeremiah [džɛręmáịä], **Jeremy** [džéręmị], Jeremías.
Jerome [džịróụm *o* džérǫm], Jerónimo, Gerónimo.
Jesus Christ [džízʌs kráịst], Jesucristo.
Joachim [yóụąkịm], Joaquín.
Joan [džoụn], **Joanna** [džoǽnä], Juana.
Joan of Arc [džoụn ǫv ark], Juana de Arco.
John [džan], Juan.
Jonah [džóụnä], Jonás.
Jonathan [džánąθąn], Jonatán, Jonatás.
Joseph [džóụzęf], José.
Josephine [džóụzęfin], Josefina.
Josephus [džosífʌs], Josefo.
Joshua [džášụä], Josué.
Josiah [džosáịä], Josías.
Jovian [džóụvịąn], Joviano.
Judith [džúdịθ], Judit.
Jugurtha [džugœ́rθä], Yugurta.
Julia [džúlyä], Julia.
Julian [džúlyąn], Julián; Juliano (emperador).
Juliet [džúlyęt *o* džulịét], Julia.
Julius [džúlyʌs], Julio.
Justinian [džʌstínịąn], Justiniano.
Justin Martyr [džʌ́stịn mártœ(r)], Justino Mártir.

K

Katharine, Katherine [kǽthąrịn, kǽθęrịn], **Kathleen** [kǽθlin *o* kæθlín] = CATHERINE.
Kempis, a [ą kémpịs], de Kempis.

L

Ladislas [lǽdịsląs], Ladislao.
Lambert [lǽmbœrt], Lamberto.
Lawrence, Laurence [lóręns], Lorenzo.
Lazarus [lǽząrʌs], Lázaro.
Leander [lịǽndœ(r)], Leandro.
Leo [líoụ], León.
Leonard [lénąrd], Leonardo.
Leonora, Lenore [lionórä, lịnór], Leonor.
Leopold [líǫpoụld], Leopoldo.
Lepidus [lépịdʌs], Lépido.
Letitia [lịtíšä], Leticia.
Lewis [lúịs], Luis.
Livy [lívị], Livio.
Longinus [landžáịnʌs], Longino.
Lothaire [lɔtér], Lotario.
Louis [lúịs *o* lúị], Luis.
Louisa [luízä], **Louise** [luíz], Luisa, Eloísa.
Lucan [lúkąn], Lucano.
Lucia [lúšä], Lucía.
Lucian [lúšąn], Luciano.
Lucius [lúšʌs], Lucio.
Lucretia [lukríšä], Lucrecia.
Lucretius [lukríšʌs], Lucrecio.
Lucullus [lukʌ́lʌs], Luculo.
Lucy [lúsị], Lucía.
Luke [luk], Lucas.
Luther [lúθœ(r)], Lutero.
Lycurgus [laịkœ́rgʌs], Licurgo.

Lysander [laisǽndœ(r)], Lisandro.
Lysias [lísias], Lisias.
Lysimachus [laisímakʌs], Lisímaco.
Lysippus [laisípʌs], Lísipo.

M

Mæcenas [misínas], Mecenas.
Magdalen [mǽgdalen], Magdalena.
Magellan [madžélan], Magallanes.
Mahomet [mahámit], Mahoma.
Malachi, Malachy [mǽlakai], Malaquías.
Marcel [marsél], **Marcellus** [-ʌs], Marcelo.
Margaret [márgarit], **Margery, Marjorie** [márdžori], Margarita.
Marian, Marion [mérian], Mariana.
Marie Louise [marí luíz], María Luisa.
Marion [mérion], Mariano.
Marius [mériʌs], Mario.
Mark [mark], Marco, Marcos.
Martha [márθä], Marta.
Martial [máršal], Marcial.
Mary [méri], María.
Masinissa [mæsinísä], Masinisa.
Matilda, Mathilda [matíldä], Matilde.
Matthew [mǽθiu], Mateo.
Matthias [maθáias], Matías.
Maurice [móris *o* máris], Mauricio.
Maximilian [mæksimílyan], Maximiliano.
Messalina [mesaláinä], Mesalina.
Michael [máikel], Miguel.
Michelangelo [maikelǽndželou], Miguel Ángel.
Millicent [mílisent], Melisenda.
Miriam [míriam], María.
Mithridates [miθradéitiz], Mitrídates.
Mohammed [mouhǽmid], Mahoma.
Moses [móuziz], Moisés.

N

Napier [néipiœ(r) *o* napír], Néper, Nápier.
Nathan [néiθan], Natán.
Nathaniel [naθǽnyel], Nataniel.
Nebuchadnezzar [nebyukadnézä(r)], Nabucodonosor.
Nehemiah [niemáiä], Nehemías.
Nepos [nípas *o* népas], Nepote.
Nero [nírou], Nerón.
Nestorius [nestóriʌs], Nestorio.
Nicholas [níkolas], Nicolás.
Nimrod [nímrad], Nemrod.
Noah [nóuä], Noé.

O

Octavius [aktéiviʌs], Octavio.
Odoacer [odoéisœ(r)], Odoacro.
Oliver [álivœ(r)], Oliverio.
Origen [óridžen], Orígenes.
Othman [áθman], Otmán.
Otho [óuθou], **Otto** [átou], Otón.
Ovid [ávid], Ovidio.

P

Patrick [pǽtrik], Patricio.
Paul [pol], Pablo.
Paulina, Pauline [polínä, polín], Paula, Paulina.
Pepin [pépin], Pepino.—**P. the Short,** Pepino el Breve.
Perseus [pœ́rsus *o* pœ́rsiʌs], Perseo.
Peter [pítœ(r)], Pedro.
Phædrus [fídrʌs], Fedro.
Philemon [filímon], Filemón.
Philip [fílip], Felipe; Filipo (de Macedonia).
Philippa [filípä], Felipa.
Philippus [filípʌs], Filipo.
Philo Judæus [fáilou džudíʌs], Filo el Judío.
Phineas [fínias], Fineas.
Phocion [fóušion], Foción.
Pilate [páilät], Pilatos.
Pindar [píndä(r)], Píndaro.
Pius [páiʌs], Pío.
Plato [pléitou], Platón.
Plautus [plótʌs], Plauto.
Pliny [plíni], Plinio.
Plotinus [plotáinʌs], Plotino.
Plutarch [plútark], Plutarco.
Polybius [políbiʌs], Polibio.
Polycarp [pálikarp], Policarpo.
Polycletus [paliklítʌs], Policleto.
Polycrates [políkratiz], Polícrates.
Pompey [pámpi], Pompeyo.
Pretorius [pritóriʌs], Pretorio.
Proclus [próuklʌs], Proclo.
Procopius [prokóupiʌs], Procopio.
Prometheus [promíθus, -θiʌs], Prometeo.
Prudence [prúdens], Prudencia.
Ptolemy [tálemi], Tolomeo, Ptolomeo.
Pyrrhus [pírʌs], Pirro.
Pythagoras [piθǽgoras], Pitágoras.

Q

Quentin [kwéntin], Quintín.
Quintilian [kwintílyan], Quintiliano.

R

Rachel [réichel], Raquel.
Ralph [rælf], Rodolfo.
Randall, Randolph [rǽndal, -dalf], Randolfo.
Raphael [réifiel], Rafael.
Raymond [réimond], Raimundo, Ramón.
Rebecca, Rebekah [ribékä], Rebeca.
Reginald [rédžinald], Reinaldo(s), Reginaldo.
Regulus [régyulʌs], Régulo.
René [renéi], Renato.
Reuben [rúbin], Rubén.
Reynold [rénold], Reinaldo(s), Reginaldo.
Rhodes [roudz], Rodas.
Richard [ríchärd], Ricardo.
Robert [rábœrt], Roberto.
Roderic(k [ráderik], Rodrigo.
Rodolphus [rodálfʌs], Rodolfo.
Roger [rádžœ(r)], Rogerio.
Roland [róuland], Rolando, Orlando, Roldán.
Rollo [rálou], Rollón, Rolón.
Romulus [rámyulʌs], Rómulo.
Ronald [ránald], Renaldo.
Rosalie [rázali *o* róuzali], Rosalía.
Rosamond [rázamond *o* róuzamond], Rosamunda.
Rosary [róuzari], Rosario.
Rose [rouz], Rosa.
Rowland [róuland], Rolando.
Rudolph [rúdalf], Rodolfo.
Rufus [rúfʌs], Rufo.
Rupert [rúpœrt], Ruperto.

S

Saladin [sǽladin], Saladino.
Sallust [sǽlʌst], Salustio.
Salome [salóumi], Salomé.
Sam(p)son [sǽm(p)son], Sansón.
Sardanapalus [sardanapéilʌs], Sardanápalo.
Scaliger [skǽlidžœ(r)], Escalígero.
Scipio [sípiou], Escipión.—**S. Africanus,** [æfrikéinʌs], Escipión el Africano.
Sennacherib [senǽkerib], Senaquerib.
Sertorius [sœrtóriʌs], Sertorio.
Severus [sevírʌs], Severo.
Sigismund [sídžismʌnd], Segismundo.
Silvanus, Silvan [silvéinʌs, sílvan], Silvano, Silvio.
Silvester, Sylvester [silvéstœ(r)], Silvestre.
Solomon [sálomon], Salomón.
Solyman [sáliman], Solimán.
Sophia [sóufiä *o* sofáiä], Sofía.
Sophocles [sáfokliz], Sófocles.
Spartacus [spártakʌs], Espartaco.

Stephen [stívn̩], Esteban.
Strabo [stréi̯bou̯], Estrabón.
Stradivarius [strædi̯véri̯ʌs], Estradivario.
Suetonius [swi̯tóu̯ni̯ʌs], Suetonio.
Suleiman [sulei̯mán], Solimán.
Sulla [sʌ́lä], Sila.
Susan, Susanna [súzn̩, suzǽnä], Susana.

T

Tacitus [tǽsi̯tʌs], Tácito.
Tamerlane [tǽmœrlei̯n], Tamerlán.
Tantalus [tǽntl̩ʌs], Tántalo.
Terence [térn̩s], Terencio.
Tertullian [tœrtʌ́li̯n̩], Tertuliano.
Thaddeus [θǽdi̯ʌs o θədíʌs], Tadeo.
Thales [θéi̯liz], Tales.
Themistocles [θɛmístokliz], Temístocles.
Theobald [θíobɔld], Teobaldo.
Theocritus [θiákri̯tʌs], Teócrito.
Theodore [θíodɔr], Teodoro.
Theodoric [θiádori̯k], Teodorico.
Theodosius [θiodóu̯šʌs], Teodosio.
Theophilus [θiáfi̯lʌs], Teófilo.
Theophrastus [θiofrǽstʌs], Teofrasto.
Theresa [ti̯ríśä], Teresa.
Thomas [táməs], Tomás.
Thrasybulus [θræsi̯bi̯úlʌs], Trasíbulo.
Thucydides [θusídi̯diz], Tucídides.
Tiberius [tai̯bíri̯ʌs], Tiberio.
Timothy [tímoθi̯], Timoteo.
Timour [ti̯múr], Timur, Tamerlán.
Titian [tíšn̩], el Ticiano.
Titus [tái̯tʌs], Tito.
Tobias [tobái̯əs], **Toby** [tóu̯bi̯], Tobías.
Trajan [tréi̯džn̩], Trajano.
Tribonian [tri̯bóu̯ni̯n̩], Triboniano.
Tristram [trístrəm], Tristán.
Turenne [tu̯rén], Turena.
Tybald [tái̯bɔld], Teobaldo.

U

Ulpian [ʌ́lpi̯n̩], Ulpiano.
Ulysses [yulísiz], Ulises.

Urban [œ́rbn̩], Urbano.
Uriah [yu̯rái̯ä], Urías.

V

Valens [véi̯ln̩z], Valente.
Valentine [vǽln̩tai̯n], Valentín.
Valentinian [væln̩tíni̯n̩], Valentiniano.
Valerian [vl̩íri̯n̩], Valeriano.
Vergil [vœ́rdži̯l], Virgilio.
Veronese [vɛronésɛ], el Veronés
Vespasian [vɛspéi̯ži̯n̩], Vespasiano.
Vespucci [vɛspútchi], Vespucio.
Vincent [vínsn̩t], Vicente.
Viola, Violet [vai̯óu̯lä, vái̯oli̯t], Violante.
Virgil [vœ́rdži̯l], Virgilio.
Vitruvius [vi̯trúvi̯ʌs], Vitruvio.
Vivian [vívi̯n̩], Bibiana.

W

Walter [wóltœ(r)], Gutierre (ant.), Gualterio.
Wilhelmina [wi̯lhɛlmínä], Guillermina.
William [wílyəm], Guillermo, Guillén.
Winifred [wíni̯frɛd], Genoveva.

X

Xavier [zéi̯vi̯œ(r) o zǽvi̯œ(r)], Javier.
Xenocrates [zɛnákrətiz], Jenócrates.
Xenophanes [zɛnáfəniz], Jenófanes.
Xenophon [zénofan], Jenofonte.
Xerxes [zœ́rksiz], Jerjes.

Y

Yahveh [yáwɛ], Jehová.

Z

Zachary [zǽkəri̯], Zacarías.
Zeno [zínou̯], Zenón, Cenón.
Zoroaster [zóroæstœ(r)], Zoroastro.
Zwingli [tsvíŋli], Zuinglio.

Nombres diminutivos y abreviados de personas usados familiarmente en inglés

Abe [ei̯b] *por* **Abraham.**
Al [æl] *por* **Albert, Alfred** *o* **Alexander.**
Alec(k [ǽli̯k] *por* **Alexander,** Alejandro.

Bab(s [bæb(z] *por* **Barbara,** Barbarita.
Becky [béki̯] *por* **Rebecca,** Rebeca.
Bel, Belle [bɛl] *por* **Isabella,** Bela, Belita.
Ben, Benny [bén(i̯] *por* **Benjamin,** Benjamín.
Bert, Bertie [bœ́rt(i̯] *por* **Herbert** *o* **Albert,** Heriberto o Alberto.
Bess, Bet, Betsy, Bessy, Betty, Lizzie *por* **Elizabeth,** Belita, Belica.
Biddy [bídi̯] *por* **Bridget,** Brígida.
Bob, Rob [bab, rab] *por* **Robert,** Roberto.
Bill, Billy [bíl(i̯] *por* **William,** Guillermito.

Carrie [kéri̯] *por* **Caroline,** Carolina.
Charley, Charlie, Charly [chárli̯] *por* **Charles,** Carlitos.
Chris [kri̯s] *por* **Christine** *o* **Christopher.**
Cis [si̯s] *por* **Cicely,** Cecilia.
Clare [klɛr] *por* **Clara,** Clarita.

Dan, Danny [dǽn(i̯] *por* **Daniel,** Daniel.
Dave, Davy [déi̯v(i̯] *por* **David,** David.
Dick, Dicky [dík(i̯] *por* **Richard,** Ricardito.

Doll, Dolly [dál(i̯] **Dora** [dórä], **Dot, Dotty** [dát(i̯], *por* **Dorothy,** Dorotea.
Don [dan] *por* **Donald.**

Ed, Eddie [éd(i̯] *por* **Edward, Edwin, Edgar** *o* **Edmund.**
Effie [éfi̯] *por* **Euphemia,** Eufemia.
Etta [étä] *por* **Henrietta,** Enriqueta.

Fan, Fannie, Fanny [fǽn(i̯] *por* **Frances,** Francisca, Frasquita, Paquita, Panchita, Currita, Paca, Farruca.
Flo [flou̯] *por* **Florence.**
Fred [frɛd] *por* **Frederick,** Federiquito.

Hal, Harry [hæl, hǽri̯] *por* **Henry,** Enriquito.
Harriet, Hatty [hǽri̯ɛt, hǽti̯] *por* **Henrietta,** Enriqueta.
Hetty [héti̯] *por* **Hester,** Ester.
Hodge [hadž] *por* **Roger,** Rogerio.

Jack [džæk] *por* **John,** Juanito.
Janet [džənét o džǽni̯t] *por* **Jane,** Juanita.
Jeff [džɛf] *por* **Geoffrey** *o* **Jefferson.**
Jennie, Jenny [džéni̯] *por* **Jane,** Juanita.
Jerry [džéri̯] *por* **Jeremiah,** Jerónimo, Geromo.

Jim, Jimmie [dží̮m(i̮)] *por* **James,** Santiago, Jaimito, Jacobo.
Joe, Josy [džou̯, džóu̯zi̯] *por* **Joseph,** Pepe, Pepito, Pepillo.
Johnny [džáni̯] *por* **John,** Juanito, Juanch(it)o.
Josie [džóu̯zi̯] *por* **Josephine,** Pepa, Pepita, Pepilla.

Kate, Kitty *por* **Catharine,** Catuca, Catujita.
Kit [ki̮t] *por* **Christopher,** Tobalito.

Larry, Laurie, Lawrie *por* **Lawrence,** Lorenzo.
Len [lɛn] *por* **Leonard,** Leonardo.
Letty [lɛ́ti̯] *por* **Letitia,** Leticia.
Libby, Lib, Lizzie, Liz *por* **Eliza,** Elisa.
Lottie, Lotty [láti̯] *por* **Charlotte,** Carlota.
Lulu [lúlu] *por* **Lucy** *y* **Louisa,** Lucía, Luisita.

Madge, Maggie, Mag, Meg, Maisie, Mamie, Margot, Margery *por* **Margaret,** Margarita.
Magda *por* **Magdalen.**
Mae, May [mei̯] *por* **Mary,** Mariquita, Maruja.
Mat *por* **Matthew,** Mateo.
Mat, Mattie, Matty *por* **Martha** *y* **Mathilda.**
Maud [mɔd] *por* **Mathilda,** Matilde.
Mike [mai̯k] *por* **Michael,** Miguelito.
Moll, Mollie, Molly [mál(i̯)] *por* **Mary,** Mariquita, Maruja.

Nan, Nancy [nǽn(si̯)] *por* **Ann,** Anita.
Ned, Neddy [nɛ́d(i̯)] *por* **Edward** *o* **Edwin,** Eduardo.
Nell, Nelly [nɛ́l(i̯)] *por* **Ellen** *y* **Eleanor,** Elenita y Leonorcita.
Netty [nɛ́ti̯] *por* **Janet,** Juanita.

Nick [ni̮k] *por* **Nicholas,** Nicolasito.

Pam *por* **Pamela,** Pamela.
Patty [pǽti̯] *por* **Martha,** Marta y **Patricia.**
Peg, Peggy [pɛ́g(i̯)] *por* **Margaret,** Margarita.
Pen, Penny [pɛ́n(i̯)] *por* **Penelope,** Penélope.
Phil [fi̮l] *por* **Philip,** Felipe.
Polly [páli̯] *por* **Mary,** Mariquita, Maruja.
Prue [pru] *por* **Prudence,** Prudencia.

Rita [rítă] *por* **Margaret,** Margarita.

Sadie [séi̯di̯], **Sal, Sally** [sǽl(i̯)] *por* **Sarah,** Sara.
Sam [sæm] *por* **Samuel,** Samuel.
Sil *por* **Silvester,** Silvestre.
Sim *por* **Simon,** Simón, Simoncito.
Sue [su] **Susie** [súzi̯] *por* **Susan,** Susana.

Ted, Teddy, Theo *por* **Theodore,** Teodoro.
Tess, Tessie *por* **Theresa,** Teresa.
Tilda, Tillie, Tilly *por* **Mathilda,** Matilde.
Tim *por* **Timothy,** Timoteo.
Tom, Tommy *por* **Thomas,** Tomás.
Tony *por* **Anthony,** Toño, Toñico, Antoñito.
Tracy *por* **Theresa,** Teresita.
Trudy *por* **Gertrude,** Gertrudis.

Val *por* **Valentine,** Valentín.
Vicky *por* **Victoria,** Victorina.
Vin *por* **Vincent,** Vicente.

Walt *por* **Walter,** Gualterio.
Will, Willie *por* **William,** Guillermito.

Zach [zæk] *por* **Zachary,** Zacarías.

Abreviaturas más usuales

[La abreviatura *sq.* significa *símbolo químico*]

A

A, *sq.* argon.
A. Academician; Academy; America; American; acre(s).
a. accepted; acre(s); alto; are (área); at.
aa. (med.) ana (de cada cosa).
A. A. A. Automobile Association of America, American Automobile Association; Amateur Athletic Association.
A. A. A. S. American Association for the Advancement of Science.
A. A. C. *Anno ante Christum* (año a. de J. C.).
A. B. Bachelor of Arts.
A. B. C. Argentina, Brazil, and Chile (el A. B. C.).
abr. abridged; abridgment.
abs. re. *absente reo* (en la ausencia del acusado).
Ac, *sq.* actinium; acetyl.
A. C. Alpine Club; alternating current; **Ante Christum** (antes de J. C.); Army Corps; Air Corps; Ambulance Corps.
acad. academy; academic.
acct., a/c. account (cuenta).
A. D. *Anno domini* (año de Cristo).
a. d. after date; *ante diem* (antes del día).
ad. advertisement (anuncio).
ad fin. *ad finem* (al fin).
ad inf. *ad infinitum* (hasta el infinito).
ad lib. *ad libitum* (a voluntad).
Adm. Admiral; Admiralty.
Adm. Co. Admiralty Court.
adv. ad valorem; *adversus* (contra); advertisement; advocate.
A. E. F. American Expeditionary Forces.
ae., aet., aetat. *ætatis* (de edad).
A. F. of L. American Federation of Labor.
aft. afternoon (tarde).
Ag, *sq., argentum* (plata).
agcy. agency (agencia).
agr., agric. agriculture; agricultural.
agt. agent.
Al, *sq.* alumin(i)um.
Ala. Alabama.
Alas. Alaska.
a. m. *ante meridiem* (a. m., antes del mediodía).
A. M. *Anno mundi* (año del mundo); *artium magister* (Master of Arts); *ante meridiem* (antes del mediodía); Ave María.
amp. ampere (amperio); amperage (amperaje).
amt. amount.
an. *anno* (año); anonymous.
anat. anatomical; anatomy.
anon. anonymous.
ans. answer (respuesta; resultado—de un problema).
A. N. Z. A. C., *o* **Anzac.** Australian and New Zealand Army Corps (ll. gen. *Anzac*, como palabra completa).
A. O., a/o, account of.
A. P., AP. Associated Press.
app. appendix; appointed.
Apr. April.
Apt. apartment.
aq., Aq. *aqua* (agua).—**AQ,** achievement quotient.
Ar, argon.—**Ar.** Arabic; Aramaic; argentum.
A. R. *Anno Regni* (año del reinado).
A. R. A. Associate of the Royal Academy; American Railway Association.
arith. arithmetic.
Ariz. Arizona.
Ark. Arkansas.
A. R. R. *Anno regni Regis, Reginæ* (en el año del reinado del rey, de la reina).
art. article; artillery.
As, *sq.* arsenic.
A. S. C. E. American Society of Civil Engineers.
A. S. M. E. American Society of Mechanical Engineers.
A. S. P. C. A. American Society for the Prevention of Cruelty to Animals.
assn., assoc. association.
Asst. assistant.
A. S. T. M. American Society for Testing Materials.
A. T. S. American Temperance Society; American Tract Society.
att., atty. attorney.
Att. Gen. Attorney General.
Au, *sq., aurum* (oro).
A. U. C. *ab urbe condita* (de la fundación de Roma).
aug. augmentative; augmented.
Aug. August.
Auth. Ver. Authorized Version (de la Biblia).
auto. automatic; automotive.
aux., auxil. auxiliary.
a. v. *annos vixit* (vivió . . . años).
Av., ave. avenue.
av., avdp. avoirdupois.

B

B, *sq.* boron.
b. base; bass; book; born; brother.
B. British.
B. A. Bachelor of Arts; British Academy; British America; Buenos Aires.
Ba, *sq.* barium.
Bact. bacteriology.
B. Agr. Bachelor of Agriculture.
bal. balance.
B. Arch. Bachelor of Architecture.
barr. barrister.
Bart., Baronet.
bbl. (*pl.* **bbls.**) barrel(s).
B. C. before Christ; British Columbia.
B. C. E. Bachelor of Civil Engineering.
B. C. L. Bachelor of Civil Law.
bd. board; bond; bound.
bdl. (*pl.* **bdls.**) bundle(s).
bds. boards (pasta).
Be, *sq.* beryllium.
Bé. Baumé (grados Baumé).
b. e. bill of exchange.
bet. between.
b. h. p. brake horsepower (potencia al freno).
Bi, *sq.* bismuth.
B. I. British India.
Bibl., bibl. Biblical; bibliographical.
biog. biographical; biography.
bkpt. bankrupt.
bl. (*pl.* **bls.**) bale(s); barrel(s).
B. L. Bachelor of Laws.
B/L. bill of lading.
b. l. bill of lading (conocimiento); breechloader; breechloading.
bldg. building (edificio).
B. L. E. Brotherhood of Locomotive Engineers.
blvd. boulevard.
b. m. board measure.
B. M. E. Bachelor of Mining Engineering.
B. O. T. Board of Trade.
b. p. below proof; bill of parcels; bills payable.

B. P. O. E. Benevolent and Protective Order of Elks.
Br. Breton; British.
Br, *sq.* bromine.
Br. Am. British America.
b. rec. bills receivable.
brl. barrel.
Bros. brothers.
b. s. balance sheet; bill of sale.
B. S. Bachelor of Science; Bachelor of Surgery.
B. Sc. Bachelor of Science.
Bt., bt. Baronet; bought.
B. T. U. British thermal units.
bu., bus. bushel, bushels.
bull. bulletin.
bx. box.

C

C, *sq.* carbon.
C. Cæsar; Caius; Cape; Catholic; centigrade; Chancellor; Chancery; Congress; Consul; Court.
c. cent; centime; chapter; cubic; current; center. —**c. to c.** center to center (de centro a centro).
Ca, *sq.* calcium.
C. A. Chartered Accountant; Chief Accountant; Confederate Army; Court of Appeal; Central America.
ca. case; cathode; centare; circa.
cal. calendar; calends; calorie; calibre.
Cal., Calif. California.
Cam., Camb. Cambridge.
Can. Canada; Canadian.
cap. capital (mayúscula); capitalize; captain; *caput* (capítulo).
Capt. Captain.
catal. catalogue.
Cath. Catholic; Catherine.
cath. cathedral.
C. B. Cape Breton; Companion of the Bath; Common Bench.
Cb, *sq.* columbium.
cc., cc, c. c. cubic centimeter(s).
C. C. C. Christ's College, Cambridge; Corpus Christi College.
Cd, *sq.* cadmium.
Ce, *sq.* cerium.
C. E. Civil Engineer; Chemical Engineer; Church of England.
cent. centigrade; central; *centum* (ciento); century.
cert. certificate; certify.
cf. *confer* (cotéjese); calf binding.
c. f. & i. cost, freight, and insurance.
C. G. Consul-general; Captain-general; Coast Guard; center of gravity.
cg. centigram(me.
C. G. S. *o* **c. g. s.** centimeter-gram-second (C. G. S., centímetro-gramo-segundo).
Ch. Chancery; Charles; China; Church.
ch. chapter; child, children; church.
chap. chapter.
Chas. Charles.
chem. chemical, chemistry.
c. i. f. cost, insurance and freight (c. i. f., *o* c. s. f. costo, seguro y flete).
C. I. O. Congress of Industrial Organizations.
ck. cask; check.
Cl, *sq.* chlorine.
cl. centiliter; clause; cloth (pasta de libros).
cm. centimeter.—**cm.**^{2} square centimeter.—**cm.**^{3} cubic centimeter.
c. m. circular measure (radianes).
Co, *sq.* cobalt.
Co. company; county.
c. o., c/o care of; carried over.
C. O. Commanding Officer; Colonial Office.
C. O. D. collect (*o* cash) on delivery (cóbrese a la entrega).
Col. Colonel; Colorado; Columbia; Colossians.
Colo. Colorado.
com. commentary; commerce; commercial.
Com. Commander; Commission; Commissioner; Committee; Commodore.
comp. comparative; compare; composer; compound.
Com. Ver. Common Version (de la Biblia).
con. conclusion; contra.
Cong. Congregational; Congress; Congressional.
Conn. Connecticut.
Cont. Continental.
cont. containing; contents; continent; continue(d); contra; contract.
co-op. co-operative.
cop. copper; copyrighted.
Cor. Corinthians; coroner.
cor. corpus; corrected; correction; correspondent; corner; cornet.
corol., coroll. corollary.
corpn. corporation.
cos, cosine.
cot, cotangent.
c. p. candle power; (gen. **C. P.**) chemically pure.
cp. compare (cotéjese, véase).
C. P. A. Certified Public Accountant.
cpd. compound.
Cr, *sq.* chromium.
cr. credit; creditor; center; crown.
cres., cresc. crescendo.
Cs, *sq.* cæsium.
C. S. Christian Science; Civil Service; Court of Sessions.
cs. cases (cajas).
C. S. A. Confederate States Army; Confederate States of America.
C. S. I. Companion of the Star of India.
Ct. Connecticut; court; Count.—**Ct,** *sq.* celtium.
ct. cent; county.
ctf. certificate.
c. to c. center to center.
cts. cents; centimes; certificates.
Cu, *sq.*, *cuprum* (cobre).—**Cu.** cumulus.
cu., cub. cubic.
C. V. Common Version (versión corriente—de la Biblia).
c. w. o. cash with order.
cwt. hundredweight(s.
cyl. cylinder; cylindrical.

D

d. day; denarius (penique); died; dime; dollar.
d/a. days after acceptance.
D/A. deposit account.—**D. A.** District Attorney.
Dan. Daniel; Danish.
D. A. R. Daughters of the American Revolution.
D. C. *da capo* (desde el principio); direct current; District of Columbia; District Court.
D. C. L. Doctor of Civil Law.
D. D. Doctor of Divinity.
d. d. days after date; day's date.
D. D. S. Doctor of Dental Surgery.
deb., deben. debenture.
Dec. December.
deg. degree.
Del. Delaware.
Dem. Democrat, Democratic.
Dep., Dept. department; deponent; deputy.
der., deriv. derivation; derivative.
dft. defendant; draft.
D. G. *Dei gratia* (por la gracia de Dios); Director-General.
dg. decigram.
dial. dialect, dialectical.
diam. diameter.
diff. difference; different; differs.
dim. diminuendo; diminutive; dimension.

dioc. diocese; diocesan.
dipl. diplomatic; diplomatist.
disc. discount; discovered.
dist. distance; district.
Div. Divinity.
div. divergence; divide; dividend; division; divorced.
dkl. dekaliter(s).
dkm. dekameter(s).
dl. deciliter.
D. Lit(t). Doctor of Letters, *or* of Literature.
D. L. O. Dead Letter Office.
dm. decimeter; decameter.
D. Mus. Doctor of Music.
D. O. Doctor of Osteopathy.
do. ditto (ídem, lo mismo).
dol., doll. (*pl.* **dols.**) dollar.
doz. dozen, dozens.
Dr. debtor; doctor.
dr. dram; drawer.
dram. pers. *dramatis personæ* (personajes dramáticos).
D. Sc. Doctor of Science.
dup. duplicate.
D. V. *Deo volente* (Dios mediante).
D. V. M. Doctor of Veterinary Medicine.
dwt. pennyweight.
Dy, *sq.* dysprosium.
D. Z. Doctor of Zoology.
dz. dozen.

E

E. Earl; earth; east; eastern; engineer; English.
ea. each.
E. & O. E. errors and omissions excepted.
E. C. Eastern Central (distrito postal de Londres); Established Church; Engineering Corps.
Eccl., Eccles. Ecclesiastes.
eccl., eccles. ecclesiastic.
econ. economic(s); economy.
ed. edition; editor (redactor).
Ed., Edin. Edinburgh.
edit. edited; edition.
educ. education(al).
E. E. Electrical Engineer; errors excepted.
E. E. & M. P. Envoy Extraordinary and Minister Plenipotentiary.
Eg. Egypt.
e. g., *exempli gratia* (v. g.).
E. I., E. Ind. East India; East Indies.
elec., elect. electrical; electricity.
Eliz. Elizabeth; Elizabethan.
E. lon., E. long. east longitude.
E. M. F. electromotive force.
E. N. E. east-northeast.
Eng. England; English.
eng., engin. engineer; engineering.
Epis(c). Episcopal.
Erb, *sq.* erbium.
E. S. E. east-southeast.
esp., espec. especially.
Esq., Esqr. (*pl.* con s) esquire.
est., estab. established.
E. T., e. t. electric telegraph; English translation.
et al. *et alibi* (y en otra parte); *et alii* (y otros).
etc. et cetera.
et seq. *et sequentia* (y que sigue).
etym(ol). etymology.
Eu, *sq.* europium.
Eur. Europe; European.
ex. example; exception; excursion; executive.
Ex., Exod. Exodus.
Exc. Excellency.
exc. excellent; except; excepted; exception.
Exch. exchange; exchequer.
ex div. without dividend.
Exec., Exr. executor.
Execx., Exrx., Exx. executrix.
exp. export, exported; express; expenses.
Ezek. Ezekiel.

F

F, *sq.* fluorine.
F. Fahrenheit; Father; Fellow; Friday.
f. farthing; fathom; folio; forte (en la música); franc.
F. A. G. S. Fellow of the American Geographical Society.
Fah., Fahr. Fahrenheit.
fam. familiar; family.
F. A. M. Free and Accepted Masons.
far. farad; farthing; farriery.
F. A. S. Fellow of the Antiquarian Society.
FBI, Federal Bureau of Investigation.
F. B. S. Fellow of the Botanical Society.
fcp., fcap. foolscap.
F. D. Defender of the Faith.
Fe, *sq., ferrum* (hierro).
Feb. February.
Fed. Federal.
ff. folios; following; fortissimo.
F. G. S. Fellow of the Geological Society.
fid. fiduciary.
fig. figurative(ly); figure(s).
fin. *ad finem* (al fin); financial.
Fin. Sec. financial secretary.
Fla. Florida.
F. M. Field Marshal; Foreign Mission.
fo. folio.
f. o. b. free on board (libre a bordo).
fol. folio.
fol., foll. following.
for. foreign; forestry.
f. o. r. free on rail (libre en la estación ferroviaria).
F. P. fire-plug.
Fr. France; Francis; French; Friday.
fr. fragments; francs; from.
F. R. A. S. Fellow of the Royal Astronomical Society.
F. R. C. P. Fellow of the Royal College of Physicians (Londres).
F. R. C. S. Fellow of the Royal College of Surgeons (Londres).
Fred., Fredk. Frederick.
F. R. G. S. Fellow of the Royal Geographical Society.
Fri. Friday.
F. R. I. B. A. Fellow of the Royal Institute of British Architects.
F. R. S. Fellow of the Royal Society.
F. S. A. Fellow of the Society of Antiquities (*o* of Arts).
Ft. fort.—**ft.** feet, foot.
FTC, Federal Trade Commission.
F. Z. S. Fellow of the Zoological Society.

G

G., German; Germany.
g. genitive; gram(me; guide; gauge; guinea.
Ga. Georgia.
Ga, *sq.* gallium.
Gal. Galatians; Galen.
gal., gall. (*pl.* **gals.**) gallon(s).
G. A. R. Grand Army of the Republic.
gaz. gazette; gazeteer.
G. B. Great Britain.
G. B. & I. Great Britain and Ireland.
g. c. d. greatest common divisor.
g. c. m. greatest common measure.
Gd, *sq.* gadolinium.
G. D. Grand Duchess, Grand Duke.
Ge, *sq.* germanium.
gen. gender; general(ly; genus.
Gen. General; Genesis; Geneva.

Geo. George; Georgia.
geog. geography, -phic(al).
Ger., Germ. German; Germany.
g. gr. great gross.
G. H. Q. General Headquarters.
Gl, *sq.* glucinum.
G. M. Grand Master; general manager.
G. M. T. Greenwich mean time.
G. O. P. Grand Old Party (Republican).
Gov. Government; Governor.
Gov. Ptg. Off. Government Printing Office.
Govt. Government.
G. Ph. Graduate in Pharmacy.
G. P. O. General Post Office.
gr. grain; gram(me.
gs. guineas.
G. T. Good Templar; Grand Tiler; gross ton.
gt. *gutta* (gota).—*pl.* **gtt.**
Gt. Br., Gt. Brit. Great Britain.
gu. guinea.
guar. guaranteed.

H

H, *sq.* hydrogen.
h. hardness; height; hour; hundred.
H. B. M. Her (*o* His) Britannic Majesty.
H. C. Herald's College; House of Commons.
h. c. f. highest common factor.
hdkf. handkerchief.
hdqrs. headquarters.
H. E. His Eminence, His Excellency.
He, *sq.* helium.
hf. half.—**hf. cf.** half-calf.
Hg, *sq., hydrargyrum* (mercurio).
hg. hektogram(me.
H. H. His (*o* Her) Highness; His Holiness.
hhd. hogshead.
H. I. Hawaiian Islands.
H. I. H. His (*o* Her) Imperial Highness.
H. I. M. His (*o* Her) Imperial Majesty.
H. L. House of Lords.
H. M. His (*o* Her) Majesty.
H. M. S. His (*o* Her) Majesty's service, ship *o* steamer.
Ho, *sq.* holmium.
Hon. Honorable.
hort., hortic. horticulture.
h. p. horse power; high pressure; half pay.
H. Q. Headquarters.
H. R. Home Rule; House of Representatives.
hr. (*pl.* **hrs.**) hour(s).
H. R. E. Holy Roman Empire (*o* Emperor).
H. R. H. His (*o* Her) Royal Highness.
H. T. Hawaii Territory.
ht. height; heat.

I

I, *sq.* iodine.
I. Idaho; Iowa; Imperator; island.
Ia. Iowa.
ib., ibid. *ibidem* (ibídem).
I. C. C. Interstate Commerce Commission.
Ice., Icel. Iceland, Icelandic.
id. *idem* (ídem).
Id(a). Idaho.
i. e. *id est* (esto es, es decir).
i. h. p. indicated horsepower.
Ill., Ills. Illinois.
imp. imperial; imported; importer; imperative; imperfect; imprimatur.
in. inch(es).
In, *sq.* indium.
inc. including; incorporated; increase.
incl. including; inclusive; inclosure.
incog. incognito.
incor(p). incorporated.
Ind. India; Indian; Indies; Indiana.
init. *initio* (al principio).
in loc. cit. in the place cited.
I. N. R. I. Iesus Nazarenus, Rex Iudæorum (Inri—Jesús Nazareno, Rey de los Judíos).
I. N. S. International News Service.
ins. inches; insurance.
inst. instant; institute; installment.
int. interest; interior; international.
in trans. *in transitu* (en el tránsito).
Int. Rev. Internal Revenue.
inv. invented; inventor; invoice.
Io. Iowa.—**Io,** *sq.* Ionium.
I. O. O. F. Independent Order of Odd Fellows.
I. O. U. I owe you (abonaré).
i. q. *idem quod* (lo mismo que).
I. Q. intelligence quotient.
Ir, *sq.* iridium.—**Ir.** Ireland; Irish.
Is. Island, Isle,
Is., Isa. Isaiah.
Isl(s). Island(s).
It., Ital. Italian; Italic; Italy.
ital. italic (bastardilla).
I. W. Isle of Wight.
I. W. W. Industrial Workers of the World.

J

Jam. Jamaica.
Jan. January.
Jap. Japan; Japanese.
Jas. James.
J. C. Jesus Christ; Julius Cæsar; Justice Clerk.
jc., jct., jctn. junction.
J. D. *Jurum Doctor* (doctor en Jurisprudencia).
Jer. Jeremiah.
j. g., jg, junior grade (*U. S. Navy*).
Jno. John.
Jon(a). Jonathan.
Jos. Joseph; Josiah.
Josh. Joshua.
J. P. Justice of the Peace.
Jr. junior; juror.
Judg. Judges.
Jul. Julian; Julius; July; julep.
Jun. June; Junius, Junior.
Junc. junction (empalme, f. c.).
Junr. junior.

K

K, *sq.*, kalium (potasio).
K. King; Knight(s).
K., Ki. Kings (Libro de los Reyes).
K., Kal. *Kalendæ*, kalends.
Kan., Kans., Kas. Kansas.
K. B. King's Bench; Knight of the Bath.
K. C. King's Counsel; Knights of Columbus.
K. C. B. Knight Commander of the Bath.
Ken. Kentucky.
K. G. Knight of the Garter.
kg. keg; kilogram(s).—**kgs.** kegs.
kgm., kilo., kilog. kilogram(me.
kilom. kilometer.
K. K. K. Ku-Klux-Klan.
km. kingdom.
km. kilometer(s)—**km.**^{2} square kilometer(s).
Knt. Knight.
k. o. knockout (boxeo).
K. O. Commanding Officer (fam.).
K. of C. Knights of Columbus.
Kr, *sq.* krypton.
Kt. Knight.—**kt.** carat.
kw. kilowatt.
Ky. Kentucky.

L

L. lady; lake; Latin; *libra;* London; Lord.
l. latitude; league; length; line; liter.
La. Louisiana.

La, *sq.* lanthanum.
Lab. Labrador.
Lat. Latin.—**lat.** latitude.
lb. (**lbs.** *pl.*) *libra,* pound(s).
L. C. Lower Canada; Library of Congress; Lord Chamberlain; Lord Chancellor.
l. c. lower case; left center; letter of credit.
L/C. Letter of Credit.
l. c. d. lowest common denominator.
l. c. m. least common multiple.
Ld., ld. Lord; limited.
Leg., Legis. legislature; legislative.
Lev., Levit. Leviticus.
L. G. Life Guards; Low German.
l. h. left hand.
Li, *sq.* lithium.
lib. *liber* (libro).—**Lib.** Liberal.
Lieut. Lieutenant.
Linn. Linnæus; Linnean.
liq. liquid; liquor.
Lit. D., Litt. D. *Literarum Doctor* (doctor en letras).
LL. B. *Legum Baccalaureus* (bachiller en leyes).
LL. D. *Legum Doctor* (doctor en leyes).
loc. cit. *loco citato.*
log, logarithm.
lon., long. longitude.
Lon., Lond. London.
L. S. Linnean Society; *locus sigilli* (lugar del sello).—**l. s.** left side.
L. (*o* £) **s. d.** *Libræ, solidi, denarii,* pounds, shillings, pence.
Lt. Lieutenant.
Ltd., ltd. limited.
Lu, *sq.* lutecium.
Luth. Lutheran.

M

M. Monsieur; Member.
m. married; *meridiem* (mediodía); meter(s); mile; minim; month; moon.—**m.**^{2} square meter(s).—**m.**^{3} cubic meter(s).
M. A. *Magister artium,* Master of Arts.
Mad. Madam.
mag. magazine; magnet(ism).
Maj. Major.
Mal. Malachi; Malayan.
man. manual (teclado).
Manit. Manitoba.
manuf. manufactory; manufacturer.
Mar. March.—**mar.** maritime.
M. Ar., M. Arch. Master of Architecture.
Mass. Massachusetts.
math. mathematics.
Matt. Matthew; Matthias.
M. B. *Medicinæ baccalaureus,* Bachelor of Medicine; Bachelor of Music.
M. C. Member of Congress; Member of Council; Master Commandant; Master of Ceremonies.
Mch. March.
M. D. *Medicinæ doctor,* Doctor of Medicine.
Md. Maryland.
Mdlle. Mademoiselle.
Mdm. Madam.
M. D. S. Master of Dental Surgery.
mdse. merchandise.
M. E. Methodist Episcopal; Mining Engineer; Mechanical Engineer.
Me. Maine.—**Me,** *sq.* methyl.
meas. measure.
mech. mechanic; mechanical.
med. medical; medicine; medieval; medium.
mem. memorandum; memoir; member.
Messrs., MM. Messieurs.
metal., metall. metallurgy.
Meth. Methodist.
Mex. Mexican; Mexico.
mf. mezzo forte (algo fuerte).
mfd. manufactured; microfarad.
mfg. manufacturing.
mfs. manufactures.
Mg, *sq.* magnesium.—**mg.** milligram.
Mgr. manager; Monseigneur; Monsignor(e).
mi. mile(s); mill(s); minute; minor.
Mic. Micah.
M. I. C. E. Member Institute of Civil Engineers.
Mich. Michigan; Michaelmas; Michael.
mil., milit. military.
mim. mimeograph.
min. mining; minute.
Minn. Minnesota.
Min. Plen. Minister Plenipotentiary.
misc. miscellaneous; miscellany.
Miss. Mississippi; mission; missionary.
ml. millilitre.
Mlle. (*pl.* **Mlles.**) Mademoiselle.
mm. millimeter(s).—**m.**^{2} square millimeter(s).—**m.**^{3} cubic millimeter(s).
Mme. (*pl.* **Mmes.**) Madame.
Mn, *sq.* manganese.
Mo, *sq.* molybdenum.
Mo. Missouri; Monday.
M. O. Money Order.
mo. (*pl.* **mos.**) month(s).
mod. moderato; modern.
Mon. Monday.
Mons. Monsieur.
Monsig. Monsignor; Monseigneur.
Mont. Montana.
morn. morning.
M. P. Member of Parliament; Military Police.
M. P. C. Member of Parliament, Canada.
m. p. h. miles per hour.
Mr. Mister, Master (señor).
Mrs. Mistress (señora).
MS. (*pl.* **MSS.**) manuscript(s).
M. S. Master of Science; Master of Surgery.
M. Sc. Master of Science.
m. s. l. mean sea level.
Mt. (*pl.* **Mts.**) mount, mountain.
mun. municipal.
Mus. Doc. Doctor of Music.
m. v. *mezza voce* (a media voz); mean variation.
myth(ol). mythological; mythology.

N

N, *sq.* nitrogen.
N. north; Norse; Nero.
n. name; *natus* (nacido); neuter; noon; number.
Na, *sq., natrium* (sodio).
N. A. A. National Aeronautic Association.
N. A., N. Am. North America.
N. A. S. National Academy of Sciences.
nat., natl. national.
naut. nautical.
nav. naval; navigation.
Nb, *sq.* niobium.
N. B. New Brunswick; North Britain; North British; *nota bene* (nótese bien).
N. C. North Carolina; New Church.
Nd, *sq.* neodymium.
n. d. no date.
N. Dak. North Dakota.
Ne, *sq.* neon.
N. E. northeast, northeastern; New England.
Neb., Nebr. Nebraska.
neg. negative(ly).
n. e. i. *non est inventus* (no ha sido hallado).
nem. con. *nemine contradicente* (némine discrepante).
N. Eng. New England.
Neth. Netherlands.
Nev. Nevada.
New Test. New Testament.
N. F. Newfoundland.
N. G. National Guard; (fam.) no good (que no sirve para nada; malo).
Ng. Norwegian.—**n. g.** (fam.) no good (no sirve).
N. H. New Hampshire.
Ni, *sq.* nickel.

N. J. New Jersey.
N. L. north latitude.
N. M., N. Mex. New Mexico.
N. N. E. north-northeast.
N. N. W. north-northwest.
No. number (*pl.* **nos.**); north.
N. O. New Orleans.
nol. pros. *nolle prosequi.*
noncom. noncommissioned officer.
non seq. *non sequitur* (no sigue).
Norw. Norway, Norwegian.
Nos. numbers.
Nov. November.
N. P. New Providence; Notary Public.
N. S. Nova Scotia; North Sea; New School (teol.); New Style.
n. s. not specified; nickel steel.
N/S not sufficient (funds).
N. S. W. New South Wales.
Nt, *sq.* niton.
N. T. New Testament; new translation.
nt. wt. net weight.
n. u. name unknown.
Num., Numb. Numbers (Biblia).
N. V. New Version (de la Biblia).
N. W. northwest (N. O.).
N. Y. New York.—**N. Y. C.** New York City.
N. Z., N. Zeal. New Zealand.

O

O, *sq.* oxygen.
O. Ohio; Ontario; Ocean; October; Ossa.
o/a. on account (of); our account.
ob. *obiit* (murió); *obiter* (de paso).
obdt., obt. obedient.
obs. observation; observatory; obsolete.
o. c. on centers (entre centros).
Oct. October.—**oct.** octavo.
O. D., o. d. Officer of the Day; Old Dutch; ordinary seaman; overdraft, overdrawn; outside diameter; olive drab (uniform).
o/d, o/d. on demand.
O. E. Old English.—**o.e.** omissions excepted.
O. F. Odd Fellows; Old French.
O. K. all correct (visto bueno, V.° B.°).
Okla. Oklahoma.
Old Test. Old Testament.
Ont. Ontario.
op. opposite; opus (obra); opera; operation.
op. cit. *opere citado,* in the work cited.
Or. Oregon; Oriental.
ord. ordained; order; ordinance.
Ore., Oreg. Oregon.
Os, *sq.* osmium.
O. S. Old Saxon; Old School; Old Style (calendario); Old Series; Outside Sentinel.
O. T. Old Testament.
oz. (*pl.* **oz.** *u* **ozs.**) ounce.

P

P, *sq.* phosphorus.
p. page; part; particle; piano (suave); pint; pipe.
Pa. Pennsylvania.
P/A power of attorney; private account.
Pac. Pacific.
Pat. Off. Patent Office.
P. A. U. Pan American Union.
paym't, payt. payment.
Pb, *sq., plumbum* (plomo).
P. B. British Pharmacopœia.
pc. piece; prices.
p. c. per cent; post card.
p/c petty cash; prices current.
Pd, *sq.* palladium.
pd. paid.
P. E. Presiding Elder; Protestant Episcopal.
P. E. I. Prince Edward Island.
Penn. Pennsylvania.
per an. *per annum* (por año).
per ct. *per centum,* percent (porcentaje).
pert. pertaining.
Peruv. Peruvian.
pes. peseta.
pf. perfect; preferred.
p. f. *più forte* (un poco más fuerte).
Pg. Portugal; Portuguese.
Phar., Pharm. pharmacy; pharmacopœia; pharmaceutical.
Ph. C. Pharmaceutical Chemist.
Ph. D. Doctor of Philosophy.
Ph. G. Graduate in Pharmacy.
Phil., Phila. Philadelphia.
phot., photog. photographic; photography.
phys. physician; physics.
Phys. Sci. physical science.
P. I. Philippine Islands.
pil. *pilula* (píldora).
pkg. (**pkgs.** *pl.*) package(s).
pl. place; plate; plural.
plf., plff., pltff. plaintiff.
P. M. postmaster; *post meridiem* (tarde); paymaster; Past Master.—**pm.** premium.
P. O. post office; Province of Ontario.
p. o. postal order; post office.
P. O. B. post-office box.
P. O. D. pay on delivery; Post-Office Department.
P. O. O. postoffice order.
pop. population.
pos. positive; possession; possessive.
pot. potential.
pp. pages; pianissimo; past participle.
ppd. prepaid.
p. p. i. policy proof of interest.
p. q. previous question.—**P. Q.** Province of Quebec.
Pr, *sq.* praseodymium; propyl.
Pr. preferred (stock).
pr. pair; price; pronoun; proper; present.
P. R. Porto Rico *o* Puerto Rico.
Pres. President.—**pres.** present; presidency
Presb(yt). Presbyterian.
prin. principal(ly; principles.
priv. privative.
Prof. Professor.
Prot. Protestant.
pro tem. *pro tempore.*
Prov. Proverbs.—**prov.** province; provincial.
prox. proximo (el mes que viene).
prs. pairs.
Prus. Prussia; Prussian.
Ps., Psa. Psalm; Psalms.
P. S. postscript; Privy Seal.
ps. pieces; pseudonym.
pt. part; payment; pint; port; point.
Pt, *sq.* platinum.
Ptg. Portugal; Portuguese.
P. T. O. please turn over.
pub. public; published; publisher.
Pub. Doc. public documents.
pwt. pennyweight.
P. X. please exchange.
PX, Post Exchange (military).

Q

Q. Quebec; queen; Quintus.
q. quasi; query; quintal; quarto; quire.
Q. B. Queen's Bench.
Q. C. Queen's Counsel.
Q. E. D. *quod erat demonstrandum* (L. C. D. D. lo cual debíamos demostrar).
Q. E. F. *quod erat faciendum* (que era lo que se trataba de hacer).
q. l. *quantum libet* (tanto como se desee).—**ql.** quintal.
Q. M. C., QMC, Quartermaster Corps.
q. s. *quantum sufficit* (lo que baste); quarter section.

qt. quantity; quart.—**qts.** quarts.
qu. question; query; quart(er); queen.
Que. Quebec.
ques. question.
quot. quotation.
q. v. *quantum vis* (cuanto se quiera); *quod vide* (véase).
qy. query.

R

R. Réaumur; radical; railway; recipe; river; Republican; Royal.
r. rod; rood; rupee.
Ra, *sq.* radium.
R. A. Rear Admiral; right ascension (astr.); Royal Academy; Royal Arch.
Rad. Radical.—**rad.** radix (raíz).
R. A. F. Royal Air Force.
Rb, *sq.* rubidium.
R. C. Roman Catholic; Red Cross; Reserve Corps.
R. C. Ch. Roman Catholic Church.
R. C. S. Royal College of Surgeons.
Rd. road
R. E. Reformed Episcopal; Right Excellent; Royal Engineers; Royal Exchange.
rec., recpt., rect. receipt.
rec'd., recd. received.
Rec. Sec. recording secretary.
ref. reference; referred; reformed; reformer.
reg. registry; regular.—**Reg.** *regina* (reina).
Reg., Regt. regent; regiment.
rep. report; reporter; representative.
Rep., Repub. Republic; Republican.
Rev., rev. Revelation (Apocalipsis); revenue; Reverend (**Revs.** *pl.*); review; revolution.
Rev. Stat. Revised Statutes.
Rev. Ver. Revised Version (de la Biblia).
R. F. A. Royal Field Artillery.
RFC, Reconstruction Finance Corporation.
R. F. D. Rural Free Delivery.
R. G. S. Royal Geographical Society (Londres).
Rh, *sq.* rhodium.
R. H. Royal Highness.—**r. h.** right hand.
R. I. Rhode Island; Rex Imperator.
Rich., Rich'd. Richard.
R. I. P. *requiescat in pace* (en paz descanse).
R. M. S. Royal Mail Steamer.
R. N. Royal Navy; registered nurse.
R. N. R. Royal Naval Reserve.
Robt. Robert.
Rom. Cath. Roman Catholic.
R. P. Reformed Presbyterian; Regius Professor.
r. p. m. revolutions per minute.
r. p. s. revolutions per second.
R. R. railroad.
R. S. recording secretary; Revised Statutes.—**r. s.** right side.
R. S. V. P. *Répondez s'il vous plaît* (Sírvase contestar).
Rt. Hon. Right Honorable.
Rt. Rev. Right Reverend.
Ru, *sq.* ruthenium.
R. V. Revised Version (versión corregida—de la Biblia).
R. W., Rw., Rwy., Ry. railway.

S

S, *sq.* sulphur.
S. Saxon; Servius; Sextus; scribe; sign; society; south; Sunday; Sabbath.
s. second; section (**SS.**, *pl.*); series; shilling.
Sa, *sq.* samarium.
S. A. South Africa; South America; South Australia; Salvation Army.
s. a. *secundum artem* (según arte); *sine anno* (sin fecha).
Sab. Sabbath.
S. Am. South America.
Sam., Saml. Samuel.
S. A. R. Sons of the American Revolution; South African Republic.
Sat. Saturday.
Sb, *sq.* *stibium* (antimonio).
S. B., Sc. B. Bachelor of Science.
Sc, *sq.* scandium.
S. C. South Carolina; Supreme Court.
s. c., s. caps., sm. caps. small capitals (versalitas).
sc. scene; *scilicet* (a saber).
Scot. Scotch; Scotland; Scottish.
scr. scruple (peso).
sculp., sculpt. *sculpsit* (lo esculpió); sculptor; sculptural; sculpture.
s. d. *sine die.*
S. D., s. d. sight draft.
S. D., S. Dak. South Dakota.
Se, *sq.* selenium.
S. E. southeast; southeastern.
sec. secant; secretary; section; security.
Sec. secretary.—**sec.** second; secondary.
SEC, Securities and Exchange Commission.
Sen. Senate; Senator.
Sen. Doc. Senate Document.
sep. separate.
Sep., Sept. September; Septuagint.
seq. sequel; sequens.
Serg., Sergt., Sgt. Sergeant.
serv., servt. servant (= S. S. S.).
S. G. Solicitor General; Surgeon General.
s. g. specific gravity.
Sh., sh. shilling.
Shak., Shaks. Shakespeare.
Si, *sq.* silicon.
S. I. Staten Island; Sandwich Islands.
S. J. Society of Jesus.
S. l., S. lat. south latitude.
Sm, *sq.* samarium.
S. M. short meter; Sons of Malta.
Smith. Inst. Smithsonian Institution.
Sn, *sq.*, *stannum* (estaño).
So. south.
Soc. Society; Socrates.
Soc. Isl. Society Islands.
sop. soprano.
sov. sovereign (moneda de oro).
Sp. Spain; Spanish.
S. P. C. A. Society for the Prevention of Cruelty to Animals.
S. P. C. C. Society for the Prevention of Cruelty to Children.
sp. gr. specific gravity.
spt. seaport.
sq. square; *sequentes-tia* (siguiente(s).
sqq. *sequentes* (siguientes).
Sr, *sq.* strontium.
Sr. senior; sir.
SS. saints.—**ss.** *scilicet* (es decir).
S. S. Sunday School; Sabbath School; Steamship.
s. s. screw steamer; steamship.
S. S. E. south-southeast.
S. S. W. south-southwest.
St. Saint; strait; street.
st. stanza; stet; strophe.
ster., stg. sterling.
str. steamer.
sub. subject; substitute; suburb; suburban.
subj. subject(ive); subjunctive.
Sun., Sund. Sunday.
sup., super. superior; superfine.
Sup., Supp. supplement.
Supt. superintendent.
Surg., surg. surgeon; surgery; surgical.
Surv. surveying; surveyor.
s. v. *sub verbo* o *voce* (en la palabra).
S. W. southwest; southwestern; South Wales.

T

T. Territory; Testament; Titus; ton(s); Tuesday; Tullius.
t. tenor; ton; town; township; *tempore* (en el tiempo de).
Ta, *sq.* tantalum.
tan., tan, tangent.
Tb, *sq.* terbium.
tbs. tablespoon(s).
Te, *sq.* tellurium.
tel. telegram; telegraph(ic); telephone.
teleg. telegram; telegraph.
Tenn. Tennessee.
Ter., Terr. Territory.
Test. Testament (Biblia).
Tex. Texas.
tf. till forbidden.
Th, *sq.* thorium.
Th. Thursday.
Tho., Thos. Thomas.
Thu., Thur., Thurs. Thursday.
Ti, *sq.* titanium.
t. i. d. *ter in die* (3 veces al día).
Tim. Timothy.
Tit. Titus.
Tl, *sq.* thallium.
Tm, *sq.* thulium.
Tn, *sq.* thoron.
t. o. turn over; turnover.
T. O. Telegraph Office; Transport Officer.
tp. township.—**t. p.** title page.
Tr, *sq.* terbium.
tr. transpose; trill; trustee.
tr., trans. transitive; translation; translated; transaction; transportation.
treas. treasurer; treasury.
ts. till sale.
T. T. L. to take leave.
T. U. Trade Union.—**Tu,** thulium.
Tu., Tues. Tuesday.

U

U, *sq.* uranium.
U. C. Upper Canada.
U. K. United Kingdom.
ult., ulto. ultimate; ultimo (el mes pasado).
um., unm. unmarried.
Unit. Unitarian.
Univ. Universalist; University.
U. of S. A. Union of South Africa.
U. S. United States; Uncle Sam.
U. S. A. United States of America; United States Army; Union of South Africa.
U. S. M. United States Mail; United States Marines.
U. S. M. A. United States Military Academy.
U. S. N. United States Navy.
U. S. N. A. United States Naval Academy.
U. S. P., U. S. Pharm. United States Pharmacopœia.
U. S. S. United States Senate; United States Steamer.
U. S. S. R., USSR, Union of Soviet Socialist Republics.
usu. usual, usually.
Ut. Utah.
ut sup. *ut supra* (como arriba o antes).
ux. *uxor* (esposa).

V

V, *sq.* vanadium.
V. venerable; Victoria; violin; volunteers.
v. verse; versus (contra); volume; volt.
v. *vide* (véase).
Va. Virginia.
V. A., VA, Veterans' Administration.
val. value.
var. variant; variation; variety; various.
Vat. Vatican.
Vd, *sq.* vanadium.
Ven. Venerable.
vet., veter. veteran; veterinary.
v. g., vg., v. gr., *verbi gratia.*
Vice Pres. Vice President.
vid. *vide* (véa(n)se).
Vis., Visc., Visct. Viscount.
viz. *videlicet* (a saber).
voc. vocabulary; vocative.
vol. volume (*pl.* **vols.**); volunteer.
V. P. Vice President.
V. Rev. Very Reverend.
V. S. Veterinary Surgeon.
vs. *versus* (contra).
Vt. Vermont.
Vul., Vulg. Vulgate (Biblia).

W

W, *sq.* *wolframium* (volframio, tungsteno).
W. warden; Welsh; west; western; William; Wednesday.
w. week; wife; with; watt; weight.
W. A. West Africa; West Australia.
W. Afr. West Africa.
Wash. Washington (Estado).
w. c. water-closet; without charge.
W. C. Western Central (distrito postal); Wesleyan Chapel.
W. C. A. Women's Christian Association.
W. C. T. U. Women's Christian Temperance Union.
We., Wed. Wednesday.
w. f., wf. wrong font.
W. G. wire gauge.
wh., whr. watt-hour.
whf. wharf.
W. I. West India; West Indies.
Wis., Wisc. Wisconsin.
Wisd. Wisdom (Biblia).
wk. week.—**wk., w'k,** work.
W. lon. west longitude.
Wm. William.
W. N. W. west-northwest.
wp. worship.
wpful. worshipful.
W. S. W. west-southwest.
wt. weight.
W. Va. West Virginia.
Wy., Wyo. Wyoming.

X

X, Xe, *sq.* xenon.
x-cp. without coupon.
x-d., x-div. without dividend.
Xm., Xmas. Christmas.
Xn., Xtian. Christian.

Y

Y, *sq.* yttrium.
y. yard; year.
Yb, *sq.* ytterbium.
Y. B., Yr. B. Year-book.
yd. (*pl.* **yds.**) yard (medida).
Y. M. C. A. Young Men's Christian Association.
Y. M. Cath. A. Young Men's Catholic Association.
Y. M. H. A. Young Men's Hebrew Association.
yr. (*pl.* **yrs.**) year; younger; your.
Yt, *sq.* yttrium.
Y. W. C. A. Young Women's Christian Association.

Z

z. zone; zero; zinc.
Zach. Zacharias; Zachary.
Zn, *sq.* zinc.
zool. zoology; zoological.
Zr, *sq.* zirconium.

APPLETON'S
NEW CUYÁS

English-Spanish and Spanish-English

DICTIONARY

FIFTH EDITION REVISED

APPLETON'S NEW CUYÁS

English-Spanish and Spanish-English

DICTIONARY

by ARTURO CUYÁS

revised and enlarged by
LEWIS E. BRETT (Part I)
and HELEN S. EATON (Part II)
with the assistance of Walter Beveraggi-Allende

Revision editor, Fifth Edition, CATHERINE B. AVERY

APPLETON-CENTURY-CROFTS
DIVISION OF MEREDITH PUBLISHING COMPANY
New York
1972

QUINTA EDICIÓN REVISADA

NUEVO DICCIONARIO CUYÁS

Inglés-Español y Español-Inglés

de APPLETON

por ARTURO CUYÁS

corregido y aumentado por
LEWIS E. BRETT (Parte I)
y HELEN S. EATON (Parte II)
con la colaboración de Walter Beveraggi-Allende

Quinta edición, revisión editorial de CATHERINE B. AVERY

APPLETON-CENTURY-CROFTS
DIVISION OF MEREDITH PUBLISHING COMPANY
New York
1972

762-2

Library of Congress
Catalog Card Number: 75–182137

PRINTED IN THE UNITED STATES OF AMERICA
IMPRESO EN LOS ESTADOS UNIDOS DE AMERICA
390-25222-0

PARTE I

PART II

PART II

Spanish-English

PARTE II

Español-Inglés

PREFACE TO THE FIRST EDITION

In the compilation of this work the endeavor has been to produce in a compact volume that may be conveniently used by students, travelers, and business men a complete and accurate vocabulary of the Spanish language.

With this end in view, and for the purpose of including all the modern words with which the language has been enriched through a general advancement in human knowledge and activity, the thirteenth edition (1899) of the Dictionary of the Royal Spanish Academy—which is the latest and highest authority in Spanish lexicography—has been adopted as a groundwork, and every word, every acceptation, every idiom contained in that dictionary, with the exception of those that have become archaic, is defined in this volume.

Furthermore, many words and acceptations have been added which, while not purely Castilian, are in general use in Spanish-American countries and in the Philippine Islands, and also a great number of technical terms that are frequently used in commercial intercourse between Spanish- and English-speaking countries. Indeed, this rapidly increasing intercourse, and the ties that now bind to the United States several million people whose vernacular is the Spanish language, have been kept steadily in view during the preparation of the work, which is intended to be as helpful to the American or English student of Spanish as to the great number of Spaniards who are now studying English.

To accomplish this purpose, a radical departure has been made from the practice adopted in many dictionaries of giving long explanations in English of the meaning of a Spanish word, instead of supplying the student with the English equivalents. A bilingual dictionary, like a good rule, should work both ways, and to do this it should give equivalents rather than definitions.

Numberless examples might be cited here to show the laborious task implied in the search for correct equivalents, especially as regards technical terms, many of which are either omitted or erroneously translated in other dictionaries.

All the dictionaries of the Spanish and English languages, and especially those by Velázquez, Gray and Iribas, Lopes and Bensley, Ponce de León, Bustamente, Tolhausen, Wellesley and Gironés, have been frequently consulted and compared in the course of compilation, and acknowledgment is hereby made for valuable suggestions found in them.

Many new features, however, and thousands of words and acceptations not found in any similar work, have been introduced here, as any one may verify by careful comparison of a single page of this book with the corresponding page in any other dictionary. As illustrative examples of the exhaustiveness of this compilation, the reader is referred to such words as *a, de, con, por, que, le, se, nos, ese, uno; dar, hacer, coger, estar, correr, echar, ser, salir, seguir, poner, tirar, ver, venir; llave, medio, fuerza, ropa, tiro, título, viga, vida.*

One special feature will no doubt commend itself to students as a help toward the proper use of irregular verbs. The fundamental tenses of such verbs, from which other modes are formed, are given with each infinitive, as well as the literal mutations that some regular verbs undergo in some tenses.

ARTURO CUYÁS.

PREFACE TO THE FOURTH EDITION

The original English-Spanish, Spanish-English Dictionary compiled by Arturo Cuyás was based on the then latest edition of the Dictionary of the Royal Spanish Academy but also contained many words and meanings that, while not purely Castilian, were in general use in Latin-American countries. In the present edition the 1947 edition of the Dictionary of the Royal Spanish Academy was consulted.

The aim of the present revision is to bring the Cuyás Dictionary up to date. And, since the Dictionary is used extensively in the United States and the Spanish contacts in this country are increasingly with Latin America, the feature of including words peculiar to Latin-American countries mentioned by Cuyás has been appreciably expanded.

The difficulty of finding new material for a dictionary is obvious. Modern newspapers, periodicals, Bulletins of the United Nations, etc. in Spanish have been searched for new words, phrases, and meanings. Perhaps the largest number of these entered in the new edition of the Dictionary has been culled from consultations and discussions with native Latin-American speakers.

HELEN S. EATON.

PREFACE TO THE FIFTH EDITION

The vocabulary of the modern world grows by leaps and bounds. Developments in the fields of science and technology alone demand new terms that, in a matter of weeks, become a part of the living language. Because advances in such fields often have global implications, the special terms that arise from them assume worldwide circulation, passing, with modification, into many languages in a very short time. Although, in our age, developments in science and technology have been spectacular, advances, inventions and discoveries in other fields have kept pace, and produce new words at an equally rapid rate. And the language of the non-specialist is colored and augmented by the results and needs of the special technologies. At the same time, some old words adopt new meanings and others drop out of circulation entirely.

In recognition of these facts, in this revision of Cuyás we have added new words from all fields of interest; dropped those words that are no longer of frequent use; and modified those that have acquired new meanings or more precise equivalents in Spanish or in English. The Spanish-English vocabulary has been greatly expanded to include, as well as the new material, many terms formerly found only in the English-Spanish vocabulary.

It goes without saying that we have used the standard work on the Spanish language, the *Diccionario* of the Royal Academy (18th edition), as well as the *Nuevas normas de prosodia y ortografía* (1959) of the same institution, in the elaboration of this revision. These standard works, which as yet have not admitted many scientific terms of recent origin, have been supplemented by Spanish and English language newspapers, periodicals and United Nations Bulletins, as well as other recognized Spanish and English language dictionaries.

Changes in format in this edition—larger page size, more space between columns, larger type—make it easier to read and to locate desired information. The appearance and openness of the page itself tend to encourage frequent consultation.

We present this expanded edition of Cuyás, including an enlarged list of abbreviations of field categories, with the hope that the thousands of additions and changes made herein will maintain the approach and high level of usefulness of the original Cuyás.

Catherine B. Avery
Revision Editor

SPANISH PRONUNCIATION

The only way of learning the exact sounds in a foreign language is by hearing them spoken by a native speaker. English equivalents given below must, therefore, be looked on as only the nearest approximation possible in written letters.

Vowels

Vowels in Spanish are always pronounced (with one exception mentioned below under **u**). Accent marks over vowels are only to indicate stress or to distinguish between words spelled alike and make no difference in the pronunciation of the vowel.

The Spanish vowels are **a, e, i, o, u,** and **y** when it stands alone as the conjunction *and,* or is at the end of a word. In some parts of Spanish America, notably in Chile, **i** is used instead of **y** for the conjunction *and* or at the end of a word. The vowels *a, e, o,* are called strong vowels while *i* and *u* are called weak vowels.

The sound of **a** is full, open, as in *far, father, farm, alarm.*

The sound of **e** is between the English *a* in *mate* and the *e* in *met,* like the initial part of *e* in *they.* At the end of a word and not stressed, it becomes shorter. Before *n* or *r* at the end of a syllable, it is like the English *ai* in *fair:* see Spanish ard*e*r.

The sound of **i** is like the English *i* in *machine, ee* in *teeth.*

The sound of **o,** in open syllables, is like the English *o* in *note.* In closed syllables, as before *n* or *r* at the end of a syllable, it is like the English *o* in *nor:* see Spanish señ*o*r.

The sound of **u** is like the English *oo* in *moon, food.* It is silent in the syllables *que, qui;* also in the syllables *gue, gui,* unless marked with a dieresis (*güe, güi*).

The sound of **y** when a vowel is like the Spanish **i** (above).

Diphthongs

A diphthong in Spanish is a combination of a strong and a weak vowel or of two weak vowels in the same syllable.

When **a, e,** or **o,** is followed in the same syllable by an unstressed **i,** or **u,** the two vowels form a single syllable. The two vowels are both pronounced but the strong vowel is prolonged a bit more than the following weak one, as in b*ai*le, tr*ai*dor, p*ei*nar, *oi*go, c*au*sa, d*eu*da. At the end of a word such an **i** is written **y,** as in h*ay,* r*ey,* s*oy.*

When unstressed **i** or **u** precedes another vowel in the same syllable, the two vowels form a single syllable. In such cases the **i** is pronounced like English *y* in *y*es; and the **u** is like English *w.* In this situation the second vowel is the prolonged one, as in grac*ia,* d*ia*blo, b*ie*n, c*ie*lo, med*io,* atenc*ió*n, v*iu*da, c*ua*ndo, ig*ua*l, b*ue*no, p*ue*rta, l*ui*r (lweer), f*ui* (fwee), antig*uo.* At the end of a word such an **i** is written *y,* as in m*uy* (mwee).

Consonants

(Consonants that are pronounced approximately the same as in English are not listed.)

Contrary to the indication for vowels in Spanish, the consonants are pronounced much less emphatically than in English and in some cases are rather slurred.

B, b, has a softer sound than in English, produced by joining the lips, without pressure.

C, c, before *a, o, u,* or before another consonant, has the sound of the English *k,* as in *carro* (car), *costo* (cost), *cubo* (cube), *clase* (class), *crema* (cream), *acto* (act).

C, c, before *e, i,* has the sound of English *th* in *theft, thin,* as in **cinc,** which is pronounced *theenk.* However, in many parts of Spain and in Spanish America, **c** in these cases is pronounced like Spanish *s* (*seenk*).

Ch, ch, like English *ch* in *cheese, riches.* In Mexico it is often softened to a sound nearly like English *sh,* like *ch* in *machine.*

D, d, is softer than in English. It is sounded by touching the edge of the upper teeth with the tip of the tongue. In Spanish America *d* is always like this. Between two vowels (**todo,** *all*) and at the end of a word (**usted,** *you*) it has the sound of English *th* in *weather, with, although.*

G, g, before *a, o, u,* or another consonant, at the beginning of a syllable or after an *n,* has the sound of English *g* in *gas, go, gun, grand, ignorant.*

G, g, before *e* or *i* is like strongly aspirated English *h,* like *ch* in Scotch *loch.*

H, h, is *always* silent.

J, j, is like Spanish **g** before *e* or *i.*

Ll, ll, is a special letter, which sounds very much like English *lli* in *million, brilliant,* or, more exactly, like the combination *ll-y* in *all year.* In Spanish America it has only the English *y* sound.

Ñ, ñ, like *ny* in *canyon.*

R, r, at the beginning of a word or preceded by *l, n,* or *s,* is pronounced with a trill produced by vibrating the tip of the tongue with a strong expulsion of breath; elsewhere it is pronounced with a touch of the tongue against the roof of the mouth.

Rr, rr, is always trilled like the first indication of **r** above.

S, s, has the sound of English *s* in *sassafras,* and no other.

T, t, differs from English *t* in that it is sounded by placing the tip of the tongue between the teeth.

V, v, as in English, but in Spanish-American countries it is quite commonly pronounced like the Spanish *b.*

X, x, sounds like *ks* or *gs,* never like *sh.* In ***México, mexicano*** (written *Méjico, mejicano* in nearly all places outside of Mexico) and a few other words of Mexican origin, it is pronounced like Spanish *j.*

Y, y, when a consonant, between vowels, sounds like English *y* in *year, young.*

Z, z, has the sound of English *th* in *thick, thatch, thought.* However, in some parts of Spain and throughout Spanish America it is pronounced like Spanish *s* (English *s* in *less*).

Rules of Accentuation

1. Words that end in a consonant, except *n* or *s,* have the stress on the last syllable, *ciudad, animar, cruel.* If this rule is not to be followed, then an accent

mark (ʹ) is written in over the vowel to be stressed, as in *capitán, interés, ángel.*

2. Words that end in a vowel or a diphthong have the stress on the next to the last syllable, *acto, arriba, casi, cuello, comedia, corte, edificio.* If this rule is not to be followed, then an accent mark (ʹ) is written in over the vowel to be stressed, *médico, música, bahía, héroe, cámara, allí, acá, mamá.*

3. Final *y* as part of a diphthong is actually the vowel *i* but in accentuation is taken as a consonant, as in *Paraguay.*

4. With the exception of adverbs ending in *-mente,* no Spanish word has more than one emphatic vowel. In adverbs in *-mente,* the adjectives from which they are formed preserve their original emphatic syllable, and the first *e* of the ending is also emphasized. Thus, **tristemente** (from *triste*), **útilmente** (from *útil*), are accented thus: *tris'temen'te, u'tilmen'te.*

Bear in Mind—

1. That **ch, ll** and **ñ** are independent letters, coming after **c, l** and **n** respectively. Therefore, all words or syllables beginning with **ch** come after all words or syllables beginning with **c,** and similarly for words and syllables beginning with **ll** or **ñ.**

2. That in some parts of Latin-America, mainly in Chile, **i** is used instead of **y,** both as a conjunction (*and*) and at the end of words (**rei** for **rey, voi** for **voy**).

3. That in order to preserve the sound of the stem of certain words, the final consonant is necessarily changed in certain forms. Such forms, then, are in a different alphabetical position in the dictionary.

Examples of Consonant Changes:

nouns & adjs. ending in **-z**	change the **-z** to **-ces** in the plural	so **rapaces, voces,** etc. are to be found under **rapaz, voz,** etc.
regular verbs ending in **-car**	change the **-c-** to **-qu-** before **e**	so **saqué, saquemos,** etc. belong with the infinitive **sacar,** etc.
regular verbs ending in **-cer, -cir,** preceded by a consonant	change the **-c-** to **-z-** before **o** or **a**	so **venzo, esparzo,** etc. belong with the infinitives **vencer, esparcir,** etc.
most irregular verbs ending in **-cer, -cir,** preceded by a vowel	change the **-c-** to **-zc-** before **o** or **a**	so **conozco, luzca,** etc. belong with the infinitives **conocer, lucir,** etc.

(Some notable exceptions to this rule are: **cocer** and its compounds, and **mecer,** in which the **-c-** changes to **-z-**, and **hacer,** and **decir,** which are highly irregular.)

regular verbs ending in **-gar**	change the **-g-** to **-gu-** before **e**	so **pagué, paguen,** etc. belong with the infinitive **pagar,** etc.

regular verbs ending in **-ger, -gir**	change the **-g-** to **-j-** before **o** or **a**	so **cojo, dirijo,** etc. belong with the infinitives **coger, dirigir,** etc.
regular verbs ending in **-guar**	change the **-gu-** to **-gü-** before **e**	so **averigüé,** etc. belong with the infinitive **averiguar,** etc.
regular verbs ending in **-guir**	change **-gu-** to **-g-** before **o** or **a**	so **distingo,** etc. belong with the infinitive **distinguir,** etc.
regular verbs ending in **-zar**	change **-z-** to **-c-** before **e**	so **lancé, lancemos,** etc. belong with the infinitive **lanzar,** etc.

4. That in order to conform to Spanish rules of orthography, in some cases vowels are affected. Such affected forms are, then, in a different alphabetical position in the dictionary.

Examples of Vowel Changes:

regular verbs ending in **-eer**	change the **-i-** of diphthongal conjugational endings to **-y-**	so **creyó, leyendo,** etc. belong with the infinitives **creer, leer,** etc.

(This happens also to irregular verbs ending in **-uir,** as **atribuyo** from **atribuir,** etc.)

regular verbs ending in **-iar, -uar**	change the **-i-** to **-í-** and the **-u-** to **-ú-** when these vowels have the tonic accent	so **guío, continúo,** etc. belong with the infinitives **guiar, continuar,** etc.

5. That short **e** and **o** within a Latin stem taken into Spanish become diphthongized to **ie** and **ue** in Spanish when they receive the stress. Such forms are, then, in a different alphabetical position in the dictionary.

regular verbs having forms with **-e-** or **-o-** stressed	change **-e-** to **-ie-** and **-o-** to **-ue-** when these vowels have the stress	so **pienso, suenan,** etc. belong with the infinitives **pensar, sonar,** etc.

Irregular and Radical-Changing Verbs

The fundamental forms of irregular verbs are given both with their infinitives and, unless they are in the immediate vicinity of their infinitive, also in their proper alphabetical position in the dictionary. The same applies to the main forms of verbs changed in spelling to preserve the pronunciation of the radical or to conform to certain rules in Spanish (see 3, 4, and 5 above).

REGULAR

Infinitive, Present Participle, Past Participle	Present Indicative	Imperfect Indicative	Preterit	Compound Perfect Indicative	Future Indicative
1st Conjugation Regular verbs ending in **-ar**					
hablar	hablo	hablaba	hablé	he hablado	hablaré
	hablas	hablabas	hablaste	has hablado	hablarás
hablando	habla	hablaba	habló	ha hablado	hablará
	hablamos	hablábamos	hablamos	hemos hablado	hablaremos
hablado	habláis	hablabais	hablasteis	habéis hablado	hablaréis
	hablan	hablaban	hablaron	han hablado	hablarán
2nd Conjugation Regular verbs ending in **-er**					
vender	vendo	vendía	vendí	he vendido	venderé
	vendes	vendías	vendiste	has vendido	venderás
vendiendo	vende	vendía	vendió	ha vendido	venderá
	vendemos	vendíamos	vendimos	hemos vendido	venderemos
vendido	vendéis	vendíais	vendisteis	habéis vendido	venderéis
	venden	vendían	vendieron	han vendido	venderán
3rd Conjugation Regular verbs ending in **-ir**					
vivir	vivo	vivía	viví	he vivido	viviré
	vives	vivías	viviste	has vivido	vivirás
viviendo	vive	vivía	vivió	ha vivido	vivirá
	vivimos	vivíamos	vivimos	hemos vivido	viviremos
vivido	vivís	vivíais	vivisteis	habéis vivido	viviréis
	viven	vivían	vivieron	han vivido	vivirán

RADICAL-

Infinitive, Present Participle, Past Participle	Present Indicative	Imperfect Indicative	Preterit	Compound Perfect Indicative	Future Indicative
cerrar	cierro	regular	regular	regular	regular
	cierras				
cerrando	cierra				
	cerramos				
cerrado	cerráis				
	cierran				
dormir	duermo	regular	dormí	regular	regular
	duermes		dormiste		
durmiendo	duerme		durmió		
	dormimos		dormimos		
dormido	dormís		dormisteis		
	duermen		durmieron		
pedir	pido	regular	pedí	regular	regular
	pides		pediste		
pidiendo	pide		pidió		
	pedimos		pedimos		
pedido	pedís		pedisteis		
	piden		pidieron		
sentir	siento	regular	sentí	regular	regular
	sientes		sentiste		
sintiendo	siente		sintió		
	sentimos		sentimos		
sentido	sentís		sentisteis		
	sienten		sintieron		

VERBS

Conditional	Present Subjunctive	Imperfect Subjunctive	Future Subjunctive	Imperative
hablaría	hable	hablara, -se	hablare	
hablarías	hables	hablaras, -ses	hablares	habla
hablaría	hable	hablara, -se	hablare	
hablaríamos	hablemos	habláramos, -semos	habláremos	
hablaríais	habléis	hablarais, -seis	hablareis	hablad
hablarían	hablen	hablaran, -sen	hablaren	
vendería	venda	vendiera, -se	vendiere	
venderías	vendas	vendieras, -ses	vendieres	vende
vendería	venda	vendiera, -se	vendiere	
venderíamos	vendamos	vendiéramos, -semos	vendiéremos	
venderíais	vendáis	vendierais, -seis	vendiereis	vended
venderían	vendan	vendieran, -sen	vendieren	
viviría	viva	viviera, -se	viviere	
vivirías	vivas	vivieras, -ses	vivieres	vive
viviría	viva	viviera, -se	viviere	
viviríamos	vivamos	viviéramos, -semos	viviéremos	
viviríais	viváis	vivierais, -seis	viviereis	vivid
vivirían	vivan	vivieran, -sen	vivieren	

CHANGING VERBS

Conditional	Present Subjunctive	Imperfect Subjunctive	Future Subjunctive	Imperative
regular	cierre	regular	regular	
	cierres			cierra
	cierre			
	cerremos			
	cerréis			cerrad
	cierren			
regular	duerma	durmiera, -se	durmiere	
	duermas	durmieras, -ses	durmieres	duerme
	duerma	durmiera, -se	durmiere	
	durmamos	durmiéramos, -semos	durmiéremos	
	durmáis	durmierais, -seis	durmiereis	dormid
	duerman	durmieran, -sen	durmieren	
regular	pida	pidiera, -se	pidiere	
	pidas	pidieras, -ses	pidieres	pide
	pida	pidiera, -se	pidiere	
	pidamos	pidiéramos, -semos	pidiéremos	
	pidáis	pidierais, -seis	pidiereis	pedid
	pidan	pidieran, -sen	pidieren	
regular	sienta	sintiera, -se	sintiere	
	sientas	sintieras, -ses	sintieres	siente
	sienta	sintiera, -se	sintiere	
	sintamos	sintiéramos, -semos	sintiéremos	
	sintáis	sintierais, -seis	sintiereis	sentid
	sientan	sintieran, -sen	sintieren	

RADICAL-

Infinitive, Present Participle, Past Participle	Present Indicative	Imperfect Indicative	Preterit	Compound Perfect Indicative	Future Indicative
volver volviendo vuelto	vuelvo vuelves vuelve volvemos volvéis vuelven	regular	regular	regular	regular

ORTHOGRAPHIC-

Infinitive, Present Participle, Past Participle	Present Indicative	Imperfect Indicative	Preterit	Compound Perfect Indicative	Future Indicative
averiguar averiguando averiguado	regular	regular	averigüé averiguaste averiguó averiguamos averiguasteis averiguaron	regular	regular
conocer conociendo conocido	conozco conoces conoce conocemos conocéis conocen	regular	regular	regular	regular
continuar continuando continuado	continúo continúas continúa continuamos continuáis continúan	regular	regular	regular	regular
delinquir delinquiendo delinquido	delinco delinques delinque delinquimos delinquís delinquen	regular	regular	regular	regular
dirigir dirigiendo dirigido	dirijo diriges dirige dirigimos dirigís dirigen	regular	regular	regular	regular
enviar enviando enviado	envío envías envía enviamos enviáis envían	regular	regular	regular	regular
escoger escogiendo escogido	escojo escoges escoge escogemos escogéis escogen	regular	regular	regular	regular
esparcir esparciendo esparcido	esparzo esparces esparce esparcimos esparcís esparcen	regular	regular	regular	regular

CHANGING VERBS

Conditional	Present Subjunctive	Imperfect Subjunctive	Future Subjunctive	Imperative
regular	vuelva vuelvas vuelva volvamos volváis vuelvan	regular	regular	vuelve volved

CHANGING VERBS

Conditional	Present Subjunctive	Imperfect Subjunctive	Future Subjunctive	Imperative
regular	averigüe averigües averigüe averigüemos averigüéis averigüen	regular	regular	averigua averiguad
regular	conozca conozcas conozca conozcamos conozcáis conozcan	regular	regular	conoce conoced
regular	continúe continúes continúe continuemos continuéis continúen	regular	regular	continúa continuad
regular	delinca delincas delinca delincamos delincáis delincan	regular	regular	delinque delinquid
regular	dirija dirijas dirija dirijamos dirijáis dirijan	regular	regular	dirige dirigid
regular	envíe envíes envíe enviemos enviéis envíen	regular	regular	envía enviad
regular	escoja escojas escoja escojamos escojáis escojan	regular	regular	escoge escoged
regular	esparza esparzas esparza esparzamos esparzáis esparzan	regular	regular	esparce esparcid

ORTHOGRAPHIC-

Infinitive, Present Participle, Past Participle	Present Indicative	Imperfect Indicative	Preterit	Compound Perfect Indicative	Future Indicative
gozar gozando gozado	regular	regular	gocé gozaste gozó gozamos gozasteis gozaron	regular	regular
pagar pagando pagado	regular	regular	pagué pagaste pagó pagamos pagasteis pagaron	regular	regular
producir produciendo producido	produzco produces produce producimos producís producen	regular	produje produjiste produjo produjimos produjisteis produjeron	regular	regular
sacar sacando sacado	regular	regular	saqué sacaste sacó sacamos sacasteis sacaron	regular	regular
seguir siguiendo seguido	sigo sigues sigue seguimos seguís siguen	regular	seguí seguiste siguió seguimos seguisteis siguieron	regular	regular
vencer venciendo vencido	venzo vences vence vencemos vencéis vencen	regular	regular	regular	regular

IRREGULAR

Infinitive, Present Participle, Past Participle	Present Indicative	Imperfect Indicative	Preterit	Compound Perfect Indicative	Future Indicative
andar andando andado	regular	regular	anduve anduviste anduvo anduvimos anduvisteis anduvieron	regular	regular
argüir arguyendo argüido	arguyo arguyes arguye argüimos argüís arguyen	regular	argüí argüiste arguyó arguimos arguisteis arguyeron	regular	regular
asir asiendo asido	asgo ases ase asimos asís asen	regular	regular	regular	regular

CHANGING VERBS

Conditional	Present Subjunctive	Imperfect Subjunctive	Future Subjunctive	Imperative
regular	goce goces goce gocemos gocéis gocen	regular	regular	 goza gozad
regular	pague pagues pague paguemos paguéis paguen	regular	regular	 paga pagad
regular	produzca produzcas produzca produzcamos produzcáis produzcan	produjera, -se produjeras, -ses produjera, -se produjéramos, -semos produjerais, -seis produjeran, -ses	produjere produjeres produjere produjéremos produjereis produjeren	 produce producid
regular	saque saques saque saquemos saquéis saquen	regular	regular	 saca sacad
regular	siga sigas siga sigamos sigáis sigan	siguiera, -se siguieras, -ses siguiera, -se siguiéramos, -semos siguierais, -seis siguieran, -sen	siguiere siguieres siguiere siguiéremos siguiereis siguieren	 sigue seguid
regular	venza venzas venza venzamos venzáis venzan	regular	regular	 vence venced

VERBS

Conditional	Present Subjunctive	Imperfect Subjunctive	Future Subjunctive	Imperative
regular	regular	anduviera, -se anduvieras, -ses anduviera, -se anduviéramos, -semos anduvierais, -seis anduvieran, -sen	anduviere anduvieres anduviere anduviéremos anduviereis anduvieren	 anda andad
regular	arguya arguyas arguya arguyamos arguyáis arguyan	arguyera, -se arguyeras, -ses arguyera, -se arguyéramos, -semos arguyerais, -seis arguyeran, -sen	arguyere arguyeres arguyere arguyéremos arguyereis arguyeren	 arguye argüid
regular	asga asgas asga asgamos asgáis asgan	regular	regular	 ase asid

Infinitive, Present Participle, Past Participle	Present Indicative	Imperfect Indicative	Preterit	Compound Perfect Indicative	Future Indicative
caber	quepo	regular	cupe	regular	cabré
	cabes		cupiste		cabrás
cabiendo	cabe		cupo		cabrá
	cabemos		cupimos		cabremos
cabido	cabéis		cupisteis		cabréis
	caben		cupieron		cabrán
caer	caigo	regular	caí	regular	regular
	caes		caíste		
cayendo	cae		cayó		
	caemos		caímos		
caído	caéis		caísteis		
	caen		cayeron		
cocer	cuezo	regular	regular	regular	regular
	cueces				
cociendo	cuece				
	cocemos				
cocido	cocéis				
	cuecen				
conocer	conozco	regular	regular	regular	regular
	conoces				
conociendo	conoce				
	conocemos				
conocido	conocéis				
	conocen				
creer	regular	regular	creí	regular	regular
			creíste		
creyendo			creyó		
			creímos		
creído			creísteis		
			creyeron		
dar	doy	regular	di	regular	regular
	das		diste		
dando	da		dio		
	damos		dimos		
dado	dáis		disteis		
	dan		dieron		
decir	digo	regular	dije	regular	diré
	dices		dijiste		dirás
diciendo	dice		dijo		dirá
	decimos		dijimos		diremos
dicho	decís		dijisteis		diréis
	dicen		dijeron		dirán
erguir	yergo, irgo	regular	erguí	regular	regular
	yergues, irgues		erguiste		
irguiendo	yergue, irgue		irguió		
	erguimos		erguimos		
erguido	erguís		erguisteis		
	yerguen, irguen		irguieron		
estar	estoy	regular	estuve	regular	regular
	estás		estuviste		
estando	está		estuvo		
	estamos		estuvimos		
estado	estáis		estuvisteis		
	están		estuvieron		
haber	he	regular	hube	regular	habré
	has		hubiste		habrás
habiendo	ha		hubo		habrá
	hemos		hubimos		habremos
habido	habéis		hubisteis		habréis
	han		hubieron		habrán

VERBS

Conditional	Present Subjunctive	Imperfect Subjunctive	Future Subjunctive	Imperative
cabría cabrías cabría cabríamos cabríais cabrían	quepa quepas quepa quepamos quepáis quepan	cupiera, -se cupieras, -ses cupiera, -se cupiéramos, -semos cupierais, -seis cupieran, -sen	cupiere cupieres cupiere cupiéremos cupiereis cupieren	cabe cabed
regular	caiga caigas caiga caigamos caigáis caigan	cayera, -se cayeras, -ses cayera, -se cayéramos, -semos cayerais, -seis cayeran, -sen	cayere cayeres cayere cayéremos cayereis cayeren	cae caed
regular	cueza cuezas cueza cozamos cozáis cuezan	regular	regular	cuece coced
regular	conozca conozcas conozca conozcamos conozcáis conozcan	regular	regular	conoce conoced
regular	regular	creyera, -se creyeras, -ses creyera, -se creyéramos, -semos creyerais, -seis creyeran, -sen	creyere creyeres creyere creyéremos creyereis creyeren	cree creed
regular	dé des dé demos deis den	diera, -se dieras, -ses diera, -se diéramos, -semos dierais, -seis dieran, -sen	diere dieres diere diéremos diereis dieren	da dad
diría dirías diría diríamos diríais dirían	diga digas diga digamos digáis digan	dijera, -se dijeras, -ses dijera, -se dijéramos, -semos dijerais, -seis dijeran, -sen	dijere dijeres dijere dijéremos dijereis dijeren	di decid
regular	yerga, irga yergas, irgas yerga, irga irgamos irgáis yergan, irgan	irguiera, -se irguieras, -ses irguiera, -se irguiéramos, -semos irguierais, -seis irguieran, -sen	irguiere irguieres irguiere irguiéremos irguiereis irguieren	yergue, irgue erguid
regular	esté estés esté estemos estéis estén	estuviera, -se estuvieras, -ses estuviera, -se estuviéramos, -semos estuvierais, -seis estuvieran, -sen	estuviere estuvieres estuviere estuviéremos estuviereis estuvieren	está estad
habría habrías habría habríamos habríais habrían	haya hayas haya hayamos hayáis hayan	hubiera, -se hubieras, -ses hubiera, -se hubiéramos, -semos hubierais, -seis hubieran, -sen	hubiere hubieres hubiere hubiéremos hubiereis hubieren	he habed

Infinitive, Present Participle, Past Participle	Present Indicative	Imperfect Indicative	Preterit	Compound Perfect Indicative	Future Indicative
hacer haciendo hecho	hago haces hace hacemos hacéis hacen	regular	hice hiciste hizo hicimos hicisteis hicieron	regular	haré harás hará haremos haréis harán
huir huyendo huído	huyo huyes huye huimos huís huyen	regular	huí huiste huyó huimos huisteis huyeron	regular	regular
ir yendo ido	voy vas va vamos vais van	iba ibas iba íbamos ibais iban	fui fuiste fue fuimos fuisteis fueron	regular	regular
leer leyendo leído	regular	regular	leí leíste leyó leímos leísteis leyeron	regular	regular
mecer meciendo mecido	mezo meces mece mecemos mecéis mecen	regular	regular	regular	regular
oir oyendo oído	oigo oyes oye oímos oís oyen	regular	oí oíste oyó oímos oísteis oyeron	regular	regular
poder pudiendo podido	puedo puedes puede podemos podéis pueden	regular	pude pudiste pudo pudimos pudisteis pudieron	regular	podré podrás podrá podremos podréis podrán
poner poniendo puesto	pongo pones pone ponemos ponéis ponen	regular	puse pusiste puso pusimos pusisteis pusieron	regular	pondré pondrás pondrá pondremos pondréis pondrán
querer queriendo querido	quiero quieres quiere queremos queréis quieren	regular	quise quisiste quiso quisimos quisisteis quisieron	regular	querré querrás querrá querremos querréis querrán
raer rayendo raído	raigo, rayo raes rae raemos raéis raen	regular	raí raíste rayó raímos raísteis rayeron	regular	regular

Conditional	Present Subjunctive	Imperfect Subjunctive	Future Subjunctive	Imperative
haría	haga	hiciera, -se	hiciere	
harías	hagas	hicieras, -ses	hicieres	haz
haría	haga	hiciera, -se	hiciere	
haríamos	hagamos	hiciéramos, -semos	hiciéremos	
haríais	hagáis	hicierais, -seis	hiciereis	haced
harían	hagan	hicieran, -sen	hicieren	
regular	huya	huyera, -se	huyere	
	huyas	huyeras, -ses	huyeres	huye
	huya	huyera, -se	huyere	
	huyamos	huyéramos, -semos	huyéremos	
	huyáis	huyerais, -seis	huyereis	huid
	huyan	huyeran, -sen	huyeren	
regular	vaya	fuera, -se	fuere	
	vayas	fueras, -ses	fueres	ve
	vaya	fuera, -se	fuere	
	vayamos	fuéramos, -semos	fuéremos	
	vayáis	fuerais, -seis	fuereis	id
	vayan	fueran, -sen	fueren	
regular	regular	leyera, -se	leyere	
		leyeras, -ses	leyeres	lee
		leyera, -se	leyere	
		leyéramos, -semos	leyéremos	
		leyerais, -seis	leyereis	leed
		leyeran, -sen	leyeren	
regular	meza	regular	regular	
	mezas			mece
	meza			
	mezamos			
	mezáis			meced
	mezan			
regular	oiga	oyera, -se	oyere	
	oigas	oyeras, -ses	oyeres	oye
	oiga	oyera, -se	oyere	
	oigamos	oyéramos, -semos	oyéremos	
	oigáis	oyerais, -seis	oyereis	oíd
	oigan	oyeran, -sen	oyeren	
podría	pueda	pudiera, -se	pudiere	
podrías	puedas	pudieras, -ses	pudieres	———
podría	pueda	pudiera, -se	pudiere	
podríamos	podamos	pudiéramos, -semos	pudiéremos	
podríais	podáis	pudierais, -seis	pudiereis	———
podrían	puedan	pudieran, -sen	pudieren	
pondría	ponga	pusiera, -se	pusiere	
pondrías	pongas	pusieras, -ses	pusieres	pon
pondría	ponga	pusiera, -se	pusiere	
pondríamos	pongamos	pusiéramos, -semos	pusiéremos	
pondríais	pongáis	pusierais, -seis	pusiereis	poned
pondrían	pongan	pusieran, -sen	pusieren	
querría	quiera	quisiera, -se	quisiere	
querrías	quieras	quisieras, -ses	quisieres	quiere
querría	quiera	quisiera, -se	quisiere	
querríamos	queramos	quisiéramos, -semos	quisiéremos	
querríais	queráis	quisierais, -seis	quisiereis	quered
querrían	quieran	quisieran, -sen	quisieren	
regular	raiga, raya	rayera, -se	rayere	
	raigas	rayeras, -ses	rayeres	rae
	raiga	rayera, -se	rayere	
	raigamos	rayéramos, -semos	rayéremos	
	raigáis	rayerais, -seis	rayereis	raed
	raigan	rayeran, -sen	rayeren	

Infinitive, Present Participle, Past Participle	Present Indicative	Imperfect Indicative	Preterit	Compound Perfect Indicative	Future Indicative
reír riendo reído	río ríes ríe reimos reís ríen	regular	reí reíste rió reimos reísteis rieron	regular	regular
saber sabiendo sabido	sé sabes sabe sabemos sabéis saben	regular	supe supiste supo supimos supisteis supieron	regular	sabré sabrás sabrá sabremos sabréis sabrán
salir saliendo salido	salgo sales sale salimos salís salen	regular	regular	regular	saldré saldrás saldrá saldremos saldréis saldrán
ser siendo sido	soy eres es somos sois son	era eras era éramos erais eran	fui fuiste fue fuimos fuisteis fueron	regular	regular
tener teniendo tenido	tengo tienes tiene tenemos tenéis tienen	regular	tuve tuviste tuvo tuvimos tuvisteis tuvieron	regular	tendré tendrás tendrá tendremos tendréis tendrán
traer trayendo traído	traigo traes trae traemos traéis traen	regular	traje trajiste trajo trajimos trajisteis trajeron	regular	regular
valer valiendo valido	valgo vales vale valemos valéis valen	regular	regular	regular	valdré valdrás valdrá valdremos valdréis valdrán
venir viniendo venido	vengo vienes viene venimos venís vienen	regular	vine viniste vino vinimos vinisteis vinieron	regular	vendré vendrás vendrá vendremos vendréis vendrán
ver viendo visto	veo ves ve vemos veis ven	veía veías veía veíamos veíais veían	regular	regular	regular

Conditional	Present Subjunctive	Imperfect Subjunctive	Future Subjunctive	Imperative
regular	ría	riera, -se	riere	
	rías	rieras, -ses	rieres	ríe
	ría	riera, -se	riere	
	riamos	riéramos, -semos	riéremos	
	riáis	rierais, -seis	riereis	reíd
	rían	rieran, -sen	rieren	
sabría	sepa	supiera, -se	supiere	
sabrías	sepas	supieras, -ses	supieres	sabe
sabría	sepa	supiera, -se	supiere	
sabríamos	sepamos	supiéramos, -semos	supiéremos	
sabríais	sepáis	supierais, -seis	supiereis	sabed
sabrían	sepan	supieran, -sen	supieren	
saldría	salga	regular	regular	
saldrías	salgas			sal
saldría	salga			
saldríamos	salgamos			
saldríais	salgáis			salid
saldrían	salgan			
regular	sea	fuera, -se	fuere	
	seas	fueras, -ses	fueres	sé
	sea	fuera, -se	fuere	
	seamos	fuéramos, -semos	fuéremos	
	seáis	fuerais, -seis	fuereis	sed
	sean	fueran, -sen	fueren	
tendría	tenga	tuviera, -se	tuviere	
tendrías	tengas	tuvieras, -ses	tuvieres	ten
tendría	tenga	tuviera, -se	tuviere	
tendríamos	tengamos	tuviéramos, -semos	tuviéremos	
tendríais	tengáis	tuvierais, -seis	tuviereis	tened
tendrían	tengan	tuvieran, -sen	tuvieren	
regular	traiga	trajera, -se	trajere	
	traigas	trajeras, -ses	trajeres	trae
	traiga	trajera, -se	trajere	
	traigamos	trajéramos, -semos	trajéremos	
	traigáis	trajerais, -seis	trajereis	traed
	traigan	trajeran, -sen	trajeren	
valdría	valga	regular	regular	
valdrías	valgas			val, vale
valdría	valga			
valdríamos	valgamos			
valdríais	valgáis			valed
valdrían	valgan			
vendría	venga	viniera, -se	viniere	
vendrías	vengas	vinieras, -ses	vinieres	ven
vendría	venga	viniera, -se	viniere	
vendríamos	vengamos	viniéramos, -semos	viniéremos	
vendríais	vengáis	vinierais, -seis	viniereis	venid
vendrían	vengan	vinieran, -sen	vinieren	
regular	vea	regular	regular	
	veas			ve
	vea			
	veamos			
	veáis			ved
	vean			

MONETARY UNITS OF THE AMERICAS AND THE IBERIAN PENINSULA

Argentina	100 centavos	=	1 peso
Bolivia	100 centavos	=	1 boliviano
Brasil	100 centavos	=	1 cruzeiro
Canadá	100 centavos	=	1 dollar
Colombia	100 centavos	=	1 peso
Costa Rica	100 centimos	=	1 colon
Cuba	100 centavos	=	1 peso
Chile	100 centesimos	=	1 escudo
Ecuador	100 centavos	=	1 sucre
El Salvador	100 centavos	=	1 colon
España	100 centimos	=	1 peseta
Estados Unidos de América	100 centavos	=	1 dollar
Guatemala	100 centavos	=	1 quetzal
Haití	100 centimes	=	1 gourde
Honduras	100 centavos	=	1 lempira
México	100 centavos	=	1 peso
Nicaragua	100 centavos	=	1 cordoba
Panamá	100 centesimos	=	1 balboa
Paraguay	100 centimos	=	1 guarani
Perú	100 centavos	=	1 sol
Portugal	100 centavos	=	1 escudo
República Dominicana	100 centavos	=	1 peso
Uruguay	100 centavos	=	1 peso
Venezuela	100 centimos	=	1 bolivar

TABLES OF WEIGHTS AND MEASURES

Medidas de longitud

1 milímetro (mm.) = 0.039 inch (in.)
1 centímetro (cm.) = 0.393 inch (in.)
1 decímetro (dm.) = 3.937 inches (in.)
1 metro (m.) = 39.37 inches (in.)
1 decámetro (Dm.) = 32.81 feet (ft.)
1 hectómetro (Hm.) = 109.3 yards (yd.)
1 kilómetro (Km.) = 1,093 yards (yd.)(approx. 5/8 of a mile)

Medidas de superficie

1 centímetro cuadrado ($cm.^2$) = 0.155 square inch (sq. in.)
1 decímetro cuadrado ($dm.^2$) = 15.5 square inches (sq. in.)
1 metro cuadrado ($m.^2$) = 10.764 square feet (sq. ft.)
1 decámetro cuadrado ($Dm.^2$) = 1,076.4 square feet (sq. ft.)
1 hectómetro cuadrado ($Hm.^2$) = 2.471 acres (a.)
1 kilómetro cuadrado ($Km.^2$) = 247.1 acres (a.)

Medidas de capacidad para líquidos

1 centilitro (cl.) = 0.338 fluid ounces (fl. oz.)
1 decilitro (dl.) = 0.21 pints (pt.)
1 litro (l.) = 1.0567 quarts (qt.)
1 decalitro (Dl.) = 2.64 gallons (gal.)

Medidas de capacidad para áridos

1 decilitro (dl.) = 0.18 pints (pt.)
1 litro (l.) = 0.908 quarts (qt.)
1 decalitro (Dl.) = 1.14 pecks (pk.)
1 hectolitro (Hl.) = 2.84 bushels (bu.)

Unidades comunes de peso

1 miligramo (mg.) = 0.015 grains (gr.)
1 centigramo (cg.) = 0.154 grains (gr.)
1 decigramo (dg.) = 1.543 grains (gr.)
1 gramo (g.) = 0.035 ounces (oz.)
1 decagramo (Dg.) = 0.353 ounces (oz.)
1 hectogramo (Hg.) = 3.527 ounces (oz.)
1 kilogramo (Kg.) = 2.2046 pounds (lb.)
1 quintal (Q.) = 220.46 pounds (lb.)
1 tonelada (T.) = 1.1 tons (t.)

THERMOMETER

0° centígrado (freezing point) = 32° Fahrenheit
100° centígrados (boiling point) = 212° Fahrenheit

N. B. To convert Centigrade degrees into Fahrenheit, multiply by 9, divide by 5 and add 32.

ABBREVIATIONS

a.	adjective.
abbr.	abbreviation.
acc.	accusative.
adv.	adverb.
(aer.)	aeronautics.
(agr.)	agriculture.
(alg.)	algebra.
(Am.)	Spanish America(n).
(anat.)	anatomy.
(anc.)	ancient.
(Angl.)	Anglicism.
(app.)	applied.
(arch.)	architecture.
(archeol.)	archeology.
(Arg.)	Argentina(-ian).
(arith.)	arithmetic.
art.	article.
(artil.)	artillery.
(astr.)	astronomy.
(astrol.)	astrology.
(astronaut.)	astronautics.
(atom. ener.)	atomic energy.
aug.	augmentative.
(auto)	automobiles(-ism).
aux.	auxiliary verb.
(bacteriol.)	bacteriology.
(bib.)	Biblical.
(biochem.)	biochemistry.
(biol.)	biology.
(Bol.)	Bolivia(n).
(bot.)	botany.
(build.)	building.
(bus.)	business.
(C.A.)	Central America(n).
(Carib.)	Caribbean countries.
(carp.)	carpentry.
cf.	compare.
(chem.)	chemistry.
(chron.)	chronology(-ical).
(coll.)	colloquial.
(collect.)	collectively.
(Colomb.)	Colombia.
(com.)	commerce(-ial).
comp.	comparative.
conj.	conjunction.
(constr.)	construction.
(contempt.)	contemptuous.
contr.	contraction.
(cook.)	cooking.
(cryst.)	crystallography.
dat.	dative.
def.	definite.
defect.	defective.
(dent.)	dentistry.
(derog.)	derogative.
(diff.)	different.
dim.	diminutive.
(eccl.)	ecclesiastic.
(econ.)	economics, economy.
(Ecua.)	Ecuador(-ian).
(elec.)	electricity.
(electron.)	electronics.
(embryol.)	embryology.
(eng.)	engineering.
(Engl.)	English.
(entom.)	entomology.
(esp.)	especially.
(ethnol.)	ethnology.
(ext.)	extension.
f.	feminine.
(f. a.)	fine arts.
(fig.)	figurative(-ly).
(foll.)	followed.
(fort.)	fortifications.
fut.	future.
(Gal.)	Gallicism.
(gen.)	generally.
(genet.)	genetics.
(geog.)	geography.
(geol.)	geology.
(geom.)	geometry.
ger.	gerund.
(Gk.)	Greek.
(gram.)	grammar.
(Guat.)	Guatemala.
(her.)	heraldry.
(hist.)	history.
(Hond.)	Honduras.
(hort.)	horticulture.
(humor.)	humorous.
(hydraul.)	hydraulics.
(ichth.)	ichthyology, fish.
imp.	imperfect.
imper.	imperative.
impers.	impersonal.
ind.	indicative.
(Ind.)	Indian.
indef.	indefinite.
indir. obj.	indirect object.
inf.	infinitive.
(int. combust.)	internal-combustion.
(int.)	international.
interj.	interjection.
interrog.	interrogative.
(Ire.)	Ireland.
irreg.	irregular.
(jewel.)	jewelry.
(lang.)	language.
(Lat.)	Latin.
(ling.)	linguistics.
(lit.)	literally.
(lit., liter.)	literature.
(lith.)	lithography.
(log.)	logic.
m.	masculine.
(mason.)	masonry.
(math.)	mathematics.
(mech.)	mechanics.
(med.)	medical, pathological.
(metal.)	metallurgy, metal work.
(meteorol.)	meteorology.
(Mex.)	Mexico(-an).
(mil.)	military.
(min.)	mining, mineralogy.
(mov. pict.)	moving pictures.
(mus.)	music.
(mut.)	mutation(s).
(myth.)	mythology.
n.	noun.
(nat. hist.)	natural history.
(naut.)	nautical.
neut.	neuter.
nom.	nominative case.
(numis.)	numismatics.
obj.	object (gram.).
(obs.)	obsolete.
(opt.)	optics.
(ornith.)	ornithology, birds.
(paleontol.)	paleontology.
(parl.)	parliamentary.
(pathol.)	pathology.
pers.	person or personal.
(pert.)	pertaining.
(pharm.)	pharmaceutical.
(philol.)	philology.
(philos.)	philosophy.
(phon.)	phonetics; phonograph.
(photog.)	photography.
(phys.)	physics.
(physiol.)	physiology.
(P.I.)	Philippine Islands.
pl.	plural.
(poet.)	poetry.
(pol.)	politics(-al).

(Port.) . . . . . Portugal, Portuguese.
poss. . . . . . possessive.
pp. . . . . . . past participle.
(P.R.) . . . . . Puerto Rico.
pref. . . . . . prefix.
prep. . . . . . preposition.
pres.p. . . . . . present participle.
pret. . . . . . preterit.
(print.) . . . . . printing.
pron. . . . . . pronoun.
(pros.) . . . . . prosody.
(prov.) . . . . . provincial.
(psych.) . . . . . psychology.
(psychiat.) . . . . . psychiatry.
(rad.) . . . . . radio.
(ref.) . . . . . referring to.
refl. . . . . . reflexive (pronoun).
reg. . . . . . . regular.
(relig.) . . . . . religion.
(rhet.) . . . . . rhetoric.
(Rom. Cath.) . . . Roman Catholic.
(Rom. Hist.) . . . Roman History.
(Ry.) . . . . . railway, railroad.
(S.A.) . . . . . South America(-n).
(sew.) . . . . . sewing.
(Sp.) . . . . . Spain, Spanish.
(stat.) . . . . . . statistics.
subj. . . . . . . subject (gram.), subjunctive.
super. . . . . . . superlative.
(surg.) . . . . . . surgery.
(surv.) . . . . . . surveying.
(tech.) . . . . . . technology.
(tel.) . . . . . . telegraph(y), telephone.
(text.) . . . . . . textile.
(theat.) . . . . . . theatre.
(theol.) . . . . . . theology(-ical).
(topog.) . . . . . . topography(-ical).
(TV) . . . . . . television.
(Uru.) . . . . . . Uruguay(-an).
(U. S.) . . . . . . United States.
V. . . . . Vide, see.
v. . . . . verb.
va. . . . . active, transitive verb.
(Venez.) . . . . . Venezuela(-n).
(vet.) . . . . . . veterinary.
vn. . . . . intransitive verb.
vr. . . . . reflexive verb.
(vulg.) . . . . . . vulgar, low.
(W.I.) . . . . . . West Indies(-ian).
(zool.) . . . . . . zoölogy.

A NEW BILINGUAL DICTIONARY

OF THE

SPANISH AND ENGLISH LANGUAGES

SPANISH-ENGLISH PART

Abbreviations and proper names are given at the end.

A, a, *f.* a, first letter of the Spanish alphabet.—**a por a y be por be,** point by point, minutely.

a, *prep.* (1) to, to indicate (a) a noun indirect object, when it follows the direct object: *dí el libro a Juan,* I gave the book to John; (b) direction, purpose, destination, limit, in place, time, movement, or activity: *voy a Madrid,* I am going to Madrid; *él me enseñó a leer,* he taught me to read; *vine a verle,* I came to see him; *de once a doce,* from eleven to twelve; *con el agua a la cintura,* with water (up) to the waist; *echó a correr,* he started to run; (c) accord: *a mi gusto,* to my taste; *a mi pesar,* to my regret; (d) juxtaposition: *cara a cara,* face to face. (2) at, to indicate (a) location: *a la puerta,* at the door; *a la mesa,* at table; *a la derecha,* at the right; *a lo lejos,* at a (great) distance; *con el termómetro a 30°,* with the thermometer at 30°; *a dos millas de Lima,* (at) two miles from Lima; (b) rate, price: *a dos pesos por kilo,* at two dollars a kilo; *a la vez,* at a time; (c) time (when): *a mediodía,* at noon; *a las dos y media,* at half past two; *al fin* or *al cabo,* at last; *al principio* or *a los principios,* at the beginning, or, at first; *a la vista,* at sight; (d) accord: *a instancias de Vd.,* at your request; *a su disposición,* at your disposal; *a voluntad,* at will; *a lo menos* or *al menos,* at least. (3) by, to indicate (a) instrument, means: *a máquina,* by machine; *a mano,* by hand; *a fuerza bruta,* by brute force; (b) manner: *a pedazos,* by pieces; *a súplicas,* by entreaties; *paso a paso,* step by step; *poco a poco,* little by little; *al año,* by the year. (4) on, to indicate (a) simultaneity: *a mi llegada,* on my arrival; *al entrar,* on entering; (b) position in place or time: *a bordo,* on board; *al otro lado,* on the other side; *a la mañana siguiente,* on the next morning; (c) manner; *a caballo,* on horseback; *a pie,* on foot; (d) in many idioms such as: *al contrario,* on the contrary; *a causa de,* on account of; *a condición de que,* on condition that. (5) in, to indicate (a) style, manner: *a la francesa,* in the French style, à la française; *a lo marinero,* in a seamanlike manner (or, like a seaman); *a lo caballero,* in a gentlemanly manner (or, like a gentleman); *a lo filósofo,* in the manner of philosophers (or, like a philosopher); *a lo bobo,* in the manner of a fool (or, like a fool); (b) time (within which): *a poco,* in a little while (or, presently); *a últimos de octubre,* in the latter part of October. (6) after, at the end of: *a la semana,* at the end of a week, a week after; *a los dos meses,* two months after; *a los pocos años,* a few years after (or, later). (7) not translated, to indicate (a) a direct object of a verb when denoting a specific and known person, or a thing when the subject also denotes a thing, or a geographical name not preceded by a definite article, etc.: *amo a mi madre,* I love my mother; *oigo a Juan,* I hear John; *esta línea encuentra a la otra,* this line meets the other; *veo a Nueva York,* I see New York; (b) a noun indirect object when it precedes the direct object: *dí el libro a Juan,* I gave John the book. (8) not translated, often to indicate the addition of, or treatment with, a material or substance, or a distinguishing ingredient (the corresponding English noun is used adjectively): *acero al carbono,* carbon steel; *papel al bromuro,* bromide paper, paper treated with bromide; *cuadro al óleo,* oil painting; *dibujo a lapiz,* pencil drawing.—This construction is commonly but improperly applied to denote the natural agent moving a machine, or some characteristic feature of an apparatus or another object: *máquina a* (properly, *de*) *vapor,* steam engine; *tubo al* (properly, *de*) *vacío,* vacuum tube; *motor a* (properly, *de*) *ocho cilindros,* eight-cylinder motor.—Followed by an infinitive, **a** forms implicitly negative phrases rendered by *if* and the subjunctive: *a estar él aquí,* if he were here, were he here. If, in such phrases, the infinitive is preceded by *no,* the translation may be made by using "but for": *a no venir Juan,* but for John's coming, had not John come; *a no ser por Vd.,* but for you; *a no ser que,* unless.—This preposition is used in many idioms such as: *a lo que,* from what; *a lo que veo,* from what I see; *a lo que parece,* as it seems; *a qué,* what for, what is the use; *a que,* I bet that. Most of the frequently used idioms will be found in the regular alphabetical position in the dictionary under the main word of a phrase.

aarónico, aaronita, *a.* Aaronic, pertaining to or descended from Aaron.

aba, *m.* aba, a coarse woolen fabric.

ababa, *f.* **ababol,** *m.* = AMAPOLA, *f.* poppy.

ab absurdo, *adv.* (math. & logic) ad absurdum.

abacá, *m.* (bot.) abaca; manila hemp; manila-hemp fabric.

abaceria, *f.* grocery.

abacero, ra, *n.* grocer.

abacial, *a.* abbatial, pertaining to an abbot, abbess, or abbey.

abacista, *n.* abacist.

ábaco, *m.* abacus, calculating frame; (arch.) abacus; (min.) washing trough.
abactor, ra, *n.* (Arg.) horse thief.
abad, *m.* abbot.
abada, *f.* rhinoceros.
abadejo, *m.* = BACALAO, codfish; pollack. Spanish fly or blistering beetle; (ornith.) kinglet or golden-crested wren.
abadengo, ga, *a.* = ABACIAL.
abadernar, *va.* (naut.) to fasten with short ropes.
abadesa, *f.* abbess.
abadía, *f.* abbey.
abadiato, *m.* abbotship.
abajadero, *m.* slope, incline.
abajador, *m.* (min.) stable man; helper.
abajeño, ña, *a.* (Am.) lowlander.
abajo, *adv.* under, underneath, below, down.—**a. de,** *prep.* beneath.—**boca a.,** face down.—**de a.,** lower (*a.*).—**de arriba a.,** from top to bottom.—**por a.,** at the bottom; down there.—**venirse a.,** to fall.—**¡a. N.!** down with N.!
abalanzar. I. *va.* (*pret.* ABALANCÉ; *subj.* ABALANCE) to balance; to throw suddenly with force. **II.** *vr.* to rush impetuously; to venture.
abalaustrado, da, *a.* balustered.
abaleador, ra, *n.* grain cleaner or separator.
abalear, *va.* to clean or separate (grain) from chaff after winnowing.
abaleo, *m.* (agr.) cleaning or separating grain.
abalizar. I. *va.* (*pret.* ABALICÉ; *subj.* ABALICE) (naut.) to lay buoys in. **II.** *vr.* (naut.) to take bearings.
abalorio, *m.* glass bead; beadwork.
aballestar, *va.* (naut.) to haul a cable.
abanar, *va.* to ventilate with fans.
abanderado, *m.* standard-bearer.
abanderar, *va.* to register (a ship).
abanderice, abanderice, *v.* *V.* ABANDERIZAR.
abanderizador, ra, *n.* ringleader.
abanderizar. I. *va.* (*pret.* ABANDERICÉ; *subj.* ABANDERICE) to organize in bands. **II.** *vr.* to band together.
abandonado, da, *a.* negligent, shiftless; slovenly.
abandonamiento, *m.* forlornness; slovenliness; lewdness, debauchery.
abandonar. I. *va.* to leave; to forsake; to give up. **II.** *vr.* to despair; to give oneself up to.
abandono, *m.* = ABANDONAMIENTO.
abanicar, *va.* (*pret.* ABANIQUÉ; *subj.* ABANIQUE) to fan.
abanicazo, *m.* blow with a fan.
abanico, *m.* fan; anything fan-shaped; (coll.) sword; (naut.) derrick; crane.—**en a.,** fan-shaped.
abaniqué, abanique, *v.* *V.* ABANICAR.
abaniqueo, *m.* fanning; swinging motion; excessive gesturing in speaking.
abaniquería, *f.* fan factory or shop.
abaniquero, ra, *n.* fan maker or dealer.
abano, *m.* fan; hanging fan; ventilator.
abanto, *m.* (ornith.) African vulture.
abaratar. I. *va.* to cheapen; to abate. **II.** *vr.* to fall in price.
abarca, *f.* sandal worn by peasants and muleteers.
abarcado, da, *a.* sandaled; embraced, contained.
abarcador, ra, *n.* clasper; monopolist.
abarcadura, *f.*, **abarcamiento,** *m.* embracing, comprising.
abarcar, *va.* (*pret.* ABARQUÉ; *subj.* ABARQUE) to clasp, embrace, contain; to comprise; to monopolize; (com.) to corner, control (the market).—**quien mucho abarca poco aprieta,** one shouldn't bite off more than one can chew.
abarcón, *m.* a pole-ring in carriages; large iron clamp.
abarloar, *va.* (naut.) to bring alongside a ship or wharf.
abarqué, abarque, *v.* *V.* ABARCAR.
abarquero, ra, *n.* maker or seller of *abarcas.*
abarquillado, da, *a.* rolled up; curled up.
abarquillamiento, *m.* curling up into a roll.
abarquillar, *va.* to curl up; to form into a roll.
abarracarse, *vr.* to go into barracks.
abarraganarse, *vr.* to live in concubinage.
abarrancadero, *m.* heavy road; precipice; difficult business.
abarrancamiento, *m.* fall into a pit; embarrassment.
abarrancar. I. *va.* (*pret.* ABARRANQUÉ; *subj.* ABARRANQUE) to ditch; to form a ravine. **II.** *vr.* to fall into a pit; to become embarrassed.
abarredera, *f.* broom, carpet sweeper; anything that sweeps and cleans.
abarrotar, *va.* to bar; to strengthen with bars; (naut.) to stow; to overstock.
abarrote, *m.* (naut.) a small package for filling up; stop-gap; (Mex.) retail grocery.—*pl.* (Am.) goods; foodstuffs.
abarrotero, ra, *n.* (Mex.) retail grocer.
abastamiento, *m.* providing; supplying with provisions, stores, etc.
abastar, *va.* = ABASTECER.
abastardar, *va.* & *vn.* to bastardize.
abastecedor, ra, *n.* caterer, provider, purveyor.
abastecer, *va.* (*ind.* ABASTEZCO; *subj.* ABASTEZCA) to purvey; supply.—**abastecimiento,** *m.* providing; supply; provisions, supplies.—**el a. y la demanda,** supply and demand.
abastionar, *va.* (fort.) to protect or fortify with bastions.
abasto, *m.* supply of provisions; (fig.) anything abundant; (com.) supply.—**dar a. (a),** to be sufficient (for); to provide, furnish (to).
abatanar, *va.* to beat or full (cloth).
abate, *m.* abbe.
abatidamente, *adv.* dejectedly.
abatido, da, *a.* dejected; discouraged; crestfallen; abject, mean; (com.) depreciated, fallen in price or demand.
abatimiento, *m.* depression, low spirits; lowering, falling; taking apart; (naut., aer.) drift, leeway.—**a. de costado,** (aer.) side drift.
abatir. I. *va.* to throw down, overthrow, knock down; to bring down, shoot down; to fold down; to humble, debase; to discourage, dishearten; to lower, strike (a flag, etc.); to dismount, take apart. **II.** *vn.* to descend; stoop. **III.** *vr.* to be disheartened or depressed; (naut.) to have leeway; (aer.) to drift.
abayado, da, *a.* (bot.) baccate.
abazón, *m.* cheek pouch (of monkeys, etc.).
abdicación, *f.* abdication.
abdicante, *n.* & *a.* abdicant.
abdicar, *va.* (*pret.* ABDIQUÉ; *subj.* ABDIQUE) to abdicate.
abdicativo, va, *a.* abdicative.
abdomen, *m.* abdomen.
abdominal, *a.* abdominal.
abducción, *f.* (logic & math.) abduction.
abducir, *va.* (physiol.) to abduce, abduct.
abductor, *m.* (anat.) abducent muscle.
abecé, *m.* a-b-c, alphabet; rudiments.
abecedario, *m.* alphabet; primer.
abedul, *m.* (bot.) birch.
abeja, *f.* bee.—**a. machiega, maesa,** *or* **maestra,** queen bee.—**a. neutra,** *or* **obrera,** working bee, worker.—**a. reina,** queen bee.
abejar, *m.* place for beehives. Also COLMENAR.
abejarrón, abejorro, *m.* bumblebee.
abejaruco, abejeruco, *m.* (ornith.) bee eater.
abejera, *f.* ABEJAR; (bot.) balmmint or beewort.
abejero, *m.* beekeeper.
abejón, *m.* drone.
abejorro, *m.* bumblebee.
abejuno, na, *a.* pertaining to the bee.
abelmosco, *m.* (bot.) abelmosk.
abellacado, da, *a.* mean-spirited.
abellacarse, *vr.* to degrade oneself.
abellotado, da, *a.* acorn-shaped.
abencerraje, *n.* one of a famous Moorish family.
aberenjenado, da, *a.* eggplant-shaped or -colored.
aberración, *f.* aberration, error, mania; (phys., opt. & astr.) aberration.

aberrugado, da, *a.* warty.
abertal. I. *s.* crack; small opening. **II.** *a.* easily cracked or cleft.
abertura, *f.* aperture; opening; cleft, crevice, fissure; gap.
abestiado, da, *a.* beast-like.
abetal, *m.* fir wood or grove.
[1]**abete,** *m.* hook for holding cloth in shearing it.
[2]**abete,** *m.* (bot.) = ABETO.
abetinote, *m.* fir-tree rosin.
abeto, *m.* (bot.) silver tree; yew-leaved fir; spruce; hemlock.—**a. del norte, falso,** or **rojo,** spruce.
abetuna, *f.* fir-tree sprout.
abetunado, da, *a.* bitumen-like.
abetunar, *va.* = EMBETUNAR, to bituminize.
abey, *m.* (bot.) jacaranda; W. I. mahogany.
abiertamente, *adv.* frankly, openly.
abierto, ta. I. *pp. irreg.* of ABRIR. **II.** *a.* open, clear; candid, frank, outspoken; full-blown.
abigarrado, da, *a.* variegated, motley.
abigarrar, *va.* to paint with various ill-matched colors; to fleck.
abigeato, *m.* (law) cattle stealing.
abigeo, *m.* (law) cattle thief.
abigotado, da, *a.* having a heavy mustache.
ab intestato. I. *adv.* intestate. **II.** *a.* neglected, unprotected.—**abintestato,** *m.* legal adjudication of an intestate estate.
abiogénesis, *f.* abiogenesis.
abiología, *f.* abiology.
abiológico, ca, *a.* abiological.
abiosis, *f.* abiosis.
abiótico, ca, *a.* abiotic.
abirritar, *va.* (med.) to abirritate, relieve irritation.
abiselar, biselar, *va.* to bevel.
abisinio, a, *n.* & *a.* Abyssinian.
abismal. I. *a.* abysmal. **II.** *m.* clasp nail, shingle nail.
abismar. I. *va.* to depress, humble, destroy. **II.** *vr.* to think or feel deeply.
abismo, *m.* abyss; gulf; chasm; hell.
abitaque, *m.* joist.
abitar, *va.* (naut.) to bitt.
abitones, *m. pl.* (naut.) topsail sheet bitts.
abizcochado, da, *a.* biscuit-shaped.
abjuración, *f.* abjuration, recantation.
abjurar, *va.* to abjure, retract under oath.
ablación, *f.* ablation.
ablactación, *f.* weaning.
ablactar, *va.* to wean.
ablandabrevas, *m.* & *f.* (coll.) good-for-nothing.
ablandador, ra, *m.* & *f.* mollifier.
ablandahigos, *m.* & *f.* (coll.) good-for-nothing.
ablandamiento, *m.* softening, mollification.
ablandar, *va.* & *vn.* to soften, mellow, relent; to loosen; to assuage, mitigate, melt, soothe.
ablandativo, va, *a.* mollifying.
ablano, *m.* = AVELLANO, filbert.
ablativo, *m.* & *a.* (gram.) ablative.
ablegado, *m.* (eccl.) ablegate.
ablepsia, *f.* ablepsy, blindness; lack or loss of mental powers.
ablución, *f.* ablution.
abluente, *m.* & *a.* (med.) abluent.
abnegación, *f.* abnegation, self-denial.
abnegado, da, *a.* self-denying.
abnegar, *va.* (*ind.* ABNIEGO; *subj.* ABNIEGUE) to renounce; to deny oneself.
abobado, da, *a.* stultified, silly.
abobamiento, *m.* stupefaction, stupidity.
abobar. I. *va.* to stupefy. **II.** *vr.* to grow stupid.
abocado, *a.* (of wine) mild, agreeable.
abocamiento, *m.* approach; meeting, interview.
abocar (*pret.* ABOQUÉ; *subj.* ABOQUE). **I.** *va.* to bring near; to draw in place (as cannon); to open the mouth of (a bag); to decant; to seize with the mouth. **II.** *vr.* to meet by appointment. **III.** *vn.* (naut.) to occupy the mouth of, or enter, a channel, strait, etc.
abocardado, da, *a.* bell-mouthed (esp. of firearms).
abocardar, *va.* to widen or expand (the opening of a tube, hole, etc.); to ream.
abocardo, *m.* large drill.
abocinado, da, *a.* funnel- or trumpet-shaped; (of horses) with drooping head.
abocinar. I. *va.* to shape like a trumpet. **II.** *vn.* to fall on one's face.
abochornado, da, *a.* out of countenance, flushed, mortified.
abochornar. I. *va.* to overheat; to shame; to embarrass. **II.** *vr.* to blush; to become embarrassed; (agr.) to wilt from excessive heat.
abofeteador, ra, *m.* & *f.* buffeter; one who insults or slaps.
abofetear, *va.* to slap; to insult.
abogacía, *f.* law (as a subject or profession).
abogada, *f.* woman lawyer or mediator; lawyer's wife.
abogado, *m.* lawyer, barrister; mediator.—**a. de secano,** quack lawyer; charlatan.
abogar, *vn.* (*pret.* ABOGUÉ; *subj.* ABOGUE) to advocate, plead (as a lawyer); to intercede.
abolengo, *m.* ancestry, lineage; inheritance.
abolible, *a.* abolishable.
abolición, *f.* abolition, abrogation, extinction.
abolicionismo, *m.* abolitionism.
abolicionista, *m.* abolitionist.
abolir, *va. and defective* (*only those modes and persons are used having the letter i in their terminations*) to abolish; to revoke, repeal.
abolsado, da, *a.* puckered, purse-shaped; having or forming pockets.
abollado, *a.* & *m.* pleat(ed); fluted(-ing).
abolladura, *f.* unevenness, dent, embossment; bruise.
abollar, *va.* to emboss; to dent; to stun and confound; to bruise.
abollonar, *va.* to emboss.
abomaso, *m.* (anat.) abomasum.
abombar. I. *va.* to give a convex form to; to deafen; to confuse. **II.** *vr.* (Am.) (of meat, fluids, etc.) to begin to spoil.
abominable, *a.* abominable, execrable.
abominación, *f.* abomination, detestation, execration.
abominar, *va.* to abominate, abhor.
[1]**abonado, da. I.** *m.* & *f.* subscriber; commuter. **II.** *a.* reliable; apt, inclined.
[2]**abonado, da,** *a.* (of soil) rich.
abonador, ra, *m.* & *f.* (com.) surety or security for a principal, person responsible for one who himself acts as surety; barrel maker's augur.
abonamiento, *m.* = [1]ABONO; bail, security.
abonanzar, *vn.* (*impersonal verb*: *subj.* ABONANCE) to grow calm, clear up.
[1]**abonar. I.** *va.* to bail; to guarantee, indorse, answer for; to give credit; (com.) to credit with, put to the credit of. **II.** *vr.* to subscribe; to buy a season or commutation ticket.
[2]**abonar. I.** *va.* to improve; to enrich, manure (soil). **II.** *vn.* = ABONANZAR.
abonaré, *m.* promissory note; due-bill.
[1]**abono,** *m.* security, guarantee; subscription; allowance, discount; receipt, voucher.
[2]**abono,** *m.* manure, fertilizer.
aboqué, aboque, *v. V.* ABOCAR.
abordador, *m.* (naut.) boarder; intruder.
abordaje, *m.* (naut.) the act of boarding a ship.
abordar. I. *va.* (naut.) to board a ship; to run foul of a ship; to attack (a subject), enter upon (a matter). **II.** *vn.* to put into a port.
abordo, *m.* = ABORDAJE.
aborigen. I. *a.* aboriginal. **II.** *m. pl.* (**aborígenes**) aborigines.
aborrachado, da, *a.* bright red.
aborrascarse, *vr.* to become stormy.
aborrecedor, ra, *m.* & *f.* detester, hater.
aborrecer, *va.* (*ind.* ABORREZCO; *subj.* ABORREZCA) to hate, abhor; (of birds) to desert.—**aborreci-**

ble, *a.* hateful; abhorrent.—**aborrecimiento,** *m.* abhorrence, hate; dislike, grudge.
aborrezco, aborrezca, *v. V.* ABORRECER.
abortamiento, *m.* abortion.
abortar, *vn.* to miscarry, abort; to fail; (med.) to abort (a foetus or a disease).
aborticidio, *m.* aborticide.
abortifaciente, *m.* & *a.* abortifacient.
abortista, *n.* abortionist.
abortivo, va, *a.* abortive; producing abortion.
aborto, *m.* miscarriage, abortion; monstrosity.
abortón, *m.* the abortion of a quadruped; unborn lamb's skin.
aborujar, aburujar. I. *va.* to make lumps. **II.** *vr.* to muffle up, wrap oneself up.
abotagarse, *vr.* to become bloated.
abotinado, da, *a.* shaped like a gaiter.
abotonador, *m.* button-hook.
abotonar. I. *va.* to button. **II.** *vn.* (of plants) to bud.
abovedado, da, *a.* arched, vaulted.
abovedar, *va.* to arch, vault.
aboyado, da, *a.* (tilled) with oxen.
aboyar, *va.* (naut.) to lay buoys.
abozalar, *va.* to muzzle.
abra, *f.* bay, haven; cove, creek; dale, valley; fissure, gorge.
abracadabra, *m.* abracadabra.
abracé, abrace, *v. V.* ABRAZAR.
abracijo, *m. dim.* (coll.) an embrace, a hug.
abrahonar, *va.* (coll.) to hold one fast by the garment.
abrasador, ra, *a.* burning, exceedingly hot.
abrasamiento, *m.* taking fire, burning; excess of passion.
abrasar. I. *va.* to burn; to fire; to squander; to dry up; to provoke; to shame, humiliate. **II.** *vr.* (**en** or **de**) to burn (with); to boil (with) (any violent passion); to burn up, down.
abrasión, *f.* (geol. & med.) abrasion.
abrasivo, va, *m.* & *a.* abrasive.
abrazadera. I. *f.* clasp, clamp, band, cleat; (print.) brace or bracket {. **II.** *a.* **sierra a.,** lumberman's saw.
abrazador, ra, *n.* embracer; bolster used in P. I.
abrazamiento, *m.* embracing.
abrazar, *va.* (*pret.* ABRACÉ; *subj.* ABRACE) to embrace, hug; to clamp, cleat; to contain, comprise; to surround; to accept, follow; to embrace, adopt (a religion, etc.); to take charge of.
abrazo, *m.* hug, embrace.
ábrego, áfrico, *m.* southwest wind.
abrelata, abrelatas, *m.* (Am.) can opener.
abrenuncio, (Lat.) far be it from me; fie!
abrevadero, *m.* watering place for cattle; drinking trough.
abrevador, *m.* one who waters cattle; waterer.
abrevar, *va.* to water cattle; to irrigate; to soak skins.
abreviación, *f.* abbreviation; abridgment; shortening; contraction; reduction; acceleration; hastening.
abreviadamente, *adv.* briefly, summarily.
abreviador, ra. I. *m.* & *f.* one who abridges or shortens. **II.** *m.* (eccl.) abbreviator (Vatican officer).
abreviaduría, *f.* (eccl.) office of abbreviator.
abreviamiento, *m.* = ABREVIACIÓN.
abreviar, *va.* to abridge, abbreviate; to hasten.
abreviativo, va, *a.* abbreviatory.
abreviatura, *f.* abbreviation; contraction; shorthand.—**en a.,** in abbreviation; (coll.) hastily.
abreviaturía, *f.* = ABREVIADURÍA.
abribonarse, *vr.* to become lazy; to loaf; to become a rascal.
abridero. I. *m.* a variety of freestone peach. **II.** *a.* easily opened; freestone, freeshell.
abridor, *m.* (bot.) nectarine, peach tree; opener; grafting knife; eardrop or wire to keep the ears pierced. —**a. de guantes,** glove stretcher. —**a. de láminas,** engraver.—**a. de latas,** can opener.—**a. en hueco,** die sinker.
abrigadero, *m.* sheltered place, shelter.
abrigador, ra. (Am.) **I.** *a.* protecting; (of clothing) warm. **II** *n.* & *a.* concealer(-ing).
abrigaño, *m.* a place sheltered from the wind.
abrigar. I. *va.* (*pret.* ABRIGUÉ; *subj.* ABRIGUE) to shelter, protect; to cover; to warm; to lodge; to patronize; (fig.) to nourish; to cherish. **II.** *vr.* to take shelter; to cover oneself; to put on a wrap.
abrigo, *m.* shelter; protection; overcoat; wrap; aid, support; cover; (naut.) harbor, haven.—**al a. de,** sheltered from; under protection of, shielded by.
abrigué, abrigue, *v. V.* ABRIGAR.
abril, *m.* April.—*pl.* (fig.) (years of) youth.—**estar hecho,** or **parecer, un a.,** to be dressed up; to look very smart, or very smartly dressed. —**los dieciséis abriles,** sweet sixteen.
abrileño, ña, *a.* April (as *a.*), pert. to, or like, April.
abrillantar, *va.* to cut a diamond into facets; to make sparkle; to impart brilliance; to glaze, polish, brighten.
abrimiento, *m.* opening; cracking.
abrir. I. *va.* (*pp.* ABIERTO) to open, unlock, unfasten, uncover, unseal; to engrave; to expand, separate, distend; to cut open, cleave; to rend; to dig.—**a. los cimientos,** to dig the foundation trenches.—**a. paso,** to make way; to clear the way. **II.** *vn.* to open to unfold; to extend; to display; (Am.) to back out, withdraw. **III.** *vr.* to open, expand; to crack; to yawn; (fig.) to unbosom oneself; to burst open; to fall out, become estranged.
abrochador, *m.* buttoner; buttonhook.
abrochadura, *f.,* **abrochamiento,** *m.* lacing, fastening, buttoning.
abrochar, *va.* to clasp, buckle, button, fasten with hooks and eyes.
abrogación, *f.* abrogation, repeal.
abrogar, *va.* (*pret.* ABROGUÉ; *subj.* ABROGUE) to abrogate, annul, repeal.
abrojal, *m.* thistly ground.
abrojín, *m.* murex, a mollusk or its purple shell.
abrojo, *m.* (bot.) thistle, thorn, prickle; (mil.) caltrop; crowfoot; sharp metal ends of a lash. —*pl.* hidden rocks in the sea.
[1]**abromado, da,** *a.* (naut.) hazy, foggy.
[2]**abromado, da,** *a.* worm-eaten; barnacled.
abromarse, *vr.* (naut.) to be worm-eaten.
abroquelar. I. *va.* (naut.) to boxhaul. **II.** *vr.* to shield oneself.
abrótano, *m.* (bot.) southernwood.
abrumador, ra, *a.* overwhelming, crushing; wearisome.
abrumar. I. *va.* to crush, overwhelm, oppress; to weary, annoy. **II.** *vr.* to worry.
abrumarse, *vr.* to become foggy.
abrupción, *f.* (surg.) abruption.
abrupto, ta, *a.* abrupt; craggy, rugged.
abrutado, da, *a.* brutish, bestial.
absceso, *m.* abscess.
abscisa, *f.* abscissa.
abscisión, *f.* (med.) incision.
absenta, *f.* absinthe (liqueur).
absentismo, *m.* absenteeism.
absentista, *n.* & *a.* absentee.
ábside, *m.* or *f.* (arch.) presbytery.
absintina, *f.* (chem.) absinthin.
absintio, *m.* (bot.) absinthe, wormwood.
absintismo, *m.* (med.) absinthism.
absolución, *f.* absolution; pardon, acquittal.—**a. de la demanda,** finding for the defendant.—**a. libre,** verdict of not guilty, acquittal.
absoluta, *f.* dogmatic assertion, dictum.
absolutismo, *m.* despotism, absolutism.
absolutista, *n.* absolutist.
absoluto, ta, *a.* absolute, unconditional; imperious, despotic.—**en a.,** unqualifiedly, per-

emptorily; absolutely; (in negative sentences) at all.—**lo a.,** *n.* the absolute.
absolutorio, a, *a.* absolutory, absolving.
absolver, *va.* (*pp.* ABSUELTO; *ind.* ABSUELVO; *subj.* ABSUELVA) to absolve; to acquit.
absorbencia, *f.* absorbing, absorption; absorbency.
absorbente, *m.* & *a.* absorbent(-ing).
absorber, *va.* (*pp.* ABSORBIDO, ABSORTO) to absorb; to imbibe.
absorbibilidad, *f.* absorbability.
absorbible, *a.* absorbable.
absorbido, da, *a.* absorbed.
absorción, *f.* absorption.
absorto, ta. I. *pp. irreg.* of ABSORBER. **II.** *a.* amazed; absorbed in thought.
abstemio, mia, *a.* abstemious.
abstención, *f.* forbearance; abstention (as from voting).
abstencionista, *n.* abstainer.
abstenerse, *vr* (*ind. pres.* ME ABSTENGO, *pret.* ME ABSTUVE; *subj.* ME ABSTENGA) to abstain, forbear.—**a. de,** to abstain from, forbear.
abstergente, *a.* detergent; cleansing; abstergent.
absterger, *va.* to cleanse; to sterilize.
abstersión, *f.* abstersion, purification.
abstersivo, va, *a.* = ABSTERGENTE.
abstinencia, *f.* abstinence, temperance; fasting.
abstinente, *a.* abstinent, abstemious.
abstracción, *f.* abstraction; concentration.
abstraccionista, *n.* (f.a.) abstractionist.
abstracto, ta. I. *pp. irreg.* of ABSTRAER. **II.** *a.* abstract. **III.** *m.* abstract.—**en a.,** in the abstract.
abstraer. I. *va.* (*pp.* ABSTRAÍDO, ABSTRACTO; *ind. pres.* ABSTRAIGO, *pret.* ABSTRAJE; *subj.* ABSTRAIGA) to abstract. **II.** *vn.* **a. de,** to do without; to leave aside. **III.** *vr.* to be withdrawn mentally.
abstraído, da. I. *pp.* of ABSTRAER. **II.** *a.* retired; absent-minded.
abstraigo, abstraje, *v. V.* ABSTRAER.
abstruso, sa, *a.* abstruse, difficult.
abstuve, *pret. irreg.* of ABSTENERSE.
absuelto, ta. I. *pp. irreg.* of ABSOLVER. **II.** *a.* acquitted.
absuelvo, absuelva, *v. V.* ABSOLVER.
absurdidad, *f.* absurdity.
absurdo, da. I. *a.* absurd, nonsensical. **II.** *m.* absurdity, nonsense.—**reducción al a.,** reductio ad absurdum.
abubilla, *f.* (ornith.) hoopoe.
abuchear, *va.* & *vn.* to boo.
abucheo, *m.* boo, hooting.
abuela, *f.* grandmother.
abuelo, *m.* grandfather; elderly man; ancestor.
abuje, *m.* (zool.) (Cuba) a parasitic mite in plants and man, causing the itch.
abulia, *f.* (med.) abulia, a mental derangement.
abultado, da. I. *pp.* of ABULTAR. **II.** *a.* bulky, massive, big.
abultar. I. *va.* to augment; to enlarge. **II.** *vn.* to be bulky or large.
abundamiento, *m.* = ABUNDANCIA.—**a mayor a.,** furthermore; with greater reason.
abundancia, *f.* abundance.
abundante, *a.* abundant.—**abundantemente,** *adv.* abundantly.
abundar, *vn.* to abound.—**lo que abunda no daña,** better too much than too little; you can't have too much of a good thing.
abundosamente, *adv.* abundantly.
abundoso, sa, *a.* abundant.
abuñolado, da, abuñuelado, da, *a.* turned over (eggs); shaped like a fritter.
abuñuelar, *va.* to turn (eggs) over in frying; to shape like a fritter.
abur, *interj.* (coll.) = AGUR, good-bye.
aburar, *va.* to burn; scorch.
aburelado, da, *a.* dark red.
aburrición, *f.* = ABURRIMIENTO.
aburrido da. I. *pp.* of ABURRIR. **II.** *a.* weary; tiresome, boresome.
aburrimiento, *m.* tediousness, weariness, ennui; annoyance.
[1]**aburrir. I.** *va.* to vex, annoy; to tire, weary, bore. **II.** *vr.* to grow tired, weary; to be bored.
[2]**aburrir,** *va.* to risk, spend (money, time).
aburujar, aborujar, *va.* & *vr.* to form lumps; to clot.—**aburujarse,** *vr.* to wrap oneself up.
abusador, ra, *n.* abuser.
abusar, *vn.* to exceed, go too far; to take undue advantage.—**a. de,** to abuse, use wrongly; to betray (a confidence); to take undue advantage of; to impose upon.
abusión, *f.* abuse; superstition.
abusionero, ra, *a.* superstitious; fortune-telling.
abusivo, va, *a.* abusive.
abuso, *m.* misuse, abuse.—**a. de confianza,** betrayal of confidence.
abutilón, *m.* (bot.) abutilon.
abyección, *f.* abjection, abjectness.
abyecto, ta, *a.* abject, servile, slavish.
acá, *adv.* here; hither.—**a. y acullá,** or **a. y allá,** here and there.—**de ayer a.,** at present.—**¿de cuándo a.?** since when?—**desde entonces a.,** = DE AYER A.—**para a.,** hither, here.—**por a.,** here, hereabouts; this way.
acabable, *a.* that can be finished; achievable.
acabadamente, *adv.* completely, perfectly.
acabado, da. I. *pp.* of ACABAR. **II.** *a.* perfect, faultless; consummate; wasted, emaciated; worn out; dilapidated. **III.** *m.* (art) finish.
acabador, ra, *m.* & *f.* finisher.
acabalar, *va.* to complete, finish.
acaballadero, *m.* time and place at which horses cover mares.
acaballado, da. I. *pp.* of ACABALLAR. **II.** *a.* horselike.
acaballar, *va.* to cover (a mare).
acaballerado, da. I. *pp.* of ACABALLERAR. **II.** *a.* gentlemanlike.
acaballerar, *va.* to render genteel; to make a gentleman of.
acabamiento, *m.* completion, finishing; emaciation; death; end.
acabar. I. *va.* and *vn.* to finish; to complete; to end.—**a. con,** to finish, destroy; to use up, exhaust; to get rid of, extirpate.—**a. de** (foll. by *inf.*), to have just (foll. by *pp.*): *él acaba de llegar,* he has just arrived.—**a. por,** to end by, to . . . finally (*Juan acabó por decir,* John ended by saying, John finally said). **II.** *vr.* to be finished; to end, be over; to grow feeble or wasted; (foll. by *dat.*) to be or run out of, become exhausted (diff. constr.: *se me acabó el pan,* I ran out of bread: *se me ha acabado la paciencia,* my patience is exhausted).
acabestrillar, *vn.* to go shooting (birds) with a stalking horse or ox.
acabildar, *va.* to unite persons by persuasion to do something.
acabóse, *m.* (coll.) end (usually disastrous).
acacia, *f.* (bot.) acacia.
acacina, *f.* acacin(e.
academia, *f.* academy; university; literary society or contest; (fine arts) academy figure.
académico, ca, *a.* & *n.* academic(-ian).
academista, *n.* academist.
acadiense, *n.* & *a.* Acadian.
acaecedero, ra, *a.* eventual, contingent.
acaecer, *vn. defect.* (*subj.* ACAEZCA) to happen, come to pass.
acaecimiento, *m.* event, incident.
acahual, *m.* (bot.) sunflower; (Mex.) weeds; stubble.
acal, *m.* (Mex.) canoe; craft, vessel.
acalabrotar, *va.* (naut.) to make a cable by intertwining three ropes of three strands each.
acalefo, fa, *n.* & *a.* (zool.) acalephan.—*m. pl.* Acalephæ, Acalepha.
acalenturarse, *vr.* to become feverish.

acalia, *f.* (bot.) marsh mallow.
acaloradamente, *adv.* heatedly, excitedly.
acalorado, da. I. *pp.* of ACALORAR. **II.** *a.* heated, fiery, excited, angry. **III.** *n.* (fig.) hothead.
acaloramiento, *m.* ardor, heat, excitement.
acalorar. I. *va.* to warm; to inflame, excite; to move, arouse enthusiasm in; to urge on; to further, promote. **II.** *vr.* to grow warm; to get overheated; to get excited.
acallar, *va.* to quiet, hush; to mitigate, assuage.
acamar, *va.* (of wind, rain) to beat down (plants).
acambrayado, da, *a.* cambric-like.
acamellado, da, *a.* camel-like.
acampamento, *m.* (mil.) encampment, camp.
acampanado, a, *a.* bell-shaped.
acampanar, *va.* to shape like a bell.
acampar, *va., vn.* & *vr.* to encamp.
acampo, *m.* common pasture.
ácana, *f.* a hard reddish Cuban wood.
acanalado, da. I. *pp.* of ACANALAR. **II.** *a.* striated, fluted, corrugated, grooved. **III.** *m. pl.* ridge of a horse's back.
acanalador, *m.* (mech.) grooving plane.
acanaladura, *f.* groove, stria, striation.
acanalar, *va.* to make a channel in; to flute, corrugate, groove.
acandilado, da, *a.* shaped like a three-cornered hat; dazzled.
acanelado, da, *a.* cinnamon-colored.
acanillado, da, *a.* ribbed, striped (cloth).
acantáceo, a, *a.* (bot.) acanthaceous.
acantalear, *vn.* to hail large hailstones.
acantilado, da. I. *a.* (of sea bottom) stepped; steep. **II.** *m.* scarp, escarpment.
acantino, na, *a.* acanthine.
acanto, *m.* (bot., arch.) acanthus.
acantocarpo, pa, *a.* (bot.) acanthocarpous.
acantocéfalo, la, *n.* & *a.* (zool.) acanthocephalan.
acantonamiento, *m.* cantonment.
acantonar, *va.* to quarter (troops).
acantopterigio, gia, *n.* & *a.* (zool.) acanthopterygian.
acañaverear, *va.* to wound with sharp-pointed canes.
acañonear, *va.* to cannonade.
acaparador, ra, *n.* monopolizer.
acaparar, *va.* to monopolize; to corner, control (the market).
acaparrarse, *vr.* to close a bargain.
acaparrosado, da, *a.* copperas-hued.
acapizarse, *vr.* (coll.) to grapple, clinch.
acaponado, da, *a.* capon-like.
acaracolado, da, *a.* spiral-shaped, winding.
acaramelado, da. I. *pp.* of ACARAMELAR. **II.** *a.* (coll.) overpolite, disgustingly attentive.
acaramelar, *va.* to cover with caramel.
acarar, *va.* to confront; to face; to brave.
acardenalar. I. *va.* to beat black and blue. **II.** *vr.* to be covered with welts.
acardia, *f.* (med.) acardia.
acareamiento, *m.* facing; confronting.
acarear, *va.* = ACARAR.
acariasis, *f.* (med.) acariasis.
acariciador, ra, *m.* & *f.* one who fondles and caresses.
acariciar, *va.* to fondle, caress; to cherish.
acarnerado, da, *a.* having a sheeplike head.
ácaro, *m.* (zool.) acarus.—**a. de queso,** cheese mite.
acarpo, pa, *a.* (bot.) acarpous.
acarralar, *va.* to skip a thread in weaving.
acarrarse, *vr.* to seek the shade (app. to sheep).
acarreadizo, za, *a.* portable.
acarreador, ra, *m.* & *f.* carrier· porter.
acarreamiento, *m.* carrying, transportation; cartage.—*pl.* supplies.
acarrear. I. *va.* to carry, cart, transport, convey; to occasion, cause. **II.** *vr.* to bring upon oneself.
acarreo, *m.* = ACARREAMIENTO.
acartonado, *a.* pasteboardlike.
acartonar. I. *va.* to give the appearance or consistence of pasteboard. **II.** *vr.* (coll.) to become dried up by age.
acasamatado, da, *a.* (fort.) having or resembling a casemate.
acaso. I. *m.* chance; accident. **II.** *adv.* by chance, by accident; maybe, perhaps.—**por si a.,** in case, if it should happen.
acastorado, da, *a.* like beaver skin.
acatable, *a.* worthy of respect.
acatadamente, *adv.* respectfully.
acataléctico, ca, *n.* & *a.* acatalectic.
acatalepsia, *f.* (med.) acatalepsia.
acataléptico, ca, *a.* acataleptic.
acatamiento, *m.* esteem, respect; obeisance.
acatante, *n.* & *a.* respecter(-ing).
acatar, *va.* to hold in high esteem; to respect, revere, do homage to; to treat with great deference or respect.
acatarrarse, *vr.* to catch cold.
acato, *m.* = ACATAMIENTO.
acatólico, ca, *n.* & *a.* noncatholic.
acaudalado, da. I. *pp.* of ACAUDALAR. **II.** *a.* rich, opulent, well-to-do.
acaudalar, *va.* to hoard up riches; (fig.) to acquire a reputation.
acáudeo, a, *a.* (zool.) acaudal, tailless.
acaudillador, *m.* commander of troops; leader.
acaudillamiento, *m.* leading, command.
acaudillar, *va.* to command, lead (esp. troops).
acaule, *a.* (bot.) short-stemmed.
acceder, *vn.* to accede, agree, consent.
accesibilidad, *f.* accessibility.
accesible, *a.* accessible, approachable; attainable.
accesión, *f.* accession; accessory; (med.) periodic attack of fever; (law) accession.
acceso, *m.* access; carnal intercourse; accession; (med.) access, attack.—**a. del sol,** (astr.) apparent motion of sun towards the equator
accesoria, *f.* outbuilding.
accesorio, ria, *n.* & *a.* accessory.
accessit, *m.* (Lat.) second prize or award.
accidentado, da. I. *pp.* of ACCIDENTARSE. **II.** *a.* troubled, agitated; undulating, rolling (ground).
accidental. I. *a.* accidental, contingent. **II.** *m.* (mus.) = ACCIDENTE.
accidentarse, *vr.* to be seized with a fit.
accidente, *m.* accident; chance; sudden fit; (mus.) accidental; (gram.) inflexion.—**a. del trabajo,** work accident, occupational accident. —**de,** or **por, a.,** accidentally, by chance.
acción, *f.* action; feat; lawsuit; gesticulation, gesture; battle; action in drama, plot; (art) posture; (com.) stock, share.—**a. de gracias,** thanksgiving.—**a. de guerra,** battle.—**a. de presencia,** (chem.) catalysis.—**en a.,** in action, at work.
accionamiento, *m.* action.
accionar. I. *va.* (mech.) to operate, move. **II.** *vn.* to gesticulate.
accionista, *n.* stockholder, shareholder.
accípitre, *m.* bird of prey.—**accipitrino, na,** *a.* like a bird of prey, accipitral.
acebadamiento, *m.* (vet.) disease of animals surfeited with barley.
acebadar, *va.* = ENCEBADAR, to overfeed.
acebal, *m.*, **acebeda,** *f.*, **acebedo,** *m.* plantation of holly trees.
acebo, *m.* (bot.) holly tree.
acebollado, da, *a.* damaged by *acebolladura.*
acebolladura, *f.* damage (to a tree) from separation of the woody layers.
acebuchal. I. *m.* grove or wood of wild olive trees. **II.** *a.* pertaining to wild olives.
acebuche, *m.* (bot.) wild olive tree.—**acebucheno, na,** *a.* = ACEBUCHAL, *a.*
acebuchina, *f.* wild olive.
acecé, acece. *v. V.* ACEZAR.
acecinado, da, *a.* corned.
acecinar. I. *va.* to salt and dry (meat.) **II.** *vr.* to grow old, dry, withered.
acechador, ra, *m.* & *f.* ambusher; observer, lookout; intruder, prier.
acechar, *va.* to lie in ambush for; to spy on.

acecho, *m.* waylaying, lying in ambush.—**al a.,** or **en a.,** *a.* in wait, in ambush.
acechón, na, *m.* & *f.* (coll.) = ACECHADOR.
acedamente, *adv.* sourly, bitterly.
acedar, *va.* to sour; to displease, vex.
acedera, *f.* (bot.) sorrel.
acederaque, *m.* (bot.) bead tree.
acederilla, *f.* (bot.) wood sorrel.
acederón, *m.* (bot.) a variety of sorrel.
acedía, *f.* acidity, heart-burn, sourness; roughness; asperity of address.
acedo, da, *a.* acid, sour; harsh, unpleasant.
acéfalo, la, *a.* acephalous.—*pl.* Acephali, members of a religious sect that recognized no head or hierarchy.
aceitada, *f.* spilled oil; cake kneaded with oil.
aceitar, *va.* to oil; to rub with oil.
aceitazo, *m. aug.* = ACEITÓN.
aceite, *m.* oil; essential oil.—**a. de ballena,** whale oil.—**a. de comer,** olive, sweet oil.—**a. de hígado de bacalao,** cod-liver oil.—**a. de palo,** balsam of copaiba.—**a. de ricino,** castor-oil.—**a. de vitriolo,** vitriol, oil of vitriol.—**a. lubricante,** lubricating oil.—**a. secante,** linseed oil.
aceitera, *f.* woman who sells oil; oil jar, oil cruet; oil can; (mech.) oil cup.—*pl.* **aceiteras,** casters (for oil, etc.).
aceitería, *f.* oil shop.
aceitero, ra, *m.* & *f.* oiler; oil seller.
aceitillo, *m.* (bot.) satinwood.
aceitón, *m.* lubricating oil.
aceitoso, sa, *a.* oily, greasy.
aceituna, *f.* olive.—**a. de la reina,** or **gordal,** queen olive.—**a. manzanilla,** manzanilla olive.—**a. picudilla** = A. ZORZALEÑA.—**a. zapatera,** stale olive.—**a. zofairón,** baby queen olive.—**a. zorzaleña,** crescent olive.
aceitunado, da, *a.* olive-colored.
aceitunero, ra, *n.* olive dealer.
aceituní, *m.* arabesque work.
aceitunil, *a.* olive-colored.
aceitunillo, *m.* (bot.) satinwood.
aceituno, *m.* (bot.) olive tree.
acelajado, da, *a.* showing clouds of various hues.
aceleración, *f.* acceleration; haste.
aceleración de gravedad, *f.* gravitational acceleration.
aceleración negativa, *f.* deceleration.
aceleradamente, *adv.* speedily, swiftly; hastily; at an accelerated speed.
acelerador, ra. I. *a.* accelerating. **II.** *m.* accelerator; (auto) accelerator; (med.) accelerator.
aceleramiento, *m.* = ACELERACIÓN.
acelerar. I. *va.* to accelerate; to hasten, hurry, rush. **II.** *vr.* to move fast; to make haste.
aceleratriz, *f. a.* (of force) accelerating.
acelerógrafo, *m.* (phys.) accelerograph.
acelerómetro, *m.* (aer.) accelerometer.
acelga, *f.* (bot.) salt-wort.
acémila, *f.* beast of burden; pack animal.—**acemilar,** *a.* pert. to mules and muleteers.
acemilería, *f.* mule stable.
acemilero, ra. I. *a.* pert. to ACEMILERÍA. **II.** *m.* muleteer.
acemita, *f.* bran bread, graham bread.
acemite, *m.* fine bran, middlings; pottage.
acendrado, da. I. *pp.* of ACENDRAR. **II.** *a.* purified, refined; unspotted, stainless.
acendrar, *va.* to purify or refine (metals); to free from stain or blemish.
acensuar, *va.* to tax (a property).
acento, *m.* accent, stress; accent, way of speaking.—**a. ortográfico,** written accent.—**a. prosódico** or **tónico,** tonic accent, emphasis.—**a. secundario,** secondary accent.
acéntrico, ca, *a.* (med.) acentric.
acentuación, *f.* accentuation.
acentuado, da, *a.* accented.
acentuar, *va.* to accentuate; to emphasize.
aceña, *f.* water mill.—**aceñero,** *m.* water-mill keeper.
acepar, *vn.* to take root. Also ENCEPAR.
acepción, *f.* acceptation, meaning.—**a. de personas,** unfair discrimination among persons.
acepilladura, *f.* planing; wood shavings.
acepillar, *va.* to plane; to brush; to polish.
aceptabilidad, *f.* acceptability.
aceptable, *a.* acceptable, admissible.—**aceptablemente,** *adv.* acceptably.
aceptación, *f.* acceptation; (formal) acceptance; approbation; (com.) acceptance.—**a. de personas** = ACEPCIÓN DE PERSONAS.
aceptado, da, *a.* admitted, accepted.
aceptador, ra, *m.* & *f.* acceptor.
aceptante, I. *m.* & *f.* accepter. **II.** *a.* accepting.
aceptar, *va.* to accept; (com.) to accept or honor.
acepto, ta. *a.* acceptable, agreeable.
aceptor, *m.* (phys.) acceptor.
acequia, *f.* trench; drain; channel; irrigation ditch.
acequiar, *va.* to construct ditches, channels, flumes in or for.
acequiero, *m.* canal or dike keeper.
ácer, *m.* (bot.) maple tree.
acera, *f.* sidewalk; row of houses on either side of a street; (arch.) face or facing stone (of a wall).
aceración, *f.* (metal.) acierage.
acerado, da. I. *pp.* of [1]ACERAR. **II.** *a.* made of steel; steel (as *a.*); strong; biting, acrimonious.
[1]**acerar,** *va.* to steel; to impregnate (liquids) with steel; to strengthen; to convert (iron) into steel; to cover with steel.
[2]**acerar,** *va.* (arch.) to lay the facing stones of (a wall).
acerbamente, *adv.* cruelly, severely, harshly.
acerbidad, *f.* acerbity, harshness; rigor, cruelty.
acerbo, ba, *a.* tart; harsh, severe, cruel.
acerca de, *prep.* about, with regard to.
acercamiento, *m.* approximation, approaching; rapprochement.
acercar. I. *va.* (*pret.* ACERQUÉ; *subj.* ACERQUE) to bring or place near, or nearer. **II.** *vr.* **(a)** to draw near (to), approach.
ácere, *m.* maple tree.
acerico, acerillo, *m.* pincushion; small pillow.
aceríneo, a. I. *a.* (bot.) aceraceous. **II.** *f. pl.* Aceraceæ.
acerino, na, *a.* (poet.) steel-like; of steel.
acero, *m.* steel; (fig.) cold steel (esp. sword); *pl.* (fig.) spirit, courage; (fig.) appetite.—**a. Bessemer,** Bessemer steel.—**a. carbono,** carbon steel.—**a. cementado,** blister steel.—**a. colado** or **fundido,** cast steel.—**a. cromo,** chrome steel.—**a. damasquino,** damask steel.—**a. dúctil,** mild or soft steel.—**a. eléctrico** or **de horno eléctrico,** electric steel.—**a. manganeso** or **mangánico,** manganese steel.—**a. níquel,** nickel steel.
acerola, *f.* haw, fruit of the hawthorn.
acerolo, *m.* (bot.) hawthorn.
acerqué, acerque, *v. V.* ACERCAR.
acérrimamente, *adv.* vigorously; strongly.
acérrimo, ma, *a. super.* very strong (taste, odor); very harsh; very vigorous; very stanch or stalwart.
acerrojar, *va.* to bolt; to lock.
acertadamente, *adv.* opportunely, fitly, wisely.
acertado, da. I. *pp.* of ACERTAR. **II.** *a.* fit, proper; wise.
acertador, ra, *m.* & *f.* good guesser.
acertar. I. *va.* (*ind.* ACIERTO; *subj.* ACIERTE) to hit the mark; to hit by chance; to succeed in; to guess (something). **II** *vn.* to guess right; to succeed; (agr.) to thrive.—**a. a,** to happen.—**a. con,** to find, come across.
acertijo, *m.* riddle, conundrum.
aceruelo, *m.* small packsaddle.
acervo, *m.* a heap; undivided estate; common property.
acescencia, *f.* acescence, slight sourness.
acescente, *a.* acescent, turning or slightly sour.
acetábulo, *m.* cruet; acetabulum (small cup); (anat.) acetabulum, socket (esp. for hip bone).
acetanilida, *f.* (chem.) acetanilide.

acetato, *m.* (chem.) acetate.
acetato de amilo, *m.* banana oil.
acético, ca, *a.* acetic.
acetificación, *f.* acetification.
acetificar, *va.* to acetify.
acetilcolina, *f.* (biochem.) acetylcholine.
acetilénico, ca, *a.* acetylene.
acetileno. *m.* acetylene.
acetilo, *m.* (chem.) acetyl.
acetimetría, *f.* acetimetry.
acetímetro, *m.* acetimeter.
acetín, *m.* (bot.) satinwood.
acetina, *f.* (chem.) acetin.
acetocelulosa, *f.* (chem.) cellulose acetate.
acetol, *m.* (chem.) acetol.
acetona, *f.* (chem.) acetone.
acetosa, *f.* (bot.) sorrel.
acetosidad, *f.* acetosity.
acetosilla, *f.* = ACEDERILLA, (bot.) wood sorrel.
acetoso, sa, *a.* acetous, containing acetic acid.
acetre, *m.* small bucket; holy-water font.
acezar, *vn.* (*pret.* ACECÉ; *subj.* ACECE) to pant.
acezo, *m.* pant, panting.—**acezoso, sa,** *a.* panting.
aciago, ga, *a.* unfortunate, sad, fateful.
acial, *m.* barnacle, twitch, (for horses).
aciano, *m.* (bot.) cornflower.
aciar, *m.* = ACIAL.
acíbar, *m.* aloes; aloe tree; bitterness; displeasure. —**acibarar,** *va.* to put aloes into; to embitter.
aciberar, *va.* to grind very fine, pulverize.
acicalado, *m.* act of polishing a weapon; polish.
acicalador, ra. I. *a.* polishing; embellishing; attiring. **II.** *m.* burnishing tool.
acicaladura, *f.*, **acicalamiento,** *m.* burnishing; polish, glossiness; adornment; dressing.
acicalar. I. *va.* to polish, burnish; to dress, adorn, embellish. **II.** *vr.* (fig.) to dress in style, make an elaborate toilet.
acicate, *m.* long-pointed Moorish spur; inducement; incitement; goad.
acíclico, ca, *a.* (elec.) acyclic, out of phase.
aciculado, da, *a.* (bot.) acerose.
acicular, *a.* aciculate; needle-shaped.
aciche, *m.* paving hammer; brick hammer.
acidez, *f.* acidity, tartness.
acidia, *f.* laziness; weakness.
acidificación, *f.* (chem.) acidification.
acidificar, *va.* to acidify.
acidimetría, *f.* acidimetry.
acidímetro, *m.* acidimeter.
acidioso, sa, *a.* lazy; weak; lax.
acidismo, *m.* (med.) acidosis.
ácido, da. I. *m.* (chem.) acid. **II.** *a.* acid; sour, tart.—**á. acético** or **piroleñoso,** (chem.) acetic acid.—**á. acrílico,** (chem.) acrylic acid.—**á. agállico,** (chem.) gallic acid.—**á. ascórbico,** (biochem.) ascorbic acid.—**á. barbitúrico,** (chem.) barbituric acid.—**á. benzoico,** (chem.) benzoic acid.—**á. bórico,** (chem.) boric acid.—**á. butírico,** (chem.) butyric acid.—**á. carbónico,** (chem.) carbonic acid.—**á. ciánico,** (chem.) cyanic acid.—**á. cítrico,** (chem.) citric acid.—**á. clórico,** (chem.) chloric acid.—**á. crómico,** (chem.) chromic acid.—**á. fénico,** (chem.) carbolic acid.—**á. fórmico,** (chem.) formic acid.—**á. fosfórico,** (chem.) phosphoric acid.—**á. fosforoso,** (chem.) phosphorous acid. —**á. graso,** (biochem.) fatty acid.—**á. hipofosfórico** or **hipofosforescente,** (chem.) hypophosphoric acid.—**á. hipofosforoso,** (chem.) hypophosphorous acid.—**á. hiposulfuroso,** (chem.) hyposulfurous acid.—**á. láctico,** (chem.) lactic acid.—**á. málico,** (chem.) malic acid.—**á. muriático** or **clorhídrico,** (chem.) muriatic acid.—**á. nicotínico,** (biochem.) nicotinic acid, niacin.—**á. nítrico,** (chem.) nitric acid.—**á. nitroso,** (chem.) nitrous acid.—**á. nucleico,** (chem.) nucleic acid.—**á. oleico,** (chem.) oleic acid.—**á. oxálico,** (chem.) oxalic acid.—**á. pícrico,** picric acid.—**á. prúsico** or **cianhídrico,** (chem.) prussic acid.—**á. sulfúreo,** (chem.) sulfurous acid.—**á. sulfúrico,** (chem.) sulfuric acid.—**á. tartárico** or **tártrico,** (chem.) tartaric acid.—**á. úrico,** (chem.) uric acid.
acidógeno, na, *a.* acid-forming.
acidular, *va.* to acidulate.
acídulo, la, *a.* (chem.) acidulous, tart.
[1]**acierto,** *m.* a good hit, good shot; ability; tact; knack; dexterity.
[2]**acierto, acierte,** *v.* *V.* ACERTAR.
aciforme, *a.* (bot.) aciform.
ácigo, ga, *a.* (anat.) azygous.
aciguatado, da. I. *pp.* of ACIGUATARSE. **II.** *a.* jaundiced.
aciguatarse, *vr.* to become ill with jaundice.
acijado, da, *a.* copper- or copperas-colored.
acije, *m.* copperas.—**acijoso, sa,** *a.* containing copperas; brownish.
acimboga, *f.* = AZAMBOA, citron (the fruit).
ácimo, ma, *a.* = ÁZIMO, unleavened.
acimut, *m.* azimuth.—**acimutal,** *a.* azimuthal, azimuth (as *a.*).
acinesia, *f.* (med.) akinesia, paralysis of the motor nerves.
aciniforme, *a.* (bot.) aciniform.
acino, *m.* (bot., anat.) acinus.
acinoso, sa, *a.* (bot.) acinose, acinous.
ación, *f.* stirrup strap.—**acionera,** *f.* piece of saddle from which stirrup strap hangs.—**acionero,** *m.* maker of stirrup straps.
acipado, da, *a.* well-milled (woolens).
acirate, *m.* landmark, boundary.
acitara, *f.* partition wall; rail of bridge; chair or saddle cover. Also CITARA.
acitrón, *m.* candied citron.
aclamación, *f.* acclamation.
aclamador, ra, *m.* & *f.* applauder.
aclamar, *va.* to shout, applaud, acclaim.
aclamatorio, ria, *a.* acclamatory.
aclaración, *f.* explanation.
aclarador, ra. I. *a.* explanatory. **II.** *m.* comb in looms.
aclarar. I. *va.* to make clear; to explain; to thin; to clarify; to rinse. **II.** *vn.* to clear up; to recover brightness; CLAREAR, to dawn.
aclaratorio, ria, *a.* explanatory.
aclasto, ta, *a.* (opt.) aclastic, not refracting.
acleido, da, *a.* (zool.) with no clavicles.
aclimatación, *f.* acclimatization, acclimatation.
aclimatado, da, *a.* acclimated.
aclimatar, *va.* & *vr.* to acclimatize, acclimate.
aclínico, ca. I. *a.* (phys.) aclinic. **II.** *m.* opera glasses.
aclocar I. *vn.* (*ind. pres.* ACLUECO, *pret.* ACLOQUÉ; *subj.* ACLUEQUE) (of hens) to brood, be broody. **II.** *vr.* to stretch out, lie down; (of hens) to become broody.
acmé, acme, *m.* (med.) acme.
acné, acne, *f.* (med.) acne.
acobardar, *va.* to daunt, intimidate, frighten.
acobijar, *va.* (agr.) to mulch.—**acobijo,** mulch.
acobrado, da, *a.* copper-hued.
acoceador, ra, *a.* that kicks, kicking.
acoceamiento, *m.* kicking.
acocear, *va.* to kick; to humiliate; to ill-trea
acocotar, *va.* = ACOGOTAR.
acocote, *m.* long gourd used in Mexico fo tracting the juice of the maguey.
acocharse, *vr.* to squat, stoop down.
acochinar, *va.* (coll.) to murder; to humble; (checkers game) to corner (a checker).
acodado, da, *a.* elbowed; cranked (axle); toggled.
acodadura, *f.* bending the elbow; (hort.) layering.
acodalamiento, *m.* (arch.) propping; staying.
acodalar, *va.* (arch.) to prop; to shore; to stay.
acodar, *va.* to lean the elbow upon; (hort.) to layer (cuttings); (arch.) = ACODALAR; (carp.) to square (timber).
acoderamiento, *m.* (naut.) bringing the broadside to bear.

acoderar, *va.* (naut.) to put a spring on a cable; to bring the broadside to bear.
acodiciar. I. *va.* to long for, covet. **II.** *vr.* to become covetous.
acodillar. I. *va.* to bend into an elbow or angle. **II.** *vr.* to sink down under a burden.
acodo, *m.* (agr.) shoot, scion.
acogedizo, za, *a.* collected promiscuously.
acogedor, ra, *m.* & *f.* harborer, protector.
acoger. I. *va.* (*ind.* ACOJO; *subj.* ACOJA) to receive; (fig.) to protect, shelter. **II.** *vr.* **(a)** to take refuge (in); to resort (to).
acogeta, *f.* shelter, cover, place of safety.
acogida, *f.* reception; place of meeting, confluence; asylum.—**dar a. a una letra,** (com.) to honor a draft.—**tener buena, mala a.,** to be well, unfavorably received.
acogido, *m.* collection of brood mares given to owner of principal steed, to keep them at a certain price; letting out of pasture for flocks.
acogimiento, *m.* = ACOGIDA.
[1]**acogollar,** *va.* to cover up (plants).
[2]**acogollar,** *vn.* to bud.
acogombradura, *f.* banking of plants.
acogombrar, *va.* = APORCAR, to cover (plants) with earth, to bank.
acogotar, *va.* to kill by a blow on the back of the neck.
acohombrar, *va.* (agr.) = ACOGOMBRAR.
acojinamiento, *m.* (mech.) cushioning.
acojinar, *va.* to quilt; (mech.) to cushion.
acojo, acoja, *v.* *V.* ACOGER.
acolada, *f.* accolade.
acolar, *va.* (her.) to unite (two coats of arms) under the same crown, shield, etc.
acolchado, *m.* (hydraul. eng.) mattress.
[1]**acolchar, acolchonar,** *va.* to quilt.
[2]**acolchar,** *va.* (naut.) to intertwine (cords).
acólito, *m.* acolyte, assistant.
acología, *f.* (med.) acology
acológico, ca, *a.* acologic.
acolladores, *m. pl.* (naut.) lanyards.
acollar, *va.* (*ind.* ACUELLO; *subj.* ACUELLE) (agr.) to cover with earth the base of a trunk; (naut.) to caulk.
acollarado, da, *a.* ring-necked.
acollarar, *va.* to yoke or harness (horses, oxen, etc.); to couple (hounds); to put a collar on.
acollonar, *va.* (coll.) = ACOBARDAR, to frighten.
acombar, *va.* to bend; to warp.
acomedirse, *vr.* to offer oneself, volunteer.
acometedor, ra, *n.* & *a.* aggressor(-ive); enterpriser(-ing).
acometer, *va.* to attack, rush on, (coll.) go for; to undertake; (of sleep, an illness) to overtake.
acometida, *f.*, **acometimiento,** *m.* attack, assault; branch or outlet (in a sewer).
acometividad, *f.* combativeness.
acomodable, *a.* easily arranged.
acomodación, *f.* accommodation.
acomodadamente, *adv.* commodiously, comfortably.
acomodadizo, za, *a.* accommodating.
acomodado, da. I. *pp.* of ACOMODAR. **II.** *a.* convenient, fit; well-to-do, wealthy; fond of comfort; moderate, reasonable.
acomodador, ra, *n.* one who accommodates; usher in a theatre.
acomodamiento, *m.* accommodation.
acomodar. I. *va.* to arrange; to accommodate; to set to rights; to place; to reconcile, compound, compromise; to furnish, supply; to take in, shelter, lodge. **II.** *vn.* to fit; to suit. **III.** *vr.* to condescend; to adapt oneself; to put up with; to settle, agree.
acomodaticio, cia, *a.* accommodating.
acomodo, *m.* employment, situation; lodgings.
acompañado, da. I. *pp.* of ACOMPAÑAR. **II.** *a.* frequented. **III.** *n.* assistant.
acompañador, ra. I. *n.* chaperon, attendant; companion; (mus.) accompanist. **II.** *a.* accompanying.
acompañamiento, *m.* attendance; retinue; (mus.) accompaniment; supernumeraries in a theatre; (her.) ornament around an escutcheon.
acompañante, ta, *n.* & *a.* = ACOMPAÑADOR.
acompañar. I. *va.* to accompany; to attend, escort; to enclose; (mus.) to accompany. **II.** *vr.* to hold a consultation.
acompasadamente, *adv.* rhythmically.
acompasado, da, *a.* measured, rhythmic; (coll.) monotonous and slow in speech or unhurried in gait; of fixed, regular habits.
acompasar, compasar, *va.* to measure with a compass; to arrange in order.
acomplexionado, da, *a.* of (good, bad) complexion.
acomunarse, *vr.* to unite, combine.
aconchabarse, conchabarse, *vr.* (coll.) to unite (esp. for evil purpose).
aconchar, *va.* to push to a place of shelter; (naut.) to run aground.
acondicionado, da. I. *pp.* of ACONDICIONAR. **II.** *a.* (of persons) of (good, bad) disposition; (of things) in (good, bad) condition; of (good, bad) quality.—**con aire a.,** air-conditioned.
acondicionador, ra. I. *a.* conditioning. **II.** *mf.* conditioner.—**a. de aire,** air conditioner.
acondicionamiento, *m.* conditioning, processing; drying (of silk, etc.).—**a. de aire,** air conditioning.
acondicionar. I. *va.* to prepare, arrange; to repair; to condition. **II.** *vr.* to acquire a quality or condition; to qualify (for a position).
acongojadamente, *adv.* sorrowfully, sadly.
acongojado, da, *a.* anguished, heartbroken.
acongojar. I. *va.* to afflict, grieve. **II.** *vr.* to become sad; to grieve.
aconítico, ca, *a.* (chem.) aconitic.
aconitina, *f.* (chem.) aconitine.
acónito, *m.* (bot.) aconite.
aconsejable, *a.* advisable.
aconsejado, da, *a.* advised.
aconsejador, ra. I. *n.* adviser, counselor. **II.** *a.* advisory.
aconsejar. I. *va.* to advise, counsel. **II.** *vr.* **(con)** to advise (with); to consult.
aconsonantar. I. *va.* to make (a word) rhyme with another; to use rhymes in prose. **II.** *vn.* to rhyme.
acontecedero, ra, *a.* possible, that may happen.
acontecer, *v. impers.* (*subj.* ACONTEZCA) to happen, come about.—**acontecido, a. I.** *pp.* of ACONTECER. **II.** *a.* sad, despondent.
acontecimiento, *m.* event, happening.
acontezca, *v.* *V.* ACONTECER.
acopado, da. I. *pp.* of ACOPAR. **II.** *a.* cuplike, cupped.
acopar, *vn.* to trim to shape; to cup, hollow.
acopetado, da, *a.* tufted.
acopiador, ra, *n.* one who stores or collects.
acopiamiento, *m.* gathering, collecting; collection; supply, stock.
acopiar, *va.* to gather, store, collect, garner.
acopio, *m.* gathering, storing; assortment; collection, quantity.
acoplado, da. I. *pp.* of ACOPLAR. **II.** *a.* fitted, adjusted; coupled; (carp.) scarfed.—**a. directamente,** (mech.) direct-connected.
acopladura, *f.* = ACOPLAMIENTO.
acoplamiento, *m.* coupling; joint; scarfing.
acoplar. I. *va.* to couple, join, connect; to hitch, yoke; to scarf (timber); to reconcile; to settle (differences); to pair, mate (animals). **II.** *vr.* to make up a difference; to settle, come to an agreement; (coll.) to become intimate.
acoquinamiento, *m.* intimidation.
acoquinar. I. *va.* to intimidate; frighten. **II.** *vr.* to be afraid.
acoracé, acorace, *v.* *V.* ACORAZAR.
acorar, *va.* to afflict; to cause grief.
acorazado, da. I. *a.* ironclad; shell (app. to transformers, as shell core). **II.** *m.* armored ship, ironclad.
acorazamiento, *m.* armoring; armor.

acorazar, *va.* (*pret.* ACORACÉ; *subj.* ACORACE) to armor.
acorazonado, da, *a.* heart-shaped.
acorchamiento, *m.* shrivelling.
acorcharse, *vr.* to shrivel; (of fruits) to get stale; to become torpid; (of arm, leg, etc.) to go to sleep.
acordada, *f.* (law) resolution, decision.
acordadamente, *adv.* by common consent, jointly; with mature deliberation.
acordado, da. I. *pp.* of ACORDAR. **II.** *a.* done with mature deliberation.
acordar. I. *va.* (*ind.* ACUERDO; *subj.* ACUERDE) to resolve; to agree; to remind; (mus.) (reg. conj. in this meaning) to tune; to dispose (figures) in a picture; to make flush, level, smooth. **II.** *vn.* to agree. **III.** *vr.* (**de**) to remember, recollect (*no me acuerdo de eso,* I do not remember that); to come to an agreement.—**si mal no me acuerdo,** if I remember rightly, if my memory does not fail me.
acorde. I. *a.* agreed; in tune; in accord. **II.** *m.* chord; harmony of sounds or colors.
acordelar, *va.* to measure with a cord.
acordemente, *adv.* by common consent; harmoniously; consistently.
acordeón, *m.* accordion.
acordeonista, *n.* accordionist.
acordonado, da. I. *pp.* of ACORDONAR. **II.** *a.* surrounded; in the form of a cord; accordion-pleated.
acordonamiento, *m.* act of lacing; milling (coins); cording; shirring.
acordonar, *va.* to lace; to mill (a coin); to cord, shirr, twine; to surround (with a cordon of troops, etc.).
acores, *m. pl.* (med.) achor, scald head.
acornar, *va.* (*ind.* ACUERNO; *subj.* ACUERNE) = ACORNEAR.
acorneador, ra, *n.* & *a.*; butter(-ing).
acornear, *va.* to butt (with the head).
ácoro, *m.* (bot.) sweet flag.
acorralamiento, *m.* corralling.
acorralar, *va.* to corral; to surround; to intimidate; to silence.
acorrucarse, accurrucarse, *vr.* to huddle up.
acortamiento, *m.* shortening; (astr.) difference between the distance from the sun or a planet to the earth and the projection of that distance on the plane of the ecliptic.
acortar. I. *va.* to shorten, lessen, reduce; to obstruct.—**a. la marcha,** to slow down.—**a. la vela,** (naut.) to shorten sail. **II.** *vr.* to shrivel, contract, shrink; to be bashful; to fall back.
acorullar, *va.* (naut.) to bridle (the oars).
acosador, ra, *n.* pursuer, persecutor.
acosamiento, *m.* relentless persecution.
acosar, *va.* to pursue relentlessly; to vex, harass.
acosmismo, *m.* (philos.) acosmism.
acostado, da. I. *pp.* of ACOSTAR. **II.** *a.* stretched out, lying down; laid down; in bed.
[1]**acostamiento,** *m.* stretching or laying down.
[2]**acostamiento,** *m.* stipend, emolument.
acostar. I. *va.* (*ind.* ACUESTO; *subj.* ACUESTE) to lay down; to put to bed; to bring (a vessel) alongside the shore. **II.** *vn.* to tilt, have a list. **III.** *vr.* to lie down; to go to bed.—**a. con las gallinas,** (coll.) to go to bed with the chickens.
acostumbrado, da, *a.* accustomed, used.
acostumbrar. I. *va.* to accustom. **II.** *vn.* to be accustomed, be in the habit (*acostumbro comer temprano,* I am in the habit of dining early). **III.** *vr.* to get used, or become accustomed.
acotación, *f.,* **acotamiento,** *m.* boundary mark or monument; directions (for a theatrical performance); marginal note; (surv.) elevation marked on a map.
[1]**acotar. I.** *va.* to set boundary marks on; to mark out. **II.** *vr.* to seek refuge outside the boundary line.
[2]**acotar,** *va.* to annotate; to accept; to select; to witness, vouch for; (surv.) to put the elevation figures on (a map).
[3]**acotar,** *va.* to prune (a tree).
acotiledón, *m.* (bot.) acotyledon.
acotiledóneo, ea. I. *a.* (bot.) acotyledonous. **II.** *f. pl.* (bot.) Acotyledons.
acotillo, *m.* sledgehammer.
acoyundar, *va.* to yoke (oxen).
[1]**acre,** *a.* sour; acrimonious; tart; mordant; keen.
[2]**acre,** *m.* acre.
acrecencia, *f.* increase; growth.
acrecentador, ra, *n.* & *a.* increaser(-ing).
acrecentamiento, *m.* = ACRECENCIA.
acrecentar (*ind.* ACRECIENTO; *subj.* ACRECIENTE), **acrecer** (*ind.* ACREZCO; *subj.* ACREZCA), *va.* to increase; to promote, advance.
acrecido, da, *a.* (bot.) accrete.
acreditado, da. I. *pp.* of ACREDITAR. **II.** *a.* well reputed, of good repute.
acreditar, *va.* to assure, affirm; to verify, prove; (com.) to recommend, answer for, guarantee; to accredit, authorize; to prove.
acreedor, ra. I. *a.* meritorious, deserving; creditor (as *a.*).—**a. a,** deserving or worthy of. **II.** *n.* creditor.—**a. hipotecario,** mortgagee.
acreencia, *f.* (Am.) debt claimed; balance in favor of creditor.
acremente, *adv.* sourly, bitterly.
acrescente, *a.* accrescent.
acrezca, acrezco, *v.* *V.* ACRECER.
acribador, ra, *n.* & *a.* one who sifts; sifting.
acribadura, *f.* sifting.—*pl.* siftings.
acribar, *va.* to sift; to perforate like a sieve.
acribillar, *va.* to pierce, perforate; to torment; to cover with wounds.
acriflavina, *f.* (pharm.) acriflavine.
acrilán, *m.* Acrilan (trademark).
acrílico, ca, *a.* (chem.) acrylic.
acriminación, *f.* crimination, accusation.
acriminador, ra, *n.* accuser, informer.
acriminar, *va.* to accuse, charge; to impeach; (law) to aggravate.
acrimonia, *f.* acrimony; tartness; sourness.
acrimonioso, sa, *a.* acrimonious.
acriollarse, *vr.* (Am.) (of Europeans, Anglo-Americans) to adopt native ways, get to be like a creole.
acrisoladamente, *adv.* honestly.
acrisolado, da, *a.* honest, virtuous, upright.
acrisolar, *va.* to assay; to refine; to purify, cleanse; to prove.
acristianar, *va.* (coll.) to baptize, christen.
acrítico, ca, *a.* (med.) acritical.
acritud, *f.* = ACRIMONIA.
acroamático, ca, *a.* acroamatic.
acrobacia, *f.* (aer.) fancy air maneuver, stunt.
acróbata, *n.* acrobat.
acrobático, ca, *a.* acrobatic.
acrobatismo, *m.* acrobatics.
acrocárpeo, pea, *a.* (bot.) acrocarpous.
acrocéfalo, la, *a.* (med.) acrocephalous.
acrógena, *f.* (bot.) acrogen.
acrol, *m.* (chem.) acrolein.
acroleína, *f.* (chem.) acrolein.
acrólito, *m.* (archeol.) acrolith.
acromático, ca, *a.* (opt.) achromatic, free from color.
acromatismo, *m.* achromatism.
acromatizar, *va.* (opt.) to make achromatic (lenses, etc.).
acromatopsia, *f.* color blindness.
acromegalia, *f.* (med.) acromegaly.
acromia, *f.* achroma, achromia.
acromial, acromiano, na, *a.* (anat.) acromial.
acromio, *m.* (anat.) acromion.
acrónico, ca, *a.* (astr.) acronical.
acrónimo, *m.* acronym.
acrópolis, *f.* acropolis.
acrósporo, ra, *a.* (bot.) acrosporous.
acróstico, ca, *a.* acrostic.
acrostolio, *m.* (naut.) acrostolium.
acrotera, *f.* (arch.) acroterium.
acta, *f.* act or record of proceedings; certificate

of election.—*pl.* acts or records of communities, chapters, councils; proceedings; transactions, minutes; papers, file, etc.—**a. notarial,** notarial certificate.—**tomar a.,** (Am.) to note, set down; to bear in mind.
actinia, *f.* (zool.) actinia, sea anemone.
actínico, ca, *a.* (chem.) actinic.
actínides, *m. pl.* (chem.) actinides.
actinio, *m.* actinium.
actinismo, *m.* actinism.
actinógrafo, *m.* (photog.) actinograph, actinometer, exposure meter.
actinometría, *f.* actinometry.
actinométrico, ca, *a.* (opt.) actinometric.
actinómetro, *m.* (opt.) actinometer.
actinomicina, *f.* (pharm.) actinomycin.
actinomicosis, *f.* (med., vet.) actinomycosis.
actinomorfo, fa, *a.* (bot.) actinomorphic, actinomorphous.
actinón, *m.* (chem.) actinon.
actinota, *f.* (miner.) actinolite.
actitud, *f.* attitude.
activación, *f.* activation.
activador, *m.* (chem.) activator.
activar, *va.* to make active; to expedite, hasten.
actividad, *f.* activity, energy.—**en a.,** in operation.
activista, *n.* activist.
activo, va. I. *a.* active. **II.** *m.* (com.) assets.
acto, *m.* act, action; public function; commencement in colleges, etc.; act (of a play); thesis defended in universities; carnal intercourse.—**a. continuo,** (*adv.*) immediately afterward.—**en el a.,** (*adv.*) at once.
actor, ra. I. *a.* acting, that acts.—**parte actora,** (law) prosecution; plaintiff. **II.** *m.* actor, player; (law) plaintiff, claimant.
actriz, *f.* actress.
actuación, *f.* actuation; action.—*pl.* (law) proceedings.
actuado, da. I. *pp.* of ACTUAR. **II.** *a.* actuated; skilled, experienced.
actual, *a.* present, of the present time (not *actual*).—**actualidad,** *f.* present time (never *actuality*).—**en la a.,** at the present time, at present, nowadays.—**actualmente,** *adv.* at present, at the present time (never *actually*).
actuante, *a.* & *n.* defender of a thesis in colleges.
actuar. I. *vn.* to act; to perform judicial acts; to take the affirmative side in a university debate. **II.** *va.* to put in action, actuate.
actuario, ria. I. *a.* actuarial. **II.** *m.* clerk of a court of justice; *n.* actuary.—**a. de seguros,** actuary, expert on insurance.
acuadrillar. I. *va.* to form or head a gang. **II.** *vr.* to form a gang.
acuafortista, *n.* (f.a.) aquafortist, etcher.
acuantiar, *va.* to price, appraise, set a value upon.
acuaplano, *m.* (sport) aquaplane.
acuarela, *f.* water-color painting.
acuarelista, *m.* water-color painter.
acuario, *m.* Aquarius (in zodiac); aquarium.
acuartelado, da. I. *pp.* of ACUARTELAR. **II.** *a.* (her.) quartered, divided into quarters.
acuartelamiento, *m.* quartering or billeting (of troops); troops; quarters.
acuartelar, *va.* to quarter, billet.—**a. las velas,** (naut.) to flat in the sails.
acuartillar, *vn.* (of pack animals) to bend in the quarters under a heavy load.
acuático, ca, acuátil, *a.* aquatic, water (as *a.*).
acuatinta, *f.* aquatint.
acuatizaje, *m.* (aer.) alighting on the water; place for alighting on the water.
acuatizar, *vn.* (aer.) to alight on the water.
acubado, da, *a.* resembling a pail or bucket.
acucia, *f.* zeal, diligence; longing.
acuciamiento, *m.* urging, hastening.
acuciar, *va.* to urge, hasten; to covet.
acuciosamente, *adv.* actively, diligently; eagerly.
acucioso, sa, *a.* zealous, hasty, eager.
acuclillarse, *vr.* to crouch, squat.
acucharado, da, *a.* spoonlike.
acuchillado, da. I. *pp.* of ACUCHILLAR. **II.** *a.* schooled by experience; slashed (app. to garments).
acuchillador, ra, *n.* slasher; bully.
acuchillar. I. *va.* to cut, hack; to slash, cut open; to knife; to put to the sword. **II.** *vr.* to fight with knives or swords.
acudimiento, *m.* aid, assistance.
acudir, *vn.* to be present frequently; to attend; to go, come; to respond (to a call); to go or come to the rescue; to resort; to have recourse; to keep (an appointment).
acueducto, *m.* aqueduct; water-supply line, main.
acuello, acuelle, *v.* *V.* ACOLLAR.
ácueo, a, *a.* watery; aqueous.
acuerdado, da, *a.* aligned.
[1]**acuerdo,** *m.* resolution; determination; opinion; report, advice; remembrance, recollection; concurrence, accord; agreement, convention, pact; body of the members of a tribunal; harmony.—**de a.,** in agreement; unanimously; of the same opinion; complying, in accordance.—**de común a.,** unanimously; by mutual agreement.
[2]**acuerdo, acuerde,** *v.* *V.* ACORDAR.
acuerno, acuerne, *v.* *V.* ACORNAR.
acuesto, acueste, *v.* *V.* ACOSTAR.
acuidad, *f.* acuity.
acuitar. I. *va.* to afflict. **II.** *vr.* to grieve.
acular, *va.* (coll.) to make (a horse) back up.
aculeado, da, *m.* & *a.* (zool.) aculeate.
aculeata, *m.* (zool.) aculeate.
aculebrinado, da, *a.* in the form of a culverin.
aculeiforme, *a.* aculeiform.
acullá, *adv.* on the other side, opposite; yonder.
acumbente, *a.* (bot.) accumbent.
acumen, *m.* acumen, quick discernment.
acuminado, da, *a.* (bot.) acuminate.
acumulación, *f.* accumulation; gathering.
acumulado, da, *a.* accumulate, accumulative.
acumulador, ra, *n.* accumulator; (elec.) storage battery, accumulator.
acumular, *va.* to accumulate; to impute to, charge with; (law) to try or dispose of jointly.
acumulativamente, *adv.* cumulatively; (law) by way of prevention or precaution; jointly.
acumulativo, va, *a.* cumulative; joint.
acuñación, *f.* coining, minting; wedging.
acuñador, ra, *n.* coiner; wedge; (print.) shooting stick.
acuñar, *va.* to coin, mint; to wedge; (print.) to key, lock; to quoin.
acuosidad, *f.* wateriness.
acuoso, sa, aguoso, sa, *a.* watery, aqueous.
acupresión, *f.* (surg.) acupressure.
acupuntura, *f.* (surg.) acupuncture.
acure, *m.* (Venez.) Guinea pig.
acurrucarse, acorrucarse, *vr.* to huddle up.
acusación, *f.* accusation.
acusado, da, *n.* & *a.* defendant, accused.
acusador, ra, *n.* accuser; informer; prosecutor.
acusante, *a.* accusing, prosecuting.
acusar. I. *va.* to accuse; to prosecute; to indict; to acknowledge (receipt); at cards, to announce in due time that one holds certain cards that count so many points.—**a. las cuarenta,** to call out the forty honor points (at cards); (coll.) to give a piece of one's mind. **II.** *vr.* (**de**), to confess (to).
acusativo, *m.* & *a.* accusative.
acusatorio, ria, *a.* accusatory.
acuse, *m.* at cards, each of the cards duly announced in certain games.—**a. de recibo,** acknowledgment of receipt.
acusón, na, *a.* & *n.* (coll.) telltale, talebearer.
acústica, *f.* acoustics.

acústico, ca. I. *a.* acoustic; speaking (tube). II. *m.* acoustician; hearing aid.
acutángulo, *a.* (geom.) acute-angled.
acutí, *m.* (Arg.) agouti.
achacar, *va.* to impute.
achacosamente, *adv.* sickly.
achacoso, sa, *a.* sickly, ailing.
achaflanar, chaflanar, *va.* to chamfer, bevel.
achantarse, *vr.* (coll.) to hide during danger.
achaparrado, da, *a.* shrub-sized (tree).
achaparrarse, *vr.* (agr.) not to grow or thrive to become stunted.
achaque, *m.* habitual indisposition; monthly courses; pregnancy; subject matter; excuse, pretext; frequent lapse or failing.—*pl.* matters.
achaquiento, ta, *a.* = ACHACOSO.
acharolado, da, *a.* japanned; japanlike.
acharolar, *va.* to japan; to enamel.
achatamiento, *m.* flattening.
achatar, *va.* to flatten.
achicado, da, *a.* childish.
achicador, ra, *m.* & *f.* diminisher; reducer; (naut.) scoop for bailing boats.
achicadura, *f.* diminution; (naut.) bailing.
achicamiento, *m.* = ACHICADURA.
achicar. I. *va.* to diminish, lessen; to humble, belittle; to bail, drain.—**a. el agua del navío,** to free the ship.—**a. un cabo,** to shorten a rope. II. *vr.* to humble oneself; to feel small.
achicoria, *f.* (bot.) chicory.
achicharrar, *va.* to fry too much; to overheat.
achichinque, *m.* (min.) scooper.
achilenado, da, *a.* (Peru) pro-Chilean.
achinado, da, *a.* (Arg.) plebeian; of dark reddish color.
achinar, *va.* (coll.) to intimidate, frighten.
achinelado, da, *a.* slipper-shaped.
achiote, *m.* (bot.) annatto tree; annatto (a dye).
achique, *m.* scooping, bailing, draining.
achispar. I. *va.* (coll.) to make tipsy. II. *vr.* to get tipsy.
achocadura, *f.* knock against an object.
achocar, *va.* to throw one against the wall; to knock asunder; (coll.) to hoard money.
achocolatado, da, *a.* chocolate-colored.
acholado, da, *a.* half Indian; half-breed.
achote, *m.* = ACHIOTE.
achubascarse, *vr.* (naut.) to become squally.
achucutarse, *vr.* (Am.) to become downhearted; to lose courage; to wither.
achuchar, achuchurrar, *va.* (coll.) to crush with a blow; to thrust; to push roughly, jostle.
achuchón, *m.* (coll.) push, squeeze.
achulado, da, *a.* (coll.) rough; tough.
achunchar, *va.* (Chile) to foil, frustrate.
achura, *f.* (Am.) gut (of cattle).
adáctilo, la, *a.* (zool.) adactylous.
adafina, *f.* stew eaten by the Jews in Spain.
[1]**adagio,** *m.* proverb, adage.
[2]**adagio,** *m.* (mus.) adagio.
adala, *f.* (naut.) pump dale.
adalid, *m.* chief, chieftain, leader.
adamado, da, *a.* effeminate, womanish.
adamantino, na, *a.* adamantine.
adamarse, *vr.* to become effeminate.
adamascado, da, *a.* damasklike.
adamascar, *va.* to damask.
adámico, ca, *a.* (geol.) (of sand or other deposit) accumulated by the tide.
adamita, *m.* Adamite, a nudist.
Adán, *m.* Adam; slovenly man.
adaptabilidad, *f.* adaptability, suitability.
adaptable, *a.* adaptable.
adaptación, *f.* adaptation.
adaptador, ra, *n.* & *a.* adapter(-ing).
adaptante, *a.* adapting.
adaptar. I. *va.* to adapt, fit. II. *vr.* to adapt oneself.
adaraja, *f.* (arch.) toothing.
adarce, *m.* dry sea froth.
adarga, *f.* oval leather shield.—**adargar,** *va.* to shield, defend.—**adarguilla,** *f.* small shield.
adarme, *m.* half a drachm, 1/16 ounce (179 centigrams).—**por adarmes,** in driblets, stingily.
adarvar, *va.* to stun; to bewilder.
adarve, *m.* flat top of a wall.
adatar, *va.* to open an account; to credit.
adaza, *f.* (bot.) panic grass.
adecenamiento, *m.* formation with ten abreast.
adecenar, *va.* to form with ten abreast; to count by tens.
adecuación, *f.* fitness; adequateness.
adecuado, da. I. *pp.* of ADECUAR. II. *a.* adequate.
adecuar, *va.* to fit; to adapt.
adefagia, *f.* voracity.
adéfago, ga, *a.* voracious; (entom.) of the Adephaga, a beetle family.
adefesio, *m.* (coll.) nonsense, absurdity; blunder; queer person; ridiculous attire.
adefina, adafina, *f.* stew eaten by Spanish Jews.
adehala, *f.* gratuity, perquisite, tip.
adehesamiento, *m.* pasturage; turning into pasture.
adehesar, *va.* to convert land into pasture.
adelantadamente, *adv.* beforehand.
adelantado, da. I. *pp.* of ADELANTAR. II. *a.* anticipated; advanced; far ahead; proficient; precocious; bold, forward; (of a timepiece) fast; early (fruit, plants).—**por a.,** in advance. III. *m.* governor of a province.
adelantador, ra, *n.* one that advances, extends, or amplifies.
adelantamiento, *m.* progress; improvement, increase; furtherance; cultivation; anticipation; betterment, promotion.
adelantar. I. *va.* & *vn.* to progress, advance; to grow; to keep on; to anticipate; to pay beforehand; to improve; to go fast; (of a timepiece) to gain; to be fast; to set ahead. II. *vr.* to take the lead; to come forward;—**a. a,** to excel, outdo.
adelante, *adv.* ahead; farther on; forward, onward.—**¡a!** forward! go on! let's go! come in!—**de a.,** ahead, in the front; forward, head (as *a.*).—**de aquí en a., de hoy en a.,** or **en a.,** henceforth, from now on, in the future.—**llevar a.,** to go ahead with, carry on.—**más a.,** farther on.—**salir a.,** to come through, come out well or ahead.
adelanto, *m.* advance, progress; improvement; (com.) advanced payment.
adelfa, *f.* (bot.) rosebay.—**adelfal,** *m.* rosebay field.
adelgacé, adelgace, *v. V.* ADELGAZAR.
adelgazador, ra, *n.* one that makes thin or slender.
adelgazamiento, *m.* slenderness, thinness.
adelgazar. I. *va.* (*pret.* ADELGACÉ; *subj.* ADELGACE) to attenuate, make thin, slender; to lessen; to taper; to split hairs. II. *vr.* to become thin or slender.
adema, *f.* (min.) shore; strut; prop.
ademador, ra, *n.* (min.) one who props.
ademán, *m.* gesture, look, manner; attitude.—*pl.* manners.—**en a. de,** as if getting ready, or going, to, showing an intention of.
ademar, *va.* (min.) to shore.
además, *adv.* moreover, furthermore, besides; exceedingly, too.—**a. de,** besides, in addition to.
ademe, *m.* = ADEMA.
adenia, *f.* (med.) adenia.
adenitis, *f.* (med.) adenitis, gland inflammation.
adenografía, *f.* (anat.) adenography.
adenoidectomía, *f.* (surg.) adenoidectomy.
adenoideo, dea, *a.* adenoid.—**tumor a., vegetación a.,** adenoids.
adenología, *f.* (anat.) adenology.
adenoma, *m.* (med.) adenoma.
adenopatía, *f.* adenopathy.
adentellar, *va.* to bite, catch with the teeth.—**a. una pared,** to leave toothing stones or bricks in a wall to continue it.
adentro. I. *adv.* within, inside. II. *interj.* come

in!, let's go in! **III.** *m.* (in the *pl.*) the innermost thoughts.
adepto, ta, *a.* adept; initiated.
aderecé, aderece, *v. V.* ADEREZAR.
aderezamiento, *m.* embellishment; dressing.
aderezar, *va.* (*pret.* ADERECÉ; *subj.* ADERECE) to dress, embellish, adorn; to prepare; to cook, season; to clean; to repair; to mix (drinks); to blend (wines); to gum (silk); to size (goods).
aderezo, *m.* dressing; adorning; finery; gum, starch, used to stiffen cloth; set of jewelry; trappings of a saddle horse; furniture; hilt, hook, and other appendages of a sword.
aderra, *f.* rush rope.
adestrado, da. I. *pp.* of ADESTRAR. **II.** *a.* (her.) on the dexter side of the escutcheon.
adestrador, ra, *n.* teacher, trainer; censor, critic.
adestramiento, *m.* = ADIESTRAMIENTO.
adestrar. I. *va.* (*ind.* ADIESTRO; *subj.* ADIESTRE to guide, lead; to teach, train. **II.** *vr.* to practice, train.
adeudado, da. I. *pp.* of ADEUDAR **II.** *a.* indebted; in debt.
adeudar. I. *va.* to owe; to be dutiable; (com.) to charge, debit. **II.** *vr.* to run into debt.
adeudo, *m.* indebtedness; custom house duty; (com.) debit; charge.
adherencia, *f.* adhesion; adherence; relationship; bond.
adherente. I. *a.* adhesive, adhering; attached. **II.** *n.* follower, adherent. **III.** *m.* (gen. *pl.*) accessory; equipment.
adherir, *va.* & *vr.* (*ind.* ADHIERO; *subj.* ADHIERA) to adhere; to stick.
adhesión, *f.* adhesion; following, adherence.
adhesividad, *f.* concentration of mind; love o one's fellow beings.
adhesivo, va, *m.* & *a.* adhesive.
adhiero, adhiera, *v. V.* ADHERIR.
adiabático, ca, *a.* adiabatic.
adiafa, *f.* tip given to seamen at end of a voyage.
adiaforesis, *f.* (med.) adiaphoresis.
adiamantado, da, *a.* adamantine.
adiamantar, *va.* to adorn with diamonds.
adianto, *m.* (bot.) adiantum, maidenhair fern.
adición, *f.* addition; remark or note put to accounts.—**a. de la herencia,** acceptance of an inheritance.—**adicional,** *a.* additional.
adicionar, *va.* to make additions in, add to; to extend, prolong.
adicto, ta, *n.* & *a.* addicted, devoted; follower, supporter.
adiestrador, ra, *a.* = ADESTRADOR.
adiestramiento, *m.* guiding; teaching, training; practice.
adiestrar, *va.* = ADESTRAR.
adiestro, adiestre, *v. V.* ADESTRAR.
adietar, *va.* to put on a diet.
adifés, *adv.* (Venez.) on purpose.
adinamia, *f.* adynamia, debility, prostration.
adinámico, ca, *a.* adynamic.
adinerado, da, *a.* rich, wealthy.
adinerar. I. *va.* to convert into cash, realize. **II.** *vr.* to get rich.
adintelado, da, *a.* (arch.) falling from an arch gradually into a straight line.
adiós, *interj.* good-bye, adieu.
adipocira, *f.* adipocere; waxy substance from buried animals.
adiposidad, *f.* adiposity.
adiposis, *f.* (med.) adiposis.
adiposo, sa, *a.* adipose.
adir, *va.* to accept (an inheritance).
aditamento, *m.* addition.—**por a.,** in addition, into the bargain.
aditivo, va, *m.* & *a.* additive.
adiva, *f.* **adive,** *m.* jackal.
adivas, *m. pl.* (vet.) vives, fives, the strangles.
adivinación, *f.* divination.—**a. del pensamiento,** mind reading, mental telepathy.
adivinador, ra, *n.* & *a.* diviner, soothsayer.
adivinaja, *f.* puzzle, conundrum.
adivinanza, *f.* prophecy; riddle; guess.
adivinar, *va.* to foretell; to divine, guess; to solve (a riddle).
adivino, na, *n.* soothsayer; fortune teller; wizard; guesser.
adjetivación, *f.* adjectival use or function; (gram.) agreement.
adjetivadamente, *adv.* adjectively.
adjetival, *a.* adjectival.
adjetivar, *va.* & *vr.* to use, or be used, adjectively; (gram.) to make agree.
adjetivo, va, *n.* & *a.* adjective.—**a. calificativo,** qualifying adjective.—**a. comparativo,** comparative adjective.—**a. determinativo,** limiting adjective.—**a. gentilicio,** proper adjective.
adjudicación, *f.* adjudgment, adjudication.
adjudicador, ra, *n.* & *a.* adjudicator(-ing).
adjudicar. I. *va.* to adjudge, adjudicate. **II.** *vr.* to appropriate.—**adjudicativo, va,** *a.* adjudicative.—**adjudicatario, ria,** *n.* grantee.
adjunción, *f.* (law) adjunction.
adjuntar, *va.* (Am.) to enclose, send enclosed or with something else.
adjunto, ta. I. *a.* joined, annexed, enclosed, attached, adjunct. **II.** *m.* adjective; addition.
adjutor, ra, *a.* & *n.* helper(-ing), assistant(-ing).
adminicular, *va.* to strengthen, reinforce, corroborate.
adminículo, *m.* auxiliary; helper.—*pl.* small things carried for emergencies.
administración, *f.* administration, management; office of an administrator.—**a. activa,** executive action.—**a. económica,** treasury department.—**a. militar,** commissariat.—**a. pública,** public administration.—**en a.,** in trust.—**por a.,** by the government; officially; by the management, company, firm, etc.
administrador, ra, *n.* administrator, manager; director, trustee.—**a. de aduanas,** collector of customs.—**a. de correos,** postmaster.—**a. municipal,** (U. S.) city manager.
administrar, *va.* to administer.
administrativamente, *adv.* administratively.
administrativo, va, *a.* administrative.
admirable, *a.* admirable, excellent.
admiración, *f.* admiration, wonder; exclamation point (! ¡).
admirado, da, *a.* admiring.
admirador, ra, *n.* admirer.
admirar. I. *va.* to admire. **II.** *vr.* to wonder; to be surprised, amazed.—**a. de,** to be surprised at; to regard with admiration, wonder at.
admirativo, va, *a.* admiring; admirable; filled with admiration.
admisibilidad, *f.* admissibility.
admisible, *a.* admissible.
admisión, *f.* admission, acceptance.
admitancia, *f.* (elec.) admittance.
admitir, *va.* to receive; to admit, grant; to accept; to permit.
admixtión, *f.* admixture.
admonición, *f.* admonition, warning, advice.
admonitor, *m.* monitor (esp. in some religious communities).
adnata, *f.* (anat.) conjunctiva, the external white membrane of the eye.
adnato, ta, *a.* adnate.
adobado, da. I. *pp.* of ADOBAR. **II.** *m.* pickled pork.
adobador, ra, *n.* dresser, preparer.
adobar, *va.* to dress, prepare or cook (food); to pickle (meat); to tan or dress (hides).
adobe, *m.* adobe, unburnt sun-dried brick.
adobera, *f.* mold for adobe; brick-shaped cheese, and mold for it.
adobería, *f.* brickyard; tannery.
adobo, *m.* repairing, mending; pickle sauce; dressing for seasoning; ingredients for dressing leather or cloth; pomade.

adocenado, da. I. *pp.* of ADOCENAR. **II.** *a.* common, ordinary, vulgar.
adocenar, *va.* to count or sell by dozens; to depreciate, underrate.
adoctrinamiento, *m.* indoctrination.
adoctrinar, *va.* to instruct, indoctrinate.
adolecer. I. *vn.* (*ind.* ADOLEZCO; *subj.* ADOLEZCA) to become ill.—**a. de,** to suffer from, be ill with; to be subject to. **II.** *vr.* to condole.
adolescencia, *f.* adolescence.
adolescente, *n.* & *a.* adolescent.
adolezco, adolezca, *v.* *V.* ADOLECER.
adolorido, da, dolorido, da, *a.* painful; doleful.
adonde (**adónde,** when *interr.*), *adv.* where, whither.
adondequiera, *adv.* wherever, anywhere, everywhere.
adónico, ca, *m.* & *a.* Adonic (verse).
adopción, *f.* adoption.—**adopcionismo,** *m.* adoptionism, an ancient Spanish sect.—**adopcionista,** *a.* adhering or pert. to adoptionism.
adoptable, *a.* adoptable.
adoptado, da, *a.* adopted.
adoptador, ra, *n.* adopter.
adoptante, *n.* & *a.* adopter(-ing).
adoptar, *va.* to adopt; to embrace (an opinion).
adoptivo, va, *a.* adoptive.
adoquín, *m.* paving stone or tile.—**adoquinado,** *m.* pavement.—**adoquinar,** *va.* to pave.
ador, *m.* time for watering land, where water is officially distributed.
adorable, *a.* adorable.
adoración, *f.* adoration, worship.
adorador, ra; adorante, *n.* adorer, worshipper.
adorar, *va.* to adore, worship.
adoratorio, *m.* Am. Indian temple for an idol.
adormecedor, ra, *a.* soporific, sleep-inducing.
adormecer. I. *va.* (*ind.* ADORMEZCO; *subj.* ADORMEZCA) to cause drowsiness or sleep; to lull to sleep; to calm, lull. **II.** *vr.* to fall asleep; to grow benumbed; to persist in vice.
adormecido, da. I. *pp.* of ADORMECER. **II.** *a.* langorous, sluggish; drowsy.
adormecimiento, *m.* drowsiness, sleepiness, numbness.
adormezco, adormezca, *v.* *V.* ADORMECER.
adormidera, *f.* (bot.) poppy.
adormir, *va.* & *vr.* (*ind. pres.* ADUERMO, *pret.* él ADURMIÓ; *subj.* ADUERMA) = ADORMECER.
adormitarse, *vr.* to doze, drowse.
adornado, da, *a.* ornamented, adorned.
adornador, ra, *n.* adorner, decorator.
adornamiento, *m.* embellishment, decoration.
adornar, *va.* to adorn, embellish, decorate, ornament, trim; to furnish, garnish; to be a gift or an accomplishment of.—**a. de,** to adorn with.
adornista, *m.* painter, decorator.
adorno, *m.* adornment; ornament; trimming; accomplishment.
adosar, *va.* to put on or near (something); to paste (as on a wall).
adquiero, adquiera, *v.* *V.* ADQUIRIR.
adquirente, adquiriente, *n.* acquirer.
adquirible, *a.* acquirable.
adquiridor, ra, *n.* acquirer.
adquirir, *va.* (*ind.* ADQUIERO; *subj.* ADQUIERA) to acquire, obtain, get.
adquisición, *f.* acquisition; attainment.
adquisidor, ra, *n.* = ADQUIRIDOR.
adquisitivo, va, *a.* that helps to acquire.
adquisividad, *f.* acquisitiveness.
adra, *f.* turn (in succession); portion of the population of a town.
adraganto, *m.* tragacanth, a gummy substance.
adrales, *m. pl.* hurdles, side boards (of a wagon).
adrede, adredemente, *adv.* purposely.
adrenalina, *f.* (chem.) adrenaline.
adresógrafo, *m.* Addressograph (trademark).
adrián, *m.* bunion; a magpie's nest.
adriático, ca, *a.* Adriatic.
adrizar, *va.* (naut.) to right.
adscribir, *va.* (*pp. irreg.* ADSCRIPTO, ADSCRITO) to inscribe; to add as an employee.
adscripción, *f.* inscription; appointment; adscription.
adscripto, ta, adscrito, ta. I. *irreg. pp.* of ADSCRIBIR. **II.** *a.* adscript, written after.
adsorbato, *m.* adsorbate.
adsorbente. I. *a.* adsorptive. **II.** *m.* adsorbent.
adsorber, *va.* to adsorb.
adsorción, *f.* adsorption.
aduana, *f.* custom house.
aduanar, *va.* to pass or put through (goods) at the custom house; to pay duty on.
aduanero, ra. I. *a.* custom house, customs (as *a.*). **II.** *m.* custom house officer; revenue officer.
aduanilla, *f.* food store.
aduar, *m.* Arab village or settlement; gipsy camp.
adúcar, *m.* coarse silk from outer part of cocoon; the stuff made from that silk.
aducción, *f.* adduction.
aducir, *va.* (*ind. pres.* ADUZCO, *pret.* ADUJE; *subj.* ADUZCA) to adduce, bring up in argument.
aductor, *m.* (anat.) adductor (muscle).
aduendado, da, *a.* fairylike.
adueñarse, *vr.* to take possession.
aduermo, aduerma, *v.* *V.* ADORMIR.
adufe, *m.* timbrel or tambourine.
adufero, ra, *n.* tambourine player.
adujadas, adujas, *f. pl.* (naut.) coil, coiled cable.
adujar, *va.* (naut.) to coil (a cable).
aduje, adujo, *v.* *V.* ADUCIR.
adula, dula, *f.* common pasture.
adulación, *f.* fawning, adulation.
adulador, ra, *n.* fawner, adulator, cringer.
adular, *va.* & *vn.* to adulate, flatter fawningly; to cringe to; to fawn, creep, crouch, grovel.
adulatorio, ria, *a.* flattering, honey-mouthed.
adulón, na, *n.* & *a.* toady, cringer(-ing).
adúltera, *f.* adulteress.
adulteración, *f.* adulteration.
adulterado, da, *a.* adulterate.
adulterador, ra, adulterante, *n.* & *a.* adulterator(-ing), adulterant; falsifier.
adulterar. I. *va.* to adulterate; to corrupt. **II.** *vn.* to commit adultery.
adulterino, na, *a.* adulterous; begotten in adultery; adulterated, falsified, forged.
adulterio, *m.* adultery.
adúltero, ra. I. *a.* adulterous. **II.** *n.* adulterer; *f.* adulteress.
adulto, ta, *n.* & *a.* adult.
adulzar, *va.* to render (metals) more ductile.
adumbración, *f.* adumbration, shade in a picture.
adunar, *va.* to unite, join; to unify.
adunco, ca, *a.* aduncous; curved; warped.
adunia, *adv.* abundantly.
adusto, ta, *a.* austere, stern, sullen.
aduzco, aduzca, *v.* *V.* ADUCIR.
advección, *f.* (meteorol.) advection.
advenedizo, za, *n.* & *a.* foreign(-er), newly arrived, immigrant; upstart, parvenu.
advenimiento, *m.* arrival; advent.
advenir, *vn.* to come; to arrive.
adventicio, cia, *a.* adventitious, accidental; (law) acquired by industry, (law) adventitious.
adveración, *f.* (law) averment.
adverbial, *a.* adverbial.—**adverbialmente,** *adv.* adverbially.
adverbio, *m.* adverb.
adversario, *m.* adversary, opponent; foe.
adversativo, va, *a.* (gram.) adversative.
adversidad, *f.* adversity, misfortune.
adverso, sa, *a.* adverse; calamitous; opposite, facing
advertencia, *f.* admonition, warning; remark, notice; foreword.
advertidamente, *adv.* advisedly, deliberately.
advertido, da. I. *pp.* of ADVERTIR. **II.** *a.* noticed; skilful; intelligent; expert; clever.

advertir, *va.* (*ind. pres.* ADVIERTO, *pret.* él ADVIRTIÓ; *subj.* ADVIERTA) to take notice of; to observe; to instruct, advise, give notice or warning; to acquaint; to mark, note.
adviento, *m.* Advent, the four weeks before Christmas.
advierto, advierta, advirtió, *v. V.* ADVERTIR.
advocación, *f.* appellation given to a church, chapel, or altar, dedicated to the Virgin or a saint.
adyacencia, *f.* adjacency, contiguity.
adyacente, *a.* adjacent.
aechadero, aechar, etc. = AHECHADERO, AHECHAR, etc.
aeración, *f.* aeration, charging with gas or with air; (med.) action of atmospheric air in the treatment of disease.
aéreo, rea, *a.* aerial; overhead; elevated; air (as *a.*, as in **fuerzas aéreas,** air forces); (fig.) airy, fantastic.—**por correo a.,** by airmail.
aerífero, ra, *a.* aeriferous, conveying air.
aerificar, *va.* to gasify; to aerify, aerate.
aeriforme, *a.* aeriform, gaseous.
aerobio. I. *a.* aerobic. **II.** *m.* aerobe.
aerobiosis, *f.* (biol.) aerobiosis.
aerobús, *m.* aerobus.
aerocisto, *m.* (bot.) aerocyst.
aerodinámica, *f.* aerodynamics.
aerodinámico, ca, *a.* streamline(d).
aeródromo, *m.* airdrome, aerodrome.
aeroembolismo, *m.* (med.) aeroembolism.
aeroespacial, *a.* aerospace.
aerofagia, *f.* (med.) aerophagia.
aerofobia, *f.* aerophobia morbid dread of air.
aeróforo, *m.* (med.) aerophore.
aerofoto, *m.* or *f.* aerophotograph.
aerofotografía, *f.* aerophotography, aerial photography; aerophotograph.
aerografía, *f.* aerography.
aerógrafo, *m.* aerographer; airbrush.
aerograma, *m.* wireless message, radiogram.
aerolito, *m.* aerolite, meteoric stone.
aerología, *f.* aerology.
aerólogo, *m.* aerologist.
aeromancia, *f.* aeromancy.
aeromántico, *m.* aeromancer.
aeromecánico, ca. I. *a.* aeromechanical. **II.** *f.* aeromechanics.
aeromedicina, *f.* aeromedicine.
aerometría, *f.* aerometry, pneumatics.
aerométrico, ca, *a.* aerometric.
aerómetro, *m.* aerometer.
aeromodelista, *n.* one who constructs model airplanes.
aeromoza, *f.* (aer.) stewardess.
aeronauta, *m.* aeronaut.
aeronáutica, *f.* aeronautics.
aeronáutico, ca, *a.* aeronautic.
aeronave, *f.* airship, dirigible.
aeronavegabilidad, *f.* airworthiness.
aeropausa, *f.* (meteorol.) aeropause.
aeroplano, *m.* aeroplane, airplane.
aeropostal, *a.* air-mail.
aeropuerto, *m.* airport.
aeroscopia, *f.* aerology.
aeroscopio, *m.* aeroscope.
aerosol, *m.* aerosol.
aerostación, *f.* aerostation, air navigation.
aerostática, *f.* aerostatics.
aerostático, ca, *a.* aerostatic.
aeróstato, *m.* aerostat, dirigible.
aerostero, ra, *a.* aviation (as *a.*), aeronautic.
aeroterapia, *f.* aerotherapeutics.
aerotransportado, da, *a.* air-borne.
aeta, *m.* mountain tribe in P. I.; their language.
afabilidad, *f.* affability.
afable, *a.* affable, pleasant.—**afablemente,** *adv.* affably.
áfaca, *f.* (bot.) yellow vetch.
afamado, da, *a.* celebrated, noted, famous.
afamar, *va.* to make famous, give fame to.
afán, *m.* anxiety, solicitude, eagerness.
afanadamente, *adv.* anxiously, laboriously, eagerly.
afanador, ra, *n.* & *a.* eager; painstaker(-ing); hustler(-ing); hurrier(-ying); laborious, toilsome.
afanar. I. *va.* to press, urge, hurry. **II.** *vn.* & *vr.* to act or work eagerly or anxiously; to toil.
afaníptero, ra. I. *a.* (entom.) aphanipterous. **II.** *m. pl.* Aphaniptera.
afanita, *f.* (min.) amphibolite, kind of rock.
afanosamente, *adv.* = AFANADAMENTE.
afanoso, sa, *a.* solicitous; laborious, painstaking; arduous, hard, difficult.
afarolarse, *vr.* (Am., coll.) to become unduly excited, (coll.) to make a fuss; to lose one's temper, (coll.) to get hot under the collar.
afarollonado, da, *a.* steep, cliffy.
afasia, *f.* aphasia.
afásico, ca, *a.* aphasic.
afeador, ra, *n.* & *a.* (something or someone) deforming, distorting or making ugly.
afeamiento, *m.* defacing; ugliness.
afear, *va.* to deform, deface; to make ugly or faulty; to impair; to decry; to condemn.
afeblecerse, *vr.* to grow feeble or delicate.
afección, *f.* affection, fondness; (med.) affection.
afección gastrointestinal, *f.* gastrointestinal disease.
afectación, *f.* affectation.
afectado, da. I. *pp.* of AFECTAR. **II.** *a.* affected.
afectador, ra, *n.* one who acts affectedly.
afectar. I. *va.* to affect, have an effect on; to affect, feign, put on; (law) to charge, impose, encumber. **II.** *vr.* to be moved; to be shocked.
afectividad, *f.* affection; (psych.) affectivity.
afectivo, va, *a.* affective.
afecto. I. *m.* affection, love, fondness. **II.** *a.* affectionate; (a) fond (of), inclined (to); (law) subject to charge or encumbrance.
afectuosidad, *f.* fondness, affection.
afectuoso, sa, *a.* affectionate.
afeitada, *f.* (Am.) shave, shaving.
afeitar. I. *va.* to shave; to beautify, embellish, make up; to trim (a tree, the tail, mane of a horse). **II.** *vr.* to shave (oneself); to make up.
afeite, *m.* paint, rouge, cosmetic; make-up.
afelio, *m.* (astr.) aphelion.
afelpado, da, *a.* plushlike or velvetlike.
afeminación, *f.* effeminacy; emasculation.
afeminado, da. I. *pp.* of AFEMINAR. **II.** *a.* effeminate.
afeminamiento, *m.* = AFEMINACIÓN.
afeminar, *va.* to make effeminate; to unman.
aferente, *a.* afferent.
aféresis, *f.* (gram.) aphæresis, omission of one or more initial letters of a word.
aferrado, da. I. *pp.* of AFERRAR. **II.** *a.* headstrong.
aferrador, ra, *n.* one that grapples or grasps.
aferramiento, *m.* grasping, grappling, seizing or binding; obstinacy.—**a. de las velas,** (naut.) furling of the sails.
aferrar. I. *va.* to grasp, seize; (naut.) to furl; to moor; to anchor. **II.** *vr.* to fasten to each other; to interlock; (**a** or **en**) to persist obstinately or persistently (in).
aferruzado, da. *a.* angry, irate.
afesis, *f.* (gram.) aphesis.
afestonado, da, *a.* festooned.
Afganistán, *m.* Afghanistan.
afgano, na, *n.* & *a.* Afghan.
afiancé, afiance, *v. V.* AFIANZAR.
afianzado, da, *n.* (law) warrantee.
afianzamiento, *m.* security, guarantee, bail; prop, support; fastening, securing.
afianzar, *va.* (*pret.* AFIANCÉ; *subj.* AFIANCE) to become bail or security for; to guarantee; to prop; to make fast, clinch.
afición, *f.* affection, fondness; taste, inclination; eagerness, enthusiasm.—**tomar a. a,** to take a liking to, become fond of.

aficionadamente, *adv.* fondly; amateurishly.
aficionado, da. I. *pp.* of AFICIONAR. **II.** (sport) *n.* & *a.* amateur; fan.—**a. a,** fond of, having a taste for.
aficionar. I. *va.* to cause or inspire affection, fondness or liking. **II.** *vr.* (a) to fancy; to become fond of.
afidávit, *m.* affidavit.
áfido, afídido, *m.* (entom.) aphid.
afijo, ja. (gram.) **I.** *a.* affixal. **II.** *m.* affix.
afiladera, *f.* whetstone.
afilado. I. *pp.* of AFILAR. **II.** *a.* sharp, keen.
afiladura, *f.* sharpening, whetting.
afilamiento, *m.* slenderness of the face, nose, or fingers.
afilar. I. *va.* to whet, grind, sharpen; to render keen. **II.** *vr.* to grow thin.
afiliación, *f.* affiliation.
afiliado, da. I. *a.* affiliated; adopted. **II.** *n.* affiliate.
afiliar. I. *va.* (a) to affiliate (with). **II.** *vr.* (a) to join, affiliate oneself (with).
afiligranado, da, *a.* filigree, filigreed; slender, thin; delicate, neat; dainty.
afiligranar, *va.* to make filigree work; to polish, embellish.
áfilo, la, *a.* (bot.) leafless.
afilón, *m.* steel, knife sharpener; razor strop.
afilosofado, da, *a.* putting on airs of a philosopher.
afín. I. *a.* close by, contiguous; related. **II.** *m.* relation by affinity.
afinación, *f.* completion, finishing touch, refining; tuning.
afinadamente, *adv.* perfectly; delicately.
afinador, ra, *n.* finisher; piano tuner; tuning key.
afinadura, *m.* = AFINACIÓN.
afinamiento, *m.* AFINACIÓN; refinement.
afinar. I. *va.* to complete; to polish; to refine (metals); to trim (binding); to tune. **II.** *vr.* to become polished.
afincar, fincar, *vn.* & *vr.* to acquire real estate.
afine, *a.* = AFÍN.
afinidad, *f.* analogy, resemblance; relationship by marriage; (chem.) affinity.
afino, *m.* refinement (of metals).
afirmación, *f.* affirmation.
afirmadamente, *adv.* firmly.
afirmador, ra, afirmante, *n.* & *a.* afirmer(-ing).
afirmar. I. *va.* to make fast, secure, fasten; to affirm, assert, contend. **II.** *vr.* to hold fast; to steady oneself or make oneself firm; to maintain firmly.
afirmativo, va, *f.* & *a.* affirmative.
afistular, *va.* (med.) to render fistulous.
aflato, *m.* afflatus, inspiration.
aflechada, *a.* arrow-shaped (leaf).
aflicción, *f.* affliction, sorrow, grief.
aflictivo, va, *a.* afflictive, distressing.
aflicto, ta, *pp. irreg.* of AFLIGIR.
afligidamente, *adv.* sorrowfully, sadly.
afligido, da, *a.* anguished.
afligir. I. *va.* (*pp. irreg.* AFLICTO; *ind.* AFLIJO; *subj.* AFLIJA) to afflict, cause pain. **II.** *vr.* to grieve, languish, become despondent, lose heart.
aflijón, na, *a.* (Am., coll.) gloomy-tempered, ever-weeping.
aflojadura, *f.*, **aflojamiento,** *m.* relaxation; loosening, slackening.
aflojar. I. *va.* to loosen, slacken, relax, let loose; to relent; to debilitate.—**a. los obenques,** (naut.) to ease the shrouds. **II.** *vn.* to grow weak; to abate. **III.** *vr.* to grow cool in fervor or zeal; to lose courage.
aflorado, *a.* FLOREADO, (of bread) made of the finest flour; flowered, figured.
afloramiento, *m.* (min.) outcrop.
aflorar, *vn.* to crop out.
afluencia, *f.* plenty, abundance; fluency.
afluente. I. *a.* affluent, copious, abundant; loquacious. **II.** *m.* affluent, tributary.
afluir, *vn.* (*ind.* AFLUYO; *subj.* AFLUYA) (a) to congregate, assemble (in): to flow (into).
[1]**aflujo,** *m.* (med.) afflux, affluxion.
[2]**afluyo, afluya,** *v.* *V.* AFLUIR.
afofar, *va.* & *vr.* to make (become) spongy or light.
afogarar, *va.* = ASURAR, to burn, scorch.
afollar, *va.* (*ind.* AFUELLO; *subj.* AFUELLE) to blow with bellows.
afondar, *va.*, *vn.*, *vr.* to submerge; (naut.) to sink, founder.
afonía, *f.* (med.) aphonia.
afónico, ca, áfono, na, *a.* aphonic.
aforado. I. *pp.* of AFORAR. **II.** *a.* privileged, favored.
aforador, *m.* gauger; appraiser.
aforamiento, *m.* the giving of privileges.
aforar, *va.* to gauge, measure; to appraise; to give privileges (in this meaning: *ind.* AFUERO; *subj.* AFUERE).
aforestación, *f.* afforestation.
aforismo, *m.* aphorism, maxim.
aforístico, ca, *a.* aphoristical.
aforo, *m.* gauging; appraisal.
aforrador, ra, *n.* one who lines clothes.
aforrar. I. *va.* to line (clothes, vessels, tubes, etc.); (naut.) to sheathe.—**a. un cabo,** (naut.) to serve a cable. **II.** *vr.* to put on heavy underclothing; to gorge.—**aforro,** *m.* lining; (naut.) sheathing; (naut.) waist of a ship.
afortunado, da. I. *pp.* of AFORTUNAR. **II.** *a.* fortunate, lucky.
afortunar, *va.* to make happy.
afosarse, *vr.* (mil.) to entrench, "to dig in."
afoscarse, *vr.* to become hazy.
afrailar, *va.* (agr.) to prune (trees).
afrancesado, da. *a.* Frenchified, Frenchlike.
afrancesar. I. *va.* to Gallicize; to give a French termination to (words). **II.** *vr.* to be or become Frenchified; to be naturalized in France.
afrecho, *m.* bran.
afrenillar, *vn.* (naut.) to bridle (the oars).
afrenta, *f.* affront, outrage; disgrace.
afrentar. I. *va.* to affront; to insult. **II.** *vr.* to be ashamed; to blush.
afrentoso, sa, *a.* ignominious.
afretar, *va.* to scrub and clean.
África, *f.* Africa.
africado, da. I. *a.* affricative. **II.** *f.* (phon.) affricate.
africano, na, *n.* & *a.* African.
áfrico, ábrego, *m.* southwest wind.
afroamericano, na, *n.* & *a.* Afro-American.
afrobrasileño, ña, *n.* & *a.* Afro-Brazilian.
afrocubano, na, *n.* & *a.* Afro-Cuban.
afrodisia, *f.* (med.) aphrodisia.
afrodisíaco, ca, *n.* & *a.* aphrodisiac.
afrontar, *va.* to confront; to face.
afta, *f.* (med.) aphthæ, thrush.
aftoso, sa, *a.* (med.) aphthous.
afuello, afuelle, *v.* *V.* AFOLLAR.
afuera. I. *adv.* out; outside; in public.—**¡a.!** one side! clear the way! **II.** *f. pl.* suburbs, outskirts.
afuero, afuere, *v.* *V.* AFORAR.
afuetear, *va.* (Am.) to horsewhip.
afufa, *f.* (coll.) flight.—**afufar,** *vn.* & *vr.* (coll.) to run away; to escape.
afusión, *f.* affusion, shower bath.
afuste, *m.* (milit.) gun carriage.—**a. de mortero,** mortar bed.
agachadiza, *f.* (ornith.) snipe.—**hacer la a.,** (coll.) to hide (oneself).
agachar. I. *va.* to lower, bow down. **II.** *vr.* to stoop, squat, crouch, cower.—**a. las orejas,** (coll.) to humble oneself, bend the knee; to be dejected or crestfallen.
agalbanado, da, *a.* = GALBANOSO, indolent.
agalerar, *va.* (naut.) to tip (an awning).
agáloco, *m.* (bot.) aloes wood.
agalla, *f.* (bot.) gallnut; (anat.) tonsil; (vet.) windgalls of a horse; beaks of a shuttle; ear lobe (of a bird); gill (of a fish);—*pl.* (coll.)

courage; cheek, gall.—**a. de ciprés,** cypress gall.—**tener a.,** to have vim, be enterprising; (Am.) to be greedy; (Colomb. & Ecua.) to be stingy; (Peru) to be shrewd, cunning, wily.
agallado, da, *a.* steeped in an infusion of gall.
agallón, *m.* large gallnut.—**agallones,** *pl.* strings of hollow silver beads; wooden rosary beads.
agalludo, da, *a.* (Am.) stingy; cunning, foxy; brave.
agalluela, *f. dim.* of AGALLA.
ágama, *m.* (zool.) agama.
agamí, *m.* (Am.) (ornith.) trumpeter.
ágamo, ma, *a.* (biol.) agamic, asexual.
agamogénesis, *f.* (biol.) agamogenesis.
agamuzado, da, *a.* chamois-colored.
agangrenarse, gangrenarse, *vr.* to gangrene.
ágape, *m.* agape, love feast of early Christians; banquet.
agar-agar, *m.* or *f.* agar-agar.
agarbado, da, *a.* = GARBOSO, graceful, airy.
agarbarse, *vr.* to bend, stoop down, crouch.
agarbillar, *v.* = AGAVILLAR.
agareno, na, *a.* Mohammedan.
agárico, *m.* (bot.) agaric.
agarrada, *f.* (coll.) wrangle, scrap, scuffle.
agarradero, *m.* holder, handle; (coll.) protection, patronage; (naut.) anchorage.
agarrado, da. I. *pp.* of AGARRAR. **II.** *a.* stingy, close-fisted.
agarrador, ra, *n.* one that grasps or seizes; flatiron-holder; catch-pole; bailiff.
agarrafar, *va.* (coll.) to grab hard in a scuffle.
agarrar. I. *va.* to grasp, seize; (coll.) to obtain; to come upon. **II.** *vr.* to clinch, grapple, hold on.—**agarro,** *m.* grasp.
agarrochador, *m.* pricker, goader.
agarrochar, agarrochear, *va.* to prick with a pike or spear; to goad.
agarrón, *m.* fight, scrap, scuffle, encounter.
agarrotar, *va.* to compress with ropes; to garrote, execute with the garrote; to strangle.
agasajador, ra, *a.* kind, obliging.
agasajar, *va.* to receive and treat kindly; to fondle; to regale; to entertain.—**agasajo,** *m.* friendly treatment, kindness; consideration, regard; friendly present; afternoon refreshment.
ágata, *f.* agate.
agavanzo, *m.*, **agavanza,** *f.* (bot.) dog-rose.
agave, *m.* (bot.) agave; (commonly but erroneously) pita.
agavillar. I. *va.* to bind or tie in sheaves. **II.** *vr.* (coll.) to associate with a gang of sharpers.
agazapar. I. *va.* (coll.) to nab a person. **II.** *vr.* to hide oneself; to crouch.
agencia, *f.* agency; ministration, commission; agent's bureau, office; diligence.
agencia de colocación, *f.* employment agency.
agenciar, *va.* to solicit, promote, negotiate.
agencioso, sa, *a.* diligent, active.
agenda, *f.* notebook, memorandum book.
agenesia, *f.* (med.) impotence, agenesis.
agente, *m.* agent; solicitor, attorney.—**a. de bolsa, de cambio,** or **de cambio y bolsa,** exchange notary.—**a. de cambios,** bill broker. —a. **de mudanza,** mover.—a. **de negocios,** promoter.—a. **de policía,** policeman.—a. **fiscal,** assistant attorney.—a. **provocador,** (Gal.) agent provocateur.—a. **reductor,** (chem.) reducing agent.—a. **secreto,** secret agent.
agerasia, *f.* old age free from ailments.
agérato, *m.* (bot.) sweet milfoil or maudlin.
agestado, da (bien, mal), *a.* (well-, ill-) featured.
agibílibus, *m.* (coll.) cleverness, slickness; clever or slick person.
agible, *a.* feasible, practicable.
agigantado, da, *a.* gigantic; extraordinary.
ágil, *a.* nimble, fast, light.—**agilidad,** *f.* agility, nimbleness, sprightliness.—**agilitar,** *va.* to render nimble; to make active.—**ágilmente,** *adv.* nimbly, sprightly.
agio, agiotaje, *m.* (com.) exchange of paper money for coin, or coin for bills; premium; stockjobbing; usury; jobbing.
agiotador, ra; agiotista, *n.* money changer; bill broker; stockjobber; usurer.
agitable, *a.* agitable; that can be shaken.
agitación, *f.* agitation; excitement.
agitador, ra, *n.* & *a.* agitator(-ing), stirrer(-ing).
agitanado, da, *a.* gipsylike; bewitching.
agitar. I. *va.* to agitate; to stir, shake up; to ruffle. **II.** *vr.* to flutter; to become excited.
aglobar, *va.* to pile, put together.
aglomeración, *f.* agglomeration.
aglomerado, *m.* coal brick, made with coal dust and tar.
aglomerar, *va.* to agglomerate.
aglutinación, *f.* agglutination.
aglutinante. I. *a.* agglutinating, cementing. **II.** *m.* cementing material; (med.) sticking plaster.
aglutinar, *va.* to stick, cement, agglutinate.
agnación, *f.* (law) agnation.
agnado, da, *n.* & *a.* agnate.
agnaticio, cia, *a.* agnatic.
agnición, *f.* (rhet.) recognition of a person in a poem or drama.
agnocasto, *m.* = SAUZGATILLO, chaste-tree.
agnosticismo, *m.* agnosticism.
agnóstico, ca, *n.* & *a.* agnostic.
agnus, agnusdéi, *m.* Agnus Dei; ancient Spanish coin, of smallest value.
agobiante, *a.* backbreaking.
agobiar. I. *va.* to bend the body down; to overwhelm; to oppress. **II.** *vr.* to bow; to crouch.
agobio, *m.* bending down; oppression, burden.
agojía, *f.* water outlet in mines, drain.
agolpamiento, *m.* crowding, rush.
agolparse, *vr.* to crowd.
agonal, *a.* agonistic (esp. of the Janus games).
agonía, *f.* agony.
agónico, ca, *a.* agony (as *a.*), pertaining to the death struggle.
agonioso, sa, *a.* eager, persistent.
agonístico, ca. I. *a.* agonistic. **II.** *f.* agonistics, art of athletic contests.
agonizante. I. *a.* dying. **II.** *m.* a monk who assists a dying person; in some universities, one who assists students in their examinations.
agonizar. I. *va.* to assist (a dying person); to annoy, importune. **II.** *vn.* **estar agonizando,** to be dying.
ágono, na, *a.* (geom.) agonic.
ágora, *f.* (Gk. hist.) agora, marketplace.
agorafobia, *f.* (med.) agoraphobia.
agorar, *va.* (*ind.* AGÜERO; *subj.* AGÜERE) to divine, prognosticate.
agorero, ra, *n.* diviner, augur, fortune teller.
agorgojarse, *vr.* to be infested with grubs (app. to corn).
agostadero, *m.* summer pasture.
agostamiento, *m.* parching, drying up.
agostar. I. *va.* to parch. **II.** *vn.* to pasture cattle on stubbles in summer.
agostero, *m.* harvestman; religious mendicant who begs corn in August.
agostizo, za, *a.* born in August; (of animals) weak.
agosto, *m.* August; harvest time; harvest.—**hacer su a.,** to improve the opportunity, make hay while the sun shines.
agotable, *a.* exhaustible.
agotador, ra, *a.* draining; exhausting.
agotamiento, *m.* draining; exhaustion; depletion.—**a. del combustible,** (aer., rocketry) burnout.
agotar. I. *va.* to drain off (water); to beat out one's brains; to run through (a fortune); to exhaust. **II.** *vr.* to become exhausted; to give out; to wear oneself out; to be out of print.
[1]**agracejo,** *m.* unripened grape; unripe olive that falls.
[2]**agracejo,** *m.* (bot.) barberry.
agraceño, ña, *a.* as bitter as verjuice.

agracera. I. *f.* verjuice cruet. II. *a.* vine yielding unripening fruit.
agraciado, da. I. *pp.* of AGRACIAR. II. *a.* graceful, gracious. III. *m.* grantee.
agraciar, *va.* to adorn, embellish; to favor; to grace; to give employment to.
agracillo, agrecillo, *m.* = ²AGRACEJO.
agradable, *a.* agreeable, pleasing, pleasant.
agradar. I. *vn.* to be pleasing; to please, like (diff. const.: *esto le agrada,* this pleases him, he likes this. Here *le* is dative, not accusative.)
agradecer, *va.* (*ind.* AGRADEZCO; *subj.* AGRADEZCA) to thank for; to be grateful for.—**agradecido, da.** I. *pp.* of AGRADECER. II. *a.* grateful; thankful.
agradecimiento, *m.* gratefulness, gratitude.
agradezco, agradezca, *v. V.* AGRADECER.
agrado, *m.* affability, agreeableness; pleasure, liking.—**esto no es de mi a.,** this is not to my liking.—**ser del a. de uno,** to be to one's taste, have one's approval.
agrafia, *f.* (med.) agraphia.
agramadera, *f.* brake; scutch, instrument for dressing flax.
agramador, ra, *n.* flax or hemp breaker.
agramar, *va.* to dress (flax, hemp) with a brake.
agramilar, *va.* to point and color (a brick wall).
agramiza, *f.* the stalk of hemp; hemp, tow.
agrandamiento, *m.* enlargement.
agrandar, *va.* to enlarge, increase; let out (dress).
agranujado, da, *a.* grain-shaped; filled with grain.
agrario, ria, *a.* agrarian, rustic.
agrarismo, *m.* agrarianism.
agrarista, *n.* agrarian.
agravación, *f.* aggravation.
agravador, ra, *n.* aggravator; oppressor.
agravamiento, *m.* aggravating.
agravante, *a.* aggravating.
agravantemente, *adv.* aggravatingly; burdensomely.
agravar. I. *va.* to aggravate; to add to a burden; to oppress; to aggrieve; to exaggerate. II. *vr.* to become grave or worse.
agravatorio, ria, *a.* aggravating; (law) confirmatory and compulsory.
agraviadamente, *adv.* in an offended manner.
agraviador, ra, *n.* injurer, offender.
agraviamiento, *m.* wrong, offense, injury.
agraviante, *a.* offending.
agraviar. I. *va.* to wrong, offend, injure, harm. II. *vr.* to be piqued, take offense.
agravio, *m.* offense, insult, affront; injury, damage, harm.—**agravioso, sa,** *a.* offensive, insulting; injurious.
¹agraz, *m.* unripe grape; grape verjuice; (coll.) displeasure.—**en a.,** unseasonably.
²agraz, *m.* (bot.) red-berried mistletoe.
agrazada, *f.* verjuice water with sugar.
agrazar. I. *vn.* to taste sour. II. *va.* to vex.
agrazón, *m.* wild grape; (bot.) gooseberry bush; (coll.) displeasure, resentment.
agrecillo, *m.* = AGRACILLO, a kind of shrub.
agredir, *va.* (*defect.*) to attack, assault.
agregación, *f.* aggregation; aggregate, collection.
agregado, *m.* aggregate; congregation; assistant; attaché; farmhand living on another's farm or ranch; (eng.) aggregate (of concrete).
agregar, *va.* (*pret.* AGREGUÉ; *subj.* AGREGUE) to add; to collect, gather, heap; to nominate, appoint.
agremiar, *va.* & *vr.* to form into a guild or union; to unionize.
agresión, *f.* aggression; (law) battery.
agresivamente, *adv.* aggressively.
agresividad, *f.* aggressiveness.
agresivo, va, *a.* aggressive, offensive.
agresor, ra, *n.* aggressor, assaulter; (law) one who violates another's rights.
agreste, *a.* rustic, countrylike, wild; rude, uncultured, uncouth.
agrete, *a.* sourish, tartish.
agriamente, *adv.* sourly; harshly; tartly, bitterly, severely.
agriar. I. *va.* to make sour or tart; to irritate, exasperate. II. *vr.* to sour, turn acid.
agriaz, *m.* (bot.) bead tree.
agrícola, *a.* & *n.* agricultural; agriculturist.
agricultor, ra, *n.* husbandman, farmer, agriculturist.
agricultura, *f.* agriculture.
agridulce, *a.* bittersweet.
agrietamiento, *m.* cracking; crack, fissure.
agrietarse, *vr.* to crack.
agrifolio, *m.* (bot.) holly tree.
agrilla, *f.* (bot.) = ACEDERA, sorrel.
agrillarse, grillarse, *vr.* to sprout.
agrimensor, *m.* land surveyor.
agrimensura, *f.* land surveying.
agrimonia, *f.* (bot.) agrimony, liverwort.
agrio, ria. I. *a.* sour, acrid; rough (app. to a surface); rude, disagreeable; brittle, unmalleable. II. *m.* acidity.—*pl.* **agrios,** sour-fruit trees.
agrión, *m.* (vet.) callosity in a horse's knee.
agrisado, da, *a.* grayish.
agrisetado, da, *a.* flowered or small-figured (silk).
agrología, *f.* agrology.
agronometría, *f.* (agr.) science of soils.
agronomía, *f.* agronomy, science of agriculture.
agronómico, ca, *a.* agronomic.
agrónomo, ma. I. *a.* agricultural, agronomic. II. *m.* agronomist, agricultural scientist.
agropecuario, ria, *a.* agriculture and cattle (as *a.*).
agrupación, *f.* cluster; crowd; group; grouping; gathering.
agrupar, *va.* to group; to cluster.
agrura, *f.* acidity, acerbity; orchard of sour-fruit trees.
agua, *f.* water; (arch.) slope (of a roof); (naut.) leak; (naut.) route, course, direction.—**a. abajo,** downstream.—**a. amoniacal,** ammonia water, aqua ammoniæ.—**a. arriba,** upstream.—**a. bendita,** holy water.—**a. corriente,** running water.—**a. cruda,** hard water.—**a. de abono,** (agr.) liquid manure.—**a. de azahar,** orange-flower water.—**a. de cal,** limewater.—**a. de cepas,** (coll.) wine.—**a. de cerrajos,** worthless thing, truck, rubbish.—**a. de coco,** coconut milk.—**a. de Colonia,** Cologne water.—**a. de cristalización,** (chem.) water of crystallization.—**a. de lavanda,** (Am.) lavender water.—**a. del pantoque,** (naut.) bilge water.—**a. del timón,** wake of a ship.—**a. de manantial,** aqua fontana, spring water.—**a. de mar,** salt water.—**a. de nafa,** orange-flower water.—**a. de nieve,** ice water.—**a. de olor,** perfume.—**a. de pie,** running water.—**a. de pozo,** well water.—**a. de rosas,** rose water.—**a. de Seltz,** Seltzer.—**a. destilada,** distilled water, aqua pura.—**a. dulce,** fresh water.—**a. fuerte,** (chem., f. a.) aqua fortis; (chem.) nitric acid.—**a. gorda,** hard water.—**a. lluvia** or **llovediza,** rain water.—**a. manantial,** aqua fontana, spring water.—**a. mineral,** mineral water.—**a. mineral de Vichy,** Vichy water.—**a. muerta,** dead water, neap tide.—**a. nieve,** sleet.—**a. oxigenada,** (chem.) hydrogen peroxide.—**a. pesada,** (chem.) heavy water.—**a. potable,** drinking water.—**a. regia,** (chem.) aqua regia.—**a. rosada** or **de rosas,** rose water.—**a. salada,** salt water.—**aguas de albañal** or **fecales,** sewage.—**aguas jurisdiccionales,** (int. law) territorial waters.—**aguas gaseosas,** aerated waters.—**aguas madres,** (chem.) mother liquid or liquor.—**aguas mayores,** (coll.) stools, feces, excrement; equinoctial tide.—**aguas menores,** (coll.) urine.—**a. subterránea,** ground water.—**aguas vertientes,** drainage, drain water, flowoff; water shed, basin.—**aguas vivas,** spring tide.—**a. termal,** hot-spring water.—**a. tofana,** aqua tofana.—**a. viento,** wind-and-rain storm.—**a. viva,** running water.—**a. pasada no muele molino,**

that's water over the dam, let bygones be bygones.—**estar con el a. hasta la boca,** to be in a fix, be in deep water, be in trouble.—**estar entre dos aguas,** (coll.) to be in the middle of the road, be undecided.—**hacer a.,** (naut.) to leak.—**hacer aguas,** to make water, urinate.—**hacérsele a uno a. la boca,** to make one's mouth water.—**¡hombre al a.!** man overboard!—**nadie diga** or **no hay que decir de esta a. no beberé,** don't be too sure, you never can tell.—**tan claro como el a.,** clear, plain, obvious.
aguacatal, *m.* avocado plantation or grove.
aguacate, *m.* avocado, alligator pear; pear-shaped emerald.
aguacatillo, *m.* (bot.) a kind of avocado.
aguacero, *m.* heavy shower.
aguacibera, *f.* water used to irrigate ground sowed when dry.
aguachar. I. *va.* to load (a thing) with water; (Am.) to tame, break (a horse); to win the good will of with gifts. **II.** *vr.* to fatten in idleness (app. to horses). **III.** *m.* pool, puddle.
aguacharnar, *va.* = ENAGUAZAR, to flood.
aguachento, ta, *a.* (Am.) watery.
aguachinar, *va.* = AGUACHARNAR.
aguachirle, *f.* inferior wine; slipslop; any weak or stale liquor; trifle; frivolity.
aguada, *f.* watering station; flood in a mine; (naut.) ship's drinking-water supply; (art) water color.—**a la a.,** water color (picture).—**hacer a.,** (naut.) to take water.
aguaderas, *f. pl.* frames for jars of water carried by horses.
aguadero, *m.* watering place; water station.
aguadija, *f.* serum in pimples or sores.
aguado, da. I. *pp.* of AGUAR. **II.** *a.* watery; abstemious.—**manos aguadas,** butterfingers.
aguador, ra, *n.* water carrier; (mech.) sprocket.—**a. del real,** (mil.) sutler.
aguaducho, *m.* water course; stall for selling water.
aguadura, *f.* surfeit of water (in cattle).
aguafiestas, *n.* (coll.) wet blanket.
aguafuerte, *f.* etching; etched plate.
aguafuertista, *n.* (f.a.) aquafortist, etcher.
aguagoma, *f.* (painting) gum water.
aguaitamiento, *m.* watching, spying, lying for some one.
aguaitar, *va.* to spy, watch.
aguajaque, *m.* fennel gum.
aguajas, *f. pl.* (Chile) ulcers above the hoofs.
aguaje, *m.* tidal wave; (naut.) whirlpool or eddy at the rudder; sea current; wake of a ship.
agualluvia, *f.* = AGUA LLUVIA, rain water.
aguamanil, *m.* water jug; washstand.
aguamanos, *m.* water for washing the hands; washstand.
aguamarina, *f.* aquamarine.
aguamasa, *f.* (Am.) crushed-corn washings.
aguamelado, da, *a.* washed over with water and honey.
aguamiel, *f.* hydromel, honey and water, mead; unfermented juice of the maguey.
aguanieve, *f.* = AGUA NIEVE, sleet.
aguanieves, *f.* = AGUZANIEVES, *f.* magpie..
aguanosidad, *f.* aqueous substances.
aguanoso, sa, *a.* very wet; very watery.
aguantable, *a.* bearable, tolerable.
aguantar. I. *va.* to bear, endure; to resist; to maintain; (naut.) to carry a stiff sail. **II.** *vr.* to forbear.—**aguante,** *m.* strength, resistance; patience, tolerance.
aguañón, *m.* constructor of hydraulic works.
aguapié, *m.* weak, watered wine.
aguar. I. *va.* to dilute with water; to mar (pleasure). **II.** *vr.* to fill with water; to become thin (app. to liquids); (vet.) to become constipated from drinking water at the wrong time.
aguardar, *va.* to expect; to wait for; to grant time to.
aguardentado, da, *a.* containing aguardiente; tipsy, drunk.
aguardentera, *f.* liquor flask.
aguardentería, *f.* liquor shop; saloon.
aguardentero, ra, *n.* maker or seller of **aguardiente.**
aguardentoso, sa, *a.* mixed with aguardiente; harsh (app. to the voice).
aguardiente, *m.* aguardiente, brandy.—**a. de cabeza,** the first spirits drawn from the still.—**a. anisado,** anisette.—**a. de caña,** rum.
aguardo, *m.* hiding place for a hunter, blind.
aguarrás, *m.* oil of turpentine.
aguatero, ra. *n.* water carrier.
aguatinta, *f.* (f.a.) aquatint.
aguatocha, *f.* pump.
aguaturma, *f.* (bot.) Jerusalem artichoke.
aguavientos, *m.* (bot.) yellow sage tree.
aguaza, *f.* watery serum; sap from trees.
aguazal, *m.* marsh, fen.
aguazarse, *vr.* to become marshy.
aguazo, *m.* painting in gouache.
aguazoso, sa, *a.* = AGUANOSO.
agucé, aguce, *v. V.* AGUZAR.
agudeza, *f.* sharpness; fineness; witty saying; repartee; wit.
agudo, da, *a.* sharp; sharp-pointed; keen-edged; high-pitched; witty; clever(minded); brisk, ready, active or lively; (med., geom.) acute.
agüera, *f.* trench for irrigation.
[1]**agüero,** *m.* augury, prognostication; omen, sign, indication.
[2]**agüero, agüere,** *v. V.* AGORAR.
aguerrido, da. I. *pp.* of AGUERRIR. **II.** *a.* inured to war; veteran.
aguerrir. I. *va.* & *vr.* (*defect.*) to accustom to war.
aguijada, *f.* spur, goad.
aguijador, ra, *n.* one that goads, spurs, or urges.
aguijadura, *f.* spurring, urging, egging on.
aguijar. I. *va.* to prick, spur, goad; to incite, egg on. **II.** *m.* to march fast; to hurry.
aguijón, *m.* sting (of insect); prick; spur, goad.—**cocear,** or **dar coces, contra el a.,** to kick against the pricks.
aguijonazo, *m.* thrust with a goad.
aguijoneador, ra, *n.* one who pricks or goads.
aguijonear, *va.* to prick, goad; push, urge, egg on.
águila, *f.* eagle; eagle ray (fish).—**a. barbuda,** lammergeir, bearded vulture.—**a. blanca,** a variety of Andine vulture.—**a. cabdal,** or **caudal,** royal or golden, eagle—**a. de mar,** eagle ray.—**a. imperial,** imperial eagle.—**a. real** = A. CAUDAL.
aguileño, na, *a.* aquiline; hawknosed.
aguililla, *f. dim.*—**caballo a.,** (Am.) swift, pacing horse.
aguilón. I. *m.* boom of a crane. **II.** *n. aug.* of ÁGUILA.
aguilucho, *m.* young eagle, eaglet.
aguinaldo, *m.* New Year's or Christmas present; (Cuba) wild convolvulus that blossoms at Christmas.
aguja, *f.* needle; bodkin; hatpin; spire, steeple; obelisk; needlefish, hornfish; needle shell; hand of a watch; style of a dial; needle, magnetic compass; (Ry.) switch rail; (Ry., gen. *pl.*) switch; spindle; pin (in typography and artil.); brad; graft.—*pl.* ribs of an animal; (Ry.) switch, (Brit.) points.—**a. capotera,** darning needle.—**a. colchonera,** tufting needle.—**a. de arria, a. de enjalmar** or **espartera,** pack-needle.—**a. de mar,** (ichth.) sailfish.—**a. de marear,** binnacle, marine compass.
agujazo, *m.* prick with a needle.
agujerear, *va.* to pierce, perforate.
agujero, *m.* hole; needlemaker or seller; dugout.
agujeta, *f.* lace, string or latchet with metal tips.—*pl.* tip, gratuity; pains from overexercise.
agujetería, *f.* shop where *agujetas* are made or sold.
agujetero, ra, *n.* maker or seller of *agujetas*; ALFILETERO, (Am.) pin or needle case or cushion.
agujón, *m. aug.* large needle.
agujuela, *f.* brad.

aguosidad, *f.* lymph.
aguoso, sa, acuoso, sa, *a.* aqueous, watery.
agur, *adv.* (coll.) adieu, farewell, good-bye.
agusanarse, *vr.* to become infested with worms.
agustiniano, na; agustino, na, *n.* & *a.* Augustinian (monk, nun).
agutí, acutí, *m.* agouti.
agúzadera, *f.* whetstone.
aguzadero, *m.* haunt of wild boars.
aguzador, *n.* & *a.* sharpener(-ing).
aguzadura, *f.* whetting, sharpening.
aguzanieve, *f.* wagtail, a small bird.
aguzar, *va.* (*pret.* AGUCÉ; *subj.* AGUCE) to whet, sharpen; to urge, excite.—**a. el ingenio,** to sharpen the wits.—**a. las orejas,** to prick up the ears.—**a. la vista,** to sharpen the sight.
aguzonazo, *m.* blow with a poker.
¡ah!, *interj.* ah!
ahebrado, da, *a.* threadlike, fibrous.
ahechadero, *m.* place where grain is sifted.
ahechador, ra, *a.* & *n.* sifter(-ing).
ahechaduras, *f. pl.* refuse of grain, chaff.
ahechar, *va.* to sift (grain).—**ahecho,** *m.* sifting.
ahelear. I. *va.* to gall, embitter. **II.** *vn.* to taste bitter.
aherrojamiento, *m.* putting in irons, shackling.
aherrojar, *va.* to chain, put in irons, shackle.
aherrumbrar. I. *va.* to impart the taste and color of iron to. **II.** *vr.* to have the taste and color of iron (as water); to become ferruginous; to rust.
ahervorarse, *vr.* (of grain in a granary) to become heated.
ahí, *adv.* there; yonder.—**de a.,** hence.—**de por a.,** insignificant, nothing much.—**por a.,** somewhere around here; that way; over there.—**por a., por a.,** about, more or less.—**a. donde lo (la) ve,** although he (she) doesn't look it, although you wouldn't expect it.
ahidalgado, da, *a.* gentlemanly(-womanly).
ahijadero, *m.* breeding place for sheep.
ahijado, da, *n.* godchild; protegé.
ahijador, ra, *n.* shepherd in charge of a sheep breeding place.
ahijar. I. *va.* to adopt; to impute. **II.** *vn.* to bring forth young; to bud, shoot out.
ahilarse, *vr.* to become faint, weak; to grow sour; to grow thin.—**ahilo,** *m.* faintness, weakness.
ahinco, *m.* earnestness, eagerness, ardor.
ahitar, *va.* & *vr.* to surfeit, cloy, stuff.
ahitera, *f.* (coll.) violent or continued indigestion.
ahito, ta. I. *a.* gorged, surfeited; stuffed; full; disgusted, bored. **II.** *m.* indigestion; surfeit.
ahocicar, *vn.* (naut.) to pitch or plunge.
ahocinarse, *vr.* to run in deep and narrow ravines.
ahogadero, *m.* hangman's rope; stifling place; throatband, halter.
ahogadizo, za, *a.* easily drowned; (of fruit) harsh, rough; (of wood) heavier than water, non-floating.
ahogado, da. I. *pp.* of AHOGAR. **II.** *a.* close, unventilated.—**estar,** or **verse, a.,** to be overwhelmed or swamped. **III.** *n.* suffocated or drowned person.
ahogador, ra, *n.* hangman.
ahogamiento, *m.* suffocation; drowning.
ahogar. I. *va.* (*pret.* AHOGUÉ; *subj.* AHOGUE) to drown; to choke, throttle, smother; to oppress; to quench, extinguish; to water (plants) to excess. **II.** *vr.* to drown; to be suffocated; (naut.) to founder.—**ahogo,** *m.* oppression, tightness (of the chest, etc.); suffocation; pain; severe affliction; embarrassment.
ahogué, ahogue, *v. V.* AHOGAR.
ahoguijo, *m.* (vet.) quinsy, swollen throat.
ahoguío, *m.* oppression in the chest.
ahombrado, da, *a.* (coll.) mannish.
ahondar. I. *va.* to deepen; to dig; to go deep into. **II.** *vn.* to go deep, penetrate; to advance in knowledge; to investigate.
ahonde, *m.* act of sinking or digging; depth to which a mine should reach to acquire title.
ahora. I. *adv.* now.—**a. mismo,** just now; right now; at once.—**hasta a.,** hitherto, until now; so far.—**por a.,** for the present. **II.** *conj.* now; whether . . . or (*ahora hable, ahora escriba, lo hace bien,* whether he speaks or writes, he does it well).—**a. bien,** now, now then.
ahorcadura, *f.* (act of) hanging.
ahorcajarse, *vr.* to sit astride.
ahorcar. I. *va.* (*pret.* AHORQUE; *subj.* AHORQUE) to hang, kill by hanging. **II.** *vn.* to be hanged. **III.** *vr.* to hang, hang oneself.
ahorita, *adv.* (Am. coll.) just now.—**a. mismo,** just now, this very moment; right away, at once.
ahormar, *va.* to fit, shape, adjust; to break in (shoes); to bring to reason.
ahornagarse, *vr.* (of lands, plants, etc.) to become parched or burned.
ahornar. I. *va.* to put in an oven. **II.** *vr.* to be scorched in the oven without being baked.
ahorqué, ahorque, *v. V.* AHORCAR.
ahorquillado, da. I. *a.* forked.
ahorquillar. I. *va.* to stay, prop up with forks. **II.** *vr.* to become forked.
ahorrado, da. I. *pp.* of AHORRAR. **II.** *a.* unencumbered.
ahorrador, ra. I. *n.* emancipator; saver, economizer. **II.** *a.* saving.
ahorramiento, *m.* emancipation, enfranchisement; saving.
ahorrar, *va.* to save, economize; to spare; to enfranchise, emancipate.—**no ahorrarse,** or **no ahorrárselas, con nadie,** to be afraid of nobody, not to mince words with anybody.
ahorrativa, *f.* (coll.) = AHORRO.
ahorrativo, va, *a.* frugal, thrifty, saving.
ahorro, *m.* economy.—*pl.* savings.
ahoyadura, *f.* hole; digging.
ahoyar, *vn.* to dig holes.
ahuate, *m.* (Mex.) prickly hair (of sugar cane, etc.).
ahuchador, ra, *n.* hoarder, miser.
ahuchar, *va.* to hoard.
ahuecamiento, *m.* hollowing.
ahuecar. I. *va.* (*pret.* AHUEQUÉ; *subj.* AHUEQUE) to make hollow, scoop out; to loosen; to give (to the voice) a tone of solemnity. **II.** *vr.* to become hollow; to puff up, swell, put on airs.
ahuehué, ahuehuete, *m.* a Mexican coniferous tree like a cypress.
ahuequé, ahueque, *v. V.* AHUECAR.
ahumado, da. I. *a.* smoky; smoked. **II.** *f.* smoke signal from the coast.
ahumar. I. *va.* to smoke; to cure in smoke. **II.** *vn.* to fume; to emit smoke. **III.** *vr.* to be smoked; to look smoky.
ahusado, da. I. *pp.* of AHUSAR. **II.** *a.* spindle-shaped, tapered.
ahusar, *va.* & *vr.* to taper.
ahuyentador, ra, *n.* one that drives or scares away; scarecrow.
ahuyentar, *va.* to drive away, put to flight; to frighten away; to overcome (a passion), banish (care).
ai, *m.* or *f.* (zool.) three-toed sloth of S. America.
aijada, *f.* spur, goad.
ailanto, *m.* (bot.) ailanthus tree, tree of heaven.
aina, aínas, *adv.* soon; easily; almost.
aindiado, da, *a.* Indianlike.
airadamente, *adv.* angrily.
airado, da, *a.* angry, wrathful.
airamiento, *m.* wrath, anger.
airar. I. *va.* to anger; to irritate. **II.** *vr.* to grow angry.
aire, *m.* air; atmosphere; wind; pace (of a horse); air, carriage, gait; aspect, countenance, look; musical composition; frivolity.—**a. colado,** cold draught.—**al aire libre,** in the open air, outdoors.—**(con) a. acondicionado,** air-conditioned.—**en el a.,** in suspense, in the air.—**por a.,** by air.—**por el a.,** or **por los aires,** very rapidly, posthaste, like lightning.—**hablar al a.,** to make empty talk.—**¿qué aires lo**

traen a Vd. por acá? what good wind brings you here?—**tomar el a.,** to take a walk.
airear. I. *va.* to give air to, ventilate; to aerate; to charge with gas. **II.** *vr.* to take the air; to cool oneself.
[1]**airón,** *m. aug.* violent gale.
[2]**airón,** *m.* crested heron; egret; crest; ornament of plumes.
[3]**airón,** *m.* deep Moorish well.
airosamente, *adv.* gracefully, lightly.
airosidad, *f.* graceful deportment.
airoso, sa, *a.* airy, windy; graceful, gracious; lively; successful.
aislacionismo, *m.* isolationism.
aislacionista, *n.* & *a.* isolationist.
aisladamente, *adv.* in isolation, apart.
aislador, ra, *n.* & *a.* isolator(-ing); (elec., phys.) insulator(-ing).
aislamientismo, *m.* isolationism.
aislamientista, *n.* & *a.* isolationist.
aislamiento, *m.* isolation; (elec., phys.) insulation; insulating material.
aislamiento penal, *m.* solitary confinement.
aislar. I. *va.* to isolate; (elec., phys.) to insulate. **II.** *vr.* to become isolated; to seclude oneself.
¡aja! *interj.* aha! (denoting approval).
ajada, *f.* garlic sauce.
ajamiento, *m.* disfiguring; crumpling, rumpling.
ajaquecarse, *vr.* to have a headache.
[1]**ajar,** *m.* garlic field.
[2]**ajar,** *va.* to crumple, rumple.—**a. la vanidad a uno,** to pull down one's pride.
ajarafe, *m.* table-land; terrace; flat roof.
aje, *m.* chronic complaint.
ajea, *f.* brushwood for fuel.
ajear, *vn.* to cry (app. to a pursued partridge).
ajedrea, *f.* (bot.) winter savory.
ajedrecista, *n.* chess player.
ajedrez, *m.* chess; (naut.) netting, grating.
ajedrezado, da, *a.* checkered.
ajedrista, *n.* chess player.
ajenabe, ajenabo, *m.* (bot.) wild mustard.
ajengibre, jengibre, *m.* ginger.
ajenjo, *m.* (bot.) wormwood; absinth.
ajeno, na, *a.* another's; foreign; abhorrent, contrary; ignorant; improper; unsuited.—**a. a,** foreign to; free from.—**a. de,** devoid of, lacking; ignorant of; indifferent to.
ajenuz, *m.* (bot.) field fennel-flower.
ajeo, *m.*—**perro de a.,** setter.
ajero, ra, *n.* garlic dealer or vender.
ajesuitado, da, *a.* Jesuitical, Jesuit-like.
ajete, *m.* young garlic; leek; garlic sauce.
ajetrearse, *vr.* to tire; to fidget.—**ajetreo,** *m.* fatigue; agitation.
ají, *m.* chili, capsicum; chili sauce.
ajiaceite, *m.* mixture of garlic and oil.
ajiaco, *m.* dish made of boiled meat and vegetables; chili sauce.
ajicola, *f.* glue made of kidskin boiled with garlic.
ajilimoje, ajilimójili, *m.* pepper-and-garlic sauce.
ajillo, *m.* tender young garlic.
ajimez, *m.* arched window with pillar in centre.
ajipuerro, *m.* wild leek.
ajironar, *va.* to put colored pieces in (a dress, etc.).
[1]**ajo,** *m.* (bot.) garlic; garlic sauce; (coll.) rouge.
[2]**ajo,** *m.* (coll.) oath, swear word; shady business. —**echar ajos (y cebollas),** to swear, curse.
ajobar, *va.* to carry on the back.
ajobilla, *f.* common sea shell.
ajobo, *m.* a heavy load or burden.
ajofaina, aljofaina, *f.* wash bowl, basin.
ajolote, *m.* axolotl, a Mexican salamander.
ajomate, *m.* (bot.) a variety of seaweed.
ajonje, *m.* bird lime.
ajonjera, *f.*; **ajonjero,** *m.* (bot.) the low carline thistle.
ajonjolí, *m.* (bot.) benne, sesame.
ajoqueso, *m.* dish made of garlic and cheese.
ajorca, *f.* Moorish bracelet or anklet.
ajornalar, *va.* to hire by the day.
ajuagas, *f. pl.* (vet.) ulcers over the hoofs.
ajuanetado, da, *a.* bunionlike; having bunions.
ajuar, *m.* bridal apparel and furniture; trousseau; household furniture.
ajudiado, da, *a.* Jewish; Jewlike.
ajuiciado, da, *a.* wise, sensible
ajuiciar, *vn.* & *vr.* to become wise; to reform, mend one's ways.
ajustable, *a.* adjustable.
ajustadamente, *adv.* tightly; justly, rightly.
ajustado, da. I. *pp.* of AJUSTAR. **II.** *a.* exact, right; stingy; adapted; tight; fitted.
ajustador, ra. I. *n.* fitter, adjuster. **II.** *m.* close waistcoat, jacket; (print.), justifier; (mech.) adapter; adjusting tool.
ajustamiento, *m.* agreement; fitting; settling of accounts; receipts.
ajustar. I. *va.* to regulate; to adapt, adjust, fit; to justify (type); to agree about; to settle (an account, a controversy, etc.); to reconcile; to press close, oppress; to size, make true; to trim; to engage, hire. **II.** *vr.* to settle; to conform; to engage oneself; to be engaged or hired. **III.** *vn.* to fit.—**ajuste,** *m.* proportion of the constituent parts of a thing; adjustment, fitting; agreement, contract, covenant; engagement; settlement.—*pl.* couplings.
ajusticiar, *va.* to execute, put to death.
al (contraction of a and **el**) to the (foll. by a masc. noun); used also with the *inf.* of verbs to indicate coexistence or immediate anteriority, and often equivalent to "on" (foll. by *pres. p.*), "about," "on the point of": *al llegar,* on arriving; *al amanecer,* at daybreak; *estoy al partir,* I am about to leave; *Juan estuvo al perder su empleo,* John was on the point of losing (*or,* came very near losing) his position.
ala, *f.* wing; row, file; (mil., aer.) wing; wing (of a building); brim (of hat); (anat.) auricle; fin (of fish); leaf (of a door, table); (naut.) blade (of a propeller).—*pl.* **alas,** upper studding sails.—**a. de gavia,** maintop studding sail.—**a. de mesana,** (naut.) driver.—**a. de proa,** head of a ship.—**a. de sobremesana,** mizzentop studding sail.—**a. de velacho,** fore studding sail.—**cortar,** or **quebrantar, las alas a uno,** to discourage one or throw a wet blanket on one's plans; to deprive one of means or elements; to clip one's wings.
Alá, *m.* Allah, Arabic name of God.
alabado, *m.* hymn in praise of the sacrament.
alabador, ra, *n.* praiser.
alabamiento, *m.* praise.
alabamio, *m.* (chem.) alabamine.
alabancioso, sa, *a.* (coll.) boastful, ostentatious.
alabandina, *f.* manganese sulphide; alabandine, spinel ruby.
alabanza, *f.* praise, commendation.
alabar, *va.* & *vr.* to praise, commend.—**a. uno sus agujas,** (coll.) to blow one's own horn.
alabarda, *f.* halberd.—**alabardado, da,** *a.* halberd-shaped.—**alabardazo,** *m.* a blow with a halberd.—**alabardero,** *m.* halberdier; one of a theatre claque.
alabastrado, da, *a.* alabasterlike.
alabastrina, *f.* thin sheet of alabaster.
alabastrino, na, *a.* alabastrine.
alabastro, *m.* alabaster.
álabe, *m.* drooping branch of a tree; bucket (of a water wheel); mat used in carts; cam.
alabear, *va.* & *vr.* to warp.
alabega, *f.* (bot.) sweet basil.
alabeo, *m.* warping.
alabiado, da, *a.* lipped or ragged (coins).
alacena, *f.* cupboard; closet; (naut.) locker.
alacrán, *m.* scorpion; ring of the bit of a bridle; stop or hook in organ bellows; chain or link of a sleeve button; swivel.—**alacranado, da,** *a.* scorpion-bitten; vice- or disease-ridden.
alacranera, *f.* (bot.) scorpion grass.
alacridad, *f.* alacrity.
alacha, alache, *f.* anchovy.
alada, *f.* fluttering of the wings.

aladares, *m. pl.* forelocks over the temples.
aladica, *f.* (entom.) winged ant.
aladierna, alaterno, *m.* mock privet.
alado, da, *a.* winged.
aladroque, *m.* unsalted anchovy.
alafia, *f.*—**pedir a.,** (coll.) to beg pardon.
álaga, *f.* a species of yellow wheat.
alagar, *va.* to make ponds or lakes in.
alagartado, da, *a.* variegated, motley.
alajú, *m.* paste made of nuts and honey.
alamar, *m.* frog and braid trimming.
alambicadamente, *adv.* pedantically.
alambicado, da. I. *pp.* of ALAMBICAR. **II.** *a.* pedantic, euphuistic; given with a sparing hand.
alambicamiento, *m.* distillation; pedantry, affected language.
alambicar, *va.* to distil; to scrutinize; to use affected language.
alambique, *m.* still.—**por a.,** sparingly.
alambor, *m.* (arch.) face of a hewn stone; (fort.) inside slope.
alambrada, *f.* (mil.) wire entanglements.
alambrado, *m.* wire netting, wire screen; wire cover; electric wiring; wire fence; wire entanglements.
alambrar, *va.* to put a wire fence round.
alambre, *m.* wire; (anc.) copper, bronze, brass; sheep bells.—**a. cargado** or **activo,** (elec.) live wire.—**a. de púas,** barbed wire.—**a. de tierra,** (elec.) ground wire.
alambrera, *f.* wire netting; wire screen; wire cover; (agr.) wire trellis.
alameda, *f.* poplar grove; public walk.
alamín, *m.* clerk appointed to inspect weights and measures; surveyor of buildings; (prov.) farmer appointed to superintend irrigation.
álamo, *m.* (bot.) poplar.—**a. blanco,** white poplar.—**a. temblón,** aspen tree.
alampar, *va.* & *vr.* **(por)** (coll.) **to long (for); to** crave.
alamud, *m.* square bolt for a door.
alanceador, *m.* lancer.
alancear, *va.* to spear.
alandrearse, *vr.* (of silkworms) to become dry, stiff, and blanched.
alanés, *m.* a large Mexican deer.
alanina, *f.* (chem.) alanine.
alano, na. I. *a.* pert. to the Alani, barbarian invaders of Spain. **II.** *m.* large mastiff.
alantoides, *f.* (anat.) allantois.
alanzar, *va.* to spear.
alaqueca, *f.* bloodstone.
[1]**alar,** *m.* overhanging roof; (hunting) snare made with horsehair.
[2]**alar, halar,** *va.* (naut.) to haul.
alárabe, alarbe. I. *n.* & *a.* Arabian. **II.** *n.* unmannerly person.
alarde, *m.* review of soldiers, parade; ostentation, boasting, vanity.—**hacer a.,** to boast, brag; to show off.—**alardear,** *m.* to boast.
alardoso, sa, *a.* boastful, bragging; ostentatious.
alargadera, *f.* lengthening bar (of compasses, etc.); (chem.) adapter, lengthening tube.
alargador, ra, *n.* stretcher; one that lengthens or stretches.
alargamiento, *m.* lengthening; (eng.) elongation.
alargar. I. *va.* (*pret.* ALARGUÉ; *subj.* ALARGUE) to lengthen; to extend; to stretch; to protract, prolong; to increase; to hand (a thing to another).—**a. un cabo,** (naut.) to pay out a cable. **II.** *vr.* to be prolonged; to drag; to become longer; to go or move away; to deviate; to expatiate, enlarge.
alarguez, *m.* (bot.) dog-rose.
alaria, *f.* potters' finishing tool.
alarida, *f.* hue and cry.
alarido, *m.* howl, outcry, shout, scream.
alarije, arije, *f.* name of a large grape.
alarma, *f.* alarm.
alarmante, *a.* alarming.
alarmar. I. *va.* to alarm. **II.** *vr.* to become alarmed.
alarmista, *n.* alarmist.
alaskense, *n.* & *a.* Alaskan.
alastrar. I. *va.* (of animals) to throw back the ears; (of persons) to squint (to see better); (naut.) to ballast. **II.** *vr.* (of a bird in hiding) to lie flat.
alátere, *n.* (coll.) constant companion, shadow.
alaterno, *m.* (bot.) mock privet.
alatinado, da, *a.* (of language) Latinlike, puristic.
alatrón, *m.* froth of saltpetre.
alavanco, lavanco, *m.* a kind of wild duck.
alavense, alavés, *a.* Alavese, of Alava.
alazán, na, *a.* sorrel-colored.
alazo, *m.* a blow with the wings.
alazor, *m.* (bot.) bastard saffron.
alba, *f.* dawn of day; alb, white gown worn by priests.—**al a., al rayar del a.,** at daybreak.—**quebrar, rayar,** or **reír, el alba,** to dawn.
albacara, *f.* (fort.) round tower.
albacea, *m.* & *f.* (law) executor, executrix.
albaceazgo, *m.* (law) executorship.
albacora, *f.* fish resembling a tunny; a large fig.
albada, *f.* dawn; (Mex.) attack at daybreak.
albahaca, *f.* (bot.) sweet basil.
albahaquero, *m.* flowerpot; sweet-basil vender.
albahaquilla (de río), *f.* (bot.) pellitory.
albaida, *f.* (bot.) the shrubby gypsophila.
albalá, *m.* or *f.* (obs.) royal letter patent; a public instrument.
albanega, *f.* hair net; net for catching partridges or rabbits.
albanés, esa, *n.* & *a.* Albanian.
Albania, *f.* Albania.
albano, na, *n.* & *a.* Albanian.
albañal, albañar, *m.* common sewer; dirty water sink.
albañil, *m.* mason, builder.
albañilería, *f.* masonry (occupation or work).
albaquía, *f.* remnant.
albar, *a.* white.
albarán, *m.* "to-let" sign; royal grant or cedula; letter patent.
albarazada, *f.* marble-colored grape.
albarazado, da, *a.* affected with white leprosy; pale, whitish; (Mex.) cross between Chinese and half-breed parents.
albarazo, *m.* white leprosy.
albarca, abarca, *f.* peasant's sandal.
albarcoque, *m.* = ALBARICOQUE.
albarcoquero, *m.* apricot tree.
albarda, *f.* packsaddle.
albardado, da. I. *pp.* of ALBARDAR. **II.** *a.* (of animals) different-colored skin at the loins.
albardar, *va.* to put a packsaddle on; to lard (fowls).
albardela, *f.* small saddle.
albardería, *f.* packsaddle making or shop.
albardero, ra, *n.* packsaddle maker.
albardilla, *f.* small packsaddle; coping; border of a garden bed; wool tuft; bard.
albardín, *m.* (bot.) matweed.
albardón, *m.* large packsaddle.
albarejo, *m.* a variety of wheat.
albareque, *m.* fishing net.
albaricoque, *m.* apricot.—**albaricoquero,** *m.* apricot tree.
[1]**albarillo,** *m.* a tune on the guitar.
[2]**albarillo,** *m.* white apricot.
albarrada, *f.* dry wall; earth fence; wall for defense.
albarranilla, *f.* blue-flowered onion.
[1]**albarraz,** *m.* (bot.) lousewort.
[2]**albarraz,** *m.* = ALBARAZO.
albatita, *f.* (min.) albite.
albatros, *m.* albatross.
albayaldado, da, *a.* covered with white lead.
albayaldar, *va.* & *vr.* to cover with white lead.
albayalde, *m.* white lead, ceruse.
albazano, na, *a.* of dark chestnut color.
albear, *va.* to whiten. Also BLANQUEAR.
albedo, *m.* (phys.) albedo.

albedrío, *m.* will; free will; impulsiveness, wilfullness; (law) precedent; judgment.—**al a. de uno,** to, or according to, one's judgment or pleasure; as one likes.
albéitar, *m.* veterinarian.
albeitería, *f.* veterinary science.
albellón, *m.* = ALBAÑAL, sewer.
albenda, *f.* ornamented white-linen hangings.
albendera, *f.* woman who makes hangings; gadding woman.
albengala, *f.* gauze worn in turbans.
albéntola, *f.* fine fishing net.
alberca, *f.* pool; reservoir, tank; pond.—**a. natatoria, de natación,** swimming pool.—**en a.,** roofless.
albérchiga, *f.*, **albérchigo,** *m.* a variety of peach.
alberchiguero, *m.* variety of peach tree.
albergador, ra, *n.* one who shelters.
albergar. I. *va.* (*pret.* ALBERGUÉ; *subj.* ALBERGUE) to lodge, shelter, harbor; to take (lodgers). **II.** *vr.* to lodge; to find shelter or lodging.
albergue, *m.* lodging; shelter; (animal) den.
alberguería, *f.* inn; poorhouse.
albericoque, *m.* = ALBARICOQUE, apricot.
albero, *m.* whitish earth; dishcloth.
alberquero, *m.* tender of pools or tanks.
albicante, *a.* whitening, bleaching.
albigense, *n.* & *a.* Albigensian.
albihar, *m.* (bot.) oxeye.
albillo, lla. I. *a.*—**uva a.,** early white grape.—**vino a.,** white grape wine. **II.** *m.* = UVA A.
albín, *m.* bloodstone; carmine pigment.
albina, *f.* salt-water marsh.
albino, na, *a.* albino.—**albinismo,** *m.* albinism.
Albión, *f.* Albion (England).
albita, *f.* (min.) albite, white feldspar.
albitana, *f.* fence to inclose plants; (naut.) an apron.—**a. del codaste,** (naut.) inner post.
albo, ba, *a.* (poet.) snow-white.
alboaire, *m.* glazed tile work.
albogue, *m.* pastoral flute; martial music.
alboguero, ra, *n.* player of or composer for the *albogue.*
albohol, *m.* (bot.) red poppy.
albollón, *m.* gutter (on road), drain; sewer.
albóndiga, almóndiga, *f.* ball of forcemeat with eggs and spice.—**albondiguilla, almondiguilla,** *f. dim.* small ball of forcemeat.
albor, *m.* dawn; whiteness; beginning.—**a.,** or **albores, de la vida,** childhood, youth.
alborada, *f.* dawn; (mil.) battle at dawn; reveille; morning watch; musical piece celebrating dawn.
albórbola, *f.* shouting and yelling (gen. for joy).
alborear, *vn.* to dawn.
alborga, *f.* matweed sandal.
albornía, *f.* large glazed jug.
alborno, alburno, *m.* (bot.) alburnum.
albornoz, *m.* coarse woollen stuff; Moorish cloak; burnoose.
alborocé, alboroce, *v. V.* ALBOROZAR.
alboronía, almoronía, *f.* dish of eggplant, tomatoes, pumpkins, and pimento.
alboroque, *m.* treat to seal a bargain.
alborotadamente, *adv.* noisily, confusedly.
alborotadizo, za; alborotado, da, *a.* restive; excitable; turbulent.
alborotador, ra, *n.* agitator, rioter.
alborotapueblos, *m.* rioter, agitator; (coll.) good-natured person; promoter of gaieties.
alborotar. I. *va.* to disturb, agitate, excite; to make a noise; to start (the game). **II.** *vr.* to become excited; to fuss; to riot.
alboroto, *m.* disturbance, tumult; hubbub, fuss; (C. A.) (gen. *pl.*) pop corn.
alborozador, ra, *n.* promoter of mirth.
alborozar, *va.* (*pret.* ALBOROCÉ; *subj.* ALBOROCE) to exhilarate, gladden.
alborozo, *m.* merriment, gaiety, joy.
albotín, *m.* = TEREBINTO, turpentine tree.
albricias, *f. pl.* reward for good news; (Mex.) top holes in casting moulds.—**¡albricias!** joy! joy!
albudeca, *f.* (bot.) watermelon.
albufera, *f.* large lagoon by the sea.
albugíneo, a., *a.* entirely white; albuminous.
albugo, *m.* leucoma, a disease of the eye.
albuhera, *f.* lake or reservoir.
álbum, *m.* album.
albumen, *m.* albumen.—**albúmina,** *f.* albumin.
albuminar, *va.* to albumenize.
albuminato, *m.* albuminate.
albuminina, *f.* (chem.) albuminin.
albuminoide, *m.* & *a.* albuminoid.
albuminoideo, a, *adj.* albuminoid.
albuminoso, sa, *adj.* albuminous.
albuminuria, *f.* (med.) albuminuria.
albumosuria, *f.* (med.) albumosuria.
[1]**albur,** *m.* dace, river fish.
[2]**albur,** *m.* first draw at "monte"; risk, chance.—**correr un a.,** to venture, chance, risk.—*pl.* **albures,** a card game.
albura, *f.* whiteness; (bot.) = ALBURNO.
alburero, *m. albures* player.
alburno, *m.* (bot.) = ALBORNO, alburnum.
alca, *f.* (ornith.) auk, razorbill.
alcabala, *f.* sales tax.—**a. del viento,** duty paid by a visiting merchant.—**alcabalatorio,** *m.* book of alcabala rates; tax register.—**alcabalero,** *m.* taxgatherer, revenue officer.
alcacel, alcacer, *m.* green barley.
alcachofa, *f.* (bot.) artichoke; instrument to stop blood; fluted mallets.—**alcachofado, da. I.** *a.* artichokelike. **II.** *m.* artichoke dish.—**alcachofal,** *m.* artichoke bed.—**alcachofera,** *f.* artichoke plant.—**alcachofero, ra,** *a.* producing or selling artichokes.
alcahaz, *m.* large bird cage.—**alcahazada,** *f.* collection of birds in a cage.—**alcahazar,** *va.* to cage (birds).
alcahueto, ta, *n.* procurer; abettor; gossip.—**alcahuetear,** *va.* & *vn.* to aid, abet; to pander.
alcahuetería, *f.* pandering; (coll.) trick.
alcaicería, *f.* raw-silk exchange.
alcaico, *a.* (poet.) Alcaic verse in Latin.
alcaide, *m.* governor of a castle; jailer, warden.
alcaidesa, *f.* wife of an *alcaide.*
alcaidía, *f.* office of an *alcaide*; duty on cattle.
alcalaíno, na, *n.* & *a.* (one) from Alcalá.
alcaldada, *f.* abusive action of an *alcalde.*
alcalde, *m.* mayor; justice of the peace; leader; name of a card game.—**a. de barrio,** selectman to whom the mayor delegates his function in a section of a city.—**alcaldear,** *vn.* (coll.) to play the *alcalde.*—**alcaldesa,** *f.* wife of an *alcalde*; mayoress.—**alcaldía,** *f.* office and jurisdiction of an *alcalde.*
alcalescencia, *f.* (chem.) alkalescence.
alcalescente, *a.* (chem.) alkalescent.
álcali, *m.* (chem.) alkali.—**alcalificable,** *a.* alkalifiable.—**alcalígeno, na,** *a.* alkaligenous.—**alcalimetría,** alkalimetry.—**alcalimétrico,** alkalimetric.—**alcalímetro,** *m.* alkalimeter.—**alcalinidad,** *f.* alkalinity.—**alcalino, na; alcalizado, da,** *a.* alkaline.—**alcalización,** *f.* (chem.) alkalization.—**alcalizar,** *va.* (*pret.* ALCALICÉ; *subj.* ALCALICE) (chem.) to alkalize.—**alcaloide,** *m.* alkaloid.
alcaller, *m.* potter.
alcamonías. I. *f. pl.* various aromatic seeds for seasoning. **II.** *m.* (Venez.) go-between.
alcana, *f.* ALHEÑA, privet.
alcance, *m.* reach; overtaking; balance; arm's length; scope, extent; range (of fire arms, etc.); capacity, ability; fathom; compass; supplement, extra edition; postscript; (print.) copy; importance; last-minute news; (com.) deficit; *pl.* understanding, grasp, mental powers.—**al a. de,** within reach of.—**a largo a.,** long-term (as *a.*).—**dar a. a,** to overtake.—**irle a uno a,** or **en, los alcances,** to watch, or spy on, one.—**seguir los alcances a,** to pursue.
alcancé, alcance, *v. V.* ALCANZAR.
alcancía, *f.* bank, money box; earthen balls stuffed with flowers for missiles; (mil.) explosive bullet.

alcandía, *f.* (bot.) Turkey millet; sorghum.
alcandial, *m.* millet field.
alcandora, *f.* beacon; bonfire; white tunic.
alcanfor, *m.* camphor.
alcanforada, *f.* (bot.) shrub having a camphor-like odor.
alcanforado, da, *a.* camphorate.
alcanforar, *va.* to camphorate.
alcanforero, *m.* (bot.) camphor tree.
alcántara, *f.* cover for velvet in the loom.
alcantarilla, *f.* small bridge; culvert; drain; sewer.—**alcantarillado**, *m.* sewerage, sewerage system; providing with sewers.
alcantarillar, *va.* to make or install sewers.
alcanzadizo, za, *a.* easily reached or obtainable.
alcanzado, da. I. *pp.* of ALCANZAR. **II.** *a.* needy; short of money; in arrears; impecunious.
alcanzadura, *f.* (vet.) tumor in the pastern.
alcanzar. I. *va.* (*pret.* ALCANCÉ; *subj.* ALCANCE) to follow; to overtake, come up to; to reach; to acquire, obtain, attain; to comprehend; to be creditor of a balance; to be contemporaneous. **II.** *vn.* to share; to suffice, be enough; to reach. —**a. a** (*inf.*), to succeed in (*pres. p.*). **III.** *vr.* (of horses and cattle) to wound the pasterns with the feet.
alcaparra, *f.* **alcaparro**, *m.* (bot.) caper bush; caper.—**alcaparrado, da**, *a.* dressed with capers.—**alcaparral**, *m.* caper field.—**alcaparrón**, *m. aug.* large caper.
alcaparrosa, *f.* = CAPARROSA, copperas.
alcaraván, *m.* (ornith.) bittern.—**alcaravanero**, *m.* bittern hawk.
alcaravea, *f.* (bot.) caraway seed.
alcarceña, *f.* (bot.) bitter vetch.
alcarceñal, *m.* field sown with vetch.
alcarracero, ra, *n.* potter; shelf for earthenware
alcarraza, *f.* unglazed and porous jar.
alcartaz, *m.* = CUCURUCHO, cornucopia.
alcatifa, *f.* fine carpet or rug; layer of earth.
[1]**alcatraz**, *m.* (ornith.) pelican.
[2]**alcatraz**, *m.* = ALCARTAZ.
alcaucil, *m.* wild artichoke.
alcayata, *f.* spike.
alcázar, *m.* castle; fortress; (naut.) quarterdeck
alcazuz, *m.* licorice.
[1]**alce**, *m.* (zool.) elk; moose.
[2]**alce**, *m.* cut (at cards).
alcino, *m.* (bot.) wild basil.
alción, *m.* (ornith.) Chinese swallow; kingfisher.
alcista, *f.* bull (stock speculator).
alcoba, *f.* alcove; bedroom; case for the tongue of a balance; place for public weighing.
alcocarra, *f.* gesture, grimace.
alcohol, *m.* alcohol; galena; kohl.—**a. absoluto**, absolute alcohol.—**a. amílico**, amyl alcohol.—**a. butílico**, butyl alcohol.—**a. desnaturalizado**, denatured alcohol.—**a. etílico**, ethyl alcohol.—**a. metílico**, methyl alcohol, wood alcohol.—**a. puro**, absolute alcohol.
alcoholado, da. I. *pp.* of ALCOHOLAR. **II.** *a.* (of animals) of a darker color round the eyes. **III.** *m.* medication composed with alcohol.
alcoholador, ra, *n.* rectifier of spirits.
alcoholar, *va.* to paint or dye with antimony; to distil alcohol from; (pharm.) to pulverize.
alcoholato, *m.* alcoholate.
alcoholera, *f.* vessel for antimony or alcohol.
alcoholicé, alcoholice, *v. V.* ALCOHOLIZAR.
alcohólico, ca, *a.* alcoholic.
alcoholímetro, *m.* alcoholometer.
alcoholismo, *m.* alcoholism.
alcoholización, *f.* (chem.) alcoholization.
alcoholizado, da, *a.* affected by alcoholism.
alcoholizar, *va.* (*pret.* ALCOHOLICÉ; *subj.* ALCOHOLICE) to alcoholize.
alcor, *m.* hill.
Alcorán, *m.* Alcoran, Koran.
alcoránico, ca, *a.* Alcoranic, Koranic.
alcoranista, *m.* Koran expounder; Koran scholar.
alcornocal, *m.* plantation of cork trees.
alcornoque, *m.* (bot.) cork tree; blockhead.
alcornoqueño, ña, *a.* pertaining to the cork tree.
[1]**alcorque**, *m.* corkwood clogs or soles.
[2]**alcorque**, *m.* ditch for water round trees.
alcorza, *f.* sugar paste for frosting.
alcorzar, *va.* to frost with sugar.
alcotán, *m.* (ornith.) lanner, bird of prey.
alcotana, *f.* pickaxe.
alcrebite, *m.* sulphur. Also AZUFRE.
alcribis, *m.* (metal.) tuyere.
alcubilla, *f.* reservoir; basin, mill pond.
alcucero, ra. I. *n.* maker or seller of ALCUZAS. **II.** *a.* pertaining to an ALCUZA.
alcuña, alcurnia, *f.* ancestry, lineage.
alcuza, *f.* oil bottle or cruet; oil can, oiler.
alcuzada, *f.* cruetful of oil.
alcuzcuz, *m.* ball of flour, water, and honey.
aldaba, *f.* knocker (of a door); latch; sliding crossbar to secure doors and windows.—**tener buena a.**, or **buenas aldabas**, to be well protected, be pretty safe.—**aldabada**, *f.* rap with the knocker; sudden fear; pangs of conscience.—**aldabazo, aldabonazo**, *m.* knocking.—**aldabear**, *vn.* to rap or knock at the door.—**aldabía**, *f.* horizontal crossbeam.—**aldabilla**, *f. dim.* small knocker; latch.—**aldabón**, *m. aug.* large knocker; iron trunk handle.
aldea, *f.* village, hamlet.
aldeanamente, *adv.* in village style, countrylike.
aldeaniego, ga, *a.* pertaining to a hamlet.
aldeano, na. I. *n.* villager, peasant. **II.** *a.* rustic, uncultured.
Aldebarán, *m.* (astr.) Bull's Eye.
aldehido, *m.* (chem.) aldehyde.—**a. fórmico**, (chem.) formaldehyde.
aldehuela, aldeílla, *f. dim.* little village.
aldeorrio, *m.* small, insignificant village.
aldiza, *f.* small reed without knots.
aldrán, *m.* one who sells wine to shepherds.
ale, *f.* ale.
aleación, *f.* alloying; alloy.
[1]**alear**, *vn.* to flutter; to move the arms quickly up and down; to recover from sickness or fatigue.
[2]**alear**, *va.* to alloy.
aleatorio, ria, *a.* pertaining to games of chance; (law) aleatory; fortuitous.
alebrarse, *vr.* (*ind.* ALIEBRO; *subj.* ALIEBRE) to squat; to cower (from fear).
alebrastarse, alebrestarse, *vr.* to cut capers; to become frightened or excited; to get puffed up.
alebronarse, *vr.* to lose heart; to take fright.
aleccionamiento, *m.* instruction, coaching.
aleccionar, *va.* to teach, instruct, coach.
alece, *m.* ragout of fish liver.
alecrín, *m.* a Cuban fish of the shark family.
alechugar, *va.* to curl like lettuce; to flute.
aledaño, ña. I. *a.* bounding, bordering. **II.** *m.* boundary, border.
alefanginas, *f. pl.* purgative pills from spices.
alefricé, alefrice, *v. V.* ALEFRIZAR.
alefris, alefriz, *m.* mortise, rabbet.
alegación, *f.* allegation, argument.
alegado, da, *a.* alleged.
alegador, ra, *n.* alleger.
alegar, *va.* (*pret.* ALEGUÉ; *subj.* ALEGUE) to allege, affirm; to quote; to adduce.
alegato, *m.* allegation; (law) summing-up.
alegoría, *f.* allegory.
alegórico, ca, *a.* allegorical.
alegorización, *f.* allegorization.
alegorizar, *va.* (*pret.* ALEGORICÉ; *subj.* ALEGORICE) to turn into allegory.
[1]**alegrador, ra**, *n.* & *a.* (one) causing merriment.
[2]**alegrador**, *m.* paper spill; (mech.) reamer.
[1]**alegrar. I.** *va.* to make merry, gladden, comfort, exhilarate; to enliven; to beautify. **II.** *vr.* (**de**), to rejoice (at); to be glad (of, *foll. by noun*; to, *foll. by verb*); to exult (in, over); to get tipsy.
[2]**alegrar**, *va.* (mech.) to round, bore, ream, widen.
alegre, *a.* merry, joyful; light-hearted, full of gaiety, lively; cheerful; funny, comic, facetious; gay; showy, fine; brilliant, (of colors) bright; lucky, fortunate; (coll.) off-color (story); reck-

less, careless; optimistic; tipsy.—**a. de cascos,** featherbrained.—**alegremente,** *adv.* merrily, gaily; gladly, cheerfully; facetiously.
alegreto, *m. adv.* (mus.) allegretto.
alegría, *f.* mirth, merriment, gaiety; rejoicing, joy; (bot.) sesame; oily grain; sesame and honey paste.—*pl.* rejoicings, public festival.
alegro, *m.* (mus.) allegro, fast and brisk.
alegrón. I. *m.* (coll.) sudden, unexpected joy; a flash. **II. a., na,** *a.* tipsy; lively (from liquor).
alegué, alegue, *v. V.* ALEGAR.
alejamiento, *m.* removal to a distance; receding; retiring, withdrawal; estrangement.
[1]**alejandrino, na,** *n.* & *a.* Alexandrian (from Alexandria).
[2]**alejandrino,** *n.* & *a.* Alexandrine (verse).
alejar. I. *va.* to remove to a distance; to separate; to withdraw; to estrange. **II.** *vr.* to recede; to draw or move away.
alejijas, *f. pl.* barley porridge.
alelarse, *vr.* to become stupified.
alelí, alhelí, *m.* (bot.) winter gilliflower.
alelismo, *m.* (biol.) allelism.
alelo, *m.* (biol.) allele.
aleluya, *f.* hallelujah; joy, merriment; Easter time; (bot.) wood-sorrel.—*pl.* small prints thrown among the people on Easter eve; dull, poor verses, doggerel.
alema, *f.* allotted quantity of irrigation water.
alemán, mana. I. *n.* German; *f.* allemande (dance). **II.** *a.* German.
alemanda, *f.* allemande (dance).
Alemania, *f.* Germany.
alemanisco, ca, *a.* Germanic; cloth made in Germany; huckaback; damask table linen.
alentada, *f.* a long breath.
alentadamente, *adv.* bravely, gallantly.
alentado, da. I. *pp.* of ALENTAR. **II.** *a.* spirited, courageous; well, in good health.
alentador, ra. I. *n.* one who inspires courage. **II.** *a.* encouraging, cheering.
alentar. I. *vn.* (*ind.* ALIENTO; *subj.* ALIENTE) to breathe. **II.** *va.* to encourage, cheer; to inspire.
aleonado, leonado, da, *a.* lionlike; lion-colored.
alepín, *m.* a kind of bombazine.
alerce, *m.* (bot.) larch tree.
alergeno, *m.* allergen.
alergia, *f.* allergy.
alérgico, ca, *a.* allergic.
alergista, *n.* allergist.
alero, *m.* projecting part of a roof; eaves; gable end, corona; hood moulding; water table; splashboard of a carriage.—*pl.* snares for partridges.
alerón, *m.* (aer.) aileron.
alerta. I. *adv.* vigilantly, carefully.—**estar a.,** to be on the alert. **II.** *interj.* look out! watch out! **III.** *m.* (mil.) alarm, alert.
alertar, *va.* to render vigilant; to put on guard.
alerto, ta, *a.* v gilant, alert, guarded.
alesna, lesna, lezna, *f.* awl.—**alesnado, da,** *a.* awl-shaped, pointed.
aleta, *f. dim.* small wing; fin (of a fish); (arch.) alette; (mech.) leaf of a hinge; teeth of a pinion; blade (of a screw propeller).
aletada, *f.* motion of the wings.
aletargamiento, *m.* lethargy.
aletargarse, *vr.* to fall into a lethargy.
aletazo, *m.* blow with the wing; flapping.
aletear, *vn.* to flutter (wings or fins).
aleteo, *m.* fluttering (of wings or fins); palpitation (of heart).
aleto, halieto, *m.* (ornith.) sea eagle; (Peru) falcon.
aletría, *m.* vermicelli.
aleudarse, leudarse, *vr.* to become fermented.
aleurita, *f.* (bot.) tung tree, tung-oil tree.
aleurómetro, *m.* aleurometer.
aleurona, *f.* (bot., biochem.) aleurone.
aleve, *a.* treacherous, perfidious.
alevilla, *a.* (entom.) white moth resembling the silkworm's moth.
alevosa, *f.* (vet.) tumor under the tongue.
alevosamente, *adv.* treacherously.
alevosía, *f.* perfidy, treachery.
alevoso, sa, *a.* treacherous.
alexifármaco, ca, *a.* (med.) alexipharmic, antidotal, prophylactic.
alfa, *f.* alpha (Greek letter); beginning.
alfábega, *f.* = ALBAHACA, (bot.) sweet basil.
alfabético, ca, *a.* alphabetical.
alfabetismo, *m.* literacy.
alfabetización, *f.* literacy.
alfabetizar, *va.* to alphabetize; to teach reading and writing, make (a person) literate.
alfabeto, *m.* alphabet.
alfaguara, *f.* copious stream.
alfajía, *f.* wood frame for windows and doors.
alfajor, *m.* = ALAJÚ, nut and honey confection.
alfalfa, *f.* (bot.) lucern, alfalfa.—**alfalfal, alfalfar,** *m.* alfalfa field.—**alfalfe,** *m.* = ALFALFA.
alfana, *f.* strong and spirited horse.
alfandoque, *m.* candy made with molasses, cheese and ginger, or of thickened brown-sugar syrup.
alfaneque, *m.* white eagle; tent, booth.
alfanjado, da, *a.* cutlass-shaped.
alfanje, *m.* hanger, cutlass.—**alfanjete,** *m. dim.* small cutlass.—**alfanjazo,** *m.* wound with a cutlass.—**alfanjón,** *m. aug.* large hanger or cutlass.—**alfanjonazo,** *m.* cut with a large hanger.
alfaque, *m.* shoal or bar.
alfaquí, *m.* alfaqui, a Mussulman expounder and teacher of the Koran.
[1]**alfar,** *m.* pottery; ARCILLA, clay.
[2]**alfar,** *vn.* (of horses), to raise the head too much.
[3]**alfar,** *a.* (of a horse), that raises the head too much.
alfaraz, *m.* Moorish horse for light cavalry.
[1]**alfarda,** *f.* tax paid for land irrigation.
[2]**alfarda,** *f.* (arch.) light wooden beam.
[1]**alfardilla,** *f.* tax for cleaning water-supply ditches.
[2]**alfardilla,** *f.* galloon; gold or silver braid.
[1]**alfardón,** *m.* washer of a wheel.
[2]**alfardón,** *m.* = [1]ALFARDA.
alfarería, *f.* pottery; potter's art, workshop or store.
alfarero, ra, *n.* potter.
[1]**alfarje,** *m.* lower stone of an oil mill.
[2]**alfarje,** *m.* ceiling with carved wood; wainscot.
alfarjía, *f.* = ALFAJÍA.
alféizar, *m.* (arch.) splay of a door or window; embrasure.
alfeñicar, *va.* to frost with sugar.
alfeñicarse, *vr.* to become thin; (coll.) to affect delicateness.
alfeñique, *m.* sugar paste; (coll.) delicate person.
alferazgo, *m.* second lieutenancy.
alferecía, *f.* epilepsy.
alférez, *m.* ensign; second lieutenant.
alficoz, alpicoz, *m.* cucumber (plant & fruit).
alfil, *m.* bishop (in chess).
alfiler, *m.* pin; scarf-pin; brooch; tip, gift.—*pl.* alfileres, pin money.—**a. de París,** wire nail.—**a. de seguridad,** safety pin (more generally called IMPERDIBLE).—**con todos sus alfileres,** or, **de veinticinco alfileres,** dressed up in high style.—**no estar con sus alfileres,** not to be in a good mood.—**pedir para alfileres,** to ask for a tip.—**pegar,** or **prender, con alfileres,** to do in a slipshod way; (fig.) to build on sand.
alfilerazo, *m.* prick with a pin; large pin.
alfiletero, *m.* pin case, needlecase; pincushion.
alfitete, *m.* paste made of coarse wheat flour.
alfolí, *m.* granary; salt depot.—**alfoliero, alfolinero,** *m.* keeper of a granary or depot.
[1]**alfombra,** *f.* = [2]ALFOMBRILLA.
[2]**alfombra,** *f.* floor carpet.
alfombrar, *va.* to carpet.
alfombrero, ra, *n.* carpet maker.
[1]**alfombrilla,** *f.* small carpet, rug.

[2]alfombrilla, *f.* (med.) measles.
alfóncigo, *m.* pistachio; pistachio tree.
alfonsearse, *vr.* (coll.) to mock, banter.
alfónsigo, *m.* = ALFÓNCIGO.
alfonsina, *f.* solemn act held in the Alphonsine college of Alcalá.
alfonsino, na, *a.* pertaining to the Alphonsos (Spanish kings).
alforfón, *m.* buckwheat.
alforja, *f.* saddlebag; knapsack.
alforjero, *m.* maker or seller of saddlebags; lay brother who begs alms; one who carries the bag with provisions.—perro a., watchdog.
alforjilla, ita, uela, *f. dim.* small saddlebag; small knapsack.
alforza, *f.* plait, tuck; (coll.) scar.
alfoz, *m.* & *f.* district, borough, neighboring district or dependency.
alga, *f.* (bot.) alga, seaweed.
[1]algaida, *f.* ridge of shifting sand; sand dune.
[2]algaida, *f.* jungle, brush.
algaído, da, *a.* (prov.) thatched.
[1]algalia. *f.* civet, substance used in perfume; *m.* civet cat.—algaliar, *va.* to perfume with civet.
[2]algalia, *f.* (surg.) catheter.
[1]algara, *f.* skin (of an egg, onion, etc.)
[2]algara, *f.* foraging party of cavalry.
algarabía, *f.* Arabic (language); (fig.) gabble, jargon; din, clamor; (bot.) centaury.
[1]algarada, *f.* loud cry, din; [2]ALGARA.
[2]algarada, *f.* (mil.) ancient catapult.
algarero, ra, *a.* prating, chattering, talkative.
[1]algarrada, *f.* driving bulls into the pen; bull baiting.
[2]algarrada, *f.* = [2]ALGARADA.
algarroba, *f.* (bot.) carob bean; honey mesquite.
algarrobal, *m.* carob tree plantation or grove.
algarrobera, *f.*, algarrobo, *m.* (bot.) carob tree.
algazara, *f.* huzza; din, clamor.
algazul, *m.* seaweed producing barilla.
álgebra, *f.* algebra; (anc. surg.) art of setting joints.
algebraico, ca; algébrico, ca, *a.* algebraic.
algebrista, *m.* algebraist; (anc. surg.) bonesetter.
algecireño, ña, *n.* & *a.* Algecirian, from, or pertaining to, Algeciras.
algidez, *f.* (med.) icy coldness.
álgido, da, *a.* algid, icy.
algo. I. *indef. pron.* some, something, aught; anything.—a. de nuevo, something new.—a. es a. or más vale a. que nada, something (anything) is better than nothing, every little bit counts. II. *adv.* somewhat, a little, rather.
algodón, *m.* cotton (substance, cloth, thread); cotton plant.—a. en rama, raw cotton.—a. pólvora, pólvora de a., guncotton.—*pl.* CENDALES, cotton put in bottom of inkwells.
algodonal, *m.* cotton plantation.
algodonar, *va.* to cover or fill with cotton.
algodonería, *f.* cotton factory; cotton trade.
algodonero, ra. I. *a.* pertaining to cotton. II. *m.* cotton plant; cotton dealer; cottonwood poplar.
algodonoso, sa, *a.* cottony; covered with thick down; woolly; (of fruit) tasteless.
algología, *f.* algology.
algonquín, na, *n.* & *a.* Algonquin.
algorín, *m.* place in oil mills for receiving olives.
algoritmia, *f.* (math.) algorism.
algorítmico, ca, *a.* algorithmic.
algoritmo, *m.* algorithm; algorism; arithmetical or algebraic computation.
algoso, sa, *a.* full of algæ.
alguacil, *m.* constable, peace officer, bumbailiff; short-legged spider.
alguacilazgo, *m.* office of an *alguacil.*
alguarín, *m.* storeroom; flour-mill bucket.
alguaza, *f.* (prov.) hinge.
alguien, *indef. pron.* somebody, someone; anybody.
algún, *a. contr.* of ALGUNO, used before masculine nouns.—a. tanto, a little, somewhat.
alguno, na. I. *a.* some, any; (for emphasis, following a noun) not any (*no tengo dinero alguno*, I haven't any money at all).—a. que otro, a few, some.—alguna que otra vez, sometimes, once in a while.—alguna vez, sometime; sometimes, now and then. II. *indef. pron.* somebody, someone; anybody, anyone.—*pl.* some.
alhaja, *f.* jewel, gem; showy furniture; highly prized thing; an excellent person; (ironic) a bad one, a tough one (of persons, often in the form, ¡buena a.!).
alhajar, *va.* to adorn; to furnish, fit up.
alhajuela, *f. dim.* little jewel.
alhamel, *m.* (prov.) beast of burden; porter; muleteer.
alhandal, *m.* (pharm.) colocynth, plant with purgative properties.
alharaca, *f.* clamor, fuss, ado.
alharaquiento, ta, *a.* fussy, grumbling.
alhárgama, alharma, *f.* (bot.) wild rue.
alhelí, alelí, *m.* (bot.) gilliflower.
alheña, *f.* (bot.) privet; powder from privet leaves used in dyeing; rust, mildew, blight (on corn).—alheñar. I. *va.* to dye with privet. II. *vr.* to become mildewed (app. to corn.)
alhoja, *f.* a bird resembling a lark.
alholva, *f.* (bot.) fenugreek, plant used for forage.
alhóndiga, *f.* public granary; wheat exchange.—alhondiguero, *m.* keeper of a public granary.
alhorma, *f.* Moorish camp or royal tent.
alhorre, *m.* (med.) meconium, first discharge from infant's bowels; skin eruption (on baby).
alhoz, *m.* = ALFOZ.
alhucema, *f.* (bot.) lavender.
alhumajo, *m.* pine needles.
aliabierto, ta, *a.* open-winged.
aliacán, *m.* (med.) jaundice.
aliacanado, da, *a.* jaundiced.
aliáceo, a, *a.* pertaining to or like garlic.
aliado, da. I. *pp.* of ALIARSE. II. *a.* & *n.* ally, allied.
aliaga, aulaga, *f.* (bot.) furze, whin.—aliagar, aulagar, *m.* furze field.
alianza, *f.* alliance; agreement, pact; (Bib.) covenant; alliance by marriage.
aliara, *f.* drinking horn.
aliaria, *f.* (bot.) garlic mustard.
aliarse, *vr.* to become allied; to form an alliance.
alias, *adv.* (Lat.) otherwise, alias.
alible, *a.* nutritive, nourishing.
álica, *f.* porridge of corn, wheat, and pulse.
alicaído, da, *a.* drooping, weak, extenuated; discouraged, depressed, downhearted.
alicántara, *f.*, alicante, *m.* a poisonous snake.
alicantina, *f.* (coll.) artifice, stratagem, trap.
alicantino, na, *n.* & *a.* (one) from Alicante.
alicatado, *m.* work inlaid with tiles in Arab style.
alicates, *m. pl.* pliers.
aliciente, *m.* attraction, inducement.
alicuanta, *a.* (math.) aliquant.
alícuota, *f. a.* (math.) aliquot; proportional.—partes alícuotas, (arith.) aliquot parts.
alidada, *f.* alidade, surveyor's telescope.
aliebro, aliebre, *v. V.* ALEBRARSE.
alienación, *f.* (law and med.) alienation.
alienado, da, *a.* insane.
alienar, *va.* (law) to alienate (property); to estrange; to numb.
alienista, *n.* alienist.
[1]aliento, *m.* breath; breathing; vigor; bravery; enterprise, activity.—dar a., to encourage; to further; to cheer.—de un a., in a single breath; without stopping.—sin a., out of breath.
[2]aliento, aliente, *v. V.* ALENTAR
[1]alifafe, *m.* callous tumor on a horse's hock.
[2]alifafe, *m.* (coll.) chronic complaint.
alifar, *va.* (prov.) to polish, burnish.
alifara, *f.* (prov.) collation, luncheon.
alífero, ra, *a.* having wings, winged.
aliforme, *a.* aliform, wing-shaped.
aligación, *f.* binding together; (math.) alligation.
aligamiento, *m.* = ALIGACIÓN.
aligar, *va.* (*pret.* ALIGUÉ; *subj.* ALIGUE) = LIGAR, to bind, join.

aliger, *m.* cross guard (of a sword).
aligeramiento, *m.* alleviation, lightening.
aligerar, *va.* to lighten; to alleviate; to ease; to hasten, hurry (up); to shorten.
alígero, ra, *a.* (poet.) winged, fast, fleet.
aligué, aligue, *v. V.* ALIGAR.
alijador, ra, *n.* smuggler; (naut.) one who lightens (ship's cargo); (naut.) lighter; one who clears cotton of seeds.
[1]**alijar,** *va.* (naut.) to lighten (cargo); to clear (cotton) of seeds, to gin; to smuggle.
[2]**alijar,** *m.* waste, stony ground.—**alijarar,** *va.* to divide (waste lands) for cultivation.
alijarero, *m.* sharer of waste lands to till.
alijariego, ga, *a.* pertaining to waste lands.
alijo, *m.* (naut.) lightening of a ship's cargo; ginning (cotton); smuggling or smuggled goods.
alimaña, *f.* animal (gen. destructive ones).
alimentación, *f.* feeding; meals, board; nutrition.—**de a.,** feeding, feed (as *a.,* as in *agua de alimentación,* feed water).
alimentar, *va.* to feed, nourish; to feed (a machine); to support, supply with the necessaries of life; to nurture, fondle, encourage, further; to cherish, have (hope).
alimentario, ria, *n.* one who enjoys a maintenance.
alimenticio, cia, *a.* nourishing; feeding, food (as *a.*).
alimentista, *n.* = ALIMENTARIO.
alimento, *m.* nourishment, food, nutriment; anything furnished to keep something going, as a fire; encouragement, incentive.—*pl.* allowance, pension, alimony; meals, board.—**a. combustible,** (of foods) carbohydrate or fat.—**a. plástico,** protein, nitrogenous food.—**a. respiratorio** = A. COMBUSTIBLE.
alimentoso, sa, *a.* nourishing, nutritious.
alimo, *m.* (bot.) = ORZAGA, mountain spinach.
alimoche, *m.* a bird of prey, a kind of vulture.
alimonarse, *vr.* to turn yellowish from disease (said of tree leaves).
alindado, da, *a.* affectedly nice or elegant.
[1]**alindar,** *va.* to mark the limits of.
[2]**alindar,** *va.* to embellish, make beautiful.
alineación, *f.* alignment.
alineamiento, *m.* alignment.
alinear, *va.* & *vr.* to align, line, line up.
aliñador, ra, *n.* one who embellishes; one who seasons or dresses food.
aliñar, *va.* to adorn; to dress or season (food).
aliño, *m.* ornament, decoration; cleanliness; dressing or seasoning.—**aliñoso, sa,** *a.* dressed up, decked out; decorated.
alioli, *m.* (prov.) mixture of garlic and oil.
alionín, *m.* (ornith.) the blue-feathered duck.
alipata, *m.* a Philippine poison tree.
alípede, *a.* (poet.) winged, swift, nimble.
alípedo, da, *a.* (zool.) aliped, with toes connected by winglike skin.
aliquebrado, da, *a.* broken-winged; dejected.
alisador, ra, *n.* polisher, smoothing iron; silk stick; tool to shape wax candles.
alisadura, *f.* planing, smoothing, polishing.
alisaduras, *f. pl.* shavings, cuttings.
[1]**alisar,** *va.* to plane, smooth, polish, burnish.
[2]**alisar,** *m.* **aliseda,** *f.* alder-tree plantation.
alisios, *m. pl.* trade winds.
alisma, *f.* (bot.) water plantain.
aliso, *m.* (bot.) alder tree.
alisón, *f.* (bot.) alyssum.
alistado, da, listado, da, *a.* listed; enlisted.
alistador, ra, *n.* one who enrolls or lists.
alistamiento, *m.* enrollment; conscription, levy.
[1]**alistar,** *va.* & *vr.* to enlist, enroll.
[2]**alistar,** *va.* to get or make ready.
aliteración, *f.* alliteration.
aliterado, da, *a.* alliterative.
aliviador, ra, *n.* assistant; helper; spindle to raise or lower a running millstone.
aliviar, *va.* to lighten; to loosen; to alleviate, assuage, soothe, relieve; to hasten, speed up.
alivio, *m.* alleviation, easement; mitigation; relief; improvement, betterment.
alizar, *m.* dado or wainscotting of tiles.
alizarina, *f.* (chem.) alizarine.
aljaba, *f.* quiver (for arrows).
aljafana, *f.* = ALJOFAINA.
aljama, *f.* assembly of Moors or Jews; synagogue.
aljamía, *f.* (obs.) corrupted Arabic spoken by Moors; Moorish name of the Spanish language.
aljarafe, *m.* roof; terrace.
aljarfa, *f.,* **aljarfe,** *m.,* **aljerife,** *m.* tarred fishing net with small meshes.
aljévena, *f.* (prov.) = ALJOFAINA.
aljez, *m.* gypsum; plaster of Paris.—**aljezar,** *m.* gypsum pit.—**aljezón,** *m.* plaster rubbish; ALJEZ.
aljibe, *m.* cistern; reservoir, pool; (naut.) tank boat for supplying vessels with water.
aljibero, *m.* one who takes care of cisterns.
aljofaina, jofaina, *f.* washbowl, basin.
aljófar, *m.* misshapen pearl; (poet.) water or dewdrops.
aljofarar, *va.* to adorn with pearls.
aljofifa, *f.* mop.—**aljofifar,** *va.* to clean with a cloth; to mop.
aljonje, *m.* = AJONJE, bird lime.
aljonjera, *f.* **aljonjero,** *m.* = AJONJERA, (bot.) a kind of thistle.
aljonjolí, *m.* = AJONJOLÍ, (bot.) sesame.
aljor, *m.* crude gypsum.
aljorozar, *va.* to level, render smooth; to plaster.
aljorra, *m.* (Cuba) a very small insect which, carried by the wind, destroys plantations.
aljuba, *f.* a Moorish garment.
alma, *f.* soul; ghost; phantom; human being; vigor, strength; substance, main point; staff; (arch.) scaffolding pole; web (of a beam, rail, etc.) (gun) bore; core (of rope, of a casting); (naut.) body of a mast; sounding-post in a fiddle, etc.—**a. atravesada, de Caín,** or **de Judas,** devilish or heartless person.—**a. de cántaro,** fool.—**a. de Dios,** harmless, inoffensive person; simple, kind-hearted person.—**a. en pena,** soul in purgatory.—**a. mía, mi a.,** my dearest; my love.—**a., vida y corazón,** heart and soul.—**con toda el a.,** with all one's heart and soul.—**dar, entregar, exhaler,** or **rendir, el a.,** to give up the ghost, die.—**del a., de mi a.,** dearest.—**en el a.,** keenly, deeply; with all one's heart.—**tener el a. bien puesta,** to have courage and energy.
almacén, *m.* store, shop; warehouse; storage house, depot; (Arg. & Cuba) grocery store; naval arsenal, dockyard.—**a. de agua,** (naut.) water cask.—**a. de una bomba de agua,** (naut.) chamber of a pump.—**almacenado, da,** *a.* stored, bonded.—**almacenador,** *m.* warehouseman.—**almacenaje,** *m.* storage.—**almacenar,** *va.* to lay up, hoard; to store.—**almacenero,** *m.* shopkeeper.—**almacenista,** *m.* shop owner; salesman; (Cuba) wholesale grocer.
[1]**almáciga,** *f.* mastic; resin from certain trees.
[2]**almáciga,** *f.* tree nursery.
almacigado, da, *a.* perfumed with mastic.
almacigar, *va.* to perfume with mastic.
[1]**almácigo,** *m.* mastic tree.
[2]**almácigo,** *m.* = [2]ALMÁCIGA.
almaciguero, ra, *a.* pertaining to mastic.
almádana, almadaneta, *f.* sledge-hammer.
almádena, *f.* = ALMÁDANA.
almadía, *f.* canoe used in India; raft.
almadiero, *m.* a raft pilot.
almadraba, *f.* tunny fishing or fishery; tunny-fish net.—**almadrabero, ra,** *n.* tunny fisher.
almadreña, *f.* wooden shoe or sabot.
almaganeta, *f.* = ALMÁDANA.
almagesto, *m.* Almagest, anc. book on astronomy.
almagra, *f.* = ALMAGRE.
almagral, *m.* place abounding in ochre.
almagrar, *va.* to color with red ochre; (vulg.) to draw blood.
almagre, *m.* red ochre, red earth, Indian red.

almaizal, almaizar, *m.* gauze veil worn by Moors; sash worn by priests.
almajaneque, *m.* (mil.) battering ram.
almajara, *f.* (prov.) forcing bed, hotbed.
almajo, *m.* (bot.) plant yielding barilla.
almanac, almanaque, *m.* almanac, calendar.—**hacer almanaques,** (fig.) to muse, be pensive.
almanaquero, ra, *n.* maker or vender of almanacs.
almancebe, *m.* fishing net.
almandina, *f.* (min.) red garnet; almandine.
almanguena, *f.* = ALMAGRE.
almanta, *f.* space between rows of vines and olive trees; ridge between two furrows.
almarada, *f.* triangular poniard; needle for making rope sandals.
almarcha, *f.* town on marshy ground or lowland.
[1]**almarjal,** *m.* glasswort field.
[2]**almarjal, marjal,** *m.* marshy ground.
almarjo, *m.* (bot.) glasswort.
almaro, *m.* (bot.) common clary.
almarrá, *m.* cotton gin.
almarraja, almarraza, *f.* perforated glass bottle used for sprinkling or watering.
[1]**almártaga, almártega,** *f.* (chem.) massicot; litharge.
[2]**almártaga, almártiga,** *f.* halter; (Colomb.) sluggard; good-for-nothing.
almartigón, *m.* rough halter.
almástiga, *f.* mastic.—**almastigado, da,** *a.* containing mastic.
almatrero, *m.* one fishing with shad nets.
almatriche, *m.* irrigation canal.
almazara, *f.* (prov.) oil mill.—**almazarero,** *m.* oil miller.
almazarrón, *m.* = ALMAGRE.
[1]**almea,** *f.* Oriental poetess and dancer.
[2]**almea,** *f.* (bot.) dried bark of the storax tree.
almear, *m.* stack of hay, corn, or straw.
almeja, *f.* clam.—**almejar,** *m.* clam bed.
almejía, *f.* small cloak used by poor Moors.
almena, *f.* merlon of a battlement.
almenado, da. I. *pp.* of ALMENAR. **II.** *a.* having battlements. **III.** *m.* = ALMENAJE.
almenaje, *m.* series of merlons; battlement.
[1]**almenar,** *va.* to crown with merlons.
[2]**almenar,** *m.* cresset, cuplike metal torch.
[1]**almenara,** *f.* beacon; large candelabra.
[2]**almenara,** *f.* outlet channel for irrigation water.
almendra, *f.* almond; kernel; bean; almond-shaped diamond; cut glass drop; fine cocoon.—**a. confitada,** praline.—**a. de cacao,** cocoa bean; chocolate nut.—**a. garapiñada,** sugar almond, praline.
almendrada, *f.* almond milk.
almendrado, da. I. *a.* almondlike. **II.** *m.* macaroon.
almendral, *m.* almond-tree plantation.
almendrera, *f.* = ALMENDRO.
almendrero, *m.* dish for almonds; ALMENDRO.
almendrilla, *f.* almond-shaped file.—**almendrillas,** almond-shaped diamond earrings.
almendro, *m.* almond tree.
almendrón, *m.* Jamaican myrtle tree and its fruit.
almendruco, *m.* green almond.
almenilla, *f. dim.* small merlon; merlon-shaped fringe.
almete, *m.* helmet; soldier wearing a helmet.
almez, *m.* lotus tree.—**almeza,** *f.* fruit of the lotus tree.—**almezo,** *m.* = ALMEZ.
almiar, *m.* haystack.
almíbar, *m.* sugar sirup.—**almíbares,** preserved fruit.
almibarado, da. I. *pp.* of ALMIBARAR. **II.** *a.* (fig.) honeyed (language); sweet (person); endearing.
almibarar, *va.* to preserve (fruit) in sugar; (fig.) to conciliate with soft words.
almicantarada, *f.*, **almicantarat,** *f.* (astr.) almucantar, small circle parallel to the horizon to determine the height of stars.
almidón, *m.* starch; fecula.
almidonado, da. I. *pp.* of ALMIDONAR. **II.** *a.* starched; (fig.) dressed with affected nicety; spruce; stiff.
almidonar, *va.* to starch.
almidonería, *f.* starch factory.
almilla, *f.* under waistcoat; short military jacket; (carp.) tenon; breast of pork.
almimbar, *m.* pulpit of a mosque.
alminar, *m.* minaret, turret of a mosque.
almiranta, *f.* (naut.) vice admiral's ship, flagship; admiral's wife.
almirantazgo, *m.* (naut.) board of admiralty; admiralty court; admiral's dues; admiralship.
almirante, *m.* admiral, commander of a fleet; head ornament for women; swimming master; a kind of shell.
almirez, *m.* brass mortar: wood engraver's tool.
almizclar, *va.* to perfume with musk.
almizcle, *m.* musk.—**almizcleña,** *f.* (bot.) musk, grape hyacinth.—**almizcleño, ña,** *a.* musky.
almizclero, ra. I. *a.* musky. **II.** *m.* muskdeer. **III.** *f.* muskrat.
almo, ma, *a.* (poet.) creating; animating, fostering (*cf.* alma mater); venerable.
almocadén, *m.* (anc.) infantry commander; cavalry officer commanding part of a platoon; delegated mayor of part of a city (in Morocco).
almocafre, *m.* gardener's hoe, dibble.
almocárabes, almocarbes, *m. pl.* (arch. and carp.) bow-shaped ornaments.
almocatracía, *f.* duty on broadcloths and woollens.
almocela, *f.* ancient hood.
almocrate, *m.* sal ammoniac.
almocri, *m.* reader of the Koran in a mosque.
almodí, *m.* = ALMUDÍ, a dry measure.
almodón, *m.* baking flour.
almodrote, *m.* sauce for eggplant; hodgepodge.
almófar, *m.* mail head cover under helmet.
almofía, *f.* = ALJOFAINA, washbowl, basin.
almofrej, almofrez, *m.* travelling bag for bedding.
almogama, *f.* (naut.) sternpost of a ship.
almogávar, *m.* soldier of raiding troops sent to enemy's territory; raider.—**almogavarear,** *va.* to raid.—**almogavaría, almogavería,** *f.* body of raiding troops.
almohada, *f.* pillow; bolster; pillowcase; (naut.) piece of timber on which the bowsprit rests.—**aconsejarse,** or **consultar, con la a.,** (coll.) to sleep on the matter, think it over carefully.—**dar a.,** to raise to the nobility (a ceremony in which the queen raises a lady to nobility by having her sit beside her on a cushion).
almohadilla, *f. dim.* small bolster or pillow; sewing cushion; pads of a harness; (arch.) projecting wall stone; (vet.) callous excrescence on the back of mules.
almohadillado, da, *a.* quilted; (arch.) with projecting wall stones.
almohadón, *m. aug.* large cushion or pillow.
almohatre, *m.* = ALMOCRATE, sal ammoniac.
almohaza, *f.* currycomb.
almohazador, *m.* groom.
almohazar, *va.* to curry with a currycomb.
almojábana, *f.* cake made of cheese and flour; cruller.
almojarifadgo, almojarifalgo, almojarifazgo, *m.* ancient duty on imports or exports.
almojarife, *m.* the king's taxgatherer; custom house officer.
almojaya, *f.* (build.) putlog.
almona, *f.* public stores; shad fishery; soap manufactory.
almóndiga, almondiguilla, *f.* = ALBÓNDIGA, etc., ball of forcemeat with eggs and spice.
almoneda, *f.* auction.—**almonedear,** *va.* to auction.
almoradux, *m.* (bot.) sweet marjoram.
almorávide, *n.* & *a.* Almoravide (name of an ancient Moorish tribe).
almorcé, *pret.* of ALMORZAR.

almorejo, *m.* (bot.) a species of grass.
almorí, almurí, *m.* sweetmeat or cake.
almoronía, *f.* = ALBORONÍA, eggplant, tomato dish.
almorranas, *f. pl.* (med.) piles, hemorrhoids.
almorraniento, ta, *a.* suffering from piles.
almorrefa, *f.* triangular tile.
almorta, *f.* (bot.) blue vetch.
[1]almorzada, *f.* as much as can be held in the hollow of both hands.
[2]almorzada, *f.* (Mex.) = [2]ALMUERZO.
almorzado, da. I. *pp.* of ALMORZAR. **II.** *a.* having already breakfasted.
almorzar. I. *vn.* (*ind. pres.* ALMUERZO, *pret.* ALMORCÉ; *subj.* ALMUERCE) to breakfast; (more often) to lunch. **II.** *va.* to eat (at or for breakfast or lunch).
almotacén, *m.* inspector of weights and measures; inspector's office or function.
almotacenazgo, *m.* office of ALMOTACÉN.
almotacenía, *f.* fee paid to ALMOTACÉN.
almozárabe, *m.* Christian subject to the Moors.
almud, *m.* a dry measure, about 0.8 of a liter.—**a. de tierra,** about ½ acre.—**almudada,** *f.* ground sufficient for one *almud* of seed.—**almudejo,** *m.* each of the weights kept by the *almudero.*—**almudero,** *m.* keeper of dry measures.
almudí, almudín, *m.* (prov.) measure containing six *cahíces.*
almuecín, almuédano, *m.* muezzin.
almuérdago, *m.* birdlime.
almuerza, *f.* = [1]ALMORZADA.
[1]almuerzo, almuerce, *v. V.* ALMORZAR.
[2]almuerzo, *m.* breakfast; (more often) lunch; breakfast cover.
almunia, *f.* orchard; vegetable garden.
alnado, da, *n.* = HIJASTRO, stepchild.
alo, *m.* (Mex.) a large cockatoo.
aloaria, *f.* (arch.) vault.
alobadado, da, *a.* bitten by a wolf; (vet.) laboring under morbid swellings.
alobaro, *m.* (meteorol.) allobar.
alobunado, da, *a.* wolf-colored.
alocadamente, *adv.* rashly, recklessly.
alocado, da, *a.* half-witted; wild, reckless.
alocución, *f.* allocution, address, speech.
alodial, *a.* (law) allodial.—**alodio,** *m.* alodium.
áloe, *m.* (bot.) aloe tree, aloes.—**aloético, ca,** *a.* aloetic.—**aloína,** *f.* aloin, active principle of aloes.
alófana, *f.* (min.) allophane.
alogamia, *f.* (bot.) allogamy.
aloína, *f.* (chem.) aloin.
aloja, *f.* mead, drink made with honey and spices.
alojamiento, *m.* lodging; quartering of soldiers; (naut.) steerage.—*pl.* (mil.) camp, quarters.
alojar. I. *va.* to lodge; to quarter (troops). **II.** *vr.* to take lodgings; to lodge; to dwell; to go (into), be contained or work (in).
alojería, *f.* mead shop.
alojero, ra, *n.* mead mixer and seller; *m.* (theat.) box near the pit.
alomado, da, *a.* (of animals) having a curved back.
alomar. I. *va.* to distribute equally (the load on a horse); to plow in furrows. **II.** *vr.* (of horses) to become strong and vigorous.
alón, *m.* plucked wing of any fowl.
alondra, *f.* (ornith.) lark.
alongamiento, *m.* delay; distance (separating points or things).
alongar, *va.* (*ind.* ALUENGO; *subj.* ALUENGUE) to enlarge; to extend; to prolong; to separate.
alópata, *m.* allopath.—**alopatía,** *f.* allopathy.—**alopático, ca,** *a.* allopathic.
alopecia, *f.* (med.) alopecia, baldness.
alopiado, da, *a.* opiate.
aloque, *a.* clear white or red and white (wine).
aloquín, *m.* stone inclosure in a wax bleachery.
alosa, *f.* (ichth.) = SÁBALO, shad.
alotar, *va.* (naut.) ARRIZAR, to reef, stow, lash.—**a. las anclas,** (naut.) to stow the anchors.
alotropia, *f.* (chem.) allotropy.
alotrópico, ca, *a.* (chem.) allotropic.
[1]alpaca, alpaga, *f.* alpaca (animal and fabric).
[2]alpaca, *f.* German silver.
alpañata, *f.* piece of chamois skin.
alpargata, *f.,* **alpargate,** *m.* fiber sandal.
alpargatado, da, *a.* wearing *alpargatas.*
alpargatar, *vn.* to make *alpargatas.*
alpargatería, *f.* *alpargata* shop or factory.
alpargatero, ra, *n.* maker or seller of *alpargatas.*
alpargatilla, *f. dim.* small *alpargata;* crafty, designing fellow.
alpechín, *m.* juice oozing from a heap of olives.
alpende, *m.* tool shed (esp. in mines).
alpestre, *a.* Alpine.
alpicoz, *m.* (prov.) = ALFICOZ, cucumber.
alpinismo, *m.* mountain climbing, Alpinism.
alpinista, *n.* mountain climber, Alpinist.
alpino, na, *a.* Alpine.
alpiste, *m.* birdseed.—**dejar a uno a.,** (coll.) to leave one out (of a business, etc.).—**quedarse a.,** (coll.) to be disappointed or to get left.—**alpistela, alpistera,** *f.* cake made of flour, eggs, sesame, and honey.—**alpistero,** *m.* sieve for canary seed.
alquequenje, *m.* Barbadoes winter cherry, used as a diuretic.
alquería, *f.* farmhouse.
alquermes, *m.* kermes, a cordial; (pharm.) medicinal sirup.
alquerque, *m.* place in oil mills for olives after the first pressing.
alquez, *m.* wine measure containing twelve *cántaras.*
alquibla, *f.* point toward which Mohammedans look when praying.
alquicel, alquicer, *m.* Moorish cloak; cover for benches, tables, etc.
alquifol, *m.* (min.) alquifou, potter's ore.
alquiladizo, za, *a.* that can be let or hired.
alquilador, ra, *n.* hirer.
alquilamiento, *m.* hiring or letting.
alquilar. I. *va.* to let, rent; to hire; to fee. **II.** *vr.* to serve for wages; to hire out.
alquilate, *m.* sales tax in Murcia.
alquiler, *m.* wages; rent, rental; the act of hiring or letting.—**de a.,** for hire, for rent; that may be hired or rented.
alquilón, na, *a.* (of person, disparaging) that can be hired.
alquilona, *f.* charwoman.
alquimia, *f.* alchemy.
alquímico, ca, *a.* alchemistic.
alquimila, *f.* (bot.) ladies' mantle.
alquimista, *m.* alchemist.
alquinal, *m.* veil or headdress for women.
alquitara, *f.* = ALAMBIQUE, a still.
alquitarar, *va.* to distil.
alquitira, *f.* (bot.) tragacanth.
alquitrán, *m.* tar, pitch; (naut.) stuff made of pitch, grease, etc.—**a. mineral,** coal tar.
alquitranado, *m.* (naut.) tarpaulin, tarred cloth.
alquitranar, *va.* to tar.
alrededor, *adv.* around.—**a. de,** about, around, (coll.) approximately.—**alrededores,** *m. pl.* environs.
alrota, arlota, *f.* coarse tow.
alsaciano, na, *n.* & *a.* Alsatian.
álsine, *m.* (bot.) scorpion grass.
alta, *f.* a kind of court dance; dancing exercise; fencing bout; certificate of discharge from a hospital, as being cured; (mil.) record or statement of the entrance of a man into active service; the man so entering.—**dar de a.,** to enroll (in the army); to discharge as cured, or declare fit.—**darse de a.,** to be admitted (in a profession, etc.), to join, become a member.
altabaque, tabaque, *m.* needlework basket.
altabaquillo, *m.* (bot.) small bindweed.
alta fidelidad, *f.* (rad.) high fidelity, (coll.) hi-fi.
altaico, ca, *n.* & *a.* Altaic.

altamente, *adv.* highly, exceedingly; (fig.) in a distinguished manner.
altanería, *f.* haughtiness, loftiness, insolence; hunting with hawks.
altanero, ra, *a.* soaring, towering; haughty, arrogant, insolent.
altar, *m.* altar; the church; bridge (in a furnace, etc.).—**a. mayor**, high altar.—**el A.,** (astr.) the Altar, Ara.
altarreina, *f.* (bot.) milfoil, yarrow.
altavoz, *m.* (radio) loudspeaker.
altea, *f.* (bot.) marsh mallow.
altearse, *vr.* (of land) to rise above the surrounding land.
alterabilidad, *f.* alterability.
alterable, *a.* changeable, alterable.
alteración, *f.* alteration; unevenness of the pulse; strong emotion; tumult, commotion.
alterado, da. I. *pp.* of ALTERAR. **II.** *a.* disturbed, agitated.
alterador, ra, *n.* & *a.* alterer(-ing), disturber (-ing).
alterante, *a.* (med.) alterative.
alterar. I. *va.* to alter, change, transform; to disturb, stir up. **II.** *vr.* to become altered, disturbed, agitated; to become angry.
alterativo, va, *a.* alterative.
altercación, *f.*, **altercado,** *m.* altercation, controversy, quarrel, wrangle.
altercador, ra, *n.* arguer, wrangler, quarreler.
altercar, *va.* to dispute obstinately; to quarrel, bicker, wrangle.
álter ego, alter ego, second self.
alternación, *f.* alternation.
alternadamente, *adv.* = ALTERNATIVAMENTE.
alternador, *m.* (elec.) alternator.
alternante, *a.* alternant, alternate.
alternar, *va., vn.* & *vr.* to alternate.
alternativa, *f.* alternative; service by turn.
alternativo, va., *a.* alternate, alternating.
alterno, na, *a.* = ALTERNATIVO.—**corriente alterna,** (elec.) alternating current.
alteza, *f.* elevation, sublimity, highness, height; (A-) Highness (title).
altibajo, *m.* embossed velvet; downright blow in fencing.—*pl.* uneven ground; ups and downs.
altilocuencia, *f.* grandiloquence.
altilocuente (poet.), **altílocuo, cua,** *a.* grandiloquent.
altillo, lla. I. *a. dim.* rather high. **II.** *m.* hillock.
altimetría, *f.* altimetry; leveling.
altímetro, tra. I. *a.* pertaining to altimetry. **II.** *m.* altimeter, altitude indicator.
altiplanicie. *f.*, **altiplano,** *m.* plateau, tableland.
altiscopio, *m.* (opt.) altiscope.
altísimo, ma. I. *a. aug.* exceedingly high, most high. **II.** *m.* (A-), Most High.
altisonante, altísono, na, *a.* high-sounding.
altitonante, *a.* (poet.) thundering.
altitud, *f.* altitude, elevation.
altivamente, *adv.* loftily, haughtily.
altivarse, *vr.* to put on airs.
altivez, altiveza, *f.* haughtiness, arrogance, insolence; pride.
altivo, va, *a.* haughty, proud, lofty; high-handed; overbearing, arrogant.
¹alto, ta. I. *a.* (of a building, hill, price, etc.) high; elevated; tall; arduous, difficult; eminent; enormous; deep.—**a. a bajo, (de)** downward; from the top down; from top to bottom.—**a. horno,** blast furnace.—**alta mar,** (naut.) high seas.—**a. relieve,** high relief.—**altas horas,** late hours.—**de a. bordo,** large seagoing (vessel).—**de lo a.,** from above.—**en a.,** up high. **II.** *m.* height, elevation; hill; top; story, floor; (naut.) depth or height of a ship; summit, mountain top, crest; top floor; heap, pile.—**pasar por a.,** to overlook, forget.—**altos y bajos,** ups and downs, vicissitudes. **III.** *adv.* (of tone of voice) loud, high.
²alto. I. *m.* (mil.) halt; place or time of rest.—**hacer a.,** to halt. **II.** (*interj.*) (mil. command) halt!—**¡a. ahí!** halt! stop there!—**¡a. de aquí!** move off!
altocúmulo, *m.* (meteorol.) alto-cumulus (cloud formation).
altoestrato, *m.* (meteorol.) alto-stratus (cloud formation).
altoparlante, *m.* (rad.) loudspeaker.
Alto Volta, *m.* Upper Volta.
altozano, *m.* hillock, knoll; height; paved terrace or platform in front of a building (gen. a church).
altramuz, *m.* (bot.) lupine *altramuces*; black voting balls.
altruísmo, *m.* altruism.
altruísta, *n.* & *a.* altruist(-ic).
altura, *f.* height, altitude; tallness, stature; summit, top; (naut.) the latitude; (geom.) altitude (of a plane figure), height (of a solid); (astr.) altitude.—**estar a la a. de (su) tarea,** to be equal to (his) task.—*pl.* **alturas,** the heavens, Heaven.
alúa, *f.* (Arg.) glowworm.
alubia, *f.* (bot.) French bean.
aluciar, *va.* to polish, burnish, brighten.
alucinación, *f.* hallucination.
alucinadamente, *adv.* erroneously.
alucinamiento, *m.* = ALUCINACIÓN.
alucinar, *va.* & *vr.* to dazzle, fascinate, delude.
alucinógenos, *n.* (pharm.) hallucinogen.
alud, *m.* avalanche.
aluda, *f.* (entom.) winged ant or emmet.
aludel, *m.* (chem.) sublimating pots.
aludir, *vn.* to allude, refer.
aludo, da, *a.* winged, large-winged.
aluengo, aluengue, *v. V.* ALONGAR.
¹alumbrado, da. I. *pp.* of ALUMBRAR. **II.** *a.* (coll.) flustered with wine, tipsy. **III.** *m.* lighting.—*pl.* illuminati.—**de a.,** illuminating (gas, etc.).
²alumbrado, da, *a.* aluminous, pert. to alum.
alumbrador, ra, *n.* lighter; linkboy.
alumbramiento, *m.* supplying with light; childbirth.
¹alumbrar. I. *va.* to light, illuminate; to enlighten, instruct; to dig about the roots of (vines). **II.** *vn.* to give, or shed, light; to be delivered of, give birth to (a child). **III.** *vr.* to get tipsy; to become lively (from liquor).
²alumbrar, *va.* to dip (cloth) in alum water.
alumbre, *m.* alum.—**a. catino,** alkali from glasswort.—**a. de rasuras,** salt of tartar.—**a. sacarino,** alum medicinal mixture.
alumbrera, *f.* alum mine.—**a. artificial,** alum works.
alumbroso, sa, *a.* containing alum.
alúmina, *f.* (chem.) alumina.
aluminato, *m.* aluminate.
alumínico, ca, *a.*, **aluminífero, ra,** *a.* aluminous.
aluminio, *m.* aluminium, aluminum.
aluminita, *f.* aluminite.
aluminoso, sa, *a.* aluminous.
alumno, na, *n.* foster child; pupil, student.
alunado, da, *a.* lunatic; (of horses) jerky from constipation; long-tusked (boar); tainted (meat).
alunita, *f.* (min.) alunite.
alusión, *f.* allusion, reference, hint.
alusivo, va, *a.* allusive, hinting.
alustrar, lustrar, *va.* to give luster to.
alutrado, da, *a.* otter-colored.
aluvial, *a.* alluvial.
aluvión, *f.* alluvium.
alveario, *m.* (anat.) alveary, hollow of outer ear.
álveo, *m.* bed (of a river).
alveolado, da, *a.* alveolate.
alveolar, *a.* alveolar.
alvéolo, *m.* alveolus, alveole, small cavity.
alverja, alverjana, *f.* (bot.) common vetch; (Am.) (also ARVEJA), green pea.
alvino, na, *a.* (med.) alvine, intestinal.
alza, *f.* piece of leather put round the last to make the shoe wider; instrument used in rope-

walks; advance, rise (in price); (print.) overlay; (artil.) front sight (gen. app. to the notched-slide sight).
alzacuello, *m.* neck stock.
alzada, *f.* height, stature (of horses); appeal (to a higher governmental body).
alzadamente, *adv.* for a lump sum.
alzado, da. I. *pp.* of ALZAR. **II.** *a.* & *m.* (of) a lump sum; (of a) fraudulent bankrupt; *m.* (arch.) front elevation.
alzadura, *f.* elevation.
alzamiento, *m.* lifting, raising; higher bid (at an auction); rising (in arms), insurrection.
alzapaño, *m.* curtain holder.
alzapié, *m.* snare (for birds or animals).
alzaprima, *f.* lever; wedge; (naut.) heaver.—**dar a.,** to ruin or damage by treacherous cunning.—**alzaprimar,** *va.* to raise with a lever; (naut.) to move with handspikes; to incite, spur on.
alzapuertas, *m.* (theat.) supernumerary.
alzar. I. *va.* (*pret.* ALCÉ; *subj.* ALCE) to raise (a load, price, siege, building, penalty); to lift, heave; to pick up; to carry off; to hide, lock up; to cut (the cards); to gather up and arrange in order (printed sheets) for the binder; (eccl.) to elevate (the host); (naut.) to heave.—**a. cabeza,** to recover from a calamity or disease.—**a. el codo,** to be a toper.—**a. la casa,** to break up house.—**a. velas,** (naut.) to set the sails; to raise camp (fig.), to move. **II.** *vr.* to rise in rebellion; to rise; to make a fraudulent bankruptcy; to appeal (to a higher court).—**a. con,** to run away with; to embezzle; to steal; to usurp.—**a. con el santo y la limosna,** to carry away, or appropriate, everything.
allá, *adv.* there; thither, or to that place; (with a modifying *adv.*) far, beyond (*más allá,* farther; *muy allá,* much beyond, far beyond). Applied to time, it indicates remoteness, and either is not translated, or is rendered by "in the old times," "in times of old," "in the far-off time," etc.: *allá en mi niñez,* in the old times of my childhood; *allá en tiempo de Salomón,* in the far-off time of Solomon.—**a. por el año de 1900,** about 1900.—**a. arriba,** up there.—**a. veremos,** we shall see.—**a. voy,** I am coming.—**el más a.,** the beyond.—**por a.,** there, thereabouts, through there, that way.
allanador, *m.* leveller; gold-beater's book.
allanamiento, *m.* levelling; smoothing; acceptance of a judicial finding; affability, suavity.
allanar. I. *va.* to level, smooth; to flatten; to remove or overcome (difficulties); to pacify, subdue; to break into (a house). **II.** *vr.* to abide (by), acquiesce.
allegadizo, za, *a.* collected without selection.
allegado, da. I. *pp.* of ALLEGAR. **II.** *a.* near; related. **III.** *n.* relative; friend; ally.
allegador, ra, *n.* reaper; gatherer; board for gathering thrashed wheat; (fire) poker.
allegamiento, *m.* collecting; reaping, gathering; close friendship; union; relationship.
allegar. I. *va.* (*pret.* ALLEGUÉ; *subj.* ALLEGUE) to reap; to collect; to solicit, procure. **II.** *vr.* to come near, approach; to adhere (to a sect, etc.).
allende, *adv.* beyond, on the other side.—**a. el mar,** overseas.
allí, *adv.* there, in that place; thereto.—**¡a. fué Troya!** there the trouble began, then came the crash!—**de a.,** from there; thence.—**por a.,** that way; through there; there, thereabouts.
alloza, *f.* = ALMENDRUCO, green almond.
allozo, *m.* (bot.) wild almond tree.
alludel, *m.* earthen water pipe; ALUDEL.
ama, *f.* mistress of the house; landlady; (woman) owner; housekeeper; wet nurse; (anc.) governess.—**a. de cría** = A. DE LECHE.—**a. de gobierno** = A. DE LLAVES.—**a. de huéspedes,** boarding-house keeper.—**a. de leche,** wet nurse.—**a. de llaves,** housekeeper.
amabilidad, *f.* amiability, affability; kindness.
amable, *a.* amiable, affable; kind.—**amablemente,** *adv.* amiably; kindly; courteously.
amacayo, *m.* (Am.) fleur-de-lis, iris.
amaceno, na. I. *a.* Damascene. **II.** *f.* (bot.) damson plum.
amacollado, da, *a.* (bot.) grumous, bunchy.
amacollarse, *vr.* (of plants) to throw out shoots.
amachetear, *va.* to strike with a machete.
amador, ra, *n.* & *a.* lover (-ing).
amadrigar. I. *va.* (*pret.* AMADRIGUÉ; *subj.* AMADRIGUE) to receive well, esp. one not deserving. **II.** *vr.* to burrow; to seclude oneself.
amadrinar, *va.* to couple, yoke together; (naut.) to join (one thing to another for reinforcement); to act as godmother or bridesmaid to; to uphold.
amadroñado, da, *a.* resembling *madroños.*
amaestrado, da. I. *pp.* of AMAESTRAR. **II.** *a.* taught, schooled; trained, experienced.
amaestrar, *va.* to instruct, train, coach.
amagar. I. *va.* to threaten; to show signs of; to hint. **II.** *vn.* to threaten; to be impending; to feign. **III.** *vr.* (coll.) to hide.
amago, *m.* threatening; hint; empty promise; symptom of disease which does not develop.
ámago, *m.* bitter stuff found in some bee cells; nausea, loathing.
amainar. I. *va.* (naut.) to lower or shorten (sail); to relax. **II.** *vn.* to subside, lessen, moderate. **III.** *vr.* to give in, yield, desist.
amaitinar, *va.* to observe attentively.
amajadar. I. *va.* to keep (sheep) in a field to fertilize it. **II.** *vr.* (of sheep) to be in, or go to, the fold.
amalecita, *n.* & *a.* (Bible) Amalekite.
amalgama, *f.* amalgam.
amalgamación, *f.* amalgamation.
amalgamador, *m.* amalgamator.
amalgamar, *va.* to amalgamate.
amamantar, *va.* to nurse, suckle.
amán, *m.* amnesty.
amancebamiento, *m.* concubinage.
amancebarse, *vr.* to live in concubinage.
amancillar, *va.* to stain, pollute; to defame, tarnish one's reputation.
amanecer, *vn. defect.* (*ind.* AMANEZCO; *subj.* AMANEZCA) to dawn; to arrive, be or appear at daybreak or in the morning (often diff. constr.: *amanecimos en la costa,* we were on shore, we reached the shore at daybreak, it was daybreak when we arrived at the shore; *amaneció la noticia en los periódicos,* the news appeared in the papers in the morning). Often used with *Dios* as subject: *amaneció Dios,* it dawned (literally, God sent forth the dawn).—**amanecerá y veremos,** we shall see. **II.** *m.* dawn, daybreak.—**al a.,** at dawn, at daybreak.
amanecida, *f.* dawn, daybreak.
amanerado, da, *a.* full of mannerisms.
amaneramiento, *m.* mannerism.
amanerarse, *vr.* to adopt mannerisms; to become affected.
amanezco, amanezca, *v. V.* AMANECER.
amanita, *f.* (bot.) amanita.
amanojar, *va.* to gather by handfuls.
amansador, ra, *n.* tamer; horse breaker; soother, appeaser.
amansamiento, *m.* taming; breaking (horses).
amansar, *va.* to tame, domesticate; to break (a horse); to soften, pacify.
amantar, *va.* (coll.) to cloak.
[1]**amante,** *n.* & *a.* lover(-ing); sweetheart.
[2]**amante,** *m.* (naut.) rope, part of the running rigging.
amantillar, *va.* (naut.) to top the lifts.
amantillo, *m.* (naut.) lift.
amanuense, *m.* amanuensis, clerk.
amañar. I. *va.* to do cleverly. **II.** *vr.* to be handy; to adapt oneself.
amaño, *m.* cleverness, neatness.—*pl.* tools or implements; intrigue or machinations.

amapola, *f.* (bot.) poppy.
amar, *va.* to love.
amáraco, *m.* (bot.) = MEJORANA, marjoram.
amaraje, *m.* (aer.) landing, alighting (on water).
amarantáceo, a. I. *a.* (bot.) amaranthaceous. **II.** *f. pl.* (bot.) Amaranthaceæ.
amaranto, *m.* (bot.) amaranth.
amarar, *vn.* (aer.) to alight on the water.
amargado, da. I. *pp.* of AMARGAR. **II.** *a.* embittered.
amargaleja, *f.* bitter or wild plum.
amargar. I. *va.* (*pret.* AMARGUÉ; *subj.* AMARGUE) to make bitter; to exasperate, offend. **II.** *vn.* to be bitter. **III.** *vr.* to become bitter.
amargo, ga. I. *a.* bitter. **II.** *m.* bitterness; sweetmeat made of bitter almonds.—*pl.* bitters.
amargón, *m.* (bot.) dandelion.
amargor, *m.* bitterness.
amargoso, sa, *a.* bitter.
amargué, amargue, *v. V.* AMARGAR.
amarguillo, lla, *a. dim.* somewhat bitter.
amargura, *f.* bitterness.
amaricado, a, *a.* (coll.) effeminate.
amarilis, *f.* amaryllis.
amarilla, *f.* gold coin, especially the *onza*; (vet.) a liver disease of sheep.
amarillear, *vn.* to incline to yellow.
amarillejo, ja; amarillento, ta, *a.* yellowish.
amarillez, *f.* yellowness.
amarillo, lla. I. *a.* yellow. **II.** *m.* jaundice; a disease of silkworms.
amarinar, marinar, *va.* to salt (fish); (naut.) to man (a ship).
amariposado, da, *a.* (bot.) butterflylike.
amaro, *m.* (bot.) common clary.
amarra, *f.* cable; rope; martingale.
amarradero, *m.* hitching post; tying or fastening place or object; (naut.) mooring berth.
amarraje, *m.* moorage (charge for mooring).
amarrar, *va.* to tie, fasten; to lash, belay.
amarrazones, *pl.* (naut.) ground tackle.
amarre, *m.* tying; mooring; mooring line or cable. —**a. de retenida,** mooring guy (of a dirigible).
amartelar. I. *va.* to court, make love to; to love devotedly. **II.** *vr.* to fall in love.
amartillar, *va.* to hammer; to cock (gun, pistol).
amasadera, *f.* kneading bowl.
amasador, ra, *n.* kneader.
amasadura, *f.* kneading.
amasamiento, *m.* uniting; (med.) massage; AMASADURA.
amasar, *va.* to knead; to mold; to arrange for a purpose; (med.) to massage.
amasijo, *m.* dough; (act of) kneading; quantity of mortar or plaster; medley; plot; place where dough is made; (coll.) work, task.
amate, *m.* (Mex.) a fig tree the milky juice of which is used medically as a resolvent.
amatista, ametista, *f.* (min.) amethyst.
amatorio, ria, *a.* amatory.
amaurosis, *f.* (med.) amaurosis, loss of sight.
amayorazgar, *va.* (law) to entail.
amazacotado, da, *a.* heavy, thick; (of writings) jumbled, incoherent, clumsy.
amazona, *f.* Amazon; amazon; riding habit; horsewoman; (Am.) a large parrot of Brazil.
amazónico, ca, *a.* Amazonian.
amazonio, nia, *a.* Amazonian.
amazonita, *f.* (min.) Amazon stone, amazonite.
ambages, *m. pl.* maze; circumlocutions, beating about the bush.—**sin a.,** in plain language, without mincing words.
ambagioso, sa, *a.* ambiguous; circumlocutory.
ámbar, *m.* amber.—**a. gris,** ambergris.—**a. negro,** (min.) jet.—**a. prensado,** amberoid, ambroid.
ambarina, *f.* (bot.) scabious.
ambarino, na, *a.* pert. to amber; amberlike.
ambición, *f.* ambition; aspiration; covetousness.
ambicionar, *va.* to seek eagerly; to aspire to; to covet.
ambiciosamente, *adv.* ambitiously.
ambicioso, sa, *a.* ambitious, aspiring; covetous, greedy.
ambidextro, tra, *a.* ambidextrous.
ambiente. I. *a.* ambient. **II.** *m.* ambience, atmosphere, ambient air; environment, milieu.
ambigú, *m.* luncheon; collation.
ambigüedad, *f.* ambiguity.
ambiguo, gua, *a.* ambiguous.
ámbito, *m.* contour, boundary line; limit; compass, scope.
ambivalencia, *f.* ambivalence.
ambivalente, *a.* ambivalent.
ambladura, *f.* amble (gait).
amblar, *va.* to amble; (of quadrupeds) to pace.
ambleo, *m.* short, thick wax candle; candlestick for the same.
ambliopía, *f.* (med.) amblyopia, dimness of vision.
ambo, *m.* combination of two numbers in lotto.
ambón, *m.* pulpit on each side of the high altar.
ambos, bas, *a.* both.—**a. a dos,** both, or both together.
ambrosía, *f.* ambrosia; (fig.) any delicious viand or liquor.—**a. campestre,** (bot.) buckthorn.
ambrosíaco, ca, *a.* ambrosial.
ambrosiano, na, *a.* pertaining to St. Ambrose.
ambuesta, *f.* = ALMORZADA, a double handful.
ambulación, *f.* ambulation.
ambulacral, *a.* (zool.) ambulacral.—**a. pie,** (zool.) ambulacral foot.
ambulacro, *m.* (zool.) ambulacrum.
ambulancia, *f.* field hospital; ambulance.
ambulante, *a.* ambulant; shifting; roving.
ambular, *vn.* to ambulate, walk.
ambulativo, va, *a.* of a roving disposition; shifting; ambulatory.
ambulatorio, a, *a.* ambulatory, adapted for walking.
ameba, *f.* = AMIBA.
amebeo, *a.* & *m.* (pert. to) dialogue in verse.
amechar, *va.* to put a wick in; (cook.) (also **mechar**) to lard (meat).
amedrentado, da, *a.* afraid, frightened.
amedrentador, ra, *n.* & *a.* threatener(-ing); discourager(-ing); frightener(-ing).
amedrentar, *va.* to frighten, discourage, intimidate.
amelga, *f.* ridge between two furrows.
amelgado. I. *pp.* of AMELGAR. **II.** *m.* (prov.) boundary mound.
amelgar, *va.* to cut even furrows in for planting; to mark the boundaries of with mounds.
amelo, *m.* (bot.) golden starwort.
amelonado, da, *a.* melon-shaped.
[1]**amén,** *m.* amen, so be it.—**llevarle a uno el amén,** to agree to, or approve, everything one says, be one's echo.
[2]**amén,** *adv.* **a. de,** besides; aside from, except for.
amenacé, amenace, *v. V.* AMENAZAR.
amenaza, *f.* threat, menace.
amenazador, ra, *n.* & *a.* threatener(-ing).
amenazante, *a.* menacing, threatening.
amenazar, *va.* & *vn.* (*pret.* AMENACÉ; *subj.* AMENACE) to threaten, menace; be impending.
amenguamiento, *m.* diminution, lessening, abatement.
amenguar, *va.* to diminish; to defame.
amenice, amenice, *v. V.* AMENIZAR.
amenidad, *f.* amenity.
amenizar, *va.* (*pret.* AMENICÉ; *subj.* AMENICE) to render pleasant or agreeable.
ameno, na, *a.* pleasant, agreeable, pleasing.
amenorrea, *f.* (med.) amenorrhea.
amentáceo, cea, *a.* (bot.) amentaceous.
amentar, *va.* to lace (shoes).
amento, *m.* (bot.) ament; AMIENTO.
amerar, merar. I. *va.* to mix (wine or liquor) with water. **II.** *vr.* to percolate; to soak.
amerengado, da, *a.* like, or having, meringue; (coll.) prudish.
América del Norte, *f.* North America.

América del Sur, *f.* South America.
americanismo, *m.* Americanism (esp. app. to Lat. Am. Span.).
americanista. I. *a.* Americanistic. **II.** *n.* Americanist.
americanización, *f.* Americanization.
americanizar, *va.* & *vn.* to Americanize.
americano, na. I. *a.* American. **II.** *n.* American; *f.* sack coat.
americio, *m.* (chem.) americium.
amerind(i)o, d(i)a. I. *a.* Amerindian. **II.** *n.* Amerind, Amerindian.
amestizado, da, *a.* mestizolike.
ametalado, da, *a.* brass-colored.
ametista, *f.*, **ametisto,** *m.* = AMATISTA.
ametralladora, *f.* rapid-fire gun, machine gun.
ametrallar, *va.* to shoot with grapeshot; to shell; to machine-gun.
ametropía, *f.* (med.) ametropia.
amia, lamia, *f.* (ichth.) white shark.
amianto, *m.* (min.) amianthus; asbestos.
amiba, *f.*, **amibo,** *m.* (zool.) amœba.
amibiano, na, *a.* amœbic.
amiboideo, a, *a.* amœboid, amœbic.
amicísimo, ma, *a. super.* most friendly, being, or like, a very good friend.
amida, *f.* (chem.) amide.
amidina, amidinas, *f.* (chem.) amidine, soluble matter in starch.
amidógeno, *m.* (chem.) amidogen.
amidol, *m.* (chem.) amidol.
amiento, *m.* leather strap to secure helmet; shoe lace; leather string.
amiga, *f.* female friend; schoolmistress; kindergarten; concubine, mistress.
amigabilidad, *f.* amicability.
amigable, *a.* friendly; fit, suitable.
amigablemente, *adv.* amicably.
amígdala, *f.* tonsil.
amigdaláceo, a., *a.* (bot.) amygdalaceous.—*f. pl.* Amygdalaceæ.
amigdáleo, lea, *a.* amygdalate; almond-shaped.
amigdalina, *f.* (chem.) amygdalin.
amigdalitis, *f.* tonsilitis.
amigdaloide, *a.* (geol.) amygdaloid.
amigdalotomía, *f.* (med.) tonsilectomy.
amigo, ga. I. *n.* friend; *m.* boy friend; (coll.) lover, paramour; *f.* girl friend; (coll.) mistress, paramour.—**a. íntimo,** bosom friend.—**cara de pocos amigos,** mean-looking, unfriendly expression. **II.** *a.* friendly; fond.—**ser a. de,** to be a friend of; to like, be fond of.—**ser buenos amigos,** to be close friends.
amigote, *m. aug.* (coll.) dear old friend.
amiláceo, a, *a.* starchy.
amilanamiento, *m.* terror, abject fear; terrifying; cowing.
amilanar. I. *va.* to frighten, terrify; to stupefy; to cow. **II.** *vr.* to become terrified; to cower, quail; to flag.
amilasa, *f.* (biochem.) amylase.
amileno, *m.* (chem.) amylene.
amílico, ca, *a.* amylic, amyl.
amilo, *m.* (chem.) amyl.
amillaramiento, *m.* assessment of a tax.
amillarar, *va.* to assess a tax on.
amillonado, da, *a.* & *n.* very rich (person).
amimar, mimar, *va.* to fondle; to indulge.
amina, *f.* (chem.) amine.
amínico, ca, *a.* aminic.
aminoácido, *m.* (biochem.) amino acid.
aminorar, minorar, *va.* to lessen; to enfeeble.
amir, *m.* ameer.
amistad, *f.* friendship; concubinage.—**hacer amistad,** or **amistades,** to become acquainted; to make friends.—**hacer las amistades,** to make up, become reconciled.
amistar. I. *va.* to make (others) friends; to make acquainted. **II.** *vr.* to become acquainted; to become reconciled, make up.
amistoso, sa, *a.* friendly, amicable.
amito, *m.* amice, part of a priest's garment.
amitosis, *f.* (biol.) amitosis.
amitótico, ca, *a.* amitotic.
amnesia, *f.* amnesia, loss of memory.
amnios, *f.* (zool.) amnion, fœtal envelope.
amniótico, ca, *a.* (zool.) amniotic.
amnistía, *f.* amnesty.—**amnistiar. I.** *va.* to pardon, grant amnesty to. **II.** *vr.* to receive amnesty.
amo, *m.* master, head (of household or family); owner; foster father; overseer; (coll.) boss.
amoblar, *va.* (*ind.* AMUEBLO; *subj.* AMUEBLE) = AMUEBLAR, to furnish, provide with furniture.
amodita, *f.* = ALICANTE, a horned serpent.
amodorrado, da. I. *pp.* of AMODORRARSE. **II.** *a.* drowsy, sleepy.
amodorrarse, *vr.* to become drowsy.
amodorrido, da, *a.* = AMODORRADO.
amogotado, da, *a.* knoll-like.
amohecerse, *vr.* (*ind.* AMOHEZCO; *subj.* AMOHEZCA) to mold or rust.
amohinar, *va.* to irritate, annoy.
amojamar, *va.* to dry and smoke (tunny fish).
amojonador, *m.* one who sets landmarks.
amojonamiento, *m.* setting of landmarks.
amojonar, *va.* to set landmarks on (for marking boundaries).
amoladera, *f.* whetstone, grindstone.
amolador, *n.* & *a.* grinder(-ing); whetter(-ing); sharpener(-ing).
amoladura, *f.* whetting, grinding.
amolar, *va.* (*ind.* AMUELO; *subj.* AMUELE) to whet, grind, sharpen.
amoldar, *va.* to mold, fashion, figure; to adjust; to brand (cattle); to adapt.
amole, *m.* root of a plant used as soap.
amollador, ra, *n.* one who plays an inferior card, having a winning one.
amollar. I. *va.* (naut.) to slacken (a rope). **II.** *vn.* to play an inferior card, having a winning one.
amolletado, da, *a.* oblong, oval.
amomo, *m.* (bot.) plant producing seeds called grains of paradise, used medicinally.
amondongado, da, *a.* (coll.) coarse and fat.
amonedación, *f.* coining (money).
amonedar, *va.* to coin (money).
amonestación, *f.* admonition, warning; marriage banns.—**correr las amonestaciones,** to publish the banns.
amonestador, ra, *n.* & *a.* admonisher(-ing).
amonestar, *va.* to admonish, warn, advise; to publish (banns).
amoniacal, *a.* ammoniacal.
amoníaco, *m.* ammonia; ammoniac, gum resin.
amónico, ca, *a.* ammonic, ammonium (as *a.*).
amonio, *m.* ammonium.
[1]**amonita,** *f.* (zool.) ammonite, spiral fossil shell.
[2]**amonita,** *n.* & *a.* (pertaining to) Ammon (the people or their founder).
amontarse, *vr.* to flee to the mountains.
amontonador, ra, *n.* heaper, accumulator.
amontonamiento, *m.* heaping, accumulating; hoarding; gathering; crowding (of people).
amontonar. I. *va.* to heap, pile up; to accumulate indiscriminately; to hoard, lay up. **II.** *vr.* (coll.) to crowd; to pile up; to fly into a passion.
amor, *m.* love; the object of love.—*pl.* love affairs, amours.—**a. con a. se paga,** the punishment should fit the crime.—**a. patrio,** love of country, patriotism.—**a. propio,** self-esteem, amour propre.—**por a. de,** for the sake of; on account of.—**con** or **de mil amores,** with all one's heart, with the greatest pleasure.
amoral, *a.* amoral.—**amoralidad,** *f.* amorality.—**amoralismo,** *m.* amoralism.
amoratado, da, *a.* livid.
amorcillo, *m. dim.* slight love; (figure of) Cupid.
amordazar, *va.* (*pret.* AMORDACÉ; *subj.* AMORDACE) to gag, muzzle; (naut.) to fasten with bitts.
amorfía, *f.* amorphism; organic deformity.
amorfismo, *m.* amorphism.
amorfo, fa, *a.* amorphous.

amorgar, *va.* to stupefy (fish) with *morga* or *alpechín,* fetid olive juice.
amoricones, *m. pl.* (coll.) love looks, flirtations.
amorío, *m.* love making; love, amour.
amoriscado, da, *a.* Moorlike.
amorita, *n.* Amorite.
amormado, da, *a.* (vet.) having the glanders.
amoroso, sa, *a.* affectionate, loving; pleasing, gentle; mild.
amorrar. I. *vn.* (coll.) to be sullen; to muse; (naut.) (of a ship) to pitch. **II.** *vr.* to sulk.
amorreo, rrea, *a.* Amorite.
amortajar, *va.* to shroud (a corpse).
amortecer. I. *va.* (*ind.* AMORTEZCO; *subj.* AMORTEZCA) to deaden. **II.** *vr.* to faint, swoon.
amortecimiento, *m.* swoon, fainting.
amortezco, amortezca, *v. V.* AMORTECER.
amorticé, amortice, *v. V.* AMORTIZAR.
amortiguación, *f.,* **amortiguamiento,** *m.* softening, mitigation, lessening.
amortiguador, ra. I. *n.* & *a.* reducer(-ing), damper(-ing), softener(-ing). **II.** *m.* (mech.) dashpot; shock absorber.
amortiguar, *va.* to lessen, mitigate, deaden; to temper; to soften (colors); to absorb, take up (shocks); (radio) to damp (waves).
amortizable, *a.* amortizable.
amortización, *f.* amortization.
amortizar, *va.* (*pret.* AMORTICÉ; *subj.* AMORTICE) to amortize; to recoup, recover; to abolish (offices, etc.); to refund; to redeem (debt, etc.).
amoscar, *va.* & *vr.* (*pret.* AMOSQUÉ; *subj.* AMOSQUE) to shake off the flies; (coll.) to get peeved.
amostacé, amostace, *v. V.* AMOSTAZAR.
amostachado, *a.* having a mustache.
amostazar. I. *va.* (*pret.* AMOSTACÉ; *subj.* AMOSTACE) (coll.) to exasperate, provoke. **II.** *vr.* to be vexed, angry.
amotinado, da. I. *pp.* of AMOTINAR. **II.** *a.* mutinous. **III.** *n.* mutineer.
amotinador, ra, *n.* mutineer.
amotinamiento, *m.* mutiny.
amotinar. I. *va.* to excite to rebellion; to disorder (the mind). **II.** *vr.* to mutiny, rebel.
amover, *va.* (*ind.* AMUEVO; *subj.* AMUEVE) to discharge (from an employment).
amovible, *a.* removable.
amovilidad, *f.* quality of being removable.
amparador, ra, *n.* protector; shelterer.
amparar. I. *va.* to shelter; to protect, help, assist; to comply with the requirements for working (a mine). **II.** *vr.* to claim or enjoy protection; to defend oneself; to seek shelter.
amparo, *m.* favor, aid; protection; shelter, refuge, asylum.
ampelita, *f.* soft sandy slate.
ampelografía, *f.* viticulture, science of vine growing.
ampelográfico, ca, *a.* pert. to viticulture.
ampelógrafo, fa, *n.* one versed in viticulture.
amper, *m.* = AMPERIO.
amperaje, *m.* (elec.) amperage.
amperímetro, *m.* (elec.) amperometer, ammeter.
amperio, *m.* (elec.) ampere.—**a.-centímetro,** ampere centimeter.—**a.-hora,** ampere hour.—**a.-pie,** ampere foot.—**a.-vuelta,** ampere turn.
amperómetro, *m.* = AMPERÍMETRO.
amplexicaulo, la, *a.* (bot.) amplexicaul.
ampliación, *f.* enlargement (gen. & photog.).
ampliador, ra, *n.* & *a.* amplifier(-ying).
ampliar, *va.* to amplify, extend; (photog.) to enlarge.
ampliativo, va, *a.* amplifying, enlarging.
amplificación, *f.* enlargement; (rhet.) amplification.
amplificador, ra, *n.* & *a.* amplifier(-ying), enlarger(-ing).—*m.* (radio) amplifier.
amplificar, *va.* to amplify, enlarge, extend, expand; to dilate, expatiate.
amplificativo, va, *a.* amplificative, amplificatory.
amplio, lia, *a.* ample, roomy, extensive, large; full, bold (e.g. of a drawing).
amplitud, *f.* extent, largeness, fullness; (phys., astr.) amplitude.
ampo (de la nieve), *m.* pure, shining whiteness; snowflake.
ampolla, *f.* blister; decanter, cruet; water bubble; bulb (of a lamp).—[1]**ampollar. I.** *va.* to blister; to make hollow. **II.** *vr.* to bubble up.—[2]**ampollar,** *a.* blisterlike, bubblelike.—**ampolleta,** *f. dim.* small vial; cruet; sandglass or time taken for sand to run through; bulb; (naut.) watch glass.
ampulosidad, *f.* verbosity.
ampuloso, sa, *a.* pompous, bombastic.
amputación, *f.* amputation.
amputador, ra, *n.* amputator.
amputar, *va.* to amputate.
amuchachado, da, *a.* boyish, childish.
amueblar, *va.* to furnish (a house, etc.).
amueblo, amueble, *v. V.* AMOBLAR.
amuelo, amuele, etc. *v. V.* AMOLAR.
amuevo, amueve, *v. V.* AMOVER.
amugamiento, *m.* setting out boundary marks.
amugronador, ra, *a.* (of one) planting vines.
amugronar, *va.* to plant the shoot of a vine.
amujerado, da, *a.* effeminate.
amujeramiento, *m.* effeminacy.
amulatado, da, *a.* mulattolike.
amuleto, *m.* amulet.
amunicionar, *va.* to supply with ammunition.
amuñecado, da, *a.* puppetlike.
amura, *f.* (naut.) beam of a ship at one-eighth of its length from the bow; part on each side of the ship that corresponds to that section; tack (rope) of a sail.
amurada, *f.* (naut.) interior side of a ship.
amurallar, *va.* = MURAR. to wall.
amurar, *va.* (naut.) to haul (the tack) aboard.
amurcar, *va.* (of a bull) to gore with the horns.
amurco, *m.* (of a bull) blow with the horns.
amurillar, *va.* (agr.) to earth up.
amusco, ca, musco, ca, *a.* brown.
amusgar, *va.* (of an animal about to kick, bite, etc.) to throw back (the ears); to squint to see better.
ana, *f.* ell, a measure.
anabaptismo, *m.* Anabaptism.
anabaptista, *n.* & *a.* Anabaptist.
anabático, ca, *a.* (meteorol.) anabatic.
anabólico, ca, *a.* anabolic.
anabolismo, *m.* (biol.) anabolism.
anacant(in)o, *m.* (ichth.) anacanth.
anacarado, da, *a.* nacreous, pearly, resembling mother-of-pearl.
anacardiáceo, cea, *a.* (bot.) anacardiaceous.
anacardo, *m.* (bot.) cashew (tree or fruit).
anaco, *m.* (Peru, Bol.) Indian women's dress; (Ecua.) Indian women's hair-do, a single braid.
anacoluto, *m.* (gram.) anacoluthon.
anaconda, *f.* anaconda, a South-American boa.
anacoreta, *m.* anchorite, hermit.
anacorético, ca, *a.* anchoretic.
anacreóntico, ca, *a.* pertaining to or like the poet Anacreon or his poetry.
anacrónico, ca, *a.* anachronistic.
anacronismo, *m.* anachronism.
anacronístico, ca, *a.* anachronistic.
ánade, *m.* & *f.* (ornith.) duck; by extension, goose.—**anadear,** *vn.* to waddle.—**anadeja,** *f. dim.* duckling.—**anadino, na,** *n.* young duck.—**anadón,** *m.* mallard.
anadromo, ma, *a.* anadromous.
anaerobio, *n.* & *a.* (biol.) anaerobe (-ic).
anafase, *f.* (biol.) anaphase.
anafe, *m.* portable furnace.
anafilaxis, *f.* (med.) anaphylaxis.
anáfora, *f.* (rhet.) anaphora.
anafre, *m.* portable furnace.
anafrodisia, *f.* (med.) diminution of sexual desire.—**anafrodisíaco, ca,** *a.* anaphrodisiac.
anafrodita, *n.* abstainer from sexual intercourse.

anáglifo, *m.* anaglyph.
anagnórisis, *f.* (poet.) = AGNICIÓN.
anagoge, *m.* **anagogía,** *f.* anagoge.
anagógico, ca, *a.* anagogical.
anagrama, *f.* anagram.
anagramático, ca, *a.* anagrammatical.
anagramatista, *n.* anagrammatist.
anagramatizador, ra, *n.* anagrammatist.
anagramatizar, *va.* & *vn.* to anagrammatize.
anal, *a.* anal.
analectas, *f. pl.* analects.
analepsia, *f.* (med.) convalescence.
analéptico, ca, *a.* (med.) restorative.
anales, *m. pl.* annals.
analfabetismo, *m.* illiteracy.
analfabeto, ta, *a.* & *n.* illiterate (person).
analgesia, *f.* (med.) analgesia, insensibility to pain.—**analgésico, ca,** *n.* & *a.* analgesic.
analgesina, *f.* antipyrine.
analicé, analice, *v. V.* ANALIZAR.
análisis, *m.* or *f.* analysis; (gram.) parsing; (math.) analysis (gen. app. to infinitesimal calculus and the theory of functions).—**a. cualitativo,** qualitative analysis.—**a. cuantitativo,** quantitative analysis.—**a. espectral,** spectrum analysis.—**a. volumétrico,** volumetric analysis, titration (gen. in latter sense).
analista, *m.* annalist.
analítica, *f.* (philos.) analytics; (math.) analytic geometry.
analítico, ca, *a.* analytical.
analizable, *a.* capable of analysis.
analizador, *m.* analyzer.
analizar, *va.* (*pret.* ANALICÉ; *subj.* ANALICE) to analyze; (gram.) to parse.
análogamente, *adv.* analogously; in like manner, likewise.
analogía, *f.* analogy; resemblance; (biol., linguistics) analogy.
analógico, ca; análogo, ga, *a.* analogous.
anamnesia, *f.* anamnesis.
anamorfosis, *f.* anamorphosis.
ananá, ananás, *f.* (bot.) pineapple.
anandro, dra, *a.* (bot.) anandrous.
ananto, ta, *a.* (bot.) ananthous.
anapelo, *m.* (bot.) wolfsbane.
anapéstico, ca, *a.* anap(a)estic.
anapesto, *m.* anap(a)est.
anaplastia, *f.* (surg.) anaplasty.
anaplástico, ca, *a.* anaplastic.
anaquel, *m.* shelf.
anaquelería, *f.* shelving, case of shelves.
anaranjado, da. I. *a.* orange-colored. **II.** *n.* orange (color).—**a. de metilo,** methyl orange.
anarquía, *f.* anarchy.
anárquico, ca, *a.* anarchical.
anarquismo, *m.* anarchism.
anarquista, *n.* & *a.* anarchist(-ic).
anasarca, *f.* (med.) general dropsy.
anascote, *m.* woollen stuff like serge.
anastasia, *f.* = ARTEMISA, (bot.) mugwort.
anastigmático, ca, *a.* anastigmatic.
anastomosarse, anastomizarse, *vr.* (anat., bot.) to anastomose.
anastomosis, *f.* (anat., bot.) anastomosis.
anastomótico, ca, *a.* anastomotic.
anástrofe, *m.* (rhet.) anastrophe, inversion of the usual order of words.
anata, *f.* yearly income.—**media a.,** tax paid on assuming office (eccl. & secular).
anatema, *m.* or *f.* **anatematismo,** *m.* anathema.
anatematización, *f.* anathematization.
anatematizador, ra, *n.* anathematizer.
anatematizar, *va.* (*pret.* ANATEMATICÉ; *subj.* ANATEMATICE) to anathematize.
anatolio, lia, *n.* & *a.* Anatolian.
anatomía, *f.* anatomy; dissection.
anatomicé, anatomice, *v. V.* ANATOMIZAR.
anatómico, ca, *a.* anatomical; dissecting.
anatomista, *m.* anatomist.
anatomizar, *va.* (*pret.* ANATOMICÉ; *subj.* ANATOMICE) to anatomize or dissect; (art) to draw or carve the bones and muscles of.
anavajado, da, *a.* knife-scarred.
anca, *f.* croup (of animals); (coll.) buttock.
ancado, *m.* (vet.) contraction of muscles of the hind legs.
ancianidad, *f.* old age; antiquity.
anciano, na, *n.* & *a.* old (man, woman); ancient.
ancilario, ria, *a.* ancillary.
ancla, *f.* anchor.—**a. de la esperanza,** sheet anchor.—**a. flotante,** (aer.) drogue, sea anchor.—**al a.,** at anchor.—**el a. agarra,** the anchor bites.—**echar anclas,** to anchor.—**levar el a., levar anclas,** to weigh anchor.—**sobre el a., sobre las anclas,** at anchor, anchored.
ancladero, *m.* (naut.) anchorage, anchoring place.
anclado, da, *a.* anchored.
anclaje, *m.* casting anchor; anchoring ground.
anclar, *vn.* to anchor.
anclote, *m.* stream anchor, kedge.
anclotillo, *m.* kedge anchor.
ancón, *m.* corner; (arch.) bracket; cove, bay.
áncora, *f.* = ANCLA.
ancoraje, *m.* = ANCLAJE.
ancorar, *vn.* = ANCLAR.
ancorca, *f.* yellow ochre.
ancorel, *m.* large stone to secure fish-nets.
ancorería, *f.* anchor forge, workshop.
ancorero, *m.* anchorsmith.
ancusa, *f.* (bot.) alkanet, bugloss.
ancusina, *f.* (chem.) anchusin, alkanet.
anchamente, *adv.* widely, largely.
ancheta, *f.* small amount of goods ventured in trade; profit in a bargain.
anchicorto, ta, *a.* wider than long.
ancho, cha. I. *a.* broad, wide.—**ancha Castilla,** (coll.) as you please; without hindrance.—**a. de conciencia,** not overscrupulous, not too conscientious. **II.** *m.* width, breadth.—**a sus anchas,** with absolute freedom, unrestricted(ly), as one pleases; at ease.
anchoa, anchova, *f.* anchovy.
anchor, *m.* = ANCHURA.
anchuelo, la, *a. dim.* somewhat wide.
anchura, *f.* width, breadth; extent; laxity.
anchuroso, sa, *a.* large, spacious, extensive, vast, ample.
andada, *f.* track trail; "hike"; thin, crisp, waferlike cake.—*pl.* **andadas,** trail, tracks (esp. of birds or small animals).—**volver a las andadas,** to backslide; to go back to one's old tricks.
andaderas, *f. pl.* gocart (for learning to walk).
andadero, ra. I. *n.* runner. **II.** *m.* easy ground.
[1]**andado,** *m.* (coll.) (for *adnado*) stepchild.
[2]**andado, da. I.** *pp.* of ANDAR. **II.** *a.* beaten, trodden (path, etc.); busy, thronged (street); worse for wear, threadbare; common, ordinary; elapsed.
andador, ra. I. *a.* fast walking or running, swift; that walks. **II.** *m.* messenger of a court; (naut.) fine sailer; leading string; garden walk.
andadura, *f.* gait; amble.
andalón, *m.* (Am.) gadabout; wanderer.
andalucita, *f.* (min.) andalusite.
andaluz, za, *n.* & *a.* Andalusian.—**andaluzada,** *f.* boasting; exaggeration; (coll.) fish story, yarn.
andamiada, *f.*, **andamiaje,** *m.* scaffolding.
andamio, *m.* scaffold, platform, grandstand; (naut.) gangboard.
[1]**andana,** *f.* row, line, tier.
[2]**andana,** *f.*—**llamarse a.,** (coll.) not to fulfill a promise.
andanada, *f.* (naut.) broadside; grandstand for spectators; reproof, reprimand; tirade.
andaniño, *m.* gocart in which children learn to walk. Also ANDADERAS, POLLERA.
[1]**andante,** *a.* walking; (knight) errant.
[2]**andante,** *m.* (mus.) andante.
andantesco, ca, *a.* pert. to knights-errant.
andantino, *m.* (mus.) andantino.
andanza, *f.* (obs.) occurrence, event.—**buena** or

mala a., good or bad fortune.—*pl.* running about.
andar. I. *vn.* (*pret.* ANDUVE, *fut.* ANDUVIERE) (of a person) to walk, go; (of a watch, machine, etc.) to go, run, move; to act, behave; to elapse, pass; to be (esp. as *aux.* with *ger.* as *a. escribiendo,* to be writing); to get along, be going (*¿cómo anda el negocio?* how is the business going?).—**a. andando,** (Mex. C. A.) to roam about, "chase round."—**a. en,** to be attending to, or engaged in; to be going on, be near (*Juan anda en los veinte años,* John is going on twenty).—**a. en coche, automóvil,** etc., to go, ride in a carriage, automobile, etc.—**andarse por las ramas,** to beat about the bush.—**¡anda!** gracious! move on! get up! all right! go ahead! let it go! **II.** *m.* = ANDADURA, gait, pace.—**a largo a.,** in the long run.—**a más,** or **a todo, a.,** at full speed, quickly.—**a. un a.,** on the same level.
andaraje, *m.* wheel of a wheel and axle; frame of a garden roller.
andariego, ga, *a.* restless, roving; fast walker, runner.
andarín, *m.* professional walker, runner.
andarina, *f.* (ornith.) = GOLONDRINA, swallow.
andarivel, *m.* ferry cable; (naut.) safety ropes.
andarrío, *m.* (ornith.) white wagtail.
andas, *f. pl.* stretcher; litter; bier with shafts.
andén, *m.* bridle path; sidewalk by a road, wharf, or bridge; platform (of a railway station).
andero, ra, *n.* litter bearer; bier bearer.
andesita, *f.* (geol.) andesite, a volcanic rock.
andino, na, *a.* Andean.
ándito, *m.* gallery or path around a building.
andolina, *f.* (ornith.) = GOLONDRINA, swallow.
andón, na, *a.* roving, that walks a great deal; (of horses) ambling.—**andonear,** *vn.* to amble.
andorga, *f.* (coll.) belly.—**llenar la a.,** to gorge, stuff oneself.
andorina, *f.* = ANDOLINA.
andorra, *f.* street walker.
andorrear, *vn.* to gad about.
andorrero, ra. I. *a.* prone to walk or loiter about the streets. **II.** *m.* gadder, rover, tramp, *f.* street walker.
andosco, ca, *a.* two-year old (sheep).
andrajero, ra, *n.* ragpicker.
andrajo, *m.* rag, tatter; despicable person.
andrajoso, sa, *a.* ragged, in tatters.
andrina, endrina, *f.* (bot.) *f.* sloe.
andrino, *m.* (bot.) sloe tree, blackthorn.
androceo, *m.* (bot.) andrœcium.
androfobia, *f.* (med.) androphobia.
androgénesis, *f.* (biol.) androgenesis.
andrógeno, *m.* (biochem.) androgen.
androginia, *f.* androgyny.
andrógino, *m.* androgyne, being both male and female.
androide, *m.* automaton shaped like a man.
andrómina, *f.* (coll.) trick, fraud, fib.
androsemo, *m.* (bot.) parkleaves.
androsterona, *f.* (biochem.) androsterone.
andularios, *m. pl.* (coll.) long wide gown.
andullo, *m.* (naut.) canvas shield on harpings and blocks; plug tobacco.
andurriales, *m. pl.* byroads, lonely places.
anduve, anduviera, etc. *v. V.* ANDAR.
anea, *f.* (bot.) cattail; rush (used for chair seats).
aneaje, *m.* measuring by ells.
anear, *va.* to measure by ells.
aneblar. I. *va.* (*ind.* ANIEBLO; *subj.* ANIEBLE) to cloud, darken. **II.** *vr.* to become cloudy.
anécdota, *f.* anecdote.—**anecdótico, ca,** *a.* anecdotic.—**anecdotista,** *n.* anecdotist.
anegación, *f.* overflowing, inundation.
anegadizo, za, *a.* liable to be inundated.
anegamiento, *m.* = ANEGACIÓN.
anegar. I. *va.* to inundate, flood; to submerge; to flush; to drown. **II.** *vr.* to drown, sink; to become wet or soaked; to be flooded.
anegociado, da, *a.* full of business.
anejín, anejir, *m.* popular proverb which can be sung.
anejo. I. *m.* church depending on another. **II. a., ja, anexo, xa,** *a.* annexed, joined.
aneléctrico, ca, *a.* not susceptible to electrification.
anélido, da, *n.* & *a.* (zool.) annelid.—*m. pl.* Annelida.
anemia, *f.* (med.) anemia.—**a. perniciosa,** (med.) pernicious anemia.—**a. tropical,** uncinariasis, hookworm disease.
anémico, ca, *a.* anemic.
anemobiágrafo, *m.* (meteorol.) anemobiagraph.
anemografía, *f.* (meteorol.) anemography, science treating of winds.
anemográfico, ca, *a.* (meteorol.) anemographic.
anemógrafo, *m.* one who studies anemography; anemoscope.
anemometría, *f.* (meteorol.) anemometry.
anemómetro, *m.* anemometer, wind gauge.
anémona, anémone, *f.* (bot.) anemone, windflower.—**a. de mar,** sea anemone.
anemoscopio, *m.* (meteorol.) anemoscope.
anepigráfico, ca, *a.* without title or inscription.
anequín, *adv.*—**a,** or **de, a.,** at so much a head (in shearing of sheep).
aneroide, *a.* & *m.* aneroid (barometer).
aneroidógrafo, *m.* aneroidograph.
anestesia, *f.* anesthesia, anæsthesia.
anestesiador, ra, *n.* anesthetist, anæsthetist.
anestesiar, *va.* to anesthetize, anæsthetize.
anestésico, ca, *m.* & *a.* anesthetic, anæsthetic.
aneurisma, *m.* & *f.* (med.) aneurism.
aneurismal, *a.* aneurismal.
anexar, *va.* to annex.
anexidades, *f. pl.* annexes, appurtenances.
anexión, *f.* annexation.
anexionar, *va.* to annex.
anexionismo, *m.* annexationism.
anexionista, *n.* annexationist.
anexo, xa, *a.* = ANEJO, JA.
anfetamina, *f.* (pharm.) amphetamine.
anfibio, a, *n.* & *a.* (zool. & aer.) amphibian (-bious).
anfibol, *m.* (min.) amphibole.—**anfibolita,** *f.* (min.) amphibolite.
anfibólico, ca, *a.* (min.) amphibolic, amphibological.
anfibología, *f.* amphibology.
anfibológico, ca, *a.* amphibological.
anfíbraco, *m.* (poet.) amphibrach, ◡ — ◡.
anfímacro, *m.* (poet.) amphimacer, — ◡ —.
anfión, *m.* opium.
anfípodo, da, *n.* & *a.* amphipod.—*m. pl.* Amphipoda.
anfiprostilo, *m.* (arch.) amphiprostyle.
anfisbena, *f.* amphisbæna, a kind of lizard.
anfiscios, *m. pl.* inhabitants of the torrid zone.
anfisibena, *f.* amphisbæna.
anfiteatral, *a.* amphitheatric.
anfiteatro, *m.* amphitheatre.—**a. (anatómico),** dissecting room (of hospital or medical school).
anfitrión, *m.* host entertaining guests.
anfitrite, *f.* (poet. and zool.) amphitrite.
ánfora, *f.* amphora, two-handled narrow-necked jar; (Mex.) ballot box.—*pl.* cruets.
anfractuosidad, *f.* crookedness; anfractuosity.
anfractuoso, sa, *a.* anfractuous, winding.
angaria, *f.* ancient servitude; forced delay in sailing of ship (to use it for public service).
angarillas, *f. pl.* handbarrow; panniers; cruet stands; frames for things carried by horses.
angaripola, *f.* calico.—*pl.* gaudy ornaments.
ángaro, *m.* beacon.
angas, (Am.)—**por a. o por mangas,** in any case, some way or other, anyhow.
ángel, *m.* angel; a raylike fish.—**a. custodio, or de la guarda,** guardian angel.
angélica, *f.* (bot.) garden angelica.—**a. carlina,** (bot.) carline thistle.—**a. palustra,** wild angelica; (pharm.) purgative mixture.

angelical, *a.* angelic.
angélico, ca, *a.* angelic.
angelico, ito, *m. dim.* little angel.
angelón, angelonazo, angelote, *m. aug.* large figure of an angel placed on altars; fat child.
ángelus, *m.* Angelus.
angevino, na, *n.* & *a.* Angevin.
angina, *f.* angina.—**a. de pecho,** angina pectoris.
angiología, *f.* angiology, part of anatomy dealing with blood vessels and lymphatics.
angiospermo, ma, *n.* & *a.* (bot.) angiosperm (-ous).—*f. pl.* Angiospermæ.
angla, *f.* cape (of land).
anglesita, *f.* (min.) anglesite, a lead ore
anglicanismo, *m.* Anglicanism.
anglicano, na, *a.* Anglican.
anglicismo, *m.* Anglicism.
anglo, gla, *a.* Angle; English.
angloamericano, na, *n.* & *a.* Anglo-American.
anglófilo, la, *n.* & *a.* Anglophile.
anglofobia, *f.* Anglophobia.
anglófobo, ba, *n.* & *a.* Anglophobe.
anglomanía, *f.* Anglomania.
anglómano, na, *n.* Anglomaniac.
anglonormando, da, *n.* & *a.* Anglo-Norman.
anglosajón, jona, *n.* & *a.* Anglo-Saxon.
angora, *m.* or *f.* Angora.
angostar, *va.* & *vr.* to narrow; to contract.
angosto, ta, *a.* narrow, close; insufficient.
angostura, *f.* narrowness; strait; distress; narrows (in a river, etc.).
angra, *f.* small bay, cove.
angrelado, da, *a.* (her., arch.) serrated.
angstrom, *m.* (phys.) angstrom, angstrom unit.
anguarina, *f.* loose coat with long sleeves.
anguila, *f.* (zool.) eel.—**a. de cabo,** (naut.) rope to flog sailors.—**anguilas,** launching ways.
anguilazo, *m.* stroke with an ANGUILA DE CABO.
anguilero, *a.* (basket) for eels.
anguiliforme, *a.* anguiliform.
anguina, *f.* (vet.) the vein of the groins.
angula, *f.* the brood of eels.
angular, *a.* angular.
angulema, *f.* hemp stuff.—*pl.* (coll.) foolish flattery. Also ZALAMERÍA.
ángulo, *m.* angle; corner, nook.—**á. acimutal,** azimuth.—**á. agudo,** acute angle.—**á. de ataque,** (aer.) angle of attack.—**á. de avance,** angle of advance; (elec.) angle of lead.—**á. de balance,** (aer.) angle of bank or roll.—**á. de cabeceo,** (aer.) angle of pitch.—**á. de contacto,** (mech.) angle of contact.—**á. de contingencia,** (Ry.) angle of intersection.—**á. de depresión,** angle of depression.—**á. de deriva,** (aer.) drift angle.—**á. de derrape,** (aer.) angle of yaw.—**á. de deslizamiento,** (aer.) gliding angle.—**á. de desviación,** deflection angle.—**á. diedro,** (geom.) dihedral angle.—**á. de elevación,** angle of elevation; (artil.) angle of deflection.—**á. de entrada,** (hydraul.) angle of entrance.—**á. entrante,** reëntry angle.—**á. externo,** exterior angle.—**á. facial,** facial angle.—**á. de incidencia,** (phys.) angle of incidence.—**á. de planeo,** (aer.) gliding angle.—**á. de reflexión,** (phys.) angle of reflection.—**á. de refracción,** (phys.) angle of refraction—**á. de resistencia nula,** (aer.) angle of zero lift.—**á. de retraso,** (elec.) angle of lag.—**á. de rozamiento,** angle of friction.—**á. de subida,** (aer.) climbing angle.—**á. de torsión,** angle of torsion or twist.—**á. de tracción,** angle of traction.—**á. horario,** (astr.) hour angle.—**á. interno,** interior angle.—**á. oblicuo,** (geom.) oblique angle.—**á. plano,** (geom.) plane angle.—**á. poliedro,** (geom.) polyhedral angle.—**á. recto,** (geom.) right angle.—**ángulos adyacentes,** (geom.) adjacent angles.—**ángulos alternos,** (geom.) alternate angles.—**ángulos complementarios,** (geom.) complementary angles.—**ángulos correspondientes,** corresponding angles.—**ángulos opuestos por el vértice,** vertical angles.—**ángulos suplementarios,** (geom.) supplementary angles.—**en á.,** at an angle.—**en á. recto,** at right angles.
anguloso, sa, *a.* angular, angulate.
angustia, *f.* anguish, affliction, pang.
angustiadamente, *adv.* painfully.
angustiado, da. I. *pp.* of ANGUSTIAR. **II.** *a.* sorrowful; anxious; narrow-minded.
angustiar, *va.* to cause anguish to, afflict, worry.
angustioso, sa, *a.* full of, or causing, anguish.
anhelación, *f.* panting; longing.
anhelante, *a.* eager, deeply desirous, longing.
anhelar, *vn.* to breathe with difficulty; to desire anxiously, long for, covet.
anhélito, *m.* difficult respiration.
anhelo, *m.* strong desire; eagerness.—**anheloso, sa,** *a.* difficult (breathing); anxiously desirous.
anhídrido, *m.* (chem.) anhydride.—**a. carbónico,** carbon dioxide, carbonic-acid gas.—**a. sulfúrico,** sulphur trioxide.—**a. sulfuroso,** sulphur dioxide.
anhidrita, *f.* (min.) anhydrite.
anhidro, dra, *a.* anhydrous.
aní, *m.* (ornith.) (S. A.) a pretty creeping bird.
anidar, *vn.* to nest; to nestle; (fig.) to dwell, reside; to cherish; to shelter.
anieblar, *va.* to darken, obscure; to mystify.
anieblo, anieble, *v. V.* ANEBLAR.
anilina, *f.* (chem.) aniline.
anilla, *f.* ring; curtain ring; hoop.
anillado, da, *a.* in the form of a ring, annulated.—*m. pl.* (zool.) Annelida.
anillar, *va.* to form rings or hoops with; to fasten with rings.
anillejo, anillete, *m. dim.* small ring.
anillo, *m.* small hoop; finger ring; circlet; ring of a turbine; circular band; (naut.) hank or grommet; (arch.) astragal.—**a. de boda,** wedding ring.—**a. de matrimonio,** engagement ring.—**de a.,** honorary.—**venir como a. al dedo,** to fit like a glove; to come in the nick of time.
ánima, *f.* soul; (mech.) bore of a gun.—**ánimas,** ringing of church bells at sunset.
animación, *f.* animation, liveliness; bustle.
animado, da. I. *pp.* of ANIMAR. **II.** *a.* lively, animated; manful.
animador, ra, *n.* one who animates or enlivens.
animadversión, *f.* animadversion; enmity.
animal, *m.* & *a.* animal.
animálculo, *m.* animalcule.
animalejo, lico, lillo, *m. dim.* small or little animal.
animalidad, *f.* animality.
animalismo, *m.* animalism.
animalización, *f.* animalization.
animalizar, *va.* to animalize.
animalote, *m. aug.* big animal.
animalucho, *m.* ugly, hideous animal.
animante, *a.* animating; stimulating, exciting; animate, living, existing.
animar. I. *va.* to animate, enliven, comfort; to encourage; to revive; to incite, excite; to give power or vigor to. **II.** *vr.* to become lively; to feel encouraged, energetic; to cheer up.
anime, *f.* a myrrhlike resin.
animero, *m.* one who begs for souls in purgatory.
animismo, *m.* animism.
animista. I. *a.* animistic. **II.** *n.* animist.
ánimo, *m.* spirit, soul, mind; courage, valor, fortitude, manfulness; hardiness; mind, intention, will; thought; attention.—**hacer,** or **tener, a. de,** to intend to, make up one's mind to.
animosidad, *f.* animosity; courage.
animoso, sa, *a.* brave, spirited, courageous.
aniñado, da, *a.* childish.
aniñarse, *vr.* to become childish.
anión, *m.* (chem., phys.) anion.
aniquilación, *f.* annihilation.
aniquilador, ra, *n.* & *a.* annihilator(-ing).

aniquilamiento, *m.* destruction, annihilation; decay, wasting away.
aniquilar. I. *va.* to annihilate; to consume, waste away. **II.** *vr.* to decline; to decay; to waste away, become emaciated.
anís, *m.* (bot.) anise, aniseed; sugar-coated aniseed.
anisado, da. I. *a.* made of or flavored with anise. **II.** *m.* anisating; AGUARDIENTE ANISADO, a liquor flavored with anise.
[1]**anisar,** *va.* to tincture with anise.
[2]**anisar,** *m.* patch sowed with aniseed.
anisete, *m.* anisette.
anisilo, *m.* (chem.) anisyl.
anisófilo, la, *a.* (bot.) anisophyllous.
anisómero, ra, *a.* (bot.) anisomerous.
anisométrico, ca, *a.* anisometric.
anisotropía, *f.* (phys.) anisotropy.
anisotrópico, ca, *a.* (phys.) anisotropic.
aniversario, ria. I. *a.* annual, yearly. **II.** *m.* anniversary; holiday; annual memorial service.
anjeo, *m.* coarse linen.
ano, *m.* anus.
anobio, *m.* (entom.) deathwatch beetle.
anoche, *adv.* last night.
anochecedor, ra, *n.* person who retires late at night; (coll.) night hawk.
anochecer. I. *vn.* (*ind.* ANOCHEZCO; *subj.* ANOCHEZCA) to grow dark (at the approach of night); to be or reach (somewhere) at nightfall (*anochecimos en París,* we reached Paris at nightfall. The construction of this verb is similar to that of AMANECER). **II.** *vr.* to become dark (at nightfall). **III.** *m.* nightfall, dusk.—**al a.,** at nightfall, at dusk.
anochecida, *f.* nightfall, dusk.
anochezco, anochezca, *v. V.* ANOCHECER.
anódico, ca, *a.* anodal, anodic.
anodinia, *f.* (med.) anodynia, absence of pain.
anodino, na, *n.* & *a.* (med.) anodyne.
ánodo, *m.* (elec.) anode.
anofeles, *m.* (entom.) anopheles.
anomalía, *f.* anomaly; (astr.) anomaly.
anomalístico, ca, *a.* (astr.) anomalistic(al.
anómalo, la, *a.* anomalous.
anón, *m.* (bot.) custard apple tree.
[1]**anona,** *f.* annona or custard apple.
[2]**anona,** *f.* store of provisions.
anonáceo, a. I. *a.* (bot.) annonaceous. **II.** *m. pl.* Annonaceæ.
anonadación, *f.*; **anonadamiento,** *m.* annihilation; overwhelming, crushing.
anonadar. I. *va.* to annihilate; to diminish. **II.** *vr.* to humble oneself.
anónimo, ma, *a.* anonymous.
anormal, *a.* abnormal.
anormalidad, *f.* abnormality.
anormalmente, *adv.* abnormally.
anortita, *f.* (min.) anorthite.
anotación, *f.* annotation, note.
anotador, ra, *n.* commentator.
anotar, *va.* to make notes; to comment, annotate.
anqueta.—**estar de media a.,** to be uncomfortably seated.
anquialmendrado, da, *a.* (of a horse) having a narrow croup.
anquiboyuno, na, *a.* having a croup like an ox.
anquilosar, *va.* & *vr.* to ankylose.
anquilosis, *f.* (med.) ankylosis.
anquilostomiasis, *f.* (med.) hookworm disease
anquilóstomo, *m.* (zool.) hookworm.
anquirredondo, da, *a.* having a rounded croup.
anquiseco, ca, *a.* lean-crouped.
ansa, hansa, *f.* commercial league among the free cities of Germany.
ánsar, *m.* goose.—**a. macho,** gander.
ansarería, *f.* goose farm.
ansarero, ra, *n.* gooseherd.
ansarino, na. I. *a.* (poet.) pert. to geese. **II.** *m.* gosling.
ansarón, *m.* = ÁNSAR.
anseático, ca, *a.* Hanseatic.
ansia, *f.* anxiety; eagerness, ardent desire; longing, hankering; greediness.
ansiadamente, *adv.* anxiously; earnestly.
ansiar, *va.* to desire anxiously; to long for; to hanker for; to covet.
ansiedad, *f.* anxiety; (med.) pain accompanying illness.
ansioso, sa, *a.* anxious; eager; greedy; hot.
[1]**anta,** *f.* elk.
[2]**anta,** *f.* obelisk, needle.—*pl.* (arch.) pillars of a building.
antagallas, *f. pl.* (naut.) spritsail reef bands.
antagónico, ca, *a.* antagonistic.
antagonismo, *m.* antagonism.
antagonista, *m.* antagonist; competitor.
antañazo, *adv.* (coll.) a long time ago.
antaño, *adv.* last year; long ago; yore.
antártico, ca, *a.* antarctic.
[1]**ante. I.** *prep.* before; in the presence of.—**representante, delgado, miembro, a.,** representative at, delegate to, member of, (an organization, as the U. N.).—**a. todo,** above all, first of all. **II.** *m.* first dinner course; (Peru) drink made of wine, sugar, cinnamon, nutmeg, etc.
[2]**ante,** *m.* elk; buffalo; buffalo skin.
anteado, da, *a.* buff-colored.
antealtar, *m.* chancel.
anteanoche, antenoche, *adv.* night before last.
anteayer, *adv.* day before yesterday.
antebrazo, *m.* forearm.
antecama, *f.* carpet laid in front of a bed.
antecámara, *f.* antechamber; lobby; hall.
antecapilla, *f.* anteroom to a chapel.
antecedencia, *f.* antecedence.
antecedente. I. *a.* antecedent, prior, previous. **II.** *m.* antecedent; *pl.* antecedents.
antecedentemente, *adv.* previously, beforehand.
anteceder, *va.* to precede, go before.
antecesor, ra, *n.* predecessor, forefather.—*pl.* ancestors.
antecoger, *va.* (*ind.* ANTECOJO; *subj.* ANTECOJA) to forereach; to gather in (thing), receive (person), too soon.
antecolumna, *f.* (arch.) column of a porch.
antecoro, *m.* entrance leading to the choir.
antecos, cas, *n.* & *a. pl.* (those) living on same meridian but on opposite sides of equator.
antedata, *f.* antedate.—**antedatar,** *va.* to antedate.
antedecir, *va.* (*ger.* ANTEDICIENDO; *pp.* ANTEDICHO; *ind. pres.* ANTEDIGO, *pret.* ANTEDIJE, *fut.* ANTEDIRÉ; *subj.* ANTEDIGA) to foretell.
antedicho, cha, *a.* aforesaid.
antediluviano, na, *a.* antediluvian.
antefirma, *f.* closing phrases (of a letter) or denomination of the signer, put before the signature.
anteiglesia, *f.* porch of a church; parochial church and district in Biscay.
antelación, *f.* precedence in order of time.
antemano.—**de a.,** beforehand.
antemeridiano, na, *a.* of the forenoon (a. m.).
antemundano, na, *a.* antemundane.
antemural, *m.* **antemuralla,** *f.,* **antemuro,** *m.* fort, rock or mountain serving for the defense of a fortress; safeguard.
antena, *f.* (naut.) lateen yard; (zool., radio) antenna.—*pl.* antennæ.
antenatal, *a.* prenatal.
antenoche, anteanoche, *adv.* night before last.
antenombre, *m.* title before a proper name.
anténula, *f.* (zool.) antennule, small antenna.
antenupcial, *a.* before marriage, prenuptial.
anteojera, *f.* spectacle case; blinker (for horse).
anteojero, ra, *n.* spectacle maker or seller.
anteojo, *m.* spyglass; eyeglass; telescope (of a surveying instrument); opera glass; blinker (for horse).—*pl.* spectacles; goggles.—**a. de larga vista,** field glass.
antepagar, *va.* to pay beforehand.
antepasado, da. I. *a.* (of time) passed, elapsed. **II.** *n.* ancestor, predecessor.

antepascual, *a.* antepaschal.
antepecho, *m.* balcony, bridge rail; window sill railing; breastwork, parapet; footstep of a coach; poitrel (harness); breast roller of a loom.
antependio, *m.* (eccl.) antependium.
antepenúltimo, ma, *a.* antepenultimate.
anteponer, *va.* (*pp.* ANTEPUESTO; *ind. pres.* ANTEPONGO, *pret.* ANTEPUSE, *fut.* ANTEPONDRÉ; *subj.* ANTEPONGA) to prefer.—**a. a,** to prefer (one thing) to (another); to place before.
anteportada, *f.* front page (of a book) bearing the title only.
anteportal, antepórtico, *m.* vestibule, porch.
anteproyecto, *m.* preliminary plans, ground plan; draft, (fig.) blueprint.
antepuerta, *f.* portier; (fort.) inner gate.
antepuerto, *m.* (naut.) anteport.
antera, *f.* (bot.) anther.
anteridio, *m.* (bot.) antheridium.
anterior, *a.* anterior; former; above, preceding.
anterioridad, *f.* anteriority; priority; preference. —**con a.,** previously, beforehand.
anteriormente, *adv.* previously.
antero, *m.* worker in buckskin.
anteroversión, *f.* (med.) anteversion.
antes, *adv.* before; formerly; first; rather; on the contrary.—**a. bien,** on the contrary; rather.—**a. de,** before.—**a. de anoche** = ANTENOCHE. —**a. de ayer** = ANTEAYER.—**a. de que,** before.—**a. que,** before; rather than.
antesacristía, *f.* anteroom of a sacristy.
antesala, *f.* antechamber.—**hacer a.,** to be kept waiting, dance attendance.
antestatura, *f.* (mil.) improvised intrenchment of palisades and sandbags.
antetemplo, *m.* portico of a church.
antever, *va.* (*pp.* ANTEVISTO; *ger.* ANTEVIENDO; *ind.* ANTEVEO; *subj.* ANTEVEA) to foresee.
antevíspera, *f.* two days before.
antiácido, da, *m.* & *a.* antacid.
antiaéreo, a, *a.* anti-aircraft (as *a.*).
antiafrodisíaco, ca, *a.* anaphrodisiac.
antialcohólico, ca, *a.* (Am.) antialcoholic.
antiapopléctico, ca, *a.* antiapoplectic.
antiarina, *f.* (chem.) antiarin.
antiaro, *m.* upas tree.
antiartrítico, ca, *a.* (med.) antiarthritic.
antiasmático, ca, *a.* (med.) antiasthmatic.
antibactérico, ca, *a.* antibacterial.
antibaquio, *m.* antibacchius, foot in poetry.
antibilioso, sa, *a.* antibilious.
antibiótico, ca, *m.* & *a.* antibiotic.
anticátodo, *m.* anticathode.
anticiclon, *m.* (meteorol.) anticyclone.
anticipación, *f.* anticipation; foretaste.
anticipada, *f.* (fencing) unexpected thrust.
anticipadamente, *adv.* prematurely; in advance, beforehand.
anticipado, da, *a.* advanced (money); in advance (payment).
anticipador, ra, *n.* & *a.* anticipator(-ing).
anticipamiento, *m.* = ANTICIPACIÓN.
anticipante, *n.* & *a.* forestalling(-er).
anticipar. I. *va.* to anticipate (in the sense of to do, bring to happen, etc. before the regular time); to advance (money, payment); to lend. **II.** *vr.* (a) to anticipate, act ahead (of); to act or occur before the regular or expected time.
anticipo, *m.* advance; money lent; advance payment.
anticlerical, *a.* anticlerical.
anticlericalismo, *m.* anticlericalism.
anticlímax, *m.* or *f.* (rhet.) anticlimax.
anticlinal, *m.* (geol.) anticline.
anticohesor, *m.* (rad.) anticoherer.
anticoincidencia, *f.* (phys., elec.) anticoincidence.
anticomunista, *n.* & *a.* anticommunist.
anticoncepción, *f.* contraception.
anticonceptivo, va, *m.* & *a.* contraceptive.
anticongelante, *m.* & *a.* antifreeze.
anticresis, *f.* (law) antichresis.
anticristiano, na, *a.* antichristian.
anticristo, *m.* Antichrist.
anticrítico, *m.* opponent to a critic.
anticuado, da. I. *pp.* of ANTICUAR. **II.** *a.* antiquated.
anticuar. I. *va.* to antiquate, outdate. **II.** *vr.* to become antiquated.
anticuario, ria, *n.* antiquarian.
anticuerpo, *m.* antibody.
antideslizante, *a.* nonskidding (esp. auto tires).
antidetonante, *m.* & *a.* antiknock.
antidiftérico, ca, *m.* & *a.* (med.) antidiphtheritic.
antidoral, *a.* (law) remunerative.
antidotario, *m.* pharmacology; place in a pharmacy for antidotes.
antídoto, *m.* antidote.
antiemético, ca, *a.* (med.) antiemetic.
antiepiléptico, ca, *a.* (med.) antepileptic.
antier, *adv.* (coll.) day before yesterday.
antiesclavismo, *m.* antislavery.
antiesclavista, *a.* (Am.) antislavery.
antiescorbútico, ca, *a.* antiscorbutic.
antiescrofuloso, sa, *a.* antiscrofulous.
antiespasmódico, ca, *a.* antispasmodic.
antifaz, *m.* veil that covers the face; mask.
antifebril, *a.* (med.) antifebrile.
antifebrina, *f.* (chem.) acetanilide.
antiflogístico, ca, *a.* & *m.* (med.) antiphlogistic.
antífona, *f.* (eccl.) antiphony, responsive singing.
antifonal, antifonario, *m.* antiphonal.
antifonero, *m.* precentor.
antífrasis, *f.* (rhet.) antiphrasis.
antifricción, *m.* antifriction metal.
antígeno, *m.* (physiol.) antigen.
antigualla, *f.* object of remote antiquity; antique; out-of-date custom or object.
antiguamente, *adv.* formerly, in antiquity.
antiguar, *vn.* to attain seniority (in a position).
antigüedad, *f.* antiquity; ancient times; antique.
antiguo, gua. I. *a.* antique; ancient, old.—**A. Testamento,** Old Testament.—**a la antigua, a lo antiguo,** after the manner of the ancients, in an old-fashion manner.—**de antiguo,** from times of yore, since old times.—**lo antiguo,** ancient things; antiquity. **II.** *m.* aged member of a community; veteran (in an occupation); senior of a college.—**los antiguos,** the ancients.
antihelio, *m.* (meteorol.) anthelion.
antihelmíntico, ca, *a.* (med.) anthelmintic.
antiherpético, ca, *a.* (med.) antiherpetic.
antihigiénico, ca, *a.* unhygienic.
antihistamina, *f.* (pharm.) antihistamine.
antiimperialismo, *m.* anti-imperialism.
antiimperialista, *n.* & *a.* anti-imperialist.
antiinflacionista, *a.* anti-inflationary.
antilogaritmo, *m.* (math.) antilogarithm.
antilogía, *f.* antilogy, contradiction in terms.
antilógico, ca, *a.* illogical.
antílope, *m.* antelope.
antillano, na, *n.* & *a.* West-Indian.
Antillas, *f. pl.* Antilles, West Indies.
antimacasar, *m.* antimacassar.
antimateria, *f.* (phys.) antimatter.
antimesón, *m.* (phys.) antimeson.
antimilitarista, *n.* & *a.* antimilitarist.
antiministerial. I. *a.* opposed to the Administration. **II.** *n.* member of the opposition (to the government).
antimonárquico, ca, *a.* antimonarchical
antimonial, *a.* (chem.) antimonial.
antimoniato, *m.* antimonate.
antimónico, ca, *a.* antimonic.
antimonio, *m.* antimony.
antimonioso, sa, *a.* (chem.) antimonious.
antimonopolio, lia, *a.* antitrust.
antinefrítico, ca, *a.* (med.) antinephritic.
antineutrino, *m.* (phys.) antineutrino.
antineutrón, *m.* (phys.) antineutron.

antinomia, *f.* (law) antinomy.
antinómico, ca, *a.* self-contradictory.
antinucleón, *m.* (phys.) antinucleon.
antioqueno, *n.* & *a.* Antiochian.
antipalúdico, ca, *a.* antimalarial.
antipapa, *m.* antipope.
antipapado, *m.* antipapacy.
antipapal, *a.* antipapal.
antipapista, *n.* & *a.* antipapist.
antipara, *f.* screen; legging covering the front part of leg and foot.
antiparalelo, *m.* (phys.) antiparallel.
antiparras, *f. pl.* (coll.) spectacles.
antipartícula, *f.* (phys.) antiparticle.
antipatía, *f.* antipathy; dislike, aversion.
antipático, ca, *a.* uncongenial, disagreeable.
antipatizar, *vn.* not to be congenial.—**a. con,** to dislike, not to be congenial with.
antipatriótico, ca, *a.* unpatriotic.
antiperistáltico, ca, *a.* antiperistaltic.
antipirético, ca, *m.* & *a.* (med.) antipyretic.
antipirina, *f.* antipyrine.
antípoca, *f.* (law, prov.) agreement to lease.
antipocar, *va.* (law) to execute (a lease).
antípoda. I. *a.* antipodal. **II.** *m.* (in *pl.*) antipodes.
antiprotón, *m.* (phys.) antiproton.
antiproyectil, *a.* antimissile.
antipútrido, da, *a.* antiseptic.
antiquísimo, ma, *a. super.* very ancient.
antirrábico, ca, *a.* antirabic.
antirraquítico, ca, *m.* & *a.* antirachitic.
antirreglamentario, ria, *a.* against the rules.
antirreumático, ca, *m.* & *a.* antirheumatic.
antirrevolucionario, ria, *a.* antirevolutionary.
antirrino, *m.* (bot.) snapdragon.
antiscios, *m. pl.* (geog.) antiscians.
antisemita, *n.* & *a.* anti-Semite.
antisemítico, ca, *a.* anti-Semitic.
antisemitismo, *m.* anti-Semitism.
antisepsia, *f.* (med.) antisepsis.
antiséptico, ca, *n.* & *a.* antiseptic.
antisifilítico, ca, *a.* antisyphilitic.
antisocial, *a.* antisocial.
antispástico, ca, *a.* (med.) antispastic.
antistrofa, *f.* antistrophe.
antisuero, *m.* antiserum.
antitanque, *a.*—**cañon a.,** antitank gun.
antitérmico, ca, *a.* heat-resisting.
antítesis, *f.* antithesis.
antitétano, na, *a.* (med.) antitetanic.
antitético, ca, *a.* antithetical.
antitipo, *m.* antitype.
antitóxico, ca, *a.* antitoxic.
antitoxina, *f.* antitoxin.
antitrago, *m.* (anat.) antitragus.
antiveneno, *m.* antivenin.
antivenenoso, sa, *a.* antitoxic.
antivenéreo, rea, *a.* (med.) antivenereal.
antófago, ga; *a.* (zool.) anthophagous.
antojadizo, za; antojado, da, *a.* capriciously desirous, having whimsical desires for trifles; wishing, or taking a notion to, everything (gen. said of children and women).
antojarse, *vr.* to be desired capriciously or on the spur of the moment, to arouse a whimsical desire, or a fancy (diff. constr.: *se me antojó ese sombrero,* I took a fancy to (buy) that hat, (coll.) I fell in love with that hat and longed for it: *no hago eso porque no se me antoja,* I don't do that because it doesn't appeal to me, or, because I won't; *se nos antojó ir a París,* we took a notion to go to Paris); to occur (to the mind), seem probable (diff. constr.: *se me antojó que Juan no sabía,* it occurred to me, *or,* I suspected, that John did not know).—**a. de,** to take a fancy to, to desire capriciously.
antojo, *m.* whim, capricious desire, fancy; will.—**a su a.,** as one pleases; arbitrarily.
antojuelo, *m. dim.* slight desire.
antología, *f.* anthology.
antológico, ca, *a.* anthological.
antónimo, ma, *a.* & *m.* (pert. to) antonym.
antonomasia, *f.* (rhet.) antonomasia.
antonomástico, ca, *a.* antonomastic.
antorcha, *f.* torch, flambeau, taper; cresset.
antorchero, *m.* cresset.
antraceno, *m.* (chem.) anthracene.
antrácico, ca, *a.* (med.) anthracic.
antracita, *f.* anthracite coal.
antracnosis, *f.* (bot.) anthracnose.
ántrax, *m.* (med.) anthrax.
antro, *m.* cavern, grotto; (anat.) antrum.
antropocéntrico, ca, *a.* anthropocentric.
antropofagía, *f.* anthropophagy, cannibalism.
antropófago, ga, *n.* & *a.* cannibal.
antropogenia, *f.* anthropogeny.
antropografía, *f.* anthropography.
antropoide, *n.* & *a.* anthropoid.
antropología, *f.* anthropology.
antropológico, ca, *a.* anthropological.
antropólogo, *m.* anthropologist.
antropómetra, *n.* anthropometrist.—**antropometría,** *f.* anthropometry.—**antropométrico, ca,** *a.* anthropometric.
antropomórfico, ca, *a.* anthropomorphic.
antropomorfismo, *m.* anthropomorphism.
antropomorfita, *n.* anthropomorphite.
antropomorfo, fa, *a.* anthropomorphous.
antropozoico, ca, *a.* anthropozoic.
antruejo, *m.* the three days of carnival before Ash Wednesday.
antuviada, *f.* (coll.) unexpected blow or stroke.
antuviar, *va.* to forestall, anticipate; (coll.) to be first in striking.—**antuvión,** *m.* (coll.) sudden blow or attack.—**de a.,** unexpectedly.
anual, *a.* annual, yearly.—**anualidad,** *f.* annual recurrence; annuity.—**anualmente,** *adv.* annually, yearly.
anuario, *m.* yearbook; trade or professional directory.
anúbada, *f.* = ANÚTEBA, a call to war.
anubarrado, da, *a.* clouded.
anublado, da, *a.* overcast, clouded, cloudy.
anublar. I. *va.* to cloud, darken; to obscure. **II.** *vr.* to be blasted, withered, mildewed; to fail, fall through, fall off; to become cloudy.
anublo, *m.* = AÑUBLO, mildew (of grain).
anudar. I. *va.* to knot; to join, unite. **II.** *vn.* to wither, fade, pine away.—**anudarse la voz a uno,** (fig.) to become speechless.
anuencia, *f.* compliance, consent.
anuente, *a.* complying, consenting.
anulable, *a.* voidable.
anulación, *f.* abrogation, voiding, nullification.
anulador, ra, *n.* repealer.
[1]**anular,** *va.* to annul, make void; to frustrate.
[2]**anular,** *a.* ring-shaped.—**dedo a.,** ring finger.
anulativo, va, *a.* voiding.
anuloso, sa, *a.* annular, ring-shaped.
anunciación, *f.* announcement; Annunciation.
anunciador, ra. I. *n.* & *a.* announcer(-ing); advertiser(-ing). **II.** *m.* (elec.) annunciator; (radio) announcer (Arg. also SPEAKER).
anunciante, *n.* announcer; advertiser.
anunciar, *va.* to announce, proclaim; to foretell; to advertise.
anuncio, *m.* announcement, notice; omen, forerunner; advertisement; (com.) advice.
anuo, nua, *a.* = ANUAL, annual.
anuria, *f.* (med.) anuria.
anuro, *n.* (zool.) anuran.
anúteba, *f.* a call to war.
anverso, *m.* obverse (of coin, medal, etc.).
anzolero, *m.* fishhook maker or dealer.
anzuelo, *m.* fishhook; fritters.—**caer en el a., tragar el a.,** to be gullible, swallow the hook.
aña, *f.* (Peru) a kind of small fox.
añacal, *m.* wheat carrier to mills; baker's board to carry bread.
añada, *f.* good or bad season in a year; pasture or arable land lying fallow alternate years.
añadible, *a.* addible.

añadido, da. I. *a.* added, additional, adscititious. **II.** *m.* hair switch.
añadidura, *f.* addition, increase; extra, over.—**por a.,** in addition, into the bargain, (often in the sense of "to make matters worse"); over, to boot.
añadir, *va.* to add, join; to exaggerate.
añafil, *m.* a Moorish musical pipe.
añagaza, *f.* call, lure, or decoy; allurement, enticement.
añal. I. *a.* annual; yearling. **II.** *m.* offering in memory of a person one year after his death.
añalejo, *m.* ecclesiastical almanac.
añascar, *va.* (*pret.* AÑASQUÉ; *subj.* AÑASQUE) (coll.) to collect (small trinkets).
añejar. I. *va.* to make old. **II.** *vr.* to age (of things, either deteriorating or improving).
añejo, ja, *a.* old; aged (improved); stale, musty.
añicos, *n. pl.* fragments, "smithereens."—**hacer a.,** to break to smithereens.—**hacerse a.,** to take great pains, exert oneself to the utmost.
añil, *m.* (bot.) indigo; indigo blue.—**añilar,** *va.* to blue (clothes).—**añilería,** *f.* indigo farm.
añinero, *m.* dealer in lambskins.
añinos, *m. pl.* the fleecy skins of yearling lambs; lamb's wool.
año, *m.* year; cavalier; valentine drawn by lot on New Year's day; crop.—*pl.* birthday; long ago; old age.—**a. anomalístico,** anomalistic year. —**a. antepasado,** year before last.—**a. bisiesto,** leap-year.—**a. civil,** civil year.—**a. climatérico,** grand climacteric.—**a. de gracia,** year of grace.—**a. económico,** fiscal year.—**a. en curso,** current year.—**a. escolar,** school year.—**a. intercalar,** leap-year.—**a. nuevo,** New Year.—**a. platónico,** Platonic year.—**a. sideral,** sidereal year.—**a. sinódico,** synodic period of the earth and another planet.—**a. tras a.,** year after year.—**a. tropical,** tropical or solar year.—**al a.,** by the year.—**entrado en años,** of mature age, of uncertain age (not young).—**entre a.,** during the year.—**estar de buen a.,** to be in good health.—**por los años de . . . ,** about the year . . . —**tener . . . años,** to be . . . years old (*tengo 20 anos,* I am 20 years old; *¿cuántos años tiene Vd.?* how old are you?)
añojal, *m.* fallow land.
añojo, ja, *n.* yearling calf.
año-luz, *m.* light-year.
añoranza, *f.* nostalgia; loneliness (through bereavement).
añorar, *vn.* to suffer from nostalgia; to recall old times.
añoso, sa, *a.* old, aged, stricken in years.
añublado, da. I. *pp.* of AÑUBLAR. **II.** *a.* blindfolded.
añublar, añublarse, = ANUBLAR.
añublo, *m.* mildew (on grain). Also TIZÓN.
añusgar, *vn.* to choke; to become angry.
aojado, da, *a.* hoodooed.
aojador, ra, *n.* hoodoo, evil-eyed person.
aojadura, *f.* **aojamiento,** *m.* witchcraft, fascination, evil eye.
aojar, *va.* to charm, bewitch, hoodoo.
aojo, *m.* bewitching, fascination, evil eye.
aonio, nia, *a.* pertaining to the Muses.
aoristo, *m.* (gram.) aorist.
aorta, *f.* (anat.) aorta.—**aórtico ca,** *a.* aortic.
aovado, da, *a.* oviform, egg-shaped.
aovar, *vn.* to lay eggs.
aovillarse, *vr.* to crumple, shrink.
apabilar, *va.* to trim (a wick).
apabullar, *va.* (coll.) to flatten, crush.
apacentadero, *m.* grazing field, pasture.
apacentador, *m.* herdsman.
apacentamiento, *m.* grazing; pasturage.
apacentar, *va.* (*ind.* APACIENTO; *subj.* APACIENTE) to graze (cattle); to graze, feed on (grass, etc.); to teach, instruct spiritually; to incite.
apacibilidad, *f.* peaceableness, mildness.
apacible, *a.* peaceable, peaceful, gentle, placid, calm.—**apaciblemente,** *adv.* peacefully, gently.
apaciento, apaciente, *v. V.* APACENTAR.
apaciguador, ra, *n.* & *a.* pacifier(-fying).
apaciguamiento, *m.* pacification, appeasement.
apaciguar. I. *va.* to appease, pacify, calm. **II.** *vn.* (naut.) to abate. **III.** *vr.* to calm down.
apache, *m.* Apache, gangster, gunman.
apacheta, *f.* (Am.) devotional heap of stones on hills.
apachurrar, *va.* (Am.) to crush, flatten.
apadrinador, ra, *n.* patron, defender, protector; second (in a duel).
apadrinar, *va.* to act as second of, in a duel; to act as godfather to; to uphold, approve, favor.
apagable, *a.* extinguishable, quenchable.
apagadizo, za, *a.* poorly burning, of difficult combustion.
apagado, da, *a.* humble-minded, submissive, pusillanimous; dull (color).
apagador, *m.* one that extinguishes; damper, extinguisher; damper (in pianos).
apagaincendios, *m.* fire engine; fire extinguisher.
apagamiento, *m.* extinguishment.
apagapenoles, *m. pl.* (naut.) leech ropes, lines.
apagar. I. *va.* (*pret.* APAGUÉ; *subj.* APAGUE) to quench, put out, extinguish; to efface, destroy; (art) to soften (colors); (mech.) to deaden.—**a. cal,** to slake lime.—**a. la voz,** to put a mute on musical instruments.—**a. los fuegos,** or **el fuego, del enemigo,** to silence the enemy's guns. **II.** *vr.* to become extinguished, go out, die out.
apagón, *m.* blackout (as when electricity fails).
apainelado, da, *a.* elliptic (arch).
apaisado, da, *a.* of greater width than depth.
apalabrar, *va.* to make an engagement with; to speak about, discuss; to bespeak, engage.
apalache, *a.* Appalachian.
apalancar, *va.* (*pret.* APALANQUÉ; *subj.* APALANQUE) to move with a lever.
apaleador, ra, *n.* cudgeller.
apaleamiento, *m.* drubbing, beating.
apalear, *va.* to cane, cudgel; to horsewhip.
apaleo, *m.* moving or shovelling grain.
apanalado, da, *a.* honeycombed.
apancora, *f.* sea hedgehog.
apandar, *va.* (coll.) to pilfer, steal.
apandillar, *va.* & *vr.* to form a gang or faction.
apanojado, da, *a.* (bot.) paniculate.
apantanar, *va.* to flood; to inundate.
apantuflado, da, *a.* slipper-shaped.
[1]**apañado, da,** *a.* resembling woollen cloth in body.
[2]**apañado, da,** *a.* dexterous, skillful; (coll.) suitable.
apañador, ra, *n.* one that seizes; pilferer.
apañadura, *f.* act of seizing, snatching; trimming (on counterpanes).
apañar. I. *va.* to grasp, seize; to carry away; to pilfer; to dress, clothe; to fit close, wrap; to patch, mend. **II.** *vr.* (coll.) to be handy, to be skillful; to contrive, manage.—**apaño,** *m.* a seizing, grasping; knack; patch, repair.
apañuscar, *va.* (*pret.* APAÑUSQUÉ; *subj.* APAÑUSQUE) to rumple, crush, crumple.
apapagayado, da, *a.* parrotlike; aquiline (nose).
aparador, *m.* sideboard, cupboard; workshop of an artisan; show window.
aparadura, *f.* (naut.) garbel, garboard plank.
aparar, *va.* to stretch out the hands or skirts for catching; (agr.) to dress (plants); (shoemaking) to close (the uppers); to prepare, arrange; to dress with an adze, dub.—**a. un navio,** (naut.) to dub a ship.
aparasolado, da, *a.* (bot.) umbelliferous.
aparatado, da, *a.* prepared, disposed.
aparatero, ra, *a.* = APARATOSO.
aparato, *m.* apparatus; preparation; pomp, show; circumstance; signs, symptoms; elaborate scenic display; collection of surgical instruments; system, associated organs.—**a. de radio,** radio set.—**aparatoso, sa,** *a.* pompous, showy.
aparcería, *f.* partnership.
aparcero, ra, *n.* partner.
apareamiento, *m.* matching, mating, pairing.

aparear. I. *va.* to match, mate; to pair. II. *vr.* to be paired, matched, mated.
aparecer, *vn.* & *vr.* (*ind.* APAREZCO; *subj.* APAREZCA) to appear, show up, turn up.
aparecido, da. I. *pp.* of APARECER. II. *m.* ghost.
aparecimiento, *m.* apparition, appearing.
aparejado, da. I. *pp.* of APAREJAR. II. *a.* fit; ready.
aparejador, ra, *n.* one who prepares or gets ready; overseer of a building; (naut.) rigger.
aparejar. I. *va.* to get ready; to prepare; to saddle or harness; (naut.) to rig; to furnish; to size (work before painting or gilding). II. *vr.* to get ready; to equip oneself.
aparejo, *m.* preparation, disposition; harness, gear; packsaddle; (mech.) tackle; (art) sizing canvas or board; (mason.) bond; (naut.) tackle and rigging on a ship; furniture.—*pl.* equipment, trappings.—**a. real,** main tackle.
aparentar, *va.* to feign, pretend.
aparente, *a.* apparent, not real; fit, suited; evident, manifest.
aparezco, aparezca, *v. V.* APARECER.
aparición, *f.* apparition; appearance (coming in sight).
apariencia, *f.* appearance, aspect, looks; likeness, resemblance; vestige; outward show; pageant; probability, conjecture.—*pl.* scenic effects.
aparrado, da, *a.* shrubby, vinelike.
aparroquiado, da, *a.* established in a parish.
aparroquiar, *va.* to bring customers to.
apartadamente, *adv.* privately, apart.
apartadero, *m.* sidetrack, siding; free space (beside a road, etc.); sorting room.
apartadijo, *m.* small part, share, or portion.
apartadizo, *m.* recluse; small room; partition.
apartado, da. I. *pp.* of APARTAR. II. *a.* distant, retired; aloof; out-of-the-way, remote; distinct, different. III. *m.* room separated from others; smelting house; mail separated for early or special delivery; P. O. letter box; separation of cattle; board of cattle ranchers.
apartador, ra, *n.* one that divides or separates; sorter; separator.—**a. de metales,** smelter.
apartamiento, *m.* separation; retirement; secluded place; apartment, flat; waiver, relinquishment.
apartar. I. *va.* to part off; to separate, divide; to dissuade; to remove, dislodge; to sort. II. *vr.* to withdraw; to hold off; to desist; to retire.
aparte. I. *m.* paragraph; (theat.) aside. II. *adv.* separately; aside (on the stage); different, another, other (*ésta es cuestión aparte,* this is another matter).
aparvar, *va.* to heap (grain for thrashing).
apasionadamente, *adv.* passionately; unfairly, in a biassed way.
apasionado, da. I. *pp.* of APASIONAR. II. *a.* passionate; impassioned; intolerant; (of a part of the body) affected with pain; devoted, passionately fond. III. *m.* admirer.
apasionamiento, *m.* passion.
apasionar. I. *va.* to impassion; to afflict, torment. II. *vr.* to become passionately fond.
apatía, *f.* apathy.—**apático, ca,** *a.* apathetic.
apatita, *f.* (min.) apatite.
apátrida. I. *a.* stateless. II. *n.* stateless person.
apatusco, *m.* (coll.) ornament, dress.
apea, *f.* rope fetter for horses.
apeadero, *m.* landing, horseblock; Ry. station.
apeador, *m.* land surveyor.
apeamiento, *m.* = APEO.
apear. I. *va.* to dismount; to get out (of a carriage, etc.); to bring down; to survey; to set landmarks to; to fell; to block or scotch (a wheel); (arch.) to prop; (artil.) to dismount (a gun); to dissuade; to remove (difficulties); to shackle (a horse). II. *vr.* to alight.
apechugar, *va.* (*pret.* APECHUGUÉ; *subj.* APECHUGUE) to push with the breast; (fig.) to face with courage (something distasteful).
apedazar, *va.* (*pret.* APEDACÉ; *subj.* APEDACE) to patch, mend, repair.
apedernalado, da, *a.* (fig.) flinty.
apedreado, da. I. *pp.* of APEDREAR. II. *a.* variegated; pitted with the smallpox.
apedreador, ra, *n.* stoner, stone thrower.
apedreamiento, *m.* lapidation, stoning.
apedrear. I. *va.* to stone; to kill with stones. II. *vn.* to hail. III. *vr.* to be injured by hail.
apedreo, *m.* stoning.
apegadamente, *adv.* devotedly.
apegarse, *vr.* to become attached.—**apego,** *m.* attachment, fondness.
apelable, *a.* (law) appealable.
apelación, *f.* (law) appeal; (coll.) consultation (of doctors); (coll.) remedy, help.
[1]**apelado, da.** I. *a.* (law) successful in an appeal. II. *n.* (law) appellee.
[2]**apelado, da,** *a.* (of horses) of the same coat or color.
apelambrar, *va.* to steep (hides) in limewater.
apelante, *n.* & *a.* (law) appellant.
[1]**apelar,** *vn.* (law) to appeal; have recourse to.
[2]**apelar,** *vn.* (of horses) to be of the same color.
apelativo, va, *m.* & *a.* (gram.) appellative.
apeldar, *vn.* (coll.) to flee, run away.
apelde, *m.* (coll.) flight, escape.
apelmacé, apelmace, *v. V.* APELMAZAR.
apelmazado, da, *a.* compressed, compact.
apelmazamiento, *m.* compactness.
apelmazar, *va.* (*pret.* APELMACÉ; *subj.* APELMACE) to compress; to render less spongy.
apelotonar, *va.* & *vr.* to form into balls.
apellar, *va.* to dress (leather).
apellidamiento, *m.* naming.
apellidar. I. *va.* to name; to proclaim; to call to arms. II. *vr.* to be called (have the name).
apellido, *m.* surname, family name; nickname; forces called to arms.
apenar. I. *va.* to cause pain, sorrow. II. *vr.* tc grieve.
apenas, *adv.* scarcely, hardly; only; with trouble; no sooner than, as soon as.
apencar, *vn.* (*pret.* APENQUÉ; *subj.* APENQUE) tc accept with reluctance.
apendectomía, apendicectomía, *f.* (surg.) appendectomy.
apéndice, *m.* appendix.—**a. cecal, vermicular** or **vermiforme,** vermiform appendix.
apendicitis, *f.* appendicitis.
apendicitomía, *f.* (surg.) appendectomy.
apendiculado, da, *a.* appendiculate.
apendicular, *a.* appendicular.
apenqué, apenque, *v. V.* APENCAR.
apeo, *m.* survey; prop, propping.
apeonar, *va.* to walk or run swiftly (birds).
apepsia, *f.* (med.) apepsy, indigestion.
aperador, *m.* farmer; wheelwright; foreman.
aperar, *va.* to make, repair, equip.
apercepción, *f.* (psychiat.) apperception.
apercibimiento, *m.* preparation, preparednes order, advice, warning; summons.
apercibir, *va.* to provide; to get ready; to war advise; (law) to summon.
aperción, *f.* = ABERTURA, opening.
apercollar, *va.* (*ind.* APERCUELLO; *subj.* APERCUELLE) (coll.) to collar; to snatch.
aperdigar, *va.* to parboil, roast slightly.
apergaminado, da, *a.* parchmentlike.
aperiódico, ca, *a.* aperiodic.
aperitivo, va, *m.* & *a.* aperitive; (med.) aperien
apernador, *m.* dog that seizes game by the le
apernar, *va.* (*ind.* APIERNO; *subj.* APIERNE) seize by the leg.
apero, *m.* farm implements; tools, outfit; shee fold; (often *pl.*) equipment (for an activit (Am.) luxurious riding equipment.
aperreador, ra, *n.* (coll.) importunate pers nuisance; intruder.
aperrear. I. *va.* to throw to the dogs; to ann bother. II. *vr.* to toil, overwork.
apersogar, *va.* (Mex.) to tether.
apersonarse, *vr.* (law) to appear (in court).

apertura, *f.* opening (of a convention, etc.); reading (of a will).
apesadumbrar, *va.* & *vr.* to grieve; to make (become) sad, grief-stricken.
apesaradamente, *adv.* mournfully, sadly.
apesarar, *va.* & *vr.* = APESADUMBRAR.
apesgamiento, *m.* sinking under a burden.
apesgar. I. *va.* (*pret.* APESGUÉ; *subj.* APESGUE) to overwhelm with a load. **II.** *vr.* to be aggrieved.
apestado, da. I. *pp.* of APESTAR. **II.** *a.* pestered, annoyed; satiated; full, overstocked.
apestar. I. *va.* to infect with the plague; to corrupt, turn putrid; to annoy, bother; to sicken, nauseate. **II.** *vn.* to stink.
apestoso, sa, *a.* foul-smelling, sickening, nauseating, offensive.
apétalo, la, *a.* (bot.) apetalous.
apetecedor, ra. I. *a.* longing; appetizing. **II.** *n.* one who longs or desires.
apetecer, *va.* (*ind.* APETEZCO; *subj.* APETEZCA); to like (a food or drink); to desire.—**apetecible,** *a.* appetizing; desirable.
apetencia, *f.* appetite, hunger; desire.
apetezco, apetezca, *v. V.* APETECER.
apetite, *m.* sauce, appetizer; inducement.
apetito, *m.* appetite; appetence.—**abrir el a.,** to stimulate appetite.
apetitoso, sa, *a.* appetizing, savory, palatable.
apezonado, da, *a.* nipple-shaped.
apezuñar, *vn.* to climb laboriously, sinking the edge of the hoof into the ground.
apiadarse. I. *va.* to inspire pity. **II.** *vr.* (**de**) to pity, take pity (on).
apiaradero, *m.* shepherd's account of the sheep.
apiario, ria. I. *a.* beelike. **II.** *m.* apiary.
apical, *a.* apical; (phon.) apical.
apicararse, *vr.* to become roguish.
ápice, *m.* apex, summit, top, pinnacle; trifle; whit, iota; written accent; most intricate and pointed part of a question.
apícola, *a.* apiarian.
apiculado, da, *a.* (bot.) apiculate.
apículo, *m.* (bot.) small, keen point.
apicultor, ra, *n.* apiculturist, beekeeper.
apicultura, *f.* apiculture, beekeeping.
apierno, apierne, *v. V.* APERNAR.
apilador, *m.* piler (esp. of wool).
apilamiento, *m.* piling up; crowding.
apilar, *va.* to heap, pile up.
apimpollarse, *vr.* to germinate, sprout.
apiñado, da. I. *pp.* of APIÑAR. **II.** *a.* pyramidal, pine-shaped; crowded, close together.
apiñadura, *f.*, **apiñamiento,** *m.* pressing together; crowd, jam, congestion.
apiñar, *va.* & *vr.* to press together, crowd.
apio, *m.* (bot.) celery.
apiolar, *va.* to gyve (a hawk); to tie by the legs; (coll.) to seize, apprehend; to kill, murder.
apiparse, *vr.* (coll.) to gorge.
apirético, ca, *a.* (med.) apyretic, free from fever.
apirexia, *f.* (med.) apyrexia.
apisonadora de vapor, *f.* steam roller.
apisonamiento, *m.* tamping.
apisonar, *va.* to tamp.
apitonamiento, *m.* (of deer, etc.) initial growing of horns; passion, anger.
apitonar. I. *vn.* (of deer, etc.) to begin to grow horns; to bud, germinate. **II.** *va.* to break with bill or horn; to shell. **III.** *vr.* to abuse each other.
apizarrado, da, *a.* slate-colored.
aplacabilidad, *f.* placability.
aplacable, *a.* placable.
aplacación, *f.* appeasement.
aplacador, ra, *n.* & *a.* appeaser(-ing).
aplacamiento, *m.* stay of execution.
aplacar, *va.* (*pret.* APLAQUÉ; *subj.* APLAQUE) to appease, pacify, calm.
aplacé, aplace, *v. V.* APLAZAR.
aplacer, *va.* to please.
aplacerado, da, *a.* (naut.) level and not very deep; (Am.) open, cleared of trees.
aplacible, *a.* pleasant.
aplacimiento, *m.* pleasure.
aplanadera, *f.* levelling board, float; rammer.
aplanador, *m.* leveller; (mech.) battledore, brusher, riveter; ingot hammer; cylinder roller; (print.) planer, planishing mallet.
aplanamiento, *m.* levelling, flattening.
aplanar. I. *va.* to smooth, make even; to flatten; to terrify or astonish. **II.** *vr.* to tumble down; to weaken; to dismay; to get depressed.
aplanchado, planchado, *m.* ironing (act or collection of clothes ironed or to be ironed).
aplanchador, planchador, ra, *n.* ironer.
aplanchar, *va.* to iron (clothes).
aplanético, ca, *a.* (optics) aplanatic.
aplantillar, *va.* to adjust or fit (stones).
aplaqué, aplaque, *v. V.* APLACAR.
aplastar. I. *va.* to flatten, crush, smash; to floor (an opponent). **II.** *vr.* to flatten; to collapse.
aplaudidor, ra, *n.* & *a.* applauder(-ing).
aplaudir, *va.* to applaud.
aplauso, *m.* applause; approbation, praise.
aplayar, *vr.* (of a river) to overflow the banks.
aplazamiento, *m.* convocation; summons; postponement.
aplazar, *va.* (*pret.* APLACÉ; *subj.* APLACE) to convene; to summon; to adjourn; to postpone.
aplebeyar. I. *va.* to make plebeian; to degrade. **II.** *vr.* to lower oneself; to become mean.
aplicabilidad, *f.* applicability.
aplicable, *a.* applicable.
aplicación, *f.* application.
aplicado, da. I. *pp.* of APLICAR. **II.** *a.* studious, industrious, assiduous.
aplicar. I. *va.* (*pret.* APLIQUÉ; *subj.* APLIQUE) to apply; to put on; to clap; to attribute or impute; (law) to adjudge. **II.** *vr.* to apply oneself.
aplicativo, va, *a.* applicative, applicatory.
aplomado, da. I. *pp.* of APLOMAR. **II.** *a.* lead-colored; calm, grave; heavy, dull, lazy.
aplomar. I. *va.* to overload, crush. **II.** *vn.* to plumb. **III.** *vr.* to tumble, fall to the ground.
aplomo. I. *m.* tact, prudence; self-possession, poise; (mus.) exactness in time; (art) due proportion. **II.** *a.* plumb, vertical.
apnea, *f.* (med.) apnea, suspension of respiration.
apocado, da. I. *pp.* of APOCAR. **II.** *a.* pusillanimous, cowardly; of low extraction.
Apocalipsis, *m.* Apocalypse, Revelation.
apocalíptico, ca, *a.* apocalyptical.
apocamiento, *m.* bashfulness; diffidence; pusillanimity, incapacity.
apocar. I. *va.* (*pret.* APOQUÉ; *subj.* APOQUE) to lessen; to cramp, contract. **II.** *vr.* to humble, belittle oneself.
apócema, apócima, *f.* (med.) apozem.
apocináceo, a. I. *a.* (bot.) apocynaceous, of the dogbane family. **II.** *f. pl.* Apocynaceæ.
apocopar, *va.* to apocopate.
apócope, *f.* (gram.) apocope; apocopation.
apócrifo, fa, *a.* apocryphal.—**Apócrifos,** (Bib.) Apocrypha.
apocrisiario, *m.* Byzantine envoy; (eccl.) apocrisiary, envoy of the pope.
apocromático, ca, *a.* (opt.) apochromatic.
apodador, *m.* wag, scoffer.
apodar, *va.* to give nicknames to, scoff at.
apoderado, da. I. *pp.* of APODERAR. **II.** *m.* proxy; attorney.
apoderar. I. *va.* to empower; to grant power of attorney to. **II.** *vr.* to take possession.
apodíctico, ca, *a.* apodictic; indisputable.
apodo, *m.* nickname.
ápodo, da, *a.* (zool.) apodal, without feet.
apódosis, *f.* (rhet.) apodosis.
apófige, *f.* (arch.) apophyge.
apófise, apófisis, *f.* (anat.) apophysis, process.
apogeo, *m.* apogee; height (of fame, etc.).
apógrafo, *m.* apograph, transcript.
apolillado, da. I. *pp.* of APOLILLAR. **II.** *a.* moth-eaten, worm-eaten.

apolilladura, *f.* moth hole.
apolillar. I. *va.* (of moths) to eat (clothes). **II.** *vr.* to become moth-eaten.
apoliticismo, *m.* lack of knowledge, interest or involvement in political matters.
apolítico, ca, *a.* apolitical.
apologético, ca. I. *a.* apologetic. **II.** *f.* (theol.) apologetics.
apología, *f.* apologia, defense, eulogy.
apológico, ca, *a.* pertaining to fables.
apologista, *n.* apologist.
apólogo, *m.* apologue, fable.
apoltronarse, *vr.* to grow lazy; to loiter.
apomazar, *va.* (*pret.* APOMACÉ; *subj.* APOMACE) to glaze; to burnish with pumice stone.
apomorfina, *f.* (pharm.) apomorphine.
aponeurosis, *f.* (anat.) aponeurosis.
aponeurótico, ca, *a.* (anat.) aponeurotic.
apoplejía, *f.* apoplexy.
apoplético, ca, *a.* apoplectic.
apoqué, apoque, *v. V.* APOCAR.
aporcadura, *f.* hilling around plants.
aporcar, *va.* (*ind. pres.* APUERCO, *pret.* APORQUÉ; *subj.* APUERQUE) to hill (plants).
aporisma, *m.* (med.) ecchymosis.
aporismarse, *vr.* to become an ecchymosis.
aporqué, aporque, *v. V.* APORCAR.
aporrar. I. *vn.* (coll.) to stand mute. **II.** *vr.* (coll.) to become importunate.
aporreado, da. I. *pp.* of APORREAR. **II.** *a.* cudgelled; miserable, dragged out. **III.** *m.* name of a Cuban dish made of highly seasoned beef.
aporreamiento, *m.* beating or pommelling.
aporrear. I. *va.* to beat, cudgel, knock, maul. **II.** *vr.* to study with intense application.
aporreo, *m.* beating, pommelling, cudgelling.
aportación, *f.* (law) contribution.
aportadera, *f.* pannier; large, long box for the side of a pack animal (used in pairs); wooden tub with handles to carry grapes from the vineyard.
aportadero, *m.* stopping place.
[1]**aportar,** *vn.* to make a port; to arrive; to reach an unexpected place.
[2]**aportar,** *va.* to cause, bring; (law) to contribute.
aporte, *m.* (Am.) contribution.
aportillar. I. *va.* to break down, break open. **II.** *vr.* to tumble down.
aposentador, ra, *n.* one that lets lodgings; usher.
aposentamiento, *m.* lodging.
aposentar. I. *va.* to lodge. **II.** *vr.* to take lodging.—**aposento,** *m.* room or apartment; temporary habitation; inn; (theat.) box.
aposesionar, posesionar. I. *va.* to give possession. **II.** *vr.* to take possession.
aposición, *f.* (gram.) apposition.
apositivo, va, *m.* & *a.* (gram.) appositive.
apósito, *m.* external medicinal application.
aposta, apostadamente, *adv.* designedly, on purpose.
apostadero, *m.* station for soldiers; (naut.) naval station.
apostador, ra, *n.* (Am.) better, one who bets.
apostal, *m.* good fishing place in a river.
apostar. I. *va.* (*ind.* APUESTO; *subj.* APUESTE) to bet; (reg. conj. in the next two meanings) to place (relays); to post (soldiers).—**apostar a que,** to bet that. **II.** *vr.* to station oneself.
apostasía, *f.* apostasy.
apóstata, *n.* apostate.
apostatar, *vn.* to apostatize.
apostático, ca, *a.* apostatical.
apostema, postema, *f.* abscess, tumor.
apostemación, *f.* (med.) formation of an abscess.
apostemar. I. *va.* to form an abscess in, fester. **II.** *vr.* to become abscessed.
apostilla, *f.* marginal note, annotation.
[1]**apostillar,** *va.* to annotate on the margin.
[2]**apostillar,** *vr.* to break out in pimples.
apóstol, *m.* apostle.—*pl.* (naut.) hawse pieces.
apostolado, *m.* apostleship; the twelve Apostles.
apostolicidad, *f.* apostolicity.
apostólico, ca, *a.* apostolic.
apostrofar, *va.* to apostrophize.
apóstrofe, *f.* (rhet.) apostrophe.
apóstrofo, *m.* apostrophe (written sign).
apostura, *f.* gentleness; neatness.
apotecia, *f.* (bot.) apothecium.
apotegma, *m.* apothegm, maxim.
apoteósico, ca, *a.* deifying, deific.
apoteosis, *f.* apotheosis, deification.
apotrerar, *va.* to take (horses) to pasture.
apoyadura, *f.* flow of milk in nursing.
apoyar. I. *va.* (**en**) to rest or lean (on); to favor, advocate, support; to back, defend; to aid; to abet; to bear out, confirm; (of horses) to droop (the head).—**a. la proposición,** to second the motion. **II.** *vn.* (**en** or **sobre**) to rest (on). **III.** *vr.* (**en**), to depend (on); to be based (on); to rest (on); to lean (on or against); to be supported (by).
apoyatura, *f.* (mus.) appoggiatura.
apoyo, *m.* prop, stay; support; fulcrum; protection, help, aid; approval, support, backing.
apreciable, *a.* appreciable, noticeable; worthy of esteem; (coll.) nice, fine; valuable; that can be priced; salable.
apreciación, *f.* estimation, valuation; appreciation; (tech.) least reading (of a vernier).
apreciadamente, *adv.* appreciatively.
apreciador, ra, *n.* estimator, appraiser.
apreciar, *va.* to appreciate; to appraise, estimate, price, value; to esteem.—**apreciativo, va,** *a.* appreciative.—**aprecio,** *m.* appraisement, valuation; esteem, regard, liking.
aprehender, *va.* to apprehend, seize; to conceive, think.—**aprehensión,** *f.* seizure, capture; apprehension, acuteness; fear.—**aprehensivo, va,** *a.* apprehensive.—**aprehensor, ra,** *n.* one that apprehends.
apremiador, ra, *n.* compeller.
apremiante, *a.* urgent, pressing.
apremiar, *va.* to press, urge; to compel, oblige.
apremio, *m.* pressure, constraint; (law) judicial compulsion.
aprendedor, ra, *n.* learner.
aprender, *va.* & *vn.* to learn.
aprendiz, za, *n.* apprentice.—**aprendizaje,** *m.* apprenticeship; (act of) learning.
aprensador, *m.* presser, calenderer.
aprensar, *va.* to dress, press, calender; to crush, oppress; (naut.) to stow.
aprensión, *f.* apprehension, scruple; fear; distrust, suspicion.
aprensivo, va, *a.* apprehensive, fearing.
apresador, ra, *n.* privateer; captor.
apresamiento, *m.* capture; clutch, hold.
apresar, *va.* to seize, grasp; to capture.
aprestar, *va.* to prepare, make ready; to size (cloth).—**apresto,** *m.* preparation; accoutrement; sizing (for cloth).
apresuración, *f.* haste.
apresuradamente, *adv.* hastily.
apresuramiento, *m.* hastiness, quickness.
apresurar. I. *va.* to hasten. **II.** *vr.* to make haste.
apretadamente, *adv.* tightly, closely, fast.
apretadera, *f.* strap or rope to tie with.—*pl.* pressing remonstrances.
apretadero, *m.* truss for ruptures.
apretadizo, za, *a.* easily compressible.
apretado, da. I. *pp.* of APRETAR. **II.** *a.* tight, compact; difficult, dangerous; stingy, tight.
apretador, *m.* one who presses; tightener; presser, rammer, quoin wedge; waistcoat; soft stays for children; broad bandage for infants; hair net.
apretadura, *f.* compression.
apretar. I. *va.* (*ind.* APRIETO; *subj.* APRIETE) to tighten; to press down, compress; to clench (teeth, fist); to grip (hand in greeting); to squeeze; to vex, distress; to urge, press, drive. **II.** *vn.* (of shoes, etc.) to pinch.—**a. a** (foll. by *inf.*) to start to, (foll. by *pres. p.*) to start, with

the implication of haste, effort, etc. (*apretamos a correr*, we started to run for all we were worth). —**¡aprieta!** gracious! nonsense!
apretazón, *f.* (Am.) crowd; congestion.
apretón, *m.* pressure (esp. strong and quick); struggle, conflict; short run, spurt.—**a. de manos,** handshake.
apretujar, *va.* (coll.) to squeeze, press hard.
apretujón, *m.* tight squeezing.
apretura, *f.* jamming, crush; narrowness; distress, anguish; straits, difficulties.
[1]**aprieto,** *m.* jamming, crush; stringency, scrape, difficulty; cramp, gripe.
[2]**aprieto, apriete,** *v. V.* APRETAR.
apriorismo, *m.* (philos.) apriorism.
apriorista, *n.* apriorist.
apriorístico, ca, *a.* aprioristic.
aprisa, *adv.* swiftly, promptly, fast.
apriscar, *va.* to gather (the sheep) in the fold.
aprisco, *m.* sheepfold.
aprisionar, *va.* to imprison.
aproar, *vn.* (naut.) to turn the prow.
aprobable, *a.* approvable.
aprobación, *f.* approval.
aprobador, ra, *n.* & *a.* approver(-ing).
aprobante, *n.* approver; examiner.
aprobar, *va.* (*ind.* APRUEBO; *subj.* APRUEBE) to approve; to pass (in an examination).
aprobatorio, ria, *a.* approbative, approving.
aproches, *m. pl.* (mil., eng.) approaches.
aprontar, *va.* to prepare quickly; to deliver at once; (P. R.) to advance (money).
apropiable, *a.* appropriable.
apropiación, *f.* appropriation, giving or taking possession; adaptation; (act of) fitting.
apropiadamente, *adv.* fitly, appropriately.
apropiado, da. I. *pp.* of APROPIAR. **II.** *a.* appropriate, fit.
apropiador, ra, *n.* appropriator.
apropiar. I. *va.* to give possession of; to apply, adapt, fit. **II.** *vr.* to appropriate, take possession of.
apropincuación, *f.* approach.
apropincuarse, *vr.* (coll.) to approach.
aprovechable, *a.* available; that can be used.
aprovechado, da. I. *pp.* of APROVECHAR. **II.** *a.* advanced, proficient; economical, saving.
aprovechamiento, *m.* utilization, use; exploitation, development; progress, proficiency.—**a. forestal,** forest products.
aprovechar. I. *vn.* to be useful, profitable or beneficial, to avail; to progress. **II.** *va.* to profit by, make use of. **III.** *vr.* to avail oneself.
aprovisionar, *va.* (Am.) to supply.
aproximación, *f.* approximation.
aproximado, da. I. *pp.* of APROXIMAR. **II.** *a.* approximate.—**a. hasta,** (arith.) approximate to.
aproximar, *va.* & *vr.* to approach, move near; to determine approximately; to be about.—**aproximarse a,** to move near to, approach.
aproximativo, va, *a.* approximate; approaching.
apruebo, apruebe, *v. V.* APROBAR.
ápside, *m.* (astr.) apsis.
ápterix, aptérix, *f.* (ornith.) apteryx, kiwi.
áptero, ra, *a.* (entom.) apterous, wingless.
aptitud, *f.* aptitude, fitness, ability.
apto, ta, *a.* apt, fit, competent.
apuerco, apuerque, *v. V.* APORCAR.
apuesta, *f.* bet, wager.
[1]**apuesto, ta,** *a.* elegant, stylish, spruce.
[2]**apuesto, apueste,** *v. V.* APOSTAR.
apulgarar, *vn.* to press, push with the thumb.
apulgararse, *vr.* (of white cloth) to mildew (from moisture).
apulso, *m.* (astr.) passing of the edge of a heavenly body over the vertical wire of the telescope; appulse, coming together of two heavenly bodies.
apunarse, *vr.* (Am.) to get ill from altitude.
apuntación, *f.* note; memorandum; musical notation.
apuntado, da. I. *pp.* of APUNTAR. **II.** *a.* pointed at both ends.
apuntador, ra, *n.* observer; one that takes or keeps notes; (theat.) prompter; (naut.) gunner.
apuntalamiento, *m.* propping.
apuntalar, *va.* to prop; to shore (a vessel).
apuntamiento, *m.* note, abstract, summary; judicial report.
apuntar. I. *va.* to aim, level; to point out, mark; to note, make a note of; to hint; to sketch; (sew.) to baste, tack; to sharpen; (theat.) to prompt. **II.** *vn.* to begin to appear; (of wine) to begin to turn.
apunte, *m.* APUNTAMIENTO; annotation, memorandum; rough sketch; prompt-book; stake (in games).
apuñadar, *va.* (prov.) to strike with the fist.
apuñalado, da, *a.* dagger-shaped.
apuñalar, *va.* to stab.
apuñar. I. *va.* to seize with the fist. **II.** *vn.* to tighten the fist.
apuñear, *va.* (coll.) to strike with the fist.
apuracabos, *m.* candle holder with a sharp point for the butt of the candle; catchall.
apuración, *f.* investigation; trouble, misfortune.
apuradamente, *adv.* punctually, exactly; with difficulty.
apurado, da. I. *pp.* of APURAR. **II.** *a.* needy; exhausted; difficult; conscientious.
apurador, *m.* refiner, purifier; APURACABOS.
apuramiento, *m.* research; exhaustion, consumption; pressing, urging; purification.
apurar. I. *va.* to purify; to clear up, verify, scrutinize; to consume, drain, exhaust; to push, hurry; to annoy. **II.** *vr.* to worry, fret, grieve; to exert oneself.
apuro, *m.* want, strait; scrape, tight spot, "jam."
aquejar, *va.* to grieve, sadden; to fatigue.
aquel (*f. sing.* **aquella;** *pl.* **aquellos, llas**). **I.** *a.* that, those, yonder. **II.** *pron. m.* & *f.* he, she (*pl.* they, those, such as) (*aquellos que deseen venir*, those who, or such as, wish to come); those (ones). **III. aquél, aquélla,** *n.* that one; the former, the first mentioned. **IV. aquello,** *pron. neut.* that; the former, the first-mentioned (fact, statement, etc.); that thing, that matter, the matter we spoke about, etc. (used with reference to something known to the listener or reader but that it is not desired to mention); attractiveness, appeal, "a certain something."—**a. de,** that matter of.—**a. de (que),** the common saying, notion, belief, rule (that) (*no creo en aquello de que el comercio es la base del progreso*, I do not believe in the common saying that commerce is the foundation of progress).
aquelarre, *m.* witches' Sabbath.
aquende, *adv.* on this side of.
aqueo, a, *n.* & *a.* Achæan.
aquerenciarse, *vr.* (esp. of animals) to become attached to (a place).
aquí, *adv.* here; hither; then; now.—**de a.,** from here, from this place; hence.—**de a. en adelante,** from now on, hereafter.—**por a.,** here, hereabouts; this way, through here.
aquiescencia, *f.* (law) acquiescence, consent.
aquietar. I. *va.* to quiet, lull, pacify, hush, allay. **II.** *vr.* to become calm; to quiet down.
aquilatamiento, *m.* assay.
aquilatar, *va.* to assay; to examine closely.
aquilea, *f.* (bot.) milfoil, yarrow.
aquilino, na, *a.* (poet.) = AGUILEÑO, aquiline.
aquilón, *m.* north wind; north point.
aquilonal, aquilonar, *a.* northern, northerly.
aquillado, da, *a.* keel-shaped.
aquistar, *va.* to acquire.
ara, *f.* altar; communion table; altar slab, mensa.
árabe, *n.* & *a.* Arab, Arabian.
arabesco, ca. I. *a.* Arabian, Arab; (f. a.) arabesque. **II.** *m.* (f. a.) arabesque.
Arabia Saudita, *f.* Saudi Arabia.
arábico, ca, *a.* Arabic.
arábigo, ga. I. *a.* Arabian, Arab. **II.** *m.* (ling.)

Arabic.—**estar en a.**, to be illegible, be difficult to understand.—**goma a.**, gum arabic.—**número a.**, Arabic numeral.
arabismo, *m.* Arabism.
arabista, *n.* Arabist.
arácnido, da, *m.* & *a.* (zool.) arachnid.
aracnoide, *a.* (bot.) arachnoid.
aracnoideo, dea, *a.* (zool., anat.) arachnoid.
aracnoides, *f.* (anat.) arachnoid, arachnoid membrane.
aracnoiditis, *f.* (med.) arachnitis, arachnoiditis.
aracnología, *f.* arachnology.
arada, *f.* (agr.) plowed ground; land plowed in a day; husbandry.
arado, *m.* plow.
arador, *m.* plowman; (entom.) harvest mite.
aradura, *f.* plowing; land plowed in a day.
aragonés, esa, *n.* & *a.* Aragonese.
aragonita, *f.* **aragonito**, *m.* (min.) aragonite.
araguato, *m.* (zool.) ursine howler, howling monkey, howler.
arambel, *m.* rag, tatter.
arameo, a, *n.* & *a.* Aramean.
arana, *f.* imposition, trick; Cuban grass.
arancel, *m.* tariff.—**a. de aduanas**, customs, duty.
arancelario, ria, *a.* tariff, customs (as *a.*).
arandanedo, *m.* cranberry patch.
arándano, *m.* (bot.) cranberry.
arandela, *f.* the socket pan of a candlestick; (mech.) washer; axleguard; rivet plate, collar plate; guard around the staff of a lance; nave box of a gun carriage; (naut.) half-ports; glass candelabrum.
arandillo, *m.* a kind of bird; (prov.) hip pad.
aranero, ra, *a.* deceitful, tricky.
araña, *f.* (entom.) spider; chandelier; (zool.) common weaver; (bot.) crowfoot; (fig.) hustler, go-getter; disreputable woman, whore.—**a. de mar**, sea spider, spider crab.
arañador, ra, *n.* scratcher, scraper.
arañamiento, *m.* (act of) scratching.
arañar, *va.* to scratch; to scrape up (as money).
arañazo, *m. aug.* a scratch (on the skin).
araño, *m.* scratch, nipping.
arañuela, *f. dim.* small spider; a flower plant.
arañuelo, *m.* small spider; net (for bird-catching).
[1]**arar**, *va.* to plow, to work the soil.
[2]**arar**, *m.* an African coniferous tree.
araucano, na, *n.* & *a.* Araucanian.
araucaria, *f.* araucaria, a tall pine.
arauja, *f.* (Brazil) a creeping plant.
araza, *m.* a Uruguayan fruit tree.
arbalestrilla, *f.* an old surveying instrument.
arbellon, *m.* (prov.) gutter to drain roads.
arbitrable, *a.* arbitrable.
arbitración, *f.* arbitration.
arbitrador, ra, *n.* arbitrator; umpire, referee.
arbitraje, *m.* (com.) arbitrage; ARBITRAMENTO.
arbitral, *a.* arbitral.
arbitramento, arbitramiento, *m.* arbitration, arbitrament.
arbitrar, *va.* to arbitrate; to act unhampered; to contrive.
arbitrariedad, *f.* arbitrariness; arbitrary act.
arbitrario, ria; arbitrativo, va, *a.* arbitrary; (law) arbitral.
arbitratorio, ria; *a.* arbitral.
arbitrio, *m.* free will; means, expedient; arbitration; bond, compromise; discretion, judgment. —*pl.* excise taxes.
arbitrista, *m.* schemer, contriver.
árbitro, *m.* arbitrator, arbiter, umpire, referee.
árbol, *m.* (bot.) tree; (naut.) mast; in machines, upright post; (mech.) axle or shaft; arbor; spindle; drill; body of shirt; crown post of winding stairs.—**a. de Diana**, (chem.) arbor Dianæ.—**a. de la ciencia del bien y del mal**, (Bib.) tree of knowledge of good and evil.—**a. de la vida**, (Bib.) tree of life.—**a. del pan**, breadfruit tree.—**a. de María**, tolu-balsam tree.—**a. de pie**, seed-grown tree.—**a. de Saturno**, (chem.) arbor Saturni.—**a. de transmisión**, transmission shaft.—**a. genealógico**, family tree.—**a. motor**, driving shaft or axle.
arbolado, da. I. *pp.* of ARBOLAR. **II.** *a.* wooded; masted. **III.** *m.* woodland.
arboladura, *f.* (naut.) masts and spars.
arbolar. I. *va.* to hoist; to set upright.—**a. un navío**, (naut.) to mast a ship. **II.** *vr.* (of horses) to rear on the hind feet.
arbolario, *m.* = HERBOLARIO, madcap.
arboleda, *f.* grove.
arbolejo, *m. dim.* small tree.
arbolete, *m.* branch to fasten lime twigs on (for catching birds).
arbolillo, *m.* side of a blast furnace; small tree.
arbolista, *m.* arborist.
arbollón, albollón, *m.* floodgate, sluice, outlet.
arbóreo, rea, *a.* pertaining to trees.
arborescencia, *f.* arborescence.
arborescente, *a.* arborescent.
arboricultor, ra, *n.* arboriculturist.
arboricultura, *f.* arboriculture.
arboriforme, *a.* arboriform, tree-shaped.
arborista, *n.* arborist.
arborizado, *a.* foliagelike.
arbotante, *m.* vault-supporting arch.
arbusto, *m.* shrub.—**arbustillo**, *m. dim.* small shrub.
arca, *f.* chest, coffer; reservoir, tank; ark; tempering oven for blown glass.—**a. cerrada**, extremely reticent person.—**a. de la Alianza**, Ark of the Covenant.
arcabuco, *m.* (Am.) craggy spot.
arcabuz, *m.* harquebus, arquebus.
arcabuzazo, *m.* harquebus shot; wound inflicted by a harquebus.
arcacil, *m.* (bot.) a kind of wild artichoke.
arcada, *f.* retching; (arch.) row of arches.
árcade, *n.* & *a.*, **arcadio, dia**, *a.* Arcadian.
arcaduz, *m.* conduit; bucket; means, way.
arcaico, ca, *a.* archaic.
arcaísmo, *m.* archaism.
arcaísta, *n.* archaist.
arcaizante, *a.* archaistic.
arcaizar, *vr.* to use archaisms.
arcángel, *m.* archangel.
arcangélico, ca, *a.* archangelical.
arcano. I. *m.* arcanum. **II.** *a.* secret, recondite.
arce, *m.* (bot.) maple tree.
arcedianato, *m.* archdeaconship.
arcediano, *m.* archdeacon.
arcedo, *m.* maple grove.
arcén, *m.* border, brim, edge.
arcilla, argila, argilla, *f.* clay.—**arcilloso, sa**, *a.* clayey, argillaceous.
arciprestazgo, *m.* archpriesthood.
arcipreste, *m.* archpriest.
arco, *m.* arc; (arch.) arch; bow; fiddle bow; hoop (geom.) arc.—**a. apainelado**, three-center arch.—**a. de medio punto**, round, or semicircular, arch.—**a. iris**, rainbow.—**a. ojival**, equilateral arch.—**a. peraltado**, horseshoe arch.—**a. rebajado**, segmental arch.
arcón, *m. aug.* large chest; bin, bunker.
archicofradía, *f.* privileged brotherhood.
archidiácono, *m.* archdeacon.
archidiócesis, *f.* archdiocese.
archiducado, *m.* archdukedom, archduchy.
archiducal, *a.* archducal.
archiduque, *m.* archduke.—**archiduquesa**, *f.* archduchess.
archilaúd, *m.* large lute.
archimillonario, ria, *a.* multimillionaire.
archipámpano, *m.* very dignified person with imaginary authority.
archipiélago, *m.* archipelago.
archivar, *va.* to file; to deposit in archives; (fig.) to put on the shelf, pigeonhole, forget.
archivero, archivista, *m.* archivist.
archivo, *m.* archives; file, files.
archivolta, *f.* (arch.) archivolt.
arda, *f.* = ARDILLA, (zool.) squirrel.

ardalear, *vn.* (of vine roots) to grow sparse.
árdea, *f.* (ornith.) bittern.
ardentía, *f.* heat; phosphorescence; blink.
ardeola, *f.* (Am.) small kind of heron.
arder. I. *vn.* to burn; (of war, etc.) to rage. **II.** *vr.* (of fruit, grain, etc.) to spoil from heat.
ardero, ra, *a.* squirrel dog.
ardid, *m.* stratagem, artifice, cunning.
ardido, da. I. *pp.* of ARDER. **II.** *a.* heated; burning; (Am.) "burned up," angry.
ardiendo, *adv.* afire.
ardiente, *a.* ardent, burning; passionate, fervent; fiery.—**ardientemente,** *adv.* ardently, fervidly; fearlessly.
ardilla, *f.* (zool.) squirrel.
[1]**ardimiento,** *m.* conflagration.
[2]**ardimiento,** *m.* undaunted courage, hardihood.
ardita, *f.* (Colomb. & Venez.) squirrel.
ardite, *m.* ancient coin of little value; trifle; (fig.) straw, farthing.—**no importar un a.,** not to matter a particle.—**no se me da un a.,** I don't care a straw, or a rap.—**no valer un a.,** not to be worth a straw, not to amount to a hill of beans.
ardor, *m.* ardor; hotness, heat; dash, valor.
ardoroso, sa, *a.* fiery; ardent, vigorous.
arduidad, *f.* arduousness.
arduo, dua, *a.* arduous.
área, *f.* area; are, square decameter.
areca, *f.* palm tree of the Philippine Islands.
arefacción, *f.* drying out; emaciation.
arel, *m.* large sieve.—**arelar,** *va.* to sift.
arena, *f.* sand, grit; arena.—**arenáceo, ea,** *a.* arenaceous, sandy.—**arenal,** *m.* sandy ground, sand pit.—**arenalejo,** *m. dim.* small sandy place.—**arenar,** *va.* to sand; to rub with sand.
arencar, *va.* (*pret.* ARENQUÉ; *subj.* ARENQUE) to salt and dry (fish).
arenero, *m.* sand dealer; sand box.
arenga, *f.* harangue, speech.
arengador, ra, *n.* speech maker.
arengar, *vn.* (*pret.* ARENGUÉ; *subj.* ARENGUE) to harangue, deliver a speech.
arenilla, *f.* molding sand; sand to dry writing.—*pl.* granulated saltpeter.
arenisca, *f.* (min.) sandstone.
arenisco, ca; arenoso, sa, *a.* sandy, gravelly, gritty; sand (as *a.*).
arenque, *m.* herring.
arenqué, arenque, *v. V.* ARENCAR.
aréola, *f.* areola, circle around the nipple.
areolar, *a.* areolar.
areometría, *f.* hydrometry.
areómetro, *m.* hydrometer.
areópago, *m.* Areopagus.
areóstilo, *m.* (arch.) aræostyle.
arepa, *f.* corn griddle cake.
arequipa, *f.*, **arequipe, ariquipe,** *m.* (Am.) a kind of jelly made with rice, milk and sugar.
arestín, *m.* (vet.) frush.
arete, *m.* eardrop, earring.
arfada, *f.* (naut.) pitching of a ship.
arfar, *vn.* (naut.) (of a ship) to pitch.
argadijo, argadillo, *m.* reel, bobbin, winder; blustering, noisy, restless person; large wicker basket.
argado, *m.* prank, trick.
argal, *m.* argol, crude tartar.
argalia, *f.* = [2]ALGALIA, (surg.) catheter.
argallera, *f.* saw for cutting grooves; forkstaff plane, reed plane.
argamandel, *m.* rag, tatter.
argamandijo, *m.* collection of trifling implements.
argamasa, *f.* mortar.—**argamasar. I.** *vn.* to make mortar. **II.** *va.* to cement with mortar.
argamasón, *m.* large dry piece of mortar.
árgana, *f.* (mech.) crane.
árganas, *f. pl.* wicker baskets on a horse.
arganel, *m.* ring in an astrolabe.
arganeo, *m.* (naut.) anchor ring.
árgano, *m.* = ÁRGANA.
argel, *a.* (horse) whose right hind foot is white.
Argelia, *f.* Algeria.
argelino, na, *n.* & *a.* Algerian, Algerine.
argemone, *f.* (bot.) prickly or horned poppy.
argén, *m.* (her.) white or silver color, argent.
argentada, *f.* ladies' cosmetic.
argentado, da. I. *pp.* of ARGENTAR. **II.** *a.* silvered, silver-plated; silvery; slashed (shoes).
argentador, *n.* silversmith.
argentar, *va.* to plate or adorn with silver; to polish like silver.
argentario, *m.* silversmith; master of the mint.
argénteo, a, *a.* silvery; silver-plated.
argentería, *f.* embroidery in gold or silver.
argentero, *m.* = ARGENTARIO.
argentífero, ra, *a.* silver-bearing.
Argentina, *f.* Argentina; (a.) (bot.) silverweed.
argentinismo, *m.* word or expression peculiar to Argentina.
argentino, na. I. *a.* silvery, argentine; Argentine, Argentinean. **II.** *n.* Argentine, Argentinean; *m.* Argentine gold coin.
argento, *m.* (poet.) silver.
argentoso, sa, *a.* mixed with silver.
argila, argilla, *f.* clay.
argirosa, *f.* (min.) argentite.
argivo, va, *n.* & *a.* (person) of Argos.
argo, *m.* (chem.) argon.
argolla, *f.* ring; collar; staple; hoop; ring (in bowling); pillory.—**argolleta, ica, ita,** *f. dim.* small staple or ring.—**argollón,** *m. aug.* very large ring or staple.
árgoma, *f.* (bot.) furze.—**argomal,** *m.* furze plantation.—**argomón,** *m. aug.* large prickly furze, gorse.
argón, *m.* (chem.) argon.
argonauta, *m.* (myth.) Argonaut; (zool.) argonaut, paper nautilus.
argonáutico, ca, *a.* (myth.) Argonautic.
Argos, *m.* (myth.) Argus; very observant person.
argot, *m.* (Gal.) cant; French jargon.
argucia, *f.* subtilty, sophistry; trick, scheme.
argüe, *m.* windlass, capstan.
argüellarse, *vr.* (prov.) to become emaciated.
argüello, *m.* lack of health.
árguenas, árgueñas, *f. pl.* handbarrow.
argüir. I. *vn.* (*ind.* ARGUYO; *subj.* ARGUYA) to argue, dispute. **II.** *va.* to infer; to imply.
argumentación, *f.* argumentation.
argumentador, ra, *n.* arguer, reasoner.
argumentar, *vn.* to argue, dispute.
argumentativo, va, *a.* argumentative.
argumento, *m.* (logic, math.) argument; summary; plot (of a play, etc.); indication, sign.
arguyo, arguya, *v. V.* ARGÜIR.
aria, *f.* (mus.) aria, song for a single voice.
aricar, *va.* to plow across.
aridecer, *va., vn.* & *vr.* (*ind.* ARIDEZCO; *subj.* ARIDEZCA) to render or become arid.
aridez, *f.* drought; barrenness, aridity.
árido, da. I. *a.* arid, dry, barren. **II.** *m. pl.* dry articles, esp. grains and vegetables, measured with dry measure.
Aries, *m.* Aries, sign of the zodiac.
arieta, *f. dim.* (mus.) arietta, short tune.
ariete, *m.* battering ram.—**a. hidráulico,** hydraulic ram.
arietino, na, *a.* like a ram's head.
arigue, *m.* Philippine timber.
arije, *f.* = ALARIJE, name of a large grape.
arijo, ja, *a.* (agr.) light, easily tilled.
arilado, da, *a.* arillate.
arilo, *m.* (bot.) aril.
arillo, *m. dim.* earring; neck-stock frame.
arimez, *m.* projection in a building.
ario, ia, *n.* & *a.* Aryan.
arisaro, *m.* (bot.) wake-robin.
arisblanco, ca, *a.* white-bearded (wheat).
arisco, ca, *a.* churlish, shy, cross, surly.

arisnegro, arisprieto, *a.* (of wheat) having blackish beard.
arista, *f.* beard or awn grains; (geom.) edge.—*pl.* (mil.) salient angles.
aristado, da, *a.* awned, bearded.
aristarco, ca, *n.* severe censurer.
aristocracia, *f.* aristocracy.
aristócrata, *m.* & *f.* aristocrat.
aristocrático, ca, *a.* aristocratic.
aristoloquia, *f.* (bot.) birthwort.
aristón, *m.* (arch.) edge, corner; groin rib.
aristoso, sa, *a.* having many beards or awns.
aristotélico, ca, *a.* Aristotelian.
aristotelismo, *m.* Aristotelianism
aritmética, *f.* arithmetic.
aritmético, ca. I. *a.* arithmetical. **II.** *m.* & *f.* arithmetician; accountant.
aritmo, *a.* (med.) arrhythmic.
aritmómetro, *m.* calculating machine.
arjorán, *m.* (bot.) an ornamental tree.
arlequín, *m.* harlequin, buffoon; mixed ice cream, Neapolitan.
arlequinada, *f.* harlequin's trick or joke.
arlo, *m.* (bot.) barberry.
arlota, alrota, *f.* tow of flax or hemp.
arma, *f.* weapon, arm; (mil.) technical division of military forces; (fig.) means, power, reason.—*pl.* troops, armies; armorial ensigns, coat of arms.—**a. arrojadiza,** missile weapon.—**a. blanca,** steel arm.—**a. de caballería,** cavalry.—**a. de fuego,** firearm.—**a. de infantería,** infantry.—**a. de puño,** hand steel arm (sword, etc.).—**a. falsa,** trial, or test, attack.—**armas de agua,** (Mex.) waterproof skins for riding.—**¡a las armas!** to arms!—**de armas tomar,** resolute; capable.—**sobre las armas,** under arms.
armada, *f.* navy; fleet; squadron; armada.—**a. naval,** royal navy, royal fleet.
armadera, *f.* (naut.) main timber of a ship.
armadía, *f.* raft, float.
armadijo, *m.* trap, snare for game.
armadillo, *m.* (zool.) armadillo.
armado, da. I. *pp.* of ARMAR. **II.** *a.* (mech.) mounted, assembled. **III.** *m.* man in armor in processions.
armador, *m.* outfitter, ship owner; privateer, cruiser; one who outfits whaleboats; (mech.) adjuster, fitter, assembler; jacket.
armadura, *f.* armor; framework, shell of a building; (mech.) setting, fitting; truss; (elec.) armature, yoke (of a magnet); framing, mounting; trestle; reinforcement (of concrete); armature (of a dynamo).
armajal, marjal, *m.* moor, bog.
armamentisto, ta, *a.* armaments (as *a.*).
armamento, *m.* armament, accoutrements.
armar. I. *va.* to arm; to man; (carp.) to bind; to assemble, mount; (mech.) to adjust, set, frame, piece, mount, make true, rig up; to reinforce (concrete, etc.); to form, prepare; to start, cause; (naut.) to equip, fit out, put in commission.—**a. caballero,** to knight.—**a. en corso,** to privateer.—**a. en guerra,** (naut.) to fit or equip (a ship) for war.—**a. un lío,** or, **líos,** to make a mess of something, or of things. **II.** *vr.* to prepare oneself; to arm oneself.—**armarse de,** to arm oneself with, put on; (Am.) to build up (a business).
armario, *m.* clothespress; cabinet; bookcase; wardrobe; closet.
armatoste, *m.* hulk; unwieldly machine; cumbersome piece of furniture; fat, clumsy fellow.
armazón, *f.* framework, skeleton, frame; hulk (of a ship)—*m.* skeleton of body.
armella, *f.* staple, box staple, screw eye.
armelluela, *f. dim.* small staple or ring.
armenio, nia, *n.* & *a.* Armenian.
armería, *f.* armory, arsenal; gunsmith trade or shop.
armero, *m.* armorer, gunsmith; keeper of arms; (mil.) rack or stand for firearms.
armífero, ra; armígero, ra, *a.* (poet.) warlike.
armilar, *a.* armillary.
armilla, *f.* (arch.) torus.
armiñado, da, *a.* trimmed or lined with ermine fur; ermine-white.
armiño, *m.* (zool.) ermine.
armipotente, *a.* (poet.) mighty in war.
armisticio, *m.* (mil.) armistice.
armón, *m.* (artil.) limber.
armonía, *f.* harmony.
armonicé, armonice, *v. V.* ARMONIZAR.
armónicamente, *adv.* harmonically, harmoniously.
armónico, ca. I. *a.* harmonic, harmonious; consonant. **II.** *m.* (mus.) harmonic; *f.* harmonica, harmonicon.
armonio, *m.* harmonium, reed organ.
armonioso, sa, *a.* harmonious.
armonista, *n.* harmonist; (mus.) harmonizer.
armonización, *f.* harmonization.
armonizar, *va.* (*pret.* ARMONICÉ; *subj.* ARMONICE) to harmonize.
armuelle, *m.* (bot.) orach.
arna, *f.* (prov.) beehive.
arnacho, *m.* (bot.) rest-harrow. Also GATUÑA.
arnés, *m.* harness; coat of mail, armor.—*pl.* harness, trappings; tools, outfit, equipment.
árnica, *f.* arnica.
[1]**aro,** *m.* hoop, rim; staple; hoop pole.—**entrar por el a.,** (coll.) to be forced to yield.
[2]**aro, yaro,** *m.* (bot.) arum.
aroma. I. *f.* flower of the aromatic myrrh tree. **II.** *m.* aroma; perfume, fragrance.
aromar, *va.* to give aroma to, perfume.
aromaticé, aromatice, *v. V.* AROMATIZAR.
aromaticidad, *f.* aromatic quality, perfume.
aromático, ca, *a.* aromatic, fragrant.
aromatización, *f.* aromatization.
aromatizador, *m.* (perfume) atomizer.
aromatizar, *va.* (*pret.* AROMATICÉ; *subj.* AROMATICE) to aromatize, perfume.
aromo, *m.* (bot.) aromatic myrrh tree.
aromoso, sa, *a.* aromatic, fragrant.
arpa, *f.* (mus.) harp.
[1]**arpado, da. I.** *pp.* of ARPAR. **II.** *a.* serrated, toothed.
[2]**arpado, da,** *a.* (poet.) (of a bird) singing.
arpadura, *f.* = ARAÑO, a scratch.
arpar, *va.* to tear to pieces, rend, claw.
arpegio, *m.* (mus.) arpeggio.
arpella, *f.* (ornith.) eagle; harpy.
arpeo, *m.* (naut.) grappling iron.
arpía, harpía, *f.* harpy; fiend; ugly shrew.
arpillador, *m.* (Mex.) packer.
arpilladura, *f.* packing with sackcloth.
arpillar, *va.* (Mex.) to pack with sackcloth.
arpillera, *f.* sackcloth, burlap.
arpista, *m.* (mus.) harper, harpist.
arpón, *m.* harpoon.—**arponado, da,** *a.* harpoonlike.—**arponear,** *va.* to harpoon.—**arponero,** *m.* harpooner; harpoon maker.
arqueada, *f.* drawing of bow across fiddle.
[1]**arqueador,** *m.* ship gauger.
[2]**arqueador,** *m.* wool beater.
arqueaje, *m.* gauging of a ship.
arqueamiento, *m.* = [2]ARQUEO.
arqueano, na, *a.* (geol.) Archean, Archæan.
[1]**arquear,** *va.* to arch; to beat (wool).
[2]**arquear,** *va.* to gauge (ships).
[1]**arqueo,** *m.* arching.
[2]**arqueo,** *m.* (naut.) tonnage.
[3]**arqueo,** *m.* (com.) checking of effects in a safe; balance (in accounting).
arqueología, *f.* archæology.
arqueológico, ca, *a.* archæological.
arqueólogo, *m.* archæologist.
arqueozoico, ca, *a.* (geol.) Archeozoic.
arquería, *f.* series of arches; (Mex.) aqueduct.
[1]**arquero, ra,** *n.* treasurer, cashier.
[2]**arquero, ra. I.** *a.* pert. to bows. **II.** *m.* archer; bow maker.
arqueta, *f. dim.* small chest.

arquetípico, ca, *a.* archetypal.
arquetipo, *m.* archetype.
arquibanco, *m.* bench with drawers.
arquidiócesis, *f.* archiepiscopal diocese.
arquiepiscopal, *a.* archiepiscopal.
arquimesa, *f.* (prov.) writing desk.
arquisinagogo, *m.* ruler of a synagogue.
arquitecto, *m.* architect.
arquitectónica, *f.* (philos.) architectonics.
arquitectónico, ca, *a.* architectural.
arquitectura, *f.* architecture.
arquitectural, *a.* architectural.
arquitrabe, *m.* (arch.) architrave.
arquivolta, *f.* (arch.) archivolt.
arrabal, *m.* suburb.—*pl.* environs, outskirts.
arrabalero, ra, *a.* suburban; ill-bred.
arrabio, *m.* cast iron melted for making steel.
arracachá, *f.* (bot.) arracacha.
arracada, *f.* earring with pendant.
arracimado, da. I. *pp.* of ARRACIMARSE. **II.** *a.* in clusters.
arracimarse, *vr.* to cluster.
arraclán, *m.* alder tree.
arráez, *m.* chief; captain or master of a ship.
arraigadamente, *adv.* fixedly, securely.
arraigadas, *f. pl.* (naut.) futtock shrouds.
arraigado, da. I. *pp.* of ARRAIGAR. **II.** *a.* owning real estate; fixed, inveterate.
arraigar. I. *vn.* to take root. **II.** *vr.* to settle, establish oneself; to take root.
arraigo, *m.* settling in a place; landed property.
arralar, *vn.* to become thin or sparse; (agr.) to give a poor yield.
arramblar, *va.* (of rushing rivers, etc.) to cover with sand and gravel; (fig.) to sweep away.
arrancaclavos, *m.* nail puller.
arrancada, *f.* (coll.) sudden departure; violent sally.
arrancadera, *f.* leading bell for cattle.
arrancadero, *m.* starting point; thickest part of a gun barrel.
arrancado, da. I. *pp.* of ARRANCAR. **II.** *a.* (coll.) "broke," poor, penniless.
arrancador, ra, *n.* extirpator; extractor, puller.
arrancadura, *f.*, **arrancamiento,** *m.* extirpation; pulling out.
arrancapinos, *n.* small person, (fig.) dwarf.
arrancar. I. *va.* (*pret.* ARRANQUÉ; *subj.* ARRANQUE) to root out, extirpate; to pull out, tear off. **II.** *vn.* (of train, etc.) to start, (ship) set sail.
arrancasiega, *f.* poor grain half mowed, half pulled up; quarrel, dispute.
arranciarse, *vr.* to grow or become rancid.
arrancharse, *vr.* to mess, take meals, together.
arranque, *m.* extirpation; impulse, fit (of passion, charity, love, etc.); sudden start, sudden impulse; (arch.) springer (of an arch); (mech.) start; starter.—**a. automático,** self-starter.
arranqué, arranque, *v. V.* ARRANCAR.
arrapar, *va.* (low) to snatch away, carry off.
arrapiezo, arrapo, *m.* tatter, rag; worthless youngster.
arras, *f. pl.* consideration of a contract; coins the bridegroom gives to the bride at the wedding; dowry; earnest money, pledge.—**a. de la bodega,** (naut.) wings of the hold.
arrasado, da. I. *pp.* of ARRASAR. **II.** *a.* like satin. **III.** *m.* satin-faced stuff.
arrasadura, rasadura, *f.* levelling.
arrasamiento, *m.* razing, demolition.
arrasar. I. *va.* to level, raze, demolish; to obliterate; to fill up to the brim. **II.** *vn., vr.* to clear up.
arrastradamente, *adv.* imperfectly; painfully, wretchedly.
arrastraderas, *f. pl.* (naut.) lower studding sails.
arrastradero, *m.* (naut.) careening place; log path, a path over which logs are dragged; (bullfighting) spot whence dead bulls are carried off.
arrastrado, da. I. *pp.* of ARRASTRAR. **II.** *a.* dragged along; (of life, etc.) dragging out; (coll.) knavish; destitute; (coll.) contemptible.
arrastramiento, *m.* dragging.
arrastrar. I. *va.* to drag; to drag down, degrade; to wash down, carry away (sand, stones, etc.); to haul; to attract; to prompt, move, urge.—**a. bayeta,** to perform the ceremonies required of applicants for a scholarship.—**a. el ala a,** (coll.) to make up to; to make love to. **II.** *vn.* (of one's coat, etc.) to drag, touch the floor or ground; (in cards) to play a trump. **III.** *vr.* to crawl, creep (literally and fig.).
arrastre, *m.* dragging; haulage; drayage; leading a trump; slope or grade in a mining shaft; applicant for a scholarship; (Mex.) mining mill.
arrate, *m.* pound of sixteen ounces.
arratonado, da, *a.* gnawed by mice.
arrayán, *m.* (bot.) myrtle.
arrayanal, *m.* myrtle field or plantation.
¡arre! *interj.* gee, get up!
arreador, *m.* muleteer; driving whip.
arrear, *va.* to drive (horses, mules, etc.).
arrebañador, ra, *n.* gleaner, gatherer.
arrebañadura, *f.* gleaning, picking up.
arrebañar, *va.* to glean, gather.
arrebatadamente, *adv.* precipitately, headlong, recklessly; violently.
arrebatado, da. I. *pp.* of ARREBATAR. **II.** *a.* rapid, violent; precipitate, rash, impetuous.
arrebatador, ra. I. *n.* one that snatches or carries away. **II.** *a.* that snatches or carries away; captivating, charming; violent; stirring.
arrebatamiento, *m.* carrying away by violence; fury, rage; rapture; ecstasy.
arrebatar. I. *va.* to carry off; to snatch; to attract, hold (the attention, etc.); to charm; to move, stir. **II.** *vr.* to be led away by passion.
arrebatiña, *f.* struggle, scramble, scuffle.
arrebato, *m.* surprise; sudden attack; fit, rage; rapture.
arrebocé, arreboce, *v. V.* ARREBOZAR.
arrebol, *m.* red sky or clouds; rouge.
arrebolar. I. *va.* to paint red. **II.** *vr.* to rouge.
arrebolera, *f.* rouge box; rouge seller; (bot.) four-o'clock or marvel of Peru.
arrebollarse, *vr.* to precipitate; to fall headlong.
arrebozar. I. *va.* (*pret.* ARREBOCÉ; *subj.* ARREBOCE) to overlay (meat) with jelly. **II.** *vr.* to wrap oneself up; (of insects) to swarm.
arrebujadamente, *adv.* confusedly.
arrebujar. I. *va.* to jumble together; to huddle. **II.** *vr.* to wrap oneself up.
arreciar. I. *vn.* to increase in strength or intensity. **II.** *vr.* to become stronger.
arrecife, *m.* stone-paved road; (naut.) reef.
arrecirse, *vr.* (*defect.*) to grow stiff with cold.
arrechucho, *m.* fit of anger; sudden and passing indisposition.
arredilar, *va.* to fold (sheep).
arredomado, redomado, da, *a.* artful, sly.
arredondar, redondear, *va.* to round off.
arredramiento, *m.* removing to a greater distance; backing out; fear.
arredrar. I. *va.* to remove, separate; to terrify, scare. **II.** *vr.* to be or become afraid; to fear.
arregacé, arregace, *v. V.* ARREGAZAR.
arregazado, da. I. *pp.* of ARREGAZAR. **II.** *a.* with the point turned up.
arregazar, *va.* (*pret.* ARREGACÉ; *subj.* ARREGACE) to tuck up (the skirts).
arreglable, *a.* adjustable.
arreglado, da. I. *pp.* of ARREGLAR. **II.** *a.* regular, moderate.
arreglar. I. *va.* to regulate, guide; to frame; to arrange; to settle, adjust; (Chile) to castrate. **II.** *vr.* to conform; to settle, come to an agreement; to compromise.
arreglo, *m.* rule; order; disposition, arrangement; adjustment; (com.) agreement; compromise, settlement.—**con a. a,** according to; in accordance with, pursuant to.
arregostarse, *vr.* to relish.
arrejacar, *va.* (*pret.* ARREJAQUÉ; *subj.* ARREJAQUE) to plow across for clearing weeds.
arrejaco, *m.* (ornith.) swift, martin.
arrejada, *f.* (agr.) paddle of a plow.

arrejaque, *m.* fishing fork with three prongs.
arrejaqué, arrejaque, *v. V.* ARREJACAR.
arrejerar, *va.* (naut.) to make (a ship) fast by casting two anchors fore and one aft.
arrel, arrelde, *m.* weight of four pounds.
arrellanarse, *vr.* to sit at ease; to be satisfied with one's situation.
arremangado, da. I. *pp.* of ARREMANGAR. **II.** *a.* turned upward.
arremangar. I. *va.* (*pret.* ARREMANGUÉ; *subj.* ARREMANGUE) to tuck up (the sleeves, etc.). **II.** *vr.* to be determined.
arremango, *m.* tucking up.
arremetedero, *m.* place through which a fortress can be attacked.
arremetedor, ra, *m.* assailant, aggressor.
arremeter. I. *va.* to assail, attack. **II.** *vn.* to launch forth; to attack.—**arremetida,** *f.* attack, assault; start of horses.
arremolinarse, *vr.* to form a crowd.
arrendable, *a.* rentable; farmable; tenantable.
arrendación, *f.* renting, lease.
arrendadero, *m.* ring to tie horses to.
[1]**arrendado, da,** *a.* obedient to the reins.
[2]**arrendado, da. I.** *pp.* of [2]ARRENDAR. **II.** *a.* rented, leased.
arrendador, *m.* landlord; lessor; hirer; tenant, lessee, holder; farmer.
arrendajo, *m.* mocking bird; (coll.) mimic.
arrendamiento, *m.* renting, letting; lease; rent.
[1]**arrendar,** *va.* (*ind.* ARRIENDO; *subj.* ARRIENDE) to bridle; to tie (a horse); to train (a horse).
[2]**arrendar,** *va.* (*ind.* ARRIENDO; *subj.* ARRIENDE) to rent, let, lease, hire.
[3]**arrendar,** *va.* to mimic.
arrendatario, ria, *n.* lessee, tenant.
[1]**arreo,** *m.* dress, ornament, decoration.—*pl.* appurtenances, accessories; harness, trappings.
[2]**arreo,** *adv.* successively, uninterruptedly.
arrepápalo, *m.* a kind of fritter.
arrepentido, da. I. *pp.* of ARREPENTIRSE. **II.** *a.* repentant. **III.** *n.* penitent.
arrepentimiento, *m.* repentance.
arrepentirse, *vr.* (*ind. pres.* me ARREPIENTO, *pret.* él se ARREPINTIÓ; *subj.* me ARREPIENTA) to repent.
arrepistar, *va.* to grind (rags) into pulp.
arrepisto, *m.* grinding or pounding (of rags).
arrepollado, da, *a.* cabbagelike.
arrepticio, cia, *a.* possessed by the devil.
arrequesonarse, *vr.* to curdle.
arrequife, *m.* singeing iron in cotton gins.
arrequives, *m. pl.* dress trimmings; ornaments; adornments; circumstances; requirements.
arrestado, da. I. *pp.* of ARRESTAR. **II.** *a.* bold, audacious.
arrestar. I. *va.* to arrest, imprison. **II.** *vr.* to be bold and enterprising; to dare.—**arresto,** *m.* imprisonment, arrest; spirit, enterprise.
arresto domiciliario, *m.* (law) house arrest.
arretín, *m.* = FILIPICHÍN, a kind of woolen cloth.
arretranca, *f.* (Am.) crupper of a packsaddle.
arrevesado, da, *a.* difficult, intricate.
arrezafe, *m.* place full of brambles.
arrezagar, *va.* to raise; to tuck up (sleeves, etc.).
arria, *f.* drove of beasts.—**aguja de a.,** pack-needle.
arriada, riada, *f.* (prov.) flood, washout.
arrial, *m.* = ARRIAZ.
arrianismo, *m.* Arianism.
arriano, na, *n.* & *a.* Arian.
[1]**arriar,** *va.* (naut.) to lower, strike.—**a. la bandera,** to strike the colors.
[2]**arriar. I.** *va.* to flood. **II.** *vr.* to be flooded.
arriata, *f.* **arriate,** *m.* border, edge (in gardens); trellis; causeway.
arriaz, *m.* hilt-bar of a sword.
arriba, *adv.* above, high, on high, overhead; upstairs; (naut.) aloft.—**a. de,** above; higher up than; beyond (in an upward direction).—**de a. abajo,** from the top down; from top to bottom; from beginning to end; from head to foot.—**más a.,** higher up.—**para a.,** up, upwards (e.g. *de cuatro pesos para arriba,* from four pesos up).—**por a.,** at, or from, the top.—**por a. de,** above, over. **II.** *interj.* long live!
arribada, *f.* **arribaje,** *m.* (naut.) arrival.—**de arribada,** (naut.) putting into a port by stress.
arribar, *vn.* to arrive; (naut.) to put into a harbor in distress; (naut.) to fall off to leeward; to reach; to recover, convalesce.
arribeño, ña, *n.* (Mex.) highlander.
arribo, *m.* arrival.
arricé, arrice, *v. V.* ARRIZAR.
arricés, *m.* buckle of a stirrup strap.
arricete, *m.* shoal, sand bank.
[1]**arriendo,** *m.* renting; lease; rent.
[2]**arriendo, arriende,** *v. V.* ARRENDAR.
arrieraje, *m.* (Am.) (collect.) muleteers; ARRIERÍA.
arriería, *f.* driving of mules.
arriero, *m.* muleteer.
arriesgadamente, *adv.* dangerously, hazardously.
arriesgado, da, *a.* dangerous, risky; daring.
arriesgar. I. *va.* (*pret.* ARRIESGUÉ; *subj.* ARRIESGUE) to risk, hazard, jeopardize. **II.** *vr.* to expose oneself to danger; to dare.
arrimadero, *m.* support; stopping or landing place; shelter.
arrimadillo, *m.* mat, wainscot, dado.
arrimadizo, za, *a.* designed to be placed against or joined to a thing; parasitic, sycophantic, sponging.
arrimador, *m.* backlog in a fireplace.
arrimadura, *f.* act of ARRIMAR or ARRIMARSE.
arrimar. I. *va.* to place near; (naut.) to stow; to put beside or against; to put by; to give up, abandon; to lay down; to fling, dismiss; to discard.—**a. el hombro,** to work with a will; to lend a hand. **II.** *vr.* **(a)** to go near (to); to seek the protection (of); to seek shelter (in or under); to lean (on or against); to join.
arrime, *m.* proximity to the goal (in bowling).
arrimo, *m.* putting near, beside or against (some person or thing); abandonment, relinquishment, giving up; support, protection; staff, cane, crutch; (arch.) idle wall, wall bearing no load.—**al a. de,** protected or shielded by.
arrimón, *m.* loafer, idler.—**estar de a.,** to keep watch.
arrinconado, da. I. *pp.* of ARRINCONAR. **II.** *a.* distant, out of the way; neglected, put away, forgotten.
arrinconar. I. *va.* to lay aside, put away; to pigeonhole; to remove, dismiss; to neglect, forsake. **II.** *vr.* to live secluded.
arriñonado, da, *a.* kidney-shaped.
arriostrar, riostrar, *va.* to brace, stay.
arriscadamente, *adv.* boldly, audaciously.
arriscado, da. I. *pp.* of ARRISCARSE. **II.** *a.* forward, bold; brisk, easy, free; craggy.
arriscador, ra, *n.* (prov.) olive gleaner.
arriscar. I. *va.* (*pret.* ARRISQUÉ; *subj.* ARRISQUE) to risk. **II.** *vr.* to be vain, conceited; (of sheep, etc.) to plunge over a cliff.
arritmia, *f.* (med.) arrhythmia.
arrítmico, ca, *a.* arrhythmic.
arrizafa, *f.* = RUZAFA, garden, park.
arrizar, *va.* (*pret.* ARRICÉ; *subj.* ARRICE) (naut.) to reef, stow, lash.
arroba, *f.* weight of twenty-five pounds (about 11½ kg.); name of a variable liquid measure.
arrobadizo, za, *a.* (coll.) feigning ecstasy.
arrobador, ra, *a.* enchanting, entrancing.
arrobamiento, *m.* ecstatic rapture, bliss, trance.
arrobarse, *vr.* to be enraptured, entranced.
arrobero, ra. I. *a.* weighing an arroba. **II.** baker for a community.
arrobo, *m.* = ARROBAMIENTO.
arrocabe, *m.* wooden frieze.
arrocé, arroce, *v. V.* ARROZAR.
arrocero, ra, *n.* rice planter or deal
arrocinado, da. I. *pp.* of ARROCINARSE. **II.** *a.* jaded, worn-out (horse).

arrocinar. I. *va.* to brutalize. **II.** *vr.* to become foolishly enamored; to become stupid.
arrodajarse, *vr.* (Costa Rica) to sit on the ground with the legs crossed.
arrodelarse, *vr.* to be armed with a buckler.
arrodilladura, *f.*, **arrodillamiento,** *m.* kneeling.
arrodillar. I. *va.* to make kneel down. **II.** *vr.* to kneel down.
arrodrigar, arrodrigonar, *va.* to prop (vines).
arrogación, *f.* arrogation; child adoption.
arrogador, ra, *n.* one who claims arrogantly.
arrogancia, *a.* arrogance; haughtiness; bravery, courage; stately carriage.
arrogante, *a.* arrogant; haughty, proud.
arrogar. I. *va.* (*pret.* ARROGUÉ; *subj.* ARROGUE) to adopt; to arrogate. **II.** *vr.* to usurp.
arrojadamente, *adv.* audaciously, boldly.
arrojadizo, za, *a.* easily thrown or darted; missile that can be, or is intended to be, thrown.
arrojado, da. I. *pp.* of ARROJAR. **II.** *a.* rash, dashing, fearless.
arrojador, ra, *n.* thrower, flinger.
[1]**arrojar,** *va.* to make red-hot (a furnace, etc.).
[2]**arrojar. I.** *va.* to throw, fling, hurl; to cast out; to shed, emit; to bring forth (shoots, sprouts); (naut.) to drive or cast on rocks; to leave, show (a certain figure, as a balance, etc.); to turn away, dismiss. **II.** *vr.* to throw oneself (lit. from a height & fig.); to venture.
arroje, *m.* man who drops as counterweight to raise the curtain in a theater.
arrojo, *m.* fearlessness, dash, boldness.
arrollador, ra. I. *a.* (of waves, wind) violent, sweeping; winding, that winds or serves to wind. **II.** *n.* one that winds.
[1]**arrollamiento,** *m.* (elec.) winding.
[2]**arrollamiento,** *m.* = ARRULLO.
arrollar, *va.* to roll; to wrap; to twist; to carry off, sweep away; (Am.) to trample, run over; to defeat, rout, confound; to wind.
arromadizarse, *vr.* to catch cold.
arromar, *va.* to blunt; to dull.
arropamiento, *m.* wrapping, covering.
[1]**arropar,** *va.* to mix with boiled wine.—**arrope,** *m.* grape juice boiled to a syrup; boiled honey.
[2]**arropar,** *va.* to cover, wrap.
arropea, *f.* irons, fetters, shackles.
arropera, *f.* vessel for boiled must, etc.
arropía, *f.* taffy.—**arropiero, ra,** *n.* maker or seller of ARROPÍA.
arrostrar. I. *va.* to set about dauntlessly; to defy, face. **II.** *vr.* to fight face to face.
arroyada, *f.*, **arroyadero,** *m.* channel of a stream; gully; flood, freshet.
[1]**arroyar,** *vr.* to form, or run in, gullies.
[2]**arroyar,** *vr.* (agr.) to blight.
arroyo, *m.* rivulet, small stream, brook.
arroyuelo, *m. dim.* rill, brook.
arroz, *m.* rice.—**arrozal,** *m.* rice field.—**arrozar,** *va.* (*pret.* ARROCÉ; *subj.* ARROCE) to sow rice.
arruar, *vn.* to grunt like a wild boar.
arrufadura, *f.* (naut.) sheer of a ship.
arrufar. I. *va.* (naut.) to incurvate, to form the sheer. **II.** *vr.* (of dogs) to snarl.
arrufo, *m.* = ARRUFADURA.
arruga, *f.* wrinkle (in face, clothes, etc.).
arrugación, *f.*, **arrugamiento,** *m.* corrugation, wrinkling, wrinkle.
arrugar, *va.* (*pret.* ARRUGUÉ; *subj.* ARRUGUE) to wrinkle, corrugate; to crumple, rumple; to fold, gather, crease, pleat.—**a. el entrecejo,** to knit the brow.—**a. la frente,** to frown.
arrugia, *f.* (min.) gold mine.
arruinador, ra, *n.* & *a.* ruiner(-ing), demolisher (-ing), destroyer(-ing).
arruinamiento, *m.* destruction, ruin.
arruinar, *va.* to demolish, ruin, destroy.
arrullar, *va.* to lull; to court; to bill and coo.
arrullo, *m.* billing and cooing; lullaby.
arrumaco, *m.* caress, fondling.
arrumaje, *m.* (naut.) stowage.
arrumar, *va.* to stow.
arrumazón, *f.* (naut.) stowing; overcast horizon.
arrumbadas, *f. pl.* (naut.) wales of a row galley.
arrumbamiento, *m.* (naut.) bearing.
[1]**arrumbar,** *va.* to put away; to range (casks of wine) in a cellar; to silence; to remove from a trust.
[2]**arrumbar. I.** *va.* (naut.) to determine the direction of. **II.** *vn.*, *vr.* (naut.) to take bearings.
arrurruz, *m.* arrowroot.
arsáfraga, *f.* = BERRERA, (bot.) parsnip.
arsenal, *m.* shipyard, dockyard, navy yard; arsenal; (fig.) depository; collection of data.
arseniato, *m.* (chem.) arseniate.
arsenical, *a.* (chem.) arsenical.
arsénico. I. *m.* (chem.) arsenic; ratsbane. **II.** *a.* arsenic.
arsenioso, *a.* arsenious.
arsenito, *m.* arsenite.
arseniuro, *m.* arsenide.
arsenopirita, *f.* (min.) arsenopyrite.
arsfenamina, *f.* (pharm.) arsphenamine.
arsolla, arzolla, *f.* (bot.) milk thistle.
arta, *f.* (bot.) English plantain; ribwort.
artanica, artanita, *f.* (bot.) sow bread.
arte, *m.* or *f.* art; skill, craft, cunning; trade, profession; artifice, device; intrigue; fishing net.—**a. bella, liberal,** one of the fine, liberal arts.—**artes y oficios,** arts and crafts.—**no tener a. ni parte en,** to have nothing to do with.
artefacto, *m.* manufacture, handiwork, contrivance, appliance, device.
artejo, *m.* joint or knuckle of the fingers.
artemisa, artemisia, *f.* (bot.) mugwort.
artera, *f.* iron stamp (for marking bread).
arteramente, *adv.* craftily, cunningly, artfully.
artería, *f.* cunning, trick, artfulness.
arteria, *f.* (anat., fig.) artery; (elec.) feeder.
arterial, *a.* arterial.
arterialización, *f.* arterialization.
arterializar, *va.* to arterialize.
arteriografía, *f.* arteriography.
arteriola, *f.* (anat.) arteriole.
arteriología, *f.* arteriology.
arteriosclerosis, *f.* (med.) arteriosclerosis.
arterioso, sa, *a.* arterial.
arteriotomía, *f.* (surg.) arteriotomy.
arteritis, *f.* (med.) arteritis.
artero, ra, *a.* cunning, artful.
artesa, *f.* trough; bowl; canoe.
artesano, na, *n.* artisan, mechanic.
artesiano, *a.* Artesian
artesilla, *f.* trough.
artesón, *m.* kitchen tub; (arch.) carved panel on ceiling.—**artesonado, da,** *a.* panelled (ceiling).
artesuela, *f. dim.* small trough or bowl.
artético, ca, *a.* arthritic, gouty. Also ARTRÍTICO.
ártico, ca, *a.* arctic.
articulación, *f.* articulation, joint; pronunciation; (bot.) geniculation.
articulado, da. I. *pp.* of [1]ARTICULAR. **II.** *a.* jointed. **III.** *m.* (zool.) articulate.—*m. pl.* Articulata.
[1]**articular,** *va.* to unite, join; to articulate; (law) to question, interrogate.
[2]**articular; articulario, ria,** *a.* articular.
articulista, *n.* writer of articles.
artículo, *m.* article; (law) plea; (bot.) geniculation; (anat.) joint.—**a. de fondo,** leader, editorial.—*pl.* articles, things, goods, products.—**a. de consumo,** consumer goods.—a. **definido** or **determinado,** (gram.) definite article.—a. **de primera necesidad,** basic commodity.—a. **indefinido, genérico** or **indeterminado,** (gram.) indefinite article.
artífice, *n.* artificer, artisan, craftsman.
artificial, *a.* artificial.—**artificialmente,** *adv.* artificially.
artificio, *m.* workmanship, craft; artifice; cunning; trick, ruse; contrivance, device, appliance.
artificioso, sa, *a.* skilful, ingenious; artful, crafty, cunning.
artiga, *f.* land newly broken up.
artigar, *va.* to break and level (land).

artilugio, *m.* gadget, contrivance.
artillar, *va.* to mount (cannon).
artillería, *f.* gunnery, artillery; ordnance.—**a. de a lomo** = A. DE MONTAÑA.—**a. de avancarga,** muzzle-loading artillery.—**a. de campaña,** field artillery.—**a. de costa,** coast artillery.—**a. de montaña,** light mountain artillery.—**a. de plaza,** siege artillery.—**a. de retrocarga,** breech-loading artillery.
artillero, *m.* gunner, artilleryman.
artimaña, *f.* trap, snare, stratagem.
artimón, *m.* (naut.) mizzenmast.
artina, *f.* fruit of the boxthorn.
artiodáctilo, la, *m.* & *a.* (zool.) artiodactyl.
artista, *m.* artist.
artístico, ca, *a.* artistic.
artolas, *f. pl.* set of two back-to-back seats (put on a horse like saddle-bags).
artralgia, *f.* (med.) arthralgia, pain in a joint.
artrítico, ca, *a.* arthritic, gouty, rheumatic.
artritis, *m.* (med.) arthritis, gout.—**artritismo,** *m.* arthritism, disposition to joint affections.
artrografía, *f.* arthrography.
artrología, *f.* (anat.) arthrology.
artrópodo, da. I. *n.* & *a.* arthropod. **II.** *m. pl.* Arthropoda.
Arturo, *m.* (astr.) Arcturus.
arugas, *f.* (bot.) = MATRICARIA, feverfew.
árula, *f. dim.* small altar.
arundíneo, nea, *a.* (bot.) arundinaceous, arundineous.
aruñar, *va.,* **aruñazo,** *m.,* etc. (coll.) = ARAÑAR, to scratch, etc.
arúspice, *m.* augur, soothsayer.
aruspicina, *f.* art of divining from animals' entrails.
arveja, *f.* (bot.) carob tree and its fruit; (S. A.) green pea.—**arvejal, arvejar,** *m.* field of carob trees; (S. A.) greenpea garden.
arvejo, *m.* (bot.) bastard chickpea.
arvense, *a.* growing in sown fields.
arzobispado, *m.* archbishopric.
arzobispal, *a.* archiepiscopal.
arzobispo, *m.* archbishop.
arzolla, *f.* (bot.) lesser burdock; milk thistle.
arzón, *m.* saddletree.
as, *m.* (cards, dice, aer.) ace; Roman copper coin.
[1]**asa,** *f.* handle, haft.
[2]**asa,** *f.* juice of certain plants.—**a. dulce,** gum benzoin.
asación, *f.* (pharm.) decoction.
asadero, ra. I. *a.* fit for roasting. **II.** *m.* (Mex.), small flat cheese.
asado, da. I. *pp.* of ASAR. **II.** *m.* roast.
asador, *m.* spit, roasting jack.
asadura, *f.* entrails.—**a. de puerco,** haslet.
asaeteador, *m.* archer, bowman.
asaetear, *va.* to attack, kill with arrows.
asaetinado, da, *a.* satinlike.
asafétida, *f.* asafœtida, a resinous gum.
asainetado, da, *a.* farcical.
asalariado, da. I. *pp.* of ASALARIAR. **II.** *a.* working for a salary or wages; (contempt.) serving for hire. **III.** *n.* salaried person, wage earner; hireling.
asalariar, *va.* to fix a salary for; to hire.
asalmonado, da, *a.* tasting like salmon.
asaltador, *m.* assailant, assaulter; highwayman.
asaltante, *n.* & *a.* assailant.
asaltar, *va.* to assault, storm, assail; to surprise; to occur or come suddenly (to one).
asalto, *m.* assault; attack.—**a. de armas,** fencing bout.—**por a.,** by storm.
asamblea, *f.* assembly; legislature; meeting; junta; (mil.) assembly (bugle call).—**asambleísta,** *n.* assemblyman, member of an assembly.
asar. I. *va.* to roast. **II.** *vr.* (fig.) to be roasting, be very hot.
asarbácara, asáraca, *f.* (bot.) asarabacca.
asarero, *m.* (bot.) = ENDRINO, blackthorn, sloe.
asargado, da, *a.* sergelike, twilled.
ásaro, *m.* (bot.) asarum.
asativo, va, *a.* (pharm.) dressed or boiled in its own juice.
asaz, *adv.* enough, abundantly; greatly, very.
asbestino, na, *a.* pertaining to asbestos.
asbesto, *m.* asbestos.
ascalonia, *f.* (bot.) shallot.
áscar, *m.* army (in Morocco).—**áscari,** *m.* Moroccan infantryman.
ascárides, *f. pl.* ascarides, intestinal worms.
ascendencia, *f.* line of ancestors; origin.
ascendente, *a.* ascendant, ascending.
ascender, *vn.* (*ind.* ASCIENDO; *subj.* ASCIENDA) to ascend, mount, climb; to be promoted.—**a. a,** to amount to, add up to.
ascendiente, *n.* ancestor; influence, power.
ascensión, *f.* ascension; exaltation.—**a. recta,** (astr.) right ascension.
ascensional, *a.* (astr.) ascensional.
ascenso, *m.* promotion.
ascensor, *m.* lift, elevator.
asceta, *m.* ascetic, hermit.—**asceticismo, ascetismo,** *m.* asceticism.—**ascético, ca,** *n.* & *a.* ascetic.
ascidia, *f.* (bot.) ascidium; (zool.) Ascidium, ascidian.—*pl.* (zool.) Ascidian.—**ascidiáceo, a,** *a.* ascidiaceous.
asciendo, ascienda, *v. V.* ASCENDER.
ascios, *m. pl.* (geog.) Ascians.
asciro, *m.* (bot.) St. Andrew's cross.
ascitis, *f.* (med.) ascites, abdominal dropsy.—**ascítico, ca,** *a.* ascitic.
asclepiada, *f.* (bot.) swallowwort.
asco, *m.* nausea, loathing; despicable thing.—**estar hecho un a.,** to be very dirty.—**hacer ascos,** to turn up one's nose.
ascua, *f.* red-hot, or live, coal.—**¡ascuas!** how it hurts!—**en a.,** red hot.—**estar en ascuas,** to be greatly agitated.—**sacar el a. con la mano del gato,** or **con mano ajena,** (coll.) to get some one to pull one's chestnuts out of the fire.
aseado, da. I. *pp.* of ASEAR. **II.** *a.* clean, neat.
asear, *va.* to adorn, embellish, polish; to clean.
asechador, ra, *a.* ensnarer, waylayer.
asechamiento, *m.,* **asechanza,** *f.* waylaying, snare, trap, stratagem.
asechar, *va.* to waylay; to ambush.
asecho, *m.* ambuscade, trap.
asedado, da. I. *pp.* of ASEDAR. **II.** *a.* silky.
asedar, *va.* to work (esp. flax) soft as silk.
asediador, ra, *n.* besieger.
asediar, *va.* to besiege, blockade.—**asedio,** *m.* siege, blockade.
aseglararse, *vr.* (of a religious) to secularize oneself.
asegundar, *va.* to repeat.
asegurable, *a.* insurable.
aseguración, *f.* insurance.
asegurado, da. I. *pp.* of ASEGURAR. **II.** *n.* & *a.* insured (person).
asegurador, ra, *n.* & *a.* insurer(-ing), underwriter(-ing).
aseguramiento, *m.* securing; security; insurance.
asegurar. I. *va.* to secure, fasten, fix; to affirm, assert; (com.) to insure. **II.** *vr.* to make sure; hold fast; to get insured, take out insurance.
aseidad, *f.* self-existence (as of God).
asemejar. I. *va.* to make, or represent as, similar; to copy. **II.** *vr.* (a) to look like, resemble.
asendereado, da. I. *pp.* of ASENDEREAR. **II.** *a.* (of a road, path) beaten; frequented; worn out by trouble.
asenderear, *va.* to open a path in or through; to persecute.
asenso, *m.* assent, consent; credence.
asentada, *f.* session; sitting.
asentaderas, *f. pl.* (coll.) = NALGAS, buttocks.
asentadillas.—a a., *adv.* woman-fashion.
asentado, da. I. *pp.* of ASENTAR. **II.** *a.* seated; settled; permanent.
asentador, *m.* razor strop; turning chisel.
asentadura, *f.,* **asentamiento,** *m.* (law) posses-

sion of goods given by default; establishment, settlement.
asentar. I. *va.* (*ind.* ASIENTO; *subj.* ASIENTE) to place, fix, seat; to adjust; to stop at; to note down; to enter (an account, etc.); to strike; to found, establish; to hone; to estimate. II. *vn.* to fit; to sit down; to settle. III. *vr.* (arch.) to sink, settle.
asentimiento, *m.* assent.
asentir, *vn.* (*ind.* ASIENTO; *subj.* ASIENTA) to agree, to assent, acquiesce.
asentista, *m.* contractor.
aseo, *m.* cleanliness, neatness, tidiness.
asépalo, la, *a.* (bot.) without sepals.
asepsia, *f.* (med.) asepsis.
aséptico, ca, *a.* aseptic.
asequible, *a.* attainable, obtainable, available.
aserción, *f.* assertion, affirmation.
aserradero, *m.* sawmill; sawpit, sawhorse.
aserradizo, za, *a.* fit to be sawed.
aserrado, da. I. *pp.* of ASERRAR. II. *a.* serrate, serrated, dentate.
aserrador, *m.* sawer or sawyer.
aserradura, *f.* sawing, kerf.—*pl.* sawdust.
aserrar, *va.* (*ind.* ASIERRO; *subj.* ASIERRE) to saw.
aserrín, serrín, *m.* sawdust.
asertivamente, *adv.* affirmatively.
asertivo, va, *a.* assertive.
aserto, *m.* assertion, affirmation.
asesar, *vn.* to become wise.
asesinar, *va.* to assassinate.—**asesinato,** *m.* assassination.
asesino, na, *n.* assassin, murderer(-ess).
asesor, ra. I. *a.* advisory. II. *n.* adviser, consultant.
asesorar. I. *va.* to advise, give legal advice. II. *vr.* to take advice.
asesoría, *f.* office, pay and fees of a consultant or adviser.
asestadura, *f.* taking aim.
asestar, *va.* to aim, point; to deal (a blow); to discharge, fire.
aseveración, *f.* asseveration, assertion.
aseveradamente, *adv.* affirmatively.
aseverar, *va.* to asseverate, affirm, assert.
asexual, *a.* asexual.
asfaltado, *m.* asphalt pavement; asphalt paving, paving with asphalt.
asfaltar, *va.* to asphalt.
asfáltico, ca, *a.* asphaltic; asphalt (as *a.*): bituminous.
asfalto, *m.* asphalt, asphaltum.
asfíctico, ca, *a.* asphyxial.
asfixia, *f.* (med.) asphyxia.
asfixiante, *a.* asphyxiating.
asfixiar. I. *va.* to asphyxiate, suffocate. II. *vr.* to be asphyxiated.
asfódelo, *m.* asphodel, day lily.
asgo, asga, *v.* *V.* ASIR.
así, *adv.* so, thus, in this manner; therefore. Foll. by verb in *subj.*, it is translated by "would that."—**a., a.,** so so, middling.—**a. como,** as soon as, just as.—**a. como a.,** anyway, anyhow.—**a. (los fijos) como (las fijas),** both (sons) and daughters, (sons) as well as (daughters).—**a. es,** that, or it, is so.—**a. es (son),** such is (are).—**a. es que,** and so; (improper but common) that is the way to, that is how.—**a. no,** not that way, not so.—**a. que,** as soon as, after.—**a. y todo,** and yet; just the same.—**ponerse a.,** to take on so; to act like that.
Asia, *f.* Asia.
asiático, ca, *n.* & *a.* Asiatic.
asibilación, *f.* (phon.) assibilation.
asibilar, *va.* (phon.) to assibilate.
asidera, *f.* (S. A.) (harness) strap with rings.
asidero, *m.* handle; occasion, pretext.—**asideros,** (naut.) towropes.
asiduidad, *f.* assiduity.
asiduo, dua, *a.* assiduous.
[1]**asiento,** *m.* seat; site; solidity; settling; bottom; sediment, settlings; treaty; contract; entry; registry; judgment, wisdom; stability; permanence; mining district; list, roll; collar band; indigestion.—**a. de atrás,** back seat.—**a. de la válvula,** valve seat.—**a. de palco,** (theat.) box seat.
[2]**asiento, asienta,** *v.* *V.* ASENTIR.
[3]**asiento, asiente,** *v.* *V.* ASENTAR.
asierro, asierre, *v.* *V.* ASERRAR.
asignable, *a.* assignable.
asignación, *f.* assignment; distribution, partition; destination.
asignado, *m.* assignat.
asignante, *n.* assigner, assignor.
asignar, *va.* to assign.
asignatario, ria, *n.* (Am.) assign, assignee.
asignatura, *f.* subject (of study).
asilar, *va.* to shelter; to place in an asylum.
asilo, *m.* asylum; refuge; shelter.—**a. de huérfanos,** orphan asylum.—**a. de locos,** insane asylum.
[1]**asilla,** *f.* *dim.* small handle; slight pretext.
[2]**asilla,** *f.* (anat.) clavicle, collarbone.
asimetría, *f.* asymmetry; (stat.) skewness.
asimétrico, ca, *a.* asymmetric(al, unsymmetrical.
asimiento, *m.* grasp; attachment, affection.
asimilable, *a.* assimilable.
asimilación, *f.* assimilation.
asimilar. I. *vn.* to resemble. II. *va.* to assimilate.
asimilativo, va, *a.* assimilating.
asimismo, *adv.* likewise, so too, in like manner.
asimplado, da, *a.* like a simple, ingenuous person.
asincrónico, ca, *a.* asynchronous.
asincronismo, *m.* asynchronism.
asíndeton, *m.* (rhet.) asyndeton.
asinino, na, *a.* asinine; like a donkey.
asíntota, *f.* (geom.) asymptote.
asintótico, ca, *a.* asymptotic.
asir. I. *va.* & *vn.* (*ind.* ASGO; *subj.* ASGA) to grasp or seize; to hold; to take root. II. *vr.* **(de);** to avail oneself (of); to hold (to), to take hold (of); to take advantage (of); to dispute (with) each other.—**a. a las ramas,** to give foolish excuses.
asiriano, na; asirio, ria, *n.* & *a.* Assyrian.
asirio, ria, *n.* & *a.* Assyrian.
asiriología, *f.* Assyriology.
asiriólogo, *n.* Assyriologist.
asistencia, *f.* attendance, presence; assistance, aid; reward; board, meals.—*pl.* allowance; alimony.
asistenta, *f.* handmaid; waiting maid; attendant.
asistente, *m.* assistant, helper; chief officer of justice at Seville; orderly.
asistir. I. *vn.* (a) to attend, be present (at); to follow suit. II. *va.* to lend; to attend, take care of; to assist, help, serve; to accompany.
asma, *f.* asthma.—**asmático, ca,** *a.* asthmatic.
asna, *f.* female donkey.—*pl.* (carp.) rafters.
asnacho, *m.* (bot.) = GATUÑA, cammock.
asnada, *f.* foolish action.
asnado, *m.* side-wall timber in mines.
asnal, *a.* asinine, stupid, idiotic.
asnalmente, *adv.* foolishly, idiotically.
asnallo, *m.* (bot.) = ASNACHO.
asnería, *f.* collection of donkeys; idiotic action.
asnilla, *f.* stanchion or prop.
asnino, na, *a.* = ASININO.
asno, *m.* donkey, ass.
asobarcar, (coll. for) **sobarcar,** *va.* (*pret.* ASOBARQUÉ; *subj.* ASOBARQUE) to take under the arm; to lift up (the skirts).
asocarronado, da, *a.* crafty, cunning.
asociable, *a.* associable.
asociación, *f.*, **asociamiento,** *m.* association; fellowship, partnership, union.
asociacionismo, *m.* associationism.
asociado, *m.* associate, partner.
asociar. I. *va.* to associate. II. *vr.* to associate; to form a partnership; to join.
asociativo, va, *a.* associative.

asolación, *f.* desolation, devastation.
asolador, ra, *n.* & *a.* destroyer(-ing), ruiner(-ing).
asolamiento, *m.* destruction, havoc.
asolanar, *va.* (of the east wind) to damage (fruit, etc.).
[1]**asolar.** **I.** *va.* (*ind.* ASUELO; *subj.* ASUELE) to raze, devastate. **II.** *vr.* to settle, get clear (wine).
[2]**asolar.** **I.** *va.* (of the sun) to burn, parch. **II.** *vr.* (of soil) to become parched, dry up.
asoldar (*ind.* ASUELDO; *subj.* ASUELDE), **asoldadar,** *va.* to hire.
asolear. **I.** *va.* to sun; (Am.) to dry in the sun. **II.** *vr.* to be sunburnt; (Am.) to take a sun bath.
asomada, *f.* appearance; point from which something is first seen.
asomado, da. **I.** *pp.* of ASOMAR. **II.** *a.* fuddled.
asomar. **I.** *vn.* to begin to appear. **II.** *va.* to show, put out (as one's head out the window). **III.** *vr.* to become flustered with wine; to peep. —**a. a,** to look out of; to peep into.
asombradizo, za, *a.* timid, shy.
asombrado, da, *a.* astonished, amazed.
asombrador, ra, *a.* astonishing.
asombrar. **I.** *va.* to shade, darken; to frighten; to astonish, amaze. **II.** *vr.* (**de**) to wonder, be astonished (at).—**asombro,** *m.* dread, fear; amazement or astonishment.
asombroso, sa, *a.* wonderful, astonishing.
asomo, *m.* indication, sign; conjecture.
asonada, *f.* riotous crowd; mobbing, attack of a mob.
asonancia, *f.* consonance, harmony; (poet.) assonance.
asonantar, *va.* (poet.) to make assonant.
asonante, *n.* & *a.* assonant.
asonar, *vn.* (*ind.* ASUENO; *subj.* ASUENE) to be assonant; to accord.
asordar, *va.* to deafen.
asotanar, *va.* to excavate for a cellar.
aspa, *f.* cross; reel; wings of a windmill; cross stud.—**aspadera,** *f.* (mech.) reel.
aspado, da. **I.** *pp.* of ASPAR. **II.** *a.* having both arms extended.
aspador, ra. **I.** *n.* reeler; winder. **II.** *m.* reel.
aspalato, *m.* (bot.) rosewood.
aspalto, *m.* = ESPALTO, dark, clear paint.
aspar, *va.* to reel, wind; to crucify; to vex.
asparagina, aspargina, *f.* (chem.) asparagin(e.
aspaviento, *m.* exaggerated wonder or fear; fuss.
aspecto, *m.* aspect, look; (arch.) outlook; (astr.) aspect.
ásperamente, *adv.* rudely, harshly, gruffly.
asperear, *vn.* to taste acrid.
asperete, *m.* = [1]ASPERILLO.
aspereza, *f.* asperity; roughness; keenness; harshness, snappishness; rough place.
asperges, *m.* sprinkling.
asperiego, ga, *a.* sour (pippin).
[1]**asperillo,** *m.* sourish taste of unripe fruit.
[2]**asperillo, lla,** *a. dim.* tart, sourish.
asperjar, *va.* to sprinkle.
áspero, ra, *a.* rough; knotty; harsh, gruff.
asperón, *m.* grindstone; flagstone.
aspérrimo, ma, *a. super.* of ÁSPERO.
aspersión, *f.* aspersion; sprinkling.
aspersorio, *m.* water sprinkler.
áspid, áspide, *m.* asp.
aspidistra, *f.* (bot.) aspidistra.
aspillera, *f.* loophole, embrasure, crenel.
aspiración, *f.* aspiration; (mus.) short pause.
aspirado, da, *f.* & *a.* (phon.) aspirate.
aspirador, *m.* vacuum cleaner.
aspirante. **I.** *a.* **bomba a.,** suction pump. **II.** *m.* & *f.* aspirant, neophyte.
aspirar. **I.** *va.* to inhale; to aspire; to covet; to aspirate; to suck. **II.** *vn.* to aspire; to draw breath in, inhale.
aspiratorio, ria, *a.* aspiratory.
aspirina, *f.* aspirin.
asquear. **I.** *va.* to loathe. **II.** *vn.* to be nauseated.
asquerosamente, *adv.* loathsomely; basely.
asquerosidad, *f.* filthiness, foulness; vileness, baseness.
asqueroso, sa, *a.* filthy, loathsome; vile, base.
asta, *f.* lance; staff, pole, flagstaff; horn, antler; shank; shaft, spindle.—**a media a.,** at half mast.
ástaco, *m.* crawfish.
astado, da, *a.* antlered.
astasia, *f.* (med.) astasia.
astático, ca, *a.* astatic.
astato, astatino, *m.* (chem.) astatine.
astenia, *f.* (med.) asthenia, debility.
asténico, ca, *a.* (med.) asthenic.
aster, *m.* (bot., biol.) aster.
asteria, *f.* (min.) starstone; (min.) cat's-eye.
asterisco, *m.* asterisk.
asterismo, *m.* (astron., min.) asterism.
asteroide, *m.* (astr.) asteroid.
asteroideo, dea, *m.* & *a.* (zool.) asteroidean.
astigmático, ca, *a.* astigmatic.
astigmatismo, *m.* (med.) astigmatism.
astigmómetro, *m.* astigmometer.
astil, handle; shaft; beam of a balance.
astilejos, *m. pl.* = ASTILLEJOS.
astilla, *f.* chip, splinter.—**astillar,** *va.* to chip.
astillazo, *m.* blow from a flying chip.
Astillejos, *m. pl.* (astr.) Castor and Pollux.
astillero, *m.* rack for lances, spears, pikes, etc.; shipyard, dockyard.
astilloso, sa, *a.* easily splintered.
astracán, *m.* astrakhan (cloth).
astrágalo, *m.* (arch.) astragal; (mil.) molding on a cannon; (bot.) milk vetch; (anat.) astragalus, anklebone; round molding; beads.
astral, *a.* astral.
astrancia, *f.* (bot.) masterwort.
astricción, *f.* astriction, binding.
astrictivo, va, *a.* astrictive, styptic.
astricto, ta, *a.* contracted; determined.
astrífero, ra, *a.* (poet.) starry.
astringencia, *f.* astringency.
astringente, *a.* astringent.
astringir, *va.* (*ind.* ASTRINJO; *subj.* ASTRINJA) to astringe, contract, compress.
astro, *m.* heavenly body.
astrobotánica, *f.* astrobotany.
astrofísico, ca. **I.** *a.* astrophysical. **II.** *n.* astrophysicist; *f.* astrophysics.
astrofotografía, *f.* astrophotography.
astrofotometría, *f.* astrophotometry.
astrogeología, *f.* astrogeology.
astrografía, *f.* astrography.
astroite, *m.* astroite, star-shaped fossil.
astrolabio, *m.* astrolabe.
astrología, *f.* astrology.
astrológico, ca, *a.* astrological.
astrólogo, *m.* astrologer.
astrometría, *f.* astrometry.
astronauta, *n.* astronaut.
astronáutico, ca. **I.** *a.* astronautic. **II.** *f.* astronautics.
astronave, *f.* space ship.
astronavegación, *f.* astronavigation, celestial navigation.
astronomía, *f.* astronomy.—**a. gravitacional,** celestial mechanics.
astronómico, ca, *a.* astronomical.
astrónomo, *m.* astronomer.
astroquímica, *f.* astrochemistry.
astrosamente, *adv.* meanly, basely.
astroso, sa, *a.* vile, loathsome.
astucia, *f.* cunning, slyness.
astur, ra, asturiano, na, *n.* & *a.* Asturian.
asturión, *m.* pony; (ichth.) sturgeon.
astuto, ta, *a.* astute, cunning, sly, crafty.
asueldo, asuelde, *v.* *V.* ASOLDAR.
asuelo, asuele, *v.* *V.* ASOLAR.
asueno, asuene, *v.* *V.* ASONAR.
asueto, *m.* school holiday, vacation.
asumir, *va.* to assume; to raise, elevate.
asunción, *f.* assumption; elevation, ascent.
asunto, *m.* subject, matter; affair, business.

asuramiento, *m.* (of cooking food) burning.
asurarse, *vr.* to burn; to become parched.
asurcano, na, *a.* (of land or those working it) neighboring.
asurcar, surcar, *va.* (*pret.* ASURQUÉ; *subj.* ASURQUE) to furrow; to plow.
asustadizo, za, *a.* easily frightened; shy.
asustado, da, *a.* affrighted, frightened.
asustar. I. *va.* to frighten, scare. **II.** *vr.* to be frightened.
atabacado, da, *a.* tobacco-colored.
atabal, *m.* kettledrum.—**atabalear,** *vn.* (of horses' hooves) to clatter; to drum (with the fingers).—**atabalero, ra,** *n.* kettledrummer.
atabanado, da, *a.* (of a horse) spotted white.
atabardillado, da, *a.* resembling spotted fever.
atabe, *m.* small vent in water pipes.
atabernado, da, *a.* (of wine) sold by the glass.
atabladera, *f.* roller.
atablar, *va.* to level, roll (ground already sown).
atacadera, *f.* blaster's rammer.
atacado, da. I. *pp.* of ATACAR. **II.** *a.* (fig.) irresolute, undecided; stingy, close.
atacador, *m.* aggressor; ramrod, rammer.
atacadura, *f.*, **atacamiento,** *m.* ramming.
atacamita, *f.* (min.) atacamite.
atacar, *va.* (*pret.* ATAQUÉ; *subj.* ATAQUE) to attack; to button; to fit; to ram; to corner.
atacir, *m.* (astrol.) division of the celestial arch into twelve parts.
ataderas, *f. pl.*, (Mex.) garters.
atadero, *m.* cord, rope; tying place or thing.
atadijo, ito, *m. dim.* (coll.) ill-shaped parcel.
atado, da. I. *pp.* of ATAR. **II.** *a.* pusillanimous, good-for-nothing. **III.** *m.* bundle, parcel.
atador, ra. I. *n.* tier, binder. **II.** *m.* bonnet-string.
atadura, *f.* fastening, binding; connection; knot.
atafagar, *va.* to stifle, stupefy; to tease, bother.
atafetanado, da, *a.* taffetalike.
ataguía, *f.* cofferdam.
ataharre, *m.* broad crupper of a packsaddle.
atahorma, *f.* (ornith.) osprey.
ataifor, *m.* deep dish; Moorish round table.
atairar, *va.* to mold (panels and frames of doors or windows).
ataire, *m.* molding in panels and frames.
atajadero, *m.* sluice gate.
atajadizo, *m.* partition.
atajador, *m.* one that stops or intercepts; (mil.) scout; (min.) boy who tends the horses.
atajar. I. *va.* to intercept, stop; to partition off. **II.** *vr.* to be confounded with shame or fear.
atajo, *m.* short cut; interception, stopping.—**echar por el a.,** (fig.) to escape through a loophole.
atalajar, *va.* to harness and hitch.
atalaje, *m.* breast harness; draft.
atalantar, = ATARANTAR.
atalaya. I. *f.* watchtower; height. **II.** *m.* guard; lookout.
atalayador, ra, *n.* sentry, lookout; prier.
atalayar, *va.* to watch, guard; to spy on, pry into.—**atalayero,** *m.* advance scout.
atalvina, talvina, *f.* porridge of almond meal.
atamiento, *m.* pusillanimity, meekness.
[1]**atanasia,** *f.* (bot.) costmary or alecost.
[2]**atanasia,** *f.* (print.) English type (14-point).
atanor, *m.* tile water pipe; tile (clay or concrete tube or pipe).
atanquía, *f.* depilatory; silk refuse.
atañer, *v. impers.* to belong appertain, concern.
ataque, *m.* attack; (mil.) offensive works; (med.) fit, seizure.—**a. aéreo,** air attack.—**a. simulado,** (mil.) feint.
ataqué, ataque, *v. V.* ATACAR.
ataquiza, *f.* laying (a vine).
ataquizar, *va.* to lay (a vine).
atar. I. *va.* to tie, bind; to lace; to deprive of motion, stop.—**a. cabos,** to put two and two together, draw one's own conclusions. **II.** *vr.* to become embarrassed.
ataracea, taracea, *f.* marquetry, inlaid work.
ataracear, taracear, *va.* to checker; to inlay.
atarantado, da, *a.* bitten by a tarantula; restless; wild; astonished, amazed; dizzy.
atarantar. I. *va.* to astound, dumbfound. **II.** *vr.* to be or become dumbfounded; to rush, dash.
atarazana, *f.* arsenal; spinner's shed.
atarazar, *va.* to bite.
atardecer. I. *m.* late afternoon. **II.** *vn.* to draw towards evening.
atareado, da. I. *pp.* of ATAREAR. **II.** *a.* busy.
atarear. I. *va.* to give or assign work to. **II.** *vr.* to be exceedingly busy.
atarjea, *f.* culvert; conduit; drain pipe.
atarquinar. I. *va.* to cover with mud. **II.** *vr.* to be covered with mud.
atarraga, *f.* (bot.) = OLIVARDA, elecampane.
atarrajar, *va.* = ATERRAJAR, to thread (a screw).
atarraya, *f.* casting net.
atarugamiento, *m.* wedging; stuffing.
atarugar, *va.* (*pret.* ATARUGUÉ; *subj.* ATARUGUE) to fasten; to wedge, plug, bung; to stuff, fill; (coll.) to silence.
atasajar, *va.* to jerk (beef).
atascadero, atascamiento, *m.* deep miry place; obstruction; impediment.
atascar. I. *va.* (*pret.* ATASQUÉ; *subj.* ATASQUE) to stop (a leak); to obstruct. **II.** *vr.* to stick in mire; to get stopped up; to be nonplussed, (coll.) to get stuck.—**atasco,** *m.* obstruction.
atasqué, atasque, *v. V.* ATASCAR.
ataúd, *m.* coffin, casket; anc. grain measure.
ataujía, *f.* damaskeening.
ataujiado, da, *a.* damaskeened.
ataurique, *m.* (arch.) ornamented plasterwork.
ataviado, da, *a.* adorned, bedight.
ataviar, *va.* to deck out, trim, adorn.
atávico, ca, *a.* atavistic.
atavío, *m.* dress; finery, gear.
atavismo, *m.* atavism.
ataxia, *f.* (med.) ataxia.—**a. locomotriz,** locomotor ataxia.—**atáxico, ca,** *a.* ataxic.
atecé, atece, *v. V.* ATEZAR.
atediar. I. *va.* to bore, tire. **II.** *vr.* to be bored.
ateísmo, *m.* atheism.
ateísta. I. *a.* atheistic. **II.** *n.* atheist.
ateístico, ca, *a.* atheistic, atheistical.
ateje, *m.* a kind of hardwood tree (Cuba).
atelaje, *m.* harness; team.
atemorizado, da, *a.* afraid, frightened.
atemorizar, *va.* (*pret.* ATEMORICÉ; *subj.* ATEMORICE) to cause fear to, frighten.
atemperación, *f.* tempering, moderating.
atemperante, *a.* tempering, soothing, cooling.
atemperar, *va.* to temper, soften, assuage, cool; to accommodate (one thing to another).
atenacear, atenazar, *va.* to tear off the flesh of with nippers; to torture.
atención, *f.* attention; civility; kindness; deal in wool.—*pl.* affairs, business.—**en a. a,** considering, in view of.—*interj.* Attention! Look out!
atender. I. *vn.* (*pp.* ATENDIDO and ATENTO; *ind.* ATIENDO; *subj.* ATIENDA) to attend; to pay attention; to wait. **II.** *va.* to take care of (a person); to wait on; to show courtesy to; to treat.
atendible, *a.* worth noticing, considerable.
ateneo, *m.* athenæum.
atenerse (a), *vr.* (*ind. pres.* me ATENGO, *pret.* me ATUVE; *subj.* me ATENGA) to depend or rely (on); to abide (by), stick (to).
atengo, atenga, *v. V.* ATENERSE.
ateniense, *n.* & *a.* Athenian.
atenta, *f.*—**su a.,** (bus.) your favor (i.e. letter).
atentación, *f.* (law) illegal procedure.
atentadamente, *adv.* contrary to law.
[1]**atentado, da. I.** *pp.* of ATENTAR. **II.** *m.* (law) transgression, offense, violation; crime.
[2]**atentado, da,** *a.* discreet, moderate; noiseless.
atentamente, *adv.* attentively; politely.—**att^{e},** used abbrev. in ending to business letters.
atentar, *va.* (*ind.* ATIENTO; *subj.* ATIENTE) to attempt; to attempt (a crime) (reg. conj. in this meaning).

atentatorio, ria, *a.* tending to unlawful acts; leading to criminal act; with criminal or unlawful intent.
atento, ta. I. *pp. irr.* of ATENDER. **II.** *a.* attentive, heedful; polite, courteous.—**su a. seguro servidor,** (ending formal or business letter) very truly yours; (anc.) your obedient servant.
atenuación, *f.* extenuation, diminution; (rhet.) litotes.
atenuado, da, *a.* attenuate.
atenuante, *a.* attenuating; extenuating (circumstances).
atenuar, *va.* to attenuate, diminish, lessen; to tone down (as angry speaking).
ateo, a, *n.* & *a.* atheist (-ic).
atepocate, *m.* (Mex.) frog spawn.
atercianado, da, *a.* afflicted with tertian fever.
aterciopelado, da, *a.* velvety.
aterimiento, *m.* stiffness from cold.
aterirse, *vr. defect.* (*ind.* me ATIERO; *subj.* me ATIERA) to become stiff with cold.
atermancia, *f.* (phys.) athermancy.
atérmano, na, *a.* (phys.) athermanous.
atérmico, ca, *a.* = ATÉRMANO.
ateroma, *f.* (med.) atheroma, a kind of tumor.
aterrador, ra, *a.* frightful, terrible, dreadful.
aterrajadora, *f.* (mech.) tapper.
aterrajar, *va.* to thread, tap (a screw).
aterramiento, *m.* terror; humiliation.
[1]**aterrar. I.** *va.* (*ind.* ATIERRO; *subj.* ATIERRE) to destroy, pull down, demolish. **II.** *vn.* (aer.) to land. **III.** *vr.* (naut.) to stand inshore.
[2]**aterrar. I.** *va.* (*this verb is regular*) to terrify; to awe; to appal. **II.** *vr.* to be filled with terror, to be awed or appalled.
aterrizaje, *m.* (aer.) landing, alighting.—**a. de barriga,** crash landing.—**a. sin visibilidad,** blind landing.—**pista de a.,** runway.
aterrizar, *vn.* (aer.) to land.
aterronado, da, *a.* lumpy.
aterronar. I. *va.* to clot; to make bumpy. **II.** *vr.* to become lumpy; to cake.
aterrorizado, da, *a.* terrified, affrighted; frightened.
aterrorizar, *va.* to frighten, terrify.
atesador, *m.* (mech.) stretcher, tightener; brace pin.
atesar, *va.* (*ind.* ATIESO; *subj.* ATIESE) to pull tight, to tighten; (naut.) = TESAR, to haul taut.
atesorar, *va.* to treasure, hoard up.
atestación, *f.* attestation, testimony, affidavit.
atestado, da, *a.* attested, witnessed.
atestados, *m. pl.* certificates, testimonials.
atestadura, *f.* cramming or stuffing; must for soaking casks.
atestamiento, *m.* cramming, stuffing.
[1]**atestar,** *va.* (*ind.* ATIESTO; *subj.* ATIESTE) to cram, stuff, crowd; to fill up wine casks.
[2]**atestar,** *va.* (*reg. conj.*) to attest, witness.
atestiguación, *f.*, **atestiguamiento,** *m.* affidavit.
atestiguar, *va.* to depose, witness, attest; to give evidence; to prove.
atetado, da, *a.* mammilliform, teat-shaped.
atetar, *va.* to suckle.
atetillar, *va.* to trench around roots.
atezado, da. I. *pp.* of ATEZAR. **II.** *a.* black.
atezamiento, *m.* blackening.
atezar. I. *va.* (*pret.* ATECÉ; *subj.* ATECE) to blacken. **II.** *vr.* to become or get black.
atibar, *va.* (min.) to fill up (excavations).
atiborrar, *va.* to stuff with coarse wool.
aticé, atice, *v. V.* ATIZAR.
aticismo, *m.* Atticism; elegant, delicate diction.
ático, ca. I. *a.* Attic; elegant. **II.** *m.* Attic; (arch.) attic.
atiendo, atienda, *v. V.* ATENDER.
atiento, atiente, *v. V.* ATENTAR.
atiero, atiera, *v. V.* ATERIRSE.
atierre, *m.* deals; caving in; ruin; (mining) attle. heap of waste ore.
atierro, atierre, *v. V.* [1]ATERRAR.
atiesar, *va.* to stiffen.
atieso, atiese, *v. V.* ATESAR.
atiesto, atieste, *v. V.* [1]ATESTAR.
atifle, *m.* potter's trivet.
atigrado, da, *a.* marked like tiger skin.
atildadura, *f.*, **atildamiento,** *m.* punctuation; censure; tidiness, nicety.
atildar, *va.* to put a dash or TILDE over; to censure; to adorn.
atinadamente, *adv.* cautiously; wisely; judiciously.
atinar, *vn.* to hit the mark; to guess; to find out. —**a. a** (*inf.*), to succeed in (*pres. p.*).
atíncar, *m.* tincal, borax.
atinconar, *va.* (min.) to prop the side walls of.
atípico, ca, *a.* atypical.
atiplar. I. *va.* to raise the pitch of (a musical instrument). **II.** *vr.* to become sharp (in tone)
atirantar, *va.* (arch.) to stay, brace with ties.
atiriciarse, *vr.* (med.) to become jaundiced.
atisbadero, *m.* (Am.) peephole.
atisbador, ra, *n.* prier, observer.
atisbadura, *f.* prying, observing cautiously.
atisbar, *va.* to scrutinize; to pry, watch.
atisbo, *m.* = ATISBADURA.
atisuado, da, *a.* tissuelike.
atizadero, *m.*, **atizador, ra,** *n.* inciter; (fire) poker; (candle) snuffer; feeder.
atizar, *va.* (*pret.* ATICÉ; *subj.* ATICE) to poke (the fire); to snuff or trim (a candle, etc.); to rouse, stir.
atizonar. I. *va.* to bond (a wall) with headers; to embed (a beam in a wall). **II.** *vr.* (agr.) to become blighted.
atlantes, *m.* (arch.) atlantes.
atlántico, ca, *n.* & *a.* Atlantic.
atlas, *m.* atlas; (anat.) atlas; (com.) atlas (satin).
atleta, *m.* athlete.—**atlético, ca,** *a.* athletic.—**atletismo,** *m.* athletics.
atmómetro, *m.* (phys.) atmometer.
atmósfera, *f.* atmosphere; sphere of influence.
atmosférico, ca, *a.* atmospheric.
atoar, *va.* (naut.) to tow.
atocinado, da. I. *pp.* of ATOCINAR. **II.** *a.* fat, fleshy.
atocinar. I. *va.* to cut up (a pig); to convert into bacon; (coll.) to assassinate. **II.** *vr.* to swell with anger; to fall desperately in love.
atocha, *f.* tough feather grass, bassweed.
atochal, [1]**atochar,** *m.* bassweed field.
[2]**atochar,** *va.* to fill with bassweed.
atochón, *m.* panicle of tough feather grass.
atol, atole, *m.* non-alcoholic corn-flour drink.
atolería, *f.* place where ATOLE is sold.
atolero, ra, *n.* maker and vender of ATOLE.
atolón, *m.* atoll.
atolondrado, da. I. *pp.* of ATOLONDRAR. **II.** *a.* hare-brained, thoughtless, giddy, careless.
atolondramiento, *m.* confusion, perplexity, amazement; giddiness; recklessness.
atolondrar. I. *va.* to confound, amaze, perplex, rattle. **II.** *vr.* to become confused, rattled.
atolladero, *m.* deep miry place; difficulty, stumbling block.
atollar, *vn.* & *vr.* to fall into the mire; to stick in the mud; to be involved in difficulties, (coll.) to get stuck.
atomicidad, *f.* atomicity.
atómico, ca, *a.* atomic.—**bomba a.,** atom bomb. —**desintegración a.,** (phys.) atomic fission.—**energía a.,** (phys.) atomic energy.—**número a.,** (chem.) atomic number.—**peso a.,** atomic weight.—**pila a.,** atomic pile.—**reloj a.,** atomic clock.—**submarino a.,** atomic submarine.—**teoría a.,** atomic theory.
atomismo, *m.* atomism.
atomista, *m.* atomist.
atomístico, ca, *a.* atomistic.
atomización, *f.* atomization.
atomizar, *va.* to atomize.
átomo, *m.* atom.—**á. activo,** (nuclear phys.) hot atom.—**á. marcado,** (nuclear phys.) tagged atom.

átomo-gramo, *m.* (chem.) gram atom.
atonal, *a.* (mus.) atonal.
atonalidad, *f.* atonality.
atonalismo, *m.* (mus.) atonalism.
atondar, *va.* to spur (a horse).
atonía, *f.* (med.) atony; debility.
atónico, ca, *a.* (med., gram.) atonic.
atónito, ta, *a.* astonished, amazed, aghast.
átono, na, *a.* unaccented; atonic.
atontadamente, *adv.* foolishly, stupidly.
atontamiento, *m.* stupefaction, stunning.
atontar. I. *va.* to stun, stupefy; to confound, confuse. II. *vr.* to become stupid, dull, stunned.
[1]**atorar.** I. *va.* to obstruct; to jam, choke. II. *vr.* to stick in the mire; to fit the bore closely; to choke; to stuff oneself.
[2]**atorar,** *va.* to cut (wood) into logs.
atormentado, da, *a.* anguished, hagridden.
atormentador, ra, *n.* & *a.* tormentor(-ing).
atormentar, *va.* to torment, torture.
atornillar, *va.* to screw; to turn a screw.
atorozonarse, *vr.* (vet.) (of horses) to suffer colic.
atortolar. I. *va.* to confound; to intimidate. II. *vr.* to be intimidated.
atortorar, *va.* (naut.) to frap (a ship).
atortujar, *va.* to squeeze, make flat.
atosigador, ra, *n.* & *a.* poisoner(-ing).
atosigamiento, *m.* poisoning.
atosigar, *va.* (*pret.* ATOSIGUÉ; *subj.* ATOSIGUE) to poison; to harass, press.
atóxico, ca, *a.* nonpoisonous.
atrabancar, *va.* (*pret.* ATRABANQUÉ; *subj.* ATRABANQUE) to huddle; to perform in a hurry.
atrabanco, *m.* huddling, acting hurriedly.
atrabiliario, ria; atrabilioso, sa, *a.* atrabilious.
atrabilis, *f.* black bile.
atracadero, *m.* (naut.) landing place.
atracador, *m.* assaulter.
atracar. I. *va.* (*pret.* ATRAQUÉ; *subj.* ATRAQUE) (naut.) to overtake; to approach; to cram; to pamper; (Am.) (of robbers) to assault, attack, or hold up. II. *vn.* (naut.) to make the shore; to stop, moor. III. *vr.* to be pampered.
atracción, *f.* attraction.
atraco, *m.* assault.
atracón, *m.* overeating, gluttony; push.
atractivo, va. I. *a.* attractive. II. *m.* charm, grace; inducement.
atraer, *va.* (*ind. pres.* ATRAIGO, *pret.* ATRAJE; *subj.* ATRAIGA) to attract; to allure, charm.
atrafagar. I. *vn.* to toil, work hard. II. *vr.* to fidget, fuss.
atragantarse, *vr.* to choke; to become confused in conversation.
atraíble, *a.* attractable.
atraidorado, da, *a.* traitorlike, peculiar to traitors.
atraigo, atraje, atraiga, *v.* *V.* ATRAER.
atraillar, *va.* to leash; to follow (game) guided by a dog on a leash.
atramparse, *vr.* to be trapped; to be locked out; to be blocked up; to be involved in difficulties.
atramuz, *m.* (bot.) lupine.
atrancar, *va.* (*pret.* ATRANQUÉ; *subj.* ATRANQUE) to bar (a door); to obstruct; to stride; to read hurriedly.
atranque, *m.* difficulty, tight box, fix.
atrapamoscas, *f.* (bot.) Venus's flytrap.
atrapar, *va.* to overtake; to catch, grab; to trap, ensnare, deceive.
atraqué, atraque, *v.* *V.* ATRACAR.
atrás, *adv.* backward, behind, back; past.—**a. de,** behind, back of.—**dar marcha a.,** (auto) to back up, go into reverse.—**de a.,** back (as *a.*).—**hacerse a.,** to fall back.
atrasado, da. I. *pp.* of ATRASAR. II. *a.* short of funds, poor; backward; behind the times; late, tardy; (of timepiece) slow; back (number of a periodical).
atrasar, I. *va.* to retard, delay, detain; to set, put back (timepiece). II. *vn.* (of timepiece) to go or be slow. III. *vr.* to remain or be left behind; (of timepiece) to lose time; to be in arrears; to be late.
atraso, *m.* tardiness; backwardness.—*pl.* arrears.
atravesado, da. I. *pp.* of ATRAVESAR. II. *a.* squint-eyed; perverse; mestizo, crossbred, mongrel.
atravesaño, *m.* crosstimber; crosspiece.
atravesar. I. *va.* (*ind.* ATRAVIESO; *subj.* ATRAVIESE) to place across, lay athwart; to run through, pierce; to cross; to go through; to wager; (naut.) to lie to; to monopolize, corner (the market). II. *vr.* (**en**) to be, come or lie across or in the way (of); to break in, interrupt, (coll.) intrude (in); to meddle; to spring up, arise (as an obstacle); (**con**) to meet; to have an encounter or fight (with).
atravieso, *v.* *V.* ATRAVESAR.
atrayente, *a.* attractive.
atreguado, da, *a.* foolish; deranged; under truce.
atreguar. I. *va.* to give a truce to; to give an extension. II. *vr.* to agree to a truce.
atrenzo, *m.* conflict, difficulty.
atresia, *f.* (med.) atresia, occlusion of a channel.
atresnalar, *va.* to collect (grain) into shocks.
atreverse, *vr.* to dare; to venture.
atrevidamente, *adv.* daringly, boldly.
atrevido, da. I. *pp.* of ATREVERSE. II. *a.* bold, daring, fearless; forward, insolent.
atrevimiento, *m.* boldness, audacity; effrontery, impudence.
atribución, *f.* attribution; attribute.
atribuible, *a.* ascribable, attributable.
atribuir. I. *va.* (*ind. pres.* ATRIBUYO, *pret.* él ATRIBUYÓ; *subj.* ATRIBUYA) to attribute, ascribe, impute. II. *vr.* to assume, take to oneself.
atribular. I. *va.* to grieve, afflict. II. *vr.* to be or become sad or despondent; to lose heart.
atributivo, va, *a.* attributive.
atributo, *m.* attribute; (logic) predicate.
atribuyo, atribuya. *v.* *V.* ATRIBUIR.
atrición, *f.* contrition; (vet.) contraction.
atril, *m.* lectern; music stand; easel.
atrilera, *f.* ornamental cover for a lectern.
atrincheramiento, *m.* (mil.) entrenchment; trenches (collect.).
atrincherar, *va.* & *vr.* (mil.) to entrench.
atrio, *m.* atrium; paved terrace or raised platform in front of a building (gen. a church).
atrípedo, da, *a.* (zool.) black-footed.
atrirrostro, tra, *a.* (ornith.) black-beaked.
atrito, ta, *a.* contrite.
atrocidad, *f.* atrocity.
atrochar, *vn.* to go by cross-paths.
atrofia, *f.* atrophy.
atrofiado, da, *a.* atrophied.
atrofiar, *va.* & *vr.* to atrophy.
atrófico, ca, *a.* atrophic.
atrojarse, *vr.* (Mex., coll.) to be nonplussed.
atrompetado, da, *a.* trumpetlike.
atronado, da. I. *pp.* of ATRONAR. II. *a.* reckless, thoughtless.
atronador, ra, *n.* & *a.* thunderer(-ing).
atronadura, *f.* crack or split (in trees); (vet.) tumor in the pastern.
atronamiento, *m.* thundering; stupefaction; (vet.) crepance, wound or chap in the hoof.
atronar. I. *va.* (*ind.* ATRUENO: *subj.* ATRUENE) to deafen; to stun, stupefy; to stop (the ears of horses so they won't take fright); to kill (a bull). II. *vr.* to be thunderstruck.
atronerar, *va.* to make embrasures in.
atropar, *va.* to assemble in groups.
atropelladamente, *adv.* tumultuously, helter-skelter; unscrupulously.
atropellado, da. I. *pp.* of ATROPELLAR. II. *a.* hasty; precipitate.
atropellador, ra, *n.* trampler; transgressor, violator.
atropellamiento, *m.* trampling under foot; confusion.
atropellar. I. *va.* to trample under foot; to knock down; to run over, hit, injure; to push through;

to insult. **II.** *vr.* to move or act hastily or recklessly; to rush (through a job).
atropello, *m.* trampling, upsetting; running over, injuring (a pedestrian); abuse, insult, outrage.
atropina, *f.* atropine.
atroz, *a.* atrocious; (coll.) huge, vast, enormous.
atrozar, *va.* (naut.) to truss (a yard).
atrueno, atruene, *v.* *V.* ATRONAR.
atruhanado, da, *a.* scurrilous; rascally.
atufadamente, *adv.* peevishly.
atufar. I. *va.* to vex, irritate, plague. **II.** *vr.* to fret (liquors); to become angry.
atufo, *m.* vexation, annoyance.
atún, *m.* tunny fish.—**atunara,** *f.* place to catch tunny fish.—**atunera,** *f.* tunny-fish hook.
atunero, *m.* tunny fisherman or dealer.
[1]**aturar,** *va.* to close tight.
[2]**aturar,** *vn.* to act wisely, with good judgment.
aturdido, da. I. *pp.* of ATURDIR. **II.** *a.* harebrained, giddy, rattled.
aturdimiento, *m.* bewilderment; confusion.
aturdir. I. *va.* to bewilder, amaze; to rattle, perplex; to stun. **II.** *vr.* to become dazed, bewildered, rattled, stunned.
aturrullar, *va.* to confound, perplex, bewilder.
atusador, ra, *n.* hairdresser; plant trimmer.
atusar. I. *va.* to trim; to comb and smooth (the hair). **II.** *vr.* to overdress.
atutía, *f.* tutty.
atuve, *v.* *V.* ATENERSE.
auca, oca, *f.* goose.
audacia, *f.* audacity, boldness.
audaz, *a.* bold, fearless, audacious.
audibilidad, *f.* audibility.
audible, *a.* audible.
audición, *f.* hearing; audition.
audiencia, *f.* audience, hearing; audience chamber; court of oyer and terminer; audiencia (high court of justice).
audífono, *m.* audiphone; earphone; hearing aid.
audiófilo, la, *n.* audiophile.
audiofrecuencia, *f.* (radio) audio frequency.
audiómetro, *m.* audiometer.
audión, *m.* (radio) audion.
audiovisual, *a.* audiovisual.
auditivo, va, *a.* auditory.
auditor, *m.* judge; auditor.—**a. de guerra,** Judge Advocate (army).—**a. de la Rota,** member or auditor of the Rota.—**a. de marina,** Judge Advocate (navy).
auditoría, *f.* office of an AUDITOR.
auditorio, ria. I. *a.* auditory. **II.** *m.* audience, assembly of listeners.
auge, *m.* culmination, supreme height; (astr.) apogee.
augita, *f.* (min.) augite.
augur, *m.* augur, augurer.
auguración, *f.* augury.
augural, *a.* augurial.
augurar, *va.* to augur.
augurio, *m.* = AGÜERO, augury; omen.
augustal, *a.* Augustan.
augusto, ta, *a.* august, magnificent.
aula, *f.* lecture hall; class room; (poet.) palace.
aulaga, *f.* furze, whin, gorse.
áulico, ca, *a.* aulic, pertaining to a royal court.
aulladero, *m.* place where wolves congregate and howl.
aullador, ra, *n.* & *a.* howler(-ing); *n.* (zool.) howling monkey, howler.
aullar, *vn.* to howl, yell, cry.
aullido, aúllo, *m.* howl (of animals).
aumentación, *f.* increase; (rhet.) climax.
aumentado, da. I. *pp.* of AUMENTAR. **II.** *a.* increased, augmented; magnified.—**a. de,** or **en,** increased by.
aumentador, ra, *n.* & *a.* enlarger(-ing), amplifier(-ing).
aumentar, *va.* & *vr.* to augment, increase, enlarge, magnify.
aumentativo, va, *a.* increasing, enlarging; (gram.) augmentative.
aumento, *m.* augmentation, increase; enlargement; access, accession; growth.—*pl.* **aumentos,** promotion, advancement.
aun, *adv.* & *conj.* = HASTA, TAMBIÉN, INCLUSIVE.—**a cuando,** even if, notwithstanding.
aún, *adv.* yet, still; as yet.—**a. no,** not yet, not as yet.—**más a.,** still more; nay; what is more; furthermore.
aunar. I. *va.* to unite, join; to combine, assemble; to unify. **II.** *vr.* to be united or confederated; to combine.
aunque, *conj.* though, although, notwithstanding, even if.
¡aúpa! ¡upa! *interj.* up, up! (to children).—**aupar,** *va.* to help (a person) get up.
[1]**aura,** *f.* gentle breeze; (med.) aura.—**a. popular,** popularity; popular acclamation.
[2]**aura,** *f.* (Am.) (zool.) turkey buzzard.
auranciáceo, *a.* aurantiaceous, orangelike.
aurato, *m.* (chem.) aurate.
áureo, rea. I. *a.* golden, gilt, gold.—**a. número,** golden number. **II.** *m.* ancient gold coin; weight of four scruples.
aureola, auréola, *f.* aureola; lunar corona.
aureomicina, *f.* (pharm.) aureomycin.
áurico, ca, *a.* (chem.) auric.
aurícula, *f.* (anat.) auricle; (bot.) primrose.
auricular. I. *a.* auricular. **II.** *m.* (tel.) receiver; (radio) earphone.
aurífero, ra, *a.* auriferous, gold-bearing.
auriga, *m.* coachman; (astr.) Auriga, Charioteer.
aurista, *m.* aurist, ear specialist.
aurora, *f.* dawn; first appearance; a beverage made from almonds and cinnamon; roseate hue; (naut.) morning watch gun.—**a. austral,** aurora australis.—**a. boreal,** aurora borealis.
aurragado, da, *a.* badly tilled and cultivated.
auscultación, *f.* (med.) auscultation.
auscultar, *va.* (med.) to auscultate.
ausencia, *f.* absence.
ausentarse, *vr.* to absent oneself.
ausente, *a.* absent.—**ausentismo,** *m.* = ABSENTISMO, absenteeism (app. to landlords).
auspiciar, *va.* (Am.) to sponsor, promote.—**auspiciado por,** under the auspices of, sponsored by.
auspicio, *m.* presage, prediction; protection, patronage; auspices.
austeridad, *f.* austerity.
austero, ra, *a.* austere; astringent, acrid.
austral, *a.* austral.
Australia, *f.* Australia.
australiano, na, *n.* & *a.* Australian.
Austria, *f.* Austria.
austríaco, ca, *n.* & *a.* Austrian.
austrino, na, *a.* austral.
austro, *m.* south wind; notus.
austrohúngaro, ra, *n.* & *a.* Austro-Hungarian.
autarquía, *f.* autarchy.
auténtica, *f.* certificate, attestation.
autenticación, *f.* authentication.
autenticar, *va.* (*pret.* AUTENTIQUÉ; *subj.* AUTENTIQUE) to authenticate; to attest.
autenticidad, *f.* authenticity.
auténtico, ca, *a.* authentic.
autentiqué, autentique, *v.* *V.* AUTENTICAR.
[1]**autillo,** *m.* a particular decree of the Inquisition.
[2]**autillo,** *m.* (ornith.) barn owl.
[1]**auto,** *m.* judicial decree or sentence; writ, warrant; edict, ordinance.—*pl.* proceedings.—**a. de fe,** auto-da-fé.—**a. sacramental,** allegorical or religious play.—**en autos,** informed.
[2]**auto,** *m.* (coll.) auto (automobile).
autoabsorción, *f.* self-absorption.
autoalimentador, ra. I. *a.* self-feeding. **II.** *m.* self-feeder.
autoamortizable, *a.* self-liquidating.
autobiografía, *f.* autobiography.
autobiográfico, ca, *a.* autobiographical.
autobiógrafo, fa, *n.* autobiographer.
autobombo, *m.* self-praise.
autobote, *m.* powerboat, motorboat.

autobús, *m.* autobus.
autocamión, *m.* autotruck.
autocar, *m.* autocar, bus.
autocargador, ra, *a.* self-loading.
autocatalítico, ca, *a.* (chem.) autocatalytic.
autocentrado, da, *a.* (mech.) self-centering.
autoclave, *f.* autoclave.
autocracia, *f.* autocracy.
autócrata, *m.* & *f.* autocrat.
autocrático, ca, *a.* autocratical.
autocrítica, *f.* self-examination.
autoctonía, *f.* autochthony.
autóctono, na. I. *a.* autochthonous, aboriginal. **II.** *n.* autochthon, aboriginal.
autodeterminación, *f.* (pol., philos.) self-determination.
autodeterminado, da, *a.* self-determined.
autodidacto, ta. I. *a.* autodidactic, self-educated, self-taught. **II.** *n.* autodidact, self-taught person.
autodino, *m.* (radio) autodyne.
autódromo, *m.* autodrome.
autoendurecible, *a.* self-hardening.
autoenvenenamiento, *m.* (med.) autointoxication.
autoexcitación, *f.* (elec.) self-excitation.
autofecundación, *f.* (bot.) autogamy, self-pollination.
autofecundado, da, *a.* (bot.) self-pollinated.
autofecundante, *a.* (bot.) autogamous.
autogamia, *f.* (bot., zool.) autogamy.
autógamo, ma, *a.* (bot.) autogamous.
autogenesis, *f.* autogenesis, spontaneous generation.
autógeno, na, *a.* autogenous.
autogiro, *m.* autogiro.
autografía, *f.* autography.
autografiar, *va.* to autograph.
autográfico, ca, *a.* autographical.
autógrafo, *m.* autograph.
autohipnosis, *f.* autohypnosis.
autoinducción, *f.* (elec.) self-induction.
autoinducido, da, *a.* (elec.) self-induced.
autoinfección, *f.* autoinfection.
autointoxicación, *f.* autointoxication, autotoxemia.
autolimitación, *f.* self-limitation.
automación, *f.* automation.
automantenido, da, *a.* self-sustaining.
autómata, *m.* automaton.
automático, ca, *a.* automatic.
automatismo, *m.* (physiol., philos., psych.) automatism.
automatización, *f.* automation.
automatizar, *va.* to automate, make automatic.
automotor, ra, triz, *n.* & *a.* automotor(-tive).
automóvil, *m.* automobile.—**automovilismo,** *m.* motoring as an amusement.—**automovilista. I.** *n.* devotee of motoring as an amusement; automobilist. **II.** *a.* automotive; automobile (as *a.*).
autonomía, *f.* autonomy; home rule; self-determination.
autonómico, ca, *a.* autonomic.
autonomista, *n.* autonomist.
autónomo, ma, *a.* autonomous, self-governing.
autoómnibus, *m.* autobus.
autopista, *f.* highway, superhighway, freeway.—**a. de peaje** or **portazgo,** turnpike, toll road.
autoplastia, *f.* (surg.) autoplasty.
autoplástico, ca, *a.* autoplastic.
autopolinación, *f.* (bot.) self-pollination.
autopolinado, da, *a.* (bot.) self-pollinated.
autopropagado, da, *a.* self-propagating.
autopropulsado, da, *a.* self-propelled.
autoprotección, *f.* fail-safe (automatic system of protection in the event of failure or error in the discharge of a nuclear device).
autopsia, *f.* autopsy.
autópsido, da, *a.* having a metallic lustre.
autor, ra, *n.* author, authoress; theatrical manager; (law) principal, perpetrator or abettor of a crime.—**autores clásicos** or **príncipes,** classical authors.
autorcillo, *m. dim.* writer of no account.
autoría, *f.* business management of a theater.
autoricé, autorice, *v. V.* AUTORIZAR.
autoridad, *f.* authority; ostentation, display.
autoritario, ria. I. *a.* authoritative; overbearing. **II.** *n.* & *a.* authoritarian.
autoritarismo, *m.* authoritarianism.
autoritarista, *n.* & *a.* authoritarian.
autoritativo, va, *a.* authoritative.
autorizable, *a.* that can be authorized.
autorización, *f.* authorization.
autorizadamente, *adv.* authoritatively, with authorization.
autorizado, da. I. *pp.* of AUTORIZAR. **II.** *a.* respectable, responsible.
autorizador, ra, *n.* & *a.* authorizer(-ing).
autorizamiento, *m.* = AUTORIZACIÓN.
autorizar, *va.* (*pret.* AUTORICÉ; *subj.* AUTORICE) to authorize, empower; to attest, legalize; to prove by quotation; to approve, exalt.
autorradiación, *f.* (phys.) self-radiation.
autorregistrador, ra, *a.* (teleg.) autographic, autographical; self-recording.
autorregulado, da, *a.* self-controlled.
autorregulador, ra, *a.* self-regulating.
autorrelleno, na, *a.* self-filling.
autorretrato, *m.* self-portrait.
autosoldable, *a.* self-sealing.
autosuficiencia, *f.* self-sufficiency.
autosuficiente, *a.* self-sufficient.
autosugestión, *f.* (psych.) autosuggestion.
autoterapia, *f.* (med.) autotherapy.
autotipia, *f.* (photog.) autotypy.
autotomía, *f.* (biol.) autotomy.
autotropismo, *m.* (bot.) autotropism.
autótropo, pa, *a.* autotrophic.
autumnal, otoñal, *a.* autumnal.
auxiliador, ra, *n.* & *a.* helper(-ing); abettor (-ing), saver(-ing).
auxiliante, *a.* helping, aiding.
[1]**auxiliar,** *va.* to aid, help, assist; to attend (a dying person).
[2]**auxiliar,** *a.* auxiliary; helping; (gram.) auxiliary.
auxiliatorio, ria, *a.* (law) auxiliary.
auxilio, *m.* aid, help, assistance.—*pl.* **primeros auxilios,** first aid.
avacado, da, *a.* (of a horse) cowlike.
avadarse, *vr.* to become fordable.
avahar. I. *va.* to warm with breath or vapor. **II.** *vn.* to fume, give out vapor.
aval, *m.* (com.) indorsement.
avalancha, *f.* avalanche.
avalentado, da, *a.* bragging, boasting.
avalentonado, da, *n.* & *a.* braggart(-ing).
avalo, *m.* slight movement; earthquake.
avalorar, *va.* to estimate, value, price; to inspirit, encourage.
avaluación, valuación, *f.* valuation, appraisal.
avaluador, ra, *n.* appraiser; appreciator.
avaluar, *va.* to value, appraise, estimate.
avalúo, *m.* valuation, appraisal.
avambrazo, *m.* armlet, armor for the arm.
avance, *m.* advance; attack, assault; (com.) payment in advance; balance sheet.
avancé, avance, *v. V.* AVANZAR.
avante, *adv.* ahead, forward.—**sacar a.,** to carry out, make a success of.—**salir a.,** to succeed.
avantrén, *m.* (mil.) limbers of a gun carriage.
avanzada, *f.* (mil.) outpost, advance guard.
avanzado, da, *a.* advanced (in age; in ideas).
avanzar. I. *vn.* (*pret.* AVANCÉ; *subj.* AVANCE) to advance; (Cuba) (vulg.) to vomit; (com.) to have a balance in one's favor. **II.** *va.* to advance, push forward.
avanzo, *m.* (com.) balance sheet.
avaramente, *adv.* avariciously.
avaricia, *f.* avarice.
avariciosamente, *adv.* greedily or covetously.
avaricioso. sa, *a.* = AVARIENTO.
avariento, ta, *a.* avaricious, miserly.
avaro, ra, *a.* = AVARIENTO.

avasallar. I. *va.* to subdue, subject, enslave. II. *vr.* to become a subject, vassal.
ave, *f.* bird; fowl.—**a. acuática,** water bird.—**aves de corral,** domestic fowl.—**a. del Paraíso,** bird of Paradise.—**a. de paso,** bird of passage, migratory bird.—**a. de rapiña,** bird of prey.—**a. lira,** lyre bird.—**a. pasajera** = A. DE PASO.—**a. rapaz** = A. DE RAPIÑA.
avecé, avece, *v.* *V.* AVEZAR.
avecica, illa, ita, *f. dim.* little bird.
avecinar, *va.* & *vr.* to get near, approach.
avecindamiento, *m.* citizenship.
avecindar. I. *va.* to admit as a citizen. II. *vr.* to establish a domicile.
avechucho, *m.* ugly bird; ragamuffin.
avejentado, da, *a.* old in appearance.
avejentar, *va.* & *vr.* to make (or become) old looking before one's time.
avejigar, *va.* to produce pimples; to blister.
avellana, *f.* filbert, hazelnut.
avellanado, da, *a.* nut-brown.
avellanador, *m.* countersink bit, rose bit; rimer.
avellanal, [1]avellanar, *m.* hazel plantation.
[2]avellanar. I. *va.* to countersink. II. *vr.* to shrivel.
avellaneda, *f.*, **avellanedo,** *m.* = AVELLANAL.
avellanera, *f.* = AVELLANO.
avellanero, ra, *n.* dealer in filberts.
avellano, *m.* hazelnut tree; filbert tree.
avemaría, *f.* Hail Mary; rosary bead.—**al a.,** at dusk.—**en un a.,** in the twinkling of an eye.
¡Ave María! *interj.* Good Heavens!
avena, *f.* oats; (poet.) pastoral pipe.
avenáceo, a, *a.* oatlike.
[1]avenado, da, *a.* pertaining to oats.
[2]avenado, da, *a.* lunatic.
avenal, *m.* oatfield.
avenamiento, *m.* draining, drainage.
avenar, *va.* to drain.
[1]avenate, *m.* oatmeal gruel.
[2]avenate, *m.* fit of madness.
avenencia, *f.* agreement; compact; bargain; conformity; compromise.
avengo, avenga, *v.* *V.* AVENIR.
aveníceo, cea, *a.* oaten.
avenida, *f.* flood, freshet; avenue; gathering; agreement; approach, way of access.
avenidor, ra, *n.* mediator.
avenimiento, *m.* convention; agreement.
avenir. I. *va.* (*ind. pres.* AVENGO, *pret.* AVINE; *subj.* AVENGA) to reconcile. II. *vr.* to settle differences; to compromise; to agree.
aventador, *m.* blowing fan; (arch.) scutcher; (gas) batwing; (agr.) winnower; pitchfork.
aventadura, *f.* (vet.) wind-gall.—**a. de estopa,** (naut.) leak.
aventajado, da, *a.* advantageous; superior, excelling.
aventajar. I. *va.* to advance, raise, better; to prefer; to be above or superior to. II. *vr.* (a) to be ahead (of); to advance, rise; to excel.
aventamiento, *m.* winnowing; fanning.
aventar. I. *va.* (*ind.* AVIENTO; *subj.* AVIENTE) to fan; to winnow, expel; to push away. II. *vn.* to breathe hard. III. *vr.* to be inflated or puffed up; to escape, run away; to be tainted (meat).
aventura, *f.* adventure; contingency, chance, event; risk.
aventurado, da, *a.* risky; uncertain.
aventurar, *va.* to venture, hazard, risk.
aventureramente, *adv.* adventurously.
aventurero, ra. I. *n.* (gen. *m.*) adventurer; knight-errant; free lance. II. *a.* adventurous; undisciplined.
avergoncé, *pret.* of AVERGONZAR.
avergonzado, da, *a.* ashamed.
avergonzar (*ind. pres.* AVERGÜENZO, *pret.* AVERGONCÉ; *subj.* AVERGÜENCE), **avergoñar.** I. *va.* to shame, abash, confound. II. *vr.* to be ashamed.
[1]avería, *f.* aviary; poultry yard; AVERÍO.
[2]avería, *f.* damage; (com.) average.—**a. gruesa,** (com.) general average.
averiarse, *vr.* to be damaged.
averiguable, *a.* investigable.
averiguación, *f.* investigation, inquiry, inquest.
averiguadamente, *adv.* certainly, surely.
averiguador, ra, *n.* & *a.* investigator(-ing), inquirer(-ing).
averiguar, *va.* to inquire, investigate, ascertain, find out.
averío, *m.* flock of birds.
averno, *m.* Avernus.
averroísmo, *m.* Averroism.
averroísta, *n.* & *a.* Averroist(-ic).
averrugado, da, *a.* having warts.
averrugarse, *vr.* to develop warts.
aversión, *f.* aversion, dislike, loathing.
avestruz, *m.* (ornith.) ostrich; (fig.) blockhead.
avetado, da, *a.* veined, streaked.
avetoro, *m.* (ornith.) bittern.
avezar, *va.* (*pret.* AVECÉ; *subj.* AVECE) to accustom, inure.
aviación, *f.* aviation.
[1]aviador, *m.* provider; calking auger; one who supplies money to work mines.
[2]aviador, ra, *n.* aviator, airman; aviatrix, airwoman.
aviar. I. *va.* to equip; to lend, advance money to; to supply; to prepare. II. *vr.* to prepare; to equip oneself; to go, get on the way.
avícola, *a.* avian.
avicultor, ra, *n.* aviculturist, bird keeper.
avicultura, *f.* aviculture, bird keeping.
avidez, *f.* covetousness, avidity.
ávido, da, (de), *a.* eager, anxious (for); covetous (of).
aviejarse, *vr.* to grow old.
[1]aviento, *m.* pitchfork; BIELDO, winnowing fork.
[2]aviento, aviente, *v.* *V.* AVENTAR.
aviesamente, *adv.* perversely.
avieso, sa, *a.* crooked, irregular; mischievous, perverse.
avigorar, *va.* to invigorate; to revive.
avilantez, avilanteza, *f.* forwardness, boldness, audacity; insolence.
avillanado, da, *a.* rustic; clownish; mean.
avillanar. I. *va.* to debase. II. *vr.* to become mean; to degenerate.
avinagradamente, *adv.* harshly.
avinagrado, da. I. *pp.* of AVINAGRAR. II. *a.* harsh, crabbed, peevish.
avinagrar. I. *va.* to sour, acidulate. II. *vr.* to become sour.
avine, *pret.* of AVENIR.
avío, *m.* preparation, provision; money advanced.—*pl.* equipment.—**avíos de pescar,** fishing tackle.—**¡al a.!** make ready! hurry up!
[1]avión, *m.* (aer.) airplane.—**a. de caza,** pursuit plane.—**a. de cubierta,** ship plane.—**a. de chorro,** jet plane.—**a. de turismo,** air coach.—**por a.,** by air mail.
[2]avión, *m.* (ornith.) martin, martlet.
avisadamente, *adv.* prudently.
avisado, da. I. *pp.* of AVISAR. II. *a.* cautious, sagacious, clear-sighted.—**mal a.,** ill-advised.
avisador, ra, *n.*, adviser, admonisher; announcer, informer.
avisar, *va.* to inform, announce, give notice of; to warn, advise, counsel, admonish.
aviso, *m.* information, notice, announcement; advertisement; advice, warning; prudence, care, attention; (naut.) advice boat.—**a. luminoso,** illuminated (advertising) sign; flashing signal.—**andar,** or **estar, sobre a.,** to be prepared; to be warned and take precautions.
avispa, *f.* wasp.
avispado, da, *a.* lively, brisk, clever.
avispar. I. *va.* to spur, incite, rouse. II. *vr.* to fret, worry.
avispero, *m.* wasp's nest; (med.) carbuncle.
avispón, *m.* hornet.
avistar. I. *va.* to descry at a distance. II. *vr.* to have an interview.
avitelado, da, *a.* vellumlike.

avituallamiento, *m.* (mil.) supply, supplying, provisioning.
avituallar, *va.* (mil.) to victual, provide food.
avivadamente, *adv.* lively, briskly.
avivador, ra. I. *n.* enlivener; hastener. **II.** *m.* rabbet plane; fluting plane; perforated paper for raising silkworms; (arch.) quirk.
avivamiento, *m.* enlivening, quickness.
avivar. I. *va.* to quicken, enliven; to encourage; (fig.) to heat, inflame; to revive; to make (fire, light) burn more brightly; to heighten (colors); to rabbet.—**a. el ojo,** to be watchful, look sharp. **II.** *vr.* to revive; cheer up.
avizor, *m.* one who watches.
avizorador, ra, *n.* & *a.* watcher(-ing).
avizorar, *va.* to watch; to keep a sharp lookout.
avocación, *f.*, **avocamiento,** *m.* (law) removing a lawsuit to a superior court.
avocar, *va.* (*pret.* AVOQUÉ; *subj.* AVOQUE) (law) to remove to a superior court.
avoceta, *f.* (ornith.) avocet, a wading bird.
avolcanado, da, *a.* volcanic.
avoqué, avoque, *v. V.* AVOCAR.
avora, *f.* (Cuba) oil palm.
avucasta, *f.* (ornith.) widgeon, wild duck.
avugo, *m.* very small early pear.
avuguero, *m.* a kind of pear tree.
avulsión, *f.* (surg.) extirpation.
avutarda, *f.* bustard, wild turkey.
avutardado, da, *a.* bustardlike.
axial, *a.* axial.
axil, *a.* axial.
axila, *f.* armpit; (bot.) axilla.
axilar, *a.* axillar; (bot., anat.) axillary.
axinita, *f.* (min.) axinite.
axioma, *m.* axiom; maxim.
axiomático, ca, *a.* axiomatic.
axis, *m.* (anat.) axis, second vertebra; (zool.) axis deer.
axo, *m.* a woolen garment of Peruvian Indians.
axoideo, a, *a.* (anat.) axoid, axoidean.
axon, *m.* (anat.) axon, nerve cell process.
axonometría, *f.* (math.) axonometry.
ay. I. *m.* moan, lament. **II.** *interj.* oh!, ouch!, alas!—**a. de,** woe to.—**¡a. de mí!** woe is me! wretched that I am! poor me!
aya, *f.* governess, instructress.
ayate, *m.* cloth made of maguey fiber or sisal.
aye-aye, *m.* (zool.) aye-aye, kind of lemur.
ayer, *adv.* yesterday.—**a. tarde,** yesterday afternoon.—**tarde a.,** late yesterday.
¡aymé! *interj.* = ¡AY DE MÍ!
ayo, *m.* tutor or guardian; teacher.
ayocote, (Mex.) kidney bean.
ayuda, *f.* help, aid, assistance, support; (med.) injection, enema, or clyster; syringe; (naut.) preventer rope.—**a. de cámara,** valet.—**a. de parroquia,** chapel for parishioners living far from the parish church.
ayudador, ra, *n.* & *a.* helper(-ing).
ayudante, *m.* assistant; (mil.) adjutant, aide-de-camp.
ayudantía, *f.* (mil.) adjutancy.
ayudar, *va.* to aid help, assist.
ayuga, *f.* (bot.) ground-pine.
ayunador, ra, ayunante, *n.* one who fasts.
ayunar, *vn.* to fast.
ayunas.—**en a.,** fasting before breakfast; on an empty stomach; without knowledge.—**quedarse en a.,** not to understand, (fig.) be left at sea, know nothing at all (about something).
[1]**ayuno,** *m.* fast, abstinence.
[2]**ayuno, na,** *a.* fasting, abstemious; uninformed; uncomprehending.
ayunque, yunque, *m.* anvil.
ayuntamiento, *m.* municipal government; sexual intercourse.
ayustar, *va.* (naut.) to splice.
ayuste, *m.* (naut.) splicing; scarf, scarfing.
azabachado, da, *a.* jetlike, jet-colored.
azabache, *m.* jet.—*pl.* jet trinkets.
azábara, *f.* (bot.) common aloe.
azacán, *m.* water carrier.
azacaya, *f.* (prov.) water pipe.
azache, *a.* inferior (silk), from the outside of the cocoon.
azada, *f.* (agr.) hoe; spade.—**azadica, illa, ita,** *f. dim.* small hoe.
azadón, *m.* hoe.—**a. de peto,** or **de pico,** pickaxe.—**azadonada,** *f.* blow with a hoe.—**azadonar,** *va.* to hoe, dig with a hoe.—**azadonazo,** *m.* blow with a hoe.—**azadoncillo,** *m. dim.* small hoe.—**azadonero,** *m.* hoer.
azafata, *f.* lady of the queen's wardrobe; (aer.) stewardess, hostess.
azafate, *m.* low, flat basket; (Am.) tray.
azafrán, *m.* (bot.) saffron; (naut.) afterpiece (of the rudder).
azafranado, da. I. *a.* saffronlike.
azafranal, *m.* saffron plantation.
azafranar, *va.* to dye with saffron.
azafranero, *m.* saffron dealer.
azagador, *m.* path for cattle.
azagaya, *f.* javelin, spear.—**azagayada,** *f.* cast of a javelin.
azahar, *m.* orange or lemon blossom.
azainadamente, *adv.* perfidiously.
azalá, *m.* Mohammedan prayer.
azalea, *f.* (bot.) azalea.
azamboa, *f.* a kind of citron.
azamboero, azamboo, *m.* zamboa tree.
azanahoriate, *m.* preserved carrot.
azanca, *f.* subterranean spring.
azanoria, zanoria, *f.* carrot.
azar, *m.* unforeseen disaster; accident; disappointment; losing card or throw at dice; impediment; hazard, chance; cushion sides of a billiard pocket.—**al a.,** at random.—**correr (ese) a.,** to take (that) chance, run the risk.
azarar. I. *va.* to confuse, stagger, bewilder. **II.** *vr.* to get bewildered; to be frustrated, go wrong.
azarbe, *m.* irrigation ditch.
azarbeta, *f. dim.* small irrigation ditch.
azarcón, *m.* minium, red lead; orange (color).
azarja, *f.* instrument for winding raw silk.
azarolla, *f.* (bot.) fruit of the hawthorn.
azarollo, *m.* (bot.) true service tree.
azarosamente, *adv.* unfortunately.
azaroso, sa, *a.* unlucky, unfortunate.
azcón, *m.* **azcona,** *f.* dart, javelin.
azenoria, *f.* = AZANORIA.
azímico, ca, *a.* azymic.
ázimo, ma, ácimo, ma, *a.* unleavened.
azimut, acimut, *m.* (astr.) azimuth.
azimutal, acimutal, *a.* pert. to the azimuth.
aznacho, aznallo, *m.* Scotch fir; a species of rest harrow.
azoado, da, *a.* nitrogenous.
azoar. I. *va.* to treat with nitrogen, make nitrogenous. **II.** *vr.* to absorb nitrogen, become nitrogenous.
azoato, *m.* nitrate.
ázoe, *m.* (chem.) nitrogen.
azofaifa, *f.* = AZUFAIFA, jujube.
azófar, *m.* brass, latten.
azogado, da, *a.* restless; trembling.
azogamiento, *m.* overlaying with quicksilver; restlessness.
azogar. I. *va.* (*pret.* AZOGUÉ; *subj.* AZOGUE) to overlay, coat with quicksilver; to silver (a mirror, etc.); to slake (lime). **II.** *vr.* to be affected by mercury vapors; to get agitated.
[1]**azogue,** *m.* quicksilver; ship carrying quicksilver.
[2]**azogue,** *m.* market place.—**azoguejo,** *m.* small market place.
azoguería, *f.* amalgamation works.
azoguero, *m.* dealer in quicksilver; amalgamator.
[1]**azoico, ca,** *a.* (chem.) nitric.
[2]**azoico, ca,** *a.* (geol.) azoic, of time before life appeared.
azolar, *va.* (*ind.* AZUELO; *subj.* AZUELE) to dress or hew (timber).
azolvar, *va.* to obstruct.—**azolve,** *m.* (Mex.) obstruction.
azor, *m.* (ornith.) goshawk.

azoramiento, *m.* confusion.
azorar. I. *va.* to terrify; to confound; to excite; to prompt. **II.** *vr.* to become restless.
azorramiento, *m.* heaviness of the head.
azorrarse, *vr.* to be drowsy from heaviness.
azotacalles, *n.* street lounger, idler.
azotado. I. *pp.* of AZOTAR. **II.** *a.* variegated. **III.** *n.* criminal publicly whipped; penitent.
azotador, ra, *n.* & *a.* whipper(-ing).
azotaina, *f.* drubbing, flogging, spanking.
azotalengua, *f.* goose grass.
azotamiento, *m.* whipping, flogging.
azotar, *va.* to whip, horsewhip; to flagellate, strike repeatedly, scourge.
azotazo, *m. aug.* severe lashing or spanking.
azote, *m.* whip; lashing; spanking; scourge.—**el a. de Dios,** the Scourge of God (Attila).
azotea, *f.* flat roof.
azotera, *f.* multithonged whip; end of a long whip.
azotina, *f.* = AZOTAINA.
azteca, *n.* & *a.* Aztec.
azúcar, *m.* sugar.—**a. blanco,** refined sugar (app. to the highest quality).—**a. cande,** or **candi,** rock candy.—**a. de flor** = A. BLANCO.—**a. de leche,** sugar of milk.—**a. de pilón,** loaf sugar. —**a. de plomo,** calcined sugar of lead.—**a. de Saturno,** sal Saturni.—**a. moscobado,** muscovado.—**a. moreno,** brown sugar.—**a. negro,** or **prieto,** coarse brown sugar.—**a. quebrado,** brown sugar.—**a. refino** = A. BLANCO.—**a. terciado,** brown sugar.—**a. y canela,** sorrel gray.
azucarado, da. I. *pp.* of AZUCARAR. **II.** *a.* sugary; affable, pleasing. **III.** *m.* cosmetic.
azucarar, *va.* to sugar; to sweeten; to soften; to coat or ice with sugar.
azucarera, *f.* sugar bowl; sugar refinery.
azucarería, *f.* retail sugar shop.
azucarero. I. *m.* sugar master; sugar bowl; sugar producer or dealer; confectioner. **II.** *a.* pertaining to sugar; sugar (as *a.*).
azucarillo, *m.* fondant.
azucé, azuce, *v. V.* AZUZAR.
azucena, *f.* white lily.
azuche, *m.* pile shoe, pile ferrule.
azud, azuda, *f.* dam with a sluice; irrigation water wheel.
azuela, *f.* adze.—**a. curva,** hollow adze.—**a. de construcción,** shipwright's adze.
azuelo, azuele, *v. V.* AZOLAR.
azufaifa, *f.* jujube or jujubes.
azufaifo, azufeifo, *m.* jujube tree.
azufrado, da. I. *pp.* of AZUFRAR. **II.** *a.* fumigated with sulphur; sulphureous; sulphur-hued.
azufrador, *m.* machine for drying linen; instrument for sulphuring vines.
azufral, *m.* = AZUFRERA.
azufrar, *va.* to bleach; to sulphur.
azufre, *m.* sulphur; brimstone.—**azufrera,** *f.* sulphur mine.—**azufrón,** *m.* pyrites powder.—**azufroso, sa,** *a.* sulphureous.
azul, *n.* & *a.* blue.—**a. celeste,** sky-blue.—**a. de mar,** or **marino,** navy blue.—**a. de Prusia,** Prussian blue.—**a. de ultramar,** or **ultramarino,** ultramarine.—**a. turquí,** indigo.
azulado, da, *a.* azure, bluish.
azulaque, zulaque, *m.* (hydraul.) packing stuff.
azular, *va.* to dye or color blue.
azulear, *vn.* to have a bluish cast.
azulejo, *m.* little bluebird; glazed tile; (bot.) blue-bottle.
azulenco, ca, *a.* = AZULADO.
azulete, *m.* blue lining.
azulino, na, *a.* bluish.
azumar, *va.* to dye (the hair).
azumbrado, da, *a.* measured by AZUMBRES; (coll.) tipsy.
azumbre, *f.* a liquid measure (about 2 liters).
azur, *a.* (her.) azure.
azurina, *f.* (chem.) azurine.
azurita, *f.* (min.) azurite.
azuzar, *va.* (*pret.* AZUCÉ; *subj.* AZUCE) to urge, set (dogs) on; to incite.
azuzón, na, *n.* gossiping trouble maker.

B

B, b, *f.* b, second letter of the Spanish alphabet.
baalita, *n.* & *a.* Baalite.
baba, *f.* drivel, slaver, spittle; viscous substance. —**caérsela a uno la b., echar la b.,** to be a silly; to be delighted, tickled to death.
babada, *f.* = BABILLA.
babadero, babador, *m.* bib, chin cloth.
babaza, *f.* slime; BABOSA, slug.
babazorro, *m.* clown, ill-bred man.
babear, *vn.* to drivel; slaver; to court, woo with excessive demonstrations.
Babel, *f.* Babel, bedlam.
babeo, *m.* driveling, slavering.
babera, *f.* beaver of a helmet; bib.
babero, *m.* = BABADERO.
baberol, *m.* beaver of a helmet.
Babia, *f.*—**estar en B.,** to be absent-minded, or absorbed in other thoughts.
babieca, *m.* ignorant, stupid fellow; idiot.
Babilonia, *f.* crowd, uproar, confusion, bedlam.
babilónico, ca, *or* **onio, nia,** *a.* Babylonian.
babilla, *f.* muscles about the flank of a horse.
babirusa, *f.* (zool.) babiroussa, a wild hog.
babismo, *m.* Babism.
bable, *m.* Asturian dialect.
babor, *m.* (naut.) port, larboard.—**a b. todo,** hard a-port.—**de b. a estribor,** athwart ship.
babosa, *f.* (zool.), slug; young onion.
babosear, *va.* to drivel, slaver.
babosilla, *f. dim.* small slug.
baboso, sa, *a.* driveling, slavering, silly; spoony, over-affectionate.
babucha, *f.* slipper, babouche.
baca, *f.* top of a stagecoach; leather cover for a stagecoach.
bacalao, *or* **bacallao,** *m.* (ichth.) codfish.
bacanal. I. *a.* bacchanalian. **II.** *f.* bacchanal.
bacanales, *f. pl.* Bacchanalia.
bacante, *f.* bacchante.
bácara, bácaris, *f.* (bot.) great fleabane.
bacará, *m.* baccara(t.
bacelar, *m.* arbor with grapevines.
bacera, *f.* (vet.) swelling of the belly.
baceta, *f.* stock (card playing).
bacía, *f.* metal basin, washpot; shaving dish.
báciga, *f.* game played with three cards.
bacilar, *a.* (min.) of coarse fiber; (biol.) bacillar.
bacilo, *m.* bacillus.
bacillar, *m.* new vineyard.
bacín, *m.* high chamber pot; despicable man.
bacinada, *f.* filth thrown from a close-stool; despicable action.
bacinero, ra, *n.* person who carries about the poor box in a church.
bacineta, *f.* small poor box; pan (of a gun-lock).
bacinete, *m.* headpiece worn by warriors; cuirassier; (anat.) pelvis.
bacinica, *f.* small chamber pot.
bacinilla, *f.* chamber pot; alms basin.
baconiano, na, *a.* Baconian.
baconista, *n.* & *a.* Baconian.
bacteria, *f.* bacterium.—**bacteriano, na,** *a.* bacterial.
bactericida. I. *a.* bactericidal. **II.** *f.* bactericide.
bactérico, ca, *a.* bacterial.
bacteriófago, *m.* bacteriophage.
bacteriólisis, *f.* bacteriolysis.
bacteriología, *f.* bacteriology.
bacteriológico, ca, *a.* bacteriological.
bacteriólogo, ga, *n.* bacteriologist.
bacterioscopia, *f.* bacterioscopy.
bacteriostasis, *f.* bacteriostasis.
bacteriostático, ca, *a.* bacteriostatic.
bacterioterapia, *f.* bacteriotherapy.
bactriano, na, *n.* & *a.* Bactrian.
báculo, *m.* walking stick, staff; support, relief, aid.—**b. pastoral,** bishop's crosier.

bache, *m.* deep hole, rut; sweating place for sheep.
[1]**bachiller, ra,** *n.* bachelor (degree).
[2]**bachiller, ra,** *n.* babbler, prater.
bachilleramiento, *m.* conferring or obtaining the degree of bachelor.
bachillerar. I. *va.* to confer the degree of bachelor on. **II.** *vr.* to be graduated as a bachelor.
bachillerato, *m.* baccalaureate, B. A. degree.
bachillerear, *vn.* to babble, prattle.
bachillería, *f.* babble, prattle.
badajada, *f.* stroke of a clapper; idle talk.
badajazo, *m. aug.* large clapper.
badajear, *vn.* to talk nonsense.
badajo, *m.* clapper of a bell; idle talker.
[1]**badal,** *m.* muzzle (for dogs, etc.); (surg.) mouth opener.
[2]**badal,** *m.* shoulder and ribs of butcher's meat.
badán, *m.* trunk of a body.
badana, *f.* dressed sheepskin.
badazas, *f. pl.* (naut.) keys of the bonnets.
badea, *f.* watermelon; insipid muskmelon; dull, insipid fellow.
badén, *m.* channel made by rainfall; catchwater conduit.
badiana, *f.* (bot.) Indian aniseed, badian.
badil, *m.*, **badila,** *f.* fire shovel.
badomía, *f.* nonsense, absurdity.
badulacada, *f.* (Peru) foolishness.
badulaque, *m.* cosmetic; ragout of stewed livers; unreliable or good-for-nothing person.
[1]**baga,** *f.* rope to tie packs on the back of animals.
[2]**baga,** *f.* little head of flax.
bagaje, *m.* beast of burden; baggage of an army; horse appropriated by an army, or given to an officer.—**bagajero,** *m.* driver of military baggage.
bagar, *vn.* (of flax) to yield the seed.
bagasa, *f.* prostitute, harlot.
bagatela, *f.* bagatelle, trifle.
bagazo, *m.* bagasse; oil cake.
bagre, *m.* a Sp. Am. fish; (Am.) ugly low woman, baggage; (Am.) smart, alert person.
baguío, *m.* (P. I.) hurricane.
¡bah! *interj.* bah!
baharí, *m.* sparrow hawk.
bahía, *f.* bay, harbor.
bahorrina, *f.* slops; rabble.
bahuno, na, bajuno, na, *a.* base, vile.
baila, *f.* (ichth.) sea trout.
bailable. I. *a.* (of music) composed for dancing.—**té b.,** tea with dancing, tea dance. **II.** *m.* ballet.
bailadero, *m.* public dancing place.
bailador, ra, *n.* dancer.
bailar, *vn.* to dance, spin.—**b. como un trompo,** (S. A.) to dance well, be light on one's feet.
bailarín, na, *n.* dancer; caperer.
[1]**baile,** *m.* dance, ballet; ball, rout.—**b. casero,** family, informal dance.—**b. de figuras,** square dance.—**b. de máscaras,** masquerade.—**b. de San Vito,** St. Vitus' dance.—**b. de trajes,** fancy-dress ball.—**b. serio,** formal dance.
[2]**baile,** *m.* bailiff.
bailete, *m.* short ballet.
bailía, *f.*, **bailiazgo,** *m.* bailiwick.
bailiaje, *m.* commandery in the order of Malta.
bailío, *m.* knight commander of Malta.
bailotear, *vn.* (coll.) to dance frequently; to dance clumsily.—**bailoteo,** *m.* ungraceful dancing.
baivel, *m.* bevel with a curved leg.
bajá, *m.* pasha, bashaw.
baja, *f.* fall in price; (mil.) casualty; vacancy.—**dar de b.,** to drop (person from a list, etc.)—**darse de b.,** to drop out (as a member, etc.).
bajada, *f.* descent; slope; inclination of an arch.—**b. de aguas,** rainwater pipe, leader.
bajalato, *m.* office of a pasha.
bajamar, *f.* low water, low tide.
bajamente, *adv.* basely, meanly.
bajar. I. *vn.* to descend, come or go down; to fall; to drop, lessen, diminish.—**b. de,** to be less than. **II.** *va.* to lower, reduce; to bring or take down, let down; to humble. **III.** *vr.* to bend over, stoop, to crouch, grovel; to alight, get out (of a vehicle); to get down, dismount.
bajel, *m.* (naut.) ship, boat, vessel.
bajelero, *m.* owner or master of a vessel.
bajero, ra, *a.* lower, under (as, *sábana bajera,* under sheet).
bajete, *m. dim.* (contempt.) short person; (mus.) baritone; (mus.) counterpoint exercise.
bajeza, *f.* meanness; lowliness; low action.
bajial, *m.* marsh.
bajío, *m.* shoal, sand bank, flat; obstacle.
bajista, *m.* (com.) bear (in stocks); (mus.) (Arg.) bassoon player.
bajo, ja. I. *a.* low, shallow; short; abject, despicable; common, humble; (of color) dull, faint; (of sound) low, soft, coarse, vulgar; downcast.—**b. relieve,** bas-relief.—**por lo b.,** on the sly, unobservedly; in an undertone. **II. bajo,** *adv.* underneath, below. **III.** *prep.* under.—**b. mano,** underhandedly, secretly. **IV.** *m.* (mus.) bass (voice, score, singer, player, instrument); ground floor; shoal; sand bank.—*pl.* underskirts; hoofs (of a horse).
bajoca, *f.* string bean; dead silkworm.
bajón, *m.* (mus.) bassoon; bassoon player.
bajoncillo, *m.* treble bassoon.
bajonista, *m.* bassoon player.
bajorrelieve, bajo relieve, *m.* bas-relief.
bajuno, na, *a.* vile, low, contemptible.
bala, *f.* ball, bullet, shot; bale; wax ball; printer's inking ball.—**b. de cadena,** or **encadenada,** chain shot.—**b. enramada,** bar shot.—**b. fría,** spent bullet.—**b. perdida,** stray bullet.—**b. rasa,** solid cannonball.—**b. roja,** red-hot incendiary ball.
balada, balata, *f.* ballad.
baladí, *a.* frivolous, trivial.
balador, ra, *n.* bleating animal.
baladrar, *vn.* to cry out, shout.
baladre, *m.* (bot.) rosebay.
baladrero, ra, *n.* shouter.
baladro, *m.* shout, outcry.
baladrón, na, *n.* boaster, bragger, bully.
baladronada, *f.* boast, bravado; rodomontade.
baladronear, *vn.* to boast, brag, bully.
balagar, *m.* haystack, hayrick.
bálago, *m.* grain stalk, straw; soap ball.—**balaguero,** *m.* rick of straw.
balaj, *m.* balas, spinel ruby.
balance, *m.* oscillation, rolling, rocking, swinging; (fig.) vacillation; (com.) balancing; balance; balance sheet; (Cuba) rocking chair; (aer.) rolling.
balancear. I. *va.* to balance; to put into equilibrium. **II.** *vn.* & *vr.* to roll, rock; to hesitate, waver.
balanceo, *m.* rocking, rolling; wobbling.
balancero, *m.* = BALANZARIO.
balancín, *m.* splinter bar, swing bar; whippletree, singletree, whiffletree; (mech.) walking beam, balancebeam; oscillating beam (as that of a beam engine); minting mill; tightropewalker's pole.—**balancines,** (naut.) lifts.—**balancines de la brújula,** (naut.) brass rings of the compass.
balandra, *f.* (naut.) sloop.
balandrán, *m.* cassock.
balandro, *m.* (Cuba) fishing smack.
bálano, *m.* (anat.) balanus.
balante, *a.* (poet.) bleating.
balanza, *f.* scales; balance; tightrope-walker's pole; comparative estimate, judgment.—**b. de comercio,** balance of trade.—**en b.,** undecided; in danger, at stake.—**poner a uno en b.,** to cause one to doubt or hesitate.
balanzario, *m.* weighmaster (in the mint).
balanzón, *m.* (jewel.) cleaning pan.
balar, *vn.* to bleat.—**b. por,** to crave.
balastar, *va.* (Ry.) to ballast.
balasto, *m.* (Ry.) ballast.
balata, *f.* dancing song; ballad; (bot.) balata.
[1]**balate,** *m.* terrace; border of a trench.

[2]**balate,** *m.* (zool.) snail.
balausta, -tra, *f.* varieties of pomegranate.
balaustrada, *f.* balustrade.
balaustrado, da, balaustral, *a.* balustered.
balaústre, *m.* baluster.
balay, *m.* wicker basket.
balazo, *m.* shot; bullet wound.
balbucear, *vn.* to hesitate in speech, stammer.
balbucencia, *f.* stammering.
balbuceo, *m.* babble.
balbucir, *vn.* (*defect.*) = BALBUCEAR.
balcánico, ca, *n.* & *a.* Balkan.
balcón, *m.* balcony; porch.—**balconaje,** *m.*, range of balconies.—**balconcillo,** *m. dim.* small balcony.—**balconería,** *f.* = BALCONAJE.
balda, *f.* trifle.
baldadura, *f.*, **baldamiento,** *m.* a physical disability.
baldaquín, baldaquino, *m.* canopy, dais.
baldar, *va.* to cripple; (cards) to trump; obstruct.
[1]**balde,** *m.* bucket, pail.
[2]**balde.—de b.,** gratis; free; idle; in vain.—**en b.,** in vain, with no result.
baldear, *vn.* (naut.) to wash (the deck).
baldeo, *m.* (naut.) washing the decks.
baldés, *m.* soft dressed skin for gloves, etc.
baldíamente, *adv.* vainly, in vain; idly.
baldío, día, *a.* untilled, uncultivated; public (lands); idle, lazy; vagabond.—*m. pl.* public lands; common.
baldón, *m.* affront, insult.
baldonar, baldonear, *va.* to insult, affront.
[1]**baldosa,** *f.* ancient string instrument.
[2]**baldosa,** *f.* paving tile; flat paving stone, flag.—**baldosado,** *m.* tile pavement.—**baldosín,** *m.* small square tile; paving tile.
balduque, *m.* narrow red tape (used in offices to tie up packages of business papers).
balear, *va.* (Am.) to shoot (wound or kill).
baleárico, ca; baleario, ia, *a.* Balearic.
baleo, *m.* round mat.
balería, *f.* (artil.) pile of balls or shot.
balero, *m.* ball mold.
baleta, *f. dim.* small bale of goods.
balido, *m.* bleating, bleat.
balín, *m.* small bullet.—*pl.* mold shot, buckshot.
balista, *f.* ballista.
balístico, ca. I. *a.* ballistic. **II.** *f.* ballistics.
balitadera, *f.* call, a reed pipe for calling fawns.
baliza, *f.* buoy.
balneario, ria. I. *a.* pertaining to baths. **II.** *m.* bathing resort; watering place.
balneoterapia, *f.* (med.) balneotherapy.
balompié, *m.* football; soccer.
balón, *m.* football; game of football; large bale; bale of paper (24 reams); (auto) balloon tire.
baloncesto, *m.* basketball. Also BASKETBOL.
balota, *f.* ballot.
balotada. *f.* balotade, leap of a horse.
balotaje, *m.* (Am.) ballot, balloting.
balotar, *vn.* to ballot.
[1]**balsa,** *f.* pool; pond; half a butt of wine.
[2]**balsa,** *f.* (naut.) raft.
balsadera, *f.*, **balsadero,** *m.* ferry.
balsamera, *f.* flask for balsam.
balsamerita, *f.* small flask for balsam.
balsámico, ca, *a.* balsamic, balmy.
balsamífero, ra, *a.* balsamiferous.
balsamina, *f.* (bot.) balsam apple.
balsamita mayor, (bot.) = ATANASIA, costmary.—**b. menor,** (bot.) maudlin, tansy.
bálsamo, *m.* balsam, balm; (med. & fig.) balm.—**b. de copaiba,** balsam of copaiba.—**b. de calaba,** calaba balsam.—**b. de Judea,** or **de la Meca,** balsam of Mecca.—**b. del Canadá,** balsam of fir, Canada balsam.—**b. del Perú,** balsam of Peru.—**b. de María** = B. DE CALABA.—**b. de Tolú,** balsam of Tolu.
balsar, *m.* marshy ground with brambles.
balsear, *va.* to ferry on rafts.
balsero, ra, *n.* ferryman(-woman).
balso, *m.* rope with loops for raising men or goods on board ship; sling; a S.A. tree of very light wood used for rafts, balsa, corkwood.
balsopeto, *m.* large pouch carried near the breast; (fig. coll.) bosom.
bálteo, *m.* officer's belt.
báltico, ca, *a.* Baltic.
baluarte, *m.* bastion; bulwark; defense.
balumba, *f.* bundle of many miscellaneous things.
balumbo, balume, *m.* bulky thing.
ballena, *f.* whale; train oil; whalebone; (**B-,** astr.) Whale Cetus.—**b. blanca,** (zool.) beluga.
ballenato, *m.* young whale.
ballener, *m.* an ancient vessel.
ballenera, *f.* whaleboat.
ballenero, ra. I. *a.* whaling, whale (as *a.*). **II.** *n.* whaler, whale fisherman.
ballesta, *f.* crossbow: ballista; spring (of a carriage); suspension spring.
ballestazo, *m.* blow with a crossbow.
ballestear, *va.* to shoot with a crossbow.
ballestera, *f.* loopholes for crossbows.
ballestería, *f.* archery; collection of crossbows or bowmen; armory for crossbows.
ballestero, *m.* archer, crossbowman; crossbow maker; king's armorer or porter; mace bearer.
ballestilla, *f.* crossbow; small whiffletree; fleam; cross-staff; (naut.) forestaff.
ballestrinque, *m.* (naut.) clove hitch.
ballico, *m.* (bot.) rye grass.
ballueca, *f.* wild oats.
bambalear, *vn.* = BAMBOLEAR.
bambalina, *f.* fly in theatrical scenery.
bambarria, *m.* lucky shot at billiards, fluke; fool, idiot.
bambochada, *f.* painting representing a spree.
bamboche, *n.* (coll.) plump, red-faced person.
bambolear, *vn.* & *vr.* to swing, sway.
bamboleo, *m.* swinging, swaying.
bambolla, *f.* (coll.) boast, humbug, sham.
bamboneo, *m.* = BAMBOLEO.
bambú, bambuc, *m.* bamboo.
bambuco, *m.* a Colombian popular air.
banana, *f.*, **banano,** *m.* banana. Also CAMBUR.
bananero, ra. I. *a.* of or pertaining to bananas. **II.** *m.* (bot.) banana tree.
bañas, *f. pl.* (Mex.) matrimonial banns.
banasta, *f.* large basket.—**banastero,** *m.* basket maker or dealer.—**banasto,** *m.* large round basket.
banca, *f.* bench; stand; washing box; Philippine canoe; name of a card game; (com.) banking.
bancada, *f.* bench; portion of masonry.
bancal, *m.* oblong orchard or garden plot; terrace; bench cover.
bancario, ria, *a.* banking; financial.
bancarrota, *f.* bankruptcy; failure.—**hacer b.,** (com.) to fail.
bancaza, *f.* (mech.) bedplate.
banco, *m.* form, bench; settee; pew; (mech.) bed, table, horse; planing bench; bench for rowers; cheeks (of the bit); pedestal; school of fish, shoal; (com.) bank.—**b. de ahorros,** savings bank.—**b. de emisión,** bank of issue.—**b. de hielo,** iceberg.—**b. de liquidación,** clearing-house.—**b. del tundidor,** shearing board.—**b. de nieve,** snowbank.
banda, *f.* sash; scarf; ribbon; band, strip (of material); band, gang; party; crew; brass band; covey; bank, border, edge; side of a ship; felloe (of wheel); cushion (of a billiard table).
bandada, *f.* covey; flock of birds.
bandaje, *m.* (Gal.) (auto) tire.
bandarria, *f.* (naut.) iron maul.
banda sonora, *f.* (cine.) sound track.
bandazo, *m.* (naut.) (of ship) violent roll to side.
bandeado, da, *a.* striped.
[1]**bandear. I.** *va.* to conduct. **II.** *vn.* to band.
[2]**bandear,** *vr.* to shift for oneself.
bandeja, *f.* tray.
bandera, *f.* flag, banner; colors; infantry.—**b.**

blanca, **b. de paz,** white flag, flag of truce.—**b. de popa,** (naut.) ensign.—**b. de proa,** (naut.) jack.—**a,** or **con, banderas desplegadas,** with flying colors; openly, in broad daylight (fig.); freely.—**bandereta,** *f. dim.* banneret, small flag.—*pl.* (mil.) camp colors.—**bandería,** *f.* band, faction.—**banderica, illa,** *dim.* banneret, small flag.

banderilla, *f.* banderilla, a small dart with a bannerol for baiting bulls.—**poner a uno una b.,** to taunt or provoke one.—**banderillear,** *va.* to thrust banderillas in (a bull).—**banderillero,** *m.* banderillero, banderilla man.

banderín, *m.* camp colors; flag; railway signal; recruiting post.

banderizar, *va.* to band together.

banderizo, za, *a.* partisan, party (as *a.*); fiery, agitating, strenuous.

banderola, *f.* bannerol; camp colors; streamer, pennant; signal flag.

bandidaje, *m.* brigandage, banditry; gang, ring of bandits.

bandido, da. I. *a.* fugitive from justice. **II.** *m.* bandit.

bandín, *m.* (naut.) seat in a row galley.

[1]**bando,** *m.* proclamation, edict.

[2]**bando,** *m.* faction, party.

bandola, *f.* mandolin; (naut.) jury mast.

[1]**bandolera,** *f.* bandoleer, shoulder belt.

[2]**bandolera,** *f.* bandit's wife; woman bandit.

bandolerismo, *m.* banditry, brigandage.

bandolero, *m.* highwayman, robber.

bandolín, *m.* = BANDOLA.

bandolina, *f.* bandoline.

bandolón, *m.* mandola, large mandolin.

bandullo, *m.* (vulg.) belly; the bowels.

bandurria, *f.* bandore, musical instrument like a guitar.

baniano, *m.* (bot.) banian.

banjo, *m.* banjo.

bánova, *f.* bedquilt, bedcover.

banquero, ra, *n.* (com. & gambling games) banker.

banqueta, *f.* three-legged stool; footstool; (mil.) banquette or footbank; (Mex.) sidewalk.—**b. de calafate,** (naut.) calking stool.—**b. de cureña,** (artil.) gun, carriage bed.

banquete, *m.* banquet.

banquetear, *vn.* to banquet, feast.

banquillo, *m. dim.* little stool; prisoner's or defendant's seat; (Am.) scaffold; gallows.

banzo, *m.* cheek of an embroidering frame.

bañadera, *f.* (Am.) bathtub.

bañadero, *m.* puddle; bathing place (for animals).

bañado, *m.* BACÍN, chamber pot.

bañador, ra, *n.* one who bathes; (*m.*) dipping tub for candle makers.

bañar. I. *va.* to bathe, wash, lave; to water; to dip; to coat, apply a coating or layer to. **II.** *vr.* to take a bath.

bañera, *f.* bathtub.

bañero, ra, *n.* bathhouse owner or keeper.

bañil, *m.* pool in which cattle bathe.

bañista, *m.* bather.

baño, *m.* bath; bathing; bathing place; bathtub; bathroom; foot tub; coat, coating (of paint, etc.); (chem.) bath.—**b. de María,** double boiler.—**b. de vapor,** (med.) vapor bath.—**b. revelador,** (photog.) developing bath.—*pl.* bathhouse; spa; watering place.

bao, *m.* (naut.) beam, cross timber.

baobab, *m.* (bot.) baobab.

baptisterio, bautisterio, *m.* baptistery.

baque, *m.* blow in falling; thud.

baquelita, *f.* bakelite.

baqueta, *f.* ramrod; switch used in breaking in young horses.—*pl.* drumsticks; (punishment) gantlet.—**a b., a la b.,** harshly, despotically, without consideration.

baquetazo, *m.* blow with a ramrod.

baqueteado, da. I. *pp.* of BAQUETEAR. **II.** *a.* inured (to hard work).

baquetear, *va.* to inflict the punishment of the gantlet on; to vex.

baquía, *f.* familiarity with a region (app. esp. to roads, forests, etc.); skill.

baquiano, na. I. *n.* guide. **II.** *a.* skilful, expert.

báquico, ca, *a.* Bacchic.

baquio, *m.* (poet.) a metrical foot.

bar, *m.* bar (for drinks).

baraja, *f.* pack of cards; game of cards.

barajadura, *f.* shuffling of cards; dispute.

barajar, *va.* to shuffle (the cards); to jumble together; to entangle; to stop; to trick out of.

baranda, *f.* railing; bannister; cushion (of a billiard table).—**barandado, barandaje,** *m.* balustrade.—**barandal,** *m.* upper and under piece of a balustrade; railing.—**barandilla,** *f. dim.* balustrade, railing.

barangay, *m.* (P. I.) a kind of rowboat; a native village.

barata, *f.* barter; reduction sale; bargain.

baratador, ra, *n.* barterer.

baratar, *va.* to barter, traffic.

baratear, *va.* to sell cheap; to sell under price.

baratería, *f.* barratry, fraud, deception.

baratero, ra, *n.* one who exacts money from winning gamblers; one who sells cheap; haggler.

baratijas, *f. pl.* trifles, trinkets, notions.

baratillero, ra, *n.* peddler; seller of second-hand goods or articles.

baratillo, *m.* second-hand shop; bargain counter; heap of trifling articles.

barato, ta. I. *a.* cheap.—**dar de b.,** to grant for the sake of argument.—**de b.,** gratis.—**echar,** or **meter, a b.,** to mix up or confuse things by too much fuss.—**lo b. es,** or **siempre es, caro,** cheap things are always dear. **II.** *m.* reduction sale; bargain sale; money given by winning gamblers to the bystanders. **III. barato,** *adv.* cheaply.

báratro, *m.* (poet.) hell; abyss.

baratura, *f.* cheapness.

baraúnda, *f.* noise, hurly-burly, confusion.

barba, *f.* chin; beard; whiskers; wattle; first swarm of bees; top of beehive; player who acts old men's parts.—*pl.* head of a comet; slender roots; fibers; rough edges of paper; (ornith.) vanes of a quill.—**b. a b.,** face to face.—**b. cabruna,** (bot.) yellow goat's beard.—**b. cerrada,** heavy, thick beard.—**b. de Aarón,** (bot.) Aaron's beard.—**b. de ballena,** whalebone.—**en sus barbas,** to his face.—**por b.,** a head, apiece.—**tener pocas barbas,** to be young or inexperienced.

barbacana, *f.* (mil.) barbican, outwork of fortified place; churchyard wall.

barbacoa, *f.* (Am.) barbecue; (Am.) stretcher; elevated board bed supported on sticks; rough sleeping or storage loft or attic, usually of boards or canes; trellis; greenwood broiler used by Indians, or the meat thus broiled.

barbada, *f.* jaw of a horse; bridle curb; dab, small flat fish.

barbado, da. I. *a.* bearded; barbed, barbated. **II.** *m.* full-grown man; vine or tree transplanted; shoot; sucker.

barbaja, *f.* (bot.) cut-leaved viper's grass.—*pl.* (agr.) first roots.

barbar, *vn.* to grow a beard; to rear bees; (of plants) to strike root.

bárbaramente, *adv.* barbarously, savagely; atrociously; rudely, coarsely.

barbáricamente, *adv.* like barbarians.

barbaricé, barbarice, *v. V.* BARBARIZAR.

barbárico, ca, *a.* barbarous, barbarian.

barbaridad, *f.* barbarity, barbarous deed, atrocity; cruelty; rashness; rudeness; (Am.) excess (in anything); wild statement or action; nonsense; blunder.

barbarie, *f.* fierceness; cruelty; barbarity; lack of culture, rusticity.

barbarismo, *m.* barbarism; barbarousness; barbarous deed; barbarians.

barbarizar. **I.** *va.* (*pret.* BARBARICÉ; *subj.* BARBARICE) to barbarize. **II.** *vn.* to make wild statements.
bárbaro, ra. **I.** *a.* barbarous; barbarian; rude, crude, unpolished. **II.** *n.* barbarian.
barbarote, *m. aug.* great barbarian.
barbear, *va.* to reach with the chin; to be almost as high as; to fell (cattle) by twisting the neck; to shave.
barbechar, *va.* to plough for seeding; to fallow.
barbechera, *f.* series of plowings; fallowing season; plowing.
barbecho, *m.* fallow.
barbera, *f.* barber's wife.
barbería, *f.* barber's shop or trade.
barberil, *a.* pertaining to a barber; barberlike.
barbero, *m.* barber; (ichth.) mutton fish.
barbeta, *f.* (naut.) racking, gasket; (artil.) barbette.—a b., en barbette.
barbibermejo, ja, *a.* red-bearded.
barbiblanco, ca, *a.* gray- or white-bearded.
barbicacho, *m.* ribbon tied under the chin.
barbicano, na, *a.* gray-bearded.
barbiespeso, sa, *a.* having a thick beard.
barbihecho, cha, *a.* fresh-shaved.
barbilampiño, ña, *a.* smooth-faced, beardless.
barbilindo, barbilucio, *a.* small, good-looking (*rather*, pretty) and effeminate; dandy.
barbilla, *f.* point of the chin; (carp.) rabbet; (vet.) tumor under the tongue.
barbillera, *f.* tuft of tow; chin bandage.
barbinegro, gra, *a.* black-bearded.
barbiponiente, *a.* beginning to grow a beard; apprenticed.
barbiquejo, *m.* bonnet string; guard ribbon for a hat; curb chain; (naut.) bobstay.
barbirrubio, bia, *a.* blond-bearded.
barbirrucio, cia, *a.* having a black beard sprinkled with gray.
barbitaheño, ña, *a.* having a red beard.
barbital, *m.* (pharm.) barbital.
barbiteñido, da, *a.* having a dyed beard.
barbiturato, *m.* (chem.) barbiturate.
barbo, *m.* (ichth.) barbel, a river fish.
barbón, *m.* long-bearded man; Carthusian lay brother; buck.
barboquejo, *m.* chin strap; hat guard.
barbotar, *vn.* to mumble, mutter.
barbote, *m.* beaver of a helmet.
barbudo, da. **I.** *a.* having a long beard. **II.** *m.* vine transplanted with the roots.
barbulla, *f.* loud prattling noise.
barbullar, *vn.* to talk loud and fast.
barbullón, na, *a.* & *n.* loud, fast prattler.
barca, *f.* (naut.) boat, barge, bark.—**b. chata, b. de pasaje,** ferryboat.—**barcada,** *f.* passage in a ferryboat; boatload.—**barcaje,** *m.* ferriage.—**barcal,** *m.* wooden vessel.
barcarola, *f.* barcarole.
barcaza, *f.* barge, lighter; privilege of loading and unloading.
barcelonés, sa, *a.* from, or of, Barcelona.
barceno, na, *a.* = BARCINO.
barceo, *m.* dry bass or sedge for mats, ropes, etc.
barcia, *f.* chaff (from grain).
barcina, *f.* (Am.) grass net; large bundle of straw.
barcinar, *va.* (Am.) to load with sheaves.
barcino, na, *a.* red-brown and white (animals).
barco, *m.* boat, barge, vessel, ship; bottom.—**b. espacial,** (astronaut.) spacecraft.
barcolongo, barcoluengo, *m.* oblong boat with a round bow.
barcón, barcote, *m. aug.* large boat.
barchilón, *m.* (Am.) hospital nurse.
barda, *f.* bard, horse armor; thatch; reed.
bardado, da, *a.* barded, caparisoned.
bardaguera, *f.* (bot.) willow.
bardal, *m.* thatched wall or fence.
bardana, *f.* burdock.
bardar, *va.* to thatch (fences).
bardiota, *m.* Byzantine soldier.
bardo, *m.* bard, poet.
bardoma, *f.* (Am.) filth, mud.
bargueño, *m.* gilt and painted desk.
bario, *m.* (chem.) barium.
barita, *f.* (chem.) baryta or barytes.
baritel, *m.* = MALACATE, hoisting machine.
barítico, ca, *a.* (chem.) barytic.
baritina, *f.* barium sulphate.
barítono, *m.* (mus.) baritone.
barjuleta, *f.* knapsack, haversack; tool bag.
barloar, *va., vn.* & *vr.* (naut.) to grapple in order to board; ABARLOAR, to bring alongside.
barloas, *f. pl.* (naut.) relieving tackles.
barloventear, *vn.* (naut.) to ply to windward; to beat about.
barlovento, *m.* (naut.) windward.—**ganar el b.,** to get to windward.
barnacla, *m.* barnacle, sea goose.
barnicé, barnice, *v.* *V.* BARNIZAR.
barniz, *m.* varnish; cosmetic; printer's ink.—**b. del Japón,** japan.
barnizador, ra, *n.* & *a.* varnisher(-ing).
barnizar, *va.* (*pret.* BARNICÉ; *subj.* BARNICE) to varnish.
barógrafo, *m.* (meteorol.) barograph.
barometría, *f.* barometry.
barométrico, ca, *a.* barometric.
barómetro, *m.* barometer.—**b. aneroide,** aneroid barometer.—**b. metálico,** Bourdon gauge.
barometrógrafo, *m.* barometrograph.
barón, *m.* baron.—**barones del timón,** (naut.) rudder pendants and chains.—**baronesa,** *f.* baroness.—**baronía,** *f.* barony; baronage.
baroscopio, *m.* baroscope.
barotermógrafo, barotermómetro, *m.* instrument for measuring both atmospheric pressure and temperature.
barquear, *vn.* to go about in a boat; to cross (a river, lake) in a boat.
barquero, *m.* bargeman, boatman, ferryman.
barquilla, *f.* conical mold for wafers; little boat, wherry; (aer.) car, basket (of a dirigible).—**b. de la corredera,** (naut.) the log.
barquillero, ra. **I.** *n.* maker or seller of rolled wafers. **II.** *m.* wafer mold.
barquillo, *m.* cockboat; thin rolled wafer.
barquín, *m.*, **barquinera,** *f.* large bellows.
barquinazo, *m.* fall from a vehicle; tumble, fall.
barquino, *m.* wine skin. Also ODRE.
barra, *f.* (mech., eng.) bar, beam, rod; stripe; sandbar; gross-spun thread in cloth; mold for small candles; chase bar; shaft of a carriage; thill; (her.) third part of a shield; a country game in Spain; railing in a court room; visitors' gallery (in a parliamentary hall, etc.); (Am.) "fans" (at a game), supporters, (theat.) claque; (Arg.) "gang" (of boys); (naut.) spar.—*pl.* mining shares; stripes, bars (on a shield, etc.).—**b. colectora,** (elec.) busbar.—**b. de enganche,** (Ry.) drag link, dragbar.—**b. de tracción,** drawbar.—**en barra** or **en barras,** in bars, bar (as *a.*).
Barrabás, *m.* devil (fig.).—**barrabasada,** *f.* serious mischief; bold action.
barraca, *f.* barrack, cabin, hut; storage shed.
barracón, *m.* barracoon.
barracuda, *f.* (ichth.) barracuda.
barrado, da. **I.** *pp.* of BARRAR. **II.** *a.* corded; ribbed; striped; (her.) barred.
barragán, *m.* barracan, camlet; waterproof woollen stuff; waterproof overcoat.
barragana, *f.* concubine; morganatic wife.
barraganería, *f.* concubinage.
barraganete, *m.* (naut.) top-timber, futtock.
barral, *m.* (Am.) demijohn of about 25 pints.
barranca, *f.*, **barrancal,** *m.* deep hollow; gorge, ravine; cliff; precipice.
barranco, *m.* BARRANCA; great difficulty.
barrancoso, sa, *a.* uneven, rough.
barranquera, *f.* BARRANCA; obstruction, difficulty.
[1]**barrar,** *va.* to daub, smear.
[2]**barrar,** *va.* to bar, barricade.

barrear, I. *va.* to bar, barricade; to cancel, cross off. **II.** *vn.* to graze a knight's armor with a lance. **III.** *vr.* to intrench.
barredero, ra. I. *a.* that drags along; sweeping. **II.** *f.* sweeper (machine), cleaner (esp. for cleaning streets). **III.** *m.* baker's mop.
barredura, *f.* sweeping.—*pl.* sweepings, refuse, chaff.
barreminas, *m.* mine sweeper (ship).
barrena, *f.* drill; auger; gimlet; (aer.) spin; spinning dive.—**b. de diminución,** taper auger.—**b. de guía,** centerbit.—**b. de gusano,** wimble; rock drill.—**b. grande,** auger, borer.—**b. pequeña,** gimlet.
barrenado, da. I. *pp.* of BARRENAR. **II.** *a.* bored, drilled. **III.** *m.* boring, drilling.
barrenar, *va.* to bore, drill; to foil; to infringe (a law).—**b. un navío,** (naut.) to scuttle a ship.—**b. una roca,** or **mina,** to blast a rock, or a mine.
barrendero, ra, *n.* sweeper, dustman(-woman).
barrenero, *m.* maker or seller of augers and drills; blaster, driller.
barrenillo, *m.* insect that bores into trees.
barreno, *m.* large borer, drill or auger; bored hole, blast hole; vanity.—**dar b.** (naut.) to sink (a ship).
barreña, *f.*, **barreño,** *m.* earthen pan; tub.
barrer, *va.* to sweep; (naut.) to rake.—**al b.** (com.) on an average.
[1]**barrera,** *f.* barricade, barrier, parapet, fence; bar, tollgate, turnstile.—**b. de radar,** radar fence.—**b. sónica,** sonic or sound barrier.—**b. térmica,** thermic or heat barrier.
[2]**barrera,** *f.* clay pit; mound of earth; cupboard for crockery.
barrero, *m.* potter; marshy ground; salty soil.
barreta, *f.* small bar; shoe lining.
barretear, *va.* to fasten with bars; line (a shoe).
barriada, *f.* city ward, district, precinct, quarter.
barrial, *m.* mire.
barrica, *f.* cask containing about 60 gallons.
barricada, *f.* barricade.
barrido, *m.* sweeping.
barriga, *f.* belly; pregnancy.
barrigón, na, barrigudo, da, *a.* big-bellied.
barriguera, *f.* bellyband, cinch.
barril, *m.* barrel; (naut.) water cask.
barrilaje, *m.* (Mex.) barrels collectively; BARRILAME.
barrilame, barrilamen, *m.* stock of casks or barrels; barrel factory.
barrilejo, *m. dim.* rundlet, small barrel.
barrilería, *f.* = BARRILAME.
barrilero, ra, *n.* barrel maker, cooper.
barrilete, *m.* holdfast, dog, clamp; (naut.) mouse; (zool.) crab covered with prickles; keg; kite; upper joint of a clarinet.
barrilico, illo, ito, *m. dim.* keg, rundlet, small barrel, firkin.
barrilla, *f.* little bar; rod; (bot.) saltwort.
barrillar, *m.* barilla plantation; barilla pits.
barrio, *m.* city district, ward, precinct, quarter; suburb.—**el otro b.,** the other world; eternity.
barrizal, *m.* clay pit; mire.
[1]**barro,** *m.* clay; mud; earthenware; drinking vessel made of sugar clay.—**hacer un b.,** (Arg.) to make a break, put one's foot in it.
[2]**barro,** *m.* (gen. *pl.*) pimples on the face; (vet.) fleshy tumors.
barroco, ca, *a.* (f. a.) baroque.
barrocho, *m.* two-seat light wagon without top.
[1]**barroso, sa,** *a.* muddy, miry.
[2]**barroso, sa,** *a.* pimpled; reddish.
barrote, *m.* short and thick iron bar; round rung (of a ladder); (carp.) brace.—**barrotes,** (naut.) battens, scantlings.
barrueco, *m.* pearl of irregular form.
barrumbada, *f.* extravagant expense; boast.
barruntador, ra, *n.* conjecturer.
barruntamiento, *m.* conjecturing, guessing.
barruntar, *va.* to conjecture, guess.
barrunto, *m.* conjecture.
bartola, *f.*—**a la b.,** carelessly.
bartolillo, *m.* three-cornered little meat pie.
bártulos, *m. pl.* household goods; tools; means, measures, way (to do something).
baruca, *f.* cunning, deceit, trickery.
barullo, *m.* confusion, disorder, tumult.
barzón, *m.* idle walk; ring of a yoke.
barzonear, *vn.* to loiter, stroll about.
basa, *f.* pedestal, base; basis.
basada, *f.* stocks for ship building.
basal, *a.* basal, basic, fundamental.
basáltico, ca, *a.* basaltic.
basalto, *m.* basalt.
basamento, *m.* (arch.) base and pedestal.
basar. I. *va.* to support, give a base to; to base, found; (surv.) to refer (operation, etc.) to a base line. **II.** *vr.* (**en**) to base one's opinion (on).
basáride, *f.* (Mex.) bassaris, a species of racoon.
basca, *f.* squeamishness, nausea; swoon.
bascosidad, *f.* nastiness; filth.
báscula, *f.* platform scales.
base, *f.* base, basis; (mil., chem., alg., geom.) base; (surv.) base (line).—**b. naval,** naval base or station.
basicidad, *f.* (chem.) basicity.
básico, ca, *a.* basic.
báside, *m.* (bot.) basidium.
basificar, *va.* (chem.) to basify.
basilar, *a.* basilar, basilary.
basílica, *f.* royal palace; public hall; basilica, privileged church; (arch.) basilica; (anat.) basilic vein.
basilicón, *m.* (med.) basilicon, ointment.
basilio, lia, *n.* & *a.* Basilian (monk, nun).
basilisco, *m.* basilisk (animal, cannon).—**estar hecho un b.,** to be furious, (coll.) to be hot under the collar.
basketbol, *m.* basketball.—**basketbolista. I.** *n.* basketball player. **II.** *a.* basketball (as *a.*).—**basketbolero, ra,** *a.* basketball (as *a.*).
basketero, ra, *n.* basketball player.
basquear, *vn.* to be squeamish or nauseated.
basquetbol, etc. = BASKETBOL, etc.
basquilla, *f.* a disease of sheep.
basquiña, *f.* outer skirt.
basta, *f.* coarse stitch; basting.
bastaje, *m.* porter; carrier.
bastante. I. *a.* sufficient, enough. **II.** *adv.* enough; rather, fairly, pretty.—**bastantear,** *va.* (law) to acknowledge the validity of (a power of attorney).—**bastantemente,** *adv.* sufficiently.
bastanteo, *m.* acknowledging a power of attorney.
bastar, *vn.* to suffice; to be enough.—**¡basta!** that will do; stop!
bastarda, *f.* bastard file; piece of ordnance.
bastardear, *vn.* to degenerate; to bastardize.
bastardelo, *m.* notary's draft book; blotter, record book.
bastardía, *f.* bastardy; meanness.
bastardilla, *f.* a kind of flute; (print.) italic.
bastardo, da. I. *a.* bastard; (print.) bastard (type). **II.** *n.* bastard. **III.** *m.* boa (snake); a kind of saddle; (naut.) parrel rope.
[1]**baste,** *m.* = BASTA.
[2]**baste,** *m.* saddle pad.
bastear, *va.* (sewing) to baste.
bastero, *m.* maker or seller of packsaddles.
bastida, *f.* an ancient war engine.
bastidor, *m.* frame; easel; embroidery frame; stretcher for canvas; wing of stage scenery; window sash; frame of a screw propeller; (photog.) plate holder.—*pl.* (naut.) frames for canvas bulkheads.—**entre bastidores,** behind the scenes.
bastilla, *f.* (sew.) hem; bastille.
bastillar, *va.* (sew.) to hem.
bastimentar, *va.* to victual; to provision.
[1]**bastimento,** *m.* supply of provisions; building, structure; (naut.) vessel.

[2]**bastimento,** *m.* mattress tufting.
bastión, *m.* = BALUARTE, bastion.
[1]**basto,** *m.* packsaddle; pad; (cards) ace of clubs. —*pl.* clubs (cards).
[2]**basto, ta,** *a.* coarse; rude; gross; homespun.
bastón, *m.* walking cane; gad, truncheon; baton; roller of a silk frame.—**bastonada,** *f.*, **bastonazo,** *m.* bastinado.—**bastoncillo,** *m.* small cane or stick; narrow trimming lace.—**bastonear,** *va.* to cane.—**bastonero,** *m.* cane maker or seller; manager of a ball; cotillon leader; assistant jailer.
basura, *f.* sweepings, rubbish; garbage, refuse.
basurero, *m.* garbage collector, garbage man, (Engl.) dustman; wastebasket; dunghill.
basuriento, ta, *a.* (Am.) full of rubbish.
[1]**bata,** *f.* dressing gown, robe, wrapper.—**b. de baño,** bathrobe.
[2]**bata,** *n.* (P. I.) native child or half-breed minor.
batacazo, *m.* violent bump from a fall.
batahola, *f.* hurly-burly, bustle, hubbub.
batalla, *f.* battle; fencing bout; joust, tournament; (artil.) battle piece.—**b. campal,** pitched battle.
batallador, ra, *n.* & *a.* battler(-ing), fighter (-ing).
batallar, *vn.* to battle, fight, struggle; to fence.
batallola, *f.* (naut.) rail.
batallón, *m.* battalion.
batallona, *a.*—**cuestión b.,** vexed question, hard nut to crack.
batán, *m.* fulling mill.—*pl.* **batanes,** a boys' game.—**batanar,** *va.* to full (cloth).—**batanear,** *va.* to drub, thrash, beat.—**batanero,** *m.* fuller, clothier.
batanga, *f.* (P. I.) bamboo outrigger in boats.
batata, *f.* sweet potato.—**batatal, batatar,** *m.* sweet-potato field.
batatazo, *m.* (Am. coll.).—**dar b.,** (of horses) to win against all expectations.
bátavo, va, *a.* Batavian.
batayola, *f.* (naut.) rail.
bate, *m.* (Angl.) (Am.) baseball bat.
batea, *f.* painted tray; foot tub; flat-bottomed boat, punt; large wash tray or trough.
bateador, *m.* (baseball) batter.
batear, *va.* & *vn.* (in baseball) to bat.
batel, *m.* small vessel.
batería, *f.* (artil., elec., baseball) battery; (naut.) range of guns; (mus.) aggregate of percussion instruments; battering.—**b. de acumuladores,** (elec.) storage battery.—**b. de cocina,** kitchen utensils.—**b. seca,** (elec.) dry battery.
batero, ra, *n.* dressmaker; ladies' tailor.
batey, *m.* (Cuba) sugar mill town.
batiborrillo, *m.* = BATURRILLO, hodgepodge.
baticola, *f.* crupper.
batida, *f.* hunting party; battue.
batidera, *f.* beater (in masonry); stirrer (in glassmaking); batlet; batting arm; scutcher; nap of a churn; instrument for cutting honeycombs.
batidero, *m.* continuous striking or beating; collision; craggy ground; (naut.) washboard.
batido, da. I. *pp.* of BATIR. **II.** *a.* shot, chatoyant (silks); beaten, trodden, as roads. **III.** *m.* batter of flour, eggs, etc.
batidor, ra. I. *a.* that beats or shakes. **II.** *m.* beater; stirring rod; scout; comb (hair); *f.* churn.
batiente, *m.* jamb (of a door); leaf (of a door); port-sill; damper (of a piano); spot where the sea beats against the shore.—**b. de la bandera,** (naut.) fly of the ensign.—**b. de un dique,** apron of a dock.
batifulla, *m.*, **batihoja,** *m.* gold beater; sheet-metal worker; warp.
batimetría, *f.* bathymetry.
batimiento, *m.* beating.
batín, *m.* smoking jacket.
batintín, *m.* Chinese gong.
bationdeo, *m.* fluttering of a banner or curtain.
batiportar, *va.* (naut.) to house (a gun).
batiportes, *m. pl.* (naut.) port-sills.
batir. I. *va.* to beat, pound; to strike; to demolish; to flap; to stir; to comb; to adjust (reams of paper); to vanquish; to reconnoiter; to beat (a drum).—**b. banderas,** to salute with colors. —**b. el campo,** to reconnoiter the enemy's camp; to investigate.—**b. el record,** to beat the record.—**b. hoja,** to foliate.—**b. las olas,** to ply the seas.—**b. moneda,** to coin money. —**b. palmas,** to clap the hands.—**b. una catarata,** (med.) to couch a cataract. **II.** *vr.* to fight; to duel; to lose courage; to decline in health.
batiscafo, *m.* bathyscaphe.
batisfera, *f.* bathysphere.
batista, *f.* batiste, cambric.
batitermógrafo, *m.* bathythermograph.
bato, *m.* rustic, simpleton.
batojar, *va.* to gather (fruit from a tree) by knocking it down with a stick.
batología, *f.* battology, needless repetition.
batómetro, *m.* bathometer, bathymeter, an instrument used for determining depths at sea.
batracio, cia. (zool.) **I.** *n.* & *a.* batrachian. **II.** *m. pl.* Batrachia.
batuda, *f.* springboard jumping contest.
baturrillo, *m.* hodgepodge, mash, salmagundi; potpourri; medley.
batuta, *f.* conductor's wand; baton.—**llevar la b.,** to lead; to preside; to manage.
baúl, *m.* trunk, chest; belly.—**b. escaparate,** wardrobe trunk.—**b. mundo,** Saratoga trunk. —**b. ropero,** = B. ESCAPARATE.—**baulito,** *m. dim.* small trunk.
bauprés, *m.* (naut.) bowsprit.
bausán, na, *m.* manikin, effigy; fool, idiot.
bauticé, bautice, *v. V.* BAUTIZAR.
bautismal, *a.* baptismal.
bautismo, *m.* baptism, christening.
bautista, *n.* baptizer; Baptist.—**el B.,** the Baptist (John).
bautisterio, *m.* baptistery.
bautizante, *n.* baptizer, christener.
bautizar, *va.* (*pret.* BAUTICÉ: *subj.* BAUTICE) to baptize, christen; to name, call; to mix (wine) with water.
bautizo, *m.* baptism; christening party.
bauxita, *f.* (min.) bauxite.
bávaro, ra, *n.* & *a.* Bavarian.
baya, *f.* berry, any small globular fruit.
bayadera, *f.* Oriental dancer.
[1]**bayal,** *a.* long-stem autumn (flax).
[2]**bayal,** *m.* lever used in raising millstones.
bayeta, *f.* baize, thick flannel; (print.) blanket.
bayetón, *m.* coating, cloth for coats; (Am.) long baize poncho.
[1]**bayo, ya. I.** *a.* bay (color). **II.** *m.* bay horse; silkworm moth used as bait in fishing.—**uno piensa el b. y otro quien lo ensilla,** it is one thing to command and another to obey, it all depends on who is master and who servant.
[2]**bayo,** *m.* (Chile) poor man's bier.
[1]**bayoco,** *m.* Italian copper coin.
[2]**bayoco,** *m.* unripe or withered fig.
bayoneta, *f.* bayonet.—**bayonetazo,** *m.* bayonet thrust or wound.
bayoque, *m.* = [1]BAYOCO.
bayuca, *f.* tippling house, tavern.
baza, *f.* trick (at cards).—**no dejar meter b.,** not to let one put in a single word.
bazar, *m.* bazaar, market place; department store; fair.
bazo, za. I. *n.* & *a.* yellowish brown. **II.** *m.* (anat.) spleen.
bazofia, *f.* offal, waste meat, refuse, remnants.
bazucar, *va.* (*pret.* BAZUQUÉ: *subj.* BAZUQUE) to stir (liquids) by shaking; to dash.
bazuco, *m.* (mil.) bazooka.
bazuqueo, *m.* shaking (a liquid); jumble.
[1]**be,** *m.* baa, cry of sheep.
[2]**be,** *f.* b (the letter).—**b. por b.,** with all particulars, minutely.

beata, *f.* woman engaged in works of charity; overpious woman, one that devotes much of her time to praying and church going (gen. with the implication of prudery and bigotry).
beatería, *f.* affected piety; bigotry.
beaterio, *m.* pious women's house or institution.
beatificación, *f.* beatification.
beatíficamente, *adv.* beatifically.
beatificar, *va.* to beatify; to render respectable; to make happy.
beatífico, ca, *a.* (theol.) beatific.
beatilla, *f.* a kind of fine linen.
beatísimo, ma, *a. super.* of BEATO.—**b. padre,** Most Holy Father (the Pope).
beatitud, *f.* beatitude, blessedness, holiness.
beato, ta. I. *a.* happy, blessed; beatified; devout; overpious, prudish, bigoted. **II.** *n.* pious person; one who lives in pious retirement; overpious, prudish person.
beatón, na, *n.* hypocrite, bigot.
bebé, *m.* baby, babe.
bebedero, ra. I. *a.* drinkable. **II.** *m.* drinking place or trough; spout.—*pl.* strips for lining clothes; facing.
bebedizo, za. I. *a.* drinkable. **II.** *m.* medicinal potion; draught; philter or love potion; poisonous draught.
bebedo, da, bebido, da, *a.* drunk.
bebedor, ra, *n.* tippler, toper.
beber. I. *va.* & *vn.* to drink; to swallow; to pledge, toast.—**b. a la salud de alguno,** to drink some one's health.—**b. como una cuba,** to d 'nk like a fish.—**b. en,** to drink from, out of.—**b. los pensamientos a alguno,** to anticipate one's thoughts.—**b. los vientos,** to solicit with much eagerness. **II.** *m.* drinking; a drink.
bebible, *a.* pleasant to drink, drinkable.
bebida, *f.* drink, beverage; potion; time allowed to workmen for drinks.
bebido, da. I. *pp.* of BEBER. **II.** *a.* intoxicated.
bebirina, *f.* (chem.) bebeerine.
bebistrajo, *m.* mixture of drinks; a nasty drink.
beborrotear, *vn.* to sip often.
beca, *f.* scholarship, fellowship; pension; sash. —**b. de merced,** scholarship.
becabunga, *f.* (Am.) (bot.) brooklime; veronica.
becada, *f.* (ornith.) woodcock. Also CHOCHA.
becado, da, *n.* = BECARIO.
becafigo, *m.* (ornith.) figpecker.—**b. raro,** (ornith.) red-headed linnet.
becardón, *m.* (ornith.) snipe.
becario, ria, *n.* fellow, fellowship or scholarship holder.
becerra, *f.* (bot.) snapdragon.
becerril, *a.* bovine; calf (as *a.*).
becerro, rra, *n.* yearling calf; *m.* calfskin; (Sp.) register book (church, city hall, etc.).—**b. de oro,** (bib.) golden calf; (fig.) riches.—**b. descarriado,** (zool.) dogie, stray calf; (coll.) black sheep.—**b. marino,** (zool.) sea calf.
becoquín, *m.* cap tied under the chin.
becquerelita, *f.* (min.) becquerelite.
becuadrado, *m.* first property in plain song, or Gregorian mode.—**becuadro,** *m.* (mus.) the sign ♮, denoting a return to the natural tone.
bedel, *m.* beadle, warden.
bedelía, *f.* beadleship, wardenship.
bedelio, *m.* bdellium, an aromatic gum.
beduino, na, *a.* Bedouin; harsh, uncivil.
befa, *f.* jeer, scoff, mock, taunt.
befabemí, *m.* a musical sign.
befar. I. *va.* to mock, scoff, ridicule. **II.** *vn.* (of horses) to move the lips trying to catch the chain of the bit.
befo, fa. I. *a.* having a thick lower lip; knock-kneed. **II.** *m.* lip of an animal; a kind of monkey.
begonia, *f.* (bot.) begonia.—**begoniáceo, ea. I.** *a.* (bot.) begoniaceous. **II.** *f. pl.* Begoniaceæ.
behén, *m.* = BEN, a small, oil-bearing fruit.
behetría, *f.* free, independent town; confusion, disorder.
béisbol, *m.* (Am.) baseball (game).
beisbolero, ra; beisbolista. I. *a.* (Am.) of or pertaining to baseball. **II.** *n.* (Am.) baseball player.
bejel, *m.* (med.) yaws.
bejín, *m.* (bot.) common puffball, fuzzball; whining, peevish child.
bejucal, *m.* place where BEJUCOS grow.
bejuco, *m.* large creeping or climbing wild plant; rattan.
bejuquillo, *m.* gold chain made in China; (bot.) ipecacuanha; thin BEJUCO.
belcho, *m.* (bot.) horsetail tree.
beldad, *f.* beauty, belle.
belemnita, *f.* (paleontol.) belemnite.
Belén, *m.* Bethlehem; a Christmas crèche; confusion, bedlam.
beleño, *m.* (bot.) henbane, poison.
belérico, *m.* (bot.) a kind of myrobalan.
belez, *f.*, **belezo,** *m.* jar for oil or wine; furniture.
belfo, fa. I. *a.* having a thick lower lip. **II.** *m.* lip of an animal.
belga, *n.* & *a.* Belgian.
bélgico, ca. I. *a.* Belgian. **II.** *f.* (**B.**) Belgium.
bélico, ca, *a.* bellicose, warlike.
belicosidad, *f.* bellicosity.
belicoso, sa, *a.* warlike, bellicose; quarrelsome.
beligerancia, *f.* belligerency.
beligerante, *n.* & *a.* belligerent.
belígero, ra, *a.* (poet.) warlike, belligerent.
belísono, na, *a.* with martial, warlike sound.
belitre, *a.* low, mean, vile, vulgar; roguish.
bellacada, *f.* nest of rogues; knavish act.
bellacamente, *adv.* knavishly, roguishly.
bellaco, ca. I. *a.* artful, sly, cunning, roguish, deceitful. **II.** *m.* rogue, villain, knave.
bellacuelo, *m. dim.* tricky, cunning little fellow.
belladona, *f.* (bot.) belladonna.
bellamente, *adv.* prettily, gracefully, fairly.
bellaquear, *vn.* to cheat, swindle; to play knavish, roguish tricks; (Arg.) (of horse) to buck.
bellaquería, *f.* knavery, roguery, cunning; vile act or expression.
belleza, *f.* beauty, pulchritude.
bello, lla, *a.* beautiful, fair.—**bello sexo,** fair sex.—**bellas artes,** fine arts.—**las bellas,** the fair ones.
bellorio, ria, *a.* mouse-colored.
bellorita, *f.* (Am.) (bot.) primrose, cowslip.
bellota, *f.* acorn; carnation bud; perfume box.
bellote, *m.* large round-headed nail.
bellotear, *vn.* to feed on acorns.
bellotera, *f.* acorn season.
bellotero, ra. I. *n.* one who gathers or sells acorns. **II.** *m.* oak forest.
bembo, ba. I. *n.* & *a.* thick-lipped. **II.** *m.* thick lip, esp. Negro's lip.—**bembón, na,** *a.* (of persons) thick-lipped.
bemol, *m.* (mus.) flat.—**tener bemoles,** (coll.) to be very difficult, a tough job.
bemolado, *a.* flat(ted), lowered a semitone.
bemolar, *va.* (mus.) to flat.
ben, *m.* behen, a small oil-producing fruit.
benarriza, *f.* (ornith.) ortolan.
bencedrina, *f.* (pharm.) benzedrine.
bencénico, ca, *a.* pertaining to benzene.
benceno, *m.* (chem.) benzene.
bencílico, ca, *a.* benzilic.
bencilo, *m.* (chem.) benzil, benzyl.
bencina, *f.* benzine.
bendecidor, ra, *n.* & *a.* blesser(-ing).
bendecir, *va.* (*pp.* BENDITO and BENDECIDO; *ind. pres.* BENDIGO, *pret.* BENDIJE; *imper.* BENDICE; *subj.* BENDIGA) to bless; to consecrate.
bendición, *f.* benediction, blessing.—*pl.* or **bendiciones nupciales,** marriage ceremony.
bendigo, bendije, bendiga, *v.* V. BENDECIR.
bendito, ta. I. *pp. irreg.* of BENDECIR. **II.** *a.* sainted, blessed; simple, silly.—**es un b.,** he is a simpleton.

benedícite, *m.* (Lat.) permission solicited by ecclesiastics; grace before meals.
benedicta, *f.* (med.) benedict, electuary.
benedictino, na. I. *a.* Benedictine. **II.** *m.* benedictine.
benefactor, *m.* benefactor.
beneficencia, *f.* beneficence, charity; department of public welfare.
beneficiación, *f.* benefaction.
beneficiado, *m.* curate; beneficiary.
beneficiador, ra, *n.* benefactor; improver, developer, exploiter (of a mine, etc.).
beneficial, *a.* pertaining to benefices or ecclesiastical livings.
beneficiar. I. *va.* to benefit; to cultivate, develop, exploit; to confer a sinecure on; to purchase. **II.** *vr.* to profit.
beneficiario, ria, *n.* beneficiary.
beneficio, *m.* benefit; profits; favor, kindness, benefaction; benefit, ecclesiastical living; right belonging to one either by law or charter; working, development (of a mine); (com.) premium.—**b. bruto,** gross profit.—**b. neto,** clear profit.—**b. simple,** sinecure.—**beneficioso, sa,** *a.* beneficial, profitable.
benéfico, ca, *a.* beneficent, charitable; beneficial.
benemérito, ta, *a.* meritorious, worthy.
beneplácito, *m.* approval, consent.
benevolencia, *f.* benevolence, kindness
benévolo, la, *a.* benevolent, kind.
bengala, *f.* a kind of muslin; cane.
bengalí, *n.* & *a.* Bengalese.
bengalina, *f.* (text.) bengaline.
benignamente, *adv.* kindly, benevolently.
benignidad, *f.* benignity, kindness; mildness.
benigno, na, *a.* benign, kind; mild.
benito, ta, *n.* & *a.* Benedictine (friar or nun).
Benjamín, *m.* youngest son or daughter, "the baby."
benjamita, *a.* descending from, or pertaining to, Benjamin or the tribe of Benjamin.
benjuí, *m.* benzoin.
benzaldehido, *m.* (chem.) benzaldehyde.
benzamida, *f.* (chem.) benzamide.
benzoato, *m.* (chem.) benzoate.
benzoico, ca, *a.* benzoic.
benzoína, *f.* (chem.) benzoin.
benzol, *m.* (chem.) benzol.
beocio, cia, *n.* & *a.* Bœotian.
beodez, *f.* drunkenness.
beodo, da, *a.* drunk.
beorí, *m.* an American tapir.
beque, *m.* (naut.) head of the ship.
berberí, *n.* & *a.* Berber.
berberídeo, a. I. *a.* (bot.) berberidaceous. **II.** *m. pl.* Berberidaceæ.
berberina, *f.* (chem.) berberine.
berberís, *m.* (bot.) barberry, piperidge bush.
berberisco, ca, *n.* & *a.* Berber.
bérbero, *m.* barberry; a barberry confection.
berbí, *m.* a kind of woollen cloth.
berbiquí, *m.* drill brace, bitstock; wimble.
bereber = BERBERISCO.
berenjena, *f.* eggplant.—**berenjenado, da,** *a.* eggplant-colored.—**berenjenal,** *m.* bed of eggplants; difficulties, troubles.
bergamota, *m.* bergamot (fruit, essence, snuff).
bergamote, bergamoto, *m.* bergamot tree.
bergante, *m.* brazen-faced villain, ruffian, rascal.
bergantín, *m.* (naut.) brig, brigantine.
beriberi, *m.* beriberi.
berilato, *m.* (chem.) beryllate.
berilio, *m.* (chem.) beryllium.
berilo, *m.* (min.) beryl.
berkelio, *m.* (chem.) berkelium.
[1]**berlina,** *f.*—**en b.,** in a ridiculous position, exposed to ridicule; (diff. constr.) laughingstock.
[2]**berlina,** *f.* berlin (carriage); front compartment of a stagecoach or a railway carriage.
berlinés, sa, *a.* of or from Berlin.
berlinga, *f.* clothesline post; round timber.
berma, *f.* (mil.) berm, ground at the foot of a rampart.
bermejear, bermejecer, *vn.* to have a reddish color.
bermejizo, za. I. *a.* reddish. **II.** *m.* (zool.) red bat.
bermejo, ja, *a.* bright reddish.—**bermejón, na,** *a.* reddish.—**bermejuela,** *f.* (zool.) red gurnard; (bot.) heather.—**bermejuelo, la,** *a. dim.* somewhat reddish.—**bermejura,** *f.* reddishness, ruddy color.
bermellón, bermillón, *m.* vermilion.—**bermellonar,** *va.* to paint with vermilion.
bermudiana, *f.* (bot.) grassflower.
bernardina, *f.* fanfaronade; boast.
bernardo, da, *n.* & *a.* Bernardine (monk, nun).
bernegal, *m.* cup with scalloped edges.
bernés, sa, *n.* & *a.* Bernese.
bernia, *f.* rug; cloak made of rug.
berra, *f.* strong watercress plant.
berraza, *f.* water parsnip.
berrear, *vn.* to cry like a calf, low, bellow.
berrenchin, *m.* foaming, grunting of a wild boar; cry of wayward children.
berrendo, da, *a.* two-colored; spotted; (of silkworm) dark brown (from a disease).
berrera, *f.* (bot.) = BERRAZA.
berrido, *m.* bellowing.
berrín, *m.* child in a violent passion.
berrinche, *m.* anger, passion; sulkiness.
berrinchudo, *a.* (Am.) irritable, sulky.
berrizal, *m.* place full of watercress.
berro, *m.* (bot.) watercress.
berrocal, *m.* craggy or rocky place.
berrueco, *m.* rock; pin; a disease of the eye.
berza, *f.* (bot.) cabbage.—**b. común,** common cabbage.—**b. de perro,** dog's cabbage.—**b. lombarda,** red cabbage.—**berzaza,** *f. aug.* large cabbage.
besador, ra, *n.* & *a.* kisser(-ing).
besalamano, *m.* unsigned note in the third person beginning with the abbreviation B.L.M.
besamanos, *m.* reception at court; raising the hand to the lips in greeting.
besana, *f.* first furrow with a plow; series of parallel furrows.
besar. I. *va.* to kiss; (of inanimate things) to touch closely.—**b. la mano,** or **los pies,** expressions of courtesy and respect. **II.** *vr.* to strike heads or faces together accidentally.
besico, sillo, sito, *m. dim.* little kiss.—**besicos de monja,** (bot.) FAROLILLO, Indian heartseed.
beso, *m.* kiss; collision of persons or things; (among bakers) kissing crust.
bestezuela, *f. dim.* little beast.
bestia, *f.* beast, quadruped; *mf.* (fig.) idiot; ill-bred fellow.—**b. de carga,** beast of burden.
bestiaje, bestiame, *m.* group of beasts of burden.
bestial, *a.* bestial, brutal.—**bestialidad,** *f.* brutality; stupid notion.—**bestialmente,** *adv.* bestially, brutally.
bestiaza, *m. aug.* great beast; big idiot.
bestión, *m. aug.* large beast.
béstola, bístola, *f.* paddle for cleaning the coulter of the plow.
besucador, ra, *n.* (coll.) kisser, spooner.
besucar. I. *va.* (*pret.* BESUQUÉ; *subj.* BESUQUE) to kiss repeatedly. **II.** *vn.* to spoon.
besucón, na, *n.* & *a.* spooner(-ing).
besugada, *f.* luncheon of sea breams.
besugo, *m.* (ichth.) sea bream, red gilthead.
besuguera, *f.* pan for dressing BESUGOS.
besuguero, ra. I. *n.* fishmonger who sells breams. **II.** *m.* fishing tackle for breams.
besuguete, *m.* (ichth.) red sea bream.
besuqué, besuque, *v. V.* BESUCAR.
besuqueador, ra, *n.* = BESUCADOR.
besuquear, *va.* & *vn.* = BESUCAR.—**besuqueo,** *m.*, (coll.) spooning.
[1]**beta,** *f.* bit or line of thread, tape.—**betas,** (naut.) pieces of cordage for all kinds of tackle.
[2]**beta,** *f.* beta (Greek letter).
betabel, *f.* (Mex.) = BETARRAGA.
betaína, *f.* (chem.) betaine.
betarraga, betarrata, *f.* (bot.) beet, beetroot.

betatrón, *m.* (phys.) betatron.
betel, *m.* betel, an Indian shrub.
bético, ca, *a.* Andalusian.
betlemita, *n.* & *a.* Bethlehemite.
betónica, *f.* (bot.) betony.
betuláceo, cea. I. *a.* (bot.) betulaceous. **II.** *f. pl.* Betulaceæ.
betulina, *f.* (chem.) betulin.
betún, *m.* bitumen, pitch; shoeblacking; coarse wax.—**b. judaico,** asphalt.—**betunar,** *va.* to pitch, tar.
bevatrón, *m.* (phys.) bevatron.
bey, *m.* bey, Turkish governor.
bezaar, bezar, *m.* = BEZOAR.
bezante, *m.* (her.) bezant.
bezo, *m.* thick underlip; (med.) proud flesh in a wound.
bezoar, *m.* bezoar.—**b. occidental, b. oriental,** Occidental, Oriental bezoar.—**bezoárico, ca,** *a.* bezoardic.
bezote, *m.* ring worn by Indians in under lip.
bezudo, da, *a.* thick lipped.
biangular, *a.* biangulated, biangulous.
biaxil, *a.* biaxial.
biazas, bizazas, *f. pl.* saddl
bibásico, ca, *a.* (chem.) bibasic.
biberón, *m.* nursing bottle.
Biblia, *f.* Bible.—**bíblico, ca,** *a.* Biblical.
bibliófilo, la, *n.* book lover, bibliophile.
bibliografía, *f.* bibliography.
bibliográfico, ca, *a.* bibliographical.
bibliógrafo, fa, *n.* bibliographer.
bibliomanía, *f.* bibliomania.
biblíómano, na, *n.* bibliomaniac.
biblioteca, *f.* library.
bibliotecario, ria, *n.* librarian.
bicameral, *a.* bicameral.
bicapsular, *a.* (bot.) having two carpels.
bicarbonato, *m.* (chem.) bicarbonate.—**b. de sosa** or **b. sódico,** (chem.) bicarbonate of soda.
bicéfalo, la, *a.* bicephalous.
bicéps, *m.* (anat.) biceps.
bicerra, *f.* wild or mountain goat.
bicicleta, *f.* bicycle.—**bicicletista,** *n.* cyclist.
biciclo, *m.* large bicycle.—**biciclista,** *n.* = BICICLETISTA.
bicípite, *a.* bicipital, two-headed.
bicloruro, *m.* (chem.) bichloride.—**b. de mercurio,** (chem.) bichloride of mercury.
bicoca, *f.* small fort; trifle, bagatelle.
bicolor, *a.* two-colored.
bicóncavo, va, *a.* biconcave, double-concave.
biconvexo, a, *a.* double-convex.
bicoquete, *m.* **bicoquín,** *m.* double-pointed skullcap.
bicorne, *a.* (poet.) bicorn, having two horns.
bicos, *m. pl.* gold trimmings on skullcaps.
bicromático, ca, *a.* two-color.
bicromato, *m.* bichromate.
bicromía, *f.* two-color print.
bicrón, *m.* (phys.) bicron.
bicuento, *m.* (arith.) billion.
bicúspide, *m.* & *a.* bicuspid.
bicha, *f.* snake; (arch.) fantastic caryatid.
bichero, *m.* (naut.) boat hook.
bicho, *m.* small grubs or insects; (coll.) beast (often app. to bulls); ridiculous fellow.
bidé, *m.* bidet, washtub.
bidentado, da, *a.* bidentate.
bidente. I. *a.* having two teeth or prongs. **II.** *m.* two-pronged spade.
biela, *f.* (mech.) connecting rod.
bielda, *f.* pitchfork with six or seven prongs, and a rack.—**bieldar,** *va.* to winnow corn with a BIELDO.—**bieldo, bielgo,** *m.* winnowing fork.
Bielorrusia, *f.* Byelorussia.
bielorruso, sa, *n.* & *a.* Byelorussian
bien. I. *m.* good; benefit; righteousness.—**mi b.,** my dearest, my darling.—**en,** or **por, b. de,** for the sake, good, or benefit of.—*pl.* property; possessions; estate.—**bienes de fortuna,** worldly possessions.—**bienes dotales,** dower.—**bienes forales,** leasehold estate.—**bienes gananciales,** property acquired during married life.—**bienes inmuebles** = BIENES RAÍCES.—**bienes monstrencos,** goods having no known owner.—**bienes muebles,** goods and chattels.—**bienes raíces,** real estate.—**bienes sedientes,** real estate.—**bienes semovientes,** cattle.—**de b.,** honest. **II.** *adv.* well; all right; right, uprightly; happily, prosperously; willingly, readily, heartily; very; perfectly, fully.—**b. a b.;** willingly.—**b. así como,** just as.—**b. que,** although.—**ahora b.,** now then.—**de b. en mejor,** better and better.—**encontrar,** or **hallar, b.,** to find satisfactory, approve.—**más b.,** rather; somewhat.—**no b.,** as soon as, just as.—**o b.,** or else; otherwise.—**por b.,** willingly.—**si b.,** while, though.—**y b.,** well, now then.—**¿y b.?** well? what of that?
bienal, *a.* biennial.
bienamado, da, *a.* dearly beloved.
bienandante, *a.* happy, prosperous.
bienandanza, *f.* happiness, welfare, prosperity.
bienaventuradamente, *adv.* luckily, happily.
bienaventurado, da, *a.* blessed; happy; fortunate; (ironic) simple, harmless.
bienaventuranza, *f.* beatitude; bliss; well-being.—*pl.* beatitudes.
bienestar, *m.* well-being, comfort.
bienfortunado, da, *a.* fortunate, successful.
biengranada, *f.* (bot.) curl-leaved goosefoot.
bienhablado, da, *a.* well and civilly spoken.
bienhadado, da, *a.* lucky, fortunate, happy.
bienhecho, cha, *a.* well-shaped; well-done.
bienhechor, ra, *n.* benefactor.
bienintencionado, da, *a.* well-meaning.
bienio, *m.* term or space of two years.
bienmandado, da, *a.* obedient, submissive.
bienmesabe, *m.* meringue batter.
bienquerencia, *f.* good will, affection, esteem.
bienquerer. I. *va.* (*ind. pres.* BIENQUIERO, *pret.* BIENQUISE, *fut.* BIENQUERRÉ; *subj.* BIENQUIERA) to esteem, to like. **II.** *m.* esteem, good will.
bienqueriente, *n.* well-wisher.
bienquistar, *va.* to reconcile.
bienquisto, ta. I. *pp. irreg. of* BIENQUERER. **II.** *a.* esteemed and respected.
bienteveo, *m.* = CANDELECHO, raised hut.
bienvenida, *f.* safe arrival; welcome.
bienvenido, da, *a.* welcome.
bienvivir, *vn.* to live in comfort; live uprightly.
bifásico, ca, *a.* (elec.) two-phase.
bife, *m.* (Arg.) beefsteak.
bífido, da, *a.* (bot.) bifid.
bifilar, *a.* bifilar; (elec.) two-wire.
bifloro, ra, *a.* (bot.) biflorous.
bifocal, *a.* bifocal.
biforme, *a.* biformed, biform.
bifronte, *a.* (poet.) double-fronted or -faced.
biftec, *m.* beefsteak. Also BISTEC.
biftequera, *f.* (Chile) beefsteak broiler.
bifurcación, *f.* branch railroad; junction; bifurcation or forking.
bifurcado, da, *a.* forked or branched, bifurcate.
bifurcarse, *vr.* to branch off; to divide in two.
biga, *f.* (poet.) team (of two horses).
bigamia, *f.* bigamy.
bígamo, ma, *a.* & *n.* bigamist.
bigardear, *vn.* to live licentiously; to gad.
bigardía, *f.* jest; fiction; dissimulation.
bigardo, *m.* licentious friar; lubber.
bígaro, bigarro, *m.* large sea snail.
bigarrado, da, *a.* = ABIGARRADO, variegated.
bignonia, *f.* (bot.) bignonia.
bigorneta, *f. dim.* small anvil.
bigornia, *f.* anvil.
bigotazo, *m. aug.* large mustache.
bigote, *m.* mustache; block; (print.) dash rule.
bigotera, *f.* leather cover for mustachios; ribbon ornament worn by women on the breast; folding seat in front of a chariot; bow compass.
bigotudo, *a.* having a large mustache.
bija, *f.* (bot.) arnotto tree; (com.) annatto dye.

bilabiado, da, *a.* (bot.) bilabiate.
bilabial, *a.* (phon.) bilabial.
bilateral, *a.* bilateral.
bilbaíno, na, *a.* of or from Bilbao.
biliar, *a.* biliary.
biliario, ria, *a.* (physiol.) biliary.
bilingüe, *a.* bilingual.
bilingüismo, *m.* bilingualism.
bilioso, sa, *a.* bilious.
bilis, *f.* bile.
bilítero, ra, *a.* biliteral.
bilobulado, da, *a.* bilobate.
bilocarse, *vr.* (*pret.* BILOQUÉ; *subj.* BILOQUE) to be simultaneously in two different places.
bilocular, *a.* (biol.) bilocular.
biltrotear, *vn.* (coll.) to gad.
biltrotera, *f.* (coll.) gadder, gossiping woman.
billa, *f.* (billiards) pocketing a ball after it has struck another.
billalda, billarda, *f.* a children's game.
billar, *m.* billiards, pool; billiard, pool, table.
billarista, *n.* billiard player.
billete, *m.* an order of the king; note, brief letter; love letter; ticket.—**b. de banco,** bank-note.—**b. de abonado,** commutation ticket.—**b. de ida y vuelta,** round-trip ticket.—**b. kilométrico,** mileage ticket.—**billetera,** *f.* (Am.) pocketbook, wallet.
billón, *m.* billion (gen. one million millions).
billonario, ria, *n.* billionaire.
billonésimo, ma, *n.* & *a.* billionth (gen. one millionth of one millionth).
bimano, na. I. *a.* (zool.) bimanous. **II.** *m.* bimane.—*pl.* Bimana.
bimembre, *a.* having two members.
bimensual, *a.* occurring twice a month.
bimestral, *a.* bimonthly.
bimestre. I. *a.* bimonthly. **II.** *n.* bimonthly rent, salary, subscription, pension, etc.
bimetálico, ca, *a.* bimetallic.
bimetalismo, *m.* bimetallism.
bimetalista. I. *a.* bimetallic. **II.** *n.* bimetallist.
bimotor, ra, *a.* two-motor.
bina, *f.* second plowing or digging.
binador, *m.* he who re-digs ground; weeding fork.
binar, *va.* to dig or plow the second time.
binario, ria, *a.* binary.
binazón, *f.* digging or plowing a second time.
binocular, *a.* binocular.
binóculo, *m.* binocle, dioptric telescope; marine or field glasses; opera glasses.
binomio, a. I. *a.* binomial. **II.** *m.* binomial.—**b. de Newton,** (alg.) binomial theorem.
binza, *f.* pellicle, lining of the shell of an egg; any thin membrane.
bioblasto, *m.* (biol.) bioblast.
bioclimatología, *f.* bioclimatology.
biodinámica, *f.* biodynamics.
biofísica, *f.* biophysics.
biogénesis, *f.* biogenesis.
biogenia, *f.* biogeny.
biógeno, na, *a.* (bot.) biogenous.
biografía, *f.* biography.
biográfico, ca, *a.* biographical.
biógrafo, fa, *n.* biographer.
biología, *f.* biology.
biológico, ca, *a.* biologic(al.
biólogo, ga, *n.* biologist.
biombo, *m.* folding screen.
biomecánica, *f.* biomechanics.
biometeorología, *f.* biometeorology.
bionomía, *f.* bionomy.
bioplasma, *f.* (biol.) bioplasm.
biopsia, *f.* (med.) biopsy.
bioquímico, ca. I. *a.* biochemical. **II.** *f.* biochemistry; *n.* biochemist.
biostática, *f.* biostatics.
biótico, ca, *a.* biotic.
biotita, *f.* (min) biotite.
bióxido, *m.* dioxide.
bipartido, da, *a.* (poet.) divided in two.
bípede, bipedo, da, *n.* & *a.* biped.
bipétalo, la, *a.* (bot.) bipetalous.
bipinado, da, *a.* (bot.) bipinnate.
biplano, *m.* (aer.) biplane.
bipolar, *a.* bipolar, two-pole.
biribís, *m.* = BISBÍS.
biricú, *m.* sword belt.
birimbao, *m.* (mus.) Jew's harp.
birla, *f.*, **birlo,** *m.* bowling pin.
birlador, ra, *n.* one who bowls a second time from the place where the ball stopped the first time.
birlar, *va.* to bowl a second time from the same place; to knock down at one blow; to kill with one shot; to snatch away; to rob, pilfer.
birlibirloque, *m.*—**por arte de b.,** (coll.) by occult and extraordinary means.
birlocha, *f.* paper kite.
birlocho, *m.* two-seat light wagon without top.
birlón, *m.* jack pin (in bowling).
birlonga, *f.* a card game.—**a la b.,** carelessly.
birmanés, nesa, *n.* & *a.* Burmese.
Birmania, *f.* Burma.
birmano, na, *n.* & *a.* Burman.
birrectángulo, la, *a.* (geom.) birectangular, having two right angles.
birrefringencia, *f.* double refraction of light rays.
birrefringente, *a.* producing double refraction.
birreme, *n.* & *a.* bireme.
birreta, *f.* biretta.
birrete, *m.* cap.—**birretina,** *f.* grenadier's and hussar's cap; small cap.
bis, *bis,* Latin word used in the sense of "twice." "repeated" or "second."
bisabuela, *f.* great-grandmother.
bisabuelo, *m.* great-grandfather.
bisagra, *f.* hinge; shoemaker's boxwood polisher.
bisanual, *a.* (bot.) biennial.
bisanuo, nua, *a.* (bot.) biennial.
bisayo, ya, *a.* native of or pertaining to the Bisayas Islands in the Philippines.
bisbís, *m.* a game resembling baccarat.
bisbisar, *va.* to mutter.—**bisbiseo,** *m.* muttering.
bisecar, *va.* to bisect.
bisección, *f.* bisection.
bisector, triz, *a.* & *n.* (geom.) bisector.
bisel, *m.* bevel, bevel edge, chamfer; (cooperage) sloping tool.
biselar, *va.* to bevel.
bisextil, *a.* bissextile.
bisexual, *a.* (bot.) bisexual.
bisiesto, *a.* leap (year).
bisílabo, ba, *a.* disyllabic.
bismuto, *m.* bismuth.
bisnieta, biznieta, *f.* great-granddaughter.
bisnieto, biznieto, *m.* great-grandson.
bisojo, ja, bizco, ca, *a.* squint-eyed, cross-eyed.
bisonte, *m.* bison.
bisoñada, bisoñería, *f.* act of a novice.
bisoño, ña, *n.* & *a.* novice, tyro, greenhorn; inexperienced, new.
bispón, *m.* roll of oilcloth.
bistec, *m.* beefsteak. Also BIFTEC.
bistorta, *f.* (bot.) great bistort, snakeweed.
bistre, *m.* bister, bistre.
bisturí, *m.* (surg.) bistoury, surgical knife.
bisulco, ca, *a.* bisulcous, cloven-footed.
bisulfato, *m.* bisulphate.
bisulfito, *m.* (chem.) bisulfite.
bisulfuro, *m.* disulphide.
bisunto, ta, *a.* dirty, greasy.
bisutería, *f.* bijouterie.
bitácora, *f.* (naut.) binnacle.
bitadura, *f.* (naut.) cable bitt; a turn of the cable.
bitas, *f. pl.* (naut.) bitts.
bitongo, ga, *a.* (of children) like an overgrown baby.
bitoque, *m.* bung, stopple.
bitor, *m.* (ornith.) bittern.
bituminizar, *va.* to bituminize.
bituminoso, sa, *a.* bituminous.
bivalencia, *f.* (chem.) bivalence, bivalency.
bivalente, *a.* (chem.) bivalent.
bivalvo, va, *a.* bivalve, bivalvular.

bivalvular, *a.* bivalvular.
biza, *f.* (ichth.) striped tunny.
bizantinismo, *m.* Byzantinism.
bizantino, na, *n.* & *a.* Byzantine.
bizarramente, *adv.* courageously, gallantly.
bizarrear, *vn.* to act spiritedly, gallantly.
bizarría, *f.* bravery, gallantry; generosity, magnanimity.
bizarro, rra, *a.* gallant, brave; generous, liberal.
bizaza, *f.* saddle-bag.
bizcar, *vn.* (*pret.* BIZQUÉ; *subj.* BIZQUE) to squint.
bizco, ca, *a.* = BISOJO, squint- or cross-eyed.
bizcochada, *f.* biscuit boiled in milk; French bread.
bizcochar, *va.* to bake a second time.
bizcochero, *m.* biscuit cask; one who makes or sells biscuits.
bizcocho, *m.* biscuit; hard-tack; sponge cake; whiting made of old plaster; bisque.
bizcochuelo, *m. dim.* sponge cake.
bizcorneto, ta, *a.* (Am.) = BIZCO.
bizcotela, *f.* light biscuit with sugar icing.
bizma, *f.* poultice.—**bizmar,** *va.* to poultice.
bizna, *f.* membrane dividing walnut kernel.
biznaga, *f.* (bot.) carrotlike ammi with sprigs used as toothpicks; useless, worthless thing.
biznieta, bisnieta, *f.* great-granddaughter.
biznieto, bisnieto, *m.* great-grandson.
bizqué, bizque, *v.* *V.* BIZCAR.
bizquear, *vn.* to squint.
blanca, *f.* old copper coin; mite; (coll.) money, funds; (mus.) half note.—**b. morfea,** (vet.) white scurf, ringworm.
blancazo, za, *a.* whitish.
blanco, ca. I. *a.* white; (of the complexion) fair; (coll.) cowardly; light-colored; blank (page). **II.** *n.* white person. **III.** *m.* white (color); white star or spot in horses; target; blank; gap left in writing; aim, goal; (print.) blank form; interlude, interval; white page; (her.) argent; sizing.—**b. de ballena,** spermaceti.—**b. de la uña,** half-moon of the nail.—**b. de París,** Paris white.—**b. de plomo,** white lead.—**dar en el b.,** to hit the mark.—**en b.,** blank.—**quedarse en b.,** to be frustrated, be disappointed.
blancor, *m.* whiteness; fairness (of skin).
blancote. I. *a.* cowardly. **II.** *n.* coward.
blancura, *f.* = BLANCOR.—**b. del ojo,** (vet.) white film on the eye.
blancuzco, ca, *a.* whitish.
blandamente, *adv.* softly, mildly, smoothly.
blandeador, ra, *n.* & *a.* softener(-ing).
[1]**blandear. I.** *va.* to soften, render mild; to persuade, convince. **II.** *vn.* to slacken; to yield, give in. **III.** *vr.* to soften, yield, change one's mind.
[2]**blandear,** *va.* = BLANDIR.
blandengue. I. *m.* Argentine lancer. **II.** *a.* exceedingly kind, bland.
blandiente, *a.* swaying, brandishing.
blandir, *va.* & *vr.* to brandish, flourish, swing.
blando, da. I. *a.* soft (to the touch); pliant; tender, kindly, mild, bland; delicate; pusillanimous, cowardly. **II.** *m. adv.* = BLANDAMENTE.
blandón, *m.* wax taper; large church candlestick.—**blandoncillo,** *m. dim.* small candlestick for wax tapers.
blandujo, ja, *a.* (coll.), rather soft.
blandura, *f.* softness; litheness, daintiness, delicacy; gentleness; emollient application; soft, endearing language; blandishing; white cosmetic; mild temperature.
blanduzco, ca, (Am.) = BLANDUJO.
blanqueación, *f.* blanching (metals); bleaching; whitewashing.
blanqueador, ra, *n.* blancher, whitener, whitewasher, kalsominer; bleacher.
blanqueadura, *f.,* *or* **blanqueamiento,** *m.* = BLANQUEO.
blanquear. I. *va.* to whiten; to whitewash; to bleach; (of bees) to wax (the honeycomb) after winter to begin work; to give coarse wax to bees in winter. **II.** *vn.* to show white; to whiten.
blanquecedor, *m.* coin polisher (in the mint).
blanquecer, *va.* (*ind.* BLANQUEZCO; *subj.* BLANQUEZCA) to blanch (coin).
blanquecimiento, *m.* blanching.
blanquecino, na, *a.* whitish.
blanqueo, *m.* whitening, bleaching, whitewashing.
blanquería, *f.* bleaching place, bleach field.
blanquete, *m.* whitewash; white cosmetic.
blanquezco, blanquezca, *v.* *V.* BLANQUECER.
blanquición, *f.* blanching of metals.
blanquillo, lla. I. *a. dim.* whitish. **II.** *m.* a S.A. fish; (Peru, Chile) white peach; (Mex.) egg.
blanquimiento, *m.* bleaching solution.
blanquinoso, sa, *a.* = BLANQUECINO, whitish.
blanquizal, blanquizar, *m.* clay pit.
blanquizco, ca, *a.* whitish.
blao, *a.* (her.) azure.
blasfemador, ra, *n.* & *a.* blasphemer(-ing).
blasfemamente, *adv.* blasphemously.
blasfemante, *n.* & *a.* = BLASFEMADOR.
blasfemar, *vn.* to blaspheme; to curse.
blasfematorio, ria, *a.* blasphemous.
blasfemia, *f.* blasphemy; grave insult.
blasfemo, ma, *n.* & *a.* blasphemer(-ing).
blasón, *m.* heraldry, blazon, blazonry; armorial bearing; honor, glory.
blasonador, ra; blasonante, *n.* & *a.* boaster(-ing).
blasonar. I. *va.* to design or emblazon (a heraldic shield). **II.** *vn.* to boast, brag.
blasonería, *f.* boast, bravado.
blastema, *m.* (biol.) blastema.
blastocisto, *m.* (biol.) blastocyst.
blastodermo, *m.* (biol.) blastoderm.
blastogénesis, *f.* (biol.) blastogenesis.
blastómero, *m.* (biol.) blastomere.
blástula, *f.* (biol.) blastula.
blavo, va, *a.* yellowish gray and reddish.
bledo, *m.* (bot.) wild amaranth.—**no me importa un b.,** I don't care a straw.
blefaritis, *f.* (med.) blepharitis.
blenda, *f.* (min.) blende.
blenia, *f.* (ichth.) blenny, hake.
blenorragia, *f.* (med.) blennorrhea.
blenorrea, *f.* (med.) chronic blennorrhea.
blinda, *f.,* **blindas,** *pl.* (fort.) blindage.
blindado, da, *n.* & *a.* iron-clad.
blindaje, *m.* screening, shield; armor; (mil.) blindage.
blindar, *va.* to armor; to protect with blindage.
blocao, *m.* (mil.) portable blockhouse.
blonda, *f.* broad silk lace, blond lace.
blondina, *f.* narrow silk lace, narrow blond lace.
blondo, da, *a.* blond, fair; flaxen, light.
bloque, *m.* block (of stone, etc.).
bloqueador, ra, *n.* & *a.* blockader(-ing).
bloquear, *va.* to blockade.—**bloqueo,** *m.* blockade.—**b. efectivo,** (int. law) effective blockade.—**b. en el papel,** (int. law) paper blockade.
blusa, *f.* blouse.
boa, *f.* (zool.) boa; boa, neckpiece.
boardilla, buhardilla, *f.* garret; skylight.
boato, *m.* ostentation, pomp; acclamation.
bobada, *m.* = BOBERÍA.
bobalías, *n.* very stupid person, dolt.
bobalicón, ona; bobazo, za, *n.* blockhead; simpleton.
bobamente, *adv.* foolishly, stupidly; easily, without any trouble.
bobarrón, na; bobatel, *n.* simpleton.
bobático, ca, *a.* silly, foolish, stupid.
bobear, *vn.* to act or talk foolishly; to dally, fribble, fritter away (time).
bobería, *f.* foolish speech or action; trifle; folly, foolishness.—*pl.* idle conceits.
bóbilis.—de b. b., easily, with no effort; for nothing.
[1]**bobillo, illa, ito, ita,** *n. dim.* little fool.
[2]**bobillo,** *m.* big-bellied jug with one handle; modesty piece, a frill or lace formerly worn by women around the tucker.

bobina, *f.* bobbin: (elec.) coil.—**b. apagachispas,** blow-out coil.—**b. de inducción,** induction coil.—**b. de reacción,** or **de reactançia,** choking, kicking, or reactance, coil.—**b. de sintonización,** tuning coil.
bobo, ba, *n.* dolt, fool, simpleton, ninny; ruff formerly worn by women; (ornith.) booby.—**b. de Coria,** great fool; fools in general.—**a bobas,** foolishly.—**bobón, na,** (Am.), **bobote, ta,** (coll.) *n. aug.* big dolt, great fool.
boca, *f.* mouth; entrance, opening; nozzle; muzzle; bunghole; pincers of crayfish; cutting part of edge tools; taste, flavor, relish; approach (to a tunnel, etc.).—**b. abajo,** flat on one's face, prone.—**b. a b.** = A B.—**b. arriba,** flat on one's back, supine.—**b. de agua,** hydrant.—**b. de dragón,** (bot.) snap dragon.—**b. de fuego,** firearm (esp. artillery).—**b. del estómago,** pit of the stomach.—**b. del metro,** subway entrance.—**b. de riego,** faucet (for a watering hose).—**a b.,** verbally, by word of mouth.—**a b. de,** at the beginning of.—**a b. de jarro,** drinking without measure; very near; at close range.—**a b. llena,** perspicuously, openly.—**andar de b. en b.,** to be the talk of the town.—**como b. de lobo,** pitch black.—**de b.,** A B.; boastingly.—**en b. cerrada no entra mosca,** (coll.) silence is golden, it pays to hold one's tongue.—**no decir esta b. es mía,** to keep a profound silence, not to say boo.
bocabarra, *f.* (naut.) barhole in a capstan.
bocacalle, *f.* opening of a street (into another); street intersection.
bocacaz, *m.* (hydraul.) spillway.
bocací, bocacín, *m.* fine glazed buckram.
bocadear, *va.* to divide into bits or morsels.
bocadico, illo, ito, *m. dim.* morsel, bit.
bocadillo, *m.* thin, middling sort of linen; narrow ribbon or tape, gimp; mid-morning luncheon given to laborers in the field; guava paste.
bocado, *m.* morsel, mouthful, bite, bit; modicum; bit of a bridle.—*pl.* preserved cut fruit.—**con el b. en la boca,** right after eating.—**no tener para un b.,** to be in absolute destitution.
[1]**bocal,** *m.* narrow-mouthed pitcher.
[2]**bocal,** *m.* (naut.) narrows (of a harbor); mouthpiece (of musical instrument).
bocamanga, *f.* part of a sleeve near the wrist.
bocamina, *f.* entrance to a mine.
bocanada, *f.* mouthful (of liquor); whiff, puff (of smoke).—**b. de gente,** crowd, rush, jam.—**b. de viento,** sudden gust of wind.
bocarte, *m.* ore crusher, stamp mill.
bocateja, *f.* front tile of each line of tiling.
bocatijera, *f.* socket for a carriage pole.
bocaza, *f. aug.* large wide mouth.
bocazo, *m.* fizzle (in blasting).
bocear, *va.* (vet.) = BOCEZAR.
bocel, *m.* (arch.) bowtel, solid cylindrical molding; tool for making bowtels.
bocelar, *va.* to make cylindrical moldings on.
bocelete, *m. dim.* small molding plane.
bocera, *f.* something sticking to the lip after eating or drinking.
boceto, *m.* sketch.
bocezar, *vn.* (vet.) (of horses) to move the lips from side to side.
bocín, *m.* round piece of bass mat put about the nave of a cart, as a cap of defense; feed pipe of an overshot wheel.
bocina, *f.* large trumpet, buglehorn, megaphone, foghorn, huntsman's horn; (Mex.) mouthpiece (of a telephone); horn (of a phonograph or of an automobile); shell used as a horn; speaking or hearing trumpet; blowgun; (**B-,** astr.) Ursa Minor; (mech.) bushing; wheel hoop.
bocinar, *vn.* to sound the trumpet or horn.
bocinero, *m.* trumpeter, hornblower.
bocio, *m.* (med.) goiter.
bocón, na, *n.* wide-mouthed person; braggart.
bocoy, *m.* hogshead, large barrel or cask.—**bocoyes abatidos,** shooks of hogsheads.
bocudo, da, *a.* large-mouthed.
bocha, *f.* bowl, ball for playing at bowls; fold or bag in ill-fitting clothes.—**bochar,** *va.* to dislodge (a ball).—**bochazo,** *m.* stroke of one bowl against another.
[1]**boche,** *m.* chuck hole (boys' game).
[2]**boche,** *m.* (Venez. coll.) disappointment; quarrel, row, riot; slight, contemptuous treatment —**dar b.,** or **un b.,** to slight, turn the cold shoulder on.
bochinche, *m.* (Am.) tumult, uproar, riot.
bochinchero, ra, *n.* (Am.) rioter; disturber.
bochista, *m.* good bowler.
bochorno, *m.* hot, sultry weather, scorching heat; rush of blood to the head; blush, flushing; humiliation, embarrassment.—**bochornoso, sa,** *a.* humiliating; embarrassing; sultry.
boda, *f.* nuptials, wedding.—**b. de negros,** (coll.) riotous carousal, orgy.—**bodas de diamante, de oro, de plata,** diamond, golden, silver wedding.
bode, *m.* (zool.) buck.
bodega, *f.* wine vault, cellar; abundant vintage; storeroom, warehouse; (Cuba, Mex.) retail grocery; (naut.) hold of a ship.
bodegaje, *m.* (Am.) storage (charges).
bodegón, *m.* low-class chophouse; alehouse; still life painting, esp. of edibles.—**bodegoncillo,** *m. dim.* low-class chophouse.—**bodegonear,** *vn.* to run from one alehouse to another.—**bodegonero, ra,** *n.* keeper of a BODEGÓN.
bodeguero, ra, *n.* butler, one in charge of a wine-cellar; (Cuba) retail grocer.
bodigo, *m.* small loaf of fine white bread presented as an offering in the church.
bodijo, *m.* mésalliance; marriage with little ceremony.
bodocal, *n.* a kind of black grape.
bodocazo, *m.* blow from a pellet shot from a crossbow.
bodoque, *m.* pellet, ball of clay shot from a crossbow; dunce, idiot.
bodoquera, *f.* blowgun; mold for clay pellets; cradle of a crossbow; pea-shooter.
bodorrio, *m.* (Am.) = BODIJO.
bodrio, *m.* soup formerly given to the poor; hodgepodge; mixture of hog's blood and onions for sausages.
bóer, *n.* & *a.* Boer.
boezuelo, *m.* stalking ox, or figure representing one, which serves to screen fowlers.
bofe, *m.* lung.—**echar los bofes,** to toil; (Am.) to pant, be out of breath.
bófeta, *f.* thin, stiff cotton stuff.
bofetada, *f.* slap in the face, buffet.
bofetón, *m.* slap in the face, buffet; (theat.) revolving-door trick.
[1]**boga. I.** *f.* vogue, popularity; rowing; rowing stroke. **II.** *m.* & *f.* rower.
[2]**boga,** *f.* small two-edged knife.
[3]**boga,** *f.* (ichth.) ox-eyed cackerel, mendole.
[1]**bogada,** *f.* space covered by a stroke of oars.
[2]**bogada,** *f.* bucking of clothes with lye.
bogador, *m.* rower (of a boat).
bogante, *n.* & *a.* rower(-ing) (a boat).
bogar, *vn.* (*pret.* BOGUÉ; *subj.* BOGUE) to row (a boat).
bogavante, *m.* (naut.) stroke oar; large lobster.
bogotano, na, *a.* of or from Bogotá.
bogué, bogue, *v. V.* BOGAR.
bohardilla, *f.* = BUHARDILLA, garret; skylight.
bohemiano, na, *n.* & *a.* Bohemian (person).
bohémico, ca, *a.* Bohemian (of Bohemia).
bohemio, mia. I. *n.* & *a.* Bohemian (of Bohemia); (pertaining to) a bohemian life or person; gypsy. **II.** *m.* short cloak formerly worn by the guard of archers; Czech (language).
bohemo, ma, *a.* of Bohemia.
bohena, boheña, *f.* pork sausage.
bohío, buhío, *m.* (Am.) Indian hut, hovel, cabin.
bohordo, *m.* short spear; dart; (bot.) scape.

boicot, *m.* boycott.—**b. de consumidores,** buyers' strike.
boicoteador, ra, *n.* & *a.* boycotter(-ing).
boicotear, *va.* & *vn.* to boycott.—**boicoteo,** *m.* boycott, boycotting.
boíl, *m.* ox stall.
boina, *f.* beret.
boj, *m.* box tree, boxwood; shoemaker's boxwood tool.
boja, *f.* southernwood. Also ABRÓTANO.
[1]**bojar, bojear. I.** *va.* (naut.) to sail round and measure (an island or cape). **II.** *vn.* to measure.
[2]**bojar,** *va.* to scrape off the stains from (leather).
bojedal, *m.* plantation of box trees.
bojeo, *m.* (naut.) sailing round and measuring an island or headland.
bojiganga, *f.* company of strolling players.
bojo, *m.* = BOJEO.
[1]**bol,** *m.* punch bowl.
[2]**bol,** *m.* Armenian bole, red earth.
bola, *f.* ball; marble; bolus; game of bowling; (coll.) lie, falsehood, humbug, hoax, fib; (Mex.) crowd; disturbance, tumult, riotous meeting; (naut.) truck, ball for signals; shoe blacking.—**b. de jabón,** wash ball.—**b. pampa, b. perdida,** (Arg.) a kind of Indian sling.—**dejar rodar la b.,** to let things run their natural course, keep hands off; to look on with indifference.
bolada, *f.* stroke (in billiards).
bolado, *m.* a sweetmeat; fondant.
bolandista, *n.* Bollandist.
bolazo, *m.* blow with a ball.—**de b.,** hurriedly.
bolchevique, *n.* & *a.* Bolshevik(-ist).
bolchevismo, *m.* Bolshevism.
bolchevista, *n.* & *a.* = BOLCHEVIQUE.
boleada, *f.* (Mex.) shoeshine.
boleador, *m.* (Mex.) bootblack.
boleadoras, *f. pl.* (Arg.) lariat with balls on one end, thrown so to twist round animal's legs.
[1]**bolear. I.** *vn.* to play billiards for pleasure; to bowl; to boast; to lie, fib. **II.** *va.* to throw; (Arg.) to throw BOLEADORAS at, or catch with them; (Arg.) to confuse.
[2]**bolear,** *va.* (Am.) to fail, not to pass (in an exam.); to reject, turn down (in an election).
boleo, *m.* bowling; bowling green, place where balls are thrown.
[1]**bolera,** *f.* bowling alley.
[2]**bolera,** *f.* woman dancer of the BOLERO.
[1]**bolero,** *m.* bolero, Andalusian dance; bolero dancer.
[2]**bolero, ra,** *a.* truant; fibbing, lying.
boleta, *f.* admission ticket; lodging billet; pay order; small package of tobacco; (Am.) ballot.—**b. de guardarropa,** (hat, baggage, etc.) check.
boletería, *f.* (Am.) box, or ticket, office.
boletero, ra, *n.* ticket agent.
boletín, *m.* bulletin; newsletter; (com.) price list; pay warrant.
boleto, *m.* (Am.) ticket; (Am.) ballot; (Am.) lottery ticket.
bolichada, *f.* casting (a fish net); fish caught in a net.—**de una b.,** at one throw, at the same time.
[1]**boliche,** *m.* jack; small bowling ball; a gambling game; furnace for lead smelting; cup and ball (toy).
[2]**boliche,** *m.* small dragnet; small fish caught in a dragnet near the shore.—*pl.* (naut.) foretop bowlines and top-gallant bowlines.
[1]**bolichero,** *m.* seller of BOLICHES, fish.
[2]**bolichero, ra,** *n.* one who runs a [1]BOLICHE, gambling table.
bólido, *m.* shooting star.
bolillo, *m.* bobbin for lace making; iron pin in the game of trucks; mold for stiffening lace cuffs; bone joined to skull of horses.—*pl.* paste nuts; starched lace cuffs.
bolín, *m.* jack; small bowl.—**de b., de bolán,** at random, carelessly.—**bolines,** (Am.) mold shot.
bolina, *f.* sounding line; punishment on shipboard; noise, turmoil; (naut.) bowline.—**echar de b.,** to boast.—**navegar de b.,** or **bolinear,** *vn.* to sail with bowlines hauled.
bolisa, *f.* embers, hot cinders.
bolita, *f. dim.* bead, drop; (Am.) ballot; (Am., coll.) illegal betting, numbers game.
bolitero, *m.* (Am., coll.) bookie.
Bolivia, *f.* Bolivia.
boliviano, na, *n.* & *a.* Bolivian.
[1]**bolo,** *m.* (bowling, etc.) a ninepin; game of ninepins; large pill; cushion for lacemaking; axis or core of winding staircase; dunce, blockhead.
[2]**bolo,** *m.* (P. I.) large knife like a machete.
[3]**bolo, la,** *a.* & *n.* (Am.) drunk (person).
bolométrico, ca, *a.* bolometric.
bolómetro, *m.* (elec.) bolometer.
bolonio, *n.* & *a.* ignorant (person).
boloñés, ñesa, *n.* & *a.* Bolognese.
bolsa, *f.* purse; pouch, bag; wrinkle, pucker (in cloth); (anat.) scrotum; (min.) pocket; (med.) sac; exchange center.—**b. de comercio,** stock exchange.—**b. de hielo,** ice pack.—**b. de pastor,** (bot.) shepherd's purse.—**b. de trabajo,** employment bureau or exchange.
bolsear, *vn.* to wrinkle, pucker.
bolsera, *f.* woman's hair bag or net.
bolsería, *f.* purse or bag shop or factory.
bolsero, ra, *n.* manufacturer or seller of purses.
bolsico, *m.* (Chile) poke, pocket.
bolsicón, *m.* (Am.) baize skirt of poor women.
bolsilibro, *m.* pocketbook; paperback (book).
bolsillo, *m.* pocket; (woman's) handbag, purse; money (belonging to a person).—**rascarse el b.,** to put one's hand in one's pocket (fig., in the sense of spending or paying), (slang) to come across.—**tener a una persona en el b.,** (coll.) to have a person in the palm of one's hand, or under one's thumb.
bolsín, *m.* gathering of brokers out of exchange hours.
bolsista, *m.* stockbroker; speculator.
bolso, *m.* purse of money, moneybag.
bolsón, *m. aug.* of BOLSO; large purse; large iron ring to hold braces of arches; board lining.
bolla, *f.* duty on woollens and silks formerly levied in Catalonia; tax on the manufacture of playing cards; in S. A., great richness of an ore.
bolladura, *f.* = ABOLLADURA, unevenness; dent.
[1]**bollar,** *va.* to mark (goods) with a lead seal.
[2]**bollar,** *va.* to emboss.
bollería, *f.* bakery, pastry shop.
bollero, ra, *n.* pastry cook; cake seller.
bollo, *m.* small loaf or roll, penny loaf; small biscuit or cake; puff in dress; tuft in upholstery; bruise made in metal; morbid swelling; lump; in Peru, bars of silver.—**bollos de relieve,** embossed or raised work.—**bollón,** *m.* brass-headed nail; bud on a plant; button earring.
bollonado, da, *a.* having brass-headed nails.
[1]**bomba,** *f.* pump; fire engine; lamp globe; high hat; slide (of a wind instrument).—**¡b.!** listen!—**b. alimenticia,** feed pump.—**b. al vacío,** vacuum pump.—**b. aspirante,** lift pump.—**b. aspirante-impelente,** lift-and-force pump.—**b. centrífuga,** centrifugal pump.—**b. de aire comprimido,** air lift.—**b. de alimentación** = B. ALIMENTICIA.—**b. de carena,** bilge pump.—**b. de doble efecto,** double-acting pump.—**b. de émbolo buzo,** plunger pump.—**b. de estribo,** stirrup pump.—**b. impelente,** force pump.—**b. marina,** waterspout.—**b. rotatoria,** rotary pump.—**dar a la b.,** to pump.
[2]**bomba,** *f.* bomb, shell.—**b. atómica,** atomic bomb.—**b. de cobalto,** cobalt bomb.—**b. de demolición,** demolition bomb.—**b. de fragmentación,** fragmentation bomb.—**b. de hidrógeno,** hydrogen bomb.—**b. de profundidad,** depth bomb or charge.—**b. de tiempo,** time bomb.—**b. incendiaria,** incendiary bomb.

—b. lacrimógena, tear gas bomb.—b. plástica, plastic bomb.
bombáceo, cea, *a.* (bot.) bombacaceous.
bombachas, *f. pl.* (Arg.) loose trousers fastened at the bottom.
bombacho, cha, *a.* (of trousers) loose, loos fitting.
[1]**bombarda,** *f.* bombard, ancient thick piece of ordnance; (naut.) bomb ketch or bomb vessel.
[2]**bombarda,** *f.* ancient wind instrument; stop of a pipe organ.
bombardear, *va.* to bombard, bomb.
bombardeo, *m.* bombardment, bombing.—**b. de precisión** or **saturación,** precision or saturation bombing.—**b. en picada,** dive bombing.
bombardero, *m.* (aer.) bomber; bombardier.
bombardón, *m.* (mus.) bombardon.
bombasí, *m.* bombazine, dimity.
bombástico, ca, *a.* bombastic, high-sounding.
bombazo, *m.* explosion or noise of a bursting bomb; throwing of a bomb; bomb hit; damage caused by a bomb.
bombé, *m.* light two-wheeled carriage open in front.
[1]**bombear,** *va.* (Am.) to pump; to praise, write up; (Am.) to watch, spy; (Peru, Arg.) to reconnoiter.
[2]**bombear,** *va.* to bomb, bombard; (Colomb.) to dismiss, "fire."
bombeo, *m.* pumping; curving, bulging.
[1]**bombero,** *m.* fireman; pumper.
[2]**bombero,** *m.* howitzer.
bómbice, *m.* (ent.) bombyx.
bombilla, *f.* (Am.) small tube for drinking MATE; (naut.) hand lantern; electric light bulb.
bombillo, *m.* lamp chimney; water-closet trap; small pump; sample or thief tube.
bombín, *m.* (Am.) bowler (hat).
bombista, *n.* pump maker; lamp-chimney maker; praiser, writer of write-ups.
bombo, ba. I. *a.* bewildered; astonished; (Am.) tepid. **II.** *m.* large drum; player on bass drum; (naut.) barge or lighter; leather pouch in billiards, for numbered balls.—**dar b.,** to praise excessively; to write up.
[1]**bombón,** *m.* bonbon, candy.
[2]**bombón,** *m.* (P. I.) vase made of cane; carboy.
bombonaje, *m.* screw pine.
bombonera, *f.* box for bonbons.
bonachón, na, *a.* good-natured, kind.
bonaerense. I. *a.* of or pertaining to Buenos Aires. **II.** *n.* native or inhabitant of Buenos Aires.
bonancible, *a.* moderate, calm, fair.
bonanza, *f.* fair weather; prosperity, success.—**ir en b.,** to be prosperous.
bonapartismo, *m.* Bonapartism.
bonapartista, *n.* & *a.* Bonapartist.
bonarense, *n.* & *a.* = BONAERENSE.
bonazo, za, *a.* good-natured, kind-hearted.
bondad, *f.* goodness, excellence; kindness, kindliness.—**tener la b. (de),** please (*inf.*).
bondadosamente, *adv.* kindly.
bondadoso, sa, *a.* kind, good; (U. S., coll.) big-hearted.
bonetada, *f.* salutation by taking off the hat.
bonetas, *f. pl.* (naut.) bonnets.
bonete, *m.* bonnet, college cap; secular clergyman; bonnet of a fortress; preserve jar; second stomach of ruminants.
bonetería, *f.* bonnet factory or shop.
bonetero, ra, *n.* bonnet maker or seller; (bot.) prickwood, gatheridge.
bonetillo, *m.* small bonnet; hair ornament.
bonga, *f.* a Philippine palm. Also ARECA.
bongo, *m.* (Am.) a large, rough canoe or boat.
bonhomía, *f.* honesty; naïvete, simplicity, ingenuousness.
boniato, buniato, *m.* sweet potato.
bonico, ca, *a. dim.* fairly good.
bonificación, *f.* allowance, discount; bonus.
bonificar, *va.* (*pret.* BONIFIQUÉ; *subj.* BONIFIQUE) to credit; to improve.
bonina, *f.* (bot.) oxeye chamomile.
bonísimo, ma, *a. super.* of BUENO: very good.
bonítalo, *m.* (ichth.) = [1]BONITO.
bonitamente, *adv.* prettily, neatly.
[1]**bonito,** *m.* (ichth.) striped tunny.
[2]**bonito, ta,** *a.* pretty.
bonizal, *m.* cornfield.
bonizo, *m.* corn grown wild in Asturias.
bono, *m.* (com.) bond; certificate; duebill.
bonote, *m.* cocoanut fiber; (naut.) coir.
bonzo, *m.* bonze, a priest of Buddha.
boñiga, *f.* cow dung; castings.
Bootes, *m.* Bootes, a northern constellation.
boqueada, *f.* gasp, gasping.
boquear. I. *vn.* to gape; to gasp; to breathe one's last; to end, terminate. **II.** *va.* to pronounce; to utter.
boquera, *f.* sluice in an irrigation canal; door; opening; cesspool; crack in the corner of the mouth; (vet.) ulcer in the mouth.—**boquerón,** *m.* wide opening, large hole; (ichth.) anchovy.
boquete, *m.* gap, narrow entrance.
boquiabierto, ta, *a.* open-mouthed; gaping.
boquiancho, cha, *a.* wide-mouthed.
boquiangosto, ta, *a.* narrow-mouthed.
boquiconejuno, na, *a.* rabbit-mouthed; (of horses) hare-lipped.
boquiduro, ra, *a.* (of horses, etc.) hard-mouthed.
boquifresco, ca, *a.* (of horses) tender-mouthed; frank, outspoken (esp. in disagreeable utterances).
boquifruncido, da, *a.* (of horses) pucker-mouthed.
boquihendido, da, *a.* (esp. of horses) large-mouthed.
boquihundido, da, *a.* (of horses) having a sunken mouth.
boquilla, *f. dim.* little mouth; opening of bottom of trouser leg; opening in an irrigation canal; chisel for mortising; mouthpiece of a wind instrument; cigar- or cigarette-holder; (mason.) verge, course; (mech.) nozzle; bushing, bush; gas burner; mouth of a scabbard.
boquimuelle, *a.* (of horses) sensitive-mouthed; unwary, easily imposed upon.
boquín, *m.* a kind of coarse baize.
boquinatural, *a.* (of horses) with a normally sensitive mouth.
boquinegro, gra. I. *a.* (of animals) black-mouthed. **II.** *m.* or *f.* a blackish snail.
boquirrasgado, da, *a.* deep-mouthed.
boquirroto, ta, *a.* loquacious, garrulous.
boquirrubio, bia, *a.* blabbing; simple, artless.
boquiseco, ca, *a.* dry-mouthed.
boquisumido, da, *a.* = BOQUIHUNDIDO.
boquitorcido, da; boquituerto, ta, *a.* wry-mouthed, having a crooked mouth.
boquiverde, *a.* plain-spoken about off-color matters.
borácico, ca, *a.* boracic.
boracita, *f.* (min.) boracite.
boratado, da, *a.* borated.
borato, *m.* borate.
bórax, *m.* borax. Also [2]BORRA, BORRAJ.
borbollar, *vn.* to bubble out, gush out.
borbollón, borbotón, *m.* bubbling, gushing up of water; flash.—**a borbollones,** impetuously.
borbollonear, *vn* = BORBOLLAR.
borbónico, ca, *a.* pertaining to the Bourbons.
borbonismo, *m.* Bourbonism.
borborigmo, *m.* rumbling in the bowels.
borbotar, *vn.* to gush out; to boil over.
borbotón, *m.* = BORBOLLÓN.—**a borbotones** = A BORBOLLONES.—**hablar a borbotones,** to speak in torrents.
borceguí, *m.* buskin, half-boot; lace shoe.
borceguinería, *f.* lace-shoe factory or shop.
borceguinero, ra, *n.* lace-shoe maker or retailer.
borcellar, *m.* brim of a vessel.
[1]**borda,** *f.* hut, cottage.
[2]**borda,** *f.* (naut.) gunwale.
bordada, *f.* (naut.) tack; pacing to and fro.—

dar una b., or, **dar bordadas,** (naut.) to tack; to promenade.
bordado, *m.* embroidery; embroidering.
bordador, ra, *n.* embroiderer.
bordadura, *f.* embroidery; (her.) border of an escutcheon.
bordaje, *m.* (naut.) side planks of a ship.
bordar, *va.* to embroider; to perform prettily and artistically.—**b. a tambor,** to tambour.
[1]**borde,** *m.* border, edge, verge, fringe, ledge; hem of a garment; brim of a vessel; (naut.) board, the side of a ship.—**b. de ataque,** (aer.) leading edge.—**b. de salida,** (aer.) trailing edge.—**a b.**, on the brink; on the eve.
[2]**borde,** *a.* (of plants, trees) wild, uncultivated; (of persons) bastard.
bordear, *vn.* (naut.) to ply to windward.
bordelés, sa, *a.* of or from Bordeaux.
bordo, *m.* board, the side of a ship; border, outer edge; tack.—**a b.**, on board, aboard.—**al b.**, alongside the ship.—**dar bordos,** (naut.) to tack.—**de alto b.**, (of ships) sea-going, major; (fig.) of importance, of heavy caliber, first rank; (of persons) high-up.
bordón, *m.* Jacob's staff, pilgrim's staff; bass-string; bass of an organ, iteration of words· refrain, burden of a song; staff, guide, or support of another.—*pl.* (naut.) shores, outriggers.
bordonear. I. *vn.* to try the ground with a stick; to rove about. **II.** *va.* to beat, cudgel.
bordonería, *f.* wandering idly about, on pretense of religious pilgrimage.
bordonero, ra, *n.* vagabond, roamer, tramp.
bordura, *f.* (her.) = BORDADURA.
boreal, *a.* boreal, northern.
bóreas, *m.* Boreas, the north wind.
Borgoña, *f.* Burgundy; *m.* Burgundy wine.
borgoñón, na, *a.* of or from Burgundy.—**a la borgoñona,** in Burgundy fashion.
borgoñota, *f.* a sort of ancient helmet.—**a la b.**, in the Burgundy fashion.
bórico, ca, *a.* boric.
boricua, *n.* & *a.* (Am.) Puerto Rican, Porto Rican.
borinqueño, ña, *n.* & *a.* Puerto Rican.
borla, *f.* tassel, tuft, lock, flaunt; in universities, doctor's hood; doctorship.—**tomar la b.**, to graduate.
borlilla, *f.* (bot.) anther.
borlón, *m. aug.* large tassel; napped stuff, made of thread and cotton yarn.
[1]**borne,** *m.* end of a lance; (elec.) binding post, binding screw; terminal.
[2]**borne,** *m.* (bot.) cytissus.
borneadero, *m.* (naut.) berth of a ship at anchor; swinging berth.
borneadizo, za, *a.* pliant, easily warped.
bornear. I. *va.* to bend, turn, twist; (arch.) to model and cut (pillars); to hoist and place (building stones, etc.). **II.** *vn.* (naut.) to swing around the anchor. **III.** *vr.* to warp, bulge.
borneo, *m.* turning or winding; swinging motion in dancing; (naut.) swinging round the anchor.
borneol, *m.* (chem.) borneol.
borní, *m.* (ornith.) lanner, a kind of falcon.
boro, *m.* (chem.) boron.
borona, *f.* Indian corn; cornbread; crumb
boronía, *f.* eggplant and tomato dish.
[1]**borra,** *f.* yearling ewe; thick wool; goat's hair; nap; floss, burl; tax on sheep; lees, sediment, waste, idle talk.—**b. de lana,** flock wool.—**b. de seda,** floss silk.
[2]**borra,** *f.* borax.
borracha, *f.* (coll.) a leather bottle for wine.
borrachear, *vn.* to get intoxicated often.
borrachera, borrachería, *f.* drunkenness; carousal, drunken feast, orgy; drunken condition, (coll.) drunk; (fig.) madness, great folly.
borrachero, *m.* a South American shrub, whose seed, when eaten, causes delirium.
borrachez, *f.* intoxication; perturbation of the judgment or reason.
borrachín, *m.* drunkard.
borracho, cha. I. *n.* drunkard. **II.** *a.* habitually drunk, violet-colored.—**borrachón, borrachonazo,** *m. aug.* great drunkard, toper.
borrachuela, *f.* (bot.) bearded darnel.
borrachuelo, la, *n. dim.* tippler.
borrador, *m.* rough draft; (com.) blotter.
borradura, *f.* erasure, scratching out.
borragíneo. I. *a.* (bot.) boraginaceous. **II.** *f. pl.* Boraginaceæ.
borraj, *m.* borax.
borraja, *f.* (bot.) borage.
borrajear, *vn.* to scribble, scrawl.
borrajo, *m.* = RESCOLDO, embers, hot ashes.
borrar, *va.* to cross out; to efface, erase, rub out, obliterate; (fig.) to cloud, darken, obscure.
borrasca, *f.* storm, tempest, squall; (Mex.) (min.) barren rock; (fig.) hazard, danger; obstruction.—**b. deshecha,** violent tempest.
borrascoso, sa, *a.* stormy, tempestuous.
borrasquero, ra, *n.* & *a.* reveller(-ing).
borregada, *f.* large flock of sheep or lambs.
borrego, ga, *n.* lamb not yet a year old; (fig.) simpleton.—**borreguero,** *m.* shepherd who tends lambs.—**borreguito,** *m. dim.* little lamb.
borrén, *m.* saddle-tree.
borrica, *f.* female donkey; ignorant woman.
borricada, *f.* drove of donkeys; cavalcade on donkeys; asinine word or action.
borrico, *m.* ass, donkey; (carp.) sawhorse.
borricón, borricote, *m. aug.* large jackass; plodder, laborious man; sawyer's horse.
borrilla, *f.* downy matter enveloping fruits.
borriqueño, ña, *a.* asinine.
borriquero, *m.* one who keeps or tends donkeys.
borriquete, *m.* (carp.) sawhorse.—**b. de proa,** (naut.) fore-topmast.
borriquillo, illa, ito, ita, *n. dim.* little donkey.
borriquillos, *m. pl.* crossbars of a table frame.
borro, *m.* male lamb not two years old; (coll.) dolt; duty on sheep.
borrón, *m.* blot; blur; rough draft; blemish, stigma, stain.—**borroncillo,** *m. dim.* small blot or stain.—**borronear,** *va.* to sketch; to waste (paper) by scribbling on it.
borroso, sa, *a.* full of dregs, thick, muddy; blurred, faded.
borrumbada, *f.* boast; extravagant expense.
boruca, *f.* noise, hubbub, uproar
borujo, *m.* pack, bundle; refuse of olive pits; oil cake.—**borujón,** *m.* = BURUJÓN. lump; badly wrapped parcel.
boruro, *m.* (chem.) boride.
borusca, *f.* withered leaf. Also SEROJA.
boscaje, *m.* cluster of trees, grove; (art) boscage, landscape.
boscoso, sa, *a.* bushy, bosky, wooded.
Bósforo, *m.* Bosporus.
bosnio, nia, *n.* & *a.* Bosnian.
bosque, *m.* wood, forest; grove.
bosquejar, *va.* to sketch, outline; to plan, design; to explain vaguely; to make a rough model of.
bosquejo, *m.* sketch; any unfinished work, writing or composition.—**en b.**, unfinished.
bosquete, *m.* wood; forest; artificial forest.
bosta, *f.* dung, manure.
bostecé, bostece, *v. V.* BOSTEZAR.
bostezar, *vn.* (*pret.* BOSTECÉ; *subj.* BOSTECE) to yawn, gape.—**bostezo,** *m.* yawn, yawning.
bota, *f.* boot; small leather wine bag; butt or pipe for liquids; liquid measure equal to about 125 gallons; (naut.) water cask.—**b. de montar,** riding boot.—**ponerse las botas,** to become rich or prosperous, (fig.) strike oil.
botado, da. I. *pp.* of BOTAR. **II.** *a.* (Am.) cheap, inexpensive; (Am.) (of person) lying down.
botador, *m.* thrower, pitcher; punch; instrument for pulling out nails; nail set; dentist's crow's bill or pelican; (naut.) starting pole, boat hook; (mech.) furnace bar, fire iron; bolt driver; (med.) refractor.
botafuego, *m.* (artil.) linstock, match staff; irritable, quick-tempered person.

botagueña, *f.* pig-haslets sausage.
botalón, *m.* (naut.) boom (of a crane or derrick).—**b. del foque,** jib-boom.
botamen, *m.* (naut.) collection of water casks on board a ship; collection of pots and jars in a drug store.
botana, *f.* plug; plaster on a wound; scar.
botánica, *f.* botany.
botánico, ca. I. *a.* botanical. **II.** *n.* botanist.
botanista, *n.* botanist.
botar. I. *va.* to cast, pitch, throw, fling; (Am.) to throw out (of a job), "fire"; (Am.) to squander, misspend; to throw away; (naut.) to shift (the helm).—**b. al agua,** (naut.) to launch. **II.** *vn.* to bound; rebound. **III.** *vn.* & *vr.* (of unbroken horse) to jump and kick, caper. *vr.* (Cuba) to carry to excess, overdo (something).
botaratada, *f.* rash, thoughtless action.
botarate, *m.* (coll.) madcap, thoughtless, blustering person; (Am.) spendthrift.
botarel, *m.* (arch.) buttress, abutment, spur, counter pillar.
botarga, *f.* loose breeches, galligaskins; motley dress; harlequin, buffoon; a kind of large sausage; DOMINGUILLO, tumbler (toy).
botasilla, *f.* (mil.) bugle signal for the cavalry to saddle.
botavante, *m.* (naut.) boarding pike.
botavara, *f.* (naut.) small boom or pole, gaff, sprit; boat hook.—**b. de cangreja,** gaffsail boom.
[1]**bote,** *m.* thrust with a weapon; rebound; frolicsome bound of a horse; chuck-farthing (boys' game).—**de b. y voleo,** instantly.
[2]**bote,** *m.* druggist's pot for medicine; can or jar.—**b. de tabaco,** snuff canister.
[3]**bote,** *m.* boat.—**b. de lastre,** ballast lighter.—**b. de salvamento,** (aer.) crash boat.—**b. salvavidas,** lifeboat.
[4]**bote,** *m.*—**de b. en b.,** crowded, jammed.
botella, *f.* bottle.—**b. de Leiden,** Leyden jar.
botellazo, *m.* blow with a bottle.
botellería, *f.* bottle factory; (Am.) BOTILLERÍA.
botellón, *m.* demijohn.
botequín, *m.* (naut.) cog, scull.
botería, *f.* (naut.) collection of casks of wine.
[1]**botero,** *m.* maker of wine bags and bottles.
[2]**botero, ra,** *n.* boatman, ferryman (-woman).
botica, *f.* apothecary's shop, drug store; medicines; (Arg.) shop, store.—**de todo, como en b.,** everything under the sun.
boticaria, *f.* apothecary's wife.
boticario, ria, *n.* apothecary.
botiga, *f.* (prov.) shop.—**botiguero,** *m.* shopkeeper.—**botiguilla,** *f. dim.* of BOTIGA.
botija, *f.* earthen round, short-necked jug; fat person.—**botijero,** *m.* one who makes or sells jars.—**botijilla, juela,** *f. dim.* small jar.
botijo, *m.* round earthen jar with a spout and handle; plump child.
botilla, *f. dim.* small wine bag; woman's shoe.
botiller, *m.* = BOTILLERO.
botillería, *f.* ice-cream parlor; (naut.) steward's room and stores.
botillero, ra, *n.* one who prepares or sells ice cream and refreshments.
botillo, *m. dim.* small leather wine bag.
[1]**botín,** *m.* buskin, half-boot; high shoe; leggings.
[2]**botín,** *m.* booty, spoils of war.
botina, *f.* modern gaiter; a woman's boot.
botinería, *f.* shoe shop or factory.
[1]**botinero, ra. I.** *a.* (of cattle) black-foot. **II.** *n.* shoemaker.
[2]**botinero,** *m.* soldier who took care of and sold the booty.
botinico, illo, ito, *m. dim.* little gaiter.
botiquín, *m.* medicine chest; dispensary.
botito, *m.* man's gaiter with elastics or buttons.
botivoleo, *m.* recovering a ball on the rebound.
boto, ta. I. *a.* blunt; dull of understanding. **II.** *m.* wine skin; large gut filled with butter.
botón, *m.* button; sprout, bud; (fencing) tip of a foil; knob (of door or window); bead (in assaying); annulet of balusters, and of keys; piece of wood which fastens a fowling net; crankpin; dowel; handle.—**b. de fuego,** cautery in the form of a button.—**b. de oro,** (bot.) creeping double-flowered crowfoot.
botonadura, *f.* set of buttons.
botonazo, *m.* (fencing) thrust with a foil.
botonería, *f.* button maker's shop.
botonero, ra, *n.* button maker; button seller.
botones, *m. sing.* (*pl.* of BOTÓN) bellboy.
bototo, *m.* (Am.) gourd or calabash for water.
botriforme, *m.* (bot.) botryoidal.
botulismo, *m.* (med.) botulism.
botuto, *m.* stem of the papaw fruit; war trumpet of the Orinoco Indians.
bou, *m.* joint casting of a fish net by two boats.
bovaje, bovático, *m.* ancient duty on cattle.
bóveda, *f.* arch; vault; cave, cavern; vault for the dead.—**b. celeste,** firmament.—**b. craneal,** cranial cavity.—**b. palatina,** (anat.) palate.
bovedilla, *f.* (arch.) small vault, cove.—*pl.* (naut.) counters.
bóvido, da. I. *a.* (zool.) bovine. **II.** *m. pl.* Bovidæ.
bovino, na, *m.* & *a.* bovine.
boxeador, ra, *n.* (sports) boxer.
boxear, *vn.* to box.—**boxeo,** *m.* boxing.
bóxer, *m.* (zool.) boxer (dog); Boxer (Chinese).
boya, *f.* (naut.) beacon; buoy; net float.
boyada, *f.* drove of oxen.
boyal, *a.* pertaining to cattle.
boyante. I. *a.* buoyant, floating. **II.** *a.* (naut.) light, sailing well; prosperous, successful.
boyar, *vn.* (naut.) to buoy; to float.
boyazo, *m. aug.* large ox.
boyera, boyeriza, *f.* ox stall, cow house.
boyero, boyerizo, *m.* ox driver; cowherd.
boyezuelo, *m. dim.* young or small ox.
boyuno, na, *a.* bovine.
boza, *f.* (naut.) rope with one end fast in a bolt ring.—**bozas,** (naut.) stoppers.
bozal. I. *m.* muzzle (for dogs, etc.); bells on a harness. **II.** *a.* (of Negroes) pure, unmixed; (of Negroes) newly immigrating; novice, inexperienced, greenhorn; stupid, foolish; wild, not broken in, untamed.
bozalejo, *m.* small muzzle.
bozo, *m.* down that precedes the beard; mustache; mouth around the lips; headstall of a horse.
brabante, *m.* Brabant or Flemish linen.
braceada, *f.* violent stretching out of the arms.
[1]**braceaje,** *m.* coinage; beating metal for coining.
[2]**braceaje,** *m.* (naut.) bracing of yards; depth of water.
[1]**bracear,** *vn.* to move or swing the arms.
[2]**bracear,** *va.* (naut.) to brace; to fathom; (foundry) to tap (a furnace).
braceo, *m.* repeated swinging of the arms.
bracero. I. *m.* one who offers his arm to a lady; day laborer; strong-armed man.—**de b.,** arm in arm. **II.** *a.* (weapon) thrown with the hand.
bracete.—**de b.,** arm in arm.
bracillo, *m. dim.* branch of the bit of a horse's bridle; little arm
bracmán, *m.* Brahman; Brahmin.
bracmánico, ca, *a.* Brahmanic.
braco, ca, *a.* pug-nosed.
bráctea, *f.* (bot.) bract.
bractéola, *f.* (bot.) bractlet.
bradicardia, *f.* (med.) heart block.
brafonera, *f.* brassart, armor for the arm.
braga, *f.* breeches, knickerbockers; child's diaper; hoisting rope; (mil.) breeching, lashing rope.
bragada, *f.* flat of the thigh in animals.
bragado, da, *a.* with flanks of different color from the rest of the body; (fig.) ill-disposed, of depraved sentiments; energetic, firm.
bragadura, *f.* crotch (of the body, of trousers, etc.); flat of the thigh in beasts.

bragazas, *m.* & *a.* (coll.) (man) easily ruled or henpecked.
braguero, *m.* truss, bandage for a rupture, brace; (Peru) martingale.—**b. de cañón,** (artil.) breeching of a gun.
bragueta, *f.* fly (of trousers).
braguillas, *f. pl. dim.* little breeches; child wearing his first breeches; small, ugly child.
Brahma, *f.* Brahma, deity of the Hindus.
brahmán or **brahmín,** *m.* Brahman; Brahmin.
brahmánico, ca, or **brahmínico, ca,** *a.* Brahmanic(al, Brahminic(al.
brahmanismo, *m.* Brahmanism.
brahón, *m.* fold which, in ancient apparel, surrounded the upper part of the arm.
brama, *f.* rut, mating season.
bramadera, *f.* rattle; horn call.
bramadero, *m.* rutting place; (Am.) tethering post.
bramador, ra, *n.* & *a.* roarer(-ing).
[1]**bramante,** *m.* packthread, hempcord, twine; Brabant linen.
[2]**bramante,** *a.* roaring.
bramar, *vn.* to roar, bellow; to storm, bluster; to rage, cry.—**bramido,** *m.* cry uttered by wild beasts, howl; roaring of the elements.
branca, *f.* point of a horn.—**b. ursina** (bot.) = ACANTO, thistle.
brancada, *f.* dragnet or sweep net.
brancaursina, *f.* (bot.) bear's breech.
brandal, *m.* (naut.) backstay, ladder rope.
brandís, *m.* greatcoat formerly worn.
branquia, *f.* (ichth.) branchia, gill.
branquial, *a.* (ichth.) branchial, pert. to gills.
branquífero, ra, *a.* gill-bearing.
braña, *f.* summer pasture; brushwood.
braquial, *a.* brachial, pertaining to the arm.
braquicéfalo, la, *a.* (ethnol.) brachycephalous.
braquigrafía, *f.* brachygraphy.
braquiópodo, da, *m.* & *a.* (zool.) brachiopod.
brasa, *f.* live coal; red-hot coal or wood.—**estar en brasas**, to be on pins and needles.—**estar hecho unas brasas,** to be red in the face, flushed.
braserillo, *m. dim.* brazier, blazer.
brasero, *m.* brazier; fire pan; place where criminals were burnt; (Mex.) hearth, fireplace.
brasil, *m.* (bot.) braziletto; (bot.) brazilwood; (B.) Brazil.
brasilado, da, *a.* of a red color; ruddy.
brasileño, ña, *n.* & *a.* Brazilian.
brasilete, *m.* Jamaica wood, braziletto.
brasilina, *f.* brazilin, red coloring-matter of brazilwood.
brasmología, *f.* science of the tides.
bravamente, *adv.* bravely, gallantly; cruelly, barbarously; finely, extremely well; copiously.
bravata, *f.* bravado, boast, brag.
braveador, ra, *n.* bully, hector.
bravear, *vn.* to bully, hector, menace.
bravera, *f.* vent, chimney.
braveza, *f.* bravery; vigor; ferocity; fury (esp. of sea, wind, etc.).
bravío, vía. I. *a.* ferocious, wild, untamed; uncultivated; coarse, unpolished. **II.** *m.* fierceness (esp. of a bull).
bravo, va, *a.* brave, manly, fearless; angry; pungent, hot; bullying, hectoring; savage, wild, fierce; severe, untractable; rude, unpolished; rough (land); sumptuous, expensive; excellent, fine.—**¡bravo!** bravo!
bravonel, *m.* brave; hector, braggart.
bravosidad, *f.* = GALLARDÍA, bravery; gallantry.
bravucón, na, *n.* & *a.* boaster(-ing), braggart.
bravura, *f.* courage; ferocity; bravado; (mus.) bravura.
braza, *f.* fathom (measure).
brazada, *f.* uplifting of the arms; armful.
brazado, *m.* armful.
brazaje, braceaje, *m.* (naut.) depth of water.
brazal, *m.* bracer, brassart; bracelet; irrigation ditch from a river or canal; mourning band around the arm; (naut.) rail.—**brazalete,** *m.* armlet, bracelet.—*pl.* (naut.) brace pendants.
brazo, *m.* arm (of the body, a chair, a lever, the sea); upper half of the arm; foreleg; branch (of a tree, a chandelier); bravery, energy, enterprise. —*pl.* hands, laborers; assistance, protection, backing; protectors, backers.—**b. a b.,** hand to hand.—**b. de palanca,** lever arm.—**a b.,** by hand; swimming.—**a b. partido** = B. A B. —**con los brazos abiertos,** with open arms.—**con los brazos cruzados,** with folded arms. —**de b.,** arm in arm.—**hecho un b. de mar,** gorgeously attired.—**no dar el b. a torcer,** to be stubborn.—**ser el b. derecho de alguien,** to be somebody's righthand man.
brazolas, *f. pl.* (naut.) coamings of the hatchways.
brazuelo, *m. dim.* small arm; shoulder or fore thigh of beasts; branch of the bit of a bridle.
brea, *f.* pitch, tar; coarse canvas; sackcloth.
[1]**brear,** *va.* to pitch, tar.
[2]**brear,** *va.* to vex; thwart; (fig.) to play a joke on.
brebaje, *m.* beverage, potion; (naut.) grog.
breca, *f.* (ichth.) bleak or blay; dace.
brécol, bróculi, *m.,* **brecolera,** *f.* (bot.) broccoli.
brecha, *f.* breach, opening; (fig.) impression (on the mind).—**abrir b.,** to make a breach; to create an impression; to make progress.—**batir en b.,** (fort.) to batter, breach; to persecute.
brega, *f.* struggle; scrap, fight.—**andar a la b.,** to work hard.—**dar b.,** to be hard or laborious. —**dar b. (a),** to play a trick or joke (on).
bregar. I. *vn.* (*pret.* BREGUÉ; *subj.* BREGUE) to contend, struggle. **II.** *va.* to roll (dough).
bregma, *m.* (anat.) bregma.
bren, *m.* bran. Also SALVADO.
brenca, *f.* (bot.) maidenhair; sluice post.
breña, *f.,* **breñal, breñar,** *m.* craggy and brambled ground.
breñoso, sa, *a.* craggy and brambled.
breque, *m.* (ichth.) = BRECA.
bresca, *f.* honeycomb.—**brescar,** *va.* (*pret.* BRESQUÉ; *subj.* BRESQUE) to take combs from (a beehive).
bretaña, *f.* fine linen made in Brittany; (bot.) hyacinth.
[1]**brete,** *m.* fetters, shackles; perplexity, difficulties.—**estar en un b.,** to be in difficulties.
[2]**brete,** *m.* (P. I.) a food made of betel leaves.
bretón, na. I. *n.* & *a.* Breton. **II.** *m.* (bot.) borecole, kale.
breva, *f.* early fruit of a fig tree; early large acorn; choice cigar, rather flat; (coll.) any valuable thing obtained easily, (coll.) snap, cinch.
breval, *m.* (bot.) early fig tree.
breve. I. *a.* brief, short, concise; (phon.) short.—**en b.,** shortly, in a little while. **II.** *m.* apostolic brief. **III.** *f.* (mus.) breve, longest note.
brevedad, *f.* briefness, conciseness.
brevemente, *adv.* briefly, concisely.
brevete, *m.* = MEMBRETE, memorandum.
breviario, *m.* breviary; abridgement, epitome; (print.) brevier, small size of type.
brevipenne, *a.* (zool.) brevipennate.
brezal, *m.* heath, place planted with heaths.
brezo, *m.* (bot.) heath, heather.
briaga, *f.* bass-weed rope.
brial, *m.* rich silken skirt.
briba, *f.* truantship, idleness.
bribar, *vn.* to lead a vagabond life.
bribia, *f.* beggar's tale of woe.—**echar la b.,** to go a-begging.
bribón, na, *n.* vagrant; impostor; knave, scoundrel, rascal.—**bribonada,** *f.* knavery, petty villainy, mischief.—**bribonazo,** *m. aug.* great cheat, big rascal.—**briboncillo,** *m. dim.* little rascal.—**bribonear,** *vn.* to loiter about; to loaf.
bribonería, *f.* life of a vagabond; rascality.
bribonzuelo, *m. dim.* little rascal.
bricho, *m.* spangle, used in embroidery.
brida, *f.* bridle; rein; horsemanship, curb, re-

straint, check; rail coupling; fishplate; flange; clamp, staple (watchmaking).
bridecú, *m.* sword belt.
bridón, *m.* horseman riding a bur saddle; horse accoutred with a bur saddle; small bridle; (poet.) fine horse.
brigada, *f.* brigade; group of people doing a task together; beasts of burden for an army.—**brigadero,** *m.* man who tends beasts of burden in the army.
brigadier, *m.* (mil.) brigadier general; navy officer commanding a division of a fleet.
brigola, *f.* (mil.) battering ram.
Briján, *m.*—**saber más que B.,** to be very wise and cautious.
brillador, ra, *a.* sparkling, glittering.
brillante. I. *a.* brilliant, bright; shining, sparkling, glittering; glossy, lustrous; excellent, magnificent. **II.** *m.* brilliant, diamond.—**brillantemente,** *adv.* brilliantly; brightly, resplendently; splendidly.—**brillantez,** *f.* brilliance.—**brillantina,** *f.* brillantine; polishing powder (for metals).
brillar, *vn.* to shine, sparkle, glitter.
brillo, *m.* brilliance, brightness, lustre; splendor, magnificence.—**en b.,** (photog.) glossy.
brincador, ra, *n.* & *a.* leaper(-ing), jumper(-ing)
brincar. I. *vn.* (*pret.* BRINQUÉ; *subj.* BRINQUE) to leap, jump; to frisk, skip; to fly into a passion, become excited, (coll.) complain. **II.** *va.* to omit, skip; to throw (a child) up and down.
brinco, *m.* leap, jump; hop, bounce; small jewel worn in the hair.
brindar. I. *vn.*—**b. por,** to drink a person's health, toast. **II.** *va.* to offer, present, afford.
brindis, *m.* drinking the health of another; toast.
brinqué, brinque, *v. V.* BRINCAR.
brinquillo, brinquiño, *m.* gewgaw, small trinket; sweetmeat from Portugal.
brinza, *f.* blade, slip, sprig, shoot.
brío, *m.* vigor, enterprise, courage.
brioche, *m.* brioche.
briofita, *f.* (bot.) bryophyte.
briol, *m.* (naut.) bunt line.
briología, *f.* bryology.
brionia, *f.* (bot.) bryony.—**brionina,** *f.* (chem.) bryonin.
briós.—**¡voto a b.!** *interj.* by the Almighty!
brioso, sa, *a.* vigorous, enterprising, courageous; lively, spirited.
briozoario, ria, *m.* & *a.* (zool.) bryozoan.
[1]**brisa,** *f.* breeze.
[2]**brisa,** *f.* residue of pressed grapes.
brisca, *f.* a card game.
briscado, da. I. *pp.* of BRISCAR. **II.** *a.* mixed with silk (app. to gold and silver twist).
briscar, *va.* to embroider with gold or silver twist.
brisera, *f.*, **brisero,** *m.* glass screen for a candle.
brístol, *m.* Bristol board, Bristol paper.
británica, *f.* (bot.) great water dock.
británico, ca, *a.* British.
britano, na., *n.* & *a.* Briton.
brizar, *va.* to rock (a cradle).
brizna, *f.* fragment; splinter or chip; string (of beans, etc.).
briznoso, sa, *a.* full of fragments or scraps.
brizo, *m.* cradle.
[1]**broa,** *f.* (P. I.) a kind of biscuit or cracker.
[2]**broa,** *f.* (naut.) shallow cove.
broca, *f.* reel for twist, silk, or thread; conical drill for boring in iron; shoemaker's tack.
brocadillo, *m.* brocade of inferior quality.
brocado, da. I. *a.* embroidered like brocade. **II.** *m.* gold or silver brocade.
brocal, *m.* curbstone of a well; metal ring of the scabbard of a sword.—**b. de bota,** mouthpiece of a leathern wine bottle.
brocamantón, *m.* diamond brooch.
brocatel, *m.* stuff made of hemp and silk; white-streaked Spanish marble.
bróculi, *m.* broccoli.
brocha, *f.* painter's or shaving brush; loaded dice.—**de b. gorda,** (art) poorly done; (painter) of doors and windows; crude, badly done or written.
brochada, *f.* stroke of the brush.
brochado, da, *a.* pertaining to brocade.
brochadura, *f.* set of hooks and eyes.
brochazo, *m.* = BROCHADA.
broche, *m.* clasp; hook and eye; locket; fastener; hasp; brooch.—*pl.* cuff buttons.
brocheta, broqueta, *f.* (cook.) skewer.
brochón, *m. aug.* large brush; whitewash brush.
brodio, *m.* hodge-podge (of food); mixture of hog's blood and onions for sausages.
[1]**broma,** *f.* gaiety, merriment; noisy gathering; jest, joke.—**dar b.,** or **bromas,** to jest; to tease.—**por b.,** in jest, for fun.
[2]**broma,** *f.* shipworm; teredo.
[3]**broma,** *f.* (mason.) riprap; (Am.) (fig.) oatmeal gruel.
bromal, *m.* (chem.) bromal.
bromar, *va.* (of insects) to bore.
bromato, *m.* (chem.) bromate.
bromatología, *f.* bromatology, science of foods.
bromear, *vn.* to joke, jest, make fun.
bromeliáceo, cea, *a.* (bot.) bromeliaceous.
bromhidrato, *m.* (chem.) hydrobromide.
bromhídrico, ca, *a.* (chem.) hydrobromic.
bromhidrosis, *f.* (med.) fetid sweating.
brómico, ca, *a.* (chem.) bromic.
bromismo, *m.* (med.) brominism, bromism.
bromista, *n.*, merry person; practical joker.
[1]**bromo,** *m.* (chem.) bromine.
[2]**bromo,** *m.* (bot.) brome grass.
bromoformo, *m.* (chem.) bromoform.
bromurado, da, *a.* containing bromine; bromine (as *a.*, as in *agua bromurada,* bromine water).
bromuro, *m.* (chem.) bromide.—**b. potásico,** (chem.) potassium bromide.
bronca, *f.* practical joke; wrangle, quarrel.
broncamente, *adv.* peevishly, morosely.
bronce, *m.* bronze; brass; (poet.) trumpet, bell, or cannon.—**b. de aluminio,** aluminum bronze.—**b. de campanas,** bell metal.—**b. de cañón,** gun metal.—**b. fosforado,** phosphor bronze.—**b. mangánico,** manganese bronze.—**b. Uchatius,** steel bronze.
bronceado, da. I. *pp.* of BRONCEAR. **II.** *a.* bronze-colored; tanned, sunburnt. **III.** *m.* bronze-color finish(-ing).
broncear, *va.* to bronze; to adorn with brass.
broncería, *f.* collection of bronzes.
broncíneo, a, *a.* bronzelike.
broncista, *n.* worker in bronze.
bronco, ca, *a.* rough, coarse, unpolished; crusty; sturdy; morose, crabbed; rude; hard; abrupt, harsh; hoarse.
bronconeumonía, *f.* broncho-pneumonia.
broncorrea, *f.* (med.) bronchorrhea.
broncoscopio, *m.* bronchoscope.
bronquedad, *f.* harshness, roughness, rudeness; brittleness.
bronquial, *a.* (anat.) bronchial.
bronquina, *f.* dispute, quarrel, scrap.
bronquio, *m.* (anat.) bronchus, bronchial tube.
bronquíolo, *m.* (anat.) bronchiole.
bronquitis, *f.* (med.) bronchitis.
brontómetro, *m.* brontometer.
broquel, *m.* shield, buckler; support, protection.—**broquelazo,** *m. aug.* blow with a shield or buckler; large shield or buckler.—**broquelero,** *m.* one who makes or wears shields or bucklers; wrangler, disputer.—**broquelete,** *m. dim.* small buckler.—**broquelillo,** *m. dim.* small shield; small earring.
broqueta, *f.* = BROCHETA, skewer.
brosquil, *m.* sheepfold, sheepcote.
brota, *f.* vine bud.
brotadura, *f.* budding.
brótano, *m.* (bot.) southernwood.
brotar. I. *vn.* to bud, germinate, put forth shoots;

to gush, rush out; to issue, appear. **II.** *va.* (of the earth & fig.) to bring forth, produce.
brote, *m.* germ of vines; bud of trees; outbreak (of a disease); fragment, crumb, bit.
broza, *f.* rotten branches, leaves, etc., on the ground; weeds, underbrush; chaff, rubbish; BRUZA, (print.) brush.
brozar, bruzar, *va.* (print.) to brush (type).
brozoso, sa, *a.* full of rubbish.
brucero, *m.* brush and broom maker or seller.
bruces.—a, or **de, b.,** forward, headlong; face downward; on one's stomach.
brucita, *f.* (min.) brucite.
brugo, *m.* vine grub, plant louse.
bruja, *f.* witch, hag; owl.—**brujear,** *vn.* to practice witchcraft.—**brujería,** *f.* witchcraft, sorcery.
brujidor, *m.* glaziers' nippers. Also GRUJIDOR.
brujidura, *f.* bewitching, casting spells.
brujir, *va.* (of glaziers) to trim. Also GRUJIR.
brujo, *m.* sorcerer, conjurer, wizard.
brújula, *f.* magnetic needle; compass; sight, small hole to point a gun, peephole.
brujulear, *va.* at cards, to examine (one's cards) by slowly uncovering the tops; to discover by guess.—**brujuleo,** *m.* examining one's cards by slowly uncovering the tops; close examination; guess.
brulote, *m.* fire ship; an ancient engine of war.
bruma, *f.* mist, fog.
brumador, ra, *a.* = ABRUMADOR, overwhelming.
brumal, *a.* misty, foggy.
brumar, *va.* = ABRUMAR, to crush; to weary.
brumario, *m.* Brumaire (month in calendar of early French republic).
brumazón, *m.* thick fog or mist.
brumo, *m.* refined wax, for polishing tapers.
brumoso, sa, *a.* foggy, hazy, misty.
[1]**bruno,** *m.* black plum; plum tree.
[2]**bruno, na,** *a.* dark brown, blackish.
bruñido, *m.* polish, burnish.
bruñidor, ra. I. *n.* & *a.* burnisher(-ing), polisher(-ing). **II.** *m.* burnisher.
bruñimiento, *m.* polishing, burnishing; polish.
bruñir, *va.* to burnish, polish; (coll.) to put on rouge.
brusca, *f.* (naut.) bevel, sweep, or rounding of masts; brushwood.
brusco, ca. I. *a.* rude, rough, crude. **II.** *m.* (bot.) kneeholly, butcher's broom; trifling remains; refuse shearings.
brusela, *f.* (bot.) lesser periwinkle.
Bruselas, *f.* Brussels.
bruselense, *a.* & *n.* (native) of Brussels.
brusquedad, *f.* rudeness; rude action or treatment.
brutal. I. *a.* brutal; brutish. **II.** *m.* animal (esp. quadruped).—**brutalidad,** *f.* brutality; brutishness; stupidity; brutal or stupid action.—**brutalizar. I.** *va.* to brutalize. **II.** *vr.* to become brutalized.—**brutalmente,** *adv.* brutally.
brutesco, ca, *a.* = GRUTESCO, grotesque.
bruteza, *f.* roughness, want of polish; brutality.
bruto, ta. I. *a.* beastly, brutish, brutal; crude (ore, oil, etc.); gross (profits, etc.); unpolished, rough.—**en b.,** in a rough state, in the rough. **II.** *m.* brute, beast; ignoramus; blockhead.
bruza, *f.* horse brush; stove brush; scrubbing brush; printer's brush.—**bruzar,** *va.* to brush.
bu, *m.* bugaboo, bugbear.—**hacer el b.,** to scare, frighten.
búa, *f.* = BUBA, pustule.
buaro, buarillo, *m.* (ornith.) buzzard.
buba, *f.* pustule, small tumor.—*pl.* buboes.
búbalo, *m.* African antelope.
bubón, *m.* bubo.—**bubónico, ca,** *a.* bubonic.
buboso, sa, *a.* having pustules or buboes.
bucal, *a.* pertaining to the mouth; buccal.
bucanero, *m.* buccaneer.
búcare, *m.* a South American shade tree.
búcaro, *m.* vessel made of a fragrant earth of the same name; (Colomb.) BÚCARE.
buccino, *m.* (zool.) whelk, a marine gastropod.
buceador, ra, *n.* diver.
bucear, *vn.* to dive.
bucéfalo, *m.* bucephalus; blockhead, jackass.
buceo, *m.* diving; searching under water.
bucero, ra, *a.* (of dogs) black-nosed.
bucle, *m.* ringlet, curl, lock of hair; loop.
[1]**buco,** *m.* opening, aperture, gap.
[2]**buco,** *m.* (zool.) buck.
[1]**bucólica,** *f.* (coll.) food; meal.
[2]**bucólica,** *f.* bucolic, pastoral poetry.
bucólico, ca, *a.* bucolic.
buchada, *f.* mouthful. Also BOCANADA.
[1]**buche,** *m.* craw or crop; maw; belly; (coll.) bosom; mouthful; bag, pucker in clothes.
[2]**buche,** *m.* young suckling donkey; foal.
buchete, *m.* cheek puffed with wind.
buchón, ona, *a.* of a pouter (pigeon).
Buda, *m.* Buddha.
budare, *m.* (Venez.) large baking pan.
búdico, ca, *a.* Buddhic, Buddhistic.
budín, *m.* (Angl.) pudding.
budión, *m.* (ichth.) peacock fish.
budismo, *m.* Buddhism.
budista, *n.* & *a.* Buddhist.
buega, *f.* landmark; boundary marker.
buen, *a. contr.* of **bueno,** good. Used only before a masculine substantive, as *buen hombre,* good man, and before an infinitive used as a substantive, as *el buen decir,* correct speaking.
buenaboya, *m.* volunteer galley seaman.
buenamente, *adv.* freely, spontaneously; conveniently, easily.
buenandanza, *f.* = BIENANDANZA, prosperity.
buenaventura, *f.* fortune, good luck; fortune (as told by a fortune teller).
bueno [buen (*v.* BUEN)**], na. I.** *a.* good; kind; suited, fit; appropriate; well, in good health (*estoy bueno,* I am well); in good condition; great; high (excitement, fever, etc.); advisable, desirable; strange (often with *lo* in the expression **lo bueno es,** the strange thing is); simple, too good, (coll.) easy, soft.—**¡buena es ésa!** (coll.) that's strange; that is a pretty how-de-do, a pretty fix.—**bueno está lo bueno,** let good enough alone.—**buenas noches,** good night.—**buenas tardes,** good afternoon.—**buenos días,** good day, good morning.—**a buenas,** willingly, without compulsion.—**¿a dónde bueno?** where are you going?—**de buenas,** in good luck, lucky.—**de buenas a primeras,** all of a sudden, without warning.—**¿de dónde bueno?** where do you come from?—**por buenas, por las buenas** = A BUENAS. **II.** *adv.* well, very well, all right; that is enough.
buenparecer, *m.* good looks or appearance.
buey, *m.* ox, bullock.—**b. de caza,** stalking ox.—**b. marino,** sea calf.—**bueyazo,** *m. aug.* big ox.—**bueyecillo, -zuelo,** *m. dim.* little ox.—**bueyuno, na,** *a.* bovine; oxlike.
bufalino, na, *a.* pertaining to buffaloes.
búfalo, *m.* buffalo.
bufanda, *f.* muffler (for the neck), scarf.
bufar, *vn.* to puff and blow with anger; to snort.
bufete, *m.* desk or writing table; lawyer's office or clientele; bureau; sideboard.
bufetillo, *m. dim.* small desk or writing table.
bufido, *m.* bellow, roar, snort.
bufo, fa, *a.* & *n.* comic (singer).
[1]**bufón,** *m.* peddler, street vender.
[2]**bufón, na. I.** *a.* funny, comical. **II.** *m.* buffoon, merry andrew; fool, clown, jester.
bufonada, *f.* buffoonery, jest.
bufonazo, *m. aug.* great buffoon.
bufoncillo, *m. dim.* little merry andrew.
bufonearse, *vr.* to jest.
bufonería, *f.* = BUFONADA.
bufonesco, ca, *a.* clownish.
bugalla, *f.* gallnut growing on oak leaves.
buglosa, *f.* (bot.) alkanet; bugloss.
buharda, *f.* dormer window, skylight; garret.
buhardilla, *f.* garret; skylight.
buharro, *m.* (ornith.) eagle owl.

buhedera, *f.* embrasure, loophole.
buhedo, *m.* temporarily dried-out marsh.
buhero, ra, *n.* owl keeper.
buhío, *m.* = BOHÍO, Indian hut, hovel, cabin.
búho, *m.* (ornith.) owl, (U. S.) horned owl; (fig.) unsociable person.
buhonería, *f.* peddler's box; peddlery.
buhonero, *m.* peddler, hawker.
buitre, *m.* vulture.—**buitrera,** *f.* place to catch vultures.—**buitrero, ra. I.** *a.* vulturine. **II.** *m.* vulture fowler.
buitrón, *m.* osier basket to catch fish; partridge net; furnace where silver ores are smelted; snare for game.
bujarasol, *m.* fig with reddish pulp.
buje, *m.* axle box, bush box; pillow of a shaft.
bujeda, *f.*, **bujedal, bujedo,** *m.* = BOJEDAL, plantation of box trees.
bujería, *f.* gewgaw, bauble, toy, knickknack.
bujeta, *f.* boxwood box; perfume box; case for smelling bottle.
bujía, *f.* candle; candlestick; (physics) candle, candlepower; (int. combust. eng.) spark plug (called also **b. del encendido**); (surg.) solid probe.—**b. normal,** standard candle.
bujiería, *f.* office where wax candles are kept.
bula, *f.* papal bull.
bulario, *m.* collection of papal bulls.
bulbar, *a.* bulbar.
bulbo, *m.* (bot.) bulb.
bulboso, sa, *a.* bulbous.
buldog, *m.* (zool.) bulldog.
buleto, *m.* brief granted by the Pope or by his legate.
bulevar, *m.* (Gal.) boulevard.
Bulgaria, *f.* Bulgaria.
búlgaro, ra, *n.* & *a.* Bulgarian.
bulí, burí, *m.* (P. I.) a palm tree.
bulimia, *f.* (med.) bulimia, excessive appetite.
bulímico, ca, *a.* bulimic.
bulo, *m.* false rumor, canard.
bulto, *m.* bulk, anything which appears bulky; form, object not clearly discerned; protuberance; tumor, swelling; massiness; bust; bundle, parcel, package; pillowcase.—**a b.,** wholesale; as a whole; broadly.—**de b.,** obvious, manifest, striking.—**escurrir, huir,** or **sacar, el b.,** to sneak out.
bululú, *m.* strolling player (actor).
bulla, *f.* noise, bustle, fuss; noisy stir, crowd, mob.—**armar b.,** to make a racket.—**bullaje,** *m.* noisy crowd.—**bullanga,** *f.* tumult, riot.—**bullanguero, ra,** *n.* rioter, turbulent person.
bullar, *va.* to mark (goods) with a seal.
bullebulle, *m.* busybody, bustler, hustler.
bullicio, *m.* bustle, noise, uproar; sedition; heat.
bulliciosamente, *adv.* noisily.
bullicioso, sa, noisy; lively, merry; (of the sea) turbulent, boisterous.
bullidor, ra, *a.* = BULLICIOSO.
bullir. I. *vn.* to boil, bubble up; to move about, bustle, hustle. **II.** *va.* to move, stir.
[1]**bullón,** *m.* dye bubbling up in a boiler.
[2]**bullón,** *m.* metallic ornament for large books; puff (in sewing).
bumerang, *m.* boomerang.
buna, *m.* (chem.) buna; Buna (rubber) (trademark).
bungo, *m.* a Nicaraguan flatboat.
buniato, *m.* = BONIATO, sweet potato.
bunio, *m.* sort of earthnut or pignut.
buñolería, *f.* bun shop.
buñolero, ra, *n.* maker or seller of crullers or waffles.
buñuelo, *m.* fritter, bun, cruller; anything poorly done or spoiled; failure.
buque, *m.* vessel, ship; steamer; bulk, capacity (of a ship); hull (of ship).—**b. de guerra,** man-of-war.—**b. de torres,** turreted man-of-war.—**b. de vapor,** steamer.—**b. de vela,** sailing vessel.—**b. mercante,** merchant vessel.
burato, *m.* Canton crêpe; cypress (fabric); transparent veil of light silk.
burbuja, *f.* bubble.
burbujeante, *a.* bubbling.
burbujear, *vn.* to bubble.—**burbujeo,** *m.* bubbling.
burchaca, *f.* = BURJACA.
burche, *m.* tower.
burda, *f.* (naut.) backstay.
burdégano, *m.* hinny, mule.
burdel. I. *m.* brothel. **II.** *a.* libidinous.
burdo, da, *a.* coarse; common, ordinary.
burel, *m.* (her.) bar, the ninth part of a shield; (naut.) marlinespike.
bureo, *m.* court of justice; entertainment, amusement, diversion, spree.
bureta, *f.* (chem.) burette, a glass tube.
burga, *f.* spa, hot springs.
burgalés, *m.* native of Burgos.
burgomaestre, *m.* burgomaster.
burgrave, *m.* burgrave.
burgraviato, *m.* burgraviate.
burgués, guesa. I. *a.* bourgeois. **II.** *n.* bourgeois; burgess.
burguesía, *f.* bourgeosie.
burí, *m.* (bot.) buri, talipot palm.
buriel. I. *a.* reddish, dark red. **II.** *m.* kersey, coarse cloth; ropewalk.
buril, *m.* burin, engraver's chisel; graver.
burilada, *f.* line or stroke of a burin; silver taken by an assayer for testing.
buriladura, *f.* engraving with a burin.
burilar, *va.* to engrave with a graver.
burjaca, *f.* pilgrim's leather bag.
burla, *f.* scoff, flout, mockery, sneer; jest, fun, trick; jeer, gibe; hoax, deceit, cheat.—**b. burlando,** in an easy way, without effort.—**b. pesada,** biting jest.—**burlas aparte,** joking aside.—**de burlas,** in jest.—**hacer b.,** to make fun of, or a fool of.
burladero, *m.* refuge or covert in a bull ring.
burlador, ra. I. *n.* wag, jester, scoffer, practical joker; seducer. **II.** *m.* seducer, Don Juan; conjurer's cup.
burlar. I. *va.* to ridicule, mock, scoff; to abuse; to deceive, frustrate, disappoint, evade. **II.** *vr.* (**de**) to mock, laugh (at), make fun (of); to gibe, banter.
burlería, *f.* fun, mockery, scoffing; drolling; fish story, yarn, fairy tale; deceit, illusion; derision, banter, ridicule.
burlescamente, *adv.* comically, ludicrously.
burlesco, ca, *a.* burlesque, ludicrous, comical.
burlete, *m.* weather strip.
burlón, na, *n.* & *a.* banterer(-ing), jester(-ing), scoffer(-ing).
buró, *m.* bureau; writing desk.
burocracia, *f.* bureaucracy.
burócrata, *m.* or *f.* bureaucrat, public servant, officeholder.
burocrático, ca, *a.* bureaucratic.
burra, *f.* female donkey; ignorant, unrefined woman; industrious, strong woman.
burrada, *f.* drove of donkeys; stupid or foolish action or expression; play contrary to rule in the game of BURRO.
burrajo, *m.* dry stable dung for fuel.
burrero, *m.* ass keeper who sells asses' milk.
burrillo, *m.* (coll.) = AÑALEJO, church almanac.
burro, *m.* ass, donkey; sawyer's jack or horse; wheel of a reel; a game at cards; windlass.—**burros de la mesana,** (naut.) mizzen-bowlines.
burrumbada, *f.* = BARRUMBADA, extravagant outlay of money; boast.
bursátil, *a.* (com.) pert. to the stock exchange.
bursitis, *f.* (med.) bursitis.
burujo, *m.* lump of pressed wool or other matter; parcel, package; bagasse.
burujón, *m.* lump, badly made parcel.
Burundi. I. *m.* Burundi. **II.** *n.* & *a.* (**b.**) (of) Burundi.
bus, *m.* motorbus, bus.
busaca, *f.* (Am.) pocket (of a pool table); bag.

busca, *f.* search, research; pursuit; terrier; hunting party.—*pl.* (Mex.) perquisites.
buscada, *f.* search, research.
buscador, ra. I. *n.* & *a.* searcher(-ing), investigator(-ing). **II.** *m.* finder (optical appliance).
buscaniguas, *m.* (Am.) (coll.) = BUSCAPIÉS.
buscapié, *m.* hint.
buscapiés, *m. sing.* squib cracker; serpent firecracker.
buscapleitos, *n.* (Am.) quarrelsome person, trouble maker.
buscar. I. *va.* (*pret.* BUSQUÉ; *subj.* BUSQUE) to seek, look for.—**b. tres pies al gato,** to pick a quarrel. **II.** *vr.* to bring upon oneself.
buscarruidos, *n.* (coll.) quarrelsome person.
buscavidas, *n.* busybody, gossip monger; hustler; thrifty person.
busco, *m.* base of a sluice gate.
buscón, na, *n.* & *a.* searcher(-ing); cheat; pilferer(-ing), filcher(-ing).
busilis, *m.* (coll.) difficulty, difficult point.—**dar en el b.,** to hit the bull's eye.
busqué, busque, *v. V.* BUSCAR.
búsqueda, *f.* search.
busto, *m.* bust (statue); torso.
bustrófedon, *m.* boustrophedon, writing lines alternately from left to right and right to left.
butaca, *f.* armchair; easy-chair; orchestra seat in a theater.
butadieno, *m.* (chem.) butadiene.
butano, *m.* (chem.) butane.
butifarra, *f.* a sort of sausage made in Catalonia; (fig.) wide or badly fitting stockings or trousers; (Peru) ham sandwich.—**butifarrero, ra,** *n.* maker and seller of BUTIFARRAS.
butileno, *m.* (chem.) butylene.
butilo, *m.* (chem.) butyl.
butiondo, *a.* fetid; goatish; lustful.
butiráceo, cea, *a.* butyraceous, butyrous.
butírico, ca, *a.* (chem.) butyric.
butirilo, *m.* butyryl.
butirina, *f.* butyrin.
butirómetro, *m.* (chem.) butyrometer.
butrino, butrón, *m.* fowling net.
butuco, ca, *a.* (Hond.) thick, stumpy.
buyador, *m.* brazier.
buyo, *m.* (P. I.) chewing paste of bonga fruit and leaves, and lime.
buz, *m.* kiss of respect and reverent regard.—**hacer el b.,** to do homage or pay respect.
buzamiento, *m.* (geol.) dip of a stratum.
búzano, *m.* diver; a kind of culverin.
buzar, *va.* (geol.) to dip downward.
buzardas, *f. pl.* (naut.) breasthooks, forehooks.
buzo, *m.* diver; a kind of ancient ship.
buzón, *m.* conduit, canal; letter drop, letter box, drop box; lid, cover; hook to take off the lids of melting pots; sluice of a mill.
buzonera, *f.* drain or gutter in a courtyard.
byroniano, na, *a.* Byronic.

C

C, c, *f.* c, third letter of the Spanish alphabet.
¡ca! *interj.* oh, no! no, indeed! Also ¡QUIÁ!
cabal, *a.* just, exact; perfect, complete, thorough; full; faultless, consummate.—**por sus cabales,** exactly, perfectly, according to rule and order.
cábala, *f.* cabala, superstitious divination; secret science of Hebrew rabbis; cabal, intrigue, plot.
cabalgada, *f.* cavalcade; booty.
cabalgador, ra. I. *n.* rider, horseman(-woman). **II.** *m.* horse block.
cabalgadura, *f.* beast of burden; riding horse or mule; stirrup strap.
cabalgar. I. *vn.* (*pret.* CABALGUÉ; *subj.* CABALGUE) to ride on horseback; to parade on horseback; to go in a cavalcade. **II.** *va.* (of a horse) to cover (a mare); to ride.
cabalgata, *f.* cavalcade.
cabalgué, cabalgue, *v. V.* CABALGAR.
cabalhuste, *m.* ancient saddle with high semicircular pommel and cantle.
cabalidad, *f.* used in the expression **a cabalidad,** sensibly, justly; exactly, completely, fully.
cabalismo, *m.* cabalism.
cabalista, *m.* cabalist.
cabalístico, ca, *a.* cabalistic.
cabalmente, *adv.* exactly, completely, perfectly, fully, precisely.
caballa, *f.* horse mackerel.
caballar, *a.* pert. to or like horses, equine.
caballear, *vn.* to ride horseback frequently.
caballejo, *m. dim.* little horse, nag; (vet.) shoeing-frame.
caballerato, *m.* ecclesiastical benefice granted by the Pope to a married layman; privilege of gentleman or esquire, in Catalonia.
caballerear, *vn.* to set up for a gentleman.
caballerescamente, *adv.* knightly, cavalierly.
caballeresco, ca, *a.* knightly, chivalrous; gentlemanly.
caballerete, *m. dim.* (coll.) spruce young gentleman.
caballería, *f.* riding animal; cavalry; art of riding, horsemanship; knight-errantry; chivalry; order of knights; knighthood; share of spoils given to a knight; (W.I.) a land measure (about 33½ acres).—**c. andante,** knight-errantry.—**c. mayor,** saddle horse or mule.—**c. menor,** ass, donkey.
caballeriza, *f.* stable; number of horses, mules, etc., in a stable; stud of horses; staff of grooms, hostlers, etc.; wife of a CABALLERIZO.
caballerizo, *m.* head groom of a stable.—**c. del rey,** equerry to the king.—**c. mayor del rey,** master of the horse to the king.
caballero, ra. I. *a.* riding. **II.** *m.* knight; cavalier; gentleman; rider, horseman; a sort of fortification; old Spanish dance; (ornith.) red-legged horseman; gambet.—**c. andante,** knight-errant.—**c. de industria,** defrauder, knave, one who lives by his wits, sponger.—**c. del hábito de Santiago,** knight of the military order of St. James.
caballerosidad, *f.* condition, quality of a gentleman; nobleness, honorable behavior.
caballeroso, sa, *a.* noble, generous; gentlemanlike, gentlemanly.
caballerote, *m.* (coll.) uncouth or unpolished gentleman.
caballeta, *f.* (entom.) field cricket.
caballete, *m.* ridge of a roof; carpenter's horse, sawhorse; trestle; easel; horse (instrument of torture); brake, for dressing hemp and flax; ridge between furrows; cap of a chimney; bridge of the nose; gallows of a printing press.—**c. de aserrar,** sawbuck, sawhorse.—**c. de colchar cabos,** (naut.) rope-laying truss, stakehead.
caballico, ito, *m. dim.* little horse, pony; hobby- or rocking-horse.—**c. del diablo,** dragon fly.
caballista, *m.* horseman; good rider; horse connoisseur.
caballo, *m.* horse; (cards) the queen; (chess) knight; (med.) bubo.—*pl.* (mil.) horse, cavalry.—**c. aguilillla,** (Am.), a very swift pacing horse.—**c. amaestrado,** horse completely broken in.—**c. blanco,** a person who finances a doubtful enterprise.—**c. castizo,** blood horse.—**c. de agua** = C. MARINO.—**c. de aldaba** = C. DE REGALO.—**c. de batalla,** battle horse, charger; hobby, favorite idea; specialty, forte; main or crucial point.—**c. de carga,** pack horse.—**c. de carrera,** or **corredor,** race horse.—**c. de caza,** hunter.—**c. de Frisia,** (mil.) chevaux-de-frise.—**c. de fuerza,** = C. DE VAPOR.—**c. de mar** = C. MARINO.—**c. de montar,** saddle horse.—**c. de palo,** any vessel fit for sea; rack for criminals; (tannery) tanner's beam.—**c. de posta,** post horse.—**c. de regalo,** gala horse, handsome horse kept for special occasions.—**c. de silla**

saddle horse.—**c. de tiro,** draught horse.—**c. de Troya,** Trojan horse, (fig.) fifth column.—**c. de vapor,** horsepower.—**c. entero,** stallion.—**c. marino,** sea horse; hippopotamus.—**c. negro,** (pol.) dark horse.—**c. padre,** stallion.—**c. rabón,** docked horse.—**a c.,** on horseback.—**a c. regalado no hay que mirarle el diente** or **no se le mira el colmillo,** don't look a gift horse in the mouth.—**a mata c.,** at breakneck speed.

caballón, *m. aug.* large clumsy horse; ridge between two furrows.

caballuno, na, *a.* pertaining to horses; horselike.

cabaña, *f.* hut, cottage, cabin; hovel, mean dwelling; flock of ewes or breeding sheep; drove of mules; balk line in billiards.

cabañal. I. *a.* sheep-and-cattle (roads). **II.** *m.* village or settlement of huts.

cabañería, *f.* a shepherd's rations for a week.

cabañero, ra. I. *a.* pertaining to a CABAÑA in any of its meanings. **II.** *n.* keeper of a CABAÑA (of sheep or mules).

cabañil. I. *a.* pertaining to a shepherd's hut. **II.** *m.* man in charge of a drove of mules.

cabañuela, *f. dim.* small hut or cottage.—*pl.* weather forecast made in August for the following year; festival of Jews in Toledo.

cabaret, *m.* (Am.) cabaret, night club (gen. low-class).

cabás, *m.* cabas, workbasket.

[1]**cabe,** *m.* stroke on a ball in game of ARGOLLA.—**dar un c. al bolsillo,** or **a la hacienda,** (fig.) to hurt one in one's business, fortune, etc.

[2]**cabe,** *prep.* (poet.) near, nigh, by.

cabeceamiento, *m.* = CABECEO.

cabecear. I. *vn.* to nod; to shake the head in disapproval; to raise or lower the head (app. to horses); to incline to one side, to hang over (app. to a load); (naut., aer.) to pitch; (of carriages) to lurch. **II.** *va.* in writing, to give (the letters) a thick loop; among bookbinders, to put (the head-band) to (a book); to bind (cloth or rugs); to close by cauterization; to head (wine).—**cabeceo,** *m.* nod of the head; (naut., aer.) pitching.

cabecera, *f.* beginning or principal part; upper end; head or head-board of a bed; seat of honor; headwaters; capital of a province, district, nation; fortified point of a bridge; head piece or vignette; each extremity of the back of a book; pillow or bolster.—**c. de puente,** bridgehead.

cabeciancho, cha, *a.* broad-headed.

cabecica, ita, *f. dim.* small head.

cabeciduro, ra, *a.* (Am.) stubborn.

cabecilla, *m.* wrong-headed person; leader, ringleader.

cabellar, *vn.* to put on false hair.

cabellejo, *m. dim.* little hair.

cabellera, *f.* hair (collect.), head of hair; switch of hair; tail (of a comet).

cabello, *m.* a hair; hair of the head (collect.), also *pl.*; large sinews (in mutton); corn silk.—**cabellos de ángel,** sweetmeat made with CIDRACAYOTE.—**asirse de un cabello,** to resort to trivial pretexts or flimsy arguments, catch at trifles.—**traer por los cabellos,** to drag in irrelevantly, resort to or introduce far-fetched (arguments, facts, etc.).

cabelludo, da, *a.* hairy; fibrous.

cabelluelo, *m. dim.* thin and short hair.

caber, *vn.* (*ind. pres.* QUEPO, *pret.* CUPE, *fut.* CABRÉ; *subj.* QUEPA) to go in or into (*la clavija no cabe en el agujero,* the peg does not go in the hole, the peg is too large for the hole); to have enough room, to be able to go through (often diff. constr.: *yo no quepo aquí,* I have not enough room here, this place is too small for me; *el elefante cabe por esta puerta,* the elephant can go through this door, this door is large enough for the elephant); to fall (to one), to befall, to have (often diff. constr.: *me ha cabido buena suerte,* good luck has befallen me, I have been fortunate; *me ha cabido el honor de ser nombrado,* the honor of being appointed has fallen to me, I have had the honor to be appointed); to be possible or natural (*todo cabe en la naturaleza,* in nature everything is possible); to be pertinent, appropriate or applicable.—**no cabe duda (de que),** there is no doubt (that).—**no cabe más,** that is the worst (or the best), that is the limit.—**no c. de,** to overflow, or be filled, with.—**no c. en sí,** to be puffed up with conceit, (coll.) to have a swelled head.

cabero, *m.* maker of handles for tools.

cabestraje, *m.* halter; fee paid to a drover.

cabestrante, *m.* (naut.) capstan.

cabestrar, *va.* to put on or lead by the halter.

cabestrear, *vn.* to be led by a halter.

cabestrería, *f.* shop where halters and collars are made and sold.

cabestrero, ra. I. *a.* that can be led by a halter. **II.** *n.* maker or seller of horse collars and halters.

cabestrillo, *m.* sling (for injured arm, etc.); gold or silver chain, necklace.

cabestro, *m.* halter; leading ox.—**llevar,** or **traer, de c.,** to lead by the halter; (fig.) to lead by the nose.

cabeza, *f.* head; chief, leader; understanding, mind, judgment, brains; beginning; end; forward, front end; big end; top or upper part; capital, seat (of a district, also **c. de partido**); head of cattle; *m.* chief(tain).—**c. a c.,** (horse racing) neck and neck.—**c. de biela,** big end of connecting rod.—**c. de chorlito,** harebrained.—**c. de guerra,** warhead.—**c. de hierro,** stubborn, stiff-necked person.—**c. de playa,** (mil.) beachhead.—**c. de puente,** bridgehead.—**c. de turco,** scapegoat, (U. S., coll.) fall guy.—**c. mayor,** head of cattle.—**c. menor,** head of sheep, goats, etc.—**c. redonda,** blockhead.—**a la c.,** at the head.—**alzar c.,** to get better; to get on one's feet.—**de c.,** headfirst, headlong; by heart; brainy, smart.—**de pies a c.,** from head to foot, all over.—**hacer c.,** to lead.—**levantar c.,** to be restored in health or fortune.—**no tener pies ni c.,** to have neither head nor tail, neither rhyme nor reason.—**poner las cosas pies con c.,** to mix things up; to put topsyturvy.

cabezada, *f.* headshake; blow or butt given with the head, or on it; nod; headgear (of harness); headstall of a bridle; (naut., aer.) pitch, pitching, plunge; headband of a book; instep of a boot.—**dar cabezadas,** to nod (when napping).

cabezal, *m.* small pillow; (med.) compress; long round bolster; post of a door; fore part of a carriage; narrow mattress used by laborers.

cabezalejo, ico, illo, ito, *m. dim.* little pillow or bolster; small compress.

cabezalero, ra, *n.* executor of a will.

cabezazo, *m.* blow with the head.

cabezo, *m.* summit; reef; collar band.

cabezón, na. I. *a.* big-headed; obstinate. **II.** *m.* tax register; collar band; head; opening of a garment; cavesson or nose band, used in breaking in a horse.

cabezorro, *m. aug.* large, disproportioned head.

cabezota, *m. & f. aug.* (coll.) big-headed or obstinate person.

cabezudo, da. I. *a.* large-headed; headstrong; (of wine) heady. **II.** *m.* (ichth.) chub, mullet.

cabezuela, *f. dim.* small head; coarse flour; rose bud from which rose water is distilled; harebrained fellow, simpleton; (bot.) eryngo, ragwort-leaved centaury.

cabezuelo, *m. dim.* of CABEZA: little head.

cabida, *f.* content, capacity; space, room; influence.—**tener c.,** to be appropriate; to apply, be applicable.

cabila, *f.* (in Morocco) tribe.

cabildada, *f.* hasty, ill-advised proceeding.

cabildante, *m.* councilman, member of CABILDO.
cabildear, *vn.* to lobby; to influence or win votes in a corporation.—**cabildeo,** *m.* lobbying.
cabildero, ra, *n.* lobbyist.
cabildo, *m.* chapter of a cathedral or collegiate church; meeting of a chapter or place where held; municipal council; (in some places) city hall.
cabilla, *f.* (naut.) dowel; treenail; belaying pin.
cabillo, *m.* (bot.) stalk; stem; small end of a rope.
cabio, *m.* joist; breastsummer of a chimney; top or bottom piece of window or door frame.
cabito, *m. dim.* small end; butt.
cabizbajo, ja, *a.* crestfallen; thoughtful, pensive; melancholy.
cable, *m.* cable; cable's length, measure of 120 fathoms.—**c. coaxial,** coaxial cable.—**c. de cizalla,** (aer.) shear wire (of a dirigible).—**c. de sustentación,** (aer.) light wire.
cablear, cablegrafiar, *va.* to cable.
cablegráfico, ca, *a.* pertaining to submarine telegraphy; cable (as *a.*).
cablegrama, *m.* cablegram.
cabo, *m.* extreme, extremity; tip; bit; stub, stump; cape, headland, foreland; handle, haft, holder; rope, cord; thread; chief, leader; (mil.) corporal; end, termination, finish; parcel or package smaller than a bale.—*pl.* tail and mane (of a horse); loose pieces of apparel, as stockings, shoes, hats, etc.; divisions, sections, headings.—**c. de año,** anniversary funeral.—**c. de desgarro,** (aer.) rip cord, ripline.—**c. de escuadra,** (mil.) corporal.—**c. de maestranza,** foreman of a workmen's brigade.—**c. de presa,** prizemaster.—**cabos negros,** black hair, eyes, and eye-brows.—**al c.,** at last.—**al c. de,** at the end of, after.—**dar c. a,** to finish, end—**de c. a c.,** or **de c. a rabo,** from head to tail, from beginning to end.—**estar al c. de,** to be conversant with, or informed about.—**llevar a c.,** to carry out; to accomplish.—**llevar hasta el c.,** to carry to the end, see (something) through.
cabotaje, *m.* (naut.) coasting trade; pilotage.
cabra, *f.* goat; engine formerly used to throw stones.—*pl.* (Am.) little clouds; (Arg.) wavelets.
cabrahigadura, *f.* a fig-ripening process.
cabrahigal, [1]**cabrahigar,** *m.* wild-fig field.
[2]**cabrahigar,** *va.* to ripen figs artificially.
cabrahigo, *m.* wild fig tree; its fruit.
cabrería, *f.* herd of goats; goat's milk dairy.
cabreriza, *f.* goatherds' hut; woman goat tender.
cabrerizo, za. I. *a.* goatish, hircine. **II.** *n.* goatherd.
cabrero, ra, *n.* goatherd.
cabrestante, *m.* (naut.) capstan, winch.
cabria, *f.* crane; wheel and axle; winch; windlass; hoist; axletree; (naut.) sheers.
cabrilla, *f. dim.* little goat; (ichth.) a kind of fish; sawhorse; sawbuck.—*pl.* (astr.) Pleiades; marks on the legs, produced by being continually too near the fire; (naut.) whitecaps.
cabrillear, *vn.* to form whitecaps.
cabrilleo, *m.* the forming of whitecaps.
cabrio, *m.* (carp.) joist.
cabrío. I. *a.* goatish, hircine. **II.** *m.* herd of goats.
cabriola, *f.* caper; gambol, skip; nimble leap.
cabriolar, *vn.* to caper or cut capers; to jump, curvet, frisk.
cabriolé, *m.* a kind of sleeveless cloak; cabriolet.
cabriolear, *vn.* = CABRIOLAR.
cabritero, *m.* dealer in kids.
cabritilla, *f.* kid, dressed kidskin.
cabritillo, cabrito, *m. dim.* kid.
cabrón, *m.* buck, he-goat; (fig.) acquiescing cuckold.
cabronada, *f.* (low) infamous action which a man permits against his own honor; great annoyance or nuisance.
cabruno, na, *a.* goatish, goatlike.
cabujón, *m.* rough, unpolished ruby.
cábula, *f.* (Am.) trick, cunning scheme to get or accomplish something.
cabuya, *f.* (bot.) common American agave; sisal; sisal or hemp cord.—**dar c.,** (Am.) to tie, or bind.—**ponerse en la c.,** (Am.) to catch the drift; to become informed.
cabuyería, *f.* (Am.) ship chandlery.
cabuyero, *m.* (Am.) ship chandler.
cacahual, *m.* cacao plantation.
cacahuate, cacahué, cacahuete, cacahuey, *m.* (bot.) peanut.
cacalote, *m.* (Mex.) raven; (Am.) cracked corn and syrup; mistake, blunder.
[1]**cacao,** *m.* (bot.) cacao; cacao tree; cacao seed; chocolate.
[2]**cacao,** *m.*—**pedir c.,** (coll.) to beg for quarter, throw up the sponge.—(Am.) **tener c.,** to have vim, energy, courage.
cacaotal, *m.* cacao plantation.
cacaraña, *f.* pit caused by the smallpox.
cacarañado, da, *a.* pitted.
cacareador, ra, *n.* cackler; boaster, braggart.
cacarear, *vn.* to cackle; (coll.) to brag, boast.
cacareo, *m.,* cackling; boast, brag.
cacarizo, za, *a.* (Mex.) pock-marked.
cacatúa, *f.* (ornith.) cockatoo.
cacaxtle, *m.* (Mex.) crate to carry fruit.
cacé, cace, *v. V.* CAZAR.
cacear, *va.* to stir with a dipper or ladle.
cacera, *f.* irrigating canal; channel, conduit.
cacería, *f.* hunt, hunting.
cacerina, *f.* cartridge box or pouch.
cacerola, *f.* casserole, saucepan.
caceta, *f. dim.* small pan.
cacica, *f.* wife or daughter of a cacique.
cacicato, cacicazgo, *m.* dignity and territory of a cacique.
cacillo, ito, *m. dim.* small dipper or ladle.
cacimba, *f.* hole dug on the sea shore for drinking water.
cacique, *m.* cacique, Indian chief; (coll.) boss; (ornith. Mex.) cacique.
caciquil, *a.* pert. to or like caciques; boss (as *a.*).
caciquismo, *m.* caciquism, bossism.
cacle, *m.* (Mex.) leather sandal.
caco, *m.* pickpocket; thief; coward.
cacodilato, *m.* (chem.) cacodylate.
cacodílico, ca, *a.* (chem.) cacodylic.
cacodilo, *m.* (chem.) cacodyl.
cacofonía, *f.* cacophony, harsh sound.
cacofónico, ca, *a.* cacophonous, ill-sounding.
cacografía, *f.* defective orthography.
cacomite, *m.* a Mexican flower plant.
cacomixtle, *m.* (Mex.) (zool.) cacomistle.
cácteo, a, *a.* (bot.) cactaceous.
cacto, (Am.) **cactus,** *m.* (bot.) cactus.
cacumen, *m.* top, height; head, acumen.
cacha, *f.* each of the two leaves of a razor or knife handle; (Am., coll.) handle.—**hasta las cachas,** (coll.) up to the hilt, as much as one can manage.—**hacer la c.,** to try, do what one can; (**a**), to make fun (of).
cachaco, *m.* (Am.) dandy, fop.
cachada, *f.* thrust or wound with the horns.
cachalote, *m.* sperm whale.
cachamarín, *n.* coasting lugger.
cachapa, *f.* (Venez.) corn bread with sugar.
cachar, *va.* to break in pieces; to split.
cacharpari, *m.* (Peru) farewell supper.
cacharrería, *f.* crockery store; collection or stock of earthen pots.
cacharrero, ra, *n.* maker or seller of crockery; (Am.) notion dealer; peddler.
cacharro, *m.* coarse earthen pot, or a piece of it; useless, worthless thing, truck; (Am.) notion, trinket.
cachava, *f.* children's sport resembling hockey or golf; stick for driving the ball.
cachavazo, *m.* stroke with the CACHAVA.
cachaza, *f.* slowness, tardiness; forbearance; (Am.) rum; first froth on cane juice when boiled.
cachazudo, da. I. *a.* slow, calm, phlegmatic. **II.** *m.* sluggard; (Am.) tobacco worm.
cache, *a.* (Arg.) uncouth.
cachemarín, *m.* = CACHAMARÍN.

cachemir, *m.*, **cachemira,** *f.* cashmere.
cacheo, *m.* search for hidden arms.
cachera, *f.* coarse shagged cloth or baize.
cachería, *f.* (Am.), small business; uncouthness.
cachetas, *f. pl.* teeth or wards in a lock.
cachete, *m.* punch in the face or head; cheek.
cachetero, *m.* short poniard; bullfighter who kills the bull with the poniard.
cachetina, *f.* hand-to-hand fight.
cachetudo, da, *a.* plump-cheeked, fleshy.
cachicamo, *m.* (Am.) armadillo.
cachicán, *m.* overseer of a farm; cunning, clever man.
cachidiablo, *m.* hobgoblin; one disguised in a devil's mask.
cachifo, fa, *n.* (Colomb., coll.) boy, girl.
cachifollar, *va.* (coll.) to disappoint; to vex, humble, banter, sit upon.
cachigordete, eta, ito, ita, *a.* squat, plump.
cachillada, *f.* litter (of animals).
cachimba, *f.* low well; (water) spring; (Cuba) disreputable woman; CACHIMBO.
cachimbo, *m.* (Am.) smoking pipe.—**chupar c.,** (Venez.) to smoke a pipe; to suck one's thumb.
cachipolla, *f.* (entom.) dayfly or May fly.
cachiporra, *f.* stick with a big knob; bludgeon, billy.
cachiporrazo, *m.* blow with a bludgeon.
cachirulo, *m.* earthen, glass, or tin pot for preserving liquor; head ornament formerly worn by women; (Mex.) reinforcing chamois skin patches on riding breeches; small three-masted vessel.
cachivache, *m.* pot, utensil; stuff, trash; broken crockery; trumpery; worthless fellow; (Am.) notion, trinket.
cachizo, *a.*—**madero c.,** thick, heavy log.
[1]**cacho,** *m.* slice, piece; a card game; bunch; (C. A.) joke, fun; (Chile, com.) left-over, goods unsold.
[2]**cacho,** *m.* (ichth.) surmullet.
[3]**cacho, cha. I.** *a.* bent, crooked. **II.** *m.* (Am.) horn.—**echar c.,** (Colomb.) to excel, get ahead.—**empinar el c.,** = EMPINAR EL CODO, to drink to excess, be a toper.
cacholas, *f. pl.* (naut.) cheeks of the masts.
cachón, *m.* breaker; small waterfall, cascade.
cachondez, *f.* sexual appetite.
cachondo, da, *a.* in heat, rutting.
cachones, *m. pl.* breakers (waves).
cachopo, *m.* (naut.) gulf; dry trunk, stump.
cachorrillo, ito. I. *n.* little cub or whelp. **II.** *m.* pocket pistol.
cachorro, rra. I. *n.* whelp, puppy, cub. **II.** *m.* pocket pistol.
cachú, *m.* catechu, astringent from plants.
cachúa, *f.* Indian dance in Peru, Bolivia, etc.
cachucha, *f.* rowboat; man's cloth or fur cap; Andalusian dance in three-quarter time with castanets.
cachuchero, ra, *n.* maker or seller of caps; maker or seller of pin or needle cases.
cachucho, *m.* oil measure, containing the sixth part of a pound; pin or needle case; clumsy earthen pot.
cachuela, *f.* fricassee of rabbits' livers and lights; gizzard.
cachuelo, *m.* (ichth.) small river fish like anchovy.
cachumbo, *m.* hard shell of cocoanut and other fruit.
cachunde, *f.* aromatic paste munched to sweeten the breath; cachou.
cachupín, *m.* Spaniard who settles in Spanish America.
cada, *a.* every, each.—**c. cual,** each; every one, everybody.—**c. que** = C. VEZ QUE.—**c. uno** = C. CUAL.—**c. vez que, c. y cuando,** every time, whenever; as soon as.
cadahalso, *m.* shed, cabin, shanty.
cadalecho, *m.* bed made of branches of trees.
cadalso, *m.* platform, stage, stand; scaffold for capital punishment.
cadañal, ñego, ga, *a.* annual, yearly.
cadañero, ra, *a.* lasting a year; CADAÑAL.—**mujer c.,** woman who bears a child every year.
cadarzo, *m.* coarse, entangled silk which can not be spun; cover of the cocoon; narrow silk ribbon.
cádava, *f.* burnt stump of furze.—**cadaval,** *m.* place where many CÁDAVAS remain standing.
cadáver, *m.* corpse, cadaver.
cadavérico, ca, *a.* cadaverous.
cadejo, *m.* tangled hair; small skein; threads put together to make tassels.
cadena, *f.* chain; bond, tie; series; range (of mountains); malefactors chained together to be led to the galleys; imprisonment for life; (arch.) buttress.—**c. de agrimensor,** surveyor's chain, Gunter's chain.—**c. de ancla,** (mar.) chain cable.—**c. de cangilones,** bucket chain. —**c. de montañas,** mountain chain.—**c. de rocas,** ledge or ridge of rocks.—**c. radial,** radio network, broadcasting system.—**c. sin fin,** endless chain.—**c. transportadora,** chain conveyor.
cadencia, *f.* cadence; fall of the voice; rhythm; measure; flow of verses or periods; in dancing, harmony of motion and music; (mus.) cadenza.
cadencioso, sa, *a.* rhythmical.
cadenear, *va.* & *vn.* (surv.) to chain.
cadenero, *m.* (surv.) chainman.
cadeneta, *f.* lace or needlework worked in form of a chain; chain stitch; work put upon the heads of books to reinforce the sewing.
cadenilla, ita, *f. dim.* small chain; pearls of a certain size.
cadente, *a.* decaying, declining; going to ruin; rhythmical.
cadera, *f.* hip, the joint of the thigh.
caderillas, *f. pl.* bustle (garment).
cadetada, *f.* injudicious, thoughtless action.
cadete, *m.* (mil.) cadet.
cadí, *m.* cadi, magistrate among Mohammedans.
cadillar, *m.* place where bur parsley grows.
cadillo, *m.* (bot.) great bur parsley; prickly bur weed; common burdock.
cadillos, *m. pl.* thrum; warp ends.
cadmía, *f.* (min.) calamine; tutty.
cadmio, *m.* (chem.) cadmium.
cado, *m.* ferret hole.
cadoso, cadozo, *m.* deep place in a river.
caducamente, *adv.* weakly, feebly.
caducante, *n.* & *a.* dotard, in one's dotage.
caducar, *vn.* (*pret.* CADUQUÉ; *subj.* CADUQUE) to dote (from old age); to be worn out by service; to fall into disuse; to become superannuated or extinct; (law, com.) to lapse.
caduceo, *m.* caduceus, Mercury's staff.
caducidad, *f.* (law) caducity; decrepitude.
caduco, ca. I. *a.* caducous; senile, decrepit; perishable, frail; (bot.) caducous, deciduous; (zool.) deciduous. **II.** *f.* (anat.) decidua.
caduquez, *f.* caducity; senility.
caedizo, za, *a.* ready to fall; (bot.) deciduous.
caedura, *f.* loose threads dropping from the loom.
caer. I. *vn.* (*ind. pres.* CAIGO, *pret.* él CAYÓ; *subj.* CAIGA) to fall, drop, tumble down; lighten; fall off; hang down, droop; fit; be becoming; deviate from the right path; fall due; decrease, decline, drop, fall; fall to one's lot; befall, happen to; come to pass; to understand, see; (of color) to become faint; to be included, fall (within certain limits, etc.).—**c. a,** to be (located) on (this or that side, etc.); to look out on, overlook (*la ventana cae a la playa,* the window overlooks the beach).—**c. bien (mal),** to create a good (bad) impression, to be well (unfavorably) received; to fit (not to fit); to be (not to be) becoming.—**c. de,** to fall on (*caer de espaldas,* to fall on one's back, or backwards).—**c. de plano,** to fall flat (stretched). —**c. en cama,** or **enfermo,** to be taken ill. —**c. en la cuenta,** to understand the situa-

tion; to realize.—**c. en la cuenta de,** to think, or take note, of—**c. en gracia,** to arouse liking, to become a subject of affection or esteem, to please.—**c. redondo,** to drop unconscious. —**al c. de la noche,** at nightfall.—**dejar c.,** to drop, let fall. **II.** *vr.* **caerse,** to fall; to lose heart, to become downcast.—**c. de su peso,** or **c. de suyo,** to be self-evident, to be obvious; to fall, or fail, by itself.—**c. redondo** = CAER REDONDO.—**caércele a uno la cara de vergüenza,** to be deeply ashamed, to feel like hiding one's face.

café, *m.* coffee; café, coffee-house; (bot.) coffee tree.—**c. cantante,** night club, cabaret, (U. S., coll.) night spot.—**c. con leche,** café au lait.—**c. expreso,** espresso (coffee).—**c. retinto,** very strong black coffee.—**c. tinto,** strong black coffee.

cafeína, *f.* (chem., pharm.) caffeine.

cafetal, *m.* coffee plantation.

cafetalista, *n.* (Am.) coffee grower; coffee planter; coffee worker.

cafetería, *f.* (Mex.) retail coffee shop; (Am.) cafeteria.

cafetero, ra. I. *a.* of or pertaining to coffee. **II.** *n.* (Am.) coffee grower; coffee planter; coffee worker; coffee seller; *f.* coffeepot.

cafetín, *m. dim.* small café or coffee shop.

cafeto, *m.* (bot.) coffee tree.

cafetucho, *m.* (derog.) small and untidy café or coffee shop.

cáfila, *f.* crowd, mob; caravan.

cafre, *n.* & *a.* Kafir, Kaffir.

cagachín, *m.* small reddish mosquito.

cagafierro, *m.* scoria, dross of iron.

cagajón, *m.* horse dung; dung of mules or asses.

cagalaolla, *m.* masquerader who dances in processions.

cagarrache, *m.* one who washes the olive pits in an oil mill.

cagarria, *f.* St. George's-mushroom.

cagarropa, *m.* = CAGACHÍN, small mosquito.

cagarruta, *f.* dung of sheep, goats, mice, etc.

cagatinta, *m.* (contempt.) minor office workers.

cahiz, *m.* nominal measure of twelve bushels.

cahizada, *f.* land sufficient for one CAHIZ of seed.

caída, *f.* fall; falling; tumble; downfall; lapse; drop; falling off; droop; diminution, drop; descent; (geol.) dip; landslip; interior gallery in houses of Manila, with views upon the courtyard.—*pl.* coarse wool cut off the skirts of a fleece; witty remarks, repartee; (sew.) reverse. —**c. de una vela,** depth or drop of a sail.—**a la c. de la tarde,** at the close of the afternoon. —**a la c. del sol,** at sunset.

caído, da. I. *pp.* of CAER. **II.** *a.* languid; downfallen. **III.** *m. pl.* arrears of taxes or rents; slanting lines to show the proper slant in writing.

caigo, caiga, *v. V.* CAER.

caimacán, *m.* kaimakam, assistant grand vizier; (coll.) big gun, person of importance.

caimán, *m.* cayman, alligator; sharp, exploiter.

caimiento, *m.* fall, drop; droop, languidness.

caimito, caimo, *m.* star apple.

caique, *m.* (naut.) skiff, small boat.

cairel, *m.* false hair or switch worn by women to embellish their head dress; fringe trimming; silk threads to which the hair of wigs is fastened.

cairelar, *va.* to trim with fringe.

caja, *f.* box; case; coffin; chest; cash box or safe; sheath; body (of a carriage, truck, etc.); stock (of firearm); cavity, hole; distributing or central post office; (com.) cash, funds; cashier's office; socket; frame; drum; printer's case; portable writing desk; well or cavity in which a staircase is raised; wooden case of an organ; (mil.) drum; drum case, or frame; (mech.) shell, block (of a pulley); (Chile) bed (of a river); (min.) barren rock.—**c. alta,** (print.) upper case.—**c. armónica,** (mus.) sounding board.—**c. baja,** (print.) lower case.—**c. chica,** (com.) petty cash.—**c. de ahorros,** savings bank.—**c. de amortización,** Department of Public Debts (an old branch of the Spanish administration); sinking fund.—**c. de caudales,** safe, strong box.—**c. de colores,** paint box. —**c. de conexiones,** (elec.) junction box.—**c. de embalar,** packing box or case.—**c. de engranajes,** gear box or case.—**c. de fuegos,** firebox.—**c. de grasa,** (mach.) grease box or cup.—**c. de hierro,** (Am.) strongbox, safe.—**c. de humos,** smoke box.—**c. de ingletes,** miter box or block.—**c. de las muelas,** (coll.) gums (of the mouth).—**c. del cuerpo,** (anat.) thorax, thoracic cavity.—**c. de música,** music box.—**c. de reclutamiento,** (mil.) recruiting branch.—**c. de reloj,** watch case.—**c. de sebo,** (Ry.) journal box or bearing.—**c. de seguridad,** safe-deposit box.—**c. de sorpresa,** jack-in-the-box.—**c. de válvula,** valve box or chest. —**c. de vapor,** steam chest.—**c. de velocidad,** (auto.) gear box, gear case, transmission.—**c. de volteo,** dump body (truck).—**c. fuerte,** safe, strong box.—**c. postal de ahorros,** post-office savings bank.—**c. registradora,** cash register.—**con cajas destempladas,** roughly, without ceremony; coldly, slightingly.—**en c.,** cash, cash on hand (kept in the safe); (fig.) in good condition.

cajero, ra. I. *n.* box maker; cashier. **II.** *m.* reservoir.

cajeta, *f.* little box; poor-box; (Mex.) box of jelly; (Cuba) tobacco box; cigar case; (Am.) puffed up townsman (so called by farmers).

cajete, *m.* (Mex.) flat earthen pulque bowl.

cajetilla, *f.* package (of cigarettes).

cajetín, *m. dim.* very small box; (print.) fount case, letter case.

cajiga, *f.* = QUEJIGO, *m.* a kind of oak.

cajigal, *m.* = QUEJIGAL, plantation of CAJIGAS.

cajista, *n.* compositor (in printing).

cajo, *m.* bookbinder's groove.

cajón, *m.* box, case, chest, (Am.) coffin; drawer, till, locker, mold for casting; space between the shelves of a bookcase; wooden stand or shed for selling provisions; (Mex.) dry-goods store; crib, caisson.—**c. de sastre,** confused mass; odds and ends.—**ser de c.,** to be a matter of course, go without saying.—**cajonada,** *f.* (naut.) lockers.—**cajoncito,** *m. dim.* small box or drawer.—**cajonera,** *f.* chest of drawers in a vestry.—**cajonería,** *f.* set of drawers; tallboy or chiffonier.

cajuela, *f. dim.* small box.

cal, *f.* lime.—**c. hidráulica,** hydraulic lime.—**c. muerta,** slaked lime.—**c. viva,** quicklime, unslaked lime.—**c. y canto** = CALICANTO, stone masonry.—**de c. y canto,** (fig.) firm, solid.

[1]**cala,** *f.* cove, small bay; fishing ground.

[2]**cala,** *f.* sample slice cut out of a fruit to try its flavor; hole made in a wall to try its thickness; (med.) suppository; (naut.) hold.

[3]**cala,** *f.* (bot.) calla lily.

calaba, *m.* calaba tree. Also CALAMBUCO.

calabacear, *va.* = DAR CALABAZAS.

calabacera, *f.* (bot.) pumpkin, gourd or squash plant. Also CALABAZA.

calabacero, ra. I. *n.* retailer of pumpkins. **II.** *m.* calabash tree.

calabacilla, *f.* core of gourd-shaped tassel; ear-ring made of pearls in the shape of a gourd.

calabacín, *m.* small, young, tender pumpkin; silly person.—**calabacinate,** *m.* fried pumpkins.

calabacino, *m.* dry gourd, calabash bottle.

calabaza, *f.* (bot.) pumpkin; squash; gourd; (fig.) stupid, ignorant person.—**c. confitera,** or **totanera,** pumpkin.—**c. vinatera,** bottle gourd.—**dar calabazas,** to fail in examination; to refuse (a lover), give the mitten.—**calabazada,** *f.* knock with the head against something.—**darse de calabazadas,** (fig.) to labor in vain.—**calabazar,** *m.* pumpkin or-

chard.—**calabazate,** *m.* preserved pumpkin candied; piece of pumpkin steeped in honey.
calabazo, *m.* gourd.
calabobos, *m.* drizzle; mizzle.
calabocero, *m.* jailer; warden.
calabozaje, *m.* fee paid by prisoners to the jailer.
[1]**calabozo,** *m.* dungeon; cell; calaboose; jail.
[2]**calabozo,** *m.* curved pruning and weed-cutting knife.
calabrés, sa, *a.* Calabrian.
calabriada, *f.* mixture of different things; mixture of white and red wine; balderdash.
calabrote, *m.* (naut.) stream cable.
calacuerda, *f.* (mil.) drum call to attack.
calada, *f.* soaking; wetting through; rapid flight of birds of prey; reprimand.
caladio, *m.* (bot.) caladium.
calado, da. I. *pp.* of CALAR. **II.** *m.* open work in metal, stone, wood, or linen; fretwork; (naut.) draught of a vessel.—*pl.* **calados,** lace.
calador, *m.* perforator; borer; one who makes open work; (naut.) calking iron; surgeon's probe.
caladre, *f.* (ornith.) a bird of the lark family.
calafate, calafateador, *m.* calker.
calafateadura, *f.* calking.
calafatear, *va.* to calk.
calafateo, *m.,* **calafatería,** *f.* calking.
calafatín, *m.* calker's boy or mate.
calafraga, *f.* (bot.) saxifrage.
calagozo, *m.* bill or hedging hook.
calagraña, *f.* table grape, not fit for wine.
calaguala, *f.* (Peru, bot.) calaguala.
calahorra, *f.* public office where bread is distributed in times of scarcity.
calaíta, *f.* turquoise.
calaje, *m.* chest, trunk, coffer.
calamaco, *m.* calamanco, a woolen fabric.
calamar, *m.* (zool.) calamary, squid.
calambac, *m.* (bot.) calamba; eaglewood.
calambre, *m.* cramp (of muscles).
calambuco. I. *m.* (bot.) calaba tree. **II.** *a.* (Am.) pious, devout; (Cuba) pharisaical, hypocritical.
calamento, *m.* (bot.) mountain balm or calamint.
calamidad, *f.* calamity.
calamillera, caramillera, *f.* pothook of a crane.
calamina, *f.* calamine.
calaminta, *f.* = CALAMENTO.
calamita, *f.* loadstone; magnetic needle.
calamitoso, sa, *a.* calamitous, unfortunate.
cálamo, *m.* (bot.) sweet flag; (poet.) pen; ancient flute.
calamocano, *a.* fuddled; tipsy; unsteady.
calamoco, *m.* icicle.
calamón, *m.* (ornith.) purple water hen or gallinule; round-headed nail; stay supporting the beam of an oil mill.
calamorra, *f.* (coll.) head, (vulg.) block.
calamorrada, *f.* butt of horned cattle.
calamorrar, *va.* to butt.
calandraca, *f.* (naut.) mess of hard-tack.
calandrajo, *m.* rag hanging from a garment; ragamuffin.
calandrar, *va.* to calender.
[1]**calandria,** *f.* (ornith.) bunting, calendar lark.
[2]**calandria,** *f.* mangle; clothier's press; beetle mill; rolling press.
cálanis, *m.* (bot.) sweet flag.
calaña, *f.* pattern; sample; model, form; character; quality, kind, sort.
calañés, *a.* native of Calañas.—**sombrero c.,** Andalusian hat.
cálao, *m.* a large P.I. bird with serrated bill.
calapatillo, *m.* (zool.) weevil, or its grub.
calapé, *m.* turtle roasted in its shell.
[1]**calar. I.** *va.* to penetrate, soak through, permeate, drench; to go through, pierce, perforate; to make open work in (metal, wood, linen, or paper); (mech.) to wedge; to let down (a drawbridge); to fix (the bayonet); to pull down (the hat); to pick (a pocket); to see through (a person), understand; to sample, take or cut out a sample of. **II.** *vn.* (naut.) (of ships) to draw. **III.** *vr.* to put on; to get drenched; (of birds of prey) to rush, dart down, descend; to get in, squeeze in; to sneak in, enter clandestinely.
[2]**calar,** *a.* calcareous.
calato, ta, *a.* (Peru) nude, naked.
calavera, *f.* skull; (Am.) tail light; *m.* (coll.) madcap, wild fellow, daredevil.
calaverada, *f.* foolishness, tomfoolery.
calaverear, *vn.* to act foolishly and recklessly.
calaverilla, ita. I. *f. dim.* little skull. **II.** *m.* youth who sows his wild oats.
calaverón, *m. aug.* rake, debauchee.
calcado, *m.* tracing.
calcamar, *m.* a Brazilian sea bird.
calcáneo, *m.* (anat.) calcaneum.
calcañal, calcañar, *m.* heel, heel bone.
calcañuelo, *m.* a disease of bees.
calcar, *va.* (*pret.* CALQUÉ; *subj.* CALQUE) to trace; to trample on.
calcáreo, rea, *a.* calcareous.
calce, *m.* tire of a wheel; piece of iron or steel added to the coulter of a plow when it is worn; wedge; wheel shoe, a form of brake; (Am.) bottom (of a writing); (naut.) top.
calcé, calce, *v. V.* CALZAR.
calcedonia, *f.* chalcedony.
calcés, *m.* (naut.) masthead.
calceta, *f.* hose, stocking; fetters worn by criminals.—**hacer c.,** to knit.
calcetería, *f.* hosier's shop and trade; hosiery.
calcetero, ra, *n.* one who makes, mends, or sells thread stockings; hosier.
calcetín, *m.* sock.
calcetón, *m. aug.* cloth stocking worn under boots.
cálcico, ca, *a.* (chem.) calcic.
calcificación, *f.* calcification.
calcificar, *va.* to calcify.
calcímetro, *m.* lime meter, an instrument to determine the lime in soils.
calcina, *f.* mortar.
calcinable, *a.* calcinable.
calcinación, *f.* (chem.) calcination.
calcinar, *va.* & *vr.* to calcine.
calcinatorio, *m.* calcinatory, calcining vessel.
calcio, *m.* calcium.
calcita, *f.* (min.) calcite.
calco, *m.* tracing.
calcografía, *f.* chalcography, engraving on copper; place where engravings are made.
calcógrafo, *m.* engraver.
calcomanía, *f.* decalcomania.
calcopirita, *f.* (min.) chalcopyrite.
calcosina, calcocita, *f.* (min.) chalcocite.
calculable, *a.* calculable.
calculador, ra. I. *n.* calculator, computer. **II.** *m.* calculating machine.
calculadora digital, *f.* digital computer.
calcular, *va.* to calculate, compute; to estimate.
calculista, *n.* calculator, computer; designer.
cálculo, *m.* calculation, computation; estimate; conjecture; (math., med.) calculus.—**c. biliario,** (med.) gallstone.—**c. diferencial,** (math.) differential calculus.—**c. infinitesimal,** (math.) infinitesimal calculus.—**c. integral,** (math.) integral calculus.—**c. prudencial,** approximation, (coll.) educated guess.
calculoso, sa, *a.* (med.) calculous.
calcha, *f.* (Chile) workman's clothing and bedding.
calchona, *f.* (Am.) bogey, goblin.
calda, *f.* warming or heating.—*pl.* **caldas,** hot mineral-water baths.—**dar calda a,** to heat, reheat.
caldaico, ca, *a.* = [1]CALDEO.
caldear, *va.* to warm, heat; to weld.
[1]**caldeo, a,** *n.* & *a.* Chaldean, Chaldaic.
[2]**caldeo,** *m.* heating.
caldera, *f.* caldron; sugar kettle, boiling pan;

teakettle; (Am.) coffeepot; teapot; shell of kettle drum; (steam eng.) boiler.—**c. acuatubular,** water-tube boiler.—**c. de hogar interior,** flue boiler.—**c. de tubos de humos,** fire-tube boiler.—**c. de vapor,** steam boiler. —**c. fija,** stationary boiler.—**c. locomóvil,** portable boiler.—**c. marina,** or **marítima,** marine boiler.—**c. tubular,** tubular boiler.
calderada, *f.* caldronful.
calderería, *f.* brazier's or boiler maker's shop and trade.
calderero, *m.* brazier; coppersmith; boiler maker.
caldereta, *f. dim.* small caldron, kettle, pot; holy-water pot; fish stew; lamb stew; (Mex.) chocolate pot; (C. A.) thunderstorm.
calderilla, *f.* holy-water pot; any copper coin.
caldero, *m.* semispherical caldron or boiler; a copper; caldronful; ladle.
calderón, *m.* large caldron or kettle; mark for a thousand (϶); (print.) paragraph (¶); (mus.) sign (⌒) denoting a pause; hold.
calderoniano, na, *a.* Calderonian, pertaining to, or like, Calderón or his style.
calderuela, *f. dim.* small kettle; dark lantern used to drive partridges into the net.
caldillo, caldito, *m.* sauce of a ragout or fricassee; light broth.
caldo, *m.* broth; beef tea; bouillon; salad dressing; sauce; gravy.—*pl.* (com.) wine, oil and liquors.—**c. alterado,** medicinal broth.—**c. de carne,** consommé; beef tea.
caldoso, sa, *a.* having plenty of broth.
calducho, *m.* badly seasoned broth; hog wash.
calecer, *va.* to become heated.
caledonio, nia, *n.* & *a.* Caledonian.
calefacción, *f.* heating; heating system.—**c. central,** central heating.
calefaciente, *a.* (med.) heating.
calefactorio, *m.* calefactory, heated sitting-room (in convents).
caleidoscopio, *m.* (Am.) = CALIDOSCOPIO.
calenda, *f.* part of the martyrology which treats of the acts of the saints of the day.—*pl.* **calendas,** calends.—**calendas griegas,** Greek calends (a time that will never come, as there were no Greek calends).
calendario, *m.* almanac; calendar.—**hacer calendarios,** (fig.) to muse; to make hasty prophecies.—**calendarista,** *n.* calendar maker.
caléndula, *f.* (bot.) marigold.
calentador, *m.* heater; warming pan; (coll.) large, clumsy watch.
calentamiento, *m.* warming, heating; a horse disease.
calentano, na, *n.* (Am.) lowlander, native of a hot climate.
calentar. I. *va.* (*ind.* CALIENTO; *subj.* CALIENTE) to heat, warm; to roll and heat (a ball) in one's hand before it is played; to urge; press forward; despatch speedily. **II.** *vr.* to be in heat, rut; to get hot; become excited or angry.
calentón, *m.*—**darse un c.,** to take a bit of a warming.
calentura, *f.* fever.—**calenturiento, ta,** *a.* feverish.—**calenturilla,** *f. dim.* slight fever.—**calenturón,** *m. aug.* high fever.—**calenturoso, sa,** *a.* feverish.
calepino, *m.* (coll.) Latin dictionary.
[1]**calera,** *f.* lime kiln; lime pit.
[2]**calera,** *f.* fishing smack.
calería, *f.* place where lime is burnt and sold.
calero, ra. I. *a.* calcareous. **II.** *m.* lime burner, lime maker or seller.
calesa, *f.* two-wheeled calash, chaise.
calesera, *f.* bolero jacket.
calesero, *m.* driver of a calash.
calesín, *m.* light chaise.—**calesinero,** *m.* owner or driver of a light chaise.
caleta, *f.* (naut.) cove, creek, small bay; (Venez.) trade of carriers.—**caletero,** *m.* (Venez.) carrier.
caletre, *m.* (coll.) judgment, acumen.
calibeado, da, *a.* (med.) chalybean; chalybeate.
cálibes, *n. pl.* Chalybes.
calibración, *f.* calibration; gaging.
calibrador, *m.* gage (instrument); calipers.
calibrar, *va.* to calibrate (a ball, a firearm); to gage, measure.
calibre, *m.* caliber; diameter, bore (of a cylinder, pipe, etc.); gage (instrument); calipers; gage, diameter (of wire).
[1]**calicanto,** *m.* stone masonry.—**de c.,** (fig.) strong, firm, solid.
[2]**calicanto,** *m.* (Am.) (bot.) allspice.
calicata, *f.* (min.) trial pit.
caliciforme, *a.* (bot.) chaliced, chalice-shaped.
calicó, *m.* calico.
calicular, *a.* (bot.) calycular.
calículo, *m.* (bot.) calycle.
caliche, *m.* pebble burnt in a brick; crust of lime which flakes from a wall; (Peru and Chile) native saltpetre.
calidad, *f.* quality; grade; nobility; rank.—*pl.* conditions, terms, stipulations; personal qualifications; gifts, parts.—**en c. de,** as; in one's capacity as.
[1]**cálido, da,** *a.* warm; hot; piquant.
[2]**cálido, da,** *a.* crafty, artful.
calidoscópico, ca, *a.* kaleidoscopic.
calidoscopio, *m.* kaleidoscope.
calientapiés, *m.* foot warmer.
calientaplatos, *m.* plate warmer.
caliente, *a.* warm, hot; fiery.—**en c.,** while hot; at once.—**estar c.,** to be in heat, rut.
caliento, caliente, *v. V.* CALENTAR.
califa, *m.* caliph.—**califato,** *m.* caliphate.
calificable, *a.* qualifiable.
calificación, *f.* qualification; judgment, censure; proof; mark (in an examination).
calificado, da. I. *pp.* of CALIFICAR. **II.** *a.* qualified, authorized, competent.
calificador, ra, *n.* qualifier; censor.
calificar. I. *va.* (*pret.* CALIFIQUÉ; *subj.* CALIFIQUE) to qualify; rate, class; to pass on, judge; to authorize; to certify, attest; ennoble.—**c. de,** to call, declare. **II.** *vr.* to prove one's noble birth and descent according to law.
calificativo, va, *a.* (gram.) qualifying.
californiano, na, *n.* & *a.* Californian.
califórnico, ca, *a.* Californian.
californio, nia. I. *a.* Californian. **II.** *n.* Californian; *m.* (chem.) californium.
cáliga, *f.* caliga, a Roman soldier's sandal.
calígine, *f.* mist, obscurity, darkness.
caliginoso, sa, *a.* caliginous, dark, dim.
caligrafía, *f.* calligraphy, penmanship.
caligráfico, ca, *a.* calligraphic.
calígrafo, *m.* expert penman.
calilla, *f. dim.* a small suppository.
calima, calina, *f.* thick vapor; light mist, haze.
calimba, *f.* (Am.) branding iron.
calimbar, *va.* (Am.) to brand (cattle).
calinda, *f.* (Cuba) a popular creole dance.
calinoso, sa, *a.* vapory, misty, hazy.
calípedes, *m.* (zool.) a kind of sloth.
calipso, *m.* (mus.) calypso.
calisaya, *f.* (bot.) calisaya.
calistenia, *f.* calisthenics.—**calisténico, ca,** *a.* calisthenic.
cáliz, *m.* (eccl., poet.) chalice; bitter cup of grief and affliction; (bot.) calyx.
caliza, *f.* limestone (called also **piedra c.**).
calizo, za, *a.* calcareous; limy; calc (spar).
calma, *f.* calm; calmness, tranquillity; slowness; suspension of business; cessation of pain.—**c. chicha, c. muerta,** (naut.) dead calm.—**con c.,** calmly, quietly.—**en c.,** (of the sea) calm, smooth.
calmante. I. *a.* mitigating; quieting, soothing. **II.** *m.* & *a.* (med.) narcotic, anodyne, sedative.
calmar. I. *va.* to calm, quiet, pacify; to allay, mitigate, soothe. **II.** *vn.* to abate; to be be-

calmed. **III.** *vr.* to quiet down, abate; to calm oneself, be pacified.
calmo, ma, *a.* uncultivated, untilled; treeless; barren.
calmoso, sa, *a.* (of the sea) calm; slow, tardy.
calmuco, ca, *n.* & *a.* Kalmuck.
caló, *m.* cant; slang of gipsies and ruffians.
calofriarse, *vr.* to have a chill.
calofrío, *m.* chill, shiver. Also ESCALOFRÍO.
calomel, *m.*, **calomelanos,** *m. pl.* calomel.
calor, *m.* heat; glow; warmth, ardor; brunt of a battle; favor, kind reception.—**hacer c.,** (of weather) to be warm.—**tener c.,** (of person) to be, feel, warm.
caloría, *f.* calorie.
caloricidad, *f.* (physiol.) caloricity.
calórico, ca, *m.* & *a.* (chem.) caloric.
calorífero, ra. I. *a.* giving out heat. **II.** *m.* heater, radiator.—**c. de aire,** hot-air register. —**c. de vapor,** steam radiator.
calorificación, *f.* (physiol.) calorification.
calorífico, ca, *a.* calorific.
calorífugo, ga, *a.* non-conductor of heat; fireproof, non-combustible.
calorimetría, *f.* calorimetry.
calorimétrico, ca, *a.* calorimetric.
calorímetro, *m.* (chem.) calorimeter.
caloroso, sa, *a.* = CALUROSO.
calostro, *m.* colostrum, first milk secreted after childbirth.
caloyo, *m.* new-born lamb or kid.
calpamulo, la, *a.* (Mex.) half-breed, mestizo.
calpisque, calpixque, calpizque, *m.* (Mex.) tax collector, steward.
calpul, *m.* (Guat.) gathering, meeting; (Hond.) Indian mound.
calqué, calque, *v. V.* CALCAR.
calseco, ca, *a.* cured with lime.
calta, *f.* caltha, marsh marigold.
calumet, *m.* calumet (ceremonial pipe of N. American Indians).
calumnia, *f.* calumny, slander.
calumniador, ra, *n.* & *a.* slanderer(-ing).
calumniar, *va.* to slander.
calumnioso, sa, *a.* calumnious, slanderous.
calurosamente, *adv.* warmly; ardently; hotly; passionately.
caluroso, sa, *a.* warm, hot; heating; excited; vehement, enthusiastic.
calutrón, *m.* (phys.) calutron.
calva, *f.* bald head; bald pate; clearing, open space.—**c. de almete,** crest of a helmet.
calvar. I. *va.* to cheat, deceive. **II.** *vn.* to become bald.
calvario, *m.* Calvary; debts; tally; score.
calvatrueno, *m.* baldness of the whole head; a wild person.
calvero, *m.* barren spot; clearing, open space.
calvete, *m. dim.* little bald pate, when only part of the head is bald.
calvez, calvicie, *f.* baldness.
calvijar, *m.* = CALVERO.
calvinismo, *m.* Calvinism.
calvinista, *n.* & *a.* Calvinist(-ic).
calvo, va, *a.* bald; bare; barren.
calza, *f.* loose breeches; trousers; hose, stockings; garter or ribbon tied on some animals; wedge.—*pl.* fetters.—**c. de arena,** sandbag.—**calzas acuchilladas,** slashed trousers.—**echarle una c. a,** to size up (a person).—**en calzas prietas,** in an embarrassing or difficult position, in a tight fix.—**medias calzas,** stockings reaching to the knees.—**tomar las calzas de Villadiego,** to make a precipitate flight or escape, to bolt.
calzacalzón, *m.* galligaskins, loose breeches.
calzada, *f.* paved highway; (Am.) sidewalk.
calzadera, *f.* hempen cord; net twine.
calzado, da. I. *a.* (of monks, etc. who are not barefoot) shod; (of a horse) with white feet; (of birds) having feathers on the legs and feet. **II.** *m.* footwear.
calzador, *m.* shoeing leather; shoehorn.
calzadura, *f.* act of putting on the shoes; tip for this service; felloe, outer rim of a wheel.
calzar. I. *va.* (*pret.* CALCÉ; *subj.* CALCE) to put on (shoes, gloves, spurs, etc.); to scot or scotch (a wheel); (of firearms) to carry (a ball) of a certain size; to wedge, chock, key; (Am.) to fill (teeth); (Am.) to hill (plants); (print.) to overlay, raise, underlay; to shoe (an anchor); to put a steel edge on (an iron tool); to block (a wheel, carriage, to place something under the wheels to prevent sliding); to have (aptitudes, skill, ability, etc.).—**c. muchos (pocos) puntos en,** to be well (poorly) posted on, have a good (poor) knowledge of. **II.** *vr.* to put on; to control, dominate; to get, obtain.
calzo, *m.* (print.) frisket sheet, overlay; (Ry.) block, brake shoe; (mech.) wedge, quoin; shoe of a felloe; (naut.) skid, chock, bed, shoe.
calzón, *m.* ombre, a card game; (Mex.) a disease of the sugar cane from lack of irrigation.—*pl.* breeches; trousers; (naut.) goosewing.—**c. corto,** knee breeches.—**calzonarias,** *f. pl.* (Colomb.) suspenders (for trousers).—**calzonazos,** *m. aug.*—**ser un calzonazos,** to be a weak, soft fellow.—**calzoncillos,** *m. pl.* drawers, underdrawers.—**calzoneras,** *f. pl.* (Mex.) trousers buttoned down both sides.
calzorras, *m.* = CALZONAZOS.
[1]**callada,** *f.* a dish of tripe.
[2]**callada,** *f.* silence (only in certain phrases).—**a las calladas,** or **de callada,** privately, on the quiet.—**dar la c. por respuesta,** to answer by silence.
callado, da. I. *pp.* of CALLAR. **II.** *a.* silent; quiet; reticent.
callana, *f.* (Am.) an almost flat earthen bowl used as a baking griddle.
callandico, ito, *adv.* in a low voice; silently, without noise, slyly, softly.
callar, *vn., va.* & *vr.* to keep silent; to stop talking (playing, singing, etc.); to shut up; to hush, conceal, keep from being known; to dissemble; (poet.) to abate, moderate, grow calm.—**c. su pico,** to hold one's tongue.—**¡calla!** or **¡calle!** you don't mean it! is it possible?—**quien calla, otorga,** silence gives consent.
calle. I. *f.* street; walk in a garden; passage, way. —**c. abajo,** down the street.—**c. de árboles,** path or space between two rows of trees; the rows themselves.—**c. hita,** from house to house.—**c. mayor,** main street.—**c. traviesa,** cross street.—**abrir c.,** to clear the way.—**azotar calles,** to loiter about, loaf.—**dejar en la c.,** to leave penniless, leave in destitution.—**echar a la c.,** to put on the street, to put out of the house; to make public.—**hacer c.** = ABRIR C. —**llevar,** or **llevarse, de c.,** to sweep away; to overmaster; to confound, silence. **II.** *interj.* make way! move aside!
callear, *va.* to clear (walks) in a vineyard.
calleja, *f.* bystreet, byway; (C.) used in the expression **ya se verá** or **ya verán quién es C.,** you shall see what I can do.
callejear, *vn.* to wander, roam, mosey, ramble, gad.
callejero, ra, *n.* loiterer, gadder.
callejo, *m.* trap, snare, pitfall.
callejón, *m. aug.* lane, alley.—**c. sin salida,** blind alley, dead end.
callejoncillo, *m. dim.*, **callejuca,** *f. dim.* alley, small narrow street.
callejuela, *f. dim.* bystreet, byway, alley; (fig.) shift, subterfuge, evasion.
callialto, ta, *a.* pert. to horseshoe with thick borders.
callicida, *m.* corn eradicator.
callista, *n.* corn doctor, chiropodist.
callo, *m.* corn, callous on foot; wen; (surg.) callus; extremity of a horseshoe.—*pl.* tripe.
callosidad, *f.* callosity, callousness.
calloso, sa, *a.* callous; corneous, horny.

[1]**cama,** *f.* bed; couch; bed hangings and furniture; seat or couch of wild animals; floor or body of a cart; part of a melon resting on the ground; straw laid under animals or on plants; slice of meat put upon another when cooking; garden bed; (mech.) bedplate; base; (geol.) layer, stratum.—**c. camera** or **ancha**, double bed.—**c. de dos pisos**, bunk bed, doubledecker bed.—**c. de tijera**, folding bed, cot.—**c. doble** or **melliza**, twin bed.—**c. plegadiza**, folding bed.—**caer en** or **en la c.**, to be bedridden.—**guardar** or **hacer c.**, to be confined to one's bed.—**hacer la c.**, to make the bed.—**hacerle la c. a uno**, (coll.) to fix one's wagon.

[2]**cama,** *f.* part of a plow that connects the share with the beam, the sheathe; felloe of a wheel; check of a bridle; V-shaped piece in a cloak; (mech.) cam, cog, catch, tooth.

camada, *f.* brood of young animals, litter; band of thieves.

camafeo, *m.* cameo.

camal, *m.* hempen halter; camail.

camaleón, *m.* chameleon; person who changes his opinions to suit his interest.

Camaleopardo, *m.* (astr.) Camelopard.

camalote, *m.* a South Am. river plant resembling a floating island.

camama, *f.* (coll.) sham, humbug.

camamila, camomilla, *f.* (bot.) common camomile.

camándula, *f.* chaplet or rosary of one or three decades.—**tener muchas camándulas**, to be very tricky.

camandulense, *n.* & *a.* Camaldolite, order of Camandula or reformed Benedictines.

camandulería, *f.* prudery; hypocrisy.

camandulero, ra, *a.* & *n.* hypocrite(-ic), dissembler(-ing).

cámara, *f.* hall; parlor; chamber; each of the two houses of a legislative body; chamber (of a firearm, a mine); cabin of a ship; (aer.) cockpit; granary; mow; (physiol.) stool; evacuation by stool; laxity; (photog.) camera.—**c. alta**, senate; House of Lords, upper house.—**c. ardiente**, = C. MORTUORIA.—**c. baja**, House of Commons, lower house, chamber of deputies.—**c. cinematográfica**, movie camera.—**c. clara**, (opt.) camera lucida.—**c. de aire**, (auto) inner tube; (hydraul.) air chamber.—**c. de comercio**, chamber of commerce.—**c. de combustión**, (astr.) combustion chamber.—**C. de Diputados**, Chamber of Deputies; House of Representatives.—**C. de los Comunes**, (Eng.) House of Commons.—**C. de los Lores**, (Eng.) House of Lords.—**c. de niebla**, (phys.) cloud chamber.—**C. de Representantes**, (U. S.) House of Representatives.—**c. fotográfica**, camera.—**c. lenta**, slow motion.—**c. lúcida**, (opt.) camera lucida.—**c. mortuoria**, funeral chamber.—**c. o(b)scura**, camera obscura; (photog.) darkroom.—**c. plegadiza**, folding camera.

camarada, *n.* comrade, companion, crony, pal, or chum.—**camaradería**, *f.* (Gal.) comradeship, camaraderie.

camaraje, *m.* rent for a granary.

camaranchón, *m.* garret; attic.

camarera, *f.* head waiting maid; keeper of the queen's wardrobe; chambermaid; waitress.

camarero, *m.* chamberlain; steward or keeper of stores; waiter; valet.

camareta, *f. dim.* (naut.) small cabin; deck cabin; midshipman's cabin.

camariento, ta, *a.* having diarrhœa.

camarilla, *f. dim.* small room; coterie of private advisers of the king; coterie or ring of influential persons; clique.

camarín, *m.* place behind an altar where the images are dressed and the ornaments kept; closet; car (of elevator); (theat.) dressing room.

camarista. I. *m.* member of the supreme council; (Mex.) valet. **II.** *f.* maid of honor to the queen and princesses.

camarlengo, *m.* lord of the bedchamber of the kings of Aragon; camerlengo.

cámaro, camarón, *m.* (zool.) shrimp.

camarógrafo, *m.* cameraman.

camaronero, ra, *n.* shrimp seller.

camarote, *m.* (naut.) stateroom, cabin.

camasquince, *n.* meddlesome person.

camastra, *n.* (Chile) cunning, trickery.

camastrear, *vn.* (Chile) to dissemble, act cunningly.

camastro, *m.* poor, miserable bed.

camastrón, na, *n.* sly, artful, cunning person.

camastronazo, *m. aug.* great impostor, humbug.

camastronería, *f.* cunning, humbug, trickery.

camba, *f.* check of a bridle; felloe, outer rim of a wheel; a V-shaped piece in garments.

cambalache, *m.* (coll.) barter, swap; swapping.—**cambalachear**, *va.* to barter, to swap.—**cambalachero, ra**, *n.* barterer.

cámbaro, *m.* crawfish.

cambiable, *a.* exchangeable; changeable; changing.

cambiador, ra, *n.* barterer; money changer; (Chile, Mex.) (Ry.) switchman.

cambial, *m.* bill of exchange.

cambiamiento, *m.* change, alteration.

cambiante. I. *a.* bartering, exchanging; changing. **II.** *m.* banker, exchanger; iridescence; iridescent fabric.

cambiar. I. *va.* to change; to barter; to exchange. **II.** *vn.* to change, shift.—**c. de opinión**, to change one's mind.—**c. de traje**, to change (one's) clothes.

cambiavía, *m.* (Am.) (Ry.) switch; switch tender.

cambija, *f.* reservoir.

cambio, *m.* change; barter; exchange; premium paid or received for negotiating bills; rate of exchange (of money); rise and fall of the course of exchange; public or private bank; return of a favor; recompense.—**c. de destino**, reassignment.—**c. de tribunal**, (law) change of venue.—**c. de velocidad** or **de marcha**, gearshift; gear changing or shifting.—**c. extranjero**, foreign exchange.—**c. minuto**, small change.—**a c. de**, in exchange for.—**aguja de c.**, (Ry.) switch rail.—**en c.**, in return; on the other hand.—**en c. de**, in lieu of, instead of; in return for.—**libre c.**, (com.) free trade.

cambista, *n.* money broker, money changer, exchanger; banker; (Ry., Arg.) switchman.

Camboya, *f.* Cambodia.

camboyano, na, *n.* & *a.* Cambodian.

cambray, *m.* (text.) chambray, cambric.

cambrayado, da, *a.* cambric-like.

cambrayón, *m.* cambric (cotton fabric resembling chambray).

cambriano, na; cámbrico, ca. I. *a.* Cambrian; (geol.) Cambrian. **II.** *n.* Cambrian; *m.* (geol.) Cambrian.

cambrón, *m.* (bot.) buckthorn; bramble.

cambronal, *m.* brambled ground or place.

cambronera, *f.* (bot.) boxthorn.

cambuj, *m.* child's cap tied close to keep its head straight; mask.

cambujo, ja, *n.* & *a.* Indian mestizo; half-breed.

cambullón, *m.* (Peru) imposition, swindle.

cambur, *m.* a kind of plantain or banana.—**c. amarillo**, or **criollo**, yellow or Johnson banana.—**c. higo**, or **titiaro**, very small and fine variety of banana.—**c. manzano**, small banana with apple flavor.—**c. morado**, red banana.

camedrio, camedris, *m.* (bot.) wall germander.

camelar, *va.* to flirt; court, woo; seduce, deceive.

camelia, *f.* (bot.) camellia.

camelo, *m.* flirtation; courtship; joke, jest; false rumor, canard.

camelopardal, *m.* (zool.) camelopard.

[1]**camelote,** *m.* camlet, a waterproof garment.

[2]**camelote,** *m.* (bot.) a tropical weed.

[1]**camella,** [1]**gamella,** *f.* curve in each end of yoke (for animals).

[2]camella, [2]gamella, *f.* pail for feeding animals; milk pail.
[3]camella, *f.* she-camel; ridge in plowed land.
camellería, *f.* stable or stand for camels; employment of a camel driver.
camellero, *m.* keeper or driver of camels.
camello, *m.* camel; an ancient gun; engine for setting ships afloat in shoal water.—**c. pardal,** giraffe.
[1]camellón, *m.* ridge turned up by plow or spade; bed of flowers; camlet; (Am.) avenue, boulevard; cultivated lands in the islets of the Valley of Mexico.
[2]camellón, *m.* drinking trough; carpenter's horse.
camero, ra. I. *n.* upholsterer; one who lets beds. **II.** *a.* pertaining to beds.
Camerún, *m.* Cameroon, Cameroun.
camerunés, nesa, *n.* & *a.* Cameroonian.
camilla, *f. dim.* small bed, pallet, cot; litter, stretcher; clothes horse; shearer's frame.
caminador, ra, *n.* good walker.
caminante, *m.* traveler, walker.
caminar, *vn.* to walk, travel, go, move along.—**c. con pies de plomo,** to act cautiously, go slowly.—**c. derecho,** to act uprightly.
caminata, *f.* long walk for exercise; "hike"; promenade; excursion, jaunt, outing.
caminero, ra, *a.* road, highway (as *a.*).
camino, *m.* road; highway; path, pass; passage, trip, journey; profession, station, calling; way; manner, method; (min.) drift, gait; (naut.) ship's way, rate of sailing.—**c. carretero,** vehicle road, drive.—**c. cubierto,** (mil.) covert way.—**c. de herradura,** bridle road.—**c. de hierro,** railroad.—**c. de ruedas** = C. CARRETERO.—**c. de sirga,** tow path.—**c. real,** highway.—**c. trillado,** thoroughfare; routine; commonplace.—**c. vecinal,** municipal road, cared for by a municipality.—**abrir c.,** to open the way, find the means.—**de c.,** stopping on the way; traveling (as *a.*).—**de un c. dos mandados,** to kill two birds with one stone.—**en c. (de),** on the way (to), on one's way (to).—**fuera de c.,** off the road; unreasonable; astray.—**no llevar c.,** to be wrong, not to be cogent, not to lead anywhere.—**partir el c. con,** to meet half way.—**ponerse en c.,** to set out, start.—**traer a buen c.,** to disabuse, open the eyes of (one who is in error).
camión, *m.* dray, truck; (Mex.) bus.—**c. de mudanzas,** moving van.—**c. tanque,** tank truck.
camionaje, *m.* truckage.
camioneta, *f.* station wagon.
camisa, *f.* shirt; chemise; thin skin (of fruit); coat of whitewash; slough of a serpent; (mil.) chemise; (obs.) catamenia; jacket, case, casing; lining (of a furnace).—**c. alquitranada, embreada,** or **de fuego,** (naut.) fire chemise.—**c. de fuerza,** strait jacket.—**c. de una vela,** (naut.) body of a sail.—**c. de vapor,** steam jacket.—**meterse en c. de once varas,** to interfere in other people's affairs.—**no llegarle a uno la c. al cuerpo,** to be frightened; to be anxious.
camisería, *f.* shirt store, haberdashery.
camisero, ra, *n.* shirt maker, haberdasher.
camiseta, *f.* undershirt; short shirt with wide sleeves; chemisette.
camisola, *f.* ruffled shirt; dicky.
camisolín, *m.* shirt front; tucker; wimple.
camisón, *m. aug.* long and wide shirt; nightshirt; (Am.) (woman's) gown; (Cuba) chemise.
camisote, *m.* hauberk, long coat of mail.
camita, *n.* & *a.* Hamite(-tic).—**camítico, ca,** *a.* Hamitic.
camomila, *f.* chamomile.
[1]camón, *m. aug.* large bed; portable throne; glass partition; oriel window.
[2]camón, *m. aug.* each one of the round pieces forming the frame of a water wheel; oak tires of cart wheels; lath frame of an arch.
camoncillo, *m.* seat in a drawing-room.
camorra, *f.* quarrel.—**camorrear,** *vn.* to quarrel.
camorrista, *n.* noisy, quarrelsome person.
camote, *m.* (Am.) sweet potato; infatuation, love; lie, fib; lover; fool.—**tragar c.,** to hesitate in speaking, become confused, get rattled.
campal, *a.* field, camp (as *a.*).
campamento, *m.* encampment; camp.
campana, *f.* bell; anything bell-shaped; (fig.) parish church, parish; bell-shaped bottom of a well; (arch.) drum, corbel.—**c. de chimenea,** mantel of a chimney.—**c. de buzo,** diving bell.—**c. de rebato,** alarm bell.—**oír campanas y no saber dónde,** to have heard of a fact, but not to be well informed of its true nature.—**campanada,** *f.* stroke of a bell; scandal; sensational report.—**campanario,** *m.* belfry; noddle, head; rack (in looms).
campanear. I. *vn.* to ring the bells frequently. **II.** *va.* to divulge; to noise about.
campanela, *f.* a fancy step in dancing.
campaneo, *m.* bell ringing; chime; affected sway in walking.
campanero, *m.* bell founder; bellman; (ornith.) bellbird.
campaneta, *f. dim.* small bell.
campanil, *m.* small belfry.
campanilla, *f. dim.* small bell; hand bell; small bubble; (anat.) uvula; little tassel for ladies' gowns; (naut.) cabin bell; (bot.) bellflower.
campanillazo, *m.* violent ringing of a bell; signal given with a bell.
campanillear, *vn.* to keep ringing a small bell.
campanillero, *m.* bellman; public crier.
campanología, *f.* campanology.
campanólogo, ga, *n.* campanologist.
campante, *a.* surpassing; buoyant, cheerful.
campanudo, da, *a.* puffed up; bell-shaped; (bot.) campanulate; pompous, high-sounding.
campánula, *f.* (bot.) bellflower.
campanuláceo, a. I. *a.* (bot.) campanulaceous. **II.** *f. pl.* Campanulaceæ.
campaña, *f.* campaign; level country.—**c. naval,** (naut.) cruise.—**batir,** or **correr, la c.,** to reconnoiter.
campañol, *m.* water rat.
campar, *vn.* to excel; ACAMPAR, to encamp
campeador, ra, *a.* surpassing in bravery.
campear, *vn.* to be in the field; to pasture; frisk about; crop out; grow; be prominent, excel.
campecico, illo, ito, *m. dim.* small field.
campechana, *f.* (Cuba & Mex.) a kind of cocktail or mixed drink; (Venez.) hammock.
[1]campechano, na, *a.* frank; hearty; cheerful; generous.
[2]campechano, na, *n.* & *a.* native of or pert. to Campeche.
campeche, *m.* campeche wood, logwood.
campeón, *m.* champion; combatant; defender.
campeonato, *m.* championship.
campero, ra. I. *a.* exposed to the weather in the open field; unsheltered, unhoused; good at farming; (Mex.) having a gait like gentle trotting; pacing. **II.** *m.* friar who superintends a farm; field guard.
campesino, na; campestre. I. *a.* rural; country (as *a.*), rustic. **II.** *n.* countryman(-woman).
campilán, *m.* long, straight sabre used in P. I.
campillo, *m. dim.* small field.
campiña, *f.* flat tract of arable land; field; country; landscape.
campo, *m.* country; field, meadow, cattle range; camp; (mil.) camp; (her., agr., phys., sports) field; (fig.) field (of activity), scope; ground (of a painting).—**c. de acción de una fuerza,** (phys.) field of force.—**c. de Agramonte,** bedlam.—**c. de aplicación,** (stat.) coverage.—**c. de aviación,** airfield, flying field.—**c. de aterrizaje,** (aer.) landing field.—**c. de batalla,** battle field.—**c. de concentración,** concentration camp.—**c. de fútbol,** football field.—**c. de golf,** golf course or links.—**c. de labor,** cultivated ground; farm.—**c. del honor,** field of honor.—**c. de minas,** (naut., mil.) mine field.

—**c. de puna,** (Arg.) desolate region unsuitable for cattle raising.—**c. de recreo,** playground.—**c. de tiro,** shooting range, (mil.) rifle range; (mil.) field of fire.—**c. magnético,** (phys.) magnetic field.—**c. raso,** open field, outfield.—**c. santo,** cemetery.—**campos elíseos,** Elysian fields.—**c. visual,** field of vision.—**casa de c.,** country house.—**mariscal de c.,** field marshal.—**trabajo de c.,** (topog.) field work.—**a c. raso,** in the open field.—**a c. traviesa** or **travieso,** crosscountry.—**dar c. a,** (fig.) to give ground to.—**dar c. a la fantasía,** to give wings to one's fancy.—**quedar en el c.,** (mil.) to be killed in action.—**salir al c.,** to go out to fight a duel.

camposanto, *m.* cemetery.

camuatí, *m.* (Am.) hut, rough cabin.

camuesa, *f.* (bot.) pippin (apple).

camueso, *m.* (bot.) pippin tree; dunce, fool.

camuflage, *f.* (mil.) camouflage.

camuflar, *va.* (mil.) to camouflage.

camuñas, *f. pl.* all seeds, except wheat, barley, and rye.

can, *m.* dog; (arch.) bracket; shoulder; modillion; corbel; trigger; an ancient piece of ordnance.—**C. Mayor,** (astr.) Canis Major.—**C. Menor,** (astr.) Canis Minor.—**el C.,** the Dog Star.

[1]**cana,** *f.* gray hair.—**echar una c. al aíre,** to go on a lark.

[2]**cana,** *f.* long measure, about two ells.

canabíneo, a. I. *a.* (bot.) pertaining to the hemp family. **II.** *f. pl.* the hemp family.

canáceo, a. I. *a.* (bot.) cannaceous. **II.** *f. pl.* Cannaceæ.

Canadá, *m.* Canada.

canadense, canadiense, *n.* & *a.* Canadian.

canal. I. *m.* channel; strait; canal; duct.—**abrir en c.,** to cut from top to bottom. **II.** *f.* natural underground waterway; long and narrow dell; any open conduit; groove; gutter; carcass, body of an animal killed and dressed for food; comb of the loom; hemp once hackled; front edge of a book; drinking trough; crease, slot in metalwork; bed of a hot press; (tel.) copper pole; well (of the rim of a wheel).—**c. maestra,** (arch.) main valley drain, or gutter (of a tiled roof).—**sombrero de c.,** priest's hat.

canalado, da, *a.* = ACANALADO, fluted; grooved.

canaladura, *f.* (arch.) hollow molding; groove.

canaleja, *f. dim.* small drinking trough; mill spout; SOMBRERO DE CANAL, priest's hat.

canalera, *f.* roof gutter.

canalete, *m.* bladed paddle for canoeing.

canalización, *f.* canalization; (elec.) wiring.

canalizar, *va.* to construct channels or canals in or for; to improve the channel of (a river, etc.); to canalize; (elec.) to wire.

canalizo, *m.* (naut.) narrow channel.

canalón, *m. aug.* gutter, leader, spout; gargoyle.

canalla. I. *f.* rabble, canaille. **II.** *m.* mean, despicable fellow, cur.—**canallada,** *f.* base, despicable act.—**canallesco, ca,** *a.* base, currish.

canana, *f.* cartridge belt.

cananeo, a, *n.* & *a.* Canaanite (-ish).

canapé, *m.* settee (sofa); couch; lounge; canapé (appetizer).

canard, *m.* (Am., Gal.) canard, a false report.

canaria, *f.* female canary bird.

canariense, *n.* & *a.* (person) of the Canary Islands.

canario, ria. I. *a.* CANARIENSE. **II.** *m.* canary bird; a dance introduced into Spain by natives of the Canaries; (naut.) a barge used in the Canary Islands; (Chile) generous patron (of hotel or restaurant), good tipper. **III.** *interj.* zounds!

canasta, *f.* hamper, crate; canasta (card game).

canastero, ra, *n.* basket maker.

canastilla, *f. dim.* small basket; gift to ladies of the court; an infant's basket; layette.

canastillo, *m.* small tray; pannier; small basket.

canasto, canastro, *m.* large basket.—**¡canastos!** *interj.* gracious! confound it!

[1]**cáncamo,** *m.* a rare gum resembling myrrh.

[2]**cáncamo,** *m.* (naut.) ringbolt.—**c. de argolla,** ringbolt.—**c. de ojo,** eyebolt.

cancamurria, *f.* (coll.) sadness, melancholy.

cancamusa, *f.* (coll.) trick to deceive.

cancán, *m.* cancan (dance).

[1]**cáncana,** *f.* cricket, stool for punishing children.

[2]**cáncana,** *f.* a kind of spider.

cancanear, *vn.* to loiter about, loaf; (Am.) to stammer.

cancaneo, *m.* (Am.) stammering.

cáncano, *m.* (coll.) louse.

cancel, *m.* wooden screen; glass partition in chapel for the king incognito.

cancela, *f.* front door grating or screen.

cancelación, canceladura, *f.* cancellation, expunging, obliteration.

cancelar, *va.* to annul; to dispel.

cancelaría, cancelería, *f.* papal chancery.

cancelario, *m.* chancellor in universities who grants degrees.

cáncer, *m.* (med.) cancer; (**C-,** astr.) Cancer.

cancerarse, *vr.* to develop a cancer; to become cancerous.

Cancerbero, *m.* (myth.) Cerberus; strict and incorruptible guard.

cancerismo, *m.* (med.) cancerism, cancerousness.

canceroso, sa, *a.* cancerous.

cancilla, *f.* wicker door or gate.

canciller, *m.* chancellor.

cancillerato, *m.* chancellorship.

cancilleresco, ca, *a.* pert. to or like a chancery.

cancillería, *f.* chancery, chancellery.

canción, *f.* song, lay, ballad.—**c. vernácula,** folk song.—**cancioncica, illa, ita,** *f. dim.* canzonet.—**cancionero,** *m.* song book; song writer.—**cancioneta,** *f. dim.* little song, canzonet.—**cancionista,** *n.* author or singer of songs, songster, ballad singer.

cancriforme, *a.* cancriform.

cancrinita, *f.* (min.) cancrinite.

cancro, *m.* (bot.) canker; (med.) cancer.

cancroide, *m.* (med.) cancroid tumor.

cancroideo, ea, *a.* cancroid, cancriform.

cancha, *f.* roasted corn or beans; (Am.) popcorn; cockpit; game grounds; (tennis) court.

canchal, *m.* ground full of boulders.

canchalagua, canchelagua, canchilagua, *f.* (Peru) a medicinal herb.

canchear, *vn.* (S. A.) to shirk, evade doing one's duty.

canchero, ra, *n.* (Am.) owner or keeper of game grounds; (S. A.) shirker; (Peru) (of some priests) extortioner, bleeder.

cancho, *m.* big boulder or rock.

candado, *m.* padlock; pendant; earring.—*pl.* cavities around the frog of a horse's feet.

candamo, *m.* an old rustic dance.

candar, *va.* to lock, shut.

candela, *f.* fire; light; candle, taper; flower or blossom of the chestnut tree; inclination of the balance needle towards the thing weighed.—**en c.,** (of a mast) vertical.

candelabro, *m.* candelabrum; bracket.

candelada, *f.* = HOGUERA, bonfire; blaze.

candelaria, *f.* Candlemas; (bot.) mullen.

candelecho, *m.* hut built on piles for watching a vineyard.

candelerazo, *m.* blow with a candlestick.

candelero, *m.* candlestick; student's lamp; fishing torch.—*pl.* (naut.) stanchions or crotches.—**estar en c.,** (fig.) to be high in office; to hold an exalted station.

candelilla, *f.* (surg.) bougie, catheter; blossom; will-o'-the-wisp; firefly; catkin, ament.—**le hacen candelillas los ojos,** (coll.) his eyes sparkle with the fumes of wine.

candelizas, *f. pl.* (naut.) brails.

candelizo, *m.* (coll.) = CARÁMBANO, icicle.

candencia, *f.* incandescence.

candente, *a.* incandescent, red-hot.

candidato, *m.* candidate.
candidatura, *f.* candidacy; list of candidates; (U. S. pol.) slate.
candidez, *f.* ingenuousness; whiteness.
cándido, da, *a.* simple, guileless; white, snowy.
candiel, *m.* sweetmeat of white wine, egg yolks, sugar, etc.
candil, *m.* kitchen or stable oil lamp; Greek lamp; (coll.) cock of a hat; (coll.) long irregular fold in petticoats; (Mex.) chandelier; top of a stag's horn.—**candilada,** *f.* (coll.) oil spilt from a lamp.—**candileja,** *f.* oil receptacle of a lamp.—*pl.* footlights of a theater; (bot.) willow-herb.—**candilejo,** *m. dim.* small kitchen lamp; (bot.) lucern.—**candilera,** *f.* (bot.) campion; lamp wick made from campion leaves. —**candilón,** *m. aug.* large open lamp.
candiota. I. *n.* & *a.* of the island of Candía. **II.** *f.* barrel; cask; large earthen jar for wine.—**candiotera,** *f.* wine cellar; storage place for casks.—**candiotero,** *m.* CANDIOTA maker.
candonga, *f.* (coll.) cunning; (coll.) merry, playful trick; practical joke; (coll.) draught mule.
candongo, ga, *a.* (coll.) cunning, artful.—**candonguear,** *va.* (coll.) to joke with; play a joke on; (coll.) to shirk.—**candonguero, ra,** *n.* (coll.) joker.
candor, *m.* pure whiteness; candor.
candoroso, sa, *a.* candid, ingenuous.
cané, *m.* a card game of chance.
caneca, *f.* glazed stone bottle for liquor and cordials.
canecillo, *m.* (arch.) corbel, modillion; truss; cantilever; console.
canéfora, *f.* (arch., Gk. hist.) canephoros.
canela, *f.* (bot.) cinnamon; (coll.) anything exquisitely fine; (Colomb.) vim, energy.
canelado, da, acanelado, da, *a.* = CANELO, *a.*
canelo, la. I. *a.* cinnamon-colored. **II.** *m.* cinnamon tree.
canelón, *m.* gargoyle; CANALÓN, gutter, spout; icicle; tubular fringe; cinnamon candy.—*pl.* end of a cat-o'-nine-tails.
canequí, caniquí, *m.* fine muslin.
canesú, *m.* corset cover; yoke of a shirt.
caney, *m.* (Venez.) log cabin; (Cuba) bend of a river; bight.
canfeno, *m.* (chem.) camphene.
canfor, alcanfor, *m.* camphor.
canforato, *m.* (chem.) camphorate.
canfórico, ca, *a.* (chem.) camphoric.
cangilón, *m.* earthen jar or pitcher; metal tankard for wine; bucket (of a water wheel); fold of a frilled collar; (Am.) hole, pit; ditch; (Peru) wrinkle (in a poorly made garment).
cangrejal, *m.* place frequented by crabs.
cangrejero, ra, *n.* crab seller.
cangrejo, *m.* (zool.) crab; crawfish.
cangrejuelo, *m. dim.* small crab.
cangrena, gangrena, *f.* gangrene.—**cangrenarse, gangrenarse,** *vr.* to get gangrenous. —**cangrenoso, sa, gangrenoso, sa,** *a.* gangrenous.
canguelo, *m.* (coll.) fear.—**tener c., to show the** white feather.
canguro, *m.* (zool.) kangaroo.
cania, *f.* (bot.) small nettle.
caníbal, *m.* cannibal, man-eater.
canibalismo, *m.* cannibalism.
canica, *f.* marble (game); marble, taw, mig; (bot.) kind of wild cinnamon.
canicie, *f.* whiteness of the hair.
canícula, *f.* dog days; (C-, astr.) Dog Star.
canicular, I. *a.* canicular, pert. to CANÍCULA. **II.** *m. pl.* dog days.—**caniculario,** *m.* beadle who keeps dogs out of church.
cánidos, *m. pl.* (zool.) Canidæ, the dog family.
canijo, ja, *a.* (coll.) weak, infirm, sickly.
canil, *m.* coarse bread, dogs' bread.
canilla, *f.* long bone of leg or arm; any of the principal bones of the wing of a fowl; stopcock, faucet; reel, bobbin, spool; unevenness of the woof in thickness or color.—**c. de la pierna,** tibia, shin bone.—**c. del brazo,** ulna, arm bone.
canillado, da, *a.* ribbed, striped (cloth).
canillera, *f.* ancient leg armor; (Am.) fear.
canillero, ra. I. *n.* one who makes reels. **II.** *m.* small tap in a cask or vat; weaver's quill winder.
canime, *m.* (bot.) a Colombian tree producing a medicinal oil.
caninez, *f.* inordinate appetite.
canino, na, *a.* canine.
caniquí, *m.* cannequin, Indian fine muslin.
canje, *m.* (mil., dipl., com., journ.) exchange.
canjeable, *a.* that can be exchanged.
canjear, *va.* to exchange (prisoners, treaties, credentials, newspapers).
cano, na, *a.* gray-haired; hoary, hoar; frosty; ancient; (poet.) white.
canoa, *f.* canoe; (Am.) conduit; (Am.) trough (esp. for feeding animals).—**canoero,** *m.* canoeman.
canon, *m.* canon, rule, precept; catalogue of the books composing the Bible; catalogue, list; part of the mass; (law) fee paid in acknowledgment of superiority in a higher lord; (mus.) canon; (print.) canon type.—*pl.* canons canonical law.
canonesa, *f.* canoness.
canónica, *f.* canonic life in a convent.
canonical, *a.* canonical, pertaining to canons.
canonicato, *m.* = CANONJÍA.
canónico, ca, *a.* canonical, canonic.
canóniga, *f.* (coll.) nap taken before dinner.
canónigo, *m.* canon, prebendary.
canonista, *m.* canonist.
canonizable, *a.* worthy of canonization.
canonización, *f.* canonization.
canonizar, *va.* to canonize; consecrate; (fig.) to applaud or praise.
canonjía, *f.* canonship, canonicate; sinecure.
canoro, ra, *a.* canorous, musical, melodious.
canoso, sa, *a.* gray-haired, hoary, hoar, frosty.
canquén, *m.* (zool.) Chilean wild goose.
cansadamente, *adv.* botheringly, importunely.
cansado, da. I. *pp.* of CANSAR. **II.** *a.* tired; weary; tedious, tiresome, dry. **III.** *m.* bore.
cansancio, *m.* tiredness, weariness, fatigue.
cansar. I. *va.* to weary, tire, fatigue; to tease, harass; to bore; (agr.) to exhaust (the soil.) **II.** *vr.* to become tired or weary. **III.** *vn.* to be tiring or tiresome.
cansera, *f.* (coll.) fatigue; boredom.
cansino, na, *a.* (of animals) worn out by work.
cantable. I. *a.* that can be sung; (mus.) to be sung slowly. **II.** *m.* (mus.) passage in a simple, even tempo.
cantábrico, ca; cántabro, bra, *n.* & *a.* Cantabrian, of or from Cantabria.
cantada, *f.* = CANTATA.
cantador, *n.* singer (gen. of popular songs).
cantal, *m.* stone block.
cantaleta, *f.* charivari; tin-pan serenade.—**dar c.,** (coll.) to deride; laugh at; turn into ridicule; sermonize.—**estar con la misma c.,** to harp on the same string.—**cantaletear,** *va.* (Am.) to lecture, scold; to keep repeating ad nauseam.
cantante, *n.* & *a.* singer(-ing).
[1]**cantar,** *m.* song set to music.—**C. de los Cantares,** Song of Songs.—**cantares de gesta,** old legendary romances.—**ése, or eso, es otro c.,** (coll.) that is another story, that is a horse of another color.
[2]**cantar. I.** *va.* to sing.—**cantarlas claras,** to speak in plain language, to make no bones about, to call a spade a spade. **II.** *vn.* to sing; to speak out; (coll.) to creak, make a harsh, grinding noise; (coll.) to divulge or give away a secret; at cards, to call out the trump.—**c. de piano,** to make a full confession.
cántara, *f.* large, narrow-mouthed pitcher; a liquid measure (32 pints).
cantarera, *f.* shelf for jars, pitchers, etc.
cantarería, *f.* earthenware shop.

cantarero, ra, *n.* dealer in earthenware.
cantárida, *f.* Spanish fly; cantharides, Spanish fly blistering plaster; blister raised by the blistering plaster.
cantarillo, *m. dim.* small jar or pitcher.
cantarín, ina, *m.* & *f.* (coll.) songster(-tress); professional singer.
cántaro, *m.* large, narrow-mouthed pitcher, and the liquid contained in it; a wine measure; vessel into which votes are put.—**llover a cántaros,** to rain pitchforks, to pour.
cantata, *f.* (mus.) cantata, choral composition.
cantatriz, *f.* (woman) singer.
cantera, *f.* (stone) quarry; talent, genius.
cantería, *f.* art of hewing stone; building made of hewn stone; parcel of hewn stone.
cantero, *m.* stonecutter; extremity of a hard substance that can be easily separated from the rest.—**c. de heredad,** piece of ground.—**c. de pan,** crust of bread.
canticio, *m.* (coll.) constant or frequent singing.
cántico, *m.* canticle.
cantidad, *f.* quantity; amount; (phonet.) quantity.—**c. de movimiento,** (mech.) momentum.—**c. irracional,** (math.) surd.
cantiga, *f.* poetical composition to be put to music.
cantil, *m.* steep rock.
cantilena, *f.* = CANTINELA.
cantimplora, *f.* siphon; water cooler; (Chile, Mex.) canteen, water bottle; (Colomb.) powder flask; (Guat.) mumps.
cantina, *f.* wine cellar; (Am.) bar room, saloon, public house; canteen; restaurant (esp. in Ry. station); case used to cool wine on a journey.
cantinela, *f.* ballad; irksome repetition of a subject.
cantinera, *f.* vivandière.
cantinero, *m.* one in charge of drinks; saloon keeper, bartender.
cantiña, *f.* (coll.) a popular song.
cantizal, *m.* stony ground.
[1]**canto,** *m.* singing; short heroic poem; canto, division of a long poem; chant or canticle.—**c. tradicional,** folk song.—**al c. del gallo,** at cock's crow, at dawn.—**con un c. a los pechos,** with pleasure, alacrity.
[2]**canto,** *m.* end, edge, border; crust (of a loaf); thickness; back of a knife; front edge of a book; stone, pebble; game of throwing the stone (duck on a rock); quarry stone, block; ashlar stone.—**c. rodado,** boulder.—**a c.,** very near.—**al c.,** by the side of.—**de c.,** on edge.
cantón, *m.* corner; canton, region.—**cantonada,** *f.* corner.—**dar c.,** to disappoint or evade.
cantonal, *a.* cantonal.
cantonalismo, *m.* (pol.) a cantonal system.
cantonar, *va.* to quarter (troops).
cantonearse, *vr.* = CONTONEARSE, (coll.) to strut.
cantonera, *f.* plate nailed to the corners of a chest, etc.; corner plate, clip; angle iron; corner bracket; wench; street walker.
cantonero, ra, *n.* loafer.
cantor, ra. I. *n.* singer; minstrel; one who composes hymns or psalms; small singing bird. **II.** *a.* that sings.—**ave cantora,** song bird.
cantorral, *m.* = CANTIZAL, stony ground.
cantoso, sa, *a.* stony.
cantuariense, *a.* of or pert. to Canterbury.
cantueso, *m.* (bot.) French lavender, spike.
canturía, *f.* vocal music; musical composition; monotonous singing; method of performing musical compositions.
canturrear, canturriar, *va.* & *vn.* to hum, sing in a low voice.
cánula, *f.* canula, short tube used in surgery.
canutero, *m.* = CAÑUTERO.
canutillo, *m.* = CAÑUTILLO.
canuto, *m.* = CAÑUTO.
caña, *f.* cane; reed; reed spear; stem, stalk; walking stick; bone of arm or leg; leg, upper part of boot or stocking; chase (of a gun); groove (for the barrel of a firearm); subterranean passage in mines; shaft of a column; marrow; (naut.) helm, tiller; drill; ratchet drill; a long and narrow wine tumbler; an Andalusian song; crack in a sword's blade; glass blower's pipe; (carp.) shank; reed of wind instruments.—**c. brava,** (Am.) bamboo.—**c. de azúcar,** sugar cane.—**c. de Bengala,** rattan.—**c. de cuentas,** (bot.) Indian shot, Indian reed.—**c. de Indias,** rattan.—**c. de la India** = C. DE CUENTAS.—**c. del pulmón,** (anat.) trachea.—**c. de pescar,** fishing pole or rod.—**c. de vaca,** bone of a cow's leg.—**c. dulce,** sugar cane.—**correr cañas,** to engage in equestrian exercises with reed spears.
cañacoro, *m.* (bot.) Indian shot, Indian reed.
cañada, *f.* dell, ravine; cattle path.
cañadilla, *f.* a kind of murex, an edible mollusk.
cañaduzal, *m.* = CAÑAMELAR.
cañafístola, cañafístula, *f.* (bot.) a tropical tree with long pods, Cassia fistula; the pods.
cañaheja, cañaherla, *f.* (bot.) fennel-giant.
cañahuate, *m.* (bot.) a species of lignum-vitæ.
cañal, *m.* cane or reed plantation or field; reed weir for fishing; small channel for catching fish.
cañamar, *m.* hemp field.
cañamazo, *m.* coarse canvas; canvas for embroidery; embroidered canvas; burlap.
cañamelar, *m.* sugar-cane plantation.
cañameño, ña, *a.* hempen, made of hemp.
cañamiel, *f.* (bot.) sugar cane.
cañamiza, *f.* hemp bagasse; bun.
cáñamo, *m.* (bot.) hemp; cloth made of hemp.—**c. en rama,** undressed hemp.—**cañamón,** *m.* hemp seed.
cañar, *m.* = CAÑAL.
cañareja, *f.* = CAÑAHEJA.
cañariego, ga, *a.*—**pellejos cañariegos,** skins of sheep that die on the road.
cañarroya, *f.* (bot.) pellitory, wallwort.
cañavera, *f.* (bot.) reed grass.—**cañaveral,** *m.* cane or reed field; (Colomb.) bamboo field.
cañaverear, *va.* to wound with sharp-pointed canes.
cañedo, *m.* = CAÑAVERAL.
cañería, *f.* conduit; water or gas pipe line.
[1]**cañero, ra.** *n.* conduit maker; pipe layer.
[2]**cañero, ra. I.** *n.* (Am.) sugar-cane dealer; owner or manager of sugar-cane plantation. **II.** *m.* (Mex.) store room in a sugar mill.
cañete, *m. dim.* small tube.
cañilavado, da, *a.* (of horses, mules) small-limbed.
cañiza, *f.* coarse linen.
cañizal, cañizar, *m.* = CAÑAVERAL.
cañizo, *m.* hurdle, frame for rearing silkworms; hurdle used by hatters for shearing hats; (naut.) flake.
caño, *m.* tube, pipe; open sewer, ditch; gutter; spout; conduit; cellar or other place for cooling water; organ tube or pipe; (naut.) channel at the entrance to seaports.
cañón, *m.* any cylindrical tube or pipe; tube or pipe for blowing glass; quill; down, soft feathers; leg or sleeve of a garment; part of the beard next to the root; (Colomb.) trunk (of tree); cannon, gun; (min.) gallery; (mech.) socket; (Mex., P. R., Peru) gorge, ravine, canyon; bit of a bridle; flue (of a chimney); well (of a staircase).—**c. antiaéreo,** anti-aircraft gun.—**c. antitanque,** antitank gun.—**c. de electrones,** electrogun.—**c. obús,** howitzer.—**c. rayado,** rifled gun.
cañonazo, *m.* cannon shot; report of a gun.
cañoncico, illo, ito, *m. dim.* small cannon; small tube or pipe.
cañonear. I. *va.* to cannonade, bombard. **II.** *vr.* to cannonade each other.—**cañoneo,** *m.* cannonade; bombardment.—**cañonera,** *f.* embrasure for cannon; large tent; holster; gunboat.—**cañonería,** *f.* set of organ pipes; (mil.) number of cannons collectively.—**cañonero, ra. I.** *a.* (naut.) carrying guns. **II.** *f.* gunboat.
cañota, *f.* (bot.) paniculate sorghum.

cañucela, *f.* slender cane or reed.
cañuela, *f. dim.* small reed; (bot.) fescue grass.
cañutazo, *m.* (coll.) information, gossip, tale.
cañutería, *f.* set of organ pipes.
cañutero, *m.* pin or needle case.
cañutillo, *m. dim.* small tube or pipe; bugle for fringes, tassels, etc.; quill of gold or silver twist for embroidery.
cañuto, *m.* internode of a cane; small pipe or tube; informer, talebearer.—**cañutos helados,** (Mex.) small ice-cream cylinders.
caoba, caobana, *f.* (bot.) mahogany.
caobo, *m.* (bot.) mahogany (tree).
caolín, *m.* fine white clay used in pottery making.
caos, *m.* chaos.—**caótico, ca,** *a.* chaotic.
capa, *f.* cloak, mantle, cape; layer; coat, coating; lamina; cover; (fig.) cloak, mask, cover; color of an animal; hider, harborer; property; fortune; (com.) primage; an American rodent; the spotted cavy; third mold used in casting bells; coat of paint; bed, stratum, vein, seam; (mas.) bed, course; wrapper for tobacco.—**c. de Heaviside,** Heaviside layer.—**c. del cielo,** canopy of heaven.—**c. freática,** (geol.) water table.—**c. magna,** bishop's cope.—**c. pluvial,** choir cope.—**c. rota,** secret emissary.—**a c. y espada,** at any cost; through thick and thin. —**andar,** or **ir, de c. caída,** to be down in the mouth, seedy, crestfallen.—**de c. y gorra,** informal, informally.—**echar la c. al toro,** to risk all on a last effort, to play one's last trump. —**estar,** or **estarse, a la c.,** (naut.) to lie to.— **hacer de su c. un sayo,** to go one's way, to follow one's own judgment.
capá, *m.* capa, W. I. tree used for shipbuilding.
capacete, *m.* helmet, casque.
capacidad, *f.* capacity; contents; ability, capability; talent.
capacidad mental, *f.* brain power.
capacitación, *f.* training.
capacitancia, *f.* (elec.) capacitance.
capacitar, *va.* & *vr.* to enable, qualify, prepare; to commission, empower, delegate.
capacha, *f.* fruit basket, hamper.
capachero, *m.* one who carries things in baskets.
capacho, *m.* fruit basket; hamper, large-basket; hempen pressing bag; leaf wrapper (for salt, etc.); bundle (of salt) done up in leaves; (Peru) bag, pocket; (Bol.) old hat; (ornith.) common barn owl.—**c. de albañil,** bricklayer's hod.
capada, *f.* (coll.) anything carried in a person's cloak; cloakful.
capadocio, cia, *n.* & *a.* Cappadocian.
capador, *m.* gelder, castrator; gelder's whistle.
capadura, *f.* castration; scar from castration; leaf of second cut tobacco, used for filling or wrappers.
capar, *va.* to geld, castrate; (coll.) to curtail, cut down, reduce.
caparazón, *m.* caparison; saddle cover; oil-cloth carriage cover; piano cover; hempen feed bag, nose bag; carcass of a fowl; shell of insects and crustaceans.
caparra, *f.* sheep louse.
caparrilla, *f. dim.* small tick that infests bees.
caparrós, *m.*, **caparrosa,** *f.* copperas.—**c. azul,** blue vitriol.—**c. blanca,** white vitriol.—**c. verde,** green vitriol.
capataz, *m.* overseer, foreman, steward, warden, conductor; leader.—**c. de cultivo,** practical agriculturist or forester.
capaz, *a.* capacious, ample, roomy, large; capable, able, competent.
[1]**capazo,** *m.* large basket; hamper; esparto mat
[2]**capazo,** *m.* blow with a cloak.
capazón, *m. aug.* very large esparto basket.
capciosidad, *f.* captiousness.
capcioso, sa, *a.* captious, insidious, artful.
capeador, *m.* bull fighter who challenges the bull with his cloak; cloak stealer.
capear, *va.* to strip or rob (one) of one's cloak; to challenge (a bull) with the cloak; (naut.) to lay to; (fig.) to evade (in discussion).
capeja, *f. dim.* small shabby cloak or cape.
capelina, *f.* (surg.) capeline, caplike bandage.
capelo, *m.* dues to bishops from their clergy; cardinal's hat or office; (Am.) glass bell.
capellada, *f.* toe piece of a shoe.
capellán, *m.* chaplain; clergyman.—**c. castrense,** army chaplain.—**c. de altar,** priest who assists at the mass.—**c. de honor,** the king's private chaplain.—**c. de navío,** navy chaplain.—**c. mayor de los ejércitos,** vicar-general of the army.
capellanía, *f.* chaplaincy.
capellina, *f.* headpiece of a helmet or casque; hood worn by country people; trooper wearing a helmet; (surg.) = CAPELINA.
capeo, *m.* challenging a bull with a cloak.
capeón, *m.* young bull challenged with a cloak.
capero, *m.* priest who carries the cope, or pluvial, in churches; cloak rack.
caperuceta, illa, ita, *f. dim.* small hood.— **Caperucita Roja,** or **Encarnada,** Little Red Ridinghood.
caperuza, *f.* pointed hood or cap; ulster cap.—**c. de chimenea,** chimney cap.—**dar en c.,** (coll.) to frustrate one's views and designs.
caperuzón, *m. aug.* large hood.
capeta, *f.* short cape.
capialzado, *a.* (arch.) arched cap piece; back (arch).
capibara, *m.* (Am.) capybara, a large S. A. rodent.
capichola, *f.* ribbed silk stuff.
capigorrista; capigorrón, na, *n.* (coll.) vagabond; slovenly person; student who never takes a high degree.
capilar, *n.* & *a.* capillary.
capilaridad, *f.* capillarity; capillary attraction.
capiliforme, *a.* (bot.) capilliform.
capilla, *f.* hood; cowl; chapel; small church; priests and others employed in chapel service; choir (musicians and singers) of a church; chapter or assembly of collegians; (print.) author's proof sheet; (mil.) portable chapel; death house.—**c. ardiente,** chapelle ardente, a hall or chamber where a dead body lies in state.—**estar en c.,** to be in the death house, to be sentenced to death and awaiting execution; (coll.) to be on pins and needles.
capillada, *f.* hoodful; blow with a hood.
capillejo, *m. dim.* small hood; skein of sewing silk.
capiller, capillero, *m.* sexton; churchwarden.
capilleta, ita, *f. dim.* small chapel; shrine.
capillo, *m.* child's cap; christening fee; baptismal cap; ancient hood for women; bud of a rose; toe-piece lining; cap of a distaff; net for catching rabbits; colander for wax; silk cocoon; cloth that covered church offering; (anat.) foreskin.
capilludo, da, *a.* resembling a hood or cowl.
capincho, carpincho, *m.* (zool.) = CAPIBARA.
capirotada, *f.* a batter made of herbs, eggs, etc.
capirotazo, *m.* fillip on the nose.
capirote. **I.** *a.* (of cattle) having the head of a different color from that of the body. **II.** *m.* hood; half-gown worn by collegians; sharp-pointed cap worn in processions; hood of a hawk.—**c. de colmena,** cover of a beehive.
capirucho, *m.* (coll.) = CAPIROTE.
capisayo, *m.* cloaklike garment; bishop's vestment.
capiscol, *m.* precentor, leader of church choir.
capiscolía, *f.* office and dignity of a precentor.
capita, *f. dim.* small cloak.
capitación, *f.* capitation, head or poll tax.
capitado, da, *a.* (bot.) capitate.
capital. **I.** *m.* capital; estate of a husband at his marriage; principal (money placed at interest, invested, etc.); (com.) capital, capital stock; (mil.) capital of a bastion. **II.** *f.* capital city. **III.** *a.* capital, pertaining to the head; main,

principal; leading; essential; great; excellent, unsurpassed.
capitalicé, capitalice, *v. V.* CAPITALIZAR.
capitalino, na, *a.* & *n.* (Am.) from or pertaining to the capital (city).
capitalismo, *m.* capitalism.
capitalista, *n.* & *a.* capitalist(-ic).
capitalización, *f.* capitalization.
capitalizar, *va.* (*pret.* CAPITALICÉ; *subj.* CAPITALICE) to capitalize, add interest to principal.
capitalmente, *adv.* fatally; seriously.
capitán, *m.* captain; ringleader; leader, commander.—**c. de bandera,** (naut.) flagship's commander.—**c. de corbeta,** (naut.) lieutenant commander.—**c. de fragata,** (naut.) commander.—**c. del puerto,** (naut.) port captain; harbor master.—**c. de navío,** (naut.) captain.—**c. general,** captain general.—**c. general de ejército,** field marshal.—**c. general de provincia,** commander-in-chief (of a military district).
capitana, *f.* flagship; captain's wife.
capitanear, *va.* to captain; to command; to lead, head.
capitanía, *f.* captainship; captaincy; company commanded by a captain; tax paid to the port captain by ships anchored in the harbor.—**c. del puerto,** harbor master's position.—**c. general,** captaincy general.
capitel, *m.* (arch.) capital of a column or pilaster; spire over the dome of a church.
capitolino, na, *a.* pertaining to the capitol; Capitoline.
capitolio, *m.* capitol; any lofty or majestic public building.
capitón, *m.* (zool.) pollard, chub.
capítula, *f.* lesson, Bible passage read at divine service.
capitulación, *f.* capitulation; stipulation, agreement.—**c. de matrimonio,** articles of marriage.
capitulante, *n.* & *a.* capitulator(-ing).
[1]**capitular. I.** *m.* capitular, member of a chapter. **II.** *a.* capitulary, pertaining to a chapter.
[2]**capitular. I.** *vn.* to enter into agreement; draw up the articles of a contract; to compound; to sing prayers at divine service; to capitulate. **II.** *va.* (law) to impeach.
capitulario, *m.* prayer book for divine service.
capitulear, *vn.* (Am.) to lobby.—**capituleo,** *m.* lobbying.
capítulo, *m.* chapter; meeting of the prelates of religious orders, and place where they meet; meeting; charge, reproof, reprimand.—**capítulos matrimoniales,** articles of marriage.—**llamar a c.,** to call to account, to take to task.
capnomancia, *f.* divination by smoke.
capoc, *m.* **capoca,** *f.* kapok.
capolar, *va.* to hash, mince, or chop; to behead.
[1]**capón. I.** *a.* castrated, gelded. **II.** *m.* eunuch; capon; fagot, bundle of brushwood; (naut.) anchor stopper at the cathead.
[2]**capón,** *m.* (coll.) fillip on the head.
capona, *f.* epaulet without fringe.
caponar, *va.* to tie up (the branches of vines).
caponera, *f.* coop, inclosure to fatten poultry; (coll.) place where one lives well at other people's expense; (coll.) jail; (mil.) caponier.
capoquero, *m.* (bot.) kapok tree.
caporal, *m.* chief, ringleader; (Mex.) keeper of horned cattle.
[1]**capota,** *f.* head of the teasel or fuller's thistle; light bonnet; leather top of some vehicles.
[2]**capota,** *f.* cape without a hood.
capote, *m.* raglan or cloak with sleeves to keep off rain; short cloak of bright color, used by bullfighters; browbeating; (coll.) thick cloud or mist.—**dar c.,** to leave a guest without dinner, for coming late; to win all the tricks at cards.—**dije para mi c.,** I said to myself.
capotear, *va.* to trick (a bull) with a CAPOTE; to wheedle, bamboozle; to evade cleverly.
capotera, *f.* (Am.) hat, or clothes, rack.
capotero, ra, *n.* cloak maker or dealer.
capotillo, *m.* cape, mantelet.—**c. de dos faldas,** a loose jacket.
capotudo, da, *a.* frowning.
caprario, ria, *a.* pertaining to the goat.
Capricornio, *m.* (astr.) Capricorn.
capricho, *m.* caprice, whim, fancy; great desire; (mus.) caprice, capriccio; (art) original work that ignores accepted rules.
caprichoso, sa, *a.* capricious; stubborn.
caprichudo, da, *a.* stubborn; whimsical.
caprificación, *f.* (agr.) caprification.
caprifoliáceo, a. I. (bot.) caprifoliaceous. **II.** *f. pl.* Caprifoliaceæ.
caprino, na, *a.* caprine, goatlike.
caprípedo, da, *a.* (zool.) capriped, goat-footed.
cápsula, *f.* metal cap on bottles; cartridge shell; (bot., anat., chem., pharm.) capsule.
capsuladora, *f.* bottle capper.
cápsula espacial, *f.* (astronaut.) space capsule.
capsular, *a.* capsular, capsulary.
captar, *va.* to captivate, attract, win.
captura, *f.* (law) capture, seizure.
capturar, *va.* (law) to apprehend; to arrest.
capuana, *f.* (coll.) spanking.
capucha, *f.* hood; cowl; capuche; (print.) circumflex accent.
capuchina, *f.* (bot.) nasturtium; small lamp with extinguisher; confection of egg yolks.—*pl.* (naut.) crotches and knees.
capuchino, na, *n.* & *a.* Capuchin (monk, nun).
capucho, *m.* cowl, hood.—**capuchón,** *m. aug.* of CAPUCHO; lady's cloak with hood; short domino.
capulí, capulín, *m.* capulin, a kind of cherry.
capullo, *m.* cocoon; flax knotted at the end; (com.) bunch of boiled flax; flower bud; coarse stuff of spun silk; acorn cup; chestnut bur; (anat.) foreskin.
capuz, *m.* ancient hooded cloak; CHAPUZ, ducking (a person).
capuzar, *va.* (naut.) to sink (a ship) by the head.
caquéctico, ca, *a.* (med.) cachectic.
caquexia, *f.* (med.) cachexia, emaciation and failing health.
caqui. I. *a.* khaki. **II.** *n.* khaki; *m.* (bot.) Japanese persimmon.
car, *m.* (naut.) larger end of the mizzenyard.
cara, *f.* face; visage, mien, countenance; base of a sugar loaf; façade, front, surface, facing.—**c. a c.,** face to face.—**c. apedreada** = C. EMPEDRADA.—**c. de acelga,** pale, sallow face.—**c. de ajo,** (fig., coll.) sour face.—**c. de aleluya,** (fig., coll.) smiling or cheerful face.—**c. de bronce,** (fig., coll.) brazen-faced.—**c. de cartón,** (fig.) wrinkled face.—**c. de corcho,** (coll.) bold-faced; poker face.—**c. de hereje,** (fig., coll.) ugly face, fright.—**c. de pascua,** (fig., coll.) smiling or cheerful face.—**c. de perro,** (fig., coll.) bearish face; unfriendly looking.—**c. de pocos amigos,** unfriendly looking.—**c. de vaqueta,** (fig., coll.) brazen-faced.—**c. de viernes,** (coll.) long face, glum looking.—**c. de vinagre,** (fig., coll.) vinegar face, sour puss.—**c. empedrada,** (coll.) face pitted by smallpox.—**c. sin expresión,** (coll.) dead pan.—**c. o cruz,** heads or tails.—**a c. descubierta,** (coll.) openly.—**buena c.,** (coll.) good mien.—**dar a uno con las puertas en la c.,** (coll.) to slam the door in one's face.—**dar el sol de c.,** (coll.) to have the sun in one's face.—**dar en c.,** (coll.) to call to task, throw in one's face.—**dar la c.,** (coll.) to face the music.—**dar la c. por otro,** (coll.) to fight someone else's battle; to answer for someone else.—**de c.,** opposite, facing.—**decírselo en su c.,** (coll.) to tell one to one's face.—**de dos caras,** (coll.) two-faced, false.—**guardar la c.,** to hide, conceal.—**lavar la c. a,** (fig., coll.) to bootlick.—**mala c.,** (coll.) bad expression or mien.—**no saber donde tiene la c.,** (coll.) to not know what is what (in one's

profession).—**no volver la c. atrás,** (coll.) not to flinch.—**saltar a la c.,** (coll.) to be as clear as water.—**tener c. de,** (coll.) to look like; to seem.—**tener c. de beato y uñas de gato,** (coll.) to be two-faced, be hypocritical.—**tener c. para,** (coll.) to have the nerve to.

carabao, *m.* (zool.) carabao.

cárabe, *m.* amber. Also ÁMBAR.

carabela, *f.* (naut.) caravel; large provision basket.—**carabelón,** *m.* (naut.) brig, brigantine.

carabina, *f.* fowling piece; carbine.—**c. rayada,** rifle carbine.—**la c. de Ambrosio,** a harmless weapon; a worthless thing; bluff.—**carabinazo,** *m.* report or firing of a carbine; carbine wound.—**carabinero, ra,** *n.* carabineer; internal-revenue guard.

[1]**cárabo,** *m.* a small Moorish vessel; (zool.) a kind of crab or cockle.

[2]**cárabo,** *m.* (ornith.) a large horned owl.

caracal, *m.* (zool.) a kind of lynx.

caracará, *m.* (ornith.) caracara, a kind of hawk.

caracoa, *f.* (P. I.) small oared barge.

caracol, *m.* (zool.) snail; winding staircase (also ESCALERA DE C.); prancing of a horse; night-dress used by women in Mexico; cochlea of the ear.—**c. marino,** periwinkle.—**caracola,** *f.* small snail with a whitish shell; shell used as a horn.—**caracolear,** *vn.* (of horses) to caracole, wheel.—**caracolejo,** *m. dim.* small snail or snail shell.—**¡caracoles!** *interj.* = ¡CARAMBA!

caracoleo, *m.* caracoling.

caracolero, ra, *n.* snail gatherer or dealer.

caracolillo, *m. dim.* small snail; (bot.) snail-flowered kidney bean; veined mahogany.—*pl.* trimmings, fringes.—**café c.,** pea-bean coffee.

caracolito, *m. dim.* small snail.

carácter, *m.* character; brand on cattle; temper, nature, disposition; loftiness of soul, firmness, energy; style of speaking or writing.—**caracteres de imprenta,** printing types.

caractericé, caracterice, *v. V.* CARACTERIZAR.

característica, *f.* characteristic; feature, fundamental property; (math.) characteristic.

característico, ca. I. *a.* characteristic, typical, distinctive, distinguishing. **II.** *m.* & *f.* actor or actress who plays the part of an old person.

caracterización, *f.* characterization.

caracterizado, da, *a.* characterized, distinguished; apt, competent; reliable, responsible.

caracterizar, *va.* (*pret.* CARACTERICÉ; *subj.* CARACTERICE) to characterize, distinguish by peculiar qualities; to confer a distinguished employment, dignity, or office on; to mark, point out; to act (a part) properly.

caracul, *m.* caracul, karacul (fur).

caracha, *f.*, **carache,** *m.* itch, mange (esp. of llamas).

caracho, cha, *a.* violet-colored.

caradura, *f.* brassiness, brazenness.

caramanchel, *m.* fixed or movable shed over the hatchways of ships.

caramanchón, *m.* = CAMARANCHÓN, garret.

[1]**caramba,** *interj.* (coll.) gracious! confound it!

[2]**caramba,** *f.* ancient headgear for women.

carámbano, *m.* icicle, a shoot of ice.

carambanado, da, *a.* forming icicles.

carambillo, *m.* (bot.) saltwort.

[1]**carambola,** *f.* carom, in billiards; a method of playing the card game called *revesino;* (coll.) device or trick to deceive.—**por c.,** (coll.) indirectly.

[2]**carambola,** *f.* (bot.) fruit of the carambola tree.

carambolear, *va.* (billiards) to carom.

carambolero, *m.* carom player; *revesino* player.

carambolo, *m.* (bot.) carambola tree.

caramel, *m.* (ichth.) a kind of pilchard or sardine.

caramelización, *f.* caramelization.

caramelizar, *va.* to caramelize.

caramelo, *m.* caramel; (P. I.) fondant.

caramente, *adv.* dearly; exceedingly, highly; rigorously; solemnly (swear, entrust, etc.).

caramillar, *m.* saltwort field.

caramilleras, *f. pl.* pothook.

caramillo, *m.* flageolet; small flute; (bot.) saltwort; confused heap of things; deceit; trick; gossip; tale-carrying.

caranga, *f.* (Am.), **carángano,** *m.* (Colomb., C. R., Cuba), louse.

carantamaula, *f.* (coll.) hideous mask or visor; ugly, hard-featured person.

carantoña, *f.* (coll.) ugly old woman who makes up and dresses stylishly.—*pl.* caresses, soft words and acts of endearment.—**carantoñera,** *f.* coquette.—**carantoñero,** *m.* flatterer, cajoler.

caraña, *f.* a kind of resinous American gum.

caráota, *f.* (Venez.) bean.

carapa, *f.* (bot.) carapa, carap.

carapacho, *m.* shell (cover of certain animals).

carapato, *m.* castor oil.

caraqueño, ña, *a.* of Caracas.

carasol, *m.* sun parlor, solarium.

carate, *m.* brown spots on the skin, similar to "liver spots"—common in the lowlands of S. A.

carátula, *f.* pasteboard or wire mask; (Am.) title page of a book; (fig.) the histrionic art.

caratulero, ra, *n.* mask maker or dealer.

carava, *f.* holiday meeting of country people.

caravana, *f.* caravan; company of traders, pilgrims, etc.

caravanero, ra, *n.* caravaneer; *f.* caravansary.

caravanseray, caravasar, *m.* caravansary.

[1]**caray, carey,** *m.* tortoise; tortoise shell.

[2]**caray,** *interj.* (Am.) = [1]¡CARAMBA!

carbamida, *f.* (chem.) carbamide, urea.

cárbaso, *m.* a kind of fine flax; (poet.) sail of a ship; an ancient tunic.

carbinol, *m.* (chem.) carbinol.

carbol, *m.* carbolic acid.

carbólico, ca, *a.* carbolic.

carbolíneo, *m.* (chem.) carbolineum.

carbón, *m.* coal; charcoal; carbon (of an arc lamp).—**c. animal,** bone black, animal charcoal.—**c. de arranque,** root charcoal (made from roots).—**c. de leña,** charcoal.—**c. de piedra,** or **mineral,** coal.—**c. vegetal** = C. DE LEÑA.

carbonada, *f.* coal charge of a furnace; broiled chop or steak; grillade: a kind of pancake.

carbonado, *m.* carbonado, carbon diamond.

carbonario, *m.* Carbonaro, member of a secret pol. party.—**carbonarismo,** *m.* Carbonarism.

carbonatado, da, *a.* (chem.) carbonated.

carbonatar, *va.* (chem.) to carbonate.

carbonato, *m.* (chem.) carbonate.—**c. de calcio,** (chem.) calcium carbonate.—**c. sódico** or **de sodio,** (chem.) sodium carbonate, sal soda.

carboncillo, *m. dim.* small coal; black crayon; carbon pencil.

carbonear, *vn.* & *va.* to make charcoal (of).

carboneo, *m.* carbonization; charring.

carbonera, *f.* wood prepared for burning into charcoal; place where charcoal is made; coal-house, coal hole, coal cellar, coal bin; coal pit, colliery, coal mine; woman who sells charcoal.

carbonería, *f.* coal yard, coal shed; coal mine.

carbonero, ra. I. *a.* pert. to coal or charcoal. **II.** *m.* & *f.* coal or charcoal seller. **III.** *m.* charcoal maker; collier, coal miner; coal merchant; (naut.) coal ship, collier.

carbonicé, carbonice, *v. V.* CARBONIZAR.

carbónico, ca, *a.* (chem.) carbonic.

carbónidos, *m. pl.* (chem.) carbon and its compounds.

carbonífero, ra, *a.* carboniferous.

carbonilo, *m.* (chem.) carbonyl.

carbonita, *f.* carbonite.

carbonización, *f.* carbonization.

carbonizar, *va.* (*pret.* CARBONICÉ; *subj.* CARBONICE) to carbonize; to char.

carbono, *m.* (chem.) carbon.

carbonoso, sa, *a.* carbonaceous, coaly, charry.

carborundo, *m.* carborundum.

carboxilo, *m.* (chem.) carboxyl.
carbuncal, *a.* carbuncular.
carbunclo, *m.* carbuncle, garnet; sometimes used for ruby (also CARBÚNCULO); CARBUNCO.
carbunco, *m.* gangrenous tumor.
carbuncoso, sa, *a.* = CARBUNCAL.
carbúnculo, *m.* *V.* CARBUNCLO.
carburación, *f.* carburation.
carburador, *m.* (auto, etc.) carburetor.
carburante, *n.* & *a.* containing hydrocarbons.
carburar, carburizar, *va.* to carburize, carburet.
carburo, *m.* (chem.) carbide.
carcaj, *m.* = [1]CARCAX.
carcajada, *f.* outburst of laughter.
carcamal, *n.* (coll.) old, decrepit person.
carcamán, *m.* tub; heavy, unseaworthy vessel.
carcañal, calcañal, *m.* heel bone, calcaneum.
cárcava, *f.* gully; (mil.) inclosure; mound; hedge; ditch; grave.
carcavina, *f.* = CÁRCAVA.
cárcavo, *m.* hollow in which a water wheel turns.
carcavón, *m.* large and deep ditch.
carcavuezo, *m.* deep pit.
[1]**carcax,** *m.*, **carcaza,** *f.* quiver; sash with a case in which the cross is borne in a procession; (Am.) leathern case for a rifle at the saddle bow.
[2]**carcax,** *m.* Moorish anklet.
carcayú, *m.* (zool.) carcajou, wolverine, glutton.
carcel, *m.* (elec.) carcel.—**lámpara c.,** carcel lamp.
cárcel, *f.* jail; prison; groove of a sluice gate; (carp.) clamp, clasp, cramp; (mech.) holder; cheek; collar; (print.) cheek of a printing press; (weaving) reed of a loom.
carcelaje, *m.* jailer's fees.
carcelario, ria, *a.* of or pertaining to a jail.
carcelería, *f.* imprisonment; bail given for the appearance of a prisoner.
carcelero, ra. I. *a.* = CARCELARIO. **II.** *m.* jailer, warden.
carcinogénesis, *f.* carcinogenesis.
carcinogénico, ca, *a.* carcinogenic.
carcinógeno, *m.* (med.) carcinogen.
carcinoma, *m.* (med.) carcinoma, cancer.
carcinomatoso, sa, *a.* (med.) carcinomatous.
cárcola, *f.* treadle of a loom.
carcoma, *f.* wood borer; woodlouse; wood tick; gribble; dust made by the wood borer; grief, anxiety; spendthrift.
carcomer. I. *va.* to gnaw; (of wood borers) to destroy; to consume or impair by degrees, to undermine. **II.** *vr.* to decay, decline; become worm- or insect-eaten.—**carcomido, da,** *a.* worm-eaten; consumed; decayed; impaired.
carda, *f.* act of carding; teasel; card; hatter's jack; severe reprimand or censure; (naut.) a small vessel like a galley.
cardador, ra, *n.* carder, comber; (entom.) myriapod.
cardadura, *f.* carding, combing (wool).
carda mecánica, *f.* carding machine.
cardamina, *f.* (bot.) lady's-smock.
cardamomo, *m.* (bot.) cardamom.
cardán, *m.* (mech.) Cardan joint, universal joint or coupling.
cardar, *va.* to card or comb (wool); to raise (the nap on cloth) with a teasel.
cardelina, *f.* (ornith.) goldfinch, thistle finch.
[1]**cardenal,** *m.* **wale, welt; bruise.**
[2]**cardenal,** *m.* (eccl.) cardinal; (ornith.) Virginian nightingale; cardinal bird.
cardenalato, *m.* cardinalate, cardinalship.
cardenalicio, cia, *a.* pert. to a cardinal.
cardencha, *f.* (bot.) teasel; card, comb.—**c. cardadora,** fuller's teasel.—**c. silvestre,** wild teasel.
cardenchal, *m.* place where teasels grow.
cardenillo, *m.* verdigris; (art) verditer, Paris green.
cárdeno, na, *a.* livid.
cardería, *f.* place where wool is carded.
cardero, ra, *n.* maker of cards (for wool).
cardíaca, *f.* (bot.) common motherwort.
cardiáceo, a, *a.* heart-shaped.
cardíaco, ca, *a.* (med.) cardiac.
cardialgia, *f.* (med.) cardialgia, heartburn.
cardiálgico, ca, *a.* pert. to cardialgia.
cardias, *m.* cardiac orifice of the stomach.
cardico, illo, ito, *m. dim.* small thistle.
cardillo, *m.* (bot.) golden thistle.
cardinal, *a.* cardinal (point); main, fundamental.
cardiografía, *f.* cardiography.
cardiógrafo, *m.* cardiograph.
cardiología, *f.* cardiology.
cardiópata, *n.* (med.) person with heart disease.
cardiopatía, *f.* (med.) cardiopathy.
cardioscopio, *m.* (med.) cardioscope.
carditis, *f.* (med.) carditis.
cardizal, *m.* land full of thistles and weeds.
cardo, *m.* (bot.) thistle.—**c. alcachofero,** garden artichoke.—**c. aljonjero,** stemless, carline thistle.—**c. arrocife,** cardoon artichoke.—**c. bendito,** blessed thistle, centaury, holy thistle. —**c. borriqueño,** (bot.) spear-plume thistle. —**c. corredor,** sea holly, field eringo.—**c. de comer, c. hortense** = C. ARROCIFE.—**c. huso,** wooly carthamus.—**c. lechero,** or **mariano,** milk thistle.—**c. santo** = C. BENDITO.—**c. setero** = C. CORREDOR.—**c. silvestre** = C. BORRIQUEÑO.
cardón, *m.* act and effect of carding; (bot.) CARDENCHA, teasel.
Cardona, *m.*—**más listo que C.,** very smart, clever fellow, sharp as a needle.
cardoncillo, *m.* (bot.) mountain carthamus.
carducé, carduce, *v.* *V.* CARDUZAR.
carducha, *f.* large iron comb for wool.
cardume, cardumen, *m.* school of fish; (Chile) multitude of things.
carduzador, *m.* carder.
carduzal, *m.* = CARDIZAL.
carduzar, *va.* (*pret.* CARDUCÉ; *subj.* CARDUCE) to card or comb (wool).
carear, *va.* (law) to confront (criminals); (coll.) to compare; to tend (cattle, sheep).—*vr.* to assemble or meet; to meet face to face.
carecer, *vn.* (*ind.* CAREZCO; *subj.* CAREZCA) **(de)** to lack, not to have.
carena, *f.* (naut.) careening, repairing; (poet.) ship.—**dar c.,** (coll.) to reprimand in a jocular way; to banter.—**carenar,** *va.* (naut.) to careen, repair.
carencia, *f.* lack; scarcity, deficiency.
carenero, *m.* careening place.
carente, *pres.p. irreg.* of CARECER.—**c. de,** in need of.
careo, *m.* (law) confrontation of criminals or witnesses; comparison; act of placing or meeting face to face; (fort.) front of a bastion or fortress.
carero, ra, *a.* (coll.) selling things dear.
carestía, *f.* scarcity, dearth; lack; famine; dearness, high price.
careta, *f.* mask.—**quitar la c.,** to tear off the mask, to unmask.
careto, ta, *a.* (of horses) having the forehead marked with a white spot or stripe.
carey, *m.* (zool.) tortoise; tortoise shell.
carezco, carezca, *v.* *V.* CARECER.
carga, *f.* load; burden; freight, cargo; loading; charge (of a cannon, furnace, etc.); nozzle of the flask which measures the powder for a charge; corn measure containing 4 FANEGAS; a preparation to cure sprains and inflammation in horses and mules; impost, duty, tax; (hydraul.) head; (mil.) charge, attack.—**c. alar** or **de ala,** wing loading.—**c. comercial, útil** or **de pago,** payload.—**c. concejil,** municipal obligatory service.—**c. de profundidad,** depth bomb or charge.—**c. de rotura** or **de fractura,** breaking load.—**c. fija,** (eng.) dead load.—**c. hidrostática,** (hydraul.) head.—**c. móvil,** (eng.) live load.—**c. nuclear,** (phys.) nuclear charge.—**c. onerosa,** dead weight.—**c. personal,** obligatory personal service.—**a cargas,**

abundantly, (coll.) heaps.—**volver a la c.,** to insist; to keep at it; to harp on the subject.
cargadas, *f. pl.* a card game.
cargadera, *f.* (naut.) downhauls, brails.—*pl.* (Colomb.) (trousers) suspenders.
cargadero, *m.* place where goods are loaded or unloaded; freight station.
cargadilla, *f.* (coll.) increase of a debt through the accumulation of interest.
cargado, da. I. *pp.* of CARGAR. **II.** *a.* full; fraught. —**c. de espaldas,** round-shouldered, stooping. —**c. de vino,** full, tipsy. **III.** *m.* Spanish step in dancing.
cargador, *m.* shipper; freighter; expressman, carrier; porter; rammer, ramrod; large pitchfork for straw; (arch.) post put in a doorway or window; (naut.) tackle; plate used in gilding.
cargamento, *m.* (naut.) cargo; shipment.
cargar. I. *va.* & *vn.* (*pret.* CARGUÉ; *subj.* CARGUE) to load; burden; to carry (a load); to charge (a furnace, battery, etc.); to attack; to ship; to overload, overburden; to clog; to lay in, collect; to charge on account; to book; to impose or lay (taxes); to impute, charge (one) with; to crowd; (coll.) to vex, annoy, pester; in cards, to take (a card with a higher one); (gram.) to put more stress or inflection on one letter or syllable.—**c. la mano,** to pursue with eagerness; to reproach with severity; to overcharge; to be too exacting. **II.** *vn.* to incline, tip; (**en** or **sobre**) to rest (on), be supported (by), lean (against); (of trees) to bear abundantly; (**con**) to assume (responsibility); bear (the blame); carry away; (**sobre**) to urge, press. **III.** *vr.* (**sobre**) to rest (on); (**contra**) to lean (against, on); (of clouds or sky) to gather, become denser, heavier or darker; (**de**) to have or obtain a large number or quantity (of); to load oneself (with); to become tired, peeved or vexed (about); to trouble oneself (with).—**c. de razón,** to strengthen one's position, find greater justification.
cargareme, *m.* receipt, voucher.
cargazón, *f.* cargo; abundance; clumsy, badly made thing.—**c. de cabeza,** heaviness of the head.—**c. de tiempo,** cloudy, thick weather.
cargo, *m.* act of loading; burden, load, weight; load of stones weighing 40 *arrobas* (1000 lb.); number of baskets piled one on the other and put in the oil press; load of pressed grapes to be re-pressed; total amount of what has been received, in a general account; post, dignity, office, ministry; charge, keeping, care; duty, obligation; command or management; fault or inefficiency in the performance of duty; charge, accusation; (law) count.—**c. concejil,** compulsory public office or function.—**c. de conciencia,** remorse, sense of guilt.—**c. y data,** (com.) creditor and debtor (Cr. and Dr.) —**a c. de,** in charge of, under the direction of. —**hacer c. a uno de,** to charge one with.— **hacerse c. de,** to take charge of, be responsible for; to take into consideration; to make oneself acquainted with; to understand.
cargoso, sa, *a.* burdensome, onerous.
cargué, cargue, *v. V.* CARGAR.
carguera, *f.* (Colomb.) nursemaid.
carguero, ra. I. *a.* of burden (beast); freight-carrying. **II.** *m.* beast of burden; freighter.
carguío, *m.* cargo, freight; load.
cariacontecido, da, *a.* sad, mournful.
cariacuchillado, da, *a.* scar-faced.
cariado, da, *a.* (of bone, teeth) carious, decayed
cariadura, *f.* (med.) caries, bone ulcer.
cariaguileño, ña, *a.* (coll.) aquiline-nosed and pointed-faced.
carialegre, *a.* smiling, cheerful.
cariampollado, da, *or* **cariampollar,** *a.* round-faced, plump-cheeked.
cariancho, cha, *a.* broad-faced, chubby, chub-faced, bull-faced.
cariarse, *vr.* (med.) to become carious.
cariátide, *f.* (arch.) caryatides.
caribe, *m.* cannibal, man-eater, savage; Carib, Antilles Indian; (Venez.) a man-eating fish.
caribú, *m.* (zool.) caribou.
carica, *f.* a kind of spotted kidney bean.
caricatura, *f.* caricature; cartoon.
caricatural, *a.* caricatural.
caricaturar, caricaturizar, *va.* to caricature.
caricaturesco, ca, *a.* caricatural.
caricaturista, *n.* caricaturist.
caricia, *f.* caress; petting; endearing expression.
cariciosamente, *adv.* fondlingly, caressingly.
caricioso, sa, *a.* fondling, endearing, caressing.
caricuerdo, da, *a.* wise-looking.
caridad, *f.* charity, charitableness; refreshment given to travelers at the church door.—**la c. empieza por uno mismo,** charity begins at home.
caridelantero, ra, *a.* (coll.) brazen-faced, bold-looking.
caridoliente, *a.* mournful-looking.
caries, *f.* (med., bot.) caries.
carifruncido, da, *a.* (coll.) wrinkle-faced; frowning, cross-looking.
carigordo, da, *a.* (coll.) full-faced.
cariharto, ta, *a.* round-faced.
carilampiño, ña, *a.* (Am.) smooth-faced, beardless.
carilargo, ga, *a.* long-visaged.
carilucio, cia, *a.* (coll.) having a shining face.
carilla, *f. dim.* little or small face; face guard; silver coin in Aragon worth eighteen CINEROS, or deniers; page (of a book).
carilleno, na, *a.* (coll.) plump-faced.
carillón, *m.* carillon.
carimba, *f.* (Peru) brand on slaves.
carincho, *m.* a dish resembling chile con carne.
carinegro, gra, *a.* of a swarthy complexion; black-faced.
cariñana, *f.* ancient headdress like a nun's veil.
cariño, *m.* love, fondness, affection; endearing expression.—**tener c.** (*indir. obj.*), to be fond of.
cariñosamente, *adv.* fondly, kindly.
cariñoso, sa, *a.* affectionate, loving; affable.
cariocinesis, *f.* (biol.) mitosis.
cariofileo, lea, *a.* (bot.) caryophyllaceous.
cariofilina, *f.* (chem.) caryophyllin.
cariópside, *f.* (bot.) caryopsis.
carioquinesis, *f.* (incorrect for) CARIOCINESIS.
cariparejo, ja, *a.* (coll.) having an impassive countenance, "poker face."
carirraído, da, *a.* (coll.) brazen-faced, impudent.
carirredondo, da, *a.* round-faced.
carisma, *m.* divine gift or favor, charism.
carita, *f. dim.* little or small face.
caritán, *m.* (P. I.) gatherer of tuba (liquor from certain plants).
caritativamente, *adv.* charitably.
caritativo, va, *a.* charitable.
cariucho, *m.* (Ecua.) dish of meat, potatoes and garlic.
cariz, *m.* aspect.
carlanca, *f.* mastiff's collar.—**tener muchas carlancas,** to be very cunning or crafty.
carlancón, *m.* (coll.) very sharp or crafty person.
carlear, *vn.* to pant.
carlín, *m.* an ancient silver coin.
carlina, *f.* (bot.) carline thistle.
carlinga, *f.* (naut.) step of a mast.
carlismo, *m.* Carlism.—**carlista,** *n., a.* Carlist.
carlita, *f.* reading eyeglasses.
carlota, *f.* charlotte.—**c. rusa,** (cook.) charlotte russe.
carlovingio, gia, *a.* Carlovingian.
carmañola, *f.* carmagnole.
carmelita. I. *n.* & *a. f.* Carmelite. **II.** *f.* flower of Ind. cress.—**carmelitano, na,** *a.* Carmelite.
[1]**carmen,** *m.* country house and garden; villa.
[2]**carmen,** *m.* Carmelite religious order.
[3]**carmen,** *m.* verse; poem.
carmenador, *m.* teasler (man or machine).
carmenadura, *f.* teaseling (woolen cloth, etc.).

carmenar, *va.* to teasel; to disentangle, unravel; to comb (the hair); (coll.) to pull (the hair); to cheat.
carmes, *m.* kermes, the cochineal insect.
carmesí. I. *m.* cochineal powder. **II.** *n.* & *a.* crimson, bright red.
carmín, *m.* coloring matter of cochineal; carmine color; (bot.) pokeweed, phytolacca.—**c. bajo,** pale rose color.
carminativo, *m.* (med.) carminative.
carmínico, ca, *a.* carminic.
carminita, *f.* (min.) carminite.
carnada, *f.* bait.
carnadura, *f.* muscularity; flesh, fleshiness.
carnaje, *m.* salt beef.
carnal. I. *a.* carnal, sensual; related by blood; full (as in *hermano carnal,* full brother). **II.** *m.* time of the year when meat may be eaten (opposed to Lent and other fast days).
carnalidad, *f.* carnality, lustfulness.
carnaval, *m.* carnival.—**carnavalesco, ca,** *a.* pertaining to or resembling a carnival.
carnaza, *f.* fleshy side of a hide or skin; (coll.) abundance of meat; bait.
carne, *f.* flesh; meat; pulp (of fruit); flesh, one of the evil temptations; kin; name of a children's game with a hollow bone.—**c. ahogadiza,** meat from a drowned animal.—**c. asada en horno,** baked meat.—**c. asada en parrillas,** broiled meat.—**c. bien cocida,** well-done meat.—**c. cediza,** tainted meat.—**c. de cañón,** cannon fodder; inferior person or people.—**c. de carnero,** mutton.—**c. de gallina,** (fig.) goose flesh.—**c. de membrillo,** preserved quinces.—**c. de pelo,** meat of small quadrupeds (hare, rabbit, etc.).—**c. de pluma,** flesh of fowls.—**c. de puerco,** pork meat, pork.—**c. de res,** (Am.) beef.—**c.de ternera,** veal.—**c.de vaca,** beef.—**c. de vaca asada,** roast beef.—**c.de venado,** venison.—**c. fiambre,** cold meat.—**c. magra, c. mollar,** lean meat.—**c. nomia,** (coll.) choice meat without bones.—**c. sin hueso,** (fig.) much profit and little trouble.—**c. viva,** quick or raw flesh in a wound.—**c. y hueso,** flesh and blood.—**c. y sangre,** flesh and blood, near kindred.—**cobrar carnes,** to recover one's flesh or weight, to pick up.—**echar carnes,** (coll.) to grow fat, put on flesh.—**en carnes,** naked.—**en c. viva,** raw, with the flesh exposed.—**envuelto en carnes,** fleshy, fat.—**ni c. ni pescado,** neither flesh nor fish; nondescript; insipid.—**ser c. y hueso de,** to be flesh and blood of, to be part and parcel of.—**ser uña y carne,** (fig.) to be hand and glove, to be one, to be intimate.—**tener c. de perro,** to have an iron constitution.
carnecilla, *f.* small excrescence on the body.
carnerada, *f.* flock of sheep.
carneraje, *m.* tax or duty on sheep.
carnereamiento, *m.* poundage, penalty for the trespass of sheep.
carnerear, *va.* to fine for damage done by sheep.
carnerero, ra, *n.* shepherd(-ess).
carneril, *m.* sheepwalk; pasture for sheep.
[1]**carnero,** *m.* family vault, burying place; charnel house.
[2]**carnero,** *m.* sheep; mutton; sheepskin.—**c. ahogado,** stewed mutton.—**c. ciclán,** ridgil or ridgeling.—**c. de simiente,** ram kept for breeding.—**c. manso para guía,** bellwether. —**c. marino,** seal.—**no hay tales carneros,** (coll.) there is no such a thing.
carneruno, na, *a.* pert. to, or like, sheep.
carnestolendas, *f. pl.* carnival (the three carnival days before Ash Wednesday).
carnet, *m.* (Gal.) bank book; memorandum book.
carnicería, *f.* meat market, butcher's shop; slaughter house; carnage, slaughter.
carnicero, ra. I. *a.* (zool.) carnivorous; bloodthirsty, sanguinary; (of pasture) fattening; (coll.) meat fiend, (one) eating much meat; pertaining to shambles. **II.** *n.* butcher, one who sells meat. **III.** *m. pl.* (zool.) Carnivora.
carnicol, *m.* hoof of cloven-footed animals.
carnificación, *f.* carnification.
carnificarse, *vr.* to carnify, convert into flesh.
carnina, *f.* (chem.) carnine.
carniola, *f.* (min.) carnelian.
carnívoro, ra. I. *a.* carnivorous. **II.** *m.* (zool.) carnivore.
carniza, *f.* (coll.) refuse of meat; cat or dog meat; decayed flesh.
carnosidad, *f.* (med.) proud flesh; fatness, fleshiness.
carnoso, sa, *a.* fleshy; full of marrow; meaty; (of fruit) pulpy.
carnotita, *f.* (min.) carnotite.
carnudo, da, *a.* = CARNOSO.
carnuza, *f.* disgusting coarse or heaped meat.
caro, ra. I. *a.* dear, costly; dear, beloved.—**c. mitad,** better half. **II.** *adv. m.* dearly, at a high price or cost.
caroca, *f.* decoration in public festivities; farcical piece; (coll.) caress, endearing action or expression made with a selfish purpose.
carocha, carrocha, *f.* insect eggs.—**carochar, carrochar,** *va.* (of insects) to lay eggs.
carolingio, a, *n.* & *a.* Carolingian, Carlovingian.
cárolus, *m.* an anc. Flemish coin used in Spain.
caromomia, *f.* the dry flesh of a mummy.
carona, *f.* padding of saddle next to animal's back; part of animal's back on which saddle lies.—**caroñoso, sa,** *a.* (of horses) old, galled.
caroquero, ra. I. *n.* wheedler, flatterer. **II.** *a.* honey-worded, fondling.
carosis, *f.* (med.) complete stupor.
carótida, *f.* & *a.* (anat.) carotid.
carozo, *m.* core of an apple, pear, etc.; corn cob.
[1]**carpa,** *f.* (ichth.) carp.
[2]**carpa,** *f.* part of bunch of grapes torn off.
[3]**carpa,** *f.* (Peru) canvas tent.
carpanel, *m.* (arch.) basket-handle arch.
carpanta, *f.* (coll.) keen appetite, hunger.
carpe, *m.* common hornbeam tree; witch-hazel.
carpedal, *m.* hornbeam plantation.
carpelar, *a.* (bot.) carpellary.
carpelo, *m.* (bot.) carpel.
carpeta, *f.* table cover; portfolio; (Am.) briefcase; letter file; folder; docket; writing desk; small curtain or screen before tavern door.
carpetazo, *m.*—**dar c.,** to lay aside; to table; to pigeonhole.
carpiano, na, *a.* (anat.) carpal.
carpincho, *m.* (zool.) carpincho, web-footed rodent (largest extant) of South America.
carpintear, *vn.* to do carpenter's work.
carpintería, *f.* carpentry; carpenter's shop.
carpintero, *m.* carpenter, joiner; (ornith.) woodpecker.—**c. de blanco,** joiner.—**c. de carretas,** cartwright.—**c. de navío,** shipwright.—**c. de obras de afuera,** carpenter who timbers or roofs houses.—**c. de prieto** = C. DE CARRETAS. —**c. de ribera** = C. DE NAVÍO.—**c. real,** (ornith.) ivory-billed woodpecker.
carpir, *vn.* to quarrel, wrangle; (Am.) to scratch (ground for clearing).
carpo, *m.* (anat.) carpus, wrist.
carpobálsamo, *m.* (bot.) balm of Gilead.
carpóforo, *m.* (bot.) carpophore.
carpología, *f.* (bot.) carpology.
carquesa, *f.* in glassworks, annealing furnace.
carquexia, *f.* (bot.) a species of broom plant.
[1]**carraca,** *f.* carack, large and slow-sailing ship; the Cadiz navy yard.
[2]**carraca,** *f.* rattle; ratchet brace.
carraco, ca, *a.* old, withered, decrepit.
carral, *m.* barrel, vat.
carraleja, *f.* black beetle with yellow stripes; oil beetle; Spanish blistering beetle.
carralero, *m.* cooper.
carramplón, *m.* (Colomb.) flintlock musket.
carranque, *m.* a Peruvian cranelike bird.
carraón, *m.* short-stemmed wheat.
carrasca, *f.,* **carrasco,** *m.* (bot.) pin oak, swamp

oak.—**carrascal, carrascalejo,** *m.* pin-oak field.—**carrascón,** *m. aug.* large pin oak.
carraspada, *f.* negus (beverage).
carraspera, *f.* (coll.) hoarseness; frog-in-the-throat; sore throat.
carraspique, *m.* (bot.) candytuft.
carrasposo, sa, *a.* suffering from chronic hoarseness or sore throat; (Colomb., Venez.) rough (to the touch).
carrasqueño, ña, *a.* pertaining to the pin oak; (coll.) harsh, sharp.
carrera, *f.* run; race; course; racetrack; highroad; avenue, broad street; row; stroke (of a piston); travel (of a valve); range of iron teeth in combing cards; line, parting of the hair; girder, joist; broken stitch in a stocking; course and duration of life; career; course, method of life; conduct, mode of action; route of a line of steamers; coach or stage line; Spanish step in dancing.—**c. armamentista,** armaments race.—**c. de baquetas,** gantlet, a military punishment.—**c. de equipos,** (sports) relay race.—**c. de obstáculo,** obstacle race; steeplechase.—**c. de relevos,** (sports) relay race.—**carreras de caballos,** horse racing.—**a c. abierta,** at full speed.—**de** or **a la c.,** hastily, in a hurry.—**no poder hacer c. con,** to not be able to bring (one) to reason.—**partir de c.,** to act in a rash and inconsiderate manner.—**poner en c.,** to give employment to; to procure employment for.
carrerilla, *f. dim.* rapid motion (in a Spanish dance); (mus.) run (of an octave).
carrerista, *n.* race fan; bicycle racer; *m.* outrider.
carrero, *m.* = CARRETERO, carter, driver.
carreta, *f.* long narrow cart, wagon.
carretada, *f.* cartful, cart load; (Mex.) measure for lime, = 3,000 pounds.—*pl.* great quantity.—**a carretadas,** (coll.) copiously, in abundance, in heaps.
carretaje, *m.* cartage; trade with carts.
carretal, *m.* rough, ragged building stone.
carrete, *m.* spool, bobbin, reel; reel of a fishing rod; (elec.) bobbin, coil.
carretear. I. *va.* to cart, to convey in a cart or wagon; to drive (a cart). **II.** *vr.* (of oxen or mules) to draw unevenly.
carretel, *m.* spool, reel, bobbin; fishing reel, line reel; (naut.) log reel; spunyarn winch; ropewalk reel.—**c. de carpintero,** carpenter's marking line.
carretela, *f.* calèche, calash.
carretera, *f.* wide, public road, highway; drive.
carretería, *f.* number of carts; trade of a carman; cartwright's yard; wheelwright's shop.
carretero, ra. I. *a.* vehicle, for vehicles.—**camino c.,** vehicle road. **II.** *m.* cartwright; carter, driver, truckman; *f.* highway, road.—**c. de peaje,** toll road, turnpike.—**c. de portazgo,** toll road.—**c. de velocidad,** thruway.
carretil, *a.* pertaining to a cart or truck.
carretilla, *f. dim.* small cart; wheelbarrow, pushcart, trolley cart, handcart; (Ry.) truck; gocart; squib, firecracker; small wheel.—**c. de equipaje,** baggage truck or car.—**de c.,** mechanically, unconsciously, by rote.
carretón, *m.* cart; truck; go-cart.—**c. de lámpara,** pulley for raising or lowering lamps.
carretonada, *f.* wagonload, truckload.
carretonero, *m.* truckman, truck driver.
carricoche, *m.* ancient cart with a coachlike body; wagonette; muck cart, dung cart.
carricuba, *m.* watering or sprinkling cart.
carriego, *m.* osier fishing basket; rough basket for bleaching flax yarn.
carriel, *m.* (C. A.) traveling bag for papers and money; (Colomb.) GUARNIEL, pouch carried by strapping across shoulders and chest.
carril, *m.* rut, cartway; narrow road; furrow; (Ry.) rail.—**carrilera,** *f.* rut (in road); (Am. Ry.) siding; track.
carrillada, *f.* oily or medullar substance of a hog.
carrillera, *f.* jaw; chin strap (of helmet).
carrillo, *m. dim.* cheek; (naut.) hoisting tackle.
carrilludo, da, *a.* plump or round-cheeked.
carriola, *f.* trundle bed; small chariot, curricle.
carrizal, *m.* (bot.) reed-grass, -field.
carrizo, *m.* (bot.) common reed-grass.
carro, *m.* cart; car; (Am.) automobile; running gear of a carriage without the body; (**C-,** astr.) Great Bear, Dipper; (naut.) manufactory for cables and other ship cordage; measure for wood; cartload; bed of a printing press.—**c. de colchar,** rope maker's sledge.—**c. de riego,** sprinkling car.—**c. de volteo,** tip car, tilt car, dump car.—**C. Mayor,** Great Bear.—**C. Menor,** Little Bear, Ursa Minor.—**c. tranvía,** or **urbano,** street car.—**untar el c.,** (fig.) to grease the palm, to bribe.
carrocería, *f.* shop where carriages are made, repaired, or sold; (auto) body.
carrocín, *m.* chaise, curricle.
carrocha, *f.* insect eggs.
carrochar, *vn.* (of insects) to lay eggs.
carromatero, *m.* carter; charioteer; carman.
carromato, *m.* long, narrow cart with two wheels and tilt.
carronada, *f.* (artil.) short gun of large calibre.
carroña, *f.* carrion, putrid flesh.
carroñar, *va.* to infect (sheep) with the scab.
carroño, ña. I. *a.* putrefied, putrid, rotten. **II.** *n.* & *a.* (Am.) coward(ly).—**carroñoso, sa,** *a.* rotting; ill-smelling.
carroza, *f.* large coach; superb state coach; caroche; (naut.) awning.
carruaje, *m.* vehicle; carriage; car.
carruajero, *m.* carter, wagon or coach driver.
carruco, *m.* small cart used in mountains.
carrucha, *f.* = GARRUCHA, pulley.
carrujado, da, *a.* corrugated, wrinkled.
carrusel, *m.* carrousel, merry-go-round.
carta, *f.* letter, epistle; royal ordinance; map, chart; playing card; written constitution, charter.—**c. abierta,** open letter.—**c. aérea,** airmail letter.—**c. amorosa,** billet doux.—**c. blanca,** carte blanche, full powers.—**c. certificada,** registered letter.—**c. credencial,** credentials.—**c. cuenta,** bill or account of sale.—**c. de amparo,** safe-conduct.—**c. de aviso,** letter of advice.—**c. de contramarca,** letter of reprisal.—**c. de crédito,** letter of credit.—**c. de creencia,** credentials.—**c. de dotes,** articles of marriage.—**c. de encomienda,** letter of safe-conduct.—**c. de espera,** (law) moratory permit, moratorium.—**c. de examen,** license to practice a trade or profession.—**c. de fletamento,** (com.) charter party.—**c. de guía,** safe-conduct, passport.—**c. de horro,** letter of enfranchisement.—**c. de libre,** (law) guardian's discharge.—**c. de marca,** letter of marque.—**c. de marear,** sea chart.—**c. de moratoria,** (law) moratory permit, moratorium.—**c. de naturaleza,** naturalization paper.—**c. de pago,** acquittance, receipt, discharge in full.—**c. de presentación** or **de recomendación,** letter of introduction.—**c. de sanidad,** bill of health.—**c. de seguridad,** safe-conduct.—**c. de Urías,** (coll.) trap, snare, traitorous scheme.—**c. de vecindad,** burgher brief.—**c. de venta,** bill of sale.—**c. de vuelta,** dead letter.—**c. en lista,** letter in poste restante; general-delivery letter.—**c. general,** (com.) form letter.—**C. Magna,** Magna Charta.—**c. orden,** mandatory letter.—**c. receptoria,** warrant, voucher.—**c. viva,** messenger who delivers his messages verbally.—**a c. cabal,** thorough, in every respect, every inch.—**a la c.,** (Am.) à la carte.—**enseñar las cartas,** to show one's hand.—**pecar por c. de más o de menos,** to have either too much or too little.—**tomar cartas en el asunto,** to take part; to be (in something); to take sides; to look into the matter.
cartabón, *m.* carpenter's square; drawing triangle; rule; shoemaker's slide, size stick; quadrant, gunner's square.
cartagenero, ra, *a.* of or from Cartagena.

cartaginense; cartaginés, esa, *n.* & *a.* Carthaginian.
cártama, *f.*, **cártamo,** *m.* (bot.) saffron.
cartapacio, *m.* memorandum book; student's notebook; book satchel; batch or pile of papers.
cartapel, *m.* memorandum filled with useless matter.
cartear. I. *vn.* to play low cards as feelers; to falsecard. **II.** *va.* & *vn.* (naut.) to steer by the chart. **III.** *vr.* to write to each other, correspond.
cartel, *m.* placard, handbill, poster; cartel.
cartela, *f.* slip of paper, piece of wood, or other materials on which a memorandum is made; (arch.) modillion, console, bracket; iron stay supporting a balcony.
cartelera, *f.* billboard.
cartelón, *m. aug.* long edict; show bill.
carteo, *m.* intercourse by letters.
cárter, *m.* (auto.) oil pan.
cartera, *f.* portfolio; writing case; briefcase; pocketbook; wallet; notebook; letter case, letter box; portfolio, office of a cabinet minister; pocket flap; (com.) securities forming part of the assets.
cartería, *f.* employment of letter carrier; sorting room in a post office.
carterista, *m.* pickpocket.
cartero, *m.* letter carrier, postman.
cartesianismo, *m.* Cartesianism.
cartesiano, na, *n.* & *a.* Cartesian.
carteta, *f.* a card game.
cartilagíneo, a; cartilaginoso, sa, *a.* (zool.) cartilaginous.
cartílago, *m.* (anat.) cartilage.
cartilla, *f. dim.* short letter, note; primer; certificate of a clergyman duly ordained.—**leerle a uno la c.** (fig.) to give one a lecture.—**no saber la c.,** to be extremely ignorant, know nothing.
cartografía, *f.* cartography.
cartográfico, ca, *a.* cartographic.
cartógrafo, *m.* cartographer.
cartomancía, *f.* cartomancy, fortune telling by playing cards.
cartómetro, *m.* curvometer.
cartón, *m.* pasteboard; cardboard; binders' board; metal ornament imitating the leaves of plants; cartoon, painting, or drawing on strong paper.—**c. piedra,** (art) staff; papier-mâché.
cartonero, ra, *n.* pasteboard maker.
cartuchera, *f.* cartridge box or pouch.
cartucho, *m.* cartouch; cartridge; metallic cartridge; roll of coins; (Am.) paper cornet.
cartujano, na, *m.* & *a.* Carthusian.
cartujo, ja. I. *a.* Carthusian. **II.** *m.* Carthusian monk; (coll.) taciturn man; recluse; *f.* Carthusian order or monastery.
cartulario, *m.* archives or registry; archivist; coucher, register book in monasteries.
cartulina, *f.* bristol board, cardboard.—**c. común,** millboard.—**c. de porcelana,** enamelled card.—**c. en hojas,** sheet card.
carúncula, *f.* (zool.) caruncle.—**c. lagrimal,** lachrymal caruncle.
carunculado, da, *a.* carunculate.
caruncular, *a.* caruncular.
caruto, *m.* (bot.) caruto, genipap.
carvajal, carvallar, carvalledo, *m.* oak field.
carvajo, carvallo, *m.* (bot.) common British oak.
carvi, *m.* (bot.) common caraway; caraway seed.
casa, *f.* house; dwelling, home; household; firm, business establishment; square (of a chess or draught board).—**C. Blanca,** White House.—**c. consistorial,** city hall, town hall.—**c. cuna,** nursery (in a hospital); foundling home.—**c. de apartamentos,** apartment house.—**c. de ayuntamiento,** city hall, town hall.—**c. de banca,** banking house.—**c. de baños,** bathhouse.—**c. de beneficencia,** asylum, poorhouse.—**c. de campo,** country house.—**c. de caridad,** poorhouse.—**c. de comercio,** firm, business establishment.—**c. de correo,** post office.—**c. de departamentos,** apartment house.—**c. de Dios,** House of God, church.—**c. de empeño,** pawnshop.—**c. de expósitos,** foundling home.—**c. de fieras,** menagerie.—**c. de huéspedes,** boarding house.—**c. de juego,** casino, gambling house.—**c. de locos,** madhouse; (fig.) madhouse, bedlam.—**c. de maternidad,** lying-in hospital, maternity hospital.—**c. de moneda,** mint.—**c. de orates,** madhouse.—**c. de placer,** country house.—**c. de posada,** boarding house, inn.—**c. de postas,** post house.—**c. de pupilos,** boarding house.—**c. de sanidad,** health office.—**c. de socorro,** emergency hospital, first-aid station.—**c. de tía,** (coll.) jail.—**c. de tócame Roque,** (coll.) unruly household.—**c. de vacas,** dairy farm.—**c. de vecindad,** tenement house.—**c. de vicio,** disorderly house.—**c. exportadora,** export house.—**c. mortuoria,** funeral home; house where a death has recently occurred.—**c. pública,** brothel.—**c. real,** royal palace.—**c. solar** or **solariega,** manor, manor house, homestead.—**a** or **en c.,** at home.—**en c. de,** at the home of.—**los de c.,** the family.—**no tener c. ni hogar,** to have neither house nor home.
casabe, *m.* cassava.
casaca, *f.* dress coat; (coll.) marriage, wedding.—**volver c.,** to become a turncoat.
casación, *f.* (law) cassation, abrogation, repeal.
casacón, *m.* greatcoat; cassock.
casadero, ra, *a.* marriageable.
casado, da. I. *pp.* of CASAR. **II.** *a.* married. **III.** *m.* (print.) imposition.
casalicio, *m.* house, edifice.
casamata, *f.* (mil.) casemate.
casamentero, ra, *n.* match or marriage maker; marriage broker.
casamiento, *m.* marriage, matrimony; wedding.
casapuerta, *f.* vestibule, entrance hall.
casaquilla, *f.* short jacket.
[1]**casar. I.** *vn.* & *vr.* to marry, get married.—**c. con,** to marry, be married to (Shakespeare says "to marry *with*," as in Spanish).—**antes que te cases, mira lo que haces,** look before you leap. **II.** *va.* to marry, join in wedlock; to couple, pair; to match; to suit; (painting) to blend; (print.) to impose.
[2]**casar,** *va.* (law) to repeal, annul.
[3]**casar,** *m.* hamlet, small village.
casarón, *m. aug.* large old house.
casatienda, *f.* tradesman's shop and dwelling combined.
casca, *f.* grape skins; tanning bark; a kind of fruit cake.
cascabel, *m.* bell, jingle; rattle; cascabel, knob at the end of the breech of a cannon.—**poner el c. al gato,** to bell the cat, undertake a risky thing.—**ser un c.,** to be a rattlebrain.
cascabelada, *f.* jingling with small bells; (coll.) thoughtless or indiscreet speech or action, break.
cascabelear. I. *va.* to feed with vain hopes; to bamboozle. **II.** *vn.* to act with levity or recklessly.—**cascabeleo,** *m.* jingling of bells.
cascabelero, ra, *a.* light-witted.
cascabelillo, *m. dim.* small black plum.
cascabillo, *m.* hawk's bell; glume of cereals, chaff, husk; cup of an acorn.
cascaciruelas, *n.* (coll.) mean, base person.
cascada, *f.* waterfall, cataract, cascade.
cascado, da. I. *pp.* of CASCAR. **II.** *a.* broken, burst; decayed; infirm; crazy.
cascadura, *f.* bursting or breaking asunder.
cascajal, cascajar, *m.* gravel pit; gravelly place; place where grape husks are thrown.
cascajero, *m.* (Colomb.) CASCAJAL; old mine still containing some ore.
cascajo, *m.* gravel; fragments; rubbish; (coll.) old and useless furniture, junk; dry fruit.—**estar hecho un c.,** to be old and infirm, to be a total wreck.—**cascajoso, sa,** *a.* gravelly.
cascamajar, *va.* to break, crush slightly.
cascamiento, *m.* breaking, bruising.

cascanueces, *m.* nutcracker.
cascapiñones, *m.* one who shells hot pine nuts and cleans the seed; pine-nut cracker.
cascar. I. *va.* (*pret.* CASQUÉ; *subj.* CASQUE) to crack, burst, break into pieces; to crunch; (coll.) to lick, beat, strike. **II.** *vn.* (coll.) to talk too much. **III.** *vr.* to break open.
cáscara, *f.* rind, peel, shell, hull, husk; shell; bark (of trees); lansquenet, a card game.—**c. sagrada,** (med.) cascara sagrada, bark of the Californian buckthorn.—**de la c. amarga,** mischievous; rash; sporty; ultraradical, extremist.—*pl. interj.* by Jove!
cascarela, *f.* a card game.
cascarilla, *f. dim.* small thin shell, skin or bark; Peruvian bark; thin metal shell; powdered egg shell for cosmetic.
cascarillero, ra, *n.* gatherer of Peruvian bark.
cascarillo, *m.* (bot.) cascarilla.
cascarón, *m. aug.* eggshell; (arch.) arch, vault; calotte; niche for the sacrament; a trick in CASCARELA; (Mex.) eggshell filled with confetti.
cascarrabias, *m.* & *f.* (coll.) testy, irritable person.
cascarrón, na, *a.* (coll.) rough, harsh, rude.
cascarudo, da, *a.* with a thick rind or shell.
cascaruleta, *f.* (coll.) noise made by the teeth when chucked under the chin.
casco, *m.* skull, cranium; potsherd; fragments of an earthen vessel; quarter of a fruit; coat or tegument (of an onion); crown (of a hat); helmet; hull (of a ship); head (of a barrel); casque, headpiece; tree of a saddle; (com.) cask, pipe, vat, tank; printers' inking ball; sheepskin stripped of the wool; hoof.—*pl.* heads of sheep or bullocks without the tongues and brains.—**c. y quilla,** (naut.) bottomry, borrowing money for a trip with ship as security.
cascol, *m.* resin of a Guayaquil tree.
cascolote, *m.* (Mex.) thick bark of a tree.
cascote, *m.* rubbish, debris.
cascudo, da, *a.* large-hoofed.
caseación, *f.* coagulation of milk to make cheese.
caseato, *m.* (chem.) caseate.
caseico, ca, *a.* (chem.) lactic.
caseificación, *f.* (chem., med.) caseation.
caseificar, *va.* (chem.) to change into casein; to separate the casein from (milk).
caseína, *f.* casein.
caseoso, sa, *a.* caseous, cheesy.
casera, *f.* housekeeper.
caseramente, *adv.* informally.
casería, *f.* manor's lodge; outbuilding for farm hands.
caserío, *m.* group of houses; small village, settlement.
caserna, *f.* (mil.) casern; barracks.
casero, ra. I. *a.* domestic; homemade; house (as *a.*); familiar; housekeeping. **II.** *n.* landlord (-lady); tenant; house agent; caretaker.
caserón, *m. aug.* big house.
caseta, *f. dim.* small house, cottage, hut.—**c. de baños,** bathhouse (at seaside or spa).
casi, *adv.* almost, nearly.—**c. que,** or **c. c.,** very nearly.
casia, *f.* (bot.) bastard cinnamon, cassia.
casica, illa, ita, *f. dim.* small house, cabin.
casicontrato, cuasicontrato, *m.* (law) quasi contract.
casilla, *f.* ticket office; hut of a railway guard or flagman; cabin; booth; keeper's lodge; pigeonhole; square (of chessboard); (Cuba) bird trap; (Ecua.) privy; watercloset.—*pl.* ruled columns in accounts; points of a backgammon table.—**sacar a uno de sus casillas,** (coll.) to make one change one's habits; to vex one beyond patience.—**salir de sus casillas,** to lose self-control (esp. from anger, etc.).
casillero, *m.* desk or board with pigeonholes.
casimbas, *f. pl.* (naut.) buckets for baling.
casimir, *m.*, **casimira,** *f.*, cashmere.
casino, *m.* casino, dancing hall, public resort, clubhouse; social or political club.
Casiopea, *f.* (astr.) Cassiopeia.
casiterita, *f.* (min.) cassiterite.
caso, *m.* case; occurrence, event; (law, med., gram.) case.—**c. de conciencia, de honra,** a question of conscience, of honor.—**c. fortuito,** unexpected circumstances; (law) force majeure.—**c. que,** in case.—**dado c.,** or **demos c.,** supposing that.—**de c. pensado,** deliberately.—**el c. es que,** the fact is that.—**en c. de que** = C. QUE.—**en c. necesario,** in case of necessity.—**en tal c.,** in such a case.—**en todo c.,** at all events anyway.—**hacer c.,** to mind, obey.—**hacer c. de,** to take notice of; to mind; to take into account; to esteem.—**hacer c. omiso de,** to ignore, pay no attention to.—**no hacer** or **no venir al c.,** to be irrelevant, to have nothing to do with the case.—**poner por c.,** to assume, suppose.—**vamos al c.,** let us come to the point.—**verse en el c. de,** to be obliged to, have to, must.
casón, *m. aug.* large house.
casorio, *m.* (coll.) hasty or unwise marriage; informal wedding.
caspa, *f.* dandruff, scurf.
caspera, *f.* fine comb for dandruff.
caspio, ia, *a.* Caspian.
caspiroleta, *f.* (Am.) eggnog.
¡cáspita! *interj.* gracious! confound it! by Jove!
casposo, sa, *a.* full of dandruff; lentiginous.
casqué, casque, *v.* *V.* CASCAR.
casquetazo, *m.* blow with the head.
casquete, *m.* helmet, skullcap, cap; skull; wig, periwig; (mech.) cap; (arch.) calotte; helmet shell; plaster to remove the scurf.—**c. esférico,** (geom.) spherical sector.
casquiacopado, da, *a.* cup-hoofed (horse).
casquiblando, da, *a.* soft-hoofed.
casquiderramado, da, *a.* wide-hoofed.
casquijo, *m.* gravel; ballasting material.
casquilla, *f.* cell of the queen bee.
casquillo, *m. dim.* little helm; tip, cap; ferrule; socket; iron arrowhead; (Am.) horseshoe.
casquimuleño, ña, *a.* (of horses) having narrow hoofs like a mule.
casquivano, na, *a.* feather-brained; ridiculously conceited.
casta, *f.* caste, race, breed; clan; offspring; kind or quality.—**hacer c.,** to get a particular breed.
Castálidas, *f. pl.* the Muses.
castaña, *f.* (bot.) chestnut; bottle, jug, jar; knot of hair, chignon; abandoned mine; (Mex.) valise, satchel.—**c. apilada,** or **pilonga,** dried chestnut.—**c. regoldana,** wild or horse-chestnut.—**dar a uno la c.,** to play a trick on one.
castañal, *m.*, **castañar,** *m.*, **castañeda,** *f.*, **castañedo,** *m.* chestnut grove or plantation.
castañero, ra, *n.* chestnut dealer or seller.
castañeta, *f.* castanet; snapping of the fingers.
castañetazo, *m.* blow with a castanet; cracking a chestnut in the fire; cracking of the joints.
castañeteado, *m.* sound of castanets.
castañetear. I. *va.* to rattle the castanets. **II.** *vn.* (of teeth) to chatter; (of knees) to creak; (of partridges) to cry.
castañeteo, *m.* sound of castanets; rattling the castanets; clattering; rattling noise.
castaño, ña. I. *a.* hazel, brown. **II.** *m.* (bot.) common chestnut tree; chestnut wood.—**c. de Indias,** horse-chestnut tree.—**c. regoldano,** wild chestnut tree.—**pasar de c. oscuro,** (coll.) to be beyond reason or endurance.
castañola, *f.* a large Mediterranean sea fish.
castañuela, *f.* castanet; (bot.) round tuberous-rooted cyperus.—*pl.* (naut.) cleats fastened to the yardarms.—**estar como unas castañuelas,** (coll.) to be very gay.
castañuelo, la, *a. dim.* of a light chestnut color.
castellán, *m.* castellan, governor of a castle.
castellana, *f.* mistress of a castle; wife of a CASTELLÁN; stanza in old Spanish poetry.
castellanía, *f.* independent district.
castellanizar, *va.* to make (a word) Spanish.
castellano, na. I. *a.* Castilian; Spanish (lang.,

gram., etc.). **II.** *m.* Sp. language; anc. Sp. coin, fiftieth part of gold mark; CASTELLÁN.
castellar, *m.* (bot.) St. John's-wort, tutsan.
casticidad, *f.* correctness, quality of being good Spanish.
castidad, *f.* chastity.
castigación, *f.* castigation, punishment; revision and correction.
castigadera, *f.* strap or rope for tying the clapper of a wether's bell; small cord with which the ring of a stirrup is tied to the girth.
castigador, ra, *n.* & *a.* punisher(-ing), chastiser (-ing), castigator(-ing).
castigar, *va.* (*pret.* CASTIGUÉ; *subj.* CASTIGUE) to chastise, punish, castigate; to afflict, put to pain, grieve; to revise and correct (proof sheets or writings).—**castigo,** *m.* chastisement, punishment; penalty; penance; censure, animadversion, reproach; alteration or correction.
castigué, castigue, *v. V.* CASTIGAR.
castillaje, *m.* = CASTILLERÍA.
castillejo, *m.* small castle; go-cart; scaffolding.
castillería, *f.* transit toll over castle property.
castillo, *m.* castle; wooden tower on the back of an elephant; mounting of a velvet loom; cell of the queen bee.—**c. de fuego,** fireworks.—**c. de naipes,** house of cards, flimsy structure; air castles.—**c. de proa,** (naut.) forecastle.—**c. roquero,** castle built on a rock.—**hacer castillos en el aire,** to build air castles.
castilluelo, *m. dim.* castlet, small castle.
castina, *f.* (chem. and metal.) flux.
castizo, za, *a.* of noble descent; of good breed; pure-blooded; pure, correct (language).
casto, ta, *a.* chaste.
castor, *m.* (zool.) beaver; beaver cloth; (Mex.) fine red baize.
Cástor, *m.* (astr.) Castor (a star).—**C. y Pólux,** (naut.) corposant, St. Elmo's fire.
castorcillo, *m.* a kind of rough sergelike cloth.
castoreño, ña, *a.* made of beaver.
castóreo, *m.* (med.) castoreum.
castorina, *f.* a kind of cloth similar to castor cloth; (chem.) castorin.
castra, *f.* pruning; pruning season.
castración, *f.* castration, gelding.
castradera, *f.* iron instrument with which honey is taken from a hive.
castrado, *m.* eunuch.
castrador, ra, *n.* gelder, castrator.
castradura, *f.* castration; scar from castration.
castrametación, *f.* (mil.) castrametation, laying out of camps.
castrapuercas, *m.* gelder's whistle.
castrar, *va.* to geld, castrate; (surg.) to cut away the proud flesh of (a wound); to prune; to cut the honeycombs from (beehives).
castrazón, *f.* act of cutting honeycombs out of hives; season when it is done.
castrense, *a.* military.
[1]**castro,** *m.* game played by boys; headland; hilltop with castle in ruins.
[2]**castro,** *m.* = CASTRAZÓN.
castrón, *m.* castrated goat.
casual, *a.* accidental, occasional, chance (as *a.*).
casualidad, *f.* chance; chance event; hazard; accident; coincidence.—**por c.,** by chance.
casualismo, *m.* casualism.
casualista, *n.* casualist.
casuario, *m.* (zool.) cassowary.
casuca, casucha, *f.*; **casucho,** *m.* (coll.) miserable hut or cottage; crib.
casuismo, *m.* casuistry.
casuista, *n.* casuist.
casuístico, ca. **I.** *a.* casuistical. **II.** *f.* casuistry.
casulla, *f.* chasuble, vestment worn by priests.
casullero, ra, *n.* one who makes chasubles and other vestments for priests.
cata, *f.* act of trying a thing by the taste; sample, trial; plummet for measuring heights; (Am.) buried treasure; trial excavation (of prospective mine); hidden thing (esp. if valuable).
catabólico, ca, *a.* catabolic.
catabolismo, *m.* catabolism.
catabre, *m.* (naut.) sheep-shank.
catacaldos, *m.* taster of wine, soup, etc.; sampler.
cataclismo, *m.* cataclysm; catastrophe.
catacresis, *f.* (rhet.) catachresis.
catacumbas, *f. pl.* catacombs.
catacústica, *f.* (phys.) catacoustics.
catadióptrica, *f.* (phys.) catadioptrics.
catadióptrico, ca, *a.* (phys.) catadioptric.
catador, *m.* taster, sampler.
catadura, *f.* act of tasting; (coll.) gesture, face.
catafalco, *m.* catafalque.
cataforesis, *f.* (chem.) cataphoresis.
catalán, lana, *n.* & *a.* Catalan, Catalonian.
catalanismo, *m.* Catalanism.
catalanista, *n.* Catalanist.
cataléctico, ca; catalecto, ta, *a.* (poet.) catalectic.
catalejo, *m.* telescope.
catalepsia, *f.* (med.) catalepsis.
cataléptico, ca, *a.* cataleptic.
catalicón, catolicón, *m.* (pharm.), a purgative.
catalina, *f.*—**rueda c.,** Catherine wheel.
catálisis, *f.* (chem.) catalysis.
catalítico, ca, *a.* catalytic.
catalizador, *m.* catalyser; catalytic.
catalizar, *va.* (chem.) to catalyze.
catalogación, *f.* cataloguing.
catalogador, ra. I. *a.* cataloguing. **II.** *n.* cataloguer, cataloguist.
catalogar, *va.* to catalogue, list.
catálogo, *m.* catalogue, table, list.
catalpa, *f.* (bot.) catalpa.
catalufa, *f.* a kind of floor carpet.
catán, *m.* Indian sabre or cutlass.
cataplasma, *f.* poultice; (Am. fig.) nuisance, vexer.
cataplexia, *f.* catalepy; apoplexy.
catapulta, *f.* catapult.
catar, *va.* to sample, try by tasting; to investigate; to judge, pass on; to esteem; to bear in mind; to cut the combs out of (beehives).
catarañа, *f.* (ornith.) sheldrake.
catarata, *f.* cataract, waterfall, cascade; cataract of the eye.—**abrirse las cataratas del cielo,** to rain heavily, to pour.—**tener cataratas,** (coll.) not to understand clearly.
catarral, *a.* catarrhal.
catarro, *m.* catarrh; head cold.
catarroso, sa, *a.* catarrhal; subject to colds.
catarsis, *f.* (med., psychiat.) catharsis.
catártico, ca, *a.* (med., psychiat.) cathartic.
catástasis, *f.* (rhet.) catastasis, climax.
catastral, *a.* pertaining to the census.
catastro, *m.* former royal tax on real estate; census or list of real property of a county or state.
catástrofe, *f.* catastrophe; dénouement, winding up (esp. when sad or tragic).
catastrófico, ca, *a.* catastrophic, cataclysmal.
cataviento, *m.* (naut.) dogvane; weathercock.
catavino, *m.* small jug or cup for tasting wine; small hole at top of wine vessels for tasting wine.
catavinos, *m.* winetaster, expert sampler; (fig.) one going the rounds of taverns; drunkard.
cate, *m.* (P. I.) a weight, equal to 0.633 kg.
cateador, ra, *n.* (Am.) mine prospector; tester.
catear, *va.* (S. A.) to prospect (for minerals); (Am.) to raze.
catecismo, *m.* catechism.
catecú, *m.* = CATO, astringent from plants.
catecuménico, ca, *a.* catechumenical.
catecúmeno, na, *n.* catechumen.
cátedra, *f.* seat or chair of a professor; professorship; subject; lecture room; (eccl.) cathedra.—**c. del Espíritu Santo,** pulpit.—**c. de San Pedro,** Holy See.
catedral, *f.* & *a.* cathedral.
catedralicio, cia, *a.* cathedral.
catedralidad, *f.* dignity of a cathedral church.

catedrático, *m.* professor; contribution paid to bishops and prelates.
categorema, *f.* (logic) quality of being assignable to a category.
categoremático, ca, *a.* (log.) categorematic.
categoría, *f.* (philos.) category; class, condition; rank; level; character, quality.—**de c.,** of importance; of high rank, prominent.
categóricamente, *adv.* categorically.
categórico, ca, *a.* categorical, categoric.
catenaria, *n.* & *a.* catenary.
catenular, *a.* catenulate.
cateo, *m.* (Am.) testing, sampling; (Am.) prospecting.
catequesis, *f.* catechesis.
catequicé, catequice, *v.* *V.* CATEQUIZAR.
catequismo, *m.* catechesis, religious instruction; art of teaching by questions and answers.
catequista, *m.* catechist.
catequístico, ca, *a.* catechetical, catechetic.
catequizante, *n.* & *a.* catechiser(-ing).
catequizar, *va.* (*pret.* CATEQUICÉ; *subj.* CATEQUICE) to catechise; to instruct in the Christian faith; to persuade, induce.
caterético, ca, *a.* (med.) corrosive, catheretic.
caterva, *f.* multitude; throng, crowd.
catéter, *m.* (surg.) catheter.—**cateterismo,** *m.* catheterization.—**cateterizar,** *va.* to catheterize.
cateto, *m.* (arch.) cathetus; (geom.) leg (of a right-angled triangle).
catetómetro, *m.* cathetometer.
catilinaria, *f.* one of Cicero's orations against Catiline; severe criticism or denunciation.
catimarón, *m.* (naut.) catamaran.
catimbao, *m.* (Chile, Peru) clown; ridiculously dressed person; short and fat person.
catín, *m.* copper-refining crucible.
catinga, *f.* (Am.) bad smell (esp. that of sweating Negroes).—**catingoso, sa; catingudo, da,** *a.* (Am.) ill-smelling.
catión, *m.* (phys.) cation, kation.
catire, *n.* & *a.* (Am.) blond, light-haired.
catite, *m.* loaf of the best refined sugar.
cato, *m.* astringent from plants.
catoche, *m.* (Mex. coll.) bad humor.
catódico, ca, *a.* (elec.) cathodic.
cátodo, *m.* (elec.) cathode.
católicamente, *adv.* conforming to Catholicism.
catolicidad, *f.* catholicity.
catolicismo, *m.* Catholicism.
católico, ca. I. *a.* catholic, general or universal; true, infallible. **II.** *n.* & *a.* (Roman) Catholic. **no estar muy c.,** (coll.) to feel under the weather.
catolicón, *m.* (pharm.) a purgative.
catolizar, *va.* (*pret.* CATOLICÉ; *subj.* CATOLICE) to convert to Catholicism; to preach, propagate Catholicism.
catón, *m.* reading book for children.
catoniano, na, *a.* Catonian.
catóptrica, *f.* (opt.) catoptrics.
catóptrico, ca, *a.* catoptrical.
catorce, *n.* & *a.* fourteen; fourteenth.—**catorcena,** *f.* group of fourteen.—**catorceno, na,** *a.* fourteenth.
catorzavo, va, *n.* & *a.* fourteenth.
catre, *m.* small bedstead; cot.—**c. de mar,** hammock or cot.—**c. de tijera,** field bed.
catrecillo, *m.* camp canvas chair.
catricofre, *m.* folding bed, bed lounge.
catrín, catrina, *a.* (Mex.) dandyish, foppish.
caucáseo, a; caucásico, ca, *a.* Caucasian.
cauce, *m.* bed of a river; trench, ditch.
caución, *f.* caution, precaution; pledge, surety, guarantee.—**c. de indemnidad,** or **personal,** (law) bond given by another for person in custody.—**c. juratoria,** parole given by person in custody but not yet tried and sentenced.—**c. real,** bail.
caucionar, *va.* (law) to guard against an evil or loss; to bail.
cauchal, *m.* rubber plantation or patch.
cauchero, ra. I. *a.* (India) rubber (as *a.*). **II.** *n.* rubber man, one engaged in the rubber industry or trade.
cauchil, *m.* small basin or reservoir of water.
caucho, *m.* India rubber (material), gum elastic.
cauda, *f.* train or tail of a bishop's robe.
[1]**caudal,** *a.* (zool.) caudal, pert. to the tail.
[2]**caudal,** *m.* fortune, wealth, means; volume (of water); plenty, abundance.—**hacer c. de,** to value highly.—**caudalejo,** *m. dim.* middling fortune.
caudaloso, sa, *a.* of great volume, carrying much water; copious, abundant; rich, wealthy.
caudatario, *m.* clergyman who carries the train of an officiating bishop's robe.
caudato, ta, *a.* (astr. of a comet) having a tail.
caudatrémula, *f.* (ornith.) wagtail.
caudícula, *f.* (bot.) caudicle.
caudillaje, *m.* leadership; tyranny; bossism.
caudillismo, *m.* (Am.) = CAUDILLAJE.
caudillo, *m.* commander, chief, leader.
caudimano, na, *a.* (zool.) having a prehensile tail.
caudón, *m.* a bird of prey.
caulescente, *a.* (bot.) caulescent.
caulícolo, caulículo, *m.* (arch.) ornament of the capital of columns.
cauliforme, *a.* (bot.) cauliform.
cauro, *m.* northwest wind.
causa, *f.* cause; motive, reason; lawsuit, case; trial (at law).—**c. célebre,** famous (criminal) case, cause célèbre.—**c. final,** (philos.) final cause.—**c. impulsiva,** or **motiva,** prompting motive.—**c. primaria,** or **primera,** first cause.—**c. pública,** public welfare, commonweal.—**a,** or **por, c. de,** on account of, because, due to.—**formar c. a,** to sue, bring suit against.
causador, a, *n.* originator.
causahabiente, *m.* & *f.* (law) person holding a right from others.
causal, *a.* causal.—**causalidad,** *f.* causality.
causante. I. *a.* causing, originating, causative. **II.** *n.* originator; (law) the person from whom a right is derived; constituent, principal.
causar, *va.* to cause, occasion; to sue.
causativo, va, *a.* causative.
causeo, *m.* (Am.) light lunch between meals, snack.
causídico, ca. I. *n.* advocate, counsellor. **II.** *a.* (law) causidical, forensic.
causón, *m.* burning fever of short duration.
causticidad, *f.* causticity.
cáustico, ca. I. *a.* caustic, burning; biting, aggressive. **II.** *m.* (med.) caustic.
cautela, *f.* caution, prudence; craft, cunning.
cautelar, *va.* & *vr.* (**de**) to guard (against).
cauteloso, sa, *a.* cautious, wary.
cautericé, cauterice, *v.* *V.* CAUTERIZAR.
cauterio, *m.* (med.) cautery.—**c. actual,** actual cautery, burning with hot iron.—**c. potencial,** potential cautery, produced by chemicals.
cauterización, *f.* cauterization, cauterizing.
cauterizador, *m.* he who or that which cauterizes.
cauterizar, *va.* (*pret.* CAUTERICÉ; *subj.* CAUTERICE) to cauterize; to reproach with severity; to blame.
cautivador, ra, cautivante, *a.* captivating, charming.
cautivar, *va.* to take prisoner, carry into captivity; to captivate, charm.
cautiverio, *m.*, **cautividad,** *f.* captivity.
cautivo, va, *n.* & *a.* captive.
cauto, ta, *a.* cautious, wary, prudent.
cava, *f.* digging and earthing of vines; wine cellar in the royal palace.
cavacote, *m.* mound made with the hoe.
cavadiza, *a.* dug out of a pit (as sand).
cavador, ra, *n.* digger.

cavadura, *f.* digging.
caván, *m.* (P. I.) a measure equivalent to seventy-five quarts.
cavar. I. *va.* to dig, excavate; (of horses) to paw. **II.** *vn.* to dig; to think carefully or intently; to go to the bottom (of a subject, etc.)
cavatina, *f.* (mus.) cavatina.
cavazón, *f.* digging.
cávea, *f.* (archeol.) cage or cave.
caverna, *f.* cavern, cave; (med.) hollow from a wound.
cavernícola. I. *a.* cave-dwelling; (coll.) reactionary. **II.** *n.* cave dweller, cave man; (coll.) reactionary.
cavernoso, sa, *a.* cavernous, caverned.
caveto, *m.* (arch.) cavetto.
caví, *m.* oca, a South-American tuber.
cavia, *f.* circular excavation at the foot of a tree to collect water.
cavial, caviar, *m.* caviar.
cavicornio, nia. I. *a.* (zool.) cavicorn. **II.** *m. pl.* Cavicornia.
cavidad, *f.* cavity.
cavilación, *f.* cavilling.
cavilar, *va.* to cavil; to criticize.
cavilosidad, *f.* captiousness, cavilling.
caviloso, sa, *a.* captious, overparticular; fault-finding.
cayada, *f.*, **cayado,** *m.* shepherd's hook, crook; crozier of a bishop; walking staff.
cayán, *m.* (P. I.) awning of matting in boats.
cayente, *a.* falling.
cayeputi, *m.* cajuput tree; cajuput oil.
cayo, *m.* rock, shoal, islet; key.
cayó, *v.* *V.* CAER.
cayote, *m.* (bot.) = CIDRACAYOTE, gourd.
cayuca, *f.* (Cuba, coll.) head (of person), "bean."
cayuco, *m.* (W. I., Venez., Mex.) dugout canoe.
caz, *m.* trench, ditch; mill race, flume.
caza, *f.* hunt, chase, hunting; game; *m.* (aer., mil.) pursuit plane.—**c. mayor,** big game.—**c. menor,** small game.—**andar a c. de,** to be or to go hunting for, be or go in search of.—**dar c.,** to pursue.—**de c.,** hunting, pursuit (plane, boat, etc.).
cazabe, *m.* (bot.) manioc, cassava; flour of the cassava plant; bread made with it.
cazadero, *m.* chase; hunting grounds.
cazador, ra. I. *a.* hunting. **II.** *n.* hunter.—**c. de alforja,** one who sports with dogs, snares, and other devices. **III.** *f.* huntress; hunting jacket.
cazamoscas, *m.* (ornith.) flycatcher.
cazar, *va.* (*pret.* CACÉ; *subj.* CACE) to chase, hunt; (coll.) to attain by skill; (coll.) to charm and captivate by caresses and deceitful tricks; to chase, pursue.—**c. una vela,** (naut.) to tally a sail; haul the sheet aft.
cazasubmarino, *m.* submarine chaser.
cazatorpedero, *m.* torpedo-boat destroyer.
cazcalear, *vn.* (coll.) to fidget and fuss.
cazcarria, *f.* mud splashings on clothes; (Am.) sheep dung.—**cazcarriento, ta,** *a.* (coll.) splashed.
cazo, *m.* dipper, ladle; founders' scoop; size kettle; glue pot; melting pan.
cazolero, *m.* (coll.) man who does women's work in the kitchen.
cazoleta, *f.* pan of a musket lock; boss or defence of a shield; hand guard or languet of a sword; a kind of perfume.
cazolón, *m. aug.* large earthen pot or stewpan.
cazón, *m.* (ichth.) dogfish or small shark.
cazonal, *m.* tackle for shark fishing.
cazonete, *m.* (naut.) toggle.
cazudo, da, *a.* (of knives) with a thick back.
cazuela, *f.* earthen cooking pan; stewing pan, crock; meat dressed in an earthen pan; (theat.) gallery reserved for women; (theat.) top gallery.
cazumbrar, *va.* to join (staves) with hempen cords.
cazumbre, *m.* hempen cord used to join staves.
cazumbrón, *m.* cooper.
cazurro, ra, *a.* (coll.) taciturn, sulky, sullen.
cazuz, *m.* (bot.) ivy.
[1]**ce,** *f.* cee, name of the letter *c.*—**c. por be,** or **c. por c.,** minutely, circumstantially.—**por c. o por be,** somehow or other.
[2]**¡ce!,** *interj.* hark! listen! come here! see here!
cea, cía, *f.* thigh bone.
ceanoto, *m.* (bot.) New Jersey tea, redroot.
ceba, *f.* fattening of domestic animals.
cebada, *f.* barley.—**c. perlada,** pearl barley.
cebadal, *m.* barley field.
cebadazo, za, *a.* pertaining to barley.
[1]**cebadera,** *f.* nose bag; barley bin.
[2]**cebadera,** *f.* (naut.) spritsail; (metal.) furnace charger.
cebadería, *f.* barley market.
[1]**cebadero,** *m.* place where game or fowls are fed; breeder and feeder of hawks; (metal.) mouth for feeding a furnace.
[2]**cebadero,** *m.* barley dealer; mule carrying the feed; bell mule.
cebadilla, *f.* (bot.) Indian caustic barley; (bot.) sneeze-wort; (bot., prov.) prickly oxeye; hellebore snuff.
cebador, *m.* one who fattens animals; priming horn, powder horn; (int. combust. eng.) primer.
cebadura, *f.* fattening of domestic animals.
cebar. I. *va.* & *vn.* to fatten (animals); to stuff, cram; to feed (a furnace, fire, lamp); to prime (a firearm); to start (a machine or apparatus); to light (a rocket or pyrotechnic piece); to remagnetize; to excite and cherish (a passion); to bait (a fishhook). **II.** *vn.* to penetrate; to take hold of; to stick fast. **III.** *vr.* to be firmly bent upon a thing; to prey upon; to gloat over (a victim).
cebellina, *f.* (zool.) sable; sable fur.
[1]**cebo,** *m.* food given to animals, fodder; fattening of animals; bait; incentive; (artil.) priming of guns.—**c. fulminante,** percussion cap.
[2]**cebo,** *m.* a kind of monkey.
cebolla, *f.* (bot.) onion; onion bulb; any bulbous root; oil receptacle of a lamp; spherical screen in a water pipe.—**c. albarrana,** (bot.) squill.—**c. ascalonia,** (bot.) shallot garlic.—**cebollana,** *f.* (bot.) three-toothed globularia; chives.—**cebollar,** *m.* onion patch.—**cebollero, ra,** *n.* onion seller.—**cebolleta,** *f. dim.* tender onion.—**cebollino,** *m.* young onion fit to be transplanted; onion seeds; (bot.) chive.—**cebollón,** *m. aug.* large onion.—**cebolludo, da,** *a.* bulbous, having a big bulb.
cebón, *m.* fattened bullock or hog.
ceboncillo, *m. dim.* fatling.
cebra, *f.* (zool.) zebra.—**cebrado, da,** *a.* having stripes like the zebra.
cebratana, *f.* = CERBATANA, blowgun; ear trumpet.
cebruno, cervuno, na, *a.* deer-colored.
cebú, *m.* (zool.) zebu; (Arg.) a variety of monkey.
ceca, *f.* mint (for coining).
Ceca, *m.* name of the mosque that the Arabs had in Cordova, the most venerated after Mecca.—**de C. en Meca,** or **de la C. a la Meca,** to and fro, hither and thither.
cecal, *a.* (anat.) cæcal.
cecear. I. *vn.* to lisp. **II.** *va.* to call, hail; to lisp.—**ceceo,** *m.* lisping, lisp; calling, hailing.
ceceoso, sa. I. *a.* lisping. **II.** *n.* lisper.
cecial, *m.* fish cured and dried.
cecina, *f.* corned, dried, jerked, or hung beef.
cecografía, *f.* writing of the blind.
cecógrafo, *m.* a writing apparatus for the blind.
ceda, zeda, *f.* zee, last letter of the alphabet.
cedacería, *f.* shop where sieves or cribs are made or sold.
cedacero, *m.* maker or seller of sieves, cribs, etc.
cedacillo, ito, *m. dim.* small sieve.
cedazo, *m.* sieve, screen, strainer.
cedazuelo, *m. dim.* small sieve or strainer.
cedente. I. *a.* ceding, granting. **II.** *n.* conveyer, assigner, transferrer.

ceder. **I.** *va.* to transfer, cede, convey, yield, deliver up. **II.** *vn.* to yield, submit, comply, give in; to give out, slacken, fail; to happen turn out ill or well; to abate, diminish.
cedilla, *f.* cedilla.
cedizo, za, *a.* (of food) tainted.
cedoaria, *f.* (pharm.) zedoary.
cedras, *f. pl.* skin saddlebags.
cedria, *f.* resin from the cedar.
cédride, *m.* fruit of the cedar tree.
cedrino, na, *a.* pertaining to the cedar.
cedro, *m.* (bot.) cedar; Spanish juniper.—**c. colorado,** red cedar.—**c. de la India,** deodar.—**c. de las Antillas,** Spanish cedar.—**c. del Líbano,** cedar of Lebanon.—**c. de Misiones,** an Argentine cedar, producing fine wood and a valuable febrifuge.—**c. dulce,** red cedar.
cédula, *f.* cedula, slip of parchment or paper written or to write upon; order, bill, decree; cedule, a scroll or writing.—**c. ante diem,** secretary's summons of meeting to the members of a society.—**c. de abono,** order to remit a task.—**c. de aduana,** permit.—**c. de cambio,** (com.) draft.—**c. personal,** or **de vecindad,** official document declaring the name, occupation, domicile, etc. of the bearer, and to serve for identification.—**c. real,** royal letter patent.—**echar cédulas,** (coll.) to draw or cast lots.—**cedulaje,** *m.* fees or dues paid for a cedula.—**cedulilla, ita,** *f. dim.* small slip of paper.—**cedulón,** *m. aug.* large bill; long edict; proclamation; public notice.
cefalalgia, *f.* (med.) cephalalgia, headache.
cefalea, *f.* violent headache, migraine.
cefálico, ca, *a.* cephalic.
cefalitis, *f.* (med.) encephalitis.
céfalo, *m.* (ichth.) mullet, a kind of perch.
cefalópodo, da, *m.* & *a.* (zool.) cephalopod.
cefalotórax, *m.* (anat.) cephalothorax.
Cefeo, *m.* (astr.) Cepheus, a constellation.
céfiro, *m.* zephyr.
cefo, *m.* (zool.) a large African monkey.
cegajo, *m.* two-year-old he-goat.
cegajoso, sa, *a.* blear-eyed.
cegar. **I.** *vn.* (*ind. pres.* CIEGO, *pret.* CEGUÉ; *subj.* CIEGUE) to grow blind. **II.** *va.* to blind; to wall up (a door or window); to close up (a well); to stop up, close (a channel, road).—**c. una via de agua,** (naut.) to fother a leak. **III.** *vr.* to become or be blinded (by passion, etc.).
cegarra, *a.* (coll.) CEGATO.—**cegarrita,** *n.* (coll.) one who contracts the eye to see at a distance.
cegato, ta, *a.* (coll.) short-sighted.
cegatoso, sa, *a.* = CEGAJOSO.
cegesimal, *a.* (phys.) C. G. S. (app. to the system of units in which the fundamental units are the centimeter, gram and second).
cegué, *pret.* of CEGAR.
ceguedad, *f.* blindness; ignorance, intellectual darkness; obfuscation.
ceguera, *f.* disorder in the eye; absolute blindness; obfuscation.
ceiba, *f.* (bot.) sea moss, alga; *also* **ceibo,** *m.* ceiba, God tree, W. I. silkcotton tree.
Ceilán, *m.* Ceylon.
ceilanés, nesa, *n.* & *a.* Ceylonese.
ceja, *f.* eyebrow; edging of clothes; projecting part, as in the binding of books; bridge of a string instrument; summit; circle of clouds round a hill; cloud cap; (arch.) weather molding; rim; (carp.) rabbet; (naut.) opening in the clouds.—**dar entre ceja y ceja,** to tell one unpleasant truths to one's face.—**hasta las cejas,** to the utmost, to the extreme.—**quemarse las cejas,** to burn the midnight oil.—**tener entre c. y c.,** to dislike, have a grudge against; to have on one's brain, to think constantly about.
cejadero, *m.* hold-back strap of a harness.
cejar, *vn.* to go backward; to hold back; to hesitate; to slacken, relax.
cejijunto, ta, *a.* having eyebrows that meet.
[1]**cejo,** *m.* fog from rivers.
[2]**cejo,** *m.* esparto cord tied round a bundle of esparto grass.
cejudo, da, *a.* having heavy and long eyebrows.
cejuela, *f. dim.* small eyebrow.
[1]**celada,** *f.* ambuscade, ambush; snare; lurch; artful trick.
[2]**celada,** *f.* sallet; helmet without visor; part of the key of the crossbow; horse soldier with helmet.—**c. borgoñota,** visorless helmet.
celador, ra, *n.* watchman(-woman), caretaker; curator; monitor in a school; warden.
celaje, *m.* aspect of the sky with clouds of varied hues; cloud scenery; cloud effect; painting representing the rays of the sun breaking through clouds; presage, prognostic; skylight; sky of a picture.—*pl.* light, swiftly moving clouds; scud.
celandés, sa, *n.* & *a.* New Zealander.
[1]**celar,** *vn.* & *va.* to fulfil (duties) with care; to watch (any person's motions) from suspicion.
[2]**celar,** *va.* to cover, conceal.
[3]**celar,** *va.* to engrave; to carve.
celda, *f.* cell (in convent, beehive, prison); (aer.) cell.
celdica, illa, ita, *f. dim.* cellule.
celdilla, *f.* cell in beehives; (bot.) cell; capsule.
celebérrimo, ma, *a. super.* most (very) famous.
celebración, *f.* celebration; praise, applause.
celebrador, ra, *n.* applauder, praiser, approver; celebrator.
celebrante, *n.* & *a.* celebrator(-ing); celebrant (officiating).
celebrar, *va.* to celebrate; to praise, applaud, approve; to revere, respect, venerate; to be glad of, rejoice at; to say (mass); to hold (formal meeting).
célebre, *a.* famous, renowned; (coll.) facetious, witty, funny.—**célebremente,** *adv.* with pomp; facetiously, humorously.—**celebridad,** *f.* celebrity, renown, fame; pomp, magnificence; public demonstration, celebration, pageant.
celecanto, *m.* (ichth.) cœlacanth.
celemín, *m.* a dry measure (about a peck).
celeminada, *f.* quantity contained in a CELEMÍN.
celenterado, da, celenterio, ria, *m.* & *a.* (zool.) cœlenterate.
célere. **I.** *a.* quick, rapid. **II.** *m.* one of the select three hundred knights of ancient Roman nobility.—**celeridad,** *f.* celerity, quickness.—**celerífero, ra,** *a.* rapid-transit.—**celerímetro,** *m.* speedometer.
celeste, *a.* celestial, heavenly; sky-blue.
celestial, *a.* celestial, heavenly; agreeable, delightful, excellent; (ironic) silly, sottish.
celestialmente, *adv.* celestially, heavenly.
[1]**celestina,** *f.* (min.) celestite.
[2]**celestina,** *f.* procuress.
celíaco, ca. **I.** *a.* (anat.) cœliac. **II.** *f.* (med.) cœliac flux.
celibato, *m.* celibacy; (coll.) bachelor.
célibe, *a.* & *n.* unmarried (person).
célico, ca, *a.* (poet.) celestial, heavenly.
celidonia, *f.* (bot.) celandine, swallow-wort.
celindrate, *m.* ragout made with coriander seed.
celo, *m.* zeal, ardor, fervor; piety, devotion; heat, rut.—*pl.* jealousy; suspicions.—**dar celos,** to excite suspicions.
celofán, celofano, *m.* cellophane.
celosamente, *adv.* with zeal; jealously.
celosía, *f.* lattice; Venetian blind; jealousy.
celoso, sa, *a.* zealous; jealous; suspicious; (naut.) light and swift-sailing.
celotipia, *f.* jealousy.
celsitud, *f.* celsitude, elevation, grandeur; (obs.) highness, a title, now expressed by **alteza.**
celta, *n.* & *a.* Celt(ic).
celtibérico, ca; celtiberio, ria; celtíbero, ra, *n.* & *a.* Celtiberian.
céltico, ca, *a.* Celtic.
celtismo, *m.* Celticism.

celtista, *n.* Celtist.
celtohispánico, ca; celtohispano, na, *a.* Celtic-Spanish, Celto-Spanish (remains of the old Celtic civilization in Spain).
célula, *f.* cell.—**c. embrionaria,** (biol.) germ cell.—**c. fotoeléctrica,** photoelectric cell, photocell, electric eye.
celulado, da, *a.* cellulate, cellulated.
celular, celulario, ria, *a.* cellular.
celuloide, *m.* celluloid.
celulosa, *f.* cellulose, woody fibre.
celuloso, sa, *a.* cellulose, containing cells.
cellenco, ca, *a.* (coll.) decrepit.
cellisca, *f.* fine rain, snow, or sleet driven by a heavy wind.—**cellisquear,** *vn.* to sleet; to be squally with fine snow or rain.
cello, *m.* hoop used in cooperage.
cementación, *f.* cementation.
cementar, *va.* (metal.) to cement; to convert (metals); to subject to the process of cementation.
cementerio, *m.* cemetery, graveyard.
cemento, *m.* cement; (metal., dent., anat., geol.) cement.—**c. armado,** reinforced concrete.—**c. hidráulico,** hydraulic cement.—**c. de Pórtland** or **c. pórtland,** Portland cement.
cementoso, sa, *a.* cement-like.
cena, *f.* supper; by extension, the Last Supper.
cenaaoscuras, *n.* recluse; miser.
cenáculo, *m.* cenacle, room where Last Supper was held.
cenacho, *m.* basket for fruit and greens.
cenadero, *m.* supper room; summerhouse.
cenador, *m.* one fond of suppers; summerhouse in a garden; arbor, bower; gallery around a courtyard.
cenaduría, *f.* (Mex.) supper room, supper inn.
cenagal, *m.* slough, quagmire; arduous, unpleasant affair.
cenagoso, sa, *a.* muddy, miry, marshy.
cenar. I. *vn.* to sup. **II.** *va.* to have for supper.
cenceño, ña, *a.* lean, thin, slender.
cencerra, *f.* = CENCERRO.
cencerrada, *f.* charivari; tin-pan serenade.
cencerrear, *vn.* to jingle continually; to play on an untuned guitar; to make a din or rattling noise.
cencerreo, *m.* noise made by mule or cow bells.
cencerro, *m.* bell worn by the leading wether or cow; ill-tuned guitar.—**c. zumbón,** bell borne by the leading horse or mule.—**a cencerros tapados,** on the sly, quietly, by stealth.
cencerrón, *m.* small bunch of grapes unpicked.
cencido, da, *a.* untilled, uncultivated.
cencro, *m.* a Brazilian serpent.
cendal, *m.* light thin stuff of silk or thread; gauze; scarf used by priests in consecrating the host; barbs of a feather.—*pl.* cotton for an inkstand.
cendra, cendrada, *f.* bone-dust paste used for cupels.—**ser una c.,** (fig.) to be lively as a cricket.
cenefa, *f.* border; band or stripe on the edge of a stuff; middle piece of a priest's chasuble; rim, hangings, flounce, trimming; (naut.) top rim; paddle-box rim; awning.
cení, *m.* fine brass or bronze.
cenia, *f.* water-raising machine; noria, well wheel and axle; garden watered from a noria.
cenicero, *m.* ash hole, ash pit, ash pan.
cenicienta, *f.* thing or person unjustly despised or ill treated.—**la C.,** Cinderella.
ceniciento, ta, *a.* ash-color red.
cenicilla, *f.* (bot.) oidium.
cenit, *m.* (astr.) zenith.—**cenital,** *a.* zenith (as *a.*).
ceniza, *f.* ashes, cinders.—**cenizas azules,** blue paint; lapis lazuli.—**cenizas de estaño,** putty.—**cenizas de vegetales,** potash.—**cenizas graveladas,** weed ashes.
cenizal, *m.* heap of ashes.
cenizo, za. I. *a.* ash-colored. **II.** *m.* (bot.) white goosefoot.
cenizoso, sa, *a.* ashy; covered with ashes.
cenobial, *a.* pert. to a convent or monastery.
cenobio, *m.* cenoby, convent or monastery.
cenobita, *m.* Cenobite, monk.
cenobítico, ca, *a.* cenobitic.
cenobitismo, *m.* cenobitism.
cenojil, *m.* garter.
cenopegias, *f. pl.* Jewish feast of tabernacles.
cenotafio, *m.* cenotaph.
cenote, *m.* cenote, a water reservoir in a cave.
cenozoico, ca, *a.* (geol.) Cenozoic.
censal, *a.* = CENSUAL. *n.* = CENSO.
censalista, *m.* = CENSUALISTA, lessor.
censatario, ria; censero, ra, *n.* one who pays an annuity out of his estate; lessee.
censo, *m.* census; agreement for settling an annuity on a person; annual rent; lease; rental; income; polltax among the Romans.—**c. al quitar,** or **redimible,** quit rent or annuity that can be paid at once by a certain sum.—**c. de agua,** water tax.—**c. de por vida,** life annuity.
censontli, censontle, *m.* (Mex.) mocking bird.
censor, *m.* censor, critic; censorious person.
censoría, *f.* censorship; censor's office.
censorio, ria, *a.* censorial.
censual, *a.* pertaining to a lease, annuity, or rent; rental; pertaining to lawful interest.
censualista, *m.* lessor; annuitant.
censura, *f.* censorship; office of a censor; act of censoring; review (of a book); censure, blame, reproach; gossiping; spiritual punishment.
censurable, *a.* reprehensible, blameworthy.
censurador, ra; censurante, *n.* & *a.* critic(-al); faultfinder(-ing), censor(-ing).
censurar, *va.* to review, criticize, judge; to censure, blame; to accuse; to find fault with.
centaura, centaurea, *f.* (bot.) centaury.—**c. mayor,** great centaury.—**c. menor,** common erythræa.
centauro, *m.* (myth.) centaur; (**C-,** astr.) Centaur.
centavo, *m.* hundredth (part); cent.
centella, *f.* lightning; thunderbolt; flash of a flint struck with steel; flake of fire; (fig.) remaining spark of passion, smoldering fire.
centellador, ra, *a.* brilliant, flashing.
centellante, centelleante, *a.* sparkling, flashing.
centellar, centellear, *vn.* to sparkle, twinkle, scintillate.
centelleo, *m.* sparkling, twinkling.
centellón, *m. aug.* large spark or flash.
centén, *m.* an old Spanish gold coin worth about 25 pesetas.
centena, *f.* a hundred (collect.).
centenadas.—**a c.,** by hundreds.
[1]**centenal,** [1]**centenar,** *m.* = CENTENA.—**a centenares,** by hundreds.
[2]**centenal,** [2]**centenar,** *m.* rye field.
centenario, ria. I. *a.* centenary; secular. **II.** *m.* centennial.
centenazo, za, *a.* pertaining to rye.
centenero, ra, *a.* (of land, soil) good for rye.
[1]**centeno, na,** *a.* hundredth.
[2]**centeno,** *m.* (bot.) rye.
centenoso, sa, *a.* mixed with rye.
centesimal, *a.* (of a number) between one and one hundred.
centésimo, ma, *n.* & *a.* hundredth.
centiárea, *f.* centiare (square meter).
centígrado, da, *a.* centigrade.
centigramo, *m.* centigram.
centil, *m.* (stat.) centile.
centilitro, *m.* centiliter.
centiloquio, *m.* a work divided into a hundred parts.
centímano, na, *a.* (poet.) hundred-handed, having a hundred hands.
centímetro, *m.* centimeter.
centímetro-gramo-segundo, *m.* (phys.) centimeter-gram-second (C.G.S.).
céntimo. I. *m.* centime; hundredth part of a monetary unit. **II.** *n.* & *a.* hundredth.

centinela, *m.* & *f.* (mil.) sentry, sentinel; person on watch.—**c. a caballo,** vidette, sentinel on horseback.—**c. avanzado,** advance guard.—**c. de vista,** prisoner's guard.—**c. perdida,** forlorn hope.—**estar de c.,** or **hacer c.,** to be on sentry duty.
centinodia, *f.* (bot.) knot grass, persicaria.
centípedo, *m.* centipede.
centiplicado, da, *a.* centuple, hundredfold.
centola, centolla, *f.* center fish, a marine crab with spotted scales.
centón, *m.* crazy quilt; coarse covering of war engine in old times; cento, a literary composition.
centrado, da, *a.* centered.
central. I. *a.* central.—**calefacción c.,** central heating. **II.** *f.* main office, central office; *m.* (Am.) sugar mill, refinery.—**c. de electricidad,** central station.—**c. telefónica** or **de teléfonos,** exchange, telephone exchange.
centralicé, centralice, *v. V.* CENTRALIZAR.
centralidad, *f.* centrality.
centralismo, *m.* centralism.
centralista, *n.* & *a.* centralist (-ic).
centralización, *f.* centralization.
centralizador, ra. I. *a.* centralizing. **II.** *n.* centralizer.
centralizar, *va.* (*pret.* CENTRALICÉ; *subj.* CENTRALICE) to centralize.
centralmente, *adv.* centrally.
centrar, *va.* to center.
céntrico, ca, *a.* central.
centrifugar, *va.* (Am.) to put (sugar) through a centrifuge.
centrífugo, ga. I. *a.* centrifugal. **II.** *f.* centrifugal machine.
centrípeto, ta, *a.* centripetal.
centrista, *n.* centrist.
centro, *m.* center; middle, midst; innermost part, core; (mil.) center of an army; height and depth of a thing; main office, headquarters; (pol.) center; principal object of desire and exertion; social circle in which a person moves; club, social meeting place; (bot.) disk of flowers; short flannel dress worn by Indian women in Ecuador.—**c. de curvatura,** (geom.) center of curvature.—**c. de figura,** (geom.) center of figure.—**c. de giro,** (mech.) center of gyration.—**c. de gravedad,** (mech.) center of gravity.—**c. de masa,** (mech.) center of mass.—**c. de mesa,** centerpiece.—**c. nervioso,** (anat.) nerve center.—**estar en su c.,** to be in one's element.
centroamericano, na, *n.* & *a.* Central-American.
centrobárico, ca, *a.* centrobaric.
centroide, *m.* centroid.
centrosoma, *m.* (biol.) centrosome.
centunviral, *a.* centumviral.
centunvirato, *m.* centumvirate.
centunviro, *m.* centumvir.
centuplicación, *f.* centuplication.
centuplicado, da, *a.* centuplicate.
centuplicar, *va.* to centuplicate.
céntuplo, pla, *a.* centuple.
centuria, *f.* century (period of time; division of Roman army).
centurión, *m.* centurion.
centurionazgo, *m.* office of a centurion.
cenzalino, na, *a.* pertaining to mosquitoes.
cénzalo, *m.* (entom.) mosquito.
ceñido, da. I. *pp.* of CEÑIR. **II.** *a.* moderate in pleasure or expense; (of insects) narrow-waisted; beelike-waisted.
ceñidor, *m.* belt, girdle, cestus, sash.
ceñidura, *f.* act of girding.
ceñiglo, *m.* (bot.) white goosefoot, summer cypress.
ceñir. I. *va.* (*ind.* CIÑO; *subj.* CIÑA) to gird, surround, girdle; to hem in; to fit tight; to condense, abbreviate.—**c. el viento,** (naut.) to haul the wind.—**c. espada,** to wear a sword. **II.** *vr.* to reduce one's expenses; to confine or limit oneself; (of auto) to hug (as the inside of a curve).
[1]**ceño,** *m.* ring, hoop, band; (vet.) circle round upper part of horse's hoof.
[2]**ceño,** *m.* frown; browbeating; supercilious look; (poet.) gloomy aspect.—**ceñoso, sa; ceñudo, da,** *a.* frowning; browbeating; supercilious; grim, gruff.
ceo, *m.* (ichth.) doree, dory.
cepa, *f.* underground butt end of a tree stem; stump, stub; vinestock; stock or origin of a family; bud or root of the horns and tails of animals; (Mex.) hole, pit (dug for planting); (Am.) group of banana plants with common root; (arch.) pier of an arch; (agr.) sole of a plow; (carriage) tongue of a pole.—**de buena c.,** of acknowledged good quality; on good authority.—**de c.** blue-blood; thoroughbred.
cepacaballo, *m.* (bot.) cardoon.
cepeda, *f.* land overgrown with heath.
cepejón, *m.* butt end of tree branch torn off.
cepellón, *m.* ball of earth left around the roots of a plant for transplanting.
cepera, *f.* inflammation of the hoofs; CEPEDA.
cepilladura, *f.* wood shavings.
cepillar, *va.* to plane; to brush; to polish.
cepillo, *m.* brush; (carp.) plane; charity box, poor-box corban.—**c. bocel,** fluting plane; modelling plane.—**c. de cabeza,** hairbrush.—**c. de dientes,** toothbrush.—**c. de ropa,** clothesbrush.—**c. para la cabeza,** hairbrush.—**c. para ropa,** clothesbrush.
[1]**cepo,** *m.* bough or branch off a tree; stock of an anvil; stocks, for punishment; (naut.) bilboes; stock (of an anchor); reel for winding silk; trap, snare; charity box; (mil.) stocks of a gun carriage; (mech.) block; socket; clasp, clamp; joining press; shoemaker's horse.—*pl.* notch cleats.—**c. colombiano,** or **c. de campaña,** (Am.) an old form of military punishment in which the thumbs were tied together, the knees put between the arms, and one or two rifles placed on the arms between these and the legs.—**c. de maniguetes,** (naut.) crosspiece of the kevel.—**c. de molinete,** (naut.) knighthead of the windlass.—**¡cepos quedos!** keep still! keep quiet! stop that!
[2]**cepo,** *m.* = CEFO, an African monkey.
cepón, *m. aug.* large stub of a tree or vinestock.
ceporro, *m.* old vine pulled up for fuel.
cequí, *m.* an ancient gold coin.
cequión, *m.* (Chile) large ditch or channel.
cera, *f.* wax; beeswax; wax tapers and candles.—*pl.* honeycomb.—**c. aleda,** propolis, bee glue.—**c. de dorar,** gold size.—**c. de higos,** drum of figs.—**c. de los oídos,** earwax, cerumen.—**c. virgen,** virgin wax.—**no hay más c. que la que arde,** there is nothing more than what you see.—**ser como una c., ser una c., estar hecho de c.,** to be very condescending, very docile, very "easy."
ceráceo, ea, *a.* ceraceous, waxy.
cerachates, *f. pl.* wax stones.
cerafolio, *m.* (bot.) common chervil.
cerambícido, da, *m.* & *a.* (zool.) cerambycid.
cerámica, *f.* ceramic art; ceramics.
cerámico, ca, *a.* ceramic, pertaining to pottery.
ceramista, *m.* ceramist.
ceramita, *f.* a precious stone; a kind of brick of exceedingly high strength.
cerapez, *f.* plaster of wax and pitch.
cerasta, *f.,* **ceraste, cerastes,** *m.* cerastes, a horned serpent.
ceratias, *m.* double-tailed comet.
cerato, *m.* (pharm.) ointment containing wax.
cerbatana, *f.* blowgun, popgun, pea-shooter; ear trumpet for the deaf; small culverin.
cerbero, *m.* = CANCERBERO, Cerberus.
[1]**cerca,** *f.* fence; hedge.
[2]**cerca,** *adv.* near, close by, nigh. (Before a noun, pron., or adv., it requires **de:** *cerca de París,* near Paris; *cerca de aquí,* near here; but *aquí cerca,* near here).—**c. de** (when not used as ex-

plained), nearly, about.—**de c.,** closely; close at hand.—**por aquí c.,** somewhere near here.
cercado, da. I. *pp.* of CERCAR. **II.** *a.* inclosed, fenced in, walled in. **III.** *m.* garden or field fenced in; inclosure; fence; lock; (Peru) territorial division comprising state-capital and towns within its jurisdiction.
cercador, *m.* hedger, fencer; iron graver; marking iron; blunt chisel for repoussé work.
cercanamente, *adv.* near, nearly.
cercanía, *f.* proximity; (gen. *pl.*) neighborhood, vicinity, surroundings.
cercano, na (de) *a.* near (to); neighboring.
cercar, *va.* (*pret.* CERQUÉ; *subj.* CERQUE) to hem, circle, compass, gird; to surround; to fence in, hedge in, wall in; to pale; (mil.) to invest, lay siege to; to crowd about.
cercén.—a c., all around.
cercenador, *m.* clipper.
cercenadura, *f.* clipping, retrenchment.—*pl.* cuttings.
cercenar, *va.* to pare, clip; to lop off the ends of; to lessen, reduce, curtail, cut down.
cercera, *f.* air tube of a vault.
cerceta, *f.* (ornith.) widgeon, garganey, a species of duck.—*pl.* first growth of a deer's antlers.
cercillo, *m.* tendril of a vine.
cerciorar. I. *va.* to assure, affirm. **II.** *vr.* to make sure.
cerco, *m.* fence; hoop, ring; encirclement; rim, border, edge; halo; (mil.) blockade, siege; circular motion; circle of people; frame or case of a door or window.—**alzar,** or **levantar, el c.,** to raise a blockade.—**poner c. a,** to lay siege to, to blockade.
cercopiteco, *m.* (zool.) cercopithecus, an African monkey.
cercha, *f.* flexible wooden rule for measuring curved objects; (arch.) form or center for building arches; (carp.) segment of a rim.
cerchar, *va.* = ACODAR, to plant cuttings.
cerchón, *m.* = CIMBRA, (carp.) form; center.
cerda, *f.* horse's hair; bristle; (zool.) sow; new-mown cereals; bundle of flax broken but not yet hackled.—*pl.* snares for birds.—**c. de puerco,** hog's bristle.
cerdamen, *m.* bristles prepared for brushes.
cerdear, *vn.* (of animals, esp. bulls) to be weak in the fore quarter; to emit a harsh and inharmonious sound (on string instrument); (coll.) to decline a request or demand; to look for excuses.
cerdo, *m.* hog.—**c. de muerte,** pig old enough to be slaughtered.—**c. de vida,** pig not old enough to be slaughtered.—**chuleta de c.,** pork chop.
cerdoso, sa; cerdudo, da, *a.* bristly; hairy.
cereal, *n.* & *a.* cereal.
cerebelitis, *f.* (med.) inflammation of the cerebellum.
cerebelo, *m.* (anat.) cerebellum.
cerebeloso, sa, *a.* cerebellar.
cerebración, *f.* cerebration.
cerebral, *a.* cerebral.
cerebrina, *f.* (chem.) cerebrin.
cerebritis, *f.* (med.) inflammation of the cerebrum.
cerebro, *m.* cerebrum; brain; judgment.
cerebroespinal, *a.* cerebrospinal.
cereceda, *f.* = CEREZAL.
cerecilla, *f. dim.* = GUINDILLA, red pepper pod.
ceremonia, *f.* ceremony; pomp, display; formality; ceremoniousness; compliment.—**de c.,** with all due ceremony; formal; (of dress) full, evening.—**guardar c.,** to comply with the formalities; to be formal.—**por c.,** simply as a matter of form or of etiquette.
ceremonial. I. *m.* book of ceremonies for public occasions. **II.** *a.* ceremonial, ceremonious.
ceremonialmente, *adv.* with all ceremony.
ceremoniáticamente, *adv.* ceremoniously.
ceremoniático, ca, *a.* ceremonious.
ceremoniosamente, *adv.* ceremoniously.
ceremonioso, sa, *a.* ceremonious, formal.
céreo, rea, *a.* cereous, waxen, waxy.
cereolita, *f.* soft, waxlike lava.
cerería, *f.* wax chandler's shop; chandlery in the royal palace.
cerero, ra, *n.* wax chandler.—**c. mayor,** royal chandler.
cereza, *f.* cherry.—**c. garrafal,** large white-heart cherry, bigaroon.
cerezal, *m.* cherry orchard.
cerezo, *m.* (bot.) cherry tree; cherry wood.—**c. silvestre,** dog-cherry tree.
cergazo, *m.* (bot.) rockrose, cistus.
cérico, ca, *a.* ceric, pertaining to cerium.
céridos, *m. pl.* (chem.) cerium metals.
cerífero, ra, *a.* wax-producing.
ceriflor, *f.* (bot.) honeywort, honeyflower.
cerilla, *f.* wax taper in rolls; wax match; a kind of cosmetic; cold cream; wax tablet; earwax.
cerillera, *f.* lamplighter with a taper.
cerillo, *m.* (Mex.) wax match.
cerina, *f.* a variety of wax or waxlike material extracted from the cork tree.
cerinto, *m.* (bot.) wax flower, honeywort.
cerio, *m.* (chem.) cerium.
cerita, *f.* (min.) cerite.
cermeña, *f.* small early pear; muscadine.
cermeño, *m.* (bot.) muscadine pear tree.
cernada, *f.* cinder; leached ashes; (art) size on canvas; (vet.) plaster of ashes and other ingredients.—**cernadero,** *m.* coarse linen strainer for lye; linen or silk-and-linen fabric for collars.
cernedero, *m.* apron worn in sifting flour; place for sifting flour.
cernedor, *m.* sifter.
cerneja, *f.* fetlock of a horse.
cernejudo, da, *a.* having large fetlocks.
cerner. I. *va.* (*ind.* CIERNO; *subj.* CIERNA) to sift; to bolt. **II.** *vn.* to bud and blossom; to drizzle. **III.** *vr.* to waggle, wiggle, waddle; to soar.
cernícalo, *m.* (ornith.) kestrel; sparrow-hawk; person of scanty abilities.—**coger,** or **pillar, un c.,** (coll.) to get drunk.
cernidillo, *m.* drizzle; short and waddling gait.
cernido, *n.* sifting; the flour sifted.
cernidura, *f.* sifting.
cernir, *va.* = CERNER.
cero, *m.* zero; cipher; naught.—**ser un c.,** or **un c. a la izquierda,** to be a mere cipher, to be insignificant or of no account, not to count.
ceroleína, *f.* cerolein, a constituent of beeswax.
cerollo, lla, *a.* reaped when green and soft.
ceroma, *f.* ointment used by Roman athletes.
ceromancia, ceromancía, *f.* ceromancy (divination from figures formed by melted wax in water).
cerón, *m.* dross of wax.
ceroplástica, *f.* ceroplastics, modelling in wax.
cerotato, *m.* (chem.) cerotate.
cerote, *m.* shoemaker's wax; shoeblacking; (coll.) panic; fear.
cerótico, ca, *a.* cerotic.
ceroto, *m.* (pharm.) soft cerate of oil and wax.
cerqué, cerque, *v. V.* CERCAR.
cerquillo, *m. dim.* small circle or hoop; seam or welt of a shoe; ring of hair or tonsure; hair bangs.
cerquita, *adv.* at a short distance; very near.—**aquí c.,** close by, very near here.
cerrada, *f.* hide or skin covering the backbone.
cerradera, *f.*, **cerradero,** *m.* bolt staple; catch of a lock; catch, clasp; purse strings.—**echar la cerradera,** to turn a deaf ear; to refuse point-blank.
cerradero, ra, *n.* & *a.* locked (place); locking (device).
cerradizo, za, *a.* that may be locked or fastened.
cerrado, da. I. *pp.* of CERRAR.—**c. por reformas,** closed for alterations. **II.** *a.* incomprehensible, obscure; close, reserved; dissembling; secreted, concealed; obstinate; inflexible; cloudy, overcast; stupid, thick; dense.—**a**

puerta c., closed (meeting, etc.). **III.** *m.* fenced in field or garden.
cerrador, *m.* shutter; locker; lock; any contrivance that shuts or locks.
cerradura, *f.* lock; closure; act of shutting or locking.—**c. de golpe,** or **de muelle,** spring lock.—**c. embutida,** mortise lock.
[1]**cerraja,** *f.* lock of a door; bolt.
[2]**cerraja,** *f.* (bot.) common sow-thistle.
cerrajear, *vn.* to work as, or to be, a locksmith.
cerrajería, *f.* trade of a locksmith; locksmith's shop or forge.
cerrajero, *m.* locksmith.
cerrajón, *m.* steep, craggy cliff.
cerramiento, *m.* closure, occlusion; act of shutting or locking; costiveness; inclosure; (arch.) roof; (mason.) partition wall.
cerrar. I. *va.* & *vn.* (*ind.* CIERRO; *subj.* CIERRE) to close, shut, fasten, lock; to close, conclude (as an interview); to stop up, obstruct, block up; to inclose, include, contain; fence in; to fold and seal (a letter).—**c. la boca,** to be silent, shut up.—**c. los oídos,** to turn a deaf ear.—**c. los ojos,** to close one's eyes; die; sleep; to be stubborn.—**al c. del día,** at the close of day, at nightfall. **II.** *vr.* to close; to remain firm in one's opinion; to become cloudy and overcast; to close up, get close to each other.—**cerrársele a uno todas las puertas,** to find all avenues closed.
cerrazón, *f.* dark and cloudy weather preceding a storm.
cerrejón, *m.* hillock.
cerrero, ra, *a.* wild; untamed; unbroken (horse).
cerreta, *f.* (naut.) spar; rough tree.
cerril, *a.* mountainous; rough, uneven; wild, untamed, unbroken; (coll.) unpolished, rough, boorish.
cerrilla, *f.* die for milling.—**cerrillar,** *va.* to mill (coined metal).
cerrillo, *m. dim.*—*pl.* milling dies.
cerrión, *m.* icicle.
cerro, *m.* hill; peak; neck of an animal; backbone; hackled and cleaned flax or hemp.—**c. enriscado,** steep, rugged hill.—**en c.,** bareback; nakedly, without the proper or usual trappings.—**por los cerros de Ubeda,** (coll.) foreign to the purpose, irrelevant, (coll.) off the track.
cerrojillo, *m.* (ornith.) wagtail, warbler.
cerrojo, *m.* bolt, latch.
cerrón, *m.* a kind of coarse fabric made in Galicia.
cerruma, *f.* weak or defective quarter in horses.
certamen, *m.* literary contest; disputation; competition; (obs.) duel, battle.
certero, ra, *a.* well-aimed; good shot (shooter); sure; well-informed; skillful.
certeza, *f.* certainty, assurance.
certidumbre, *f.* certainty, conviction.
certificable, *a.* certifiable.
certificación, *f.* certification, certificate, attestation.
certificado, da. I. *a.* certified, attested. **II.** *m.* certificate, certification, attestation, testimonial; registered mail.
certificador, ra, *n.* certifier.
certificar, *va.* (*pret.* CERTIFIQUÉ; *subj.* CERTIFIQUE) to certify, attest; to register (a letter); (law) to prove by a public instrument.
certificatorio, ria, *a.* that serves to certify.
certifiqué, certifique, *v. V.* CERTIFICAR.
certísimo, *a. super.* of CIERTO: most certain.
cerúleo, lea, *a.* cerulean, sky-blue.
ceruma, *f.* (vet.) = CERRUMA.
cerumen, *m.* earwax, cerumen.
cerusa, *f.* ceruse, white lead.
cerusita, *f.* (min.) cerussite.
cerval, *a.* pertaining to deer.
cervantesco, ca; cervántico, ca; cervantino, na, *a.* like, or in the style of, Cervantes; pertaining or peculiar to Cervantes.
cervantista, *n.* expert in matters relating to Cervantes; Cervantes scholar.
cervario, ria, *a.* = CERVAL.
cervatica, *f.* (ichth.) = LANGOSTÓN, crawfish.
cervatico, illo, *m. dim.* small deer.
cervato, *m.* fawn.
cervecería, *f.* brewery; alehouse, beer-saloon.
cervecero, ra. I. *a.* beery. **II.** *n.* brewer; beer seller; *m.* set of beer jugs (mugs, etc.).
cerveza, *f.* beer, ale.
cervicabra, *f.* gazelle.
cervical; cérvico, ca, *a.* (anat.) cervical.
cérvido, da. I. *a.* (zool.) cervine, pertaining to deer or cervids. **II.** *n.* cervid. **III.** *m. pl.* Cervidæ.
cervigudo, da, *a.* high- or thick-necked.
cerviguillo, *m.* thick nape of the neck.
cervillera, *f.* helmet.
cervino, na, *a.* deerlike.
cerviz, *f.* cervix, nape of the neck.—**bajar,** or **doblar, la c.,** to humble oneself.—**levantar la c.,** to be elated; to grow proud.—**ser de dura c.,** to be incorrigible or stubborn.
cervuno, na, *a.* resembling or pertaining to deer; deer-colored.
cesación, *f.*, **cesamiento,** *m.* cessation, discontinuance, stopping, breakup, pause.—**c. a divinis,** suspension from religious functions.—**c. de hostilidad,** (mil.) cease-fire.
cesante. I. *a.* ceasing. **II.** *n.* dismissed or retired public officer, in some cases with a pension.
cesantía, *f.* state or pension of a retired official.
cesar, *vn.* to cease, stop; to desist; to retire; to leave a post or employment.—**c. de** (*inf.*), to stop (*pres. p.*).
cesáreo, rea, *a.* Cæsarean, pert. to imperial matters; (surg.) Cæsarean.
cesariano, na, *a.* Cæsarean, pert. to Cæsar.
cesarismo, *m.* Cæsarism.
cesarista, *n.* & *a.* Cæsarist(-ic).
cese, *m.* cessation; stoppage of pension.
cesible, *a.* (law) transferable.
cesio, *m.* (chem.) cæsium.
cesión, *m.* cession.—**c. de bienes,** surrender of property.
cesionario, ria, *n.* cessionary, grantee, assignee, transferee.
cesionista, *n.* transferrer, assigner, grantor.
cesonario, ria, *n.* = CESIONARIO.
césped, céspede, *m.* turf, sod, clod, sward, grass; grass plot, lawn; rind of a vine where it has been pruned.—**cespedera,** *f.* field where turf is cut.
cespitar, *vn.* to hesitate, vacillate.
cespitoso, sa, *a.* cespitose, matted.
cesta, *f.* basket, pannier, hamper; scoop or racket fastened to the arm for playing ball.—**cestada,** *f.* basketful.—**cestería,** *f.* basket factory or shop.—**cestero, ra,** *n.* basket maker or seller.
cestiaro, *m.* Roman pugilist who fought with the cestus.
[1]**cesto,** *m.* hand basket, maund, hutch.—**coger agua en c.,** to labor in vain.—**estar hecho un c.,** (coll.) to be overcome by sleep or liquor.—**quien hace un c. hará ciento,** he that steals a penny will steal a pound.—**ser un c.,** (coll.) to be ignorant and rude.
[2]**cesto,** *m.* cestus used by Roman boxers.
cestodo, da, *m.* & *a.* (zool.) cestode.
cestón, *m. aug.* large pannier or basket; (mil.) gabion.—*pl.* (mil.) corbeils.
cestonada, *f.* range of gabions.
cesura, *f.* cæsura, pause in poetry.
cetáceo, cea. I. *a.* (zool.) cetaceous, cetacean. **II.** *m.* (zool.) cetacean.
cetilo, *m.* (chem.) cetyl.
cetina, *f.* whale oil, sperm oil.
cetrería, *f.* falconry, hawking; fowling with falcons.
[1]**cetrero,** *m.* verger.
[2]**cetrero,** *m.* falconer; sportsman.
cetrino, na, *a.* citrine, lemon-colored; jaundiced, melancholy; pertaining to citron.
cetro, *m.* sceptre; reign of a prince; verge borne

by canons on solemn occasions; wand or staff; perch or roost for birds.—**empuñar el c.**, to ascend the throne, to begin to reign.
ceugma, zeugma, *f.* (rhet.) zeugma.
ceutí. I. *n.* & *a.* of, from, or pertaining to Ceuta. **II.** *m.* a very fragrant lemon.
C. G. S., *m.* (phys.) C. G. S. (centimeter-gram-second system of units).
cía, *f.* hip bone, huckle bone.
ciaboga, *f.* (naut.) putting a row galley about with the oars.—**hacer c.**, to turn the back, to flee.
cianamido, *m.* (chem.) cyanamide.
cianato, *m.* (chem.) cyanate.
cianhídrico, ca, *a.* hydrocyanic.
ciánico, ca, *a.* cyanic (acid).
cianita, *f.* (min.) cyanite.
cianógeno, *m.* cyanogen.
cianosis, *f.* (med.) cyanosis.
cianuración, *f.* (metal.) cyaniding.
cianúrico, ca, *a.* cyanuric.
cianuro, *m.* (chem.) cyanide.—**c. de potasio**, (chem.) potassium cyanide.—**c. de sodio**, (chem.) sodium cyanide.
ciar, *vn.* to back up, retrograde; (naut.) to back water; to go astern; to slacken, slow down.
ciática, *f.* (med.) sciatica.
ciático, ca, *a.* sciatic, sciatical.
ciato, *m.* (bot.) a tropical tree fern.
cibera, *f.* quantity of wheat put at once in the hopper; all seeds or grains fit for food; bagasse of grain, fruit, husks, etc.; hopper in a corn-mill.
cibernética, *f.* cybernetics.
cibica, *f.* clout; hurter of a wooden axle tree; (naut.) staple, cramp.
cibicón, *m.* large clout (for axle tree).
cíbolo, la, *n.* bison.
cibuí, *m.* (Peru) a variety of cedar.
cicadáceo, a; cicádido, da. I. *n.* & *a.* (bot.) cycad. **II.** *f. pl.* Cycadaceæ.
cicatear, *vn.* (coll.) to be sordidly parsimonious.
cicatería, *f.* niggardliness, stinginess.
cicatero, ra, *a.* niggardly, stingy.
cicateruelo, la, *n. dim.* stingy little person; little miser; curmudgeon.
cicatricé, cicatrice, *v. V.* CICATRIZAR.
cicatrícula, *f.* (embryol.) cicatricle.
cicatriz, *f.* cicatrice, scar.
cicatrización, *f.* cicatrization.
cicatrizal, *a.* cicatricial.
cicatrizante, *n.* & *a.* cicatrizant.
cicatrizar, *va.* & *vn.* (*pret.* CICATRICÉ; *subj.* CICATRICE) to cicatrize; to heal.
cicatrizativo, va, *a.* cicatrisive.
cicércula, cicercha, *f.* (bot.) = ALMORTA, vetch.
cícero, *m.* (print.) pica; (print.) unit of measurement for type bodies, equivalent to 12 points.
cicerone, *n.* cicerone, guide.
ciceroniano, na, *a.* Ciceronian.
ciclamino, *m.* (bot.) cyclamen.
ciclamor, *m.* an ornamental tree.
ciclatón, *m.* tunic formerly worn by women.
cíclico, ca, *a.* cyclical.
ciclismo, *m.* bicycling as a sport.
ciclista, *n.* cyclist, rider on a bicycle.
ciclo, *m.* cycle.
cicloidal, *a.* cycloidal.
cicloide, *f.* (geom.) cycloid.
cicloideo, dea, *a.* cycloid, cycloidal.
ciclometría, *f.* cyclometry.
ciclométrico, ca, *a.* cyclometric.
ciclómetro, *m.* cyclometer.
ciclón, *m.* cyclone.—**ciclonal**, *a.* cyclonic.
Cíclope, *m.* Cyclops.—**ciclópeo, a**, *a.* Cyclopean.
ciclorama, *m.* cyclorama.
ciclostilo, ciclóstilo, *m.* cyclostyle.
ciclóstoma, *m.* (ichth.) cyclostome.
ciclotrón, *m.* (phys.) cyclotron.
cicuta (bot.) hemlock, cicuta; water hemlock; spotted cowbane.
cid, *m.* brave, valiant man; leader, chief.—**el C.**, or **el C. Campeador**, El Cid, a title of the Spanish hero Rodrigo Díaz de Vivar.
cidra, *f.* (bot.) citron.
cidracayote, *f.* (bot.) American gourd or calabash.
cidrada, *f.* preserve made with citrons.
cidral, *m.* plantation of citron trees.
cidria, *m.* = CEDRIA, resin from the cedar.
cidro, *m.* (bot.) citron tree.
cidronela, *f.* citronella, common balm.
ciegayernos, *m.* showy, worthless thing; humbug.
[1]**ciego, ga. I.** *a.* blind; choked or closed; blinded. —**c. de**, blind with, blinded by.—**a ciegas**, blindly, in the dark; thoughtlessly. **II.** *n.* blind person; (anat.) cæcum or blind gut; large black pudding; (Cuba) isolated farm, ranch; hilly woodland.
[2]**ciego, ciegue**, *v. V.* CEGAR.
cieguecico, ica; illo, illa; ito, ita; cieguezuelo, ela, *n. dim.* little blind person.
cielito, *m.* S. A. tune and dance; darling, dearest, dearie.
cielo, *m.* sky, firmament; heaven(s); atmosphere, climate; ceiling; glory, felicity; paradise; roof; cover; canopy (of a bed).—**c. raso**, flat ceiling; clear sky.—**c. de la boca**, roof of the mouth.—**a c. descubierto**, in the open air; in the open, openly.—**a c. raso**, in the open air.—**escupir al c.**, to do bad deeds that turn against the doer, to throw a boomerang (fig.).—**estar hecho un c.**, to be splendid, brilliant.—**llovido del c.**, godsend.—**poner en**, or **por, el c.**, to praise to the utmost, to lionize.—**tomar el c. con las manos**, to be carried away with joy, grief, etc.—**un c. alegre**, a clear, beautiful sky.—**venirse el c. abajo**, to pour, rain pitchforks.—**ver el c. abierto**, to find an unforeseen opportunity.—**ver el c. por embudo**, not to know the world.
ciempiés, *m.* CIENTOPIÉS, (zool.) centipede; mediocre literary work.
cien, *a.* one hundred (used before nouns instead of **ciento**, as, *cien hombres*, a hundred men; *cien mujeres*, a hundred women). *V.* CIENTO.
ciénaga, *f.* marsh, moor, miry place.
ciencia, *f.* science; knowledge; certainty.—**ciencias exactas**, exact sciences.—**ciencias naturales**, natural sciences.—**ciencias sociales**, social sciences.—**a c. cierta**, with certainty, knowingly.—**a c. y paciencia de**, with the knowledge and consent of.
cienmilésimo, ma, *n.* & *a.* hundred-thousandth.
cienmilmillonésimo, ma, *n.* & *a.* hundred-thousand millionth.
cienmillonésimo, ma, *n.*, *a.* hundred-millionth.
cieno, *m.* mud, mire, slime; slough, bog.
científico, ca. I. *a.* scientific. **II.** *n.* scientist.
ciento. I. *a.* (*V.* CIEN) one hundred; one hundredth (*calle ciento*, One-hundredth Street). **II.** *m.* a hundred. (Gen. without the article: *tengo ciento*, I have a hundred; *somos ciento*, we are a hundred. When used with the article before a noun, it is followed by **de**: *un ciento de libros*, a hundred books).—*pl.* tax assessed at so much per cent; piquet, a card game.—**por c.**, per cent; by the hundred.—**por cientos**, by hundreds, by the hundred; in large number.
cientopiés, *m.* (zool.) centipede.
cierna, *f.* the staminate blossom of vines, corn, and some other plants.
cierne.—**en c.**, in blossom; in its infancy.
cierno, cierne, *v. V.* CERNER.
¡cierra España! *interj.* war cry of the ancient Spaniards.
cierrapuertas, *m.* door closer.
cierre, *m.* act and mode of closing; shutting, locking, fastening; snap; clasp; plug of a valve.—**c. hidráulico**, hydraulic seal, water seal.
[1]**cierro**, *m.* inclosure.—**c. de cristales**, glass-covered balcony or veranda.
[2]**cierro, cierre**, *v. V.* CERRAR.
ciertamente, *adv.* certainly, surely.

cierto, ta. I. *a.* certain, doubtless; sure, positive; true. (Used indefinitely, gen. without an article: *cierto lugar,* a certain place).—**ciertas hierbas, ciertos lienzos,** (coll.) certain people. —**de c.,** certainly, surely; in earnest.—**lo c. es que,** the fact is that.—**no por c.,** certainly not. —**por c., sí por c.,** certainly, surely, yes indeed.—**por c. que,** indeed. **II.** *adv.* certainly.
cierva, *f.* hind, female stag.
ciervo, *m.* deer, stag.—**c. volante,** stag beetle.
cierzo, *m.* cold northerly wind.
cifosis, *f.* (med.) outward bending of the spine.
cifra, *f.* figure, number, numerical character; cipher, code, cryptogram; monogram, device, emblem; sum total; contraction, abbreviation; music written with numbers.—**en c.,** secretly, mysteriously; briefly, concisely.
cifrar, *va.* to write in cipher; to abridge.—**c. en,** to place (one's hopes, etc.) on; to make (a thing) depend on.
cigarra, *f.* (entom.) cicada, harvest fly.
cigarral, *m.* in Toledo, orchard or fruit garden.
cigarrera, *f.* cigar cabinet or showcase; pocket cigarcase; woman cigar maker or dealer.
cigarrería, *f.* cigar shop.
cigarrero, ra, *n.* cigar maker or dealer.
cigarrillo, *m.* cigarette.
cigarrista, *n.* heavy smoker.
cigarro, *m.* cigar; (in some places) cigarette.—**c. de papel,** cigarette.—**c. puro,** cigar.
cigarrón, *m. aug.* large cicada.
cigofiláceo, cea, cigofileo, lea, *a.* (bot.) zygophyllaceous.
cigoma, *m.* (anat.) zygoma.
cigomático, ca, *a.* (anat.) zygomatic.
cigomorfismo, *m.* zygomorphism.
cigomorfo, fa, *a.* (bot.) zygomorphic, zygomorphous.
cigoñal, *m.* well sweep.
cigoñino, *m.* (ornith.) young stork.
cigoñuela, *f.* (ornith.) small storklike bird.
cigoto, *m.* (biol., genet.) zygote, egg.
cigua, *f.* (bot.) a tropical tree.
ciguatarse, *vr.* to have jaundice.
ciguatera, *f.* (Mex.) a kind of jaundice, from eating diseased fish.
ciguato, ta, *a.* suffering from CIGUATERA.
cigüeña, *f.* (ornith.) white stork; crane; bell crank; (mech.) crank, winch.—**cigüeñal,** *m.* CIGOÑAL; (int. combust. eng.) crankshaft.
cigüeñuela, *f. dim.* small crank or winch.—**c. de la caña del timón,** (naut.) gooseneck of the tiller.
cigüete, *f.* a variety of white grape.
cija, *f.* building for sheltering sheep; dungeon; granary.
cilanco, *m.* pool left by a river on the bank.
cilantro, *m.* (bot.) coriander.
ciliado, da, *a.* (zool.) ciliated.
ciliar, *a.* pert. to eyebrows or eyelashes.
cilicio, *m.* haircloth; hair shirt.
cilindrado, *m.* rolling; calendering.
cilindrar, *va.* to roll; calendar; to bore; rebore.
cilindricidad, *f.* cylindricity.
cilíndrico, ca, *a.* cylindrical.
cilindro, *m.* cylinder; (print.) roller; press roll; (mech.) chamber.
cilindroeje, *m.* (anat.) axis cylinder, axon.
cilindroide, *m.* (geom.) cylindroid.
cilla, *f.* granary; tithe.
cillazgo, *m.* storehouse fees paid on tithes.
cillerero, *m.* cellarist or butler of a monastery.
cilleriza, *f.* nun who directs the domestic affairs of a convent.
cillerizo, za, *n.* keeper of a granary.
cillero, *m.* keeper of a granary or storehouse for tithes; granary; vault; cellar; storeroom.
cima, *f.* summit, peak; top; cap, head; finish, completion; heart and tender sprouts of cardoons.—**dar c.,** to conclude happily.—**por c.,** in the uppermost part, at the very top.
cimacio, *m.* (arch.) cymatium, gola, ogee
cimarrón, na. I. *a.* (Am.) wild, unruly. **II.** *n.* runaway slave; maroon; (Arg.) black maté; (naut.) lazy sailor.
cimarronear, *vn.* (Am.) to run away; (Arg.) to drink black maté.
cimbalaria, *f.* (bot.) ivywort.
cimbalero, ra, cimbalista, *n.* cymbalist.
cimbalillo, *m. dim.* small bell.
címbalo, *m.* small bell; cymbal.
cimbanillo, *m.* = CIMBALILLO.
címbara, *f.* large sickle.
cimbel, *m.* decoy pigeon; rope used to tie decoy pigeons.
cimborio, cimborrio, *m.* (arch.) dome.
cimbra, *f.* (carp.) form, center (for an arch, etc.); (naut.) curvature; bending of a board.
cimbrado, *m.* quick bending movement in a Spanish dance.
cimbrar. I. *va.* to brandish; to shake; to sway, to bend; (carp.) to place cradlings in; (arch.) to arch; (coll.) to give a drubbing to. **II.** *vr.* to bend; to vibrate; to shake, tremble.
cimbre, *m.* subterranean gallery or passage.
cimbreante, *a.* flexible, pliable, easily bent.
cimbrear, *va.* & *vr.* = CIMBRAR.
cimbreño, ña, *a.* pliant, flexible; agile, limber, light-footed.
cimbreo, *m.* act of bending, brandishing, swaying, vibrating.
címbrico, ca, *a.* Cimbrian.
cimbro, bra, *n.* & *a.* Cimbrian.
cimbronazo, *m.* blow with flat of sword (also CINTARAZO); (Am.) jerk, sudden shaking.
cimentación, *f.* foundation; laying of a foundation.
cimentado, *m.* refining of gold.
cimentador, *m.* one that lays the foundation.
cimentar, *va.* (*ind.* CIMIENTO; *subj.* CIMIENTE) to lay the foundation of; to found; to ground; to establish the fundamental principles of; to refine (metals).
cimenterio, *m.* = CEMENTERIO, cemetery.
cimento, *m.* = CEMENTO, cement.
cimera, *f.* crest of a helmet or coat of arms.
cimerio, ria, *a.* Cimmerian
cimero, ra, *a.* placed at the height of some elevated spot; apical.
[1]**cimiento,** *m.* foundation; groundwork, bed; base; root, origin.
[2]**cimiento, cimiente,** *v. V.* CIMENTAR.
cimillo, *m.* flexible twig on which a decoy pigeon is tied.
cimitarra, *f.* scimitar, falchion.
cimo, *m.* (biol.) zyme.
cimófana, *f.* (min.) cymofane, cat's-eye.
cimogénesis, *f.* (biochem.) zymogenesis.
cimógeno, na. I. *a.* (biochem.) zymogenic. **II.** *m.* (biochem.) zymogen.
cimógrafo, *m.* (med.) kymograph.
cimología, *f.* zymology.
cimorra, *f.* (vet.) glanders.
cimosis, *f.* zymosis.
cimótico, ca, *a.* zymotic.
cimurgia, *f.* zymurgy.
cinabrio, *m.* (min.) cinnabar; vermilion.
cinamato, *m.* (chem.) cinnamate.
cinámico, *a.* (chem.) cinnamic.
cinamomo, *m.* (bot.) bead tree; (P. I.) privet.
cinc, *m.* zinc.
cinca, *f.* infraction of the rules of the game of ninepins (tenpins).
cincato, *m.* (chem.) zincate.
cincel, *m.* chisel; engraver; scorper; burin; drove.
cincelador, *m.* engraver; sculptor; stonecutter.
cincelar, *va.* to chisel, engrave, carve.
cíncico, ca, *a.* zincic, zincous.
cincífero, ra, *a.* zinciferous.
cincita, *f.* (min.) zincite.
cinco, *n.* & *a.* five; fifth (app. specially to dates) five-spot card; (Venez.) five-string guitar.—**decir cuántas son c.,** to threaten with re proof or punishment; to tell (one) what i

what.—**no saber cuántas son c.,** (coll.) not to know beans.
cincoenrama, *f.* (bot.) common cinquefoil.
cincograbado, *m.* zinc etching.
cincografía, *f.* zincography.
cincolina, *f.* (chem.) quinidine, quinidin.
cincomesino, na, *a.* five-month old.
cincona, *f.* (bot.) cinchona.—**cinconina,** *f.* (chem.) cinchonine.
cincuenta, *n.* & *a.* fifty; fiftieth (*calle cincuenta,* Fiftieth Street).
cincuentavo, *n.* & *a.* fiftieth.
cincuentén, *m.* piece of timber fifty palms in length (50 x 3 x 2).
cincuentena, *f.* group of fifty.—**una c. de,** fifty.
cincuentenario, ria, *m.* & *a.* semicentennial.
cincuenteno, na, *a.* fiftieth.
cincuentón, na. I. *a.* fifty-year-old. **II.** *n.* fifty-year old person.
cincha, *f.* girth, cinch.—**a revienta cinchas,** at breakneck speed; (Am.) grudgingly, unwillingly.
cinchadura, *f.* cinching, girthing.
cinchar, *va.* to girt, cinch up.
cinchera, *f.* girth place; (vet.) sore from girth.
cincho, *m.* belt, girdle, sash or bellyband; iron hoop; tire of a wheel; cheese mold; (Mex.) cinch; (arch.) transverse rib; (vet.) growth in horse's hoof.
cinchuela, *f. dim.* small cinch or girth; narrow ribbon.
cine, *m.,* **cinema,** *m.* (coll.) moving picture, "movie"; movie theatre.—**estrella de cine,** movie star.
cinegética, *f.* cynegetics, hunting with dogs.
cinegético, ca, *a.* cynegetic.
cinemadrama, *m.* photoplay.
cinemática, *f.* kinematics.
cinemático, ca, *a.* kinematic.
cinematografía, *f.* cinematography.
cinematográfico, ca, *a.* cinematographic.
cinematografista, *n.* cinematographer, (cine.) director.
cinematógrafo, *m.* cinematograph; moving-picture; movie house.
cineración, = INCINERACIÓN, incineration.
cinerario, ria. I. *a.* cinerary. **II.** *f.* (bot.) cineraria.
cinéreo, rea; cinericio, cia, *a.* ashy; ash-colored.
cinescopio, *m.* (television) Kinescope (trademark).
cinesia, cinesis, *f.* (med.) kinesitherapy, kinesiatrics.
cinesiología, *f.* kinesiology.
cinesiterapia, *f.* (med.) kinesitherapy.
cinestesia, *f.* kinesthesia, kinesthesis; (psych.) cœnesthesis.
cinético, ca. I. *a.* kinetic. **II.** *f.* kinetics.
cinetógrafo, *m.* kinetograph, (cine.) camera.
cinetoscopio, *m.* kinetoscope.
cingalés, sa, *n.* & *a.* Singhalese.
cíngaro, ra, *n.* gipsy.
cinglador, *m.* (metal.) shingler.
cinglar, *va.* (metal.) to shingle, expel impurities of (iron) by hammering.
cingleta, *f.* rope with a cork to buoy up a net.
cíngulo, *m.* priest's girdle; ancient military badge.
cínicamente, *adv.* cynically.
cínico, ca. I. *a.* cynic, cynical; satirical; impudent, barefaced. **II.** *n.* cynic.
cínife, *m.* mosquito.
cinismo, *m.* cynicism; shamelessness, barefacedness, impudence.
cinocéfalo, *m.* (zool.) dog-headed.
cinógeno, *m.* (auto) starter.
cinoglosa, *f.* (bot.) hound's-tongue.
Cinosura, *f.* (astr.) Cynosure, Little Bear.
cinquén, *m.* an ancient Spanish coin.
cinta, *f.* ribbon; tape, band, strip, sash; (surv.) tape; strong net for tunny fishing; lowest part of the pastern of a horse; (arch.) fillet, belt, scroll; sidewalk curb; first course of floor tiles; (cine.) film.—**c. adherente** or **adhesiva,** Scotch tape (trademark).—**c. aisladora adherente,** friction tape.—**c. cinematográfica,** film, movie, movies.—**c. de fricción,** friction band (of a brake).—**c. magnetofónica,** magnetic tape, recording tape.—**c. métrica,** tape measure.—**cintas de navío,** wales.—**cintas galimas,** bow wales or harpings.—**en c.,** under subjection.
cintagorda, *f.* coarse fishing net.
cintajos, *m. pl.* knot or bunch of tumbled ribbons; tawdry ornaments in female dress.
cintarazo, *m.* slap with a sword or something flat.
cintarear, *va.* (coll.) to slap with a sword.
cinteado, da, *a.* adorned with ribbons.
cintería, *f.* ribbon trade; ribbon shop; collection or heap of ribbons.
cintero, ra. I. *n.* ribbon weaver or dealer. **II.** *m.* belt, girdle; hoisting rope.
cintilla, *f. dim.* small ribbon, narrow tape.
cintillo, *m.* hatband; ring set with precious stones.
cinto, ta. I. *pp. irreg.* of CEÑIR. **II.** *m.* belt, girdle.
cintra, *f.* (arch.) curvature (of an arch).
cintrel, *m.* (arch.) guide rule or line for arching.
cintura, *f.* waist; (woman's) girdle, belt; (arch.) throat of a chimney.—**meter en c.,** (coll.) to discipline, restrain, control.
cinturica, illa, ita, *f. dim.* small girdle; small or delicate waist.
cinturón, *m. aug.* large waist; sword belt; belt, girdle; (fig.) girdle, circle.
ciño, ciña, ciñé, ciñera, *v. V* CEÑIR.
cipariso, *m.* (poet.) cypress.
cipayo, *m.* Sepoy.
ciperáceo, cea, *a.* (bot.) cyperaceous.
cipo, *m.* milestone; signpost; boundary, or memorial, monument; large piece or fragment.
cipolino, na, *a.* cipoline, a kind of marble.
cipote, *n.* fool, blockhead, idiot; little one, youngster; short and fat person.
ciprés, *m.* cypress.—**cipresal,** *m.* cypress grove.
cipresino, na, *a.* pert. to or like cypress.
ciprino, na; ciprio, ia, *n.* & *a.* Cyprian.
ciquiricata, *f.* (coll.) caress; flattery.
circasiano, na, *n.* & *a.* Circassian.
circe, *f.* Circe; artful, deceitful woman.
circense, *a.* Circensian, pert. to Roman Circus.
circo, *m.* circus; amphitheatre.
circón, *m.* (min.) zircon.
circona, *f.* (chem.) zirconium oxide.
circonio, *m.* (chem.) zirconium.
circuición, *f.* act of surrounding or encircling
circuir, *va.* (*ind.* CIRCUYO; *subj.* CIRCUYA) to surround, compass, encircle.
circuito, *m.* circuit; contour, periphery; enclosure; field; (elec.) circuit.—**c. abierto,** (elec.) open circuit.—**c. cerrado,** (elec.) closed-circuit.—**c. impreso,** (elec.) printed circuit.—**c. recortador,** (electron.) clipper.—**c. de corriente intermitente,** (elec.) open circuit.—**c. de la placa,** (rad.) plate circuit.—**corto c.,** short circuit.
circulación, *f.* circulation; currency; traffic; movement.
circulante, *a.* circulatory, circulating.
[1]**circular. I.** *vn.* to circulate; travel, move; (of vehicles, traffic, etc.) to run. **II.** *va.* to circulate, pass round.
[2]**circular. I.** *a.* circular; circulatory; circling. **II.** *f.* circular, letter.
circularidad, *f.* circularity.
circulatorio, ria, *a.* circulatory.
círculo, *m.* circle; circumference; ring; circuit, district; social circle, club, casino.—**c. acimutal,** (naut.) azimuth circle.—**c. horario,** (astr.) hour circle.—**c. mamario,** (anat.) areola of the nipple.—**c. máximo,** (geom.)

great circle.—**c. polar,** (astr.) polar circle.—**c. repetidor,** (surv., etc.) repeating circle.—**c. vicioso,** vicious circle, reasoning in a circle.
circumambiente, *a.* surrounding.
circumcirca, *adv.* about, thereabout; almost.
circumpolar, *a.* circumpolar.
circuncidante, *n.* & *a.* circumciser(-ing).
circuncidar, *va.* to circumcise; to diminish, curtail, clip.
circuncisión, *f.* circumcision.
circunsiso, sa, *a.* circumcised.
circundar, *va.* to surround, circle, compass.
circunferencia, *f.* circumference.
circunferencial, *a.* circumferential.
circunferente, *a.* circumscribing.
circunferir, *va.* to circumscribe.
circunflejo, ja. I. *a.* (anat., gram.) circumflex. **II.** *m.* (gram.) circumflex.
circunfluente, *a.* circumfluent, circumfluous.
circunlocución, *f.* circumlocution.
circunlocutorio, ria, *a.* circumlocutory.
circunloquio, *m.* circumlocution.
circunnavegable, *a.* circumnavigable.
circunnavegación, *f.* circumnavigation.
circunnavegante, *n.* circumnavigator.
circunnavegar, *va.* to circumnavigate.
circunscribible, *a.* circumscribable.
circunscribir, *va.* (*pp.* CIRCUNSCRIPTO and CIRCUNSCRITO) to circumscribe; enclose, encircle.
circunscripción, *f.* circumscription.
circunscriptible, *a.* circumscribable.
circunscriptivo, va, *a.* circumscribing, limiting.
circunscripto, ta; circunscrito, ta, *a.* circumscribed.
circunspeción, *f.* circumspection, prudence; decorum, dignity.
circunspecto, ta, *a.* circumspect, cautious.
circunstancia, *f.* circumstance, incident; condition, state; particular, detail.—**c. agravante,** aggravating circumstance.—**c. atenuante,** extenuating circumstance.—**en las circunstancias presentes,** in, or under, the circumstances.
circunstanciadamente, *adv.* circumstantially, minutely, in detail.
circunstanciado, da, *a.* with all particulars, in detail.
circunstancial, *a.* circumstantial.
circunstante. I. *a.* surrounding; present, attending. **II.** *m. pl.* bystanders, persons present; audience.
circunvalación, *f.* (mil.) circumvallation.
circunvalar, *va.* to surround, encircle; (mil.) to circumvallate, surround with trenches.
circunvecino, na, *a.* neighboring, adjacent, contiguous, surrounding.
circunvolar, *va.* to fly around, encircle (in flying).
circunvolución, *f.* circumvolution, circumrotation; (anat.) convolution.
circunyacente, *a.* circumjacent.
circuyo, circuya, *v.* *V.* CIRCUIR.
cirenaico, ca, cireneo, nea, *n.* & *a.* Cyrenaic.
cirial, *m.* (eccl.) processional candleholder.
cirigaña, *f.* flattery.
cirineo, *m.* (coll.) mate, assistant.
cirio, *m.* thick and long wax taper.—**c. pascual,** paschal, or Easter, candle.
cirolero, *m.* (bot.) = CIRUELO.
cirquero, ra, *n.* (Mex.) acrobat.
cirrípedo, da, *m.* & *a.* (zool.) cirriped.
[1]**cirro,** *m.* (med.) scirrhus, kind of tumor.
[2]**cirro,** *m.* (bot., meteorol., zool.) cirrus.
cirrocúmulo, *m.* (meteorol.) cirro-cumulus (cloud formation).
cirroestrato, *m.* (meteorol.) cirro-stratus (cloud formation).
cirrosis, *f.* (med.) cirrhosis.
cirroso, sa, *a.* (bot.) fibrous; (meteorol.) cirrose.
cirrótico, ca, *a.* (med.) cirrhotic.
cirtolita, *f.* (min.) cyrtolite.
ciruela, *f.* plum; prune.—**c. de fraile,** long green plum.—**c. de yema,** yellow plum.—**c. pasa,** dried plum, prune.—**c. verdal,** greengage.
ciruelar, *m.* plantation of plum trees.
ciruelica, illa, ita, *f. dim.* small plum.
ciruelico, illo, ito, *m. dim.* dwarf plum tree.
ciruelo, *m.* (bot.) plum tree.
cirugía, *f.* surgery.
cirujano, na, *n.* surgeon.
cisalpino, na, *a.* cisalpine, on Roman side of Alps.
cisandino, na, *a.* cisandine.
cisatlántico, ca, *a.* cisatlantic.
cisca, *f.* reed for roofing huts and cottages.
ciscar. I. *va.* (*pret.* CISQUÉ; *subj.* CISQUE) (coll.) to smear, dirty. **II.** *vr.* to evacuate (bowels).
cisco, *m.* coal dust, culm, slack; breeze; (coll.) noisy wrangle, hubbub, hue and cry.
cisión, *f.* incision.
cisípedo, da, *a.* finger-footed.
cislunar, *a.* cislunar.
cisma, *m.* schism; disturbance in a community; discord.
cismático, ca. I. *a.* schismatic; disturbing; (Am.) finicky, prudish. **II.** *n.* schismatic; disturber.
cismontano, na, *a.* from or on this side of the mountains.
cismoso, sa, *n.* & *a.* troublemaker(-making).
cisne, *m.* (ornith.) swan; (C-, astr.) Cygnus, Swan; good poet or musician.
cisoide, *f.* (geom.) cissoid.
cispadano, na, *a.* on Roman side of the Po.
cisqué, cisque, *v.* *V.* CISCAR.
cisquero, *m.* coal-dust seller; pounce bag.
cistectomía, *f.* (surg.) cystectomy.
cistel, cister, *m.* Cistercian order of St. Bernard.
cisterciense, *n.* & *a.* Cistercian.
cisterna, *f.* cistern; reservoir; water tank.
cístico, ca. I. *a.* (med., anat.) cystic. **II.** *m.* (anat.) bladder duct.
cistitis, *f.* (med.) cystitis.
cisto, *m.* (bot.) cistus, rockrose.
cistocarpo, *m.* (bot.) cystocarp.
cistocele, *f.* (med.) cystocele.
cistoma, *m.* (med.) cystoma.
cistoscopio, *m.* (med.) cystoscope.
cistotomía, *f.* (surg.) cystotomy.
cistótomo, *m.* (surg.) lithotrite.
cisura, *f.* incision.
cita, *f.* appointment, engagement; summons; citation, quotation; (Mex.) (also) assignation.
citable, *a.* worthy of being cited, quotable.
citación, *f.* citation, quotation; summons, judicial notice.—**c. con apercibimiento,** (law) subpœna.
Citano, na, *n.* = ZUTANO, (Mr.) So-and-So.
citar, *va.* to make an appointment with; to convoke, convene; to quote; to summon; to give judicial notice.—**c. a junta,** to call a meeting.
citara, *f.* (mason.) partition wall of the thickness of a brick.—**citarilla,** *f. dim.* (mason.) thin partition wall.
cítara, *f.* cithara, zither, musical instrument.
citarista, *n.* zither player.
citatorio, ria, *a.* (law) (of a summons) citatory.
citereo, rea, *a.* Cytherean.
citerior, *a.* hither, nearer, toward this part.—**España c.,** the higher or northeastern part of Spain.
cítiso, *m.* (bot.) shrub trefoil, cytisus.
citoblasto, *m.* (biol.) cytoblast.
cítola, *f.* in corn mills, clack or clapper.
citolegia, *f.* primer (for learning to read).
citología, *f.* (biol.) cytology.
citoplasma, *m.* (biol.) cytoplasm.
citote, *m.* (coll.) summons, citation.
citramontano, na, *a.* = CISMONTANO.
citrato, *m.* (chem.) citrate.
cítrico, ca, *a.* (chem.) citric.
citrina, *f.* lemon oil.
citrón, *m.* lemon; (P. R., bot.) lime.
ciudad, *f.* city; civic body.
ciudadanía, *f.* citizenship.

ciudadano, na. I. *a.* pertaining to a city; civil; citylike. **II.** *n.* citizen.
ciudadela, *f.* (mil.) citadel, fortress; (Am.) tenement house.
ciudad-estado, *f.* city-state.
civeta, *f.* civet cat.
civeto, *m.* civet, the perfume.
cívico, ca, *a.* civic; domestic.
civil, *a.* civil; polite, courteous; (law) civil, not criminal.—**derechos civiles,** civil rights.
civilicé, civilice, *v. V.* CIVILIZAR.
civilidad, *f.* civility, politeness, urbanity.
civilista, *n.* attorney skilled in the civil law, especially the Roman law; (Am.) partisan of civil government, opponent of militarism.
civilización, *f.* civilization.
civilizador, ra, *a.* civilizing.
civilizar, *va.* (*pret.* CIVILICÉ; *subj.* CIVILICE) to civilize.
civismo, *m.* civism; patriotism.
cizalla, *f.* shears, plateshears; fillings, metal clippings.—**cizallar,** *va.* to shear.
cizaña, *f.* (bot.) darnel; weed; corrupting vice; discord, disagreement; pollution.
cizañador, ra, *n.* one who sows discord or enmity, troublemaker.
cizañar, *vn.* to sow discord; to provoke enmity.
cizañero, ra, *n.* = CIZAÑADOR.
clac, *m.* collapsible hat, opera hat.
clamar, *vn.* to utter loud outcries; to whine; to clamor, vociferate.—**c. por,** to want, require, demand, cry out for.
clámide, *f.* short cape, the chlamys of the Greeks.
clamor, *m.* clamor, outcry; whine, plaint; toll of bells, knell.
clamoreada, *f.* outcry, clamor; whine, plaint.
clamorear, *vn.* to clamor; to implore assistance, appeal; to toll.
clamoreo, *m.* repeated or prolonged clamor; knell; (coll.) importunate appeal.
clamoroso, sa, *a.* clamorous, loud, noisy.
clan, *m.* clan.
clandestinidad, *f.* clandestineness, secrecy.
clandestinista, *m.* & *f.* (Am.) smuggler of liquor.
clandestino, na, *a.* clandestine, secret.
clanga, *f.* (ornith.) = PLANGA, a kind of eagle.
clangor, *m.* (poet.) sound of a trumpet.
claque, *f.* (theat.) claque.
clara, *f.* white of an egg; piece of ill-woven cloth; bald spot; (coll.) short interval of fair weather on a rainy day.
claraboya, *f.* skylight; bull's-eye; transom.
clarar, *va.* = ACLARAR, to clarify; to clear up.
clarea, *f.* mulled wine, mulse.
clarear. I. *va.* to give light to. **II.** *vn.* to dawn, to grow light, to clear up. **III.** *vr.* to be transparent, translucent; to give oneself away.
clarecer, *vn.* (*subj.* CLAREZCA) to dawn, to grow or become light.
clarete, *m.* claret.
claridad, *f.* brightness, splendor, light; clearness, distinctness; glory of the blessed; celebrity, fame.—*pl.* plain truths, plain language.
clarificación, *f.* clarification, refining.
clarificadora, *f.* clarifying pan, evaporator.
clarificar, *va.* (*pret.* CLARIFIQUÉ; *subj.* CLARIFIQUE) to brighten; to illuminate; to clarify, purify, refine.
clarificativo, va, *a.* purifying; lightening.
clarilla, *f.* lye of ashes.
clarimente, *m.* an ancient lotion used by women.
clarín, *m.* bugle, clarion; organ stop; bugler; fine cambric; (ornith.) an American song bird.
clarinada, *f.* (coll.) uncalled-for, tart remark.
clarinado, da, *a.* (her.) bell-bearing.
clarinero, *m.* bugler.
clarinete, *m.* clarinet; clarinet player.
clarión, *m.* white crayon, chalk.
clarisa, *f.* Clare, nun of the order of St. Clare.
clarísimo, ma, *a.* (*super.* of CLARO) very clear, perfectly clear; most illustrious.
clarividencia, *f.* clairvoyance; clear-sightedness.
clarividente, *a.* clairvoyant; clear-sighted, sagacious.
claro, ra, I. *a.* clear; bright, light, nitid; neat; thin, rare, sparse; cloudless, fair; light, not deeply tinged; plain, clear; obvious, evident, indisputable; open, frank, ingenuous; celebrated, illustrious; sagacious, quick of thought. —**c. está,** of course; evidently.—**c. intervalo,** remission of madness; lucid interval.—**c. oscuro,** chiaroscuro.—**c. que no,** of course not.—**a la clara, a las claras,** in the open, openly. **II.** *adv.* = CLARAMENTE, clearly. **III.** *m.* skylight; break in a discourse; gap, lacuna, interval; bald spot; glade; clearing; light spot; (arch.) space between columns; (naut.) clear spot in the sky.—**de c. en c.,** evidently, manifestly.—**pasar la noche de c.,** or **en c.,** not to sleep a wink.—**poner en c.,** to make plain.—**por lo c.,** clearly, manifestly, conspicuously. —**sacar en c.** = PONER EN C.; to conclude, arrive at a conclusion.
claror, *m.* = RESPLANDOR, light; brilliance.
claroscuro, *m.* combination of fine and heavy strokes in penmanship; monochrome, painting in one color; chiaroscuro, light and shade.
clarucho, cha, *a.* (coll.) too watery, too thin.
clase, *f.* class; classroom.—**c. alta,** upper class.—**c. baja,** lower class.—**c. obrera,** working class. —**c. proletaria,** working class.—**c. turista,** tourist class.—**primera c.,** first class.—**segunda c.,** second class.—**tercera c.,** third class.—**de c.,** of distinction, of high standing.—**toda c. de,** all kinds of.
clásicamente, *adv.* classically.
clasicismo, *m.* classic style, classicism.
clasicista, *n.* classicist.
clásico, ca. I. *a.* classic, classical; remarkable; (coll.) typical, characteristic. **II.** *n.* classicist; classic author; *m.* classic book.
clasificable, *a.* classifiable.
clasificación, *f.* classification; sorting.
clasificar, *va.* (*pret.* CLASIFIQUÉ; *subj.* CLASIFIQUE) to classify, class; to sort.—**c. por orden de magnitud,** (stat.) to array.
clástico, ca, *a.* clastic.
claudicación, *f.* claudication, limp; crookedness.
claudicante, *a.* halting, limping.
claudicar, *vn.* (*pret.* CLAUDIQUÉ; *subj.* CLAUDIQUE) to halt, limp; (coll.) to bungle, falter.
claustral, *a.* claustral, cloistral.
claustro, *m.* cloister; piazza; gallery around a court; faculty of a university; monastic state.
claustrofobia, *f.* (med., psychiat.) claustrophobia.
cláusula, *f.* (gram.) period, sentence; clause of a discourse; (law) clause, article.
clausulado, da, I. *a.* (rhet.) written in short sentences. **II.** *m.* (collect.) clauses or articles of a writing.
clausular, *va.* to close (a period), terminate (a speech).
clausulilla, *f. dim.* short or little clause.
clausura, *f.* cloister; inner recess of a convent, sanctum; clausure, confinement, retirement; cloture, closure.—**vivir en c.,** to lead a monastic or retired life.—**clausurar,** *va.* to bring to a close, conclude (as a meeting).
clava, *f.* club, cudgel; (naut.) scupper.
clavadizo, za, *a.* adorned with nails.
clavado, da. I. *pp.* of CLAVAR. **II.** *a.* nailed, adorned with nails, hobnailed; exact, precise.—**venir c.,** to fit exactly.
clavador, *m.* nail driver.
clavadura, *f.* wound made by driving a nail to the quick in horseshoeing.
clavar, *va.* to nail, fasten with nails; to fasten in, drive in, stick in, force in; to stick, prick, gore, pin, pierce; to set in gold or silver; (coll.) to cheat, to deceive.—**c. a un caballo,** to prick a horse in shoeing.—**c. la artillería,** to spike, to nail up the guns.—**c. las armas,** to ground the arms.—**c. los ojos,** or **la vista, en,** to stare or look with fixed eyes at.

clavaria, *f.* = CLAVERA, nail mold; nail hole.
clavario, *m.* = [1]CLAVERO, keeper of the keys.
clavazón, *f.* set of nails.
clave. I. *m.* clavichord. **II.** *f.* key of a code; (arch.) keystone of an arch; (mus.) clef, key. —**c. de do,** (mus.) C clef.—**c. de fa,** (mus.) bass or F clef.—**c. de sol,** (mus.) treble clef, G clef.—**echar la c.,** (fig.) to close, settle, conclude (a business deal); to close, end (a speech, an affair, etc.).
clavel, *m.* (bot.) pink, carnation.—**c. reventón,** large carnation.—**clavelito,** *m. dim.* (bot.) a plant bearing a small variety of pink.—**clavelón,** *m. aug.* (bot.) marigold.—**clavellina,** *f.* (bot.) pink, carnation; (mil.) vent stopple.
claveque, *m.* rock crystal cut like a diamond.
clavera, *f.* nail mold; heading stamp; nail hole; nail bore; screw hole; boundary where landmarks are set up.
clavería, *f.* office and dignity of the keybearer in military orders; (Mex.) treasury of a cathedral.
[1]**clavero, ra,** *n.* keeper of the keys; treasurer, cashier; key bearer of some military orders.
[2]**clavero,** *m.* aromatic clove tree.
clavete, *m. dim.* tack, small nail.—**clavetear,** *va.* to nail; to garnish with nails; to point or tag (a lace); (fig.) to finish up, put in final form.
clavicordio, *m.* clavichord, harpsichord.
clavicornio, nia. I. *n.* & *a.* (zool.) clavicorn. **II.** *m. pl.* Clavicornia.
clavícula, *f.* (anat.) clavicle, collar bone.
clavicular, *a.* (anat.) clavicular.
clavija, *f.* pin, peg; treenail, pintle, peg of a string instrument.—**c. maestra,** fore-axletree pintle.—**apretar las clavijas,** to push home an argument; to put on the thumb screws.
clavijera, *f.* water hole in walls.
clavijero, *m.* bridge of a clavichord.
clavillo, ito, *m. dim.* small nail, spill, brad, tack, pin.—**c. de hebilla,** rivet of a buckle.—*pl.* cloves.
claviórgano, *m.* clavichord, instrument having strings and pipes.
clavo, *m.* nail; spike; (naut.) rudder of a ship; severe grief or pain; (vet.) tumor between the hair and the hoof of a horse; (min.) bunch of rich ore; corn (on the feet); (surg.) lint; tent. —**c. de especia,** clove.—**c. de gota de sebo,** semispherical-headed nail.—**c. de herradura,** hobnail.—**c. de rosca,** screw nail.—**c. romano,** (Am.) curtain knob, picture nail.—**c. tachuela,** tack.—**c. trabadero,** keyed bolt. —**c. trabal,** clasp nail.—**dar en el c.,** to hit the nail on the head.—**de c. pasado,** self-evident, well-known; easy (a "cinch").—**sacarse el c.,** to get even.—**un c. saca otro c.,** one grief cures another.
clazol, *m.* (Mex.) residue of sugar cane, etc.
clemátide, *f.* (bot.) traveller's-joy, virgin's-bower, clematis.
clemencia, *f.* mercy, clemency, forbearance.
clemente, *a.* merciful.—**clementemente,** *adv.* mercifully.—**clementísimo, ma,** *a. super.* of CLEMENTE.
clepsidra, *f.* clepsydra, water clock.
cleptomanía, *f.* kleptomania.
cleptomaníaco, ca; cleptómano, na, *n.* & *a.* kleptomaniac.
clerecía, *f.* clergy.
clerical. I. *a.* clerical, pert. to the clergy. **II.** *n.* (pol.) Clerical, belonging to the Clerical party. —**clericalismo,** *m.* clericalism.—**clericalmente,** *adv.* in a clerical manner.
clericato, *m.* state and dignity of a clergyman.
clericatura, *f.* clergy, ecclesiastical state.
clerigalla, *f.* (collect.) (contempt.) priests.
clérigo, *m.* clergyman.—**c. de misa,** presbyter. —**c. de misa y olla,** ignorant priest.—**c. suelto,** one fighting with an army but not belonging to it and not subject to orders.
cleriguillo, *m. dim.* petty clergyman (a term of contempt).
clerizón, *m.* chorister.
clerizonte, *m.* layman who wears a clerical dress; ill-dressed or ill-mannered clergyman.
clero, *m.* clergy.
clerofobia, *f.* hatred of priests.
clerófobo, ba, *n.* & *a.* priest hater(-ing).
cliente, *n.* client; customer.
clientela, *f.* clientele, following; customers; protection, patronage.
clima, *m.* climate, clime.
climatérico, ca, *a.* climacteric; (coll.) ill-humored; (Am.) wrongly used for CLIMÁTICO.
climático, ca, *a.* climatic, pert. to climate.
climatización, *f.* air conditioning.
climatología, *f.* climatology.
climatológico, ca, *a.* climatological.
climatoterapia, *f.* (med.) climatotherapy.
clímax, *m.* (rhet.) climax.
clin, *f.* = CRIN, mane.
clínica, *f.* clinic (instruction and place); private hospital.
clínico, ca. I. *a.* clinic, clinical. **II.** *m.* & *f.* (eccl.) one asking for baptism on his deathbed.
clinometría, *f.* clinometry.
clinométrico, ca, *a.* clinometric.
clinómetro, *m.* clinometer.
clinopodio, *m.* (bot.) calamint.
clíper, *m.* (naut.) clipper.
clisado, *m.* (print.) stereotyping.
clisar, *va.* (print.) to stereotype; to make a cliché or stereotype plate of.
clisé, *m.* (print.) stereotype plate; (print.) cut.
clistel, clister, *m.* (med.) clyster, enema.
clisterizar, *va.* (med.) to clysterize, give an enema to.
clitómetro, *m.* (surv.) clinometer.
clítoris, *m.* (anat.) clitoris.
clivoso, sa, *a.* (poet.) sloping.
clo, clo, *m.* cackle of a hen.
cloaca, *f.* sewer; (zool.) cloaca, large intestine of fowls.
clocar, *va.* to cluck.
clónico, ca, *a.* (med.) clonic.
cloque, *m.* (naut.) grapnel; grappling iron, harpoon.
[1]**cloquear,** *va.* to angle; to hook fish (gen. tunny).
[2]**cloquear,** *vn.* to cluck, cackle.
cloqueo, *m.* cluck, chuck, cackle.
cloquera, *f.* (of birds) broodiness.
cloquero, *m.* tunny harpooner.
cloración, *f.* (chem.) chlorination.
clorador, *m.* (chem.) chlorinator.
cloral, *m.* (chem.) chloral.
cloramina, *f.* (chem.) chloramine.
clorar, *va.* (chem.) to chlorinate.
clorato, *m.* (chem.) chlorate.—**c. de sodio,** (chem.) sodium chlorate.
clorhidrato, *m.* (chem.) hydrochlorate.
clorhídrico, *m.* (chem.) hydrochloric.
clórico, ca, *a.* chloric.
cloris, *f.* (ornith.) greenfinch.
clorita, *f.* (min.) chlorite.
clorito, *m.* (chem.) chlorite.
cloro, *m.* (chem.) chlorine.
clorofila, *f.* chlorophyll, green coloring-matter of plants.—**clorofílico, ca,** *a.* chlorophyllous.
clorofórmico, ca, *a.* pertaining to chloroform.
cloroformización, *f.* chloroforming.
cloroformizar, *va.* (*pret.* CLOROFORMICÉ; *subj.* CLOROFORMICE) to chloroform.
cloroformo, *m.* chloroform.
clorometría, *f.* chlorometry (measurement of chlorine).
clorómetro, *m.* (chem.) chlorometer (device for measuring chlorine).
cloromicetina, *f.* (pharm.) chloromycetin.
cloropicrina, *f.* (chem.) chloropicrin.
cloroplasto, *m.* (bot.) chloroplast.
cloropreno, *m.* (chem.) chloroprene.
cloroquina, *f.* (pharm.) chloroquine.
clorosis, *f.* (med.) chlorosis, greensickness.
cloroso, sa, *a.* chlorous.
clorotiacida, *f.* (pharm.) chlorothiazide.

clorótico, ca, *a.* chlorotic.
clorpromasina, *f.* (pharm.) chlorpromazine.
cloruración, *f.* chlorination.
clorurar, *va.* to chloridize, transform into chloride.
cloruro, *m.* (chem.) chloride.—**c. amónico,** (chem.) ammonium chloride.—**c. de cal,** (chem.) chloride of lime.—**c. de calcio,** (chem.) calcium chloride.—**c. sódico cristalino,** (min.) halite.
club, *m.* club, social or political association.—**clubista,** *m.* & *f.* clubman(-woman).
clueco, ca. I. *a.* (of birds) broody; (coll.) decrepit. **II.** *f.* brooding hen.
cluniacense, *m.* & *a.* Cluniac.
coa, *f.* sharp stick used by Indians to till the land; (Mex.) a kind of hoe.
coacción, *f.* coaction; compulsion, coercion.
coacervar, *va.* to heap together.
coactible, *a.* coercible.
coactivo, va, *a.* coactive, coercive, compulsory.
coacusado, da, *n.* (law) co-defendant.
coacusar, *va.* (law) to accuse jointly.
coadjutor, *m.* coadjutor, assistant, associate, co-worker.—**coadjutora,** *f.* coadjutrix.—**coadjutoría,** *f.* help, assistance; coadjutorship.
coadministrador, *m.* co-administrator.
coadunación, *f.*, **coadunamiento,** *m.* coadunation.
coadunar, *va.* to join closely together.
coadyutor, *m.* = COADJUTOR.
coadyutorio, ria, *a.* cooperative.
coadyuvador, *m.* fellow helper, assistant.
coadyuvante. I. *n.* helper, assistant. **II.** *a.* cooperative, auxiliary.
coadyuvar, *va.* to help, assist, aid.
coagente, *m.* co-agent, associate.
coagulable, *a.* coagulable.
coagulación, *f.* coagulation.
coagulado, da, *a.* coagulated, clotted, clotty.
coagulador, ra. I. *a.* coagulative, coagulating. **II.** *m.* coagulator, coagulant.
coagulante, *n.* & *a.* coagulant.
coagular. I. *va.* to coagulate, to curd. **II.** *vr.* to coagulate, condense, clod, curdle.
coagulativo, va, *a.* coagulative.
coagulina, *f.* (chem.) coagulin.
coágulo, *m.* coagulum, clot.
coairón, *m.* piece of timber.
coalbacea, *n.* coexecutor.
coalescencia, *f.* (med.) coalescence.
coalescente, *a.* coalescent.
coalición, *f.* coalition.
coalicionista, *n.* coalitionist.
coalla, *f.* (ornith.) woodcock.
coapóstol, *m.* co-apostle.
coaptación, *f.* (surg.) coaptation.
coarmador, *m.* part owner of a vessel.
coarrendador, *m.* joint lessor.
coarrendatario, ria, *n.* joint tenant.
coartación, *f.* limitation, restriction; obligation to be ordained within a certain time.
coartada, *f.* (law) alibi.—**probar la c.,** to prove an alibi.
coartado, da, *a.* (slave) who has paid his master a partial sum to obtain freedom.
coartar, *va.* to limit, restrain.
coartífice, *n.* comaker, collaborator.
coate, ta, *a.* (Mex.) = CUATE, twin.
coatí, *m.* (zool.) coati.
coautor, ra, *n.* coauthor, joint author.
coaxil, coaxial, *a.* coaxial.
coba, *f.* (coll.) trick, dodge, knack; (coll.) flattery, cajolery.
cobáltico, ca, *a.* (chem.) cobaltic.
cobaltífero, ra, *a.* cobalt-bearing, cobaltic.
cobaltina, *f.* (min.) cobaltite.
cobalto. *m.* cobalt.
cobaltoso, sa, *a.* (chem.) cobaltous.
cobarde. I. *a.* cowardly, coward; faint-hearted, (coll.) chicken, chicken-hearted. **II.** *n.* coward.
cobardear, *vn.* to cower, be intimidated.
cobardemente, *adv.* cowardly.
cobardía, *f.* cowardice.
cobayo, *m.* (zool.) guinea pig.
cobeligerante, *n.* & *a.* cobelligerent.
cobertera, *f.* cover, potlid; bawd; procuress; white water lily.—*pl.* the two middle feathers of a hawk's tail.
cobertizo, *m.* shed, hut.
cobertor, *m.* coverlet, bedspread, quilt.
cobertura, *f.* cover, wrapper, covering, coverlet; ceremony of a grandee of Spain keeping his hat on for the first time in the presence of the king.
cobija, *f.* imbrex tile; short mantilla; small feather (of bird); cover; (Am.) blanket; (Mex.) shawl.—*pl.* (Mex.) bedclothes.
cobijador, ra, *a.* covering, protective.
cobijamiento, *m.* act of covering; lodging.
cobijar, *va.* to cover; shelter, protect; to lodge.
cobijo, *m.* = COBIJAMIENTO.
1**cobra,** *f.* rope for yoking oxen; number of mares (not less than five) for treading out corn.
2**cobra,** *f.* (zool.) cobra.
cobrable, *a.* = COBRADERO.
cobracapelo, *f.* (zool.) cobra.
cobradero, ra, *a.* that may be recovered or collected.
cobrador, ra. I. *a.* collecting.—**perro c.,** retriever. **II.** *m.* collector, receiving teller; (Ry., bus, etc.) conductor.
cobranza, *f.* recovery or collection of money; retrieval of game.
cobrar. I. *va.* to collect, receive (what is due); to recover (something lost); (of dog) to retrieve (shot game); to recuperate, regain; to gain; to charge (price, fee); to cash (check); to pull, draw in; to win, obtain.—**c. ánimo,** or **corazón,** to take courage.—**c. carnes,** to become fat, put on flesh.—**c. fuerzas,** to gather strength. **II.** *vr.* to recover; to come to.
cobratorio, ia, *a.* pertaining to collection of money; collectible.
1**cobre,** *m.* or, **c. de cecial,** pair of dried hake or haddock.
2**cobre,** *m.* copper; kitchen brass utensils; (mus.) brass instruments of an orchestra.—**c. quemado,** copper sulphate.—**c. verde,** malachite. —**batir el c.,** to pursue with spirit and vigor, to hustle.
cobreño, ña, *a.* made of copper.
cobrizo, za, *a.* coppery, cupreous; copper-colored.
cobro, *m.* COBRANZA; receptacle; place of safety.
1**coca,** *f.* (bot.) coca; coca leaves; juice from coca leaves, coca tea.
2**coca,** *f.* (prov.) ugly woman; bugbear.
3**coca,** *f.* (naut.) a kind of small vessel; side hair of women put back from the face; (coll.) head; (coll.) rap with knuckles on head.
4**coca,** *f.* cake.
5**coca,** *f.* a small berry.—**c. de Levante,** moonseed yielding India fishberries.
cocada, *f.* coconut candy or preserve.
cocador, ra, *a.* wheedling, coaxing, flattering.
cocaína, *f.* cocaine.
cocal, *m.* coca; (Peru & Bol.) coca plantation; (Am.) coconut or coconut tree plantation.
cocán, *m.* (Peru) breast of a fowl.
cocar, *va.* (coll.) to coax; to gain by wheedling and flattering; to flirt with; to make faces at.
cocarar, *va.* to supply coca leaves to.
cocaví, *m.* (Am.) coca and other provisions for a journey.
coccígeo, gea, *a.* (anat.) coccygeal.
coccíneo, nea, *a.* purple, purplish (color).
cocción, *f.* cooking, baking, calcining.
cóccix, *m.* (anat.) coccyx.
coceador, ra, *n.* & *a.* (of animals) kicker(-ing).
coceadura, *f.*, **coceamiento,** *m.* kicking.
cocear, *va.* & *vn.* to kick.—**c. contra el aguijón,** to kick against the pricks.
cocedero, ra. I. *a.* easily boiled. **II.** *m.* place where anything is cooked or baked.
cocedizo, za, *a.* = COCEDERO.

cocedura, *f.* act of boiling; cooking.
cocer. I. *va.* (*ind.* CUEZO; *subj.* CUEZA) to boil; to bake; to cook; to burn, bake, calcine (brick, etc.); to digest. **II.** *vn.* to boil, cook, ferment; to seethe, ferment without fire, as wine. **III.** *vr.* to suffer intense and continued pain.
coces, *pl.* of coz, kick.—**dar c.,** to kick.
cocido, da. I. *pp.* of COCER. **II.** *a.* boiled, baked, cooked; skilled, experienced. **III.** *m.* a Spanish dish of boiled meat and vegetables.
cociente, *m.* (math.) quotient.
cocimiento, *m.* cooking, decoction; bath or mordant for dyeing.
cocina, *f.* kitchen; cuisine, cookery; pottage of greens.—**c. de hierro,** cooking range.—**c. de presión,** pressure cooker.—**c. económica,** cooking range.—**c. eléctrica,** cooker.—**c. sin fuego,** fireless cooker.
cocinar. I. *va.* to cook. **II.** *vn.* (coll.) to butt in, meddle.
cocinero, ra, *n.* cook; chef.
cocinilla, *f. dim.* kitchenette; alcohol stove; fireplace; *n.* meddler.
cocktail, *m.* (Angl.) cocktail. Also COTEL.
cóclea, *f.* ancient machine for raising water; endless screw.
coclear, *a.* cochlear.
coclearia, *f.* (bot.) common scurvy grass.
[1]**coco,** *m.* (bot.) coconut (tree, shell, fruit); vessel made of coconut shell.—**c. avellanado,** dry coconut.—**c. de embarque,** select coconut.—**c. nacido,** sprout.—**c. pequeño,** cull.—**c. vano,** dry.—**c. zarazo,** rot.
[2]**coco,** *m.* worm or grub of seeds and fruit; scale insect; coccus (bacterium).
[3]**coco,** *m.* bugbear; phantasm; gesture, grimace; flattering gesture.—**hacer cocos,** (coll.) to flatter, wheedle; to flirt.
[4]**coco,** *m.* India berries from which rosaries are made.
cocobacilo, *m.* bubonic-plague bacillus.
cocobálsamo, *m.* fruit of the balm of Gilead.
cocobolo, *m.* (bot.) a hardwood tree; cocobolo.
cocodrilo, *m.* (zool.) crocodile.
cocol, *m.* (Mex.) (bread) roll.—**cocolero, ra,** *n.* roll baker.
cocoliste, *m.* (Mex.) an epidemic fever.
cócora, *f.* annoying person, bore.
cocoso, sa, *a.* worm-eaten; gnawed by grubs.
cocotal, *m.* clump of coconut trees; coconut plantation or field.
cocote, cogote, *m.* (anat.) occiput.
cocotero, *m.* (bot.) coconut tree.
coctel, *m.* (Angl.) cocktail.—**coctelera,** *f.* (Am.) cocktail shaker.
cocuyo, *m.* glowworm.
cocha, *f.* (min.) small water reservoir.
cochambre, *m.* (coll.) greasy, dirty thing.
cochambrería, *f.* (coll.) heap of filthy things.
cochambrero, ra; cochambroso, sa, *a.* (coll.) nasty, filthy, stinking.
cocharro, *m.* wooden or stone dish, cup, platter.
cochastro, *m.* little, sucking wild boar.
coche, *m.* carriage, coach; car.—**c. cama,** sleeping-car, pullman.—**c. celular,** prison van, Black Maria.—**c. comedor,** dining car.—**c. de alquiler,** taxi, cab, hack, hackney coach.—**c. de plaza or de punto,** hack, cab, taxi.—**c. de tranvía,** street car.—**c. de turismo,** touring car.—**c. de viajeros,** passenger car.—**c. dormitorio,** sleeping car.—**c. fúnebre,** hearse.—**c. salón,** parlor car.—**c. simón,** hack, hackney coach.—**c. usado,** secondhand car.
cochear, *vn.* to drive a carriage.
cochera, *f.* carriage house; (Ry.) car house, roundhouse, barn; garage; coachman's wife.—**puerta c.,** carriage porch; porte-cochère.
cocheril, *a.* (coll.) pert. to coachmen.
[1]**cochero,** *m.* coachman; C. (astr.) Charioteer.
[2]**cochero, ra,** *a.* easily boiled.
cocherón, *m. aug.* large coach house; engine house; roundhouse.
cochevira, *f.* lard.
cochevís, *m.* (ornith.) crested shore lark.
cochifrito, *m.* fricassee of lamb, mutton, etc.
cochigato, *m.* a Mexican bird.
cochina, *f.* sow.
cochinada, *f.* herd of swine; (coll.) hoggishness; mean, dirty action, dirty trick.
cochinata, *f.* (naut.) rider.
cochinería, *f.* foulness, filthiness; meanness, niggardliness, baseness.
cochinero, ra, *a.* (of poor fruit) for hogs.
[1]**cochinilla,** *f.* woodlouse.
[2]**cochinilla,** *f.* cochineal.
cochinillo, illa, *n. dim.* pig.—**c. de Indias,** guinea pig.—**c. de leche,** sucking pig.
cochino, na, *n.* **I.** hog (sow). **II.** *a.* & *n.* dirty, filthy, vile (person).
cochiquera, *f.* (coll.) hogsty, pigpen; small and filthy room.
cochite hervite, (coll.) helter-skelter.
cochitril, *m.* (coll.) pigsty; filthy room.
cochura, *f.* cooking; dough for a batch of bread.
coda, *f.* = COLA, tail; (mus.) coda, ending, finale.
codadura, *f.* layer of an old vine.
codal, I. *a.* one cubit long. **II.** *m.* elbow piece of ancient armor; short and thick wax candle; shoot of vine; frame of a handsaw; carpenter's square; prop, shore, stay, strut; stay bolt.
codaste, *m.* (naut., aer.) sternpost.
codazo, *m.* blow with the elbow; (Mex.) hunch.
codear. I. *vn.* to elbow. **II.** *va.* to nudge.
codeína, *f.* codein.
codelincuencia, *f.* joint delinquency, complicity.
codelincuente, *n.* partner in crime, accomplice.
codera, *f.* itch or scabbiness on the elbow; piece reinforcing the elbows of jackets; elbow rail; (naut.) breastfast.
codesera, *f.* spot grown over with hairy Cytisus.
codeso, *m.* (bot.) hairy Cytisus.
codeudor, ra, *n.* joint debtor.
códice, *m.* old manuscript; codex.
codicia, *f.* covetousness, cupidity, greediness.—**la c. rompe el saco,** covetousness is self-defeating.
codiciable, *a.* covetable.
codiciador, ra, *n.* & *a.* coveter(-ing).
codiciante, *a.* coveting.
codiciar, *va.* & *vn.* to covet.
codicilar, *a.* pertaining to a codicil.
codicilo, *m.* codicil.
codiciosamente, *adv.* covetously, greedily.
codicioso, sa, *a.* greedy, covetous, grasping; ambitious; (coll.) diligent; laborious; thrifty.
codificación, *f.* codification.
codificador, ra, *n.* codifier.
codificar, *va.* (*pret.* CODIFIQUÉ; *subj.* CODIFIQUE) to codify.
código, *m.* code (of laws).—**c. del honor,** code of honor.—**c. de minas,** mining code.—**c. de señales,** signal code.—**C. Justinianeo,** Justinian Code.—**c. mercantil,** mercantile code.—**c. militar,** military law.—**c. naval,** naval law.—**c. penal,** penal code.
codillo, *m.* knee of quadrupeds; bend; elbow; knee; breech; angle; codille, a term at ombre; part of a branch of a tree which joins the trunk; foot rule; stirrup of a saddle.—**codillos,** file used by silversmiths.
codito, ta, *a.* (Mex.) stingy.
codo, *m.* elbow; cubit; (mech.) angle, elbow, knee (of quadruped); foot rule.—**c. real,** royal cubit.—**alzar el c.,** to drink too much.—**comerse los codos de hambre,** to be starving to death.—**hablar por los codos,** to chatter, to be a chatterbox.—**levantar el c.** = ALZAR EL CODO.
codón, *m.* leather dock of a horse's tail.
codorniz, *f.* (ornith.) quail.
coeducación, *f.* coeducation.
coeducacional, *a.* coeducational.
coeficiencia, *f.* coefficiency.
coeficiente. I. *a.* coefficient. **II.** *m.* (math.) co-

efficient; factor.—**c. de absorción,** (phys.) absorption coefficient.—**c. de dilatación,** (phys.) coefficient of expansion.—**c. de dispersión magnética,** coefficient of magnetic leakage.—**c. de rozamiento,** (mech.) coefficient of friction.—**c. de salida,** (hydraul.) coefficient of discharge.—**c. de seguridad,** coefficient of safety, safety factor.—**c. de sensibilidad,** (elec.) coefficient of sensitiveness.—**c. de trabajo,** working stress.—**c. indeterminado,** (math.) undetermined coefficient.
coepíscopo, *m.* contemporary bishop.
coercer, *va.* (*ind.* COERZO; *subj.* COERZA) to coerce, check, restrain.
coercibilidad, *f.* coercibility, liability to restraint.
coercible, *a.* coercible, subject to check; (phys.) compressible.
coerción, *f.* coercion, restraint, check.
coercitivo, va, *a.* coercive, restraining.
coerzo, coerza, *v. V.* COERCER.
coetáneo, nea, *a.* contemporary.
coeternidad, *f.* coeternity.
coeterno, na, *a.* coeternal.
coevo, va, *a.* coeval.
coexistencia, *f.* coexistence.
coexistente, *a.* coexistent.
coexistir, *vn.* to coexist.
coextenderse, *vr.* to coextend.
coextensión, *f.* coextension.
coextensivamente, *adv.* coextensively.
coextensivo, va, *a.* coextensive.
cofa, *f.* (naut.) top of the lower masts.
cofia, *f.* hair net, cowl, headdress, coif; die case in coining.—**cofiezuela,** *f. dim.* small hair net or coif.
cofín, *m.* small basket for fruit; fruit box.
cofosis, *f.* complete deafness.
cofrade, da, *n.* member (of a confraternity or brotherhood).—**cofradía,** *f.* confraternity, brotherhood, sisterhood; trades union; association.
cofre, *m.* trunk for clothes; coffer; box, case; (print.) coffin of the imposing stone.
cofrecico, illo, ito, *m. dim.* small trunk or box.
cofrero, ra, *n.* trunk maker or seller.
cofto, ta, *a.* = COPTO, Coptic.
cogedera, *f.* rod for gathering grass hemp; box for catching swarming bees; pole for gathering fruit; handle.
cogedero, ra. I. *a.* ready to be gathered. **II.** *n.* handle.
cogedizo, za, *a.* that can be easily collected or gathered.
cogedor, *m.* collector, gatherer; dust box or dust pan; coal or ash shovel; box for the woven velvet.
cogedura, *f.* act of gathering or collecting.
coger. I. *va.* (*ind.* COJO; *subj.* COJA) to catch; to seize, grasp, take hold of; to fetch; gather, pick (fruit, etc.); to collect, take; to imbibe, soak; to have room or capacity for; to occupy, take up; to find, procure; to surprise, catch; to attack unexpectedly; to intercept, obstruct.—**c. la delantera,** to get the start. **II.** *vn.* to fit, have room, reach.
cogida, *f.* (coll.) gathering or harvesting of fruits; (coll.) yield of fruits; (coll.) act of the bull's catching the bullfighter; (fish) catch.
cogido, da. I. *pp.* of COGER. **II.** *m.* gather, fold in clothing, curtains, etc.; pleat.
cogitabundo, da, *a.* pensive, thoughtful.
cogitación, *f.* (obs.) meditation, cogitation.
cogitativo, va, *a.* cogitative; given to meditation.
cognación, *f.* cognation; kindred, relationship.
cognado, da, *n.* & *a.* cognate.
cognaticio, ia, *a.* cognatic.
cognición, *f.* cognition.
cognomento, *m.* cognomen, surname.
cognoscible, conocible, *a.* cognoscible, knowable.
cognoscitivo, va, *a.* cognitive.
cogollico, ito, *m. aim.* small heart of garden plants.
cogollo, *m.* heart of garden plants; shoot of a plant; top, summit; (Cuba & Mex.) sugarcane top, used as forage.
cogombro, *m.* = COHOMBRO, cucumber.
cogón, *m.* (bot.) bamboo used in the Philippines for thatching.
cogonal, *m.* COGÓN plantation.
cogotazo, *m.* slap on the back of the neck.
cogote, *m.* occiput, back of the neck; crest at the back of the helmet.—**ser tieso de c.,** (coll.) to be haughty, conceited, airy, stiff.—**cogotera,** *f.* neckprotector put round ox's neck.—**cogotudo, da,** *a.* thicknecked.
cogucho, *m.* sugar of coarse quality.
cogujada, *f.* (ornith.) crested lark.
cogujón, *m.* corner of a mattress or bolster.
cogujonero, ra, *a.* pointed, as the corners of mattresses or bolsters.
cogulla, *f.* cowl, monk's habit.—**cogullada,** *f.* = PAPADA DEL PUERCO, hog's dewlap.
cohabitación, *f.* cohabitation.
cohabitar, *vn.* to cohabit.
cohecha, *f.* (agr.) last tillage before sowing the crop.
cohechador, *m.* briber, suborner.
[1]**cohechar,** *va.* to bribe, suborn.
[2]**cohechar,** *va.* (agr.) to plow the last time before sowing.
[1]**cohecho,** *m.* bribery.
[2]**cohecho,** *m.* (agr.) plowing season.
cohen, *n.* soothsayer; procurer, pimp.
coheredero, ra, *n.* coheir; *f.* coheiress.
coherencia, *f.* coherence; connection.
coherente, *a.* coherent; connected; consistent; cohesive.
cohesión, *f.* cohesion.
cohesivo, va, *a.* cohesive.
cohesor, *m.* (radio) coherer.
cohete, *m.* skyrocket; rocket (missile).—**c. con propulsor sólido,** solid propellant rocket.—**c. de alcance intermedio,** intermediate-range rocket.—**c. de refuerzo,** booster rocket.—**c. fotónico,** photon rocket.—**c. nuclear,** nuclear rocket.—**c. tripulado,** manned rocket.
cohetear, *va.* (Mex.) to blast.
cohetería, *f.* fireworks shop.
cohetero, *m.* maker or seller of fireworks.
cohibición, *f.* cohibition, prohibition.
cohibir, *va.* to cohibit, prohibit, restrain.
cohobación, *f.* (chem.) cohobation.
cohobar, *va.* to redistil, cohobate.
cohobo, *m.* stag skin; (Am.) stag, deer.
cohombral, *m.* cucumber bed.
cohombrillo, *m. dim.* gherkin.
cohombro, *m.* cucumber; fritter cut into pieces like a cucumber.
cohonestación, *f.* specious justification (of an action), "whitewashing."
cohonestar, *va.* to give an honest appearance to (an action).
cohorte, *f.* cohort.
coima, *f.* perquisite received by the keeper of a gaming table.
coime, coimero, *m.* keeper of a gaming table; scorer at billiards.
coincidencia, *f.* coincidence.
coincidente, *a.* coincident.
coincidir, *vn.* to coincide.
coinquilinato, *m.* cotenancy.
coinquilino, na, *n.* cotenant.
coinquinarse, *vr.* to become stained.
cointeresado, da. I. *a.* jointly interested. **II.** *n.* joint party in interest.
coipo, coipú, *m.* coypu, a S. A. amphibious mammal similar to the beaver.
coirón, *m.* (S. A.) a kind of thatching grass.
coironal, *m.* COIRÓN field.
coito, *m.* coition, carnal copulation.
coja, *f.* (coll.) lewd woman.
cojear, *vn.* to limp, hobble; (of an unsteady table, etc.) to tilt; to deviate from virtue.—**c. de,** to limp with; to have the defect of.

cojera, *f.* lameness, hobble, limp.
cojijo, *m.* complaint of some slight injury; grub or insect.
cojijoso, sa, *a.* peevish, irritable.
cojín, *m.* cushion, pillow; saddle pad.
cojinete, *m. dim.* cushionet, small cushion, small pillow, pad; rail chair; (mech.) journal bearing, shaft bearing; pillow block.
cojitranco, ca, *a.* an epithet applied to evil-disposed lame persons.
[1]**cojo, coja,** *v. V.* COGER.
[2]**cojo, ja,** *a.* (of table, etc.) unsteady, tilting; *n.* & *a.* lame, cripple, halt.
cojudo, da, *a.* entire, not gelt or castrated.
cojuelo, ela, *a. dim.* a small cripple.
cok, coque, *m.* coke.
col, *f.* cabbage (this name is given to several varieties).—**c. común,** Savoy cabbage.
[1]**cola,** *f.* tail; cue; tail end; hind portion of anything; extremity; appendage; line of people awaiting turn; end seat in a row; lowest place in a school class; (arch.) inside joint; train of a dress; (mus.) prolonged note at the end of a song.—**c. de caballo,** (bot.) horsetail.—**c. de golondrino,** (fort.) hornwork.—**(a) c. de milano,** tongue-and-groove, dovetailed.—**de c.,** rear, last.—**hacer c.,** to stand in line.—**tener,** or **traer, c.,** (coll.) to be followed by serious consequences.
[2]**cola,** *f.* glue.—**c. clara,** transparent glue.—**c. de boca,** glue on stamp, envelope flap, etc.—**c. de pescado,** isinglass.—**c. de retazo,** or **retal,** size used by painters.
[3]**cola,** *f.* (bot.) cola, Kola; (pharm.) kola.
colaboración, *f.* collaboration, working together; contribution (to a periodical, etc.).
colaboracionista, *n.* collaborationist.
colaborador, ra, *n.* collaborator, co-worker; contributor (to a periodical, etc.)
colaborar, *vn.* to collaborate; to contribute.
colación, *f.* collation, critical comparison; act of bestowing an ecclesiastical benefice, or conferring degrees in universities; conference on spiritual affairs; slight repast, luncheon; sweetmeats given to servants on Christmas eve; precinct or district of a parish.—**sacar a c.,** to make mention of.—**traer a c.,** (coll.) to produce proofs or reasons; to introduce something irrelevant in conversation; to bring up for discussion.
colacionar, *va.* to collate.
colactáneo, a, *n.* foster brother or sister.
[1]**colada,** *f.* wash, buck, bucking; common, an open ground; road for cattle over a common; tap (of a furnace).
[2]**colada,** *f.* (coll.) good sword.
coladera, *f.* strainer, colander; wax-chandler's sieve; (Mex.) perforated sink cover.
coladero, *m.* colander, strainer, filtering bag; narrow passage; (min.) hole for dumping ore.
colador, *m.* colander; (print.) leach tub.
coladora, *f.* woman who bucks clothes.
coladura, *f.* straining, filtering.—*pl.* wax dregs.
colágeno, *m.* (biochem.) collagen.
colagogo, ga, *a.* (med.) stimulating bile secretion.
colaire, *m.* place through which a current of air passes.
colambre, *f.* (tanning) = CORAMBRE, pelts.
colanilla, *f.* small sliding bolt; sash bolt.
colaña, *f.* low partition in stairs or granaries; joist about twenty palms long and six inches broad.
colapez, colapiscis, *f.* isinglass. Also COLA DE PESCADO.
colapso, *m.* (med.) collapse, prostration.
colar. I. *va.* & *vn.* (*ind.* CUELO; *subj.* CUELE) to strain, drain, pass through, percolate, filter; to bleach clothing after washing; (coll.) to spread false news; to pass counterfeit money; to pass through a narrow place; (coll.) to pass muster; (coll.) to drink wine. **II.** *vr.* to strain, be filtered; to steal or squeeze into a place; (coll.) to be displeased with a jest.
colateral, *a.* collateral.
colatitud, *f.* (astr., naut.) colatitude.
colativo, va, *a.* filtering.
colbac, *m.* calpack, Turkish cap.
colcótar, *m.* (chem.) colcothar; rouge; jewellers' red.
colcha, *f.* coverlet, quilt, bedspread.
[1]**colchadura,** *f.* quilting.
[2]**colchadura,** *f.* (naut.) laying or twisting ropes.
[1]**colchar,** *va.* = ACOLCHAR, to quilt.
[2]**colchar,** *va.*—**c. cabos,** (naut.) to lay or twist ropes.
colchero, ra, *n.* quilt maker.
cólchico, *m.* (bot.) colchicum, meadow saffron.
colchón, *n.* mattress.—**c. de muelles,** spring mattress.—**c. de pluma,** feather bed.—**c. de viento,** air cushion, air bed.
colchoncico, illo, ito, *m. dim.* small mattress.
colchonero, ra, *n.* mattress maker.
colchoneta, *f.* quilted covering for a lounge.
coleada, *f.* wag of the tail; (S. A.) act of felling a bull by a twist of the tail.
coleador, *m.* (S. A.) man who fells a bull by twisting its tail.
coleadura, *f.* wagging of the tail; wriggling.
colear. I. *vn.* to wag (the tail). **II.** *va.* (Mex.) in bullfights, to take (the bull) by the tail, while on horseback, and, by suddenly starting the horse, to overturn him; (Am.) to pull down (cattle) by the tail; (fig.) to refuse, turn down.
colección, *f.* collection, aggregation, accumulation; set; array; gathering.
coleccionador, ra, *n.* collector (of stamps, birds, etc.).
coleccionar, *va.* to collect, form a collection of.
coleccionista, *n.* = COLECCIONADOR.
colecta, *f.* assessment; collect, a prayer; collection for charity.
colectación, *f.* levy; collecting rents, taxes, etc.
colectar, *va.* to collect (taxes, etc.).
colecticio, cia, *a.* untrained; (of soldiers) raw; compilatory, of the nature of a compilation.
colectividad, *f.* collectivity; mass of people; community.
colectivismo, *m.* collectivism.
colectivista, *n.* & *a.* collectivist(-ic).
colectivización, *f.* collectivization.
colectivo, va. I. *a.* collective; (gram.) collective. **II.** *m.* (gram.) collective, collective noun.
colectomía, *f.* (surg.) colectomy.
colector, *m.* collector, gatherer; tax or rent collector; water conduit; (elec.) commutator.
colecturía, *f.* collectorship; office of the collector; tax office.
colega, *m.* colleague; contemporary (newspaper).
colegatario, ra, *n.* collegatary, co-legatee.
colegiado, da, *a.* collegiate.
colegial. I. *a.* collegiate; college (as *a.*). **II.** *m.* collegian.—**colegiala,** *f.* college woman.
colegialmente, *adv.* in a collegial manner.
colegiarse, *vr.* to form an association.
colegiata, *f.* collegiate church.
colegiatura, *f.* fellowship in a college.
colegio, *m.* college; school, academy, seminary; body of students, students collectively; association; college, body of dignitaries, electors, etc.
colegir, *va.* (*ind. pres.* COLIJO, *pret.* el COLIGIÓ; *subj.* COLIJA) to collect or gather; to deduce, infer, conclude.
colegislador, ra, *a.* co-legislative (body).
coleo, *m.* wagging (of the tail); wriggling; (bot.) coleus.
coleóptero, ra. I. *a.* coleopterous. **II.** *m. pl.* Coleoptera.
coleorriza, *f.* (bot.) coleorhiza.
colera, *f.* ornament for a horse's tail.
cólera, *f.* (physiol.) bile; (fig.) anger, rage, fury; *m.* (med.) cholera.—**c. asiático,** (med.) Asiatic cholera.—**c. infantil,** (med.) cholera infantum.—**c. morbo,** (med.) cholera morbus.

colérico, ca, *a.* angry, wrathful; irascible, irritable; (med.) choleraic.
coleriforme, *a.* (med.) resembling cholera.
colerina, *f.* cholerine, a mild diarrhoea.
colesterina, *f.* (chem.) cholesterol, cholesterin.
coleta, *f.* cue or queue of the hair; (coll.) short addition to a discourse or writing; postscript; (Am.) burlap.—**cortarse la c.,** to quit the (bull) ring.
coletero, ra, *n.* maker or seller of buff doublets and breeches.
coletilla, *f. dim.* small cue (hair); postscript.
coletillo, *m. dim.* small buff doublet.
coleto, *m.* buff doublet or jacket; (coll.) body of a man; interior of a person.—**decir para su c.,** to say to oneself.—**echarse al c.,** (coll.) to read through; to eat or drink.
colgadero, ra. I. *a.* fit to be hung up, taken care of. **II.** *m.* hook or peg to hang things on; hat or coat rack; hanger.
colgadizo, za. I. *a.* hanging, suspended. **II.** *m.* shed roof; carport; (Cuba) shed.
colgado, da, *a.* suspended, hanging; (coll.) disappointed, left (as in **dejar c.,** to disappoint, to fail; **quedarse c.,** to be foiled, to get left).
colgador, *m.* (print.) peel hanger; Y-lintel.
colgadura, *f.* tapestry, hanging or drapery; bunting.—**c. de cama,** bed hangings.
colgajo, *m.* tatter or rag hanging from clothes; bunch of grapes or fruit hung up to be preserved.—*pl.* the fleshy tissues left in some amputations to cover the wound.
colgandejo, *m.* (Colomb.) = COLGAJO.
colgandero, ra, *a.* = COLGANTE.
colgante. I. *a.* hanging, pending, clinging. **II.** *m.* (arch.) drop, pendent; (mech.) hanger; (carp.) king-post.
colgar. I. *va.* (*ind. pres.* CUELGO, *pret.* COLGUÉ; *subj.* CUELGUE) to hang up, suspend; to adorn with hangings; to attribute, charge with, make responsible for; (coll.) to kill by hanging.—**c. los hábitos,** to doff the cassock. **II.** *vn.* to hang, be suspended; to dangle; to flag, droop.
colgué, *v. V.* COLGAR.
colibacilo, *m.* intestinal microbe.
coliblanca, *f.* (ornith.) white-tailed S. A. eagle.
coliblanco, ca, *a.* (ornith.) white-tailed.
colibre, colibrí, *m.* (ornith.) humming bird.
colicano, na, *a.* gray-tailed.
cólico, ca. I. *a.* of or pertaining to the colon; colic, colicky. **II.** *m.* & *f.* (med.) colic.—**c. hepático,** hepatic colic.—**c. miserere,** ileus.—**c. nefrítico** or **renal,** renal colic.
colicuación, *f.* colliquation.
colicuante, *a.* colliquant; colliquative.
colicuar. I. *va.* to colliquate, melt, dissolve. **II.** *vr.* to colliquate; to become liquid.—**colicuativo, va,** *a.* colliquative.
colicuecer, *va.* (*ind.* COLICUEZCO; *subj.* COLICUEZCA) to fuse or melt.
coliflor, *f.* (bot.) cauliflower.
coligación, *f.* colligation; binding of things together; connection, union; alliance.
coligado, da. I. *pp.* of COLIGARSE. **II.** *a.* allied, associate, associated. **III.** *n.* leaguer, covenanter.
coligadura, *f.* **coligamiento,** *m.* = COLIGACIÓN.
coligarse, *vr.* to colligate, confederate, unite, become allies.
coligió, colijo, colija, *v. V.* COLEGIR.
colilla, *f. dim.* stub of a cigar or cigarette.—**colillero, ra,** *n.* person who gathers cigar stubs as a trade.
colimación, *f.* (opt.) collimation.
colimador, *m.* (opt.) collimator.
colín, *a.* short-tailed (horse).
[1]**colina,** *f.* hill, hillock, knoll.
[2]**colina,** *f.* seed of cabbage.
[3]**colina,** *f.* (biochem.) choline.
colinabo, *m.* (bot.) turnip; young cabbage.
colindante, *a.* contiguous, adjacent, abutting.
colindar, *vn.* **(con)** to be contiguous, or adjacent (to), to abut (on).
colino, *m.* small cabbage not transplanted.
colirio, *m.* (med.) collyrium, eyewash.
colirrábano, *m.* (bot.) kohlrabi.
colisa, *f.* (artil.) swivel gun.
coliseo, *m.* theatre, opera house, playhouse; coliseum, colosseum.
colisión, *f.* collision, crush, clash; bruise, chafe, soreness from rubbing; opposition, clash of ideas.
colitigante, *m.* co-litigant, one who carries on a lawsuit with another.
colitis, *f.* (med.) colitis.
colmadamente, *adv.* abundantly, plentifully.
colmado, da. I. *pp.* of COLMAR. **II.** *a.* **(de)** abundant, copious; full (of), filled (with). **III.** *m.* specialty eating house (gen. for sea food).
colmar, *va.* **(de)** to heap up, fill to the brim (with); to fulfil, make up; to bestow liberally.
colmena, *f.* beehive.—**colmenar,** *f.* apiary.
colmenero, ra, *n.* beekeeper, beemaster.
colmenilla, *f.* (bot.) morel, an edible mushroom.
colmillada, *f.* attack, or wound, with tusks or fangs.
colmillar, *a.* pert. to eyetooth, fang or tusk.
colmillazo, *m. aug.* large eyetooth; COLMILLADA.
colmillejo, *m. dim.* small eyetooth, fang or tusk.
colmillo, *m.* eyetooth, canine tooth; fang; tusk.—**escupir por el c.,** (coll.) to brag, boast.—**mostrar los colmillos,** (coll.) to show spirit and resolution.—**tener colmillos,** (coll.) to be quick-sighted, not easily imposed upon.
colmilludo, da, *a.* having long eyeteeth, fangs, or tusks; sagacious, quick-sighted.
[1]**colmo,** *m.* heap; finishing, completion, crowning; overmeasure; fill; thatched roof; height (of folly, etc.); acme, extreme.—**a c.,** abundantly, plentifully.—**llegar a c.,** to reach perfection.—**ser el c.,** (coll.) to be the limit.
[2]**colmo, ma,** *a.* heaping full.
colocación, *f.* place, situation, position, employment, job; laying, putting in place; placement; distribution of parts.
colocar. I. *va.* (*pret.* COLOQUÉ; *subj.* COLOQUE) to arrange, put in due place or order; to place, provide with employment, take on (in a job). **II.** *vr.* to take (a job).
colocasia, *f.* (bot.) Egyptian bean.
colocolo, *m.* a handsome S. A. wild cat; (Chile) an imaginary monster hatched from a rotten egg.
colocutor, ra, *n.* one taking part in a conversation.
colodión, *m.* collodion.
colodra, *f.* milk pail; kit; pailful; wooden can for measuring wine; drinking can with a handle; drinking horn with a cork bottom; whetstone case.—**ser una c.,** (coll.) to be a toper.
colodrazgo, *m.* tax on wine sold at retail.
colodrillo, *m.* occiput, nape of the neck.
colofón, *m.* (print.) colophon.
colofonia, *f.* colophony; resin.—**colofonita,** *f.* garnet of a light green or rosy red color.
coloidal, *a.* (chem.) colloidal.
coloide, *m.* & *a.* (chem.) colloid.
coloideo, dea, *a.* colloidal.
Colombia, *f.* Colombia.
colombiano, na, *n.* & *a.* Colombian.
colombino, na, *a.* Columbian, pertaining to Columbus.
[1]**colon,** *m.* (gram.) principal part of a period.
[2]**colon,** *m.* (anat.) colon.
colonato, *m.* system of colonization.
colonche, *m.* (Mex.) an intoxicating drink from the sap of the cactus and sugar.
colonia, *f.* colony; plantation; silk ribbon two fingers wide; (Mex.) extension, development, new quarter (of a town).
coloniaje, *m.* (Am.) colonial period.
colonial, *a.* colonial.
colonialismo, *m.* colonialism.
colonicé, colonice, *v. V.* COLONIZAR.
colónico, ca, *a.* colonic.

colonización, *f.* colonization.
colonizador, ra, *n.* & *a.* colonizer(-ing).
colonizar, *va.* (*pret.* COLONICÉ; *subj.* COLONICE) to colonize, settle.
colono, *m.* colonist, settler; tenant farmer.
coloño, *m.* load of wood carried on the back.
coloqué, coloque, *v. V.* COLOCAR.
coloquíntida, *f.* (bot.) colocynth; bitter apple or gourd.
coloquio, *m.* colloquy, talk.
color, *m.* color; dye, paint; rouge; pretext, pretense, false show or appearance; coloring, tint; complexion; flush, blush; aspect.—**c. muerto,** or **quebrado,** wan or faded color.—**c. vivo,** bright color.—**de c.,** colored.—**sacarle los colores a uno,** to make one blush.—**so c.,** on pretense, under pretext.
coloración, *f.* coloring, coloration, painting.
colorado, da. I. *pp.* of COLORAR. **II.** *a.* ruddy; red; indelicate, smutty; colored; specious.—**poner a uno c.,** to put one to the blush.—**ponerse c.,** to blush.
colorante, *a.* coloring.
colorar, *va.* to dye; to paint, stain, tint, color.
colorativo, va, *a.* coloring, giving color to.
colorear. I. *va.* to make plausible, palliate, excuse. **II.** *vn.* to redden, grow red.
colorete, *m.* rouge.
colorido, da. I. *pp.* of COLORIR. **II.** *a.* colored. **III.** *m.* coloring or color; pretext, pretense.
coloridor, ra, *n.* = COLORISTA.
colorimetría, *f.* colorimetry.
colorimétrico, ca, colorimetric.
colorímetro, *m.* colorimeter.
colorín, *m.* (ornith.) linnet; bright, vivid, loud color.
colorir, *va.* to color artistically; make plausible.
colorista, *m.* (painting) colorist.
colosal, *a.* colossal, huge, gigantic.
colosense, *n.* & *a.* Colossian.
coloso, *m.* colossus.
colostomía, *f.* (surg.) colostomy.
colotipia, *f.* collotype; collotypy.
colpa, *f.* whitish sort of copperas.
colpotomía, *f.* (surg.) colpotomy, incision of the vagina.
colquicina, *f.* (chem.) colchicine.
cólquico, *m.* (bot.) colchicum, meadow saffron.
columbario, *m.* columbarium.
columbino, na, *a.* dovelike, innocent, candid.
columbio, *m.* (chem.) columbium, niobium.
columbrar, *va.* to espy, perceive, discern at a distance; to trace by conjectures.
columelar, *m.* incisor.
columna, *f.* (arch., eng., mil., print.) column, supporter, protector; pile of things; column of air or water.—**c. dorsal,** spine.—**c. miliaria,** milestone.—**c. salomónica,** (arch.) twisted column.—**c. vertebral,** spine.—**columnario, ria,** *a.* columnar (app. to money coined in Sp. Am., with the impressions of two columns).
columnata, *f.* colonnade.
columpiar. I. *va.* to swing. **II.** *vr.* to swing; (coll.) to waddle.
columpio, *m.* swing; seesaw.
coluna, *f.* = COLUMNA.
colunita, *f. dim.* small column.
colurión, *m.* (ornith.) butcher bird, flusher.
coluro, *m.* (astr.) colure.
colusión, *f.* collusion.
colusorio, ria, *a.* collusive.
colutorio, *m.* (pharm.) gargle.
coluvie, *f.* gang of rascals; sewer, sink.
colza, *f.* (bot.) colza, summer rape.
[1]**colla,** *f.* (P. I.) continuous squalls preceding the monsoons; last oakum placed in a seam.
[2]**colla,** *f.* collet, piece of ancient armor; channel of an auger.
collado, *m.* height, fell, hillock.
collar, *m.* necklace; chain or cord from which hang certain insignia of honor; collar, collet.
collareja, *f.* (C. A.) wild pigeon.
collarejo, *m. dim.* small collar or necklace.
collarín, *m.* black neck stock edged with white, worn by the Roman Catholic clergy; collar of a coat; (mech.) tube, sleeve.
collarino, *m.* (arch.) half round, torus.
collazo, *m.* plowman, farmhand, laborer.
colleja, *f.* (bot.) lamb's-lettuce or corn salad.
collejas, *f. pl.* slender nerves in sheep's neck.
collera, *f.* collar, breast harness for draught cattle; horse collar; (naut.) stay of the dead blocks. —*pl.* (Am.) cuff buttons.
collerón, *m.* harness collar, hame.
colleta, *f.* (bot.) a kind of small cabbage.
collón, *m.* (coll.) coward, poltroon, base fellow.
collonada, *f.*, **collonería,** *f.* (coll.) cowardice.
[1]**coma,** *f.* comma; decimal point.
[2]**coma,** *m.* (med.) coma, profound insensibility.
comadre, *f.* midwife; mother or godmother with respect to each other; (coll.) gossip; pal, intimate friend; go-between.
comadrear, *vn.* to gossip, tattle.
comadreja, *f.* weasel.
comadreo, *m.* **comadrería,** *f.* gossip, gossipping.
comadrero, ra, *n.* & *a.* gossip (person), gossipping (person).
comadrón, *m.* obstetrician, accoucheur.
comal, *m.* (Mex.) flat earthenware pan for cooking maize cake.
comalía, comalición, *f.* an epizoötic disease of sheep.
comandado, da, *a.* (mil.) officered.
comandancia, *f.* command; office of a commander; province or district of a commander.—**C. general de Marina,** High Court of Admiralty.
comandanta, *f.* commander's wife.
comandante, *n.* commander, commandant, leader; major, (Colomb.) lieutenant colonel.—**c. en jefe,** commanding officer.
comandar, *va.* (mil.) to command, govern.
comandita, *f.* (com.) silent partnership.
comanditario, a. I. *a.* (com.) pertaining to a silent partnership; silent (partner, partnership). **II.** *n.* (com.) silent partner.
comando, *m.* (mil.) command.—*pl.* controls (of an airplane).
comarca, *f.* territory, region; border, boundary, limit.
comarcano, na, *a.* neighboring, near, bordering.
comarcar. I. *va.* (*pret.* COMARQUÉ; *subj.* COMARQUE) to plant (trees) in a straight line, so as to form walks. **II.** *vn.* to border, to abut (on).
comatoso, sa, *a.* (med.) comatose.
comba, *f.* curvature, warp, bend, bulge; game of jumping or skipping rope; skipping rope.
combadura, *f.* bending, bend, bulging, belly; sag.
combar. I. *va.* to bend, to curve. **II.** *vr.* to warp, bulge, sag.
combate, *m.* combat, fight, battle; agitation of the mind; struggle.
combatible, *a.* combatable, conquerable.
combatidor, ra, *n.* combatant.
combatiente, *n.* & *a.* combatant, fighter(-ing).
combatir, *va.* & *vn.* to combat, fight; to contest, attack, oppose; to struggle.
combatividad, *f.* combativeness.
combeneficiado, *m.* prebendary of the same church as another.
combés, *m.* open space; (naut.) waist of a ship; upper deck.
combinable, *a.* combinable.
combinación, *f.* combination; aggregate of words beginning with the same syllable; concurrence; (chem.) compound; (woman's) slip.
combinador, ra. I. *n.* & *a.* combiner(-ing). **II.** *m.* (elec.) controller (of electric car).
combinar, *va.* & *vr.* to combine, join, unite.
combinatorio, ria, *a.* combining, uniting; combinative; (math.) combinatorial.
combleza, *f.* concubine of a married man.
comblezo, *m.* one who lives in concubinage with a married woman.

combo, ba. I. *a.* bent, crooked, warped. **II.** *m.* stand or frame for casks.
comburente, *a.* producing combustion.
combustibilidad, *f.* combustibility.
combustible. I. *a.* combustible. **II.** *m.* fuel.
combustible nuclear, *m.* nuclear fuel.
combustión, *f.* combustion.
combusto, ta, *a.* burnt.
comedero, ra. I. *a.* eatable, edible. **II.** *m.* feeding trough; dining room, eating place; (Am.) haunt, place frequented by a person.
comedia, *f.* comedy; play, drama; farce; theater. **—c. de capa y espada,** costume play of the seventeenth century.**—c. de costumbres,** drawing-room comedy.**—c. de enredo,** play with a complicated plot.**—c. togada,** ancient Latin play; Grecian or Roman costume play.
comedianta, *f.* comedienne.
comediante, *m.* player, actor, comedian.
comediar, *va.* to divide into equal shares or parts; to average.
comedido, da. I. *pp.* of COMEDIRSE. **II.** *a.* civil, polite, courteous; prudent, moderate.
comedimiento, *m.* civility, politeness, kindness; moderation, prudency.
comedio, *m.* center of a realm or place; intermediate time between epochs.
comedión, *m.* long and tedious comedy.
comedirse, *vr.* (*ind.* me COMIDO; *subj.* me COMIDA) to govern oneself; to be moderate, civil, obliging, kind.
comedón, *m.* (med.) comedo.
comedor, ra. I. *n.* & *a.* eater(-ing), feeder(-ing). **II.** *m.* dining room.
comején, *m.* (entom.) termite, white ant.
comejenera, *f.* nest of COMEJÉN; (Venez.) disreputable resort.
comencé, *pret.* of COMENZAR.
comendador, *m.* knight commander of a military order; prefect of religious houses.
comendadora, *f.* superior of a nunnery.
comendatario, *m.* (eccl.) one holding a benefice.
comendaticio, cia, *a.* commendatory (letter).
comendatorio, ria, *a.* pertaining to letters of introduction or recommendation.
comendero, *m.* beneficiary of the crown.
comensal, *n.* commensal; member of a household; table companion.
comensalía, *f.* fellowship of house and table.
comentador, ra, *n.* commenter, commentator.
comentar, *va.* to comment.
comentario, *m.* commentary.
comentarista, *n.* commentator.
comento, *m.* comment.
comenzante, *n.* & *a.* beginner(-ing).
comenzar, *va.* & *vn.* (*ind. pres.* COMIENZO, *pret.* COMENCÉ; *subj.* COMIENCE) to commence, begin.
comer. I. *vn.* to eat; to feed; to dine.**—c. a dos carrillos,** to enjoy two places or benefices at the same time.**—c. como un sabañón,** (coll.) to eat excessively, to stuff oneself.**—c. de mogollón,** to live at other people's expense; to sponge.**—c.,** or **comerse, vivo,** to devour(fig.); to scalp (fig.); to be very painful or troublesome.**—tener que c.,** to have a competence. **II.** *va.* to eat; to have (an income); to spend, waste, exhaust; to corrode consume; (of sun) to fade (colors); to take (a piece or checker in a game). **III.** *vr.* to omit, skip; to eat up.**— comerse a uno con los ojos,** to look daggers at one.**—comerse los codos de hambre,** (coll.) to be starved to death.**—comerse unos a otros,** to live like cats and dogs. **IV.** *m.* eating.**—ganar de c.,** to earn a living.
comerciable, *a.* merchantable, marketable; sociable, social, affable.
comercial, *a.* commercial.
comercialización, *f.* commercialization.
comercializar, *va.* to commercialize.
comercialmente, *adv.* commercially.
comerciante, *n.* trader, merchant.**—c. comisionista,** commission merchant.
comerciar, *vn.* to trade, deal; to commerce, have intercourse.
comercio, *m.* trade, commerce, communication, intercourse; unlawful sexual intercourse; tradesmen, body of merchants; business section of a town; store, shop; a card game.**—c. exterior,** foreign trade.**—c. interior,** domestic trade.**—bolsa de c.,** stock exchange.
comestible. I. *a.* eatable, edible. **II.** *m. pl.* foodstuffs, provisions.
cometa. I. *m.* (astr.) comet.**—c. crinito,** long-bearded comet. **II.** *f.* kite; a card game.
cometario, ria, *a.* (astr.) cometary.
cometedor, ra, *n.* offender, perpetrator.
cometer, *va.* to commit, charge, intrust; to commit, perpetrate; (com.) to order.**—cometido,** *m.* commission; charge, trust; task, duty.
comezón, *f.* itch, itching; longing desire.
comible, *a.* (coll.) eatable, fit to eat.
comicastro, tra, *n.* mediocre or poor actor.
comicial, *a.* comitial.
comicidad, *f.* comicalness.
comicios, *m. pl.* (anc. Rome) comitia; (pol.) primaries, district assemblies.
cómico, ca. I. *a.* comic, dramatic, pertaining to the stage; comical, ludicrous, funny. **II.** *n.* player, actor(-tress); writer of comedies.**—c. de la legua,** small-town touring actor, strolling player.
comida, *f.* eating; food, dressed victuals; dinner; meal, fare; feed.**—c. corrida** (Am.) table d'hôte.
comidilla, *f. dim.* slight repast; peculiar fancy, fad, or favorite amusement; hobby.
[1]**comido, da,** *a.* fed; having eaten.**—c. de,** eaten by, -eaten (*comido de gusanos,* worm-eaten).**— c. por servido,** hand-to-mouth wages.
[2]**comido, comida,** *v. V.* COMEDIRSE.
[1]**comienzo,** *m.* beginning, initiation, start.**—dar c.,** to make a beginning, a start.
[2]**comienzo, comience,** *v. V.* COMENZAR.
comilitón, *m.* parasite; fellow soldier.
comilitona, comilona, *f.* (coll.) splendid and plentiful repast.
comilón, na, *n.* great eater, glutton.
comilla, *f. dim.* of [1]COMA.**—***pl.* quotation marks (" ").
cominear, *vn.* (coll.) to indulge in trifles or occupations belonging to women.
cominero. I. *a.* meddlesome, officious. **II.** *n.* cotquean, man meddling with women's affairs.
cominillo, *m.* (bot.) darnel. Also JOYO.
comino, *m.* (bot.) cumin plant, cumin seed; a Colombian tree producing very valuable construction and cabinet wood.**—no valer un c.,** not to be worth a rush.
comisar, *va.* to confiscate, sequestrate, attach.
comisaría, *f.,* commissaryship, commissariat.
comisariato, *m.* COMISARÍA; (Am.) police station.
comisario, *m.* commissary; delegate, deputy; manager.**—c. de barrio,** or **cuartel,** justice of the peace of a ward.**—c. de entradas,** in hospitals, the person that keeps an account of the patients who enter.**—c. de guerra,** (mil.) reviewing officer.**—c. de policía,** (Mex., Cuba, Arg.) chief of police.**—c. ordenador,** (mil.) assistant quartermaster.
comisión, *f.* trust; commission, assignment; mandate, charge; precept, order; ministration, ministry; committee; commission, perpetration.**—c. mixta, (pol.) joint commission.**
comisionado, da. I. *pp.* of COMISIONAR. **II.** *a.* commissional or commissionary; commissioned, deputed, empowered. **III.** *n.* commissioner; (com.) agent; proxy, attorney.
comisionar, *va.* to commission, depute, empower, appoint.
comisionista, *m.* commissioner; commission merchant; commission agent.
comiso, *m.* (law) confiscation of prohibited goods; the goods when confiscated; (law) seizure, attachment.

comisorio, ria. *a.* obligatory for a time or valid for a fixed day.
comistión, *f.* = CONMISTIÓN, commixture.
comistrajo, *m.* (coll.) hodge-podge, mess.
comisura, *f.* (anat.) commissure; suture.
comital, *a.* = CONDAL, of an earldom.
comité, *m.* committee; commission.—**c. de timón, de orientación** or **de iniciativas,** steering committee.
comitente, *n.* & *a.* constituent.
comitiva, *f.* suite, retinue; party, group.
cómitre, *m.* (naut.) boatswain on board a galley; sea captain under orders of the admiral of the fleet.
comiza, *f.* (ichth.) a kind of barbel.
como. I. *adv.* how; in what manner; to what degree; as; like; about, approximately, a sort of; if; as soon as; in the same manner as; so that; such as; that; inasmuch as.—**c. que,** apparently, it seems that.—**c. quien no quiere la cosa,** unconcernedly.—**c. quiera que,** although; since. **II.** *interrog.* **cómo,** what? how? why?—**¿cómo?** what is it? what did you say? —**¿cómo así?** how? how so?—**¿cómo no?** why not? of course, naturally.—**¿a c.,** how much?—**¿a c. estamos?** what is the date? **III.** *interj.* why, is it possible?
cómoda, *f.* chest of drawers; bureau.
comodable, *a.* (law) that can be lent or borrowed.
comodante, *n.* (law) one who lends gratuitously for a limited time.
comodatario, ria, *n.* (law) borrower; pawnbroker.
comodato, *m.* loan; (law) contract of loan and restitution.
comodidad, *f.* comfort, convenience; ease, freedom from want; leisure; opportunity; profit, interest, advantage.
comodín, *m.* (coll.) something of general utility; in cards, a card that has different values.
cómodo, da. I. *a.* convenient, handy, suitable; comfortable. **II.** *m.* utility, profit; convenience.
comodoro, *m.* (naut.) commodore.
compactibilidad, *f.* compactness.
compacto, ta, *a.* compact, close, dense.
compadecer. I. *va.* (*ind.* COMPADEZCO; *subj.* COMPADEZCA) to pity, sympathize with. **II.** *vr.* to agree with each other, accord, conform; (**de**) to pity, sympathize (with).
compadraje, *m.* confederacy or alliance for mutual protection and advancement (gen used in a bad sense); ring, clique.
compadrar, *vn.* to become a godfather or -mother; to contract a spiritual affinity.
compadrazgo, *m.* COMPADRAJE; state of being COMPADRES.
compadre, *m.* godfather and father of a child, each with respect to the other; protector, benefactor; (coll.) friend, old chap (an expression of familiarity).—**compadrear,** *vn.* (coll.) to be on familiar terms.—**compadrería,** *f.* friendship between COMPADRES, companions, pals.—**compadrito,** *m. dim.* of COMPADRE; (Am.) boaster.
compaginación, *f.* arrangement, connection.
compaginador, ra, *n.* arranger, adjuster.
compaginar, *va.* to arrange in proper order; to unite, join.
companage, compango, *m.* cold cuts or lunch.
compaña, *f.* (obs.) family; company.
compañerismo, *m.* good fellowship, comradeship.
compañero, ra, *n.* companion, friend, pal, comrade, chum; fellow member; partner or associate; mate.—**c. de fórmula,** running mate.
compañía, *f.* company; society; partnership; co-partnership; (mil.) company; theatrical company.—**c. anónima,** stock company.—**c. comanditaria** or **en comandita,** limited partnership.—**c. cooperativa,** coöperative.—**c. de Jesús,** Society of Jesus.—**c. de la legua,** strolling company of players.—**c. fiduciaria** or **fideicomisaria,** trust company.—**c. mutual,** mutual company.—**hacer c. a,** to keep (someone) company.
comparabilidad, *f.* comparability.
comparable, *a.* comparable.
comparación, *f.* comparison.
comparador, *m.* comparing rule; comparer.
comparar, *va.* to compare; to confront, collate.
comparativo, va, *a.* comparative.
comparecencia, *f.* (law) appearance (in court).
comparecer, *vn.* (*ind.* COMPAREZCO; *subj.* COMPAREZCA) (law) to appear (before a judge, etc.).
compareciente, *n.* & *a.* (law) (one) that appears (before a judge, etc.)
comparendo, *m.* summons, citation.
comparezco, comparezca, *v. V.* COMPARECER.
comparición, *f.* (law) appearance.
comparsa. I. *f.* (theat.) retinue of personages; masquerade in carnival. **II.** *m.* & *f.* (theat.) supernumerary.
comparte, *n.* (law) joint party; accomplice.
compartimiento, *m.* compartment; division of a whole into parts; inclosure, department; (aer.) curtain (of a dirigible).
compartir, *va.* to divide into equal parts; to share.
comparto, *m.* (Colomb.) tax, contribution.
compás, *m.* compasses; dividers; calipers; territory and district assigned to a monastery; (mus.) measure, time, motion of the baton of a conductor; space on the staff between two bars; size, compass; rule of life, standard, pattern; springs of a coach roof.—**c. de barra,** beam compass.—**c. de calibres,** calipers.—**c. de división,** dividers.—**c. de espesores,** or **de gruesos,** spring calipers; thickness gage.—**c. de mar,** or **de marear,** mariner's compass.—**c. de proporción,** proportional dividers.—**c. de puntas secas,** or **de punta fija,** dividers. —**c. de regla,** beam compass.—**c. ternario,** (mus.) triple time.—**a c.,** (mus.) in time.—**a c. con,** keeping time with; in line or harmony with.—**llevar el c.,** (mus.) to keep or beat time.
compasadamente, *adv.* by rule and measure.
compasar, *va.* to measure with a rule and compass; to arrange properly; (mus.) to divide (a score) into equal parts.—**c. la carta de marear,** (naut.) to prick the chart.
compasible, *a.* pitiful; compassionate.
compasillo, *m.* (mus.) quadruple, or 4/4 time.
compasión, *f.* compassion, pity, sympathy.—**tener c. de,** to take pity on, show mercy to.
compasivo, va, *a.* compassionate, merciful, tender-hearted.
compaternidad, *f.* = COMPADRAZGO, relationship between father and godfather of a child.
compatibilidad, *f.* compatibility.
compatible, *a.* compatible, suitable, consistent.
compatiblemente, *adv.* compatibly.
compatricio, cia; compatriota, *n.* countryman (countrywoman), compatriot, fellow citizen.
compatrón, *m.* = COMPATRONO.
compatronato, *m.* common right of patronage.
compatrono, na, *n.* fellow patron or patroness, joint patron.
compeler, *va.* to compel, force, constrain.
compendiador, ra, *n.* epitomizer, abridger.
compendiar, *va.* to abridge, condense.
compendiariamente, *adv.* briefly.
compendio, *m.* compendium, epitome, abridgment, summary, abstract.
compendioso, sa, *a.* brief; abridged, concise; compact.
compendizar, *va.* = COMPENDIAR.
compenetración, *f.* compenetration.
compenetrarse, *vr.* to pervade, intermix; to harmonize, be in full agreement.—**c. de,** to be thoroughly informed about; to be fully convinced of.
compensable, *a.* compensable.

compensación, *f.* compensation; recompense, reward.—**de c.,** compensating.
compensador, ra. I. *a.* compensated; balanced. **II.** *m.* compensator; compensating pendulum.
compensar, *va.* & *vn.* to compensate, recompense; to counterbalance; to balance, equilibrate; to make amends for, indemnify.
compensativo, va. I. *a.* compensating. **II.** *m.* (chem.) compensation.
compensatorio, ria, *a.* compensating.
competencia, *f.* competition, rivalry; competence; cognizance.—**a c.,** competitively.
competente, *a.* competent, apt, able; consistent (with); applicable (to); adequate.
competer, *vn.* to be one's business or concern, to be incumbent on.
competición, *f.* competition.
competidor, ra. I. *n.* competitor, rival, opponent. **II.** *a.* competing.
competir, *vn.* (*ind.* COMPITO; *subj.* COMPITA) to vie, contest, contend, compete; to be on a level or par with another.
compilación, *f.* compilation; compilement.
compilador, ra, *n.* compiler; collector.
compilar, *va.* to compile.
compinche, *m.* (coll.) bosom friend, comrade, chum, crony, pal.
compito, compita, *v. V.* COMPETIR.
complacedero, ra, *a.* = COMPLACIENTE.
complacencia, *f.* pleasure, satisfaction; complacency, compliance, condescension.
complacer. I. *va.* (*ind.* COMPLAZCO; *subj.* COMPLAZCA) to please, humor, accommodate. **II.** *vr.* (**en**) to be pleased (with or to), to delight (in), to take pleasure (in).—**complaciente,** *a.* pleasing, accommodating, kind, agreeable.
complazco, complazca, *v. V.* COMPLACER.
complejidad, *f.* complexity.
complejo, ja. I. *a.* complex. **II.** *m.* complex; (psych.) complex.—**c. de Edipo,** Oedipus complex.—**c. de inferioridad,** inferiority complex. —**c. de superioridad,** superiority complex.
complementario, ia, *a.* complementary; completing, perfecting.
complemento, *m.* complement; perfection; completion; (gram.) complement, object.
completar, *va.* to complete, perfect, finish.
completas, *f. pl.* (eccl.) compline.
completivo, va, *a.* completive, completing, finishing.
completo, ta, *a.* complete, perfect; finished, completed; full; absolute.—**por c.,** completely.
complexión, *f.* constitution, nature, complexion.
complexionado, da, *a.* constituted.—**bien c.,** of strong constitution.—**mal c.,** of weak constitution.
complexional, *a.* constitutional, temperamental.
complexo, xa. I. *a.* complex. **II.** *m.* (anat.) complexus.
complicación, *f.* complication.
complicado, da, *a.* complicated.
complicar, *va.* (*pret.* COMPLIQUÉ; *subj.* COMPLIQUE) to complicate; to jumble together.
cómplice, *m.* & *f.* accomplice.
complicidad, *f.* complicity.
compliqué, complique, *v. V.* COMPLICAR.
complot, *m.* plot, conspiracy.
componedor, ra. I. *n.* compositor, typesetter; writer, author; composer; contriver; repairer; arbitrator. **II.** *m.* (print.) composing stick.
componenda, *f.* fees paid for documents and licenses; arbitration; compromise; settlement.
componente, *n.* & *a.* component.
componer. I. *va.* (*pp.* COMPUESTO; *ind. pres.* COMPONGO, *fut.* COMPONDRÉ, *pret.* COMPUSE; *subj.* COMPONGA) to compose; compound; construct; prepare; amount to; devise, invent; to mend, repair; heal, restore; to strengthen, brace, fortify; to trim, fit up, garnish; to compose (differences), reconcile, adjust, settle; to ward off; to compose (music); to write (poetry, etc.); (print.) to compose.—**c. el semblante,** to put on a calm appearance.—**c. tanto de renta,** to have so much a year. **II.** *vr.* to prink, "doll up"; to compose, calm, quiet oneself.—**componérselas,** to shift for oneself.
compongo, componga, *v. V.* COMPONER.
componible, *a.* mendable, capable of repair; adjustable, that may be settled or compounded.
comporta, *f.* large basket for grape gathering.
comportable, *a.* bearable, endurable.
comportamiento, *m.* behavior, deportment.
comportar. I. *va.* to suffer, tolerate. **II.** *vr.* to comport, behave oneself.—**comporte,** *m.* behaviour, conduct; air, manner, carriage.
comportería, *f.* trade and shop of a COMPORTERO.
comportero, ra, *n.* maker or seller of COMPORTAS.
comportilla, *f. dim.* small basket.
composición, *f.* composition; repair, mending; making up, compromise, adjustment; (print.) composition; (fig.) composure; calm, modest, or sedate appearance.
compositivo, va, *a.* compositive, synthetic.
compositor, ra, *n.* composer (of music).
compostura, *f.* composure; mending, repair, repairing; cleanliness, neatness of dress; adjustment, settlement, compromise; modesty, circumspection, sedateness; adulterating compound.
compota, *f.* compote, stewed fruit; preserves.
compotera, *f.* compotier.
compra, *f.* purchase; buying, shopping.—**hacer compras,** to shop.—**ir de compras,** to go shopping.
comprable; compradero, ra; compradizo, za, *a.* purchasable.
comprado, compradillo, *m.* play in the game of ombre.
comprador, ra; comprante, *n.* buyer; purchaser; shopper; caterer.
comprar, *va.* to buy, purchase; to shop.
compraventa.—contrato de c., contract of sale.
comprehensivo, va, *a.* comprehensive.
comprendedor, ra, *a.* including; understanding.
comprender, *va.* to embrace, comprise, include, cover; to understand, comprehend.
comprensibilidad, *f.* intelligibility, comprehensibility.
comprensible, *a.* comprehensible, understandable.
comprensión, *f.* comprehension, understanding; comprehensiveness; act of comprising or containing.
comprensividad, *f.* understandability, quality of being understandable; understanding.
comprensivo, va, *a.* comprehensive; capable of understanding; comprising, containing.
comprensor, ra, *a.* & *n.* (one) that understands, attains or embraces; (theol.) blessed (one).
compresa, *f.* (surg.) compress.
compresbítero, *m.* fellow presbyter or priest.
compresibilidad, *f.* compressibility.
compresible, *a.* compressible.
compresión, *f.* compression; (gram.) synizesis.
compresivo, va, *a.* compressive, compressing, reducing, compacting.
compreso, *pp. irreg.* of COMPRIMIR.
compresor, ra, *n.* & *a.* compressor(-ing).—**c. de aire,** air compressor.
comprimente, *a.* compressing; restraining.
comprimible, *a.* compressible; repressible.
comprimir. I. *va.* (*pp.* COMPRIMIDO, COMPRESO) to compress, condense; to repress, restrain. **II.** *vr.* to become compact; to control oneself.
comprobación, *f.* verification, checking; proof, substantiation; (print.) checking up of proof corrections.
comprobante. I. *a.* proving, evidential. **II.** *m.* proof, evidence; voucher.
comprobar, *va.* (*ind.* COMPRUEBO; *subj.* COMPRUEBE) to verify, confirm, check; to compare; to prove, substantiate, evidence.
comprofesor, *m.* colleague in a profession.
comprometedor, ra. I. *a.* compromising, jeopardizing. **II.** *n.* one that jeopardizes.

comprometer. I. *va.* to compromise, arbitrate; to engage, bind; to render accountable or answerable; to risk; to expose, jeopardize, endanger. **II.** *vr.* to commit oneself; to undertake; to become liable; to bind oneself; to expose oneself; to become engaged, betrothed; to become involved.
comprometimiento, *m.* pledge, promise; adjustment; jeopardy, embarrassment, predicament.
compromisario, ria, *n.* arbitrator, umpire, referee; presidential elector.
compromiso, *m.* compromise, arbitration; pledge, obligation; commitment; jeopardy, embarrassment, predicament; engagement, betrothal; engagement, appointment.
compromisorio, ria, *a.* pertaining to an agreement, promise, or pledge.
compropietario, ia, *n.* joint owner.
comprovincial, *a.* comprovincial, of the same metropolitan church.
comprovinciano, na, *a.* from the same province.
compruebo, compruebe, *v. V.* COMPROBAR.
compuerta, *f.* hatch or half-door; lock, sluice, floodgate; door curtain of an old-fashioned coach; piece of cloth bearing a knight's badge. —**c. de marea,** (naut.) tide gate, tiderace.
compuestamente, *adv.* regularly, orderly.
compuesto, a. I. *pp.* of COMPONER. **II.** *a.* compound; composed, consisting, made up; repaired; arranged. **III.** *m.* compound, preparation, mixture; (gram.) compound.
compulsa, *f.* (law) authentic or attested copy of an instrument or writing duly compared.
compulsar, *va.* (law) to make an authentic copy or transcript of; to compare, collate.
compulsión, *f.* compulsion.
compulsivo, va, *a.* compulsive.
compulsorio, ria, *n.* compulsory decree of a court, ordering an authentic copy to be made.
compunción, *f.* compunction, repentance.
compungido, da, *a.* compunctious, repentant.
compungirse, *vr.* (*ind.* COMPUNJO; *subj.* COMPUNJA) to feel compunction or remorse.
compungivo, va, *a.* pricking, stinging.
compurgación, *f.* (law) compurgation.
compurgador, ra, *n.* (law) compurgator.
compurgar, *va.* (law) to prove (one's veracity or innocence) by the oath of another.
compuse, *pret.* of COMPONER.
computación, *f.* computation, calculation.
computador, ra, *n.* computer.
computador analógico, *m.* analogue computer.
computar, *va.* to compute, calculate.
computista, *m.* computist, computer.
cómputo, *m.* computation, calculation.
comulación, *f.* cumulation.
comulgante, *n.* (eccl.) communicant.
comulgar. I. *va.* (*pret.* COMULGUÉ; *subj.* COMULGUE) to administer communion.—**c. con ruedas de molino,** to fool, bamboozle, humbug. **II.** *vn.* to commune, communicate; to take communion.
comulgatorio, *m.* communion altar.
común. I. *a.* common, public; common, usual customary, ordinary, generally or extensively used; current; vulgar, mean, low.—**c. de dos,** (gram.) that applies to both genders.—**c. de tres,** (gram.) that applies to masculine, feminine, and neuter.—**en c.,** in common.—**por lo c.,** in general, generally. **II.** *m.* community; toilet, water closet.—**c. de las gentes,** the general public, the average person, the man in the street.
comuna, *f.* main irrigation channel; Commune (of Paris); (Am.) municipality.
comunal. I. *m.* commonalty, common people. **II.** *a.* common, commonable.
comunero, ra. I. *a.* popular, common, pleasing to the people. **II.** *n.* commoner, one of the common people; joint holder of a tenure of lands; member of the party that upheld liberty against the encroachments of Charles V.; (Colomb.) member of the body of first patriots that rose against Spanish rule.
comunicabilidad, *f.* communicability.
comunicable, *a.* communicable; communicative.
comunicación, *f.* communication, intercourse; communiqué, official statement.—*pl.* means of communication.
comunicado, *m.* article of a personal nature sent to a periodical for publication.
comunicante, *n.* one who communicates (something).
comunicar. I. *va.* (*pret.* COMUNIQUÉ; *subj.* COMUNIQUE) to communicate, impart, make known; to announce; to transmit, send. **II.** *vr.* to communicate; to connect.—**c. entre sí,** to communicate with each other; to correspond, exchange correspondence; to be in mutual communication.
comunicativo, va, *a.* communicative; unreserved, informative.
comunicatorio, ria, *a.* communicatory.
comunidad, *f.* commonness; commonalty, the common people; community; corporation, guild, society.—*pl.* the cities of Castile which rose in support of Spanish liberty against the government of Charles V.—**de c.,** conjointly.
comunión, *f.* communion; fellowship; familiar intercourse; congregation; political party.
comuniqué, comunique, *v. V.* COMUNICAR.
comunismo, *m.* communism.
comunista, *n.* & *a.* communist(-ic).
comunizar, *va.* & *vn.* to teach communism to, or make a communist of; to become a communist.
comúnmente, *adv.* commonly, usually, generally; frequently, often.
comuña, *f.* mixed wheat and rye, maslin, or meslin.—**comuñas,** seeds.
con, *prep.* with; by (when followed by infinitive: *con confesar se salvó,* by confessing, he saved himself); in other infinitive phrases, it simply indicates action, and the phrase is translated by Eng. *pres.p.* or *inf.* used as a noun (*con escribir basta,* writing is enough); notwithstanding, despite (also in infinitive phrases: *con ser muy enérgico, nada pudo hacer,* notwithstanding his being very energetic, he could do nothing); in (*con dolor,* in pain). With the pronouns *mí, sí, ti,* it forms the single words **conmigo,** with me, **consigo,** with himself, **contigo,** with thee.—**c. tal que,** provided that.—**c. que,** and so, then, so then.—**c. todo,** nevertheless, notwithstanding.—**para c.,** towards, in (one's) relations with.
conato, *m.* endeavour, effort, exertion; (law) crime attempted but not committed, attempt.
concadenar, *va.* to concatenate; to chain or link together.
concambio, *m.* exchange.
concanónigo, *m.* fellow canon.
concatedralidad, *f.* union of two cathedral churches.
concatenación, *f.* concatenation.
concatenar, *va.* to concatenate.
concausa, *f.* concause, joint cause.
cóncava, *f.* a hollow, cavity.
concavidad, *f.* concavity, hollowness; CÓNCAVA.
cóncavo, va. I. *a.* concave. **II.** *m.* concavity.
cóncavo-cóncavo, va, *a.* concavo-concave.
cóncavo-convexo, xa, *a.* concavo-convex.
concebible, *a.* mentally conceivable.
concebir, *va.* & *vn.* (*ind.* CONCIBO; *subj.* CONCIBA) to conceive, become pregnant; to conceive, have an idea of; to comprehend, understand.
concedente, *n., a.* granter(-ing), conceder(-ing).
conceder, *va.* to give, bestow, grant; to concede, admit.
concedido, da, *a.* conceded, granted.
concejal, *m.* councilman.
concejil, *a.* pertaining to the municipal council; common, public, belonging to the public.
concejo, *m.* civic body of a small town; board of aldermen; municipal council; town hall; in Asturias, a district composed of several parishes with one common jurisdiction; foundling.

concento, *m.* concert of voices, harmony.
concentración, *f.* concentration.
concentrado, da. I. *pp.* of CONCENTRAR. **II.** *a.* concentered, concentrate.
concentrador, ra, *n.* concentrator.
concentrar. I. *va.* to concentrate; to concenter. **II.** *vr.* to concentrate.
concentricidad, *f.* concentricity.
concéntrico, ca, *a.* concentric.
concepción, *f.* conception, act of conceiving; idea; immaculate conception of the Virgin; feast of the Immaculate Conception; Madonna, picture of the Virgin.
conceptáculo, *m.* (bot.) conceptacle.
conceptear, *vn.* to give smart repartees.
conceptible, *a.* conceivable.
conceptismo, *m.* exaggerated witticism.
conceptista, *m.* one who overdoes witticism.
concepto, *m.* concept, thought, idea; pithy sentence, epigram, flash of wit; judgment, opinion; expression of opinion; (com.) item, article; account.—**por c. de,** resulting from.
conceptual, *a.* conceptual.
conceptualismo, *m.* conceptualism.
conceptualista, *a.* conceptualistic.
conceptuar, *va.* to conceive; to judge, think, form an opinion of.
conceptuoso, sa, *a.* witty, sententious, epigrammatic.
concernencia, *f.* respect, concernment, relation.
concerniente, *a.* (**a**) concerning, relating (to); applicable.—**en lo c. a,** with regard to, as for. —**lo c.,** what concerns the matter, the proper action, consideration, etc.
concernir, *v. defect.* (*ind.* ello CONCIERNE; *subj.* ello CONCIERNA) (**a**) to concern, belong, appertain, be the business (of).
concertadamente, *adv.* regularly, orderly, methodically, concertedly; by agreement or appointment.
concertado, da. I. *pp.* of CONCERTAR. **II.** *a.* concerted.—**mampostería c.,** (mason.) rubble work.
concertador, *m.* regulator, adjuster, expediter.
concertante, *a.* (mus.) concerted, arranged for two or more voices or instruments.
concertar. I. *va.* (*ind.* CONCIERTO; *subj.* CONCIERTE) to arrange by agreement, adjust, harmonize, to agree on; to bargain, covenant, conclude (an agreement); close (a deal); to put in tune (musical instruments); to compare, estimate the relative qualities of; (shooting) to start or rouse (the game). **II.** *vn.* to agree, accord, suit one another; (gram.) to agree. **III.** *vr.* to go hand in hand; to covenant; to contrive, design.
concertina, *f.* concertina, a musical instrument similar to the accordion.
concertino, *m.* (mus.) concertmaster.
concertista, *n.* person who manages or performs in concerts.
concesible, *a.* grantable.
concesión, *f.* concession, grant.
concesionario, *m.* (law) grantee, concessionary.
concesivo, va, *a.* that may be granted.
concia, *f.* prohibited part of a forest.
concibo, conciba, *v. V.* CONCEBIR.
conciencia, *f.* conscience; conscientiousness; scruples; consciousness.—**a c.,** conscientiously; painstakingly.—**en c.,** in good faith, in truth. —**libertad de c.,** freedom of worship.
concienzudo, da, *a.* conscientious, scrupulous, thorough.
concierne, concierna, *v. V.* CONCERNIR.
[1]**concierto,** *m.* good order and arrangement; concert; bargain; agreement; contract; act of beating the wood with hounds to start the game; musical concert; concerto, a musical composition.—**de c.,** by agreement.
[2]**concierto, concierte,** *v. V.* CONCERTAR.
conciliable, *a.* reconcilable, capable of conciliation.
conciliábulo, *m.* conventicle; unlawful assembly or meeting.
conciliación, *f.* conciliation; settlement (of disputes); affinity; winning (esteem, favor, etc.).
conciliador, ra, *n.* & *a.* conciliator(-ing), peacemaker(-ing), reconciler(-ing).
[1]**conciliar,** *va.* to conciliate, compose, reconcile; to gain, win (affection, esteem).—**c. el sueño,** to induce sleep.—**c. las amistades,** to make friends.
[2]**conciliar. I.** *a.* conciliar, pertaining to councils. **II.** *n.* member of a council.
conciliativo, va, *a.* conciliating.
conciliatorio, ria, *a.* conciliatory.
concilio, *m.* council; collection of decrees.
concisión, *f.* conciseness.
conciso, sa, *a.* concise.
concitación, *f.* instigation, stirring up.
concitador, ra, *n.* instigator, incitor, agitator.
concitar, *va.* to excite, stir up, agitate.
concitativo, va, *a.* inciting; stirring.
conciudadano, *m.* fellow citizen, countryman.
conclave, cónclave, *m.* conclave; place for a conclave; meeting, convention.—**conclavista,** *m.* conclavist; domestic of a cardinal.
concluir, *va.* (*ind.* CONCLUYO; *subj.* CONCLUYA) to conclude, end, finish, close; to convince with reason, make evident, silence by argument; to decide finally, determine; to infer, deduce; to close (judicial proceedings); to submit to a final decision; (fencing) to disarm (an adversary) by engaging the guard of his sword.
conclusión, *f.* conclusion, end; winding up, denouement; close or closure; date; issue; conclusion of the proceedings in a lawsuit; conclusion, inference, deduction, consequence; thesis in schools.—**en c.,** finally, in conclusion; in closing.
conclusivo, va, *a.* conclusive, final.
concluso, sa, *a.* concluded, closed, terminated.
concluyente, *a.* concluding, conclusive; unanswerable.—**concluyentemente,** *adv.* conclusively.
concluyo, conluya, *v. V.* CONCLUIR.
concofrade, *m.* fellow member, brother (of a brotherhood).
concoide, *f.* (geom.) conchoid.
concoideo, a, *a.* (min.) conchoidal, shell-like.
concolega, *m.* fellow collegian.
concomerse, *vr.* (coll.) to shrug the shoulders.
concomido, concomimiento, *m.* (coll.) shrugging of the shoulders.
concomitancia, *f.* concomitance.
concomitante, *a.* concomitant, accompanying.
concomitar, *va.* to accompany, be a concomitant of, go with.
concordable, *a.* concordant, conformable, agreeable, consistent.
concordación, *f.* coördination, conformity.
concordador, ra, *n.* conciliator, peacemaker, moderator.
concordancia, *f.* concordance, conformity; harmony, concord of sounds; concordance of text or words; (gram.) concord, agreement.—*pl.* concordance (of a book, an author).
concordante, *a.* concordant, agreeing.
concordar. I. *va.* (*ind.* CONCUERDO; *subj.* CONCUERDE) to accord, regulate; to make agree. **II.** *vn.* to accord, agree, tally; to be congenial; to be in accord; (gram.) to agree.
concordata, *f.*, **concordato,** *m.* concordat, covenant made by a government with the Pope.
concordatorio, ria, *a.* concordat (as *a.*); of a, or the, concordat.
concorde, *a.* concordant, agreeing, tallying, in agreement.—**concordemente,** *adv.* with one accord, in agreement, concordably.
concordia, *f.* concord, conformity, harmony; agreement, settlement out of court; peace, good will.—**de c.,** jointly, by common consent.
concorpóreo, rea, *a.* (eccl.) becoming (through the Eucharist) of the same body with Christ.
concreción, *f.* concretion.

concrecionar, *vn.* & *vr.* to form concretions.
concrescencia, *f.* concrescence.
concretar. I. *va.* to unite, harmonize, bring into conformity; to reduce to its simplest form; to express concretely. **II.** *vr.* to limit or confine oneself (to a subject).
concreto, ta. I. *a.* concrete, not abstract; definite.—**en c.,** concretely; in brief, in so many words. **II.** *m.* concretion; (erroneously but commonly) concrete (building material) (properly, HORMIGÓN).
concubina, *f.* concubine, mistress.
concubinario, *m.* one who keeps a mistress.
concubinato, *m.* concubinage.
concúbito, *m.* coition.
concuerdo, concuerde, *v. V.* CONCORDAR.
conculcación, *f.* violation (of rights).
conculcador, ra, *n.* violator (of rights), oppressor.
conculcar, *va.* (*pret.* CONCULQUÉ; *subj.* CONCULQUE) to trample underfoot; to violate, infringe.
concuñado, da, *n.* brother- or sister-in-law, term confined to persons who are married to two brothers or sisters.
concupiscencia, *f.* concupiscence, lust, cupidity.
concupiscente, *a.* concupiscent.
concupiscible, *a.* concupiscible, exciting desire.
concurrencia, *f.* audience; attendance; concurrence, coincidence; competition.
concurrente, *a.* concurrent; coincident.
concurrido, da. I. *pp.* of CONCURRIR. **II.** *a.* frequented; (of a meeting, etc.) attended.
concurrir, *vn.* to concur; to meet in one point, time, or place; to attend; to contribute; to coincide, agree; to compete (in an examination, etc.)
concursar, *va.* (law) to declare insolvent.
concurso, *m.* concourse, confluence of persons; conflux, crowd, congregation, assembly; aid, assistance; call for bids (on a piece of work, a service, etc.); competitive contest between candidates for a professorship, curacy, etc.—**c. de acreedores,** meeting of creditors.
concusión, *f.* concussion, shaking, shock; exaction, extortion.
concusionario, ia. I. *a.* concussive, shaking. **II.** *n.* extortioner.
concha, *f.* shell, case, carapace; mollusk, shellfish; tortoise shell; any object that has the shape of a shell; prompter's box; bay in the shape of a horseshoe; basin; fixed grindstone in mills; ancient copper coin, worth about three farthings; (arch.) volute; conch; the external ear; shell of a dagger or cutlass; shell-shaped covering of the spike of Indian corn.—**c. de cabrestante,** (naut.) socket of the capstan.—**c. de nácar,** mother-of-pearl shell.—**conchas de escobenes,** (naut.) navel woods or navel hoods.—**meterse en su c.,** to become a recluse; to shut up like a clam.—**tener muchas conchas,** to be very reserved, artful, cunning.
conchabanza, *f.* manner of making oneself easy and comfortable; (coll.) plotting, conspiracy.
conchabar. I. *va.* to join, unite; to mix (inferior wool with superior); (Am.) to employ (gen. in domestic service). **II.** *vr.* to unite for some evil purpose; to plot, conspire.—**conchabo,** *m.* (Am.) work, job (gen. in domestic service).
conchado, da, *a.* scaly, shelly.
conchal, *a.*—**seda c.,** finest silk from choice cocoons.
conchífero, ra, *a.* conchiferous, shell-bearing.
conchil, *m.* rock shell; murex.
conchilla, ita, *f. dim.* small shell.
conchudo, da, *a.* shelly, scaly; cunning, crafty, reserved; cautious.
conchuela, *f. dim.* = CONCHILLA.
condado, *m.* earldom, county; dignity of a count or earl.
condal, *a.* pert. to the dignity of an earl or count.
conde, *m.* earl, count; overseer; elected head or chief of the gipsies.
condecente, *a.* convenient, fit, proper.
condecoración, *f.* decoration, embellishing or decorating; jewelled insignia of knighthood; medal; badge.
condecorar, *va.* to decorate, adorn, embellish; to bestow honors on; to bestow a medal or insignia on; to knight.
condena, *f.* court clerk's attestation of sentence imposed; sentence, term of imprisonment.
condenación, *f.* condemnation; sentence to penalty; conviction (of a criminal); punishment; damnation.
condenado, da, *a.* damned, condemned to eternal punishment; condemned; convicted.
condenador, ra, *n.* & *a.* condemner(-ing), blamer(-ing), incriminator(-ing).
condenar. I. *va.* to prove, find or declare guilty, convict; to sentence; to damn; to condemn, censure, blame; to disapprove; to nail or wall up (a door, window, passage); to condemn as unsafe. **II.** *vr.* to condemn oneself, acknowledge one's fault; to be damned (to hell).
condenatorio, ria, *a.* condemnatory, damnatory.
condensabilidad, *f.* condensability.
condensación, *f.* condensation.
condensado, *m.* condensate.
condensador, ra. I. *a.* condensing. **II.** *m.* (steam eng., elec.) condenser.—**c. de chorro,** (steam eng.) jet condenser.—**c. de mezcla,** (steam eng.) mixing condenser.—**c. de placas,** (elec.) plate condenser.—**c. de superficie,** (steam eng.) surface condenser.
condensante, *a.* condensing.
condensar. I. *va.* to thicken, condense, compress. **II.** *vr.* to be condensed; to gather.
condensativo, va, *a.* condensative.
condesa, *f.* countess.
condescendencia, *f.* compliance.
condescender, *vn.* (*ind.* CONDESCIENDO; *subj.* CONDESCIENDA) to yield, submit, comply.
condescendiente, *a.* agreeable, complaisant.
condesciendo, condescienda. *v. V.* CONDESCENDER.
condesita, *f. dim.* little or young countess.
condesito, *m. dim.* little earl; little count.
condesil, *a.* (coll.) pert. to counts or countesses.
condestable, *m.* constable; lord high constable; (naut.) master gunner.
condestablía, *f.* constableship.
condición, *f.* condition, quality, state; footing; habit, disposition, temper; constitution; quality; rank, class; fashion; clause, stipulation, specification.—**c. callada,** tacit condition, condition understood.—**c. imposible de derecho,** provision or stipulation contrary to the law.—**c. imposible de hecho,** physically impossible provision, provision impossible per se, or de facto.—**c. sine qua non,** condition sine qua non, or absolutely indispensable.—**a c. de que,** or **con la c. de que,** on condition that.—**de c.,** of importance, of high rank.—**de c. que,** so as to.—**estar en condiciones de,** to be in condition to.—**tener c.,** to be rude or ill-tempered.
condicionado, da. I. *pp.* of CONDICIONAR. **II.** *a.* conditioned; conditional.
condicional, *a.* conditional.
condicionalmente, *adv.* conditionally.
condicionamiento, *m.* conditioning.
condicionar, *vn.* to agree, accord; to impose conditions.
condicioncilla, ita, *f. dim.* hasty temper; small clause or stipulation.
condignamente, *adv.* deservedly, duly.
condigno, na, *a.* condign, suitable, deserved, due, merited.
cóndilo, *m.* (anat.) condyle.
condimentar, *va.* to dress or season (foods).
condimento, *m.* condiment, seasoning.
condiscípulo, *m.* schoolmate, fellow student.
condolencia, *f.* condolence.
condolerse, *vr.* (*ind.* CONDUELO; *subj.* CONDUELA)

(de) to condole (with), to be sorry (for), to sympathize (with); to regret.
condominio, *m.* joint ownership.
condómino, *m.* joint owner.
condón, *m.* condom.
condonación, *f.* condonation, pardoning.
condonante, *a.* condoning, forgiving, remitting.
condonar, *va.* to pardon, forgive, remit.
cóndor, *m.* Chilean and Colombian gold coin worth ten dollars; (ornith.) condor.
condotiero, condottiere, *m.* condottiere. (English *pl.* condottieri, as in Italian).
condrila, *f.* (bot.) common gum succory.
condrín, *m.* (P. I.) weight for precious metals = 0.3768 gram.
condrografía, *f.* (zool.) description of cartilages.
condrográfico, ca, *a.* pert. to CONDROGRAFÍA.
condrología, *f.* treatise on cartilages.
condropterigio, gia. I. *n.* & *a.* (ichth.) chondropterygian. **II.** *m. pl.* Chondropterygii.
conducción, *f.*, **conducencia,** *f.* conveyance; carriage; cartage, transportation; act of conveying or conducting, leading, guiding; conduct; stipulated rate or charge for transportation; (auto) driving.
conducente, *a.* conducive, conducent; official.
conducir. I. *va.* & *vn.* (*ind. pres.* CONDUZCO, *pret.* CONDUJE; *subj.* CONDUZCA) to convey, carry; to take, accompany; to direct, lead; to direct, manage, conduct; (auto) to drive. **II.** *vn.* (a) to conduce, contribute (to); to be suitable (for); to lead, tend (to). **III.** *vr.* to behave, act, conduct oneself.
conducta, *f.* conduct, behavior; conveyance, convoy; property convoyed; conduct, government, command, direction, management; party of recruits conducted to the regiment; contract made by a town or village with a physician to attend its sick.
conductero, *m.* one in charge of a convoy.
conductibilidad, *f.* conductibility.
conductible, *a.* conveyable, conductible.
conductividad, *f.* conductivity.
conductivo, va, *a.* conductive, conducting.
conducto, *m.* duct, conduit; channel through which any business is conducted or managed; means; mediator; person through whom anything is accomplished.—**por c. de,** by means of; through.
conductor, ra. I. *a.* conducting. **II.** *m.* conductor; leader; usher; guide; conveyer; (phys. & elec.) conductor; (auto) driver; (Mex.) (Ry. & street car) conductor. **III.** *f.* woman conductor or director.
conduelo, conduela, *v. V.* CONDOLER.
condueño, *m.* (com.) joint owner.
conduje, *pret.* of CONDUCIR.
condumio, *m.* (coll.) meat dressed to be eaten with bread plenty of food.
conduplicación, *f.* (rhet.) reduplication.
condutal, *m.* (mason.) leader; gutter.
conduzco, conduzca, *v. V.* CONDUCIR.
conectador, *m.* (mech.) connector.
conectar, *va.* to connect.
conectivo, va, *a.* connective, connecting.
conector, *m.* connector.
coneja, *f.* female rabbit.
conejal, conejar, *m.* rabbit warren.
conejera, *f.* warren for breeding rabbits; burrow; brothel; (coll.) den or cavern inhabited by poor people or frequented by bad characters, joint.
conejero. I. *m.* warrener, keeper of a rabbit warren. **II.** *a.* rabbit (as *a.*), for rabbits.
conejillo, lla; conejito, ta, *n. dim.* little rabbit. —**conejillo de Indias,** guinea pig.
conejo, ja, *n.* (zool.) rabbit.—**conejuna,** *f.* rabbit down or fur.—**conejuno, na,** *a.* pertaining to rabbits, rabbit (as *a.*)
conexidades, *f. pl.* rights annexed to the principal.
conexión, *f.* connection, union, joint; (mech.) connection, coupling.—**c. de estrella,** (elec.) Y connection.—**c. en delta** or **en triángulo,** (elec.) delta connection.
conexionarse, *vr.* to get in touch, make connections.
conexivo, va, *a.* connective.
conexo, xa, *a.* connected, united, related.
confabulación, *f.* confabulation, easy conversation, chat; leaguing, conspiracy, plot, collusion.
confabulador, ra, *n.* gossip; schemer, plotter.
confabular. I. *vn.* to confabulate; to talk informally, chat. **II.** *vr.* to league, conspire.
confalón, *m.* gonfalon, standard, ensign.
confalonier, confaloniero, *m.* gonfalonier, chief standard-bearer.
confección, *f.* any handwork; workmanship; fancy work, ready made article; (pharm.) confection, compound remedy, concoction.
confeccionador, ra, *n.* one who makes articles of dress or any handwork.
confeccionar, *va.* to make, prepare; put together; to compound, put up (medicines, prescriptions).
confederación, *f.* confederacy, confederation; federation, coalition; international treaty or convention.
confederado, da. I. *pp.* of CONFEDERAR. **II.** *n.* & *a.* confederate, convenanter(-ing), associate.
confederar, *va.* & *vr.* to confederate, join, form a confederacy.
confederativo, va, *a.* confederative.
conferencia, *f.* conference, meeting, conversation, interview; congress; daily lecture in universities; public lecture.
conferenciante, *n.* lecturer.
conferenciar, *vn.* to confer, consult together, hold an interview; to lecture.
conferencista, *n.* (Am.) = CONFERENCIANTE.
conferir. I. *va.* (*ind.* CONFIERO; *subj.* CONFIERA) to confer; to give, bestow, award; to compare. **II.** *vn.* to confer; to lecture.
confesa, *f.* widow who has become a nun.
confesado, da, *n.* (coll.) penitent.
confesante, *n.* one who confesses before a judge.
confesar. I. *va.* (*ind.* CONFIESO; *subj.* CONFIESE) to confess, acknowledge, own, avow, grant; to confess, hear or receive confessions; to confess to a priest.—**c. de plano,** to confess plainly or openly. **II.** *vr.* to confess or make confession; to shrive.
confesión, *f.* confession, avowal, acknowledgment; (relig.) confession.—**c. auricular,** auricular confession.
confesional, *a.* confessional.
confesionario, *m.* confessional; treatise with rules for confessing.
confesionista, *n.* Lutheran.
confeso, sa. I. *a.* & *n.* (one) confessing a crime; converted Jew. **II.** *m.* lay-brother.
confesonario, *m.* confessional.
confesor, *m.* father confessor; title given to holy men by the Roman Catholic Church.
confetti, *m. pl.* confetti.
confiable, *a.* trusty, reliable.
confiadamente, *adv.* trustingly, with confidence.
confiado, da. I. *pp.* of CONFIAR. **II.** *a.* confident, unsuspicious, trusting; presumptuous, arrogant or forward.
confiador, *m.* (law) joint surety, fellow bondsman.
confianza, *f.* confidence, trust, reliance, faith; courage, firmness of opinion; presumptuousness, forwardness, assurance; familiarity, intimacy.—**de c.,** informal, unceremonious.—**en c.,** confidentially.—**confianzudo, da,** *a.* presumptuous, bold, "fresh."
confiar. I. *vn.* **(en)** to rely (on), to trust (in). **II.** *va.* to confide, intrust, credit; to commit to the care of another.
confidencia, *f.* trust, confidence; secret or confidential information.—**hacer confidencias a,** to confide in, tell secrets to.
confidencial, *a.* confidential.—**confidencialmente,** *adv.* confidentially.
confidente. I. *n.* confidant, intimate, counsellor; detective, secret agent, spy; settee for two persons, tête-à-tête. **II.** *a.* true, faithful, trusty.

confiero, confiera, *v.* *V.* CONFERIR.
confieso, confiese, *v.* *V.* CONFESAR.
configuración, *f.* configuration.
configurar, *va.* to form, shape.
confín. I. *a.* bordering, abutting, conterminous; limiting, boundary (as *a.*) **II.** *m.* limit, boundary, confine, border.
confinación, *f.* = CONFINAMIENTO.
confinado, da, *n.* one confined to a place or region under surveillance.
confinamiento, *m.* confinement; banishment to a definite place; (law) confinement within certain bounds under surveillance.
confinante, *a.* = CONFÍN, *a.*
confinar, *va.* & *vn.* to banish to a definite place; to confine, imprison; to border on, abut.—**c. con,** to abut on, be bounded by.
confingir, *va.* (*ind.* CONFINJO; *subj.* CONFINJA) (pharm.) to mix into one mass.
confirmación, *f.* confirmation, corroboration, attestation; (eccl.) confirmation.
confirmadamente, *adv.* firmly, assuredly.
confirmador, ra, *n.* attester, confirmer.
confirmante, *n.* & *a.* confirmer(-ing).
confirmar, *va.* to confirm, corroborate, verify; to strengthen, support, ratify; (eccl.) to confirm.
confirmativo, va, *a.* confirmative.
confirmatorio, ria, *a.* confirmatory, confirmative.
confiscación, *f.* confiscation, forfeiture.
confiscado, da, *a.* confiscate, confiscated.
confiscador, ra, *n.* confiscator.
confiscar, *va.* (*pret.* CONFISQUÉ; *subj.* CONFISQUE) to confiscate.
confitado, da, *a.* candied; confident, sure.
confitar, *va.* to confect, to candy with melted sugar; to make into sweetmeats or into preserves; to dulcify, to sweeten.
confite, *m.* (gen. *pl.*) bonbon; sweets.—**estar a partir de un c.,** or **morder en un c.,** to be hand and glove, to be intimate.
confitente, *a.* (one) confessing a crime.
confíteor, *m.* (Rom. Cath.) confiteor.
confitera, *f.* bonbon container; candy box.
confitería, *f.* confectionery; confectioner's shop.
confitero, ra, *n.* confectioner; tray for sweets.
confitico, illo, ito, *m. dim.* small cookie or cake; caraway cookie.—*pl.* ornaments in the shape of cookies wrought on coverlets.
confitura, *f.* confection, sweetmeat, preserve.
conflación, *f.* fusion, melting of metals, smelting.
conflagración, *f.* conflagration; sudden and violent perturbation of towns and nations.
conflátil, *a.* fusible.
conflictivo, va, *a.* conflicting.
conflicto, *m.* conflict, struggle, strife, combat; (fig.) agony, pang.
confluencia, *f.* confluence.
confluente, *a.* confluent.
confluir, *vn.* (*ind. pres.* él CONFLUYE, *pret.* CONFLUYÓ; *subj.* CONFLUYA) to join (app. to rivers and sea currents); to assemble in one place.
conformación, *f.* conformation.
conformador, *m.* shaper; hat block; boot crimper.
conformar. I. *va.* to conform, adjust, fit. **II.** *vn.* to suit, fit, conform; to cohere; to level. **III.** *vr.* to comply; to yield, submit; to resign oneself.
conforme. I. *a.* alike, corresponding, suitable, congruent, consonant, accordant; correct, acceptable, O. K.; consistent; agreed; as (as in *todo queda c. estaba,* everything remains as it was); compliant, resigned.—**c. a,** consistent with, agreeable to.—**c. con,** resigned to; in agreement with. **II.** *adv.* in due proportion; agreeably, accordingly.
conformemente, *adv.* conformably, unanimously; correctly; agreeably.
conformidad, *f.* resemblance, likeness; conformity; agreement, consistence, consonance, congruence; concord, concordance; symmetry; close attachment of one person to another; affinity; submission, patience, resignation.—**de c.,** by common consent; correctly.—**en c.,** agreeably, suitably, accordingly.
conformismo, *n.* conformism.
conformista, *m.* conformist.
confort, *m.* well-being, comfort.
confortable, *a.* that comforts, consoles; comfortable.
confortación, *f.* comfort, consolation; encouragement.
confortador, ra, *n.* & *a.* comforter(-ing), consoler(-ing), strengthener(-ing).
confortamiento, *m.* comfort, consolation; encouragement.
confortante. I. *a.* & *n.* comforting, soothing (thing or person). **II.** *m. pl.* mitts.
confortar, *va.* to comfort, strengthen, enliven, invigorate; to encourage, console, cheer, solace.
confortativo, va, *a.* comforting; encouraging, cheering, strengthening.
conforte, *m.* = CONFORTACIÓN.
confracción, *f.* fracture, breaking.
confraternidad, *f.* confraternity, brotherhood.
confricación, *f.* rubbing, friction.
confricar, *va.* to rub.
confrontación, *f.* confrontation, confronting; comparison, comparing; sympathy, natural congeniality (between persons).
confrontante, *n.* & *a.* confronter(-ing).
confrontar. I. *va.* to collate, confront; to compare. **II.** *vn.* to agree in sentiments and opinion.—**c. con,** to border on.
confucianismo, *m.* Confucianism.
confucianista, *n.* & *a.* Confucian.
confuciano, na, *n.* & *a.* = CONFUCIANISTA.
confundir. I. *va.* (*pp.* CONFUNDIDO and CONFUSO) to confound, jumble; to perplex, confuse, darken, throw into disorder; to convince by argument; to abase, humiliate.—**c. con,** to confuse with, mistake for. **II.** *vr.* to be bewildered, perplexed, confounded, rattled, mixed up; to be ashamed and humbled.
confusamente, *adv.* confusedly; helter-skelter.
confusión, *f.* confusion, disorder; perplexity; embarrassment, entanglement, confusedness; obscurity; humiliation, shame, ignominy.
confuso, sa. I. *pp. irreg.* of CONFUNDIR. **II.** *a.* confused, mixed, confounded, jumbled together; obscure, doubtful, unintelligible; blurred, indistinct; fearful, timorous, perplexed.—**en c.,** confusedly.
confutación, *f.* confutation, disproof.
confutador, ra, *n.* confuter.
confutar, *va.* to confute, disprove, refute.
congelación, *f.* solidification, freezing, congealing; congealment.
congelador, ra. I. *a.* freezing, refrigerating. **II.** *m.* freezer; deep-freeze.
congelamiento, *m.* = CONGELACIÓN.
congelar. I. *va.* to congeal, freeze; (com.) to freeze. **II.** *vr.* to congeal, freeze.
congelativo, va, *a.* refrigerating, cooling; freezing.
congénere, congenérico, ca, *a.* congeneric, of like kind.
congenial, *a.* congenial; analogous.
congenialidad, *f.* congeniality.
congeniar, *vn.* to be congenial.
congénito, *a.* congenital, connate.
congerie, *f.* congeries, heap, mass.
congestión, *f.* congestion; jam; (med.) congestion.
congestionado, da, *a.* congested; (med.) congested.
congestionar. I. *va.* to congest; to jam; (med.) to congest. **II.** *vr.* to congest, become congested.
congestivo, va, *a.* (med.) congestive.
congiario, *m.* (anc. Rome) congiary, gift to the people.
congio, *m.* congius, an ancient liquid measure.
conglobación, *f.* being made into a ball; mixture and union of immaterial things; (rhet.) accumulation of proofs.

conglobado, da, *a.* conglobate.
conglobar, *va.* to form into a ball; heap together.
conglomeración, *f.* conglomeration, heterogeneous mixture.
conglomerado, da, *n.* & *a.* conglomerate.
conglomerar, *va.* to conglomerate.
conglutinación, *f.* conglutination, glutination, cementing, sticking.
conglutinado, da, *a.* conglutinate.
conglutinar. I. *va.* to conglutinate, cement, unite. **II.** *vr.* to conglutinate, stick together.
conglutinativo, va; conglutinoso, sa, *a.* viscous, glutinous, cementing.
Congo, *m.* Congo.
congo, ga. I. *a.* Congolese. **II.** *n.* Congolese; *m.* (Am., zool.) congo monkey; (Mex., Cuba) pig's foot.
congoja, *f.* anguish, dismay, anxiety, grief, sorrow.—**congojar,** *va.* to afflict, grieve.
congojosamente, *adv.* anxiously, sorrowfully.
congojoso, sa, *a.* afflictive, distressing; afflicted.
congoleño, ña, *n.* & *a.* Congo(l)ese.
congolés, lesa, *n.* & *a.* Congo(l)ese.
congosto, *m.* narrow pass, defile.
congraciador, ra, *n.* flatterer, fawner, wheedler; congratulator.
congraciamiento, *m.* flattery, fawning.
congraciar. I. *va.* to adulate, flatter. **II.** *vr.* **(con)** to get into the good graces (of).
congratulación, *f.* congratulation.
congratulador, ra, *n.* congratulant, congratulator.
congratular. I. *va.* to congratulate, compliment. **II.** *vr.* to congratulate oneself, rejoice.
congratulatorio, ria, *a.* congratulatory, congratulating.
congratulorio, ria, *a.* congratulant, congratulating.
congregación, *f.* congregation; meeting, assembly; fraternity, brotherhood.
congregacionalismo, *m.* Congregationalism.
congregacionalista, *n.* & *a.* Congregationalist.
congregado, da, *a.* congregate, conglomerate.
congregante, ta, *n.* member of a congregation, fraternity, or brotherhood.
congregar, *va.* & *vr.* (*pret.* CONGREGUÉ; *subj.* CONGREGUE) to assemble, meet, congregate, gather.
congresista, *n.* congressman(-woman).
congreso, *m.* congress, consistory, convention, assembly; sexual intercourse.—**C. de los Diputados,** House of Representatives.
congrio, *m.* (zool.) conger eel, sea eel.
congrua, *f.* competent sustenance to one who is to be ordained a priest.
congruamente, *adv.* conveniently; becomingly.
congruencia, *f.* convenience; fitness; congruence.
congruente, *a.* congruent, corresponding.
congruentemente, *adv.* suitably, congruously.
congruo, grua, *a.* congruous, apt, fit, suitable.
cónica, *f.* (math.) conic, conic section.
conicidad, *f.* conicity.
conicina, *f.* (chem.) conine, coniine.
cónico, ca, *a.* conical, conic.
conidio, *m.* (bot.) conidium.
conífero, ra. I. *a.* (bot.) coniferous. **II.** *f. pl.* Coniferæ.
coniforme, *a.* coniform, cone-shaped.
conirrostro, tra, *a.* (ornith.) conirostral.
conivalvo, va, *a.* (zool.) having a conical shell.
coniza, *f.* (bot.) great fleabane.
conjetura, *f.* conjecture, surmise, guess.
conjeturador, ra, *n.* conjecturer, guesser.
conjetural, *a.* conjectural.
conjeturalmente, *adv.* conjecturally, by guess.
conjeturar, *va.* to conjecture, guess.
conjuez, *m.* cojudge.
conjugable, *a.* (gram.) conjugable.
conjugación, *f.* conjugation.
conjugado, da. I. *pp.* of CONJUGAR. **II.** *a.* (math.) conjugate.
conjugar, *va.* (*pret.* CONJUGUÉ; *subj.* CONJUGUE) (gram.) to conjugate.
conjunción, *f.* conjunction, union, association, league; conjugation; copulation; act of coupling or joining together; consolidation; (gram., astr.) conjunction.
conjuntamente, *adv.* in all, all together, jointly.
conjuntiva, *f.* (anat.) conjunctiva.
conjuntival, *a.* conjunctival.
conjuntivitis, *f.* (med.) conjunctivitis.
conjuntivo, va, *a.* conjunctive.
conjunto, ta. I. *a.* united, connected; contiguous; allied by kindred or friendship; mixed or incorporated with another thing. **II.** *m.* whole, aggregate, entirety; (sport) team; unit, system of parts (as *c. de cola,* tail unit of an airplane).—**en c.,** as a whole; in all, totally.
conjura, conjuración, *f.* conspiracy, conjuration, plot, machination.
conjurado, da. I. *pp.* of CONJURAR. **II.** *n.* conspirator.
conjurador, ra, *n.* conspirator; exorcist.
conjuramentar. I. *va.* to administer an oath to, swear in. **II.** *vr.* to bind oneself by oath, take an oath.
conjurante, *a.* conjuring; conspiring.
conjurar. I. *vn.* to conspire, plot; to join in a conspiracy. **II.** *va.* to exorcise; to entreat, implore; to avert, ward off.
conjuro, *m.* conjuration; exorcism; entreaty.
conllevador, ra, *n.* helper, assistant.
conllevar, *va.* to aid; to bear with patience.
conmemorable, *a.* commemorable.
conmemoración, *f.* commemoration, celebration.
conmemorar, *va.* to commemorate, celebrate.
conmemorativo, va, conmemoratorio, ria, *a.* commemorative, commemoratory; memorial.
conmensal, *m.* messmate, fellow boarder.
conmensalía, *f.* eating together.
conmensurabilidad, *f.* commensurability.
conmensurable, *a.* commensurable.
conmensuración, *f.* commensuration.
conmensurar, *va.* to make commensurate.
conmensurativo, va, *a.* that makes commensurate.
conmigo, with me, with myself. *V.* CON.
conmilitón, *m.* comrade, companion; fellow soldier.
conminación, *f.* commination, threat.
conminar, *va.* to threaten; (law) to denounce punishment.—**conminatorio, ria,** *a.* comminatory, denunciatory, threatening.
conminuta, *a.* (surg.).—**fractura c.,** comminuted.
conmiseración, *f.* commisseration, pity, sympathy.
conmistión, *f.* commixture.
conmisto, ta, *a.* mixed, mingled, incorporated.
conmistura, *f.* = CONMISTIÓN.
conmixto, ta, *a.* = CONMISTO.
conmoción, *f.* commotion, excitement, stirring up, flurry, disturbance.
conmoción cerebral, *f.* (med.) concussion of the brain.
conmonitorio, *m.* written narrative of an event; (law) reminder from a superior to an inferior judge.
conmovedor, ra. I. *a.* touching; sad, pathetic; exciting, stirring. **II.** *n.* disturber, agitator.
conmover, *va.* (*ind.* CONMUEVO; *subj.* CONMUEVA) to touch, appeal to; to disturb, agitate, stir up.
conmovido, da, *a.* moved, touched.
conmutabilidad, *f.* commutability.
conmutable, *a.* commutable.
conmutación, *f.* commutation, exchange.
conmutador, *m.* electric switch; telegraph key.
conmutar, *va.* to exchange, barter.
conmutativo, va, *a.* commutative.
connato, ta, *a.* (bot.) connate.
connatural, *a.* connatural, inborn.
connaturalización, *f.* naturalization, adaptation to new conditions, acclimatization.

connaturalizarse, *vr.* to accustom oneself; to become inured or acclimated.
connaturalmente, *adv.* connaturally.
connivencia, *f.* connivance; plotting.
connotación, *f.* connotation; distant kinship or relationship.
connotado, *n.* remote relationship.
connotante, *a.* connotative.
connotar, *va.* to connote, imply.
connotativo, va, *a.* (gram.) connotative.
connovicio, cia, *n.* fellow novice.
connubial, *a.* connubial, matrimonial, conjugal.
connubio, *m.* matrimony, marriage, wedlock.
connumerar, *va.* to enumerate, include in a number.
cono, *m.* (geom.) cone; (bot.) cone, fruit of the pine family.
conocedor, ra. I. *a.* **(de)** familiar (with), expert (in). **II.** *n.* connoisseur, expert; chief herdsman.
conocer. I. *va.* (*ind.* CONOZCO; *subj.* CONOZCA) to know; to experience, observe, perceive, comprehend; to be, or become, acquainted with; to know carnally. **II.** *vn.* to know.—**c. de una causa,** or **pleito,** (law) to try a case (app. to a judge). **III.** *vr.* to know each other; to meet, get acquainted; to know oneself.
conocible, *a.* cognoscible, knowable.
conocidamente, *adv.* in a known manner.
conocido, da. I. *pp.* of CONOCER. **II.** *a.* prominent, well known. **III.** *n.* acquaintance.
conocimiento, *m.* knowledge, understanding; consciousness; skill, ability; acquaintance, slight friendship; (com.) (or **c. de embarque**) bill of lading; note of identification, voucher; (Am.) check for baggage.—*pl.* learning, erudition.—**poner en c. de,** to inform, notify.—**venir en c. de,** to learn of.
conoidal, *a.* conoidal.
conoide, *m.* (geom.) conoid.
conopial, conopio, *m.* (arch.) ogee arch.
conozco, conozca, *v. V.* CONOCER.
conque. I. *conj.* so then; now then; and so; well then. **II.** *m.* (coll.) wherewithal.
conquiforme, *a.* conchiform, shell-shaped.
conquiliología, *f.* (zool.) conchology.
conquiliólogo, ga, *n.* conchologist.
conquista, *f.* conquest, subjugation; conquered territory or thing; winning another's affections.
conquistable, *a.* conquerable; attainable, accessible.
conquistador, ra. I. *a.* conquering, subduing. **II.** *n.* conqueror, subduer.
conquistar, *va.* to conquer, overcome, subdue; to win (another's affections).
conrear, *va.* to grease (wool); (agr.) to hoe.
conreinar, *vn.* to reign with another.
consabido, da, *a.* already known, alluded to, in question, before-mentioned, aforesaid.
consabidor, ra, *n.* one who possesses knowledge jointly with others.
consagración, *f.* consecration.
consagrado, da. I. *pp.* of CONSAGRAR. **II.** *a.* sacred; devoted, given (to study, sports, etc.).
consagrante, *n.* consecrator.
consagrar. I. *va.* to consecrate, hallow, make sacred; to deify; to consecrate, devote, dedicate; to erect (a monument). **II.** *vr.* to devote or give oneself (to study, work, etc.)
consanguíneo, nea, *a.* consanguineous, cognate, kindred.—**consanguinidad,** *f.* consanguinity.
consciente, *a.* conscious; aware; of sound mind, sane; (law) compos mentis.
conscientemente, *adv.* consciously.
conscripción, *f.* (mil.) conscription.
conscripto, ta. I. *a.* conscript.—**padres conscriptos,** conscript fathers, senators of ancient Rome. **II.** *m.* conscript, draftee.
consectario, ria. I. *a.* consequent; annexed. **II.** *m.* corollary.
consecución, *f.* attainment, obtaining, acquisition.
consecuencia, *f.* consequence, conclusion, inference; issue; consistence, firmness, coherence: consequence, importance, moment, concern.—**a c. de,** because of.—**en c.,** consequently, therefore.—**guardar c.,** to be consistent.—**por c.** = EN C.—**ser de c.,** to be important.—**traer a c.,** to adduce, bring to bear, or as corroborative evidence.
consecuente. I. *m.* effect, issue, consequence; (math.) consequent. **II.** *a.* consequent, following; consistent, logical.
consecutivo, va, *a.* consecutive.
conseguimiento, *m.* attainment, obtainment, acquisition.
conseguir, *va.* (*ind.* CONSIGO; *subj.* CONSIGA) to attain, get, obtain (*consigue que venga,* he gets him to come); to succeed in.
conseja, *f.* story, fairy tale, fable.
consejera, *f.* counsellor's wife; woman adviser.
consejero, *m.* counsellor, member of a council; adviser; anything that gives warning.—**c. de la corona,** crown minister.—**c. en eficiencia,** (U. S.) efficiency expert.
consejo, *m.* counsel, advice; council, court, assembly of magistrates, advisory board, consulting body; council house.—**c. de guerra,** court-martial; council of war.—**c. de ministros,** cabinet.—**C. de Seguridad,** Security Council. —**c. municipal,** board of aldermen.—**c. privado,** privy council.—**seguir c. de guerra a,** to court-martial.
consenciente, *a.* consenting; conniving.
consenso, *m.* general assent; agreement of opinion, consensus.
consensual, *a.* (law) consensual.
consentido, da. I. *pp.* of CONSENTIR. **II.** *a.* spoiled (child), coddled.
consentidor, ra, *n.* complier, conniver; coddler.
consentimiento, *m.* consent; coddling; compliance, acquiescence; (med.) consent.
consentir. I. *va.* (*ind.* CONSIENTO; *subj.* CONSIENTA) to allow, permit, tolerate, acquiesce in, condescend to; to believe; to accept, admit; to admit of; to coddle, spoil, overindulge. **II.** *vn.* (mech.) to flag, give way, weaken, become loose. —**c. en** (foll. by inf.), to consent to (inf.). **III.** *vr.* to spring, crack, begin to break.
conserje, *m.* keeper or warden of a royal palace, castle, or public building; janitor, concierge.
conserjería, *f.* wardenship of a royal palace or castle; warden's dwelling; janitor's office, conciergerie.
conserva, *f.* conserve, preserve, jam; pickles; fleet of merchantmen under convoy of a ship of war.—**c. trojezada,** preserve of minced fruit.—**conservas alimenticias,** canned goods.—**en c.,** canned, preserved.
conservación, *f.* conservation; preservation; maintenance, upkeep.—**c. de la energía,** (phys.) conservation of energy.—**c. de la masa,** (phys.) conservation of mass.
conservador, ra. I. *n.* conservator, preserver; curator. **II.** *n.* & *a.* conserver(-ing); (pol.) Conservative.—**juez c.** person appointed to guard the rights of a community.
conservaduría, *f.* dignity in the order of Malta.
conservadurismo, *m.* conservatism.
conservante, *n.* & *a.* conserver (-ing).
conservar. I. *va.* to conserve, maintain, preserve, keep; to guard; to preserve or pickle (fruit), to can. **II.** *vr.* to keep young, be well preserved.
conservatismo, *m.* conservatism.
conservativo, va, *a.* conservative, preservative.
conservatoría, *f.* place and office of a JUEZ CONSERVADOR; grant to communities to choose their own conservators.—*pl.* letters patent granted by conservators.
conservatorio, ria. I. *a.* conservatory; having a preservative quality. **II.** *m.* conservatory, place for instruction in the fine arts.
conservero, ra, *n.* preparer of conserves.
considerable, *a.* considerable, great, large.
consideración, *f.* consideration, regard; notice; sake, account; reflection, contemplation, meditation; importance; urbanity, respect.—**en c.,**

considering, in, or into, consideration, in proportion.—**guardar**, or **tener, consideraciones a,** to show consideration to.—**ser de c.,** to be of importance or moment.
considerado, da, *a.* prudent; considerate; thoughtful, tactful; esteemed, distinguished.
considerador, ra, *n.* one who considers or who shows consideration.
considerando. I. *ger.* of CONSIDERAR. **II.** *conj.* whereas (as used in enumerating reasons or circumstances in legal language). **III.** *m.* introductory clause, introduced with "whereas."
considerante, *a.* considering.
considerar, *va.* to consider, meditate, think over; to treat with respect, show consideration to.
consiento, consienta, *v. V.* CONSENTIR.
consiervo, *m.* fellow serf.
consigna, *f.* (mil.) watchword, countersign.
consignación, *f.* consignation, assignation, apportionment; (com.) consignment, shipment.
consignador, ra, *n.* (com.) consignor.
consignar, *va.* to consign, assign, make over; to set apart, devote; to yield, intrust; to state in writing; to lay by, to deposit; (com.) to consign (goods); (law) to deposit in trust.
consignatario, *m.* trustee; (law) mortgagee who enjoys the property mortgaged until the debt be paid out of the proceeds; (com.) consignee.
[1]**consigo,** with oneself, himself, herself, themselves, yourself, yourselves. *V.* CON.—**c. mismo, c. propio,** or **c. solo,** alone, by oneself.
[2]**consigo, consiga,** *v. V.* CONSEGUIR.
consiguiente. I. *m.* consequence, result, effect. —**de c., por c., por el c.,** consequently, therefore. **II.** *a.* consequent, resulting, following; consistent, logical.—**consiguientemente,** *adv.* consequently.
consiliario, *m.* counsellor; assistant to head of a corporation.
consintiente, *a.* consenting, agreeing.
consistencia, *f.* consistence, consistency; stability; duration; coherence; conformity; firmness, solidity.
consistente, *a.* consistent, firm, solid.
consistir, *vn.* to consist, subsist, continue fixed; to be comprised, contained.—**c. en,** to lie, to be a matter of, consist in (*never* to consist *of*, in the sense of "to be composed of").
consistorial, *a.* consistorial, belonging or relating to an ecclesiastical court.
consistorio, *m.* consistory, ecclesiastical court; pontifical senate; in some Spanish towns, the municipal council and the townhouse or town hall.—**c. divino,** tribunal of God.
consocio, *m.* partner, associate; companion, fellow, comrade.
consol, *m.* (Peru) = CONSOLA.
consola, *f.* console, pier table; bracket shelf.
consolación, *f.* consolation, comfort; (in some card games) forfeit.
consolado, da. I. *pp.* of CONSOLAR. **II.** *a.* consoled, comforted.
consolador, ra, *n.* & *a.* comforter(-ing), consoler(-ing), soother(-ing).
consolante, *a.* comforting, consoling, soothing.
consolar, *va.* (*ind.* CONSUELO; *subj.* CONSUELE) to console, comfort, cheer, soothe.
consolativo, va; consolatorio, ria, *a.* consolatory, consoling, comforting.
consólida, *f.* (bot.) = CONSUELDA.—**c. real,** larkspur.
consolidación, *f.* consolidation.
consolidado, da, *a.* consolidated; (of debts) funded.—*pl.* consolidated annuities, consols, government securities.
consolidar. I. *va.* to consolidate, compact; to harden, strengthen; to fund (debts). **II.** *vr.* to consolidate, grow firm, hard, or solid; (law) to unite.
consolidativo, va, *a.* consolidant, consolidative.
consonancia, *f.* consonance, harmony, rime; consistency, congruence; consent; conformity.
consonante. I. *m.* riming word, rime; (mus.) consonous or corresponding sound. **II.** *f.* & *a.* (gram.) consonant. **III.** *a.* consonant, consistent, concordant.
consonar, *vn.* (*ind.* CONSUENO; *subj.* CONSUENE) (mus.) to make harmonious sounds; (poet.) to rime; to agree, harmonize, become, fit.
cónsones, *m. pl.* (mus.) harmonious chord.
cónsono, na, *a.* consonous, harmonious, consonant.
consorcio, *m.* consortium, partnership, society; marital union; friendly intercourse; mutual affection.
consorte, *n.* consort; companion, partner, mate; one who enters or defends an action jointly with another.
conspicuo, cua, *a.* conspicuous; prominent, distinguished.
conspiración, *f.* conspiracy, plot.
conspirado, da; conspirador, ra; conspirante, *n.* & *a.* conspirator(-ing).
conspirar, *vn.* to conspire, plot; to agree together, coöperate, combine.
constancia, *f.* constancy, perseverance; (Am.) record, written evidence.
constante. I. *a.* constant; continual, uninterrupted; firm, unalterable, immutable; loyal, constant; manifest, apparent, clear; composed, consisting. **II.** *f.* & *a.* (math.) constant.
constantemente, *adv.* constantly; firmly, unalterably; evidently, undoubtedly.
constantinopolitano, na, *a.* of or pertaining to Constantinople.
constar, *v. impers.* to be clear, evident, certain (with diff. constr. as *le consta que,* he is certain that); to be recorded, registered; (**de**) to be composed (of), consist (of); (of verses) to have the proper measure and accent.
constatación, *f.* (Gal.) substantiation, verification.
constatar, *va.* (Gal.) to verify, confirm; to record.
constelación, *f.* constellation; climate, temperature; (with **correr**) epidemic.—**una c. corre,** an epidemic is raging.
consternación, *f.* consternation, distress; horror, panic.
consternar, *va.* to terrify, strike with horror or amazement; to cause a panic to or in; to distress, grieve.
constipación, *f.* constipation; cold in the head.
constipado, da. I. *pp.* of CONSTIPAR. **II.** *a.* suffering from a cold. **III.** *m.* head cold.
constipante, *a.* constipating, binding.
constipar. I. *va.* to constipate, bind; to cause a cold. **II.** *vr.* to become costive; to catch cold.
constipativo, va, *a.* = CONSTIPANTE.
constitución, *f.* constitution (in all its meanings); rules and by-laws.
constitucional. I. *m.* constitutionalist. **II.** *a.* constitutional.
constitucionalidad, *f.* constitutionality.
constitucionalismo, *m.* constitutionalism.
constituir. I. *va.* (*ind.* CONSTITUYO; *subj.* CONSTITUYA) to constitute; erect, establish, make, create; appoint, depute. **II.** *vr.* **constituirse en obligación de,** to bind oneself to perform.
constitutivo, va. I. *a.* constitutive, essential. **II.** *n.* constituent.
constituyente, *n.* & *a.* constituent.
constituyo, constituya, *v. V.* CONSTITUIR.
constreñidamente, *adv.* compulsively.
constreñimiento, *m.* constraint compulsion.
constreñir, *va.* (*ind.* CONSTRIÑO; *subj.* CONSTRIÑA) to constrain, compel, force; (med.) to bind or make costive; to contract.
constricción, *f.* contraction.
constrictivo, va, *a.* binding, constricting, astringent; compelling, forcing.
constrictor, ra, *a.* constrictor.
constringente, *a.* constringent.
constriño, constriña, *v. V.* CONSTREÑIR.
construcción, *f.* construction; act and art of

constructing; architecture; structure; building; (gram.) construction.—**de c.**, structural.
constructivo, va, *a.* constructive.
constructor, ra, *n.* builder; maker.—**c. de buques**, shipbuilder.
construir, *va.* (*ind. pres.* CONSTRUYO, *pret.* él CONSTRUYÓ; *subj.* CONSTRUYA) to form, build, construct; to translate literally; (gram.) to construct.
constuprador, *m.* debaucher, defiler, corrupter.
constuprar, *va.* to defile, debauch, corrupt.
consubstanciación, *f.* (theol.) consubstantiation.
consubstancial, *a.* (theol.) consubstantial.
consubstancialidad, *f.* consubstantiality.
consuegrar, *vn.* to become joint fathers- or mothers-in-law.
consuegro, gra, *n.* parent-in-law with respect to the parent of one's son- or daughter-in-law.
consuelda, *f.* (bot.) comfrey.
[1]**consuelo**, *m.* consolation, comfort; joy, merriment.—**sin c.**, (coll.) without stint, to excess.
[2]**consuelo, consuele**, *v. V.* CONSOLAR.
consueno, consuene, *v. V.* CONSONAR.
consueta, *n.* stage prompter; (prov.) directory for divine service.—*pl.* short prayers.
consuetudinario, ria, *a.* customary, generally practised; common (law); (theol.) in the habit of sinning.
cónsul, *n.* consul.—**c. general**, consul general.
consulado, *m.* consulate; consulship; tribunal or court of commerce.—**c. general**, consulate general.
consular, *a.* consular.
consulta, *f.* question proposed, or the answer given in writing; consultation, conference; office hours (of a doctor); report made and advice given to the king in council.
consultable, *a.* worthy or necessary to be deliberated upon.
consultación, *f.* consultation, conference, meeting.
consultante, *n.* & *a.* consulter(-ing).
consultar, *va.* to consult, ask advice of; to advise; to deliberate about, discuss.—**c. con la almohada**, (coll.) to sleep on, think over.
consultivo, va, *a.* consultative, conciliary, advisory.
consultor, ra, *n.* & *a.* consulter(-ing), adviser (-ing), counsel, counsellor.
consultorio, *m.* bureau of information; (med.) consulting institution, clinic.
consumación, *f.* consummation, end, completion; destruction, suppression, total extinction.—**c. de los siglos**, end of the world.
consumadamente, *adv.* perfectly, completely, consummately.
consumado, da. I. *pp.* of CONSUMAR. **II.** *a.* consummate, complete, perfect. **III.** *m.* jelly broth; consommé.
consumador, ra, *n.* finisher; one who consummates, perfects, or finishes.
consumar, *va.* to consummate, finish, perfect, complete; to commit (a crime).
consumativo, va, *a.* consummate; (of the sacrament) that consummates or completes.
consumible, *a.* consumable.
consumido, da, *a.* (coll.) thin, exhausted, emaciated, wasted away; easily afflicted.
consumidor, ra, *n.* & *a.* consumer(-ing); -eating (as **países consumidores de arroz**, rice-eating countries).
consumimiento, *m.* consumption.
consumir. I. *va.* (*pp.* CONSUMIDO and CONSUNTO) to consume; to waste away; to destroy, extirpate; to wear out, exhaust; to afflict, grieve; to take (the Eucharist) in the mass (used also as *vn.*). **II.** *vr.* to be spent, exhausted, run out; to fret; to be uneasy, vexed; to waste away, pine, languish.—**c. de**, to be consumed by, or with.
consumo, *m.* consumption (of provisions, fuel, merchandise).—*pl.* excise tax.
consunción, *f.* consumption, waste, decline; (med.) consumption, tuberculosis.
consuno, na.—**de c.**, jointly, together, in accord.
consuntivo, va, *a.* consuming.
consunto, ta, *pp. irreg.* of CONSUMIR.
consustanciación, *f.* = CONSUBSTANCIACIÓN.
consustancial, *a.* = CONSUBSTANCIAL.
contabescencia, *f.* (med.) contabescence.
contabilidad, *f.* bookkeeping, accounting; calculability.
contabilista, *n.* (Am.) bookkeeper, accountant.
contable, *a.* countable.
contacto, *m.* contact; (elec.) contact; terminal, binding post; (auto) ignition.
contadero, ra. I. *a.* countable, numerable. **II.** *m.* narrow passage where sheep or cattle are counted.—**entrar**, or **salir, por c.**, to go in or out through a narrow passage.
contado, da. I. *pp.* of CONTAR. **II.** *a.* scarce, rare, uncommon; few (as *son contadas las personas que*, there are very few people that).—**al c.**, (for) cash.—**de c.**, cash; instantly, immediately; in hand.—**por de c.**, of course, as a matter of course.
contador, ra, *n.* purser, paymaster, cashier; computer; accountant, bookkeeper; numberer, automatic counter; telltale; meter for gas, water, or electricity; cash register, counter; table or bench in a business office, desk; (law) auditor; receiver.—**c. de Geiger**, Geiger counter.
contaduría, *f.* accountant's or auditor's office at the exchequer; auditorship; office of a cashier, paymaster or treasurer; box office, in a theater.
contagiar. I. *va.* to infect, communicate, spread by contagion; to corrupt, pervert. **II.** *vr.* (**de**) to become infected (with), take by contagion.
contagio, *m.* contagion; contagious disease; corruption of morals.
contagión, *f.* progressive malignity of a disease, as cancer; propagation of vice and evil habits.
contagiosidad, *f.* contagiousness.
contagioso, sa, *a.* contagious; perverting.
contal, *m.* string of beads for counting.
contaminación, *f.* contamination, pollution; defilement; stain, blot.
contaminado, da. I. *pp.* of CONTAMINAR. **II.** *a.* contaminated, corrupted, polluted.
contaminante, *m.* contaminant.
contaminar, *va.* to contaminate, defile, pollute; pervert, corrupt; to infect by contagion; to corrupt, vitiate, or destroy the integrity of (a text or original); to profane.
contante.—**dinero c.**, or **dinero c. y sonante**, ready money, cash.
contar. I. *va.* (*ind.* CUENTO; *subj.* CUENTE) to count, reckon, number; to relate, tell; to book; to place to account; to class; to rate; to consider, look upon. **II.** *vn.* to compute, figure.—**c. con**, to depend on, rely on; to reckon with, take into account.
contemperar, *va.* to temper, moderate.
contemplación, *f.* contemplation, meditation; compliance, complaisance.
contemplador, ra, *n.* contemplator.
contemplar, *va.* to contemplate, examine, study; to view, behold, look upon; to meditate, muse over; to be lenient or complaisant with; to coddle, overindulge, spoil (a child).
contemplativamente, *adv.* attentively, thoughtfully, contemplatively.
contemplativo, va. I. *a.* contemplative; studious; lenient; complaisant. **II.** *m.* contemplator; pious devotee.
contemporaneidad, *f.* contemporaneousness.
contemporáneo, nea, *n.* & *a.* contemporary, coetaneous, coeval.
contemporicé, contemporice, *v. V.* CONTEMPORIZAR.
contemporización, *f.* temporizing, compliance.

contemporizador, ra, *n.* temporizer; complier.
contemporizar, *vn.* (*pret.* CONTEMPORICÉ; *subj.* CONTEMPORICE) to temporize; to comply; to adapt oneself.
contención, *f.* contention; emulation; contest, dispute, strife.
contencioso, sa, *a.* contentious; quarrelsome, disputatious; (law) being the object of strife or dispute; litigious.
contendedor, *m.* = CONTENDOR.
contender, *vn.* (*ind.* CONTIENDO; *subj.* CONTIENDA) to fight, combat; contend, debate; dispute; litigate; to argue, discuss, expostulate. —**contendiente,** *n.* & *a.* fighter(-ing), disputant, litigant.—**contendor,** *m.* fighter, contender, antagonist, opponent.
contenedor, ra, *n.* holder, tenant.
contenencia, *f.* suspension in the flight of birds; a peculiar movement in Spanish dancing; (law) demurrer.
contener. I. *va.* (*ind. pres.* CONTENGO, *pret.* CONTUVE; *subj.* CONTENGA) to contain, hold; to comprise, include, embrace; to check, curb, restrain, stop. **II.** *vr.* to control oneself, to refrain.
contenible, *a.* containable.
contenido, da. I. *pp.* of CONTENER. **II.** *a.* moderate, prudent, temperate, modest. **III.** *m.* contents; inclosure.
conteniente, *a.* containing, comprising.
contenta, *f.* (com.) indorsement (also ENDOSO); satisfactory treat or present; (mil.) certificate of good conduct; (law) acknowledgment of payment, release.
contentadizo, za, *a.* (sometimes preceded by **bien**) easily pleased.—**mal c.,** hard to please.
contentamiento, *m.* contentment, joy, satisfaction, content.
contentar. I. *va.* to satisfy, gratify, please; (com.) to indorse (also ENDORSAR).—**ser de buen (mal) c.,** to be easy (hard) to please. **II.** *vr.* to be contented, satisfied; (Am.) to become reconciled, make up.
contentible, *a.* contemptible.
contentivo, va, *a.* containing, comprising.
contento, ta. I. *a.* glad, pleased, contented, satisfied, content. **II.** *m.* contentment, joy, satisfaction, mirth; (law) release, discharge.—**a c.,** to one's satisfaction.
contera, *f.* shoe (of cane, umbrella, etc.); chape of a scabbard; button of the cascabel of a gun; refrain of a song.—**por c.,** at the end, as a finish.
contérmino, na, *a.* contiguous, abutting.
conterráneo, nea, *n.* countryman(-woman), fellow citizen.
contertuliano, na; contertulio, lia, *a.* belonging to the same social circle, of the same set.
contestable, *a.* contestable, disputable.
contestación, *f.* answer, reply; contestation, the act of contesting; debate, altercation, dispute.
contestar. I. *va.* to answer, reply; to confirm (the deposition of another); to prove; to attest. **II.** *vn.* to agree, to accord.
conteste, *a.* (law) confirming the evidence of another.
contexto, *m.* intertexture; context.
contextuar, *va.* to prove by quoting authorities.
contextura, *f.* contexture, texture; context; frame and structure of the human body.
conticinio, *m.* dead of night.
contienda, *f.* contest, dispute, debate; strife, fray, struggle.
contiendo, contienda, *v. V.* CONTENDER.
contignación, *f.* (arch.) contignation.
contigo, with thee, you (intimate). *V.* CON.
contiguidad, *f.* contiguity, closeness.
contiguo, gua, *a.* contiguous, close, adjacent.
continencia, *f.* continence, self-control; abstinence, moderation; graceful bow in a dance; act of containing.—**c. de la causa,** (law) unity which should exist in every judgment or sentence.
continental, *a.* continental.
continente. I. *m.* continent; container; countenance, mien. **II.** *a.* continent, abstemious, sober, moderate.—**continentemente,** *adv.* moderately, abstemiously, chastely.
contingencia, *f.* contingency, emergency, possibility, risk.
contingente. I. *a.* contingent, accidental. **II.** *m.* contingent, share.—**contingentemente,** *adv.* casually, accidentally, contingently.
contingible, *a.* that may happen, possible.
continuación, *f.* continuation; prolongation, lengthening; continuance, stay.—**a c.,** immediately (afterwards).
continuado, da, *a.* continued.
continuador, ra, *n.* continuer, continuator.
continuamente, *adv.* continually; continuously.
continuar, *va.* & *vn.* to continue, pursue, carry on; to remain, or still be, in the same state, hold; to last, endure; to prolong.
continuativo, va, *a.* continuative.
continuidad, *f.* continuity.
continuo, nua. I. *a.* continuous, uninterrupted; prolonged; continual, constant, lasting; assiduous, steady, persevering; (mech.) endless.—**a la continua,** or **de continuo,** continually, constantly.—**corriente c.,** (elec.) direct current. **II.** *m.* continuous whole; yeoman of the crown; (math., phil.) continuum.
contómetro, *m.* Comptometer (trademark).
contonearse, *vr.* to walk with an affected air or manner, to strut.—**contoneo,** *m.* affected gait or manner of walking, strut.
contorcerse, *vr.* (*ind.* CONTUERZO; *subj.* CONTUERZA) to distort, twist one's body, writhe.
contorción, *f.* contortion.
contornado, *a.* (her.) (of animals' heads) turned toward the left side of the shield.
contornar, contornear, *va.* to trace the contour or outline of.—**contorneo,** *m.* = RODEO, a turn (round a place).
contorno, *m.* environs of a place; neighborhood; contour, outline.—**en c.,** round about.
contorsión, *f.* contortion, twist, wry motion, grotesque gesture.
contorsionista, *n.* contortionist.
contra. I. *prep.* against, across, athwart, in opposition to, counter, contrary to, opposite to; (in composition, gen.) counter.—**c. viento y marea,** against all odds. **II.** *m.* opposite sense; opposite opinion; pedal of an organ.—*pl.* (mus.) organ pipes forming the lowest bass.—**el pro y el c.,** the pros and cons. **III.** *f.* difficulty, obstacle; counter, in fencing; (Am.) ÑAPA, extra, something thrown in.—**en c., en c. de,** against, in opposition to.—**hacer la c., llevar la c.,** to oppose, to contradict.
contraabertura, *f.* (surg.) contrafissure.
contraábside, *n.* western absis.
contraaletas, *f. pl.* (naut.) counter-fashion pieces.
contraalisio, *m.* antitrade (wind).
contraalmirante, *m.* rear admiral.
contraamantillos, *f. pl.* (naut.) preventer lifts, counterbraces.
contraamura, *f.* (naut.) preventer tack.
contraaproches, *m. pl.* (fort.) counterapproaches.
contraarmiños, *m. pl.* (her.) black field and white spots.
contraatacar, *va.* & *vn.* to counterattack.
contraataque, *m.* (mil.) counter attack.—*pl.* fortified lines of defense.
contraaviso, *m.* counterinformation, counterorder.
contrabajo, *m.* (mus.) contrabass; contrabass viol; contrabassist, contrabasso.
contrabalancear, *va.* to counterbalance, counterpoise.
contrabalanza, *f.* CONTRAPESO, counterweight; counterbalance; CONTRAPOSICIÓN, contrast.
contrabandear, *vn.* to smuggle.

contrabandista, *m.* smuggler, contrabandist.
contrabando, *m.* contraband; smuggling; unlawful action.—**c. de guerra,** contraband of war.—**ir,** or **venir, de c.,** to go, or come, by stealth; to sneak out, or in.
contrabarrado, da, *a.* (her.) counterbarred.
contrabarrera, *f.* inner barrier in a bull ring.
contrabasa, *f.* (arch.) = PEDESTAL, pedestal.
contrabatería, *f.* counterbattery.
contrabatir, *va.* to fire upon (the enemy's artillery).
contrabitas, *f. pl.* (naut.) standards of the bitts.
contrabolina, *f.* (naut.) preventer bowline.
contrabovedilla, *f.* (naut.) second counter, upper counter.
contrabracear, *va.* (naut.) to counterbrace.
contrabraceo, *m.* (naut.) counterbracing.
contrabranque, *m.* (naut.) stemson, apron.
contrabraza, *f.* (naut.) preventer brace.
contrabrazola, *f.* (naut.) headledge.
contracalcar, *va.* to trace from the back, so as to obtain a back view of the original drawing.
contracambiada, *f.* changing of the forefoot by a horse.
contracambio, *m.* (com.) re-exchange; (fig.) = EQUIVALENTE, equivalent; compensation.
contracanal, *m.* counterchannel.
contracandela, *f.* (Am.) back fire, fire made to create a gap between part of a burning field and the rest, in order to prevent the spread of the conflagration.
contracarril, *m.* check rail, guard rail, safety rail; wing rail.
contracción, *f.* contraction, shrinking, shriveling; corrugation; abbreviation; abridgment.
contracebadera, *f.* (naut.) sprit-topsail.
contracédula, *f.* counterdecree.
contracifra, *f.* countercipher.
contracircuito, *m.* (elec.) circuit breaker.
contraclave, *f.* (arch.) voussoir next to the keystone.
contracodaste interior, *m.* (naut.) inner sternpost.—**c. exterior,** (naut.) back of the sternpost.
contraconcepción, *f.* contraception.
contracorriente, *f.* countercurrent, reverse current; stopwater.
contracosta, *f.* coast, shore opposite another.
contráctil, *a.* contractile, contractible.
contractilidad, *f.* contractility, contractibility.
contractivo, va, *a.* contractive, contracting.
contracto, ta, *pp. irreg.* of CONTRAER.
contractual, *a.* contractual.
contractura, *f.* (med.) contracture.
contracuartelado, da, *a.* (her.) having the quarters opposed in metal or color.
contracuerdas, *f. pl.* (naut.) outward deck planks or platforms.
contracurva, *f.* (Ry.) reversed curve.
contradancista, *m.* leader of a cotillon.
contradanza, *f.* contredanse, quadrille, cotillon.
contradecir, *va.* (*pp.* CONTRADICHO; *ind. pres.* CONTRADIGO, *pret.* CONTRADIJE, *fut.* CONTRADIRÉ; *subj.* CONTRADIGA) to contradict, gainsay.
contradicción, *f.* contradiction; opposition; gainsaying.
contradictor, ra, *n.* contradictor, gainsayer.
contradictoría, *f.* (logic) contradictory.
contradictorio, ria, *a.* contradictory.
contradicho, cha, *pp. irreg.* of CONTRADECIR.
contradigo, contradije, contradiga, *v. V.* CONTRADECIR.
contradique, *m.* counterdock, counterdike.
contradriza, *f.* (naut.) second halliard.
contradurmente, contradurmiente, *m.* (naut.) clamp.
contraeje, *m.* countershaft.
contraelectromotriz, *a.* (elec.) counter electromotive.
contraemboscada, *f.* counterambuscade.
contraemergente, *a.* (her.) countersalient.
contraempuñadura, *f.* (naut.) preventer earring.
contraendosar, *va.* to reindorse, indorse back.
contraer. I. *va.* & *vn.* (*pp.* CONTRAÍDO and CONTRACTO; *ind. pres.* CONTRAIGO, *pret.* CONTRAJE; *subj.* CONTRAIGA) to contract (an obligation); to catch (a disease); to tighten, join, unite; to incur; to acquire; to reduce.—**c. matrimonio,** to marry (get married). **II.** *vr.* to contract, diminish; to shrink.
contraescarpa, *f.* (mil.) counterscarp.
contraescota, *f.* (naut.) preventer sheet.
contraescotín, *m.* (naut.) preventer topsail sheet.
contraescritura, *f.* counterdeed.
contraespionaje, *f.* counterespionage.
contraestay, *m.* (naut.) preventer stay.
contrafajado, da, *a.* (her.) (of shields) having faces opposed in metal or color.
contrafallar, *va.* at cards, to overtrump.
contrafallo, *m.* overtrump at cards.
contrafianza, *f.* indemnity bond.
contrafigura, *f.* person or dummy that imitates a personage in the theater.
contrafilo, *m.* (armor) back edge (near point).
contraflorado, da, *a.* (her.) having flowers opposed in color and metal.
contrafoque, *m.* (naut.) foretop staysail.
contrafoso, *m.* (fort.) avantfosse or outer ditch.
contrafuero, *m.* infringement or violation of a charter or privilege.
contrafuerte, *m.* strap of leather to secure the girths on a saddletree; spur, counterfort (of a mountain); stiffener of a shoe; (fort.) counterfort; (arch.) abutment, buttress, spur.
contragolpe, *m.* (med.) effect of a blow on a part not actually struck; (eng.) back or reverse stroke (of a piston).
contraguardia, *f.* (fort.) counterguard.
contraguía, *f.* in a team, the near or left-hand animal.
contrahacedor, ra, *n.* imitator, impersonator.
contrahacer, *va.* (*pp.* CONTRAHECHO; *ind. pres.* CONTRAHAGO, *pret.* CONTRAHICE; *subj.* CONTRAHAGA) to counterfeit, falsify, forge; to imitate, copy; to pirate (the works of an author); to mimic, impersonate.
contrahaz, *m.* wrong side (of cloth).
contrahecho, cha. I. *pp. irreg.* of CONTRAHACER. **II.** *a.* humpbacked; deformed; counterfeit; spurious.
contrahice, *pret.* of CONTRAHACER.
contrahierba, *f.* (bot.) contrayerva, a South American medicinal plant; antidote.
contrahilera, *f.* line of defense that defends another.
contrahilo, *m.*—**a c.,** across the grain.
contrahoradar, *va.* to bore on the opposite side.
contrahuella, *f.* (arch.) riser of a stair.
contraigo, contraje, etc., *v. V.* CONTRAER.
contraindicación, *f.* (med.) contraindication.
contraindicante, *m.* (med.) contraindicant.
contraindicar, *va.* (*pret.* CONTRAINDIQUÉ; *subj.* CONTRAINDIQUE) (med.) to contraindicate.
contrairritante, *m.* (med.) counterirritant.
contralecho, *m.*—**a c.,** (arch.) crossbond.
contralizo, *m.* (weaving) back leash.
contralmirante, *m.* rear admiral.
contralor, *m.* comptroller, inspector.
contraloría, *f.* comptrollership.
contralto, *m.* contralto (voice), *m.* & *f.* (person).
contraluz, *f.* view (of thing) seen against the light.
contramaestre, *m.* overseer, foreman; (naut.) boatswain.
contramalla, contramalladura, *f.* double net for catching fish.
contramallar, *va.* to make CONTRAMALLAS.
contramandar, *va.* to countermand.
contramandato, *m.* countermand, contrary order.
contramangas, *f. pl.* oversleeves.
contramaniobra, *f.* countermanœuvre.
contramanivela, *f.* (mech.) drag link.
contramarca, *f.* countermark; duty to be paid on goods which have no customhouse mark.

contramarcar, *va.* (*pret.* CONTRAMARQUÉ; *subj.* CONTRAMARQUE) to countermark.
contramarco, *m.* (carp.) counterframe.
contramarcha, *f.* countermarch, retrocession; part of a weaver's loom; (mil. and naut.) evolution.—**de c.,** reverse (lever, etc.).
contramarchar, *vn.* to countermarch; to go backwards.
contramarea, *f.* (naut.) countertide.
contramarqué, contramarque, *v. V.* CONTRAMARCAR.
contramesana, *f.* (naut.) mizzenmast.
contramina, *f.* countermine; (min.) driftway, heading.
contraminar, *va.* to countermine.
contramolde, *m.* countermold.
contramotivo, *m.* (mus.) countersubject.
contramuelle, *m.* (mech.) duplicate spring.
contramuralla, *f.*, **contramuro,** *m.* (mil.) countermure, low rampart.
contranatural, *a.* contranatural, unnatural.
contraofensiva, *f.* (mil.) counteroffensive.
contraorden, *f.* countermand.
contrapalanquín, *m.* (naut.) preventer clew garnet.
contrapares, *m. pl.* (arch.) counterrafters.
contraparte, *f.* counterpart.
contrapartida, *f.* (in bookkeeping) emendatory or corrective entry.
contrapás, *m.* a step in dancing.
contrapasamiento, *m.* act and effect of passing to the opposite side or party.
contrapasar, *vn.* to join the opposite party.
contrapaso, *m.* back step; (mus.) second part.
contrapelo.—a c., *adv.* against the grain.
contrapesar, *va.* to counterbalance; to countervail, offset.
contrapeso, *m.* counterweight; counterpoise, counterbalance, countervail; plummet; balancing weight; ropedancer's pole; equipollence, equivalence of power; something thrown in to make up the weight of meat, fish, etc.
contrapeste, *m.* remedy against pestilence or epidemic.
contrapilastra, *f.* (arch.) counterpilaster; (carp.) weatherstrip.
contrapolicía, *f.* police that secretly watches the ordinary police.
contrapóliza, *f.* insurance policy that annuls a previous one.
contraponedor, ra, *n.* one who compares.
contraponer, *va.* (*pp.* CONTRAPUESTO; *ind. pres.* CONTRAPONGO, *pret.* CONTRAPUSE; *subj.* CONTRAPONGA) to oppose; to compare.
contraposición, *f.* contraposition; counterview; contrast.
contrapozo, *m.* (fort.) counterblast.
contrapresión, *f.* back pressure.
contraprincipio, *m.* opposite principle, statement contrary to a principle known as such.
contraproducente, contraproducéntem, *a.* self-defeating, producing the opposite of the desired effect.
contrapromesa, *f.* withdrawal of a promise; promise opposed to another.
contraproposición, *f.* counterproposition.
contrapropósito, *m.* change of purpose; purpose opposed to another.
contraprueba, *f.* (print.) second proof.
contrapuerta, *f.* inner large door after the street door.
contrapuesto, ta, *pp. irreg.* of CONTRAPONER; (a) compared, contrasted (with); opposed (to).
contrapuntante, *n.* counterpoint singer.
contrapuntear. I. *va.* (mus.) to sing in counterpoint; to taunt; to revile. **II.** *vr.* to abuse one another; to wrangle, dispute.
contrapuntista, *m.* (mus.) contrapuntist, one skilled in counterpoint.
contrapunto, *m.* (mus.) counterpoint, harmony.
contrapunzón, *m.* puncheon for driving in a nail; counterpunch; gunsmith's mark on guns.
contrapuse, *pret.* of CONTRAPONER.
contraquerella, *f.* cross-complaint.
còntraquilla, *f.* (naut.) false keel.
contrariar, *va.* to contradict, oppose, counteract, thwart, run counter to; to disappoint; vex, upset, annoy.
contrariedad, *f.* contrariety, contrariness; opposition, contradiction; disappointment, impediment, obstacle; trouble, vexation.
contrario, ria. I. *a.* contrary, opposite, contradictory; opposed, adverse; abhorrent; unfavorable, antagonistic. **II.** *m.* opponent, antagonist, competitor, rival.—**al c.,** on the contrary.—**de lo c.,** otherwise, if not.—**en c.,** against, in opposition to.—**por el c.,** or **por lo c.,** on the contrary. **III.** *f.*—**llevar la c.,** to contradict; to oppose.
contrarreclamación, *f.* counterclaim.
contrarreforma, *f.* counterreformation.
contrarregistro, *m.* control register.
contrarreguera, *f.* lateral drain.
contrarréplica, *f.* rejoinder, reply to an answer; rebutter.
contrarrestar, *va.* to resist, oppose, check; to counteract, offset; to return (a ball).
contrarresto, *m.* check; opposition, contradiction; player who strikes back the ball.
contrarrevolución, *f.* counter-revolution.
contrarrevolucionario, ria, *n.* & *a.* counter-revolutionist, counter-revolutionary.
contrarriel, *m.* (Ry.) guard rail, wing rail.
contrarroda, *f.* (naut.) stemson.
contrarronda, *f.* (mil.) counterround.
contrarrotura, *f.* (vet.) plaster or poultice applied to fractures or wounds.
contrasalida, *f.* (mil.) countersally.
contrasalva, *f.* (mil.) countersalute.
contraseguro, *m.* a contract by which an underwriter agrees to return to the insured, under specified conditions, all premiums previously paid.
contrasellar, *va.* to counterseal.
contrasello, *m.* counterseal, small seal superimposed on another seal.
contrasentido, *m.* countersense, opposite sense; conclusion contrary to premises; (Gal.) nonsense.
contraseña, *f.* countersign, countermark; (Cuba) check (for hat, baggage, etc.); (mil.) watchword.—**c. de salida,** (theat.) check (to readmit one who goes out).
contrasol, *m.* sunshade.
contrastador, ra, *a.* contrasting.
contrastante, *a.* contrasting.
contrastar. I. *va.* to contrast, place in opposition, oppose; to resist; contradict; to assay and stamp (metals); to examine, inspect (weights and measures). **II.** *vn.* to contrast, be different. —**c. bien,** (of colors, etc.) to go well together. —**c. mal,** (of colors, etc.) to clash.
contraste, *m.* contrast; opposition; strife, contest; assayer of the mint; assayer's office; assay; mark of assay; inspector of weights and measures; public office where raw silk is weighed; (naut.) sudden change of the wind, by which it becomes foul or contrary.
contrata, *f.* contract.
contratación, *f.* trade, commerce; enterprise, undertaking; business transaction.
contratante, *n.* & *a.* contractor(-ing).
contratar, *va.* to enter into an agreement about; to contract for; to engage, hire; to make a deal or bargain about.
contratela, *f.* among hunters, second inclosure of canvas to shut up game.
contratiempo, *m.* disappointment; misfortune, mishap.
contratista, *m.* contractor; lessee; patentee; grantee; covenanter.
contrato, *m.* contract.—**c. a la gruesa,** or **a riesgo marítimo,** respondentia.—**c. aleatorio,** aleatory contract.—**c. consensual,** consensual contract.—**c. de compraventa,** or **de compra y venta,** contract of bargain and

sale.—**c. de locación y conducción,** agreement to let one enjoy the use of property for a price or service.—**c. de retrovendendo,** reversion clause of bargain and sale.—**c. enfitéutico,** emphyteusis.—**c. perfecto,** contract of record.

contratorpedero, *m.* torpedo-boat destroyer.

contratrancaniles, *m. pl.* (naut.) inner waterways.

contratreta, *f.* counterplot.

contratrinchera, *f.* (mil.) countertrench.

contratuerca, *f.* check nut, lock nut.

contravalación, *f.* (mil.) contravallation.

contravalar, *va.* to form a contravallation about.

contravalor, *m.* (com.) countervalue, equivalent.

contravapor, *m.* (steam eng.) back steam.

contravención, *f.* contravention, violation (of a law).

contraveneno, *m.* counterpoison, antidote; precaution taken to avoid some infamy or mischief.

contravenir, *va.* (*ind. pres.* CONTRAVENGO, *pret.* CONTRAVINE; *subj.* CONTRAVENGA) to contravene, transgress, violate; to oppose, obstruct, baffle, countermine.

contraventana, *f.* window shutter.

contraventor, ra, *n.* transgressor, offender.

contravidriera, *f.* storm window.

contravine, *pret.* of CONTRAVENIR.

contravisita, *f.* second visit, made to verify the results of a previous one.

contravoluta, *f.* (arch.) inner volute.

contray, *m.* a sort of fine cloth.

contrayente, *a.* engaged (to be married).

contrecho, cha, *a.* crippled, maimed.

contrete, *m.* (Am.) (naut.) breastshore; crochet; angle iron; stay; gusset, face wheel in watches.

contribución, *f.* contribution; tax, impost.—**c. de sangre,** military service.—**c. territorial,** land tax.

contribuidor, ra, *n.* & *a.* contributor(-ing).

contribuir, *va.* & *vn.* (*ind.* CONTRIBUYO; *subj.* CONTRIBUYA) to contribute; (fig.) to help.

contribulado, da, *a.* grieved, afflicted.

contributario, *m.* contributor, taxpayer.

contribuyente. I. *a.* contributing; contributory. **II.** *n.* contributor; taxpayer.

contribuyo, contribuya, *v. V.* CONTRIBUIR.

contrición, *f.* contrition, compunction, repentance.

contrín, *m.* (P.I.) weight of 0.39 gramme, or 6½ grains.

contrincante, *m.* competitor, rival, opponent.

contristar, *va.* to sadden, grieve.

contrito, ta, *a.* contrite, repentant, penitent.

control, *m.* (Gal.) control, checking, verifying.—**controlar,** *va.* (Gal.) to control, check, verify (esp. in technical lang.).

contróler, *m.* (elec.) controller, esp. on elec. car or locomotive (better COMBINADOR).

controversia, *f.* controversy, debate.

controversista, *m.* controversialist, debater.

controvertible, *a.* controvertible, disputable.

controvertir, *va.* (*ind.* CONTROVIERTO; *subj.* CONTROVIERTA) to controvert, dispute, argue against.

contubernio, *m.* cohabitation, concubinage; base or infamous alliance.

contuerzo, contuerza, *v. V.* CONTORCERSE.

contumacia, *f.* obstinacy, stubbornness; (law) contumacy, non-appearance, contempt of court; default.

contumaz, *a.* obstinate, stubborn; contumacious, disobedient; guilty of contempt of court.

contumelia, *f.* contumely, insult, abuse; contumeliousness.

contumelioso, sa, *a.* contumelious, insulting.

contundente, *a.* (of a weapon or an act) producing contusion; impressing the mind deeply, forceful.

contundir, *va.* to contuse, bruise, pound.

conturbación, *f.* perturbation, uneasiness, anxiety.

conturbado, da. I. *pp.* of CONTURBAR. **II.** *a.* turbulent, troublesome.

conturbador, *m.* perturber, disturber.

conturbar. I. *va.* to perturb, disturb, trouble. **II.** *vr.* to become uneasy, agitated, anxious.

conturbativo, va, *a.* disquieting, disturbing.

contusión, *f.* contusion, bruise.

contuso, sa, *a.* bruised.

contutor, *m.* assistant tutor, fellow tutor.

contuve, *pret.* of CONTENER.

conuco, conusco, *m.* (Am.) patch of ground given to slaves; maize field.

convalecencia, *f.* convalescence.

convalecer, *vn.* (*ind.* CONVALEZCO; *subj.* CONVALEZCA) to recover from sickness; to recover lost prosperity, influence, etc.; (coll.) to come back.—**convaleciente,** *n.* & *a.* convalescent.

convalidar, *va.* (law) to confirm.

convección, *f.* (phys.) convection.

convecino, na, *a.* neighboring.

convelerse, *vr.* (med.) to twitch; to be contracted.

convencedor, ra, *n.* & *a.* convincer(-ing).

convencer. I. *va.* (*pp.* CONVENCIDO and CONVICTO; *ind.* CONVENZO; *subj.* CONVENZA) to convince; to prove irrefutably to (a person). **II.** *vr.* to become convinced.

convencible, *a.* convincible.

convencimiento, *m.* conviction, belief; (act of) convincing.—**en el c. de que,** being convinced that, believing that.

convención, *f.* convention; contract, agreement, pact; conformity.—**convencional,** *a.* conventional.

convencionalismo, *m.* conventionalism, conventionality.

convengo, convenga, *v. V.* CONVENIR.

convenible, *a.* docile, tractable, compliant; (of prices) reasonable, moderate.

convenido, da. I. *pp.* of CONVENIR. **II.** *a.* settled by consent; agreed.

conveniencia, *f.* conformity, congruity, consistence; suitability, fitness; desirability, expedience, advantage; self-interest; agreement, adjustment; employ, service; servant's place in a house or family; convenience, ease.—*pl.* emoluments, perquisites; income, property.

conveniente, *a.* useful, advantageous, good; conformable; fit, suitable; desirable, advisable; expedient, opportune, timely; decent, discreet.—**convenientemente,** *adv.* fitly, appropriately, suitably; expediently.

convenio, *m.* convention, agreement, pact; consent; contrivance.

convenio postal, *m.* postal convention.

convenir. I. *vn.* (*ind. pres.* CONVENGO, *pret.* CONVINE; *subj.* CONVENGA) to agree; coincide, cohere; to fit, harmonize, comport, suit; to correspond, belong; to assemble, convene.—**c. en,** to agree to. **II.** *v. impers.* to be to the purpose; (foll. by inf.) to be a good thing to (inf.).—**conviene a saber,** namely, to wit.—**según convenga,** according to circumstances, according to what seems best. **III.** *vr.* to agree, make a deal; to suit one's interests.

conventazo, *m. aug.* large convent.

conventico, illo, ito, *m. dim.* (coll.) tenement inhabited by persons of ill repute.

conventícula, *f.*, **conventículo,** *m.* conventicle.

convento, *m.* convent; monastery; nunnery; community of religious men or women.

conventual. I. *a.* conventual, monastic. **II.** *m.* conventual, a monk; Conventual, a member of the Conventual Franciscan order.—**conventualidad,** *f.* state of living in a convent or monastery; assignment of a monk to a convent.—**conventualmente,** *adv.* monastically.

convenzo, convenza, *v. V.* CONVENCER.

convergencia, *f.* convergence.

convergente, *a.* convergent, converging.

converger, convergir, *vn.* to converge; to agree in opinion.

conversa, *f.* chat, talk.

conversable, *a.* sociable, tractable.
conversación, *f.* conversation, talk; conference; commerce, intercourse, society, company; illicit intercourse.
conversador, ra, *n.* & *a.* (Am.) talker(-ative); good conversationalist.
conversar, *vn.* to converse, talk; to chat; to live in the company of others; to have social intercourse; (mil.) to change front, wheel.
conversible, *m.* & *a.* = CONVERTIBLE.
conversión, *f.* conversion; change, transformation; (rhet.) apostrophe; (mil.) wheel, wheeling.
conversivo, va, *a.* having the power of converting or changing.
converso, sa. I. *pp. irreg.* of CONVERTIR. **II.** *m.* convert; lay brother.
conversón, na, *a.* (Colomb. coll.) garrulous, talkative.
convertibilidad, *f.* convertibility.
convertible. I. *a.* convertible; movable, transferable. **II.** *m.* (auto) convertible.
convertido, da. I. *pp.* of CONVERTIR. **II.** *n.* & *a.* (one) converted.
convertidor, *m.* (elec., metal.) converter.
convertir. I. *va.* (*pp.* CONVERTIDO and CONVERSO; *ind.* CONVIERTO; *subj.* CONVIERTA) to convert; reform; change; transform. **II.** *vr.* to be converted, reformed.
convexidad, *f.* convexity.
convexo, xa, *a.* convex.
convexocóncavo, va, *a.* convexo-concave.
convicción, *f.* conviction, certainty, certitude.
convicto, ta. I. *pp. irreg.* of CONVENCER. **II.** *a.* convinced, persuaded, induced; (law) convicted, guilty. **III.** *n.* convict.
convictor, *m.* (prov.) boarder; person living in a college without being a member or student.
convictorio, *m.* among the Jesuits, living quarters of students.
convidada, *f.* invitation to drink, treat.
convidado, da. I. *pp.* of CONVIDAR. **II.** *a.* & *n.* invited (guest).
convidador, ra, *n.* inviter.
convidante, *n.* inviter, one who invites; host.
convidar. I. *va.* to invite; to treat; to allure, entice, induce. **II.** *vr.* to offer one's services spontaneously; to invite oneself, come uninvited.
convierto, convierta, *v.* *V.* CONVERTIR.
convincente, *a.* convincing; convincible.
convine, *pret.* of CONVENIR.
convite, *m.* invitation; banquet; treat.
convival, *a.* convivial.
convivencia, *f.* act of living together.
conviviente, *a.* living together.
convivir, *vn.* to live together.
convocación, *f.* convocation, calling.
convocador, ra, *n.* convener, convoker.
convocar, *va.* (*pret.* CONVOQUÉ; *subj.* CONVOQUE) to convene, convoke, call together, summon; to acclaim.
convocatoria, *f.* letter of convocation, edict, summons; notice of meeting.
convocatorio, ria, *a.* that convokes.
convóluto, ta, *a.* convolute.
convolvuláceo, cea, *a.* convolvulaceous.
convólvulo, *m.* (zool.) vine inchworm; (bot.) convolvulus.
convoqué, convoque, *v.* *V.* CONVOCAR.
convoy, *m.* convoy, conduct, escort, guard; property under convoy; (coll.) retinue; railway train.
convoyante, *a.* convoying.
convoyar, *va.* to convoy, escort, guard.
convulsión, *f.* convulsion.
convulsionar, *va.* to convulse.
convulsionario, ria, *a.* convulsive.
convulsivo, va, *a.* convulsive.
convulso, sa, *a.* convulsed.
conyugal, *a.* conjugal, connubial.
cónyuge, *n.* spouse, husband or wife.
coñac, *m.* cognac, brandy.
cooperación, *f.* coöperation.
cooperador, ra; cooperante, *n.* & *a.* coöperator (-ing, -ive); contributor(-ing).
cooperar, *vn.* to coöperate.
cooperario, ria, *n.* = COOPERADOR.
cooperativa, *f.* coöperative (ass'n or soc'y).
cooperativo, va, *a.* coöperative, coöperating.
coopositor, *m.* one of two candidates for a professorship, etc., to be obtained by competition.
coordenado, a. I. *a.* coördinate. **II.** *f.* (math.) coördinate.—**c. cartesiana,** Cartesian coördinate.—**c. polar,** polar coördinate.
coordinación, *f.* coördination.
coordinador, ra. I. *a.* coördinating. **II.** *n.* coördinator.
coordinamiento, *m.* = COORDINACIÓN.
coordinar, *va.* to coördinate.
copa, *f.* goblet, wineglass, cup; liquid contained in a glass; drink (of liquor); treetop; bower; crown of a hat; brasier, fire pan; roof or vault of an oven or furnace; gill, liquid measure; teacupful; (in cards) a card of heart suit.—**sombrero de c.,** (coll.) top hat.—*pl.* (cards) hearts; bosses of a bridle.
copada, *f.* (ornith.) = COGUJADA, crested lark.
copado, da, *a.* tufted, abundant in foliage.
copaiba, *f.* (bot.) copaiba.
copal, *m.* copal, a transparent resin.
copaljocol, copaljocote, *m.* a Mexican tree resembling a cherry tree.
copanete, cópano, *m.* an ancient small boat.
copaquira, *f.* (Am.) copperas.
copar, *va.* in monte, to put on a card a sum equal to what there is in the bank; (coll.) to corner; (mil.) to surprise; cut off the retreat of; to corner; to grab.
coparticipación, *f.* copartnership.
copartícipe, *n.* participant, copartner.
copayero, *m.* copaiba tree.
copaza, *f. aug.* large cup or glass with a stem.
copazo, *m. aug.* large fleece of wool; large flake of snow.
copec, *m.* kopeck (Russian coin).
copela, *f.* (metal.) cupel.
copelación, *f.* (metal.) cupellation.
copelar, *va.* (metal.) to cupel.
copépodo, da, *m.* & *a.* (zool.) copepod.
copera, *f.* cupboard, sideboard; china closet.
coperillo, *m. dim.* little cupbearer.
copernicano, na, *a.* Copernican.
copero, *m.* cupbearer; sideboard, buffet; glass rack.
copeta, *f. dim.* small cup or drinking vessel.
copete, *m.* toupee, tuft, pompadour, aigret; forelock of a horse; crownwork of a piece of furniture; top of the shoe that rises over the buckle; top, summit; projecting top or cop of sherbet or ice cream.—**asir la ocasión por el c.,** to profit by, or improve, the opportunity.—**de c.,** or **de alto c.,** of (the) blood, of the nobility; aristocratic, high-rank.—**tener mucho c.,** to put on airs, to be haughty or stuck up.
copetudo, da, *a.* copped, tufted; rising to a top or head; high, lofty.
copey, *m.* an American tree of excellent wood for engraving; bitumen found in Ecuador.
copia, *f.* copiousness, plenty, abundance; fertility; copy (of a letter, picture, person, etc.); "living image" (of another person); imitation; taking up; rate or valuation of tithe; (gram.) list of nouns and verbs, and the cases they govern; (poet.) couple.—**c. verbal,** literal, verbatim copy.
copiador, *m.* copyist, copier, transcriber.—**c. de cartas,** (copying) letter book.
copiante, *n.* copyist; imitator.
copiar, *va.* to copy; to imitate; to mimic, take up; ape; (poet.) to describe, depict.—**c. del natural,** to copy from life.
copilador, *m.* = COMPILADOR, compiler, collector.
copilar, *va.* = COMPILAR, to compile, collect.
copilla, *f. dim.* of COPA; cigarlighter.

copín, *m.* in Asturias, a grain measure equal to half a CELEMÍN.
copina, *f.* (Mex.) skin taken off whole.
copinar, *va.* to remove (a skin) entire.
copiosidad, *f.* copiousness, abundance.
copioso, sa, *a.* copious, abundant.
copista. I. *m.* & *f.* copyist, transcriber. **II.** *m.* copying machine.
copita, *f. dim.* small glass or cup.
copito, *m. dim.* small fleece or flake.
copla, *f.* couplet; popular song, ballad; sarcastic hint or remark; lampoon.
coplear, *vn.* to compose or sing ballads.
copleja, *f. dim.* little ballad.
coplero, ra, *n.* ballad seller; poetaster.
coplica, illa, ita, *f. dim.* little ballad.
coplista, *n.* = COPLERO, poetaster.
coplón, *m. aug.* low, vile poetry (gen. used in the plural, **coplones**).
[1]**copo,** *m.* small bundle of cotton, hemp, flax, or silk, put on the distaff to be spun; snowflake; soap flake; cornering, surprise; grab; (Colomb.) = COPA, treetop.
[2]**copo,** *m.* bottom of a purse seine; hauling with a purse seine.
copón, *m. aug.* large cup or drinking vessel; ciborium.
coposo, sa, *a.* = COPADO.
copra, *f.* copra, dried kernel of the coconut.
coprófago, ga, *a.* coprophagous, dung-eating (as a beetle).
coprolito, *m.* (paleontol.) coprolite; (med.) intestinal calculus.
copropiedad, *f.* joint ownership; property held in common.
copropietario, ia, *n.* joint owner, co-proprietor.
cóptico, ca, *a.* Coptic.
copto, ta. I. *a.* Coptic. **II.** *n.* Copt; *m.* Coptic (language).
copudo, da, *a.* tufted, bushy, thick-topped (tree).
[1]**cópula,** *f.* joining, coupling two things together; connection; copulation, carnal union; (logic) copula.
[2]**cópula,** *f.* = CÚPULA, (arch.) cupola.
copularse, *vr.* to copulate.
copulativamente, *adv.* jointly.
copulativo, va, *a.* joining or uniting together; (gram.) copulative.
coque, *m.* coke.
coqueluche, *f.* (Gal. for TOS FERINA), whooping cough.
[1]**coquera,** *f.* head or handle of a top.
[2]**coquera,** *f.* small hollow in a stone.
[3]**coquera,** *f.* coke scuttle or box.
[4]**coquera,** *f.* (Am.) a place for coca.
coquero, *m.* (Am.) dealer in coconuts.
[1]**coqueta,** *f.* feruling (esp. of schoolchildren); small loaf or roll (of bread).
[2]**coqueta,** *f.* coquette, flirt.—**coquetamente,** *adv.* coquettishly, flirtatiously.
coquetear, *vn.* to flirt, coquet.
coqueteo, *m.* coquetting, flirting; flirtation.
coquetería, *f.* coquetry; flirtation; affectation.
coquetón, tona. I. *a.* coquettish. **II.** *m.* (coll.) lady-killer.
coquetonamente, *adv.* coquettishly, flirtatiously.
coquimbo, *m.* (Am.) burrowing owl.
coquina, *f.* cockle, an edible bivalve; cockle shell; soft shelly stone.—**coquinero, ra,** *n.* cockleseller.
[1]**coquito,** *m. dim.* grimace to amuse children.
[2]**coquito,** *m.* turtledove of Mexico.
[3]**coquito,** *m.* a tall Chilean palm tree.
coráceo, a, *a.* = CORIÁCEO, leathery.
coracero, *m.* cuirassier; (coll.) poor cigar.
coracilla, *f. dim.* small coat of mail.
coracina, *f.* small breastplate.
coracora, *f.* (P.I.) coasting vessel.
coracha, *f.* leather bag.
corachín, *m. dim.* small leather bag.
coraje, *m.* courage, bravery; fortitude, mettle; anger, passion.—**corajoso, sa,** *a.* brave, dashing.—**corajudo, da,** *a.* angry, ill-tempered.
[1]**coral,** *m.* coral; (Venez., Colomb.) a white-and-red poisonous snake.—*pl.* string of corals.
[2]**coral,** *a.* choral, pert. to choir.
coralero, ra, *n.* worker or dealer in corals.
coralífero, ra, *a.* coral-bearing.
coralillo, *m.* a venomous coral-color snake.
coralina, *f.* coral insect, sea coralline; any sea animal resembling coral.
coralino, na, *a.* coralline, of or resembling coral.
corambre, *f.* hides, skins, dressed or undressed; pelts.—**corambrero,** *m.* dealer in hides and skins.
Corán, *m.* Koran.—**coránico, ca,** *a.* Koranic.
coranvobis, *m.* (coll.) corpulent person strutting about with affected gravity.
coraza, *f.* cuirass, armor plating; shell or carapace of a turtle, etc.; armor (of a vessel, cable, etc.)
coraznada, *f.* pith of a pine tree; fricassee of the hearts of animals.
corazón, *m.* heart; core, pith; love, benevolence, affection; spirit, courage, will, mind; middle or centre of anything; in a loom, cam.—**c. de un cabo,** (naut.) heart strand.—**anunciar,** or **decir, el c.,** to have a presentiment.—**arrancársele a uno el c.,** to be heartbroken, to bleed at the heart (diff. constr.: *se me arranca el corazón al ver su desgracia,* my heart bleeds at his misfortune).—**de c.,** heartily, sincerely; courageous, enterprising.—**llevar,** or **traer, el c. en la mano,** to wear one's heart upon one's sleeve.—**corazonada,** *f.* impulse of the heart; presentiment, foreboding; (coll.) entrails.—**corazonazo,** *m. aug.* great heart.—**corazoncico, illo, ito,** *m. dim.* little heart; faint-hearted person.—**corazoncillo,** *m.* (bot.) perforated St.-John's-wort.
corbachada, *f.* lash with a CORBACHO.
corbacho, *m.* cowhide whip.
corbata. I. *f.* cravat, necktie; scarf, neckcloth; sash or ribbon badge tied to banners; ribbon, insignia of an order.—**c. de lazo,** or **de mariposa,** bow tie.—**c. de nudo,** four-in-hand tie. **II.** *m.* magistrate not trained in law, so without a vote in certain cases.
corbatería, *f.* necktie shop.
corbatero, ra, *n.* necktie maker or dealer.
corbatín, *m.* cravat, tie; stock.
corbato, *m.* cooler, worm tub of a still.
corbatón, *m.* small knee, bracket.
corbe, *m.* an ancient measure for baskets.
corbeta, *f.* (naut.) corvette.—**c. de guerra,** sloop of war.
corcel, *m.* steady horse, charger.
corcesca, *f.* ancient barbed spear.
corcino, *m.* small deer.
corcova, *f.* hump, crooked back; hunch, protuberance, curvature.
corcovado, da. I. *pp.* of CORCOVAR. **II.** *a.* humpbacked, gibbous; crooked.
corcovar, *va.* to crook.
corcovear, *vn.* (of horse) to cut capers; to buck.
corcoveta, *f. dim.* small hump; (coll.) crookbacked person.
corcovo, *m.* spring, curvet made by a horse on the point of leaping; (coll.) crookedness, wrong step, unfair proceeding.
corcusido, da. I. *pp.* of CORCUSIR. **II.** *a.* clumsily mended or sewed on.
corcusir, *va.* (coll.) to darn clumsily.
[1]**corcha,** *f.* cork bark; wine cooler.
[2]**corcha,** *f.* (naut.) laying of a rope.
corchar. I. *va.* (naut.) to lay (strands of ropes); to accept (a challenge). **II.** *vn.* (Colomb.) not to pass an examination, "flunk."
corche, *m.* cork-soled sandal or clog.
corchea, *f.* (mus.) quaver, an eighth note.
corchear, *va.* to grain (leather) with a cork.
corchera, *f.* wine cooler made of cork.
corcheta, *f.* eye of a hook or clasp; (carp.) rabbet in a door or window frame.
corchete, *m.* clasp, hook, hook and eye (*pl.* **corchetes,** hooks and eyes); crotch; snaplock,

catch; (coll.) constable; brace to connect lines in writing or printing (⁀); (carp.) bench hook.
corcho, *m.* cork; bark of the cork tree; wine cooler; beehive; cork box for carrying eatables; cork mat; cork-soled sandal or clog; float of a fishing line; (mil.) tampion.
corchoso, sa, *a.* corklike.
corda, *f.*—**estar a la c.,** (naut.) to be close-hauled or lying to.
cordado, da, *m.* & *a.* (zool.) chordate.
cordaje, *m.* rigging; cordage.
[1]**cordal,** *m.* string bar at the bottom of stringed instruments.
[2]**cordal,** *a.* & *f.* = MUELA C., double tooth; wisdom tooth.—*pl.* grinders.
cordato, ta, *a.* prudent, discreet, judicious.
cordel, *m.* cord, thin rope; (naut.) line; length of five steps; land measure in Cuba equal to about 1 sq. ch.—**c. de corredera,** log line.—**a c.,** in a straight line.—**cordelado, da,** *a.* twisted silk for ribbons or garters.—**cordelazo,** *m.* stroke or lash with a rope.—**cordelejo,** *m. dim.* small rope; fun, jest.—**dar c.,** to banter.
cordelería, *f.* cordage; ropewalk; (naut.) rigging.
cordelero, ra, *n.* ropemaker, cordmaker.
cordelito, *m. dim.* small rope, cord, or line.
cordellate, *m.* grosgrain, a kind of ribbed fabric.
cordera, *f.* ewe lamb; meek, gentle woman.
cordería, *f.* cordage; place where cordage is kept.
corderica, illa, ita, *f. dim.* little ewe lamb.
corderico, illo, ito, *m. dim.* little lamb.
corderillo, *m.* lambskin dressed with the fleece.
corderina, *f.* lambskin.
corderino, na, *a.* pertaining to lambs.
cordero, *m.* lamb; dressed lambskin; meek, gentle, or mild man.—**c. añal,** yearling lamb.—**c. de Dios,** Lamb of God (Christ).—**c. pascual,** paschal lamb.—**c. recental,** suckling lamb.
corderuela, *f. dim.* little ewe lamb.
corderuelo, *m. dim.* little or young lamb.
corderuna, *f.* lambskin.
cordeta, *f.* small bassweed rope.
cordezuela, *f. dim.* small rope.
cordíaco, ca, *a.* (med.) = CARDÍACO, cardiac.
cordial. I. *a.* cordial, hearty; sincere; invigorating. **II.** *m.* cordial; tonic.
cordialidad, *f.* cordiality, heartiness, sincerity.
cordialmente, *adv.* cordially, sincerely, affectionately, heartily.
cordiforme, *a.* heart-shaped.
cordila, *f.* spawn of tunny fish.
cordilo, *m.* an amphibious animal resembling a crocodile.
cordilla, *f.* guts of sheep given to cats to eat.
cordillera, *f.* cordillera, mountain range.
cordita, *f.* cordite (explosive).
corditis, *f.* inflammation of the vocal cords.
cordobán, *m.* cordovan, Spanish leather; tanned goatskin.—**cordobana,** *f.* nakedness, nudity.—**andar a la c.,** (coll.) to go stark naked.
cordobanero, ra, *n.* cordovan tanner.
cordobés, besa, *n.* & *a.* Cordovan.
cordón, *m.* cord, round cord, twine; (shoe) lace; monk's rope belt; (mil.) cordon; strand of a cable or rope; (arch.) torus molding; string course; milled edge of a coin.—*pl.* (mil.) aglets or aiguillettes; harness cords of a velvet loom.—**c. umbilical,** umbilical cord.
cordonazo, *m. aug.* large cord; blow with a cord or rope.—**c. de San Francisco,** first equinoctial storm in the autumn.
cordoncico, illo, ito, *m. dim.* small cord.
cordoncillo, *m.* twisted cord; round lace, lacing, braid; milling on edge of a coin.
cordonería, *f.* work of twisters or lace makers; lace maker's shop.
cordonero, ra, *n.* lace maker; ropemaker.
cordula, *f.* = CORDILO.
cordura, *f.* prudence, practical wisdom, sanity.
corea, *f.* dance accompanied by a chorus; (med.) chorea, St. Vitus's dance.
Corea, *f.* Korea.
coreano, na, *n.* & *a.* Korean.
corear, *vn.* to compose chorus music.
corecico, illo, *m. dim.* of CUERO, pelt.
[1]**coreo,** *m.* foot in Latin verse; trochee.
[2]**coreo,** *m.* connected harmony of a chorus.
coreografía, *f.* art of dancing; choreography, writing dance music.
coreográfico, ca, *a.* choreographic.
coreógrafo, fa, *n.* choreographer.
coreopsis, *m.* (bot.) coreopsis.
corezuelo, *m. dim.* small hide; suckling pig; small roasted pig.
cori, *m.* (bot.) Montpellier coris, St.-John's-wort.
coriáceo, a, *a.* coriaceous, leathery.
coriámbico, ca, *n.* & *a.*; **coriambo,** *m.* (poet.) choriambic, foot of two short between two long syllables.
coriandro, *m.* (bot.) coriander.
coribante, *m.* Corybantes, priest of Cybele.
coribantismo, *m.* corybantiasm, a kind of frenzy accompanied by many contortions.
corifeo, *m.* coryphæus, leader of anc. dramatic chorus; leader or member of a sect or party.
corimbo, *m.* (bot.) corymb.
corindón, *m.* corundum.
coríntico, ca, *a.* Corinthian.
corintio, tia, *n.* & *a.* Corinthian.
corión, *m.* (zool.) chorion.
corista, *n.* chorister, chorus singer.
corito, ta. I. *a.* naked; timid, pusillanimous. **II.** *n.* person who treads grapes in the wine press.
[1]**coriza,** *f.* leather sandal worn by peasants in some parts of Spain.
[2]**coriza,** *f.* (med.) coryza, head-cold.
corladura, *f.* gold varnish.
corlar, corlear, *va.* to cover with gold varnish.
corma, *f.* (restraining) stocks; trouble, uneasiness.
cornac, cornaca, *m.* keeper of tame elephants.
cornáceo, cea, *a.* (bot.) cornaceous.
cornada, *f.* thrust with the horns; upward thrust with a foil, in fencing.
cornadillo, *m. dim.* small coin.
cornado, *m.* old copper coin mixed with silver.
cornadura, *f.* = CORNAMENTA.
cornal, *m.* strap or thong with which oxen are tied to the yoke by the horns.
cornalina, *f.* (min.) cornelian, carnelian.
cornamenta, *f.* the horns of any animal.
cornamusa, *f.* cornemuse, a bagpipe; (mus.) a sort of brass horn; (naut.) belaying cleat.
cornatillo, *m.* a kind of olive.
córnea, *f.* (anat.) cornea.—**c. opaca,** sclera.
corneador, ra, *n.* & *a.* butting (animal).
cornear, *va.* = ACORNEAR, to butt.
cornecico, illo, ito, *m. dim.* cornicle, small horn.
corneja, *f.* (ornith.) crow; fetlock; dow.
cornejal, *m.* dogwood field.
cornejalejo, *m.* (bot.) pod.
cornejo, *m.* (bot.) hound tree or cornel tree, dogwood.
cornelina, *f.* = CORNALINA.
córneo, nea, *a.* corneous, corny, horny, callous; (bot.) cornaceous.
cornerina, *f.* = CORNALINA.
cornero, *m.*—**c. de pan,** crust (of bread).
corneta. I. *f.* bugle; horn used by swineherds; cornet, ensign of horse; flag carried by horse troops; troop of horse; (naut.) broad pennant; rear admiral's flag.—**c. de llaves,** cornet.—**c. de monte,** huntsman's horn.—**c. de posta,** post's horn. **II.** *n.* bugler.
cornete, *m. dim.* small bugle horn.
cornetín, *m.* cornet; cornettist.
cornezuelo, *m.* ergot of rye; (vet.) instrument for bleeding horses; (bot.) CORNICABRA.
corniabierto, ta, *a.* having wide-spread horns.
cornial, *a.* horn-shaped.
corniapretado, da, *a.* having horns close-set.
cornicabra, *f.* (bot.) turpentine tree, pistachio tree, wild fig tree; a kind of crescent olive.
cornidelantero, ra, *a.* (Mex.) with horns turned forward.

corniforme, *a.* horn-shaped.
cornigacho, cha, *a.* having the horns turned slightly downward.
cornígero, ra, *a.* (poet.) horned, cornigerous.
cornija, *f.* (arch.) = CORNISA.
cornijal, *m.* angle or corner of a mattress, building, etc.
cornijamento, cornijamiento, *m.* (arch.) = CORNISAMENTO.
cornijón, *m.* (arch.) entablature; street corner of a building.
cornil, *m.* = CORNAL.
corniola, *f.* = CORNALINA.
cornisa, *f.* (arch.) cornice.—**cornisamento, cornisamiento,** *m.* (arch.) entablature.
cornisica, illa, ita, *f. dim.* small cornice.
cornisón, *m.* = CORNIJÓN.
corniveleto, ta, *a.* having horns turned strongly upward.
cornizo, corno, *m.* = CORNEJO.
cornucopia, *f.* cornucopia; sconce; pier glass.
cornudo, da. I. *a.* horned. **II.** *m.* cuckold.
cornúpeta, *a.* (poet.) attacking with the horns.
[1]**coro,** *m.* choir; chorus; singing chorus; assembly unanimous in sentiment; choir loft; choir of angels.—**hablar a coros,** to speak alternately. —**hacer c. a,** to follow, support; to play second fiddle to.
[2]**coro,** *m.* memory.—**de c.,** from memory, by rote.
[1]**corocha,** *f.* an ancient loose coat.
[2]**corocha,** *f.* vine fretter or vine grub.
corografía, *f.* chorography.
corográfico, ca, *a.* chorographical.
corógrafo, fa, *n.* chorographer.
coroideo, a, *a.* (anat.) choroid.
coroides, *f.* (anat.) choroid, choroid coat of the eye.
corojo, *m.* a tropical palm bearing an oily nut; the nut itself.
corola, *f.* (bot.) corolla.
corolario, *m.* corollary.
corolifloro, ra. I. *a.* (bot.) corollifloral. **II.** *f. pl.* Corolliflorae.
corología, *f.* chorology, science of the distribution of organisms on the earth's surface.
corona, *f.* crown; wreath, garland; halo, aureola; coronet; top of the head; clerical tonsure; an old Spanish gold-and-silver coin; crown, English silver coin; Portuguese coin; reward, distinction, honor; splendor, ornament, decoration; end or crowning of a work; glory, triumph; rosary of seven decades; (astr.) corona; (naut.) pendant; (bot.) corona, crown; (mil.) crownwork; (arch.) corona, crown; (vet.) pastern of horses.—**C. austral,** (astr.) Corona Australis. —**C. boreal,** Corona Borealis.—**c. circular,** (geom.) circular ring, space between two concentric circles.—**c. de casco,** skin surrounding the top of hoof.—**c. de fraile,** three-toothed globularia.—**c. de rey,** (bot.) melilot.—**c. mural,** mural crown.—**c. real,** (bot.) annual sunflower.
coronación, *f.* coronation; crowning, completion; (arch.) crown.
coronado, *m.* tonsured Catholic clergyman.
coronador, ra, *n.* crowner, finisher.
coronal. I. *m.* (anat.) frontal bone. **II.** *a.* frontal; pert. to frontal bone or forehead.
coronamiento, *m.* end of a work; (arch.) top ornament; capping; (naut.) taffrail.
coronar, *va.* to crown; to cap, to top; to complete, perfect; to decorate the top of; to crowd on a roof or on the top of a hill.
coronaria, *f.* crown wheel of a watch.
coronario, ria, *a.* (anat.) coronary; (bot.) coronary; extremely refined (gold).
corondel, *m.* (print.) column rule; reglet; watermark in paper.
[1]**coronel,** *m.* (arch.) top molding; (her.) crown.
[2]**coronel,** *m.* colonel.
coronela, *f.* colonel's wife.
coronelato, *m.* (Am.) colonelship.
coronelía, *f.* colonelship.
coroner, *m.* (law) coroner.
coronilla, *f. dim.* small crown; top of the head; cock's comb; cap; chaplet; ear of a bell; (bot.) coronilla.—**c. de fraile,** French daisy.—**c. de rey,** nine-leaved coronilla.—**c. juncal,** rush coronilla.
coronio, *m.* (chem., astr.) coronium.
corotos, *m. pl.* (Am.) belongings; outfit.
coroza, *f.* cone hood of pasteboard worn as a mark of infamy; straw cape or cloak worn by farmers.
corozal, *m.* field or plantation of COROZO.
corozo, *m.* = COROJO, tropical palm.
corpanchón, corpazo, *m. aug.* very big body or carcass.—**c. de ave,** carcass of a fowl.
corpecico, illo, ito; corpezuelo, *m. dim.* little or small body, or carcass; underdoublet; waist; corset cover.
corpiño, corpiñejo, *m. dim.* = CORPECICO.
corporación, *f.* corporation, guild; community; institution, organization.
corporal. I. *a.* corporal, bodily, pert. to the body. **II.** *m.* (eccl.) corporal cloth.—**corporalidad,** *f.* corporality; any corporeal substance.—**corporalmente,** *adv.* corporally, bodily.
corporativo, va, *a.* corporate.
corpóreo, rea, *a.* corporeal, corporeous.
corpudo, da, *a.* corpulent, bulky.
corpulencia, *f.* corpulence, corpulency.
corpulento, ta, *a.* burly; corpulent.
Corpus, *m.* Corpus Christi, religious festival and procession.
corpuscular, *a.* corpuscular; (philos.) atomistic.
corpusculista, *n.* (philos.) atomist.
corpúsculo, *m.* corpuscle.
corral, *m.* corral; yard; poultry yard; fold, stockyard; fishpond; ancient playhouse; blank left by students in writing the lectures.—**c. de madera,** timber yard.—**c. de vacas,** mean hovel, (fig.) pigsty.—**c. de vecindad,** tenement house.—**aves de c.,** domestic fowl.
corralera, *f.* an Andalusian song and dance; brazen-faced, impudent woman.
corralero, *m.* keeper of a dung yard.
corralillo, ito, *m. dim.* small corral or yard.
corraliza, *f.* yard, corral, court.
corralón, *m. aug.* large corral or yard.
correa, *f.* leather strap; tether, leash; toughness, flexibility; (mech.) belt, belting; hand strap.—*pl.* duster made of straps.—**c. de zapatos,** shoe string, lace, latchet.—**besar la c.,** (coll.) to be obliged to humble oneself to another.—**tener c.,** to bear wit or raillery without irritation; to be strong and hardy.—**correaje,** *m.* heap of leather straps or thongs; belting.—**correal,** *m.* reddish dressed deerskin.—**correar,** *va.* to draw out (wool) and prepare for use.—**correazo,** *m.* blow with a strap.
correcalles, *n.* loiterer.
corrección, *f.* correction; adjustment (of an instrument); correctness; proper demeanor; decorum.
correccional, *a.* correctional, corrective.
correccionalismo, *m.* system of eliminating criminal tendencies by education and correctional treatment in adequate institutions.
correccionalista, *n.* follower of, or believer in, CORRECCIONALISMO.
correccionalmente, *adv.* correctively.
correctamente, *adv.* correctly.
correctivo, va. I. *a.* corrective. **II.** *m.* corrective, corrective agent or measure.
correcto, ta, *a.* correct; conformable to the rules; irreproachable.
corrector, *m.* corrector, amender; (print.) proofreader; superior, or abbot, in the convent of St. Francis of Paula.
corredentor, ra, *n.* one who redeems from captivity jointly with another.
corredera, *f.* race ground; small wicket or back door; runner or upper grinding stone in a corn mill; street; procuress; (naut.) log or log line;

roller, metal cylinder for rolling plate glass; cockroach; (steam eng.) slide valve; (print.) track, slide, rail; (mech.) tongue, rail, guide (of piston rod, etc.), runner; (mint) milling machine.—**c. de aire,** (aer.) air log.
corredizo, za, *a.* running; sliding; easy to be untied, like a running knot.
corredor, ra. I. *a.* running; (ornith.) ratite. **II.** *n.* runner; broker; (Am.) travelling salesman, (U. S., coll.) drummer; *m.* racer, race horse; corridor; gallery, porch; (fort.) covert way; (mil.) scout, forerunner; *f.* (ornith.) ratite bird. —**c. de aduana,** customhouse broker.—**c. de Bolsa,** broker.—**c. de cambios** or **de oreja,** exchange broker; (coll.) talebearer; procurer, procuress.
corredorcillo, *m. dim.* passageway, narrow corridor; petty broker.
corredura, *f.* overflow (of liquid).
correduría, *f.* broker's office; brokerage.
correería, *f.* trade and shop of a strap maker.
correero, ra, *n.* strap maker or seller.
corregibilidad, *f.* corrigibility.
corregible, *a.* corrigible.
corregidor, *m.* corrector; corregidor, Sp. magistrate; mayor.—**corregidora,** *f.* CORREGIDOR'S wife.
corregimiento, *m.* office or district of a CORREGIDOR.
corregir. I. *va.* (*ind.* CORRIJO; *subj.* CORRIJA) to correct; to adjust (an instrument); to remove, destroy; remedy; to reprehend, admonish; to punish; to temper, mitigate.—**c. el cuerpo,** (coll.) to go to stool.—**c. pruebas,** (print.) to read proofs. **II.** *vr.* to mend, reform.
corregüela, correhüela, *f. dim.* small strap; child's play with stick and strap; (bot.) bindweed.
correinante, *a.* reigning jointly with another.
correjel, *m.* sole leather.
correlación, correlation.—**correlacionar,** *va.* to correlate.
correlativo, va, *m.* & *a.* correlative, correlate.
correligionario, ia, *a.* & *n.* (person) of the same religion or political views.
correncia, *f.* (coll.) looseness, diarrhœa.
correndilla, *f.* (coll.) short run.
correntía, *f.* artificial irrigation of stubbly ground.
correntiar, *va.* to irrigate (stubble ground).
correntío, tía, *a.* current; (of liquids) running; (coll.) light, free, unembarrassed.
correntón, na. I. *n.* gadder, man about town. **II.** *a.* gay, pleasant, cheerful.
correntoso, sa, *a.* (Am.) (of streams) swift, rapid, having a strong current.
[1]**correo,** *m.* (law) accomplice.
[2]**correo,** *m.* post, mail; courier; letter carrier; post office.—**c. aéreo,** airmail.—**c. certificado,** registered mail.—**c. marítimo,** packet boat. —**echar al correo,** to post, mail.—**lista de correos,** general delivery.
correón, *m. aug.* large leather strap.
correoso, sa, *a.* flexible, easily bent; (of food) tough, leathery.
correr. I. *vn.* to run; to race; to flow; (of wind) to blow; to pass away; to take the proper course; to extend, expand; to arrive; become due; to go on, continue; to prevail, be current or common; to pass, be accepted or admitted, be current; to be said, be common talk; (followed by **con**) to charge oneself with a matter, take care of.—**c. a cargo de,** to be the concern of.—**c. a rienda suelta,** to ride full speed; to give loose rein to passion.—**c. a uno,** to be one's concern, to be incumbent on one.—**c. la voz,** to be reported, to be said or rumored. —**c. por cuenta de uno,** to be one's affair, be "up to" one.—**a más c., a todo c.,** at full speed; swiftly.—**el que menos corre, vuela,** artful unconcern succeeds quickest. **II.** *va.* to cause to run or move swiftly; to race (a horse); to pursue; to move, push, draw aside, draw, slide; to meet with; to go over, travel; to sell at auction; (coll.) to snatch away; to disconcert, rattle, make blush.—**c. baquetas,** to run the gantlet.—**c. el gallo,** (Mex.) to pass the night carousing in the streets.—**c. el pico,** (coll.) to shut up, close one's mouth.—**correrla,** to go on a spree.—**c. la cortina,** to draw the curtain; (fig.) to discover; to conceal, hide. —**c. monte,** to go hunting.—**c. mundo,** to travel.—**c. un velo,** to draw a veil. **III.** *vr.* to file right or left; to slide, go through easily; to slide, slip; to spread itself; to melt, run out, run over; (coll.) to be very generous; to become confused; to run away, to flee.
correría, *f.* hostile incursion, foray, raid; pleasure trip, excursion.—*pl.* youthful escapades.
correspondencia, *f.* correspondence, relation, fitness, agreement; commerce, intercourse; correspondence (mail, writing); friendship, interchange; consent.—**en justa c.,** in retaliation, to get even.
corresponder. I. *vn.* (**a**) to return (a favor, love); to match, correspond; respond (to); fit, suit; pertain (to); to regard, concern; to agree. **II.** *vr.* to correspond, keep up intercourse by mail; to respect or esteem each other.
correspondiente. I. *a.* corresponding, respective; conformable, agreeable, suitable. **II.** *m.* correspondent.
corresponsal, *m.* correspondent; agent; corresponding clerk.—**c. de prensa,** newspaper correspondent.
corretaje, *m.* brokerage.
corretear, *vn.* to walk the streets, rove, ramble.
corretora, *f.* nun who directs the choir.
correvedile, correveidile, *m.* (coll.) talebearer; mischief maker; procurer, go-between.
correverás, *m.* spring or mechanical toy.
corrida, *f.* course, run, sprint, race; career; row, series; (Am.) (min.) bearing or direction of a lode; (Am.) (min.) outcrop; (aer.) taxying.—**c. de toros,** bull baiting, bullfight.—**de c.,** at full speed, swiftly; in haste; fast, without stopping.
corridamente, *adv.* currently, plainly; easily.
corrido, da. I. *pp.* of CORRER. **II.** *a.* exceeding in weight or measure; expert, experienced; abashed, confused, ashamed; continuous, unbroken.—**comida c.,** (Am.) table d'hôte.—**de c.** = DE CORRIDA. **III.** *m.* shed along the walls of a corral.
corriente. I. *a.* current; running, flowing; present (month or year), instant; plain, easy; generally received, admitted; ordinary, common, general; regular, standard; fluent (app. to style); marketable, merchantable; correct, acceptable.—**al c.,** posted, informed; punctually. **II.** *f.* current (of a river, of electricity, etc.); tendency; course.—**c. alterna,** or **alternativa,** alternating current.—**c. avatia,** or **devatiada,** (elec.) wattless current.—**c. continua,** (elec.) direct current.—**c. de aire,** draught (of air).—**c. del Golfo,** Gulf Stream. —**c. y moliente,** commonplace.—**contra la c.,** against the tide (fig.).—**dejarse llevar de la c.,** to follow the current, follow the crowd. **III.** *adv.* all right.
corrientemente, *adv.* currently.
corrigendo, da, *n.* inmate of a reformatory.
corrijo, corrija, *v. V.* CORREGIR.
corrillero, *m.* idler, lounger, loafer.
corrillo, *m.* group of talkers (gen. app. to gossips or loungers).
corrimiento, *m.* act of running; melting; (med.) running sore; gumboil; landslide; shyness.
corrincho, *m.* meeting of low, vulgar people.
corrivación, *f.* impounding of brooks and streams.
corro, *m.* group of gossipers or spectators; circular space.—**hacer c.,** to clear the way.
corroboración, *f.* corroboration.
corroborante, *n.* & *a.* corroborator(-ing, -ive).
corroborar, *va.* to corroborate.

corroborativamente, *adv.* corroboratively.
corroborativo, va, *a.* corroborative.
corrobra, *f.* treat to close a bargain. Also ROBRA.
corroer, *va.* to corrode.
corrompedor, ra, *n.* & *a.* corrupter(-ing).
corromper. I. *va.* (*pp.* CORROMPIDO and CORRUPTO) to corrupt; vitiate, mar; seduce, debauch; to bribe. **II.** *vn.* to stink. **III.** *vr.* to rot, get putrid; to become corrupt(ed).
corrompido, da. I. *pp.* of CORROMPER. **II.** *a.* corrupt; spoiled, unsound; depraved, degenerate.
corrosible, *a.* corrosible.
corrosión, *f.* corrosion.
corrosivamente, *adv.* corrosively.
corrosividad, *f.* corrosiveness.
corrosivo, va, *a.* corrosive.
corroyente, *a.* corroding, corrosive; abrasive.
corroyera, *f.* a kind of sumac used in tanning.
corrugación, *f.* corrugation, contraction into wrinkles.
corrugado, da, *a.* corrugated.
corrugador, *m.* (anat.) corrugator.
corrulla, *f.* (naut.) room under deck in a row galley.
corrumpente, *a.* corrupting, vitiating; (coll.) teasing, vexatious, wayward.
corrupción, *f.* corruption, putrefaction; decay; pollution, filth; stench; corruptness; perversion, distortion (of a writing); depravity, immorality.
corruptela, *f.* corruption; depravation, corruptness; (law) bad habit or practice contrary to law; abuse.
corruptibilidad, *f.* corruptibility.
corruptible, *a.* corruptible.
corruptivo, va, *a.* corruptive.
corrupto, ta. I. *pp. irreg.* of CORROMPER. **II.** *a.* corrupt.
corruptor, ra, *n.* & *a.* corrupter(-ing).
corrusco, *m.* (coll.) broken or dried bread.
corsario, ria, *n.* & *a.* privateer; corsair, pirate.
corsé, *m.* corset.
corsear, *vn.* to cruise against the enemy.
corsetería, *f.* corset factory or shop.
corsetero, ra, *n.* corset maker or dealer.
[1]**corso,** *m.* privateering.—**a c.,** posthaste, with post horses.
[2]**corso, sa,** *n.* & *a.* Corsican.
corta, *f.* felling of wood; cutting.
cortabolsas, *n.* (coll.) pickpocket, filcher.
cortacallos, *m.* corn cutter.
cortacigarros, *m.* cigar cutter.
cortacircuitos, *m.* (elec.) circuit breaker.
cortada, *f.* (Am.) cut, slash, gash.
cortadera, *f.* chisel for cutting hot iron; knife used by beekeepers.
cortadero, ra, *a.* cutting readily; easily cut.
cortadillo, *m.* small drinking glass; a liquid measure, about a gill; clipped piece of money. —**echar cortadillos,** to speak in an affected manner; to drink wine.
cortado, da. I. *pp.* of CORTAR. **II.** *a.* adapted, proportioned, fit, exact; (of hands) chapped; (her.) parted in the middle; confused, abashed; written in short sentences; (Chile, Arg.) short of funds. **III.** *m.* (dance) caper, cabriole.
cortador, ra. I. *n.* (tailoring, boot-making, etc.) cutter; that which, or one who, cuts; splitter. **II.** *m.* butcher; slicing machine, cutter; (tel.) interrupter; (zool.) scissorbill.—*pl.* incisor teeth. **III.** *f.* cutting board in a velvet loom.
cortadura, *f.* cut; cutting, incision; slit, slash; (fort.) parapet with embrasures and merlons; work raised in narrow passes.—*pl.* shreds.
cortafrío, *m.* cold chisel; cutting iron.
cortafuego, *m.* (agr.) clear space to prevent fire from spreading; (arch.) fire wall.
cortalápices, cortalápiz, *m.* pencil sharpener.
cortamente, *adv.* sparingly, scantily; curtly.
cortante. I. *a.* cutting, sharp. **II.** *m.* butcher.
cortapapel, *m.* paper cutter, paper knife.
cortapiés, *m.* (coll.) thrust at the legs in fencing.
cortapisa, *f.* obstacle, hindrance; elegance and grace in speaking; restriction with which a thing is given, "strings."
cortaplumas, *m.* penknife, pocketknife.
cortapuros, *m.* cigar cutter.
cortar. I. *va.* to cut, cup up, cut off, cut out; curtail; to disjoin, separate, hew, cleave, chop, hack, carve, fell; whittle; to shut or cut off (steam, water, etc.); dock; pare, prune; interrupt, stop, cut short; to abridge; to take a short cut; to suspend, restrain, keep back; to pronounce or enunciate; to read; to arbitrate or decide; (Am.) to speak ill of, criticize.—**c. a uno,** (fig.) to put one to the blush.—**c. la corriente,** (elec.) to break the circuit, cut off the current. **II.** *vr.* to be daunted, ashamed, confused; to curdle; to chap; to fret; to fray; (geom.) to intersect, cut each other.
cortavapor, *m.* cut-off of a steam engine.
cortavidrios, *m.* glazier's diamond.
cortaviento, *m.* windshield.
[1]**corte,** *m.* cutting edge; cutting; cut; felling of trees; arbitration, compromise or settlement; measure, expedient, step; notch, hack, slot; in tailoring, cut, fit, also length (of material) necessary for a garment (*un corte de chaleco,* length for a vest; *un corte de pantalón,* length for a pair of trousers; *un corte de vestido,* a dress length); edge of a book; (min.) shaft; cross opening; (in drawing) section, sectional view.
[2]**corte,** *f.* (royal) court; city where the court resides (*la C.,* in Spain, Madrid); (Am.) (law) court; levee; retinue, suite; yard; courtship; civility, politeness; stable for cattle; sheepfold; ancient tribunal of chancery.—*pl.* Cortes, Spanish parliament.—**c. celestial,** heaven.—**c. suprema,** Supreme Court.
cortedad, *f.* smallness, littleness, minuteness; dulness, stupidity; pusillanimity; timidity, bashfulness.—**c. de medios,** poverty, indigence.
cortejador, *m.* suitor; wooer.
cortejante. I. *a.* courting. **II.** *m.* gallant, beau.
cortejar, *va.* to accompany, escort, attend; to court, woo, make love to.
cortejo, *m.* court; homage paid to another; courtship; gift, present; gallant, beau; lover, sweetheart; paramour.
cortés, *a.* courteous, civil, gracious, polite.
cortesanazo, za, *a. aug.* awkwardly or fulsomely polite.
cortesanía, *f.* courtesy, civility, politeness.
cortesano, na. I. *a.* courtlike; courteous, obliging; courtly. **II.** *n.* courtier.
cortesía, *f.* courtesy; civility or courteousness; compliment; attention; gift, present; days of grace for payment; mercy, favor.
[1]**corteza,** *f.* bark of a tree; peel, skin, rind; crust of bread, pies, etc.; outward appearance; rusticity, want of politeness, crustiness.
[2]**corteza,** *f.* wild fowl of widgeon family.
cortezón, *m. aug.* thick bark, rind, or crust.
cortezudo, da, *a.* corticose, barky; rustic, unmannerly, unpolished.
cortezuela, *f. dim.* thin bark, skin, or rind.
cortical, *a.* cortical.
cortijada, *f.* collection of houses about a grange.
cortijo, *m.* farmhouse, grange, manse.—**alborotar el c.,** (coll.) to stir up a hornets' nest.
cortil, *m.* = CORRAL, corral; yard.
cortina, *f.* curtain; shade; portière; (fort.) curtain.—**cortinaje,** *m.* curtains, hangings.
cortinal, *m.* fenced-in land near a village or farmhouse.
cortinilla, *f.* small screen, shade; carriage curtain.
cortinón, *m. aug.* large heavy curtain.
cortiña, *f.* garden plot.
cortisona, *f.* cortisone.
corto, ta, *a.* short; dull, stupid; pusillanimous; shy, bashful, backward; imperfect, defective.—**c. circuito,** (elec.) short circuit.—**c. de alcances,** stupid.—**c. de genio,** diffident.—**c. de**

oído, hard of hearing.—**c. de vista,** near-sighted.—**a la corta o a la larga,** sooner or later.
cortocircuito, *m.* = CORTO CIRCUITO.
cortón, *m.* (entom.) mantis, an orthopterous insect.
corulla, *f.* in galleys, place for the stoppers of cables.
corundo, *m.* corundum. Also CORINDÓN.
coruñés, sa, *a.* of or pertaining to Corunna.
coruscación, *f.* coruscation, brilliancy, flashing.
coruscante, *a.* coruscant, glittering, brilliant.
coruscar, *vn.* (poet.) to coruscate, shine, sparkle.
corusco, ca, *a.* = CORUSCANTE.
corva, *f.* back of the knee, ham, hock; CORVAZA.
corvadura, *f.* curvature, crookedness, bend; humped-back state; (arch.) bend of an arch or vault.
corvato, *m.* young crow or rook.
corvaza, *f.* (vet.) curb, tumor on the hock.
corvecito, *m. dim.* little crow or rook.
[1]**corvejón,** *m.* hock joint of a quadruped.
[2]**corvejón,** *m.* (zool.) cormorant.
corveta, *f.* curvet; leap or bound of a horse.
corvetear, *vn.* to curvet, bound, leap.
córvidos, *m. pl.* (zool.) Corvidæ.
corvillo, *m.* hooked bill; pruning knife; shoemaker's paring knife; small sickle in velvet looms.
corvina, *f.* a variety of conger eel in the Mediterranean; corvina, a Californian fish.
corvino, na, *a.* corvine, rooklike; pertaining to rooks, crows, ravens.
corvo, va. I. *a.* bent, crooked; arched; stingy, mean. **II.** *m.* (ichth.) a variety of mullet; pothook.
corzo, za, *n.* roe deer, fallow deer.
corzuelo, *m.* wheat left in the husks by the thrashers.
cosa, *f.* thing; matter, affair.—**c. así,** the like, something like it.—**c. de,** about, more or less. —**c. del otro jueves,** (coll.) a marvellous thing; something out of date.—**c. de oír,** a thing worth hearing.—**c. de risa,** laughable thing, a thing to laugh at.—**c. de ver,** a thing worth seeing.—**c. no vista,** or **nunca vista,** unheard-of thing.—**c. rara,** a strange thing; strange to say.—**a c. hecha,** surely, as good as done (diff. constr.).—**cada c. para su c.,** everything in its place, or where it belongs.—**como quien no quiere la c.,** unconcernedly, in a go-as-you-please way.—**como si tal c.,** as if nothing had happened.—**cosas de,** doi gs, or tricks of (diff. constr.: *esas son cosas de Juan,* that is one of John's tricks; that is just like John).—**cosas del otro jueves,** something very unusual.—**fuerte c.,** nuisance.—**ni c. parecida, ni c. que lo parezca,** nor anything like it.—**no es c.,** it is nothing, it is but a trifle; no matter.—**no hay tal c.,** no such thing.—**no ser,** or **no valer, c.,** not to be worth a cent, to be of little account.—**no ser gran c.,** not to amount to much.—**otra c.,** something else.—**poquita c.,** (coll.) a pusillanimous person.—**¿qué c.?** (coll.) how goes it? what's the news?
cosaco, ca, *n.* & *a.* Cossack.
cosario, ria. I. *a.* pert. to carriers; (of roads) frequented, having much traffic. **II.** *m.* carrier, expressman; huntsman, hunter.
coscarana, *f.* (prov.) cracknel, crisp cake.
coscarse, *vr.* (coll.) = CONCOMERSE, to shrug.
coscoja, *f.* (bot.) kermes, or scarlet, oak; dry leaves of the kermes oak; ring or knob on the bit of a bridle.
coscojal, coscojar, *m.* plantation or field of kermes.
coscojo, *m.* kermes berry.—*pl.* chain of a horse's bridle.
coscomate, *m.* (Mex.) corn barn.
coscón, na, *a.* crafty, sly.
coscoroba, *f.* a South-American variety of swan.
coscorrón, *m.* blow on the head.
cosecante, *f.* (geom.) cosecant.
cosecha, *f.* harvest, crop; yield; harvest time; harvesting; reaping; aggregate of immaterial things, as virtues, vices, etc.—**c. de vino,** vintage.—**de su c.,** of one's own invention.—**cosechar,** *va.* to reap, gather (the harvest).—**cosechero, ra,** *n.* owner or reaper of a crop, harvester.
coselete, *m.* corselet, ancient coat of armor; pikeman; (entom.) thorax of insects.
coseno, *m.* (math.) cosine.—**c. verso,** coversed sine.
coser, *va.* to sew; to join, unite; to rivet (as a boiler); (naut.) to lash, nail, fix, frap, seize.—**c. a puñaladas,** (coll.) to stab repeatedly.—**c. un motón,** (naut.) to lash a block.—**c. y cantar,** to offer no difficulties; to be very easy, child's play.—**coserse con la pared,** to stick close to a wall.—**coserse la boca,** not to speak a word, to shut up like a clam.
cosera, *f.* piece of land that can be irrigated at one time.
cosetada, *f.* race, quick run, sprint.
cosible, *a.* that can be sewed.
cosicosa, *f.* = QUISICOSA, (coll.) enigma, puzzle.
cosido, da. I. *pp.* of COSER. **II.** *a.* (**a**) devoted (to), wedded (to). **III.** *m.* sewing; needlework. —**c. de cama,** quilt and blankets stitched together.
cosiduras, *f. pl.* (naut.) lashings.
cosignatario, ria. I. *a.* cosignatory. **II.** *n.* cosigner, cosignatory.
cosita, *f. dim.* small thing, trifle; (Cuba) luncheon.
cosmético, ca, *m.* & *a.* cosmetic.
cósmico, ca, *a.* cosmic.
cosmogonía, *f.* cosmogony.
cosmogónico, ca, *a.* cosmogonic.
cosmografía, *f.* cosmography, descriptive astronomy.
cosmográfico, ca, *a.* cosmographic.
cosmógrafo, fa, *n.* cosmographer.
cosmología, *f.* cosmology.
cosmológico, ca, *a.* cosmological.
cosmólogo, ga, *n.* cosmologist.
cosmonauta, *n.* cosmonaut.
cosmonáutica, *f.* cosmonautics.
cosmonave, *f.* spaceship.
cosmopolita, *n.* & *a.* cosmopolite, cosmopolitan.
cosmopolitismo, *m.* cosmopolitanism.
cosmorama, *m.* cosmorama.
cosmos, *m.* cosmos.
cosmotrón, *m.* cosmotron.
[1]**coso,** *m.* place or enclosure for bullfights or other public spectacles; main street.
[2]**coso,** *m.* timber worm.
cospel, *m.* coin blank, in the mint.
cospillo, *m.* refuse of the olive.
cosquillar, cosquillear. I. *va.* to tickle; to arouse the curiosity of. **II.** *vr.* to become disturbed or upset.
cosquillas, *f. pl.* tickling; ticklishness.—**buscarle a uno las c.,** (coll.) to tease, pick on one. —**hacer c.,** to tickle; to excite, disturb; to incite.—**tener c.,** to be ticklish.—**tener malas c.,** (coll.) to be easily offended; to be ill-tempered; to be overparticular.—**cosquillejas,** *f. pl. dim.* little tickling.
cosquilleo, *m.* tickling sensation.
cosquilloso, sa, *a.* ticklish; susceptible, easily offended.
[1]**costa,** *f.* cost, price, charge; expense, expensiveness.—*pl.* costs of a lawsuit.—**a c. de,** at the expense of; by dint of.—**a mi c.,** at my expense.—**a poca c.,** with little effort.—**a toda c.,** at any price; at all hazards.—**condenar en c.,** (law) to sentence to pay the costs.
[2]**costa,** *f.* coast, shore; beach, seashore, seaboard; cobbler's tool for polishing edges of soles.—**c. de barlovento,** (naut.) weather shore.—**C. de Marfil,** Ivory Coast.—**dar a la c.,** (naut.) to be blown or driven to shore, be beached.
costado, *m.* side; (mil.) flank.—*pl.* race, lineage,

succession of ancestors.—**c. de barlovento,** (naut.) weather side.
costal. I. *m.* sack or large bag; brace of frame for making adobe walls. **II.** *a.* costal, pert. to the ribs.—**costalada,** *f.*, **costalazo,** *m.* bump one gets when falling flat on the ground.—**costalejo,** *m. dim.* small sack.—**costalero,** *m.* porter who carries goods.—**costalito,** *m. dim.* small sack.
costanera, *f.* slope.—*pl.* (carp.) rafters.
costanero, ra, *a.* pert. to a coast; declivous, sloping.—**buque c.,** coaster, coasting vessel.
costanilla, *f. dim.* gentle slope; steep street.
costar, *vn.* (*ind.* CUESTO; *subj.* CUESTE) to cost; to cause or occasion detriment or loss.—**c. la torta un pan,** (coll.) to pay dear for one's whistle.—**c. un ojo de la cara,** (fig., coll.) to cost dear, cost a fortune.—**cuesta trabajo creerlo,** it's hard to believe.—**cueste lo que cueste,** at all costs.
Costa Rica, *f.* Costa Rica.
costarricense, costarriqueño, ña, *n.* & *a.* Costa Rican.
coste, *m.* = [1]COSTA.—**a c. y costas,** at cost.
[1]**costear. I.** *va.* to pay the cost of. **II.** *vr.* to pay; to produce sufficient to repay its cost.
[2]**costear,** *vr.* (naut.) to sail along the coast.
costeño, ña, *a.* from, or pertaining to, the coast or seashore; coasting (vessel).
costera, *f.* side of a bale of goods; surmullet, fishing season; outside quire of a ream; slope of a hill.
costero, ra. I. *a.* pertaining to the coast; outward. **II.** *m.* first plank cut from a pine tree.
costezuela, *f. dim.* slight declivity or slope.
costilla, *f.* rib; chop; cutlet; (coll.) wife, better half; rung of a chair; stave of a barrel; (carp.) fur; (arch.) rib of a cupola; springer; (coll.) property, wealth; (bot.) rib of a leaf.—*pl.* (coll.) shoulders, back; (agr.) wooden strips to which horses are tied in plowing; (mech.) cramp-irons, chimney ties.—**c. falsa,** false rib.—**c. flotante,** floating rib.—**costillas de un navío,** (naut.) ribs of a ship.—**medirle a uno las costillas,** to cudgel one.
costillaje, costillar, *m.* (anat.) the ribs, or rib system; (naut.) frame of a ship.
costilludo, da, *a.* (coll.) broad-shouldered.
[1]**costino, na,** *a.* pertaining to the costus root.
[2]**costino, na,** *a.* (Chile, Arg.) = COSTEÑO.
[1]**costo,** *m.* (bot.) sweet and bitter costus; costus root.
[2]**costo,** *m.* cost, price; charges, expense; labor, fatigue.—**a c. y costas,** at cost.—**c. de la vida,** cost of living.—**c., seguro y flete,** cost insurance and freight (c.i.f.).
costoso, sa, *a.* costly, dear, expensive; difficult to be obtained; sad, grievous.
costra, *f.* crust, scab; broken biscuit; incrusted part of a wick; crust of casting.
costrada, *f.* candied seedcake.
costroso, sa, *a.* crusty, having crusts or scabs.
costumbre, *f.* custom; habit; catamenia, courses.—**de c.,** usual, customary.—**tener por c.,** to be in the habit of.—*pl.* customs, ways.
costumbrista, *n.* genre writer, one who portrays everyday life and prevailing customs.
costura, *f.* sewing, needlework; seam, stitching; (surg.) suture; (mech.) crease, ridge; joint; riveting; (naut.) splicing of a rope; (carp.) joint.—**c. sobrecargada,** felting.—**sin c.,** seamless (esp. app. to tubes).—**costurera,** *f.* seamstress.—**costurero,** *m.* sewing box, table, or room.—**costurón,** *m. aug.* big seam; coarse suture; large scar.
[1]**cota,** *f.* coat of mail (called also **c. de malla**); coat of arms, tabard coat; back and callous part of a boar's hide.
[2]**cota,** *f.* (topog.) number indicating elevation above sea level or some other fixed level; quota, share.
cotana, *f.* mortise, mortise hole.
cotangente, *f.* (geom.) cotangent.
cotanza, *f.* a kind of medium-fine linen.
cotarrera, *f.* (coll.) gadding woman.
cotarro, *m.* charity hut to shelter beggars; side of a pit.—**alborotar el c.,** to cause disturbance.—**andar de c. en c.,** to go sauntering about.
cotejar, *va.* to compare, confront.
cotejo, *m.* comparison, collation.
cotel, *m.* cocktail. Also COCKTAIL.
cotense, *m.* (Mex.) coarse brown linen wrapper.
coterráneo, *a.* fellow (citizen).
cotí, cutí, *m.* ticking for mattresses.
coticé, cotice, *v. V.* COTIZAR.
cotidianamente, *adv.* daily.
cotidiano, na, *a.* daily, everyday; quotidian.
cotiledón, *m.* (bot.) cotyledon.
cotiledóneo, ea, *a.* (bot.) cotyledonous.
cotilla, *f.* stays, corsets.
cotillero, ra, *n.* stay maker.
cotillo, *m.* face or flat surface of a hammer.
cotillón, *m.* cotillion.
cotín, *m.* back stroke given to a ball.
[1]**cotiza,** *f.* (her.) cotise.
[2]**cotiza,** *f.* (S. A.) an Indian sandal.
cotizable, *a.* quotable; valued (at).
cotización, *f.* (com.) quotation; price current, price list.
[1]**cotizado, da,** *a.* (com.) quoted, listed.
[2]**cotizado, da,** *a.* (her.) cotised.
cotizador, ra, *n.* (com.) quoter.
cotizar, *va.* (*pret.* COTICÉ; *subj.* COTICE) (com.) to quote (prices); to call out (current prices) in the stock exchange.
[1]**coto,** *m.* (com.) combination among merchants; rate or price limitation; measure of a handbreadth; billiard contest.
[2]**coto,** *m.* inclosure of pasture ground; landmark, boundary; (money) fine.—**poner c. a,** to put a stop to, check.
[3]**coto,** *m.* (ichth.) chub.
[4]**coto,** *m.* (Am.) (med.) goiter.
cotobelo, *m.* opening in the branch of a bridle.
cotón, *m.* printed cotton.
cotona, *f.* (Mex.) chamois jacket.
cotonada, *f.* print; printed linen or cotton.
cotoncillo, *m.* button of a painter's maulstick.
cotonía, *f.* dimity, fine fustian.
cotorra, *f.* a kind of parrot; magpie; (coll.) loquacious woman.
cotorrear, *vn.* to chatter; to gossip.
cotorreo, *m.* chattering; gossiping.
cotorrera, *f.* hen parrot; (coll.) prattling woman.
cotorrón, ona. I. *a.* (of old persons) affecting youth, or acting silly like young people. **II.** *m.* (Am.) bachelor.
cotral, cutral, *m.* old worn-out ox.
cotudo, da, *a.* hairy, cottony; (Am.) having a goiter.
cotufa, *f.* (bot.) Jerusalem artichoke; tidbits; delicate food.—**pedir cotufas en el golfo,** to expect impossibilities.
cotufero, ra, *a.* producing tidbits or delicate food.
cotunto, *m.* (Cuba) a kind of night bird.
coturno, *m.* cothurnus, buskin.
covacha, *f.* small cave or hollow underground; grotto.—**covachuela,** *f. dim.* small cave or grotto; (coll.) office of a crown minister, formerly in vaulted corridors of royal palace.
covachuelista *or* **covachuelo,** *m.* (coll.) clerk in one of the COVACHUELAS.
covadera, *f.* (Peru) guano bed.
covanilla, *f.*, **covanillo,** *m. dim.* basket for gathering grapes.
covariancia, *f.* (math., stat.) covariance.
covezuela, *f. dim.* small cave.
coxal, *a.* hip (as *a.*), pert. to hip or hip joint.
coxalgia, *f.* hip-joint disease, coxalgia.
coxcojilla, ita, *f.* children's game; hopscotch.—a c., lamely, haltingly, hippety-hoppety.
coxígeo, gea, *a.* (anat.) coccygeal.
coxis, *m.* (anat.) coccyx.

coy, *m.* (naut.) hammock, cot, sailor's bed.—**afuera coys,** all hammocks up.
coya, *f.* (Peru) queen, wife and sister of the Inca.
coyabra *f.* (Am.) = CUYABRA, bowl made from a gourd.
coyote. I. *a.* (Am.) native, domestic. **II.** *m.* (Mex.) coyote; (Mex.) (coll.) curbstone broker.
coyunda, *f.* strap for yoking oxen; shoestring; dominion, tyranny; matrimonial union.
coyuntura, *f.* joint, articulation; occasion, juncture, opportunity; nick of time.
coz, *f.* kick; drawback; recoil of a gun; flowing back of a flood; butt of a pistol; (coll.) churlishness, unprovoked brusqueness.—**c. de mastelero,** (naut.) heel of a mast.—**dar coces,** to kick.—**dar coces contra el aguijón,** to kick against the pricks.—**soltar una c.,** to answer rudely.—**tirar coces,** to kick.
cozcojilla, *f.* = COXCOJILLA.
crabrón, *m.* hornet.
crac, *m.* failure, bankruptcy.
crameria, *f.* krameria, rhatany.
cran, *m.* (print.) nick of a type.
craneal; craneano, na, *a.* cranial.
cráneo, *m.* skull, cranium.
craneología, *f.* craniology.
craneológico, ca, *a.* craniological.
craneometría, *f.* craniometry.
craneómetro, *m.* craniometer.
craneoscopía, *f.* cranioscopy.
craneotomía, *f.* (surg.) craniotomy.
craniano, na, *a.* cranial.
crápula, *f.* intoxication; crapulence, debauchery.
crapuloso, sa, *a.* drunken; dissolute, dissipated.
craquear, *va.* to crack (petroleum).
craqueo, *m.* cracking (of petroleum).
crasamente, *adv.* crassly; grossly; rudely.
crascitar, *vn.* to crow; to croak.
crasiento, grasiento, ta, *a.* greasy.
crasitud, *f.* fatness, corpulency, obesity; ignorance, stupidity, dulness.
craso, sa, *a.* fat, greasy; thick, gross, crass.
crasuláceo, cea, *a.* (bot.) crassulaceous.
cráter, *m.* crater of a volcano.
crátera, *f.* (archeol.) crater.
craticula, *f.* small wicket through which nuns receive the communion.
craza, *f.* crucible.
crea, *f.* a kind of linen stuff.
creable, *a.* creatable.
creación, *f.* creation.
creado, da. I. *pp.* of CREAR. **II.** *a.* created, begotten, made.
creador, ra. I. *n.* & *a.* creator(-ing, -ive); originator(-ing). **II. C.** *m.* Creator.
crear, *va.* to create; to institute, establish; to appoint, be made; to invent, design.
crébol, *m.* (bot.) holly tree.
crecedero, ra, *a.* able to grow; increasable.
crecer. I. *vn.* (*ind.* CREZCO; *subj.* CREZCA) to grow; to bud forth; to increase; to swell; to augment in extrinsic value (app. to money).—**c. como la mala hierba,** to grow like weeds. **II.** *vr.* to swell with pride or with authority.
creces, *f. pl.* augmentation, increase, excess; additional quantity of corn paid by a farmer to a public granary, besides what he borrowed from it.—**con c.,** amply.
crecida, *f.* freshet.
crecidamente, *adv.* plentifully, copiously, abundantly.
crecidito, ta, *a. dim.* somewhat grown.
crecido, da. I. *pp.* of CRECER. **II.** *a.* grown, increased; grave, important; large, swollen.
crecidos, *m. pl.* widening stitches in knitting.
creciente. I. *a.* growing, increasing; crescent; susceptible of increase. **II.** *m.* (her.) half-moon with points upward. **III.** *f.* swell, freshet of waters; leaven; crescent (of the moon).—**c. de la marea,** (naut.) flood tide, flow, flowing.
crecientemente, *adv.* increasingly.
crecimiento, *m.* growth; growing; increase, increment.—**c. de la marejada,** (naut.) swell of the sea.
credencia, *f.* sideboard of an altar.—**credencial,** *f.* credential, accreditation.—*pl.* credentials.
credibilidad, *f.* credibility.
crédito, *m.* credit; acquiescence, assent; belief, faith; reputation, character, name, standing; note, bill, order for payment.—**créditos activos,** assets.—**créditos pasivos,** liabilities.—**a c.,** on credit.—**dar c.,** to believe.
credo, *m.* creed; Credo, Apostles' Creed.—**c. político,** political creed, platform.—**en un c.,** in a trice.
credulidad, *f.* credulity.
crédulo, la, *a.* credulous.
creedero, ra, *a.* credible.—**tener buenas creederas,** to be easy of belief.
creedor, ra, *a.* credulous.
creencia, *f.* belief; creed, persuasion.
creer, *va.* (*pret.* él CREYÓ) to believe; to credit; to think, think it probable.—**creerse del aire,** to be credulous.—**ver y c.,** seeing is believing.—**¡ya lo creo!** (coll.) of course, undoubtedly.
crehuela, *f.* Osnaburg, a sort of linen.
creíble, *a.* credible, likely, believable.
[1]crema, *f.* cream of milk; custard; cream, select society; cold cream; cosmetic.
[2]crema, *f.* (gram.) diaeresis.
cremación, *f.* cremation, incineration.
cremallera, *f.* ratch, rack; toothed bar.
cremar, *va.* to cremate.
crematística, *f.* political economy.
crematología, *f.* political economy.
crematológico, ca, *a.* pert. to political economy.
crematólogo, ga, *n.* political economist.
crematorio, ria. I. *a.* burning, cremating. **II.** *m.* or **horno c.,** crematory, incinerator.
cremómetro, *m.* instrument to measure fat content of milk.
cremonés, sa, *a.* of or pert. to Cremona.
crémor, *m.*—**c. tártaro,** cream of tartar.
crencha, *f.* parting of the hair into two parts; each of these parts.
creosol, *m.* (chem.) creosol.
creosota, *f.*, **creosoto,** *m.* (chem.) creosote.
creosotar, *va.* to creosote.
crepitación, *f.* crepitation, crackling; (surg.) crepitation of fractures.
crepitante, *a.* crackling, crepitant.
crepitar, *vn.* to crackle, crepitate.
crepuscular; crepusculino, na, *a.* crepuscular.
crepúsculo, *m.* crepuscule, twilight; dawn; dusk.
cresa, *f.* egg or larva of the queen bee; flyblow, egg of a fly; maggot.
crescendo, *m.* (mus.) crescendo.
crespilla, *f.* (bot.) agaric, a fungus.
crespina, *f.* hair net.
crespo, pa. I. *a.* curly; crispy; (bot.) crisp-leaved; obscure and bombastic; (Am.); angry, displeased, vexed. **II.** *m.* (Am.) curl.
crespón, *m.* crape.
cresta, *f.* comb (of a bird); cock's comb, aigrette, tuft; crest of a helmet; wave crest; top, brow; crest or summit of a mountain; (min.) crop; (mil.) cramp iron.—**c. de la explanada,** (fort.) crest of the glacis.—**alzar,** or **levantar, la c.,** to be elated with pride.
crestado, da, *a.* crested.
crestería, *f.* (arch.) cresting; (fort.) battlement.
crestomatía, *f.* chrestomathy.
crestón, *m. aug.* large crest; crest of a helmet; (min.) outcrop.
creta, *f.* chalk.
cretáceo, cea, *a.* cretaceous; chalky.
cretense; crético, ca, *n.* & *a.* Cretan.
crético, *m.* verse of three syllables.
cretinismo, *m.* cretinism.
cretino, na, *n.* & *a.* cretin.
cretona, *f.* cretonne.
creyente, *n.* & *a.* believer(-ing).
creyó, *pret.* of CREER.
creyón, *m.* (Gal.) crayon; charcoal pencil.
crezco, crezca, *v. V.* CRECER.

crezneja, crizneja, *f.* braid of hair; streak of bleached bassweed.
cría, *f.* act of nursing; breeding; rearing, bringing up; keeping (as bees); litter of animals; suckling; (coll.) child reared by a nurse.
criada, *f.* female servant; maid, maid servant.—**c. de mano,** (Cuba) housemaid; bat for beating clothes in washing.
criadero, ra. I. *a.* fruitful, prolific. **II.** *m.* nursery, plantation of young trees; breeding place; fish hatchery; (min.) seam; cocoon bed; hotbed.
criadilla, *f.* testicle of an animal; lamb fry; mountain oyster; small loaf or roll; potato; (bot.) truffle.
criado, da. I. *pp.* of CRIAR. **II.** *a.* bred. **III.** *m.* servant, menial, groom, valet.
criador, ra. I. *a.* creating creative; fruitful, fecund. **II.** *n.* rearer, raiser, breeder, keeper (as of bees); creator. **III.** *f.* wet nurse.
criaduelo, la, *n. dim.* little or young servant.
criamiento, *m.* renovation and preservation.
criandera, *f.* (Am.) wet nurse.
crianza, *f.* nursing; lactation; breeding; manners, education; nursery.—**dar c.,** to breed; to rear, educate, bring up.
criar, *va.* to create; to breed, procreate; to raise, rear, bring up; to nurse, nourish; to fatten (animals).—**c. carnes,** to grow fat.—**c. molleja,** to grow lazy.
criatura, *f.* creature; fœtus; baby, infant; child; being, man.—**es una c.,** he is but an infant, or like an infant.
criba, *f.* cribble, sieve, crib, screen.
cribado, da, *a.* sifted, screened.
cribador, ra, *n.* sifter.
cribar, *va.* to sift, sieve, screen.
cribo, *m.* = CRIBA.
cric, *m.* jackscrew, lifting jack. Also GATO.
crica, *f.* trench, fissure; (anat.) female pudenda.
cricoides, *m.* & *a.* (anat.) cricoid.
cricquet, *m.* = CRIQUET.
crimen, *m.* (law) felony; (theol.) mortal sin.
criminación, *f.* incrimination.
criminal, *n.* & *a.* criminal.
criminalidad, *f.* criminality, guilt.
criminalista, *m.* criminalist.
criminar, *va.* to accuse, incriminate.
criminología, *f.* criminology.
criminólogo, ga, *n.* criminologist.
criminoso, sa. I. *n.* delinquent, criminal. **II.** *a.* criminal, guilty.
crimno, *m.* coarse flour meal.
crin, *f.* mane, horsehair.
crinado, da, *a.* (poet.) maned, having long hair.
crinito, ta, *a.* = CRINADO.
crinoideo, dea, *m.* & *a.* (zool.) crinoid.
crinolina, *f.* (Mex.) crinoline.
crío, *m.* nursing baby.
criogénica, *f.* (phys.) cryogenics.
criolita, *f.* (min.) cryolite.
criollo, lla. I. *n.* creole. **II.** *a.* indigenous, domestic; (of negroes) native (to Am.); (of Europeans) naturalized (in Am.).
criómetro, *m.* cryometer (low temperature thermometer).
crioscopia, *f.* (phys.) cryoscopy.
cripta, *f.* crypt.
criptoanalítica, *f.* cryptanalysis.
criptógamo, ma. I. *a.* (bot.) cryptogamous. **II.** *f.* (bot.) cryptogam.
criptografía, *f.* cryptography.
criptograma, *m.* cryptogram, a writing in cipher.
criptón, *m.* (chem.) krypton.
criquet, *m.* (Angl.) (sport) cricket.
cris, *m.* creese or kris, a Malayan dagger.
crisálida, *f.* (entom.) pupa, chrysalis.
crisantema, *f.*, **crisantemo,** *m.* (bot.) chrysanthemum.
crisis, *f.* crisis; judgment passed after mature deliberation; criterion; decisive moment.—**c. ministerial,** resignation or dismissal of the cabinet.
crisma, *m.* & *f.* (eccl.) chrism; *f.* (coll.) noodle, pate, head.—**romperse la c. con,** (coll.) to come to blows with.
crismera, *f.* chrismatory.
crisneja, *f.* = CRIZNEJA.
crisoberilo, *m.* (min.) chrysoberyl.
crisocola, *f.* (min.) chrysocola.
crisol, *m.* crucible; croslet or crosslet; cruset; hearth of a furnace.
crisolada, *f.* charge of a crucible.
crisolito, *m.* (min.) chrysolite.—**c. oriental,** yellow topaz.
crisopacio, *m.* = CRISOPRASA.
crisopeya, *f.* alchemy.
crisopo, *m.* (entom.) lacewing.
crisoprasa, *f.* (min.) chrysoprase.
crispamiento, *m.* contraction, twitching.
crispar. I. *va.* to cause (muscles) to contract convulsively. **II.** *vn.* to twitch.
crispatura, *f.* spasmodic contraction, twitching.
crispir, *va.* to marble, marbleize.
crista, *f.* (her.) crest.
cristal, *m.* (min. and chem.) crystal; flint glass; (window) pane (also **c. de ventana**); (watch) crystal (also **c. de reloj**); looking-glass; a fine shiny woollen stuff.—**c. de roca,** rock crystal.—**c. tallado,** cut glass.—**c. tártaro,** cream of tartar.
cristalería, *f.* glassware; glass store.
cristalicé, cristalice, *v. V.* CRISTALIZAR.
cristalino, na. I. *a.* crystalline, clear. **II.** *m.* (anat.) crystalline of the eye.
cristalización, *f.* crystallization.
cristalizador, *m.* (chem.) vessel in which crystals are made.
cristalizar, *va.* & *vr.* (*pret.* CRISTALICÉ; *subj.* CRISTALICE) to crystallize.
cristalografía, *f.* crystallography.
cristalográfico, ca, *a.* crystallographical.
cristaloide, *m.* (chem.) crystalloid.
cristel, clister, *m.* (med.) clyster, enema.
cristianamente, *adv.* Christianly.
cristianar, *va.* (coll.) to baptize, to christen.
cristiandad, *f.* Christendom; observance of the law of Christ; missionary's flock.
cristianesco, ca, *a.* applied to Moorish forms which imitate the Christian manner.
cristianicé, cristianice, *v. V.* CRISTIANIZAR.
cristianillo, illa, *n.* contemptible Christian; (app. to Spaniards by the Moors).
cristianísimo, *a. super.* most Christian (app. to certain sovereigns as a title).
cristianismo, *m.* Christianity; the body of Christians; christening.
cristianizar, *va.* (*pret.* CRISTIANICÉ; *subj.* CRISTIANICE) to christianize.
cristiano, na. I. *a.* Christian. **II.** *n.* Christian; (coll.) the Spanish language, opposed to Arabic or other foreign tongues; (coll.) living soul, person; (coll.) watered wine.
cristino, na, *a.* supporting Queen Regent María Cristina against pretender Don Carlos.
Cristo, *m.* Christ; image of Christ crucified.—**estar sin c.,** to be penniless, "broke."—**haber la de Dios es C.,** to have a grand dispute or quarrel.—**ni por un c.,** by no means, not for the world.—**poner como un c.,** to abuse, ill-treat.—**¡voto a C.!,** by the Almighty!
cristofué, *m.* (ornith., Venez.) yellow-green bird resembling the lark.
cristus, *m.* christcross, a cross formerly printed at the beginning of the alphabet; the alphabet.—**estar en el c.,** to be in the rudiments, or learning the A B C.—**no saber el c.,** to be very ignorant, not to know one's A B C.
crisuela, *f.* dripping pan of a lamp.
criterio, *m.* criterion; judgment, discernment.
crítica, *f.* criticism, critique; censure.
criticable, *a.* that may be criticized; blameworthy.

criticador, ra, *n.* & *a.* critic(-izing).
criticalidad, *f.* (chem.) criticality.
críticamente, *adv.* critically.
criticar, *va.* (*pret.* CRITIQUÉ; *subj.* CRITIQUE) to criticize; to judge; to blame, find fault with.
criticismo, *m.* critical, or Kantian, philosophy.
crítico, ca. I. *a.* critical, decisive; hypercritical; (med.) critical. **II.** *n.* critic; (coll.) affected writer or speaker; censurer, faultfinder.
criticón, na, *n.* & *a.* faultfinder(-ing).
critiqué, critique, *v. V.* CRITICAR.
critiquizar, *va.* to overcriticize, criticize for the sake of criticizing.
crizneja, *f.* braid of hair; rope of osiers or rushes.
croar, *vn.* to croak like a frog.
croata, *n.* & *a.* Croatian.
crocante, *m.* almond or peanut brittle.
croceína, *f.* (chem.) crocein.
crocino, na, *a.* of crocus, saffron.
crocitar, *vn.* to crow.
croco, *m.* (bot.) crocus.
crocodilo, *m.* crocodile.
croché, crochet, *m.* (Gal.) crochet.
crol, *m.* crawl (swimming stroke).
cromar, *va.* to chromium-plate.
cromático, ca. I. *a.* (mus., opt.) chromatic. **II.** *f.* chromatics.
cromatida, *f.* (biol.) chromatid.
cromatina, *f.* (biol.) chromatin.
cromatismo, *m.* (opt.) chromatic aberration.
cromato, *m.* (chem.) chromate.
cromatología, *f.* chromatics, the science of colors.
crómico, ca, *a.* (chem.) chromic.
cromito, *m.* (min., chem.) chromite.
cromo, *m.* (chem.) chromium, chrome; chromo, chromolithograph.
cromofotografía, *f.* color photography.
cromógeno, na, *a.* chromogenic.
cromolitografía, *f.* chromolithograph, colored lithograph; chromolithography.
cromolitografiar, *va.* to chromolithograph.
cromolitográfico, ca, *a.* chromolithographic; lithographed in colors.
cromolitógrafo, fa, *n.* chromolithographer.
cromoscopio, *m.* chromoscope.
cromosfera, *f.* (astr.) chromosphere.
cromoso, sa, *a.* (chem.) chromous.
cromosoma, *m.* (biol.) chromosome.
cromotipia, *f.* color printing.
cromotipografía, *f.* art of color printing.
crónica, *f.* chronicle.
crónico, ca. I. *a.* chronic. **II.** *f.* chronicle.
cronicón, *m.* brief chronicle.
cronista, *m.* chronicler, annalist.
crónlech, *m.* (archeol.) cromlech.
cronografía, *f.* = CRONOLOGÍA.
cronógrafo, *m.* annalist; chronograph.
cronograma, *f.* chronogram.
cronología, *f.* chronology.
cronológico, ca, *a.* chronological, chronologic.
cronologista; cronólogo, ga, *n.* chronologist.
cronometría, *f.* chronometry.
cronométrico, ca, *a.* chronometric.
cronometrista, *n.* chronometer maker.
cronómetro, *m.* chronometer.
cronoscopio, *m.* chronoscope.
cronotrón, *m.* chronotron.
croquet, *m.* croquet (game).
croqueta, *f.* croquette, fritter.—**c. de bacalao,** codfish cake.
croquis, *m.* sketch, rough draft.
croscitar, *vn.* to crow.
crótalo, *m.* castanet; rattlesnake (crotalus).
crotón, crotontiglio, *m.* (bot.) croton.—**aceite de c.,** croton oil.
crotorar, *vn.* to cry like a crane or stork.
cruce, *m.* crossing; crossroads.
crucé, cruce, *v. V.* CRUZAR.
crucera, *f.* withers of a horse.—*pl.* bolting pins.
crucería, *f.* Gothic architecture.
crucero, *m.* crucifer, cross-bearer; crossing of two streets or roads; railway crossing; (arch.) transept; (print.) crossbar of a chase; (carp.) crosspiece; binding beam; (naut.) cruising station; cruiser; (S. A.) (pleasure) cruise; (astr.) Cross, a constellation; (min.) cleavage plane.
cruceta, *f.* crosspiece; headstick; crosshead (of connecting rod); crosstail; (naut.) crosstree; trelliswork.
crucial, *a.* cross-shaped, cruciform.
cruciata, *f.* (bot.) crosswort.
cruciferario, *m.* crucifer, cross-bearer.
crucífero, ra. I. *a.* cruciferous; cross-shaped; bearing a cross; (bot.) cruciate. **II.** *m.* crucifer, cross-bearer; crutched friar. **III.** *f. pl.* (bot.) Cruciferæ.
crucificado, da. I. *pp.* of CRUCIFICAR. **II.** *a.* crucified.—**el C.,** the Crucified, Jesus Christ.
crucificar, *va.* (*pret.* CRUCIFIQUÉ; *subj.* CRUCIFIQUE) to crucify; to vex, torment, torture; to sacrifice; to ruin.
crucifijo, *m.* crucifix.
crucifiqué, crucifique, *v. V.* CRUCIFICAR.
crucifixión, *f.* crucifixion.
cruciforme, *a.* cruciform.
crucigrama, *m.* crossword puzzle.
crucillo, *m.* pushpin, a game.
crudamente, *adv.* rudely, crudely.
crudelísimo, ma, *a. super.* most cruel.
crudeza, *f.* crudity, crudeness; unripeness; rawness; (of water) hardness; rudeness; severity, rigor; (coll.) vapor, vain boasting.—**crudezas del estómago,** undigested food.
crudo, da, *a.* raw; crude; green, unripe; rude; cruel, pitiless; rough, unfinished; immature; hard of digestion; blustering, hectoring person; (of water) hard; (med.) unripe, not mature.
cruel, *a.* cruel.—**crueldad,** *f.* cruelty; cruel action or treatment.
cruelmente, *adv.* cruelly, with cruelty.
cruentamente, *adv.* bloodily, with effusion of blood; cruelly.
cruento, ta, *a.* bloody; cruel, inhuman.
crujía, *f.* (naut.) midship gangway of a galley; large open hall, corridor or passage in a building, with rooms on either side; great hall of a hospital; aisle of a ward; in cathedrals, passage between rails from choir to altar.—**c. de piezas,** suite of rooms.—**pasar c.,** to run the gantlet; to suffer great troubles.
crujidero, ra, *a.* creaking, crackling, rustling.
crujido, *m.* crack, creak, crackling, creaking; rustle; (metal.) flaw in a blade.
crujidor, ra. I. *a.* cracking, creaking. **II.** *n.* glass trimmer.
crujiente, *a.* cracking, creaking; rustling.
crujir, *vn.* to crackle, creak; rustle.
crúor, *m.* cruor; (poet.) blood.
cruórico, ca, *a.* of or pertaining to cruor; (poet.) bloody.
crup, *m.* (med.) croup.
crupal, *a.* (med.) croupous, croupy.—**tos c.,** croupous cough.
crupié, *m.* (Gal.) croupier.
crural, *a.* (anat.) crural.
crustáceo, cea. I. *a.* crustaceous, crustacean. **II.** *m.* (zool.) crustacean.
crústula, *f.* thin bark or rind.
cruz, *f.* cross; tail (of a coin); upper end of a tree trunk, where the branches begin; (vet.) withers; (print.) dagger, obelisk.—*pl.* wings of a reel.—**c. ancorada,** or **de Jerusalén,** anchor cross.—**c. de las bitas,** (naut.) crosstree of the bitts.—**C. del Sur,** (astr.) Southern Cross.—**c. de Malta,** Maltese cross.—**c. de San Andrés,** St. Andrew's cross.—**c. gamada,** swastika.—**c. griega,** Greek cross.—**c. latina,** Latin cross.—**c. potenzada,** potent cross.—**c. trebolada,** trefoil cross.—**c. y raya,** no more of this.—**de la c. a la fecha,** from beginning to end.—**en c.,** crosswise, crossing each other; cross-shaped.
cruzada, *f.* crusade; tribunal of the crusade; crossroads.

cruzado, da. I. *a.* crossed; cross (breed, etc.); crosswise, transverse, twilled.—**estarse con los brazos cruzados,** to be idle. II. *m.* an old Spanish coin; Portuguese coin; crusader; knight of a military order; manner of playing on the guitar; figure in dancing.
cruzamen, *m.* (naut.) square or width (of a sail).
cruzamiento, *m.* crossing.
cruzar. I. *va.* (*pret.* CRUCÉ; *subj.* CRUCE) to cross; to lay, place, pass, or go across; to honor with a cross or medal; to cruise; to cross (the breed); to twill.—**c. los brazos,** to fold the arms. II. *vr.* to be knighted; (of affairs) to accumulate.—**c. (con),** to pass (as on the street).—**c. de brazos,** to fold the arms; to be indolent; to be unmoved.
[1]**cu,** *m.* name of the letter q.
[2]**cu,** *m.* ancient Mexican temple.
cuácara, *f.* (Chile) work blouse or coat; (Colomb. coll.) frock coat.
cuaderna, *f.* double fours, in backgammon; fourth part of anything; (naut.) frame.—**c. maestra,** (naut.) midship frame.
cuadernal, *m.* (naut.) block, tackle.
cuadernalete, *m.* (naut.) short double block.
cuadernillo, *m.* quire of paper; clerical directory.
cuaderno, *m.* writing book, memorandum book, composition book; (print.) four printed sheets placed within each other; an ancient form of punishment for students; (coll.) pack of cards. —**c. de bitácora,** (naut.) log book.
cuadra, *f.* large hall; stable; ward in hospital, barracks, or prison; quarter of a mile; (S. A.) unit of length, about 275 ft.; (Am.) block of houses; (naut.) quarter of a ship.
cuadradamente, *adv.* exactly, completely.
cuadradillo, *m. dim.* little cube; block of sugar; cross-section paper, plotting paper.
cuadrado, da. I. *pp.* of CUADRAR. II. *a.* square; perfect. III. *m.* square; square ruler; clock in stockings; gusset of a shirt sleeve; die; (arith., alg.) square; (astr.) quadrate; (carp.) square; (print.) quadrat, quad.—**de c.,** face to face; perfectly.
cuadragenario, ria. *a.* forty-year old.
cuadragésima, *f.* Lent.
cuadragesimal, *a.* Lenten.
cuadragésimo, ma, *a.* fortieth.
cuadral, *m.* (carp.) angle brace, truss; shoulder tie.
cuadrangular, *a.* quadrangular.
cuadrángulo, la, *m.* & *a.* quadrangle(-gular).
cuadrantal, *a.* (math.) quadrantal.
cuadrante, *m.* (geom., astr.) quadrant; sundial; face of clock or watch; (law) fourth part of an inheritance; ancient copper coin.
cuadrar. I. *va.* & *vn.* to square; to form into or reduce to a square; (arith.) to square; (art) [1]CUADRICULAR; to square, fit, suit, adjust; to please. II. *vr.* (mil.) to stand at attention; (coll.) to assume a very serious attitude; (Am.) to acquit oneself well, do well; (Chile) to be or get ready.
cuadrático, ca, *a.* quadratic.
cuadratín, *m.* (print.) quadrant.
cuadratura, *f.* squaring, square; (math., astr.) quadrature.
cuadrete, *m. dim.* small square.
cuadricenal, *a.* done every forty years.
cuadrícula, *f.* (collect.) squares (as on squared paper).
cuadriculado, da, *a.* cross-section, squared (paper).
[1]**cuadricular,** *va.* (art) to divide (design) into squares.
[2]**cuadricular,** *a.* squared, in squares.
cuadrienal, *a.* quadrennial, comprising four years.
cuadrienio, *m.* time and space of four years.
cuadrifido, da, *a.* (bot.) quadrifid.
cuadrifoliado, da, *a.* (bot.) quadrifoliated.
cuadriforme, *a.* four-faced.
cuadriga, *f.* quadriga.
cuadril, *m.* haunch bone; haunch; hip.
cuadrilátero, ra. I. *a.* quadrilateral, four-sided II. *m.* (geom.) quadrilateral.
cuadriliteral, *a.* consisting of four letters.
cuadrilongo, ga. I. *a.* rectangular. II. *m.* rectangle; (mil.) rectangular formation.
cuadrilla, *f.* meeting of four or more persons; gang; party; crew; herd; troop; band of armed men; patrol of the Inquisition.
cuadrillero, *m.* chief of a band; highway patrolman; (P. I.) rural guard.
cuadrillo, *m. dim.* small square; Moorish dart.
cuadrimestre, *m.* period of four months.
cuadringentésimo, ma, *a.* four-hundredth.
cuadrinieto, ta, *n.* great-grandchild.
cuadripartido, da, *a.* quadripartite.
cuadriplicado, da, *a.* quadrupled.
cuadrípolo, *m.* (phys.) quadrupole.
cuadrisílabo, ba, *a.* quadrisyllabic.
cuadrivio, *m.* a quadrivial place; quadrivium, in the Pythagorean system.
cuadrivista, *m.* expert in the quadrivium.
cuadríyugo, *m.* cart with four horses; quadriga.
cuadro, *m.* square; picture, painting; picture frame; window frame; flower bed; (sport) team; (Am.) blackboard; (Am.) slaughterhouse; (mil.) square body of troops; (print.) platen; scene, tableau, division of a play; impressive spectacle; vivid description.—**c. de café,** (Cuba) 10,000-tree coffee plantation.—**c. de distribución,** (elec., tel.) switchboard. —**c. de servicio,** (Ry.) train schedule.—**cuadros de costumbres,** genre writings, on everyday life.—**c. vivo,** living picture, tableau vivant.—**en c.,** on each side, square (*tres pies en cuadro,* three feet square).—**estar,** or **quedarse, en c.,** to be bereft of either relatives or means; (mil.) to be reduced to the officers (of a body of troops having lost its soldiers).—**un traje a cuadros,** a checked dress.
cuadrúmano, na. I. *a.* (zool.) quadrumanous, four-handed. II. *m.* (zool.) quadrumane.
cuadrupedal, *a.* quadruped.
cuadrupedante, *a.* (poet.) four-footed.
cuadrúpede, cuadrúpedo, da. I. *a.* (zool.) quadruped; (fig., coll.) dull, blockish. II. *m.* (zool.) quadruped; (fig., coll.) nitwit, blockhead, nincompoop.
cuádruple. I. *a.* quadruple, quadruplex, fourfold. II. *m.* quadruple.
cuadrúplex, *m.* (tel.) quadruplex.
cuadruplicación, *f.* quadruplication.
cuadruplicar. I. *va.* to quadruple, quadruplicate. II. *vn.* to quadruple.
cuádruplo, pla, *m.* & *a.* = CUÁDRUPLE.
cuaga, *m.* (zool.) quagga, a South-African wild ass, similar to the zebra.
cuaima, *f.* (Venez.) a very poisonous snake; wily, cruel person.
cuajada, *f.* curd of milk separated from whey.
cuajadillo, *m.* fine heavy flower embroidery on silk.
cuajado, da. I. *pp.* of CUAJAR.—**leche cuajada,** junket. II. *a.* (coll.) dumfounded. III. *m.* a sort of mince pie.
cuajaleche, *f.* (bot.) yellow bedstraw; cheese rennet.
cuajamiento, *m.* coagulation.
[1]**cuajar.** I. *va.* to coagulate, curd, curdle; to ornament or decorate with too many ornaments. II. *vn.* (coll.) to succeed, materialize; to please, be well received. III. *vr.* to coagulate; to curdle; (coll.) to fill, become full (of people).
[2]**cuajar,** *m.* rennet bag, maw; stomach of a sucking animal; crop of a fowl; the fourth stomach, or abomasum, of a ruminant.
cuajarón, *m.* clot (of blood or other liquid).
cuajo, *m.* rennet, runnet, maw; curdling, bonnyclabber; concretion, coagulation; (sugar manufact.) thickening of the cane juice; (Mex.) idle chat; (Mex.) recess (in school).—**arrancar de c.,** to eradicate, to tear up by the roots.—**tener buen c.,** to be too dull and patient.

cuakerismo, cuaquerismo, *m.* Quakerism.
cuákero, cuáquero, ra, *n.* & *a.* Quaker.
cual (*pl.* **cuales**). **I.** *rel. pron.* which, such as, as. —**cada c.** *V.* CADA.—**el c., la c., los cuales, las cuales,** which, who.—**lo c.,** which.—**por lo c.,** for which reason, for that reason, whence. **II.** *adv.* as, like.—**c.** (**el padre**), **tal** (**el hijo**), like, as (father), like, so (son).—**c. si,** as if. **III.** (**cuál**) *interr. pron.* which, what.—**a c. más,** vyingly. **IV.** (**cuál**) *interjectional pron.* how. **V.** (**cuál**) *distributive or disjunctive pron.* some (*cuál más, cuál menos,* more or less).
cualesquier, *pl.* of CUALQUIER.
cualesquiera, *pl.* of CUALQUIERA.
cualidad, *f.* quality, property; trait.
cualitativo, va, *a.* qualitative.
cualquier, *a. contr.* of CUALQUIERA (before noun).
cualquiera. I. *a.* any. **II.** *indef. pron.* anyone, anybody; some one, either one or the other; whichsoever, whoever.—**ser un c.,** to be a nobody, be a person of no account.
cuan, *adv. contr.* of CUANTO, how, as: used only before adjectives and adverbs.
cuando (*interr.* **cuándo**), *adv.* when; at, or during, the time of (**cuando la guerra,** at the time of the war); in case that, if; though, although, even; sometimes.—**c. más,** or **c. mucho,** at most, at best.—**c. menos,** at least. —**c. quiera** (**que**), when you please; whenever. —**de c. en c.** or **de vez en c.,** once in a while, from time to time, now and then.—**¿hasta c.?** when shall I see you again?
cuantía, *f.* amount, quantity; rank, distinction, importance, degree.
cuantiar, *va.* to estimate; appraise.
cuantidad, *f.* quantity.
cuantificación, *f.* (phys.) quantization.
cuantil, *m.* (stat.) quantile, fractile.
cuantimás, (coll.) = CUANTO MÁS.
cuantiosamente, *adv.* copiously.
cuantioso, sa, *a.* numerous, copious, abundant.
cuantitativo, va. *a.* quantitative.
cuanto, ta. I. *a.* as much as, all the; *pl.* as many as, all the (*cuantos libros halle,* all the books you find, as many books as you find). **II.** *m. adv.* as (in this sense **cuanto** is used in correlation with **tanto,** V.G., *tan bueno cuanto,* as good as). —**c. antes,** as soon as possible, immediately; without delay.—**c. antes mejor,** the sooner the better.—**c. más,** the more (*cuanto más habla, menos dice,* the more he talks, the less he says; *cuanto más tiene, tanto más quiere,* the more he has, the more he wants); let alone, to say nothing of (*él no tiene una casa, cuanto más un auto,* he has no house, to say nothing of a car).—**c. más antes,** as soon as possible, immediately; without delay.—**c. más que,** all the more because.—**en c.,** as soon as.—**en c. a,** as for, as far as, with regard to (*en cuanto a mí mismo,* as for me, as far as I am concerned, with regard to me).—**por c.,** inasmuch as.—**unos cuantos,** a few. **III.** *rel. pron* all (that), everything that, as much as (*cuanto Vd. quiera,* all you wish); *pl.* all those who (*cuantos fueren jugar,* all those who are going to play). **IV.** *m.* (phys., mech.) quantum.
cuánto, ta. I. *interrog. a.* & *interrog. pron.* how much; how long (*¿cuánto tiempo?* how long?); what (as an interjection, V.G., *¡cuánto dolor!* what suffering!); *pl.* how many. **II.** *interrog. adv.* how, how much; how long.
cuaquerismo, *m.* Quakerism.
cuáquero, ra. I. *a.* Quaker. **II.** *n.* Quaker; *f.* Quakeress.
cuarango, *m.* Peruvian-bark tree.
cuarcífero, ra, *a.* quartziferous.
cuarcita, *f.,* (min.) quartzite.
cuarenta, *n.* & *a.* forty; fortieth.
cuarentavo, va, *n.* & *a.* fortieth.
cuarentena, *f.* quarantine; period of forty days, months, or years; fortieth part; Lent; suspension of assent to anything; the number 40 in general, two-score.—**hacer c.,** to be in quarantine.
cuarentón, na, *n.* & *a.* (person) forty years old.
cuaresma, *f.* Lent; collection of Lent sermons.—**cuaresmal,** *a.* Lenten.—**cuaresmero, ra,** *n.* (Chile) one who fasts every day in Lent.
cuarta, *f.* fourth, fourth part, quarter; quadrant, fourth part of a circle; (naut.) quarter, point of the compass; quart, sequence of four cards in piquet; (fencing) carte; span (of the hand); a lineal measure (¼ vara); quart, liquid measure; (mil.) quarter of a company of soldiers; (mus.) fourth; (carp.) square timber; section; (prov.) guide mule; (Mex.) short whip, riding crop.
cuartago, *m.* nag, pony, hack.
cuartal, *m.* bread weighing one quarter of a loaf; quarter, dry measure, fourth part of a fanega.
cuartán, *m.* grain measure (18 liters 8 centiliters); oil measure (4 liters 15 centiliters).
cuartana, *f.* (med.) quartan, an ague recurring every four days.
cuartanal, *a.* quartan.
cuartanario, ria, *a.* afflicted with a quartan.
cuartar, *va.* to plow for the fourth time.
cuartazo, *m.* (Mex.) blow with a whip.
cuartazos, *m. pl. aug.* coarse, corpulent person.
cuartear. I. *va.* to quarter, divide into four equal parts; to bid a fourth more on, at public sales; to make a fourth person at (a game); to zigzag up steep places; (Mex.) to whip. **II.** *vr.* to split, crack, rift.
cuartel, *m.* quarter, fourth part; district; ward of a city; barracks; duty imposed on villages for the quartering of soldiers; (coll.) dwelling, habitation; quarter, remission of life granted by victorious troops; flower bed; (poet.) quatrain; (her.) quarter; (naut.) hatch.—**c. de la salud,** safe place, shelter.—**c. general,** general headquarters.—**c. maestre general,** (mil.) quartermaster-general.—**estar de c.,** to be off active service with reduced pay.
cuartelada, *f.* military coup d'état, sedition of soldiers to carry out a coup d'état.
cuartelar, *va.* (her.) to quarter.
cuartelero, ra. I. *a.* pertaining to soldiers. **II.** *m.* (mil.) soldier who keeps the ward clean.
cuartelesco, ca, *a.* (Am.) = CUARTELERO.
cuarteo, *m.* act of dodging; crack, rift, fissure.
cuartera, *f.* dry measure (about 70 liters); land measure (about 36 acres); square timber.
cuarterada, *f.* land measure (about 8 sq. yds.).
cuartero, ra, *n.* collector of grain taxes.
cuarterola, *f.* quarter cask.
cuarterón, na. I. *n.* & *a.* quadroon. **II.** *m.* quartern, quarter, fourth part; quarter of a pound; upper shutter of windows; (carp.) door or wainscot panel.
cuarteta, *f.* (poet.) quatrain.
cuartete, cuarteto, *m.* (poet.) quatrain; (mus.) quartet.
cuartil, *m.* (stat.) quartile.
cuartilla, *f.* fourth part of an ARROBA (about 6 lbs.); grain measure (about 1.38 liters); liquid measure (about 4 qts.); fourth part of a large sheet of paper; sheet of paper; (print.) sheet of copy; pastern of horses.
cuartillo, *m.* pint, in liquid or dry measure; fourth part of a REAL (about 1¢).
cuartilludo, da, *a.* (horse) having long pasterns.
cuartito, *m. dim.* small room, hall room.
cuarto, ta. I. *n.* & *a.* fourth, fourth part, quarter. **II.** *m.* room, chamber, hall; copper coin worth four MARAVEDÍS; series of paternal or maternal ancestors; crack in horses' hoofs; quarter of clothes; quarter of animals or of criminals whose body is quartered; quarter of an hour; (astr.) quarter (of the moon); service in the royal palace.—*pl.* cash, money; well-proportioned members of an animal's body.—**c. a c.,** in a mean, stingy manner.—**c. bocel,** astragal. —**c. de baño,** bathroom.—**c. de conversión,** quarter wheeling.—**c. de costura,** sewing

room.—**c. de dormir,** bedroom.—**c. delantero,** forequarter.—**c. de tocador,** dressing room.—**c. de tono,** (mus.) quarter tone.—**c. de vestir,** dressing room.—**c. viento,** (naut.) quarter point.—**c. y comida,** board and lodging.—**de tres al c.,** of little moment.—**en c.,** (print.) quarter.—**no tener un c.,** (fig.) to not be worth a cent.—**tener cuartos** or **cuatro cuartos,** to be well off, have money.

cuartogénito, ta, *a.* fourth-born.

cuartón, *m.* quarter; large joist or girder; beam sixteen feet long; oblong patch of farming land; a liquid measure.

cuarzo, *m.* quartz.—**c. citrino,** Occidental topaz.

cuarzoso, sa, *a.* quartziferous, containing quartz.

cuasi, *adv.* almost.

cuasia, *f.* (bot.) quassia.

cuasicontrato, *m.* (law) quasi contract.

cuasidelito, *m.* (law) unintentional wrong.

cuasimodo, *m.* Quasimodo, first Sunday after Easter.

cuasina, *f.* (chem., pharm.) quassin.

cuate, *m.* (Mex.) twin.—**eso no tiene c.,** (coll.) that has no match.

cuaterna, *f.* union of four things; four points in the game of lotto.

cuaternario, ria. I. *a.* quaternary. **II.** *m.* (geol.) Quaternary.

cuaternidad, *f.* quaternity, quaternary.

cuaternio. *m.* (math.) quaternion, set of 4.

cuaterno, na, *a.* consisting of four numbers.

cuatezón, na, *a.* (Mex.) hornless ox or sheep.

cuatí, *m.* a South-American monkey.

cuatralbo, ba. I. *a.* having four white feet. **II.** *m.* commander of four galleys.

cuatratuo, tua, *a.* quadroon.

cuatrero, *m.* horse thief, cattle thief.

cuatriduano, na, *a.* lasting four days.

cuatrienio, *m.* = CUADRIENIO, 4 yrs. time.

cuatrillo, *m.* a card game.

cuatrillón, *m.* quadrillion.

cuatrimestre. I. *a.* lasting four months. **II.** *m.* period of four months.

cuatrín, *m.* an ancient small coin.—*pl.* (coll.) cash in general.

cuatrinca, *f.* union of four persons or things; four cards of a kind.

cuatrisílabo, ba, *a.* = CUADRISÍLABO.

cuatro. I. *n.* & *a.* four; fourth.—**c. gatos,** (contempt.) just a few people.—**c. letras,** a few lines.—**más de c.,** (coll.) a great many. **II.** *m.* figure 4; one delegated to vote for four absent persons; (mus.) quatuor, quartet; four, four-spot card; small four-string guitar; (Mex.) blunder. **III.** *pl. f.* **las cuatro,** four o'clock.

cuatrocientos, tas, *n.* & *a.* four hundred.

cuatrodoblar, *va.* to quadruple.

cuatropea, *f.* sales tax on horses.

cuatropeado, *m.* step in dancing.

cuatrotanto, *m.* (coll.) quadruple.

cuba, *f.* cask; tub, vat; (coll.) big-bellied person, tub; (coll.) toper, drunkard.

Cuba, *f.* Cuba.

cubano, na, *n.* & *a.* Cuban.

cubeba, *f.* (bot.) cubeb.

cubería, *f.* cooperage, cooper's shop.

cubero, *m.* cooper.

cubertura, *f.* cover, covering.

cubeta, *f. dim.* of CUBA; small barrel or cask, keg; tub, pail, bucket; trough; basin, cup or cistern (of a barometer); (photog.) developing tray; (Mex.) high hat.

cubetilla, ita, *f. dim.* small bucket.

cubeto, *m. dim.* of ²CUBO; small pail, tub, etc.

cúbica, *f.* cubica, fine worsted fabric.

cubicación, *f.* measurement of solids; calculation of volumes; cubing.

cubicar, *va.* (math.) to cube; to determine the volume of.

cúbico, ca, *a.* cubical, cubic.

cubículo, *m.* cubicle, cubiculum.

cubichete, *m.* (naut.) waterboards or weatherboards; (mil.) gun apron.

cubierta, *f.* cover, covering; envelope; wrapping; book cover; casing; coat, facing; roof; top of a carriage; pretext, pretense; deck (of ship).—**c. del motor,** (auto) hood.

cubiertamente, *adv.* secretly, under cover.

cubierto, ta. I. *pp. irreg.* of CUBRIR. **II.** *m.* cover, place for one at the table; roof; shed; covert, coverture, cover; allowance of a soldier; plate dinner; refreshment tray or plate.

cubil, *m.* lair or couch of wild beasts.

cubilar, *vn.* to take shelter.

cubilete, *m.* copper pan or mold for kitchen use; pastry made in it; dicebox, juggler's goblet; tumbler, mug; (Colomb., coll.) high hat; (Am.) political intrigue, wirepulling; (Am.) clique.

cubiletero, *m.* juggler; paste mold.

cubilote, *m.* cupola smelting furnace or pot.

cubilla, *f.*, **cubillo,** *m.* Spanish fly, blister beetle; water cooler; (theat.) small box near the stage; (naut.) socket for flagpole; bucket or scoop of a water-raising wheel.

cubismo, *m.* (art) cubism.

cubista, *a.* & *n.* (art) cubist.

cubital, *a.* cubital.

cúbito, *m.* (anat.) ulna, larger bone of forearm.

¹**cubo,** *m.* (geom., alg.) cube; (arch.) dado, die.

²**cubo,** *m.* wooden pail, bucket; tub, vat; mill pond; barrel of a watch or clock; fort, small tower; nave or hub of a wheel; bayonet socket; (mason.) hodful of mixed mortar; (mech.) tongue way, socket, shaft case; (carp.) stock.

cuboide, *m.* (anat.) cuboid bone.

cubrecama, *f.* coverlet, counterpane, bedspread.

cubrecorsé, *m.* corset cover.

cubrepán, *m.* fire shovel used by shepherds.

cubreplatos, *m.* wire-net cover for food in dishes.

cubriente, *a.* covering, hiding.

cubrimiento, *m.* covering; roofing.

cubrir. I. *va.* (*pp.* CUBIERTO) to cover; spread over; face; coat; envelop; veil; shroud; screen, hide, palliate; disguise, mask, dissemble, cloak; hood, drape, clothe; box up; case, incase; (mil.) to cover or protect; (arch.) to roof; (of male animals) to cover; (com.) to meet (a draft); to cover (a shortage or expenses); to compensate; to include, comprise.—**c. la cuenta,** to balance an account.—**c. la mesa,** to lay the table.—**c. los gastos,** to pay expenses. **II.** *vr.* to cover oneself; to protect oneself against loss, damage or attack; to hedge; to be covered; to put on one's hat; in fencing, to be well guarded.—**cubrírsele a uno el corazón,** to feel deep grief.

cuca, *f.* root tubercle of a sedge; a Peruvian plant; coca; sort of caterpillar; (coll.) gambling woman.—**c. y matacán,** a card game.—**mala c.,** (coll.) wicked person.

cucamonas, *f. pl.* (coll.) caresses, soft words.

cucaña, *f.* greased pole to climb for a prize; the sport itself; anything acquired with little trouble at other people's expense; easy thing, "child's play."

cucañero, *m.* (coll.) parasite, hanger-on.

cucaracha, *f.* cockroach, croton bug; cochineal; snuff.—**cucarachera,** *f.* cockroach nest.

cucarda, *f.* = ESCARAPELA, cockade.

cucarrón, *m.* (Colomb.) beetle.

cuclillas.—**en c.,** in a crouching or squatting position.—**sentarse en c.,** to squat.

cuclillo, *m.* (ornith.) cuckoo.

cuco, ca. I. *a.* (coll.) prim, dainty; cunning, crafty, astute; alert for one's own advantage. **II.** *m.* a kind of caterpillar; cuckoo; a card game; (coll.) gambler.

cucú, *m.* cuckoo, call of the cuckoo.

cucuiza, *f.* (Am.) thread of the agave.

cuculí, *m.* a handsome wild pigeon of S. A.

cuculla, *f.* cowl, old-fashioned hood.

cucuma, *f.* bread made in Colombia from a root like yucca.

cucúrbita, *f.* distilling retort.

cucurbitáceo, cea, *a.* (bot.) cucurbitaceous.

cucurucho, *m.* paper cone; cornucopia.

cucuy, cucuyo, *m.* = COCUYO, glow-worm.
cucha, *f.* (Peru) = LAGUNA, lagoon.
[1]**cuchar,** *va.* to fertilize with CUCHO.
[2]**cuchar,** *f.* spoon; old corn measure, twelfth part of a peck; tax or duty on grain.—**c. herrera,** iron spoon.
cuchara, *f.* spoon; ladle; (mason.) trowel; (naut.) pitch ladle; (mil.) gunner's ladle; (naut.) scoop for baling boats; bucket, scoop (of dredging machine, excavator, etc.); (Am.) pickpocket, thief.—**c. cafetera,** teaspoon.—**c. de aire,** (aer.) air scoop.—**meter c.,** or **su c.,** to meddle, intrude; to put in one's oar.
cucharada, *f.* spoonful; ladleful.—**meter c.,** or **su c.** = METER CUCHARA. *V.* CUCHARA.
cucharadita, *f.* teaspoonful.
cucharal, *m.* spoon bag used by shepherds.
cucharero, ra, *n.* spoon maker or dealer.
cuchareta, *f. dim.* small spoon; a variety of wheat; inflammation of the liver in sheep.
cucharetear, *vn.* (coll.) to stir with a spoon; to busy oneself with other people's affairs.
cucharetero, *m.* maker or retailer of wooden spoons; spoon rack; petticoat fringe.
cucharilla, *f. dim.* small spoon, teaspoon, coffee spoon; (vet.) liver disease in swine; (surg.) scoop.—**c. de barrenero,** (min.) scraper.
cucharón, *m. aug.* large spoon; soup ladle, kitchen ladle, dipper; scoop, bucket (of a dredge, excavator, etc.)
cucharro, *m.* (naut.) harping; watering vessel made from a gourd.
cuchi, cuchí, *m.* (Am.) hog.
cuchichear, *vn.* to whisper.
cuchicheo, *m.* whisper, whispering.
cuchichiar, *vn.* to call like a partridge.
cuchilla, *f.* large chopping knife; cleaver; any knife; blade of a knife or sword; razor blade; ancient poniard; (poet.) sword; mountain ridge; knife edge.
cuchillada, *f.* cut or slash with a knife; gash, deep wound.—**dar c.,** (of competing actors) to win the preference of the public.—*pl.* fight, row.—**andar a c.,** to come to blows.
cuchillar, *a.* pertaining to knives.
cuchilleja, *f.*, **cuchillejo,** *m. dim.* small knife; paring knife used by horseshoers.
cuchillera, *f.* knife case or scabbard.
cuchillería, *f.* cutler's shop; cutlery.
cuchillero, *m.* cutler.
cuchillo, *m.* knife; knife edge; gore, triangular piece in a garment; right of governing; any object or place ending in a point or acute angle; (arch.) gable frame; (naut.) cant piece; triangular sail; goring of a sail; (carp.) beam, girder. —*pl.* chief feathers in a hawk's wing.—**c. de monte,** hunter's cutlass.
cuchillón, *m. aug.* large knife.
cuchipanda, *f.* (coll.) cheerful dinner shared by several persons.
cuchitril, *m.* narrow hole or corner; very small room, "den"; hut.
cucho, *m.* fertilizer of manure and compost.
cuchuco, *m.* (Colomb.) pork-and-barley soup.
cuchuchear, *vn.* = CUCHICHEAR, to whisper.
cuchufleta, *f.* joke, jest, fun.
cuchufletero, ra, *n.* jester, tease.
cuchuvo, *m.* (S. A.) saddle bag.
cudria, *f.* flat woven bast rope.
cudú, *m.* koodoo, an African antelope.
cuébano, *m.* = CUÉVANO, basket, hamper.
cuélebre, *m.* = DRAGÓN, dragon.
cuelga, *f.* bunch of grapes or other fruit hung up for use during the winter; (coll.) birthday present.—**c. de cebollas,** bunch of onions.
cuelgacapas, *m.* cloak hanger, rack.
cuelgasombreros, *m.* hatrack.
cuelgo, cuelgue, *v. V.* COLGAR.
cuelmo, *m.* candlewood.
cuelo, cuele, *v. V.* COLAR.
cuellicorto, ta, *a.* short-necked.
cuellierguido, da, *a.* stiffnecked; swelled up with pride.
cuellilargo, ga, *a.* long-necked.
cuello, *m.* neck; throat; collar (of garments); neck of a bottle; neck stock; small end of a wax candle; thinnest part of a mast, pole, cane, etc.; collar of a beam in oil mills.—**c. duro,** stiff collar.—**levantar el c.,** to be prosperous.
cuenca, *f.* wooden bowl; socket of the eye; basin of a river; deep valley.
cuenco, *m.* earthen bowl; sifting basket.
cuenda, *f.* end of packthread; tie of a skein; end of a skein.
cuenta. I. *f.* computation, calculation, count, reckoning; account; bill; note; statement (of accounts); narrative, report; obligation, care, duty; bead (of a rosary, etc.); accountability; reason, satisfaction; consideration, merit, importance.—**c. corriente,** (com.) account current.—**c. de venta,** (com.) account sales.—**c. en participación,** joint account.—**c. pendiente,** unsettled account.—**c. simulada,** pro forma account.—**c. y mitad,** (com.) joint account.—**cuentas del Gran Capitán,** account overcharged.—**a c.,** or **a buena c.,** on account, in part payment.—**a esa c.,** at that rate.—**a fin de cuentas,** in the end.—**caer en la c.,** (fig.) to see, make out, "catch on."—**dar c.,** to answer, report, give an account.—**dar c. de algo,** (coll., ironic) to use up, waste, destroy.—**darse c. de,** to realize; to notice.—**de c. y riesgo de,** for account and risk of.—**en resumidas cuentas,** (coll.) in short, in a word; after all.—**estemos a cuentas,** let us settle this, let us come to an understanding.—**hacer cuentas,** to figure, reckon.—**hacer cuentas alegres,** or **galanas,** to build air castles.—**hacer de c. (que),** to pretend, act (as if).—**hacer la c.,** to figure out.—**hacer,** or **hacerse, la c.,** to imagine, take for granted.—**la c. es c.,** business is business.—**llevar c.,** or **la c.,** to keep account; to count, reckon.—**por c. de,** to the account of.—**por c. y mitad,** joint account.—**por c. y riesgo de uno,** at one's expense and risk; on one's own responsibility.—**por la c.,** as far as one can judge, judging from the facts known, stated, etc.—**rendir cuentas,** (lit. & fig.) to give, render an account.—**tener c.,** to answer the purpose; to be profitable or advantageous; (**con**) to be concerned (with), have a part (in).—**tener en c.,** to take into account, remember, bear in mind.—**tomar en c.,** to take under advisement, consider.—**tomar por su c.,** to take upon oneself.—**vamos a cuentas** = ESTEMOS A CUENTAS. **II.** *interj.* take care, look out!
cuentacorrentista, *n.* depositor.
cuentadante, *m.* one who renders an account of moneys received.
cuentagotas, *m.* dropper (for counting or measuring drops).
cuentahilos, *m.* thread counter; linen prover; weaver's glass.
cuentakilómetros, *m.* (auto.) mileage indicator.
cuentapasos, *m.* odometer.
cuentero, ra, *n.* & *a.* = CUENTISTA.
cuentezuela, *f. dim.* small account.
cuentista, *m.* talebearer, informer.
[1]**cuento,** *m.* tale, story; narrative; fable, fairy tale; gossip; million; million of millions; account; number;—**c. del tío,** (Am.) (coll.) confidence game, trick.—**c. de viejas,** old women's stories, notion, superstition.—**andar en cuentos,** to be at loggerheads; to carry tales; to gossip.—**dejarse de cuentos,** to stop beating about the bush, to come to the point.—**estar en el c.,** to be informed, to be on the inside.—**sin c.,** numberless.—**traer a c.,** to bring to bear upon the subject; to drag into the subject. —**venir a c.,** to be pertinent, to be to the point.
[2]**cuento,** *m.* articulation of a wing; ferrule of a pike; cane, or tool; prop, shore, support.
[3]**cuento, cuente,** *v. V.* CONTAR.
cuentón, na, *n.* story-teller, talebearer.
cuera, *f.* leather jacket.
cuerda, *f.* cord, rope, string; (fishing) line; string

for musical instruments; compass of a voice; (geom.) chord; match for firing a gun; spring, mainspring of a watch or clock; a West-Indian land measure (3.93 centiares); number of galley slaves tied together.—*pl.* human nerves.—**c. floja,** or **tesa,** tight rope, ropedancing rope.—**c. freno,** (aer.) dragrope.—**cuerdas de las cubiertas,** (naut.) deck streaks or strakes.—**cuerdas vocales,** vocal chords.—**bajo c.,** or **por debajo de c.,** underhandedly, deceitfully.—**dar c. a,** to wind up (a watch, clock).

cuerdamente, *adv.* prudently, wisely.

cuerdecica, illa, ita, *or* **cuerdezuela,** *f. dim.* funicle, small cord.

cuerdo, da, *a.* prudent, discreet, sensible, wise, judicious; in his senses, not mad.

cuerecico, ito, *m. dim.* small hide or skin.

cuerezuelo, corezuelo, *m.* suckling pig.

cuerna, *f.* horn vessel; stag's or deer's horn; sportsman's horn.

cuernecico, illo, ito, *m.* cornicle, small horn.

cuernezuelo, *m. dim.* cornicle, small horn; farrier's paring knife.

cuernito, *m.* (Am., cook.) croissant.

cuerno, *m.* horn; feeler, antenna of insect; horn of the moon; button of a manuscript roll; huntsman's horn; (bot.) horn; (naut.) outrigger; (vet.) a disease of horses; callosity.—**c. de abundancia,** cornucopia, horn of plenty.—**c. inglés,** (mus.) English horn.

cuero, *m.* pelt, fell, rawhide; tanned skin, leather; goatskin dressed entire, which serves as a bag to carry wine or oil; toper, drinker.—*pl.* hangings or drapery of gilded or painted leather.—**c. cabelludo,** scalp.—**c. de suela,** sole leather.—**c. exterior,** cuticle.—**c. interior,** skin.—**cueros al pelo,** raw hides, undressed hides.—**de cuero,** leathern, leather (as *a.*).—**en cueros,** or **en cueros vivos,** stark naked.—**entre c. y carne,** between the skin and the flesh.

cuerpecico, illo, ito; cuerpezuelo, *m. dim.* small body; small carcass.

cuerpo, *m.* body; trunk, build; mass, bulk; volume (of a book); corpus; corps; corpse; brigade, department, company; (arch.) entire part of a building up to a cornice or an entablature; (geom., print.) body.—**c. a c.,** hand to hand.—**c. astral,** (theosophy) astral body.—**c. compuesto,** (chem.) compound.—**c. de aviación,** Air Corps.—**c. de baile,** corps de ballet.—**c. de bomba,** barrel of a pump.—**c. de bomberos,** fire brigade or company.—**c. de caldera,** boiler shell.—**c. de combate,** (mil.) combat team.—**c. de ejército,** army corps.—**c. de guardia,** guard; guarded place, post of guard.—**c. del cabrestante,** (naut.) barrel of the capstan.—**c. del delito,** (law) corpus delicti.—**c. diplomático,** diplomatic body or corps.—**c. de sanidad,** sanitary corps.—**c. sin alma,** dull person.—**c. tiroides,** (anat.) thyroid gland.—**c. volante** (mil.) flying column.—**a c. de rey,** royally, like a king.—**a c. descubierto,** without cover or shelter; manifestly.—**dar con el c. en tierra,** to fall down.—**de c. entero,** full-length (picture).—**echar el c. fuera,** (coll.) to duck out, get away.—**en c.,** without cloak or wrap.—**en c. de camisa,** in shirt sleeves.—**en c. y alma,** (coll.) body and soul, wholly.—**estar de c. presente,** to be actually present; to lie in state.—**falsear el c.,** to duck, dodge (to avoid a blow).—**hacer del c.,** to go to stool.—**tomar c.,** to take shape; to increase, enlarge, grow.

cuerria, *f.* circular space fenced in where chestnuts are thrown to ripen.

cuerva, *f.* (ornith.) crow, rook; jay.

cuervecico, illo, ito, *m. dim.* little rook.

cuervo, *m.* (ornith.) raven; crow; rook.—**c. marino,** cormorant; (**C.,** astr.) Corvus, a southern constellation.

cuesco, *m.* stone (of fruit); millstone of an oil mill; (coll.) noise from breaking wind; fisticuff; (Chile) man in love.

cuesquillo, *m. dim.* small stone of fruit.

[1]**cuesta,** *f.* = CUESTACIÓN.

[2]**cuesta,** *v.*—**c. trabajo creerlo,** it's hard to believe. *V.* COSTAR.

[3]**cuesta,** *f.* slope, grade.—**c. abajo,** down hill.—**c. arriba,** up hill; painfully, with great trouble and difficulty.—**a cuestas,** on one's shoulders or back; to one's charge or care.

cuestación, *f.* petition, solicitation or collection for a charitable purpose.

cuestero, ra, *n.* alms collector.

cuestezuela, *f. dim.* easy slope, light grade.

cuestión, *f.* question, dispute, quarrel; matter, problem, affair, business.—**c. batallona,** much-debated, or vexed, question.—**c. candente,** burning question.—**c. de gabinete,** state affair that may cause a change in the cabinet; serious matter.—**c. de tormento,** torture.

cuestionable, *a.* questionable, doubtful.

cuestionar, *va.* to dispute, discuss, argue.

cuestionario, *m.* questionnaire.

cuesto, cueste, *v. V.* COSTAR.

cuestor, *m.* questor; solicitor of alms.

cuestuario, ria; cuestuoso, sa, *a.* lucrative, productive.

cuestura, *f.* questorship.

cuete, *m.* firecracker; skyrocket.

cueto, *m.* (fort.) rocky peak; defended tor.

cuetzale, *m.* (ornith.) quetzal, a large Mexican bird of golden green plumage.

cueva, *f.* cave, grotto; cellar.—**c. de fieras,** den of wild beasts.—**c. de ladrones,** den of thieves.

cuévano, *m.* basket, hamper; (min.) sump basket.

cuevero, *m.* maker of caves and grottoes.

cueza, *f.,* **cuezo,** *m.* mortar hod.

cuezo, cueza, *v. V.* COCER.

cugujada, *f.* (ornith.) common field lark, skylark.

cugulla, cogulla, *f.* cowl.

cuicacoche, *f.* a Mexican song bird.

cuico, ca, *m.* (Mex.) policeman; *m.* & *f.* (Am.) gossip.

cuida, *f.* in ladies' seminaries, young lady who takes care of a young girl.

cuidado. I. *m.* care, solicitude; attention, heed; keeping, custody, charge, trust; carefulness, caution; fear, apprehension, anxiety.—**estar con c.,** to be anxious or apprehensive.—**estar de c.,** to be seriously ill.—**no hay c. (de que),** there is no danger (that).—**no pasar c.,** or **perder c.,** not to worry.—**tener cuidado (de),** to be careful (to); to be worried or anxious. **II.** *interj.* look out! beware!—**¡c. con él!** look out for him!—**¡c. con perderlo!** take care not to lose it!

cuidadoso, sa, *a.* careful; solicitous; painstaking; curious, observing.

cuidante, *n.* caretaker.

cuidar. I. *va.* to care for, look after, keep; to execute with care, diligence, and attention; take care of. **II.** *vn.* **c. de,** to take care of. **III.** *vr.* to take care of oneself.—**c. de,** to look out for, to be on guard against; to avoid; to pay attention to.—**cuido,** *m.* caretaking.

cuita, *f.* care, grief, affliction, trouble.—**contar sus cuitas,** to tell one's troubles.

cuitadamente, *adv.* afflictedly, sorrowfully.

cuitado, da, *a.* unfortunate, wretched; timid.

cuitamiento, *m.* bashfulness, timidity.

cuja, *f.* lance bucket; bedstead.

cuje, *m.* withe; pole supported by two vertical ones for hanging tobacco.—*pl.* hop poles.

cují, *m.* (bot.) sponge tree.

cujisal, *m.* plantation of sponge trees.

culantrillo, *m.* (bot.) maidenhair fern.

culantro, *m.* (bot.) coriander.

culata, *f.* buttock, haunch; butt of a firearm; screw pin which fastens the breech of a gun to the stock; rear part; (int. combust. eng.) cylinder head; (elec.) yoke (of an electromagnet).

culatada, *f.*, **culatazo,** *m.* kick; recoil of a firearm; blow with the butt of a firearm.
culcusido, corcusido, *m.* botch work.
culebra, *f.* snake; trick, fun, joke; hazing; distil worm; cock of a firearm; sudden disorder in a peaceful assembly.—**c. de cascabel,** rattlesnake.—**saber más que las culebras,** (coll.) to be very crafty and cunning.—**culebrazo,** *m. aug.* big snake; whipping given by jail prisoners to newcomers; hazing.—**culebrear,** *vn.* to wriggle (as a snake); to wind (as a rivulet).—**culebrilla,** *f.* tetter, ringworm; a skin disease; rocking staff of a loom; fissure in a gun barrel.—**culebrina,** *f.* (mil.) culverin; undulated meteor.—**culebrino, na,** *a.* snaky.—**culebrón, na,** *n. aug.* big snake; crafty fellow, double-dealer; intriguing woman.
culera, *f.* stain of urine in swaddling clothes; patch on the seat of trousers.
culero, ra. I. *a.* slothful, lazy. **II.** *m.* baby's diaper.
culinario, ia, *a.* culinary.
culminación, *f.* culmination; high tide.
culminante, *a.* culminating.
culminar, *vn.* to culminate.
culo, *m.* breech, backside, rump, buttock; bottom; socket; anus; bottom of anything.
culombio, *m.* (elec.) coulomb.
culón, *m.* (coll.) retired soldier.
culpa, *f.* fault; guilt; sin.—**echar la c. a, to** blame.—**no por (su) c.,** through no fault of (his) own.—**tener la c. de,** to be to blame, or responsible, for.
culpabilidad, *f.* culpability, guilt.
culpabilísimo, ma, *a. super.* guilty or culpable in the highest degree.
culpable, *a.* culpable, guilty; blamable, blameworthy.—**culpablemente,** *adv.* culpably.
culpación, *f.* inculpation, blame.
culpadamente, *adv.* culpably.
culpado, da. I. *pp.* of CULPAR. **II.** *a.* guilty.
culpar, *va.* to blame, accuse; condemn.
cultamente, *adv.* neatly, politely, in a refined manner; affectedly, in a showy manner.
cultedad, *f.* (humor.) affected elegance and purity of style; fustian.
culteranismo, *m.* high-flown style; fustian.
culterano, na. I. *n.* purist with affectation; fustianist. **II.** *a.* pertaining to fustian.
cultero, ra, *a.* (humor.) using high-flown style.
cultiparlar, *vn.* to speak with affected elegance.
cultiparlista, *a.* speaking with affected elegance and correctness.
cultipicaño, ña, *a.* (humor.) speaking with affected elegance and in a jeering manner.
cultivable, *a.* cultivable, arable.
cultivación, *f.* cultivation, culture.
cultivado, da, *a.* cultivated.
cultivador, ra, *a.* & *n.* cultivator (person or machine).
cultivar, *va.* to cultivate; to farm, develop, husband, till; to dress (a garden); to nurse (a plant); to preserve.
cultivo, *m.* cultivation; farming, tillage; culture of the mind; elegance of manners; (bacteriol.) culture.—*pl.* crops.
culto, ta. I. *a.* improved, cultivated; nursed (plants); pure, elegant, correct (style and language); cultured, educated; enlightened, civilized.—**II.** *m.* worship; religion; cult; respect or veneration for superior men; homage to lofty ideals.—**c. de dulía,** worship of saints and angels.—**c. de hiperdulía,** adoration of the Virgin.—**c. de latría,** worship of God.—**c. divino,** public worship in churches.—**c. externo,** external religious ceremonies.
cultura, *f.* cultivation of the soil or of the mind; urbanity, politeness; culture.
cultural, *a.* cultural.
culturar, *va.* to cultivate.
cuma, *f.* (Am.) godmother; crony.
cumárico, ca, *a.* (chem.) coumaric.
cumarina, *f.* (chem.) coumarin.
cumarú, *m.* Tonka bean, coumaron.
cumbé, *m.* a negro dance.
cumbre, cumbrera, *f.* top, summit, crest; peak of a mountain; acme; greatest height of favor, fortune, science, etc.; (carp.) ridgepole, tie beam, rooftree.
cúmel, *m.* kümmel (liqueur).
cúmplase, *m.* be it carried out—a term used by the executive of Spanish-American republics over his signature in approving an act of Congress; also, as a confirmation of an appointment.
cumpleaños, *m.* birthday.
cumplidero, ra, *a.* that must be fulfilled or executed; convenient, fit, suitable; accomplishable.
cumplido, da. I. *pp.* of CUMPLIR. **II.** *a.* full, complete, thorough; accomplished, perfect; large; plentiful, ample; fulfilled, lapsed, passed; due; polished, courteous. **III.** *m.* compliment; attention, courtesy; present; ceremony, formality.
cumplidor, ra. I. *n.* one who executes a commission. **II.** *a.* true to one's word, reliable.
cumplimentar, *va.* to compliment, congratulate; to show courtesy to; to fulfil, carry out.
cumplimentero, ra, *a.* (coll.) giving fulsome compliments; excessively courteous or formal; officious; ceremonious.
cumplimiento, *m.* completion, performance, fulfilment; lapse, expiration; compliment; civility, courtesy; formality, ceremony; complement.—**con c., con cumplimientos,** formally, ceremoniously.—**de c.,** formal.
cumplir. I. *va.* to execute, discharge, perform, obey, fulfil; keep (a promise).—**c. años,** to reach one's birthday (*hoy cumplo veinte años,* I am twenty years old to-day). **II.** *vn.* to perform one's duty; to fulfil a social engagement; to perform a duty in the name of another; to have served the time required in the militia; to mature, expire, fall due; to behoove; to be fit.—**c. con,** to fulfil, do, perform.—**c. por otro,** to perform in another's name.—**por c.,** as a matter of form. **III.** *vr.* to be realized or fulfilled; to come true; (of a period of time) to expire, be up; (com.) to mature, fall due.
cumquibus, *m.* (coll.) money, wherewithal.
cumulador, *m.* = ACUMULADOR, accumulator.
cumular, acumular, *va.* to accumulate.
cumulativo, acumulativo, va, *a.* cumulative.
cúmulo, *m.* heap, pile; congeries; large quantity or number, lot; cumulus (clouds).
cumulocirro, *m.* (meteorol.) cumulo-cirrus (cloud formation).
cumulonimbo, *m.* (meteorol.) cumulo-nimbus (cloud formation).
cumulostrato, *m.* (meteorol.) cumulo-stratus (cloud formation).
cuna, *f.* cradle; foundling hospital; place of birth; family, lineage; origin, source.
cunasiri, *m.* a Peruvian aromatic tree.
cuncuna, *f.*, a Chilean caterpillar; (Colomb.) wild pigeon.
cunchos, *m. pl.* an indigenous independent race in Chile.
cundido, *m.* provision of oil, vinegar, and salt given to shepherds; honey or cheese given to boys.
cundir, *vn.* to spread (app. to liquids or news); to yield abundantly; to grow, expand, propagate.
cunear. I. *va.* to rock (a cradle). **II.** *vr.* to swing; to rock.
cuneiforme, *a.* cuneiform, wedge-shaped.
cúneo, *m.* (mil.) triangular formation of troops; space between the passages in ancient theatres.
cuneo, *m.* rocking motion; (naut.) rolling, pitching.
cunera, *f.* cradle rocker, woman appointed to rock the infantas in the royal palace.
cunero, ra, *n.* foundling.
cuneta, *f.* (mil.) small trench; side ditch; gutter, road drain.
cuña, *f.* wedge, quoin; paving stone.

cuñada, *f.* sister-in-law.
cuñadía, *f.* relationship by marriage.
cuñado, *m.* brother-in-law.
cuñar, *va.* = ACUÑAR, to coin, mint; to wedge.
cuñete, *m.* keg; firkin.
cuño, *m.* coin; die for stamping money; the device stamped; mark on silver; (mil.) triangular formation of troops.
cuociente, *m.* quotient.
cuodlibetal, cuodlibético, ca, *a.* pert. to CUODLIBETO.
cuodlibeto, *m.* argument; debatable point; thesis; subtilty; pungent saying; quodlibet.
cuota, *f.* quota, share.
cupano, *m.* (P. I.) a large tree, the bark yielding a dyestuff and the wood being used for building.
cupe, cupiera, *v. V.* CABER.
cupé, *m.* coupé, cab; banquette of a coach.
cupido, *m.* gallant, lover.
cupitel.—tirar de c., (in game of bowls) to throw a bowl with a curve.
cupo, *m.* quota; tax rate; (Mex.) contents, capacity.
cupón, *m.* (com.) coupon.
cupresino, na, *a.* (poet.) made of or pertaining to the cypress tree.
cúprico, ca, *a.* (chem.) cupric.
cuprífero, ra, *a.* (chem.) cupriferous.
cuprita, *f.* (min.) cuprite.
cuproaluminio, *m.* duralumin.
cupromanganeso, *m.* cupromanganese.
cuproníquel, *m.* cupronickel.
cuproso, sa, *a.* (chem.) cuprous.
cúpula, *f.* cupola, dome, vault; turret of a monitor; (bot.) cupule, cup.—**c. de distribución,** steam dome.
cupulífero, ra, *a.* (bot.) cupuliferous, cup-bearing.
cupulino, *m.* (arch.) sky lantern.
cuquillo, *m.* (ornith.) cuckoo.
cura. I. *m.* parish priest, rector, curate; any clergyman. **II.** *f.* CURACIÓN; curing, seasoning (of timber, etc.); parsonage.—**c. de almas,** cure, or care, of souls.—**c. de misa y olla,** ignorant priest.—**c. de urgencia,** PRIMEROS AUXILIOS, first aid; emergency measure.
curable, *a.* curable.
curaca, *m.* (Peru) governor, potentate; master, boss.
curación, *f.* cure, healing; (surg.) dressing, care (of a wound).
curadero, *m.* bleaching place.
curadillo, *m.* (ichth.) codfish, ling fish.
curado, da. I. *pp.* of CURAR. **II.** *a.* hardened; tanned.
curador, ra, *n.* overseer, caretaker; healer; (law) guardian, administrator(-trix).—**c. de bacalao,** cod salter.—**c. de lienzo,** bleacher of linen cloth.
curaduría, *f.* guardianship.
curandero, *m.* quack, medicaster.
curar. I. *vn.* to recover from sickness; **(de),** to take care (of). **II.** *va.* to cure, heal, restore to health; to administer (medicines), prescribe; (surg.) to dress (a wound); to salt, cure, preserve; to bleach (fabrics); to cure, season (timber); to soothe, subdue. **III.** *vr.* to recover from sickness.
curare, *m.* curare.—**curarina,** *f.* (chem.) curarine.
curasao, *m.* curaçao.
curatela, *f.* (law) = CURADURÍA.
curativo, va, *a.* curative.
curato, *m.* curacy, parish.
curazao, *m.* curaçao.
curbaril, *m.* (bot.) W.I. locust tree; courbaril.
curculio, *m.* (entom.) curculio.
cúrcuma, *f.* (bot.) curcuma, turmeric.
curcusilla, *f.* = RABADILLA, coccyx; rump.
curdo, da, *n.* & *a.* Kurd(-ish).
cureña, *f.* gun carriage; stay of a crossbow; gunstock in the rough.—**a c. rasa,** (mil.) without parapet or breastwork; (coll.) without shelter or defense.—**cureñaje,** *m.* (collect.) gun carriages.
curesca, *f.* shear wool from the cloth.
curetaje, *m.* (surg.) curettage.
curí, *m.* (bot.) a S. A. coniferous tree, whose cones are used as food.
curia, *f.* ecclesiastical tribunal; bar, the legal profession; care, skill, nice attention; (old Roman) curia.—**c. romana,** pontifical court, aggregate of tribunals and congregations forming the Pope's court.—**curial. I.** *a.* curial. **II.** *m.* curialistic agent; officer of a court; attorney; (Roman) curial, member of a curia.
curialesco, ca, *a.* clerical, priestlike.
curiana, *f.* = CUCARACHA, cockroach.
curiara, *f.* (Am.) a long canoe.
curie, *m.* (phys.) curie.
curiel, *m.* (Cuba) guinea pig.
curio, *m.* (chem.) curium.
curiosamente, *adv.* curiously; neatly, cleanly; in a diligent, careful manner.
curiosear, *vn.* to act from curiosity; to pry into others' affairs; (coll.) to be a busybody.
curiosidad, *f.* curiosity, inquisitiveness; neatness, cleanliness; curious thing; rare object or person; curio.
curioso, sa, *a.* curious, inquisitive, prying; neat, clean; careful, attentive, diligent; quaint, rare.
curita, *f.* (min.) curite.
curricán, *m.* spinning tackle.
curro, rra, *a.* (coll.) showy, tawdry, loud; (Mex., Cuba) (coll.) native of Cadiz.
curruca, *f.* (ornith.) linnet, babbling warbler.
currutaco, ca. I. *a.* ultra-fashionable, dudish, exquisite. **II.** *n.* dude, fop, dandy.
cursado, da. I. *pp.* of CURSAR. **II.** *a.* accustomed, habituated, inured.
cursante. I. *a.* frequenting; assiduous. **II.** *n.* student, pupil.
cursar, *va.* to frequent, to do repeatedly; to study; to take action on, attend to. **II.** *vn.* (incorrectly used for CORRER) to circulate, be current.
cursi, *a.* vulgar, shoddy, in bad taste; clumsy.
cursillo, *m. dim.* short course of lectures in a university.
cursivo, va, *a.* (print.) cursive, script.
curso, *m.* course, direction, career, progress; run, route, current; course of study; term of tuition in schools; collection of the principal treatises used in instruction in some branch; lapse; succession; (com.) current rate.—*pl.* laxity or looseness of the bowels.—**c. de la corriente,** (naut.) current's way.—**ser de c.,** or **tener c. forzoso,** to be legal tender.
cursor, *m.* (mech.) slider, slide.
curtación, *f.* (astr.) curtation.
curtido, da. I. *pp.* of CURTIR. **II.** *a.* tanned, curried; accustomed, experienced, expert; weather-beaten. **III.** *m.* leather; tanning. **IV.** *m. pl.* tanned leather.
curtidor, *m.* tanner, currier, leather dresser.
curtiduría, *f.* tanyard; tannery.
curtiente, *n.* tanning material or substance.
curtimiento, *m.* tanning.
curtir. I. *va.* to tan (hides, the complexion); to inure to hardships, to harden.—**estar curtido,** (coll.) to be used or inured. **II.** *vr.* to become tanned, sunburned, weather-beaten.
curto, corto, ta, *a.* short, dock-tailed.
curú, *m.* (Peru) a clothes moth.
curuca, *f.* (ornith.) eagle owl.
curucucú, *m.* a disease caused by the bite of a South American snake.
curuja, *f.* (ornith.) eagle owl.
curul, *a.* (anc. Rome) curule; edile.
curva, *f.* curve; curvature; bend; (naut.) knee.—**c. acampanada,** (stat.) bell-shaped curve.—**c. de bao,** (naut.) spur.—**c. de enlace,** (Ry.) connecting curve.—**c. de frecuencias acumuladas,** (stat.) frequency curve.—**c. de nivel,**

(surv.) contour line.—**c. sedástica,** (stat.) scedastic curve.
curvatón, *m.* (naut.) small knee, bracket.
curvatura, *f.* curvature; curving.
curvidad, *f.* curvation.
curvilíneo, a, *a.* (geom.) curvilinear.
curvímetro, *m.* instrument for measuring curves.
curvo, va. I. *a.* curve, curved; crooked, bent. **II.** *m.* inclosed pasture ground.
cusculia, *f.* (bot.) = COSCOJA, scarlet oak.
cuscurro, *m.* end piece of bread, heel.
cuscuta, *f.* (bot.) common dodder.
cusir, *va.* (coll.) = CORCUSIR, to sew clumsily.
cuspidado, da, *a.* cuspidate, cuspidated.
cúspide, *f.* cusp, apex, top, summit, peak.
cuspídeo, dea, *a.* (bot.) cuspidate.
custodia, *f.* custody, safe-keeping; monstrance; shrine; guardian, custodian; tabernacle.—**c. protectora,** protective custody.
custodiar, *va.* to guard; to convoy; take care of.
custodio, *m.* guard, watchman; custodian.
cutáneo, nea, *a.* cutaneous, of the skin.
cúter, *m.* (naut.) cutter.
cutí, *m.* bedticking, crash.
cutícula, *f.* pellicle, cuticle, epidermis.
cuticular, *a.* cuticular.
cutio, *m.* labor, work.
cutir, *va.* to knock, strike, pound, beat, hammer.
cutis, *m.* or *f.* skin of the human body (esp. that of the face); complexion.
cutó, *m.* (naut.) dirk.
cutral, *n.* old worn-out ox or cow.
cutre, *m.* miser.
cuyabra, coyabra, *f.* (Colomb.) bowl or receptacle formed by halving a gourd lengthwise.
cuyo, ya, (*pl.* **cuyos, cuyas**). **I.** *pron. poss.* of which, of whom, whose, whereof. **II.** *a.* which, this, that (*por cuya razón,* for which reason; *en cuyo caso,* in that case). **III.** *m.* (coll.) beau, lover, suitor.
cuzma, *f.* (Peru) sleeveless shirt.
czar, *m.*; **czarevitz,** *m.*; **czariano, na,** *a.*; **czarina,** *f.* = ZAR, ZAREVITZ, etc., czar, etc.

CH

Ch, ch, *f.* fourth letter of the Spanish alphabet.
cha, *f.* (P. I.) tea.
chabacanamente, *adv.* bunglingly, clumsily.
chabacanería, *f.* bungle, muddle; vulgar expression or action.
[1]**chabacano, na,** *a.* awkward, clumsy.
[2]**chabacano,** *m.* (Mex.) a variety of apricot.
chacal, *m.* jackal.
[1]**chácara,** *f.* = CHACRA.
[2]**chácara,** *f.* (Venez.) large leather bag strapped across the back and chest over one shoulder.
chacarero, ra, *n.* (Am.) field laborer.
chacarrachaca, *f.* loud wrangle.
chacina, *f.* spiced pork for sausages and balls.
chaco, *m.* (Am.) hunt, hunting.
chacó, *m.* shako, military cap.
chacolí, *m.* chacoli, a light red wine made in Vizcaya, Spain.
chacolotear, *vn.* (of loose horseshoe) to clatter.
chacoloteo, *m.* clatter of a loose horseshoe.
chacón, *m.* (P. I.) a large lizard.
chacona, *f.* chaconne, an old Spanish dance.
chaconada, *f.* jaconet, a fine cotton material.
chacota, *f.* noisy mirth.—**echar a ch.,** (coll.) to carry off with a joke.—**hacer ch. de,** (coll.) to turn into ridicule, make fun of.—**chacotear,** *vn.* to indulge in noisy mirth.—**chacotero, ra,** *a.* (coll.) waggish, acting the merry-andrew.
chacra, *f.* (Am.) a small isolated farm.
chacuaco. I. *m.* (Mex., min.) small smelting furnace. **II.** *a.* (coll.) rustic, boorish.
chachalaca. I. *f.* (Mex.) a gallinaceous bird that cries continually while flying; (coll.) chatterbox. **II.** *a.* chattering, talkative.
cháchara, *f.* (coll.) prate, chitchat, idle talk.
chacharear, *vn.* (coll.) to prate, chatter, prattle.
chacharero, ra; chacharón, na, *n.* & *a.* prater (-ing), prattler(-ing).
chacho, *m.* (coll.) little boy (short for MUCHACHO); stake at the game of ombre.
Chad, *m.* Chad.
chadiano, na, *n.* & *a.* Chad.
chafaldetes, *m.* (naut.) clew lines.
chafaldita, *f.* (coll.) chaff, raillery, banter.
chafalditero, ra, *n.* (coll.) chaffer, person given to banter.
chafalmejas, *n.* (coll.) (painting) dauber.
chafalonía, *f.* (Peru) old plate.
chafallar, *va.* to botch, to mend clumsily.
chafallo, *m.* coarse patch, clumsy mending.
chafallón, na, *n.* (coll.) botcher.
chafar, *va.* to flatten; to crease, rumple, crumple; (coll.) to cut short.
chafarote, *m.* cutlass; (coll.) broadsword; (fig.) sword, military force.
chafarrinada, *f.* blot, spot, stain.
chafarrinar, *va.* to blot, stain.
chafarrinón, *m.* blot, stain.—**echar un ch. a,** (coll.) to disgrace; to defame, throw mud at.
chaflán, *m.* bevel, chamfer.
chaflanado, da, *a.* (arch.) canted.
chaflanar, *va.* to bevel, chamfer; (carp.) to cant.
chagra, *m.* a rustic in Ecuador.
chagrín, *m.* (Am.) grained morocco.
chaguarama, *f.* a Central-American palm.
chair, *m.* (tanning) inner side of a skin.
chaira, *f.* steel for sharpening knives, etc.
chal, *m.* shawl.
chala, *f.* (Peru) green corn husk.
chalado, da, *a.* addle-pated, light-witted.
chalán, na, *n.* hawker, huckster; horsedealer; horse breaker.
chalana, *f.* scow, lighter, wherry.
chalanear. I. *va.* to buy or sell cleverly; (Am.) to break (horses). **II.** *vn.* to deal in horses.
chalanería, *f.* artifice and cunning used by dealers in buying and selling.
chalate, *m.* (Mex.) small, lean horse.
chaleco, *m.* waistcoat, vest.
chalequero, ra, *n.* vest maker.
chalet, *m.* chalet, hut; cottage like a Swiss chalet.
chalí, *m.* mohair; challis, shalli; delaine.
chalina, *f.* cravat, scarf.
chalón, *m.* (text.) shalloon.
chalote, *m.* (bot.) shallot.
chalupa, *f.* (naut.) sloop, launch, small light vessel; long boat; (Mex.) a small canoe; (Mex.) corn pancake.—**chalupero,** *m.* boatman, canoeman.
chama, *f.* (low) barter, trade.
chamaco, *m.* (Am. esp. Mex.) youngster.
chamada, *f.* chips, brushwood, brush fire.
chamagoso, sa, *a.* (Mex.) greasy, filthy; ill-performed; low, vulgar.
chamar, *va.* (vulg.) to barter, trade off.
chamarasca, *f.* brushwood, brush fire.
chamarillero, ra, *n.* gambler; dealer in second-hand goods.
chamarillón, *m.* bad player at cards.
chamariz, *m.* (ornith.) blue titmouse.
chamarón, *m.* (ornith.) long-tailed titmouse.
chamarra, *f.* a garment of very coarse frieze.
chamarreta, *f.* a short, loose jacket.
chamba, *f.* (coll., billiards) fluke, scratch; (coll.) lucky stroke, chance; (Colomb.) wide deep ditch; (Mex., coll.) job.
chambear, *vn.* (Mex., coll.) to work.
chambelán, *m.* chamberlain.
chamberga, *f.* long and wide cassock.
chambergo, ga. I. *a.* belonging or pert. to the Chamberga regiment, serving as a guard to Charles II of Spain. **II.** *m.* (Arg.) soft hat.
chambilla, *f.* stone wall topped by iron railing.
chambón, na. I. *a.* (coll.) awkward, unhandy; bungling. **II.** *n.* botcher, bungler, greenhorn.
chambonada, *f.* (coll.) blunder.
chambra, *f.* dressing sack or jacket.

chambrana, *f.* doorcase, jamb dressing.
chamelote, camelote, *m.* camlet, waterproof material or garment.—**ch. de aguas,** shiny camlet.
chamelotón, *m.* coarse camlet.
chamicera, *f.* half-burnt woodland.
chamicero, ra, *a.* pertaining to scorched wood.
chamiza, *f.* (bot.) chamiso; brush used as kindling wood.—**chamizal,** *m.* chamiso thicket.
chamizo, *m.* half-burnt stick of kindling wood.
chamorra, *f.* (coll.) a shorn head.
chamorro, ra, *a.* shorn, with hair cropped.
champaca, *f.* (bot.) champac, champak.
champán, *m.* (naut.) pink stern; sampan.
champaña, *m.* champagne.
champola, *f.* (Cuba) refreshment made from GUANÁBANA, custard apple.
champú, *m.* shampoo.
champurrado. I. *pp.* of CHAMPURRAR. **II.** *m.* mixture of liquors; (Mex.) chocolate made with ATOLE instead of water.
champurrar, *va.* (coll.) to mix (liquors).
chamuchina, *f.* (Peru) populace, rabble.
chamuscado, da. I. *pp.* of CHAMUSCAR. **II.** *a.* (coll.) tipsy; addicted to vice; singed, scorched.
chamuscar, *va.* (*pret.* CHAMUSQUÉ; *subj.* CHAMUSQUE) to singe or scorch; to sear.—**chamusco,** *m.* = CHAMUSQUINA.—**chamuscón,** *m. aug.* bad singe or scorch.
chamusqué, chamusque, *v. V.* CHAMUSCAR.
chamusquina, *f.* scorching or singeing; (coll.) scolding, wrangling, high words.—**oler a ch.,** to look like (show signs of) a fight.
chanada, *f.* (coll.) trick, joke; deceit.
chanate, *m.* (Mex.) blackbird.
chancaco, ca. I. *a.* brown. **II.** *f.* (Am.) raw brown sugar; molasses cake.
chancear, *vn.* & *vr.* to jest, joke, fool.
chancero, ra, *a.* jocose, sportful, merry.
chanciller, *m.* chancellor.
chancillería, *f.* chancery; right and fees of a chancellor.
chancla, *f.* old shoe with worn-down heel.
chancleta, *f.* slipper.—**en ch.,** (of shoes) having no back.—**chancletear,** *vn.* to go in slippers.
chancleteo, *m.* clatter of slippers.
chanclo, *m.* patten; rubber, galosh, overshoe.
chancro, *m.* chancre, syphilitic ulcer.
chancroide, *f.* (med.) chancroid.
chancroso, sa, *a.* chancrous.
chancha, *f.* (Arg.) pod; string bean.
chanchira, *f.* (Colomb.) rag, ragged clothes.
chanchiriento, ta, *a.* (Colomb.) ragged.
chancho, cha. I. *a.* (Am.) dirty, unclean; mean; stingy. **II.** *n.* dirty person; pig; hog.—**ch. de monte,** (Peru) agouti.
chanchullero, ra, *n.* trickster, sharper; smuggler.
chanchullo, *m.* unlawful conduct; sharp practice, vile trick; "racket"; (Am.) contraband.
chanfaina, *f.* ragout of livers and lights.
chanflón, na. I. *a.* awkward, coarse, gawky. **II.** *m.* ancient copper coin beaten out.
changa, *f.* (Cuba) jest.
changador, *m.* (Am.) porter, carrier.
changamé, *m.* (ornith.) thrush of Panama.
chango, a. *n.* (Am.) monkey.
changote, *m.* (metal.) bloom, billet.
changuear, *vn.* to be sporty or jesting.
changuí, *m.* (coll.) jest, trick (used with DAR); (Cuba) a country dance.
changuito, ta, *n. dim.* little monkey.
chantado, *m.* wall or fence of upright flags.
chantaje, *m.* blackmail; blackmailing.
chantajista, *n.* blackmailer.
chantar. I. *va.* to put on (as clothes); to tell to one's face; to give a piece of one's mind to (diff. constr.); to build (a fence) with upright flagstones; to pave with flagstones. **II.** *vr.* to put on (clothes).
chanto, *m.* flagstone.
chantre, *m.* precentor.
chantría, *f.* precentorship.
chanza, *f.* joke, jest, fun.—**ch. pesada,** offensive or serious joke.
[1]**chanzoneta,** *f.* (coll.) joke, jest.
[2]**chanzoneta,** *f.* ballad, chansonette.
chanzonetero, ra, *n.* ballad writer; petty poet.
chapa, *f.* veneer; plate, sheet (of metal); (Am.) doorlock; foil; cap (of compass); leather chape; (Ecua.) policeman; rosy spot on the cheek, flush; rouge; transom and trunnion plates in gun carriages; judgment, good sense.—*pl.* game of tossing up coins; (Am.) rosy cheeks.
chapado, da, *a.* having red cheeks.—**ch. a la antigua,** old-fashioned.
chapalear, *vn.* = CHAPOTEAR; CHACOLOTEAR.
chapaleo, *m.* splash, splatter.
chapaleta, *f.* flap valve, clack valve; cap; clapper.
chapaleteo, *m.* continuous splashing of the waters on the shore.
chapapote, *m.* (Cuba) mineral tar, variety of asphalt.
chaparra, *f.* a kind of oak; ancient low-roofed carriage; bramble bush.
chaparrada, *f.* shower (of rain).
chaparral, *m.* (Am.) chaparral; plantation of evergreen oaks.
chaparrear, *vn.* to shower, to pour.
chaparreras, *f. pl.* chaps, chaparejos.
chaparro, *m.* (bot.) evergreen oak.—**c., ra,** *a.* & *n.* (Am.) short, stocky (person).
chaparrón, *m.* violent shower, downpour.
chapatal, *m.* mire; muddy place.
chapear. I. *va.* to veneer; inlay; cover with metal plate. **II.** *vn.* to splash, splatter.
chapelete, *m.* an ancient cover for the head.
chapeo, *m.* hat.
chapera, *f.* inclined plane.
chapería, *f.* ornament of metal plates.
chaperón, *m.* chaperon (ancient hood or cap).
chapeta, *f.* small metal plate; red spot on the cheek.
[1]**chapetón, na. I.** *n.* & *a.* (Am.) Spaniard (recently arrived in Am.), Spanish. **II.** *m.* CHAPETONADA.
[2]**chapetón,** *m.* (Mex.) silver plate on a riding harness.
chapetonada, *f.* (Peru) illness of Europeans due to change of climate; act or conduct worthy of a [1]CHAPETÓN.
chapín. I. *m.* woman's clog with a cork sole. **II.** *n.* & *a.* (Am.) (one) having defective feet; (Am.) bowlegged (person).
chapinazo, *m.* blow with a clog or patten.
chapinería, *f.* shop where clogs and pattens are made and sold; art of making them.
chapinero, ra, *n.* clog maker or seller.
chápiro, *m.* a word used only in the phrases, *¡por vida del chápiro verde!* good gracious! *¡voto al chápiro!* by Jove! by thunder!
chapitel, *m.* (arch.) spire; capital of a column; (naut.) agate socket of the needle.
chaple, *m.* graver.
chapó, *m.* four-handed billiard game.
chapodar, *va.* to lop (branches of a tree).
chapodo, *m.* lopping; branch lopped off.
chapola, *f.* (Am.) butterfly; moth.
chapón, *m.* large blot of ink.
chapona, *f.* = CHAMBRA, dressing jacket, sack.
chapote, *m.* black wax for cleaning the teeth.
chapotear. I. *va.* to wet with a sponge or wet cloth. **II.** *vn.* to paddle in the water, to dabble.
chapoteo, *m.* splash, splatter.
chapucé, chapuce, *v. V.* CHAPUZAR.
chapuceador, ra, *n.* blunderer, blunderhead.
chapucear, *va.* to botch, bungle, cobble.
chapuceramente, *adv.* fumblingly, clumsily, bunglingly.
chapucería, *f.* bungle, botch; clumsy fib.
chapucero, ra. I. *a.* rough, unpolished; clumsy, bungling; rude. **II.** *m.* blacksmith who makes nails, trivets, shovels, etc.; nailer; junk dealer.
chapurrar, *va.* to jabber (a language); to speak brokenly; to mix (app. to liquors).

chapurrear, *va.* to jabber (a language).
[1]**chapuz,** *m.* ducking.
[2]**chapuz,** *m.* unimportant work; clumsy performance.—*pl.* **chapuces,** (naut.) mast spars.
chapuzar. I. *va.* (*pret.* CHAPUCÉ; *subj.* CHAPUCE) to duck. **II.** *vn.* & *vr.* to dive, draggle, duck.
chaqué, chaquet, *m.* cut-away coat.
chaqueta, *f.* jacket; sack coat; (mech.) case, casing, jacket.
chaquete, *m.* the game of checkers.
chaquetear, *va.* (coll.) to turn one's coat, change sides.
chaquetilla, *f.* vestee.
chaquetón, *m. aug.* pea-jacket; (Cuba) overcoat.
chaquira, *f.* (Peru) fine mock pearl or glass colored bead; (Colomb.) bead.
charabán, *m.* char-à-banc, charabanc.
charada, *f.* word charade.
charadrio, *m.* (ornith.) common roller.
charal, *m.* (Mex.) a lake fish.
charamusca, *f.* (Mex.) twisted candy; (Peru) brushwood.
charamusquero, ra, *n.* (Mex.) seller of twisted candy.
charanga, *f.* military brass band; fanfare.
charango, *m.* (Peru) a kind of bandore or small guitar.
charanguero, ra. I. *a.* clumsy, unpolished. **II.** *m.* bungler, botcher; peddler, hawker; small coast-trading ship.
charca, *f.* pool, basin, pond.
charco, *m.* pool, puddle.—**pasar el ch.,** (coll.) to cross the big pond (the sea).
charla, *f.* prattle, chat, talk, (coll.) rap; loquaciousness; (ornith.) Bohemian chatterer.
charlador, ra, *n.* & *a.* prater(-ing), talker(-ative), chatterbox.
charladuría, *f.* garrulity, gossip, prattle.
charlante, *n.* gabbler, chatterer.
charlantín, na, *n.* (coll.) mean prattler, gossip.
charlar, *vn.* to chat, prattle, prate.
charlatán, na, *n.* prater, babbler; charlatan, quack, humbug.
charlatanear, *vn.* = CHARLAR.
charlatanería, *f.* garrulity, verbosity; charlatanry, quackery, humbug.
charlatanismo, *m.* charlatanry, quackery; verbosity, loquaciousness.
charlotear, *vn.* = CHARLAR.
charneca, *f.* (bot.) mastic tree.
charnecal, *m.* plantation of mastic trees.
charnela, *f.* hinge, chape of a buckle, hinge joint, knuckle.
charneta, *f.* (coll.) hinge joint.
charol, *m.* varnish, japan; patent leather.—**darse ch.,** to blow one's own horn, to brag.
charolar, *va.* to varnish, polish, enamel; japan.
charolista, *n.* gilder, varnisher.
charpa, *f.* leather belt with compartments for pistols; sling for a broken arm; (naut.) sling.
charpar, *va.* to scarp; to lap.
charque, *m.* (Am.) jerked beef.
charquear, *va.* (Am.) to jerk or dry (beef).
charqueo, *m.* (min.) cleaning of the drains; cleaning holy-water fonts.
charqui, *m.* = CHARQUE.
charquillo, *m. dim.* small pool or puddle.
charrada, *f.* speech or action of a peasant; country dance; (coll.) tawdriness, tinsel, gaudiness.
charrán, *a.* rascally, knavish.—**charranada,** *f.* knavish, roguish action.—**charranear,** *vn.* to play the knave.—**charranería,** *f.* rascality, knavery.
charrasca, *f.* folding knife; (coll., humor.) dangling sword.
charrería, *f.* tawdriness, gaudiness.
charretera, *f.* strap on the bottom of trousers; the buckle of the strap; (mil.) the lower part of trousers to fasten them with a buckle; the buckle; epaulet.—**ch. mocha,** shoulder knot; (coll.) shoulder pad for carrying loads.
charro, ra. I. *n.* churl; coarse, ill-bred person; (Mex.) cowboy. **II.** *a.* tawdry, showy, flashy, loud.
chascar, *vn.* to crackle, crack, sputter.
chascarrillo, *m.* (coll.) spicy anecdote.
chasco, *m.* practical joke, jest, trick; failure, disappointment.—**dar ch.,** to disappoint.—**dar un ch.,** to play a joke, trick.—**llevarse ch.** (**con**), to be disappointed (in), to get left.
chasí, *m.* photographic plate holder.
chasis, *m.* (auto) chassis.
chasponazo, *m.* mark made by a spent bullet.
[1]**chasquear. I.** *va.* to crack or snap (a whip). **II.** *vn.* to crack, snap; crepitate.
[2]**chasquear,** *va.* to fool; to play a trick on; to disappoint, fail; to cheat.
chasqui, *m.* (Peru) postboy, foot messenger.
chasquido, *m.* crack of a whip or lash; crack, noise made by timber when it breaks or splits.
chata, *f.* bedpan; (naut.) flat-bottomed boat.—**ch. alijadora,** lighter.—**ch. de arbolar,** sheer-hulk.—**ch. de carenar,** careening hulk.
chatarra, *f.* junk, scrap iron or metal.
chatarrero, *m.* junkman.
chatedad, *f.* flatness.
chato, ta, *a.* flat; flat- or pug-nosed; flattened.
chatón, *m.* bezel holding a gem; large gem set in.
chatre, *a.* (Ecua.). richly decked out.
chaucha, *f.* (Arg.) pod; string bean.
chaúl, *m.* blue Chinese silk.
chauvinismo, *m.* chauvinism.
chauvinista, *n.* & *a.* chauvinist(-ic).
chaval, la, *n.* lad, lass.
chaveta, *f.* bolt, forelock, pin, key, wedge; cotter, cotter pin.—**perder la ch.,** to become rattled.
chaya, *f.* (Chile) amusement consisting in throwing water on passers-by during carnivals; confetti; spray of a watering pot.
chayote, *m.* (Mex.) pear-shaped fruit with a large stone.—**chayotera,** *f.* (Mex.) a climbing plant yielding the CHAYOTE.
chaza, *f.* point where the ball is driven back or where it stops, in the game of PELOTA; mark where the ball stops; (naut.) space between ports.—**hacer chazas,** (of horses) to walk on the hind feet.
chazador, *m.* (in PELOTA) person employed to stop the ball and mark the game.
chazar, *va.* (in PELOTA) to stop (the ball) before it reaches the winning point; to mark the point whence the ball was driven back.
checo, ca, *n.* & *a.* Czech.
checoslovaco, ca, *n.* & *a.* Czechoslovak, Czechoslovakian.
Checoslovaquia, *f.* Czechoslovakia.
chécheres, *m. pl.* (Colomb.) small things, notions.
cheira, *f.* = CHAIRA, steel for sharpening.
chelín, *m.* shilling.
chepa, *f.* (coll.) hump, hunch.
cheque, *m.* (com.) check, sight draft.
chequear, *va.* (Angl.) (Am.) to check, verify; to check (mark).
cherna, *f.* (ichth.) ruffle, a salmonlike fish.
cherva, *f.* (bot.) castor-oil plant.
cheurón, *m.* (her.) chevron.
cheviot, *m.* (text.) cheviot.
[1]**chía,** *f.* short black mantle, cowl.
[2]**chía,** *f.* white medicinal earth; (bot.) lime-leaved sage.
chibalete, *m.* (print.) cabinet, composing frame.
chibcha. I. *a.* pert. to the Chibchas. **II.** *m.* one of the aborigines of the Bogotá plateau.
chibuquí, *m.* Turkish chibouk, smoking pipe.
chica, *f.* girl. *V.* CHICO.
chicada, *f.* herd of sickly kids; childish action.
chicalote, *m.* (bot.) Mexican argemone.
chicana, *f.* (Am.) chicanery.
chicanero, ra, *a.* (Am.) tricky, cunning.
chicle, *m.* chicle; (Am.) chewing gum.—**ch. de balón,** bubble gum.
chico. ca. I. *a.* little, small. **II.** *n.* little boy, little chap; little girl or lass; dear boy, dear fellow; dear girl; (coll. familiar) boy, old chap.

chicolear, *va.* (coll.) to pay compliments to (a woman).
chicoleo, *m.* (coll.) flattering compliment.
chicoria, *f.* (bot.) = ACHICORIA, chicory.
chicorrotico, ca, llo, lla, to, ta, *a.* dim. (coll.) very little or small, tiny (child).
chicorrotín, *a.* (coll.) very small, tiny.
chicotazo, *m.* (Mex.) blow with a whip.
chicote, ta. I. *n.* (coll.) fat strong boy or girl. **II.** *m.* (naut.) end of a rope or cable; junk; (Mex.) whip; (coll.) cigar.
chicotear, *va.* (Mex.) to whip.
chicozapote, *m.* (bot.) sapodilla.
chicuelo, la, *n. dim.* little boy; little girl.
[1]**chicha,** *f.* chicha, a popular fermented beverage, variously made from maize, pineapple, etc.
[2]**chicha,** *f.* children's term for meat.
chícharo, *f.* (bot.) pea.
chicharra, *f.* harvest fly, jarfly, cicada; talkative woman; kazoo, a plaything.—**cantar la ch.,** (coll.) to be scorching hot.
chicharrar, *va.* = ACHICHARRAR, to overheat.
chicharrear, *vn.* to creak; to chirp (said of the cicada).
chicharrero, ra. I. *n.* maker or seller of kazoos. **II.** *m.* (coll.) very hot place or climate.
chicharro, *m.* young tunny fish; horse-mackerel.
chicharrón, *m.* crackling, fried scrap, cracknel; (Mex.) thick, crisp bacon; overroasted meat; (coll.) person sunburnt or tanned.
chiche, *m.* (Am.) potted and devilled fish.
chichear, *va.* to hiss as a sign of displeasure.
chicheo, *m.* act of hissing.
chichería, *f.* tavern where [1]CHICHA is sold.
chichero, ra, *n.* seller or drinker of [1]CHICHA.
chichigua, *f.* (Mex., vulg.) wet nurse.
chichimeco, ca, *n.* & *a.* Chichimec(-an).
chichisbeador, *m.* gallant, wooer.
chichisbear, *va.* to woo, court.
chichisbeo, *m.* court paid to a lady; **cicisbeo,** gallant who trails a married woman.
chichón, *m.* bump; bruise.
chichoncillo, cito, *m. dim.* small bump.
chichonera, *f.* tumbling cap; child's wadded hood.
chichota, *f.*—**sin faltar ch.,** without lacking one iota.
[1]**chifla,** *f.* whistling, hissing.
[2]**chifla,** *f.* paring knife.
chiflacayote, *m.* a large kind of pumpkin.
chifladera, *f.* whistle.
chiflado, da, *a.* (Am.) (fig.) crazy, crackbrained.
chifladura, *f.* hissing, whistling; (coll.) crankiness; eccentricity; whim, fad; hobby.
[1]**chiflar. I.** *vn.* to hiss, whistle; (coll.) to tipple. **II.** *vr.* (coll.) to become mentally unbalanced; to lose one's head.
[2]**chiflar,** *va.* to pare (leather).
chiflato, *m.* whistle.
chifle, *m.* whistle; call; instrument to decoy birds; (naut.) priming horn; powderflask.
chiflete, *m.* whistle.
chiflido, *m.* shrill whistling sound.
chiflo, *m.* whistling.
chiflón, *m.* (Am.) draught (of air); (Mex.) waterspout; (min.) caving of loose stone.
chilaba, *f.* Moorish hooded garment.
chilacayote, *m.* (bot.) bottle gourd.
chilanco, *m.* = CILANCO, pool (of water).
chilar, *m.* field planted with chillies.
chile, *f.* (bot.) chilli, red pepper.
Chile, *m.* Chile.
chileno, na; chileño, ña, *n.* & *a.* Chilean.
chilindrina, *f.* (coll.) trifle, thing of little value; (coll.) joke, fun, witticism, anecdote.
chilindrinero, ra, *n.* & *a.* (coll.) trifler(-ing).
chilindrón, *m.* a card game.
chilote, *m.* (Am.) = JILOTE, ear of green corn; (Mex.) liqueur-like drink.
chiltipiquín, *m.* (Mex.) small hot chilli.
[1]**chilla,** *f.* call for foxes, hares, or rabbits.
[2]**chilla,** *f.* (carp.) clapboard.—**chillado,** *m.* clapboard roof.
chillador, ra, *n.* & *a.* screamer(-ing); screecher (-ing); creaking.
chillante, *a.* shrieking, screeching.
chillar, *vn.* to screech, scream, shriek; to crackle, creak; to imitate the notes of birds; (of something frying) to hiss, sizzle.
chilleras, *f. pl.* (naut.) shot lockers for balls; rowlocks.
chillido, *m.* screech, scream, shriek, shrill sound; bawling of a woman or child.—**dar un ch., to** utter a scream.
chillo, *m.* call.
[1]**chillón,** *m.* lath nail.—**ch. real,** spike.
[2]**chillón, na. I.** *n.* (coll.) screamer, bawler; whiner. **II.** *a.* whining; screechy, shrill, harsh; showy, tawdry, loud; (of colors) loud.
chimachima, chimango, *m.* (Chile, Peru), a species of caracara, a vulture-like bird.
chimenea, *f.* chimney, smokestack; hearth, fireplace; kitchen range, cooking stove.—**ch. francesa,** fireplace with mantelpiece.
chimpancé, *m.* chimpanzee.
[1]**china,** *f.* pebble, small stone; game of shutting the hands, and guessing which contains the pebble.
[2]**china,** *f.* (**Ch.**) China; (bot.) Chinaroot; china, porcelain; China silk or cotton stuff; (P. R., Cuba) sweet orange.
[3]**china,** *f.* (Am.) maid servant; (C. A.) children's nurse; (Colomb.) little or young girl.
chinampa, *f.* small garden tract in lakes near Mex.—**chinampero,** *m.* tiller of a CHINAMPA.
chinanta, *f.* (P. I.) a unit of weight (about 14 lbs.)
chinarro, *m.* large pebble.
chinateado, *m.* stratum or layer of pebbles.
chinazo, *m. aug.* blow with a pebble.
chincharrazo, *m.* (coll.) = CINTARAZO, slap.
chincharrero, *m.* place swarming with bedbugs; fishing smack.
chinche, *m.* or *f.* bedbug; thumb tack; (coll.) tedious person, bore.—**chinchero,** *m.* bug trap made of twigs; place full of bedbugs.
chinchilla, *f.* (zool.) chinchilla; its fur.
chinchín, *m.* (Cuba, Carib.) drizzling rain.
chinchorrería, *f.* (coll.) nuisance, vexation; (coll.) mischievous tale.
chinchorrero, ra, *n.* insidious and pestering taleteller.
chinchorro, *m.* small dragnet; smallest rowboat on board a ship.
chinchoso, sa, *a.* (coll.) querulous, tiresome.
chinela, *f.* slipper; pattens, chopines, or clogs worn by women in bad weather.
chinero, *m.* china closet, cupboard.
chinesco, ca, *a.* Chinese.—*m. pl.* (mus.) bells.
chingar. I. *va.* (Am.) to annoy, bother; (C. A.) to cut off the tail of, bob. **II.** *va.* & *vn.* to drink to excess. **III.** *vr.* to get drunk; (S. A.) to be fooled, "get left."
chinguirito, *m.* (Mex.) rum from lees of sugar.
chinito, ta, *n.* (Am.) dearie, dearest.
chino, na. I. *a.* & *n.* Chinese. **II.** *m.* Chinese (language); (Colomb.) boy (esp. a newsboy, gamin, etc.); (Am.) crossbred (app. to offspring of non-white parents).
chinófilo, la, *n.* Sinophile, Sinophil.
chipichipi, *m.* (Mex.) mist; drizzle.
chipirón, *m.* calamary, a kind of cuttle-fish.
Chipre, *f.* Cyprus.
chiprio, pria, chipriota, chipriote, *n.* & *a.* Cypriot.
chiqueadores, *m. pl.* disks of tortoise shell formerly used in Mexico as a feminine ornament; small plasters for headache.
chiquero, *m.* pigpen; hut for goats; place where bulls are shut up.
chiquichaque, *m.* (coll.) sawyer; noise of things rubbing against each other.
chiquigüite, chiquihuite, *m.* (Mex.) willow basket.
chiquilicuatro, *m.* (coll.) dabbler, meddler.
chiquilín, na, *n.* (Mex. & C. A.) = CHIQUILLO.

chiquillada, *f.* childish speech or action.
chiquillería, *f.* (coll.) a great number of small children.
chiquillo, illa, *n.* small child, little one.
chiquirritico, ica, illo, illa, ito, ita, *a. dim.* very small, tiny.
chiquirritín, na, *n.* (coll.) baby boy; baby girl; very little child.
chiquitico, ca; llo, lla, *a. dim.* very small, tiny.
chiquitín, na, *n.* = CHIQUIRRITÍN.
chiquito, ta. I. *a.* small, little; very small, very little, tiny.—**andarse en chiquitas,** to be lenient, condescending.—**hacerse chiquito,** to be modest, to conceal one's accomplishments. **II.** *n.* little boy (girl), little one.
chiribitas, *f. pl.* (coll.) particles that float in the eyes and obscure the sight.
chiribitil, *m.* crib, narrow and low hole or corner; small room, "den."
chirigaita, *f.* a kind of gourd.
chirigota, *f.* (coll.) jest, joke, fun.
chirimbolos, *m. pl.* (coll.) odds and ends; utensils, traps.
chirimía. I. *f.* (mus.) flageolet. **II.** *n.* flageolet player.
chirimoya, *f.* (bot.) cherimoya, a tropical fruit.
chirimoyo, *m.* cherimoya tree.
chirinola, *f.* bowling, boys' game; trifle.—**estar de ch.** (coll.) to be in good spirits.
chiripa, *f.* in billiards, fluke; (coll.) stroke of good luck; chance or unexpected event.—**de ch.,** by chance, unexpectedly.—**chiripear,** *vn.* to make flukes at bililards.—**chiripero, ra,** *n.* poor player who wins by fluke; lucky person.
chirivía, *f.* (bot.) parsnip; (ornith.) wagtail.
chirla, *f.* mussel.
chirlador, ra, *n.* (coll.) clamorous prattler.
chirlar, *vn.* to talk fast and loud.
chirle. I. *a.* (coll.) insipid, tasteless. **II.** *m.* = SIRLE, dung of sheep and goats.
chirlo, *m.* large wound in the face and its scar.
chirona, *f.* (coll.) prison.
chirriadero, ra; chirriador, ra, *a.* hissing; sizzling, when frying; creaking, as a hinge; chirping.
chirriar, *vn.* to hiss; sizzle; creak, squeak; (coll.) to sing out of tune or time.
chirrido, *m.* chirping of birds; chattering; creaking; any shrill sound.
chirrío, *m.* creaking noise made by carts.
chirrión, *m.* tumbrel, creaking muck or dung cart; (Am.) heavy horsewhip.
chirrionero, *m.* scavenger, dung-cart driver.
chirumen, *m.* (coll.) common sense.
¡chis! *interj.* sh! hush! silence!
chisgarabís, *n.* (coll.) meddler, dabbler; insignificant, noisy person.
chisguete, *m.* (coll.) small draft of wine; small spout of any liquid, squirt.—**echar un ch.,** to drink.
chisme, *m.* tale of a gossip monger; gossip; (coll.) jigger, any household gadget.—**chismear,** *va.* to tattle, gossip.—**chismero, ra,** *n.* & *a.* talebearer(-ing), gossip(-ing).
chismografía, *f.* (coll.) gossip, tattle.
chismoso, sa, *n.* & *a.* = CHISMERO, RA.
chispa, *f.* spark; ember; sparkle; flake; very small diamond; small particle; little bit; state of drunkenness; cleverness, wit; rumor,—**coger una ch.,** (coll.) to get drunk.—**de ch.,** flintlock.—**echar chispas,** (coll.) to rave, be in a passion.—**ser ch.,** to be very lively.
chisparse, *vr.* (Am.) to get tipsy.
¡chispas! *interj.* fire and tow! blazes!
chispazo, *m.* flying off of a spark; damage it does; (coll.) tale mischievously circulated.
chispeante, *a.* sparking, sparkling.
chispear, *vn.* to spark; sparkle; to scintillate; to rain gently.
chispero, ra. I. *a.* sparkling. **II.** *m.* blacksmith; spark catcher; (coll.) Madrilenian ruffian.
chispo. I. *a.* (coll.) tipsy. **II.** *m.* short drink.
chisporrotear, *vn.* (coll.) to sputter sparks.
chisporroteo, *m.* (coll.) sputtering sparks.
chisposo, sa, *a.* sputtering, sparkling.
chistar, *vn.* to mumble, mutter; answer back.—**sin ch. ni mistar,** without (saying) a word.
chiste, *m.* witty saying; joke, jest.—**ch. verde,** off-color, risqué joke.—**dar en el ch.,** to guess right.
chistera, *f.* hand fish basket; (coll.) silk hat.
chistosamente, *adv.* facetiously, humorously.
chistoso, sa, *a.* funny, witty.
chita, *f.* ankle bone in sheep and bullocks; a game with this bone.—**a la ch. callando,** on the quiet, by stealth.
chiticalla, *m.* (coll.) discreet person; secret.
chiticallando, *adv.* (coll.) quietly, on the quiet.—**a la ch.,** noiselessly, quietly.—**andar,** or **ir, ch.,** to go on tiptoes, to go very quietly.
[1]**chito,** *m.* piece of wood or bone on which money is put in the game of CHITA.—**irse a chitos,** (coll.) to lead a debauched life, to go to the dogs.
[2]**¡chito!** **¡[1]chitón!** *interj.* hush! not a word!
[2]**chitón,** *m.* mollusk with coat-of-mail shell.
chiva, *f.* kid; female goat.
chivata, *f.* shepherd's staff.
chivato, *m.* kid between six and twelve months old; (Colomb.) rascal, knave.
chivero, *m.* (Am.) puma.
chivetero, chivital, chivitil, *m.* fold for kids.
[1]**chivo, va,** *n.* kid; goat.
[2]**chivo,** *m.* pit for the lees of oil; (Colomb.) anger, angry spell.
¡cho! *interj.* whoa!
[1]**choca,** *f.* part of the game given to a hawk.
[2]**choca,** *f.* soap-boiler's paddle.
chocador, ra. I. *n.* & *a.* provoker(-ing). **II.** *a.* repulsive, disagreeable.
chocante, *a.* (Mex.) provoking; disagreeable; strange, surprising.
chocar. I. *vn.* (*pret.* CHOQUÉ; *subj.* CHOQUE) to strike, collide, hit, clash; to meet, fight, combat. **II.** *va.* to provoke; to displease, be disliked; to surprise.
chocarrear, *vn.* to joke, act the buffoon.
chocarrería, *f.* buffoonery, coarse jest.
chocarrero, ra, *a.* scurrilous, vulgar.
chocilla, *f. dim.* hut, low cottage.
choclar, *vn.* in the game of ARGOLLA, to drive the ball through the rings.
[1]**choclo,** *m.* clog, galosh.
[2]**choclo, chócolo,** *m.* (Am.) green ear of corn.
choclón, *m.* in the game of ARGOLLA, the driving of a ball through the rings.
choco, *m.* small cuttlefish.
chocolate, *m.* chocolate.
chocolatear, *vn.* (Am.) to drink chocolate.
chocolatera, *f.* chocolate pot; woman who makes or sells chocolate.
chocolatería, *f.* shop where chocolate is sold.
chocolatero, ra. I. *a.* fond of chocolate. **II.** *n.* chocolate maker or dealer. **III.** *m.* (Mex.) stiff north wind.
chocha, chochaperdiz, *f.* (ornith.) woodcock.
chochear, *vn.* to dote.
chochera, chochez, *f.* dotage.
[1]**chocho, cha,** *n.* & *a.* dotard(-ing).
[2]**chocho,** *m.* (bot.) lupine; cinnamon candy stick. —*pl.* sweetmeats, dainties.
chofer, chófer, *n.* chauffeur.
chofes, *m. pl.* livers and lights; lungs.
chofeta, *f.* chafing dish; fire pan; foot stove.
chofista, *n.* one living on livers and lights.
cholo, la, *n.* (Am.) a term applied by whites to Indians and servants; half-breed.
cholla, *f.* (coll.) skull, head, noddle; faculty.
chonta, *f.* a hardwood palm tree.
[1]**chontal,** *m.* CHONTA field or grove.
[2]**chontal,** *m.* one of the Chontal tribe of Nicaragua; (coll.) uncivilized Indian; uncultured person.
[1]**chopa,** *f.* (ichth.) a kind of sea bream.
[2]**chopa,** *f.* (naut.) top-gallant poop.
chopera, *f.* black-poplar grove.

[1]**chopo,** *m.* (bot.) black-poplar tree.

[2]**chopo,** *m.* (coll.) musket, gun.

choqué, choque, *v. V.* CHOCAR.

choque, *m.* impact; collision; clash; (mil.) skirmish; (naut.) chock, fur, rush; (Angl.) (elec.) shock.

choquezuela, *f.* (anat.) kneecap.

chordón, churdón, *m.* raspberry jam.

choricera, *f.* woman who makes or sells sausages; (mech.) sausage stuffer.

choricería, *f.* = SALCHICHERÍA, sausage shop.

choricero, ra, *n.* sausage maker or seller.

chorillo, *m.* (Peru) mill for coarse fabrics.

chorizo. I. *m.* pork sausage; tightrope walker's pole. **II. chorizo, za,** *n.* & *a.* (Colomb., Ecua.) fool(-ish), (fig.) idiot(-ic).

chorlito, *m.* (ornith.) curlew or gray plover; (ornith.) red shank.

chorlo, *m.* (min.) schorl, tourmalin.

chorote, *m.* (Venez.) poor-quality chocolate; (Colomb.) chocolate pot; (Cuba) any thick beverage.

chorreado, da. I. *pp.* of CHORREAR. **II.** *a.* (of cows) striped.

chorreadura, *f.* dripping, welling; stain from drippings.

chorrear, *vn.* to spout; to drip; to be dripping wet; to come out little by little or one by one.

chorreo, *m.* spouting, dripping.

chorrera, *f.* spout or place whence liquids drip; mark left by dripping or running water; ornament formerly appended to badges; shirt frill; (Am.) (coll.) string (of things), stream (of things, people), lot (in the sense of great quantity or number).

chorretada, *f.* (coll.) squirt, spurt, jet.

chorrillo, *m. dim.* small spout; (coll.) continual coming in and outgoing of money, etc.

chorrito, *m. dim.* small spout.

chorro, *m.* jet, spurt; stream; anything issuing, entering, flowing, or passing.—**ch. de voz,** voice of large volume.—**a chorros,** (coll.) abundantly.

chorroborro, *m.* (coll.) flood, inundation.

chorrón, *m.* dressed hemp.

chortal, *m.* fountain or spring.

chota, *f.* suckling kid; heifer calf.

chotacabras, *f.* (ornith.) goat-sucker, churn owl.

chote, *m.* (Cuba) = CHAYOTE, a kind of fruit.

chotear, *va.* (Cuba, coll.) to banter, gibe.

choteo, *m.* (Cuba, coll.) chaffing, jeering.

chotis, *m.* schottische (music and dance).

choto, *m.* suckling kid, calf.

chotuno, na, *a.* suckling (young goats or kids); poor, starved (lambs); goatish.—**oler a ch.,** to smell like a goat.

chova, *f.* (ornith.) jay, chough; jackdaw, crow.

choz, *f.* stroke, blow; suddenness.

choza, *f.* hut, hovel, cabin, shanty.

chozno, na, *m., f.* great-grandson(-daughter).

chozo, *m.* small hut or cabin.

chozpar, *vn.* to gambol, caper.

chozpo, *m.* gambol, leap.—**chozpón, na,** *a.* frisky, capering.

chozuela, *f. dim.* small hut or shanty.

chual, *m.* (bot.) pigweed or goosefoot.

chualar, *m.* place abounding in pigweed.

chubarba, *f.* (bot.) stonecrop.

chubasco, *m.* squall, shower.—**ch. de nieve,** blizzard.

chubascoso, sa, *a.* squally, gusty.

chúcaro, ra, *a.* (Am.) (of horses) shy; (of cattle) wild.

chucero, *m.* (mil.) pikeman.

chucha, *f.* female dog; (Am.) opossum.

chuchear. I. *va.* to fowl with calls, gins, and nets. **II.** *vn.* to whisper.

[1]**chuchería,** *f.* gewgaw, trinket, notion, titbit.

[2]**chuchería,** *f.* fowling with calls, gins, and nets.

chuchero, ra, *n.* birdcatcher; (Cuba) (Ry.) switch tender.

chucho. I. *m.* (coll.) dog; (Cuba) whip; (Cuba) railway switch; (Chile, Arg.) chill; malaria. **II.** *interj.* used to curb or scare off a dog.

chuchumeco, *m.* contemptible little fellow.

chueca, *f.* head of a bone; hockey; small hockey ball; (coll.) joke, trick; soap maker's paddle.

chuecazo, *m.* stroke given to a ball at hockey.

chueco, ca, *a.* (Am.) crooked, bent, out of shape.

chufa, *f.* (bot.) chufa, edible tuber of a sedge.

chufar, *vn.* & *vr.* to mock, to scoff.

chufería, *f.* place where chufa orgeat and sherbet are made or served.

chufero, ra, *n.* seller of chufas.

[1]**chufeta, chofeta,** *f.* chafing dish; fire pan.

[2]**chufeta,** *f.* (coll.) jest.

chufleta, *f.* (coll.) taunt, scoff.

chufletear, *vn.* (coll.) to show contempt.

chufletero, ra, *a.* (coll.) taunting, sneering.

chulada, *f.* droll speech or action; pleasant conversation; breach of manners.

chulear, *va.* to jest with, to poke fun at; (Mex.) to court, make love to.

chulería, *f.* pleasing manner.

chuleta, *f.* chop; cutlet; (carp.) chips for filling joints; (coll.) slap, blow with the fist.

chulillo, illa, ito, ita, *m.* & *f. dim.* little wag.

[1]**chulo, la. I.** *n.* punster, jester; funny person; sly, deceitful person. **II.** *m.* rascal, knave; pimp, man kept by a woman; bullfighter's assistant; butcher's mate. **III.** *f.* woman of low class loud in dress and manners.

[2]**chulo, la,** *a.* (Am.) pretty, nice, graceful, attractive.

chulla, *f.* slice of bacon.

chumacera, *f.* (mech.) journal bearing; (naut.) rowlock.

chumbe, *m.* (Am.) band to hold dress at waist.

chumbera, *f.* (bot.) opuntia, prickly pear.

chumbo, ba, *a.* prickly (pear); Indian (fig).

chumpipe, *m.* (C. A.) turkey.

chuncaca, *f.* (C. A.) = CHANCACA, brown sugar.

[1]**chunga,** *f.* (coll.) jest, fun, banter.—**estar de ch.,** to be in good humor.

[2]**chunga, chuña,** *f.* (ornith.) S. A. wading bird.

chungón, ona, *n.* jester.

chunguearse, *vr.* (coll.) to chaff, gibe, jest.

chuña, *f.* CHUNGA; (Chile) scramble, scuffle.

[1]**chupa,** *f.* (P. I.) liquid measure (0.735 liter); dry measure (0.37 liter).

[2]**chupa,** *f.* waistcoat; undercoat with sleeves.—**poner a uno como ch. de dómine,** (coll.) to wipe the floor with one.

chupada, *f.* suck, suction.

chupaderito, *m. dim.*—**andarse con,** or **en, chupaderitos;** to use ineffective means for difficult tasks.

chupadero, ra, dor, ra. I. *a.* sucking, absorbent. **II.** *m.* baby's coral or teething ring; (mech.) suction tube; (Am.) tippler.

chupado, da, *a.* (coll.) lean, emaciated.

chupadorcito, *m. dim.* of CHUPADOR; CHUPADERITO.

chupadura, *f.* act and effect of sucking.

chupaflores, *m.* (ornith.) humming bird.

chupalandero, *m.* snail that lives on plants.

chupamiel, chupamirtos, *m.* humming bird.

chupar, *va.* to suck; to draw, sip; to absorb; to imbibe; (coll.) to hang upon (others) for subsistence; to fool.—**ch. la sangre** (coll.) to stick like a leech.—**chuparse los dedos,** to eat with pleasure; to be overjoyed.

chupativo, va, *a.* of a sucking nature.

[1]**chupeta,** *f.* (naut.) roundhouse.

[2]**chupeta, illa, ita,** *f. dim.* short waistcoat.

chupetear, *va.* to suck gently and by starts.

chupeteo, *m.* gentle sucking.

chupetín, *m.* man's inner garment.

chupetón, *m.* violent suction.

chupón, na. I. *n.* & *a.* (coll.) sponge, parasite. **II.** *m.* (bot.) sucker, shoot; (mech.) sucker, plunger piston, valve bucket.

churdón, *m.* raspberry jam.

churla, *f.*, **churlo,** *m.* seroon, spicebag.

churra, *f.* little pin-tailed grouse; heifer one year old.

churrasco, *m.* (Am.) piece of broiled meat.
churrascón, *m.* scorching.
churre, *m.* (coll.) thick, dirty, oozing or dripping grease; anything dirty and greasy.
churrea, *f.* Californian grouse.
churriburri, *m.* = ZURRIBURRI, ragamuffin.
churriento, ta, *a.* greasy.
churrigueresco, ca, *a.* (arch.) overloaded, tawdry, loud.
churriguerismo, *m.* (arch.) overornamentation, tawdriness.
[1]**churro, ra,** *a.* (of wool) coarse; (of sheep) having coarse wool.
[2]**churro,** *m.* a sort of fritter, cruller.
churrullero, ra, *n.* tattler, gossip.
churrupear, *vn.* to sip wine.
churruscarse, *vr.* to be scorched.
churrusco, *m.* bread toasted too much.
churumbela, *f.* reed instrument resembling a flageolet; (Am.) small cup for maté.
churumen, *m.* (coll.) = CHIRUMEN, common sense.
churumo, *m.* (coll.) juice or substance.
chus ni mus.—(coll.) **no decir chus ni mus,** not to say a word, not to open one's mouth.
chuscada, *f.* pleasantry, joke.
chuscamente, *adv.* in a droll manner.
chusco, ca, *a.* droll, merry, funny.
chusma, *f.* crew and slaves of a row galley; rabble, mob, crowd.
chuspa, *f.* (Am.) bag.
chute, *m.* (C. A.) prick.
chuza, *f.* (Mex.) (bowling) a strike.
chuzar, *va.* (Colomb.) to prick.
chuzazo, *m.* large pike; prick; thrust with a prick or pointed weapon.
chuzo, *m.* pike; prick; anything pointed; (naut.) boarding pike.—**a. chuzos,** abundantly, impetuously.—**echar chuzos,** (coll.) to brag.
[1]**chuzón, na,** *n.* crafty, artful person; wag, punster, jester.
[2]**chuzón,** *m. aug.* = CHUZAZO.

D

D, d, *f.* d, fifth letter of the Spanish alphabet.
da, *v. V.* DAR.—**¡lo mismo da!** it amounts to the same thing!—**da lástima,** it's a pity, pitiful.
dable, *a.* possible, practicable.
daca (word formed by the verb **da** and the adv. **acá**), give me, give it me.—**andar al d. y toma,** to dispute.—**toma y d.,** give-and-take.
da capo, (mus.) da capo.
[1]**dacio, cia,** *n.* & *a.* Dacian.
[2]**dacio,** *m.* tribute, tax.
dación, *f.* (law) ceding, yielding or giving up.
dacrón, *m.* Dacron (trademark).
dactílico, ca, *a.* dactylic.
dáctilo, *m.* (poet.) dactyl.
dactilografía, *f.* typewriting.
dactilografista, *n.* typist.
dactilógrafo, *m.* typewriter (machine); typist.
dactilología, *f.* dactylology, talking with fingers.
dactiloscopia, *f.* study of finger prints.
dactiloscópico, ca, *a.* pert. to finger prints.
dádiva, *f.* gift, gratification, grant, keepsake.
dadivosidad, *f.* liberality, bounty.
dadivoso, sa, *a.* bountiful, liberal.
[1]**dado,** *m.* die; block, bushing; pivot collar; coin; (arch.) dado.—*pl.* (naut.) case shot or grapeshot.—**d. falso,** false die.—**dados de las velas,** (naut.) tablings of the bowling cringles. —**correr el d.,** (coll.) to be in good luck.—**estar como un d.,** to fit exactly.
[2]**dado, da,** *pp.* of DAR.—**d. que,** provided; so long as; assuming that.
dador, ra, *n.* giver; (com.) drawer of a bill of exchange; bearer (of a letter).
[1]**daga,** *f.* dagger.—**llegar a las dagas,** (coll.) to reach the most difficult point.
[2]**daga,** *f.* line of bricks in a kiln.
dagón, *m. aug.* large dagger.
daguerrotipar, *va.* to daguerreotype.
daguerrotipia, *f.* the making of daguerreotypes.
daguerrotipo, *m.* daguerreotype.
daguilla, *f. dim.* small dagger.
Dahomey, *m.* Dahomey.
dahomeyano, na, *n.* & *a.* Dahomeyan.
daifa, *f.* mistress, concubine.
dala, *f.* (naut.) pump dale of a ship.
¡dale! or **¡dale que dale!** *interj.* expressive of displeasure at obstinacy.
dalia, *f.* (bot.) dahlia.
dálmata; dalmático, ca, *n.* & *a.* Dalmatian.
dalmática, *f.* dalmatica, wide-sleeve tunic.
daltoniano, na, *a.* color-blind.
daltonismo, *m.* color blindness, daltonism.
dallador, *m.* grass mower.
dallar, *va.* to mow.
dalle, *m.* scythe, sickle.
[1]**dama,** *f.* lady, dame; noble or distinguished woman; lady courted by a gentleman; lady of honor at court; mistress or concubine; king in checkers; an old Spanish dance.—**d. cortesana,** courtesan.—**segunda d.,** (theat.) woman who has a walk-on part.—**soplar la d.,** to huff a king in the game of draughts; (coll.) to carry off and marry a woman who was courted by another man.
[2]**dama,** *f.* (metal.) dam of a blast furnace.
damajuana, *f.* demijohn.
damán, *m.* (zool.) daman.
damascado, da, *a.* damasklike.
damascena, *f.* damson, plum.
damasceno, na, *a.* Damascene.
damasco, *m.* damask, figured silk stuff; Brussels apricot; damson, plum.
damasina, *f.* silk stuff resembling damask.
damasquillo, *m.* silk or woollen stuff resembling damask; apricot.
damasquinado, da, *a.* damaskeened.
damasquino, na, *a.* damaskeened; Damascene. —**a la d.,** Damascus fashion.
damería, *f.* excessive nicety in conduct, prudery.
damisela, *f.* young woman; (coll.) courtesan.
damnificar, *va.* (*pret.* DAMNIFIQUÉ; *subj.* DAMNIFIQUE) to hurt, to damage, to injure.
dancé, dance, *v. V.* DANZAR.
danchado, da, *a.* (her.) dentate, indented.
dandismo, *m.* dandies (collect.); dandylike behavior or speech.
danés, sa. I. *a.* Danish. **II.** *n.* Dane. **III.** *m.* Danish (language).
dango, *m.* (ornith.) a species of eagle.
dánico, ca, *a.* Danish.
danta, *f.* (zool.) tapir.
dante. I. *a.* giving. **II.** *n.* giver.
dantellado, da, *a.* dentated, serrated.
dantesco, ca, *a.* Dantesque.
dantista, *n.* Dantean.
danubiano, na, *a.* Danubian.
danza, *f.* dance; set or number of dancers; entangled affair; (Cuba and P. Rico) a slow dance and its tune.—**d. de espadas,** (coll.) quarrel, fight.—**meter en la d.,** (coll.) to draw into the fray, to involve.
danzador, ra, *n.* dancer.
danzante, ta, *n.* dancer; (coll.) active person, hustler; (coll.) fickle, airy person.
danzar, *vn.* (*pret.* DANCÉ; *subj.* DANCE) to dance; to whirl; (coll.) to introduce oneself into any business.
danzarín, na, *n.* dancer; (coll.) giddy, meddling person.
danzón, *m.* (Cuba) slow dance and its tune.
dañable, *a.* prejudicial, condemnable.
dañado, da. I. *pp.* of DAÑAR. **II.** *a.* spoiled, tainted, bad, wicked; damned.
dañador, ra. I. *a.* injurious. **II.** *n.* one who harms.
dañar. I. *va.* to hurt, damage, impair; to harm, injure; to spoil; to weaken. **II.** *vr.* to spoil; to be damaged; to get hurt, hurt oneself.

dañino, na, *a.* mischievous, destructive; harmful, hurtful, injurious.

daño, *m.* damage, hurt, loss, nuisance, hindrance; (com.) discount.—**d. emergente,** (law) damage caused by non-payment.—**daños y perjuicios,** damages.—**en daño de,** with damage to, to the injury of, to the detriment of.—**hacerse d.,** to get hurt, hurt oneself.

dañoso, sa, *a.* harmful, noxious, injurious.

dar. I. *va.* (*ind. pres.* DOY, *pret.* DI; *subj.* DÉ) to give; to hand, to deliver; to confer, grant; to inspire, suggest; to represent (as a play); to emit (as heat, light); to return, to render (as thanks); to proffer, to extend (as the hand); to suppose, to assume, to consider; to allow, admit, concede (a proposition); yield (as fruit, crops, income, etc.); to surrender, submit; to excite, to cause (as pain, sorrow); to strike (the hour); to hold, maintain; to deal (cards); to manifest, show (as signals); to enable, to allow; to apply, put on (as paint, a coating). When joined to some nouns, it expresses the action implied by the noun, as *dar saltos,* to jump; *dar golpes,* to strike (blows).—**d. a conocer,** to make known.—**d. a entender,** to insinuate.—**d. a luz,** to be delivered of, give birth to; to issue, publish.—**d. cabezadas,** to nod.—**d. caza,** to give chase to, pursue.—**d. calle,** to clear the way.—**d. comienzo,** to make a start, beginning.—**d. cuenta de,** to account for; to report on.—**d. cuerda a,** to wind up (clock, watch).—**d. culadas,** (naut.) to strike repeatedly.—**d. de baja,** to dismiss (from a team), muster out (from the army).—**d. de barato,** to grant, take for granted.—**d. de mano,** to depreciate or despise.—**d. diente con diente,** to shiver with cold.—**d. el espíritu,** to give up the ghost.—**d. el nombre,** or **el santo,** (mil.) to give the watchword.—**d. el sí,** to grant; to consent to marry.—**d. en cara,** or **en rostro,** to reproach, upbraid, throw in one's face.—**d. fiado,** to give on credit.—**d. fiador,** or **fianza,** to find bail, give security.—**d. fin a,** to complete, finish.—**d. fin de,** to destroy.—**d. fondo,** (naut.) to cast anchor.—**d. frente a,** to face, be facing.—**d. fruto,** to yield, bear fruit.—**d. gana,** or **ganas, de,** to excite a desire to, make one feel like (doing something); to have a mind to.—**d. garrote,** to garrote, strangle.—**d. golpe,** to astonish; to create a sensation, make a "hit."—**d. golpes a,** to beat, thrash.—**d. grima,** to strike with despair, terror, pity.—**d. gritos,** to shout.—**d. guerra,** to wage war; to torment.—**d. higa,** to miss fire.—**d. la cara por,** to go to the defense of.—**d. la ley,** to lay down the law, dictate.—**d. la razón a,** to say (a person) is right, agree with.—**d. largas,** to prolong an affair.—**d. las dos, tres,** etc., to strike two, three, o'clock.—**d. las espaldas a,** to turn one's back on.—**d. las gracias,** to thank.—**d. los buenos días,** to pass the time of day.—**d. los días a uno,** to congratulate one on one's birthday.—**d. lugar a,** to give rise to.—**d. memorias,** to give regards.—**d. pábulo a,** to substantiate.—**d. parte (de),** to report (about), communicate; to announce.—**d. pasos,** to take steps.—**d. pena a,** to grieve.—**d. poder,** to empower, authorize; to give power of attorney.—**d. por** (foll. by *pp.*), to take for, consider as.—**d. prestado,** to lend.—**d. principio,** to begin.—**d. punto,** (com.) to become insolvent.—**d. que decir,** to give occasion for censure or criticism.—**d. que hacer,** to give trouble.—**d. que pensar,** to arouse suspicions.—**d. que sentir,** to hurt others' feelings; to give occasion for regret.—**d. razón de,** to give information about.—**d. saltos,** to jump.—**d. satisfacción,** to apologize.—**d. suspiros,** to sigh.—**d. un abrazo,** to embrace.—**d. un grito,** to scream.—**d. un paseo,** to take a walk.—**d. un paso,** to take a step.—**d. una vuelta,** to take a turn, a stroll.—**d. voces,** to call out or scream.—**d. zapatetas,** to leap with joy.—**darla de,** (coll.) to brag of being, to set up for.—**no d. pie con bola,** not to do a thing right, to make a mess of it. **II.** *vn.* to give; to yield, stretch; to set in, come on (diff. constr.: *me dió fiebre,* I was taken with fever; *me dió catarro,* I took cold, or was taken with a cold).—**d. a,** to overlook, open on (*mi ventana da al parque,* my window overlooks the park).—**d. a la bomba,** to pump.—**d. al traste** (often with **con**), to give up; to spoil, destroy; to set aside, ignore.—**d. con,** to meet, to find (*por fin di con él,* at last I found him); to apply, cover with (paint, stucco, etc.).—**d. contra,** to knock or hit against.—**d. de,** to fall down, to fall on (*dar de espaldas,* to fall on one's back); to deal (blows, etc.).—**d. de beber,** to give a drink, water (animals).—**d. de codo,** to elbow; to treat with contempt.—**d. de comer,** to serve food, give meals; to feed (animals).—**d. de sí,** to give, stretch, extend.—**d. en,** to persist in; to fall into (as an error); to land on; to take to (as a hobby); to contract, acquire (as a custom); to guess, find out (as a joke, puzzle); to hit, to strike.—**d. en el clavo,** to hit the nail on the head.—**d. en que pensar,** to arouse suspicion; to set one to thinking.—**d. en un bajío** (naut.) to strike ground, to get on shore.—**d. en vacío,** or **en vago,** to fail.—**darle a uno por,** to take it into one's head to; to take to.—**d. mal,** to have poor luck at cards.—**d. sobre,** to rush on, to attack.—**d. tras,** to pursue, follow with hostility.—**dé donde diere,** inconsiderately, heedlessly. **III.** *vr.* (**darse**) to yield, surrender, submit; to devote oneself.—**d. a la vela,** to set sail.—**d. a merced,** to surrender at discretion; (hunting) to halt exhausted.—**d. cuenta de,** to realize.—**d. la mano,** or **las manos,** to shake hands.—**d. maña,** to manage ably.—**d. por** (followed by *pp.*), to consider oneself as.—**d. por sentido,** to show resentment, to take offense.—**d. por vencido,** to acknowledge defeat; to surrender; to give up.—**d. priesa,** or **prisa,** to make haste, hurry.—**d. tono,** to put on airs.—**d. una panzada,** (coll.) to eat to satiety, to stuff oneself.—**no se me da nada,** I don't care.—**no se me da un bledo,** I don't care a straw.

dardabasí, *m.* (ornith.) hawk, kite.

dárdano, na, *a.* Trojan, Dardanian.

dardo, *m.* dart, arrow; light lance; fresh-water fish, dartfish, dace.—**d. de pescador,** harpoon.

dares y tomares, *m. pl.* (coll.) give and take; disputes.—**andar en dares y tomares,** to dispute.

dársena, *f.* inner harbor; dock.

dartros, *m. pl.* (med.) dartre, herpes.—**dartroso, sa,** *a.* dartrous.

darviniano, na; darwiniano, na, *n.* & *a.* Darwinian.

darvinismo, darwinismo, *m.* Darwinism.

darvinista, darwinista, *n.* & *a.* Darwinian.

dasiuro, *m.* (zool.) dasyure.

dasocracia, *f.* forestry.

dasocrático, ca, *a.* forest (as *a.*), pertaining to forestry.

dasonomía, *f.* = DASOCRACIA.

dasonómico, ca, *a.* = DASOCRÁTICO.

data, *f.* date, day of month and year; item in an account; outlet of a reservoir.—**estar de mala d.,** to be in bad humor.

datar. I. *va.* to date; (com.) to credit on account. **II.** *vn.* to take origin, date.

dataría, *f.* (Rom. Cath.) datary.

datario, *m.* datary, a papal officer.

dátil, *m.* (bot.) date; (zool.) date shell.—**datilado, da,** *a.* datelike.—**datilera,** *f.* common date palm.—**datilillo,** *m. dim.* small date.

datismo, *m.* (rhet.) use of redundant synonyms.

dativo, *m.* & *a.* (gram.) dative.

[1]**dato,** *m.* datum.—*pl.* data.

[2]**dato,** *m.* title of dignity in Oriental countries.

datura, *f.* (bot.) datura.

daturina, *f.* (chem., med.) daturine, atropine.
dauco, *m.* (bot.) wild carrot.
davalar, *vn.* (naut.) to drift.
davídico, ca, *a.* Davidic, of David.
daza, *f.* (bot.) lucern; (bot.) panic grass.
de, *prep.* of; from (*soy de Boston,* I am from Boston); from, because of, out of (*confesó de miedo,* he confessed from fear; sometimes foll. by adj. translated by corresponding noun in Eng. *lloré de alegre,* I wept from joy); for, to (*hora de partir,* time to leave; *tiempo de arar,* time for plowing); with (*la dama de las camelias,* the lady with the camellias; *el señor de los guantes,* the gentleman with the gloves; *casa de tres pisos,* three-story house); on, at (*la casa de la derecha,* the house on the right); in (*dos pies de diámetro,* two feet in diameter); by, on the part of (*temido de sus enemigos,* feared by his enemies; *abandonado de Dios,* forsaken by God, God-forsaken; by, as (*médico de profesión,* a physician by profession). Sign of possessive: *la ley de Dios,* the law of God; *la casa de mi padre,* my father's house. Denotes the manner in which a thing is done: *comer de pie,* to eat standing; *se vistió de prisa,* he dressed in haste; *se bebió el vino de un trago,* he drank the wine at a gulp. Denotes the object or purpose to which a thing is put: *escopeta de caza,* fowling gun; *cuarto de fumar,* smoking room; *máquina de coser,* sewing machine. Indicates the material of which a thing is made: *vaso de plata,* silver cup. Is used by women before their husbands' family name: *doña Isabel Pérez de González.* Mrs. Isabel Pérez-González (née Pérez.) Indicates the moving power of a machine: *máquina de vapor,* steam engine; *molino de viento,* windmill. Sometimes used as an emphatic expletive after an adjective: *el pícaro del muchacho,* the rogue of a boy.—**d. a,** foll. by numerical expression, translated in Eng. by qualifying phrase: *billete de a cinco pesos,* a five-peso bill. —**d. . . . en,** by, after, in serial order (*de día en día,* day by day; *de grano en grano,* grain by grain; *de calle en calle,* from street to street.
dé, *irreg. imper.* & *pres. subj.* of DAR.
dea, *f.* (poet.) goddess.
deán, *m.* dean.
deanato, deanazgo, *m.* deanship.
debajo, *adv.* beneath, underneath.—**d. de,** under, beneath.—**por d.,** from below; underneath.—**por d. de,** under; below.
debate, *m.* debate; altercation.
debatir, *va.* to argue, discuss, debate.
debe, *m.* (com.) debtor side of an account, debit (Dr. in bookkeeping).
debelación, *f.* conquering in war; conquest.
debelador, ra, *n.* conqueror, victor.
debelar, *va.* to conquer; subdue, put down.
deber. I. *va.* to owe; must, ought, have to.—**d. de,** must have, must be (indicating probability): *él debe de haber salido,* he must have (I think he has) gone out. **II.** *m.* duty, obligation.
debidamente, *adv.* justly, duly, exactly.
debido, da, *pp.* of DEBER.—**d. a,** owing to, on account of.
debiente. I. *a.* owing. **II.** *n.* debtor.
débil, *a.* weak; feeble.—**debilidad,** *f.* weakness.
debilitación, *f.* debilitation, weakness.
debilitante, *a.* weakening, debilitating.
debilitar. I. *va.* to weaken; to debilitate, enfeeble, enervate. **II.** *vr.* to become feeble.
débito, *m.* debt; (or **d. conyugal**), conjugal duty.
debitorio, *m.* contract of bargain and sale upon credit, by virtue of a partial payment.
debó, *m.* scraper (for skins).
debutante, *n.* (Gal.) debutant, debutante.
debutar. *vn.* (Gal.) to make one's debut.
década, *f.* decade, ten.
decadencia, *f.* decadence, decay, decline.—**ir en d.,** to be on the decline.
decadente, *a.* decaying, declining, decadent.
decaedro, *m.* (geom.) decahedron.
decaer, *vn.* (*ind.* DECAIGO; *subj.* DECAIGA) to decay, fail, languish, fade; to fall off, lessen; (naut.) to fall to leeward.
decágono, *m.* (geom.) decagon.
decagramo, *m.* decagram.
decaído, da, *a.* decayed; (coll.) discouraged.
decaigo, decaiga, *v.* *V. decaer.*
decaimiento, *m.* decay, decline; weakness.
decalaje, *m.* (aer.) stagger.
decalitro, *m.* decaliter.
decálogo, *m.* decalogue.
decámetro, *m.* decameter.
decampar, *vn.* to decamp.
decanato, *m.* deanship; deanery.
decano, *m.* senior, dean; oldest member of a community or corporation.
decantación, *f.* pouring off, decantation.
decantado, da, *a.* boasted, exalted.
[1]**decantar,** *va.* to cry up, to exaggerate, to puff.
[2]**decantar,** *va.* to decant, to draw off.
decapaje, *m.* (phys.) pickling.
decapitación, *f.* beheading.
decapitar, *va.* to behead, decapitate.
decápodo, da, *m.* & *a.* (zool.) decapod.
decárea, *f.* decare, ten ares.
decasílabo, ba. I. *a.* decasyllabic, ten-syllable. **II.** *m.* decasyllable.
decastéreo, *m.* decastere, ten cubic meters.
deceleración, *f.* deceleration.
decena, *f.* ten; (mus.) tenth; (arith.) ten (figure in second place from the right).
decenal, *a.* decennial, lasting ten years.
decenar, *m.* group of ten.
decenario, ria. I. *a.* decennary, decennial. **II.** *m.* ten-bead rosary; decennial.
decencia, *f.* decency, propriety; cleanliness, tidiness; honesty, modesty.
decenio, *m.* decade, ten years, decennial.
deceno, na, *a.* tenth.
decentar. I. *va.* (*ind.* DECIENTO; *subj.* DECIENTE) to cut off the first slice of; to begin to lose, as the health. **II.** *vr.* to have bedsores.
decente, *a.* decent; honest; kind, "nice"; tidy; well-behaved.
decentemente, *adv.* decently; honorably; modestly; excessively (used ironically).
decenviral, *a.* decemviral.
decenvirato, *m.* decemvirate.
decenviro, *m.* decemvir.
decepción, *f.* disappointment, disillusionment; humbug.—**decepcionar,** *va.* (Am.) to disappoint.
deciárea, *f.* deciare, one-tenth of an are.
decibel(io), *m.* (phys.) decibel.
decible, *a.* utterable, speakable; expressible.
decidero, ra, *a.* utterable, speakable; mentionable.
decidido, *a.* decided, determined; devoted.
decidir. I. *va.* to decide, determine, resolve. **II.** *vr.* to decide, make up one's mind; to be determined.
decidor, ra. I. *n.* one who speaks with fluency and elegance; a wit. **II.** *a.* of pleasant speech, being a good talker.
deciduo, dua, *a.* deciduous.
deciento, deciente, *v.* *V.* DECENTAR.
decigramo, *m.* decigram.
decil, *m.* (stat.) decile.
decilitro, *m.* deciliter.
décima, *f.* (poet.) ten-line stanza; tenth stanza.
decimal. I. *a.* decimal; pertaining to tithes. **II.** *n.* decimal.
decimalmente, *adv.* decimally.
décimanovena, *f.* a register of a pipe-organ.
decímetro, *m.* decimeter.
décimo, ma, *n.* & *a.* tenth.
décimoctavo, va, *a.* eighteenth.
décimocuarto, ta, *a.* fourteenth.
décimonono, na, *a.* nineteenth.
décimonoveno, na, *a.* nineteenth.
décimoquinto, ta, *a.* fifteenth.
décimoséptimo, ma, *a.* seventeenth.

décimosexto, ta, *a.* sixteenth.
décimotercero, ra, *a.* thirteenth.
décimotercio, cia, *a.* thirteenth.
deciocheno, na, *n.* & *a.* eighteenth.
decir. I. *va.* & *vn.* (*ger.* DICIENDO; *pp.* DICHO; *ind. pres.* DIGO, *pret.* DIJE, *fut.* DIRÉ; *imper.* DI; *subj.* DIGA) to say, tell; speak; to name, call; to denote, bespeak, indicate, show, be a sign of.—**d. a uno cuántas son cinco,** to tell one where to get off; to give a piece of one's mind to.—**d. bien,** to be right, to speak true.—**d. mal,** to misspeak; to be mistaken.—**d. para sí,** or **para su capote,** to say to oneself.—**d. por d.,** to talk for the sake of talking.—**bien d.,** to be right in saying.—**como quien dice,** as who should say, as if to say, as if meaning.—**como quien no dice nada,** unconcernedly; and this is, or which is, no small matter.—**¡digo!,** I say!, listen!—**el qué dirán,** what people will say, gossip.—**ello dirá,** we shall see, time will tell.—**es d.,** that is to say, that is.—**por decirlo así,** so to speak.—**por mejor d.,** more properly speaking; rather.—**querer d.,** to mean, signify.—**se dice,** they say, it is said. II. *m.* a saw, proverbial or familiar saying; witty remark; language.—**el bien d.,** elegant style of language.—**el d. de las gentes,** the opinion of the people.—**es un d.,** it is a mere saying.
decisión, *f.* decision, determination, resolution, issue; decision, judgment by court of justice; verdict by a jury.
decisivamente, *adv.* decisively.
decisivo, va, *a.* decisive, final, conclusive.
decistéreo, *m.* decistere, one-tenth of a cubic meter.
declamación, *f.* declamation, harangue, oration, speech; oratorical invective; reading, recitation; delivery in reciting.
declamador, ra, *n.* orator; reciter.
declamar, *vn.* to declaim; recite; harangue; rant.
declamatorio, ria, *a.* declamatory.
declarable, *a.* declarable.
declaración, *f.* declaration; statement; interpretation, exposition; avowal; manifestation; account; overture, proposal; (law) deposition.
declaradamente, *adv.* declaredly, avowedly.
declarado, da, *a.* declared; stanch; firm.
declarador, ra, *n.* & *a.* declarer(-ing); deponent.
declarante. I. *a.* declaring, expounding. II. *n.* declarer, deponent; witness.
declarar. I. *va.* to declare, manifest, make known, state; to expound, explain; (law) to determine and decide, to find; (law) to testify. II. *vr.* to declare one's opinion, to explain one's mind; (coll.) to make a declaration of love.
declarativo, va, *a.* declarative, assertive.
declaratorio, ria, *a.* declaratory, explanatory.
declinable, *a.* (gram.) declinable.
declinación, *f.* declination, descent, decay, fall, decline, falling; (gram.) declension, inflection; (astr.) declination; (arch.) deviation.—**d. de la aguja,** magnetic declination.
declinante, *a.* declining; bending down.
declinar. I. *vn.* to decline; to lean downward or to either side, to bend, slope; to descend; (of illness) abate, diminish; to approach the end; (naut.) to vary from the true magnetic meridian. II. *va.* (gram.) to decline; (law) to challenge (a judge); to transfer to another tribunal.
declinatoria, *f.* (law) plea that questions the competency of a judge.
declinatorio, *m.* declinator (instrument).
declinómetro, *m.* declinometer.
declive, *m.* declivity, dip; descent, slope, fall; (Ry.) gradient, grade.—**en d.,** slanting, sloping.—**declividad,** *f.* declivity.—**declivio,** *m.* = DECLIVE.
decocción, *f.* decoction.
decoloración, *f.* discoloration; decolorizing, bleaching; fading.
decolorar. I. *va.* to discolor; to decolorize, bleach; to cause to fade. II. *vn.* to discolor; to bleach, lose color, become colorless; to fade.
decomisar, *va.* to confiscate, seize, forfeit.
decomiso, *m.* confiscation, forfeiture, seizure.
[1]**decoración,** *f.* decoration; ornament; (theat.) setting, props.
[2]**decoración,** *f.* act of committing to memory.
[1]**decorado,** *m.* decoration, ornamentation.
[2]**decorado,** *m.* thing committed to memory.
decorador, ra. I. *a.* decorating. II. *n.* decorator.
[1]**decorar,** *va.* to decorate; to adorn, embellish.
[2]**decorar,** *va.* to learn by heart; to recite; to repeat.
decorativo, va, *a.* decorative.
decoro, *m.* honor, respect, reverence due to any person; circumspection, gravity; integrity, purity, honesty; decorum, decency, civility; fitness, propriety.
decoroso, sa, *a.* decorous, decent.
decrecer, *vn.* (*ind.* DECREZCO; *subj.* DECREZCA) to decrease, diminish.
decreciente, *a.* diminishing, decreasing.
decrecimiento, *m.* degression, decrease.
decremento, *m.* decrement, decrease.
decrepitación, *f.* (chem.) decrepitation.
decrepitante, *a.* (chem.) decrepitant.
decrepitar. I. *va.* to decrepitate, to expose to a high heat. II. *vn.* to decrepitate, to crackle.
decrépito, ta, *a.* decrepit.—**decrepitud,** *f.* decrepitude.
decretal, *f.* & *a.* decretal.
decretalista, *m.* interpreter of papal decrees.
decretar, *va.* to decree, resolve; decide.
decretero, *m.* list of the names and offenses of criminals; decretal, collection of decrees.
decretista, *m.* propounder of Decretals.
decreto, *m.* decree; judicial decree or decision.
decretorio, ria, *a.* (med.) critical.
decrezco, decrezca, *v. V.* DECRECER.
decúbito, *m.* (med.) decubitus.
decumbente, *a.* decumbent.
decuplar, decuplicar, *va.* to decuple, multiply by ten.
décuplo, pla, *m.* & *a.* decuple.
decuria, *f.* decury; class of ten students.
decuriato, *m.* student belonging to a class of ten.
decurión, *m.* decurion, commander of a decury; in schools, monitor having the care of ten pupils.—**decurionato,** *m.* decurionship.
decurrente, *a.* (bot.) decurrent.
decursas, *f. pl.* (law) arrears of rent.
decurso, *m.* course, lapse of time.
decusación, *f.* decussation.
decusado, da, decuso, sa, *a.* (bot.) decussate.
dechado, *m.* model; sample, pattern, standard; linen on which young girls learn needlework
dedada, *f.* pinch (of honey, salt, etc.).—**dar una d. de miel,** (fig.) to feed one's hopes.
dedal, *m.* thimble; leather finger stall used by calkers.
dedalera, *f.* (bot.) foxglove.
dédalo, *m.* labyrinth; entanglement.
dedicación, *f.* dedication; consecration; inscription.
dedicante, *n.* & *a.* dedicator(-ing).
dedicar. I. *va.* (*pret.* DEDIQUÉ; *subj.* DEDIQUE) to dedicate, devote; to inscribe, autograph (a literary work). II. *vr.* (a) to devote oneself (to), to make a specialty (of), to interest oneself (in).
dedicativo, va, *a.* = DEDICATORIO.
dedicatoria, *f.* dedication; dedicatory inscription of a book or work of art.
dedicatorio, ria, *a.* dedicatory.
dedición, *f.* unconditional surrender.
dedil, *m.* thumbstall of rubber, linen, or leather.
dedillo, ito, *m. dim.* little finger.—**saber al d.,** to have at one's finger tips, know perfectly.
dediqué, dedique, *v. V.* DEDICAR.
dedo, *m.* finger; toe; forty-eighth part of a Spanish vara; finger's breadth, small bit.—**d. anular,** ring, or fourth, finger.—**d. auricular** =

DEDO MEÑIQUE.—**d. del corazón, cordial,** or **de enmedio,** middle finger.—**dedos de manteca,** (Arg.) butterfingers.—**d. gordo, d. grande,** thumb; big toe.—**d. índice,** index finger, forefinger.—**d. meñique,** little finger; little toe.—**d. pulgar,** thumb; big toe.—**d. saludador** = D. ÍNDICE.—**a dos dedos,** within an inch (fig.).—**alzar el d.,** to raise one's hand (in taking an oath, etc.).
deducción, *f.* derivation, origin; deduction, inference, conclusion; (mus.) natural progression of sounds; (math.) derivation (of a formula).
deducible, *a.* deducible, inferable.
deduciente, *a.* deducing, inferring.
deducir, *va.* (*ind. pres.* DEDUZCO, *pret.* DEDUJE; *subj.* DEDUZCA) to deduce, infer; to fetch, to devise, to draw; (law) to allege in pleading, to offer as a plea; (com.) to subtract, deduct; (math.) to derive (a formula).
deductivo, va, *a.* deductive.
deduje, deduzco, deduzca, *v. V.* DEDUCIR.
defácile, *adv.* easily.
defalcar, *va.* to cut off; to embezzle.
defecación, *f.* purification; voiding of excrement.
defecadora, *f.* defecator (in sugar refining).
defecar. I. *va.* (*pret.* DEFEQUÉ; *subj.* DEFEQUE) to defecate, purify, clarify. **II.** *vn.* to defecate, void excrement; to remove impurities.
defección, *f.* defection, apostasy, desertion.
defectible, *a.* that may be faulty or lacking.
defectillo, *m. dim.* slight fault or defect.
defectivo, va, *a.* defective, imperfect; (gram.) defective.
defecto, *m.* defect, fault, blemish, imperfection. —*pl.* (print.) sheets lacking, after a day's work, to complete the full number.
defectuoso, sa, *a.* defective, imperfect, faulty.
defendedero, ra, *a.* defensible.
defendedor, ra, *a.* & *n.* = DEFENSOR.
defender, *va.* (*ind.* DEFIENDO; *subj.* DEFIENDA) to defend; protect; to prohibit, forbid; to prevent, retard, delay.—**defendible,** *a.* defensible.
defenecer, *va.* (*ind.* DEFENEZCO; *subj.* DEFENEZCA) (com.) to close (an account).
defenecimiento, *m.* (com.) settlement.
defensa, *f.* defense; protection; shelter; (aer.) bumping bag, bumper; (law) defense; *pl.* (fort.) defense, fortification; (naut., mach.) skids, fenders.—**de d.,** sheltering, guarding, guard, safety.—**legítima d.,** (law) self-defense.
defensión, *f.* safeguard, defense.
defensiva, *f.* defensive.—**estar, ponerse, a la d.,** to be or stand on the defensive.
defensivo, va. I. *a.* defensive, justificatory, protective. **II.** *m.* defense, safeguard, preservative; (med.) wet compress.
defensor, ra, *n.* defender; supporter; (law), counsel for the defense, defender.
defensoría, *f.* duty and office of a defender.
defensorio, *m.* plea, defense.
defequé, defeque, *v. V.* DEFECAR.
deferencia, *f.* deference.
deferente, *a.* assenting, deferring to the opinion of another, deferential.
deferir. I. *vn.* (*ind.* DEFIERO; *subj.* DEFIERA) to yield, submit. **II.** *va.* to communicate; to share in jurisdiction or power.
deficiencia, *f.* deficiency.
deficiente, *a.* deficient, faulty.
déficit, *m.* deficit, shortage.
defiendo, defienda, *v. V.* DEFENDER.
defiero, defiera, *v. V.* DEFERIR.
definible, *a.* definable.
definición, *f.* definition; decision, determination. —*pl.* statutes of military orders.
definido, da. I. *pp.* of DEFINIR. **II.** *a.* definite.
definidor, ra. I. *n.* & *a.* definer(-ing). **II.** *m.* in some religious orders, member of the governing committee.
definir, *va.* to define; to establish, determine.
definitivo, va, *a.* definitive.—**en definitiva,** in conclusion; in short.
definitorio, *m.* governing assembly of a religious order; place where it meets.
deflacionista, *a.* deflationary.
deflagración, *f.* deflagration, sudden burning.
deflagrador, *m.* deflagrator, ignitor.
deflagrar, *va.* to deflagrate, burn suddenly.
deflector, *m.* deflector.
deflegmar, *va.* (chem.) to dephlegmate.
deflexión, *f.* deflection.
defoliación, *f.* defoliation, shedding of leaves.
deformación, *f.* deformation; defacing.
deformado, da, *a.* deformed.
deformador, ra, *n.* & *a.* deformer(-ing); defacer (-ing).
deformar. I. *va.* to deform, disfigure, misshape. **II.** *vr.* to become deformed, change shape.
deformatorio, ria, *a.* deforming, disfiguring.
deforme, *a.* deformed, disfigured; hideous.
deformemente, *adv.* deformedly.
deformidad, *f.* deformity; hideousness, ugliness; gross error.
defraudación, *f.* defrauding; fraud, deceit.
defraudador, ra, *n.* defrauder, defaulter.
defraudar, *va.* to defraud; to rob of; to intercept (light); to disturb (sleep).
defuera, *adv.* externally, outwardly, on the outside.—**por d.,** outwardly.
defunción, *f.* death, demise.
degeneración, *f.* degeneration, degeneracy.
degenerado, da, *n.* & *a.* degenerate.
degenerar, *vn.* to degenerate.
degenerativo, va, *a.* degenerative.
deglución, *f.* (physiol.) deglutition, swallowing.
deglutir, *va.* to swallow.
degollación, *f.* decollation, beheading.
degolladero, *m.* throttle, windpipe; slaughterhouse; stand with block where people were beheaded; (anc. theat.) board partitioning the pit.
degollado, *m.* low neck cut in a blouse or dress.
degollador, *m.* headsman, executioner.
degolladura, *f.* cutting of the throat; (mason.) joint; (carp.) slender part of balusters; DEGOLLADO.
degollante, *n.* (coll.) bore, nuisance.
degollar, *va.* (*ind.* DEGÜELLO; *subj.* DEGÜELLE) to behead, decapitate; to cut (a garment) low in the neck; to destroy, ruin; (coll.) to importune.
degollina, *f.* (coll.) slaughter, butchery.
degradación, *f.* degradation, humiliation, debasement; depravity, baseness, degeneracy; (art.) degradation, diminution, blending.
degradante, *a.* degrading.
degradar. I. *va.* to degrade, debase; humiliate, revile. **II.** *vr.* to degrade or lower oneself.
degu, *m.* a ratlike Chilean rodent.
[1]**degüello, degüelle,** *v. V.* DEGOLLAR.
[2]**degüello,** *m.* decollation, act of beheading or cutting the throat; neck or narrow part of many things; destruction, ruin; putting to the sword; attack without quarter.—**tirar al d.,** to endeavor to harm or ruin a person.
degustación, *f.* act of tasting.
dehesa, *f.* pasture ground.
dehesar, *va.* to turn into pasture ground.
dehesero, *m.* keeper of a pasture ground.
dehiscencia, *f.* (bot.) dehiscence.
dehiscente, *a.* dehiscent.
deicida, *n.* deicide, killer of a god.
deicidio, *m.* deicide, killing of a god.
deidad, *f.* deity, divinity; god, goddess.
deificación, *f.* deification.
deificar, *va.* (*pret.* DEIFIQUÉ; *subj.* DEIFIQUE) to deify; to exalt or praise extravagantly, lionize.
deífico, ca, *a.* deific, deifical, divine.
deifiqué, deifique, *v. V.* DEIFICAR.
deiforme, *a.* deiform, godlike.
Deípara, *f.* Deipara, the Mother of God (app. to the Virgin Mary).
deísmo, *m.* deism.
deísta, *n.* & *a.* deist(-ic).

deja, *f.* prominence between two fissures or notches.
dejación, *f.* abandonment, relinquishment, giving up; (law) assignment.
dejada, *f.* relinquishment.
dejadez, *f.* slovenliness, neglect.
dejado, da. I. *pp.* of DEJAR. **II.** *a.* slovenly; indolent, negligent; dejected, low-spirited.
dejamiento, *m.* act of leaving, relinquishing, or giving up; indolence, carelessness; languor, depression of spirits; abdication, resignation; coolness, indifference, estrangement.
dejar. I. *va.* to leave; to let; let go, relinquish; to permit, consent, allow; to leave, abandon; forsake, desert; to yield, produce, bring (as income, profit); to commit, give in charge, intrust; to deliver, deposit (as money); to fling up, to give up; to lay away.—**¡deja!,** let it go, never mind!—**d. caer,** to drop, let fall.—**d. cargado,** to debit.—**d. dicho,** to leave word or orders.—**d. en cueros,** to strip (one) of one's money or property.—**d. escrito,** to leave in writing.—**d. fresco,** to frustrate, to baffle.—**d. mucho que desear,** to leave much to be desired. **II.** *vr.* not to take care of oneself; to let or allow oneself (to die, be robbed, etc.); to become languid; to abandon oneself.—**d. caer (con** before noun or phrase) to insinuate, bring up as if casually; to drop in, appear unexpectedly; to give up.—**d. de,** to stop, leave off.—**d. ver,** to be seen, to be easy to see; to show; to appear, in public, at friends' homes, etc. **III.** *vn.* (**de** and *inf.*) to cease, stop (followed by present participle); to fail to.—**d. de ser,** to cease to be, disappear, die, be no longer.—**no d. de,** not to fail to.—**no d. de ser a,** to be, to be rather.—**no d. de tener,** not to be without, not to lack.
dejativo, va, *a.* lazy, slovenly, indolent.
dejillo, *m. dim.* slight relish or taste which remains after eating or drinking.
dejo, *m.* abandonment, relinquishment; end, termination; negligence, slovenliness; relish or taste which remains after eating or drinking; effect; peculiar inflection or accent in speaking.
de jure, de jure.
del, *contraction of* DE *and* EL: of the.
delación, *f.* accusation, information.
delantal, *m.* apron; dashboard of a carriage.
delante, *adv.* before, ahead, in front.—**por d.,** in front.—**d. de, por d. de,** *prep.* before, in front of, in the presence of.
delantera, *f.* front, fore end, fore part; front seats in theaters, etc.; front part of garments; boundary line of a town, village, property; lead, advance, advantage.
delantero, ra. I. *a.* foremost, first; front (as *a.*) **II.** *m.* postilion; front part; (sport) forward.
delatable, *a.* accusable, blamable.
delatante, *n.* informer, accuser.
delatar, *va.* to inform against, accuse, denounce.
delator, ra, *n.* accuser, informer, denouncer.
dele, *m.* (print.) dele, mark of deletion, delete (ϑ).
deleble, *a.* delible, capable of being deleted; effaceable; erasable.
delectación, *f.* delectation, pleasure, delight.
delegación, *f.* delegation; power conferred; proxy; office of a delegate.
delegado, da, *n.* delegate, proxy.
delegante, *n.* constituent, one that delegates.
delegar, *va.* (*ind.* DELEGUÉ; *subj.* DELEGUE) to delegate.
delegatorio, ria, *a.* delegatory.
deleitabilísimo, ma, *a. super.* most delightful.
deleitable, *a.* delectable, delightful.
deleitablemente, *adv.* delightfully.
deleitación, *f.* **deleitamiento,** *m.* delectation, pleasure, delight.
deleitante, *a.* delighting, delightful.
deleitar. I. *va.* to delight, please. **II.** *vr.* to delight, take delight or pleasure.—**deleite,** *m.* pleasure, delight; lust, carnal appetite.
deleitosamente, *adv.* delightfully; cheerfully.
deleitoso, sa, *a.* delightful, pleasing.
deletéreo, ea, *a.* deleterious, poisonous.
deletreador, *m.* speller.
deletrear, *va.* to spell, to spell out; to decipher or interpret.
deletreo, *m.* spelling; reading by spelling.
deleznable, *a.* crumbly; fragile, frail, perishable; smooth, slippery.
délfico, ca, *a.* Delphian, of Delphi.
[1]**delfín,** *m.* (ichth.) dolphin; (astr.) Dolphin, a northern constellation.
[2]**delfín,** *m.* dauphin, formerly title of eldest son of King of France.—**delfina,** *f.* dauphiness, wife of the dauphin.
delgadamente, *adv.* thinly, delicately; acutely, sharply, finely.
delgadez, *f.* thinness, tenuity; acuteness, ingenuity; slenderness, leanness.
delgado, da. I. *a.* thin; lean; lank, slender, slim; light, delicate, tenuous; acute, fine, ingenious, sharp; (agr.) poor, exhausted. **II.** *m.* (naut.) dead rise; flank of an animal.
delgaducho, cha, *a.* thinnish, lanky.
deliberación, *f.* deliberation.
deliberadamente, *adv.* deliberately.
deliberante, *a.* deliberating, deliberative.
deliberar. I. *vn.* to deliberate, ponder; to consult or take counsel together. **II.** *va.* to determine after mature consideration.
deliberativo, va, *a.* deliberative.
delicadez, *f.* delicateness, weakness of constitution; prudery; overscrupulousness.
delicadeza, *f.* delicacy, fineness, refinement; sensitiveness; daintiness, tenderness, softness; scrupulousness, susceptibility; subtlety, dexterity; acuteness of understanding, refinement of wit; perspicacity.
delicado, da, *a.* delicate; gentle, refined; effeminate, finical, ladylike; sensitive, susceptible; dainty, exquisite, delicious; thin, slender; subtile; fastidious, prudish; scrupulous, honest, upright; arduous, difficult; captious, suspicious.
delicia, *f.* delight, satisfaction; sensual pleasure.
delicioso, sa, *a.* delicious; delightful.
delictivo, va, *a.* pertaining to crime or guilt.
delicuescencia, *f.* (chem.) deliquescence.
delicuescente, *a.* (chem.) deliquescent.
delimitación, *f.* delimitation, demarcation.
delimitar, *va.* = DEMARCAR, to delimit.
delinco, delinca. *v. V.* DELINQUIR.
delincuencia, *f.* delinquency, guilt.—**d. de menores,** (law) juvenile delinquency.—**d. habitual,** (law) recidivism.
delincuente. I. *n.* delinquent, offender. **II.** *a.* delinquent, guilty.
delineación, *f.* delineation, draft, sketch.
delineador, ra, *n.* delineator, draftsman, designer.
delineam(i)ento, *m.* = DELINEACIÓN.
delineante. I. *a.* designing. **II.** *n.* draftsman.
delinear, *va.* to delineate, draw, sketch, design.
delinquimiento, *m.* delinquency, guilt.
delinquir, *vn.* (*ind.* DELINCO; *subj.* DELINCA) to transgress, to offend, to be guilty.
delio, a, *a.* & *n.* Delian, from or of Delos.
deliquio, *m.* swoon, faint; ecstasy, rapture.
delirante, *a.* delirious.
delirar, *vn.* to be delirious; to rave; to rant, talk nonsense.
delirio, *m.* delirium; frenzied rapture; nonsense. —**d. de grandeza,** delusions of grandeur.
delírium tremens, *m.* delirium tremens.
delito, *m.* transgression, offense, delict; misdemeanor; crime.—**d. de incendio,** (law) arson.
delta. I. *f.* delta (Δ), fourth letter of the Greek alphabet. **II.** *m.* delta (of a river).
deltaico, ca, *a.* deltaic, deltic.
deltoideo, a, *a.* deltoid, triangular.
deltoides. I. *a.* deltoid. **II.** *m.* (anat.) deltoid.
deludir, *va.* to delude.
delusivo, va, *a.* delusive, fallacious.

delusor, ra. I. *a.* delusive, delusory. II. *n.* deluder.
delusorio, ria, *a.* deceitful, fallacious.
della, dellas, dello, dellos, *contr.* of DE ELLA, etc.
demacración, *f.* (med.) emaciation, marasmus.
demacrar. I. *va.* (of the body) to cause to waste away. II. *vr.* to waste away.
demagogia, *f.* demagogism; demagogy.
demagógico, ca, *a.* demagogical.
demagogo, ga, *n.* demagogue.
demanda, *f.* demand, claim, complaint; request; petition, the act of asking charity; gathering, charity-box; image carried about by beggars of alms; question, inquiry; enterprise, endeavor; (com.) demand, call; (law) claim; (naut.) lookout.—**la oferta y la d.,** (com.) supply and demand.
demandadero, ra, *n.* messenger to do errands in convents or prisons.
demandado, da, *n.* (law) defendant.
demandador, ra, *n.* one who claims, asks, or begs; one who solicits charity for pious uses; (law) complainant, plaintiff.
demandante. I. *a.* demanding. II. *n.* (law) complainant, plaintiff.
demandar, *va.* to demand, ask, solicit; to wish for, desire; (law) to enter an action against.
demarcación, *f.* demarcation.
demarcador, *m.* boundary surveyor.
demarcar, *va.* to demarcate, demark, delimit.
demás, *a.* other.—**los d., las d.,** others; the others.—**lo d.,** the rest.—**por lo d.,** aside from this; furthermore; as to the rest.—**todo lo d.,** everything else.—**y d.,** and other things, or persons; and so forth. II. *adv.* besides, moreover.—**estar d.,** to be useless or superfluous; to be unwelcome, not wanted.—**por d.,** uselessly, in vain; too much.
demasía, *f.* excess, surplus, superabundance; boldness, audacity, insolence; badness, iniquity; guilt; outrage; affront; (min.) space between two claims.—**en d.,** excessively.
demasiadamente, *adv.* excessively; too.
demasiado, da. I. *a.* too, excessive; too much, too many. II. *adv.* too, excessively; too much.
demediar. I. *va.* to dimidiate, halve. II. *vn.* to be halved, be divided in two.
demencia, *f.* dementia, insanity.—**d. precoz,** dementia præcox.
dementar. I. *va.* to render demented or insane. II. *vr.* to become demented.
demente, *a.* demented, mad, insane.
demérito, *m.* that which renders (something) without merit; being undeserving.
demeritorio, ria, *a.* without merit, undeserving.
demisión, *f.* submission, humility.
demiurgo, *m.* (philos.) Demiurge.
democracia, *f.* democracy.
demócrata. I. *a.* democratic, democratical. II. *n.* democrat.
democrático, ca, *a.* democratic.
democratización, *f.* democratization.
democratizar, *va.* & *vr.* to democratize.
demografía, *f.* demography, vital statistics.—**demográfico, ca,** *a.* demographic.
demógrafo, fa, *n.* demographist.
demoledor, ra, *n.* & *a.* demolisher(-ing).
demoler, *va.* (*ind.* DEMUELO; *subj.* DEMUELA) to demolish, tear down, dismantle.
demolición, *f.* demolition, destruction.
demonche, *m.* (coll.) little devil.
demoníaco, ca. I. *a.* demoniac, demoniacal. II. *n.* demoniac.
demonio. I. *m.* demon; evil spirit; (the) devil. II. *interj.* the deuce!
demonolatría, *f.* demonolatry (esp. worship of the devil).
demonología, *f.* demonology.
demonomancia, *f.* divination with the assistance of demons.
demontre. I. *m.* devil. II. *interj.* the deuce!
demoñejo, demoñuelo, *m. dim.* little devil, imp.
demora, *f.* delay, procrastination; (naut.) bearing; (com.) demurrage; (Am.) period of work required of Indians in lieu of taxes, esp. eight months' work in the mines.
demorar. I. *va.* to delay. II. *vn.* to delay, tarry; (naut.) to bear (*la costa demora norte,* the coast bears north). III. *vr.* to delay; to be delayed, tarry, stop (on the way).
demostrabilidad, *f.* demonstrability.
demostrable, *a.* demonstrable.
demostrablemente, *adv.* demonstrably.
demostración, *f.* demonstration; proof; (public) demonstration.
demostrador, ra. I. *a.* demonstrating. II. *n.* demonstrator.
demostrar, *va.* (*ind.* DEMUESTRO; *subj.* DEMUESTRE) to demonstrate, show; to prove; to teach.
demostrativo, va, *a.* demonstrative.
demótico, ca, *a.* (of Egyptian writing) demotic.
demudación, *f.* change, alteration.
demudar. I. *va.* to alter, change, vary; to cloak, disguise. II. *vr.* to be changed; to change color or the expression of countenance suddenly.
demuelo, demuela, *v.* *V.* DEMOLER.
demuestro, demuestre, *v.* *V.* DEMOSTRAR.
demulcente, *a.* & *m.* demulcent, emollient.
denario, ria. I. *a.* denary. II. *m.* denarius.
dende, *prep.* (obs. or prov.) since.
dendriforme, *a.* dendriform, tree-shaped.
dendrita, *f.* (geol.) dendrite.
dendrítico, ca, *a.* (geol.) dendritic.
dendrografía, *f.* (bot.) dendrology.
dendroide, dendroideo, dea, *a.* dendroid, treelike (in form).
dendrómetro, *m.* (bot.) dendrometer.
denegación, *f.* denial, refusal, denegation.
denegar, *va.* (*ind. pres.* DENIEGO, *pret.* DENEGUÉ; *subj.* DENIEGUE) to deny, refuse, denegate.
denegrecer, *va.* (*ind.* DENEGREZCO; *subj.* DENEGREZCA) to blacken, darken.
denegrir, *va.* = DENEGRECER.
denegué, *pret.* of DENEGAR.
dengoso, sa, *a.* finicky, fastidious, overnice.
[1]**dengue,** *m.* fastidiousness, prudery; affectation; woman's cape with long points; (med.) dengue, breakbone fever.
[2]**dengue,** *m.* boat used in sardine fishing.
denguero, ra, *a.* prudish, affected.
deniego, deniegue, *v.* *V.* DENEGAR.
denigración, *f.* denigration, defamation, slander.
denigrante. I. *a.* slandering. II. *n.* denigrator, slanderer.
denigrar, *va.* to denigrate, defame, slander.
denigrativo, va, *a.* reviling; soiling.
denodadamente, *adv.* bravely, resolutely.
denodado, da, *a.* brave, daring, intrepid.
denominación, *f.* denomination.
denominadamente, *adv.* distinctly, markedly.
denominado, da, *a.* denominate.
denominador, *m.* (arith.) denominator.—**quitar,** or **hacer desaparecer, los denominadores,** (math.) to clear of fractions.
denominar, *va.* to call, give a name to.
denominativo, va, *a.* denominative.
denostadamente, *adv.* ignominiously, insultingly.
denostador, ra, *n.* &. *a* vilifier(-ing) or reviler (-ing).
denostar, *va.* (*ind.* DENUESTO; *subj.* DENUESTE) to insult, to revile, abuse (with words).
denotación, *f.* designation, denotation.
denotar, *va.* to denote, express; to explain.
denotativo, va, *a.* denoting, denotative.
densidad, *f.* density; closeness, compactness; specific gravity; obscurity, darkness; confusion. —**d. de población,** density of population.
densímetro, *m.* densimeter.
densitómetro, *m.* (opt., phys.) densitometer.
denso, sa, *a.* dense, thick; close. compact.

dentado, da. I. *pp.* of DENTAR. II. *a.* having teeth; denticulated, dentated, serrated, toothed; crenated, indented; cogged, pronged.
dentadura, *f.* set of teeth, denture.—**d. postiza,** dental plate, false teeth.
[1]**dental,** *a.* dental, pertaining to the teeth or to dentistry; (phon.) dental.
[2]**dental,** *m.* bed to which the plowshare is fixed; (agr.) teeth of a rake; fork used to separate the straw from corn.
dentalización, *f.* (phon.) dentalization.
dentar. I. *va.* (*ind.* DIENTO; *subj.* DIENTE) to tooth, to furnish with teeth or prongs; to indent; to cut into teeth. II. *vn.* to teethe, cut teeth.
dentario, ria. I. *a.* dental. II. *f.* (bot.) toothwort.
dentejón, *m.* yoke for oxen.
dentellada, *f.* gnashing of teeth; bite, nip, seizure with the teeth; mark made by the teeth.—**a dentelladas,** with the teeth.
dentellado, da. I. *pp.* of DENTELLAR. II. *a.* having teeth; denticulate; serrated; wounded with the teeth.
dentellar, *vn.* (of the teeth) to chatter.
dentellear, *va.* to bite; to bite on or into.
dentellón, *m.* piece of a door lock; (arch.) dentil.
dentera, *f.* sensation of having the teeth on edge; (coll.) envy.—**dar d.,** to set the teeth on edge; to cause great desire, make one's mouth water.
dentezuelo, *m. dim.* little tooth.
dentición, *f.* dentition, teething.
denticulación, *f.* (anat., zool.) denticulation.
denticular, *a.* dentiform, toothlike.
dentículo, *m.* (arch.) denticle, dentil.
dentífrico, ca. I. *a.* dentifrice. II. *m.* dentifrice.
dentina, *f.* (anat.) dentine, dentin.
dentirrostro, tra, *a.* (ornith.) dentirostral.
dentista, *n.* dentist.
dentistería, *f.* dentistry.
dentivano, na, *a.* (of horses) having long and large teeth.
dentolabial, *a.* (phon.) dentilabial.
dentón, na. I. *a.* (coll.) having large uneven teeth. II. *m.* a sea fish of the Sparus genus.
dentrambos, contraction of DE ENTRAMBOS, of both, from both.
dentro, *adv.* inside, within.—**d. de,** inside of.—**d. del año,** in the course of the year.—**d. de poco,** shortly, presently, soon.—**d. en,** in the interior of.—**a d.,** inside.—**de d.,** from inside.—**hacia d.,** towards the interior, inwards.—**por d.,** inside, on the inside; inwardly.
dentudo, da, *a.* having large uneven teeth.
denudación, *f.* (geol.) denudation.
denudar, *va.* (geol.) to denude.
denuedo, *m.* daring, bravery, intrepidity.
[1]**denuesto,** *m.* affront, insult, abuse.
[2]**denuesto, denueste,** *v. V.* DENOSTAR.
denuncia, *f.* denunciation; (law) arraignment, accusation; announcement, proclamation; (min.) application for a concession.
denunciable, *a.* that may be denounced.
denunciación, *f.* denunciation, denouncement.
denunciador, ra, *n.* denunciator, accuser; announcer; denouncer.
denunciante, *n.* & *a.* denouncer(-ing); informer (-ing); accuser(-ing).
denunciar, *va.* to advise, give notice; to denounce; to prognosticate, foretell; to pronounce, proclaim solemnly; (min.) to apply for a concession (to own or work).
denunciatorio, ria, *a.* denunciatory.
denuncio, *m.* (min.) DENUNCIA; (Am.) = DENUNCIA, DENUNCIACIÓN.
Deo gracias, *m.* Deo gratias (thanks be to God), a greeting; submissive, humble attitude.
deontología, *f.* deontology, ethics.
deparar, *va.* to offer, afford, furnish, present.
departamental, *a.* departmental.
departamento, *m.* department; branch; section; compartment; (Am.) apartment (dwelling).—**d. de mercería,** notions counter (in a department store).
departidor, ra, *n.* converser, interlocutor.
departir, *vn.* to chat, talk, converse.
depauperación, *f.* impoverishment; (med.) weakness, exhaustion.
depauperar, *va.* to depauperate, impoverish; (med.) to weaken, exhaust.
dependencia, *f.* dependence, dependency; subordination; branch office; business, affair; trust, charge; dependence, relation; (arch.) outbuildings; relation by blood or marriage.—*pl.* accessories.
depender, *vn.* (**de**) to depend, rely (on).
dependiente. I. *a.* dependent, subordinate. II. *m.* clerk, salesman.
depilación, *f.* depilation.
depilar, *va.* to depilate.
depilatorio, ria, *m.* & *a.* depilatory.
deplazamiento, *m.* (stat.) lag.
depletivo, va, *a.* depletive.
deplorable, *a.* deplorable, lamentable, pitiful.
deplorablemente, *adv.* deplorably, sadly.
deplorar, *va.* to deplore, lament, regret.
depondré, *fut.* of DEPONER.
deponente, *n.* & *a.* deposer(-ing), deponent; (gram.) deponent.
deponer. I. *va.* (*pp.* DEPUESTO; *ind. pres.* DEPONGO, *pret.* DEPUSE, *fut.* DEPONDRÉ; *subj.* DEPONGA) to lay by, put aside; to depose, remove from office; (law) to attest, depose; to take down, remove. II. *vn.* to evacuate the bowels.
depongo, deponga, *v. V.* DEPONER.
depopulador, ra, *n.* & *a.* depopulator(-ing); devastator(-ing).
deportación, *f.* deportation, banishment.
deportado, da. I. *a.* banished. II. *n.* deportee, exile.
deportar, *va.* to deport, exile, banish.
deporte, *m.* sport; amusement, recreation.
deportismo, *m.* sports, sporting.
deportista, *n.* sportsman(-woman).
deportivo, va, *a.* athletic, sport (as *a.*).
deposición, *f.* assertion, affirmation; deposition from a position or station; (law) deposition, testimony; evacuation (of the bowels).
depositador, ra, *n.* depositor.
depositante, *n.* & *a.* depositor(-ing).
depositar. I. *va.* to deposit; to intrust, confide; to put (a person) in safety, to bring (a person) out of danger of violence or intimidation; to inclose; to place (a corpse) in a receiving vault; to lay aside, put away. II. *vr.* (chem.) to settle.
depositaría, *f.* depository; subtreasury; trust.
depositario, ria. I. *a.* pertaining to a depository. II. *n.* depositary, trustee, receiver.
depósito, *m.* deposit, trust, depository; (com.) store, warehouse, depot; (mech.) chamber; (chem.) deposit, precipitate, sediment; (geol.) deposition.—**d. de agua,** tank, reservoir.—**en d.,** deposited; on deposit; in bond.
depravación, *f.* depravation, depravity.
depravado, da, *a.* depraved, lewd.
depravador, ra, *n.* depraver, corrupter.
depravar, *va.* to deprave, corrupt.
deprecación, *f.* petition, prayer, entreaty.
deprecante. I. *a.* supplicating, pleading; deprecatory, deprecative. II. *n.* deprecator.
deprecar, *va.* (*pret.* DEPREQUÉ; *subj.* DEPREQUE) to entreat, implore; to deprecate.
deprecativo, va, deprecatorio, ria, *a.* supplicating, pleading; deprecatory, deprecative.
depreciación, *f.* depreciation.
depreciar. I. *va.* to depreciate, to reduce the price of; to undervalue. II. *vr.* to depreciate.
depredación, *f.* depredation, plundering; malversation committed by guardians or trustees.
depredador, ra, *n.* & *a.* depredator(-ing), marauder(-ing).
depredar, *va.* to depredate, maraude, pillage.

deprequé, depreque, *v. V.* DEPRECAR.
depresión, *f.* depression; pressing down; (astr., com., meteorol.) depression.—**d. de horizonte,** (naut.) dip of the horizon.
depresivo, va, *a.* depressive, depressing.
depresor, ra, *n.* & *a.* depressor(-ing); oppressor (-ing).
deprimente, *a.* depressive, depressing.
deprimido, da, *a.* depressed, disheartened; (bot.) depressed.
deprimir. I. *va.* to depress, compress; to humiliate; to belittle, make light of. **II.** *vr.* to become depressed or compressed; to be or seem lower.
de profundis, *m.* De Profundis, the 130th psalm, sung at funerals.
depuesto, *pp. irreg.* of DEPONER.
depurable, *a.* purifiable.
depuración, *f.* depuration, purification; screening; (atom. ener., mech.) scavenging.
depurador, ra, *m.* & *a.* depurative.
depurar, *va.* to depurate, purify.
depurativo, va, *m.* & *a.* depurative.
depuse, *pret.* of DEPONER.
deputar, *va.* = DIPUTAR, to depute.
deque, *adv.* (coll.) since.
derecera, *f.* = DERECHERA.
derechamente, *adv.* directly, straight; wisely; honestly, justly.
derechera, *f.* direct or straight road; short cut.
derechero, *m.* clerk who collects fees.
derechista, *m.* & *f.* (pol.) rightist; reactionary.
derechito, *dim. adv.* right straight (ahead, etc.)
derecho, cha. I. *a.* right, straight, direct; right-handed; right, just, lawful; proper, correct; upright, standing.—**d. la caña,** (naut.) right the helm.—**hecho y d.,** perfect, complete; in all respects; grown up; true, certain; without doubt.—**ponerse d.,** to stand up straight. **II.** *m.* law; right; exemption, grant, privilege; road, path; right side (of cloth, etc.); *pl.* fees, dues, taxes, duties; *f.* right; right side; right hand; (pol.) right, right wing.—**d. administrativo,** administrative law.—**d. canónico,** canon law. —**d. civil** or **común,** civil law.—**d. constitucional,** constitutional law.—**d. consuetudinario,** common law, customary law.—**d. de gentes,** international law, law of nations.—**d. de guerra,** law of war.—**d. de nacimiento,** birthright.—**d. de reunión,** right of assembly. —**d. de visita,** (naut.) right of search.—**d. diferencial de bandera,** differential duties.—**d. divino,** divine right.—**d. internacional,** international law, law of nations.—**d. marítimo,** admiralty or maritime law.—**d. mercantil,** commercial law.—**d. municipal,** municipal law.—**d. natural,** natural law.—**d. no escrito,** common law, unwritten law.—**d. penal,** criminal law.—**d. político,** right to vote, franchise. —**d. positivo,** positive law.—**d. romano,** Roman law.—**derechos civiles,** civil rights.—**derechos consulares,** consular fees.—**derechos de aduana,** customhouse duties.—**derechos de almacenaje,** storage.—**derechos de anclaje,** anchorage dues or fees.—**derechos de autor,** copyright; royalties (on printed works).—**derechos de depósitos,** storage.—**derechos de entrada,** import duties.—**derechos de inventor,** patent.—**derechos del hombre,** rights of man.—**derechos de matrícula y enseñanza,** tuition fees.—**derechos de muelle,** wharfage, pierage.—**derechos de puerto,** harbor dues, port dues.—**derechos de remolque,** towage.—**derechos diferenciales de entrada,** differential duties.—**derechos humanos,** human rights.—**derechos reales,** inheritance tax; duty on transfer of real estate. —**escuela de d.,** law school, faculty of law.—**a derechas** or **a las derechas,** right, well done; honestly, rightly, justly.—**a la d.,** to the right, on the right-hand side; (mil.) right about.—**a tuertas o derechas,** right or wrong; inconsiderately.—**de d.,** de jure.—**del d.,** right-side out.—**estar (uno) en su d.,** to be within one's rights.—**tener d.,** to have a right.—**usar (uno) de sus derechos,** to stick to one's rights, stand up for one's rights. **III.** *adv.* directly, straight; wisely; honestly, justly.—**(todo) d.,** straight ahead.
derechuelo, *m.* first sewing taught to little girls.
derechura, *f.* straightness.—**en d.,** by the most direct road; as the crow flies.
deriva, *f.* (naut.) ship's course; deviation, drift; (aer.) drift; drifting.
derivación, *f.* derivation, descent; deduction, inference; draining of water, turning of its course; (gram.) derivation; (elec.) branch, tap (of a wire, current, etc.); shunt.—**en d.,** (elec.) shunt (as *a.*); shunted.
derivado, da. I. *a.* derived, derivative; (elec.) derived. **II.** *m.* (gram., chem.) derivative; by-product; *f.* (math.) derivative.
derivar. I. *vn.* & *vr.* to derive, proceed, descend **II.** *vn.* (naut., aer.) to drift. **III.** *va.* to guide lead, conduct; to derive, trace to its origin (elec.) to tap; to shunt.
derivativo, va, *a.* & *n.* derivative.
derivómetro, *m.* (aer.) drift meter.
dermalgia, *f.* (med.) neuralgia of the skin.
dermatitis, *f.* (med.) dermatitis.
dermatología, *f.* dermatology.
dermatológico, ca, *a.* dermatological.
dermatólogo, ga, *n.* dermatologist.
dermatosis, *f.* (med.) dermatosis.
dermesto, *m.* (zool.) larder beetle.
dérmico, ca, *a.* dermal, dermic.
dermis, *f.* dermis, derma, skin.
dermitis, *f.* (med.) dermatitis.
derogación, *f.* derogation, repeal; deterioration, diminution.
derogar, *va.* (*pret.* DEROGUÉ; *subj.* DEROGUE) to derogate, annul, revoke, repeal; to reform; to remove.
derogatorio, ria, *a.* annulling, repealing.
derogué, derogue, *v. V.* DEROGAR.
derrabadura, *f.* wound made in docking the tail of an animal.
derrabar, *va.* to dock the tail of.
derrama, *f.* apportionment of an assessment, tax, or contribution.
derramadamente, *adv.* profusely, lavishly; disorderly, confusedly.
derramadero, ra, *a.* = VERTEDERO, sink, dump.
derramado, da; derramador, ra, *a.* prodigal, extravagant.
derramamiento, *m.* pouring out; spilling, shedding; overflow; dispersion, scattering; lavishing, wasting.—**d. de sangre,** bloodshed.
derramar. I. *va.* to pour out; to spill; shed; scatter; to apportion (taxes); to publish, spread; to lavish, give freely; to waste. **II.** *vr.* to overflow, run over; to be scattered or spread.
derrame, *m.* overflow, running over; spread, scattering; shedding; portion of liquor or seed lost in measuring; leakage; waste; (arch.) chamfering, splay; declivity, slope; (naut.) draft of a sail; outlet of a ravine, driftway; (med.) effusion, discharge.
derramo, *m.* (arch.) chamfering, splay, flare, bevel, flanging of a door or window.
derrape, *m.* (aer.) yawing.
derredor, *m.* circumference, circuit.—**al d.,** or **en d.,** round about.—**al d. de, en d. de,** about, around.
derrelicto, a. I. *pp. irreg.* of DERRELINQUIR. **II.** *a.* derelict. **III.** *m.* (naut.) derelict.
derrelinquir, *va.* (*pp.* DERRELICTO; *ind.* DERRELINCO; *subj.* DERRELINCA) to abandon, forsake.
derrenegar, *vn.* (*ind. pres.* DERRENIEGO, *pret.* DERRENEGUÉ; *subj.* DERRENIEGUE).—**d. de,** (coll.) to hate, detest, loathe, abhor.
derrengada, *f.* (prov.) a step in dancing.
derrengado, da. I. *pp.* of DERRENGAR. **II.** *a.* bent, crooked; lame, crippled.

derrengadura, *f.* dislocation of the hip; lameness.
derrengar, *va.* (*ind.* DERRIENGO; *subj.* DERRIENGUE) to sprain or dislocate the hip of; to break or injure the spine of; to cripple; to bend, make crooked; to knock (fruit) off a tree.—**derrengo,** *m.* stick with which fruit is knocked down.
[1]**derreniego,** *m.* (coll.) = RENIEGO, curse.
[2]**derreniego, derreniegue,** *v. V.* DERRENEGAR.
derretido, da. I. *pp.* of DERRETIR. **II.** *a.* enamored, deeply in love.
derretimiento, *m.* thaw, liquefaction, fusion, melting; consuming love or passion.
derretir. I. *va.* (*ind.* DERRITO; *subj.* DERRITA) to liquefy, melt, fuse; (coll.) to change (money); to consume, expend, waste, exhaust. **II.** *vr.* to fuse, melt, thaw; to be deeply in love; to fall in love very easily; to grow tender; to be impatient.
derribado, da. I. *pp.* of DERRIBAR. **II.** *a.* (of horses) having a round and low rump.
derribador, *m.* slaughterer (in slaughterhouse).
derribar. I. *va.* to throw down, knock down; overthrow; fell; to demolish, tear down; to strike down (a bull) with a pike on horseback; to subdue (a passion). **II.** *vr.* to tumble down, to throw oneself on the ground.—**derribo,** *m.* demolition, pulling down; debris, ruins.
derriengo, derriengue, *v. V.* DERRENGAR.
derrito, derrita, *v. V.* DERRETIR.
derrocadero, *m.* rocky precipice.
derrocamiento, *m.* throwing down, overthrow.
derrocar, *va.* (*ind.* DERRUECO; *subj.* DERRUEQUE) to precipitate or fling down from a rock; to pull down, demolish; to pull down (from office, position, etc.), put down; to oust; to dethrone, overthrow.
derrochador, ra, *n.* prodigal, spendthrift, squanderer.
derrochar, *va.* to waste, squander.
derroche, *m.* waste, squandering.
derrota, *f.* defeat, rout; overthrow; route, road, path, track; (naut.) ship's course.
derrotar, *va.* to defeat; to waste away, wear away; to ruin; (naut.) to cause to drift.
derrote, *m.* thrust of a bull's horn.
derrotero, *m.* (naut.) collection of seacharts; ship's course; navigation track or route; course, way or plan of life, conduct, or action.
derrotismo, *m.* defeatism.
derrotista, *m.* & *f.* defeatist.
derrubiar, *va.* to undermine or wash away.
derrubio, *m.* alluvion, alluvium.
derrueco, derrueque, *v. V.* DERROCAR.
derruir, *va.* (*ind.* DERRUYO; *subj.* DERRUYA) to demolish, tear down, raze, destroy.
derrumbadero, *m.* precipice; craggy, steep, and broken ground: arduous affair.
derrumbamiento, *m.* landslide; collapse; downfall.
derrumbar. I. *va.* to throw down headlong. **II.** *vr.* to throw oneself headlong; to sink down, crumble away, tumble down.—**derrumbe,** *m.* tumbling down, collapse; landslide.
derruyo, derruya, *v. V.* DERRUIR.
derviche, *m.* dervish.
desabarrancar, *va.* (*pret.* DESABARRANQUÉ; *subj.* DESABARRANQUE) to drag, draw, or pull out of a ditch; to disentangle, extricate.
desabastecer, *va.* (*ind.* DESABASTEZCO; *subj.* DESABASTEZCA) to neglect to supply with, or impede the supply of, provisions.
desabejar, *va.* to remove bees from.
desabillé, *m.* dishabille; house or morning gown.
desabollador, *m.* tinworker's instrument.
desabollar, *va.* to tinker.
desabonarse, *vr.* to discontinue a subscription.
[1]**desabono,** *m.* discontinuance of a subscription.
[2]**desabono,** *m.* prejudice, injury.
desabor, *m.* insipidity, tastelessness.
desabordarse, *vr.* (naut.) to get clear of a ship which has run foul of one's vessel.
desaborido, da, *a.* tasteless, insipid; without substance; (coll.) dull, witless.
desabotonar. I. *va.* to unbutton. **II.** *vn.* to blow, bloom, blossom.
desabrido, da, *a.* tasteless, insipid; rude, disagreeable, peevish; kicking (gun); bleak, sharp.
desabrigadamente, *adv.* without covering; without shelter.
desabrigado, da, *a.* uncovered; shelterless; harborless; without support.
desabrigar. I. *va.* (*pret.* DESABRIGUÉ; *subj.* DESABRIGUE) to uncover; to strip; to deprive of shelter or harbor. **II.** *va.* & *vr.* to take off outer clothing.
desabrigo, *m.* lack of covering, clothing, shelter or harbor; destitution.
desabrillantar, *va.* & *vr.* to (make) lose luster.
desabrimiento, *m.* insipidity, flatness; rudeness, disagreeableness; despondency, lowness of spirits; recoil of firearms.
desabrir, *va.* to impart a bad taste to; to vex, plague, torment, harass.
desabrochar. I. *va.* to unclasp, unbutton, unfasten; burst open. **II.** *vr.* to unbosom oneself, to open one's heart.
desacalorarse, *vr.* to cool off.
desacatado, da. I. *pp.* of DESACATAR. **II.** *a.* disrespectful.
desacatador, ra. I. *a.* irreverent, uncivil, disrespectful. **II.** *n.* disrespectful person.
desacatamiento, *m.* disrespect.
desacatar, *va.* to show disrespect, disregard, treat disrespectfully.
desacato, *m.* disrespect, irreverence, disregard; incivility; contempt.—**d. a la autoridad del tribunal,** (law) contempt of court.
desaceitado, da, *a.* lacking oil.
desaceitar, *va.* to take off oil or grease from.
desacerar, *va.* to unsteel.
desacertado, da, *a.* wrong, mistaken; unwise.
desacertar, *vn.* (*ind.* DESACIERTO; *subj.* DESACIERTE) to err, make a mistake; act unwisely.
desacidificar, *va.* to remove acidity from; to neutralize (an acid).
[1]**desacierto,** *m.* error, mistake, blunder.
[2]**desacierto, desacierte,** *v. V.* DESACERTAR.
desacobardar, *va.* to remove fear from; to encourage, reassure.
desacollar, *va.* (*ind.* DESACUELLO; *subj.* DESACUELLE) to dig up the ground about (vines).
desacomodadamente, *adv.* incommodiously, inconveniently.
desacomodado, da. I. *pp.* of DESACOMODAR. **II.** *a.* destitute of conveniences; out of service; troublesome.
desacomodamiento, *m.* inconvenience, trouble.
desacomodar. I. *va.* to inconvenience; to trouble, discommode; to discharge, dismiss. **II.** *vr.* (of servants) to lose one's place.
desacomodo, *m.* discharge; loss of a position.
desacompañamiento, *m.* lack of company or society.
desacompañar, *va.* to leave the company of.
desaconsejado, da. I. *pp.* of DESACONSEJAR. **II.** *a.* ill-advised, imprudent; capricious.
desaconsejar, *va.* to dissuade.
desacoplar, *va.* to unfasten, disconnect.
desacordadamente, *adv.* unwisely, unadvisedly.
desacordado, da; desacordante. *a.* discordant.
desacordar. I. *va.* (mus.) (*reg. conj.* in this meaning) to put out of tune. **II.** *vr.* (*ind.* DESACUERDO; *subj.* DESACUERDE) to be forgetful.
desacorde, *a.* discordant; inharmonious, incongruous.
desacorralar, *va.* to let out of the corral; to bring (a bull) into the ring or open field.
desacostumbrado, da. I. *pp.* of DESACOSTUMBRAR. **II.** *a.* unaccustomed; unusual.
desacostumbrar, *va.* to disaccustom, break of a habit.

[1]**desacotar,** *va.* to lay open (a pasture); to take down (fences).
[2]**desacotar,** *va.* to raise or withdraw (a prohibition); to withdraw from (an agreement); among boys, to play without conditions or rules; to reject, refuse.
desacoto, *m.* taking fences off a pasture-ground.
desacreditar, *va.* to discredit; bring discredit on, injure the credit or reputation of.
desactivación, *f.* deactivation.
desactivar, *va.* to deactivate.
desacuello, desacuelle, *v. V.* DESACOLLAR.
[1]**desacuerdo,** *m.* discordance, disagreement; error, mistake, blunder; forgetfulness; mental derangement.
[2]**desacuerdo, desacuerde,** *v. V.* DESACORDAR.
desacuñador, *m.* (print.) shooting stick.
desacuñar, *va.* (print.) to unwedge, loosen.
desadaptación, *f.* (biol.) maladjustment.
desadaptado, da, *a.* maladjusted.
desaderezar, *va.* to ruffle, disarrange.
desadeudar, *va.* & *vr.* to free from debt.
desadormecer, *va.* (*ind.* DESADORMEZCO; *subj.* DESADORMEZCA) to wake, to rouse.
desadornar, *va.* to divest of ornaments.—**desadorno,** *m.* want of embellishments and charms.
desadvertidamente, *adv.* inadvertently.
desadvertido, da. I. *pp.* of DESADVERTIR. **II.** *a.* unwise, imprudent; unnoticed.
desadvertimiento, *m.* unwisdom; lack of reflection, thoughtlessness.
desadvertir, *va.* (*ind.* DESADVIERTO; *subj.* DESADVIERTA) to give no heed to, not to notice.
desafear, *va.* to remove or lessen the blemishes of.
desafección, *f.* disaffection.
desafecto, ta. I. *a.* disaffected; opposed. **II.** *m.* disaffection, discontent.
desaferrar, *va.* (*ind.* DESAFIERRO; *subj.* DESAFIERRE) (naut.) to unmoor, weigh anchor; to convince, bring to a change of opinion.
desafiadero, *m.* private dwelling ground.
desafiador, ra, *n.* challenger, duellist; one who dares or defies.
desafianzar, *va.* (Am.) to withdraw security.
desafiar, *va.* to challenge, dare; to defy; to rival, oppose, compete with.
desafición, *f.* disaffection.
desaficionar, *va.* & *vr.* to destroy or lose the desire, wish, or affection of.
desafierro, desafierre, *v. V.* DESAFERRAR.
desafijar, *va.* to disown as a son.
desafilar, *va.* to blunt.
desafinación, *f.* discordance, being out of tune.
desafinadamente, *adv.* dissonantly or discordantly.
desafinar. I. *vn.* (mus.) to be out of tune; to speak irrelevantly. **II.** *vr.* to get out of tune.
desafío, *m.* challenge; duel; struggle, contest, rivalry, competition.
desaforado, da. I. *pp.* of DESAFORAR. **II.** *a.* disorderly, lawless; impudent, outrageous; huge, uncommonly large.
desaforar. I. *va.* (*ind.* DESAFUERO; *subj.* DESAFUERE) to encroach upon the rights of; (mil.) to cashier. **II.** *vr.* to be outrageous or disorderly.
desaforrar, *va.* to take out the lining of; (naut.) to unserve, unsheath.
desafortunado, da, *a.* unfortunate, unlucky.
[1]**desafuero,** *m.* excess, outrage, open violence.
[2]**desafuero, desafuere,** *v. V.* DESAFORAR.
desagarrar, *va.* (coll.) to unfasten, loosen.
desagraciado, da, *a.* ungraceful.
desagraciar, *va.* to disfigure, make ungraceful.
desagradable, *a.* disagreeable, unpleasant.
desagradar, *va.* to displease, offend.
desagradecer, *va.* (*ind.* DESAGRADEZCO; *subj.* DESAGRADEZCA) to be ungrateful.
desagradecido, da, *a.* ungrateful.
desagradecimiento, *m.* ingratitude.
desagradezco, desagradezca, *v. V.* DESAGRADECER.
desagrado, *m.* discontent, displeasure.
desagraviar, *va.* to right a wrong to, to apologize to; to indemnify.
desagravio, *m.* satisfaction for an injury; compensation for damages; vindication.
desagregación, *f.* separation, segregation.
desagregar, *va.* (*pret.* DESAGREGUÉ; *subj.* DESAGREGUE) to disjoin, separate, segregate.
desaguable, *a.* drainable.
desaguadero, *m.* drain, waste pipe, outlet; drain of money.
desaguador, *m.* small drain for irrigation.
desaguar. I. *va.* to drain (of liquid), empty; to squander, waste. **II.** *vn.* (of rivers) to empty. **III.** *vr.* to discharge by vomit or stools.
desaguazar, *va.* to drain.
desagüe, *m.* drainage; drain, outlet; waste.
desaguisado, da. I. *a.* lawless, illegal, unjust. **II.** *m.* offense, injury, wrong, outrage.
desaherrojar, *va.* to unchain, unshackle.
desahijar. I. *va.* to wean; to separate (the young) from the dams. **II.** *vr.* (of bees) to breed swarms.
desahitarse, *vr.* to relieve indigestion.
desahogadamente, *adv.* comfortably, easily; freely, unobstructedly; in a brazen-faced or unconcerned manner, brazenly.
desahogado, da. I. *pp.* of DESAHOGAR. **II.** *a.* petulant, impudent, brazen-faced; clear, free, unencumbered; in comfortable circumstances; (naut.) having sea room.
desahogar. I. *va.* (*pret.* DESAHOGUÉ; *subj.* DESAHOGUE) to ease the pain of, alleviate, relieve. **II.** *vr.* to recover from fatigue or disease; to unbosom oneself, to disclose one's grief; to give a piece of one's mind; to express one's feelings; to extricate oneself from debt.
desahogo, *m.* ease, relief from pain or affliction; rest or respite from work; unbosoming oneself or disclosing one's troubles or grief; laxity; comfort, ease; comfortable circumstances.
desahogué, desahogue, *v. V.* DESAHOGAR.
desahuciado, da. I. *pp.* of DESAHUCIAR. **II.** *a.* despaired of, hopeless.
desahuciar, *va.* to take away all hope from; to give over; to declare (a patient) past recovery; to dispossess or oust (a tenant).
desahucio, *m.* dispossession of a tenant.
desahumado, da. I. *pp.* of DESAHUMAR. **II.** *a.* (of liquor) weakened (from standing open).
desahumar, *va.* to free from smoke.
desainadura, *f.* a disease of horses caused by their fat being consumed through overwork.
desainar. I. *va.* to take off the fat of (an animal); to lessen or diminish the thickness or substance of. **II.** *vr.* to lose fat.
desairadamente, *adv.* unhandsomely, clumsily, gracelessly.
desairado, da. I. *pp.* of DESAIRAR. **II.** *a.* unhandsome, graceless; unrewarded, unsuccessful.
desairar, *va.* to disregard, to slight, to ignore; to scorn; to rebuff.—**desaire,** *m.* slight, rebuff, disdain, disrespect; awkwardness, clumsiness.
desaislarse, *vr.* to cease to be insulated or isolated; to leave one's seclusion.
desajustar. I. *va.* to disarrange, disadjust. **II.** *vr.* to disagree, to withdraw from an agreement; to get out of order or adjustment.
desajuste, *m.* disarrangement, lack of adjustment; disagreement; maladjustment.
desalabanza, *f.* vituperation, disparagement.
desalabar, *va.* to dispraise, belittle, disparage.
desalabear, *va.* (carp.) to straighten.
desalabeo, *m.* (carp.) straightening.
desaladamente, *adv.* anxiously, swiftly, eagerly; greedily; hurriedly.
desalado, da, *a.* hasty, impatient, disordinate.
desaladura, *f.* (chem.) = DESALAZÓN.
[1]**desalar. I.** *va.* to cut off the wings of. **II.** *vr.* to run or walk swiftly; to be in great haste; to long for, to crave.
[2]**desalar. I.** *va.* to remove the salt from. **II.** *vr.* (of fish, meat, etc.) to lose its salt.

desalazón, *f.* (chem.) removing the salt from a liquid.
desalbardar, *va.* to take off the packsaddle from.
desalentadamente, *adv.* faintly, feebly.
desalentar. I. *va.* (*ind.* DESALIENTO; *subj.* DESALIENTE) to put out of breath by labor; to discourage, to dismay. **II.** *vr.* to jade, become exhausted.
desalfombrar, *va.* to take up the carpets from.
desalforjar. I. *va.* to take out of a saddlebag. **II.** *vr.* (coll.) to loosen one's garments; to make oneself easy.
desalhajar, *va.* to strip of fine furniture.
[1]**desaliento,** *m.* dismay, depression of spirits, discouragement, dejection; faintness, languor.
[2]**desaliento, desaliente,** *v.* *V.* DESALENTAR.
desalineación, *f.* lack of alinement; getting or putting out of alinement.
desalinear, *va.* to throw out of alinement.
desaliñar, *va.* & *vr.* to disarrange, disorder, ruffle; to make slovenly or dirty.
desaliño, *m.* slovenliness, negligence of dress; disarray; neglect.—*pl.* very long earrings.
desalivar, *vn.* to salivate.
desalmadamente, *adv.* soullessly, inhumanly.
desalmado, da. I. *pp.* of DESALMAR. **II.** *a.* soulless, inhuman, merciless; impious, profligate.
desalmamiento, *m.* inhumanity; perversity.
desalmar, *va.* & *vr.* to long for eagerly, to crave.
desalmenado, da, *a.* stripped of battlements.
desalmidonar, *va.* to take the starch out of.
desalojado, da. I. *pp.* of DESALOJAR. **II.** *a.*—**personas desalojadas,** displaced persons.
desalojamiento, *m.* dislodging; displacing.
desalojar. I. *va.* to dislodge, dispossess, oust, evict, eject; to displace. **II.** *vn.* to quit one's lodgings; to move out.
desalquilado, da, *a.* unrented, vacant.
desalquilar, *va.* & *vr.* to leave or cause to leave (a rented room or house); to become vacant.
desalterar, *va.* to allay, assuage, calm down.
desalumbradamente, *adv.* blindly, erroneously.
desalumbrado, da, *a.* dazzled, rattled, dazed; groping in the dark.
desalumbramiento, *m.* blindness, want of judgment, foresight, or knowledge.
desamable, *a.* unlovable.
desamador, ra, *n.* one who has ceased loving; one who dislikes persons or things.
desamar, *va.* to love no more; to dislike, hate.
desamarrar. I. *va.* to untie, unbind, unlash; to separate; (naut.) to unmoor; to unbend (a rope). **II.** *vr.* to get loose; to part.
desamasado, da, *a.* dissolved, disunited.
desamigado, da, *a.* unfriendly; estranged.
desamistarse, *vr.* to fall out, to quarrel.
desamoblar, *va.* = DESAMUEBLAR.
desamoldar, *va.* to change the form, proportion, or symmetry of; to disfigure.
desamor, *m.* disaffection; lack of sentiment and love; enmity, hatred.
desamorado, da. I. *pp.* of DESAMORAR. **II.** *a.* unloving, cold-hearted.
desamorar. I. *va.* to kill the love of. **II.** *vr.* to cease loving.
desamoroso, sa, *a.* unloving.
desamorrar, *va.* (coll.) to make lively, make (a person) talk.
desamortajar, *va.* to disenshroud.
desamortización, *f.* disentail.
desamortizador, ra, *a.* disentailing.
desamortizar, *va.* (*pret.* DESAMORTICÉ; *subj.* DESAMORTICE) to disentail.
desamotinarse, *vr.* to withdraw from mutiny.
desamparadamente, *adv.* helplessly.
desamparado, da. I. *pp.* of DESAMPARAR. **II.** *a.* forsaken; needy, helpless.
desamparador, ra, *n.* & *a.* forsaker(-ing).
desamparar, *va.* to forsake, abandon, leave; to quit; (naut.) to dismantle, dismast.
desamparo, *m.* abandonment, desertion; want of protection, helplessness, neediness; dereliction.
desamueblado, da, *a.* unfurnished.
desamueblar, *va.* to strip of furniture.
desanclar, desancorar, *va.* (naut.) to weigh the anchor of.
desandadura, *f.* going back over the same road.
desandar, *va.* (*pret.* DESANDUVE) to retrace (steps).—**d. lo andado,** to undo what has been done.
desandrajado, da, *a.* ragged, in tatters.
desanduve, *pret.* of DESANDAR.
desangramiento, *m.* bleeding to excess.
desangrar. I. *va.* to bleed to excess; to drain (a lake, etc.); to exhaust the means of, to make poor. **II.** *vr.* to lose blood, to bleed.
desanidar. I. *vn.* (of birds) to leave the nest. **II.** *va.* to dislodge from a post.
desanimación, *f.* (Am.) lack of enthusiasm; dullness.
desanimadamente, *adv.* spiritlessly, faintly, with discouragement.
desanimado, da, *a.* dull, flat; discouraged; (Am.) (of a party, etc.) poorly attended.
desanimar. I. *va.* to dishearten, discourage. **II.** *vr.* to get discouraged; to jade.
desánimo, *m.* discouragement, downheartedness.
desanublar. I. *va.* & *vr.* to calm down, cool off. **II.** *va.* to elucidate, make clear.
desanudar, *va.* to untie, loosen; to extricate, disentangle.
desañudadura, *f.* untying; disentanglement.
desañudar, *va.* = DESANUDAR.
desaojadera, *f.* woman supposed to dispel charms.
desaojar, *va.* to cure of the effects of the evil eye.
desapacibilidad, *f.* disagreeableness.
desapacible, *a.* disagreeable, unpleasant.
desapadrinar, *va.* to disapprove, disavow.
desaparear, *va.* to separate (two of a pair).
desaparecer. I. *va.* (*ind.* DESAPAREZCO; *subj.* DESAPAREZCA) to cause to disappear. **II.** *vn.* & *vr.* to disappear.
desaparecimiento, *m.* disappearance.
desaparejar, *va.* to unharness, unhitch; (naut.) to unrig (a ship).
desaparezco, desaparezca, *v.* *V.* DESAPARECER.
desaparición, *f.* disappearance; (astr.) occultation.
desaparroquiar. I. *va.* to remove from a parish. **II.** *vr.* to remove from one parish to another; (com.) to cease to be a customer.
desapasionado, da, *a.* dispassionate, calm, passionless.
desapasionarse, *vr.* to root out love or fondness.
desapegarse, *vr.* to lose liking or love (for a person or thing).—**desapego,** *m.* loss of love, affection, or liking; coolness; impartiality, disinterestedness; indifference.
desapercibidamente, *adv.* inadvertently, unpreparedly.
desapercibido, da, *a.* unprovided; unprepared, unguarded.
desapercibimiento, *m.* unpreparedness.
desapestar, *va.* to disinfect.
desapiadado, da, *a.* merciless.
desaplicación, *f.* lack of application, indolence.
desaplicado, da, *a.* indolent, careless, neglectful.
desaplomar, *va.* to put out of plumb.
desapoderadamente, *adv.* hastily, impetuously.
desapoderado, da. I. *pp.* of DESAPODERAR. **II.** *a.* impetuous, unruly.
desapoderamiento, *m.* seizure of another's possessions; depriving of power or authority.
desapoderar, *va.* to dispossess; to rob; to repeal or revoke the power of attorney of.
desapolillar. I. *va.* to free and clear of moths. **II.** *vr.* (coll.) to take the air when it is cold or after a long confinement.
desaporcar, *va.* (*ind. pres.* DESAPUERCO, *pret.* DESAPORQUÉ; *subj.* DESAPUERCA) to take away (from plants) earth which had been heaped about them.
desaposentar, *va.* to dispossess, oust, evict; to drive out of one's mind.

desaposesionar, *va.* to deprive of holdings.
desapoyar, *va.* to withdraw support of or from.
desapreciar, *va.* to undervalue, belittle.
desaprecio, *m.* depreciation, belittling, undervaluation.
desaprender, *va.* to unlearn, forget.
desaprensar. I. *va.* to take away the gloss of (clothes). **II.** *vr.* to extricate oneself.
desaprensivo, va, *a.* not tense, easy.
desapretar, *va.* (*ind.* DESAPRIETO; *subj.* DESAPRIETE) to slacken, loosen, loose; to ease, free from anxiety.
desaprisionar. I. *va.* to release, to set at liberty. **II.** *vr.* to extricate oneself.
desaprobación, *f.* disapprobation, disapproval.
desaprobar, *va.* (*ind.* DESAPRUEBO; *subj.* DESAPRUEBE) to disapprove of, condemn.
desapropiamiento, *m.* = DESAPROPIO.
desapropiarse, *vr.* (**de**) to divest oneself (of), surrender, transfer (one's property).
desapropio, *m.* surrender or transfer of property.
desaprovechado, da, *a.* unprofitable; unimproved; backward.
desaprovechamiento, *m.* lack of improvement; backwardness.
desaprovechar. I. *va.* to waste, misspend, make no use of. **II.** *vn.* to be backward, make little or no progress.
desapruebo, desapruebe, *v. V.* DESAPROBAR.
desapuntalar, *va.* to take away the props or supports of or from.
desapuntar, *va.* to rip out the stitching of; to lose the aim of (a gun).
desaquellarse, *vr.* to become disheartened.
desarbolar, *va.* (naut.) to unmast; to clear of trees.
desarbolo, *m.* stripping (a ship) of masts.
desarenar, *va.* to clear of sand.
desareno, *m.* clearing of sand.
desarmable, *a.* demountable.
desarmado, da, *a.* unarmed, barehanded; disassembled.
desarmador, *m.* hammer of a gun.
desarmadura, *f.,* **desarmamiento,** *m.* disarming, disarmament.
desarmar, *va.* to disarm; to prohibit the carrying of arms to; to dismount, take apart; to disband; to make (a bull) butt in the air; (naut.) to lay up; to dissassemble.
desarme, *m.* disarming, disarmament; disassembly.
desarraigar, *va.* (*pret.* DESARRAIGUÉ; *subj.* DESARRAIGUE) to eradicate, root out; to dig up (a tree); to extirpate, exterminate; to expel.
desarraigo, *m.* eradication; expulsion.
desarrancarse, *vr.* to desert, to separate from a body or association.
desarrapado, desharrapado, da, *a.* ragged.
desarrebozadamente, *adv.* frankly, clearly.
desarrebozar, *va.* & *vr.* to unmuffle; to lay open, manifest, uncover.
desarrebujar, *va.* to disentangle; to unfold, spread out; to uncover; to explain, clear up.
desarreglado, da, *a.* immoderate, intemperate; extravagant, excessive; slovenly, disorderly; disarranged; lawless, unruly.
desarreglar, *va.* to disarrange, derange, disorder. —**desarreglo,** *m.* disarrangement, disorder, confusion.
[1]**desarrendar,** *va.* (*ind.* DESARRIENDO; *subj.* DESARRIENDE) to break the lease of.
[2]**desarrendar,** (*for mut. V.* [1]DESARRENDAR). **I.** *va.* to unbridle (a horse). **II.** *vr.* (of a horse) to shake off the bridle.
desarrimar, *va.* to remove, separate; to dissuade.
desarrimo, *m.* lack of props or support.
desarrollable, *a.* that can be developed.
desarrollado, da. I. *pp.* of DESARROLLAR. **II.** *a.* developed.—**países poco desarrollados,** underdeveloped countries.
desarrollar. I. *va.* to develop; to unroll, unfold, unwind, unfurl; to promote, improve; to explain, expound; to work out; (math.) to develop (a surface), to rectify (a curve), to develop or expand (a power, a function); (Ry.) to develop (a line) (*v.* DESARROLLO). **II.** *vr.* to develop; evolve; to unwind, unfold.
desarrollo, *m.* development; unfolding; unwinding; (math.) development (of a surface, a curve); rectification, calculation of the length (of a curve); expansion, development (of a power, a function); (Ry.) development, lengthening of the line by curves to obtain the appropriate grade.
desarropar, *va.* to uncover, to undress.
desarrugadura, *f.* taking out wrinkles.
desarrugar, *va.* (*pret.* DESARRUGUÉ; *subj.* DESARRUGUE) to take wrinkles out of, to smooth out.
desarrumar, *va.* (naut.) to break out (the hold).
desarticulación, *f.* disarticulation.
desarticulado, da, *a.* disjointed, unjointed.
desarticular, *va.* & *vr.* to disarticulate, take or come apart at the joints; (naut.) to loose, disconnect.
desartillar, *va.* to take the guns out of.
desarzonar, *va.* to throw from the saddle, unhorse.
desasado, da, *a.* without handles.
desaseado, da, *a.* slovenly, not clean.
desasear, *va.* to make dirty or unclean; to disarrange, to disorder.
desasegurar. I. *va.* to loosen, unbrace, make unsteady. **II.** *vr.* (Am.) to cancel an insurance.
desasentar. I. *va.* (*ind.* DESASIENTO; *subj.* DESASIENTE) to displace, move, remove. **II.** *vn.* to be unbecoming; to be disliked, to displease. **III.** *vr.* to stand up.
desaseo, *m.* uncleanliness, untidiness, slovenliness.
desasgo, desasga, *v. V.* DESASIR.
desasiento, desasiente, *v. V.* DESASENTAR.
desasimiento, *m.* loosening or letting loose; alienation of affection; lack of interest.
desasimilación, *f.* (physiol.) katabolism.
desasir. I. *va.* (*ind.* DESASGO; *subj.* DESASGA) to loosen, let go, give up. **II.** *vr.* (**de**) to disengage or rid oneself (of); to give away, give up.
desasistir, *va.* to abandon, forsake.
desasnar. I. *va.* (coll.) to polish (one's manners). **II.** *vr.* to grow clever; to become polite.
desasociable, *a.* unsociable.
desasosegadamente, *adv.* uneasily, anxiously.
desasosegar, *va.* (*ind. pres.* DESASOSIEGO, *pret.* DESASOSEGUÉ; *subj.* DESASOSIEGUE) to disquiet, disturb, make uneasy or anxious.
desasosiego, *m.* restlessness, uneasiness.
desastrado, da, *a.* wretched, unfortunate; shabby, ragged.
desastre, *m.* disaster, catastrophe.
desastroso, sa, *a.* unfortunate, disastrous.
desatacar. I. *va.* (*pret.* DESATAQUÉ; *subj.* DESATAQUE) to loosen, untie, unfasten; to draw (the ramrod from). **II.** *vr.* to unfasten one's trousers.
desatadamente, *adv.* loosely, freely.
desatado, da. I. *pp.* of DESATAR. **II.** *a.* loose, untied.
desatador, ra, *n.* one that unties or unfastens.
desatadura, *f.* untying, loosening.
desatalantado, da, *a.* unwise, injudicious.
desatancar, *va.* (*pret.* DESATANQUÉ; *subj.* DESATANQUE) to clear of obstructions.
desataqué, desataque, *v. V.* DESATACAR.
desatar. I. *va.* to untie, undo (a knot), unfasten, unhitch, loose, loosen, unbind; to separate, detach; to let loose; to liquefy, dissolve; to unriddle, solve, find out, unravel. **II.** *vr.* to give a loose rein to one's tongue; to lose all reserve, fear, or bashfulness; to break loose, break out (as a storm).—**d. en,** to break out into, to let out, to pour out (insult, etc.).
desatascar, *va.* (*pret.* DESATASQUÉ; *subj.* DESATASQUE) to pull or draw out of the mud; to remove an obstruction from; to extricate from difficulties.
desataviar, *va.* to strip of ornaments.
desatavío, *m.* uncleanliness, disarray.

desate, *m.* glibness, excessive talk; disorderly proceeding.—**d. de vientre,** looseness of the bowels.
desatención, *f.* inattention; absent-mindedness; disrespect, slight, discourtesy.
desatender, *va.* (*ind.* DESATIENDO; *subj.* DESATIENDA) to pay no attention to; to be unheedful or unmindful of; to disregard, slight, neglect; to take no notice of.
desatentado, da. I. *pp.* of DESATENTAR. **II.** *a.* unwise, injudicious; excessive, rigorous; disordered.
desatentar, *va.* (*ind.* DESATIENTO; *subj.* DESATIENTE) to perturb the mind of, to perplex, confuse, derange.
desatento, ta, *a.* inattentive, careless, heedless, thoughtless; unmannerly, discourteous.
desaterrar, *va.* (*ind.* DESATIERRO; *subj.* DESATIERRE) (Am.) to free (a mine) from rubbish and debris; to remove obstructive earth or mud from.
desatesorar, *va.* to spend the treasure of.
desatibar, *va.* (min.) = DESATORAR.
desatiendo, desatienda, *v.* *V.* DESATENDER.
[1]**desatiento,** *m.* lack of the sense of touch; restlessness, uneasiness, worry.
[2]**desatiento, desatiente,** *v.* *V.* DESATENTAR.
desatierre, *m.* (min.) dumping ground; cleaning-up, removal of debris, etc.
desatierro, desatierre, *v.* *V.* DESATERRAR.
desatinado, da. I. *pp.* of DESATINAR. **II.** *a.* unwise, ill-advised, foolish, wild. **III.** *n.* idiot, fool.
desatinar. I. *va.* to rattle, to confuse, bewilder. **II.** *vn.* to act or talk foolishly; to get rattled or bewildered; to lose one's bearings.
desatino, *m.* lack of tact, adroitness, or address; unwisdom; foolish act or expression; irrelevancy; nonsense, folly, blunder.
desatolondrar. I. *va.* to bring (a person) to his senses. **II.** *vr.* to recover one's senses (fig.) to wake up, open one's eyes.
desatollar, *va.* = DESATASCAR.
desatontarse, *vr.* to recover from stupefaction.
desatorar, *va.* (naut.) to break out (the hold); (min.) to clear from rubbish.
desatornillar, *va.* to unscrew.
desatracar, *va.* (*pret.* DESATRAQUÉ; *subj.* DESATRAQUE) (naut.) to sheer off, to bear away.
desatraer, *va.* (*ger.* DESATRAYENDO; *ind. pres.* DESATRAIGO, *pret.* DESATRAJE; *subj.* DESATRAIGA) to disjoin, separate.
desatraillar, *va.* to unleash (hounds).
desatrampar, *va.* to clear out (a drain, etc.).
desatrancar, *va.* (*pret.* DESATRANQUÉ; *subj.* DESATRANQUE) to unbar; to clear, remove the obstructions from.
desatraqué, desatraque, *v.* *V.* DESATRACAR.
desatrayendo, *ger.* of DESATRAER.
desatufarse, *vr.* to go out from a close room; to become calm, to calm down, cool off.
desaturdir, *va.* to rouse from dizziness or stupor.
desautoricé, desautorice, *v.* *V.* DESAUTORIZAR.
desautoridad, *f.* want of authority.
desautorización, *f.* withdrawal of authority.
desautorizado, da, *a.* unauthorized; discredited.
desautorizar, *va.* (*pret.* DESAUTORICÉ; *subj.* DESAUTORICE) to take authority from, to deprive of authority.
desavahado, da, *a.* clear (weather), free from vapor; bold.
desavahamiento, *m.* uncovering a hot thing to let it cool.
desavahar. I. *va.* to expose to the air, to let cool off; to air, ventilate. **II.** *vr.* to become, or get, lively or sprightly.
desavecindado, da. I. *pp.* of DESAVECINDARSE. **II.** *a.* deserted, unpeopled.
desavecindarse, *vr.* to change one's domicile.
desavendré, *fut.* of DESAVENIR.
desavenencia, *f.* discord, disagreement, misunderstanding; quarrel.
desavengo, desavenga, *v.* *V.* DESAVENIR.
desavenido, da. I. *pp.* of DESAVENIR. **II.** *a.* discordant, disagreeing.
desavenir. I. *va.* (*ger.* DESAVINIENDO; *ind. pres.* DESAVENGO, *pret.* DESAVINE, *fut.* DESAVENDRÉ; *subj.* DESAVENGA) to disturb, unsettle. **II.** *vr.* to disagree, to quarrel.
desaventajado, da, *a.* disadvantageous; inferior.
desaviar. I. *va.* to mislead, lead astray; to strip of necessaries or conveniences. **II.** *vr.* to go astray; to lose the means of acquiring necessaries.
desavine, desaviniendo, *v.* *V.* DESAVENIR.
desavío, *m.* leading or going astray; want of necessary means.
desavisado, da. I. *pp.* of DESAVISAR. **II.** *a.* ill-advised, unadvised, misguided.
desavisar, *va.* to contradict (previous advice, news or reports); to countermand.
desayudar, *va.* to prevent from being aided.
desayunado, da. I. *pp.* of DESAYUNAR. **II.** *a.* having breakfasted.
desayunarse, *vr.* to breakfast; to have first intelligence; to be aware of something.
desayuno, *m.* light breakfast, morning meal (usually coffee or chocolate and rolls or bread).
desazogar. I. *va.* (*pret.* DESAZOGUÉ; *subj.* DESAZOGUE) to take off the quicksilver from (a looking-glass). **II.** *vr.* (Peru) to become restless.
desazón, *f.* insipidity, want of taste or flavor; displeasure, vexation; uneasiness, restlessness; unfitness of a soil for agricultural purposes.
desazonado, da, *a.* (agr.) unfit for cultivation; peevish, ill-humored; indisposed.
desazonar. I. *va.* to render tasteless; to vex, ruffle. **II.** *vr.* to become indisposed.
desazufrar, *va.* (chem.) to desulfur, desulfurize.
desbabar, *vn.* to drivel, to slaver.
desbagar, *va.* (*pret.* DESBAGUÉ; *subj.* DESBAGUE) to extract (the flaxseed) from the capsule.
desbancar, *va.* (*pret.* DESBANQUÉ; *subj.* DESBANQUE) to clear (a room) of benches, etc.; to win the bank from, to break the bank; to cut out, supplant in the affection of another.
desbandada, *f.* disbandment.—**a la d.,** in great disorder, helter-skelter.
desbandarse, *vr.* to disband; to withdraw (from others); (mil.) to desert.
desbanqué, desbanque, *v.* *V.* DESBANCAR.
desbarahustar, desbarajustar. I. *va.* to disorder, confuse, disarrange. **II.** *vr.* to get out of order, break down.—**desbarahuste, desbarajuste,** *m.* disorder, confused medley.
desbaratadamente, *adv.* brokenly, dispersedly.
desbaratado, da. I. *pp.* of DESBARATAR. **II.** *a.* (coll.) debauched, corrupted.
desbaratador, ra, *n.* destroyer, confounder, disturber; debaucher.
desbaratamiento, *m.* perturbation, commotion, disarrangement, ruin, downfall.
desbaratar. I. *va.* to destroy, break to pieces, smash, ruin; to waste, misspend, squander; to cross, impede, prevent, thwart; (mil.) to disperse, rout, break up. **II.** *vn.* to talk nonsense. **III.** *vr.* to be unbalanced; to get out of order; to fall to pieces; to become, or get, undone.
desbarate, desbarato, *m.* smash, breakage, destruction; (mil.) rout, defeat; waste, squandering.—**d. de vientre,** loose bowels.
desbarbado, da, *a.* beardless.
desbarbar, *va.* to trim, to cut off filaments from; (coll.) to shave.
desbarbillar, *va.* (agr.) to cut out (from young vines) the roots which spring from the stems.
desbardar, *va.* to remove thatch from.
desbarnizar, *va.* to remove the varnish from.
desbarrancadero, *m.* (Am.) precipice.
desbarrar, *vn.* to throw an iron bar without taking aim; to sneak, steal away; to act foolishly; to talk nonsense.
desbarretar, *va.* to unbar, unbolt.
desbarrigado, da, *a.* small-bellied.

desbarrigar, *va.* (*pret.* DESBARRIGUÉ; *subj.* DESBARRIGUE) (coll.) to rip open the belly of.
desbarro, *m.* foolish action; nonsensical talk; aimless throw of the bar (sports).
desbastador, *m.* dressing chisel, paring tool, hewer.
desbastadura, *f.* planing, trimming, hewing.
desbastar, *va.* to hew, pare, dress, trim, plane, smooth; to waste, consume, weaken; to educate and polish.—**desbaste,** *m.* hewing, rough dressing, trimming.
desbastecido, da, *a.* without provisions.
desbautizarse, *vr.* (coll.) to lose one's temper, fly into a passion; (Am.) (coll.) to fracture one's skull.
desbazadero, *m.* humid, slippery place.
desbeber, *va.* (coll.) to urinate.
desbecerrar, *va.* to wean (young animals).
desbocadamente, *adv.* impudently, shamelessly, without restraint.
desbocado, da, *a.* (artil.) (of cannon) wide-mouthed; runaway (horse); broken-lipped or -mouthed (as a jar); broken-faced (as a tool); foul-mouthed, indecent.
desbocamiento, *m.* impertinence, impudence; (of a horse) act of running away.
desbocar. I. *va.* (*pret.* DESBOQUÉ; *subj.* DESBOQUE) to break the mouth or spout of. **II.** *vn.* to debouch. **III.** *vr.* to run away; (coll.) to use abusive language, unloosen one's tongue.
desbonetarse, *vr.* (coll.) to take off one's cap.
desboqué, desboque, *v. V.* DESBOCAR.
desboquillar, *va.* to break or remove the mouthpiece or stem of (a pipe, etc.); to break or remove the nozzle of.
desbordamiento, *m.* inundation, overflowing.
desbordar, *vn.* & *vr.* to overflow; to lose one's temper or self control; to give free rein to one's tongue or passions.
desbornizar, *va.* to strip cork from (tree).
desborrar, *va.* to burl; to lop off the shoots of.
desboscar, *va.* (Am.) to deforest.
desbragado, da, *a.* (coll.) shabby.
desbravador, *m.* mustang breaker.
desbravar, = DESBRAVECER.
desbravecer. I. *va.* (*ind.* DESBRAVEZCO; *subj.* DESBRAVEZCA) to tame, to break in (horses). **II.** *vn.* to become less fierce; to diminish in force, to moderate, abate.
desbrazarse, *vr.* to stretch out the arms violently.
desbrevarse, *vr.* (of wine) to lose body and strength.
desbridamiento, *m.* (surg.) separation of fibrous tissues with an instrument.
desbridar, *va.* (surg.) to open up, separate the tissues of.
desbriznar, *va.* to chop or mince (meat); to cut or divide into small parts; to pluck the stamens, the filaments of.
desbroce, *m.* clippings, cuttings from pruning trees; clearing of lands or trenches.
desbrozar, *va.* (*pret.* DESBROCÉ; *subj.* DESBROCE) to clear away rubbish from.—**desbrozo,** *m.* = DESBROCE.
desbruar, *va.* to clean (cloth) of grease; to put (cloth) in the fulling mill.
desbrujar, *va.* = DESMORONAR. to abrade.
desbuchar, *va.* to disclose (one's secrets); (of birds) to ease (the stomach).
desbulla, *f.* oyster shell.
desbullar, *va.* to take (oyster) out of shell.
descabal, *a.* imperfect, incomplete.
descabalamiento, *f.* diminution, impairment.
descabalar, *va.* to take away a part of; to chop off, impair, damage, maim, cripple; to pilfer.
descabalgadura, *f.* dismounting or alighting from a horse.
descabalgar. I. *vn.* (*pret.* DESCABALGUÉ; *subj.* DESCABALGUE) to dismount, to alight from a horse. **II.** *va.* to dismount (a gun).
descabecé, descabece, *v. V.* DESCABEZAR.
descabelladamente, *adv.* wildly, haphazard, thoughtlessly.
descabellado, da. I. *pp.* of DESCABELLAR. **II.** *a.* dishevelled, disordered, disarranged; out of all reason, illogical, preposterous, absurd.
descabellar. I. *va.* & *vr.* to disarrange (the hair). **II.** *va.* to kill (the bull) by pricking it in the back of the neck with the sword.
descabello, *m.* killing the bull properly.
descabestrar, *va.* to unhalter.
descabezado, da. I. *pp.* of DESCABEZAR. **II.** *a.* beheaded; light-headed, injudicious, wild, rash.
descabezamiento, *m.* act of beheading; quandary, puzzling predicament.
descabezar. I. *va.* (*pret.* DESCABECÉ; *subj.* DESCABECE) to behead; to revoke (an assessment); to cut the upper parts or points of; to head, to top; to poll; to lop off; to overcome; (naut.) to break (a mast) through its neck.—**d. el sueño,** to take a nap. **II.** *vn.* to abut. **III.** *vr.* (coll.) to cudgel one's brains; (of cereals) to shed the grain.
descabritar, *va.* to wean (goats).
descabullirse, *vr.* to sneak off, to steal away, to scamper; to elude the strength of an argument.
descachar. I. *va.* (Chile) to cut off the horns of. **II.** *vr.* (billiards) to miscue.
descachazar, *va.* (Am.) to skim (sugar-cane juice).
descaderar, *va.* to sprain or dislocate the hip of.
descadillar, *va.* to cut off the loose threads or fag-end of (the warp).
descaecer, *vn.* (*defect. subj.* DESCAEZCA) to decline, droop, languish; decrease; (naut.) to edge away.
descaecimiento, *m.* weakness, debility; despondency, dejection, languor.
descaezca, *v. V.* DESCAECER.
descaimiento, *m.* = DESCAECIMIENTO.
descalabazarse, *vr.* (coll.) to cudgel one's brains in vain.
descalabrado, da. I. *pp.* of DESCALABRAR. **II.** *a.* injured; wounded on the head.—**salir d.,** to be a loser, to fail, be worsted.
descalabradura, *f.* slight wound in the head; scar remaining after such wound.
descalabrar. I. *va.* to wound slightly in the head; to attack or impeach the character of; to hurt, to injure; (naut.) to cause (a ship) considerable damage; to occasion losses to. **II.** *vr.* to fracture one's skull; (Peru) to become ruined or be violently destroyed.
descalabro, *m.* calamity; setback; misfortune.
descalandrajar, *va.* to rend or tear into rags.
descalcador, *m.* (carp.) ripping iron, claw; (naut.) ravehook.
descalcar, *va.* (*pret.* DESCALQUÉ; *subj.* DESCALQUE) (naut.) to extract oakum from (seams).
descalce, *m.* undermining, unwedging.
descalcez, *f.* lack of shoes, barefootedness.
descalificación, *f.* disqualification, withdrawal of authority.
descalificado, da, *a.* disqualified.
descalificar, *va.* to disqualify, to take the power or authority from.
descalostrado, da, *a.* (of a baby) having passed the days of the first milk.
descalzar. I. *va.* (*pret.* DESCALCÉ; *subj.* DESCALCE) to pull off the shoes and stockings from; to take off wedges or chocks from; to undermine. **II.** *vr.* to take off one's shoes and stockings; (of horses) to lose a shoe.—**d. los guantes,** to take off one's gloves.
descalzo, za, *a.* barefoot, barefooted, shoeless; (relig.) discalced, discalceate.
descamación, *f.* (med.) desquamation, (of skin) peeling off in scales.
descambiar, *va.* to cancel an exchange or barter.
descaminadamente, *adv.* absurdly, unreasonably, foolishly.
descaminado, da. I. *pp.* of DESCAMINAR. **II.** *a.* ill-advised, misguided, mistaken.
descaminar. I. *va.* to misguide, mislead, lead astray; to seize as contraband; declare contra-

band; punish for smuggling. **II.** *vr.* to go astray, to lose one's way.
descamino, *m.* leading or going astray; seizure of smuggled goods; the goods thus seized; error, blindness; deviation from justice, truth, reason.
descamisado, da. I. *a.* shirtless, naked, ragged. **II.** *m.* (coll.) ragamuffin.
descampado, da, *a.* disengaged, free, open, clear.—**en d.,** in the open air.
descansadamente, *adv.* easily, without toil or fatigue, leisurely.
descansadero, *m.* resting place.
descansado, da. I. *pp.* of DESCANSAR. **II.** *a.* rested, refreshed.
descansar. I. *vn.* to rest, take repose; to be quiet; to rest, lean upon; to be satisfied; to trust or place confidence (in a person); to lie at rest (as lands which lie fallow); to sleep in death. **II.** *va.* to aid or alleviate; to place or set down on a support or base.
descansillo, *m.* landing of a stairway.
descanso, *m.* rest, repose; let-up; relief, aid, help; sleep; landing of stairs; (mech.) seat, bench, support; (mil.) parade rest.
descantar, *va.* to clear of stones.
descantear, *va.* to smooth angles or corners in; to splay, chamfer, edge.
descanterar, *vn.* to take off the corners or ends of.
descantillar, *va.* to pare off, to chip; to subtract from.
descantillón, *m.* = ESCANTILLÓN, pattern.
descantonar, *va.* = DESCANTILLAR.
descañonar, *va.* to pluck out the feathers of; to shave close; (coll.) to trick (one) out of his money.
descaperuzar, *va.* & *vr.* to unhood, uncowl.
descaperuzo, *m.* taking off the cowl, hood, cap.
descapillar, *va.* to take the hood off.
descarado, da. I. *pp.* of DESCARARSE. **II.** *a.* impudent, barefaced, saucy.
descaramiento, *m.* = DESCARO, impudence.
descararse, *vr.* to behave in an impudent or insolent manner, to be saucy.
descarbonatar, *va.* (chem.) to decarbonate.
descarbonizar, *va.* to decarbonize, decarburize.
descarburación, *f.* decarbonization.
descarburar, *va.* to decarbonize.
descarcañalar, *va.* & *vr.* (of the heel of a shoe) to run down.
descarga, *f.* unburdening, unloading; (mil.) volley, round, discharge; (mason.) easement of a wall; (elec.) discharge.—**d. en abanico,** (elec., phys.) brush discharge.
descargadero, *m.* wharf, unloading place.
descargador, *m.* unloader, lighterman; wad hook.
descargadura, *f.* bone that a butcher takes out of meat.
descargar. I. *va.* (*pret.* DESCARGUÉ; *subj.* DESCARGUE) to unload, disburden; to ease, lighten; to empty, dump; to free or relieve; to take off the flap and bones of (meat); (mil.) to fire, to discharge (firearms); to unload (firearms), to draw out the charge of powder and ball from; (naut.) to brace (a lee), to clear (the sails or yards); (elec.) to discharge; to deal, give, inflict (as blows); to acquit, clear from a charge, exonerate; to free or release from a charge, obligation, or debt. **II.** *vn.* to disembogue or disgorge; to vent fury, to burst, to strike with violence (as a storm). **III.** *vr.* (**de**) to resign (from) (a job); to shirk duty by transferring it to another; to shake off, rid oneself (of); (law) to clear or vindicate oneself (of).
descargo, *m.* unloading, unburdening; exoneration, discharge, acquittal; (com.) acquittance, receipt, release, discharge, voucher; (law) plea or answer to an impeachment or action.
descargue, *m.* unloading; license to unload vessels.
descariñarse, *vr.* to withdraw or lose love or affection; to become cool.
descariño, *m.* coolness, indifference.
descarnada, *f.*—**la d.,** death.
descarnadamente, *adv.* plainly, without trimmings; with effrontery.
descarnado, da, *a.* thin, lean; bare, unadorned.
descarnador, *m.* (dent.) scraper; (tanning) hide scraper.
descarnadura, *f.* divesting of flesh.
descarnar. I. *va.* to clear of flesh; to take or eat away; to corrode, wash away, abrade, denudate; (tanning) to flesh, to scrape; to remove from earthly things. **II.** *vr.* to lose flesh, become emaciated.
descaro, *m.* impudence, barefacedness, effrontery, sauciness, assurance, "nerve," "cheek."
descarriamiento, *m.* going or leading astray.
descarriar. I. *va.* to lead astray, misguide, mislead; to separate (cattle). **II.** *vr.* to be separated; to deviate from justice or reason; to go astray; to lead a dissipated life.
descarrilamiento, *m.* derailment.
descarrilar. I. *va.* to derail. **II.** *vn.* & *vr.* to run off the track, be derailed.
descarrilladura, *f.* act of breaking the jaws.
descarrillar, *va.* to break the jaws of.
descarrío, *m.* going astray, losing the way.
descartar. I. *va.* to discard, throw away; lay aside. **II.** *vr.* to discard (at cards); to excuse oneself; to shirk.
descarte, *m.* cards discarded; act of discarding; act of shirking; evasion, subterfuge.
descasamiento, *m.* annulling (of marriage).
descasar, *va.* to annul the marriage of; to separate, put asunder; (print.) to alter the position of (the pages of a sheet).
descascar. I. *va.* (*pret.* DESCASQUÉ; *subj.* DESCASQUE) to remove the bark, husk, etc. from; to boast; to bluster; to mumble. **II.** *vr.* to break into pieces.
descascarar. I. *va.* to peel, shell, hull, husk. **II.** *vr.* to peel off, shell off.
descascarillar, *va.* to peel, husk; to take off the powder from (the face).
descaspar, *va.* to take dandruff from; (tanning) to scrape (a half-dressed hide).
descasque, *m.* removing bark (esp. of the cork tree).
descastado, da, *a.* showing little natural affection to whom it is due.
descastar, *va.* to deprive of caste; to exterminate.
descatolizar, *va.* to cause to abandon Catholicism.
descaudalado, da, *a.* ruined, penniless.
descebar, *va.* to unprime (firearms).
descendencia, *f.* descent, origin; descendants.
descendente, *a.* descending.
descender. I. *vn.* (*pp.* DESCENDIDO; *ind.* DESCIENDO; *subj.* DESCIENDA) to descend; get, come or go down; to flow or run, as liquids; (of temperature) to drop; to descend, be descended, derive; to stoop, lower oneself. **II.** *va.* to let down, lower; to bring down.
descendiente. I. *a.* descending. **II.** *m.* descendant, offspring.
descendimiento, *m.* descent, lowering.
descensión, *f.* descension, descent.
descenso, *m.* descent; lowering; decrease; fall, degradation; (med.) hernia, rupture; prolapse of the womb.
descentrado, da, *a.* out of center; out of plumb.
descentralización, *f.* decentralization.
descentralizador, ra, *a.* descentralizing.
descentralizar, *va.* (*pret.* DESCENTRALICÉ; *subj.* DESCENTRALICE) to decentralize; to grant local autonomy to.
descentrar. I. *va.* to uncenter. **II.** *vr.* to get out of center or out of plumb.
desceñidura, *f.* ungirding or loosening a belt.
desceñir, *va.* (*ind.* DESCIÑO; *subj.* DESCIÑA) to ungird, to loosen or take off (as a belt, a crown).
[1]**descepar,** *va.* to eradicate, to pull up by the roots; to extirpate.

[2]**descepar,** *va.* (naut.) to remove the stocks from (an anchor).
descerar, *va.* to take the empty combs from (a beehive).
descercador, *m.* one who forces the enemy to raise a siege.
descercar, *va.* (*pret.* DESCERQUÉ; *subj.* DESCERQUE) to destroy or pull down a wall, a fence, etc. of; to raise the siege of; to oblige (the enemy) to raise a siege.
descerco, *m.* the act of raising a siege.
descerezar, *va.* to pulp (the coffee berry).
descerqué, descerque, *v. V.* DESCERCAR.
descerrajado, da, *a.* (coll.) corrupt, wicked, ill-disposed.
descerrajadura, *f.* taking off locks or bolts.
descerrajar, *va.* to take the lock off; to discharge (firearms).
descerrumarse, *vr.* (vet.) to be wrenched or distorted at the joints.
descervigar, *va.* to twist the neck of; humiliate.
desciendo, descienda, *v. V.* DESCENDER.
descifrable, *a.* decipherable.
descifrador, ra, *n.* decipherer.
descifrar, *va.* to decipher, make out.
descimbramiento, *m.* (arch.) removing the centers.
descimbrar, *va.* (arch.) to remove the centers of.
descimentar, *va.* to demolish the foundations of.
descinchar, *va.* to ungirt.
desciño, desciña, *v. V.* DESCEÑIR.
descivilizar. I. *va.* to uncivilize. **II.** *vr.* to become uncivilized.
desclasificar, *va.* to declassify.
desclavador, *m.* carpenter's chisel; nail puller, claw wrench.
desclavar, *va.* to draw out the nails from, unpeg.
descoagulable, *a.* that can be redissolved after coagulation.
descoagular, *va.* to liquefy, dissolve (a clot).
descobajar, *va.* to pull the stem from (a grape).
descobijar, *va.* to uncover.
descocado, da. I. *pp.* of DESCOCARSE. **II.** *a.* (coll.) bold, excessively free and forward.
descocar. I. *va.* (*pret.* DESCOQUÉ; *subj.* DESCOQUE) to clean insects from (trees).
descocarse, *vr.* (coll.) to be impudent, saucy, or petulant.
descocer, *va.* (*ind.* DESCUEZO; *subj.* DESCUEZA) to digest.
descoco, *m.* barefacedness, impudence, sauciness.
descodar, *va.* to rip, to unstitch.
descoger, *va.* (*ind.* DESCOJO; *subj.* DESCOJA) to unfold, extend, spread, expand.
descogollar, *va.* to strip (a tree) of shoots; to take out the heart of (vegetables).
descogotado, da, *a.* (coll.) low-necked.
descogotar, *va.* to cut off the horns of (a stag).
descohesión, *f.* decohesion.
descohesor, *m.* (elec.) decoherer.
descojo, descoja, *v. V.* DESCOGER.
descolada, *f.* (Mex.) slight, discourtesy.
descolar, *va.* (*ind.* DESCUELO; *subj.* DESCUELE) to dock or crop the tail of; to cut off the fag end of (a piece of cloth); (carp.) to unglue; (Mex.) to ignore, slight; (C. A.) to dismiss, "to fire."
descolchar, *va.* (naut.) to untwist (a cable).
descolgar. I. *va.* (*ind. pres.* DESCUELGO, *pret.* DESCOLGUÉ; *subj.* DESCUELGUE) to take down; to let down. **II.** *vr.* to come down gently, to slip down (by a rope, etc.); to descend; (**con**) to make an unexpected remark or sally; to come on suddenly (as a cold snap).
descoligado, da, *a.* not belonging to a league, non-union.
descolmar, *va.* to strike off, level off (the heaping corn in a measure); to diminish.
descolmillar, *va.* to pull out or break the fangs or eyeteeth of.
descolorado, da. I. *pp.* of DESCOLORAR. **II.** *a.* discolored; pale, colorless, faded.
descoloramiento, *m.* discoloration; decolorizing, bleaching; fading.
descolorante. I. *a.* discoloring. **II.** *m.* bleacher, bleach.
descolorar. I. *va.* to discolor; to decolorize, bleach; to cause to fade. **II.** *vr.* to discolor; to bleach, lose color, become colorless; to fade.
descolorido, da. I. *pp.* of DESCOLORIR. **II.** *a.* discolored; pale, colorless, faded.
descolorimiento, *m.* = DESCOLORAMIENTO.
descolorir, *va.* & *vr.* = DESCOLORAR.
descolladamente, *adv.* loftily, haughtily.
descollamiento, *m.* = DESCUELLO, excessive height; superiority; haughtiness.
descollante, *a.* outstanding, prominent, conspicuous; main, principal.
descollar, *vn.* & *vr.* (*ind.* DESCUELLO; *subj.* DESCUELLE) to tower, stand out, be prominent or conspicuous, excel.
descombrar, *va.* to disencumber, to clear of obstacles, débris, etc.
descombro, *m.* disencumbering.
descomedido, da. I. *pp.* of DESCOMEDIRSE. **II.** *a.* excessive, disproportionate, immoderate; rude, impolite, disobliging.
descomedimiento, *m.* rudeness, incivility.
descomedirse, *vr.* (*ger.* DESCOMIDIENDO; *ind. pres.* DESCOMIDO, *pret.* DESCOMIDIÓ; *subj.* DESCOMIDA) to forget oneself; to be rude or disrespectful.
descomer, *vn.* (coll.) to evacuate (bowels).
descomidió, descomido, etc., v. *V.* DESCOMEDIRSE.
descomodidad, *f.* inconvenience, discomfort.
descompadrar. I. *va.* (coll.) to cause estrangement of. **II.** *vn.* (coll.) to disagree, to fall out.
descompaginar, *va.* to disarrange, upset.
descompás, *m.* excess, redundancy, want of measure or proportion.
descompasado, da. I. *pp.* of DESCOMPASARSE. **II.** *a.* excessive, extravagant, disproportionate; out of tune or time.
descompasarse, *vr.* to exceed all rule and measure; be out of tune or time; forget oneself.
descomponer. I. *va.* (*pp.* DESCOMPUESTO; *ind. pres.* DESCOMPONGO, *pret.* DESCOMPUSE; *subj.* DESCOMPONGA) to disarrange, upset, disturb; to disable; to put out of order; to destroy the harmony of, set at odds; (chem.) to decompose; (mech.) to resolve (forces). **II.** *vr.* to decompose, spoil, rot; to get out of order; (Am.) to dislocate (arm, etc.); to lose one's looks (through illness); to forget oneself, lose one's temper; to change for the worse.
descompongo, descomponga, *v. V.* DESCOMPONER.
descomposición, *f.* discomposure, disagreement; disarrangement; disorder, confusion; decomposition, putrefaction, rotting; (chem.) decomposition, separation of elements; (mech.) resolution (of forces).
descompostura, *f.* disarrangement; disadjustment; slovenliness, uncleanliness, untidiness; forwardness, want of modesty; disrespectful conduct, impudence.
descompresión, *f.* decompression.
descompuesto, ta. I. *pp. irreg.* of DESCOMPONER. **II.** *a.* impudent, insolent; out of temper; immodest; out of order.
descompuse, *pret.* of DESCOMPONER.
descomulgado, da. I. *pp.* of DESCOMULGAR. **II.** *a.* perverse, nefarious, wicked.
descomulgar, *va.* (*pret.* DESCOMULGUÉ; *subj.* DESCOMULGUE) to excommunicate.
descomunal, *a.* extraordinary, monstrous, enormous, huge, colossal.—**descomunalmente,** *asv.* immensely, enormously, extraordinarily.
desconceptuar, *va.* & *vr.* to discredit.
desconcertadamente, *adv.* disorderly, confusedly, disconcertedly.
desconcertado, da. I. *pp.* of DESCONCERTAR. **II.** *a.* disconcerted; disorderly, slovenly.

desconcertador, ra, *n.* disturber, disconcerter.
desconcertadura, *f.* disturbance; confusion.
desconcertante, *a.* disconcerting, baffling.
desconcertar. I. *va.* (*ind.* DESCONCIERTO; *subj.* DESCONCIERTE) to disarrange, disturb, confuse; to disconcert, thwart, baffle; to disjoint, dislocate. **II.** *vr.* to disagree; to act or speak thoughtlessly or recklessly; to become disarranged; (of bones) to be or to become dislocated.
[1]**desconcierto,** *m.* disconcert, disagreement; disorder, confusion; disarrangement (as of machinery); want of prudence and circumspection; maladministration, mismanagement; flux or looseness of the body.
[2]**desconcierto, desconcierte,** *v. V.* DESCONCERTAR.
desconcordia, *f.* discord, disarrangement, disunion.
desconchabar, *va.* (Am.) to disarrange, upset.
desconchar. I. *va.* to strip off a surface (varnish, stucco, plaster, etc.). **II.** *vr.* to peel off, scale off.
desconectación, *f.* disconnection.
desconectar. I. *va.* to disconnect. **II.** *vr.* to become disconnected.
desconexión, *f.* (elec.) disconnection.
desconfiado, da. I. *pp.* of DESCONFIAR. **II.** *a.* diffident, distrustful; mistrustful, jealous.
desconfianza, *f.* diffidence; distrust; jealousy, suspicious fear.
desconfiar, *vn.* (**de**) to mistrust, be distrustful (of); to have no confidence (in); to suspect, doubt; to have little hope (of).
desconformar. I. *vn.* to dissent, disagree, differ in opinion. **II.** *vr.* to disagree; not to fit or suit each other.
desconforme, *a.* discordant, disagreeing, contrary.
desconformidad, *f.* disagreement, opposition, nonconformity; inequality, disparity.
descongelación, *f.* thawing, melting.
descongelador, *m.* deicer; thawer, defroster.
descongelar, *va.* (aer.) to deice; to thaw, melt, defrost.
descongestión, *f.* relieving of congestion.
descongestionar, *va.* to relieve the congestion of.
desconocer, *va.* (*ind.* DESCONOZCO; *subj.* DESCONOZCA) to fail to recognise; to disregard, ignore; to forget; to deny, disown, disavow; to be unacquainted with; to be ungrateful for.
desconocidamente, *adv.* ignorantly, unknowingly; ungratefully.
desconocido, da. I. *pp.* of DESCONOCER. **II.** *a.* ungrateful, unthankful; unknown. **III.** *n.* unknown person, stranger.
desconocimiento, *m.* ungratefulness, ingratitude; ignorance; disregard.
desconozco, desconozca, *v. V.* DESCONOCER.
desconsentir, *va.* (*ind.* DESCONSIENTO; *subj.* DESCONSIENTA) not to acquiesce in, to disapprove.
desconsideración, *f.* inconsiderateness.
desconsiderado, da, *a.* inconsiderate; imprudent, thoughtless, rash.
desconsiento, desconsienta, *v. V.* DESCONSENTIR.
desconsolación, *f.* disconsolateness, grief.
desconsolado, da. I. *pp.* of DESCONSOLAR. **II.** *a.* disconsolate, grief-stricken, dejected, downhearted.
desconsolador, ra, *a.* discouraging; lamentable.
desconsolar. I. *va.* (*ind.* DESCONSUELO; *subj.* DESCONSUELE) to afflict; to treat rudely. **II.** *vr.* to lose one's cheerfulness; to become low-spirited or afflicted.
[1]**desconsuelo,** *m.* affliction, disconsolateness; disorder in the stomach.
[2]**desconsuelo, desconsuele,** *v. V.* DESCONSOLAR.
descontable, *a.* (com.) discountable.
descontagiar, *va.* to purify, disinfect.
descontaminación, *f.* decontamination.
descontaminar, *va.* to decontaminate.
descontar. I. *va.* (*ind.* DESCUENTO; *subj.* DESCUENTE) to discount, deduct, allow, take off; to abate, lessen, diminish; to detract from the merit of; to take for granted. **II.** *vr.* to miscount.
descontentadizo, za, *a.* fastidious, hard to please, overparticular; easily displeased, squeamish.
descontentamiento, *m.* discontentment, displeasure; grief.
descontentar, *va.* to dissatisfy, displease.
descontento, ta. I. *a.* discontented, dissatisfied, displeased; uneasy. **II.** *m.* discontent; uneasiness, dissatisfaction.
descontinuación, *f.* discontinuance, cessation.
descontinuar, *va.* to discontinue, leave off, cease.
descontinuo, nua, *a.* disjoined, discontinued; discontinuous.
desconvengo, desconvenga, *v. V.* DESCONVENIR.
desconvenible, *a.* discordant, disparate, opposed.
desconveniencia, *f.* inconvenience, disadvantage.
desconveniente, *a.* inconvenient; discordant, incongruous.
desconvenir, *vn.* (*ind. pres.* DESCONVENGO, *pret.* DESCONVINE; *subj.* DESCONVENGA) to disagree; to be unlike or dissimilar; not to suit, match, or mate.
desconversable, *a.* unsociable, retiring.
desconvidar, *va.* to recall, take back (as an invitation or a promise).
desconvine, *pret.* of DESCONVENIR.
descopar, *va.* to lop off the top of (a tree).
descoqué, descoque, *v. V.* DESCOCAR.
descorazonadamente, *adv.* dejectedly, spiritlessly, with dismay.
descorazonamiento, *m.* low spirits, depression, dejection.
descorazonar, *va.* to tear out the heart of; to dishearten, discourage.
descorchador, *m.* uncorker, cork drawer.
descorchar, *va.* to bark (a cork tree); to uncork; to break (a beehive) to steal the honey; to break open.
descordar, *va.* to unstring (an instrument).
descorderar, *va.* to wean (lambs).
descornar. I. *va.* (*ind.* DESCUERNO; *subj.* DESCUERNE) to dehorn, to knock off the horns of. **II.** *vr.* to break one's skull by a fall.
descorrear, *vn.* & *vr.* to loosen the skin that covers the new horns of a deer.
descorrer. I. *va.* to run back over (the same ground); to draw (as a curtain); to draw (a bolt, unbolt a door, etc.). **II.** *vn.* to flow.
descorrimiento, *m.* flow.
descortecé, descortece, *v. V.* DESCORTEZAR.
descortés, *a.* impolite, uncivil, discourteous.
descortesía, *f.* incivility, discourtesy.
descortezador, *m.* one who strips off the bark; decorticator.
descortezadura, *f.*, **descortezamiento,** *m.* decortication, excortication; bark taken off.
descortezar. I. *va.* (*pret.* DESCORTECÉ; *subj.* DESCORTECE) to bark, peel; take off the crust of; to hull, shell (as fruits); to rough-hew; to polish or civilize. **II.** *vr.* (coll.) (of a person) to become polished.
descortinar, *va.* (fort.) to demolish or destroy (a curtain).
descosedura, *f.* ripping, unseaming.
descoser. I. *va.* to rip, unstitch; to separate, disjoin; (naut.) to unlash.—**no d. los labios,** to keep a profound silence. **II.** *vr.* to loose one's tongue.
descosidamente, *adv.* immoderately.
descosido, da. I. *pp.* of DESCOSER. **II.** *a.* ripped, unstitched; disjointed, disconnected; deranged. **III.** *n.* babbler, teller of secrets.—**comer** or

beber como un d., to eat or drink immoderately.
descostarse, *vr.* to draw away from an object or a coast.
descostillar. I. *va.* to strike or hit in the ribs; to take out the ribs of; to break the ribs of. **II.** *vr.* to fall flat on the ground.
descostrar, *va.* to take off the crust of.
descotar, *va.* to remove a restriction from.
descotarse, *vr.* to wear a low-neck dress.
descote, *m.* being décolleté, wearing of a low-neck dress.
descoyuntamiento, *m.* dislocation (of a joint); pain or tiredness from overexertion.
descoyuntar. I. *va.* to dislocate or disjoint; to vex, displease; to upset, disarrange. **II.** *vr.* to become disjointed, get out of joint.—**d. de risa,** to split one's sides with laughter.
descoyunto, *m.* = DESCOYUNTAMIENTO.
descrecencia, *f.* decrement, decreasing.
descrecer, *va.* & *vn.* (*ind.* DESCREZCO; *subj.* DESCREZCA) to decrease, diminish; to fall, to subside (tides and rivers); to grow short (days).
descrecimiento, *m.* decrease, diminution.
descrédito, *m.* discredit, loss of reputation.
descreer, *va.* to disbelieve; to deny due credit to; to disown or abjure.
descreídamente, *adv.* incredulously.
descreído, da. I. *pp.* of DESCREER. **II.** *n.* & *a.* unbeliever(-ing); infidel.
descreimiento, *m.* unbelief, lack of faith.
descrestar, *va.* to take off the crest or comb of; (Am., coll.) to impose upon; to swindle.
descrezco, descrezca, *v. V.* DESCRECER.
descriarse, *vr.* to weaken; to pine with desire or anxiety.
describir, *va.* (*pp.* DESCRITO) to describe; to sketch, delineate; to relate minutely.
descripción, *f.* description; sketch, delineation; (law) inventory, schedule
descriptible, *a.* describable.
descriptivo, va, *a.* descriptive.
descriptor, ra, *n.* & *a.* describer(-ing).
descrismar. I. *va.* (eccl.) to remove the chrism from; (coll.) to hit on the head. **II.** *vr.* (coll.) to lose patience, to lose one's temper.
descristianar, *va.* = DESCRISMAR.
descristianizar, *va.* to dechristianize.
descrito, ta, *pp. irreg.* of DESCRIBIR; described.
descruzar, *va.* (*pret.* DESCRUCÉ; *subj.* DESCRUCE) to uncross.
descuadernar. I. *va.* to unbind (books); to disarrange, disconcert, disorder. **II.** *vr.* to get disjointed, loose.
descuadrillado, da. I. *pp.* of DESCUADRILLARSE. **II.** *a.* separated from the rank or lines. **III.** *m.* (vet.) sprain in the haunch.
descuadrillarse, *vr.* to sprain the haunches.
descuajar, *va.* to dissolve, liquefy; to eradicate, to grub; to extirpate, uproot; to dishearten.
descuajaringarse, *vr.* (coll.) to be broken down by excessive fatigue; to fall to pieces.
descuaje, descuajo, *m.* (agr.) grubbing up weeds; clearing ground of underbrush.
descuarticé, descuartice, *v. V.* DESCUARTIZAR.
descuartizamiento, *m.* quartering; breaking or cutting in pieces; carving.
descuartizar, *va.* (*pret.* DESCUARTICÉ; *subj.* DESCUARTICE) to quarter; to carve.
descubierta, *f.* pie without an upper crust; (mil.) reconnoitering; (naut.) scanning of the horizon at sunrise and sunset.—**a la d.,** openly, in the open.
descubiertamente, *adv.* manifestly, openly.
descubierto, ta. I. *pp.* of DESCUBRIR. **II.** *a.* patent, manifest, exposed, unveiled; bareheaded. **III.** *m.* solemn exposition of the sacrament; shortage, deficiency, overdraft.—**al d.,** openly, manifestly.—**en d.,** (com.) uncovered; overdrawn; owing a balance.—**estar, quedar, en d.,** (com.) to owe a balance; to have overdrawn a bank account. **IV.** *f.* DESTAPADA, open pie.
descubridero, *m.* eminence commanding an extensive view; lookout.
descubridor, ra, *n.* discoverer; finder, descrier; (mil.) scout, spy; vessel on a voyage of discovery.
descubrimiento, *m.* discovery; find; disclosure; country or thing discovered.
descubrir. I. *va.* (*pp.* DESCUBIERTO) to discover; disclose, show, bring to light; to uncover, make visible, expose to view, lay open; to reveal, communicate, make known; (eccl.) to expose (the sacrament); (mil.) to reconnoiter; to overlook.—**d. la tierra,** (naut.) to make the land.—**d. por la popa** or **por la proa,** (naut.) to descry astern or ahead. **II.** *vr.* to take off one's hat.
descuelgo, descuelgue, *v. V.* DESCOLGAR.
descuelo, descuele, *v. V.* DESCOLAR.
[1]**descuello, descuelle,** *v. V.* DESCOLLAR.
[2]**descuello,** *m.* excessive height or tallness; prominence, superiority; loftiness, haughtiness.
[1]**descuento,** *m.* discount; deduction, rebate, allowance; diminution, decrease.
[2]**descuento, descuente,** *v. V.* DESCONTAR.
descuernacabras, *m.* cold north wind.
[1]**descuerno,** *m.* (coll.) slight, affront.
[2]**descuerno, descuerne,** *v. V.* DESCORNAR.
descuezo, descueza, *v. V.* DESCOCER.
descuida, *imper.* of DESCUIDAR, don't worry.
descuidado, da. I. *pp.* of DESCUIDAR. **II.** *a.* careless, negligent or thoughtless; unprepared, unaware; slovenly, unclean.
descuidar. I. *va.* to neglect, forget, overlook; to relieve from care; to divert the attention of. **II.** *vn.* to lack attention or diligence; to be careless or neglectful; to take one's ease; not to trouble oneself. **III.** *vr.* to be forgetful of duty, to become negligent.—**descuido,** *m.* carelessness, indolence, negligence, forgetfulness, absent-mindedness; oversight, slip; lack of attention; incivility, coldness; improper or disgraceful action; imprudence; immodesty.—**al d.,** unobserved, on the sly; carelessly; (Am.) when least expected.—**al d.,** or **al d. y con cuidado,** with studied carelessness or naturalness.
descuitado, da, *a.* living without trouble or care.
descular, *va.* to break the bottom of (as of a jar).
deschuponar, *va.* (agr.) to strip (a tree) of its shoots or suckers.
desde, *prep.* since, from, after.—**d. ahora,** from now on.—**d. el punto de vista de,** from the point of view of.—**d. entonces,** since then, ever since.—**d. luego,** immediately, whereupon; doubtless, of course.—**d. niño,** from a child, ever since one's childhood.—**d. que,** since, ever since.
desdecir. I. *vn.* (*ger.* DESDICIENDO; *pp.* DESDICHO; *ind. pres.* DESDIGO, *pret.* DESDIJE, *fut.* DESDIRÉ; *subj.* DESDIGA) **(de)** to degenerate; to differ (from), disagree (with); to be unworthy (of) or unbecoming (to); to detract (from), to impair. **II.** *vr.* to retract, recant.
desdén, *m.* disdain, slight, scorn, contempt.—**al d.,** affectedly careless.
desdentado, da. I. *pp.* of DESDENTAR. **II.** *a.* toothless. **III.** *m. pl.* (zool.) edentates.
desdentar, *va.* (*ind.* DESDIENTO; *subj.* DESDIENTE) to draw teeth from.
desdeñable, *a.* contemptible, despicable.
desdeñadamente, *adv.* disdainfully, scornfully.
desdeñador, ra, *n.* & *a.* scorner(-ing), disdainer (-ing, -ful).
desdeñar. I. *va.* to disdain, scorn. **II.** *vr.* **(de)** to be disdainful (of); to loathe.
desdeñoso, sa, *a.* disdainful, contemptuous.
desdevanar, *va.* to unwind or unravel (a clue).
desdi, *pret.* of DESDAR.
desdibujado, da, *a.* (art) badly drawn.
desdibujo, *m.* faulty drawing.
desdicha, *f.* misfortune, ill-luck, misery.
desdichadamente, *adv.* unfortunately, unhappily.

desdichado, da. I. *a.* unfortunate; unhappy, unlucky, wretched. **II.** *n.* wretch, unfortunate one; good-for-nothing, insignificant person.
desdicho, *pp. irreg.* of DESDECIR.
desdiento, desdiente, *v. V.* DESDENTAR.
desdigo, desdiga, desdije, etc. *v. V.* DESDECIR.
desdinerar, *va.* to impoverish.
desdoblar, *va.* to unfold, to spread open.
desdorar. I. *va.* to take the gilding from; (fig.) to tarnish, slur, smear (reputation, etc.). **II.** *vr.* to lose its gilding; (fig.) to become tarnished or smeared (reputation, etc.).
desdoro, *m.* dishonor, stigma, shame.
desdoroso, sa, *a.* disreputable.
desdoy, *1st pers. pres. ind.* of DESDAR.
deseable, *a.* desirable.
deseablemente, *adv.* desirably.
deseador, ra, *n.* desirer, wisher.
desear, *va.* to desire, wish.
desecación, *f.* desiccation, exsiccation.
desecado, da, *a.* dry, desiccated.
desecador, *m.* drying room; dryer.
desecamiento, *m.* desiccation.
desecante, *a.* & *n.* dryer(-ing), desiccant, desiccative.
desecar, *va.* (*pret.* DESEQUÉ; *subj.* DESEQUE) to dry; to desiccate; to drain, to draw.
desecativo, va. I. *a.* desiccative, exsiccant. **II.** *m.* healing plaster.
desechable, *a.* disposable (as *d. Kleenex*).
desechadamente, *adv.* vilely, despicably.
desechar, *va.* to reject; to exclude; to depreciate, undervalue; decline, refuse; to put or lay aside; dispose of, throw away; cast off; to vote down.
desecho, *m.* residue, surplus, remainder; débris, rubbish, refuse, offal; rejection; disregard, contempt.—**de d.,** cast off, discarded; scrap (iron, etc.).
desedificación, *f.* scandal, bad example.
desedificar, *va.* (*pret.* DESEDIFIQUÉ; *subj.* DESEDIFIQUE) to set a bad example to; to be an evil influence on.
desegregación, *f.* desegregation.
desegregar, *va.* to desegregate.
deselectrización, *f.* diselectrification.
deselectrizar, *va.* to diselectrify.
desellar, *va.* to unseal, to take off the seals of.
desembalaje, *m.* unpacking, opening of bales.
desembalar, *va.* to unpack, open.
desembaldosar, *va.* to untile, take the tiles from.
desembanastar. I. *va.* to take out of a basket; (coll.) to draw (the sword). **II.** *vn.* to talk much and without sense. **III.** *vr.* to break out or break loose; (coll.) to alight from a carriage.
desembaracé, desembarace, *v. V.* DESEMBARAZAR.
desembarazado, da, *a.* free, disengaged; clear, open; unrestrained, unencumbered.
desembarazar. I. *va.* (*pret.* DESEMBARACÉ; *subj.* DESEMBARACE) to disembarrass, free, ease; to remove an impediment or encumbrance from; to clear; to unburden, disencumber, expedite. **II.** *vr.* to rid oneself of difficulties or hindrances.
desembarazo, *m.* disembarrassment, disencumbrance; disengagement; freedom, lack of restraint or hindrances; ease, naturalness.
desembarcadero, *m.* landing place; wharf, pier.
desembarcar. I. *va.* (*pret.* DESEMBARQUÉ; *subj.* DESEMBARQUE) to unload, put ashore, debark. **II.** *vn.* to land, disembark, go ashore; (coll.) to alight (from a vehicle); (coll.) to be delivered of a child; to end (as a staircase).
desembarco, *m.* landing, disembarkation, unloading; landing place at the top of stairs.
desembargador, *m.* chief magistrate and privy councillor in Portugal.
desembargar, *va.* (*pret.* DESEMBARGUÉ; *subj.* DESEMBARGUE) to remove impediments from; (law) to disembargo, raise an embargo.
desembargo, *m.* (law) raising of an embargo.
desembarque, *m.* landing or debarkation; unloading.
desembarqué, desembarque, *v. V.* DESEMBARCAR.
desembarrancar, *va.* (*pret.* DESEMBARRANQUÉ; *subj.* DESEMBARRANQUE) to extricate.
desembarrar, *va.* to clear of mud.
desembaular, *va.* to take out of a trunk; to empty; (coll.) to speak (one's mind) freely; to disclose (one's thoughts).
desembebecerse, *vr.* (*ind.* DESEMBEBEZCO; *subj.* DESEMBEBEZCA) to recover one's senses, to come to.
desembelesarse, *vr.* to recover from amazement or abstraction.
desembocadero, *m.*, **desembocadura,** *f.* exit, outlet; mouth (of a river, canal, etc.).
desembocar, *vn.* (*pret.* DESEMBOQUÉ; *subj.* DESEMBOQUE) (**en**) to flow (into); to end (at), lead (to).
desembocé, desemboce, *v. V.* DESEMBOZAR.
desembojadera, *f.* woman who takes the cocoons of silkworms from the southern-wood.
desembojar, *va.* to remove (silk-cocoons) from the southern-wood.
desembolsable, *a.* disbursable.
desembolsar, *va.* to empty from a purse; to pay out, disburse.
desembolso, *m.* disbursement, expenditure.
desemboque, *m.* = DESEMBOCADERO.
desemboqué, desemboque, *v. V.* DESEMBOCAR.
desemborrachar. I. *va.* to sober, to make sober, to cure of intoxication. **II.** *vr.* to sober up, get over one's intoxication.
desemboscarse, *vr.* to get out of the woods; to get clear of an ambuscade.
desembotar, *va.* to remove dulness from (a cutting edge); to sharpen (as wits).
desembozar, *va.* & *vr.* (*pret.* DESEMBOCÉ; *subj.* DESEMBOCE) to unmuffle or uncover; to unmask, show oneself in one's true colors (or others in theirs).
desembozo, *m.* uncovering the face.
desembracé, desembrace, *v. V.* DESEMBRAZAR.
desembragar, *va.* (*pret.* DESEMBRAGUÉ; *subj.* DESEMBRAGUE) to unbind from the cable; (mech.) to ungear, disengage, disconnect.
desembravecer, *va.* (*ind.* DESEMBRAVEZCO; *subj.* DESEMBRAVEZCA) to tame, domesticate; to calm, pacify.
desembravecimiento, *m.* taming or reclaiming from wildness.
desembrazar, *va.* (*pret.* DESEMBRACÉ; *subj.* DESEMBRACE) to take (something) off the arms; to dart or throw (weapons); to throw from the arms.
desembriagar. I. *va.* (*pret.* DESEMBRIAGUÉ; *subj.* DESEMBRIAGUE) to sober, to cure from intoxication. **II.** *vr.* to become sober, recover from drunkenness.
desembridar, *va.* to unbridle.
desembrollar, *va.* to unravel, disentangle, clear, extricate.
desembrozar, *va.* to clear of rubbish.
desembuchar, *va.* to disgorge, to turn out of the maw (birds); (coll.) to tell all.
desemejante, *a.* dissimilar, unlike.
desemejanza, *f.* unlikeness, dissimilarity.
desemejar. I. *vn.* to be dissimilar or unlike. **II.** *va.* = DESFIGURAR, to disfigure.
desempacar. I. *va.* (*pret.* DESEMPAQUÉ; *subj.* DESEMPAQUE) to unpack. **II.** *vr.* (coll.) to calm down, cool off.
desempachar. I. *va.* to make (the stomach) discharge undigested food. **II.** *vr.* (coll.) to grow bold, lose all bashfulness.
desempacho, *m.* ease; forwardness, unconcern.
desempalagar. I. *va.* & *vr.* (*pret.* DESEMPALAGUÉ; *subj.* DESEMPALAGUE) to remove nausea or loathing (from); to restore the appetite (to). **II.** *va.* to clear (a mill) of stagnant water.
desempañar, *va.* to clean (a glass); to take off the swaddling clothes from (children).
desempapelar, *va.* to unwrap, take out of a pack-

age: to take (hangings) off a wall, to take off the paper from.
desempaque, *m.* act of unpacking.
desempaqué, desempaque, *v. V.* DESEMPACAR.
desempaquetar, *va.* to unpack.
desemparejar, *va.* to unmatch, make unequal or uneven.
desemparentado, da, *a.* without relatives.
desempastado, da, *a.* (Am.) (of books) unbound.
desempastar, *va.* (Am.) to take the cover off (a book); to take the filling out of (a tooth).
desempastelar, *va.* (Am.) (print.) to distribute (mixed letters).
desempatar, *va.* to disjoint, disunite; to make unequal or uneven; to decide (a tie vote); to run, play, or shoot off a tie.
desempedrar, *va.* (*ind.* DESEMPIEDRO; *subj.* DESEMPIEDRE) to remove paving.—**ir desempedrando la calle,** (coll.) to go very rapidly.
desempegar, *va.* (*pret.* DESEMPEGUÉ; *subj.* DESEMPEGUE) to unglue; to take the pitch off.
desempeñado, da. I. *pp.* of DESEMPEÑAR. **II.** *a.* free or clear of debt.
desempeñar. I. *va.* to redeem, to recover (what was pledged), to take out of pawn; to clear or extricate from debt; to perform, discharge (a duty); to play (a part); to fill (an office, a function); to transact; to accomplish, carry out (an undertaking); to act (a part in a play); to acquit, free from an obligation; to disengage from a difficulty. **II.** *vr.* to extricate oneself from debt; in bull fighting, to disengage oneself from the attack of a bull.—**desempeñarse de la tierra,** or **costa,** (naut.) to claw off, to stand off shore.
desempeño, *m.* the act of redeeming a pledge; performance of an obligation or promise; fulfilment, discharge; acting of a part.
desempeorarse, *vr.* to recover from sickness, to regain health.
desemperezar, *vn.* & *vr.* (*pret.* DESEMPERECÉ; *subj.* DESEMPERECE) to relinquish habits of laziness and indolence; to shake off laziness.
desempernar, *va.* to unbolt, take out bolts.
desempiedro, desempiedre, *v. V.* DESEMPEDRAR.
desempleado, da, *n.* & *a.* unemployed.
desempleo, *m.* unemployment.
desemplomar, *va.* to remove the leaden seal from.
desemplumar, *va.* to pluck (a bird).
desempobrecer. I. *va.* (*ind.* DESEMPOBREZCO; *subj.* DESEMPOBREZCA) to relieve from poverty. **II.** *vr.* to extricate oneself from poverty.
desempolvar, *va.* to remove dust or powder from, to dust.
desempolvoradura, *f.* dusting.
desempolvorar, *va.* to dust.
desemponzoñar, *va.* to heal from the effects of poison; to free from poison.
desempotrar, *va.* to remove the support of; to take out.
desenalbardar, *va.* to take a packsaddle off (an animal).
desenamorar. I. *va.* to destroy the love or affection of. **II.** *vr.* to lose love or affection.
desenastar, *va.* to remove the handle or haft from.
desencabalgar, *va.* (*pret.* DESENCABALGUÉ; *subj.* DESEMCABALGUE) (mil.) to dismount (cannon).
desencabestrar, *va.* to disentangle the feet (of an animal) from the halter.
desencadenamiento, *m.* unchaining.
desencadenar. I. *va.* to unchain; to free, liberate. **II.** *vr.* to break loose, free oneself from chains; to become infuriated, lose one's self-control; (of a storm) to break out with fury; (of rain) to come down in torrents.
desencajamiento, *m.* = DESENCAJE.
desencajar. I. *va.* to disjoint, unjoin, disconnect, throw out of gear; to disarticulate; to dislocate. **II.** *vr.* to become rickety; to get disjointed, disconnected, out of gear.
desencaje, *m.* disjointedness; broken-down appearance; rickety appearance.
desencajonar, *va.* to unpack, take out of a box.
desencalabrinar, *va.* to remove dizziness from; to free from stupidity; to remove wrong impressions from.
desencalcar, *va.* (*pret.* DESENCALQUÉ; *subj.* DESENCALQUE) to loosen or dissolve (what was caked or close pressed).
desencallar, *va.* (naut.) to set (a stranded ship) afloat again.
desencaminar, *va.* to mislead, lead astray.
desencantamiento, *m.* = DESENCANTO.
desencantar, *va* to disenchant; disillusion.
desencantaración, *f.* act and effect of drawing lots or of balloting.
desencantarar, *va.* to draw (lots) for candidates out of a CÁNTARO; to withdraw (a name).
desencanto, *m.* disenchantment, disillusion.
desencapillar, *va.* (naut.) to unrig, to take off the rigging of.
desencapotar. I. *va.* to strip (one) of his cloak or greatcoat; (coll.) to uncover, to make manifest; to raise and keep up the head of (a horse). **II.** *vr.* (of the sky) to clear up; to put away anger, to smooth one's brow, put on a pleasing countenance.
desencaprichar. I. *va.* to dissuade from error or prejudice; to disabuse, to cure of conceit. **II.** *vr.* to desist, yield, get over a whim, give up a hobby or mania.
desencarcelar, *va.* to set free (from prison).
desencarecer, *va.* (*ind.* DESENCAREZCO; *subj.* DESENCAREZCA) to reduce, to lower the price of.
desencarnar, *va.* to prevent (dogs) from eating game; to lose affection, liking for; to divert the mind from.
desencastillar, *va.* to expel or drive out of a castle; to manifest, make appear, reveal.
desencepar, *va.* (naut.) to clear (the anchor).
desencerrar, *va.* (*ind.* DESENCIERRO; *subj.* DESENCIERRE) to free from confinement; to open; to disclose, make known.
desencintar, *va.* to remove ribbons from (a person or thing); to remove the curb of (a sidewalk).
desenclavar, *va.* to draw out nails from; to put (one) violently out of one's place.
desenclavijar, *va.* to unpeg, take the pegs or pins from.
desencoger. I. *va.* (*ind.* DESENCOJO; *subj.* DESENCOJA) to unfold, to spread open. **II.** *vr.* to lay aside bashfulness or reserve, to grow bold.
desencogimiento, *m.* ease, naturalness.
desencojo, desencoja, *v. V.* DESENCOGER.
desencoladura, *f.* act or effect of ungluing.
desencolar, *va.* to unglue, to unsize.
desencolerizarse, *vr.* to grow calm, to cool off.
desenconar. I. *va.* to allay (an inflammation); to calm, appease; to make mild and benign. **II.** *vr.* to become milder; to be appeased, to quiet down, cool off.
desencono, *m.* mitigation of anger or passion.
desencordar, *va.* (*ind.* DESENCUERDO; *subj.* DESENCUERDE) to unstring (a musical instrument).
desencordelar, *va.* to loosen, untie or take off strings or cords from.
desencorvar, *va.* to straighten.
desencrespar, *va.* to uncurl, unfrizzle.
desencuadernar, *va.* to unbind, to take off the binding of (a book).
desencuerdo, desencuerde, *v. V.* DESENCORDAR.
desendemoniar, desendiablar, *va.* to drive an evil spirit out of.
desendiosar, *va.* to humble the vanity of.
desenfadadamente, *adv.* without embarrassment, boldly, unconcernedly.
desenfadaderas, *f. pl.*—**tener d.,** (coll.) to be resourceful.

desenfadado, da. I. *pp.* of DESENFADAR. **II.** *a.* unencumbered, free; ample, spacious; bold.
desenfadar. I. *va.* to appease, pacify. **II.** *vr.* to calm down, become calm, cool off.
desenfado, *m.* freedom, ease, naturalness; relaxation, diversion, entertainment.
desenfaldar, *va.* to let fall the train of (a gown).
desenfardar, desenfardelar, *va.* to unpack (bales of goods).
desenfilado, da. I. *a.* (mil.) under cover from fire. **II.** *f.* (fort.) defilading.
desenfilamiento, *m.* defilading.
desenfilar, *va.* to put under cover from flank fire; (fort.) to defilade.
desenfrailar, *vn.* to leave the monastic life, become secularized; (coll.) to come out from subjection; to rest from business for a time.
desenfrenado, da. I. *pp.* of DESENFRENAR. **II.** *a.* ungoverned, unbridled, wild, wanton.
desenfrenamiento, *m.* unruliness, rashness, wantonness, licentiousness, boundless liberty or license; libidinousness.
desenfrenar. I. *va.* to unbridle. **II.** *vr.* to give loose rein to one's passions and desires; to fly into a violent passion; to be mad or wild.
desenfreno, *m.* = DESENFRENAMIENTO.—**d. de vientre,** diarrhea.
desenfundar, *va.* to take out of a bag, bolster, pillowcase, sheath, etc.
desenfurecerse, *vr.* (*ind.* DESENFUREZCO; *subj.* DESENFUREZCA) to become calm or appeased.
desenganchar, *va.* to unhook, unclasp, unpin, unfasten; to uncouple; to disengage; to unhitch, unharness.
desengañadamente, *adv.* truly, clearly, ingenuously; awkwardly, carelessly, scurvily.
desengañado, da. I. *pp.* of DESENGAÑAR. **II.** *a.* disabused, disillusioned; schooled by experience; despicable; ill-executed.
desengañador, ra, *n.* undeceiver, disabuser.
desengañar. I. *va.* to undeceive, disabuse, set right. **II.** *vr.* to be disillusioned, not to fool oneself.
desengaño, *m.* detection or discovery of an error; undeceiving; disillusion, disappointment; censure, reproof, reproach, upbraiding.—*pl.* sad lessons of experience.
desengarrafar, *va.* to unfasten or disengage from claws or clenched fingers.
desengarzar, *va.* to take out of a setting; to loosen from clasps, links or hooks.
desengastar, *va.* to take out of its setting.
desengomar, *va.* to ungum; to unsize (silk).
desengoznar, *va.* to unhinge; to disjoint.
desengranar. I. *va.* to uncouple; to disengage. **II.** *vr.* to get out of gear.
desengrane, *m.* disengaging of gear.
desengrasar, *va.* to clean from grease; to scour.
desengrase, *m.* removal of grease; cleaning, scouring.
desengraso, *m.* (Chile) dessert.
desengrosar, *va.* (*ind.* DESENGRUESO; *subj.* DESENGRUESE) to extenuate, make lean, weaken; to make thin or fine.
desengrudar, *va.* to scrape or rub off paste from.
desengrueso, desengruese, *v. V.* DESENGROSAR.
desenhebrar, *va.* to unthread.
desenhornar, *va.* to take out of the oven.
desenjaezar, *va.* (*pret.* DESENJAECÉ; *subj.* DESENJAECE) to unharness; to unsaddle.
desenjalmar, *va.* to take off a packsaddle from.
desenjaular, *va.* to uncage; (coll.) to remove from or let out of jail.
desenlabonar, *va.* to unlink.
desenlace, *m.* denouement, winding up; conclusion, end.
desenlacé, desenlace, *v. V.* DESENLAZAR.
desenladrillar, *va.* to take off the tiles or bricks of.
desenlazar, *va.* (*pret.* DESENLACÉ; *subj.* DESENLACE) to unlace, untie, loose; to unravel (a dramatic plot).
desenlodar, *va.* to remove, clean off, mud from.
desenlosar, *va.* to take up the flagstones of; to remove paving from.
desenlutar, *va.* & *vr.* to take off mourning (from); to banish sorrow.
desenmallar, *va.* to take (fish) out of the net.
desenmarañar, *va.* to disentangle; to sleave (as a skein); straighten up; unravel, make clear.
desenmascarar, *va.* to unmask.
desenmohecer, *va.* (*ind.* DESENMOHEZCO; *subj.* DESENMOHEZCA) to clear of rust.
desenmudecer. I. *va.* (*ind.* DESENMUDEZCO; *subj.* DESENMUDEZCA) to remove an impediment of speech from. **II.** *vn.* & *vr.* to break a long silence.
desenojar. I. *va.* & *vr.* to appease, pacify, calm, allay the passion of. **II.** *vr.* to amuse oneself.
desenojo, *m.* appeasement, getting over anger.
desenredar. I. *va.* to disentangle; to unravel; to extricate, loose; to clear. **II.** *vr.* to extricate oneself from difficulties.
desenredo, *m.* disentanglement; denouement.
desenrollar, *va.* to unroll, unwind.
desenronar, *va.* to remove débris from.
desenroscar, *va.* (*pret.* DESENROSQUÉ; *subj.* DESENROSQUE) to untwine, untwist; to unscrew.
desensabanar, *va.* (coll.) to change or take off the sheets of.
desensamblar, *va.* to disjoint, separate.
desensañar, *va.* to appease, pacify.
desensartar, *va.* to unthread, unstring.
desensebar. I. *va.* to strip of fat. **II.** *vn.* to change occupation or exercise in order to render one's work more endurable; to draw breath; to take away the taste of fat (with an olive or sweets).
desenseñar, *va.* to correct faulty learning.
desensillar, *va.* to unsaddle.
desensoberbecer. I. *va.* (*ind.* DESENSOBERBEZCO; *subj.* DESENSOBERBEZCA) to humble. **II.** *vr.* to become humble, to control one's pride.
desensortijado, da, *a.* dislocated, displaced.
desentablar, *va.* to rip up or off planks or boards from; to disturb, disarrange, confuse; to embroil; to break off (a bargain); to estrange.
desentalingar, *va.* (naut.) to unbend (a cable).
desentarimar, *va.* to remove a platform or stand from.
desentenderse, *vr.* (*ind.* DESENTIENDO; *subj.* DESENTIENDA) (**de**) to feign not to understand; to ignore; to pay no attention (to); to shirk.
desentendido, da. I. *pp.* of DESENTENDERSE. **II.** *a.* unmindful, showing or feigning ignorance.—**hacerse el d.,** or **darse por d.,** (coll.) to wink at a thing; to pretend not to have noticed.
desenterrador, *m.* one that disinters or digs up.
desenterramiento, *m.* disinterment.
desenterrar, *va.* (*ind.* DESENTIERRO; *subj.* DESENTIERRE) to disinter, dig up, unearth; to recall (to the mind).
desentiendo, desentienda, *v. V.* DESENTENDERSE.
desentierramuertos, *m.* (coll.) calumniator or abuser of the dead.
desentierro, desentierre, *v. V.* DESENTERRAR.
desentoldar, *va.* to take off an awning from; to strip of ornaments.
desentonación, *f.* dissonance.
desentonadamente, *adv.* inharmoniously.
desentonado, da. I. *pp.* of DESENTONAR. **II.** *a.* out of tune; inharmonious, discordant.
desentonamiento, *m.* dissonance.
desentonar. I. *va.* to humble; to wound the pride of. **II.** *vn.* to be out of tune; to be inharmonious. **III.** *vr.* to be rude or uncouth; to raise the voice in disrespect.—**desentono,** *m.* harsh, rude tone of voice; musical discord; false note.
desentornillar, *va.* to unscrew.
desentorpecer. I. *va.* (*ind.* DESENTORPEZCO; *subj.* DESENTORPEZCA) to free from torpor; to restore motion to (torpid limbs). **II.** *vr.* to be freed from torpor; to be restored from numbness; to become lively, smart, or pert.
desentrampar, *va.* to free from debts.

desentrañamiento, *m.* giving away one's belongings as a proof of love.
desentrañar. I. *va.* to eviscerate, disembowel; to penetrate or dive into; to bring out, reveal, dig out; (naut.) to remove loops, twists, from (ropes). II. *vr.* to give away one's all out of love.
desentristecer, *va.* (*ind.* DESENTRISTEZCO; *subj.* DESENTRISTEZCA) to soothe the sadness of, to cheer, comfort.
desentronizar, *va.* (*pret.* DESENTRONICÉ; *subj.* DESENTRONICE) to dethrone; to deprive of power or authority.
desentumecer. I. *va.* (*ind.* DESENTUMEZCO; *subj.* DESENTUMEZCA) to free from torpor. II. *vr.* to be freed from numbness.
desentumir, *va.* & *vr.* = DESENTUMECER.
desenvainar, *va.* to unsheath (as a sword); (coll.) to expose, uncover; to show (the claws).
desenvelejar, *va.* (naut.) to strip of sails.
desenvendar, *va.* to take off fillets or bands from.
desenvenenar, *va.* to extract, remove poison from; to destroy the poison of, or in.
desenvergar, *va.* (*pret.* DESENVERGUÉ; *subj.* DESENVERGUE) (naut.) to unbend (a sail).
desenviolar, *va.* to bless or purify (a holy place which has been desecrated).
desenvoltura, *f.* sprightliness, ease; impudence, effrontery; lewd posture or gesture in women; graceful and easy delivery in conversation or acting.
desenvolvedor, ra, *n.* unfolder, investigator.
desenvolver. I. *va.* (*pp.* DESENVUELTO; *ind.* DESENVUELVO; *subj.* DESENVUELVA) to unfold, unroll; unwrap; to decipher, discover, unravel; to develop (as a theme); to evolve. II. *vr.* to be forward, to behave with too much assurance; to unfold, unroll.
desenvolvimiento, *m.* unfolding, development.
desenvueltamente, *adv.* in a free and easy manner; expeditiously.
desenvuelto, ta. I. *pp. irreg.* of DESENVOLVER. II. *a.* forward; free, easy.
desenvuelvo, desenvuelva, *v.* *V.* DESENVOLVER.
desenyesar. I. *va.* to remove plaster from. II. *vr.* (of a plastered surface) to scale off.
desenzarzar, *va.* & *vr.* to disentangle from brambles; to appease, reconcile.
deseo, *m.* desire, wish.—**tener d. de, venir en d. de,** to desire, be eager to.
deseoso, sa, *a.* desirous.
desequé, deseque, *v.* *V.* DESECAR.
desequido, da, *a.* dry.
desequilibrado, da. I. *pp.* of DESEQUILIBRAR. II. *a.* unbalanced, unpoised; of an unbalanced mind; reckless, thoughtless.
desequilibrar, *va.* to put out of balance.
desequilibrio, *m.* lack of equilibrium; an unbalanced condition; disorder, disturbance, confusion.
deserción, *f.* desertion; (law) abandonment of a suit by plaintiff.
deserrado, da, *a.* free from error.
desertar. I. *va.* to desert; to abandon. II. *vn.* **(de)** to desert (from).—**d. a,** to go over to.
desertor, ra, *n.* deserter; forsaker.
deservicio, *m.* disservice; fault committed against a person who has a claim to services.
deservir, *va.* (*ger.* DESIRVIENDO; *ind. pres.* DESIRVO, *pret.* él DESIRVIÓ; *subj.* DESIRVA) not to perform one's duty to; to disserve.
desescamar, *va.* to scale; to remove scales from.
desescombrar, *va.* to clear of rubbish.
deseslabonar, *va.* to cut the links of; to unlink.
desespaldar, *va.* to wound in the shoulder.
desesperación, *f.* despondency, despair, desperation; anger, passion, fury.—**es una d.,** (coll.) it is unbearable.
desesperado, da. I. *pp.* of DESESPERAR. II. *a.* desperate, hopeless; furious, raving mad.
desesperancé, desesperance, *v.* *V.* DESESPERANZAR.
desesperante, *a.* causing despair, maddening; hopeless.
desesperanza, *f.* despair, hopelessness.
desesperanzado, da, *a.* despairing, hopeless, despondent, desponding.
desesperanzar. I. *va.* (*pret.* DESESPERANCÉ; *subj.* DESESPERANCE) to deprive of hope, to discourage. II. *vr.* to lose hope, to despair, become discouraged.
desesperar. I. *vn.* to lose hope, to despair. II. *va.* to make (one) despair, to discourage hope; (coll.) (fig.) to drive crazy. III. *vr.* to despair, to despond; to fret, to be grievously vexed.—**desespero**, *m.* (Am.) despair; vexation.
desestancar, *va.* (*pret.* DESESTANQUÉ; *subj.* DESESTANQUE) to take away (a monopoly) from; to declare open to trade, raise the monopoly on.
desestañar, *va.* & *vr.* to unsolder.
desesterar, *va.* to take up the matting (from floors).
desestero, *m.* act and season of taking up mats.
desestima, desestimación, *f.* disesteem, disrespect; crying down, rejection.
desestimar, *va.* to disesteem, undervalue; to reject, deny.
desfacedor, *m.* (obs.) destroyer.—**d. de entuertos,** undoer of injuries, righter of wrongs.
desfacer, *va.* (*pp.* DESFECHO; *ind. pres.* DESFAGO, *pret.* yo DESFICE, él DESFIZO, *fut.* DESFARÉ; *subj.* DESFAGA) (obs.) = DESHACER.—**d. agravios,** or **d. entuertos,** to right wrongs.
desfachatado, da, *a.* (coll.) impudent, saucy, "nervy," "cheeky," brazen.
desfachatez, *f.* (coll.) impudence, assurance, effrontery, barefacedness, "nerve," "cheek."
desfago, desfaga, *v.* *V.* DESFACER.
desfajar, *va.* to ungird.
desfalcador, ra, *n.* embezzler, defaulter.
desfalcar, *va.* (*pret.* DESFALQUÉ; *subj.* DESFALQUE) to take away part of; to cut off, to lop; to defalcate, embezzle.
desfalco, *m.* diminution, diminishing, detracting; defalcation, embezzlement, peculation.
desfalqué, desfalque, *v.* *V.* DESFALCAR.
desfallecer. I. *vn.* (*ind.* DESFALLEZCO; *subj.* DESFALLEZCA) to pine, to fall away; to grow weak; to swoon, faint. II. *va.* to weaken, debilitate.
desfalleciente, *a.* pining, languishing.
desfallecimiento, *m.* languor; dejection; swoon, fainting fit.
desfallezco, desfallezca, *v.* *V.* DESFALLECER.
desfavorable, *a.* unfavorable, contrary.
desfavorecer, *va.* (*ind.* DESFAVOREZCO; *subj.* DESFAVOREZCA) to disfavor, to discountenance; to despise, contemn; to injure, hurt; to contradict, oppose.
desfecho, *pp.* of DESFACER.
desfibrar, *va.* to rid of fibers; to extract the fiber from.
desfice, *pret.* of DESFACER.
desfiguración, *f.*, **desfiguramiento**, *m.* deformation, disfigurement.
desfigurado, da. I. *pp.* of DESFIGURAR. II. *a.* disfigured, deformed.
desfigurar. I. *va.* to disfigure, deform; misshape; to disguise (as the voice); to misrepresent, misstate, distort; to cloud, to darken. II. *vr.* to become disfigured.
desfijar, *va.* to take off, pull off, remove.
desfilachar, *va.* to ravel; to uncord.
desfilada, *f.* (mil.) single file.
desfiladero, *m.* defile, narrow passage; road at the side of a precipice.
desfilar, *vn.* (mil.) to defile, to march off by files, file off; to march in review, parade.
desfile, *m.* defiling, marching by files; parade.
desfizo, *pret.* of DESFACER.
desflecar, *va.* (*pret.* DESFLEQUÉ; *subj.* DESFLEQUE) to remove the flakes of (wool) or frettings of (cloth).
desflocar, *va.* (*ind. pres.* DESFLUECO, *pret.* DESFLOQUÉ; *subj.* DESFLUEQUE) = DESFLECAR.
desfloración, *f.* defloration.
desfloramiento, *m.* violation, ravishment.

desflorar, *va.* to tarnish; to ruffle, discompose; to violate, deflower; to treat superficially, touch upon.
desflorecer, *vn.* & *vr.* to lose the flowers.
desflorecimiento, *m.* falling of flowers.
desflueco, desflueque, *v. V.* DESFLOCAR.
desfogar. I. *va.* (*pret.* DESFOGUÉ; *subj.* DESFOGUE) to vent, to make an opening in for fire; to give loose rein to (a horse). **II.** *vr.* to vent one's anger.
desfogonar, *va.* to widen or burst the vent of (a cannon).
desfogue, *m.* venting or foaming out of passion.
desfogué, desfogue, *v. V.* DESFOGAR.
desfollonar, *va.* to strip useless leaves off.
desfondar, *va.* to break or take off the bottom of; (naut.) to penetrate the bottom of (a ship); (agr.) to cultivate or dig (the soil) to a great depth.
desformar, *va.* to disfigure, deform.
desfortalecer, *va.* (*ind.* DESFORTALEZCO; *subj.* DESFORTALEZCA) (mil.) to dismantle, to demolish.
desfrenar, *va.* to unbridle.
desfrutar, *va.* to take the green fruit off (a tree).
desgaire, *m.* graceless mien or deportment; slovenliness; affected carelessness in dress; contemptuous gesture.—**al d.,** affectedly careless; disdainfully.
desgajadura, *f.* disruption, tearing off the branch of a tree.
desgajar. I. *va.* to tear off the branches of; to break or tear off. **II.** *vr.* to be separated or disjointed; to be torn off; to fall off.
desgaje, *m.* act of breaking or tearing off.
desgalgadero, *m.* rugged steep place.
desgalgar, *va.* & *vr.* (*pret.* DESGALGUÉ; *subj.* DESGALGUE) to precipitate, to throw headlong.
desgalichado, da, *a.* (coll.) ungainly, ungraceful.
desgana, *f.* lack of appetite; unwillingness, reluctance.—**desganado, da,** having no appetite.
desganar. I. *va.* to discourage. **II.** *vr.* to lose one's appetite; to lose interest; to become reluctant or unwilling.
desganchar, *va.* to lop off the branches of.
desgano, *m.* = DESGANA.
desgañifarse, desgañitarse, *vr.* to shriek, to scream at the top of one's voice.
desgarbado, da, *a.* ungraceful, uncouth, ungainly, gawky.
desgargantarse, *vr.* (coll.) to get hoarse from bawling or screaming, to shout oneself hoarse.
desgargolar, *va.* to ripple (as flax or hemp); to take (a board) out of a groove.
desgaritar. I. *vn.* (naut.) to lose the course. **II.** *vr.* (of sheep) to go astray from a fold; to give up a plan or undertaking.
desgarradamente, *adv.* impudently, barefacedly, shamelessly.
desgarrado, da, *a.* licentious, dissolute; impudent, shameless, bold.
desgarrador, ra. I. *n.* tearer. **II.** *a.* tearing; heart-breaking, heart-rending.
desgarradura, *f.* rent, laceration, break.
desgarrar. I. *va.* to rend, tear; to claw; (Cuba) to expectorate, cough up (phlegm). **II.** *vr.* to withdraw from another's company; to tear oneself away.
desgarro, *m.* laceration, rent, break, breach; impudence, effrontery; looseness, criminal levity; idle boast, brag.
desgarrón, *m. aug.* large rent or role; piece of cloth torn off.
desgasificador, *m.* (chem.) deaerator.
desgastado, da. I. *pp.* of DESGASTAR. **II.** *a.* (U. S., coll.) beat-up, worn-out.
desgastar. I. *va.* to wear away, abrade, consume, waste by degrees; to corrode, gnaw, eat away. **II.** *vr.* to lose strength and vigor; to debilitate oneself; to wear down or away.
desgaste, *m.* slow waste; attrition, abrasion; wear and tear; erosion, fray.
desgausamiento, *m.* degaussing (method of protecting a ship in a minefield).
desgaznatarse, *vr.* = DESGAÑITARSE.
desglosar, *va.* to blot out marginal notes from; to take off; to separate sheets from (a book).
desglose, *m.* act of blotting out a comment or gloss.
desgobernado, da. I. *pp.* of DESGOBERNAR. **II.** *a.* ill-governed or ungovernable person.
desgobernar. I. *va.* (*ind.* DESGOBIERNO; *subj.* DESGOBIERNE) to disturb or upset the government of; to misgovern; to dislocate or disjoint (as bones); (vet.) to bar (a vein) on a horse's leg; (naut.) to neglect, not handle right. **II.** *vr.* to affect ridiculous motions in dancing.
[1]**desgobierno,** *m.* mismanagement; misrule; maladministration; (vet.) barring a vein on a horse's leg.
[2]**desgobierno, desgobierne,** *v. V.* DESGOBERNAR.
desgolletar, *va.* to break off the neck of (a bottle or other vessel); to uncover the neck of.
desgomar, *va.* to ungum, to unsize (silk).
desgonzar, *va.* = DESGOZNAR.
desgoznar. I. *va.* to unhinge, disjoint. **II.** *vr.* to be dislocated or disjointed; to be torn in pieces; to distort the body with violent motions.
desgracia, *f.* misfortune, mishap; affliction, sorrow, grief, bereavement; enmity, unfriendly attitude; disgrace, state of being out of favor; lack of grace, ungracefulness; unpleasantness, rudeness of language and address.—**caer en d.,** to lose favor.—**correr d.,** to fail.—**por d.,** unfortunately.
desgraciadamente, *adv.* unfortunately.
desgraciado, da. I. *pp.* of DESGRACIAR. **II.** *a.* unfortunate, unhappy, unlucky; misadventured, luckless, hapless; out of work; disagreeable, ungrateful. **III.** *n.* wretch, unfortunate person.
desgraciar. I. *va.* to displease; maim; to spoil. **II.** *vr.* to disgrace, to lose favor; to fall out (with a person); to become a cripple; to lose the perfection formerly possessed; to degenerate; to die young; to fail, fall through (as a project).
desgramar, *va.* to pull up the grass from.
desgranadera, *f.* grape picker.
desgranador, ra, *n.* sheller, thrasher; flail.
desgranar. I. *va.* to beat or shake out the grain from (cereals); to thrash, flail; to shell (as peas). **II.** *vr.* to shed the grains; to scatter about (as beads); (mil.) to wear away (app. to the vent of firearms).—**desgrane,** *m.* shelling; (of grain) becoming loose; scattering of grain or beads.
desgranzar, *va.* to separate the husks or chaff from; (art) to give the first grinding to (colors).
desgrasar, *va.* to remove the grease from.
desgrase, *m.* removal of grease.
desgreñar. I. *va.* to dishevel. **II.** *vr.* to quarrel; to pull each other's hair.
desguace, *m.* rough dressing (of lumber).
desguarnecer, *va.* (*ind.* DESGUARNEZCO; *subj.* DESGUARNEZCA) to strip of trimmings and ornaments; to deprive of strength; to strip of all accessories; to disarm; to unharness.
desguazar, *va.* to rough-dress (timber) with ax; (naut.) to take (ship) to pieces; to break up.
desguince, *m.* knife that cuts rags in paper-mills; dodging, dodge.
desguindar. I. *va.* (naut.) to take and bring down. **II.** *vr.* to slide down a rope.
desguinzar, *va.* to cut (cloth or rags) in paper mills.
deshabitado, da. I. *pp.* of DESHABITAR. **II.** *a.* uninhabited, untenanted, deserted.
deshabitar, *va.* to move out of; to depopulate.
deshabituación, *f.* disuse, disusage, desuetude.
deshabituar, *va.* to disaccustom.
deshacedor, *m.*—**d. c. agravios,** undoer of injuries, righter of wrongs.
deshacer. I. *va.* (*pp.* DESHECHO; *ind. pres.* DESHAGO, *pret.* YO DESHICE, ÉL DESHIZO, *fut.* DESHARÉ; *subj.* DESHAGA) to undo; to destroy; take apart; to unwrap, untie (as a parcel); to upset

(plans); to consume, to diminish; to cancel, blot or scratch out; to efface; to cut to pieces, destroy; to put to flight; to melt, dissolve, liquefy; to cut up, divide; to violate (a treaty or agreement); (mil.) to discharge from service. —**d. agravios,** to right wrongs. **II.** *vr.* to be consumed, destroyed; to wear oneself out; to grieve, mourn; to disappear, vanish; to outdo oneself; to grow feeble or meagre; to be crippled, grievously maltreated.—**deshacerse de,** to get rid, or rid oneself, of; to part with.—**deshacerse en lágrimas,** to burst into tears.
deshago, deshaga, *v. V.* DESHACER.
deshaldo, *m.* = MARCEO, trimming honeycombs.
deshambrido, da, *a.* exceedingly hungry, famished, starving.
desharé, *fut.* of DESHACER.
desharrapado, da. *a.* shabby, ragged, in tatters.
desharrapamiento, *m.* misery, meanness.
deshebillar, *va.* to unbuckle.
deshebrar, *va.* to unthread, to ravel into threads to separate into filaments.
deshecha, *f.* simulation, evasion, shift; polite farewell; a step in a Spanish dance.—**a la d.,** dissemblingly; deceitfully.—**hacer la d.,** to dissemble, feign, pretend.
deshechizar, *va.* to disenchant; break a spell in.
deshechizo, *m.* disenchantment, breaking of a magic spell.
deshecho, cha. I. *pp.* of DESHACER. **II.** *a.* undone; exhausted; perfectly mixed (app. to colors).
deshelar. I. *va.* & *vr.* (*ind.* DESHIELO; *subj.* DESHIELE) to thaw; to melt. **II.** *v. impers.* to thaw.
desherbar, *va.* (*ind.* DESHIERBO; *subj.* DESHIERBE) to pluck up or extirpate herbs from; to weed.
desheredación, *f.*, **desheredamiento,** *m.* disinheriting, disinheritance.
desheredar. I. *va.* to disinherit; to cut out from an hereditary right. **II.** *vr.* to degenerate.
deshermanar. I. *va.* to destroy the similarity of. **II.** *vr.* to violate the love due to a brother.
desherradura, *f.* (vet.) surbating.
desherrar, *va.* (*ind.* DESHIERRO; *subj.* DESHIERRE to unchain; to rip off the shoes of (horses).
desherrumbrar, *va.* to clean of rust.
deshice, *pret.* of DESHACER.
deshidratación, *f.* dehydration.
deshidratador, *m.* dehydrator.
deshidratar, *va.* to dehydrate.
deshidrogenar, *va.* to dehydrogenize.
[1]**deshielo,** *m.* thaw, thawing.
[2]**deshielo, deshiele,** *v. V.* DESHELAR.
deshierbo, deshierbe, *v. V.* DESHERBAR.
deshierro, deshierre, *v. V.* DESHERRAR.
deshilachar. I. *va.* to ravel, to uncord. **II.** *vr.* to fuzz; to ravel.
deshilado, da. I. *pp.* of DESHILAR. **II.** *a.* marching in a file.—**a la d.,** in file, one after another; stealthily; deceitfully, dissemblingly. **III.** (embroidery) openwork, drawn work.
deshiladura, *f.* ripping, ravelling out.
deshilar. I. *va.* to ravel; to scrape (lint); to distract (bees); to carve (a fowl) in thin strips. **II.** *vr.* to grow thin; to fuzz.
deshilo, *m.* obstructing the communication of bees, to get them into a new hive.
deshilvanado, da. I. *pp.* of DESHILVANAR. **II.** *a.* disjointed, disconnected; without sequence.
deshilvanar, *va.* to remove basting threads from.
deshincadura, *f.* act of drawing out anytning nailed or fixed.
deshincar, *va.* to draw out, pull out, remove.
deshinchadura, *f.* act of reducing a swelling.
deshinchar. I. *va.* to reduce the swelling of, to deflate; to appease the anger or annoyance of. **II.** *vr.* (of anything swollen) to contract, decrease, shrink, shrivel; (coll.) to stop putting on airs.
deshizo, *pret.* of DESHACER.
deshojado, da. I. *pp.* of DESHOJAR. **II.** *a.* defoliate, leafless, stripped of leaves.
deshojador, *m.* stripper of leaves.
deshojadura, *f.* defoliation.
deshojar. I. *va.* to defoliate, strip of leaves. **II.** *vr.* to defoliate.
deshoje, *m.* falling of leaves.
deshollejar, *va.* to peel, pare, skin (as grapes); to shell (as beans).
deshollinadera, *f.* chimney-sweeping broom.
deshollinador, *m.* chimney sweeper; any device used for sweeping chimneys; (coll.) one that examines and inspects minutely and curiously.
deshollinar, *va.* to sweep or clean (chimneys); to clean (ceilings and walls) with a turk's head; (coll.) to view and examine minutely.
deshonestarse, *vr.* to be indecorous or lewd.
deshonestidad, *f.* immodesty; indecency; dishonesty; lewdness.
deshonesto, ta, *a.* immodest; lewd, unchaste, lustful; dishonest, dishonorable.
deshonor, *m.* dishonor, disgrace; insult, affront.
deshonorar, *va.* to dishonor, disgrace; to deprive of office or employ.
deshonra, *f.* dishonor, disgrace; seduction or violation (of a woman).—**tener a d.,** to consider dishonorable or disgraceful.
deshonrabuenos, *n.* calumniator; degenerate.
deshonradamente, *adv.* dishonorably, shamefully, disgracefully.
deshonrador, ra, *n.* dishonorer, disgracer.
deshonrar, *va.* to affront, insult, defame; to dishonor, disgrace; to scorn, to despise; to seduce or ruin (a woman).
deshonrible, *a.* (coll.) shameless, despicable.
deshonroso, sa, *a.* dishonorable, disgraceful.
deshora, *f.* unseasonable or inconvenient time.—**a d.,** or **a deshoras,** untimely, unseasonably; extemporary.
deshornar, *va.* to take out of the oven.
deshospedamiento, *m.* inhospitality, act of refusing strangers a lodging.
deshuesar, *va.* to bone (an animal); to take the pits out of (fruits). Also DESOSAR.
deshuevo, deshueve, *v. V.* DESOVAR.
deshumanar. I. *va.* to dehumanize. **II.** *vr.* to become dehumanized.
deshumanizar, *va.* to dehumanize.
deshumano, na, *a.* inhuman.
deshumedecer. I. *va.* (*ind.* DESHUMEDEZCO; *subj.* DESHUMEDEZCA) to dry out, to deprive of humidity. **II.** *vr.* to dry, become dry.
desiderable, *a.* desirable.
desiderativo, va, *a.* desirous.
desiderátum, *m.* desideratum.
desidia, *f.* laziness, indolence.
desidioso, sa, *a.* lazy, indolent.
desierto, ta. I. *a.* deserted, uninhabited, lonely. **II.** *m.* desert, waste, wilderness.
designable, *a.* designable.
designación, *f.* designation.
designado, da, *a.* appointive.
designar, *va.* to intend; to designate, name, appoint.
designio, *m.* design, purpose, intention.
desigual, *a.* unequal, unlike; uneven, unlevel, rough, broken, craggy; arduous, difficult; perilous; changeable; abrupt; excessive, extreme.
desigualar. I. *va.* to make unequal or dissimilar; to mismatch. **II.** *vr.* to excel, to surpass.
desigualdad, *f.* inequality, difference; changeableness, inconstancy; wrong, injury, injustice; knottiness; unevenness, roughness, cragginess.
desilusión, *f.* disillusion, disillusionment.
desilusionar. I. *va.* to disillusion, disenchant; to undeceive. **II.** *vr.* to lose an illusion; to be disabused, undeceived; to become disillusioned.
desimanación, *f.* demagnetization.
desimanar. I. *va.* to demagnetize. **II.** *vr.* to become demagnetized, lose its magnetism.
desimantación, *f.* = DESIMANACIÓN.
desimantar, *va.* & *vr.* = DESIMANAR.
desimpresionar, *va.* to undeceive.
desinclinar, *va.* to disincline.
desincorporar, *va.* & *vr.* to dissolve (a corporation).

desincrustante. I. *a.* scale-removing. II. *n.* disincrustant, boiler compound.
desincrustar, *va.* to remove incrustations from.
desinencia, *f.* (gram.) declension, inflection, desinence; (rhet.) ending of a sentence.
desinfección, *f.* disinfection; disinfecting.
desinfectante, *n.* & *a.* disinfectant(-ing)
desinfectar, *va.* to disinfect; to sterilize.
desinficionamiento, *m.* disinfection.
desinficionar, *va.* to disinfect.
desinflación, *f.* deflation.
desinflamar, *va.* to remove the inflammation of.
desinflar, *va.* to deflate.
desinsaculación, *f.* act of drawing lots.
desinsacular, *va.* to draw lots or names from an urn or balloting box.
desintegrable, *a.* fissionable.
desintegración, *f.* disintegration; (nuclear phys.) decay, decay product.—**d. atómica,** atomic fission.—**d. en cadena,** (nuclear phys.) decay chain.
desintegrar, *va.* & *vr.* to disintegrate.
desinterés, *m.* disinterestedness.
desinteresadamente, *adv.* disinterestedly.
desinteresado, da, *a.* disinterested, impartial.
desintonizar, *va.* to detune.
desinvernar, *vn.* (mil.) to leave winter quarters.
desirvo, etc. *v. V.* DESERVIR.
desistencia, *f.*, **desistimiento,** *m.* desisting, act of desisting.
desistir, *vn.* (**de**) to desist (from), cease, give up; to flinch (from); (law) to waive (a right).
desjarretadera, *f.* hooked knife for hocking or hamstringing cattle.
desjarretar, *va.* to hock, to hamstring; (coll.) to weaken, to debilitate (as by bleeding a patient).
desjarrete, *m.* act of hamstringing or hocking.
desjugar, *va.* (*ind.* DESJUGUÉ; *subj.* DESJUGUE) to extract the juice from.
desjuiciado, da, *a.* lacking sense or judgment.
desjuntamiento, *m.* separation, disjunction.
desjuntar, *va.* & *vr.* to disjoint, divide; to separate, to part.
deslabonar. I. *va.* to unlink, to disjoin; to destroy. II. *vr.* to withdraw, to retire.
desladrillar, *va.* to remove tiles or bricks from.
deslamar, *va.* to clear of mud.
deslastrar, *va.* (naut.) to unballast, remove the ballast from.
deslatar, *va.* to take off the laths from.
deslavado, da. I. *pp.* of DESLAVAR. II. *a.* (fig.) impudent, barefaced.
deslavadura, *f.* washing, rinsing.
deslavar, *va.* to wash or cleanse superficially, to rinse; to wet, spoil by wetting; to take away the color, force, or vigor of.
deslavazar, *va.* = DESLAVAR.
deslazar, *va.* to unlace, untie.
desleal, *a.* disloyal; perfidious, faithless.
deslealmente, *adv.* disloyally, treacherously.
deslealtad, *f.* disloyalty, treachery, faithlessness.
deslechugador, *m.* vinedresser, pruner.
deslechugar, deslechuguillar, *va.* (agr.) to cut and prune the branches of (vines).
desleidura, *f.*, **desleimiento,** *m.* dilution; making thin or weak.
desleír, *va.* (*ind. pres.* yo DESLÍO, *pret.* él DESLIÓ; *subj.* yo DESLÍA) to dilute; dissolve; to make thin or weak.
deslendrar, *va.* (*ind.* DESLIENDRO; *subj.* DESLIENDRE) to clear (hair) of nits, delouse.
deslenguado, da. I. *pp.* of DESLENGUAR. II. *a.* loquacious; impudent; foul-mouthed, scurrilous.
deslenguamiento, *m.* loquacity; impudence.
deslenguar. I. *va.* to cut out the tongue of. II. *vr.* to speak impudently or recklessly, to unloosen one's tongue.
desliar, *va.* to untie, loose, unpack.
deslicé, deslice, *v. V.* DESLIZAR.
desliendro, desliendre, *v. V.* DESLENDRAR.
desligadura, *f.*, **desligamiento,** *m.* disjunction, untying.
desligar. I. *va.* (*pret.* DESLIGUÉ; *subj.* DESLIGUE) to loosen, untie, unbind; to disentangle, extricate, unravel; to absolve from ecclesiastical censure; excuse from an obligation; to remove (from a ship) part of its knees or futtock-timbers, or the spikes holding them; (med.) to unfasten (bandages or ligatures); (mus.) to play or sing staccato. II. *vr.* to get loose, to give way.
deslindador, *m.* one who sets boundaries.
deslindamiento, *m.* demarcation, determination of boundaries.
deslindar, *va.* to mark the boundaries of; to clear up, to define, circumscribe.
deslinde, *m.* = DESLINDAMIENTO.
desliñar, *va.* to clean (fulled cloth) before sending to the press.
deslío, deslió, etc. *v. V.* DESLEÍR.
desliz, *m.* slip; act of slipping or sliding; false step; frailty, slight fault; (min.) mercury that escapes in smelting silver ore.
deslizable, *a.* that can slip or slide.
deslizadero, ra. I. *a.* slippery. II. *m.* slippery place.
deslizadizo, za, *a.* = DESLIZADERO.
deslizador, *m.* (aer.) glider.
deslizamiento, *m.* slip, slipping; skidding.
deslizante, *a.* gliding.
deslizar. I. *vn.* & *vr.* (*pret.* DESLICÉ; *subj.* DESLICE) to slip; to slide; to skid; to glide; to act or speak carelessly. II. *vr.* to shirk, to evade.
deslomadura, *f.* act of breaking the back; (vet.) a disease of the muscles of the loins.
deslomar, *va.* to break the back of; to distort or strain the loins of, to chine.
deslucidamente, *adv.* ungracefully, inelegantly; poorly, badly, unsuccessfully.
deslucido, da, *a.* unadorned; ungraceful, awkward; useless, fruitless.—**quedar,** or **salir, d.,** to fail, make or be a failure, to make or be a fizzle.
deslucimiento, *m.* failure, lack of success; awkwardness, uncouthness.
deslucir. I. *va.* (*ind.* DESLUZCO; *subj.* DESLUZCA) to tarnish or impair the lustre and splendor of; to discredit, impair the reputation of. II. *vr.* to do poorly, to be a failure; to tarnish one's reputation.
deslumbrador, ra, *a.* dazzling, glaring.
deslumbramiento, *m.* glare, overpowering lustre, dazzling; confusion of sight or mind, hallucination.
deslumbrante, *a.* dazzling.
deslumbrar, *va.* to dazzle; to puzzle, to leave in doubt and uncertainty.
deslustrado, da. I. *pp.* of DESLUSTRAR. II. *a.* unglazed.
deslustrador, ra, *n.* & *a.* tarnisher(-ing).
deslustrar, *va.* to tarnish, to take away the lustre of, to dim; to remove the glaze from; to sponge; to make less beautiful or illustrious; to soil, stain, (reputation, etc.).
deslustre, *m.* spot or stain; dimness, dulness; disgrace, ignominy, stigma.
deslustroso, sa, *a.* unbecoming, ugly.
desluzco, desluzca, *v. V.* DESLUCIR.
desmadejamiento, *m.* languishment, languidness.
desmadejar. I. *va.* to enervate, to produce languor in. II. *vr.* to languish, to be enervated and weak.
desmadrado, da, *a.* (of animals) separated from the mother.
desmadrar, *va.* to separate (an animal) from the mother.
desmagnetizar, *va.* to demagnetize.
desmajolar, *va.* to pull up (vines) by the roots; to loosen or untie.
desmalladura, *f.* act of ripping up or breaking meshes.
desmallar, *va.* to cut and destroy the meshes of.
desmamar, *va.* = DESTETAR, to wean.
desmamonar, *va.* to cut off the young shoots of.

desmán, *m.* misbehavior; excess in actions or words; misfortune, mishap, calamity; (zool.) desman.
desmanarse, *vr.* to stray from a flock or herd.
desmandado, da. I. *pp.* of DESMANDAR. II. *a.* impudent; unbridled, lawless, unruly; disobedient.
desmandar. I. *va.* to repeal (an order), to countermand; to revoke. II. *vr.* to transgress the bounds of justice and reason; to be impudent; to lose moderation or self-control; to stray from the flock; to go astray.
desmanear, *va.* to unfetter, to take off fetters or shackles from (horses, mules, etc.).
desmangar, *va.* to take off the handle of.
desmanotado, da, *a.* unhandy, awkward.
desmantecar, *va.* to take butter or lard out of.
desmantelado, da. I. *pp.* of DESMANTELAR. II. *a.* dismantled, dilapidated.
desmantelamiento, *m.* dismantling; dilapidation, ruined condition.
desmantelar, *va.* to dismantle; to abandon, desert, forsake; (naut.) to unmast.
desmaña, *f.* awkwardness, clumsiness; laziness.
desmañado, da. I. *a.* unhandy, clumsy, awkward; lazy, indolent. II. *n.* (coll.) butterfingers.
desmarojar, *va.* to take dry leaves or branches off (a tree).
desmarrido, da, *a.* sad, dejected; exhausted.
desmatar, *adv.* = DESCUAJAR, to uproot.
desmayadamente, *adv.* weakly, dejectedly.
desmayado, da. I. *pp.* of DESMAYAR. II. *a.* pale, wan, faint of lustre; dismayed, discouraged.
desmayar. I. *vn.* to be dispirited, faint-hearted, discouraged. II. *va.* to dismay, depress, discourage. III. *vr.* to faint, swoon.
desmayo, *m.* swoon, fainting fit; lowering of vigor or strength; dismay, discouragement.
desmazalado, da, *a.* weak, dejected, faint-hearted, spiritless.
desmechado, da, *a.* (Am.) disheveled.
desmedidamente, *adv.* disproportionately, excessively.
desmedido, da. I. *pp.* of DESMEDIRSE. II. *a.* excessive, unconscionable.
desmedirse, *vr.* (*ger.* DESMIDIENDO; *ind. pres.* me DESMIDO, *pret.* se DESMIDIÓ; *subj.* me DESMIDA) to forget oneself, to be impudent or saucy; to lose self-control.
desmedrado, da. I. *pp.* of DESMEDRAR. II. *a.* damaged, injured; worn out; wasted, emaciated.
desmedrar. I. *vn.* to decrease, decay. II. *va.* to impair.
desmedro. *m.* diminution, detriment.
desmejora, *f.* deterioration, depreciation, impairment; diminution, loss.
desmejorar. I. *va.* to debase, to make worse, impair. II. *vn.* & *vr.* to decline, become worse; to deteriorate.
desmelar, *va.* (*ind.* DESMIELO; *subj.* DESMIELE) to take the honey from (a hive).
desmelenar, *va.* to dishevel, to disarrange or muss the hair of.
desmembración, *f.* dismemberment, amputation, division.
desmembrar, *va.* (*ind.* DESMIEMBRO; *subj.* DESMIEMBRE) to dismember, to tear asunder; to curtail; (surg.) to amputate; to separate, divide.
desmemoria, *f.* forgetfulness; lack of memory.
desmemoriado, da. I. *pp.* of DESMEMORIARSE. II. *a.* forgetful; devoid of memory.
desmemoriarse, *vr.* to become forgetful, to forget; to lose the memory.
desmenguar, *va.* to lessen; to diminish.
desmentida, *f.* act of giving the lie.
desmentidor, ra. I. *a.* that gives the lie, disproving. II. *n.* one who gives the lie; disprover.
desmentir. I. *va.* (*ind.* DESMIENTO; *subj.* DESMIENTA) to give the lie to; to convince of a falsehood; to contradict, disprove; to counterfeit, conceal, dissemble; to do things unworthy of (one's birth, character, profession). II. *vn.* to deviate from the right line. III. *vr.* to recant, retract, take back.
desmenucé, desmenuce, *v.* *V.* DESMENUZAR.
desmenuzable, *a.* crisp, crumbly, crimp, easily crumbled.
desmenuzador, ra, *n.* one who crumbles; investigator; purifier.
desmenuzamiento, *m.* crumbling, breaking into small pieces.
desmenuzar. I. *va.* (*pret.* DESMENUCÉ: *subj.* DESMENUCE) to crumble, crumb; to shred; to break or tear into bits; to chip, mill, fritter; to sift, examine minutely. II. *vr.* to crumble, to fall into small pieces.
desmeollamiento, *m.* taking out the marrow.
desmeollar, *va.* to take the marrow or pith from.
desmerecedor, ra, *a.* unworthy, undeserving.
desmerecer. I. *va.* (*ind.* DESMEREZCO; *subj.* DESMEREZCA) to become unworthy or undeserving of. II. *vn.* to lose worth; to deteriorate; to be comparatively inferior, compare unfavorably.
desmerecimiento, *m.* demerit, unworthiness.
desmerezco, desmerezca, *v.* *V.* DESMERECER.
desmesura, *f.* excess, lack of measure.
desmesuradamente, *adv.* disproportionately, excessively.
desmesurado, da. I. *pp.* of DESMESURAR. II. *a.* disproportionate, excessive.
desmesurar. I. *va.* to disorder, disarrange, disturb. II. *vr.* to be forward, impudent, saucy.
desmido, desmida, etc. *v.* *V.* DESMEDIRSE.
desmielo, desmiele, *v.* *V.* DESMELAR.
desmiembro, desmiembre, *v.* *V.* DESMEMBRAR.
desmiento, desmienta, *v.* *V.* DESMENTIR.
desmigajar. I. *va.* & *vr.* to crumble; to comminute (as bread). II. *vr.* to crumble.
desmigar, *va.* (*pret.* DESMIGUÉ; *subj.* DESMIGUE) to crumble (bread).
desmilitarización, *f.* demilitarization.
desmilitarizar, *va.* to demilitarize.
desmineralización, *f.* (med.) abnormal loss of mineral substances.
desmirriado, da, *a.* (coll.) lean, emaciated, exhausted; melancholy.
desmocha, desmochadura, *f.* lopping or cutting off; diminution or destruction of part of a thing.
desmochar, *va.* to lop or cut off the top of (a tree, etc.); to dehorn.
desmoche, *m.* = DESMOCHA.
desmocho, *m.* heap of things lopped or cut off.
desmogar, *vn.* to cast the horns, as deer.
desmogue, *m.* act of casting the horns.
desmolado, da, *a.* having no molars or grinders.
desmoldamiento, *m.* removal of a casting from the mold.
desmoldar, *va.* to remove from the mold, to "strike the frame."
desmonetización, *f.* demonetization; conversion of coins into bullion.
desmonetizar. I. *va.* to convert (money) into bullion; to demonetize. II. *vr.* (of stocks) to depreciate, lose value.
desmontable, *a.* demountable.
desmontado, da. I. *pp.* of DESMONTAR. II. *a.* unmounted, dismounted; (mech.) knocked down.
desmontador, ra, *n.* one who fells wood; dismounter.
desmontadura, *f.* felling timber, clearing of shrubbery.
desmontar. I. *va.* to clear (a wood); to remove (dirt or rubbish); to grub, to fallow; to uncock (firearms); to take apart (as a machine); to dismount (a troop of horse); to dismount (cannon). —**d. el timón,** (naut.) to unhang the rudder. II. *vn.*, *vr.* to dismount, to alight from a horse, mule, etc.
desmonte, *m.* grubbing or clearing of trees and undergrowth; timber remaining on the spot; (Ry.) cut; (min.) discarded ore or rock.
desmoñar, *va.* (coll.) to undo (the hair knot).
desmoralicé, desmoralice, *v.* *V.* DESMORALIZAR.

desmoralización, *f.* demoralization; corruption.
desmoralizador, ra, *a.* demoralizing.
desmoralizar. I. *va.* (*pret.* DESMORALICÉ; *subj.* DESMORALICE) to demoralize, corrupt, deprave. **II.** *vr.* to become demoralized; (mil.) to lose the morale, to flag in morale.
desmoronadizo, za, *a.* easily crumbled, crumbly; lacking solidity or permanence.
desmoronamiento, *m.* crumbling.
desmoronar. I. *va.* to abrade, to destroy little by little, to ruin by insensible degrees. **II.** *vr.* to fall, decay, crumble.
desmostar. I. *va.* to separate the must from (grapes). **II.** *vn.* to ferment.
desmotadera, *f.* woman who burls cloth; burling iron.
desmotador, ra. I. *n.* & *a.* burler(-ing). **II.** *f.* cotton opener; (Am.) cotton gin.
desmotar, *va.* to burl; to gin.
desmovilización, *f.* demobilization.
desmovilizar, *va.* (mil.) to demobilize.
desmullir, *va.* to disarrange or impair the softness of.
desmurador, *m.* mouser (cat).
desnacionalización, *f.* denationalization.
desnacionalizar, *va.* to denationalize.
desnarigado, da. I. *pp.* of DESNARIGAR. **II.** *a.* noseless; having a tiny nose.
desnarigar, *va.* to cut off the nose of.
desnatadora, *f.* separator (cream).
desnatar, *va.* to skim; to take off the flower or choicest part of.
desnaturalicé, desnaturalice, *v. V.* DESNATURALIZAR.
desnaturalización, *f.* expatriation, denaturalization, denationalization.
desnaturalizado, da. I. *pp.* of DESNATURALIZAR. **II.** *a.* denaturalized; denatured; unnatural.
desnaturalizar. I. *va.* (*pret.* DESNATURALICÉ; *subj.* DESNATURALICE) to denaturalize, denationalize; to banish, exile; to disfigure, pervert (as a fact); to denature. **II.** *vr.* to abandon one's country.
desnegamiento, *m.* denial; contradiction; retraction, retractation.
desnegar. I. *va.* (*ind. pres.* DESNIEGO, *pret.* DESNEGUÉ; *subj.* DESNIEGUE) to deny, gainsay, contradict. **II.** *vr.* to retract, recant.
desnervar, *va.* to enervate.
desnevado, da. I. *pp.* of DESNEVAR. **II.** *a.* free from snow.
desnevar, *va.* (*ind.* DESNIEVO; *subj.* DESNIEVE) to thaw, dissolve.
desniego, desniegue, *v. V.* DESNEGAR.
desnievo, desnieve, *v. V.* DESNEVAR.
desnitrificación, *f.* denitrification.
desnitrificar, *va.* to denitrify.
desnivel, *m.*, **desnivelación,** *f.* unevenness, difference of elevation, drop.
desnivelar. I. *va.* to unlevel, make uneven. **II.** *vr.* to lose its level.
desnucar. I. *va.* (*pret.* DESNUQUÉ; *subj.* DESNUQUE) to break the neck of; to kill by a blow on the nape. **II.** *vr.* to break one's neck.
desnudador, ra, *n.* one that denudes.
desnudamente, *adv.* nakedly; evidently.
desnudamiento, *m.* (coll.) strip tease.
desnudar. I. *va.* to strip, undress, denude, uncover; to fleece; (naut.) to unrig. **II.** *vr.* to undress, to strip, to deprive oneself of; to rid oneself of.
desnudez, *f.* nudity, nakedness.
desnudista, *f.* (coll.) stripteaser.
desnudo, da. I. *a.* nude, naked; bare, uncovered; ill-clothed; plain, evident; empty-handed; destitute of merit, interest, resources, etc. **II.** *m.* nude figure in art.
desnuqué, desnuque, *v. V.* DESNUCAR.
desnutrición, *f.* malnutrition, underfeeding.
desnutrido, da. I. *pp.* of DESNUTRIR. II. *a.* undernourished.
desnutrir, *va.* & *vr.* to undernourish.
desobedecer, *va.* & *vn.* (*ind.* DESOBEDEZCO; *subj.* DESOBEDEZCA) to disobey.
desobediencia, *f.* disobedience.
desobediente, *a.* disobedient.
desobligar, *va.* (*pret.* DESOBLIGUÉ; *subj.* DESOBLIGUE) to release from an obligation; to disoblige; to offend; to alienate the good will of.
desobstrucción, *f.* clearing, removal of obstructions or obstacles.
desobstruir, *va.* (*ind.* DESOBSTRUYO; *subj.* DESOBSTRUYA) to remove obstructions from, to clear; (med.) to deobstruct.
desocupación, *f.* leisure; unemployment.
desocupadamente, *adv.* deliberately, leisurely.
desocupado, da. I. *pp.* of DESOCUPAR. **II.** *a.* idle, without occupation; vacant, unoccupied. **III.** *n.* unemployed person; (Am.) idler.
desocupar. I. *va.* to vacate; to evacuate; to empty. **II.** *vr.* to disengage oneself from a business or occupation.
desodorante, *n.* & *a.* deodorant.
desoír, *va.* (*ger.* DESOYENDO; *ind. pres.* DESOIGO, *pret.* él DESOYÓ; *subj.* DESOIGA) to pretend not to hear; not to heed.
desojar. I. *va.* & *vr.* to break or burst the eye of (as of a needle). **II.** *vr.* to strain one's sight; to look intently.
desolación, *f.* desolation, destruction, havoc; fall; intense grief or affliction.
desolado, da. I. *pp.* of DESOLAR. **II.** *a.* desolate; disconsolate.
desolar. I. *va.* (*ind.* DESUELO; *subj.* DESUELE) to desolate, lay waste; to harass. **II.** *vr.* to suffer great grief.
desoldar. I. *va.* (*ind.* DESUELDO; *subj.* DESUELDE) to unsolder. **II.** *vr.* (of soldered pieces) to come unsoldered, break apart.
desolladero, *m.* abattoir, slaughterhouse.
desollado, da. I. *pp.* of DESOLLAR. **II.** *a.* (coll.) forward, impudent, insolent.
desollador, ra. I. *n.* flayer, extortioner. **II.** *m.* butcher bird.
desolladura, *f.* act and effect of flaying or skinning; excoriation; extortion.
desollar, *va.* (*ind.* DESUELLO; *subj.* DESUELLE) to flay, to skin; to excoriate; to fleece; to cause great harm or injury to.—**d. vivo,** (coll.) to extort an immoderate price from; to speak ill of.—**falta el rabo por d.,** the worst is yet to come.
desollón, *m.* = DESOLLADURA.
desonzar, *va.* to discount or deduct a certain number of ounces per pound of; to insult, to defame, revile.
desopilar, *va.* (med.) to clear obstructions from.
desopilativo, va, *m.* & *a.* (med.) deobstruent.
desopinado, da. I. *pp.* of DESOPINAR. **II.** *a.* having lost reputation.
desopinar, *va.* to defame.
desoprimir, *va.* to free from oppression.
desorden, *m.* disorder, confusion, mess; lawlessness, excess; turmoil, disturbance, riot.
desordenado, da. I. *pp.* of DESORDENAR. **II.** *a.* disorderly, irregular; lawless, licentious.
desordenar. I. *va.* to disorder, disarrange, upset. **II.** *vr.* to exceed or go beyond all rule; to be out of order, to be irregular; to get unruly, be unmanageable (as a horse).
desorejado, da, *a.* (coll.) licentious, dissolute, degraded.
desorejamiento, *m.* cropping off the ears.
desorejar, *va.* to crop off the ears of.
desorganicé, desorganice, *v. V.* DESORGANIZAR.
desorganización, *f.* disorganization.
desorganizador, ra, *n.* & *a.* disorganizer(-ing).
desorganizar. I. *va.* (*pret.* DESORGANICÉ; *subj.* DESORGANICE) to disorganize; to break up, disperse; (chem.) to decompose; (mil.) to disband. **II.** *vr.* to become disorganized; to disband, disperse; (med.) to be altered, disorganized.
desorientación, *f.* lack of orientation, loss of bearings; confusion, lack of system.
desorientar, *va.* & *vr.* to disorient; to lose or

cause to lose one's bearings; to lose the way; to confuse, to lead into error.
desorillar, *va.* to cut off the selvage of (cloth); to cut the border off.
desortijado, da. I. *pp.* of DESORTIJAR. **II.** *a.* (vet.) sprained.
desortijar, *va.* to hoe or weed the first time.
desosar, *va.* (*ind.* DESHUESO: *subj.* DESHUESE) = DESHUESAR, to bone (an animal); to pit (fruit).
desovar, *vn.* (*ind.* DESHUEVO; *subj.* DESHUEVE) to spawn.
desove, *m.* spawning; spawning season.
desovillar, *va.* to unwind; to unclew, unravel, disentangle.
desoxidable, *a.* deoxidizable.
desoxidación, *f.* deoxidation.
desoxidante, *n.* & *a.* deoxidizer(-ing).
desoxidar, *va.* & *vn.* to deoxidize.
desoxigenación, *f.* deoxidation.
desoxigenante, *n.* & *a.* = DESOXIDANTE.
desoxigenar, *va.* to deoxidize.
desoyendo, desoyó, *v. V.* DESOÍR.
despabiladeras, *f. pl.* snuffers (for candles).
despabilado, da. I. *pp.* of DESPABILAR. **II.** *a.* vigilant; wakeful; lively, smart.
despabilador, ra. I. *n.* & *a.* snuffer(-ing). **II.** *m.* candle snuffer.
despabiladura, *f.* end of candlewick snuffed or trimmed.
despabilar. I. *va.* to trim or snuff (a candle); to trim, cut off from; to finish briefly or quickly (as a dinner or a fortune); to rouse, to enliven; (coll.) to rob, to plunder; (coll.) to kill.—**d. el ingenio,** to sharpen the wits.—**d. los ojos,** to keep a sharp lookout. **II.** *vr.* to wake up.
despacio. I. *adv.* slowly; deliberately. **II.** *interj.* softly, gently. **III.** *m.* (Am.) slowness.—**con d.,** slowly; carefully.
despacioso, sa, *a.* slow, phlegmatic, sluggish.
despacito, *adv.* (coll.) very slowly, gently, softly.
despachaderas, *f. pl.* (coll.) surly rejoinder; quickness, resourcefulness.
despachado, da. I. *pp.* of DESPACHAR. **II.** *a.* (coll.) impudent, bold-faced, brazen.
despachador, ra, *n.* sender, one who despatches.
despachar. I. *va.* to despatch; to expedite, abridge, facilitate; to send; to ship, to express; to perform with despatch; to get out, write and send, attend to (correspondence); to wait on, serve (as in a shop); to dismiss, discharge.—**d. géneros,** or **mercaderías, en la aduana,** to clear or take out goods or merchandise at the customhouse.—**d. un barco,** (com.) to clear a vessel at the customhouse. **II.** *vr.* to make haste. **III.** *vn.* in offices, to carry papers drawn up for the signature of the principal; (com.) to expend, to let goods go for money or barter; (coll.) to wait on customers.
despacho, *m.* expedient, determination; despatch, expedition; shipping, shipment, sending; custom, application from buyers; cabinet, department; office, bureau; countinghouse; depot; sale of goods; trade; demand; commission, warrant, patent; official communication or despatch.—**d. de aduana,** customhouse clearance.—**d. de billetes,** or **boletos,** ticket office.—**d. de localidades,** box office.—**d. telegráfico,** cablegram, telegram.—**d. universal,** state department.—**tener buen d.,** to be quick, to be energetic and prompt.
despachurrado, da. I. *pp.* of DESPACHURRAR. **II.** *a.* smashed, squashed, crushed.—**dejar a uno d.,** (coll.) to leave one dumfounded.
despachurrar, *va.* (coll.) to squash, smash, crush; (coll.) to make a jumble of (an explanation).—**d. el cuento,** to interrupt a story and prevent its conclusion.
despajadura, *f.* winnowing.
despajar, *va.* to winnow or separate (grain from chaff).—**despajo,** *m.* winnowing or cleaning.
despaldar, *va.* & *vr.* to dislocate or break the shoulder of.
despaldilladura, *f.* breaking or dislocation of an animal's shoulder.
despalillar, *va.* to remove the stems from (raisins); to strip (tobacco, etc.).
despalmador, *m.* (naut.) careening place, dockyard; hoof-paring knife.
despalmadura, *f.* calking, paying the bottom.
despalmar, *va.* (naut.) to grave, to calk; to pare (a horse's hoof).—**despalme,** *m.* = DESPALMADURA.
despampanador, *m.* pruner of vines.
despampanadura, *f.* act of pruning vines.
despampanar. I. *va.* to prune (vines); (coll.) to astound by a piece of news. **II.** *vn.* (coll.) to unbosom oneself, to give vent to one's feelings. **III.** *vr.* (coll.) to be injured by a fall.
despamplonar. I. *va.* to separate the shoots of. **II.** *vr.* to sprain the hand.
despancijar, despanzurrar, *va.* (coll.) to burst the belly of.
despapar, *vn.* (of a horse) to carry the head too high.
desparecer, *vn.* (*ind.* DESPAREZCO; *subj.* DESPAREZCA) = DESAPARECER, to disappear.
desparedar, *va.* to take down the walls of.
desparejar, *va.* to break a pair of, to separate from a pair.
desparpajado, da. I. *pp.* of DESPARPAJAR. **II.** *a.* pert, petulant, garrulous.
desparpajar. I. *va.* to undo in a disorderly manner. **II.** *vn.* & *vr.* (coll.) to rant, to prattle.
desparpajo, *m.* (coll.) pertness of speech or of manner.
desparramado, da. I. *pp.* of DESPARRAMAR. **II.** *a.* wide open; spread, scattered.
desparramador, ra, *n.* disperser; dilapidator; prodigal, waster, spendthrift.
desparramamiento, *m.* spreading, scattering; squandering, extravagance, dissipation.
desparramar. I. *va.* & *vr.* to scatter, disseminate, spread; to squander, dissipate, lavish. **II.** *vr.* to amuse oneself; to be dissipated.
despartidor, *m.* one who separates or divides.
despartimiento, *m.* separation, or division.
despartir, *va.* to part, separate, divide; to reconcile, make peace between.
desparvar, *va.* to undo the sheaves and spread the stalks of (grain) on the floor.
despasar, *va.* (naut.) to unsling, unreeve, shift.
despatarrada, *f.* (coll.) spreading of the legs; a certain change or movement in a Spanish dance.—**hacer la d.,** (coll.) to pretend disease or pain; to feign death.
despatarrarse, *vr.* (coll.) to straddle; to fall with spread legs; to do the splits; to be stupefied or dumfounded; to remain motionless.
despatillar. I. *va.* to tenon; (naut.) to break off the arm of (an anchor). **II.** *vr.* (coll.) to shave off one's whiskers.
despavesaderas, *f. pl.* = DESPABILADERAS.
despavesadura, *f.* act of snuffing a candle.
despavesar, *va.* to snuff (a candle).
despavorido, da, *a.* terrified, aghast.
despavorir, *vn.* & *vr.* (*defect.*: *it has only the moods and persons having the letter* **i**) to be terrified, to be frightened, to be aghast.
despeadura, *f.,* **despeamiento,** *m.* bruising the feet with travel; (vet.) surbating.
despearse, *vr.* to bruise the feet (or hoofs) or make them sore by much walking.
despectivo, va, *a.* depreciatory; contemptuous.
despechadamente, *adv.* angrily, spitefully.
[1]**despechar. I.** *va.* to enrage, to excite indignation in. **II.** *vr.* to fret; to despair; to be spiteful.
[2]**despechar,** *va.* (coll.) to wean.
despecho, *m.* spite; despair; grudge.—**a d. de,** despite, in spite of, in defiance of.
despechugadura, *f.* cutting off the breast of a fowl; uncovering one's breast.
despechugar. I. *va.* (*pret.* DESPECHUGUÉ; *subj.* DESPECHUGUE) to cut off the breast of (a fowl). **II.** *vr.* (coll.) to uncover the breast; to walk with bare breast.
despedacé, despedace, *v. V.* DESPEDAZAR.

despedazador, ra, *n.* & *a.* dissector(-ing); tearer(-ing); lacerator(-ing), mangler(-ing).
despedazamiento, *m.* laceration, dissection, cutting to pieces; mangling.
despedazar. I. *va.* (*pret.* DESPEDACÉ; *subj.* DESPEDACE) to cut into bits, to tear into pieces; to cut asunder; to limb, to claw; to lacerate, mangle; to torment, to harrow (as the feelings). **II.** *vr.* to break or fall to pieces.—**d. de risa,** to hold one's sides with laughter.
despedida, *f.* leave-taking, farewell; send-off; seeing a person off; discharge, dismissal.
despedimiento, *m.* = DESPEDIDA.
despedir. I. *va.* (*ger.* DESPIDIENDO; *ind. pres.* DESPIDO, *pret.* él DESPIDIÓ; *subj.* DESPIDA) to emit, discharge; fling, throw off or out; to dismiss, discharge; to see (a person) off on a journey; to escort (a guest) to the door; to dismiss (as from the mind). **II.** *vr.* (**de**) to take leave (of), say good-bye (to); to quit; to renounce; to go out from service, to leave one's occupation.—**d. a la francesa,** to take French leave, sneak away.
despedregar, *va.* to clear of stones.
despegable, *a.* that may be unglued or disjoined.
despegadamente, *adv.* unconcernedly, unaffectionately.
despegado, da. I. *pp.* of DESPEGAR. **II.** *a.* unglued; (coll.) sour of temper; unpleasant, harsh; distant, indifferent; unaffectionate, unfeeling.
despegadura, *f.* ungluing, detaching, separating.
despegamiento, *m.* DESAPEGO, indifference.
despegar. I. *va.* (*pret.* DESPEGUÉ; *subj.* DESPEGUE) to unglue, detach, separate, disjoin.—**d. los labios, la boca,** to speak. **II.** *vr.* to come off; to withdraw one's affection; to become indifferent. **III.** *vn.* (aer.) to rise, to take off.—**despego,** *m.* asperity; aversion; coolness, indifference, lack of affection.
despegué, despegue, *v. V.* DESPEGAR.
despegue, *m.* (aer.) take-off.
despeinado, da, *a.* uncombed, unkempt.
despeinar, *va.* to disarrange the hair of.
despejadamente, *adv.* expeditiously, readily, smartly, neatly.
despejado, da. I. *pp.* of DESPEJAR. **II.** *a.* sprightly, smart, vivacious; clear, cloudless; unobstructed, clear.
despejar. I. *va.* to remove impediments from, clear; (math.) to solve for, find the value of. **II.** *vr.* to become bright and smart; to amuse oneself; (of an ill person) to be relieved of pain; (of the weather, sky, etc.) to clear up.
despejo, *m.* removal of obstacles, clearing; sprightliness, smartness, briskness; grace, ease.
despelotar, *va.* to dishevel.
despeluzamiento, *m.* entanglement or disarrangement of the hair; making the hair stand on end; goose flesh.
despeluzar, *va.* & *vr.* to make (the hair) stand on end; to be horrified.
despeluznante, *a.* horrifying, frightful.
despeluznar, *va.* & *vr.* = DESPELUZAR.
despellejadura, *f.* scratch, slight wound; skinning.
despellejar, *va.* to flay, to skin, to strip; (fig.) to speak ill of.
despenar, *va.* to relieve from pain; (coll.) to kill.
despendedor, ra, *n.* spendthrift, prodigal, lavisher, waster.
despender, *va.* to spend; to waste, squander.
despensa, *f.* pantry, larder; store of provisions for a journey; butlership; provisions for daily use; marketing; contract for a yearly supply of fodder; (naut.) steward's room.
despensería, *f.* office of steward.
despensero, ra, *n.* butler; caterer, dispenser, distributer; (naut.) steward.
despeñadamente, *adv.* precipitately.
despeñadero, ra. I. *a.* steep, precipitous, headlong. **II.** *m.* precipice, crag; dangerous undertaking.
despeñadizo, za, *a.* steep, precipitous; glib, slippery.
despeñamiento, *m.* = DESPEÑO.
despeñar. I. *va.* to precipitate, to fling down a precipice. **II.** *vr.* to throw oneself headlong; to lead a riotous life.—**despeño,** *m.* precipitate fall; loss of fortune and character; diarrhea.
despepitadora, *f.* stoner, corer; seed separator.—**d. de algodón,** cotton gin.
despepitar, *va.* to remove the seeds from; to gin.
despepitarse, *vr.* to loosen one's tongue; to vociferate; to speak or act rashly or heedlessly.—**d. por,** to long for, to be dying or itching to.
despercudir, *va.* to clean or wash.
desperdiciadamente, *adv.* profusely, wastefully.
desperdiciado, da. I. *pp.* of DESPERDICIAR. **II.** *a.* wasted, destroyed, squandered.
desperdiciador, ra, *n.* spendthrift, squanderer.
desperdiciar, *va.* to waste; to squander, misspend; not to avail oneself of, not to utilize, to lose, miss (an opportunity, etc.).
desperdicio, *m.* waste; prodigality, profusion; (gen. *pl.*) refuse, offal, remains, garbage.
desperdigamiento, *m.* spreading, scattering.
desperdigar, *va.* to separate, disjoin; to scatter.
desperecerse, *vr.* (*ind.* DESPEREZCO; *subj.* DESPEREZCA) to crave, to long, to desire eagerly.
desperezarse, *vr.* to stretch one's limbs; to shake off sloth.
desperezco, desperezca, *v. V.* DESPERECERSE.
desperezo, *m.* = ESPEREZO, stretching (limbs).
desperfecto, *m.* deterioration, wear and tear; slight injury or damage, blemish, imperfection, flaw.
desperfilar, *va.* (art) to soften the lines of.
despernado, da. I. *pp.* of DESPERNAR. **II.** *a.* weary, fatigued, tired.
despernar. I. *va.* (*ind.* DESPIERNO; *subj.* DESPIERNE) to injure or cut off the legs of. **II.** *vr.* to injure or lose one's legs.
despertador, ra. I. *n.* awakener. **II.** *m.* alarm bell in clocks; alarm clock; warning, admonition, hint that causes worriment.
despertamiento, *m.* awakening.
despertar. I. *va.* & *vr.* (*pp.* DESPERTADO, DESPIERTO; *ind.* DESPIERTO; *subj.* DESPIERTE) to wake up, awaken; to enliven; to remind, recall; to excite, sharpen (as the appetite, curiosity). **II.** *vn.* to awake, wake up; to revive.
despesar, *m.* displeasure, aversion, dislike.
despestañar. I. *va.* to pluck out the eyelashes of. **II.** *vr.* to look intently, to study hard.
despezar, *va.* to bevel; to taper.
despezo, *m.* taper; bevel.—*pl.* (arch.) beveled faces of a stone at the joints.
despezonar. I. *va.* to cut off the stem of; to divide, to separate. **II.** *vr.* to break off (as the stalk of fruit or the arm of an axletree).
despezuñar. I. *va.* to cut off the hoof of. **II.** *vr.* (Am.) to rush at breakneck speed.—**d. por,** to long for; to hustle for, set one's heart on.
despiadado, da, *a.* unmerciful, pitiless.
despicar. I. *va.* (*pret.* DESPIQUÉ; *subj.* DESPIQUE) to satisfy, to gratify. **II.** *vr.* (**de** or **con**) to take revenge (for), get square (with).
despichar. I. *va.* to expel or discharge; to pick; (Am.) to crush, smash. **II.** *vn.* (coll.) to die.
despidida, *f.* gutter, passage for water.
despidiente, *m.* board between a hanging scaffold and the wall.—**d. de agua,** (arch.) flashing.
[1]**despido,** etc., *v. V.* DESPEDIR.
[2]**despido,** *m.* discharge, dismissal, layoff.
despierno, despierne, *v. V.* DESPERNAR.
despiertamente, *adv.* ingeniously, cleverly.
[1]**despierto, ta. I.** *pp. irreg.* of DESPERTAR. **II.** *a.* awake; watchful; diligent; lively, smart; clear-sighted.
[2]**despierto, despierte,** *v. V.* DESPERTAR.
despiezo, *m.* (arch.) = DESPEZO, bevel.
despilfarrado, da. I. *pp.* of DESPILFARRAR. **II.** *a.* ragged, shabby, in tatters; prodigal, wasteful.
despilfarrador, ra, *a.* spendthrift, wasteful.

despilfarrar, *va.* to waste, squander.
despilfarro, *m.* slovenliness, uncleanliness; waste, lavishment, squandering, extravagance; misgovernment, maladministration.
despimpollar, *va.* to prune away the useless stems of.
despincé, despince, *v. V.* DESPINZAR.
despinces, *m. pl.* tweezers. Also DESPINZAS.
despintar. I. *va.* to blot or efface; to disfigure; to mislead. **II.** *vn.* to degenerate. **III.** *vr.* to fade, wash off, lose color; to forget.
despinte, *m.* (Am.) (min.) low-grade or poor ore.
despinzadera, *f.* woman that burls.—*pl.* burling iron.
despinzar, *va.* (*pret.* DESPINCÉ; *subj.* DESPINCE) to burl.
despinzas, *f. pl.* burling iron; DESPINCES.
despiojar, *va.* & *vr.* to delouse; (coll.) to relieve from misery.
despique, *m.* vengeance, revenge.
despiqué, despique, *v. V.* DESPICAR.
despistar, *va.* to turn from the trail or course.
despizcar. I. *va.* (*pret.* DESPIZQUÉ; *subj.* DESPIZQUE) to triturate, crush; break or cut into small bits. **II.** *vr.* to exert oneself to the utmost.
desplacer. I. *va.* (*ind.* DESPLAZCO; *subj.* DESPLAZCA) to displease. **II.** *m.* displeasure.
desplanchar, *va.* to wrinkle, rumple, muss.
desplantación, *f.* eradication, uprooting.
desplantador, ra. I. *n.* eradicator, one who pulls up plants. **II.** *m.* trowel, scoop trowel.
desplantar. I. *vr.* to lose one's erect posture in fencing or dancing. **II.** *va.* to uproot; to deviate from the vertical.—**desplante,** *m.* oblique posture in fencing; injudicious action or speech.
desplatar, *va.* to separate silver from.
desplate, *m.* act of separating silver from other metals.
desplayar, *vn.* to recede from the shore (as the tide).
desplazamiento, *m.* displacement.
desplazar, *va.* (naut.) to displace, have a displacement of.
desplazco, desplazca, *v. V.* DESPLACER.
desplegadura, *f.* unfolding, spreading out; elucidation, explanation.
desplegar. I. *va.* (*ind.* DESPLIEGO; *subj.* DESPLIEGUE) to unfold, display; to spread, lay out; to explain, elucidate; (naut.) to unfurl.—**d. la bandera,** to hoist the flag. **II.** *vr.* to open, unfold (as flowers); to spread out, deploy (as (troops).
despleguetear, *va.* (agr.) to remove the folds from the tendrils of (vines).
despliego, despliegue, *v. V.* DESPLEGAR.
despliegue, *m.* unfurling, unfolding; spreading out; (mil.) deployment.
desplomar. I. *va.* (of a wall, etc.) to put out of vertical, to cause to lean. **II.** *vr.* to get out of plumb, to lean over; to tumble down, collapse, topple over; (aer.) to pancake.
desplome, *m.* leaning; collapse, tumbling down, downfall; (aer.) pancaking.
desplomo, *m.* deviation from the vertical.
desplumado, da. I. *pp.* of DESPLUMAR. **II.** *a.* deplumate, featherless.
desplumadura, *f.* plucking (a bird).
desplumar. I. *va.* & *vr.* to deplume, to pluck (a bird); (coll.) to despoil or strip of property. **II.** *vr.* to moult.
despoblación, *f.* depopulation.
despoblado, *m.* uninhabited place; wilderness.
despoblador, ra, *n.* & *a.* depopulator(-ing).
despoblar. I. *va.* (*ind.* DESPUEBLO; *subj.* DESPUEBLE) to depopulate; to despoil or desolate. **II.** *vr.* to become depopulated.
despojador, ra, *n.* & *a.* despoiler(-ing).
despojar. I. *va.* to despoil, strip of property; to deprive of, to cut off from, judicially; to dismiss, turn out of a place or employment. **II.** *vr.* (**de**) to take off (as a coat); to undress, to strip; to relinquish; to forsake; to divest oneself (of).
despojo, *m.* spoliation; plunder, spoils; slough, cast-off skin of a serpent; head, pluck, and feet of slaughtered animals.—*pl.* leavings, scraps from the table; giblets of fowls; débris; remains; second-hand building materials.
despolaricé, despolarice, *v. V.* DESPOLARIZAR.
despolarización, *f.* depolarization.
despolarizador, ra. I. *a.* depolarizing. **II.** *m.* (elec.) depolarizer.
despolarizar, *va.* (*pret.* DESPOLARICÉ; *subj.* DESPOLARICE) to depolarize.
despolvar, *va.* to dust.
despolvorear, *va.* to dust; to cast away, scatter, dissipate; (coll.) to sprinkle.
despopularizar, *va.* & *vr.* (*pret.* DESPOPULARICÉ; *subj.* DESPOPULARICE) to make or become unpopular.
desportillar, *va.* to chip off the corners or edges of; break the neck of (a bottle, pot, etc.); (arch.) to splay.
desposado, da. I. *pp.* of DESPOSAR. **II.** *a.* newly married; handcuffed.
desposar. I. *va.* to marry (to perform the marriage ceremony for). **II.** *vr.* to be betrothed, engaged or married.
desposeedor, ra. I. *a.* dispossessing. **II.** *n.* dispossessor.
desposeer, *va.* to dispossess, oust.
desposeimiento, *m.* dispossession.
desposorio, *m.* betrothal; (gen. *pl.*) mutual promise to contract marriage, engagement.
déspota, *m.* despot, tyrant.
despótico, ca, *a.* despotic.
despotismo, *m.* despotism, tyranny.
despotizar, *va.* & *vn.* to tyrannize, to oppress.
despotricar, *vn.* & *vr.* (coll.) to talk without restraint.
despreciable, *a.* contemptible, despicable, low-down; inappreciable, negligible.
despreciador, ra, *n.* & *a.* despiser(-ing), scorner (-ing), contemner(-ing).
despreciar, *va.* to despise, scorn, look down on; to reject, lay aside; to neglect.—**despreciativo, va,** *a.* depreciative, depreciatory; contemptuous.—**desprecio,** *m.* scorn, contempt; slight; neglect; dispraise.
desprender. I. *va.* to unfasten, loose, separate; to emit, give out. **II.** *vr.* (**de**) to give way, to fall down; to issue (from), come out (of), break, or fall, off (of); to extricate oneself (from); to dispossess oneself (of), give away; to follow, be a consequence (of); to part (with); to rid oneself (of).
desprendido, da. I. *pp.* of DESPRENDER. **II.** *a.* disinterested, generous; loose.
desprendimiento, *m.* act of loosening; disinterestedness; indifference; landslide, landslip.
despreocupación, *f.* freedom from bias, open-mindedness; unconventionality.
despreocupado, da. I. *pp.* of DESPREOCUPAR. **II.** *a.* unprejudiced; unconventional; freethinking.
despreocupar. I. *va.* to unbias, free from prejudice. **II.** *vr.* to become unbiased, to shake off prejudice; (**de**) to ignore; to discard, set aside; to pay no attention (to).
desprestigiado, da. I. *pp.* of DESPRESTIGIAR. **II.** *a.* having lost one's reputation, in bad repute, unpopular.
desprestigiar. I. *va.* to bring into disrepute, to impair the reputation of. **II.** *vr.* to lose reputation or prestige.—**desprestigio,** *m.* loss of reputation or prestige, unpopularity.
desprevención, *f.* improvidence, want of caution.
desprevenido, da, *a.* unprovided; unprepared.
desproporción, *f.* disproportion; disparity.
desproporcionado, da. I. *pp.* of DESPROPORCIONAR. **II.** *a.* disproportionate; out of proportion; unsuitable, unbecoming.
desproporcionar, *va.* to disproportion, to mismatch, to misproportion.
despropositado, da, *a.* absurd.

despropósito, *m.* absurdity, nonsense.
desproveer, *va.* (*pp.* DESPROVEÍDO, DESPROVISTO) to deprive of provisions or the necessaries of life.
desproveído, da. I. *pp.* of DESPROVEER. **II.** *a.* unprovided; unprepared.
desprovisto, ta. I. *pp. irreg.* of DESPROVEER. **II.** *a.* unprovided, lacking, wanting.—**d. de,** destitute of, all out of.
despueble, [1]**despueblo,** *m.* depopulation.
[2]**despueblo, despueble,** *v. V.* DESPOBLAR.
después, *adv.* after, afterward, next, then, later. —**d. de,** after; next to.—**d. de que, d. que,** after.
despulir, *va.* to tarnish; to frost, grind (glass).
despulsarse, *vr.* to be violently affected with any passion; (**por**) to be eagerly desirous (of).
despumación, *f.* despumation, skimming.
despumadera, *f.* = ESPUMADERA, skimmer.
despumar, *va.* = ESPUMAR, to skim.
despuntador, *m.* (min.) ore separator; hammer for breaking ore.
despuntadura, *f.* blunting, taking off the point.
despuntar. I. *va.* to blunt, to crop, cut off, wear out the point of; to cut away the dry combs of (a beehive); (naut.) to double (a cape). **II.** *vn.* to advance in knowledge; to manifest wit and genius; to begin to sprout or bud; to be outstanding; to surpass, excel, morally.—**d. el día, d. el alba, d. la aurora,** to dawn.
desquejar, *va.* to pluck up a shoot near the root of (a plant).—**desqueje,** *m.* pulling up a shoot near the root of a plant.
desquerer, *va.* to lose affection or liking for, to cease to love or like.
desquiciador, ra, *n.* he who or that which unhinges, unsettles or overthrows.
desquiciamiento, *m.* unhinging, disjoining; downfall.
desquiciar. I. *va.* to unhinge, to disjoint; to unsettle, disorder; to deprive of favor or protection; to undermine; to overthrow. **II.** *vr.* to become unhinged; to lose support or backing; to fall down.
desquijaramiento, *m.* act of breaking the jaws.
desquijarar, *va.* to break the jaws of; (naut.) to break the cheek of (a block).
desquijerar, *va.* (carp.) to tenon.
desquilatar, *va.* to diminish the intrinsic value of (gold).
desquitar. I. *va.* to retrieve (a loss). **II.** *vr.* (**de**) to win one's money back; to retaliate, take revenge (for); to get even.
desquite, *m.* compensation, recovery of a loss; revenge, retaliation.
desrabotar, *va.* to cut off the tail of.
desramar, *va.* to strip of branches.
desramillar, *va.* (agr.) to prune (vines).
desrancharse, *vr.* to leave a mess (eating together).
desrastrojar, *va.* to remove the stubble from.
desrazonable, *a.* (coll.) unreasonable.
desregladamente, *adv.*, **desreglado, da,** *a.*, **desreglarse,** *vr.* = DESARREGLADAMENTE, etc.
desrelingar, *va.* (naut.) to take away the boltropes from (the sails).
desreputación, *f.* (coll.) dishonor, disrepute.
desrizar, *va.* (*pret.* DESRICÉ; *subj.* DESRICE) to uncurl.
desroblar, *va.* to take the rivets out of.
destacado, da, I. *pp.* of DESTACAR. **II.** *a.* prominent, outstanding.
destacamento, *m.* (mil.) detachment; station; post.
destacar. I. *va.* (*pret.* DESTAQUÉ; *subj.* DESTAQUE) to bring out, make conspicuous, emphasize; (mil.) to detach. **II.** *vr.* to stand out, be conspicuous; to be prominent, outstanding; to loom.
destaconar, *va.* to wear out the heels of.
destajador, *m.* smith's hammer.
destajar, *va.* to contract for (a job); to do as taskwork; to cut (the cards); to bring out, make stand out. **II.** *vr.* to stand out; to tower, be conspicuous; to project.
destajero, ra, destajista, *n.* person who does taskwork.
destajo, *m.* job, taskwork.—**a d.,** by the job, piece (work); by the lump; earnestly, diligently.
destalonar, *va.* to break or wear out the heels of; to take off coupons from; (vet.) to level the hoofs of.
destallar, *va.* to prune useless branches from.
destapada, *f.* pie without an upper crust.
destapar. I. *va.* to uncover, take off (cover, lid, cap). **II.** *vr.* to become or get uncovered.
destapiado, *m.* place where mud walls have been torn down.
destapiar, *va.* to pull down the mud walls of.
destaponar, *va.* to remove the stopper from.
destarar, *va.* (com.) to diminish the tare of.
destartalado, da, *a.* huddled, jumbled; scantily and poorly furnished.
destazador, ra, *n.* one who cuts up slaughtered animals.
destazar, *va.* to cut up (a carcass).
destechadura, *f.* unroofing.
destechar, *va.* to unroof.
destejar, *va.* to remove tiles; to leave defenseless.
destejer, *va.* to unweave, ravel, unbraid.
destellar. I. *vn.* to twinkle, beam, sparkle, flash. **II.** *va.* to give forth, emit.
destello, *m.* sparkle, beam, flash, scintillation.
destemplado, da. I. *pp.* of DESTEMPLAR. **II.** *a.* inharmonious; out of tune; intemperate; (art) inharmonious, incongruous.
destemplanza, *f.* unsteadiness of the weather; disorder, intemperance; excess, abuse; (med.) indisposition, distemper; want of moderation.
destemplar. I. *va.* to disorder, alter; disconcert; to put to confusion; to put out of tune (a musical instrument). **II.** *vr.* to be ruffled, discomposed; to be out of order; to be irregular or abnormal; to get out of tune; to act improperly or rashly; to lose moderation; (of metal) to lose its temper.
destemple, *m.* discordance, disharmony; being out of tune; discomposure, disorder; intemperance, lack of moderation; slight indisposition; (of metals) untempering, lack of temper.
destentar, *va.* (*ind.* DESTIENTO; *subj.* DESTIENTE) to lead out of temptation.
desteñir, *va.* & *vr.* (*pret.* DESTIÑÓ; *subj.* DESTIÑA) to discolor, to change from the natural hue.
desternillarse, *vr.* to break a cartilage.—**d. de risa,** (coll.) to split one's sides with laughter.
desterradero, *m.* retired part of the town.
desterrado, da. I. *pp.* of DESTFRRAR. **II.** *n.* exile, outcast.
desterrar, *va.* (*ind.* DESTIERRO; *subj.* DESTIERRE) to banish, exile; to lay or put aside; to take the earth off the roots of.
desterronador, ra, *n.* clod crusher, stubble plow.
desterronar, *va.* & *vr.* to break the clods of.
destetadera, *f.* pointed instrument placed on the teats of cows to prevent the calves from sucking.
destetar. I. *va.* to wean. **II.** *vr.* to wean oneself from an evil habit or custom.
destete, *m.* weaning.
desteto, *m.* number of weanlings; place where newly-weaned mules are kept.
destiempo, *adv.*—**a d.,** unseasonably, untimely.
[1]**destiento,** *m.* surprise; mental commotion.
[2]**destiento, destiente,** *v. V.* DESTENTAR.
destierre, *m.* removal of dirt from ore, cleaning.
[1]**destierro,** *m.* exile, banishment; place where exile lives; any remote and solitary place.
[2]**destierro, destierre,** *v. V.* DESTERRAR.
destilable, *a.* distillable.
destilación, *f.* distillation; filtration; flow of serum.—**d. seca,** destructive distillation.
destiladera, *f.* still, alembic, distilling vessel; filter.
destilador, ra. I. *n.* & *a.* distiller(-ing). **II.** *m.* filtering stone; alembic, still.

destilar. I. *va.* to distil; to filter through a stone. II. *vn.* to distil, to drop, to fall in drops.
destilatorio, ria. I. *a.* distilatory, distilling. II. *m.* distillery; still, alembic.
destilería, *f.* distillery.
destinación, *f.* destination; assignment.
destinado, da. I. *pp.* of DESTINAR.—**estar d. a,** to be bound to (e.g. fail). II. *a.* (a), (of a letter, etc.) addressed (to).
destinar, *va.* to destine; to appoint; to designate; to allot, assign; (naut.) to station (ships).
destinatario, ria, *n.* addressee; consignee.
destino, *m.* destiny, fate; destination; appointment, job, employment; (naut.) station.—**con d. a,** bound for, going to.
destiño, etc. *v. V.* DESTEÑIR.
destiranizado, da, *a.* freed from tyranny.
destitución, *f.* dismissal from an employment, office, or charge; destitution, dereliction, abandonment.
destituíble, *a.* dismissable, removable.
destituir, *va.* (*ger.* DESTITUYENDO; *ind. pres.* DESTITUYO, *pret.* él DESTITUYÓ; *subj.* DESTITUYA) to deprive; to make destitute; to dismiss from office.
destocar, *va.* (*pret.* DESTOQUÉ; *subj.* DESTOQUE) to uncoif, to pull off the cap or headdress from.
destorcedura, *f.* untwisting; uncurling.
destorcer. I. *va.* (*ind.* DESTUERZO; *subj.* DESTUERZA) to undo, untwist, uncurl; to rectify, to straighten out. II. *vr.* to become untwisted; to bend, warp; to feaze, to unlay; to deviate; to drift.
destornillado, da. I. *pp.* of DESTORNILLAR. II. *a.* reckless, heedless, rash.
destornillador, *m.* unscrewer; screwdriver.
destornillamiento, *m.* unscrewing; recklessness, rashness, wildness.
destornillar. I. *va.* to unscrew. II. *vr.* to act recklessly, or wildly.
destoserse, *vr.* to feign a cough.
destostarse, *vr.* (of the skin) to lose the suntan.
destrabar, *va.* to unfetter, unbind, to untie, loosen, separate; to break the barriers of.
destraillar, *va.* to unleash.
destral, *m.* small axe or hatchet.—**destraleja,** *f.* very small hatchet.—**destralero, ra,** *n.* axe maker.
destramar, *va.* to unweave, to undo the warp of.
destrejar, *vn.* to work or act with expertness.
destrenzar, *va.* (*pret.* DESTRENCÉ; *subj.* DESTRENCE) to unplait, unbraid, undo a tress of.
destreza, *f.* dexterity, skill; nimbleness.
destricé, destrice, *v. V.* DESTRIZAR.
destrincar, *va.* & *vr.* (naut.) to loose, to unlash.
destripacuentos, *n.* one who interrupts often the person who is talking, one "butting in."
destripamiento, *m.* disembowelment; crushing.
destripar, *va.* to disembowel, gut, eviscerate; to crush, smash; to draw out the inside of; (coll.) to interrupt and spoil (a story).
destripaterrones, *m.* (coll.) harrower, clodbeater; uncultured person.
destripular, *va.* to discharge the crew of.
destrísimo, ma, *a. super.* very dexterous or skillful.
destriunfar, *va.* (cards) to draw out the trumps from (the other players).
destrizar. I. *va.* (*pret.* DESTRICÉ; *subj.* DESTRICE) to mince, crumble, break in pieces; to tear in strips. II. *vr.* to be heartbroken, to languish with grief.
destrocar, *va.* (*ind.* DESTRUECO; *subj.* DESTRUEQUE) to return (a thing bartered).
destrocé, destroce, *v. V.* DESTROZAR.
destrogiro, ra, *a.* clockwise.
destrón, *m.* blind man's guide.
destronamiento, *m.* dethronement.
destronar, *va.* to dethrone. overthrow.
destroncamiento, *m.* detruncation, amputation, lopping of trees; ruination.
destroncar, *va.* (*pret.* DESTRONQUÉ; *subj.* DESTRONQUE) to detruncate, lop, cut short; to maim, dislocate; to cut in pieces; to ruin, destroy; to tire out; (of animals) to overwork.
destrorso, sa, *a.* clockwise.
destrozar, *va.* (*pret.* DESTROCÉ; *subj.* DESTROCE) to destroy, to shatter, to mangle, to break or cut to pieces; to annihilate; to waste, squander.
destrozo, *m.* destruction, havoc, ruin; rout, defeat; massacre.—**destrozón, na,** *a.* destructive of wearing apparel, shoes, etc.
destrucción, *f.* destruction.
destructibilidad, *f.* destructibility.
destructible, *a.* destructible.
destructivamente, *adv.* destructively.
destructividad, *f.* destructiveness.
destructivo, va, *a.* destructive.
destructor, ra, *n.* & *a.* destructor, destroyer (-ive, -ing).
[1]**destrueco, destrueque,** *m.* mutual restitution of things bartered.
[2]**destrueco, destrueque,** *v. V.* DESTROCAR.
destruíble, *a.* destructible.
destruidor, ra, *n.* & *a.* = DESTRUCTOR, RA.
destruir. I. *va.* (*ger.* DESTRUYENDO; *ind. pres.* DESTRUYO, *pret.* él DESTRUYÓ; *subj.* DESTRUYA) to destroy; to ruin; to demolish; to squander; to baffle, thwart; to prevent from earning a living. II. *vr.* to destroy one another; (math.) to cancel.
destruyente, *a.* destroying, destructive.
destuerzo, destuerza, *v. V.* DESTORCER.
desubstanciar, *va.* = DESUSTANCIAR.
desucación, *f.* act of extracting the juice.
desudar, *va.* to wipe off the sweat from.
desueldo, desuelde, *v. V.* DESOLDAR.
desuelo, desuele, *v. V.* DESOLAR.
desuellacaras, *m.* (coll.) bad barber; (coll.) impudent, shameless person.
[1]**desuello,** *m.* act of flaying, fleecing, or skinning; forwardness, impudence, insolence; (coll.) extortion.
[2]**desuello, desuelle,** *v. V.* DESOLLAR.
desulfuración, *f.* desulphurization.
desulfurar, *va.* to desulphurize.
desuncir, *va.* (*ind.* DESUNZO; *subj.* DESUNZA) to unyoke.
desunidamente, *adv.* separately, severally; disunitedly.
desunido, da. I. *pp.* of DESUNIR. II. *a.* disunited, disrupted, unjointed.
desunión, *f.* separation, disunion, disjunction; discord, disunion, feud.
desunir. I. *va.* to separate, take apart; to occasion discord between, to estrange. II. *vr.* to loosen, to fall or break apart; to become separated.
desunzo, desunza, *v. V.* DESUNCIR.
desuñar. I. *va.* to tear off the nails of; to pull out the roots of. II. *vr.* to plunge into vice and dissipation; to work one's fingers to the bone, work oneself to death.
desurcar, *va.* (*ind.* DESURQUÉ; *subj.* DESURQUE) to remove or undo furrows in.
desurdir, *va.* to unweave; to upset, nip in the bud, stop, frustrate.
desurqué, desurque, *v. V.* DESURCAR.
desusadamente, *adv.* unusually, contrary to custom.
desusado, da. I. *pp.* of DESUSAR. II. *a.* obsolete, out of date, archaic.
desusar. I. *va.* to discontinue the use of. II. *vr.* to become obsolete; to go out of date.
desuso, *m.* disuse, obsoleteness, desuetude.
desustanciar, *va.* to enervate, deprive of strength and substance.
desvahar, *va.* (agr.) to take away the dry or withered part of (a plant).
desvaído, da, *a.* tall and graceless, gaunt; (of colors) dull.
desvainar, *va.* to shell, to husk.
desvalido, da, *a.* helpless, destitute, unprotected.
desvalijador, *m.* highwayman.
desvalijamiento, *m.* act of robbing the contents of a valise; robbery.
desvalijar, *va.* to take out the contents of (a valise or gripsack); to rob.

desvalimiento, *m.* dereliction or abandonment; want of favor or protection; want, neediness.
desván, *m.* garret, loft, attic.—**d. gatero,** cock-loft, room over the garret.
desvanecer. I. *va.* (*ind.* DESVANEZCO; *subj.* DESVANEZCA) to disintegrate, spread, or divide into minute parts; to cause to vanish or disappear; to take away from the sight; to undo, to remove. II. *vr.* to pall, to grow vapid, to become insipid; to vanish, disappear; to swell with presumption or pride; to faint, swoon.
desvanecidamente, *adv.* haughtily, proudly.
desvanecimiento, *m.* pride, haughtiness, loftiness; giddiness, dizziness.
desvanezco, desvanezca, *v. V.* DESVANECER.
desvarar, *va., vn.* & *vr.* to slip, skid; (naut.) to set afloat a ship that was aground.
desvariado, da. I. *pp.* of DESVARIAR. II. *a.* delirious, raving; disorderly, irregular; nonsensical; long, crooked (as branches of trees).
desvariar, *vn.* to rave, rant; to dote; to make extravagant demands.
desvarío, *m.* extravagant action or speech; delirium, raving; inconstancy; caprice, whim; monstrousness, extravagancy; derangement, disunion.
desvedar, *va.* to raise the prohibition of.
desvelado, da. I. *pp.* of DESVELAR. II. *a.* watchful, vigilant, careful.
desvelamiento, *m.* watchfulness.
desvelar. I. *va.* to keep awake. II. *vr.* to go without sleep; to pass a sleepless night; be watchful or vigilant; to take great pains.
desvelo, *m.* watching, want or privation of sleep; watchfulness, vigilance; anxiety, uneasiness.
desvenar, *va.* to separate or clear the veins of; to extract from the veins of (mines) or the filaments of (plants); to raise the bit of (a bridle) so as to form an arch.
desvencijado, da, *a.* rickety, loose-jointed.
desvencijar. I. *va.* to disunite, weaken, divide, break. II. *vr.* to be ruptured, disjointed, loose, relaxed; (coll.) to be exhausted.
desvendar, *va.* to take off a bandage from, to unbandage.
desveno, *m.* arch of a horse's bit.
desventaja, *f.* disadvantage.
desventajoso, sa, *a.* disadvantageous, unfavorable, unprofitable, detrimental.
desventar, *va.* (*ind.* DESVIENTO; *subj.* DESVIENTE) to vent; to let out the air of.
desventura, *f.* misfortune, mishap; misery.
desventuradamente, *adv.* unhappily, unfortunately.
desventurado, da, *a.* unfortunate, unlucky, wretched; chicken-hearted, pusillanimous.
desvergoncé, *v. V.* DESVERGONZAR.
desvergonzado, da, *a.* impudent; shameless.
desvergonzarse, *vr.* (*ind. pres.* DESVERGÜENZO, *pret.* DESVERGONCÉ; *subj.* DESVERGÜENCE) to speak or act in an impudent or insolent manner.
desvergüenza, *f.* impudence, effrontery, assurance; shamelessness; shame, disgrace.
desvergüenzo, *v. V.* DESVERGONZARSE.
desvestir, *va.* & *vr.* to undress.
desvezar, *va.* (agr.) to cut the young shoots of (vines) near the roots.
desviación, *f.* deviation, deflection; detour; oblique direction; (med.) deviation from natural position (as the bones); (med.) extravasation of fluids; (astr.) deviation from the meridian; variation of the magnetic needle.
desviadero, *m.* (Cuba) railway siding.
desviado, da. I. *pp.* of DESVIAR. II. *a.* devious, out of the common track, askew.
desviador, ra. I. *a.* deflective. II. *m.* (elec.) divertor.
desviar. I. *va.* to deflect; to sway; to dissuade; to put by; (fencing) to ward off; (Ry.) to switch.—**d. la mirada,** to avoid (someone's) eyes. II. *vr.* (**de**) to deviate (from), wander (away from); to turn off (from); to swerve; (aer.) to drift (away from).
desviento, desviente, *v. V.* DESVENTAR.
desvío, *m.* deviation, turning away; going astray; deflection; aversion, displeasure; coldness, indifference; (Ry.) siding, side track; (mason.) steadying board (of a suspended platform).
desvirar, *va.* to pare off the fore part of (a sole); (bookbinding) to trim (a book); (naut.) to reverse (the capstan).
desvirgar, *va.* (low) to deflower.
desvirtuar, *va.* to lessen the value, strength or merit of; to detract from.
desvitrificar, *va.* devitrify.
desvivirse, *vr.* (**por**) to have excessive love (for); to show great interest (in behalf of); to long (for), be dying (for, to).
desvolvedor, *m.* nut wrench.
desvolver, *va.* (*pp. irreg.* DESVUELTO; *ind.* DESVUELVO; *subj.* DESVUELVA) to alter the shape of; to plow, till.
desvuelto, ta, *pp. irreg.* of DESVOLVER.
desvuelvo, desvuelva, *v. V.* DESVOLVER.
desyemar, *va.* (agr.) to remove buds from; (Am.) to separate yolk from white of (an egg).
desyerbador, ra, *n.* grubber, weeder.
desyerbar, *va.* to weed, grub.
deszocar, *va.* to disable the foot of.
deszumar, *va.* to extract the juice or substance from.
detallar, *va.* to detail, relate minutely, particularize; to specify; to retail.
detalle, *m.* detail, particular; (com.) retail.
detallista, *n.* one addicted to details (esp. a painter); (com.) retailer.
detasa, *f.* (Ry.) rebate.
detección, *f.* detection.
detective; detectivo, va, *n.* detective.
detectivismo, *m.* detective force or service.
detector, *m.* (elec., radio) detector.
detención, *f.* delay, stop, stay, halt, standstill, deadlock; (naut.) demurrage, arrest, embargo (of a ship).
detenedor, ra, *n.* detainer, stopper; check, arrester, catch.
detener. I. *va.* (*ind. pres.* DETENGO, *pret.* DETUVE, *fut.* DETENDRÉ; *subj.* DETENGA) to stop, detain, check; arrest; (naut.) to capture, to embargo; to keep back; to retain, reserve. II. *vr.* to tarry, stay, stop over; to stop halt; to pause.
detengo, detenga, *v. V.* DETENER.
detenidamente, *adv.* dilatorily; carefully, painstakingly, thoroughly.
detenido, da. I. *pp.* of DETENER. II. *a.* sparing, niggardly, parsimonious; dilatory; careful thorough, conscientious; (law) under arrest (person). II. *n.* prisoner.
detenimiento, *m.* care, thoroughness.
detentación, *f.* (law) deforcement.
detentador, *m.* deforciant.
detentar, *va.* to deforce (law), to retain or keep unlawfully.
detergente, *a.* (med.) detergent, detersive.
deterger, *va.* (med.) to cleanse (a wound, etc.)
deterioración, *f.* = DETERIORO.
deteriorado, da. I. *pp.* of DETERIORAR. II. *a.* deteriorated; (U. S., coll.) worn-out, beat-up.
deteriorar, *va.* & *vr.* to deteriorate; (U. S., coll.) to wear out.
deterioro, *m.* deterioration, damage, wear and tear.
determinable, *a.* determinable, ascertainable.
determinación, *f.* determination, resolution; conclusion or final decision; firmness.
determinado, da. I. *pp.* of DETERMINAR. II. *a.* determinate, determined, decided; fixed, resolute; settled, definite; (math.) determinate.
determinante. I. *a.* determining, determinate, determinative. II. *m.* (gram.) determining verb. III. *m.* or *f.* (math.) determinant.
determinar. I. *va* to determine, fix; to limit; to specify; to distinguish, discern; to appoint, to assign (as time and place); to decide, resolve; to conclude (as a lawsuit). II. *vr.* to determine, resolve; to make up one's mind.

determinativo, va, *a.* determinative.
determinismo, *m.* (philos.) determinism.
determinista, *n.* & *a.* (philos.) determinist.
detersión, *f.* (med.) detersion; cleansing.
detersivo, va; detersorio, ria, *a.* detersive, cleansing, detergent.
detestable, *a.* detestable; hateful.
detestación, *f.* detestation, abhorrence, abomination.
detestar, *va.* to detest, abhor, abominate.
detienebuey, *m.* (bot.) common rest-harrow.
detonación, *f.* detonation, blast, fulmination.
detonante, *a.* detonating.
detonar, *vn.* to detonate; to flash, to explode.
detorsión, *f.* (med.) distortion.
detracción, *f.* detraction, defamation, obloquy; detraction, withdrawing, taking away.
detractar, *va.* to detract; to defame, slander.
detractor, ra, *n.* & *a.* detractor(-ing), slanderer (-ing, -ous).
detraer, *va.* (*ger.* DETRAYENDO; *pp.* DETRAÍDO; *ind. pres.* DETRAIGO, *pret.* DETRAJE; *subj.* DETRAIGA) to detract, remove, take away; to defame, slander, villify.
detrás, *adv.* behind, after; back; in the rear.—**d. de,** behind, in back of.—**d. del telón,** (theat.) backstage.—**por d.,** from the rear, from behind; behind one's back.
detrimento, *m.* detriment, damage, harm.—**con (sin) d. de,** with (without) detriment to.
detrítico, ca, *a.* (geol.) detrital, detritic.
detrito, detritus, *m.* detritus, debris; (geol., med.) detritus.
detuve, *pret.* of DETENER.
deuda, *f.* debt; fault, offence; indebtedness; public debt.—**d. consolidada,** funded debt.—**d. exterior,** foreign debt.—**d. flotante,** floating debt.—**d. nacional,** national debt.—**d. pendiente,** unpaid balance.—**deudas activas,** assets.—**deudas pasivas,** liabilities.—**estar en d. con,** to be indebted to.
deudo, da, *n.* relative, kin, kindred; *m.* kinship, relationship.
deudor, ra. I. *a.* indebted, beholden. **II.** *n.* debtor.
deuterio, *m.* (chem.) deuterium.
deuterión, *f.* (chem.) deuteron.
deuterogamia, *f.* deuterogamy.
deuterógamo, ma, *n.* deuterogamist.
Deuteronomio, *m.* (relig.) Deuteronomy.
deuteruro, *m.* (chem.) deuteride.
deutón, *m.* (phys.) deuton.
deutoplasma, *m.* (embryol.) deutoplasm.
deutóxido, *m.* (chem.) deutoxide, dioxide.
devalar, *vn.* (naut.) to deviate, to drift.
devanadera, *f.* reel, spool, bobbin, winding frame.—**d. de golpe,** clock reel, snap reel; (naut.) log reel.
devanador, ra, *n.* winder, spool, reel; anything on which another thing is wound.—**d. de lanzadera,** shuttle winder.
devanar. I. *va.* to reel, wind. **II.** *vr.* (Am.) to be convulsed (with laughter); to writhe (with pain).—**d. los sesos,** to rack one's brain.
devanear, *vn.* to rave, talk nonsense.
devaneo, *m.* delirium, alienation of mind, giddiness; frenzy; idle or mad pursuit; dissipation; love affair.
devastación, *f.* devastation, destruction, havoc.
devastador, ra, *n.* & *a.* desolator(-ing), devastator(-ing).
devastar, *va.* to devastate, lay waste, ruin.
devengar, *va.* (*pret.* DEVENGUÉ; *subj.* DEVENGUE) to earn, draw (as salary, interest, etc.).
devenir, *vn.* to happen; to become.
deviación, *f.* = DESVIACIÓN.
devisar, *va.* (Am.) to descry; to see vaguely.
devoción, *f.* piety, devoutness; prayer; devotion, strong affection, faithful attachment.
devocionario, *m.* prayer book.
devolución, *f.* (law) devolution, restitution.—**d. de derechos,** (com.) drawback; debenture.
devolutivo, *a.* (law) returnable, restorable.
devolver, *va.* (*pp.* DEVUELTO; *ind.* DEVUELVO; *subj.* DEVUELVA) to return; to restore; to refund, pay back.
devoniano, na; devónico, ca, *a.* Devonian.
devorador, ra. I. *n.* devourer. **II.** *a.* devouring, intense, ravenous.
devorante, *a.* = DEVORADOR.
devorar, *va.* to devour, swallow up, consume ravenously, gobble.
devotería, *f.* false devoutness, overreligiosity.
devoto, ta, *a.* devout, pious; strongly attached, devoted.
devuelto, ta, *pp. irreg.* of DEVOLVER.
devuelvo, devuelva, *v. V.* DEVOLVER.
dexiocardia, *f.* (med.) dexiocardia.
dextrina, *f.* (chem.) dextrine.
dextro, *m.* area around a church.
dextrógiro, *m.* (chem.) dextrorotatory.
dextrórsum, *adv.* towards the right.
dextrosa, *f.* (chem.) dextrose.
dey, *m.* dey (a Moslem ruler).
deyección, *f.* (geol.) débris; (med.) dejection.
dezmable, *a.* subject to tithes.
dezmatorio, *m.* place where tithes are collected; tithing.
dezmeño, ña; dezmero, ra. I. *a.* pertaining to tithes. **II.** *m.* tither.
dezmería, *f.* tithe land.
[1]**di,** *pret. irreg.* of DAR.
[2]**di,** *imper.* of DECIR.
día, *m.* day; daylight, sunshine.—**d. civil,** calendar day.—**d. de abstinencia,** fast day, fish day.—**d. de año nuevo,** New Year's day.—**d. de años,** birthday.—**d. de ayuno,** fast or fasting day.—**d. de besamanos,** court day.—**d. de carne,** meat day.—**d. de ceniza,** Ash Wednesday.—**d. de cumpleaños,** birthday.—**d. de cutio,** working day.—**d. de descanso,** day of rest, Sabbath.—**d. de engañabobos,** All Fools' Day; April Fools' Day.—**d. de fiesta,** holiday.—**d. de gala,** gala day.—**d. de guardar,** (eccl.) holy day.—**d. de huelga,** day off, day of rest.—**d. de joya,** court day.—**d. del ajuste de cuentas,** day of reckoning.—**d. de las madres,** Mother's Day.—**d. del juicio,** doomsday.—**d. de los difuntos,** All Souls' Day.—**d. de los inocentes,** Holy Innocents' Day.—**d. de los padres,** Father's Day.—**d. del trabajo,** (U. S.) Labor Day.—**d. de pagos** or **de paga,** payday.—**d. de pescado,** fast day, fish day.—**d. de precepto,** holy day.—**d. de Ramos,** Palm Sunday.—**d. de recibo,** reception day, at-home day.—**d. de Reyes,** Twelfthtide, Twelfth-day, Epiphany.—**d. de San Martín,** Martinmas.—**d. de San Valentín,** St. Valentine's Day.—**d. de todos los santos,** All Saints' Day, Allhallows.—**d. de trabajo,** working day, weekday.—**d. de viernes,** Meager Day.—**d. de vigilia,** fast day, fish day.—**d. diado,** appointed day.—**d. entre semana,** working day, weekday.—**d. feriado** or **festivo,** holiday.—**d. hábil,** (law) court day.—**d. intercalar,** intercalary day of February.—**d. laborable,** working day, weekday.—**d. lectivo,** school day.—**d. medio,** mean day.—**d. onomástico,** a person's saint's day.—**d. pesado,** gloomy day.—**d. por medio,** every other day.—**d. quebrado,** half holiday.—**días caniculares,** dog days.—**días de gracia,** (com.) days of grace.—**días ha,** it is a long time since.—**d. sidéreo,** sidereal day.—**d. útil,** working day, weekday.—**a días,** at times, once in a while.—**al d.,** up to date; per day; by the day.—**al d. siguiente,** on the next day.—**a los pocos días,** a few days later.—**al otro d.,** on the following day.—**buenos días,** good morning.—**cada tercer d.** = UN D. SÍ Y OTRO NO.—**dar los días,** to send birthday congratulations.—**de d.,** by day, in the daytime.—**de d. en d.,** or **de un d. para otro,** from day to day.—**de hoy en ocho días,** this day week, a week from today.—**el d. de ayer,** yesterday.—**el d. de hoy,** or **hoy en d.,** the present day, today.—**el d. menos pensado,** one of these days, when

one least expects.—**el mejor d.**, some fine day.—**el otro d.**, the other day.—**en días de Dios, en los días de la vida**, never.—**en días pasados**, some days ago.—**en estos**, or **los últimos, días**, recently.—**en mis días**, in my day, in my lifetime.—**en su d.**, at the proper time.—**entre d.**, in the daytime.—**hasta el d. de hoy**, (up) to this day.—**hoy (en) d.**, nowadays.—**los días de uno**, one's saint's day or birthday.—**medio d.**, or **mediodía**, noon.—**ocho días**, a week.—**quince días**, two weeks, a fortnight.—**ser persona de días**, or **tener días**, to be of advanced age.—**todos los días**, daily, every day.—**un día sí y otro no**, day about, every other day.

diabasa, *f.* diorite, diabase, a kind of rock.

diabetes, *f.* diabetes.

diabético, ca, *n.* & *a.* diabetic.

diabla, *f.* (coll.) she-devil.—**a la d.**, carelessly, roughly.—**cosido a la d.**, (bookbinding) bound in paper.

diablear, *vn.* (coll.) to commit deviltries, play pranks.

diablejo, *m.* little devil, imp.

diablesa, *f.* (coll.) she-devil.

diablillo, *m. dim.* deviling, devilkin, little devil, imp; (coll.) smart, clever, mischievous fellow.—**d. cartesiano**, or **de Descartes**, (phys.) Cartesian diver.

diablo, *m.* devil, Satan; devil, a perverse, cunning, subtle or hideous person.—**¡d.!** the devil! the deuce!—**d. cojuelo**, artful devil.—**¡cómo diablos!**—(coll.) how the deuce.—**como un d.**, (coll.) like the deuce, like the devil.—**eso es el d.**, (coll.) that is the trouble.—**haber la de todos los diablos**, there to be (that is, *there* followed by the appropriate tense of *to be*) a great row or commotion.—**llevarse el d.**, to be ruined, fall through, be a fizzle.—**no valer un d.**, (coll.) to be good for nothing.—**pobre d.**, poor devil.—**¡qué d.!** or **¡un d.!** (coll.) the devil!—**ser de la piel del d.**, to be a limb of the devil.

diablura, *f.* diabolical undertaking; deviltry, mischief, wild prank.

diabólico, ca, *a.* diabolical, devilish.

diábolo, *m.* diabolo, an old game.

diacatalicón, *m.* (med.) diacatholicon, a laxative.

diacáustico, ca, *a.* (phys.) diacaustic.

diacitrón, *m.* lemon peel preserved in sugar.

diaconado, *m.* deaconship.

diaconal, *a.* diaconal.

diaconato, *m.* deaconship.

diaconía, *f.* deaconry.

diaconisa, *f.* deaconess.

diácono, *m.* deacon.

diacrítico, ca, *a.* (gram.) diacritical; (med.) diagnostic.

diactínico, ca, *a.* (photog.) diactinic.

diacústica, *f.* diacoustics.

díada, *f.* (chem.) dyad.

diadelfo, fa, *a.* (bot.) diadelphous.

diadema, *f.* diadem, crown; glory, halo.

diademado, da, *a.* (her.) diademed.

diado, da, *a.* appointed (day).

diafanidad, *f.* diaphaneity, transparency.

diáfano, na, *a.* transparent, clear, diaphanous.

diáfisis, *f.* (anat.) diaphysis.

diaforesis, *f.* (med.) diaphoresis, perspiration.

diaforético, ca. I. *a.* diaphoretic, diaphoretical. **II.** *m.* diaphoretic.

diafragma, *m.* (anat., mech., etc.) diaphragm.

diafragmático, ca, *a.* diaphragmatic.

diagnosis, *f.* (med.) diagnostics.

diagnosta, *n.* diagnostician.

diagnosticar, *va.* (*pret.* DIAGNOSTIQUÉ; *subj.* DIAGNOSTIQUE) to diagnose.

diagnóstico, ca. I. *a.* (med.) diagnostic. **II.** *m.* diagnosis.

diagnostiqué, diagnostique, *v. V.* DIAGNOSTICAR.

diagonal. I. *a.* diagonal; oblique. **II.** *f.* (geom.) diagonal; guy wire; stay.

diágrafo, *m.* diagraph.

diagrama, *m.* diagram.

diálaga, *f.* (min.) diallage.

dialectal, *a.* dialect (as *a.*), pert. to dialects.

dialéctica, *f.* dialectics.

dialéctico, ca. I. *a.* dialectic, dialectical. **II.** *n.* dialectician, logician.

dialecto, *m.* dialect; derived language.

dialectología *f.* dialectology, science or study of dialects.

diálisis, *f.* (chem.) dialysis.

dialítico, ca, *a.* dialytic.

dializador, ra. I. *a.* dialytic. **II.** *m.* (chem.) dialyzer.

dializar, *va.* (chem.) to dialyze.

dialogal, *a.* colloquial, dialogistic.

dialogar, *vn.* to dialogize; to chat, converse.

dialogismo, *m.* (rhet.) dialogism.

dialogístico, ca, *a.* colloquial, dialogistic.

dialogizar, *vn.* = DIALOGAR.

diálogo, *m.* dialogue.—**dialoguista**, *m.* dialogist.

dialtea, *f.* marsh mallow ointment.

diamagnético, ca, *m.* & *a.* (phys.) diamagnetic.

diamagnetismo, *m.* diamagnetism.

diamantado, da, *a.* diamondlike.

diamante, *m.* diamond; adamant.—**d. en bruto**, rough or uncut diamond; (coll.) an uncultured person of sterling qualities, "a rough diamond."

diamantífero, ra, *a.* diamantiferous, containing diamonds.

diamantino, na, *a.* adamantine, diamantine.

diamantista, *m.* diamond cutter; jeweller.

diametral, *a.* diametrical.

diámetro, *m.* diameter.—**d. interior**, internal diameter.

diamida, *f.* (chem.) diamide.

diana, *f.* (mil.) reveille; (poet.) the moon.

dianche, *m.* & *interj.* (coll.) the deuce! the devil!

diandro, dra, *a.* (bot.) diandrous.

diantre, *m.* (coll.) = DIANCHE.

diapasón, *m.* (mus.) tuning fork; diapason; pitch, accord; regular octave.—**d. normal**, standard pitch.

diapédesis, *f.* (med.) diapedesis.

diapente, *m.* (mus.) perfect fifth.

diapófisis, *f.* (anat.) diapophysis.

diapositiva, *f.* (photog.) plate; lantern slide.

diaprea, *f.* a sort of round plum.

diaquilón, *m.* (pharm.) diachylon, diachylum.

diariamente, *adv.* daily.

diario, ria. I. *a.* daily. **II.** *m.* journal, diary; daily newspaper; daily household expense.—**a d.**, *adv.* daily, every day.—**d. de navegación**, log book.

diarismo, *m.* journalism.

diarista, *n.* journalist, diarist.

diarquía, *f.* diarchy.

diarrea, *f.* diarrhea.

diarreico, ca; diárrico, ca, *a.* diarrheic.

diartrosis, *f.* (anat.) diarthrosis.

diascordio, *m.* (pharm.) diascordium.

diáspero, *m.* jasper.

diásporo, *m.* (min.) diaspore.

diastasa, *f.* (chem.) diastase.

diastasis, *f.* (surg.) diastasis.

diástilo, *a.* (arch.) diastyle.

diástole, *m.* (anat. and rhet.) diastole.

diastólico, ca, *a.* (physiol.) diastolic.

diatermancia, *f.* (phys.) diathermancy.

diatérmano, na; diatérmico, ca, *f.* (phys.) diathermanous.

diatermia, *f.* diathermy.

diatesarón, *m.* (mus.) diatessaron.

diatésico, ca, *a.* (med.) diathetic.

diátesis, *f.* (med.) diathesis.

diatomea, *f.* (bot.) diatom.

diatómico, ca, *a.* (chem.) diatomic.

diatónicamente, *adv.* (mus.) diatonically.

diatónico, ca, *a.* (mus.) diatonic.
diatriba, *f.* diatribe.
dibásico, ca, *a.* (chem.) dibasic.
dibujador, ra, *n.* draftsman(-woman).
dibujante. I. *a.* sketching. **II.** *m.* draftsman.
dibujar. I. *va.* to draw, make a drawing of; to depict, describe vividly. **II.** *vr.* to throw a shadow upon a surface.
dibujo, *m.* drawing; sketch; portrayal, description.—**d. animado,** animated cartoon.—**d. a pulso,** freehand drawing.—**d. del natural,** drawing from life or from nature.—**d. especificado,** detail drawing.—**d. lineal,** instrumental drawing.
dicacidad, *f.* pertness, sauciness, banter.
dicaz, *a.* (of speech) keen, biting.
dicción, *f.* diction, style, language.
diccionario, *m.* dictionary.
diccionarista, *n.* lexicographer.
dicente, diciente, *a.* saying, talking.
diciembre, *m.* December.
diciendo, *ger.* of DECIR.
diclino, na, *a.* (bot.) diclinous.
dicotiledón; dicotiledóneo, a. I. *a.* (bot.) dicotyledonous. **II.** *n.* dicotyledon. **III.** *f. pl.* Dicotyledones.
dicotomía, *f.* dichotomy.
dicotómico, ca; dicótomo, ma, *a.* dichotomic, dichotomous.
dicroico, ca, *a.* (phys.) dichroic.
dicroísmo, *n.* (phys.) dichroism.
dicromático, ca, *a.* dichromic.
dicromatismo, *m.* dichromatism.
dicromato, *m.* (chem.) dichromate.
dictado, *m.* title of dignity or honor; dictation.—*pl.* dictates, promptings.
dictador, ra, *n.* dictator.
dictadura, *f.* dictatorship.
dictáfono, *m.* Dictaphone (trademark).
dictamen, *m.* opinion, judgment; suggestion, insinuation, advice.
dictaminar, *vn.* to express an opinion, pass judgment.
díctamo, *m.* (bot.) dittany.—**d. bastardo,** shrubby white horehound.—**d. blanco,** or **real,** white flaxinella.—**d. crético,** marjoram.
dictar, *va.* to dictate; to command, prescribe, direct; to inspire, suggest, prompt.
dictatorial, *a.* dictatorial.
dictatorio, ria, *a.* dictatorial.
dicterio, *m.* taunt, keen reproach; insult.
dictógrafo, *m.* Dictograph (trademark).
dicha, *f.* happiness, good, luck, good fortune.—**a d.,** or **por d.,** *adv.* by chance.
dicharachero, ra, *a.* (coll.) that uses slang.
dicharacho, *m.* (coll.) vulgar, low, or slang expression.
dichero, ra, *a.* witty.
dicho, cha. I. *pp. irreg.* of DECIR.—**d. se está,** it goes without saying.—**d. y hecho,** no sooner said than done. **II.** *a.* (the) said, mentioned; this.—**lo d., d.,** I mean what I say, I have said it; it's agreed. **III.** *m.* saying, saw, proverb; expression, sentence; statement; witty remark, repartee; declaration, deposition; promise of marriage.—**d. de las gentes,** gossip; rumor.—**del d. al hecho hay gran trecho,** it is a long way from saying to doing; it is one thing to say, and quite another thing to do.
dichoso, sa, *a.* happy; fortunate, lucky.
didáctica, *f.* didactics.
didáctico, ca; didascálico, ca, *a.* didactic, didactical.
didelfo, fa, *n.* & *a.* (zool.) didelphian (as the kangaroo or the opossum).
didimio, *m.* (chem.) didymium.
dídimo, ma, *a.* (bot.) didymous.
diecinueve, *n.* & *a.* nineteen; nineteenth.
diecinueveavo, va, *n.* & *a.* nineteenth.
dieciochavo, va, *n.* & *a.* eighteenth.
dieciocheno, na. I. *a.* eighteenth. **II.** *m.* a kind of cloth.
dieciocho, *n.* & *a.* eighteen; eighteenth.
dieciseis, *n.* & *a.* sixteen; sixteenth.
dieciseisavo, va, *n.* & *a.* sixteenth.
dieciseiseno, na, *a.* sixteenth.
diecisiete, *n.* & *a.* seventeen; seventeenth.
diecisieteavo, va, *n.* & *a.* seventeenth.
diedro, dra. I. *a.* (math.) dihedral. **II.** *m.* dihedral angle.
dieléctrico, ca, *a.* dielectric.
diente, *m.* tooth; fang or tusk of wild boars or elephants; tooth (of a saw, comb, rake, file); cog (of a wheel or pinion); tine or prong (of a fork); tongue (of a buckle); clove (of garlic).—*pl.* indented edges of tools or ornaments, indentations.—**d. de leche,** milk, first tooth.—**d. de león,** (bot.) dandelion or lion's tooth.—**d. de lobo,** burnisher, spike.—**d. de perro,** sculptor's dented chisel; (bot.) dog-tooth violet.—**d. incisivo,** incisor, cutting tooth, foretooth.—**d. mamón,** = D. DE LECHE.—**d. molar,** molar tooth, back tooth.—**dientes caninos,** eye teeth, canine teeth.—**dientes postizos,** false teeth.—**aguzar los dientes,** to whet the appetite.—**a regaña dientes,** *adv.* most unwillingly.—**dar d. con d.,** to shiver with cold or fear, to be with teeth chattering.—**decir,** or **hablar, entre dientes,** to mumble, to mutter.—**de dientes afuera,** without sincerity, as mere lip service.—**tener buen d.,** to be a hearty eater.
diento, diente, *v. V.* DENTAR.
diéresis, *f.* diæresis.
diesi, *f.* (mus.) diesis; a sharp.
diestra, *f.* right hand; favor, support.
diestro, tra. I. *a.* right; dexterous, able, skilful, handy; dexter; sagacious, wise; sly, artful, cunning; favorable, propitious.—**a d. y siniestro,** recklessly; right and left. **II.** *m.* skilful fencer; bullfighter; halter or bridle.
[1]**dieta,** *f.* diet, prescribed or regulated meals.—*pl.* (naut.) provisions for the sick and wounded.
[2]**dieta,** *f.* diet, legislative assembly; (law) one day's journey of ten leagues by land; daily salary of judges and other officers of the law; daily fees paid a physician.—*pl.* allowance to public functionary while serving away from his residence.
dietario, *m.* family account book; record book, book where notable events are registered.
dietética, *f.* (med.) dietetics.
dietético, ca, *a.* dietetic, dietetical.
dietista, *n.* dietician, nutritionist.
diez, *m.* & *a.* ten; tenth.—**d. de bolos,** pin standing alone in front of the ninepins.—*pl. f.* **las diez,** ten o'clock.
diezmal, *a.* decimal.
diezmar, *va.* (of war, disease, etc.) to decimate; to tithe; (mil.) to punish one in ten of.
diezmero, *m.* one who pays or receives tithes.
diezmesino, na, *a.* ten months old.
diezmilésimo, ma, *n.* & *a.* ten-thousandth.
diezmilímetro, *m.* ten-thousandth of a meter.
diezmillonésimo, ma, *n.* & *a.* ten-millionth.
diezmo, *m.* tithe; tenth part; duty of ten per cent; decimation.
difamación, *f.* defamation
difamador, ra, *n.* & *a.* defamer(-ing).
difamar, *va.* to defame, to discredit.—**difamatorio, ria,** *a.* defamatory.
diferencia, *f.* difference, dissimilarity; disagreement; (math.) difference.—**a d. de,** unlike; as distinguished from.
diferenciación, *f.* (biol., math., etc.) differentiation.
diferencial. I. *a.* differential. **II.** *m.* (auto) differential. **III.** *f.* (math.) differential.
diferenciar. I. *va.* to differentiate, distinguish between; to alter the use or destination of. **II.** *vn.* to differ, dissent, disagree. **III.** *vr.* to differ, to be different; to distinguish oneself.
diferente, *a.* different.
diferido, da. I. *pp.* of DIFERIR. **II.** *a.* deferred (cablegram).

diferir. I. *va.* (*ind.* DIFIERO; *subj.* DIFIERA) to defer, postpone, put off; to adjourn, suspend; to protract, prolong, extend. II. *vn.* to differ, be different; (naut.) to remove the gaskets of a sail.
difícil, *a.* difficult, hard.
difícilmente, *adv.* with difficulty.
dificultad, *f.* difficulty; objection.
dificultador, ra. I. *n.* one who raises difficulties. II. *a.* causing difficulties.
dificultar, *va.* to make difficult; to impede.
dificultosamente, *adv.* with difficulty.
dificultoso, sa, *a.* difficult, hard; (coll.) ugly, homely.
difidación, *f.* declaration of war.
difidencia, *f.* diffidence; distrust.
difidente, *a.* distrustful; diffident.
difiero, difiera, *v. V.* DIFERIR.
difilo, la, *a.* (bot.) two-leaf.
difluencia, *f.* diffluence.
difluente, *a.* diffluent.
difluir, *vn.* (*ger.* DIFLUYENDO; *ind. pres.* DIFLUYO, *pret.* él DIFLUYÓ; *subj.* DIFLUYA) to be diffused or spread out.
difracción, *f.* diffraction.
difractar, *va.* (phys.) to diffract.
difrangente, *a.* diffractive.
difteria, *f.* (med.) diphtheria.
diftérico, ca, *a.* diphtheritic.
difteritis, *f.* (med.) diphtheritic inflammation.
difundido, da. I. *pp.* of DIFUNDIR. II. *a.* diffuse, diffused, scattered.
difundidor, ra. I. *a.* diffusing. II. *m.* diffuser.
difundir, *va.* to diffuse, spread out; to spread (as news); to divulge, publish; (radio) to broadcast.
difunto, ta. I. *a.* defunct, deceased, dead; late; decayed, withered. II. *m.* & *f.* corpse.
difusible, *a.* diffusible.
difusión, *f.* diffusion; diffusiveness, dispersion; exuberance of style; (radio) broadcasting.
difusivo, va, *a.* diffusive.
difuso, sa, *a.* diffuse; wordy; wide-spread.
difusor, ra. I. *a.* difusing, defusive; (radio) broadcasting. II. *m.* (sugar manufact.) diffuser. III. *f.* broadcasting station.
diga, digo, *v. V.* DECIR.
digástrico, ca, *a.* (anat.) digastric.
digerible, *a.* digestible.
digerir, *va.* (*ind.* DIGIERO; *subj.* DIGIERA) to digest; to bear; to put up with; (chem.) to digest.
digestibilidad, *f.* digestibility.
digestible, *a.* digestible.
digestión, *f.* (physiol. and chem.) digestion.
digestivo, va. I. *a.* digestive. II. *m.* (surg.) suppurative.
digesto, *m.* (law) digest, systematic compilation of laws.
digestor, *m.* digester (apparatus).
digiero, digiera, *v. V.* DIGERIR.
digitación, *f.* fingering.
digitado, da, *a.* (bot. and zool.) digitate.
digital. I. *a.* digital, finger (as *a.* as in *impresión digital,* fingerprint). II. *f.* (bot.) digitalis, foxglove.
digitalina, *f.* (chem.) digitalin.
digitígrado, da, *a.* (zool.) digitigrade.
dígito, ta. I. *a.* digital. II. *m.* (astr., arith.) digit.
diglifo, *m.* (arch.) diglyph.
dignación, *f.* condescension, accommodation.
dignamente, *adv.* worthily; with dignity.
dignarse, *vr.* to condescend, deign, vouchsafe.
dignatario, *m.* dignitary.
dignidad, *f.* dignity, high rank, office or position; honor, greatness; dignified bearing; archbishop or bishop.
dignificar, *va.* to dignify.
digno, na, *a.* meritorious, worthy, deserving; worthwhile; suitable, fit, fitting, appropriate.
digo, diga, *v. V.* DECIR.—**¡digo!,** listen! say!—**digo,** I mean (clarifying or amending a previous statement).
digresión, *f.* digression; (astr.) digression.
digresivo, va, *a.* digressive.
dihueñe, dihueñi, *m.* (Chile) an edible fungus growing on trees.
dij, dije, *m.* amulet, charm; trinket; watchcharm; any small piece of jewellery; (coll.) person of sterling qualities; (coll.) one gorgeously attired; (coll.) handy person.
dije, dijo, *v. V.* DECIR.
dilaceración, *f.* dilaceration, tearing apart.
dilacerar, *va.* to dilacerate, tear asunder.
dilación, *f.* delay, procrastination.
dilapidación, *f.* dilapidation.
dilapidado, da, *a.* dilapidated; dilated.
dilapidador, ra, *n.* dilapidator.
dilapidar, *va.* to dilapidate.
dilatabilidad, *f.* expansibility.
dilatable, *a.* dilatable, expansible.
dilatación, *f.* dilatation, expansion, distention; prolongation; enlargement; diffuseness, prolixity; calmness, serenity in sorrow; (phys., etc.) expansion.—**d. lineal,** linear expansion.
dilatado, da. I. *pp.* of DILATAR. II. *a.* large, extended, extensive, vast; drawn out.
dilatador, ra. I. *a.* dilating, expanding; retarding, causing delay. II. *m.* (surg.) dilator.
dilatar. I. *va.* & *vr.* to dilate, widen, expand, enlarge, lengthen, prolong; to swell, spread out; to defer, retard, delay, put off, protract; (fig.) to comfort, to cheer up. II. *vr.* to be diffuse, expatiate; to expand; to delay, tarry.
dilatativo, va, *a.* dilative.
dilatoria, *f.* delay, waste of time.
dilatorio, ria, *a.* dilatory, delaying, long.
dilección, *f.* dilection, love, affection.
dilecto, ta, *a.* loved, beloved.
dilema, *m.* dilemma.
diletante, *n.* & *a.* dilettante.
diletantismo, *m.* dilettantism.
diligencia, *f.* diligence, assiduity, industriousness; action, measure (to carry out something); speediness, activity, briskness; diligence, stagecoach; (coll.) affair, business, errand; (law) judicial proceeding.—**hacer d.,** or **la d.,** to endeavor, try.—**hacer una d.,** to do an errand; to attend, or go on, some business.
diligenciar, *va.* to conduct, to carry out; to further.
diligenciero, *m.* agent, attorney.
diligente, *a.* diligent, assiduous; prompt, swift.
diligentemente, *adv.* diligently, assiduously.
dilogía, *f.* ambiguity, double sense.
dilucidación, *f.* elucidation, explanation.
dilucidador, ra, *n.* elucidator.
dilucidar, *va.* to elucidate, explain, discuss.
dilucidario, *m.* explanatory writing.
dilución, *f.* dilution.
diluente, *a.* diluent.
diluir, *va.* & *vr.* (*ger.* DILUYENDO; *ind. pres.* DILUYO, *pret.* él DILUYÓ; *subj.* DILUYA) to dilute; to weaken.
diluvial. I. *a.* diluvian, diluvial; (geol.) diluvial. II. *m.* (geol.) diluvium.
diluviano, na, *a.* diluvian, diluvial.
diluviar, *vn. impers.* to rain heavily.
diluvio, *m.* flood, deluge; overflow, inundation; (coll.) vast abundance, a lot, lots.
diluyendo, diluyó, etc. *v. V.* DILUIR.
diluyente, *n.* & *a.* diluent.
dimanación, *f.* springing or issuing.
dimanar, *vn.* (**de**) to spring or proceed (from); to originate (in); to be due (to); to follow (from).
dimensión, *f.* dimension; extent, capacity, magnitude, size.—**dimensional,** *a.* dimensional.
dimes, *m. pl.*—**andar en d. y diretes,** to haggle, chaffer, quibble, argue.
dimetilo, *m.* (chem.) dimethyl.
dimidiar. I. *va.* to dimidiate, halve. II. *vn.* to be halved, be divided in two.
diminución, *f.* diminution.—**ir en d.,** to taper (as a pole); to be diminishing or becoming less or lower.

diminuir, *va., vn.* & *vr.* = DISMINUIR, diminish.
diminutamente, *adv.* diminutively; minutely; by retail.
diminutivamente, *adv.* (gram.) diminutively.
diminutivo, va. I. *a.* diminishing; diminutive. **II.** *m.* (gram.) diminutive.
diminuto, ta, *a.* diminutive, very little or small.
dimisión, *f.* resignation (of membership, office).
dimisorio, ria. I. *a.* dimissory. **II.** *f. pl.* (eccl.) dimissory letters; (coll.) dismissal, discharge, firing.
dimitente. I. *a.* resigning. **II.** *n.* person resigning.
dimitir, *va.* to resign, give up, relinquish.
dimorfismo, *m.* (min.) dimorphism.
dimorfo, fa, *a.* (min.) dimorphous.
din, *m.* (coll. for DINERO) money, boodle.
dina, *f.* (phys.) dyne.
Dinamarca, *f.* Denmark.
dinamarqués, quesa. I. *a.* Danish. **II.** *n.* Dane; *m.* Danish (language).
dinámetro, *m.* (opt.) dynameter.
dinámica, *f.* dynamics.
dinámico, ca, *a.* dynamic.
dinamismo, *m.* dynamism.
dinamista, *n.* & *a.* dynamist(-ic).
dinamita, *f.* dynamite.
dinamitero, ra, *n.* dynamiter.
dínamo, *f.* (gen. *m.* in Am.) dynamo.
dinamoeléctrico, ca, *a.* dynamo-electric.
dinamogénesis, *m.* (psychiat.) dynamogenesis.
dinamométrico, ca, *a.* dynamometric.
dinamómetro, *m.* dynamometer.
dinamotor, *m.* (elec.) dynamotor.
dinasta, *m.* dynast, sovereign, monarch.
dinastía, *f.* dynasty.
dinástico, ca, *a.* dynastic, dynastical.
dinastismo, *m.* fealty to a dynasty.
dinerada, *f.* large sum of money.
dineral, *m.* large sum of money; formerly, a set of weights for gold and silver.
dinerillo, *m.* small copper coin; (coll.) small sum of money.
dinero, *m.* money; currency, coin; gold, coinage; ancient Spanish silver coin; standard of silver, 24 grains; Peruvian silver coin; wealth, fortune. —**d. contante, d. contante y sonante, d. efectivo,** or **d. en tabla,** ready money, cash.—**d. suelto,** small change.—**persona de d.,** person of means, or well off.
dineroso, sa, *a.* moneyed, rich.
dineruelo, *m. dim.* small coin; a little money, some money.
dingo, *m.* dingo, Australian wild dog.
dinodo, *m.* (nuclear phys.) dynode.
dinornis, *m.* (paleontol.) dinornis, moa.
dinosauro, *m.* (paleontol.) dinosaur.—*pl.* Dinosauria.
dinoterio, *m.* (paleontol.) dinothere, dinotherium.
dintel, *m.* (arch.) lintel, doorhead.
dintelar, *va.* to provide with lintels.
dintorno, *m.* (art) within the contour.
diocesano, na. I. *a.* diocesan. **II.** *m.* diocesan, bishop.
diócesi, diócesis, *f.* diocese.
diodo, *m.* (electron.) diode.
dioico, ca, *a.* (bot.) diœcious, diecious.
dionea, *f.* (bot.) dionæa, Venus's flytrap.
dionisia, *f.* bloodstone; hematite.
dionisíaco, ca, *a.* Dionysiac, Bacchic.
dioptra, *f.* (opt.) diopter, alidade; sight (of the instrument).
dioptria, *f.* (opt.) diopter (unit of refractive power).
dióptrica, *f.* (opt.) dioptrics.
dióptrico, ca, *a.* (opt.) dioptric.
diorama, *m.* diorama.
diorámico, ca, *a.* dioramic.
diorita, *f.* diorite, a kind of rock.
dios, *m.* god; (D-) God.—**D. delante,** with God's help.—**D. es D.,** as sure as God lives; by Jupiter!—**D. es grande,** trust in God; all things are possible.—**D. le guarde,** God be with you. —**D. lo haga,** or **lo quiera,** God grant.—**D. los hace y ellos se juntan,** birds of a feather flock together.—**D. mediante,** God willing, with God's help.—**D. me (nos) libre,** God forbid, God protect or deliver me (us).—**¡D. mío!** my God! goodness me! oh my!—**anda con D.,** farewell, adieu.—**la,** or **las, de D. es Cristo,** turmoil, bedlam, row.—**mediante D.,** God willing.—**no lo quiera D.,** God forbid.—**plegue a D.,** or **quiera D.,** God grant.—**¡por D.!** for Heaven's sake! goodness!—**sabe D.,** goodness knows, only God knows.—**sea como D. quiera,** be it as God wishes.—**¡válgame D.!** bless me!—**¡válgate D.!** God preserve, or bless, you!—**vaya Vd. con D.,** good-bye; go on; off with you, begone.—**¡vive D.!** as sure as God lives; by God! by Heaven!
diosa, *f.* goddess.
diostedé, *m.* S. A. bird like the toucan.
dipétalo, la, *a.* (bot.) dipetalous, bipetalous.
diploide, *m.* & *a.* (biol.) diploid.
diploma, *m.* diploma; charter.
diplomacia, *f.* diplomacy.—**d. del dólar,** dollar diplomacy.
diplomáticamente, *adv.* diplomatically.
diplomático, ca. I. *a.* diplomatic. **II.** *n.* diplomat, diplomatist; *f.* diplomatics; diplomacy.—**d. de profesión,** career diplomat.
diplopía, *f.* (med.) diplopia, seeing double.
dipsáceo, cea, *a.* (bot.) dipsacaceous.
dipsomanía, *f.* dipsomania.
dipsomaníaco, ca, dipsómano, na. I. *a.* dipsomaniacal. **II.** *n.* dipsomaniac.
díptero, ra. I. *a.* (entom., bot.) dipterous; (arch.) dipteral. **II.** *m.* (entom.) dipteran; (arch.) dipteros, dipteral building.
dipterocárpeo, pea, *a.* (bot.) dipterocarpaceous.
dipterología, *f.* dipterology.
díptica, *f.,* **díptico,** *m.* diptych.
diptongación, *f.* (gram.) diphthongization.
diptongar, *va.* to diphthongize.
diptongo, *m.* diphthong.
diputación, *f.* deputation; object of a deputation.
diputado, da. I. *pp.* of DIPUTAR. **II.** *m.* deputy, representative, delegate; (com.) assignee.—**d. a Cortes,** congressman.—**d. cunero,** (coll.) congressman who owes his election to the influence of the government.
diputador, ra, *n.* & *a.* constituent.
diputar, *va.* to depute, delegate, commission; to constitute, empower.
dique, *m.* dike, dam, mole, jetty; (naut.) **dry** dock; check, bar, stop; (min.) crop.
dirección, *f.* direction, course, tendency, trend, turn; direction, management, administration; order, command, instruction; address (for letters, etc.); board of directors, executive board; editorship of a newspaper; managership of a theater; office of a director.
directivo, va. I. *a.* directive, managing. **II.** *f.* governing board, board of directors, management.
directo, ta, *a.* direct; straight.
director, ra. I. *n.* & *a.* director(-ing). **II.** *n.* director, manager; chief; editor (of a newspaper); principal (of a school).—**d. de escena,** stage manager.—**d. de orquesta,** conductor, leader of an orchestra.—**d. espiritual,** father confessor.—**directoral,** *a.* directorial.
directorio, ria. I. *a.* directive, directorial. **II.** *m.* directory; body of directors, directorate.
directriz, *f.* (math.) directrix.
dirigente. I. *a.* directing, leading; ruling. **II.** *m.* & *f.* leader.
dirigible. I. *a.* dirigible; manageable; (aer.) dirigible. **II.** *m.* (aer.) dirigible.
dirigir. I. *va.* (*ind.* DIRIJO; *subj.* DIRIJA) to direct; to dedicate (a work); to address (a letter, etc.); to command, lead, head; to govern, control, manage; (naut.) to steer.—**d. la palabra,** to speak (to), address. **II.** *vr.* **(a)** to address,

speak (to); to apply, resort (to); to go (to or toward).
dirimente, *a.* breaking off, dissolving.
dirimible, *a.* that may be broken off.
dirimir, *va.* to dissolve, disjoin, separate; to annul, to declare void; to adjust, reconcile.
disanto, *m.* holy day.
discantar, *va.* to chant, sing; to comment; to descant, discourse much about; (mus.) to sing in counterpoint.
discante, *m.* small guitar; descant, comment, talk at length; (mus.) descant.
discar, *va.* to dial (telephone).
disceptación, *f.* argument, controversy.
disceptar, *vn.* to dispute, argue.
discernidor, ra, *n.* & *a.* discerner(-ing).
discerniente, *a.* discerning.
discernimiento, *m.* discernment, judgment, discrimination; (law) appointment of a guardian.
discernir, *va.* (*ind.* DISCIERNO; *subj.* DISCIERNA) to discern, judge, discriminate; (law) to appoint (a guardian).
disciplina, *f.* discipline; education, instruction; systematic training; any art or science taught; rule of conduct, order.—*pl.* scourge, cat-of-nine-tails; flagellation.
disciplinable, *a.* disciplinable.
disciplinado, da. I. *pp.* of DISCIPLINAR. **II.** *a.* disciplined, trained; marbled, variegated (as flowers).
disciplinal, *a.* disciplinal, disciplinary.
disciplinante. I. *a.* disciplinary; Disciplinant. **II.** *n.* Disciplinant.
disciplinar. I. *va.* to discipline, educate, instruct, train; (mil.) to drill. **II.** *vr.* to scourge oneself as penance.
disciplinario, ria, *a.* disciplinary.
disciplinazo, *m.* lashing; whipping.
discipulado, *m.* discipleship; education, instruction; group of pupils.
discipular, *a.* pertaining to a disciple or pupil.
discípulo, la, *n.* disciple; follower; pupil, student.
disco, *m.* disk, disc; record, phonograph record, (U. S., coll.) platter; discus; quoit; (astr., bot., zool.) disk.—**d. de goma,** washer.—**d. de llamada,** dial (telephone).—**d. de señales,** (Ry.) semaphore.—**d. volador** or **volante,** flying saucer.
discóbolo, *m.* discobolus. discus thrower.
discoidal, discoide, discoideo, a, *a.* disk-like, flat and round.
díscolo, la, *a.* ungovernable; wayward, froward.
discoloro, ra, *a.* (bot.) colorless.
disconforme, -midad = DESCONFORME, etc.
discontinuación, *f.* discontinuation.
discontinuar, *va.* to discontinue, to stop.
discontinuidad, *f.* discontinuity.
discontinuo, a, *a.* discontinuous.
disconveniencia, -niente, -nir, = DESCONVENIENCIA, -NIENTE, -NIR.
discordancia, *f.* disagreement, discordance.
discordante, *a.* dissonant, discordant.
discordar, *vn.* (*ind.* DISCUERDO; *subj.* DISCUERDE) to be in discord, disagree.
discorde, *a.* discordant; (mus.) dissonant.
discordemente, *adv.* discordantly.
discordia, *f.* discord, disagreement, discordance, opposition, clash.
discrasia, *f.* (med.) cacochymy.
discreción, *f.* discretion, judgment; acuteness of mind, sagacity; liberty of action and decision.—**a d.,** optional; (mil.) unconditionally.
discrecional, *a.* optional, discretionary.
discrepancia, *f.* discrepancy.
discrepante, *a.* disagreeing, discrepant.
discrepar, *vn.* to differ, to disagree.
discretear, *vn.* to affect discretion.
discreteo, *m.* affected discretion.
discreto, ta, *a.* discreet, circumspect, prudent; fairly good, not bad; ingenious, sharp, witty; (math.) (of quantity) discrete; (med.) discrete (as smallpox pustules).
discrimen, *m.* hazard, risk, peril; difference.
discriminador, ra, *n.* & *a.* (Am.) discriminator (-ing, -ive).
discriminar, *va.* (Am.) to discriminate.
discuerdo, discuerde, *v. V.* DISCORDAR.
disculpa, *f.* apology, excuse; exculpation.
disculpabilidad, *f.* excusability; pardonableness.
disculpable, *a.* excusable; pardonable.
disculpar, *va.* & *vr.* to exculpate; to excuse; to apologize.
discurrir. I. *vn.* to roam, ramble about; to flow (as a river); to reflect, think; to reason; to discourse. **II.** *va.* to invent, plan, contrive; to conjecture, infer.
discursante, *n.* discourser, lecturer.
discursar, *vn.* (**sobre** or **acerca de**) to discourse (on); to treat (of); to lecture (on).
discursear, *vn.* (coll. and contempt.) to harangue, to make a speech.
discursista, *m.* speech maker.
discursivo, va, *a.* discursive; thoughtful, meditative, cogitative.
discurso, *m.* discourse; cogitation, ratiocination, reasoning; speech, lecture, oration; dissertation, treatise, tract; conversation, talk; space of time.
discusión, *f.* discussion.
discutible, *a.* controvertible, disputable.
discutidor, ra, *n.* & *a.* arguer(-ing).
discutir, *va.* & *vn.* to discuss; to argue about.
disecación, *f.* = DISECCIÓN.
disecador, ra, *n.* dissector; taxidermist.
disecar, *va.* (*pret.* DISEQUÉ; *subj.* DISEQUE) to dissect; to do an autopsy on; to stuff (dead animals).
disección, *f.* dissection, anatomy.
disector, ra, *n.* dissector.
diseminación, *f.* dissemination; scattering, spreading.
diseminador, ra, *n.* & *a.* disseminator(-ing); spreader(-ing).
diseminar, *va.* to disseminate; spread, scatter.
disensión, *f.* dissent; contest, strife.
disenso, *m.* dissent, disagreement.
disentería, *f.* (med.) dysentery.
disentérico, ca, *a.* dysenteric.
disentimiento, *m.* dissent, disagreement.
disentir, *vn.* (*ger.* DISINTIENDO; *ind. pres.* DISIENTO, *pret.* él DISINTIÓ; *subj.* DISIENTA) to dissent, to disagree, to differ.
diseñador, ra, *n.* designer, delineator.
diseñar, *va.* to draw; to sketch, outline.
diseño, *m.* sketch, plan, outline; portrayal, description.
disertación, *f.* dissertation, disquisition.
disertador, ra; disertante, *n.* & *a.* discourser (-ing), expounder(-ing).
disertar, *vn.* (**sobre** or **acerca de**) to discourse (on), treat (of), discuss.
diserto, ta, *a.* eloquent, fluent.
disfagia, *f.* (med.) dysphagia.
disfasia, *f.* (med.) dysphasia.
disfavor, *m.* disregard, disfavor.
disfonía, *f.* (med.) dysphonia.
disformar, *va.* & *vr.* = DEFORMAR.
disforme, *a.* deformed, hideous; huge, big.
disformidad, *f.* deformity; excessive bigness.
disfracé, disfrace, *v. V.* DISFRAZAR.
disfraz, *m.* mask, costume, disguise; dissimulation, dissembling.
disfrazar. I. *va.* (*pret.* DISFRACÉ; *subj.* DISFRACE) to disguise; to misrepresent. **II.** *vr.* to disguise oneself; to masquerade; to travesty.
disfrutar. I. *va.* to benefit by; to have the benefit of; to enjoy (good health, etc.). **II.** *vn.* **d. de,** to enjoy, to have.—**disfrute,** *m.* use, benefit.
disgregable, *a.* separable.
disgregación, *f.* separation, disjunction; disintegration, dissociation.
disgregar, *va.* (*pret.* DISGREGUÉ; *subj.* DISGREGUE) to separate, disjoin, disperse.

disgregativo, va, *a.* disjunctive.
disgregué, disgregue, *v.* *V.* DISGREGAR.
disgustadamente, *adv.* with displeasure.
disgustado, da, *a.* disgusted; annoyed, bothered; peevish; sad, glum, unhappy; tasteless, insipid.
disgustar. I. *va.* to displease; to dislike (diff. constr.: *esto me disgusta,* I dislike this); to offend; to anger. **II.** *vr.* to be (get) displeased, hurt or angry; to fall out (with each other).
disgusto, *m.* disgust, loathing; ill humor; displeasure; unpleasantness, quarrel; vexation, annoyance; grief sorrow.—**a d.,** against one's will.—**estar a d.,** to be ill at ease, uncomfortable.
disidencia, *f.* dissidence, nonconformity.
disidente, *a.* & *n.* dissident, dissenter(-ing), nonconformist.
disidir, *vn.* to dissent, disagree.
disiento, disienta, *v.* *V.* DISENTIR.
disílabo, ba. I. *a.* dissyllabic. **II.** *m.* (gram.) dissyllable.
disimetría, *f.* dissymmetry, lack of symmetry.
disimétrico, ca, *a.* dissymmetric, unsymmetric.
disímil, *a.* dissimilar.
disimilación, *f.* (phon.) dissimilation.
disimilar. I. *a.* dissimilar. **II.** *va.* & *vr.* (phon.) to dissimilate.
disimilitud, *f.* unlikeness.
disimulable, *a.* that may be dissembled; excusable.
disimulación, *f.* dissimulation, dissembling.
disimuladamente, *adv.* dissemblingly, on the sly, on the quiet.
disimulado, da. I. *pp.* of DISIMULAR. **II.** *a.* dissembling; reserved, sullen; sly, cunning.—**hacer la d.,** (coll.) to feign ignorance.
disimulador, ra, *n.* & *a.* dissembler(-ing).
disimular, *va.* to dissimulate, dissemble; to feign, pretend; to tolerate, overlook, let pass; to misrepresent.
disimulo, *m.* dissimulation; tolerance.
disintiendo, disintió, *v.* *V.* DISENTIR.
disipable, *a.* easily scattered; capable of being dissipated.
disipación, *f.* dissipation; dispersion, scattering; evanescence; extravagance, waste.
disipado, da. I. *pp.* of DISIPAR. **II.** *a.* dissipated; prodigal; dissolute.
disipador, ra, *n.* & *a.* squanderer(-ing); spendthrift.
disipar. I. *va.* & *vr.* to dissipate, to disperse, to scatter (as clouds). **II.** *va.* to squander, misspend, lavish; to drive away; to dispel.
dislate, *m.* nonsense, absurdity.
dislocación, dislocadura, *f.* dislocation; sprain; (min.) slide.
dislocar, *va.* & *vr.* (*pret.* DISLOQUÉ; *subj.* DISLOQUE); to dislocate, displace, sprain, disjoint.
dismenorrea, *f.* (med.) dysmenorrhœa.
disminución, *f.* DIMINUCIÓN, diminution; (vet.) a disease in horses' hoofs.
disminuir. I. *va.* (*ger.* DISMINUYENDO; *ind. pres.* DISMINUYO, *pret.* él DISMINUYÓ; *subj.* DISMINUYA) to diminish, lessen, lower, decrease; to detract from. **II.** *vr.* to diminish, decrease.
dismutación, *f.* (chem.) disproportionation.
disnea, *f.* (med.) dyspnea, dyspnœa.
disneico, ca, *a.* dyspneic, dyspneal.
disociación, *f.* dissociation, separation.
disociador, ra, *a.* dissociative.
disociar, *va.* to dissociate, separate.
disolubilidad, *f.* dissolubility; solubility.
disoluble, *a.* dissoluble.
disolución, *f.* dissolution, disintegration; (chem.) dissolution; solution; dissoluteness, dissipation. —**d. de sociedad,** dissolution of partnership.
disolutivo, va, *a.* solvent.
disoluto, ta, *a.* dissolute, loose, dissipated.
disolvente, *m.* dissolvent, dissolver.
disolver. I. *va.* (*pp. irreg.* DISUELTO; *ind.* DISUELVO; *subj.* DISUELVA) to loosen, untie; to dissolve, break up (as a meeting); to separate, disunite; (phys., chem.) to dissolve. **II.** *vr.* to dissolve.
disón, *m.* (mus.) discord.
disonancia, *f.* harsh sound; disagreement, discord; (mus.) dissonance.
disonante, *a.* dissonant, inharmonious; discordant, unsuitable.
disonar, *vn.* (*ind.* DISUENO; *subj.* DISUENE) to disagree in sound, to be inharmonious; to be discordant, to disagree.
dísono, na, *a.* dissonant, inharmonious.
dispar, *a.* unlike, unequal, unmatched.
disparada, *f.* (Am.) sudden and hasty start; flight.—**a la d.,** at full speed; hurriedly and recklessly.—**de una d.,** promptly; at once.
disparadamente, *adv.* hurriedly.
disparadero, *m.* trigger (on firearms).
disparador, *m.* shooter; trigger; ratchet or ratchet wheel, in clockwork; (naut.) anchor tripper.
disparar. I. *va.* & *vn.* to shoot, discharge, fire; let off; to cast or throw with violence. **II.** *vn.* (coll.) to talk nonsense, to blunder. **III.** *vr.* to run headlong, to rush; to run away (as a horse); (naut.) to turn violently (as the capstan); to go off (as a gun).
disparatadamente, *adv.* blunderingly; absurdly, nonsensically.
disparatado, da. I. *pp.* of DISPARATAR. **II.** *a.* absurd, foolish, nonsensical.
disparatador, ra, *n.* nonsensical talker.
disparatar, *vn.* to act absurdly; to talk nonsense; to blunder.
disparate, *m.* blunder, mistake, (U. S., coll.) blooper; absurdity, nonsense.
disparatero, ra, *n.* (Am.) bungler; one who "talks through his hat."
disparatorio, *m.* nonsensical or blundering act, speech or writing.
disparejo, ja, *a.* uneven.
disparidad, *f.* disparity, inequality.
disparo, *m.* discharge, explosion; nonsense, absurdity.
dispendio, *m.* excessive expense; excessive waste.
dispendioso, sa, *a.* costly, expensive.
dispensa, *f.* dispense, privilege, exemption, dispensation; document granting a dispensation.
dispensable, *a.* dispensable; excusable.
dispensación, *f.* dispensation, exemption.
dispensador, ra. I. *a.* dispensing, distributing; dispensatory. **II.** *n.* dispenser, distributer; dispensator.
dispensar, *va.* to dispense, deal out, distribute; to exempt; to acquit, absolve; to excuse, pardon.
dispensario, *m.* (incorrectly used for) pharmacopoeia; clinic.
¡dispense! ¡dispénseme!, (*subj.* of DISPENSAR) excuse me! (beg) pardon!
dispepsia, *f.* (med.) dyspepsia.
dispéptico, ca, *a.* dyspeptic.
dispersador, ra. I. *a.* dispersive. **II.** *n.* disperser.
dispersar, *va.* & *vr.* to disperse, scatter.
dispersión, *f.* dispersion, breakup.
dispersivo, va, *a.* dispersive.—**poder d.,** (opt.) dispersive power.
disperso, sa, *a.* dispersed, separated; scattered.
dispertador, ra, *a.* & *n.* = DESPERTADOR.
dispertar, *va.* & *vn.* = DESPERTAR.
displacer, *va.* & *vn.* = DESPLACER.
displicencia, *f.* disagreeableness; lukewarmness.
displicente, *a.* disagreeable, unpleasant; peevish.
disponedor, ra, *n.* & *a.* disposer(-ing), distributer(-ing).
disponer. I. *va.* & *vn.* (*pp.* DISPUESTO; *ind. pres.* DISPONGO, *pret.* DISPUSE, *fut.* DISPONDRÉ; *subj.* DISPONGA) to dispose; arrange, prepare, lay out; to resolve, direct, order, command.—**d. de,** to have at one's disposal. **II.** *vr.* (**para** or **a**) to prepare oneself, to get ready (to); to make one's will.
dispongo, disponga, *v.* *V.* DISPONER.

disponibilidad, *f.* availability.—**d. de mano de obra,** labor supply.
disponible, *a.* disposable, available.
disposición, *f.* disposition, arrangement; disposal; aptitude, natural fitness, capacity; inclination; state of health; condition, circumstances; elegance of carriage; temper; ability, expediency; proportion, symmetry, measure; resolution, order, command; specification, requirement; provision, proviso, prescription; power, authority; (naut.) trim of a ship.—**a la d. de usted,** I am (or it is) at your disposal.
dispositivamente, *adv.* dispositively.
dispositivo, va. I. *a.* dispositive. **II.** *m.* device, contrivance; mechanism; appliance.—**d. de lanzamiento,** launcher.—**dispositivos investigadores del espacio,** space probe.
disprosio, *m.* (chem.) dysprosium.
dispuesto, ta. I. *pp. irreg.* of DISPONER. **II.** *a.* disposed, ready; genteel, graceful.—**bien d.,** quite well; favorably disposed or inclined.—**mal d.,** indisposed, ill; unfavorably disposed.
dispuse, dispuso, *v. V.* DISPONER.
disputa, *f.* dispute, controversy; contest; debate.—**sin d.,** undoubtedly, indisputably.
disputable, *a.* disputable; contestable.
disputador, ra, *n.* disputant, disputer.
disputar, *va.* & *vn.* to dispute, controvert, contend, debate, contest; to question; to debate, argue; to fight for.
disquisición, *f.* disquisition.
distancia, *f.* distance, interval of time or place; range, difference, disparity.—**d. focal,** (opt.) focal distance or length; focus.—**a d.,** at a distance, far.—**a larga d.,** (Am., tel.) long-distance.
distanciar, *va.* to distance; to place at a distance, put farther apart.
distante, *a.* distant, far, remote; (naut.) off.
distantemente, *adv.* distantly.
distar, *vn.* to be distant; to be different.—**d. de,** to be far from; to be (a specified distance) from.
distender, *va.* (*ind.* DISTIENDO; *subj.* DISTIENDA) (med.) to distend, to swell.
distensible, *a.* (med.) distensible.
distensión, *f.* distention, expansion.
dístico, ca. I. *a.* (bot.) distichous. **II.** *m.* (poet.) distich, couplet.—**d. heroico,** (poet.) heroic couplet.
distiendo, distienda, *v. V.* DISTENDER.
distinción, *f.* distinction; difference; prerogative, privilege; superiority (in culture); honor, consideration; order, precision.—**a d. de,** in contradistinction to, as distinguished from; unlike.
[1]**distingo,** *m.* restriction, qualification; (logic) distinction.
[2]**distingo, distinga,** *v. V.* DISTINGUIR.
distinguible, *a.* distinguishable.
distinguido, da. I. *pp.* of DISTINGUIR. **II.** *a.* distinguished, conspicuous, prominent.
distinguir. I. *va.* (*ind.* DISTINGO; *subj.* DISTINGA) to distinguish, tell apart; to see clearly at a distance, make out; to esteem, show regard for; to clear up, explain. **II.** *vr.* to distinguish oneself, to excel; (de) to differ, be distinguished (from).
distintamente, *adv.* distinctly; differently.
distintivo, va. I. *a.* distinctive. **II.** *m.* distinctive mark; distinguishing or peculiar feature or fact.
distinto, ta, *a.* distinct; plain, clear; different (separate, individual).
distocia, *f.* (med.) dystocia, difficult parturition.
distócico, ca, *a.* dystocial.
dístomo, *m.* (zool.) distomatous.
distracción, *f.* heedlessness, absent-mindedness; oversight; diversion, amusement, pastime; licentiousness, want of constraint.—**por d.,** for amusement, as a diversion; through an oversight.
distraer. I. *va.* (*ger.* DISTRAYENDO; *ind. pres.* DISTRAIGO, *pret.* DISTRAJE; *subj.* DISTRAIGA) to distract, to harass the mind; to perplex, bewilder, confuse; to divert, amuse, entertain; to lead astray. **II.** *vr.* to be absent-minded; to be inattentive; to amuse or enjoy oneself.
distraídamente, *adv.* absent-mindedly, without thinking.
distraído, da. I. *pp.* of DISTRAER. **II.** *a.* inattentive, heedless; absent-minded; dissolute, licentious.
distraigo, distraiga, *v. V.* DISTRAER.
distraimiento, *m.* = DISTRACCIÓN.
distraje, distrajo, distrayendo, *v. V.* DISTRAER.
distribución, *f.* distribution; division, apportionment; (print.) distribution of type.—**d. de frecuencias,** (stat.) frequency distribution.
distribuidor, ra. I. *n.* & *a.* distributer(-ing). **II.** *m.* (hydraul.) guides, guide system (of a turbine); (steam eng.) slide valve; valve gear.
distribuir, *va.* (*ger.* DISTRIBUYENDO; *ind. pres.* DISTRIBUYO, *pret.* él DISTRIBUYÓ; *subj.* DISTRIBUYA) to distribute, divide, deal out; to sort (as mail matter); (print.) to distribute (type).
distributivamente, *adv.* distributively.
distributivo, va, *a.* distributive, dissuading.
distributor, ra; distribuyente, *n.* & *a.* distributer(-ing).
distribuyo, etc. *v. V.* DISTRIBUIR.
distrito, *m.* district, ward, precinct, region.
distrofia, *f.* (med.) dystrophy.—**d. muscular,** (med.) muscular dystrophy.
disturbar, *va.* to disturb.
disturbio, *m.* disturbance, outbreak.
disuadir, *va.* to dissuade, deter.
disuasión, *f.* dissuasion, determent.
disuasivo, va. I. *a.* dissuasive, dissuading. **II.** *m.* deterrent.
disuelto, ta, *pp. irreg.* of DISOLVER.
disuelvo, disuelva, *v. V.* DISOLVER.
disueno, disuene, *v. V.* DISONAR.
disuria, *f.* (med.) dysuria.
disyunción, *f.* disjunction, separation; (gram.) disjunctive particle.
disyunta, *f.* (mus.) change of the voice.
disyuntiva, *f.* alternative.
disyuntivo, va. I. *a.* disjunctive. **II.** *f.* disjunctive proposition; dilemma.
disyuntor, *m.* (elec.) circuit breaker.
dita, *f.* surety, bondsman; security, bond.
ditá, *m.* (bot.) dita, a P. I. tree that yields ditamine.
ditaína, *f.,* ditamine, a febrifuge extracted from dita bark.
diteísmo, *m.* ditheism.
diteísta. I. *a.* ditheistic. **II.** *n.* ditheist.
ditiónico, ca, *a.* (chem.) dithionic.
ditirámbico, ca, *a.* dithyrambical.
ditirambo, *m.* dithyramb.
dítono, *m.* (mus.) ditone.
diuresis, *f.* (med.) diuresis, excess of urine.
diurético, ca, *a.* & *m.* diuretic.
diurno, na. I. *a.* diurnal. **II.** *m.* diurnal, prayer book.—*f. pl.* butterflies, Lepidoptera.—*m. pl.* dayflies.
diuturnidad, *f.* long duration.
diuturno, na, *a.* lasting, of long duration.
divagación, *f.* wandering, digression.
divagador, ra, *n.* & *a.* roamer(-ing), rambler (-ing); digressor(-ing).
divagar, *vn.* (*pret.* DIVAGUÉ, *subj.* DIVAGUE) to roam, to ramble; to digress.
diván, *m.* divan, supreme council among the Turks; place of its meetings; divan, low cushioned sofa; collection of Oriental poems.
divergencia, *f.* divergence, divergency.
divergente, *a.* divergent; dissenting.
divergir, *vn.* to diverge; to dissent.
diversidad, *f.* diversity, unlikeness; variety, abundance, plenty.
diversificación, *f.* diversification.
diversificar, *va.* to diversify, vary.
diversiforme, *a.* diversiform, of varied forms.

diversión, *f.* entertainment, amusement; (mil.) diversion.
diversivo, va, *a.* (med.) divertive.
diverso, sa, *a.* diverse, different; various, several.
divertido, da. I. *pp.* of DIVERTIR. **II.** *a.* amusing, entertaining; humorous, funny.
divertimiento, *m.* diversion, amusement.
divertir. I. *va.* (*ind. pres.* DIVIERTO, *pret.* él DIVIRTIÓ; *subj.* DIVIERTA) to turn aside, divert; to amuse, entertain; (mil.) to divert (the enemy). **II.** *vr.* to amuse oneself, to have a good time.
dividendo, *m.* (arith. & com.) dividend.
divididero, ra, *a.* divisible.
dividir. I. *va.* & *vn.* to divide. **II.** *vr.* to divide; to split; to be divided; (**de**) to separate (from), part company (with).
dividivi, *m.* (bot.) dividivi, a tropical-American tree yielding valuable dyeing and tanning products.
dividuo, dua, *a.* (law) divisible.
divierto, divierta, *v.* *V.* DIVERTIR.
divieso, *m.* (med.) furuncle, boil.
divinación, *f.* divination.
divinatorio, ria, *a.* divinatory.
divinicé, divinice, *v.* *V.* DIVINIZAR.
divinidad, *f.* divinity; god; woman of great beauty.—**la D.**, the Deity.
divinización, *f.* deification.
divinizar, *va.* (*pret.* DIVINICÉ; *subj.* DIVINICE) to deify; (fig.) to sanctify.
divino, na. I. *a.* divine; excellent, admirable; most beautiful. **II.** *n.* diviner.
divirtió, *pret.* of DIVERTIR.
divisa, *f.* badge, emblem, impress; (law) devise. —*pl.* (com.) holdings; (law) devisen.
divisar, *va.* to descry at a distance, to perceive indistinctly; (her.) to vary.
divisibilidad, *f.* divisibility.
divisible, *a.* divisible.
división, *f.* division; distribution; section, quarter, ward, compartment; disunity, discord; hyphen; (mil.) division; (math. etc.) division.
divisional, *a.* divisional.
divisivo, va, *a.* divisible, divisive.
divisor, ra. I. *n.* & *a.* divider(-ing). **II.** *m.* (math.) divisor.
divisorio, ria. I. *a.* dividing. **II.** *m.* (print.) copyholder. **III.** *f.* (geol.) divide.
divo, va. **I.** *a.* (poet.) divine, godlike. **II.** *m.* (poet.) god; *f.* (poet.) goddess; diva; *m.* & *f.* opera singer.
divorciador, ra, *n.* divorcer.
divorciar. I. *va.* to divorce; to separate, part, divide. **II.** *vr.* to get divorced.
divorcio, *m.* divorce; disunion; breach.
divulgable, *a.* that may be divulged.
divulgación, *f.* publication, spreading abroad.
divulgador, ra, *n.* & *a.* divulger(-ing).
divulgar. I. *va.* (*pret.* DIVULGUÉ; *subj.* DIVULGUE) to publish, divulge, spread, give out, reveal; to popularize. **II.** *vr.* to become widespread.
diz (contr. of DÍCESE), it is said.—**dizque. I.** = DIZ QUE. **II.** *m.* objection, muttering; rumor.
[1]**do**, *m.* (mus.) first note of a diatonic scale.
[2]**do, dó**, *adv.* (poet.) DONDE, DÓNDE.
dobla, *f.* an ancient Spanish gold coin.
dobladamente, *adv.* doubly; deceitfully, artfully.
dobladilla, *f.* an ancient game of cards.—**a la d.**, doubly, repeatedly.
dobladillo *m.* (sewing) hem, border; strong knitting thread.
doblado, da. I. *pp.* of DOBLAR. **II.** *a.* strong, robust, thick-set; deceitful, dissembling. **III.** *m.* measure of the fold in cloth.
doblador, ra, *n.* doubler, bender, folder.
dobladura, *f.* fold, crease.
doblamiento, *m.* doubling, bending, folding.
doblar. I. *va.* to double, make double; to fold; to crease; to bend; to subdue; to induce or influence.—**d. la esquina**, to turn the corner.—**d. un cabo**, (naut.) to double or round a cape. **II.** *vn.* to toll the passing bell. **III.** *vr.* to bend; bow, stoop; submit, acquiesce, give in, yield.
doble. I. *a.* double, twofold, duplicate; thick, heavy (as cloth); thick-set, robust, strong; two-faced, deceitful; (chem.) binary.—**al d.**, doubly.—**d. personalidad**, split personality. **II.** *m.* fold, crease; toll of the passing bell; step in a Spanish dance.
doblegable, *a.* pliable, pliant; easily folded.
doblegadizo, za, *a.* easily bent or folded.
doblegar. I. *va.* (*pret.* DOBLEGUÉ; *subj.* DOBLEGUE) to fold; twist; bend; to gain by persuasion, to dissuade. **II.** *vr.* to bend; to yield, submit, acquiesce.
doblemente, *adv.* doubly; deceitfully, artfully.
doblero, *m.* (carp.) piece of timber.
doblete. I. *a.* of medium thickness. **II.** *m.* doublet (gem); a stroke in billiards.
doblez. I. *m.* crease, ply, fold; duplication. **II.** *f.* duplicity, double-dealing.
doblón, *m.* doubloon, old Sp. gold coin.—**doblonada**, *f.* heap of doubloons or money.—**echar doblonadas**, (coll.) to exaggerate one's income.
doce. I. *n.* & *a.* twelve; twelfth. **II.** *f.* *pl.* **las doce**, twelve o'clock.
doceañista, *n.* maker or follower of the 1812 Spanish Constitution.
docena, *f.* dozen.—**d. de fraile**, baker's dozen.—**a docenas**, abundantly, in great quantities.
docenal, *a.* sold by dozens.
docenario, ria, *a.* containing a dozen.
doceno, na. I. *a.* twelfth. **II.** *n.* & *a.* (cloth) of twelve hundred threads.
docente, *a.* educational; teaching.
docientos, *a.* = DOSCIENTOS, two-hundred(-th).
dócil, *a.* docile, yielding, tractable; obedient; pliable, flexible, soft.—**docilidad**, *f.* docility, meekness; flexibility; tractableness.—**dócilmente**, *adv.* mildly, meekly.
docimasia, docimástica, *f.* docimacy.
docimástico, ca, *a.* docimastic.
docto, ta, *a.* learned, expert, well posted or informed; qualified.
doctor, ra. I. *n.* (academic) doctor; teacher of any art or science; (coll.) physician. **II.** *f.* (coll.) a bluestocking; (coll.) wife of a doctor.
doctorado, *m.* doctorate, doctorship.
doctoral, *a.* doctoral.
doctoramiento, *m.* act of conferring or taking the degree of doctor.
doctorando, *m.* one about to graduate as a doctor.
doctorar, *va.* to confer the degree of doctor on.
doctrina, *f.* doctrine; preaching of the Gospel; Sunday school; catechism; (Am.) curacy.
doctrinador, ra, *n.* instructor, teacher.
doctrinal. I. *m.* catechism. **II.** *a.* doctrinal.
doctrinar, *va.* to teach, to instruct.
doctrinario, ria. I. *a.* doctrinarian; doctrinal; party (as *a.*); pert. to, or following, doctrinairism. **II.** *n.* doctrinaire.
doctrinarismo, *m.* doctrinairism.
doctrinero, *m.* teacher of Christian doctrine; (Am.) curate, parish priest.
doctrino, na, *n.* charity pupil.
documentación, *f.* documentation; documents.
documentado, da, *a.* having the necessary documents or vouchers.
documental, *a.* documentary.
documentalmente, *adv.* with proper documents.
documentar, *va.* to document.
documento, *m.* document; instruction, advice to avoid evil; (com.) collateral security.
dodecaedro, *m.* (geom.) dodecahedron.
dodecágono, na. I. *a.* (geom.) dodecagonal. **II.** *m.* (geom.) dodecagon.
dodecasílabo, ba, *a.* having twelve syllables.
dogal, *m.* halter, noose, slipknot; hangman's rope.
dogma, *m.* dogma.
dogmático, ca. I. *a.* dogmatical or dogmatic. **II.** *n.* dogmatist.
dogmatismo, *m.* dogmatism.

dogmatista, *n.* dogmatist.
dogmatizador, dogmatizante, *m.* dogmatizer, dogmatist.
dogmatizar, *va.* to dogmatize.
dogo, ga, *n.* bulldog.
dogre, *m.* dogger, Dutch boat.
doladera, *n.* cooper's adze.
dolador, *m.* joiner; stonecutter.
doladura, *f.* shavings, splinters, chips.
dolaje, *m.* wine absorbed by its container.
dolamas, *f. pl.*, **dolames,** *m. pl.*, (Am.) (vet.) hidden vices and defects (of horses).
dolar, *va.* to hew (wood or stone).
dólar, *m.* dollar (U. S. money).
dolce, *a.* (mus.) dolce.
dolencia, *f.* aching, ache; disease, ailment.
doler. I. *vn.* (*ind.* DUELO; *subj.* DUELA) to pain, ache; (as *me duele la cabeza,* my head aches); to hurt; to cause regret or grief. **II.** *vr.* (**de**) to repent (of); to regret; to be moved (by), take pity (on), condole (with), feel or express sympathy (for); to complain (of).
dolerita, *f.* (min.) dolerite.
dolicocéfalo, la, *a.* dolichocephalic, dolichocephalous, long-headed.
doliente. I. *a.* aching, suffering; sorrowful; sick. **II.** *m.* mourner; patient (sick person).
dolmán, *m.* dolman.
dolmen, *m.* (archeol.) dolmen.
dolo, *m.* fraud, deceit, guile.
dolobre, *m.* stone hammer.
dolomía, *f.* (min.) dolomite.
dolomítico, ca, *a.* dolomitic.
dolor, *m.* pain, aching, ache; sorrow, affliction, grief; regret, repentance, contrition.—*pl.* throes of childbirth.—**d. de cabeza,** headache.—**d. de corazón,** heartache; repentance.—**d. de costado,** pneumonia.—**d. latente,** dull pain, constant but not severe pain.—**dolores del parto,** labor pains.—**estar con dolores,** to be in labor.
dolora, *f.* a short sentimental and philosophic poem.
dolorido, da. I. *a.* doleful, afflicted; painful, aching; sore, tender; heartsick. **II.** *m.* chief mourner.
Dolorosa, *f.* (art) Mater Dolorosa, Sorrowing Mary.
doloroso, sa, *a.* painful; regrettable; pitiful.
doloso, sa, *a.* deceitful; fraudulent.
doma, *f.* breaking in of a horse.
domable, *a.* tamable; conquerable.
domador, ra, *n.* tamer; horsebreaker.
domadura, *f.* act of taming or subduing.
domar, *va.* to tame; to break in; to subdue, overcome, master, conquer.
dombo, *m.* dome, cupola.
domeñar, *va.* to reclaim, to make tractable; to tame, domesticate; to master, subdue.
domesticable, *a.* tamable, capable of domestication.
domesticación, *f.* domestication.
domesticar. I. *va.* (*pret.* DOMESTIQUÉ; *subj.* DOMESTIQUE) to domesticate. **II.** *vr.* to become tame.
domesticidad, *f.* domesticity; domestication.
doméstico, ca. I. *a.* domestic; domesticated, tamed. **II.** *n.* household servant.
domestiquez, *f.* tameness.
domiciliar. I. *va.* to lodge. **II.** *vr.* to dwell.
domiciliario, ria, *a.* domiciliary.
domicilio, *m.* domicile; home; residence.
dominación, *f.* dominion, domination, authority, rule, command, power; (mil.) commanding ground.—*pl.* dominations, angelic beings.
dominador, ra. I. *a.* dominating, controlling; overbearing. **II.** *n.* dominator.
dominante. I. *a.* domineering, dictatorial, overbearing; prevailing; excelling; commanding, towering. **II.** *f.* (mus.) dominant.
dominar. I. *va.* to dominate; to stand out above (as a hill); to master (a subject, language, etc.); to subdue, repress. **II.** *vr.* to control oneself.
dominativo, va, *a.* = DOMINANTE.
dómine, *m.* dominie, teacher; puffed-up fool, pompous, empty-headed fellow.
domingada, *f.* Sunday festival or function.
domingo, *m.* Sunday.—**D. de Cuasimodo,** Low Sunday.—**D. de Ramos,** Palm Sunday.—**D. de Resurrección,** Easter Sunday.
dominguero, ra, *a.* done on Sunday; Sunday (as *a.*), pertaining to Sunday.
dominguillo, *m.* tumbler (a toy).
domínica, *f.* the Sabbath.
dominical. I. *a.* dominical, Sunday (as *a.*). **II.** *f.* Sunday function in universities.
dominicano, na; *n.* & *a.* Dominican; DOMINICO.
dominico, *m.* Jacobin, Dominican friar.
dominio, *m.* dominion, control; domination, rule, authority; dominion, domain; (law) fee.—**d. absoluto,** (law) fee simple absolute.—**d. directo,** (law) dominium directum.—**d. eminente,** (law) eminent domain.—**d. público,** public or general knowledge; (law) public domain, government or state property.—**d. útil,** (law) dominium utile.
dómino, *m.* domino (game piece); the game.
dominó, *m.* domino (for masquerade); DÓMINO.
dompedro, *m.* (bot.) morning-glory.
[1]**don,** *m.* Don, title for a gentleman, equivalent to Mr. or Esq. in English, but used only before Christian names, as *Don Juan, Don Alfonso.*
[2]**don,** *m.* gift, present, donation; ability, natural gift, faculty, knack.—**d. de acierto,** tact.—**d. de errar,** (coll.) knack for doing things wrong.—**d. de gentes,** winning manners.
[1]**dona,** *f.* woman, dame.
[2]**dona,** *f.* (Chile) legacy.—*pl.* wedding presents given by the bridegroom to the bride.
donación, *f.* donation, gift, grant.—**d. piadosa,** donary, pious donation.
donadío, *m.* property derived from royal grants.
donado, da, *n.* lay brother (sister).
donador, ra, *n.* donor, bestower, giver.
donaire, *m.* gracefulness, gentility; witticism.
donairoso, sa, *a.* graceful, elegant; witty.
donante, *n.* & *a.* giver(-ing).
donar, *va.* to give, bestow, contribute.
donatario, ria, *n.* donee, grantee.
donatismo, *m.* Donatism.
donatista, *n.* & *a.* Donatist.
donativo, *m.* donative, donation, gift.
doncel. I. *m.* king's page; virgin man. **II.** *a.* mild, mellow in flavor (as wine).
doncella, *f.* maid, servant; virgin; maiden, girl; lady's maid, waiting maid; (ichth.) snakefish.
doncelleja, *f. dim.* little maid.
doncellez, *f.* maidenhood.
doncellica, ita, *f. dim.* young maid, girl.
doncellueca, *f.* (coll.) old maid.
donde (*interr.* **dónde**) *adv.* where; wherein; in which; wherever; (Am.) to, or at, the house, shop, etc. of (*voy donde Juan,* I am going to John's [house]; *esto se vende donde Macy,* this is sold at Macy's).—**d. no,** otherwise.—**a d.,** where, whereto.—**¿de dónde?** where from, whence?; (Am.) how?—**¿en dónde?** where?—**¿por dónde?** whereabouts? by what way or road? by what reason or cause?
dondequiera, *adv.* anywhere; wherever.—**por d.,** everywhere, in every place.
dondiego, dondiego de día, (bot.) morning-glory.—**dondiego de noche,** *m.* (bot.) jalap, marvel of Peru.
dongón, *m.* (P. I.) a tree of very hard wood used in shipbuilding.
donillero, *m.* roper-in, decoy.
donjuán, *m.* (bot.) = DONDIEGO.
donosidad, *f.* gracefulness; wittiness.
donoso, sa, *a.* gay, witty; graceful.
donosura, *f.* gracefulness, elegance; wittiness.
[1]**doña,** *f.* title given to a lady, equivalent to the English Mrs. or Miss, but used only before Christian names, as *Doña Isabel*; formerly, a duenna or a nun.

[2]**doña,** *f. pl.* present made every year to the miners in the iron mines in Spain.
doñear, *vn.* (coll.) to converse much with women.
doñegal, doñigal, *a.* a variety of fig.
doquier, doquiera, *adv.* = DONDEQUIERA.
dorada, doradilla, *f.* (ichth.) gilthead, giltpoll.
doradilla, *f.* (bot.) common ceterach.
doradillo, *m.* fine brass wire; (ornith.) wagtail; (S. A.) satinwood.
dorado, da. I. *pp.* of DORAR. **II.** *a.* gilt. **III.** *m.* (act or operation of) gilding.
dorador, ra, *n.* gilder.
doradura, *f.* gilding.
doral, *m.* (ornith.) flycatcher.
dorar, *va.* to gild; to palliate, excuse; (poet.) to illume (as sunshine).
dórico, ca, *a.* Doric.
dorio, ria, *n.* & *a.* Dorian.
dormán, *m.* dolman, huzzar's jacket.
dormida, *f.* sleep of the silkworm; place where animals repose; (Am.) alcove; bed.
dormidera, *f.* (bot.) garden poppy.—*pl.* (coll.) readiness to sleep.
dormidero, ra. I. *a.* soporiferous, narcotic. **II.** *m.* place where cattle repose.
dormilón, na, *n.* (coll.) sleepy head.
dormilona, *f.* screw earring.
dormir. I. *vn.* (*ind. pres.* DUERMO, *pret.* él DURMIÓ; *subj.* DUERMA) to sleep; to rest; (naut.) to be calm or still.—**d. a pierna suelta,** (coll.) to be fast asleep; to sleep soundly and peacefully. **II.** *vr.* to go to sleep, fall asleep.
dormirlas, *m.* hide and seek.
dormitar, *vn.* to doze, nap.
dormitivo, va, *m.* & *a.* (med.) dormitive.
dormitorio, *m.* dormitory; bedroom.
dornajo, *m.* small trough; tray; pan.
dornillo, *m.* small trough, wooden bowl.
dorsal, *a.* dorsal, pertaining to the back.
dorso, *m.* spine, back; dorsum.
dos. I. *a.* two; second (of the month). **II.** *m.* two; deuce.—**d. a d.,** two to two; two by two.—**a d. por tres,** suddenly.—**de d. en d.,** two abreast; by twos, in pairs.—**en un d. por tres,** in a twinkling.—**las d.,** two o'clock.—**los d.,** both.—**para entre los d.,** between you and me.
dosalbo, ba, *a.* (of horse) having two white stockings.
dosañal, *a.* biennial, of two years.
doscientos, tas, *n.* & *a.* two hundred; two-hundredth.
dosel, *m.* canopy, dais; portière.
doselera, *f.* valance, drapery of a canopy.
dosificación, *f.* proportioning; determination of the quantity of a substance; (med.) dosage.
dosificar, *va.* to measure out the doses of (a medicine); to proportion (ingredients, etc.); to determine the quantity of; to analyse.
dosimetría, *f.* dosimetry.
dosimétrico, ca, *a.* dosimetric.
dosímetro, *m.* (atom. ener.) dosimeter.
dosis, *f.* dose (of medicine); quantity.
dotación, *f.* endowment, foundation; allotment; settlement, dowry; equipment; (naut.) complement of a crew; (mil.) munition and garrison of a fortress; (Cuba) workmen on a plantation.
dotado, da, *pp.* of DOTAR.—**d. de,** endowed with, gifted with.
dotador, ra, *n.* endower, donor.
dotal, *a.* dotal, pertaining to a dowry.
dotar, *va.* to portion; to endow; to give a dowry to; to gift, to endow with powers or talents.
dote, *m.* & *f.* dowery, dowry; stock of counters to play with.—*f. pl.* gifts, natural talents.
dovela, *f.* (arch.) voussoir, stone of an arch.
dovelaje, *m.* voussoirs of an arch.
dovelar, *va.* to hew (a stone) for an arch.
doy, *1st pers. sing. pres.* of DAR.
dozavado, da, *a.* twelve-sided.
dozavo, va, *n.* & *a.* twelfth.
dracma, *f.* (pharm.) drachm, dram; Greek coin.
draconiano, na, *a.* Draconian.
dracúnculo, *m.* (zool.) dracunculus, nematode parasite.
draga, *f.* dredge.
dragado, *m.* dredging.
dragaminas, *m.* mine sweeper.
dragar, *va.* (*pret.* DRAGUÉ; *subj.* DRAGUE) to dredge.
drago, *m.* (bot.) dragon tree.
dragomán, *m.* dragoman, interpreter.
dragón, *m.* dragon; (zool.) dragon; (bot.) dragon; (metal.) feeding opening of a furnace; (mil.) dragoon, a soldier; (vet.) white spots in the pupils of horses' eyes; a kind of exhalation or vapor; (**D-,** astr.) Dragon, Draco.—**dragona,** *f.* (mil.) shoulder knot; female dragon.—**dragoncillo,** *m.* drake, ancient gun; little dragon or dragoon.
dragonear, *vn.* (Am.) (**de**) to pass oneself off (for), to pretend to be, play the; to boast.
dragontea, dragontía, *f.* (bot.) common dragon.
dragontino, na, *a.* dragonish.
drama, *m.* drama; play.
dramamina, *f.* (pharm.) Dramamine (trademark).
dramática, *f.* dramatic art.
dramático, ca, *a.* dramatic.
dramatismo, *m.* quality of being dramatic.
dramatizable, *a.* dramatizable.
dramatización, *f.* dramatization.
dramatizar, *va.* & *vn.* to dramatize.
dramaturgia, *f.* dramatic art.
dramaturgo, ga, *n.* playwright.
drástico, ca, *a.* (med.) drastic.
drávida, *n.,* **dravidiano, na,** *n.* & *a.* Dravidian.
dravídico, ca, *a.* Dravidian.
drenaje, *m.* drainage.
dríada, dríade, *f.* dryad.
dril, *m.* drilling, strong cloth, drill.
drino, *m.* a kind of poisonous serpent.
driza, *f.* (naut.) halyard.
drizar, *va.* (naut.) to hoist up (the yards).
droga, *f.* drug; medicine; fib; stratagem, artifice, deceit; nuisance.
drogmán, *m.* = DRAGOMÁN.
droguería, *f.* drug store; drug trade.
droguero, ra, *n.* druggist.
droguete, *m.* drugget, East Indian rug.
droguista, *n.* druggist; cheat, humbug, impostor.
drolático, ca, *a.* droll.
dromedario, *m.* dromedary; unwieldy animal.
drope, *m.* (coll.) vile, despicable man.
drosófila, *f.* (entom.) drosophila.
druida, *m.* druid.
druidesa, *f.* druidess.
druídico, ca, *a.* druidic.
druidismo, *m.* druidism.
drupa, *f.* (bot.) drupe, stone fruit.
drupáceo, cea, *a.* (bot.) drupaceous.
drusa, *f.* (min.) geode, vug.
dúa, *f.* (min.) gang of workmen.
dual, *a.* (gram.) dual.
dualidad, *f.* duality.
dualismo, *m.* (philos.) dualism.
dualista, *n.* & *a.* dualist(-ic).
dubio, *m.* (law) doubt.
dubitable, *a.* doubtful, dubious.
dubitación, *f.* dubitation, doubt.
dubitativo, va, *a.* doubtful, dubious.
ducado, *m.* duchy, dukedom; ducat.
ducal, *a.* ducal.
ducentésimo, ma, *a.* two-hundredth.
dúctil, *a.* ductile; yielding.
ductilidad, *f.* ductility.
ductivo, va, *a.* conducive.
duchar, *va.* & *vn.* to douche.
ducho, cha. I. *a.* skilful, expert. **II.** *f.* douche, shower bath; stripe (in cloth).
duda, *f.* doubt.—**sin d.,** certainly; doubtless.
dudable, *a.* dubious, doubtful.
dudar, *vn.* & *va.* to doubt; to hesitate (before doing something).—**d. de,** to doubt, distrust, question.

dudoso, sa, *a.* doubtful, dubious; hazardous.
duela, *f.* (cooperage) stave.
duelaje, *m.* wine absorbed by its container.
duelista, *m.* duellist.
[1]**duelo,** *m.* duel.
[2]**duelo,** *m.* sorrow, grief, affliction; mourning; mourners; condolement; bereavement.—**duelos y quebrantos,** giblets and haslets, formerly eaten on Saturday.—**sin d.,** abundantly.
[3]**duelo, duela,** *v. V.* DOLER.
duende, *m.* elf, hobgoblin, ghost.
duendo, da. *a.* tame (as doves).
dueña, *f.* owner, proprietress, mistress, landlady; duenna; married lady.
dueñesco, ca, *a.* duennalike.
dueño, ña, owner, proprietor, landlord(-lady); master (to a servant).—**d. de sí mismo,** self-contrclled.—**hacerse dueño de,** to appropriate to oneself, take possession of; to become familiar with, to master (a subject, a theory, etc.).—**ser d. de,** to own, be master of; to be at liberty to (do, etc.).
duermevela, *m.* (coll.) dozing, light sleep.
duermo, duerma, *v. V.* DORMIR.
duerna, *f.*, **duerno,** *m.* trough; bowl.
düerno, *m.* (print.) double sheet.
düeto, *m.* duet.—**duetista,** *m.* & *f.* duettist.
dugongo, *m.* (zool.) dugong.
dula, *f.* common pasture ground.
dulcamara, *f.* (bot.) bittersweet; (pharm.) dulcamara; nightshade.
dulce. I. *a.* sweet; (of water) fresh; comfortable, pleasing, pleasant, agreeable; soft, ductile (as metals); (mus.) dolce. **II.** *m.* sweetmeat, confection, bonbon, piece of candy.—**d. de almíbar,** preserves.
dulcedumbre, *f.* sweetness.
dulcémele, *m.* (mus.) dulcimer.
dulcera, *f.* preserve dish, compotier.
dulcería, *f.* confectionery shop.
dulcero, ra. I. *a.* fond of sweets. **II.** *n.* confectioner.
dulcificación, *f.* dulcification.
dulcificante. I. *a.* dulcifying, sweetening. **II.** *m.* sweetening, sweetener.
dulcificar, *va.* to sweeten, dulcify.
Dulcinea, *f.* (coll.) Dulcinea, sweetheart, beloved one.
dulcísono, na, *a.* sweet-toned.
dulero, *m.* shepherd; guardian of common pasture.
dulía, *f.* (Rom. Cath.) dulia, saint worship.
dulimán, *m.* long Turkish robe.
[1]**dulzaina,** *f.* (coll.) quantity of sweetmeats.
[2]**dulzaina,** *f.* (mus.) flageolet.
dulzainero, *m.* flageolet player.
dulzaino, na, *a.* (coll.) too sweet or rich.
dulzamara, *f.* (bot.) = DULCAMARA.
dulzarrón, na, *a.* (coll.) sickening, too sweet.
dulzura, *f.* sweetness; meekness; gentleness; comfort, pleasure; forbearance; pleasing manner, kindliness.
duma, *f.* duma, douma.
duna, *f.* (geol.) dune.
dunita, *f.* dunnite (explosive).
dúo, *m.* (mus.) duo, duet.
duodecimal, *a.* (arith.) duodecimal.
duodécimo, ma, *a.* twelfth.
duodécuplo, pla, *a.* duodecuple.
duodenal, *a.* duodenal.
duodenario, ria, *a.* lasting twelve days.
duodenitis, *f.* (med.) duodenitis.
duodeno, na. I. *a.* twelfth. **II.** *m.* (anat.) duodenum.
duomesino, na, *a.* of two months.
dupla, *f.* in colleges, extra dish.
duplex, dúplex, *a.* (tel.) duplex.
dúplica, *f.* (law) answer.
duplicación, *f.* duplication, doubling.
duplicadamente, *adv.* doubly.
duplicado, da, I. *pp.* of DUPLICAR. **II.** *m.* duplicate; counterpart.—**por d.,** in duplicate.
duplicador, *m.* duplicator.
duplicar, *va.* (*pret.* DUPLIQUÉ; *subj.* DUPLIQUE) to double, duplicate; to repeat.
duplicativo, va, *a.* duplicative.
duplicatura, *f.* fold, crease.
dúplice, *a.* double.
duplicidad, *f.* duplicity, deceit, foul dealing; doubleness.
dupliqué, duplique, *v. V.* DUPLICAR.
duplo, pla. I. *a.* double, duple, duplicate. **II.** *m.* double, twice as much.
duque, *m.* duke; fold in mantillas.
duquecito, *m. dim.* young or little duke.
duquesa, *f.* duchess.
dura, *f.* (coll.) duration, continuance.
durabilidad, *f.* durability, permanence.
durable, *a.* durable, lasting.
duración, *f.* duration; life.—**ser de d.,** to wear well, last.
duraderamente, *adv.* durably, lastingly.
duradero, ra, *a.* lasting, durable.
duraluminio, *m.* Duralumin (trademark).
duramadre, duramáter, *f.* (anat.) dura mater.
duramen, *m.* (bot.) duramen.
duramente, *adv.* rigorously, harshly.
durante, *prep.* during.
durar, *vn.* to last; to endure; (of clothes) to wear (well).
duraznero, *m.* (bot.) peach tree.
duraznilla, *f.* a variety of peach.
durazno, *m.* (bot.) peach; peach tree.
dureza, *f.* hardness, solidity, firmness; sharpness of temper, obduracy; harshness, hardness of heart, cruelty; steadiness, perseverance; obstinacy; (art) crudeness; (med.) tumor or callosity.—**d. de vientre,** costiveness.
durillo, lla. I. *a. dim.* rather hard. **II.** *m.* (bot.) common laurestine; (vet.) callosity.
durina, *f.* (vet.) dourine.
durmiente. I. *a.* sleeping, dormant. **II.** *m.* (arch.) dormer; girder, stringer; crosstie; (Ry.) (Am.) tie, sleeper; (naut.) clamp, shelf.
durmió, *pret.* of DORMIR.
duro, ra. I. *a.* hard; solid, firm; stiff (collar), vexatious, unbearable; unjust, unkind; oppressive, rigorous, cruel; stubborn, obstinate; avaricious, stingy; rude, harsh, rough; (naut.) carrying a stiff sail; (art) harsh, crude; (mus.) harsh, inharmonious.—**a duras penas,** with difficulty; hardly, scarcely. **II.** *m.* dollar, peso; (Am.) low, rough saddle. **III.** *adv.* hard, with exertion; forcibly, violently.
duunvir, duunviro, *m.* duumvir.—**duunviral,** *a.* duumviral.—**duunvirato,** *m.* duumvirate.
dux, *m.* doge.

E

E, e, *f.* e, sixth letter of the Spanish alphabet.
e, *conj.* and (used only before words that begin with *i* or *hi* not followed by *e*).
¡ea! *interj.* (used to attract attention or as an encouragement).
ebanista, *m.* cabinetmaker.—**ebanistería,** *f.* cabinetwork; cabinetmaker's shop.
ébano, *m.* (bot.) ebony.
ebenáceo, a. I. *a.* (bot.) ebenaceous. **II.** *f. pl.* Ebenaceæ.
ebionita, *n.* & *a.* Ebionite.
ebonita, *f.* ebonite, hard rubber.
ebriedad, *f.* drunkenness, intoxication.
ebrio, bria; ebrioso, sa, *a.* intoxicated, drunk.
ebulición, ebullición, *f.* ebullition; boiling.
ebúrneo, a, *a.* eburnean, ivorylike.
ecarté, *m.* a card game.
Eccehomo, *m.* Ecce Homo; wretched, pity-inspiring person.
eclampsia, *f.* (med.) eclampsia, convulsions.
eclecticismo, *m.* eclecticism.
ecléctico, ca, *n.* & *a.* eclectic.
Eclesiastés, *m.* Ecclesiastes (one of the books of the Old Testament).
eclesiástico, ca. I. *a.* ecclesiastical. **II.** *m.* cler-

gyman, ecclesiastic, priest, minister; Ecclesiasticus.
eclesiastizar, *va.* to spiritualize.
eclímetro, *m.* clinometer.
eclipsable, *a.* that may be eclipsed.
eclipsar. I. *va.* (astr.) to eclipse; to outshine. **II.** *vr.* (astr.) to be eclipsed.
eclipse, *m.* (astr.) eclipse.
eclipsis, *f.* (gram.) = ELIPSIS, ellipsis.
eclíptico, ca, *a.* & *f.* (astr.) ecliptic.
eclisa, *f.* (Ry.) fishplate, shin.
écloga, égloga, *f.* eclogue.
eco, *m.* echo; distant sound (as of a drum); repetition of words.—**hacer e.,** to fit, correspond; to become important or famous; to create an impression; to be noised about.
ecoico, ca, *a.* pertaining to echo.
ecología, *f.* ecology.
ecológico, ca, *a.* ecologic(al.
ecólogo, ga, *n.* ecologist.
economato, *m.* guardianship, trusteeship.
economía, *f.* economy.—**e. animal,** (zool.) organism.—**e. política,** political economy, economics.—*pl.* savings.
económico, ca, *a.* economical, economic; saving, thrifty; frugal; miserly, niggardly.
economista, *m.* economist.
economizar, *va.* to economize; to save.
ecónomo, *m.* curator or guardian; trustee; ecclesiastical administrator.
ectasia, *f.* (med.) ectasis.
éctasis, *f.* (poet.) ectasis, lengthening of a short syllable.
ectima, *m.* (med.) ecthyma.
ectoblasto, ectodermo, *m.* (biol.) ectoblast, ectoderm.
ectodérmico, ca, *a.* ectodermic, ectodermal.
ectógeno, na, *a.* (bacteriol.) ectogenous.
ectoparásito, *m.* ectoparasite.
ectopia, *f.* (med.) ectopia, displacement.
ectoplasma, *m.* (zool., biol., bot.) ectoplasm; (spiritualism) substance supposed to emanate from a medium's body during a trance.
ectropión, *m.* (med.) ectropion, eversion of eyelid.
ecuable, *a.* equitable; equable; uniform (motion).
ecuación, *f.* equation.—**e. de primer grado,** linear or simple equation.—**e. de segundo grado,** quadratic equation.—**e. de tercer grado,** cubic equation.—**e. de tiempo,** (astr.) equation of time.
ecuador, *m.* equator; (E.) Ecuador.
ecuánime, *a.* equable, calm, serene.
ecuanimidad, *f.* equanimity.
ecuatorial. I. *a.* equatorial. **II.** *f.* equatorial telescope.
ecuatoriano, na, *n.* & *a.* Ecuadorian.
ecuestre, *a.* equestrian.
ecuménico, ca, *a.* œcumenical.
ecuóreo, rea, *a.* (poet.) pertaining to the sea.
eczema, *f.* (med.) eczema.—**eczematoso, sa,** *a.* eczematous.
echacantos, *m.* (coll.) rattle-brained fellow.
echacorvear, *vn.* (coll.) to pimp; to procure.
echacorvería, *f.* (coll.) profession of a pimp or procurer.
echacuervos, *m.* (coll.) pimp; procurer; cheat, impostor; a nickname given to some preachers.
echada, *f.* cast, throw; (sport) man's length.
echadero, *m.* place of rest or repose.
echadillo, *m.* foundling.
echadizo, za, *a.* spying; (of propaganda) artfully spread; foundling; rejected, discarded.
echador, ra, *n.* thrower.
echadura, *f.* brooding, hatching; winnowing.
echamiento, *m.* cast, throw; casting or throwing; rejection; ejection, expulsion.
echapellas, *m.* wool soaker.
echar. I. *va.* to cast, throw, fling, hurl, pitch, toss, dart; to turn or drive away, eject, throw out, expel; to discharge, dismiss, (coll.) fire; to emit, give out (as sparks); to pour (as wine); to serve (as food); to put (in, into); to jet (as cargo); to put on (as a cloak); to turn (as a key); to begin to have or grow (as teeth, hair, etc.); to put forth, produce, bear (shoots, fruit); to put on, to apply; to lay on or impose (as a tax); to play (as a game); to lean toward; to move, push, to set (aside); to tell (a fortune); to couple, mate (male and female animals for procreating); to impute, to ascribe; to perform for a wager; to deal (cards), deal out, to distribute; to publish, give out, issue; (with the words **rayos, centellas, chispas, fuego,** etc.) to show much annoyance, to be very angry; (with the name of a punishment) to condemn to.—**e. a,** to start, begin, to.—**e. abajo,** to overthrow, throw down; to tear down, demolish.—**e. a fondo,** or **a pique,** (naut.) to sink: to ruin, spoil, wreck.—**e. a la cara** = E. EN CARA.—**e. al mundo,** to create; to bring forth.—**e. a pasear,** or **a paseo,** = E. CON CAJAS DESTEMPLADAS.—**e. a perder,** to spoil, ruin.—**e. a pique,** to sink (a ship).—**e. baladronadas,** to boast, brag.—**e. bando,** to publish something through a crier; (coll.) to sermonize, lecture.—**e. boca,** to sharpen; to even the tip of.—**e. bravatas** = E. BALADRONADAS.—**e. carnes,** to put on flesh, gain weight.—**e. carrillos,** to grow plump in the cheeks.—**e. con cajas destempladas** or **enhoramala,** to dismiss contemptuously; to turn away in a harsh manner.—**e. coche,** to set up a coach.—**e. chufas,** to act the bully.—**e. de menos,** to miss, notice the absence or loss of.—**e. de ver,** to notice, observe; to happen to see.—**e. el bofe,** to work very hard; to solicit anxiously.—**e. el cuerpo fuera,** to withdraw from an affair.—**e. el escandallo,** (naut.) to take soundings.—**e. el guante,** to arrest.—**e. en cara,** or **en la cara,** to throw in one's face.—**e. en tierra** = E. ABAJO.—**e. la cargo a otro,** to throw the blame or responsibility on another.—**e. la corredera,** (naut.) to heave the log.—**e. la cuenta,** to balance the account.—**e. los bofes** = E. EL BOFE.—**e. los hígados,** to be exhausted, dead tired.—**e. los hígados por,** (coll.) to desire anxiously, to itch for (or to).—**e. mano a,** to grab, seize.—**e. mano de,** to resort to.—e. paja, (coll.) to rap (talk).—**e. por el suelo,** or **por tierra** = E. ABAJO.—**e. por en medio, e. por la calle de en medio,** to rush recklessly; to take a final resolution.—**e. raíces,** to put down roots, take root.—**e. suertes,** to draw lots.—**e. tierra a,** (fig.) to bury; to hush up; to drop (a matter).—**e. todo a rodar,** to make a fizzle.—**e. un pie,** (coll.) to take it on the lam, run away.—**e. un remiendo** a, to put a patch on; (fig.) to patch up, make up.—**e. un remiendo a la vida,** (coll.) to take a little refreshment.—**echarla de,** to pretend or claim to be, to boast of being, to pass oneself off as. **II.** *vn.*—**e. a** (foll. by *inf.*), to begin to, to start (foll. by *pres. p.*: *echar a correr,* to start running).—**e. de baranda,** to exaggerate, boast.—**e. en tierra,** (naut.) to land, to disembark.—**e. por,** to go by, take to, take the way of. **III.** *vr.* to lie down; to stretch oneself at full length; to throw oneself down; to apply oneself; (of a hen) to sit (on her eggs).—**e. a morir,** to give up in despair; to worry oneself to death.—**e. a perder,** (of food or drink) to spoil; to become stale; to become ruined or destroyed; to go down (in prestige, virtue, etc.)—**echarselas de,** = ECHARLA DE.—**e. en brazos de,** to throw oneself into the arms of; to trust in; to resort to.—**e. sobre,** to rush at, fall upon.
echazón, *f.* (naut.) jettison or jetsam.
echona, *f.* (Am.) sickle.
edad, *f.* age; epoch, era, time.—**e. crítica,** menopause.—**e. madura,** mature age, maturity.—**e. media,** Middle Ages.—**e. provecta,** = E. MADURA.—**de cierta e.,** of uncertain age, of somewhat mature age.—**mayor de e.,** of (legal) age.—**menor de e.,** underage (legally), minor.

edecán, *m.* (mil.) aide-de-camp.
edema, *f.* œdema, edema.
edematoso, sa, *a.* œdematous, edematose.
Edén, *m.* Eden, paradise.—**edénico, ca,** *a.* paradisiacal.
edición, *f.* edition, issue; publication.—**e. príncipe,** first edition.
edicto, *m.* edict, proclamation, placard.
edificación, *f.* construction, building; edification.
edificador, ra, *n.* & *a.* edifier(-ying); constructor (-ing), builder(-ing).
edificante, *a.* edifying; erecting.
edificar, *va.* & *vn.* (*pret.* EDIFIQUÉ; *subj.* EDIFIQUE) to edify; to build, construct, erect.
edificativo, va, *a.* edifying.
edificatorio, ria, *a.* pert. to building or making.
edificio, *m.* edifice, building, structure.
edil, *m.* edile, a Roman magistrate.
edilidad, *f.* edileship.
editar, *va.* to publish.
editor, ra, *n.* & *a.* publisher(-ing).
editorial. I. *n.* & *a.* editorial. **II.** *a.* publishing.
editorialista, *m.* editorial writer.
edredón, *m.* eider down; feather pillow.
educable, *a.* educable.
educación, *f.* education; good breeding, politeness.—**e. física,** physical culture.
educacional, *a.* educational.
educador, ra, *n.* & *a.* educator(-ing).
educando, da, *n.* pupil, student.
educar, *va.* (*pret.* EDUQUÉ; *subj.* EDUQUE) to educate, instruct, raise, train.
educativo, va, *a.* educational.
educción, *f.* deduction; eduction; (steam eng.) exhaust.
educir, *va.* to educe, extract, bring out.
edulcoración, *f.* (pharm.) sweetening.
edulcorar, *va.* (pharm.) to sweeten (bad-tasting substance).
eduqué, eduque, *v. V.* EDUCAR.
efe, *f.* Spanish name of the letter *f.*
efebo, *m.* (Gk. hist.) ephebe.
efectismo, *m.* (art) striving after effect.
efectista, *a.* (art) sensational.
efectivamente, *adv.* effectually; really, actually.
efectividad, *f.* effectiveness.
efectivo, va. I. *a.* effective; real, actual.—**hacer e.,** to cash (a check, etc.). **II.** *m.* (com.) cash, specie.—**e. en caja,** cash on hand.—**en e.,** in cash, in coin.
efecto, *m.* effect; impression; end, purpose, meaning; general intent; (in billiards) English.—*pl.* assets; merchandise, chattels, goods, movables; (com.) drafts.—**e. Doppler,** Doppler effect.—**efectos a pagar,** bills payable.—**efectos a recibir,** bills receivable.—**e. secundario,** aftereffect.—**efectos en cartera,** securities in hand.—**efectos públicos,** public securities.—**efectos sonoros** or **de sonido,** sound effects.—**al e.** or **a ese, este,** or **tal, e.,** for that purpose, to that end.—**con,** or **en, e.,** in fact, as a matter of fact, actually; (math., logic) for (in introducing the proof of a proposition).—**tener e.,** to become effective.
efectuación, *f.* accomplishment.
efectuar, *va.* to effect, carry out, do, make.
efedrina, *f.* (pharm.) ephedrine.
efémera, *a.*—**fiebre e.,** (med.) a one-day fever.
efemérides, *f. pl.* diary; ephemeris.
efémero, *m.* (bot.) iris.
efendi, *m.* effendi (Turkish title).
eferente, *a.* efferent.
efervescencia, *f.* effervescence; ardor, fervor.
efervescente, *a.* effervescent.
efesio, sia, *n.* & *a.* Ephesian.
eficacia, *f.* efficacy, efficiency.
eficaz, *a.* efficacious, effective.
eficiencia, *f.* efficiency, effectiveness.
eficiente, *a.* efficient, effective.
efigie, *f.* effigy, image.
efímera, *f.* (med.) EFÉMERA; (entom.) dayfly.
efímero, ra, *a.* ephemeral.
eflorecerse, *vr.* to effloresce.
eflorescencia, *f.* efflorescence.
eflorescente, *a.* efflorescent.
efluente, *a.* effluent.
efluvio, *m.* effluvium or effluvia; **exhalation,** emanation.
efluxión, *f.* effluence.
efod, *m.* ephod (a Jewish garment).
éforo, *m.* ephor (a Greek magistrate).
efugio, *m.* subterfuge, evasion, shift.
efundir, *va.* to effuse, pour out, spill.
efusión, *f.* effusion, shedding; warmth of manner.—**e. de sangre,** bloodshed.
égida, *f.* egis; protection, defense.
egílope, *f.* (bot.) wild bastard oat.
egipcíaco, ca; egipciano, na; egipcio, cia; egiptano, na, *n.* & *a.* Egyptian.
egiptología, *f.* Egyptology.
egiptólogo, *m.* Egyptologist.
égira, *f.* hegira.
eglantina, *f.* (bot.) eglantine.
égloga, écloga, *f.* eclogue, pastoral poem.
egocéntrico, ca. I. *n.* egocentric. **II.** *a.* egocentric, self-centered.
egoísmo, *m.* selfishness, self-love, egoism.
egoísta. I. *a.* selfish, egoistic. **II.** *m.* egoist.
ególatra. I. *a.* egotistic. **II.** *n.* egotist.
egolatría, *f.* self-idolatry.
egotismo, *m.* egotism.
egotista, *n.* & *a.* egotist(-ic).
egregio, gia, *a.* egregious, eminent.
egrena, *f.* iron clamp.
egreso, *m.* expense, debit.—*pl.* discharge.
egrisador, *m.* box for diamond dust.
egrisar, *va.* to polish (diamonds).
¡eh! *interj.* eh! here!
eidero, *m.* (orn.) eider duck.
einsteinio, *m.* (chem.) einsteinium.
eje, *m.* axis; axletree, axle; shaft, spindle, arbor; (fig.) main point, crux.—**e. auxiliar,** countershaft.—**e. cerebroespinal,** cerebrospinal axis.—**e. conjugado,** minor axis (of an ellipse).—**e. coordenado,** coördinate axis.—**e. de balancín,** balance arbor.—**e. de las abscisas,** axis of abscissæ.—**e. delantero,** front axle (of a vehicle).—**e. de las x y de las y,** x-axis and y-axis.—**e. de levas,** camshaft.—**e. del tambor,** drum-axle.—**e. del timón,** (aer.) rudder post.—**e. de ordenadas,** axis of ordinates.—**e. propulsor,** propeller shaft.—**e. secundario,** countershaft.—**e. trasero,** rear axle (of a vehicle).
ejecución, *f.* execution, carrying out; execution, capital punishment; (law) attachment; (mus.) technique.
ejecutable, *a.* feasible, practicable.
ejecutado, da, *a.* executed.
ejecutante, *n.* performer; (law) one who compels another to pay a debt by legal execution.
ejecutar, *va.* to execute, perform, make, do, carry out; to execute (a criminal); to impel, urge, importune, incite; (law) to attach the property of.
ejecutivamente, *adv.* executively; promptly.
ejecutivo, va. I. *a.* executive; active; executory. **II.** *m.* (Am.) executive (power or person).
ejecutor, ra, *n.* executor; executer; (law) officer who attaches property.—**e. de la justicia,** executioner.
ejecutoría, *f.* office of executive or attacher.
ejecutoria, *f.* sentence, judgment; letters patent of nobility, pedigree; executorship.
ejecutorial, *a.* (law) applied to the execution of the sentence of an ecclesiastical tribunal.
ejecutoriar, *va.* to obtain (a judgment) in one's favor; to establish the truth of.
ejecutorio, ria, *a.* (law) executory.
ejemplar. I. *a.* exemplary. **II.** *m.* pattern, model; precedent, example; specimen, sample; copy of a work; example, warning.—**sin e.,** without precedent; exceptional and not a precedent.

ejemplaridad, *f.* exemplariness.
ejemplificación, *f.* exemplification, illustration.
ejemplificar, *va.* to exemplify, to illustrate.
ejemplo, *m.* example, instance; copy.—**dar e.,** to set an example.—**por e.,** for example.—**sin e.,** without precedent or parallel, unheard-of.
ejercer, *va.* (*ind.* EJERZO; *subj.* EJERZA) to exercise, practise; perform, ply; to exert.
ejercicio, *m.* exercise, exertion; employment, office, task; ministry; practice; fiscal year; military drill.—**e. espiritual,** spiritual retreat.—**hacer e.,** to exercise; (mil.) to drill.
ejercitación, *f.* exercise, practice.
ejercitante. I. *n.* one who is in a spiritual retreat; exerciser. II. *m.* exercising, training.
ejercitar. I. *va.* to exercise, to put into practice; to drill (troops); to train. II. *vr.* to practice.
ejército, *m.* army.
ejerzo, ejerza, *v.* *V.* EJERCER.
ejido, *m.* common, public land.
ejión, *m.* (arch.) corbel piece, purlin, bracket.
ejote, *m.* (Mex.) string bean.
el, *art. masc. sing.* (*pl.* **los**) the.
él, *pron. masc. sing.* (*pl.* **ellos**) he.
elaboración, *f.* elaboration, working up (of material).
elaborado, da. I. *pp.* of ELABORAR. II. *a.* elaborate; manufactured, wrought.
elaborador, ra, *n.* & *a.* elaborator(-ing); manufacturer(-ing).
elaborar, *va.* to elaborate; to manufacture
elaborativo, va, *a.* elaborative.
elación, *f.* elation, haughtiness, pride; magnanimity, generosity; inflation of style.
elamita, *n.* & *a.* Elamite(-ic).
elasmobranquio, quia, *a.* & *m.* (ichth.) elasmobranch.
elástica, *f.* undershirt.
elasticidad, *f.* elasticity.
elástico, ca. I. *a.* elastic. II. *m.* an elastic (webbing); wire spring.—*pl.* suspenders.
elaterina, *f.* (chem.) elaterin.
elaterio, *m.* (bot.) elaterium.
elche, *m.* apostate, renegade.
ele, *f.* Spanish name of the letter *l.*
eleagnáceo, a. I. *a.* (bot.) elæagnaceous. II. *f. pl.* Elæagnaceæ.
eleático, ca, *n.* & *a.* (philos.) Eleatic.
eleatismo, *m.* (philos.) Eleaticism.
elebor, eléboro, *m.* (bot.) hellebore.
elección, *f.* election; choice, selection.
electivo, va, *a.* elective.
electo, ta. I. *pp. irreg.* of ELEGIR. II. *a.* elect. chosen. III. *n.* elect, person chosen or appointed.
elector, ra. I. *n.* & *a.* elector(-ing). II. *m.* elector, German prince.—**electorado,** *m.* electorate.—**electoral,** *a.* electoral.
electricé, electrice, *v.* *V.* ELECTRIZAR.
electricidad, *f.* electricity.
electricista, *m.* electrician.
eléctrico, ca, *a.* electric, electrical.
electrificable, *a.* electrifiable.
electrificación, *f.* electrification.
electrificado, da, *a.* electrified.
electrificar, *va.* to electrify.
electriz, *f.* electress.
electrización, *f.* electrification, electrization.
electrizador, ra; electrizante, *n.* & *a.* electrifier (-ying).
electrizar. I. *va.* (*pret.* ELECTRICÉ; *subj.* ELECTRICE) to electrify. II. *vr.* to become electrified.
electro. I. *pref.* electro- (electricity). II. *m.* electrum; (min.) amber.
electroaccionado, da, *a.* electrically-driven.
electroafeitadora, *f.* electric shaver.
electroanálisis, *f.* electroanalysis.
electrobomba, *f.* electropump.
electrobús, *m.* electrobus.
electrocaldera, *f.* electric boiler.
electrocardiografía, *f.* electrocardiography.
electrocardiógrafo, *m.* electrocardiograph.
electrocardiograma, *m.* electrocardiogram.
electrocinemático, ca, electrocinético, ca. I. *a.* electrokinetic. II. *f.* electrokinetics.
electrocirugía, *f.* electrosurgery.
electrocución, *f.* electrocution.
electrocutar, *va.* to electrocute.
electrocutor, *m.* electrocutioner.
electrodeposición, *f.* electrodeposition.
electrodepósito, *m.* electrodeposit.
electrodinámica, *f.* electrodynamics.
electrodinámico, ca, *a.* electrodynamic.
electrodinamómetro, *m.* electrodynamometer.
electrodo, *m.* electrode.—**e. acicular,** (surg.) electric needle.—**e. positivo,** (phys.) anode.
electroencefalógrafo, *m.* electroencephalograph.
electroencefalograma, *f.* electroencephalogram.
electrofisiología, *f.* electrophysiology.
electrofono, *m.* electrophone.
electroforesis, *f.* electrophoresis.
electróforo, *m.* electrophorus.
electrograbado, *m.* electrogravure.
electrografía, *f.* electrography.
electrógrafo, *m.* electrograph.
electroimán, *m.* electromagnet.
electroimpulsado, da, *a.* electrically-driven.
electrólisis, *f.* electrolysis.
electrolítico, ca, *a.* electrolytic.
electrólito, *m.* electrolyte.
electrolizable, *a.* electrolyzable.
electrolización, *f.* electrolyzation.
electrolizador, *m.* electrolyzer.
electrolizar, *va.* to electrolyze.
electrología, *f.* electrology.
electromagnético, ca, *a.* electromagnetic.
electromagnetismo, *m.* electromagnetism.
electromagneto, *m.* electromagnet.
electromecánico, ca. I. *a.* electromechanical. II. *f.* electromechanics.
electrometalurgia, *f.* electrometallurgy.
electrometría, *f.* electrometry.
electrométrico, ca, *a.* electrometric.
electrómetro, *m.* electrometer.—**e. absoluto,** absolute electrometer.—**e. de balanza,** electric balance.
electromoción, *f.* electromotion.
electromotor, ra. I. *a.* electromotor. II. *m.* electric motor.
electromotriz, *a.* electromotive (force).
electrón, *m.* (phys., chem.) electron.
electronegativo, va, *a.* electronegative.
electrónico, ca. I. *a.* electronic. II. *f.* electronics. —**e. astronáutica,** astrionics.
electrón-voltio, *m.* electron-volt.
electroplatear, *va.* to electroplate.
electropositivo, va, electropositive.
electropuntura, *f.* (med.) electropuncturation.
electroquímica, *f.* electrochemistry.
electroquímico, ca, *a.* electrochemical.
electroscópico, ca, *a.* electroscopic.
electroscopio, *m.* electroscope.
electrosíntesis, *f.* electrosynthesis.
electrosoldadura, *f.* electric welding.
electrostático, ca. I. *a.* electrostatic. II. *f.* electrostatics.
electrotecnia, *f.* electrotechnics, electrical engineering.
electroterapéutico, ca. I. *a.* electrotherapeutic. II. *f.* electrotherapeutics.
electroterapia, *f.* electrotherapy, electropathy.
electroterápico, ca, *a.* electrotherapeutic.
electrotipar, *va.* to electrotype.
electrotipia, *f.* electrotypy.
electrotípico, ca, *a.* pert. to electrotypy.
electrotipo, *m.* electrotype.
electrovalencia, *f.* electrovalence.
electrovalente, *a.* electrovalent.
electuario, *m.* electuary.
elefancía, *f.* (med.) elephantiasis.
elefancíaco, ca, *a.* (med.) elephantiac.
elefante, ta, *n.* elephant.
elefantíasis, *f.* (med.) = ELEFANCÍA.
elefantino, na, *a.* elephantine.
elegancia, *f.* elegance, gracefulness; neatness.

elegante, *a.* elegant, stylish, tasteful, graceful.
elegía, *f.* elegy.
elegíaco, ca, *a.* elegiac, mournful.
elegibilidad, *f.* eligibility.
elegible, *a.* eligible.
elegido, da. I. *pp.* of ELEGIR. **II.** *a.* elect, chosen.
elegir, *va.* (*pp.* ELEGIDO, ELECTO; *ind.* ELIJO; *subj.* ELIJA) to elect; choose, select, prefer.
élego, ga, *a.* mournful, plaintive.
elemental, *a.* elementary; fundamental.
elementar, *a.* elementary.
elemento, *m.* element; constituent, ingredient; (elec.) element.—*pl.* elements, rudiments.—**e. inestable,** (atom. ener.) unstable element.
elemí, *m.* elemi, gum resin.
elenco, *m.* catalogue, list, table, index; (theat.) cast; (Am.) personnel, members (of governing body).
eleusino, na, *a.* Eleusinian.
elevación, *f.* elevation; height; rise, ascent; exaltation, dignity; advancement; exaltation of mind, ecstasy, rapture; haughtiness, pride.
elevado, da. I. *pp.* of ELEVAR. **II.** *a.* elevated; high; exalted, grand, lofty.
elevador, *m.* elevator, lift, hoist.—**e. de granos,** grain elevator.
elevamiento, *m.* elevation; ecstasy, rapture.
elevar. I. *va.* to raise, elevate, heave, lift, hoist; exalt. **II.** *vr.* to rise, ascend, soar; to be enraptured; to be elated.
elfo, *m.* elf.
elidir, *va.* to weaken; (gram.) to elide.
elijable, *a.* (pharm.) that can be steeped.
elijación, *f.* (pharm.) steeping.
elijar, *va.* (pharm.) to steep.
elijo, elija, *v. V.* ELEGIR.
eliminación, *f.* elimination.
eliminador, ra, *n.* & *a.* eliminator(-ing).
eliminar, *va.* to eliminate.
eliminatorio, ria, *a.* eliminatory.
elipse, *f.* (geom.) ellipse.
elipsis, *f.* (gram.) ellipsis.
elipsoidal, (geom.) ellipsoidal.
elipsoide, *m.* (geom.) ellipsoid.
elipticidad, *f.* ellipticity.
elíptico, ca, *a.* elliptic, elliptical.
Elíseos, Elisios (Campos), *m. pl.* Elysian (fields).
elisión, *f.* (gram.) elision.
élitro, *m.* (entom.) elytron.
elixir, elíxir, *m.* elixir.
elocución, *f.* elocution; effective diction, style.
elocuencia, *f.* eloquence.
elocuente, *a.* eloquent.—**elocuentemente,** *adv.* eloquently.
elogiador, ra, *n.* eulogist, encomiast.
elogiar, *va.* to praise, extol, eulogize, laud.
elogio, *m.* eulogy, praise.
elogioso, sa, *a.* (Am.) eulogistic.
elongación, *f.* (astr.) elongation.
elote, *m.* (Mex., C. A.) ear of green corn.
El Salvador, *m.* El Salvador.
elucidación, *f.* elucidation.
elucidar, *va.* to elucidate.
eludible, *a.* eludible, avoidable.
eludir, *va.* to elude, to evade, avoid.
elzeviriano, na, *a.* Elzevir.
ella, *pron. fem. sing.* (*pl.* **ellas**) she.
elle, *f.* name of the letter *ll.*
ello, *pron. neuter sing.* it.—**e. dirá,** the event will tell.—**e. es que,** the fact is that (often expletive).
ellos, ellas, *pron. m.* & *f. pl.* they.
emaciación, *f.* (med.) emaciation.
emanación, *f.* emanation; effluvium.
emanante, *a.* emanating, issuing.
emanantismo, *m.* (philos.) emanationism, theory of creation by emanation.
emanar, *vn.* to emanate, issue; to follow, arise (from).
emancipación, *f.* emancipation.
emancipador, ra, *n.* & *a.* emancipator(-ing).
emancipar. I. *va.* to emancipate. **II.** *vr.* to free oneself; to become free or independent.
embabiamiento, *m.* (coll.) open-mouthed wonder.
embacé, embace, *v. V.* EMBAZAR.
embachar, *va.* to pen (sheep to be shorn).
embadurnador, ra, *n.* & *a.* dauber(-ing).
embadurnar, *va.* to besmear, to bedaub.
embaidor, ra, *n.* & *a.* swindler(-ing).
embaimiento, *m.* delusion, illusion; deceit, imposition, imposture.
embair, *va. defect.* (*only in forms having* **i** *in the ending*) to impose upon, deceive, humbug.
embajada, *f.* embassy, legation; (coll.) message, errand.
embajador, *m.* ambassador.—**e. cerca de,** ambassador to.—**embajadora, embajatriz,** *f.* ambassadress; ambassador's wife.
embalador, *m.* packer.
embalaje, *m.* packing, baling.
embalar, *va.* to bale, pack.
embaldosado, *m.* tile floor; pavement.
embaldosar, *va.* to pave with tiles or flagstones.
embalsadero, *m.* morass, swamp, marsh.
embalsamador, ra, *m.* embalmer.
embalsamamiento, *m.* embalming.
embalsamar, *va.* to embalm; to perfume.
embalsar, *va.* to put on a raft; to impound, dam (water); (naut.) to sling or hoist.
embalse, *m.* act of putting into a pond or on a raft; (naut.) slinging; impounding (of water).
embalumar. I. *va.* to load unequally. **II.** *vr.* to embarrass oneself with business.
emballenador, ra, *n.* corset maker.
emballenar, *va.* to stiffen with whalebones.
emballestado, da. I. *pp.* of EMBALLESTARSE. **II.** *m.* (vet.) contraction of nerves in feet.
emballestarse, *vr.* to get set to discharge a crossbow.
embanastar, *va.* to put into a basket.
embancarse, *vr.* (metal.) to stick to the walls of the furnace.
embanderar, *va.* to decorate with banners.
embanquetar, *va.* (Mex.) to build sidewalks for (a street).
embaracé, embarace, *v. V.* EMBARAZAR.
embarazada, *a. f.* pregnant.
embarazadamente, *adv.* with embarrassment.
embarazador, ra, *n.* & *a.* embarrasser(-ing).
embarazar, *va.* (*pret.* EMBARACÉ; *subj.* EMBARACE) to embarrass; (coll.) to impregnate.
embarazo, *m.* impediment; embarrassment, confusion, awkwardness; perplexity; pregnancy.
embarazoso, sa, *a.* embarrassing, vexatious; difficult, entangled.
embarbascado, da. I. *pp.* of EMBARBASCAR. **II.** *a.* difficult, intricate, involved.
embarbascar. I. *a.* to stupefy (fish) by throwing hellebore, mullein, etc., into the water; to perplex, confound, embarrass. **II.** *vr.* (of a plow) to become entangled among roots.
embarbecer, *vn.* (*ind.* EMBARBEZCO; *subj.* EMBARBEZCA) to have a beard appearing.
embarbillar, *va.* (carp.) to join.
embarcación, *f.* vessel, ship, craft; embarkation; navigation.—**e. de alijo,** (naut.) lighter.—**e. menor,** small craft.
embarcadero, *m.* wharf, quay, pier, ferry; (Ry.) freight station.
embarcador, ra, *n.* shipper.
embarcar. I. *va.* (*pret.* EMBARQUÉ; *subj.* EMBARQUE) to put on board (ship or train); to ship; to embark on an enterprise.—**e. agua,** (naut.) to ship a sea. **II.** *vr.* to embark, to go on board (ship or train).
embarco, *m.* embarkation (of persons).
embardar, *va.* to thatch.
embargador, ra, *n.* one who lays an embargo.
embargante, *a.* arresting, impeding, restraining.—**no e.,** notwithstanding, nevertheless.
embargar, *va.* (*pret.* EMBARGUÉ; *subj.* EMBARGUE) to impede, restrain, suspend; (law) to embargo, to seize, to attach.

embargo, *m.* indigestion; (law) embargo, sequestration, seizure, attachment.—**sin e.,** notwithstanding, however, nevertheless.—**sin e. de (que),** notwithstanding (that), in spite of (the fact that.)
embarnizadura, *f.* varnishing.
embarnizar, *va.* to varnish.
embarque, *m.* shipment (of goods).
embarqué, embarque, *v. V.* EMBARCAR.
embarrador, ra, *n.* plasterer, dauber; fibber, mischief maker.
embarradura, *f.* smear, plastering; mud stain.
embarrancar. I. *vn.* & *vr.* to run aground. **II.** *vr.* to stick in the mud.
[1]**embarrar. I.** *va.* to plaster roughly; to stain or smear with mud; to bedaub.
[2]**embarrar.**—*vr.* to collect on trees (as partridges).
embarrilador, *m.* packer in barrels.
embarrilar, *va.* to barrel.
embarrotar, *va.* (naut.) = ABARROTAR, to stow.
embarrullador, ra, *n.* muddler, one who makes a mess of things.
embarullar, *va.* (coll.) to muddle, make a mess of; to do carelessly or disorderly.
embasamiento, *m.* (arch.) foundation.
embastar, *va.* (sewing) to baste, to stitch.
embaste, *m.* (sewing) basting.
embastecer. I. *vn.* (*ind.* EMBASTEZCO; *subj.* EMBASTEZCA) to grow fleshy. **II.** *vr.* to become gross or coarse.
embate, *m.* dashing of the waves; sudden impetuous attack.—**embates de la fortuna,** sudden reverses of fortune.
embaucador, *m.* sharper, impostor.
embaucamiento, *m.* deception, humbug.
embaucar, *va.* (*pret.* EMBAUQUÉ; *subj.* EMBAUQUE) to deceive, trick, humbug.
embaular, *va.* to pack in a trunk; (coll.) to cram with food.
embausamiento, *m.* amazement, astonishment.
embazador, *m.* one who or that which dyes a thing brown.
[1]**embazadura,** *f.* brown dye or tinge.
[2]**embazadura,** *f.* (fig.) amazement, astonishment.
[1]**embazar,** *va.* (*pret.* EMBACÉ; *subj.* EMBACE) to dye, tinge, or shade brown.
[2]**embazar. I.** *va.* to astonish; to embarrass. **II.** *vn.* to be dumfounded. **III.** *vr.* to become tired, disgusted, or satiated.
embebecer. I. *va.* (*ind.* EMBEBEZCO; *subj.* EMBEBEZCA) to entertain, amuse. **II.** *vr.* to be struck with amazement.
embebecimiento, *m.* amazement, astonishment.
embebedor, ra, *n.* & *a.* imbiber(-ing).
embeber. I. *va.* to imbibe, drink in, absorb; to soak, saturate; to contain, include; to sink in, introduce, insert; to incorporate; to shrink, shorten, reduce, squeeze. **II.** *vn.* to shrink, to contract. **III.** *vr.* to be enraptured or ravished; to be absorbed in thought; to learn thoroughly, to master.
embebezco, embebezca, *v. V.* EMBEBECER.
embecadura, *f.* (arch.) spandrel.
embelecador, ra, *n.* impostor, sharper.
embelecar, *va.* (*pret.* EMBELEQUÉ; *subj.* EMBELEQUE) to impose upon, deceive, humbug.
embeleco, *m.* fraud, imposition, humbug.
embeleñado, da. I. *pp.* of EMBELEÑAR. **II.** *a.* enraptured, ravished; stupefied, besotted.
embeleñar, *va.* to narcotize with henbane; to charm, fascinate.
embelesamiento, *m.* rapture, ecstasy.
embelesar. I. *va.* to charm, enchant, fascinate. **II.** *vr.* to be charmed, ravished, or delighted.
embeleso, *m.* rapture, ecstasy, fascination, ravishment; charm.
embellaquecerse, *vr.* to become a knave.
embellecer, *va.* (*ind.* EMBELLEZCO; *subj.* EMBELLEZCA) to beautify, embellish.—**embellecimiento,** *m.* embellishment or beautifying.
embermejar, *va.* = EMBERMEJECER.
embermejecer. I. *va.* (*ind.* EMBERMEJEZCO; *subj.* EMBERMEJEZCA) to dye red; to put to blush, to shame. **II.** *vn.* to blush; to turn red.
emberrenchinarse, emberrincharse, *vr.* (coll.) to fly into a violent passion (as children).
embestida, *f.* assault, violent attack, onset, drive; (coll.) importunate demand.
embestidor, ra. I. *n.* & *a.* rusher(-ing). **II.** *n.* importunate solicitor or beggar.
embestidura, *f.* attack, assault, onset.
embestir. I. *va.* (*ind.* EMBISTO; *subj.* EMBISTA) to assail, attack, rush against; (coll.) to importune with unreasonable demands; (mil.) to attack, make a drive on. **II.** *vn.* to attack, rush.
embetunar, *va.* to bituminate; to black.
embicar, *va.* (*pret.* EMBIQUÉ; *subj.* EMBIQUE) (naut.) to top (the yards).
embijar, *va.* to paint with minium.
embisto, embista, *v. V.* EMBESTIR.
embizcar. I. *va.* to make cross-eyed. **II.** *vn.* & *vr.* to become cross-eyed.
emblandecer. I. *va.* (*ind.* EMBLANDEZCO; *subj.* EMBLANDEZCA) to soften, to mollify. **II.** *vr.* to soften, become soft; to be moved to pity.
emblanquecer. I. *va.* (*ind.* EMBLANQUEZCO; *subj.* EMBLANQUEZCA) to bleach or whiten. **II.** *vr.* to become white.
emblanquecimiento, *m.* whitening, bleaching.
emblema, *m.* emblem, symbol.
emblemático, ca, *a.* emblematic.
embobamiento, *m.* astonishment, enchantment, open-mouthed wonder.
embobar. I. *va.* to amuse, entertain; to enchant, fascinate. **II.** *vr.* to be struck with astonishment, to stand aghast.
embobecer. I. *va.* (*ind.* EMBOBEZCO; *subj.* EMBOBEZCA) to stultify, make foolish, stupefy. **II.** *vr.* to become stupefied or foolish.
embobecimiento, *m.* stultification.
embocadero, *m.* mouth of a channel.
embocado, da, *a.* tasty (wine).
embocadura, *f.* entrance by a narrow passage; (mus.) embouchure, mouthpiece; mouthpiece of a bridle; taste (of wine); mouth (of a river); (arch.) proscenium arch.
embocar, *va.* (*pret.* EMBOQUÉ; *subj.* EMBOQUE) to put into the mouth; to put through a narrow passage; (coll.) to swallow in haste, to cram; to hoax.
embocé, emboce, *v. V.* EMBOZAR.
embocinado, da, *a.* trumpet-shaped.
embochinchar, *vn.* to raise a row or a riot.
embodegar, *va.* to store.
embojar, *va.* to prepare sheds for (silkworms).
embojo, *m.* shed for silkworms.
embolada, *f.* piston stroke.
embolador, ra, *n.* bootblack.
[1]**embolar,** *va.* to put balls on the tips of (bulls' horns).
[2]**embolar,** *va.* to apply the gilding size to; to shine, polish (shoes).
embolia, *f.* (med.) embolism.
embolismador, ra, *n.* & *a.* detractor(-ing).
embolismal, *a.* embolismic (year).
embolismar, *vn.* (coll.) to gossip, to carry tales.
embolismático, ca, *a.* confused, muddled.
embolismo, *m.* embolism, intercalation; confusion, disorder, maze; (coll.) falsehood.
émbolo, *m.* (mech.) piston; (med.) embolus.—**é. buzo,** plunger (of a pump).
embolsar, *va.* to put into a purse; to reimburse.
embolso, *m.* act of putting (money) into a purse.
embonar, *va.* to make good, improve, repair; (naut.) to sheathe.—**embono,** *m.* (naut.) doubling, lining, stiffening, sheathing.
emboñigar, *va.* to plaster with cow dung.
emboque, *m.* passage through the mouth or a narrow place (as a ring or a channel); (coll.) deception, cheat, fraud.
emboqué, emboque, *v. V.* EMBOCAR.
emboquillar, *va.* to put a tip on (a cigarette): (min.) to make the entrance of (a shaft); to prepare the mouth of (a drill) for blasting.
embornal, *m.* (naut.) scupper hole.

emborracé, emborrace, *v. V.* EMBORRAZAR.
emborrachador, ra, *a.* intoxicating.
emborrachamiento, *m.* (coll.) intoxication.
emborrachar. I. *va.* to intoxicate. **II.** *vr.* to become intoxicated, get drunk.
emborrar, *va.* to stuff, wad, pad; to card a second time; (coll.) to cram (food).
emborrazamiento, *m.* basting a roasting fowl.
emborrazar, *va.* (*pret.* EMBORRACÉ; *subj.* EMBORRACE) to lard (a fowl).
emborricarse, *vr.* (coll.) to make a fool of oneself.
emborrizar, *va.* (*pret.* EMBORRICÉ; *subj.* EMBORRICE) to give the first combing to (wool).
emborronar. I. *va.* to blot. **II.** *va.* & *vn.* to scribble.
emborrullarse, *vr.* (coll.) to dispute noisily.
emboscada, *f.*, **emboscadura,** *f.* ambush, ambuscade.
emboscar. I. *va.* (*pret.* EMBOSQUÉ; *subj.* EMBOSQUE) (mil.) to place in ambush. **II.** *vr.* to retire into a forest; to lie in ambush.
embosquecer, *vn.* & *vr.* to become wooded.
embotado, da, *a.* blunt, dull.
embotador, ra, *n.* one who blunts the points or edges of swords, etc.
embotadura, *f.* bluntness or dulness (app. to weapons).
embotamiento, *m.* blunting of weapons; bluntness, obtuseness, dulness.
[1]**embotar. I.** *va.* to blunt, to dull (an edge or point); to enervate, debilitate; to dull, stupefy. **II.** *vr.* to become dull.
[2]**embotar,** *va.* to put (tobacco) in a jar.
embotarse, *vr.* (coll.) to put on one s boots.
embotellador, ra, *n.* & *a.* bottler(-ing).
embotellar, *va.* to bottle; to bottle up.
embotijar. I. *va.* to set jars under (a tile floor) for draining; to put into jars or bottles. **II.** *vr.* (coll.) to swell, to expand; to be in a passion.
embovedar, *va.* = ABOVEDAR, to arch, vault.
embozadamente, *adv.* dissemblingly.
embozado, da. I. *pp.* of EMBOZAR. **II.** *a.* muffled, with face covered or concealed (esp. with a cloak). **III.** *n.* one with muffled face.
embozar. I. *va.* (*pret.* EMBOCÉ; *subj.* EMBOCE) to muffle; to cloak, to dissemble; to muzzle. **II.** *vr.* to muffle oneself up.
embozo, *m.* muffler; fold in upper part of bedclothing; artful way of expressing one's thoughts.—**quitarse el e.,** to take off one's mask, to show one's real intention, lay one's cards on the table.
embrace, *m.* curtain clasp.
embracé, embrace, *v. V.* EMBRAZAR.
embracilado, da, *a.* (coll.) carried about in the arms, as children.
embragar, *va.* (*pret.* EMBRAGUÉ; *subj.* EMBRAGUE) to throw in the clutch; (naut.) to sling.
embrague, *m.* clutch; coupling.
embravecer. I. *va.* (*ind.* EMBRAVEZCO; *subj.* EMBRAVEZCA) to enrage, to irritate. **II.** *vn.* (of plants) to become strong. **III.** *vr.* to become angry, to be enraged; (of the sea) to swell.
embravecimiento, *m.* fury, rage, passion.
embravezco, embravezca, *v. V.* EMBRAVECER.
embrazadura, *f.* clasp of a shield or buckler; grasp, clasping, embracing.
embrazar. I. *va.* (*pret.* EMBRACÉ; *subj.* EMBRACE) to clasp (a shield); to grasp, buckle. **II** *vn.* to gear, engage.
embreado, *m.*, **embreadura,** *f.* (naut.) paying with pitch, tarring.
embrear, *va.* (naut.) to pay with pitch.
embregarse, *vr.* to quarrel, wrangle.
embreñarse, *vr.* to hide among brambles.
embriagado, da. I. *pp.* of EMBRIAGAR. **II.** *a.* intoxicated, drunk.
embriagador, ra, or **embriagante,** *a.* intoxicating, inebriant.
embriagar. I. *va.* (*pret.* EMBRIAGUÉ; *subj.* EMBRIAGUE) to intoxicate; to transport, enrapture. **II.** *vr.* to become or be inebriated, to get drunk.
embriaguez, *f.* inebriation, drunkenness, intoxication; rapture.
embridar, *va.* to bridle; to govern, check.
embriogenia, *f.* (biol.) embryogeny.
embriogénico, ca, *a.* (biol.) embryogenic.
embriología, *f.* embryology.
embriológico, ca, *a.* embryologic.
embriólogo, ga, *n.* embryologist.
embrión, *m.* embryo.
embrionario, ria, *a.* embryonal, embryonic.
embroca, embrocación, *f.* (med.) embrocation.
[1]**embrocar,** *va.* (*pret.* EMBROQUÉ; *subj.* EMBROQUE) to pour out of one vessel into another by joining the mouths; to place upside down.
[2]**embrocar,** *va.* (*for mut. V.* [1]EMBROCAR) to wind on a bobbin or quill; (shoemaking) to tack to the last; to toss between the horns.
embrochado, da, *a.* embroidered.
embrochalar, *va.* (carp.) to support (a beam) by a crosspiece or a stay.
embrolla. *f.* (coll.) = EMBROLLO.
embrollador, ra, *n.* & *a.* entangler(-ing), troublemaker(-ing).
embrollar, *va.* to entangle, muddle, mess up; to insnare, embroil.—**e. la bandera,** (naut.) to wait the ensign.
embrollo, *m.* imbroglio; tangle, muddle; trickery, deception.
embrollón, na, *n.* liar, talebearer; mischief-maker; entangler.
embrolloso, sa, *a.* tangled.
embromado, da. I. *pp.* of EMBROMAR. **II.** *a.* vexed, annoyed; (naut.) misty, hazy, foggy.
embromador, ra, *n.* one who is tumultuously merry; banterer, chaffer; wheedler; trickster.
embromar, *va.* to cajole, to wheedle; to chaff, banter; play jokes on; to vex, annoy; to detain, delay; to injure, harm.
embroqué, embroque, *v. V.* [1 2]EMBROCAR.
embroquelarse, *vr.* to shield oneself.
embroquetar, *va.* to skewer the legs of.
embrosquilar, *va.* to put (cattle) into a fold.
embrujar, *va.* to bewitch.
embrutecer. I. *va.* (*ind.* EMBRUTEZCO; *subj.* EMBRUTEZCA) to brutalize, make irrational. **II.** *vr.* to become brutalized or irrational.
embrutecimiento, *m.* brutalization.
embrutezco, embrutezca, *v. V.* EMBRUTECER.
embuchado, *m.* a kind of sausage.
embuchar, *va.* to stuff with minced meat; to cram the maw of (animals); (coll.) to swallow without chewing.
embudador, *m.* one who funnels.
embudar, *va.* to put a funnel into; to trick; to scheme, to insnare.
embudista, *m.* trickster, intriguer.
embudo, *m.* funnel; wax candle mold; water-closet basin; trick; fraud.
embullarse, *vr.* (Cuba) to get ready for a ball, sport, etc.; to revel, to be gay.
embullo, *m.* (Cuba) excitement, anticipation; gaiety, revelry.
emburujar, *va.* (coll.) to jumble, muddle.
embuste, *m.* fib, lie; trick, fraud.—*pl.* gew-gaws, baubles, trinkets.
embustear, *vn.* to fib, lie; impose upon, gab.
embustería, *f.* deceit, imposture, trick.
embustero, ra, *n.* liar; talebearer; trickster, cheat; hypocrite; (coll.) cajoler.
embutidera, *f.* rivet knob.
embutido, da. I. *pp.* of EMBUTIR. **II.** *m.* inlaid work, marquetry; sausage.
embutidor, *m.* rivet set, punch.
embutidura, *f.* (naut.) worming.
embutir, *va.* to inlay, to enchase; to insert; to stuff; to pack tight; to force; to imbed; (coll.) to cram, to eat much; (naut.) to worm.
eme, *f.* Spanish name of the letter *m.*
emenagogo, *m.* (med.) emmenagogue.
emendable, *a.* = ENMENDABLE, amendable.
emendación, *f.* = ENMENDACIÓN, emendation, amendment, correction; satisfaction, amends.
emendador, *m.* = ENMENDADOR, corrector.

emendar, *va.* = ENMENDAR, to amend; reform; indemnify.
emergencia, *f.* act of emerging; emergency, accident; (opt.) emergence.
emergente, *a.* emergent, resulting, issuing.
emerger, *vn.* to emerge, surface, come to the surface.
emérito, *a.* emeritus.
emersión, *f.* (astr.) emersion.
emético, ca. I. *n.* & *a.* emetic. **II.** *m.* tartar emetic.
emetina, *f.* (chem.) emetine.
emétrope, *a.* emmetropic.
emetropía, *f.* (med.) emmetropia, normal vision.
emienda, *f.* = ENMIENDA, correction; indemnity.
emigración, *f.* emigration; group of emigrants; periodical migration of animals.
emigrado, da, *n.* emigrant; émigré.
emigrante, *n.* & *a.* emigrant.
emigrar, *vn.* to emigrate.
emigratorio, ria, *a.* emigration (as *a.*).
eminencia, *f.* eminence, prominence; height, hill; eminence, title of cardinals; outstanding person.—**con e.,** eminently.
eminencial, *a.* (philos.) acting eminently.
eminente, *a.* eminent, prominent; high, lofty.
eminentemente, *adv.* eminently.
eminentísimo, ma, *a. super.* most eminent.
emir, *m.* emir, ameer.
emisario, *m.* emissary; spy; outlet, discharge; (physiol.) emunctory.
emisión, *f.* emission, vent; issue (of paper money, bonds, etc.); (med.) emission; (phys.) radiation.—*pl.* **emisiones radiofónicas,** or **radiotelefónicas,** broadcasting.
emisividad, *f.* (nuclear phys.) emissivity.
emisivo, va, *a.* emitting; emission (as *a.*).
emisor, ra. I. *a.* emitting; (radio) broadcasting. **II.** *m.* (radio) transmitter; broadcasting instrument or apparatus. **III.** *f.* (radio) broadcast; broadcasting station.
emitir, *va.* to emit, send forth; to issue (as bonds, etc.); to utter, express; (radio) to broadcast.
emoción, *f.* emotion.
emocional, *a.* emotive; emotional.
emocionante, *a.* touching, causing emotion.
emocionar. I. *va.* to touch, move, shock, arouse emotion in. **II.** *vr.* to be moved.
emoliente, *m.* & *a.* emollient.
emolumento, *m.* emolument, fee, perquisite.
emotivo, va, *a.* emotive, pertaining to emotion.
empacar, *va.* (*pret.* EMPAQUÉ; *subj.* EMPAQUE) to pack, to bale.
empacarse, *vr.* to persist, act stubbornly; to become confused or rattled; to balk.
empacón, *a.* (Am.) obstinate, stubborn; balky.
empachado, da. I. *pp.* of EMPACHAR. **II.** *a.* awkward, timid, bashful; surfeited, glutted; (naut.) overloaded.
empachar. I. *va.* to impede, embarrass; to overload, cram, encumber; to cause indigestion; to disguise. **II.** *vr.* to be ashamed, embarrassed, bashful; to surfeit.
empacho, *m.* bashfulness, timidity; embarrassment; obstacle; surfeit, indigestion.—**sin e.,** without ceremony; without blushing; unconcernedly.
empachoso, sa, *a.* embarrassing; disgraceful.
empadronador, *m.* census taker.
empadronamiento, *m.* census; tax list.
empadronar, *va.* to take the census of; to register (taxpayers).
empajada, *f.* hay with bran for horses.
empajar, *va.* to cover or stuff with straw; thatch.
empalagamiento, *m.* surfeit, cloying; boring.
empalagar, *va.* (*pret.* EMPALAGUÉ; *subj.* EMPALAGUE) to pall, cloy; surfeit; to vex, bother.
empalago, *m.* = EMPALAGAMIENTO.
empalagoso, sa, *a.* cloying, too rich or sweet, sickening; wearisome, annoying, boresome.
empalagué, empalague, *v. V.* EMPALAGAR.
empalamiento, *m.* empalement, empaling.
empalar, *va.* to empale.
empaliada, *f.* hangings of bunting.
empaliar, *va.* to adorn with hangings.
empalizada, *f.* palisade, stockade, pale fence.
empalizar, *va.* to palisade, to stockade, fence.
empalmadura, *f.* joint; coupling; splicing.
empalmar. I. *va.* to couple, join; to splice. **II.** *vn.* (Ry.) to branch, to join.
empalme, *m.* scarf, joint, connection; splicing; (Ry.) junction.
empalomado, *m.* (hydraul.) loose-stone damming wall.
empalomar, *va.* (naut.) to sew (the boltrope).
empalletado, *m.* (naut.) mattress barricade.
empamparse, *vr.* (Am.) to get lost in a pampa.
empanada, *f.* meat pie; fraudulent muddle or concealment.—**empanadilla,** *f. dim.* small pie; movable footstep in carriages.
empanado, da. I. *pp.* of EMPANAR. **II.** *a.* & *n.* (room) receiving light only from another room.
empanar. I. *va.* (cook.) to bread; to sow (grain). **II.** *vr.* (agr.) to be choked by too much seed.
empandar, *va.* to bend, to sag; to warp.
empandillar, *va.* (coll.) to cheat at cards.
empanizar, *va.* (cook.) to bread.
empantanar, *va.* to submerge; to swamp; to bemire; to embarrass; to obstruct.
empañadura, *f.* swaddling clothes.
empañar, *va.* to swaddle; to dim, blur, tarnish; to soil, sully (reputation).
empañetar, *va.* (Am.) to plaster.
empañicar, *va.* (naut.) to hand or furl.
empapar. I. *va.* to imbibe, saturate, soak, drench. **II.** *vr.* **(en)** to imbibe; to be soaked (in); to absorb; to enter into the spirit (of); (coll.) to surfeit.
empapelado, *m.* papering, paper hanging; paper (on a wall); paper lining.
empapelador, ra, *n.* paperhanger.
empapelar, *va.* to wrap up in paper; to paper.
empapirotar, *va.* (coll.) to adorn, to deck.
empapujar, *va.* (coll.) to make (one) eat too much, to stuff.
[1]**empaque,** *m.* packing.
[2]**empaque,** *m.* mien, appearance, looks; affected seriousness; (Chile, Peru, P. R.) boldness, brazenness, impudence.
empaqué, empaque, *v. V.* EMPACAR; EMPACARSE.
empaquetador, ra, *n.* packer.
empaquetadura, *f.* packing, gasket.
empaquetar, *va.* to pack; to stuff.
emparamado, da. (Am.) **I.** *pp.* of EMPARAMARSE. **II.** *a.* shivering with cold; (fig.) frozen.
emparamarse, *vr.* (Am.) to freeze to death; to shiver with cold.
emparamentar, *va.* to adorn, to bedeck.
emparchar, *va.* to cover with plasters.
emparedado, da. I. *pp.* of EMPAREDAR. **II.** *n.* recluse. **III.** *m.* sandwich.
emparedamiento, *m.* confinement, religious retirement; cloister.
emparedar, *va.* to immure, to shut up.
emparejador, ra, *n.* smoother, matcher, fitter.
emparejadura, *f.*, **emparejamiento,** *m.* matching; smoothing; evening up.
emparejar, *va.* & *vn.* to level, make even, smooth; to match, to fit; to put abreast.
emparentado, da. I. *pp.* of EMPARENTAR. **II.** *a.* related by marriage.
emparentar, *vn.* & *vr.* (*ind.* EMPARIENTO; *subj.* EMPARIENTE) to become related by marriage.
emparrado, *m.* vine arbor or bower.
emparrar, *va.* to embower.
emparrillado, *m.* (eng.) grillage; grate.
emparrillar, *va.* to broil on the gridiron.
emparvar, *va.* to lay (grain) for thrashing.
empastado, da, *a.* (bookbinding) bound with a stiff cover (cloth, calf, etc.).
empastador, ra. I. *a.* (painter) who impastes. **II.** *m.* paste brush. **III.** *n.* bookbinder.
empastar, *va.* to fill (a tooth); to paste; (art) to impaste; (bookbinding) to bind with a stiff cover (cloth, leather, etc.).—**empaste,** *m.* filling (of a tooth); binding; (art) impasto.

empastelar, *va.* & *vr.* (coll.) to compound, compromise; (print.) to pie.
empatadera, *f.* (coll.) checking, impeding.
empatar, *va.* to equal; to be a tie (in voting or games); to hinder, obstruct; to join.
empate, *m.* tie (in voting or games); hindrance, stopping, checking; joint; joining.
empatía, *f.* empathy.
empavesada, *f.* (naut.) waistclothes; armings; hammock cloth; boat's cloth.—**empavesadas de las cofas,** top armor.
empavesado, da. I. *pp.* of EMPAVESAR. **II.** *a.* covered with a large shield. **III.** *m.* soldier with large shield; dressing of a ship.
empavesar, *va.* (naut.) to dress (ships); (naut.) to spread (waistclothes).
empavonar, *va.* to paint (iron) (to preserve it).
empecatado, da, *a.* very wily, evil-minded, incorrigible; ill-starred, unlucky.
empecé, *pret.* of EMPEZAR.
empecer. I. *va.* (*ind.* EMPEZO; *subj.* EMPEZA) to hurt, offend. **II.** *vn.* to prevent.
empecimiento, *m.* damage; obstacle.
[1]**empecinado,** *m.* maker or seller of pitch.
[2]**empecinado, da. I.** *pp.* of EMPECINARSE. **II.** *a.* (Am.) stubborn.
empecinarse, *vr.* (**en**) (Am.) to persist (in), be stubborn (about), or bound (to).
empechar, *va.* to prevent, hinder.
empedernido, da, *a.* hard-hearted.
empedernir. I. *va.* (*defect., used only in forms with* **i** *in their termination*) to indurate, to harden. **II.** *vr.* to be petrified; to become hard-hearted.
empedrado, da. I. *pp.* of EMPEDRAR. **II.** *a.* (of the sky) spotted with clouds; (of the face) pitted from smallpox. **III.** *m.* stone pavement.
empedrador, *m.* stone paver.
empedramiento, *m.* stone paving.
empedrar, *va.* (*ind.* EMPIEDRO; *subj.* EMPIEDRE) to pave with stones.
empega, *f.* pitch varnish; mark with pitch.
empegado, *m.* tarpaulin.
empegadura, *f.* coat of pitch.
empegar, *va.* (*pret.* EMPEGUÉ; *subj.* EMPEGUE) to pay with pitch; to mark (sheep) with pitch.
empego, *m.* marking sheep with pitch; (Am.) pitchy taste.
empegué, empegue, *v. V.* EMPEGAR.
empeguntar, *va.* to mark (sheep) with pitch.
[1]**empeine,** *m.* groin; instep; hoof.
[2]**empeine,** *m.* (med.) tetter, ringworm; (bot.) cotton flower.—**empeinoso, sa,** *a.* full of ringworms.
empelar, *vn.* to grow hair.
empelazgarse, *vr.* (coll.) to become involved.
empelechar, *va.* to cover or line with marble.
empelotarse, *vr.* to get into a wrangle; (Am.) to take off all one's clothes.
empeltre, *m.* small shoot or sapling.
empella, *f.* vamp of a shoe.
empellar, *va.* (*ind.* EMPIELLO; *subj.* EMPIELLE) to push, shove, jostle.
empellejar, *va.* to cover or line with skins.
empeller, *va.* = EMPELLAR.
empellón, *m.* push, shove.—**a empellones,** pushing, by pushing rudely.
empenachado, da, *a.* plumed.
empenachar, *va.* to adorn with plumes.
empenta, *f.* prop, stay, shore.
empeñado, da. I. *pp.* of EMPEÑAR. **II.** *a.* determined, persisting.
empeñaduría, *f.* (Am.) pawnshop.
empeñar. I. *va.* to pawn; to pledge; to engage, oblige. **II.** *vr.* (**en**) to bind oneself (to); to persist (in); to insist, be bent (on); to intercede, mediate; (mil.) (of a battle) to begin.
empeñero, ra, *n.* (Mex.) pawnbroker.
empeño, *m.* pledge, pawn; engagement, contract; earnest desire; determination; protection, recommendation; recommender; (Mex.) EMPEÑADURÍA.—**casa de empeños,** pawnshop.—**con e.,** eagerly, persistently.
empeoramiento, *m.* deterioration; making matters worse; becoming worse.
empeorar. I. *va.* to impair, to deteriorate; make worse. **II.** *vn.* & *vr.* to grow worse.
empequeñecer, *va.* (*ind.* EMPEQUEÑEZCO; *subj.* EMPEQUEÑEZCA) to make smaller, diminish; belittle.
emperador, *m.* emperor.
emperatriz, *f.* empress.
emperchado, *m.* fence formed with interwoven green trees.
emperchar, *va.* to hang on a perch.
emperdigar, *va.* to brown (meat); to prepare.
emperejilar, *va.* & *vr.* to dress up or elaborately.
emperezar. I. *vn.* & *vr.* to be lazy, indolent. **II.** *va.* to retard, delay, obstruct.
empergaminado, da, *a.* bound in parchment.
emperifollar, *va.* & *vr.* = EMPEREJILAR.
emperlar, *va.* to impearl.
empernar, *va.* to bolt, nail, spike, peg.
empero, *conj.* yet, however, notwithstanding.
emperrada, *f.* a card game.
emperramiento, *m.* obstinacy.
emperrarse, *vr.* (**en**) (coll.) to be obstinate or stubborn (about); to persist (in); (Colomb.) (**a llorar**), to burst out (crying).
empersonar, *va.* to register in the census.
empesador, *m.* warp evener.
empetro, *m.* (bot.) crowberry.
empezar, *va.* & *vn.* (*ind. pres.* EMPIEZO; *pret.* EMPECÉ; *subj.* EMPIECE) to begin.—**e. la casa por el tejado,** to put the cart before the horse.—**e. por,** (*inf.*) to begin by (*pres. p.*).
empicarse, *vr.* to become too fond or infatuated.
empicotadura, *f.* act of pillorying.
empicotar, *va.* to pillory; to picket.
empiedro, empiedre, *v. V.* EMPEDRAR.
empiello, empielle, *v. V.* EMPELLAR.
empiema, *f.* (med.) empyema.
empiezo, empiece, *v. V.* EMPEZAR.
empilonar, *va.* (Cuba) to pile up (tobacco leaves).
empinada, *f.* (aer.) zooming.
empinado, da, *a.* steep; high, lofty.
empinador, ra, *n.* (coll.) toper.
empinadura, *f.*, **empinamiento,** *m.* erection, elevation, rising.
empinar. I. *va.* to raise; to exalt; to tip, incline. —**e. el codo,** to be a toper, to drink much. **II.** *vr.* to stand on tiptoe; to stand on the hind legs; to tower, rise high; (aer.) to zoom.
empingorotado, da. I. *pp.* of EMPINGOROTAR. **II.** *a.* haughty, stuck-up.
empingorotar, *va.* (coll.) to raise with a wedge or support.
empino, *m.* (arch.) summit of a curve.
empiolar, *va.* to tie by the legs; to arrest.
empíreo, a. I. *a.* empyreal; celestial, divine. **II.** *m.* empyrean.
empireuma, *f.* (chem.) empyreuma.
empireumático, ca, *a.* (chem.) empyreumatic.
empírico, ca. I. *a.* empirical. **II.** *n.* empiricist; (coll.) quack.
empirismo, *m.* empiricism; quackery.
empizarrado, *m.* slate roof.
empizarrar, *va.* to roof with slate.
emplacé, emplace, *v. V.* EMPLAZAR.
emplastadura, *f.*, **emplastamiento,** *m.* plastering, putting plasters on; applying paint or cosmetics (to the face).
emplastar. I. *va.* to apply plasters to; to paint the face of; (coll.) to stop, check, obstruct. **II.** *vr.* to get smeared.
emplastecer, *va.* (*ind.* EMPLASTEZCO; *subj.* EMPLASTEZCA) (art) to smooth for painting.
emplástico, ca, *a.* glutinous, sticky.
emplasto, *m.* plaster, poultice.
emplástrico, ca, *a.* glutinous, sticky; (med.) suppurative, dissolving.
emplazador, ra, *n.* (law) summoner.
emplazamiento, *m.* (law) summons.
emplazar, *va.* (*pret.* EMPLACÉ; *subj.* EMPLACE)

(law) to summon; (sport) to set (the hunting party).
empleable, *a.* employable.
empleado, da. I. *pp.* of EMPLEAR. **II.** *n.* employee; officeholder.
empleador, ra, *n.* employer.
emplear. I. *va.* to employ; give occupation to; to engage, hire; to appoint; to invest, to spend (as money); to use. **II.** *vr.* to be employed, to be in business.
empleita, *f.* plaited length of bast.—**empleitero, ra,** *n.* one who plaits and sells bass-weed.
emplenta, *f.* section of mud wall made at once.
empleo, *m.* employ, employment, occupation, job; public office; calling, profession; use; aim or object of desire; investment.—**e. insuficiente** or **reducido,** underemployment.
empleomanía, *f.* (coll.) mania for public office.
emplomado, *m.* roof covered with lead.
emplomador, ra, *n.* one who leads (covers, lines, etc. with lead.)
emplomadura, *f.* leading (covering, filling, etc., with lead); lead covering, lining, etc.
emplomar, *va.* to lead; to line with sheet lead; to put lead seals on.
emplumar. I. *va.* to feather; to adorn with plumes; to tar and feather; (Hond.) to thrash. **II.** *vn.* = EMPLUMECER.
emplumecer, *vn.* (*ind.* EMPLUMEZCO; *subj.* EMPLUMEZCA) to fledge, grow feathers.
empobrecer. I. *va.* (*ind.* EMPOBREZCO; *subj.* EMPOBREZCA) to impoverish. **II.** *vn.* to become poor.
empobrecimiento, *m.* impoverishment.
empocé, empoce, *v. V.* EMPOZAR..
empolvar, *va., vr.* to cover with dust; to powder.
empolvoramiento, *m.* covering with dust or powder.
empolvorar, empolvorizar, *va.* = EMPOLVAR.
empollador, ra. I. *n.* hatcher. **II.** *m.* incubator.
empolladura, *f.* brood of bees.
empollar. I. *va.* to brood, to hatch. **II.** *vn.* (of bees) to breed.
emponchado, da, *a.* (Am.) covered with, or wearing, a poncho.
emponzoñador, ra, *n.* & *a.* poisoner(-ing, -ous).
emponzoñamiento, *m.* poisoning.
emponzoñar, *va.* to poison; to corrupt.
empopar, *va.* (naut.) to poop.
emporcar, *va.* (*ind. pres.* EMPUERCO, *pret.* EMPORQUÉ; *subj.* EMPUERQUE) to soil, dirty, foul.
emporio, *m.* emporium, mart.
empotramiento, *m.* (arch.) embedding.
empotrar, *va.* (arch.) to embed, to fix in a wall; to scarf, to splice; to put (beehives) in a pit; (naut.) to fasten (cannon).
empotrerar, *va.* (Am.) to convert into pasture; to put (cattle) in a pasture.
empozar. I. *va.* (*pret.* EMPOCÉ: *subj.* EMPOCE) to throw into a well; to soak (flax). **II.** *vr.* (coll.) to be pigeonholed; (Am.) (of water) to collect in puddles.
empradizar. I. *va.* to turn into a meadow; (Colomb.) to weed. **II.** *vr.* to become a meadow.
emprendedor, *n.* & *a.* enterpriser(-ing).
emprender, *va.* to undertake, to engage in.—**e. a,** or **con,** to address, accost.
empreñar, *va.* to impregnate; to beget.
empresa, *f.* enterprise, undertaking; company, firm; device, motto; intention, purpose; management of a theater.
empresario, *m.* promoter; contractor; theatrical manager; impresario.
empréstito, *m.* loan.—**e. público,** government loan.
emprima, *f.* = PRIMICIA, first fruits.
emprimado, *m.* last combing of wool.
emprimar, *va.* to give the last combing to (wool); (coll.) to deceive.
empringar, *va.* = PRINGAR.
empuchar, *va.* to buck (skeins of thread).
empuerco, empuerque. *v. V.* EMPORCAR.
empuesta.—de e., from the rear, from behind.
empujar, *va.* to push, impel, shove.
empuje, empujo, *m.* push, pressure; energy, enterprise; (eng.) thrust.
empujón, *m.* push, violent shove.—**a empujones,** pushing, jostling.
empulgadura, *f.* drawing the string of a crossbow.
empulgar, *va.* to draw the string of (a crossbow).
empulgueras, *f. pl.* wings of a crossbow; thumbscrews.
empuñador, ra, *n.* grasper.
empuñadura, *f.* hilt (of a sword); beginning (of a story).
empuñar, *va.* to clinch, clutch, grip, hold tightly with the fist.
empuñidura, *f.* (naut.) earing.
emulación, *f.* emulation; envy, jealousy.
emulador, ra. I. *a.* emulative. **II.** *m.* emulator, rival.
emular, *va.* to emulate, rival, compete with.
emulgente, *a.* (physiol.) emulgent.
émulo, la. I. *a.* emulous. **II.** *n.* competitor, rival, emulator.
emulsión, *f.* emulsion.—**emulsionar,** *va.* to emulsify.
emulsivo, va, *a.* emulsive, emulsifying.
emulsor, *m.* grease mixer.
emunción, *f.* (med.) excretion.
emuntorio, *m.* emunctory.—*pl.* emunctory glands in armpits, groins, and back of the ears.
en, *prep.* in; at; on, upon (*en la mesa,* on the table; *en domingo,* on Sunday; *en la pared,* on the wall; *en esa ocasión,* on that occasion); to; into (*convertir en gas,* to convert into a gas; *convertirse en polvo,* to turn to dust); (before gerund) on, upon, immediately after (*en llegando,* on arriving; *en acabando esta carta,* immediately, or right, after finishing this letter). Foll. by *adj.* makes an adverbial phrase (*en alto,* on high).
enaceitarse, *vr.* to become oily or rancid.
enagua, *f.* gen. in the *pl.,* **enaguas,** underskirt, petticoat; skirt.
enaguachar, *va.* to load with water.
enaguazar, *va.* to flood.
enagüillas, *f. pl.* short skirt or petticoat; kilt.
enajenable, *a.* alienable.
enajenación, *f.,* **enajenamiento,** *m.* alienation (of property); absence of mind; rapture, overjoy.—**e. mental,** mental derangement.
enajenar. I. *va.* to alienate, to transfer (property); to transport, enrapture. **II.** *vr.* to be enraptured, ravished.
enálage, *f.* (gram.) enallage.
enalbardar, *va.* to saddle (beasts of burden); to cover with a batter; to bread.
enalmagrado, da. I. *pp.* of ENALMAGRAR. **II.** *a.* colored with ochre; vile, despicable.
enalmagrar, *va.* to cover with ochre.
enalmenar, *va.* to provide with battlements.
enaltecer, *va.* (*ind.* ENALTEZCO; *subj.* ENALTEZCA), to extol.
enaltecimiento, *m.* exaltation, extolling.
enamarillecer, *va.* & *vr.* (*ind.* ENAMARILLEZCO; *subj.* ENAMARILLEZCA) to dye yellow.
enamoradamente, *adv.* lovingly, wooingly.
enamoradizo, za, *a.* inclined to fall in love.
enamorado, da. I. *pp.* of ENAMORAR. **II.** *a.* fond of love-making; in love, enamored, lovesick. **III.** *n.* lover; sweetheart.
enamorador, ra, *n.* & *a.* courter(-ing), wooer (-ing); love-maker(-ing).
enamoramiento, *m.* love, being in love; courting, love-making.
enamorar. I. *va.* to inspire love in; to make love to, woo. **II.** *vr.* **(de)** to fall in love (with).
enamoricarse, *vr.* (coll.) to be slightly in love.
enanchar, *va.* (coll.) to widen, enlarge.
enangostar, *va.* to narrow, contract.
enanito, ita. I. *a. dim.* little, minute. **II.** *n.* little dwarf; midget.

enano, na. I. *a.* dwarfish, small, little. II. *n.* dwarf.
enante, *m.* (bot.) water dropwort.
enarbolar. I. *va.* to hoist, raise high, hang out (a flag, etc.). II. *vr.* = ENCABRITARSE.
enarcar, *va.* to arch; to hoop (barrels).
enardecer. I. *va.* (*ind.* ENARDEZCO; *subj.* ENARDEZCA) to fire with passion, to inflame. II. *vr.* to be kindled, inflamed (with passion).
enardecimiento, *m.* act of inflaming or state of being inflamed with passion; being or becoming fiery or impassioned.
enardezco, enardezca, *v. V.* ENARDECER.
enarenación, *f.* plaster for a wall before painting.
enarenar. I. *va.* to sand; to gravel. II. *vr.* (naut.) to ground.
enarmonar. I. *va.* to raise, to rear. II. *vr.* (of quadrupeds) to rise up on the hind feet.
enarmónico, ca, *a.* (mus.) enharmonic.
enartrosis, *f.* (anat.) enarthrosis.
enastado, da, *a.* horned.
enastar, *va.* to put a haft or handle on.
encabador, *m.* (Colomb.) penholder.
encabalgamiento, *m.* gun carriage.
encabalgar. I. *vn.* (*pret.* ENCABALGUÉ; *subj.* ENCABALGUE) to rest upon (as a beam on a joist). II. *va.* to provide horses for.
encaballadura, *f.* (mason.) lapping over.
encaballar, *va.* to lap over, to imbricate (as tiles).
encabar, *va.* (S. A.) to put a handle on.
encabellecerse, *vr.* (*ind.* ENCABELLEZCO; *subj.* ENCABELLEZCA) to grow hair.
encabestrar. I. *va.* to halter; to force to obedience. II. *vr.* to become entangled in the halter.
encabezador, *m.* header, reaping machine.
encabezadura, *f.* scarfing, heading.
encabezamiento, *m.* headline, heading, title; census taking; tax roll; act of enrolling taxpayers; tax rate.—**e. de factura,** billhead.
encabezar. I. *va.* to draw up (a tax roll); to put a heading or title to; to head, lead; to strengthen (wine) with alcohol; (carp.) to scarf, to join. II. *vr.* to compound for taxes; to compromise.
encabillar, *va.* (naut.) to scotch, pin, bolt.
encabrahigar, *va.* to ripen figs artificially.
encabriar, *va.* (arch.) to place the rafters of.
encabritarse, *vr.* to rise up on the hind feet.
encabuyar, *va.* (Am.) to tie with hemp cord.
encachado, *m.* (hydraul.) concrete lining.
encachar, *va.* (hydraul.) to line with concrete.
encadenación, encadenadura, *f.,* **encadenamiento,** *m.* chaining, enchainment; concatenation, linking, connection.
encadenar, *va.* to chain, fetter, shackle; to enslave; to concatenate, connect, link together (as thoughts); to captivate; to paralyze.
encajador, *m.* one who chases or inserts; chasing tool.
encajadura, *f.* act of chasing, inserting or joining; socket, groove.
encajar. I. *va.* to chase, drive in, fit in, insert; to push or force in; (carp.) to rabbet, join; (mech.) to gear; to fit closely (as a lid); to put in (a remark); to tell (a story); to throw out (a hint); to fire off; to throw, hurl (as a missile); to administer (as a scolding); to pass off (as a spurious coin). II. *vn.* to fit, fit in. III. *vr.* to thrust oneself into some narrow place; to intrude.
encaje, *m.* act of adjusting or fitting; socket, cavity, groove; enchasing; joining; lace; inlaid work, mosaic; looks, appearance.
encajera, *f.* woman who makes lace.
encajetillar, *va.* to packet (cigarettes, tobacco).
encajonado, da. I. *pp.* of ENCAJONAR. II. *a.* (of rivers) narrow, flanked by steep inclines. III. *m.* (mason.) packed work; cofferdam.
encajonamiento, *m.* packing in boxes or cases; (of rivers) narrowing between steep banks.
encajonar, *va.* to box; to case; to narrow.
encalabozar, *va.* (coll.) to put into a dungeon.
encalabrinado, da. I. *pp.* of ENCALABRINAR. II. *a.* headstrong, stubborn, obstinate.
encalabrinar. I. *va.* to affect the head of with some unpleasant smell or vapor. II. *vr.* (coll.) to become stubborn.
encalada, *f.* metal piece of a harness.
encalador, *m.* lime pit or vat.
encaladura, *f.* whitewashing.
encalar, *va.* to whitewash; to lime.
encalmadura, *f.* (vet.) a disease of horses caused by overheating.
encalmarse, *vr.* (vet.) to be overheated; (naut.) to be becalmed.
encalostrarse, *vr.* to become sick by sucking the first milk.
encalvecer, *vn.* (*ind.* ENCALVEZCO; *subj.* ENCALVEZCA) to become bald.
encalladero, *m.* (naut.) shoal, sand bank.
encalladura, *f.* (naut.) grounding, stranding.
encallar, *vn.* (naut.) to run aground; to fail.
encallecer. I. *vn.* (*ind.* ENCALLEZCO; *subj.* ENCALLEZCA) to get corns or callosities. II. *vr.* to become hardened or callous.
encallecido, da. I. *pp.* of ENCALLECER. II. *a.* hardened; hard-hearted; callous.
encallejonar, *va.* to put in, force into, an alley.
encallezco, encallezca, *v. V.* ENCALLECER.
encamación, *f.* (min.) stull.
encamarar, *va.* to store (grain).
encamarse, *vr.* (coll.) to stay in bed; (of game birds) to lie hidden; (of corn, etc.) to be beaten down by rain, wind, etc.
encambijar, *va.* to conduct (water).
encambrar, *va.* = ENCAMARAR.
encambronar, *va.* to hedge with brambles; to strengthen with iron.
encaminadura, *f.,* **encaminamiento,** *m.* act of putting on the right road.
encaminar. I. *va.* to guide, to put on the right road; to direct, to manage; to forward; to aim at, intend. II. *vr.* (a) to take the road (to); to be on the way (to); to be intended (for, to).
encamisada, *f.* (mil.) camisado; an ancient night masquerade.
encamisar. I. *va.* to put a shirt or a cover on. II. *vr.* to put a shirt over one's clothes for a camisado.
encampanado, da, *a.* bell-shaped.
encanalar, encanalizar, *va.* to convey through pipes or conduits.
encanallamiento, *m.* degeneracy, becoming base and despicable.
encanallarse, *vr.* to become low, base, mean.
encanarse, *vr.* (of infants) to stiffen from rage.
encanastar, *va.* to put in baskets.
encancerarse, *vr.* to become cancerous.
encandecer, *va.* (*ind.* ENCANDEZCO; *subj.* ENCANDEZCA) to incandesce, to make incandescent.
encandelar, *vn.* (agr.) (of trees) to bud.
encandiladera, *f.* (coll.) procuress.
encandilado, da. I. *pp.* of ENCANDILAR. II. *a.* (of hats) cocked.
encandiladora, *f.* = ENCANDILADERA.
encandilar. I. *va.* to dazzle; to daze, bewilder; (coll.) to stir (the fire). II. *vr.* to have bloodshot eyes, as from drink; to be dazzled.
encanecer, *vn.* (*ind.* ENCANEZCO; *subj.* ENCANEZCA) to grow gray-haired; to mold; to grow old.
encanijamiento, *m.* weakness, emaciation.
encanijar. I. *va.* to weaken (a baby) by poor nursing. II. *vr.* to pine, be emaciated.
encanillar, *va.* to wind on a quill or spool.
encantación, *f.* incantation.
encantado, da. I. *pp.* of ENCANTAR. II. *a.* absent-minded; haunted; enchanted, charmed.
encantador, ra. I. *n.* enchanter, sorcerer; charmer. II. *a.* charming, delightful.
encantamiento, *m.* enchantment.
encantar, *va.* to enchant, charm; bewitch; to fascinate; to delight.
encantarar, *va.* to put into a jar or ballot box.
encante, *m.* auction, public sale.
encanto, *m.* enchantment, charm, spell; fascination; delight.

encantorio, *m.* (coll.) enchantment.
encantusar, *va.* (coll.) to coax, wheedle.
encañada, *f.* gorge, notch.
encañado, *m.* conduit for water, pipe line; hedge or trellis of reeds.
encañador, ra, *n.* spool winder.
[1]**encañar.** **I.** *va.* to hedge with reeds; to wind (silk). **II.** *vn.* (of cereals) to form stalks.
[2]**encañar,** *va.* to convey (water) through pipes; to drain.
encañizada, *f.* (fish) weir.
encañonar. **I.** *va.* to put into pipes; to plait, to fold; to wind on quills. **II.** *vn.* to fledge out.
encañutar, *va.* to flute.
encapachadura, *f.* collection of baskets of olives to be pressed.
encapachar, *va.* to put into a fruit basket; (agr.) to protect (grapes) with the shoots.
encapazar, *va.* to collect into a basket.
encaperuzado, da, *a.* hooded.
encaperuzarse, *vr.* to put on a hood.
encapillado, *n.* (Am.) clothes on one's back.
encapilladura, *f.* (naut.) top rigging.
encapillar. **I.** *va.* (naut.) to rig (the yards); (min.) to start a new gallery in. **II.** *vr.* to put clothes on over the head.
encapotadura, *f.*, **encapotamiento,** *m.* frown.
encapotar. **I.** *va.* & *vr.* to cloak; to muffle; to frown. **II.** *vr.* to become cloudy; (of horses) to lower the head too much.
encapricharse, *vr.* to indulge in whims; to become stubborn; (coll.) to be infatuated.
encapuchado, da, *a.* hooded, cowled.
encapuchar, *va.* to cover with a hood.
encapuzar, *va.* to cover with a cowl.
encarado, da. **I.** *pp.* of ENCARAR. **II.** *a.*—**bien (mal) e.,** well- (ill-) favored (in looks).
encaramar, *va.* & *vr.* to raise; to elevate; to extol; to climb; to reach a high post.
encaramiento, *m.* act of facing or aiming.
encarar. **I.** *vn.* to face. **II.** *va.* to aim, to point. **III.** *vr.* (**con**) to face, be face to face (with).
encaratularse, *vr.* to mask.
encarcelación, *f.* incarceration, imprisonment.
encarcelamiento, *m.* (law) incarceration; (law) custody.
encarcelar, *va.* to imprison; (carp.) to clamp, to jam; (mason.) to embed with mortar; (naut.) to woold.
encarecedor, ra, *n.* & *a.* praiser(-ing), extoller (-ing).
encarecer, *va.*, *vn.* & *vr.* (*ind.* ENCAREZCO; *subj.* ENCAREZCA) to raise the price; to overrate; to extol; to enhance; to recommend.
encarecidamente, *adv.* exceedingly, highly; eagerly, earnestly.
encarecimiento, *m.* enhancement, exaggeration.—**con e.,** ardently, earnestly.
encarezco, encarezca, *v.* *V.* ENCARECER.
encargado, da. **I.** *pp.* of ENCARGAR. **II.** *a.* in charge. **III.** *n.* person in charge; agent, representative.—**e. de negocios,** chargé d'affaires; (Mex.) agent, attorney.
encargar. **I.** *va.* (*pret.* ENCARGUÉ; *subj.* ENCARGUE) to entrust, put under the care (of a person); to advise, warn; to order (goods, etc.); to ask, request; to urge. **II.** *vr.* to take charge.
encargo, *m.* charge, commission, request; errand; job, assignment; place, employ; (com.) order.
encargué, encargue, *v.* *V.* ENCARGAR.
encariñamiento, *m.* endearment.
encariñar. **I.** *va.* to inspire affection or love, endear. **II.** *vr.* (**con**) to become fond (of).
encarna, *f.* giving entrails of game to dogs.
encarnación, *f.* incarnation; personification; (art) flesh color.
encarnadino, na, *a.* incarnadine.
encarnado, da. **I.** *pp.* of ENCARNAR. **II.** *a.* incarnate; flesh-colored; red.
encarnadura, *f.* (surg.) ENCARNAMIENTO; flesh wound made by a sharp weapon.
encarnamiento, *m.* (surg.) natural healing of the flesh.
encarnar. **I.** *vn.* to incarnate; to penetrate, or lodge in, the flesh; (med.) to granulate (as a wound); to make a strong impression upon the mind. **II.** *va.* to incarnate; to embody; to flesh (hunting dogs); to bait (a fishhook); to paint or make flesh-colored; to cause or produce granulation in (a wound). **III.** *vr.* to unite, mix (with one another).
encarnativo, *m.* & *a.* (surg.) incarnative.
encarne, *m.* entrails given to dogs.
encarnecer, *vn.* (*ind.* ENCARNEZCO; *subj.* ENCARNEZCA) to grow fleshy, put on flesh.
encarnicé, encarnice, *v.* *V.* ENCARNIZAR.
encarnizado, da. **I.** *pp.* of ENCARNIZAR. **II.** *a.* blood-, or flesh-, colored; cruel, pitiless; bloody, hard-fought.
encarnizamiento, *m.* act of fleshing (dogs); cruelty, rage, fury.
encarnizar. **I.** *va.* (*pret.* ENCARNICÉ; *subj.* ENCARNICE) to flesh (dogs); to provoke, irritate. **II.** *vr.* (of dogs) to be or become fond of flesh; to be cruelly bent, to gloat over injuring a person.
encaro, *m.* stare; blunderbuss; aim; levelling a musket.
encarpetar, *va.* to keep in a file or portfolio; (Am.) to lay (a motion, bill, etc.) on the table.
encarrilar, *va.* to put on the right track; to set right.
encarrilarse, encarrillarse, *vr.* (naut.) to be fouled on the sheave.
encarroñar. **I.** *va.* to infect, corrupt. **II.** *vr.* to be infected or corrupted.
encarrujado, da. **I.** *a.* curled; corrugated; fluted. **II.** *m.* fluting, shirring, gathering.
encarrujarse, *va.* & *vr.* to twist, coil, kink.
encartación, *f.* enrolment under a charter; vassalage, tenure at will; village under vassalage.—*pl.* charter lands, especially those adjoining the province of Vizcaya.
encartamiento, *m.* outlawry, proscription; sentence on an absent defendant; charter.
encartar. **I.** *va.* to ban, proscribe; to summon; to enrol; to register in a tax list; (in card games) to force to follow suit (when disadvantageous). **II.** *vr.* to have to follow suit so be unable to discard (in card games).
encarte, *m.* fortuitous order in which the cards remain at the close of a hand.
encartonador, ra, *n.* (bookbinding) one who applies boards.
encartonar, *va.* to bind in, or cover with, boards.
encasar, *va.* (surg.) to set (a bone).
encasillado, *m.* set of pigeonholes.
encasillar, *va.* to put in pigeonholes; to distribute, assign; to make a list of (candidates).
encasquetar. **I.** *va.* & *vr.* to pull down (one's hat) tight. **II.** *va.* to convince. **III.** *vr.* to persist in, to be headstrong about; to get a notion.
encasquillador, *m.* (Am.) farrier.
encasquillar, *va.* to shoe (horses).
encastar. **I.** *va.* to improve (a race of) by crossbreeding. **II.** *vn.* to breed.
encastillado, da, *a.* lofty, haughty.
encastillador, ra, *n.* one who shuts himself up in a castle; headstrong person.
encastillamiento, *m.* act of shutting up in a castle or steadfastly adhering to an opinion.
encastillar. **I.** *va.* to fortify with castles. **II.** *vn.* to make the cell of the queen bee in beehives. **III.** *vr.* to shut oneself up in a castle; to be unyielding or headstrong.
encastrar, *va.* to chase, embed.
encastre, *m.* fitting in; groove; socket.
encatarrado, da, *a.* having a cold.
encatusar, engatusar, *va.* (coll.) to wheedle.
encauchado, *m.* India-rubber poncho.
encauchar, *va.* to cover with rubber.
encausar, *va.* to prosecute, indict, sue.
encauste, *m.* = ENCAUSTO.
encáustico, ca, *a.* encaustic.
encausto, *m.* (art) encaustic painting.
encauzamiento, *m.* channeling; direction.

encauzar, *va.* to channel; to conduct through channels; to guide, lead, direct.
encavarse, *vr.* to hide in a cave.
encebadamiento, *m.* (vet.) surfeit.
encebadar. **I.** *va.* (vet.) to surfeit. **II.** *vr.* (of horses) to be surfeited.
encebollado, *m.* beef stew with onions.
encefálico, ca, *a.* encephalic.
encefalitis, *f.* (med.) encephalitis.—**e. letárgica,** encephalitis lethargica, sleeping sickness.
encéfalo, *m.* (physiol.) encephalon, brain.
encefaloideo, dea, *a.* encephaloid.
encelamiento, *m.* jealousy.
encelar. **I.** *va.* to excite jealousy in, make jealous. **II.** *vr.* to become jealous.
encella, *f.* cheese basket or mold.
encellar, *va.* to mold (curds or cheese).
encenagado, da. **I.** *pp.* of ENCENAGARSE. **II.** *a.* mixed or filled with mud.
encenagamiento, *m.* wallowing in dirt or vice.
encenagar. **I.** *va.* (*pret.* ENCENAGUÉ; *subj.* ENCENAGUE) to mud, to mire. **II.** *vr.* to wallow in dirt, mire, or vice.
encencerrado, da, *a.* carrying a wetherbell.
encendedor, ra. **I.** *n.* & *a.* lighter(ing). **II.** *m.* (cigarette, etc.) lighter.
encender. **I.** *va.* (*ind.* ENCIENDO; *subj.* ENCIENDA) to kindle, light; to inflame, inspirit, incite. **II.** *vr.* to take fire; to light up; to burn.—**e. en,** to burn with (anger, etc.); to become excited with.
encendidamente, *adv.* ardently.
encendido, da. **I.** *pp.* of ENCENDER: **II.** *a.* inflamed; red. **III.** *m.* (int. combust. eng.) ignition.
encendimiento, *m.* kindling, lighting; incandescence, glow; ardor, eagerness.
encenizar, *va.* to cover with ashes.
encentador, *m.* one who begins to use a thing.
encentadura, *f.*, **encentamiento,** *m.* act of beginning the use of a thing.
encentar. **I.** *va.* (*ind.* ENCIENTO; *subj.* ENCIENTE) to begin the use of. **II.** *vr.* to develop bedsores.
encepador, *m.* stocker, gunstocker.
encepadura, *f.* (carp.) tie joint.
encepar. **I.** *va.* to put in the stocks; to stock (a gun); (naut.) to stock (the anchor); (carp.) to join with ties. **II.** *vr.* to take root; (naut.) (of the anchor) to foul.
encepe, *m.* (agr.) taking firm root.
encerado, da. **I.** *pp.* of ENCERAR. **II.** *a.* wax-colored; like wax; thick; hard (as a boiled egg). **III.** *m.* oilcloth, oilskin; (naut.) tarpaulin; sticking plaster; blackboard in schools.
enceramiento, *m.* act and effect of waxing.
encerar, *va.* to wax; to inspissate (lime).
encernadar, *va.* to cover with leached ashes.
encerotar, *va.* to wax (thread).
encerradero, *m.* sheepfold; pen.
encerrador, ra, *n.* one who locks up; driver of black cattle.
encerradura, *f.* act of locking up; cloister, retreat; prison, jail, dungeon.
encerramiento, *m.* encirclement; ENCERRADURA.
encerrar. **I.** *va.* (*ind.* ENCIERRO; *subj.* ENCIERRE) to lock or shut up; to confine; to include, contain, involve. **II.** *vr.* to live in seclusion; to be locked up; to be closeted.
encerrona, *f.* (coll.) voluntary retreat.
encespedar, *va.* to cover with sod.
encestar, *va.* to put in a basket.
encía, *f.* gum (of the mouth).
encíclico, ca. **I.** *a.* encyclic. **II.** *f.* encyclical.
enciclopedia, *f.* encyclopedia, cyclopedia.
enciclopédico, ca, *a.* encyclopedic.
enciclopedismo, *m.* Encyclopedism.
enciclopedista, *a.* & *n.* encyclopedist.
enciendo, encienda, *v.* *V.* ENCENDER.
enciento, enciente, *v.* *V.* ENCENTAR.
[1]**encierro,** *m.* act of closing or locking up; confinement; inclosure; cloister, religious retreat; prison, lockup; folding (of cattle).
[2]**encierro, encierre,** *v.* *V.* ENCERRAR.
encima, *adv.* above; at the top; overhead; over and above, besides; in addition, to boot.—**e. de,** on, upon.—**por e.,** superficially, hastily.—**por e. de,** over, above; regardless of.
encimar. **I.** *va.* to place on top; to raise high; to throw in (something) to boot. **II.** *vr.* to rise above.
encina, *f.* (bot.) evergreen oak, holm oak.
encinal, encinar, *m.* holm-oak grove.
encinta, *a.* pregnant.
encintado, *m.* curb (of a sidewalk, etc.).
encintar, *va.* to trim with ribbon; (eng.) to put a curb, or curbs, on.
encismar, *va.* (coll.) to sow discord among.
encisto, *m.* encysted tumor.
encizañar, *va.* = CIZAÑAR, to sow discord.
enclaustrado, da, *a.* cloistered.
enclaustrar, *va.* to cloister.
enclavación, *f.* nailing or fixing.
enclavado, da. **I.** *pp.* of ENCLAVAR. **II.** *a.* enclaved, encircled.
enclavadura, *f.* (carp.) groove; embedding.
enclavar, *va.* to nail; to embed; (vet.) to prick (horses) in shoeing; to pierce through.
enclavijar, *va.* to join, pin; to peg (a guitar).
enclenque, *a.* weak, feeble, sickly.
enclítico, ca, *n.* & *a.* (gram.) enclitic.
enclocar, *vn.* & *vr.* (of hens, etc.) to become broody.
encloquecer, *vn.* = ENCLOCAR.
encobar, *vn.* & *vr.* (of hens) to sit on eggs.
encobijar, *va.* = COBIJAR, to cover; to shelter.
encobrado, da. **I.** *pp.* of ENCOBRAR. **II.** *a.* containing copper; copper-colored.
encobrar, *va.* to coat or cover with copper.
encoclar = ENCLOCAR.
encocorar, *va.* (coll.) to vex, annoy.
encofrado, *m.* (min.) plank lining, timbering.
encofrar, *va.* (min.) to plank, to timber.
encoger. **I.** *va.* (*ind.* ENCOJO; *subj.* ENCOJA) to contract, shorten, shrink; to discourage. **II.** *vr.* to be low-spirited, dismayed, or bashful; to shrink, to shrivel.—**e. de hombros,** to shrug the shoulders.
encogido, da. **I.** *pp.* of ENCOGER. **II.** *a.* bashful, timid.
encogimiento, *m.* contraction, shrinkage; pusillanimity; bashfulness; awkwardness.
encojar. **I.** *va.* to cripple, to lame. **II.** *vr.* to become lame; (coll.) to feign sickness.
encojo, encoja, *v.* *V.* ENCOGER.
encolado, *m.*, **encoladura,** *f.*, **encolamiento,** *m.*, gluing; priming, sizing.
encolar, *va.* to glue; to stick.
encolerizar. **I.** *va.* (*pret.* ENCOLERICÉ; *subj.* ENCOLERICE) to anger. **II.** *vr.* to become angry.
encomendable, *a.* commendable.
encomendado. da. **I.** *pp.* of ENCOMENDAR. **II.** *n.* one under a knight commander.
encomendamiento, *m.* = ENCOMIENDA.
encomendar. **I.** *va.* (*ind.* ENCOMIENDO; *subj.* ENCOMIENDE) to recommend, commend; to entrust; to knight. **II.** *vn.* to hold a knight commandery. **III.** *vr.* to put oneself in the hands, under the protection, of another; to send compliments.
encomendero, *m.* agent; commissionaire.
encomiador, ra, *n.* & *a.* praiser(-ing).
encomiar, *va.* to praise, eulogize, extol.
encomiasta, *m.* eulogizer, panegyrist.
encomiástico, ca, *a.* encomiastic, complimentary.
encomienda, *f.* commission, charge; message, compliment sent; encomienda (certain estates assigned or granted by the Spanish kings); knight commandery; land or rent belonging to a commandery; badge of a knight commander; patronage, protection, recommendation; compliments, respects; (S. A.) parcel-post parcel.
encomiendo, encomiende, *v.* *V.* ENCOMENDAR.
encomio, *m.* praise, encomium, eulogy.
encompadrar, *vn.* (coll.) to become a COMPADRE; to be close friends.

enconamiento, *m.* inflammation, soreness; infection; animadversion, anger.
enconar. I. *va.* to inflame, irritate, provoke; to increase the inflammation or soreness of; to infect. **II.** *vr.* to rankle; to fester, get infected.
enconcharse, *vr.* (Am.) to withdraw oneself from society; to retire into one's shell.
encono, *m.* rancor, ill-will; soreness; sore spot.
enconoso, sa, *a.* easily festered or infected; rancorous, resentful; irritating, difficult to deal with.
enconrear, *va.* to oil (wool) before carding.
encontradamente, *adv.* contrarily.
encontradizo, za, *a.* met, run across.
encontrado, da. I. *pp.* of ENCONTRAR. **II.** *a.* opposite; in front; hostile, opposed.
encontrar (*ind.* ENCUENTRO; *subj.* ENCUENTRE). **I.** *va.* to find; to meet. **II.** *vn.* to meet; to collide. **III.** *vr.* to meet; to collide; to be, find oneself; to feel (app. to health); to oppose, or be opposed to, each other; to conflict; to find; **(con)** to meet, come across or upon.
encontrón, encontronazo, *m.* collision, bump.
encopetado, da. I. *pp.* of ENCOPETAR. **II.** *a.* presumptuous, haughty, stuck-up; of high social standing or noble descent.
encopetar, I. *va.* to brush the hair up from the forehead. **II.** *vr.* to get well-groomed.
encorachar, *va.* to put in a leather bag.
encorajar. I. *va.* to encourage; to inflame. **II.** *vr.* to be furious, in a rage.
encorar. I. *va.* (*ind.* ENCUERO; *subj.* ENCUERE) to cover with or wrap up in leather; to cause or help the formation of skin in (a wound). **II.** *vn.* & *vr.* (of a wound) to heal, develop skin.
encorazado, da, *a.* covered with a cuirass; covered with leather.
encorchar, *va.* to hive (bees); to cork (bottles).
encorchetar, *va.* to put on hooks or clasps; to hook, to clasp.
encordado, da, *a.* = ENCORDELADO.
encordar, *va.* (*ind.* ENCUERDO; *subj.* ENCUERDE) (mus.) to string (instruments); to lash or bind with ropes.
encordelado, da, *a.* corded, stringed.
encordelar, *va.* to string; to bind with strings.
encordonado, da. I. *pp.* of ENCORDONAR. **II.** *a.* corded; adorned with cords.
encordonador, ra, *n.* corder, stringer.
encordonar, *va.* to cord; to tie with cords.
encorecer. I. *va.* (*ind.* ENCOREZCO; *subj.* ENCOREZCA) to cause the formation of skin in (a wound). **II.** *vn.* & *vr.* = ENCORAR.
encoriación, *f.* healing a wound.
encornado, da, *a.* horned.
encornadura, *f.* (of bulls, etc.) set of the horns.
encornudar, *vn.* to begin to grow horns.
encorozar, *va.* to put a COROZA, a kind of hood, on the head of (a criminal).
encorralar, *va.* to corral.
encorrear, *va.* to strap (cattle).
encorsetar, *va.* & *vr.* to put a corset on.
encortinar, *va.* to put up curtains on or in.
encorvada, *f.* act of bending the body; grotesque manner of dancing; (bot.) hatchet vetch coronilla.—**hacer la e.,** to feign sickness.
encorvadura, *f.*, **encorvamiento,** *m.* bending; incurvation, curvature; crookedness.
encorvar, *va.* & *vr.* to incurvate, bend, curve.
encostillado, *m.* timbering; lathing.
encostradura, *f.* incrustation, crust.
encostrar. I. *va.* to crust, to incrust. **II.** *vr.* to become crusty; to develop a crust or a scab.
encovadura, *f.* act of placing in a cellar.
encovar. I. *va.* (*ind.* ENCUEVO; *subj.* ENCUEVE) to put in a cellar; to keep, lock up, conceal. **II.** *vr.* to hide oneself.
encrasación, *f.* incrassation, thickening.
encrasado, da, *a.* incrassate, thickened.
encrasar, *va.* to incrassate, thicken, fatten.
encrespador, *m.* crisping iron, curling tongs.
encrespadura, *f.* act of curling the hair.
encrespamiento, *m.* curling; (of hair) standing on end; fury, roughness (of the sea, the waves, etc.)
encrespar. I. *va.* to curl; to set (the hair) on end; to ruffle (the feathers). **II.** *vr.* (naut.) (of the sea) to become rough and boisterous; to be agitated (by passion); to wrangle; (of affairs) to become entangled.
encrestado, da, I. *pp.* of ENCRESTARSE. **II.** *a.* adorned with a crest or comb; haughty, lofty.
encrestarse, *vr.* to stiffen the crest or comb (as a cock); to be proud or haughty.
encrucijada, *f.* crossroads; street intersection; ambush, trap.
encrudecer. I. *va.* (*ind.* ENCRUDEZCO; *subj.* ENCRUDEZCA) to make (a wound) worse or raw; to exasperate, irritate. **II.** *vr.* to be enraged.
encruelecer. I. *va.* (*ind.* ENCRUELEZCO; *subj.* ENCRUELEZCA) to excite to cruelty. **II.** *vr.* to become cruel.
encuadernación, *f.* binding (books).
encuadernador, ra, *n.* bookbinder.
encuadernar, *va.* (of books) to bind; to reconcile.—**sin e.,** unbound.
encuadrar, *va.* to frame.
encuarte, *m.* extra horse to draw a coach uphill.
encubar, *va.* to cask (liquids); to put (a ciminal) into a butt.
encubertar. I. *va.* (*ind.* ENCUBIERTO; *subj.* ENCUBIERTA) to caparison, trap (as a horse) **II.** *vr.* to put on armor.
encubierta, *f.* fraud, deceit, imposition.
encubiertamente, *adv.* hiddenly, secretly; deceitfully, fraudulently.
[1]**encubierto, encubierta,** *v.* *V.* ENCUBERTAR.
[2]**encubierto, ta,** *pp. irreg.* of ENCUBRIR.
encubridor, ra. I. *a.* concealing. **II.** *n.* concealer; (law) accessory after the fact.
encubrimiento, *m.* concealment.
encubrir, *va.* (*pp. irreg.* ENCUBIERTO) to hide, conceal, cloak, mask, palliate.
[1]**encuentro,** *m.* encounter, meeting; collision, clash; find, finding; (mil.) encounter, fight; joint (in fowls); in quadrupeds, points of the shoulder blades; (arch.) angle, nook, corner.—*pl.* temples of a loom.—**salir al e. de,** to go to meet; to encounter.
[2]**encuentro, encuentre,** *v.* *V.* ENCONTRAR.
encuerdo, encuerde, *v.* *V.* ENCORDAR.
encuero, encuere, *v.* *V.* ENCORAR.
encuesta, *f.* inquiry, investigation, poll, survey.
encuevo, encueve, *v.* *V.* ENCOVAR.
encuitarse, *vr.* to grieve.
enculatar, *va.* to cover (a beehive).
encumbrado, da. I. *pp.* of ENCUMBRAR. **II.** *a.* high, elevated; lofty, stately.
encumbramiento, *m.* act of raising or elevating; height, eminence.
encumbrar. I. *va.* to raise, elevate. **II.** *vn.* to ascend. **III.** *vr.* to rise; to be proud, rate oneself high.
encunar, *va.* to put in the cradle; to catch between the horns.
encurtido, *m.* pickle.
encurtir, *va.* to pickle.
enchabetar, *va.* (naut.) to forelock.
enchancletar, *va.* to put slippers on.
enchapado, *m.* veneer; plates or sheets forming a cover or lining.
enchapar, *va.* to veneer; to cover with metal plates or sheets.
enchapinado, da, *a.* built upon a vault.
encharcada, *f.* pool of water, puddle.
encharcarse, *vr.* to form puddles.
enchicharse, *vr.* (Am.) to drink chicha to excess; to become angry, flare up.
enchilada, *f.* (Mex.) pancake of maize with chilli.
enchilar, *va.* (Am.) to put chilli on or in; to anger.
enchiquerar, *va.* to shut (the bull) in the CHIQUERO (bull pen); (coll.) to imprison.
enchivarse, *vr.* (Colomb.) to get angry.
enchuchar, *va.* (Cuba) (Ry.) to switch.

enchufar, *va.* & *vr.* to fit (a tube) into another; to telescope.
enchufe, *m.* socket joint; telescoping, sliding of one thing into another; (elec.) plug; (also incorrectly used for) (elec.) socket.
ende.—por e., therefore, consequently.
endeble, *a.* feeble, weak, frail; flimsy.
endeblez, *f.* feebleness; flimsiness.
endecasílabo, ba, *a.* & *n.* hendecasyllable(-ic).
endecha, *f.* dirge, doleful ditty.
endechadera, *f.* = PLAÑIDERA, hired mourner.
endechar. I. *va.* to sing funeral songs to. **II.** *vr.* to grieve, mourn.
endehesar, *va.* to put (cattle) in the pasture.
endemia, *f.* (med.) endemic.
endémico, ca, *a.* (med.) endemic.
endemoniado, da, I. *pp.* of ENDEMONIAR. **II.** *a.* devilish, fiendish, perverse.
endemoniar, *va.* to possess with a devil; (coll.) to irritate, provoke, enrage.
endentado, da, *a.* (her.) serrated.
endentar, *va.* & *vn.* (*ind.* ENDIENTA; *subj.* ENDIENTE) to gear, engage, mesh; to indent.
endentecer, *vn.* (*ind.* ENDENTEZCO; *subj.* ENDENTEZCA) to cut teeth, to teethe.
enderecé, enderece, *v.* *V.* ENDEREZAR.
enderezadamente, *adv.* rightly.
enderezado, da. I. *pp.* of ENDEREZAR. **II.** *a.* fit, appropriate.
enderezador, ra, *n.* good manager; righter; straightener.
enderezamiento, *m.* straightening; setting right.
enderezar. I. *va.* (*pret.* ENDERECÉ; *subj.* ENDERECE) to straighten; to right, set right; to address, dedicate; to manage well. **II.** *vn.* to take the direct road. **III.** *vr.* to straighten up; to set oneself, prepare for an undertaking.
endérmico, ca, *a.* endermic.
endeudarse, *vr.* to contract debts.
endevotado, da, *a.* pious; devoted, fond.
endiablada, *f.* boisterous masquerade.
endiabladamente, *adv.* devilishly; horribly.
endiablado, da. I. *pp.* of ENDIABLAR. **II.** *a.* devilish, diabolical; ugly, deformed; perverse, wicked.
endiablar. I. *va.* to pervert, corrupt. **II.** *vr.* to be furious.
endíadis, *f.* (rhet.) hendiadys.
endibia, *f.* (bot.) endive, succory.
endiento, endiente, *v.* *V.* ENDENTAR.
endilgador, ra, *n.* (coll.) pander.
endilgar, *va.* to direct, guide; to assist; to thrust (a weapon, an insult), to deal (a blow); to spring (something) on (a person).
endiosamiento, *m.* haughtiness, pride; ecstasy, abstraction; deification.
endiosar. I. *va.* to deify. **II.** *vr.* to be elated with pride; to be devoutly abstracted.
endoblástico, ca, *a.* endoblastic.
endoblasto, *m.* (biol.) endoblast, hypoblast.
endocardíaco, ca, *a.* endocardiac.
endocardio, *m.* (anat.) endocardium.
endocarditis, *f.* (med.) endocarditis.
endocarpio, *m.* (bot.) endocarp.
endocrino, na. I. *a.* (anat., physiol.) endocrine. **II.** *f.* endocrine (gland).
endocrinología, *f.* endocrinology.
endodermo, *m.* (biol.) endoderm, endoblast.
endoesqueleto, *m.* (anat.) endoskeleton.
endogamia, *f.* endogamy.
endogámico, ca, *a.* endogamous, inbred.
endogénesis, *f.* (biol.) endogeny.
endogenia, *f.* (biol.) endogeny.
endógeno, na. I. *a.* endogenous. **II.** *f.* (bot.) endogen.
endolinfa, *f.* (anat.) endolymph, liquid that fills the labyrinth of the ear.
endometritis, *f.* (med.) endometritis.
endomingado, da, *a.* dressed in Sunday best; chic, dapper, elegant.
endomingarse, *vr.* to be dressed in Sunday best.
endomorfia, *f.* (min., anat.) endomorph.
endomórfico, ca, *a.* endomorphic.
endomorfismo, *m.* (geol.) endomorphism.
endoparásito, *m.* endoparasite.
endoplasma, *m.* (biol.) endoplasm.
endo(r)sable, *a.* indorsable.
endorsar, *va.* to indorse (as a draft); to transfer.
endorso, *m.* (com.) indorsement.
endosador, endosante, *m.* indorser.
endosar, *va.* to indorse (a draft, etc.).
endosatario, ria, *n.* indorsee.
endoscopio, *m.* (med.) endoscope.
endose, *m.* indorsement (of a draft, check, etc.).
endoselado, da, *a.* canopied.
endoselar, *va.* to hang; to provide with a dais.
endósmosis, *f.* (phys.) endosmosis.
endosmótico, ca, *a.* endosmotic.
endoso, *m.* = ENDOSE.
endospermo, *m.* (bot.) endosperm.
endosporo, *m.* (bot.) endospore.
endosteo, *m.* (anat.) endosteum.
endotelio, *m.* (anat.) endothelium.
endotérmico, ca, *a.* (chem.) endothermic.
endovenoso, sa, *a.* intravenous.
endriago, *m.* fabulous monster.
endrina, *f.* sloe, fruit of the sloe tree.
endrino, na. I. *a.* sloe-colored. **II.** *m.* (bot.) blackthorn, sloe tree.
endrogarse, *vr.* (Am.) to become burdened with debts.
endulcé, endulce, *v.* *V.* ENDULZAR.
endulzadura, *f.* sweetening.
endulzar, *va.* (*pret.* ENDULCÉ; *subj.* ENDULCE) to sweeten; to soften; (art) to soften, tone down.
endurador, ra, *a.* parsimonious, niggardly.
endurar, *va.* to harden; to save; to endure, bear; to delay, put off.
endurecer, *va.* & *vr.* (*ind.* ENDUREZCO; *subj.* ENDUREZCA) to harden; to inure; to exasperate.
endurecido, da. I. *pp.* of ENDURECER. **II.** *a.* hard, hardy; obdurate.
endurecimiento, *m.* hardness; hardening; obstinacy; tenaciousness; hard-heartedness.
endurezco, endurezca, *v.* *V.* ENDURECER.
ene, *f.* Spanish name of the letter *n.*
enea, *f.* (bot.) cattail, reed mace, rush.
enebral, *m.* plantation of juniper trees.
enebrina, *f.* fruit of the juniper tree.
enebro, *m.* (bot.) common juniper.
enejar, *va.* to put an axle on.
eneldo, *m.* (bot.) common dill.
enema, *f.* enema, injection, clyster.
enemiga, *f.* enmity, hatred, ill-will.
enemigo, ga. I. *a.* **(de)** inimical, hostile (to); opposed (to), adverse. **II.** *n.* enemy, foe. **III.** *m.* (mil.) enemy; devil.—**e. capital,** mortal enemy.—**e. jurado,** sworn enemy.—**e. público,** public enemy.—**el e. malo,** the devil.
enemistad, *f.* enmity, hatred.
enemistar. I. *va.* to make enemies of. **II.** *vr.* **(con)** to become an enemy (of); to fall out (with).
éneo, ea, *a.* (poet.) brazen, brass (as *a.*).
energía, *f.* energy; (mechanical) power.—**e. atómica,** atomic energy.—**e. cinética,** kinetic energy.—**e. eléctrica,** electric power.—**e. nuclear,** nuclear energy.—**e. potencial,** potential energy.—**e. radiante,** radiant energy.—**e. solar,** solar energy.—**transmisión de e.,** power transmission.
enérgico, ca, *a.* energetic, lively.
energúmeno, na, *n.* person possessed with a devil; violent, impulsive person.
enero, *m.* January.
enervación, *f.* enervation.
enervado, da, *a.* enervate.
enervante, *a.* enervating.
enervar. I. *va.* to enervate, unnerve; to weaken. **II.** *vr.* to become weak.
enésimo, *m.* (math.) nth.—**elevado a la enésima potencia,** to the nth degree or power.
enfadadizo, za, *a.* irritable, irascible, peevish.

enfadar. I. *va.* to vex, anger. II. *vr.* to get angry.
enfado, *m.* vexation, anger; trouble, drudgery.
enfadoso, sa, *a.* vexatious, annoying.
enfaldar. I. *va.* (agr.) to lop off the lower branches of. II. *vr.* to tuck up (the skirts).
enfaldo, *m.* act of tucking up one's clothes.
enfangar. I. *va.* (*pret.* ENFANGUÉ; *subj.* ENFANGUE) to soil with mud. II. *vr.* (naut.) to ground in the mud; (coll.) to soil one's reputation; to sink (into vice, etc.)
enfardar, *va.* to pack, bale, fardel.
enfardelador, *m.* packer.
enfardeladura, *f.* packing, baling.
enfardelar, *va.* to bale, pack.
énfasis, *m.* emphasis.
enfático, ca, *a.* emphatic.
enfermar. I. *vn.* (Am. *vr.*) to fall ill, be taken ill. II. *va.* to make ill.
enfermedad, *f.* illness, sickness, disease.—**e. contagiosa,** contagious disease.—**e. infecciosa,** infectious disease.—**e. por carencia,** deficiency disease.—**e. profesional,** occupational disease.—**e. venérea,** venereal disease.
enfermera, *f.* nurse.—**e. práctica,** practical nurse.
enfermería, *f.* infirmary, sanitarium.
enfermero, *m.* male nurse.
enfermizo, za, *a.* infirm, sickly; unhealthful.
enfermo, ma. I. *a.* ill, sick; sickly. II. *n.* patient.
enfermoso, sa, *a.* (C. A.) = ENFERMIZO; indisposed, somewhat ailing.
enfervorizar. I. *va.* to heat, inflame, incite. II. *vr.* to become fervorous or heated.
enfeudación, *f.* infeudation, enfeoffment.
enfeudar, *va.* to feoff, to enfeoff.
enfielar, *va.* to put in a balance.
enfiestarse, *vr.* (Am.) to have a good time, go on a lark.
enfilar, *va.* to place in a row or line; to pierce or string in a line; (mil.) to enfilade.—**e. el curso,** (naut.) to direct the course, to bear.
enfisema, *m.* (med.) emphysema.
enfisematoso, sa, *a.* emphysematous.
enfistolarse, *vr.* to become a fistula.
enfiteusis, *m.* & *f.* (law) emphyteusis.
enfiteuta, *m.* (law) emphyteuta.
enfitéutico, ca, *a.* emphyteutic.
enflaquecer. I. *va.* (*ind.* ENFLAQUEZCO; *subj.* ENFLAQUEZCA) *va.* to make thin or lean; to extenuate, to fade. II. *vn.* & *vr.* to become thin, lose weight. III. *vn.* to weaken.
enflaquecimiento, *m.* loss of flesh, emaciation.
enflaquezco, enflaquezca, *v.* *V.* ENFLAQUECER.
enflautado, da, *a.* (coll.) inflated.
enflautador, ra, *n.* (coll.) procurer.
enflautar, *va.* (coll.) to procure; (coll.) to deceive, cheat, humbug.
enflechado, da, *a.* (of a bow) ready to discharge.
enfocar, *va.* to focus; focus on.
enfoque, *m.* focussing; approach (to a problem, etc.)
enfoscar. I. *va.* (*pret.* ENFOSQUE; *subj.* ENFOSQUE) (mason.) to fill up (holes). II. *vr.* to be ill-humored; to be deep in a business; to be cloudy.
enfrailar. I. *va.* to make (one) a monk or friar. II. *vr.* to become a friar.
enfranquecer, *va.* to frank, to free.
enfrascamiento, *m.* entanglement.
enfrascar, *va.* (*pret.* ENFRASQUÉ; *subj.* ENFRASQUE) to bottle.
enfrascarse, *vr.* to be entangled or involved; to be deeply engaged in work.
enfrenador, ra, *n.* & *a.* bridler(-ing), restrainer (-ing).
enfrenamiento, *m.* bridling; checking, curbing.
enfrenar, *va.* to bridle; to govern by the bridle; to curb, to restrain; to put the brake on.
enfrentar. I. *va.* to confront, put face to face; to face. II. *vn.* (**con**) to face; to oppose.
enfrente, *adv.* opposite, in front.—**e. de,** opposite, in front of.—**de e.,** opposite, across (the street, etc.) (as *la casa de enfrente,* the house opposite).
enfriadera, *f.* bottle cooler, refrigerator.
enfriadero, enfriador, *m.* cooling place; refrigerator; cold storage.
enfriamiento, *m.* refrigeration; cooling; cold, chill (illness).
enfriar. I. *va.* to cool. II. *vr.* to cool; to cool off or down; (of person) to get chilled.
enfullar, *va.* & *vn.* (coll.) to cheat at cards.
enfundadura, *f.* casing; putting into cases.
enfundar, *va.* to case, to put into a case (as a pillow); to fill up, to stuff.
enfurecer. I. *va.* (*ind.* ENFUREZCO; *subj.* ENFUREZCA) to enrage, make furious. II. *vr.* to rage, to become furious or stormy.
enfurruñarse, *vr.* (coll.) to get angry; sulk.
enfurtir, *va.* to full (cloth); to felt.
engabanado, da, *a.* wearing an overcoat.
engace, *m.* catenation, connection.
engafar, *va.* to bend (a crossbow); to hook; to set (a gun) at half cock.
engaitador, ra, *n.* (coll.) wheedler.
engaitar. *va.* (coll.) to coax, to wheedle.
engalanado, da. I. *pp.* of ENGALANAR. II. *a.* adorned, bedight.
engalanar, *va.* to adorn, deck; (naut.) to dress.
[1]**engalgar,** *va.* to pursue closely.
[2]**engalgar,** *va.* to scotch (a wheel); (naut.) to back (an anchor).
engallado, da, *a.* erect, upright; haughty.
engallador, *m.* martingale.
engalladura, *f.* protoplasmic disk (of egg).
engallarse, *vr.* to draw oneself up arrogantly; (of horses) to keep the head near the chest.
enganchador, *m.* hooker.
enganchamiento, *m.* hooking; enlisting in the army; decoying.
enganchar. I. *va.* to hook, hitch, couple, connect; to entrap; to decoy into military service. II. *vr.* to engage; to enlist in the army; to be caught on a hook.
enganche, *m.* = ENGANCHAMIENTO.
engañabobos, *m.* (coll.) trickster; fool trap.
engañadizo, za, *a.* easily deceived.
engañado, da. I. *pp.* of ENGAÑAR. II. *a.* mistaken; deceived.
engañador, ra, *n.* & *a.* deceiver(-ing).
engañapastor, *m.* (ornith.) wagtail.
engañar. I. *va.* to deceive; cheat; fool, hoax; to wile away (as time). II. *vr.* to deceive oneself; to make a mistake, be mistaken.
engañifa, *f.* (coll.) deceit, trick, catchpenny.
engaño, *m.* deceit, fraud; hoax, lure; mistake, misunderstanding, misapprehension.
engañoso, sa, *a.* deceitful, artful, false; deceiving, misleading.
engarabatar. I. *va.* (coll.) to hook. II. *vr.* to become crooked.
engarabitarse, *vr.* (coll.) to climb, ascend.
engarbarse, *vr.* to perch high on a tree.
engarbullar, *va.* (coll.) to entangle, involve; to make a mess of.
engarce, *m.* linking; setting (of precious stone).
engarcé, engarce, *v.* *V.* ENGARZAR.
engargantar. I. *va.* to put into the throat. II. *vn.* to thrust the foot into the stirrup; to gear, to mesh, to interlock.
engargolar, *va.* to join (pipes).
engaritar, *va.* to fortify or adorn with sentry boxes or turrets; (coll.) to trick, fool.
engarrafar, *va.* (coll.) to grapple.
engarrotar. I. *va.* to garrote; to make numb (with cold). II. *vr.* to become numb with cold; (fig.) to be very cold, frozen.
engarzador, ra, *n.* one who hooks or enchains; stringer of beads.
engarzar, *va.* (*pret.* ENGARCÉ; *subj.* ENGARCE) to link, to hook; to curl; to set (precious stone).
engastador, *m.* enchaser, setter.
engastar, *va.* to set (as diamonds); to enchase.
engaste, *m.* setting (of stones); enchasing; pearl flat on one side.
engatado, da. I. *pp.* of ENGATAR. II. *n.* petty robber, pilferer.

engatar, *va.* (coll.) to cheat; to wheedle.
engatillado, da. I. *pp.* of ENGATILLAR. **II.** *a.* thick, high-necked (horses and bulls).
engatillar, *va.* (arch.) to bind with a cramp iron.
engatusador, ra, *n.* & *a.* coaxer(-ing), wheedler (-ing).
engatusamiento, *m.* (coll.) wheedling, coaxing.
engatusar, *va.* (coll.) to inveigle, wheedle.
engavillar, *va.* to bind in sheaves.
engazador, ra, *n.* = ENGARZADOR.
engazamiento, *m.* = ENGARCE.
[1]**engazar,** *va.* = ENGARZAR, to link.
[2]**engazar,** *va.* (naut.) to strap (blocks); to dye in the cloth.
engendrable, *a.* that may be engendered.
engendrador, ra, *n.* & *a.* generator(-ing); engenderer(-ing).
engendramiento, *m.* begetting, generating.
engendrar, *va.* to beget, engender, generate; to produce, bear; to create; (math.) to generate.
engendro, *m.* fœtus, shapeless embryo; bungling, badly-made thing; poor work; (coll.) show.—**mal e.,** perverse youth.
englobar, *va.* to englobe, inclose, include.
engolado, da, *a.* collared.
engolfar. I. *vn.* (naut.) to enter a gulf or deep bay. **II.** *vr.* to be engrossed or absorbed.
engolillado, da, *a.* wearing the GOLILLA, ruff.
engolondrinarse, *vr.* (coll.) to be elated with pride; to fall in love.
engolosinar. I. *va.* to allure. **II.** *vr.* to become fond of.
engolletado, da. I. *pp.* of ENGOLLETARSE. **II.** *a.* (coll.) conceited haughty.
engolletarse, *vr.* (coll.) to be conceited.
engomadura, *f.* first gumming; coat which bees lay over their hives.
engomar, *va.* to gum, to size; to glue.
engorar, *va.* (*ind.* ENGUERO; *subj.* ENGUERE) to addle.
engorda, *f.* (Am.) ENGORDE; number of animals fattened together or at a time.
engordadero, *m.* sty to fatten hogs.
engordador, ra, *a.* fattening; pampering.
engordar. I. *va.* to pamper, fatten. **II.** *vn.* to get fat; to become rich.
engorde, *m.* fattening (hogs, etc.).
engorro, *m.* embarrassment, nuisance.
engorroso, sa, *a.* troublesome, annoying.
engoznar, *va.* to hinge; to put hinges on.
engranado, da. I. *pp.* of ENGRANAR. **II.** *a.* geared, in gear.
engranaje, *m.* (mech.) gear, gearing.—**e. de cremallera,** (mech.) rack and pinion gear.—**e. de marcha atrás,** reverse gear (in automobiles).—**e. diferencial,** (mech.) differential gear.
engranar. I. *va.* to gear; to put in gear (automobile). **II.** *vn.* to gear; to interlock.
engrandar, *va.* = AGRANDAR, to enlarge.
engrandecer, *va.* (*ind.* ENGRANDEZCO; *subj.* ENGRANDEZCA) to augment, aggrandize; to enlarge; to exalt, extol; to exaggerate, magnify.
engrandecimiento, *m.* increase, enlargement; aggrandizement, exaltation; exaggeration.
engrandezco, engrandezca, *v.* *V.* ENGRANDECER.
engranerar, *va.* to store (grain).
engranujarse, *vr.* to become covered with pimples; to become a knave.
engrapar, *va.* (mason. and carp.) to cramp.
engrasación, *f.* lubrication, oiling, greasing.
engrasador, *m.* oiler, lubricator.
engrasamiento, *m.* = ENGRASACIÓN.
engrasar, *va.* to grease, oil, lubricate; to stain with grease; to dress (cloth); to manure.
engrase, *m.* = ENGRASACIÓN.
engredar, *va.* to clay, to chalk; to full.
engreído, da. I. *pp.* of ENGREÍR; **II.** *a.* conceited.
engreimiento, *m.* conceit, presumption, vanity.
engreír. I. *va.* (*ind.* ENGRÍO; *subj.* ENGRÍA) to encourage the conceit of, to make vain; to elate. **II.** *vr.* to become vain or conceited; (Am.) (**con** or **de**) to be, or become, fond (of), take a liking (to).
engrescar, *va.* & *vr.* to pick a quarrel; to make (one) join in merriment.
engrifar, *va.* & *vr.* to curl, crisp, crimp; to make (the hair) stand on end (from fright).
engringarse, *vr.* (coll.) to follow foreign customs, to act like foreigners.
engrío, engría, *v.* *V.* ENGREÍR.
engrosar. I. *va.* (*ind.* ENGRUESO; *subj.* ENGRUESE) to swell, enlarge; increase; to thicken, broaden. **II.** *vn.* & *vr.* to become strong or corpulent; to increase.
engrudador, *m.* paster.
engrudamiento, *m.* pasting.
engrudar, *va.* to paste.—**engrudo,** *m.* **paste.**
engrueso, engruese, *v.* *V.* ENGROSAR.
engruesar, *va.* = ENGROSAR.
engrumecerse, *vr.* to clot, to curdle.
engualdrapar, *va.* to caparison.
enguantarse, *vr.* to put gloves on.
enguedejado, da, *a.* wearing long hair.
enguijarrar, *va.* to pave with pebbles.
enguillar, *va.* (naut.) to wind (a thin rope around a thicker one).
enguirnaldar, *va.* to garland.
enguizcar, *va.* to incite, prompt, stimulate.
engullidor, ra, *n.* devourer, gobbler, glutton.
engullir, *va.* to devour, gobble.
engurrio, *m.* sadness, melancholy.
engurruñarse, *vr.* (coll.) to become melancholy.
enharinar, *va.* to cover with flour.
enhastiar, *va.* to annoy, cloy, bore.
enhastillar, *va.* to put arrows in (a quiver).
enhatijar, *va.* to cover (hives) with bassweed.
enhebrar, *va.* to thread; to string.
enhenar, *va.* to cover with hay.
enherbolar, *va.* to poison with herbs.
enhestador, ra, *n.* one who raises or hoists.
enhestadura, *f.* erection, raising, hoisting.
enhestar. I. *va.* (*pp. irreg.* ENHIESTO; *ind.* ENHIESTO; *subj.* ENHIESTE) to erect; to raise, to hoist; to set upright. **II.** *vr.* to rise upright.
enhielar, *va.* to mix with gall or bile.
[1]**enhiesto, ta. I.** *pp. irreg.* of ENHESTAR. **II.** *a.* erect, upright; lofty.
[2]**enhiesto, enhieste,** *v.* *V.* ENHESTAR.
enhilado, da. I. *pp.* of ENHILAR. **II.** *a.* well-arranged, in good order, in line.
enhilar, *va.* to thread; to direct; to line.
enhorabuena. I. *f.* congratulation, felicitation. **II.** *adv.* well and good; all right.
enhoramala, *adv.* denoting disapproval, etc.; (lit.) in an evil hour.—**vete e.,** (coll.) **go to** blazes!
enhornar, *va.* to put into an oven.
enhuecar, *va.* = AHUECAR, to make hollow.
enhuerar, *va., vn.* & *vr.* to addle.
enigma, *m.* enigma.
enigmático, ca, *a.* enigmatical.
enigmatista, *m.* one who speaks in enigmas.
enjabonadura, *f.* washing.
enjabonar, *va.* to soap; to wash with soap; (coll.) to soft-soap.
enjaezar, *va.* (*pret.* ENJAECÉ; *subj.* ENJAECE) to trap, harness.
enjaguar, *va.* = ENJUAGAR.—**enjagüe,** *m.* adjudication required by the creditors of a ship.
enjalbegador, ra, *n.* whitewasher.
enjalbegadura, *f.* whitewashing.
enjalbegar, *va.* to whitewash; to paint (the face).
enjalma, *f.* packsaddle.—**enjalmar. I.** *va.* to put on a packsaddle. **II.** *vn.* to make packsaddles.
enjalmero, *m.* packsaddle maker.
enjambradera, *f.* queen bee; cell of queen bee.
enjambradero, *m.* place where bees form hives.
enjambrar. I. *va.* to hive (bees). **II.** *vn.* to breed a new hive; to produce abundantly.
enjambrazón, *f.* swarming of bees.
enjambre, *m.* swarm; crowd.
enjarciar, *va.* to rig (a ship).

enjardinar, *va.* to trim and arrange (trees), as in gardens.
enjaretado, *m.* grating, lattice work.
enjaretar, *va.* to run a string through (a hem); (coll.) to speak or act hurriedly and thoughtlessly.
enjaular, *va.* to cage; to imprison, confine.
enjebar, *va.* to steep in lye, to buck.
enjebe, *m.* lye; (act of) bucking.
enjergar, *va.* (coll.) to start and direct.
enjertación, *f.* grafting; insertion; inoculation; budding.
enjertar, *va.* = INJERTAR, (hort.) to graft.
enjerto, *m.* grafted plant or tree; mixture.
enjorguinar. I. *va.* to smear with soot. **II.** *vr.* to be blackened with soot.
enjoyar, *va.* to adorn with jewels; to set with precious stones; to adorn, embellish.
enjoyelado, da, *a.* worked into jewels; covered with jewels, bejeweled.
enjoyelador, *m.* setter, jeweler.
enjuagadientes, *m.* (coll.) mouth wash.
enjuagadura, *f.* rinsing the mouth.
enjuagar, *va.* to rinse (mouth, cups, etc.)
enjuagatorio, *m.* act of rinsing; mouth wash; finger bowl.
enjuague, *m.* plot, scheme; ENJUAGATORIO.
enjugador, ra. I. *n.* drier. **II.** *m.* drum for the drying of linen.
enjugar. I. *va.* (*pp. irreg.* ENJUTO; *pret.* ENJUGUÉ; *subj.* ENJUGUE) to dry; to wipe off moisture from. **II.** *vr.* to become lean.
enjuiciamiento, *m.* (law) act of instituting and prosecuting a judicial proceeding; suit.
enjuiciar, *va.* (law) to bring a suit or action against; to try, carry on (a case); to indict; to pass judgment on.
enjulio, enjullo, *m.* cloth beam of a loom; warp rod.
enjundia, *f.* fat in the ovary of fowls; grease or fat of any animal; substance, force.
enjundioso, sa, *a.* fat, fatty; substantial.
enjunque, *m.* (naut.) heavy ballast or cargo; kentledge.
enjuta, *f.* (arch.) spandrel.
enjutar, *va.* (mason.) to dry (plaster, etc.).
enjutez, *f.* dryness, aridity.
enjuto, ta. I. *pp. irreg.* of ENJUGAR. **II.** *a.* lean, skinny; austere. **III.** *m. pl.* brushwood; tidbits that stimulate thirst.
enlabiador, ra, *n.* wheedler.
enlabiar, *va.* to wheedle, cajole, entice.
enlabio, *m.* enticement, alluring by soft words.
enlace, *m.* connection; interlocking; link; train connection; marriage; relationship.
enlacé, enlace, *v.* *V.* ENLAZAR.
enlaciar. I. *va.* to render lax or languid. **II.** *vr.* to wither, to decay.
enladrillado, *m.* brick pavement.
enladrillador, *m.* bricklayer.
enladrilladura, *f.* brickwork.
enladrillar, *va.* to pave with bricks.
enlagunar, *va.* to flood, to turn into a pond.
enlajar, *va.* (Venez.) to pave with tiles or flags.
enlamar, *va.* to cover with slime.
enlanado, da, *a.* covered with wool.
enlardar, *va.* to baste (meat). Also LARDAR.
enlatar, *va.* to cover (a roof) with tin; to can.
enlazable, *a.* that can be joined.
enlazador, ra, *n.* binder, uniter.
enlazadura, *f.*, **enlazamiento,** *m.* connection, binding, uniting, linking, coupling; lacing.
enlazar. I. *va.* (*pret.* ENLACÉ; *subj.* ENLACE) to lace, bind, join, unite, connect. **II.** *vr.* to become joined in wedlock; to become related by marriage; to interlock; to join or be linked.
enlegajar, *va.* to sort or arrange (papers) into a batch or parcel.
enlejiar, *va.* to buck (clothes); to make into lye.
enlenzar, *va.* (*ind.* ENLIENZO; *subj.* ENLIENZE) to strengthen with adhesive strips.
enligarse, *vr.* to be caught with birdlime.
enlistonado, *m.* (carp., mason.) lathing, lath work.
enlistonar, *va.* to lath, lay lath work on.
enlizar, *va.* to provide (a loom) with leashes.
enlodadura, *f.* act of soiling with mud.
enlodar. I. *va.* to bemire, to soil with mud; to throw mud at. **II.** *vr.* to get muddy.
enloquecedor, ra, *a.* maddening.
enloquecer. I. *va.* (*ind.* ENLOQUEZCO; *subj.* ENLOQUEZCA) to madden, drive insane; to distract. **II.** *vn.* & *vr.* to become insane; to be vexed, annoyed or in despair; (of trees) to become barren.
enloquecimiento, *m.* madness, insanity.
enloquezco, enloquezca, *v.* *V.* ENLOQUECER.
enlosado, *m.* pavement; tile floor; paving, tiling.
enlosador, ra, *n.* tile layer, paver.
enlosar, *va.* to pave with flags, tile or slabs.
enlozanarse, *vr.* to make a show of vigor and strength.
enlucido, *m.* (coat of) plaster; plastering.
enlucidor, *m.* (mason.) plasterer.
enlucimiento, *m.* polishing; (mason.) plastering.
enlucir, *va.* (*ind.* ENLUZCO; *subj.* ENLUZCA) to polish (plate); (mason.) to plaster.
enlustrecer, *va.* to clean, brighten, polish.
enlutar, *va.* to put in mourning, put crape or mourning on, to crape; to veil; to darken.
enluzco, enluzca, *v.* *V.* ENLUCIR.
enllantar, *va.* to rim, to shoe (a wheel).
enllentecer, *va.* (*ind.* ENLLENTEZCO; *subj.* ENLLENTEZCA) to soften, blandish.
enmaderación, *f.*, **enmaderamiento,** *m.* woodwork; wainscoting.
enmaderar, *va.* to plank, board; to roof with timber; to floor with boards.
enmagrecer, *vn.* (*ind.* ENMAGREZCO; *subj.* ENMAGREZCA) to become lean or skinny.
enmalezarse, *vr.* to become weedy.
enmallarse, *vr.* to be caught in the meshes.
enmangar, *va.* to put a handle on.
enmantar. I. *va.* to cover with a blanket. **II.** *vr.* to become melancholy.
enmarañamiento, *m.* entanglement, intricacy.
enmarañar, *va.* to tangle (as hair, etc.); to entangle, perplex, involve in difficulties; to puzzle.
enmararse, *vr.* (naut.) to take sea room.
enmaridar, *vn.* & *vr.* to get a husband, marry.
enmarillecerse, *vr.* to become yellow.
enmaromar, *va.* to tie with a rope.
enmascarar. I. *va.* to mask. **II.** *vr.* to masquerade, put on a mask.
enmasillar, *va.* to putty, cement.
enmatarse, *vr.* to hide among the plants.
enmelar, *va.* (*ind.* ENMIELO; *subj.* ENMIELE) to bedaub with honey; to sweeten.
enmendable, *a.* emendable.
enmendación, *f.* emendation, correction.
enmendadamente, *adv.* accurately, exactly.
enmendador, ra, *n.* corrector, reviser.
enmendadura, *f.* = ENMIENDA.
enmendar. I. *va.* (*ind.* ENMIENDO; *subj.* ENMIENDE) to amend, correct; to repair; to reform; to indemnify. **II.** *vr.* to mend, reform, lead a new life.
enmienda, *f.* emendation, correction; reward, premium; (law) satisfaction, indemnity.
enmiendo, enmiende, *v.* *V.* ENMENDAR.
enmohecer, *va.* & *vr.* (*ind.* ENMOHEZCO; *subj.* ENMOHEZCA) to mold, mildew; to rust.
enmohecido, da. I. *pp.* of ENMOHECER. **II.** *a.* rusty, moldy.
enmohecimiento, *m.* rusting; molding.
enmohezco, enmohezca, *v.* *V.* ENMOHECER.
enmollecer, *va.* (*ind.* ENMOLLEZCO; *subj.* ENMOLLEZCA) to soften, mollify.
enmondar, *va.* to clear (cloth) from knots.
enmontarse, *vr.* (Colomb.) to become overgrown with weeds and trees.
enmordazar, *va.* to gag, muzzle.
enmudecer. I. *va.* (*ind.* ENMUDEZCO; *subj.* ENMUDEZCA) to hush, to silence. **II.** *vn.* to become dumb; to be silent.

enmugrar, *va.* to soil, cover with dirt.
ennegrecer, *va.* (*ind.* ENNEGREZCO; *subj.* ENNEGREZCA) to blacken; to darken, to obscure.
ennegrecimiento, *m.* blackening.
ennegrezco, ennegrezca, *v. V.* ENNEGRECER.
ennoblecedor, ra, *a.* ennobling, noble.
ennoblecer, *va.* (*ind.* ENNOBLEZCO; *subj.* ENNOBLEZCA) to ennoble; to adorn, embellish.
ennoblecimiento, *m.* ennoblement.
ennoblezco, ennoblezca, *v. V.* ENNOBLECER.
ennudecer, *vn.* (of trees) to be arrested in growth.
enodio, *m.* fawn, young deer.
enojada, *f.* (coll.) (Mex., P. R.) anger; getting angry.
enojadizo, za, *a.* fretful, peevish, ill-tempered.
enojado, da, I. *pp.* of ENOJAR. **II.** *a.* angry, cross.
enojar. I. *va.* to make angry, vex, irritate; to annoy. **II.** *vr.* to become angry, to get cross; (of the elements) to become violent, furious.
enojo, *m.* anger; (gen. *pl.*) trouble, suffering; annoyance.
enojón, na, *a.* (Am.) = ENOJADIZO.
enojoso, sa, *a.* troublesome; irritating.
enojuelo, *m. dim.* slight peevishness.
enología, *f.* œnology, art of wine making.
enológico, ca, *a.* œnological.
enólogo, *m.* œnologist.
enometría, *f.* wine alcoholometry.
enómetro, *m.* wine alcoholometer.
enorgullecer. I. *va.* (*ind.* ENORGULLEZCO; *subj.* ENORGULLEZCA) to make proud. **II.** *vr.* to be proud; to swell with pride.—**enorgullecimiento,** *m.* pride; haughtiness.—**enorgullecido, da. I.** *pp.* of ENORGULLECER. **II.** *a.* haughty, proud.
enorgullezco, enorgullezca, *v. V.* ENORGULLECER.
enorme, *a.* enormous; horrible, wicked, heinous.
enormidad, *f.* enormousness, great quantity or size; horridness; enormity, atrocity, outrage.
enormísimo, ma, *a. super.* most horrid.
enostosis, *f.* (med.) enostosis, bony tumor.
enotecnia, *f.* art of wine making and marketing.
enotécnico, ca, *a.* pertaining to wine making.
enquiciar, *va.* to put (a door, window) in place; to put in order; to make firm or stable.
enquillotrarse, *vr.* to become conceited; (coll.) to fall in love.
enquiridión, *m.* enchiridion, handbook, manual.
enquistar, *va.* & *vn.* (biol., surg.) to encyst.
enrabiar, *va.* to anger, enrage.
enraizar, *vn.* to take root.
enramada, *f.* bower, arbor; grove.
enramar, *va.* to embower or decorate with tree branches.
enramblar, *va.* to tenter (cloth).
enrame, *m.* act of embowering.
enranciarse, *vr.* to become rancid or stale.
enrarecer. I. *va.* (*ind.* ENRAREZCO; *subj.* ENRAREZCA) to thin, rarefy. **II.** *vr.* to become thin or rarefied.—**enrarecimiento,** *m.* rarefaction.
enrasar, *va.* (mason.) to make even or level, to flush.—**enrase,** *m.* (mason.) levelling course.
enrayar, *va.* to put spokes on (a wheel).
enredadera. I. *a.* (of plants) climbing, twining. **II.** *f.* (bot.) climber; vine; bindweed.
enredado, da. I. *pp.* of ENREDAR. **II.** *a.* entangled, matted, involved, intricate.
enredador, ra, *n.* entangler; tattler, busybody, intermeddler.
enredar. I. *va.* to entangle, snarl; to confound, puzzle; to snarl, mess up, involve in difficulties; to catch in the net; to lay, set (snares, nets); to sow discord among or between. **II.** *vn.* to fumble; to be frisky (as boys). **III.** *vr.* to get entangled, snarled; to get involved; (naut.) (of anchor) to foul.
enredo, *m.* tangle, entanglement; perplexity, puzzle; intricacy; falsehood, mischievous lie; plot (of a play, etc.).—**enredoso, sa,** entangled, intricate; beset with difficulties.
enrehojar, *va.* to bleach (wax leaves).
enrejado, *m.* railing, grating; trellis, lattice; grillwork, openwork.
enrejalar, *va.* to range bricks in crisscross tiers.
[1]**enrejar,** *va.* to fence with railing or grating; to put a trellis or lattice on.
[2]**enrejar,** *va.* to attach the plowshare to (the plow); to wound (cattle's feet) with a plowshare.
enrevesado, da, *a.* frisky; difficult; nonsensical.
enriado, *m.* retting, soaking of flax or hemp.
enriador, ra, *n.* one who rets, soaks flax or hemp.
enriar, *va.* to ret, soak (hemp, flax).
enrielar, *va.* to make ingots or rails from; to put on the track; to guide, start in the right direction.
enripiar, *va.* (mason.) to fill with riprap.
enriquecedor, ra, *n.* & *a.* enricher(-ing), wealth producer(-ing).
enriquecer. I. *va.* (*ind.* ENRIQUEZCO; *subj.* ENRIQUEZCA) to enrich; to adorn. **II.** *vr.* to become rich.
enriquecimiento, *m.* enrichment.
enriscado, da. I. *pp.* of ENRISCAR. **II.** *a.* mountainous, craggy; full of cliffs.
enriscamiento, *m.* act of raising; taking refuge among rocks.
enriscar. I. *va.* to lift, to raise. **II.** *vr.* to take refuge among rocks.
[1]**enristrar,** *va.* to string (onions, etc.)
[2]**enristrar,** *va.* to couch (the lance); to go direct to (a place); to overcome (a difficulty).
enristre, *m.* act of couching a lance.
[1]**enrocar,** *va.* (chess) to castle.
[2]**enrocar,** *va.* to put (flax or wool) on the distaff.
enrodelado, da, *a.* armed with a shield.
enrodrigonar, *va.* to prop or train with stakes.
enrojar, *va.* & *vr.* = ENROJECER.
enrojecer. I. *va.* (*ind.* ENROJEZCO; *subj.* ENROJEZCA) to redden; to make red-hot; to make blush. **II.** *vr.* to blush; turn red.
enrolamiento, *m.* enlistment; enrollment.
enrolar, *va.* to enlist, enroll.
enrollar, *va.* to roll, coil, wind, wrap, up.
enromar, *va.* to blunt, dull.
enrona, *f.* rubbish, refuse, débris.
enronar, *va.* to throw rubbish in (a place).
enronquecer. I. *va.* (*ind.* ENRONQUEZCO; *subj.* ENRONQUEZCA) to make hoarse. **II.** *vn.* & *vr.* to get hoarse.
enronquecimiento, *m.* hoarseness.
enronquezco, enronquezca, *v. V.* ENRONQUECER.
enroñar, *va.* to fill with scabs or scurf.
enroscadamente, *adv.* curlingly.
enroscadura, *f.* act of twisting; convolution, sinuosity, twist, curlicue.
enroscar. I. *va.* (*pret.* ENROSQUÉ; *subj.* ENROSQUE) to twine, to twist. **II.** *vr.* to curl or twist itself; to coil.
enrubiador, ra, *a.* that turns the hair blond.
enrubiar, *va.* to dye (the hair) blond, bleach.
enrubio, *m.* dyeing blond; the dye used.
enrudecer. I. *va.* (*ind.* ENRUDEZCO; *subj.* ENRUDEZCA) to make dull. **II.** *vr.* to become dull.
enruinecer, *vn.* & *vr.* (*ind.* ENRUINEZCO; *subj.* ENRUINEZCA) to become vile.
ensabanar, *va.* to wrap up in sheets.
ensacador, ra, *n.* sacker, bagger.
ensacar, *va.* (*pret.* ENSAQUÉ; *subj.* ENSAQUE) to put in a sack, bag.
ensaimada, *f.* light coffee cake.
ensalada, *f.* salad; hodge podge, medley.
ensaladera, *f.* salad dish or bowl.
ensaladilla, *f.* assortment of dry sweetmeats; jewel made up of different precious stones.
ensalcé, ensalce, *v. V.* ENSALZAR.
ensalmador, ra, *n.* bonesetter; quack.
ensalmar, *va.* to set (bones); to cure by spells.
ensalmista, *n.* & *a.* medicine man, quack.
ensalmo, *m.* enchantment, spell, charm.—**como por e.,** or **por e.,** as if miraculously, suddenly and unexpectedly.
ensalobrarse, *vr.* to become salty.

ensalzador, ra, *n.* exalter, praiser, extoller.
ensalzamiento, *m.* exaltation, praise.
ensalzar, *va.* (*pret.* ENSALCÉ; *subj.* ENSALCE) to extol, exalt, praise.
ensamblador, *m.* joiner.
ensambladura, *f.* joinery; act of joining; joint.
ensamblaje, *m.* joining, coupling.
ensamblar, *va.* to join, couple; connect.
ensamble, *m.* = ENSAMBLAJE.
ensancha, *f.* extension, enlargement.
ensanchable, *a.* expanding (as a tool).
ensanchador, ra. I. *a.* stretching, expanding. **II.** *m.* stretcher, expander, reamer; glove stretcher.
ensanchamiento, *m.* widening, enlargement, dilation, expansion, stretch.
ensanchar. I. *va.* to widen, extend, enlarge; to stretch.—**e. el corazón,** to cheer up. **II.** *vr.* to assume an air of importance; to expand, enlarge.
ensanche, *m.* dilatation, enlargement, widening, extension, expansion, stretch; material turned in in seams of garments.
ensandecer, *vr.* (*ind.* ENSANDEZCO; *subj.* ENSANDEZCA) to become stupid; to turn mad.
ensangrentamiento, *m.* covering with blood.
ensangrentar. I. *va.* & *vr.* (*ind.* ENSANGRIENTO; *subj.* ENSANGRIENTE) to stain with blood. **II.** *vr.* to become heated or fiery; to cover oneself with blood.
ensañamiento, *m.* ferocity, cruelty.
ensañar. I. *va.* to irritate, enrage. **II.** *vr.* to gloat; to vent one's fury; to be merciless.
ensarnecerse, *vr.* to get the itch.
ensartar, *va.* to string (as beads); to thread; to link; to tell disconnectedly, to rattle off.
ensay, *m.* assay, trial, proof.
ensayador, ra, *n.* assayer; rehearcer.
ensayar. I. *va.* to try, practice, rehearse; to test; to assay. **II.** *vr.* to train oneself, practice.
ensaye, *m.* assay, test (of metals).
ensayista, *n.* essay writer; (Chile) assayer.
ensayo, *m.* test; essay; trial, examination, experiment; rehearsal; exercise, preparatory practice; (com.) sample, test, trial.
ensebar, *va.* to grease, tallow.
enselvado, da. I. *pp.* of ENSELVAR. **II.** *a.* wooded.
enselvar. I. *va.* to place in a wood. **II.** *vr.* to hide in, or retire to, the woods; to become wooded.
ensenada, *f.* cove, inlet, small bay.
ensenado, da. I. *pp.* of ENSENAR. **II.** *a.* having the form of a cove or inlet.
ensenar. I. *va.* to put in one's bosom. **II.** *vr.* (naut.) to put (a ship) into a bay.
enseña, *f.* standard, colors, ensign.
enseñable, *a.* teachable.
enseñado, da. I. *pp.* of ENSEÑAR. **II.** *a.* accustomed; trained.
enseñador, ra, *n.* teacher, instructor.
enseñamiento, *m.* teaching; education.
enseñanza, *f.* ENSEÑAMIENTO.—**e. primaria,** or **primera e.,** primary education.—**e. secundaria,** or **segunda e.,** secondary, high-school education.—**e. superior,** higher, or professional education.
enseñar. I. *va.* to teach; to train; to show, point out. **II.** *vr.* to school oneself; to become accustomed, inured.
enseño, *m.* (coll.) education.
enseñorear. I. *va.* to lord, to domineer. **II.** *vr.* to take possession (of a thing).
enserar, *va.* to cover with matting.
enseres, *m. pl.* chattels; fixtures, accessories; implements; household goods.
enseriarse, *vr.* (Am.) to become serious.
ensiforme, *a.* ensiform, sword-shaped.
ensilaje, *m.* ensilage.
ensilar, *va.* to ensile, preserve in a silo.
ensillado, da. I. *pp.* of ENSILLAR. **II.** *a.* saddle-backed (horses).
ensilladura, *f.* part of a horse on which the saddle is placed.
ensillar, *va.* to saddle (a horse, etc.).
ensimismado, da, *a.* self-absorbed.
ensimismamiento, *m.* self-absorption.
ensimismarse, *vr.* to become absorbed in thought.
ensoberbecer. I. *va.* (*ind.* ENSOBERBEZCO; *subj.* ENSOBERBEZCA) to make proud. **II.** *vr.* to become proud and haughty; (of the elements) to become boisterous.
ensoberbecimiento, *m.* excessive pride.
ensoberbezco, ensoberbezca, *v. V.* ENSOBERBECER.
ensogar, *va.* to fasten with a rope.
ensolerar, *va.* to fix stools to (beehives).
ensolver, *va.* (*pp.* ENSUELTO; *ind.* ENSUELVO; *subj.* ENSUELVA) to inclose, include; to condense, abridge; (med.) to resolve
ensombrecer. I. *va.* to darken, shade, dim. **II.** *vr.* to become sad, become sullen.
ensopar, *va.* to steep, soak; to drench.
ensordecedor, ra, *a.* deafening.
ensordecer. I. *va.* (*ind.* ENSORDEZCO; *subj.* ENSORDEZCA) to deafen. **II.** *vn.* & *vr.* to become deaf; to become silent.
ensordecimiento, *m.* deafness.
ensordezco, ensordezca, *v. V.* ENSORDECER.
ensortijamiento, *m.* curling, crimping, crisping; ringlet, curlicue, kink.
ensortijar, *va.* & *vr.* to curl, to form ringlets; to kink; to put rings in (an animal's nose).
ensotarse, *vr.* to go into a thicket.
ensuciador, ra, *n.* & *a.* stainer(-ing), soiler(-ing).
ensuciamiento, *m.* staining, soiling, polluting.
ensuciar. I. *va.* to stain, soil, smear; to defile, pollute. **II.** *vr.* to soil one's bed, clothes, etc.; (coll.) to be dishonest; to lower oneself.
ensuelto, ensuelvo, etc. *v. V.* ENSOLVER.
ensueño, *m.* dream; illusion, fantasy.
entablación, *f.* act of flooring or boarding up; register in churches.
entablado, da. I. *pp.* of ENTABLAR. **II.** *m.* boarded or parqueted floor.
entabladura, *f.* act of flooring or boarding up; planking, timbering.
entablamento, *m.* (arch.) entablature.
entablar. I. *va.* to cover with boards; to board up; to plank; to initiate, start, begin (as a negotiation); to bring (a suit or action); to place (the men) on a chessboard; (surg.) to splint. **II.** *vr.* to settle (as the wind); to establish oneself.
entable, *m.* position of men on a chessboard; position, employment; business, business position or circumstances.
entablillar, *va.* (surg.) to splint.
entalamadura, *f.* awning of a cart, etc.
entalamar, *va.* to cover with an awning.
entalegar, *va.* (com.) to put in a bag.
entalingar, *va.* (naut.) to clinch (the cable).
entallable, *a.* capable of being carved.
entallador, *m.* sculptor, cutter in wood or stone; engraver; carver.
entalladura, *f.*, **entallamiento,** *m.* sculpture, carving; (carp.) mortise, groove, notch.
[1]**entallar,** *va.* to notch; to make a cut in, to sculpture, to carve; to engrave.
[2]**entallar,** *vn.* (of a garment) to fit well.
entallecer, *vn.* (agr.) to shoot, to sprout.
entapizar, *va.* to hang tapestry on.
entarascar, *va.* (coll:) to overdress.
entarimado, da. I. *pp.* of ENTARIMAR. **II.** *m.* parquetry, inlaid floor.
entarimar, *va.* to floor with boards.
entarquinamiento, *m.* fertilizing with slime.
entarquinar, *va.* to manure with slime; to bemire; to reclaim (swamp lands).
éntasis, *m.* (arch.) entasis.
ente, *m.* entity, being; (coll.) guy.
entecado, da; enteco, ca, *a.* sickly, weak, thin.
entejar, *va.* to tile.
entelequia, *f.* (philos.) entelechy.
entelerido, da, *a.* numb or shivering with cold or fright; (Am.) sick-looking, thin, frail.
entena, *f.* (naut.) lateen yard.

entenado, da, *n.* stepson(-daughter).
entenallas, *f. pl.* (mech.) pincers; handvise.
entendederas, *f. pl.* (coll.) understanding, brain.
entendedor, ra, *n.* one who understands.
entender. I. *va.* & *vn.* (*ind.* ENTIENDO; *subj.* ENTIENDA) to understand.—**e. de,** to be familiar with, be a judge of, be good at, know.—**e. en,** to be in charge of, deal with, attend to; to have authority to pass on or enquire into.—**dar a e.,** to intimate, insinuate, hint. **II.** *vr.* to be understood; to be meant.—**e. con,** to belong with, be included in; to have to do with; to deal with. —**e. por,** to be understood to be; to mean: (*entiéndese por aritmética la ciencia de los números,* arithmetic means the science of numbers). **III.** *m.* understanding, opinion.—**a mi e., según mi e.,** in my opinion, according to my understanding.
entendidamente, *adv.* knowingly.
entendido, da. I. *pp.* of ENTENDER. **II.** *a.* able; posted; prudent.—**darse por e.,** to take notice, pay attention.—**no darse por e.,** not to notice, to ignore; to pretend not to understand.—**tener e.,** to understand.
entendimiento, *m.* intellect, mind; understanding; comprehension.
entenebrecer, *va.* (*ind.* ENTENEBREZCO; *subj.* ENTENEBREZCA) to obscure, darken.
enterado, da. I. *pp.* of ENTERAR. **II.** *a.* posted. informed.
enteralgia, *f.* (med.) enteralgia.
enteramente, *adv.* entirely, fully; quite.
enterar. I. *va.* to inform, acquaint, advise; (Am.) to pay, deliver (in a public office). **II.** *vn.* (Am.) to get better. **III.** *vr.* (Am.) to make up for a loss, recoup one's losses.—**e. de,** to learn, become informed about or familiar with, find out about.
entereza, *f.* entirety, completeness; integrity, uprightness; perfection; fortitude, firmness; presence of mind.—**e. virginal,** virginity.
entérico, ca, *a.* (med.) enteric.
enterísimo, ma, *a. super.* most complete.
enteritis, *f.* (med.) enteritis.
enterizo, za, *a.* of, or in, one piece; whole.
enternecedor, ra, *a.* pitiful, touching.
enternecer. I. *va.* (*ind.* ENTERNEZCO; *subj.* ENTERNEZCA) to soften; to touch, move to pity. **II.** *vr.* to be moved to pity, to be affected.
enternecidamente, *adv.* compassionately.
enternecido, da, *a.* moved, touched.
enternecimiento, *m.* compassion, pity.
enternezco, enternezca, *v. V.* ENTERNECER.
entero, ra. I. *a.* entire, whole; sound, perfect; honest, upright; pure, uncorrupted; strong, robust, vigorous; informed, instructed; uncastrated; strong, thick (dry goods); (arith.) whole, integral.—**por e.,** entirely, fully. **II.** *m.* (arith.) integer; (Am.) payment, delivery; balance.—**los enteros,** (arith.) the integral part (of a decimal).
enterocele, *m.* (med.) enterocele, intestinal hernial tumor.
enterocolitis, *f.* (med.) enterocolitis.
enterotomía, *f.* (surg.) enterotomy, intestinal incision.
enterrador, *m.* gravedigger; sexton.
enterramiento, *m.* interment, burial, funeral.
enterrar, *va.* (*ind.* ENTIERRO; *subj.* ENTIERRE) to inter, bury; to survive.
enterronar, *va.* to cover with clods.
entesamiento, *m.* stretching, making taut.
entesar, *va.* to stretch, make taut.
entestado, da, *a.* obstinate, stubborn.
entibación, *f.* (min.) timbering.
entibador, *m.* one who shores up mines.
entibar. I. *vn.* to rest, to lean upon. **II.** *va.* (min.) to prop, shore up.
entibiadero, *m.* cooling room or bath.
entibiar. I. *va.* to make lukewarm; to cool; to temper, moderate. **II.** *vr.* to cool down; to slacken.
entibo, *m.* stay, prop; foundation.
entidad, *f.* entity; value, consequence, moment, importance.
entiendo, entienda, *v. V.* ENTENDER.
[1]entierro, *m.* burial, interment, funeral; grave.
[2]entierro, entierre, *v. V.* ENTERRAR.
entigrecerse, *vr.* (*ind.* ENTIGREZCO; *subj.* ENTIGREZCA) (coll.) to become furious as a tiger.
entimema, *f.* (logic) enthymeme.
entinar, *va.* to put into the dyeing vat.
entintar, *va.* to ink, ink in (a drawing); to stain with ink; to tint or dye.
entiznar, *va.* to stain; to revile, defame.
entoldado, *m.* tent or group of tents; covering with tents or awnings.
entoldamiento, *m.* covering with tents or with awnings.
entoldar. I. *va.* to cover with an awning; to adorn with hangings. **II.** *vr.* to dress gorgeously; to swell with pride; (of sky) to get cloudy.
entomizar, *va.* to tie bass cords around (posts or laths), so the plaster will stick.
entomófago, ga, *a.* (zool.) entomophagous, insectivorous.
entomofilia, *f.* (bot.) entomophily, pollination by insects.
entomófilo, la, *a.* (bot.) entomophilous.
entomología, *f.* entomology.
entomológico, ca, *a.* entomological.
entomólogo, *m.* entomologist.
entonación, *f.* modulation; intonation; blowing the bellows of an organ.
entonadera, *f.* blow lever of an organ.
entonado, da. I. *pp.* of ENTONAR. **II.** *a.* haughty, "stuck-up." **III.** *m.* (photog.) process of toning.
entonador, ra. I. *n.* one who sings in tune; (photog.) one that tones. **II.** *m.* organ blower.
entonamiento, *m.* intonation.
entonar. I. *va.* to modulate, intone; to sing in tune; (art) to harmonize (colors); (photog.) to tone (prints); to blow (the bellows of an organ); (med.) to tone up. **II.** *vr.* to put on grand airs.
entonatorio, *m.* book of sacred music.
entonces, *adv.* then.—**¿e.?** (Am.) then what? and then?—**de e.,** of that time.—**desde e.,** from then on.—**hasta e.,** up to that time.—**por e.,** at the time.
entonelar, *va.* to put in casks or barrels.
entono, *m.* act of intoning; arrogance, haughtiness, airs.
entontecer. I. *va.* (*ind.* ENTONTEZCO; *subj.* ENTONTEZCA) to make foolish; to confuse. **II.** *vn.* & *vr.* to become foolish.—**entontecimiento,** *m.* act of becoming foolish; state of foolishness.
entorchado, *m.* bullion fringe; bullion embroidery on the uniform of generals; (mus.) strings.
entorchar, *va.* to make a torch by twisting (candles); (mus.) to cover (a string) with wire.
entorilar, *va.* to stall (the bull).
entornar, *va.* to half-close; to set ajar.
entornillar, *va.* to form a screw or spiral of.
entorpecer, *va.* (*ind.* ENTORPEZCO; *subj.* ENTORPEZCA) to benumb; to stupefy; to clog, obstruct, delay.
entorpecimiento, *m.* torpor, numbness, stupefaction; dulness, stupidity; obstruction, delay.
entorpezco, entorpezca, *v. V.* ENTORPECER.
entortadura, *f.* crookedness.
entortar, *va.* (*ind.* ENTUERTO; *subj.* ENTUERTE) to bend; to make crooked; to make blind in one eye.
entosigar, *va.* to poison.
entozoario, *m.* (zool.) entozoan, internal parasite.
entozoico, ca, *a.* entozoic.
entrada, *f.* entrance, door, gate; admission; admittance (right of entry); entry; arrival; number of people in a theater (*entrada llena,* full house); beginning (of a book, speech, season, etc.); familiar access, intimacy; good hand at cards; entrée (course at dinner); (com.) entry (in a book); cash receipts; uptake, intake; (elec.) input.—*pl.* temples (of the head); receding hair at temples; (com.) income.—**e. gene-**

ral, (theat.) gallery seat; (Am.) main entrance. —**e. gratuita,** free admission; (U. S., coll.) Annie Oakley.—**entradas y salidas,** (fig.) collusion.
entrado, da, *pp.* of ENTRAR.—**e. en años,** advanced in years.
entrador, ra, *a.* (Am.) energetic, hustling; (Chile) intruding, intrusive, fond of butting in.
entramado, *m.* (carp.) framework, studwork, baywork.
entramar, *va.* (carp.) to provide with studwork or framework.
entrambos, bas, *a.* & *pron. pl.* both.
entrampar. I. *va.* to entrap, insnare; to trick, deceive; to entangle; to encumber. **II.** *vr.* (coll.) to become indebted; to be involved in difficulties.
entrante, *a.* entering; coming, next (*el mes entrante,* next month).
entraña, *f.* entrail.—*pl.* entrails, bowels; humaneness, kindness; (fig.) heart; affection; disposition; idiosyncrasy; the inmost recess of anything.
entrañable, *a.* most affectionate; deep (affection).—**entrañablemente,** *adv.* dearly; deeply.
entrañar. I. *va.* to penetrate to the core; to contain, involve, carry within. **II.** *vr.* to become intimately attached.
entrapada, *f.* coarse crimson cloth.
entrapajar, *va.* to bandage with rags.
entrapar. I. *va.* to powder (the hair) for a dry shampoo; (agr.) to manure with rags. **II.** *vr.* to become as dirty as a rag.
entrar. I. *vn.* (**a, en, por**) (the English equivalent is often transitive) to go (in), come (in), enter; to go (into); to flow (into); to attack, fight; to be admitted or have free entrance (to); to join; to begin; to be one (of), be counted (with); to be believable or understandable (to one); to be taken (with) (fear, etc.); to enter or go (into) (an agreement, etc.); to attack; to influence, convince; (of shoes, garment) to fit. **II.** *va.* to introduce, put in; to enter, take by force. **III.** *vr.* to enter; to squeeze or sneak (in); to break (in).
entre, *prep.* between, among, amongst, amidst; within.—**e. bastidores,** backstage.—**e. la espada y la pared,** between the devil and the deep blue sea.—**e. la vida y la muerte,** between life and death.—**e. manos,** in hand.—**e. mí,** within myself.—**e. nosotros** or **usted y yo,** between you and me.—**e. tanto,** in the meantime, meanwhile.
entreabierto, ta. I. *pp. irreg.* of ENTREABRIR. **II.** *a.* half-opened, ajar.
entreabrir, *va.* to half-open, to set ajar.
entreacto, *m.* (theat., etc.) intermission; small cigar.
entreancho, cha, *a.* neither wide nor narrow.
entrecalle, *m.* (arch.) clear between two consecutive moldings.
entrecanal, *f.* (arch.) fillet between flutes.
entrecano, na, *a.* grayish (hair or beard).
entrecara, *f.* interface.
entrecasco, *m.* = ENTRECORTEZA.
entrecava, *f.* very shallow digging.
entrecavar, *va.* to dig shallow.
entrecejo, *m.* space between eyebrows; frowning.
entreclaro, ra, *a.* slightly clear.
entrecogedura, *f.* act of catching.
entrecoger, *va.* (*ind.* ENTRECOJO; *subj.* ENTRECOJA) to catch; to intercept; to compel by arguments or threats.
entrecoro, *m.* chancel.
entrecortado, da, *a.* confused, hesitating.
entrecortadura, *f.* cut that does not sever.
entrecortar, *va.* to cut without severing.
entrecorteza, *f.* imperfection in timbers.
entrecriarse, *vr.* to grow among other plants.
entrecruzar, *va.* (*subj.* ENTRECRUCE) to intercross; interlace, interweave.
entrecubiertas, *f. pl.* (naut.) between decks.
entrecuesto, *m.* backbone.
entrechocarse, *vr.* to collide, impinge on each other.
entredicho, *m.* interdiction, prohibition.
entredoble, *a.* of medium thickness.
entredós, *m.* insertion; (print.) long primer.
entrefino, na, *a.* middling fine.
entrega, *f.* delivery, conveyance; fascicle of a publication; surrender.—**e. contra reembolso,** cash on delivery (C. O. D.).
entregadero, ra, *a.* (com.) deliverable.
entregador, ra, *n.* deliverer; executor.
entregamiento, *m.* delivery.
entregar. I. *va.* (*pret.* ENTREGUÉ; *subj.* ENTREGUE) to deliver; to give up, surrender; to hand (over); (com.) to transfer, to pay; to insert, introduce, embed.—**a e.,** (com.) to be supplied or delivered. **II.** *vr.* to deliver oneself up, to surrender, give in, submit.—**e. a,** to abandon oneself to or devote oneself to.—**e. de,** to receive, to take charge or possession of.
entrehierro, *m.* (elec.) air gap.
entrejuntar, *va.* (carp.) to join (the panels of a door) to the frame.
entrelazar, *va.* (*pret.* ENTRELACÉ; *subj.* ENTRELACE) to interlace, interweave, braid, entwine.
entreliño, *m.* (agr.) space between rows of trees.
entrelistado, da, *a.* striped or variegated.
entrelucir, *vn.* & *vr.* (*ind.* ENTRELUZCO; *subj.* ENTRELUZCA) to show through.
entremedias, *adv.* in the meantime; halfway.—**e. de,** between; among.
entremés, *m.* (theat.) one-act farce; side dish.
entremesear, *va.* to act in a farce; to throw into one's talk, bring up.
entremesista, *a.* writer or player of farces.
entremeter. I. *va.* to place between; to insert. **II.** *vr.* to intrude, obtrude; intermeddle; meddle; interpose officiously.
entremetido, da. I. *pp.* of ENTREMETER. **II.** *a.* meddlesome; officious. **III.** *n.* meddler, intruder, intermeddler; busybody; go-between.
entremetimiento, *m.* intrusion, intermeddling, meddlesomeness; interposition.
entremezcladura, *f.* intermixture.
entremezclar, *va.* to intermingle, intermix.
entremiche, *m.* (naut.) capstan, chock.
entremorir, *vn.* (*ind. pres.* él ENTREMUERE, *pret.* él ENTREMURIÓ; *pp.* ENTREMUERTO) to flicker (as a flame).
entrenador, ra, *n.* trainer, coach.
entrenamiento, *m.* (Gal.) training, coaching.
entrenar, *va.* & *vn.* (Gal.) to train.
entrencar, *va.* to put rods in (a beehive).
entrenzar, *va.* (*pret.* ENTRENCÉ; *subj.* ENTRENCE) to plait (the hair).
entreoír, *va.* (*ind.* ENTREOIGO; *subj.* ENTREOIGA) to hear indistinctly, half-hear.
entreordinario, ria, *a.* middling.
entrepalmadura, *f.* (vet.) a hoof disease.
entrepanes, *m. pl.* pieces of unsown ground.
entrepañado, da, *a.* composed of panels.
entrepaño, *m.* (arch.) intercolumniation; pier; (carp.) panel; shelf.
entreparecerse, *vr.* to show through.
entrepaso, *m.* rack pace (of horses).
entrepeines, *m. pl.* comb wool.
entrepelado, da, *a.* pied; variegated.
entrepelar, *vn.* & *vr.* (of hair) to be of different colors.
entrepernar, *vn.* (*ind.* ENTREPIERNO; *subj.* ENTREPIERNE) to put the legs between those of others.
entrepiernas, *f. pl.* inner surface of the thighs; pieces put into the crotch of breeches.
entrepiso, *m.* (min.) space between galleries.
entreplano, (aer.) gap.
entrepretado, da, *a.* (vet.) weak in the breast or shoulder.
entrepuentes, *m. pl.* (naut.) between decks.
entrepunzadura, *f.* pricking pain.
entrepunzar, *va.* to prick slightly.
entrerrenglón, *m.* interline.
entrerrenglonadura, *f.* interlineation.

entrerrenglonar, *va.* to interline.
entresaca, entresacadura, *f.* thinning of wood; pruning of branches; sorting; picking out.
entresacar, *va.* (*pret.* ENTRESAQUÉ; *subj.* ENTRESAQUE) to pick out or choose; to sift, cull; to thin out.
entresijo, *m.* (anat.) mesentery; anything hidden.
entresuelo, *m.* entresol, mezzanine.
entresurco, *m.* space between furrows.
entretalla, entretalladura, *f.* bas-relief.
entretallar, *va.* to carve in bas-relief; to engrave; to make openwork on; to intercept.
entretanto, *adv.* meanwhile.
entretejedor, ra, *a.* interweaver.
entretejedura, *f.* intertexture, interweaving.
entretejer, *va.* to interweave, intermix, intertwine; to variegate; to insert, mix, mingle.
entretejimiento, *m.* intertexture, interweaving; variegation.
entretela, *f.* (sewing) interlining.
entretelar, *va.* to insert an interlining in.
entretención, *f.* (Am.) entertainment.
entretenedor, ra, *n.* & *a.* entertainer(-ing).
entretener (*ind. pres.* yo ENTRETENGO, él ENTRETIENE, *pret.* ENTRETUVE, *fut.* ENTRETENDRÉ; *subj.* ENTRETENGA). **I.** *va.* to amuse, entertain; to keep in hope or expectation; to allay (pain), make less troublesome; to delay, put off, postpone. **II.** *vr.* to amuse oneself; to be tied up, delayed.
entretenida, *f.*—**dar con la e.** or **dar la e.,** to give excuses (to); to get out of doing something by promises or evasions.
entretenido, da. I. *pp.* of ENTRETENER. **II.** *a.* entertaining, pleasant, amusing.
entretenimiento, *m.* amusement, entertainment, sport, pastime.
entretiempo, *m.* spring or autumn, between-season.
entretiene, entretuve, *v. V.* ENTRETENER.
entreuntar, *va.* to anoint or paint lightly.
entrevenarse, *vr.* to diffuse through the veins.
entreventana, *f.* (arch.) window pier.
entrever, *va.* (*ind. pres.* ENTREVEO, *pret.* yo ENTREVÍ, él ENTREVIÓ; *subj.* ENTREVEA; *pp.* ENTREVISTO) to see imperfectly.
entreverado, da. I. *pp.* of ENTREVERAR. **II.** *a.* intermingled, intermixed.
entreverar, *va.* to intermix, intermingle.
entrevía, *f.* (Ry.) gauge or gage.
entrevista, *f.* interview, meeting, conference.
entrevistar, *va.* to interview.
entripado, da. I. *a.* contained in the intestines; (of dead animal) not yet cleaned. **II.** *m.* (coll.) anger or displeasure.
entristecedor, ra, *a.* sad, saddening.
entristecer. I. *va.* (*ind.* ENTRISTEZCO; *subj.* ENTRISTEZCA) to sadden, grieve. **II.** *vr.* to grieve, to become sad.
entristecimiento, *m.* sadness; fretting.
entristezco, entristezca, *v. V.* ENTRISTECER.
entrojar, *va.* to garner (grain).
entrometer, *va.* & *vr.* = ENTREMETER.
entrometido, da. I. *pp.* of ENTROMETER. **II.** *a.* = ENTREMETIDO.
entrometimiento, *m.* intermeddling, intrusion.
entronar, *va.* to enthrone.
entroncar, *vn.* to be descended from the same stock; to be related; (also *vr.*) to be connected; (Ry.) (Am.) to form a junction.
entronerar, *va.* (billiards) to pocket (a ball).
entronicé, entronice, *v. V.* ENTRONIZAR.
entronización, *f.* enthronement.
entronizar. I. *va.* (*pret.* ENTRONICÉ; *subj.* ENTRONICE) to enthrone; to exalt. **II.** *vr.* to be elated or puffed up with pride.
entronque, *m.* cognation; connection, relationship; (Am.) railway junction.
entropía, *f.* (phys.) entropy.
entropión, *m.* (med.) entropion, introversion of the eyelids.
entruchada, *f.*, **entruchado,** *m.* (coll.) plot intrigue.
entruchar, *va.* (coll.) to decoy, lure, entice.
entruchón, na, *n.* decoyer, plotter.
entrujar, *va.* to store up; (coll.) to reimburse.
entubar, *va.* to provide with casing (oil well, etc.)
entuerto, *m.* wrong, injustice.—*pl.* afterpains.
entullecer. I. *va.* (*ind.* ENTULLEZCO; *subj.* ENTULLEZCA) to stop, check, obstruct. **II.** *vn.* to be crippled or maimed.
entumecer. I. *va.* (*ind.* ENTUMEZCO; *subj.* ENTUMEZCA) to benumb. **II.** *vr.* (of limbs) to become numb, go to sleep; (of sea, etc.) to swell, surge.
entumecimiento, *m.* torpor, deadness; numbness; swelling.
entumezco, entumezca, *v. V.* ENTUMECER.
entumirse, *vr.* to become numb.
entunarse, *vr.* (Am.) to be pricked by a thorn.
entunicar, *va.* to plaster for fresco painting.
entupir, *va.* to obstruct, block up; to compress.
enturbiar. I. *va.* to muddle; to make muddy or turbid; to obscure, dim, confuse. **II.** *vr.* to get muddy; to get disordered or disarranged.
entusiasmar. I. *va.* to make enthusiastic; to enrapture. **II.** *vr.* to become enthusiastic.
entusiasmo, *m.* enthusiasm.
entusiasta, *n.* enthusiast.
entusiástico, ca, *a.* enthusiastic.
énula campana, *f.* (bot.) elecampane, inula.
enumerable, *a.* (Am.) numerable.
enumeración, *f.* enumeration.
enumerar, *va.* to enumerate.
enumerativo, va, *a.* enumerative.
enunciación, *f.*, **enunciado,** *m.* statement.
enunciar, *va.* to state.
enunciativo, va, *a.* enunciative.
envainador, ra, *a.* sheathing.
envainar, *va.* to sheathe (as a sword).
envalentonamiento, *m.* encouragement.
envalentonar. I. *va.* to encourage, to inspirit; to make bold. **II.** *vr.* to become courageous.
envalijar, *va.* to pack or put in a valise.
envanecer. I. *va.* (*ind.* ENVANEZCO; *subj.* ENVANEZCA) to make vain. **II.** *vr.* to become vain. —**envanecimiento,** *m.* conceit.
envaramiento, *m.* stiffness, numbness.
envarar, *va.* to benumb, stiffen.
envasador, *m.* filler, packer; funnel.
envasar, *va.* to put into a container (barrel, bottle, etc.); to drink (liquor) to excess; to sack (grain); to run through the body with (as a sword).
envase, *m.* filling, bottling; container; packing.
envedijarse, *vr.* to get entangled; (coll.) to wrangle.
envejecer. I. *va.* (*ind.* ENVEJEZCO; *subj.* ENVEJEZCA) to make old; to make look old. **II.** *vn.* to become old. **III.** *vr.* to become old or old-fashioned; to hold out a long time.
envejecido, da. I. *pp.* of ENVEJECER. **II.** *a.* accustomed, habituated.
envejecimiento, *m.* oldness, age; aging.
envejezco, envejezca, *v. V.* ENVEJECER.
envenenador, ra, *n.* & *a.* poisoner(-ing).
envenenamiento, *m.* poisoning.
envenenar, *va.* to envenom, to poison.
enverar, *vn.* to look ripe.
enverdecer, *vn.* & *vr.* to become green.
envergadura, *f.* breadth of the sails; wing-spread of birds; (aer.) span.—**e. de alas,** wingspan.
envergar, *va.* (*pret.* ENVERGUÉ; *subj.* ENVERGUE) (naut.) to bend (the sails).
envergues, *m. pl.* (naut.) ropebands.
envero, *m.* color of ripe grape.
envés, *m.* back or wrong side; back, shoulders.
envesado, *m.* fleshy part of hides.
envestir, *va.* (*ind. pres.* ENVISTO, *pret.* él ENVISTIÓ; *subj.* ENVISTA) to invest (as with authority).
enviada, *f.* sending, shipment.
enviadizo, za, *a.* missive.
enviado, *m.* envoy; messenger.—**e. extraordinario,** envoy extraordinary.
enviajado, da, *a.* (arch.) oblique, sloped.

enviar, *va.* to send; to ship, dispatch.—**e. a uno a pasear,** (coll.) to send one about his business; to give one his walking ticket.—**e. enhoramala,** (coll.) to send to the devil.
enviciador, ra, *a.* habit-forming.
enviciar. I. *va.* to corrupt, teach bad habits to. **II.** *vn.* (of plants) to have luxuriant foliage and little fruit. **III.** *vr.* (**en**) to acquire bad habits; to acquire the habit (of); to take (to) (drinking, etc.).
envidador, *m.* challenger at cards.
envidar, *va.* to stake a sum against.
envidia, *f.* envy.
envidiable, *a.* enviable.
envidiar, *va.* to envy.
envidioso, sa, *a.* envious.
envilecedor, ra, *a.* degrading, debasing.
envilecer I. *va.* (*ind.* ENVILEZCO; *subj.* ENVILEZCA) to vilify, debase. **II.** *vr.* to degrade oneself.
envilecimiento, *m.* vilification, debasement.
envinagrar, *va.* to put vinegar into.
envinar, *va.* to add wine to (water).
envío, *m.* (com.) remittance; consignment of goods, shipment.
envión, *m.* push, shove.
envirotado, da, *a.* airy, stuck-up.
enviscamiento, *m.* daubing with birdlime.
[1]**enviscar. I.** *va.* (*pret.* ENVISQUÉ; *subj.* ENVISQUE) to daub with birdlime. **II.** *vr.* to be glued with birdlime.
[2]**enviscar,** *va.* to irritate, anger.
envite, *m.* stake at cards; invitation; offer; push, **al primer e.,** at once, right off; at the start.
enviudar, *vn.* to become a widower or widow.
envoltorio, *m.* bundle; defective woof.
envoltura, *f.* swaddling clothes; cover, wrapper, envelope, sheath; covering, wrapping.
envolvedero, envolvedor, *m.* wrapper, wrapping, envelope, cover.
envolver. I. *va.* (*pp.* ENVUELTO; *ind.* ENVUELVO; *subj.* ENVUELVA) to wrap, make up into a bundle; to swaddle; to floor (an opponent); to imply, mean; to contain, carry with it; (mil.) to surround. **II.** *vr.* to be implicated, involved; to be unlawfully connected (with women); to be mixed with a crowd.
envolvimiento, *m.* envelopment; wrapping.
envuelto, ta, *pp. irreg.* of ENVOLVER.
envuelvo, envuelva, *v. V.* ENVOLVER.
enyerbar. I. *va.* (Cuba) to sod. **II.** *vr.* to become covered or overgrown with grass.
enyesado, *m.* plasterwork; plaster; plastering.
enyesadura, *f.* plastering.
enyesar, *va.* to plaster; to chalk; to whitewash.
enyugar, *va.* to yoke.
enzainarse, *vr.* to look askance; (coll.) to become treacherous or deceitful.
enzamarrado, da, *a.* having on a shepherd's jacket of undressed sheepskin; wearing chaps.
[1]**enzarzar. I.** *va.* to throw among brambles; to sow discord among or between. **II.** *vr.* to be entangled among brambles; to become involved in difficulties; to squabble, to wrangle.
[2]**enzarzar,** *va.* to put hurdles for (silkworms).
enzima, *f.* (biochem.) enzyme.
enzootia, *f.* enzoöty.
enzoótico, ca, *a.* enzoötic.
enzunchar, *va.* to bind with iron bands or hoops.
enzurdecer, *vn.* & *vr.* (*ind.* ENZURDEZCO; *subj.* ENZURDEZCA) to become left-handed.
enzurronar, *va.* to bag; (coll.) to inclose.
eñe, *f.* name of the letter *ñ*.
eoceno, na, *n.* & *a.* Eocene.
eólico, ca; eolio, lia, *a.* Æolian, Æolic.
eolípila, *f.* (phys.) eolipile.
eolítico, ca, *a.* eolithic.
eolito, *m.* (archeol.) eolith.
eón, *m.* eon, æon, a long period of time.
eosina, *f.* (chem.) eosin.
eosinófilo, la, *a.* & *m.* (physiol.) eosinophile.
epacta, *f.* (astr.) epact.
epactilla, *f.* annual devotional calendar.
epéndimo, *m.* (anat.) ependyma.
epéntesis, *f.* (lang.) epenthesis.
epentético, ca, *a.* (gram.) epenthetic.
eperlano, *m.* (ichth.) smelt.
epiblasto, *m.* (biol.) epiblast.
épica, *f.* epic poetry.
epicáliz, *m.* (bot.) epicalyx.
epicanto, *m.* (anat.) epicanthus.
epicardio, *m.* (anat.) epicardium.
epicarpio, *m.* (bot.) epicarp.
epicedio, *m.* epicedium, elegy.
epiceno, na, *a.* (gram.) epicene.
epicéntrico, ca, *a.* epicentral.
epicentro, *m.* (geol.) epicenter, portion of the earth over the center of an earthquake.
epicíclico, ca, *a.* epicyclic.
epiciclo, *m.* epicycle.
epicicloide, *f.* epicycloid.
épico, ca, *a.* (poet.) epic, heroic.
epicóndilo, *m.* (anat.) epicondyle.
epicráneo, *m.* (anat.) epicranium, the scalp.
epicureísmo, *m.* epicurism; Epicureanism.
epicúreo, rea, *n.* & *a.* epicurean.
epidemia, *f.* (med.) epidemic.
epidemial; epidémico, ca, *a.* epidemic.
epidemiología, *f.* epidemiology.
epidemiólogo, ga, *n.* epidemiologist.
epidérmico, ca, *a.* epidermic.
epidermis, *f.* epidermis, outer skin.
epidermoide, *a.* epidermoid.
epidídimo, *m.* (anat.) epididymis.
epidota, epidoto, *m.* (min.) epidote.
epifanía, *f.* Epiphany; twelfth night.
epifenómeno, *m.* (med.) epiphenomenon, secondary symptom.
epífisis, *f.* (anat.) epiphysis.
epífito, ta. I. *a.* (bot.) epiphytic. **II.** *f.* (bot.) epiphyte, aerophyte.
epifonema, *f.* (rhet.) epiphonema.
epigástrico, ca, *a.* epigastric, pert. to abdomen.
epigastrio, *m.* epigastrium.
epigénesis, *f.* (biol.) epigenesis.
epiglotis, *f.* (anat.) epiglottis.
epígrafe, *m.* epigraph.—**epigrafía,** *f.* epigraphy.
epigráfico, ca, *a.* epigraphic.
epigrafista, *n.* epigrapher.
epigrama, *m.* epigram; witticism; inscription.
epigramatario, ria. I. *a.* = EPIGRAMÁTICO. **II.** *m.* epigrammatist; collection of epigrams.
epigramático, ca, *a.* epigrammatic.
epigramatista, epigramista, *n.* epigrammatist.
epilaje, *m.* epilation, depilation.
epilepsia, *f.* (med.) epilepsy.
epiléptico, ca, *n.* & *a.* epileptic.
epilogación, *f.* = EPÍLOGO.
epilogal, *a.* epilogistic, compendious.
epilogar, *va.* (*pret.* EPILOGUÉ; *subj.* EPILOGUE) to epilogize, recapitulate, sum up.
epilogismo, *m.* (astr.) epilogism, computation.
epílogo, *m.* epilogue; summing up.
epilogué, epilogue, *v. V.* EPILOGAR.
epinefrina, *f.* (chem.) epinephrine, adrenalin.
epineuro, *m.* (anat.) epineurium.
epinicio, *m.* epinicion, triumphal ode.
epiplon, epíploon, *m.* (anat.) omentum.
epiquerema, *m.* (logic) epicheirema.
epiqueya, *f.* mild interpretation of the law, taking circumstances into consideration.
episcopado, *m.* episcopacy; episcopate; bishopric, see.
episcopal. I. *a.* episcopal; Episcopal; Episcopalian. **II.** *n.* Episcopalian.
episcopalismo, *m.* episcopalism; Episcopalism.
episcopologio, *m.* chronological list of bishops.
episódico, ca, *a.* episodic, episodical.
episodio, *m.* episode; digression.
epispástico, ca, *a.* epispastic, blistering.
epistaxis, *f.* (med.) epistaxis, nosebleed.
epistemología, *f.* epistemology.
epistemológico, ca, *a.* epistemological.
epistilo, *m.* (arch.) epistyle, architrave.

epístola, *f.* epistle, letter; (eccl.) epistle.
epistolar, *a.* epistolary.
epistolario, *m.* epistolary; volume of letters.
epistolero, *m.* (eccl.) epistler.
epístrofe, *f.* (rhet.) epistrophe.
epitafio, *m.* epitaph.
epitalamio, *m.* epithalamium, nuptial song.
epítasis, *f.* (anc. drama) epitasis.
epitelial, *a.* epithelial.
epitelio, *m.* (zool.) epithelium.
epitelioma, *m.* (med.) epithelioma, a cancer.
epítema, *f.* (med.) epithem, a moist external application.
epíteto, *m.* (gram.) epithet.
epítima, *f.* = EPITEMA.
epitimar, *va.* to apply an epithem to.
epítimo, *m.* (bot.) lesser dodder.
epitomadamente, *adv.* concisely.
epitomador, ra. I. *a.* epitomizing. II. *n.* epitomist, epitomizer.
epitomar, *va.* to epitomize, abstract, summarize.
epítome, *m.* epitome, abstract, summary.
epizoario, a, *a.* (zool.) epizoic, epizoan.
epizootia, *f.* (vet.) epizoöty, epidemic influenza.
epizoótico, ca, *a.* epizoötic.
época, *f.* epoch, age, era; time.—**é. cenozoica,** (geol.) cenozoic age.—**é. mesozoica,** (geol.) mesozoic age.—**é. paleozoica,** (geol.) paleozoic age.—**é. victoriana,** Victorian age.—**hacer é.,** (coll.) to open a new era, to be a turning point.
epoda, *f.*, **epodo,** *m.* (poet.) epode.
epónimo, ma. I. *m.* eponym. II. *a.* eponymous, eponymic.
epopeya, *f.* epopee, epic poem.
épsilon, *f.* epsilon (Greek letter).
epsomita, *f.* Epsom salts.
epulón, *m.* gourmand, heavy eater.
equiángulo, la, *a.* (geom.) equiangular.
equidad, *f.* equity, equitableness; impartiality, justice.
equidiferencia, *f.* (math.) equidifference, arithmetical progression.
equidistancia, *f.* equidistance.
equidistante, *a.* equidistant.
equidistar, *vn.* to be equidistant.
equidna, *m.* (zool.) echidna, porcupine anteater.
equilátero, ra, *a.* (geom.) equilateral.
equilibración, *f.* equilibration, balance.
equilibrado, da, *a.* balanced.
equilibrador, *m.* equilibrator.
equilibrar, *va.* to equilibrate, balance; to counterpoise, counterbalance.
equilibre, *a.* balanced, equilibrious.
equilibrio, *m.* equilibrium, balance, equipoise.—**e. europeo,** European balance of power.
equilibrista, *n.* aerialist, equilibrist, balancer.
equimolecular, *a.* equimolecular.
equimosis, *m.* (med.) a bruise, black-and-blue.
[1]**equino, na,** *a.* equine.
[2]**equino,** *m.* (zool.) echinus; (arch.) echinus.
equinoccial, *a.* equinoctial.
equinoccio, *m.* equinox.
equinococo, *m.* (med.) echinococcus.
equinodermo, ma, *a.* & *m.* (zool.) echinoderm.
equinoideo, dea, *a.* & *m.* (zool.) echinoid.
equipado, da, *a.* equipped, furnished, provided.
equipaje, *m.* baggage or luggage; equipment; (naut.) crew; (mil.) baggage train.
equipar, *va.* to fit out, equip, furnish.
equiparación, *f.* comparison, collation.
equiparar, *va.* to compare, to match.
equipo, *m.* equipment; (mil.) fitting out; accoutrement, trappings; (sports) team.
equiponderancia, *f.* equiponderance, equiponderancy.
equiponderante, *a.* equiponderant.
equiponderar, *vn.* to counterbalance.
equipotencial, *a.* (phys.) equipotencial.
equis, *f.* name of the letter *x*.
equisetáceo, a, *a.* (bot.) equisetaceous.
equiseto, *m.* (bot.) equisetum.
equitación, *f.* horsemanship, riding.
equitativamente, *adv.* equitably.
equitativo, va, *a.* equitable, fair, just.
equivalencia, *f.* equivalence; equivalent.
equivalente, *a.* equivalent, tantamount; compensatory, compensative.
equivaler, *vn.* (*ind. pres.* EQUIVALGO, *fut.* EQUIVALDRÉ; *subj.* EQUIVALGA) to be equivalent.
equivocación, *f.* mistake, error; equivocation.
equivocadamente, *adv.* mistakenly, by mistake.
equivocado, da. I. *pp.* of EQUIVOCAR. II. *a.* mistaken.
equivocar. I. *va.* (*pret.* EQUIVOQUÉ; *subj.* EQUIVOQUE) to mistake; to confuse, mix up (things). II. *vr.* to be mistaken; to make a mistake.—**e. de,** to (verb) the wrong (noun) (as *me equivoqué de autobús,* I took the wrong bus; *me equivoqué de puerta,* I went to the wrong door.
equívoco, ca. I. *a.* equivocal, ambiguous. II. *m.* equivocation, quibble, pun.
equivoqué, equivoque, *v.* *V.* EQUIVOCAR.
equivoquista, *n. dim.* quibbler; punster.
[1]**era,** *f.* era, age.—**e. común, cristiana,** or **vulgar,** Christian era.
[2]**era,** *f.* thrashing floor; vegetable patch; garden bed.
[3]**era,** *imp.* of SER.
eradicativo, va, *a.* eradicative.
eral, *m.* two-year-old ox.
erar, *va.* to lay out (a garden).
erario, *m.* exchequer, public treasury.
erasmiano, na, *a.* & *n.* Erasmian.
erbio, *m.* (chem.) erbium.
ere, *f.* name of the letter *r*.
erección, *f.* erection, raising; erectness, elevation; foundation, establishment.
eréctil, *a.* erectile.—**erectilidad,** *f.* erectility.
erector, ra, *n.* erector, founder.
eremita, *m.* hermit, recluse, eremite.
eremítico, ca, *a.* eremitic, solitary.
eremitorio, *m.* place with hermitage(s).
eretismo, *m.* (med.) erethism.
erg, *m.* (phys.) = ERGIO.
ergástula, *f.*, **ergástulo,** *m.* slave prison.
ergio, *m.* (phys.) erg (a unit of energy).
ergosterina, *f.* (pharm.) ergosterin, ergosterol.
ergoterapeuta, *n.* occupational therapist.
ergoterapia, *f.* occupational therapy.
ergotina, *f.* (med.) ergotine.
ergotinina, *f.* (chem.) ergotinine.
[1]**ergotismo,** *m.* (med.) ergotism.
[2]**ergotismo,** *m.* sophistry.
ergotista, *m.* debater, sophist.
ergotizar, *vn.* to argue fallaciously.
erguido, da, *a.* erect.
erguimiento, *m.* straightening up.
erguir. I. *va.* (*ind. pres.* IRGO or YERGO, *pret.* él IRGUIÓ; *subj.* IRGA or YERGA; *ger.* IRGUIENDO) to erect, to set up straight. II. *vr.* to straighten up; to stand or sit erect; to swell with pride.
erial, eriazo, za. I. *a.* unplowed, untilled, uncultivated. II. *m.* unimproved land.
erica, *f.* (bot.) heath, heather.
ericáceo, cea, *a.* (bot.) ericaceous.
ericé, erice, *v.* *V.* ERIZAR.
Erídano, *m.* (astr.) Eridanus.
erigir, *va.* (*ind.* ERIJO; *subj.* ERIJA) to erect, raise, build; to found, establish.
eringe, *f.* (bot.) field eringo.
erío, ría, *a.* untilled, uncultivated.
erisipela, *f.* (med.) erysipelas.—**erisipelar,** *va.* to cause erysipelas to.—**erisipelatoso, sa,** *a.* (med.) erysipelatous.
erístico, ca, *a.* eristic, disputatious.
eritema, *f.* (med.) erythema, redness of skin.
eritrina, *f.* (chem.) erythrin.
eritroblasto, *m.* (physiol.) erythroblast.
eritrocito, *m.* (physiol.) erythrocyte.
eritromicina, *f.* (pharm.) erythromycin.
erizado, da. I. *pp.* of ERIZAR. II. *a.* covered with bristles.—**e. de.,** beset with (difficulties, etc.); covered with, abounding in; bristling with.

erizamiento, *m.* setting on end, as the hair; bristling up.
erizar. I. *va.* (*pret.* ERICÉ; *subj.* ERICE) to set on end, to bristle. **II.** *vr.* to bristle; (of the hair) to stand on end.
erizo, *m.* (zool.) hedgehog; prickly husk, as a chestnut bur; (mech.) urchin, carding roller; sprocket wheel, rag wheel, spar-toothed wheel. —**e. de mar,** or, **marino,** (zool.) sea urchin.
ermita, *f.* hermitage.—**ermitaño, ña,** *n.* hermit.
ermitorio, *m.* = EREMITORIO.
ermunio, *a.* exempt from tribute and service.
erogación, *f.* expense.
erogar, *va.* (*pret.* EROGUÉ; *subj.* EROGUE) to distribute property; (Mex.) to lay out, spend.
erogatorio, *m.* pipe through which liquor is drawn.
erogué, erogue, *v. V.* EROGAR.
erosión, *f.* erosion, wearing away.
erotema, *f.* (rhet.) interrogation.
eróticamente, *adv.* erotically.
erótico, ca, *a.* erotical, erotic.
erotismo, *m.* erotism, eroticism.
erotomanía, *f.* (med.) erotomania, love madness.
errabundo, da, *a.* wandering.
erradicación, *f.* eradication.
erradicar, *va.* to eradicate.
erradizo, za, *a.* wandering to and fro.
errado, da. I. *pp.* of ERRAR. **II.** *a.* mistaken, in error; erroneous.
erraj, *m.* fine coal made from the stones of olives.
errante, *a.* errant; roving, wandering, nomadic.
errar. I. *va.* (*ind.* YERRO; *subj.* YERRE) to miss (the target, blow, etc.); to fail in one's duty to; to offend. **II.** *vn.* to wander, roam, to err. **III.** *vn.* & *vr.* to be mistaken; to commit an error.
errata, *f.* erratum, typographical error.—**erratas,** or **fe de erratas,** errata, list of errata.
errático, ca, *a.* wandering, vagabond; erratic.
errátil, *a.* (coll.) wavering, not firm or steady.
erre, *f.* name of the double letter *rr*, and of *r* when it has the same sound.—**e. que e.,** pertinaciously, obstinately.
erróneo, nea, *a.* erroneous, mistaken.
erronía, *f.* opposition, dislike, grudge.
error, *m.* error, mistake; (coll.) bobble.—**e. craso,** crass error.—**e. de imprenta,** misprint.
erubescencia, *f.* erubescence, blush.
erubescente, *a.* blushing, erubescent, bashful.
eructación, *f.* eructation, belching.
eructar, *vn.* to belch, eructate.
eructo, *m.* belching, eructation.
erudición, *f.* erudition, learning.
erudito, ta, *a.* & *n.* erudite, learned (person).
eruginoso, sa, *a.* rusty, musty.
erupción, *f.* eruption, bursting forth; (med.) eruption, rash.
eruptivo, va, *a.* eruptive.
erutación, *f.*, **erutar,** *vn.*, **eruto,** *m.* = ERUCTACIÓN, etc., eructation, etc.
ervato, *m.* (bot.) sea sulphurwort.
ervilla, *f.* (bot.) bitter vetch seed.
es, *irreg. form of* SER.
esa, ésa, *a.* & *pron., f. form of* ESE, ÉSE. Sometimes used colloquially in the sense of "one," "that," "that thing," "that story," "that situation," etc.: *ésa es buena,* that is a good one, that is a strange thing; *ésa no la creo,* I don't believe that, I can't go that one; *no venga con ésa,* don't come with that stuff; you don't say! don't tell me that.
esbatimentar. I. *va.* (art) to delineate (a shadow). **II.** *vn.* to cast a shadow.
esbatimento, *m.* shade (in a picture).
esbeltez, esbelteza, *f.* tall and elegant stature.
esbelto, ta, *a.* tall, slender and well built, svelte.
esbirro, *m.* bailiff, apparitor; myrmidon.
esbozar, *va.* to sketch.
esbozo, *m.* sketch, outline; rough draught.
escabechar, *va.* to souse, pickle; (coll.) to stab and kill.
escabeche, *m.* souse, pickle; pickled fish.
escabel, *m.* footstool; small seat; bench.
escabiosa, *f.* (bot.) field scabious.
escabioso, sa, *a.* (med.) scabious.
escabro, *m.* scab, itch, or mange in sheep; roughness on the bark of trees.
escabrosidad, *f.* inequality, unevenness, roughness; cragginess; hardness, asperity.
escabroso, sa, *a.* rough, uneven; craggy, rugged; rude, unpolished.
escabullimiento, *m.* evasion, slipping away.
escabullirse, *vr.* to escape, to evade; to slip or sneak away.
escacado, da, *a.* (her.) checkered.
escafandro, *m.* diving suit.
escafilar, *va.* to trim (a brick or tile).
escafoideo, dea, *a.* scaphoid.
escafoides, *m.* (anat.) scaphoid (bone).
escala, *f.* ladder, stepladder; scale; graduated rule or instrument; (naut.) port of call; (mus.) scale; (mil.) military register.—**e. cromática,** (mus.) chromatic scale.—**e. franca,** free port.—**a e. vista,** openly.—**hacer e. en,** to touch or stop at (a port).
escalada, *f.* (mil.) escalade, scalado.
escalado, da. I. *pp.* of ESCALAR. **II.** *a.* (of fish or meat) cut open to be salted or cured.
escalador, ra, *n.* & *a.* climber(-ing), scaler(-ing).
escalafón, *m.* roster, roll, list; army register.
escalamera, *f.* (naut.) rowlock.
escalamiento, *m.* (mil.) scaling.
escálamo, *m.* (naut.) thole, tholepin; rowlock.
escalar. I. *a.* & *m.* (math.) scalar. **II.** *va.* to scale; to enter surreptitiously.
escaldado, da. I. *pp.* of ESCALDAR. **II.** *a.* cautious, suspicious, wary. **III.** *f.* loose and lewd woman.
escaldar, *va.* to burn, scald; to make red-hot.
escaleno, na, *a.* (anat., geom.) scalene.
escalentamiento, *m.* (vet.) foot inflammation.
escalera, *f.* staircase; stair; ladder; sloats of a cart.—**e. de caracol,** winding stair.—**e. de costado,** (naut.) quarter-deck ladder.—**e. de desahogo** = E. EXCUSADA.—**e. de mano,** ladder.—**e. de servicio,** service stairs.—**e. excusada,** or **falsa,** stairs leading to bedrooms or family apartments.—**e. real** = E. DE COSTADO.—**escalereja,** *f. dim.* small ladder; stepladder; (mech.) rack; drenching instrument.—**en escalereja,** in degrees; stepped.—**escalerilla,** *f.* = ESCALEREJA.—**escalerón,** *m. aug.* large staircase.
escaleta, *f.* frame for raising carriages.
escalfado, da. I. *pp.* of ESCALFAR. **II.** *a.* poached (eggs).
escalfador, *m.* barber's pan; water heater; chafing dish.
escalfar, *va.* to poach (eggs).
escalfarote, *m.* wide boot lined with hay.
escalfeta, *f.* small pan for live coals; chafing dish; dish warmer.
escalímetro, *m.* (nuclear phys.) scaler.
escalinata, *f.* (arch.) perron, high stoop.
escalio, *m.* land abandoned for tillage.
escalmo, *m.* barlock, rowlock.
escalofriado, da, *a.* shivering, chilled.
escalofrío, *m.* chill.
escalón, *m.* stair; step of a stairway; stepping stone; rank, degree of dignity; (mil.) echelon.
escalonado, da, *a.* stepped.
escalonar, *va.* (mil.) to form in echelon; to step.
escaloña, *f.* (bot.) eschalot, shalot, scallion.
escalpar, *va.* to scalp.
escalpelo, *m.* (surg.) scalpel, dissecting knife.
escalplo, *m.* currier's or tanner's knife.
escama, *f.* fish scale; small scaly piece in ancient armors; any scaly formation; resentment, grudge.
escamada, *f.* embroidery in the shape of scales.
escamado, *m.* work in the shape of scales.
escamadura, *f.* scaling (a fish); arousing suspicion.
escamar. I. *va.* to scale (fish); (coll.) to cause suspicion. **II.** *vn.* to embroider scale or shell

fashion. **III.** *vr.* to have learned by painful experience.
escamel, *m.* sword-maker's anvil.
escamocho, *m.* remnants of a meal; (of bees) after-swarm.
escamonda, *f.* (agr.) pruning.
escamondadura, *f.* pruned branches.
escamondar, *va.* to prune, lop; to trim.
escamondo, *m.* pruning or clearing of trees.
escamonea, *f.* (bot.) scammony.
escamoneado, da, *a.* pertaining to scammony.
escamonearse, *vr.* (coll.) to be suspicious.
escamosidad, *f.* scaliness.
escamoso, sa, *a.* scaly, squamous.
escamotar, *va.* in juggling, to palm; to rob by artful means, to "play for a sucker."
escamoteador, ra, *n.* juggler, prestidigitator, conjurer; sharp, swindler.
escamotear, *va.* = ESCAMOTAR.—**escamoteo,** *m.* juggling, sleight of hand; exploitation, getting money from others by artful means, swindling.
escampada, *f.* stampede.
escampado, da. I. *pp.* of ESCAMPAR. **II.** *a.* open, clear.
escampar. I. *vn.* to stop raining; (of the sky) to clear up; to leave off working. **II.** *va.* to clear out.
escampavía, *f.* (naut.) tender; revenue cutter.
escampo, *m.* clearing out; clearing up (of rain).
escamudo, da, *a.* full of scales.
escamujar, *va.* to prune.—**escamujo,** *m.* lopped-off olive branch; time of pruning olive trees.
escancia, *f.* pouring or serving wine.
escanciador, ra, *n.* cupbearer.
escanciar, *va.* to pour, serve, or drink (wine).
escanda, *f.* (bot.) spelt-wheat.
escandalar, *m.* (naut.) room for the compass.
escandalicé, escandalice, *v. V.* ESCANDALIZAR.
escandalizador, ra, *n.* & *a.* scandalizer(-ing).
escandalizar. I. *va.* (*pret.* ESCANDALICÉ; *subj.* ESCANDALICE) to scandalize, shock. **II.** *vr.* to be shocked, scandalized; to be irritated.
escandalizativo, va, *a.* scandalous.
escándalo, *m.* scandal; licentiousness; tumult, commotion; astonishment.
escandalosa, *f.* (naut.) gaff sail.
escandaloso, sa, *a.* scandalous; turbulent.
escandallar, *va.* (naut.) to sound.
escandallo, *m.* (naut.) deep-sea lead; proof, trial, experiment.
escandia, *f.* (bot.) Cienfuegos wheat.
escándico, ca, *a.* (chem.) scandic.
escandina, *f.* (min.) scandia, scandium oxide.
escandinavo, va, *n.* & *a.* Scandinavian.
escandio, *m.* (chem.) scandium, a rare metal.
escandir, *va.* (poet.) to scan.
escanilla, *f.* cradle.
escansión, *f.* (poet.) scansion.
escantillar, *va.* to gauge; to measure from a point or line; to measure off; to hew by patterns.—**escantillón,** *m.* pattern, templet; rule.
escaña, *f.* (bot.) St. Peter's corn.
escaño, *m.* bench with a back; (naut.) sheer-rail.
escañuelo, *m.* footstool.
escapado, da. I. *a.* escaped, loose. **II.** *n.* escapee; *f.* escapade, escape, flight.—**en una e.,** in a minute, in a jiffy.
escapamiento, *m.* = ESCAPADA.
escapar. I. *va.* to drive (a horse) at great speed. **II.** *vn.* & *vr.* to escape, to flee; to run away; to make one's escape; (of a regrettable remark, etc.) to slip out.—**e. en una tabla,** to have a narrow escape.
escaparate, *m.* press, glass case, cupboard, cabinet, wardrobe; show window.—**escaparatico,** *m. dim.* little cupboard, cabinet or wardrobe.
escaparatista, *n.* window dresser.
escapatoria, *f.* escape, fleeing, flight; excuse, evasion, subterfuge; loophole, way out (of difficulty, etc.).
escape, *m.* escape, flight; subterfuge, evasion; escapement (of a watch); exhaust (of steam eng., etc.).—**a e.,** or **a todo e.,** at full speed, in great haste.—**de e.,** (of steam eng.) exhaust (as *a.*).
escapismo, *m.* escapism.
escapista, *n.* escapist.
escapo, *m.* (arch.) shaft of a column.
escápula, *f.* (anat.) scapula, shoulder blade.
[1]**escapular,** *a.* scapular.
[2]**escapular,** *va.* (naut.) to clear (a cape).
escapulario, *m.* (eccl.) scapulary, a sort of cape.
escaque, *m.* any of the squares of a chessboard; (her.) any of the squares of a coat of arms.—*pl.* chess.—**escaqueado, da,** *a.* checkered.
escara, *f.* (surg.) eschar, scab, slough.
escarabajear. I. *vn.* to crawl to and fro like insects; to scrawl, scribble. **II.** *va.* (coll.) to worry, harass.
escarabajo, *m.* (entom.) beetle, dorbug; scarab, (anc. Egypt) scarabæus; (metal.) flaw.—*pl.* scrawl.—**e. buprestido,** (entom.) buprestid beetle.—**e. pelotero,** (entom.) tumblebug.
escarabajuelo, *m. dim.* (entom.) small beetle; (entom.) vine beetle.
escarabídeo, dea, *a.* & *m.* scarabæid.
escaramucear, *vn.* to skirmish.
escaramujo, *m.* (bot.) dog-rose, hep tree; hep; (zool.) goose barnacle.
escaramuza, *f.* (mil.) skirmish; dispute, quarrel.
escaramuzador, ra, *n.* skirmisher; disputer.
escaramuzar, *vn.* to skirmish.
escarapela, *f.* cockade, badge; quarrel ending in blows.
escarapelar. I. *vn.* & *vr.* (esp. of women) to dispute, wrangle, quarrel. **II.** *vr.* (Am.) to have the hair stand on end, get goose flesh.
escarbadero, *m.* scratching place (for animals).
escarbadientes, *m.* toothpick.
escarbador, ra, *n.* scratcher, scraper.
escarbadura, *f.* scratching.
escarbaorejas, *m.* earpick.
escarbar, *va.* to scrape or scratch (as fowls); to dig, dibble; to poke (the fire); to dig into, to investigate.—**escarbo,** *m.* scraping, scratching.
escarcela, *f.* large pouch; game bag; cuish; kind of headdress for women.
escarceo, *m.* small broken waves occasioned by currents.—*pl.* bounds and windings of spirited horses.
escarcina, *f.* a kind of cutlass.
escarcuñar, *va.* = ESCUDRIÑAR, to scrutinize.
escarcha, *f.* white frost, rime; frostwork.
escarchada, *f.* (bot.) ice plant, fig marigold.
escarchado, *m.* gold or silver embroidery; frosting on cakes.
escarchador, *m.* freezing tool.
escarchar. I. *vn.* to freeze, frost. **II.** *va.* to put frosting on; to dilute (potter's clay) with water.
escarcho, *m.* (ichth.) red surmullet.
escarda, *f.* weedhook, rubbing hoe; weeding.
escardadera, *f.* woman weeder; gardener's hoe.
escardador, ra, *n.* & *a.* weeder(-ing).
escardadura, *f.*, **escardamiento,** *m.* weeding.
escardar, escardillar, *va.* to weed; to weed out, root out.
escardillo, lla, *n.* small weedhook; gardener's hoe; thistledown.
escariador, *m.* reamer.
escariar, *va.* to ream.
escarificación, *f.* (surg.) scarification.
escarificador, *m.* (agr.) scarifier, harrow, cultivator; (surg.) scarificator.—**e. de discos,** (agr.) disk harrow.
escarificar, *va.* (surg. and agr.) to scarify.
escarioso, sa, *a.* (bot.) scarious.
escarizar, *va.* (surg.) to clean by taking away the scurf or scab.
escarlador, *m.* comb polisher.
escarlata, *f.* scarlet, red; cloth of a scarlet color; (med.) scarlet fever.
escarlatina, *f.* (com.) red or crimson woollen fabric; (med.) scarlatina.
escarmenador, *m.* comb for wool, etc.

escarmenar, *va.* to comb (wool, silk, etc.); to disentangle; to cheat.
escarmentado, da, *a.* taught by punishment or painful experience.
escarmentar. I. *vn.* (*ind.* ESCARMIENTO; *subj.* ESCARMIENTE) to be taught by experience, to take warning. **II.** *va.* to correct severely, to inflict an exemplary punishment on.
[1]**escarmiento,** *m.* warning, lesson, punishment.
[2]**escarmiento, escarmiente,** *v. V.* ESCARMENTAR.
escarnecedor, ra, *n.* & *a.* scoffer(-ing), scorner (-ing).
escarnecer, *va.* (*ind.* ESCARNEZCO; *subj.* ESCARNEZCA) to scoff, mock, ridicule, jeer, gibe.
escarnecidamente, *adv.* scornfully.
escarnecimiento, *m.* scoffing, derision.
escarnezco, escarnezca, *v. V.* ESCARNECER.
escarnio, *m.* scoff, gibe, jeer, mock.
[1]**escaro,** *m.* (ichth.) a kind of mutton fish.
[2]**escaro, ra,** *a.* having crooked feet.
escarola, *f.* (bot.) endive; ruff, frill.
escarolado, da, *a.* curled, frilled.
escarolar, *va.* to frill, ruffle.
escarótico, ca, *a.* (surg.) escharotic, caustic.
escarpa, *f.* declivity, slope, bluff, cliff; (mil.) scarp.
escarpado, da. I. *pp.* of ESCARPAR. **II.** *a.* steep, craggy, rugged.
escarpadura, *f.* escarpment; bluff, cliff.
[1]**escarpar,** *va.* to rasp (works of sculpture).
[2]**escarpar,** *va.* (mil.) to escarp.—**escarpe,** *m.* escarpment; (arch.) scarf of a wall; scarf joint.
escarpelo, *m.* rasp; (surg.) scalpel.
escarpia, *f.* tenterhook, meat hook; spike.
escarpiador, *m.* clamp, fastener; ESCARPIDOR.
escarpidor, *m.* large-toothed comb.
escarpín, *m.* thin-soled shoe; dancing pumps; woollen slippers.
escarpión.—en e., in the form of a tenterhook.
escarza, *f.* (vet.) sore in the hoofs.
escarzano, *a.*—**arco e.,** (arch.) segment arch.
escarzar, *va.* (bee culture) to remove honeycombs from (a hive).
[1]**escarzo,** *n.* (bee culture) black comb without honey; operation and time of removing honey from a hive; floss silk.
[2]**escarzo, za,** *a.* (vet.) lame from hoof sores.
escasear. I. *va.* to give sparingly; to spare, to husband. **II.** *vn.* to be scarce; to diminish.
escasez, *f.* scarcity, shortage; poverty, want.
escaso, sa, *a.* small, limited; little; sparing, parsimonious, niggardly; scarce, scanty, short.
escatimado, da. I, *pp.* of ESCATIMAR. **II.** *a.* little, scanty.
escatimar, *va.* to curtail, lessen; to misinterpret.
escatimoso, sa, *a.* cunning, malicious.
escatófago, ga, *a.* (nat. hist.) scatophagous.
[1]**escatología,** *f.* scatology.
[2]**escatología,** *f.* eschatology, doctrine of ultimates.
[1]**escatológico, ca,** *a.* scatologic.
[2]**escatológico, ca,** *a.* eschatologic.
escaupil, *m.* (Mex.) ancient padded armor.
escavanar, *va.* (agr.) to loosen and weed (the ground) with a grub hoe.
escayola, *f.* stucco, plasterwork.
escena, *f.* stage; scenery; scene; sight, view; incident, episode.
escenario, *m.* (theat.) stage, "boards."
escénico, ca, *a.* scenic, pertaining to the stage.
escenificación, *f.* (theat., fig.) staging.
escenificar, *va.* (theat., fig.) to stage.
escenografía, *f.* scenography.
escenográficamente, *adv.* scenographically.
escenográfico, ca, *a.* scenographic.
escenógrafo, *m.* scenographer.
escepticismo, *m.* skepticism.
escéptico, ca, *n.* & *a.* skeptic.
esciagrafía, *f.* skiagraphy.
esciágrafo, *m.* skiagraph.
escila, *f.* (bot.) squill.
escinco, *m.* (zool.) skink, a lizard.
escintilación, *f.* (chem.) scintillation.
escirro, *m.* (med.) scirrhus, a tumor.
escirroso, sa, *a.* (med.) scirrhous.
escisión, *f.* division; schism; (surg.) excision; (chem., phys.) fission.
escita, *n.* & *a.*; **escítico, ca,** *a.* Scythian.
esclarecedor, ra, *n.* & *a.* enlightener(-ing).
esclarecer. I. *va.* (*ind.* ESCLAREZCO; *subj.* ESCLAREZCA) to lighten, illuminate; to enlighten; elucidate; to ennoble. **II.** *vn.* to dawn.
esclarecidamente, *adv.* illustriously.
esclarecido, da, *a.* illustrious, prominent.
esclarecimiento, *m.* enlightening; elucidation; dawn; ennoblement; merit, worth.
esclarezco, esclarezca, *v. V.* ESCLARECER.
esclavicé, esclavice, *v. V.* ESCLAVIZAR.
esclavina, *f.* pilgrim's cloak; collar worn by priests; tippet; cape.
esclavista, *a.* pro-slavery.
esclavitud, *f.* slavery.
esclavizar, *va.* (*pret.* ESCLAVICÉ; *subj.* ESCLAVICE) to enslave.
esclavo, va, *n.* slave.—**e. ladino,** formerly, one who had been a slave for more than a year.
escleroftalmia, *f.* (med.) sclerophthalmia.
escleroma, *m.* (med.) scleroma.
esclerosis, *f.* (med.) sclerosis.—**e. cerebroespinal,** (med.) insular sclerosis.—**e. múltiple,** (med.) multiple sclerosis.
escleroso, sa, *a.* sclerotic.
esclerótica, *f.* (anat.) sclera.
esclerotitis, *f.* (med.) sclerotitis.
esclerotomía, *f.* (surg.) sclerotomy.
esclusa, *f.* lock; sluice; floodgate; milldam.
escoa, *f.* (naut.) bend of a ship's rib.
escoba, *f.* broom; (bot.) Spanish broom.
escobada, *f.* sweep, sweeping.
escobadera, *f.* woman sweeper.
[1]**escobajo,** *m.* old broom.
[2]**escobajo,** *m.* stalk of a bunch of grapes.
[1]**escobar,** *va.* to sweep with a broom.
[2]**escobar,** *m.* (bot.) broom field.
escobazar, *va.* to sprinkle with a broom.
escobazo, *m.* blow with a broom.—**echar a escobazos,** to dismiss harshly or roughly, (fig.) to kick out.
escobén, *m.* (naut.) hawse hole.
escobera, *f.* (bot.) Spanish broom.
escobero, ra, *n.* broom maker or seller.
escobeta, *f.* small brush.
escobilla, *f.* brush; whisk, small broom; (bot.) bur of the teasel; gold or silver sweepings; (elec.) brush (of a dynamo).
escobillón, *m.* (mil.) merkin; swab.
escobina, *f.* chips cut in boring; filings.
escobo, *m.* brushwood, briers, brambles.
escobón, *m. aug.* large broom; (naut.) Turk's-head, a kind of knot; scrubbing brush; swab.
escocedura, *f.* burning pain.
escocer. I. *vn.* (*ind.* ESCUECE; *subj.* ESCUEZA) to feel a sharp, burning pain; to smart. **II.** *vr.* to smart; to chafe.
escocés, sa, *n.* & *a.* Scotch.
escocia, *f.* (arch.) scotia; (com.) codfish; (E.) Scotland.
escociante, *a.* tingling; atingle; itching.
escocimiento, *m.* smart, sharp pain.
escoda, *f.* stonecutter's hammer.
escodar, *va.* to hew or cut (stones).
escofieta, *f.* = ESCOFIA.
escofina, *f.* rasp, file; wood rasp.
escofinar, *va.* to rasp.
escogedor, ra, *n.* & *a.* chooser(-ing).
escoger, *va.* (*ind.* ESCOJO; *subj.* ESCOJA) to choose, select, pick out, sort; elect.
escogidamente, *adv.* choicely, selectly; nicely.
escogido, da, *pp.* & *a.* chosen, choice, select.
escogimiento, *m.* selection, choice, choosing; sorting, separation.
escojo, escoja, *v. V.* ESCOGER.
escolar. I. *n.* pupil, student. **II.** *a.* scholastic. school (as *a.*).

escolasticismo, *m.* scholasticism.
escolástico, ca. I. *a.* scholastic, scholastical; school (as *a.*). **II.** *n.* Scholastic, Schoolman.
escoliador, ra, *n.* scholiast, writer of comments.
escoliar, *va.* to gloss, explain, comment.
escoliasta, *n.* = ESCOLIADOR.
escolimado, da, *a.* (coll.) weak, delicate.
escolimoso, sa, *a.* (coll.) fastidious, hard to please, fussy.
escolio, *m.* scholium; gloss, commentary.
escoliosis, *f.* (med.) scoliosis, a spinal curvature.
escolopendra, *f.* (entom.) scolopendra, centipede; a marine worm; (bot.) spleenwort.
escolta, *f.* escort, convoy, guard.
escoltar, *va.* to escort, convoy, guard.
escollera, *f.* breakwater, jetty; cliff.
escollo, *m.* reef; difficulty, danger.
escombra, *f.* clearing, removal of obstacles.
escombrar, *va.* to clear of rubbish; to clean.
escombrera, *f.* (min.) refuse dump.
[1]**escombro,** *m.* rubbish, a small inferior raisin.
[2]**escombro,** *m.* (ichth.) mackerel.
escomerse, *vr.* to wear out.
esconce, *m.* corner, angle.
escondedero, *m.* hiding or lurking place.
esconder. I. *va.* to hide, conceal; to include, contain. **II.** *vr.* to hide; to skulk.
escondidamente, *adv.* secretly, hiddenly.
escondidas, escondidillas.—a e., on the sly, hiddenly.
escondimiento, *m.* concealment.
escondite, *m.*, **escondrijo,** *m.* lurking place; hiding place.—**jugar al e.,** to play hide and seek.
esconzado, da, *a.* angular, oblique.
escopeta, *f.* shotgun.—**e. de aire comprimido,** air rifle or gun.—**e. de dos cañones,** double-barrel gun.
escopetar, *va.* to dig out (gold mines).
escopetazo, *m.* gunshot; gunshot wound.
escopetear, *va.* to shoot at with a shotgun; to compliment, pay compliments to.
escopeteo, *m.* gunshot fire.
escopetería, *f.* infantry armed with guns; repeated gunshots.
escopetero, *m.* gunner, musketeer; gunsmith.
escopetilla, *f. dim.* small gun.
escopladura, escopleadura, *f.* mortise hole, chisel cut.
escoplear, *va.* to chisel, mortise, notch.
escoplillo, ito, *m. dim.* small chisel.
escoplo, *m.* chisel.
escopolamina, *f.* (pharm.) scopolamine, truth serum or drug.
escora, *f.* (naut.) stanchion, bilge head, prop, outrigger; (naut.) central line of a vessel; (naut.) tilt.—**e. lateral,** (aer.) rolling.
escorar. I. *va.* (naut.) to prop, to shore up. **II.** *vn.* (naut.) to list, to heel.
escorbútico, ca, *a.* scorbutic, scorbutical.
escorbuto, *m.* (med.) scurvy.
escorchapín, *m.* passage boat, ferry.
escorchar, *va.* to flay, to skin.
escordio, *m.* (bot.) water germander.
escoria, *f.* dross, slag, scoria; lee; mean or worthless thing.—*pl.* scoriæ, volcanic ashes.
escoriáceo, cea, *a.* scoriaceous.
escoriación, *f.* = EXCORIACIÓN, flaying.
escorial, *m.* dumping place for dross; slag heap.
escoriar, *va.* = EXCORIAR, to flay.
escorificación, *f.* (chem.) scorification.
escorificar, *va.* (chem.) to scorify, reduce to scoria or slag.
escoriforme, *a.* scoriform.
escorpena, escorpina, *f.* (ichth.) grouper.
escorpioide, *f.* (bot.) scorpion grass.
escorpión, *m.* (entom.) scorpion; (ichth.) fish resembling a grouper; ancient ballister; (E-, astr.) Scorpion; cat-o'-nine-tails with metal points.
escorpionídeo, dea, *a.* & *m.* (zool.) scorpionid.
escorrozo, *m.* (coll.) pleasure, enjoyment.
escorzado, *m.* (art) foreshortening.
escorzar, *va.* (art) to foreshorten.
escorzo, *m.* (art) foreshortening.
escorzón, *m.* toad.
escorzonera, *f.* (bot.) viper root or garden viper grass.
[1]**escota,** *f.* stonecutter's hammer.
[2]**escota,** *f.* (naut.) sheet.
escotado, *m.* = ESCOTADURA.
escotadura, *f.* low cut in the neck (of a dress); armhole in armor; large trapdoor of a stage.
[1]**escotar,** *va.* to cut (a dress) low in the neck; to draw (water) by a trench.
[2]**escotar,** *va.* to club together, contribute to a common cause.
[1]**escote,** *m.* low neck, décolleté; tucker.
[2]**escote,** *m.* share, quota.
escotera, *f.* (naut.) sheet hole.
escotero, ra, *a.* free, disengaged, unburdened.
escotilla, *f.* (naut.) hatchway.
escotillón, *m.* scuttle, trapdoor; stage trap.
escotín, *m.* (naut.) topsail sheet.
escotismo, *m.* Scotism (doctrines of Scotus).
escotista, *n.* Scotist.
escotoma, *m.* (med.) scotoma, blind or dark spot.
escotomía, *f.* (med.) scotomy.
escozor, *m.* smart, sharp pain, burning, smarting; grief, affliction.
escriba, *m.* scribe, among the Hebrews.
escribanía, *f.* office or employment of an actuary or scrivener; escritoire, scrutoire; portable writing case; ornamental inkstand.
escribano, *m.* actuary.—**e. de cámara,** clerk of a high court of justice.—**e. del agua,** (entom.) water skater.—**e. de número,** or **del número,** one of a certain number of notaries public.
escribido, *pp. reg.* of ESCRIBIR, used only in the idiom **leído y escribido,** (coll.) would-be learned, posing as learned.
escribidor, ra, *n.* would-be writer, scribbler.
escribiente, *m.* & *f.* amanuensis, clerk.
escribir. I. *va.* (*pp. irreg.* ESCRITO) to write.—**e. a máquina,** to type. **II.** *vr.* to enroll oneself; to carry on correspondence with each other.
escriño, *m.* straw hamper; jewel box, casket.
escrita, *f.* (ichth.) spotted skate fish.
escritillas, *f. pl.* lamb's fries.
escrito, ta. I. *pp. irreg.* of ESCRIBIR. **II.** *m.* writing; manuscript; literary composition; (law) writ; brief.—**por e.,** in writing.
escritor, ra, *n.* writer, author.—**escritorcillo, lla,** *n. dim.* petty writer, writer of no account.
escritorio, *m.* writing desk; countinghouse; office, study.
escritura, *f.* writing, handwriting, penmanship; deed, indenture, instrument; (E-) Scripture.—**e. de seguro,** insurance policy.
escriturar. I. *va.* (law) to bind by deed; to indenture; to engage (as an artist). **II.** *vr.* to sign articles.
escriturario, ria. I. *a.* (law) scriptory, scriptorian; scriptural. **II.** *n.* scripturist.
escrófula, *f.* (med.) scrofula.
escrofularia, *f.* (bot.) figwort.
escrofulariáceo, cea, *a.* (bot.) scrophulariaceous.
escrofulismo, *m.* (med.) scrofulism.
escrofuloso, sa, *a.* scrofulous.
escrotal, *a.* (anat.) scrotal.
escroto, *m.* scrotum.
escrupulillo, *m. dim.* slight scruple; jingle.
escrupulizar, *vn.* to scruple, doubt, hesitate.
escrúpulo, *m.* scruple, hesitation; scrupulosity, conscientiousness; (pharm.) scruple, a small weight (20 gr.).
escrupulosamente, *adv.* scrupulously; precisely, minutely, thoroughly.
escrupulosidad, *f.* scrupulosity, conscientiousness; exactness, nicety, thoroughness.
escrupuloso, sa, *a.* scrupulous, conscientious; nice, exact, thorough; hypercritical, squeamish.
escrutador, ra, *n.* examiner, inquirer, searcher; inspector of an election.
escrutar, *va.* to count (votes); to scrutinize.

escrutinio, *m.* scrutiny, investigation; election returns.
escrutiñador, *m.* scrutator, investigator.
escuadra, *f.* carpenter's square; drawing triangle; angle iron; knee, angle brace; (mil.) squad; (naut.) squadron, fleet.—**e. de agrimensor,** (surv.) cross-staff.—**e. sutil,** light coastguard fleet.—**a e.,** square, at right angles.—**falsa e.,** bevel square.—**fuera de e.,** out of square, at an oblique angle.
escuadración, *f.* squaring.
escuadrador, *m.* squaring tool; groover.
escuadrar, *va.* (carp.) to square.
escuadreo, *m.* squaring, quadrature.
escuadría, *f.* scantling of timber; square.
escuadrilla, *f.* (aer., naut.) escadrille.
escuadro, *m.* = ESCRITA, (ichth.) spotted skate.
escuadrón, *m.* (mil.) squadron, troop of horse.—**e. volante,** (mil.) flying column.
escuadronar, *va.* to form in squadrons.
escuadronista, *m.* (mil.) tactician.
escualidez, *f.* squalor, wretchedness.
escuálido, da, *a.* weak, languid; squalid, filthy.
escualo, *m.* (ichth.) spotted dogfish; shark.
escualor, *m.* squalor, filthiness.
escucha, *f.* (mil.) scout; vedette; sentinel, sentry; in convents, a chaperon; listening hole.
escuchador, ra; escuchante, *n.* listener.
escuchar. I. *va.* to listen to; to mind, heed. **II.** *vn.* to listen. **III.** *vr.* to speak with affected pauses.
escudar, *va.* to shield, protect, defend.
escuderaje, *m.* service of a page or footman.
escuderear, *va.* to serve as a page or squire to.
escudería, *f.* service of a page or squire.
escuderil, *a.* pertaining to a page or squire.
escudero, *m.* shield bearer, squire, page; gentleman of illustrious ancestry; shield maker.
escuderón, *m.* conceited squire.
escudete, *m.* escutcheon; gusset; rain stain on olives; (bot.) white water lily.
escudilla, *f.* bowl, large cup.
escudillar, *va.* to pour into bowls; to lord it over, domineer.
escudillo, ito, *m. dim.* small shield; a gold coin.
escudo, *m.* shield, buckler, escutcheon, coat of arms; escutcheon of a lock or knocker; shield, protection; monetary unit of Portugal; bandage used in bleeding; sideplate of a gun; (naut.) backboard of a boat.—**e. de armas,** arms (on a flag, etc.).—**e. de popa,** (naut.) stern escutcheon.
escudriñador, ra, *n.* & *a.* prier(-ying); scrutinizer(-ing), searcher(-ing); investigator(-ing).
escudriñamiento, *m.* investigation, scrutiny.
escudriñar, *va.* to scrutinize, search, pry into.
escuece, *v. V.* ESCOCER.
escuela, *f.* school; schoolhouse; (art) school, style; experience, training.—**e. de artes y oficios** or **práctica,** vocational school.—**e. de baile,** dancing school.—**e. de derecho,** law school.—**e. de internos,** boarding school.—**e. de medicina,** medical school.—**e. dominical,** Sunday school.—**e. normal,** normal school.—**e. parroquial,** parochial school.—**e. particular,** private school.—**e. politécnica,** politechnic institute or school.—**e. primaria,** primary and grammar school.—**e. pública,** (U. S.) public school.—**e. secundaria,** high school.—**e. superior,** institution of higher learning or of professional studies (college, university, etc.).
escuerzo, *m.* (zool.) toad; (coll.) flabby person.
escueto, ta, *n.* disengaged, free from encumbrances; solitary, uninhabited.
esculcar, *va.* to spy, to watch; to search; (Am.) to search the pockets of.
esculpidor, ra, *n.* engraver.
esculpir, *va.* & *vn.* to sculpture; to engrave.
escultor, *m.* sculptor.—**escultora,** *f.* sculptress.
escultórico, ca, *a.* sculptural.
escultura, *f.* sculpture; carved work.
escultural, *a.* sculptural.
escullador, *m.* dipper for oil.
escupidera, *f.* spittoon, cuspidor.
escupidero, *m.* spitting place; disgraceful situation.
escupido, da. I. *pp.* of ESCUPIR. **II.** *m.* spittle.
escupidor, ra, *n.* great spitter.
escupidura, *f.* spitting, spittle; fever sore.
escupir, *va.* & *vn.* to spit; to break out on the skin; to fling, cast away; to work out, throw off.
escupitajo, *m.,* **escupitina,** *f.,* **escupitinajo,** *m.* (coll.) spit.
escurar, *va.* to scout (cloth) before milling.
escurialense, *a.* belonging to, or like, the Escorial (a famous Spanish monastery).
escurreplatos, *m.* dish-draining rack.
escurribanda, *f.* (coll.) evasion, subterfuge; diarrhœa; scuffle, bustle.
escurrida, *a.* wearing tight-fitting skirts; having narrow hips.
escurridero, *m.* drain pipe or conduit (in mines); draining or wringing place.
escurridizo, za, *a.* slippery; difficult to hold.
escurridor, *m.* colander; ESCURREPLATOS.
escurriduras, escurrimbres, *f. pl.* rinsings (as of wine): lees, dregs.
escurrimiento, *m.* dripping, running off; sneaking out; trickle.
escurrir. I. *va.* to drain off (liquid) from; to wring (as clothes).—**e. el bulto,** to sneak away. **II.** *vr.* to drop, drip, ooze, leak, trickle; to slip, slide, glide; to escape, slip out, sneak away.
escutiforme, *a.* scutiform.
esdrújulo, la, *a.* (gram.) (word) accented on the antepenultimate syllable.
[1]**ese,** *f.* name of the letter *s*; link of a chain having the shape of an *s*.—*pl.* **eses,** reeling of a drunken man (gen. in the phrase **hacer eses,** to reel).
[2]**ese,** *m.,* **esa,** *f.* (*pl.* **esos, esas**), *a.* that (*pl.* those), as *ese hombre,* that man: *esas mujeres,* those women.
ése, *m.,* **ésa,** *f.* (*pl.* **ésos, ésas**), *dem. pron.* that (one) (*pl.,* those), as *tengo ése,* I have that one; *dame ésas,* give me those. *V.* ESA.
esecilla, *f. dim.* small link of a chain.
esencia, *f.* essence, being; (chem.) essence, perfume.—**esencial,** *a.* essential.
esfacelado, da, *a.* sphacelate.
esfacelar, *va.* & *vn.* (med.) to sphacelate, mortify.
esfacelo, *m.* (med.) sphacelus.
esfagníneo, nea. I. *a.* (bot.) sphagneous. **II.** *f.* (bot.) sphagnum.
esfalerita, *f.* (min.) sphalerite, zincblende.
esfenoidal, *a.* (anat.) sphenoidal.
esfenoides, *m.* (anat.) sphenoid bone.
esfera, *f.* sphere; clock dial; quality, condition, rank; (poet.) heaven.—**e. armilar,** armillary sphere.—**e. celeste,** celestial sphere.—**e. de actividad,** sphere of action.—**e. paralela,** (astr.) parallel sphere.—**e. recta,** (astr.) right sphere.
esferal, *a.* = ESFÉRICO.
esfericidad, *f.* sphericity.
esférico, ca, *a.* spherical.
esferoidal, *a.* spheroidal.
esferoide, *f.* spheroid.
esferómetro, *m.* spherometer.
esfígmico, ca, *a.* (physiol.) sphygmic.
esfigmógrafo, *m.* sphygmograph.
esfigmomanómetro, *m.* sphygmomanometer.
esfigmómetro, *m.* sphygmometer.
esfinge, *f.* sphinx.—**esfíngido, da,** *a.* sphinxlike.
esfínter, *m.* (anat.) sphincter.
esforcé, *pret.* of ESFORZAR.
esforrocinar, *va.* to remove the ESFORROCINOS from.
esforrocino, *m.* sprig shooting from the trunk of a vine.
esforzado, da. I. *pp.* of ESFORZAR. **II.** *a.* strong, vigorous; brave; enterprising.
esforzador, ra, *n.* & *a.* encourager(-ing).
esforzar. I. *va.* (*ind. pres.* ESFUERZO, *pret.* ESFORCÉ; *subj.* ESFUERCE) to strengthen, invigorate; to encourage. **II.** *vr.* to exert oneself, make efforts, try hard.

[1]**esfuerzo,** *m.* courage, spirit, vigor; effort, strong endeavor; (eng.) stress.—**e. cortante,** (eng.) shear, shearing stress.
[2]**esfuerzo,** *v. V.* ESFORZAR.
esfumado, da. I. *pp.* of ESFUMAR. **II.** *a.* (art) sfumato.
esfumar. I. *va.* (art) to stump. **II.** *vr.* to evanesce, vanish.
esfumino, *m.* (art) stump (for shading).
esgarrar, *va.* & *vn.* to raise phlegm; to clear one's throat.
esgrafiado, *m.* (art) graffito.
esgrafiar, *va.* to decorate with graffito; to scratch on with a graffito tool or graver.
esgrima, *f.* fencing (the art).
esgrimidor, *m.* fencer or fencing master.
esgrimidura, *f.* fencing (the act).
esgrimir, *va.* to wield (a weapon).
esgrimista, *n.* (Am.) fencer; (Chile) sponger.
esguazable, *a.* fordable.
esguazar, *va.* to ford (as a river).—**esguazo,** *m.* fording.
esgucio, *m.* (arch.) quarter-round molding.
esguín, *m.* young salmon before entering sea.
esguince, *m.* dodging, dodge; frown; twist or sprain of a joint.
esguízaro, ra, *n.* & *a.* Swiss.—**pobre e.,** ragamuffin.
eslabón, *m.* link of a chain; steel for striking fire with a flint; table steel; name of a very poisonous scorpion.
eslabonado, da, *a.* concatenate; chained.
eslabonador, *m.* chain maker.
eslabonamiento, *m.* linking, uniting; connection, sequence, concatenation.
eslabonar, *va.* to link, interlink; to join, unite, to connect, concatenate.
eslavismo, *m.* Slavism.
eslavo, va, *n.* & *a.* Slav.
eslinga, *f.* (naut.) sling, span.
eslingar, *va.* (naut.) to sling up, hoist.
eslora, *f.* (naut.) length of a ship.—*pl.* binding strakes of the deck.
eslovaco, ca, *n.* & *a.* Slovakian.
esloveno, na, *n.* & *a.* Slovene.
esmaltador, ra, *n.* enameller.
esmaltadura, *f.* enamelling; enamel work.
esmaltar, *va.* to enamel; to adorn, embellish.
esmalte, *m.* enamel; enamel work; smalt.
esmaltín, *m.* smalt, a dark blue pigment.
esmaltina, *f.* (min.) smaltite.
esmerado, da. I. *pp.* of ESMERAR. **II.** *a.* careful, painstaking, carefully done.
esmeralda, *f.* emerald.
esmeraldino, na, *a.* emeraldlike (gen. in color).
esmerar. I. *va.* to polish, to brighten. **II.** *vr.* (**con** or **en**) to do one's best, to take pains (with).
esmerejón, *m.* (ornith.) merlin; small-caliber gun.
[1]**esmeril,** *m.* small-caliber gun.
[2]**esmeril,** *m.* emery.
esmerilador, ra, *n.* & *a.* grinder(-ing). *f.* grinding machine.
esmerilar, *va.* to burnish, to polish with emery, to grind.
esmero, *m.* careful attention, painstaking.
esmiláceo, cea. I. *a.* (bot.) smilacaceous. **II.** *m.* (bot.) smilax.
esmoladera, *f.* whetstone.
esmuciarse. *vr.* to slip from the hands.
esnob. I. *a.* snobbish. **II.** *n.* snob.
esnobismo, *m.* snobbery, snobbishness, snobbism.
eso, *dem. pron. neut.* that (that thing, fact, etc.).—**e. de,** that matter of; AQUELLO DE.—**e. es,** that's it; that's right.—**e. mismo,** the very thing.—**a e. de,** toward, about.—**no es e.,** it isn't that.—**por e.,** for that; for that reason, on that account.—**por e. es por lo que** (or, incorrectly but commonly, **por e. es que**), that is the reason that, that is why.
esofágico, ca, *a.* esophageal.
esófago, *m.* (anat.) esophagus, gullet.
esotérico, ca, *a.* esoteric; confidential, secret.
espabiladeras, *f. pl.* (candle) snuffers.
espabilar, *va.* to snuff (a candle).
espaciador, *m.* spacer, space bar.
espacial, *a.* spatial.
espaciar. I. *va.* to space; diffuse, expand, dilate, spread; (print.) to lead; to space. **II.** *vr.* to walk to and fro; to amuse oneself; to cheer up; to expatiate.
espacio, *m.* space; room, capacity; slowness, delay; blank, (empty) space; (mus.) interval.—**e. aéreo,** air space.—**e. interestelar,** interstellar space.—**e. sideral,** sidereal space.—**e. ultraterrestre,** outer space.
espaciosidad, *f.* spaciousness, capacity.
espacioso, sa, *a.* spacious, roomy, ample; slow, deliberate.
espada, *f.* sword; blade, rapier; swordsman; (cards) spade; (ichth.) swordfish; matador, bullfighter who kills the bull.—**entre la e. y la pared,** between the devil and the deep sea.
espadachín, *m.* dexterous swordsman; bully, hackster.
espadador, *m.* hemp beater.
espadaña, *f.* (bot.) reed mace; belfry.
espadañada, *f.* regurgitation; spewing.
espadañal, *m.* place where reed mace grows.
espadañar, *va.* to spread out (the tail feathers).
espadar, *va.* to brake, scutch, swingle.
espadarte, *m.* (ichth.) swordfish.
espadería, *f.* sword cutler's shop.
espadero, *m.* sword cutler, bladesmith.
espadíceo, cea, *a.* (bot.) spadiceous.
espádice, *m.* (bot.) spadix.
espadilla, *f.* red insignia of the order of Santiago; swingle, hemp brake; (naut.) scull, oar used as helm; (cards) ace of spades; hair bodkin; (Am.) (bot.) corn flag.
espadillar, *va.* to brake, scutch, swingle.
espadillazo, *m.* bad luck at cards.
espadín, *m.* small gala sword; rapier.
[1]**espadón,** *m. aug.* spadone, large sword, broadsword.
[2]**espadón,** *m.* eunuch.
espadrapo, *m.* = ESPARADRAPO, court-plaster.
espagírica, *f.* metallurgy.
espagírico, ca, *a.* metallurgic.
espahí, *m.* (mil.) spahi.
espalación, *f.* (phys.) spallation.
espalda, *f.* (anat.) back, shoulders; (fort.) shoulder of a bastion.—*pl.* back or back part; (mil.) rearguard.—**a. espaldas,** or **a espaldas vueltas,** treacherously.—**de espaldas,** backwards, on one's (its) back; from behind.—**hablar por las espaldas de uno,** to talk behind one's back.—**por la e.,** from behind; in the back; behind one's back.
espaldar, *m.* backplate of a cuirass; back of a seat; espalier in gardens.—*pl.* tapestry hangings against which chairs lean.
espaldarazo, *m.* accolade; light blow on the back.
espaldarcete, *m.* palette in ancient armor.
espaldarón, *m.* backplate in armor.
espaldear, *va.* (naut.) to dash against the poop of.
espalder, *m.* stern rower in a galley.
espaldera, *f.* espalier, trelliswork.
espaldilla, *f.* scapula, shoulder blade; back of a waistcoat or jacket.
espalditendido, da, *a.* (coll.) stretched on one's back.
espaldón, *m.* (carp.) tenon; (fort.) intrenchment, barrier; (naut.) a hawse piece.
espaldudo, da, *a.* broad-shouldered.
espalera, *f.* espalier, trelliswork.
espalmadura, *f.* (vet.) parings of hoofs.
espalmar, *va.* = DESPALMAR, (vet.) to pare hoofs.
espalto, *m.* dark-colored paint; spalt.
espantable, *a.* frightful, horrid, terrible.
espantada, *f.* stampede, running away; giving up from fear, (coll.) cold feet.
espantadizo, za, *a.* timid, skittish, shy.
espantador, ra, *n.* bugbear, frightener.
espantajo, *m.* scarecrow; fright.

espantalobos, *m.* (bot.) bladder or bastard senna.
espantamoscas, *m.* fly net; flyflap.
espantapájaros, *m.* scarecrow.
espantar. I. *va.* to scare, frighten, daunt; to chase or drive away. II. *vr.* to be astonished, to marvel.
espantavillanos, *m.* gaudy stuff or trinket.
espanto, *m.* fright, dread; horror; threat; wonder; hideousness; (Am.) apparition, spook.
espantoso, sa, *a.* frightful, dreadful; fearful; wonderful.
España, *f.* Spain.
español, la. I. *n.* & *a.* Spanish. II. *n.* Spaniard (*f.* Spanish woman).
españolado, da. I. *a.* Spanishlike. II. *f.* Spanish action or behavior.
españolar, *va.* (coll.) = ESPAÑOLIZAR.
españoleta, *f.* ancient Spanish dance.
españolismo, *m.* love for, devotion to Spanish things; Hispanicism, a Spanish idiom.
españolizar. I. *va.* to make Spanishlike. II. *vr.* to adopt the customs and manners of Spain.
esparadrapo, *m.* court-plaster.
esparaván, *m.* (vet.) spavin; (ornith.) sparrow hawk.—**e. de garbanzuelo** = E. SECO.—**e. huesoso,** (vet.) bone spavin.—**e. seco,** (vet.) muscle spavin.
esparavel, *m.* casting net; (mason.) hod.
esparceta, *f.* (bot.) sainfoin.
esparciata, *a.* Spartan.
esparcidamente, *adv.* separately, scatteredly.
esparcido, da. I. *pp.* of ESPARCIR. II. *a.* scattered; merry, festive, gay.
esparcidor, ra, *n.* & *a.* scatterer(-ing), spreader (-ing).
esparcimiento, *m.* scattering, dissemination; amusement, recreation, diversion, relaxation; frankness, openness.
esparcir. I. *va.* (*ind.* ESPARZO; *subj.* ESPARZA) to scatter, spread; disseminate; divulge. II. *vr.* to amuse oneself; to make merry.
esparragado, *m.* dish of asparagus.
esparragador, ra, *n.* asparagus grower.
esparragamiento, *m.* cultivation of asparagus.
esparragar, *vn.* to grow asparagus.
espárrago, *m.* (bot.) asparagus; pole of an awning; (min.) peg ladder.
esparragón, *m.* corded silk stuff.
esparraguera, *f.* asparagus plant; asparagus bed.
esparraguero, ra, *n.* asparagus seller.
esparraguina, *f.* (min.) asparagin.
esparrancado, da. I. *pp.* of ESPARRANCARSE. II. *a.* spread apart (esp. the legs).
esparrancarse, *vr.* (coll.) to spread the legs apart.
espartal, *m.* matweed field.
espartano, na, *n.* & *a.* Spartan.
esparteína, *f.* (chem.) sparteine.
esparteña, *f.* rope-sole sandal.
espartería, *f.* mat-work factory or shop.
espartero, ra, *n.* maker and seller of mat-work.
espartilla, *f.* mop of esparto grass.
espartizal, *m.* esparto field.
esparto, *m.* (bot.) esparto grass, matweed.
esparzo, esparza, *v.* *V.* ESPARCIR.
espasmo, *m.* (med.) spasm.
espasmódico, ca, *a.* spasmodic, convulsive.
espasticidad, *f.* (med.) spasticity.
espástico, ca, *a.* (med.) spastic.
espata, *f.* (bot.) spathe.
espatarrada, *f.* spreading (of legs).
espatarrarse, *vr.* to straddle.
espático, ca, *a.* (min.) spathic.
espato, *m.* (min.) spar.—**e. calizo,** calcite, calcspar.—**e. de Islandia,** Iceland spar.—**e. flúor,** fluorspar.—**e. pesado,** barite, heavy spar.
espátula, *f.* spatula; (art) palette knife.
espatulado, da, *a.* spatulate.
espaviento, *m.* = ASPAVIENTO, fear; fuss.
espavorido, da, *a.* = DESPAVORIDO, terrified.
especería, *f.* = ESPECIERÍA.
especia, *f.* spice.—*pl.* medicinal drugs.
especiado, da, *a.* spicy.
especial, *a.* special, particular.—**en e.,** specially, in particular.
especialidad, *f.* specialty; major field of studies.
especialista, *a.* & *n.* specialist.
especialización, *f.* specialization; specializing.
especializado, da, *a.* & *n.* specialist.
especializar. I. *va.* to specialize; to limit, confine. II. *vr.* (en) to specialize (in).
especiar, *va.* to spice, season.
especie, *f.* species; kind, sort; event, incident; case, affair, business; piece of news; statement; pretext, show.—**en e.,** in kind.
especiería, *f.* grocery shop.
especiero, *m.* grocer.
especificación, *f.* specification.
especificadamente, *adv.* in a specified manner.
específicamente, *adv.* specifically.
especificar, *va.* (*pret.* ESPECIFIQUÉ; *subj.* ESPECIFIQUE) to specify, particularize, itemize.
especificativo, va, *a.* specific, specifying.
específico, ca. I. *a.* specific. II. *m.* (med.) specific.
especifiqué, especifique, *v.* *V.* ESPECIFICAR.
espécimen, *m.* specimen, sample.
especioso, sa, *a.* neat; beautiful; apparent, specious, deceiving.
especiota, *f.* (coll.) hoax, false news.
espectable, *a.* notable, eminent; conspicuous.
espectacular, *a.* spectacular.
espectáculo, *m.* spectacle, show, pageant.
espectador, ra, *n.* spectator.—*pl.* audience.
espectral, *a.* (phys.) spectral, spectrum (as *a.*).
espectro, *m.* spectre, specter, phantom, hobgoblin; (opt.) spectrum.
espectrógrafo, *m.* (phys.) spectrograph.—**e. de masa,** (phys.) mass spectrograph.
espectroheliógrafo, *m.* (phys.) spectroheliograph.
espectrómetro, *m.* spectrometer.
espectroscopia, *f.* (opt.) spectroscopy.
espectroscópico, ca, *a.* spectroscopic.
espectroscopio, *m.* (opt.) spectroscope.
especulación, *f.* speculation, contemplation; speculation, venture.
especulador, ra, *n.* & *a.* speculator(-ing).
especular. I. *va.* to behold, view, inspect; to speculate, meditate about. II. *vn.* to speculate; (com.) to speculate. III. *a.* (phys.) specular.
especulativa, *f.* understanding.
especulativamente, *adv.* speculatively.
especulativo, va, *a.* speculative; thoughtful.
espéculo, *m.* speculum.
espejado, da, *a.* mirrorlike.
espejear, *vn.* to shine.
espejeo, *m.* = ESPEJISMO.
espejería, *f.* mirror factory or shop.
espejero, ra, *n.* mirror maker or seller.
espejismo, *m.* mirage; illusion.
espejo, *m.* looking-glass, mirror; (naut.) stern; frame.—**e. de cuerpo entero,** full-length glass, pier glass.—**e. ustorio,** burning glass.
espejuela, *f.* curve of the bit.—**e. abierta,** snaffle.
espejuelo, *m.* *dim.* small looking-glass; specular stone, selenite; leaf of mica; device for catching larks; candied citron; (vet.) wart on pastern.—*pl.* eyeglass lenses; spectacles, eyeglasses.
espeleología, *f.* speleology.
espeleólogo, ga, *n.* speleologist.
espelta, *f.* (bot.) spelt, a cereal.
espélteo, a, *a.* pertaining to spelt.
espelunca, *f.* dark, gloomy cave.
espeluzar, *va.* = DESPELUZAR, to be horrified.
espeluznante, *a.* (coll.) setting the hair on end, dreadful, horrifying.
espeluznar, *va.* & *vr.* to dishevel the hair; to set the hair on end (from fright).
espeque, *m.* handspike; pump brake; strut, prop; lever.
espera, *f.* waiting; stay, pause; (mus.) stop, interval; restraint, prudence; (law) respite, adjourn-

ment; ancient piece of ordnance; (carp.) notch. —**en e.**, waiting.—**en e. de**, waiting for, awaiting; expecting.—**sala de e.**, waiting-room.
esperador, ra, *a.* expectant.
esperantista, *n.* Esperantist.
esperanto, *m.* Esperanto.
esperanza, *f.* hope; (often *pl.*) prospects.—**dar e.**, or **esperanzas,** to give encouragement; to promise, to bid fair.—**no hay e.**, there is no hope, or no chance, the case is hopeless.
esperanzado, da, *a.* hopeful, full of hope.
esperanzar, *va.* to give hope to.
esperar. I. *va.* to hope; to expect; to wait for, await, look for; to fear. **II.** *vn.* to wait; to hope. —**e. lo imposible,** to hope against hope.—**quien espera desespera,** long hoping ends in despair or in hopelessness. **III.** *vr.* to wait, stay.
esperezarse, *vr.* to stretch oneself.
esperezo, *m.* stretching one's arms and legs.
espérgula, *f.* (bot.) spurry.
esperma, *f.* sperm.—**e. de ballena,** spermaceti.
espermaceti, *m.* (com.) spermaceti.
espermático, ca, *a.* spermatic, seminal.
espermatocito, *m.* (biol.) spermatocyte.
espermatogénesis, *f.* (biol.) spermatogenesis.
espermatogenia, *f.* (biol.) spermatogenesis.
espermatología, *f.* (biol., bot.) spermatology, spermology.
espermatorrea, *f.* (med.) spermatorrhœa.
espermatozoario, espermatozoide, espermatozoo, *m.* spermatozoön.
espermiducto, *m.* spermatic duct.
espernada, *f.* split end link of a chain.
espernancarse, *vr.* = ESPARRANCARSE.
esperón, *m.* (naut.) = ESPOLÓN, fender beam.
esperpento, *m.* horrible or hideous thing or person; absurdity, nonsense.
espesamiento, *m.* thickening.
espesar. I. *va.* to thicken, inspissate, coagulate, curdle; to mass, assemble; to make closer (as knitting). **II.** *vr.* to condense; to thicken, become thicker.—**espesativo, va,** *a.* thickening.
espeso, sa, *a.* thick, dense; curdy; frequent, often repeated; slovenly, dirty; dull, heavy.
espesor, *m.* thickness.
espesura, *f.* thickness, density, closeness; thicket, close wood; abundant head of hair; slovenliness.
espetaperro, espetaperros.—**a e.**, at breakneck speed, precipitately.
espetar. I. *va.* to spit, to skewer; to pierce, run through; (coll.) to spring (something) on (one). **II.** *vr.* to be stiff with pride; (coll.) to thrust oneself into place.—**e. en,** to fit in, go into.
espetera, *f.* kitchen rack, scullery; kitchenware.
espetón, *m.* spit, poker, rake, iron prong, large pin; (zool.) sea-pike.
[1]**espía,** *n.* spy.—**e. doble,** treacherous spy who acts for both sides.
[2]**espía,** *f.* (naut.) warp, chest rope.
[1]**espiar,** *va.* to spy on; to lie in wait for.
[2]**espiar,** *vn.* (naut.) to warp.
espibia, *f.*, **espibio, espibión,** *m.* (vet.) dislocation in the nape of the neck.
espicanardi, *f.*, **espicanardo,** *m.* (bot.) spikenard.
espiciforme, *a.* (bot.) spicate.
espícula, *f.* (zool.) spicule.
espichar. I. *va.* to prick. **II.** *vn.* (coll.) to give up the ghost, to die.
espiche, *m.* sharp-pointed weapon; meatspit; spigot.
espichón, *m.* wound with a pointed weapon.
espiga, *f.* (bot.) tassel (as of corn); (carp.) tenon, dowel, peg; (mech.) pin, tongue, shank, treenail, stem; tang of a sword; brad, headless nail; (mil.) fuse of a bomb or shell; (naut.) masthead.
espigadera, *f.* gleaner.
espigado, da. I. *pp.* of ESPIGAR. **II.** *a.* tall, grown; (agr.) eared, ripe.
espigador, ra, *n.* gleaner.
espigar. I. *vn.* (*pret.* ESPIGUÉ; *subj.* ESPIGUE) to glean; to collect, cull; (carp.) to tenon. **II.** *vn.* (agr.) to tassel (as corn). **III.** *vr.* to grow tall; to go to seed.
espigón, *m.* sting (as of bees); point of a sharp tool or dart; bearded spike; ear of corn; peak; breakwater or pier.
espigué, espigue, *v.* *V.* ESPIGAR.
espigueo, *m.* gleaning; gleaning season.
espiguilla, ta, *f. dim.* spikelet; small edging of lace, tape, or inkle.
espina, *f.* thorn; fishbone; spine, backbone; splinter; scruple, doubt, suspicion.—**e. blanca,** (bot.) woolly-cotton thistle.—**e. dorsal,** vertebral or spinal column, spine.—**dar mala e.**, to cause suspicion or anxiety.—**estar en espinas,** to be anxious, to be on pins and needles. —**sacarse la e.**, to get even, to retrieve one's losses.
espinaca, *f.* (bot.) spinach.
espinadura, *f.* pricking with a thorn.
espinal, *a.* spinal, dorsal.
espinapez, *m.* herringbone (pattern).
[1]**espinar,** *va.* to prick with thorns; to surround (trees) with thorn bushes; to nettle, provoke.
[2]**espinar,** *m.* place full of thorn bushes; dangerous undertaking, arduous enterprise.
espinazo, *m.* spine, backbone.
espinel, *m.* trotline.
[1]**espinela,** *f.* (poet.) ten-line stanza.
[2]**espinela,** *f.* spinel ruby.
espíneo, ea, *a.* made or full of thorns.
espinera, *f.* (bot.) = ESPINO.
espineta, *f.* (mus.) spinet.
espingarda, *f.* a small cannon; Moorish gun.
espingardada, *f.* wound from an ESPINGARDA.
espinilla, *f.* shin bone; blackhead.
espinillera, *f.* (armor) greave, jambe.
espino, *m.* (bot.) hawthorn, buckthorn.
espinor, *m.* (math.) spinor.
espinosismo, *m.* Spinozism.
espinosista, *n.* & *a.* Spinozist(-ic).
espinoso, sa, *a.* thorny; arduous; dangerous.
espinzar, *va.* to burl. Also DESPINZAR.
espiocha, *f.* pickaxe.
espión, *m.* spy.
espionaje, *m.* espionage, spying.
espira, *f.* spiral line, helix; spire, steeple; turn (of a winding); (arch.) surbase of a column.
espiración, *f.* exhalation, respiration.
espiráculo, *m.* (zool.) spiracle.
espirador, ra, *n.* one who exhales or breathes.
espiral. I. *a.* spiral, winding. **II.** *f.* (math.) spiral.
espirante, *a.* exhaling, respiring.
espirar. I. *va.* to breathe, exhale; to move, animate; to infuse a divine spirit in. **II.** *vn.* to exhale, breathe.
espirativo, va, *a.* that infuses spirit.
espirea, *f.* (bot.) spiræa.
espirilo, *m.* (biol.) spirillum.
espiritado, da, *a.* (coll.) extremely thin.
espiritar. I. *va.* = ENDEMONIAR, to possess with a devil. **II.** *vr.* (coll.) to be agitated, to fret.
espiritismo, *m.* spiritism, spiritualism.
espiritista, *n.* & *a.* spiritist(-ic).
espiritoso, sa, *a.* spirituous; spirited, lively.
espíritu, *m.* spirit; soul; genius; ardor, courage; inclination, turn of mind; spirit, liquor.—*pl.* spirits, demons, hobgoblins; (chem.) spirits, ether.—**e. de contradicción,** contradictory temper, mania of contradicting.—**e. de sal,** spirit of salt (hydrochloric acid).—**e. de vino,** spirits of wine, rectified spirit.—**e. inmundo, e. maligno,** the devil.—**E. Santo,** Holy Ghost.
espiritual, *a.* spiritual; ghostly.
espiritualidad, *f.* spirituality; incorporality.
espiritualismo, *m.* (philos.) spiritualism, idealism (as opposed to materialism).
espiritualista, *a.* & *n.* spiritualist(-ic), idealist (-ic) [as opposed to materialist(-ic)].
espiritualización, *f.* spiritualization.
espiritualizar, *va.* to spiritualize.
espirituoso, sa, *a.* spirituous; ardent; spirited.
espirómetro, *m.* spirometer.

espiroqueta, *f.* (bacteriol.) spirochete.
espita, *f.* faucet, stopcock, spigot, spout; tap; (coll.) tippler, drunkard.
espitar, *va.* to put a faucet on; to tap.
espito, *m.* (print.) peel, hanger.
esplendente, *a.* (poet.) shining, resplendent.
esplender, *vn.* (poet.) to shine, glitter.
esplendidez, *f.* splendor, grandeur; abundance; liberality.
espléndido, da, *a.* splendid, magnificent, grand; generous, liberal; resplendent.
esplendor, *m.* splendor, magnificence, grandeur; fulgency, radiance; nobleness.
esplendoroso, sa, *a.* splendid, radiant.
esplenético, ca; esplénico, ca, *a.* splenic.
esplenio, *m.* (anat.) splenius.
esplenitis, *f.* (med.) splenitis.
esplenotomía, *f.* (surg.) splenotomy.
espliego, *m.* (bot.) lavender.
esplín, *m.* (coll.) spleen, melancholia, the blues.
esplique, *m.* bird snare.
espolada, *f.* prick with a spur.—**e. de vino,** (coll.) large draught of wine.
espolazo, *m.* violent prick with a spur.
espoleadura, *f.* wound made with a spur.
espolear, *va.* to spur; to instigate, incite.
[1]**espoleta,** *f.* fuse (of a bomb).
[2]**espoleta,** *f.* wishbone.
espolín, *m. dim.* small goad spur; shuttle for brocading or flowering; silk brocade.
espolinar, *va.* to brocade; to flower.
espolio, *m.* (eccl.) spolium.
espolique, *m.* running footman.
[1]**espolista,** *m.* running footman.
[2]**espolista,** *m.* one who farms a spolium.
espolón, *m.* cock's spur; ridge, crag of a mountain; (arch.) spur, buttress; (eng.) mole, breakwater, jetty, groin, starling; (naut.) ram of a man-of-war; (naut.) fender-beam.
espolonado, da. I. *a.* (ornith.) spical, spicate(d. **II.** *f.* sudden onset of horsemen.
espolvorear, espolvorizar, *va.* to sprinkle with powder; to dust (remove dust).
espondaico, ca, *a.* (poet.) spondaic.
espondeo, *m.* (poet.) spondee.
espondil, espóndilo, *m.* (anat.) spondyl, vertebra.
espondilitis, *f.* (med.) spondylitis.
esponja, *f.* sponge; (coll.) sponger.
esponjado, da. I. *pp.* of ESPONJAR. **II.** *a.* puffed up. **III.** *m.* = AZUCARILLO, a sweetmeat.
esponjadura, *f.,* **esponjamiento,** *m.* sponging; flaw in cast metal; puffing up.
esponjar. I. *va.* to sponge, soak, imbibe. **II.** *vr.* to swell; to puff up; (coll.) to glow with health.
esponjera, *f.* sponge holder.
esponjilla, ita, uela, *f. dim.* small sponge.
esponjosidad, *f.* sponginess.
esponjoso, sa, *a.* spongy, porous.
esponsales, *m. pl.* betrothal, engagement.
esponsalicio, cia, *a.* nuptial, spousal.
espontanearse, *vr.* to avow or declare spontaneously or of one's own accord.
espontaneidad, *f.* spontaneity, spontaneousness
espontáneo, nea, *a.* spontaneous; willing.
espontón, *m.* (mil.) spontoon, half-pike.
espontonada, *f.* salute or blow with a spontoon.
espora, *f.,* (bot.) spore.
esporádico, ca, *a.* sporadic, isolated.
esporangio, *m.* (bot.) sporangium.
esporidio, *m.* (bot.) sporidium.
esporífero, ra, *a.* (bot.) sporiferous.
esporo, *m.* (bot.) spore.
esporocarpio, *m.* (bot.) sporocarp.
esporofito, *m.* (bot.) sporophyte.
esporóforo, *m.* (bot.) sporophore.
esporogénesis, *f.* (bot.) sporogenesis.
esporogonio, *m.* (bot.) sporogonium.
esporozoario, esporozoo. I. *n.* & *a.* (zool. sporozoan. **II.** *m. pl.* Sporozoa.
esportada, *f.* fruit basket; basketful.
esportear, *va.* to carry in panniers or baskets.
esportilla, *f. dim.* small fruit basket.
esportillero, *m.* porter, carrier.
esportillo, *m.* pannier; fruit basket.
esportón, *m. aug.* large pannier or fruit basket.
espórulo, *m. dim.* (bot., biol.) sporule.
esposa, *f.* spouse, wife.—*pl.* manacles, handcuffs shackles.—**esposar,** *va.* to shackle, handcuff.
esposo, *m.* spouse, husband, consort.
espuela, *f.* spur, rowel; stimulus, incitement.—**e. de caballero,** (bot.) larkspur.
espuerta, *f.* two-handled fruit basket.—**a. espuertas,** abundantly.
espulgador, ra, *n.* one who cleans off lice or fleas.
espulgar, *va.* (*pret.* ESPULGUÉ; *subj.* ESPULGUE) to clean lice or fleas from; to examine closely.—**espulgo,** *m.* act of cleaning lice or fleas from.
espuma, *f.* froth; lather; foam; scum.—**e. de la sal,** sea froth.—**e. de mar,** meerschaum.—**e. de nitro,** aphronitrum.—**e. de plata,** litharge of silver.
espumadera, *f.* skimmer, colander.
espumador, ra, *n.* & *a.* skimmer(-ing).
espumajear, *vn.* to froth at the mouth.
espumajo, *m.* froth.—**espumajoso, sa,** *a.* foamy, frothy.
espumante, *a.* foaming, frothing, lathering; sparkling (wine).
espumar. I. *va.* to skim, to scum. **II.** *vn.* to froth, foam.
espumarajo, *m.* foam or froth from the mouth.
espumero, *m.* place where salt water crystallizes.
espumilla, *f.* gauzy fabric; (Am.) meringue.
espumillón, *m.* heavy silk crape.
espumosidad, *f.* frothiness, foaminess.
espumoso, sa, *a.* foamy, frothy; lathery; sparkling (wine).
espundia, *f.* (vet.) cancerous ulcer.
espurio, ria, *a.* spurious, adulterated; bastard.
espurrear, espurriar, *va.* to sprinkle with water or another liquid held in the mouth.
esputar, *va.* & *vn.* to expectorate, spit.
esputo, *m.* spittle, saliva; sputum.
esquebrajar, *va.* to crack, split.
esqueje, *m.* (agr.) cutting, slip.
esquela, *f.* billet, note.
esqueletado, da, *a.* very thin, emaciated.
esquelético, ca, *a.* skeletal; thin, wasted.
esqueleto, *m.* skeleton; very thin person; (naut.) carcass, framework of a ship; (auto) carcass (of a tire); (Am.) form, blank (as bill forms, application blanks, etc.); (Chile) outline, rough draft.—**en e.,** unfinished.
esquema, *m.* symbol; scheme, plan.
esquemáticamente, *adv.* schematically.
esquemático, ca, *a.* schematic.
esquematismo, *m.* schematism.
esquematizar, *va.* to sketch, outline.
esquena, *f.* spine of fishes.
esquero, *m.* leather bag or pouch.
esquí, *m.* ski.
esquiador, ra. I. *a.* of or pertaining to skiing. **II.** *n.* skier.
esquiagrafía, *f.* skiagraphy.
esquiar, *vn.* to ski.
esquiciar, *va.* to sketch, outline, delineate.
esquicio, *m.* sketch, outline.
esquifada, *f.* skiff or boat load; vault of a cistern.
esquifar, *va.* (naut.) to fit out (a ship).
esquifazón, *f.* (naut.) boat's crew.
esquife, *m.* skiff, small boat; (arch.) cylindrical vault.
[1]**esquila,** *f.* small bell; cattle bell.
[2]**esquila,** *f.* (ichth.) prawn; (entom.) waterspider; (bot.) squill.
[3]**esquila,** *f.* sheepshearing.
esquilador, *m.* sheepshearer, clipper.
esquilar, *va.* to shear, crop, clip.—**e. la carona,** to shear the back of a mule.—**sin e.,** unshorn.
esquileo, *m.* shearing (of sheep, dogs, etc.)
esquilimoso, sa, *a.* (coll.) fastidious, overnice.
esquilmar, *va.* to harvest; to impoverish; to cheat, to swindle, to exploit.

esquilmo, *m.* harvest; farm produce.
esquilón, *m.* large call or cattle bell.
esquimal, *n.* & *a.* Eskimo.
esquina, *f.* corner, angle (outside).
esquinado, da. I. *pp.* of ESQUINAR. **II.** *a.* intractable, unsociable.
esquinal, *m.* corner plate; angle iron; iron knee.
esquinante, to, *m.* (bot.) aromatic rush.
esquinar. I. *va.* to form a corner with, meet forming a corner; to square (timber, etc.); to estrange, cause to quarrel, set against. **II.** *vr.* to quarrel, to fall out.
esquinazo, *m.* corner; (Chile) serenade.—**dar e.,** to avoid, to evade, get out of the sight of (one that follows), shake off; to abandon, leave in the lurch.
esquinco, *m.* skink, lizard. Also ESTINCO.
esquinela, *f.* (armor) greave, jambe.
esquinzador, *m.* rag room in paper mills; rag engine.
esquinzar, *va.* to cut (rags) in paper mills.
esquirla, *f.* (surg.) splinter of a bone.
esquirol, *m.* (coll.) strike breaker, scab, blackleg; (prov.) squirrel.
esquisto, *m.* (min.) schist; slate.
esquistoso, sa, *a.* laminated; schistose, slaty.
esquitar, *va.* to pardon, to remit (a debt).
esquite, *m.* (Mex., C. A.) popped corn.
esquivar. I. *va.* to shun, elude, avoid, evade, escape; to hush up (a matter). **II.** *vr.* to disdain, withdraw.
esquivez, *f.* disdain, asperity, coldness.
esquivo, va, *a.* elusive, evading; shy, reserved, coy, cold.
esquizado, da, *a.* mottled (as marble).
esquizocarpo, *m.* (bot.) schizocarp.
esquizofrenia, *f.* (med.) schizophrenia.
esquizofrénico, ca, *a.* & *n.* schizophrenic.
estabilidad, *f.* stability.
estabilísimo, *adv. super.* very stable or firm.
estabilización, *f.* stabilization.
estabilizador, ra. I. *a.* stabilizing. **II.** *n.* stabilizer; *m.* (mech., aer.) stabilizer.
estabilizar. I. *va.* to stabilize. **II.** *vn.* to become stabilized.
estable, *a.* stable, steady, firm, fast.
establear, *va.* to tame, accustom to the stable.
establecedor, ra, *n.* founder.
establecer. I. *va.* (*ind.* ESTABLEZCO; *subj.* ESTABLEZCA) to establish, found; to decree, enact. **II.** *vr.* to establish or settle oneself.
establecimiento, *m.* establishment; statute, law, ordinance, decree; establishment, founding; institution.
establero, *m.* hostler, groom, horsekeeper.
establezco, establezca, *v.* *V.* ESTABLECER.
establo, *m.* stable; cattle barn.
estabulación, *f.* stabling.
estaca, *f.* stake, picket, pile, pole; stick, cudgel, bludgeon; (agr.) grafting twig; cutting; (carp.) clamp nail.
estacada, *f.* (mil.) palisade, stockade; paling, fence work; pile pier; place for a duel.—**dejar (a uno) en la e.,** to leave (one) in the lurch, "holding the bag."
estacar. I. *va.* (*pret.* ESTAQUÉ; *subj.* ESTAQUE) to stake; to fence with stakes; to tie to a stake. **II.** *vr.* to remain stiff as a pole.
estación, *f.* station; season; stay, stop; party of persons posted at some place; place, location.—*pl.* (eccl.) stations of the cross.—*pl.* seasons.—**e. meteorológica,** weather station.—**e. naval,** naval station or base.
estacional, *a.* seasonal; (astr.) stationary.
estacionamiento, *m.* stationing, settling; (auto) parking.
estacionar. I. *va.* to park (a car, etc.). **II.** *vr.* to park; to remain stationary.
estacionario, ria, *a.* stationary.
estacionero, ra, *n.* one who prays before stations in church.
estacte, *m.* oil of myrrh.
estacha, *f.* (naut.) towline, hawser; harpoon rope.
estada, *f.* stay, sojourn.
estadal, *m.* a linear measure of about 10 ft. 9 in.; blessed ribbon worn around the neck.
estadia, *f.* (surv.) stadia, stadia transit.
estadía, *f.* (com. and naut.) stay, detention; demurrage; cost of such stay.
estadígrafo, fa, *n.* statistician.
estadio, *m.* stadium; race course; stadium (road measure).
estadiómetro, *m.* stadiometer.
estadista, *m.* statesman.
estadístico, ca. I. *a.* statistical, statistic. **II.** *n.* statistician; *f.* statistics.—**estadísticas vitales,** biostatistics.
estadizo, za, *a.* stagnant (as water).
estado, *m.* state; condition (of persons or things) (as, *eso llegó en mal estado,* that came in bad condition); estate, class, rank; profession; status (single, married, or widowed); state, nation, commonwealth; state, government; statement, account, report; a measure of length (1.85 yds.).—*pl.* States, legislature (*los Estados Generales,* the States-General).—**e. de guerra,** or **e. de sitio,** martial law (*declarar una ciudad en estado de guerra,* to declare a city in a state of martial law, to put it under martial law).—**e. general,** or **e. llano,** the commons, the common estate (as distinguished from the nobility, etc.).—**e. mayor,** (mil.) staff.—**e. mayor general,** (mil.) general staff.—**Estados Unidos de América,** United States of America.
estadounidense, estadunidense, *n.* & *a.* (citizen) of the U. S.
[1]**estafa,** *f.* stirrup.
[2]**estafa,** *f.* swindle, trick, deceit.
estafador, ra. I. *a.* that cheats or swindles. **II.** *n.* cheater, swindler.
estafar, *va.* to swindle, defraud.
estafermo, *m.* movable wooden figure of an armed man; idle fellow.
estafeta, *f.* courier, post, express; post office; general-delivery office or department (of post office); post-office branch.
estafetero, *m.* postmaster; post-office clerk.
estafetil, *a.* pertaining to a courier or post.
estafilocacia, *f.* (bacteriol.) infection due to staphylococci.
estafilococo, *m.* (bacteriol.) staphylococcus.
estafiloma, *m.* (med.) staphyloma.
estafisagria, *f.* (bot.) stavesacre, lousewort.
estagirita, *n.* & *a.* Stagirite.
estagnación, *f.* (Am.) stagnation; paralyzation, cessation (of business, etc.).
estala, *f.* seaport, stopping place.
estalación, *f.* class, rank, order.
estalactita, *f.* stalactite.
estalactítico, ca, *a.* stalactitic, stalactic.
estalagmita, *f.* stalagmite.
estalagmítico, ca, *a.* stalagmitic.
estallar, *vn.* to explode, burst; (of fire, etc.) to break out.
estallido, estallo, *m.* crack, crackling, crashing, crash, snap, outburst; report (as of firearms).
estambrar, *va.* to spin (worsted).
estambre, *m.* worsted, woollen yarn; (bot.) stamen.
estamenara, *f.* (naut.) futtock.
estamento, *m.* one of the estates composing the Cortes in Aragon (clergy, nobility, commons).
estameña, *f.* tammy cloth, serge.
estameñete, *m.* a kind of serge.
estamíneo, nea, *a.* made of worsted; (bot.) stamineous.
estaminífero, ra, *a.* (bot.) staminate.
estampa. I. *f.* print, stamp, cut; engraving; first sketch; printing, press; track, impression, footstep; (fig.) impression.—**estampas iluminadas,** colored plates.—**la e. de la herejía,** (coll.) a hideous face; (one) dressed in bad taste.
estampado, *m.* cotton print, calico; impression, stamping; cloth printing.

estampador, *m.* stamper; stamp, puncheon.
estampar, *va.* to print, stamp, emboss; to imprint (a kiss); to impress, fix (in the mind).
estampería, *f.* office for printing or selling prints.
estampero, ra, *n.* stamp or print maker or seller.
estampida, *f.* stampede.—**dar una e.,** (coll.) (Am.) to run away (often leaving debts).
estampido, *m.* report of a gun; crack, crash.
estampilla, *f. dim.* small print; rubber stamp; signet seal; (Am.) postage stamp.
estampillado, *m.* stamping, marking.
estampillar, *va.* to stamp, mark.
estampita, *f. dim.* small print or stamp.
estancación, *f.*, **estancamiento,** *m.* stagnation.
estancado, da, *a.* stagnant.
estancar. I. *va.* (*pret.* ESTANQUÉ; *subj.* ESTANQUE) to stanch, check, stem; (naut.) to fother (a leak); (com.) to corner, to monopolize; to interdict, suspend. **II.** *vr.* to stagnate, become stagnant.
[1]**estancia,** *f.* (poet.) stanza.
[2]**estancia,** *f.* stay, sojourn; dwelling, habitation; sitting room, living room; (Am.) small farm.
estanciero, ra, *n.* small farmer.
estanco, ca. I. *a.* leakproof, watertight. **II.** *m.* monopoly; government monopoly; state store; cigar store; repository, archives, files.
estandarte, *m.* standard, flag, banner, colors.
estangurria, *f.* (med.) strangury; catheter.
estannato, *m.* (chem.) stannate.
estánnico, ca, *a.* (chem.) stannic.
estannoso, sa, *a.* (chem.) stannous.
estanque, *m.* pond, reservoir, pool.
estanqué, estanque, *v. V.* ESTANCAR.
[1]**estanquero,** *m.* reservoir keeper.
[2]**estanquero, ra.** *n.* retailer of monopoly goods; tobacconist.
estanquillero, ra, *n.* tobacconist.
estanquillo, *m.* cigar store; shop where monopolized goods are sold; (Mex.) small shop; (Ecua.) liquor shop.
estanquito, *m. dim.* small pond, pool.
estantal, *m.* (arch.) buttress.
estantalar, *va.* to buttress, support.
estante. I. *a.* existing, extant; fixed, permanent. **II.** *m.* shelf; bookcase; (print.) cabinet.—*pl.* (naut.) props of the crossbeams.
estantería, *f.* shelfing, shelves (collect.).
estantigua, *f.* phantom, vision, hobgoblin; (coll.) tall, skinny, uncouth person.
estantío, tía, *a.* standing still, stationary; dull, slow.
estañador, *m.* tinner, tinman.
estañadura, *f.* tinning.
estañar, *va.* to tin, blanch; to solder.
estañero, *m.* tinner; seller of tinware.
estaño, *m.* (chem.) tin.
estaqué, estaque, *v. V.* ESTACAR.
estaquero, *m.* year-old buck or doe.
estaquilla, ita, *f.* (shoemaking) peg; wooden pin; spike, long nail.
estaquillador, *m.* (shoemaking) pegging awl.
estaquillar, *va.* to peg, to fasten with pegs.
estar. I. *vn.* (*ind. pres.* ESTOY, *pret.* ESTUVE; *subj.* ESTÉ) to be. When followed by the gerund of a reflexive verb, it sometimes takes the reflexive pronoun from that verb (*estarse vistiendo*, instead of *estar vistiéndose*, to be dressing). When preceded by a dative case, "for" is used in English before the corresponding objective case (*este sombrero me está demasiado grande*, this hat is too large for me; *eso no me es posible*, that is not possible for me).—**e. a,** to sell at (so much) apiece.—**e. al,** to be on the point of.—**e. bien,** to be well; to be all right, acceptable, suitable. **e. con,** to live in company with; to be engaged or talking with; to have (a disease), to be ill with; to be in a state of (anxiety, anger, hurry, etc.).—**e. de,** to be in the condition or doing the act indicated by the following noun (*estoy de mudanza*, I am moving; *estoy de prisa*, I am in haste; *estoy de vacaciones*, I am on my vacation; *Juan está de cónsul*, John is serving as consul).—**e. en,** to understand, comprehend (*estoy en lo que Vd. me dice*, I understand what you say); to be of opinion; to stand, to cost (*este sombrero me está en seis pesos*, this hat costs me six dollars); to depend (*en eso está*, it depends on that); to consist in.—**e. en grande,** to live in luxury.—**e. en sí,** to know what one is doing.—**e. para,** to be about to; to be in a mood or in condition to or for (*no estoy para eso*, I am in no mood for that).—**e. por,** to be for, in favor of; (followed by *infin.*) to remain to be, not to have been (followed by *pp.*); to have a mind to, to have a notion or a desire to.—**e. por ver,** to remain to be seen.—**e. sobre sí,** to be cautious or wary; to be puffed up with conceit.—**¿a cómo estamos? ¿a cuántos estamos?** what day (of the month) is it? what is the date?—**¡dónde estamos!** what have we come to! what a thing!—an expression of admiration or disgust at what is seen or heard.—**está escrito,** it is written.—**¿estamos?** is it agreed? do you understand?—**estamos a** (followed by the day, date), this is, it is (*estamos a lunes*, this is Monday; *estamos a cinco*, this is the fifth).—**¡está bien!** or, **bueno!,** all right! —**¿está Vd.?** do you understand? do you see the point? **II.** *vr.* to be, to keep; to stay, to remain (*Juan nunca se está callado*, John is never silent, or, never keeps silent; *debemos estarnos aquí*, we must remain here.)
estarcido, *m.* pounced drawing; stencil.
estarcir, *va.* to stencil.
estarna, *f.* (ornith.) small partridge.
estasis, *f.* (med.) stasis.
estatal, *a.* pert. to the state, state (as *a.*).
estática, *f.* (mech.) statics.
estático, ca, *a.* static, statical.
estatismo, *m.* (pol.) statism.
estator, *m.* (mech., elec.) stator.
estatorreactor, *m.* (aer.) athodyd, ramjet.
estatoscopio, *m.* (phys.) statoscope.
estatua, *f.* statue.—**quedarse hecho una e.,** to stand aghast, to be rooted to the ground.
estatuar, *va.* to adorn with statues.
estatuaria, *f.* (art) statuary, sculpture.
estatuario, ria. I. *a.* pert. to statuary. **II.** *m.* statuary; sculptor.
estatúder, *m.* stadtholder.
estatuderato, *m.* stadtholdership.
estatuído, da, *a.* statutory.
estatuir, *va.* (*ind.* ESTATUYO; *subj.* ESTATUYA) to establish, ordain, enact.
estatura, *f.* stature, height of a person.
estatutario, ria, *a.* statutory.
estatuto, *m.* statute, law, ordinance.
estatuyo, estatuya, *v. V.* ESTATUIR.
estay, *m.* (naut.) stay.
[1]**este,** *m.* east, orient.
[2]**este,** *m.*, **esta,** *f.*, *a.* this.—*pl.* **estos, estas,** these.
éste, *m.*, **ésta,** *f. pron. dem.* this, this one; the latter.—*pl.* **éstos,** *m.*, **éstas,** *f.*, these; the latter.
esté, *v. V.* ESTAR.
esteapsina, *f.* (biochem.) steapsin.
estearato, *m.* (chem.) stearate.
esteárico, ca, *a.* (chem.) stearic.
estearina, *f.* (chem.) stearin.
esteatita, *f.* (min.) steatite, soapstone.
[1]**esteba,** *f.* prickly plant growing in swamps.
[2]**esteba,** *f.* stevedore's pole.
estebar, *va.* to put (cloth) in the dye kettle.
estegosaurio, *m.* (paleontol.) stegosaurus.
[1]**estela,** *f.* (naut.) wake of a ship.—**e. de condensación,** (aer.) contrail.
[2]**estela,** *f.* (arch.) stele.
estelar, *a.* sidereal, stellar.
estelaria, *f.* (bot.) silvery lady's-mantle.
estelárido, da. I. *n.* & *a.* (zool.) asteroidean. **II.** *m. pl.* Asteroidea, starfishes.
estelífero, ra, *a.* (poet.) stelliferous, starry.
esteliforme, *a.* stelliform, star-shaped.
estelión, *m.* (zool.) stellion, a lizard; toadstone.

estelionato, *m.* (law) stellionate.
estelón, *m.* toadstone.
estemple, *m.* (min.) stemple.
estenia, *f.* (med.) sthenia.
esténico, ca, *a.* sthenic.
estenografía, *f.* stenography, shorthand.
estenografiar, *va.* to take down in shorthand.
estenográfico, ca, *a.* stenographic.
estenógrafo, fa, *n.* stenographer.
estenosis, *f.* (med.) stenosis, narrowing.
estenotipia, *f.* stenotypy.
Estentor, *m.* (myth.) Stentor.
estentóreo, a, *a.* stentorian.
[1]**estepa,** *f.* steppe, barren plain.
[2]**estepa,** *f.* (bot.) rockrose.
estepar, *m.* rockrose field.
estepilla, *f.* (bot.) white-leaved rockrose.
estequiometría, *f.* (chem., phys.) stoichiometry.
éster, *m.* (chem.) ester.
estera, *f.* mat, matting.
esterar. I. *va.* to cover with matting. **II.** *vn.* (coll.) to wear winter clothes before time.
estercoladura, *f.*, **estercolamiento,** *m.* manuring.
estercolar. I. *va.* to dung, muck, manure. **II.** *vn* to void the excrements.—**estercolero,** *m.* driver of a muck cart; dung hill, dung heap.
estercolizo, za; estercóreo, a, *a.* stercoraceous
estéreo, *m.* stere (one cubic metre).
estereobato, *m.* (arch.) stereobate.
estereocromía, *f.* stereochromy.
estereofonía, *f.* stereophony.
estereofónico, ca, *a.* stereophonic, (coll.) stereo.
estereografía, *f.* stereography.
estereográfico, ca, *a.* stereographic.
estereógrafo, *m.* stereographer.
estereograma, *m.* (stat.) stereogram.
estereometría, *f.* stereometry.
estereómetro, *m.* stereometer.
estereóptico, *m.* stereopticon.
estereoscópico, ca, *a.* stereoscopic.
estereoscopio, *m.* stereoscope.
estereotipa, *f.* = ESTEREOTIPIA.
estereotipador, *m.* stereotyper.
estereotipar, *va.* to stereotype; to print from stereotypes.
estereotipia, *f.* stereotypography, stereotyping; place where stereotypes are made.
estereotípico, ca, *a.* stereotypic.
estereotipo, *m.* stereotype.
estereotomía, *f.* stereotomy.
esterería, *f.* matting factory or shop.
esterero, ra, *n.*, matting maker or seller.
estéril, *a.* sterile, barren; unfruitful, fruitless.
esterilidad, *f.* sterility, barrenness, infertility; scarcity, failure of crops.
esterilización, *f.* sterilization.
esterilizador, ra, *n.* & *a.* sterilizer(-ing)..
esterilizar, *va.* to sterilize.
esterilla, *f. dim.* small mat; straw plait; narrow gold or silver braid.
esterlín, *m.* = BOCACÍ, glazed buckram.
esterlina, *a.* (Eng. money) sterling (pound).
esternón, *m.* (anat.) sternum, breastbone.
[1]**estero,** *m.* inlet, estuary.
[2]**estero,** *m.* covering with matting; matting season.
esterquilinio, *m.* dunghill, dung heap.
estertor, *m.* rattle in the throat; stertor.
estertoroso, sa, *a*. stertorous.
estesia, *f.* esthesia.
esteta, *n.* æsthete; æsthetician.
estética, *f.* æsthetics.
estéticamente, *adv.* æsthetically.
estético, ca. I. *a.* æsthetic. **II.** *m.* æsthete.
estetógrafo, *m.* (med.) stethograph.
estetómetro, *m.* stethometer.
estetoscopia, *f.* (med.) stethoscopy.
estetoscópico, ca, *a.* stethoscopic.
estetoscopio, *m.* (med.) stethoscope.
esteva, *f.* plow handle; reach of a carriage.
estevado, da, *a.* bow-legged.
estevón, *m.* = ESTEVA.
estezado, *m.* = CORREAL, dressed deerskin.
estiaje, *m.* low-water mark.
estiba, *f.* rammer; place where wool is compressed; (naut.) stowage.
estibador, *m.* stevedore, longshoreman.
estibar, *va.* to compress (wool); (naut.) to stow.
estibia, *f.* (vet.) = ESPIBIA, neck dislocation.
estíbico, ca, *a.* stibial.
estibina, *f.* (min.) stibine.
estibio, *m.* antimony, stibium.
estiércol, *m.* dung, manure.
estigio, gia. I. *a.* Stygian. **II.** *f.* (E.) Styx.
estigma, *m.* birthmark; stigma, brand, mark of infamy; affront, disgrace; (bot.) stigma.
estigmatizador, ra, *n.* & *a.* stigmatizer(-ing).
estigmatizar, *va.* to stigmatize; to affront.
estilar. I. *va.* to use, be in the habit of using; to draw up (a document). **II.** *vr.* to be in style.
estilete, *m.* stiletto (dagger); small chisel or burin; (surg.) flexible probe.
estilicidio, *m.* (of liquid) issuing drop by drop.
estilista, *n.* stylist, master of style.
estilita, *a.* (eccl. hist.) stylite, pillarist; **(E-),** Stylites (St. Simeon).
estilizado, da, *a.* stylized.
estilizar, *va.* to stylize.
estilo, *m.* style (writing instrument); gnomon or style of a sun dial; (arch. and lit.) style; use, custom, fashion; (bot.) style.—**e. antiguo,** (chron.) old style.—**e. familiar,** colloquial style.—**e. nuevo,** (chron.) new style.—**al e. de,** in the style of.—**de e.,** usual, customary.—**por el e.,** or **por ese e.,** of that kind, like that.
estilóbato, *m.* (arch.) stylobate, pedestal.
estilográfico, ca. I. *a.* stylographic.—**pluma e.,** fountain pen. **II.** *f.* fountain pen.
estilógrafo, *m.* stylograph..
estiloideo, dea, *a.* (anat.) styloid.
estima, *f.* esteem, estimation; (naut.) dead reckoning.
estimabilidad, *f.* estimableness; worth.
estimabilísimo, ma, *a. super.* most estimable.
estimable, *a.* estimable, worthy; computable.
estimación, *f.* esteem, regard; estimate, valuation.—**e. propia,** self-respect.
estimador, ra, *n.* esteemer; estimator.
estimar, *va.* to estimate, value; to esteem, respect, honor; to judge, to think.
estimativa, *f.* power of judging; instinct.
estimulación, *f.* (med.) stimulation.
estimulante. I. *a.* stimulating, exciting. **II.** *m.* stimulant.
estimular, *va.* to stimulate; to goad, incite, encourage.
estímulo, *m.* stimulus; inducement; incitement; stimulation; encouragement.
estinco, *m.* skink, a kind of lizard.
estío, *m.* summer.
estiomenar, *va.* (med.) to mortify (flesh).
estiómeno, *m.* (med.) mortification, gangrene.
estipendiar, *va.* to give a stipend to.
estipendiario, ria, *a.* & *m.* stipendiary.
estipendio, *m.* stipend, salary, pay, fee.
estípite, *m.* (arch.) pilaster in the form of an inverted pyramid.
estipticar, *va.* (med.) to apply a styptic to.
estipticidad, *f.* (med.) stypticity.
estíptico, ca. I. *a.* styptic, astringent; costive; (fig.) miserly, stingy. **II.** *m.* styptic, astringent.
estiptiquez, *f.* (med.) (Am.) costiveness.
estípula, *f.* (bot.) stipule.
estipulación, *f.* stipulation, proviso, specification, requirement.
estipular, *va.* & *vn.* to stipulate, specify, covenant.
estira, *f.* knife used by curriers.
estiracáceo, cea, *a.* (bot.) styracaceous.
estiradamente, *adv.* scarcely; with difficulty; violently, forcibly.
estirado, da. I. *pp.* of ESTIRAR. **II.** *a.* stiff, stuck-

up; drawn.—**e. en frío,** (of metals) hard-drawn. **III.** *m.* stretching; drawing.
estirador, ra, *n.* stretcher; drawing frame.
estirajar, *va.* (coll.) = ESTIRAR.
estirajón, *m.* (coll.) = ESTIRÓN.
estiramiento, *m.* stretching, pulling; drawing (of metals).
estirar. I. *va.* to stretch, lengthen; to pull; to draw (metals).—**e. en frío,** to hard-draw. **II.** *vr.* to stretch; to put on airs.—**estirazar,** *va.* (coll.) = ESTIRAR.—**estirón,** *m.* strong pull; haul or hauling; rapid growth.
estirpe, *f.* stock, lineage, pedigree.
estítico, ca, *a.* = ESTÍPTICO.
estivada, *f.* burning of undergrowth.
estival, vo, va, *a.* summer (as *a.*).
esto, *pron. dem. neut.* this.—**e. es,** that is; that is to say.—**a e.,** hereto, hereunto.—**a todo e.,** meanwhile.—**con e.,** herewith.—**en e.,** at this juncture, point; at once, right away; herein, hereinto.—**por e.,** for this reason; on this account.—**por e. es por lo que,** (or, improperly but commonly, **por e. es que**), this is the reason, this is why.—**sobre e.,** hereon, hereupon.
estocada, *f.* stab, thrust, tilt, lunge.
estocafís, *m.* (com.) stockfish, dried cod.
estocástico, ca, *a.* (stat.) stochastic.
estofa, *f.* quilted silk stuff; quality, condition.
[1]**estofado, da. I.** *pp.* of [1]ESTOFAR. **II.** *a.* quilted; ornamented.
[2]**estofado,** *m.* stew.
estofador, *m.* quilter.
[1]**estofar,** *va.* to quilt; to paint on a gilt ground; to size before gilding.
[2]**estofar,** *va.* to stew.
estofo, *m.* quilting; painting on gilt; sizing.
estoicidad, *f.* imperturbability.
estoicismo, *m.* stoicism.
estoico, ca, *n.* & *a.* stoic(-al).
estola, *f.* stole, worn by priests.
estolidez, *f.* stupidity, incapacity.
estólido, da, *a.* stupid, foolish.
[1]**estolón,** *m. aug.* large stole.
[2]**estolón,** *m.* (bot.) stolon.
estoma, *m.* (bot.) stoma.
estomacal, *a.* stomachic.
estomagar, *vn.* & *va.* (*pret.* ESTOMAGUÉ; *subj.* ESTOMAGUE) to bore; to annoy, make angry.
estómago, *m.* stomach.—**tener buen e.,** or **mucho e.,** to ignore slights and offenses, to be thick-skinned; to have an elastic conscience.
estomagué, estomague, *v.* *V.* ESTOMAGAR.
estomaguero, *m.* baby's bellyband.
estomápodo, da, *a.* & *m.* (zool.) = ESTOMATÓPODO.
estomáquico, ca, *a.* stomachic, stomachichal.
estomatical, *a.* stomachic.
estomaticón, *m.* stomach plaster.
estomatitis, *f.* (med.) mouth inflammation, stomatitis.
estomatópodo, da, *a.* & *m.* (zool.) stomatopod.
estonio, nia; estoniano, na, *a.* & *n.* Est(h)onian.
estopa, *f.* tow; burlap; oakum.
estopada, *f.* quantity of tow for spinning.
estopear, *va.* to calk with oakum.
estopeño, ña, *a.* tow (as *a.*).
[1]**estoperol,** *m.* tow wick.
[2]**estoperol,** *m.* (naut.) scupper nail.
estopilla, *f.* finest part of hemp or flax; lawn, batiste, cheesecloth.
estopín, *m.* (artil.) priming tube; quick match.
estopón, *m.* coarse tow.
estopor, *m.* (naut.) stopper.
estoposo, sa, *a.* towlike, filaceous.
estoque, *m.* estoc, rapier; (bot.) corn flag; (bot.) gladiolus.
estoqueador, *m.* matador (bull fighter).
estoquear, *va.* to make a thrust at with a rapier.
estoqueo, *m.* thrusting or stabbing.
estor, *m.* shade, window shade.
estoraque, *m.* (bot.) officinal storax; gum of the storax tree.
estorbador, ra, *n.* & *a.* hinderer(-ing), obstructor(-ing).
estorbar, *va.* to hinder; obstruct; be in the way.
estorbo, *m.* hindrance, obstruction, nuisance.
estorboso, sa, *a.* hindering, in the way.
estornija, *f.* linchpin; washer; a boys' play.
estornino, *m.* (ornith.) starling.
estornudar, *vn.* to sneeze.—**estornudo,** *m.* sneeze.—**estornutatorio,** *m.* sneeze inducer.
estovar, *va.* to heat (meat) slowly.
estoy, *v* *V.* ESTAR.
estrábico, ca, *a.* strabismic.
estrabismo, *m.* (med.) strabismus, squint.
estrabotomía, *f.* (surg.) strabotomy.
estracilla, *f.* small rag; coarse brown paper blotting paper.
estrada, *f.* causeway, paved road.—**e. encubierta,** (mil.) covert way.
estradiota, *f.* a kind of lance.—**a la e.,** riding with long stirrups and stiff legs.
estradivario, *m.* (mus.) Stradivarius (violin).
estrado, *m.* drawing-room; drawing-room furniture; dais for a throne; baker's table; lecturing platform.—*pl.* court rooms.
estrafalariamente, *adv.* (coll.) carelessly, slovenly; wildly, queerly, strangely.
estrafalario, ria, *a.* queer, eccentric, odd; (coll.) slovenly.
estragador, ra, *a.* corrupting, destroying.
estragamiento, *m.* disorder, depravation.
estragar, *va.* (*pret.* ESTRAGUÉ; *subj.* ESTRAGUE) to deprave, vitiate, corrupt, spoil.
estrago, *m.* ravage, ruin, havoc; wickedness.
estragón, *m.* (bot.) tarragon wormwood.
estragué, estrague, *v.* *V.* ESTRAGAR.
estrambote, *m.* refrain of a song.
estrambóticamente, *adv.* oddly, queerly.
estrambótico, ca, *a.* odd, queer, eccentric.
estramonio, *m.* (bot.) fireweed, common thorn apple, stramonium.
estrangol, *m.* inflammation in a horse's tongue.
estrangul, *m.* (mus.) mouthpiece.
estrangulación, *f.* strangling; (surg.) strangulation; (steam eng.) throttling; (hydraul.) stoppage.
estrangulado, da, *a.* strangled, strangulated.
estrangulador, ra. I. *a.* strangling. **II.** *n.* strangler.
estrangular. I. *va.* to strangle, choke, throttle; (med.) to strangulate; (steam eng.) to throttle. **II.** *vr.* to strangle (oneself).
estraperlista, *n.* black marketeer.
estraperlo, *m.* black market.
estratagema, *f.* stratagem; trick, artful deception; craftiness; finesse; fetch.
estrategia, *f.* (mil.) strategy.
estratégico, ca. I. *a.* (mil.) strategic. **II.** *n.* Also **estratego, ga,** *n.* strategist.
estratificación, *f.* (geol.) stratification.
estratificar, *va.* & *vr.* (geol.) to stratify.
estratiforme, *a.* (geol.) stratiform.
estratigrafía, *f.* (geol.) stratigraphy.
estratigráfico, ca, *a.* (geol.) stratigraphical.
estrato, *m.* (geol.) stratum, layer; stratus (cloud).
estratosfera, *f.* (meteorol.) stratosphere.
estrave, *m.* (naut.) stem knee.
estraza, *f.* rag, fragment of cloth.
estrechamente, *adv.* narrowly; tightly, closely; intimately; nearly; hardly; exactly, punctually; strongly, forcibly; strictly; scantily, penuriously.
estrechamiento, *m.* tightening; narrowing; (econ.) bottleneck.
estrechar. I. *va.* to tighten; to narrow, reduce, contract; to take in (a coat, etc.); to constrain, compel; to press; to follow closely.—**e. la mano,** to shake hands; to greet; to send regards or good wishes. **II.** *vr.* to narrow; to bind oneself strictly; reduce one's expenses; to become related or intimate; to act in concert.
estrechez, *f.* narrowness; tightness; compactness, closeness; intimacy; austerity; penury, poverty; strait, pass, narrow passage.

estrecho, cha. I. *a.* narrow; tight; intimate, close; rigid, austere; exact, punctual; narrow-minded, illiberal, mean-spirited; poor, indigent, penurious; stingy, close.—**e. de conciencia,** overscrupulous, narrow-minded. **II.** *m.* Valentine; predicament, fix; (geog.) strait, channel.—**al e.,** by force, by compulsion.—**poner en e.,** to force.
estrechón, *m. aug.* (naut.) flapping, pitching, jerk.—**e. de manos,** handshake.
estrechura, *f.* narrowness, straitness; narrow passage, narrows; austerity; distress, predicament, straits; intimate familiarity.
estregadera, *f.* scrubbing brush, mop.
estregadero, *m.* object against which animals scratch themselves; place for washing clothes.
estregadura, *f.*, **estregamiento,** *m.* rubbing; scrubbing.
estregar, *va.* (*ind. pres.* ESTRIEGO, *pret.* ESTREGUÉ; *subj.* ESTRIEGUE) to rub; scour, scrub; scratch (as matches).
estregón, *m. aug.* rough rubbing.
estregué, *pret.* of ESTREGAR.
estrella, *f.* star; star wheel; (theat., etc.) star, lead; star (on a horse's forehead); (mil.) star fort.—**e. de mar,** starfish.—**e. de rabo,** comet. —**e. fija,** fixed star.—**e. fugaz,** shooting star. —**e. polar,** polestar, Polaris.—**con estrellas,** after nightfall, before sunrise.—**poner por las estrellas,** to lionize, to overpraise.—**ver. estrellas,** to feel racking pain; (fig.) to see stars.
estrellada, *f.* (bot.) lady's mantle.
estrelladera, *f.* (cook.) instrument for turning eggs, etc.
estrelladero, *m.* pan for candied yolks.
estrellado, da. I. *pp.* of ESTRELLAR. **II.** *a.* starry; (of horses) star-faced; fried (eggs).
estrellamar, *f.* (bot.) plantain; (ichth.) starfish.
[1]**estrellar. I.** *va.* (coll.) to dash to pieces, smash (up); to fry (eggs). **II.** *vr.* to fail; (**contra**) to crash or dash (against), be shattered (by) (with implication of failure, damage or destruction).
[2]**estrellar,** *a.* stellated, starry.
estrellero, ra, *a.* (of horses) tossing the head.
estrellica, ita, uela, *f. dim.* little star.
estrellón, *m aug.* large star; star-shaped piece in fireworks.
estremecedor, ra, *a.* frightful, terrifying.
estremecer. I. *va.* (*ind.* ESTREMEZCO; *subj.* ESTREMEZCA) to shake, to make tremble. **II.** *vr.* to shake, tremble, shudder.
estremecimiento, *m.* trembling, shaking; shudder, shuddering.
estremezco, estremezca, *v.* *V.* ESTREMECER.
estrena, *f.* gift; love offering, remembrance; first use of a thing; inauguration; début.
estrenar. I. *va.* to use or to do for the first time; to commence, inaugurate; (theat.) to open. **II.** *vr.* to begin to act in some capacity; (theat.) to make one's début; (of a play) to open.
estreno, *m.* commencement, good-luck gift, inauguration; (theat.) first performance; début.
estrenque, *m.* stout esparto rope.
estrenuidad, *f.* vigor, energy, enterprise.
estrenuo, nua, *a.* strong, vigorous; enterprising.
estreñido, da. I. *pp.* of ESTREÑIR. **II.** *a.* costive; stingy.
estreñimiento, *m.* costiveness.
estreñir. I. *va.* (*ind.* ESTRIÑO; *subj.* ESTRIÑA) to bind, constipate. **II.** *vr.* to become costive.
estrepada, *f.* (naut.) a pull in unison.
estrépito, *m.* crash, din, deafening noise.
estrepitoso, sa, *a.* noisy, deafening; boisterous, obstreperous.
estreptococia, *f.* (med.) infection by streptococci.
estreptococo, *m.* (bacteriol.) streptococcus.
estreptomicina, *f.* streptomycin.
estría, *f.* (arch.) fluting, stria, groove.
estriación, *f.* striation, striature.
estriado, da, *a.* striated.
estriadura, *f.* (arch.) fluting, grooving.
estriar. I. *va.* (arch.) to flute, to gutter. **II.** *vr.* to become grooved, striated.
estribación, *f.* (geog. and arch.) counterfort.
estribadero, *m.* prop, stay.
estribar, *vn.* (**en**) to rest (on); to be based (on) to lie (in).
estribera, *f.* stirrup (of a saddle or an arbalist).
estribería, *f.* stirrup factory or shop.
estriberón, *m.* stepping stone; (mil.) temporary road.
estribillo, *m.* burden or refrain of a song.
estribo, *m.* stirrup; step or footboard of a coach; (mech.) brace, stay, stirrup bolt; clasp of wheel rims; (arch.) buttress, abutment; (fig.) rest, support, basis; (carp.) cross prop, main brace; (geog.) counterfort.—**perder los estribos,** to talk nonsense; to lose one's head.
estribor, *m.* (naut.) starboard.
estricnina, *f.* (med.) strychnine.
estricote.—**al e.,** without rule or order.
estrictez, *f.* (Am.) strictness.
estricto, ta, *a.* strict.
estridencia, *f.* stridency.
estridente, *a.* obstreperous; strident.
estridor, *m.* noise, creak, screech.
estriduloso, sa, *a.* (med.) stridulous.
estriego, estriegue, *v.* *V.* ESTREGAR.
estrige, *f.* (ornith.) screech owl; vampire.
estrigilación, *f.* (med.) strigilation.
estriño, estriña, *v.* *V.* ESTREÑIR.
estro, *m.* (poet.) afflatus, inspiration.
estrobiliáceo, cea, *a.* (bot.) strobilaceous.
estróbilo, *m.* (bot.) strobile, cone.
estrobo, *m.* (naut.) loop formed with a short rope or cable; (aer.) grummet.
estrofa, *f.* (poet.) stanza.
estrógeno, *m.* (biochem.) estrogen.
estroma, *m.* (anat.) stroma.
estrombo, *m.* (zool.) strombus.
estromo, *m.* (bot.) stroma.
estrona, *f.* (biochem.) estrone.
estronciana, *f.* (chem.) strontia.
estroncianita, *f.* (min.) strontianite.
estroncio, *m.* (chem.) strontium.
estropajear, *va.* (mason.) to rub; to scrub.
estropajeo, *m.* (mason.) rubbing, scrubbing.
estropajo, *m.* mop; swab, dishcloth; esparto scrubbing broom; worthless thing.
estropajoso, sa, *a.* (coll.) ragged, slovenly; (coll.) tough (meat); (coll.) stammering.
estropear. I. *va.* to maim, cripple; to damage or spoil by rough usage; to spoil, ruin (a thing, plan, etc.); (mason.) to stir (mortar). **II.** *vr.* to be out of order, damaged.
estropeo, *m.* rough usage; injury or damage; fatigue, weariness.
estropicio, *m.* (coll.) breakage, crash (of tableware, etc.); needless turmoil.
estructura, *f.* structure; order, method.
estructural, *a.* structural.
estruendo, *m.* din, clangor, clamor, clatter; confusion, turmoil; pomp, ostentation.
estruendoso, sa, *a.* obstreperous, noisy, loud.
estrujadura, *f.*, **estrujamiento,** *m.* pressing, squeezing, crushing, rumpling.
estrujar, *va.* to press, squeeze, crush, rumple, mash, jam, bruise.—**estrujón,** *m.* last pressing of grapes; crush, squeeze, pressure, jam.
estruma, *f.* (med.) struma.
estrumoso, sa, *a.* strumous.
estuación, *f.* flow of the tide.
estuante, *a.* hot, boiling, glowing.
estuario, *m.* estuary, inlet.
estucador, *m.* stucco plasterer.
estucar, *va.* & *vn.* (mason.) to stucco.
estuco, *m.* stucco; plaster, scagliola.
estuche, *m.* case (as for jewelry, etc.); box, casket; étui, sheath (for scissors, etc.); cabinet; small comb; in card games, certain combination of cards; a clever, handy fellow.
estudiado, da, *a.* studied, elaborate; studious.
estudiador, ra, *a.* (coll.) very studious.

estudiantado, *m.* (Am.) students (collect.).
estudiante, *n.* student.
estudiantil, *a.* (coll.) of or pertaining to students.
estudiantino, na. I. *a.* (coll.) pertaining to or in the manner of students. **II.** *f.* strolling band of students.
estudiantón, *m. aug.* (coll.) grind.
estudiar, *va.* & *vn.* to study; (art) to copy.
estudio, *m.* study; investigation; discussion, paper (article, writing); college, school; library, reading room; studio.—*pl.* sciences, letters.—**estudios mayores,** higher studies.
estudiosidad, *f.* studiousness.
estudioso, sa, *a.* studious.
estufa, *f.* stove; heater; hothouse; drying chamber, dry bath; sweating room; small brasier.
estufador, *m.* stewpan.
estufero, estufista, *m.* stove maker.
estufilla, *f.* hand muff; foot stove; chafer.
estulticia, *f.* foolishness, silliness.
estulto, ta, *a.* foolish, silly.
estuosidad, *f.* burning, heat, glow.
estuoso, sa, *a.* hot, ardent, glowing.
estupefacción, *f.* stupefaction, numbness.
estupefaciente, *a.* & *m.* narcotic.
estupefactivo, va, *a.* stupefying.
estupefacto, ta, *a.* stupefied, motionless.
estupendo, da, *a.* stupendous, wonderful.
estúpidamente, *adv.* stupidly.
estupidez, *f.* stupidity.
estúpido, da, *a.* & *n.* stupid (person).
estupor, *m.* (med.) stupor; amazement.
estuprador, *m.* ravisher, violator.
estuprar, *va.* to ravish, violate.
estupro, *m.* ravishment, rape.
estuque, *m.* stucco.—**estuquería,** *f.* stuccoing; stucco work.—**estuquista,** *n.* stuccoer.
esturar, *va.* to dry by fire; overcook.
esturgar, *va.* to polish (delft ware).
esturión, *m.* (ichth.) sturgeon.
estuve, estuvo, *v. V.* ESTAR.
ésula, *f.* (bot.) leafy-branched spurge.
esviaje, *m.* (arch.) obliquity.
eta, *f.* eta (Greek letter).
etalaje, *m.* bosh (of a blast furnace).
etano, *m.* (chem.) ethane.
etapa, *f.* (mil.) ration given to troops in the field; stage; station, stop.
etcétera, etc., *f.* et cetera, etc., and so forth.
éter, *m.* (phys., chem.) ether; (poet.) the sky.
etéreo, rea, *a.* ethereal; (poet.) heavenly.
eterificación, *f.* (chem.) etherification.
eterificar, *va.* (chem.) to etherify, convert into ether.
eterismo, *m.* etherism, effect of excessive ether.
eterización, *f.* (med.) etherization.
eterizar, *va.* (med.) to etherize.
eternal, *a.* eternal.—**eternalmente,** *adv.* eternally; everlastingly.
eternicé, eternice, *v. V.* ETERNIZAR.
eternidad, *f.* eternity.
eternizar. I. *va.* (*pret.* ETERNICÉ; *subj.* ETERNICE) to eternize, perpetuate; to prolong indefinitely. **II.** *vr.* to be everlasting, (fig.) to be exceedingly slow, to stay forever.
eterno, na, *a.* eternal, everlasting.
etesio, *a.* (of winds) etesian, recurring yearly.
ética, *f.* ethics.
[1]**ético, ca. I.** *a.* ethical, moral. **II.** *n.* moralist.
[2]**ético, ca,** *a.* = HÉTICO, (med.) hectic, consumptive.
etileno, *m.* (chem.) ethylene.
etílico, ca, *a.* (chem.) ethylic.
etilo; *m.* (chem.) ethyl.
etimología, *f.* etymology.
etimológico, ca, *a.* etymological.
etimologista, *m.* etymologist.
etimologizar, *va.* to etymologize.
etimólogo, ga, *n.* etymologist.
etiología, *f.* (philos. and med.) etiology.
etíope, *a.* & *n.* Ethiopian, Ethiop.
Etiopía, *f.* Ethiopia.
etiópico, ca, *a.* Ethiopian, Ethiopic.
etiópide, *f.* (bot.) Ethiopian mullein, clary.
etiopio, pia, *a.* & *n.* Ethiopian.
etiqueta, *f.* etiquette, ceremony, formality; (com.) label.—**de e.,** ceremonious, formal.—**estar de e.,** to be distant, cool to each other.
etiquetero, ra, *a.* ceremonious, formal.
etiquez, *f.* = HETIQUEZ, (med.) consumption.
etites, *f.* (min.) eaglestone, ætites.
etmoides, *m.* (anat.) ethmoid.
étnico, ca, ethnic.
etnografía, *f.* ethnography.
etnográfico, ca, *a.* ethnographic.
etnógrafo, *m.* ethnographer.
etnología, *f.* ethnology.
etnológico, ca, *a.* ethnologic.
etnólogo, *m.* Ethnologist.
etología, *f.* ethology.
etrusco, ca, *n.* & *a.* Etruscan.
eubeo, a; euboico, ca, *n.* & *a.* **Eubœan, Euboic.**
eubolía, *f.* discretion in speech.
eucaína, *f.* (pharm.) eucaine.
eucalipto, *m.* (bot.) eucalyptus.
eucaliptol, *m.* eucalyptus oil.
eucaristía, *f.* Eucharist.
eucarístico, ca, *a.* Eucharistic.
euclídeo, a; euclidiano, na, *a.* **Euclidian.**
eucologio, *m.* (eccl.) euchologion.
eucósmido, *m.* (entom.) codling moth.
eucrasia, *f.* (med.) sound health.
eucrático, ca, *a.* (med.) in sound health.
eudemonismo, *m.* (philos.) eudemonism.
eudemonista, *n.* eudemonist.
eudiómetro, *m.* (chem.) eudiometer.
eufemismo, *m.* (rhet.) euphemism.
eufemístico, ca, *a.* euphemistic(al.
eufonía, *f.* euphony.
eufónico, ca, *a.* euphonic, euphonious.
eufonizar, *va.* to euphonize.
euforbiáceo, cea, *a.* (bot.) euphorbiaceous.
euforbio, *m.* (bot.) euphorbia, officinal spurge; (pharm.) euphorbium.
euforia, *f.* resistance to disease; (med.) **euphoria,** feeling well, sense of good health.
eufótida, *f.* (geol.) euphotide.
eufrasia, *f.* (bot.) eyebright.
eufuismo, *m.* euphuism.
eufuista, *n.* euphuist.
eugenesia, *f.* eugenics; eugenism.
eugenésico, ca, *a.* eugenic.
eugenol, *m.* (chem.) eugenol.
eunuco, *m.* eunuch.
eupatorio, *m.* (bot.) eupatorium.
eupepsia, *f.* eupepsy, good digestion.
eupéptico, ca, *n.* & *a.* digestive.
eurasio, sia, eurasiático, ca, *a.* & *n.* Eurasian.
eureka, *interj.* eureka! (I found it).
euritmia, *f.* (arch.) eurythmy.
eurítmico, ca, *a.* eurythmic.
euro, *m.* eurus, east wind.—**e. austro, or noto,** (poet.) southeast wind.
Europa, *f.* Europe.
europeizar, *va.* & *vn.* to Europeanize.
europeo, a, *n.* & *a.* European.
europio, *m.* (chem.) europium.
euscaro, ra; éusquero, ra, *n.* & *a.* **Basque;** Basque language.
éustilo, *m.* (arch.) eustyle.
eutanasia, *f.* euthanasia.
eutéctico, ca, *a.* (phys.) eutectic.
eutiquiano, na, *a.* Eutychian.
eutrapelia, eutropelia, *f.* moderation in pleasures; pastime, sport.
eutrapélico, ca; eutropélico, ca, *a.* moderate, temperate.
euxenita, *f.* (min.) euxenite.
evacuación, *f.* evacuation; exhaustion.
evacuado, da, *n.* evacuee.
evacuante, *a.* evacuant, evacuating.
evacuar, *va.* to empty, evacuate; to quit, vacate,

leave.—**e. un negocio,** or **una diligencia,** to transact a business; to do an errand.
evacuativo, va; evacuatorio, a, *a.* evacuative.
evadir. I. *va.* to evade, elude, avoid. **II.** *vr.* to escape, sneak away.
evaluación, *f.*, **evaluar,** *va.* = VALUACIÓN, etc.
evanescente, *a.* evanescent.
evangélico, ca, *a.* evangelical.
evangelio, *m.* gospel.—*pl.* gospel relic booklet worn by children around the neck.
evangelismo, *m.* evangelism.
evangelista, *m.* evangelist; gospel chanter.
evangelización, *f.* evangelization.
evangelizador, ra, *n.* & *a.* evangelizer(-ing).
evangelizar, *va.* to evangelize.
evaporable, *a.* evaporable.
evaporación, *f.* evaporation.
evaporador, ra, *a.* & *n.* evaporating(-or).
evaporar, *va.* & *vr.* to evaporate.
evaporatorio, ria, *a.* evaporative.
evaporizar, *va.* & *vr.* (*pret.* EVAPORICÉ; *subj.* EVAPORICE) to vaporize.
evasión, *f.*, **evasiva,** *f.* evasion; escape.
evasivamente, *adv.* evasively.
evasivo, va. I. *a.* evasive, elusive. **II.** *f.* evasion.
evección, *f.* (astr.) evection.
evento, *m.* event, contingency.
eventual, *a.* contingent; fortuitous.—**eventualidad,** *f.* contingency.—**eventualmente,** *adv.* by chance, fortuitously.
eversión, *f.* destruction, ruin.
evicción, *f.* eviction.
evidencia, *f.* evidence, proof; obviousness.
evidenciar, *va.* to prove, make evident.
evidente, *a.* evident.
evitable, *a.* avoidable, preventable.
evitación, *f.* avoidance.
evitar, *va.* to avoid; to shun; to spare; to prevent.
eviterno, na, *a.* imperishable, lasting.
evo, *m.* age, long time, æon; eternity.
evocación, *f.* evocation, evoking.
evocador, ra, *a.* evocative.
evocar, *va.* (*pret.* EVOQUÉ; *subj.* EVOQUE) to call out, evoke.
evolución, *f.* evolution; change (of conduct, policy, etc.); (mil., naut.) evolution, manœuvre.
evolucionar, *vn.* to change one's conduct, policy, etc., (mil., naut.) to perform evolutions or manœuvres; (biol., philos.) to evolve.
evolucionario, ria, *a.* evolutionary.
evolucionismo, *m.* evolutionism.
evolucionista. I. *a.* evolutionary, evolution (as *a.*). **II.** *n.* evolutionist.
evolutivo, va, *a.* evolutionary, evolution (as *a.*).
evolvente, *a.* (geom.) evolvent; (Cuba, coll.) of or pertaining to a person economically independent.
evoqué, evoque, *v. V.* EVOCAR.
evulsión, *f.* (surg.) evulsion.
ex, *prep. prefix,* ex, out, out of, off; formerly.
ex abrupto, *adv.* abruptly, violently.
exacción, *f.* exaction; impost, tax, levy.
exacerbación, *f.* exasperation; exacerbation.
exacerbar, *va.* to irritate, exasperate; exacerbate.
exactitud, *f.* exactness; punctuality; accuracy.
exacto, ta, *a.* exact; correct; accurate; precise; punctual; assiduous.
exactor, *m.* tax collector.
exaedro, *m.* (geom.) hexahedron.
exageración, *f.* exaggeration.
exagerador, ra, *n.* & *a.* exaggerator(-ing).
exagerante, *a.* exaggerating.
exagerar, *va.* to exaggerate.
exagerativo, va, *a.* exaggerating.
exagonal, *a.* hexagonal.
exágono, na. I. *a.* hexagonal. **II.** *m.* hexagon.
exaltación, *f.* exaltation, elevation; (chem.) sublimation.
exaltado, da, *a.* hot-headed; ultra-radical.
exaltamiento, *m.* exaltation; ultra-radicalism.
exaltar. I. *va.* to exalt, elevate, lift; to praise, extol. **II.** *vr.* to become excited.
examen, *m.* examination; inquiry; interrogatory; inspection, investigation, search; survey.—**e. de Rorschach,** (psych.) Rorschach test.—**e. final,** final examination.—**e. parcial,** midterm examination.
exámetro, *m.* = HEXÁMETRO, hexameter.
examinador, ra, *n.* & *a.* examiner(-ing).
examinando, *m.* one going up for examination.
examinante, *a.* examining.
examinar. I. *va.* to examine; to question; to investigate, inspect, search. **II.** *vr.* to take (an) examination(s).
exangüe, *a.* exsanguine, anæmic; weak.
exanimación, *f.* lifelessness.
exánime, *a.* spiritless, weak, lifeless.
exantema, *f.* (med.) exanthema, an eruptive disease.
exantemático, ca, *a.* exanthematic.
exasperación, *f.* exasperation.
exasperador, ra; exasperante, *a.* exasperating.
exasperar, *va.* to exasperate.
excandecencia, *f.* anger, passion.
excandecer. I. *va.* (*ind.* EXCANDEZCO; *subj.* EXCANDEZCA) to irritate, provoke, enrage. **II.** *vr.* to become angry.
excarcelación, *f.* (law) discharge (from custody).
excarcelar, *va.* to set (a prisoner) free.
ex cáthedra, *adv.* ex cathedra.
excava, *f.* (agr.) pit around the root of a plant.
excavación, *f.* excavation.
excavador, ra. I. *a.* excavating, digging. **II.** *n.* excavator, digger; *f.* excavator, power shovel.
excavar, *va.* to excavate, dig.
excedente. I. *a.* exceeding. **II.** *m.* (com.) surplus.
exceder. I. *va.* to exceed, surpass; to overstep. **II.** *vr.* to go too far; to forget oneself; to overstep one's authority.
excelencia, *f.* excellence, superiority; excellency (title).—**por e.,** par excellence.—**Su E.,** His Excellency.—**Vuestra E.,** Your Excellency.
excelente. I. *a.* excellent, first-rate.—*interj.* good! fine! **II.** *m.* Also **e. de la granada,** ancient Spanish gold coin.
excelentísimo, ma, *a. super.* most excellent.
excelsamente, *adv.* sublimely.
excelsitud, *f.* excelsitude, loftiness.
excelso, sa, *a.* elevated, sublime, lofty.—**el E.,** the Most High.
excentricidad, *f.* eccentricity.
excéntrico, ca. I. *a.* eccentric, eccentrical; odd, queer. **II.** *f.* (mech.) eccentric.
excepción, *f.* exception; (civil law) plea in defense, denying cause for action.
excepcional, *a.* exceptional, unusual.
excepcionar, *va.* (law) to deny the validity of or ground for (a legal action).
exceptivo, va, *a.* exceptive.
excepto, *adv.* excepting, except, with the exception of.
exceptuado, da, *a.* exclusive.
exceptuando, *prep.* excepting.
exceptuar, *va.* to except.
excerta, *f.* excerpt, extract, citation.
excesivo, va, *a.* excessive.
exceso, *m.* excess; (com.) surplus.—**e. de equipaje,** or **de peso,** baggage excess.—**en e.,** in excess; excessively, to excess.
excipiente, *m.* (pharm.) excipient.
excisión, *f.* (surg.) excision.
excitabilidad, *f.* excitability.
excitable, *a.* excitable.
excitación, *f.* excitation, exciting, excitement.—**e. impulsiva,** (rad.) impulse excitation.
excitado, da, *a.* excited.
excitador, *m.* (elec.) exciter.
excitante, *a.* exciting, excitant.
excitar. I. *va.* to excite, move, stir up, rouse; (elec.) to excite, energize. **II.** *vr.* to become excited, lose one's equanimity.
excitativo, va, *a.* exciting, excitative.
excitatriz, *f.* (elec.) exciter, exciting dynamo.
exclamación, *f.* exclamation.
exclamar, *vn.* to exclaim.

exclamativo, va; torio, ria, *a.* exclamatory.
exclaustración, *f.* secularization of monks.
exclaustrado, *m.* secularized monk.
exclaustrar, *va.* to secularize (monks).
excluir, *va.* (*pp.* EXCLUIDO, EXCLUSO; *ind.* EXCLUYO; *subj.* EXCLUYA) to exclude; to bar, debar.
exclusión, *f.* exclusion, shutting out, debarring.
exclusiva, *f.* refusal; rejection, exclusion; sole right or agency.
exclusivamente, *adv.* exclusively.
exclusive, *adv.* exclusively; exclusive, excluded.
exclusividad, *f.* exclusiveness; exclusivity.
exclusivismo, *m.* exclusivism.
exclusivista, *n.* & *a.* exclusivist(-ic), (of persons) exclusive.
exclusivo, va, *a.* exclusive.
excluso, *pp. irreg.* of EXCLUIR.
excluyo, excluya, *v. V.* EXCLUIR.
excogitable, *a.* imaginable, reasonable.
excogitar, *va.* to excogitate, meditate; find, invent, devise.
excomulgado, da. I. *pp.* of EXCOMULGAR. **II.** *a.* & *n.* excommunicated (person); wicked, perverse (person).
excomulgador, ra, *n.* excommunicator.
excomulgar, *va.* (*pret.* EXCOMULGUÉ; *subj.* EXCOMULGUE) to excommunicate; to anathematize, curse.
excomunión, *f.* excommunication.—**e. mayor,** anathema.
excoriación, *f.* excoriation, flaying.
excoriar, *va.* & *vr.* to excoriate, flay; skin.
excrecencia, *f.* excrescence, excrescency.
excreción, *f.* excretion.
excremental, *a.* = EXCREMENTICIO.
excrementar, *va.* to evacuate (the bowels).
excrementicio, cia, *a.* pertaining to excrement or excretion.
excremento, *m.* excrement; excretion.
excretar, *vn.* to excrete; eject the excrements.
excreto, ta, *a.* excreted, ejected.
excretorio, ria, *a.* excretory, excretive.
excrex, *m.* (*pl.* **excrez**) (law) increase of dower.
exculpación, *f.* exculpation; exoneration.
exculpador, ra, *a.* exculpatory.
exculpar, *va.* to exculpate; to exonerate.
excursión, *f.* excursion, trip, tour; (law) excussion, liquidation.
excursionista, *n.* excursionist.
excusa, *f.* excuse.
excusabaraja, *f.* basket with a cover.
excusable, *a.* excusable.
excusadamente, *adv.* unnecessarily.
excusado, da. I. *pp.* of EXCUSAR. **II.** *a.* exempted, privileged; unnecessary; reserved, set apart. **III.** *m.* ancient privilege of exemption from the payment of tithes; washroom; toilet.
excusador, ra. I. *a.* excusing. **II.** *n.* excuser; substitute, vicar.
excusalí, *m.* small apron.
excusar. I. *va.* to excuse; to exempt; to prevent, avoid, shun; to decline, refuse. **II.** *vr.* to excuse oneself; to apologize.
excusión, *f.* (law) excussion, attachment.
execrable, *a.* execrable.—**execrablemente,** *adv.* execrably.
execración, *f.* execration.
execrador, ra, *n.* & *a.* execrater(-ing).
execrando, da, *a.* execrable.
execrar, *va.* to execrate.—**execratorio, ria,** *a.* execratory.
exedra, *f.* (arch.) exedra.
exégesis, *f.* exegesis.
exégeta, *m.* exegete.
exegético, ca, *a.* exegetic, explanatory.
exención, *f.* exemption.
exentamente, *adv.* freely; frankly, clearly, simply, sincerely.
exentar. I. *va.* to exempt; to excuse. **II.** *vr.* to except oneself.
exento, ta. I. *pp. irreg.* of EXIMIR. **II.** *a.* exempt; free, freed, disengaged; clear, open, unobstructed. **III.** *m.* officer in the Spanish life-guards.
exequátur, *m.* exequatur.
exequias, *f. pl.* exequies, obsequies.
exequible, *a.* attainable.
exergo, *m.* (numis.) exergue.
exfoliación, *f.* exfoliation, scaling or peeling off.
exfoliar. I. *va.* to exfoliate. **II.** *vr.* to scale off.
exhalación, *f.* exhalation; bolt of lightning; shooting star; fume, vapor, emanation.
exhalador, ra, *n.* & *a.* exhaler(-ing).
exhalar. I. *va.* to exhale, breathe forth, emit. **II.** *vr.* to exhale, evaporate; to be exhausted by violent exercise.
exhaustivo, va, *a.* exhaustive.
exhausto, ta, *a.* exhausted.
exheredación, *f.* disinheritance.
exheredar, *va.* to disinherit.
exhibición, *f.* exhibition, exposition.
exhibicionismo, *m.* (psych.) exhibitionism.
exhibicionista, *n.* (psych.) exhibitionist.
exhibir. I. *va.* to exhibit, expose, display, show. **II.** *vr.* to exhibit oneself, call attention, show off.
exhilarante, *a.* exhilarating.
exhortación, *f.* exhortation, admonition.
exhortador, ra, *n.* & *a.* exhorter(-ing).
exhortar, *va.* to exhort, admonish.
exhortatorio, ria, *a.* exhortatory.
exhorto, *m.* (law) letters requisitorial.
exhumación, *f.* exhumation, disinterment.
exhumador, ra. I. *a.* of or pertaining to a burial. **II.** *n.* exhumer.
exhumar, *va.* to exhume, disinter, dig up.
exigencia, *f.* exigency; requirement; demand.
exigente, *a.* exacting.
exigible; exigidero, ra, *a.* exigible, requirable.
exigir, *va.* (*ind.* EXIJO; *subj.* EXIJA) to require; exact, demand; need; to urge.
exigüidad, *f.* exiguousness, scantiness, smallness.
exiguo, gua, *a.* exiguous, small, scanty.
exijo, exija, *v. V.* EXIGIR.
exilado, da, *a.* & *n.* = EXILIADO.
exilar, *va., vn.* & *vr.* = EXILIAR.
exiliado, da. I. *a.* exiled, banished. **II.** *n.* exile, expatriate.
exiliar. I. *va.* & *vn.* to exile, banish; to be exiled, be banished. **II.** *vr.* to go into exile.
exilio, *m.* exile.
eximente, *a.* exempting.
eximio, mia, *a.* famous, most excellent.
eximir, *va.* (*pp. irreg.* EXENTO) to exempt, excuse, except.
exinanición, *f.* inanition; debility.
exinanido, da, *a.* debilitated, very weak.
existencia, *f.* existence; life, being.—*pl.* (com.) stock in hand, goods.—**en e.,** (com.) in stock.
existencial, *a.* existential.
existencialismo, *m.* (philos.) existentialism.
existencialista, *a.* & *n.* existentialist.
existente, *a.* existing, extant, existent; (com.) on hand, in stock.
existimación, *f.* estimation, opinion.
existimar, *va.* to form an opinion of, to judge.
existir, *vn.* to exist, to be.
éxito, *m.* issue, result, end; (also **buen e.**) success.
exitoso, sa, *a.* successful, effective.
exodermo, *m.* (bot.) exoderm, ectoderm.
Éxodo, *m.* Exodus; (**é.**) exodus, emigration.
exoftalmia, *f.* (med.) exophthalmia.
exogamia, *f.* exogamy.
exógeno, na, *a.* exogenous.
exoneración, *f.* exoneration, exemption.
exonerar, *va.* to exonerate.
exonerativo, va, *a.* exonerative.
exorable, *a.* exorable, that can be persuaded.
exorar, *va.* to beg, entreat.
exorbitancia, *f.* exorbitance.
exorbitante, *a.* exorbitant, excessive.
exorcismo, *m.* exorcism.
exorcista, *n.* exorciser, exorcist.
exorcizante, *n.* & *a.* exorciser(-ing).
exorcizar, *va.* to exorcise.

exordio, *m.* exordium, beginning.
exornación, *f.* (rhet.) making flowery.
exornar, *va.* to adorn, embellish.
exosfera, *f.* (meteorol.) exosphere.
exosmosis, *f.* (phys., chem.) exosmosis.
exosmótico, ca, *a.* exosmotic.
exotérico, ca, *a.* exoteric, public, common.
exotérmico, ca, *a.* (chem.) exothermic, heat-evolving.
exoticidad, *f.* exoticism.
exoticismo, *m.* exoticism, exotism.
exótico, ca, *a.* exotic, foreign, extraneous.
exotiquez, *f.* exoticism.
expansibilidad, *f.* expansibility.
expansible, *a.* expansible.
expansión, *f.* expansion, extension.
expansivo, va, *a.* expansive; sociable, communicative.
expatriación, *f.* expatriation.
expatriado, da, *a.* & *n.* expatriate.
expatriar. I. *va.* to expatriate. **II.** *vr.* to emigrate, leave one's country.
expectable, *a.* conspicuous, eminent.
expectación, *f.* expectation, expectancy.
expectante, *a.* expectant.
expectativa, *f.* expectation, expectancy, hope; (law) expectancy, abeyance.
expectoración, expectoration; sputum.
expectorante, I. *a.* expectorating. **II.** *m.* (med.) expectorant.
expectorar, *va.* & *vn.* to expectorate.
expedición, *f.* expedition; despatch, speed, nimbleness, facility; (eccl.) pontifical brevet or bull; (mil.) expedition; excursion, jaunt, journey.
expedicionario, ria, *a.* expeditionary.
expedidor, ra, *n.* (com.) forwarding merchant, agent, shipper, sender, despatcher.
expediente, *m.* (law) action, proceedings; file of papers bearing on a case; despatch, course of business; expedient, measure, resource, means to an end; facility in the management of affairs; reason, motive, pretext; supply, provision.—**cubrir el e.,** to pretend, make believe to be doing something; to keep up appearances; save one's face.
expedienteo, *m.* (law) procedure, taking action on the papers or documents in the case; (coll.) entangling and confusing matters; red tape.
expedir, *va.* (*ind.* EXPIDO; *subj.* EXPIDA) to expedite, facilitate; to issue; to draw out; to ship, send.
expeditivo, va, *a.* expeditious, speedy, quick.
expedito, ta, *a.* prompt, expeditious, quick.
expeler, *va.* (*pp.* EXPELIDO, EXPULSO) to expel, eject, throw out.
expendedor, ra. I. *a.* spending. **II.** *n.* dealer, retailer, agent, seller; (law) distributor of counterfeit money.
expendeduría, *f.* shop where tobacco and other officially monopolized goods are sold.
expender, *va.* to expend, spend, lay out; to sell at retail, to deal in; (com.) to sell on commission; (law) to pass (counterfeit money or stolen goods).
expendición, *f.* retail selling; commission selling.
expendio, *m.* expense, outlay; consumption; (Am.) EXPENDICIÓN; (Am.) EXPENDEDURÍA.
expensar, *va.* (Am.) to defray the expense of.
expensas, *f. pl.* expenses, costs, charges.—**a e. de uno,** at one's own expense.
experiencia, *f.* experience; experiment, trial.
experimentación, *f.* experimentation.
experimentado, da. I. of EXPERIMENTAR. **II.** *a.* (of person) experienced.
experimentador, ra, *n.* experimenter.
experimental, *a.* experimental.
experimentar, *va.* to experience; to experiment, test, try.
experimento, *m.* experiment, test, trial.
experto, ta, *n.* & *a.* expert.
expiación, *f.* expiation, atonement; purification.
expiar, *va.* to expiate, atone for, make amends for; to purify.—**expiativo, va,** *a.* expiational.
expiatorio, ria, *a.* expiatory.
expido, expida, *v.* *V.* EXPEDIR.
expillo, *m.* (bot.) = MATRICARIA, feverfew.
expiración, *f.* expiration.
expirante, *a.* expiring.
expirar, *vn.* to expire, come to an end; to die.
explanación, *f.* explanation, elucidation; (Ry.) roadbed.
explanada, *f.* lawn; (fort.) esplanade, glacis; (artil.) platform.
explanar, *va.* to level, grade; explain, elucidate.
explayar. I. *va.* to extend, dilate, enlarge. **II.** *vr.* to dwell upon a subject; to be extended; to enjoy an outing.
expletivo, va, *n.* & *a.* expletive.
explicable, *a.* explicable, explainable.
explicación, *f.* explanation.
explicaderas, *f. pl.* (coll.) facility in explaining.
explicar. I. *va.* (*pret.* EXPLIQUÉ; *subj.* EXPLIQUE) to explain, expound, construe. **II.** *vr.* to explain oneself; to understand (the reason, cause).
explicativo, va, *a.* explicative, explanatory.
explícito, ta, *f.* explicit.
expliqué, explique, *v.* *V.* EXPLICAR.
explorable, *a.* explorable.
exploración, *f.* exploration; (phys.) scanning.
explorador, ra. I. *a.* exploring. **II.** *n.* explorer; *m.* Boy Scout; (Am.) frontiersman; (phys.) scanner; *f.* Girl Scout.
explorar, *va.* to explore; investigate, search into, examine; (mil.) to scout.
exploratorio, ria, *a.* exploratory, exploring.
explosión, *f.* explosion; outburst; (min.) blast.—**hacer e.,** (Am.) to explode.
explosivo, va, *n.* & *a.* explosive.
explosor, *m.* exploder; (radio) oscillator.
explotable, *a.* exploitable; (min.) workable.
explotación, *f.* exploitation; development, working (of a mine, etc.); plant, works; operation, running (of a factory, railroad, etc.).
explotador, ra, *n.* & *a.* exploiter(-ing).
explotar, *va.* to exploit; to work (a mine, etc.); to develop (mines, lands, etc.); to operate, run (a business, a railroad, etc.); to exploit (to one's own advantage); (Am.) to explode.
expoliación, *f.* spoliation.
expoliador, ra, *n.* & *a.* spoliator(-ing).
expoliar, *va.* to spoliate, despoil.
exponencial, *f.* & *a.* (math.) exponential.
exponente. I. *n.* & *a.* exponent. **II.** *m.* (math.) exponent.—**e. de un átomo,** atomic number.
exponer. I. *va.* (*pp.* EXPUESTO; *ind. pres.* EXPONGO, *pret.* EXPUSE, *fut.* EXPONDRÉ; *subj.* EXPONGA) to expose, show, lay bare; to expound, explain; to expose, put in danger, jeopardize; to expose, abandon (a child). **II.** *vr.* to run a risk, lay oneself open to.
exportable, *a.* exportable.
exportación, *f.* exportation, export.—**de e.,** export (as *a.*, as in *derechos de exportación,* export duties).
exportador, ra, *n.* & *a.* exporter(-ing).
exportar, *va.* to export.
exposición, *f.* exposition, statement; peril, risk, jeopardy; petition, claim; exposition, exhibition, fair; (drama) exposition; (arch.) situation, orientation.
exposímetro, *m.* (photog.) exposure meter.
expositivo, va, *a.* explanatory, expositive.
expósito, ta, *n.* & *a.* foundling.
expositor, ra, *n.* & *a.* expounder(-ing), exponent; exhibitor(-ing).
expremijo, *m.* cheese vat.
exprés. (Am. esp. Mex.) **I.** *n.* & *a.* express (train, etc.). **II.** *m.* transport company or office.
expresado, da, *a.* before-mentioned, aforesaid.
expresamente, *adv.* expressly; clearly.
expresar. I. *va.* (*pp.* EXPRESADO, EXPRESO) to express, state, tell; (art) to delineate, design. **II.** *vr.* to express oneself, to speak.

expresión, *f.* expression; declaration, statement; form; phrase, utterance; present, gift; expression, squeezing, pressing out (of oils, etc.).—*pl.* regards.
expresionismo, *m.* (f. a.) expressionism.
expresionista, *n.* & *a.* expressionist.
expresivamente, *adv.* expressively.
expresividad, *f.* expressivity.
expresivo, va, *a.* expressive; affectionate, kind.
expreso, sa. I. *pp. irreg.* of EXPRESAR. **II.** *a.* expressed; express, clear; express, fast (train, etc.). **III.** *m.* express (train).
exprimidera, *f.*, **exprimidero**, *m.*, squeezer.
exprimido, da, *pp.* & *a.* squeezed; dry.
exprimir, *va.* to squeeze, press out; to express (one's thoughts) vividly.
ex profeso, *adv.* on purpose, expressly.
expropiación, *f.* expropriation.
expropiar, *va.* to expropriate.
expuesto, ta. I. *pp. irreg.* of EXPONER. **II.** *a.* on display; exposed, liable; dangerous; in danger.
expugnable, *a.* (mil.) pregnable.
expugnación, *f.* (mil.) taking by storm.
expugnador, ra, *n.* & *a.* (mil.) (one) that takes by storm.
expugnar, *va.* (mil.) to take by storm.
expulsar, *va.* (*pp.* EXPULSADO, EXPULSO) (gen. of people) to expel, eject, drive out.
expulsión, *f.* expulsion, expelling, ejection.
expulsivo, va, *a.* expelling.
[1]**expulso, sa**, *pp. irreg.* of EXPELER.
[2]**expulso, sa**, *pp. irreg.* of EXPULSAR.
expulsor, ra, *n.* & *a.* expeller(-ing), ejector(-ing).
expurgación, *f.* expurgation; (coll.) purge (of people).
expurgador, ra, *n.* expurgator.
expurgar, *va.* (*pret.* EXPURGUÉ; *subj.* EXPURGUE) to expurgate, expunge, purge, purify.
expurgatorio, ria, *a.* expurgatory.—**índice e.**, (Rom. Cath.) Index Expurgatorius.
expurgo, *m.* expurgation, purification.
expuse, *pret.* of EXPONER.
exquisitez, *f.* exquisiteness.
exquisito, ta, *a.* exquisite, delicious.
éxtasi, éxtasis, *m.* ecstasy.
extasiado, da, *a.* enrapt.
extasiar, *va.* & *vr.* to delight; to enrapture.
extático, ca, *a.* ecstatic.
extemporal; extemporáneo, a, *a.* untimely, inopportune.—**extemporáneamente**, *adv.* untimely, inopportunely.
extender. I. *va.* & *vr.* (*pp.* EXTENDIDO, EXTENSO; *ind.* EXTIENDO; *subj.* EXTIENDA) to extend, enlarge, prolong, spread, expand, outstretch; to unfold, unfurl; to draw up or issue (a document); (com.) to extend, prolong. **II.** *vr.* to extend, reach; to stretch out; to enlarge upon, expatiate; to spread, become general or popular.
extendidamente, *adv.* extensively.
extendido, da, *a.* extended, elongated; extensive.
extensibilidad, *f.* extensibility.
extensible, *a.* extensible, extensile.
extensión, *f.* extension; extent, length; expanse; space, capacity; (logic, Mex. tel.) extension.
extensivo, va, *a.* ample.
extenso, sa. I. *pp. irreg.* of EXTENDER. **II.** *a.* extended, extensive, spacious; general, widely spread.—**por e.**, at length, with full particulars.
extensómetro, *m.* extensometer.
extensor, ra. I. *a.* extending. **II.** *m.* (anat.) extensor.
extenuación, *f.* attenuation; emaciation.
extenuado, da, *a.* emaciated, wasted.
extenuar. I. *va.* to emaciate, weaken. **II.** *vr.* to languish, waste away.
extenuativo, va, *a.* weakening, emaciating.
exterior. I. *a.* exterior; external, outside, outward; foreign (commerce, debt, etc.).—**lo e.**, the outside; outside things or matters; foreign affairs. **II.** *m.* outside; personal appearance; foreign (or overseas) countries.
exterioridad, *f.* exteriority; demeanor; show, pomp.
exteriorización, *f.* exteriorization, externalization.
exteriorizar. I. *va.* to externalize, make manifest. **II.** *vr.* to unbosom oneself.
exteriormente, *adv.* externally, outwardly.
exterminador, ra, *n.* & *a.* exterminator(-ing).
exterminar, *va.* to exterminate; to raze.
exterminio, *m.* extermination, ruin, destruction.
externado, *m.* day-student school or college.
externamente, *adv.* externally.
externo, na. I. *a.* external, outward; exterior (angle, etc.). **II.** *n.* day pupil.
extiendo, extienda, *v.* *V.* EXTENDER.
extinción, *f.* extinction; extinguishment; suppression, abolition; obliteration.
extingo, extinga, *v.* *V.* EXTINGUIR.
extinguible, *a.* extinguishable.
extinguido, da, *a.* extinguished; extinct.
extinguir, *va.* (*pp.* EXTINGUIDO, EXTINTO; *ind.* EXTINGO; *subj.* EXTINGA) to quench, extinguish, put out; to suppress, destroy.
extintivo, va, *a.* (law) extinguishing.
extinto, ta. I. *pp. irreg.* of EXTINGUIR. **II.** *a.* extinct; late, deceased.
extintor, *m.* fire extinguisher.
extirpación, *f.* extirpation, eradication.
extirpador, ra. I. *n.* & *a.* extirpator(-ing). **II.** *m.* (agr.) cultivator.
extirpar, *va.* to extirpate, root out, eradicate.
extorcionista, *n.* extortioner, extortionist.
extorsión, *f.* extortion, exaction; overcharge.
extorsionar, *va.* to extort.
extra, *n.* & *a.* (coll.) extra.—**e. de**, besides, in addition to.
extracción, *f.* extraction; lineage (gen. low, humble); drawing numbers in the lottery.
extracta, *f.* (law) true copy, extract.
extractador, ra, *n.* abstractor.
extractar, *va.* to abstract, epitomize, abridge.
extractivo, va, *a.* extractive.
extracto, *m.* abstract, summary; (pharm.) extract.—**e. de saturno**, white lead.
extractor, ra, *n.* & *a.* extractor(-ing).
extracurricular, *a.* extracurricular.
extradición, *f.* extradition.
extradós, *m.* (arch.) extrados.
extraente, *n.* & *a.* extractor(-ing).
extraer, *va.* (*ger.* EXTRAYENDO; *pp.* EXTRAÍDO; *ind. pres.* EXTRAIGO, *pret.* EXTRAJE; *subj.* EXTRAIGA) to extract, draw out, remove; (math.) to extract (a root); (law) to take a copy of; (chem.) to extract.
extraigo, extraje, etc., *v.* *V.* EXTRAER.
extrajudicial, *a.* extrajudicial.
extrajudicialmente, *adv.* extrajudicially.
extralimitarse, *vr.* to overstep one's authority; to take advantage of another's kindness.
extramundano, na, *a.* extramundane.
extramuros, *adv.* outside (a town), without.
extranjería, *f.* status of a foreigner.
extranjerismo, *m.* foreignism; (ling.) loan word.
extranjerizar. I. *vn.* to introduce foreign customs. **II.** *vr.* to act like a foreigner, adopt foreign ways.
extranjero, ra, *a.* & *n.* foreign(-er), alien.—**el e.**, foreign countries, abroad.—**estar en el e.**, to be abroad.—**irse al e.**, to go abroad.
extranjía, *f.* (coll.) = EXTRANJERÍA.
extranjis.—**de e.**, (coll.) foreign; strange, unexpected.
extrañación, *f.*, **extrañamiento**, *m.* alienation; (law) banishment.
extrañar, *va.* to banish; to cut, ignore (a person); to estrange; to wonder at, find strange; to miss.
extrañeza, *f.* oddity, queerness; surprise, wonderment; estrangement.
extraño, ña. I. *a.* strange; foreign; extraneous. **II.** *n.* stranger; foreigner.
extraoficial, *a.* extraofficial, non-official.

extraordinario, a. I. *a.* extraordinary. II. *m.* extra dish at dinner; special courier.
extrasensorio, ria, *a.* extrasensory.
extraterritorial, *a.* extraterritorial.
extraterritorialidad, *f.* extraterritoriality.
extrauterino, na, *a.* extrauterine.
extravagancia, *f.* oddness; folly; freak.
extravagante. I. *a.* eccentric; unusual, queer, odd, grotesque. II. *f. pl.* (eccl.) extravagants.
extravasación, *f.* (med.) extravasation.
extravasarse, *vr.* to extravasate, exude.
extravenarse, *vr.* to exude through the veins.
extraviado, da. I. *pp.* of EXTRAVIAR. II. *a.* disorderly; (of places) unfrequented.
extraviar. I. *va.* to mislead, misguide; to misplace, mislay; to embezzle. II. *vr.* to go astray; to be off course; to miscarry (as a letter); to deviate, to err.
extravío, *m.* deviation; aberration; misconduct; misplacement.
extremadamente, *adv.* extremely.
extremadas, *f. pl.* time for making cheese.
extremado, da. I. *pp.* of EXTREMAR. II. *a.* extreme; consummate (in good or bad).
extremar. I. *va.* to carry to an extreme. II. *vr.* to exert oneself to the utmost, take special pains.
extremaunción, *f.* (eccl.) extreme unction.
extremeño, ña, *a.* Estremenian.
extremidad, *f.* extremity; end; edge, brink, border, brim; extreme or remotest part; (anat.) extremity.
extremismo, *m.* extremism, radicalism.
extremista, *n.* & *a.* extremist.
extremo, ma. I. *a.* extreme, last, terminal; furthest; greatest, of the highest degree, utmost. II. *m.* extreme, utmost point, highest degree; apex; furthest end, extremity; greatest care.—**con e.,** extremely, in the utmost degree.—**de e. a e.,** from one end to the other.—**en e.** = CON E.—**hacer extremos,** to express one's feelings with vehemence, to gush.—**por e.** or **por todo e.** = CON E.
extremoso, sa, *a.* extreme, vehement; very affectionate.
extrínsecamente, *adv.* extrinsically.
extrínseco, ca. *a.* extrinsic.
extroversión, *f.* (med., psych.) extroversion.
extrovertido, da, *a.* & *n.* extrovert.
extrusión, *f.* extrusion.
exuberancia, *f.* exuberance.
exuberante, *a.* exuberant.
exudación, *f.* exudation.
exudado, *m.* exudate.
exudar, *vn.* & *va.* to exude; to ooze out.
exulceración, *f.* (med.) exulceration.
exulcerar. I. *va.* (med.) to exulcerate, ulcerate. II. *vr.* to become ulcerated.
exultación, *f.* exultation, great joy.
exultar, *vn.* to exult, rejoice.
exutorio, *m.* (med.) exutory, issue.
exvoto, *m.* votive offering.
eyaculación, *f.* (physiol.) ejaculation, ejection.
eyacular, *va.* (physiol.) to ejaculate.
eyector, *m.* ejector (in fire arms).

F

F, f, *f.* f. seventh letter of the Spanish alphabet.
fa, *m.* (mus.) fa, F.
fabada, *f.* in Asturias, pork and beans.
fabianismo, *m.* Fabianism.
fabiano, na, *a.* & *n.* Fabian.
fábrica, *f.* fabric, fabrication; structure, building, pile; factory, works, mill, manufactory; stone or brick masonry; church funds (esp. for building repairs).—**f. piloto,** pilot plant.
fabricación, *f.* fabrication, fabric, make; construction, building; manufacture, manufacturing.—**f. en serie,** mass production.
fabricador, ra. I. *a.* fabricative, manufacturing. II. *n.* maker, manufacturer.
fabricante, *m.* maker, manufacturer.
fabricar, *va.* (*pret.* FABRIQUÉ; *subj.* FABRIQUE) to build, construct, frame; to manufacture, make; to fabricate, contrive, devise.
fabricoide, *m.* Fabrikoid (trademark), fabric resembling leather.
fabril, *a.* manufacturing.
fabriqué, fabrique, *v. V.* FABRICAR.
fabriquero, ra, *n.* manufacturer; church warden.
fabuco, *m.* (bot.) beech mast.
fábula, *f.* fable, fiction, legend, tale; rumor, report, common talk; story, falsehood.—**f. milesia,** Milesian tale.
fabulador, *m.* fabulist, author of fables.
fabulista, *n.* fabulist, writer of fables.
fabulosamente, *adv.* fabulously.
fabuloso, sa, *a.* fabulous; marvellous.
faca, *f.* jackknife used by seamen.
facción, *f.* faction, turbulent party; (mil.) battle; any act of military service.—*pl.* features, lineaments, physiognomy.—**f. de testamento,** (law) faculty of testating.
faccionario, ria, *a.* factional, partisan.
faccioso, sa. I. *a.* factious. II. *n.* rebel.
faceta, *f.* (jewel.) facet of a gem; (entom.) facet of an insect's eye.
facetada, *f.* (Mex.) flat or poor joke.
facial, *a.* facial; intuitive.—**ángulo f.,** facial angle.
facialmente, *adv.* intuitively.
facies, *f.* (med. & biol.) facies, characteristic appearance.
fácil, *a.* easy; facile; convenient, handy; probable, likely; docile; easily persuaded or seduced.—**f. de** (followed by *inf.*), easy to.
facilidad, *f.* ease, easiness, facility; ready compliance, convenience; opportunity.—*pl.*—**dar f.,** to facilitate.
facilitación, *f.* facilitation.
facilitar, *va.* to facilitate, expedite; to supply, deliver, afford.
facilitón, na, *n.* (coll.) one who assumes the position of making everything easy.
facineroso, sa. I. *a.* wicked, villainous. II. *n.* habitual criminal; villain, rascal.
facistol, *m.* faldstool; lectern, chorister's desk
facóquero, ra, *n.* wart hog.
facsímil, facsímile, *m.* facsimile.
factible, *a.* feasible, practicable.
facticio, cia, *a.* factitious, artificial.
factitivo, va, *a.* (gram.) factitive.
factor, *m.* factor, element, cause; (com.) factor, agent, commissioner; (mil.) victualler; (Ry.) baggagemaster; (math.) factor.—**f. de eficiencia,** (stat.) efficiency factor.—**f. Rh,** (biol.) Rh(esus) factor.
factoraje, *m.* agency; trading in a foreign country; entrepôt.
factoría, *f.* factory, plant; (com.) factorage.
factorial, *n.* (math.) factorial.
factótum, *m.* factotum, man of all work; busybody.
factura, *f.* (com.) invoice, bill; (art) handling.—**f. consular,** consular invoice.—**f. simulada, proforma,** invoice.
facturar, *va.* (com.) to invoice, to bill; (Ry.) to check (baggage).
fácula, *f.* (astr.) facula.
facultad, *f.* faculty; power, authority; science, art; (in a university) branch, school (as *facultad de derecho,* Law School); graduates (collect.); (med.) physiological power or ability; license, permission.—*pl.* fortune, wealth.—**facultades del alma,** mental faculties or powers.
facultar, *va.* to empower, authorize.
facultativo, va. I. *a.* facultative; optional; pertaining to a faculty. II. *n.* physician.
facundia, *f.* facundity, eloquence.
facundo, da, *a.* eloquent, fluent.
facha, *f.* (coll.) appearance, look, mien, face.—**f. a f.,** face to face.—**en f.** (naut.) lying to.

fachada, *f.* (arch.) façade; frontispiece of a book; (coll.) figure, build (of a person).—**hacer f. a,** to face, be in front of.
fachenda. I. *f.* (coll.) vanity, conceit. **II.** *n.* (coll.) vain, conceited person.
fachendear, *vn.* (coll.) to brag, boast.
fachendista, dón, na, doso, sa, *a.* conceited, vain, bluffing.
fachoso, sa, *a.* ill-favored, of ridiculous mien; (Mex.) conceited, bluffing.
fada, *f.* fairy, enchantress, witch; (bot.) small pippin apple.
faena, *f.* work, labor, task, toil; (Cuba, Guat., Mex.) extra or overtime work; (Chile) gang of workers; (Ecua.) morning work (in the country).—*pl.* business affairs.
faenero, ra, *n.* (Am.) farm hand.
faetón, *m.* phaeton.
fagocito, *m.* (biol.) phagocyte.
fagot, *m.* (mus.) bassoon, fagotto.
Fahrenheit, *a.* Fahrenheit (degrees temperature).—**escala F.,** Fahrenheit scale.
faisán, na, *n.* (ornith.) pheasant.
faja, *f.* band, bandage, roller, fillet; swathing band; sash; girdle; border; (geog.) zone; newspaper wrapper; (arch.) fascia, belt, fillet; (naut.) reef band.—**f. de desgarre,** (aer.) rip (-ping) panel, or strip.
fajadura, *f.* swathing, swaddling; (naut.) band round a rope.
fajamiento, *m.* rolling or swathing.
fajar, *va.* to swathe, swaddle; to band, belt, girdle.—**f. con,** (coll.) to fall on, to attack.
fajardo, *m.* meat pie, patty; vol-au-vent.
fajeado, da, *a.* banded, fasciated.
fajero, *m.* crochet swaddling band.
fajín, *m. dim.* small band or sash; general's sash.
fajina, *f.* toil, task, work; (agr.) shock, stook, rick of sheaves; fagot of brushwood; (mil.) bugle call; (fort.) fascine.
fajinada, *f.* (fort.) fascine work or revetment.
fajo, *m.* bundle; sheaf.—*pl.* swaddling clothes.
fajón, *m. aug.* large band, roller, or sash; plaster border.
falacia, *f.* deceit; perfidy; fallacy.
falange, *f.* (anat., mil.) phalanx; (pol.) (**F.**) Falange.
falangeta, *f.* (anat.) third phalanx.
falangia, *f.*, **falangio,** *m.* (entom.) phalangium, or daddy longlegs.
falangiano, na, *a.* (anat.) phalangeal.
falangio, *m.* *V.* FALANGIA.
falangista, *a.* & *n.* Falangist.
falansterio, *m.* phalanstery.
falárica, *f.* phalaric, fire dart.
fálaris, *f.* (ornith.) coot, scoter.
falaz, *a.* deceitful, perfidious; fallacious, deceptive.
falazmente, *adv.* deceitfully; fallaciously.
falbalá, *m.* flounce, furbelow; flap on the skirt of a coat.
falca, *f.* small wedge; (naut.) washboard.
falcado, da. I. *a.* hooked, falcated. **II.** *m.* scythed chariot.
falce, *f.* sickle, reaping hook; falchion.
falcidia, *f.* (law) Falcidian.
falcinelo, *m.* (ornith.) glossy ibis.
falcón, *m.* ancient small cannon; (ornith.) falcon.
falconete, *m.* falconet, small cannon.
falda, *f.* skirt, flap; the lap; incline, slope; loin (of beef, etc.); tasset, tuilles, in armor.—*pl.* (fig.) skirts, women.
faldamenta, faldamento, *m.* skirt.
faldar, *m.* tasset, tuille, in armor.
faldear, *va.* to skirt (a hill).
faldellín, *m.* overskirt; underskirt.
faldero, ra, *a.* pertaining to the lap; fond of women.
faldeta, *f. dim.* small skirt; covering cloth or canvas.
faldicorto, ta, *a.* having short skirts.
faldillas, *f. dim. pl.* skirts; coat tails.
faldistorio, *m.* bishop's stool.
faldón, *m. aug.* long flowing skirt, flap; coat tail; shirt tail; hanging drapery; flap of a saddle; top millstone; (arch.) gable; tympanum.
faldriquera, *f.* pocket.
falencia, *f.* misstatement, mistake.
falibilidad, *f.* fallibility.
falible, *a.* fallible.
fálico, ca, *a.* phallic.
falimiento, *m.* untruth, deceit, falsehood.
falismo, *m.* phallicism, phallism.
falo, *m.* (anat. & bot.) phallus.
falordía, *f.* story, fairy tale, fable.
falsa, *f.* garret; FALSILLA; (mus.) dissonance.
falsabraga, *f.* (fort.) low rampart.
falsada, *f.* irregular flight of birds.
falsamente, *adv.* falsely, untruly.
falsario, ria. I. *a.* falsifying, forging, counterfeiting. **II.** *n.* forger, counterfeiter, falsifier.
falsarregla, *f.* bevel square, bevel rule.
falseador, ra, *n.* forger, counterfeiter, falsifier.
falsear. I. *va.* to adulterate, counterfeit, falsify, forge; to pierce; (carp.) to bevel.—**f. la puerta,** (Am.) to open the door with a skeleton key or break the lock. **II.** *vn.* to slacken; (mus.) (of a string) to be false, out of tune.
falsedad, *f.* falsehood, lie; deceit, guile; perfidy, duplicity.
falseo, *m.* (mason. and carp.) bevelling.
falsete, *m.* spigot; small door; (mus.) falsetto voice.
falsía, *f.* = FALSEDAD.
falsificable, *a.* falsifiable.
falsificación, *f.* falsification, forgery.
falsificador, ra, *n.* falsifier, counterfeiter, forger.
falsificar, *va.* (*pret.* FALSIFIQUÉ; *subj.* FALSIFIQUE) to falsify, counterfeit, forge, adulterate.
falsilla, *f.* guide lines for writing.
falso, sa. I. *a.* false, untrue; incorrect; deceitful, dishonest; spurious, forged, counterfeit; sham, imitation, (coll.) phony; vicious (horses or mules); defective, false (weights or honeycombs); (mech.) temporary; unsubstantial.—**f. flete,** dead freight.—**f. posición,** (arith.) position (an old method of solution).—**f. testimonio,** false testimony; slander, libel; imposture.—**de f., en f.,** deceitfully, falsely; without proper safety or strength (in this sense, **sobre falso** also used). **II.** *m.* (sewing) facing, skirt binding.
falta, *f.* lack, want, absence, deficiency, shortage; fault, mistake; defect, flaw; fault, failing, shortcoming; offense, misdeed, misbehavior, misdemeanor; deficiency in the weight of coin; (law) default; (law) petty offense; (med.) absence of catamenia during pregnancy.—**f. de aceptación,** (com.) nonacceptance.—**f. de pago,** (com.) nonpayment.—**a f. de,** in want of, for lack of.—**hacer f.,** to be necessary; to be missing; to be missed; to be needed (diff. constr.: *Vd. me hace mucha falta,* I need you very much).—**¡no faltaba más!** of all things (people, etc.)!—**poner faltas a,** to find fault with.—**sin f.,** for sure; without fault.
faltante, *a.* wanting, lacking.
faltar, *vn.* to be wanting, lacking; to be needed; to fall short; to fail, falter, flinch; not to fulfil one's promise, not to perform one's engagement; to need, lack, be in want of (diff. constr.: *me faltan dos pesos,* I lack, *or* need, *or* am short, two dollars); to offend; to sin; to be absent or missing; to die; (naut.) to break, part, give way.—**f. a.,** to offend against, to break (an appointment, etc.); to be absent from; to be unfaithful to.—**f. a la verdad,** to speak untruthfully, to lie.—**f. al respeto a,** to treat disrespectfully.—**f. para** (used impersonally), to be lacking to (or for), to be . . . to (*falta un cuarto para las dos,* it is a quarter to two; *falta una semana para vencerse la letra,* it lacks a week for the draft to be due).—**f. poco para,** not to be long before; come near (diff. constr.: *falta poco para termi-*

nar, it will not be long before the end; *poco faltó para que la matasen*, she came near being killed). —**¡no faltaba más!** (coll.) that is the limit! that's the last straw! the idea! of course!
falto, ta, *a.* devoid; short; deficient, defective.
faltriquera, *f.* pocket.
falúa, *f.* (naut.) small boat, tender.
falucho, *m.* (naut.) felucca, lateener.
[1]**falla,** *f.* a sort of head covering.
[2]**falla,** *f.* fault, failure; (P. I.) fine paid by Indians for leaving work; (naut.) defect, deficiency; (geol.) fault, break, slide.
[1]**fallar,** *va.* (law) to pass sentence, render a verdict on.
[2]**fallar. I.** *va.* to ruff (at cards). **II.** *vn.* to fail, be deficient or wanting.
falleba, *f.* shutter bolt.
fallecer, *vn.* (*ind.* FALLEZCO; *subj.* FALLEZCA) to die; to fail, run out, expire.
fallecimiento, *m.* decease, death, demise.
fallezco, fallezca, *v. V.* FALLECER.
fallido, da. I. *a.* deceived, disappointed, frustrated. **II.** *a.* & *n.* (com.) bankrupt.
[1]**fallo,** *m.* (law) verdict, judgment, decision.
[2]**fallo, lla. I.** *a.* (at cards) lacking a card of the suit played. **II.** *m.* lack of a card of suit played.
fama, *f.* fame; report, rumor; reputation.—**es f.,** it is said.
famélico, ca, *a.* hungry, ravenous.
familia, *f.* family; household.
familiar. I. *a.* familiar; domestic; common, frequent; plain, homelike, unceremonious. **II.** *m.* domestic member of the household; servant, especially of the clergy; college servitor; bosom friend; relative; officer of the Inquisition; demon, familiar spirit.—*pl.* attendants, suite.
familiaricé, familiarice, *v. V.* FAMILIARIZAR.
familiaridad, *f.* familiarity.
familiarizar. I. *va.* (*pret.* FAMILIARICÉ; *subj.* FAMILIARICE) to make well known, to make popular; familiarize. **II.** *vr.* to accustom, habituate oneself; to become familiar.
famoso, sa, *a.* famous; (coll.) great, excellent.
fámula, *f.* (coll.) maidservant.
famular, *a.* domestic (servant).
famulato, famulicio, *m.* (servant's) occupation.
fámulo, *m.* famulus; (coll.) servant.
fanal, *m.* lighthouse; lantern; bell glass; candle screen.—**buque f.,** lightship.
fanáticamente, *adv.* fanatically.
fanático, ca, *n.* & *a.* fanatic; (sports) fan.
fanatismo, *m.* fanaticism.
fanatizador, ra, *n.* one who spreads fanaticism.
fanatizar, *va.* to make fanatical.
fandango, *m.* (dance) fandango; (coll.) brawl,
fandanguero, ra, *a.* frequenter of balls.
faneca, *f.* (ichth.) pout, whiting pout.
fanega, *f.* grain measure (about 1.60 bu.).—**f. de cacao,** 116 lbs. of cocoa.—**f. de sembradura,** ground necessary to sow a FANEGA of seed.—**f. de tierra,** a land measure (about 1.59 acres).
fanegada, *f.* = FANEGA DE TIERRA.—**a fanegadas,** in great plenty or abundance.
fanerógamo, ma, *a.* (bot.) phanerogamous, flowering.
fanfarrear, *vn.* to bully, brag, swagger.
fanfarria, *f.* (coll.) swagger, bluster; fanfare.
fanfarrón, rrona. I. *a.* (coll.) blustering, blustery, swaggering. **II.** *n.* blusterer, swaggerer, braggart; bully.
fanfarronada, *f.* fanfaronade, boast, brag, bluff.
fanfarronear, *vn.* to brag, boast.
fanfarronería, *f.* fanfaronade, bragging.
fanfurriña, *f.* (coll.) fit of the sulks.
fangal, fangar, *m.* slough, marsh, quagmire.
fango, *m.* mire, mud.—**fangoso, sa,** *a.* muddy, miry.
fantasear, *vn.* to fancy, to imagine.
fantasía, *f.* fantasy, fancy, imagination; caprice, whim, conceit; (coll.) vanity, conceit; (naut.) dead reckoning; (mus.) fantasia.—*pl.* string of pearls.
fantasioso, sa, *a.* (coll.) conceited, vain.
fantasma. I. *m.* phantom, ghost, apparition; vain, conceited person. **II.** *f.* scarecrow.
fantasmagoría, *f.* phantasmagoria.
fantasmagórico, ca, *a.* phantasmagoric.
fantasmón, na. I. *a. aug.* (coll.) enormously conceited. **II.** *m.* presumptuous coxcomb.
fantástico, ca, *a.* fantastic, fanciful; conceited.
fantoche, *m.* puppet; insignificant man.
fañado, da, *a.* one year old.
faquín, *m.* porter, carrier, laborer.
faquir, *m.* fakir.
fara, *f.* (zool.) an African serpent.
farachar, *va.* to beat (hemp).
farad, faradio, *m.* (elec.) farad.
farádico, ca, *a.* (elec.) faradic.
faradización, *f.* (med.) faradization.
faradizar, *va.* (med.) to faradize, treat with electricity.
faralá, *m.* flounce, ruffle, frill.
farallón, *m.* headland; cliff.
faramalla. I. *f.* (coll.) cajolery; (Chile) conceit, airs; trash, worthless thing. **II.** *n.* (coll.) cajoler. —**faramallero, ra, llón, na,** *n.* (coll.) cajoling tattler.
farandola, *f.* farandole (a dance).
farándula, *f.* profession of a low comedian; strolling troupe of players; (coll.) cajolement; show, conceit, ostentation.
farandulero, ra, *n.* comedian, player; (coll.) cajoler; boaster, vain person.
farandúlico, ca, *a.* pert. to strolling players.
Faraón, *m.* Pharoah: (**f-**), faro (card game).
faraónico, ca, *a.* Pharaonic.
faraute, *n.* trusted messenger; player who recites the prologue; (coll.) meddling person, busybody. butter-in.
[1]**farda,** *f.* ancient tax.
[2]**farda,** *f.* bundle of clothing.
[3]**farda,** *f.* (carp.) notch.
fardacho, *m.* (zool.) lizard.
fardaje, *m.* fardage, dunnage.
fardar, *va.* to furnish or supply with clothes.
fardel, *m.* bag, knapsack; parcel, bundle.
fardería, *f.* collection of packages, luggage.
fardo, *m.* bale, parcel, bundle; burden, load.
farellón, *m.* rocky headland, cliff.
farfalá, *f.* flounce, furbelow.
farfalloso, sa, *n.* & *a.* stutterer(-ing).
farfante; farfantón, na, *n.* (coll.) boasting babbler.
farfantonada, farfantonería, *f.* idle boast.
fárfara, *f.* (bot.) colt's-foot; shell membrane (of an egg).—**en f.,** immature, as an egg without a shell; unfinished, half done.
farfulla. I. *f.* (coll.) gibberish, gabble, jabber. **II.** *n.* (coll.) jabberer, gabbler.
farfulladamente, *adv.* hurriedly and recklessly.
farfullador, ra, *n.* & *a.* (coll.) jabberer(-ing).
farfullar, *vn.* (coll.) to gabble, to jabber, to gibber; (coll.) to act hurriedly.
farfullero, ra, *n.* gabbler, jabberer.
fargallón, na. I. *n.* (coll.) bungler, botcher. **II.** *a.* slovenly, untidy.
farillón, *m.* = FARALLÓN, headland, cliff.
farináceo, cea, *a.* farinaceous.
faringe, *f.* (anat.) pharynx.
faríngeo, gea, *a.* pharyngeal.
faringitis, *f.* (med.) pharyngitis.
faringoscopio, *m.* (med.) pharyngoscope.
farisaicamente, *adv.* pharisaically.
farisaico, ca, *a.* pharisaical, pharisaic.
farisaísmo, fariseísmo, *m.* pharisaism.
fariseo, *m.* Pharisee; hypocrite; (coll.) tall, lean, ugly person.
farmacéutico, ca. I. *a.* pharmaceutical. **II.** *m.* pharmacist, apothecary, druggist.
farmacia, *f.* pharmacy, drugstore, apothecary's; pharmaceutics (science).
farmacognosia, *f.* pharmacognosy.
farmacología, *f.* pharmacology.
farmacológico, ca, *a.* pharmacological.

farmacólogo, *m.* pharmacologist.
farmacopea, *f.* pharmacopœia.
farmacópola, *n.* apothecary, pharmacist, druggist, chemist.
farmacopólico, ca, *a.* pharmaceutical.
faro, *m.* lighthouse; beacon; (auto) light, headlight.—**f. aéreo,** air beacon.
farol, *m.* lantern, light; street lamp; conceited fellow; bluff, misleading.—**echar un f.,** to bluff.—**faroles de señales,** (naut.) signal lanterns.
farola, *f.* street light with several arms; big lantern; lighthouse.
farolear, *vn.* (coll.) to boast, brag.
faroleo, farolería, *f.* boast, bragging, show.
farolero, ra, *n.* lantern maker or seller; lamplighter; (coll.) strutting coxcomb.
farolillo de jardín, (bot.) Indian heartseed.
farolón, *n.* & *a.* boaster(-ing), braggart(-ing); (coll.) coxcomb, boaster; large lantern.
farota, *f.* brazen-faced woman.
farotón, na, *a.* (coll.) brazen-faced, cheeky.
farpa, *f.* pointed scallop on the edge of draperies.
farpado, da, *a.* scalloped, notched.
[1]**farra,** *f.* (ichth.) a kind of salmon.
[2]**farra,** *f.* (Arg., Bol., Chile) spree.
fárrago, farrago, *m.* farrago, medley.
farragoso, sa, *a.* full of confused ideas; full of confusion.
farraguista, *n.* person having the head full of confused ideas or half-digested knowledge.
farro, *m.* peeled barley; spelt wheat.
farsa, *f.* farce; company of players; a badly constructed play; sham, humbug.
farsanta, *f.* farce actress.
farsante, *m.* humbug, fraud; comedian.
farseto, *m.* quilted jacket.
farsista, *n.* writer of farces.
fas.—**por f. o por nefas,** justly or unjustly.
fascal, *m.* (agr.) shock, stook, rick.
fasces, *f. pl.* fasces.
fascial, *a.* (anat.) fascial.
fascicular, fasciculado, da, *a.* fascicular.
fascículo, *m.* (anat., print.) fascicle.
fascinación, *f.* fascination, enchantment.
fascinador, ra, *n.* & *a.* fascinator(-ing), charmer (-ing).
fascinante, *a.* fascinating, charming.
fascinar, *va.* to fascinate, bewitch, enchant; to deceive, allure.
fascismo, *m.* Fascism.
fascista, *a.* & *n.* Fascist.
fase, *f.* phase, aspect; (astr., elec.) phase.
fásoles, *m. pl.* (bot.) beans.
fastial, *m.* (arch.) crowning pyramid.
fastidiar. I. *va.* to sicken; to vex, annoy, bother, bore; to disappoint. **II.** *vr.* to weary; to become vexed, bored or displeased.
fastidio, *m.* squeamishness; dislike; weariness, ennui; nuisance, bother.
fastidiosamente, *adv.* squeamishly.
fastidioso, sa, *a.* squeamish, sickening; vexing, annoying; tedious, tiresome; displeased, annoyed.
fastigio, *m.* (arch.) fastigium; pinnacle, apex, top.
fasto, ta. I. *a.* happy (day or event). **II.** *m.* pomp, pageantry, show.—*pl.* fasti; annals.
fastoso, sa; fastuoso, sa, *a.* pompous, ostentatious.
fatal, *a.* fatal, unavoidable; unfortunate, fated.
fatalidad, *f.* (philos.) fatality, necessity; fate, destiny; fatality, calamity.
fatalismo, *n.* fatalism, determinism.
fatalista, *n.* & *a.* fatalist(-ic), determinist(-ic).
fatalmente, *adv.* fatedly, fatefully; necessarily, unavoidably; calamitously, unluckily; exceedingly bad, wretchedly.
fatídicamente, *adv.* prophetically.
fatídico, ca, *a.* fatidic, oracular, prophetic.
fatiga, *f.* fatigue, tiredness, weariness; hardship; anguish, anxiety; hard breathing.
fatigadamente, *adv.* with difficulty, with toil.
fatigador, ra, *a.* annoying; tiring.
fatigar. I. *va.* (*pret.* FATIGUÉ; *subj.* FATIGUE) to fatigue, tire; to annoy. **II.** *vr.* to tire, get tired.
fatigosamente, *adv.* painfully, wearisomely.
fatigoso, sa, *a.* tiring; tiresome, boring; tired, fatigued.
fatigué, fatigue, *v. V.* FATIGAR.
fatimí, fatimita, *n.* Fatimite.
fatuidad, *f.* fatuity, foolishness; stupidity; conceit, vanity.
fatuo, tua, *a.* fatuous, stupid; pompous; vain.
fauces, *f. pl.* (anat.) fauces, gullet.
fauna, *f.* fauna.
fauno, *m.* faun.
fausto, ta. I. *a.* happy, fortunate. **II.** *m.* pomp, ostentation; great luxury.
faustoso, sa, *a.* = FASTUOSO, SA.
fautor, ra, *n.* abetter, helper, supporter.
fautoría, *f.* aid, assistance.
favo, *m.* (med.) favus, fungus disease of the skin; honeycomb.
favonio, *m.* westerly wind, zephyr.
favor, *m.* favor; help, aid, service; gift, grace; compliment; love token.—**a f. de,** in behalf of; in favor of; on account of; taking advantage of, aided by; under cover of.—**hacer el f. de,** (Am.) **f. de,** please (in a request).—**por f.,** please (in asking for something).
favorable, *a.* favorable.
favorecedor, ra, *a.* favorer; helper; client, customer.
favorecer, *va.* (*ind.* FAVOREZCO; *subj.* FAVOREZCA) to favor; to help, befriend; to abet; (of colors, clothes, etc.) to be becoming.
favoritismo, *m.* favoritism.
favorito, ta, *n.* & *a.* favorite.
faz, *f.* face; (arch.) front.—**f. a f.,** face to face.
fe, *f.* faith; faithfulness; testimony; credit, credence; promise given; certificate; testimonial; assertion, asseveration.—**f. de bautismo,** certificate of baptism.—**f. de casado,** certificate of marriage.—**f. de erratas,** (print.) errata, list or table of errors.—**f. de nacimiento,** birth certificate.—**f. de óbito,** death certificate.—**f. púnica,** Punic faith.—**a buena f.,** doubtless.—**a f.,** in truth, in good earnest.—**a f. mía,** by my faith.—**dar f.,** to give credit, to attest, to certify, to witness.—**de buena (mala) f.,** in good (bad) faith.—**en f.,** consequently.—**en f. de lo cual,** in witness whereof.—**por mi f.,** by my faith.—**tener f. a,** to have faith in.
fealdad, *f.* ugliness, homeliness; deformity; hideousness; turpitude, foulness.
feamente, *adv.* uglily, deformedly; unworthily, indecorously; brutally, inordinately.
febeo, bea, *a.* Phœbean.
feble. I. *a.* weak, feeble; (jewel) deficient in weight or quality. **II.** *m.* light coin.
feblemente, *adv.* feebly, weakly.
Febo, *m.* (poet.) Phœbus.
febrero, *m.* February.
febricitante, *a.* (med.) slightly feverish.
febrífugo, ga, *a.* & *m.* (med.) febrifuge.
febril, *a.* (med.) febrile, feverish.
febroniano, na, *a.* Febronian.
fecal, *a.* (med.) fæcal.
fécula, *f.* fecula; starch.
feculencia, *f.* feculence, dregs.
feculento, ta, *a.* containing fecula; feculent, foul.
feculoso, sa, *a.* starchy.
fecundable, *a.* capable of fecundation.
fecundación, *f.* fecundation, fertilization.
fecundar, *va.* to fertilize, fecundate, inseminate.
fecundativo, va, *a.* fecundating, fertilizing.
fecundidad, *f.* fecundity, fertility, fruitfulness.
fecundizar, *va.* to fecundate, fertilize.
fecundo, da, *a.* fecund, fruitful, fertile, prolific; abundant, copious.
fecha, *f.* date; standing.—**de la cruz a la f.,** from the beginning to the end.—**en próxima f.,** at an early date.—**hasta la f.,** to date.

fechador, *m.* dater; (Am.) post-office cancelling stamp.
fechar, *va.* to date (a letter, etc.).
fecho, cha, (obs.) *pp. irreg.* of FACER (= HACER): used only in official documents, meaning done, issued, or executed.
fechoría, *f.* misdeed, villainy.
federación, *f.* federation, confederation.
federal. I. *a.* federal. **II.** *m.* federalist.
federalismo, *m.* federalism
federal(ista), *a.* & *n.* federalist.
federalización, *f.* federalization.
federar, *va.* to federalize.
federativo, va, *a.* federative.
fehaciente, *a.* (law) authentic.
feldespático, ca, *a.* (min.) feldspathic.
feldespato, *m.* (min.) feldspar.
felice, *a.* (poet.) happy.
felicidad, *f.* felicity, happiness; good luck, good fortune.
felicitación, *f.* congratulations, felicitations.
felicitar, *va.* to congratulate, felicitate.
félido, da, *a.* & *m.* (zool.) feline.
feligrés, sa, *n.* parishioner.
feligresía, *f.* parish, parishioners.
felino, na, *n.* & *a.* feline.
feliz, *a.* happy, fortunate, felicitous.
felón, na, *n.* (law) felon, criminal.
felonía, *f.* treachery, disloyalty, felony.
felpa, *f.* plush; (coll.) reprimand, drubbing
felpado, da, *a.* plushy, shaggy, villous.
felpilla, *f.* chenille.
felposo, sa, *a.* felted; plush-covered.
felpudo, da. I. *a.* plushy. **II.** *m.* doormat.
femenil, *a.* feminine, womanish.
femenilmente, *adv.* effeminately, womanishly.
femenino, na, *a.* feminine; female.
fementidamente, *adv.* perfidiously.
fementido, da, *a.* false, unfaithful.
femineidad, *f.* femineity; (law) state of belonging to a woman (property).
feminismo, *m.* feminism, doctrine of the social and political equality of woman.
feminista, *n.* feminist, follower of feminism.
femoral, *a.* (anat.) femoral.
fémur, *m.* (anat.) femur.
fenacetina, *f.* (pharm.) phenacetin.
fenacina, *f.* (chem.) phenazine.
fenacita, *f.* (min.) phenacite.
fenaquistoscopio, *m.* (phys.) phenakistoscope.
fenda, *f.* crack in the bark of trees.
fendiente, *m.* gash, deep cut or wound.
fenecer. I. *va.* (*ind.* FENEZCO; *subj.* FENEZCA) to finish, conclude, close. **II.** *vn.* to die; to end.
fenecimiento, *m.* finish, termination, end; death.
feneco, *m.* (zool.) fennec.
fenestrado, da, *a.* fenestrate.
fenezco, fenezca, *v. V.* FENECER.
fenianismo, *m.* Fenianism.
feniano, na, *n.* & *a.* Fenian.
fenicar, *va.* to carbolize, put carbolic acid in or on.
fenicio, cia, *n.* & *a.* Phœnician.
fénico, ca, *a.* (chem.) phenylic, carbolic.
fenilacético, ca, *a.* phenylacetic.
fenilamina, *f.* (chem.) phenylamine.
fenileno, *m.* (chem.) phenylene.
fenilo, *m.* (chem.) phenyl.
fenix, *m.,* phœnix; model; king (in the sense of excellent or highest person).
fenobarbital, *m.* (pharm.) phenobarbital.
fenogreco, *m.* (bot.) fenugreek.
fenol, *n.* phenol.
fenolftaleína, *f.* phenolphthalein.
fenología, *f.* (biol.) phenology.
fenomenal, *a.* phenomenal, extraordinary.
fenomenalismo, *m.* (philos.) phenomenalism.
fenómeno, *m.* phenomenon; prodigy; (coll.) freak.
fenomenología, *f.* (philos.) phenomenology.
feo, ea. I. *a.* ugly, homely; improper; heinous; serious, alarming.—**dejar,** or **hacer, f.,** to slight. **II.** *m.* slight, affront.
feote, ta; feotón, na, *a. aug.* exceedingly ugly.
feracidad, *f.* fruitfulness, fertility (of land).
feral, *a.* cruel, bloodthirsty.
feraz, *a.* fertile, fruitful; abundant, plentiful.
féretro, *m.* bier, coffin.
feria, *f.* market, fair, bazaar; gift bought at a fair; (eccl.) any week day (excepting Saturday or a feast day); holiday; rest, repose; (Mex.) small change (money).—**hacer f. de,** to display, boast.
feriado, da. I. *pp.* of FERIAR. **II.** *a.*—**día f.,** day when courts are not open; (Am.) holiday.
ferial. I. *a.* ferial. **II.** *m.* market, fair.
feriante, *n.* trader at fairs.
feriar. I. *va.* to trade, barter; to purchase at a fair; to give a gift bought at a fair. **II.** *vn.* to suspend work; to keep holidays.
ferino, na, *a.* wild, ferocious.—**tos f.,** whooping cough.
fermata, *f.* (mus.) pause or hold (𝄐).
fermentable, *a.* fermentable.
fermentación, *f.* fermentation.
fermentante, *a.* fermenting.
fermentar, *vn.* & *va.* to ferment.
fermentativo, va, *a.* fermentative.
fermento, *m.* ferment, leaven, leavening; (chem.) enzyme.
fermio, *m.* (chem.) fermium.
fernambuco, *m.* Pernambuco wood.
fernandina, *f.* a kind of linen stuff.
feroce, *a.* (poet.) ferocious.
ferocidad, *f.* ferocity.
feróstico, ca, *a.* (coll.) irritable, wayward.
feroz, *a.* ferocious, fell, fierce; ravenous.
ferozmente, *adv.* ferociously.
ferra, *f.* = [1]FARRA, (ichth.) a variety of salmon.
ferrada, *f.* iron-knobbed club.
ferrado, da. I. *a.* ferrate, iron-bound. **II.** *m.* a corn measure (between 13 and 16 liters); a land measure (between 4 and 6 acres).
ferrar, *va.* (*ind.* FIERRO; *subj.* FIERRE) to trim with iron.
ferrato, *m.* (chem.) ferrate.
férreo, rea, *a.* ferrous; iron (as *a.*), made of iron; harsh, stern, severe.—**vía férrea,** railroad.
ferrería, *f.* ironworks, foundry.
ferreruelo, *m.* short cloak without cape.
ferrete, *m.* sulphate of copper used to color glass; marking iron.
ferretear, *va.* to bind, mark, or work with iron.
ferretería, *f.* hardware; hardware shop.
ferretero, ra, *n.* hardware dealer.
ferricianhídrico, ca, *a.* ferricyanic.
ferriciánogeno, *m.* ferricyanogen.
ferricianuro, *m.* ferricyanide.
férrico, ca, *a.* containing iron; (chem.) ferric.
ferrífero, ra, *a.* ferriferous, iron-bearing.
ferrificarse, *vr.* to be converted into iron.
ferrizo, za, *a.* ferreous, iron (as *a.*), of iron.
ferro, *m.* (naut.) anchor.
ferrocalcita, *f.* (min.) ferrocalcite.
ferrocarril, *m.* railroad, railway.—**f. aéreo,** elevated railroad.—**f. de cable,** cable railway.—**f. de circunvalación,** belt, or girdle, railway.—**f. de cremallera,** rack railroad.—**f. de sangre,** animal-power railroad; horse tramway.—**f. de vapor,** steam railroad.—**f. eléctrico,** electric railroad.—**f. elevado,** elevated railroad.—**f. funicular,** cable railroad; ropeway.—**f. subterráneo,** underground railroad.—**f. urbano,** street railroad.
ferrocarrilero, ra, *a.* (Am.) = FERROVIARIO.
ferrociánogeno, *m.* ferrocyanogen.
ferrocianuro, *f.* ferrocyanide.
ferrocromo, *m.* (min.) ferrochrome, ferrochromium.
ferromagnético, ca, *a.* (phys.) ferromagnetic.
ferromanganeso, *m.* (min.) ferromanganese.
ferrón, *m.* ironworker.
ferroprusiato, *m.* (chem.) ferroprussiate.

ferrosilicio, *m.* (min.) ferrosilicon.
ferroso, sa, *a.* (chem.) ferrous.
ferrotipo, *m.* (photog.) ferrotype.
ferrovía, *f.* railway.—**ferrovial,** *a.* railroad (as *a.*); pert. to railroads.—**ferroviario, ria. I.** *a.* = FERROVIAL. **II.** *n.* railroad employee.
ferrugiento, ta, *a.* containing iron.
ferrugíneo, nea; ferruginoso, sa, *a.* ferruginous, iron-bearing.
fértil, *a.* fertile, fruitful; copious, plentiful.
fertilicé, fertilice, *v. V.* FERTILIZAR.
fertilidad, *f.* fertility; fruitfulness; abundance, plenty.
fertilización, *f.* (agr., biol.) fertilization.
fertilizador, ra, *a.* fertilizing.
fertilizante, *n.* & *a.* fertilizer(-ing).
fertilizar, *va.* (*pret.* FERTILICÉ; *subj.* FERTILICE) to fertilize, enrich, make fruitful.
fértilmente, *adv.* fruitfully.
férula, *f.* ferule; rule, yoke, authority; (surg.) splint; (bot.) ferula.
feruláceo, ea, *a.* ferulaceous.
ferventísimo, ma, *a. super.* very fervent or pious.
férvido, da, *a.* fervid, ardent.
ferviente, *a.* = FERVOROSO.
fervor, *m.* intense heat; fervor.
fervorcillo, *m. dim.* slight and brief fervor.
fervorizar, *va.* to heat, inflame, incite.
fervoroso, sa, *a.* fervent; active, efficient.
festejador, ra, *n.* & *a.* entertainer(-ing).
festejante, *a.* feasting, entertaining; wooing.
festejar, *va.* to entertain, to feast; to court, to woo, to make love to; to celebrate.
festejo, *m.* feast, entertainment; obsequiousness; courtship.
festero, ra, *n.* director of church music.
festín, *m.* feast, banquet.
festinación, *f.* speed, haste, hurry.
festinar, *va.* (Am.) to hasten.
festival, *m.* festival.
festividad, *f.* festivity; rejoicing, gaiety, merrymaking; holiday; witticism.
festivo, va, *a.* festive, gay; humorous, witty; festival, festal.—**día f.,** holiday; (eccl.) holy day.
festón, *m.* garland, wreath, festoon.
festonar, festonear, *va.* to festoon.
fetación, *f.* fetation.
fetal, *a.* fetal, fœtal.
feticida. I. *n.* one committing feticide. **II.** *a.* feticidal.
feticidio, *m.* feticide.
fetiche, *m.* fetich, fetish.
fetichismo, *m.* (relig.) fetichism, fetishism.
fetichista. I. *a.* fetichistic. **II.** *n.* fetichist.
fetidez, *f.* fetidity.
fétido, da, *a.* fetid.
feto, *m.* fetus, fœtus.
fetor, *m.* = FETIDEZ.
feúco, ca, cho, cha, *a.* ugly, repulsive.
feudal, *a.* feudal.
feudalismo, *m.* feudalism.
feudatario, ria, *a.* & *n.* feudatory.
feudista, *m.* (law) feudist.
feudo, *m.* fief, feod, feoff.—**f. franco,** (law) freehold.
fez, *m.* fez, Turkish cap.
fiable, *a.* trustworthy, responsible.
fiado, da. I. *pp.* of FIAR. **II.** *m.*—**al f.,** on trust, on credit.—**en f.,** on bail.
fiador, ra. I. *n.* bondsman, guarantor, surety, bail.—**f. carcelero,** one who is bail or surety for a person.—**dar f.,** to give surety.—**salir f.,** to go surety. **II.** *m.* fastener; (mech.) stop, catch, pawl, click, trigger; tumbler of a lock; (falconry) creance.
fiambrar, *va.* to cook for cold cuts or lunch.
fiambre. I. *a.* served cold (as food). **II.** *m.* cold food, cold lunch; (coll.) old joke or piece of news, "chestnut."
fiambrera, *f.* lunch basket; dinner pail.
fianza, *f.* surety, bail, bond, caution, guarantee, security; suretyship.—**f. de aduana,** customhouse bond.—**f. juratoria,** parole.—**bajo f.,** on bail.
fiar. I. *va.* to answer or go surety for; to bail; to sell on trust, give credit for; to intrust, confide. **II.** *vn.* to confide; to sell on trust, give credit. —**ser de f.,** to be trustworthy. **III.** *vr.* **(de)** to have confidence (in), depend (on), trust.
fiasco, *m.* failure, fiasco.
fíat, *m.* consent; (law) fiat.
fibra, *f.* fibre, filament, staple; energy, stamina, vigor; (min.) vein of ore.—**f. acrílica** or **de vidrio,** Fiberglas.
fibrila, fibrilla, *f.* fibril.
fibriloso, sa, *a.* fibrillose.
fibrina, *f.* (biochem.) fibrin, fibrine.
fibrinógeno, *m.* (biochem.) fibrinogen.
fibrinoso, sa, *a.* fibrinous.
fibrocartílago, *m.* (anat.) fibrocartilage.
fibroideo, a, *a.* fibroid.
fibroma, *m.* (surg.) fibroma.
fibroso, sa, *a.* fibrous.
fíbula, *f.* (archeol.) fibula, pin.
ficción, *f.* fiction, invention; tale, story.
fice, *m.* (ichth.) whiting.
ficoideo, dea, *a.* & *f.* (bot.) ficoid.
ficología, *f.* (bot.) phycology.
ficticio, cia, *a.* fictitious.
ficto, ta. I. *pp. irreg.* of FINGIR. **II.** *a.* counterfeited, artificial.
ficha, *f.* (card games, etc.) chip, counter; domino; counter, marker; filing card.—**f. antropométrica,** anthropometric data, card or record.—**mala f.,** (of a person) bad character.—**fichar,** *va.* to take and record anthropometric data.
fichero, *m.* card index, file cabinet or case.
fidedigno, na, *a.* trustworthy; creditable.
fideero, ra, *n.* maker of FIDEOS.
fideicometido, da, *a.* trust (as *a.*).
fideicomisario, *m.* fideicommissioner.
fideicomiso, *m.* trust; feoffment to use.
fideísmo, *m.* (philos.) fideism, acceptance of faith as the foundation of truth.
fidelidad, *f.* fidelity, faithfulness; honor; fealty, loyalty.
fidelísimo, ma, *a. super.* of FIEL.
fideos, *m. pl.* vermicelli; spaghetti.
fiduciario, ria, *n.* & *a.* fiduciary; trusteeship.
fiebre, *f.* fever; intense excitement, heat of passion.—**f. aftosa,** foot and mouth disease.—**f. amarilla,** yellow fever; malaria.—**f. cerebral,** brain fever.—**f. de Malta** or **mediterránea,** Malta or Mediterranean fever. —**f. del oro,** gold fever.—**f. héctica,** hectic fever.—**f. intermitente,** intermittent fever.—**f. láctea,** milk fever, lacteal fever.—**f. miliar,** miliary fever.—**f. palúdica,** malaria. —**f. perniciosa,** pernicious intermittent fever. —**f. puerperal,** puerperal fever.—**f. remitente,** remitent fever.—**f. reumática,** rheumatic fever.—**f. tifoidea,** typhoid fever.
fiel. I. *a.* faithful, loyal, devoted; true, exact, accurate. **II.** *m.* public inspector, especially of weights and measures; pointer of a balance or steelyard; pin of the scissors.—**f. contraste,** official who weighs and stamps metals.—**f. de muelle,** wharfinger, owner or guardian of a wharf.—**f. de romana,** official inspector of meat weighing in slaughter houses.—**f. medidor,** inspector of measures.—**en f.,** equal weight, even balance.
fielato, fielazgo, *m.* office of the FIEL; octroi at a city's gates.
fieltro, *m.* felt; felt hat, overcoat or rug.
fiemo, *m.* (prov.) dung, manure.
fiera, *f.* wild beast; fierce; vicious animal or person; (bullfighting) bull; (coll.) exceedingly able, shrewd or cunning person; person strenuously or habitually given or devoted to something, "fiend."

fierabrás, *m.* (coll.) bully, blusterer; wayward, froward child.
fieramente, *adv.* fiercely, ferociously; haughtily.
fiereza, *f.* fierceness, ferocity; deformity.
fiero, ra. I. *a.* fierce, cruel; ferocious; ugly, deformed; rough, rude; haughty; huge, enormous; furious, terrible; wild, savage. **II.** *m. pl.* fierce threats and bravadoes.
[1]**fierro,** *m.* iron; brand.
[2]**fierro, fierre,** *v. V.* FERRAR.
fiesta, *f.* feast, entertainment, party; festivity, festival; holiday; (coll.) act of endearment or to attract attention.—**f. campestre,** country dance; (Am.) barn dance.—**f. de guardar** or **de precepto,** holy day, Mass day.—**f. fija** or **inmoble,** immovable feast.—**f. movible,** movable feast.—**aguar la f.,** (coll.) to mar one's pleasure.—**hacer f.,** to take a holiday.—**hacer fiestas,** to caress; to wheedle, to fawn to.—**por fin de f.,** to end, top off with. —**se acabó la f.,** (coll.) it's all over; drop it, let's drop it.
figle, *m.* (mus.) ophicleide, a wind instrument.
figón, *m.* eating house, chophouse.
figonero, ra, *n.* keeper of an eating house.
figulino, na, *a.* terra cotta (as *a.*).
figura. I. *f.* figure; shape; build; mien, looks; physique; face card or court card; silhouette; (law) form, mode; (mus.) musical note; (gram., rhet., geom.) figure.—**f. de bulto,** figure in sculpture; high relief.—**f. de retórica,** figure of speech. **II.** *m.* stiffly pompous person.
figurable, *a.* imaginable.
figuración, *f.* figuration.
figurado, da, *a.* figurative; rhetorical, ornate, florid.
figurante, ta. I. *m.* figurant. **II.** *f.* figurante.
figurar. I. *va.* to shape, fashion; to draw, sketch; to represent; to feign. **II.** *vn.* to figure, be conspicuous. **III.** *vr.* to fancy, imagine to occur, come to mind; to seem.
figurativo, va, *a.* figurative, typical; symbolical, emblematic.
figurería, *f.* grimace, affected gesture.
figurero, ra, *n.* (coll.) one who makes grimaces or affected gestures; maker of statuettes.
figurilla, ita, *f. dim.* (coll.) little insignificant person; (art) figurine, statuette.
figurín, *m.* fashion plate; lay figure.
figurón, *m. aug.* huge figure having a ridiculous appearance; (coll.) pretentious nobody.—**f. de proa,** (naut.) figurehead.
fija, *f.* door hinge; (mason.) trowel.
fijable, *a.* fixable.
fijación, *f.* stability, firmness; billposting; fixing; immobilizing; (psych.) fixation.
fijador, ra. I. *n.* & *a.* fixer(-ing); fastener(-ing). **II.** *m.* (mason.) pointer, workman that points the joints; (carp.) door and window setter; (photog. and art) fixing liquid; locking (plate, wire, pin, etc.).
fijamente, *adv.* firmly, assuredly; intensely, attentively; fixedly, steadfastly.
fijar. I. *va.* (*pp.* FIJADO, FIJO) to fix, fasten; to make fast, firm, or stable; to determine, settle, establish; clinch; to post (as bills); to fix (the eyes, the attention, etc.); (photog., art) to fix; to set (a date). **II.** *vr.* (**en**) to settle (in); to determine, resolve; to rivet one's attention (on); to take notice (of), pay attention (to).
fijativo, va, *a.* & *m.* fixative.
fijeza, *f.* firmness, stability; steadfastness.
fijo, ja. I. *pp. irreg.* of FIJAR. **II.** *a.* fixed; firm; settled; permanent; (mech.) stationary.—**a punto f.,** exactly; with certitude.—**de f.** certainly.—**hora f.,** time agreed on.
fil, *m.*—**f. derecho,** leapfrog.—**f. de roda,** (naut.) right ahead.—**estar en f.,** to be in line.
fila, *f.* tier, row, line, range; (mil.) rank.—**en f.,** in (a) line, in a row; (mil.) abreast.
filacteria, *f.* phylactery.
filadelfo, fa, *a.* & *n.* Philadelphian.
filadiz, *m.* floss silk.
filagrama, *f.* wire mold for a watermark.
filamento, *m.* filament, fibre, thread.
filamentoso, sa, *a.* filamentous, fibrous.
filandria, *f.* (zool.) filander, backworm.
filandro, *m.* (zool.) philander.
filantropía, *f.* philanthropy.
filantrópicamente, *adv.* philanthropically.
filantrópico, ca, *a.* philanthropic.
filántropo, pa, *n.* philanthropist.
filaria, *f.* (zool.) filaria, a parasitic worm.
filariasis, filariosis, *f.* (med.) filariasis, infection with filariæ.
filárico, ca, *a.* (med., zool.) filarial.
filarmonía, *f.* love of music.
filarmónico, ca, *a.* philharmonic.
filástica, *f.* (naut.) rope yarn.
filatelia, *f.* philately.
filatélico, ca, *a.* philatelic.
filatelista, *n.* philatelist.
filatería, *f.* verbosity, wordiness.
filatero, ra, *n.* verbose or wordy speaker.
filatura, *f.* spinning.
filderretor, *m.* superfine camlet, a rich fabric.
fileli, *m.* superfine flannel.
fileno, na, *a.* (coll.) delicate, small.
filete, *m.* (arch.) fillet, listel; (sewing) narrow hem; small spit for roasting; welt of a shoe; snaffle bit; (mech.) edge, border, rim; thread (of a screw); (print.) fillet, ornamental line; fillet (of meat or fish).
filetear, *va.* to fillet; to crease; to tool.
filetón, *m. aug.* (arch.) large fillet or listel; heavy bullion for embroidering.
filfa, *f.* (coll.) fib, hoax, fake.
filiación, *f.* filiation; connection, relationship; personal description; (mil.) regimental register.
filial, *a.* filial.—**filialmente,** *adv.* filially.
filiar. I. *va.* to register the pedigree and description of. **II.** *vr.* to enroll.
filibote, *m.* flyboat, light vessel.
filibusterismo, *m.* (Sp. hist,) filibusterism.
filibustero, *m.* (Sp. hist., not U. S. meaning) filibuster.
filicida, *n.* filicide, one who kills his child.
filicidio, *m.* filicide, killing a son or daughter.
filiforme, *a.* filiform.
filigrana, *f.* filigree, filigrane; spun work; watermark in paper; delicate, fanciful thing.
filili, *m.* (coll.) fineness, neatness, delicacy.
filipéndula, *f.* (bot.) dropwort spiræa.
filipense, *n.* & *a.* Philippian.
filípica, *f.* Philippic; invective.
filipichín, *m.* moreen, woollen cloth.
Filipinas, *f. pl.* Philippines.
filipino, na, *n.* & *a.* Philippine.
filis, *m.* knack; trinket, charm.
filisteo, tea. I. *n.* & *a.* Philistine. **II.** *n.* (coll.) very tall and corpulent person.
filmación, *f.* (mov. pict.) filming, shooting.
filmadora, *f.* motion-picture studio.
filmar, *va.* to film, shoot (a moving picture).
filme, *m.* (movies, photog.) film.
filo, *m.* cutting edge, blade (of a knife); ledge, ridge; line; (biol.) phyllum; (arch.) arris.
filodio, *m.* (bot.) phyllode.
filófago, ga, *a.* (entom.) phyllophagous.
filogenia, *f.* (biol.) phylogenesis, phylogeny.
filogénico, ca, *a.* phylogenetic, phylogenic.
filología, filológica, *f.* philology.
filológico, ca, *a.* philological.
filólogo, ga, *n.* philologist.
filomanía, *f.* (bot.) phyllomania.
filomela, filomena, *f.* nightingale, philomel.
filón, *m.* (geol.) vein, lode.
filópodo, da, *a.* & *m.* (zool.) phyllopod.
filoseda, *f.* vesting; silk and worsted or cotton cloth.
filosofador, ra, *n.* & *a.* philosophizer(-ing).
filosofar, *vn.* to philosophize.

filosofastro, *m.* philosophaster.
filosofía, *f.* philosophy.
filosófico, ca, *a.* philosophical, philosophic.
filosofismo, *m.* philosophism, spurious philosophy.
filosofista, *m.* philosophist.
filósofo, fa, *n.* philosopher.
filotaxia, *f.* (bot.) phyllotaxis.
filote, *m.* (Colomb.) silk (of ear of corn).
filoxera, *f.* phylloxera.
filtrable, *a.* filtrable, filterable.
filtración, *f.* filtration.
filtrador, ra. I. *n.* & *a.* filterer(-ing). **II.** *m.* filter.
filtrar. I. *va.* & *vn.* to filter. **II.** *vn.* to percolate, filter. **III.** *vr.* to leak out; disappear; to filter through.
[1]**filtro,** *m.* filter.—**f. de vacío,** vacuum filter.—**f. prensa,** filter press for refining sugar.
[2]**filtro,** *m.* philter, love potion.
fílum, *m.* (biol.) phyllum.
fillo, *m.* a sort of fritter.
fimbria, *f.* border of a skirt.
fimbriado, da, *a.* (bot., zool.) fimbri(c)ate(d.
fimo, *m.* dung, manure.
fimosis, *f.* (med.) phimosis.
fin, *m.* end, ending, conclusion; end, object, purpose.—**a f. de,** in order to, so as to.—**a f. de que,** so that, to the end that.—**a fines de,** towards or at the end of, late in (the week, etc.).—**al f.,** at last.—**al f. y a la postre,** or **al f. y al cabo,** at last; lastly; after all.—**en f.,** finally, lastly; in short; well (as expletive: *en fin, veremos,* well, we shall see).—**poner f. a,** to put an end to, stop, get rid of.—**por f.,** at last, finally.—**sin f.,** endless; numberless.
finado, da. I. *pp.* of FINAR. **II.** *a.* dead, deceased, late. **III.** *n.* deceased, dead person.
final. I. *a.* final; ultimate; conclusive. **II.** *m.* end, termination, conclusion.—*pl.* (sports) finals.
finalidad, *f.* finality; end pursued or attained.
finalista, *n.* follower of the doctrine of final causes; (sports) one playing in the finals.
finalizar. I. *va.* to finish, conclude; (law) to execute (a contract, deed). **II.** *vn.* to end, to be finished or concluded.
finamiento, *m.* death, decease, demise.
financiación, *f.,* **financiamiento,** *m.* (Am.) financing.
financiar, *va.* (Am.) to finance.
financiero, ra. I. *a.* financial. **II.** *m.* financier.
financista, *m.* & *f.,* (Am.) = FINANCIERO.
finanzas, *f. pl.* (Gal.) (Colomb.) public finances.
finar. I. *vn.* to die. **II.** *vr.* to long, yearn.
finca, *f.* real estate, land, house property; country estate, farm, ranch.
fincar, *vn.* & *vr.* (*pret.* FINQUÉ; *subj.* FINQUE) to buy or deal in real estate.—**f. la esperanza de,** to pin one's hopes on.
finchado, da, *a.* swelling with pride.
finés, sa, *a.* Finnic, Finnish.
fineza, *f.* fineness; goodness, purity; kindness, expression of regard, courtesy; friendly influence or assistance; keepsake, gift, favor.
fingido, da, *pp.* & *a.* feigned, dissembled.
fingidor, ra, *n.* & *a.* dissembler(-ing), feigner (-ing).
fingimiento, *m.* simulation, deceit, pretense.
fingir, *va.* & *vr.* (*pp.* FINGIDO, FICTO; *ind.* FINJO; *subj.* FINJA) to feign, dissemble, pretend, affect, sham; to fancy, imagine.
finible, *a.* capable of being finished.
finiquitar, *va.* to settle and close (an account).
finiquito, *m.* settlement of accounts; adjustment, release, quittance.
finítimo, ma, *a.* bordering, contiguous, near.
finito, ta, *a.* finite.
finjo, finja, *v. V.* FINGIR.
finlandés, desa, *a.* & *n.* Finnish, Finn.
Finlandia, *f.* Finland.
fino, na, *a.* fine; perfect, pure; thin, sheer; slender, subtle; delicate, nice; affectionate, true; sagacious, cunning, shrewd; sharp (as a point); courteous, polite; refined (as gold); (naut.) sharp.
finqué, finque, *v. V.* FINCAR.
[1]**finta,** *f.* an ancient tax.
[2]**finta,** *f.* (fencing) feint.
finura, *f.* fineness; purity; politeness; courtesy.
fiñana, *m.* black-bearded wheat.
fiordo, *m.* fiord.
fique, *m.* (Mex., Colomb., Venez.) = CABUYA, sisal (cord).
firma, *f.* signature; sign manual, hand (as hand and seal); subscription; act of signing; (com.) firm, house; firm name.—**f. en blanco,** blank endorsement; full powers.—**buena f.,** reliable firm or house.—**dar,** or **llevar, la f.,** to empower or be empowered to sign the firm name.
firmamento, *m.* firmament, sky.
firmán, *m.* firman, an edict.
firmante, *n.* signer, subscriber.
firmar, *va., vn.* & *vr.* to sign.—**f. en blanco,** to give a blank endorsement.
firme. I. *a.* firm, stable, solid; hard, compact; unswerving, stanch, unyielding.—**estar en lo f.,** to be certain or positive, in the right. **II.** *m.* groundwork, bed, foundation; ballast or gravel bed on a road; roadbed.—**de f.,** steadily; solidly; violently, strongly.—**en f.,** definitive, final, in final form. **III.** *adv.* firmly, strongly.
firmeza, *f.* firmness, stability; hardness, compactness.
firmón, na, *n.* one who signs another's work.
fiscal. I. *a.* fiscal. **II.** *m.* attorney-general; district attorney, public prosecutor; (coll.) intermeddler, prier.
fiscalía, *f.* office and business of a FISCAL.
fiscalicé, fiscalice, *v. V.* FISCALIZAR.
fiscalización, *f.* discharge of a FISCAL's duties.
fiscalizador, ra. I. *a.* acting as a FISCAL. **II.** *n.* prier, censurer, faultfinder.
fiscalizar, *va.* (*pret.* FISCALICÉ; *subj.* FISCALICE) to prosecute; to criticise, censure.
fisco, *m.* national treasury, exchequer.
[1]**fisga,** *f.* grain or bread of spelt wheat.
[2]**fisga,** *f.* harpoon; raillery, banter, chaff.
fisgador, ra, *n.* harpooner; banterer.
fisgar, *vn.* to chaff, banter; to fish with a harpoon; to peep, to pry.
fisgón, na, *n.* banterer, chaffer, jester; prier.
fisgonear, *vn.* to pry habitually.
fisgoneo, *m.* habitual or frequent prying.
físico, ca. I. *a.* physical. **II.** *n.* physicist; physician; military or naval surgeon; physique; (coll.) face; *f.* physics.—**f. nuclear,** nuclear physics.
fisicoquímico, ca. I. *a.* physicochemical. **II.** *f.* physical chemistry.
físil, *a.* fissile.
fisiocracia, *f.* physiocracy, a system of pol. econ.
fisiócrata, *n.* physiocrat.
fisiografía, *f.* physiography.
fisiográfico, ca, *a.* physiographic(al.
fisiógrafo, *m.* physiographer.
fisiología, *f.* physiology.
fisiológicamente, *adv.* physiologically.
fisiológico, ca, *a.* physiological.
fisiologista, fisiólogo, *m.* physiologist.
fisión, *f.* (phys.) fission.—**f. nuclear,** nuclear fission.
fisionable, *a.* fissionable.
fisionar, *va.* & *vr.* to fission, split.
fisionomía, *f.* physiognomy, appearance, looks, features.
fisioterapia, *f.* (med.) physiotherapy.
fisiparidad, *f.* (biol.) fissiparity.
fisíparo, ra, *a.* (biol.) fissiparous.
fisípedo, da, *a.* (zool.) fissipedal.
fisirrostro, ra. I. *a.* (zool.) fissirostral. **II.** *m. pl.* Fissirostres.
fisonomía, *f.* = FISIONOMÍA.
fisonómico, ca, *a.* physiognomical.

fisonomista, fisónomo, *m.* physiognomist.
fistol, *m.* crafty person; shrewd gambler; (Mex.) scarf pin.
fístola, fístula, *f.* water pipe or conduit; (mus.) reed or pipe; (surg.) fistula.
fistular, *a.* (med.) fistular, fistulous.
fistuloso, sa, *a.* fistulous.
fisura, *f.* (geol.) fissure, cleft; (surg.) fissure of bone, or "green-stick" fracture; (surg.) fissure in the anus.—**fisurar,** *vn.* (Am.) to split.
fitófago, ga, *a.* phytophagous, herbivorous.
fitogeografía, *f.* phytogeography.
fitografía, *f.* (bot.) phytography, description of plants.
fitográfico, ca, *a.* pertaining to phytography.
fitógrafo, *m.* phytographer.
fitología, *f.* phytology, botany.
fitonomía, *f.* (bot.) phytonomy.
fitotecnia, *f.* applied botany (in industry, dietetics).
fitotomía, *f.* phytotomy, vegetable anatomy.
fitotoxina, *f.* (bot.) phytotoxin.
flabelífero, ra, *a.* fan-carrying (in ceremonies).
flabeliforme, *a.* flabelliform, fan-shaped.
flabelo, *m.* (eccl.) flabellum.
flaccidez, *f.* flaccidity, laxness, limberness.
fláccido, da, *a.* flaccid, limber, lax, soft; (auto) low pressure, balloon (tire); (aer.) nonrigid (airship).
flaco, ca. I. *a.* thin, lean; feeble, languid; frail, weak of resolution.—**f. de memoria,** short of memory. **II.** *m.* weak point, weakness.
flacucho, cha, *a.* rather thin or lank.
flacura, *f.* thinness, lack of flesh, leanness.
flagelación, *f.* flagellation, scourging.
flagelador, ra, *n.* flagellator.
flagelante, *n.* & *a.* flagellant(-ing).
flagelar, *va.* to scourge, flagellate, whip.
flageliforme, *a.* flagelliform.
flagelo, *m.* lash, scourge; flagellum.
flagrancia, *f.* flagrancy.
flagrante, *a.* resplendent; present.—**en f.,** flagrante delicto, in the very act.
flagrar, *vn.* (poet.) to burn, glow, shine.
flama, *f.* flame, excessive ardor.
flamante, *a.* flaming, bright, resplendent; brand-new, fresh, spick and span.
flamear, *vn.* to flame, blaze; (naut.) (of sails) to flutter.
flamen, *m.* (Rom. hist.) flamen, a priest.—**f. dial,** flamen Dialis.—**f. marcial,** flamen Martialis.—**f. quirinal,** flamen quirinalis.
flamenco, ca. I. *a.* & *n.* Flemish; Andalusian (dance, song, etc.). **II.** *m.* (ornith.) flamingo.
flamenquilla, *f.* small platter; (bot.) marigold.
flámeo, *m.* ancient bridal veil.
flamero, *m.* torch holder.
flamígero, ra, *a.* (poet.) flammiferous.
flámula, *f.* (naut.) streamer, pennon.
flan, *m.* flan, rich custard.
flanco, *m.* side; (mil. and fort.) flank.
flanear, *vn.* to stroll, amble.
flanquear, *va.* (mil. and fort.) to flank.
flanqueo, *m.* (mil.) flank attack, flanking.
flaquear, *vn.* to flag, weaken; to become weak; to threaten ruin or downfall.
flaqueza, *f.* leanness, thinness, emaciation; feebleness, weakness; frailty, foible; flagginess.
flato, *m.* (med.) flatus, windiness.
flatoso, sa, *a.* (med.) subject to flatus.
flatulencia, *f.* flatulence, windiness; (med.) pneumatosis.
flatulento, ta, *a.* flatulent, windy.
flatuoso, sa, *a.* = FLATOSO.
flauta, *f.* (mus.) flute.—**f. travesera,** German flute.
flautado, da. I. *a.* fluted, flutelike. **II.** *m.* flute stop in an organ.
flauteado, da, *a.* (of voice) flutelike, soft and sweet.
flautero, ra, *n.* flute maker.
flautillo, *m.* = CARAMILLO, flageolet.
flautín, *m.* (mus.) octave flute, piccolo.
flautista, *n.* flutist, flautist, flute player.
flavo, va, *a.* fallow.
flébil, *a.* deplorable, lamentable.
flebitis, *f.* phlebitis, inflammation of a vein.
flebotomía, *f.* phlebotomy, bloodletting.
flebotomiano, na, *n.* phlebotomist.
fleco, *m.* fringe, purl, flounce.
flecha, *f.* arrow, dart; (fort.) work of two faces and two sides; (naut.) front piece of the cutwater; (eng., arch.) maximum ordinate; deflection (as of a beam).
flechador, *m.* archer.
flechaduras, *f. pl.* (naut.) ratlines.
flechar. I. *va.* to dart, to shoot (an arrow or dart); to strike with an arrow; (coll.) to inspire sudden love; (Mex.) to point out, without fear, in gambling. **II.** *vn.* to make a bow ready to shoot.
flechaste, *m.* (naut.) ratline.
flechazo, *m.* stroke with a dart or arrow.
flechera, *f.* (Am.) long, sharp canoe.
flechería, *f.* shower of arrows.
flechero, ra, *n.* archer, bowman; arrow maker.
flegmasía, *f.* (med.) phlegmasia, inflammation.
fleje, *m.* iron hoop or strap.—**flejas para aros,** hoop poles.
flema, *f.* (physiol., fig.) phlegm.
flemático, ca, *a.* phlegmatic.
fleme, *f.* (vet.) fleam.
flemón, *m.* (med.) gumboil; phlegmasia, inflammation of cellular tissue.
flemonoso, sa, *a.* pertaining to gumboils or phlegmasia.
flemoso, sa, *a.* mucous, phlegmy.
flemudo, da, *a.* phlegmatic.
flequezuelo, *m. dim.* narrow fringe.
flequillo, *m. dim.* (of haircut) bang, fringe.
fletador, ra, *n.* (com.) freighter, charterer.
fletamento, *m.* (com.) charter, charterage, charter party.
fletar, *va.* to freight or charter (a ship).
flete, *m.* freight, freightage; freight (charges); cargo, load.
flexibilidad, *f.* flexibility.
flexible. I. *a.* flexible; lithe; supple; manageable, docile. **II.** *m.* electric cord; soft hat.
flexión, *f.* flexion, flexure.
flexional, *a.* (gram.) flectional, inflectional.
flexor, ra. I. *a.* bending. **II.** *m.* bender; (anat.) flexor.
flexuoso, sa, *a.* (bot.) flexuose.
flictena, *f.* (med.) phlyctena, small blister.
flin, *m.* (cutlery) polishing stone.
flirtear, *vn.* to flirt.
flirteo, *m.* flirt, flirting.
flocadura, *f.* (sewing) fringe trimming.
floculación, *f.* flocculation.
flogístico, ca, *a.* (chem.) phlogistic.
flogisto, *m.* (chem.) phlogiston.
flogosis, *f.* inflammation, phlegmasia.
flojamente, *adv.* slowly, carelessly, laxly.
flojear, *vn.* to slacken, to grow weak.
flojedad, *f.* weakness, feebleness, laxity; sloth, laziness, negligence.
flojel, *m.* wool shorn from cloth; down, soft feathers.
flojera, *f.* (coll.) = FLOJEDAD.
flojizo, za, *a.* flabby; flaccid, lax, loose; soft.
flojo, ja, *a.* loose, lax, slack; weak; flaccid; lazy; (Colomb.) timorous, cowardly.
floqueado, da, *a.* fringed.
flor, *f.* flower; blossom; down of fruits newly gathered; prime; film on the surface of liquors; (chem.) flower, powder; compliment; grain, outside of tanned leather; cheating trick of gamblers; (gen. *pl.*) flowers, menstruation.—**f. compuesta,** (bot.) compound flower.—**f. de amor,** (bot.) amaranth.—**f. de azufre,** (chem.) flowers of sulphur.—**f. de harina,** flour.—**f. de la edad,** youth; prime of life, bloom of youth.—**f. de la Trinidad,** (bot.) pansy.—**f. de la vida,**

prime of life, bloom of youth.—**f. de lis,** fleur-de-lis, iris.—**f. del sol,** (bot.) sunflower.—**f. de mano,** artificial flower.—**flores blancas,** leucorrhea.—**flores de cantueso,** trifle, small matter.—**f. silvestre,** (bot.) wildflower.—**f. y nata,** flower, élite.—**botón de f.,** flower bud.—**tienda de flores,** flower shop.—**a f. de,** flush with; (naut.) awash.—**decir** or **hechar flores,** to pay compliments, flatter.

flora, *f.* (bot.) flora.

floración, *f.* (bot.) flowering, florescence.

florada, *f.* season of flowers with beemasters.

floral, *a.* (bot.) floral.

florales, *a. pl.* Floralia, floral (feasts or games).

florar, *vn.* to flower, blossom, bloom.

flordelisado, da, *pp.* & *a.* (her.) fleurette.

flordelisar, *va.* (her.) to adorn with irises.

floreado, da. I. *pp.* of FLOREAR. **II.** *a.* flowered, figured (goods); made of the finest flour.

florear, *va.* to flower; to bolt (flour); to flourish, brandish; (mus.) to flourish on the guitar; to pay compliments to.

florecer. I. *vn.* (*ind.* FLOREZCO; *subj.* FLOREZCA) to flower, bloom, blossom; to flourish, thrive, prosper. **II.** *vr.* to mould, become mouldy.

floreciente, *a.* flourishing, flowering.

florecimiento, *m.* flowering; flourishing.

florentín, tino, tina, *n.* & *a.* Florentine.

florentísimo, ma, *a. super.* very prosperous.

floreo, *m.* witty but idle talk; compliment; (fencing, mus.) flourish; cross caper, in dancing.

florería, *f.* (Am.) flower shop, florist.

florero, ra. I. *a.* flattering. **II.** *n.* florist. **III.** *m.* flowerpot; flower vase; flower stand, jardinière; (art) flower piece. **IV.** *f.* flower girl.

florescencia, *f.* (bot.) florescence, flowering.

floresta, *f.* forest, woods.

florestero, *m.* forester, forest keeper or guard.

floreta, *f.* leather border on the edge of a girth.

florete. I. *a.* (com.) first quality, superfine. **II.** *m.* fencing foil.

floretear, *va.* to garnish with flowers.

floretista, *m.* fencer.

florezco, florezca, *v. V.* FLORECER.

floricultor, ra, *n.* floriculturist.

floricultura, *f.* floriculture.

florido, da, *a.* flowery; full of flowers, in bloom; choice, select.—**pascua f.,** Easter Sunday.

florífero, ra; florígero, ra, *a.* floriferous.

florilegio, *m.* florilegium, anthology.

florín, *m.* florin (coin).

floripondio, *m.* (bot.) floripondio.

florisar, *va.* = FLORDELISAR.

florista, *n.* maker of artificial flowers; florist.

floristería, *f.* (P. R.) flower shop, florist.

florón, *m. aug.* large flower; (arch.) fleuron, rosette.

flósculo, *m.* (bot.) floscule, floret.

flota, *f.* (naut.) fleet of merchant ships; (obs.) squadron.—**f. aérea,** air forces.

flotabilidad, *f.* buoyancy.

flotable, *a.* flotable; navigable.

flotación, *f.* flotation, flotage, floating.—**línea de f.,** waterline (of ship).

flotador, ra. I. *n.* & *a.* floater(-ing). **II.** *m.* float.

flotadura, *f.*, **flotamiento,** *m.* = FLOTACIÓN.

flotante, *a.* floating.

flotar, *vn.* to float (on a liquid or in the air).

flote, *m.* floating.—**a f.,** afloat.—**estar,** or **mantenerse, a f.,** (fig.) to have enough to live on.

flotilla, *f. dim.* flotilla; small fleet.

flox, *m.* (bot.) phlox.

fluctuación, *f.* fluctuation; wavering.

fluctuante, *a.* fluctuating.

fluctuar, *vn.* to fluctuate; waver, oscillate; to be in danger; to hesitate, vacillate.

fluctuoso, sa, *a.* fluctuant, wavering.

fluencia, *f.* fluency; flowing; spring, source of a stream; (elec.) creepage.

fluente, *a.* fluent, flowing.

fluidez, *f.* fluidity, fluidness; fluency.

fluidificar, *va.* to fluidize.

flúido, da. I. *a.* fluid; fluent (as speech). **II.** *m.* fluid.

fluir, *vn.* (*ger.* FLUYENDO; *ind. pres.* FLUYO, *pret.* FLUYÓ; *subj.* FLUYA) *vn.* to flow; to issue, ooze, run out.

flujo, *m.* flux, flow, flowage, flowing; influx; (med.) hemorrhage; (naut.) rising tide; (chem.) flux.—**f. blanco,** the whites.—**f. de palabras,** flow of words, volubility.—**f. de reír,** habit of laughing.—**f. de risa,** fit of laughter.—**f. de sangre,** hemorrhage.—**f. de vientre,** diarrhea.—**f. magnético,** magnetic flux.

fluminense, *a.* from Rio de Janeiro.

flúor, *m.* (chem.) fluorine; (chem.) flux.

fluorescencia, *f.* (phys.) fluorescence.

fluorescente, *a.* fluorescent.

fluorhidrato, *m.* hydrofluoride.

fluorhídrico, ca, *a.* hydrofluoric.

fluórico, ca, *a.* (chem.) fluoric.

fluorímetro, *m.* fluorimeter.

fluorina, fluorita, *f.* (min.) fluor spar, fluorite.

fluorización, *f.* fluoridation.

fluorizar, *va.* to fluoridate.

fluorografía, *f.* fluorography.

fluoroscopia, *f.* (med.) fluoroscopy.

fluoroscópico, ca, *a.* fluoroscopic.

fluoroscopio, *m.* fluoroscope.

fluoruro, *m.* (chem.) fluoride.

fluvial, *a.* fluvial, fluviatile.

fluviógrafo, fluviómetro, *m.* fluviograph, fluviometer.

flux, *m.* (Am.) suit (of clothes); flush, at cards.—**estar a f.,** (Mex., Arg.) to have nothing, be penniless.—**hacer f.,** (coll.) to spend one's whole fortune without paying a debt.—**tener f.,** (Am.) to be lucky.

fluxión, *f.* (med.) fluxion; cold in the head.

fluyo, fluya, etc., *v. V.* FLUIR.

fobia, *f.* (psych.) phobia.

foca, *f.* (zool.) fur-bearing seal.

focal, *a.* (geom. and phys.) focal.

foceifiza, *f.* a kind of Arabian mosaic.

focino, *m.* goad for elephants.

foco, *m.* focus; center, source; (med.) core or center of an abscess; (mil.) touchhole of a gun; (auto) headlight.—**f. de luz eléctrica,** (electric) light bulb.

fóculo, *m.* small fireplace.

fodolí, *a.* meddlesome, intrusive.

fofo, fa, *a.* spongy, soft; (of style) empty, trashy.

fogaje, *m.* hearth money, an ancient tax.

fogarada, *f.* blaze, bonfire.

fogaril, *m.* cresset, torch.

fogarizar, *va.* to build bonfires in.

fogata, *f.* bonfire, blaze; fougade.

fogón, *m.* hearth, fireside; cooking place, cooking stove, kitchen range; touchhole of a gun; (naut.) caboose, cuddy; firebox (of a boiler, locomotive, etc.); (Am.) fire.

fogonadura, *f.* (naut.) mast hole.

fogonazo, *m.* powder flash; flash in a pan.

fogonero, *m.* fireman, stoker.

fogosidad, *f.* fieriness, heat, vehemence.

fogoso, sa, *a.* fiery, vehement, impetuous; spirited (as a horse).

fogueación, *f.* numbering of hearths or fires.

foguear, *va.* to accustom to the discharge (noise) of firearms; (artil.) to scale (a gun).

foguezuelo, *m. dim.* small fire.

[1]**foja,** *f.* (law) leaf of a manuscript or folio.

[2]**foja,** *f.* (ornith.) coot, scoter.

folgo, *m.* foot muff or warming bag.

foliáceo, *a.* (bot.) foliaceous.

foliación, *f.* foliation, numbering the pages of a book; (bot.) foliation.

foliado, da, *a.* foliated.

foliar, *va.* to number the pages of a book, etc.

foliatura, *f.* paging (of a book).

folículo, *m.* (bot.) follicle, pericarp; (anat.) follicle, membranous sac.

folijones, *m. pl.* an ancient Castilian dance.

folio, *m.* folio, leaf of a book; size of a bookleaf.—**f. de Descartes,** (geom.) folium of Descartes.

—**f. índico,** (bot.) Indian leaf.—**al primer f.,** at first sight.—**de a f.,** (coll.) very great, monumental (truth, fact, etc.); egregious (blunder, etc.).
folíolo, *m.* (bot.) foliole of a compound flower.
folklore, *m.* folklore.—**folklórico, ca,** *a.* folkloric, pertaining to folklore.—**folklorista,** *n.* folklorist, one versed in folklore.
foluz, *f.* an ancient small copper coin.
folla, *f.* irregular conflict in a tournament; medley, variety show.
follada, *f.* puff-paste patty.
follaje, *m.* foliage; leafage; gaudy ornament; superabundance of figures of speech; fustian.
[1]**follar,** *va.* (*ind.* FUELLO; *subj.* FUELLE) to blow with bellows.
[2]**follar,** *va.* to form into leaves.
follero, folletero, *m.* bellows maker or seller.
folletín, *m.* feuilleton, serial story in a newspaper.
folletinista, *n.* writer of FOLLETINES.
folletista, *n.* pamphleteer.
folleto, *m.* pamphlet, booklet.
follón, na. I. *a.* lazy, indolent; cowardly. **II.** *m.* coward; rogue, knave; conceited fellow; noiseless rocket; disturbance, rumpus.
fomentación, *f.* (med.) fomentation.
fomentador, ra, *n.* & *a.* fomenter(-ing), promoter(-ing).
fomentar, *va.* to foment, to warm; to promote, further, encourage; to prompt; (med.) to foment; (agr.) to improve.
fomento, *m.* fomentation; warmth, fuel; fostering, furtherance, promotion; improvement, development; (med.) fomentation, lotion.
fomes, *m.* (med.) fomes; cause of excitement.
fonación, *f.* phonation, vocalization.
fonas, *f. pl.* (sewing) gores, gussets.
fonda, *f.* inn; eating house.
fondable, *a.* fit for anchoring.
fondado, da, *a.* (cooperage) with reinforced heads.
fondeadero, *m.* (naut.) anchoring ground; haven.
fondear. I. *va.* (naut.) to sound; to raise from the bottom of water; to search (a ship); to examine closely. **II.** *vn.* to cast anchor.
fondeo, *m.* (naut.) search; casting anchor.
fondillón, *m.* dregs and lees of a cask of liquor; old Alicante wine.
fondillos, *m. pl.* seat of trousers.
fondista, *n.* innkeeper, hotel keeper.
fondo, *m.* bottom; depth; rear part, back, furthest end; ground (of stuffs); head (of a boiler, cylinder, etc.); substance; (art) background; thickness of a diamond; extent of a man's capacity; disposition, nature (of a person); principal or essential part of a thing; stock, quantity, store (of virtues, vices, etc.); fund, capital; (mil.) space occupied by a rank; (mech.) bed, bottom plate, foundation; (cooperage) head; (naut.) bottom.—*pl.* funds, resources.—**f. de amortización,** sinking fund.—**f. de reserva,** reserve fund.—**f. doble,** false bottom.—**f. para imprevistos,** contingency fund.—**fondos disponibles,** uncommitted funds.—**fondos fiduciarios,** trust funds.—**fondos públicos** or **del Erario,** public funds.—**fondos vitalicios,** life annuities.—**a f.,** perfectly, thoroughly.—**andar mal de fondos,** to be short of money.—**dar f.,** to cast anchor.—**de f.,** abreast; editorial (article).—**echar a f.,** to sink.—**en f.,** abreast.—**en el f.,** at bottom, at heart, in substance.—**irse a f.,** to sink, founder; (fencing) to thrust.—**limpiar los fondos,** (naut.) to hog a ship's bottom.—**tocar f.,** to touch bottom.
fondón, *m.* FONDILLÓN; ground of silk or velvet; brocade; (min.) fondon.
fonema, *m.* (phon.) phoneme.
fonémico, ca. I. *a.* phonemic. **II.** *f.* phonemics.
fonendoscopio, *m.* (med.) phonendoscope.
fonética, *f.* phonetics.
fonético, ca, *a.* phonetic.
fonetismo, *m.* phonetism.
fonetista, *n.* phonetician.
fónico, ca. I. *a.* phonic. **II.** *f.* phonics.
fonil, *m.* (naut.) wooden funnel.
fonio, *m.* (phys.) phon (unit of sound).
fonje, *a.* bland, soft, spongy.
fonocaptor, *m.* pickup (of a record player).
fonografía, *f.* phonography.
fonográfico, ca, *a.* phonographic.
fonógrafo, *m.* phonograph.
fonograma, *m.* phonogram.
fonolita, *f.* (min.) clinkstone, phonolite.
fonología, *f.* phonology.
fonológico, ca, *a.* phonologic.
fonólogo, ga, *n.* phonologist.
fonometría, *f.* phonometry.
fonométrico, ca, *a.* phonometric.
fonómetro, *m.* phonometer.
fonón, *m.* (phys.) phonon.
fonoscopio, *m.* phonoscope.
fonotipia, *f.* phonotypy.
fonotípico, ca, *a.* phonotypic.
fonotipo, *m.* phonotype.
fonsadera, *f.* an ancient war tax.
fonsado, *m.* (fort.) foss or ditch.
fontal, *a.* fontal; original, main.
fontana, *f.* (poet.) fountain, spring, water jet.
fontanal. I. *a.* fontal, pertaining to fountains or springs. **II.** *m.* source or spring of water; place abounding in springs.
fontanar, *m.* water spring.
fontanela, *f.* (anat.) fontanel; (surg.) seton needle.
fontanería, *f.* pipe laying; water-pipe system, pipe line.
fontanero, ra, *n.* pipe layer.
fontegí, *m.* a variety of wheat.
fontezuela, *f. dim.* small fountain.
fontículo, *m.* (surg.) fonticulus, issue.
foque, *m.* (naut.) jib.—**f. de caza,** or **f. mayor,** standing jib.—**f. segundo,** forestay sail.
forajido, da, *n.* outlaw, fugitive from justice.
foral, *a.* (law) statutory.
foralmente, *adv.* judicially.
foramen, *m.* (anat., bot.) foramen; hole in the nether millstone.
foraminífero, ra. I. *a.* (zool.) foraminiferous. **II.** *m.* (zool.) foraminifer.
foráneo, nea, *a.* foreign.
forastero, ra. I. *a.* foreign; exotic. **II.** *n.* stranger.
forbante, *m.* freebooter.
forcé, *pret.* of FORZAR.
forcejar, forcejear, *vn.* to struggle, strive, labor; contest, contend.
forcejo, *m.* struggle, strife.
forcejón, *m.* violent effort or struggle.
forcejudo, da, *a.* strong, robust.
forceps, *m.* (surg.) forceps.
forchina, *f.* (mil.) forklike weapon.
forense, *a.* (law) forensic.
forero, ra. I. *a.* conformable to the statute law of a country. **II.** *m.* owner of leasehold estate; lessee.
forestación, *f.* (Chile) forestation.
forestal, *a.* forestal.
forillo, *m.* backing, in theatrical scenery.
forja, *f.* smelting furnace; chafery; bloomery, smithy; forge; forging; (mason.) mortar.
forjador, *m.* forger; ironmaster, smith, blacksmith; goldbeater.
forjadura, *f.* forging.
forjar, *va.* to forge, hammer or stamp into shape; to frame, form, fabricate; to counterfeit, falsify; to invent, concoct (as a falsehood).—**forjarse ilusiones,** to delude oneself; to build castles in the air.
forma, *f.* form, shape; frame, make; method, order; manner; hand, form or cast of writing; pattern, mold, matrix; (print.) form, format; block (for hats); (eccl.) host for the communion of the laity.—*pl.* (of persons) build, figure.—**dar f. a,** to give final form to, shape; to put in order, arrange.—**de f. que,** so as, so that.—

en debida f., or en f., in due form, properly.—en f., en toda f., in due form or manner; thoroughly, in a thorough and proper manner.—tomar f., to develop, to become realized, to materialize.
formación, *f.* formation, forming; form, shape; twisted cord for gold embroidery; (geol.) formation, system; (mil.) formation, array.
formador, ra, *n.* & *a.* former(-ing).
formaje, *m.* cheese vat; cheese; (Mex.) sugar mold.
formal, *a.* formal, regular, methodical; proper, genuine; serious, grave, steady, sedate; truthful, reliable; well-behaved.
formaldehido, *m.* formaldehyde.
formalicé, formalice, *v. V.* FORMALIZAR.
formalidad, *f.* formality; exactness, punctuality; gravity, seriousness, solemnity; requisite, requirement; "red tape"; established practice; legal precedent.—**con f.,** in earnest.
formalina, *f.* (chem.) formalin.
formalismo, *m.* formalism.
formalista, *n.* formalist.
formalizar. I. *va.* (*pret.* FORMALICÉ; *subj.* FORMALICE) to put in final form; to execute, legalize (a deed, etc.); to make explicit, formulate, formulize; to formalize. **II.** *vr.* to become serious or earnest.
formar. I. *va.* to form; shape, fashion; (mil.) to combine, arrange.—**f. parte de,** to be a member of (an organization, etc.). **II.** *vn.* to adjust the edges of embroidery work; (mil.) to draw up. **III.** *vr.* to form, take form, grow, develop.
formativo, va, *a.* formative.
formato, *m.* (Am.) format (of a book).
formatriz, *f. a.* = FORMADORA.
formejar, *va.* (naut.) to clear (the ship); to trim (the hold).
formeno, *m.* (chem.) formene.
formero, *m.* (arch.) side arch of a vault.
formiato, *m.* (chem.) formate.
formicante, *a.* (med.) weak, rapid (pulse).
fórmico, *m.* (chem.) formic (acid or ether).
formidable, *a.* formidable; immense, huge.
formidoloso, sa, *a.* timorous, timid; dreadful, frightful, horrible.
formilo, *m.* (chem.) formyl.
formillón, *m.* hat block or form.
formol, *m.* (chem.) formaldehyde.
formón, *m.* chisel; punching press for cutting wafers.
fórmula, *f.* formula; recipe, prescription; (eccl.) profession of faith.—**f. leucocitaria,** white blood count.—**f. sanguínea,** blood count.—**por f.,** as a matter of form.
formulación, *f.* formulation.
formular, *va.* to formulate, formulize.
formulario, *m.* formulary.
formulismo, *m.* formulism; red tape.
formulista, *n.* & *a.* formulist(-ic).
fornáceo, cea, *a.* (poet.) furnacelike.
fornelo, *m.* portable little oven or furnace.
fornicación, *f.* fornication.
fornicador, ra, *n.* & *a.* fornicator(-ing).
fornicar, *va.* to fornicate.
fornicario, ria, *a.* pertaining to or addicted to fornication.
fornicio, *m.* = FORNICACIÓN.
fornido, da, *a.* robust, lusty, stout.
fornitura, *f.* (mil.) furniture; (print.) types cast to complete sorts.
fórnix, *m.* (anat., bot.) fornix.
foro, *m.* forum; court of justice; bar, the legal profession; back, in stage scenery; leasehold; rental.—**llmar al f.,** (law) to call to the bar.—**por tal f.,** on such conditions.
forrado, da. I. *pp.* of FORRAR. **II.** *a.* doubled.
forraje, *m.* forage, fodder; foraging; (coll.) trifles.
forrajeador, ra, *n.* forager, fodderer.
forrajear, *vn.* to gather forage or fodder.
forrajera, *f.* (mil.) shako guard.
forrajero, ra, *a.* forage, fodder (as *a.*).
forrar. I. *va.* to line (as clothes); to cover (as a book or an umbrella); (anat.) to sheathe, to fur. **II.** *vr.* (Mex., Guat.) to eat well, have a good meal.
forro, *m.* lining, doubling, inside, backing; (naut.) furring, planking, sheathing; cover of a book.—**f. de cabos,** (naut.) service, serving ropes.—**f. sobrepuesto de cable,** (naut.) keckling, rounding.
fortachón, na, *a.* (coll.) powerfully strong.
fortalecedor, ra, *n.* & *a.* fortifier(-fying).
fortalecer, *va.* (*ind.* FORTALEZCO; *subj.* FORTALEZCA) to fortify, strengthen, corroborate; to fortify (a place); to aid, encourage, support.
fortalecimiento, *m.* fortifying, strengthening; fortification, defenses.
fortaleza, *f.* fortitude; firmness; courage, strength, vigor; stronghold, fortress, fort.
fortalezco, fortalezca, *v. V.* FORTALECER.
forte. I. *interj.* (naut.) avast! **II.** *a.* (mus.) forte, loud.
fortepiano, *m.* (mus., obs.) pianoforte.
fortezuelo, la. I. *a. dim.* not very strong. **II.** *m.* small fort.
fortificable, *a.* fortifiable.
fortificación, *f.* fortification; fort; military architecture.—**f. de campaña,** field fortification.
fortificador, ra, *n.* & *a.* fortifier(-fying).
fortificante, *a.* fortifying.
fortificar, *va.* (*pret.* FORTIFIQUÉ; *subj.* FORTIFIQUE) to strengthen, invigorate; (mil.) to fortify.
fortín, *m. dim.* fortin, fortlet, small fort.
fortísimo, ma. I. *a. super.* of FUERTE; (mus.) fortissimo. **II.** *adv.* (mus.) fortissimo.
fortitud, *f.* fortitude.
fortuitamente, *adv.* fortuitously, accidentally.
fortuito, ta, *a.* fortuitous, accidental.
fortuna, *f.* fortune, chance, fate; good luck; wealth, resources; storm, tempest; accident of the sea.—**por f.,** fortunately, luckily.
fortunón, *m. aug.* great stroke of fortune; immense fortune (wealth).
forúnculo, furúnculo, *m.* (med.) furuncle, boil.
forzado, da. I. *pp.* of FORZAR. **II.** *a.* forced.—**trabajos f.,** hard labor (penal). **III.** *n.* criminal sentenced to the galleys.
forzador, *m.* ravisher; forcer.
forzal, *m.* solid part of a comb.
forzamiento, *m.* act of forcing or violating.
forzar, *va.* (*ind. pres.* FUERZO, *pret.* FORCÉ; *subj.* FUERCE) to force, break in (as a door); to compel, force; to subdue by force; to ravish.
forzoso, sa. I. *a.* forced, necessary, unavoidable; obligatory, compulsory.—**paro f.,** unemployment. **II.** *f.* decisive move at the game of draughts; compulsion.—**hacer la f. a uno,** (coll.) to compel one to act against one's will, put on the pressure.
forzudamente, *adv.* with great power and force.
forzudo, da, *a.* strong, vigorous, lusty.
fosa, *f.* grave; (anat.) fossa.
fosar, *va.* to dig a pit or trench around.
fosca, *f.* haze; thicket, jungle.
fosco, ca, *a.* frowning, cross.
fosfatado, da, *a.* containing phosphate.
fosfático, ca, *a.* (chem.) phosphatic.
fosfato, *m.* (chem.) phosphate.
fosfaturia, *f.* (med.) phosphaturia.
fosfeno, *m.* (physiol.) phosphene.
fosfina, *f.* (chem.) phosphine.
fosfito, *m.* (chem.) phosphite.
fosforado, da, *a.* containing phosphate.—**bronce f.,** phosphor bronze.
fosforar, *va.* to phosphorate.
fosforecer, *vn.* = FOSFORESCER.
fosforera, *f.* match box.
fosforero, ra, *n.* vender of matches.
fosforescencia, *f.* phosphorescence.
fosforescente, *a.* phosphorescent.
fosforescer, *vn.* (*ind.* FOSFOREZCO; *subj.* FOSFOREZCA) to phosphoresce.
fosfórico, ca, *a.* phosphoric.

fosforita, *f.* (min.) phosphorite.
fósforo, *m.* phosphorus; friction match; morning star.
fosforoscopio, *m.* (phys.) phosphoroscope.
fosforoso, sa, *a.* phosphorous.
fosfuro, *m.* phosphide, phosphuret.
fosgeno, *m.* (chem.) phosgene (gas).
fósil, *a.* & *m.* fossil.
fosilífero, ra, *a.* fossiliferous.
fosilización, *f.* fossilization.
fosilizado, da. I. *pp.* of FOSILIZARSE. **II.** *a.* fossilized.
fosilizarse, *vr.* to fossilize, become fossil.
foso, *m.* pit, hole in the ground; (theat.) cellar under the stage; (fort.) moat, ditch, foss.—**f. séptico,** septic tank.
fótico, ca, *a.* photic.
fotingo, *m.* (Am., coll.) flivver, cheap automobile.
fotinia, *f.* (bot.) Photinia.
fotio, *m.* (phys.) phot (unit of light).
foto. I. *pref.* photo- (light). **II.** *f.* (coll.) photo(graph), shot.
fotoactínico, ca, *a.* photoactinic.
fotoactivación, *f.* photoactivation.
fotoactivo, va, *a.* photoactive.
fotocátodo, *m.* (phys.) photocathode.
fotocélula, *f.* (elec.) photocell.
fotocincografía, *f.* photozincography.
fotocinético, ca, *a.* photokinetic.
fotocolografía, *f.* photocollography.
fotocomposición, *f.* (print.) photocomposition.
fotocopia, *f.* photocopy, photostat.
fotocromía, *f.* photochromy.
fotodesintegración, *f.* (phys.) photodisintegration.
fotodinámico, ca, *a.* photodynamic.
fotoeléctrico, ca, *a.* photoelectric.
fotoelectrón, *m.* (chem., phys.) photoelectron.
fotoemulsión, *f.* (phys.) photoemulsion.
fotofísico, ca. I. *a.* photophysic. **II.** *f.* photophysics.
fotofisión, *f.* (nuclear phys.) photofission.
fotofobia, *f.* (med.) photophobia.
fotófobo, ba, *a.* suffering from photophobia.
fotófono, *m.* (phys.) photophone.
fotogénico, ca, *a.* photogenic.
fotograbado, *m.* photoengraving, photogravure.
fotograbador, ra, *n.* photoengraver.
fotograbar, *va.* & *vn.* to photoengrave.
fotografía, *f.* photography; photograph.
fotografiar, *va.* to photograph.
fotográficamente, *adv.* photographically.
fotográfico, ca, *a.* photographic.
fotógrafo, *m.* photographer.
fotoionización, *f.* (phys.) photoionization.
fotólisis, *f.* photolysis.
fotolitografía, *f.* photolithography; photolithograph.
fotolitografiar, *va.* to photolithograph.
fotolitográfico, ca, *a.* photolithographic.
fotología, *f.* photology, optics.
fotomapa, *m.* photomap.
fotomecánico, ca, *a.* (print.) photomechanical.
fotomesón, *m.* (phys.) photomeson.
fotometría, *f.* photometry.
fotométrico, ca, *a.* photometric.
fotómetro, *m.* photometer.
fotomicrografía, *f.* photomicrography.
fotomontaje, *m.* (photog.) photomontage.
fotomultiplicador, *m.* (phys.) photomultiplier.
fotomural, *m.* photomural.
fotón, *m.* (phys.) photon.
fotopartícula, *f.* (phys.) photoparticle.
fotoplaca, *f.* photoplate.
fotoproducción, *f.* (phys.) photoproduction.
fotoprotón, *m.* (phys.) photoproton.
fotoquímico, ca. I. *a.* photochemical. **II.** *f.* photochemistry.
fotorrelieve, *m.* photorelief.
fotosensitivo, va, *a.* photosensitive.
fotosfera, *f.* (astr.) photosphere.
fotosíntesis, *f.* (bot.) photosynthesis.
fotospectroscopio, *m.* photospectroscope.
fotostático, ca, *a.* photostatic.
fotostato, *m.* photostat, photocopy.
fototactismo, *m.* (biol.) phototaxis.
fototelefonía, *f.* phototelephony.
fototelegrafía, *f.* phototelegraphy.
fototerapia, *f.* (med.) phototherapeutics.
fototerápico, ca, *a.* phototherapeutical.
fototipografía, *f.* phototypography.
fototipográfico, ca, *a.* phototypographic.
fototropismo, *m.* (bot.) phototropism.
fotuto, *m.* (Cuba) whistle; trumpet, horn.
foya, *f.* oven full of charcoal.
foyer, *m.* foyer.
frac, *m.* dress coat.
fracasar, *vn.* to fail, come to naught; (naut.) to crumble, to break in pieces.
fracaso, *m.* downfall, ruin; calamity; failure.
fracción, *f.* breaking into parts; fragment (broken off); (math.) fraction.—**f. continua,** continued fraction.—**f. decimal periódica,** repeating decimal.
fraccionado, da. I. *pp.* of FRACCIONAR. **II.** *a.* fractional.
fraccionamiento, *m.* division into fractions.
fraccionar, *va.* to fraction, fractionate.
fraccionario, ria, *a.* fractional.
fractura, *f.* fracture, breaking; (surg.) fracture.
fracturar, *va.* & *vr.* to fracture, break, rupture.
[1]**fraga,** *f.* a kind of raspberry.
[2]**fraga,** *f.* thicket of brambles.
fragancia, *f.* fragrance, scent; good name or reputation.
fragante, *a.* fragrant; flagrant, notorious.—**en f.** = EN FLAGRANTE, in the very act.
fragaria, *f.* (bot.) strawberry.
fragata, *f.* (naut.) frigate.—**f. de aviso,** packet boat.—**f. ligera,** light fast-sailing vessel.
frágil, *a.* brittle, breakable, fragile; frail, weak.
fragilidad, *f.* fragility, brittleness; frailty.
fragmentación, *f.* fragmentation.
fragmentario, ria, *a.* fragmentary.
fragmento, *m.* fragment.
fragor, *m.* noise, clamor, crash.
fragoroso, sa, *a.* (poet.) noisy, obstreperous, thundering, roaring.
fragosidad, *f.* roughness; impenetrability, thickness (of a forest); craggedness, cragginess.
fragoso, sa, *a.* craggy, rough, uneven; full of brambles and briers; noisy, roaring.
fragua, *f.* forge, as for iron; blacksmith's shop.
fraguado, *m.* setting, hardening.
fraguador, ra, *n.* schemer.
fraguar. I. *va.* to forge; to hammer out; to plan, plot, brew, scheme, concoct. **II.** *vn.* (mason) (of concrete, etc.) to set.
fragura, *f.* = FRAGOSIDAD.
frailada, *f.* (coll.) rude or unbecoming action of a monk.
fraile, *m.* friar, monk; fold turned up at bottom of a skirt; priest; (arch.) hood over a hearth; (print.) friar, badly inked spot; (bookbinding) fold in a leaf; upright post of a floodgate; (Cuba) residue from sugar making.
frailear, *va.* (agr.) to prune close to the trunk.
frailecillo, *m. dim.* little friar (ornith.) lap-wing; wedge securing the spindle of a silk reel.
frailengo, ga, leño, ña, *a.* = FRAILESCO.
frailería, *f.* (coll.) monks in general; priests in general; body of monks or priests.
frailesco, ca, *a.* monkish, friarlike; priestlike.
frailía, *f.* body of monks; regular clergy.
frailote, *m. aug.* big and coarse friar.
frailuco, *m.* despicable friar.
frailuno, na, *a.* (coll.) friarlike; priestlike.
frambesia, *f.* (med.) frambesia, yaws.
frambuesa, *f.* (bot.) raspberry.
frambueso, *m.* (bot.) raspberry bush.
frámea, *f.* javelin, dart.
francachela, *f.* (coll.) a gala meal.
francalete, *m.* leather strap with a buckle.
francés, cesa. I. *a.* French.—**a la francesa,** in the

French fashion.—**despedirse a la f.,** (coll.) to take French leave. **II.** *n.* Frenchman(-woman). **III.** *m.* French language.
francesada, *f.* anything characteristic of the French; French invasion (of Spain in 1808).
francesilla, *f.* (bot.) common yard crowfoot.
Francia, *f.* France.
francio, *m.* (chem.) francium.
franciscano, na, *a.* Franciscan; gray-colored.
francisco, ca, *a.* Franciscan.
francmasón, *m.* Freemason, Mason.
francmasonería, *f.* Freemasonry.
franco, ca. I. *a.* frank, open; free, clear, disengaged; exempt, privileged; Frankish; (com.) duty free; in compound words. French or Franco-, as *francoamericano,* Franco-American. —**f. a bordo,** free on board, f. o. b.—**f. de porte,** prepaid, duty-free. **II.** *m.* franc (monetary unit of France, Belgium and Switzerland); period or time (during a fair) when merchandise is duty-free.
francófilo, la, *a.* & *n.* Francophile, Gallophile.
francófobo, ba, *a.* & *n.* Francophobe, Gallophobe.
francolín, *m.* (ornith.) francolin.
francote, ta, *a. aug.* (coll.) frank, open-hearted.
franchipán, *m.* franchipane, a perfume.
franchipaniero, *m.* (Am., bot.) frangipani tree.
franchute, *a.* & *n.* (der.) Frenchy.
franela, *f.* flannel.
frange, *m.* (her.) division of the field of a shield.
frangente. I. *a.* frangent, fracturing. **II.** *m.* accident, disaster, mishap.
frangible, *a.* brittle, frangible, breakable.
frangir, *va.* to break into pieces.
frangollar, *va.* (coll.) to do hurriedly.
frangollo, *m.* porridge of wheat and milk; (Am.) poorly-made stew.
frangote, *m.* (com.) bale of goods.
frángula, *f.* (bot.) berry-bearing alder.
franja, *f.* (sewing) fringe, trimming, band, braid, border; stripe; strip (of land).
franjar, franjear, *va.* (sewing) to trim with braids, bands, or stripes; to border.
franqueamiento, *m.* = FRANQUEO.
franquear. I. *va.* to exempt, to grant immunity to; enfranchise; to prepay (postage); to make liberal grants or gifts; to open, clear; to free (a slave). **II.** *vr.* to yield easily to the desire of others; to unbosom oneself; (naut.) to be ready for sailing.
franqueo, *m.* postage; liberating a slave.
franqueza, *f.* frankness; freedom, liberty, exemption.—**con f.,** frankly.
franquía, *f.* (naut.) sea room, offing.—**en f.,** ready.
franquicia, *f.* exemption from taxes; franchise, privilege, grant.
frasca, *f.* small branches.
frasco, *m.* flask, vial, bottle; powder flask.
frase, *f.* phrase; idiom, epigram; style of a writer. —**f. hecha,** proverb, saying, saw.—**f. musical,** (mus.) phrase.—**f. sacramental,** standard form.—**hacer frases,** to speak much saying little.
frasear, *va.* to phrase; (mus.) to phrase.
fraseología, *f.* phraseology; style of a writer; verbosity, pomposity.
frasquera, *f.* bottle case, liquor case.—**f. de fuego,** (naut.) fire case or fire chest.
frasqueta, *f.* (print.) frisket.
frasquete, frasquillo, ito, *m. dim.* small flask.
fratás, *m.* plastering trowel.
fratasar, *va.* to smooth with the trowel.
fraterna, *f.* (coll.) severe reprimand, lecture.
fraternal, *a.* fraternal, brotherly.
fraternalmente, *adv.* fraternally.
fraternidad, *f.* fraternity, brotherhood.
fraternización, *f.* fraternization.
fraternizar, *vn.* to fraternize.
fraterno, na, *a.* fraternal, brotherly.
fratría, *f.* phratry.
fratricida, *n.* fratricide, murderer (of one's brother).
fratricidio, *m.* fratricide, murder (of one's brother).
fraude, *m.* fraud.
fraudulencia, *f.* fraudulence.
fraudulento, ta, *a.* fraudulent; deceitful, artful.
fray, *m. contr.* of FRAILE, used as a title before the names of clergymen belonging to certain religious orders, as *Fray Luis de Granada.*
frazada, *f.* blanket.
frecuencia, *f.* frequency.—**f. acústica** or **audible,** acoustic or audible frequency, audiofrequency; speech frequency.—**f. armónica,** harmonic frequency.—**f. de clase,** (stat.) class frequency.—**f. de señal,** signal frequency.—**f. modulada,** FM, modulated frequency (wave). —**f. musical,** musical frequency, audiofrequency.—**f. sonora,** sound or sonic frequency. —**f. ultrasónica,** ultrasonic frequency.—**f. visual,** video frequency.—**alta f.,** high frequency.—**baja f.,** low frequency.—**con f.,** frequently.
frecuentación, *f.* frequenting.
frecuentador, ra, *n.* & *a.* frequenter(-ing).
frecuentar, *va.* to frequent; to repeat.
frecuentativo, *a.* (gram.) frequentative.
frecuente, *a.* frequent.
fregadero, *m.* scullery; kitchen sink.
fregado, *m.* scouring or scrubbing; (coll.) complicated affair; fracas.
fregador, ra. I. *n.* & *a.* washer(-ing). **II.** *m.* scullery; dishcloth, mop, scrubbing brush.
fregadura, *f.* rubbing, scrubbing, scouring.
fregamiento, *m.* = FRICACIÓN, friction.
fregar, *va.* (*ind. pres.* FRIEGO, *pret.* FREGUÉ; *subj.* FRIEGUE) to rub; to scrub, mop, swab, scour; to wash (dishes); (Am.) to annoy, bother.
fregatriz, fregona, *f.* kitchenmaid; dishwasher.
fregonil, *a.* (coll.) wenchlike.
fregué, *pret.* of FREGAR.
freidura, *f.* frying or dressing in a pan.
freila, *f.* (eccl.) lay sister.
freile, *m.* knight or priest of a military order.
freír, *va.* (*pp.* FRITO; *ger.* FRIENDO; *ind. pres.* FRÍO, *pret.* él FRIÓ; *subj.* FRÍA) to fry or dress in a frying pan.—**freírse de calor,** to be excessively hot, to be baking.—**freírsela a uno,** (coll.) to deceive one premeditatedly.—**al f. será el reír,** he laughs best who laughs last.
fréjol, frejol, *m.* (bot.) kidney bean.
frémito, *m.* roar.
frenar, *va.* to bridle, to govern by the bridle; to brake, apply the brake to.
frenería, *f.* bridle making; harness shop.
frenero, *m.* bridle maker or seller; (Ry.) brakeman.
frenesí, *m.* frenzy, fury, madness; folly.
frenéticamente, *adv.* frantically, madly.
frenético, ca, *a.* mad, frantic, frenzied.
frénico, ca, *a.* phrenic.
frenillar, *va.* (naut.) to bridle (the oars).
frenillo, *m.* (anat.) frenum; (naut.) bridle, fox, ratline.—**no tener f. en la lengua,** to be outspoken, not to mince one's words.
freno, *m.* bridle or bit of the bridle; (carriage) brake (for wheel); (mech.) check, stop, brake; curb, restraint, control.—**f. de vacío,** vacuum brake.—**f. hidráulico,** hydraulic brake.—**f. neumático,** air brake.
frenología, *f.* phrenology.
frenológico, ca, *a.* phrenological.
frenólogo, *m.* phrenologist.
frenópata, *m.* alienist.
frentazo, *m.* (Mex.) rebuff, turning down.
frente. I. *f.* forehead; countenance, mien; intellect.—**no tener dos dedos de f.,** not to have any sense at all, a particle of brains. **II.** *adv.* in front, opposite, across the way. **III.** *m.* (mil.) front; (fort.) face of a bastion; front, fore part, face, façade; obverse (of coins, etc.).—**f. a,**

opposite, facing; (fig.) in the face or eyes of.—**f. a f.**, face to face.—**f. popular**, (pol.) popular front.—**f. por f.**, directly across or opposite.—**a f.**, straight ahead.—**al f.**, opposite; (com.) carried forward.—**al f. de**, in front of; in charge of.—**de f.**, from the front; front (as *a.*); (mil.) facing; abreast.—**del f.**, brought forward; opposite, across (the street, etc.).—**en f.**, = F. POR F.—**en f. de**, = AL F. DE.—**hacer f. a**, to face (a problem, etc.); to meet (a demand, etc.).
frentón, ona, *a.* having a large forehead.
freo, *m.* (naut.) narrow channel, strait, fretum.
fresa, *f.* (bot.) strawberry; (mech.) drill, bit, milling tool.
fresadora, *f.* (mech.) milling machine; (dent.) burr.
fresal, *m.* strawberry patch.
fresar, *va.* (mech.) to mill; to drill; to machine.
fresca, *f.* cool air, fresh air; piece of one's mind, biting remark.—**decir cuatro frescas a uno**, to rebuke one without mincing words.—**tomar la f.**, to take the air.
frescachón, na, *a.* robust and fresh-looking; (naut.) (of wind) brisk.
frescal, *a.* (fish) not entirely fresh, but preserved with little salt.
frescamente, *adv.* recently, lately, of late; coolly; bluntly.
fresco, ca. I. *a.* (of food) fresh; (of weather, etc.) cool; recent, newly come; just made, finished, or gathered; latest; fresh, buxom, ruddy; calm, cool; bold, forward, cheeky; unconcerned, unabashed, unmoved.—**estar, o quedar, f.**, to be disappointed, to fail.—**quedarse f.**, to act coolly, to show no scruple or concern. **II.** *m.* cool air, fresh air; (art) fresco; (Am.) cooling drink.—**al f.**, in the open air; in the night air; (art) fresco (painting).—**hacer f.**, (of atmosphere) to be cool.—**tomar el f.**, to get, go out for, some fresh air.
frescor, *m.* cool, refreshing air; freshness; (art) flesh-color.
frescote, ta, *a. aug.* (coll.) fresh, ruddy, youthful.
frescura, *f.* freshness; coolness; luxuriant verdure or foliage; frankness, openness; freedom of manner, ease; tranquillity, coolness, unconcern.
fresero, ra. I. *n.* strawberry vender. **II.** *f.* (bot.) strawberry plant.
fresnal, *m.* pertaining to the ash tree.
fresneda, *f.* plantation of ash trees.
fresnillo, *m.* (bot.) white fraxinella.
fresno, *m.* ash tree; (com.) ash wood.—**f. americano**, white ash.—**f. húngaro**, Hungarian ash.
fresón, *m.* (bot.) Chile strawberry.
fresquecito, ta. I. *a. dim.* (coll.) little cool; nice and fresh. **II.** *n.* cool breeze.
fresquera, *f.* meat safe.
fresquería, *f.* (Am.) ice-cream parlor.
fresquero, ra, *n.* vender of fresh fish.
fresquillo, lla, *a.* = FRESQUECITO, TA.
fresquista, *m.* fresco painter.
fresquito, ta. I. *a. dim.* cool, coolish; fresh, just made, gathered, etc. **II.** *m.* cool, fresh air. **III.** *adv.* freshly made, recent, latest.
freudiano, na, *a.* & *n.* (psych.) Freudian.
freudismo, *m.* Freudianism, Freud's theory.
frey, *m. contr.* of FREILE; used as a title before the name of a clergyman belonging to a military order.
frez, [1]**freza**, *f.* dung, excrement.
[2]**freza**, *f.* spawning; trail of fish in spawning; roe; time when silkworms eat; hole dug by an animal.
frezada, *f.* blanket.
[1]**frezar**, *vn.* (*pret.* FRECÉ; *subj.* FRECE) to eject excrement; to eject the droppings of grubs from hives.
[2]**frezar**, *va.* (of silkworms) to nibble (leaves); (of fish) to spawn; (of hogs) to root; (of dogs, etc.) to scratch (the ground).
friabilidad, *f.* friability, brittleness.
friable, *a.* friable, fragile, brittle.
frialdad, *f.* coldness; unconcern, coolness; nonsense; (med.) impotence.
friático, ca, *a.* foolish, graceless, silly.
fricación, *f.* friction, frication.
fricandó, *m.* (cook.) fricandeau.
fricar, *va.* to rub together.
fricasé, *m.* (cook.) fricassee.
fricativo, va, *a.* (ling.) fricative.
fricción, *f.* friction, rubbing.
friccionar, *va.* to rub.
friega, *f.* friction, rubbing.
friego, friegue, *v. V.* FREGAR.
friera, *f.* chilblain on the heel.
frigáneo, *m.* (entom.) caddis fly.—**larva del f.**, caddis worm.
frigidez, *f.* frigidity.
frígido, da, *a.* frigid.
frigio, gia, *n.* & *a.* Phrygian.
frigorífero, *m.* (Am.) = FRIGORÍFICO.
frigorífico, ca. I. *a.* refrigerating. **II.** *m.* cold-storage house or room; packing house.
friísimo, ma, *a. super.* extremely cold.
fríjol, frijol, *m.* kidney bean.
frimario, *m.* Frimaire, third month of the French-Revolution calendar.
fringilago, *m.* (ornith.) titmouse.
fringílido, da, *a.* & *m.* (ornith.) fringilline.
[1]**frío, ía. I.** *a.* cold; impotent; indifferent, unmoved, unemotional; dull, graceless, witless.—**hacer f.** (of weather) to be cold.—**tener f.**, (of person) to be, feel, cold. **II.** *m.* cold, coldness (of temperature).—*pl.* (Am.) malaria.
[2]**frío, frió, fría**, *v. V.* FREÍR.
friolento, ta, *a.* chilly; very sensitive to cold.
friolera, *f.* trifle, bauble, gewgaw.
friolero, ra, *a.* FRIOLENTO; (ironic) very important.
frisa, *f.* frieze; (fort.) palisade.
frisado, *m.* curly silk plush or shag.
frisador, ra, *n.* frizzler.
frisadura, *f.* frizzling, shagging.
frisar. I. *va.* to frizzle or frizz (cloth); to rub; (naut.) to line, to pack. **II.** *vn.* (**en**) to resemble; to approach, to be near (to).
friso, *m.* (arch.) frieze; wainscot, dado, mopboard.
frisol, frísol, *m.* (bot.) string bean.
frisón, na. I. *n.* & *a.* Frisian. **II.** *m.* large draught horse.
frisuelo, *m.* string bean.—*pl.* fritters.
frita, *f.* (ceramics) frit, ferretto.
fritada, *f.* fry; dish of anything fried.
fritar, *va.* to frit.
fritillas, *f. pl.* fritters, pancakes.
frito, ta. I. *pp. irreg.* of FREÍR, fried.—**estar f.**, (Mex., P. R.) to be annoyed; (Arg.) to be lost. **II.** *m.* fry.
fritura, *f.* fry, fritter.
frivolidad, *f.* frivolity; frivolousness.
frivolité, *f.* tatting, fancywork.
frívolo, la, *a.* frivolous.
[1]**fronda**, *f.* (bot.) leaf; frond.—*pl.* foliage, verdure.
[2]**fronda**, *f.* (surg.) a sling-shaped bandage.
fronde, *m.* (bot.) frond, fern leaf.
frondífero, ra, *a.* frondiferous, frondose, leafy.
frondosidad, *f.* frondage, leafy foliage.
frondoso, sa, *a.* frondose, leafy; luxuriant.
frontal. I. *a.* frontal, pertaining to the forehead. **II.** *m.* (eccl.) frontal, altar hanging; (anat.) frontal bone.
frontalera, *f.* brow band (of a bridle); brow pad under a yoke; (eccl.) trimmings of an altar frontal; place where church frontals are kept.
frontera, *f.* frontier, boundary, border; binder of a fruit basket; (arch.) façade; side of a soft-brick mold.
fronterizo, za, *a.* frontier (as *a.*); facing, opposite.
frontero, ra. I. *a.* opposite, facing; frontal. **II.** *m.* person in command of frontier forces. **III.** *adv.* in front.

frontil, *m.* yoke pad for draught oxen.
frontino, na, *a.* marked in the face.
frontis, *m.* (arch.) frontispiece, façade.
frontispicio, *m.* (of book, arch.) frontispiece; (coll.) face.
frontón, *m.* main wall of a handball court; fives court; (arch.) pediment.
frontudo, da, *a.* (of animals) having a large forehead.
frotación, *f.* rubbing.
frotador, ra, *n.* one who or that which rubs.
frotadura, *f.* rubbing.
frotamiento, *m.*, **frotante,** *a.* rubbing.
frotar, *va.* to rub.
frote, *m.* friction. rubbing; attrition.
frotis, *m.* (bact.) smear.—**f. sanguíneo,** (med.) blood smear.
fructífero, ra, *a.* fructiferous, fruit-bearing; fruitful.
fructificación, *f.* (bot.) fructification.
fructificador, ra, *n.* & *a.* fertilizer(-ing).
fructificar, *vn.* (*pret.* FRUCTIFIQUÉ; *subj.* FRUCTIFIQUE) to fructify, bear fruit; to yield profit.
fructosa, *f.* (chem.) fructose.
fructuario, ria, *a.* (law) usufructuary.
fructuosamente, *adv.* fruitfully, profitably.
fructuoso, sa, *a.* fruitful, profitable.
fruente, *a.* enjoying.
frufrú, *m.* (text.) froufrou.
frugal, *a.* frugal, parsimonious, thrifty.
frugalidad, *f.* frugality, thrift.
frugalmente, *adv.* frugally, thriftily.
frugívoro, ra, *a.* frugivorous, fruit-eating.
fruición, *f.* fruition, enjoyment, gratification.
fruir, *vn.* (*ger.* FRUYENDO; *ind. pres.* FRUYO, *pret.* él FRUYÓ; *subj.* FRUYA) to enjoy what has been hoped for.
fruitivo, va, *a.* enjoyable.
frumentario, ria; frumenticio, cia, *a.* (bot.) frumentaceous.
frunce, *m.* (sewing) shirr, shirring, gather.
fruncido, da. I. *pp.* of FRUNCIR. **II.** *a.* contracted.
fruncimiento, *m.* shirring, gathering; humbug, deceit, imposture.
fruncir. I. *va.* (*ind.* FRUNZO; *subj.* FRUNZA) (sewing) to gather, shirr; to pucker; to contract. reduce; to conceal or disguise (the truth).—**f. el ceño** or **entrecejo,** to frown.—**f. las cejas,** to knit the brows.—**f. los labios,** to curl or pucker the lips. **II.** *vr.* to affect modesty; to be shocked.
fruslera, *f.* brass turnings or clippings.
fruslería, *f.* trifle, bauble, tidbit.
fruslero, ra, *a.* trifling, frivolous, futile.
frustración, *f.* frustration, disappointment.
frustrado, da. I. *pp.* of FRUSTRAR. **II.** *a.* frustrated, disappointed.
frustráneo, nea, *a.* vain, useless, nugatory.
frustrar. I. *va.* to frustrate, defeat, thwart. **II.** *vr.* to miscarry, to fail, to fall through, to be a failure.
frustratorio, ria, *a.* frustrative, defeating.
fruta, *f.* a piece of fruit; fruitage.—*pl.* fruit (edible, esp. table, tree fruits).—**f. del tiempo,** fruit eaten in season; anything incidental or peculiar to a season.—**f. de sartén,** pancake, fritter.—**f. nueva,** something new, novelty.
frutaje, *m.* (art) painting of fruits and flowers.
frutal. I. *a.* (bot.) fruit-bearing, fruit (as *a.*). **II.** *m.* fruit tree.
frutar, *vn.* to bear or yield fruit.
frutería, *f.* fruitery, fruit store.
frutero, ra. I. *n.* fruiterer; fruit basket, fruit dish. **II.** *m.* napkin or doily over a fruit dish; (art) painting representing fruit; ornamental piece of artificial fruit.
frutescente, *a.* frutescent; shrublike, shrubby.
frútice, *m.* perennial shrub.
fruticoso, sa, *a.* (bot.) fruiticose.
frutilla, *f. dim.* small fruit; (Am.) strawberry; bead for rosaries.
frutillar, *m.* (Am.) strawberry bed.
fruto, *m.* fruit; any useful produce of the earth; any product of man's intellect or labor; benefice, profit.—*pl.* (com.) produce, commodities. —**f. de bendición,** child lawfully begotten.—**sacar f. de,** or **con,** to derive benefit from, succeed in.
fruyo, fruyó, etc. *v. V.* FRUIR.
ftaleína, *f.* (chem.) phthalein.—**ftálico, ca,** *a.* phthalic.—**ftatilo,** *m.* phthatyl.
fu, *interj.* of disgust; sound imitating the snarling of a cat.
fucáceo, cea, *a.* (bot.) fucaceous.
fúcar, *m.* rich, opulent man; nabob.
fucilar, *vn.* (poet.) to flash, to lighten.
fucilazo, *m.* heat lightning.
fuco, *m.* (bot.) fucus (seaweed).
fucsia, *f.* (bot.) fuchsia.
fucsina, *f.* (chem.) fuchsine.
fuego. I. *m.* fire; conflagration; beacon fire; bonfire, watch fire; skin eruption, rash; firing of firearms; hearth, fireplace; ardor, heat of an action; hearth, house; (vet.) cautery.—*pl.* lights, lighthouse; (mil.) fire, firing.—**f. de Santelmo,** (naut.) St. Elmo's fire; (naut.) Castor and Pollux.—**f. fatuo,** jack-o'-lantern, will-o-the-wisp, ignis fatuus.—**f. graneado,** (mil.) continued fire, drumfire.—**f. griego,** Greek or wild fire.—**f. nutrido,** (mil.) drumfire.—**f. sacro,** (med.) St. Anthony's fire, erysipelas.—**fuegos artificiales,** fireworks.—**fuegos en los labios,** (med.) fever blister or sore. —**a sangre y f.,** by fire and sword.—**dar f. a,** to give a light to (for a cigarette).—**dar f. a un navío,** (naut.) to bream a ship.—**donde f. se hace, humo sale,** where there is smoke, there is fire.—**echar f.,** (fig.) to spit fire, throw out sparks.—**echar f. por los ojos,** (fig.) to look or stare daggers, look angry.—**entre dos fuegos,** (fig.) between two fires, between the devil and the deep blue sea.—**hacer f.,** to fire (a weapon). —**jugar con f.,** (fig.) to play with fire.—**meter f.,** to get it started, push ahead, build a fire under something.—**pegar f.,** to set afire.—**romper el f.,** (mil.) to open fire, start shooting. **II.** *interj.* (mil.) fire!—**¡f.! ¡f. de Cristo!** or **¡f. de Dios!** blazes! confound it!
fueguino, na, *a.* & *n.* Fuegian.
fuellar, *m.* bright talcum ornament on wax tapers.
fuelle, *m.* bellows; blower; (carriage) hood, top; clouds over mountains; (sewing) puckers in clothes; (coll.) talebearer.
fuente, *f.* water spring; fountain; source; (often *pl.*) headwaters, source (of a river); dish, platter; (surg.) seton, issue.—**beber en buenas fuentes,** to be well-informed.—**f. de información,** source of information, "contact."
fuer, *m. contr. of* FUERO.—**a f. de,** *adv.* as a, in the manner of (*a fuer de caballero,* as or like a gentleman).
[1]**fuera. I.** *adv.* out, without, outside.—**f. de,** out of; outside of; besides, in addition to.—**f. de lugar,** out of place; irrelevant.—**f. de orden,** (parl. law) out of order.—**f. de quicio,** unhinged; out of order, out of joint.—**f. de sí,** beside oneself; berserk; aghast.—**f. de tono,** off key.—**de f.,** from the outside, externally. —**hacia f.,** outward.—**por f.,** on the outside. **II.** (**¡fuera!**) *interj.* out! away! put him out! get out!
[2]**fuera,** etc. *v. V.* SER and IR.
fuerarropa.—**hacer f.,** a command used in the galleys for the rabble to undress.
fuero, *m.* statute law; jurisdiction, judicial power; privilege or exemption granted to a province; compilation of laws.—**f. de la conciencia,** tribunal of conscience; heart of hearts.—**f. exterior,** or **externo,** statute law; legal tribunals. —**f. interior,** or **interno,** = F. DE LA CONCIENCIA.—**a f.,** according to law or custom.—**de f.,** de jure; according to law.
fuerte. I. *a.* strong; powerful; intense, severe;

secure, fast, impregnable; firm, compact; efficacious; thick, heavy; proficient, surpassing; loud; manly, determined, unswerving; hard, not malleable; terrible; grave; excessive; having excess of weight.—**es f. cosa,** it is very hard. **II.** *m.* fort, fortress; strong point, forte; (mus.) forte, loud (marked *f*). **III.** *adv.* strongly, hard, copiously, abundantly, excessively.

fuertemente, *adv.* strongly, firmly, fast; powerfully; vehemently.

fuerza, *f.* force; strength; stress; violence; firmness, stanchness; efficacy; fortitude, courage; virtue, efficiency; mental power; (mech.) power; (mil., gen. *pl.*) force(s); (fort.) fortress, a strong place; strongest part of a thing; proneness, strong propensity; the third of a sword next the hilt; (sewing) stiffening piece in garments.—**f. aérea,** air force.—**f. animal,** animal power.—**f. bruta,** brute force.—**f. centrífuga,** centrifugal force.—**f. centrípeta,** centripetal force.—**f. contraelectromotriz,** counterelectromotive force.—**f. de agua,** water power.—**f. de atracción,** attractive force.—**f. de gravedad,** gravitational force.—**f. de sangre,** animal power.—**f. de trabajo,** labor force.—**f. de vapor,** steam power.—**f. electromotriz,** electromotive force.—**f. mayor,** (law & com.) superior force, force majeure.—**f. motriz,** motive power, moving force; power.—**f. nuclear,** nuclear force.—**f. paramilitar,** paramilitary forces.—**f. viva,** (mech.) vis viva (twice the kinetic energy).—**fuerzas conspirantes,** conspiring forces or powers.—**fuerzas de mar y de tierra,** naval and land forces.—**a f. de,** by dint of, by force of.—**a la f.** = DE POR F.—**a viva f.,** by main force; with the utmost effort.—**de por f.,** by force, forcibly; necessarily.—**en f. de,** on account of.—**hacer f. de remos,** (naut.) to pull hard at the oars.—**hacer f. de velas,** (naut.) to crowd sail, to carry a press of sail; to make a strenuous effort.—**por f., por la f.** = DE POR F.—**ser f.,** to be necessary.

fuerzo, fuerce, *v. V.* FORZAR.

fuetazo, *m.* (Am.) blow with a whip.—*pl.* horsewhipping.—**dar,** or **pegar, fuetazos,** *m.* (Am.) to horsewhip.

fuete, *m.* (Am.) horsewhip, riding whip.

fufú, *m.* (Am.) mashed yam, plantain, etc.

fuga, *f.* flight; escape; runaway; elopement; leak, leakage; (mus.) fugue.—**f. deshecha,** precipitate flight.—**f. precipitada,** stampede.—**poner en f.,** to put to flight, rout.

fugacidad, *f.* fugacity, brevity.

fugar, *vr.* (*pret.* me FUGUÉ; *subj.* me FUGUE) to flee, to run away; to escape, leak out.

fugaz, *a.* fugacious; fugitive, [running away; brief, fleeting.—**estrella f.,** shooting star.

fugitivo, va. I. *n.* & *a.* fugitive, runaway. **II.** *a.* brief, perishable, unsteady, unstable.

fugué, fugue, *v. V.* FUGAR.

fui, etc. *v. V.* SER and IR.

fuina, *f.* (zool.) = GARDUÑA, marten.

fulanito, ta; fulano, na, *n.* so-and-so.—**F. de tal,** John Doe, so-and-so.—**F., Zutano y Mengano,** Tom, Dick and Harry.

fular, *m.* (text.) foulard.

fulcro, *m.* (mech.) fulcrum.

fulgente, *a.* (poet.) refulgent, brilliant.

fúlgido, da, *a.* bright, resplendent.

fulgor, *m.* fulgency, brilliancy.

fulguración, *f.* flash; flashing; (med.) lightning stroke.

fulgurante, *a.* resplendent, shining.

fulgurar, *vn.* to flash, shine with brilliancy.

fulgurita, *f.* (geol.) fulgurite.

fulguroso, sa, *a.* fulgurous.

fúlica, *f.* (ornith.) fulica, coot.

fuliginoso, sa, *a.* fuliginous, dark, sooty.

fulminación, *f.* fulmination, thundering.

fulminador, ra, *n.* & *a.* thunderer(-ing); fulminator(-ing).

fulminante. I. *a.* fulminating, thundering; exploding, explosive; (of illness) serious; fatal. **II.** *m.* (artil.) cap, percussion cap.

fulminar. *va.* to fulminate; (of lightning) to flash; to cause to explode; to throw out as an object of terror; to thunder, utter wrathfully.

fulminato, *m.* (chem.) fulminate.—**f. de mercurio,** fulminating mercury.

fulminatriz, *f. a.* fulminating.

fulmíneo, nea, *a.* fulmineous.

fulmínico, *a.* (chem.) fulminic (acid).

fulminoso, sa, *a.* fulminatory.

fulleresco, ca, *a.* pert. to cheaters, sharpers.

fullería, *f.* cheating at games; guile, cunning.

fullero, ra. I. *a.* "shady," dishonest; (Am.) conceited, arrogant. **II.** *n.* cheat; sharper.

fullingue, *a.* (Chile) of bad quality; sickly, lifeless.

fullona, *f.* (coll.) dispute, quarrel, wrangle.

fumable, *a.* good to smoke.

fumada, *f.* puff, whiff (of smoke).

fumadero, *m.* smoking room.

fumador, ra. I. *n.* smoker. **II.** *a.* addicted to smoking.

fumar, *va.* & *vn.* to smoke (cigars, etc.).

fumarada, *f.* puff, whiff, or blast of smoke; pipeful of tobacco.

fumaria, *f.* (bot.) fumitory.

fumárico, ca, *a.* (chem.) fumaric.

fumarola, *f.* (geol.) fumarole.

fumífero, ra, *a.* (poet.) smoking.

fumífugo, ga, *a.* smoke-dispersing.

fumigación, *f.* fumigation.

fumigador, ra, *n.* & *a.* fumigator(-ing).

fumigar, *va.* (*pret.* FUMIGUÉ; *subj.* FUMIGUE) to fumigate.

fumigatorio, ria. I. *a.* fumigatory. **II.** *m.* perfuming pan.

fumista, *n.* stove worker or plumber.

fumistería, *f.* stove works or shop.

fumívoro, ra, *a.* smokeless.

fumorola, *f.* = FUMAROLA.

fumosidad, *f.* smokiness.

fumoso, sa, *a.* fumy, smoky.

funambulesco, ca, *a.* funambulatory.

funámbulo, la, *n.* funambulist, tightrope walker.

función, *f.* function; duty; functioning, operation, working; religious ceremony, public demonstration; (theat.) performance, play; (math., physiol.) function; (mil.) fight, engagement, battle.

funcional, *a.* (math., physiol.) functional.

funcionamiento, *m.* (mech.) functioning, working, running, performance.—**de f.,** operating.

funcionar, *vn.* to function; (of machines) to work, run.

funcionario, *m.* functionary, public official.

funda, *f.* case, sheath, cover, envelope, slip.—**f. de almohada,** pillowcase.

fundación, *f.* foundation; founding, establishing; erection, raising, building; basis; rise, beginning, origin; endowment, foundation, endowed institution; (arch.) foundation, base, groundwork.

fundadamente, *adv.* with good reason, with good evidence or proof.

fundador, ra, *n.* founder.

fundamental, *a.* fundamental.

fundamentalismo, *m.* (relig.) fundamentalism.

fundamentalista, *a.* & *n.* (relig.) fundamentalist.

fundamentar, *va.* to found; to establish on a basis; to ground; to base; to set firm.

fundamento, *m.* foundation, groundwork; basis; reason, fundamental principle; source, origin, root; (of children) good behavior, orderliness; (weaving) weft, woof.

fundar. I. *va.* to found; to raise, erect, build; to establish, institute; to base, ground. **II.** *vr.* **(en)** to base one's opinion (on).

fundente. I. *a.* (chem.) fusing, melting, smelting. **II.** *m.* (chem.) flux; (med.) dissolvent.

fundería, *f.* foundry; smelting work.

fundible, *a.* fusible.
fundibulario, *m.* Roman soldier armed with a sling.—**fundíbulo,** *m.* ancient war engine for throwing stones.
fundición, *f.* fusion, melting, casting; foundry, smeltery; cast; cast iron; (print.) font.
fundidor, *m.* melter, smelter.
fundir. I. *va.* to fuse or melt; to smelt; to cast. **II.** *vr.* to fuse, melt; to merge, blend, unite; (Am.) to be ruined.
fundo, *m.* (law) rural property.
fúnebre, *a.* funereal, mournful, sad; funeral; dark, lugubrious.
funeral, *n.* & *a.* funeral (as a *n.*, often *pl.*).
funerala.—a la f., (mil.) inverted (arms).
funerario, ria, *a.* funeral.
funéreo, rea, *a.* mournful, sad, funereal.
funestar, *va.* to blot, tarnish, stain, profane.
funesto, ta, *a.* regrettable, untoward; mournful, sad, dismal.
fungible, *a.* consumable; (law) fungible.
fungicida, *m.* fungicide.
fungiforme, *a.* fungiform.
fungir, *vn.* (Am.) to act in some capacity.
fungo, *m.* (med.) fungus.
fungosidad, *f.* (med.) spongy morbid growth.
fungoso, sa, *a.* fungous, excrescent, spongy.
funicular, *a.* funicular.
funículo, *m.* (bot.) funicle or funiculus.
fuñique, *a.* awkward; timorous, pusillanimous.
furente, *a.* furious, raging, frantic.
fúrfura, *f.* (med.) furfur, dandruff, scurf.
furfuráceo, cea, *a.* furfuraceous.
furgón, *m.* wagon; car.
furia, *f.* fury; rage; fit of madness; ill-tempered person; hurry, hustling; zeal, ardor.—**a toda f.,** with utmost speed.
furibundo, da, *a.* furious, enraged, frantic.
furiente, *a.* = FURENTE.
furierismo, *m.* Fourierism.
furierista, *n.* & *a.* Fourierist(-ic).
furioso, sa, *a.* furious, frantic; excessive.
furlón, *m.* = FORLÓN, anc. two-seat chaise.
[1]**furo, ra,** *a.* shy, unsociable, reserved; untamed, wild.
[2]**furo,** *m.* (Cuba) opening of a sugar mold.
[3]**furo.—hacer f.,** to hide a thing with the intention of keeping it.
furor, *m.* furor, fury, madness, rage, anger; enthusiasm, exaltation of fancy; rage, fashion.—**f. uterino,** (med.) nymphomania.—**hacer f.,** to be the rage, "make a hit."
furriel, furrier, *m.* (mil.) quartermaster; clerk of the king's mews.
furriela, furriera, *f.* place of keeper of the keys of the king's palace.
furrusca, *f.* (Colomb.) row, brawl.
furtivamente, *adv.* by stealth, clandestinely.
furtivo, va, *a.* furtive, clandestine.
furúnculo, forúnculo, *m.* (med.) furuncle, boil.
furunculoso, sa, *a.* furunculose.
fusa, *f.* (mus.) demisemiquaver.
fusado, da, *a.* (her.) charged with fusils or spindles.
fusca, *f.* (ornith.) a dark-colored duck.
fusco, ca, *a.* fuscous, brown, dark.
fuselado, da, *a.* (aer.) streamlined.
fuselaje, *m.* (aer.) fuselage.
fuselar, *va.* (aer.) to streamline.
fusente, *a.* receding (tide).
fusibilidad, *f.* fusibility.
fusible. I. *a.* fusible. **II.** *m.* (elec.) fuse.
fusiforme, *a.* fusiform, spindle-shaped.
fusil, *m.* rifle, gun, musket.—**f. de aguja,** needle gun.—**f. de chispa,** flintlock musket.—**f. de percusión,** or **de pistón,** musket.—**f. de retrocarga,** breechloader.—**f. rayado,** rifle.
fusilamiento, *m.* execution by shooting.
fusilar, *va.* to shoot, execute by shooting.
fusilazo, *m.* musket shot, rifle shot.
fusilería, *f.* (mil.) musketry; body of fusileers or musketeers.
fusilero, *m.* fusileer, musketeer.
fusión, *f.* fusion; melting; union; (com.) merger.—**f. nuclear,** (phys.) nuclear fusion.
fusionar. I. *va.* to unite, bring together, merge. **II.** *vr.* (com.) to merge, form a merger.
fusionista, *n.* fusionist.
fusique, *m.* bottle-shaped snuffbox.
fusor, *m.* smelting ladle or vessel.
fusta, *f.* brushwood; woollen stuff; whiplash; (naut.) lateen-rigged lighter.
fustán, *m.* fustian (cloth); (Am.) petticoat.
fustanero, *m.* fustian manufacturer.
fuste, *m.* wood, timber; tree and bows of a saddle; (poet.) saddle; shaft of a lance; foundation of anything not material; substance, importance; (arch.) fust, shaft of a column.
fustero, ra. I. *a.* pertaining to a fust, foundation, etc. **II.** *m.* turner or carpenter.
fustete, *m.* (bot.) Venetian sumac; fustic, yellowwood.
fustigante, *a.* fustigating, beating.
fustigar, *va.* to lash, fustigate.
fustina, *f.* place for fusing metals.
fútbol, *m.* football.
futbolero, ra, futbolístico, ca, *a.* of or pertaining to football.
futbolista, *n.* football player.
futesa, *f.* trifle, bauble, bagatelle, gewgaw.
fútil, *a.* futile, feckless, trivial.
futilidad, *f.* futility, triviality.
futre, *m.* (Chile) dude, fop, coxcomb.
futura, *f.* acquired right to an office or employment before its vacancy; (coll.) betrothed, intended bride.
futurismo, *m.* (art) futurism.
futurista, *n.* & *a.* (art) futurist(-ic).
futuro, ra. I. *a.* future. **II.** *m.* betrothed, future husband; future, futurity; (gram.) future.—**en lo f.,** in future, hereafter.

G

G, g, *f.* g, eighth letter of the Spanish alphabet.
gabacho, cha. I. *a.* Pyrenean; (coll.) Frenchified, Gallicized, Frenchy. **II.** *n.* Pyrenean; Gallomaniac; *m.* (ling.) Gallicized Spanish.
gabán, *m.* greatcoat, overcoat.
gabaonita, *n.* & *a.* Gabaonite.
gabarda, *f.* (bot.) wild rose.
gabardina, *f.* gabardine.
gabarit, *m.* (Ry.) track gauge.
gabarra, *f.* (naut.) lighter, barge, gabbard.
gabarrero, *m.* (naut.) lighterman.
gabarro, *m.* flaw or defect in goods; error, mistake; drudgery, burdensome obligation; (mason. and art) badigeon, filling; (vet.) swelling on the pastern of horses; pip (disease of fowls).
gabazo, *m.* bagasse.
gabela, *f.* gabelle, tax; duty, burden.
gabinete, *m.* cabinet (ministers of state and privy councillors); private room where the cabinet meets; reception room, sitting room; private parlor; library, study; studio; ladies' boudoir or dressing room; laboratory.—**g. de lectura,** reading room.—**de g.,** theoretical, parlor (as *a.*, app. to one with purely theoretical knowledge).
gablete, *m.* (arch.) gable.
Gabón, *m.* Gabon.
gabonés, nesa, *n.* & *a.* Gabonese.
gabote, *m.* (prov.) shuttlecock.
gacel, *m.*, **gacela,** *f.* gazelle.
gaceta, *f.* gazette; record (a publication); newspaper.—**mentir mas que la g.,** to be an inveterate liar.
gacetera, *f.* woman who sells newspapers.
gacetero, *m.* news writer; seller of newspapers.
gacetilla, *f.* personal-news column; town talk, gossip; newspaper squib; newsmonger.
gacetillero, *m.* newspaper reporter; paragrapher; wretched writer, penny-a-liner.

gacetista, *n.* one who delights in reading newspapers; newsmonger, gossip.
gacha, *f.* very thin watery mass; (Cuba) unglazed crock.—*pl.* porridge; pap; caresses, pettings.—**hacerse unas gachas,** to be too soft or affectionate.
gaché, *m.* (prov.) fellow, guy.
[1]**gacheta,** *f.* spring lever, or tooth, of a latch.
[2]**gacheta,** *f.* sticking paste.
gacho, cha, *a.* turned or bent downward; (of cattle) with down-curved horns; (of hat) slouch. —**a gachas,** (coll.) on all-fours.
gachón, na. I. *a.* (coll.) graceful, sweet, attractive, bright. **II.** *n.* pampered, spoiled child.
gachonada, gachonería, *f.* (coll.) gracefulness, cunningness, brightness, piquancy.
gachumbo, *m.* (Am.) shell of various fruits, from which cups and other vessels are made.
gachupín, *m.* Spaniard settled in Lat. Am.
gádido, da. I. *n.* & *a.* (ichth.) gadid. **II.** *m. pl.* (ichth.) Gadidae.
gaditano, na, *a.* of or pertaining to Cadiz.
gadolinio, *m.* (chem.) gadolinium.
gaélico, ca. I. *a.* Gaelic. **II.** *n.* Gael; *m.* (ling.) Gaelic.
gafa, *f.* hook for bending a crossbow.—*pl.* (naut.) can hooks, grapple hooks; spectacles; spectacle bows.
gafar, *va.* to hook, to claw, to catch with a hook or with the nails.
gafedad, *f.* (med.) claw hand.
gafete, *m.* clasp, hook and eye.
gafo, fa, *a.* suffering from claw hand.
gago, ga, *n.* stammerer, stutterer.
gaguear, *vn.* (Am.) to stutter.
gaguera, *f.* (Am.) stuttering.
gaita, *f.* flageolet; hurdy-gurdy; (coll.) neck.—**g. gallega,** bagpipe.—**estar de g.,** (coll.) to be very merry.—**templarle la g. a uno,** to humor one.
gaitería, *f.* gay and gaudy dress.
gaitero, ra. I. *a.* (coll.) unbecomingly sportive and gay; (coll.) gaudy, showy, flamboyant. **II.** *n.* piper, one who plays the bagpipe.
gaje, *m.* salary, pay, wages.—*pl.* perquisites, fees.
gajo, *m.* branch (of a tree); part of a bunch of grapes torn off; pyramidal raceme of any fruit; (orange, pomegranate, etc.) section; prong or tine of pitchforks, etc.; spur of a mountain ridge.
gajoso, sa, *a.* composed of GAJOS.
gala, *f.* gala; full, or court, dress; graceful, pleasing address; parade, ostentation; choicest part; (Am.) prize.—*pl.* regalia, finery, trappings, paraphernalia.—**galas de novia,** bridal trousseau.—**de g.,** full-dress (suit, uniform).—**hacer g. de,** or **tener a g.,** to be proud of, glory in, boast of.
galabardera, *f.* (bot.) wild rose.
galáctico, ca, *a.* (astr.) galactic.
galactita, galactites, *f.* fuller's earth.
galactómetro, *m.* lactometer.
galactosa, *f.* (chem.) galactose.
galafate, *m.* artful thief, cunning rogue.
galaico, ca, *n.* & *a.* = GALLEGO, Galician.
galamero, ra, *a.* dainty, sweet-mouthed.
galán, *m.* spruce, well-made man; gallant, courtier; lover, wooer; ladies' man; (theat.) leading man or woman.—**g., g.,** easily, without effort. —**segundo g.,** (theat.) man who has a walk-on part.
galancete, *m. dim.* spruce little man or lad; (theat.) juvenile leading man.
galanga, *f.* (bot.) officinal galangal.
galano, na, *a.* smartly dressed; tasteful; (of literary style) elegant, pleasing; beautiful, fresh (as flowers); (Cuba) mottled, parti-colored.
galante, *a.* gallant, polished, attentive to ladies.
galanteador, *m.* wooer, lover; flatterer.
galantear, *va.* to court, woo, pay attention to.
galanteo, *m.* gallantry, courtship, wooing.
galantería, *f.* gallantry, courtesy, politeness; grace, elegance; compliment to a lady; liberality, generosity.
galantina, *f.* (cook.) galantine.
galanura, *f.* prettiness, gorgeousness, elegance.
galapagar, *m.* place where tortoises abound.
galápago, *m.* fresh-water tortoise; (agr.) bed of plowshare; frame for boring guns; mold for convex tiles; (foundry) pig, ingot; (mason.) small centering frame; (surg.) strip with ends forked or deeply notched; English saddle; (Am.) sidesaddle; (mil.) shed formed with shields joined together; mantelet, vinea, cat castle, sow; (vet.) scratch.
galapaguera, *f.* aquarium for tortoises.
galapo, *m.* (rope-making) laying top.
galardón, *m.* guerdon, reward, prize.
galardonador, ra, *n.* & *a.* rewarder(-ing).
galardonar, *va.* to reward, recompense, requite.
gálata, *n.* & *a.* Galatian.
galato, *m.* (chem.) gallate.
galaxia, *f.* soapstone, steatite; (astr.) Galaxy, Milky Way.
galayo, *m.* cliff.
galbana, *f.* sloth, laziness, indolence.
galbanado, da, *a.* yellowish-grey.
galbanero, ra, *a.* (coll.) lazy, indolent.
gálbano, *m.* (pharm.) galbanum.
galbanoso, sa, *a.* indolent, lazy, shiftless.
gálbulo, *m.* nut of the cypress tree.
galdrufa, *f.* spinning top.
gálea, *f.* galea, ancient helmet.
galeato, ta, *a.* preface in answer to actual or probable criticism.
galeaza, *f.* (naut.) galleas.
galega, *f.* (bot.) officinal goat's-rue.
galena, *f.* (min.) galena.
galénico, ca, *a.* Galenic.—**galenismo,** *m.* Galenism.—**galenista,** *n.* Galenist.
galeno, na, *a.* (naut.) moderate, soft (wind).
gáleo, *m.* (ichth.) swordfish.
galeón, *m.* (naut.) galleon.
galeota, *f.* (naut.) galliot.
galeote, *m.* galley slave.
galera, *f.* (naut.) galley; wagon, van; (Hond., Mex.) shed; house of correction for women; extra line of beds in a hospital ward; (print.) galley; (arith.) fraction line; (carp.) smooth plane, organ-builder's plane; furnace for distilling sulphur.
galerada, *f.* carload, van load; (print.) galley; galley proof.
galerero, *m.* wagoner, van driver.
galería, *f.* gallery, lobby, corridor; (theat.) gallery; art museum; collection of paintings; (fort.) narrow covered passage across a moat; (min.) gallery, driftway, heading.—**g. de pinturas,** picture gallery.—**g. de popa,** (naut.) stern gallery or balcony.—**g. principal,** (theat.) dress circle.
gallerín, *m. dim.* (print.) wooden galley.
galerita, *f.* (ornith.) crested lark.
galerna, *f.*, **galerno,** *m.* (naut.) stormy northwest wind.
galerón, *m.* (Mex.) large room serving as jail or prison; (Am.) a kind of popular air and dance.
galés, sa, *n.* & *a.* Welsh.
galfarro, *m.* rogue, loafer, idler; (ornith.) hawk.
[1]**galga,** *f.* rolling stone; (mill) stone wheel that grinds olives.
[2]**galga,** *f.* (med.) a kind of eruption or rash.
[3]**galga,** *f.* bier or stretcher on which poor people are taken to be buried; drag, Scotch brake for a wheel; (naut.) back of an anchor.
[4]**galga,** *f.*—*pl.* long ankle ties for women's slippers.
[5]**galga,** *f.* (zool.) greyhound bitch.
galgo, ga. I. *a.* (Am.) hungry; eager. **II.** *n.* greyhound.
galgueño, ña, *a.* resembling, or pertaining to, greyhounds.
gálgulo, *m.* (ornith.) roller.
galianos, *m. pl.* shepherd's meal.
galibar, *va.* (naut.) to trace, to mould.

gálibo, *m.* templet, pattern, mold; (Ry.) gauge for the width and height of an open freight car (to determine whether there will be enough clearance in tunnels, etc.).
galicado, da, *a.* (of words, style, etc.) French in construction or form.
galicano, na, *n.* & *a.* Gallican.
galicismo, *m.* Gallicism.
galicista, *n.* Gallicizer, user of Gallicisms.
gálico, *m.* venereal disease; syphilis.
galicoso, sa, *a.* (coll.) infected with syphilis.
galilea, *f.* (arch.) galilee porch or chapel.
galileo, a, *n.* & *a.* Galilean.
galillo, *m.* uvula, soft palate.
galimatías, *m.* gibberish.
[1]**galio,** *m.* (bot.) cheese-rennet bedstraw.
[2]**galio,** *m.* (chem.) gallium.
galiopsis, *f.* (bot.) common hedge-nettle.
galiparlista, *n.* = GALICISTA.
[1]**galipodio,** *m.* white frankincense.
[2]**galipodio,** *m.* galipot.
galizabra, *f.* lateen-rigged vessel.
galo, la, *n.* & *a.* Gaul; Gallic.
galocha, *f.* galosh. clog, patten.
galófilo, la, *n.* & *a.* Gallophile.
galofobia, *f.* Francophobia.
galófobo, ba, *n.* & *a.* Gallophobe.
galomanía, *f.* Gallomania.
[1]**galón,** *m.* galloon, tape, braid, binding lace; stripe, or gold or silver braid on uniforms.—*pl.* (naut.) sheer rails.
[2]**galón,** *m.* (Angl.) gallon. liquid measure.
galoneadura, *f.* (sewing) trimming.
galonear, *va.* (sewing) to bind, to trim with galloons.
galonero, ra, *n.* braid or galloon maker.
galonista, *m.* (coll.) pupil of a military college wearing corporal stripes as a reward.
galop, *m.* (dance) galop.
galopar, *vn.* to gallop.
galope, *m.* gallop; haste, speed.—**a g.,** or **de g.,** hurriedly, speedily.
galopeado, da. I. *pp.* of GALOPEAR. **II.** *a.* (coll.) hastily done. **III.** *m.* (coll.) whipping, flogging.
galopear, *vn.* = GALOPAR.
galopillo, *m. dim.* scullion, kitchen boy.
galopín, *m.* ragamuffin; rascal, rogue; shrewd fellow; clever knave; (naut.) swabber, cabin boy; scullion.
galopinada, *f.* roguish act, knavery.
galopo, *m.* rascal, rogue.
galpón, *m.* (Am.) old-time slaves' quarters; (W. I., S. A.) shed.
galtoniano, na, *a.* Galtonian, of or pertaining to Galton's theory of inheritance.
Galván, *m.*—**eso no lo entenderá G.,** (coll.) that is a puzzle, that is a hard nut to crack.
galvanicé, galvanice, *v. V.* GALVANIZAR.
galvánico, ca, *a.* galvanic.
galvanismo, *m.* (phys.) galvanism.
galvanización, *f.* (phys.) galvanization.
galvanizar, *va.* (*pret.* GALVANICÉ; *subj.* GALVANICE) to galvanize; to electroplate.
galvanocauterio, *m.* (med.) galvanocautery.
galvanometría, *f.* galvanometry.
galvanométrico, ca, *a.* galvanometric.
galvanómetro, *m.* galvanometer.
galvanoplastia, galvanoplástica, *f.* galvanoplasty, electrotypy.
galvanoplástico, ca, *a.* galvanoplastic.
galvanoscopio, *m.* galvanoscope.
galladura, *f.* cicatricle, plasma bit of an egg.
gallar, gallear, *va.* (of a cock) to copulate with.
gallarda, *f.* a Spanish dance and its music; (print.) type of a size between minion and brevier.
gallardear, *vn.* to act with grace or elegance.
gallardete, *m.* (naut.) pennant, streamer.
gallardetón, *m.* (naut.) broad pennant.
gallardía, *f.* gracefulness; fine bearing; gallantry, bravery, nobleness; activity, briskness.
gallardo, da, *a.* graceful, elegant; magnanimous, generous; lively; brave, gallant.
gallareta, *f.* (ornith.) widgeon.
gallarón, *m.* (ornith.) a kind of bustard.
gallaruza, *f.* hooded garment.
gallear. I. *va.* (of cocks) to copulate with. **II.** *vn.* to surpass, excel; to assume an air of importance; to raise the voice in anger; to crow; to bully; (foundry) to have flaws.
gallegada, *f.* a group of GALLEGOS; peculiar action or speech of a GALLEGO; a Galician dance and its tune.
gallego, ga. I. *n.* & *a.* Galician, from province of Galicia; (Am.) Spanish(-iard). **II.** *m.* northwest wind.
galleo, *m.* (foundry) flaw in casting.
gallera, *f.* cockpit.
[1]**galleta,** *f.* ship biscuit, hardtack; cookie; (Mex., C. A., W. I.) slap.
[2]**galleta,** *f.* small vessel or pan.
gallillo, *m.* = GALILLO, uvula, soft palate.
gallina. I. *f.* hen.—**g. de Guinea,** Guinea hen. **II.** *n.* coward, chicken-hearted person.—**g. ciega,** blindman's buff.
gallináceo, cea, *a.* (ornith.) gallinaceous.
gallinaza, *f.* hen dung; (ornith.) GALLINAZO.
gallinazo, *m.* (ornith.) gallinazo, turkey buzzard.
gallinería, *f.* poulterer's shop; hencoop or henhouse; cowardice, pusillanimity.
gallinero, ra. I. *a.* chicken-eating. **II.** *n.* poulterer, poultry dealer. **III.** *m.* poultry yard; hencoop, henroost, henhouse; basket for carrying poultry; ladies' club or bee; (coll., theat.) nigger heaven, top gallery.
gallineta, *f.* (ornith.) sandpiper; ruffed grouse.
gallipato, *m.* (ornith.) merganser.
gallipava, *f.* a large variety of hen.
gallipavo, *m.* (ornith.) turkey; (coll.) false, unpleasant note in singing.
gallipuente, *m.* bridge without rails.
gallístico, ca, *a.* of gamecocks or cockfights.
gallito, *m. dim.* small cock; beau, coxcomb: cock of the walk, bully.
gallo, *m.* (ornith.) cock, rooster; (ichth.) dory, sea fish; boss, chief, leader; cork float for fishing; (carp.) wall board of the roof; false note in singing.—**g. de pelea,** or **inglés,** gamecock.—**alzar el g.,** to speak loud and arrogantly.—**hacerse el g.,** to become the ruler in any meeting, body, etc.—**otro g. le cantara,** he would be better (or worse) off, he would have fared differently.—**salir con una pata de g.,** to give a foolish or irrelevant answer.—**ser el g.** = HACERSE EL G.—**tener mucho g.,** to be very arrogant and overbearing.
gallocresta, *f.* (bot.) annual clary sage.
gallofa, *f.* food given to pilgrims; greens for salad and pottage; idle tale; French roll; directory of divine service.
gallofar, gallofear, *vn.* to loaf about as a beggar.
gallofero, ra; gallofo, fa. I. *a.* idle, lazy, vagabond. **II.** *n.* tramp.
gallón, *m.* green sod, turf; (arch.) echinus.
[1]**gama,** *f.* (zool.) doe.
[2]**gama,** *f.* (mus.) gamut.
gamarra, *f.* (harness) martingale, check, strap.
gamarza, *f.* (bot.) wild Syrian rue.
gámbaro, *m.* = CÁMBARO, (ichth.) crawfish.
gambax, *m.* = GAMBAJ.
gamberra, *f.* prostitute, strumpet.
gambesina, *f.,* **gambesón,** *m.* = GAMBAJ.
gambeta, *f.* (dance) crosscaper; prance.
gambetear, *vn.* to caper like a horse.
gambeto, *m.* quilted greatcoat; cap for a newborn child.
gambir, *m.* (bot., pharm.) gambier.
gambito, *m.* (chess) gambit.
gamboa, *f.* (bot.) a variety of quince.
gambota, *m.* (naut.) counter timber, arched timber.
[1]**gamella,** *f.* bow (of yoke).
[2]**gamella,** *f.* large wooden trough or tub; washtub; boundary mound.

gamelleja, *f. dim.* small trough or tub.
gamellón, *m. aug.* large tub; trough in which grapes are trodden.
gameto, *m.* (biol.) gamete.
gametogénesis, *f.* (biol.) gametogenesis.
gamezno, *m. dim.* little young fallow deer.
gamma, *f.* gamma (third letter of the Greek alphabet).
gammagrafía, *f.* gammagraphy.
gamo, *m.* buck of the fallow deer.
gamogénesis, *f.* (biol.) gamogenesis.
gamón, *m.* (bot.) asphodel.
gamonal, *m.* asphodel field or patch; (Am.) boss.
gamonalismo, *m.* (Am.) bossism.
gamonito, *m.* shoot, tiller, sucker.
gamopétalo, la, *a.* (bot.) gamopetalous.
gamosépalo, la, *a.* (bot.) gamosepalous.
gamuno, na, *a.* chamois skin (as *a.*), shammy.
gamuza, *f.* (zool.) chamois; chamois skin.
gamuzado, da, *a.* chamois-colored.
gana, *f.* appetite, hunger; desire; mind.—**dar g.,** or **ganas, de** (foll. by *inf.*) to arouse desire to, to make (one) feel like (foll. by *pres. p.*); to feel like.—**de buena g.,** willingly.—**de g.** energetically, in earnest.—**de mala g.,** unwillingly.—**no me da la g.,** I don't want to, I won't.—**tener g.,** or **ganas, de,** to desire; to wish to; to have a mind to.—**tenerle g.,** or **ganas, a,** to desire; to wish to have a fight with.
ganable, *a.* that may be gained or won, gainable.
ganadería, *f.* cattle raising; cattle ranch; stock farm; live stock; cattle brand.
ganadero, ra. I. *a.* pertaining to cattle. **II.** *n.* grazier, owner of cattle; stock farmer; dealer in cattle; drover.
ganado, *m.* live stock; cattle; herd, flock, drove; (coll.) rabble.—**g. caballar,** horses.—**g. de cerda** = G. MORENO.—**g. de pata hendida.** oxen, cows, sheep, goats.—**g. lechero,** dairy cattle.—**g. mayor,** cattle (including horses, asses, mules).—**g. menor,** sheep.—**g. moreno,** swine, hogs.—**g. ovejuno,** sheep.—**g. vacuno,** bovine cattle.
ganador, ra. I. *a.* winning, conquering. **II.** *n.* winner, conqueror.
ganancia, *f.* gain, profit, advantage.—**g. bruta,** gross profit.—**g. líquida,** net profit.—**ganancias de capital,** capital gains.—**ganancias y pérdidas,** (com.) profit and loss.
ganancial, *a.* pertaining to earnings or profit.
ganancioso, sa, *a.* lucrative, profitable; gaining.
ganapán, *m.* drudge; common laborer; rude, coarse man.
ganapierde, *m.* give-away, losing game.
ganar, *va.* to gain; to win; to earn; to clear, to make (money); to attain, obtain, acquire; to surpass, be superior to; to draw (interest).—**g. de,** or **por, mano,** to get ahead of (in acquiring something), to "beat to it."—**g. el pan,** or **el sustento,** or **la vida,** to earn one's living, make a living.
ganchero, *m.* raftsman guiding logs down a river.
ganchillo, ito, *m. dim.* little hook or crotch.
gancho, *m.* hook; crook, crotch; hairpin; shepherd's crook; sheephook; (coll.) allurer, roper-in; pimp; procurer, pander; (coll.) attractiveness, especially of a woman.—**echar el g. a,** (fig.) to catch; to hook, land.
ganchoso, sa, *a.* hooked, curved.
ganchudo, da, *a.* hooky.
gándara, *f.* low jungle.
[1]**gandaya,** *f.* laziness, idleness.—**andar a la g.,** to gad, loaf, lounge.
[2]**gandaya,** *f.* a kind of cap.
gandido, da, *a.* (Am.) gluttonous.
gandinga, *f.* (min.) washed fine ore; (Cuba) liver stew.
gandir, *va.* to eat.
gandujado, *m.* accordion plaiting.
gandujar, *va.* (sewing) to plait, shirr, fold.
gandul, la, *n.* (coll.) idler, loafer, tramp.
gandulear, *vn.* to loaf, lounge, gad.
gandulería, *f.* idleness, laziness, lounging.
ganeta, *f.* (zool.) = GINETA, genet.
ganforro, ra, *n.* (coll.) rogue, rascal.
[1]**ganga,** *f.* (ornith.) little pin-tailed grouse.
[2]**ganga,** *f.* (min.) gangue; (coll.) child's play, "cinch"; bargain.
ganglio, *m.* (anat., med.) ganglion.—**g. linfático,** (anat.) lymph node.
ganglionar, *a.* (anat.) ganglionic.
gangoso, sa, *a.* speaking with a nasal twang.
gangrena, *f.* (med.) gangrene, blood poisoning.
gangrenar, *va.* & *vn.* to gangrene, canker, become gangrenous.
gangrenoso, sa, *a.* gangrenous.
ganguear, *vn.* to speak with a nasal twang.
gangueo, *m.* nasal twang.
ganguero, *a.* (coll.) running after easy jobs.
gánguil, *m.* (naut.) fishing barge; dump scow.
ganoideo, dea, *m.* & *a.* (ichth.) ganoid.
ganoso sa, *a.* desirous, wishing.
gansada, *f.* (coll.) stupidity.
gansarón, *m.* (ornith.) gosling; tall, thin, gawky man.
ganso, sa, *n.* (ornith.) gander, goose; slow, lazy person; silly person, ninny.—**g. bravo,** wild goose.
gante, *m.* linen manufactured in Ghent.
gantés, esa, *a.* from, or pertaining to, Ghent.
ganzúa, *f.* picklock, skeleton key; picklock, burglar; one skilled in drawing secrets out of others.
gañán, *m.* day laborer; farm hand; rustic.
gañanía, *f.* gang of laborers; lodge for the same.
gañido, *m.* yelping, howling.
gañiles, *m. pl.* cartilaginous larynx; gills of the tunny fish.
gañir, *va.* (*pret.* él GAÑÓ; *ger.* GAÑENDO) to yelp or howl (as a dog); to croak, cackle, crow; (coll.) to talk hoarsely.
gañón, gañote, *m.* (coll.) throat; a kind of fritter.
garabatada, *f.* (coll.) throwing a hook at (something).
garabatear. I. *vn.* to throw a hook at, or for, something; to scrawl, scribble; (coll.) to beat about the bush. **II.** *va.* to hook.
garabateo, *m.* hooking; scribbling, scrawling.
garabato, *m.* hook; pothook; grapple, grapnel, creeper, claw bar, hand bale hook; meathook or gambrel; (Am.) scrawl, scribble; muzzle; winsome ways.—*pl.* (Am.) scrawling; hand gestures.
garabatoso, sa, *a.* full of scrawls; charming, attractive.
garabito, *m.* market stall.
garaje, (improperly) **garage,** *m.* garage.
garambaina, *f.* gaudiness; (coll.) ridiculous affectation or mannerism; illegible scrawl.
garante. I. *a.* responsible. **II.** *n.* (com. and law) warranter, guarantor, surety; bondsman, bail.
garantía, *f.* guarantee; (com. and law) warranty, guaranty, security; indorsement; collateral; bail.
garanticé, garantice, *v. V.* GARANTIZAR.
garantir, *va. defect.* (*used only in forms having the letter* **i** *in their endings*) to guarantee.
garantizar, *va.* (*pret.* GARANTICÉ; *subj.* GARANTICE) to guarantee; to indorse, answer or vouch for.
garanón, *m.* stallion jackass; male breeding camel.
garapacho, *m.* tortoise.
garapiña, *f.* congealed particles of any liquid; scalloped galloon or lace; (Cuba) fermented pineapple juice.
garapiñado, da. I. *pp.* of GARAPIÑAR. **II.** *a.* candied, sugarcoated; (jewelry) frosted.
garapiñar, *va.* to ice, to freeze (cream, sirup, etc.); to candy.
garapiñera, *f.* ice-cream freezer; wine cooler.
garapita, *f.* net for small fish.
garapito, *m.* small insect, like a tick.
garapullo, *m.* paper dart; shuttlecock.
garatura, *f.* (tanning) scraper.
garatusa, *f.* a card game; (coll.) caress.

garbancero, ra, *n.* chickpea dealer; (Mex.) young servant (boy or girl).
garbanzal, *m.* ground sown with chickpeas.
garbanzo, *m.* (bot.) chickpea.
garbanzuelo, *m. dim.* small chickpea; (vet.) a disease in horses' feet; ESPARAVÁN, spawn.
garbar, *va.* (agr.) to sheaf or sheave.
garbear. I. *va.* (agr.) to sheaf. **II.** *vn.* to affect an air of dignity and grandeur.
garbera, *f.* (agr.) shock of sheaves.
garbías, *m. pl.* omelet of herbs, cheese and flour.
garbillador, ra, *n.* sifter; riddler; garbler.
garbillar, *va.* (agr.) to sift; (min.) to riddle; to garble.—**garbillo,** *m.* coarse sieve for grain; (min.) riddle; riddled ore.
garbino, *m.* southwest wind.
garbo, *m.* grace, gracefulness, gentility, elegant carriage; knack; frankness, nobleness, generosity.
garbón, *m.* (ornith.) male partridge.
garbosamente, *adv.* gracefully; nobly.
garboso, sa, *a.* natty, spruce, graceful, sprightly; noble, generous.
garbullo, *m.* noisy crowd, esp. of children.
garcero, ra, *a.* (ornith.) heron hawk.
garceta, *f.* (ornith.) little egret; side locks of hair. —*pl.* sprouting horns (on deer, etc.).
gardenia, *f.* (bot.) gardenia.
garduja, *f.* barren stone in quicksilver mines.
garduña, *f.* (zool.) marten.
garduño, ña, *a.* (coll.) filcher, petty thief.
garete, *m.*—**al g.,** (naut.) adrift.
garfa, *f.* claw of a beast or bird; hand (in contempt); ancient tax.—**echar la g.,** to claw or seize anything with the nails.
garfada, *f.* clawing or seizing with the nails.
garfear, *vn.* to hook, to seize with a hook.
garfio, *m.* hook, drag hook; gaff.
gargajeada, *f.* spitting out of phlegm.
gargajear, *vn.* to expectorate phlegm.—**gargajeo,** *m.* = GARGAJEADA.
gargajiento, ta, *a.* that expectorates phlegm.
gargajo, *m.* phlegm.—**gargajoso, sa,** *a.* = GARGAJIENTO.
garganchón, *m.* = GARGÜERO.
garganta, *f.* throat; gullet; instep; gorge, notch, (agr.) sheath of a plow; (arch.) shaft of a column or balustrade; (mech.) neck, throat, gullet, waist, groove of a sheave.—**tener buena g.,** to be a good singer.
gargantada, *f.* liquid or blood ejected from the throat.
gargantear, *vn.* to quaver, to warble; (naut.) to strap a deadeye.
garganteo, *m.* quavering, warbling.
gargantil, *m.* cutout in barbers' basins.
gargantilla, *f.* necklace; (P. I.) water jug.
gárgara, *f.* gargle, gargling.—**hacer gárgaras,** to gargle.
gargarismo, *m.* gargle; gargling.
gargarizar, *vn.* to gargle, gargarize.
[1]**gárgol,** *a.* empty, addle (eggs).
[2]**gárgol,** *m.* (mech.) groove, furrow, mortise.
[1]**gárgola,** *f.* (arch.) gargoyle.
[2]**gárgola,** *f.* linseed.
gargüero, garguero, *m.* gullet; windpipe.
garifalte, *m.* (ornith.) = GERIFALTE, gerfalcon.
garifo, fa, *a.* = JARIFO, showy; natty.
gariofilea, *f.* (bot.) common avens or herb bennet.
garita, *f.* sentry box; porter's lodge; watercloset, privy.
garitero, *m.* master of a gaming house; gamester, gambler.
garito, *m.* gaming house; watchman's house; gambling den; profits of gambling.
garla, *f.* (coll.) talk, chatter.
garlador, ra; garlente, *n.* & *a.* (coll.) babbler (-ing), prater(-ing).
garlar, *vn.* (coll.) to babble prattle, chatter.
garlito, *m.* fish trap; snare, trap, or gin.—**caer en el g.,** (coll.) to fall into a trap.—**coger en el g.,** to detect in wrong-doing.
garlocha, *f.* goad stick.
garlopa, *f.* (carp.) jack plane, long plane.
garma, *f.* steep slope.
[1]**garnacha,** *f.* judge's robe or gown; company of strolling players.
[2]**garnacha,** *f.* a kind of purple grape; wine made from it.
garniel, *m.* belt with hanging pouch; (Ecua., Mex.) leather pouch.
garra, *f.* claw; (fig.) hand; catch, claw, hook, fang, clutch.—**g. delantera,** forepaw.—**caer en las garras de,** to fall into the clutches of.—**echarle a uno la g.,** (coll.) to grasp, arrest, imprison one.—**sacar de las garras de,** to free from.
garrafa, *f.* carafe, decanter.
garrafal, *a.* (of cherries) specially large and sweet; great, huge.
garrafiñar, *va.* (coll.) to grapple, snatch away.
garrafón, *m. aug.* large carafe; demijohn, carboy.
garrama, *f.* tax paid by Mohammedans; imposition, fraud, robbery.
garramar, garranar, *va.* to rob, plunder, pillage.
garrancha, *f.* (coll.) sword.
garrancho, *m.* branch broken off a tree.
garranchuelo, *m.* (bot.) crab grass.
garrapata, *f.* sheep and cattle tick; (mil.) disabled horse.
garrapatear, *vn.* to scribble, to scrawl.
garrapato, *m.* pothook, scrawl.
garrar, *vn.* (naut.) to drag.
garrasí, *m.* side-buttoned breeches worn by Venezuelan plainsmen.
garrear, *vn.* = GARRAR.
garrido, da, *a.* handsome, graceful.
garroba, *f.* carob bean.—**garrobal,** *m.* plantation of carob trees.—**garrobilla,** *f.* (tanning) chips of carob trees for staining.
garrocha, *f.* a sort of alpenstock; goad stick.
garrochada, *f.,* **garrochazo,** *m.* prick or blow with a goad stick.
garrocheador, ra, *n.* goader, pricker.
garrochear, *va.* = AGARROCHAR, to goad.
garrochón, *m. aug.* spear or goad stick used by bullfighters on horseback.
garrofa, *f.* carob bean.—**garrofal,** *m.* = GARROBAL.
garrón, *m.* spur of cocks and birds; talon of a bird of prey; paw of rabbits, etc.
garrotal, *m.* plantation of olive trees, grown from cuttings taken from fully developed trees.
garrotazo, *m.* blow with a cudgel.
garrote, *m.* club, bludgeon, truncheon, cudgel; garrote (for capital punishment); hazel basket or panier; (naut.) turning fid.—**dar g.,** to garrote, execute with the garrote.
garrotear, *va.* (Am.) = APALEAR, to cudgel.
garrotillo, *m.* (med.) croup.
garrubia, *f.* = ALGARROBA, carob bean.
garrucha, *f.* pulley.—**g. combinada,** sheave, block.—**g. fija,** fast pulley.—**g. movible,** movable pulley.—**g. simple,** single pulley.
garrucho, *m.* (naut.) cringle, mast hoop.
garrudo, da, *a.* muscular, brawny, strong.
garrulador, ra, *a.* garrulous.
garrulería, *f.* prattle, chatter.
garrulidad, *f.* garrulity.
gárrulo, la, *a.* chirping, as birds; chattering, prattling; garrulous.
garúa, *f.* (Am.) drizzle.—**garuar,** *vn.* to drizzle.
garujo, *m.* = HORMIGÓN, concrete.
garulla, *f.* loose grapes; (coll.) rabble.
garullada, *f.* gang of rogues.
garvier, *m.* small pouch.
garza, *f.* (ornith.) heron; (Colomb.) stork.—**g. real,** purple heron.
garzo, za. I. *a.* blue; blue-eyed. **II.** *m.* agaric, fungus, mushroom.
garzón, *m.* lad, boy; waiter; adjutant in the life guards; (Am.) (ornith.) heronlike wading bird.
garzota, *f.* (ornith.) night heron; plumage, aigrette; crest of a helmet.
garzul, *m.* a kind of wheat.
gas, *m.* gas; vapor, emanation, fume; (coll.) gas

light.—g. de agua, water gas.—g. de alumbrado, illuminating gas.—g. de hulla, coal gas.—g. de ipirita, mustard gas.—g. de los pantanos, marsh gas.—g. de petróleo, oil gas.—g. hilarante, laughing gas.—g. inerte, inert gas.—g. lacrimógeno, tear gas.—g. mostaza, mustard gas.—g. natural, natural gas.—g. neurotóxico, (mil.) nerve gas.—g. pobre, producer gas.—g. tóxico, poison gas.—llevar g., (coll.) to speed.
gasa, *f.* gauze.
gascón, na; nés nesa, *n.* & *a.* Gascon.
gasconada, *f.* gasconade, boast, bravado.
gaseiforme, *a.* gasiform, gaseous.
gaseosa, *f.* soda water.
gaseoso, sa, *a.* gaseous.
gasificable, *a.* gasifiable.
gasificación, *f.* gasification.
gasificar, *va.* to gasify.
gasiforme, *a.* gasiform.
gasista, *n.* gas fitter.
gasolina, *f.*, **gasoleno,** *m.*, gasoline.
gasometría, *f.* gasometry.
gasómetro, *m.* gasometer; gas meter.
gasón, *m.* YESÓN, plaster rubbish; large clods of unbroken earth; sod.
gastable, *a.* expendable.
gastadero, *m.* (coll.) place where anything is wasted or spent; wasting; spending.
gastado, da. I. *pp.* of GASTAR. **II.** *a.* worn-out, useless; blasé.
gastador, ra. I. *a.* lavish, prodigal, extravagant. **II.** *n.* spender, spendthrift; (mil.) pioneer, sapper; criminal sentenced to hard labor.
gastamiento, *m.* consumption; wearing out.
gastar. I. *va.* to spend, expend; to waste, use, consume, wear out, fret; to have or wear habitually; to own, keep (as carriages, etc.); to plunder, pillage, sack; to digest.—**g. frases y rodeos,** (coll.) to beat around the bush.—**gastarlas,** (coll.) to act, behave, conduct oneself.—**g. salud,** to enjoy good health. **II.** *vr.* to become old or useless; to waste away, wear out; to fray.
gasterópodo, da, *a.* (zool.) gasteropod.
gasterosteo, *m.* (ichth.) stickleback.
gasto, *m.* expenditure, expense; consumption; spending, consuming; waste, use, wear and tear; (hydraul.) discharge.—**gastos de escritorio,** stationery expenses (in an office).—**gastos de explotación,** operating, running or working expenses.—**gastos de representación,** incidental expenses (of a public functionary); allowance for incidental expenses.
gastoso, sa, *a.* = GASTADOR.
gastralgia, *f.* (med.) gastralgia, stomach pains.
gástrico, ca, *a.* gastric.
gastrina, *f.* (biochem.) gastrin.
gastritis, *f.* (med.) gastritis.
gastrocele, *m.* (med.) gastrocele.
gastrocolitis, *f.* (med.) gastrocolitis.
gastroenteritis, *f.* (med.) gastroenteritis.
gastrointestinal, *a.* gastrointestinal.
gastrología, *f.* science and art of cooking.
gastromanía, *f.* gluttony.
gastrómano, na, *n.* & *a.* glutton(-ous).
gastronomía, *f.* gastronomy, epicurism.
gastronómico, ca, *a.* gastronomic.
gastrónomo, *m.* epicure, gastronomer.
gastrorrafia, *f.* (surg.) gastrorraphy.
gastrorragia, *f.* gastrorrhagia.
gastroscopio, *m.* (med.) gastroscope.
gastrotomía, *f.* (surg.) gastrotomy.
gástrula, *f.* (biol.) gastrula.
gata, *f.* female cat; (coll.) woman born in Madrid; (bot.) GATUÑA; (mech.) jack, screw jack; (mil.) cat castle; (naut.) cathead.—**g. del ancla,** (naut.) cat tackle.—**g. parida,** wasted person, (fig.) skeleton.—**a gatas,** on all fours.
gatada, *f.* cat trick; clawing; turn of a hare when closely pursued; (coll.) artful dodge, scurvy trick.
gatallón, *m.* (coll.) rogue, cheat, scamp.
gatatumba, *f.* (coll.) affected civility or submission; dissembling, pretense.
gatazo, *m. aug.* large cat; (coll.) artful trick, cheat, deception.
gateado, da. I. *pp.* of GATEAR. **II.** *a.* feline, catlike. **III.** *m.* a very compact American striped wood.
gateamiento, *m.* scratching; clambering; going on all fours.
gatear. I. *vn.* (of children) to creep; to climb up, clamber; to go upon all fours. **II.** *va.* (coll.) to scratch or claw; to steal, to rob.
gatera, *f.* cat's hole; (bot.) common catmint; (naut.) cathole.
gatería, *f.* number of cats together; (coll.) gang of toughs or ill-bred boys; (coll.) simulated humility, cunning, trick.
gatero, ra, *a.* frequented by cats.
gatesco, ca, *a.* (coll.) feline, catlike.
gatillazo, *m.* noise made by a trigger at firing.
gatillo, *m. dim.* little cat; pelican, dentist's forceps; (artil.) trigger; nape of a bull or ox; (arch.) cramp iron; filcher, petty thief.
gato, *m.* cat, tomcat; moneybag and the money kept in it; (cooperage) hooping tong; (mech.) jack, lifting jack, screw jack; (artil.) gun searcher; (coll.) pickpocket, petty thief, filcher; (coll.) shrewd fellow; (coll.) native of Madrid.—**g. cornaquí,** (naut.) jackscrew.—**g. de algalia,** (zool.) civet cat.—**g. de angora,** Angora cat.—**g. encerrado,** (coll.) nigger in the woodpile; fishy business.—**g. hidráulico,** hydraulic jack.—**g. maltés,** Maltese cat.—**g. montés,** wildcat.—**cuatro gatos,** (contempt.) just a few people.—**dar, meter** or **vender g. por liebre,** (coll.) to sell gold bricks, give chalk for cheese.—**todos los gatos son pardos de noche,** all cats are gray at midnight.
gatuna, gatuña, *f.* (bot.) rest-harrow, cammock.
gatuno, na, *a.* catlike, feline.
gatuperio, *m.* hotchpotch; (coll.) fraud, snare.
gauchada, *f.* (Am.) artifice; act of a Gaucho.—**hacer una g.,** (Arg.) to do a favor.
gauchaje, *m.* meeting or body of Gauchos.
gauchesco, ca, *a.* pert. to or like Gauchos.
gaucho, cha. I. *n.* Gaucho; (Arg.) pampas man (woman); good horseman; (Am.) cowboy. **II.** *a.* GAUCHESCO; knavish; (Arg., Chile) tricky; (Arg.) rude, vulgar.
gaudeamus, *m.* (coll.) feast, entertainment or merrymaking.
gaulteria, *f.* (bot.) gaultheria.
gavanza, *f.* (bot.) flower of the dog-rose.
gavanzo, *m.* (bot.) dog-rose.
gaveta, *f.* drawer, till, locker.
[1]gavia, *f.* (naut.) main topsail; top (in galleys); mad man's cage; ditch;—*pl.* (naut.) topsails of the main and fore mast.
[2]gavia, *f.* (min.) gang of basket passers.
[3]gavia, *f.* (ornith.) = GAVIOTA.
gavial, *m.* gavial, an East-Indian crocodile.
gaviar, *vn.* (Am.) (of corn) to tassel.
gaviero, *m.* (naut.) topman, mastman.
gavieta, *f.* (naut.) scuttle, bowsprit bee.
gaviete, *m.* (naut.) davit in a longboat.
gavilán, *m.* (ornith.) sparrow hawk; fine hair stroke in penmanship; nib of a pen; (armor) quillon of a sword; brad or pin of a goad stick; (naut.) iron hook; (bot.) thistle flower; (naut.) tholes.
gavilancillo, *m. dim.* young hawk; incurvated point of an artichoke leaf.
gavilla, *f.* (agr.) gavel or sheaf of grain; bundle of vine shoots; gang of thugs.
gavillero, *m.* (agr.) place where gavels of grain are collected.
gavina, *f.* (ornith.) = GAVIOTA.
gavión, *m.* (mil.) gabion; (coll.) large hat.
gaviota, *f.* (ornith.) gull, sea gull.
gavota, *f.* gavotte, a French dance.
gaya, *f.* stripe on stuffs, etc.; badge given to victors in Roman games; (ornith.) magpie.

gayado, da. I. *pp.* of GAYAR. II. *a.* motley, striped.
gayadura, *f.* garniture, parti-colored trimming.
gayar, *va.* to streak, stripe; to trim with ribbons of various colors; to variegate.
gayata, *f.* crook, sheephook.
gayo, ya, *a.* gay, festive, merry; showy.—**gaya ciencia,** poesy, minstrelsy, art of poetry.
gayola, *f.* (naut.) cage; (coll.) jail; (prov.) raised hut for watching vineyards.
gayomba, *f.* (bot.) white single-seed broom.
gayuba, *f.* (bot.) red-berried arbutus.
gayubal, *m.* GAYUBA field.
gaza, *f.* loop of a bow; (naut.) strap, loop, collar, splice, noose.
gazafatón, *m.* nonsense, foolish talk, balderdash.
gazapa, *f.* lie, fib; falsehood.
gazapatón, *m.* = GAZAFATÓN.
gazapera, *f.* warren for rabbits; (coll.) den where suspicious characters meet; (coll.) brawl, row.
gazapina, *f.* assembly of ruffians; brawl, row.
gazapo, *m.* cony, young rabbit; shrewd, artful fellow; (coll.) great lie; blunder, mistake.
gazapón, *m.* gambling house or profits.
gazmiar. I. *va.* to steal and eat tidbits. II. *vr.* (coll.) to complain; to resent.
gazmol, *m.* a kind of growth on the tongue of birds of prey.
gazmoñada, gazmoñería, *f.* prudery.
gazmoñero, ra; gazmoño, ña, *a.* prudish, priggish.
gaznápiro, ra, *n.* churl, simpleton, booby.
gaznar, *vn.* = GRAZNAR, to croak, caw, cackle.
gaznatada, *f.* blow on the windpipe; (Am.) BOFETADA, slap in the face.
gaznate, *m.* throttle, windpipe; a kind of fritter.
gaznatón, *m.* GAZNATADA; pancake, fritter.
gazofia, *f.* = BAZOFIA, refuse; offal.
gazofilacio, *m.* gazophylacium, treasury of the temple of Jerusalem.
gazpachero, ra, *n.* maker of GAZPACHO.
gazpacho, *m.* Andalusian dish made of biscuit, oil, vinegar, onions, and garlic; crumbs of bread fried in a pan.
gazuza, *f.* (coll.) keen appetite, hunger.
ge, *f.* Spanish name of the letter *g*.
gea, *f.* mineral or inorganic constituents of a region, and the work describing it.
geato, *m.* (chem.) humate.
gehena, *m.* Gehenna, hell.
géiser, *m.* geyser.
gel, *m.* (chem.) gel.
gelatina, *f.* gelatine; jelly.
gelatiniforme, *a.* gelatinelike.
gelatinoso, sa, *a.* gelatinous.
gelatinudo, da, *a.* (Am.) gelatinous; (Am.) phlegmatic, lazy, slow.
gelfe, *m.* black slave.
gélido, da, *a.* (poet.) gelid, frigid.
gema, *f.* gem; (carp.) slab, flitch; (bot.) bud.
gemación, *f.* (bot.) gemmation.
gemela, *f.* (bot.) Arabian jasmine.
gemelífloro, ra. *a.* (bot.) geminiflorous.
gemelo, la. I. *a.* twin. II. *n.* twin; *m.* (anat.) gemellus; *pl.* twins; *pl.* cuff links; *pl.* binoculars; *pl.* **G.,** (astr.) Gemini; *f.* (bot.) Arabian jasmine.—**gemelos de campaña,** field glasses.—**gemelos de teatro,** opera glasses.
gemido, *m.* moan, groan; howl.
gemidor, ra. I. *a.* moaning, groaning; howling. II. *n.* moaner, groaner; howler.
geminación, *f.* gemination.
geminado, da. I. *pp.* of GEMINAR. II. *a.* geminate; semidetached.
geminar, *va.* to geminate.
geminífloro, ra, *a.* geminiflorous.
géminis, *m.* (pharm.) a kind of plaster; (G-astr.) Gemini.
gemir, *vn.* (*ind. pres.* GIMO, *pret.* él GIMIÓ; *subj.* GIMA; *ger.* GIMIENDO) to groan, moan; to grieve; to howl; (of sea or wind) to roar, whistle.
gen, *m.* (biol.) gene.
genciana, *f.* (bot.) gentian.
gencianáceo, a. I. *n.* & *a.* (bot.) gentian(-aceous). II. *f. pl.* Gentianaceæ.
gencianeo, ea, *a.* gentianaceous.
gendarme, *m.* gendarme.
gendarmería, *f.* (mil.) gendarmerie.
genealogía, *f.* genealogy.
genealógico, ca, *a.* genealogical.
genealogista, *n.* genealogist.
geneático, ca, *a.* pert. to astrology.
geneo, *m.* a Peruvian banana.
generable, *a.* that can be generated.
generación, *f.* generation; succession, lineage.
generador, ra. I. *n.* & *a.* generator(-ing). *a. f.* = GENERATRIZ. II. *m.* (mech. and elec.) generator.
general. I. *a.* general; common, usual.—**en g., por lo g.,** in general, generally. II. *m.* (mil.) general; (eccl.) superior of a religious order; lecture hall in a university; (prov.) custom house.—**g. de brigada,** brigadier general.—**g. de división,** major general.
generala, *f.* (mil.) the general (a roll of the drum); wife of a general.
generalato, *m.* (eccl. and mil.) generalship.
generalero, *m.* majority; customhouse officer.
generalicé, generalice, *v. V.* GENERALIZAR.
generalidad, *f.* generality; (prov.) community, corporation; (prov.) custom duties.
generalísimo, *m.* generalissimo.
generalización, *f.* generalization.
generalizador, ra, *n.* & *a.* generalizer(-ing).
generalizar. I. *va.* (*pret.* GENERALICÉ; *subj.* GENERALICE) to generalize. II. *vr.* to become general, usual, or popular; to spread.
generar, *va.* to generate, produce.
generativo, va, *a.* generative.
generatriz, *f.* (math.) generatrix.
genérico, ca, *a.* generic.
género, *m.* genus; class; kind; kin; manner, way, sort; cloth, stuff, material; (gram.) gender.—*pl.* dry goods; (com.) goods, merchandise, commodities.—**g. humano,** mankind.—**de g.,** (art) genre.
generosidad, *f.* generosity; hereditary nobility; bravery, fortitude.
generoso, sa, *a.* generous; noble, magnanimous; excellent, choice (said mainly of wine).
genesíaco, ca, *a.* pert. to genesis.
genésico, ca, *a.* pert. to generation.
génesis. I. *m.* (G-) Genesis. II. *f.* origin, beginning; cause; genesis.
geneticista, *n.* geneticist.
genético, ca. I. *a.* genetic. II. *f.* genetics.
gengibre, *m.* ginger.
genial, *a.* pert. to disposition; delightful; brilliant (person).
genialidad, *f.* temperament, disposition.
geniano, na, *a.* (anat., zool.) genial, of or pertaining to the chin.
geniazo, *m. aug.* strong temper.
geniculación, *f.* (biol.) geniculation, kneelike joint or bend.
geniculado, da, *a.* (biol.) geniculate, jointed, bent.
genio, *m.* genius; temperament, nature, disposition, temper; character, genius, peculiarities (as of a language); representative type, embodiment; angel, spirit.—**g. del mal,** evil spirit.—**buen g.,** good nature, equable temper.—**de buen (mal) g.,** good- (evil-) tempered.—**mal g.,** bad, or ill, temper.
genista, *f.* (bot.) = RETAMA, genista.
genital. I. *a.* genital. II. *m.* testicle.
genitivo, va. I. *a.* generative. II. *m.* (gram.) genitive or possessive case.
[1]**genízaro, ra,** *a.* (Mex.) half-breed.
[2]**genízaro,** *m.* Janizary, Turkish infantryman.
genocidio, *m.* genocide.
genol, *m.* (naut.) futtock.
genoma, *f.* (biol.) genome.
genovariación, *f.* (biol.) genovariation.
genovés, vesa, *n.* & *a.* Genoese.
gente, *f.* people, folk, crowd, any number of

persons; army, troops; gang; retinue; **gens**, clan, race, nation; (coll.), family, folks.—**g. baja,** lower classes; rabble, mob.—**g. bien,** (Am.) upper class.—**g. común,** common folk.—**g. de bien,** honest people.—**g. de capa parda,** villagers, countrymen, rustics.—**g. de color,** colored people.—**g. de la cuchilla,** butchers.—**g. de la garra,** thieves, pickpockets.—**g. de la vida airada,** the underworld, libertines.—**g. del bronce,** merry crowd.—**g. de paz,** a friend, or friends.—**g. de pelo,** or **de pelusa,** people of property.—**g. de trato,** tradesmen, dealers.—**g. de traza,** well-behaved people.—**g. fina,** cultured people.—**g. menuda,** children, "small fry."—**g. perdida,** vagrants, vagabonds.—**g. principal,** the nobility or gentry.—**g. vulgar** = G. COMÚN.—**de g. en g.,** from one to another, from generation to generation.—*pl.* Gentiles (as in *el Apóstol de las gentes,* the Apostle of the Gentiles, St. Paul)
gentecilla, *f.* low, contemptible people.
gentil. I. *a.* Gentile; genteel, graceful; gracious; excellent, exquisite. **II.** *n.* gentile, pagan, heathen.
gentileza, *f.* gentility, gracefulness; easiness, sprightliness, nattiness; ostentation, pageantry; courtesy, politeness.
gentilhombre, *m.* fine fellow; my good man; gentleman, the servant who waits about the person of a man of rank; person sent to the king with important despatches.—**g. de cámara,** lord of the bedchamber.—**g. de manga,** nobleman who attends the princes of Spain while children.
gentilicio, ia, *a.* national, tribal; hereditary.
gentílico, ca, *a.* heathen, gentile, pagan.
gentilidad, *f.* gentilism, heathenism, paganism; the body of heathens or gentiles.
gentilismo, *m.* = GENTILIDAD.
gentilizar, *vn.* to observe the rites of gentiles or heathens.
gentilmente, *adv.* gently, politely; heathenishly.
gentío, *m.* crowd, multitude.
gentualla, gentuza, *f.* rabble, mob; people of no account, small fry.
genuflexión, *f.* genuflexion.
genuino, na, *a.* genuine.
geocéntrico, ca, *a.* geocentric.
geoda, *f.* (geol.) geode.
geodesia, *f.* geodesy.
geodésico, ca, *a.* geodetical.
geodesta, *m.* geodesist.
geodinámica, *f.* geodynamics.
geófago, ga, *a.* geophagous, earth-eating.
geofísico, ca, *n.* geophysicist; *f.* geophysics.
geogenia, *f.* (geol.) geogeny.
geogénico, ca, *a.* geogenic.
geognosia, *f.* (geol.) geognosy.
geognosta, *m.* geognost, geologist.
geognóstico, ca, *a.* geognostic.
geogonía, *f.* = GEOGENIA.
geogónico, ca, *a.* geogonic.
geografía, *f.* geography.
geográficamente, *adv.* geographically.
geográfico, ca, *a.* geographical.
geógrafo, fa, *n.* geographer.
geoide, *m.* geoid.
geología, *f.* geology.
geológico, ca, *a.* geological.
geólogo, ga, *n.* geologist.
geomancía, *f.* geomancy.
geomántico, ca. I. *a.* geomantic, pert. to geomancy. **II.** *m.* geomancer, one divining by random throw of earth.
geómetra, *n.* geometer, geometrician.
geometría, *f.* geometry.—**g. analítica,** analytic geometry.—**g. del espacio,** solid geometry.—**g. descriptiva,** descriptive geometry.—**g. no euclidiana,** non-Euclidean geometry.—**g. plana,** plane geometry.
geométricamente, *adv.* geometrically.
geométrico, ca, *a.* geometrical, geometric.
geometrino, *m.* (entom.) geometrid, measuring worm, inchworm.
geomorfía, *f.* (geol.) geomorphology.
geonomía, *f.* (geol.) science treating of vegetable properties of the earth.
geonómico, ca, *a.* pertaining to GEONOMÍA.
geopolítico, ca. I. *a.* geopolitical. **II.** *f.* geopolitics.
geoponía, *f.* geoponics, agriculture.
geopónico, ca. I. *a.* geoponic, agricultural. **II.** *f.* geoponics.
geoquímico, ca. I. *a.* geochemical. **II.** *f.* geochemistry.
georama, *m.* georama.
georgiano, na, *n.* & *a.* Georgian.
geórgico, ca, *f.* & *a.* (poet.) georgic.
geoscopia, *f.* geoscopy.
geosinclinal, *m.* (geol.) geosyncline.
geotectónico, ca, *a.* (geol.) geotectonic.
geotérmico, ca, *a.* geothermic.
geotropismo, *m.* (bot.) geotropism.
geraniáceo, cea, *a.* (bot.) geraniaceous.
geranio, *m.* (bot.) crane's-bill; geranium.—**g. de rosa,** rose geranium.
gerbo, *m.* (zool.) jerboa, mouselike rodent.
gerencia, *f.* (com.) managership, management.
gerente, *m.* (com.) manager.
geriatría, *f.* geriatrics.
gericaya, *f.* (Mex., cooking) custard.
gerifalco, gerifalte, *m.* (ornith.) gerfalcon.
germanesco, ca, *a.* pertaining to the jargon of the gipsies.
germanía, *f.* jargon or cant of the gipsies, thieves, etc.; slang; concubinage; a faction in Valencia during the days of Charles V.
germánico, ca, *a.* Germanic, German.
germanio, *m.* (chem.) germanium.
germanismo, *m.* Germanism, German form employed in another language.
[1]**germano, na,** *n.* & *a.* German(-ic) (app. only to Germania, ancient Germany).
[2]**germano, na. I.** *a.* genuine. **II.** *a.* & *n.* german, full (brother, sister.)
germanófilo, la, *n.* & *a.* pro-German.
germen, *m.* germ; spring, source.—**g. plasma,** (biol.) germ plasm.
germicida. I. *a.* germicidal. **II.** *m.* germicide.
germinación, *f.* (bot.) germination.
germinal. I. *a.* germinal. **II.** *m.* Germinal, seventh month of the French revolutionists.
germinar, *vn.* to germinate.
germinativo, va, *a.* germinative.
gerundense, *a.* of or belonging to Gerona.
gerundiada, *f.* (coll.) pompous and unmeaning expression.
gerundiano, na, *a.* pompous, empty (style or phrase).
[1]**gerundio,** *m.* (gram.) gerund.
[2]**gerundio,** *m.* (coll.) pompous, bombastic speaker.
gesta, *f.* gest, a narrative of a person's deeds; romance.
gestación, *f.* (med.) gestation; exercise among the Romans for the health.
gestatorio, ria, *a.* portable, carrying (chair).
gestear, *vn.* to gesticulate, make grimaces.
gestero, ra, *n.* & *a.* (one) that makes grimaces or faces; making grimaces; gesticulator(-ing).
gesticulación, *f.* gesticulation, gesture.
[1]**gesticular,** *vn.* to gesticulate, make gestures or grimaces.
[2]**gesticular,** *a.* gesticulatory.
gestión, *f.* conduct; exertion, effort, action, measure, step; negotiation, management.
gestionar, *va.* to conduct, manage; to take steps to attain or carry out.
gesto, *m.* facial expression; grimace; gesture.—**estar de buen g.,** to be in good humor.—**hacer gestos,** to make a face; to gesticulate; to make signs.
gestor, *m.* (com.) superintendent, manager, agent, promotor, representative, attorney.
gestudo, da, *a.* (coll.) ill-humored, cross.

Ghana, *f.* Ghana.
ghanés, nesa, *n.* & *a.* Ghanaian.
ghetto, *m.* ghetto.
giba, *f.* hump, crooked back, hunch, gibbosity; (coll.) nuisance, annoyance.
gibado, da. I. *pp.* of GIBAR. **II.** *a.* hunchbacked.
gibar, *va.* to crook; (coll.) to molest, annoy, vex.
gibelino, na, *n.* & *a.* Ghibelline.
gibón, *m.* (zool.) gibbon.
giboso, sa, *a.* gibbous, humpbacked.
gibraltareño, ña, *a.* Gibraltar (as *a.*).
gícama, *f.* (Mex.) a root resembling yucca.
giganta, *f.* giantess; (bot.) sunflower.
gigante. I. *a.* gigantic. **II.** *m.* giant.
gigantea, *f.* (bot.) sunflower.
giganteo, a; gigantesco, ca, *a.* gigantic.
gigantez, *f.* gigantic stature or size.
gigantilla, *f.* large-headed figure.
gigantismo, *m.* (med.) giantism, gigantism.
gigantón, na, *n. aug.* giant of enormous size.—**gigantones,** gigantic figures of pasteboard.—**echar los gigantones a,** (coll.) to reprehend severely, to give a dressing down.
gijonense; gijonés, sa, *a.* of Gijon.
gilí, *a.* (coll.) foolish, stupid.
gilvo, va, *a.* honey-colored or pinkish.
gimnasia, *f.* = GIMNÁSTICA.
gimnasio, *m.* gymnasium; school, academy.
gimnasta, *m.* gymnast.
gimnástica, *f.* gymnastics, calisthenics.
gimnástico, ca, *a.* gymnastic, gymnastical.
gímnico, ca, *a.* pert. to athletic contests or acrobatic dancing.
gimnosofista, *m.* (anc. Hindu) gymnosophist.
gimnospermo, ma, *a.* (bot.) gymnospermous.
gimnoto, *m.* (zool.) gymnotus, electric eel.
gimo, gima, *v. V.* GEMIR.
gimotear, *vn.* (coll.) to whine.—**gimoteo,** *m.* whining.
[1]**ginebra,** *f.* Moorish rattle; confusion, bedlam; a card game.
[2]**ginebra,** *f.* gin (liquor).
ginebrada, *f.* a kind of puff-paste tart.
ginebrés, sa; ginebrino, na, *n.* & *a.* Genevan.
gineceo, *m.* (bot.) gynæceum; women's quarters in house.
ginecocracia, *f.* gynecocracy, government by women.
ginecología, *f.* (med.) gynecology.
ginecológico, ca, *a.* gynecological.
ginecólogo, ga, *n.* gynecologist.
ginesta, *f.* = HINIESTA, genista.
gineta, *f.* genet, a kind of weasel.
gingidio, *m.* (bot.) wild spinach.
gingival, *a.* (anat.) gingival, pertaining to the gums.—**gingivitis,** *f.* gingivitis, inflammation of the gums.
ginglimo, *m.* (anat.) ginglymus.
ginsén, ginseng, *m.* (bot., pharm.) ginseng.
gipsófila, *f.* (bot.) gypsophila.
girada, *f.* (dance) gyration; pirouette.
girado, *m.* (com.) drawee.
girador, girante, *m.* (com.) drawer.
giralda, *f.* vane or weathercock in the form of an animal or human figure (from that on the spire of the cathedral of Seville); (**G-**) name of this tower.
giraldete, *m.* surplice without sleeves.
giraldilla, *f. dim.* small vane or weathercock; a popular dance in Asturias.
girándula, *f.* (fireworks) girandole.
girar, *vn.* to revolve, rotate; to turn; (com.) to draw (a check, draft).—**g. contra,** or **a cargo de,** to draw on.
girasol, *m.* (bot.) sunflower.
giratorio, ria, *a.* revolving, rotary, turning.
girino, *m.* embryo of a frog.
giro, *m.* turn; revolution, rotation; gyration, course or turn of affairs; bend, tendency; bias, trend; turn of a sentence; threat, bravado; (com.) draft; circulation; bulk of business; line of business, specialty.—**g. postal,** money order.—**tomar otro g.,** to take another course; to change one's mind.
giroestabilizador, *m.* (aer., naut.) gyrostabilizer.
giroflé, *m.* (bot.) aromatic clove tree.
girofrecuencia, *f.* (phys.) gyrofrequency.
giromagnético, ca, *a.* (elec.) gyromagnetic.
girondino, na, *n.* & *a.* Girondist, Girondin.
giroscópico, ca, *a.* gyroscopic.
giroscopio, *m.* gyroscope.
girostático, ca. I. *a.* gyrostatic. **II.** *f.* (phys.) gyrostatics.
giróstato, *m.* gyrostat.
girovago, ga, *a.* = VAGABUNDO, vagabond.
gis, *m.* crayon.
gitana, *f.* gipsy woman, girl.
gitanada, *f.* mean, contemptible trick; blandishment, wheedling, caress, flattery.
gitanamente, *adv.* in a sly, winning manner.
gitanear, *va.* to flatter, wheedle, cajole.
gitanería, *f.* wheedling, flattery, cajolery.
gitanesco, ca, *a.* gipsylike, gipsy (as *a.*).
gitanismo, *m.* gipsy life, dress, ways.
gitano, na. I. *a.* gipsylike; gipsy; sly, artful, honey-mouthed. **II.** *n.* gipsy.
glabro, bra, *a.* bald; beardless.
glacial, *a.* glacial.
glaciar, *m.* glacier.
glaciario, ria, *a.* (geol.) glacial.
glaciarismo, *m.* glaciology.
glacis, *m.* (fort.) glacis.
gladiador, gladiator, *m.* gladiator.
gladiatorio, ria, *a.* gladiatorial, gladiatory.
gladio, gladiolo, *m.* (bot.) gladiolus.
glande, *m.* (anat.) glans, head of the penis.
glandífero, ra; glandígero, ra, *a.* acorn-bearing.
glándula, *f.* gland.—**g. de secreción interna,** (anat.) ductless gland.—**g. endocrina,** (anat.) endocrine gland.—**g. pineal,** (anat.) pineal gland.—**g. pituitaria,** (anat.) pituitary gland, hypophysis.—**g. prostática,** (anat.) prostate gland.—**g. salival,** (anat.) salivary gland.—**g. submaxilar,** submaxillary gland.—**g. sudorípara,** (anat.) sweat gland.—**g. suprarrenal,** (anat.) adrenal gland.—**g. tiróides,** (anat.) thyroid gland.
glandular, *a.* glandular.
glanduloso, sa, *a.* glandulous, glandular.
glasé, *m.* glacé or glacé silk.
glaseado, da, *a.* glossy, glacélike.
glasear, *va.* to calender (paper).
glasto, *m.* (bot.) woad or dyers' weed.
glauberita, *f.* glauberite.
glaucio, *m.* (bot.) celandine.
glauco, ca. I. *a.* (bot.) glaucous; light green. **I**[I] *m.* (zool.) a mollusk of the Glaucus genus.
glaucoma, *m.* (med.) glaucoma.
gleba, *f.* lump or clod turned up by the plow.
glera, *f.* = CASCAJAR, gravel pit.
glicerato, *m.* (chem.) glycerate.
glicérido, *m.* (chem.) glyceride.
glicerina, *f.* glycerine.
glicerito, *m.* (pharm.) glycerite.
glicerol, *m.* (chem.) glycerol.
glicocola, *f.* (chem.) glycocoll.
glicógeno, *m.* (biochem.) glycogen.
glicol, *m.* (chem.) glycol.
glicolato, *m.* (chem.) glycolate.
glicólico, ca, *a.* (chem.) glycolic.
glicosuria, *f.* (med.) glycosuria.
glifo, *m.* (arch.) glyph, groove.
glioma, *f.* (med.) glioma.
glíptica, *f.* glyptics, gem engraving (as an art).
gliptodonte, *m.* (paleontol.) glyptodon.
gliptografía, *f.* glyptography, gem or stone engraving (as an art).
global, *a.* global, overall.
globina, *f.* (chem.) globin.
globo, *m.* globe, sphere; the earth; balloon; globular lamp shade.—**g. aerostático,** air balloon.—**g. cautivo,** captive balloon.—**g. celeste,** (astr.) celestial globe.—**g. cometa,** (aer.) kite

balloon.—**g. dirigible,** dirigible balloon, airship.—**g. nodriza,** (aer.) nurse balloon.—**g. piloto,** (aer.) pilot balloon.—**g. sonda,** (aer.) sounding balloon, captive balloon with recording instruments.—**g. terráqueo,** or **terrestre,** (the) globe, (the) earth.—**en g.,** as a whole; without details; in bulk.
globoso, sa, *a.* globe-shaped.
globular, *a.* globular.
globulariáceo, a, *a.* (bot.) globulariaceous.
globulillo, *m. dim.* globulet, globule; homeopathic pill.
globulina, *f.* (chem.) globulin.—**g. gama,** (physiol.) gamma globulin.
glóbulo, *m. dim.* small globe; (biol.) corpuscle.
globuloso, sa, *a.* globulous, globulose.
glomérulo, *m.* (anat., bot.) glomerule.
glonoína, *f.* glonoin.
gloria. I. *f.* glory; heavenly state, bliss, blessedness; pride, boast; transparent gauze, gossamer, tissue; a kind of cream tart or cake; (art) opening in the sky representing angels, splendors, etc.—**saber a g.,** to taste delicious. **II.** *m.* (eccl.) gloria, doxology.—**G. Patri,** or **Gloriapatri,** (eccl.) Gloria Patri, the lesser doxology.
gloriarse, *vr.* (**de** or **en**) to boast (of), be proud (of), take delight (in).
glorieta, *f.* summerhouse, bower, arbor; circle or square at intersection of streets.
glorificación, *f.* glorification; praise.
glorificador, ra; glorificante, *n.* & *a.* glorifier (-fying).
glorificar. I. *va.* (*pret.* GLORIFIQUÉ; *subj.* GLORIFIQUE) to glorify, adore, worship; to exalt; to praise, honor, extol. **II.** *vr.* = GLORIARSE.
glorioso, sa, *a.* glorious; enjoying the bliss of heaven, blessed; boastful, ostentatious.
glosa, *f.* gloss, scholium; comment, commentary, note; (com. and law) explanatory annotation in accounts; (poet.) a kind of rondelet; (mus.) variation of a theme.
glosador, ra, *n.* commentator, glosser, glossarist; (com.) auditor.
glosar, *va.* to gloss, annotate, comment; (com.) to audit; (poet.) to compose (rondelets); (mus.) to vary (a theme).
glosario, *m.* glossary.
glose, *m.* glossing, commenting.
glosilla, *f. dim.* short gloss, comment, or note; (print.) minion type, 7-point.
glositis, *f.* (med.) glossitis, tongue inflammation.
glótico, ca, *a.* glottic, pertaining to the glottis.
glotis, *f.* (anat.) glottis.
glotón, tona. I. *a.* gluttonous, greedy. **II.** *n.* glutton; *m.* (zool.) glutton, wolverine, carcajou.
glotonear, *vn.* to be a glutton, gormandize.
glotonería, *f.* gluttony.
gloxínea, *f.* (bot., Am.) gloxinia.
glucina, *f.* (chem.) glucina.
glucinio, *m.* (chem.) glucinum, beryllium.
glucogenia, *f.* (physiol.) glycogeny (esp. of the liver).
glucómetro, *m.* glucometer, hydrometer for determining the quantity of sugar in a liquid.
glucosa, *f.* (chem.) glucose.
glucósido, *m.* (chem.) glucoside.
glucosuria, *f.* (med.) glucosuria.
gluma, *f.* (bot.) glume.
glumáceo, cea, *a.* (bot.) glumaceous.
gluten, *m.* gluten; glue.
glúteo, tea, *a.* gluteal, pert. to buttocks.
glutinosidad, *f.* glutinousness, viscosity.
glutinoso, sa, *a.* glutinous, viscous.
gneis, *m.* (geol.) gneiss, a kind of rock.
gnéisico, ca, *a.* (geol.) gneissic.
gnetáceo, a, *a.* (bot.) gnetaceous.
gnómico, ca, *a.* gnomic.
gnomo, *m.* gnome, fabulous being.
gnomon, *m.* gnomon, sundial; (mason.) square.—**g. movible,** bevel square.
gnomónica, *f.* science of making sundials.
gnomónico, ca, *a.* pert. to GNOMÓNICA.
gnosticismo, *m.* gnosticism.
gnóstico, ca, *n.* & *a.* gnostic.
gnu, *m.* (zool.) gnu, wildebeest.
goa, *f.* pig-iron bloom; (agr.) dibble.
goal, *m.* (Angl.) (football) goal.
gobernación, *f.* government; governor's office or official house.
gobernador, ra. I. *a.* governing. **II.** *n.* governor; *f.* governor's wife.—**g. general,** governor general.
gobernadorcillo, *m.* (P. I.) justice of the peace.
gobernalle, *m.* (naut.) rudder, helm.
gobernante. I. *n.* & *a.* ruler(-ing). **II.** *n.* (coll.) self-appointed manager or leader.
gobernar. I. *va.* & *vn.* (*ind.* GOBIERNO; *subj.* GOBIERNE) to govern, rule; to command, lead, direct; to manage, run; to control, steer, helm. **II.** *vn.* (naut.) to obey the helm. **III.** *vr.* to manage (as one's affairs), carry on.
gobernativo, va, *a.* governmental.
gobernoso, sa, *a.* (coll.) methodical, tidy.
gobierna, *f.* weather vane.
gobiernista. I. *a.* gubernatorial, government (as *a.*); that supports the government. **II.** *n.* supporter of the government.
[1]**gobierno,** *m.* government; ministers composing a cabinet; dignity, office, and term of a government; district or province under a governor; guidance, management, direction; control (of a business, an automobile, an airplane); (naut.) helm, rudder; steering, conning.—**g. de casa,** household.—**de g.,** controlling (lever, etc.), control (as *a.*); of the State.—**para su g.,** for your guidance.—**servir de g.,** to be a guide or norm; to be a warning or a lesson.
[2]**gobierno, gobierne,** *v. V.* GOBERNAR.
gobio, *m.* (ichth.) gudgeon.
goce, *m.* enjoyment; fruition; possession.
gocete, *m.* neck guards in ancient armor.
gociano, na, *a.* Gothic.
gocha, *f.* (coll.) sow.
gocho, *m.* (coll.) hog.
godesco, ca; godible, *a.* joyful, cheerful.
godo, da, *n.* & *a.* Goth(-ic); (Colomb., pol.) conservative.—**ser g.,** (Spain, coll.) to be of noble blood.
gofio, *m.* (Cuba) roasted corn meal or maize.
gofo, fa, *a.* stupid, ignorant; (art) dwarf figure.
gol, *m.* (Angl.) (football) (making a) goal.
gola, *f.* gullet, throat; gorget in ancient armor; (mil.) gorget, crescent-shaped insignia of duty; (fort.) gorge; (arch.) cyma, ogee.—**g. inversa,** or **reversa,** (arch.) cyma reversa.
goldre, *m.* quiver for shafts or arrows.
goleta, *f.* (naut.) schooner.
golf, *m.* golf.—**golfista,** *m.* & *f.* golfer.
golfán, *m.* (bot.) water lily.
golfillo, *m. dim.* small gulf; urchin.
golfín, *m.* (ichth.) dolphin.
[1]**golfo,** *m.* (geog.) gulf; sea, main; (poet.) gulf, abyss; faro (game).—**g. de Adén,** Gulf of Aden.—**g. de Bengala,** Bay of Bengal.—**g. de Corinto,** Gulf of Corinth.—**g. de México,** Gulf of Mexico.—**g. Pérsico,** Persian Gulf.
[2]**golfo,** *m.* (Madrid) ragamuffin.
golilla. I. *f.* (sewing) gorget, ruff; collar worn by some magistrates in Spain; (mason.) short joining pipe; flange of a pipe. **II.** *m.* (coll.) magistrate wearing a GOLILLA.
golillero, ra, *n.* collar maker.
golondrina, *f.* (ornith.) swallow; (ichth.) flying gurnard, swallow fish.—**g. de mar,** (ornith.) tern.
golondrinera, *f.* (bot.) swallowwort, celandine.
golondrino, *m.* (ornith.) male swallow; vagrant, deserter; (med.) large tumor in the armpit.
golondro, *m.* (coll.) desire, longing.—**andar en golondros,** (coll.) to feed on vain hopes.—**campar de g.,** (coll.) to live at another's expense, to sponge.
golosamente, *adv.* eagerly; inordinately.
golosear, *va.* = GOLOSINAR.

golosina, *f.* dainty, delicacy, sweet morsel, tidbit; daintiness, sweet tooth; inordinate desire or appetite; trifle.
golosinar, golosinear, golosmear, *vn.* to look for and eat tidbits, dainties, or sweetmeats; to taste and relish nice things.
goloso, sa, *a.* having a sweet tooth, fond of dainties, niceties, or sweetmeats.
golpazo, *m. aug.* heavy blow, stroke, or knock.
golpe, *m.* blow; stroke, hit, knock; wound, hurt; shock, clash; attack, spell; action, push, act; crowd, throng of people; abundance; heart beat; spring bolt of a lock; (sew.) passementerie trimming; pocket flap (of a coat); attack in fencing; astonishment, surprise; witty sally or remark; hole for planting; number of cuts planted in one hole; (mech.) stroke (of piston); travel (of a valve); (naut.) sweep; (mus.) touch, act of striking a key, etc.—**g. de arco,** bowing of a violin.—**g. de cuartel,** military coup.—**g. de estado,** coup d'état.—**g. de fortuna,** stroke of good fortune.—**g. de gracia,** finishing stroke, coup de grâce.—**g. del reloj,** tick of the watch or clock.—**g. de mar** (naut.) surge, heavy sea.—**g. de remo,** oar stroke.—**g. de vista,** glance; sight.—**g. seco,** sharp, quick blow or stroke.—**dar g.,** to cause surprise; to create a sensation.—**de g.,** suddenly, all at once.—**de g. y porrazo,** unexpectedly, unawares.—**de un g.,** at one blow; all at once.
golpeadero, *m.* place much beaten; repeated blows.
golpeador, ra, *n.* & *a.* striker(-ing), beater(-ing), hitter(-ing).
golpeadura, *f.* percussion; act of beating, hammering, or striking.
golpear. I. *va.* to strike, hit, hammer; to bruise. **II.** *vn.* to beat; to knock, pound (as a piston); to tick (as a watch).
golpeo, *m.* repeated striking, beating or knocking.
golpete, *m.* door catch (to keep it open).
golpetear, *va.* & *vn.* to strike or pound continually; to rattle.
golpeteo, *m.* continued striking; constant hammering; knocking, pounding; rattling.
gollería, golloría, *f.* dainty; delicious morsel; (coll.) delicacy, superfluity, excess.
gollete, *m.* throttle, upper part of the throat; neck of a bottle; neckband of some religious habits.—**estar hasta el g.,** (coll.) to be full (after eating); to be in difficulties; to have lost patience.
gollizo, *m.* narrow passage of mountains or rivers.
goma, *f.* gum; India rubber; rubber band; rubber eraser; (surg.) gumma, a kind of syphilitic tumor; (Am.) "hang-over" (after drinking).—*pl.* (Am.) overshoes, rubbers.—**g. adragante,** gum tragacanth.—**g. arábiga,** gum arabic.—**g. de borrar,** rubber eraser.—**g. de mascar,** chewing gum.—**g. elástica,** India rubber.—**g. laca,** lac.—**g. tragacanta** = G. ADRAGANTE.
gomaguta, *f.* gamboge.
gomecillo, *m.* blind person's guide.
gomero, ra. I. *a.* pert. to gums or to rubber. **II.** *m.* one engaged in the rubber business.
gomía, *f.* bugbear; (coll.) glutton.—**g. del caudal,** spendthrift.
gomífero, ra, *a.* gummiferous.
gomorresina, *f.* gum resin.
gomosidad, *f.* gumminess, viscosity.
gomoso, sa. I. *a.* gummy; gum-producing; full of viscous matter. **II.** *m.* dude, dandy.
gónada, *f.* (anat.) gonad.
gonce, *m.* hinge.
góndola, *f.* gondola; omnibus, stage, carry-all.
gondolero, ra, *n.* gondolier.
gonela, *f.* skirt formerly worn in Aragon.
gonfalón, *m.* banner, gonfalon, pennant.
gonfalonier, niero, *n.* chief standard-bearer.
gonfosis, *f.* (anat.) gomphosis.
gong, gongo, *m.* gong.
gongórico, ca; gongorino, na, *a.* euphuistic.
gongorismo, *m.* euphuism.
gongorista, *n.* (poet.) euphuist.
gongorizar, *vn.* to write euphuistically.
goniometría, *f.* goniometry.
goniométrico, ca, *a.* goniometric.
goniómetro, *m.* goniometer.
gonococo, *m.* (biol.) gonococcus.
gonóforo, *m.* (anat., bot.) gonophore.
gonórrea, *f.* (med.) gonorrhœa.
gonorreico, ca, *a.* gonorrhœal.
gorbión, gurbión, *m.* coarse twisted silk or cloth.
gordal, *a.* fat, big, fleshy.
gordana, *f.* oil extracted from oxen's testicles.
gordazo, za, *a. aug.* very fat and big.
gordiflón, na; gordinflón, na, *a.* (coll.) chubby, flabby, fat.
gordo, da. I. *a.* fat, corpulent, fleshy, stout; fat, rich, oily; great, large, big.—**agua g.,** hard water.—**hacer la vista g.,** to pretend not to see, wink at.—**llevarse un susto g.,** to get a bad scare. **II.** *m.* fat, suet.
gordolobo, *m.* (bot.) great mullein.
gordura, *f.* grease, fat; fatness, stoutness.
gorfe, *m.* a deep hole in a river forming a whirlpool or eddy.
gorga, *f.* hawk food; whirlpool.
gorgojarse, *vr.* (of corn) to be infested with grubs.
gorgojo, *m.* grub, weevil; (coll.) dwarfish person.
gorgojoso, sa, *a.* infested with grubs or weevils.
Gorgona, *f.* (myth.) Gorgon.
gorgóneo, nea, *a.* Gorgonian.
gorgonia, *f.* (zool.) gorgonia, sea fan.
gorgorán, *m.* a sort of silk grosgrain.
gorgorita, *f.* rain bubble.—*pl.* = GORGORITO.
gorgoritear, *vn.* (coll.) to warble, trill.
gorgorito, *m.* (coll.) (vocal) trill, shake.
gorgorotada, *f.* swallow (as of water).
gorgotear, *vn.* to gurgle.
gorgoteo, *m.* gurgle, gurgling sound.
gorgotero, ra, *n.* peddler, hawker.
gorguera, *f.* (sew.) gorgeret ruff; (armor) gorget.
gorguerín, *f. dim.* small neck ruff or frill.
gorguz, *m.* javelin, shaft.
gorigori, *m.* (coll.) chant at funerals.
gorila, *m.* (zool.) gorilla.
gorja, *f.* throat, throttle; rejoicing, merrymaking; (naut.) head of the keel.
gorjal, *m.* collar of a doublet; (armor) gorget.
gorjeador, ra, *n.* & *a.* warbler(-ing), modulator (-ing).
gorjear. I. *vn.* to warble, trill, quaver, sing. **II.** *vr.* to gabble (as a child).
gorjeo, *m.* warble, trilling; gabble of a child.
gormar, *va.* to vomit.
gorra. I. *f.* cap, bonnet; woman's hat; hunting cap; (mil.) bearskin cap; (coll.) intrusion at feasts without invitation; (coll.) sponging—**g. de señora,** lady's hat or bonnet.—**de g.,** (coll.) at other people's expense, sponging, as a sponge.—**ir, comer, andar,** etc. **de g.,** to "sponge." **II.** *m.* parasite, sponger.
gorrada, *f.* = GORRETADA.
gorrero, ra, *n.* cap maker; parasite, sponger, deadhead.
gorretada, *f.* raising the cap in greeting.
gorrete, *m. dim.*; **gorrica, illa, ita,** *f. dim.*; **gorrico, illo, ito,** *m. dim.* small cap.
gorrín, *m.* small pig, sucking pig.
gorrinada, *f.* (coll.) dirty, hoggish action.
gorrinera, *f.* pigsty, pigpen.
gorrino, na, *n.* small pig, sucking pig.
gorrión, *m.* (ornith.) sparrow.
gorrionera, *f.* (coll.) den of rogues.
gorrista, *n.* parasite, sponger.
gorro, *m.* cap, coif.—**g. de dormir,** nightcap.—**g. frigio,** Phyrgian cap, cap of liberty.
[1]**gorrón, na,** *n.* sponger, parasite; libertine.
[2]**gorrón,** *m.* round smooth pebble; (mech.) spindle; pivot or gudgeon of a gate or door; pillow, swing block; lazy, unhealthy silkworm.
gorronal, *m.* place full of pebbles or gravel.

gorronear, *vn.* to sponge, eat or drink at another's expense.
gorullo, *m.* lump or ball (as of wool).
gorupo, *m.* (naut.) granny's bend.
gosipino, na, *a.* having a cottony surface.
gota, *f.* drop of liquid; (med.) gout; (arch.) gutta.—**g. a g.,** drop by drop.—**g. caduca,** or **coral,** (med.) epilepsy, falling sickness.—**g. militar,** chronic gonorrhea.—**g. serena,** (med.) amaurosis.—**gotas amargas,** bitters.—**la g. que colmó el vaso,** the straw that broke the camel's back, the last straw.—**sudar la g. gorda,** to sweat blood.
goteado, da. I. *pp.* of GOTEAR. **II.** *a.* spotted, speckled.
gotear, *vn.* to drop, drip, dribble, leak; to sprinkle, begin to rain; to measure by drops; to give by dribblets.
goteo, *m.* trickle.
gotera, *f.* leak, leakage; drip, dripping; (arch.) gutter; valance of a canopy or tester; (agr.) disease of trees caused by infiltration; chronic ailing.
goterón, *m.* large raindrop; (arch.) throating.
gótico, ca, *a.* Gothic.—**gotón, na,** *n.* & *a.* Goth.
gotoso, sa, *a.* gouty.
goyesco, ca, *a.* pertaining to, or like, Goya, or his style, Goya (as *a.*).
gozador, ra, *n.* enjoyer.
gozante, *n.* & *a.* enjoyer(-ing).
gozar. I. *va.* to enjoy; to have possession or fruition of. **II.** *vn.* **(de)**, to enjoy, have possession (of). **III.** *vr.* to rejoice.
gozne, *m.* hinge.
gozo, *m.* joy, pleasure, glee, mirth, gladness; sudden blaze of dry chips of wood.—*pl.* couplets with a burden, in praise of the Virgin.—**¡el g. al pozo!** all has come to naught!—**no caber de g.,** or **saltar de g.,** to be in high spirits, to be very happy.
gozoso, sa, *a.* joyful, cheerful, glad, merry.
gozque, *m.* a cur dog.
grabación, *f.* engraving, etching; recording, record, tape recording.
grabado. I. *pp.* of GRABAR. **II.** *a.* engraved, carved, cut. **III.** *m.* engraving; art of engraving; cut, picture, illustration.—**g. al agua fuerte,** etching.—**g. al agua tinta,** aquatint.—**g. al barniz blando,** soft-ground etching.—**g. al humo,** mezzotint.—**g. a media tinta** = G. AL AGUA TINTA.—**g. a puntos,** stipple engraving, stipple.—**g. en fondo,** or **en hueco,** punch or die sinking.—**g. en madera,** wood engraving, wood carving.—**g. en negro** = G. AL HUMO.—**g. punteado** = G. A PUNTOS.
grabador, ra, *n.* engraver, carver; cutter, sinker; *f.* tape recorder.
grabadura, *f.* act of engraving; sculpture.
grabar, *va.* to engrave; to cut, carve; to impress upon the mind.—**g. al agua fuerte,** to etch.—**g. en hueco, en blanco,** or **relieve,** to emboss.
grabazón, *f.* engraving, sculpture.
gracejada, *f.* (Mex., C. A.) joke (gen. in bad taste).
gracejar, *vn.* to write or speak wittily.
gracejo, *m.* graceful, winsome way.
gracia, *f.* grace; gracefulness; cleverness; free gift, benefaction, kindness; graciousness, condescension; benevolence, courtesy, pleasing manners; pardon, mercy; remission of a debt; witty saying or expression; joke, jest; humor, facetiousness; comicalness; brightness, cuteness of a child; (coll.) name (of a person).—*pl.* thanks; accomplishments; (myth., G-) (the Three) Graces.—**Ministerio de G. y Justicia,** Dep't of Justice & Eccl. Affairs.—**gracias,** thanks, thank you.—**gracias a,** thanks to.—**gracias a Dios,** thank God.—**caer de la gracia de,** to lose the favor or good will of.—**caer en g.,** to please, to be liked.—**dar gracias,** to thank, to give thanks.—**decir dos gracias,** to tell home truths.—**de g.,** gratis, for nothing.—**en g.,** in favor.—**en g. de,** for the sake of, out of regard for; in consideration of.—**hacer g.,** to please; to amuse, strike as funny.—**hacer g. de,** to excuse from; to free from.—**¡qué g.!,** (ironic) how fine! how funny!—**tener g.,** (ironic) to be surprising.
graciable, *a.* good-natured, affable, amiable; easily granted.
grácil, *a.* gracile, slender, small.
graciola, *f.* (bot.) hedge hyssop.
graciosamente, *adv.* gracefully; graciously or kindly, gratuitously; facetiously.
graciosidad, *f.* gracefulness, beauty, excellence.
gracioso, sa. I. *a.* graceful, pleasing, accomplished; facetious, witty, funny; liberal, gracious; gratuitous, free. **II.** *m.* (theat.) low comedian, fool. **III.** *f.* (theat.) soubrette, chambermaid.
[1]**grada,** *f.* step of a staircase; gradin (as of an amphitheatre); stand or gallery having gradins; superaltar; brake.—*pl.* (arch.) perron, gradatory; wide steps to a building entrance; bleachers (at ball park, etc.)—**g. de astillero,** (naut.) altar.—**g. de dique,** (naut.) altar.
[2]**grada,** *f.* (eccl.) locutory; (agr.) harrow.—**g. de cota,** brush-harrow.—**g. de dientes,** toothed harrow.
gradación, *f.* (mus.) gradation; (rhet.) climax; grading; graded series of things or events.
gradado, da, *a.* having gradins or steps.
gradar, *va.* (agr.) to harrow.
gradeo, *m.* (agr.) harrowing.
gradería, *f.* series of steps, gradins or superaltars.
gradiente, *m.* (math., meteorol.) gradient.
[1]**gradilla,** *f.* tile or brick mold.
[2]**gradilla,** *f.* small stepladder.
gradina, *f.* gradine.
gradinar, *va.* (art) to chisel with a gradine.
gradiolo, *m.* (bot.) = GLADIOLO, gladiolus.
[1]**grado,** *m.* step of a staircase; degree (of kindred); degree, academic title; (mil.) rank; (math., geog.) degree; (com.) grade, class, graduation of value or quality; (gram.) degree (of comparison); (law) state of proceedings.—*pl.* minor orders.—**de g. en g.,** gradually, by degrees.—**en g. superlativo,** or **en sumo g.,** in the highest degree.
[2]**grado,** *m.* will, willingness, pleasure.—**de g.** or **de buen g.,** willingly, with pleasure.—**de mal g.,** unwillingly.—**de su g.,** = DE G.—**mal de mi g.,** against my wishes, much to my regret, unwillingly.
graduable, *a.* that can be graduated; adjustable.
graduación, *f.* graduation; (mil.) rank.
graduado, da. I. *pp.* of GRADUAR. **II.** *a.* (mil.) brevet; graduated. **III.** *m.* graduate.
graduador, *m.* graduator, gauge.
gradual. I. *a.* gradual. **II.** *m.* (eccl.) response sung at mass.—**gradualmente,** *adv.* gradually.
graduando, *m.* one recently, or about to be graduated.
graduar. I. *va.* to compare, grade, classify; to graduate; to give military rank to; (com.) to gauge, to appraise; to adjust; to set (a fuse, etc.). **II.** *vr.* **(en)** to graduate (from), be graduated, take a degree.
gráfico, ca. I. *a.* graphic, graphical; clear, vivid. **II.** *m.* or *f.* graph, diagram.
gráfila, *f.* milled edge of coin.
grafio, *m.* graver for graffito or scratchwork.
grafioles, *m. pl.* biscuits in the form of an S.
grafítico, ca, *a.* graphitic.
grafitización, *f.* (metal.) graphitization.
grafito, *m.* (min.) graphite.
grafófono, *m.* graphophone.
grafolita, *f.* grapholite.
grafología, *f.* graphology.
grafomanía, *f.* graphomania, mania, for writing (books, articles) for publication.
grafómano, na, *n.* one who has GRAFOMANÍA.
grafómetro, *m.* (surv.) graphometer.
grafostática, *f.* graphic statics.
gragea, *f.* minute colored bonbons.
graja, *f.* (ornith.) female jackdaw; jay.

grajal, *a.* pert. to crows, ravens, or magpies.
grajear, *vn.* to caw, as crows; to chatter, as magpies.
grajero, ra, *a.* abounding in, or frequented by, jackdaws.
grajo, *m.* (ornith.) jackdaw.
grama, *f.* (bot.) creeping cynodon; couch, dog's, or grama grass; (Am.) lawn.
gramal, *m.* couch grass or dog's grass field.
gramalla, *f.* long scarlet gown formerly worn in Aragon; coat of mail.
gramallera, *f.* pothanger (in a fireplace).
gramar, *va.* to knead.
gramática, *f.* grammar; study of the Latin langauge.—**g. parda,** (coll.) horse sense, shrewdness.
gramatical, *a.* grammatical.
gramático, ca. I. *a.* grammatical. **II.** *n.* grammarian.—**gramatiquear,** *vn.* (contempt.) to grammatize, to talk grammar.
gramatiquería, *f.* (coll. & contempt.) things grammatical, grammatical stuff.
gramil, *m.* (carp.) joiner's marking gauge.
gramilla, *f.* bed of hemp brake; (Arg.) (grass) lawn.
gramíneo, ea, *a.* (bot.) gramineous.
graminívoro, ra, *a.* graminivorous.
gramo, *m.* gramme, gram (weight).
gramófono, *m.* gramophone; phonograph.
gramómetro, *m.* (print.) type gauge.
gramoso, sa, *a.* covered with couch grass; pertaining to couch grass.
grampa, *f.* staple, clamp, cramp.
gran, *a. contr.* of GRANDE (*used only in sing. and before m. or f. nouns*), large, big; grand, great.—**g. bestia,** tapir, elk.—**g. duque,** grand duke.—**g. mogol,** Grand Mogol, Great Mogol.
[1]**grana,** *f.* (agr.) act of seeding; seeding time; small seed of some plants.
[2]**grana,** *f.* (entom.) cochineal; kermes; kermes berry; scarlet grain; scarlet color; fine scarlet cloth; fresh red color of the lips and cheeks.—**g. del paraíso,** (bot.) cardamomum.
granada, *f.* (bot.) pomegranate; (mil.) grenade, shell.—**g. de mano,** hand grenade.
granadera, *f.* (mil.) grenadier's pouch.
granadero, *m.* (mil.) grenadier; (coll.) very tall person.
granadilla, *f.* (bot.) passion flower, granadilla.
granadillo, *m.* (bot.) West-India red ebony.
granadino, na. I. *a.* Granada, of or pertaining to Granada; pertaining to pomegranate. **II.** *n.* inhabitant of Granada; *m.* pomegranate flower; *f.* grenadine (drink); (text.) grenadine.
[1]**granado, da. I.** *pp.* of GRANAR. **II.** *a.* remarkable, noted, illustrious; mature; select, choice.
[2]**granado,** *m.* (bot.) pomegranate tree.
granador, *m.* (fireworks making) granulating sieve; spot destined for this operation.
granalla, *f.* (foundry) granulated metal.
granar, *vn.* (agr.) (of corn) to start forming kernels.
granate, *m.* garnet.
granazón, *f.* seeding, forming seeds or kernels.
grancé, *a.* madder-colored.
grande. I. *a.* large, big; great; grand; (Mex.) old.—**en g.,** on a large scale. **II.** *n.* grandee.—*pl.* grandees; great men.—**grandecico, ica, illo, illa, ito, ita,** *a.* pretty large.—**grandemente,** *adv.* greatly; very well; extremely; grandly.
grandevo, va, *a.* (poet.) of advanced age.
grandeza, *f.* greatness; grandeur, magnificence; grandeeship; grandees collectively; bigness; quantity; size, magnitude.
grandilocuencia, *f.* grandiloquence.
grandilocuente; grandílocuo, cua, *a.* grandiloquent.
grandillón, na, *a. aug.* excessively large or big.
grandiosidad, *f.* greatness; grandeur; abundance.
grandioso, sa, *a.* grandiose, grand, magnificent.
grandísono, na, *a.* (poet.) high-sounding.
grandor, *m.* size.
grandote, ta, *a. aug.* (coll.) very big.
grandullón, na, *a.* overgrown.
graneado, da. I. *pp.* of GRANEAR. **II.** *a.* grained, spotted, granulous; (Peru) select, choice.—**fuego, g.,** (mil.) drumfire.
graneador, *m.* (art) stipple graver.
granear, *va.* (agr.) to sow (grain); (art) to stipple; to grain (a lithographic stone); (Am.) GRANAR.
granel, *m.* heap of grain.—**a g.,** in a heap; (com.) in bulk.
granelar, *va.* (tanning) to grain (leather).
graneo, *m.* (agr.) act of shedding or sowing seed; (art) stippling.
granero, *m.* granary, barn; grange; cornloft; grain-producing country.
granete, *m.* (mech.) countersink, punch.
granévano, *m.* (bot.) goat's-thorn.
granguardia, *f.* (mil.) grand guard.
granilla, *f.* nap on wrong side of cloth.
granillo, *m. dim.* granule, small grain; gain or profit frequently obtained; pimple on the rump of canary birds and linnets.
granilloso, sa, *a.* granulous, granular.
granítico, ca, *a.* granitic.
granito, *m. dim.* small grain; pimple; (min.) granite; (pharm.) granule; small egg of a silkworm.
granívoro, ra, *a.* granivorous.
granizada, *f.* hailstorm; deluge (fig.), great number (of things, facts, etc.); water ice.
granizar, *vn.* to hail; to pour down with violence.
granizo, *m.* hail; hailstorm; film in the eyes.
granja, *f.* grange, farm, farmhouse.—**g. lechera,** dairy farm.—**g. modelo,** model farm.
granjear. I. *va.* to gain, earn, profit. **II.** *va.* & *vr.* to get, win (as the goodwill of another).
granjeo, *m.* act of getting or acquiring; gain, profit, advancement.
granjería, *f.* gain, profit, advantage.
granjero, ra, *n.* farmer, husbandman; dealer in profitable commodities.
grano, *m.* grain; cereal; each single seed; (pharm.) grain (20 make an English scruple, and 24 a Spanish scruple); (artil.) bushing (or bouching) of a cannon; pimple; (jewel.) unit of weight (.05 g.).—*pl.* (com.) cereals, corn, breadstuffs.—**granos del paraíso,** (bot.) grain of paradise.—**ir al g.,** (coll.) to come to the point, to get down to brass tacks.
granoso, sa, *a.* granulous, grainy, granular, granulated (as leather).
granuja. I. *f.* loose berries of grapes; grapestone; group of roving boys. **II.** *m.* (coll.) rogue, waif, gamin, urchin.
granujado, da, *a.* = AGRANUJADO, grainlike.
granujiento, ta, *a.* full of pimples.
granujo, *m.* (coll.) pimple or tumor in the flesh.
granujoso, sa, *a.* full of pimples.
granulación, *f.* (chem. and med.) granulation.
granulado, da, *a.* granulated.
granulador, ra, *m.* or *f.* granulating machine.
[1]**granular. I.** *va.* to granulate. **II.** *vr.* to become covered with granules or pimples.
[2]**granular,** *a.* granular; full of pimples.
gránulo, *m. dim.* granule; pellet.
granulocito, *m.* (biol.) granulocyte.
granulopenia, *f.* (med.) granulopenia.
granulosidad, *f.* granularity.
granuloso, sa, *a.* granulous, granular.
granza, *f.* (bot.) madder; garancine.
granzas, *f. pl.* siftings, chaff; dross of metals.
granzón, *m.* (min.) ore screenings.—*pl.* refuse of straw left by cattle.
granzoso, sa, *a.* full of chaff or screenings.
grañón, *m.* pap made of boiled wheat; boiled grain of wheat.
grao, *m.* strand, shore.
grapa, *f.* clamp, clasp, clutch, cramp iron; (carp.) holdfast; (vet.) mangy ulcers in the joints.
grapón, *m. aug.* (mech.) brace, hook, ram, iron dog.
grasa, *f.* grease; fat; suet; oil; gum of juniper

trees; GRASILLA; (naut.) slush; slag of metals; base of an ointment or pomade.—**g. de ballena,** whale oil, blubber.—**g. de pescado,** fish oil.—**grasera,** *f.* vessel for fat or grease; slush-tub; dripping pan.
grasería, *f.* tallow chandler's shop.
grasero, *m.* (min.) slag dumper.
graseza, *f.* quality of fat or grease.
grasiento, ta, *a.* greasy, oily; filthy.
grasilla, *f.* pounce, a fine powder formerly used to keep ink from spreading, etc.
graso, sa. I. *a.* fat, oily, unctuous, lardy. **II.** *m.* fat, grease.
grasones, *m. pl.* wheat porridge.
grasoso, sa, *a.* = GRASIENTO.
grasura, *f.* = GROSURA, fat, suet; meat diet.
grata, grataguja, *f.* burnisher, smoothing chisel; wire brush; rasp.
gratar, *va.* to brush or burnish.
gratificación, *f.* gratification; reward; gratuity, tip; fee.
gratificador, ra, *n.* & *a.* gratifier(-ing); rewarder (-ing); tipper(-ing).
gratificar, *va.* (*pret.* GRATIFIQUÉ; *subj.* GRATIFIQUE) to reward, recompense; to tip, fee; to gratify, please.
gratil, *m.* (naut.) edge of a sail; luff, leech.
gratis, *adv.* gratis, free, for nothing.
gratisdato, ta, *a.* gratuitous, given away.
gratitud, *f.* gratitude, gratefulness.
grato, ta, *a.* pleasing, pleasant; acceptable; grateful; gratuitous.—**su grata (carta),** (com.) your favor.
gratonada, *f.* chicken ragout or fricassee.
gratuito, ta, *a.* GRATIS; gratuitous, uncalled-for; unfounded.
gratulación, *f.* congratulation.
gratular. I. *vn.* to congratulate. **II.** *vr.* to rejoice.
gratulatorio, ria, *a.* congratulatory.
grava, *f.* gravel; broken stone.
gravable, *a.* (law) liable.
gravamen, *m.* tax; charge, obligation, hardship, burden, inconvenience, nuisance; encumbrance; (law) mortgage, lien.
gravar, *va.* to burden, oppress; to fatigue; to tax; (law) to encumber.
gravativo, va, *a.* injurious; burdensome.
grave, *a.* weighty, ponderous, heavy; grave, serious; circumspect; troublesome, vexatious; arduous, difficult; (mus.) grave (tone); deep (voice); (gram.) grave (accent); (word) having the stress on the penultimate syllable.
gravear, *vn.* to weigh, gravitate, sink.
gravedad, *f.* gravtiy, graveness, seriousness; (phys.) gravity.—**de g.,** serious; seriously, dangerously.
gravedoso, sa, *a.* haughty, self-important.
gravemente, *adv.* gravely; seriously, dangerously.
gravidez, *f.* pregnancy.
grávido, da, *a.* (poet.) gravid, pregnant.
gravimetría, *f.* gravimetry.
gravimétrico, ca, *a.* gravimetric.
gravímetro, *m.* (phys.) gravimeter.
gravitación, *f.* (phys.) gravitation.
gravitar, *vn.* to gravitate; to rest, press (on).
gravoso, sa, *a.* costly; onerous; vexatious.
graznador, ra, *a.* croaking; cawing; cackling.
graznar, *vn.* to croak, caw, cackle.
graznido, *m.* croak, caw, cackle; croaking.
greba, *f.* (armor) greave(s) or jambe(s).
greca, *f.* Grecian fret.
Grecia, *f.* Greece.
greciano, na; grecisco, ca, *a.* Grecian.
grecismo, *m.* Grecism, Hellenism.
grecizar, *va.* & *vn.* to Grecize, Hellenize.
greco, ca. I. *a.* Grecian. **II.** *n.* Greek.
grecolatino, na, *a.* Greco-Latin.
grecorromano, na, *a.* Greco-Roman.
greda, *f.* clay, chalk, marl, potter's clay.
gredal. I. *m.* clay pit, marl pit, loam pit. **II.** *a.* clayey, loamy.
gredoso, sa, *a.* clayey, marly.
grefier, *m.* registrar in the house of Burgundy.
[1]**gregal,** *m.* northeast wind in Mediterranean.
[2]**gregal,** *a.* gregarious, going in flocks.
gregario, ria, *a.* (one) of a crowd; dull, stupid.
gregoriano, na, *a.* Gregorian.
gregorito, *m.* (Mex.) disappointment; practical joke.
greguería, *f.* outcry, clamor, hubbub.
gregüescos, *m. pl.* Grecian wide breeches.
greguisco, ca, *a.* Grecian.
greguizar, *va.* to Grecize.
gremial. I. *a.* belonging to a guild or trade-union, union (as *a.*). **II.** *m.* member of a guild; union man; (eccl.) lapcloth used by bishops at divine service.
gremio, *m.* lap; body, society, company, guild, corporation; fraternity; trade-union.
grenchudo, da, *a.* having a long mane.
greña, *f.* long entangled or matted hair; anything entangled; (prov.) heap of grain to be thrashed; (prov.) first leaves of a vine shoot.—**andar a la g.,** (of women) to pull each other's hair; to argue excitedly.—**en g.,** (Mex.) (of silk, etc.) raw.
greñudo, da. I. *a.* dishevelled; shy (horse). **II.** *m.* shy horse.
gres, *m.* pottery material consisting of clay and quartzose sand.
gresca, *f.* carousal, revelling, clatter; wrangle, quarrel, row.
grey, *f.* flock, herd; congregation of the faithful; people, race, nation.
grial, *m.* grail, legendary holy chalice.
griego, ga. I. *a.* Greek, Grecian. **II.** *n.* Greek, Grecian; *m.* Greek (language); (coll.) cheating gambler; (fig.) Greek, unintelligible language.
grieta, *f.* crevice, crack, cleft; chink, fissure, cranny, flaw; split, vein, shake, rent; scratch in the skin.—**grietas en las manos,** chapping of the hands.
grietado, da, *a.* fissured, cracked, showing flaws.
grietarse, *vr.* to crack, split; to part in clefts or fissures; to become chapped.
grietoso, sa, *a.* cracked; crannied, having flaws.
grifa, *f.* (print.) script.
grifado, da, *a.* script (type).
grifalto, *m.* a kind of small culverin, firearm.
[1]**grifo, fa,** *a.* (print.) script.
[2]**grifo, fa. I.** *a.* (Am.) bristling (hair, fur); (of hair) kinky, tangled. **II.** *m.* griffin or griffon, a fabled animal; (Am.) child of a negro and an Indian; (mech.) faucet, cock.—*pl.* frizzled hair.
grifón, *m. aug.* fountain faucet.
grigallo, *m.* (ornith.) a variety of francolin.
grilla, *f.* female cricket.—**ésa es g.,** (coll.) that is a fake.
grillarse, *vr.* to shoot, to sprout.
grillera, *f.* cricket hole; cricket cage.
grillero, *m.* he who puts on and takes off the irons of prisoners.
grillete, *m. dim.* shackle, fetter.
[1]**grillo,** *m.* (entom.) cricket.—**andar a grillos,** to waste one's time in trifles.
[2]**grillo,** *m.* —(bot.) shoot, sprout.
[3]**grillo,** *m.* —*pl.* fetters, irons, gyves, shackles.
grillotalpa, *m.* (ent.) mole cricket.
grima, *f.* fright, horror; disgust.—**dar g.,** to disgust; to cause discouragement or fear.
grimoso, sa, *a.* horrible; repulsive, disgusting.
grímpola, *f.* (naut.) pennant, streamer.
gringo, ga, *n.* (Am.) foreigner (esp. app. to Englishmen and Americans).
[1]**griñón,** *m.* wimple worn by nuns.
[2]**griñón,** *m.* apricot grafted in peach tree.
gripa, *f.* (Am.) = GRIPE.
gripal, a. (med.) pertaining to la grippe.
gripe, *f.* (med.) grip, grippe, influenza.
gris. I. *a.* gray. **II.** *m.* (zool.) minever, Siberian squirrel and its fur; (coll.) cold, sharp air.
grisáceo, a; gríseo, a, *a.* grayish.
grisalla, *f.* (art) grisaille, camaieu.
[1]**griseta,** *f.* flowered silk stuff; (agr.) disease of trees caused by infiltration of water.

[2]**griseta,** *f.* (Gal.) French grisette.
grisón, *m.* (zool.) grison.
grisú, *m.* (min.) fire damp.
grita, *f.* clamor, outcry, uproar; screaming, halloo, shouting; hooting, catcall.—**g. foral,** (law) summons, citation.
gritador, ra, *n.* & *a.* clamorer(-ing), shouter (-ing), screamer(-ing).
gritar, *vn.* to shout, cry out, scream, shriek; to hoot, catcall.
gritería, *f.* outcry, uproar, shouting.
grito, *m.* cry, scream, howl, shriek, shout; hoot, whoop.—**a gritos, a g. en cuello, a g. herido, a g. pelado, a todo g.,** loudly; at the top of one's voice; vociferously, with loud cries, howling.—**alzar el g.,** to talk loud and haughtily. —**estar en un g.,** to be in continual pain.—**levantar el g.** = ALZAR EL G.—**poner el g. en el cielo,** to cry to heaven, to complain loudly, (coll.) to make a great fuss, to howl.
gritón, na, *a.* (coll.) vociferous, clamorous.
gro, *m.* grosgrain, twilled silk fabric.
groelandés, sa; groenlandés, sa, *n.* & *a.* Greenlander(-ish), Greenland (as *a.*).
groera, *f.* (naut.) rope hole.
grog, *m.* grog (drink).
gromo, *m.* (bot.) leafy bud, young shoot.
grosella, *f.* (bot.) berry of the red currant.—**g. blanca,** gooseberry.
grosellero, *m.* (bot.) currant bush.
groseramente, *adv.* grossly, coarsely, roughly; rudely, in an unmannerly way.
grosería, *f.* rudeness, ill-breeding; rusticity; discourtesy; coarseness, clumsiness; ignorance.
grosero, ra, *a.* coarse, rough; plain, homespun, not fine; thick, fat, bulky; rude, unpolished; discourteous, churlish, uncivil.
grosezuelo, la, *a. dim.* somewhat stout.
grosísimo, ma, *super. of* GRUESO: exceedingly stout; very bulky.
groso, *m.* coarse snuff, badly powdered.
grosor, *m.* thickness.
grosularia, *f.* (min.) grossularite.
grosularico, a, *a.* (bot.) grossulaceous.
grosulina, *f.* (chem.) grossulin.
grosura, *f.* fat, suet, tallow; meat diet, in contrast to fasting.
grotesco, ca, *a.* grotesque.
grúa. *f.* crane, derrick, hoisting machine; an ancient war engine; (naut.) bend.—**g. corredera,** traveling crane.—**g. de caballete,** gantry crane.—**g. de la cuaderna maestra,** midship bend.—**g. de puente,** gantry crane.—**g. de tijeras,** shears, device used in hoisting.—**g. fija,** stationary crane.—**g. flotante,** crane ship; floating crane.—**a la g.,** in and out.
gruesa, *f.* gross, twelve dozen; (eccl.) chief part of a prebend; (law) bottomry.
gruesamente, *adv.* grossly, coarsely.
grueso, sa. I. thick; bulky, corpulent; fleshy, stout; (coll.) pregnant; big; coarse, homespun, dense, thick, heavy; large around (as a post, etc.); (of type) heavy, black; heavy, dull, stupid, slow. **II.** *m.* thickness; bulk, corpulence; density, heaviness; main part, main body of an army; down stroke in penmanship.—**en g.,** (com.) in gross, in the gross, in bulk, by wholesale.
gruir, *vn.* (*ind. pres.* GRUYO, *pret.* él GRUYÓ; *subj.* GRUYA; *ger.* GRUYENDO) to cry like a crane.
grujidor, *m.* glazier's nippers.
grujir, *va.* to trim or pare with a GRUJIDOR.
grulla, *f.* (ornith.) crane.
grullada, *f.* (coll.) gang or crowd of idlers; (coll.) patrol of constables or police officers.
grullo, lla. I. *a.* (Am.) (of horses) dark grey. **II.** *m.* (Am.) peso, dollar; breeding horse.
grumete, *m.* (naut.) cabin boy, ship boy.
grumo, *m.* clot; cluster, bunch; (agr.) bud of trees; tip of a fowl's wing.—**g. de leche,** curd.
grumoso, sa, *a.* full of clots, clotted.
gruñido, *m.* grunt.
gruñidor, ra, *n.* & *a.* grunter(-ing), growler (-ing).
gruñimiento, *m.* grunting, growling, grumbling.
gruñir, *vn.* (*pret.* él GRUÑO; *ger.* GRUÑENDO) to grunt; to creak (as doors, hinges, etc.); to grumble, growl.
gruñón, na, *n.* & *a.* (coll.) cranky, irritable.
grupa, *f.* croup, rump of a horse.
grupada, *f.* squall, burst of wind and rain.
grupera, *f.* cushion at the back of a saddle for carrying a satchel, etc.; crupper (of saddle).
grupo, *m.* group; set; clump, cluster.—**g. sanguíneo,** blood group.
gruta, *f.* cavern, grotto, grot.—*pl.* crypts, vaults, subterranean galleries.
grutesco, ca, *m.* & *a.* (f. a.) grotesque.
gruyere, *m.* Gruyère (cheese).
gruyo, gruyó, gruya, etc. *v. V.* GRUIR.
¡gua! *interj.* (Am.) gracious! horrors!
guabina, *f.* (Colomb.) a popular peasant air.
guaca, *f.* Indian grave, esp. one containing treasure; (Am.) buried treasure; (Am.) hole in the ground where gathered fruit is put to ripen.
guacamaya, guacamayo, *m.* (ornith.) macao or macaw.
guacamole, *m.* (Cuba) salad of alligator pear.
guacia, *f.* (bot.) acacia; acacin, gum arabic.
guaco, *m.* (bot.) guaco, birthwort; (ornith.) curassow.
guachapear. I. *va.* (coll.) to splatter (water) with the feet; (coll.) to make a botch of. **II.** *vn.* to clap, as horses' shoes when loose; to clatter.
guachapelí, *m.* solid strong wood used for ships in Guayaquil.
guacharaca, *f.* (ornith.) a Mexican bird.
guácharo, ra. I. *a.* sickly; dropsical. **II.** *m.* birdling, especially of a sparrow; (ornith.) oilbird, guacharo.
guache, *m.* (Am.) low, despicable man, tough.
guachinango, ga, *a.* (Cuba) (contempt.) Mexican; (Mex.) artful, cunning.
guacho, cha. I. *a.* & *n.* (Am.) orphan, foundling; solitary, forlorn; (Chile) odd (only one of a pair). **II.** *m.* birdling of a sparrow.
guadaflones, *m. pl.* hopple, fetterlock.
guadalajareño, ña, *a.* of or pertaining to Guadalajara.
guadamací, cil, *m.* = GUADAMECÍ.
guadamacilería, *f.* embossed-leather factory.
guadamacilero, *m.* manufacturer of embossed leather.
guadamecí, guadamecil, *m.* embossed leather. —**g. brocado,** gilt or silvered embossed leather.
guadameco, *m.* ornament worn by women.
guadaña, *f.* (agr.) scythe.
guadañar, *va.* (agr.) to scythe, mow.
[1]**guadañero,** *m.* scytheman.
[2]**guadañero,** *m.* (Cuba) owner of a guadaño.
guadañil, *m.* mower of hay.
guadaño, *m.* (Cuba) small boat in the port of Havana; transport vessel.
[1]**guadapero,** *m.* (bot.) wild common pear.
[2]**guadapero,** *m.* boy who carries food to field workers.
guadarnés, *m.* harness room or locker; harness keeper; officer of the king's mews.
guadijeño, ña. I. *a.* native to, or, of Guadix; pert. to Guadix. **II.** *m.* poniard, stiletto, knife.
guadramaña, *f.* trick, deceit, imposition.
guadua, *f.* (Am.) a variety of large, thorny bamboo.—**guadual,** *m.* GUADUA field.
[1]**guagua,** *m.* & *f.* (S. A.) baby.
[2]**guagua,** *f.* (Am.) insect that destroys fruit; trivial thing.—**de g.,** free, gratis.
[3]**guagua,** *f.* (Cuba) omnibus; street car.
guagüero, ra, *n.* (Cuba) bus or street car driver; (Am.) sponger.
guaicán, *m.* (ichth.) = RÉMORA, remora.
guaina, *m.* (Arg., Chile) boy, youth.
guainambí, *m.* (Mex., C. A.) humming bird.
guaira, *f.* (Am.) smelting furnace; (naut.) leg-of-mutton sail.

guairo, *m.* (Am.) small two-masted coaster.
guaita, *f.* (mil.) night watch or sentinel.
guajada, *f.* (Mex.) nonsense, frivolity.
guajalote, *m.* (Mex.) turkey.
guajamón, na, *a.* (Cuba) orange-colored; bay.
guájar, *m.* & *f.*, **guájaras,** *f. pl.* fastnesses, roughest part of a mountain.
guaje, *m.* (Mex.) gourd used in learning to swim.
guájete por guájete, tit for tat.
guajira, *f.* a Cuban popular song.
guajiro, ra, *n.* & *a.* (Cuba) rustic, rural; rude, boorish.
guajolote, *m.* = GUAJALOTE.
¡gualá! *interj.* assuredly; by God!
gualatina, *f.* dish made of boiled apples, milk of almonds, and broth, beaten up with spice and rose water.
gualda, *f.* (bot.) weld, wild woad, dyer's weed, reseda.
gualdado, da, *a.* weld-colored; yellowish.
gualdera, *f.* (artil.) trail, bracket; (carp.) stringboard; (naut.) whelp, check.
gualdo, da, *a.* weld, yellow or gold-colored.
gualdrapa, *f.* horse trappings, housing; (coll.) tatter, rag hanging from clothes.
gualdrapazo, *m.* (naut.) flap of a sail; jerk.
gualdrapear. I. *va.* to put end to head, or in consecutive order (as pins with the point of each on the head of the next). **II.** *vn.* (naut.) to flap (as sails).
gualdrapeo, *m.* flapping of the sails.
gualdrapero, *m.* ragamuffin, ragged fellow.
gualdrín, *m.* weather strip.
guamá, *m.* guamá, a West-Indian tree much used for shade.
guama, *f.* fruit of the guamo.
guamo, *m.* guamo, a large fruit tree.
guanábana, *f.* bullock's-heart, custard apple.
guanábano, *m.* (bot.) custard apple (tree).
guanaco, *m.* guanaco, a kind of llama; (Guat., Hond.) boor, rustic; (Mex., C. R., Chile) (coll.) simpleton, idiot.
guanajo, *m.* (Cuba) turkey; *a.* & *n.* (Mex., W. I.) (coll.) fool.
guancoche, *m.* (Mex., C. A.) burlap.
guanche, *n.* ancient inhabitant of the Canaries.
guando, *m.* (Am.) stretcher, litter.
guanera, *f.* place abounding in guano.
guanina, *f.* (bot.) (Am.) a leguminous plant.
[1]guano, *m.* any palm tree; palm leaves used for thatching.
[2]guano, *m.* guano, seabirds' droppings used as fertilizer.
guantada, *f.*, **guantazo,** *m.* slap.
guante, *m.* glove; collection for charity.—*pl.* extra pay, fee, or tip.—**guantes de ante,** buff gloves.—**guantes de cabritilla,** kid gloves.—**echar el g. a,** to challenge; (coll.) to seize, grasp; to imprison.—**echar un g.,** to take a collection for charitable purposes.—**poner como un g.,** to render as pliable as a glove; (coll.) to abuse, dress down.—**salvo el g.,** (coll.) excuse my glove.
guantelete, *m.* gauntlet.
guantería, *f.* glove factory or shop; glove making.
guantero, ra, *n.* glover, glove maker.
guañín, *m.* (Am.) base gold.
guañir, *vn.* (*pret.* él GUAÑÓ) to grunt like pigs.
guao, *m.* (Mex., S. A.) a terebinthine tree whose seeds are used as hog feed and whose wood is used for charcoal; (West Indies) guao, a poisonous tree.
guapamente, *adv.* (coll.) bravely, courageously.
guapear, *vn.* (coll.) to boast of courage; (coll.) to take pride in fine dress.
guapetón, na, *a. aug.* brave, daring, bold.
guapeza, *f.* (coll.) bravery; ostentation in dress; good looks, handsomeness.
guapinal, *m.* (C. A.) a resin-yielding tree.
guapo, pa. I. *a.* (coll.) brave, daring; enterprising; good-looking or handsome; spruce, neat; ostentatious, vain; gay, sprightly. **II.** *m.* gallant, beau; brawler, quarrelsome person.
guapote, ta, *a.* (coll.) good-natured; good-looking, handsome.
guaquero, *m.* vessel for drinking chicha found in ancient Peruvian tombs.
guaracha, *f.* a Spanish clog dance; a Cuban song.
guarache, huarache, *m.* (Mex.) sandal.
guaraná, *f.* (bot.) a Brazilian shrub yielding astringent and nerve-stimulating substances.
guarango, ga. I. *a.* (Chile, Arg.) ill-bred, unmannerly. **II.** *m.* (bot.) (Peru, Ecua.) a species of wild acacia; (Venez.) (bot.) dividivi.
guaraní. I. *a.* Guaranian. **II.** *m.* Guarani.
guarapo, *m.* juice of the sugar cane; fermented cane liquor.
[1]guarda. I. *n.* guard; keeper; (Arg.) conductor (on street car, etc.).—**g. de cota,** gamekeeper.—**g. de la aduana,** officer of the custom house. **II.** *f.* custody; trust, wardship, safe-keeping; observance of a law or ordinance; nun who accompanies men through convents; outside rib or guard of a fan; (bookbinding) flyleaf, blank sheet; ward of a lock or of a key; (mech.) guard plate, shoe; sheath of a pruning knife.—**g. bauprés,** (naut.) knightheads, bollard timbers.
[2]guarda, (*imper.* of GUARDAR) *interj.* take care! beware! look out!
guardaaguas, *m.* (naut.) spurn water; (carp.) flashing board; (car) splash leather.
guardaagujas, *m.* (Ry.) switchman.
guardaalmacén, *m.* storekeeper.
guardabanderas, *m.* (naut.) yeoman of signals.
guardabarrera, *m.* (Ry.) gatekeeper.
guardabarro, *m.* (auto) mudguard.
guardabosque, *m.* forester; game warden.
guardabrazo, *m.* (armor) brassard.
guardabrisa, *m.* glass shade for candles; (auto) windshield.
guardacabras, *m.* goatherd.
guardacalada, *f.* opening in eaves.
guardacamisa, *f.* (Venez.) undershirt.
guardacantón, *m.* protective stone at corner of buildings.
guardacartuchos, *m.* (naut.) cartridge case.
guardacostas, *m.* (naut.) revenue cutter; Coast Guard.
guardacuños, *m.* keeper of the dies in the mint.
guardadamas, *m.* officer who escorted ladies of the court.
guardado, da. I. *pp.* of GUARDAR. **II.** *a.* guarded, reserved.
guardador, ra. I. *a.* very thrifty and provident; law-abiding; stingy, miserly. **II.** *m.* guardian; (mil.) keeper of the spoils.
guardaespaldas, *m.* bodyguard.
guardafango, *m.* (auto.) mudguard.
guardafaro, *m.* lighthouse keeper.
guardafrenos, *m.* (Ry.) brakeman.
guardafuego, *m.* (naut.) breaming board.
guardaguas, *m.* = GUARDAAGUAS.
guardagujas, *m.* = GUARDAAGUJAS.
guardainfante, *m.* farthingale, hoop (for skirt).—*pl.* (naut.) capstan whelp.
guardaja, *f.* = GUEDEJA, lock of hair; lion's mane.
guardajoyas, *m.* keeper of the crown jewels; place where the crown jewels are kept.
guardalado, *m.* battlement of a bridge.
guardalmacén, *n.* = GUARDAALMACÉN.
guardalobo, *m.* (bot.) poet's cassia.
guardamalleta, *f.* lambrequin.
guardamancebo, *m.* (naut.) manrope.
guardamano, *f.* guard of a sword.
guardamateriales, *m.* buyer of bullion and other necessaries for a mint.
guardameta, *m.* goalkeeper.
guardamonte, *m.* (artil.) guard of a gunlock; (Am.) forester, keeper of a forest.
guardamuebles, *m.* storeroom for furniture; person in charge of the furniture of a palace.
guardamujer, *f.* servant of the queen.

guardapapo, *m.* (armor) gusset.
guardapelo, *m.* locket.
guardapesca, *n.* boat that inspects and guards fisheries.
guardapiés, *m.* skirt.
guardapolvo, *m.* dust guard; dust wrapper; cover; inner lid of a watch; projection over a window or door to carry off the water.
guardapuerta, *f.* storm door.
guardar. I. *va.* to keep; to guard, protect, watch over; to lay up, store, lay by, reserve; to keep (one's word, the law, a secret, etc.); to fulfil (one's duty).—**g. la cara,** to hide, to dissemble. —**g. miramientos,** to show regard or consideration.—**guardársela a uno,** to bide one's time to take revenge on.—**g. silencio,** to keep silent, not to answer. **II.** *vr.* (**de**) to guard (against), avoid, beware (of), take care not (to).
guardarraya, *f.* (Cuba) path in cane or coffee plantations; (min.) boundary of a drill hole.
guardarriel, *m.* (Ry.) reinforcing plate on rail.
guardarrío, *m.* (ornith.) kingfisher.
guardarropa. I. *f.* wardroom, coat room. **II.** *m.* keeper of a wardrobe; wardrobe, clothes closet; (bot.) lavender cotton.
guardarropía, *f.* (theat.) wardrobe.
guardarruedas, *m.* = GUARDACANTÓN.
guardasellos, *m.* seal keeper.
guardasol, *m.* = QUITASOL, parasol, sunshade.
guardatimón, *m.* (naut.) stern chaser.
guardavajilla, *f.* room for keeping the (royal) plate or table service.
guardavalla, *m.* goalkeeper.
guardavía, *m.* (Ry.) signalman; lineman.
guardavientos, *m.* (agr.) windbreak.
guardera, *f.* female keeper.
guardería, *f.* keepership.
guardia. I. *f.* guard (body of armed men); defense, custody, protection; (naut.) watch; turn of persons on duty; (fencing) guard.—**g. civil,** body of rural police in Spain.—**g. de babor,** larboard watch.—**g. de corps,** lifeguard.—**g. de estribor,** starboard watch.—**g. del tope,** masthead lookout.—**g. municipal,** city police. —**g. valona,** Walloon guard.—**en g.,** on guard. —**estar de g.,** (mil.) to be on guard duty.—**montar la g.,** to mount guard.—**mudar la g.,** to relieve the guard.—**salir de g.,** to come off guard. **II.** *m.* soldier belonging to the guards, guardsman.—**g. civil,** a member of the rural police in Spain.—**g. marina,** midshipman.—**g. municipal,** policeman.
guardián, na. I. *n.* keeper, guardian, warden; watchman. **II.** *m.* local superior of convents of the order of St. Francis; (naut.) boatswain's mate; quarterman; gunner's yeoman; (naut.) strong hawser.
guardianía, *f.* guardianship of a convent and the district assigned to it.
guardilla, *f.* garret, attic; (sewing) guard, welt; each of the two end thick teeth of a comb.
guardín, *m.* (naut.) tiller rope, tiller chain; (naut.) port lanyard.
guardoso, sa, *a.* frugal, parsimonious; niggardly, stingy.
guarecer. I. *va.* (*ind.* GUAREZCO; *subj.* GUAREZCA) to shelter, protect, preserve; to cure. **II.** *vr.* to take refuge or shelter.
guarentigio, gia, *a.* (law) (contract) containing a warranty clause.
guarezco, guarezca, *v. V.* GUARECER.
guarida, *f.* den, cave, lair of a wild beast; shelter; lurking place, cover, haunt.
guarimán, *m.* (bot.) (Am.) tree of the magnolia family, with aromatic bark used as spice.
guarín, *m.* suckling pig.
guarismo, *m.* (arith.) figure, digit; number.
guarne, *m.* (naut.) turn (of a cable or tackle).
guarnecedor, ra, *n.* & *a.* garnisher(-ing), furbisher(-ing), trimmer(-ing).
guarnecer, *va.* (*ind.* GUARNEZCO; *subj.* GUARNEZCA) to garnish, adorn, embellish, decorate, furbish; (sewing) to trim, bind, edge, face, border, line, welt; (jewelry) to set in gold, silver, etc.; (mason.) to plaster; (armor) to put a guard on; to harness; (mil.) to garrison.
guarnecido, *m.* (mason.) plastering; stucco work.
guarnés, *m.* harness room.
guarnezco, guarnezca, *v. V.* GUARNECER.
guarnición, *f.* (sewing) trimming, binding, edging, welt, flounce, furbelow, garniture, garnish, any ornamental hem, lace, or border; (jewelry) setting; (mech.) packing; (armor) guard of a sword; (mil.) garrison.—*pl.* gears or traces of mules and horses; harness; fixtures, fittings (for gas, electric lamps, etc.); accessories.
guarnicionar, *va.* (mil.) to garrison.
guarnicionería, *f.* harness maker's shop.
guarnicionero, *m.* harness maker.
guarniel, *m.* leather pouch with divisions or pockets, strapped across the back and chest over one shoulder; (Mex.) powderflask.
guarnigón, *m.* (ornith.) young quail.
guarnir, *va.* GUARNECER; (naut.) to reeve; to rig.
[1]**guaro,** *m.* a very talkative small parrot.
[2]**guaro,** *m.* (C. A.) sugar-cane liquor.
guarra, *f.* sow.
guarro, *m.* hog.
¡guarte! *interj.* take care! beware! look out!
guaruba, *f.* (ornith.) a red-necked American parrot; howling monkey.
guasa, *f.* (coll.) jest, fun, joke; dulness; (W. I.) (ichth.) jewfish.—**de g.,** jokingly, in fun.
guasanga, *f.* (Cuba) noisy mirth.
guasanguero, ra, *a.* (Cuba) jolly, merry, noisy.
guasca, *f.* (Peru), piece of cord or rawhide; (Colomb.) strip of raw fiber, fibrous bark, etc., to tie with.—**dar g.,** to whip.
guaso, *m.* Gaucho; lasso.
guasón, na, *a.* (coll.) jocose, witty; dull, uninteresting.
guasquea , *va.* (Am.) to whip, to scourge.
guataca, *f.* (Cuba) spade; (Cuba) (coll.) large ear.
guataquear, *va.* (Cuba) to spade.
Guatemala, *f.* Guatemala.
guatemalteco, ca, *n.* & *a.* Guatemalan.
guateque, *m.* (Cuba) country dance.—**guatequear,** *va.* (Cuba) to dance (as in the country).
guatiní, *m.* (Cuba) = TOCORORO (ornith.) trogon.
guau, *m.* bowwow, the bark of a dog.
guavina, *f.* = GUABINA, (Colomb.) a peasant tune.
¡guay! *interj.* alas! alack!
guaya, *f.* grief, sorrow, affliction.
guayaba, *f.* fruit of the guava tree; guava jam or jelly; (Am.) lie, fib.
guayabal, *m.* guava-tree orchard or field.
guayabero, ra, *n.* (Am.) liar, fibber.
guayabo, *m.* (bot.) guava tree.
guayacán, *m.* (bot.) lignum-vitæ, guaiacum.
guayacana, *f.* (bot.) date-plum.
guayaco, *m.* = GUAYACÁN.
guayacol, *m.* (chem.) guaiacol.
guayaquileño, ña. I. *a.* Guayaquil, of or pertaining to the city of Guayaquil. **II.** *n.* inhabitant or native of the city of Guayaquil.
guayule, *m.* (bot.) guayule.
guazubirá, *m.* an Argentine deer.
gubán, *m.* (P. I.) a large canoe.
gubernamental, *a.* governmental.
gubernativo, va, *a.* administrative, governmental, gubernatorial.
gubia, *f.* (carp.) gouge, centering chisel; (artil.) vent searcher.
gubiadura, *f.* notch, channel.
guedeja, *f.* long lock of hair; forelock; lion's mane.—**guedejilla,** *f. dim.* small lock of hair.
guedejón, na, joso, sa, judo, da, *a.* long-haired.
güeldo, *m.* shrimps, clams, etc., used as bait.
güelfo, fa, *n.* & *a.* Guelph.
guelte, gueltre, *m.* money, cash; wealth.
güemul, *m.* guemul, an Andean variety of deer.
güepil, *m.* (Mex.) = HUIPIL, Aztec dress.

güérmeces, *m.* morbid swelling in the throat of birds of prey.
guerra, *f.* war. warfare.—**g. a muerte,** war without quarter; war to the death.—**g. civil,** civil war.—**g. de guerrillas,** guerrilla warfare.—**g. de secesión,** (U. S.) War of Secession.—**g. fría,** cold war.—**g. mundial,** World War.—**g. preventiva,** preventive war.—**g. psicológica,** psychological warfare.—**corcel de g.,** war horse.—**dar g.,** to annoy, bother, trouble.—**en pie de g.,** on a war footing, up in arms.—**grito de g.,** war cry.—**impuesto de g.,** war tax.—**neurosis de g.,** shell shock.
guerreador, ra. I. *a.* warring. **II.** *n.* warrior.
guerreante, *a.* warring.
guerrear, *vn.* to war, wage war, fight.
guerreramente, *adv.* warlike.
guerrero, ra. I. *a.* martial, warlike. **II.** *m.* warrior, fighter, soldier, military man.
guerrilla, *f.* guerrillas, skirmishers, bushwhackers; guerrilla warfare.
guerrillear, *vn.* to engage in guerrilla warfare.
guerrillero, ra. I. *a.* guerrilla. **II.** *m.* guerrilla, bushwhacker; guerrilla leader.
guía. I. *n.* guide, cicerone; leader, director, adviser.—**g. de forasteros,** court guide. **II.** *m.* (mil.) guide. **III.** *f.* guide, guide sign; guidebook; directory; (mech.) guide, rule, guide bar, guide pin, guide screw, guide tube, etc.; (com.) custom house permit, cocket; driving shaft of a water wheel; (agr.) young shoot left on a vine or tree for training others; young shoot or sucker of a vine; (naut.) guy, leader, span, hauling-line, preventer-rope; (min.) leader; handlebar of a bicycle; guard of a fan; leader, foremost horse; (fireworks) fuse.—*pl.* guide lines, reins for controlling the leader horses.—**g. por inercia,** (aer.) inertial guidance.—**g. radial,** (printed) radio program.—**g. terminal,** terminal guidance.—**a guías,** driving four-in-hand.
guiadera, *f.* guide or conductor in mills; upright guide in oil mills, lifts, etc.
guiado, da. I. *pp.* of GUIAR. **II.** *a.* guided; having a guide or a permit.
guiador, ra, *n.* guide, director, leader.
guiar. I. *va.* to guide, lead; to drive (auto, etc.); to pilot; (agr.) to train (a plant.) **II.** *vr.* **(por)** to go or be governed (by), to follow.
guiguí, *m.* (P. I.) (zool.) flying squirrel.
guija, *f.* peoble; gravel; (bot.) ALMORTA, blue vetch.—*pl.* (coll.) strength, force, vigor.
guijarral, *m.* place abounding in pebbles.
guijarrazo, *m.* blow with a pebble or a cobble.
guijarreño, ña, *a.* pebbly, gravelly; hardy, strong.
guijarro, *m.* pebble, cobble.
guijarroso, sa, *a.* pebbly.
guijeño, ña, *a.* pertaining to or resembling pebbles; hard, relentless.
guijo, *m.* gravel.
guijón, *m.* = NEGUIJÓN, caries, tooth decay.
guijoso, sa, *a.* gravelly, pebbly.
guilalo, *m.* (P. I.) coasting vessel with sails of matting.
guilla, *f.* plentiful harvest.
guillame, *m.* joiner's rabbeting plane.
guillote, *m.* husbandman who enjoys the produce of a farm; (naut.) treenail or iron pin; vagrant; sponger; idle fellow; novice gambler.
guillotina, *f.* guillotine; cardboard-cutting machine.—**de g.,** (of windows, etc.) opening up and down.
guillotinar, *va.* to guillotine.
guimbalete, *m.* pump brake, pump handle.
guimbarda, *f.* an ancient dance; (carp.) grooving plane.
guinchar, *va.* to prick, goad.
guincho, *m.* goad, pike; (Cuba) sea gull.
[1]**guinda,** *f.* (bot.) berry of the mazard.—**echar guindas a la tarasca,** (coll.) to be very easy, child's play.
[2]**guinda,** *f.* (naut.) total height of the masts.
[1]**guindado, da. I.** *pp.* of GUINDAR. **II.** *a.* hoisted, set up.
[2]**guindado, da,** *a.* garnished with mazard berries.
guindajos, *m. pl.* (Cuba) hangings, fringe, tassels.
guindal, *m.* (bot.) mazard tree.
guindalera, *f.* plantation of mazard trees.
guindaleta, *f.* crank rope; fulcrum of a balance.
guindaleza, *f.* (naut.) hawser.
guindamaina, *f.* salute by dipping the flag.
guindar. I. *va.* to hang on high; (coll.) to obtain or procure in competition with others; (coll.) to hang (a person). **II.** *vn.* to be suspended, to hang.
guindaste, *m.* (mech.) horse, frame; (naut.) timber head jeer, knighthead of the jeers.
guindilla, *f. dim.* pod of the red pepper.
guindillo de Indias, *m.* (bot.) shrub of the capsicum family; red pepper.
guindo, *m.* (bot.) mazard tree.—**g. griego,** large mazard cherry tree.
guindola, *f.* (naut.) triangular hanging stage; life buoy
guineo, nea. I. *a.* Guinea, Guinean.—**gallina g.,** Guinea hen. **II.** *n.* Guinea, Guinean; *f.* **(G.,)** Guinea; guinea (former English gold coin equal to 21 shillings); *m.* a Negro dance; banana.
guinga, *f.* gingham.
guinja, *f.* **guinjo,** *m.* jujube.
guinjo, guínjolero, *m.* (bot.) jujube tree.
guiñada, *f.* wink; (naut.) yaw, lurch.
guiñador, ra, *n.* & *a.* winker(-ing).
guiñadura, *f.* = GUIÑADA.
guiñapiento, ta, *a.* ragged, tattered, torn.
guiñapo, *m.* tatter, rag; ragamuffin, tatterdemalion.—**guiñaposo, sa,** *a.* = GUIÑAPIENTO.
guiñar, *va.* to wink; (naut.) to yaw, to lurch.
guiño, *m.* = GUIÑADA.
guión, *m.* cross, standard carried before prelates and corporations; gonfalon in processions; royal standard; master of ceremonies; leader of a dance; hyphen; explanatory text or reference table; (theat., radio, TV) script; (mil.) guidon; (mus.) repeat; (naut.) loom of an oar.
guionaje, *m.* office of guide or conductor.
guipar, *va.* (coll. and vulgar) to see.
güipil, *m.* (Mex.) = HUIPIL, Aztec dress.
guipuzcoano, na. I. *n.* & *a.* native of or belonging to the province of Guipúzcoa. **II.** *m.* one of the Basque dialects.
guira, *f.* (bot.) calabash tree.
guirgüesco, ca, *a.* = GREGÜISCO, Grecian.
guiri, *n.* anti-Carlist; Liberal.
guirigay, *m.* (coll.) gibberish; jargon.
guirindola, *f.* frill of a shirt.
guirlache, *m.* roast almond caramel; brittle.
guirlanda, guirnalda, *f.* garland, wreath; (naut.) puddening; (mil.) light ball.
guirnaldeta, *f. dim.* small garland.
güiro, *m.* bottle gourd, fruit of the calabash tree; (Cuba) gourd used as an instrument to accompany dance music; (Arg., etc.) green corn stalk.
guirre, *m.* (prov. Canaries) vulture.
guisa, *f.* manner, fashion.—**a g. de,** like, in the manner of.
guisado, *m.* stew; ragout, fricassee.
guisador, ra; guisandero, ra, *n.* cook.
guisantal, *m.* pea patch.
guisante, *m.* (bot.) pea.—**g. de olor,** sweet pea.
guisar, *va.* to cook or dress (food); to arrange, prepare, adjust.
guiso, *m.* cooked dish; seasoning, condiment.
guisopillo, *m.* = HISOPILLO, (med.) mouth swab.
guisote, *m.* poorly cooked dish.
guita, *f.* packthread, twine; (coll.) money.
guitar, *va.* to sew with packthread.
guitarra, *f.* (mus.) guitar; (mason.) muller for pulverizing gypsum.—**guitarrazo,** *m.* blow with a guitar.—**guitarrear,** *vn.* to play the guitar.—**guitarrería,** *f.* factory or shop for guitars, mandolins, etc.—**guitarrero, ra,** *n.* guitar maker; guitar player.—**guitarresco,**

ca, *a.* (coll.) pertaining to the guitar.—**guitarrillo,** *m.*; **lla,** *f. dim.* small guitar.
guitarrista, *n.* guitar player.
guitarro, *m.* (mus.) small four-string guitar.
guitarrón, *m. aug.* large guitar; (coll.) cunning knave.
guitero, ra, *n.* twine maker.
guito, ta, *a.* treacherous, (of mules, etc.) vicious.
[1]**guitón,** *m.* an ancient coin.
[2]**guitón, na,** *n.* mendicant, vagrant, tramp.
guitonear, *vn.* to loiter, loaf, idle about.
guitonería, *f.* idleness; vagabond life.
guizazo, *m.* (Cuba) (bot.) a kind of weed.
guizgar, *va.* to excite, invite.
guizque, *m.* hook of a hanging lamp.
guja, *f.* (armor) vogue or voulge.
gula, *f.* gluttony, inordinate appetite.
gules, *m. pl.* (her.) gules, red.
guloso, sa, *a.* gluttonous; greedy.
gulusmear, *vn.* (coll.) to eat tidbits.
gullería, gollería, *f.* dainty; delicious tidbit.
gulloría, *f.* (ornith.) a kind of lark; GULLERÍA.
gúmena, *f.* (naut.) cable.—**gumeneta,** *f. dim.* (naut.) small cable.
gumía, *f.* a kind of dagger or poniard.
gumífero, ra, *a.* gum-producing, gummiferous.
gura, *f.* (ornith.) (P. I.) a crested wild pigeon.
[1]**gurbión,** *m.* coarse twisted silk; heavy silk cloth.
[2]**gurbión,** *m.* spurge gum resin.
gurdo, da, *a.* silly, simple, nonsensical.
gurriato, *m.* nestling sparrow.
gurrufero, *m.* (coll.) deformed and vicious nag.
gurrumina, *f.* (coll.) uxoriousness, excessive doting on one's wife; (Am.) trifle.
gurrumino, na. I. *a.* mean, contemptible. **II.** *n.* (C. A.) boy, girl, child. **III.** *m.* (coll.) henpecked husband.
gurullada, *f.* (coll.) = GRULLADA, gang of idlers; (coll.) patrol of policemen.
gurullo, *m.* lump or knot.
gurullón, *m.* a knot of wool in cloths.
gurvio, a, *a.* (of tools) curved.
gurvión, *m.* = [1]GURBIÓN.
gusanear, *vn.* HORMIGUEAR, to itch.
gusanera, *f.* place where worms or microbes are bred; (coll.) ruling passion.
gusaniento, ta, *a.* grubby, full of vermin, maggoty, worm-eaten.
gusanillo, *m. dim.* small worm or grub; (sewing) gold, silver, or silk twist; twist-stitch embroidery; (mech.) bit of a gimlet or auger.
gusano, *m* (zool.) worm, grub, caterpillar; threadworm, pinworm; meek, dejected person; distemper of sheep.—**g. de la conciencia,** worm of conscience, remorse.—**g. de luz** = LUCIÉRNAGA.—**g. de San Antón,** gray grub.—**g. de seda,** silkworm.—**g. revoltón,** vine inchworm.
gusarapiento, ta, *a.* wormy, grubby; filthy; rotten.
gusarapo, *m.* water worm; any annelid found in liquids, especially vinegar.
gustable, *a.* pert. to taste; (Am.) tasty.
gustadura, *f.* gustation, tasting.
gustar. I. *va.* to taste; to try. **II.** *vn.* to be pleasing, to cause pleasure; (diff. constr.) to like (as: *esto me gusta,* I like this; *¿le gusta a Vd. la música?* do you like music? *la comida nos gustó mucho,* we liked the dinner very much; *como Vd. guste,* as you like, as you will).—**g. de,** to like, to have a liking for; to enjoy.
gustativo, va, gustatorio, ria, *a.* gustatory.
gustazo, *m. aug.* (coll.) great pleasure.
gustillo, *m. dim.* peculiar flavor, or relish.
gusto, *m.* taste; tasting; pleasure; liking; will, determination; choice; discernment; caprice, fancy, whim; diversion.—**a g.,** at will, to one's taste or judgment.—**con mucho g.,** with great pleasure.—**cosa de g.,** tasty, fancy article.—**dar g.,** to gratify, to please.—**darse g.,** to indulge in pleasure, to have a good time; to live well.—**de buen (mal) g.,** in good (bad) taste.—**de mi g.,** to my taste; to my liking.—**el g. del día,** prevailing taste or fashion.—**tener g. en,** to take pleasure in, to be glad to.—**tener g. por,** to have a taste for, to like.—**tengo mucho g. en conocerle,** (on being introduced) I'm very glad to meet you.
gustoso, sa, *a.* savory, palatable; tasty; cheerful, merry, joyful; pleasing, pleasant; willing, ready.
gutagamba, *m.* (bot.) tree producing gamboge; gamboge.
gutapercha, *f.* gutta-percha.
gutiámbar, *m.* gamboge.
gutífero, ra, *a.* guttiferous, gum-yielding.
gutural, *a.* guttural.
guzmán, *m.* nobleman who formerly served as midshipman or cadet.

H

H, h, *f.* h, ninth letter of the Spanish alphabet.
ha, *verbal form. V.* HABER.
¡ha!, *interj.* ah! alas!
haba, *f.* broad bean; lima bean; bean; kernel; ballot (ball); (vet.) tumor in the palate of horses; (min.) prill.—**h. común caballar,** (bot.) horse bean.—**h. de Egipto,** Egyptian bean.—**h. de las Indias,** sweet pea.—**h. de San Ignacio,** St. Ignatius' bean.—**h. marina,** navelwort, kidneywort.—**h. tonca,** Tonca bean.—**esas son habas contadas,** that is a sure thing; that is as clear as daylight.
habado, da, *a.* (vet.) having HABAS; dappled (as a horse).
habanera, *f.* (mus.) a Cuban air and dance tune.
habanero, ra, *a.* Havanese, of Havana.
habano. I. *a.* Havana (as *a.*). **II.** *m.* Havana cigar.
habar, *m.* bean field.
habascón, *m.* (S. A.) a parsniplike root.
hábeas corpus, *m.* habeas corpus.
háber, *m.* doctor of the law among the Jews.
haber. I. *va.* (*ind. pres.* HE, *pret.* HUBE, él HUBO, *fut.* HABRÉ; *subj.* HAYA) to have, own, possess; (gen. passive) to catch, lay hands on; to get (*el ladrón no pudo ser habido,* the thief could not be caught; *el niño lee cuantos libros puede haber,* the boy reads all the books he can get). **II.** *v. auxil.* to have (*haber hablado,* to have spoken; *habiendo hablado,* having spoken; *yo he hablado,* I have spoken). **III.** *vn.* (**de**) to have (to), must (*hemos de salir,* we have to, or must, go out; *ha de saber Vd.,* you must know). **IV.** *v. imp.* to be (in phrases, "there is," "there are"); to take place. In this sense, the third person of the indicative is **hay,** and only the third person singular is used in all modes and tenses, for the verb has no subject: the word or phrase which in English is the subject of the equivalent "to be" is in Spanish the accusative, not the subject, of "haber" (*hay peligro,* there is danger; *aquí hay un buen teatro,* there is a good theater here: *en Colombia hay muchas minas,* there are many mines in Colombia; *ayer hubo dos accidentes,* there were two accidents yesterday; *mañana no habrá escuela,* there will be no school tomorrow). The form **ha,** applied to time, has the adverbial value of "ago" (*dos años ha,* two years ago).—**hay para,** there is enough for.—**hay que,** must, to be necessary (*hay que ir,* it is necessary to go; *hay que hacerlo,* it's got to be done).—**lo que hay es,** what happens is; the fact is.—**no hay de qué,** (after being thanked) you're welcome.—**no hay más que,** there is nothing more to; there is nothing but; it's enough, it'll do.—**no hay para que,** there is no occasion for; it is better not to; there's no point in.—**no hay que,** one should not; it's not necessary to.—**no hay remedio,** it can't be helped.—**¿qué hay?** what's happening? what's the matter?—**¿qué hay de nuevo?** what's new? what's the news? **V.** *vr.* **habérselas con,** to deal with; to face, to cope with.—**VI.** *m.* in bookkeeping, credit, Cr.; (gen. *pl.* **haberes**) property, possessions, estate.—**h. monedado,** coin, specie.

haberío, *m.* beast of burden.
habichuela, *f.* (bot.) French bean or kidney bean.—**h. verde,** string bean.
habiente, *a.* (law) having, possessing.
hábil, *a.* capable, skillful.—**día, h.,** work day.
habilidad, *f.* ability, skill; talent.—*pl.* accomplishments.
habilidoso, sa, *a.* skillful, able.
habilitación, *f.* habilitation, qualification; outfit, equipment; (mil.) office and bureau of a paymaster.—**h. de bandera,** concession to a foreign vessel to engage in the coasting trade.
habilitado, da. I. *pp.* of HABILITAR. **II.** *a.* qualified; competent. **III.** *m.* paymaster.
habilitador, ra, *n.* qualifier; outfitter.
habilitar, *va.* to qualify, enable; to provide, supply with, fit out, equip.
habitabilidad, *f.* habitability, habitableness.
habitable, *a.* habitable.
habitación, *f.* dwelling, residence, habitation, abode, lodging; room, chamber, suite of rooms, apartment; (law) caretaking; habitat.
habitáculo, *m.* dwelling, residence, abode.
habitador, ra, *n.* inhabitant, resident, dweller.
habitante, *a.* & *n.* inhabiting(-ant).
habitar, *va.* to inhabit, live, dwell, reside.
hábito, *m.* dress, habit, habiliment, garment; habit, custom.—*pl.* dress of ecclesiastics; robes of the military orders.—**tomar el h.,** to become a monk or a nun.
habituación, *f.* habit, custom.
habitual, *a.* habitual, usual, customary.
habituar. I. *va.* to accustom, habituate, inure. **II.** *vr.* to become accustomed, accustom oneself, get used.
habitud, *f.* relation, connection.
habla, *f.* speech; language, tongue; dialect; conversation, talk.—**al h.** (naut.) within speaking distance.—**estar en h.,** to talk.—**estar sin h.,** or **perder el h.,** to be or become speechless.—**negar,** or **quitar, el h.,** to cease speaking to, to cut.—**ponerse al h.,** to communicate, get in touch, speak.
hablado, da, *a.*—**bien h.,** using choice language.—**mal h.,** using vile or vulgar language.
hablador, ra. I. *a.* talkative. **II.** *n.* talker, gabbler, prattler, chatterbox; gossip.
habladuría, *f.* impertinent speech; gossip, empty talk.
hablanchín, ina, *a.* & *n.* = HABLANTÍN.
hablante, *a.* speaking, talking.
hablantín, na, *a.* & *n.* (coll.) talkative person.
hablar. I. *vn.* to speak; to talk, converse.—**h. a,** to speak to; to hail (a ship).—**h. a chorros,** to speak fast.—**h. a destajo,** (coll.) to talk much and at random.—**h. a gritos,** to shout.—**h. al alma,** to speak things that touch the quick.—**h. alto,** to speak loud.—**h. a tontas y a locas,** to speak recklessly or disconnectedly.—**h. claro,** to speak in plain language, to call a spade a spade.—**h. con,** to speak with; to court, to woo.—**h. de,** to speak, or talk, of or about.—**h. de chanza,** to joke, to speak in jest.—**h. en griego,** or **en gringo,** to talk gibberish, to talk Greek (fig.).—**h. en plata** = H. CLARO.—**h. entre dientes,** to mutter, to mumble.—**h. gordo,** to bully, to bluff.—**h. por boca de ganso,** to speak from hearsay; to be a mouthpiece.—**h. por h.,** to talk for the sake of talking.—**h. por los codos,** to talk incessantly, to chatter.—**estar hablando,** to be perfect; to be manifest. **II.** *va.* to speak, utter, say.—**h. disparates,** to talk nonsense. **III.** *vr.* to speak to each other; to be on speaking terms.
hablilla, *f.* rumor, gossip, report, little tale.
hablista, *n.* scholar, scholarly writer.
hablistán, *n.* (coll.) prattler, chatterer.
habón, *m. aug.* wheat, whelk.
habré, *v. V.* HABER.
haca, *f.* pony, pad, small horse.
hacán, *m.* learned man among the Jews.
hacanea, *f.* nag, small horse.
hacecico, illo, ito, *m. dim.* small sheaf; fascicle.—**h. de rayos luminosos,** pencil of luminous rays.
hacedero, ra, *a.* feasible, practicable.
hacedor, *m.* maker; steward, manager of a farm.—**el H.,** the Creator, the Maker.
hacendado, da. I. *pp.* of HACENDAR. **II.** *a.* landed, owning real estate. **III.** *m.* landholder, farmer, planter, rancher.
hacendar. I. *va.* (*ind.* HACIENDO; *subj.* HACIENDE) to transfer or make over. **II.** *vr.* to purchase real estate.
hacendeja, *f. dim.* small farm or ranch.
hacendera, *f.* public work at which all the neighborhood assists.
hacendero, ra, *a.* industrious, sedulous.
hacendilla, duela, *f. dim.* small farm or ranch.
hacendista, *m.* (pol.) economist; financier.
hacendoso, sa, *a.* assiduous, industrious.
hacer. I. *va.* (*pp.* HECHO; *ind. pres.* yo HAGO, él HACE, *pret.* yo HICE, él HIZO, *fut.* HARÉ; *subj.* HAGA) to make; to produce, form; to prepare; conceive, devise, compose: deliver, utter (as a plan, a poem, a speech); to arrange, make (a bed), pack (a trunk, valise); to shed, cast, project (as a shadow); to raise, produce (as dust, smoke); to do; to gain, earn; to accustom, inure; to assemble, convoke; to act, perform (as a play, a part); to do, execute, carry out; to lead (a life); to take (a trip); to suppose, think (*yo hacía a Juan en Paris,* I thought John was in Paris; *le hacíamos muy rico,* we supposed he was very rich); to hold in, feel, have (*hacer estimación,* or *aprecio,* to hold in esteem, to have regard for); (followed by *inf.*), to order, have (followed by *pp.*: *Juan hizo construir la casa,* John had the house built; *Juan hizo nombar a Pedro,* John had Peter appointed); (followed by *inf.*) to make, compel (*la haremos confesar,* we shall make her confess; *lo hice firmar,* I made him sign).—**h. agua,** (naut.) to leak.—**h. alarde,** to boast.—**h. ánimo,** to mean, to intend.—**h. antesala,** to dance attendance, to be kept waiting.—**h. bancarrota,** to fail, to become bankrupt.—**h. boca,** to work up an appetite.—**h. bola,** to play hookey; to stay away.—**h. buen tercio,** to do a good turn.—**h. cara, h. cara a,** to face, resist, oppose.—**h. caso,** to mind, pay attention.—**h. caso de,** to take into account, pay attention to.—**h. con,** to supply, provide, furnish (*te haré con dinero,* I will provide you with money.—**h. corrales** = H. BOLA.—**h. cuentas,** to figure, reckon; to estimate.—**h. chacota (de)** to ridicule, to turn into ridicule.—**h. daño a,** to hurt, harm; (of an article of food) not to agree with.—**h. de** = H. CON.—**h. de cuenta (que),** to pretend, act (as if).—**h. de las suyas,** to be up to one's old tricks, to run true to type.—**h. de tripas corazón,** to pluck up courage or heart.—**h. diligencia,** to try, to endeavor, to take measures.—**h. el favor,** to do the favor (*hágame el favor,* do me the favor, please).—**h. falta,** to be lacking, missing (diff. constr. *le hace falta dinero,* he needs money).—**h. fiesta,** to take a holiday.—**h. fiestas a,** to fondle, caress; cajole; fawn to.—**h. frente** = H. CARA.—**h. frente a,** to meet (demands, etc.).—**h. fuego,** (mil.) to fire.—**h. fuerza,** to struggle; to exert force; to carry weight, exert influence, appeal.—**h. fuerza a,** to do violence to; to impress, convince.—**h. fuerza de vela,** (naut.) to crowd sail.—**h. furor,** to "make a hit."—**h. gasto,** to spend.—**h. h.,** to have made, cause to be made, order to be made.—**h. juego,** to be well matched.—**hacerla,** to act unworthily; to fall below expectations; to act (with modifying word indicating the character of the action—usually bad).—**h. la barba,** to shave; (Mex.) to flatter.—**h. la corte,** to court, to woo; to pay court in palace.—**h. la cuenta,** to figure out.—**h. la cuenta sin la huéspeda,** to reckon without the host.—**h. la guerra,** to war, to wage or make war.—**h. las amistades,** to become reconciled, make

up.—**h. la vista gorda,** to wink at, to connive at.—**h. limosna,** to give alms.—**hacerlo bien (mal),** to perform, or acquit oneself, well (badly).—**h. mal,** to do wrong, harm; to act wrongly; to be injurious.—**h. mal de ojo,** to fascinate.—**h. memoria de,** to remember.—**h. milagros,** to do wonders.—**h. mofa de,** to mock, scoff at.—**h. morisquetas,** to play pranks.—**h. papel,** to cut a figure; to play a part.—**h. pedazos,** to break or tear into pieces; to break (as the heart).—**h. presente,** to remind of, call attention to.—**h. que,** to pretend, feign; to have, order (diff. constr. *hace que escribe,* he pretends to be writing; *haga que lo traigan,* have it brought).—**h. saber,** to make known; to inform, notify.—**h. señas,** to motion.—**h. su agosto,** to make hay while the sun shines.—**h. su apacheta,** to have made a fortune; to make one's pile.—**h. un barro,** to make a break, put one's foot in it.—**h. un enfoque general,** to make a broad approach.—**h. una pregunta,** to ask a question, put a question.—**h. vela,** (naut.) to set sail.—**h. ver,** to show, demonstrate.—**¿qué hace?** (a form of greeting) how do you do? how are you? **II.** *vn.* to matter, signify; to be pertinent, or to the purpose (*¿qué le hace?* what does it matter? *eso no hace al caso,* that has nothing to do with the case); to agree, accord, match (*esto no hace con eso,* this does not agree with (or match) that).—**h. como que, h. como si,** to act as if.—**h. de,** to act as (*hacer de notario,* to act as a notary; *hago de carpintero,* I am doing a carpenter's work).—**h. del** (*f.* **de la**) to pretend to be, to play the (*hacer del bobo,* to play the idiot).—**h. del cuerpo,** to go to stool.—**h. el** (*f.* **la**) = H. DEL.—**h. para, h. por,** to endeavor, to try, make an effort, do one's best to (*haré por venir,* I will endeavor to come; *hacer por,* or *para, salvarse,* to strive to save oneself.—**h. por h.,** to act to no purpose.—**h. por la vida,** to eat something.—**no le hace,** never mind, let it go. **III.** *v. impers.* (referring to the state of the weather and followed by a noun) to be (with "it" as subject: *hace mal tiempo,* it is bad weather; *hace buen día,* it is a good day), or to be (with "it" as subject and followed by the corresponding English adjective: *hace calor,* it is warm; *hace viento,* it is windy). Applied to a lapse of time, it is rendered by "to be," with "it" as subject, or by "ago" (*hace un año,* it is now one year, or, a year ago; *ayer hizo un mes,* a month ago yesterday, or it was a month yesterday; *hace años* (*días,* etc.), many years (days, etc.) ago; *hace una semana que está aquí,* he has been here a week; *hace una semana que le vi,* it is a week since I saw him; *hace mucho* (*poco*), a long (short) time ago; *hace tiempo,* a long time ago).—**¿cuánto (tiempo) hace?** how long ago? —**¿cuánto (tiempo) hace que?** since when? **IV.** *vr.* (**hacerse**) to become, to grow; to move shift, recede, draw aside; to inflict upon oneself (as a wound, a scratch): to pretend to be, pass oneself off for.—**h. a,** to become accustomed or inured to; to come by, acquire.—**h. a la vela,** (naut.) to set sail.—**h. añicos,** to break to smithereens.—**h. chiquito,** to pretend to be modest; to conceal one's knowledge.—**h. de miel,** to be sweet, lenient, or obliging.—**h. de rogar,** to like to be coaxed.—**h. el sueco,** to pretend not to understand.—**h. el tonto,** to "play dumb," play the fool.—**h. ilusiones,** to be under an illusion, fool oneself.—**hacérsele a uno,** to be . . . to one, to seem . . . to one (*eso se me hace misterioso,* that seems mysterious to me).—**h. pedazos,** to break into, or to, pieces.—**h. tarde,** to grow late.—**h. tortilla,** to fall down flat.

hacera, *f.* sidewalk.

hacezuelo, *m. dim.* of HAZ.

hacia, *prep.* toward, in the direction of; near, about.—**h. abajo,** downward; in the lower part, toward the bottom.—**h. acá,** hither, this way.—**h. adelante,** forward.—**h. allá,** thither, that way.—**h. arriba,** upward; in the upper part, toward the top.—**h. atrás,** backward.—**h. casa,** homeward.—**h. dónde,** whither, toward which (what) place, where.—**h. el cielo,** heavenward.—**h. el mar,** seaward.—**h. popa,** (naut.) abaft.—**h. proa,** (naut.) afore.—**partir h. (Europa),** to leave for (Europe).

hacienda, *f.* landed property; plantation; farm; ranch; estate, fortune, wealth; finance.—*pl.* domestic work, household duties.—**h. de beneficio** (Mex., min.) reduction works.—**h. pública,** public treasury; public funds; public finances.—**real h.,** public treasury, public funds (in a monarchy).

haciendo, haciende, *v. V.* HACENDAR.

hacina, *f.* (agr.) shock, stack; pile, heap.

hacinador, ra, *n.* (agr.) stack maker.

hacinamiento, *m.* accumulation; heaping or stacking.

hacinar, *va.* (agr.) to stack; to pile, heap; accumulate; to hoard.

[1]**hacha,** *f.* large taper with four wicks.—**h. de viento,** flambeau, torch.

[2]**hacha,** *f.* axe; ancient Sp. dance; (naut.) link.—**h. de armas,** battle axe.

hachazo, *m.* blow or stroke with an axe.

hache, *f.* name of the letter *h.*

hachear. I. *va.* to cut with an axe; to hew. **II.** *vn.* to strike with an axe.

[1]**hachero,** *m.* (mil.) axeman; woodsman, wood cutter.

[2]**hachero,** *m.* torch stand.

hachich, hachís, *m.* hashish, hasheesh.

hacho, *m.* torch or link; beacon hill.

hachón, *m.* large torch or link; cresset.

hachote, *m. aug.* large axe.

hachuela, *f. dim.* small hatchet or axe; hand axe, adze.

hada, *f.* fairy.

hadar, *va.* to divine, foretell; to enchant.

hado, *m.* fate, destiny, doom.

hafnio, *m.* (chem.) hafnium.

haga, *v. V.* HACER.

hagiografía, *f.* (eccl.) hagiography.

hagiógrafo, fa, *n.* hagiographer.

hagiología, *f.* hagiology.

hago, *v. V.* HACER.

Haití, *m.* Haiti.

haitiano, na, *n.* & *a.* Haitian.

¡hala! *interj.* (naut.) pull! haul!

halagador, ra. I. promising, rosy; flattering; coaxing. **II.** *n.* flatterer, cajoler, coaxer.

halagar, *va.* (*pret.* HALAGUÉ; *subj.* HALAGUE) to cajole, to flatter; to coax, allure, wheedle; to fondle, treat with tenderness.

halago, *m.* cajolery, flattery; caress, cooing.

halagué, halague, *v. V.* HALAGAR.

halagüeñamente, *adv.* endearingly, flatteringly; promisingly, alluringly.

halagüeño, ña, *a.* endearing; attractive, alluring; promising, bright; fawning, flattering.

halar, (coll.) **jalar. I.** *va.* (naut.) to haul, pull, tow. **II.** *vn.* to pull ahead.

halcón, *m.* (ornith.) falcon.—**halconado, da,** *a.* falconlike.—**halconcico, illo, ito,** *m. dim.* jashawk.—**halconear,** *va.* (coll.) to inveigle, allure.—**halconera,** *f.* place where falcons are kept.

halconería, *f.* falconry.

halconero, *m.* falconer, hawk trainer.

halda, *f.* FALDA, skirt; a lapful; packing bag.—**haldas en cinta,** (coll.) disposed and ready for anything.—**de haldas o de mangas,** (coll.) justly or unjustly, with good or ill will, in any way.—**haldada,** *f.* skirtful.—**haldear,** *vn.* to run along with billowing skirts.—**haldica, illa, ita,** *f. dim.* small skirt.—**haldudo, da,** *a.* full-skirted.

haleche, *m.* (ichth.) anchovy.

halieto, *m.* (ornith.) sea eagle.

haliéutico, ca, *f.* halieutic, pert. to fishing.

haliótide, haliotis, *m.* (zool.) abalone.
halita, *f.* (min.) halite.
hálito, *m.* breath; vapor, effluvium; breeze.
halitosis, *f.* halitosis.
halo, *m.* (astr.) halo.
halófilo, la, *a.* (bot.) halophilous.
halógeno, *m.* (chem.) halogen.
halografía, *f.* (chem.) halography.
haloideo, a, *a.* (chem.) haloid.
halón, *m.* (astr.) halo.
haloque, *m.* (naut.) an ancient small vessel.
haloza, *f.* wooden shoe.
hallado, da, *pp.* & *a.* found.—**bien h.,** welcome; easy, contented.—**mal h.,** uneasy, constrained.
hallador, ra, *n.* finder, discoverer.
hallar. I. *va.* to find; come across; to find out; to discover; to detect, catch; to understand, solve, interpret, decipher. **II.** *vr.* to be (in a place or condition); to reside; to feel (as to health), to fare.—**h. bien (con),** to be pleased (with), content (in).
hallazgo, *m.* act of finding; find, thing found; recovering anything lost; reward.
hallulla, *f.* **hallullo,** *m.* cake baked on or under hot stones or ashes.
hamaca, *f.* hammock; hammock litter.
hamadríada, *f.* (myth.) hamadryad.
hamaquero, *m.* hammock maker; hammock bearer; hammock hook.
hambre, *f.* hunger; appetite; famine; greediness; eagerness, longing, desire.—**h. canina,** canine appetite, inordinate hunger.—**h. y valentía,** pride and poverty.—**tener h.,** to be hungry.
hambrear. I. *va.* to hunger, starve, famish; to subdue by famine. **II.** *vn.* to hunger, to be hungry.
hambrientamente, *adv.* hungrily.
hambriento, ta, *a.* hungry; starved; greedy, covetous; longing; (Colomb., coll.) stingy.
hambrón, na, *n.* (coll.) hungry person.
hamburgués, sa, *a.* from or pertaining to Hamburg, Hamburg (as *a.*).
hamez, *f.* distemper in falcons that makes them lose their feathers.
hamo, *m.* fishhook.
hampa, *f.* life of a company of rogues and vagabonds formerly in Andalusia.
hampesco, ca, *a.* vagabond, villainous.
hampo, hampón, *m.* rowdy, bully, gangster.
hanega, *f.* = FANEGA, a dry measure.
hanegada, *f.* land sown with a FANEGA of corn.
hangar, *m.* hangar.
hannoveriano, na, *n.* & *a.* Hanoverian.
hansa, *f.* Hanse, Hanseatic League.
hanseático, ca, *a.* Hanseatic.
haploide, *m.* & *a.* (biol.) haploid.
haplología, *f.* (philol.) haplology.
hará, haré, etc., *v.* *V.* HACER.
haragán, na. I. *n.* idler, loiterer, loafer; idle, lazy person. **II.** *a.* idle, slothful, indolent.
haraganamente, *adv.* idly, lazily, slothfully.
haraganear, *vn.* to lead an idle life; to be lazy, to act the truant; to lounge, idle, loiter.
haraganería, *f.* idleness, laziness, sloth.
harakiri, *m.* hara-kiri.
harapiento, ta, haraposo, sa, *a.* ragged, tattered.
harapo, *m.* tatter, rag.
harca, *f.* military expedition; expeditionary forces.
harem, harén, *m.* harem.
harija, *f.* mill dust, stive.
harina, *f.* flour, meal; farina; breadstuffs; powder, dust.—**h. de otro costal,** another matter, a horse of a different color.
harinado, *m.* flour dissolved in water.
harinero, ra. I. *a.* made of or pertaining to flour. **II.** *m.* mealman, flour dealer; flour chest.
harinoso, sa, *a.* mealy; farinaceous; flourlike.
harmonía, harmonio, harmonioso, etc. = ARMONÍA, ARMONIO, etc.
harnerico, illo, ito, *m. dim.* small sieve.
harnero, *m.* sieve, sifter.—**estar hecho un h.,** to be covered with wounds.
harón, na, *a.* slow, sluggish; balky.—**haronear,** *vn.* to dawdle, move sluggishly; to be tardy or slow; to balk.—**haronía,** *f.* sluggishness, laziness.
harpa, *f.* = ARPA, harp.
[1]**harpado, da,** *a.* = [1]ARPADO, serrated, toothed.
[2]**harpado, da,** *a.* = [2]ARPADO, (poet.) singing (bird).
harpía, *f.* = ARPÍA, harpy.
harpillera, *f.* burlap; sackcloth.
hartada, *f.* = HARTAZGO.
hartar, *va.* & *vr.* (*pp.* HARTADO and HARTO) to glut, stuff, gorge; to sate, satiate, gratify desire; to satisfy, cloy, fill to excess.
hartazgo, hartazón, *m.* satiety, glut, fill.
harto, ta. I. *pp. irreg.* of HARTAR. **II.** *a.* sufficient, full, complete. **III.** *adv.* enough or sufficiently; (Mex.) abundantly, very much.
hartura, *f.* satiety, glut, fill; plethora, superabundance; full gratification.
hasta. I. *prep.* till, until; up to, down to; as far as; even (emphatic) (as: *allá hasta los niños fuman,* there even children smoke).—**h. ahora,** heretofore, hitherto.—**h. aquí,** heretofore; thus far, up to here.—**h. después,** or **h. luego,** good-bye, "so long."—**h. la vista,** (in parting) "so long," au revoir.—**h. mañana,** (in parting) see you tomorrow.—**h. no más,** to the utmost. **II.** *conj.* also even.—**h. que,** until.
hastial, *m.* (arch.) gable wall; coarse, rude man; (min.) side face of a gallery.
hastiar, *va.* to loathe, disgust; to cloy, sate.
hastío, *m.* loathing, disgust; wearisomeness.
hataca, *f.* large wooden ladle; rolling pin.
hatajar, *va.* to divide (cattle) into flocks or herds.
hatajo, *m.* small herd or flock; (coll.) lot, multitude, lots.
hatear, *vn.* to collect one's belongings when travelling; to supply shepherds with provisions.
hatería, *f.* allowance of provisions and clothes for shepherds.
hatero, ra. I. *a.* (animals) that carry a shepherd's baggage. **II.** *m.* carrier of provisions to shepherds; (Cuba) cowboy; cattle herder.
hatijo, *m.* covering of straw or feather grass over beehives.
hatillo, *m. dim.* small bundle; a few clothes; (Colomb.) a sort of telescoping rawhide hamper.—**coger el h.,** (coll.) to quit, to pack and go.—**echar el h. al mar,** (coll.) to lose one's temper.—**tomar su h.** = COGER EL H.
hato, *m.* herd of cattle; flock of sheep; (Am.) farm or cattle ranch; shepherds' lodge; provisions for shepherds; clothes, wearing apparel; heap, lot, cluster; gang, band or meeting of suspicious people.
hawaiano, na, hauaiano, na, *n.* & *a.* Hawaiian.
haxix, *m.* hasheesh.
hay, *impers. irreg. form* of HABER: there is, there are.
[1]**haya,** *v.* *V.* HABER.
[2]**haya,** *f.* (bot.) beech tree.
hayal, hayedo, *m.* beech forest or field.
hayo, *m.* (Am.) (bot.) coca; coca leaves prepared for chewing.
hayuco, *m.* beech mast, fruit of the beech.
[1]**haz,** *m.* fagot, fascine, bundle, bunch; (agr.) gavel, sheaf; (mil.) file of soldiers, also troops arranged in divisions; (phys.) beam, pencil; *f.* face, visage; surface; right side or outside of cloth; (arch.) facing, façade.—*pl.* fasces.—**h. atómico,** atomic beam.—**h. molecular,** molecular beam.—**a sobre h.,** apparently, at first sight.—**ser de dos haces,** to be doubled-faced.—**sobre la h. de la tierra,** upon the face of the earth.
[2]**haz,** *v. imper.* of HACER.
haza, *f.* piece of tillable land.
hazalefa, *f.* towel.
hazaña, *f.* feat, exploit, heroic deed.
hazañería, *f.* affected fear or admiration.

hazañero, ra, *a.* prudish, affectedly grave and scrupulous.
hazañosamente, *adv.* valorously, bravely.
hazañoso, sa, *a.* gallant, courageous, heroic.
hazmerreír, *m.* laughing stock
[1]**he,** *interj.* generally followed by the adverbs **aquí** or **allí**, or by a pronoun, to introduce or call attention to: *he aquí,* here is, here you have; lo! lo and behold! *heme aquí,* here I am: *helos allí,* there they are.
[2]**he,** *v. ind.* of HABER.
hebdómada, *f.* hebdomad, week; period of seven years.
hebdomadario, ria. I. *a.* weekly. **II.** *n.* (eccl.) hebdomadary.
hebefrenia, *f.* (path.) hebephrenia.
hebén. I. *n.* white grapes like muscatels. **II.** *a.* insignificant, of no account.
hebetado, da, *a.* (Am.) brutalized, sottish.
hebilla, *f.* buckle, clasp.—**hebillaje,** *m.* set of buckles.—**hebillero, ra,** *n.* buckle maker or seller.—**hebilleta, hebilluela,** *f. dim.* small buckle.—**no faltar hebilleta,** to be complete. —**hebillón,** *m. aug.* large buckle.
hebra, *f.* fibre, thread, filament; string; staple; grain (of wood); needleful of thread; pistil of the blossom of saffron; (min.) vein, layer, stratum. —*pl.* (poet.) hair.—**ser,** or **estar, de buena h.,** to be strong and robust.
hebraico, ca, *a.* Hebrew.
hebraísmo, *m.* Hebraism.
hebraísta, hebraizante, *n.* Hebraist.
hebreo, a, *n.* & *a.* Hebrew; (coll.) pawnbroker; (coll.) usurer(-ious).
hebrero, *m.* esophagus of ruminants.
hebrica, illa, ita, *f. dim.* small needleful of thread.
hebroso, sa, *a.* fibrous, stringy.
hecatombe, *f.* hecatomb.
hectárea, *f.* hectare (10,000 sq. meters).
héctico, ca, *a.* hectic.
hectiquez, *f.* (med.) phthisis.
hectógrafo, *m.* hectograph.
hectogramo, *m.* hectogram.
hectolitro, *m.* hectoliter.
hectómetro, *m.* hectometer.
hectóreo, ea, *a.* pertaining to Hector.
hectovatio, *m.* hectowatt, 100 watts.
hecha, *f.* (obs.) date; irrigation tax.—**de esta h.,** from this time.
hechicé, hechice, *v. V.* HECHIZAR.
hechiceresco, ca, *a.* relating to witchcraft.
hechicería, *f.* witchcraft, witchery, enchantment; charm, fascination; sorcery.
hechicero, ra. I. *n.* witch, wizard; hag; charmer, enchanter, bewitcher **II.** *a.* entrancing, charming, bewitching, fascinating.
hechizar, *va.* (*pret.* HECHICÉ; *subj.* HECHICE) to bewitch, enchant, entrance; to charm, to fascinate.
hechizo, za. I. *a.* artificial, feigned; made to order; (Chile, C. R., Colomb.) domestic, made in the (given) country; portable, easily mounted. **II.** *m.* charm (used to bewitch), enchantment.
hecho, cha. I. *pp. irreg.* of HACER. **II.** *a.* made; done; ready-made; finished; fully matured, ripe or developed; accustomed, inured, used.—**h. un león,** like a lion, furiously; angry.—**h. y derecho,** in every respect; true, real; perfect. complete.—**a lo h., pecho,** one must make the best of a bad bargain.—**bien h.,** well done or made; all right; right (in a moral sense).—**mal h.,** wrong, unrighteous; badly done or made. **III.** *m.* fact; event; act, action, deed; point at issue.—**análisis de hechos,** factual analysis. —**de h.,** in fact, as a matter of fact, actually; in earnest; de facto.—**de h. y de derecho,** de facto and de jure.—**en h. de verdad,** in truth.
hechura, *f.* making, make; workmanship; form; build (of a person); work done and price paid for it; creature, henchman.—**no tener h.,** to be impracticable or not feasible.
hedentina, *f.* stench, stink.
heder, *vn.* (*ind.* HIEDO; *subj.* HIEDA) to stink; to vex, annoy, bore.
hediondamente, *adv.* stinkingly.
hediondez, *f.* stench, stink.
hediondo, da, *a.* stinking, fetid; annoying, wearisome; dirty, repulsive; lewd, obscene.
hedonismo, *m.* hedonism.
hedonista, *n.* & *a.* hedonist(-ic).
hedor, *m.* stench, stink.
hegelianismo, *m.* Hegelianism.
hegeliano, na, *n.* & *a.* Hegelian.
hegemonía, *f.* (pol.) hegemony.
hégira, héjira, *f.* Hegira.
helable, *a.* congealable.
helada, *f.* frost; nip.—**h. blanca,** hoarfrost.
heladera, *f.* (Am. esp. Arg. & Chile) refrigerator; ice-cream dish.—**h. eléctrica,** (or **mecánica**) electric refrigerator.
heladería, *f.* (Am.) ice-cream parlor or shop.
heladero, ra, *n.* (Chile) ice-cream maker or seller.
heladizo, za, *a.* easily congealed.
helado, da. I. *pp.* of HELAR. **II.** *a.* frigid; frostbitten; cold, indifferent. **III.** *m.* ice cream; water ice, sherbet.
helador, ra. I. *a.* freezing. **II.** *f.* ice-cream freezer.
helamiento, *m.* congealing, freezing, frost.
helar. I. *va.* & *vn.* (*ind.* HIELO; *subj.* HIELE) to congeal, to freeze; astonish, amaze; dispirit, discourage, dissuade. **II.** *v. impers.* to freeze (*aquí hiela frecuentemente,* it freezes often here). **III.** *vr.* to freeze, to congeal, to be coagulated; to grow motionless; to be stupefied, dispirited. —**se me heló la sangre,** my blood curdled.
hele, hételo, aquí, *interj.* behold it! *V.* [1]HE.
helechal, *m.* fern field.
helecho, *m.* fern.
helena, *f.* (naut.) jack-with-a-lantern.
helénico, ca, *a.* Hellenic.
helenio, *m.* (bot.) sneezeweed.
helenismo, *m.* Hellenism; Greek idiom.
helenista, *m.* Hellenist.
helenizar, *va.* & *vr.* to Hellenize.
heleno, na, *a.* Hellenic.
helera, *f.* pip, disease of fowls.
helero, *m.* snowcap on mountains; (geol.) glacier.
helgado, da, *a.* jag-toothed.
helgadura, *f.* space between, or irregularity of, the teeth.
helíaco, ca, *a.* (astr.) heliacal, pert. to the sun.
heliantemo, *m.* (bot.) a helianthaceous plant.
heliantina, *f.* (chem.) methyl orange.
helianto, *m.* (bot.) helianthus, sunflower.
hélice, *f.* (H-, astr.) Ursa Major; (geom.) helix; (naut., aer.) screw propeller.
helicoidal, *a.* helicoidal.
helicoide, *m.* (geom.) helicoid.
Helicón, *m.* (myth.) Helicon; (**h.**) (mus.) helicon.
helicónides, *f. pl.* (myth.) the Muses.
heliconio, nia, *a.* (myth.) Heliconian.
helicóptero, *m.* (aer.) helicopter.
helio, *m.* (chem.) helium.
heliocéntrico, ca, *a.* heliocentric.
heliocromía, *f.* heliochromy, color photography.
heliograbado, *m.* heliogravure.
heliografía, *f.* blue print.
heliográfico, ca, *a.* heliographic.
heliógrafo, *m.* heliograph, signalling device.
heliómetro, *m.* heliometer.
helioscopio, *m.* helioscope.
helióstato, *m.* heliostat.
helioterapia, *f.* (med.) heliotherapy.
heliotropina, *f.* (chem.) piperonal.
heliotropio, *m.* (bot.) heliotrope; (min.) bloodstone; (astr.) heliostat.
heliotropismo, *m.* (bot.) heliotropism.
heliotropo, *m.* = HELIOTROPIO.
heliozoario, *m.* (zool.) heliozoan.
helipuerto, *m.* heliport.
hélix, *m.* (anat., zool.) helix.
helmintiasis, *f.* (med.) helminthiasis.
helminto, ta. I. *a.* helminthic. **II.** *m.* (zool.) helminth.

helmintología, *f.* (med.) helminthology.
helmintólogo, ga, *n.* helminthologist.
helvecio, cia; helvético, ca, *a.* Helvetic.
hemático, ca, *a.* hematic.
hematidrosis, *f.* (med.) hematidrosis.
hematíe, *m.* (physiol.) erythrocyte, red (blood) cell.
hematina, *f.* (physiol.) hematin.
hematita, *f.* (physiol.) red blood corpuscle.
hematites, *f.* (min.) hematite.
hematoblasto, *m.* (physiol.) hematoblast.
hematocele, *m.* (med.) hematocele.
hematoideo, dea, *a.* hematoid.
hematología, *f.* (med.) hematology.
hematoma, *m.* (med.) hematoma.
hematómetro, *m.* (med.) hæmatometer.
hematoscopio, *m.* hæmoscope.
hematosis, *f.* (physiol.) hæmatosis.
hematoxilina, *f.* (chem.) hematoxylin.
hematuria, *f.* (med.) hematuria.
hembra, *f.* female; (coll. or vulg.) woman; (sewing) eye (of hook and eye); (mech.) nut of a screw; bolt clasp, staple.—**h. del timón**, (naut.) gudgeon of the rudder.
hembraje, *m.* (S. A.) female cattle.
hembrear, *vn.* to be inclined to females; to produce females only, or chiefly.
hembrica, illa, ita, *f. dim.* little female.
hembrilla, *f.* (mech.) small piece into which another fits (as a nut, staple, etc.); ring or eyebolt.
hemialgia, *f.* (med.) hemialgia.
hemiciclo, *m.* semicircle; (Spain) central space of the House of Deputies.
hémico, ca, *a.* hemic.
hemicordio, dia, *m.* & *a.* (zool.) hemichordate.
hemicránea, *f.* (med.) hemicrania, megrim.
hemiedría, *f.* (min.) hemihedrism.
hemiédrico, ca, *a.* (min.) hemihedral.
hemiedro, dra. I. *a.* hemihedral. **II.** *m.* (min.) hemihedron.
hemina, *f.* a liquid and area measure.
hemíono, *m.* (zool.) hemionus, kiang, an Asiatic wild ass.
hemiplejía, *f.* (med.) hemiplegia.
hemipléjico, ca, *a.* hemiplegic.
hemíptero, ra, *a.* (entom.) hemipterous, hemipteral.
hemisférico, ca, *a.* hemispherical.
hemisferio, *m.* hemisphere.
hemisferoidal, *a.* hemispheroidal.
hemistiquio, *m.* (poet.) hemistich.
hemitropía, *f.* (min.) hemitropism, hemitropy.
hemodinamómetro, *m.* blood-pressure gauge.
hemofilia, *f.* (med.) hemophilia.
hemoglobina, *f.* (physiol.) hemoglobin.
hemograma, *m.* blood count.
hemopatía, *f.* (med.) blood diseases (collect.).
hemóptisis, *f.* (med.) hæmoptysis.
hemorragia, *f.* (med.) hemorrhage.
hemorrágico, ca, *a.* hemorrhagic.
hemorroidas, *f. pl.* = HEMORROIDES.
hemorroidal, *a.* hemorrhoidal.
hemorroides, *f. pl.* piles, hemorrhoids.
hemorroo, *m.* (zool.) serpent.
hemostático, ca, *a.* hemostatic.
henaje, *m.* haying.
henal, *m.* hayloft.
henar, *m.* hayfield.
henchidor, ra, *n.* filler.
henchidura, *f.* fill, filling.
henchimiento, *m.* filling, fill.—*pl.* (naut.) filling timbers.
henchir. I. *va.* (*gerund*, HINCHIENDO; *ind. pres.* HINCHO, *pret.* él HINCHIÓ; *subj.* HINCHA) to fill, to stuff. **II.** *vr.* to fill or stuff oneself.
hendedor, ra, *n.* divider, splitter, cleaver.
hendedura, *f.* fissure, crack, cleft, crevice, cut.
hender, *va.* (*ind.* HIENDO; *subj.* HIENDA) to chink, crack, cleave, split; to go through; to cut (as the water); to elbow or open (a passage) through a crowd.
hendible, *a.* cleavable; fissionable, fissile.
hendido, da. I. *pp.* of HENDIR. **II.** *a.* crannied, full of chinks.
hendidura, *f.* = HENDEDURA.
hendiente, *m.* down stroke of a sword.
hendimiento, *m.* splitting.—**h.** (or **ruptura**) **del núcleo atómico**, nuclear fission, splitting of the atom.
henequén, *m.* (bot.) sisal, henequen.
henificar, *va.* to cut and dry for forage.
henil, *m.* hayloft, barn.
heno, *m.* (bot.) hay.
henojil, *m.* garter.
henrio, *m.* (elec.) henry.
heñir, *va.* (*ger.* HIÑENDO; *ind. pres.* HIÑO, *pret.* él HIÑÓ; *subj.* HIÑA) to knead.—**hay mucho que h.**, (coll.) there is much to do.
heparina, *f.* (chem.) heparin.
hepática, *f.* (bot.) liverwort.
hepático, ca, *a.* (med.) hepatic, hepatical.
hepatisis, *f.* (med.) consumption of the liver.
hepatita, *f.* (min.) hepatite.
hepatitis, *f.* (med.) hepatitis.
hepatización, *f.* (med.) hepatization.
hepatizarse, *vr.* (med.) to undergo hepatization.
hepatología, *f.* hepatology.
heptacordo, *m.* (mus.) heptachord.
heptágono, na. I. *a.* heptagonal. **II.** *m.* (geom.) heptagon.
heptámetro, tra. I. *a.* (poet.) heptameter, heptametrical. **II.** *m.* (poet.) heptameter.
heptano, *m.* (chem.) heptane.
heptarca, *m.* heptarch.
heptarquía, *f.* heptarchy.
heptasílabo, ba, *a.* heptasyllabic.
Heptateuco, *m.* Heptateuch.
heráldica, *f.* heraldry.
heráldico, ca, *a.* heraldic.
heraldo, *m.* herald; harbinger.
herbáceo, cea, *a.* herbaceous.
herbajar. I. *va.* to put out to graze, to pasture. **II.** *vn.* to pasture, graze, browse.
herbaje, *m.* herbage, grass, pasture; pasturage fee; coarse cloth.
herbajear, *va.* & *vn.* = HERBAJAR.
herbajero, *m.* one who rents pastures.
herbar, *va.* (*ind.* HIERBO; *subj.* HIERBE) to dress (skins) with herbs.
herbario, ria. I. *a.* herbal. **II.** *m.* herbalist, herbarian; herbarium.
herbaza, *f. aug.* large weed.
herbazal, *m.* herbous place; pasture ground.
herbecer, *vn.* (of herbs or grass) to begin to grow.
herbero, *m.* esophagus of a ruminant.
herbífero, ra, *a.* herbiferous.
herbívoro, ra. I. *a.* (zool.) herbivorous. **II.** *m.* (zool.) herbivore.
herbolado, da, *a.* poisoned with juice of plants.
herbolar, *va.* to poison with herbs.
herbolario, ria, *n.* herbist, herbman, one who sells herbs; (coll.) nonsensical person.
herborización, *f.* herborization; botanizing.
herborizador, ra, herborizante, *n.* herbalist, herborist.
herborizar, *vn.* to herborize, botanize.
herboso, sa, *a.* herby, grassy.
herciano, na, *a.* (phys.) Hertzian.
hercúleo, ea, *a.* herculean.
heredad, *f.* improved piece of ground; country estate, farm.
heredado, da. I. *pp.* of HEREDAR. **II.** *a.* landed, owning real estate. **III.** *n.* heir to property.
heredamiento, *m.* landed property.
heredar, *va.* to inherit; to deed to another; to institute as heir.
heredero, ra, *m.* heir, inheritor; *f.* heiress.—**h. forzoso**, heir apparent.—**h. legal**, heir at law.—**h. presuntivo**, heir presumptive.—**h. universal**, residuary legatee.
heredípeta, *n.* legacy seeker.
hereditario, ria, *a.* hereditary.
hereje, *n.* heretic.
herejía, *f.* heresy; injurious expression.
herejote, ta, *n.* (coll.) great heretic.

herén, *m.* (bot.) vetch.
herencia, *f.* inheritance, heritage; heredity.
heresiarca, *m.* heresiarch, leader in heresy.
heretical; herético, ca, *a.* heretical.
heria, *f.* life of vagrancy. Also HAMPA.
herida, *f.* wound.
herido, da. I. *pp.* of HERIR. **II.** *a.* & *n.* wounded (person).—**mal h.,** dangerously wounded.
heridor, ra, *n.* & *a.* wounder(-ing).
herir, *va.* (*ger.* HIRIENDO; *ind. pres.* HIERO, *pret.* él HIRIÓ; *subj.* HIERA) to wound; to hurt, harm; to strike; to affect, touch, move; to offend (the senses); to pique, irritate.
herma, *m.* (art) herm, a pillar surmounted by a head.
hermafrodito, ta. I. *a.* hermaphrodite, hermaphroditic, hermaphroditical; (zool., bot.) hermaphrodite. **II.** *n.* hermaphrodite.
hermafroditismo, *m.* hermaphroditism.
hermana, *f.* sister; nun.—**h. de la caridad,** Sister of Charity. (For phrases *v.* HERMANO.)
hermanable, *a.* fraternal, brotherly; compatible.
hermanablemente, *adv.* fraternally.
hermanado, da, *pp.* & *a.* mated, matched.
hermanamiento, *m.* mating, matching.
hermanar. I. *va.* to mate, match, pair; to suit, harmonize; to own as a brother. **II.** *vn.* to fraternize, join, match, agree. **III.** *vr.* to love one another as brothers; to be compatible; to harmonize.
hermanastro, tra, *n.* stepbrother(-sister).
hermanazgo, *m.* fraternity, brotherhood.
hermandad, *f.* fraternity, brotherhood, confraternity; conformity, resemblance; amity, friendship.
hermanear, *va.* to treat as a brother.
hermanecer, *vn.* to have a little brother just born.
hermanito, ta, *n. dim.* little brother (sister).
hermano, na. I. *a.* brotherly, brother; sisterly, sister. **II.** *m.* brother; *f.* sister; *n.* twin, mate, companion.—**hermana de la caridad,** Sister of Charity.—**h. carnal,** blood brother.—**h. consanguíneo,** half brother by the same father (mother).—**h. de leche,** foster brother.—**h. de madre,** half brother by the same mother.—**h. de padre,** half brother by the same father.—**h. político,** brother-in-law.—**h. por mezcla de sangre,** blood brother.—**h. uterino,** half brother by the same mother.—**primo h.,** first cousin.
hermanuco, *m.* name given in contempt to lay brothers of some religious orders.
hermenéutica, *f.* hermeneutics.
hermenéutico, ca, *a.* hermeneutic.
hermético, ca, *a.* hermetic, air-proof, air-tight.
hermosamente, *adv.* beautifully, handsomely; perfectly, properly.
hermoseador, ra, *n.* & *a.* beautifier(-fying).
hermosear, *va.* to beautify, embellish, adorn.
hermoso, sa, *a.* beautiful, handsome.
hermosura, *f.* beauty, handsomeness; belle, beauty (pretty woman).
hernia, *f.* (med.) hernia.
herniario, ria, *a.* (med.) hernial.
hernioso, sa, *a.* (med.) having hernia.
hernista, *n.* specialist in herniotomy.
Herodes, *m.* Herod (proper noun).—**de H. a Pilatos,** from pillar to post.
herodiano, na, *a.* Herodian.
héroe, *m.* hero.
heroicamente, *adv.* heroically.
heroicidad, *f.* heroism; heroic deed.
heroico, ca, *a.* heroic.—**a la heroica,** in the manner of the heroic times.
[1]**heroína,** *f.* heroine.
[2]**heroína,** *f.* (chem.) heroin.
heroísmo, *m.* heroism.
herpe, *m.* or *f.* (med.) herpes, tetter.
herpético, ca, *a.* (med.) herpetic.
herpetismo, *m.* (med.) tendency to herpes.
herpetología, *f.* (zool.) herpetology, science dealing with reptiles.
herpil, *m.* bag of esparto netting with wide meshes, for carrying large fruit.
herrada. I. *a.* (water) in which red-hot iron has been cooled. **II.** *f.* pail, bucket.
herradero, *m.* branding of cattle; place where cattle are branded.
herrador, *m.* farrier, horseshoer.
herradora, *f.* (coll.) farrier's wife.
herradura, *f.* horseshoe.
herraj, *m.* = ERRAJ, coal made from stones of pressed olives.
herraje, *m.* ironwork, pieces of iron used for ornament and strength; iron or metal fittings or accessories, hardware (gen. *pl.*).
herramental, *m.* tool bag; tool chest.
herramienta, *f.* tool; implement; set of tools.—*pl.* horns; (coll.) teeth, grinders.
herrar, *va.* (*ind.* HIERRO; *subj.* HIERRE) to shoe (horses); to brand (cattle); to garnish or bind with iron.
herrén, *m.* meslin, mixed grain for horses.
herrenal, herreñal, *m.* meslin patch or field.
herrera, *f.* (coll.) blacksmith's wife.
herrería, *f.* iron works; blacksmith's shop, smithy; forge; blacksmith's trade, smithery; clamor, confused noise.
herrerico, herrerillo, *m.* name of a small bird.
herrero, *m.* or **h. de grueso,** blacksmith.
herrerón, *m.* clumsy smith.
herreruelo, *m.* (ornith.) wagtail.
herrete, *m.* tag, ferrule; branding-iron.
herretear, *va.* to tag.
herrezuelo, *m.* light piece of iron.
herrín, *m.* iron rust.
herrón, *m.* quoit; washer; iron prop for young trees; (Colomb.) point of a spinning top.
herronada, *f.* violent blow with a quoit; blow with a bird's beak.
herrumbre, *f.* rust; iron taste.
herrumbroso, sa, *a.* rusty, rusted.
hertziano, na, *a.* (phys.) Hertzian.
hérulo, la. I. *n.* & *a.* Herulian. **II.** *m. pl.* Heruli.
herventar, *va.* to boil by putting a hot body into a liquid.
hervidero, *m.* ebullition, boiling; small spring whence water bubbles out; rumbling in the throat or chest; multitude, crowd.
hervidor, *m.* vessel, tube, etc. for boiling.
hirviente, *a.* boiling, seething.
hervir (*ger.* HIRVIENDO; *ind. pres.* HIERVO, *pret.* él HIRVIÓ; *subj.* HIERVA). **I.** *va.* & *vn.* to boil; to seethe. **II.** *vn.* (of the sea) to become choppy; to bubble, effervesce; to surge (as a crowd).—**h. en,** to teem with, be full of.
hervor, *m.* ebullition, boiling; fervor, heat; vigor; fret; noise and movement of waters.—**h. de sangre,** rash.
hervoroso, sa, *a.* fiery, ardent, impetuous.
hesitación, *f.* hesitation, hesitancy.
hespéride. I. *a.* (astr.) pert. to the Pleiades; (poet.) western. **II.** *f. pl.* (astr.) Pleiades.
hesperidio, *m.* (bot.) hesperidium.
hespérido, da, *a.* = HESPÉRIDE.
Héspero, *m.* (astr.) Hesperus, the evening star.
heteo, a, *n.* & *a.* Hittite.
hetera, *f.* hetæra, hetaira, Greek courtesan.
heterocigosidad, *f.* (genetics) heterozygosity.
heterocigótico, ca, *a.* (genetics) heterozygous.
heterocigoto, *m.* (genetics) heterozygote.
heteróclito, ta, *a.* (gram.) heteroclite; irregular, abnormal.
heterodino, na, *m.* & *a.* (rad.) heterodyne.
heterodoxia, *f.* heterodoxy.
heterodoxo, xa, *a.* heterodox.
heterogamia, *f.* heterogamy.
heterógamo, ma, *a.* (bot.) heterogamous.
heterogeneidad, *f.* heterogeneity.
heterogéneo, nea, *a.* heterogeneous.
heterogénesis, heterogenia, *f.* (biol.) heterogenesis.
heterogrado, da, *a.* (stat.) heterograde.

heteromancía, *f.* superstitious divination by the flight of birds.
heteromorfo, fa, *a.* heteromorphous.
heteromorfosis, *f.* heteromorphosis.
heterónomo, ma, *a.* heteronymous.
heteroplastia, *f.* (surg.) heteroplasty.
heterópsido, da, *a.* (of metals) lusterless.
heteroscios. *m. pl.* (geog.) heteroscians.
heterosis, *f.* (genetics) heterosis.
hético, ca, *a.* hectic, consumptive.
hetiquez, *f.* (med.) consumption.
heurístico, ca, *a.* heuristic.
hévea, *f.* (bot.) hevea, Para-rubber tree.
hexacordo, *m.* (mus.) hexachord.
hexaedro, *m.* (geom.) hexahedron.
hexagonal; hexágono, na, *a.* hexagonal.
hexágono, *m.* (geom.) hexagon.
hexámetro, tra. I. *a.* hexametric, hexametrical. **II.** *m.* (poet.) hexameter.
hexángulo, la, *a.* hexangular.
hexápeda, *f.* = TOESA, ancient linear measure.
hexapétalo, la, *a.* (bot.) hexapetalous.
hexápodo, da. I. *a.* (zool.) hexapod, hexapodous. **II.** *m.* (zool.) hexapod.
hexástilo, *m.* (arch.) hexastyle, portico with six columns.
Hexateuco, *m.* Hexateuch.
hez, *f.* lees, bottom, sediment, dregs of liquors; dross of metals; grains of malt.—*pl.* fæces, excrements.—**la h. del pueblo,** the scum of the people.
Híadas, Híades, *f. pl.* (astr.) Hyades.
hialino, na, *a.* hyaline, transparent; translucent.
hialita, *f.* (min.) hyalite.
hialitis, *f.* (med.) hyalitis.
hialografía, *f.* hyalography, engraving on glass.
hialógrafo, *m.* hyalograph.
hialoideo, dea, *a.* vitreous, glasslike.
hialoides, *f.* hyaloid membrane.
hialotecnia, *f.* hyalography.
hialurgia, *f.* glass-working art.
hiante, *a.* (verse) with a hiatus.
hiato, *m.* (gram., poet.) hiatus.
hibernación, *f.* hibernation.
hibernal, *a.* hibernal, wintry.
hibernés, sa, *a.* Hibernian, Irish.
hibernizo, za, *a.* = HIBERNAL.
hibisco, *m.* (bot.) hibiscus.
hibridación, *f.* hybridization.
hibridez, *f.*, **hibridismo,** *m.* hybridism.
híbrido, da, *n.* & *a.* hybrid.
hicaco, *m.* (bot.) icaco, coco plum.
hice, hiciera, *v.* *V.* HACER.
hicotea, *f.* (Am.) fresh-water turtle.
hicso, sa, *n.* & *a.* Hyksos.
hidalga, *f.* noblewoman; lady.
hidalgamente, *adv.* nobly, in a gentlemanly way.
hidalgo, ga. I. *a.* noble, illustrious, excellent, exalted. **II.** *n.* hidalgo, nobleman(-woman).—**h. de bragueta,** one entitled to nobility from being the father of seven successive sons.
hidalgón, na, gote, ta, *n. aug.* old ceremonious hidalgo.
hidalgüejo, ja, güelo, la, guete, ta, guillo, lla, *n. dim.* pretty hidalgo.
hidalguez, hidalguía, *f.* nobility; rights of an hidalgo, nobleness, liberality.
hidátide, *f.* (med. & zool.) hydatid.
hidatídico, ca, *a.* (med.) hydatidinous.
hidra, *f.* (zool.) a poisonous serpent; hydra, fresh-water polyp; (**H-**, myth., astr.) Hydra.
hidrácido, *m.* (chem.) hydracid.
hidracina, *f.* (chem.) hydrazine.
hidragogo, ga, *m.* & *a.* (med.) hydragogue.
hidrargírico, ca, *a.* hydrargiric.
hidrargirismo, *m.* (med.) hydrargyriasis, mercurialism, chronic mercurial poisoning.
hidrargirita, *f.* (min.) native oxide of mercury.
hidrargiro, *m.* (chem.) hydrargyrum.
hidratación, *f.* hydration, hydrating.
hidratado, da, *pp.* & *a.* hydrate(d).
hidratar, *va.* (chem.) to hydrate.
hidrato, *m.* (chem.) hydrate.—**h. amónico,** (chem.) ammonium hydroxide.—**h. de carbono,** (chem.) carbohydrate.
hidráulico, ca. I. *a.* hydraulic. **II.** *n.* hydraulician, one skilled in hydraulics; hydraulic engineer; *f.* hydraulics.—**h. fluvial,** flood control.
hidria, *f.* hydria (an ancient water jar).
hídrico, ca, *a.* (chem.) hydric.
hidroaeroplano, *m.* (aer.) hydroplane, seaplane.
hidroavión, *m.* (aer.) hydroplane, seaplane.—**h. de flotadores,** float seaplane.
hidrocarburo, *m.* (chem.) hydrocarbon.
hidrocefalía, *f.* (med.) hydrocephalus, dropsy of the brain.
hidrocéfalo, la, *a.* (med.) hydrocephalous.
hidrocele, *f.* (med.) hydrocele.
hidrocinético, ca. I. *a.* hydrokinetic. **II.** *f.* hydrokinetics.
hidroclorato, *m.* (chem.) hydrochlorate.
hidroclórico, ca, *a.* (chem.) hydrochloric.
hidrocortisona, *f.* (chem.) hydrocortisone.
hidrodinámica, *f.* hydrodynamics.
hidrodinámico, ca, *a.* hydrodynamic.
hidroeléctrico, ca, *a.* hydroelectric.
hidrófana, *f.* (min.) hydrophane.
hidrofilacio, *m.* hydrophylacium, water reservoir.
hidrófilo, la, *a.* water-loving; absorbent (cotton).
hidrófita, *f.* (bot.) hydrophyte.
hidrofobia, *f.* (med.) hydrophobia; rabies.
hidrofóbico, ca, *a.* (med.) hydrophobic; rabid.
hidrófobo, ba. I. *a.* hydrophobic, hydrophobous, suffering from hydrophobia; rabid. **II.** *n.* hydrophobe, one who suffers from hydrophobia.
hidrófono, *m.* (naut., hydraul.) hydrophone.
hidrófugo, ga, *a.* nonabsorbent, moistureproof.
hidrogala, *m.* mixture of milk and water.
hidrogenación, *f.* (chem.) hydrogenation.
hidrogenado, da, *a.* hydrogenous.
hidrogenar, *va.* to hydrogenize.
hidrógeno, *m.* (chem.) hydrogen.—**h. pesado,** heavy hydrogen.
hidrogeológico, ca, *a.* hydrogeological.
hidrogeólogo, ga, *n.* hydrogeologist.
hidrognosia, *f.* hydrognosy.
hidrogogía, *f.* science of canal making and the conveyance of water.
hidrografía, *f.* hydrography.
hidrográfico, ca, *a.* hydrographical.
hidrógrafo, *m.* hydrographer.
hidroide, *m.* (zool.) hydroid.
hidrólisis, *f.* (chem.) hydrolysis.
hidrolítico, ca, *a.* hydrolitic.
hidrolizar, *va.* & *vn.* to hydrolize.
hidrología, *f.* hydrology.
hidrológico, ca, *a.* hydrologic.
hidrólogo, ga, *n.* hydrologist.
hidromancía, *f.* hydromancy.
hidromántico, ca, *a.* hydromantic.
hidromecánica, *f.* hydromechanics.
hidromedusa, *f.* (zool.) hydromedusa; a large South American turtle.
hidromel, hidromiel, *m.* hydromel, mead.
hidrometalurgia, *f.* hydrometallurgy.
hidrometeoro, *m.* hydrometeor.
hidrómetra, *n.* one versed in hydraulic measurements.
hidrometría, *f.* science of hydraulic measurements (velocity, discharge, etc.).
hidrométrico, ca, *a.* hydrometric.—**péndulo h.,** hydrometric pendulum.
hidrómetro, *m.* instrument for measuring rate of flow, force, etc. of liquids.
hidrópata, *m.* (med.) hydropath.
hidropatía, *f.* (med.) water cure, hydrotherapy.
hidropático, ca, *a.* hydropathic.
hidropesía, *f.* (med.) dropsy.
hidrópico, ca, *a.* dropsical.
hidroplano, *m.* (aer.) hydroplane, seaplane.
hidroponía, *f.* (hort.) hydroponics.
hidroquinona, *f.* (chem.) hydroquinone.
hidroscopio, *m.* hydroscope.
hidrosfera, *f.* hydrosphere.
hidrostática, *f.* hydrostatics.

hidrostáticamente, *adv.* hydrostatically.
hidrostático, ca, *a.* hydrostatical.
hidrosulfúrico, ca, *a.* hydrosulphuric.
hidrosulfuro, *m.* (chem.) hydrosulfide.
hidrotecnia, *f.* hydraulic engineering.
hidroterapia, *f.* hydrotherapeutics.
hidroterápico, ca, *a.* hydrotherapeutic.
hidrotermal, *a.* hydrothermal.
hidrotórax, *m.* (med.) hydrothorax.
hidrotropismo, *m.* hydrotropism.
hidróxido, *m.* (chem.) hydroxide.—**h. sódico,** (chem.) sodium hydroxide.
hidruro, *m.* (chem.) hydride, hydrid.
hiedo, hieda, *v. V.* HEDER.
hiedra, *f.* (bot.) ivy.—**h. inglesa,** (bot.) English ivy.—**h. terrestre,** (bot.) ground ivy.
hiel, *f.* gall, bile; bitterness, malice.—**h. de la tierra,** (bot.) fumitory or earth smoke.—**echar la h.,** (coll.) to work very hard.—**no tener h.,** (coll.) to be meek and gentle.
1**hielo,** *m.* ice; frost, congelation; coolness, indifference; astonishment, stupefaction.
2**hielo, hiele,** *v. V.* HELAR.
hielo seco, *m.* dry ice.
hiemal, *a.* wintry, hibernal.
hiena, *f.* (zool.) hyena.
hienda, *f.* dung.
hiendo, hienda, *v. V.* HENDER.
hierático, ca, *a.* hieratic, sacerdotal.
hierba, *f.* (bot.) grass; weed; herb; food for cattle; herbage.—**mala h.,** weed; (fig.) bad character, evil person.—*pl.* poison given in food; among the clergy, greens, garden stuff.—**y otras hierbas,** (humor.) and so forth.
hierbabuena, *f.* (bot.) mint.
hierbatero, ra, *n.* herb doctor; maté gatherer; one who prepares maté; YERBATERO.
hiere, hiero, hiera, *v. V.* HERIR.
hierofanta, te, *m.* hierophant.
hieroglífico, ca, *m.* & *a.* = JEROGLÍFICO.
hierología, *f.* hierology.
hieros, *m. pl.* (bot.) = YEROS, tare, vetch.
hierosolimitano, na, *a.* pert. to Jerusalem.
hierrezuelo, *m. dim.* small piece of iron.
1**hierro,** *m.* iron; any iron tool, instrument or structural shape; brand stamped with a hot iron; iron head of a shaft, arrow, or dart; any pointed weapon, as a sword or goad; cutter, cutting edge or part of a cutting tool.—*pl.* fetters, shackles, handcuffs; (naut.) bilboes.—**h. albo, h. caliente,** red-hot iron.—**h. colado,** cast iron.—**h. cuadrillado.** square iron.—**h. de doble T,** I-beam.—**h. de marcar,** branding iron.—**h. dulce** or **de fragua,** wrought iron.—**h. en lingotes,** pig iron.—**h. en planchas,** sheet iron.—**h. especular,** specular iron.—**h. forjado,** wrought iron.—**h. fundido,** cast iron.—**h. galvanizado,** galvanized iron.—**h. laminado,** sheet iron.—**h. varilla,** round iron.—**h. viejo,** junk, scrap iron or metal.—**machacar en h. frío,** to labor in vain.
2**hierro, hierre,** *v. V.* HERRAR.
hierva, hiervo, *v. V.* HERVIR.
higa, *f.* amulet, charm hung about a baby's neck; method of pointing derisively at a person; ridicule, derision.—**dar h.,** (of firearms) to hang fire.—**dar higas,** to despise.—**no dar dos higas,** not to give a farthing; not to care a rap.
higadilla, *f.* **llo,** *m. dim.* small liver; liver of birds, fishes, and other small animals.
hígado, *m.* liver.—*pl.* (coll.) courage, bravery.—**hasta los hígados,** to the heart.—**malos hígados,** (coll.) ill will.
higate, *m.* pottage of figs, pork, etc.
higiene, *f.* hygiene; sanitation.—**h. pública,** public health.
higiénicamente, *adv.* hygienically.
higiénico, ca, *a.* hygienic, sanitary.
higienista, *m.* hygienist.
higienizar, *va.* to make sanitary.
higo, *m.* (bot.) fig.—**h. chumba,** or **de pala,** prickly pear.—**de higos a brevas,** in a long while.—**no se me da un h.,** I don't care a fig.
higrometría, *m.* hygrometry.
higrométrico, ca, *a.* hygrometric.
higrómetro, *m.* hygrometer.
higroscopia, *f.* hygroscopy, hygrometry.
higroscópico, ca, *a.* hygroscopic.
higroscopio, *m.* hygroscope.
higuera, *f.* (bot.) fig tree.—**h. chumba,** or **de Indias,** Indian fig tree, prickly-pear cactus.—**h. infernal,** castor-oil plant, castor bean.—**h. nopal** = H. CHUMBA.
higueral, *m.* plantation of fig trees.
higuereta, *f.* (bot.) = RICINO, castor-oil plant.
higuerón, *m.* a large American tree.
higuito, *m. dim.* small fig.
hija, *f.* daughter.—**h. política,** daughter-in-law. For phrases *V.* HIJO, JA.
hijadalga, *f.* = HIDALGA, noblewoman.
hijastro, tra, *n.* stepchild.
hijito, ita, *n. f. dim.* little child, little dear.
hijo, ja, *n.* son (daughter); young of an animal; son, native; (bot.) shoot; sucker; child, issue, offspring; fruit, result; junior (after a person's name: *Alejandro Dumas, hijo,* Alexander Dumas, Jr.).—**h. adoptivo,** adopted child.—**h. bastardo,** bastard, illegitimate child.—**h. de bendición,** legitimate child.—**h. de familia,** minor.—**h. de ganancia** = H. BASTARDO.—**h. de la cuna,** foundling.—**h. del agua,** good sailor; good swimmer.—**h. de la piedra,** foundling.—**h. de leche,** foster child.—**h. del hombre,** Son of Man (Jesus).—**h. de su madre** = H. BASTARDO.—**h. de su madre (padre),** his mother's (father's) son, very much like his mother (father).—**h. de vecino,** native (of a town); mother's son (in the colloquial sense of "person").—**h. natural,** illegitimate child.—**h. político,** son-in-law.
hijodalgo, *m.* = HIDALGO, nobleman.
hijuela, *f. dim.* little daughter; (sewing) gore or piece for widening a garment; small mattress put between others to make the bed even; (eccl.) pall, chalice cover; small drain; estate of a deceased person; (law) schedule given to an heir of his share in the partition of the estate; crossroad; postman of a rural mail route; palm seed; fascine of kindling wood; leader for fish-hooks.
hijuelo, la, *n. dim.* young child; (bot.) shoot, sucker.
1**hila,** *f.* HILERA, row, line; thin gut.—**h. de agua,** small ditch for irrigation.—**a la h.,** in a row, single file.
2**hila,** *f.* spinning.—*pl.* (surg.) lint.—**hilas raspadas,** scraped lint.
hilacha, *f.,* **hilacho,** *m.* fraying, shred, filament or thread ravelled out of cloth.—*pl.* lint.
hilachoso, sa, *a.* shreddy, ragged; filamentous.
hilada, *f.* row or line; (mason.) course.
hiladillo, *m.* narrow ribbon or tape.
hilado, *m.* spinning; yarn.
hilador, ra. I. *n.* & *a.* spinner(-ing). **II.** *f.* spinning machine, spinning jenny.
hilandera, *f.* woman spinner.
hilandería, *f.* spinnery, spinning mill.
hilanderilla, *f. dim.* spinning girl.
hilandero, ra. I. *n.* & *a.* spinner(-ing). **II.** *m.* spinning room, spinnery.
hilanderuelo, la, *n. dim.* spinning boy (girl).
hilar, *va.* & *vn.* to spin; to reason; (of discourse) to connect.—**h. delgado,** to be exceedingly careful or particular; to act with great nicety; to split hairs.
hilaracha, *f.* = HILACHA.
hilarante, *a.* laughing (gas).
hilaridad, *f.* hilarity.
hilaza, *f.* yarn; fibre; uneven thread —*pl.* lint.
hilera, *f.* row, line, tier, file; (metal.) wiredrawer; fine yarn; slit or catch of a spindle; (arch.) ridgepole; (mil.) file.
hilero, *m.* thread of a river or stream.
hilete, *m. dim.* small thread.
hilillo, *m.* trickle (of water).

hilo, *m.* thread; yarn; filament, fibre; string; linen; wire; edge of a sword or razor; slender thread formed by falling liquids; (min.) seam; continuation, series; cross wire, cross hair (of a telescope).—**h. bramante, h. de a carreto, h. de palomas,** packthread, twine.—**h. de velas,** or **volatín,** sailmaker's yarn.—**h. de una corriente,** (naut.) thread of a current.—**a h.,** successively, one after another; in line.—**al h.,** along the thread (of cloth), with the grain (in wood).—**de h.,** directly, instantly.
hilván, *m.* (sewing) tacking, basting.—**hablar de h.,** (coll.) to speak very fast.
hilvanar, *va.* (sewing) to tack, baste; to plan; to do or make in a hurry.
himen, *m.* (anat.) hymen.
himeneo, *m.* hymen, nuptials; epithalamium.
himenio, *m.* (bot.) hymenium.
himenóptero, ra. I. *a.* (entom.) hymenopterous, hymenopteran. **II.** *m.* (entom.) hymenopteran.
himnario, *m.* hymnal, hymn book.
himno, *m.* hymn, anthem.—**h. nacional,** national anthem.
himplar, *vn.* to roar, bellow.
hin, *m.* whinny, neigh.
hincadura, *f.* thrusting, driving; prick.
hincapié, *m.* stamping the foot (for emphasis).—**hacer h. en,** to emphasize, to dwell upon.
hincar. I. *va.* (*pret.* HINQUÉ; *subj.* HINQUE) to thrust; drive; to plant.—**h. el diente,** to bite; to calumniate.—**h. la rodilla,** to kneel down. **II.** *vr.* to kneel down.
hincón, *m.* ferry post, hitching post.
hincha, *f.* (coll.) hatred, enmity, grudge.
hinchadamente, *adv.* airily, pompously.
hinchado, da, *a.* & *pp.* swollen; airy, arrogant, presumptuous; inflated, high-flown (style).
hinchar. I. *va.* to swell. **II.** *vr.* to swell; to become arrogant, conceited or puffed up, (coll.) to get a swelled head.
hinchazón, *m.* swelling, tumefaction; ostentation, vanity, airs; inflation, euphuism.
hincho, hincha, hinchió, *v.* *V.* HENCHIR.
hindu, *n.* & *a.* Hindu; Hindustani.
hiniesta, *f.* (bot.) genista.
hinojal, *m.* (bot.) fennel bed.
[1]**hinojo,** *m.* (bot.) fennel.—**h. marino,** (bot.) samphire.
[2]**hinojo,** *m.* knee.—**de hinojos,** kneeling.
hinqué, hinque, *v.* *V.* HINCAR.
hintero, *m.* baker's kneading table.
hiño, hiña, *v.* *V.* HEÑIR.
hioideo, dea, *a.* hyoid.
hioides, *m.* & *a.* (anat.) hyoid.
hiosciamina, *f.* (chem.) hyoscyamine.
hioscina, *f.* (pharm.) hyoscine, truth serum or drug.
hipar, *vn.* to hiccough; to pant; desire eagerly, be anxious; be overfatigued.
hiperacidez, *f.* (med.) hyperacidity.
hipérbaton, *m.* (rhet.) hyperbaton.
hipérbola, *f.* (geom.) hyperbola.
hipérbole, *f.* (rhet.) hyperbole.
hiperbólico, ca, *a.* hyperbolic.
hiperbolizar, *vn.* to use hyperboles.
hiperboloide, *f.* (geom.) hyperboloid.
hiperbóreo, rea, *a.* hyperborean.
hipercrisis, *f.* (med.) violent crisis.
hipercrítica, *f.* hypercriticism, excessive or exaggerated criticism.
hipercrítico, ca, *a.* hypercritical.
hiperdulía, *f.* (eccl.) hyperdulia.
hiperemia, *f.* (med.) hyperæmia.
hiperémico, ca, *a.* hyperæmic, congested.
hiperestesia, *f.* (med.) hyperæsthesia, excessive sensitivity (to pain, heat, touch, etc.).
hipericíneo, a. I. *a.* & *n.* hypericaceous (plant). **II.** *m. pl.* Hypericaceæ.
hipérico, *m.* (bot.) hypericum.
hipermetría, *f.* (rhet.) hypermeter.
hipermétrope, *n.* hyperope, hypermetrope, abnormally far-sighted person.
hipermetropía, *f.* (med.) hyperopia, hypermetropia, condition of abnormal far-sightedness.
hiperón, *m.* (phys.) hyperon.
hipersensible, hipersensitivo, va, *a.* hypersensitive.
hipersónico, ca, *a.* hypersonic.
hipertensión, *f.* (med.) hypertension.
hipertenso, sa, *n.* & *a.* hypertensive.
hipertrofia, *f.* (med.) hypertrophy, abnormal increase in size (of an organ, tissue, etc.).
hipertrofiarse, *vr.* to hypertrophy.
hipertrófico, ca, *a.* hypertrophic.
hípico, ca, *a.* equine, pertaining to horses.
hipil, *m.* (Am.) loose garment worn by Indians.
hipnal, *m.* hypnale, a kind of serpent said to cause sleep.
hipnología, *f.* hypnology, science dealing with sleep.
hipnosis, *f.* hypnosis.
hipnótico, ca, *n.* & *a.* hypnotic.
hipnotismo, *m.* hypnotism.
hipnotización, *f.* hypnotization.
hipnotizador, a, *n.* & *a.* hypnotizer(-ing).
hipnotizar, *va.* to hypnotize.
hipo, *m.* hiccough; longing; anger.
hipoblasto, *m.* (biol.) hypoblast.
hipocampo, *m.* (myth., ichth., anat.) hippocampus.
hipocausto, *m.* (anc. Rome) hypocaust.
hipocentauro, *m.* hippocentaur.
hipocicloide, *f.* (geom.) hypocycloid.
hipoclorito, *m.* (chem.) hypochlorite.
hipocloroso, sa, *a.* (chem.) hypochlorous.
hipocondría, *f.* (med.) hypochondria.
hipocondríaco, ca; hipocóndrico, ca, *n.* & *a.* hypochondriac(-al.).
hipocondrio, *m.* (anat.) hypochondrium.
hipocotíleo, *m.* (bot.) hypocotyl.
hipocrás, *m.* hippocras, medicinal wine.
hipocrático, ca, *a.* Hippocratic.
Hipocrénides, *f. pl.* (poet.) the Muses.
hipocresía, *f.* hypocrisy.
hipócrita, *n.* & *a.* hypocrite(-ical).
hipócritamente, *adv.* hypocritically.
hipocritón, na, *n. aug.* great hypocrite.
hipodérmico, ca, *a.* hypodermic.
hipódromo, *m.* hippodrome.
hipófisis, *f.* (anat.) hypophysis, pituitary gland.
hipofosfato, *m.* hypophosphate.
hipofosfito, *m.* hypophosphite.
hipogástrico, ca, *a.* hypogastric.
hipogastro, *m.* (anat.) hypogastrium.
hipogénico, ca, *a.* (geol.) hypogene.
hipogeo, *m.* (arch.) hypogeium.
hipógino, na, *a.* (bot.) hypogynous.
hipogloso, sa. I. *a.* (anat.) hypoglossal. **II.** *m.* (anat.) hypoglossal nerve; (ichth.) halibut.
hipogrifo, *m.* (myth.) hippogriff.
hipomanes, *m.* (vet.) vaginal discharge from the mare when in heat.
hiponitrato, *m.* (chem.) subnitrate.
hiponítrico, ca, *a.* hyponitrous.
hiponitroso, sa, *a.* (chem.) hyponitrous.
hipopótamo, *m.* (zool.) hippopotamus.
hiposo, sa, *a.* having hiccoughs.
hipóstasis, *f.* (theol.) hypostasis.
hipostático, ca, *a.* hypostatic.
hiposulfato, *m.* (chem.) hyposulphate.
hiposulfito, *m.* (chem.) hyposulfite.—**h. de sodio,** (chem.) sodium hyposulfite.
hiposulfuroso, sa, *a.* (chem.) hyposulfurous.
hipoteca, *f.* mortgage, pledge; (law) hypothecation, hypothec.
hipotecable, *a.* mortgageable.
hipotecar, *va.* (*pret.* HIPOTEQUÉ; *subj.* HIPOTEQUE) to hypothecate, pledge, mortgage.
hipotecario, ria, *a.* pertaining to a mortgage; hypothecary.
hipotequé, hipoteque, *v.* *V.* HIPOTECAR.
hipotenusa, *f.* (geom.) hypotenuse.

hipótesis, *f.* hypothesis.—**h. nebular** or **de Laplace,** (astr.) nebular hypothesis.
hipotético, ca, *a.* hypothetic.
hipsometría, *f.* hypsometry.
hipsométrico, ca, *a.* hypsometric.
hipsómetro, *m.* hypsometer.
hipurato, *m.* (chem.) hippurate.
hipuria, *f.* (med.) hippuria.
hipúrico, ca, *a.* (chem.) hippuric.
hircano, na, *n.* & *a.* Hircanian.
hircino, na, *a.* hircinous, goatlike.
hirco, *m.* (zool.) wild goat.
hiriente, *a.* hurting, cutting, offensive.
hiriera, hirió, *v.* *V.* HERIR.
hirma, *f.* selvage of cloth.
hirsuto, ta, *a.* hirsute, hairy, bristly.
hirundinaria, *f.* (bot.) swallow-wort.
hirviendo, *gerund* of HERVIR.
hirviente, *a.* boiling, seething.
hirviera, hirviese, hirvió, *v.* *V.* HERVIR.
hisca, *f.* birdlime.
hiscal, *m.* esparto rope of three strands.
hisopada, *f.* water sprinkled with an aspergill.
hisopear, *va.* to sprinkle with an aspergill.
hisopillo, *m. dim.* small aspergill; (med.) mouth swab; (bot.) winter savory.
[1]**hisopo,** *m.* (bot.) hyssop; (eccl.) aspergill, sprinkler.
[2]**hisopo,** *m.*—**h. húmedo,** (pharm.) grease collected in washing fleeces of wool.
hispalense, *a.* native of or pertaining to Seville.
hispánico, ca, *a.* Hispanic.
hispanismo, *m.* Hispanicism. Spanish idiom.
hispanista, *n.* Spanish scholar.
hispanizado, da. I. *pp.* of HISPANIZAR. **II.** *a.* Spanishlike.
hispanizar. I. *va.* to Hispanicize, Hispaniolize. **II.** *vr.* to become Hispanicized.
hispano, na. I. *a.* Hispanic, Spanish; Spanish-American. **II.** *n.* Spaniard; Spanish-American.
hispanoamericano, na, *n.* & *a.* Spanish-American.
hispanófilo, la, *n.* & *a.* Hispanophile.
híspido, da, *a.* bristly, hirsute.
hispir, *va.* & *vn.* to swell; make or become spongy.
histamina, *f.* (chem.) histamine.
histerectomía, *f.* (surg.) hysterectomy.
histéresis, *f.* (phys.) hysteresis.
histeria, *f.* (med.) hysteria, hysterics.
histérico, ca. I. *a.* (med.) hysterical, hysteric. **II.** *n.* (med.) hysteric, hysterical person; *m.* (med.) hysterics, hysteria.
histerismo, *m.* (med.) hysteria.
histerotomía, *m.* (surg.) hysterotomy.
histidina, *f.* (chem.) histidine.
histogenia, *f.* (biol.) histogenesis, histogeny.
histograma, *m.* (stat.) histogram.
histólisis, *f.* (biol.) histolysis.
histología, *f.* histology.
histológico, ca, *a.* histological.
histólogo, *m.* histologist.
historia, *f.* history; tale, story; fable; (art) history piece.—**h. antigua,** ancient history.—**h. medieval,** medieval history.—**h. moderna,** modern history.—**h. natural,** natural history.—**dejarse de historias,** to stop beating about the bush and come to the point; to cut out the nonsense, stop fooling.—**picar en h.,** to be more serious than it seems.—**ser de h.,** to have a history (bad antecedents).
historiado, da, *pp.* & *a.* (coll.) excessively adorned; (art) well-composed (figure, painting).
historiador, ra, *n.* historian.
historial, *a.* historical, historic.
historialmente, *adv.* historically.
historiar, *va.* to record, to chronicle, to narrate; (art) to represent, paint, depict.
históricamente, *adv.* historically.
histórico, ca, *a.* historical.
historieta, *f. dim.* short story; comics, comic strip.
historiografía, *f.* historiography.
historiógrafo, *m.* historiographer.
historión, *m.* tedious, long-winded story.
histrión, *m.* actor, player; buffoon, juggler.
histriónico, ca, *a.* histrionic.
histrionisa, *f.* actress or danseuse.
histrionismo, *m.* histrionism.
hita, *f.* headless nail, brad, wire nail; guide post.
hitita, *n.* & *a.* Hittite.
[1]**hito, ta,** *a.* black (horse).
[2]**hito, ta. I.** *a.* (of a house or street) adjoining; fixed, firm. **II.** *m.* landmark; guidepost; milestone; hob and quoits; (artil.) target.—**a h.,** fixedly, firmly.—**dar en el h.,** to hit the nail on the head; to see the point.—**mirar de h. en h.,** to stare at; to look at from head to foot.
hitón, *m.* large cut nail.
hizo, *pret.* of HACER.
hobachón, na, *a.* fat and lazy; (Colomb.) (of horses) shy.
hobachonería, *f.* laziness, sloth.
hocicada, *f.* blow with the snout.
hocicar. I. *va.* to root (as hogs). **II.** *vn.* to fall headlong with the face to the ground; to knock one's face against an object; (coll.) to get into difficulties; (naut.) to pitch.
hocico, *m.* snout, muzzle, nose (of animal); big-lipped mouth; pouting; (coll.) face.—**de hocicos,** by the nose; face downwards.—**estar con,** or **de, h.,** to be ill-humored, sulky.—**meter el h.,** to stick one's nose in other people's business.
hocicón, na, *or* **hocicudo, da,** *a.* long-snouted; blubber-lipped, flabby-mouthed.
[1]**hocino,** *m.* (agr.) bill, billhook.
[2]**hocino,** *m.* glen, dell; narrow gorge or canyon —*pl.* gardens in glens.
hociquillo, ito, *m. dim.* little snout.
hodómetro, *m.* = ODÓMETRO, cyclometer.
hogañazo, hogaño, *adv.* (coll.) this present year; in these days.
hogar, *m.* home (often called **h. doméstico**); hearth, fireplace; (steam eng.) furnace.
hogareño, ña, *a.* home-loving, domestic.
hogaza, *f.* large loaf of bread.
hoguera, *f.* bonfire; blaze.
hoja, *f.* leaf (of a plant, a book, a door); petal; leaf, foil, sheet or thin plate (of metal); blade (of a sword or knife); sword; sheet (of paper); veneer; half of each of the principal parts of a garment; window shutter; ground cultivated one year and lying at rest for another.—*pl.* (arch.) leaf ornaments, foliation.—**h. de estaño,** tinfoil.—**h. de lata,** tin plate.—**h. de servicios,** record; (mil.) certificate setting forth the rank and services of a military officer.—**h. de tocino,** side of a hog.—**h. suelta,** leaflet (not folder), handbill.—**h. toledana,** Toledo blade.—**h. volante,** fly sheet; handbill; supplement, extra.—**doblemos la h.,** no more of that, let's drop it.—**poner le a uno como h. de perejil,** to give one a tongue lashing.—**ser de h.,** or **de una sola h.,** (Arg.) (esp. of people) to be first rate, of highest order.—**volver la h.,** to turn the page; to change one's views; to fail to keep one's promise; to change the subject (of conversation).
hojalata, *f.* = HOJA DE LATA, tin plate.
hojalatería, *f.* tinware; tin shop.
hojalatero, *m.* tinsmith.
hojaldra, *f.* (Am.) = HOJALDRE.
hojaldrado, da. I. *pp.* of HOJALDRAR. **II.** *a.* resembling puff paste, lamellar, foliated.
hojaldrar, *va.* to make into puff paste.
hojaldre, *m.* or *f.* puff paste.—**quitar la h. al pastel,** (coll.) to detect a fraud, to discover a plot.
hojaldrista, *n.* puff paste baker.
hojarasca, *f.* dead leaves; excessive foliage; trash, rubbish.
hojarascoso, sa, *a.* trashy.
hojear. I. *va.* to turn the leaves of; to glance at (a book), look over hastily. **II.** *vn.* to scale off.
hojica, illa, ita, *f. dim.* small leaf.

hojilla de navaja (de afeitar), razor blade.
hojoso, sa; hojudo, da, *a.* leafy, fronded.
hojuela, *f. dim.* small leaf, leaflet; pancake; gold or silver flat thread for embroidery; skins of pressed olives.
¡hola! *interj.* hello! hi! (naut.) hoy! ahoy!
holán, holán batista, *m.* cambric; batiste.
Holanda, *f.* fine Dutch linen, cambric.
holandés, sa, *n.* & *a.* Dutch, Hollander(-ish).—**a la holandesa,** (bookbinding) in cloth.
holandeta, holandilla, *f.* brown holland.
holgachón, na, *a.* (coll.) used to an easy and comfortable life.
holgadamente, *adv.* amply, fully, loosely, easily; quietly, carelessly; comfortably.
holgado, da. I. *pp.* of HOLGAR. **II.** *a.* loose, lax, easy; large, spacious; disengaged, at leisure; comfortable; well-off.
holganza, *f.* leisure, ease; diversion, recreation.
holgar. I. *vn.* (*ind.* HUELGO; *subj.* HUELGUE) to rest; to quit work; to be idle; to be needless or useless; to take pleasure or satisfaction. **II.** *vr.* to sport, dally, trifle; to idle; to amuse oneself.
holgazán, na. I. *a.* idle, lazy, indolent. **II.** *n.* idler, loiterer, lounger.
holgazanear, *vn.* tc idle, to loiter, to lounge.
holgazanería, *f.* idleness, laziness, indolence.
holgón, a, *a.* indolent and pleasure-loving.
holgorio, *m.* (coll.) boisterous frolic or spree.
holgueta, *f.* (coll.) feast, merrymaking.
holgura, *f.* frolic, merrymaking; width, breadth; ease, comfort; plenty of room or space; (mech.) play.
holmio, *m.* (chem.) holmium.
holocausto, *m.* holocaust, burnt sacrifice.
holocéfalo, la, *m.* & *a.* (zool.) holocephalan.
holoédrico, ca, *a.* (cryst.) holohedral.
holoedro, *m.* (cryst.) holohedron.
hológrafo, fa, *m.* & *a.* (law) holograph.
holómetro, *m.* holometer, pantometer.
holosérico, ca, *a.* all-silk.
holoturia, *f.* (zool.) holothurian, sea cucumber.
holotúrido, da; holoturioideo, a. I. *n.* & *a.* (zool.) holothurian. **II.** *m. pl.* Holothuroidea.
holladura, *f.* trampling; duty paid for the run of cattle.
hollar, *va.* (*ind.* HUELLO; *subj.* HUELLE) to tread upon, trample under foot; to humiliate.
hollejo, *m.* skin (of a fruit, etc.).
hollejuelo, *m. dim.* small piece of skin; thin skin.
hollín, *m.* soot, lampblack.
holliniento, ta, *a.* fuliginous, sooty.
homarrache, *m.* clown.
hombracho, hombrachón, *m. aug.* heavy-built man.
hombrada, *f.* manly action; impulse.
hombradía, *f.* manliness.
hombrazo, *m. aug.* big man.
hombre, *m.* man; (vulg.) husband; ombre, a card game; (coll., in addressing or speaking to a friend, often as a mere expletive) boy, old chap, dear fellow, man, my dear man.—**¡hombre!** an exclamation of surprise.—**h. achaparrado,** short and lusty man.—**¡h. al agua!** man overboard.—**h. bueno,** (law) arbiter, arbitrator, referee.—**h. de armas,** military man.—**h. de bien,** a reputable, reliable man.—**h. de estado,** statesman.—**h. de puños,** strong, valiant man.—**ser muy h.,** to be a real man, or quite a man.
hombrear. I. *vn.* to pretend to man's estate prematurely. **II.** *vn.* & *vr.* to vie with another.
hombrecico, cito, cillo, zuelo, *m. dim.* little man; youth.
hombrecillos, *m. pl.* (bot.) hops.
hombrera, *f.* (armor) shoulder armor.
hombría, *f.* (Am.) manliness, courage.—**h. de bien,** probity, honesty.
hombrillo, *m.* (sewing) yoke of a shirt.
hombro, *m.* shoulder.—**h. con h.,** cheek by jowl.—**a h.,** on the shoulders.—**arrimar el h.,** to lend a hand; to exert oneself.—**echar al h.,** to shoulder; to become responsible for.—**encogerse de hombros,** to shrug the shoulders.—**llevar en hombros,** to carry on the shoulders; to support, to protect.—**sobre los hombros** = A H.
hombrón, *m. aug.* big, lusty man.
hombronazo, *m. aug.* huge man.
hombruno, na, *a.* mannish.
homenaje, *m.* homage; obeisance; fealty, allegiance; respect.
homeópata, *n.* & *a.* homœopath(-ic).
homeopatía, *f.* homœopathy.
homeopático, ca, *a.* homœopathic.
homérico, ca, *a.* Homeric.
homicida. I. *a.* homicidal, murderous. **II.** *n.* murderer, homicide.
homicidio, *m.* homicide, assassination, murder.—**h. impremeditado,** (law) murder in the second degree.—**h. premeditado,** (law) murder in the first degree.
homilía, *f.* homily.
homiliario, *m.* homiliary, book of homilies.
homilista, *n.* homilist.
hominal, *a.* pertaining to man.
hominicaco, *m.* (coll.) insignificant fellow, whippersnapper.
homocéntrico, ca, *a.* concentric.
homocigosidad, *f.* (genetics) homozygosity.
homocigótico, ca, *a.* (genetics) homozygous.
homocigoto, *m.* (genetics) homozygote.
homodino, *m.* (rad.) homodyne.
homofonía, *f.* homophony.
homófono, na, *a.* homophonous.
homogeneidad, *f.* homogeneity.
homogeneizar, *va.* to homogenize.
homogéneo, a, *a.* homogeneous.
homógrafo, fa, *a.* homographic.
homologación, *f.* (law) homologation.
homologar, *va.* (law) to homologate, ratify.
homología, *f.* homology.
homólogo, ga, *a.* (geom.) homologous; proportional; (logic) synonymous.
homonimia, *f.* homonymy.
homónimo, ma, *a.* homonymous; namesake.
homóptero, ra, *m.* & *a.* (zool.) homopterous.
homosedástico, ca, *a.* (stat.) homoscedastic.
homosexual, *n.* & *a.* homosexual, (coll.) gay.
homosexualidad, *f.* homosexuality.
homósporo, ra, *a.* (bot.) homosporous.
homúnculo, *m.* homunculus, dwarf.
honda, *f.* sling (for hurling stones).—**h. y precinta,** (naut.) parbuckle.
hondable, *a.* (naut.) soundable.
hondamente, *adv.* deeply, profoundly.
hondarras, *f. pl.* dregs, lees, sediment.
hondazo, *m.* a shot with a sling.
hondear, *va.* (naut.) to sound; to unload (ship).
hondero, *m.* soldier armed with a sling.
hondijo, *m.* sling.
hondillo, *m.* any of the pieces which form the seats of breeches or drawers.
hondo, da. I. *a.* deep; low. **II.** *m.* depth, bottom.—**de h.,** in depth.
hondón, *m.* bottom; dell, glen; deep hole; footpiece of a stirrup; eye of a needle.
hondonada, *f.* dale, ravine, glen; depression.
hondura, *f.* depth; profundity.—**meterse en honduras,** (fig.) to go beyond one's depth.
Honduras, *f.* Honduras.
hondureño, ña, *n.* & *a.* Honduran, Honduras.
honestamente, *adv.* honestly; modestly; virtuously.
honestar, *va.* to honor; to excuse, palliate.
honestidad, *f.* modesty; purity; decorum.
honesto, ta, *a.* honest; decent, decorous; pure, chaste; reasonable, just.
hongo, *m.* (bot.) mushroom; derby, bowler; (med.) fungus, fungosity.
hongoso, sa, *a.* fungous.
honguillo, *m. dim.* small fungus.
honor, *m.* honor; fame.—*pl.* dignity, rank, office, honors, privileges, honorary title or position.

honorable, *a.* worthy, honorable; illustrious; reputable, reliable.
honorablemente, *adv.* honorably, creditably.
honorario, ria. I. *a.* honorary. **II.** *m.* honorarium, fee.
honoríficamente, *adv.* honorably; honorarily.
honorífico, ca, *a.* honorary; honorable.
honra, *f.* honor; reverence, respect; reputation, fame; purity, chastity.—**tener a h.,** to regard as an honor, be proud of.—*pl.* obsequies.
honradamente, *adv.* honorably, honestly.
honradez, *f.* honesty, probity, integrity.
honrado, da, *a.* honest, honorable.
honrador, ra, *n.* & *a.* honorer(-ing).
honramiento, *m.* honoring.
honrar. I. *va.* to honor, do honor to; to be an honor for; (com.) to honor. **II.** *vn.* to honor; to be an honor. **III.** *vr.* to deem it an honor; to be honored.
honrilla, *f. dim.* keen sense of honor or duty, punctiliousness (usually **la negra h.**).
honrosamente, *adv.* honorably; creditably.
honroso, sa, *a.* honorable, decorous; honoring, honor-giving.—**ser h.,** to be an honor.
hontanal, *m.* HONTANAR.—*pl.* feasts of the ancients held at fountains.
hontanar, *m.* place abounding in springs.
hopa, *f.* long cassock; sack for an executed criminal.
hopalanda, *f.* (anc.) gown worn by students.
hopear, *vn.* to wag the tail.
hoplita, *m.* hoplite.
hoploteca, *f.* = OPLOTECA, museum for weapons.
hopo, *m.* bushy tail (as of a fox).
hoque, *m.* treat to close a bargain.
hora. I. *f.* hour; time, season for doing anything; distance covered in an hour; league.—*pl.* (eccl.) prayerbook.—**horas canónicas,** (eccl.) canonical hours.—**h. de,** time to, or for (*hora de almuerzo,* time for breakfast, or breakfast time; *hora de tren,* time for the train, or train time).—**h. de comer,** meal time.—**h. del tropel,** rush hour.—**h. de verano,** daylight-saving time.—**h. legal,** standard time.—**h. menguada,** fatal or unhappy hour.—**horas de consulta,** office hours (doctor, etc.).—**horas de oficina,** office or business hours.—**horas extraordinarias de trabajo,** overtime.—**horas menores,** (eccl.) little hours.—**a buena h.,** opportunely, at the proper time.—**a la h.,** at once, right away; then.—**a la h. de ésta,** or **a la h. de ahora,** or **a estas horas,** (coll.) at this moment.—**a última h.,** at the last moment, at the eleventh hour.—**cuarenta horas,** (eccl.) forty hours.—**dar la h.,** to strike the hour; to adjourn (the meeting, etc.); to dismiss (the class, etc.).—**de última h.,** up-to-date.—**en h. buena, en buen,** or **buena h.,** well, happily; it is well; very well, all right.—**en h. mala, en mal,** or **mala h.,** = ENHORAMALA (used to indicate dissatisfaction, disapproval, etc., rendered according to the situation).—**no ver la h. de,** to look forward to.—**por horas,** by instants.—**¿qué h. es?** (in some places, **¿qué horas son?**), what time is it?—**vete en h. mala,** (coll.) begone, get out of my sight. **II.** *adv.* now, at this time, at present.
horadable, *a.* capable of being pierced.
horadación, *f.* perforation; boring, piercing.
horadado, *m.* silkworm's cocoon bored through.
horadador, ra, *n.* & *a.* perforator(-ing); borer(-ing); burrower(-ing).
horadar, *va.* to perforate, bore; burrow.
horado, *m.* hole bored through; cavern, grotto.
horambre, *m.* hole in the cheeks of mills.
horario, ria. I. *a.* horary, horal, hour (as *a.*). **II.** *m.* hour hand of a clock or watch; (Ry.) timetable, schedule.
horca, *f.* gallows, gibbet; (agr.) hayfork, pitchfork; forked prop for trees or vines; yoke for dogs or hogs; rope or string of onions or garlic.
horcado, da, *a.* forked, forky.
horcadura, *f.* fork of a tree.
horcajadas, horcajadillas.—a h., astride or astraddle.
horcajadura, *f.* crotch (of human body).
horcajo, *m.* yoke or collar for mules; in oil mills, the Y-shaped division of the beam; fork or confluence of two streams.
horcate, *m.* hame (of a harness).
horco, *m.* rope or string of onions or garlic.
horcón, *m.* forked pole to support the branches of fruit trees.
horchata, *f.* orgeat, drink made from almonds.
horchatería, *f.* place where orgeat is sold.
horchatero, ra, *n.* orgeat maker or seller.
horda, *f.* horde.
hordiate, *m.* pearl barley; barley water.
horero, *m.* (S. A.) hour hand.
horizontal, *a.* & *f.* horizontal.
horizonte, *m.* horizon.—**h. artificial,** artificial horizon.—**h. racional,** celestial horizon, rational horizon.—**h. sensible,** sensible horizon, visible horizon (= horizon in the ordinary sense).
horma, *f.* mold, model; shoemaker's last; hatter's block; (mason.) dry wall.—**hallar la h. de su zapato,** (ironic) to meet with one's match.
hormadoras, *f. pl.* (Colomb.) underskirt.
hormaza, *f.* (mason.) dry wall.
hormazo, *m.* blow with a last or block; heap of stones; house and garden.
hormero, *m.* last maker.
hormiga, *f.* ant; (med.) itch or cutaneous pruritus.—**h. blanca,** (entom.) white ant.—**h. león,** (entom.) ant lion.—**h. melífera,** (entom.) honey ant.—**h. roja,** (entom.) horse ant.
hormigo, *m.* (min.) sifted ashes used in smelting quicksilver.—*pl.* sweetmeat of mashed almonds or filberts; coarse parts of flour or poorly-ground wheat.
[1]**hormigón,** *m.* (vet.) a disease of cattle; (bot.) a disease of some plants.
[2]**hormigón,** *m.* (eng.) concrete.—**h. armado,** reinforced concrete.—**h. hidráulico,** hydraulic-cement concrete; hydraulic-lime mortar.
hormigonera, *f.* concrete mixer.
hormigoso, sa, *a.* formicine; ant-eaten.
hormigueamiento, *m.* (med.) itching.
hormigueante, *a.* tingling, atingle; itching.
hormiguear, *vn.* to itch; to swarm.
hormigüela, *f. dim.* small ant.
hormigueo, *m.* (med.) itching.
hormiguero, *m.* formicary, ant hill, ants' nest; swarm, crowd, throng; pile of burned fertilizer; (ornith.) wryneck.
hormiguillar, *va.* (min.) to mix (grains of silver) with salt.
hormiguillo, *m.* (vet.) a disease of horses' hoofs; people ranged in a line, who pass materials or loads from hand to hand; (Mex.) a spicy sirup; almond sweatmeat; (min.) amalgamating mixture.
hormiguita, *f. dim.* small ant.
hormilla, *f. dim.* small last; buttonmold or core.
hormón, *m.,* **hormona,** *f.* (physiol.) hormone.
hormonal, *a.* hormonal.
hormónico, ca, *a.* hormonic.
hornabeque, *m.* (fort.) hornwork.
hornablenda, *f.* (min.) hornblende.
hornacero, *m.* (metal.) crucible man.
hornacina, *f.* (arch.) vaulted niche.
hornacho, *m.* shaft of a mine; furnace for casting statues.
hornachuela, *f.* cave or hut.
hornada, *f.* batch, bread baked at one time; melt (of a blast furnace).
hornaguear, *va.* to dig for coal.
hornaguera, *f.* pit coal, hard coal.
hornaguero, ra, *a.* wide, spacious; coal-bearing.
hornaje, *m.* fee for baking.
hornaza, *f.* jewellers' furnace; (art) light yellow color; yellow glazing.
hornazo, *m.* Easter cake ornamented with eggs; Easter present given to preacher.

hornear, *vn.* to carry on the trade of a baker.
hornería, *f.* trade of a baker.
hornero, ra, *n.* baker.
horniga, *f.* brushwood for an oven.
hornijero, ra, *n.* brushwood carrier.
hornilla, *f.* grated chamber in a masonry kitchen range; compartment in a pigeon cote for nesting; nest pan.
hornillo, *m. dim.* portable furnace or stove; (min.) blast hole; (mil.) fougade.—**h. de atanor,** self-feeding furnace.
hornito, *m.* (Mex.) mud volcano.
horno, *m.* oven; kiln; furnace; cavity in which bees lodge.—**h. boliche** = H. DE REVERBERO. —**h. de cal,** limekiln.—**h. de calcinación,** calcining furnace.—**h. de copela,** cupelling or cupellation furnace.—**h. de cuba,** blast furnace in general.—**h. de ladrillo,** brickkiln.—**h. de manga,** cupola furnace.—**h. de reverbero,** or **tostadillo,** Spanish furnace, or reverberatory furnace.—**h. eléctrico,** electric furnace.—**alto h.,** (high) blast furnace.
horología, *f.* horology.
horometría, *f.* horometry, measurement of time.
horón, *m.* large round hamper.
horópter, *m.* (opt.) horopter.
horoptérico, ca, *a.* (opt.) horopteric.
horóptero, *m.* (opt.) horopter.
horóscopo, *m.* horoscope.
horqueta, *f. dim.* forked pole or stake; crotch of a tree; (Arg.) sharp turn of a stream or of the adjacent land.
horquilla, *f.* forked pole, bar, pipe, etc.; pitchfork, croom; hairpin; double-pointed tack; a disease causing the hair to split; upper extremity of the sternum; wish-bone; (surg.) fourchette; (mil.) fork rest; (naut.) oarlock; (vet.) frog of a horse's foot.—*pl.* (naut.) crutches, curbs.—**horquillas de dar fuego,** breaming forks.
horrendamente, *adv.* horribly.
horrendo, da, *a.* hideous, horrible, awful.
hórreo, *m.* barn, mow; granary built on pillars.
horrero, *m.* keeper of a granary.
horribilidad, *f.* dreadfulness, hideousness.
horribilísimo, *a. super.* most horrible.
horrible, *a.* horrid, horrible; hideous, heinous.
horriblemente, *adv.* horribly; heinously.
horridez, *f.* horridness.
hórrido, da, *a.* horrible; hideous.
horrífico, ca, *a.* (poet.) horrific, awful, horrid.
horripilación, *f.* dread, fright; (med.) horripilation, goose flesh.
horripilante, *a.* horrifying, harrowing.
horripilar. I. *va.* & *vn.* to cause or feel horror. **II.** *vr.* to be horrified.
horripilativo, va, *a.* (med.) causing goose flesh.
horrísono, na, *a.* (poet.) of a terrifying noise.
horro, ra, *a.* enfranchised, freed; not pregnant.
horror, *m.* horror; enormity, hideousness, frightfulness.
horrorizado, da, *a.* horrified, horror-stricken.
horrorizar. I. *va.* to horrify, terrify. **II.** *vr.* to be terrified.
horrorosamente, *adv.* horribly.
horroroso, sa, *a.* horrible; hideous, frightful.
horrura, *f.* filth, dirt, scoria, dross.
hortaliza, *f.* garden produce, vegetables.
hortatorio, ria, *a.* = EXHORTATORIO, hortatory.
hortecillo, *m. dim.* small garden.
hortelana, *f.* gardener's wife.
hortelano, na. I. *a.* HORTENSE. **II.** *m.* horticulturist; (ornith.) ortolan.
hortense, *a.* pert. to kitchen garden or orchard.
hortensia, *f.* (bot.) hydrangea.
hortera. I. *f.* wooden bowl. **II.** *m.* in Madrid, drygoods clerk.
hortícola, *a.* horticultural.
horticultor, ra, *n.* horticulturist.
horticultura, *f.* horticulture.
horuelo, *m.* common; meeting place for young people.
hosanna, *m.* (eccl.) hosanna.
hosco, ca, *a.* dark-colored (as a mulatto); sullen, gloomy.
hoscoso, sa, *a.* crisp, rough.
hospedador, ra, *n.* one who gives lodging.
hospedaje, hospedamiento, *m.* lodging, board.
hospedar. I. *va.* to lodge, harbor. **II.** *vn.* & *vr.* (en) to lodge or take lodgings (at); to stop (at), live (in).
hospedería, *f.* hospice; hostel in universities; hostelry, inn; spare room, guest room; lodging.
hospedero, ra, *n.* host; innkeeper.
hospiciano, na, *n.* poor person who lives in a house of charity.
hospicio, *m.* hospice; poor house; orphan asylum.
hospital, *m.* hospital.—**h. de sangre,** (mil.) field hospital.
hospitalario, ria. I. *a.* hospitable. **II.** *m.* Hospitaler.
hospitalero, ra, *n.* hospital manager; hospitaler; hospitable person.
hospitalidad, *f.* hospitality; hospitalizing, stay in a hospital.
hospitalización, *f.* hospitalization.
hospitalizar, *va.* to hospitalize.
hospitalmente, *adv.* hospitably.
hostal, *m.* hostelry, inn.
hostalero, ra, *n.* inn or tavern keeper, host(-ess).
hostelero, ra, *n.* innkeeper, tavern keeper.
hostería, *f.* inn, tavern, hostelry.
hostia, *f.* sacrificial victim; (eccl.) host, wafer; sugar wafer.—**hostiario,** *m.* wafer box.—**hostiero,** *m.* person who prepares the host.
hostigador, ra, *a.* = HOSTIGOSO.
hostigamiento, *m.* chastisement; vexation.
hostigar, *va.* (*pret.* HOSTIGUÉ; *subj.* HOSTIGUE) to lash, scourge, chastise; to vex, trouble, harass; to gall, bore, tire; (Am.) to satiate, become distasteful to.
hostigo, *m.* lash; weather-beaten wall; beating of rain and wind against a wall.—**hostigoso, sa,** *a.* (Chile & Guat.) tiresome, boring; satiating.
hostigué, hostigue, *v. V.* HOSTIGAR.
hostil, *a.* hostile.—**hostilidad,** *f.* hostility.
hostilizar, *va.* (*pret.* HOSTILICÉ; *subj.* HOSTILICE) to commit hostilities against, be hostile to, antagonize.
hostilmente, *adv.* with hostility.
hotel, *m.* hotel; villa.—**hotelero, ra,** *n.* hotel manager.
hotentote, ta, *n.* & *a.* Hottentot.
hovero, ra, *a.* = OVERO, peach-colored (horse).
hoy, *adv.* to-day; now, at the present time, nowadays.—**h. día,** or **h. en día,** nowadays.—**h. mismo,** this very day.—**h. por h.,** at the present time; for the present; this very day.—**de h. a mañana,** before to-morrow; when you least expect it.—**de h. en adelante,** or **de h. más,** henceforward, in future.—**por h.,** for the present.
hoya, *f.* hole, pit; grave; valley, dale, glen; basin (of a river).
hoyada, *f.* low dale.
hoyanca, *f.* potter's field in cemeteries.
hoyito, *m. dim.* small hole.
hoyo, *m.* hole, pit, excavation; dent, indentation, hollow; pockmark; grave.
hoyoso, sa, *a.* full of holes.
hoyuela, *f. dim.* of HOYA; hollow in the neck below Adam's apple.
hoyuelo, *m. dim.* small hole; dimple.
[1]**hoz,** *f.* sickle.—**meter la h. en mies ajena,** to meddle in others' affairs.
[2]**hoz,** *f.* defile, narrow pass; ravine.—**de h. y de coz,** (coll.) headlong.
hozadero, *m.* hogs' rooting place.
hozadura, *f.* rooting (of hogs).
hozar, *va.* to root (as hogs).
huaca, *f.* = GUACA, Indian burying ground.
huacal, *m.* crate; (Mex.) hurdle basket.
huaco, *m.* idol found in HUACAS.
huaico, *m.* (Peru) large mass of rock fallen into a river or stream.
huairuro, *m.* Peruvian variety of red bean.

huaquero, *m.* (Peru) pitcher found in HUACAS.
huarache, *m.* (Mex.) sandal.
huasca, *f.* (Peru) whip, lash.
hube, hubo, *v.* *V.* HABER.
hucha, *f.* large chest; money box, bank; savings.
huchear, *va.* to hoot, shout, cry out, call.
¡húchohó! *interj.* used to call birds.
huebra, *f.* ground plowed in one day by a yoke of oxen; pair of mules with a plowman hired for a day's work.—**huebrero,** *m.* laborer who plows with a pair of mules; one who lets out mules by the day.
hueca, *f.* spiral groove of a spindle.
hueco, ca. I. *a.* hollow; empty; vain, empty-headed; resonant; inflated; soft, spongy (as ground or wool). **II.** *m.* hole; hollow, gap, void, break; notch or nick of a wheel; interval of time or space; vacancy.
huecograbado, *m.* rotogravure.
huecú, *m.* (Chile) deep slough covered with grass.
huélfago, *m.* (of animals) difficulty in breathing.
huelga, *f.* rest, repose, leisure; strike (of workers); recreation, merrymaking; (agr.) lying fallow; (mech.) windage.—**h. de hambre,** hunger strike.—**h. de solidaridad,** sympathy strike. —**h. sentada,** sit-down strike.
[1]**huelgo,** *m.* breath, respiration; (mech.) windage; room, space, play.—**tomar h.,** to take breath.
[2]**huelgo, huelgue,** *v.* *V.* HOLGAR.
huelguista, *n.* striker.
huelguístico, ca, *a.* (workers') strike (as *a.*).
huelo, huela, etc., *v.* *V.* OLER.
huella, *f.* track, footstep, footprint; tread; trampling; stair tread, treadboard; impression; trace, vestige, trail.
[1]**huello,** *m.* treading; lower part of an animal's hoof.
[2]**huello, huelle,** *v.* *V.* HOLLAR.
huequecito, *m. dim.* small hole or space.
huérfago, *m.* (vet.) = HUÉLFAGO.
huerfanito, ita, *n. dim.* little orphan.
huérfano, na, *n.* & *a.* orphan(-ed).
huero, ra, *a.* empty, vain; (Mex.) fair, blonde.
huerta, *f.* large vegetable or kitchen garden; irrigated land.
huertezuela, *f. dim.* small kitchen garden.
huertezuelo, *m. dim.* small orchard.
huerto, *m.* orchard, fruit garden.
huesa, *f.* grave, tomb.
huesarrón, *m. aug.* large bone.
huesecico, illo, ito, *m. dim.* little bone.
hueso, *m.* bone; stone, core; part of a limestone which remains unburnt in the kiln; drudge, drudgery.—**h. duro de roer,** (coll.) a hard nut to crack, hard to deal with.—**h. innominado,** (anat.) innominate bone.—**h. malar,** (anat.) zygomatic bone.—**h. navicular,** (anat.) scaphoid or navicular bone.—**h. occipital,** (anat.) occipital bone.—**h. palomo,** (anat.) coccyx.—**h. sacro,** (anat.) sacrum.—**h. temporal,** (anat.) temporal, temporal bone.—**a h.,** (mason.) dry (without mortar).—**a otro perro con ese h.,** tell that to the marines.—**estar en los huesos,** to be a bag of bones, be nothing but skin and bones.—**la sin h.,** the tongue.—**no dejar h. sano a,** (fig.) to rake over the coals.—**no poder con sus huesos,** (coll.) to be dog tired.—**soltar la sin h.,** (coll.) to talk one's head off, talk too much.—**tener los huesos molidos,** (coll.) to be tired to death, be all in.
huesoso, sa, *a.* bony, osseous.
huésped, da, *n.* guest, lodger; host(-ess) innkeeper, tavern keeper.
hueste, *f.* host, army.
huesudo, da, *a.* bony, having large bones.
hueva, *f.* spawn of fishes, roe. Also OVAS, *pl.*
huevar, *vn.* (of poultry) to begin to lay.
huevecico, illo, ito, zuelo, *m. dim.* small egg.
huevera, *f.* ovary of birds; egg stand, egg cup.
huevería, *f.* egg shop.
huevero, ra, *n.* egg dealer.
huevo, *m.* egg; (shoe) hollow piece of wood for shaping the sole.—**h. de Colón,** or **de juanelo,** anything that seems difficult to do, but is easy after one learns how to do it.—**h. duro,** hard (boiled, fried) egg.—**huevos de faltriquera,** candied yolks of egg.—**huevos escalfados,** poached eggs.—**huevos estrellados,** fried eggs. —**huevos hilados,** threadlike sweetmeat made of eggs and sugar.—**huevos moles,** yolks of eggs made up with pounded almonds and sugar. —**huevos pasados por agua,** soft-boiled eggs.—**huevos revueltos,** scrambled eggs.—**huevos y torreznos,** bacon and eggs.—**sórbete,** or **chúpate, ese h.,** (coll.) put that in your pipe and smoke it.
hugonote, ta, *n.* & *a.* Huguenot.
huída, *f.* flight, escape; outlet.
huidero, *m.* cover, shelter; laborer in quick-silver mines.
huidizo, za, *a.* fugitive, fleeing.
huillín, *m.* a kind of Chilean otter.
huipil, *m.* (Am.) Aztec woman's garment.
huir. I. *vn.* & *vr.* (*ger.* HUYENDO; *ind. pres.* HUYO, *pret.* él HUYÓ; *subj.* HUYA) to flee, to escape; to run away, elope; to slip away, fly; (**de**) to keep away (from), shun, avoid. **II.** *va.* to avoid, shun. —**h. la cara de,** to avoid, keep away from.
hule, *m.* oilcloth, oilskin; (Am.) India rubber.
hulero, *m.* rubber gatherer.
hulla, *f.* mineral (gen. bituminous) coal.—**h. aglutinante,** coking coal.—**h. blanca,** white coal (water).—**h. conglutinante,** coking coal. —**h. grasa,** fat coal.—**h. magra,** non-coking coal.
hullero, ra. I. *a.* containing or pertaining to soft coal. **II.** *f.* colliery.
humada, *f.* = AHUMADA, smoke signal from coast.
humanamente, *adv.* humanely; humanly.
humanar. I. *va.* to humanize; to soften. **II.** *vr.* to become man; to become human.
humanidad, *f.* humanity; mankind; human weakness; humaneness; (coll.) corpulence, fleshiness.—*pl.* humanities.
humanista, *n.* humanist, scholar.
humanitario, ria, *a.* humanitarian.
humanitarismo, *m.* humanitarianism.
humanizar, *va.* & *vr.* = HUMANAR,
humano, na. I. *a.* human; humane. **II.** *m.* man, human being.
humarazo, *m.* = HUMAZO.
humareda, *f.* a great deal of smoke.
humazga, *f.* hearth money, fumage.
humazo, *m.* dense and abundant smoke.
humeante, *a.* smoking, fuming, fumant.
humear. I. *vn.* to smoke, emit smoke, fumes, or vapors. **II.** *va.* (Am.) to fumigate.
humectación, *f.* dampening.
humectante, *a.* (med.) moistening.
humectar, *va.* (med.) to moisten, wet.—**humectativo, va,** *a.* moistening.
humedad, *f.* humidity, moisture, dampness.
humedal, *m.* humid soil, marsh.
humedecedor, *m.* humidifier.
humedecer, *va.* (*ind.* HUMEDEZCO; *subj.* HUMEDEZCA) to moisten, dampen.
humedecimiento, *m.* humidification.
húmedo, da, *a.* humid, wet, moist, damp.
humera, *f.* (coll.) fit of drunkenness.
humeral, *a.* (anat.) humeral.
húmero, *m.* (anat.) humerus.
humero, *m.* smoke pipe; chimney flue; meat-smoking place; much smoke.
húmico, ca, *a.* humic; (chem.) humic.
húmido, da, *a.* = HÚMEDO.
humildad, *f.* humility; meekness; lowliness.
humilde, *a.* humble; meek; lowly.
humildemente, *adv.* humbly, modestly, meekly.
humillación, *f.* humiliation; humbling.
humilladero, *m.* road chapel or shrine.
humillador, ra, *n.* & *a.* humiliator(-ing).
humillante, *a.* humiliating.
humillar. I. *va.* to humiliate; humble; crush,

subdue. **II.** *vr.* to humble oneself; to lower oneself.
humillo, *m. dim.* (gen. *pl.*) vanity, petty pride; a disease of suckling pigs.
humita, *f.* (Peru) cake of maize and sugar.
humo, *m.* smoke; vapor, steam, fume.—*pl.* families or houses in a town or village; airs, conceit. —**echar humos,** to put on airs.
humor, *m.* humor, wit; disposition, temper; (physiol.) body fluid.—**h. acuoso,** (physiol.) aqueous humor.—**buen h.,** good nature, jovial disposition.—**estar de buen (mal) h.,** to be in good (bad) humor or spirits.—**mal h.,** ill temper.
humorada, *f.* pleasant joke, humorous saying.
humorado, da, *a.* full of humors.—**bien (mal) h.,** in good (bad) humor; having a good (bad) temper.
humoral, *a.* (physiol.) pert. to body fluid.
humorcico, illo, ito, *m. dim.* little temper.
humorismo, *m.* humor (esp. in literary style); (anc. med.) humorism.
humorista. I. *a.* humorous. **II.** *n.* humorist.
humorístico, ca, *a.* jolly, humorous, facetious.
humorosidad, *f.* abundance of humors.
humoroso, sa, *a.* watery, containing fluid.
humoso, sa, *a.* smoky, fumy.
humus, *m.* humus.
hundible, *a.* sinkable.
hundimiento, *m.* sinking; cave-in; downfall, collapse.
hundir. I. *va.* to submerge, sink; stave in, crush; destroy, ruin; to refute, confound. **II.** *vr.* to sink, be sinking; to cave in, fall down, crumble, collapse; (coll.) to hide, lie in hiding, disappear.
húngaro, ra, *n.* & *a.* Hungarian.
Hungría, *f.* Hungary.
huno, na, *n.* & *a.* Hun(-nish).
hupe, *f.* punk, touchwood, amadou.
hura, *f.* carbuncle on the head.
huracán, *m.* hurricane.—**huracanado, da,** *a.* of hurricane proportions.
hurañamente, *adv.* unsociably, shyly.
hurañería, hurañía, *f.* unsociability; shyness.
huraño, ña, *a.* unsociable, shy.
hurgar, *va.* (*pret.* HURGUÉ; *subj.* HURGUE) to stir, to poke; to stir up, excite.—**peor es hurgallo,** let well enough alone.
hurgón, *m.* poker, fire rake; (coll.) thrust with a sword.—**hurgonada,** *f.* poking (the fire); thrust.—**hurgonazo,** *m.* blow with a poker; thrust.—**hurgonear,** *va.* to poke (the fire); (coll.) to make a thrust at.—**hurgonero,** *m.* fire poker.
hurgué, hurgue, *v. V.* HURGAR.
hurí, *f.* houri.
hurón, na. I. *n.* (zool.) ferret; (coll.) ferreter, prier. **II.** *a.* unsociable, shy.—**huronear,** *va.* to hunt with a ferret; (coll.) to pry into; to ferret out.—**huronera,** *f.* ferret hole; (coll.) lurking-place; small dark room.—**huronero,** *m.* ferret keeper.
¡hurra! *interj.* hurrah!
hurraca, *f.* (ornith.) magpie.
hurtadillas.—a h., *adv.* by stealth, on the sly.
hurtadineros, *m.* money box, toy bank.
hurtador, ra, *n.* robber, thief.
hurtagua, *f.* watering pot.
hurtar. I. *va.* to steal, rob of, to cheat in weight or measure; to eat away (land, as the sea or a river); to alienate.—**h. el cuerpo,** to flee; to dodge, shy away. **II.** *vr.* to withdraw, move away; to hide.
hurto, *m.* theft, robbery, stealing; thing stolen; (min.) driftway, heading.—**a h.,** by stealth.
husada, *f.* spindleful of yarn.
húsar, *m.* (mil.) hussar.
husero, *m.* beam of an antler.
husillero, *m.* one who tends the spindle in oil mills.
[1]**husillo,** *m. dim.* small spindle; (mill) wheel spindle or shaft; screw pin.
[2]**husillo,** *m.* (dirty water) drain.
husita, *n.* Hussite.
husma.—andar a la h., (coll.) to explore in a prying manner, to nose about.
husmeador, ra, *n.* & *a.* scenter(-ing); prier(-ing), noser(-ing, -y).
husmear. I. *va.* to scent, smell, wind; (coll.) to pry, peep, nose into. **II.** *vn.* (of meat) to become tainted, gamey, or high.
husmeo, *m.* scenting, smelling; prying, nosing.
husmo, *m.* taint of meat.—**estar al h.,** (coll.) to be on the scent; to wait or watch for a favorable opportunity.
huso, *m.* spindle; cop tube; bobbin; drum of a windlass; (aer.) fuselage.
huta, *f.* hut, hunter's blind.
hutía, *f.* (zool.) hutia, a West-Indian rodent.
¡huy! *interj.* of surprise, astonishment, grief or alarm.
huyo, huya, huyó, etc. *v. V.* HUIR.
hyaluronidasa, *f.* (med.) hyaluronidase.

I

[1]**I, i,** *f.* i, tenth letter of the Spanish alphabet.
[2]**i,** *conj.* and (used in some parts of S. A.).
iba, *imperf.* of IR.
iberamericano, na, *a.* & *n.* (Am.) = IBEROAMERICANO.
ibérico, ca, *a.*; **iberio, ria,** *a.*; **ibero, ra,** *n.* & *a.* Iberian.
iberoamericano, na, *n.* & *a.* Latin-American.
íbice, *m.* ibex, a kind of goat.
ibídem, *adv.* ibidem, in the same place.
ibis, *f.* (ornith.) ibis, a wading bird.
ibiyaú, *m.* an Argentine night bird.
ibón, *m.* lake or basin on the slopes of the Pyrenees.
icaco, *m.* (bot.) coco plum.
icario, a, *a.* Icarian.
icástico, ca, *a.* natural, plain, unadorned.
iceberg, *m.* iceberg.
icneumón, *m.* (zool.) ichneumon.—**mosca i.,** (entom.) ichneumon, ichneumon fly.
icnografía, *f.* (arch.) ichnography.
icnográfico, ca, *a.* ichnographical.
icnología, *f.* ichnology.
icón, icono, *m.* icon.
iconoclasta. I. *a.* iconoclastic. **II.** *n.* iconoclast.
iconoclastia, *f.* iconoclasm.
iconografía, *f.* iconography.
iconográfico, ca, *a.* iconographical.
iconólatra, *m.* iconolater, worshipper of icons.
iconología, *f.* (art) iconology.
iconómaco, *a.* iconoclastic.
iconoscopio, *m.* Iconoscope (trademark).
iconostasio, *m.* (eccl.) iconostasis, altar screen.
icor, *m.* (med.) watery discharge (as from a wound).
icoroso, sa, *a.* ichorous, serous.
icosaedro, *m.* (geom.) icosahedron.
ictericia, *f.* (med.) icterus, jaundice.
ictericiado, da, ictérico, ca, *a.* icteric, icterical, jaundiced.
ictíneo, *m.* submarine vessel.
ictiofagia, *f.* ichthyophagy.
ictiófago, ga. I. *a.* ichthyophagous, fish-eating. **II.** *n.* ichthyophagous person.
ictioideo, dea, *m.* & *a.* ichthyoid.
ictiol, *m.* (chem.) ichthyol.
ictiología, *f.* ichthyology.
ictiológico, ca, *a.* ichthyologic.
ictiólogo, *m.* ichthyologist.
ictiornis, *m.* (paleontol.) ichthyornis.
ictiosauro, *m.* ichthyosaurus.
ictiosis, *f.* ichthyosis.
ida, *f.* departure; trip out; impetuosity; rash proceeding; sally; trail.—**i. del humo,** departure never to return.—**i. y vuelta,** out and back, round trip, excursion.—**idas,** frequent visits.—**idas y venidas,** comings and goings.—**de i. y vuelta,** return (ticket).—**en dos idas y venidas,** (coll.) in a jiffy.—**¡la i. del cuervo!** he's off, good riddance!

idea, *f.* idea.
ideación, *f.* (philos.) ideation.
ideal, *m.* & *a.* ideal.
idealidad, *f.* ideality.
idealismo, *m.* idealism.
idealista. I. *a.* idealistic, idealistical. II. *n.* idealist; ideologist.
idealización, *f.* idealization.
idealizar, *va.* to idealize.
idear, *va.* to conceive the idea of; to devise, contrive, plan, design.
ideario, *m.* philosophy, system of ideas and principles, ideology.
ideático, ca, *a.* (Am.) whimsical, capricious.
ídem, idem, ditto, the same.
idénticamente, *adv.* identically.
idéntico, ca, *a.* (a) identic, identical (with).
identidad, *f.* identity.—**de i.,** identification (as *a.*).
identificación, *f.* identification.
identificar, (*pret.* IDENTIFIQUÉ; *subj.* IDENTIFIQUE). I. *va.* to identify. II. *vr.* **(con)** to identify oneself (with).
ideo, ea, *a.* pertaining to Mount Ida.
ideografía, *f.* ideography.
ideográfico, ca, *a.* ideographic.
ideograma, *m.* ideogram.
ideología, *f.* ideology.
ideológico, ca, *a.* ideological.
ideólogo, *m.* ideologist.
idílico, ca, *a.* idyllic.
idilio, *m.* idyl.
idioelectricidad, *f.* idioelectricity.
idioeléctrico, ca, *a.* idioelectric.
idioma, *m.* language, tongue.
idiomático, ca, *a.* idiomatic.
idiomorfismo, *m.* (cryst.) idiomorphism.
idiomorfo, fa, *a.* (cryst.) idiomorphic.
idiopatía, *f.* idiopathy.
idiopático, ca, *a.* idiopathic.
idiosincrasia, *f.* idiosyncrasy.
idiosincrásico, ca, *a.* idiosyncratic.
idiota. I. *a.* idiotic. II. *n.* idiot.
idiotez, *f.* idiocy, idiotism.
idiotismo, *m.* idiocy; ignorance; idiom.
ido, *pp.* of IR.
idólatra. I. *a.* idolatrous; heathen. II. *n.* idolater; (coll.) ardent lover.
idolatradamente, *adv.* idolatrously.
idolatrar, *va.* to idolize, worship, adore.
idolatría, *f.* idolatry; idolization.
idolátrico, ca, *a.* idolatrous.
ídolo, *m.* idol.
idolología, *f.* science dealing with idols.
idoneidad, *f.* competence, fitness, capacity.
idóneo, nea, *a.* competent; fit, able.
idumeo, a, *n.* & *a.* Idumean.
idus, *m.* ides.
iglesia, *f.* church; ecclesiastical state; clergy; chapter; diocese; right of immunity enjoyed in churches.—**i. anglicana,** Church of England. —**i. colegial,** collegiate church.—**i. matriz,** metropolitan church.—**i. mayor,** main church; cathedral.—**i. militante,** church militant.—**i. oriental,** Greek Church.—**i. ortodoxa,** Orthodox Church.—**i. ritualista,** High Church. —**i. triunfante,** church triumphant.—**llevar a una mujer a la i.,** to take a woman to the altar, get married.
iglesiero, ra, *n.* & *a.* churchgoing.
iglú, *m.* igloo.
ignaro, ra, *a.* ignorant.
ignavia, *f.* idleness, laziness, carelessness.
ígneo, ea, *a.* igneous.
ignición, *f.* ignition.
ignícola. I. *a.* fire-worshiping. II. *n.* fire-worshiper.
ignífero, ra, *a.* igniferous, fire-bearing.
ignífugo, ga, *a.* fireproofing.
ignipotente, *a.* (poet.) ignipotent.
igniscencia, *f.* ignescence.
ignitibilidad, *f.* ignitibility, inflammability.
ignitible, *a.* ignitible, ignitable, inflammable.
ignito, ta, *a.* ignited, inflamed, red-hot.
ignitor, *m.* igniter.
ignitrón, *m.* (elec.) ignitron.
ignívomo, ma, *a.* (poet.) vomiting fire.
ignografía, *f.* = ICNOGRAFIA.
ignominia, *f.* ignominy, infamy, disgrace.
ignominiosamente, *adv.* ignominiously.
ignominioso, sa, *a.* ignominious.
ignorado, da. I. *pp.* of IGNORAR. II. *a.* unknown, hidden; fameless, obscure.
ignorancia, *f.* ignorance.—**i. crasa,** crass ignorance.—**i. no quita pecado,** ignorance of the law is no defense.—**i. supina,** ignorance from negligence.
ignorante. I. *a.* ignorant. II. *n.* ignoramus. — **ignorantemente,** *adv.* ignorantly.—**ignorantón, na.** I. *a. aug.* rather ignorant. II. *n.* ignoramus.
ignorar, *va.* to be ignorant of, not to know.
ignoto, ta, *a.* unknown, undiscovered.
igorrote, *m.* Igorrot, Luzon hunting tribesman; Igorrot language.
igual. I. *a.* equal; level, even, uniform; equable; constant, firm, unchangeable, consistent.—**i. que** (common but incorrect for *igual a*), equal to, the same as.—**(me) es i.,** it is all the same (to me), it makes no difference (to me). II. *m.* equal; (math.) equal sign (=).—**al i.,** equally. —**al i. que,** the same as, as well as.—**en i. de,** instead of, in lieu of.—**por i.,** or **por un i.,** equally; evenly.—**serle a uno i.,** to be all the same, a matter of indifference, to one.—**sin i.,** unrivaled, matchless; without parallel.
iguala, *f.* agreement, convention, stipulation; equalizing, equalization; (mason.) level; stipend or gratuity on agreement.—**a la i.,** equally.
igualación, *f.* equalizing, equalization; levelling, smoothing; matching; agreement, stipulation; (math.) equating; (carp.) countergauge.
igualado, da. I. *pp.* of IGUALAR. II. *a.* equalled (said of birds with even plumage).
igualador, ra. I. *a.* equalizing; smoothing; levelling. II. *n.* equalizer; smoother; leveller.—**i. de atenuación,** (rad.) attenuator equalizer.
igualamiento, *m.* = IGUALACIÓN.
igualar. I. *va.* to equalize; to match, mate, pair; to even, level, smooth; to size, face, adjust, fit; to hold in equal estimation; to adjust; (math.) to equate. II. *vn.* to be equal; (sports) to be tied (in score). III. *vr.* **(a, con)** to put oneself on the same plane (as), compare oneself (with).
igualdad, *f.* equality; evenness, smoothness, regularity, uniformity.—**i. de ánimo,** evenness of disposition; constancy, equability, equanimity.—**signo de la i.,** (math.) equal sign.
igualitario, ria, *a.* equalizing; equitable.
igualmente, *adv.* equally; likewise; constantly.
iguana, *f.* (zool.) iguana.
iguanodonte, *m.* (zool.) iguanodon.
igüedo, *m.* buck (goat).
ijada, *f.* flank (of an animal); pain in the side; colic—**tener su i.,** to have a weak side or point.
ijadear, *vn.* to pant; to palpitate.
ijar, *m.* flank (of an animal).
ilación, *f.* illation, inference; connectedness.
ilativo, va, *a.* illative, inferential.
ilegal, *a.* illegal, unlawful.
ilegalidad, *f.* illegality, unlawfulness.
ilegalmente, *adv.* illegally, unlawfully.
ilegibilidad, *f.* illegibility.
ilegible, *a.* illegible.
ilegítimamente, *adv.* illegitimately; foully.
ilegitimar, *va.* to make illegitimate.
ilegitimidad, *f.* illegitimacy.
ilegítimo, ma, *a.* illegal, unlawful; illegitimate.
íleo, *m.* (med.) ileus, colic.
[1]**íleon,** *m.* (anat.) ileum, part of intestine.
[2]**íleon,** *m.* (anat.) = ILION.
ileso, sa, *a.* unhurt, unscathed; harmless; sound.
iletrado, da, *a.* ignorant, uncultured.
[1]**ilíaco, ca,** *a.* iliac, pert. to the ilium.
[2]**ilíaco, ca,** *a.* pertaining to Ilium (Troy).

Ilíada, *f.* Iliad.
iliberal, *a.* illiberal.
iliberalidad, *f.* illiberality.
ilicíneo, a, *a.* (bot.) ilicineous.
ilícitamente, *adv.* illicitly, unlawfully.
ilícito, ta, *a.* illicit; unlawful; immoral.
ilicitud, *f.* illicitness, unlawfulness.
ilimitable, *a.* illimitable.
ilimitado, da, *a.* unlimited, boundless; unrestricted.
ilion, *m.* (anat.) ilium.
ilíquido, da, *a.* unliquidated.
ilírico, ca; ilirio, ria, *n.* & *a.* Illyrian.
iliterato, *a.* illiterate, unlearned.
ilógico, ca, *a.* illogical.
ilota, *m.* helot.
ilotismo, *m.* helotism.
iludir, *va.* to elude.
iluminación, *f.* illumination, lighting; (art) painting in distemper.
iluminado, da. I. *pp.* of ILUMINAR. **II.** *a.* illuminate, enlightened. **III.** *m. pl.* illuminati.
iluminador, ra. I. *a.* illuminating, illuminative. **II.** *n.* illuminator.
iluminante, *a.* illuminant, illuminating.
iluminar, *va.* to illumine, illuminate, light; to color, illumine (books); to enlighten.
iluminaria, *f.* = LUMINARIA, illumination.
iluminativo, va, *a.* illuminating.
iluminismo, *m.* Illuminism.
ilusión, *f.* illusion.—**hacerse ilusiones sobre,** to bank on.—**tener ilusiones de** (*inf.*), to have hopes of (*pres. p.*).
ilusionar. I. *va.* to cause illusion, fascinate. **II.** *vr.* **(con)** to have illusions; to get up hopes (of).
ilusionista, *n.* illusionist, visionary.
ilusivo, va, *a.* illusive, false, deceiving.
iluso, sa, *a.* deluded, deceived, beguiled.
ilusoriamente, *adv.* illusively, illusorily.
ilusorio, ria, *a.* illusory, deceptive; (law) null, void, nugatory.
ilustración, *f.* illustration; learning, erudition; elucidation, explanation; enlightment; learning; illustrated or pictorial publication.
ilustrado, da. I. *pp.* of ILUSTRAR. **II.** *a.* illustrated, picture (as *a.*); learned, well-informed.
ilustrador, ra. I. *a.* illustrative. **II.** *n.* illustrator.
ilustrar. I. *va.* to illustrate (a publication); to enlighten; to explain, elucidate; (theol.) to give divine light to, to inspire. **II.** *vr.* to educate oneself, to acquire knowledge, learn; to become illustrious.
ilustrativo, va, *a.* illustrative.
ilustre, *a.* illustrious, distinguished.
ilustremente, *adv.* illustriously.
ilustrísimo, ma, *a. super.* very illustrious, most illustrious (title given to bishops).
imadas, *f. pl.* (naut.) ways, sliding planks.
imagen, *f.* image.—**i. ampliada,** blown up image.—**i. confusa,** blurred image.—**i. de bulto,** image in sculpture; high relief.—**i. desenfocada,** out-of-focus image.—**i. fantasma,** (TV) ghost image, double image.—**i. nítida,** clear or sharp image.
imaginable, *a.* imaginable.
imaginación, *f.* imagination; imagining.
imaginar. I. *va.* to imagine; to think up, figure out; to think, suspect. **II.** *vr.* to imagine; to suspect; to picture to oneself, often used imperatively in a somewhat expletive or emphatic manner, in the sense of "just think," "just imagine," "why," etc. (*imagínese Vd. que no teníamos ni un centavo,* just think, we did not have a cent; *imagínese Vd. que allá hasta los niños fuman,* why, there even children smoke).
imaginariamente, *adv.* imaginatively.
imaginario, ria. I. *a.* imaginary, imaginative; (math.) imaginary. **II.** *f.* (mil.) reserve guard.
imaginativa, *f.* imagination, fancy.
imaginativo, va, *a.* imaginative, fanciful.
imaginería, *f.* imagery, fancy embroidery in colors; (art) statuary.
imaginero, *m.* painter or sculptor of religious images.
imago, *m.* (zool.) imago (adult form of an insect).
[1]**imán,** *m.* imam (Mohammedan priest).
[2]**imán,** *m.* magnet; (fig.) magnetism, loadstone.—**i. director,** (elec.) control or directing magnet.—**i. freno,** (elec.) braking magnet.—**i. móvil,** (elec.) moving magnet.
imanación, *f.* magnetization.
imanar, *va.* to magnetize.
imantación, *f.* = IMANACIÓN.
imantar, *va.* = IMANAR.
imbécil, *n.* & *a.* imbecile.
imbecilidad, *f.* imbecility, stupidity.
imbele, *a.* feeble, weak; unfit for war.
imberbe, *a.* beardless.
imbibición, *f.* imbibition, imbibing.
imbornal, *m.* (naut.) scupper hole.
imborrable, *a.* indelible, ineffaceable.
imbricación, *f.* imbrication, overlapping.
imbricado, da, *a.* imbricated, overlapped.
imbuir, *va.* (*ind.* IMBUYO; *subj.* IMBUYA) to imbue, infuse, persuade.
imbursación, *f.* putting into a sack.
imbursar, *va.* to put into a sack or bag.
imbuyo, imbuya, *v.* *V.* IMBUIR.
imitable, *a.* imitable.
imitación, *f.* imitation.
imitado, da. I. *pp.* of IMITAR. **II.** *a.* imitation (as *a.*), mock.
imitador, ra. I. *a.* imitative. **II.** *n.* imitator.
imitante, *a.* imitating, given to imitating.
imitar, *va.* to imitate; to mimic; to ape; to counterfeit.
imitativo, va, *a.* imitative (as arts).
imóscapo, *m.* (arch.) apophyge.
impacción, *f.* impact, collision.
impaciencia, *f.* impatience.
impacientar. I. *va.* to vex, irritate, make (one) lose patience. **II.** *vr.* to become impatient.
impaciente, *a.* impatient; anxious; peevish.
impacientemente, *adv.* impatiently, anxiously; peevishly.
impactado, da, *a.* (dent.) impacted.
impacto, *m.* impact.—**i. lunar,** lunar impact.
impagable, *a.* unpayable.
impalpabilidad, *f.* impalpability.
impalpable, *a.* impalpable.
impanación, *f.* (theol.) impanation.
impar, *a.* unmatched, odd; (arith.) odd.
imparcial, *a.* impartial.
imparcialidad, *f.* impartiality.
impartible, *a.* indivisible.
impartir, *va.* to impart; (law) to demand or require (assistance).
impasable, *a.* impassable.
impasibilidad, *f.* impassiveness.
impasible, *a.* impassive, unmoved.
impávidamente, *adv.* undauntedly, calmly.
impavidez, *f.* intrepidity, calm, composure.
impávido, da, *a.* dauntless, intrepid, calm.
impecabilidad, *f.* impeccability.
impecable, *a.* impeccable.
impedancia, *f.* (elec.) impedance.—**i. de entrada,** (elec.) input impedance.—**i. iterativa,** (elec.) iterative impedance.—**impedancias de imágenes,** (elec.) image impedances.
impedido, da. I. *pp.* of IMPEDIR. **II.** *a.* disabled, crippled.
impedidor, ra, *n.* obstructor.
impediente, *a.* hindering, obstructing.
impedimenta, *f.* (mil.) impedimenta.
impedimento, *m.* impediment; obstacle, hindrance, encumbrance.
impedir, *va.* (*ind.* IMPIDO; *subj.* IMPIDA) to impede, hinder, prevent; to block (the way); (poet.) to suspend.
impeditivo, va, *a.* impeding, hindering.
impelente, *a.* forcing, impelling, propelling.
impeler, *va.* to push, impel, drive; to spur, urge, incite, move.
impender, *va.* to spend, invest.
impenetrabilidad, *f.* impenetrability.

impenetrable, *a.* impenetrable, impervious; incomprehensible; fathomless.
impenitencia, *f.* impenitence.
impenitente, *a.* impenitent, obdurate.
impensa, *f.* (law) expense.
impensable, *a.* unthinkable.
impensadamente, *adv.* unexpectedly; inadvertently.
impensado, da, *a.* unexpected, unforeseen.
imperante, *a.* commanding; (astrol.) ruling.
imperar, *vn.* to command; to reign; to prevail.
imperativamente, *adv.* imperatively.
imperativo, va. I. *a.* imperative; domineering, "bossy." **II.** *n.* & *a.* (gram.) imperative.
imperatoria, *f.* (bot.) masterwort.
imperatorio, ria, *a.* imperial.
imperceptibilidad, *f.* imperceptibility, imperceptibleness.
imperceptible, *a.* imperceptible.
imperceptiblemente, *adv.* imperceptibly.
imperdible. I. *a.* that cannot be lost. **II.** *m.* safety pin.
imperdonable, *a.* unpardonable, unforgivable.
imperecedero, ra, *a.* imperishable, undying.
imperfección, *f.* imperfection, defect, fault, flaw.
imperfectamente, *adv.* imperfectly, inadequately.
imperfecto, ta. I. *a.* imperfect, defective, faulty. **II.** *n.* & *a.* (gram.) imperfect.
imperforación, *f.* (med.) imperforation.
imperforado, da, *a.* imperforate, imperforated.
imperial. I. *a.* imperial. **II.** *f.* coach top; top seats on a stage-coach; (naut.) poop royal.
imperialismo, *m.* imperialism.
imperialista. I. *a.* imperialistic, imperialist. **II.** *n.* imperialist.
impericia, *f.* unskilfulness, inexpertness.
imperio, *m.* empire; dominion, command, sway; dignity of an emperor.
imperiosamente, *adv.* imperiously, overbearingly.
imperiosidad, *f.* imperiousness.
imperioso, sa, *a.* imperious, overbearing.
imperitamente, *adv.* unskilfully.
imperito, ta, *a.* unskilled, inexpert.
impermeabilidad, *f.* impermeability, condition of being water-tight or waterproof.
impermeabilizar, *va.* to make waterproof.
impermeable. I. *a.* water-tight, impervious, waterproof. **II.** *m.* waterproof garment, mackintosh, raincoat.
impermutable, *a.* unexchangeable.
impersonal, *a.* impersonal.—**en,** or **por, i.,** impersonally.
impersonalizar, *va.* (gram.) to use impersonally.
impersonalmente, *adv.* impersonally.
impersuasible, *a.* not susceptible of persuasion.
impertérrito, ta, *a.* intrepid, dauntless, serene.
impertinencia, *f.* impertinence, folly, nonsense; peevishness; intrusion; minute accuracy.
impertinente. I. *a.* not pertinent; impertinent, importunate, meddlesome. **II.** *m. pl.* lorgnette.
impertinentemente, *adv.* impertinently.
imperturbabilidad, *f.* imperturbability.
imperturbable, *a.* imperturbable.
imperturbablemente, *adv.* imperturbably.
impesantez, *f.* weightlessness.
impétigo, *m.* (med.) impetigo.
impetra, *f.* diploma, license, permission; (eccl.) bull granting dubious benefices.
impetrable, *a.* (law) impetrable.
impetración, *f.* impetration; entreaty.
impetrado, da. I. *pp.* of IMPETRAR. **II.** *a.* impetrate, impetrated, granted.
impetrador, ra, *n.* one who entreats.
impetrante. I. *a.* entreating, beseeching. **II.** *m.* (law) grantee; impetrator.
impetrar, *va.* to entreat, impetrate, obtain by entreaty.
impetu, *m.* impetus, impulse; impetuosity.
impetuosamente, *adv.* impetuously.
impetuosidad, *f.* impetuosity.
impetuoso, sa, *a.* impetuous, impulsive, violent.
impíamente, *adv.* impiously.
impido, impida, *v. V.* IMPEDIR.
impiedad, *f.* impiety; irreligion, infidelity.
impiedoso, sa, *a.* impious, irreligious.
impiísimo, ma, *a. super.* very impious.
impío, pía. I. *a.* impious; irreligious, godless. **II.** *n.* impious person; infidel, enemy of religion.
impla, *f.* wimple; material for wimples.
implacabilidad, *f.* implacability.
implacable, *a.* implacable; inexorable.
implacablemente, *adv.* implacably.
implacentario, ria, *m.* & *a.* (zool.) implacental.
implantación, *f.* implantation, introduction (of new ideas, systems, etc.).
implantar, *va.* to implant, to introduce.
implantón, *m.* piece of timber.
implaticable, *a.* not fit to talk about, unmentionable.
implicación, *f.* contradiction.
implicante, *a.* contradictory; implicating.
implicar. I. *va.* to implicate, involve, entangle. **II.** *vn.* to imply contradiction.
implicatorio, ria, *a.* implying contradiction, contradictory.
implícitamente, *adv.* implicitly.
implícito, ta, *a.* implicit.
imploración, *f.* imploration.
implorante, *a.* imploring, entreating.
implorar, *va.* to implore, entreat, beg.
implosión, *f.* (phon.) implosion.
implosivo, va, *f.* & *a.* (phon.) implosive.
implotar, *vn.* to implode, burst inward.
implume, *a.* unfeathered, unfledged.
impolítica, *f.* incivility, discourtesy; indiscretion, tactlessness.
impolíticamente, *adv.* impolitically, unwisely.
impolítico, ca, *a.* impolitic, indiscreet, imprudent, unwise, untactful.
impoluto, ta, *a.* unpolluted, pure, untarnished.
imponderabilidad, *f.* imponderability.
imponderable, *a.* imponderable; beyond all praise, most excellent.
imponedor, ra, *n.* imposer, assessor.
imponente, *a.* imposing.
imponer. I. *va.* (*pp.* IMPUESTO; *ind. pres.* IMPONGO, *pret.* IMPUSE, *fut.* IMPONDRÉ; *subj.* IMPONGA) to impose or levy (as a tax, a penalty); to impute falsely; to advise, give notice, acquaint; to inspire, arouse, command (respect, fear); (print.) to impose. **II.** *vr.* (a), to assert oneself, impose one's authority (on), dominate, get one's way; to be imperative or necessary; to command respect.
imponible, *a.* taxable, dutiable.
impopular, *a.* unpopular.
impopularidad, *f.* unpopularity.
imporosidad, *f.* imporosity.
imporoso, sa, *a.* imporous.
importable, *a.* (com.) importable.
importación, *f.* (com.) importation, imports.
importador, ra, *n.* & *a.* importer(-ing).
importancia, *f.* importance.
importante, *a.* important.
importantemente, *adv.* importantly, materially.
importar. I. *vn.* to be important; to concern.—**eso no importa,** that doesn't matter.—**eso no le importa a Vd.,** that does not concern you; that is none of your business.—**eso no me importa,** I don't care (about that); that makes no difference to me.—**no importa,** no matter, never mind.—**¿qué importa?** what does it matter? what difference does it make? **II.** *va.* to import; to amount to; to be worth; to imply.
importe, *m.* (com.) amount; price, cost, value.—**i. medio,** average amount.
importunación, *f.* importunity.
importunadamente, *adv.* importunately.
importunador, ra, *n.* & *a.* importuner(-ing), pesterer(-ing).
importunamente, *adv.* inopportunely; importunately, persistently.
importunar, *va.* to importune, pester.

importunidad, *f.* importunity, importunacy.
importuno, na, *a.* inopportune; importunate, persistent, vexatious, annoying.
imposibilidad, *f.* impossibility.
imposibilitado. I. *pp.* of IMPOSIBILITAR. **II.** *a.* helpless, without means, poor; disabled, unfit for service.
imposibilitar, *va.* to disable, unfit for service.
imposible, *a.* impossible.—**i. de toda imposibilidad,** (coll.) altogether impossible.—**los imposibles,** a kind of Spanish dance.
imposiblemente, *adv.* impossibly.
imposición, *f.* imposition (of a duty, etc.); tax, duty, tribute, burden; (print.) imposition.—**i. de manos,** (eccl.) imposition, laying on of hands.
imposta, *f.* (arch.) impost; springer; fascia.
impostor, ra, *n.* impostor.
impostura, *f.* imputation; imposture.
impotable, *a.* unpotable, undrinkable.
impotencia, *f.* impotence.
impotente, *a.* impotent.
impotentemente, *adv.* impotently.
impracticabilidad, *f.* impracticability.
impracticable, *a.* impracticable; impassable.
imprecación, *f.* imprecation.
imprecar, *va.* to imprecate.
imprecatorio, ria, *a.* imprecatory.
impreciso, sa, *a.* imprecise, undefined.
impregnación, *f.* impregnation.
impregnado, da, *a.* impregnated.
impregnador, *m.* impregnator.
impregnar. I. *va.* to impregnate, saturate. **II.** *vr.* to become impregnated.
impremeditación, *f.* unpremeditation.
impremeditado, da, *a.* unpremeditated.
imprenta, *f.* printing; printing office or house; print; press.—**libertad de i.,** freedom of the press.
imprescindible, *a.* essential, imperative, indispensable.
imprescindiblemente, *adv.* necessarily, unavoidably; absolutely.
imprescriptible, *a.* imprescriptible.
impresión, *f.* impression; impress, stamping, stamp; print, printing, presswork; edition, issue; footprint; influence, moral or physical effect; (coll.) image.—**i. digital,** fingerprint.
impresionabilidad, *f.* impressibility.
impresionable, *a.* impressionable, emotional.
impresionante, *a.* impressive.
impresionar. I. *va.* to impress, fix on the mind or memory; to affect, influence; (photog.) to photograph by exposing film to light; to cut (phon. record); to shoot (a film). **II.** *vr.* to be moved.
impresionismo, *m.* (art) impressionism.
impresionista, *n.* & *a.* (art) impresionist(-ic).
impreso, sa. I. *pp. irreg.* of IMPRIMIR. **II.** *a.* printed; stamped. **III.** *m.* pamphlet; publication; printed matter, print.
impresor, ra. I. *n.* printer. **II.** *f.* printer's wife.
imprestable, *a.* that cannot be lent.
imprevisible, *a.* unforeseeable, unpredictable.
imprevisión, *f.* lack of foresight; improvidence; inadvertency, oversight, thoughtlessness.
imprevisto, ta. I. *a.* unforeseen, unexpected. **II.** *m. pl.* incidental or unforeseen expenses.
imprimación, *f.* (art) priming; stuff for priming.
imprimadera, *f.* (art) priming tool.
imprimador, ra, *n.* (art) one who primes.
imprimar, *va.* (art) to prime.
imprimátur, *m.* imprimatur.
imprimir, *va.* (*pp. irreg.* IMPRESO) to print, stamp, imprint, impress; fix in the mind.
improbabilidad, *f.* improbability.
improbable, *a.* improbable, unlikely.
improbablemente, *adv.* improbably.
improbar, *va.* (*ind.* IMPRUEBO; *subj.* IMPRUEBE) to disapprove.
improbidad, *f.* dishonesty; iniquity.
ímprobo, ba, *a.* dishonest, corrupt; laborious, painful, arduous.
improcedencia, *f.* unrighteousness.
improcedente, *a.* contrary to law, unrighteous.
improductivo, va, *a.* unproductive, unfruitful, barren, unprofitable.
impromptu, *m.* (mus.) impromptu.
impronta, *f.* (art) cast; stereotype plate.
impronunciable, *a.* unpronounceable.
improperar, *va.* to upbraid, gibe, taunt.
improperio, *m.* insult, indignity.—*pl.* (eccl.) improperia.
impropiamente, *adv.* improperly.
impropicio, cia, *a.* inauspicious, unfavorable, unpropitious.
impropiedad, *f.* impropriety; unfitness, inappropriateness.
impropio, pia, *a.* inappropriate, unfitting; improper, unbecoming; (arith.) improper (fraction).
improporción, *f.* disproportion.
improporcionado, da, *a.* disproportionate.
improrrogable, *a.* that cannot be prorogated or extended.
impróspero, ra, *a.* unprosperous.
impróvidamente, *adv.* improvidentl[illegible]
improvidencia, *f.* improvidence.
impróvido, da, *a.* improvident, thoughtless.
improvisación, *f.* improvisation.
improvisado, da. I. *pp.* of IMPROVISAR. **II.** *a.* makeshift (as *a.*).
improvisador, ra, *n.* improviser.
improvisamente, *adv.* unexpectedly, suddenly.
improvisar, *va.* to improvise; extemporize.
improviso, sa; improvisto, ta, *a.* unexpected, unforeseen.—**al,** or **de, i.,** or **a la improvista,** unexpectedly, suddenly.
imprudencia, *f.* imprudence, indiscretion.
imprudente, *a.* imprudent, indiscreet, unwise.
imprudentemente, *adv.* imprudently.
impúber; impúbero, ra, *a.* immature, below the age of puberty.
impudencia, *f.* impudence, insolence.
impudente, *a.* impudent, shameless.
impúdicamente, *adv.* immodestly; impudently.
impudicia, *f. contr.* of IMPUDICICIA.
impudicicia, *f.* immodesty, impudicity.
impúdico, ca, *a.* immodest; impudent.
impuesto, ta. I. *pp. irreg.* of IMPONER. **II.** *a.* imposed; informed.—**estar,** or **quedar i. de,** to be informed about, to have received notice of or information about. **III.** *m.* tax, impost, duty.—**i. deducido en la fuente,** withholding tax.
impugnable, *a.* impugnable.
impugnación, *f.* opposition, impugnation.
impugnador, ra, *n.* impugner, objector.
impugnar, *va.* to impugn, oppose, criticize.
impugnativo, va, *a.* impugning.
impulsar, *va.* to impel, actuate, move, prompt; (mech.) to drive, force.
impulsión, *f.* impulsion, impulse, impetus; influence, motive.—**i. por engranaje reductor,** (mech.) backgear power.
impulsivamente, *adv.* impulsively.
impulsividad, *f.* impulsiveness.
impulsivo, va, *a.* impulsive.
impulso, *m.* impulsion; impulse.—**i. de contacto,** (elec.) contact impulse.—**dar i. a,** to set off; (coll.) to trigger.
impulsor, ra. I. *a.* impellent, propellent. **II.** *n.* impeller, propellant.—**i. de herramientas,** tool pusher.
impune, *a.* unpunished.
impunemente, *adv.* with impunity.
impunidad, *f.* impunity.
impuramente, *adv.* obscenely, impurely.
impureza, *f.* impurity; adulteration; unchastity; obscenity, foulness.
impurificación, *f.* defilement.
impurificar, *va.* to defile, to make impure; to adulterate.
impuro, ra, *a.* impure; defiled; adulterated.
impuse, *pret.* of IMPONER.
imputabilidad, *f.* imputability.

imputable, *a.* imputable.
imputación, *f.* imputation.
imputador, ra, *n.* & *a.* imputer(-ing).
imputar, *va.* to impute, attribute; (com.) to credit on account.
imputativo, va, *a.* imputative, imputing.
imputrescible, *a.* nonrotting.
inabordable, *a.* unapproachable.
inabrogable, *a.* irrepealable, irrevocable, inalterable.
inacabable, *a.* interminable; everlasting.
inaccesibilidad, *f.* inaccessibility.
inaccesible, *a.* inaccessible.
inaccesiblemente, *adv.* inaccessibly.
inacción, *f.* inaction, inactivity.
inaceptable, *a.* unacceptable.
inacidez, *f.* inacidity.
inactivamente, *adv.* inactively, idly.
inactividad, *f.* inactivity, idleness.
inactivo, va, *a.* inactive.
inadaptable, *a.* unadaptable.
inadecuado, da, *a.* inadequate.
inadmisible, *a.* inadmissible.
inadoptable, *a.* unadoptable.
inadvertencia, *f.* inadvertency, oversight.
inadvertidamente, *adv.* inadvertently.
inadvertido, da, *a.* inadvertent, careless; unseen, unnoticed.
inafectado, da, *a.* natural, unaffected.
inagotable, *a.* inexhaustible.
inaguantable, *a.* unbearable.
inajenable, *a.* inalienable.
inalámbrico, ca, *a.* wireless.
inalcanzable, *a.* unattainable.
inalienable, *a.* inalienable.
inalterabilidad, *f.* unalterability.
inalterable, *a.* unalterable, changeless.
inalterablemente, *adv.* unalterably.
inalterado, da, *a.* unchanged, unaltered.
inamisible, *a.* not liable to be lost.
inamovible, *a.* immovable.
inamovilidad, *f.* immovability.
inanalizable, *a.* incapable of being analyzed.
inane, *a.* empty, void, inane.
inania, *f.* inanity.
inanición, *f.* (med.) inanition, inanity.
inanidad, *f.* inanity.
inanimación, *f.* inanimation.
inanimado, da, *a.* inanimate, lifeless.
inapagable, *a.* inextinguishable, unquenchable.
inapeable, *a.* that cannot be lowered or levelled; inconceivable; obstinate, stubborn.
inapelable, *a.* unappealable.
inapetencia, *f.* inappetence, lack of appetite.
inapetente, *a.* having no appetite.
inaplazable, *a.* undeferable, that cannot be deferred.
inaplicable, *a.* inapplicable.
inaplicación, *f.* indolence; lack of application.
inaplicado, da, *a.* indolent, careless, inactive.
inapreciable, *a.* invaluable; inappreciable.
inaprensivo, *a.* inapprehensive.
inapropiado, da, *a.* inappropriate, malapropos.
inarmónico, ca, *a.* inharmonious.
inarticulado, da. I. *a.* inarticulate. **II.** *m. pl.* (zool.) Inarticulata.
in artículo mortis, in articulo mortis, at the point of death, in the moment of death.
inasequible, *a.* unattainable, not obtainable.
inasimilable, *a.* unassimilable.
inastillable, *a.* splinterproof.
inatacable, *a.* that cannot be attacked.
inaudibilidad, *f.* inaudibility.
inaudible, *a.* inaudible.
inaudito, ta, *a.* unheard-of, strange, unexpected, most extraordinary.
inauguración, *f.* inauguration; coronation; unveiling (of statue), (ceremony of) opening (of building, etc.).
inaugural, *a.* inaugural.
inaugurar, *va.* to inaugurate; to unveil (statue); to dedicate; to open (exhibition, etc.); to divine by the flight of birds.
inaveriguable, *a.* unascertainable.
inca, *n.* & *a.* Inca, Incan.
incaico, ca, incásico, ca, *a.* Incan, Inca.
incalculable, *a.* incalculable.
incalescencia, *f.* incalescence.
incalescente, *a.* incalescent.
incalificable, *a.* impossible to judge or characterize; unutterably bad, most reprehensible.
incalmable, *a.* that cannot be calmed or subdued.
incandescencia, *f.* incandescence.
incandescente, *a.* incandescent.
incandescer, *va.* & *vn.* to incandesce.
incansable, *a.* indefatigable, untiring.
incansablemente, *adv.* indefatigably, tirelessly.
incantable, *a.* that cannot be sung.
incapacidad, *f.* incapacity; incompetence.
incapacitar, *va.* to incapacitate, disable.
incapaz, *a.* incapable; unable; incompetent.
incasable, *a.* unmarriageable; opposed to marriage.
incasto, ta, *a.* unchaste.
incautación, *f.* (law) attachment of property.
incautamente, *adv.* unwarily, incautiously.
incautarse, *vr.* (law) to attach property.
incauto, ta, *a.* unwary; gullible, "easy."
incendiar, *va.* to set on fire.
incendiario, ria, *n.* & *a.* incendiary.
incendio, *m.* fire, conflagration; (fig.) stew.
incensación, *f.* perfuming with incense.
incensar, *va.* (*ind.* INCIENSO; *subj.* INCIENSE) (eccl.) to incense; to bestow fulsome praise or adulation.
incensario, *m.* incensory, thurible.
incensurable, *a.* unblamable, not culpable.
incentivo, *m.* incentive, inducement; encouragement.
incertidumbre, *f.* uncertainty.
incertísimo, ma, *a. super.* extremely uncertain.
incesable, *a.* incessant, unceasing.
incesablemente, *adv.* incessantly.
incesante, *a.* unceasing, continual.
incesantemente, *adv.* incessantly, continually.
incesto, *m.* incest.
incestuosamente, *adv.* incestuously.
incestuoso, sa, *a.* incestuous.
incidencia, *f.* incident; (geom., phys.) incidence.
incidental, *a.* incidental, dependent, subsidiary.
incidentalmente, *adv.* incidentally.
incidente. I. *a.* incidental. **II.** *m.* incident, occurrence.—*pl.* (com.) appurtenances.—**incidentes de comercio,** lease and good will.
incidentemente, *adv.* incidentally.
incidir, *vn.* (en) to fall (into) (as an error).
[1]**incienso,** *m.* incense; reverence; flattery.
[2]**incienso, inciense,** *v. V.* INCENSAR.
inciertamente, *adv.* uncertainly.
incierto, ta, *a.* uncertain; untrue; unknown.
incinerable, *a.* (of bank bills, burned when withdrawn) to be withdrawn from circulation.
incineración, *f.* incineration, cremation; (chem.) ignition.
incinerador, *m.* incinerator.
incinerar, *va.* to incinerate, cremate; (chem.) to ignite.
incipiente, *a.* incipient.
incircunciso, sa, *a.* uncircumcised.
incircunscripto, ta, *a.* uncircumscribed.
incisión, *f.* incision, cut.
incisivo, va. I. *a.* incisive; keen, sharp, cutting (as a remark). **II.** *m.* incisor, incisor tooth.
inciso, sa. I. *a.* incised, cut. **II.** *m.* sentence; clause; comma.
incisorio, ria, *a.* (surg.) incisory.
incitación, *f.* incitation, incitement.
incitador, ra. I. *a.* inciting, instigating. **II.** *n.* instigator, inciter.
incitamento, incitamiento, *m.* incitement, impulse, incentive.
incitante, *a.* inciting, exciting.
incitar, *va.* to incite, excite, spur, instigate.
incitativo, va. I. *a.* inciting; (law) AGUIJATORIO, re-mandatory. **II.** *m.* incitement. **III.** *f.* (law)

writ from a superior to a lower court urging that justice be administered.
incivil, *a.* uncivil.—**incivilidad,** *f.* incivility.
incivilmente, *adv.* uncivilly, rudely.
inclasificable, *a.* unclassifiable.
inclemencia, *f.* inclemency; severity, rigor, unmercifulness.—**a la i.,** unsheltered, at the mercy of the elements.
inclemente, *a.* inclement, severe; unmerciful.
inclinabilidad, *f.* inclinability.
inclinable, *a.* inclinable.
inclinación, *f.* inclination; propensity, tendency, bent; tilt, slant, pitch; declivity, slope; (Ry.) grade; (min.) dip, hade, underlay; (phys.) dip, inclination (of the needle).—**i. de la brújula,** (naut.) dip of a needle.
inclinado, da. I. *pp.* of INCLINAR. **II.** *a.* inclined; slanting, sloping; disposed, minded.
inclinador, ra, *m.* & *f.* one who inclines.
inclinante, *a.* inclining.
inclinar. I. *va.* to incline; to bow; to tilt; to influence. **II.** *vn.* to resemble. **III.** *vr.* to incline, slope; to lean; to incline, be favorably disposed; to stoop, bow; to yield; (naut.) to heel.
inclinómetro, *m.* (aer.) inclinometer.
ínclito, ta, *a.* distinguished, illustrious.
incluir, *va.* (*pp.* INCLUÍDO, INCLUSO; *ind. pres.* INCLUYO, *pret.* él INCLUYÓ; *subj.* INCLUYA) to include; to enclose.
inclusa, *f.* foundling asylum.
inclusero, ra, *n.* & *a.* foundling.
inclusión, *f.* inclusion; friendship.
inclusivamente, inclusive, *adv.* inclusive, including.
inclusivo, va, *a.* inclusive, including.
incluso, sa. I. *pp. irreg.* of INCLUIR. **II.** *a.* inclosed; including, included (in this sense it is gen. used as an *adv.*).
incluyente, *a.* including, inclosing.
incluyo, incluyó, *v.* *V.* INCLUIR.
incoación, *f.* inchoation, early stage.
incoado, da. I. *pp.* of INCOAR. **II.** *a.* inchoate, begun.
incoagulabilidad, *f.* incoagulability.
incoagulable, *a.* uncoagulable.
incoar, *va.* (*only the infinitive and pp. used*) (law) to commence, begin.
incoativo, va, *a.* inchoative, inceptive.
incobrable, *a.* irrecoverable, irretrievable; (com.) uncollectable.
incoercible, *a.* incoercible.
incógnito, ta. I. *a.* unknown.—**de i.,** incognito; hiddenly or clandestinely. **II.** *f.* (math.) unknown (quantity).
incognoscible, *a.* unknowable.
incoherencia, *f.* incoherence, disconnection.
incoherente, *a.* incoherent, disconnected.
íncola, *m.* inhabitant, resident.
incoloro, ra, *a.* colorless.
incólume, *a.* sound, safe, unharmed.
incolumidad, *f.* security, safety.
incombinable, *a.* uncombinable.
incombustibilidad, *f.* incombustibility.
incombustible, *a.* incombustible, fireproof.
incombusto, ta, *a.* not burned.
incomerciable, *a.* contraband, unlawful, prohibited; unsalable, unmarketable.
incomestible, incomible, *a.* inedible, indigestible.
incómodamente, *adv.* inconveniently; uncomfortably.
incomodar. I. *va.* to disturb, inconvenience, trouble. **II.** *vr.* to be or get vexed or angry; to trouble oneself.
incomodidad, *f.* inconvenience; uncomfortableness; nuisance, annoyance; vexation, anger.
incómodo, da, *a.* inconvenient; uncomfortable; troublesome, unhandy, cumbersome.
incomparable, *a.* incomparable, matchless.
incomparablemente, *adv.* incomparably.
incomparado, da, *a.* = INCOMPARABLE.
incompartible, *a.* indivisible.
incompasible, incompasivo, va, *a.* pitiless, unsympathetic.
incompatibilidad, *f.* incompatibility.
incompatible, *a.* incompatible; uncongenial.
incompensable, *a.* incapable of being compensated, unindemnifiable.
incompetencia, *f.* incompetence; unfitness.
incompetente, *a.* incompetent; (law) incompetent, unauthorized.
incomplejo, ja, *a.* incomplex; simple.
incompletamente, *adv.* incompletely.
incompleto, ta, *a.* incomplete.
incomplexo, xa, *a.* disunited, disconnected, disjointed.
incomponible, *a.* unmendable.
incomportable, *a.* intolerable, unbearable.
incomposibilidad, *f.* incompatibility.
incomposible, *a.* incompatible; inconsistent.
incomposición, *f.* want of proportion.
incomprehensibilidad, *f.* incomprehensibility.
incomprehensible, *a.* incomprehensible.
incomprensibilidad, *f.* incomprehensibility.
incomprensible, *a.* incomprehensible.
incomprensiblemente, *adv.* inconceivably, incomprehensibly.
incomprensión, *f.* misunderstanding; lack of understanding.
incompresibilidad, *f.* (phys.) incompressibility.
incompresible, *a.* (phys.) incompressible.
incomprimible, *a.* incompressible.
incomunicabilidad, *f.* incommunicability.
incomunicable, *a.* incommunicable.
incomunicado, da I. *a.* isolated. **II.** *m.* isolated prisoner, incommunicado.
incomunicar, *va.* (*pret.* INCOMUNIQUÉ; *subj.* INCOMUNIQUE) to deprive of intercourse or communication; to isolate, put in solitary confinement.
inconcebibilidad, *f.* inconceivableness, inconceivability.
inconcebible, *a.* inconceivable.
inconciliable, *a.* irreconcilable.
inconcino, na, *a.* disordered, disarranged.
inconcluso, sa, *a.* inconclusive, unfinished.
inconcluyente, *a.* inconclusive.
inconcusamente, *adv.* certainly, unquestionably.
inconcuso, sa, *a.* incontrovertible, unquestionable, indisputable.
incondicional, *a.* unconditional.
incondicionalmente, *adv.* unconditionally.
inconducente, *a.* nonconducive.
inconexión, *f.* incoherence, disconnection.
inconexo, xa, *a.* unconnected, not pertinent; incoherent.
inconfeso, sa, *a.* unconfessed.
inconfidencia, *f.* distrust, mistrust.
inconfundible, *a.* unmistakable.
incongruamente, *adv.* incongruously.
incongruencia, *f.* incongruence.
incongruente, *a.* incongruous, incongruent.
incongruentemente, *adv.* incongruously, incompatibly.
incongruo, grua, *a.* incongruous.
inconmensurabilidad, *f.* incommensurability.
inconmensurable, *a.* incommensurable.
inconmovible, *a.* immovable; unbending, inexorable, unyielding.
inconmutabilidad, *f.* immutability; incommutability.
inconmutable, *a.* immutable; incommutable.
inconquistable, *a.* unconquerable; unbending.
inconsciencia, *f.* unconsciousness.
inconsciente, *a.* unconscious.
inconscientemente, *adv.* unconsciously.
inconsecuencia, *f.* inconsistency.
inconsecuente, *a.* inconsistent.
inconservable, *a.* unpreservable.
inconsideración, *f.* lack of consideration; thoughtlessness, inadvertency.
inconsideradamente, *adv.* inconsiderately; thoughtlessly.

inconsiderado, da, *a.* inconsiderate; thoughtless.
inconsiguiente, *a.* inconsistent, not logical.
inconsistencia, *f.* incoherence; instability, lack of permanency.
inconsistente, *a.* unsubstantial, unstable.
inconsolable, *a.* inconsolable.
inconsolablemente, *adv.* inconsolably.
inconstancia, *f.* inconstancy, fickleness.
inconstante, *a.* inconstant, changeable, fickle.
inconstantemente, *adv.* inconstantly, fickly.
inconstitucional, *a.* unconstitutional.
inconstitucionalidad, *f.* unconstitutionality.
inconstruíble, *a.* that cannot be constructed.
inconsútil, *a.* seamless.
incontable, *a.* innumerable, uncountable.
incontaminado, da, *a.* undefiled, uncontaminated, pure.
incontestable, *a.* incontestable, unquestionable.
incontestablemente, *adv.* unquestionably.
incontinencia, *f.* incontinence; (med.) incontinence of urine.
[1]**incontinente,** *a.* incontinent.
[2]**incontinente, incontinenti,** *adv.* instantly, immediately, at once.
incontrastable, *a.* invincible, insuperable, unconquerable; unanswerable; unconvincible.
incontratable, *a.* = INTRATABLE, intractable.
incontrolable, *a.* uncontrollable.
incontrovertible, *a.* incontrovertible.
inconvencible, *a.* unconvincible.
inconvenible, *a.* uncompromising.
inconveniencia, *f.* inconvenience, trouble; disadvantage; uncomfortableness.
inconveniente. I. *a.* inconvenient, troublesome; uncomfortable; undesirable, inadvisable. **II.** *m.* difficulty, obstacle, objection; disadvantage.
inconversable, *a.* unsociable, uncommunicative, surly, intractable.
inconvertible, *a.* inconvertible.
incordio, *m.* (med.) bubo; (vulg.) nuisance.
incorporación, *f.* incorporation.
incorporador, ra, *n.* incorporator.
incorporal, *a.* incorporeal.
incorporalmente, *adv.* incorporeally.
incorporar. I. *va.* to incorporate, unite, embody; to mix; to raise or to make (a patient) sit up in bed. **II.** *vr.* to incorporate, mingle; to join (as a mil. unit); to form a corporation; to sit up in bed; (naut.) to sail in company.
incorporeidad, *f.* incorporeity, immateriality.
incorpóreo, rea, *a.* incorporeal.
incorporo, *m.* = INCORPORACIÓN.
incorrección, *f.* incorrectness; inaccuracy; impropriety.
incorrectamente, *adv.* incorrectly; improperly.
incorrecto, ta, *a.* incorrect; improper.
incorregibilidad, *f.* incorrigibleness.
incorregible, *a.* incorrigible.
incorrosible, *a.* noncorrosive, incorrodable, incorrodible.
incorrupción, *f.* integrity, honesty; incorrupt condition.
incorruptamente, *adv.* incorruptly.
incorruptibilidad, *f.* incorruptibility.
incorruptible, *a.* incorruptible.
incorrupto, ta, *a.* incorrupt or uncorrupted; chaste, pure.
incrasante, *a.* thickening.
incrasar, *va.* to thicken, incrassate.
increado, da, *a.* uncreated.
incredibilidad, *f.* incredibility, incredibleness.
incredulidad, *f.* incredulity.
incrédulo, la. I. *a.* incredulous. **II.** *n.* unbeliever.
increíble, *a.* incredible, unbelievable.
increíblemente, *adv.* incredibly.
incrementación, *f.* incrementation, increase.
incrementador, *m.* incrementer.
incrementar, *va.* to increase, intensify, augment.
incremento, *m.* increment, increase.
increpación, *f.* rebuke, chiding, reproach.
increpador, ra. I. *a.* chiding, rebuking. **II.** *n.* chider, rebuker.
increpante, *a.* chiding, scolding, rebuking.
increpar, *va.* to chide, reprehend, rebuke.
incriminación, *f.* incrimination.
incriminante, *a.* incriminating.
incriminar, *va.* to incriminate; to exaggerate.
incristalizable, *a.* uncrystallizable.
incruento, ta, *a.* bloodless.
incrustación, *f.* incrustation; scale (in boilers); (geol.) sinter; (art) inlaying.
incrustador, ra, *n.* inlayer.
incrustante, *a.* (of water) scale-forming.
incrustar, *va.* to incrust; encase; inlay.
incuartación, *f.* (chem.) quartation.
incubación, *f.* incubation; hatching.
incubador, ra. I. *n.* & *a.* incubator(-ing). **II.** *f.* incubator (apparatus).
incubar, *va.* to incubate; to hatch.
íncubo, *m.* incubus; (med.) nightmare.
incuestionable, *a.* unquestionable.
inculcación, *f.* inculcation; pressing (one thing against another); (print.) binding or wedging in a form.
inculcador, ra, *n.* inculcator.
inculcar. I. *va.* (*pret.* INCULQUÉ; *subj.* INCULQUE) to inculcate, impress, teach; to make (one thing) tight (against another); (print.) to lock up (types). **II.** *vr.* to be obstinate.
inculpabilidad, *f.* guiltlessness; blamelessness.
inculpable, *a.* guiltless, blameless.
inculpablemente, *adv.* blamelessly.
inculpación, *f.* inculpation.
inculpadamente, *adv.* faultlessly.
inculpado, da. I. *pp.* of INCULPAR. **II.** *n.* & *a.* accused.
inculpar, *va.* to accuse, inculpate, blame.
inculqué, inculque, *v. V.* INCULCAR.
incultamente, *adv.* rudely, unrefinedly.
incultivable, *a.* inarable, untillable.
inculto, ta, *a.* uncultivated, untilled, unimproved; uncivilized; unrefined, uncultured.
incultura, *f.* lack of culture.
incumbencia, *f.* incumbency; obligation, duty, concern.
incumbir, *vn.* to concern, pertain.
incumplido, da, *a.* unfulfilled; unpunctual.
incumplimiento, *m.* nonfulfilment.
incunable, *m.* & *a.* (print.) incunabula.
incurabilidad, *f.* incurability, incurableness.
incurable, *a.* incurable; hopeless.
incuria, *f.* negligence; shiftlessness.
incurioso, sa, *a.* negligent, careless.
incurrimiento, *m.* act of incurring.
incurrir, *vn.* (en) to incur, become liable (to); to bring on oneself; to commit (error or crime).
incursión, *f.* (mil.) incursion.
incusar, *va.* to accuse.
incuso, sa, *a.* incuse, stamped (as some coins).
indagación, *f.* investigation, search, inquiry, examination, inquest; (law) defendant's unsworn testimony.
indagador, ra, *n.* & *a.* investigator(-ing), inquirer(-ing), examiner(-ing).
indagar, *va.* (*pret.* INDAGUÉ; *subj.* INDAGUE) to investigate, inquire into or about.
indagatoria, *f.* (law) unsworn statement made by, or required of, an arraigned person.
indagatorio, ria, *a.* (law) investigatory.
indagué, indague, *v. V.* INDAGAR.
indebidamente, *adv.* unduly; improperly; illegally, unlawfully.
indebido, da, *a.* improper; illegal, unlawful.
indecencia, *f.* indecency; obscenity; nuisance; indecent or low act or conduct.
indecente, *a.* indecent, obscene; foul.
indecentemente, *adv.* indecently.
indecible, *a.* inexpressible, unutterable.
indeciblemente, *adv.* inexpressibly, unutterably; exceedingly.
indecisamente, *adv.* irresolutely.
indecisión, *f.* irresolution, indecision.
indeciso, sa, *a.* irresolute, hesitant; undecided.
indeclinable, *a.* unavoidable; (gram.) indeclinable; (law) unwaivable.

indecoro, *m.* indecorum, indecorousness.
indecorosamente, *adv.* indecorously, unbecomingly.
indecoroso, sa, *a.* indecorous, unbecoming.
indefectibilidad, *f.* indefectibility.
indefectible, *a.* indefectible, unfailing.
indefectiblemente, *adv.* unfailingly.
indefendible, *a.* indefensible.
indefensable, indefensible, *a.* = INDEFENDIBLE.
indefenso, sa, *a.* defenseless.
indeficiente, *a.* indefectible, unfailing.
indefinible, *a.* undefinable.
indefinidamente, *adv.* indefinitely.
indefinido, da, *a.* indefinite; undefined.
indehiscencia, *f.* (bot.) indehiscence.
indehiscente, *a.* (bot.) indehiscent.
indelebilidad, *f.* indelibility.
indeleble, *a.* indelible, ineffaceable.
indeleblemente, *adv.* indelibly.
indeliberación, *f.* lack of premeditation; irreflection.
indeliberadamente, *adv.* without premeditation or reflection.
indeliberado, da, *a.* unpremeditated; unconsidered.
indelicadeza, *f.* indelicacy, discourtesy.
indemne, *a.* undamaged, unhurt.
indemnicé, indemnice, *v.* *V.* INDEMNIZAR.
indemnidad, *f.* bond of indemnity.
indemnizable, *a.* that can be indemnified.
indemnización, *f.* indemnification, compensation; indemnity; reimbursement.
indemnizar, *va.* (*pret.* INDEMNICÉ; *subj.* INDEMNICE) to indemnify, compensate.
indemostrable, *a.* undemonstrable.
indentación, *f.* indentation.
indentador, *m.* indenting unity.
independencia, *f.* independence.
independiente, *a.* independent.
independientemente, *adv.* independently.
independizar. (Am.) **I.** *va.* to free, emancipate. **II.** *vr.* to become independent, win freedom.
indescifrable, *a.* undecipherable.
indescribible, *a.* = INDESCRIPTIBLE.
indescriptible, *a.* indescribable.
indeseable, *a.* undesirable (esp. app. to aliens).
indesignable, *a.* that cannot be designated.
indestructibilidad, *f.* indestructibility.
indestructible, *a.* indestructible.
indeterminable, *a.* underterminable, unascertainable; irresolute, undecided.
indeterminación, *f.* indetermination; irresolution, hesitancy.
indeterminadamente, *adv.* indeterminately.
indeterminado, da, *a.* indeterminate; undetermined, irresolute, hesitating; (gram.) indefinite (article); (math.) indeterminate (problem, equation); (math.) undetermined (coefficient).
indeterminismo, *m.* (philos.) indeterminism.
indeterminista, *n.* & *a.* (philos.) indeterminist (-ic).
indevoción, *f.* lack of devoutness, irreligiousness.
indevoto, ta, *a.* not devout, irreligious.
indezuelo, la, *n. dim.* little Indian.
India, *f.* India.
indiada, *f.* (Am.) crowd or multitude of Indians.
indiana, *f.* printed calico.
indianismo, *m.* (Am.) interest in, or study of, Am. Indian questions.
indianista, *n.* (Am.) student of, or expert in, Am. Indian culture; student of, or expert in, East Indian culture.
indiano, na. I. *a.* native or resident of America or West Indies; Indian, East Indian. **II.** *m.* nabob, one who returns rich from America.—**i. de hilo negro,** (coll.) skinflint, miser.
indicación, *f.* indication, sign; hint, suggestion; direction, instruction.
indicado, da. I. *pp.* of INDICAR. **II.** *a.* indicated, appropriate (to conditions, etc.).
indicador, *m.* indicator, pointer, recorder, gauge, detector, index; (elec.) annunciator disc; (steam eng.) indicator.—**i. acústico,** (rad.) ringing set.—**i. de calado y estiba,** (naut.) draft and trim indicator.—**i. de combustible,** (auto.) fuel gauge.—**i. de desviación,** drift indicator.—**i. de incendios,** fire alarm.—**i. de inclinación,** inclination gauge.—**i. del calor,** (auto.) temperature gauge.—**i. de luz fuerte,** (auto.) telltale lamp.—**i. de llamada,** (elec.) call signal.—**i. de nivel,** (steam eng.) water-level indicator, gauge glass.—**i. de peso,** weight indicator.—**i. de rumbo,** (naut.) path indicator.—**i. de vacío,** vacuum gauge.—**i. térmico,** (elec.) thermal indicator.
indicante. I. *a.* indicating. **II.** *m.* (med.) indicant.
indicar, *va.* (*pret.* INDIQUÉ; *subj.* INDIQUE) to indicate, suggest, hint, show, point out.
indicativo, va. **I.** *a.* indicative; (gram.) indicative. **II.** *m.* (gram.) indicative.
indicatorio, ria, *a.* indicatory, demonstrative.
indicción, *f.* convening of a synod, council, etc.; (Rom. Empire) indiction.
índice, *m.* index; hand of a watch, etc.; index, table of contents; forefinger.—**í. cefálico,** cephalic index.—**í. de refracción,** weight indicator.—**í. expurgatorio,** (eccl.) Index Expurgatorius.—**í. luminoso,** (elec.) spot.
indiciado, da. I. *pp.* of INDICIAR. **II.** *a.* suspected of a crime or vice. **III.** *n.* suspicious character.
indiciador, ra, *n.* one who suspects another; informer.
indiciar, *va.* (law) to give reasons to suspect or surmise; to report (offenders) to the magistrates.
indicio, *m.* indication, mark, sign, evidence, clue. —*pl.* (chem.) traces.—**indicios vehementes,** (law) circumstantial evidence.
índico, ca, *a.* East-Indian.
indiferencia, *f.* indifference.
indiferente, *a.* indifferent.—**eso es i.,** (coll.) that is immaterial, that makes no difference.
indiferentemente, *adv.* indifferently, without difference.
indiferentismo, *m.* indifferentism.
indígena. I. *a.* indigenous, native; (app. to Am.) Indian. **II.** *n.* indigene; native; (app. to Am.) Indian.
indigencia, *f.* indigence, destitution, need.
indigente, *a.* needy, indigent, destitute.
indigestarse, *vr.* to cause indigestion; (of persons) to cause aversion or dislike, to be unbearable.
indigestible, *a.* indigestible.
indigestión, *f.* indigestion.
indigesto, ta, *a.* indigestible; confused, disordered; surly, grouchy, harsh.
indignación, *f.* indignation.
indignado, da, *a.* & *pp.* indignant, angry.
indignamente, *adv.* unworthily, unbecomingly; harshly, rudely.
indignante, *a.* indignant; irritating.
indignar. I. *va.* to irritate, anger, make indignant. **II.** *vr.* to become indignant.
indignidad, *f.* indignity; unworthy act.
indigno, na, *a.* unworthy, undeserving; unbecoming, contemptible; despicable, low.
índigo, *m.* indigo.—**indigotina,** *f.* (chem.) indigotin, indigo blue.
indiligencia, *f.* negligence, carelessness.
indio, ia. I. *a.* Indian; Hindu; blue, azure. **II.** *n.* Hindu; Indian. **III.** *m.* (chem.) indium.
indiqué, indique, *v.* *V.* INDICAR.
indirecto, ta. I. *a.* indirect. **II.** *f.* hint, innuendo. —**i. del Padre Gobos,** broad hint.—**echar indirectas,** to make insinuations.
indirigible, *a.* indirigible, ungovernable, unmanageable.
indiscernible, *a.* indiscernible, imperceptible, inconspicuous.
indisciplina, *f.* lack of discipline or training.

indisciplinable, *a.* intractable; untrainable.
indisciplinado, da, *a.* undisciplined; untrained.
indiscreción, *f.* indiscretion, imprudence.
indiscretamente, *adv.* indiscreetly.
indiscreto, ta, *a.* indiscreet, imprudent, unwise.
indisculpable, *a.* inexcusable.
indiscutible, *a.* unquestionable, indisputable.
indisolubilidad, *f.* indissolubility.
indisoluble, *a.* indissoluble.
indisolublemente, *adv.* indissolubly.
indispensable, *a.* indispensable, essential; unfailing.
indispensablemente, *adv.* indispensably; necessarily; unfailingly.
indisponer. I. *va.* (*pp. irreg.* INDISPUESTO; *ind. pres.* INDISPONGO, *pret.* INDISPUSE, *fut.* INDISPONDRÉ; *subj.* INDISPONGA) to disable, indispose, render unfit; to make ill; (**con**) to prejudice, set (against). **II.** *vr.* to be indisposed, to become ill; to fall out (with a person).
indisposición, *f.* disinclination, dislike; indisposition, slight ailment.
indisposicioncilla, *f. dim.* slight indisposition.
indispuesto, ta. I. *pp. irreg. of* INDISPONER. **II.** *a.* indisposed; at variance.
indispuse, *pret.* of INDISPONER.
indisputabilidad, *f.* indisputability.
indisputable, *a.* indisputable, unquestionable.
indisputablemente, *adv.* indisputably.
indistinción, *f.* lack of distinction.
indistinguible, *a.* undistinguishable.
indistintamente, *adv.* indistinctly; indifferently, without distinction.
indistinto, ta, *a.* indistinct, vague, not clear.
individuación, *f.* individuation.
individual, *a.* individual; peculiar; personal.
individualidad, *f.* individuality.
individualismo, *m.* individualism.
individualista, *n.* & *a.* individualist(-ic).
individualizar, *va.* to individualize.
individualmente, *adv.* individually.
individuamente, *adv.* indivisibly.
individuar, *va.* to distinguish, particularize, individualize.
individuo, dua. I. *a.* individual; indivisible, inseparable. **II.** *n.* individual, person; member, fellow (of a society, etc.).
indivisamente, *adv.* indivisibly.
indivisibilidad, *f.* indivisibility.
indivisible, *a.* indivisible.
indivisiblemente, *adv.* indivisibly.
indivisión, *f.* undividedness, entirety.
indiviso, sa, *a.* undivided.
indo, da, *n.* & *a.* East-Indian, Hindu.
indócil, *a.* indocile, unteachable; headstrong, froward, unruly; inflexible, brittle.
indocilidad, *f.* indocility; inflexibility.
indoctamente, *adv.* ignorantly.
indocto, ta, *a.* ignorant, untaught.
indocumentado, da, *a.* lacking the documents for identification.
indochino, na, *n.* & *a.* Indo-Chinese.
indoeuropeo, a, *n.* & *a.* Indo-European.
indogermánico, ca, *n.* & *a.* Indo-Germanic.
indoísmo, *m.* Hinduism, Hindooism.
índole, *f.* disposition, nature; class, kind.
indolencia, *f.* indolence.
indolente, *a.* indolent.—**indolentemente,** *adv.* indolently.
indoloro, ra, *a.* painless.
indomable, *a.* untamable, indomitable; unmanageable; unconquerable.
indomado, da, *a.* untamed.
indomesticable, *a.* untamable, not susceptible of domestication.
indoméstico, ca, *a.* untamed, intractable.
indómito, ta, *a.* untamed; unruly.
Indonesia, *f.* Indonesia.
indonesio, sia, *n.* & *a.* Indonesian.
indostanés, nesa, indostano, na, *n.* & *a.* Hindu, Hindoo.
indostani, *m.* Hindustani (language).
indostánico, ca, *a.* Hindu, Hindoo.
indotación, *f.* (law) lack of a dowry.
indotado, da, *a.* unendowed; without a dowry.
indubitable, *a.* indubitable, unquestionable.
indubitablemente, *adv.* undoubtedly.
indubitado, da, *a.* undoubted, unquestionable.
inducción, *f.* inducement, persuasion; (logic) induction; (elec.) induction.
inducible, *a.* inducible.
inducido, *m.* (elec.) armature (of a dynamo).
inducidor, ra, *n.* inducer, persuader.
inducimiento, *m.* inducement.
inducir, *va.* (*ind. pres.* INDUZCO, *pret.* INDUJE; *subj.* INDUZCA) to induce; to persuade, influence; (elec.) to induce.
inductancia, *f.* (elec.) inductance.
indúctil, *a.* inductile.
inductividad, *f.* (elec.) inductivity.
inductivo, va, *a.* inductive.
inductor, ra. I. *a.* (elec.) inductive. **II.** *m.* (elec.) field (magnet) (of a dynamo).
indudable, *a.* indubitable, certain.
indudablemente, *adv.* undoubtedly.
induje, *pret.* of INDUCIR.
indulgencia, *f.* indulgence; forbearance, leniency.
indulgente, *a.* indulgent, lenient, forbearing.
indulgentemente, *adv.* indulgently.
indultar, *va.* to pardon; to free, exempt.
indultario, *m.* he who by virtue of a pontifical privilege can dispense ecclesiastical benefices.
indulto, *m.* pardon, forgiveness, amnesty; (legal) pardon or commutation or exemption.
indumentaria, *f.* study of ancient apparel.
indumentario, ria, *a.* pertaining to clothes.
indumento, *m.* garment, vestment.
induración, *f.* (med.) induration.
indurado, da, *a.* (med.) indurated.
indurar, *va.* (med.) to indurate.
industria, *f.* industry, manufacturing.—**de i.,** designedly, intentionally.—**ser caballero de i.,** to live by one's wits.
industrial. I. *a.* industrial, manufacturing. **II.** *n.* industrialist, manufacturer.
industrialismo, *m.* industrialism.
industrialista, *a.* favoring industrialism.
industrialización, *f.* industrialization.
industrializar. I. *va.* to industrialize. **II.** *vn.* to be or become industrialized.
industriar, *va.* & *vn.* to educate, teach, train, coach; to find means.
industriosamente, *adv.* industriously.
industrioso, sa, *a.* industrious.
induzco, induzca, *v. V.* INDUCIR.
inebriar, *va.* & *vr.* = EMBRIAGAR.
inecuación, *f.* (math.) inequality.
inedia, *f.* fast, abstinence from food.
inédito, ta, *a.* unpublished.
ineducación, *f.* unmannerliness, unrefinement.
ineducado, da, *a.* unmannerly, unpolished.
inefabilidad, *f.* ineffability, unspeakableness.
inefable, *a.* ineffable, unutterable.
inefablemente, *adv.* ineffably.
ineficacia, *f.* inefficacy, inefficiency.
ineficaz, *a.* inefficacious, ineffectual, ineffective.
ineficazmente, *adv.* inefficaciously.
inejecución, *f.* inexecution, nonperformance; nonfulfillment.
inejecutable, *a.* impracticable, not feasible.
inelástico, ca, *a.* inelastic.
inelegancia, *f.* inelegance, inelegancy.
inelegante, *a.* inelegant.
inelegibilidad, *f.* ineligibility.
inelegible, *a.* ineligible.
ineluctable, *a.* ineluctable; inevitable.
ineludible, *a.* inevitable, unavoidable.
inenarrable, *a.* inexplicable, inexpressible.
inepcia, *f.* ineptitude, inability.
ineptamente, *adv.* ineptly, incompetently.
ineptitud, *f.* ineptitude, incompetency.
inepto, ta, *a.* inept, incompetent; unfit; foolish.
inequívoco, ca, *a.* unequivocal, unmistakable.
inercia, *f.* inertia; inertness, inactivity.

inerme, *a.* unarmed, defenseless.
inerrable, *a.* inerrable, unmistakable.
inerrante, *a.* (astr.) fixed (star).
inerte, *a.* inert; dull, slow, sluggish; unskilful; paralyzed, senseless.
inervación, *f.* innervation.
inervar, *va.* (physiol.) to innervate, innerve.
inescrutabilidad, *f.* inscrutability.
inescrutable, *a.* inscrutable; unconfirmable.
inescudriñable, *a.* inscrutable.
inesperadamente, *adv.* unexpectedly.
inesperado, da, *a.* unexpected, unforeseen.
inestabilidad, *f.* instability.
inestable, *a.* unstable.
inestimabilidad, *f.* invaluableness.
inestimable, *a.* invaluable.
inestimablemente, *adv.* invaluably.
inestimado, da, *a.* (law) unestimated, not appraised, unvalued.
inevitabilidad, *f.* inevitability.
inevitable, *a.* inevitable, unavoidable.
inevitablemente, *adv.* inevitably.
inexactamente, *adv.* inexactly.
inexactitud, *f.* inexactness; inaccuracy.
inexacto, ta, *a.* inexact, inaccurate.
inexcusable, *a.* inexcusable; indispensable.
inexcusablemente, *adv.* inexcusably.
inexhausto, ta, *a.* unexhausted, unspent.
inexigible, *a.* inexigible, unrequirable; that cannot be demanded.
inexistencia, *f.* inexistence, nonexistence.
inexistente, *a.* inexistent, nonexistent.
inexorabilidad, *f.* inexorability, inexorableness.
inexorable, *a.* inexorable, relentless, unbending.
inexperiencia, *f.* inexperience.
inexperto, ta, *a.* unskilful, inexperienced.
inexpiable, *a.* inexpiable.
inexplicable, *a.* inexplicable, unexplainable.
inexplorado, da, *a.* unexplored.
inexplosible, *a.* unexplosive, nonexplosive.
inexplotable, *a.* unexploitable, unworkable.
inexpresable, *a.* inexpressible; unspeakable, unutterable.
inexpresivo, va, *a.* inexpressive.
inexpugnable, *a.* inexpugnable, impregnable; firm, obstinate, stubborn.
in extenso, in extenso, at full length.
inextenso, sa, *a.* unextended, extensionless.
inextinguible, *a.* inextinguishable, unquenchable; perpetual.
inextirpable, *a.* inexterminable, not capable of being eradicated.
in extremis, in extremis, on the point of death.
inextricable, *a.* inextricable.
infacundo, da, *a.* ineloquent.
infalibilidad, *f.* infallibility.
infalible, *a.* infallible.—**infaliblemente,** *adv.* infallibly.
infamación, *f.* slander, defamation.
infamador, ra, *n.* & *a.* defamer(-ing).
infamante, *a.* defaming; opprobrious.
infamar, *va.* to defame, dishonor, disgrace.
infamativo, va, *a.* defaming; disgracing.
infamatorio, ria, *a.* defamatory, libellous.
infame. **I.** *a.* infamous, dishonorable. **II.** *n.* infamous person.
infamemente, *adv.* infamously.
infamia, *f.* infamy; baseness; infamous act.
infancia, *f.* infancy; childhood.
infando, da, *a.* unmentionable, unspeakable.
infanta, *f.* female child under seven years of age; infanta, any daughter of the King of Spain; wife of a prince royal.
infantado, *m.* territory assigned to a prince of the royal blood of Spain.
infante, *m.* infant, male child under seven years of age; infante, any son of the King of Spain, except the heir apparent; infantry soldier.—*pl.* choristers, choir boys.
infantería, *f.* infantry.—**i. de la guardia real,** (Engl.) Foot Guard.—**i. de marina,** (U. S.) Marine Corps.—**i. ligera,** (mil.) light infantry.
infanticida, *n.* infanticide, child murderer.
infanticidio, *m.* infanticide, murder of a child.
infantil, *a.* infantile, childlike.
infantilismo, *m.* infantility; (med.) infantilism.
infanzón, *m.* ancient nobleman.—**infanzonado, da,** *a.* pertaining to an INFANZÓN.—**infanzonazgo,** *m.* territory of an INFANZÓN.—**infanzonía,** *f.* dignity or condition of INFANZÓN.
infartación, *f.* (med.) infarction.
infarto, *m.* (med.) infarct.
infatigable, *a.* indefatigable, untiring.
infatigablemente, *adv.* indefatigably.
infatuación, *f.* infatuation.
infatuado, da, *a.* infatuated, infatuate.
infatuar. **I.** *va.* to infatuate. **II.** *vr.* to become infatuated.
infaustamente, *adv.* unluckily.
infausto, ta, *a.* unlucky; unhappy, accursed.
infebril, *a.* fever-free.
infección, *f.* infection.—**i. focal,** (med., dent.) focal infection.
infeccionar, *va.* to infect.
infeccioso, sa, *a.* infectious, infective.
infectar. **I.** *va.* to infect; spread contagion; to corrupt, vitiate, pervert. **II.** *vr.* to become infected.
infectivo, va, *a.* infective, infectious.
infecto, ta, *a.* infected, tainted, corrupt.
infecundidad, *f.* infecundity, sterility.
infecundo, da, *a.* infecund, barren, sterile.
infelice, *a.* (poet.) unhappy, wretched.
infelicidad, *f.* unhappiness, infelicity.
infeliz. **I.** *a.* unhappy, wretched; unfortunate, luckless. **II.** *n.* poor devil.
infelizmente, *adv.* unhappily, unluckily.
inferencia, *f.* inference.
inferior. **I.** *a.* inferior; lower; under (part); elementary (school, math., etc.). **II.** *a.* & *n.* inferior.
inferioridad, *f.* inferiority.
inferir (*ind. pres.* INFIERO, *pret.* él INFIRIÓ; *subj.* INFIERA; *ger.* INFIRIENDO). **I.** *va.* to infer; to imply, lead to; to inflict (as a wound); to offer (as an insult). **II.** *vr.* to follow as a consequence.
infernáculo, *m.* a boys' game, hopscotch.
infernal, *a.* infernal, hellish.
infernalmente, *adv.* hellishly, infernally.
infernar, *va.* (*ind.* INFIERNO; *subj.* INFIERNE) to damn; to irritate, vex, provoke.
inferno, na, *a.* (poet.) infernal.
infestación, *f.* infestation.
infestar, *va.* to infest, overrun; to infect; to harass; to fill with stench.
infesto, ta, *a.* (poet.) prejudicial, dangerous.
infeudar, *va.*; **infeudación,** *f.* = ENFEUDAR, etc.
infibulación, *f.* (vet.) infibulation.
infibular, *va.* (vet.) to infibulate.
inficionar, *va.* to infect; to poison; corrupt, defile, pervert, vitiate.
infidelidad, *f.* infidelity; unfaithfulness, faithlessness; unbelief, want of faith; unbelievers as a class.
infidelísimo, ma, *a. super.* of INFIEL.
infidencia, *f.* unfaithfulness, faithlessness; treason; (law) misfeasance.
infidente, *a.* unfaithful.
infiel. **I.** *a.* unfaithful, faithless; infidel, pagan; inaccurate, inexact. **II.** *m.* unbeliever, infidel.
infielmente, *adv.* unfaithfully.
infiernillo, *m.* small alcohol stove.
[1]**infierno,** *m.* (often in the *pl.*) hell; refectory or eating room in some convents; (chem.) large retort; cave of a baking machine; tank in oil mills.—**el quinto i.,** or **los quintos infiernos,** the end of the world (fig., app. to a very remote place).
[2]**infierno, infierne,** *v.* *V.* INFERNAR.
infiero, infiera, *v.* *V.* INFERIR.
infigurable, *a.* incorporeal, that cannot be represented by any material figure.
infiltración, *f.* infiltration; percolation.—**i. afluente,** influent seepage.
infiltrar, *va.* & *vr.* to infiltrate, percolate, filter; to imbue, infuse.

ínfimo, ma, *a.* lowest, least; most abject, vilest; (com.) most inferior in quality.
infinidad, *f.* infinity; (fig.) infinite number, lot.
infinitamente, *adv.* infinitely.
infinitesimal, *a.* infinitesimal.
infinitésimo, *m.* (math.) infinitesimal.
infinitivo, *n.* & *a.* (gram.) infinitive.
infinito, ta. I. *a.* infinite. **II.** *adv.* infinitely, immensely. **III.** *m.* (**el i.**) infinity.
infinitud, *f.* = INFINIDAD.
infirió, infiriendo, *v. V.* INFERIR.
infirmar, *va.* (law) to invalidate.
inflable, *a.* inflatable.
inflación, *f.* inflation; conceit, vanity, airs.
inflacionista. I. *a.* inflationary. **II.** *n.* inflationist.
inflado, da. I. *pp.* of INFLAR. **II.** *a.* inflated, swollen.
inflamabilidad, *f.* inflammability.
inflamable, *a.* inflammable.
inflamación, *f.* inflammation; ignition.
inflamador, ra, inflamante, *a.* inflaming; inflammatory.
inflamar. I. *va.* to inflame, kindle, set on fire; to excite. **II.** *vr.* to take fire, ignite; to become fiery or excited; (med.) to become inflamed.
inflamatorio, ria, *a.* inflammatory.
inflar. I. *va.* to inflate; to elate, puff up with pride. **II.** *vr.* to swell; to strut.
inflativo, va, *a.* inflating.
inflectivo, va, *a.* (gram.) inflective, inflectional.
inflexibilidad, *f.* inflexibility; stiffness, rigidity; inexorability.
inflexible, *a.* inflexible, rigid; unbending, unyielding.
inflexiblemente, *adv.* inflexibly, inexorably.
inflexión, *f.* inflection, bending; (gram.) inflection; accent, modulation.
inflictivo, va, *a.* inflictive.
infligir, *va.* (*ind.* INFLIJO; *subj.* INFLIJA) to impose (a penalty), condemn to.
inflorescencia, *f.* (bot.) inflorescence.
influencia, *f.* influence; (theol.) divine grace.
influenciar, *va.* (Am.) to influence.
influente, *a.* influencing, influential.
influenza, *f.* (med.) influenza, grippe, (U. S., coll.) flu.—**i. asiática,** Asian or Asiatic flu.
influir. I. *va.* (*ind.* INFLUYO; *subj.* INFLUYA) to influence; to act on; (theol.) to grace with inspiration. **II.** *vn.* (**en**) to have influence (on), to affect; to contribute (to), have a part (in).
influjo, *m.* influence; influx; (naut.) rising tide.
influyente, *a.* influential.
influyentemente, *adv.* influentially.
influyo, influya, *v. V.* INFLUIR.
infolio, *m.* book in folio form.
Inforciado, *m.* Infortiate, second part of the Pandects of Justinian.
información, *f.* information; report; inquiry, investigation; judicial inquiry and process; (law) brief.—**i. preliminar,** briefing.—**fuente de i.,** source of information, contact.
informado, da. I. *pp.* of INFORMAR. **II.** *a.* informed.
informador, ra. I. *a.* informing, informative. **II.** *n.* informer.
informal, *a.* informal; unreliable; unconventional.
informalidad, *f.* informality, unconventionality; breach of etiquette; unreliability.
informante. I. *a.* informing, informative. **II.** *n.* informer.
informar. I. *va.* to inform, tell, advise, report to; to give form to, shape. **II.** *vn.* (law) to plead. **III.** *vr.* (**de**) to acquaint oneself (with), to inquire (into), to find out (about).
informativo, va, *a.* instructive, informative.
[1]**informe,** *a.* shapeless, formless.
[2]**informe,** *m.* information; report, account, statement; advice; reference; (law) plea, pleading.
informidad, *f.* shapelessness.
infortificable, *a.* that cannot be fortified.
infortuna, *f.* (astrol.) evil influence of the stars.
infortunado, da. I. *a.* unfortunate, unlucky. **II.** *n.* unfortunate.
infortunio, *m.* misfortune, ill luck; mishap; misery, suffering.
infosura, *f.* (vet.) a disease of horses.
infracción, *f.* infraction, breach, infringement, trespass.
infracto, ta, *a.* steady, not easily moved.
infractor, ra, *n.* infractor, breaker, violator, transgressor.
in fraganti, *adv.* = EN FLAGRANTE, in the act.
infrahumano, na, *a.* subhuman.
infraluminescencia, *f.* infraluminescence.
infraluminescente, *a.* infraluminescent.
inframaxilar, *a.* (anat.) inframaxillary.
infrangible, *a.* infrangible; inviolable.
infranqueable, *a.* unsurmountable.
infraorbitario, ria, *a.* (anat.) infraorbital.
infrarrojo, ja, *a.* infrared.
infrascripto, ta; infrascrito, ta, *a.* undersigned; hereinafter mentioned.
infrasónico, ca. I. *a.* infrasonic. **II.** *f.* infrasonics.
infrecuente, *a.* infrequent, unusual.
infrecuentemente, *adv.* infrequently, rarely, seldom.
infringir, *va.* (*ind.* INFRINJO; *subj.* INFRINJA) to infringe, violate, break.
infructífero, ra, *a.* unfruitful; unprofitable.
infructuosidad, *f.* unfruitfulness, unproductiveness, uselessness.
infructuosamente, *adv.* unfruitfully, uselessly.
infructuoso, sa, *a.* fruitless, unproductive; unprofitable, abortive, unsuccessful.
infrugífero, ra, *a.* = INFRUCTÍFERO.
ínfulas, *f. pl.* (eccl.) infulæ, headdress, mitre; conceit, airs.
infundadamente, *adv.* groundlessly, without cause or reason.
infundado, da, *a.* groundless, baseless.
infundible, *a.* infusible.
infundibuliforme, *a.* (bot.) funnel-shaped.
infundíbulo, *m.* (anat.) infundibulum.
infundio, *m.* (coll.) fib, story.
infundir, *va.* (*pp.* INFUNDIDO and INFUSO) to infuse, to inspire with; to imbue, to instil.
infurción, *f.* ancient ground lease.
infurcioniego, ga, *a.* subject to ground lease.
infurtir, *va.* = ENFURTIR, to full (cloth).
infusibilidad, *f.* infusibility.
infusible, *a.* infusible.
infusión, *f.* infusion; inspiration; (pharm.) infusion; (eccl.) baptism by sprinkling.
infuso, sa, *a.* infused (with the grace of God).
infusorio, ria, *m.* & *a.* (zool.) infusorian.
ingenerable, *a.* ingenerable, that cannot be produced or generated.
ingeniar. I. *va.* to conceive, contrive, devise, scheme. **II.** *vr.* to endeavor and manage skilfully; to find means to get or do a thing.
ingeniatura, *f.* (coll.) ingenuity, acuteness, skilful management; (Am.) engineering.
ingeniería, *f.* engineering.—**i. aerostera, civil,** etc. *V.* INGENIERO.
ingeniero, ra, *n.* engineer.—**i. aeróstata,** aeronautic engineer.—**i. aerostero,** aviation engineer.—**i. agrónomo,** agricultural engineer.—**i. civil,** civil engineer (gen. app. to all nonmilitary engineers).—**i. de caminos, canales y puertos,** civil engineer.—**i. de la armada,** or **de marina** = I. NAVAL.—**i. de minas,** mining engineer.—**i. de montes,** forestry engineer.—**i. electricista,** electrical engineer.—**i. en jefe,** chief engineer.—**i. forestal,** forestry engineer.—**i. industrial** = I. QUÍMICO.—**i. jefe,** chief engineer.—**i. naval,** marine engineer.—**i. químico,** chemical engineer.—**i. sanitario,** sanitary engineer, public health engineer.
ingenio, *m.* talent; mind, creative or inventive faculty; cleverness, skill, smartness; ingenuity,

wit(s); talented person (esp. author); engine, machine, mechanical apparatus; device, contrivance; (bookbinding) plowcutter, plowpress. —**i. de azúcar,** sugar mill, sugar plantation.— **i. de pólvora,** powdermill.
ingeniosamente, *adv.* ingeniously.
ingeniosidad, *f.* ingenuity, ingeniousness.
ingenioso, sa, *a.* ingenious.
ingénito, ta, *a.* unbegotten; innate, inborn.
ingente, *a.* very large, huge, prodigious.
ingenuamente, *adv.* candidly, ingenuously.
ingenuidad, *f.* ingenuousness, candor.
ingenuo, nua, *a.* ingenuous, open, candid; (law) ingenuous, freeborn.
ingerencia, *f.* interference, intermeddling.
ingeridor, *m.* grafting knife.
ingeridura, *f.* grafting.
ingerir. I. *va.* (*ind.* INGIERO; *subj.* INGIERA) to insert, introduce, inclose; (agr.) to graft. **II.** *vr.* to interfere, intermeddle.
ingestión, *f.* (med.) ingestion, introduction of food into the stomach.
ingiero, ingiera, *v.* *V.* INGERIR.
ingina, *f.* = QUIJADA, jaw, jawbone.
ingle, *f.* groin, part next the thigh.
inglés, sa. I. *a.* English.—**a la inglesa,** in the English fashion. **II.** *n.* Englishman(-woman). **III.** *m.* English (the language).
inglesar, *va.* & *vr.* to Anglicize.
inglesismo, *m.* Anglicism.
inglete, *m.* diagonal; angle of 45°.
inglosable, *a.* admitting no gloss or comment.
ingobernable, *a.* ungovernable, unmanageable, unruly.
ingobernablemente, *adv.* uncontrollably, ungovernably.
ingratamente, *adv.* ungratefully.
ingratitud, *f.* ingratitude, ungratefulness.
ingrato, ta. I. *a.* ungrateful; thankless; disagreeable. **II.** *n.* ingrate.
ingravidez, *f.* weightlessness.
ingrávido, da, *a.* light, weightless.
ingrediente, *m.* ingredient.
ingresar, *vn.* (en) to enter; (of money, profits, etc.) to come (in); to deposit (money); to join (a party, etc.); to enter (a university).
ingreso, *m.* entrance; entering; joining; (com.) entry, money received; (eccl.) surplice fees.—*pl.* (com.) revenue, receipts, earnings.
íngrimo, ma, *a.* (Mex.) (coll.) alone, solitary; deserted.
inguinal; inguinario, ria, *a.* (anat.) inguinal.
ingurgitación, *f.* (med.) ingurgitation.
ingurgitar, *va.* to ingurgitate, swallow.
ingustable, *a.* unsavory, unpalatable.
inhábil, *a.* unable; incompetent; unfit, unskilful; unqualified.
inhabilidad, *f.* inability; incompetence; unskilfulness.
inhabilitación, *f.* disqualification; disability; deprivation (of civil rights).
inhabilitar. I. *va.* to disqualify; to disable, render unfit. **II.** *vr.* to lose a right; to become disabled.
inhabitable, *a.* uninhabitable.
inhabitado, da, *a.* uninhabited.
inhabituado, da, *a.* unaccustomed.
inhacedero, ra, *a.* impracticable, unfeasible.
inhalador, ra, *n.* inhaler.
inhalación, *f.* (med.) inhalation.
inhalar, *va.* (med.) to inhale.
inherencia, *f.* inherence.
inherente, *a.* inherent.
inhestar, *va.* (*ind.* INHIESTO; *subj.* INHIESTE) = ENHESTAR, to erect; to raise.
inhibición, *f.* inhibition; prohibition.
inhibido, da, *a.* inhibited.
inhibidor, *m.* (chem.) inhibitor.
inhibir, *va.* (law) to inhibit (esp. an inferior court from proceeding further).
inhibitorio, ria, *a.* inhibitory.
[1]**inhiesto, inhieste,** *v.* *V.* INHESTAR.
[2]**inhiesto, ta,** *a.* = ENHIESTO, erect; steep.
inhomogeneidad, *f.* inhomogeneity, incompatibility, discordance.
inhomogéneo, nea, *a.* inhomogeneous, incompatible, discordant.
inhonestamente, *adv.* immodestly.
inhonestidad, *f.* immodesty, indecency.
inhonesto, ta, *a.* immodest, indecent.
inhospedable, *a.* = INHOSPITALARIO.
inhospitable, inhospital, *a.* = INHOSPITALARIO.
inhospitalario, ria, *a.* inhospitable, reluctant to entertain guests; unsheltering.
inhospitalidad, *f.* inhospitableness.
inhumación, *f.* interment, burying.
inhumanamente, *adv.* inhumanly, cruelly.
inhumanidad, *f.* inhumanity, cruelty.
inhumano, na, *a.* inhuman, cruel.
inhumar, *va.* to bury, inhume, inter.
iniciación, *f.* initiation, introduction.
iniciado, da, *n.* & *a.* initiate.
iniciador, ra. I. *a.* initiating, starting. **II.** *n.* initiator, starter.
inicial, *f.* & *a.* initial.
iniciar. I. *va.* to initiate; to begin, start. **II.** *vr.* to be initiated; (eccl.) to receive first orders.
iniciativo, va. I. *a.* initiating, initiatory. **II.** *f.* initiative; right to propose laws, etc.
inicuamente, *adv.* iniquitously.
inicuo, cua, *a.* iniquitous, wicked.
in illo tempore, *adv.* formerly, in times of yore.
inimaginable, *a.* unimaginable, inconceivable.
inimicísimo, ma, *a.* *super. irreg.* of ENEMIGO, most inimical.
inimitable, *a.* inimitable.
ininterrumpido, da, *a.* uninterrupted, unremitting, continuous.
inio, inión, *m.* (anat.) inion.
iniquidad, *f.* iniquity, unrighteousness.
iniquísimo, ma, *a.* *super.* of INICUO.
injerencia, injeridura, injerir = INGERENCIA, INGERIDURA, etc.
injertar, *va.* (*pp.* INJERTADO, INJERTO) (agr.) to ingraft, to graft.
injertera, *f.* orchard of grafted trees.
injerto, *m.* graft, grafting, ingrafted tree.
injuria, *f.* offense, wrong, insult, abuse, affront; injustice; damage, harm.
injuriado, da, *a.* & *pp.* injured, wronged.
injuriador, ra, *n.* aggressor, offender, abuser.
injuriante, *a.* injuring; offensive, insulting.
injuriar, *va.* to insult, offend, abuse; to annoy; to harm, hurt.
injuriosamente, *adv.* insultingly, offensively; injuriously, hurtfully.
injurioso, sa, *a.* injurious; insulting, offensive, abusive.
injustamente, *adv.* unjustly.
injusticia, *f.* injustice.
injustificable, *a.* unjustifiable.
injustificadamente, *adv.* unjustifiably.
injustificado, da, *a.* unjustified, unjustifiable.
injusto, ta, *a.* unjust.
inlegible, *a.* illegible.
inllevable, *a.* unbearable.
inmaculadamente, *adv.* immaculately.
inmaculado, da, *a.* immaculate.—**Inmaculada Concepción,** (eccl.) Immaculate Conception.
inmaduro, ra, *a.* = INMATURO.
inmaleable, *a.* immalleable, unmalleable.
inmanejable, *a.* unmanageable; unruly.
inmanente, *a.* immanent, inherent.
inmarcesible, *a.* unfading, unwithering.
inmaterial, *a.* immaterial, incorporeal.
inmaterialidad, *f.* immateriality.
inmaturo, ra, *a.* immature.
inmediación, *f.* contiguity, contact.—*pl.* environs, suburbs, outskirts; neighborhood.
inmediatamente, *adv.* contiguously; immediately, forthwith.
inmediato, ta, *a.* contiguous, close, adjoining, next, immediate.—**dar por las inmediatas,** (fig.) to force to the wall; to silence (in a discussion).—**llegar,** or **venir, a las inmediatas,**

to come to the thick, or hardest, part of a fight or dispute.
inmedicable, *a.* incurable, irremediable.
inmejorable, *a.* unimprovable, unsurpassable, most excellent.
inmemorable, *a.* immemorial.
inmemorablemente, *adv.* immemorably.
inmemorial, *a.* immemorial.
inmensamente, *adv.* immensely, infinitely.
inmensidad, *f.* immensity, vastness; infinity; immensity of space, boundless space; great multitude or number.
inmenso, sa, *a.* immense; unbounded, infinite; countless.
inmensurable, *a.* immeasurable.
inmerecidamente, *adv.* undeservedly.
inmerecido, da, *a.* unmerited, undeserved.
inmergir, *va.* to immerse.
inméritamente, *adv.* unmeritedly.
inmérito, ta, *a.* undeserved, unmerited.
inmeritorio, ria, *a.* undeserving.
inmersibilidad, *f.* immersibility.
inmersible, *a.* immersible.
inmersión, *f.* immersion.
inmetódico, ca, *a.* unmethodical.
inmigración, *f.* immigration.
inmigrado, da. I. *pp.* of INMIGRAR. **II.** *a.* & *n.* immigrant.
inmigrante, *n.* immigrant.
inmigrar, *vn.* to immigrate.
inmigratorio, ria, *a.* immigration (as *a.*).
inminencia, *f.* imminence, nearness.
inminente, *a.* imminent, impending, near.
inmiscibilidad, *f.* (chem., phys.) immiscibility.
inmiscible, *a.* (chem.) non-mixing.
inmiscuir. I. *va.* to mix. **II.** *vr.* to interfere, to intermeddle; (coll.) to get involved.
inmobiliario, ria, *a.* pertaining to real estate.
inmoble, *a.* unmovable, immovable, fixed; motionless; unshakable, constant.
inmoderación, *f.* immoderation, excess.
inmoderadamente, *adv.* immoderately.
inmoderado, da, *a.* immoderate, excessive.
inmodestamente, *adv.* immodestly.
inmodestia, *f.* immodesty, indelicacy.
inmodesto, ta, *a.* immodest, indelicate.
inmolación, *f.* immolation, sacrifice.
inmolador, ra, *n.* & *a.* immolator(-ing).
inmolar, *va.* to immolate; to sacrifice.
inmondicia, *f.* dirtiness.
inmoral, *a.* immoral.
inmoralidad, *f.* immorality.
inmoralmente, *adv.* immorally.
inmortal, *a.* immortal.
inmortalidad, *f.* immortality.
inmortalización, *f.* immortalization.
inmortalizar. I. *va.* to immortalize. **II.** *vr.* to become immortal.
inmortalmente, *adv.* immortally.
inmortificación, *f.* licentiousness.
inmortificado, da, *a.* unmortified.
inmotivado, da, *a.* without reason or cause.
inmoto, ta, *a.* unmoved.
inmovible, *a.* immovable.
inmóvil, *a.* motionless; fixed; unshaken.
inmovilidad, *f.* immovability, fixedness.
inmovilismo, *m.* inflexibility, rigidity; immutability.
inmovilización, *f.* immobilization.
inmovilizar, *va.* to immobilize, fix.
inmudable, *a.* immutable.
inmueble. I. *a.* (law) immovable, real (property). **II.** *m.* (law) immovables.
inmundicia, *f.* filth, dirt; garbage; refuse; nastiness, filthiness; uncleanliness; impurity.
inmundo, da, *a.* unclean, filthy.
inmune, *a.* free, exempt; immune.
inmunidad, *f.* immunity; exemption, franchise, freedom.
inmunización, *f.* immunization.
inmunizar, *va.* to immunize, render immune.
inmunología, *f.* immunology.
inmutabilidad, *f.* immutability.
inmutable, *a.* immutable.
inmutación, *f.* change, alteration.
inmutar. I. *va.* to change, alter. **II.** *vr.* to change countenance from some emotion, to become disturbed, lose one's calm.
inmutativo, va, *a.* that changes or causes alterations.
innatismo, *m.* (philos.) innatism.
innato, ta, *a.* innate; inborn.
innatural, *a.* unnatural.
innavegable, *a.* unnavigable; unseaworthy.
innecesariamente, *adv.* unnecessarily.
innecesario, ria, *a.* unnecessary.
innegable, *a.* undeniable.
innegablemente, *adv.* undeniably.
innoble, *a.* ignoble.
innocuidad, *f.* innocuity.
innocuo, cua, *a.* innocuous, harmless.
innominable, *a.* unnamable.
innominado, da, *a.* nameless.
innovación, *f.* innovation.
innovador, ra. I. *a.* innovating. **II.** *n.* innovator.
innovamiento, *m.* innovation.
innovar, *va.* to innovate.
innumerabilidad, *f.* innumerability.
innumerable, *a.* innumerable, numberless.
innumerablemente, *adv.* innumerably.
innúmero, ra, *a.* numberless, countless.
inobediencia, *f.* disobedience.
inobediente, *a.* disobedient; unmanageable.
inobservable, *a.* unobservable, inobservable.
inobservancia, *f.* disregarding (of law, etc.); non-conforming.
inobservante, *a.* disregarding (law, etc.); nonconformist (in religion).
inocencia, *f.* innocence; harmlessness.
inocentada, *f.* (coll.) simple or silly speech or action; practical joke or trick.
inocente, *a.* innocent; harmless; simple, gullible, unsophisticated, easily duped, "easy."
inocentemente, *adv.* innocently; harmlessly.
inocentón, na. I. *a. aug.* very simple and credulous. **II.** *n.* simpleton.
inoculación, *f.* inoculation.
inoculador, ra, *n.* & *a.* inoculator(-ing).
inoculante. I. *a.* inoculating. **II.** *m.* (med.) inoculum, inoculant.
inocular, *va.* (med.) to inoculate; to contaminate.
inocuo, ca, *a.* = INNOCUO.
inodoro, ra. I. *a.* inodorous, odorless. **II.** *m.* water closet.
inofensivo, va, *a.* inoffensive, harmless.
inoficioso, sa, *a.* (law) inofficious (will).
inolvidable, *a.* unforgetable.
inope, *a.* poor, penniless, destitute.
inoperable, *a.* (med.) inoperable.
inoperación, *f.* inoperation.
inopia, *f.* indigence, poverty, penury.
inopinable, *a.* indisputable; inconceivable.
inopinadamente, *adv.* unexpectedly.
inopinado, da, *a.* unexpected, unforeseen.
inoportunamente, *adv.* inopportunely.
inoportunidad, *f.* inopportuneness, untimeliness.
inoportuno, na, *a.* inopportune, untimely.
inordenadamente, *adv.* inordinately.
inordenado, da; inordinado, da, *a.* inordinate, irregular, disorderly.
inorgánico, ca, *a.* inorganic.
inosculación, *f.* inosculation.
inoxidabilidad, *f.* inoxidability.
inoxidable, *a.* inoxidizable; nonrusting.
inoxidación, *f.* inoxidizing.
inoxidar, *va.* to inoxidize, prevent oxidation (in).
in pace (Lat.). **I.** *adv.* in peace. **II.** *m.* dungeon where scandalous persons were formerly confined.
in pártibus, (Lat.), *adv.* (coll.) having a nominal appointment.
in péctore (Lat.), *adv.* (coll.) (of resolutions, decrees, etc.) not yet made known.

in perpétuum (Lat.), *adv.* in perpetuum, in perpetuity, forever.
in promptu (Lat.), *adv.* offhand, impromptu, extempore.
in púribus (Lat.), *adv.* (coll.) stark naked.
inquebrantable, *a.* irrevocable.
inquiero, inquiera, *v. V.* INQUERIR.
inquietador, ra, *n.* disturber.
inquietamente, *adv.* restlessly.
inquietante, *a.* disquieting, disturbing.
inquietar. I. *va.* to disquiet, trouble, worry; to vex, tease, harass; to stir up or excite. **II.** *vr.* to become uneasy or restless, to fret, worry.
inquieto, ta, *a.* restless; anxious, solicitous, uneasy, worried.
inquietud, *f.* restlessness, uneasiness, anxiety.
inquilinato, *m.* (law) lease, leasehold.
inquilino, na, *n.* tenant, lodger; (law) lessee.
inquina, *f.* (coll.) aversion, hatred, grudge.
inquinamento, *m.* infection.
inquinar, *va.* to contaminate.
inquiridor, ra, *n.* inquirer, investigator.
inquirir, *va.* (*ind.* INQUIERO; *subj.* INQUIERA) to inquire, look into, search, investigate.
inquisición, *f.* inquest, examination, inquiry; (eccl.) Inquisition; Holy Office.
inquisidor, ra. I. *n.* inquirer, examiner. **II.** *m.* (eccl.) inquisitor.
inquisitivo, va, *a.* inquisitive, demanding.
inquisitorial, *a.* inquisitorial.
inri, *m.* I. N. R. I. (inscription on the cross); brand, stigma, stain.
insabible, *a.* unknowable.
insaciabilidad, *f.* insatiableness, greediness.
insaciable, *a.* insatiable; greedy.
insaciablemente, *adv.* insatiably.
insaculación, *f.* (law) balloting for names.
insaculador, *m.* (law) balloter.
insacular, *va.* to ballot, to vote by ballot.
insalivación, *f.* insalivation.
insalivar, *va.* to insalivate.
insalubre, *a.* insalubrious, unhealthful.
insalubridad, *f.* insalubrity, unhealthfulness.
insanable, *a.* incurable, irremediable.
insania, *f.* insanity.
insano, na, *a.* insane, mad, crazy.
insatisfecho, cha, *a.* unsatisfied.
insaturable, *a.* insaturable.
inscribible, *a.* inscribable.
inscribir. I. *va.* (*pp. irreg.* INSCRITO, INSCRIPTO) to inscribe, register, record, book· (geom.) to inscribe; (law) to record (deeds). **II.** *vr.* to register; to enroll.
inscripción, *f.* inscription; record, register, entry; registration; government bond.
inscriptible, *a.* (geom.) inscribable.
inscripto, ta, *pp. irreg.* of INSCRIBIR.
inscrito, ta, *pp. irreg.* of INSCRIBIR.
insculpido, da, *a.* insculped, engraved.
insculpir, *va.* to engrave, cut.
insecable, *a.* (coll.) that cannot be dried.
insecticida, *n.* & *a.* insecticide(-al).
insectil, *a.* insectile, insectean.
insectívoro, ra, *a.* insectivorous.
insecto, *m.* (entom.) insect.
inseguridad, *f.* insecurity, unsafety; uncertainty.
inseguro, ra, *a.* insecure, unsafe; uncertain.
inseminación, *f.* insemination.
inseminar, *va.* to inseminate, impregnate.
insenescencia, *f.* quality of not becoming old.
insensatamente, *adv.* insensately, madly, stupidly.
insensatez, *f.* stupidity, folly.
insensato, ta, *a.* insensate, stupid, mad.
insensibilidad, *f.* insensibility, unconsciousness; hard-heartedness.
insensibilizar, *va.* to make insensible or insensitive.
insensible, *a.* insensible, senseless, unconscious; imperceptible; unfeeling, heartless.
insensiblemente, *adv.* insensibly; imperceptibly.
inseparabilidad, *f.* inseparableness.
inseparable, *a.* inseparable; undetachable.
inseparablemente, *adv.* inseparably.
insepulto, ta, *a.* unburied, uninterred.
inserción, *f.* insertion; grafting.
inserir, *va.* (*pp. irreg.* INSERTO) to insert; to graft.
insertar. I. *va.* (*pp.* INSERTADO, INSERTO) to insert, to introduce. **II.** *vr.* (zool. and bot.) to become inserted or attached.
inserto, ta, *pp. irreg.* of INSERIR & INSERTAR.
inservible, *a.* unserviceable, useless.
insidia, *f.* ambush, snare.
insidiador, ra, *n.* plotter, waylayer.
insidiar, *va.* to plot against, waylay, ambush.
insidiosamente, *adv.* insidiously, guilefully.
insidioso, sa, *a.* insidious, sly, guileful.
insigne, *a.* noted, famous, renowned.
insignemente, *adv.* signally, famously.
insignia, *f.* decoration, device, medal, badge, standard; (naut.) pennant.—*pl.* insignia.
insignificancia, *f.* insignificance; insufficiency, uselessness; trifle.
insignificante, *a.* insignificant, unimportant.
insignificativo, va, *a.* insignificant.
insinceridad, *f.* insincerity.
insincero, ra, *a.* insincere, hypocritical.
insinuación, *f.* insinuation, innuendo; hint, suggestion; (law) exhibition of a public instrument before a judge.
insinuante, *a.* insinuative, crafty, artful, sleek.
insinuar. I. *va.* to insinuate, hint, suggest. **II.** *vr.* to ingratiate oneself; to creep in; to grow (on one, as a habit).
insinuativo, va, *a.* insinuating; insinuative; slick, smooth.
insípidamente, *adv.* insipidly.
insipidez, *f.* insipidity, insipidness.
insípido, da, *a.* insipid, tasteless; unsavory; spiritless, vapid, flat.
insipiencia, *f.* ignorance, lack of judgment.
insipiente, *a.* ignorant, uninformed.
insistencia, *f.* persistence, insistence, obstinacy.
insistente, *a.* insistent, persistent.
insistir, *vn.* (**en**) to insist (on), persist (in); to dwell (upon), emphasize.
ínsito, ta, *a.* inherent, inborn, connatural.
in situ (Lat.) *adv.* in situ, in its natural place.
insociabilidad, *f.* unsociability, unsociableness.
insociable, insocial, *a.* unsociable.
insolación, *f.* (med.) insolation, sunstroke.
insolar. I. *va.* to expose to the sun's rays. **II.** *vr.* (med.) to be sunstruck.
insoldable, *a.* that cannot be soldered or welded.
insolencia, *f.* insolence.
insolentar. I. *va.* to make bold. **II.** *vr.* to become insolent.
insolente, *a.* insolent.—**insolentemente,** *adv.* insolently.
in sólidum, *adv.* (law) insolidum, joint and several.
insólito, ta, *a.* unusual, unaccustomed.
insolubilidad, *f.* insolubility; unsolvability.
insolubilización, *f.* insolubilization, indissolubility.
insolubilizar, *va.* to insolubilize, render insoluble.
insoluble, *a.* insoluble; fast, strong; unsolvable.
insolvencia, *f.* insolvency.
insolvente, *a.* insolvent.
insomne, *a.* insomnious, sleepless.
insomnio, *m.* insomnia, sleeplessness.
insondable, *a.* unfathomable, fathomless; inscrutable, unsearchable; abysmal.
insonoro, ra, *a.* not sounding clear.
insoportable, *a.* unbearable, intolerable.
insostenible, *a.* indefensible.
inspección, *f.* inspection, survey; superintendence; inspector's office.—**i. subterránea,** underground survey.
inspeccionar, *va.* to inspect, examine, oversee.
inspector, ra, *n.* inspector, examiner; supervisor, superintendent, overseer.
inspectoría, *f.* (Am.) inspectorship, inspectorate.
inspiración, *f.* inspiration; (med.) inhalation.

inspirador, ra. I. *a.* inspiring; (anat.) inspiratory. **II.** *n.* inspirer.
inspirante, *a.* inspiring.
inspirar, *va.* to inspire; to inhale.
inspirativo, va, *a.* inspiring.
inspiratorio, ria, *a.* (anat.) inspiratory.
instabilidad, *f.* instability; inconstancy.
instable, *a.* unstable; inconstant, changeable.
instalación, *f.* installation, instalment; settling; plant, works, factory; system (as of gas pipes and fittings, etc.); induction (of an officer).—**i. de consumidor,** (elec.) consuming installation.
instalador, ra, *n.* installer; *m.* (eccl.) inductor.—**i. de cañerías,** plumber.
instalar. I. *va.* to install; to put in, lay, set up; to induct (into office). **II.** *vr.* to establish oneself, settle.
instancia, *f.* instance or instancy; memorial, petition; prosecution or process of a suit; pressing argument; entreaty, request.—**a instancia de,** at the request of.
instantáneamente, *adv.* instantly; instantaneously.
instantáneo, nea. I. *a.* instantaneous. **II.** *f.* (photog.) snapshot.
instante. I. *a.* instant, pressing, urgent. **II.** *m.* instant, moment.—**al i.,** immediately.—**por instantes,** incessantly, every moment.
instantemente, *adv.* instantly.
instar. I. *va.* to press, urge; in schools, to impugn the solution of a question. **II.** *vn.* to be urgent.
instauración, *f.* renovation, restoration.
instaurar, *va.* to renovate, restore.
instaurativo, va, *a.* restorative.
instigación, *f.* instigation, incitement.
instigador, ra, *n.* instigator, abetter.
instigar, *va.* (*pret.* INSTIGUÉ; *subj.* INSTIGUE) to instigate, incite, urge.
instilación, *f.* instillation.
instilar, *va.* to instil, infuse, insinuate.
instintivo, va, *a.* instinctive.
instintivamente, *adv.* instinctively.
instinto, *m.* instinct; divine inspiration.—**por i.,** instinctively.
institución, *f.* institution, establishment; education, instruction; (law) institution, instituting.—*pl.* institutes (of a science).
institucional, *a.* institutional.
instituente, *a.* instituting; founding.
instituidor, ra, *n.* institutor, founder.
instituir, *va.* (*ind.* INSTITUYO; *subj.* INSTITUYA) to institute, establish, found; to teach, instruct; to appoint, constitute, institute.
instituta, *f.* (law) institutes.
instituto, *m.* institute, established law; settled order; institute, institution (of learning); school.—**i. de segunda enseñanza,** or **general y técnico,** high school.
institutor, ra, *n.* institutor.
institutriz, *f.* governess, instructress.
instituyente, *n.* institutor; founder.
instituyo, instituya, *v.* *V.* INSTITUIR.
instrucción, *f.* instruction, teaching; education; lesson; knowledge, learning; (law) court proceedings.—*pl.* instructions, directions, orders.—**i. primaria,** primary education.—**i. pública,** public education.—**i. secundaria,** high-school education.—**i. superior,** higher, or college, education.
instructivamente, *adv.* instructively.
instructivo, va, *a.* instructive.
instructor, ra, *n.* instructor, teacher.
instruído, da. I. *pp.* of INSTRUIR. **II.** *a.* learned, well-educated, well-posted.
instruir, *va.* (*ind.* INSTRUYO; *subj.* INSTRUYA) to instruct, teach, train, coach; to inform, advise; (mil.) to drill, train; (law) to put in legal form, to formulate according to established rules.
instrumentación, *f.* (mus.) instrumentation, orchestration.
instrumental, *a.* (mus.) instrumental; (law) pertaining to legal instruments.
instrumentalmente, *adv.* instrumentally.
instrumentar, *va.* (mus.) to orchestrate.
instrumentista, *m.* instrument maker; (mus.) instrumentalist, player on a musical instrument.
instrumento, *m.* instrument, implement, appliance, engine, machine, apparatus; agent or means; (law) instrument, indenture, deed; (mus.) instrument.—**i. de boca,** wind instrument.—**i. de canto,** musical instrument.—**i. de cuerda,** stringed instrument.—**i. de percusión,** percussion instrument.—**i. de viento,** or **i. neumático,** wind instrument.
instruyo, instruya, *v.* *V.* INSTRUIR.
insuave, *a.* unpleasant, disagreeable.
insubordinación, *f.* insubordination.
insubordinado, da. I. *pp.* of INSUBORDINAR. **II.** *a.* insubordinate, rebellious.
insubordinar. I. *va.* to incite to insubordination. **II.** *vr.* to rebel, to mutiny.
insubsistencia, *f.* instability.
insubsistente, *a.* unable; groundless, baseless.
insubstancial, *a.* unsubstantial, inane, shallow, pointless.
insubstancialidad, *f.* inanity.
insubstancialmente, *adv.* inanely.
insudar, *vn.* to toil, drudge, work hard.
insuficiencia, *f.* insufficiency, inadequateness.
insuficiente, *a.* insufficient, inadequate.
insuficientemente, *adv.* insufficiently.
insuflación, *f.* (med.) insufflation.
insuflador, *m.* (med.) insufflator.
insuflar, *va.* (med.) to insufflate.
insufrible, *a.* intolerable, unbearable.
insufriblemente, *adv.* insufferably, unbearably.
ínsula, *f.* (archaic) isle, island.
insular; insulano, na, *a.* insular.
insulina, *f.* (biochem.) Insulin (trademark).
insulsamente, *adv.* insipidly.
insulsez, *f.* insipidity, flatness.
insulso, sa, *a.* insipid, tasteless; dull, heavy.
insultador, ra. I. *a.* insulting, abusing, abusive. **II.** *n.* insulter, abuser.
insultante, *a.* insulting.
insultar. I. *va.* to insult; to call names. **II.** *vr.* (coll.) to have a fit.
insulto, *m.* insult, affront; sudden fit of illness.
insume, *a.* costly, expensive.
insumergibilidad, *f.* insubmersibility.
insumergible, *a.* insubmergible.
insuperabilidad, *f.* insuperability.
insuperable, *a.* insuperable, insurmountable.
insupurable, *a.* that cannot suppurate.
insurgente, *n.* & *a.* insurgent.
insurrección, *f.* insurrection, rebellion.
insurreccional, *a.* insurrectional, insurrectionary, revolutionary.
insurreccionar. I. *va.* to cause to rebel, to raise in insurrection. **II.** *vr.* to rebel.
insurrecto, ta, *n.* & *a.* insurgent, rebel.
insustancial, *a.* = INSUBSTANCIAL.
intacto, ta, *a.* untouched, intact, whole; pure.
intachable, *a.* unexceptionable, irreproachable.
intachablemente, *adv.* irreproachably.
intangibilidad, *f.* intangibility.
intangible, *a.* intangible; not to be touched.
integérrimo, ma, *a.* *super.* of ÍNTEGRO, most honorable, unspotted, irreproachable.
integrable, *a.* integrable.
integración, *f.* integration.
integracionista, *n.* integrationist.
integrado, da, *pp.* of INTEGRAR.—**i. por,** consisting of, formed by.
integrador, *m.* integrator (instrument).
integral. I. *a.* integral; whole. **II.** *f.* (math.) integral.
integralmente, *adv.* integrally, wholly.
íntegramente, *adv.* entirely, wholly.
integrante, *a.* integral; integrant; integrating.
integrar, *va.* to integrate; to compose, form, make up; (com.) to reimburse; (math.) to integrate.
integridad, *f.* wholeness, completeness; integrity, honesty, uprightness; virginity.

íntegro, gra, *a.* entire, complete, whole; upright, honest.
integumentario, ria, *a.* integumentary.
integumento, *m.* integument.
intelección, *f.* intellection, understanding.
intelectiva, *f.* intellect, intelligence.
intelectivo, va, *a.* intellective, intelligent.
intelecto, *m.* intellect, understanding.
intelectual, *a.* intellectual, mental.
intelectualidad, *f.* intellectuality.
intelectualismo, *m.* intellectualism.
intelectualista. I. *a.* intellectualistic. **II.** *n.* intellectual.
intelectualmente, *adv.* intellectually.
inteligencia, *f.* intellect, mind, understanding; intelligence; comprehension; knowledge; understanding (between persons); skill, ability, experience; sense, meaning.—**en la i.,** in the understanding.—**examen de i.,** intelligence test.
inteligenciado, da, *a.* (coll.) instructed, informed.
inteligente, *a.* intelligent; talented, smart, bright, clever; skilful, able.
inteligibilidad, *f.* intelligibility.
inteligible, *a.* intelligible.
inteligiblemente, *adv.* intelligibly.
intemperancia, *f.* intemperance, excess.
intemperante, *a.* intemperate.
intemperie, *f.* rough or bad weather.—**a la i.,** in the open air, outdoors, unsheltered.
intempestivamente, *adv.* unseasonably, inopportunely.
intempestivo, va, *a.* unseasonable, inopportune.
intención, *f.* intention, purpose; viciousness (of animals); caution, discretion.—**dar i.,** to give hope.—**de primera i.,** provisionally, tentatively; frankly, impulsively, without disguise; (surg.) by first intention.—**de segunda i.,** double-facedly, deceitfully.—**por primera i.,** (surg.) = DE PRIMERA I.
intencionadamente, *adv.* intentionally.
intencionado, da, *a.* inclined, disposed.
intencional, *a.* intentional.
intencionalmente, *adv.* intentionally.
intendencia, *f.* intendancy (province); administration, management; office or district of an intendant.
intendenta, *f.* wife of an INTENDENTE.
intendente, *m.* intendant; administrator; sub treasurer of the government.—**i. de ejército,** quartermaster general.—**i. de marina,** commandant of a navy yard.
intensamente, *adv.* intensely.
intensar, *va.* to intensify.
intensidad, *f.* intensity.—**i. de ionización,** ionization level.—**i. del campo,** (rad.) field strength or intensity.—**i. del campo radioeléctrico,** radio field intensity.—**i. luminosa,** (elec.) luminous intensity.—**i. nominal,** (elec.) rated current.
intensificación, *f.* intensification, augmentation.
intensificador, *m.* intensifier.—**i. de imágenes,** image intensifier.
intensificar, *va.* to intensify.
intensión, *f.* = INTENSIDAD.
intensivo, va; intenso, sa, *a.* intense, intensive, vehement, ardent, lively.
intentar, *va.* to try, attempt, endeavor; to intend, purpose, mean; (law) to enter (an action), to commence (a lawsuit).
intento, *m.* intent, purpose, design.—**de i.,** purposely, knowingly.
intentona, *f.* (coll.) rash attempt.
¹ínter, *prep.* between.—**í. nos,** between ourselves, between you and me.
²ínter, *m.* interim; (Peru) substitute curate.
interacción, *f.* interaction.
interamericano, na, *a.* inter-American.
intercadencia, *f.* interruption, interposition; unevenness; inconstancy; (med.) intermission or inequality of the pulse.
intercadente, *a.* changeable, variable.
intercadentemente, *adv.* changeably.
intercalación, *f.* intercalation, interpolation, insertion.
¹intercalar, *va.* to intercalate, interpolate.
²intercalar, *a.* intercalary.
intercambiable, *a.* interchangeable.
intercambiablemente, *adv.* interchangeably.
intercambialidad, *f.* interchangeability.
intercambio, *m.* interchange.—**i. comercial,** international trade.—**i. de monedas,** (com.) foreign exchange.
interceder, *vn.* to intercede.
intercelular, *a.* intercellular.
interceptación, *f.* interception, stoppage.
interceptador, *m.* interceptor.
interceptar, *va.* to intercept, cut off.
intercesión, *f.* intercession, mediation.
intercesor, ra, *n.* intercessor, interceder.
interciso, sa, *a.*—**día de i.,** half holiday.
interclusión, *f.* shutting in or up.
intercolegiado, da, *a.* intercollegiate.
intercolumnar, *a.* intercolumnar.
intercolumnio, intercolunio, *m.* (arch.) intercolumniation.
intercomunicación, *f.* intercommunication.
intercomunicador, *m.* intercommunicator.
intercomunicar, *vn.* to intercommunicate.
interconectado, da, *a.* interconnected.
interconectador, ra. I. *a.* interconnecting. **II.** *m.* interconnector.
interconectar, *va.* to interconnect.
interconexión, *f.* interconnection.
intercontinental, *a.* intercontinental.
intercostal, *a.* intercostal.
intercostero, ra, *a.* intercoastal.
intercurrencia, *f.* (med.) intercurrence.
intercurrente, *a.* intercurrent, intervening.
intercutáneo, nea, *a.* (med.) subcutaneous.
interdecir, *va.* to interdict, prohibit.
interdental, *a.* interdental; (phon.) interdental.
interdepartamental, *a.* interdepartmental.
interdicción, *f.* interdiction, prohibition.
interdicto, *m.* prohibition, interdiction; interdict; (law) judgment of summary possession.
interdigital, *a.* interdigital, between the fingers.
interés, *m.* interest; (com. often *pl.*: *los intereses se han pagado ya,* the interest has already been paid); attraction, inducement.—*pl.* interests; money matters, business affairs.—**i. compuesto,** compound interest.—**i. simple,** simple interest.—**intereses acumulados,** accrued interest.—**intereses creados,** vested interests.—**intereses exonerados de impuestos,** interest free of tax.—**intereses sobre depósitos,** interest on deposits.—**intereses sobre préstamos,** interest on loan.—**intereses vencidos,** interest due.
interesable, *a.* avaricious, mercenary.
interesado, da. I. *pp.* of INTERESAR. **II.** *a.* interested, concerned; selfish, mercenary. **III.** *n.* associate; person interested; (law) party in interest.
interesante, *a.* interesting.
interesar. I. *vn.* & *vr.* **(en, por, con)** to be concerned (with) or interested (in); to take an interest (in). **II.** *va.* to invest; to give an interest; to interest, attract.
interescapular, *a.* (anat., zool.) interscapular.
interescolar, *a.* interscholastic, intercollegiate.
interesencia, *f.* assistance, attendance.
interesente, *a.* present, concurring.
interesillo, *m. dim.* slight interest.
interestatal, *a.* interstate.
interestelar, *a.* interstellar.
interfecto, ta, *n.* (law) murdered person, victim.
interferencia, *f.* interference; (phys., rad.) interference.—**i. entre canales adyacentes,** (rad.) adjacent channel interference.—**i. heterodina,** (rad.) heterodyne interference.—**i. perjudicial,** (rad.) harmful interference.—**interferencias atmosféricas,** (rad.) atmospheric interference.

interferente, *a.* (phys., rad.) interferential.
interferómetro, *m.* interferometer.
interfoliar, *va.* to interleave (a book).
intergubernamental, *a.* inter-governmental.
ínterin. I. *m.* character of acting or pro tempore. **II.** *adv.* meanwhile, interim.—**en el í.,** in the interim.
interinamente, *adv.* in the interim, meantime, provisionally, pro tem.
interinidad, *f.* = ÍNTERIN.
interino, na, *a.* provisional, temporary; pro tempore, acting, interim (as *a.*).
interior. I. *a.* interior, internal, inner, inside; home (as *a.*), domestic (commerce, etc.).—**lo i.,** the inside; home or domestic (national) affairs; (pol.) the Interior. **II.** *m.* interior; inside; inner part; mind, soul; in coaches with three compartments, the middle one.—*pl.* entrails, intestines, (coll.) insides.
interioridades, *f. pl.* family secrets; inwardness.
interiormente, *adv.* internally; inwardly.
interjección, *f.* (gram.) interjection.
interlínea, *f.* (print.) lead, space line.
interlineación, *f.* interlineation; double space; (print.) leading.
interlineado, da, *a.* (print.) leaded.
interlineal, *a* interlineal.
interlinear, *va.* to write between lines; (print.) to lead, to space; to double-space.
interlocución, *f.* interlocution, dialogue.
interlocutor, ra, *n.* interlocutor.
interlocutoriamente, *adv.* (law) intermediately.
interlocutorio, ria, *a.* (law) interlocutory, intermediate.
intérlope, *a.* interloping.
interludio, *m.* (mus.) interlude.
interlunar, *a.* interlunar.
interlunio, *m.* interlunar period, interlunation.
intermaxilar, *a.* intermaxillary.
intermediar, *va.* to interpose, mediate.
intermediario, ria. I. *a.* intermediary. **II.** *n.* intermediary; mediator; (pol. econ.) intermediary, middleman.
intermedio, dia. I. *a.* intermediate, intervening, interposed. **II.** *m.* interval, interim; (theat.) interlude, intermission.—**por i. de,** (Am.) through, with the help of.
interminable, *a.* interminable, endless.
intermisión, *f.* intermission, interruption.
intermisor, ra, *n.* intermitter.
intermitencia, *f.* (med.) intermission.
intermitente, *a.* intermittent.
intermitir, *va.* to intermit, discontinue.
internación, *f.* going or taking inside or into.
internacional, *a.* international.
internacionalidad, *f.* internationality.
internacionalismo, *m.* international relations; internationalism (socialistic doctrine).
internacionalista, *n.* internationalist.
internacionalizar, *va.* to internationalize.
internado, da, *n.* (mil.) internee; *m.* boarding-school system; state of being a boarder; boarders, boarding students.
internamente, *adv.* internally.
internamiento, *m.* (mil.) internment.
internar. I. *va.* to send into the interior of a country; to place, or order placed, in an institution. **II.** *vn.* to enter. **III.** *vr.* (en) to go into the interior (of); to go deeply (into) (a subject); to worm oneself into another's confidence.
interno, na. I. *a.* interior, internal, inward; boarding (student). **II.** *n.* boarding student.
internodio, *m.* (bot.) internode.
internuclear, *a.* internuclear.
internuncio, *m.* interlocutor; (eccl.) internuncio.
interoceánico, ca, *a.* interoceanic.
interocular, *a.* interocular, between the eyes.
interóseo, a, *a.* interosseous, between bones.
interpaginar, *va.* (bookbinding) to interleave.
interpelación, *f.* interpellation; summons.
interpelar, *va.* to appeal to, to implore the aid of; to interpellate; (law) to summon.
interpenetración, *f.* interpenetration.
interpenetrar, *va.* to interpenetrate.
interplanetario, ria, *a.* interplanetary.
interpolación, *f.* interpolation.
interpoladamente, *adv.* in an interpolated way.
interpolar, *va.* to interpolate; to intermix; to stop or pause briefly in (an address, etc.).
interponer. I. *va.* (*pp. irreg.* INTERPUESTO; *ind. pres.* INTERPONGO, *pret.* INTERPUSE, *fut.* INTERPONDRÉ; *subj.* INTERPONGA) to interpose, place between; to appoint as a mediator; (law) to present (a petition) to a court. **II.** *vr.* to go between, to interpose.
interposición, *f.* interposition; mediation; meddling, interference.
interpósita persona, (Lat.) (law) intermediary, agent.
interprender, *va.* (mil.) to take by surprise.
interpresa, *f.* (mil.) taking by surprise.
interpretable, *a.* interpretable.
interpretación, *f.* interpretation.—**i. de lenguas,** Translation Bureau (in the State Department of Spain).
interpretador, ra, *n.* interpreter.
interpretante, *n.* & *a.* interpreter(-ing).
interpretar, *va.* to interpret.
interpretativamente, *adv.* interpretatively.
interpretativo, va, *a.* interpretative.
intérprete, *n.* interpreter; sign, mark.
interpuesto, ta. I. *pp. irreg.* of INTERPONER. **II.** *a.* interposed, intervening.
interregno, *m.* interregnum.—**i. parlamentario,** period during which the Spanish Cortes are not in session.
interrogación, *f.* interrogation, question; (print.) question mark.
interrogante. I. *a.* interrogative; interrogating; question (mark). **II.** *n.* interrogator, questioner. **III.** *m.* question mark.
interrogar, *va.* (*pret.* INTERROGUÉ; *subj.* INTERROGUE) to question, to interrogate.
interrogativamente, *adv.* interrogatively.
interrogativo, va, *a.* interrogative.
interrogatorio, *m.* interrogatory; (law) cross-examination.
interrogué, interrogue, *v. V.* INTERROGAR.
interrumpidamente, *adv.* interruptedly.
interrumpido, da. I. *pp.* of INTERRUMPIR. **II.** *a.* interrupted, broken, discontinued.
interrumpir, *va.* to interrupt.
interrupción, *f.* interruption.
interruptor, ra. I. *n.* interrupter. **II.** *m.* (elec.) switch; circuit-breaker.—**i. automático,** (elec.) automatic circuit-breaker.—**i. bipolar,** two-pole switch.—**i. de aceite,** oil-break switch.—**i. de arranque,** starting switch.—**i. de botón,** push-button switch.—**i. de concha,** (eng.) tumbler switch.—**i. de cuchilla,** knife switch.—**i. de dos direcciones,** two-way switch.—**i. de la lámpara trasera,** (auto.) stop light switch.—**i. del alumbrado,** (auto.) light switch.—**i. del encendido,** ignition switch.—**i. de mano,** hand switch.—**i. de parada,** (mech.) stopping switch.—**i. de retardo,** (elec.) delay breaker.—**i. de sección,** (elec.) section circuit-breaker.—**i. de seguridad,** safety switch.—**i. de techo,** ceiling or top switch.—**i. de tres direcciones,** three-way switch.—**i. horario,** time switch.—**i. trifásico,** three-phase switch.—**i. tripolar,** three-pole switch.—**i. unipolar,** single-pole switch.
intersecarse, *vr.* to intersect (as two lines).
intersección, *f.* intersection.
intersideral, *a.* (astr.) interstellar.
intersticial, *a.* interstitial.
intersticio, *m.* interstice; lapse of time, period, interval.
intertropical, *a.* intertropical.
interurbano, na, *a.* interurban.
interusurio, *m.* (law) interest for a delay.
intervalo, *m.* interval; (mus.) interval.
intervención, *f.* intervention; supervision, superintendence; mediation, interposition; auditing

of accounts; (law) intervention; (surg.) operation.
intervencionismo, *m.* interventionism.
intervencionista, *n.* & *a.* interventionist.
intervengo, intervenga, intervendré, *v. V.* INTERVENIR.
intervenir (*ger.* INTERVINIENDO; *ind. pres.* yo INTERVENGO, él INTERVIENE, *pret.* INTERVINE, *fut.* INTERVENDRÉ; *subj.* INTERVENGA). **I.** *vn.* to intervene, mediate, intermediate; to interfere. **II.** *va.* to supervise, superintend; to audit (accounts); to control, to regulate; to offer to pay (a draft). **III.** *v. impers.* to occur, happen.
interventor, ra, *n.* comptroller; supervisor, inspector, superintendent; auditor.
intervertebral, *a.* intervertebral.
intervine, interviniendo, *v. V.* INTERVENIR.
intervocálico, ca, *a.* (phon.) intervocalic.
interyacente, *a.* interjacent, intervening.
intestado, da, *a.* intestate.
intestinal, *a.* intestinal.
intestino, na. I. *a.* intestine, internal; civil, domestic. **II.** *m.* intestine.—**i. ciego,** blind gut, cæcum.—**i. delgado,** small intestine.—**i. grueso,** large intestine.
intima, intimación, *f.* intimation, hint.
íntimamente, *adv.* intimately.
intimar. I. *va.* to intimate, indicate, suggest, hint. **II.** *vr.* to pierce, penetrate; to become intimate.
intimatorio, ria, *a.* (law) intimating.
intimidación, *f.* intimidation.
intimidad, *f.* intimacy; privacy.
intimidar, *va.* to intimidate.
íntimo, ma, *a.* internal, innermost; intimate.
intitular. I. *va.* to entitle; to confer a title on. **II.** *vr.* to use a title; to call oneself (a name).
intocable, *a.* untouchable.
intolerabilidad, *f.* intolerableness.
intolerable, *a.* intolerable, unbearable.
intolerancia, *f.* intolerance.
intolerante, *a.* intolerant.
intonso, sa, *a.* (poet.) unshorn; unpolished; (bookbinding) bound with uncut leaves.
intorsión, *f.* (bot.) intortion.
intoxicación, *f.* (med.) intoxication, poisoning.
intoxicar, *va.* (*pret.* INTOXIQUÉ; *subj.* INTOXIQUE) (med.) to poison.
intradós, *m.* (arch.) intrados.
intraducible, *a.* untranslatable.
intramolecular, *a.* intramolecular.
intramural, *a.* (anat.) intramural.
intramuros, *adv.* within the city.
intranquilidad, *f.* restlessness, uneasiness.
intranquilizar, *va.* to worry, make uneasy.
intranquilo, la, *a.* uneasy, restless.
intransferible, *a.* not transferable.
intransigencia, *f.* intransigence, intransigency.
intransigente, *a.* intransigent, irreconcilable.
intransitable, *a.* impassable.
intransitivo, va, *a.* (gram.) intransitive.
intransmisible, *a.* untransmissible.
intransmutabilidad, *f.* immutability.
intransmutable, *a.* intransmutable.
intratabilidad, *f.* intractability.
intratable, *a.* intractable; unruly, unmanageable; unsociable; rude, grouchy; impassable.
intravenoso, sa, *a.* intravenous.
intrépidamente, *adv.* intrepidly, fearlessly.
intrepidez, *f.* intrepidity, courage, bravery.
intrépido, da, *a.* intrepid, daring, gallant.
intriga, *f.* intrigue; entanglement, embroilment; (complicated) plot of a play.
intrigante. I. *a.* intriguing. **II.** *n.* intriguer.
intrigar (*pret.* INTRIGUÉ; *subj.* INTRIGUE). **I.** *va.* to arouse (one's) interest or curiosity. **II.** *vn.* to intrigue, plot, scheme. **III.** *vr.* (**en**), to be interested (in) or curious (about).
intrincable, *a.* intricate; perplexed.
intrincación, *f.* intricacy, intricateness.
intrincadamente, *adv.* intricately.
intrincado, da, *a.* & *pp.* intricate.
intrincamiento, *m.* intricateness.
intrincar, *va.* (*pret.* INTRINQUÉ; *subj.* INTRINQUE) to entangle, complicate, confuse.
intríngulis, *m.* (coll.) crafty intention, hidden motive; mystery, enigma.
intrinqué, intrinque, *v. V.* INTRINCAR.
intrínsecamente, *adv.* intrinsically.
intrínseco, ca, *a.* intrinsic, intrinsical.
introducción, *f.* introduction.
introducir. I. *va.* (*ind. pres.* INTRODUZCO, *pret.* INTRODUJE; *subj.* INTRODUZCA) to introduce; to usher in, put in, insert; to present (a person). **II.** *vr.* (**en**) to gain access (to), to get in, to ingratiate oneself (with); to interfere (in).
introductivo, va, *a.* introductive, introductory.
introductor, ra, *n.* introducer.
introduje, introduzco, etc., *v. V.* INTRODUCIR.
introito, *m.* beginning of an oration; (eccl.) introit; (theat.) prologue.
intrometer, *va.* & *vr.* = ENTREMETER.
intromisión, *f.* intromission; intrusion.
intromitente, *a.* intromittent.
introrso, *m.* (bot.) introrse.
introspección, *f.* introspection.
introspectivo, va, *a.* introspective.
introversión, *f.* introversion.
introverso, sa, *a.* introverted; (psych.) introvert.
intrusamente, *adv.* intrusively.
intrusarse, *vr.* to obtrude, intrude.
intrusión, *f.* intrusion, obtrusion.
intrusivo, va, *a.* (geol.) intrusive, intruded.
intruso, sa. I. *a.* intruded, intrusive, obtrusive. **II.** *m.* intruder, obtruder, squatter.
intubación, *f.* (med.) intubation.
intubar, *va.* (med.) to intubate, insert a tube.
intuición, *f.* intuition.
intuir, *va.* to know or perceive by intuition.
intuitivamente, *adv.* intuitively.
intuitivo, va, *a.* intuitive, evident.
intuito, *m.* view, look, glance.—**por i.,** in consideration, by reason of.
intumescencia, *f.* intumescence, swelling.
intumescente, *a.* intumescent, swollen.
intumescer, *vn.* to intumesce, swell.
intususcepción, *f.* intussusception
ínula, *f.* (bot.) elecampane.
inulina, *f.* (bot., chem.) inulin.
inulto, ta, *a.* (poet.) unavenged, unpunished.
inundación, *f.* inundation, flood; confluence; multitude.
inundante, *a.* inundating; inundant.
inundar, *va.* to inundate, flood.
inurbanamente, *adv.* uncivilly, discourteously.
inurbanidad, *f.* incivility, discourtesy.
inurbano, na, *a.* uncivil, impolite, unmannerly.
inusitadamente, *adv.* unusually.
inusitado, da, *a.* unusual, not in use.
inútil, *a.* useless; fruitless; needless.
inutilicé, inutilice, *v. V.* INUTILIZAR.
inutilidad, *f.* uselessness; needlessness.
inutilizar. I. *va.* (*pret.* INUTILICÉ; *subj.* INUTILICE) to render useless; to disable; to spoil, ruin. **II.** *vr.* to become useless.
inútilmente, *adv.* uselessly, to no purpose.
invadeable, *a.* unfordable.
invadir, *va.* to invade; encroach upon.
invaginación, *f.* invagination.
invaginar, *va.* to invaginate.
invalidación, *f.* invalidation, invalidity.
inválidamente, *adv.* invalidly.
invalidar, *va.* to invalidate, nullify.
invalidez, *f.* invalidity; invalidness.
inválido, da. I. *a.* invalid; cripple; feeble, weak; null, void. **II.** *m.* invalid.
invariabilidad, *f.* invariability.
invariable, *a.* invariable, constant.—**invariablemente,** *adv.* invariably.
invariación, *f.* immutability, invariableness.
invariadamente, *adv.* unvariedly.
invariado, da, *a.* unvaried, constant.
invariancia, *f.* invariance.
invariante, *f.* (math.) invariant.

invasión, *f.* invasion; attack.
invasor, ra. I. *a.* invading. **II.** *n.* invader.
invectiva, *f.* invective, harsh censure.
invencible, *a.* invincible, unconquerable.
invenciblemente, *adv.* invincibly.
invención, *f.* invention.—**I. de la Santa Cruz,** (eccl.) Invention of the Cross.
invencionero, ra, *n.* inventor; plotter; trifler.
invendible, *a.* unsalable.
inventar, *va.* to invent; to fib.
inventariar, *va.* to inventory, take inventory of.
inventario, *m.* inventory.
inventiva, *f.* faculty of invention, inventiveness.
inventivo, va, *a.* inventive.
invento, *m.* invention.
inventor, ra, *n.* inventor; fibber, fabricator, romancer.
inverecundo, da, *a.* shameless, impudent.
inverisímil, *a.* unlikely, improbable.
inverisimilitud, *f.* improbability.
invernáculo, *m.* greenhouse, hothouse, conservatory.
invernada, *f.* winter season.
invernadero, *m.* winter quarters; hothouse, conservatory.
invernal. I. *a.* hibernal, winter (as *a.*). **II.** *m.* winter shed (for cattle and fodder).
invernar, *vn.* (*ind.* INVIERNO; *subj.* INVIERNE) to winter, pass the winter.
invernizo, za, *a.* winter (as *a.*); winterly, hibernal; winter-beaten.
inverosímil, *a.* = INVERISÍMIL.
inverosimilitud, *f.* = INVERISIMILITUD.
inversamente, *adv.* inversely; contrariwise.
inversión, *f.* inversion; (com.) investment.
inversionista, *n.* (com.) investor.
inverso, sa. I. *pp. irreg.* of INVERTIR. **II.** *a.* inverse, inverted.—**a,** or **por, la inversa,** on the contrary.
inversor, ra. I. *a.* inverting; (elec., mech.) reversing. **II.** *n.* reverser; reverse gear; reversing mechanism.—**i. del sentido,** (elec.) reverser.—**i. de polos,** (elec.) pole reverser.
invertasa, *f.* (chem.) invertase.
invertebrado, da, *m.* & *a.* invertebrate.
invertible, *a.* invertible.
invertido, da. I. *pp.* of INVERTIR. **II.** *a.* inverse, inverted; homosexual; (chem.) invert. **II.** *n.* (psych.) invert, homosexual.
invertina, *f.* (chem.) invertase.
invertir, *va.* (*pp.* INVERTIDO, INVERSO; *ger.* INVIRTIENDO; *ind. pres.* INVIERTO, *pret.* él INVIRTIÓ; *subj.* INVIERTA) to invert; to reverse, to spend (time); (com.) to invest.
investidura, *f.* investiture.
investigable, *a.* investigable.
investigación, *f.* investigation, research; inquest.
investigador, ra. I. *a.* investigating, investigative. **II.** *n.* investigator.
investigar, *va.* (*pret.* INVESTIGUÉ; *subj.* INVESTIGUE) to investigate, ascertain, inquire into; to do research work.
investir, *va.* (*ger.* INVISTIENDO; *ind. pres.* INVISTO, *pret.* él INVISTIÓ; *subj.* INVISTA) to invest, to confer upon.
inveteradamente, *adv.* inveterately.
inveterado, da. I. *pp.* of INVETERARSE. **II.** *a.* inveterate.
inveterarse, *vr.* to become antiquated, old, or chronic.
invictamente, *adv.* triumphantly, valiantly.
invicto, ta, *a.* invincible, unconquered.
[1]**invierno,** *m.* winter; rainy season (in countries having no astronomical seasons, as in the tropics).
[2]**invierno, invierne,** *v. V.* INVERNAR.
invierto, invierta, *v. V.* INVERTIR.
invigilar, *vn.* to watch carefully.
inviolabilidad, *f.* inviolability.
inviolable, *a.* inviolable; inviolate.
inviolablemente, *adv.* inviolably; infallibly.
inviolado, da, *a.* inviolate, unhurt, uninjured.
invirtió, invirtiendo, *v. V.* INVERTIR.
invisibilidad, *f.* invisibility.
invisible, *a.* invisible.—**en un i.,** (coll.) in less than no time.—**invisiblemente,** *adv.* invisibly.
invisto, invista, invistió, etc. *v. V.* INVESTIR.
invitación, *f.* invitation.
invitado, da, *n.* invited person; guest.
invitador, ra, *n.* inviter.
invitar, *va.* to invite; entice; treat.
invitatorio, *m.* (eccl.) invitatory.
invocación, *f.* invocation.
invocador, ra, *n.* & *a.* invoker(-ing).
invocar, *va.* (*pret.* INVOQUÉ; *subj.* INVOQUE) to invoke, implore.
invocatorio, ria, *a.* invocatory.
involucela, *f.* (bot.) involucel.
involución, *f.* (math., med.) involution.
involucrado, da, *a.* involucred.
involucral, *a.* (bot.) involucral.
involucrar, *va.* to introduce as a digression.
involucro, *m.* (bot.) involucre.
involuntariamente, *adv.* involuntarily.
involuntariedad, *f.* involuntariness.
involuntario, ria, *a.* involuntary.
involuta, *f.* (geom.) involute.
invoqué, invoque, *v. V.* INVOCAR.
invulnerabilidad, *f.* invulnerability.
invulnerable, *a.* invulnerable.
inyección, *f.* injection; (U. S., coll.) shot.—**i. de aire** or **de gas,** air flooding.
inyectabilidad, *f.* injectability.
inyectable, *a.* injectable.
inyectado, da. I. *pp.* of INYECTAR. **II.** *a.* (Am.) bloodshot (eyes).
inyectar, *va.* to inject.
inyector, *m.* (mech.) injector.
iodo, (chem.) = YODO, iodine.
ion, *m.* (chem.) ion.
iónico, *m.* (elec.) ionic.
ionio, *m.* (chem.) ionium.
ionizable, *a.* ionizable.
ionización, *f.* ionization.
ionizar, *va.* to ionize.
ionógeno, *m.* (chem.) ionogen.
ionosfera, *f.* (meteorol.) ionosphere.
ionosférico, ca, *a.* ionospheric.
iota, *f.* iota (Greek letter); jot, trifle, whit.
ipecacuana, *f.* (bot.) ipecacuanha, ipecac.—**i. de las Antillas,** wild ipecac.
[1]**ipil,** *m.* (P. I.) (bot.) a hardwood tree.
[2]**ipil, hipil,** *m.* (Am.) Indian loose outer garment.
ípsilon, *f.* upsilon (Greek letter).
ipso facto (Lat.) *adv.* ipso facto, by the fact itself, by the very fact.
ipso jure (Lat.) *adv.* ipso jure, by the law itself.
ir. I. *vn.* (*pp.* IDO; *ger.* YENDO; *ind. pres.* VOY, *imperf.* IBA, *pret.* FUI; *subj.* VAYA) to go, move, walk; to fit, be becoming, suit; to concern, interest, affect, involve (diff. constr.: *poco me va en eso,* that concerns me very little; *en eso me va la reputación,* that involves, or affects, my reputation); to get along, do (diff. constr. *me fué bien,* I got along, or did, well); to differ, to be different (diff. constr.: *¡lo que va de ayer a hoy!* how today differs from yesterday!); to lead (*todos los caminos van a Roma,* all roads lead to Rome); to be, find oneself, be doing (*el enfermo va bien,* the patient is doing well); to be, to elapse (*de hoy al lunes van tres días,* it is three days from today to Monday); (arith.) to be, to leave (diff. constr.: *de 3 a 5 van 2,* 3 from 5 leaves 2); (arith.) to carry (*4, y van 2,* 4, and 2 to carry); (followed by *pp.*) to be (*voy herido,* I am wounded; *va descarriado,* he is astray or off the way). Before a gerund, it implies the beginning of the action the gerund denotes, or its continued performance or occurrence (*va anocheciendo,* it is getting dark; *voy comprendiendo,* I begin to understand; *Juan va perdiendo la paciencia,* John is losing patience; *voy viendo los cuadros,* I am looking at the pictures; *va traba-*

jando, he is working).—**i. a**, to go to; to be going to, to purpose or intend to (*voy al teatro*, I am going to the theater; *voy a hablarle*, I am going, or intend, to speak to him; *¿adónde va Vd.?* where are you going?); to bet on (*voy al caballo negro*, I bet on the black horse).—**i. a buscar**, to go get, fetch.—**i. a caballo**, to ride, to be riding on horseback.—**i. adelante**, to go (march, ride, etc.) at the front; to be ahead; to go on; to go ahead.—**i. a esperar a**, to go to meet.—**i. a medias**, to go halves.—**i. de bracero**, or **de brazo**, to walk arm in arm.—**i. delante**, to go ahead.—**i. en alcance**, (print.) to divide the (original) copy among various compositors.—**i. en coche**, to drive, to ride in a carriage.—**i. en demanda de**, (naut.) to be on the lookout for.—**i. pasando**, to be so so, to be as usual, to be getting along.—**i. por delante** = I. DELANTE.—**i. por ojo** = IRSE A PIQUE.—**algo**, or **mucho, va de Pedro a Pedro**, all people aren't alike, there are people and people.—**¿cómo le va?** how are you?—**¿cómo vamos?** how are you? how goes it with you?—**no me va ni me viene**, does not concern, or affect, me in the least.—**no vaya (vayan) a** (foll. by *inf.*), don't, don't go and (*inf.*).—**¡qué va!** nonsense! you don't say! don't tell me!—**¿quién va?** or **¡quién va allá?** who's there? who goes there?—**¡vámonos!** let's go! (Ry.) all aboard!—**¡vamos!** let's go! come on! also as expletive: why! well!—**¡vamos a ver!** let's see! let me see! what is it?—**vamos claros**, let's be plain, let's get down to business.—**¡vaya!** what a (*¡vaya una idea!* what an idea!)—**¡vaya con (ella)!** good for (her)!—**vaya (que)**, all right, let it be; indeed.—**¡vaya si (es verdad)!** I should say so!—**vaya Vd. a paseo**, go on, get out.—**vaya Vd. con Dios**, farewell; God be with you. **II.** *vr.* to go, go away, depart, quit; to leak, to ooze; to exhale, evaporate; to break wind; to break to pieces; to grow old.—**i. abajo**, to topple down.—**i. a pique**, (naut.) to founder, to go to the bottom, to be wrecked.—**i. atrás**, to go back, to flinch.—**i. de boca**, to speak thoughtlessly or recklessly.—**i. los ojos tras de**, to gaze admiringly or longingly at.—**írsele a uno el alma por**, to long for.—**írsele a uno la mula**, to speak unadvisedly from carelessness or anger.—**irse** (foll. by *ger.*), to be gradually (*pres. p.*).—**allá se va**, it is all the same, it amounts to the same thing.

ira, *f.* ire, anger, wrath, rage.—**¡i. de Dios!** Lord deliver us!

iraca, *f.* (Am.) Panama-hat palm.

iracundia, *f.* irascibility, ire, irascibleness.

iracundo, da, *a.* wrathful; angry, enraged.

iradé, *m.* irade, Sultan's decree.

Irak, *m.* Iraq, Irak.

Irán, *m.* Iran.

iranio, nia, *n.* & *a.* Iranian.

iraqués, quesa, *n.* & *a.* Iraqi.

iraquiano, na, *n.* & *a.* Iraqi.

irascibilidad, *f.* irascibility.

irascible, *a.* irascible, irritable.

irenarca, *m.* (anc. Rome) irenarch, magistrate.

irgo, irga, irguió, etc., *v.* *V.* ERGUIR.

iribú, *m.* (Arg.) turkey buzzard.

iridáceo, cea, *a.* (bot.) iridaceous, irideous.

íride, *f.* (bot.) iris.

iridectomía, *f.* (surg.) iridectomy.

irídeo, dea, *a.* (bot.) irideous, iridaceous.

iridio, *m.* (chem.) iridium.

iridiscencia, *f.* iridescence.

iridiscente, *a.* iridescent.

iridiscer, *vn.* to iridesce.

iris, *m.* iris, rainbow; (anat.) iris; (min.) opal.—**i. de paz**, mediator, peacemaker.

irisación, *f.* irisation.

irisado, da, *a.* rainbow-hued.

irisar, *vn.* to be iridescent.

iritis, *f.* (med.) iritis, inflammation of the iris.

irlanda, *f.* cotton and woollen cloth; fine Irish linen; (**I.**) Ireland.

irlandés, esa. I. *a.* Irish. **II.** *m.* Irishman; Irish language. **III.** *f.* Irishwoman.

ironía, *f.* (rhet.) irony.

irónicamente, *adv.* ironically.

irónico, ca, *a.* ironical, sarcastic.

iroqués, sa, *n.* & *a.* Iroquois.

irracional. I. *a.* irrational, absurd; (math.) irrational. **II.** *m.* irrational (being).

irracionalidad, *f.* irrationality.

irracionalmente, *adv.* irrationally.

irradiación, *f.* radiation.

irradiar, *va.* to radiate.

irrazonable, *a.* unreasonable.

irrealidad, *f.* unreality.

irrealizable, *a.* unrealizable, unattainable.

irrebatible, *a.* indisputable.

irreconciliabilidad, *f.* irreconcilability.

irreconciliable, *a.* irreconcilable.

irreconciliablemente, *adv.* irreconcilably.

irrecuperable, *a.* irrecoverable, irretrievable.

irrecusable, *a.* unimpeachable.

irredentista, *n.* & *a.* (pol.) Irredentist.

irredento, ta, *a.* irredenta, unredeemed.

irredimible, *a.* irredeemable.

irreducible, irreductible, *a.* irreducible.

irreemplazable, *a.* irreplaceable.

irreflexión, *f.* rashness, indiscretion.

irreflexivo, va, *a.* thoughtless, impulsive.

irreformable, *a.* unreformable.

irrefragable, *a.* irrefutable.

irrefragablemente, *adv.* irrefutably.

irrefrangibilidad, *f.* irrefrangibility.

irrefrangible, *a.* (opt.) irrefrangible.

irrefrenable, *a.* unbridled, unruly, unmanageable, uncontrollable.

irrefutable, *a.* irrefutable, indisputable.

irregular, *a.* irregular.

irregularidad, *f.* irregularity.

irreligión, *f.* irreligion.

irreligiosamente, *adv.* irreligiously.

irreligiosidad, *f.* irreligiousness.

irreligioso, sa, *a.* irreligious.

irremediable, *a.* irremediable, incurable; hopeless.—**irremediablemente**, *adv.* irremediably, hopelessly.

irremisible, *a.* irremissible, unpardonable.

irremisiblemente, *adv.* unpardonably, irremissibly.

irremovible, *a.* irremovable.

irremunerado, da, *a.* unremunerated.

irreparable, *a.* irreparable, irretrievable.

irreparablemente, *adv.* irreparably, irretrievably, irrecoverably.

irreprensible, *a.* irreprehensible, irreproachable.

irreprensiblemente, *adv.* irreproachably.

irreprimible, *a.* irrepressible.

irreprochable, *a.* irreproachable.

irresistibilidad, *f.* irresistibility.

irresistible, *a.* irresistible.

irresistiblemente, *adv.* irresistibly.

irresoluble, *a.* indeterminable; unsolvable; irresolute.

irresolución, *f.* irresolution, hesitation.

irresolutamente, *adv.* irresolutely.

irresoluto, ta, *a.* irresolute, wavering.

irrespetuoso, sa, *a.* disrespectful.

irrespirable, *a.* irrespirable.

irresponsabilidad, *f.* irresponsibility.

irresponsable, *a.* irresponsible.

irresuelto, ta, *a.* = IRRESOLUTO.

irreverencia, *f.* irreverence.

irreverente, *a.* irreverent.

irreversibilidad, *f.* irreversibility.

irreversible, *a.* irreversible.

irrevocabilidad, *f.* irrevocability.

irrevocable, *a.* irrevocable.

irrevocablemente, *adv.* irrevocably.

irrigable, *a.* irrigable.

irrigación, *f.* irrigation; (med.) irrigation.

irrigador, *m.* irrigator.

irrigar, *va.* to irrigate; (med.) to irrigate.

irrisible, *a.* laughable.

irrisión, *f.* derision, ridicule.
irrisoriamente, *adv.* derisively.
irrisorio, ria, *a.* derisive.
irritabilidad, *f.* irritability.
[1]**irritable,** *a.* irritable.
[2]**irritable,** *a.* (law) voidable.
[1]**irritación,** *f.* irritation, commotion, agitation; (med.) irritation.
[2]**irritación,** *f.* (law) invalidation, abrogation.
irritador, ra, *n.* & *a.* irritator(-ing), stimulator (-ing), irritant.
írritamente, *adv.* (law) invalidly.
irritamiento, *m.* irritation, anger.
[1]**irritante. I.** *a.* irritant, stimulating. **II.** *m.* stimulant, irritant.
[2]**irritante,** *a.* (law) annulling, voiding.
[1]**irritar,** *va.* to irritate, exasperate, anger; (med.) to irritate.
[2]**irritar,** *va.* (law) to annul, void.
írrito, ta, *a.* (law) null, void.
irrogar, *va.* (*pret.* IRROGUÉ; *subj.* IRROGUE) to cause, to occasion (damage).
irrompible, *a.* unbreakable.
irrumpir, *vn.* to raid, invade; break into.
irrupción, *f.* irruption, inroad, invasion, raid.
irruptivo, va, irruptor, ra, *a.* irruptive.
isabelino, na, *a.* (coin) stamped with the bust of Isabella II.; partisan or defender of Queen Isabella; light bay (horse).
isagoge, *f.* introduction, exordium.
isagógico, ca, *a.* introductive, introductory.
isla, *f.* isle, island; city block.—**en i.,** insulated.
islam, *m.* Islam.—**islámico, ca,** *a.* Islamic.
islamismo, *m.* Islamism, Islam.
islamita, *n.* & *a.* Islamite(-itic).
islandés, desa, *n.* Icelander; *m.* Icelandic (language).
Islandia, *f.* Iceland.
islándico, ca, *a.* Icelandic.
isleño, ña, *n.* islander; (Cuba) native of the Canary Islands.
isleo, *m.* chain of small islands.
isleta, ita, illa, *f. dim.* small isle, islet, holm.
islilla, *f.* (anat.) collar bone.
islote, *m.* small barren island, key.
ismaelita, *a.* Ishmaelite, Arab.
isobárico, ca, *a.* isobaric.
isobaro, ra. I. *a.* (meteorol., chem.) isobaric. **II.** *m.* (chem.) isobar; *f.* (meteorol.) isobar.
isoclinal, isoclino, na, *a.* isoclinal, isoclinic.
isocre. *a* isochroous, of uniform color.
isocromático, ca. *a.* (opt.) isochromatic.
isocromatismo, *m.* isochromatism.
isocronismo, *m.* isochronism.
isócrono, *a.* isochronous, equal in time.
isodiáfero, *m.* (phys.) isodiaphere.
isodiamétrico, ca, *a.* isodiametric.
isodimorfismo, *m.* isodimorphism.
isodimorfo, fa, *a.* isodimorphic.
isodinámico, ca, *a.* isodynamic.
isoelectrónico, ca, *a.* (chem.) isoelectronic.
isogónico, ca, *a.* (geom.) isogonic, isogonal.—**línea i.,** isogonic line.
isógono, na, *a.* (geom.) isogonic, isogonal.
isohipsa, *f.* (meteorol.) contour.
isomagnético, ca, *a.* isomagnetic.
isomagnetismo, *m.* isomagnetism.
isomería, *f.* (chem.) isomerism.
isomérico, ca, *a.* (chem.) isomeric.
isómero, ra. I. *a.* isomeric. **II.** *m.* isomer.
isométrico, ca, *a.* isometric.
isometropía, *f.* isometropia.
isomorfismo, *m.* (min.) isomorphism.
isomorfo, fa, *a.* (biol., chem., min.) isomorphic.
isoniacida, *f.* (pharm.) isoniazid.
isoperímetro, tra, *a.* isoperimetrical.
isopiéstico, ca, *a.* isopiestic.
isoploide, *a.* (genet.) isoploid.
isópodo, da, *m.* & *a.* (zool.) isopod.
isoquímeno, na, *a.* (of climate) isocheimal.
isósceles, *a.* (geom.) isosceles.
isospóreo, a, *a.* (bot.) isosporous.
isosporo, *m.* (bot.) isospore.
isotermia, *f.* isothermy.
isotermo, ma, *a.* isothermal.
isótero, ra, *a.* isotheral.
isotonicidad, *f.* isotonicity.
isotónico, ca, *a.* isotonic.
isótono, *m.* (chem.) isotone.
isotopia, *f.* isotopy.
isotópico, ca, *a.* isotopic.
isótopo, *m.* (chem.) isotope.
isotropía, *f.* (phys.) isotropy.
isotrópico, ca, *a.* (phys.) = ISÓTROPO.
isotropismo, *m.* (phys.) isotropy.
isótropo, pa, *a.* (phys.) isotropous.
isquiático, ca, *a.* (anat.) ischiatic, sciatic, sciatical.
isquion, *m.* (anat.) ischium.
Israel, *m.* Israel.
israelí, *n.* & *a.* Israeli.
israelita, *n.* & *a.* Israelite.
israelítico, ca, *a.* Israelitish, Israelitic.
istle, ixtle, *m.* ixtle, ixtli; a Mexican fiber.
istmeño, ña, *n.* & *a.* isthmian.
ístmico, ca, *a.* isthmian.
istmo, *m.* (geo.) isthmus; (anat.) isthmus.
istriar, *va.* = ESTRIAR, (arch.) to flute.
istrio, tria, *n.* & *a.* Istrian.
Italia, *f.* Italy.
italianismo, *m.* Italianism.
italianizado, da, *a.* Italianate, Italianized.
italianizar, *va.* & *vn.* to Italianize.
italiano, na. I. *a.* Italian. **II.** *n.* Italian; *m.* (ling.) Italian.
itálico, ca. I. *a.* Italic; (print.) italic. **II.** *f.* (print.) italic, italics.
italiota, *n.* Italiot, Italiote.
ítem, *m.* section, clause, article; addition, additament.—**í.,** or **í. más,** also, likewise, furthermore.
iterable, *a.* iterable.
iteración, *f.* interation.
iterar, *va.* to iterate.—**iterativo, va,** *a.* iterative.
iterbia, *f.* (chem.) ytterbia.
iterbio, *m.* (chem.) ytterbium.
itinerario, ria. I. *a.* itinerary. **II.** *m.* itinerary, book of travels; railroad guide, time-table.
itria, *f.* (min.) yttria.
itrio, *m.* (chem.) yttrium.
izador, ra, *a.* hoisting.
izaga, *f.* place abounding in rushes and reeds.
izar, *va.* (naut.) to hoist, heave, haul up.
izquierda, *f.* left hand; (pol.) Left, Left wing.—**a la i.,** left-handed (screw, etc.).—**de la i.,** on the left.
izquierdista, *n.* & *a.* (pol.) leftist, radical.
izquierdo, da. I. *a.* left-handed; left; crooked. **II.** *f.* left hand; left, left-hand side; (pol.) Left (Liberal party).—**a la i.,** to the left; on the left.

J

J, j, *f.* j, eleventh letter of the Spanish alphabet.
jaba, *f.* (Am.) basket; crate.
jabalcón, *m.* (arch.) bracket, purlin, strut.
jabalconar, *va.* to build or support with struts.
jabalí, *m.* (zool.) wild boar.
[1]**jabalina,** *f.* sow of a wild boar.
[2]**jabalina,** *f.* javelin.
jabalón, *va.* = JABALCÓN.
jabalonar, *va.* = JABALCONAR.
jabardear, *vn.* (of bees) to swarm.
jabardillo, *m.* noisy swarm of insects or birds; (coll.) noisy crowd.
jabardo, *m.* small swarm of bees; (coll.) noisy crowd.
jabato, *m.* young wild boar.
jábeca, *f.* sweep net.
jábega, *f.* fishing smack; dragnet.
jabegote, *m.* man who drags the sweep net.
jabeguero, ra. I. *a.* pertaining to sweep-net fishing. **II.** *n.* sweep-net fisherman.
[1]**jabeque,** *m.* (naut.) xebec.

[2]**jabeque,** *m.* (coll.) knife wound in the face.
jabí, *m.* small wild apple; small kind of grapes; (C. A.) (bot.) breakax.
jabillo, *m.* (bot.) a Central-American tree of the spurge family.
jabirú, *m.* jabiru, a Brazilian wading bird.
jabladera, *f.* crozer, cooper's tool.
jable, *m.* (cooperage) croze.
jabón, *m.* soap; a piece of soap.—**j. blando,** soft soap.—**j. de olor,** toilet soap.—**j. de piedra,** hard soap.—**j. de sastre,** steatite, soapstone. —**j. detergente,** detergent soap.—**j. duro,** hard soap.—**j. en escamas,** soap flakes.—**j. en polvo,** soap powder.—**dar un j.,** (coll.) to reprimand severely, lecture, dress down.
jabonado, da, *m.* wash, washing.
jabonadura, *f.* washing.—*pl.* suds or soap suds; lather.—**dar, or echar, una j.,** to reprimand severely, lecture, call down.
jabonar, *va.* to soap; (coll.) to reprimand severely, lecture, dress down.
jaboncillo, *m.* soapstone, steatite; toilet soap; (bot.) soap tree.
jabonera, *f.* soap dish; woman who sells soap; (bot.) soapwort.
jabonería, *f.* soap manufactory or shop.
jabonero, ra, *n.* soap maker or seller.
jabonete, jabonete de olor, *m.* toilet soap.
jabonoso, sa, *a.* soapy, saponaceous.
jaborandi, *m.* (bot.) jaborandi.
jabuco, *m.* (Cuba) large straw basket.
jaca, *f.* nag, pony, jennet, cob, bidet, tit.
jacal, *m.* (Mex.) Indian hut, wigwam.
jacamar, *m.* (ornith.) jacamar.
jacana, *f.* (ornith.) jacana, a tropical wading bird.
jácara, *f.* merry ballad; a kind of dance and its music; group of night wanderers singing JÁCARAS; (coll.) vexation; idle talk or prattle; story, tale; fable, lie, vainglorious fiction.
jacaranda, *f.* (bot.) jacaranda.
jacarandana, jacarandina, *f.* slang; gang of ruffians and thieves.
jacarandoso, sa, (coll.) blithe, merry, gay.
jacarear, *vn.* to sing JÁCARAS; (coll.) to sing in the streets at night; to taunt with offensive remarks.
jacarero, *m.* ballad singer; wag or merry droll.
jacarilla, *f. dim.* of JÁCARA.
jácaro, ra. I. *a.* pert. to singers of JÁCARAS. **II.** *m.* boaster, bully.—**a lo j.,** boastfully, braggingly.
jácena, *f.* (arch.) girder.
jacerina, *f.* coat of mail.
jacilla, *f.* mark left on the ground.
jacinto, *m.* (bot.) hyacinth; harebell; (min.) hyacinth.—**j. de Ceilán,** zircon.—**j. de Compostela,** red crystalized quartz.—**j. occidental,** topaz.—**j. oriental,** ruby.
[1]**jaco,** *m.* sorry nag, jade.
[2]**jaco,** *m.* short jacket.
jacobínico, ca, *a.* Jacobinic, Jacobinical.
jacobinismo, *m.* Jacobinism.
jacobino, *m.* Jacobin; bloody revolutionist.
jacobita, *a.* & *n.* Jacobite.
jactancia, *f.* boasting.
jactanciosamente, *adv.* boastingly.
jactancioso, sa, *a.* boastful, vainglorious.
jactarse, *vr.* to vaunt, boast, brag.
jaculatoria, *f.* ejaculation, short prayer.
jaculatorio, ria, *a.* jaculatory.
jachalí, *m.* (bot.) custard apple.
jada, *f.* (agr.) hoe; spade.
jade, *m.* (min.) jade, axestone.
jadeante, *a.* panting, out of breath.
jadear, *vn.* to pant.—**jadeo,** *m.* pant, palpitation.
jadiar, *va.* to dig up with a spade, to hoe.
jaecero, ra, *n.* harness maker.
jaén, *m.* a kind of large white grape.
jaenés, sa, *a.* of or belonging to Jaen.
jaez, *m.* harness; trappings; (fig.) manner, kind, quality.—*pl.* trappings.
jafético, ca, *a.* Japhetic, Indo-Germanic.
jagua, *f.* (bot.) jagua or inaja palm and its fruit.
jaguar, jaguarete, *m.* (zool.) jaguar.
jaguarzo, *m.* (bot.) helianthemum.
jagüey, *m.* (S. A.) large pool or basin; (Cuba) (bot.) liana.
jaharrar, *va.* to plaster.
jaharro, *m.* (mason.) plaster; plastering.
jaiba, *f.* (Cuba) (ichth.) crab.
jaique, *m.* cape with a hood.
jaira, *f.* bezel of a plane bit.
jairar, *va.* (shoemaking) to bevel (leather).
jaire, *m.* (shoemaking) bevel cut.
¡ja, ja, ja! *interj.* ha, ha!
jalapa, *f.* (bot.) jalapa; jalap.
jalapina, *f.* (chem.) jalapin.
jalar, *va.* (coll.) = HALAR, to pull.
jalbegar, *va.* to whiten, whitewash.
jalbegue, *m.* whitewash; whitewashing.
jaldado, da; jalde; jaldo, da, *a.* bright yellow crocus-colored.
jaldre, *m.* yellow peculiar to birds.
jalea, *f.* jelly.—**j. de guayaba,** guava jelly.—**j. del agro,** conserve of citron.—**hacerse una j.,** to love with excessive fondness.
jaleador, ra, *n.* one who encourages hounds or dancers.
jalear, *va.* to encourage (hounds) to follow the chase; to animate dancers, by clapping hands; to quaver (the voice)
jaleco, *m.* Turkish jacket.
jaleo, *m.* clapping of hands to encourage dancers; Andalusian dance; (coll.) jest; (coll.) carousal.
jaletina, *f.* calf's foot jelly; gelatine.
jalma, *f.* kind of packsaddle.
jalmería, *f.* packsaddler's trade.
jalmero, *m.* packsaddle maker.
jalón, *m.* (surv.) pole, rod, flag pole.
jalonero, *m.* (surv.) rodman.
jaloque, *m.* = SIROCO, southeast wind.
jallullo, *m.* bread toasted in ashes.
Jamaica, *f.* Jamaica; (**j.**) (Mex.) charity fair.
jamaiquino, na, *a.* & *n.* Jamaican.
jamar, *va.* (prov.) to eat.
jamás, *adv.* never.—**nunca j.,** or **por j.,** never, nevermore.—**por siempre j.,** forever and ever.
jamba, *f.* (arch.) door jamb, window post.
jambaje, *m.* door or window case.
jámbico, ca, *a.* iambic.
jamelgo, *m.* (coll.) jade, sorry nag.
jamerdana, *f.* sewer of a slaughterhouse.
jamerdar, *va.* to clean the guts of; to wash hastily.
jamete, *m.* rich silk stuff.
jametería, *f.* = ZALAMERÍA, flattery.
jámila, *f.* = ALPECHÍN, oozing olive juice.
jamón, *m.* ham, salted haunch of a hog.
jamona, *n.* (coll.) big middle-aged woman.
jámparo, *m.* (Colomb.) small boat or canoe.
jamuga, jamugas, *f.* mule chair.
jándalo, la, *n.* & *a.* a term app. to Andalusians and those who give *h* a strong guttural sound.
jangada, *f.* (coll.) silly sally; (naut.) raft, float.
jangar, *m.* hangar.
jangua, *f.* small armed vessel.
jansenismo, *m.* Jansenism.
jansenista, *n.* & *a.* Jansenist(-ic).
jantato, *m.* (chem.) xanthate.
jántico, ca, *a.* (chem.) xanthic.
jantina, *f.* (chem.) xanthine.
jantofila, *f.* (biochem.) xanthophyll.
jantoxilo, *m.* (bot.) zanthoxylum, xanthoxylum.
japón, pona. I. *a.* & *n.* Japanese. **II.** *m.* (**J.**) Japan.
japonés, nesa. I. *a.* Japanese. **II.** *n.* Japanese; *m.* Japanese (language).
[1]**jaque,** *m.* (chess) check; braggart, boaster.—**j. mate,** (chess) checkmate.
[2]**jaque,** *m.* saddlebag; smooth hairdo.
jaquear, *va.* to check (at chess).
jaqueca, *f.* megrim; headache.
jaquecoso, sa, *a.* tiresome, annoying, bothersome.

jaquel, *m.* (her.) square.
jaquelado, da, *a.* checkered.
jaquero, *m.* fine-toothed comb.
jaqueta, *f.* jacket, short loose coat.
jaquetilla, *f. dim.* small JAQUETA.
[1]**jaquetón,** *m. aug.* large, wide coat.
[2]**jaquetón,** *m. aug.* great boaster, bully.
jáquima, *f.* headstall of a halter.
jaquimazo, *m.* blow with the headstall of a halter; (coll.) displeasure; disappointment.
jara, *f.* (bot.) cistus or rockrose; a kind of dart or arrow.
[1]**jarabe,** *m.* sirup; any sweet mixed drink.—**j. de pico,** empty talk; lip service.
[2]**jarabe,** *m.* (Am.) a popular dance in Lat. Am.
jarabear. I. *va.* to prescribe sirups very often. **II.** *vr.* to take sirups frequently.
jaraíz, *m.* pit for pressing grapes.
jaral, *m.* bramble, brake; intricate or puzzling point.
jaramago, *m.* (bot.) hedge mustard.
jarameño, ña, *a.* (cattle) from the Jarama.
jaramugo, *m.* small or young fish.
jarana, *f.* (coll.) carousal, revelry, romping; (coll.) scuffle, quarrel.
jaranear, *vn.* (coll.) to jest; to carouse.
jaranero, ra; jaranista, *a.* fond of jests or sprees; jolly.
jarano, *m.* Mexican sombrero.
jarapote, *m.* (prov.) = JAROPEO.
jarapotear, *va.* to stuff with drugs.
jarazo, *m.* blow or wound with a dart.
jarcia, *f.* accoutrements; heap of things; (naut.) tackle, rigging, and cordage; shrouds; fishing tackle.
jardín, *m.* garden; (baseball) field, outfield; flaw that disfigures an emerald; (naut.) privy.—**j. botánico,** botanical garden.—**j. zoológico,** zoölogical garden, zoo.
jardincito, *m. dim.* small garden.
jardinería, *f.* gardening.
jardinero, ra. I. *n.* gardener. **II.** *f.* flowerstand, jardinière; basket carriage.
jareta, *f.* (sewing) fold or tuck for gathering; (naut.) netting, harpings.
jaretera, *f.* garter. Also JARRETERA.
jarife, *m.* = JERIFE, sherif, shereef.
jarifo, fa, *a.* showy, spruce, nobby, natty.
jaripeo, *m.* (Mex.) bronco-busting; rodeo.
jaro, ra, *a.* resembling a wild boar.
jarocho, *m.* (Mex., coll.) rough countryman.
jaropar, *va.* to stuff with sirups or medicines.
jarope, *m.* sirup; nasty potion.
jaropear, *va.* = JAROPAR.—**jaropeo,** *m.* medicine habit.
jaroso, sa, *a.* full of brambles.
jarra, *f.* jar; pitcher; ancient order of chivalry.—**en j.** or **de jarras,** akimbo.
jarrear, *vn.* to take out water or wine with a jar or dipper.
jarrero, ra, *n.* jar maker or seller.
jarreta, *f. dim.* small jar.
jarrete, *m.* hock; gambrel.
jarretera, *f.* garter; Order of the Garter.
jarrito, *m. dim.* small jug or pitcher.
jarro, *m.* pitcher, jug, pot, ewer; chatterer.
jarrón, *m. aug.* large jar, urn, flower vase.
jaspe, *m.* (min.) jasper.
jaspeado, da, *a.* spotted, mottled, variegated.
jaspeadura, *f.* marbling.
jaspear, *va.* to marble, vein, speckle.
jastial, *m.* (arch.) façade of an edifice.
jateo, tea, *n.* (of dogs) fox hunter.
jato, ta, *n.* calf.
¡jau! *interj.* to incite animals, esp. bulls.
jaula, *f.* bird cage; cell for insane persons; (min.) miner's cage.
jaulón, *m. aug.* large bird cage; aviary.
jauría, *f.* pack of hounds.
jauto, ta, *a.* insipid, flat, tasteless.
javanés, nesa, *a.* & *n.* Javanese, Javan.
javo, va, *a.* & *n.* Javan, Javanese.
jayán, na, *n.* robust, burly person.
jayanazo, za, *n. aug.* huge, big person.
jazmín, *m.* (bot.) jessamine or jasmine.—**j. de la India,** (bot.) gardenia.
jazmíneo, a, *a.* (bot.) jasminaceous.
jea, *f.* ancient duty on Moorish goods.
jebe, *m.* rock alum; (S. A.) India-rubber.
jebuseo, a, *n.* & *a.* Jebusite(-ic).
jedive, *m.* khedive, Viceroy of Egypt.
jefatura, *f.* position or headquarters of a chief.
jefe, fa, *n.* chief, head, leader; "boss"; (mil.) commanding officer.—**j. de día,** (mil.) officer of the day.—**j. de despacho,** executive secretary.—**j. de escuadra,** (naut.) rear admiral.—**j. de estación,** stationmaster, station agent.—**j. de manzana,** air-raid warden.—**j. de policía,** police commissioner or chief.—**j. político,** political boss.—**j. de redacción,** editor in chief.—**en j.,** in chief.
Jehová, *m.* Jehovah.
jeja, *f.* white wheat.
jején, *m.* (Cuba) gnat, gall midge.
jema, *f.* badly squared part of a beam.
jemal, *a.* having the length of a JEME.
jeme, *m.* distance from the end of the thumb to the end of the forefinger (both extended); (coll.) woman's face.
jemoso, sa, *a.* badly squared beam.
jenabe, jenable, *m.* mustard.
jengibre, *m.* ginger.
jeniquén, *m.* (Cuba) henequen; sisal.
jenízaro. I. *a.* cross-bred; (Mex.) born of Chinese and Indian parents. **II.** *m.* Janizary.
jeque, *m.* Moorish chief.
[1]**jera,** *f.* ground that can be plowed in a day with a pair of oxen.
[2]**jera,** *f.* present, gift.
jerapellina, *f.* old ragged garment.
jerarca, *m.* hierarch.
jerarquía, *f.* hierarchy.
jerárquico, ca, *a.* hierarchical.
jerbo, *m.* (zool.) jerboa (mouse).
jeremiada, *f.* jeremiad, lamentation, whining.
Jerez, *m.* sherry wine.
jerezano, na, *a.* & *n.* (one) from, or of Jerez.
[1]**jerga,** *f.* coarse frieze; straw bed.
[2]**jerga,** *f.* jargon; gibberish.
[1]**jergón,** *m. aug.* straw bed; ill-fitting clothes; ill-shaped person.
[2]**jergón,** *m.* (jewelry) zircon.
jerguilla, *f.* silk or worsted serge.
jerife, *m.* shereef, sherif.
jerifiano, na, *a.* pertaining to the sherif.
jerigonza, *f.* (coll.) jargon, gibberish, slang; strange and ridiculous action.—**andar en jerigonzas,** to quibble.
jeringa, *f.* syringe, clyster; sausage stuffer.
jeringación, *f.* (coll.) syringing, injection; annoyance, botheration.
jeringador, ra, *a.* (coll.) bothersome, persevering, persistent.
jeringar, *va.* (*pret.* JERINGUÉ; *subj.* JERINGUE) to inject with a syringe; to vex, annoy, tease.
jeringazo, *m.* clyster, injection.
jeringué, jeringue, *v. V.* JERINGAR.
jeringuilla, *f.* (bot.) syringa, mock orange.
jeroglífico, ca. I. *a.* hieroglyphical. **II.** *m.* hieroglyph.
jerónimo, ma, *a.* & *m.* (eccl.) Hieronymite.
jerosolimitano, na, *a.* of or pert. to Jerusalem.
jerpa, *f.* sterile shoot of a vine.
jerricote, *m.* pottage of almonds, sugar, sage, and ginger.
jersey, *m.* (Angl.) sweater, jersey.
jervilla, *f.* a kind of short boot.
jesuato, ta, *a.* child dedicated to Jesus when born.
jesuíta, *m.* Jesuit; (coll.) hypocrite.
jesuíticamente, *adv.* Jesuitically; hypocritically.
jesuítico, ca, *a.* Jesuitical; hypocritical.
jesuitismo, *m.* Jesuitism.
Jesús, *m.* Jesus; often used by itself, or followed by other sacred names (José, María), and with no implication of profanity, as an exclamation

in the sense of "gracious!" "goodness!" "my!" etc.—¡ay J! alas! good gracious!—**en un decir J.**, in the twinkling of an eye.—**no saber ni el J.**, not to know even one's A B C.—**sin decir J.**, suddenly.
jesusear, *vn.* to repeat often the name of Jesus.
jeta, *f.* thick, heavy lips; hog's snout; (coll.) person's face.
jetar, *va.* to dilute, dissolve.
jeto, *m.* empty beehive rubbed with honey to attract bees.
jetón, na; jetudo, da, *a.* thick-lipped.
ji, *f.* chi (Greek letter).
jíbaro, ra. I. *a.* (Am.) rustic, rude, wild. **II.** *n.* countryman(-woman).
jibia, *f.* (zool.) cuttlefish.
jibión, *m.* cuttlefish bone.
jibraltareño, ña, *a.* of or from Gibraltar.
jícara, *f.* chocolate cup.
jicarazo, *m. aug.* blow with a chocolate cup.—**dar un j.**, (coll.) to give poison.
jicarón, *m. aug.* large chocolate cup.
jicotea, *f.* (Am.) tortoise.
jifa, *f.* refuse from slaughtered animals.
jifería, *f.* slaughtering.
jifero, ra. I. *a.* pertaining to the slaughterhouse. **II.** *m.* butcher's knife; butcher.
jifia, *f.* (ichth.) xiphias, swordfish.
jiga, *f.* jig (dance and tune).
jigote, *m.* (cooking) hash; minced meat.
jiguilete, *m.* indigo plant.
jijallar, *m.* bramble.
jijallo, *m.* (bot.) prickly broom.
jijene, *m.* (S. A.) sand fly.
¡ji, ji, ji! *interj.* ha, ha, ha!
jijona, *f.* variety of flinty wheat.—**turrón de J.**, sweet-almond paste.
jilguero, *m.* (ornith.) linnet; (ornith.) goldfinch.
jilote, *m.* (Mex.) ear of green corn.
jimagua, (Cuba) twin.
jimelga, *f.* (naut.) fish of a mast.
jimenzar, *va.* to ripple (flax or hemp).
jinestada, *f.* sauce made with milk, dates, etc.
jineta, *f.* art of horsemanship; an ancient short lance; sergeant's shoulder knot; ancient tribute upon cattle.—**a la j.**, (riding) with high stirrups and bent knees.—**tener los cascos a la j.**, to be harebrained, wild, giddy.
jinete, *m.* trooper; cavalryman; horseman, rider, equestrian; fine, pure-breed horse.
jinetear. I. *va.* (Am.) to break in (a horse); to ride (a horse). **II.** *vn.* to ride around on horseback, mainly for show.
jinglar, *vn.* to swing, vibrate, oscillate.
jingoísmo, *m.* jingoism.
jingoísta, *n.* & *a.* jingoist(-ic).
jínjol, *m.* jujube. Also AZUFAIFA.
jip, *m.* jeep.
jipie, *m.* (coll.) hippie.
jipijapa, *f.* very fine woven straw; Panama-hat straw.
[1]**jira**, *f.* strip, piece of cloth.
[2]**jira**, *f.* picnic, outing; tour.
jirafa, *f.* (zool.) giraffe.
jirapliega, *f.* purgative confection.
jirasal, *f.* (bot.) fruit of the lac tree.
jirel, *m.* rich caparison for a horse.
jíride, *f.* (bot.) = LIRIO HEDIONDO, gladwin.
jirofina, *f.* a kind of sauce.
jiroflé, *m.* clove tree.
jirón, *m.* (sew.) facing of a skirt; shred, piece torn from clothing; pointed banner, pennant; small part (of anything); (Peru) avenue, long street.
jironado, da, *a.* torn into or garnished with strips or tatters.
jirpear, *va.* to dig about vines.
jiste, *m.* froth of beer.
jitar, *va.* (prov.) to emit, vomit; to throw out.
jitomate, *m.* (Mex.) tomato.
jiu-jitsu, *m.* jujitsu.
¡jo! *interj.* whoa!
jobo, *m.* (bot.) tree of the terebinth family.
jockey, *m.* jockey.
jocó, *m.* jocko, an ape.
jocosamente, *adv.* jocosely, humorously.
jocoserio, ria, *a.* tragic-comic.
jocosidad, *f.* jocularity, jocosity, waggery.
jocoso, sa, *a.* jocose, waggish, humorous.
jocoyote, *m.* (Am.) youngest child, pet.
jocundidad, *f.* joviality.
jocundo, da, *a.* jovial, jolly.
jofaina, *f.* washbasin, washbowl.
jojoto, *m.* (Venez.) maize in the milk.
jolgorio, *m.* = HOLGORIO, boisterous frolic.
jolito, *m.* rest, leisure; (naut.) calm.
joloano, na, *n.* & *a.* Joloano (from Sulu, P. I.).
jólote, *m.* (C. A.) turkey.
jónico, ca; jonio, nia, *n.* & *a.* Ionian.
¡jopo! *interj.* (coll.) out of here! be off!
jorcar, *va.* = AECHAR, to sift (grain).
jorco, *m.* licentious feast and dance.
jordán, *m.* anything that purifies, revives, or gives a fresh bloom.
Jordania, *f.* Jordan.
jordanio, nia, *a.* & *n.* Jordanian.
jorfe, *m.* dry stone wall; steep rock, cliff.
jorguín, *m.* wizard, or sorcerer.—**jorguina**, *f.* witch, or sorceress.—**jorguinería**, *f.* witchcraft, spell.
jornada, *f.* one-day march; working day; stage, journey, travel, trip; (mil.) expedition; king's stay in a royal country residence; opportunity, occasion, circumstance; span of life; transit from life to eternity; act of a play; (print.) number of sheets printed off in a day.—**j. de ocho horas**, 8-hour (working) day.—**a grandes**, or **a largas, jornadas**, by forced marches.—**al fin de la j.**, at the end.
jornal, *m.* daywork, journeywork; day wages.—**a j.**, by the day.—**jornalero**, *m.* day laborer.
joroba, *f.* hump; (coll.) importunity, annoyance, nuisance.
jorobado, da. I. *pp.* of JOROBAR. **II.** *a.* crooked, gibbous, humpbacked. **II.** *n.* hunchback.
jorobar, *va.* (coll.) to importune, bother, annoy.
jorrar, *va.* to haul.
jorro, *m.* (Cuba) bad tobacco.
josa, *f.* orchard of vines and fruit trees.
jostrado, da, *a.* round-headed (shaft or dart).
[1]**jota**, *f.* name of the letter *j*; iota, jot, tittle.—**no saber**, or **no entender, j.**, or **ni j.**, or **una j.**, not to know "beans", to be absolutely ignorant.—**sin faltar una j.**, not a dot missing, with not a whit left out.
[2]**jota**, *f.* an Aragonese dance and tune.
[3]**jota**, *f.* pottage of greens and spices.
jote, *m.* a Chilean vulture of the turkey-buzzard family.
joule, *m.* (elec.) joule. Also JULIO.
jovada, *f.* ground tilled by a pair of mules in one day.
joven. I. *a.* young. **II.** *n.* youth; young man; young woman; young person.
jovenado, *m.* (eccl.) juniorate.
jovencillo, illa, *n.* youngster, lad, lass.
jovenzuelo, la. I. *a.* youngish. **II.** *n.* youth.
jovial, *a.* Jovian; jovial, gay, merry, cheerful.
jovialidad, *f.* joviality, jollity, gaiety.
joya, *f.* jewel, gem; piece of jewellery; present, gift; (arch. and artil.) astragal.—*pl.* jewels, trinkets; wedding outfit.
joyante, *a.* extremely glossy (silk).
joyel, *m.* small jewel, valuable trinket.
joyelero, *m.* jewel case, jewel box.
joyera, *f.* woman jeweller.
joyería, *f.* jeweller's shop.
joyero, *m.* jeweller; jewel-casket.
joyita, *f. dim.* = JOYUELA.
joyo, *m.* (bot.) bearded darnel, darnel grass.
joyón, *m. aug.* large jewel.
joyuela, *f. dim.* jewel of small value.
juaguarzo, *m.* (bot.) Montpellier rockrose.
Juan, *m.* John.—**J. Lanas**, simpleton, poor devil, (a) nobody.—**buen J.**, poor, silly fellow.

juanas, *f. pl.* glove stretcher.
juanete, *m.* bunion; prominent cheek bone; (naut.) gallant sail.—**j. de sobremesana,** mizzen-topgallant sail.—**j. mayor,** main-topgallant sail.
juanetudo, da, *a.* having bunions.
juarda, *f.* stain in cloth.
juardoso, sa, *a.* stained, spotted (cloth).
jubete, *m.* doublet covered with mail.
jubilación, *f.* retirement; retirement pension.
jubilar. I. *va.* to pension off; to superannuate; to retire; (coll.) to lay aside as useless. **II.** *vr.* to become a pensioner; to be retired. **III.** *vn.* to jubilate, rejoice.
jubileo, *m.* jubilee, public festivity; (eccl.) concession of plenary indulgence.—**por j.,** rarely, once in a long while.
júbilo, *m.* glee, joy, merriment, rejoicing.
jubiloso, sa, *a.* joyful, merry, gay.
jubón, *m.* doublet, jacket; blouse, upper part (of dress).—**j. de azotes,** (coll.) public whipping.
juboncito, *m. dim.* small doublet or waist.
jubonero, *m.* maker of doublets or waists.
júcaro, *m.* a West-Indian hardwood tree.
judaico, ca, *a.* Judaical, Jewish.
judaísmo, *m.* Judaism.
judaizante, *n.* & *a.* Judaizer(-ing).
judaizar, *va.* & *vn.* to judaize.
Judas, *m.* Judas; traitor; silkworm that does not spin; effigy of Judas burnt in the streets during Lent.
Judea, *f.* Judea.
judería, *f.* Jewry; ghetto; tax on Jews.
[1]**judía,** *f.* (bot.) bean, string bean.—**j. de careta,** small spotted French bean.
[2]**judía,** *f.* Jewess.
judiada, *f.* inhuman action; usurious profit.
judiar, *m.* bean field or patch.
judicante, *m.* judge appointed to try impeachment cases.
judicativo, va, *a.* judicative.
judicatura, *f.* judicature; judgeship.
judicial, *a.* judicial, juridical.
judicialmente, *adv.* judicially.
judiciario, ria. I. *a.* astrological. **II.** *m.* astrologer. **III.** *f.* judicial astrology.
judiego, *f.* inferior kind of olives.
[1]**judihuela,** *f.* a small French bean.
[2]**judihuela, lo,** *n.* young Jewess or Jew.
judío, día. I. *a.* Jewish; usurious. **II.** *m.* Jew.—**j. de señal,** converted Jew, wearing a distinguishing badge.
judión, *m.* a large variety of French bean.
[1]**juego,** *m.* play, sport, game; gaming, gambling; set of good cards; movement, work, working (of a mechanism); set; suit, suite; ability, artfulness, cunning; running gear of a vehicle; (mech.) play, free space, clearance.—*pl.* public feasts, games.—**j. de azar,** game of chance.—**j. de bochas,** bowling alley.—**j. de boliche,** pigeonholes (an old game); trollmadam.—**j. de bolos,** ninepins.—**j. de café,** coffee set.—**j. de cajones,** nest of boxes or drawers.—**j. de cartas,** card game.—**j. de compadres,** collusion or conspiracy under pretense of rivalry or opposition among those concerned.—**j. de habitaciones,** suite of rooms.—**j. de manos,** juggling feat, legerdemain.—**j. de naipes** = J. DE CARTAS.—**j. de niños,** child's play.—**j. de palabras,** pun, quibble, play upon words.—**j. de pelota,** ball game (app. to several games in which a ball is thrown).—**j. de prendas,** forfeits.—**j. de suerte** = J. DE AZAR.—**j. de te,** tea set.—**j. de velas,** (naut.) set of sails. **j. de vocablos,** or **de voces** = J. DE PALABRAS. **j. limpio,** fair play.—**j. parásito,** (meteorol.) backlash.—**j. público,** public gambling house. —**juegos florales,** floral games.—**juegos malabares,** jugglery, juggling.—**juegos olímpicos,** Olympic games.—**j. sucio,** foul play.—**conocerle a uno el j.,** to know one's intentions.—**entrar en j.,** to come into action.—**hacer j.,** to match, to fit.—**mostrar el j.,** to show one's hand (fig.).—**poner en j.,** to bring into play, make use of.—**por j.,** or **por modo de j.,** in jest, for fun.—**tener j.,** (naut.) to have fetched way; not to be firm or steady.—**verle a uno el j.,** to see through (a person), read (his) thoughts.
[2]**juego, juegue,** *v. V.* JUGAR.
jueguecico, illo, ito, *m.* little game, bit of play.
juera, *f.* sieve made of esparto.
juerga, *f.* (coll.) spree, carousal.
juerguista, *n.* (coll.) reveler, carouser.
jueves, *m.* Thursday.—**j. santo,** holy Thursday.
juez, *m.* judge; justice; juror, juryman; *m.* & *f.* umpire; arbitrator.—**j. árbitro,** arbitrator, umpire.—**j. conservador,** person appointed to defend the rights of a community.—**j. de alzadas,** judge in appeal cases.—**j. de hecho,** lay judge.—**j. de paz,** justice of the peace.—**j. de primera instancia,** judge of the primary court of claims.
jugada, *f.* play, act of playing; a throw, move, stroke; ill turn, mean trick.
jugadera, *f.* shuttle for network.
jugador, ra, *n.* player; gamester, gambler.—**j. de manos,** juggler, prestidigitator.
jugar, *va.* & *vn.* (*ind. pres.* JUEGO, *pret.* JUGUÉ; *subj.* JUEGUE) to play; to sport, frolic; to game, gamble; to stake; to move in a game; to move (a part of the body); to wield, handle (a weapon); to move on joints or hinges; to intervene; to take an active part in an affair; to exercise; to mock, to make game of.—**j. a cara o cruz,** to bet on the toss of a coin.—**j. a la baja,** (com.) to bear the market.—**j. a la bolsa,** to dabble in stocks.—**j. al alza,** (com.) to bull the market.—**j. a los naipes,** to play cards.—**jugarle a uno una mala volada,** or **mala partida,** to play a mean trick on one.—**jugársela a uno de codillo,** (coll.) to trick or outwit one.
jugarreta, *f.* (coll.) bad play; bad turn, nasty trick.
juglándeo, dea. I. *a.* (bot.) juglandaceous. **II.** *f. pl.* Juglandaceæ, the walnut family of trees.
juglar, *m.* juggler, mountebank, buffoon.
juglara, juglaresa, *f.* woman buffoon.
juglaresco, ca, *a.* pertaining to jugglers.
juglaría, juglería, *f.* jugglery, buffoonery mimicry.
jugo, *m.* juice; fluid, liquid; sap; (fig.) substance. —**j. gástrico,** (physiol.) gastric juice.—**j. pancreático,** (physiol.) pancreatic juice.
jugosidad, *f.* succulence, juiciness.
jugoso, sa, *a.* juicy, succulent, full of sap.
jugué, *pret.* of JUGAR.
juguete, *m.* toy, plaything; jest, joke; carol; (theat.) comedietta.—**j. de movimiento,** mechanical toy.—**por j.,** jestingly.
juguetear, *vn.* to frolic, sport, gambol.
juguetería, *f.* toyshop, toy trade.
juguetero, *m.* toy dealer; etagère, whatnot.
juguetón, na, *a.* playful, frolicsome.
juicio, *m.* judgment; decision; prudence, wisdom; forecast of yearly events by astrologers; good behavior; (law) trial.—**j. de Dios,** ordeal (to determine guilt or innocence).—**j. ejecutivo,** levy, attachment.—**j. final,** final judgment.—**estar fuera de su j.,** to be crazy.—**formar j. de,** to judge, form an opinion about.—**no estar en su j.,** to be out of one's senses.—**no tener j.,** to be wild, to be a harum-scarum fellow.—**pedir en j.,** to sue at law.—**perder el j.,** to become insane; to go mad.—**tener j.,** to be wise; to be cautious; to be well-behaved.
juiciosamente, *adv.* judiciously, wisely.
juicioso, sa, *a.* judicious, wise; well-behaved.
julepe, *m.* (pharm.) julep; a card game; (coll.) reprimand, punishment; (Peru, Chile, Arg.) fear.
juliano, na, *a.* Julian.
[1]**julio,** *m.* July.

[2]**julio**, *m.* (elec.) joule.
julo, *m.* bell-mule, bell-cow.
juma, *f.* (Am.) drinking spree.
jumenta, *f.* female donkey, jenny.
jumental, jumentil, *a.* pert. to donkeys.
jumentillo, illa, ito, ita, *n. dim.* small donkey or beast of burden.
jumento, *m.* donkey, ass; stupid person.
juncada, *f.* (cook.) a kind of fritter; (vet.) medicine for the glanders.
juncago, *m.* (bot.) bastard rush.
juncal, juncar, *m.* ground full of rushes.
júnceo, a. I. *a.* rushlike; (bot.) juncaceous. **II.** *f. pl.* Juncaceæ.
juncia, *f.* (bot.) sedge.—**j. olorosa**, galangal.
junciana, *f.* (coll.) brag, boast.
junciera, *f.* earth vessel with perforated lid, for aromatic roots.
juncino, na, *a.* pert. to or made of rushes.
[1]**junco**, *m.* (bot.) rush.—**j. de Indias**, (bot.) rattan.—**j. florido**, (bot.) flowering rush.—**j. oloroso**, (bot.) camel grass.
[2]**junco**, *m.* (naut.) Chinese junk.
juncoso, sa, *a.* rushlike; producing rushes.
jungla, *f.* jungle.
junio, *m.* June, the sixth month.
júnior, *m.* (eccl.) junior.
junípero, *m.* (bot.) = ENEBRO, juniper.
junquera, *f.* (bot.) rush.
junqueral, *m.* = JUNCAL.
junquillo, *m.* (bot.) jonquil; reed, rattan; (arch.) boltel molding.
junta, *f.* junta, board, council; meeting, conference; session, sitting; whole, entirety; union, junction; fraternity; seam; joint; coupling.—**j. a inglete**, (mech.) miter joint.—**j. a tope**, (mech.) butt joint.—**j. cardánica**, (mech.) Cardan joint.—**j. central de planificación**, Central Planning Board.—**j. de accionistas**, stockholders' meeting.—**j. de acreedores**, (com.) meeting of creditors.—**j. de comercio**, board of trade.—**j. de dilatación**, expansion joint.—**j. de educación**, school board, board of education.—**j. de enchufe** = J. ENCHUFADA.—**j. de expansión**, expansion joint.—**j. de médicos**, (med.) consultation.—**j. de recubrimiento**, lap joint.—**j. de sanidad**, board of health.—**j. de solapa**, lap joint.—**j. de yuxtaposición**, butt joint.—**j. directiva**, managing board, executive board.—**j. enchufada**, bell-and-spigot joint.—**j. remachada**, riveted joint.—**j. universal**, universal joint, Cardan joint.
juntamente, *adv.* jointly, together.
juntar. I. *va.* to join, connect, unite; to assemble, congregate; to amass, collect, gather, lay up; to pool (resources). **II.** *vr.* to join, meet, assemble, gather; to be closely united; to copulate; **(con)** to associate (with).
juntera, *f.* (carp.) jointing plane.
junterilla, *f. dim.* (carp.) small joiner's plane.
[1]**junto**, *adv.* near, close at hand, near at hand; at the same time.—**j. a.**, next to, by, beside.—**j. con**, together with.—**de por j.**, wholesale.—**en j.**, together, in all.—**por j.** = DE POR J.
[2]**junto, ta**, *a.* united, joined; together.
juntorio, *m.* an ancient tax.
juntura, *f.* juncture, joining; (anat.) joint, articulation; seam; (naut.) scarf; (bot.) knuckle.
Júpiter, *m.* (astr.) Jupiter; (chem.) tin.
jura, *f.* oath; swearing.
jurado, *m.* jury; juror, juryman.
jurador, ra, *n.* swearer, profane swearer.
juraduría, *f.* office of a juror.
juramentado, da, *a.* jurant, swearing, taking an oath.
juramentar. I. *va.* to swear in. **II.** *vr.* to be sworn in, take the oath.
juramento, *m.* oath; act of swearing; curse, imprecation.—**j. asertorio**, declaratory oath.—**j. falso**, perjury.
jurar, *va.* & *vn.* to swear, to take an oath.—**j. en falso**, to commit perjury.—**jurársela**, or **jurárselas, a uno**, to threaten one with revenge, have it in for one.
jurásico, ca, *a.* Jurassic.
juratoria, *f.* Gospel tablet for administering the oath.
juratorio, a. I. *a.* juratory. **II.** *m.* instrument setting forth the oaths taken by Aragonese magistrates.
jurel, *m.* (ichth.) jurel, a carangoid sea fish.
jurguina, *f.* witch, sorceress.
jurídicamente, *adv.* legally, juridically.
jurídico, ca, *a.* legal, juridical.
jurisconsulto, *m.* jurisconsult, jurist; lawyer.
jurisdicción, *f.* jurisdiction; boundary, territory.
jurisdiccional, *a.* jurisdictional.
jurispericia, *f.* = JURISPRUDENCIA.
jurisperito, ta, *n.* jurisconsult.
jurisprudencia, *f.* jurisprudence, law; laws, legislation.
jurista, *m.* jurist; lawyer; pensioner.
juro, *m.* right of perpetual property; annuity, pension.—**de j.**, certainly.
jusbarba, *f.* (bot.) field myrtle.
jusello, *m.* pottage of broth, cheese, and eggs.
jusi, *m.* (P. I.) striped thin gauze.
justa, *f.* joust, tilt, tournament; contest.
justador, *m.* tilter, jouster.
justamente, *adv.* justly; just, exactly.
justar, *vn.* to joust, tilt, tourney.
justicia, *f.* justice; judge; court of justice; punishment; (coll.) execution (of a criminal).—**de j.**, justly, deservedly.—**la j.**, the police, the authorities, the officers of the law.
justiciable, *a.* justiciable, actionable (in law).
justiciazgo, *m.* justiceship, judgeship.
justiciero, ra, *a.* just, fair.
justificable, *a.* justifiable.
justificación, *f.* justification, defense; production of evidence; equity; sanctification by grace; (print.) adjustment, justifying.
justificadamente, *adv.* justly, justifiably.
justificado, da, *pp.* & *a.* justified.
justificador, ra. I. *n.* & *a.* justifier(-ing). **II.** *m.* (print.) dressing stick, justifier.
justificante, *n.* & *a.* justifier(-ing).
justificar. I. *va.* (*pret.* JUSTIFIQUÉ; *subj.* JUSTIFIQUE) to justify; to free from sin; to absolve, exculpate; (law) to prove or establish before a court; to rectify, adjust; (print.) to justify, adjust. **II.** *vr.* to vindicate one's character, to clear oneself; to justify one's conduct.
justificativo, va, *a.* justifying, justificatory.
justifiqué, justifique, *v. V.* JUSTIFICAR.
justillo, *m.* waistcoat, jerkin; corset cover.
justinianeo, a, *a.* Justinian.
justipreciador, ra, *n.* appraiser.
justipreciar, *va.* to appraise.
justiprecio, *m.* appraisal.
justo, ta. I. *a.* just; pious; correct, exact, strict; fit, tight, close. **II.** *m.* just and pious man.—**al j.**, fitly, duly; completely, punctually. **III.** *adv.* tightly.
juta, *f.* (S. A.) (ornith.) a kind of goose.
jutía, *f.* (Cuba) = HUTÍA, a W. I. rodent.
juvenil, *a.* juvenile, youthful.
juventud, *f.* youthfulness, youth; young people.
juvia, *f.* (bot.) Brazil-nut tree.
juzgado, *m.* court of justice; judicature.
juzgamundos, *n.* (coll.) faultfinder.
juzgante. I. *a.* judging. **II.** *n.* judge.
juzgar, *va.* & *vn.* (*pret.* JUZGUÉ; *subj.* JUZGUE) to judge; to pass or render judgment (on).

K

NOTE.—Many words that by some are begun with *k* are properly spelled with *qu* if the following letter is *e* or *i*, and with *c* in other cases.
K, k, *f.* k, twelfth letter of the Spanish alphabet.
ka, *f.* name of the letter *k*.

káiser, *m.* kaiser.
kaiserismo, *m.* kaiserdom.
kaki, *a.* & *m.* khaki.
kalmia, *f.* (Am., bot.) kalmia.
kan, *m.* khan, a Tartar chief.
kanato, *m.* Khanate.
kantiano, na, *a.* & *n.* Kantian.
kantismo, *m.* Kantianism.
kantista, *a.* & *n.* Kantian.
kapoc, *m.* kapok.
kappa, *f.* kappa (Greek letter).
kayak, *m.* kayak.
Kenia, *f.* Kenya.
keniano, na, *a.* & *n.* Kenyan.
kepis, *m.* (mil.) small shako, kepi, a military cap.
kermes, *m.* = QUERMES, (entom.) kermes.
kerosén, *m.*; **keroseno**, *m.*; **kerosina**, *f.* kerosene.
kiliárea, *f.* kiloare, one thousand ares.
kilo. **I.** (*as a prefix*) kilo (a thousand). **II.** *m.* kilo, kilogram.
kiloamperio, *m.* (elec.) kiloampere.
kilocaloría, *f.* (phys.) kilocalorie.
kilociclo, *m.* (rad.) kilocycle.
kiloergio, *m.* (phys.) kilerg.
kilográmetro, *m.* kilogrammeter, metric unit of work (about 7.25 ft.-lb.)
kilogramo, *m.* kilogram (about 2.2 lb.)
kilojulio, *m.* (elec.) kilojoule.
kilolitro, *m.* kiloliter.
kilométrico, ca, *a.* kilometric; mileage (ticket); (coll.) very long, interminably long.
kilómetro, *m.* kilometer (about 0.62 mile).
kilovatio, *m.* (elec.) kilowatt.—**k.-hora**, kilowatt-hour.
kilovoltamperio, *m.* (elec.) kilovolt-ampere.
kilovoltio, *m.* (elec.) kilovolt.
kimógrafo, *m.* (med.) kymograph.
kimono, *m.* kimono.
kindergarten, *m.* kindergarten.
kinesiterapia, *f.* kinesitherapy.
kiosco, *m.* kiosk, small pavilion; newsstand.
kirie, *m.* (eccl.) kyrie (eleison).
kirieleisón, *m.* = KIRIE; (coll.) funeral chant.—**cantar el k.**, to beg for quarter, to cry for mercy.
kirsch, *m.* kirschwasser.
kiwi, *m.* (ornith.) kiwi.
klistrón, *m.* (electron.) Klystron (trademark).
kodak, *m.* kodak.
krausismo, *m.* Krausism.
krausista, *a.* & *n.* Krausist.
Kremlín, *m.* Kremlin.
kumis, *m.* kumiss, koomiss.
kumquat, *m.* (bot.) kumquat.
Kuwait, *m.* Kuwait.
kuwaiti, *a.* & *n.* Kuwaiti.

L

L, l, *f.* l, thirteenth letter of the Spanish alphabet.
[1]**la**. **I.** *def. art. fem. sing.* the. Often used before the surname (not the first name) of a woman, especially actresses and singers, and is not translated, or is translated by Miss, Madame, etc.: *la Patti, la Pavlowa*, Patti, Pavlowa; *la Guerrero, la Farrar*, Miss Guerrero, Miss Farrar; *la Schumann-Heink*, Madame Schumann-Heink. **II.** *pron. pers. acc. f. sing.* her, it. Formerly, and still occasionally, used as a dative (*yo la dije*, I told her).
[2]**la**, *m.* (mus.) la, A, sixth note of the scale.
labanco, *m.* (Am., ornith.) a South American duck.
lábaro, *m.* labarum, a kind of standard, banner.
labe, *f.* stain, spot.
labelo, *m.* (bot.) labellum.
laberíntico, ca, *a.* labyrinthine.
laberinto, *m.* labyrinth, maze; intricate matter; (anat.) labyrinth of the ear.
labia, *f.* (coll.) eloquence, persuasive speech.
labiado, da, *a.* & *f.* (bot.) labiate.
labial, *a.* labial.
labializar, *va.* (phon.) to labialize.
labiérnago, *m.* (bot.) laburnum.
labihendido, da, *a.* hare-lipped.
lábil, *a.* labile.
labio, *m.* lip; (by ext.) mouth; edge, brim.—**l. leporino**, harelip.
labiodental, *a.* (phon.) labiodental.
labionasal, *a.* (phon.) labionasal.
labor, *f.* labor, task, toil, work; design, scroll-work; (sew.) needlework, embroidery, fancy-work; trimming; a thousand tiles or bricks; cultivation; husbandry, tillage; egg of a silkworm; figures raised upon a ground; diaper; (min.) works, working.
laborable, *a.* tillable; workable; working, week (day).
laborador, ra, *n.* tiller, farmer: worker.
laboral, *a.* labor, working.
laborante. **I.** *a.* tilling, working. **II.** *m.* (Cuba) conspirator.
laborantismo, *m.* (Cuba) (pol.) movement for independence from Spain.
laborar, *va.* & *vn.* to till; to work.
laboratorio, *m.* laboratory.—**l. activo**, or **radiactivo**, hot laboratory.
laborcica, illa, ita, *f. dim.* pretty needlework.
laborear, *va.* to work; (naut.) to reeve, to run.
laboreo, *m.* (naut.) reeving, running; (min.) works; working, exploitation, development.
laborera, *f.* clever, skilful workwoman.
laboriosamente, *adv.* laboriously.
laboriosidad, *f.* laboriousness, assiduity.
laborioso, sa, *a.* assiduous, industrious; arduous, laborious.
laborismo, *m.* (Engl.) Labourism.
laborista, *n.* (Engl.) Labourite.
labra, *f.* stone cutting or carving; working, cutting (of metal, stone, etc.).—**de l. fácil**, free-cutting, free-turning (metal).
labrada, *f.* land plowed and fallowed.
labradero, ra; **labradío, día**, *a.* tillable, arable; workable.
labrado, da. **I.** *pp.* of LABRAR. **II.** *a.* wrought; figured, hewn. **III.** *m. pl.* cultivated lands.
labrador, ra. **I.** *n.* farmer, tiller, peasant. **II.** *a.* industrious.
labradoresco, ca, *a.* pertaining to farmers, rustic.
labradorita, *f.* (min.) labradorite.
labrandera, *f.* seamstress, embroiderer.
labrante, *m.* stonecutter; sculptor.
labrantín, *m.* petty farmer.
labrantío, tía, *a.* arable, tillable.
labranza, *f.* tillage, cultivation; farming; farm land.
labrar. **I.** *va.* to elaborate, work; to manufacture, make; to till, cultivate; to build, erect; to cut, dress, carve (stone); to embroider; to make designs in; to form; cause, bring about; to work out (a man's destiny, etc.). **II.** *vn.* to make a strong impression on the mind.
labrero, ra. **I.** *a.* (fishing nets) for sharks. **II.** *n.* (Chile) mine overseer or foreman.
lábrido, da, *a.* (ichth.) labroid.
labriego, ga, *n.* peasant, farmer.
labro, *m.* (entom., zool.) labrum.
labroideo, dea, *a.* (ichth.) labroid.
labrusca, *f.* wild grapevine.
laburno, *m.* (bot.) laburnum.
laca, *f.* lac, gum lac; red color; lake, a pigment; lacquer, a varnish.—**l. en grano**, seed-lac.—**l. en palillos**, stick lac.—**l. en tablillas**, shellac.
lacayesco, ca, *a.* = LACAYUNO.
lacayo, *m.* lackey, groom, footman; knot of ribbons worn by women.
lacayuelo, *m. dim.* foot-boy, groom.
lacayuno, na, *a.* pertaining to a lackey; lackey-like, servile.
lacear, *va.* to lace, trim, or tie with bows; to pin up (the game) or drive within shot.

lacedemón; lacedemonio, a, *n.* & *a.* Lacedemonian.
laceración, *f.* laceration, tearing.
lacerado, da. I. *pp.* of LACERAR. **II.** *a.* unfortunate, unhappy; leprous.
lacerar, *va.* to mangle, tear in pieces, lacerate; to hurt, damage.
laceria, *f.* misery, poverty wretchedness; drudgery, weariness.
lacería, *f.* set of bows.
lacerioso, sa, *a.* miserable, wretched.
lacero, *m.* lassoer, cowboy.
lacertoso, *a.* muscular, athletic.
lacinia, *f.* (bot.) lacinia, slender lobe.
laciniado, da, *a.* (bot.) laciniate, slashed.
lacio, cia, *a.* faded, withered; flaccid, lanquid; straight (as hair).
lacón, *m.* shoulder ham; (Spain) picnic ham.
lacónicamente, *adv.* laconically.
lacónico, ca, *a.* laconic.
laconio, nia, *n.* & *a.* Laconian.
laconismo, *m.* laconism.
lacra, *f.* mark or trace left by illness; fault, defect; viciousness.
[1]**lacrar,** *va.* to injure or impair (the health); to cause pecuniary damage or loss to.
[2]**lacrar,** *va.* to seal with sealing wax.
lacre, *m.* sealing wax.
lacrimal, *a.* lachrymal.
lacrimatorio, ria, *a.* & *m.* lachrymatory.
lacrimógeno, na, *a.* lachrymatory, tear-producing.—**bomba l.,** tear bomb.—**gas l.,** tear gas.
lacrimosamente, *adv.* tearfully.
lacrimoso, sa, *a.* tearful, lachrymose.
lactación, *f.* suckling.
lactancia, *f.* lactation, period of suckling.
lactante, *n.* & *a.* feeding on milk.
lactar. I. *va.* to nurse; to feed with milk. **II.** *vn.* to suckle; to feed on milk.
lactario, ria, *a.* lacteous.
lactasa, *f.* (chem.) lactase.
lactato, *m.* (chem.) lactate.
lácteo, tea, *a.* lacteous, milky, lacteal.
lactescencia, *f.* lactescence, milkiness.
lactescente, *a.* lactescent.
lacticíneo, a, *a.* = LÁCTEO.
lacticinio, *m.* any kind of milk food.
láctico, ca, *a.* (chem.) lactic.
lactífero, ra, *a.* lactiferous.
lactina, *f.* (chem.) lactose, lactin, milk sugar.
lactoflavina, *f.* (chem.) lactoflavin.
lactómetro, *m.* lactometer.
lactona, *f.* (chem.) lactona.
lactosa, *f.* = LACTINA.
lactoscopio, *m.* lactoscope.
lactucario, *m.* (pharm.) lactucarium.
lactumen, *m.* (med.) milk crust.
lacunario, *m.* (arch.) lacunar.
lacustre, *a.* lacustrine.
[1]**lacha,** *f.* (ichth.) anchovy.
[2]**lacha,** *f.* shame.
lada, *f.* (bot.) cystus.
ládano, *m.* labdanum, gum labdanum.
ladeado, da, *a.* & *pp.* tilted, inclined to one side.
ladear. I. *va.* & *vr.* to tilt, tip, incline to one side. **II.** *vn.* to skirt; to deviate; to be even. **III.** *vr.* to incline to an opinion or party; to lean; to tilt, incline to one side; (Chile) to fall in love.
ladeo, *m.* inclination or motion to one side.
ladera, *f.* declivity, slope, hillside.—*pl.* rails or staves of a truck; cheeks of a gun carriage.
ladería, *f.* small dale on a mountainside.
ladero, ra, *a.* lateral.
ladierno, *m.* (bot.) buckthorn.
ladilla, *f.* crab louse; (bot.) common barley.
ladillo, *m.* shifting panel placed in the sides of coaches.
ladinamente, *adv.* artfully, sagaciously, cunningly.
ladino, na. I. *a.* sagacious, cunning, crafty. **II.** *n.* Spanish Jew; *m.* Sephardic dialect.
lado, *m.* side; border, margin, edge; (mil.) flank; party, faction; mat for the side of carts, etc.; course, bend, manner; mode of proceeding.—*pl.* patrons, advisers.—**l. a l.** side by side.—**l. flaco,** weak side, spot.—**al l.,** just by, near at hand; to one side; next door.—**a un l.,** aside.—**dejar a un l.,** to set aside.—**de l.,** incidentally; sideways; from or on the side.—**hacerse a un l.,** to move aside, to get out of the way.—**mirar de l.,** to look askance; to look out of the corner of the eye; to look at contemptuously, look down upon.—**por el l.,** around, in the general direction of.—**por otro l.,** on the other hand.—**por todos lados,** on all sides.—**por un l. . . . por otro,** on the one hand, . . . on the other; in a way . . . in a way.
ladón, *m.* (bot.) = LADA, cystus.
ladra, *f.* barking.
ladrador, ra; ladrante, *n.* & *a.* barker(-ing).
ladrar, *vn.* to bark.
ladrido, *m.* barking; outcry; (coll.) calumny, slander.
ladrillado, *m.* brick floor.
ladrillador, *m.* = ENLADRILLADOR, brick layer.
ladrillal, *m.* brick yard.
[1]**ladrillar,** *m.* = LADRILLAL.
[2]**ladrillar,** *va.* to lay bricks on, pave with bricks.
ladrillazo, *m.* blow with a brickbat.
ladrillejo, *m. dim.* little brick; boys' amusement of knocking at doors with a brick.
ladrillera, *f.* (Am.) place for making bricks; (Ecua.) mold for making bricks.
ladrillero, *m.* brick maker.
ladrillo, *m.* brick, tile.—**l. de chocolate,** cake of chocolate.
ladrilloso, sa, *a.* bricky.
ladrón, na. I. *n.* thief; robber. **II.** *m.* lock, sluice gate; melted wax on sides of a candle.
ladronamente, *adv.* thievishly.
ladroncillo, *m. dim.* petty thief, filcher.
ladronear, *vn.* to go about robbing or stealing.
ladronera, *f.* nest of rogues, den of robbers; filching, extortion; sluice gate in a mill; money box.
ladronería, *f.* = LADRONICIO.
ladronesco, ca. I. *a.* (coll.) pert. to thieves, thievish. **II.** *f.* gang of thieves.
ladronicio, *m.* larceny, theft, robbery.
ladronzuelo, la, *n. dim.* petty thief.
lagaña, *f.* bleraredness.
lagañoso, sa, *a.* = LEGAÑOSO, blear-eyed.
lagar, *m.* wine press.
lagarejo, *m.* small wine press.
lagarero, *m.* wine presser; olive presser.
lagareta, *f.* small wine press; puddle, pool.
lagarta, *f.* female lizard; (coll.) sly, cunning woman.
lagartado, da, *a.* = ALAGARTADO, variegated.
lagartera, *f.* lizard hole.
lagartija, *f.,* **lagartijo,** *m.,* **lagartillo,** *m. dim.* small lizard.
lagarto, *m.* lizard; (Am.) alligator; (anat.) biceps; (coll.) sly, artful person.—**l. de Indias,** cayman, alligator.
lago, *m.* lake.—**l. de leones,** den of lions.
lagostín *m.* (ichth.) = LANGOSTÍN, crayfish.
lagotear, *vn.* (coll.) to flatter, wheedle, cajole.
lagotería, *f.* (coll.) flattery.
lagotero, ra, *a.* (coll.) flattering, honey-mouthed.
lágrima, *f.* tear; drop of any liquid; drop-like exudation from a tree; wine that drips from the grape without pressure.—**l. de David,** or **de Jacob,** (bot.) Job's tears.—**lágrimas de Batavia,** or **de Holanda,** Prince Rupert's drops, glass globules.—**lágrimas de cocodrilo,** crocodile tears.—**lágrimas de San Pedro,** pebbles, stones thrown at a person.—**derramar** or **verter una l.,** to shed a tear.
lagrimable, *a.* deserving tears.
lagrimal. I. *a.* lachrymal. **II.** *m.* lachrymal caruncle.
lagrimar, lagrimear, *vn.* to shed tears.
lagrimeo, *m.* shedding tears.
lagrimón, *m. aug.* large tear.

lagrimoso, sa, *a.* tearful, lachrymose; (of eyes) watery; (bot.) exuding.
laguna, *f.* lagoon; hiatus, gap.
lagunajo, *m.* puddle, pool.
lagunar, *m.* (arch.) lacunar.
lagunero, ra, *a.* pertaining to lagoons.
lagunoso, sa, *a.* marshy, fenny, swampy.
laical, *a.* = LAICO.
laicidad, *f.* laity; secularism.
laicismo, *m.* secularism.
laicista, *n.* & *a.* secularist(-ic).
laicización, *f.* laicization.
laicizar, *va.* to laicize, make laic.
laico, ca, *a.* lay, laic.
laja, *f.* flagstone; slab; (naut.) rock at the entrance of a harbor.
[1]**lama,** *f.* mud, slime, ooze; seaweed; fine sand used for mortar; dust of ores in mines.
[2]**lama,** *f.* lamé, gold or silver cloth.
[3]**lama,** *n.* lama, Tibetan monk or nun.
lamaísmo, *m.* Lamaism.
lamaísta, *n.* & *a.* Lamaist(-ic).
lamarquiano, na, *a.* & *n.* Lamarckian.
lamarquismo, *m.* (biol.) Lamarckism.
lamarquista, *a.* & *n.* Lamarckian.
lambda, *f.* lambda (Greek letter).
lambel, *m.* (her.) lambel, label.
lambrequines, *m. pl.* (her.) mantelets.
lambrija, *f.* worm bred in the human body; (coll.) skinny, thin person.
lamedal, *m.* musty, miry place.
lamedero, *m.* saltlick.
lamedor, ra, *n.* licker; wheedling; (pharm.) syrup.—**dar lamedor,** to feign losing at play in order to insure greater success.
lamedura, *f.* act of licking.
lamela, *f.* lamella.
lamelibranquio, quia, *a.* & *m.* (zool.) lamellibranch.
lamelicornio, nia, *a.* & *m.* (entom.) lamellicorn.
lameliforme, *a.* lamelliform.
lamelirostro, tra, *a.* (zool.) lamellirostral.
lamentable, *a.* lamentable, deplorable.
lamentablemente, *adv.* lamentably.
lamentación, *f.* lamentation, wail.—**muro de las lamentaciones,** Wailing Wall (in Jerusalem).
lamentador, ra, *n.* & *a.* lamenter(-ing), mourner(-ing), complainer(-ing).
lamentar. I. *va.* to lament, mourn; to regret, be sorry for. **II.** *vn.* & *vr.* to lament, grieve, wail; to complain; to moan.
lamento, *m.* lamentation, lament, moan, wail.
lamentoso, sa, *a.* lamentable, mournful.
lameplatos, *m.* (coll.) glutton, gorger; one who feeds on leavings.
lamer, *va.* to lick; to lap; to touch slightly.
lamerón, na, *a.* (coll.) fond of dainties.
lamia, *f.* lamia, a fabulous monster; shark.
lamido, da. I. *pp.* of LAMER. **II.** *a.* (of persons) worn out.
lamiente, *n.* & *a.* lick, licker(-ing).
lamín, *m.* dainty tidbit.
lámina, *f.* plate, sheet; lamina; engraving, print, picture, illustration; engraving plate.
laminado, da, *a.* laminated; (of metals) rolled.
laminador, *m.* rolling mill; rolling press; plate roller.
laminagrafía, *f.* (med.) laminagraphy.
[1]**laminar,** *va.* to roll or beat (metal) into sheets.
[2]**laminar,** *va.* to lick; to guzzle (dainties).
[3]**laminar,** *a.* laminar, lamellar; in sheets.
laminera, *f.* bee advanced before its companions.
[1]**laminero, ra,** *n.* manufacturer of metal plates; maker of shrines for relics.
[2]**laminero, ra,** *a.* fond of sweets.
laminoso, sa, *a.* laminose, laminate.
lamiscar, *va.* (coll.) to lick greedily.
lamoso, sa, *a.* slimy, muddy.
lampa, *f.* (Am.) (agr.) shovel for grain.
lampacear, *va.* (naut.) to swab.
lampadéforo, lampadóforo, *m.* lampadephoria.
lampante, *a.* refined (olive oil).
lampar, *vn.* & *vr.* = ALAMPAR, to crave, long for.
lámpara, *f.* lamp; light, luminous body; (radio) tube; grease stain; bough placed at the door on festivals or rejoicings.—**l. Argand,** Argand lamp, student lamp.—**l. colgante,** portable lamp.—**l. de arco,** arc lamp.—**l. de seguridad,** safety lamp.—**l. de soldar,** blowtorch.—**l. de techo,** ceiling or top lamp.—**l. eléctrica,** electric lamp or bulb.—**l. fluorescente,** fluorescent lamp.—**l. incandescente,** incandescent lamp.—**l. indicadora,** pilot light.—**l. instantánea de relámpago,** photoflash lamp.—**l. neón,** neon lamp.—**l. normal,** standard lamp.—**l. piloto,** pilot lamp.—**l. termiónica,** (radio) thermionic tube or valve.—**l. ultravioleta,** ultraviolet lamp.—**atizar la l.,** (coll.) to refill the glasses.
lamparería, *f.* lamp factory; lamp store.
lamparero, ra, *n.* lamp maker or seller; lamplighter.
lamparilla, *f. dim.* small lamp; night taper; a sort of camlet; aspen or trembling poplar.
lamparín, *m.* lamp holder.
lamparista, *n.* = LAMPARERO.
lamparita, *f.* (S. A.) electric light bulb.
lamparón, *m. aug.* large grease spot; (med.) scrofula; (vet.) a disease of horses.
lampatán, *m.* a Chinese plant.
lampazo, *m.* (bot.) burdock; (naut.) swab, mop.
lampiño, ña, *a.* beardless.
lampión, *m.* large lantern.
lampo, *m.* flash of light; (poet.) refulgence.
lampote, *m.* (P. I.) domestic cotton cloth.
lamprea, *f.* (ichth.) sea lamprey.
lamprear, *va.* to dress or season with wine and sour gravy.
lampreazo, *m.* (coll.) slashing, whipping.
lamprehuela, lampreílla, *f.* river lamprey.
lámpsana, *f.* (bot.) common nipple wort.
lampuga, *f.* (ichth.) yellow mackerel.
lana, *f.* wool, fleece; any woollen fabric.—**l. de roca,** rock wool.
lanada, *f.* (artil.) sponge.
lanado, da, *a.* (bot.) lanate.
lanar, *a.* wool (as *a.*).
lanaria, *f.* (bot.) cudweed.
lancán, *m.* (P. I.) barge.
lance, *m.* cast, throw; casting of a fish net; catch in a net; critical moment; incident, episode; event, occurrence; transaction; quarrel, dispute; move or turn in a game.—**l. de honor,** duel.—**de l.,** cheap, at a bargain; at second hand.—**tener pocos lances,** to be uninteresting.
lancé, lance, *v. V.* LANZAR.
lanceado, da, *a.* (bot.) lanceolate.
lancear, *va.* to wound with a lance.
lancéola, *f.* (bot.) rib-grass plantain.
lanceolado, da, *a.* (bot.) lanceolate.
lancera, *f.* lance rack in an armory.
lancería, *f.* aggregate of lances; body of lancers.
lancero, *m.* pikeman; lancer; maker of pikes.
lanceta, *f.* (surg.) lancet; (vet.) fleam.
lancetada, *f.*, **lancetazo,** *m.* opening or wounding with a lancet.
lancetero, *m.* case for carrying lancets.
lancinante, *a.* stabbing, piercing.
lancinar, *va.* to lancinate.
lancita, *f. dim.* small lance.
lancurdia, *f.* small trout.
lancha, *f.* flagstone, slab; (naut.) boat, gig; lighter, launch; snare for partridges.—**l. cañonera,** gunboat.—**l. de pescar,** fishing smack.—**l. de socorro,** life-saving boat.
lanchada, *f.* lighter load.
lanchaje, *m.* (com.) ferriage; lighterage.
lanchar, *m.* flagstone quarry.
lanchero, *m.* bargeman, boatman, oarsman.
lanchón, *m. aug.* (naut.) lighter, barge, scow.—**l. alijador,** lighter.
lanchonero, *m.* lighterman, bargeman.

landa, *f.* wasteland; pasture.
landgrave, *m.* landgrave.
landgraviato, *m.* landgraviate.
landó, *m.* landau, carriage with folding top.
landre, *f.* small tumor on the glands; concealed pocket in the clothes.
landrecilla, *f.* small round body in some glandular tissues.
landrero, ra, *a.* hoarder of money in a concealed pocket.
landrilla, *f.* (vet.) tongue worm.
lanería, *f.* shop where wool is sold.
lanero, ra. I. *a.* woollen. **II.** *n.* dealer in wool. **III.** *m.* warehouse for wool.
langa, *f.* small dry codfish.
langarucho, cha, *a.* (coll.) longish, tallish.
langaruto, ta, *a.* (coll.) tall and skinny; thin.
langosta, *f.* (entom.) locust; (ichth.) lobster.
langostero, a. I. *n.* lobster fisherman. **II.** *a.* lobster-fishing; lobster (as *a.*).
langostín, langostino, *m.* (ichth.) crawfish.
langostón, *m. aug.* (entom.) green grasshopper.
lánguidamente, *adv.* languidly.
languidecer, *vn.* (*ind.* LANGUIDEZCO; *subj.* LANGUIDEZCA) to languish.
languidez, languideza, *f.* languishment, languidness, languor.
lánguido, da, *a.* languid, faint, weak.
lanífero, ra, *a.* (poet.) laniferous, woolly.
lanificación, *f.*, **lanificio,** *m.* woollen manufacturing; woollen goods.
lanilla, *f.* nap of cloth, down; swanskin; fine flannel; (naut.) bunting.
lanío, a, *a.* woolly.
lanolina, *f.* (chem.) lanolin. lanoline.
lanosidad, *f.* (bot.) down of leaves.
lanoso, sa, *a.* woolly.
lansquenete, *m.* lansquenet.
lantaca, *f.* (P. I.) small culverin.
lantana, *f.* (bot.) lantana.
lantanido, *m.* (chem.) lanthanide.
lantano, *m.* (chem.) lanthanum.
lantia, *f.* (naut.) binnacle lamp; boom guy.
lanudo, da, *a.* woolly, fleecy.
lanuginoso, sa, *a.* (bot.) lanigerous, downy.
lanza, *f.* lance, spear; pole of a coach or wagon; nozzle; pikeman; free lance.—*pl.* duty formerly paid by the nobility in lieu of military services. —**l. en ristre,** with the lance on its rest; ready for action.—**ser una l.,** to be an expert; to be clever.
lanzabombas, *m.* bomb thrower.
lanzacabos, *a.* (naut.) life-saving.
lanzacohetes, *m.* rocket launcher.
lanzada, *f.* thrust or blow with a lance.
lanzadera, *f.* shuttle, a weaver's instrument.
lanzado, da. I. *pp.* of LANZAR. **II.** *a.* (naut.) raking, inclined.
lanzador, ra, *n.* thrower, ejecter; (baseball) pitcher.
lanzafuego, *m.* (artil.) linstock.
lanzamiento, *m.* launching, casting, or throwing; (law) dispossessing, eviction; (naut.) flaring of the bows and knuckle timbers; (naut.) rake of the stem and sternpost.—*pl.* length of a ship from stem to sternpost.—**l. de abastecimiento,** (mil.) airdrop.
lanzaminas, *m.* mine layer, mine-laying boat.
lanzar. I. *va.* (*pret.* LANCÉ; *subj.* LANCE) to throw, dart, hurl, fling; to launch; to throw up, vomit; (law) to evict, dispossess.—**l. abastecimientos,** (mil.) to airdrop. **II.** *vr.* to rush or dart; to launch forth; (com.) to engage or embark (in).
lanzatorpedos, *m.* torpedo boat; torpedo tube.
lanzazo, *m.* = LANZADA.
lanzón, *m. aug.* short and thick goad.
lanzuela, *f. dim.* small lance or spear.
[1]**laña,** *f.* green coconut.
[2]**laña,** *f.* clamp, cramp or cramp iron.
[1]**lañar,** *va.* to cramp; to clamp.
[2]**lañar,** *va.* to clean (fish).
laodicense, *a.* Laodicean.
Laos, *m.* Laos.
laosiano, na, *a.* & *n.* Laotian.
[1]**lapa,** *f.* vegetable film on surface of a liquid.
[2]**lapa,** *f.* barnacle.
[3]**lapa,** *f.* (bot.) goose grass, cleavers.
lapachar, *m.* swamp, marsh, morass.
lápade, *f.* lepadid, barnacle.
laparotomía, *f.* (surg.) laparotomy.
lapicera, *f.* (Chile, Arg.) = LAPICERO; penholder, pen.—**l. fuente,** or **de depósito,** fountain pen.
lapicero, *m.* pencil case; pencil holder.
lápida, *f.* tablet, memorial stone; gravestone (called also **l. mortuoria**).
lapidación, *f.* lapidation, stoning to death.
lapidar, *va.* to stone to death.
lapidario, ria, *n.* & *a.* lapidary.
lapídeo, a, *a.* lapideous, stony.
lapidificación, *f.* (chem.) turning into stone.
lapidificar, *va.* (chem.) to petrify, turn into stone.
lapidífico, ca, *a.* lapidific.
lapidoso, sa, *a.* lapideous, stony.
lapila, *f.* (bot.) hound's-tongue.
lapislázuli, *m.* (min.) lapis lazuli.
lápiz, *m.* (min.) black lead, graphite, plumbago; lead pencil; crayon; (coll.) censor's blue pencil. —**l. de plomo,** graphite.—**l. labial,** lipstick.—**l. rojo,** red ochre.
[1]**lapizar,** *m.* black-lead mine.
[2]**lapizar,** *va.* to pencil; draw with pencil.
lapo, *m.* (coll.) blow with a cane or whip.
lapón, na, *n.* & *a.* Laplander(-ian, -ic).
lapso, *m.* lapse of time; fall, lapse, slip.
lapsus, *m.* lapsus, slip.—**l. calami,** lapsus calami, slip of the pen.—**l. linguæ,** slip of the tongue.
laqueado, da, *a.* lacquered.
laquear, *va.* to lacquer.
laques, *f. pl.* = BOLEADORES, a lariat.
lar, *m.* (gen. *pl.*) Lar, tutelar or household god.—*pl.* home.
larario, *m.* shrine for household gods.
lardar, lardear, *va.* to baste (meat); to scald with boiling oil.
lardero, *a.*—**jueves l.,** Thursday before Lent.
lardo, *m.* lard, fat of an animal.
lardón, *m.* (print.) marginal addition; piece of paper clinging to the frisket and preventing the impression of some part of a sheet.
lardoso, sa, *a.* greasy, oily, smearing.
larga, *f.* (shoemaking) lengthening piece joined to a last; longest billiard cue; (gen. in the *pl.*) delay, procrastination.—**a la corta o a la l.,** sooner or later.—**a la l.,** in the end, in the long run.—**dar largas,** to delay, put off.
largamente, *adv.* largely, copiously; completely; liberally, frankly; for a long time.
largar. I. *va.* (*pret.* LARGUÉ; *subj.* LARGUE) to loosen, slacken; let go, set free; to expel; to shed; to give (as a slap); to heave (as a sigh); (naut.) to loosen, to ease.—**l. las velas,** (naut.) to set sail. **II.** *vr.* (coll.) to get out, quit, leave; (naut.) to set sail.
[1]**largo, ga. I.** *a.* long; extended, prolonged; generous, free, liberal; prompt, expeditious; shrewd, cunning; copious, abundant.—*pl.* many, quite a number; odd, a little over (*tengo cincuenta años largos,* I am fifty-odd years old). —**l. de lengua,** long-tongued, too free and unguarded with the tongue.—**l. de uñas,** (coll.) light-fingered.—**largos años,** many years; long life.—**a lo l.,** at a distance; lengthwise; at full length, stretched out.—**a lo l. de,** along, lengthwise of.—**a lo más l.,** at most—**cuan l. es (era),** at full length, stretched out.—**traje l.,** evening dress. **II.** *m.* length.—**de l.,** in length, long.—**de l. a l.,** from one end to the other, lengthwise.—**pasar de l.,** to pass by without stopping. **III.** *adv.* largely, profusely. **IV.** *interj.* **¡l!** or **¡l. de ahí!,** begone! get out!
[2]**largo,** *m.* (mus.) largo.
largor, *m.* length.
largucho, cha, *a.* (coll.) longish.

largué, largue, *v. V.* LARGAR.
largueado, da, *a.* striped.
larguero, *m.* jamb post; bolster; stringer; (aer.) longeron; (aer.) spar.
largueza, *f.* length; liberality, generosity.
larguirucho, cha, *a.* (coll.) long and thin.
larguito, ita, *a.* somewhat long, longish.
largura, *f.* length.
lárice, *m.* (bot.) larch tree.
laricino, na, *a.* pertaining to the larch tree.
laringe, *f.* (anat.) larynx.
laríngeo, gea, *a.* laryngeal.
laringitis, *f.* (med.) laryngitis.
laringología, *f.* laryngology.
laringoscopia, *f.* laryngoscopy.
laringoscopio, *m.* laryngoscope.
laringotomía, *f.* (surg.) laryngotomy.
laringótomo, *m.* (surg.) laryngotome.
larva, *f.* or *m.* (zool.) larva; mask; ghost, hobgoblin.
larvado, da, *a.* (med.) larvate.
larval, *a.* larval.
las, *pl.* of LA.
lasaña, *f.* fritter shaped like a leaf.
lasca, *f.* chip from a stone.
lascar, *va.* to ease away, slacken, pay out.
láscar, *m.* lascar (East Indian sailor).
lascivamente, *adv.* lasciviously.
lascivia, *f.* lasciviousness, lewdness.
lascivo, va, *a.* lascivious, lewd, lustful; merry, sportive.
laserpicio, *m.* (bot.) laserwort.
lasitud, *f.* lassitude, weariness, faintness.
laso, sa, *a.* weary, tired; lax, flaccid.
lastar, *va.* to pay (for a fault); suffer for another.
lástima, *f.* pity; compassion; pitiful object; plaint, lamentation, tale of woe.—**dar,** or **hacer, l.,** to arouse pity or regret, to be pitiful or regrettable.—**es l.** it's a pity, too bad.—**¡que l.!** what a pity!—**¡que l. de (vestido)!** what a sorry-looking (dress)!
lastimador, ra, *a.* hurting, damaging, injurious.
lastimadura, *f.* sore, hurt.
lastimar. I. *va.* to hurt; injure, damage; to pity. **II.** *vr.* to hurt oneself; to regret, be sorry for; to complain.
lastimeramente, *adv.* sadly, sorrowfully.
lastimero, ra, *a.* pitiful, sad, doleful.
lastimosamente, *adv.* pitifully, sadly.
lastimoso, sa, *a.* = LASTIMERO.
lasto, *m.* receipt given to one who pays for another.
lastra, *f.* flagstone, slab.
lastrar, *va.* (naut. and Ry.) to ballast.
[1]**lastre,** *m.* ballast; judgment, sense.
[2]**lastre,** *m.* stone slat of poor quality; (coll.) food, "grub".
lastrón, *m. aug.* large stone slat.
lasún, *m.* (ichth.) = LOCHA, loach.
[1]**lata,** *f.* small log.
[2]**lata,** *f.* tin plate or tinned iron plate; tin can; can of tinned food; lath; ledge.—**en l., en latas,** canned.—**dar la l.,** (coll.) to pester with too much talk.
[3]**lata,** *f.* annoyance, nuisance; (coll.) long-drawn-out, tedious visit or performance.
latamente, *adv.* largely, amply.
latania, *f.* (bot.) latania palm.
latastro, *m.* (arch.) plinth (of a pillar).
lataz, *f.* (zool.) sea otter.
latebra, *f.* cave, den, hiding place.
latebroso, sa, *a.* hiding, furtive, secretive.
latencia, *f.* (med.) latency.
latente, *a.* latent.
lateral, *a.* lateral, side (as *a.*).—**lateralmente,** adv. laterally; sideways.
lateranense, *a.* Lateran.
laterita, *f.* (geol.) laterite.
látex, *m.* (bot.) latex.
laticífero, ra, *a.* (bot.) laticiferous.
latido, *m.* beat, beating, throb; bark, barking (of an animal).
latiente, *a.* palpitating, fluttering.
latifundio, *m.* (anc. Rome) latifundium, large estate (esp. app. to vast uncultivated or poorly cultivated land).
latifundista, *n.* latifundist.
latigadera, *f.* strap or thong for lashing the yoke.
latigazo, *m.* lash, whipping; crack of a whip; jerk; unexpected offense; harsh reproof.
látigo, *m.* whip; lashing cord for weighing with a steelyard; cinch strap; long plume around a hat.
latiguear, *vn.* to snap or crack a whip.
latiguera, *f.* cinch strap.
latiguero, *m.* maker or seller of whips.
latiguillo, *m. dim.* small whip; (theat.) mannerism.
latín, *m.* Latin.—**bajo l.,** low Latin.—**saber l.,** or **mucho l.,** to be very shrewd or cunning.
latinajo, *m.* (coll.) Latin jargon; Latin word or quotation.
latinamente, *adv.* in Latin; in a Latin way.
latinar, latinear, *vn.* to speak or write Latin; to use Latin phrases often.
latines, *m. pl.* jargon, nonsense; hairsplitting.
latinidad, *f.* Latinity; the Latin tongue.
latinismo, *m.* Latinism.
latinista, *n.* Latinist.
latinización, *f.* (gram.) latinization.
latinizar. I. *va.* to Latinize. **II.** *vn.* to use words borrowed from the Latin.
latino, na. I. *a.* Latin. **II.** *n.* Latinist; Latin, a native of Latium.
Latinoamérica, *f.* Latin America.
latinoamericano, na. I. *a.* Latin-American. **II.** *n.* Latin American.
latir, *vn.* to palpitate, pulsate, throb, beat; to bark, yelp, howl.
latitud, *f.* latitude; breadth, width, extent.
latitudinal, *a.* latitudinal.
latitudinario, ria, *a.* & *n.* latitudinarian, liberal.
latitudinarismo, *m.* latitudinarianism.
lato, ta, *a.* large, extensive, ample.
latón, *m.* brass.—**l. en hojas,** or **planchas,** latten brass, sheet brass.
latonería, *f.* brass trade; brass shop; brass works; brass ware.
latonero, *m.* brazier, worker in brass.
latoso, sa, *a.* boring, annoying.
latría, *f.* (Rom. Cath. theol.) latria, worship due only to God.
latrocinio, *m.* systematic robbery.
latvio, via, *n.* & *a.* Latvian.
laucha, *f.* (Arg., Chile) mouse.
laúd, *m.* (mus.) lute; (naut.) catboat; striped turtle.
lauda, *f.* tombstone.
laudable, *a.* laudable, praiseworthy.
laudablemente, *adv.* laudably.
láudano, *m.* laudanum.
laudar, *va.* (law) to render a decision on.
laudatorio, ria. I. *a.* laudatory, full of praise. **II.** *f.* laudatory, panegyric.
laude, *f.* inscribed tombstone.—*pl.* (eccl.) lauds.
laudemio, *m.* (law) dues paid to the lord of the manor on all transfers of landed property.
laudo, *m.* (law) award, finding, of an arbitrator.
launa, *f.* lamina, sheet; schistose clay.
lauráceo, cea, *a.* lauraceous.
láurea, *f.* laurel wreath.
laureado, da, *a.* & *n.* laureate.
laureando, *m.* student about to graduate.
laurear, *va.* to crown with laurel; to honor, reward; to confer a degree on.
lauredal, *m.* plantation of laurel trees.
laurel, *m.* (bot.) laurel; laurel wreath; honor.—**l. cerezo,** (bot.) cherry laurel.
laurente, *m.* workman in paper mills.
laurentino, na, *a.* & *m.* (geol.) Laurentian.
láureo, a, *a.* laurel (as *a.*).
lauréola, *f.* laurel wreath; diadem; (bot.) mezereon.—**l. hembra,** (bot.) mezereon daphne.—**l. macho,** spurge laurel.
láurico, ca, *a.* (chem.) lauric.
laurífero, ra, *a.* lauriferous, laurel-bearing.
lauríneo, nea, *a.* (bot.) laurineous.

laurino, na, *a.* pertaining to laurel.
lauro, *m.* (bot.) laurel; glory, honor.
lauroceraso, laurorreal, *m.* cherry laurel.
lautamente, *adv.* splendidly.
lauto, ta, *a.* rich, splendid.
[1]**lava,** *f.* lava.
[2]**lava,** *f.* (min.) washing of metals.
lavable, *a.* washable.
lavabo, *m.* washstand; lavatory; washroom.
lavacaras, *m.* (coll.) flatterer.
lavación, *f.* (pharm.) lotion, wash.
lavadero, *m.* washing place; lavatory; (tanning) vat or pit for washing hides; (min.) buddling tank; placer, place where gold, etc. are obtained by washing.
lavado, *m.* wash, washing; laundry work; (art) aquarelle in a single tint.
lavador, ra. I. *n.* & *a.* washer(-ing), cleaner(-ing). **II.** *m.* (artil.) burnisher. **III.** *f.* washing machine (called also **l. mecánica**).
lavadura, *f.* wash, washing; composition for dressing glove leather; slops.
lavafrutas, *m.* dish for washing fruit at the table.
lavaje, *m.* washing of wools.
lavajo, *m.* drinking pool for cattle; morass.
lavamanos, *m.* washstand; lavatory.
lavamiento, *m.* washing, ablution.
lavanco, *m.* a kind of wild duck.
lavandera, *f.* laundress, washerwoman.
lavandería, *f.* (Am.) laundry.
lavandero, *m.* launderer, laundryman.
lavándula, *f.* (bot.) lavender.
lavaplatos, *n.* dishwasher.
lavar, *va.* to wash; to launder; (mason.) to whitewash; (art) to paint in water colors; to purify. —**l. el cerebro,** (coll.) to brainwash.
lavativa, *f.* clyster, enema, injection; syringe; vexation, annoyance; bore.
lavatorio, *m.* lavation, washing; lavatory; washstand; (pharm.) lotion; (eccl.) maundy.
lavaza, *f.* soap suds.—*pl.* dirty water, slops.
lave, *m.* washing of ores in mines.
lavotear, *va.* & *vr.* (coll.) to wash hurriedly.
lavoteo, *m.* hurried washing.
laxación, *f.* **laxamiento,** *m.* laxity, laxness; loosening.
laxante, *a.* & *m.* laxative.
laxar, *va.* to loosen, soften.
laxativo, va, *a.* & *m.* laxative.
laxidad, laxitud, *f.* laxity, laxness.
laxo, xa, *a.* lax, slack.
lay, *m.* (poet.) lay, ballad.
[1]**laya,** *f.* (agr.) spade, spud.
[2]**laya,** *f.* quality, kind, class.
layador, *m.* spadesman.
layar, *va.* (agr.) to spade.
lazada, *f.* bowknot; (sew.) bow; true-lover's knot.
lazador, *m.* lassoer.
lazar, *va.* to lasso, capture with a lasso.
lazareto, *m.* hospital for contagious diseases; quarantine (at ports of entry).
lazarillo, *m.* blind person's guide.
lazarino, na. I. *a.* leprous. **II.** *n.* leper.
lazo, *m.* (sewing) bow, loop, true-lover's knot; snare (for game); trap or snare (for persons); lasso, lariat; slipknot; tie, bond; (arch.) knot or ornament.—*pl.* (dance) figures.—**l. escurridizo,** running knot.—**armar l.,** or **lazos,** to trap, deceive; to plot.
lazulita, *f.* lazulite, lapis lazuli.
le, *dative case of* ÉL, ELLA: *accusative case of* ÉL: to him, to her, to it (*¿que le dio Vd.?* what did you give to him (or to her)? *¿que le añadio Vd.?* what did you add to it?) accusative case of ÉL: him (*ayer le ví,* I saw him yesterday). (Often improperly app. to inanimate objects.)
leal, *a.* loyal.—**l. saber y entender,** to the best of my knowledge.—**lealmente,** *adv.* loyally.
lealtad, *f.* loyalty, fidelity.
lebeche, *m.* southwest wind (in the Mediterranean).
leberquisa, *f.* (min.) magnetic pyrite, pyrrhotite.
lebrada, *f.* hare fricassee.
lebrel, la, *n.* greyhound (*f.,* greyhound bitch).
lebrero, ra, *a.* hare-hunting, hare (as *a.*).
lebrillo, *m.* glazed earthenware tub.
lebrón, *m.* large hare; (coll.) poltroon.
lebroncillo, *m.* young hare.
lebruno, na, *a.* pertaining to or like hares.
lección, *f.* lesson; tuition; lecture; reading.—**dar una l.,** to say or recite a lesson; to give a lesson. —**echar l.,** to give out or assign a lesson.— **tomar la l.,** to take a lesson.—**tomar una lección a,** to hear a lesson from to hear (someone's) lesson.
leccionario, *m.* (eccl.) lectionary.
leccioncita, *f. dim.* short lecture or lesson.
leccionista, *n.* private tutor; coach.
lecitina, *f.* (chem.) lecithin.
lecito, *m.* yolk (of an egg).
lectisternio, *m.* (anc. Rome) lectisternium, a sacrifice.
lectivo, va, *a.* lesson or recitation (day, hour).
lector, ra, *n.* reader; lecturer; (eccl.) instructor of the Gospel.
lectorado, *m.* (eccl.) lectorate.
lectoral. I. *f.* (eccl.) prebend. **II.** *m.* prebendary.
lectoría, *f.* (eccl.) lectureship.
lectura, *f.* reading; lecture; (print.) pica.
lecturita, *f.* (print.) small pica.
lecha, *f.* seminal fluid of fishes; each of the two sacs which contain it.
lechada, *f.* grout; liquid containing finely divided solids in suspension; pulp for making paper.
lechal. I. *a.* sucking, suckling; (bot.) lactiferous, milky. **II.** *m.* (bot.) milky juice of plants.
lechar, *a.* nursing; promoting the secretion of milk in female mammals.
lechaza, *f.* = LECHA.
leche, *f.* milk; (bot) milky juice.—**l. crema,** custard.—**l. de canela,** oil of cinnamon dissolved in wine.—**l. de gallina,** or **de pájaro,** (bot.) common star of Bethlehem.—**l. de tierra,** magnesia.—**l. de (los) viejos,** wine.— **l. quemada,** sweetmeat made from simmered milk.—**estar con la l. en los labios,** to lack experience.—**estar en l.,** (of fruits and plants) to be still green or undeveloped; (of the sea) to be calm.
lechecillas, *f. pl.* sweetbreads; livers and lights.
lechera. I. *a.* milch (app. to animals). **II.** *f.* milkmaid, dairymaid; milk can; milk jug.
lechería, *f.* dairy (shop).
lechero, ra. I. *a.* milky. **II.** *m.* milkman.
lecherón, *m.* milk pail, milk vessel; flannel wrap for newborn infants.
lechetrezna, *f.* (bot.) spurge.
lechigada, *f.* breed, litter; gang of ruffians.
lechín, *m.* variety of olive tree and the rich olive it yields; (vet.) tumor in horses.
lechino, *m.* (vet.) small tumor.
lecho, *m.* bed, couch; lay, litter; bed of a river; tier, row; layer, stratum; foundation, base.
lechón, na, *n.* suckling pig; pig.
lechoncico, illo, ito, *m. dim.* very young pig.
lechoso, sa. I. *a.* (bot.) having a milky juice. **II.** *m.* (S. A.) (bot.) papaw tree. **III.** *f.* papaw.
lechuga, *f.* (bot.) lettuce; (sew.) frill.—**l. romana,** (bot.) romaine lettuce.
lechugado, da, *a.* lettuce-like.
lechuguero, ra, *n.* seller of lettuce.
lechuguilla, *f. dim.* small lettuce; frill, ruff.
lechuguina, *f.* (coll.) stylish young lady.
lechuguino, *m.* lettuce sprout; plot of small lettuces; (coll.) dandy, dude.
lechuza, *f.* (ornith.) owl; barn owl.
[1]**lechuzo, za. I.** *a.* suckling (mule colt).
[2]**lechuzo, za,** *n.* (coll.) bill collector; summons server; owl-faced person.
ledamente, *adv.* (poet.) merrily, cheerfully.
ledo, da, *a.* (poet.) gay, merry, cheerful, glad.
leer, *va.* (*ger.* LEYENDO; *pret.* él LEYÓ) to read; to lecture; to instruct.
lega, *f.* (eccl.) lay sister.

legacía, *f.* legateship; message intrusted to a legate; province and duration of a legateship.
legación, *f.* legation, embassy; legateship.
legado, *m.* (law) legacy; deputy, ambassador, legate; commander of a Roman legion.—**l. a látere,** (eccl.) Pope's legate.
legador, *m.* laborer who ties the feet of sheep for shearing.
legadura, *f.* tie; binding cord or strap.
legajo, *m.* file, docket, bundle of papers.
legal, *a.* legal, lawful; loyal, true, faithful.
legalidad, *f.* legality, lawfulness.
legalista, *a.* legalistic.
legalización, *f.* legalization.
legalizar, *va.* to legalize.
legalmente, *adv.* legally, lawfully; loyally.
legamente, *adv.* ignorantly.
légamo, *n.* mud, silt.—**legamoso, sa,** *a.* silty.
leganal, *m.* puddle, mudhole.
legaña, *f.* gummy secretion of the eyes.
legañoso, sa, *a.* blear-eyed.
legar, *va.* (*pret.* LEGUÉ; *subj.* LEGUE) to depute, to send as a legate; (law) to bequeath.
legatario, ria, *n.* (law) legatee.
legenda, *f.* (eccl.) legend, history of saints.
legendario, ria. I. *a.* legendary. **II.** *m.* legendary, book of legends.
legibilidad, *f.* legibility.
legible, *a.* legible, readable.
legiblemente, *adv.* legibly.
legión, *f.* legion.—**L. Extranjera,** Foreign Legion.
legionario, ria, *a.* & *m.* legionary.
legislación, *f.* legislation.
legislador, ra, *n.* & *a.* legislator(-ing, -ive); lawmaker(-ing).
legislar, *va.* to legislate.
legislativo, va, *a.* legislative, lawmaking.
legislatura, *f.* legislature; term of a legislature.
legisperito, ta, *n.* = JURISPERITO, jurisconsult.
legista, *n.* legist; lawyer; law student.
legítima, *f.* (law) legitim.
legitimación, *f.* legitimation.
legítimamente, *adv.* legitimately, lawfully.
legitimar, *va.* to legitimate, legalize.
legitimidad, *f.* legitimacy, legality.
legitimista, *n.* & *a.* legitimist(-ic).
legítimo, ma, *a.* legitimate, lawful; genuine.
lego, ga. I. *a.* lay, laic; ignorant. **II.** *m.* layman; lay brother or friar.
legón, *m.* (agr.) hoe.
legra, *f.* (surg.) periosteotome.
legración, legradura, *f.* (surg.) periosteotomy.
legrar, *va.* (surg.) to perform periosteotomy on.
legua, *f.* league (measure of length).—**a l., a la l., a leguas, de cien leguas, de muchas leguas** or **desde media l.,** very far, at a great distance.
leguario, ria, *a.* league (as *a.*, as *poste leguario,* league post).
legué, legue, *v. V.* LEGAR.
leguleyo, *m.* petty lawyer, pettifogger.
legumbre, *f.* pulse, vegetables, garden stuff.
legúmina, *f.* (biochem.) legumin.
leguminoso, sa. **I.** *a.* (bot.) leguminous. **II.** *f.* (bot.) legume.
leíble, *a.* legible, readable.
leído, da. I. *pp.* of LEER. **II.** *a.* well-read, well-informed.—**l. y escribido,** (coll. and contempt.) affecting learning.
leila, *f.* a Moorish dance.
leima, *m.* (mus.) limma.
lejanía, *f.* distance, remoteness; remote place.
lejano, na, *a.* distant, far.
lejas, *a. pl.*—**l. tierras,** far-away lands.
lejía, *f.* lye; (coll.) severe reprimand, dressing down.
lejío, *m.* (among dyers) lye.
lejísimos, *adv. super.* very far away.
lejitos, *adv. dim.* rather far.
lejos. I. *adv.* far.—**a lo l.,** in the distance, at a great distance, far off, far away.—**d. l., desde l.,** from afar. **II.** *m.* perspective, distant view; background; resemblance.

lejuelos, *adv. dim.* at a little distance.
lelilí, *m.* war whoop of the Moors.
lelo, la. I. *a.* stupid, dull. **II.** *n.* ninny.
lema, *m.* argument, summary; theme; motto, device; slogan; (math.) lemma.
lemanita, *f.* (min.) jade.
lemnáceo, cea, *a.* (bot.) lemnaceous.
lemniscata, *f.* (geom.) lemniscate.
lemosín, na. I. *a.* Languedocian. **II.** *m.* Languedocian; Provençal, langue d'oc.
lémur, *m.* (zool.) lemur.
lemures, *m. pl.* lemures; ghosts, apparitions.
len, *a.* soft, flossy (thread or silk).
lena, *f.* spirit, vigor.
lencera, *f.* woman who deals in linen; wife of a linen draper.
lencería, *f.* linen goods; linen-draper's shop; linen hall; linen room; linen trade.
lencero, ra, *n.* linen draper, linen merchant.
lendel, *m.* track; mill horse.
lendrera, *f.* fine-toothed comb for taking out nits.
lendrero, *m.* place full of nits.
lendroso, sa, *a.* nitty, full of nits.
lene, *a.* soft (to the touch); sweet, kind, pleasant; light, not heavy.
lengua, *f.* (anat.) tongue; language; information, advice; clapper of a bell.—**l. canina** = L. DE PERRO.—**l. cerval,** (bot.) hart's-tongue.—**l. de buey,** (bot.) bugloss, alkanet.—**l. del agua,** at the edge of the water.—**l. de oc,** langue d'oc.—**l. de perro,** (bot.) hound's-tongue.—**l. de tierra,** tongue of land running out into the sea.—**l. de vaca,** sanseviera, cordy-line.—**l. madre,** or **matriz,** mother tongue.—**l. muerta,** dead language.—**l. sabia,** classical language.—**l. santa,** Hebrew.—**l. viperina,** viperous tongue.—**l. viva,** living, or modern, language.—**con la l. de un palmo,** or **con un palmo de l.,** with great anxiety or eagerness.—**de l. en l.,** from mouth to mouth.—**hacerse lenguas,** to speak in praise, sing the praises of.—**írsele, a uno la l.,** to let out something one did not wish to say, to give oneself away.—**morderse la lengua,** to hold one's tongue, to control oneself.—**no morderse la l.,** not to mince words, to speak out.—**tener en la l.,** or **en la punta de la l.,** to have at one's tongue's end.
lenguado, *m.* (ichth.) sole, flounder, flatfish.
lenguaje, *m.* language; speech; parlance; vernacular tongue; style.
lenguaraz, *a.* speaking several languages; scurrilous; LENGUAZ.
lenguaz, *a.* garrulous, loquacious.
lengüecia, illa, ita, *f. dim.* small tongue.
lengüeta, *f. dim.* small tongue; (anat.) epiglottis; barb; (mus.) languette; needle of a balance; (bookbinding) cutting knife; (mech.) feather, wedge, tongue, bit, bore, awl; catch of a trap or snare; (arch.) buttress; molding.
lengüetada, *f.* act of licking.
lengüetería, *f.* reedwork of an organ.
lengüezuela, *f. dim.* small tongue.
lengüicorto, ta, *a.* (coll.) timid, reticent.
lengüilargo, ga, *a.* (coll.) garrulous; scurrilous.
lenidad, *f.* lenity, mildness.
lenificar, *va.* to soften.—**lenificativo, va,** *a.* mollifying, softening.
leninismo, *m.* Leninism.
leninista, *a.* & *n.* Leninite, Leninist.
lenitivo, va. I. *a.* lenitive, assuaging; lenient. **II.** *m.* emollient; mitigator.
lenocinio, *m.* pimping, pandering, (law) procuration.
lenón, *m.* pimp, pander, (law) procurer.
lentamente, *adv.* slowly, lingeringly.
lente, *m.* or *f.* (opt.) lens; monocle; *m. pl.* eyeglasses.—**l. de aumento,** magnifying glass.—**lentes de contacto,** contact lens.
lentecer, *vn.* to grow soft or tender.
lenteja, *f.* (bot.) lentil; disk of a pendulum.—**l. de agua,** (bot.) gibbous duckweed.
lentejuela, *f.* spangle.

lenticular, *a.* like a lentil seed.
lentiscal, *m.* thicket of mastic trees.
lentisco, *m.* (bot.) mastic tree, lentiscus.
lentitud, *f.* slowness, sluggishness.
lento, ta, *a.* slow, sluggish, tardy, heavy; glutinous; (mus.) lento.
lentor, *m.* (pharm.) viscidity.
lenzuelo, *m.* (agr.) sheet for carrying straw.
leña, *f.* firewood, kindling wood; (coll.) drubbing, beating.—**echar l. al fuego,** to add fuel to the flame, foment discord.—**llevar l. al monte,** to carry coals to Newcastle.
leñador, ra, *n.* woodman (-woman), woodcutter; dealer in kindling wood.
leñame, *m.* wood; provision of kindling wood.
leñatero, ra, *n.* = LEÑADOR.
leñazo, *m.* cudgeling.
leñera, *f.* woodshed, wood bin.
leñero, *m.* wood dealer; logman.
leñífero, ra, *a.* ligniferous.
leño, *m.* log; timber; (naut.) ancient galley; (poet.) ship, vessel; (coll.) dull, thick-witted person.
leñoso, sa, *a.* woody, ligneous.
Leo, *m.* (astr.) Leo.
león, *m.* (zool.) lion; (entom.) ant lion; (zool.) boa.—**l. marino,** sea lion.—**l. rampante,** (her.) lion rampant.—**el L.,** (astr.) Leo.—**no es tan bravo,** or **tan fiero, el l. como lo pintan,** one cannot always judge by appearances; things are not so bad as they seem.
leona, *f.* lioness; brave, undaunted woman.
leonado, da, *a.* lion-colored, tawny.
leoncico, illo, ito, *m.* whelp of a lion.
leonera, *f.* cage or den of lions; (coll.) gambling den.
leonero, *m.* lion keeper; (coll.) master of a gambling house.
leonés, sa, *a.* of or pertaining to Leon.
leónica, *f.* (vet.) vein under the tongue.
leonina, *f.* (med.) leontiasis, a leprous affection.
leonino, na, *a.* leonine; (law) one-sided, unfair; (poet.) leonine (verse).
leontina, *f.* (jewelry) watch chain.
leopardo, *m.* leopard.
leopoldina, *f.* (jewelry) fob chain; Spanish helmet.
Lepe, *m.*—**saber más que L.,** to be very smart and shrewd.
lépero, ra, *n.* (Mex.) one of the rabble.
lepidio, *m.* (bot.) peppergrass.
lepidolita, *f.* (min.) lepidolite.
lepidóptero, ra. I. *a.* (entom.) lepidopterous. **II.** *m.* (entom.) lepidopteron.
lepidosirena, *f.* (ichth.) lepidosiren.
lepisma, *f.* (entom.) lepisma, silverfish.
leporino, na, *a.* harelike.
lepra, *f.* leprosy.
leprosería, *f.* lepers' lazaretto.
leproso, sa. I. *a.* leprous. **II.** *n.* leper.
leptón, *m.* (phys.) lepton.
lercha, *f.* reed for hanging fish and birds.
lerda, *f.* (vet.) = LERDÓN.
lerdamente, *adv.* slowly, heavily.
lerdo, da, *a.* slow, heavy; dull, obtuse.
lerdón, *m.* (vet.) tumor in a horse's pastern.
les, *pers. pron. dative case* of ELLOS, ELLAS: to them, them (indirect object): *les di pan,* I gave them bread; *les hablé,* I spoke to them.
lesbianismo, *m.* Lesbianism.
lesbiano, na, *a.* & *f.* Lesbian.
lesbio, bia, *a.* Lesbian, of Lesbos.
lesión, *f.* lesion, wound, injury; damage, wrong.
lesionar, *va.* to injure; to damage, impair.
lesivo, va, *a.* prejudicial, injurious.
lesna, *f.* = LEZNA, awl.
lesnordeste, *m.* (naut.) east-northeast wind.
leso, sa, *a.* wounded, hurt, damaged; perverted. —**l. majestad,** lese majesty.
leste, *m.* (naut.) east wind, east.
lesueste, *m.* (naut.) east-southeast wind.
letal, *a.* mortal, deadly, lethal.
letame, *m.* mud for fertilizing.
letanía, *f.* (eccl.) litany; (coll.) list of things.—*pl.* supplicatory procession.
letárgico, ca, *a.* lethargic.
letargo, *m.* lethargy, drowsiness.—**l. epidémico,** sleeping sickness.
letargoso, sa, *a.* causing lethargy.
leteo, a, *a.* (poet.) Lethean.
letificante, *a.* exhilarating, invigorating.
letificar, *va.* to gladden, cheer; to invigorate.
letífico, ca, *a.* cheering, bringing joy.
letón, tona, *a.* & *n.* Lett, Lettish.
letra, *f.* letter, character of the alphabet; handwriting; (print.) type; motto, inscription; literal meaning; (poet.) a kind of rondeau; words of a song.—*pl.* letters, learning; the learned professions.—**l. abierta,** (com.) open credit.—**l. bastardilla** = L. ITÁLICA.—**l. borrosa,** illegible writing.—**l. cursiva,** running hand.—**l. de caja alta,** (print.) upper case, capital.—**l. de caja baja,** (print.) lower case, small letter. —**l. de cambio,** (com.) draft, bill of exchange. —**l. de mano,** handwriting, handwritten letter.—**l. de molde,** print, printed letter.—**l. muerta,** dead letter, rule no longer observed.—**l. de tortis,** Gothic type.—**l. gótica,** Gothic characters.—**l. historiada,** adorned capital letter.—**l. itálica,** (print.) italic.—**l. menuda,** fine lettering, small print.—**l. negrilla,** (print.) boldface, blackface.—**letras patentes,** royal edict.—**letras remisorias,** judge's orders transferring a case to another court.—**l. versal,** capital letter.—**a la l.,** to the letter, literally.—**bellas,** or **buenas, letras,** belles lettres, literature.—**cuatro letras,** a few lines.—**tener mucha l.,** to be very artful and cunning.
letrado, da. I. *a.* learned, erudite; (coll.) vain, presumptuous. **II.** *m.* lawyer, advocate, counselor.—**a lo l.,** like a lawyer. **III.** *f.* (coll.) lawyer's wife.
letrero, *m.* sign; label, placard, poster; legend.
letrilla, *f. dim.* small letter; (mus.) rondelet.
letrina, *f.* privy, water-closet.
letrón. I. *m. aug.* large letter. **II.** *m. pl.* placards posted at the doors of churches.
letuario, *m.* a kind of marmalade.
leucemia, *f.* (med.) leukemia.
leucina, *f.* (chem.) leucine.
leucita, *f.* (min.) leucite.
leucocitemia, *f.* (med.) leukemia.
leucocito, *m.* (physiol.) leucocyte, white blood corpuscle.
leucocitosis, *f.* (med.) leucocytosis.
leucoma, *m.* (med.) leucoma, an eye disease.
leucomaína, *f.* (chem.) leucomaine.
leucopenia, *f.* (med.) leukopenia.
leucorrea, *f.* (med.) leucorrhoea, whites.
leudar. I. *va.* to leaven. **II.** *vr.* to yeast.
leudo, da, *a.* fermented, leavened.
leva, *f.* (naut.) act of weighing anchor; (mil.) levy, press; (mech.) cam; vane (of a water wheel); (naut.) swell of the sea.—*pl.* tricks, artful devices.
levada, *f.* moving silkworm; (fencing) salute or flourish with the foil.
levadero, ra, *a.* to be collected or demanded.
levadizo, za, *a.* that can be lifted or raised, as a drawbridge.
levador, *m.* in paper mills, piler; (mech.) cam, cog, tooth.
levadura, *f.* ferment, leaven, yeast, barm; (carp.) sawed-off plank.
levantada, *f.* rising, getting up.
levantadamente, *adv.* highly, loftily.
levantado, da, *pp.* & *a.* raised, elevated, lofty.
levantador, ra, *n.* one who raises or lifts up; disturber, rioter; mutineer.
levantamiento, *m.* elevation, raising; sublimity; insurrection, revolt, uprising; settlement of accounts; survey.—**l. de planos,** surveying.
levantar. I. *va.* to raise; to lift, heave, pick up; to erect, build; set up; to rouse, excite, stir up; to impute or attribute falsely; to start (game);

to cut (the cards); to cause, occasion; to begin; to stand up; to start suddenly (as game).—**l. acta,** to draw up and execute an affidavit or certificate.—**l. bandera,** to rise in insurrection, to rebel.—**l. (la) casa,** to break up housekeeping.—**l. (la) cabeza,** to retrieve one's losses, to get on one's feet; to take courage.—**l. con,** to take unlawful possession of, to get away with.—**l. el plano de,** to survey.—**l. falso testimonio,** to bear false witness, to accuse falsely.—**l. la mesa,** to clear the table.—**l. planos,** to survey; to draw up plans. **II.** *vr.* to rise, get up (from bed, chair, etc.); to rise up.
[1]**levante,** *m.*—**estar de l.,** to be ready to depart.
[2]**levante,** *m.* Levant, east; east wind.
levantino, na, *a.* & *n.* Levantine.
[1]**levantisco, ca,** *a.* & *n.* Levantine.
[2]**levantisco, ca,** *a.* turbulent, restless.
levar. I. *va.* (naut.) to weigh (anchor).—**l. anclas,** to weigh anchor. **II.** *vr.* to set sail.
leve, *a.* light, of little weight; trifling; slight.
levedad, *f.* lightness, levity; inconstancy.
levemente, *adv.* lightly, gently; venially.
leviatán, *m.* leviathan.
levigación, *f.* levigation, elutriation.
levigar, *va.* to levigate, to elutriate.
levirato, *m.* (anc. Hebrew) levirate.
[1]**levita,** *m.* Levite; deacon.
[2]**levita,** *f.* frock coat, Prince-Albert coat.
levitación, *f.* levitation.
levítico, ca. I. *a.* Levitical; priestly. **II.** *m.* **(L-)** Leviticus; (coll.) ceremonial at a festival.
levitón, *m.* greatcoat like a frock coat.
levógiro, ra, *a.* counterclockwise.
levulosa, *f.* (chem.) levulose.
léxico, *m.* lexicon, dictionary.
lexicografía, *f.* lexicography.
lexicográfico, ca, *a.* lexicographic.
lexicógrafo, fa, *n.* lexicographer.
lexicología, *f.* lexicology.
lexicológico, ca, *a.* lexicological.
lexicólogo, ga, *n.* lexicologist.
lexicón, *m.* lexicon, wordbook.
ley, *f.* law; rule of action; statute; loyalty; fineness (in gold or silver); standard; precept; rules and regulations.—*pl.* law in general, jurisprudence, study and profession of the law. —**l. antigua,** law of Moses.—**l. caldaria,** hot-water ordeal.—**l. de la trampa,** trickery, fraud.—**l. del embudo,** oppressive law; one-sided agreement; severity for others, indulgence for ourselves.—**l. del tallón,** lex talionis, law of retaliation.—**l. escrita,** revealed law, decalogue.—**l. marcial,** martial law.—**l. periódica,** (chem.) periodic law.—**l. sálica,** Salic law.—**a la l.,** properly, orderly.—**a l. de caballero** or **de cristiano,** on the word of a gentleman or Christian.—**a toda l.,** perfectly, according to rule.—**de buena l.,** sterling.—**de mala l.,** disreputable; crooked; low, base.
leyenda, *f.* reading; legend; superscription, inscription; device, motto.
leyendario, ria, *a.* legendary.
leyente, *n.* & *a.* reader(-ing).
leyó, *pret.* of LEER.
lezda, *f.* ancient tax on merchandise.
lezna, *f.* awl.
[1]**lía,** *f.* plaited bass rope.
[2]**lía,** *f.* husk of pressed grapes.—**estar hecho una lía,** (coll.) to be tipsy.
liana, *f.* (bot.) liana, vine.
liar. I. *va.* to tie, bind, do up; (coll.) to embroil, draw into an entanglement—**liarlas,** (coll.) to sneak away; (coll.) to die. **II.** *vr.* to enter into concubinage.
liásico, ca. I. *n.* & *a.* (geol.) Liasic. **II.** *m.* Lias, Liasic.
liaza, *f.* collection of hoops used by coopers.
libación, *f.* libation.
libamen, libamiento, *m.* offering in ancient sacrifices.
libán, *m.* esparto rope.
libanés, nesa, *a.* & *n.* Lebanese.
Líbano, *m.* Lebanon.
libar, *va.* to suck, sip; to taste; to perform a libation with.
libatorio, *m.* libatory cup.
libelar, *va.* (law) to petition.
libelático, ca, *a.* retracting, apostatizing.
libelista, *m.* libeler.
libelo, *m.* libel (often called **l. infamatorio**); (law) petition.—**l. de repudio,** written repudiation, of a wife by her husband; (coll.) discarding, abandoning, giving up.
libélula, *f.* libellula, dragon fly.
líber, *m.* (bot.) bast, liber, or inner bark.
liberación, *f.* liberation; (law) quittance.
liberador, ra. I. *a.* liberating. **II.** *n.* liberator.
liberal, *a.* liberal; quick, brisk; (pol.) liberal.—**artes liberales,** liberal arts.
liberalidad, *f.* liberality, generosity.
liberalismo, *m.* Liberalism: Liberal party.
liberalizar, *va.* to liberalize.
liberalmente, *adv.* liberally, generously, freely.
Liberia, *f.* Liberia.
liberiano, na, *a.* & *n.* Liberian.
libérrimo, ma, *a.* *super.* most free.
libertad, *f.* liberty, freedom; exemption, privilege, immunity; familiarity; freedom, agility, address; independence, unconventionality; ransom.—**l. civil,** civil liberty.—**l. condicional,** probation.—**l. de comercio,** free trade.—**l. de conciencia** or **cultos,** freedom of worship.—**l. de imprenta,** freedom of the press.—**l. de palabra,** freedom of speech, right of free speech.—**l. provisional,** liberation on bail.—**dejar en l.,** to set free.
libertadamente, *adv.* freely, impudently.
libertado, da, *a.* bold; free, ungoverned.
libertador, ra, *n.* & *a.* deliverer(-ing), liberator (-ing).
libertar, *va.* to free, liberate; to exempt, excuse; to acquit; to rid, clear.
libertario, ria, *n.* & *a.* anarchist(-ic).
liberticida, *m.* liberticide, destroyer of liberty.
libertinaje, *m.* libertinism, licentiousness.
libertino, na. I. *n.* child of a freedman. **II.** *n.* & *a.* libertine.
liberto, ta, *n.* freedman(-woman).
libídine, *m.* or *f.* lust, lewdness; (psych.) libido.
libidinosamente, *adv.* libidinously, lewdly.
libidinoso, sa, *a.* libidinous, lewd, lustful.
libido, *m.* (psych.) libido.
libio, bia. I. *a.* Libyan. **II.** *n.* Libyan; *f.* **(L.)** Libya.
Liborio, *m.* Cuban peasant wearing a straw hat (symbol of the Cuban people).
libra, *f.* pound (weight, coin). **(L-,** astr.) Libra.—**l. esterlina,** pound sterling.—**l. tornesa,** livre tournois.
libración, *f.* oscillation; (astr.) libration.
libraco, libracho, *m.* (coll.) trashy book.
librado, da. I. *pp.* of LIBRAR.—**bien l.,** successful, lucky.—**mal l.,** unsuccessful, unlucky, faring ill or badly. **II.** *n.* drawee.
librador, ra, *n.* deliverer; (com.) drawer of a check or draft; storekeeper of the king's stables; (*m.*) grocer's scoop.
libramiento, *m.* delivery, delivering; warrant, order of payment.
librancista, *m.* (com.) holder of a draft.
libranza, *f.* (com.) draft, bill of exchange.—**l. postal,** money order.
librar. I. *va.* to free, deliver; to exempt; to preserve from ill; to pass (sentence); to issue (a decree); (com.) to draw.—**l. batalla,** or **combate,** to engage in battle.—**l. (una letra) contra,** to draw on.—**¡Dios me libre!,** Heaven forbid! **II.** *vn.* (of nuns) to receive a visitor in the locutory; to be delivered (of a child); to expel the placenta.—**l. bien (mal),** to fare well (badly).—**l. en,** to depend on; to put (confidence, hope) in.—**a bien,** or **a buen l.,** as well as could be expected. **III.** *vr.* **(de)** to escape, avoid, be free (from), get rid (of).

libratorio, *m.* cubicle for receiving visitors in a convent.
libre, *a.* free; uncumbered, unrestrained; independent; vacant; disengaged; clear, open; exempt; innocent, guiltless, single, unmarried; libertine, loose, licentious; impudent; rash, thoughtless; isolated, alone.—**l. a bordo (l. a. b.),** free on board (f. o. b.).—**l. cambio,** free trade.—**l. de derechos, impuestos,** duty, tax, free.—**l. pensador** = LIBREPENSADOR.—**l. pensamiento** = LIBREPENSAMIENTO.—**l. plática,** pratique.
librea, *f.* livery, uniform.
librear, *va.* to weigh or sell by pounds.
librecambista, *n.* free trader.
librejo, *m. dim.* little book; worthless book.
libremente, *adv.* freely; boldly.
librepensador, ra, *n.* freethinker.
librepensamiento, *m.* freethinking, free thought.
librería, *f.* bookstore, bookseller's shop; book trade; library; large collection of books.
libreril, *a.* pertaining to the book trade.
librero, ra, *n.* bookseller.
[1]**libreta,** *f.* troy pound; loaf of bread of 1 lb. weight.
[2]**libreta,** *f.* memorandum book; notebook; (surv.) field book; pass book; bank book.—**l. de direcciones,** address book.
librete, *m. dim.* small book; foot stove.
libretín, *m. dim.* small book, booklet.
libretista, *n.* librettist.
libreto, *m.* (mus.) libretto.
[1]**librillo,** *m.* small book of cigarette paper.—**l. de cera,** folded wax taper.—**l. de oro,** gold-leaf book.
[2]**librillo, librito,** *m.* earthen tub.
libro, *m.* book; (mus.) libretto; (zool.) omasum, or third stomach (of a ruminant).—**l. becerro,** doomsday book.—**l. borrador,** blotter, record book.—**l. copiador,** (com.) letter book.—**l. de actas** = L. DE MINUTAS.—**l. de asiento** = L. DE CUENTAS.—**l. de caja,** cashbook.—**l. de cuentas,** account book.—**l. de facturas,** invoice book.—**l. de memoria,** memorandum book.—**l. de minutas,** minute book.—**l. diario,** (com.) daybook.—**l. en blanco,** blank book.—**l. en folio,** folio book.—**l. mayor,** ledger.—**l. talonario,** check book, stub book.—**l. verde,** (coll.) book for notes about places and persons; also the compiler of such notes.
librote, *m. aug.* large book.
licantropía, *f.* (med.) lycanthropy, kind of insanity.
licántropo, *a.* lycanthrope.
licaón, *m.* (zool.) lycaon.
liceísta, *n.* member of a lyceum.
licencia, *f.* permission, leave, license, permit; licentiousness; (mil.) furlough; degree of licentiate; (poet.) license.—**l. absoluta,** (mil.) discharge.—**l. de conducción,** driver's license.—**l. poética,** poetic license.—**l. por enfermedad,** sick leave.—**con l.,** (mil.) on leave, furlough.
licenciadillo, *m.* (coll.) ridiculous little man in clerical robes.
licenciado, da. I. *pp.* of LICENCIAR. **II.** *a.* presuming knowledge. **II.** *m.* licentiate, graduate (of university); (coll.) university student; (coll.) lawyer; (mil.) discharged soldier.
licenciamiento, *m.* graduation as a licentiate; (mil.) discharge; dismissal.
licenciar. I. *va.* to permit, allow; to license; to confer a degree on; (mil.) to discharge. **II.** *vr.* to become dissolute; to get a master's degree (from university).
licenciatura, *f.* degree of licentiate; graduation as a licentiate.
licenciosamente, *adv.* licentiously.
licencioso, sa, *a.* licentious, dissolute.
liceo, *m.* lyceum.
licio, cia, *n.* & *a.* Lycian.
licitación, *f.* auction; bid.
licitador, *m.* bidder.
lícitamente, *adv.* lawfully, licitly.
licitante, *n.* bidder.
licitar, *va.* & *vn.* to bid (on, for) at auction or on public works.
lícito, ta, *a.* licit, lawful; just.
licnobio, bia, *n.* lychnobite, one who turns night into day, (coll.) night hawk.
licopodio, *m.* (bot.) lycopodium.
licor, *m.* liqueur, cordial; liquid.
licorera, *f.* liqueur or bottle case.
licorería, *f.* liquor shop; saloon, bar.
licorista, *n.* liquor distiller or dealer.
licoroso, sa, *a.* spirituous, alcoholic.
lictor, *m.* lictor, in ancient Rome.
licuable, *a.* liquefiable.
licuación, *f.* liquation, liquefaction.
licuante, *a.* liquefying.
licuar, *va.* & *vr.* to liquefy, liquate, melt.
licuefacción, *f.* liquefaction.
licuefacer, *va.* & *vr.* to liquefy.
licuefactible, *a.* liquefiable.
licuescencia, *f.* liquescence.
licuescente, *a.* liquescent.
licurgo, ga, *a.* keen, smart, shrewd.
lichera, *f.* woollen cover of a bed.
lid, *f.* contest, fight; dispute, argument.
líder, *m.* & *f.* (Angl.) (Am.) leader.
lidia, *f.* battle, fight, contest; bullfight.
lidiadero, ra, *a.* in fighting condition.
lidiador, ra, *n.* combatant; fighter; arguer.
lidiar. I. *vn.* to fight, to contend; to struggle. **II.** *va.* to run or fight (bulls).
lidio, dia, *n.* & *a.* Lydian.
liebrastón, liebratico, liebratón, *m.* young hare, leveret.
liebre, *f.* hare; (**L.**) (astr.) Lepus; (coll.) coward, poltroon.—*pl.* (naut.) racks, ribs; (naut.) deadeyes.—**coger una l.,** to fall flat.
liebrecica, illa, ita, *f. dim.* little hare.
liebrecilla, *f.* (bot.) bluebottle.
liebrezuela, *f. dim.* young or small hare.
liendre, *f.* nit, egg of a louse.—**cascar a uno las liendres,** (slang) to give one a severe drubbing.
lientera, lientería, *f.* (med.) lientery, diarrhea.
lientérico, ca, *a.* lienteric.
liento, ta, *a.* damp, moist.
lienza, *f.* narrow strip of cloth.
lienzo, *m.* linen cloth; (art) canvas; (fort.) curtain; (arch.) face or front of a building; stretch of a wall.—**l. casero,** homespun linen.—**l. crudo,** unbleached linen.—**l. gordo,** coarse linen.
liga, *f.* garter; (bot.) mistletoe; birdlime; league, coalition, alliance; alloy for gold and silver.
ligación, *f.* joining, tying; union, mixture.
ligada, *f.* ligature; binding, tying.
ligado, da. I. *pp.* of LIGAR. **II.** *a.* confederate. **III.** *m.* (mus.) legato.
ligadura, *f.* ligature, ligation, binding; subjection; (mus.) ligature, syncopation, tie; (arch.) arcs made by cross timbers; (naut.) seizing, lashing.
ligamaza, *f.* viscosity on some fruits or plants.
ligamen, *m.* spell supposed to cause impotency.
ligamento, *m.* bond, tie; (anat.) ligament.
ligamentoso, sa, *a.* ligamentous, ligamental.
ligamiento, *m.* act of tying or binding; union, concord.
ligar. I. *va.* (*pret.* LIGUÉ; *subj.* LIGUE) to tie, bind, fasten; to alloy; to join, link, knit together; to render impotent by malefic spells. **II.** *vn.* to combine cards of the same suit. **III.** *vr.* to league, join together, combine; to bind oneself.
ligazón, *f.* tie, fastening, union, connection, bond; (naut.) futtock timbers.
ligeramente, *adv.* lightly; quickly; slightly.
ligereza, *f.* lightness; swiftness, agility, nimbleness; levity, inconstancy, fickleness.
ligero, ra. I. *a.* (of weight, food, entertainment, garment, etc.) light; fast, nimble; (of cloth)

thin; gay; unsteady, giddy; unimportant, trifling; easily disturbed (as sleep).—**l. de cascos,** feather-brained.—**l. de dedos,** light-fingered.—**a la l.,** quickly; briefly; superficially.—**de l.,** rashly; easily. **II.** *adv.* fast, rapidly.
ligeruelo, la, *a. dim.* early (grapes).
ligio, gia, *a.* liege.
lignario, ria, *a.* ligneous.
lignícola, *f.* (entom.) lignicole.
lignífero, ra, *a.* ligniferous.
lignificar, *va.* & *vn.* to lignify.
lignina, *f.* (bot., chem.) lignin.
lignito, *m.* (min.) lignite.
ligroína, *f.* (chem.) ligroin.
ligua, *f.* (P. I.) battle-axe.
liguano, na, *a.* (Chile) (of sheep) having thick and heavy wool.
ligué, ligue, *v. V.* LIGAR.
liguilla, *f.* narrow garter.
lígula, *f.* (bot.) ligule.
ligulado, da, *a.* (bot.) ligulate.
ligur; ligurino, na, *n.* & *a.* Ligurian.
ligústico, *m.* (bot.) lovage.
ligustre, *m.* (bot.) flower of privet.
ligustrino, na, *a.* pertaining to privet.
ligustro, *m.* (bot.) privet, prim, ligustrum.
lija, *f.* sandpaper; (ichth.) dogfish; (coll., Cuba) self-flattery, conceit.—**darse l.,** (coll.) to flatter oneself.
lijar, *va.* to sandpaper, sand.
lila(c), *f.* (bot.) lilac; lilac color.
[1]**lilaila,** *f.* bunting; (coll.) (gen. *pl.*) trick, wile.
[2]**lilaila,** *f.* = LILILÍ.
liliáceo, cea. I. *a.* (bot.) liliaceous. **II.** *f.* (bot.) lilywort.
lililí, *m.* = LELILÍ, war whoop of the Moors.
liliputiense, *n.* & *a.* Liliputian.
[1]**lima,** *f.* (bot.) sweet lime, a kind of citron.
[2]**lima,** *f.* (mech.) file; finish, polishing.
[3]**lima,** *f.* (arch.) valley (also **l. hoya**).
limadura, *f.* filing.—*pl.* filings.
limalla, *f.* filings.
limar, *va.* to file; to polish; to touch up.
limatón, *m.* coarse round file, rasp.
limazo, *m.* viscosity, sliminess.
limbo, *m.* limbo; (astr.) limb; limb, graduated circle (of a theodolite, etc.).
limen, *m.* (poet.) = UMBRAL, threshold.
limeño, ña, *a.* of or belonging to Lima.
[1]**limera,** *f.* woman who sells sweet limes.
[2]**limera,** *f.* (naut.) rudderhole.
limero, *m.* seller of sweet limes; (bot.) sweet-lime tree (a variety of citron tree).
limeta, *f.* vial, small bottle.
limitación, *f.* limitation, limit; district.
limitadamente, *adv.* limitedly, finitely.
limitado, da, *pp.* & *a.* limited, dull-witted.
limitáneo, nea, *a.* pert. to boundaries, frontiers.
limitar. I. *va.* to limit; to bound; to restrict; to reduce (expense).—**l. con,** (geog.) to be bounded by. **II.** *vr.* to confine oneself to.
limitativo, va, *a.* limitative, limiting, restrictive.
límite, *m.* limit; boundary, bound, border.
limítrofe, *a.* bounding, conterminous.
limo, *m.* slime, mud.
[1]**limón,** *m.* lemon; lemon tree; (Cuba, coast of Colomb., etc.) lime (tree and fruit).—**l. mejicano,** lime.
[2]**limón,** *m.* thill or shaft (of carriage).
limonada, *f.* lemonade.—**l. de vino,** wine lemonade, sangaree.—**l. purgante,** citrate of magnesia.
limonado, da, *a.* lemon-colored.
limonar, *m.* plantation of lemon trees.
limoncillo, limoncito, *m. dim.* small lemon; lime.
limoneno, *m.* (chem.) limonene.
[1]**limonero, ra. I.** *n.* lemon dealer. **II.** *m.* (bot.) lemon tree.
[2]**limonero, ra. I.** *a.* shaft (horse) in carriages, etc. **II.** *f.* shaft, thill (of carriages).
limonita, *f.* (min.) limonite.
limosidad, *f.* sliminess; foul matter between teeth.
limosna, *f.* alms.
limosnear, *va.* to beg; to peddle.
limosnero, ra. I. *a.* charitable. **II.** *n.* almoner; (Am.) beggar. **III.** *f.* alms bag or box.
limoso, sa, *a.* slimy, muddy, limose.
limousine, *f.* limousine.
limpia, *f.* cleaning, cleansing; dredging.
limpiabarros, *m.* bootscraper.
limpiabotas, *m.* bootblack.
limpiachimeneas, *m.* chimney sweeper.
limpiadera, *f.* clothes-brush; comb-brush; plow cleaner.
limpiadientes, *m.* toothpick.
limpiador, ra, *n.* & *a.* cleaner(-ing), cleanser (-ing).
limpiadura, *f.* cleaning, cleansing.—*pl.* dirt, refuse.
limpiamente, *adv.* cleanly, neatly; purely; sincerely, faithfully.
limpiamiento, *m.* cleansing, cleaning.
limpiaparabrisas, *m.* windshield wiper.
limpiaplumas, *m.* penwiper.
limpiar. I. *va.* to clean, cleanse; to purify, clear; (coll.) to steal; (coll.) (in gambling) to "clean out", win all one's money.—**l. en seco,** dry-clean.—**l. las faltriqueras a uno,** to pick one's pockets; (coll.) to win from one. **II.** *vr.* to clear oneself from imputed guilt.—**l. las manos, los dientes,** to wash one's hands, brush one's teeth.
limpiaúñas, *m.* nail cleaner.
limpiavía, *m.* (Ry.) rail guard.
limpidez, *f.* limpidity.
límpido, da, *a.* (poet.) limpid, crystal-clear.
limpieza, *f.* cleanness, cleanliness; neatness; purity; integrity, honesty; disinterestedness; purity of blood; correctness, neatness of execution.—**l. de bolsa,** emptiness of the purse.
limpio, pia, *a.* clean; cleanly; limpid, clear; neat, pure, unmingled; free, clear, net; (coll.) penniless, "broke."—**en l.,** in substance; clearly.—**poner en l.,** to make a final copy from a rough draft.—**sacar, en l.,** PONER EN L.; to conclude, infer; to make out, make head or tail of.
limpión, *m.* hasty cleaning.
límulo, *m.* (zool.) limulus, horseshoe crab, king crab.
linaje, *m.* lineage, race; progeny, offspring; class, condition.—**l. humano,** mankind.
linajista, *m.* genealogist, writer of pedigrees.
linajudo, da, *n.* & *a.* boaster(-ing) of noble descent.
lináloe, *m.* (bot.) aloes.
linar, *m.* flax field.
linaria, *f.* (bot.) wild flax, yellow toad flax.
linaza, *f.* (bot.) linseed, flaxseed.
lince. I. *m.* (zool.) lynx; very keen person. **II.** *a.* sharp-sighted, keen-sighted, observing.
lincear, *va.* (coll.) to note what is not easily seen.
linceo, a, *a.* lyncean; sharp, keen.
linchamiento, *m.* lynching.
linchar, *va.* to lynch.
linches, *m. pl.* (Mex.) fiber saddlebags.
lindamente, *adv.* prettily, neatly, elegantly.
lindante, *a.* bordering, contiguous.
lindar, *vn.* to be contiguous, to border, abut.
linde, *m.* landmark; boundary, limit.
lindero, ra. I. *a.* contiguous, bordering. **II.** *m.* limit, boundary.
lindeza, *f.* neatness, elegance, prettiness.—*pl.* pretty things; (ironic) improprieties, insults.
lindo, da. I. *a.* pretty, lovely; complete, perfect, fine. **II.** *m.* beau, coxcomb; minion.—**de lo l.,** perfectly, wonderfully; greatly.
lindón, *m.* (agr.) frame or bar for hanging asparagus, etc.
lindura, *f.* LINDEZA; beauty, beautiful woman; beautiful thing.
línea, *f.* line; (of persons) lines, figure; lineage,

progeny; equator; border; boundary, limit; class, order; (fort.) trench or intrenchment; (mil.) rank, file; line, twelfth part of an inch.—**l. de agua**, or **de flotación**, (naut.) water line. —**l. de colimación**, or **de fe**, (surv.) line of collimation.—**l. de fuerza**, (phys.) line of force.—**l. de la tierra**, (geom.) ground line.—**l. de nivel máximo**, high-water mark.—**l. de nivel mínimo**, low-water mark.—**l. de vapores**, steamship line.—**l. equinoccial**, equator. —**l. férrea**, railway.—**l. isobárica**, (meteorol.) isobar.—**l. isogónica**, (meteorol.) isogonic line. —**l. isoterma**, (meteorol.) isotherm.—**en l.**, in a line, row.

lineal, *a.* lineal, linear.

lineamento, or **lineamiento**, *m.* lineament, feature.

[1]**linear**, *va.* to draw lines on; to form with lines.

[2]**linear**, *a.* lineal, linear.

lineotipia, *f.* = LINOTIPIA.

linfa, *f.* lymph; (poet.) water.

linfadenoma, *m.* (med.) lymphadenoma.

linfangitis, *f.* (med.) lymphangitis.

linfático, ca, *a.* lymphatic.

linfatismo, *m.* (med.) lymphatism.

linfocito, *m.* (anat.) lymphocyte.

linfoideo, dea, *a.* lymphoid.

linfopenia, *f.* (med.) lymphopenia.

lingote, *m.* (foundry) ingot; pig, bloom, billet.

lingual, *a.* lingual.

linguete, *m.* pawl; ratchet.

lingüiforme, *a.* linguiform.

lingüista, *n.* linguist.

lingüístico, ca. I. *a.* linguistic. **II.** *f.* linguistics.

linimento, linimiento, *m.* (pharm.) liniment.

linio, *m.* = LIÑO, row of plants.

linneano, na, *a.* Linnean.

lino, *m.* (bot.) flax; linen; sail-bloth, canvas; (poet.) sail.

linóleo, *m.* linoleum.

linón, *m.* lawn (cloth).

linotipia, *f.* linotype.

linotipista, *n.* linotypist.

linotipo, *m.* linotype.

lintel, *m.* lintel of a door. Also DINTEL.

linterna, *f.* lantern; lamp, light (on a train, car, etc.); flashlight; (mech.) lantern wheel; (arch.) lantern.—**l. delantera**, or **de adelante**, (Ry., auto) front light.—**l. mágica**, magic lantern.—**l. sorda**, dark lantern.—**l. trasera**, or **de atrás**, (Ry., auto) back, or rear, light.

linternazo, *m.* blow with a lantern; (fig.) blow with any instrument.

linternero, ra, *n.* lantern maker.

linternón, *m. aug.* big lantern; (naut.) poop lantern.

liño, *m.* row of trees or plants; ridge between furrows.

liñuelo, *m.* rope, cord.

lío, *m.* bundle, parcel, pack; (coll.) imbroglio, scrape; intrigue, conspiracy.—**armar un l.**, to tangle, mess up, make difficulties.

lionés, nesa, *a.* & *n.* Lyonese.—**a la lionesa**, lyonnaise (potatoes).

liorna, *f.* (coll.) uproar, hubbub, confusion.

lipemanía, *f.* (med.) melancholia, lypemania.

lipemaníaco, ca, *a.* (med.) melancholic.

lipes, lipis, *f.* (chem.) blue vitriol, copper sulphate.

lipoma, *m.* (med.) lipoma, a fatty tumor.

lipotimia, *f.* (med.) faint, swoon.

liquen, *m.* (bot.) lichen.—**l. de Islandia**, Iceland moss.

liquidable, *a.* liquefiable; (com.) adjustable.

liquidación, *f.* liquefaction; (com.) liquidation, settlement; bargain sale.

liquidador, ra. I. *a.* liquefying. **II.** *n.* liquefier; liquidator.

liquidámbar, *m.* liquidambar, balsam liquid.

líquidamente, *adv.* in a liquid state.

liquidar. I. *va.* to liquefy; (com.) to liquidate, sell out; to settle, pay up; to squander; (coll.) to "liquidate", murder. **II.** *vr.* to liquefy.

liquidez, *f.* liquidness, fluidity.

líquido, da. I. *a.* liquid; evident, clear; (econ.) liquid; (com.) net; (Mex., C. A., W. I.) just, exactly (as *me quedan tres pesos líquidos*, I have just three pesos left). **II.** *m.* liquid; (com.) balance, net profit.—**l. imponible**, amount of assessment for tax collection. **III.** *f.* (phon.) liquid consonant.

[1]**lira**, *f.* lira (Italian monetary unit).

[2]**lira**, *f.* (mus.) lyre; (poet.) lyric poem; (**L.** astr.) Lyra.—**lirado, da**, *a.* lyre-shaped.

liria, *f.* birdlime.

lírico, ca. I. *a.* lyric, lyrical. **II.** *f.* lyric poetry.

lirio, *m.* (bot.) lily.—**l. blanco** = AZUCENA, white lily.—**l. de agua**, calla lily.—**l. de Florencia**, orris, Florentine iris.—**l. de los valles**, lily of the valley.—**l. hediondo**, gladwin.

lirismo, *m.* abuse of lyricisms.

[1]**lirón**, *m.* (zool.) dormouse; (coll.) sleepy head; (naut.) jackscrew.

[2]**lirón**, *m.* (bot.) alisma.

lirondo, da, *a.* pure, clean, neat.

lis, *f.* (bot.) lily; fleur-de-lis, iris.

[1]**lisa**, *f.* smooth stone for polishing paper.

[2]**lisa**, *f.* (ichth.) a river fish.

lisamente, *adv.* smoothly, plainly.—**lisa y llanamente**, openly and frankly; simply.

lisbonense, lisbonés, sa, *a.* of or belonging to Lisbon.

lisera, *f.* (fort.) berm, a narrow terrace.

lisiado, da, *n.* & *a.* cripple(d).

lisiar, *va.* to lame, hurt, cripple, injure.

lisimaquia, *f.* (bot.) loosestrife.

lisina, *f.* (biochem.) lysin.

lisis, *f.* (med.) lysis.

liso, sa, *a.* smooth, even, flat; plain, unadorned; straight (hair); plain-dealing.—**l. y llano**, plain, clear, evident.

lisol, *m.* Lysol (trademark).

[1]**lisonja**, *f.* flattery.

[2]**lisonja**, *f.* = LOSANGE, *m.* (her.) lozenge.

lisonjado, da, *a.* (her.) lozenged; rhombic.

lisonjeador, ra, *n.* & *a.* flatterer(-ing).

lisonjear, *va.* to flatter; to delight, please.

lisonjeramente, *adv.* flatteringly.

lisonjero, ra. I. *m.* & *f.* flatterer. **II.** *a.* flattering; pleasing, agreeable; complimentary.

lista, *f.* list; catalogue; slip of paper; shred of linen; strip of cloth; selvage; stripe, band; (law) docket; (mil.) roll, muster.—**l. de comidas** or **de platos**, bill of fare, menu.—**l. de correos**, general delivery.—**l. de equipaje**, baggage list. —**pasar l.**, to call the roll.

listadillo, *m.* (Am.) striped gingham.

listado, da. I. *pp.* of LISTAR. **II.** *a.* striped.

listar, *va.* to enter in a list.

listeado, da, *a.* = LISTADO.

listel, *m.* (arch.) fillet, listel, tringle.

listerina, *f.* Listerine (trademark).

listero, *m.* timekeeper.

listeza, *f.* smartness, alertness, shrewdness.

listo, ta, *a.* ready; quick, prompt; clever.

listón, *m.* ribbon; ferret, tape; (carp.) lath, cleat, strip; (arch.) listel, fillet.—*pl.* (naut.) battens.

listonado, da. I. *a.* (carp.) made of laths. **II.** *m.* laths, lathing.

listonar, *va.* (carp.) to batten, to lath.

listonería, *f.* parcel of ribbons, tapes, and inkles; ribbon store; ribbon manufactory.

listonero, ra, *n.* ribbon maker.

listura, *f.* smartness, quickness, cleverness.

lisura, *f.* smoothness, evenness, flatness; sincerity, candor.

lita, *f.* tongue worm in dogs.

litación, *f.* sacrificing.

litagogo, ga, *a.* (med.) lithagogue; (surg.) lithontriptic.

litar, *va.* to sacrifice to the Deity.

litarge, litargirio, *m.* litharge.

lite, *f.* (law) lawsuit.

litemia, *f.* (med.) lithemia.

litera, *f.* bunk, berth, litter.

literal, *a.* literal.—**literalmente,** *adv.* literally.
literario, ria, *a.* literary.
literato, ta. I. *a.* literary. **II.** *n.* litterateur, literary person, writer.
literatura, *f.* literature.
literero, ra, *n.* litter maker, seller, or driver.
litiasis, *f.* (med.) lithiasis, gravel.
lítico, ca, *a.* lithic.
litigación, *f.* litigation.
litigante, *n.* & *a.* (law) litigator(-ing), litigant.
litigar, *va.* (*pret.* LITIGUÉ; *subj.* LITIGUE) (law) to litigate; to contend, dispute.
litigio, *m.* litigation, lawsuit, dispute, contest.
litigioso, sa, *a.* litigious, contentious.
litigué, litigue, *v. V.* LITIGAR.
litina, *f.* (chem.) lithia.
litio, *m.* (chem.) lithium.
litis, *f.* (law) lawsuit.
litisconsorte, *n.* (law) associate in a lawsuit.
litiscontestación, *f.* (law) answer to an allegation.
litisexpensas, *f. pl.* (law) costs of suit.
litispendencia, *f.* state of a pending lawsuit.
litocálamo, *m.* petrified or fossil reed.
litoclasa, *f.* (geol.) fissure in a rock.
litocola, *f.* lithocolla, lapidary's cement.
litófago, ga, *a.* (of mollusks) rock-boring.
litófito, *m.* (bot., zool.) lithophyte.
litofotografía, *f.* etc., = FOTOLITOGRAFÍA, etc.
litogenesia, *f.* (geol.) lithogenesy.
litoglifia, *f.* engraving on stone.
litografía, *f.* lithography.
litografiar, *va.* to lithograph, print.
litográfico, ca, *a.* lithographic.
litógrafo, *m.* lithographer.
litoideo, dea, *a.* lithoid(al.
litología, *f.* lithology.
litológico, ca, *a.* lithological.
litólogo, *m.* lithologist.
litoral. I. *a.* littoral. **II.** *m.* littoral, coast, shore.
litoscopio, *m.* lithoscope.
litosfera, *f.* (geol.) lithosphere.
litospermo, *m.* (bot.) lithosperm.
lítote, *f.* (rhet.) litotes.
litotomía, *f.* (surg.) lithotomy.
litotomista, *n.* (surg.) lithotomist.
litotricia, *f.* (surg.) lithotrity.
litotrípico, ca, *a.* & *m.* (med.) lithontriptic.
litotritor, *m.* (surg.) lithotrite.
litrarico, a, *a.* (bot.) lythraceous.
litro, *m.* liter, litre, unit of capacity.
lituano, na, *n.* & *a.* Lithuanian.
lituo, *m.* (mus.) an ancient military instrument; lituus, augur's staff.
liturgia, *f.* (eccl.) liturgy.
litúrgico, ca, *a.* liturgical, liturgic.
livianamente, *adv.* licentiously; lightly; superficially.
liviandad, *f.* lightness, want of weight; levity, frivolity; lewdness.
liviano, na. I. *a.* light (not heavy); inconstant, fickle; frivolous; slight; lewd. **II.** *m.* leading one in a pack of donkeys.—*pl.* lungs.
lividez, *f.* lividness.
lívido, da, *a.* livid; black and blue.
livonio, nia, *n.* & *a.* Livonian.
lixiviación, *f.* (chem.) lixiviation, leaching.
lixiviado, da, *a.* lixivial, leached.
lixiviar, *va.* (chem.) to lixiviate, leach.
lixivio, *m.* (chem.) lixivium.
[1]**liza,** *f.* (ichth.) skate.
[2]**liza,** *f.* jousting field, lists.
lizo, *m.* warp-thread; heddle.
lo. I. *art, neut.* (before an *a.*) the, things (*lo bello,* the beautiful; *lo barato,* cheap things). For emphasis before an *adv.* or *a.*, gen. translated by an *a.* or emphatic "so" (*lo triste que estaba,* the great sadness in which he was, or, simply, his great sadness; *lo claro de esta declaración,* the great clearness of this declaration; *lo rico que es,* his being so rich, his great wealth; *lo bien que baila,* his dancing well). Often used as an *adv.* in the sense of "so," and need not always be translated (*él es rico, pero yo no lo soy,* he is rich, but I am not [so]); also as *adv.* "how" (*ella no sabe lo cansado que está,* she doesn't know how tired he is).—**l. de siempre,** the same old story.—**l. que,** what, that which; how important; how much.—**l. que es,** as to, as for.—**a l.** (foll. by name), in the style of, like.—**a l. que,** according to what, from what. **II.** *neut.* accusative of ELLO: it, that (*lo haré,* I shall do it, I shall do that). **III.** *pers. pron. accusative* of ÉL: him, it.
loa, *f.* praise; prologue of a play; short dramatic panegyric.
loable, *a.* laudable, praiseworthy.
loablemente, *adv.* laudably, commendably.
loador, ra, *n.* praiser, eulogizer.
loán, *m.* (P. I.) land measure (2.79 ares).
loanda, *f.* a kind of scurvy.
loar, *va.* to praise, eulogize.
[1]**loba,** *f.* she-wolf.
[2]**loba,** *f.* long gown of clergymen and students.
[3]**loba,** *f.* ridge between furrows.
[4]**loba,** *f.* (card games) rummy; canasta.
lobado, da, *a.* (zool. and bot.) lobate.
lobanillo, *m.* wen, encysted tumor.
lobato, *m.* wolf cub, wolfkin.
lobelia, *f.* (bot.) lobelia.
lobeliáceo, cea, *a.* (bot.) lobeliaceous.
lobero, ra. I. *a.* pertaining to wolves; wolfish. **II.** *f.* thicket where wolves make their lair.
lobezno, *m.* wolf cub; wolfkin.
lobina, *f.* (ichth.) striped bass.
[1]**lobo,** *m.* wolf; (ichth.) loach; (coll.) intoxication, inebriation; iron instrument for defending or scaling walls.—**l. marino,** seal.
[2]**lobo,** *m.* (anat. & bot.) lobe.
[3]**lobo, ba,** *n.* (Mex.) half-breed.
loboso, sa, *a.* full of wolves.
lobotomía, *f.* (surg.) lobotomy.
lóbrego, ga, *a.* murky, obscure; sad, lugubrious.
lobreguecer. I. *vn.* to grow dark. **II.** *va.* to make dark.
lobreguez, *f.* obscurity, darkness.
lobulado, da, *a.* (zool. and bot.) lobulate.
lóbulo, *m.* lobe or lobule.
lobuno, na, *a.* wolfish.
locación, *f.* (law) lease.—**l. y conducción,** agreement to let.
locador, ra, *n.* (Am.) landlord; tenant.
local. I. *a.* local. **II.** *m.* place, site, premises.
localidad, *f.* locality, location; (theat., etc.) seat.
localismo, *m.* localism.
localización, *f.* localization; (Ry.) location; (astronaut.) tracking.—**l. por radio,** (astronaut.) radio tracking.
localizar, *va.* to localize; (Ry.) to locate; to find out where.
locamente, *adv.* madly; immoderately; fondly.
locatario, ria, *n.* (Am.) tenant, lessee.
locativo, va, *a.* & *m.* (gram.) locative.
locería, *f.* (Am.) china; china works or shop; (esp. S. A., C. A.) pottery.
locero, *m.* (Am.) person who works in a pottery shop.
loción, *f.* lotion, wash.
loco, ca. I. *a.* mad, insane, crazy; abundant, plentiful, excessive.—**l. rematado,** stark mad.—**a tontas y a locas,** recklessly, thoughtlessly, haphazard.—**estar l. de contento,** (coll.) to be mad with joy. **II.** *n.* insane person, lunatic.
locomoción, *f.* (phys.) locomotion.
locomotor, ra. I. *a.* locomotor, locomotive. **II.** *f.* (Ry.) locomotive.
locomotriz, *a.* & *f.* = LOCOMOTOR.
locomovible, locomóvil. I. *a.* locomobile, locomotive. **II.** *f.* locomobile.
locro, *m.* (Am.) a kind of stew.
locuacidad, *f.* loquacity, talkativeness.
locuaz, *a.* loquacious, talkative, garrulous.
locución, *f.* diction; phrase, locution.
locuela, *f.* person's individual way of speaking.

locuelo, la, *n.* madcap, giddy youth.
loculado, da; locular, *a.* (biol.) locular.
lóculo, *m.* (biol.) loculus.
locura, *f.* madness, insanity; folly.
locutor, ra, *n.* radio announcer or speaker.
locutorio, *m.* locutory in monasteries.
locha, *f.*; **loche,** *m.* (ichth.) loach.
locho, cha, *a.* (Am., coll.) red-bearded.
lodachar, lodazal, lodazar, *m.* muddy place, quagmire, bog.
lodo, *m.* mud, mire.
lodoñero, *m.* (bot.) lignum-vitæ tree.
lodoso, sa, *a.* muddy, miry.
lofobranquio, quia, *a.* & *m.* (ichth.) lophobranch.
logarítmico, ca, *a.* logarithmic.
logaritmo, *m.* logarithm.
logia, *f.* lodge (of freemasons).
lógica, *f.* logic.
lógicamente, *adv.* logically.
lógico, ca. I. *a.* logical. **II.** *m.* logician.
logístico, ca. I. *a.* (mil.) logistic, logistical. **II.** *f.* (mil.) logistics.
logogrifo, *m.* logogriph, riddle.
logomaquia, *f.* logomachy, contention about words.
logotipo, *m.* (print.) logotype.
lograr. I. *va.* to get, obtain; procure; attain; to possess, enjoy; (foll. by *inf.*) to succeed in (foll. by pres. p.), to manage. **II.** *vr.* to succeed, be successful.
logrear, *vn.* to borrow or lend at interest.
logrería, *f.* dealing in interest; usury, profiteering.
logrero, ra, *n.* lender at interest; usurer, profiteer.
logro, *m.* gain, profit, benefit; success, accomplishment; attainment; interest; usury.—**dar a l.,** to lend at usurious interest.
loma, *f.* hill, hillock, mound.
lombarda, *f.* lombard (an ancient gun); (bot.) red cabbage.—**lombardada,** *f.* shot from a lombard gun.—**lombardear,** *va.* to bombard with lombards.—**lombardería,** *f.* battery of lombards.—**lombardero,** *m.* lombard gunman.
lombárdico, ca; lombardo, da, *n.* & *a.* Lombard, belonging to Lombardy.
lombriguera, *f.* hole made by worms; (bot.) southern wormwood.
lombriz, *f.* earthworm.—**l. intestinal,** intestinal worm.—**l. solitaria,** tapeworm.
lomear, *vn.* (of horses) to buck.
lomera, *f.* main strap of a harness; (bookbinding) backing; (arch.) ridge of a roof.
lomillería, *f.* (Am.) shop where harness accessories are made or sold.
lomillo, *m. dim.* small loin; (sew.) cross-stitch; cantle (of a saddle).—*pl.* pads of a pack saddle.
lominhiesto, ta, *a.* high-crouped; (coll.) conceited, vain.
lomo, *m.* loin; back of an animal; chine of pork; back of a book or cutting tool; double of a cloth, crease; ridge between furrows.—*pl.* ribs; loins.—**jugar de l.,** to be idle and in good health or condition.—**llevar a l., traer a l.,** to carry on the back.
lomudo, da, *a.* broad-backed.
lona, *f.* canvas.—**l. para hacer velas,** duck-canvas, sailcloth.
loncha, *f.* slab, flagstone; thin slice of meat.
lóndiga, *f.* = ALHÓNDIGA, wheat exchange.
londinense, londonense. I. *a.* Londonese. **II.** *n.* Londoner.
londrina, *f.* woollen cloth from London.
loneta, *f.* ravens' duck, sailcloth.
longa, *f.* (mus.) long note.
longanimidad, *f.* long-suffering, forbearance.
longánimo, ma, *a.* forbearing, magnanimous.
longaniza, *f.* choice pork sausage.
longar, *a.*—**panal l.,** honeycomb lengthwise of the hive.
longazo, za, *a. aug.* very long.
longevidad, *f.* longevity.
longevo, va, *a.* longeval, long-lived.
longísimo, ma, *a. super.* of LUENGO; longest.
longitud, *f.* length; longitude.
longitudinal, *a.* longitudinal.
longitudinalmente, *adv.* longitudinally.
longobardo, da, *n.* & *a.* Longobard(-ian).
longuera, *f.* long and narrow strip of land.
longuetas, *f. pl.* (surg.) bandages.
longuísimo, ma, *a. super.* longest.
[1]**lonja,** *f.* (com.) exchange; grocer's shop; warehouse, salesroom; (arch.) stoop.
[2]**lonja,** *f.* slice (of meat); strip; leather strap.
[1]**lonjeta,** *f. dim.* small slice; small strap.
[2]**lonjeta,** *f.* bower, summerhouse.
lonjista, *n.* grocer.
lontananza, *f.* distance; background.—**en l.,** far off, far away, in the distance.
loor, *m.* (poet.) praise.
lopigia, *f.* (med.) = ALOPECIA, baldness.
loquear, *vn.* to act the fool, to talk nonsense; to revel, frolic.
loquero, ra. I. *n.* attendant in an insane asylum. **II.** *m.* (Am.) insane asylum.
loquesco, ca, *a.* madlike; funny, jesting.
loquillo, illa, ito, ita, *a. dim.* wild, frisky.
loquios, *m. pl.* (med.) lochia.
lora, *f.* (ornith.) (Peru, Colomb., C. R., Hond.) parrot; (Chile) female parrot.
loran, *m.* (naut.) loran.
lorantáceo, cea, *a.* (bot.) loranthaceous, of the mistletoe family.
lorcha, *f.* (China) junk-rigged coaster.
lord, *m.* (*pl.* **lores**) lord, English title.
lordosis, *f.* (med.) lordosis.
loriga, *f.* lorica (a cuirass); iron strip reinforcing hub (of carriage wheel).
lorigado, da, *a.* armed with a lorica.
loriguillo, *m.* shrub used by dyers.
loris, *m.* (zool.) loris.
[1]**loro, ra. I.** *a.* tawny, dark brown. **II.** *m.* (bot.) cherry laurel.
[2]**loro,** *m.* (ornith.) parrot.
los. I. *def. art. m. pl.* of EL, the.—**l. que,** those, or they, who. **II.** *pers. pron. m. pl. accusative* of ELLOS, them. When used with HAY (*v.* HABER), it is rendered by "some," or not at all (*¿hay libros? los hay,* are there any books? there are [some]).
losa, *f.* slab, flagstone; trap made of tiles; gravestone; grave.
losado, *m.* tiled floor.
losange, losanje, *m.* (her.) lozenge; rhomb.
losar, *va.* to tile. Also ENLOSAR.
loseta, losica, illa, ita, *f. dim.* small slab or flagstone; tile; briquette; small trap.
lote, *m.* lot; share, part.
lotería, *f.* lottery; raffle; game lotto.
lotero, ra, *n.* dealer in lottery tickets.
loto, *m.* (bot.) lotus; lotus flower; lote tree or nettle tree.
lotófago, ga, *a.* lotus-eating.
loxodromia, *f.* (naut.) loxodrome.
loxodrómico, ca, *a.* (naut.) loxodromic.
loza, *f.* chinaware; porcelain; crockery.—**ande la l.,** (coll.) noisy mirth and jollity.
lozanamente, *adv.* luxuriantly; briskly, nimbly.
lozanear, *vn.* to look fresh and luxuriant.
lozanía, *f.* luxuriance; freshness; vigor, lustiness.
lozano, na, *a.* luxuriant; fresh; brisk, spirited.
lúa, *f.* esparto glove for cleaning horses; saffron bag; (naut.) lee.
lubricación, *f.* lubrication.
lubricador, ra, *n.* & *a.* lubricator(-ing).
lubricán, *m.* dawn of day.
lubricante, *a.* & *m.* lubricant.
lubricar, *va.* to lubricate.
lubricativo, va, *a.* lubricant, lubricative.
lubricidad, *f.* lubricity, slipperiness; lewdness.
lúbrico, ca, *a.* slippery; lubricous; lewd.
lubrificación, lubrificar, etc. (incorrect but common) = LUBRICACIÓN, LUBRICAR, etc.
lucano, na, *n.* & *a.* Lucanian.
lucerna, *f.* chandelier; (ichth.) a deep sea fish.

lucérnula, *f.* (bot.) lucern, lucerne, alfalfa.
lucero, *m.* morning star; any bright star; light hole; star on the forehead of horses; brightness, splendor.—*pl.* (poet.) eyes.—**l. del alba,** or **de la mañana,** morning star.—**l. de la tarde,** evening star.
lucidamente, *adv.* brightly; splendidly.
lucidez, *f.* brilliancy; brightness; success.
lucido, da. I. *pp.* of LUCIR. **II.** *a.* magnificent, splendid, brilliant; most successful.
lúcido, da, *a.* lucid, clear; brilliant, shining.
lucidor, ra, *a.* shining, brilliant.
lucidura, *f.* (coll.) whitewashing.
luciente, *a.* shining, luminous, bright.
luciérnaga, *f.* glowworm, firefly.
Lucifer, *m.* Lucifer, Satan; proud and wicked man; morning star.
luciferino, na, *a.* Luciferian, devilish.
lucífero, ra. I. *a.* (poet.) resplendent, shining. **II.** *m.* morning star.
lucífugo, ga, *a.* light-avoiding, lucifugous.
lucillo, *m.* tomb; sarcophagus.
lucimiento, *m.* brilliancy, splendor, lustre; success, triumph.—**quedar,** or **salir, con l.,** to be eminently successful.
[1]**lucio, cia,** *a.* lucid; bright.
[2]**lucio,** *m.* (ichth.) common pike, luce.
lución, *m.* (zool.) glass-snake.
lucir. I. *vn.* (*ind.* LUZCO; *subj.* LUZCA) to shine, glitter, glow; to outshine, exceed; to look, appear. **II.** *va.* to light, illuminate; to show off, display, exhibit, disport. **III.** *vr.* to shine, be brilliant; to dress to advantage; to be very successful, to do splendidly.
lucita, *f.* lucite; Lucite (trademark).
lucrar, *va.* & *vr.* to profit, speculate.
lucrativamente, *adv.* profitably, lucratively.
lucrativo, va, *a.* lucrative, profitable.
lucro, *m.* gain, profit, lucre.—**lucros y daños,** (com.) profit and loss.
lucroso, sa, *a.* lucrative, profitable.
luctuosa, *f.* feudal death tax.
luctuosamente, *adv.* mournfully, sorrowfully.
luctuoso, sa, *a.* sad, mournful.
lucubración, *f.* laborious work, study.
lucubrar, *va.* to work, study laboriously.
lúcumo, *m.* (bot.) Lucuma, a variety of Peruvian Achras.
lucha, *f.* struggle, strife; wrestling, wrestle; dispute, argument.
luchador, ra, *n.* wrestler; fighter.
luchar, *vn.* to fight, struggle; to wrestle.
lucharniego, ga, *a.* night hare-hunting (dog).
ludia, *f.* ferment, yeast.
ludiar, *va.* & *vr.* to ferment.
ludibrio, *m.* mockery, derision, scorn.
ludimiento, *m.* friction, rubbing.
ludión, *m.* (phys.) Cartesian devil.
ludir, *va.* to rub, waste by friction.
lúe, *f.* infection.
luego. I. *adv.* presently, immediately; afterwards; next; later.—**l. que,** after, as soon as.—**desde l.,** at once, instantly; naturally, of course; to begin with, at the outset.—**hasta l.,** (in taking leave) so long, see you later.—**tan l. como** = L. QUE. **II.** *conj.* therefore.
luengo, ga, *a.* long, dilated.—**luengos años,** long years, many years.
lúes, *f.* (med.) lues, syphilis.
luético, ca, *a.* (med.) luetic.
lugano, *m.* (ornith.) linnet.
lugar, *m.* place, spot, site; city, town, village; room, space; seat; employment, office, dignity; time, opportunity, occasion; leisure, convenience; cause, motive, reason; text, authority.—**l. común, l. excusado,** privy-house, water-closet.—**lugares comunes,** commonplace topics.—**lugares de un combate,** (naut.) quarters in a sea-fight.—**dar l.,** to make room.—**dar l. a,** to cause, give occasion for.—**en l. de,** instead of, in lieu of.—**en primer l.,** first, or in the first place.—**fuera de l.,** out of place; irrelevant.—**hacer l.,** to make room.—**no ha l.** (a), (law) the petition is denied; there is no occasion (for).—**tener l.,** (Gal.) to take place, happen.
lugarcico, illo, ito, *m. dim.* small place.
lugarejo, *m. dim.* hamlet, small village.
lugareño, ña. I. pertaining or belonging to a village. **II.** *n.* villager.
lugarote, *m. aug.* unattractive hamlet.
lugartenencia, *f.* lieutenancy.
lugarteniente, *m.* deputy, substitute; lieutenant.
lugre, *m.* (naut.) lugger, small vessel.
lúgubre, *a.* sad, gloomy, lugubrious, dismal.
luir, *va.* (naut.) to gall, wear away by friction.
luis, *m.* louis (French coin).
luisa, *f.* (bot.) lemon verbena or aloysia.
lujación, *f.* = LUXACIÓN, dislocation.
lujar, *va.* (Cuba) to rub; (med.) to dislocate.
lujo, *m.* luxury.—**de l.,** de luxe; elegant, exquisite; magnificent.
lujoso, sa, *a.* luxurious, magnificent, sumptuous.
lujuria, *f.* lewdness, lust; excess; profuseness, lavishness.
lujuriante, *a.* lusting; luxuriant, exuberant.
lujuriar, *vn.* to lust; (of animals) to copulate.
lujuriosamente, *adv.* lustfully, voluptuously.
lujurioso, sa, *a.* lustful, voluptuous, lewd.
luliano, na, *n.* & *a.* Lullian.
lulismo, *m.* system of Raymond Lully.
lulista, *n.* & *a.* Lullist(-ic).
lumaquela, *f.* lumachelle, fire marble.
lumbago, *m.* (med.) lumbago.
lumbar, *a.* lumbar.
lumbrada, *f.* great fire.
lumbre, *f.* fire (in stove, fireplace, etc.); light (from a match, etc.); light; splendor, brightness; skylight, transom; hammer of a flintlock; forepart of horseshoes.—*pl.* tinder box.—**l. del agua,** level with the water.—**a l. de pajas,** (coll.) very swiftly.—**a l. mansa,** on a slow fire.—**ni por l.,** by no means.
lumbrera, *f.* luminary; skylight, light shaft; (steam eng.) port.—**l. de admisión,** steam port, admission port.—**l. de educción,** or **de escape,** exhaust port.
lumbrerada, *f.* great fire.
lumen, *m.* lumen (unit of light).
luminar, *m.* luminary.
luminaria, *f.* illumination, festival lights; (eccl.) lamp kept burning before the sacrament.—*pl.* money paid for illuminations.
lumínico, *m.* (phys.) hypothetic agent or principle of light.
luminífero, ra, *a.* luminiferous.
luminiscencia, *f.* luminescence.
luminiscente, *a.* luminescent.
luminista, *a.* & *n.* (f. a.) luminist.
luminosidad, *f.* luminosity.
luminoso, sa, *a.* luminous.
luminotecnia, *f.* (theat.) technique of lighting.
luminotécnico, ca. I. *a.* of or pertaining to lighting. **II.** *n.* (theat.) lighting technician.
luna, *f.* (astr.) moon; satellite, glass plate, mirror plate; (opt.) lens of a spyglass; effect of the moon upon lunatic people.—**l. creciente,** crescent.—**l. de miel,** honeymoon.—**l. llena,** full moon.—**l. menguante,** waning moon.—**l. nueva,** new moon.—**estar de buena (mala) l.,** to be in good (bad) humor.—**estar en la l.,** to be distracted, absent-minded.—**quedarse a la l. de Valencia,** to be left out in the cold.
lunación, *f.* (astr.) lunation, lunar month.
lunado, da, *a.* lunated, formed like a half-moon.
lunanco, ca, *a.* (animal) having one hind quarter higher than the other.
[1]**lunar,** *a.* lunar.
[2]**lunar,** *m.* mole, beauty spot; flaw, blemish; polka dot.—**l. postizo,** patch.
lunario, ria. I. *a.* pert. to lunar month. **II.** *m.* calendar.
lunático, ca, *a.* lunatic, moonstruck, mad.
lunecilla, *f.* crescent-shaped jewel.
lunes, *m.* Monday.
luneta, *f.* (opt.) spectacle lens; (theat.) or-

chestra seat; a crescent-shaped ornament; (arch.) lunette; saddler's knife, leather knife.
luneto, *m.* skylight in a vault, lunette.
lunfardo, *m.* (Am.) Argentine slang.
lunisolar, *a.* (astr.) lunisolar.
lúnula, *f.* (geom.) lune; (opt.) meniscus; (anat.) lunule.
lupa, *f.* magnifying glass.
lupanar, *m.* brothel, bawdyhouse.
lupanario, ia, *a.* pertaining to a brothel.
lupercales, *f. pl.* Lupercalia, Roman festival.
lupia, *f.* (med.) wen, encysted tumor.
lupicia, *f.* (med.) = ALOPECIA, baldness.
lupino, na. I. *a.* wolfish. **II.** *m.* (bot.) lupine.
lupulino, *m.* lupulin, powder from hops.
lúpulo, *m.* (bot.) hops.
lupus, *m.* (med.) lupus; (**L.**) (astr.) Lupus.
luquete, *m.* slice of orange or lemon thrown into wine; zest; sulphur match.
lurte, *m* avalanche, landslide.
lusitanismo, *m.* Portuguese idiom.
lusitano, na, *a.* Lusitanian; Portuguese.
lustrabotas, *n.* bootblack, shoeblack.
lustración, *f.* lustration; lustrum; purification.
lustrador, ra. (Am.) **I.** *n.* polisher. **II.** *m.* hot-press, mangler.
lustral, *a.* lustral; pertaining to lustration.
lustramiento, *m.* act of decorating or polishing.
lustrar. I. *va.* to lustrate, expiate, purify; to polish. **II.** *vn.* to wander, roam.
lustre, *m.* gloss, lustre, polish, glaze; shoe-polish; nobleness, splendor, glory.
lústrico, ca, *a.* lustral.
lustrina, *f.* (text.) lustrine, lustring.
lustro, *m.* lustrum, period of five years; lamp, chandelier.
lustrosamente, *adv.* brilliantly, splendidly; glitteringly.
lustroso, sa, *a.* bright, brilliant; lustrous, shining.
lútea, *f.* (ornith.) oriole; cazique.
lutecio, *m.* (chem.) lutecium.
luteína, *f.* (biochem.) lutein.
luten, *m.* (chem.) lute.
lúteo, tea, *a.* miry, muddy.
luteolina, *f.* (chem.) luteolin.
luteranismo, *m.* Lutheranism.
luterano, na, *n.* & *a.* Lutheran.
lutita, *f.* (geol.) shale.
luto, *m.* mourning; grief, bereavement.
lux, *m.* (phys.) lux (unit of light).
luxación, *f.* (med.) luxation, dislocation.
Luxemburgo, *m.* Luxembourg.
luxemburgués, guesa. I. *a.* Luxembourgian. **II.** *n.* Luxembourger.
luz, *f.* light; daylight; lighthouse; window, opening; (eng.) span; notice, information, hint; inspiration; brightness, lustre, splendor; luminary, prominent man; (art) lighting.—*pl.* culture, enlightenment, learning, knowledge; windows, loopholes.—**l. de bengala,** red light.—**l. del día,** daylight.—**l. de l.,** reflected or borrowed light.—**l. de tráfico,** or **de tránsito,** traffic light.—**l. infrarroja,** infrared rays.—**l. ultravioleta,** ultraviolet rays.—**l. zodiacal,** zodiacal light.—**a buena l.,** carefully, after due examination.—**a primera l.,** at daybreak.—**a todas luces,** everywhere, any way.—**dar a l.,** to give birth to; to be delivered of (a child); to publish.—**entre dos luces,** in the twilight.—**salir a l.,** to come out, be published or divulged, leak out.
Luzbel, *m.* Lucifer, Satan.
luzco, luzca, *v. V.* LUCIR.

LL

Ll, ll, *f.* fourteenth letter of the Spanish alphabet.
llábana, *f.* smooth, slippery flagstone.
llaga, *f.* ulcer, sore; prick, thorn, tormenting thought; (mason.) seam, crack, or joint.
llagar, *va.* (*pret.* LLAGUÉ; *subj.* LLAGUE) to wound, hurt, injure.
[1]**llama,** *f.* flame, blaze; violent passion.
[2]**llama,** *f.* marshy ground.
[3]**llama,** *f.* (zool.) llama.
llamada, *f.* call, knock; motion or sign to call attention; (tel.) call; (print.) reference mark to a note; (mil.) call; chamade; (com.) notice, entry.
llamadera, *f.* goad stick.
llamado, da. I. *pp.* of LLAMAR. **II.** *a.* called, by the name of. **III.** *m.* appeal.
llamador, ra, *n.* caller; beadle, messenger; (*m.*) knocker of a door.
llamamiento, *m.* calling, call; appeal; convocation; inspiration, divine vocation; attraction of humors to one part of the body.
llamar. I. *va.* to call, summon, cite; to call upon, invoke, appeal to; to name, call.—**ll. la atención (sobre),** to call, attract attention (to); (*dat.*) to warn, scold.—**ll. por teléfono,** to telephone, 'phone. **II.** *vn.* to excite thirst; to knock at the door; to ring a bell.—**ll. a capítulo,** or **a cuentas,** to call to account. **III.** *vr.* to be called or named, go by the name of, give the name of (often diff. constr.: *ella se llama Rosa,* her name is Rose; *¿como se llama esto?* what is this called? *¿como se llama Vd.?* what is your name? *se llama "democracia"* . . . , the name "democracy" is given to . . . , or, simply, "democracy" is . . .); (**naut.**) (**of** wind) to veer.
llamarada, *f.* sudden blaze, flash; burst of wit; sudden flush of the face.
llamativo, va, *a.* exciting thirst; showy, attracting attention.
llamazar, *m.* swamp, marsh.
llambria, *f.* steep face of a rock.
llameante, *a.* blazing, flaming.
llamear, *vn.* to blaze, to flame.
llana, *f.* (mason.) trowel; page of a book or writing; plain, flatland.
llanada, *f.* plain, flatland, level ground.
llanamente, *adv.* ingenuously, simply, sincerely; homely; plainly, clearly, flatly.
llanero, ra, *n.* plainsman(-woman).
llaneza, *f.* plainness, simplicity; familiarity; uncultivated style.
llano, na. I. *a.* even, level, smooth; easy unobstructed; plain, unadorned; unaffected, open, frank; clear, evident; (gram.) (word) accented on the penultimate.—**a la llana,** simply, unceremoniously.—**de llano,** openly, in the open. **II.** *m.* plain, llano.
[1]**llanta,** *f.* (bot.) a variety of cabbage.
[2]**llanta,** *f.* rim (of carriage wheel); (auto) tire.—**ll. maciza,** solid tire.—**ll. neumática,** pneumatic tire.
llantén, *m.* (bot.) plantain, rib grass.—**ll. de agua,** water plantain, alisura.
llanto, *m.* flood of tears; crying, weeping.
llanura, *f.* evenness, flatness; plain.
llapa, *f.* (min.) quicksilver for amalgamation.
llapar, *va.* (min.) to add quicksilver to for reduction.
llares, *f. pl.* chain with pothooks (in fireplace).
llatar, *m.* post-and-rail fence.
llave, *f.* key; (mech.) wrench; faucet, cock, spigot, spout, tap; switch (of elec. light); bolt, pin, tightening wedge, cotter; (print.) brace }; tuning key; clock winder; (arch.) keystone; winch of a stocking frame; lock of a gun; key, explanation of anything difficult; introduction to knowledge; (naut.) knee; (mus.) clef, key; piston of musical instruments (wind, brass).—**ll. de brazo,** (wrestling) hammer lock.—**ll. de la mano,** span of the hand.—**ll. del pie,** distance from heel to instep.—**ll. inglesa,** monkey wrench.—**ll. maestra,** master key, pass-key.—**debajo de ll.,** under lock and key.—**echar (la) ll. a,** to lock.

llavero, ra. I. *n.* keeper of the keys. II. *m.* key ring. III. *f.* housekeeper.
llavín, *m.* night key, latchkey.
lleco, ca, *a.* (agr.) virgin (as soil).
llega, *f.* gathering, collecting.
llegada, *f.* arrival, coming.
llegar. I. *vn.* (*pret.* LLEGUÉ; *subj.* LLEGUE) to arrive; to come; to reach, extend, go as far as; to last, to continue; to attain a purpose; to suffice, be enough; to amount.—**ll. a las manos,** to come to blows.—**ll. a saber,** to find out, get to know.—**ll. a ser,** to become, get to be.—**no ll. a,** not to amount to; not to come up, or be equal, to.—**no ll. a uno la camisa al cuerpo,** to be terrified and anxious. II. *va.* to bring near; to gather, collect. III. *vr.* (a) to approach, draw near (to); to go to some neighboring place; to adhere, stick.
llena, *f.* flood, overflow.
llenamente, *adv.* fully, copiously.
llenar. I. *va.* to fill, stuff, pack; to pervade; to occupy (as an incumbent); to satisfy, content, convince; to make up (a number); to beget.—**ll. una solicitud,** to fill out an application form. II. *vr.* to fill, fill up; (**de**) to become full (of), or covered (with); (coll.) to feed gluttonously, stuff oneself; (coll.) to be irritated after having suffered long; to get crowded, packed. III. *vn.* (of the moon) to be full.
llenero, ra, *a.* (law) full, complete, absolute.
lleno, na. I. *a.* full, filled, replete; complete.—**ll. de bote en bote,** brimful, full to the brim.—**de ll.,** or **de ll. en ll.,** fully, entirely, totally. II. *m.* glut, fill, plenty, abundance, fulness; perfection, completeness; full moon; (theat.) full house.
llenura, *f.* fulness; plenty, abundance.
lleta, *f.* (bot.) sprout.
lleudar, *va.* = LEUDAR, to leaven.
lleva, llevada, *f.* transport, carrying.
llevadero, ra, *a.* tolerable, bearable, light.
llevador, ra, *n.* & *a.* carrier(-rying).
llevar. I. *va.* to carry, convey; to wear; to take, take away, carry away; to charge, ask, set (a price); to bear, yield, produce; to excel, exceed; to suffer, endure; to lead (as a life); to lead, guide, conduct, take; to manage (a horse); to cut off, dismember; to have spent or devoted (so much time); to induce, to bring to an opinion; to introduce; to gain, attain, obtain; (arith.) to carry; (with a past participle) to have, as: *llevo andadas diez millas,* I have walked ten miles.—**ll. . . . a,** to be older, or more, than by (*llevo dos años a Juan,* I am two years older than John).—**ll. a cabo,** to carry through, to accomplish, to carry out.—**ll. a cuestas,** to carry on one's shoulders or back; to support.—**ll. adelante,** to carry on, keep up, continue.—**ll. al crédito,** to place to the credit.—**ll. calabazas,** to be given the mitten; to fail in examination.—**ll. consigo,** to carry along with one; to carry with it, imply; to have attached.—**ll. el compás,** to beat or keep time.—**ll. la caja,** to keep the cash.—**ll. la contra,** to oppose, contradict; to antagonize.—**ll. la delantera,** to lead, to be ahead.—**ll. la proa al noroeste,** (naut.) to stand to the northwest.—**llevarlas bien (mal),** = LLEVARSE BIEN, MAL.—**ll. la ventaja a,** to have the advantage of or over.—**ll. libros,** (com.) to keep books.—**ll. lo mejor (peor),** to get the best (worst).—**ll. una caída, golpe, porrazo,** to have a fall, a blow.—**no llevarlas todas consigo,** to have suspicions, to be afraid. II. *vr.* to take or, carry away; to get along.—**ll. bien,** to be on good terms, get along well, be congenial.—**ll. chasco,** to be disappointed.—**ll. mal,** to be on bad terms, not to get along together.
lloica, *f.* (ornith.) robin redbreast; thrush.
lloradera, *f.* weeping from slight motives.
llorador, ra, *n.* weeper.
lloraduelos, *n.* (coll.) weeper, mourner.
llorar. I. *vn.* to weep, cry; to affect poverty and distress; to whine; to drip. II. *va.* to weep over, bewail, mourn, lament.
lloriquear, *vn.* to be constantly crying; to whine.
lloriqueo, *m.* whining; lamentation, wailing.
lloro, *m.* weeping, crying.
llorón, na. I. *a.* weeping; that cries with little cause, whining. II. *n.* weeper, whiner.
llorosamente, *adv.* tearfully.
lloroso, sa, *a.* mournful, sorrowful, tearful.
llosa, *f.* fenced-in field.
llovedizo, za, *a.* leaky; rain (as *a.*).
llover. I. *vn. impers.* (*ind.* LLUEVE; *subj.* LLUEVA) to rain; to pour down like rain, to shower, to come in abundance (as troubles).—**ll. a cántaros, a chorros, a chuzos,** or **ll. chuzos,** to rain in torrents, to rain pitchforks.—**como llovido,** unexpectedly.—**llueva o no,** rain or shine. II. *vr.* (of roofs) to leak, let the rain in.
llovido, da, *n.* stowaway.
llovioso, sa, *a.* = LLUVIOSO.
llovizna, *f.* drizzle, sprinkling.
lloviznar, *vn.* to drizzle, to sprinkle.
llueca, *f.* = CLUECA, brooding hen.
llueve, llueva, *v.* *V.* LLOVER.
lluvia, *f.* rain; plenty.—**lluvioso, sa,** *a.* rainy.

M

M, m, *f.* m, fifteenth letter of the Spanish alphabet.
maca, *f.* bruise in fruit; flaw, blemish, spot, stain; deceit, fraud, trick.
macabro, bra, *a.* ugly, hideous.
macaco, ca. I. *m.* (zool.) macaque; (Mex.) hobgoblin, bogie. II. *a.* ugly, ill-shaped, squat.
macadam, *m.* = MACADÁN.
macadamizado, da, *a.* macadam, macadamized.
macadamizar, *va.* to macadamize.
macadán, *m.* macadam.
macagua, *f.* (ornith.) macaw; (Venez.) a poisonous snake.
macagüita, *f.* (Venez.) a thorny palmtree.
macana, *f.* Indian wooden sabre edged with sharp flint; (Colomb.) a palm having very hard and heavy wood; (Am.) cudgel, club; (Am.) blunder; fib, joke.—**¡qué macana!** (Arg.) how annoying!—**macaneador,** *m.* (Arg.) (coll.) one who is always talking "through his hat."
macanazo, *m.* blow with a MACANA.
macanudo, da, *a.* (coll.) excellent, first-rate.
macareno, na, *a.* (coll.) bragging, boasting; gaudily dressed in Andalusian garb.
macarrón, *m.* macaroon.—*pl.* macaroni; (naut.) stanchions.
macarronea, *f.* macaronic poem, burlesque.
macarrónicamente, *adv.* macaronically.
macarrónico, ca, *a.* macaronic; faulty (speech).
macarse, *vr.* (of fruit) to begin to rot.
macaurel, *f.* (Venez.) a poisonous snake.
maceador, *m.* one who mauls.
macear. I. *va.* to maul. II. *vn.* to importune.
macedón, na, *n.* & *a.*; **macedonio, nia,** *n.* & *a.*; **macedónico, ca,** *a.* Macedonian.
macelo, *m.* slaughterhouse, abattoir.
maceo, *m.* act of mauling.
maceración, *f.*; **maceramiento,** *m.* maceration, steeping; infusion; mortification of the flesh.
macerar, *va.* to macerate, soak, steep; (chem.) to digest; to mortify with corporeal hardships.
macerina, *f.* = MANCERINA, a kind of saucer.
macero, *m.* mace bearer.
[1]**maceta,** *f. dim.* small mace, mallet, or maul; haft of tools; stonecutter's hammer; (naut.) maul, mallet.
[2]**maceta,** *f.* flowerpot; flower vase.
macetero, *m.* flowerpot; flowerpot stand.
macetón, *m. aug.* of [2]MACETA.
macia, *f.* mace, a spice.
macicez, *f.* solidity.
macilento, ta, *a.* lean, emaciated; withered.
macillo, *m.* hammer of a piano.
macis, *f.* = MACIA.

macizamente, *adv.* firmly, solidly.
macizar, *va.* to fill up, stop up.
macizo, za. I. *a.* solid; massive; firm, certain. **II.** *m.* massiveness, bulk; (mason.) solid wall; flower bed; (auto) solid tire.
macla, *f.* wooden flail; (bot.) water caltrops.
macoca, *f.* large early fig.
macolla, *f.* (bot.) bunch, cluster.
macón, *m.* dry, brown honeycomb.
macona, *f.* large basket or hamper.
macramé, *m.* macramé.
macroanálisis, *f.* macroanalysis.
macrobio, bia, *a.* macrobian, long-lived.
macrobiótica, *f.* macrobiotics, art of living long.
macrocefalia, *f.* macrocephalia, macrocephaly.
macrocéfalo, la, *a.* macrocephalous.
macrocito, *m.* (med.) macrocyte.
macrocosmo, *m.* macrocosm.
macrofísica, *f.* macrophysics.
macromolécula, *f.* macromolecule.
macropía, macropsia, *f.* (med.) macropsy.
macroquímica, *f.* macrochemistry.
macroscopia, *f.* macroscopy.
macroscópico, ca, *a.* macroscopic, visible to the naked eye.
macroscopio, *m.* macroscope.
macrosección, *f.* macrosection.
macrosismo, *m.* (geol.) macroseism, severe earthquake.
macrosismógrafo, *m.* macroseismograph.
macrotomo, *m.* macrotome.
macruro, ra, *a.* & *m.* (zool.) macruran.
macsura, *f.* reserved precinct in a mosque.
macuache, *m.* (Mex.) ignorant Indian.
macuba, *f.* Martinique tobacco.
macuca, *f.* (bot.) wild pear or pear tree.
macuco, ca, *a.* (Am.) cunning, artful; hard, difficult; important, big.
mácula, *f.* stain, spot, blemish; (astr.) macula.
macular, *va.* to stain.
maculatura, *f.* (print.) maculature, spoiled sheet.
macún, macuñ, macuñí, *m.* (Chile) poncho.
macuquero, *m.* unlawful worker of abandoned mines.
macuquino, na, *a.* epithet app. to a former silver Porto-Rican coin.
macuteno, *m.* (Mex.) petty thief.
macuto, *m.* (Am.) bag made of palm leaves.
macha, *f.* a South American mollusk.
machaca. I. *n.* (coll.) a bore, tiresome person. **II.** *f.* MACHACADERA.
machacadera, *f.* instrument for pounding, crushing.
machacador, ra, *n.* pounder, beater, crusher; bruiser, mauler.
machacar. I. *va.* (*pret.* MACHAQUÉ; *subj.* MACHAQUE) to pound; crush. **II.** *vn.* to importune; to harp on a subject.
machacón, na, *a.* monotonous; importunate.
machada, *f.* flock of he-goats; (coll.) stupidity.
machado, *m.* hatchet.
machamartillo.—a m., firmly but roughly.
machaqué, machaque, *v. V.* MACHACAR.
machaqueo, *m.* pounding or crushing.
machaquería, *f.* (coll.) importunity, insistence.
machar, *va.* to pound, hammer, maul.
machear, *vn.* (of animals) to beget more males than females.
machetazo, *m.* blow with a machete.
machete, *m.* machete; cane knife.
machetear, *va.* to wound or cut with a machete.
machetero, *m.* one who cuts cane or fights with a machete; sabre rattler; ignorant military chief.
machi, machí, *m.* (Am.) medicine man.
máchica, *f.* (Peru) roast Indian meal.
machiega, *a.*—**abeja m.,** queen bee.
machigua, *f.* (Hond.) crushed-corn washings.
machihembrado, da, *a.* dovetailed.
machihembrar, *va.* (carp.) to dovetail.
machina, *f.* crane, derrick; pile-driver.
machmetro, *m.* (phys.) machmeter (Mach number indicator).
[1]**macho. I.** *a.* vigorous, robust; male. **II.** *m.* male; specifically a he-mule or a he-goat; masculine plant; part of an instrument which enters into another; hook to catch hold in an eye; screw pin; bolt (of a lock); (arch.) spur, buttress, abutment; ignorant fellow.—**m. cabrío,** he-goat, buck.—**m. de aterrajar,** screw tap.—**m. de cabrío** = M. CABRÍO.—**m. del timón,** (naut.) rudder pintle.—**m. romo,** he-mule born of a horse and a she-ass.
[2]**macho,** *m.* (mech.) sledge hammer; block on which anvil is fixed; square anvil.
machón, *m.* (arch.) buttress, spur; a piece of timber.
machorro, rra, *a.* barren.
machota, *f.* **machote,** *m.* maul, mallet.
machote, *m.* (Mex. min.) boundary stone.
machucadura, *f.*, **machucamiento,** *m.* pounding, bruising.
machucar, *va.* (*pret.* MACHUQUÉ; *subj.* MACHUQUE) to pound, to bruise.
machucho, cha, *a.* mature, judicious.
machuelo, *m. dim.* small he-mule; clove of garlic.
machuno, na, *a.* mannish, masculine.
machuqué, machuque, *v. V.* MACHUCAR.
Madagascar, *n.* Madagascar.
madama, *f.* madam.—**madamisela,** *f.* damsel.
madapolán, *m.* percale.
madeja, *f.* hank, skein; lock of hair; (coll.) weak, lazy person.—**m. sin cuenda,** tangle; disordered person; entangled affair.—**hacer m.,** (of liquids) to be ropy.
madejeta, jita, juela, *f. dim.* small skein.
[1]**madera,** *m.* Madeira wine.
[2]**madera,** *f.* wood; timber, lumber; horny part of a hoof.—**m. alburente,** alburnum, sapwood.—**m. anegadiza,** heavier-than-water wood.—**m. aserrada** or **aserradiza,** (cut) lumber.—**m. contrachapada,** (constr.) plywood.—**m. de construcción,** building timber.—**m. de corazón,** heartwood.—**m. del aire,** horn of animals.—**m. de raja,** split timber.—**m. de sierra,** or **serradiza,** lumber, timber fit to be sawed.—**m. plástica,** Plastic Wood (Trademark).—**descubrir la madera,** (coll.) to show one's true colors (as by a vice or defect).—**no holgar la madera,** to keep at it, work without stopping.—**ser de** or **tener mala madera,** to be lazy.
maderable, *a.* timber-yielding.
maderada, *f.* raft, float.
maderaje, maderamen, *m.* timber; timber work.
maderería, *f.* lumber yard.
maderero, maderista, *m.* lumber dealer; lumberman.
madero, *m.* beam, scantling; timber, piece of lumber; ship, vessel; (coll.) stupid or unfeeling person.—**m. barcal,** log.—**m. cachizo,** timber fit to be sawed.—**m. de suelo,** beam, joist.—**m. rollizo** = M. BARCAL.—**maderos de cuenta,** main timbers.
maderuelo, *m. dim.* small piece of timber.
madia, *f.* (bot.) oily plant of Chile.
madianita, *n.* & *a.* Midianite.
madrás, *f.* (text.) madras.
madrastra, *f.* stepmother; anything unpleasant.
madraza, *f.* (coll.) too indulgent a mother.
madre, *f.* mother; dam; matron; (coll.) old woman; foundation; origin, source; matrix, womb; bed (of a river); main sewer; main irrigating ditch; mother (of vinegar), lees, dregs; (carp.) main piece, spindle; (naut.) gallows-beam.—**m. de leche,** wet nurse.—**m. política,** mother-in-law.—**salirse de m.,** to exceed, run over; to lose one's self-control.
madrecilla, *f. dim.* MADRECITA; ovary of birds.
madrecita, *m. dim.* little mother, dear mother.
madreclavo, *m.* clove of two years' growth.
madreña, *f.* = ALMADREÑA, wooden shoes.

madreperla, *f.* mother-of-pearl.
madrépora, *f.* madrepore, white coral.
madrepórico, ca, *a.* madreporic.
madrero, ra, *a.* (coll.) attached to one's mother.
madreselva, *f.* (bot.) honeysuckle.
madrigada, *a.* twice-married (woman).
madrigado, da, *a.* practical, experienced; (bull) that has been a sire.
madrigal, *m.* madrigal, lyric poem.
madriguera, *f.* burrow; den, hole.
madrileño, ña. I. *a.* Madrilenian, Madrid. **II.** *n.* Madrilenian, native or inhabitant of Madrid.
madrina, *f.* godmother; bridesmaid; patroness, protectress; prop, stanchion; straps for yoking two horses; (Am.) herd of tamed cattle used as lure for wild cattle; (Venez.) leading animal, usually a mare; (Venez.) small herd.
madrona, *f.* main irrigating ditch; over-indulgent mother.
madroncillo, *m.* strawberry.
madroñal, *m.*; **madroñera,** *f.* grove of madroña trees.
madroñero, *m.* (bot.) madroña, an evergreen tree or shrub.
madroño, *m.* (bot.) madroña; fruit of the madroña; berry-shaped tassel.
madrugada, *f.* dawn; early rising.—**de m.,** at daybreak.
madrugador, ra, *n.* early riser.
madrugar, *vn.* (*pret.* MADRUGUÉ; *subj.* MADRUGUE) to rise early; to anticipate, to be beforehand.
madrugón, *m.* (coll.) very early rising.
maduración, *f.* ripeness, maturity; ripening.
maduradero, *m.* place for ripening fruits.
madurador, ra, *a.* maturing, ripening.
madurante, *a.* maturing, ripening.
madurar. I. *va.* to ripen, mature; to think out; (med.) to maturate. **II.** *vn.* to ripen; to mature; to reach the age of maturity; (med.) to maturate, suppurate; to come to a head.
madurativo, va. I. *a.* maturative. **II.** *m.* anything that matures; inducement.
madurez, *f.* maturity; ripeness; wisdom.
madurillo, lla, *a.* beginning to ripen.
maduro, ra, *a.* ripe; mature; wise, judicious.
maelstrom, *m.* maelstrom.
maesil, *m.* = MAESTRIL.
maesillas, *f. pl.* cords which serve in making passementerie to raise or lower the skeins.
maestoso, sa, *a.* & *adv.* (mus.) maestoso, majestic.
maestra, *f.* teacher, schoolmistress; master's wife in all trades and professions; queen bee; (mason.) guide line.
maestral. I. *a.* pertaining to a grand master of a military order; northwest (wind). **II.** *m.* cell of the queen bee.
maestramente, *adv.* in a masterly manner.
maestrante, *m.* member of a MAESTRANZA.
maestranza, *f.* riding club of noblemen; (artil.) arsenal, armory; (naut.) navy yard; the collection of workmen in an arsenal or navy yard.
maestrazgo, *m.* dignity or jurisdiction of a grand master of a military order.
maestre, *m.* grand master of a military order; (naut.) master of a merchant ship.—**m. de raciones,** purser.
maestrear. I. *va.* to direct, to instruct; to lop; to smooth. **II.** *vn.* (coll.) to domineer, to act the master.
maestresala, *m.* chief waiter and taster.
maestría, *f.* mastery; dignity or degree of a master.
maestril, *m.* (bee keeping) queen cell.
maestrillo, *m. dim.* insignificant schoolmaster.
maestro, tra. I. *a.* masterly; master, great, principal, main; learned, trained. **II.** *m.* master, teacher; expert; master workman; skilled artisan; title of respect in monastic orders; scholastic title; (naut.) mainmast.—**m. albañil,** master mason.—**m. carpintero,** master carpenter.—**m. carpintero de remos,** master oar maker.—**m. de armas,** fencing master.—**m. de capilla,** choir master.—**m. de ceremonias,** master of ceremonies, emcee.—**m. de cocina,** chef.—**m. de escuela,** schoolmaster.—**m. de esgrima,** fencing master.—**m. de obra prima,** shoemaker.—**m. de obras,** master builder.—**m. de taller,** master mechanic.—**m. herrero,** master blacksmith.—**m. pintor,** master painter.—**m. plomero,** master plumber.
magallánico, ca, *a.* Magellanic.
maganel, *m.* (mil.) battering-ram.
maganto, ta, *a.* spiritless, dull, faint, languid.
magaña, *f.* (artil.) honeycomb, flaw in the bore of a gun; (coll.) cunning artifice, trick.
magarza, *f.* (bot.) downy camomile.
magarzuela, *f.* (bot.) stinking camomile.
magdalena, *f.* a kind of biscuit.
magdaleón, *m.* (pharm.) roll of plaster.
magia, *f.* magic; black art, necromancy.—**m. blanca,** or **natural,** white, or natural, magic.—**m. negra,** black magic, black art.
magiar, *n.* & *a.* Magyar.
mágicamente, *adv.* magically.
mágico, ca. I. *a.* magic, magical; marvellous, wonderful. **II.** *n.* magician; sorcerer, sorceress; *f.* magic.
magín, *m.* (coll.) fancy, idea, imagination.
magismo, *m.* magianism.
magisterial, *a.* magisterial.
magisterio, *m.* mastery; mastership; scholastic degree; teachers as a class; (coll.) affected solemnity; (chem.) precipitate.
magistrado, *m.* magistrate; magistracy.
magistral. I. *a.* magisterial, masterly; (eccl.) preaching; (pharm.) magistral. **II.** *m.* (min.) magistral.
magistralía, *f.* (eccl.) preacher's prebendary.
magistralmente, *adv.* magisterially, masterly.
magistratura, *f.* magistracy.
magma, *m.* magma, residue.
magnánimamente, *adv.* magnanimously.
magnanimidad, *f.* magnanimity.
magnánimo, ma, *a.* magnanimous, (U. S., coll.) big-hearted.
magnate, *m.* magnate, grandee.
magnesia, *f.* (chem.) magnesia.
magnesiano, na, *a.* magnesian.
magnésico, ca, *a.* magnesic.
magnesio, *m.* magnesium.
magnesita, *f.* meerschaum.
magneticé, magnetice, *v. V.* MAGNETIZAR.
magnético, ca, *a.* magnetic.—**amplificador m.,** (rad., electron.) magnetic amplifier.—**azimut m.,** magnetic bearing.—**campo m.,** (elec.) magnetic field.—**declinación magnética,** magnetic declination.—**desviación magnética,** (astron.) magnetic amplitude.—**flúido m.,** magnetic fluid.—**fonocaptor m.,** (electron.) magnetic pickup.—**freno m.,** (mech.) magnetic brake.—**fuerza magnética,** (elec.) magnetic force.—**histéresis magnética,** (elec.) magnetic hysteresis or lag.—**memorización magnética,** (electron.) magnetic memory (as in computers).—**mina magnética,** (mil.) magnetic mine.—**pantalla magnética,** magnetic screen or shield.—**polo m.,** magnetic pole.—**resonancia magnética,** (phys.) magnetic resonance.—**rumbo m.,** magnetic course.—**tinta magnética,** magnetic ink.—**torsión magnética,** magnetic twist.—**variación magnética,** magnetic variation.
magnetismo, *m.* magnetism.—**m. remanente,** (phys.) remanence (residual magnetism).—**m. terrestre,** terrestrial magnetism.
magnetita, *f.* (min.) magnetite.
magnetizable, *a.* magnetizable.
magnetización, *f.* magnetization.
magnetizador, ra, *n.* & *a.* magnetizer(-ing); hypnotizer(-ing).
magnetizar, *va.* (*pret.* MAGNETICÉ; *subj.* MAGNETICE) to magnetize; to hypnotize.
magneto, *m.* or *f.* magneto.

magnetoelasticidad, *f.* magnetoelasticity.
magnetoelectricidad, *f.* magnetoelectricity.
magnetoeléctrico, ca, *a.* magnetoelectric.
magnetofónico, ca, *a.* magnetophonic, recording (as tape).
magnetófono, *m.* (phys.) magnetophone; tape recorder, magnetic recorder.
magnetografía, *f.* magnetography.
magnetógrafo, *m.* (phys.) magnetograph.
magnetograma, *m.* magnetogram.
magnetoiónico, ca, *a.* magnetoionic.
magnetología, *f.* magnetology.
magnetomecánica, *f.* magnetomechanics.
magnetometría, *f.* magnetometry.
magnetómetro, *m.* magnetometer.
magnetomotriz, *a.* magnetomotive.
magnetón, *m.* (phys.) magneton.
magnetoquímica, *f.* magnetochemistry.
magnetoscopia, *f.* magnetoscopy.
magnetoscopio, *m.* (phys.) magnetoscope.
magnetostática, *f.* magnetostatics.
magnetotérmico, ca, *a.* magnetothermal.
magnetrón, *m.* (phys.) magnetron.
magnicidio, *m.* assassination of a public figure.
magnificable, *a.* magnifiable.
magnificación, *f.* magnification.
magníficamente, *adv.* magnificently.
magnificar, *va.* to magnify, extol, exalt.
magníficat, *m.* (eccl.) Magnificat.
magnificencia, *f.* magnificence, grandeur, gorgeousness, splendor.
magnificentísimo, ma, *a. super.* of MAGNÍFICO: most magnificent.
magnífico, ca, *a.* magnificent; excellent.
magnitud, *f.* magnitude; quantity.
magno, na, *a.* great; grand.
magnolia, *f.* (bot.) magnolia.
mago, ga. I. *a.* Magian. **II.** *n.* magus; magician, necromancer, wizard.—*pl.* magi.
magostar, *vn.* to roast (chestnuts) at a picnic.
magosto, *m.* picnic and chestnut roast.
magra, *f.* rasher, slice of ham.
magrez, *f.* thinness, leanness.
magro, gra. I. *a.* meager, lean. **II.** *m.* lean slice of pork.
magrura, *f.* = MAGREZ.
magua, *f.* (Cuba) jest, joke.
magüer, magüera, *conj.* (obs.) although.
magüeto, ta, *n.* young steer or heifer.
maguey, *m.* (bot.) maguey.
maguillo, *m.* wild apple tree.
magujo, *m.* (naut.) ravehook.
magulladura, *f.* bruise, contusion.
magullamiento, *m.* bruising; contusion.
magullar, *va.* to bruise, to mangle.
maguntino, na, *a.* of Mainz or Mayence.
maharajá, *m.* maharaja.
maharrana, *f.* fresh bacon.
mahometano, na; mahomético, ca, *n.* & *a.* Mohammedan.
mahometismo, *m.* Mohammedanism.
mahometista, *n.* Mohammedan.
mahometizar, *vn.* to Mohammedanize.
mahón, *m.* nankeen, kind of light cotton goods.
mahona, *f.* Turkish transport vessel.
mahonesa, *f.* mayonnaise.
maicillo, *m.* (Am.) heavy or coarse sand.
maído, *m.* = MAULLIDO, mewing.
maillechort, *m.* white metal.
maimón, *m.* monkey.—*pl.* soup made with oil.
maimona, *f.* spindle beam of a horse mill.
maimonetes, *m. pl.* (naut.) belaying pins.
maimonismo, *m.* doctrine of Maimonides.
maitinante, *m.* priest with matinal duties.
maitines, *m. pl.* (eccl.) matins.
maíz, *m.* (bot.) maize, Indian corn.—**m. machacado,** hominy.
maizal, *m.* Indian-corn field.
majá, *m.* (Cuba) a thick-bodied snake.
majada, *f.* sheepcote, sheepfold; dung.
majadal, *m.* good pasture ground for sheep; land improved by the manure of a flock.
majadear, *vn.* (of sheep) to take shelter for the night; to manure.
majadería, *f.* foolish speech or act.
majaderico, *m.* old-fashioned trimming.
majaderillo, lla. I. *a. dim.* rather peevish and bothersome. **II.** *m.* bobbin for lace.
majadero, ra. I. *a.* silly; peevish; obtrusive. **II.** *m.* whippersnapper; bore; pestle, pounder.—*pl.* bobbins for making lace.
majador, ra, *n.* pounder, bruiser.
majadura, *f.* pounding or bruising.
majagranzas, *m.* (coll.) stupid bore.
majagua, *f.* (Am.) (bot.) a tree of the linden family.
majal, *m.* school of fishes.
majamiento, *m.* = MAJADURA.
majano, *m.* heap of stones as a landmark.
majar, *va.* to pound, bruise, break in a mortar; (coll.) to importune, vex, annoy.
majarete, *m.* (Cuba) corn pudding.
majencia, *f.* (coll.) = MAJEZA.
majestad, *f.* majesty.
majestuosamente, *adv.* majestically, grandly.
majestuosidad, *f.* majesty, dignity.
majestuoso, sa, *a.* majestic, grand.
majeza, *f.* (coll.) spruceness, gaudiness.
majo, ja. I. *a.* gay, spruce, gaudily attired, showy, handsome, pretty. **II.** *n.* beau, belle.
majolar, *m.* grove of white hawthorns.
majorca, *f.* (arch.) spindle-shaped baluster; ear of corn.
[1]**majuela,** *f.* shoe lacing.
[2]**majuela,** *f.* fruit of the white hawthorn.
majuelo, *m.* (bot.) new vine; white hawthorn.
mal. I. *a. contr.* of MALO; used only before masculine substantives (as *de mal genio,* bad-tempered). **II.** *m.* evil; harm, injury; malady, ailment, illness, disease, complaint; imperfection, fault; wrong, evil (*el bien y el mal,* right and wrong, good and evil).—**m. caduco** or **de corazón,** (med.) epilepsy.—**m. de la tierra,** homesickness.—**m. del pinto,** (med.) yaws.—**m. de ojo,** evil eye.—**m. de ojos,** eyesore.—**m. de piedra,** (med.) lithiasis, stone, calculus (gen. kidney).—**m. de San Lázaro,** (med.) elephantiasis.—**del m. el menos,** the lesser of two evils.—**hacer m.,** to do evil, to injure; to be injurious.—**no hay m. que por bien no venga,** everything is for the best. —**por m. de mis pecados,** to my sorrow, unluckily for me. **III.** *adv.* badly; wrongly; deficiently; wickedly; hardly.—**m. de fortuna,** or **de recurso,** short of funds, in a bad financial situation.—**m. de su grado,** unwillingly.—**¡m. haya!** confound it! confound (the man, thing, etc.)!.—**m. hecho,** badly done, ill-finished; unjust; wrong.—**m. por m.,** for want of something better.—**m. que bien,** willingly or unwillingly; rightly or wrongly.—**m. que le pese,** in spite of him, however much he may regret it.—**de m. en peor,** from bad to worse. —**estar m. de,** to be badly off, in a bad way (as *estar mal de salud,* to be in bad health; *estar mal de dinero,* to be badly in need of money).—**hacer mal,** to do wrong, act wrongly.
[1]**mala,** *f.* mail, post.
[2]**mala,** *f.* = MALILLA, manilla, a card game.
malabarismo, *m.* juggling.
malabarista, *n.* juggler.
malacate, *m.* hoisting machine.
malacia, *f.* (med.) depraved appetite.
malacología, *f.* malacology.
malacológico, ca, *a.* malacologic.
malaconsejado, da, *a.* ill-advised.
malacostumbrado, da, *a.* having bad habits; spoiled.
malacuenda, *f.* bagging, sacking; oakum, tow.
malagana, *f.* (coll.) faintness, dizziness.
malagaña, *f.* pole set up with dry furze to catch bees swarming.
malagradecido, da, *a.* (Am.) ungrateful.
malagueño, ña. I. *a.* of or pertaining to Malaga. **II.** *f.* popular song of Malaga.
malagueta, *f.* (bot.) grains of Paradise.

malamente, *adv.* badly; poorly; wrongly.
malandante, *a.* unfortunate, unhappy.
malandanza, *f.* misfortune, misery.
malandar, *m.* wild hog.
malandrín. I. *a.* malign, perverse. **II.** *m.* rascal, scoundrel.
malanga, *f.* (Am.) (bot.) arum.
malaquita, *f.* (min.) malachite.
malar, *a.* (anat.) malar, pert. to the cheek.
malaria, *f.* (med.) (Am.) malaria.
malárico, ca, *a.* malarial.
malariólogo, ga, *n.* malariologist.
malasio, sia. I. *n.* & *a.* Malaysian. **II.** *f.* (M.) Malaysia.
malato, *m.* (chem.) malate.
malavenido, da, *a.* querulous, faultfinding.
malaventura, *f.* calamity, misfortune.
malaventurado, da, *a.* unfortunate, ill-fated.
malaventuranza, *f.* infelicity, unhappiness.
malayo, a, *n.* & *a.* Malay, Malayan.
malbaratado, da, *a.* undersold; misspent.
malbaratador, ra, *n.* spendthrift, squanderer.
malbaratar, *va.* to squander; to undersell.
malbaratillo, *m.* second-hand shop.
malcarado, da, *a.* grim-faced, foul-faced.
malcasado, da, *a.* undutiful (spouse).
malcasar. I. *va.* to mismate in marriage. **II.** *vr.* to be mismated in marriage.
malcaso, *m.* treason, wrongful act.
malcocinado, *m.* tripe, liver, and lights of mutton or lamb; place where tripe is sold.
malcomer, *va.* to eat poorly.
malcomido, da, *a.* underfed.
malconsiderado, da, *a.* inconsiderate.
malcontentadizo, za, *a.* hard to please, faultfinding.
malcontento, ta. I. *a.* discontented, malcontent. **II.** *m.* malcontent; grumbler; a card game.
malcorte, *m.* transgression of forest laws.
malcriado, da, *a.* ill-bred, rude, uncivil; spoiled.
malcriar, *va.* to spoil (a child).
maldad, *f.* wickedness, iniquity; badness.
maldecido, da, *a.* wicked, depraved.
maldecidor, ra, *n.* defamer, backbiter.
maldecir, *va.* (*pp.* MALDECIDO, MALDITO; *gerund.* MALDICIENDO; *ind. pres.* yo MALDIGO, él MALDICE, *pret.* MALDIJE, *fut.* MALDECIRÉ, (obs.) MALDIRÉ; *subj. pres.* MALDIGA, *pret. imp.* MALDIJERA, MALDECIRÍA, MALDIJESE) to damn, curse, accurse; to defame, backbite.
maldiciente, *n.* & *a.* curser(-ing); defamer(-ing).
maldición, *f.* malediction, curse; damnation.
maldigo, maldiga, maldije, *v. V.* MALDECIR.
maldispuesto, ta, *a.* indisposed; unwilling.
maldita, *f.* (coll.) tongue.—**soltar la m.,** (coll.) to give a loose rein to one's tongue.
maldito, ta. I. *pp. irreg. of* MALDECIR. **II.** *a.* perverse, wicked; damned, accursed; (coll.) little, none, not one, nary.—**m. lo que me importa,** little do I care!.—**no sabe maldita la cosa,** nary a thing does he know.
maleabilidad, *f.* malleability.
maleable, *a.* malleable.
maleador, ra, *a.*; **maleante,** *a.* & *n.* rogue(-ish), villain(-ous), corrupter(-ing).
malear, *va.* to pervert, corrupt; injure, harm.
malecón, *m.* dike, levee, mole.
maledicencia, *f.* slander, calumny, obloquy.
maleficencia, *f.* malignity, wrongdoing.
maleficiar, *va.* to harm; to bewitch, spellbind.
maleficio, *m.* spell; witchcraft, charm.
maléfico, ca, *a.* maleficent; harmful; spellbinding.
maleína, *f.* (vet.) mallein.
malejo, ja, *a. dim.* of MALO: rather bad.
malentendido, *m.* (Gal.) misunderstanding.
malentrada, *f.* fee paid by a new prisoner.
maleolar, *a.* (anat.) malleolar.
maléolo, *m.* (anat.) malleolus.
malestar, *m.* malaise, indisposition.
maleta, *f.* valise, travelling bag, suitcase; (Am.) bundle (of clothes).—**hacer la m.,** to pack one's bag, suitcase; (coll.) to make preparations for a journey.
maletero, *m.* valise maker or seller.
maletín, *m. dim.* small valise or case, overnight bag.—**m. de grupa,** (mil.) saddlebag.
maletón, *m. aug.* large satchel.
malevolencia, *f.* malevolence, ill will.
malévolo, la, *a.* malevolent, malignant.
maleza, *f.* weeds; underbrush; brake, thicket, coppice.
malformación, *f.* malformation.
malfuncionamiento, *m.* malfunction.
malgache, *n.* & *a.* Malagasy.
malgastado, da, *a.* misspent, wasted, squandered.
malgastador, ra, *n.* spendthrift, squanderer.
malgastar, *va.* to misspend, waste, squander.
malhablado, da, *a.* foul-mouthed.
malhadado, da, *a.* wretched, unfortunate.
malhecho, cha. I. *a.* ill-shaped, malformed. **II.** *m.* evil deed, misdeed.
malhechor, ra, *n.* malefactor.
malherido, da, *a.* & *pp.* badly wounded.
malherir, *va.* (*ger.* MALHIRIENDO; *ind. pres.* MALHIERO, *pret.* él MALHIRIÓ; *subj.* MALHIERA) to wound badly.
malhojo, *m.* vegetable refuse.
malhumorado, da, *a.* ill-humored, peevish.
Malí, *m.* Mali.
malicia, *f.* malice, malignity, maliciousness; suspicion, apprehension; shrewdness, smartness; cunning, dissimulation.—**tener m.,** to be cunning or shrewd; to suspect, be suspicious.
maliciar, *va.* to suspect; to injure, harm.
maliciosamente, *adv.* maliciously; suspiciously.
malicioso, sa, *a.* malicious; wicked, knavish; suspicious.
málico, ca, *a.* (chem.) malic.
maliense, *n.* & *a.* Malian.
malignamente, *adv.* malignantly, malevolently.
malignante, *n.* & *a.* maligner(-ing).
malignar. I. *va.* to vitiate, corrupt, deprave. **II.** *vr.* to become sore; to grow worse.
malignidad, *f.* malignity, perversity.
maligno, na, *a.* malign, malignant, perverse.
malilla, *f.* manilla, a card game.
malintencionado, da, *a.* ill-disposed.
malmandado, da, *a.* disobedient; obstinate.
malmeter, *va.* to waste, misspend; to induce to evil; to estrange.
malmirado, da, *a.* disliked; inconsiderate.
malo, la, *a.* bad; evil; wicked; licentious, dissolute; naughty, mischievous; ill, sick; difficult, hard; cunning, artful.—**m. del (de la),** sick with, having a sore (throat, eye, etc.), suffering from a bad (throat, liver, etc.).—**a malas,** on bad terms; in an unfriendly way.—**de malas,** unlucky; with an evil intention.—**el m.,** the Evil One.—**lo m. es que,** the worst of it is that, the trouble is that.—**por malas o por buenas,** willingly or by force.
malogramiento, *m.* failure.
malograr. I. *va.* to waste, lose, miss (as time or opportunity). **II.** *vr.* to fail, fall through, come to naught; to have an untimely end.
malogro, *m.* miscarriage, failure; untimely end.
maloja, *f.* (Cuba), cornstalks used for fodder.
malojal, *m.* plantation of MALOJA.
malojero, *m.* seller of MALOJA.
malojo, *m.* (Venez.) = MALOJA.
maloliente, *a.* malodorous, fetid, stinking.
malón, *m.* (Am.) sudden attack by Indians.
malparado, da, *a.* ill-conditioned, impaired, damaged; foiled, worsted.
malparida, *f.* woman who has miscarried.
malparir, *vn.* to miscarry.
malparto, *m.* abortion, miscarriage.
malpighiano, na, *a.* (anat.) Malpighian (as body, corpuscle, layer, tube, etc.).
malpigiáceo, cea, *a.* (bot.) malpighiaceous.
malpraxis, *f.* malpractice.

malquerencia, *f.* ill will, hatred.
malquerer, *va.* (*ind. pres.* MALQUIERO, *pret.* MALQUISE, *fut.* MALQUERRÉ; *subj.* MALQUIERA) to dislike, have a grudge against.
malqueriente, *n.* one who dislikes another.
malquistar. I. *va.* to estrange; to create prejudice against.—**m. a uno con,** to set . . . against one. **II.** *vn.* to incur dislike, bring dislike or unpopularity on one, make oneself unpopular.
malquisto, ta, *a.* disliked, unpopular.
malrotador, ra, *n.* squanderer, spendthrift.
malrotar, *va.* to misspend, lavish, squander.
malsano, na, *a.* unhealthy, sickly, infirm; unhealthful, unwholesome, noxious.
malsín, *m.* talebearer, backbiter.
malsonante, *a.* offensive to pious ears.
malsufrido, da, *a.* impatient, unresigned
malta, *f.* malt; (Chile) high-quality beer.
maltasa, *f.* (biochem.) maltase.
maltés, tesa, *n.* & *a.* Maltese.
maltosa, *f.* (chem.) maltose.
maltrabaja, *n.* (coll.) idler, lounger.
maltraer, *va.* (*ger.* MALTRAYENDO; *ind. pres.* MALTRAIGO, *pret.* MALTRAJE; *subj.* MALTRAIGA) = MALTRATAR.
maltratamiento, *m.* ill treatment; rough usage.
maltratar, *va.* to treat ill, abuse, maltreat; to use roughly; to spoil, destroy.
maltrato, *m.* = MALTRATAMIENTO.
maltrecho, cha, *a.* in bad condition, damaged; badly off, battered.
maltusiano, na, *n.* & *a.* Malthusian.
maltusianismo, *m.* Malthusianism.
maluco, ca; malucho, cha, *a.* (coll.) rather bad, baddish; sickish, ailing somewhat.
malva, *f.* (bot.) mallow.—**ser como una m.,** to be meek and obedient.
malváceo, cea, *a.* (bot.) malvaceous.
malvacía, *f.* (bot.) malvasia (grape); malmsey (wine).
malvadamente, *adv.* wickedly, perversely.
malvado, da. I. *a.* wicked, fiendish, nefarious. **II.** *m.* wicked man, villain, knave.
malvar, *m.* place covered with mallows.
malvasía, *f.* (bot.) malvasia; malmsey wine.
malvavisco, *m.* (bot.) marsh mallow.
malveína, *f.* (chem.) mauveine (violet dye).
malvender, *va.* to sell at a loss, to sacrifice.
malversación, *f.* malversation.
malversador, ra, *n.* one who misapplies funds.
malversar, *va.* to misapply (funds).
malvezar, *va.* & *vr.* to fall into bad habits.
malvís, malviz, *m.* (ornith.) redwing.
malla, *f.* mesh (of a net); coat of mail; (naut.) network.—**m. de alambre,** wire netting, wire mesh.—**m. de baño,** bathing suit.
mallar. I. *vn.* to make network. **II.** *va.* to arm with a coat of mail.
mallero, *m.* netmaker; armorer.
mallete, *m.* gavel, mallet.—*pl.* (naut.) partners.
malleto, *m.* beating maul in paper mills.
mallo, *m.* mallet; pall-mall, game of bowls; mall, bowling green.
mallorquín, na, *a.* of or pertaining to Majorca.
mamá, *f.* mamma, mummy.
mama, *f.* mammary gland, breast; mamma.
mamacallos, *m.* (coll.) dolt, simpleton.
mamacona, *f.* religious virgin among the ancient Peruvians.
mamada, *f.* (coll.) act of sucking, suckling; amount that a child takes in suckling.
mamadera, *f.* breast pump.
mamador, ra, *n.* sucking, suckling; nursing bottle.
mamalogía, *f.* (zool.) mammalogy.
mamalón, *m.* (Cuba) idler, sponger, parasite.
mamandurria, *f.* (Am., pol., coll.) sinecure, job with salary and no work.
mamante, *a.* sucking, suckling.
mamantón, na, *a.* suckling (animal).
mamar, *va.* & *vn.* to suck, suckle; (coll.) to cram and devour (food); (coll.) to get, obtain.
mamario, ria, *a.* mammary.
mamarrachada, *f.* (coll.) collection of grotesque figures; (art) daub.
mamarrachista, *m.* (art) dauber.
mamarracho, *m.* grotesque figure or ornament; (art) daub.
mambla, *f.* mound; small peak, knoll.
mambo, *m.* (mus.) mambo.
mameluco, *m.* Egyptian soldier; (coll.) dolt, simpleton; (Am.) overalls; (Am.) children's nightdress; (Am.) half-breed.
mamella, *f.* mammillated protuberance in the neck of goats.
mamellado, da, *a.* mammillate, mammillated.
mamey, *m.* (bot.) mamey, mammee.
mamífero, ra. I. *a.* mammalian. **II.** *m. pl.* mammals, Mammalia.
mamila, *f.* woman's breast round the nipple; mamilla in men.
mamilado, da, *a.* mammilate, mammilated.
mamilar, *a.* mamillary.
mamola, *f.* chuck under the chin.
mamón, na, *m.* & *f.* suckling; child that sucks, suckles too much; (bot.) shoot, sucker; (W. I.) genip tree.
mamoncillo, *m.* (W. I.) honeyberry.
mamoso, sa. I. *a.* sucking, suckling. **II.** *m.* a variety of panic grass.
mamotreto, *m.* memorandum book; (coll.) bulky book or bundle of papers.
mampara, *f.* screen; fire screen.
mamparo, *m.* (naut.) bulkhead.—**mamparos de quita y pon,** (naut.) ship and unship bulkheads.
mampernal, manpirlán, *m.* wooden guard on steps of a staircase while building.
mampostear, *va.* to build with masonry.
mampostería, *f.* masonry (gen. app. to stone masonry).—**m. concertada,** rubble masonry, rubblework.—**m. de sillares,** ashlar masonry. —**m. en seco,** dry masonry (without mortar).
mampostero, *m.* (mason.) roughsetter.
mampresar, *va.* to begin to break in (horses).
mampuesta, *f.* (mason.) course.
mampuesto. I. *a.* overlapping. **II.** *m.* parapet; (Am.) rest or support for a firearm in taking aim; (mason.) rubble.—**de m.,** extra; from a sheltered position.
mamujar, *va.* to suck, suckle unsteadily.
mamullar, *va.* to eat or chew as if sucking at the breast; (coll.) to mutter, mumble.
mamut, *m.* (paleontol.) mammoth.
maná, *m.* manna.
[1]**manada,** *f.* flock; herd; drove; large number.—**a manadas,** in troops or crowds.
[2]**manada,** *f.* handful.
[1]**manadero, ra. I.** *a.* springing, issuing. **II.** *m.* source, spring; (in oil fields) place where seepage occurs.
[2]**manadero,** *m.* shepherd, herdsman.
manadilla, *f. dim.* small flock.
manante, *a.* proceeding, issuing.
manantial. I. *a.* flowing, running. **II.** *m.* spring, source, origin.
manantío, a, *a.* flowing, running.
manar, *vn.* to issue, flow out; to ooze; to abound.
manare, *m.* (Venez.) sieve for yucca starch.
manatí, manato, *m.* (zool.) manatee, seacow; whip made of the manatee's hide.
manaza, *f. aug.* large hand.
mancamiento, *m.* want, lack, deficiency; maimed condition; defect.
mancar, *va.* to maim, lame, cripple, disable.
manceba, *f.* mistress, concubine.
mancebete, *m. dim.* of MANCEBO.
mancebía, *f.* brothel, bawdyhouse.
mancebo, *m.* youth, young man; bachelor; shopman, shopboy, clerk.
mancera, *f.* plowtail, plow handle.
mancerina, *f.* saucer with holder for chocolate cup.
mancilla, *f.* spot, stain, blemish.
mancillar, *va.* to spot, stain, soil.

mancipación, *f.* (law) mancipation.
mancipar, *va.* to subject, enslave, mancipate.
manco, ca. I. *a.* handless; one-handed; armless; maimed; defective, faulty, imperfect. **II.** *n.* armless, handless or one-handed person.
mancomún, *m.*—**de m.,** jointly, in common.
mancomunadamente, *adv.* conjointly.
mancomunar, *va.* & *vr.* to associate, unite, combine; to pool (resources, etc.); (law) to make two or more persons pay jointly the costs of a lawsuit.
mancomunidad, *f.* union, fellowship, community.
mancornar, *va.* (*ind.* MANCUERNO; *subj.* MANCUERNE) to twist the neck of (a steer, etc.) and hold down on the ground with the horns downward; to join, to couple.
mancuerda, *f.* each turn of the rack bars.
mancuerna, *f.* pair tied together; thong for tying two steers; (Cuba) tobacco stem with two leaves; (P. I.) pair of convicts chained together.—*pl.* (Mex.) cufflinks.
mancuerno, mancuerne, *v. V.* MANCORNAR.
mancha, *f.* stain, spot, blot; stigma; patch of ground or vegetation; (astr.) sun spot.
manchadizo, za, *a.* easily stained.
manchado, da. I. *pp.* of MANCHAR. **II.** *a.* spotted, speckled.
manchar, *va.* to stain, soil; to foul, pollute; to tarnish, defile; (art) to speckle, daub; to darken, to cloud.—**m. papel,** to scribble.
manchego, ga, *a.* of or pertaining to La Mancha.
manchita, *f. dim.* small stain.
manchón, *m. aug.* large blot or stain; patch where vegetation is thickest.
manchú, *n.* & *a.* Manchu(-rian).
manchuela, *f.* = MANCHITA.
manchuriano, na, *n.* & *a.* = MANCHÚ.
manda, *f.* offer, proposal; legacy, bequest.
mandadero, ra, *n.* porter, messenger; errand boy or girl.—*f.* = DEMANDADERA, messenger (in convent).
mandado, da. I. *pp.* of MANDAR. **II.** *a.*—**bien m.** = BIENMANDADO, obedient, well-behaved. —**mal m.** = MALMANDADO, disobedient, badly-behaved. **III.** *m.* mandate, order, command; errand.
[1]**mandamiento,** *m.* order, command; (eccl.) commandment; (law) writ; mandamus.—*pl.* **mandamientos de la ley de Dios,** Ten Commandments.
[2]**mandamiento,** *m.* (coll.) the five fingers of the hand.
mandante. I. *a.* commanding. **II.** *n.* (law) constituent, mandator.
mandar. I. *va.* & *vn.* to command, order, direct, decree; to will, leave, bequeath; to send, transmit; to offer, promise; (foll. by *inf.*) to order, have (foll. by *pp.*: *él mandó escribir la carta,* he ordered, or had, the letter written).—**m. decir,** to send word. **II.** *vr.* to communicate (as rooms); (of patients) to move about unaided; to go from one room to another.
mandarín, *m.* mandarin; (coll.) petty official.
mandarina, *f.* Mandarin, the polished Chinese language; mandarin orange.
mandarria, *f.* iron maul, sledge hammer.
mandatario, *m.* (law) attorney, agent; mandatary.
mandato, *m.* mandate; command, injunction, order, charge; (law) mandate, contract of bailment; (eccl.) maundy.
mandíbula, *f.* jawbone; jaw.
mandibulado, da, *a.* mandibulate.
mandibular, *a.* mandibular.
mandil, *m.* leather or coarse apron; fine-mesh fishing net; cloth for cleaning horses.
mandilandinga, *f.* knavish deed, mean trick.
mandilar, *va.* to wipe (a horse) with a cloth.
mandilejo, *m. dim.* small apron.
mandilete, *m.* (fort.) door of a porthole.
mandilón, *m.* (coll.) coward.
mandinga. I. *n.* & *a.* Mandinga (Sudan Negro). **II.** *m.* (Am.) the Devil.
mandioca, *f.* (bot.) manioc, cassava; tapioca.
mando, *m.* command, power, dominion; control; (quality) leadership (also **espíritu de m.**).—**m. a distancia,** remote control.—**m. de aire comprimido,** pneumatic control.—**m. de bombardeo,** bomber command.—**m. de velocidad constante,** fixed speed drive.—**m. doble,** dual control.—**m. por junta Cardan,** universal joint drive.—**m. principal,** primary control.
mandoble, *m.* two-handed blow with a sword; severe reprimand.
mandolina, *f.* (Am.) = BANDOLÍN, mandolin.
mandón, na. I. *a.* imperious, domineering. **II.** *n.* imperious, haughty person; (min.) boss or foreman.
mandrachero, *m.* keeper of a gaming table.
mandracho, *m.* gambling house.
mandrágora, *f.* (bot.) mandrake.
mandria, *a.* & *m.* coward(-ly), poltroon.
[1]**mandril,** *m.* (zool.) mandrill, baboon.
[2]**mandril,** *m.* (mech.) mandrel, chuck, spindle of a lathe.—**m. ahorguillado,** fork chuck.—**m. autocentrante,** self-centering chuck.—**m. magnético,** magnetic chuck.—**m. universal,** combination chuck, faceplate.
mandrón, *m.* stone ball used as a missile.
manducación, *f.* (coll.) chewing.
manducar, *va.* (coll.) to chew.
manducatoria, *f.* (coll.) eatables, grub, eats.
manea, *f.* hobble (for horses).
manear, *va.* to hobble (a horse).
manecica, ita, *f. dim.* small hand.
manecilla, *f. dim.* small hand; (print.) fist (☛), index; book clasp; hand of a clock or watch.
manejable, *a.* manageable, tractable.
manejado, da. I. *pp.* of MANEJAR. **II.** *a.* (art) handled.
manejar. I. *va.* to manage, wield, handle; to drive, ride, train (a horse); to conduct, govern contrive; to run (an engine, a business); (Am.) to drive (auto). **II.** *vr.* to move about after having been deprived of motion; to behave; to get along, manage.
manejo, *m.* handling; management, conduct; horsemanship, manège; cunning, trick, intrigue, device.—**m. doméstico,** housekeeping.—**manejos de corte,** court intrigues.
maneota, *f.* shackles, hobbles, fetters.
manera, *f.* manner, way, mode; (art) manner, style; fly of trousers; side placket of skirt; quality, class of persons.—*pl.* ways, customs; manners.—**a m. de, a la m. de,** in the style of, like.—**de alguna m.,** in some way, somehow. —**de esa (este) m.,** in that (this) way.—**de mala m.,** botchingly; roughly; gruffly, reluctantly.—**de m. de,** so as to.—**de m. que,** so that, so as to, in such manner as to.—**de ninguna m.,** in no way; by no means, not at all. —**de otra m.,** otherwise.—**de tal m.,** in such a way; so much.—**de todas maneras,** at any rate.—**en gran m.,** in large measure; greatly, to a large extent.—**por m. que,** so then; so that; and so.—**sobre m.,** exceedingly.
manerismo, *m.* mannerism.
manerista, *n.* mannerist.
manero, ra, *a.* (falconry) trained, tame.
manes, *m. pl.* manes, spirits of the dead.
manezuela, *f. dim.* small hand; book clasp; haft or handle.
manfla, *f.* (coll.) concubine; old sow.
[1]**manga,** *f.* sleeve; arm of an axletree; a kind of cloak bag or portmanteau; (water) hose; purse seine; net bag, fish trap; bag strainer, Hippocrates sleeve; body of troops in a line; (eccl.) manga; (naut.) breadth of beam; wind sail; (Mex.) poncho.—*pl.* profits, gains.—**m. de agua,** squall, shower.—**m. de viento,** whirlwind.—**m. marina,** waterspout.—**andar m. por hombro,** to be disorderly (in one's home). —**de m. ancha,** indulgent.—**en mangas de camisa,** in shirt sleeves.—**tener m. ancha,** to be broad-minded.

[2]**manga,** *f.* (bot.) a variety of mango.
mangachapuy, *m.* (bot.) (P. I.) a dipterous tree.
mangajarro, *m.* (coll.) long, ill-shaped sleeve.
mangana, *f.* lasso, lariat.—**manganear,** *va.* (Am.) to lasso.—**manganeo,** *m.* lassoing.
manganato, *m.* (chem.) manganate.
manganesa, manganesia, *f.* (chem.) peroxide of manganese.—**mangan\u00e9sico, ca,** *a.* manganic, containing manganese.
mangan\u00edfero, ra, *a.* (chem.) manganiferous.
manganeso, *m.* (chem.) manganese.
mang\u00e1nico, ca, *a.* (chem.) manganic.
manganilla, *f.* trick, stratagem; long pieced pole.
manganita, *f.* (min.) manganite.
manganito, *m.* (chem.) manganite, manganate.
manganoso, a, *a.* manganous.
mangla, *f.* gum from the rockrose.
manglar, *m.* plantation of mangrove trees.
mangle, *m.* (bot.) mangrove tree.
[1]**mango,** *m.* handle, haft, helve; tiller.—**m. de escoba,** broomstick.—**m. de pluma,** penholder.
[2]**mango,** *m.* (bot.) Indian mango.
mang\u00f3n, na, *n.* retailer; second-hand dealer.
mangonada, *f.* push with the arm.
mangonear, *vn.* (coll.) to wander about, loiter, loaf; to intermeddle; to pry.
mangoneo, *m.* intermeddling, prying.
mangonero, ra, *a.* fond of nosing or prying.
mangorrero, ra, *a.* rough-hafted (knife); worthless, useless.
mangorrillo, *m.* = MANCERA, plowtail.
mangosta, *f.* (zool.) mongoose.
mangost\u00e1n, *m.* (bot.) mangosteen.
mangote, *m.* (coll.) large, wide sleeve; oversleeve.
mangual, *m.* war flail, morning star.
manguardia, *f.* buttress of a bridge.
manguera, *f.* (watering) hose; (naut.) wind sail; waterspout; tarred canvas bucket; (Am.) large corral; tube, sleeve.—**m. de desinflar,** (aer.) deflating sleeve.—**m. de inflar,** (aer.) inflating sleeve.
manguero, *m.* horseman; fireman.
mangueta, *f.* bag syringe; jamb post of a glass door or window; tiebeam; (mech.) lever; neck of a water-closet hopper.
manguita, *f. dim.* small sleeve; sheath, case.
manguiter\u00eda, *f.* furrier's shop.
manguitero, *m.* muff maker, furrier.
manguito, *m.* muff; wristlet, half-sleeve; large coffee cake; oversleeve; (mech.) muff, coupler, collar, sleeve.
man\u00ed, *m.* (Am.) = CACAHUETE, peanut.
man\u00eda, *f.* mania; madness; whim, hobby.
man\u00edaco, ca. I. *a.* maniac, mad, (psych.) manic; whimsical. **II.** *n.* maniac.
man\u00edacodepresivo, va, *a.* (psych.) manic-depressive.
maniatar, *va.* to manacle; to handcuff.
mani\u00e1tico, ca, *a.* = MAN\u00cdACO.
maniblanco, ca, *a.* white-handed; (zool.) white-footed.
manicomio, *m.* insane asylum, madhouse.
manicordio, *m.* (mus.) manichord, clavichord.
manicorto, ta, *a.* illiberal, close-fisted.
manicurista, *n.* = MANICURO.
manicuro, ra, *n.* manicurist. *f.* manicure.
manida, *f.* resort, abode, nest, den.
manido, da. I. *pp.* of MANIR. **II.** *a.* high, gamey (meat).
manifacero, ra, *a.* (coll.) meddlesome.
manifactura, *f.* make; manufacture.
manifestaci\u00f3n, *f.* manifestation, declaration, statement; (public) demonstration; (law) writ resembling habeas corpus.
manifestador, ra, *a.* that manifests.
manifestante, *n.* (public) demonstrator, demonstrant.
manifestar, I. *va.* (*pp.* MANIFESTADO, MANIFIESTO; *ind.* MANIFIESTO; *subj.* MANIFIESTE) to state, declare; to manifest, reveal, show; to tell, let know; (eccl.) to expose (the Eucharist) for public worship. **II.** *vr.* to make a demonstration.
manifiestamente, *adv.* manifestly, obviously.
[1]**manifiesto, manifieste,** *v. V.* MANIFESTAR.
[2]**manifiesto, ta. I.** *pp.* of MANIFESTAR. **II.** *a.* manifest, plain, obvious; overt. **III.** *m.* manifest or manifesto, public declaration; (eccl.) act of exposing the Eucharist; (com.) custom house manifest.—**poner de m.,** to make evident, to show plainly; to make public, expose.
manigua, *f.* (Cuba) thicket, jungle.
manigueta, *f.* haft, handle.—*pl.* (naut.) kevels.
manija, *f.* handle, haft; crank; hobble, fetters; (mech.) ring, brace, clasp, clamp.
manijero, *m.* foreman of a gang of laborers.
manilargo, ga, *a.* having long hands; (Am.) ready to fight, belligerent.
manilense; manile\u00f1o, \u00f1a. I. *n.* native of Manila. **II.** *a.* Manila (as *a.*).
maniluvio, *m.* bath for the hands, as a remedy.
manilla, *f. dim.* small hand; (jewelry) bracelet; manacle, handcuff.
maniobra, *f.* handiwork; operation, procedure; artifice, trick, man\u0153uvring; (mil.) man\u0153uvre; (naut.) working of a ship; gear, rigging, tackle, *pl.* (Ry.) switch-engine work.
maniobrabilidad, *f.* maneuverability.
maniobrable, *a.* maneuverable.
maniobrar, *va.* & *vn.* to do handiwork; (naut. to work a ship; to devise ways and means of effecting anything; (mil.) to man\u0153uvre.
maniobrero, ra, *a.* man\u0153uvring (troops).
maniobrista, *m.* (naut.) skilful naval tactician.
maniota, *f.* hobble (for horses).
manipulaci\u00f3n, *f.* manipulation.
manipulador, ra, *n.* handler, manipulator; *m.* key; *f.* handler (machine).—**m. dactilogr\u00e1fico,** keyboard sender.—**m. telegr\u00e1fico,** telegraph key.
manipulante, *m.* (coll.) administrator, negotiator.
manipular, *va.* to manipulate, handle, manage.
manipuleo, *m.* (coll.) tactful handling, man\u0153uvring.
man\u00edpulo, *m.* (eccl.) maniple; standard; maniple, a division of the Roman legion; (med.) handful.
manique\u00edsmo, *m.* Manicheism.
maniqueo, a, *n.* & *a.* Manichean.
maniquete, *m.* black lace mitten.
maniqu\u00ed, *m.* puppet; manikin; mannequin, model, figure.
manir, *va.* (*defect.: only those forms are used having the letter* **i** *in their terminations*) to keep meat until it becomes gamey.
manirroto, ta, *a.* lavish, prodigal, wasteful.
manita, *f.* (chem.) mannite, mannitol; manna sugar.
manivac\u00edo, c\u00eda, *a.* (coll.) empty-handed.
manivela, *f.* (mech.) crank; crankshaft.—**m. de arranque,** (auto) starting crank or handle.—**m. de disco,** disc crank.
manjar, *m.* food, dish, victuals; tidbit, morsel; recreation, entertainment.—**m. bianco,** dish made of shredded chicken with sugar, milk, and rice flour; blancmange.
manjarejo, *m. dim.* savory dish, tidbit.
manjarria, *f.* (Cuba) driving beam of a canemill.
manjel\u00edn, *m.* carat, diamond weight.
manjolar, *va.* to carry (a hawk).
manjorrada, *f.* abundance of ordinary victuals.
manj\u00faa, *f.* (Am.) a variety of sardine.
manlieva, *f.* taxes collected from house to house.
manlieve, *m.* confidence game; swindle.
mano, *f.* hand; forefoot; foot of cattle after cut off; trunk of an elephant; hand of a clock or watch; pestle; cylindrical stone for grinding cocoa; quire of paper; reprimand; musical scale; first hand at cards; round of any game; power or means of making or attaining something; each time or turn in a work by hand; coat (of paint, varnish, etc.); workmanship, handicraft,

handiwork; (Am.) slight accident, mishap.—**m. a m.**, in friendly coöperation, together; on equal terms, without odds; tête-à-tête.—**m. apalmada**, (her.) stretched palm of the hand.—**m. de gato**, ladies' make-up; (of works of art or literature amended by more able persons than the author) polishing or editing hand.—**m. de obra**, workmanship; labor, labor force.—**m. de obra disponible**, available manpower.—**m. de obra especializada**, skilled labor.—**m. de obra no calificada**, unskilled labor, day laborer.—**m. de santo**, sure cure.—**¡manos a la obra!** bear a hand! to work!.—**manos libres**, perquisites.—**manos limpias**, extra pay or allowance.—**manos muertas**, mortmain, unalienable estate.—**manos puercas**, (coll.) graft, ill-gotten gains.—**m. sobre m.**, idle, doing nothing.—**a la m.**, near, at hand.—**a m.**, by hand; at hand, near by.—**a m. airada**, violently, by force.—**a m. derecha (izquierda)**, on the right- (left-) hand side.—**a m. salva** = A MANSALVA. V. MANSALVA.—**a manos llenas**, liberally, abundantly.—**a una m.**, of one accord.—**bajo m.**, underhandedly.—**dar una m.**, to give, lend, a hand.—**de buena m.**, on good authority.—**de m.** = BAJO M.; hand (as *a.*, as in *rueda de mano*, hand wheel).—**de la m.**, by the hand; hand in hand.—**de manos a boca**, suddenly, unexpectedly.—**de primera m.**, first-hand.—**de segunda m.**, second-hand.—**de una sola m.**, (Arg., Chile) (of street) one-way.—**en manos de**, in the hands, power, of.—**entre manos**, in hand, in the process of carrying on or out.—**estar a mano**, (Am.) (games, actions, etc.) to be even.—**por debajo de m.** = BAJO MANO.—**por su m.**, by oneself, by one's own judgment or authority.

manobra, *f.* raw material.

manobre, *m.* hodman, hodcarrier.

manobrero, *m.* keeper of irrigating ditches.

manojillo, ito, *m. dim.* small bundle or fagot.

manojo, *m.* handful; bunch (of flowers, vegetables, etc.); fagot, bundle.—**a manojos**, abundantly.

manojuelo, *m. dim.* small bunch or bundle.

manolo, la, *n.* Madrilenian of low class, loud in dress and manners.

manométrico, ca, *a.* manometric.

manómetro, *m.* manometer, pressure gauge.

manopla, *f.* gauntlet; coachman's whip; (Am.) brass knuckles.

manosear, *va.* to handle, touch, feel of; to muss, rumple (clothes).—**manoseo**, *m.* handling.

manota, *f. aug.* large, ugly hand.

manotada, *f.*, **manotazo**, *m.* cuff, slap, box; blow with the paw.

manotear. I. *va.* to cuff, buffet. **II.** *vn.* to gesticulate.

manoteo, *m.* gesticulation with the hands.

manotón, *m.* = MANOTADA.

manquear, *vn.* to pretend to be crippled.

manquedad, manquera, *f.* lack of one or both arms or hands; defect, imperfection.

mansalva.—a m., without running any risk, without danger, in a cowardly manner.

mansamente, *adv.* meekly; gently, quietly.

mansarda, *f.* (Gal.) mansard.

mansedumbre, *f.* meekness; tameness.

mansejón, na, *a.* very tame.

mansera, *f.* (Cuba) vat for the cane juice.

mansión, *f.* stay, sojourn; habitation, mansion, abode.—**hacer m.**, to stop over.

mansito, ta. I. *a.* very gentle or tame. **II.** *adv.* = MANSAMENTE.

[1]**manso, sa. I.** *a.* tame; gentle, mild; calm; soft quiet; meek, lamblike. **II.** *m.* bellwether.

[2]**manso**, *m.* (Angl.) manse, farm.

manta, *f.* woollen blanket; travelling rug; poncho; man's shawl, muffler; horse blanket; (Mex.) coarse cotton cloth; tossing blanket or canvas; (fort.) mantelet, movable parapet; thrashing, drubbing; (min.) bag of agave for carrying ore; game of cards resembling OMBRE.—**m. blanca**, bleached cotton.—**m. de algodón**, wadding.—**m. eléctrica**, electric heating pad, electric blanket.—**m. prieta**, unbleached cotton.—**a m. de Dios**, (coll.) copiously, plentifully.

mantalona, *f.* (P. I.) cotton stuff for sails.

mantaterilla, *f.* coarse hempen cloth for horse blankets.

manteador, ra, *n.* tosser (in a blanket).

manteamiento, *m.* tossing in a blanket.

mantear. I. *va.* to toss in a blanket. **II.** *vn.* (of women) to gad, be out too much.

manteca, *f.* lard; fat; pomatum; butter; oily substance of cocoa and other fruits.—**m. de cacao**, cocoa butter.

mantecada, *f.* buttered toast and sugar; a kind of cooky.

mantecado, *m.* biscuit kneaded with lard; French ice cream.

mantención, *f.* = MANUTENCIÓN.

mantecón, *m.* milksop; sweet tooth; dainty person.

mantecoso, sa, *a.* buttery, greasy.

manteísta, *m.* day student.

mantel, *m.* tablecloth; altar cloth.—**levantar los manteles**, to clear the table.

mantelería, *f.* table linen.

manteleta, *f.* mantelet, ladies' shawl.

mantelete, *m.* (eccl.) mantelet; (fort.) mantelet; (her.) mantling.

mantelo, *m.* very wide apron.

mantellina, *f.* a sort of mantilla.

mantenedor, *m.* president of a tournament or contest.

mantener. I. *va.* (*ind. pres.* MANTENGO, *pret.* MANTUVE, *fut.* MANTENDRÉ; *subj.* MANTENGA) to support, provide for, to feed; to maintain, keep up; to continue, persevere in: to pursue; to defend or sustain (an opinion); to keep up (conversation, correspondence). **II.** *vr.* to support oneself, earn one's living; to continue, remain (in one place); (**en**) to remain firm (in), continue (in), adhere (to), hold on (to).—**m.-se firme como un peñón**, to be firm as a rock.

mantengo, mantenga, *v.* *V.* MANTENER.

manteniente, *m.* violent blow with both hands.—**a m.** with all one's might; firmly.

mantenimiento, *m.* maintenance, support, upkeep; subsistence; livelihood, living.

[1]**manteo**, *m.* tossing in a blanket.

[2]**manteo**, *m.* long cloak or mantle; sort of woollen skirt.

mantequería, *f.* dairy, creamery.

mantequero, ra. I. *n.* one who sells butter; dairyman, dairymaid. **II.** *f.* churn; butter dish or bowl.

mantequilla, *f.* butter; hard sauce.

mantequillero, ra. I. *n.* = MANTEQUERO. **II.** *f.* butter bowl.

mantero, ra, *n.* blanket maker or seller; mantua maker.

mantés, sa, *n.* (coll.) rogue, scoundrel.

mantilla, *f.* mantilla; saddlecloth; baby clothes; (print.) blanket; birth present from one prince to another.—**estar en mantillas**, (of work, a negotiation, etc.) to be in the beginning stage; to be ignorant of, not know anything about (a subject).

mantilleja, *f. dim.* small mantilla.

mantillo, *m.* (agr.) humus; rotten, fermented manure.

mantillón, na, *a.* dirty, slovenly.

mantisa, *f.* (math.) mantissa.

manto, *m.* cloak, mantle; large mantilla; robe of state; mantelpiece of a chimney; (min.) layer or stratum.

mantón, *m. aug.* large cloak or mantle; (Cuba) mantilla.

mantuano, na, *n.* & *a.* of or from Mantua.

mantudo, da, *a.* having drooping wings.

mantuve, *v.* *V.* MANTENER.

manuable, *a.* easy to handle, handy.

manual. I. *a.* manual; handy; domestic, homemade; easy; tractable, pliant. II. *m.* manual, handbook; notebook, account book; handle (of an oar); (eccl.) ritual; (com.) old name of the journal.—*pl.* a priest's fees for assisting in the choir.
manualmente, *adv.* manually.
manubrio, *m.* handle, crank.
manucodiata, *f.* (ornith.) bird of paradise.
manuela, *f.* (in Madrid) open hack, carriage.
manuella, *f.* (naut.) capstan bar.
manufactura, *f.* manufacture; manufactured article.
manufacturado, da, *a.* manufactured.
manufacturar, *va.* & *vn.* to manufacture.
manufacturero, ra, *a.* manufacturing.
manumisión, *f.* manumission, freeing.
manumiso, sa, *a.* emancipated; free, disengaged.
manumisor, *m.* (law) liberator.
manumitir, *va.* (*pp.* MANUMITIDO, MANUMISO) to manumit, emancipate.
manuscribir, *va.* & *vn.* to write by hand.
manuscrito, ta, *a.* & *m.* manuscript.
manutención, *f.* maintaining; maintenance, support; protection; conservation.
manutener, *va.* (law) to maintain, support.
manutisa, *f.* (bot.) = MINUTISA, sweet william.
manvacío, a, *a.* = MANIVACÍO, empty-handed.
manzana, *f.* (bot.) apple; block (of houses), city block, square; knob of a sword.
manzanal, manzanar, *m.* apple orchard.
manzanera, *f.* (bot.) wild apple tree.
manzanil, *a.* applelike.
manzanilla, *f. dim.* (bot.) common camomile; knob at the top of coaches, bedsteads, etc.; medium-sized olive; white sherry wine; lower part of the chin; pad, or cushion, of the feet of animals having claws.—**m. fina,** (bot.) golden cotula.—**m. hedionda** = MAGARZUELA, (bot.) camomile.
manzanillo, ito, *m. dim.* (bot.) manchineel, poison tree.
manzanita, *f. dim.* little apple.—**m. de dama** = ACEROLA, fruit of the hawthorn.
manzano, *m.* (bot.) apple tree.
maña, *f.* skill, dexterity, cleverness, knack; cunning, craftiness; tact, care; habit or custom; bundle or bunch (as of hemp or flax).—**darse m.,** to contrive, to manage.
mañana. I. *f.* tomorrow, morrow; morning; (Am.) morning drink.—**de gran m.,** very early.—**de m.,** in the morning; early.—**muy de m.** = DE GRAN M.—**m. mismo,** tomorrow without fail, surely.—**por la m.,** in the morning.—**tomar la m.,** to take an appetizer (drink) before breakfast. II. *adv.* to-morrow; later, in time to come.—**¡hasta m.!** see you tomorrow!
mañanear, *vn.* to rise early.
mañanica, ita, *f.* daybreak.
mañear, *va.* & *vn.* to manage or act with craft and cunning.
mañería, *f.* sterility; feudal right of inheriting from those who died without legitimate succession.
mañero, ra, *a.* clever, dexterous, skilful, artful; handy, easy; meek, tractable.
maño, ña, *n.* brother (sister); dear, darling.
mañoco, *m.* tapioca; Indian-corn meal.
mañosamente, *adv.* neatly, handily, cleverly; tactfully, slickly; craftily.
mañoso, sa, *a.* skilful, handy, clever; tactful, cunning, careful.
mañuela. I. *f.* low cunning, mean trick. II. *n.* artful, cunning person.
mapa. I. *m.* map, chart.—**m. mudo,** outline map with no names on it. II. *f.* (coll.) anything excellent and prominent in its line.—**llevarse la m.,** to excel, to take the prize.
mapache, *m.* (zool.) raccoon.
mapamundi, *m.* map of the world.
mapaná, mapanare, *f.* (Colomb., Venez.) a poisonous snake.
mapurito, *m.* (C. A.) (zool.) skunk.
maque, *m.* (Mex.) sumac lacquer.
maquear, *va.* to lacquer with MAQUE.
maqueta, *f.* mock-up, model.
maqui, *m.* (bot.) maqui (evergreen shrub of Chile); (zool.) lemur.
maquiavélico, ca, *a.* Machiavelian.
maquiavelismo, *m.* Machiavelism.
maquiavelista, *n.* Machiavelian.
maquila, *f.* toll corn; a corn measure (½ CELEMÍN); (C. A.) a unit of weight (about 125 lb.)
maquilar, *va.* to measure and take the miller's toll corn.
maquilero, maquilón, *m.* measurer and receiver of milling toll corn.
maquillaje, *m.* (Gal.) beautifying, making up.
maquillar, *va.* & *vr.* to make up (as for a theatrical role), apply cosmetics.
máquina, *f.* machine, engine; fancy project; admixture of fancy or the supernatural in certain poetical compositions; device, trick; imposing structure, mansion, pile; (coll.) abundancy, lots.—**m. alternativa,** reciprocating engine.—**m. automática,** pushbutton machine.—**m. compuesta,** compound engine.—**m. de cilindro,** reciprocating engine.—**m. de combar** or **ondular,** crimping machine.—**m. de combustión interna,** internal-combustion engine.—**m. de coser,** sewing machine.—**m. de doble efecto,** double-acting engine.—**m. de émbolo,** reciprocating engine.—**m. de escribir,** typewriter.—**m. de fresar,** milling machine.—**m. de hilar algodón,** spinning jenny.—**m. de lavar,** washing machine.—**m. de ordeñar,** milking machine.—**m. de picar carne,** meat chopper.—**m. de sumar,** adding machine.—**m. de tallar engranajes,** gear cutter.—**m. de vapor,** steam engine.—**m. de venta automática,** slot or vending machine.—**m. de votar,** voting machine.—**m. herramienta,** machine tool.—**m. infernal,** infernal machine.—**m. motriz,** prime mover.—**m. neumática,** air pump.—**m. numeradora,** (print.) numbering machine.—**m. térmica,** heat engine.—**a toda m.,** at full speed.
maquinación, *f.* machination.
maquinador, ra, *n.* schemer, plotter.
maquinal, *a.* mechanical.—**maquinalmente,** *adv.* mechanically, unconsciously.
maquinar, *va.* & *vn.* to machinate, scheme, plot, hatch, concoct.
maquinaria, *f.* machinery; applied mechanics.
maquinilla, *f.* clippers.—**m. para cortar el pelo,** clippers.—**m. de seguridad** or **de afeitar,** safety razor.
maquinismo, *m.* mechanization.
maquinista, *n.* engine runner, engineer; machinist; mechanic, mechanician.
mar, *m.* or *f.* sea; flood; large quantity or number.—**m. alta,** rough sea.—**m. ancha,** high seas.—**m. bonanza,** calm sea.—**m. de fondo,** swell.—**m. de través,** sea on the beam.—**m. en leche,** calm sea.—**m. jurisdiccional,** or **territorial,** territorial waters.—**m. llena,** or **plena,** high water.—**alta m.,** high seas, open sea.—**arar en el m.,** to labor in vain.—**baja m.,** low water, ebb tide.—**correr con la mar en popa,** to scud before the sea.—**correr los mares,** to follow the seas.—**de m. a m.,** copiously, excessively; in the extreme of fashion.—**hablar de la m.,** to attempt an impossibility; to speak on an inexhaustible subject.—**la m.,** (coll.) a great quantity or number, a lot, lots.—**meter el m. en pozo,** to attempt the impossible.—**meterse m. adentro,** (in sea bathing) to go beyond one's depth.
marabú, *m.* (ornith.) marabou.
maracure, *m.* (bot.) curare plant.
maragato, ta, *n.* native of a region in Spain called Maragatería.
maraña, *f.* jungle; tangle, entanglement; silk waste and stuff made from it; perplexity, puzzle; fraud, imposition; intrigue, plot.
marañado, da, *a.* entangled, perplexed.

marañero, ra; ñoso, sa, *a.* entangling, ensnaring, perplexing.
marañón, *m.* (Cuba) (bot.) cashew; cashew nut.
marasmo, *m.* (med.) marasmus, wasting away; inactivity, dullness, deadness.
maratón, *f.* (sports) marathon.
maravedí, *m.* maravedi, an old Spanish coin.
maravilla, *f.* wonder, marvel; (bot.) marigold.—**m. de noche,** or **de Indias,** (bot.) marvel of Peru, four-o'clock.—**a las mil maravillas,** wonderfully well.—**a m.,** marvellously.—**por m.,** very seldom.
maravillar. I. *va.* to admire. **II.** *vr.* **(de)** to wonder (at), to marvel.
maravillosamente, *adv.* wonderfully, marvellously.
maravilloso, sa, *a.* wonderful.
marbete, *m.* label, tag, ticket; (Ry.) baggage check; border, fillet.
marca, *f.* mark, stamp, impress; brand; make; sign; standard (of size); gauge or rule for measuring; marker, stencil, label, tag, ticket; (geog.) march, frontier region or province; seamark, landmark.—**m. de fábrica,** trademark.—**de m.,** excellent of its kind.—**de más de m.,** or **de m. mayor,** of high quality, first-class, superior.
marcación, *f.* bearing; taking a ship's bearings.
marcadamente, *adv.* markedly, notably.
marcado, da, *a.* marked.
marcador, ra. I. *n.* & *a.* marker(-ing). **II.** *m.* marker; assay master; index; bookmark.
marcar. I. *va.* (*pret.* MARQUÉ; *subj.* MARQUE) to mark, stamp, impress, brand; to observe, note; (sports) to even up, counter.—**m. el compás,** to beat time, keep time. **II.** *vr.* to determine bearings (of a ship).
marcasita, *f.* (min.) marcasite, white pyrites.
marceador, ra, *n.* & *a.* shearer(-ing).
marcear. I. *va.* to shear. **II.** *vn.* (of weather) to be rough.
marceo, *m.* trimming honeycombs in spring.
marcero, ra. = MARCEADOR.
marcescente, *a.* (bot.) marcescent, withering.
marcial. I. *a.* martial, warlike; frank, unceremonious; (pharm.) martial, chalybeate. **II.** *m.* aromatic powder for dressing gloves.
marcialidad, *f.* martialness; frankness.
marciano, na, *a.* Martian.
marco, *m.* frame, doorcase, window case; picture frame; mark, gold and silver weight; standard (of weight); scantling and length of timber; model, archetype; mark, German coin.
márcola, *f.* pruning hook.
marconigrafía, *f.* wireless telegraphy.
marconigrama, *m.* marconigram, wireless telegram.
marcha, *f.* march; progress, turn, course, run; (naut.) speed; (mus.) march, two-step; movement of a watch; running or functioning; bonfire.—**marchas forzadas,** (mil.) forced marches.—**a largas marchas,** with celerity, speedily.—**apresurar la m.,** to hurry, speed up.—**batir la m.,** to strike up a march.—**¡en m.!** forward march! go on! let's go!—**poner en m.,** to start, put in motion; (fig.) to start, initiate.—**sobre la m., at once, right off, right** away.
marchamar, *va.* to mark at the custom house.
marchamero, *m.* custom house officer who marks goods.
marchamo, *m.* custom house mark on goods.
marchante. I. *a.* mercantile, commercial, trading. **II.** *m.* shopkeeper, dealer; customer, buyer; (Cuba) sharper, trickster.
marchapié, *m.* footboard; (naut.) horse, footrope.
marchar, *vn.* & *vr.* to go; to go away, leave; to walk; to progress, proceed, go ahead; to work, function, run (as a machine); to go, run (as a train, a ship, a clock); to move (as a carriage); to pace (as a horse); (mil.) to march; (naut.) to have speed.
marchitable, *a.* perishable, liable to wither.
marchitamiento, *m.* withering, fading.
marchitar. I. *va.* to wither, fade. **II.** *vr.* to wither, fade, decay; to pine away.
marchitez, *f.* withering, fading.
marchito, ta, *a.* faded, withered.
marea, *f.* tide; beach; soft sea breeze; dew, mizzle; street dirt washed away.—**m. alta,** high tide, high water.—**m. baja,** low tide, ebb.—**m. creciente,** flood tide.—**m. menguante,** ebb tide.—**contra viento y m.,** against all odds; come what may.
mareado, da, *a.* seasick.
mareaje, *m.* navigation, seamanship; course of a ship.
mareamiento, *m.* seasickness.
mareante. I. *n.* navigator, skipper, sailor. **II.** *a.* causing seasickness.
marear. I. *va.* to navigate; to sell; (coll.) to vex importune, bother. **II.** *vr.* to get seasick, car sick; to be damaged at sea.
marecanita, *f.* (min.) marekanite.
marejada, *f.* swell, head sea, surf; commotion, excitement, disturbance.
maremagno, mare mágnum, *m.* (coll.) abundance; confusion, disorder.
maremoto, *m.* ground swell; roller; tidal wave, seismic sea.
mareo, *m.* seasickness; (coll.) vexation.
mareógrafo, *m.* mareograph.
marero, *a.* sea (breeze).
mareta, *f.* (naut.) surge of the sea; growing or decreasing excitement.
maretazo, *m.* dashing of a wave.
márfaga, márfega, *f.* ticking; straw bed.
marfil, *m.* ivory;—**m. vegetal,** ivory nuts.
marfilense, *n.* & *a.* (of the) Ivory Coast.
marfileño, ña, *a.* ivory (as *a.*); ivorylike.
marfuz, *a.* repudiated, rejected; fallacious, deceitful.
[1]**marga,** *f.* marl, loam.
[2]**marga,** *f.* ticking; burlap.
margajita, *f.* (min.) white pyrites.
margal, *m.* marly ground, marlpit.
margallón, *m.* (bot.) palmetto.
margar, *va.* to fertilize with marl.
margarato, *m.* (chem.) margarate.
margárico, ca, *a.* (chem.) margaric (acid).
margarina, *f.* (chem.) margarine.
margarita, *f.* pearl; (bot.) common daisy; marguerite; periwinkle.
margay, *m.* (Am.) (zool.) margay, tiger cat.
margen, *m.* or *f.* margin, border, edge, verge; fringe; marginal note.—**m. de error,** (stat., fig.) margin of error.—**andarse por las márgenes,** to beat about the bush.—**dar m.,** to give an opportunity.
margenar, *va.* = MARGINAR.
marginado, da, *a.* & *pp.* marginated.
marginal, *a.* marginal.
marginar, *va.* to make marginal notes on; to leave a margin on.
margoso, sa, *a.* marly, loamy.
margrave, *m.* margrave.
margraviato, *m.* margraviate.
marguera, *f.* marlpit.
marhojo, *m.* = MALHOJO, vegetable refuse.
maría, *f.* (coll.) white wax taper; old silver coin.
mariache, mariachi, *m.* (Mex.) popular song; street singer.
mariano, na, *a.* (eccl.) Marian.
marica. I. *f. dim.* (ornith.) magpie; knave of diamonds. **II.** *m.* milksop, effeminate man.
Maricastaña, *f.*—**en tiempos de M.,** in the days of yore; long, long ago.
maridable, *a.* conjugal, matrimonial, connubial, marital.—**maridablemente,** *adv.* conjugally.
maridaje, *m.* conjugal bond; intimate connection.
maridar. I. *vn.* to marry; to live as man and wife. **II.** *va.* to unite, join.
maridazo, *m.* (coll.) uxoriousness, excessive fondness for one's wife.

maridillo, *m.* brazier for warming the feet.
marido, *m.* husband.
mariguana, marihuana, *f.* marihuana.
marimacho, *m.* (coll.) virago, mannish woman.
marimanta, *f.* (coll.) bugbear, hobgoblin.
marimba, *f.* a kind of drum used by Negroes of Africa; (Am.) xylophone.
marimoña, *f.* (bot.) = FRANCESILLA, crowfoot.
marimorena, *f.* (coll.) quarrel, row.
marina, *f.* marine, shore, sea coast; (art) marine painting, seascape; seamanship, nautical art. —**m. de guerra,** navy.—**m. mercante,** merchant marine.
marinaje, *m.* seamanship; sailors (collect.).
marinar, *va.* to salt (fish); (naut.) to man (a ship).
marinear, *vn.* to be a mariner.
marinerado, da, *a.* manned, equipped.
marinería, *f.* seamanship; body of seamen; ship's crew.
marinero, ra. I. *a.* ready to sail; seaworthy, seagoing, stanch. **II.** *m.* mariner, seaman, sailor.—**a la marinera,** in a seamanlike manner, shipshape.
marinesco, ca, *a.* pertaining to sailors.—**a la m.,** in a seamanlike manner, shipshape.
marino, na. I. *a.* marine, nautical, sea (as *a.*). **II.** *n.* mariner, seaman.
marión, *m.* (ichth.) sturgeon.
marioneta, *f.* = TÍTERE, puppet, marionette.
maripérez, *f.* servant maid.
mariposa, *f.* (entom.) butterfly; night taper.
mariposear, *vn.* to flit like a butterfly; to be fickle and capricious.
mariquita, *f.* (entom.) ladybug, ladybird.
marisabidilla, *f.* (coll.) bluestocking.
mariscal, *m.* (mil.) marshal; farrier, blacksmith. —**m. de campo,** field marshal.
mariscala, *f.* marshal's wife.
mariscalato, *m.,* **mariscalía,** *f.* marshalship.
mariscar, *vn.* to gather shellfish.
marisco, *m.* any of the Invertebrata, especially a mollusc or a shellfish.
marisma, *f.* marsh, swamp, motass.
marismo, *m.* (bot.) = ORZAGA, mountain spinach.
marisquería, *f.* seafood bar; fish market.
marital, *a.* marital.
marítimo, ma, *a.* maritime, marine, sea (as *a.*).
maritornes, *f.* (coll.) homely, ungainly maid of all work.
marizapalos, *f.* row, fight, disturbance.
marjal, *m.* fen, marsh, moor, moorland.
marjoleta, *f.* = MAJUELA, fruit of the hawthorn.
marjoleto, *m.* (bot.) white hawthorn.
marlota, *f.* a kind of Moorish gown.
marmatita, *f.* (min.) marmatite.
marmella, *f.* = MAMELLA, protuberance on goat's neck.
marmellado, da, *a.* = MAMELLADO, mammillate.
marmita, *f.* kettle, pot, boiler.
marmitón, *m.* scullion, kitchen boy.
mármol, *m.* marble (stone); (art) marble sculpture; (glass making) marver; (print.) imposing stone.
marmolejo, *m. dim.* small marble column.
marmoleño, ña, *a.* marbly.
marmolería, *f.* marblework; marbleworks.
marmolillo, *m. dim.* fender stone; (fig.) unfeeling person.
marmolista, *m.* marbler, sculptor.
marmoración, *f.* = ESTUCO, stucco; plastering.
marmóreo, ea, *a.* marbled, marble (as *a.*).
marmorete, *m.* (print.) vignette, small cut.
marmota, *f.* (zool.) marmot; worsted cap.
maro, *m.* (bot.) germander, marum.
marojo, *m.* (bot.) red-berried mistletoe.
maroma, *f.* rope, cable.
maromero, ra, *n.* tight-rope dancer.
marón, *m.* (ichth.) sturgeon.
marqué, marque, *v. V.* MARCAR.
marqués, *m.* marquis.—**marquesa,** marchioness; marquee.—**marquesado,** *m.* marquisate.
marquesina, *f.* marquee, awning.
[1]**marquesita,** *f.* (min.) marcasite, white pyrites.
[2]**marquesita,** *f.* small armchair.
marquesote, *m.* ancient stiff, high collar; (Mex.) caramel, burnt sugar.
marqueta, *f.* crude cake of wax.
marquetería, *f.* cabinetwork; marquetry, checkered or inlaid work.
marquilla, *f.* demy, a particular size of paper.
marquito, *m. dim.* small frame.
[1]**marra,** *f.* lack, want; defect.
[2]**marra,** *f.* stone hammer.
márraga, *f.* ticking.
marrajo, ja. I. *a.* cunning, artful, wily. **II.** *m.* (ichth.) shark.
[1]**marrana,** *f.* sow, female pig; (coll.) dirty or unprincipled woman.
[2]**marrana,** *f.* axle of a NORIA, water wheel.
marranada, *f.* (coll.) hoggish action; nastiness, filthiness.
marranalla, *f.* rabble.
marranamente, *adv.* piggishly, swinishly.
marrancho, cha, *n.* pig, hog; dirty person.
marranchón, na, *n.* hog (sow).
marranillo, *m.* little pig.
[1]**marrano, na,** *n.* hog; (coll.) dirty or unprincipled person.
[2]**marrano,** *m.* drum of a water wheel; woodwork supporting a well; board to equalize pressure in oil mills.
marrar, *vn.* to deviate from the right; to lack, fail; to miss.
marras, *adv.* (coll.) long ago, long since, whilom.
marrasquino, *m.* maraschino.
marrazo, *m.* mattock.
marrear, *va.* to strike with a stone hammer.
márrega, *f.,* **marregón,** *m.* straw bed.
marrillo, *m.* thick short stick.
marro, *m.* a game resembling quoits; slip or slide of pursued game to avoid capture; miss, failure; catstick for playing tipcat.
[1]**marrón,** *m.* quoit.
[2]**marrón, na,** *a.* (Angl.) maroon, brown.
marroquí, *m.* morocco (leather); also **marroquín, na,** *n.* & *a.* Moroccan.
marrubio, *m.* (bot.) white horehound.
marrueco, ca, *n.* & *a.* Moroccan.
Marruecos, *m.* Morocco.
marrullería, *f.* wheedling, cajolery.
marrullero, ra, *n.* wheedler, coaxer, deceiver.
marsellés, sa. I. *a.* of or pertaining to Marseilles. **II.** *m.* short jacket. **III.** *f.* Marseillaise, French national anthem.
marso, sa, *n.* & *a.* Marsian (one of, or pertaining to, the Marsi).
marsopa, marsopla, *f.* blunt-headed whale.
marsupial, *a.* & *m.* (zool.) marsupial.
marta, *f.* (zool.) pine marten and its fur.
[1]**martagón, na,** *n.* (coll.) shrewd person.
[2]**martagón,** *m.* (bot.) wild lily.
Marte, *m.* (astr.) Mars.
martellina, *f.* marteline, millstone hammer.
martes, *m.* Tuesday.—**m. de carnestolendas,** Shrove Tuesday.
martillada, *f.* blow with a hammer.
martillador, ra, *n.* & *a.* hammerer(-ing).
martillar, *va.* to hammer.
martillazo, *m.* blow with a hammer.
martillejo, *m. dim.* small hammer.
martilleo, *m.* hammering; clatter.
martillo, *m.* hammer; claw hammer; tuning hammer; auction rooms; (anat.) malleus.—**a macha m.,** strongly but roughly made.—**a m.,** with a hammer; by hammering.—**de m.,** (of metals) wrought.
Martín (**San**), *m.* season for killing hogs.—**llegarle a uno su San M.,** every dog has his day.
martín del río, *m.* (ornith.) = MARTINETE.
martín pescador, *m.* (ornith.) kingfisher.
[1]**martinete,** *m.* (ornith.) a heronlike bird and its tuft of white feathers.
[2]**martinete,** *m.* drop hammer; pile driver; hammer of a pianoforte.—**m. basculante,** tilting

hammer.—**m. de fragua,** trip hammer.—**m. para clavar pilotes,** pile driver.
martingala, *f.* breeches worn under armor; stake in the game of monte.
martinico, *m.* (coll.) ghost.
martiniega, *f.* tax payable on St. Martin's day.
mártir, *n.* martyr.
martiricé, martirice, *v. V.* MARTIRIZAR.
martirio, *m.* martyrdom; torture; grief.
martirizador, ra. I. *n.* martyrizer. **II.** *a.* martyrizing; tormenting, agonizing.
martirizar, *va.* (*pret.* MARTIRICÉ; *subj.* MARTIRICE) to martyr; to martyrize; to torment.
martirologio, *m.* martyrology.
marullo, *m.* (naut.) sea wave.
marxismo, *m.* Marxism.
marxista, *n.* & *a.* Marxist.
marzadga, *f.* tax payable in March.
marzal, *a.* pertaining to the month of March.
marzo, *m.* March, third month.
marzoleta, *f.* (bot.) fruit of the hawthorn.
marzoleto, *m.* (bot.) white hawthorn.
[1]**mas,** *m.* farmhouse and stock.
[2]**mas,** *m.* (P. I.) weight for gold and silver (58 grains).
[3]**mas,** *conj.* = PERO, but.—**m. que,** even if; however much.
más. I. *a.* more; most; (math.) plus.—**el signo m.,** the plus sign.—**los m.,** the largest number; the majority; most people. **II.** *adv.* more; most; longer; longest; over, besides, moreover; rather.—**m. adelante,** later on.—**m. allá,** farther on.—**m. bien,** rather.—**m. bien que,** rather than.—**m. de** (of quantity) more than, over.—**m. que,** more than; but only; even if. —**m. tarde o m. temprano,** sooner or later. —**a lo m.,** at most.—**a m.,** besides.—**a m. correr,** with the utmost speed.—**a m. de,** in addition to, besides; besides being.—**a m. tardar,** at the latest.—**a m. y mejor,** greatly, highly, at best; excellently.—**como el que m.,** as (good, well, much) as the best. second to none (often diff. constr.).—**de m.,** over, extra; too much, too many.—**de m. a m.,** besides, moreover.—**en m. (de),** more (than), above, over.—**lo m. antes,** as soon as possible.—**no m.,** not any more; only.—**no m. que,** not more than, only; nothing more than (*no tengo más que dos hijos,* I have only two children; *no vino más que Juan,* only John came, no one came but John; *usted no necesita más que escribir a la casa,* you need only to write to the firm).—**por m. que,** however much; no matter how.—**sin m. acá ni m. allá,** suddenly, without any reason.—**sin m. ni m.,** without much ado, without any to-do.
masa, *f.* dough; (mason.) mortar; (phys.) mass; volume, lump; aggregation, union; crowd of people; nature, disposition.—**las masas,** the masses.
masada, *f.* farmhouse and stock.
masadero, *m.* farmer.
masaje, *m.* massage.
masajista, *n.* massager; *m.* masseur; *f.* masseuse.
masar, *va.* to knead; (med.) to massage.
masato, *m.* (Am.) a flavored drink made with corn or rice and sugar.
mascabado, da, *a.* raw, unrefined (sugar).
mascada, *f.* (Mex.) silk handkerchief.
mascador, ra, *n.* chewer, masticator.
mascadura, *f.* chewing, mastication.
mascar, *va.* (*pret.* MASQUÉ; *subj.* MASQUE) to chew, masticate; (coll.) to mumble.
máscara. I. *f.* mask; mascara.—**m. antigás,** gas mask.—**m. de oxígeno,** oxygen mask.—*pl.* masquerade. **II.** *n.* mask, masquerader.
mascarada, *f.* masquerade, mummery.
mascarero, ra, *n.* dealer in masks.
mascarilla, *f. dim.* half mask; death mask.
mascarón, *m. aug.* hideous mask, (arch.) grotesque face.—**m. de proa,** (naut.) figurehead.
mascota, *f.* (Am.) mascot; good-luck charm.
mascujar, *vn.* (coll.) to masticate with difficulty; to mumble.
masculinidad, *f.* masculinity, manhood.
masculinizar. I. *va.* to make masculine. **II.** *vr.* (of women) to become mannish.
masculino, na, *a.* masculine; male.
mascullar, *va.* to mumble.
masecoral, *m.* sleight of hand, legerdemain.
masejicomar, *m.* = MASECORAL.
masera, *f.* kneading trough; cloth for covering the dough.
masería, masía, *f.* farmhouse.
masetero, *m.* (anat.) masseter.
masica, *f.* (C. A.) breadnut tree.
masicote, *m.* (chem.) massicot.
masiliense, *a.* of Marseilles.
masilla, *f. dim.* little mass; putty; mastic.
masita, *f.* pittance retained for providing a soldier with shoes, etc.
maslo, *m.* root of the tail of quadrupeds.
[1]**masón,** *m. aug.* mess of dough fed to fowls.
[2]**masón,** *m.* Freemason, Mason.
masonería, *f.* Freemasonry.
masónico, ca, *a.* Masonic.
masonismo, *m.* Masonry, Freemasonry.
masoquismo, *m.* (psych.) masochism.
masoquista, *n.* (psych.) masochist.
masovero, *m.* farmer.
masqué, masque, *v. V.* MASCAR.
masterillo, *m. dim.* (naut.) topgallant and royal mast.
mastelero, *m.* (naut.) topmast.—**masteleros de respeto,** spare topmasts.
masticación, *f.* mastication.
masticador, ra. I. *n.* & *a.* masticator(-ing). **II.** *n.* MASTIGADOR; chopper.
masticar, *va.* (*pret.* MASTIQUÉ; *subj.* MASTIQUE) to masticate, to chew; to ruminate, meditate about.
masticatorio, ria, *m.* & *a.* masticatory.
mastigador, *m.* bit for a horse.
mástil, *m.* (naut., radio) mast; upright post of a bed or loom; stanchion; shank of an auger; trunk or stem of a tree; wide breeches worn by Indians; neck (of violin, guitar, etc.).
mastín, *m.* mastiff.—**m. danés,** Great Dane (dog).
mástique, *m.* mastic; mastic tree.
mastiqué, mastique, *v. V.* MASTICAR.
mastitis, *f.* (med.) mastitis.
masto, *m.* stock into which a scion is grafted.
mastodonte, *m.* mastodon.
mastoideo, dea; mastoidal, *a.* = MASTOIDES.
mastoides. I. *a.* mastoid. **II.** *m.* (anat.) mastoid process.
mastoiditis, *f.* (med.) mastoiditis.
mastranto, mastranzo, *m.* round-leaved mi[illegible]
mastuerzo, *m.* dolt, simpleton; (bot.) common cress.
masturbacion, *f.* masturbation.
masturbarse, *vr.* to masturbate.
masurio, *m.* (chem.) masurium.
masvale, *m.* = MALVASÍA.
[1]**mata,** *f.* (bot.) plant; sprig, blade; grove, orchard; mastic tree; head (of hair).—**m. parda,** young evergreen oak.
[2]**mata,** *f.* (min.) matte, regulus, white metal.
[3]**mata,** *f.* = MATARRATA.
matacán, *m.* poison for killing dogs; (bot.) dog's-bane; nux vomica; hare previously hunted; pebble, stone; (fort.) machicolation gallery; deuce of clubs in some card games.
matacandelas, *f.* candle extinguisher.
matacandil, *m.* (prov.) lobster.
matacía, *f.* slaughter, death.
mataco, ca, *n.* (Am.) Chaco Indian; (Am.) (zool.) a kind of armadillo.
[1]**matachín,** *m.* merry-andrew; dance performed by grotesque figures.
[2]**matachín,** *m.* butcher; butcher's knife.
matadero, *m.* slaughterhouse; drudgery.
matador, ra. I. *n.* & *a.* killer(-ing). **II.** *m.* mata-

dor (bullfighter who kills the bull); (card playing) matador.
matadura, *f.* (vet.) sore, gall.
matafuego, *m.* fire extinguisher; fireman.
matagallina, *f.* (bot.) = TORVISCO, daphne.
matahambre, *m.* (Cuba) marzipan.
matahombres, *m.* (entom.) a beetle.
matajudío, *m.* (ichth.) = MÚJOL, mullet.
matalahuga, matalahuva, *f.* = ANÍS, anise.
matalobos, *m.* (bot.) wolfsbane, aconite.
matalón, *m.* old worn-out horse.
matalotaje, *m.* (naut.) ship stores; (coll.) heap, mess, jumble.
matalote, *m.* = MATALÓN.
matancero, ra, *n.* & *a.* of or pertaining to Matanzas, Cuba.
matanza, *f.* slaughter, butchery; hog slaughtering and the season when it is done; swine kept for slaughter; (coll.) obstinacy, eagerness.
matapalo, *m.* (bot.) (Am.) tree yielding caoutchouc and a fibre for sackcloth.
mataperrada, *f.* boy's mischievous prank.
mataperros, *m.* (coll.) street urchin.
matapiojos, *m.* (Am.) dragon fly.
matapolvo, *m.* light rain that just lays the dust.
matapulgas, *f.* (bot.) mint.
matar. I. *va.* to kill; to put out (a light); to extinguish (fire); to slake (lime); to harass, worry, vex; to make (a horse's back) sore by the rubbing of the harness; to mark (cards for cheating); (cards) to beat, top (opponent's card); to mat (metal); (carp.) to bevel, round; (art) to tone down.—**m. a dos pájaros del mismo tiro,** to kill two birds with one stone.—**m. de aburrimiento,** (fig.) to bore to death.—**m. de hambre,** to starve.—**m. el tiempo,** to kill time.—**a mata caballo,** in the greatest hurry.—**estar a m. con,** to be at drawn daggers with.—**mátalas callando,** (coll.) hypocrite, sly dog. **II.** *vr.* to kill oneself; to get killed.
matarife, *m.* slaughterman.
matasanos, *m.* (coll.) quack, charlatan; empiric.
matasellar, *va.* to cancel (stamps), postmark.
matasellos, *m.* post office cancelling stamp.
matasiete, *m.* bully, braggart.
[1]**mate. I.** *a.* mat, dull, lusterless. **II.** *m.* gold or silver sizing; (chess) checkmate.—**m. ahogado,** (chess) stale-mate.—**dar m.,** (chess) to checkmate; (coll.) to make fun of, laugh at (a person).
[2]**mate,** *m.* (bot.) Brazilian holly; maté, Paraguay tea; vessel in which maté is made; gourd.
matear, *vn.* (agr.) to extend and shoot forth (as wheat, etc.); to hunt among the bushes.
matemática, *f.*, **matemáticas,** *f. pl.* mathematics.
matemáticamente, *adv.* mathematically.
matemático, ca. I. *a.* mathematical. **II.** *n.* mathematician.
materia, *f.* matter; material, substance, stuff; subject, topic; subject matter; cause, occasion; (med.) matter, pus.—**m. extraña,** foreign matter.—**m. médica,** materia medica.—**m. prima,** raw material.—**materias de estado,** affairs of state.—**en m. de,** as regards, in the matter of.—**entrar en m.,** to come to the point, get down to business.
material. I. *a.* material; rude, coarse, matter-of-fact. **II.** *m.* ingredient; material, stuff; (print.) copy; (elec. and Ry.) equipment.—**m. de desecho,** salvage.—**m. rodante,** (Ry.) rolling stock.—*pl.* **materiales brutos** or **crudos,** raw material(s).
materialidad, *f.* materiality, corporeity; outward appearance; literalness; (theol.) materiality.
materialismo, *m.* materialism.
materialista, *n.* & *a.* materialist(-ic).
materialización, *f.* materialization.
materializar. I. *va.* to materialize. **II.** *vr.* to become (morally) materialistic.
materialmente, *adv.* materially, corporeally; physically; absolutely.
maternal, *a.* maternal.—**maternalmente,** *adv.* maternally.
maternidad, *f.* maternity.
materno, na, *a.* maternal, motherly; mother (as *a.*).
matero, ra, *n.* maté drinker.
matihuelo, *m.* = DOMINGUILLO, tumbler (toy).
matinal, *a.* (poet.) = MATUTINAL.
matiné, *m.* matinée.
matiz, *m.* tint, hue, shade; blending of colors.
matizado, da, *a.* & *pp.* variegated, many-hued.
matizar, *va.* to variegate, blend (colors); to tint, give a special tint to.
mato, *m.* brake, coppice.
matojo, *m.* bush; (bot.) glasswort; (Cuba) shoot, sucker, tiller.
matón, *m.* (coll.) bully, hector, browbeater.
matorral, *m.* heath, brake; thicket, copse; bush.
matoso, sa, *a.* heathlike; weedy.
matraca, *f.* wooden rattle; (coll.) jest, chaff.—**dar m.,** to banter.
matraquear, *va.* to rattle; to scoff, banter.
matraqueo, *m.* (coll.) rattling noise; banter.
matraquista, *n.* wag, jester, banterer.
matraz, *f.* (chem.) matrass, a glass vessel.
matrería, *f.* shrewdness.
matrero, ra. I. *a.* cunning, sagacious, shrewd. **II.** *m.* artful knave.
matriarca, *f.* matriarch.
matriarcado, *m.* matriarchate.
matricaria, *f.* (bot.) common feverfew.
matricida, *n.* matricide (murderer).
matricidio, *m.* matricide (murder).
matrícula, *f.* register, list; matricula; matriculation.—**m. de mar,** mariner's register.
matriculación, *f.* matriculation.
matriculado, da, *n.* & *a.* matriculate.
matriculador, ra, *n.* matriculator.
matricular. I. *va.* & *vr.* to matriculate, register, enroll. **II.** *vr.* to enter (a contest, etc.).
matrimonesco, ca, *a.* (humor.) matrimonial.
matrimonial, *a.* matrimonial.
matrimonialmente, *adv.* matrimonially.
matrimoniar, *va.* to marry.
matrimonio, *m.* marriage, matrimony; married couple.—**m. de la mano izquierda,** morganatic marriage.
matritense, *n.* & *a.* Madrilenean.
matriz. I. *a.* first, principal, main, parent, chief. **II.** *f.* (anat.) uterus, womb; (mech.) mold, form, matrix, die; original draft of a writing; female screw, nut.
matrona, *f.* matron; midwife.
matronal, *a.* matronal.
maturrango, ga, *n.* (Am., coll.) poor (bad) horseman; clumsy, rough person.
matute, *m.* smuggling; smuggled goods; gambling den.—**matutear,** *va.* to smuggle.
matutero, ra, *n.* smuggler.
matutinal; matutino, na, *a.* matutinal, morning (as *a.*).
maula. I. *f.* frippery, rubbish, trumpery, trash; cunning, craft; deceitful trick. **II.** *n.* (coll.) trickster, cheat, bad pay; sluggard, drone.—**maulería,** *f.* shop where remnants are sold; craft, cunning, trickery.—**maulero, ra,** *n.* seller of remnants; trickster, cheat, swindler.
maullador, ra, *a.* mewing (cat).
maullar, *vn.* to mew.
maullido, maúllo, *m.* mew.
mauraca, *f.* roasting chestnuts, etc., over coals in the open air.
Mauritania, *f.* Mauritania.
mauritano, na, *n.* & *a.* Mauritanian.
mauseolo, mausoleo, *m.* mausoleum.
mauveína, *f.* (chem.) mauveine (violet dye).
maxilar. I. *a.* maxillary. **II.** *m.* maxillary bone, jaw.—**m. inferior,** inferior, or lower, maxillary.—**m. superior,** superior, or upper, maxillary.
máxima, *f.* maxim; rule; (mus.) maxima.
máximamente, máxime, *adv.* principally, specially.
máximo, ma. I. *a.* maximum.—**m. común**

divisor, greatest common divisor. II. *m.* maximum. Also **máximum.**
máxwel, maxwelio, *m.* (elec.) maxwell.
[1]**maya,** *f.* (bot.) common daisy; variety of pineapple; May queen.
[2]**maya,** *n.* & *a.* Maya, Yucatan Indian and language.
mayador, ra, *a.* mewing.
mayal, *m.* flail; thrashing instrument; lever in oil mills.
mayar, *vn.* to mew.
mayear, *vn.* (of the weather) to be like May.
mayo, *m.* month of May; Maypole; Mayday festivity.
mayólica, *f.* majolica ware.
mayonesa, *f.* mayonnaise dressing; cold dish dressed with mayonnaise.
mayor. I. *a.* greater; greatest; larger; largest; older, elder; oldest, eldest; senior; of age; main, principal; high (altar, mass); major; (mus.) major.—**m. edad,** (of age) majority.—**la m. parte (de),** the majority (of). **II.** *m.* superior; major or chief of a community; chief clerk; (mil.) major.—*pl.* ancestors, forefathers; superiors; elders.—**m. de edad,** of age.—**m. general,** major general.—**por m.,** (by) wholesale; summarily. **III.** *f.* (logic) major.—*pl.* (naut.) the three mainsails of a ship.
mayoral, *m.* head shepherd; leader; overseer, foreman, steward; stage driver.
mayoralía, *f.* flock, herd; herdsman's wages.
mayorana, *f.* (bot.) = MEJORANA, marjoram.
mayorazga, *f.* woman owner, or wife of owner, or an entailed estate.
mayorazgo, *m.* right of primogeniture; first-born son; family estate; entailed estate.
mayorazguista, *m.* author who treats of entails.
mayordoma, *f.* steward's wife; stewardess, housekeeper.
mayordomear, *va.* to administer, manage.
mayordomía, *f.* administration, stewardship, controllership.
mayordomo, *m.* steward, butler; manager; majordomo.
mayoría, *f.* majority (in age or number); superiority; majorship.—**m. absoluta,** (pol.) majority (more than half of the total).—**m. relativa,** plurality.
mayoridad, *f.* superiority; full age.
mayorista, *m.* pupil of highest classes in grammar schools; (Am.) wholesale merchant.
mayoritario, ria, *a.* majority.
mayormente, *adv.* principally, chiefly.
mayúscula, *a.* & *f.* capital (letter).
mayúsculo, la, *a.* large, good-sized; important, prominent.
maza, *f.* war club; mace; pile driver; drop hammer; nave or hub of a wheel; hemp brake; drumstick of a bass drum; roller of a sugarcane mill; thick end of a billiard cue; something noisy tied to a dog's tail.—**m. de Fraga,** steam hammer.
mazacote, *m.* kali, barilla (herb); concrete; dry, tough mass; (coll.) bore, tiresome person.
mazada, *f.* blow with club or mallet.—**dar m.,** to cause harm or injury.
mazagatos, *m.* noisy wrangle, quarrel, row.
mazamorra, *f.* crumbs, small bits; a sort of corn pap, much used in Peru and Colombia; (Colomb.) a kind of thick corn soup; (Arg., Colomb.) boiled whole corn; (naut.) mess made of broken hardtack.
mazaneta, *f.* apple-shaped ornament in jewels.
mazapán, *m.* a sort of marzipan.
mazar, *va.* to churn (milk).
mazarí, *m.* tile-shaped brick.
mazarota, *f.* (foundry) deadhead, sprue.
mazdeísmo, *m.* Mazdaism, Mazdeism.
mazdeísta, *n.* & *a.* Mazdaist(-dean).
mazmorra, *f.* underground dungeon.
mazo, *m.* mallet, maul, wooden hammer; bundle, bunch; clapper of a bell; tiresome person, bore.
mazonería, *f.* stone masonry; (art) relief or relievo-work.
mazorca, *f.* spindleful (of yarn); ear of corn; (arch.) spindle-shaped baluster.
mazorral, *a.* rude, uncouth; (print.) solid.
mazorralmente, *adv.* grossly, rudely.
mazurca, *f.* (dance) mazurka.
me, *pers. pron., 1st pers, sing., dat., acc.; refl. of* YO.
meadero, *m.* urinal.
meados, *m. pl.* urine.
[1]**meaja,** *f.* crumb.—**m. de huevo,** plasma bit of an egg.
[2]**meaja,** *f.* (law) execution dues.
meajuela, *f.* small piece attached to the bits of a bridle.
meandro, *m.* meander; (arch.) maze scroll-work; intricate ornamentation.
mear, *vn.* to urinate, make water.
meato, *m.* (anat.) opening or canal, meatus.
meauca, *f.* (ornith.) a kind of sea gull.
meca, *f.*—**de Ceca en M.,** or **de la Ceca a la M.,** to and fro, hither and thither.
mecánica, *f.* mechanics; machinery; (coll.) mean, despicable action or thing; (mil.) management of soldiers' affairs.—**m. celeste,** celestial mechanics.—**m. cuántica,** quantum mechanics.
mecánicamente, *adv.* mechanically.
mecanicismo, *m.* (biol. & philos.) mechanistic system or theory.
mecanicista, *n.* & *a.* mechanist(-ic).
mecánico, ca. I. *a.* mechanical; machine-made or operated; power-driven; mean, servile. **II.** *n.* mechanician; mechanist; mechanic, handicraftsman, artisan.—**m. de vuelo,** flight engineer.
mecanismo, *m.* mechanism, works (of machines); gearing; device.—**m. buscablancos,** (artil., electron.) target-seeking device.—**m. de arranque,** (auto.) starter.—**m. de cremallera,** (mech.) rackwork.—**m. de dirección,** (auto.) steering gear.—**m. de transmisión,** (auto.) drive.
mecanización, *f.* mechanization.
mecanizar, *va.* to mechanize.
mecanografía, *f.* typewriting.—**m. a ciegas,** touch typing.
mecanografiar, *va.* to typewrite, type.
mecanográfico, ca, *a.* typewritten; pertaining to typewriting.
mecanografista, *n.* = MECANÓGRAFO.
mecanógrafo, fa, *n.* typist.
mecanorregulable, *a.* power-controlled.
mecapal, *m.* (Mex.) leather band with ropes used by porters.
mecate, *m.* (Mex.) maguey rope or cord.
mecedero, *m.* stirrer.
mecedor, ra. I. *a.* rocking, swinging. **II.** *m.* stirrer; swing. **III.** *f.* rocking chair.
mecedura, *f.* rocking.
mecer. I. *va.* (*ind.* MEZO; *subj.* MEZA) to stir, agitate, mix; to rock; to shake; to swing; to dandle (a child). **II.** *vr.* to rock, swing, sway; to soar.
mecereo, mecereón, *m.* (bot.) mezereon.
meco, ca. I. *a.* (Mex.) (of animals) blackish red. **II.** *n.* (Mex.) wild Indian.
meconato, *m.* (chem.) meconate.
mecónico, ca, *a.* (chem.) meconic.
meconio, *m.* meconium, first excrement of newborn baby; (pharm.) meconium, poppy juice.
mecha, *f.* wick; fuse (of explosive); match, match cord; slice of bacon (for larding); lock of hair; bundle of threads or fibres; (surg.) roll of lint used as a drain.
mechar, *va.* (cook.) to lard (meat, etc.).
mechazo, *m.* (min.) fizzle of a blast fuse.
mechera, *f.* larding pin; shoplifter.
mechero, *m.* candlestick socket; lamp burner; gas burner.
mechinal, *m.* (mason.) columbarium, putlog hole.
mechoacán, *m.* (bot.) mechoacan bindweed.

mechón, *m. aug.* large lock of hair; large fuse; bundle of threads.
mechoso, sa, *a.* having abundant locks of hair.
medalla, *f.* medal; (sculpture) plaque, medallion; (coll.) gold coin.
medallón, *m. aug.* large medal; locket; (arch.) medallion.
médano, medaño, *m.* sand bank; dune.
medero, *m.* heap of vine shoots.
media, *f.* stocking; hose; (Am.) sock; (math.) mean; average.—**m. diaria,** daily average.—**m. diferencial,** (math.) arithmetical mean.—**m. elástica,** elastic stocking.—**m. proporcional,** geometrical mean, mean proportional.
mediacaña, *f.* (arch.) concave molding, fluted molding; picture molding; (carp.) gouge; half-round file; curling tongs for the hair.
mediación, *f.* mediation; intercession.
mediado, da. I. *pp.* of MEDIAR. **II.** *a.* half-filled, half-full.—*pl.* **a mediados de,** (of a period of time) about the middle of.
mediador, ra, *n.* mediator; intercessor.
mediana, *f.* long billiard cue; top of a fishing rod; (geom.) median.
medianamente, *adv.* middling, so so, fairly.
medianejo, ja, *a.* (coll.) hardly mediocre.
medianería, *f.* partition wall; sharecropping.
medianero, ra. I. *a.* mediating, interceding; intermediate. **II.** *n.* mediator, go-between; owner of a house having a common wall with another; (agr.) sharecropper.
medianía, medianidad, *f.* halfway; mediocrity; middle state; moderate means.
medianil, *m.* (agr.) middle piece of ground; (print.) crossbar of a chase.
mediano, na, *a.* moderate, middling, medium; mediocre, bad, insignificant.
medianoche, *f.* midnight; small meat pie.
mediante. I. *a.* intervening; interceding. **II.** *adv.* by means of, by virtue of, with the help of, through.
mediar, *vn.* to reach or be at the middle; to intercede, mediate; to intervene.
mediastino, *m.* (anat.) mediastinum.
mediatamente, *adv.* mediately, indirectly.
mediato, ta, *a.* mediate.
mediator, *m.* ombre, a card game.
médica, *f.* doctor's wife; woman physician.
medicable, *a.* curable, medicable.
medicación, *f.* medical treatment, medication.
medicamento, *m.* medicine, medicament.
medicamentoso, sa, *a.* medicinal.
medicastro, *m.* quack, charlatan, medicaster.
medicina, *f.* medicine; medicament, remedy.—**m. preventiva,** preventive medicine.—**m. social,** social medicine.—**m. socializada,** socialized medicine.
medicinal, *a.* medicinal.
medicinante, *n.* healer; medical student who practices before taking his degree.
medicinar, *va.* to treat (a patient).
medición, *f.* measurement; measuring.
médico, ca. I. *a.* medical. **II.** *n.* physician.
medicolegal, *a.* medicolegal.
medicucho, *m.* quack, charlatan, medicaster.
medida, *f.* measure; (shoe, etc.) size, number; standard, gauge; measuring, measurement; measuring stick; rule; moderation, prudence; (math., mus., poet., dance) measure.—**m. agraria,** land measure.—**m. de capacidad,** measure of capacity.—**m. de longitud,** measure of length.—**m. de superficie,** square measure.—**m. para áridos,** dry measure.—**m. para líquidos,** liquid measure.—**a la m.,** to order, custom-made.—**a m. del deseo,** according to one's wishes.—**a m. que,** as, according as, at the same time as, while.—**colmar la m.,** to be the last straw.—**colmarse,** or **llenarse, la m.,** to drain the cup of sorrow.—**sin m.,** to excess.—**tener m.,** to have a sense of proportion.—**tomar medidas,** to take measures or steps.
medidamente, *adv.* moderately.
medido, da, *a.* measured.
medidor, ra, *n.* measurer; *m.* meter, measuring device.—**m. de techo (de nubes),** ceilometer.
mediero, ra, *n.* hosier, dealer in stockings; knitter of stockings; co-partner in a farm or ranch.
medieval, *a.* medieval.
medievalidad, *f.* medieval quality or character.
medievismo, *m.* medievalism.
medievista, *n.* medievalist.
medio, dia. I. *a.* & *adv.* half; partial; mid, middle; halfway, midway; mean, intermediate.—**m. amartillado,** half-cocked.—**m. bocel,** (arch.) torus, kind of molding.—**m. colonia,** silk ribbon one finger wide.—**m. corona,** half crown (English money).—**m. cuchara,** (fig.) person of mediocre wit or skill.—**m. china,** cloth coarser than China silk.—**m. día,** midday; half holiday.—**m. docena,** half dozen.—**m. dólar,** half dollar.—**m. hermana,** half sister, stepsister, (law) half-blood.—**m. hermano,** half brother, stepbrother, (law) half-blood.—**m. hora,** half-hour.—**m. luna,** (fort.) half-moon.—**m. luto,** half mourning.—**m. luz,** half light.—**m. naranja,** (coll.) better half (wife or husband).—**m. noche,** midnight.—**m. paga,** half pay.—**m. pasaje,** half fare.—**m. pasta,** (bookbinding) half-leather binding, half binding.—**m. relieve,** demi-relief.—**m. suela,** half sole.—**m. talla,** half relief.—**m. tinta,** (f. a.) half-tone.—**m. vuelta,** right about face.—**a m.,** half (closed, etc.).—**a m. asta,** at half mast.—**a medias,** by halves, halfway, partially.—**a m. mogate,** carelessly, heedlessly.—**de m. gala,** in dress uniform.—**el m. oriente,** the Middle East.—**ir a medias,** to go halves. **II.** *m.* middle, center; (often *pl.*) means, method, measure, way; (surrounding) medium; (spiritualistic) medium; (arith.) half; (Am., football) halfback.—*pl.* means, resources; hosiery.—**m. diferencial,** arithmetical mean.—**m. proporcional,** mean proportional.—**de m. a m.,** half and half; in the middle; completely, entirely.—**de por m.,** between.—**echar por en m.,** to take the bull by the horns; to make up one's mind, happen what may.—**en m.,** in the middle; midway; in the midst.—**por m. de,** by means of.
mediocre, *a.* mediocre.
mediocridad, *f.* mediocrity.
mediodía, *m.* noon, midday; south.—**en pleno m.,** in broad daylight.
medioeval, *a.* medieval.
mediopaño, *m.* thin woollen cloth.
mediquillo, *m.* medicaster; (P. I.) medicine man.
medir. I. *va.* (*ger.* MIDIENDO; *ind. pres.* MIDO, *pret.* él MIDIÓ; *subj.* MIDA) to measure; to compare, weigh, judge, value; to scan (verses).—**m. el suelo,** (coll.) to fall flat on the ground. **II.** *vr.* to be moderate; to act with prudence.
meditabundo, da, *a.* pensive, musing.
meditación, *f.* meditation.
meditar, *va.* & *vn.* to meditate, muse.
meditativo, va, *a.* meditative.
mediterráneo, nea, *a.* mediterranean; inland.
médium, *m.* spiritualistic medium.
medo, da, *n.* & *a.* Mede(-ian).
medra, *f.* thrift; success, improvement.
medrana, *f.* (coll.) fear.
medrar, *vn.* to thrive, prosper.
medriñaque, *m.* Philippine stuff for lining and stiffening women's skirts; short skirt.
medro, *m.* = MEDRA.—*pl.* progress, improvement.
medrosamente, *adv.* timorously, faintly.
medroso, sa, *a.* timorous, faint-hearted, cowardly; terrible, dreadful.
medula, médula, *f.* marrow, medulla; (bot.) pith; substance, essence.—**m. espinal,** spinal cord.—**m. oblonga,** or **m. oblongada,** medulla oblongata.

medular, *a.* medullar, medullary.
meduloso, sa, *a.* marrowy; pithy.
medusa, *f.* (ichth.) medusa, jellyfish.
meduseo, a, *a.* like, or relating to, Medusa.
mefistofélico, ca, *a.* Mephistophelean.
mefítico, ca, *a.* mephitic, foul, noxious.
megaciclo, *m.* (phys.) megacycle.
megáfono, *m.* megaphone.
megalítico, ca, *a.* (archeol.) megalithic.
megalito, *m.* (archeol.) megalith.
megalocéfalo, la, *a.* megalocephalous.
megalomanía, *f.* megalomania.
megalómano, na, *n.* & *a.* megalomaniac(-al).
megalópodo, da, *a.* (zool.) megapod.
megalosaurio, *m.* (paleontol.) megalosaur.
megamperio, *m.* (elec.) megampere.
mégano, *m.* = MÉDANO, dune.
megápodo, *m.* (ornith.) megapode.
megascopio, *m.* megascope.
megaterio, *m.* (paleontol.) megatherium.
megatón, *m.* (atom. ener.) megaton.
mego, ga, *a.* gentle, mild, meek, peaceful.
megohmio, *m.* (elec.) megohm.
mehari, *m.* a swift African dromedary.
mehedí, *m.* Mahdi, Mohammedan Messiah.
mejana, *f.* islet in the middle of a river.
mejicano, na, *n.* & *a.* Mexican.
mejido, da, *a.* beaten with sugar and water.
mejilla, *f.* cheek.
mejillón, *m.* a variety of mussel.
mejor. I. *a.* better; best.—**m. postor,** highest bidder.—**el m. día,** some fine day.—**lo m.,** the best. **II.** *adv.* better; best; rather.—**m. dicho,** rather, more properly, more exactly.—**m. que,** rather than, instead of.—**m. que m.,** better and better; better yet; all the better, so much the better.—**a lo m.,** when least expected; perhaps, maybe.—**tanto m.,** so much the better.
mejora, *f.* improvement; higher bid; appeal to a higher court; special bequest to a lawful heir.
mejorable, *a.* ameliorable, improvable.
mejoramiento, *m.* improvement, melioration.
mejorana, *f.* (bot.) sweet marjoram.
mejorar. I. *va.* to improve, better, enhance; to outbid; (law) to leave to (an heir) a special bequest besides his legal share. **II.** *vr.* & *vn.* to recover from a disease or calamity; to improve, grow better; to reform.
mejoría, *f.* improvement, betterment; advantage; superiority; improvement in health.
mejunje, *m.* medicinal or cosmetic mixture.
melada, *f.* toast soaked in honey.
melado, da. I. *pp.* of MELAR. **II.** *a.* honey-colored. **III.** *m.* cane-juice sirup; honey cake.
meladora, *f.* third sugar boiling pan in a triple-effect apparatus.
meladucha, *f.* coarse, mealy apple.
meladura, *f.* concentrated sirup, treacle.
meláfido, *m.* (geol.) melaphyre.
melampo, *m.* (theat.) candle with shade.
melancolía, *f.* melancholia, gloom, blues.
melancólico, ca, *a.* melancholy, sad, gloomy.
melancolizar, *va.* to affect with melancholy, to render gloomy and dejected, to dispirit.
melandro, *m.* (zool.) badger.
melanemia, *f.* (med.) melanæmia.
melanesio, sia, *n.* & *a.* Melanesian.
melanina, *f.* (biochem.) melanin.
melanita, *f.* (min.) melanite.
melanoma, *m.* (med.) melanoma.
melanosis, *f.* (med.) melanosis, black cancer.
melapia, *f.* a variety of apple.
[1]**melar,** *va.* (*ind.* MIELO; *subj.* MIELE) in sugar works, to boil clear; (of bees) to fill (the combs) with honey.
[2]**melar,** *a.* honey-sweet.
melaza, *f.* molasses; dregs of honey.
melca, *f.* = ZAHINA, (bot.) sorghum.
melcocha, *f.* molasses candy, taffy.
melcochero, ra, *n.* taffy maker or seller.
[1]**melena,** *f.* long hair in men; loose hair in women; animal mane; fleecy skin put under a yoke.—**traer a la m.,** to compel, force.
[2]**melena,** *f.* (med.) melaena, intestinal hemorrhage.
meleno, na, *n.* (coll.) rude, unkempt person.
melenudo, da, *a.* having bushy hair.
melera, *f.* woman who sells honey; melons spoiled by rain; (bot.) BUGLOSA, alkanet.
melero, *m.* dealer in honey; place where honey is kept.
melgacho, *m.* (ichth.) dogfish.
melgar, *m.* patch of wild alfalfa.
melgarejo, *m.* fish line and hook with a white rag for bait; (Bol.) a 30-cent coin.
meliáceo, cea, *a.* (bot.) meliaceous.
mélico, ca, *a.* lyrical, melic.
melífago, ga, *a.* meliphagous, feeding on honey.
melífero, ra, *a.* melliferous.
melificado, da, *a.* mellifluous, mellificent.
melificar, *vn.* (of bees) to make honey.
melifluamente, *adv.* mellifluently.
melifluidad, *f.* mellifluence.
melifluo, flua, *a.* mellifluous, honeyed, honey-tongued.
[1]**meliloto, ta,** *a.* silly, stupid.
[2]**meliloto,** *m.* (bot.) melilot, sweet clover.
melindre, *m.* a sort of fritter; lady finger; narrow ribbon; fastidiousness; prudery.
melindrear, *vn.* to act the prude.
melindrería, *f.* prudery; fastidiousness.
melindrero, ra. = MELINDROSO.
melindrillo, *m.* ferret, narrow tape.
melindroso, sa, *a.* finical, prudish.
melinita, *f.* melinite, a high explosive.
melisa, *f.* (bot.) melissa, balm.
melito, *m.* (pharm.) melissic sirup.
melocotón, *m.* (bot.) peach tree; peach.
melocotonero, ra. I. *n.* vender of peaches. **II.** *m.* peach tree.
melodía, *f.* (mus.) melody, melodiousness.
melódico, ca, *a.* melodic.
melodiosamente, *adv.* melodiously.
melodioso, sa, *a.* melodious.
melodista, *n.* melodist.
melodrama, *m.* melodrama.
melodramáticamente, *adv.* melodramatically.
melodramático, ca, *a.* melodramatic.
melófago, *m.* parasitic insect in sheep's wool.
melografía, *f.* art of writing music.
meloja, *f.* metheglin, mead.
melojar, *m.* white-oak plantation.
melojo, *m.* (bot.) a variety of white oak.
melolonta, *m.* (zool.) Melolontha, melolonthine.
melomania, *f.* fanatic love of music.
melómano, na, *n.* music fanatic.
[1]**melón,** *m.* (zool.) = [2]MELONCILLO.
[2]**melón,** *m.* (bot.) melon vine; muskmelon, cantaloupe.—**m. de agua,** watermelon.—**melonar,** *m.* field or bed of melons.—**meloncete,** *m. dim.* small melon.
[1]**meloncillo,** *m. dim.* small melon.
[2]**meloncillo,** *m.* (zool.) a kind of mongoose.
melonero, ra, *n.* melon raiser or dealer.
melosidad, *f.* sweetness, lusciousness; gentleness.
meloso, sa, *a.* honeylike, sweet; gentle.
melote, *m.* dregs of molasses; preserve made with honey.
melsa, *f.* spleen; phlegm, slowness.
mella, *f.* notch, nick, jag in edged tools; dent, indentation; hollow, gap.—**hacer m.,** to make an impression on the mind; to hurt, damage; affect.
mellado, da. I. *pp.* of MELLAR. **II.** *a.* toothless.
mellar, *va.* to jag, indent, notch; to injure (as honor, credit).
melliza, *f.* a kind of sausage made with honey.
mellizo, za, *n.* & *a.* twin (brother, sister).
mellón, *m.* torch made of straw.
membrado, da, *a.* (her.) membered.
membrana, *f.* membrane.—**m. alantoides,** allantoid membrane.—**m. caduca,** decidua.—**m. nictitante,** nictitating membrane.—**m.**

pituitaria, pituitary membrane, mucous membrane of the nostrils.
membranáceo, cea, *a.* (bot., zool.) membranaceous.
membranoso, sa, *a.* membranous.
membrete, *m.* memorandum, note; card of invitation; address; letter-head; heading.
membrilla, *f.* (bot.) a variety of quince.
membrillar, *m.* quince-tree orchard.
membrillero, *m.* (bot.) quince tree.
membrillo, *m.* quince; quince tree.
membrudamente, *adv.* robustly, strongly.
membrudo, da, *a.* strong, robust, muscular.
memento, *m.* (eccl.) Memento.
memo, ma, *a.* silly, foolish.
memorable, *a.* memorable.
memorablemente, *adv.* memorably.
memorando, da, *a.* = MEMORABLE.
memorándum, *m.* notebook; memorandum, note.
memorar, *va.* to remember.
memoratísimo, ma, *a. super.* worthy of eternal memory.
memoria, *f.* memory; recollection, remembrance; souvenir; memorial, memento, monumental record; report, statement; essay, paper, article; memorandum; codicil.—*pl.* compliments, regards; memoranda; rings used as reminders; memoirs.—**m. resbaladiza,** treacherous memory.—**de m.,** by heart.—**hablar de m.,** to talk at random.—**hacer m.,** to remember.—**renovar la m.,** to be reminiscent, to reminisce.—**tener en m.,** to remember.—**traer a la m. de uno,** to remind one.
memorial, *m.* memorandum book; memorial, petition; (law) brief.
memorialesco, ca, *a.* (humor.) pertaining to a memorial.
memorialista, *m.* amanuensis, secretary.
memorión, *m. aug.* great memory.
memorioso, sa, *a.* mindful, thoughtful.
[1]**mena,** *f.* (ichth.) small sea fish.
[2]**mena,** *f.* (min.) ore.
[3]**mena,** *f.* (naut.) size of cordage; (P. I.) size and shape of a cigar.
ménade, *f.* bacchante; woman in a frenzy.
menador, ra, *n.* winder of silk.
menaje, *m.* household furniture and other goods; school supplies or equipment.
menar, *va.* to wind (silk) on a jenny.
mención, *f.* mention.—**en m.,** mentioned, in question.—**mencionar,** *va.* to mention.
menchevique, *n.* Menshevik.
menchevismo, *m.* Menchevism.
mendacidad, *f.* mendacity, mendaciousness.
mendaz, *a.* mendacious, untruthful.
mendazmente, *adv.* mendaciously.
mendelevio, *m.* (chem.) mendelevium.
mendeliano, na, *a.* Mendelian.
mendelismo, *m.* Mendelism.
mendicación, *f.* begging.
mendicante. I. *a.* mendicant, begging. **II.** *m.* mendicant, beggar.
mendicidad, *f.* mendicity, mendicancy.
mendiganta, *f.* beggar, mendicant.
mendigante. I. *a.* begging, mendicant. **II.** *n.* beggar, mendicant.
mendigar, *va.* & *vn.* (*pret.* MENDIGUÉ; *subj.* MENDIGUE) to beg, mendicate; to entreat.
mendigo, ga, *n.* mendicant, beggar.
mendigué, mendigue, *v. V.* MENDIGAR.
mendiguez, *f.* beggary, mendicancy.
mendosamente, *adv.* falsely; mistakenly.
mendoso, sa, *a.* mendacious; mistaken.
mendrugo, *m.* crumb of bread given to beggars.
mendruguillo, *m. dim.* small crumb of bread.
meneador, ra, *n.* stirrer, shaker.
menear. I. *va.* to stir; to shake; to wag, waggle; to manage, direct.—**mejor es no meneallo,** or **peor es meneallo,** better let it alone; the less said, the better. **II.** *vr.* (coll.) to hustle, be active, get a move on; to wriggle, waggle, waddle.
meneo, *m.* shake, shaking; wagging, wriggling, waddling; (coll.) drubbing, beating; (aer.) bump, bumping, jolt due to air currents.
menester, *m.* need, want; employment, occupation, office.—*pl.* natural or bodily necessities; implements, tools of trade.—**haber m.,** to need.—**ser m.,** to be necessary.
menesteroso, sa, *a.* & *n.* needy, indigent (person).
menestra, *f.* pottage; vegetable soup.
menestral, *m.* mechanic, handicraftsman, workman.
menestrete, *m.* (naut.) nail puller.
menfita. I. *n.* native of Memphis. **II.** *f.* (min.) onyx.
mengajo, *m.* trailing rag.
Mengano, na, *n.* So-and-So.—**Fulano, Zutano y M.,** Tom, Dick and Harry.
mengua, *f.* diminution, waning, decrease; lack, want; poverty, indigence; disgrace.
menguadamente, *adv.* ignominiously.
menguado, da. I. *pp.* of MENGUAR. **II.** *a.* impaired, stunted; cowardly, pusillanimous; foolish; mean, miserly. **III.** *n.* poltroon; silly person; miser. **IV.** *m.* decrease; narrowing of stockings, in knitting.
menguamiento, *m.* = MENGUA.
menguante. I. *a.* decreasing, diminishing. **II.** *f.* ebb tide, low water, neap tide; decline, decay; decrease of the moon.
menguar, *vn.* to diminish, decrease, wane, fall off; to narrow (stockings).
mengue, *m.* (coll.) the deuce, the devil.
menhir, *m.* menhir, an upright slender monolith.
menina, *f.* young lady in attendance on the queen or the princesses.
meninge, *f.* (anat.) meninges.—**meníngeo, a,** *a.* meningeal.—**meningitis,** *f.* meningitis.
menino, *m.* noble page of the queen and princesses of Spain; little coxcomb.
menique, *a.* little finger.
menisco, *m.* (phys.) meniscus.
menispermáceo, cea, *a.* (bot.) menispermaceous.
menjuí, *m.* = BENJUÍ, benzoin.
menjunje, menjurje, *m.* = MEJUNJE, medicinal or cosmetic mixture.
menologio, *m.* (eccl.) menology.
menonita, *n.* & *a.* Mennonite.
menopausia, *f.* (med.) menopause, change of life in women.
menor. I. *a. compar.* of PEQUEÑO: smaller, less; smallest, least; minor; younger; youngest; (mus.) minor.—**m. edad,** minority, under age.—**II.** *n.* minor; (logic) minor premise; (mus.) minor; Minorite, Franciscan; (arch.) small block.—*pl.* (eccl.) minor orders.—**m. de edad,** minor.—**por m.,** by retail; minutely.
menorete.—al m., or **por el m.,** (coll.) at least.
menoría, *f.* inferiority, subordination; under age.
menorista, *n.* (Am.) retail merchant.
menorquín, quina, *n.* & *a.* Minorcan.
menorragia, *f.* (med.) menorrhagia.
menos. I. *a.* less; least. **II.** *adv.* less; least.—**m. de,** or **m. que,** less than.—**al m.,** or **a lo m.,** at least; at the least.—**a m. de** (foll. by *inf.*), without (foll. by *pres. p.*).—**a m. que,** unless.—**de m.,** less; wanting, missing.—**echar m.,** to miss, feel the absence of; to have (inadvertently) left behind, come away without.—**en m.,** less; by less.—**lo m. posible,** the least possible.—**no ser para m.,** to give good cause or reason, justify (*estamos alarmados, pues las noticias no son para menos,* we are alarmed, as the news gives good reason to be; or considering the news, we may well be alarmed).—**poco más o m.,** more or less, about.—**por m. que,** almost, pretty nearly.—**por lo m.** = AL M.—**venir a m.,** to decline, grow worse; to become poor. **III.** *prep.* minus, less (*cuatro menos dos,* four minus two; *las ocho menos veinte,* twenty minutes to eight—lit. eight o'clock less twenty);

except, but, barring.—**todo m. eso,** anything but that, all but that.
menoscabador, ra, *n.* & *a.* impairer(-ing); defamer(-ing).
menoscabar, *va.* to impair, lessen, deteriorate, damage, harm; to defame.
menoscabo, *m.* impairment, damage, detriment, loss.—**con m. de,** to the detriment of.
menoscuenta, *f.* payment on account.
menospreciablemente, *adv.* contemptuously.
menospreciador, ra, *n.* contemner, despiser.
menospreciar, *va.* to underrate, undervalue; to despise, contemn, slight.—**menospreciativo, va,** *a.* despising, slighting, contemptuous.—**menosprecio,** *m.* undervaluation; contempt, scorn.
menostasia, *f.* (med.) amenorrhea.
mensaje, *m.* message; errand.
mensajería, *f.* stage line; steamship line.
mensajero, ra. I. *n.* messenger, carrier; errand boy or girl. **II.** *m.* (naut.) bull's-eye traveller; wooden thimble.
menstruación, *f.* menstruation.
menstrual, *a.* menstrual.
menstrualmente, *adv.* monthly, menstrually.
menstruante, *a.* menstruating.
menstruar, *vn.* to menstruate.
menstruo, a. I. *a.* monthly, menstrual. **II.** *m.* menses, courses; menstruation; (chem.) menstruum, a solvent.
menstruoso, sa. I. *a.* menstruous. **II.** *f.* (med.) menstruating female.
mensual, *a.* monthly.—**mensualidad,** *f.* monthly salary or allowance; monthly installment.—**mensualmente,** *adv.* monthly.
ménsula, *f.* (arch.) bracket; rest for the elbows.
mensura, *f.* measure.
mensurabilidad, *f.* mensurability.
mensurable, *a.* mensurable.
mensuración, *f.* mensuration.
mensurador, ra, *n.* measurer; *m.* meter.
mensural, *a.* mensural.
mensurar, *va.* to measure.
menta, *f.* (bot.) mint; peppermint.
mentado, da. I. *pp.* of MENTAR. **II.** *a.* famous or renowned; spoken-of.
mental, *a.* mental.—**mentalidad,** *f.* mentality.—**mentalmente,** *adv.* mentally.
mentar, *va.* (*ind.* MIENTO; *subj.* MIENTE) to mention, name.
mentastro, *m.* (bot.) = MASTRANZO, a mint.
mente, *f.* mind, understanding; sense, meaning; will, disposition.
mentecatada, mentecatería, mentecatez, *f.* foolishness, silliness, nonsense.
mentecato, ta. I. *a.* silly, foolish, stupid, crack-brained. **II.** *n.* fool.
mentidero, *m.* (coll.) place where people meet and gossip.
mentido, da. I. *pp.* of MENTIR. **II.** *a.* false, delusive.
mentilo, *m.* (chem.) menthyl.
mentir. I. *vn.* (*ind.* MIENTO; *subj.* MIENTA) to lie, prevaricate; to deceive, be misleading.—**¡miento!** I am mistaken (gen. to correct one's own statement). **II.** *va.* to disappoint, to fail to keep one's word or promise to.
mentira, *f.* lie, falsehood; fib; error, mistake in writing; (coll.) white spot on the nails.—**de mentiras,** in jest.—**parece m.,** it seems impossible, or incredible.
mentirilla, *f. dim.* little fib.—**de mentirillas,** in jest, for fun.
mentirón, *m. aug.* great lie.
mentirosamente, *adv.* lyingly, deceitfully.
mentirosito, ta, *a. dim.* little fibbing.
mentiroso, sa, *a.* lying, mendacious; deceptive, deceitful; full of errors or misprints.
mentís, *m.* act of giving the lie.—**dar un m.,** to belie; to give the lie.
mentol, *m.* (pharm.) menthol.
mentón, *m.* point of the chin; undershot jaw.
mentor, *m.* mentor, counsellor, guide.
menú, *m.* (Gal.) menu, bill of fare.
menuceles, *m. pl.* tithe of the lesser fruits.
menudamente, *adv.* minutely.
menudear. I. *va.* to do over and over again; to repeat; to sell by retail. **II.** *vn.* to occur frequently; to go into details; to describe little things; (com.) to sell by retail.
menudencia, *f.* trifle; minuteness, minute accuracy.—*pl.* small matters; pork sausages.
menudeo, *m.* act of repeating minutely; (com.) retail.—**al m.,** by retail.
menudero, ra, *n.* dealer in tripe, giblets, sausages, etc.
menudillo, *m.* extremities of animals.—*pl.* giblets of fowls.
menudo, da. I. *a.* small, little; minute; insignificant; common, vulgar; small (money, change); exact, scrupulous; mean, stingy. **II.** *m.* small coins, change; (sometimes *pl.*) entrails, insides (of an animal); tithe of minor produce.—**a m.,** often, frequently.
meñique. I. *a.* little (finger); (coll.) very small, tiny. **II.** *m.* little finger.
meollar, *m.* (naut.) spun yarn.
meollo, *m.* brain; marrow; kernel, pith; judgment, understanding, brains; substance.
meple, *m.* (bot.) maple.—**m. moteado,** bird's-eye maple.
mequetrefe, *m.* jackanapes, coxcomb.
meramente, *adv.* merely, solely, purely.
merar, *va.* to mix with water.
merca, *f.* (coll.) purchase.
mercachifle, *m.* peddler, hawker, huckster; petty jobber.
mercadear, *vn.* to trade, deal, traffic.
mercader, *m.* merchant, dealer, shopkeeper.—**m. de grueso,** wholesale dealer.—**mercadera,** *f.* shopkeeper's wife; tradeswoman.
mercadería, *f.* commodity, merchandise; trade.—*pl.* goods, wares, merchandise.
mercado, *m.* market, mart; market place.—**m. de trabajo** or **de mano de obra,** labor market.—**m. de valores,** stock market.
mercaduría, *f.* merchandise; trade.
mercal, *m.* an ancient Spanish copper coin.
mercancía, *f.* trade, traffic; merchandise, goods, wares.
mercante. I. *n.* & *a.* dealer(-ing), trader(-ing). **II.** *a.* merchant, mercantile, commercial.
mercantil, *a.* commercial, mercantile.
mercantilismo, *m.* mercantilism, commercialism.
mercantilmente, *adv.* commercially.
mercantivo, va, *a.* = MERCANTIL.
mercar, *va.* (*pret.* MERQUÉ; *subj.* MERQUE) to buy, purchase.
merced, *f.* gift, favor, grace; mercy; wages; will, pleasure; courteous appellation given to untitled persons, as *vuestra,* or *vuesa, merced,* your honor, your grace, your worship, sir; **la M.,** a religious order.—**m. a,** thanks to.—**m. de agua,** free distribution of water for irrigation.—**m. de tierra,** grant of land.—**a la m. de,** at the mercy of.—**estar a m. de,** to live at the expense of.—**hágame Vd. la m.,** do me the favor, please.—**muchas mercedes,** many thanks.
mercenario, ria. I. *a.* mercenary. **II.** *n.* member of the religious order of **la Merced;** mercenary soldier; day-laborer, farm hand; substitute.
mercería, *f.* small wares, mercery, haberdashery, notions; (Am.) dry-goods store.
mercerizar, *va.* to mercerize.
mercero, *m.* haberdasher, mercer.
mercurial. I. *a.* mercurial. **II.** *m.* (bot.) all-good, mercury.
mercurialismo, *m.* (med.) mercurialism.
mercúrico, ca, *a.* (chem.) mercuric.
mercurio, *m.* mercury; (**M-, astr.**) Mercury.—**m. dulce,** calomel.

mercurioso, sa, *a.* mercurious.
mercurocromo, *m.* (chem.) mercurochrome; Mercurochrome (trademark).
merchante. I. *m.* jobber. **II.** *a.* trading.
merdellón, na, *n.* (coll.) slovenly servant.
merecedor, ra, *a.* deserving, worthy.
merecer. I. *va.* (*ind.* MEREZCO; *subj.* MEREZCA) to deserve, merit; to obtain, attain; to be worth; to be worthy of; to owe, to be indebted for.—**m. la pena,** to be worthwhile. **II.** *vn.* to be deserving or worthy.—**m. bien de,** to deserve the gratitude of.
merecidamente, *adv.* deservedly.
merecido, da. I. *pp.* of MERECER. **II.** *a.* deserved. **III.** *m.* condign punishment.
mereciente, *a.* deserving.
merecimiento, *m.* merit, desert.
merendar. I. *vn.* (*ind.* MERIENDO; *subj.* MERIENDE) to lunch; to have a snack, refreshments; to pry into another's writings or actions. **II.** *va.* to lunch on.
merendero, ra. I. *a.* (crow) that picks up the seeds in cornfields. **II.** *m.* lunch room.
merendilla, ita, *f.* dim. light luncheon.
merendona, *f. aug.* splendid luncheon or supper.
merengue, *m.* kiss, sugarplum, meringue.
meretricio, cia, *a.* meretricious.
meretriz, *f.* strumpet.
merey, *f.* (bot.) cashew tree.
merezco, merezca, *v. V.* MERECER.
mergánsar, *m.* (ornith.) goosander, merganser.
mergo, *m.* (ornith.) diver.
meridiana, *f.* litter, cot bed; (astr., surv.) meridian (line); (coll.) afternoon nap.—**a la m.,** at noon.
meridiano, na. I. *a.* meridian; meridional (section, cut). **II.** *m.* meridian.
meridional, *a.* southern, southerly.
merienda, *f.* lunch, luncheon; snack; light meal; (coll.) humpback.—**m. de negros,** hodgepodge, confusion, bedlam.
meriendo, meriende, *v. V.* MERENDAR.
merindad, *f.* district of the jurisdiction of a MERINO.
merino, na. I. *a.* merino. **II.** *m.* royal judge and superintendent of sheepwalks; shepherd of merino sheep; merino sheep, wool, and cloth.
méritamente, *adv.* = MERECIDAMENTE.
meritísimo, ma, *a. super.* most worthy.
mérito, *m.* merit, desert, worth; excellence, virtue, value.—**méritos de un proceso,** (law) merits of a case.—**hacer m. de,** to mention.—**hacer méritos,** to make oneself deserving.
meritoriamente, *adv.* meritoriously.
meritorio, ria. I. *a.* meritorious, worthy, deserving. **II.** *n.* employee that begins work without a salary.
merla, *f.* (ornith.) blackbird, merle.
[1]**merlín,** *m.* (naut.) marline.
[2]**merlín,** *m.* merlin.—**saber más que M.,** to be very shrewd or keen.
merlo, *m.* (ichth.) a seafish.
merlón, *m.* (fort.) merlon.
merluza, *f.* (ichth.) hake, merluce.
merma, *f.* decrease; waste, leakage; shrinkage.
mermar. I. *vn.* to decrease, wear away, be consumed, shrink. **II.** *va.* to lessen, reduce, decrease.
mermelada, *f.* marmalade.
[1]**mero, ra,** *a.* mere, pure, simple.
[2]**mero,** *m.* (ichth.) a Mediterranean sea bass.
merodeador, *m.* marauder.
merodear, *vn.* to maraud.—**merodeo,** *m.* marauding.
merodista, *n.* marauder.
merovingio, gia, *a.* Merovingian.
merqué, merque, *v. V.* MERCAR.
mes, *m.* month; menses, courses: monthly wages.—**m. lunar,** lunar month.—**m. periódico,** calendar month.—**meses mayores,** last months of pregnancy; months immediately preceding harvest.
mesa, *f.* table; table-land, plateau; landing of a staircase; executive board; business section of a public office or department; rents of cathedral churches, prelates, or dignitaries in Spain; billiard table; billiard game; flat of a blade; (jewelry) face of a gem; (eccl.) communion table; fare, viands set on a table.—**m. de altar,** altar.—**m. de Ampère,** (phys.) Ampère's stand.—**m. de batalla,** sorting table (in postoffice).—**m. de cambios,** bank.—**m. de noche,** night commode.—**m. redonda,** round table; unceremonious or informal table; table for regular boarders.—**m. franca,** open table.—**mesas de guarnición,** (naut.) channels.—**a m. puesta,** without care or expense.—**media m.,** second table; lower-priced or servants' table.—**alzar la m.,** to clear off the table.—**poner la m.,** to set the table.
mesada, *f.* monthly pay, wages, or allowance.
mesadura, *f.* tearing the hair.
mesana, *f.* (naut.) mizzenmast or sail.
mesar. *va.* to tear out (the hair or beard).
mescal, *m.* (bot.) mescal.
mescalina, *f.* (chem.) mescaline.
mescolanza, *f.* medley, mess, jumble.
mesdado, da, *a.* mixed, mingled; motley; macaronic.
meseguería, *f.* harvest watch; money paid for watching the harvest.
meseguero, ra. I. *a.* pertaining to the harvest. **II.** *m.* harvest or vineyard watchman.
mesencéfalo, *m.* (anat.) mesencephalon, midbrain.
mesénquima, *f.* (biol.) mesenchyma.
mesenquimatoso. sa, *a.* mesenchymatous.
mesentérico, ca, *a.* (anat.) mesenteric.
mesenterio, *m.* (anat.) mesentery.
mesenteritis, *f.* (med.) mesenteritis.
meseraico, ca, *a.* (anat.) mesenteric.
mesero, *m.* journeyman who works for monthly wages.
meseta, *f.* landing of a staircase; table-land. plateau.—**m. de guarnición,** (naut.) backstay stool.
mesiánico, ca, *a.* Messianic.
mesianismo, *n.* Messianism.
Mesías, *m.* Messiah.
mesiazgo, *m.* Messiahship.
mesidor, *m.* Messidor, tenth month of the French-Revolution calendar.
mesilla, *f. dim.* small table; sideboard; board wages; censure by way of a jest; window sill.—**m. corrida,** quarter pace of a staircase.—**m. quebrantada,** half pace, foot-rest.
mesillo, *m.* first menses after parturition.
mesita, *f. dim.* small table; stand.
mesmedad, *f.*—**por su misma m.** (coll.) by the very fact.
mesmeriano, na, *a.* mesmeric.
mesmerismo, *m.* mesmerism.
mesmerista. I. *a.* mesmeric. **II.** *n.* mesmerist, mesmerizer.
mesmo, ma, *a.* (obs.) = MISMO, same; similar.
mesnada, *f.* armed retinue.
mesnadería, *f.* wages of a MESNADA.
mesnadero, *m.* member of a MESNADA.
mesoblasto, *m.* (biol.) mesoblast.
mesocarpio. *m.* (bot.) mesocarp.
mesocefálico, ca, *a.* (anat.) mesocephalic.
mesocéfalo, la, *a.* (anat.) mesocephalic, mesocephalous.
mesocracia, *f.* government by the middle class.
mesodérmico, ca, *a.* mesodermic.
mesodermo, *m.* mesoderm.
mesogástrico, ca, *a.* mesogastric.
mesogastrio, *m.* (anat.) mesogastrium, umbilical region.
mesología, *f.* ecology.
mesón, *m.* inn, hostelry, tavern; (phys.) meson.
mesonaje, *m.* place containing numerous inns.
mesonero, ra. I. *a.* pertaining to an inn. **II.** *n.* innkeeper, host, hostess.
mesonista, *a.* pertaining to an inn.
mesopotámico, ca, *n.* & *a.* Mesopotamian.
mesosfera, *f.* mesosphere.

mesotorácico, ca, *a.* (entom.) mesothoracic.
mesotórax, *m.* (entom.) mesothorax.
mesotorio, *m.* (chem.) mesothorium.
mesotrón, *m.* (phys.) mesotron.
mesozoario, ria, *a.* & *m.* (zool.) mesozoan.
mesozoico, ca, *a.* (geol.) Mesozoic.
mesta, *f.* union of cattle raisers; confluence of two or more streams.
mestal, *m.* brake of prickly oaks.
mesteño, ña, *a.* belonging to the MESTA; MOSTRENCO, homeless, stray; stupid; fat.
mestizaje, *m.* (Am.) crossing of races (gen. app. to white and Indian).
mestizar, *va.* to cross (breeds).
mestizo, za. I. *a.* hybrid. **II.** *n.* & *a.* half-breed.
mesto, *m.* (bot.) large, prickly oak; turkey oak.
mestura, *f.* mashlin, mixed wheat and rye.
mesura, *f.* dignified deportment; civility, politeness; moderation.
mesuradamente, *adv.* slowly, prudently, moderately.
mesurado, da. I. *pp.* of MESURAR. **II.** *a.* moderate, circumspect, temperate.
mesurar. I. *va.* to inspire moderation in. **II.** *vr.* to control oneself.
meta, *f.* boundary, finish line; goal, aim.
metabólico, ca, *a.* metabolic.
metabolismo, *m.* metabolism.—**m. basal,** (physiol.) basal metabolism.
metabolizar, *va.* & *vn.* to metabolize.
metacarpiano, na, *a.* (anat.) metacarpal.
metacarpo, *m.* (anat.) metacarpus.
metacentro, *m.* metacenter.
metacronismo, *m.* metachronism.
metadología, *f.* methodics.
metadona, *f.* (chem., med.) methadone.
metafase, *f.* (biol.) metaphase.
metafísica, *f.* metaphysics.
metafísicamente, *adv.* metaphysically.
metafísico, ca. I. *a.* metaphysical. **II.** *m.* metaphysician.
metáfora, *f.* metaphor.
metafóricamente, *adv.* metaphorically.
metafórico, ca, *a.* metaphorical.
metaforista, *n.* metaphorist.
metaforizar, *va.* to use metaphors.
metafrasis, *f.* metaphrase.
metafrasta, *n.* metaphrast.
metafrástico, ca, *a.* metaphrastic.
metagénesis, *f.* (biol.) metagenesis.
metagoge, *f.* (rhet.) a kind of metaphor.
metal, *m.* metal; tone or timbre of the voice; (mus.) brass orchestral instruments; quality, nature, or condition.—**m. antifricción,** babbitt metal.—**m. blanco,** nickel silver; babbitt metal.—**m. campanil,** or **de campanas,** bell metal.—**m. de imprenta,** type metal.—**m. desplegado,** expanded metal.—**m. Muntz,** Muntz metal, yellow metal.
metalario, ria, *n.* metallist, metal worker.
metalepsis, *f.* (rhet.) metalepsis.
metálica, *f.* metallurgy.
metalicé, metalice, *v. V.* METALIZAR.
metálico, ca. I. *a.* metallic; medallic. **II.** *m.* specie, hard cash.—**m. en caja,** (com.) cash on hand.
metalífero, ra, *a.* (poet.) metalliferous.
metalista, *n.* metal worker.
metalistería, *f.* metal work.
metalización, *f.* (chem.) converting into metal.
metalizar. I. *va.* (*pret.* METALICÉ; *subj.* METALICE) (chem.) to convert into metal. **II.** *vr.* to be converted into or impregnated with metal; to become controlled by love of money, to become mercenary.
metalografía, *f.* metallography.
metaloide, *m.* (chem.) metalloid.
metaloideo, dea, *a.* (chem.) nonmetallic, metalloid.
metaloterapia, *f.* (med.) metallotherapy.
metalurgia, *f.* metallurgy.
metalúrgico, ca. I. *a.* metallurgic, metallurgical. **II.** *n.* metallurgist.
metalurgista, *n.* metallurgist.
metalla, *f.* scraps of gold-leaf for mending.
metamería, *f.* (chem., zool.) metamerism.
metamérico, ca, *a.* (chem., zool.) metameric.
metamerismo, *m.* (chem., zool.) metamerism.
metamerizado, da, *a.* (zool.) metamerized.
metámero, ra. I. *a.* (chem., zool.) metameric. **II.** *m.* (zool.) metamere.
metamórfico, ca, *a.* (geol.) metamorphic.
metamorfismo, *m.* (geol.) metamorphism.
metamorfosear, *va.* & *vr.* to metamorphose, to transform.
metamorfosi, metamorfosis, *f.* metamorphosis, transformation.
metano, *m.* (chem.) methane.
metaplasma, *m.* (biol.) metaplasm.
metaplasmo, *m.* (gram.) metaplasm.
metástasis, *f.* (med.) metastasis.
metasticizar, *vn.* (med.) to metastasize.
metatarsiano, na, *a.* (anat.) metatarsal.
metatarso, *m.* (anat.) metatarsus.
metate, *m.* (Mex.) curved stone for grinding maize or cocoa.
metátesis, *f.* (rhet.) metathesis.
metatórax, *m.* (zool.) metathorax.
metazoario, ria, *m.* & *a.* (zool.) metazoan.
meteco, ca, *a.* & *n.* foreign(-er).
metedor, ra. I. *n.* one who puts in or introduces; smuggler. **II.** *m.* baby's swaddling clothes.
metedería, *f.* smuggling.
metempsicosis, metempsícosis, *f.* metempsychosis.
metemuertos, *m.* (theat.) stage hand; busybody.
meteórico, ca, *a.* meteoric.
meteorismo, *m.* (med.) meteorism, flatulence.
meteorito, *m.* meteorite.
meteorización, *f.* (agr.) influence of atmospheric phenomena on the soil.
meteorizar. I. *va.* (med.) to cause flatulence. **II.** *vr.* (med.) to suffer from flatulence; (agr.) (of soil) to be influenced by atmospheric phenomena.
metéoro, meteoro, *m.* atmospheric phenomenon; meteor.
meteorología, *f.* meteorology.
meteorológico, ca, *a.* meteorological.
meteorologista; meteorólogo, ga, *n.* meteorologist.
meter. I. *va.* to put in, insert, introduce, inclose; to smuggle; to make (as a noise); cause (as fear); tell (as fibs); to induce, get (one into a business, etc.); to stake, put to hazard; to invest; to cram down (food); to put close together, cram together; to impose upon, to deceive; to compress, straighten, reduce; (coll.) to eat; (naut.) to take in (sail).—**m. bulla,** to make a noise.—**m. su cucharada,** to put in one's oar, to butt in.—**m. zizaña,** to sow discord.—**meterlo a bulla,** to carry off the matter with a joke. **II.** *vr.* to meddle, intrude, interfere; to be too familiar; to choose, take up a profession or trade; to plunge into vice; (of rivers) to empty; to attack sword in hand.—**m. a,** to become; to undertake to; to set oneself up as, pretend to be.—**m. con,** to pick a quarrel with.—**m. en,** (coll.) to meddle with, poke one's nose into.—**m. en profundidades,** (fig.) to get beyond one's depth.—**m. mar adentro,** (of sea bathing) to go beyond one's depth.
metesillas, *m.* (theat.) stage hand.
meticulosidad, *f.* fear, shyness.
meticuloso, sa, *a.* pusillanimous, shy; meticulous, finicky.
metidillo, *m.* baby's swaddling clothes.
metido, da. I. *pp.* of METER. **II.** *a.* abounding; close, tight; engaged; interested. **III.** *m.* blow with the fist on the throat; strong lye or buck; (sew.) material allowed in seams; METIDILLO. **IV.** *f.* (coll.) lecture, dressing down.
metilamina, *f.* (chem.) methylamine.

metilato, *m.* (chem.) methylate.
metileno, *m.* (chem.) methylene.
metílico, ca, *a.* (chem.) methylic.
metilo, *m.* (chem.) methyl.
metimiento, *m.* insertion, introduction.
metódicamente, *adv.* methodically.
metódico, ca, *a.* methodical.
metodismo, *m.* (eccl.) Methodism.
metodista, *n.* & *a.* Methodist.
metodizar, *va.* & *vn.* (*pret.* METODICÉ; *subj.* METODICE) to systematize.
método, *m.* method; technique.—**m. abreviado**, simplified system, short cut.—**m. de tanteos**, trial and error method.—**m. práctico**, rule-of-thumb method.
metodología, *f.* methodology.
metol, *m.* (chem., photog.) metol.
metonimia, *f.* (rhet.) metonymy.
metonímico, ca, *a.* metonymical.
métopa, *f.* (arch.) metope.
metraje, *m.* meterage; footage.
metralla, *f.* (artil.) grapeshot, case shot, canister shot.
metrallazo, *m.* discharge of grapeshot.
metralleta, *f.* submachine gun, tommy gun.
métrica, *f.* metrical art, poesy.
métricamente, *adv.* metrically.
métrico, ca, *a.* metric, metrical.
metrificación, *f.* verse making.
metrificador, ra; metrista, *n.* versifier.
metrificar, *vn.* to write verses.
metritis, *f.* (med.) metritis.
[1]**metro**, *m.* meter, unit of length; (poet.) meter.
[2]**metro**, *m. abbr.* of METROPOLITANO, subway (train).
metrógrafo, *m.* (Ry.) metrograph.
metrología, *f.* metrology.
metrónomo, *m.* (mus.) metronome.
metrópoli, *f.* metropolis; archiepiscopal church; mother country.
metropolitano, na. I. *a.* metropolitan. **II.** *m.* archbishop; subway or elevated train.
metrorragia, *f.* (med.) metrorrhagia.
metroscopio, *m.* (med.) metroscope.
metrotomía, *f.* (surg.) hysterotomy.
metrótomo, *m.* (surg.) metrotome, hysterotome.
mexicano, na, *n.* & *a.* Mexican.
México, *m.* Mexico.
meya, *f.* spider crab. Also NOCA.
mezala, *m.* oratory, place for prayer.
mezcal, *m.* (Mex.) a species of maguey; pulque.
mezcla, *f.* mixture; mixing; mortar; mixed cloth.
mezclado, da, *a.* mixed; medley; miscellaneous.
mezclador, ra. I. *a.* mixing, blending. **II.** *n.* mixer; *m.* mixing machine, blender, agitator; *f.* mixer, cement mixer.
mezcladura, *f.*; **mezclamiento**, *m.* mixture; mixing.
mezclar. I. *va.* to mix, mingle; blend. **II.** *vr.* to mix; to intermarry; to intermeddle; to take part.
mezclilla, *f.* pepper-and-salt cloth.
mezcolanza, *f.* (coll.) medley, hodgepodge, mishmash, jumble.
mezo, meza, *v. V.* MECER.
mezquinamente, *adv.* stingily, niggardly.
mezquindad, *f.* niggardliness, stinginess, paltriness, currishness, meanness; penury, indigence.
mezquino, na, *a.* niggardly, stingy, mean, paltry, miserly; indigent, needy; diminutive; petty, minute, puny.
mezquita, *f.* mosque.
mezquital, *m.* clump of mesquite shrubs.
mezquite, *m.* (Mex.) (bot.) mesquite.
[1]**mi**, *m.* (mus.) mi, E, third note of the scale.
[2]**mi**, *1st pers. sing. poss. pron.* (*pl.* MIS), my.
mí, *pers. pron. oblique case of pron.* YO, *used after a prep.* me.—**¡a m. qué!** (Am.) I don't care!
miaja, *f.* crumb; bit.
miar, *vn.* to mew, as a cat.
miasma, *m.* miasma.—*pl.* miasmata.
miasmático, ca, *a.* miasmatic.
miastenia, *f.* (med.) myasthenia.
miau, *m.* mew of a cat.
[1]**mica**, *f.* (min.) mica, isinglass.
[2]**mica**, *f.* female monkey; (C. A.) flirt.
micáceo, cea, *a.* micaceous, micalike.
micacita, *f.m.* (geol.) micaschist.
micado, *m.* Mikado.
micasquisto, *m.* = MICACITA.
micción, *f.* micturition, passing urine.
micelio, *m.* (bot.) mycelium.
micénico, ca, *a.* Mycenaean.
micer, *m.* ancient title of respect, mister.
mico, *m.* monkey; (coll.) lascivious man.—**dar**, or **hacer, m. a**, to disappoint by not keeping an engagement.
micología, *f.* (bot.) mycology.
micosis, *f.* (med.) mycosis.
micra, *f.* = MICRÓN.
microanálisis, *m.* microanalysis.
microbarógrafo, *m.* microbarograph.
microbiano, na, *a.* microbian.
microbicida, *f.* microbicide, germ-killer.
micróbico, ca, *a.* microbic, microbial.
microbio, *m.* microbe, bacterium.
microbiología, *f.* microbiology, bacteriology.
microbiológico, ca, *a.* bacteriological.
microbiólogo, ga, *n.* bacteriologist.
microcefalia, *f.* microcephaly, microcephalism.
microcéfalo, la, *a.* microcephalic, microcephalous.
microcito, *m.* (med.) microcyte.
microclina, *f.* (min.) microcline.
micrococal, *a.* micrococcal.
micrococo, *m.* micrococcus.
microcopia, *f.* microcopy, microcard, microprint.
microcósmico, ca, *a.* microcosmic, microcosmical.
microcosmo, *m.* microcosm.
microcristalino, na, *a.* (cryst.) microcrystalline.
microcristalografía, *f.* microcrystallography.
microcurie, *m.* (phys.) microcurie.
microdisección, *f.* microdissection.
microdureza, *f.* (phys.) microhardness.
microestructura, *f.* microstructure.
microfaradio, *m.* (elec.) microfarad.
microficha, *f.* microcard.
microfilmar, *va.* to microfilm.
microfilme, *m.* microfilm.
micrófito, *m.* = MICROBIO, microbe.
micrófono, *m.* microphone.
microfotografía, *f.* microphotography.
microfotómetro, *m.* (phys.) microphotometer.
micrografía, *f.* micrography.
micrográfico, ca, *a.* micrographic.
micrógrafo, fa, *n.* micrographer; *m.* micrograph.
microgramo, *m.* microgram.
microhmio, *m.* (elec.) microhm.
micro-interruptor, *m.* (elec.) microswitch.
microlítico, ca, *a.* (geol.) microlithic.
microlito, *m.* (geol.) microlite.
micromanipulador, *m.* (biol.) micromanipulator.
micromecánica, *f.* micromechanics.
micrometría, *f.* micrometry.
micrométrico, ca, *a.* micrometric.
micrómetro, *m.* micrometer.
micromilímetro, *m.* = MICRÓN.
micrón, *m.* micron, one thousandth of a millimeter.
microonda, *f.* (radio) microwave.
micrópilo, *m.* (bot., zool.) micropyle.
micropirómetro, *m.* (phys.) micropyrometer.
microquímica, *f.* microchemistry.
microrganismo, *m.* microörganism.
microscopia, *f.* microscopy.
microscópico, ca, *a.* microscopic.
microscopio, *m.* microscope.
microscopista, *n.* microscopist.
microsegundo, *m.* microsecond.
microsismo, *m.* microseism.

microsismógrafo, *m.* microseismograph, microseismometer.
microsoma, *m.* (biol.) microsome.
microspora, *f.* (bot., zool.) microspore.
microsurco, *m.* Microgroove (trademark).
microtomía, *f.* microtomy.
micrótomo, *m.* microtome, cutting instrument for the microscope.
microvoltio, *m.* (elec.) microvolt, one millionth of a volt.
micturición, *f.* micturition.
michito, *m. dim.* kitten, pussy.
micho, cha, *m.* & *f.* (coll.) puss, cat.
mida, *m.* mida, bean fly.
mido, mida, midió, etc. *v. V.* MEDIR.
midriasis, *f.* (med.) mydriasis, dilation of the eye.
miedo, *m.* fear, dread, apprehension.—**m. cerval,** fright; great timidity.—**tener m.,** to be afraid, fear.—**miedoso, sa,** *a.* timorous, afraid.
miel, *f.* honey; molasses; cane juice.—**m. de abejas,** bee's honey.—**m. de caña,** sugar-cane syrup.—**m. de purga,** molasses.—**m. rosada,** (pharm.) honey of roses.—**m. virgen,** virgin honey.—**dejar a uno con la miel en los labios,** to snatch an apparently certain success away from one.
[1]**mielga,** *f.* (bot.) wild lucerne.
[2]**mielga,** *f.* (ichth.) a kind of dogfish.
[3]**mielga,** *f.* (agr.) rake; four-pronged pitchfork; strip of ground to be sown.
[4]**mielga,** *f.* a girl-twin.
mielgo, ga, *a.* twin.
mielitis, *f.* (med.) myelitis.
miembro, *m.* member; limb; member of a body, community or corporation; branch or part of a whole; (math., arch.) member; (anat.) penis.
mienta, *f.* (bot.) mint.
mientes, *f. pl.* thoughts, ideas.—**parar,** or **poner, m.,** to reflect, to consider.—**traer a las m.,** to remind.—**venir a las m.,** to come to one's mind.
[1]**miento, miente,** *v. V.* MENTAR.
[2]**miento, mienta,** *v. V.* MENTIR.
mientras, *adv.* while, whilst, when.—**m. más,** the more.—**m. no,** until.—**m. que,** while, as long as, so long as.—**m. tanto,** meanwhile, in the meantime.
miera, *f.* juniper oil; resin.
miércoles, *m.* Wednesday.—**m. corvillo,** or **de ceniza,** Ash Wednesday.
mierra, *f.* sled, sledge, stone drag.
mies, *f.* ripe wheat and other grain, before thrashing; harvest time; (fig.) multitude converted or ready for conversion.—*pl.* grain fields.
miga, *f.* crumb, soft part of bread; small fragment, bit; (coll.) marrow, substance, pith.—*pl.* fried crumbs.—**m. tostada,** crouton.—**hacer buenas (malas) migas,** (coll.) to agree (disagree) readily with one.
migaja, *f.* small crumb or bit of bread; small fragment, chip, or bit; (coll.) little or nothing.—*pl.* leavings; crumbs, bits of food.—**no tener m. de,** (coll.) not to have a particle of.
migajada, *f.* small particle.
migajica, illa, ita, uela, *f. dim.* wee little bit.
migajón, *m. aug.* crumb, without crust; marrow core; pith and substance.
migar, *va.* to crumb (bread); to put (crumbs of) into milk, etc.
migración, *f.* migration.
migraña, *f.* = JAQUECA, migraine, headache.
migratorio, ria, *a.* migrating, migratory.
miguelete, *m.* = MIQUELETE, (mil.) foot-soldier.
miguero, ra, *a.* crummy, pert. to fried crumbs.
mihrab, *m.* mihrab, niche in a mosque.
mijo, *m.* (bot.) millet, panic grass.—**m. ceburro,** white wheat.
mil, *m.* one thousand; one thousandth.—**m. y quinientas,** (coll.) lentils.—**a las m. y quinientas,** at an unearthly hour; after a long time.
miladi, *f.* milady.
milagrero, ra, *n.* miracle monger.
milagro, *m.* miracle; wonder; votive offering hung up in churches.
milagrón, *m.* (coll.) great miracle; gesture of astonishment.
milagrosamente, *adv.* miraculously.
milagroso, sa, *a.* miraculous.
milamores, *f.* (bot.) a species of valerian.
milanés, sa, *n.* & *a.* Milanese.
[1]**milano,** *m.* (ornith.) kite, glede, bird of prey; (ichth.) a sea fish.
[2]**milano,** *m.* (bot.) bur or down of the thistle.
mildeu, *m.* (bot.) mildew (esp. app. to grape vines).
mildiú, *m.* = MILDEU.
milenario, ria. I. *a.* millenary. **II.** *m.* millenary; millennium; millenarian, one who expects the millennium.
milenarismo, *m.* doctrine of millenarians.
mileno, na, *a.* pertaining to cloth in which the warp contains a thousand threads.
milenrama, *f.* (bot.) milfoil or yarrow.
milépora, *f.* (zool.) millepore.
milésimo, ma, *n.* & *a.* thousandth.
milesio, ia, *n.* & *a.* Milesian.—**fábula m.,** Milesian tale.
milhojas, *f.* (bot.) yarrow.
miliamperio, *m.* (elec.) milliampere.
miliamperímetro, *m.* (elec.) milliamperimeter.
miliar, *a.* miliary; (med.) miliary.
miliárea, *f.* milliare.
miliario, ria, *a.* pert. to a mile or to miles.
milibar, *m.* millibar.
milicia, *f.* science of war; soldiery, military; militiamen.—**m. nacional,** National Guard.—**m. urbana,** militia.
miliciano, na. I. *a.* military. **II.** *m.* militiaman; inductee.
milico, *m.* (Am.) soldier.
milicurie, *m.* (phys.) millicurie.
miligramo, *m.* milligram.
mililitro, *m.* milliliter.
milímetro, *m.* millimeter.
milimicrón, *m.* millimicron.
milipulgada, *f.* mil.
militante, *a.* militant; military.
[1]**militar.** *vn.* to serve in the army; to go to war.—**m. contra,** to be against, disprove or weaken (a theory, argument, etc.).—**m. en,** to be in, to belong to (a party, etc.).—**m. en favor de,** to lend weight to, to strengthen, be a reason for (a theory, line of conduct, etc.).
[2]**militar. I.** *a.* military, soldierly. **II.** *m.* military man.—*pl.* military.
militarismo, *m.* militarism.
militarista, *n.* & *a.* militarist.
militarización, *f.* militarization.
militarizar, *va.* to militarize.
milmillonésimo, ma, *n.* & *a.* billionth (thousand-millionth).
milo, *m.* earthworm.
miloca, *f.* (ornith.) a kind of owl.
milocha, *f.* kite (for flying).
milodonte, *m.* (paleontol.) mylodont.
milonga, *f.* (Arg.) kind of popular song; party.
milord, *m.* (*pl.* MILORES) milord; barouche.
milpa, *f.* (Mex.) maize land.
milpiés, *m.* woodlouse.
milréis, *m.* milreis (Portuguese and Brazilian money of account).
miltoniano, na, *a.* = MILTÓNICO.
miltónico, ca, *a.* Miltonic, Miltonian.
milla, *f.* mile.—**m. marina** or **náutica,** nautical mile.—**m. medida,** measured mile.—**m. terrestre,** statute mile.
millar, *m.* thousand; a great number (used in *pl.*); certain quantity of cocoa (varies between 3½ and 4 lb.).
millarada, *f.* about a thousand.—**a millaradas,** by thousands; innumerable times.—**echar millaradas,** to brag of wealth and riches.

millón, *m.* million.—*pl.* ancient excise or duty.
millonario, ria, *n.* & *a.* millionaire.
millonésimo, ma, *n.* & *a.* millionth.
mimado, da, *pp.* & *a.* spoiled, overindulged.
mimar, *va.* to pet, fondle, indulge, spoil (a child).
mimbral, *m.* plantation of osiers.
mimbre, *m.* (bot.) osier, willow; (com.) twig, wicker, withe.
mimbrear, *vn.* to sway.
mimbreño, ña, *a.* osierlike, willowy.
mimbrera, *f.* (bot.) osier, willow.
mimbreral, *m.* place full of willows.
mimbroso, sa, *a.* wickered, osiered.
mimeografiar, *va.* to mimeograph.
mimeógrafo, *m.* mimeograph; Mimeograph (trademark).
mimesis, *f.* (rhet.) mimesis.
mimetismo, *m.* (zool.) mimesis.
mímica, *f.* pantomine, sign language.
mímico, ca, *a.* mimic; imitative.
mimo, *m.* buffoon, merry-andrew, mimic; caress, petting, indulgence; prudery.
mimología, *f.* mimology.
mimosa, *f.* (bot.) mimosa, sensitive plant.
mimoso, sa, *a.* fastidious, finicky; soft, spoiled.
mímulo, *m.* (bot.) mimulus, monkey flower.
[1]**mina,** *f.* mine; underground passage or conduit; source, spring; sinecure, (coll.) child's play, snap; (mil., naut.) mine.—**m. acústica,** (mil.) sonic or acoustic mine.—**m. magnética,** (mil.) magnetic mine.—**m. terrestre,** (mil.) land mine.
[2]**mina,** *f.* mina, ancient Greek coin.
minador, ra, *n.* miner, sapper; mining engineer.
minal, *a.* pertaining to mines; mine (as *a.*).
minar, *va.* to mine, excavate, dig, burrow; to sap, undermine; to consume, ruin, destroy; to work hard for.
minarete, *m.* minaret.
mineraje, *m.* work of a mine; mining.
mineral. I. *a.* mineral. II. *m.* mineral, ore; water spring, fountain-head; rich mine; source.—**m. bruto,** raw ore, rough ore.—**m. virgen,** native ore.
mineralización, *f.* mineralization.
mineralizador, *m.* (chem.) mineralizer.
mineralizar. I. *va.* to mineralize. II. *vr.* to become mineralized; (of water) to become mineral, or charged with mineral substances.
mineralogía, *f.* mineralogy.
mineralógico, ca, *a.* mineralogical.
mineralogista, *m.* mineralogist.
minería, *f.* mining; force of miners; body of mine operators.
minero, ra. I. *a.* pert. to mines. II. *m.* miner; sapper; mine operator; source, origin.
mineromedicinal, a. medicinal mineral (waters).
minerva, *f.* (print.) Minerva machine.—**minervista,** *n.* (print.) operator of a Minerva machine.
mingitorio, *m.* upright urinal.
mingo, *m.* red ball or object ball in billiards.
miniado, da, *a.* miniate, decorated or illuminated with red or vermilion.
miniar, *va.* to paint in miniature; to decorate or illuminate with red or vermilion.
miniatura, *f.* (art) miniature.
miniaturista, *n.* miniature painter.
mínima, *f.* slightest thing; (mus.) minim.
mínimo, ma. I. *a.* minimum, least.—**m. común múltiplo,** (math.) least common multiple. II. *m.* minimum; (eccl.) Minim.
mínimum, *m.* minimum.
minino, na, *n.* (coll.) kitty, cat.
minio, *m.* (min.) minium, red lead.
ministerial, *a.* ministerial.
ministerialismo, *m.* (pol.) ministerialism.
ministerialmente, *adv.* ministerially.
ministerio, *m.* (pol.) ministry, cabinet; office and term of a cabinet minister; department; building where the department is located; ministration, office, employment; service, agency.—**M. de Estado,** Department of State, or of Foreign Affairs.—**M. de Fomento,** (Spain) Department of Public Works, Agriculture, Commerce, and Manufactures (better left untranslated, calling it Department of Fomento).—**M. de la Gobernación,** Department of the Interior.—**M. de Gracia y Justicia,** Department of Justice and Ecclesiastical Affairs.—**M. de Hacienda,** Treasury Department.—**M. de la Guerra,** War Department.—**M. de lo Interior,** Department of the Interior.—**M. del Trabajo,** Department of Labor.—**M. de Marina,** Navy Department.—**M. de Relaciones Exteriores,** Ministry of Foreign Affairs, (U. S. State Department).
ministra, *f.* woman director; wife of a cabinet minister.
ministración, *f.* ministration.
ministrador, ra, *n.* one who directs or ministers.
ministrante. I. *a.* serving, ministering. II. *n.* trained nurse.
ministrar, *va.* & *vn.* to minister, to serve, to supply, to furnish.
ministril, *m.* subordinate official; petty officer of justice; player of reed instruments in churches.
ministro, *m.* cabinet minister; minister plenipotentiary; judge or justice; sheriff, bailiff, constable, petty officer of justice; subordinate, agent, servant.—**m. consultante,** minister who lays before the king the opinion of his council.—**m. de Dios,** clergyman.—**M. de Estado,** Minister, or Secretary, of State.—**M. de Fomento,** Secretary, or Minister, of Public Works, etc. (*V.* MINISTERIO DE FOMENTO).—**M. de Gracia y Justicia,** Attorney General.—**M. de Hacienda,** Minister, or Secretary, of the Exchequer or Treasury.—**M. de la Gobernación,** Minister, or Secretary, of the Interior.—**m. del culto, m. del Señor,** clergyman.—**M. de Relaciones Exteriores,** Minister, or Secretary, of Foreign Affairs.—**M. de Relaciones Interiores,** Minister, or Secretary, of the Interior.—**M. de Salubridad,** Minister, or Secretary, of Public Health.
mino, na, kitty, pussy (used to call a cat).
minoración, *f.* lessening, diminution.
minorar. I. *va.* to lessen, diminish. II. *vr.* to shrink; to decrease, diminish.
minorativo, va, *a.* lessening; (med.) laxative.
minoría, *f.* minority (in age or in number).
minoridad, *f.* minority (in age), nonage.
minoritario, *a.* minority.
minotauro, *m.* Minotaur.
minucia, *f.* smallness; small tithe.—*pl.* minutiae.
minuciosamente, *adv.* minutely, thoroughly.
minuciosidad, *f.* minuteness, thoroughness; trifle, small detail.
minucioso, sa, *a.* minutely precise, thorough.
minué, *m.* (dance and mus.) minuet.
minuendo, *m.* (arith.) minuend.
minuete, *m.* = MINUÉ.
minúsculo, la. I. *a.* very small, tiny; of little importance; small (letter). II. *f.* small letter, lower-case letter.
minuta, *f.* minute (as of a meeting); first draft; memorandum; lawyer's bill; list of employees, roll (of names); bill of fare.—**a la m.,** (Arg.) (app. to preparing or serving food) quick, short-order.
minutar, *va.* to make a draft of, to minute.
minutario, *m.* minute book.
minutero, *m.* minute hand.
minutisa, *f.* (bot.) sweet-william pink.
minuto, ta. I. *a.* minute, small. II. *m.* minute (in time & geom.).—**al m.,** at once, right away.
[1]**miñón,** *m.* light infantry, rural guard; minion.
[2]**miñón,** *m.* scoriæ of iron ore.
miñona, *f.* (print.) minion, 7-point type.
mío, mía; míos, mías, *poss. pron.* mine.—**de m.,** by myself; of my own accord.—**lo m.,** what belongs to me.—**soy m.,** I am my own master.
mio, *m.* = MINO.

miocardio, *m.* (anat.) myocardium.
miocarditis, *f.* (med.) myocarditis.
mioceno, na, *a.* (geol.) Miocene.
miodinia, *f.* (med.) myodinia, muscular pain.
miografía, *f.* (anat.) myography.
miógrafo, *m.* myograph.
miología, *f.* (anat.) myology.
mioma, *m.* (med.) myoma.
miopatía, *f.* (med.) myopathy.
miope. I. *a.* myopic, near-sighted. **II.** *n.* myope.
miopía, *f.* (opt.) myopia, near-sightedness.
miosina, *f.* (biochem.) myosin.
miosis, *f.* (med.) myosis; (biol.) meiosis.
miosota, miosotis, *f.* (bot.) forget-me-not.
miosuro, *m.* (bot.) mousetail.
miótico, ca, *a.* myotic.
miquelete, *m.* (mil.) a kind of foot-soldier.
mira, *f.* sight (of firearms and mathematical instruments); leveling rod; (fort.) watch-tower; (mason.) rule; care; vigilance; design, purpose, intention, view.—**m. de bombardeo,** bombing sight.—**m. de corredera** or **de mirilla,** target leveling rod.—**m.** or **mirilla telescópica,** telescopic sight.—**estar a la m.,** to be on the lookout, be on the watch.
¡mira! *interj.* look! lo! behold! take care!
mirabel, *m.* (bot.) summer cypress goosefoot; sunflower.
mirabolano, *m.* = MIROBÁLANO.
mirada, *f.* glance, gaze, look.—**echar una m.,** to glance, cast a glance.
miradero, *m.* watch tower, lookout, observatory; cynosure.
mirado, da. I. *pp.* of MIRAR. **II.** *a.* (when preceded by **muy, tan, más, menos**) considerate, circumspect, prudent, thoughtful; (when preceded by **bien, mal, mejor, peor**) considered, reputed.—**bien m.,** (besides the meaning just given), carefully considered; looking well into the matter; in fact.
mirador, ra. I. *n.* spectator, looker-on. **II.** *m.* belvedere, oriel, bay-window, observatory.
miradura, *f.* act of looking.
miraguano, *m.* (bot.) fan palm.
miramamolín, *m.* among Moors, "prince of the believers."
miramiento, *m.* consideration, reflection; circumspection, prudence; attention, consideration, courtesy.
mirante, *n.* & *a.* looker(-ing).
mirar. I. *va.* to look, look at, look upon or toward; to gaze, gaze upon; to view, survey; to see, regard; to consider, think; to have regard for, esteem; to watch, be careful; to watch, spy; to notice; to concern.—**m. bien,** to think much of, esteem; to approve.—**m. de hito en hito,** to stare at.—**m. de reojo, m. de través,** to look askance at; to look at out of the corner of one's eye.—**m. mal,** to disapprove, have a bad opinion of; to dislike; to consider bad form.—**m. por encima,** to examine slightly, glance at.—**m. sobre el hombro,** to cast a contemptuous look at. **II.** *vn.* to look.—**m. a,** to overlook, face, front on; to look after, look out for.—**m. alrededor,** to look around.—**m. en,** to think over, consider carefully.—**m. por,** to take care of; look after.—**¡mira!,** look out! (warning or threat).—**¡mire!** look here! listen!
mirasol, *m.* (bot.) sunflower.
miríada, *f.* myriad, large quantity or number.
miriagramo, *m.* myriagram.
mirialitro, *m.* myrialiter.
miriámetro, *m.* measure of length, 10,000 meters.
miriápodo, da, *m.* & *a.* myriapod, centipede.
mirífico, ca, *a.* marvellous, wonderful.
mirilla, *f. dim.* peephole in doors; target (of a leveling rod).
[1]**miriñaque,** *m.* trinket, bauble, gewgaw.
[2]**miriñaque,** *m.* hoop-skirt, crinoline.
miriópodo, = MIRIÁPODO.
mirística, *f.* (bot.) nutmeg tree.
mirla, *f.* (ornith.) blackbird.
mirlamiento, *m.* affected gravity.
mirlarse, *vr.* (coll.) to put on airs.
mirlo, *m.* (ornith.) blackbird; (coll.) air of importance, affected gravity.
mirobálano, *m.* (bot.) myrobalan.
mirón, na, *n.* spectator, looker-on, by-stander; prier, busybody, gazer.
mirra, *f.* myrrh.—**mirrado, da,** *a.* myrrhic.
mirrauste, *m.* (cook.) timbale of pigeons.
mirrino, na, *a.* myrrhic.
mirtáceo, cea, *a.* (bot.) myrtaceous.
mirtidano, *m.* myrtle tiller or sprout.
mirtino, na, *a.* myrtle-like.
mirto, *m.* (bot.) myrtle.
miruello, lla, *m.* & *f.* (ornith.) blackbird.
misa, *f.* (eccl.) mass; (mus.) music composed for a solemn mass.—**m. de cuerpo presente,** mass said while the corpse is in the church.—**m. del gallo,** midnight mass.—**m. mayor,** high mass.—**m. pontifical,** pontifical mass.—**m. rezada,** low mass.—**como en m.,** in dead silence.—**no saber de la m. la media,** to know nothing, not know what's going on, be out of it.—**oír m.,** to hear or attend mass.
misacantano, *m.* priest who is ordained and says the mass; priest who celebrates the first mass.
misal, *m.* (eccl.) missal, Mass book; (print.) two-line pica.
misantropía, *f.* misanthropy.
misantrópico, ca, *a.* misanthropic(al).
misántropo, *m.* misanthrope.
misar, *vn.* (coll.) to say mass; to hear mass.
misario, *m.* (eccl.) acolyte.
miscelánea, *f.* miscellany; mixture, medley.
misceláneo, a, *a.* miscellaneous, mixed.
miscibilidad, *f.* miscibility.
miscible, *a.* miscible, that can be mixed.
miserabilísimo, ma, *a. super.* most miserable.
miserable. I. *a.* miserable, wretched, unhappy; stingy, close-fisted. **II.** *n.* wretch, cur, cad.
miserablemente, *adv.* miserably, unhappily; stingily.
míseramente, *adv.* meanly, wretchedly.
miserear, *vn.* (coll.) to be niggardly or stingy.
miserere, *m.* (eccl.) Miserere; (med.) ileus, colic.
miseria, *f.* misery, wretchedness, forlornness; need, penury, poverty, destitution; stinginess; trifle, pittance.
misericordia, *f.* mercy, mercifulness, pity.
misericordiosamente, *adv.* mercifully.
misericordioso, sa, *a.* merciful.
mísero, ra, *a.* = MISERABLE.
misero, ra, *a.* (coll.) mass-loving; church-going; (priest) that says mass very often.
misérrimo, ma, *a. super.* most miserable.
misia, misiá, *f.* (Am.) (with first name) **Señora,** Doña, Mrs.
misión, *f.* mission; errand; embassy, legation; commission; (eccl.) missionary station, residence, preaching, etc.; money and food allowed to reapers during the harvest.
misional, *a.* missionary.
misionar, *vn.* to preach a mission or missions.
misionario, *m.* missionary; delegate, envoy.
misionero, ra. I. *a.* missionary. **II.** *m.* missionary; preacher (of a mission).
misivo, va, *a.* & *f.* missive.
mismamente, *adv.* (coll.) exactly, to a tee.
mismísimo, ma, *a. super.* very same.
mismo, ma, *a.* same; similar, like; equal, self-same; -self (*él mismo,* himself, he himself).—**así m., lo m.,** the same; the same thing.—**el m. de siempre,** the same old (John, thing, etc.).—**eso m.,** that very thing.—**lo m. da,** it's all the same, it makes no difference.—**lo m. de siempre,** the same old story.—**lo m. que,** the same as; as well as.—**lo m. . . . que . . . ,** both . . . and.—**por lo m.,** for the same reason; for that very reason.
misogamia, *f.* misogamy.
misógamo, ma, *n.* misogamist.

misoginia, *f.* misogyny.
misógino, na. I. *a.* misogynous. II. *m.* misogynist.
misoneísmo, *m.* misoneism, dread or dislike of novelty.
misoneísta, *n.* & *a.* misoneist(-ic).
mispíquel, *m.* (min.) mispickel, arsenopyrite.
mistagogo, *m.* mystagogue.
mistamente, *adv.* (law) = MIXTAMENTE.
mistar, *va.* to speak or mumble.
mistela, *f.* = MIXTELA.
misterio, *m.* mystery.
misteriosamente, *adv.* mysteriously.
misterioso, sa, *a.* mysterious.
mística, *f.* study of the contemplative life.
místicamente, *adv.* mystically; spiritually; emblematically.
misticismo, *m.* mysticism.
[1]**místico, ca**, *n.* & *a.* mystic(-al); spiritual.
[2]**místico**, *m.* small coasting vessel.
misticón, na, *a.* (coll.) affectedly ascetic.
misti fori = MIXTI FORI.—**mistifori**, *m.* = MIXTIFORI.
mistilíneo, nea, *a.* (geom.) = MIXTILÍNEO.
mistión, misto, mistura, misturar = MIXTIÓN, MIXTO, MIXTURA, MIXTURAR.
mistral, *a.* & *m.* mistral (wind).
misturera, *f.* (Am.) flower girl.
mita, *f.* (Peru) enforced service of Indians; (Bol.) harvest of coca leaves; (entom.) mite, harvest bug.
mitad, *f.* half; moiety; middle, centre; (coll.) husband or wife, as *mi cara mitad*, my better half.—**m. y m.**, half and half.—**por la m.**, in two.—**por mitades**, by halves.
mitayo, *m.* (Am.) Indian serving his MITA.
mítico, ca, *a.* mythical.
mitigación, *f.* mitigation, extenuation; soothing.
mitigador, ra, *n.* & *a.* mitigator(-ing); soother (-ing).
mitigante, *a.* mitigating, allaying.
mitigar, *va.* (*pret.* MITIGUÉ; *subj.* MITIGUE) to mitigate, allay, soothe, alleviate; to quench, assuage, appease.
mitigativo, va; mitigatorio, ria, *a.* lenitive, mitigating, soothing.
mitigué, mitigue, *v.* *V.* MITIGAR.
mitin, *m.* (Angl.) political meeting; rally.
mito, *m.* myth.
mitología, *f.* mythology.
mitológico, ca. I. *a.* mythological. II. *n.* mythologist.
mitologista; mitólogo, ga, *n.* mythologist.
mitón, *m.* mitt, lace glove without fingers.
mitosis, *f.* (biol.) mitosis, cell division.
mitote, *m.* Indian dance; (Am.) household festival; fastidiousness, affectedness; riot, uproar, disturbance.
mitotero, ra, *a.* & *n.* (Am.) finical, fastidious; jolly, rollicking.
mitra, *f.* (eccl.) miter; bishopric.
mitrado. I. *pp.* of MITRAR. II. *a.* (eccl.) *a.* mitered.
mitral, *a.* (anat.) mitral.
mitrar, *vn.* (eccl.) to be mitered.
mitridato, *m.* mithridate, antidote.
mítulo, *m.* mussel.
mixomiceto, *m.* (bot.) myxomycete.
mixtamente, *adv.* mixedly; (law) belonging to both ecclesiastical and civil courts.
mixtela, *f.* a refreshing beverage; (Colomb.) a popular intoxicating liquor.
mixtificación, *f.* mystification, bewilderment; hoax.
mixtificar, *va.* to mystify, bewilder; to hoax.
mixti fori, *a.* (law) amenable to either ecclesiastical or secular courts; entangled, complicated.—**mixtifori**, *m.* (coll.) medley, hodgepodge.
mixtilíneo, nea, *a.* (geom.) mixtilinear.
mixtión, *f.* mixture, commixture.
mixto, ta. I. *a.* mixed, mingled; composite; half-breed; crossbreed; mongrel; (arith.) mixed; (pol.) joint.—**tren m.**, a train that is made up of both passenger cars and freight-carrying cars. II. *m.* sulphur or parlor match; (artil.) explosive compound.
mixtura, *f.* mixture, compound; meslin, mixed corn; (pharm.) mixture.
mixturar, *va.* to mix, mingle.
mixturero, ra, *n.* & *a.* mixer(-ing).
miz, *m.* pussy, kitty.
mízcalo, *m.* a kind of mushroom.
mizo, za, (coll.) = MICHO, CHA, puss, cat.
mnemónica, mnemotecnia, *f.* mnemonics.
mnemotécnico, ca, *a.* mnemonic.
moabita, *n.* Moabite.
moaré, *m.* moiré.
mobiliario, ria. I. *a.* movable (app. to chattels, especially unregistered bonds or securities). II. *m.* furniture, household goods.
moblaje, *m.* household furniture.
moblar, *va.* (*ind.* MUEBLO; *subj.* MUEBLE) to furnish, provide with furniture.
moble, *a.* = MÓVIL, movable; mobile; unstable.
moca, *m.* mocha, mocha coffee; miry place, quagmire.
mocador, *m.* pocket handkerchief.
mocasín, *m.* moccasin; (zool.) moccasin (snake).
mocasina, *f.* moccasin.
mocear, *vn.* to act like a boy; to revel, to rake.
mocedad, *f.* youth, youthfulness; reckless mode of living; frolic.
mocero, *a.* lascivious, lewd.
mocetón, na, *n.* strapping youth, lad (lass).
moción, *f.* motion, movement; leaning, inclination, tendency; divine inspiration; motion, proposition to an assembly.
mocito, ta. I. *a.* *dim.* very young. II. *n.* youngster, lad (lassie).
moco, *m.* mucus; viscid, glutinous matter; snuff of a lamp or candle; candle drippings; slag of iron; (naut.) martingale boom, dolphin striker; worthless thing, trifle; (bot.) love-lies-bleeding. —**m. de pavo**, crest of a turkey.—**a m. de candil**, by candlelight.—**llorar a m. tendido**, (coll.) to weep copiously, cry like a child.
mocosidad, *f.* mucousness, viscosity.
mocoso, sa. I. *a.* snivelly; full of mucus; despicable, mean. II. *n.* inexperienced youth.
mocosuelo, la, *n.* *dim.* thoughtless, inexperienced youth; child.
mochada, *f.* butt (as of a goat).
mochar, *va.* to cut, lop off.
mochazo, *m.* blow with the butt of a musket.
mocheta, *f.* thick edge of some tools; (arch.) quoin; sconcheon.
mochete, *m.* (ornith.) sparrow hawk.
mochil, *m.* farmer's boy.
mochila, *f.* (mil.) knapsack, haversack; a kind of caparison; gunning bag; provisions given to each soldier for a number of days.
mochilero, *m.* one who carries the baggage of soldiers.
mochín, *m.* executioner.
mocho, cha. I. *a.* cropped, shorn, lopped, cut off; maimed, mutilated; (Mex., coll.) hypocritical. II. *m.* butt end.
mochuelo, *m.* (ornith.) red owl.—**cargar con el m.**, to get the worst part of an undertaking.
moda, *f.* fashion, mode, style.—**a la (última) m.**, after the latest fashion; fashionable.—**de m.**, fashionable.—**estar de m.**, to be in style, or in fashion.—**pasado, de m.**, out of style.—**ser de m.**, or **ser m.**, to be the fashion.
modal. I. *a.* (logic) modal. II. *m.* *pl.* manners, breeding.—**modalidad**, *f.* nature, character.
modelado, *m.* (art) modelling.
modelador, ra. I. *a.* modeling, modelling. II. *n.* modeler, modeller.
modelar, *va.* (art) to model.
modelo. I. *m.* model, pattern, standard, copy. II. *n.* (art) life model.—**no tener m.**, to have no equal.
moderación, *f.* moderation.

moderadamente, *adv.* moderately.
moderado, da. I. *pp.* of MODERAR. **II.** *a.* moderate; modest; reasonable; (pol.) conservative; moderately liberal, middle-of-the-road. **III.** *n.* (pol.) moderate, middle-of-the-roader.
moderador, ra, *n.* & *a.* moderator(-ing).—**poder m.,** (in constitutional monarchies) the sovereign.
moderante. I. *n.* & *a.* moderator(-ing). **II.** *n.* presiding officer, moderator.
moderantismo, *m.* (pol.) moderate liberalism.
moderar. I. *va.* to moderate, regulate, adjust, restrain, curb, repress. **II.** *vr.* to calm down, moderate, refrain from excesses.
moderativo, va; moderatorio, ria, *a.* moderating.
modernamente, *adv.* recently, lately, freshly.
modernidad, *f.* modernity, modernness.
modernismo, *m.* modernism.
modernista. I. *a.* modern. **II.** *n.* modernist.
modernización, *f.* modernization.
modernizar, *va.* to modernize.
moderno, na, *a.* modern.
modestamente, *adv.* modestly.
modestia, *f.* modesty.
modesto, ta, *a.* modest.
módicamente, *adv.* moderately, sparingly.
modicidad, *f.* moderateness, cheapness.
módico, ca, *a.* reasonable, economical.
modificable, *a.* modifiable.
modificación, *f.* modification.—**m. del autor,** author's alteration.
modificador, ra, *n.* & *a.* modifier(-fying).
modificante, *a.* modifying.
modificar, *va.* (*pret.* MODIFIQUÉ; *subj.* MODIFIQUE) to modify.—**modificativo, va; modificatorio, ria,** *a.* modifying.
modifiqué, modifique, *v. V.* MODIFICAR.
modillón, *m.* (arch.) modillion, bracket.
modio, *m.* modius, an ancient Roman dry measure.
modismo, *m.* (gram.) idiom.
modista, *f.* dressmaker or modiste.—**m. de sombreros,** milliner.—**modistería,** *f.* modiste's shop, fashion shop.
modistilla, *f. dim.* (coll.) young, inexperienced dressmaker or milliner; seamstress.
modo, *m.* mode, way, manner, form; moderation, temperance; civility, urbanity; (gram.) model. or mood; (mus.) mode.—**m. de ser,** nature, character; disposition, temperament.—**al m. de, a m. de,** in the same manner as, like, in the fashion of.—**de buen (mal) m.,** politely (impolitely).—**del mismo m. que,** in the same way as.—**de m. de,** so as to.—**de m. que,** so that; and so.—**de ningún m.,** by no means, under no circumstances.—**de otro m.,** otherwise.—**de todos modos,** at any rate, anyway.—**de un m. u otro,** in one way or another, somehow.—**por m. de,** as (*por modo de juego,* as a joke, in jest).—**sobre m.,** extremely.
modorra, *f.* drowsiness, heaviness; (vet.) sturdy.
modorrar. I. *va.* to drowse, make sleepy. **II.** *vr.* (of fruit) to become squashy.
modorrilla, *f.* (coll.) third night watch.
modorro, rra, *a.* drowsy, sleepy, heavy; dull, stupid; (of sheep) suffering from sturdy; (of fruit) squashy.
modoso, sa, *a.* temperate, well-behaved.
modrego, ga, *n.* (coll.) awkward person.
modulación, *f.* (mus.) modulation.—**m. de amplitud,** (rad.) amplitude modulation.—**m. de frecuencia,** (rad.) frequency modulation.
modulador, ra. I. *a.* modulating. **II.** *n.* modulator; *m.* (radio) modulator.
modular. I. *a.* modular. **II.** *va.* & *vn.* to modulate.
módulo, *m.* size of coins and medals; module; (math.) modulus.—**m. de aterrizaje,** landing module.—**m. lunar,** lunar module.
mofa, *f.* mockery, jeer, scoff.
mofador, ra, *n.* & *a.* scoffer(-ing), mocker(-ing).
mofadura, *f.* = MOFA.
mofante, *n.* = MOFADOR.
mofar, *vn.* & *vr.* to jeer, scoff, mock, sneer.—**mofarse de,** to mock, sneer at, scoff, make fun of.
mofeta, *f.* mofette, mephitis; noxious emanation (from mines, etc.); (zool.). skunk or polecat.
moflete, *m.* fat cheek.
mofletudo, da, *a.* fat-cheeked.
mogate, *m.* varnish, glazing.—**a medio m.,** carelessly, heedlessly.
mogato, ta, *a.* = MOJIGATO.
mogol, la, *n.* & *a.* Mongol, Mongolian.
mogólico, ca, *a.* Mongolian.
mogoloide, *n.* & *a.* Mongoloid.
mogollón, *m.* hanger-on, sponger, parasite.—**comer de m.,** to sponge.
mogón, na, *a.* with one horn missing or broken.
mogote, *m.* hummock, hillock; (agr.) stack or rick of corn; antler (of a brocket, a small deer).
mogrollo, *m.* parasite, sponger; (coll.) rustic.
moharra, *f.* head of a spear.
moharrache, moharracho, *m.* merry-andrew, clown.
mohatra, *f.* sham sale; fraud.—**mohatrar,** *vn.* to make a sham sale.—**mohatrero, ra; mohatrón, na,** trickster, swindler.
mohecer, *va.* to moss, to mildew.
mohiento, ta, *a.* mildewed.
mohín, *m.* grimace, gesture.
mohina, *f.* animosity, animadversion, grudge.
mohino, na. I. *a.* fretful, peevish; sad, mournful; (mule) begotten by a stallion and a female donkey; (of horses, etc.) black. **II.** *n.* one who plays alone against several others.
moho, *m.* (bot.) moss; mould, mildew; rust.
mohoso, sa, *a.* rusty; mouldy, musty, mildewed.
mojada, *f.* wetting, drenching; sop; (coll.) stab.
mojador, ra, *n.* wetter, moistener.
mojadura, *f.* drenching, moistening, wetting.
mojama, *f.* dry, salt tunny fish.
mojar. I. *va.* to wet, drench; moisten, damp; (coll.) to stab; to interfere with. **II.** *vn.* to be immersed in any business. **III.** *vr.* to get wet.
mojarra, *f.* a sea fish; (Am.) heart-shaped dagger.
mojarrilla, *n.* (coll.) gay, jolly person.
moje, *m.* (cook.) gravy, sauce.
mojel, *m.* (naut.) braided cord for the anchor.
mojí, *m.* sponge cake; pie.
mojicón, *m.* bun; (coll.) fisticuff.
mojiganga, *f.* morris dance; masquerade, mask, mummery.
mojigatería, mojigatez, *f.* hypocrisy; religious fanaticism.
mojigato, ta. I. *n.* dissembler, hypocrite; bigot, fanatic. **II.** *a.* deceitful, hypocritical; prude; bigoted.
[1]**mojón,** *m.* landmark; boundary monument; heap, pile; milestone; a game like pitching; solid excrement.
[2]**mojón,** *m.* wine taster.
[1]**mojona,** *f.* excise tax on wine.
[2]**mojona,** *f.* survey of land; setting up of boundary marks.
mojonación, *f.* setting up of boundary marks.
mojonar, *va.* to set boundary marks.
mojonera, *f.* boundary mark; landmark.
mojonero, *m.* appraiser, gauger.
[1]**mola,** *f.* (med.) mole.
[2]**mola,** *f.* flour with salt used in sacrifices.
molada, *f.* colors ground at one time.
molalidad, *f.* (chem.) molality.
molar, *a.* & *m.* molar.
molaridad, *f.* (chem.) molarity.
molcajete, *m.* mortar for pounding.
moldar, *va.* to mold.
moldavo, va, *n.* & *a.* Moldavian.
molde, *m.* mold; pattern; (eng.) form; (print.) form ready for printing.—**de m.,** in print; printed; fitting, to the purpose.
moldeador, *m.* molder, cast maker.
moldear, *va.* to mold; to cast; to provide or adorn with moldings.

moldura, *f.* molding.
moldurar, *va.* to make moldings on.
[1]**mole,** *a.* soft, mild.
[2]**mole,** *f.* huge mass or bulk.
[3]**mole,** *m.* (Mex.) chili sauce for turkey.
molécula, *f.* (chem., phys.) molecule.
molécula-gramo, *f.* (chem.) gram molecule.
molecular, *a.* molecular.
moledera, *f.* (coll.) botheration.
moledero, ra, *a.* ready to be ground, for grinding.
moledor, ra, *n.* grinder; powdering mill; crushing cylinder in a sugar-mill; bore, tiresome person.
moledura, *f.* grinding.
molendero, ra, *n.* miller, grinder; chocolate manufacturer.
moler, *va.* (*ind.* MUELO; *subj.* MUELA) to grind, pulverize, mill; to overtire; to vex, bore; to waste, consume; to masticate, chew.—**m. a palos,** to give a severe drubbing.
molero, *m.* maker or seller of millstones.
molestador, ra, *n.* vexer, annoyer.
molestamente, *adv.* troublesomely, vexatiously; uncomfortably.
molestar. I. *va.* to disturb; to trouble; to annoy, vex; to tease. **II.** *vr.* **(en),** to bother, take the trouble (to).
molestia, *f.* annoyance, bother; inconvenience, trouble; discomfort; hardship, grievance; (coll.) quarrel.
molesto, ta, *a.* annoying, vexatious, bothersome; troublesome; uncomfortable.
moleta, *f.* muller; polisher; (print.) ink-grinder.
moletón, *m.* canton or cotton flannel.
molibdato, *m.* (chem.) molybdate.
molibdenita, *f.* (min.) molybdenite.
molibdeno, *m.* (chem.) molybdenum.
molíbdico, ca, *a.* molybdic.
molicie, *f.* softness, effeminacy.
molido, da. I. *pp.* of MOLER. **II.** *a.* (fig.) fatigued.
molienda, *f.* milling, grinding; grist; weariness, fatigue; season for grinding sugar cane or olives.
moliente, *n.* & *a.* grinder(-ing).
molificable, *a.* mollifiable.
molificación, *f.* mollification.
molificar, *va.* (*pret.* MOLIFIQUÉ; *subj.* MOLIFIQUE) to mollify, soften, mitigate.
molificativo, va, *a.* mollifying, lenitive.
molifiqué, molifique, *v.* *V.* MOLIFICAR.
molimiento, *m.* grinding, pounding; (fig.) fatigue, weariness, lassitude.
molinar, *m.* place where there are mills.
molinejo, *m. dim.* small mill.
molinera, *f.* miller's wife; woman mill worker.
molinería, *f.* number or group of mills; mill industry.
molinero, *m.* miller, grinder.
molinete, *m. dim.* little mill; pin wheel; ventilating wheel; friction roller; fifth wheel of a vehicle; smoke dispeller; moulinet, swing of sabre; drum of a capstan or winch.—**m. hidráulico,** hydraulic tourniquet, Barker's mill.
molinillo, *m. dim.* hand mill; coffee grinder; chocolate beater.
molinito, *m. dim.* small mill.
molino, *m.* mill; restless, noisy fellow; (coll.) mouth.—**m. de sangre,** mill turned by men or animals.—**m. de viento,** windmill.
molitivo, va, *a.* mollifying; softening.
moloc, *m.* (zool.) moloch (lizard); **(M.)** Moloch (ancient Phoenician god).
molondro, molondrón, *m.* (coll.) poltroon.
molote, *m.* (Cuba) tumult, riot.
moltura, *f.* grinding.
molusco, ca, *m.* & *a.* molluscan; *m.* mollusk, mollusc.
moluscoideo, dea, *a.* & m. (zool.) molluscoid.
molla, *f.* lean meat; crumb of bread.
mollar, *a.* soft, tender; easily shelled; lean (meat) productive, profitable; credulous, gullible.
mollear, *vn.* to become soft and pliable; to yield easily.
molledo, *m.* fleshy part of a limb (of the body); bread crumb.
molleja, *f.* gizzard; sweetbread.
[1]**mollejón,** *m. aug.* big, fat person.
[2]**mollejón,** *m.* grindstone.
mollejeula, *f. dim.* sweetbread.
mollera, *f.* crown of head.—**cerrado de m.,** rude, ignorant.—**ser duro de m.,** to be dull or obstinate.
mollero, *m.* = MOLLEDO.
[1]**molleta,** *f.* biscuit; brown bread.
[2]**molleta,** *f.*—*pl.* candle snuffers.
[1]**mollete,** *m.* French roll; fleshy part of arm.
[2]**mollete,** *m.*—*pl.* plump cheeks.
molletero, ra, *n.* baker or seller of rolls.
molletudo, da, *a.* having chubby cheeks.
mollina, mollizna, *f.* drizzle.
molliznar, molliznear, *vn.* to drizzle, sprinkle.
moma, *f.* (Mex.) blindman's buff.
momentáneamente, *adv.* instantly; momentarily; promptly.
momentaneidad, *f.* momentariness, promptness.
momentáneo, nea, *a.* momentary; prompt.
momento, *m.* moment; weight, importance; (mech.) moment.—**m. angular,** (mech.) angular moment, moment of momentum.—**m. de inercia,** (phys., mech.) moment of inertia.—**m. de la cantidad de movimiento,** (mech., phys.) moment of momentum, angular moment.—**m. de resistencia,** (mech.) moment of resistance.—**m. de torsión,** (aer., phys.) torque.—**m. de un par,** (mec.) moment of a couple.—**m. flector,** (phys.) bending moment.—**al m.,** in a moment, in a minute, immediately.—**de m.,** for the moment.—**por momentos,** continually, every minute; any moment, soon.
momería, *f.* mummery.
momero, ra, *n.* mummer.
momia, *f.* mummy.
momificación, *f.* mummification.
momificar. I. *va.* to mummify. **II.** *vr.* to become a mummy.
momio, mia. I. *a.* meager, lean. **II.** *m.* extra allowance.—**de m.,** gratis.
momo, *m.* funny grimace.
momórdiga, *f.* (bot.) balsam apple.
[1]**mona,** *f.* female monkey; (coll.) ludicrous imitator; (coll.) drunkenness; drunkard; at cards, old maid; iron plate worn for protection on the right leg by bullfighters on horseback.—**dormir la m.,** to sleep off a drunk.
[2]**mona,** *f.* Easter cake with whole eggs.
monacal, *a.* monastic; monkish.
monacalmente, *adv.* monastically.
monacato, *m.* monkhood, monasticism.
monacillo, *m.* acolyte.
monacita, *f.* (min.) monazite.
Mónaco, *m.* Monaco.
monacordio, *m.* (mus.) clavichord.
monada, *f.* grimace; monkeyism, monkeyshine; fawning, flattery; pretty child.
mónada, *f.* (philos. & zool.) monad.
monadelfo, fa, *a.* (bot.) monadelphous.
monadología, *f.* (philos.) monadology.
monago, monaguillo, *m.* = MONACILLO.
monaquismo, *m.* = MONACATO.
monarca, *m.* monarch.
monarquía, *f.* monarchy; kingdom.
monárquico, ca. I. *a.* monarchical, monarchic, monarchal, monarchist. **II.** *n.* monarchist.
monarquismo, *m.* monarchism.
monarquista, *n.* & *a.* monarchist(-ic).
monasterial, *a.* monastic.
monasterio, *m.* monastery.
monásticamente, *adv.* monastically.
monástico, ca, *a.* monastic, monastical.
monda, *f.* pruning of trees; pruning season.—*pl.* parings, peelings.
mondadientes, *m.* toothpick.
mondador, ra, *n.* cleaner; purifier.
mondadura, *f.* cleaning, cleansing.—*pl.* peelings.
mondaoídos, mondaorejas, *m.* ear spoon.
mondar, *va.* to clean, cleanse; to trim, prune; to hull, husk, peel; to deprive of money; to cut (the hair).—**mondarajas,** *f. pl.* peelings.

mondejo, *m.* belly of a pig or sheep stuffed with minced meat.
mondo, da, *a.* neat, pure, unmixed.—**m. y lirondo,** (coll.) pure, without admixutre.
mondón, *m.* barkless trunk of a tree.
mondonga, *f.* (contempt.) kitchen wench.
mondongo, *m.* tripe; intestines.
mondonguería, *f.* place where tripe is sold.
mondonguero, ra, *n.* tripe seller or cooker.
mondonguil, *a.* (coll.) pertaining to tripe.
monear, *vn.* (coll.) to monkey; to trifle, fool.
moneda, *f.* coin; money; specie; coinage.—**m. corriente,** currency.—**m. debil,** soft currency.—**m. de vellón,** small copper money.—**m. divisionaria,** fractional money or currency.—**m. fiduciaria,** fiduciary money, fiat money; token money.—**m. fuerte,** hard currency.—**m. imaginaria,** money of account.—**m. menuda,** coins, change.—**m. métalica,** or **sonante,** hard money, specie.—**m. suelta,** small change.—**pagar en la misma m.,** to pay back in one's own coin, give tit for tat.
monedaje, *m.* coinage; seigniorage.
monedar, monedear, *va.* to coin.
monedería, *f.* mintage.
monedero, ra, *n.* coiner.—**m. falso,** counterfeiter.
monegasco, ca, *n.* & *a.* Monegasque.
monería, *f.* grimace, mimicry, monkeyshine; cunning action of a child.
monesco, ca, *a.* (coll.) apish.
monetario, ria. **I.** *a.* monetary, financial. **II.** *m.* cabinet or collection of coins and medals.
monetización, *f.* monetization.
monetizar, *va.* to monetize.
monfí, *m.* Moorish highwayman.
mongol, la, *n.* & *a.* Mongol, Mongolian.
Mongolia, *f.* Mongolia.
mongólico, ca, *a.* Mongolian.
moniato, *m.* (bot.) = BONIATO, sweet potato.
monicaco, *m.* = HOMINICACO, whippersnapper.
monición, *f.* admonition.
monigote, *m.* lay brother; (coll.) a bumpkin; puppet, grotesque figure; (Colomb., contempt.) priest.
monillo, *m.* (sewing) waist, bodice.
monipodio, *m.* (coll.) combine (for illicit ends).
monís, *f.* kind of fritters; any pretty little thing; **m.,** or **monises,** (coll.) money.
monismo, *m.* (philos.) monism.
monista, *n.* & *a.* (philos.) monist(-ic).
mónita, *f.* artifice, cunning suavity.
monitor, *m.* monitor, adviser; (naut.) monitor.
monitorio, ria. **I.** *a.* monitory, admonitory. **II.** *n.* ecclesiastical monition.
monja, *f.* nun.—*pl.* sparks in burned papers.
monje, *m.* monk; (ornith.) brown peacock.
monjía, *f.* monkhood.
monjil. **I.** *m.* nun's dress; mourning dress. **II.** *a.* pertaining or belonging to nuns.
monjío, *m.* nunnishness; taking the veil.
monjita, *f. dim.* little nun.
mono, na. **I.** *a.* (coll.) dainty; "cute." **II.** *m.* monkey; mimic; ninoompoop; **(de mecánico),** overalls.
monoatómico, ca, *a.* monoatomic.
monobásico, ca, *a.* (chem.) monobasic.
monobloque.—**en m.,** (int. combust. eng.) in bloc, in one piece.
monocárpico, ca, *a.* (bot.) monocarpic.
monoceronte, monocerote, *m.* unicorn.
monocíclico, ca, *a.* (elec.) monocyclic.
monociclo, cla. **I.** *a.* monocyclic. **II.** *m.* monocycle, single-wheel velocipede.
monocilíndrico, ca, *a.* single-cylinder.
monoclamídeo, dea, *a.* (bot.) monochlamydeous.
monoclinal, *a.* & *m.* (geol.) monoclinical.
monoclínico, ca, *a.* (min.) monoclinic.
monocordio, *m.* (mus.) monochord.
monocotiledóneo, a. **I.** *a.* (bot.) monocotyledonous. **II.** *f. pl.* Monocotyledones, monocotyledons.
monocromático, ca, *a.* monochromatic.
monocromo, ma, *a.* & *m.* monochrome.
monóculo, la. **I.** *a.* monocular, one-eyed. **II.** *m.* (opt.) monocle; (surg.) bandage for one eye.
monocultura, *f.* monoculture.
monodáctilo, la, *a.* (zool.) monodactylous, having one finger, toe or claw.
monodía, *f.* (mus.) monody.
monódico, ca, *a.* monodic.
monoenergético, ca, *a.* (nuclear phys.) monoenergetic.
monofásico, ca, *a.* (elec.) single-phase.
monofilético, ca, *a.* (biol., bot.) monophyletic.
monofilo, la, *a.* (bot.) monophyllous.
monofisita, *n.* (theol.) Monophysite.
monofobia, *f.* (med.) monophobia.
monofónico, ca, *a.* (mus., electron.) monophonic.
monogamia, *f.* monogamy.
monógamo, ma. **I.** *a.* monogamous. **II.** *n.* monogamist.
monogénesis, *f.* (biol.) monogenesis, monogeny.
monogenismo, *m.* monogenism, monogenesis.
monografía, *f.* monograph.
monográfico, ca, *a.* monographic.
monograma, *m.* monogram.
monohidratado, da, *a.* monohydrated.
monohidrato, *m.* (chem.) monohydrate.
monoico, ca, *a.* (bot.) monœcious.
monolítico, ca, *a.* monolithic.
monolito, *m.* monolith.
monologar, *vn.* to solioquize.
monólogo, *m.* monologue, soliloquy.
monomanía, *f.* monomania.
monomaníaco, ca, *n.* & *a.* monomaniac.
monometalismo, *m.* monometallism.
monometalista, *n.* & *a.* monometallist(-ic).
monomio, mia, *m.* & *a.* (alg.) monomial.
monona, *a.* (coll.) graceful and pretty (girl).
monopastos, *m.* sheave, wheel of a pulley.
monopatín, *m.* scooter.
monopétalo, la, *a.* (bot.) monopetalous.
monoplano, *m.* (aer.) monoplane.
monoplaza, *m.* single-seater (airplane).
monoplejía, *f.* (med.) monoplegia.
monopolicé, monopolice, *v. V.* MONOPOLIZAR.
monopolio, *m.* monopoly.
monopolismo, *m.* monopolism.
monopolista. **I.** *a.* monopolistic. **II.** *n.* monopolist.
monopolización, *f.* monopolization.
monopolizador, ra. **I.** *a.* monopolistic. **II.** *n.* monopolist, monopolizer.
monopolizar, *va.* (*pret.* MONOPOLICÉ; *subj.* MONOPOLICE) to monopolize.
monóptero, ra, *a.* (arch.) monopterous.
monorquidia, *f.* (med.) monorchism.
monorriel, *m.* monorail.
monorrimo, ma, *a.* (pros.) monorhymed.
monosépalo, la, *a.* (bot.) monosepalous.
monosilábico, ca, *a.* monosyllabic.
monosílabo, ba. **I.** *a.* monosyllabic, monosyllabical. **II.** *m.* monosyllable.
monospermo, ma, *a.* (bot.) monospermous.
monóstrofe, *f.* (poet.) monostrophe.
monote, *m.* (coll.) dumfounded person.
monoteísmo, *m.* monotheism.
monoteísta, *n.* & *a.* monotheist(-ic).
monotelismo, *m.* Monothelitism.
monotelita. **I.** *a.* Monothelitic. **II.** *n.* Monothelite.
monotipia, *f.* monotype (machine).
monotipista, *n.* monotypist.
monotipo, pa. **I.** *a.* (biol.) monotypic, monotypal; (print.) monotype. **II.** *m.* (biol.) monotype; (print.) Monotype (machine, trademark).
monotonía, *f.* monotony.
monótono, na, *a.* monotonous.
monotrema, *m.* (zool.) monotrema.
monovalencia, *f.* (chem.) monovalence, univalence.
monovalente, *a.* (chem.) monovalent, univalent.

monóxido, *m.* (chem.) monoxide.—**m. de carbono,** (chem.) carbon monoxide.
monseñor, *m.* Monseigneur.
monserga, *f.* (coll.) gabble, gibberish.
monstruo, *m.* monster; monstrosity; huge thing.
monstruosamente, *adv.* monstrously.
monstruosidad, *f.* monstrosity; monstrousness.
monstruoso, sa, *a.* monstrous; huge; extraordinary; hideous; hateful; shocking.
monta, *f.* act of mounting; raising or crossing (as horses); amount, sum total; value, worth, price; (mil.) signal for mounting.
montacargas, *m.* hoist, winch, windlass.
montada, *f.* arch of a horse's bit.
montadero, *m.* mounting block.
montado, da. I. *pp.* of MONTAR. II. *a.* (horse) ready for mounting. III. *m.* trooper or horseman.
montador, *m.* mounter; mounting block; installer (electrician, pipe fitter, etc.).
montadura, *f.* mounting; (jewelry) setting; trappings of a saddle horse; mount.
montaje, *m.* setting up, installing; assembling; (mech.) mount, mounting; (mech.) fitting; (mech.) assembly.—*pl.* (artil.) mounting.—**m. automático**, automatic assembly.—**m. de cañón**, gun mount.—**m. de líneas**, (elec.) hookup.—**m. del muelle**, spring assembly.
montanera, *f.* oak forest; feeding of hogs with acorns.
montanero, *m.* forester.
montanismo, *m.* Montanism.
montanista, *n.* & *a.* Montanist(-ic).
montano, na, *a.* mountainous.
montantada, *f.* braggadocio; multitude, crowd.
montante. I. *m.* (fencing) broadsword; (carp. and mech.) upright, standard, post, strut, jamb; (arch.) transom; (min.) stempel; (com.) amount, footing. II. *f.* (naut.) flood tide.
montantear, *vn.* (fencing) to wield the broadsword; to vaunt, brag; to intermeddle.
montantero, *m.* fighter with a broadsword.
montaña, *f.* mountain.—*pl.* highlands.
montañero, ra, *n.* (Colomb.) mountaineer.
montañés, sa. I. *a.* mountain (as *a.*), of or from the mountains, highlandish. II. *n.* mountaineer, highlander; native of the province of Santander, Spain.
montañeta, -ñuela, *f. dim.* small mountain.
montañoso, sa, *a.* mountainous.
montar. I. *vn.* to mount, get on top; to ride horseback; to amount; to be of importance.—**m. en cólera**, to fly into a rage. II. *va.* to ride, straddle (a horse); to cover (as a horse, etc.); (mech.) to mount, set up, assemble; (jewelry) to set (as diamonds); to cock (as a gun); to wind (a clock, etc.); to impose a fine for trespassing; (mil.) to mount (guard); (naut.) to command (a ship); to carry or be equipped with (as guns); to round (a cape or headland). III. *vr.* to get into (as a passion).
montaraz. I. *a.* born or raised in the mountains; wild, untamed; uncouth, boorish. II. *n.* forester. —**montaraza**, *f.* forester's wife.
montazgar, *va.* to levy or collect MONTAZGO.
montazgo, *m.* toll for cattle passing from one province into another; cattle pass.
monte, *m.* mountain, mount; woods, forest, woodland; difficulty, obstruction; bushy head of hair; talon, cards that remain after the hands have been dealt; (cards) monte.—**m. alto**, forest.—**m. bajo**, scrub, brushwood, brake, thicket.—**m. de piedad**, pawnshop.—**m. pío**, gratuity fund for widows and orphans.
montea, *f.* beating the woods for game; stonecutting; (arch.) working drawing; (arch.) versed sine of an arch.
montear, *va.* to hunt; to make a working drawing of; (arch.) to vault, arch.
montecillo, *m. dim.* small forest; hillock, hummock.
montepío, *m.* = MONTE PÍO. *V.* MONTE.
[1]**montera**, *f.* cloth cap; skylight; receiver, condenser of a still or alembic; (naut.) skysail.
[2]**montera**, *f.* hunter's wife.
monterería, *f.* cap factory or store.
monterero, ra, *n.* cap maker or seller.
montería, *f.* hunting, hunt, chase.
montero, ra, *n.* (in hunting) beater.
monterón, *m. aug.* big cloth cap.
monterrey, *m.* (cook.) meat pie.
monteruca, *f.* ugly cap.
montés, sa; montesino, na, *a.* wild, undomesticated, uncultivated.
montevideano, na, *n.* & *a.* Montevidean, of or from Montevideo.
montículo, *m.* mound.
monto, *m.* sum (of money); (com., arith.) amount (principal plus interest); sum total.
montón, *m.* heap, pile; big lot, mass; mound.—**m. de gente**, crowd, multitude.—**a montones**, abundantly, in heaps.
montonera, *f.* (Am.) group of revolutionary horsemen; large crowd.
montonero, *m.* bushwhacker, guerrilla.
montuno, na, *a.* pertaining to the highlands; rustic, boorish.
montuosidad, *f.* (prov.) mountainous quality.
montuoso, sa, *a.* mountainous, hilly.
montura, *f.* riding horse, mount; saddle trappings; setting up, installing; (jewelry) setting.
monuelo, *m. dim.* coxcomb, silly fop.
monumental, *a.* monumental.
monumento, *m.* monument.
monzón, *m.* monsoon.
[1]**moña**, *f.* dressmaker's mannequin; doll.
[2]**moña**, *f.* fancy cap for infants; ribbon head ornament; elaborate badge on bull's neck when in the ring.
[3]**moña**, *f.* (coll.) drunkenness.
moño, *m.* (of hair) chignon, bun; tuft, egret.
moñón, na, *a.* (of birds) crested; (Colomb.) pouty, sulky.
moñudo, da, *a.* (of birds) crested.
moquear, *vn.* to snivel; to run at the nose.
moquero, *m.* pocket handkerchief.
moqueta, *f.* a kind of velvety carpet.
moquete, *m.* blow on the nose.
moquetear. I. *vn.* (coll.) to blow the nose frequently. II. *va.* to hit in the face.
moquillo, *m. dim.* little mucus; pip (in fowls).
moquita, *f.* snivel, running from the nose.
[1]**mora**, *f.* (law) delay, mora.
[2]**mora**, *f.* (bot.) blackberry; bramble bush; mulberry.
[3]**mora**, *f.* Moorish woman.
morabito, morabuto, *m.* Mohammedan hermit.
moracho, cha, *a.* little purple.
morada, *f.* habitation, abode, residence; stay, sojourn.
morado, da, *a.* purple; murrey.
morador, ra, *n.* resident, inhabitant.
moraga, *f.*, **morago**, *m.* glean, bunch.
[1]**moral.** I. *a.* moral. II. *f.* ethics, morality; morale.
[2]**moral**, *m.* (bot.) blackberry bush; mulberry tree.
moraleja, *f.* moral, maxim, lesson.
moralicé, moralice, *v.* *V.* MORALIZAR.
moralidad, *f.* morality, morals.
moralista, *m.* moralist.
moralización, *f.* moralization.
moralizador, ra, *n.* & *a.* moralizer(-ing).
moralizar, *va.* & *vn.* (*pret.* MORALICÉ; *subj.* MORALICE) to moralize.
moralmente, *adv.* morally.
morar, *vn.* to inhabit, dwell, reside.
moratiniano, na, *a.* Moratinian, of or like Moratin or his style.
moratorio, ria. I. *a.* moratory. II. *f.* (com., law) moratorium.
moravo, va, *n.* & *a.* Moravian.
morbidez, *f.* (art) softness, mellowness.
mórbido, da, *a.* morbid, diseased; (art) soft, mellow, delicate.
morbífico, ca, *a.* morbific, causing disease.
morbo, *m.* disease, distemper, infirmity.—**m.**

comicial, (med.) epilepsy.—**m. gálico,** (med.) venereal disease.—**m. regio,** (med.) jaundice.
morbosidad, *f.* morbidity, morbidness.
morboso, sa, *a.* diseased, morbid.
morcajo, *m.* low-grade wheat.
morcella, *f.* spark from a lamp.
morciguillo, *m.* (ornith.) bat.
morcilla, *f.* blood pudding; (theat., coll.) gag.
morcillero, ra, *n.* maker or seller of blood puddings; (theat.) gagger; one who ad-libs.
[1]**morcillo, lla,** *a.* (of horses) reddish black.
[2]**morcillo,** *m.* fleshy part of the arm.
morcón, *m.* large blood pudding or sausage; (coll.) short, plump person.
mordacidad, *f.* mordancy; asperity, acrimony; sarcastic language.
mordante, *m.* (print.) guide.
mordaz, *a.* corrosive, biting, nipping; sarcastic; acrimonious; keen.
mordaza, *f.* gag; muzzle; holder, clamp, stopper, pincers, tongs; (Ry.) fishplate.
mordazmente, *adv.* acrimoniously, bitingly.
mordedor, ra, *n.* & *a.* biter(-ing); backbiter (-ing).
mordedura, *f.* bite (act and result of act).
mordente, *m.* mordant; (mus.) mordent; turn.
morder. I. *va.* (*ind.* MUERDO; *subj.* MUERDA) to bite; to nip, gripe, grasp, clutch; to gnaw, eat, wear away; to etch; to corrode; to revile, backbite; (print.) to overlap the form or paper (as the frisket), thereby preventing a good impression.—**m. el freno,** to bite the bit. **II.** *vr.* to bite (one's tongue, lips, etc.).—**m. la lengua,** to curb one's tongue.—**no m. los labios,** (coll.) to be outspoken.
mordicación, *f.* smarting, stinging.
mordicante, *a.* biting, pungent, acrid, corrosive.
mordicar. I. *va.* to gnaw, nibble. **II.** *vn.* to smart, sting.
mordicativo, va, *a.* biting, stinging.
mordido, da. I. *pp.* of MORDER. **II.** *a.* diminished, worn out, wasted away.
mordiente. I. *a.* biting. **II.** *m.* mordant.
mordihuí, *m.* weevil.
mordimiento, *m.* = MORDEDURA.
mordiscar, *va.* to nibble; take a bite of.
mordisco, mordiscón, *m.* bite; biting; bit, piece bitten off
morel de sal, *m.* purple red for fresco painting.
[1]**morena,** *f.* (ichth.) moray.
[2]**morena,** *f.* whole-wheat bread.
[3]**morena,** *f.* (geol.) moraine; rick of new-mown grain.
morenillo, illa, ito, ita. I. *a. dim.* brunette. **II.** *m.* black powder for wounds of sheep.
moreno, na. I. *a.* brown, morel, tawny; dark, swarthy; brunette. **II.** *n.* (Cuba) Negro, darky.
morera, *f.* (bot.) white mulberry tree.
moreral, *m.* grove of white mulberry trees.
morería, *f.* Moorish quarter; Moorish lands.
moretón, *m.* (coll.) discoloration of a bruise.
morfa, *f.* fungous disease of orange and lemon trees.
morfina, *f.* morphine.—**morfinismo,** *m.* (med.) morphinism.—**morfinomanía,** *f.* morphinomania, drug habit.—**morfinómano, na,** *n.* morphinomaniac, drug fiend.
morfología, *f.* morphology.
morfológico, ca, *a.* morphologic(al).
morfosis, *f.* morphosis.
morga, *f.* juice from olives; an Indian plant with poisonous berries.
morganático, ca, *a.* morganatic.
moribundo, da, *a.* moribund, dying, near death.
morichal, *m.* grove of MORICHES.
moriche, *m.* a tropical palm.
moriego, ga, *a.* Moorish.
morigeración, *f.* temperance, moderation.
morigerado, da, *a.* temperate, abstemious.
morigerar, *va.* to restrain, moderate.
morillo, *m. dim.* little Moor; andiron, firedog.
morir. I. *vn.* & *vr.* (*pp.* MUERTO; *gerund,* MURIENDO; *ind. pres.* MUERO, *pret.* él MURIÓ; *subj.* MUERA) to die; to die or go out (as fire).—**m. de,** to die, or be dying, of, from or with (as *morir de viejo,* to die of old age).—**¡muera . . . !** or **¡Muera . . . !** down with . . . !—**hasta m.,** till death. **II.** *vr.* (of a limb) to be benumbed.—**m. por,** to be excessively fond of.—**no es cosa de m.,** it isn't a killing, fatal matter.
morisco, ca. I. *a.* Moorish, Moresque. **II.** *n.* Morisco.
morisma, *f.* multitude of Moors.
morisqueta, *f.* Moorish trick; (coll.) deception, fraud; (P. I.) boiled rice; (Am.) face, grimace.
morlaco, ca, *a.* affecting ignorance.
morlés, *m.* sort of linen, lawn.
morlón, na, *a.* = MORLACO.
mormón, na, *n.* & *a.* Mormon.
mormónico, ca, *a.* Mormon.
mormonismo, *m.* Mormonism.
mormullar, *va.* = MURMURAR.
mormullo, *m.* = MURMULLO.
moro, ra. I. *a.* Moorish; (coll.) not watered (wine). **II.** *n.* Moor.—**m. de paz,** peaceful person.—**hay moros en la costa,** the coast is not clear.
morocada, *f.* butt of a ram.
morocho, cha, *a.* (Am.) (of persons) fresh, vigorous; (Am.) (of persons) dark-skinned; *a.* & *n.* hard kind of Indian corn.
morón, *m.* hillock, hummock, mound.
moroncho, cha, *a.* = MORONDO.
morondanga, *f.* (coll.) hodgepodge, medley.
morondo, da, *a.* bald, hairless; leafless.
moronía, *f.* dish of eggplant, tomatoes, etc.
morosamente, *adv.* slowly, tardily.
morosidad, *f.* slowness, tardiness.
moroso, sa, *a.* slow, tardy, heavy, sluggish.
morquera, *f.* (bot.) Spanish thyme.
[1]**morra,** *f.* top, crown of the head.—**andar a la m.,** to come to blows.
[2]**morra,** *f.* mora, a game.
morrada, *f.* butting of two heads.
morral, *m.* nose bag; game bag; knapsack; (coll.) rustic.
morralla, *f.* small fry (fish); rubbish; rabble.
morrillo, *m.* pebble; fat of the nape of a sheep.
morriña, *f.* (vet.) murrain; (coll.) sadness, blues.
morrión, *m.* (mil.) helmet; vertigo (in hawks).
[1]**morro,** *m.* snout, muffle; anything round like the head; headland, head, bluff; peak; pebble; thick lip.—**andar al m.,** to come to blows.
[2]**morro, rra,** *a.* purring (of cats).
morrocotudo, da, *a.* (coll.) strong, stout; very important or difficult.
morrocoy, morrocoyo, *m.* (Cuba) boxturtle.
[1]**morrón,** *m.* knotted flag; large sweet pepper.
[2]**morrón,** *m.* (aer., coll.) crash.
morroncho, cha, *a.* mild, meek, tame.
morrongo, ga; morroño, ña, *n.* cat.
morrudo, da, *a.* thick-lipped.
morsa, *f.* (ichth.) walrus.
mortadela, *f.* Bologna sausage.
[1]**mortaja,** *f.* shroud, winding sheet; (Am.) cigarette paper.
[2]**mortaja,** *f.* mortise.
mortal. I. *a.* mortal, fatal; very seriously ill, at the point of death. **II.** *n.* mortal.
mortalidad, *f.* mortality; death rate.
mortalmente, *adv.* mortally, deadly.
mortandad, *f.* mortality; massacre, butchery.
mortecino, na. I. *a.* (of an animal) dying a natural death, (also app. to the flesh of such an animal); dying away or extinguishing; pale, subdued (color).—**hacer la mortecina,** to feign death. **II.** *f.* carrion.
morterada, *f.* dish, sauce, etc. made at one time in a mortar; (artil.) quantity of stones thrown out at one time by a stone mortar.
morterete, *m. dim.* (artil.) small mortar; gun for firing salutes; broad candlestick.
mortero, *m.* (artil.) mortar; mortar, for pound-

ing; understone in crushing mills; (mason.) mortar.—**m. de brújula,** inner compass box.
morteruelo, *m. dim.* small mortar; toy for boys; fricassee of hog's liver.
mortífero, ra, *a.* death-dealing, fatal; unhealthful.
mortificación, *f.* (med.) mortification, gangrene; mortification, self-inflicted hardship; humiliation, vexation.
mortificador, ra, *n.* & *a.* mortifier(-fying).
mortificante, *a.* mortifying; vexing.
mortificar, *va.* & *vr.* (*pret.* MORTIFIQUÉ; *subj.* MORTIFIQUE) (med.) to mortify; to subdue (passions); to vex; to bother; to humiliate.
mortuorio, ria. I. *a.* mortuary, pertaining to the dead. **II.** *m.* burial, funeral. **III.** *f.* funeral parlor, undertaker's establishment.
morucho, *m.* young bull with horns tipped for baiting.
morueco, *m.* ram, male sheep.
moruno, na, *a.* Moorish.
morusa, *f.* (coll.) cash, specie; money.
[1]**mosaico, ca. I.** *a.* mosaic. **II.** *m.* mosaic (work); (Am.) concrete tile (gen. paving tile, set like mosaic).—**m. de madera,** marquetry.
[2]**mosaico, ca,** *a.* Mosaic, pert. to Moses.
mosaísmo, *m.* Mosaism.
mosca, *f.* fly; tuft of hair under the lip; (coll.) cash, boodle; money in hand; impertinent intruder, importuner, bore; vexation, trouble.—*pl.* sparks from a light.—**m. de burro,** horsefly.—**m. muerta,** one who feigns meekness.—**moscas blancas,** (coll.) falling snowflakes.—**aflojar la m.,** to give or spend money.—**papar moscas,** to gape with astonishment.—**picar la m.,** to be disquieted.—**sacudir las moscas** = MOSQUEAR.—**soltar la m.,** = AFLOJAR LA M.
moscabado, da, *a.* raw, unrefined (sugar).
moscada, *a.* NUEZ MOSCADA, (bot.) nutmeg.
moscarda, *f.* (entom.) flesh fly; eggs of bees.
moscardear, *vn.* (of bees) to lay eggs in the cells of the combs.
moscardón, *m.* (entom.) botfly; horse bot; bumblebee; hornet; drone; (coll.) importuning, bothering person.
moscareta, *f.* (ornith.) flycatcher.
[1]**moscatel,** *a.* & *n.* muscatel (grape or wine).
[2]**moscatel,** *m.* (coll.) tiresome person.
moscella, *f.* = MORCELLA, spark from a lamp.
mosco, *m.* gnat, mosquito.
moscón, *m.* large fly; bumblebee; (coll.) importuning, bothering person.
moscovita, *n.* & *a.* Muscovite.
moscovítico, ca, *a.* Muscovite.
mosén, *m.* sir; title given to clergymen.
mosqueado, da, *a.* spotted, dotted, brindled.
mosqueador, *m.* fly swatter; (coll.) tail of a horse or of a cow.
mosquear. I. *va.* to swat or drive away flies; to make a smart repartee; to flog, to whip. **II.** *vr.* to suppress obstacles with violence; (coll.) to show resentment.
mosqueo, *m.* driving flies away.
mosquero, *m.* flytrap.
mosquerola, mosqueruela, *f.* muscadine pear.
mosqueta, *f.* (bot.) white musk rose.
mosquetazo, *m.* musket shot.
mosquete, *m.* musket.
mosquetería, *f.* body of musketeers; (theat.) people standing behind the pit.
mosqueteril, *a.* (theat.) (coll.) pertaining to the crowd in the pit.
mosquetero, *m.* musketeer; (theat.) spectator occupying standing room in the pit.
mosquil, mosquino, na, *a.* pertaining to flies.
mosquita, *f. dim.* small fly; (ornith.) small bird of Sardinia.—**m. muerta** = MOSCA MUERTA.
mosquitero, ra, *m.* & *f.* mosquito bar or net.
mosquito, *m.* gnat; mosquito; (coll.) tippler.
mostacero, ra, *m.* & *f.* mustard pot.
mostacilla, *f. dim.* sparrow shot; small bead.
mostacho, *m.* mustache; (coll.) blemish on the face.—**mostachos del bauprés,** (naut.) bowsprit shrouds.
mostachón, *m.* a kind of macaroon; a diamond-shaped ornament.
mostachoso, sa, *a.* wearing a mustache.
mostagán, *m.* (coll.) wine.
mostajo, *m.* (bot.) white beam tree.
mostaza, *f.* (bot.) mustard; mustard seed; fine shot.—**hacer la m.,** (coll.) to make the nose bleed with a blow.
mostazo, *m.* (bot.) mustard plant; strong, thick must.
mostear, *vn.* (of grapes) to yield must; to put must into vats; to mix must with old wine.
mostela, *f.* (agr.) gavel, sheaf.
mostelera, *f.* place where sheaves are laid up.
mostellar, *m.* (bot.) white beam tree.
mostense, *a.* belonging to an order of canons.
mostillo, *m.* cake made of must; sauce made of must and mustard.
mosto, *m.* must, grape juice.—**m. agustín,** a kind of must cake.
mostrable, *a.* that can be shown.
mostrado, da. I. *pp.* of MOSTRAR. **II.** *a.* accustomed, inured.
mostrador, ra. I. *a.* pointing; index (finger). **II.** *n.* demonstrator. **III.** *m.* counter (in a shop); stand; dial (of a watch).
mostrar. I. *va.* (*ind.* MUESTRO; *subj.* MUESTRE) to show; point out; to establish, prove, demonstrate; to feign, dissemble. **II.** *vr.* to appear, to show oneself, prove to be.
mostrenco, ca, *a.* (coll.) homeless; unowned; masterless; strayed, vagabond, vagrant; dull, ignorant, stupid; fat, bulky.
mota, *f.* burl (in cloth); mote, speck, mite; slight defect or fault; mound of earth; bog, hummock.
motacila, *f.* (ornith.) = AGUZANIEVE, wagtail.
[1]**mote,** *m.* motto, device; nickname.
[2]**mote,** *m.* (Am.) stewed corn.
moteado, da, *a.* mottled, speckled, spotted.
motear, *va.* to mottle, speck, speckle.
motejador, ra, *n.* one who calls names.
motejar, *va.* to chaff, call offensive names.
motete, *m.* (mus.) motet or motetto.
motil, *m.* = MOCHIL, farmer's boy.
motilar, *va.* to cut or crop the hair of.
motilón, na. I. *a.* having little or cropped hair. **II.** *m.* (coll.) lay brother.
motín, *m.* mutiny, insurrection, riot.
motita, *f. dim.* mote, speck, mite.
motivar, *va.* to give a reason for; to cause.
motivo, va. I. *a.* motive, moving. **II.** *m.* motive, reason; (mus.) motif, theme.—**con m. de,** owing to, by reason of; on the occasion of.—**de su m. propio,** of one's own accord.—**por ningún m.,** under no circumstances.
moto, *m.* landmark, guidepost.
motocicleta, *f.* motorcycle.
motociclista, *n.* motorcyclist.
motódromo, *m.* motordrome.
motogenerador, *m.* (elec.) motor generator.
motolita, *f.* (ornith.) wagtail.
motolito, ta, *a.* easily deceived, ignorant.
motón, *m.* (naut.) block, pulley.
motonave, *f.* motor ship.
motonería, *f.* (naut.) pulley blocks, tackle.
motonero, *m.* block maker.
motor, ra. I. *a.* motor, motive, moving. **II.** *n.* mover; *m.* (mech.) motor, engine.—**m. acorazado,** enclosed motor, ironclad motor.—**m. aeroenfriado,** air-cooled engine.—**m. alternativo,** reciprocating engine.—**m. bifásico,** two-phase motor.—**m. bipolar,** two-pole motor.—**m. cohete,** (aer.) rocket engine.—**m. compound,** (elec.) compound-wound motor; (aer.) compound engine.—**m. con válvulas en la culata,** valve-in-head engine.—**m. de cilindros convergentes,** V-motor, V-engine.—**m. de combustión** or **de combustión interna,** internal-combustion engine or motor.—**m. de chorro,** jet engine.—**m. de enfriamiento por agua,** water-cooled motor.

—**m. de enfriamiento por aire,** air-cooled motor.—**m. de explosión,** explosion motor.—**m. de inducción,** induction motor.—**m. de martinete,** (aer.) ramjet engine.—**m. de turbohélice,** (aer.) turboprop engine.—**m. diesel,** Diesel engine.—**m. fuera de borda,** outboard motor.—**m. generador,** motor-generator.—**m. monofásico,** single-phase motor.—**m. propulsor,** (aer.) propulsion motor, pusher engine.—**m. pulsorreactor,** (aer.) pulse-jet engine.—**m. sincrónico,** synchronous motor.—**m. tractor,** (aer.) tractor engine.

motorista, *n.* motorist, driver; *m.* motorman (of a trolley car).

motorización, *f.* motorization; (mil.) mechanization.

motorizar, *va.* to motorize; (mil.) to mechanize.

motricidad, *f.* (physiol.) motor faculty or function.

motril, *m.* boy helper in a shop; MOTIL.

motriz, *a.* motive, moving.

motu proprio, (Lat.) by his own will.

movedizo, za, *a.* movable; shaky, unsteady; inconstant, shifting.

movedor, ra, *n.* mover, exciter.

movedura, *f.* movement; (med.) miscarriage.

mover. I. *va.* (*ind.* MUEVO; *subj.* MUEVA) to move; to make move; to drive, propel; to shake, wag; to prevail upon, persuade, induce; to prompt; to incite, promote, occasion; to stir; to excite; to touch, affect with emotion; (agr.) to bud, sprout. **II.** *vn.* (med.) to miscarry; (arch.) to spring an arch. **III.** *vr.* to move, stir.

movible, *a.* movable; mobile; changeable, fickle.

moviente, *a.* moving, motive.

móvil. I. *a.* movable; mobile; unsteady, shaky; portable. **II.** *m.* motive, incentive, inducement; mover, motor; moving body.

movilicé, movilice, *v. V.* MOVILIZAR.

movilidad, *f.* mobility; movableness; fickleness, inconstancy; unsteadiness.

movilización, *f.* (mil.) mobilization.

movilizar, *va.* (*pret.* MOVILICÉ; *subj.* MOVILICE) (mil.) to mobilize.

movimiento, *m.* movement, move; movement, activity (as a progressive movement); stir, agitation; life, liveliness; (of style) animation; traffic; (mech.) motion; (astr.) clock error; (art) distribution of lines and shades, technique (mus.) tempo, time.—**m. alternativo,** (mech. reciprocating motion.—**m. continuo,** perpetual motion.—**m. de tierras,** (Ry.) earthwork.—**m. laboral,** labor turnover.—**m. oratorio,** oratorical gesture.—**m. perpetuo,** perpetual motion.

moxa, *f.* (surg.) moxa; cautery.

moxte, *interj.* = OXTE, keep off! get away!—**sin decir oxte ni m.,** without saying a word.

moyana, *f.* small culverin; moyenne (old type of cannon); (coll.) lie, fib; dog cake.

moyo, *m.* a unit of capacity (258 liters).

moyuelo, *m.* grits, pollard, coarse meal.

moza, *f.* girl, maid of all work; concubine, mistress; clothes pounder; last or winning game.

mozalbete, mozalbillo, *m.* lad, youth.

mozallón, *m.* young, robust laborer.

mozárabe, muzárabe, *a.* & *n.* Mozarab(-ic).

mozo, za. I. *a.* young, youthful; single, unmarried. **II.** *m.* youth, lad; manservant, waiter, porter; (coll.) fellow.—**m. de caballos,** groom, stable boy.—**m. de café** or **restaurante,** waiter.—**m. de cuerdo,** mover.—**m. de estación,** (station) porter.—**m. de hotel,** bellboy.—**moza de taberna,** barmaid.—**buen** or **real m.** (**buena** or **real moza**), good-looking.

[1]**mu,** *m.* lowing of cattle, moo.

[2]**mu,** *f.* child's word for sleep.

muaré, *m.* moiré, watered silk.

mucamo, ma, *n.* (Am.) servant.

muceta, *f.* short cape worn by doctors; (Rom. Cath.) mozetta, cape worn by high dignitaries.

mucilaginoso, sa, *a.* mucilaginous, slimy.

mucílago, mucilago, *m.* mucilage; slime.

mucina, *f.* (biochem.) mucin.

mucoideo, dea, *a.* mucoid.

mucosidad, *f.* mucosity, mucousness.

mucoso, sa. I. *a.* mucous; slimy, viscous. **II.** *f.* mucous membrane.

mucronato, ta, *a.* mucronate, ending in a point.

múcura, *f.* (Venez., Colomb.) pitcher, ewer; (Am.) blockhead.

muchacha, *f.* girl; maid (servant).

muchachada, *f.* boyish act; prank; (Arg.) gang of boys.

muchachear, *vn.* to act like a boy or girl.

muchachería, *f.* boyish trick; crowd of boys.

muchachez, *f.* childhood, boyhood, girlhood.

muchachil, *a.* boylike, girl-like.

muchacho, cha. I. *a.* boyish, girlish, childish. **II.** *m.* boy, lad. **III.** *f.* girl, lass.

muchedumbre, *f.* multitude; crowd; populace, rabble.

muchísimo, ma. I. *a. super.* of MUCHO: very much. **II.** *adv.* a very great deal.

mucho, cha. I. *a.* much, a great deal of; (of time) long.—*pl.* many. **II.** *adv. m.* much, very much; a great deal; in a great measure; to a great extent; often; (of time) long; very.—**con m.,** by far.—**ni con m.,** nor anything like it, or near it, (diff. constr.) far from (it) (*Juan no es rico, ni con mucho,* John is far from rich).—**ni m. menos,** nor anything like it.—**no es m.,** it is no wonder.—**no ha m.,** not long since.—**por m. que,** no matter how much.

muda, *f.* change, alteration; change of underwear; moult, moulting; change of voice in boys; roost of birds of prey; a cosmetic.

mudable, mudadizo, za, *a.* changeable; fickle.

mudamente, *adv.* silently, mutely.

mudanza, *f.* change; mutation; removal, moving (residence); inconstancy; fickleness; (dance) figure, motion.

mudar. I. *va.* to change; to remove, deviate; to vary, alter; to moult. **II.** *vn.* (de) to change (as *mudar de dictamen,* or *opinión,* to change one's opinion, mind; *mudar de ropa,* to change one's clothes). **III.** *vr.* to reform, mend, change; to change one's clothes; to move, change one's place or residence.

mudéjar, *n.* Mohammedan who became a subject of Christian sovereigns.

mudez, *f.* dumbness.

mudo, da, *a.* & *n.* dumb; silent; mute.—**cine m.,** silent films.

mué, *m.* moiré, watered silk.

mueblaje, *m.* household furniture.

mueble. I. *a.* movable. **II.** *m.* piece of furniture. —*pl.* chattels, furniture, household goods.

mueblería, *f.* furniture factory or store.

mueblista, *n.* furniture maker or seller.

mueblo, mueble, *v. V.* MOBLAR.

mueca, *f.* grimace, wry face, grin.

muecín, *m.* muezzin.

muela, *f.* runner, upper millstone; grindstone, whetstone; grinder, molar tooth; water sufficient to set a mill in motion; hill, hillock; track or circle.—**m. cordal,** or **del juicio,** wisdom tooth.

muelo, muela, *v. V.* MOLER.

muellaje, *m.* wharfage, dockage.

[1]**muelle,** *m.* (naut.) pier, wharf; (Ry.) freight platform.

[2]**muelle. I.** *a.* tender, delicate, soft; licentious; luxurious. **II.** *m.* (metal or rubber) spring; regulator, watch spring; (jewel.) chatelaine.

muellemente, *adv.* tenderly, gently, softly.

muer, *m.* = MUÉ.

muérdago, *m.* (bot.) mistletoe.

muerdo, muerda, *v. V.* MORDER.

muérgano, *m.* (Colomb.) worthless or contemptible person or thing.

muermo, *m.* (vet.) glanders.

muermoso, sa, *a.* (vet.) glanderous.

muero, muera, *v. V.* MORIR.

muerte, *f.* death; demise; skeleton representing

death; ruin, havoc, destruction.—**m. civil,** civil death, loss of rights.—**m. chiquita,** (coll.) nervous shudder.—**m. natural,** natural death. —**m. senil,** death from old age, or from senility.—**a la m.** = DE M.—**a m.,** to the death.—**de mala m.,** insignificant, of no account.—**de m.,** fatally; (of hating, etc.) intensely, implacably; hopelessly ill, at the point of death.
muerto, ta. I. *pp. irreg.* of MORIR (sometimes used with the transitive meaning of MATAR, to kill, as in *he m. una liebre,* I have killed a hare). **II.** *a.* languid, faded; slaked.—**m. de** (fig.) dying with. **III.** *n.* corpse.—**echarle a una el m.,** (coll.) to put the blame on one.
muesca, *f.* notch, indentation, hack, nick, mortise; dovetail scarf.
muestra, *f.* specimen, sample; shop sign; placard, bill; model, pattern, copy; end of a piece of goods bearing the manufacturer's name; clock dial or face; clock or watch; sign, indication; (mil.) muster roll.—**dar muestras de,** to show signs of.
muestrario, *m.* collection of samples; specimen or sample book.
muestreo, *m.* (stat.) sampling.
muestro, muestre, *v. V.* MOSTRAR.
muévedo, *m.* aborted fœtus.
muevo, mueva, *v. V.* MOVER.
mufla, *f.* muffle furnace.
muftí, *m.* mufti, a Mussulman expounder of the law.
muga, *f.* landmark, boundary.
mugido, *m.* lowing of cattle, moo.
múgil, *m.* (ichth.) mullet.
mugir, *vn.* (*ind.* MUJO; *subj.* MUJA) to low, bellow.
mugre, *f.* dirt, filth.
mugriento, ta, *a.* dirty, filthy.
mugrón, *m.* sprig, shoot, sucker, tiller.
mugroso, sa, *a.* = MUGRIENTO.
muguete, *m.* (bot.) lily of the valley.
muharra, *f.* = MOHARRA, head of a spear.
muisca, *n.* & *a.* (Am.) Muysca, Chibcha.
mujer, *f.* woman; wife, mate.—**m. asera,** good housewife.—**m. de estado honesto,** spinster. —**m. de gobierno,** housewife, housekeeper.— **m. mundana, perdida,** or **pública,** prostitute.—**m. policía,** policewoman.—**tomar m.,** to take a wife.
mujercilla, *f.* little woman; insignificant woman.
mujeriego, a. I. *a.* feminine, womanly; womanish; fond of women.—**a la m.,** woman-fashion, womanlike. **II.** *m.* women collectively.
mujeril, *a.* womanish, womanly, feminine.
mujerilmente, *adv.* like women, like a woman; effeminately.
mujerío, *m.* gathering of women.
mujerón, *m.* **mujerona,** *f. aug.* big woman; matron.
mujerzuela, *f. dim.* little woman.
mujo, muja, *v. V.* MUGIR.
mújol, *m.* (ichth.) mullet.
[1]**mula,** *f.* kind of shoe worn by the Pope.
[2]**mula,** *f.* female mule.
mulada, *f.* (Am.) drove of mules.
muladar, *m.* dungheap; rubbish heap.
muladí, *n.* renegade Christian.
mulante, *m.* muleteer; mule boy.
mular, *a.* pertaining to mules.
mulatero, *m.* muleteer, mule driver.
mulato, ta, *n.* & *a.* mulatto.
múleo, muléolo, *m.* ancient Roman shoe with upturned point.
muleque, *n.* (Cuba) newly arrived Negro boy.
mulero. I. *a.* (horse) fond of mules. **II.** *m.* mule boy.
muleta, *f.* crutch; prop, support; red flag used by bullfighters; light luncheon.
muletada, *f.* drove of mules.
muletero, *m.* muleteer, mule driver.
muletilla, *f. dim.* cross-handle cane; pet word or phrase, often repeated in talking; red flag used by bullfighters; frog or toggle; (min.) crutch.
muleto, *m.* young mule not yet broken.
mulilla, *f. dim.* small mule.
mulo, *m.* mule.
mulquía, *f.* title, deed.
mulso, sa, *a.* sweetened with honey or sugar.
multa, *f.* (money) fine.—**multar,** *va.* to fine.
multicapsular, *a.* (bot.) multicapsular.
multicelular, *a.* (biol.) multicellular.
multicolor, *a.* multicolored, many-colored.
multicopista, *m.* duplicator, multicopier (machine).
multidentado, da, *a.* multidentate.
multifacético, ca, *a.* many-sided.
multífido, da, *a.* multifid (as a leaf).
multifloro, ra, *a.* many-flowered.
multiforme, *a.* multiform.
multigrafiar, *va.* to multigraph.
multígrafo, *m.* multigraph; Multigraph (trademark).
multilátero, ra, *a.* multilateral.
multimillonario, ria, *n.* & *a.* multimillionaire.
multimotor, ra, *a.* multiengined, multimotored.
multinacional, *a.* multinational.
multinomio, *m.* (math.) multinomial.
multípara, *a.* (of animals) multiparous; (of women) having had more than one child.
multípedo, da, *a.* (zool.) multiped, manyfooted.
múltiple, *a.* multiple, complex; (int. combust. eng.) manifold.
multiplete, *m.* (phys.) multiplet.
múltiplex, *a.* multiplex.
multiplicable, *a.* multiplicable, multipliable.
multiplicación, *f.* multiplication.
multiplicado, da, *a.* multiplicate; multifarious.
multiplicador, ra. I. *n.* & *a.* multiplier(-plying). **II.** *m.* (arith.) multiplier.
multiplicando, *m.* (math.) multiplicand.
multiplicar, *va.* & *vr.* (*pret.* MULTIPLIQUÉ; *subj.* MULTIPLIQUE) to multiply.
multíplice, *a.* multiple; multiplex.
multiplicidad, *f.* multiplicity.
multipliqué, multiplique, *v. V.* MULTIPLICAR.
múltiplo, pla, *m.* & *a.* multiple.
multipolar, *a.* multipolar.
multitubular, *a.* multitubular.
multitud, *f.* multitude; crowd; the masses.
multivalente, *a.* (chem.) multivalent.
mulla, *f.* digging around vines.
mullido, *m.* soft filling for cushions, etc.
mullidor, ra, *n.* one who fluffs (as wool or feathers).
mullir, *va.* to fluff, make soft, mollify; to engineer; to dig around (vines and trees).—**m. la cama,** to beat up the bed.
[1]**mullo,** *m.* (ichth.) surmullet.
[2]**mullo,** *m.* (Am.) glass beads.
mundanal, *a.* worldly, mundane.
mundanalidad, *f.* worldliness.
mundanear, *vn.* to indulge in worldly things.
mundano, na, *a.* mundane, worldly.
mundial, *a.* world (as *a.*, as in *la guerra mundial,* the World War), global, universal.
mundificación, *f.* act of cleansing.
mundificante, *a.* cleansing, purifying.
mundificar, *va.* to cleanse, purify.
mundificativo, va, *a.* cleansing.
mundillo, *m. dim.* arched clothes dryer; cushion for making lace; warming pan; (bot.) viburnum.
mundinovi, *m.* = MUNDONUEVO.
mundo, *m.* world; (coll.) great multitude, great quantity; social life, circle; dissipated life; experience.—**echar al m.,** to create; to give birth to.—**echarse al m.,** to plunge into dissipation. —**entrar en el m.,** to go into society.—**gran m.,** high society.—**medio m.,** many people.— **ser hombre de m.,** to be a man of the world, a man of experience.—**tener m.,** or **mucho m.,** to have had experience, know life or the world.—**todo el m.,** everybody.—**ver m.,** to travel, see the world.

mundonuevo, *m.* peep show; cosmorama.
munición, *f.* (often in the *pl.*) ammunition; small shot; birdshot; charge of firearms.—**municiones de boca,** provisions, food.—**municiones de guerra,** war stores.—**de m.,** supplied by the government; done hurriedly.
municionar, *va.* to supply with ammunition.
municipal. I. *a.* municipal. **II.** *m.* policeman.
municipalidad, *f.* municipality; townhall; municipal government.
municipalización, *f.* municipalization.
municipalizar, *va.* to municipalize.
munícipe, *m.* citizen, denizen.
municipio, *m.* municipality; municipium.
munificencia, *f.* munificence, liberality.
munificentísimo, ma, *a. super.* of MUNÍFICO, most, or very, munificent.
munífico, ca, *a.* munificent, liberal.
munitoria, *f.* art of fortification.
muñeca, *f.* (anat.) wrist; doll; figure for dressmakers; (mech.) puppet; sugar teat; pounce bag; polishing bag.
muñeco, *m.* puppet, manikin; boy doll; soft, effeminate fellow.
muñeira, *f.* a popular dance of Galicia.
muñequear, *va.* (fencing) to play with the wrist.
muñequería, *f.* doll shop; (coll.) excessive finery, overdressing.
muñequitos, *m. pl.* comics, comic book.
muñidor, *m.* beadle, messenger; plotter.
muñir, *va.* to summon.
muñón, *m.* stump of an amputated limb; (artil.) trunnion; (mech.) gudgeon pin, wristpin.
muñonera, *f.* trunnion plate; (mech.) gudgeon socket, journal box, bearing.
muón, *m.* (phys.) muon.
murajes, *m. pl.* (bot.) a medicinal herb.
mural, *a.* mural, pertaining to walls.
muralla, *f.* (fort.) rampart; wall (of a city).
murallón, *m. aug.* (fort.) strong wall.
murar, *va.* to wall, surround with a rampart.
murceguillo, murciégalo, *m.* = MURCIÉLAGO.
murciélago, *m.* (zool.) bat.
murena, *f.* (ichth.) a kind of eel.
murete, *m. dim.* small wall.
murexida, *f.* (chem.) murexide.
[1]**murga,** *f.* lees of olives.
[2]**murga,** *f.* (coll.) band of street musicians.
murgón, *m.* (ichth.) parr, smolt.
muriático, ca, *a.* (chem.) muriatic.
muriato, *m.* (chem.) muriate.
múrice, *m.* (ichth.) murex; (poet.) purple.
múrido, da, *a.* & *m.* (zool.) murine.
murió, muriendo, *v. V.* MORIR.
murmujear, *va.* to murmur, to whisper.
murmullo, *m.* whisper, whispering; murmuring, murmur, ripple, purl; rustle.
murmuración, *f.* backbiting, gossip, slander.
murmurador, ra, *n.* detractor, backbiter.
murmurante, *a.* murmuring, purling.
murmurar, *vn.* to purl, ripple (as streams); to rustle (as leaves); to grumble, mutter; to whisper, murmur; to gossip, backbite.
murmureo, *m.* murmuring (sound).
murmurio, *m.* murmur.
muro, *m.* (outside) wall (of house or garden); (fort.) rampart.
[1]**murria,** *f.* (coll.) blues; surliness, sullenness.
[2]**murria,** *f.* (pharm.) an astringent lotion.
múrrino, na, *a.* murrine, made of murra.
murrio, ria, *a.* sullen, surly, sulky.
murta, *f.* (bot.) myrtle; myrtle berry.
murtal, *m.*, **murtera,** *f.* myrtle grove.
murtilla, murtina, *f.* (bot.) myrtle; its berry; liquor made from this berry.
murtón, *m.* myrtle berry.
murucuya, *f.* (bot.) purple passion flower.
murueco, *m.* = MORUECO, ram, male sheep.
[1]**mus,** *m.* a card game.—**no hay m.,** cannot be granted.
[2]**mus.—sin decir tus ni m.,** (coll.) without saying a word.
musa, *f.* Muse.—*pl.* the Muses; fine arts.
musáceo, cea, *a.* (bot.) musaceous.
musaraña, *f.* fetid shrewmouse; any small animal, insect, or vermin; (coll.) ridiculous puppet or stuffed figure; floating speck in the eye.—**mirar a,** or **pensar en, las musarañas,** to be absent-minded.
muscardina, *f.* muscardine (fungus disease of insects).
muscaria, muscícapa, *f.* (ornith.) flycatcher.
múscido, da, *a.* & *m.* (entom.) muscid.
muscívoro, ra, *a.* (zool.) fly-catching.
[1]**musco, ca,** *a.* dark brown.
[2]**musco,** *m.* (bot.) = [2]MUSGO.
muscovita, *f.* (min.) muscovite.
muscular, *a.* muscular.
muscularidad, *f.* muscularity.
musculatura, *f.* musculature.
músculo, *m.* muscle; brawn; (zool.) a huge whale.—**m. complexo,** complexus.—**m. del sastre,** sartorius.—**m. gemelo,** gemellus.—**m. glúteo,** gluteous muscle.—**m. lumbrical,** lumbricalis (*pl.* lumbricales).—**m. sartorio,** sartorius.—**m. serrato,** serratus.
musculoso, sa, *a.* muscular, brawny.
muselina, *f.* muslin.
museo, *m.* museum.
muserola, *f.* noseband of a bridle.
musgaño, *m.* (zool.) shrewmouse.
[1]**musgo, ga,** = [1]MUSCO.
[2]**musgo,** *m.* (bot.) moss.—**m. de Irlanda,** (bot.) Irish moss.—**m.** or **liquen de Islandia,** (bot.) Iceland moss.—**m. marino,** sea coralline.
musgoso, sa, *a.* mossy; moss-covered.
música, *f.* music; body of performing musicians; musical composition; sheet music.—**m. celestial,** (coll.) nonsense; moonshine.—**m. coreada,** chorus music.—**m. de campanas,** chimes.—**m. ratonera,** harsh music.—**m. rítmica,** stringed-instrument music.—**vaya Vd. con la m. a otra parte,** (coll.) get out, don't bother me.
musical, *a.* musical.
músico, ca. I. *a.* musical. **II.** *n.* musician.
musiquero, *m.* music cabinet.
musitar, *vn.* to mumble, mutter, whisper.
muslera, *f.* armor for the thigh.
muslime; muslímico, ca, *a.* Moslem, Mohammedan.
muslo, *m.* thigh.
musmón, *m.* (zool.) moufflon, wild sheep.
musquerola, *f.* = MOSQUEROLA, muscadine pear.
mustaco, *m.* cake made with must.
mustango, *m.* (Am.) mustang.
mustela, *f.* (zool.) weasel; (ichth.) a kind of dogfish.
mustiamente, *adv.* sadly, languidly.
mustio, tia, *a.* withered; sad, languid.
musulmán, na, *n.* & *a.* Mussulman.
muta, *f.* pack of hounds.
mutabilidad, *f.* mutability; fickleness.
mutación, *f.* mutation, change; (theat.) change of scene; unseasonable weather.
mutacional, *a.* mutational.
mutante, *m.* (biol.) mutant.
mutatis mutandis, (Lat.) *adv.* with the necessary changes (in words, etc.).
mutilación, *f.* mutilation.
mutilador, ra, *n.* mutilator.
mutilar, *va.* to mutilate; to cut short, reduce; to deface, mar.
mútilo, la, *a.* maimed, crippled, mutilated.
mutis, *m.* (theat.) exit.
mutismo, *m.* mutism, muteness.
mutual, *a.* mutual, reciprocal.
mutualidad, *f.* mutualness; system of organized mutual aid; mutual-aid association.
mutualismo, *m.* system of organized mutual aid.
mutualista. I. *a.* pertaining to the system of organized mutual aid. **II.** *n.* member of a mutual-aid organization.

mutuamente, *adv.* mutually, reciprocally.
mutuante, *m.* & *f.* (com.) lender, loaner.
mutuario, ria; mutuatario, ria, *m.* & *f.* (law) mutuary.
mútulo, *m.* (arch.) mutule.
mutuo, tua. I. *a.* mutual, reciprocal. **II.** *m.* (law) loan, mutuum.
muy, *adv.* very; greatly, most.—**m. de noche,** late at night.—**m. ilustre,** most illustrious.—**m. mucho,** (coll.) very much.—**M. señor mío,** Dear Sir (business letter).—**soy m. de Vd.,** I am entirely yours.
muz, *m.* (naut.) extremity of the cutwater.
muzárabe, *n.* & *a.* = MOZARABE, Mozarab(-ic).
my, *f.* mu (Greek letter).

N

N, n, *f.* n, sixteenth letter of the Spanish alphabet.
N., or N. N., a form often used in the sense of So-and-So, X., meaning any person.
naba, *f.* (bot.) rutabaga, Swedish turnip.
nabab, nababo, *m.* nabob, nawab.
nabal, nabar. I. *a.* pertaining to or made of turnips. **II.** *m.* turnip field.
nabería, *f.* turnip pottage; heap of turnips.
nabí, *m.* Moorish prophet.
nabillo, *m. dim.* small turnip.
nabina, *f.* rape and turnip seed.
nabiza, *f.* turnip rootlets; turnip greens.
nabla, *f.* (mus.) a kind of psaltery.
nabo, *m.* (bot.) turnip (plant and root); any bulb; stock of a tail; cylindrical timber; spindle; king-post; (naut.) mast.—**n. gallego** = NABA.
naborí, *n.* free Indian servant.
naboría, *f.* free female Indian servant; allotment of free Indian servants (during the Spanish conquest of America).
nácar, *m.* mother-of-pearl.
nacarado, da; nacáreo, a; nacarino, na, *a.* nacreous, pert. to, made of, mother-of-pearl.
nacarón, *m.* pearl shell of inferior quality.
nacascolo, *m.* (C. A.) a tropical tree.
nacela, *f.* (arch.) scotia (concave molding); (aer.) nacelle.
nacencia, *f.* growth; (fig.) tumor, outgrowth.
nacer. I. *vn.* (*pp.* NACIDO, NATO; *ind.* NAZCO; *subj.* NAZCA) to be born, come into the world; to sprout, come forth, grow (as branches, plants); to rise, come out, appear (as the sun); to spring, rise, flow, have its source (as a stream, a river); to begin, originate, start, issue; to infer one thing from another.—**n. de cabeza,** to be born to wretchedness.—**n. de pies,** to be born lucky. **II.** *vr.* to sprout (as seeds) in the open air; to split near a seam (as clothes).
nacido, da. I. *pp.* of NACER. **II.** *a.* proper, apt, fit, connate.—**bien** or **mal n.,** well or ill bred. **III.** *m.* living man; pimple, boil, furuncle; sprout.
naciente. I. *a.* rising; growing; very recent; (her.) naissant. **II.** *m.* Orient, East.
nacimiento, *m.* birth; growing of plants; beginning; place of birth; rising (as of the sun): origin, issue; descent, lineage; source of a river or spring; scene representing the Nativity at Yuletide.—**de n.,** from birth.
nación. I. *f.* nation; (coll.) birth; (Am.) race, tribe of Indians.—*pl.* **Naciones Unidas,** United Nations.—**Sociedad de las Naciones,** League of Nations. **II.** *m.* (coll.) foreigner.—**de n.,** by nationality.
nacional. I. *a.* national; native; domestic, home. **II.** *m.* native; militiaman.
nacionalidad, *f.* nationality; citizenship.
nacionalismo, *m.* nationalism.
nacionalista, *n.* & *a.* nationalist(-ic).
nacionalización, *f.* naturalization; acclimatization; nationalization.
nacionalizar, *va.* to naturalize; to nationalize.
nacionalmente, *adv.* nationally.
nacrita, *f.* variety of talc.
nacho, cha, *a.* flat-nosed, pug-nosed.
nada. I. *f.* nothing, naught; nothingness; nonentity. **II.** *indef. pron.* nothing, not anything; little or very little.—**n. de eso,** none of that; not at all; not so.—**n. de nuevo,** nothing new.—**de n.,** insignificant, good-for-nothing; (after thanks) you are welcome, don't mention it.—**¡en n.!,** not at all!—**por n.,** for nothing; under no circumstances. **III.** *adv.* nothing, not, not at all, by no means.
nadadera, *f.* gourd or bladder for swimming; *pl.* water wings.
nadadero, *m.* swimming place.
nadador, ra, *n.* & *a.* swimmer(-ing).
nadante, *a.* (poet.) natant, swimming.
nadar, *vn.* to swim; to float.
nadería, *f.* (coll.) insignificant thing, a mere nothing, trifle.
nadie, *indef. pron.* nobody, no one, none; (after negative) anybody.
nadilla, *f.* = NADERÍA.
nadir, *m.* (astr.) nadir.
nado.—a n., swimming; afloat.
nafta, *f.* naphtha.
naftalina, *f.* (chem.) naphthalin.
naftílico, ca, *a.* (chem.) naphthalic.
naftilo, *m.* (chem.) naphthyl.
naftol, *m.* (chem.) naphthol.
nagual, *m.* (Mex.) sorcerer, wizard, conjurer.
naguas, *f. pl.* petticoat.
naguatlato, *m.* (Mex.) Indian interpreter.
nahuatle, *m.* Nahuatlan, Mexican Indian language.
naife, *m.* diamond of the first water.
naipe, *m.* (playing) card; cards; pack of cards.—**dar (a uno) el n.,** to have good luck at cards.—**dar el n. para una cosa,** to be very skilful or dexterous.—**tener buen n.** = DAR EL N.
naire, *m.* elephant keeper, trainer.
nalga, *f.* buttock, rump; *pl.* (anat.) nates.
nalgada, *f.* ham; spank, slap on the buttocks.
nalgar, *a.* gluteal, pertaining to the buttocks.
nalgatorio, *m.* (coll.) seat, posterior, buttocks.
nalgudo, da, *a.* having big buttocks.
nalguear, *vn.* (coll.) to wiggle the buttocks in walking, waddle.
nana, *f.* (coll.) grandma; lullaby; (Mex., coll.) child's nurse: (Am.) (coll.) mamma.
nanear, *vn.* to waddle.
nanquín, *m.* (text.) nankeen, nankin.
nansa, *f.* fish trap; fishpond.
nansú, nanzú, *m.* (Am., text.) nainsook.
nao, *f.* ship, vessel.
naonato, ta, *a.* born on board ship.
napalm, *m.* (chem., mil.) napalm, jellied gasoline (bomb).
napea, *f.* wood nymph.
napelo, *m.* (bot.) monkshood, wolfsbane.
napoleón, *m.* napoleon (5-franc piece).
napoleónico, ca, *a.* Napoleonic.
napolitana, *f.* in some card games, a certain combination of cards.
napolitano, na, *n.* & *a.* Neapolitan.
naque, *m.* company of two strolling comedians.
naranja, *f.* (bot.) orange.—**n. cajel,** blood orange.—**media n.** (coll.) better half (wife, husband).
naranjada, *f.* orangeade; rude saying or deed.
naranjado, da, *a.* orange-colored.
naranjal, *m.* orange grove.
naranjazo, *m.* blow with an orange.
naranjero, ra. I. *a.* **cañon n.,** (artil.) cannon carrying balls of the size of oranges. **II.** *n.* orange raiser or seller. **III.** *m.* orange tree.
naranjilla, *f.* small green orange for preserving.
naranjo, *m.* (bot.) orange tree; (coll.) booby, noodle, stupid man.
narceína, *f.* (chem.) narceine.
narcisismo, *m.* (psych.) narcissism.
[1]**narciso,** *m.* (bot.) daffodil; narcissus.
[2]**narciso,** *m.* fop, coxcomb.
narcosis, *f.* (med.) narcosis.

narcótico, ca, *a.* & *m.* narcotic.
narcotina, *f.* (chem.) narcotine.
narcotismo, *m.* (med.) narcotism.
narcotización, *f.* narcotization.
narcotizador, ra, *a.* narcotic, narcose.
narcotizar, *va.* to narcotize.
nardino, na, *a.* made of spikenard.
nardo, *m.* (bot.) spikenard, nard, tuberose.
narguile, *m.* narghile.
narigón, na; narigudo, da. I. *a.* large-nosed. **II.** *m.* large nose. **III.** *n.* large-nosed person.
nariguera, *f.* nose pendant.
narigueta, nariguita, *f. dim.* small nose.
nariz, *f.* nose; nostril; sense of smell; bouquet (of wine); socket of a door knocker; nozzle; cutwater.—**n. aguileña,** Roman, or aquiline, nose.—**n. chata,** flat nose.—**n. perfilada,** perfect, or well-proportioned, nose.—**n. respingada,** or **respingona,** retroussé nose, turned-up nose.—**dar en las narices,** (coll.) to smell or perceive a thing at a distance.—**meter la n. en todas partes,** to be a busybody, to nose about.—**tener de,** or **por, las narices,** or **agarrado por las narices,** to lead by the nose, to control at will.
narizón, na, *n.* & *a.* = NARIGÓN.
narizota, *f. aug.* large, ugly nose.
narra, *f.* (bot.) narra, an Asiatic tree.
narrable, *a.* capable of being narrated.
narración, *f.* narration, narrative, account; chronicle.
narrador, ra. I. *a.* narrating. **II.** *n.* narrator, chronicler.
narrar, *va.* to narrate, relate, chronicle, tell.
narrativa, *f.* narrative.
narrativo, va; narratorio, ria, *a.* narrative.
narria, *f.* sledge, sled; (coll.) heavy, bulky woman.
narval, *m.* (zool.) narwhal.
narvaso, *m.* cornstalks (as fodder).
nasa, *f.* fyke, fish trap, bag net; bow net; fisherman's basket; basket; jar.
nasal, *a.* nasal, pertaining to the nose.
nasalidad, *f.* nasality.
nasalización, *f.* (phon.) nasalization.
nasalizar, *va.* (phon.) to nasalize.
nasardo, *m.* (mus.) nasard, organ stop.
nata, *f.* cream; prime or choice part; skim, scum. —*pl.* whipped cream with sugar.
natación, *f.* natation, swimming.
natal. I. *a.* natal, native. **II.** *m.* birth, birthday.
natalicio, cia. I. *a.* natal. **II.** *m.* birthday, birth.
natalidad, *f.* natality, birth rate.
natátil, *a.* able to swim, floating.
natatorio, a. I. *a.* swimming, natatorial. **II.** *m.* natatorium, swimming pool or place.
naterón, *m.* second curd.
natilla, *f.* custard.
natío. I. *a.* native. **II.** *m.* birth; sprouting.
natividad, *f.* nativity; Yuletide, Christmas.
nativo, va, *a.* native; indigenous; domestic; natural born; inborn, innate.
nato, ta. I. *pp. irreg.* of NACER. **II.** *a.* implied by or inherent in an office or position.
natrón, *m.* (min.) natron, barilla.
natura, *f.* nature; genital organs; (mus.) major scale.
natural. I. *a.* natural; native; common, usual; plain, pure, unadulterated; artless, ingenuous, naïve; spontaneous, unstudied; (mus.) natural. **II.** *n.* native; national; aboriginal. **III.** *m.* temper, disposition, nature.—**al n.,** without art or affectation.—**del n.,** (art) from life, from nature.
naturaleza, *f.* nature; constitution; sex, genitals, especially the female; sort, character, kind; naturalization; temperament or disposition.—**n. muerta,** (art) still life.
naturalicé, naturalice, *v. V.* NATURALIZAR.
naturalidad, *f.* naturalness; birthright, nationality.
naturalismo, *m.* naturalism; realism.
naturalista, *n.* & *a.* naturalist(-ic).
naturalización, *f.* naturalization.
naturalizar. I. *va.* (*pret.* NATURALICÉ; *subj.* NATURALICE) to naturalize. **II.** *vr.* to get accustomed; to become naturalized, become nationalized.
naturalmente, *adv.* naturally; of course.
naufragante, *a.* sinking, perishing.
naufragar, *vn.* (*pret.* NAUFRAGUÉ; *subj.* NAUFRAGUE) to be shipwrecked; to fail, be unsuccessful, fall through.
naufragio, *m.* shipwreck; disaster, failure, disappointment, calamity.
náufrago, ga. I. *a.* & *n.* shipwrecked (person). **II.** *m.* (ichth.) shark.
naufragué, naufrague, *v. V.* NAUFRAGAR.
náusea, *f.* nausea, nauseousness.
nauseabundo, da, *a.* nauseous. loathsome.
nauseante, *a.* nauseating.
nausear, *vn.* to feel nausea, be nauseated.
nauseativo, va, *a.* nauseating, nauseous.
nauseoso, sa, *a.* = NAUSEABUNDO.
nauta, *m.* mariner, seafarer, sailor.
náutico, ca. I. *a.* nautical. **II.** *f.* nautics.
nautilo, *m.* (zool.) nautilus.
nava, *f.* hollow, plain surrounded by mountains.
navacero, ra, *n.* one who cultivates a NAVAZO.
navaja, *f.* razor; clasp knife, pen knife; razor clam; tusk of a wild boar; (coll.) evil tongue.—**n. de afeitar** or **de barba,** razor, razor blade. —**n. de seguridad,** safety razor.—**navajas de gallos,** cockspurs.
navajada, *f.;* **navajazo,** *m.* thrust or gash with a clasp knife or razor.
navajero, *m.* razor case; shaving doily.
navajita, *f. dim.* small clasp knife or razor.
navajo, *m.* = LAVAJO, pool where cattle drink.
navajón, *m. aug.* large clasp knife or razor.
navajonazo, *m.* gash or wound made with a large clasp knife or a razor.
navajuela, *f. dim.* small clasp knife.
naval, *a.* naval.
navarro, rra, *n.* & *a.* Navarrese.
navazo, *m.* kitchen garden on a sandy shore.
nave, *f.* ship, vessel: (arch.) nave; aisle.—**n. aérea,** airship.—**n. del espacio,** space ship.—**n. de San Pedro,** Roman Catholic Church.
navecilla, *f. dim.* small ship; (eccl.) censer, thurible.
navegable, *a.* navigable.
navegación, *f.* navigation; sea voyage; time used in a sea voyage.—**n. aérea,** aerial navigation, aviation.—**n. astronáutica,** space travel.—**n. circular,** great circle sailing.—**n. costanera,** coast navigation, coasting trade.—**n. de altura,** high-seas sailing.
navegacional, *a.* navigational.
navegador, ra, *n.* & *a.* navigator(-ing).
navegante, *n.* & *a.* navigator(-ing).
navegar. I. *vn.* (*pret.* NAVEGUÉ; *subj.* NAVEGUE) to navigate, sail, steer; to travel.—**n. en conserva,** to sail under convoy. **II.** *va.* to make (as speed).
naveta, *f.* (eccl.) censer, thurible; small drawer
navícula, *f. dim.* small ship; (bot.) navicula.
navicular, *a.* (anat.) navicular, boat-shaped.
navichuelo, la, *n. dim.* small ship.
navidad, *f.* Nativity; Christmas Day.—**tener muchas navidades,** to be old, to have lived many a year.
navideño, ña, *a.* pertaining to Yuletide.
naviero. I. *a.* shipping, ship (as *a.*). **II.** *m.* ship owner.
navío, *m.* warship, armor-clad vessel; ship.—**n. anegado,** (naut.) water-logged ship.—**n. de aguante,** (naut.) a stiff ship.—**n. de alto bordo** = N. DE LÍNEA.—**n. de aviso,** despatch boat.—**n. de guerra,** warship.—**n. de línea,** line-of-battle ship.—**n. de transporte,** transport.—**n. de tres puentes,** three-decker.
nayade, *f.* naiad, water nymph.
nayuribe, *f.* (bot.) an amarantaceous herb.

nazareno, na. I. *n.* & *a.* Nazarene; Nazarite. II. *m.* penitent who goes in processions in Passion Week.
nazareo, ea, *a.* Nazarite.
nazco, nazca, *v.* *V.* NACER.
nazi, *a.* & *n.* Nazi.
nazismo, *m.* Nazi(i)sm.
nazista, *a.* & *n.* Nazi.
názula, *f.* second curd.
nébeda, *f.* (bot.) nepeta, catmint.
nebladura, *f.* (agr.) damage from mist.
neblí, *m.* (ornith.) falcon gentle.
neblina, *f.* mist, fog.
neblinoso, sa, *a.* foggy, misty.
nebreda, *f.* plantation of juniper trees
nebrina, *f.* juniper berry.
nebular, *a.* (astr.) nebular.—**hipótesis n.,** (astr.) nebular hypothesis.
nebulón, na, *n.* hypocrite.
nebulosidad, *f.* nebulosity, nebulousness.
nebuloso, sa. I. *a.* nebulous, nebular, misty, hazy. II. *f.* (astr.) nebula.
necear, *vn.* to talk nonsense, to play the fool.
necedad, *f.* stupidity, foolishness, nonsense.
necesaria, *f.* privy, water-closet.
necesariamente, *adv.* necessarily.
necesario, ria, *a.* necessary.
neceser, *m.* dressing case, toilet case.—**n. de costura,** work basket, sewing case, hussy.
necesidad, *f.* necessity; need, want; emergency; evacuation of the body by stool or water.—**la n. carece de ley,** necessity knows no law.—**la n. tiene cara de hereje,** need knows no shame, need has a brazen face.—**por n.,** from necessity; necessarily.
necesitado, da. I. *pp.* of NECESITAR. II. *a.* & *n.* indigent, needy (person).
necesitar. I. *va.* to need; to necessitate, constrain, compel. II. *vn.* (**de**) to be in need (of).
neciamente, *adv.* stupidly, foolishly.
necio, cia. I. *a.* stupid, idiotic, foolish; imprudent, injudicious. II. *n.* fool.
necrocomio, *m.* morgue.
necrófago, ga, *a.* necrophagous, carrion-eating.
necrología, *f.* necrology.
necrológico, ca, *a.* necrological.
necrópolis, *f.* necropolis, burying ground.
necropsia, necroscopía, *f.* necropsy, autopsy, post-mortem examination.
necroscópico, ca, *a.* pert. to autopsy.
necrosis, *f.* (med.) necrosis.
néctar, *m.* nectar; any delicious drink.
nectáreo, a; nectarino, na, *a.* nectarean.
nectario, *m.* (bot.) nectary.
neerlandés, desa. I. *a.* Netherlands, Dutch. II. *n.* Netherlander; *m.* Dutchman; Dutch (language); *f.* Dutchwoman.
nefalismo, *m.* total abstinence from alcoholic beverages; prohibitionism.
nefalista, *n.* total abstainer; prohibitionist.
nefandamente, *adv.* nefariously, abominably.
nefando, da; nefario, ria, *a.* nefarious, heinous.
nefas, *adv.*—**por fas o por n.,** justly or unjustly.
nefasto, ta, *a.* sad, ominous, unlucky.
nefoscopio, *m.* (meteorol.) nephoscope.
nefralgia, *f.* (med.) nephralgia.
nefrectomía, *f.* (surg.) nephrectomy.
nefrita, *f.* (min.) nephrite.
nefrítico, ca, *a.* (med.) nephritic.
nefritis, *f.* (med.) nephritis.
nefrocele, *f.* (med.) nephrocele, hernia of the kidney.
nefrolito, *m.* (med.) nephrolith, kidney stone.
nefroptosis, *f.* (med.) nephroptosis.
nefrotomía, *f.* (surg.) nephrotomy.
negable, *a.* deniable.
negación, *f.* negation; denial; want or total privation; (gram.) negative particle.
negado, da. *a.* inapt, unfit; dull, stupid.
negador, ra, *n.* denier, disclaimer.
negante, *a.* denying; refusing.
negar. I. *va.* (*ind. pres.* NIEGO, *pret.* NEGUÉ; *subj.* NIEGUE) to deny; to refuse; to forbid, prohibit; to disown, disclaim; to disregard; to hide, conceal, dissemble.—**n. el saludo a,** to cut, not to speak to. II. *vr.* to decline, refuse; to be "not at home" to visitors.—**n. a sí mismo,** to control one's passions and appetites, exercise self-control.
negativa, *f.* negative, refusal.
negativamente, *adv.* negatively.
negativismo, *m.* (philos.) negativism.
negativo, va. I. *a.* negative; (elec. and math.) negative. II. *f.* (photog.) negative.
negligencia, *f.* negligence, neglect, carelessness.
negligente. I. *a.* negligent, neglectful, careless. II. *n.* neglecter.
negligentemente, *adv.* negligently, neglectfully, carelessly.
negociabilidad, *f.* (com.) negotiability.
negociable, *a.* (com.) negotiable.
negociación, *f.* negotiation; business transaction.
negociado, *m.* bureau, division or section in official departments; business; employment; affair.
negociador, ra, *n.* business agent; negotiator.
negociante. I. *a.* negotiating, trading, engaged in trade. II. *n.* dealer, merchant, business man.
negociar, *vn.* to trade; to negotiate.
negocio, *m.* occupation, business; affair; transaction; bargain; commerce; utility or interest in trading.—*pl.* business, commercial affairs.—**n. redondo,** good bargain.—**de negocios,** business (as *a.*), commercial.
negocioso, sa, *a.* active, diligent.
negozuelo, *m. dim.* petty business.
negra, *f.* Negro woman, Negress; (mus.) crotchet, quarter note.
negrada, *f.* (Am.) crowd or gathering of Negroes.
negral, *a.* blackish.
negrear, *vn.* to become black; to appear black.
negrecer, *vn.* (*ind.* NEGREZCO; *subj.* NEGREZCA) to blacken, become black.
negrero, ra, *n.* & *a.* slave trader(-ing).
negreta, *f.* (ornith.) coot, a kind of duck.
negrezco, negrezca, *v.* *V.* NEGRECER.
negrilla, *f.* (print.) boldface, blackface; (ichth.) black conger eel.
negrillera, *f.* plantation of black poplars.
negrillo, *m. dim.* (min.) black silver ore, stephanite; (bot.) black poplar.
negrito, ta, *n.* young or little Negro; (Am.) (coll.) dearest, darling.
negrizco, ca, *a.* blackish; dark brown.
negro, gra. I. *a.* black; gloomy, dark, dismal; unfortunate, wretched; (her.) sable.—**suerte n.,** very bad luck. II. *n.* Negro; (Am.) (coll.) dearest, darling. III. *m.* black (color).—**n. animal,** boneblack.—**n. de humo,** lampblack.—**n. de la uña,** tip of the (finger) nail.
negroide, *a.* negroid.
negror, *m.*; **negrura,** *f.* blackness.
negruzco, ca, *a.* blackish, dark brown.
neguijón, *m.* caries, decay of the teeth.
neguilla, *f.* (bot.) fennel flower, love-in-a-mist; age mark in horses' teeth; obstinate denial.
negus, *m.* negus (title of Ethiopian emperor).
neis, *f.* (geol.) gneiss.
nema, *f.* seal or sealing of a letter.
nematelminto, *m.* (zool.) nemathelminth.
nemátodo, da. I. *a.* filiform. II. *m.* (zool.) Nematode.
nemeo, a, *a.* Nemæan.
némine discrepante, (Lat.) unanimously.
nemoroso, sa, *a.* wooded, nemorous.
nemotecnia, *f.* mnemotechnics.
nene, nena. I. *n.* (coll.) infant, baby; dear, darling. II. *m.* (ironic) villain.
nenúfar, *m.* (bot.) white water lily.
neo. I. *pref.* neo- (new, recent). II. *m.* (chem.) neon. Also NEÓN.
neocatolicismo, *m.* Neo-Catholicism.

neocatólico, ca, *a.* & *n.* Neo-Catholic.
neoclasicismo, *m.* (f. a.) neoclassicism.
neoclásico, ca, *a.* neoclassical.
neodimio, *m.* (chem.) neodymium.
neoescocés, cesa. I. *a.* Nova Scotian. **II.** *n.* Nova Scotian, (coll.) Bluenose.
neófito, *m.* neophyte.
neofobia, *f.* aversion to innovations.
neogranadino, na, *n.* & *a.* New-Granadian (from New Granada, former name of Colombia).
neoimpresionismo, *m.* (f.a.) neoimpressionism.
neoimpresionista, *a.* & *n.* neoimpressionist.
neolatino, na, *a.* Neo-Latin.
neolítico, ca, *a.* neolithic.
neología, *f.* neology.
neológico, ca, *a.* neologistic.
neologismo, *m.* neologism.
neólogo, ga, *n.* neologist.
neomejicano, na, *n.* & *a.* New Mexican.
neomenia, *f.* (astr.) neomenia, first day of the moon.
neomicina, *f.* (biochem.) neomycin.
neón, *m.* (chem.) neon.
neoplasma, *m.* (med.) neoplasm.
neoplatonicismo, *m.* Neoplatonism.
neoplatónico, ca, *a.* Neoplatonic.
neorama, *m.* cyclorama.
neosalvarsán, *m.* (chem.) neosalvarsan.
neoyorquino, na. I. *a.* of or pertaining to New York. **II.** *n.* New Yorker.
neozelandés, sa. I. *n.* New Zealander. **II.** *a.* New Zealand (as *a.*), of or from New Zealand.
neozoico, ca, *a.* (geol.) Neozoic.
Nepal, *m.* Nepal.
nepalés, lesa, *a.* & *n.* Nepalese.
nepente, *m.* (bot.) nepenthe; nepenthe, magic drink.
neperiano, na, *a.* Naperian, Napierian.
nepote, *m.* privileged relative of the Pope.
nepotismo, *m.* nepotism.
neptúneo, a, *a.* Neptunian.
neptúnico. ca, *a.* (geol.) Neptunian.
neptunio, *m.* (chem.) neptunium.
neptunismo, *m.* (geol.) Neptunian theory.
neptunista, *n.* & *a.* (geol.) Neptunist(-ic).
Neptuno, *m.* (astr.) Neptune; (poet.) the sea.
nequáquam, *adv.* (Lat.) (coll.) by no means.
nequicia, *f.* perversity.
nereida, *f.* nereid, sea nymph.
nerita, *f.* nerita, a mollusk.
neroniano, na, *a.* Neronian.
nervadura, *f.* (arch.) nervure, rib; (carp.) feather; (min.) leader; (biol.) nervation, nervure.
nerval, *a.* (anat.) nerval, pertaining to nerves.
nérveo, a, *a.* pertaining to nerves.
nervezuelo, nerviecillo, *m. dim.* nervule.
nervino, na, *a.* nervine, nerve-strengthening.
nervio, *m.* (anat.) nerve; energy, vigor, strength; string of a musical instrument; rib, reinforcement; (bockbinding) rib, fillet; (naut.) span rope, stay; (bot.) nerve.—**n. hipogloso,** hypoglossal.—**n. maestro,** tendon.—**n. neumogástrico** or **vago,** vagus pneumogastric nerve.—**n. óptico,** optic nerve.—**nervios conjugados,** conjugate nerves.
nerv(i)osidad, *f.* nervosity; nervousness; strength, vigor.
nervioso, sa, *a.* nervous; vigorous, energetic; (bot.) nerved, having veins.
nervosamente, *adv.* nervously.
nervosidad, *f.* nervousness; strength, vigor; flexibility
nervosismo, *m.* (med.) nervosism.
nervoso, sa, *a.* nervous; strong, vigorous.
nervudo, da, *a.* strong-nerved, vigorous.
nérvulo, *m.* nervule.
nervura, *f.* (bookbinding) ribs.
nesciencia, *f.* ignorance.
nesciente, *a.* ignorant, foolish.
nescientemente, *adv.* ignorantly.
nesga, *f.* (sewing) gore; triangular piece.
néspera, *f.* = NÍSPERO, *m.* (bot.) medlar.
nestorianismo, *m.* Nestorianism.
nestoriano, na, *n.* & *a.* Nestorian.
netezuelo, la, *m.* & *f. dim.* little grandchild.
neto, ta. I. *a.* neat, pure, unadulterated; (com.) net, clear.—**en n.,** net.—**puro y n.,** pure and simple. **II.** *m.* (arch.) naked pedestal.
[1]**neuma,** *n.* (rhet.) expression by signs or nods.
[2]**neuma,** *m.* (mus.) neuma.
neumática, *f.* (phys.) pneumatics.
neumático, ca. I. *a.* pneumatic. **II.** *m.* tire.
neumatógrafo, *m.* (med.) pneumagraph, stethograph.
neumococo, *m.* (bacteriol.) pneumococcus.
neumogástrico, *m.* (anat.) pneumogastric nerve.
neumonía, *f.* (med.) pneumonia.
neumónico, ca, *a.* pneumonic: pulmonary.
neumotórax, *m.* (med.) pneumothorax.
neuralgia, *f.* (med.) neuralgia.
neurálgico, ca, *a.* neuralgic.
neurastenia, *f.* (med.) neurasthenia, nervous prostration.
neurasténico, ca, *n.* & *a.* neurasthenic.
neuraxón, *m.* (anat.) neuraxon, axis cylinder.
neurectomía, *f.* (surg.) neurectomy.
neurilema, *m.* (anat.) neurilemma.
neurisma, *f.* (med.) = ANEURISMA, aneurysm.
neuritis, *f.* (med.) neuritis.
neuroblasto, *m.* (anat.) neuroblast.
neurocirugía, *f.* neurosurgery.
neuroeje, *m.* (anat.) neural, or cerebro-spinal, axis.
neuroesqueleto, *n.* (anat.) endoskeleton.
neuroglia, *f.* (anat.) neuroglia, connective nerve tissue.
neurología, *f.* (anat.) neurology.
neurólogo, ga, *n.* neurologist.
neuroma, *m.* (med.) neuroma.
neurona, *f.* (anat.) neuron, nerve cell.
neurópata, *n.* (med.) neuropath.
neuropatía, *f.* (med.) neuropathy.
neuropático, ca, *a.* neuropathic, neurotic.
neuropatología, *f.* (med.) neuropathology.
neuropsiquiatría, *f.* (med.) neuropsychiatry.
neuróptero, ra, *a.* (entom.) neuropterous.
neurosis, *f.* (med.) neurosis.—**n. de guerra,** war neurosis, "shell shock."
neurótico, ca, *n.* & *a.* (med.) neurotic.
neurotomía, *f.* (surg.) neurotomy.
neurótomo, *m.* (surg.) neurotome.
neutoniano, na, *a.* Newtonian.
neutral, *a.* neutral, neuter.
neutralicé, neutralice, *v.* *V.* NEUTRALIZAR.
neutralidad, *f.* neutrality.
neutralismo, *m.* neutralism.
neutralista, *a.* & *n.* neutralist.
neutralización, *f.* neutralization.
neutralizar, *va.* (*pret.* NEUTRALICÉ; *subj.* NEUTRALICE) to counteract; to neutralize.
neutrino, *m.* (phys.) neutrino.
neutro, tra, *a.* neutral, neuter; (gram.) neuter.
neutrón, *m.* neutron.
nevada, *f.* snowfall.
nevadilla, *f.* (bot.) whitlow-wort.
nevado, da. I. *pp.* of NEVAR. **II.** *a.* white as snow. **III.** *m.* snow-capped mountain or peak.
nevar. I. *vn. impers.* (*ind.* NIEVA; *subj.* NIEVE) to snow. **II.** *va.* to make white as snow.
nevasca, *f.* snowfall; snowstorm, blizzard.
nevatilla, (ornith.) wagtail.
nevera, *f.* ice house; icebox, refrigerator; woman who sells ice.
nevereta, *f.* (orníth.) wagtail.
nevería, *f.* ice house: place where ice is sold.
nevero, *m.* iceman; place of perpetual snow.
nevisca, *f.* gentle fall of snow.
neviscar, *vn.* to snow lightly.
nevo, *m.* (med.) nevus.
nevoso, sa, *a.* snowy, niveous.
newtonio, *m.* (phys.) newton (unit of force).
nexo, *m.* nexus, bond, tie, union.

ni, *conj.* neither, nor (*n. esto n. aquello*, neither this nor that).—**ni con mucho,** not by a good deal.—**n. siquiera,** not even.—**n. un, n. uno, n. una,** (often preceded by *no* and a verb) not one, not a single.
niacina, *f.* (chem.) niacin, nicotinic acid.
niara, *f.* rick or stack of straw.
nícalo, *m.* NÍSCALO, mushroom.
Nicaragua, *f.* Nicaragua; (**n.**) (bot.) garden balsam.
nicaragüense, *n.* & *a.* Nicaraguan.
nicaragüeño, ña, *n.* & *a.* Nicaraguan.
niceno, na, *a.* Nicene.
nicerobino, *a.* ancient precious ointment.
nicle, *m.* a variety of chalcedony.
nicociana, *f.* (poet.) tobacco, nicotia.
nicotina, *f.* nicotine.
nicotínico, ca, *a.* nicotinic (acid).
nicot(in)ismo, *m.* (med.) nicotinism.
nicotismo, *m.* nicotinism.
nictagíneo, a, *a.* (bot.) nyctaginaceous.
nictálope, *a.* nyctalopic.
nictalopia, *f.* (med.) nyctalopia.
nic(ti)tación, *f.* nic(ti)tation.
nicho, *m.* niche; recess.
nidada, *f.* nestful of eggs; brood, covey.
nidal, *m.* nest; nest egg; basis, foundation, motive; haunt.
nidificar, *vn.* to nest, nidify, build a nest.
nidito, *m. dim.* small nest.
nido, *m.* nest; eyry; home, habitation, abode, residence; haunt; den.
niebla, *f.* fog, mist, haze; film that dims the sight; (agr.) blasting mildew.
[1]**niego,** *a.* newborn (falcon).
[2]**niego, niegue,** *v. V.* NEGAR.
niel, *m.* (art) niello work.—**nielar,** *va.* (art) to niello.
niéspera, *f.* (bot.) medlar.
nieto, ta, *n.* grandson(-daughter).
nietro, *m.* a measure for wine (159.7 liters).
nietzscheano, na, *a.* & *n.* Nietzschean.
nietzschismo, *m.* (philos.) Nietzscheanism.
nieva, nieve, *v. V.* NEVAR.
nieve, *f.* snow; (Am.) an ice, sherbet.
Níger, *m.* Niger.
Nigeria, *f.* Nigeria.
nigeriano, na, *a.* & *n.* Nigerian.
nigerino, na, *a.* & *n.* (of the) Niger.
nigola, *f.* (naut.) ratline.
nigromancia, *f.* necromancy.
nigromante, *n.* necromancer, conjurer, magician.—**nigromántico, ca. I.** *a.* necromantic. **II.** *n.* = NIGROMANTE.
nigua, *f.* chigoe, jigger flea.
nihilismo, *m.* nihilism.
nihilista. I. *a.* nihilistic. **II.** *n.* nihilist.
nilad, *m.* (bot.) a Philippine shrub.
nilón, *m.* nylon.
nimbo, *m.* halo; nimbus.
nimiamente, *adv.* excessively, minutely.
nimiedad, *f.* superfluity, prolixity; excess.
nimio, a, *a.* prolix; stingy.
ninfa, *f.* nymph; young lady; (entom.) pupa.
ninfea, *f.* (bot.) water lily.
ninfeáceo, a, *a.* (bot.) nymphæceous.
ninfo, *m.* (coll.) effeminate fop, dude.
ninfomanía, *f.* (med.) nymphomania.
ningún, *a.* (*contr.* of NINGUNO) no, not one, neither (*used only before masculine nouns*).—**de n. modo,** by no means, under no circumstances.
ninguno, na. I. *a.* no, none, not one, not any.—**n. cosa,** nothing.—**de n. manera,** by no means, under no circumstances.—**en n. parte,** not anywhere. **II.** *indef. pron.* none, no one, not one, nobody, neither.
ninivita, *n.* & *a.* Ninevite.
niña, *f.* little girl; young girl.—**n. bien,** well-bred girl.—**n. del ojo,** pupil of the eye.—**niñas de los ojos,** (coll.) apple of one's eye, treasure; (C. A., Cuba, W. I.) (used by servants of employers) Miss.
niñada, *f.* puerility, childishness.
niñato, *m.* unborn calf.
niñear, *vn.* to act like a child.
niñera, *f.* nurse, nursery maid, baby sitter.
niñería, *f.* puerility, childish action; child's play; plaything; trifle.
niñero, ra, *a.* & *f.* fond of children; dandler.
niñeta, *f.* small pupil of the eye.
niñez, *f.* childhood, infancy.
niñita, *f.* little girl.
niñito, *m.* little boy; little child.
niño, ña. I. *a.* childish, childlike, young; inexperienced. **II.** *n.* boy (girl). **III.** *m.* child.—*pl.* children.—**n. bien,** sissy.—**n. de la piedra,** foundling.—**n. de teta,** suckling babe, child in arms.—**ñ. expósito,** foundling.—**niños de la doctrina,** charity children.—**de n.,** as a child.—**desde n.,** from infancy, from childhood.
niobio, *m.* (chem.) niobium.
nioto, *m.* (ichth.) = CAZÓN, dogfish.
nipa, *f.* (bot.) nypa, an Asiatic palm.
nipe, nipis, *m.* nypa cloth.
nipón, na, *n.* & *a.* Nipponese, Japanese.
níquel, *m.* (chem.) nickel.
niquelado, *pp.* & *a.* nickel-plated.
niquelar, *va.* to nickel-plate.
niquelina, *f.* (min.) niccolite.
niquiscocio, *m.* unimportant thing, matter, trifle.
nirvana, *m.* Nirvana.
níscalo, *m.* nonpoisonous mushroom.
níspero, *m.* (bot.) medlar.—**n. del Japón,** (bot.) Japanese persimmon.
níspola, *f.* fruit of the medlar tree.
nitidez, *f.* neatness, brightness, clarity.
nítido, da, *a.* nitid, bright, clear; neat.
nitón, *m.* (chem.) niton, radon.
nitos, *m.* (coll.) nothing, "nix."
nitral, *m.* niter bed.
nitrato, *m.* (chem.) nitrate, saltpeter.—**n. de plata,** (chem.) silver nitrate.—**n. de potasio,** (chem.) potassium nitrate, niter, nitre.—**n. sódico,** (chem.) sodium nitrate.
nitrería, *f.* saltpeter works.
nítrico, ca, *a.* (chem.) nitric.
nitrificación, *f.* nitrification.
nitrificador, *m.* (chem.) nitrifier.
nitrificante, *a.* nitrogen-fixing (organisms).
nitrificar, *va.* (chem.) to nitrify.
nitrilo, *m.* (chem.) nitrile.
nitrito, *m.* (chem.) nitrite.
nitro, *m.* (chem.) niter, saltpeter.
nitrobacterias, *f. pl.* nitrobacteria.
nitrobencina, *f.* nitrobenzene.
nitrocelulosa, *f.* nitrocellulose.
nitrogenado, da, *a.* nitrogenous.
nitrogenar, *va.* to nitrogenize.
nitrógeno, *m.* (chem.) nitrogen.
nitroglicerina, *f.* nitroglycerine.
nitrómetro, *m.* nitrometer.
nitroprusiato, *m.* (chem.) nitroprussiate.
nitrosidad, *f.* nitrous condition.
nitrosilo, *m.* (chem.) nitrosyl.
nitroso, sa, *a.* (chem.) nitrous.
nitruro, *m.* (chem.) nitride.
nivel, *m.* level; levelness; water-mark; (surv.) level; (mason.) level, plummet.—**n. de aire,** or **de burbuja,** spirit level.—**n. del agua,** water mark or level.—**n. de (la) vida,** standard of living.—**n. del mar,** sea level.—**n. del suelo,** ground level.—**n. longitudinal,** (aer.) fore-and-aft level.—**a n.,** level, true; on the same level.
nivelación, *f.* leveling; grading.
nivelador, ra, *n.* & *a.* (surv.) leveler(-ing); grader(-ing).
nivelar. I. *va.* to level; to grade; to make even; to put on a basis of equity and justice.—**n. el presupuesto,** to balance the budget. **II.** *vr.* to level off.
níveo, ea, *a.* (poet.) snowy.

nixtamal, *m.* (Mex.) corn specially prepared for making tortillas.
nizardo, da, *a.* of or pertaining to Nice.
no, *adv.* no, not, nay.—**¿n.?** (at end of sentence) isn't it? isn't that so? do you see? etc.—**n. bien,** no sooner.—**n. más,** only; no more.—**n. obstante,** notwithstanding.—**n., que n.,** most certainly not.—**n. sea que,** lest; or else.—**n., sino,** not only so.—**n., sino, n.,** it cannot be otherwise.—**n. tal,** no such thing.—**n. ya,** not only.—**a que n.,** (coll.) I bet that isn't so; I bet you won't.—**pues n.,** but no, not so.
nobelio, *m.* (chem.) nobelium.
nobiliario, ria, *a.* nobiliary, pert. to nobility.
nobilísimamente, *adv. super.* most nobly.
nobilísimo, ma, *a. super.* most noble.
noble. I. *a.* noble. **II.** *m.* nobleman; an ancient gold coin.
noblemente, *adv.* nobly.
nobleza, *f.* nobleness; nobility; noblesse; a fine damask silk.
noca, *f.* variety of crab.
nocedal, *m.* = NOGUERAL, walnut tree grove.
nocente, *a.* noxious; guilty.
noción, *f.* notion, idea; element, rudiment (gen. in *pl.*).—**nocional,** *a.* notional.
nocivo, va, *a.* noxious, harmful, injurious.
noctambulismo, *m.* noctambulism, night walking, sleepwalking.
noctámbulo, la. I. *a.* noctambulous. **II.** *n.* noctambulist, nightwalker, sleepwalker; (coll.) night owl, nighthawk.
noctífloro, ra, *a.* (bot.) noctiflorous, night-blooming.
noctiluco, ca. I. *a.* noctilucent. **II.** *f.* (zool.) noctiluca, glowworm.
noctívago, ga. I. *a.* noctivagous, noctivagant, night-wandering. **II.** *n.* noctambulist, nightwalker, sleepwalker; (coll.) night owl, nighthawk.
nocturnal, *a.* nocturnal, nightly.
nocturno, na. I. *a.* nocturnal, night (as *a.*); lonely and sad. **II.** *m.* (eccl.) nocturn; (mus.) nocturne.
noche, *f.* night; evening (after sunset); (fig.) obscurity, ignorance.—**n. toledana,** restless night, sleepless night.—**ayer n.,** last night.—**buenas noches,** good evening; good night.—**de la n. a la mañana,** between sunset and sunrise; (fig.) overnight, suddenly, unexpectedly.—**de n., por la n.,** at night; by night; in the nighttime.—**esta n.,** tonight.—**media n.,** midnight.—**muy de n.,** late at night.—**prima n.,** evening.—**quedarse a buenas noches,** (coll.) to be left in the dark about something; to be disappointed.
nochebuena, *f.* Christmas eve.
nochebueno, *m.* Christmas cake; Yule log.
nochecita, *f.* (Am.) twilight, dusk, nightfall.—**a la n.,** at nightfall.
nocherniego, ga, *a.* night-wandering.
nochizo, *m.* (bot.) = AVELLANO, filbert tree.
nodación, *f.* (med.) impediment caused by a node.
nodal, *a.* nodal.
nodátil, *a.* (anat.) nodal.
nodo, *m.* (med.) node; (astr.) node.
nodriza, *f.* wet nurse.
nodular, *a.* nodular.
nódulo, *m.* nodule, small node.
nogada, *f.* sauce of pounded walnuts and spice.
nogal, *m.* = NOGUERA.
noguera, *f.* (bot.) walnut.—**n. negra,** (bot.) black walnut.
noguerado, da, *a.* walnut-colored.
nogueral, *m.* field or plantation of walnut trees.
noguerón, *m. aug.* large walnut tree.
nolición, *f.* unwillingness.
noli me tángere, *m.* (Lat.) noli-me-tangere; (med.) malignant ulcer.
nómada, nómade, *n.* & *a.* nomad(-ic).
nomadismo, *m.* nomadism, nomadic state.
nomarquía, *f.* nomarchy, province.
nombradamente, *adv.* expressly.
nombradía, *f.* renown, fame, reputation.
nombramiento, *m.* nomination, naming; appointment, commission; brevet.
nombrar, *va.* to name; to nominate; to appoint.
nombre, *m.* name; title; fame, reputation; power by which any one acts for another; (gram.) noun; (mil.) countersign; watchword.—**n. adjetivo,** adjective.—**n. apelativo,** (gram.) common noun.—**n. colectivo,** collective noun.—**n. común,** common noun.—**n. de bautismo** or **de pila,** Christian name.—**n. postizo,** alias.—**n. profesional,** professional name.—**n. propio,** proper noun.—**n. substantivo,** noun, substantive.—**n. y apellido,** full name.—**de n.,** by name.—**en el n.,** with God's help.—**no tener n.,** to be unspeakable.—**poner n. a,** to give a name to; to set a price on.—**por n.,** by the name of.
nomenclador, nomenclátor, *m.* nomenclator; gazetteer; glossary, technical vocabulary.
nomenclatura, *f.* catalogue; nomenclature.
nomeolvides, *f.* (bot.) forget-me-not.
nómina, *f.* payroll; list, catalogue.—**n. de pagos,** payroll.
nominación, *f.* nomination; appointment.
nominador, ra, *n.* appointer.
nominal. I. *a.* nominal; titular. **II.** *n.* nominalist.
nominalismo, *m.* nominalism.
nominalista. I. *a.* nominalistic. **II.** *n.* nominalist.
nominalmente, *adv.* nominally.
nominar, *va.* to nominate, name.
nominativo, va. I. *a.* (com.) personal, registered (as bonds). **II.** *a.* & *m.* (gram.) nominative.—*pl.* (coll.) elements, rudiments.
nominilla, *f.* pay warrant, voucher.
nómino, *m.* nominee.
nomo, *m.* nome, province.
nomología, *f.* nomology.
nompareil, *f.* (print.) nonpareil, six-point.
non. I. *a.* odd, uneven. **II.** *m.* odd number.—*pl.* repeated negation or denial; refusal (esp. of a marriage proposal, in the phrases *dar nones, echar nones*).—**andar de nones,** to be idle.—**digo que nones,** I say no.—**estar de n.,** to serve for nothing.—**pares y nones,** odd or even.—**quedar de n.,** to be without a partner or companion.
nona, *f.* (eccl.) nones.
nonada, *f.* trifle, nothing.
nonagenario, ria, *n.* & *a.* nonagenarian.
nonagésimo, ma, *a.* nonagesimal, ninetieth.
nonágono, *m.* (geom.) nonagon.
nonato, ta, *a.* not naturally born, but taken from the womb by Cæsarean section.
nonio, *m.* vernier, a measuring instrument.
nono, na, *a.* ninth.
non plus ultra, ne plus ultra, unsurpassable.
nopal, *m.* (bot.) nopal, cochineal fig-tree, prickly Indian pear tree.
noque, *m.* tan pit, tan vat; heap or basket of bruised olives.
noquero, *m.* tanner, currier, leather dresser.
norabuena, *f.* congratulation.
noramala, *adv.* in an evil hour.
noray, *m.* (naut.) bollard, mooring.
nordestal, *a.* northeast, northeastern.
nordeste, *m.* northeast.—**nordestear,** *vn.* **(naut.)** (of the compass) to decline to northeast.
nórdico, ca, *n.* & *a.* Nordic.
nordista. I. *a.* northern, northerly. **II.** *n.* (U. S.) Northerner.
nordovestear, *vn.* (naut.) = NORUESTEAR.
noria, *f.* noria, chain pump, draw-well.
norial, *a.* pertaining to the NORIA.
norma, *f.* standard, norm, pattern, model, rule, specification.
normal. I. *a.* normal; model, standard. **II.** *f.* normal school; (geom.) normal.

normalidad, *f.* normality.
normalizar, *va.* to normalize; to standardize.
normando, da; normano, na. I. *n.* & *a.* Norman. **II.** *n.* Norman; Northman, Norseman.
nornordeste, *m.* north-northeast.
nornoroeste, nornorueste, *m.* north-northwest.
noroeste, norueste, *m.* northwest.
noroestear, *vn.* (naut.) = NORUESTEAR.
nortada, *f.* north gale, norther.
norte, *m.* north; north wind; rule, law, guide, clue, direction.
norteamericano, na, *n.* & *a.* North-American; American (gen. from or of the U. S.).
nortear, *va.* (naut.) to steer or stand to the northward; (of compass) to decline to the north.
norteño, ña. I. *a.* northern, northerly. **II.** *n.* northerner.
nórtico, ca, *a.* north, northerly, northern.
noruego, ga. I. *a.* & *n.* Norwegian. **II.** *f.* (N.) Norway; *m.* Norwegian (language).
norueste, *m.* northwest.
noruestear, *vn.* (naut.) (of the compass) to decline to the northwest.
nos, *pers. pron. pl. m.* & *f. acc.* & *dat.* of NOSOTROS, us, to us; (*recip.*) each other; (*refl.*) ourselves. Sometimes used as nom., in authoritative style, as *nos, el arzobispo de Toledo,* I, the archbishop of Toledo.
nosogenia, *f.* (med.) development of diseases.
nosografía, *f.* (med.) classification of diseases.
nosología, *f.* (med.) science of disease classification.
nosológico, ca, *a.* pert. to NOSOLOGÍA.
nosotros, tras, *pers. pron. pl. m.* & *f.* we; ourselves; us.
nostalgia, *f.* nostalgia, homesickness.
nostálgico, ca, *a.* nostalgic, homesick.
nostramo, *m.* (naut.) master—a title given by sailors to the boatswain.
nota, *f.* note, mark, sign; notice; grade (in exam.); annotation; imputation, reproach; stain, stigma; renown, fame, repute; style, manner of writing; memorandum; (com.) account, bill, statement, schedule, price list; (mus.) note.—*pl.* records of a notary.—**n. marginal,** marginal note.—**n. verbal,** verbal note.
nota bene, (Lat.) take notice; N. B.
notabilidad, *f.* notability; a notable (person).
notabilísimo, ma, *a. super.* of NOTABLE: most, or very, notable, marked, or noted.
notable, *a.* notable, remarkable, noteworthy, noticeable, conspicuous; distinguished, prominent, noted.—**notablemente,** *adv.* notably, remarkably, notedly, noticeably.
notación, *f.* note, annotation; (math. and mus.) notation.
notar, *va.* to note, to mark; to remark, observe; to notice, take notice of, observe; to annotate, comment; to dictate; to find fault with, criticize; to reprehend.
notaría, *f.* profession or position of a notary; notary's office.
notariado, *m.* profession of a notary.
notarial, *a.* notarial.
notariato, *m.* title or practice of a notary.
notario, *m.* notary public; amanuensis.
noticia, *f.* news item; news (gen. *pl.*); notice, information, light; (com.) advice.—**n. remota,** vague remembrance.—**atrasado de noticias,** behind the times.
noticiar, *va.* to notify, give notice to, inform.
noticiario, *m.* (rad.) newscast, (mov. pict.) newsreel.
noticiero, *m.* news agent, reporter; (rad.) newscaster; newsmonger.
notición, *m. aug.* (coll.) great news.
noticioso, sa, *a.* news-giving; informed; learned.
notificación, *f.* notification; notice.
notificado, da, *pp.* & *a.* (law) notified.
notificar. *va.* (*pret.* NOTIFIQUÉ; *subj.* NOTIFIQUE) to notify.
notita, *f. dim.* short note, memorandum, etc.
[1]**noto, ta,** *a.* well-known.
[2]**noto, ta,** *a.* illegitimate, bastard.
[3]**noto,** *m.* south wind, notus.
notomía, *f.* skeleton.
notoriamente, *adv.* manifestly, glaringly.
notoriedad, *f.* quality of being well known; self-evidence; notoriety.
notorio, ria, *a.* well known; evident, manifest.
nóumeno, *m.* (philos.) noumenon.
nova, *f.* (astr.) nova (star).
novaciano, na, *m.* & *f.* Novatian.
novación, *f.* (law) novation.
novador, ra, *n.* & *a.* innovator(-ing).
noval, *a.* newly broken up (land).
novar, *va.* (law) to renew by novation.
novatada, *f.* hazing (in colleges).
novato, ta, *n.* novice, beginner, tyro.
novator, ra, *n.* innovator, novator.
novecientos, tas, *n.* & *a.* nine hundred.
novedad, *f.* novelty; newness; surprise, recent occurrence, latest news or fashion; fad; change, innovation; surprise.—**no hay n.,** there is no change.—**sin n.,** well; safe; as usual; nothing new.
novedoso, sa, *a.* new, novel, recent; innovating; (Am.) fictional.
novel, *a.* new, inexperienced.
novela, *f.* novel; romance, fiction; falsehood; (law) novel.
novelador, ra, *n.* novelist.
novelar, *vn.* to write novels; to romance, to tell stories.
novelería, *f.* fondness for novelties; curiosity; fondness for novels; collection of novels.
novelero, ra. I. *a.* fond of novels, fads, and novelties; newfangled; fickle, wavering, unsteady. **II.** *n.* newsmonger, gossip.
novelesco, ca, *a.* novelistic, fictional.
novelista, *n.* novelist.
novelística, *f.* novel writing.
noveno, na. I. *a.* & *n.* ninth. **II.** *m.* ninth part of tithes. **III.** *f.* (eccl.) novena.
noventa, *m.* & *a.* ninety; ninetieth.
noventavo, va, *n.* & *a.* ninetieth.
noventón, na, *n.* & *a.* nonagenarian.
novia, *f.* bride; fiancée; sweetheart.
noviazgo, *m.* engagement, betrothal.
noviciado, *m.* (eccl.) novitiate; apprenticeship.
novicio, cia. I. *a.* new, inexperienced. **II.** *n.* novice, probationer; freshman, apprentice, neophyte.
noviciote, *m.* (coll.) overgrown novice.
noviembre, *n.* November.
novilunio, *m.* new moon.
novilla, *f.* young cow, heifer.
novillada, *f.* drove of young bulls or steers; baiting of young bulls.
novillejo, eja, *n. dim.* bullock (heifer).
novillero, *m.* herdsman who attends young cattle; stable for young cattle; pasture ground for weaned calves; truant, idler.
novillo, *m.* young bull; steer.—**hacer novillos,** (coll.) to play truant or hooky.
novio, *m.* bridegroom; fiancé; (coll.) suitor; one new to some dignity or state.
novísimo, ma, *super.* of NUEVO. **I.** *a.* newest, most recent; latest.—**N. Recopilación,** revised code of laws in Spain promulgated July 15, 1805. **II.** *m.* each of the last four incidents of mankind.
novocaína, *f.* (med.) Novocaine (trademark).
noyó, *m.* a bitter almond cordial.
nubada, *f.* shower of rain; plenty, abundance.
nubado, da, *a.* clouded, shaped like clouds.
nubarrado, da. I. *a.* NUBADO, DA. **II.** *f.* NUBADA.
nubarrón, *m.* large threatening cloud.
nube, *f.* cloud; crowd, multitude; (med.) film on the eye; cloud or shade in precious stones.—**n. atómica,** atomic cloud.—**n. cósmica,** (astr.) cosmic cloud.—**estar en las nubes,** (coll.) to be up in the clouds, to daydream.—

por las nubes, (coll.) sky-high (praise or price).
nubecita, *f.* small cloud.
nubiense, *n.* & *a.* Nubian.
nubífero, ra, *a.* (poet.) cloud-bringing.
núbil, *a.* nubile, marriageable.
nubilidad, *f.* nubility, marriageable age.
nubiloso, sa, *a.* (poet.) cloudy, nubilous.
nubio, bia, *a.* & *n.* Nubian.
nublado, da. I. *pp.* of NUBLAR. **II.** *a.* cloudy, overcast. **III.** clouded sky; gloominess; impending danger; multitude.
nublar. I. *va.* to becloud, obscure. **II.** *vr.* to become cloudy; (of plants) to be blasted, mildewed.
nublo, bla. I. *a.* cloudy. **II.** *m.* NUBLADO.
nubloso, sa, *a.* nebulous, cloudy; gloomy; ill-fated.
nubosidad, *f.* cloudiness.
nuca, *f.* nape, scruff of the neck.
nucleación, *f.* nucleation.
nucleado, da, *a.* nucleate.
nuclear, *a.* (biol., phys.) nuclear.
nucleína, *f.* (biochem.) nuclein.
núcleo, *m.* nucleus; center.—**n. blanco,** (phys.) target nucleus.—**n. nervioso,** (anat.) nidus.—**fisión del n.,** nuclear fission.
nucleolo, *m.* (biol.) nucleolus.
nucleón, *m.* (atom. ener.) nucleon.
nucleónica, *f.* nucleonics.
nucleoproteína, *f.* (biochem.) nucleoprotein.
núclido, *m.* (phys.) nuclide.
nuco, *m.* a Chilean kind of owl.
nudamente, *adv.* nakedly; plainly.
nudillo, *m.* knuckle; small knot in stockings; (mason.) plug, dowel, dook; nodule.
nudismo, *m.* nudism.
nudista, *n.* nudist.
[1]**nudo, da,** *a.* nude, naked.
[2]**nudo,** *m.* knot; burl, tangle; (bot.) node; joint; snag; tie, union, bond; (med.) node, tumor; knotty point, intricacy, difficulty; crisis of a drama; (naut.) knot of the log line, nautical mile.—**n. en la garganta,** lump in one's throat, great affliction.—**n. gordiano,** Gordian knot.
nudoso, sa, *a.* knotty, knotted.
nuecero, ra, *n.* vender of walnuts.
nuégado, *m.* nougat.
nuera, *f.* daughter-in-law.
nuestramo, ma, *f. contr.* from NUESTRO AMO, our master (mistress); (Am.) the Eucharist.
nuestro, tra, *poss. pron. 1st pers. pl.* our, ours. (Also used editorially, etc. as in Eng.).—**los nuestros,** our friends, or colleagues, ours.
nueva, *f.* news, tidings.
nuevamente, *adv.* newly, recently, freshly.
Nueva Zelandia, *f.* New Zealand.
nueve. I. *n.* & *a.* nine. **II.** *m.* ninth (of the month). **III.** *f. pl.*—**las n.,** nine o'clock.
nuevecito, *a. dim.* brand-new.
nuevo, va, *a.* new; novel, modern; newly arrived. —**n. emisión,** reissue.—**n. flamante,** spick and span, brand-new.—**de n.,** anew; again, once more.—**¿qué hay de n.?** what's the news, what's new?
nuez, *f.* walnut; nut or meat of some fruits (as coconuts); Adam's apple.—**n. de especia,** (bot.) nutmeg.—**n. dura,** hickory nut.—**n. moscada** = N. DE ESPECIA.—**n. vómica,** (bot.) nux vomica.
nueza, *f.* (bot.) bryony.
nugatorio, ria, *a.* nugatory, futile.
nulamente, *adv.* invalidly, ineffectually.
nulidad, *f.* (law) nullity; defeasance; inability, incompetency; insignificant or incompetent person, a nobody.
nulo, la, *a.* null, void; of no account.
numen, *m.* divinity, deity; inspiration.
numerable, *a.* numerable.
numeración, *f.* numeration (usually including notation); numbering.
numerador, *m.* numerator; numberer.
numeral, *n.* & *a.* numeral.
numerar, *va.* to number; enumerate; calculate, reckon; to page (a book).
numerario, ria. I. *a.* numerary. **II.** *m.* cash, coin, specie.
numerata pecunia, (law) ready money.
numéricamente, *adv.* numerically.
numérico, ca, *a.* numerical.
número, *m.* number; figure, character; numeral; size (shirt, etc.); number, issue (of magazine, etc.); poetical or musical measure, rhythm; (gram.) number.—*pl.* (N-) numbers, fourth book of the Pentateuch.—**n. abstracto,** abstract number.—**n. arábigo,** Arabic number.—**n. atómico,** atomic number.—**n. cardinal,** cardinal number.—**n. complejo** or **denominado,** complex number.—**n. compuesto,** compound number.—**n. de fábrica,** factory number.—**n. de identificación,** identification number.—**n. de Mach,** Mach number.—**n. de masa,** mass number.—**n. de matrícula,** license number; accession number.—**n. de serie,** serial number.—**n. entero,** whole or integral number.—**n. fraccionario** or **mixto,** mixed number.—**n. impar,** odd number.—**n. indicador** or **índice,** index number.—**n. ordinal,** ordinal number.—**n. par,** even number.—**n. primo,** prime number.—**n. racional,** rational number.—**n. romano,** Roman numeral.—**n. sordo,** surd.—**n. uno,** number one, oneself; A 1, A number 1.—**de n.,** regular (said of a member of an association with a limited number of persons).—**sin n.,** numberless.
numerosamente, *adv.* numerously.
numerosidad, *f.* numerosity, numerousness.
numeroso, sa, *a.* numerous; harmonious, rhythmical.
númida, *n.* & *a.*; **numídico, ca,** *a.* Numidian.
numisma, *m.* coin, money.
numismático, ca. I. *a.* numismatical. **II.** *m.* numismatist. **III.** *f.* numismatics.
numular, *a.* (med.) nummular.
numulario, ria. I. *a.* nummular. **II.** *m.* banker, money broker.
nunca, *adv.* never.—**n. jamás,** never, never more.
nunciatura, *f.* nunciature.
nuncio, *m.* messenger; Papal nuncio; forerunner, harbinger.
nuncupativo, va, *a.* (law) nuncupative, oral.
nuncupatorio, ria, *a.* dedicatory (writing).
nupcial, *a.* nuptial, hymeneal.
nupcialidad, *f.* marriage rate.
nupcias, *f. pl.* nuptials, wedding, marriage.
nutación, *f.* (astr. and bot.) nutation.
nutra, nutria, *f.* (zool.) otter.
nutricio, cia, *a.* nutritious, nourishing.
nutrición, *f.* nutrition, nourishing; (pharm.) preparation of medicines.
nutrido, da. I. *pp.* of NUTRIR. **II.** *a.* **(de)** full (of), abounding (with, in); copious.
nutrimental, *a.* nutrimental.
nutrimento, *m.* nutriment, food, nourishment; nutrition.
nutriólogo, ga, *n.* nutritionist.
nutrir, *va.* to nourish, nurture, feed; to encourage, promote, support.
nutritivo, va, *a.* nutritive, nourishing.
nutriz, *f.* = NODRIZA, wet nurse.
ny, *f.* nu (Greek letter).

Ñ

Ñ, ñ, *f.* seventeenth letter of the Spanish alphabet.
ñagaza, *f.* bird-call, decoy.
ñame, *m.* (bot.) yam.
ñandú, *m.* American ostrich.
ñanduti, *m.* (S. A.) a very fine fabric used mainly for underclothes.

ñangado, da, *a.* (Cuba) deformed, crooked-limbed.
ñango, ga, *a.* (Am.) ÑANGADO; (Am.) ungraceful, awkward.
ñánigo, ga, *n.* (Cuba) member of a secret society of Negroes.
ñaño, ña, *n.* (Am.) brother or sister; (Am.) close friend.
ñapa, *f.* (Am., coll.) bonus, extra, lagniappe. Also YAPA.—**de ñ.,** to boot, into the bargain.
ñaque, *m.* odds and ends.
ñato, ta, *a.* (Am.) pug-nosed.
ñeque. I. *m.* (Am.) (coll.) energy; bravery. **II.** *a.* & *n.* (Am.) (coll.) strong, vigorous (person), "he-man."
ñiquiñaque, *m.* (coll.) good-for-nothing person or thing; trash.
ñisca, ñizca, *f.* (Chile, Peru) little piece, bit.
ño, ña, (Am.) contr. of SEÑOR, SEÑORA, gen. app. to elderly persons of the lower classes.
ñocio, *m.* a kind of macaroon.
ñongo, ga, *a.* (Chile) (coll.) lazy, good-for-nothing; (Colomb.) (of dice) loaded.—**ñonguera,** *f.* (Chile) laziness.
ñoñería, *f.* dotage, drivel.
ñoñez, *f.* dotage, senility; shyness.
ñoño, ña, *a.* (coll.) timid, shy; dotard, feeble; flimsy; (Am.) old-fashioned.
ñudo, *m.* = NUDO, knot.—**al ñ.,** (Arg.) in vain.

O

O, o, *f.* o, eighteenth letter of the Spanish alphabet.
[1]**o,** *conj.* or, either.—**o sea, that is.**
[2]**o,** *interj.* oh, O.
oasis, *m.* oasis.
obcecación, *f.* obfuscation, obsession.
obcecadamente, *adv.* obsessedly.
obcecar, *va.* (*pret.* OBCEQUÉ; *subj.* OBCEQUE) to obsess; to blind, obfuscate; to darken or obscure.
obduración, *f.* obstinacy, obduracy.
obedecedor, ra, *n.* obeyer.
obedecer, *va.* (*ind.* OBEDEZCO; *subj.* OBEDEZCA) to obey; to respond; to be due, arise (from); to follow, be controlled by.
obedecimiento, *m.* obedience.
obedezco, obedezca, *v. V.* OBEDECER.
obediencia, *f.* obedience.—**a la o.,** your most obedient.
obediencial, *a.* pertaining to obedience.
obediente, *a.* obedient.
obedientemente, *adv.* obediently.
obelisco, *m.* obelisk; (print.) dagger (†).
obelo, *m.* obelisk; (print.) obelus, dagger (†).
obencadura, *f.* (naut.) shrouds in general.
obenques, *m. pl.* (naut.) shrouds, shifters.
obertura, *f.* (mus.) overture.
obesidad, *f.* obesity, fatness, fleshiness.
obeso, sa, *a.* obese, fat, fleshy.
óbice, *m.* obstacle, impediment, hindrance.
obispado, *m.* bishopric; episcopate.
obispal, *a.* episcopal, pertaining to a bishop.
obispalía, *f.* palace or house of a bishop; bishopric, diocese.
obispar, *vn.* to be made a bishop.
obispillo, *m. dim.* boy bishop; bishop of no account; large pork sausage; rump of a fowl.
obispo, *m.* (eccl.) bishop; large blood pudding; (ichth.) raioid selachian.
óbito, *m.* (law, eccl.) death, decease, demise.
obituario, *m.* obituary.
objeción, *f.* objection.
objetable, *a.* objectionable.
objetante, *n.* & *a.* objector(-ing).
objetar, *va.* to object to, oppose, remonstrate.
objetivamente, *adv.* objectively.
objetivar, *va.* to objectify or objectivate.
objetividad, *f.* objectivity.
objetivismo, *m.* objectivism.
objetivo, va. I. *a.* objective. **II.** *m.* (opt.) objective; (opt.) eyepiece.
objeto, *m.* object; subject matter; purpose.—**o. arqueológico,** artifact.—**o. curioso,** curio.
oblación, *f.* oblation, offering, gift.
oblada, *f.* (eccl.) funeral offering of bread.
oblata, *f.* (eccl.) oblate; contribution for church expenses.
oblea, *f.* wafer for sealing letters.
obleera, *f.* wafer holder, case for wafers.
oblicuamente, *adv.* obliquely.
oblicuángulo, *a.* oblique-angled.
oblicuar, *va.* & *vn.* to cant, slant; (mil.) to oblique.
oblicuidad, *f.* obliquity.
oblicuo, cua, *a.* oblique, slanting.
obligación, *f.* obligation, responsibility, duty; bond, debenture; charge; provision office.—*pl.* family that one is obliged to maintain; engagements; (com.) liabilities.
obligacionista, *n.* (com.) bondholder.
obligado, *m.* city contractor; (law) obligor; (law) obligee; (mus.) obbligato.
obligante, *a.* obligating, obliging.
obligar. I. *va.* (*pret.* OBLIGUÉ; *subj.* OBLIGUE) to obligate, compel, bind; to oblige. **II.** *vr.* to obligate or bind oneself.
obligatorio, ria, *a.* obligatory, compulsory.
obligué, obligue, *v. V.* OBLIGAR.
obliteración, *f.* (med.) obliteration.
obliterar, *va.* (med.) to obliterate.
oblongo, ga, *a.* oblong.
obnoxio, xia, *a.* obnoxious.
oboe, obué, *m.* (mus.) oboe; oboist.
óbolo, *m.* obolus; obolo; mite; (pharm.) obole.
obra, *f.* work; work(s), book(s); show, performance; building, structure; repairs in a house; means, virtue, power, influence; agency; toil, labor, employment.—**o. a cuerno,** (mil.) hornwork.—**o. de,** about, more or less.—**o. de arte,** work of art.—**o. de manos,** manual job.—**o. de romanos,** demanding work; (coll.) big order.—**o. maestra,** masterpiece.—**o. muerta,** (naut.) gunwale.—**o. prima,** shoemaking.—**o. pública,** public work.—**obras accesorias** (fort.) outworks of a fortress.—**obras de marea,** graving, caulking and paving a ship bottom.—**obras muertas,** upper works of a ship.—**obras pías,** charitable funds or establishments.—**obras vivas,** (naut.) quick or lower works.—**a o. de** = O. DE.—**en obras,** under construction; undergoing repairs.—**hacer mala o.,** to do a bad turn.—**poner por o.,** to set to work on, to start.
obrada, *f.* day's work; a land measure (varies between 39 and 54 ares).
obrador, ra, *n.* workman(-woman); *m.* workshop.
obradura, *f.* charge of an oil mill.
obraje, *m.* manufacture, handiwork; workshop; wool mills.
obrajero, *m.* foreman, overseer, superintendent.
obrante, *a.* acting, working.
obrar. I. *va.* to work; to make, manufacture; to perform, execute; to construct, build. **II.** *vn.* to act; to ease nature.—**o. en,** to be in (a place, a person's hands, etc.).
obrepción, *f.* (law) obreption.
obrepticio, cia, *a.* (law) obreptitious.
obrería, *f.* task of a workman; money for church repairs.
obrerismo, *m.* labor (workers collectively).
obrero, ra. I. *a.* working, of or pertaining to labor. **II.** *n.* worker, laborer, employee; missionary.—**o. a jornal,** wageworker, daily worker. —**o. de fábrica,** factory worker.—**o. fundidor,** foundryman.—**o. mecánico,** mechanic, repairman.—**o. portuario,** docksman.—**obreros sindicalizados,** organized labor.—**o. temporero,** part timer, temporary laborer.
obrita, *f. dim.* small or little work; booklet.
obrizo, za, *a.* pure, refined (gold).
obscenamente, *adv.* obscenely.

obscenidad, *f.* obscenity.
obsceno, na, *a.* obscene.
obscuración, *f.* = OBSCURIDAD.
obscuramente, *adv.* obscurely, darkly, faintly; confusedly; humbly, modestly.
obscurantismo, *m.* obscurantism.
obscurantista, *n.* obscurantist.
obscuras.—a o., or **oscuras,** in the dark.
obscurecer, oscurecer. I. *va.* (*ind.* O(B)SCUREZCA; *subj.* O(B)SCUREZCA) to obscure, darken; to dim; to tarnish; to cloud, confuse; (art) to shade. **II.** *v. impers.* to grow dark. **III.** *vr.* to cloud over; to disappear; to become dark.
obscurecimiento, *m.* obscuration, darkening.
obscurezco, obscurezca, *v. V.* OBSCURECER.
obscuridad, *f.* obscurity; darkness; gloominess; opacity; retired, private life.
obscuro, oscuro, ra. I. *a.* obscure; dark; gloomy; (art) heavily shaded; (of color) dark. **II.** *m.* (art) shade.
obsecración, *f.* obsecration, entreaty, supplication.
obsecrar, *va.* to obsecrate, entreat, petition.
obsecuente, *a.* obsequious; obedient.
obseder, *va.* to obsess.
obsequiador, ra, *n.* giver; entertainer.
obsequiante, *a.* obsequious.
obsequiar, *va.* to treat, entertain, pay attentions to, make presents to; to court, woo; to present, make a gift of.
obsequio, *m.* obsequiousness; treat; courtesy, attention shown; gift, present.—**en o. de,** for the sake of, out of respect to.
obsequiosamente, *adv.* obsequiously, flatteringly, gallantly.
obsequioso, sa, *a.* obsequious; obedient, compliant; obliging, attentive.
observable, *a.* observable, noticeable.
observación, *f.* observation; remark, note.—**o. astronómica,** astronomical observation, skywatching.—**o. meteorológica,** meteorological observation, weather forecasting.—**en o.,** under observation.
observador, ra. **I.** *a.* observing. **II.** *n.* observer.—**o. meteorológico,** meteorologist, weather forecaster.
observancia, *f.* observance, fulfillment.—**poner en o.,** to execute punctually.
observante, *a.* observant, observing.
observar, *va.* to observe; to notice, note; remark; to look into, watch; to conform to (a rule, etc.).
observatorio, *m.* observatory.—**o. astrofísico,** astrophysical observatory.—**o. astronómico,** astronomical observatory.—**o. meteorológico,** meteorological observatory, weather station.
obsesión, *f.* obsession.
obsesionar, *va.* to obsess.
obseso, sa, *a.* beset; obsessed.
obsidiana, *f.* (geol.) obsidian.
obsidional, *a.* (mil.) obsidional, pert. to a siege.
obstaculizar, *va,* to obstruct; to hinder.
obstáculo, *m.* obstacle.
obstante.—no o., notwithstanding; nevertheless, however.
obstar, *vn.* to oppose, obstruct, hinder.
obstetricia, *f.* (med.) obstetrics, midwifery.
obstétrico, ca. **I.** *a.* obstetric, obstetrical. **II.** *m.* obstetrician.
obstinación, *f.* obstinacy, stubbornness.
obstinadamente, *adv.* obstinately, stubbornly.
obstinado, da. I. *pp.* of OBSTINARSE. **II.** *a.* obstinate, stubborn, obdurate, headstrong.
obstinarse, *vr.* **(en)** to be obstinate (about), to persist (in); to insist (on).
obstrucción, *f.* obstruction, stoppage.
obstruccionismo, *m.* obstructionism.
obstruccionista, *n.* & *a.* obstructionist(-ic).
obstructivo. va. *a.* obstructive.
obstructor, ra. **I.** *a.* obstructive. **II.** *n.* obstructor.
obstruir. I. *va.* (*ind.* OBSTRUYO; *subj.* OBSTRUYA) to obstruct, block, stop up, choke. **II.** *vr.* to become obstructed, choked, clogged up.
obstruyente, *a.* (med.) obstruent.
obtemperar, *va.* to obey, to assent.
obtención, *f.* attainment, obtainment.
obtener, *va.* (*ind. pres.* yo OBTENGO, él OBTIENE, *pret.* OBTUVE, *fut.* OBTENDRÉ; *subj.* OBTENGA) to get, obtain, procure; to preserve, to maintain.
obtenible, *a.* obtainable.
obtento, *m.* (eccl.) benefice, prebend.
obtentor, *m.* (eccl.) one who obtains a prebend.
obtestación, *f.* obtestation, protestation.
obturación, *f.* obturation, closing, sealing.
obturador, triz. I. *a.* serving to stop up, close, seal, plug, etc. **II.** *m.* plug, stopper; breechblock; (surg.) obturator; gas check; (photog.) shutter.
obturar, *va.* to stop up, plug, close, seal.
obtusángulo, obtuse-angled.
obtuso, sa, *a.* obtuse; blunt, dull.
obtuve, *pret.* of OBTENIR.
obué, *m.* = OBOE, (mus.) oboe; oboist.
obús, *m.* (artil.) howitzer, mortar.
obusera, *a.* boat carrying a howitzer.
obvención, *f.* perquisite.
obviar. I. *va.* to obviate, remove, prevent, surmount. **II.** *vn.* to hinder, oppose.
obvio, via, *a.* obvious, evident.
obyecto, *m.* objection, reply.
[1]**oca,** *f.* (ornith.) goose; royal goose (game).
[2]**oca,** *f.* (bot.) oca oxalis.
ocal, *a.* double (cocoon); delicious (fruit).
ocalear, *vn.* (of silkworms) to make double cocoons.
ocarina, *f.* (mus.) ocarina.
ocasión, *f.* occasion; chance, opportunity.—**aprovechar la o.,** to take advantage of an opportunity, a situation.—**de o.,** second-hand; at a bargain.—*pl.* **en ocasiones,** at times.
ocasionado, da. I. *pp.* of ocasionar. **II.** *a.* provoking, vexatious, insolent; perilous.
ocasionador, ra, *n.* & *a.* occasioner(-ing).
ocasional, *a.* occasional, chance, casual.
ocasionalmente, *adv.* occasionally; by chance.
ocasionar, *va.* to cause, occasion; to move, excite; to jeopardize, endanger.
ocaso, *m.* west; setting of any heavenly body; decadence, decline.
occidental, *a.* occidental, western.
occidente, *m.* occident, west.
occiduo, dua, *a.* occidental; pert. to setting (of sun, etc.).
occipital, *a.* occipital.
occipucio, *m.* occiput.
occisión, *f.* murder, killing.
occiso, sa, *a.* murdered. killed.
oceanario, *m.* oceanarium.
oceanico, ca, *a.* oceanic.
océano, *m.* ocean.
oceanografía, *f.* oceanography.
oceanógrafo, fa, *n.* oceanographer.
oceanología, *f.* oceanology.
oceanólogo, ga, *n.* oceanologist.
ocelado, da, *a.* ocellated.
ocelo, *m.* (biol.) ocellus.
ocelote, *m.* ocelot, a large leopardlike wild cat.
ocena, *f.* (med.) foul breath.
ociar, *vn.* to loiter, be at leisure.
ocio, *m.* leisure, idleness; pastime, diversion.—**ratos de o.,** spare time.
ociosamente, *adv.* idly; uselessly.
ociosidad, *f.* idleness, leisure.
ocioso, sa, *a.* idle; fruitless, useless.
oclocracia, *f.* (pol.) ochlocracy, mob rule.
ocluir, *va.* & *vr.* (med.) to occlude, to shut up.
oclusión, *f.* occlusion.
oclusivo, va, *a.* occlusive.
ocosial, *m.* (Peru) lowland, morass.
ocotal, *m.* (Mex.) grove of OCOTES.
ocote, *m.* (Mex.) (bot.) okote pine, torch pine
ocozoal, *m.* (Mex.) a variety of rattlesnake.
ocozol, *m.* (bot.) sweet gum, liquidambar tree.

ocre, *m.* ochre, brown or yellow earth.
ocroso, sa, *a.* ocherous.
octaédrico, ca, *a.* octahedral.
octaedro, *m.* (geom.) octahedron.
octagonal, *a.* octagonal.
octágono, na. I. *a.* eight-sided, octagonal. **II.** *m.* octagon.
octanaje, *m.* (chem.) octane (rating).
octano, *m.* (chem.) octane.
octante, *m.* (geom.) octant.
octava, *f.* (eccl.) octave, eight days; (mus.) octave; (poet.) eight-line stanza.
octavar, *vn.* to form octaves on stringed instruments; to deduct the eighth part.
octavario, *m.* (eccl.) festival lasting a week.
octavín, *m.* (mus.) piccolo flute.
octavo, va. I. *a.* eighth; octave, octonary.—**en o.,** (print.) in octavo. **II.** *m.* eighth; octoroon.
octeto, *m.* (mus.) octet.
octillón, *m.* octillion.
octogenario, ria, *n.* & *a.* octogenarian.
octogésimo, *a.* eightieth.
octogonal, *a.* octagonal.
octógono, na, *a.* = OCTÁGONO.
octopétalo, la, *a.* (bot.) octopetalous.
octópodo, da, *a.* & *m.* (zool.) octopod.
octosilábico, ca; octosílabo, ba, *a.* octosyllabic.
octubre, *m.* October.
óctuple, *a.* octuple.
octuplicar, *va.* to octuplicate, octuple.
óctuplo, pla, *a.* octuple.
ocular. I. *a.* ocular. **II.** *m.* (opt.) eyepiece.
ocularmente, *adv.* ocularly, visually.
oculista, *m.* oculist.
ocultable, *a.* concealable.
ocultación, *f.* concealment; hiding; (astr.) occultation.
ocultador, ra, *n.* & *a.* concealer(-ing).
ocultamente, *adv.* secretly, hiddenly.
ocultar, *va.* to hide, conceal, secrete.
ocultismo, *m.* occultism.
oculto, ta, *a.* hidden, concealed; occult.—**de o.,** incog, incognito.—**en o.,** secretly, in secret.
ocupación, *f.* occupation; occupying; trade, business, pursuit; (rhet.) prolepsis.
ocupada, *a.* (coll.) pregnant.
ocupado, da. I. *pp.* of OCUPAR. **II.** *a.* occupied· busy, engaged.
ocupador, ra, *n.* occupier, possessor, occupant.
ocupante, *n.* occupant.
ocupar. I. *va.* to occupy; take possession of; to fill, hold (a job); to employ, give work to; to distrub, interrupt, hinder; to dwell or live in; to engage the attention of, preoccupy. **II.** *vr.* **(en** or **de)** to busy oneself (with); to be engaged (in), have as one's business, devote oneself (to); to pay attention (to).
ocurrencia, *f.* occurrence, incident, happening; witticism.—**o. de acreedores,** meeting of creditors.
ocurrente, *a.* occurring; humorous or funny, witty.
ocurrir, *vn.* to occur, happen; to meet, anticipate; (law) to have recourse to; to apply to; (often as *vr.*) to occur (to one), to strike one (as an idea).
ocurso, *m.* (Mex.) petition, claim.
ochava, *f.* eighth part; (eccl.) octave.—**ochavas del molinete,** (naut.) whelps of the windlass.
ochavado, da, *a.* eight-sided.
ochavar, *va.* to make eight-sided.
ochavo, *m.* a small brass coin; octagonal thing.
ochavón, vona, *n.* (Cuba) octoroon.
ochenta, *a.* & *m.* eighty; eightieth.
ochentavo, va, *n.* & *a.* eightieth.
ochentón, na, *n.* & *a.* octogenarian.
ochete, *m.* bore of hollow projectiles.
ocho. I. *n.* & *a.* eight; eighth. **II.** *m.* figure 8; the eighth day; card with eight spots. **III.** *f. pl.* **las o.,** eight o'clock.
ochocientos, tas, *n.* & *a.* eight hundred.
ochosén, *m.* small ancient coin.
oda, *f.* ode.
odalisca, *f.* odalisk, female slave in harem.
odeón, *m.* odeum, place for music performances.
odiar, *va.* to hate.—**odio,** *m.* hatred; odium.
odiosamente, *adv.* odiously, hatefully.
odiosidad, *f.* odiousness, hatred, odium.
odioso, sa, *a.* odious, hateful.
odisea, *f.* odyssey.
odómetro, *m.* odometer, cyclometer.
odontalgia, *f.* (med.) odontalgia, toothache.
odontálgico, ca, *a.* odontalgic.
odontoideo, a, *a.* odontoid, tooth-shaped.
odontología, *f.* odontology.
odontólogo, ga, *n.* odontologist.
odontorrea, *f.* bleeding of the gums.
odorante, *a.* odorous, fragrant.
odorífero, ra, *a.* odoriferous, fragrant.
odre, *m.* wine skin; (coll.) drunkard.
odrería, *f.* wine-skin factory or shop.
odrero, ra, *n.* maker or seller of wine skins.
odrezuelo, *m. dim.* small wine skin.
odrina, *f.* ox-skin bag for wine.
oesnorueste, *m.* west-northwest.
oessudueste, *m.* west-southwest.
oeste, *m.* west; west wind.—**o. cuarta al norte,** west by north.—**o. cuarta al sur,** west by south.
ofendedor, ra, *n.* & *a.* offender(-ing).
ofender. I. *va.* to offend; to make angry. **II.** *vr.* to become angry; to take offense.
ofensa, *f.* offense; transgression, crime.
ofensión, *f.* offense, grievance; injury.
ofensivamente, *adv.* offensively.
ofensivo, va. I. *a.* offensive; attacking. **II.** *f.* (mil.) offensive.
ofensor, ra, *n.* & *a.* offender(-ing).
oferente, *m.* offerer, one who offers.
oferta, *f.* offer; gift, offering; (com.) offer, tender, supply.—**o. y demanda,** supply and demand.
ofertorio, *m.* (eccl.) offertory.
oficial. I. *a.* official. **II.** *m.* official, officer; trained workman; clerk; (mil.) commissioned officer below major; executioner.—**o. de la sala,** (law) actuary.—**o. de marina,** naval officer.—**o. mayor,** chief clerk.
oficiala, *f.* trained workwoman; forewoman; saleswoman.
oficialía, *f.* clerkship in a public office.
oficialidad, *f.* body of officers.
oficialmente, *adv.* officially.
oficiante, *n.* & *a.* officiator(-ing).
oficiar. I. *va.* to communicate officially. **II.** *vn.* to officiate.—**o. de,** to act as.
oficina, *f.* workshop; office; countinghouse, bureau; laboratory.
oficinal, *a.* (med. and pharm.) officinal.
oficinesco, ca, *a.* departmental, office (as *a.*).
oficinismo, *m.* officialism.
oficinista, *n.* office worker; clerk, employee.
oficio, *m.* employ, work or occupation; office, function, operation; official letter; trade or business; craft; notary's office.—*pl.* (eccl.) office, service.—**de o.,** officially; by trade, by occupation or profession.—**tomarlo por o.,** to do frequently, to take to.
oficionario, *m.* (eccl.) office book.
oficiosamente, *adv.* officiously.
oficiosidad, *f.* diligence, alacrity; officiousness.
oficioso, sa, *a.* diligent; accommodating; officious, meddlesome; useful, fruitful; semi-official.
oficleido, *m.* (mus.) ophicleide.
ofidio, dia, *a.* & *m.* (zool.) ophidian.
ofita, *f.* (min.) ophite.
ofiurídeo, ofiuro, *m.* (zool.) ophiuroid(-ean).
ofrecedor, ra, *n.* offerer.
ofrecer. I. *va.* (*ind.* OFREZCO; *subj.* OFREZCA) to offer; to propose; to present; to exhibit, manifest; to dedicate, consecrate; (com.) to bid, offer. **II.** *vr.* to offer, occur, present itself; to offer oneself, volunteer.—**se le ofrece algo,** he wants something.
ofreciente, *a.* offering.

ofrecimiento, *m.* offer, offering.
ofrenda, *f.* religious offering, oblation, gift.
ofrendar, *va.* to present offerings; to contribute.
ofrezco, ofrezca, *v. V.* OFRECER.
oftalmía, *f.* (med.) ophthalmia.
oftálmico, ca, *a.* ophthalmic.
oftalmología, *f.* ophthalmology.
oftalmológico, ca, *a.* ophthalmologic.
oftalmólogo, ga, *n.* ophthalmologist, oculist.
oftalmómetro, *m.* ophthalmometer.
oftalmoscopia, *f.* ophthalmoscopy.
oftalmoscopio, *m.* ophthalmoscope.
ofuscación, *f.*, **ofuscamiento,** *m.* obfuscation; confused reason.
ofuscar, *va.* (*pret.* OFUSQUÉ; *subj.* OFUSQUE) to obfuscate, dazzle; to confuse.
ogañó, *adv.* (coll.) = HOGAÑO, in these days, this year.
ogro, *m.* ogre, fabulous monster.
¡oh! *interj.* O! oh!
ohm, *m.* (elec.) ohm.
óhmico, ca, *a.* (elec.) ohmic.
ohmímetro, *m.* (elec.) ohmmeter.
ohmio, *m.* (elec.) ohm.
ohmiómetro, *m.* (elec.) ohmmeter.
oíble, *a.* audible, that can be heard.
oída, *f.* hearing (the act).—**de oídas,** or **por oídas,** by hearsay.
oidio, *m.* (bot.) oidium, a kind of fungus.
oído, da. I. *pp.* of OÍR. **II.** *m.* sense of hearing; (anat.) ear; (artil.) vent, priming hole, touch-hole.—**al o.,** by ear; in the ear, whispering; confidentially.—**dar oídos,** to lend an ear; to believe.—**decir al o.,** to whisper.—**de o.,** by ear.—**regalar el o.,** to tickle the ear, flatter.—**tener buen o.,** to have a good ear (especially for music).
oidor, ra, *n.* hearer; judge, member of an Audiencia.
oidoría, *f.* judgeship, office of OIDOR.
oír, *va.* (*ger.* OYENDO; *ind. pres.* OIGO, *pret.* él OYÓ; *subj. pres.* OIGA, *imp.* OYERA, OYESE, *fut.* OYERE) to hear; to listen; to understand; to attend (as lectures).—**o. decir,** to hear (it said).—**o. hablar de,** to hear of.—**o. misa,** to attend or hear mass.—**o., ver y callar,** mind your own business.—**ahora,** or **hasta ahora, lo oigo,** this is the first I've heard of it.—**¡oiga!** or **¡oigan!** well! the idea! come, come!
oíslo, *n.* (coll.) person beloved, wife (or husband).
ojal, *m.* buttonhole; loop.
¡ojalá! *interj.* would to God! God grant! I wish.
ojaladera, *f.* buttonhole maker.
ojalador, ra, *n.* (sewing) buttonhole maker.
ojaladura, *f.* set of buttonholes.
ojalar, *va.* to make buttonholes in.
ojalatero, *a.* & *m.* (pol., coll.) stay-at-home patriot during war; "armchair Napoleon."
ojaranzo, *m.* (bot.) = CARPE, witch hazel.
ojazo, *m. aug.* large eye.
ojeada, *f.* glance, hasty look; glimpse.
ojeador, *m.* beater for game.
[1]**ojear,** *va.* to beat for game; to startle, frighten.
[2]**ojear,** *va.* to eye, look at, stare at.
ojeo, *m.* beating for game.
ojera, *f.* circle under the eye; eyecup.
ojeriza, *f.* spite, grudge, ill will.
ojeroso, sa; ojerudo, da, *a.* having circles under the eyes.
ojete, *m.* (sewing) eyelet.
ojeteador, *m.* eyeleteer; stiletto.
ojetear, *va.* (sewing) to make eyelet holes in.
ojetera, *f.* edge of a garment with eyelets for lacing; eyelet maker.
ojialegre, *a.* bright-eyed.
ojiazul, *a.* blue-eyed.
ojienjuto, ta, *a.* (coll.) dry-eyed.
ojimel, ojimiel, *m.* (pharm.) oxymel.
ojimoreno, na, *a.* (coll.) brown-eyed.
ojinegro, gra, *a.* black-, dark-eyed.
ojito, *m. dim.* small eye.
ojiva, *f.* (arch.) ogive, pointed arch; (astronaut.) nose cone.
ojival, *a.* (arch.) ogival.
ojizaino, na, *a.* (coll.) squint-eyed, moon-eyed.
ojizarco, ca, *a.* (coll.) blue- or gray-eyed.
ojo, *m.* eye; eye of a needle; (mech.) perforation; hole, eye, socket; bow of a key; keyhole (also *o. de la cerradura*); water spring; geyser; drop of oil or grease swimming on liquors; (arch.) span of a bridge; opening in the center of a winding stair; attention, care, notice; reference mark; eye or face of type; mesh; hole in bread or cheese.—*pl.* dearest, darling.—**¡o.!** take notice! look out! **¡o. alerta!** look sharp!—**o. avizor,** sharp lookout.—**o. de agua,** spring (of water).—**o. de buey,** (bot.) oxeye; (coll.) doubloon (eight dollars).—**o. de gallo,** corn (on toe).—**o. de gato,** (min.) cat's eye, tiger's eye, tigereye.—**o. de gaza,** (naut.) eye of a strap.—**o. de la caña del ancla,** (naut.) eye of the anchor.—**o. de pollo,** corn (on toe).—**o. por o., diente por diente,** an eye for an eye, a tooth for a tooth.—**ojos reventones,** or **saltones,** goggle eyes.—**a cierra ojos,** unhesitatingly; at all events.—**a los ojos de,** in the presence of.—**a o.,** by eye.—**a ojos cegarritas,** with half-closed eyes (to intensify the sight).—**a ojos cerrados,** blindly, without reflection; without examination.—**a ojos vistas,** visibly, openly.—**avivar el o.,** to be on one's guard.—**costar un o.,** to be excessively dear.—**de medio o.,** lurkingly, concealingly.—**entrar por el o.,** to please.—**en un abrir y cerrar de ojos,** in the twinkling of an eye.—**hacer del o.,** to wink at one another, to have a secret understanding.—**hacerse ojos,** to look with sharp eyes.—**¡mucho o.!** = ¡o.!—**poner (el) o.,** to pay (close) attention.—**tener buen o.,** to have a good eye; to have good foresight.
ojota, *f.* (Am.) sandal worn by Indian women.
ojuelo, *m. dim.* small eye.—*pl.* sparkling eyes; spectacles.
okapí, *m.* (zool.) okapi.
[1]**ola,** *f.* wave, billow.—**¡o. de marea,** tidal wave.
[2]**ola,** (at tel.) hello.
olaje, *m.* succession of waves, surge, motion of the waves; ground swell.
ole, *m.* an Andalusian dance.—**¡o.!** bravo!
oleáceo, cea, *a.* (bot.) oleaceous.
[1]**oleada,** *f.* big wave; surge, swell of the sea; surging of a crowd.
[2]**oleada,** *f.* abundant oil crop.
oleaginosidad, *f.* oleaginousness, oiliness.
oleaginoso, sa, *a.* oleaginous, oily.
oleaje, *m.* = OLAJE.
olear, *va.* to administer extreme unction to.
oleario, ria, *a.* oily.
oleastro, *m.* (bot.) = ACEBUCHE, wild olive tree.
oleato, *m.* (chem.) oleate.
oleaza, *f.* watery dregs in oil mills.
olécranon, *m.* (anat.) olecranon, part of elbow.
oledero, ra, *a.* odorous, fragrant.
oledor, ra, *n.* smeller.
oleico, *a.* (chem.) oleic.
oleína, *f.* (chem.) olein.
óleo, *m.* oil; (eccl.) extreme unction; holy oil; act of anointing.—**al o.,** in oil colors, oil (as *a.*).
oleoducto, *m.* oil pipe line.
oleografía, *f.* oleograph.
oleomargarina, *f.* oleomargarine.
oleómetro, *m.* oleometer (instrument for testing the purity of oil).
oleorresina, *f.* oleoresin.
oleosidad, *f.* oiliness.
oleoso, sa, *a.* oily, oleaginous.
oler. I. *va.* (*ind.* HUELO; *subj.* HUELA) to smell, to scent; to find out, search, discover; to pry into, sniff, snuff. **II.** *vn.* to smell, emit an odor; to smack of.—**o. a,** to smell of, smell like.—**o. mal,** or **no o. bien,** to look suspicious, to arouse suspicion.
olfacción, *f.* olfaction, act of smelling.
olfatear, *va.* & *vn.* to smell, scent, sniff, snuff.
olfativo, va, *a.* olfactory.

olfato, *m.* olfaction, sense of smell.
olfatorio, ria, *a.* olfactory, pert. to sense of smell.
olíbano, *m.* (bot.) incense.
oliente, *a.* smelling, odorous.
oliera, *f.* vessel for holy oil.
oligarca, *m.* oligarch.—**oligarquía,** *f.* oligarchy.
oligárquico, ca, *a.* oligarchical.
oligisto, *m.* (min.) oligist.
oligoceno, *a.* & *m.* (geol.) Oligocene.
oligoclasa, *f.* (min.) oligoclase.
olimpíada, *f.* Olympiad; Olympic games.
olímpico, ca, *a.* Olympic.
Olimpo, *m.* Olympus; (poet.) heaven.
olingo, *m.* a Central-American monkey.
olio, *m.* = ÓLEO.
oliscar. I. *va.* to smell, scent, sniff, snuff; to investigate, ascertain. **II.** *vn.* (of meat) to be tainted, gamey, or high.
oliva, *f.* olive tree; olive; owl.—*pl.* **olivas y aceitunas, todas son unas,** it's all the same, what's in a name.
oliváceo, cea, *a.* olivaceous.
olivar, *m.* olive grove, yard.
[1]**olivarda,** *f.* (ornith.) green goshawk.
[2]**olivarda,** *f.* (bot.) elecampane.
olivarse, *vr.* (of bread) to form bubbles when baking.
olivera, *f.* olive tree.
olivífero, ra, *a.* (poet.) olive-bearing.
oliviforme, *a.* (anat.) olivary.
olivillo, *m.* (bot.) a variety of terebinth.
olivino, *m.* (min.) olivin, peridot.
olivo, *m.* (bot.) olive tree.—**o. manzanillo,** olive tree yielding the MANZANILLA olive.—**o. y aceituno, todo es uno,** it's all the same, what's in a name.
olmeda, *f.* **olmedo,** *m.* elm grove.
olmo, *m.* (bot.) elm tree.
ológrafo, fa. I. *a.* (law) holographic. **II.** *m.* (law) holograph.
olor, *m.* smell, fragrance; odor; hope, promise, offer; suspicion, smack.
oloroso, sa, *a.* fragrant.
olvidadizo, za, *a.* short of memory, forgetful.
olvidado, da. I. *pp.* of OLVIDAR. **II.** *a.* forgetful.
olvidar. I. *va.* to forget. **II.** *vr.* to be forgotten, to forget (diff. constr. as *el dinero se me olvidó,* I forgot the money); (**de**) to forget (diff. constr. as *me olvidé del dinero,* I forgot the money).
olvido, *m.* forgetfulness; oversight; oblivion.—**dar,** or **echar, al o.,** or **en o.,** to forget; to cast into oblivion.
olla, *f.* pot, kettle, stewpot; (cook.) olla, olio, dish of boiled meat and vegetables; whirlpool.—**o. carnicera,** boiler, large kettle.—**o. ciega** = ALCANCÍA, money box.—**o. de fuego,** (artil.) stinkpot.—**o. de grillos,** great confusion, pandemonium.—**o. podrida,** olla-podrida, meat and vegetable stew.
ollao, *m.* (naut.) eyelet hole.
[1]**ollar,** *a.* soft (stone).
[2]**ollar,** *m.* horse's nostril.
ollaza, *f. aug.* large pot or boiler.
ollería, *f.* pottery; crockery shop.
ollero, ra, *n.* potter; dealer in earthenware.
ollita, olluela, *f. dim.* pipkin, small pot.
omaso, *m.* (zool.) omasum, manyplies.
ombligada, *f.* (tanning) part of a skin corresponding to the navel.
ombligo, *m.* navel; umbilical cord; center or middle.—**o. de Venus,** (bot.) Venus navelwort.
ombliguero, *m.* navel bandage for infants.
ombría, *f.* shady place.
ombú, *m.* a South American tree.
omega, *f.* omega (Greek letter).—**desde el alpha hasta la o.,** from alpha to omega, from A to Z, from beginning to end.
omental, *a.* (anat.) omental.
omento, *m.* (anat.) omentum.
ómicron, *f.* omicron (Greek letter).
ominar, *va.* to augur, foretell.
ominosamente, *adv.* ominously.
ominoso, sa, *a.* ominous, foreboding ill.
omisión, *f.* omission; carelessness, neglect.
omiso, sa. I. *pp. irreg.* of OMITIR. **II.** *a.* neglectful, remiss, careless.
omitir, *va.* (*pp.* OMITIDO, OMISO) to omit.
ómnibus, *m.* omnibus, bus.—**ó. de dos pisos,** double-decker (bus).
omnímodamente, *adv.* in every way or respect, completely.
omnímodo, da, *a.* all-embracing.
omnipotencia, *f.* omnipotence.
omnipotente, *a.* omnipotent, almighty.
omnipotentemente, *adv.* omnipotently.
omnipresencia, *f.* omnipresence.
omnipresente, *a.* omnipresent.
omnisapiente, *a.* omniscient, all-knowing.
omnisciencia, *f.* omniscience.
omnisciente, *a.* = OMNISCIO.
omniscio, ia, *a.* omniscient, all-knowing.
omnívoro, ra, *a.* omnivorous.
omóplato, *m.* (anat.) shoulderblade, scapula.
onagra, *f.* (bot.) onagra, evening primrose.
onagro, *m.* wild ass, onager.
onanismo, *m.* onanism.
once. I. *a.* eleven; eleventh. **II.** *m.* eleven; eleventh (of the month).—**las o.,** eleven o'clock.—**hacer,** or **tomar, las onces,** to take a small luncheon about noon.
oncear, *va.* to weigh out by ounces.
oncejera, *f.* small snare for catching birds.
oncejo, *m.* (ornith.) = VENCEJO, swift.
onceno, na, *a.* eleventh.—**el o. no estorbar,** (the eleventh commandment is:) thou shalt not disturb busy people.
oncijera, *f.* = ONCEJERA.
oncología, *f.* (med.) oncology.
onda, *f.* wave, ripple, undulation; flicker; (sew.) scallop.—*pl.* the sea.—**o. acústica,** acoustic wave.—**o. corta,** (rad.) short wave.—**o. de choque,** (aer.) shock wave (in the air).—**o. de frecuencia modulada,** (rad.) frequency modulated wave.—**o. de oscilación,** oscillation wave.—**o. de radar,** radar wave.—**o. de sonido** or **sonora,** (phys.) sound wave.—**o. de translación,** translatory wave.—**o. de transmisión,** (rad.) carrier wave.—**o. herciana** or **hertziana,** (elec.) Hertzian wave.—**o. infraroja,** (phys.) infrared wave.—**o. larga,** (rad.) long wave.—**ondas a la Marcel,** marcel wave (hair).—**o. sísmica,** (geol.) seismic wave.
ondeado. I. *pp.* of ONDEAR. **II.** *a.* undulated, scalloped, wavy. **II.** *m.* scalloping.
ondeante, *a.* waving, undulating.
ondear. I. *vn.* to wave, ripple, undulate; to flicker. **II.** *vr.* to swing, soar.
ondeo, *m.* waving, undulating, fluctuating.
ondina, *f.* Undine, water sprite.
ondisonante, *a.* (poet.) = UNDÍSONO, billowy.
ondómetro, *m.* (rad.) ondometer, wave meter.
ondulación, *f.* = UNDULACION, wave, or wavy motion.—**o. permanente,** permanent wave (of hair).
ondulado, da. I. *pp.* of ONDULAR. **II.** *a.* undulated, rippled; scalloped, wavy; corrugated. **III.** *m.* **o. permanente,** permanent waving (of hair).
ondulante, *a.* waving, undulating.
ondular, undular, *va.* to undulate; to ripple.
ondulatorio, ria, *a.* undulatory.
oneroso, sa, *a.* burdensome, onerous.
onfacino, *a.* omphacine (oil).
onfacomeli, *m.* (pharm.) oxymel.
ónice, *m.,* **ónique,** *f.* (min.) onyx.
oniromancía, *f.* oneiromancy, divination through dreams.
ónix, *m.* (min.) onyx.
onocrótalo, *m.* (ornith.) white pelican.
onomancía, *f.* onomancy, divination from names.
onomástico, ca, *a.* onomastic, pert. to names.
onomatopeya, *f.* onomatopœia.
onomatopéyico, ca, *a.* onomatopœic.

onoquiles, *f.* (bot.) dyer's bugloss, alkanet.
ontogénesis, ontogenia, *f.* (biol.) ontogeny.
ontologia, *f.* ontology.
ontológico, ca, *a.* ontological.
ontologismo, *m.* (philos.) ontologism.
ontólogo, *m.* ontologist.
[1]**onza,** *f.* ounce.—**o. de oro,** Spanish doubloon **por onzas,** sparingly.
[2]**onza,** *f.* (zool.) ounce, leopardlike feline.
onzavo, va, *n.* & *a.* eleventh.
oocito, *m.* (biol.) oöcyte.
ooforitis, *f.* (med.) oöphoritis.
oogonio, *m.* (bot.) oögonium.
oolita, *f.* (geol.) oölite.
oolítico, ca, *a.* (geol.) oölitic.
oología, *f.* (ornith.) oölogy.
oosfera, *f.* (bot.) oösphere.
oospermo, *m.* (zool., bot.) oösperm.
oosporo, *m.* (bot.) oöspore.
opacamente, *adv.* obscurely, darkly.
opacidad, *f.* opacity.
opaco, ca, *a.* opaque.
opalescencia, *f.* opalescence.
opalescente, *a.* opalescent.
opalino, na, *a.* opaline, opalescent.
ópalo, *m.* (min.) opal.
opción, *f.* option, choice; right.
opcional, *a.* optional.
ópera, *f.* opera.—**o. bufa,** comic opera.
operable, *a.* operable, practicable; capable of operating.
operación, *f.* operation, action, working; (chem.) process; (math.) operation, calculation; (surg.) operation; (com.) operation, transaction, venture.—*pl.* (mil.) operations.—**o. cesárea,** (surg.) Cæsarean operation.—**operaciones de banco,** banking business.—**operaciones marítimas,** shipping trade or business.
operador, *m.* (surg.) operator.
operante, *n.* & *a.* operator(-ing).
operar. I. *va.* to operate; (surg.) to operate on. **II.** *vn.* to operate, act, work.
operario, ria. I. *n.* operator, worker, laborer, hand. **II.** *m.* priest who assists sick or dying persons.
operativo, va, *a.* operative.
operatorio, ria, *a.* operative; (med.) operative, pertaining to operations.
operculado, da, *a.* operculate(d.
opercular, *a.* opercular.
opérculo, *m.* operculum, lid, cover.
opereta, *f.* operetta, light opera.
operista, *n.* opera singer.
operoso, sa, *a.* laborious.
opiado, da, *a.* opiate, narcotic.
opiato, ta. I. *a.* opiate. **II.** *m.* opiate.
opilación, *f.* (med.) oppilation, obstruction; amenorrhœa, suppression of the menses.
opilarse, *vr.* to contract amenorrhœa.
opilativo, va, *a.* obstructive, oppilative.
opimo, ma, *a.* rich, fruitful, abundant.
opinable, *a.* disputable, questionable.
opinante, *n.* & *a.* arguer(-ing).
opinar, *vn.* to judge, be of the opinion.
opinativo, va, *a.* opinionative.
opinión, *f.* opinion.—**o. pública,** public opinion.
opio, *m.* opium.
opíparamente, *adv.* sumptuously.
opíparo, ra, *a.* sumptuous.
oploteca, *f.* museum of rare weapons.
opobálsamo, *m.* opobalsam, balm of Gilead.
oponente, *a.* (anat.) opponent.
oponer, *va.* & *vr.* (*pp. irreg.* OPUESTO; *ind. pres.* OPONGO, *pret.* OPUSE, *fut.* OPONDRÉ; *subj.* OPONGA) to oppose; to hinder, resist, withstand; to object to, act against; to front, face, be opposite to; to stand in competition with.
oponible, *a.* opposable.
opopónaca, opopónace, *f.* (bot.) rough parsnip.
opopónaco, opopónax, *m.* opopanax, a gum resin.
oporto, *m.* port wine.
oportunamente, *adv.* opportunely.
oportunidad, *f.* opportunity.
oportunismo, *m.* (pol.) opportunism.
oportunista, *n.* & *a.* (pol.) opportunist(-ic).
oportuno, na, *a.* opportune, timely.
oposición, *f.* opposition; competition for a position, etc.; (astr.) opposition.
oposicionista, *m.* (pol.) obstructionist.
opositor, ra, *n.* opposer, opponent; competitor.
opoterapia, *f.* (med.), organotherapy.
opresión, *f.* oppression; pressure.
opresivamente, *adv.* oppressively.
opresivo, va, *a.* oppressive, overwhelming.
opresor, ra, *n.* oppressor; extortioner.
oprimir, *va.* to oppress; to press, push; to lie heavy upon, weigh down, dispirit.
oprobiar, *va.* to defame, revile.
oprobio, *m.* opprobrium, ignominy, infamy.
oprobioso, sa, *a.* opprobrious, disgraceful.
opsonina, *f.* (bacteriol.) opsonin.
optante, *n.* chooser.
optar. I. *va.* to opt, choose, select; to take possession of. **II.** *vn.* (**por**) to choose.
optativo, *m.* (gram.) optative.
óptica, *f.* optics; stereoscope.
óptico, ca. I. *a.* optic, optical. **II.** *m.* optician.
óptimamente, *adv.* in the best way, perfectly.
optimismo, *m.* optimism.
optimista, *n.* & *a.* optimist(-ic).
óptimo, ma, *a.* best, eminently good.
optometra, *m.* & *f.* optometrist.
optometría, *f.* optometry, science of eye testing.
optometrista, *n.* optometrist.
optómetro, *m.* (opt.) optometer.
opuestamente, *adv.* oppositely, contrarily.
opuesto, ta. I. *pp. irreg.* of OPONER. **II.** *a.* opposed; opposite, contrary, adverse.
opugnación, *f.* opposition, attack.
opugnador, ra, *n.* opposer, attacker.
opugnar, *va.* to attack, oppose.
opulencia, *f.* opulence.
opulentamente, *adv.* opulently.
opulento, ta, *a.* opulent, wealthy.
opúsculo, *m.* booklet, tract.
opuse, *pret.* of OPONER.
oquedad, *f.* hollow, cavity.
oquedal, *m.* plantation of lofty trees.
oqueruela, *f.* kink in a sewing thread.
ora, *conj.* (*contr.* of AHORA) whether; either; now, then: *tomando ora la espada, ora la pluma,* taking now the sword, now (*or,* and then) the pen.
oración, *f.* oration, speech; orison, prayer; dusk, beginning of the evening; (gram.) sentence.—*pl.* first part of catechism; the angelus.—**o. dominical,** the Lord's Prayer.
oracional, *m.* prayer book.
oracular, *a.* oracular.
oráculo, *m.* oracle.
orador, ra, *n.* orator, speaker.
oraje, *m.* stormy weather.
[1]**oral,** *a.* oral; vocal.
[2]**oral,** *m.* soft breeze.
orangután, *m.* (zool.) orang-outang.
orante, *a.* praying.
orar. I. *vn.* to harangue, deliver a speech; to pray. **II.** *va.* to ask, beg for.
orate, *n.* lunatic, madman(-woman).
oratoria, *f.* oratory, eloquent speaking.
oratoriamente, *adv.* oratorically.
[1]**oratorio, ria,** *a.* oratorical.
[2]**oratorio,** *m.* oratory, chapel; (mus.) oratorio; (eccl.) congregation of presbyters.
orbe, *m.* orb, sphere; the earth; any celestial body; (ichth.) globefish.
orbicular, *a.* orbicular, circular.
orbicularmente, *adv.* orbicularly.
órbita, *f.* (anat., astr., astronaut., fig.) orbit.—**ó. polar,** polar orbit.—**ó. terrestre,** terrestrial orbit.
orbital, *a.* orbital.
orbitario, ria, *a.* orbital.
orca, *f.* (ichth.) grampus, orca.
orcaneta, *f.* (bot.) dyer's bugloss, alkanet.

orceína, *f.* (chem.) orcein, red dyestuff.
orcina, *f.* orchil; (chem.) orcin, orcinol.
[1]**orco,** *m.* hell.
[2]**orco,** *m.* (ichth.) = ORCA.
orchilla, *f.* (bot.) orchil, lichen from which a violet coloring matter is obtained.
órdago.—**de o.,** first-class, excellent.
ordalía, *f.* ordeal, trial by fire or water.
orden. I. *m.* order; class, group; proportion, relation; (arch.) order; (religious) order.—*pl.* (eccl.) sacrament of ordination, clerical office.—**o. cerrado,** (mil.) close formation.—**o. compuesto,** (arch.) composite order.—**o. de batalla,** battle array, order of battle.—**o. del día,** order of the day, agenda.—**en o.,** in order; in an orderly manner; with regard to.—**fuera de o.,** (parl. law) out of order.—**por su o.,** in its turn. **II.** *f.* order, command; (com.) order; order of knighthood and the insignia.—*pl.* orders, instructions.—**o. del día,** (mil.) order of the day.—**a la o.,** (com.) to order.—**a la o. de,** to the order of.—**a sus órdenes,** at your service. (*en espera de sus ordenes,* used in business letters, means "awaiting your commands," or "your pleasure," and not "your (business) orders," "your custom.")
ordenación, *f.* methodical arrangement; disposition, array; (math.) permutation; edict, ordinance; clerical ordination; auditor's office; (arch. and art) ordonnance.
ordenada, *f.* (geom.) ordinate.
ordenadamente, *adv.* orderly, in order.
ordenado, da. I. *pp.* of ORDENAR. **II.** *a.* ordained, ordinate; methodical; tidy.
ordenador, ra, *n.* ordainer; orderer; auditor.
ordenamiento, *m.* ordaining, regulating; law, edict, ordinance.
ordenancista, *n.* disciplinarian, martinet.
ordenando, ordenante, *m.* (eccl.) ordinand.
ordenanza. I. *f.* method, order; law, statute, ordinance; command; ordination. **II.** *m.* (mil.) orderly; (arch. and art) ordonnance.
ordenar. I. *va.* to arrange, put in order; to order, command; to ordain, confer holy orders on; (math.) to arrange (a polynomial) according to the ascending or descending powers of a letter; (stat.) to array. **II.** *vn.* (eccl.) to be ordained.
ordeñadero, *m.* milk pail; milking place.
ordeñador, ra, *n.* milker.
ordeñar, *va.* to milk; to pick (olives).
ordeño, *m.* milking.
ordinal, *n.* & *a.* ordinal.
ordinariamente, *adv.* ordinarily; rudely.
ordinariez, *f.* rough manners, ordinariness.
ordinario, ria. I. *a.* ordinary, usual; coarse, unrefined. **II.** *m.* daily household expense; mail, post, courier; (eccl.) ordinary (judge); bishop.—**de o.,** usually, ordinarily, regularly.
ordinativo, va, *a.* ordering, regulating.
orea, oréada, oréade, *f.* oread, wood nymph.
oreante, *a.* cooling, refreshing.
orear. I. *va.* to air, expose to the air, aerate. **II.** *vr.* to take an airing.
orégano, *m.* (bot.) oregano, origanum, wild marjoram.
oreja, *f.* (external) ear; hearing (sense); flap of a shoe; flatterer, talebearer; (mech.) lug, flange, ear.—**o. de abad,** or **monje,** (bot.) Venus navelwort.—**o. de ancla,** (naut.) fluke of an anchor.—**o. de oso,** (bot.) primrose.—**o. de ratón,** (bot.) mouse-ear.—**o. marina,** a European gasteropod.—**o. de mercader,** (coll.) deaf ears.—**apearse por las orejas,** (coll.) to give an absurd answer.—**bajar las orejas,** to yield, to come down from one's high horse.—**calentar las orejas a,** to chide, dress down.—**con las orejas caídas,** crestfallen, dejected.—**descubrir la o.,** to give oneself away.—**ver las orejas al lobo,** to be in great peril.
orejano, na, *a.* unbranded or motherless (calf).
orejeado, da. I. *pp.* of OREJEAR. **II.** *a.* informed, advised, warned.
orejear, *vn.* to shake or prick up the ears; to act with reluctance; to whisper.
orejera, *f.* ear muff, earcap; ear hoop; moldboard of a plow.
orejeta, *f. dim.* small ear, lug, or flange.
orejita, *f. dim.* small auricle or ear.
orejón, *m.* pull by the ear; (Peru) privileged noble; Inca; (S. A.) countryman, rancher; (fort.) orillon.
orejudo, da, *a.* flap-eared, long-eared.
oreo, *m.* breeze, fresh air; airing.
orfanato, *m.* orphan asylum, orphanage.
orfandad, *f.* orphanage.
orfebre, *m.* goldsmith, silversmith.
orfebrería, *f.* gold or silver work.
orfelinato, *m.* (Gal.) = ORFANATO.
orfeón, *m.* singing society.
orfeonista, *m.* member of a singing society.
órfico, ca, *a.* Orphean.
organdí, *m.* organdy.
organero, ra, *n.* organ maker; organ builder.
orgánicamente, *adv.* organically.
organicé, organice, *v. V.* ORGANIZAR.
organicismo, *m.* (med.) organicism.
organicista, *n.* & *a.* organicist(-ic).
orgánico, ca, *a.* organic; harmonious.
organillero, *m.* organ grinder.
organillo, *m. dim.* barrel organ, hand organ.
organismo, *m.* organism; organization, association.
organista, *n.* (mus.) organist.
organizable, *a.* organizable.
organización, *f.* organization; arrangement.
organizacional, *a.* organizational.
organizado, da. I. *pp.* of ORGANIZAR. **II.** *a.* (biol.) organic; pert. to living organism.
organizador, ra, *a.* organizing; having aptitude for organizing.—**comité o.,** committee on arrangements.
organizar, *va.* (*pret.* ORGANICÉ; *subj.* ORGANICE) to organize, set up; to arrange; to tune (an organ).
órgano, *m.* (mus.) pipe organ; pipe refrigerator; (physiol.) organ; medium, instrument, agency.—**ó. sensorio,** (physiol.) sense organ, receptor.—**órganos de Móstoles,** persons or ideas that disagree.—**organos genitales** genitals.
organogenia, *f.* (biol.) organogenesis.
organografía, *f.* organography.
organográfico, ca, *a.* organographic.
organología, *f.* organology.
organoterapia, *f.* (med.) organotherapy.
orgasmo, *m.* (physiol.) orgasm.
orgía, *f.* orgy, revel.
orgiástico, ca, *a.* orgiastic.
orgullo, *m.* pride; haughtiness.
orgullosamente, *adv.* proudly; haughtily.
orgulloso, sa, *a.* proud; haughty, overbearing; conceited.
orientación, *f.* orientation; bearings.—**o. profesional,** vocational counselling or guidance.
oriental. I. *a.* oriental, eastern. **II.** *m.* oriental.
orientalismo, *m.* orientalism.
orientalista, *n.* orientalist.
orientalizar, *va.* & *vn.* to Orientalize.
orientar. I. *va.* to orientate, to orient.—**o. una vela,** (naut.) to trim a sail. **II.** *vr.* to find one's way about, get one's bearings.
oriente, *m.* east, orient; east wind; source, origin; youth.
orificación, *f.* (dent.) gold filling.
orificador, *m.* dentist's plugger.
orificar, *va.* (dent.) to fill with gold.
orífice, *m.* goldsmith.
orificio, *m.* orifice, hole; anus; (artil.) venthole; (mech.) port.
oriflama, *f.* oriflamme; flag, banner.
origen, *m.* origin; source; native country; beginning.
originador, ra, *n.* originator.
original. I. *a.* original; primitive; new, novel; quaint, odd. **II.** *m.* original, first copy, archetype; (print.) copy, manuscript; original of a portrait; odd person.—**de buen o.,** on good authority.

originalidad, *f.* originality; eccentricity.
originalmente, *adv.* originally.
originar. I. *va.* to originate, create, invent; to start. **II.** *vr.* to originate, arise, spring.
originariamente, *adv.* primarily, originally.
originario, ria, *a.* originating; native; derived.
[1]**orilla,** *f.* border, margin; edge; bank (of a river); shore; sidewalk.—**a la o.,** near a place, on the brink.—**salir a la o.,** to overcome difficulties.
[2]**orilla,** *f.* fresh breeze.
orillar. I. *va.* to arrange, settle; to evade; to surmount. **II.** *vn.* to leave a selvage on cloth; (sew.) to border. **III.** *vr.* & *vn.* to reach the shore.
orillo, *m.* selvage or list of cloth.
[1]**orín,** *m.* rust.
[2]**orín,** *m.* (gen. *pl.*) = ORINA.
orina, *f.* urine.—**orinal,** *m.* urinal; chamber pot.—**orinar,** *va.* & *vn.* to urinate.
oriniento, ta, *a.* rusty, moldy.
orinque, *m.* (naut.) buoy rope.
oriol, *m.* (ornith.) golden oriole or thrush.
Orión, *m.* (astr.) Orion.
oriundez, *f.* origin.
oriundo, da, *a.* native.
órix, *m.* (zool.) oryx, gemsbok.
orla, *f.* list; selvage, border, fringe, trimming; (her.) orle; (print.) ornamental border.
orlador, ra, *n.* borderer.
orladura, *f.* border, edging, list.
orlar, *va.* to border, garnish with an edging.
orleanista, *n.* & *a.* Orleanist(-ic).
[1]**orlo,** *m.* Alpine horn; (mus.) organ stop.
[2]**orlo,** *m.* (arch.) plinth.
orlón, *m.* (text.) orlon; Orlon (trademark).
ormesí, *m.* a kind of silk stuff.
ormino, *m.* (bot.) = GALLOCRESTA, clary sage.
ornadamente, *adv.* ornamentally.
ornado, da. I. *pp.* of ORNAR. **II.** *a.* ornate.
ornamentación, *f.* ornamentation.
ornamentado, da, *a.* ornamented, adorned, decorated.
ornamental, *a.* ornamental.
ornamentar, *va.* to adorn, decorate.
ornamento, *m.* ornament; decoration, adornment; accomplishment, gift.—*pl.* (eccl.) sacred vestments; (arch.) frets, moldings, etc.; moral qualities, character.
ornar, *va.* to adorn, embellish, garnish.
ornato, *m.* ornament, decoration, embellishment.
ornitodelfo, fa, *a.* & *m.* (zool.) prototherian.
ornitología, *f.* ornithology.
ornitológico, ca, *a.* ornithological.
ornitólogo, *m.* ornithologist.
ornitomancia, *f.* ornithomancy.
ornitópodo, da, *a.* & *m.* ornithopod.
ornitorrinco, *m.* (zool.) ornithorhynchus, duckbill, platypus.
oro, *m.* gold; gold color; ornaments or trinkets made of gold.—*pl.* diamonds, in Spanish cards.—**o. batido,** leaf gold.—**o. bruto,** bullion.—**o. coronario,** high-carat gold.—**o. en barra,** bar-gold, gold in bars.—**o. en libritos,** gold leaf.—**o. en pasta** = O. BRUTO.—**o. en polvo,** gold dust.—**o. fulminante,** gold fulminate.—**o. mate,** gold size.—**o. musivo,** mosaic gold, aurum musivum.—**o. nativo,** native gold.—**o. virgen** = O. BRUTO.—**de o. y azul,** gorgeously attired.—**poner (a uno) de o. y azul,** (coll.) to give (one) a good dressing down, a lecture, or severe reprimand.
orobanca, *f.* (bot.) broom rape.
orobias, *m.* fine incense.
orogenia, *f.* (geol.) orogeny.
orogénico, ca, *a.* orogenic.
orografía, *f.* orography, branch of geography treating of mountains.
orográfico, ca, *a.* orographic.
orondo, da, *a.* pompous, showy; hollow.
oropel, *m.* tinsel; brass foil; glitter.
oropelero, *m.* brass worker.
oropéndola, *f.* (ornith.) loriot, golden oriole.
oropimente, *m.* (min.) orpiment.
oroya, *f.* (Am.) basket hanging from rope bridge for transportation across a river.
orozuz, *m.* (bot.) licorice.
orquesta, *f.* (mus.) orchestra; (theat.) orchestra pit.
orquestación, *f.* orchestration.
orquestal, *a.* orchestral.
orquestar, *va.* to orchestrate.
órquide, *f.* (bot.) orchis.
orquídeo, dea. I. *a.* (bot.) orchidaceous. **II.** *f.* orchid.
orquitis, *f.* (med.) orchitis, inflammation of testicle.
orre.—en o., loose, in bulk.
ortega, *f.* (ornith.) hazel grouse.
ortiga, *f.* (bot.) nettle.—**o. de mar,** (ichth.) sea nettle.—**ser como unas ortigas,** to be as cross as a bear.
ortivo, va, *a.* (astr.) oriental, eastern.
orto, *m.* rising (of the sun or a star).
ortocéfalo, la, *a.* orthocephalic, orthocephalous.
ortoclasa, *f.* (min.) orthoclase.
ortocromático, ca, *a.* (photog.) orthochromatic.
ortodoncia, *f.* orthodontia.
ortodoxia, *f.* orthodoxy.
ortodoxo, xa, *a.* orthodox.
ortodromia, *f.* (naut.) orthodromy.
ortodrómico, ca, *a.* (naut.) orthodromic.
ortofonía, *f.* orthophony.
ortofónico, ca, *a.* orthophonic.
ortofosfórico, ca, *a.* (chem.) orthophosphoric (acid).
ortogonal, *a.* orthogonal, right-angled.
ortogonio, *a.* right-angled (triangle).
ortografía, *f.* orthography.
ortográficamente, *adv.* orthographically.
ortográfico, ca, *a.* orthographical.
ortógrafo, *m.* orthographer.
orto-hidrógeno, *m.* (chem.) orthohydrogen.
ortología, *f.* orthoëpy, study of pronunciation.
ortológico, ca, *a.* orthoëpic.
ortólogo, ga, *n.* orthoëpist.
ortopedia, *f.* (med.) orthopedics.
ortopédico, ca, *a.* (med.) orthopedic.
ortopedista, *n.* orthopedist.
ortóptero, ra, *a.* & *m.* (entom.) orthopteran.
ortorrómbico, ca, *a.* (of crystals) orthorhombic.
ortosa, *f.* (min.) orthoclase.
ortoscópico, ca, *a.* orthoscopic.
oruga, *f.* (entom.) caterpillar; (bot.) rocket; tractor, caterpillar tractor.
orujo, *m.* refuse of grapes, cotton seed, olives, etc.
orvallar, *vn.* (coll.) to drizzle.
[1]**orza,** *f.* preserve jar, crock.
[2]**orza,** *f.* (naut.) luff.—**o. a la banda,** (naut.) hard-a-lee.—**a o.,** (naut.) luff.
orzada, *f.* (naut.) luffing, hauling.
orzaderas, *f. pl.* (naut.) leeboards.
orzaga, *f.* (bot.) orach; mountain spinach.
orzar, *vn.* (naut.) to luff.
orzaya, *f.* (children's) nurse.
[1]**orzuelo,** *m.* (med.) sty; hordeolum.
[2]**orzuelo,** *m.* snare (for birds); trap (for wild beasts).
orzura, *f.* (chem.) minium.
os, *pers. pron. dative and accusative of* VOS *and* VOSOTROS, you, to you.
osa, *f.* (zool.) she-bear.—**O. Mayor,** (astr.) Great Bear, the Dipper.—**O. Menor,** Little Bear.
osadamente, *adv.* boldly, daringly.
osadía, *f.* audacity, daring, boldness.
osado, da, *a.* daring, bold, audacious.
osambre, *m.*, **osamenta,** *f.* skeleton; bones.
[1]**osar,** *vn.* to dare, venture; to outdare.
[2]**osar, osario,** *m.* charnel house; ossuary.
oscar, *m.* (mov. pict., U. S.) Oscar.
oscilación, *f.* oscillation.
oscilador, *m.* (mech., elec., rad.) oscillator.
oscilante, *a.* oscillating.
oscilar, *vn.* to oscillate.
oscilatorio, ria, *a.* oscillatory.

oscilógrafo, *m.* (phys.) oscillograph.
oscitancia, *f.* carelessness, heedlessness.
osculación, *f.* (geom.) osculation.
osculador, triz, *a.* (geom.) osculating.
osculatorio, ria, *a.* osculatory.
ósculo, *m.* kiss.
oscurantismo, oscuro, etc. = OBSCURANTISMO, OBSCURO, etc.
oscurecimiento, *m.* blackout (as for air raid).
osecico, cillo, cito, zuelo, *m. dim.* small bone.
oseína, *f.* (chem.) ossein.
óseo, a, osseous, bony.
osera, *f.* den of bears.
osezno, *m.* whelp or cub of a bear.
osífero, ra, *a.* ossiferous.
osificación, *f.* ossification.
osificado, da, *a.* ossified.
osificarse, *vr.* to ossify, become ossified.
osífico, ca, *a.* ossific.
osífraga, *f.*, **osífrago,** *m.* (ornith.) osprey.
ósmico, ca, *a.* (chem.) osmic.
osmio, *m.* (chem.) osmium.
ósmosis, *f.* (phys.) osmosis.
osmótico, ca, *a.* osmotic.
oso, *m.* (zool.) bear.—**o. blanco,** polar bear.—**o. colmenero,** honey-eating bear, bear that robs beehives.—**o. de las cavernas,** (paleontol.) cave bear.—**o. gris,** grizzly bear.—**o. hormiguero,** anteater.—**o. marino,** fur seal.—**o. pardo,** brown bear.—**hacer el o.,** (coll.) —**hacer el o.,** (coll.) to make a fool of oneself; to act as a sentimental lover.
ososo, sa, *f.* osseous, bony.
osta, *f.* (naut.) lateen brace.
ostaga, *f.* (naut.) tie, runner.
¡oste! *interj.* = OXTE.
osteico, ca, *a.* osteal.
osteítis, *f.* (med.) osteitis, inflammation of bone.
ostensible, *a.* ostensible.—**ostensiblemente,** *adv.* ostensibly.
ostensión, *f.* how, manifestation.
ostensivo, va, *a.* ostensive, showy.
ostentación, *f.* ostentation, vain show.
ostentador, ra, *n.* boaster, ostentatious person.
ostentar. I. *va.* to make a show of, to exhibit. **II.** *vn.* to boast, to brag; to show off.
ostentativo, va, *a.* ostentatious.
ostento, *m.* portent.
ostentosamente, *adv.* ostentatiously.
ostentoso, sa, *a.* sumptuous, magnificent.
osteoblasto, *m.* (anat.) osteoblast.
osteoclasia, *f.* (surg.) osteoclasis.
osteogénesis, osteogenia, *f.* (physiol.) osteogenesis, formation of bone.
osteogénico, ca, *a.* (anat.) osteogenic.
osteología, *f.* (anat.) osteology.
osteológico, ca, *a.* osteologic.
osteólogo, *m.* osteologist.
osteoma, *m.* (med.) osteoma.
osteomalacia, *f.* osteomalacia.
osteomielitis, *f.* (med.) osteomyelitis.
osteópata, *n.* osteopath.
osteopatía, *f.* osteopathy.
osteopático, ca, *a.* osteopathic.
osteosarcoma, *m.* (med.) osteosarcoma.
osteotomía, *f.* (surg.) osteotomy.
ostiario, *m.* (eccl.) ostiary, doorkeeper.
ostíolo, *m.* (biol., bot.) ostiole.
ostión, *m.* large oyster.
ostra, *f.* oyster.
ostráceo, cea. I. *a.* (zool.) ostracean, ostraceous. **II.** *m.* ostracean, oyster.
ostracismo, *m.* ostracism.
ostral, *m.* oyster farm; oyster bed.
ostrería, *f.* oyster shop, oyster house.
ostrero, ra. I. *a.* oysterlike. **II.** *n.* oyster seller. **III.** *f.* oyster farm.
ostricultura, *f.* oyster farming, culture.
ostrífero, ra, *a.* abounding in, or raising, oysters.
[1]**ostro,** *m.* large, coarse oyster; any mollusk yielding purple; purple from mollusks.
[2]**ostro,** *m.* south wind.
ostrogodo, da, *n.* & *a.* Ostrogoth(-ic).
ostrón, *m. aug.* large, coarse oyster.
ostugo, *m.* piece, part, bit; corner.
osudo, da, *a.* bony.
osuno, na, *a.* bearlike, bearish.
otacústico, ca, *a.* otacoustic.
otalgia, *f.* (med.) otalgia, earache.
otáñez, *m.* (coll.) old squire who escorted a lady as chaperon.
oteador, ra, *n.* spy, sly observer.
otear, *va.* to observe, examine, pry into.
otero, *m.* hill, hillock, knoll.
oteruelo, *m. dim.* hummock, knoll, mound.
ótico, ca, *a.* (anat.) otic.
otitis, *f.* (med.) otitis, inflammation of ear.
oto, *m.* (ornith.) bustard.
otoba, *f.* (bot.) a variety of nutmeg tree.
otolito, *m.* (anat., zool.) otolith.
otología, *f.* (med.) otology.
otólogo, ga, *n.* aurist, otologist.
otomano, na. I. *n.* & *a.* Ottoman. **II.** *f.* ottoman, divan.
otoñada, *f.* autumn season; pasturage.
otoñal, *a.* autumnal.
otoñar. I. *vn.* to spend the autumn season; (of weeds) to grow in autumn. **II.** *vr.* (of earth after rain) to be seasoned.
otoño, *m.* autumn, fall; aftermath.
otorgadero, ra, *a.* grantable.
otorgador, ra, *n.* grantor.
otorgamiento, *m.* grant, granting; license; (law) executing an instrument.
otorgante. I. *a.* authorizing, granting. **II.** *n.* grantor, maker of a deed.
otorgar, *va.* (*pret.* OTORGUÉ; *subj.* OTORGUE) to consent, agree to; (law) to grant; to prescribe, stipulate, promise.—**quien calla otorga,** silence gives consent.
otorgo, *m.* (law) marriage contract.
otorrea, *f.* (med.) otorrhœa, discharge from ear.
otoscopia, *f.* (surg.) otoscopy.
otoscopio, *m.* (surg.) otoscope.
otramente, *adv.* otherwise, differently.
otro, tra, *a.* another, other.—**¡o.!** encore! again! —**o. cosa,** something else.—**o. que tal,** (coll.) another such.—**otros tantos,** as many more. —**o. vez,** again.—**por o. parte,** on the other hand.—**(el) uno a(l) o.,** each other.—**unos a otros,** one another.
otrosí. I. *adv.* besides, moreover. **II.** *m.* (law) every petition made after the principal.
ova, *f.* (bot.) sea lettuce, laver.
ovación, *f.* ovation.
ovacionar, *va.* to give an ovation to.
ovado, da. I. *pp.* of OVAR. **II.** *a.* (of a bird) impregnated by the male; oval, egg-shaped.
oval; ovalado, da, *a.* oval.
ovalar, *va.* to make oval.
óvalo, *m.* oval.
ovante, *a.* victorious, triumphant.
ovar, *vn.* to lay eggs.
ovárico, ca, *a.* ovarian.
ovario, *m.* (anat.) ovary; (bot.) ovarium, ovary; (arch.) egg ornament.
ovariotomía, *f.* (surg.) ovariotomy.
ovaritis, *f.* (med.) ovaritis.
ovas, *f. pl.* = HUEVA, spawn of fish, roe.
ovecico, *m. dim.* small egg.
oveja, *f.* sheep.—**o. descarriada** or **negra,** (fig.) lost or black sheep.
ovejero, ra, *n.* shepherd(-ess); sheep raiser.
ovejuela, *f. dim.* young ewe.
ovejuno, na, *a.* pert. to sheep, sheep (as *a.*).
overa, *f.* ovary of fowls.
[1]**overo, ra,** *a.* blossom-colored (horse).
[2]**overo,** *a.*—**ojo o.,** large, bulging eye with small pupil.
overol, *m.* (Angl.) (Am.) overalls.
ovezuelo, *m.* small egg.
oviducto, *m.* (anat.) oviduct.
ovífero, ra, *a.* (anat., zool.) oviferous.
oviforme, *a.* oviform, egg-shaped.

ovil, *m.* = REDIL, sheepcote.
ovillar. I. *va.* to wind (thread) in a ball or skein. II. *vr.* to hunch oneself into a bunch.
ovillejo, *m. dim.* small skein; a kind of rondel.
ovillo, *m.* skein, ball of yarn; ball or heap of mixed or tangled things.—**hacerse un o.,** to hunch oneself into a bunch.
ovino, na, *a.* ovine.
ovíparo, ra, *a.* (zool.) oviparous.
oviposición, *f.* oviposition.
oviscapto, *m.* ovipositor.
ovoide, *a.* ovoid, egg-shaped.
óvolo, *m.* (arch.) ovolo; quarter round.
ovoso, sa, *a.* full of roe.
ovovivíparo, ra, *a.* (zool.) ovoviviparous.
ovulación, *f.* (biol.) ovulation.
óvulo, *m.* (nat. hist.) ovule.
¡ox! *interj.* shoo! begone!
oxácido, *m.* (chem.) oxacid.
oxalato, *m.* (chem.) oxalate.
oxálico, *a.* (chem.) oxalic.
oxalme, *m.* acidulated brine.
oxear, *va.* to shoo (fowls).
oxhídrico, ca, *a.* oxyhydrogen.
oxhidrilo, *m.* (chem.) hydroxyl.
oxiacanta, *f.* (bot.) whitethorn, hawthorn.
oxiacetilénico, ca, *a.* oxyacetylene.
oxicloruro, *m.* (chem.) oxychloride.
oxidable, *a.* (chem.) oxidizable.
oxidación, *f.* (chem.) oxidation.
oxidante. I. *a.* (chem.) oxidating, oxidizing. II. *m.* (chem.) oxidizer.
oxidar, *va.* & *vr.* to oxidize, rust.
oxidasa, *f.* (biochem.) oxidase.
óxido, *m.* (chem.) oxide.—**ó. básico,** basic oxide.—**ó. de carbón,** (chem.) carbon monoxide.—**ó. de cinc,** (chem.) zinc oxide, zinc white.—**ó. de hierro,** (chem.) iron oxide, rust.—**ó. nitroso,** nitrous oxide.
oxigenable, *a.* (chem.) oxygenizable.
oxigenación, *f.* (chem.) oxygenation.
oxigenar, *va.* & *vr.* to oxygenate.
oxígeno, *m.* (chem.) oxygen.
oxigonio, *a.* (geom.) acute-angled.
oxihemoglobina, *f.* (physiol.) oxyhemoglobin.
oximel, oximiel, *m.* (pharm.) = OJIMIEL, oxymel.
oxipétalo, *m.* (bot.) a Brazilian vine.
oxisal, *f.* (chem.) oxysalt.
oxisulfuro, *m.* (chem.) oxysulfide.
oxitócico, ca, *a.* & *m.* oxytocic.
oxizacre, *m.* bittersweet beverage.
¡oxte! *interj.* keep off! begone!—**sin decir o. ni moxte,** (coll.) without saying a word.
oyamel, *m.* (bot.) Mexican sacred fir.
oyente, *n.* hearer.—*pl.* audience.
oyó, *pret.* of OÍR.
ozocerita, *f.* (min.) ozocerite, mineral wax.
ozona, *f.*, **ozono,** *m.* (chem.) ozone.
ozonización, *f.* ozonization.
ozonizado, da, *a.* ozonic.
ozonizador, ra. I. *a.* ozonizing. II. *n.* ozonizer
ozonizar, *va.* to ozonize.
ozonómetro, *m.* ozonometer.

P

P, p, *f.* p, nineteenth letter of the Spanish alphabet.
pabellón, *m.* pavilion; (mil.) bell tent; esparver, dais, bed canopy; summer house; national colors, flag; bell of a wind instrument; (anat.) external ear, pinna.—**p. de armas,** (mil.) stack of arms.
pabilo, pábilo, *m.* wick (of candle); burnt end of wick.
pabilón, *m.* bunch of flax or wool hanging from the distaff.
pablar, *vn.* (coll.) to talk.
pábulo, *m.* pabulum, food; encouragement.—**dar p. a,** to substantiate.
[1]**paca,** *f.* (zool.) spotted cavy.
[2]**paca,** *f.* bale of goods.
pacana, *f.* (bot.) pecan tree; pecan nut.
pacato, ta, *a.* pacific, quiet, tranquil, mild.
pacedero, ra. I. *a.* fit for grazing. II. *m.* grazing field, pasture.
pacedura, *f.* pasture.
paceño, ña, *a.* of or from La Paz, Bolivia.
pacer. I. *vn.* to pasture, to graze. II. *va.* to gnaw, nibble, eat away.
paciencia, *f.* patience; a kind of cooky.
paciente. I. *a.* patient. II. *n.* patient, sick person.—**p. externo,** outpatient (of a hospital).
pacientemente, *adv.* patiently.
pacienzudo, da, *a.* exceedingly patient.
pacificación, *f.* pacification; peace of mind.
pacificador, ra. I. *a.* pacifying, pacificatory; appeasing. II. *n.* peacemaker, pacifier; appeaser.
pacíficamente, *adv.* peacefully.
pacificar. I. *va.* (*pret.* PACIFIQUÉ; *subj.* PACIFIQUE) to pacify, appease. II. *vn.* to treat for peace. III. *vr.* to become calm.
pacífico, ca, *a.* pacific; peaceful; mild, gentle.
pacifiqué, pacifique, *v.* *V.* PACIFICAR.
pacifismo, *m.* pacifism.
pacifista, *n.* & *a.* pacifist(-ic).
[1]**paco,** *m.* (zool.) paco, alpaca; (min.) paco.
[2]**paco,** *m.* (Chile) police force.
pacotilla, *f.* (com.) venture.—**de p.,** of poor or inferior quality.
pacotillero, *m.* (Am.) peddler.
pactar, *va.* to covenant, contract, stipulate.
pacto, *m.* agreement, covenant, pact.
pacú, *m.* (Arg.) a river fish.
pácul, *m.* (P. I.) (bot.) wild plantain.
pachamanca, *f.* (Peru) barbecue.
pachón, *m.* phlegmatic man; pointer (dog).
pachorra, *f.* sluggishness, slowness.
pachorrudo, da, *a.* (coll.) sluggish, slow.
pachulí, *m.* patchouli (plant and perfume).
padecer. I. *va.* (*ind.* PADEZCO; *subj.* PADEZCA) to suffer; feel deeply; to lie under. II. *vn.* (de) to suffer (from).—**padecimiento,** *m.* suffering.
padilla, *f.* small frying pan; small oven.
padrastro, *m.* stepfather; obstacle, impediment; hangnail.
padrazo, *m. aug.* indulgent parent.
padre, *m.* father; ancestor; stallion, sire; source, origin, principal author; (eccl.) father, priest.—*pl.* parents, father and mother; ancestors.—**p. conscripto,** conscript father (Roman senator).—**p. de familia,** paterfamilias, father of a family.—**p. de pila,** godfather.—**P. Eterno,** God Almighty, our Father.—**p. nuestro,** Lord's Prayer.—**P. Santo,** Holy Father (the Pope).—**Santo P.,** Holy Father (the Pope); (eccl.) father (of the Church), one of the early Christian writers.
padrear, *vn.* to resemble one's father; to breed.
padrenuestro, *m.* Lord's Prayer, paternoster.
padrina, *f.* godmother.
padrinazgo, *m.* standing as godfather at a baptism; being a patron at a public function; title or charge of a godfather; patronage, support.
padrino, *m.* godfather; second, in a duel; best-man; patron, protector.
padrón, *m.* poll, census or tax list; pattern, model; column or post with an inscription; mark or note of infamy; (coll.) indulgent parent.
paella, *f.* saffron-flavored dish of rice with seafood, meat, chicken and various vegetables.
¡paf! *interj.* onomatopœic expression for the noise of a fall, blow, etc.
paflagonio, nia, *n.* & *a.* Paphlagonian.
paflón, *m.* (arch.) soffit.
paga, *f.* payment; fee, wages, salary; pay; satisfaction, amends; sum or fine paid; requital of love or friendship.—**p. líquida,** take-home pay.
pagable, *a.* payable.
pagadero, ra. I. *a.* payable. II. *m.* time and place of payment.
pagado, da. I. *pp.* of PAGAR. II. *a.* (or **p. de sí**) self-satisfied, conceited.

pagador, ra, *n.* payer, paying teller; *m.* paymaster, payclerk; *f.* paymistress.
pagaduría, *f.* paymaster's office.
paganismo, *m.* paganism. heathenism.
paganizar, *vn.* to paganize, become pagan.
pagano, na, *n.* & *a.* heathen, pagan.
pagar. I. *va.* (*pret.* PAGUÉ; *subj.* PAGUE) to pay; to pay for; to requite; to atone, make amends for; to fee.—**p. a buena cuenta,** to pay on account.—**p. al contado,** to pay cash.—**p. a plazos,** to pay in installments.—**p. con el pellejo,** (coll.) to pay with one's life.—**p. el pato** or **los vidrios rotos,** to pay the fiddler or the piper; to get the blame, be the scapegoat.—**p. en la misma moneda,** to pay in the same coin, pay back, avenge.—**pagarlas,** to pay for it (as a mean action, imprudence, etc.).—**p. por completo,** to pay in full, pay up.—**p. una visita,** to return a call, visit.—**p. y despedir a,** to pay off (employees, crew, etc.). **II.** *vr.* (**de**) to be pleased (with); to be fond (of).
pagaré, *m.* (com.) promissory note.
pagaya, *f.* (P. I.) single-bladed paddle.
página, *f.* page (of a book); folio.
paginación, *f.* pagination, paging.
paginar, *va.* to page (a book, etc.), paginate.
[1]**pago. I.** *m.* payment; requital.—**p. adelantado,** payment in advance.—**p. al contado,** cash payment.—**p. contra entrega,** cash on delivery (C. O. D.).—**p. total,** payment in full.—**efectuar un p.,** to make payment.—**mediante el p. de,** on the payment of. **II.** *a.* (Am., coll.) paid.
[2]**pago,** *m.* vineyard district.
pagoda, *f.* pagoda; idol.
pagote, *m.* (coll.) scapegoat.
pagro, *m.* (ichth.) braize.
pagué, pague, *v. V.* PAGAR.
paguro, *m.* small crab.
paico, *m.* (S. A.) (bot.) saltwort.
paila, *f.* caldron; kettle; boiler; (Cuba) evaporator, sugar pan.
pailebot, pailebote, *m.* (naut.) pilot's boat.
painel, *m.* (carp.) panel.
pairar, *vn.* (naut.) to bring to, to lie to.
pairo, *m.* (naut.) lying to with all sail set.—**al p.,** lying to.
país, *m.* country, nation; land, region; (art) landscape.—**del p.,** domestic, national.
paisaje, *m.* landscape.
paisajista, *n.* landscape painter.
paisana, *f.* a kind of country dance.
paisanaje, *m.* peasantry; being of the same country.
paisano, na. I. *a.* from the same country. **II.** *n.* fellow countryman(-woman), compatriot; civilian.—**vestido de p.,** in civilian clothes, in mufti.
Países Bajos, *m. pl.* Netherlands, Low Countries.
paisista, *n.* = PAISAJISTA.
paja, *f.* straw; blade of grass; chaff, shucks, trash.—**p. centenaza,** rye straw.—**¡pajas!** ditto, no less so.—**echar pajas,** to draw lots with straws.—**en un dácame,** or **quítame, allá esas pajas,** in the twinkling of an eye.—**no dormirse en las pajas,** to be very vigilant.—**por quítame allá esas pajas,** (to quarrel) for a straw, over the smallest trifle.
pajado, da. I. *a.* straw-colored. **II.** *f.* straw boiled with bran.
pajar, *m.* barn, straw loft; rick of straw.
pájara, *f.* female or hen bird; shrewd, designing woman; paper kite; paper rooster (toy).—**p. pinta,** game of forfeits.
pajarear, *vn.* to go birdcatching; to loiter about.
pajarel, *m.* (ornith.) = JILGUERO, linnet.
pajarera, *f.* aviary; large bird cage.
pajarería, *f.* abundance of birds; place where birds are sold.
pajarero, ra. I. *a.* merry, cheerful, gay; gaudy, loud. **II.** *n.* birdcatcher, bird fancier.
pajarete, *m.* fine sherry wine
pajarico, ca, ito, ta, *n.* little bird.
pajaril, *m.*—**hacer p.** (naut.) to cleat a sail.
pajarillo, lla. I. *n. dim.* small bird. **II.** *f.* paper rooster (toy); spleen; milt of a hog.
pájaro, *m.* bird; shrewd, sly fellow.—**p. bobo,** (ornith.) booby; penguin.—**p. carpintero,** (ornith.) woodpecker.—**p. de cuenta,** = P. GORDO.—**p. del sol,** (ornith.) bird of paradise.—**p. gordo,** person of importance, big gun.—**p. loco** = P. SOLITARIO.—**p. mosca,** a very small humming bird.—**p. niño,** auk.—**p. polilla,** kingfisher.—**p. solitario,** solitary thrush.—**más vale p. en mano que buitre volando,** a bird in the hand is worth two in the bush.—*pl.* (ornith.) Passeres.
pajarota, pajarotada, *f.* hoax.
pajarote, *m.* large ugly bird.
pajarraco, *m.* large bird; (coll.) sharper.
pajaruco, *m.* large ugly bird.
pajaza, *f.* refuse of fodder.
pajazo, *m.* prick of stubbles in a horse's eye.
paje, *m.* page, valet; (naut.) cabin boy.—**p. de hacha,** link boy.
pajear, *vn.* to feed well; (coll.) to behave.
pajecillo, *m. dim.* little page; washstand.
pajel, *m.* (ichth.) red sea bream.
pajera, *f.* straw loft, straw yard.
pajero, ra, *n.* straw dealer.
pajilla, *f. dim.* cigar made of maize leaf; rattan.
pajizo, za, *a.* made of straw; thatched with straw; straw-colored.
pajón, *m. aug.* coarse straw.
pajonal, *m.* (Am.) place abounding in tall grass.
pajoso, sa, *a.* made or full of straw.
pajote, *m.* straw interwoven with bulrush.
pajucero, *m.* place where straw is deposited to rot for fertilizer.
pajuela, *f.* dim. short straw; sulphur match.
pajuli, *m.* (P. R.) (bot.) = MARAÑÓN, cashew.
pajuncio, *m.* booby, ninny, fool.
pajuz, pajuzo, *m.* refuse of straw used for manure.
Pakistán, *m.* Pakistan.
pakistano, na, *n.* & *a.* Pakistan, Pakistani.
pala, *f.* shovel; baker's peel; scoop; slice, turnover; beetle for pounding clothes; dustpan; blade of an oar; blade of a hoe or spade; racket (for ball games); vamp (of shoe); leaf of a hinge; top of an epaulet; flat surface of the teeth; craft, cunning, artifice; dexterity, cleverness; (bot.) leaf of the prickly pear.—**meter su media p.,** to have or get a share.—**ser corta p.,** to know nothing.
palabra, *f.* word; term; floor (as in *tener la palabra,* to have the floor); (mil.) password.—*pl.* superstitious words used by sorcerers; (eccl.) formula of the sacraments; table on which the words of consecration are written.—**¡p.!,** honestly! no fooling!—**palabras cruzadas,** crossword puzzle.—**p. de caballero,** or **de honor,** word of honor.—**p. de matrimonio,** promise of marriage.—**p. llana,** (gram.) word having the accent on the penultimate.—**palabras mayores,** a serious matter; insulting words.—**a media p.,** at the least hint.—**bajo p.,** on (one's) word.—**de p.,** by word of mouth.—**dos palabras,** a few words.—**empeñar la p.,** to pledge one's word.—**en buenas palabras,** in plain words.—**en una p.,** in sum.—**libertad de p.,** freedom of speech.—**llevar la p.,** to be the spokesman.—**medias palabras,** insinuation, hint.—**pedir la p.,** to ask for the floor (at a meeting).—**santa p.,** good news, the good word (to express pleasure on hearing something).
palabrada, *f.* low, scurrilous language.
palabrear, *vn.* to chat, chatter, prattle.
palabreja, *f. dim.* odd word.
palabrería, *f.* palaver, wordiness, empty talk; (coll.) piffle.
palabrero, ra, *a.* talkative, loquacious.
palabrimujer, *m.* (coll.) man with an effeminate voice.

palabrista, *n.* chatterbox.
palabrita, *f. dim.* few words; short word or expression full of meaning.—**palabritas mansas,** (coll.) honey-tongued person.
palabrota, *f. aug.* coarse expression; big word.
palaciego, ga. I. *a.* pertaining to the palace. **II.** *n.* courtier.
palacio, *m.* palace; castle.—**p. de los deportes,** sports palace or arena.
palacra, palacrana, *f.* gold nugget.
palada, *f.* shovelful; (naut.) stroke of the oar.
paladar, *m.* palate; roof of the mouth; taste, relish; longing, desire.—**p. blando,** (anat.) soft palate.—**p. duro,** (anat.) hard palate.—**p. hendido,** (med.) cleft palate.—**velo del p.,** (anat.) soft palate, velum.
paladear. I. *va.* to taste with pleasure, to relish; to rub the mouth of with a sweet substance; to clean the mouth of. **II.** *vn.* (of a newborn child) to show a desire of suckling.
paladeo, *m.* act of tasting or relishing.
paladial, *a.* (gram.) palatal.
paladín, *m.* paladin, valiant knight, champion.
paladinamente, *adv.* publicly, clearly.
paladino, na. I. *a.* manifest, clear, apparent, public. **II.** *m.* PALADÍN.
paladio, *m.* (chem.) palladium.
paladión, *m.* palladium; safeguard.
palado, da, *a.* (her.) paly.
palafito, *m.* primitive lake dwelling.
palafrén, *m.* palfrey; woman's or groom's horse.
palafrenero, *m.* stableboy, groom, hostler.—**p. mayor,** first equerry.
palahierro, *m.* bushing for the spindle of the upper millstone.
palamallo, *m.* pall-mall (a game).
palamenta, *f.* (naut.) set of oars.
palanca, *f.* (mech.) lever; bar, crowbar; pole for carrying a weight; (fort.) outer fortification with stakes; (naut.) garnet tackle.—**p. de mando,** (aer.) control column, yoke.—**p. del timón,** (aer.) rudder bar.
palancada, *f.* blow with a lever.
palancana, palangana, *f.* washbowl.
palanganero, *m.* washstand.
palangre, *m.* line with several fishhooks, trotline.
palanquera, *f.* stockade; log fence.
palanquero, *m.* pile driver; blower of bellows.
palanqueta, *f. dim.* small lever; (mil.) bar shot or crossbar shot; (Cuba) sweetmeat with cane sirup; (Mex. & Chile) dumbbell.
palanquín, *m.* public porter; (naut.) double tackle, clew garnet; palanquin, covered litter.
palastro, *m.* sheet iron, sheet metal.
palatal, *a.* (phon.) palatal.
palatalización, *f.* (phon.) palatalization.
palatalizar, *va.* (phon.) to palatalize.
palatina, *f.* tippet, boa used by women.
palatinado, *m.* palatinate.
[1]**palatino, na,** *a.* palatial, palatine.
[2]**palatino, na,** *a.* palatal, palatine.
palatizar, *va.* (phon.) to palatalize.
palay, *m.* (P. I.) unhusked rice.
palazo, *m.* blow with a shovel, spade or stick.
palazón, *m.* (naut.) masting; woodwork.
palco, *m.* (theat.) box; stand with seats.—**p. escénico,** (theat.) the stage.
paleador, *m.* shoveler; stoker.
palear, *va.* = APALEAR, to beat, pound.
palenque, *m.* palisade, paling; (theat.) passage from pit to stage.
paleobotánica, *f.* paleobotany.
paleoceno, na, *m.* & *a.* (geol.) Paleocene.
paleofitología, *f.* paleophytology, paleobotany.
paleografía, *f.* paleography.
paleográfico, ca, *a.* paleographic.
paleógrafo, *m.* paleographer.
paleolítico, ca, *a.* paleolithic.
paleolito, *m.* paleolith (implement from the Stone Age).
paleología, *f.* paleology.
paleólogo, *m.* paleologist.
paleontografía, *f.* paleontography.
paleontográfico, ca, *a.* paleontographic.
paleontología, *f.* paleontology.
paleontológico, ca, *a.* paleontological.
paleontólogo, *m.* paleontologist.
paleozoico, ca, *a.* Paleozoic.
paleozoología, *f.* paleozoölogy.
paleozoólogo, *m.* paleozoölogist.
paleria, *f.* art and business of draining.
palero, *m.* shoveler; ditcher, drainer; pioneer; shovel maker or seller.
palestina, *f.* (print.) two-line small pica.
palestino, na, *n.* & *a.* Palestinian.
palestra, *f.* wrestling court, palæstra; gymnasium; tournament, competition.
paléstrico, ca, *a.* pert. to a wrestling place.
palestrita, *m.* wrestler, athlete.
paleta, *f. dim.* little shovel; fire shovel; (cooking) iron ladle; (mason.) trowel; (anat.) shoulder blade; (hydraul.) paddle board; blade; (art) palette.—**de p.,** opportunely.—**en dos paletas,** (coll.) shortly, briefly.
paletada, *f.* trowelful of mortar.
paletazo, *m.* thrust of a bull's horn.
paletear, *vn.* (naut.) to row ineffectively; to revolve without gaining speed.
paleteo, *m.* flapping of oars or paddles.
paletilla, *f. dim.* of PALETA; (anat.) cartilage of the sternum or xiphoid; shoulder blade; low candlestick.
paleto, *m.* fallow deer; rustic, hayseed.
paletó, *m.* overcoat, greatcoat.
paletón, *m.* bit of a key.
paletoque, *m.* paletocque, defensive jacket.
pali, *m.* Pali, an ancient language of India.
palia, *f.* (eccl.) altar cloth; curtain or screen before the tabernacle; pall.
paliación, *f.* palliation, extenuation.
paliadamente, *adv.* dissemblingly.
paliar, *va.* to palliate, extenuate, excuse.
paliativo, va; paliatorio, ria, *a.* palliative, mitigating; that may be palliated.
palidecer, *vn.* (*ind.* PALIDEZCO; *subj.* PALIDEZCA) to pale, turn pale.
palidez, *f.* paleness, pallor.
pálido, da, *a.* pallid, pale, ghastly.
paliducho, cha, *a.* palish.
palillo, *m. dim.* small stick; knitting needle case; toothpick; bobbin for network or lace; drumstick; tobacco stem; (coll.) chitchat.—*pl.* small pins put on the billiard table in certain games; rudiments, first principles; (coll.) trifles; castanets.
palimpsesto, *m.* palimpsest.
palingenesia, *f.* palingenesis, rebirth.
palinodia, *f.* palinode, public recantation.
palio, *m.* cloak, mantle; (eccl.) pallium; pall; canopy; prize for racing.
palique, *m.* (coll.) chitchat, small talk.
palisandro, *m.* (bot.) palisander, rosewood.
palitoque, plaitroque, *m.* rough little stick.
paliza, *f.* cudgelling, caning, bastinado.
palizada, *f.* palisade; paling; (fort.) stockade.
palma, *f.* palm tree; leaf of a palm tree; palmetto; palm of the hand; (vet.) under surface of the hoof; emblem of victory or martyrdom; pre-eminence.—**p. brava,** (P. I.) (bot.) fan palm.—**p. indiana,** (bot.) coconut palm.—**p. real,** (bot.) royal palm.—**andar en palmas,** to be universally applauded.—**ganar** or **llevarse la p.,** to carry the day; to win the prize.—**liso como la p. de la mano,** smoothly, easily, without any trouble.
palmáceo, a. I. *a.* (bot.) palmaceous. **II.** *f. pl.* Phœnicaceæ, Palmaceæ, palms.
palmacristi, *f.* (bot.) castor-oil plant.
palmada, *f.* pat; hand, applause.
[1]**palmar,** *vn.* (coll.) to die.
[2]**palmar. I.** *a.* pert. to palms; measuring a PALMO; obvious, evident. **II.** *m.* palm grove; fuller's thistle.

palmario, ria, *a.* clear, obvious, evident.
palmatoria, *f.* ferule; small candlestick.
palmeado, da, *a.* (ornith.) web-footed, palmated; (bot.) palmate.
palmear, *va.* to clap (the hands); to applaud.
palmejar, *m.* (naut.) thick stuff.
palmeo, *m.* measuring by PALMOS.
palmera, *f.* (bot.) palm tree; (bot.) date palm
palmeral, *m.* date palm plantation.
palmero, *m.* palm keeper; palmer, pilgrim.
palmeta, *f.* ferule; slap with the ferule.—**ganar la p.,** to get ahead.
palmetazo, *m.* blow with a ferule.
palmiche, *m.* fruit of a palm tree.
palmífero, ra, *a.* (poet.) bearing or abounding in palms.
palmilla, *f.* blue woollen cloth; (shoe) inner sole.
palmípedo, da. I. *a.* web-footed, palmiped. **II.** *f. pl.* Palmatæ, palmipeds.
palmitato, *m.* (chem.) palmitate.
palmítico, ca, *a.* (chem.) palmitic.
palmitiesc, *a.* flat-hoofed (horse).
palmitina, *f.* (chem.) palmitin.
[1]**palmito,** *m.* (bot.) dwarf fan palm; palmetto or its root; (Cuba) sprout of a palm.
[2]**palmito,** *m.* woman's face.
palmo, *m.* span, measure of length (8 inches).—**p. a p.,** inch by inch.—**p. menor,** palm, hand, handbreadth (4 inches); span-farthing (boy's game).—**dejar a uno con un p. de narices,** to disappoint one; to leave one out in the cold.
palmotear, *vn.* to clap hands, applaud.
palmoteo, *m.* hand clapping, applause.
palo, *m.* stick; pole; timber, log; wood (material); (Am.) tree; blow with a stick; whack; execution on the gallows; suit at cards; stalk of fruit, pedicle; hook of a letter; (her.) pale; (naut.) mast.—*pl.* billiard pins (= PALILLOS); blows, cudgeling.—**p. áloe,** (bot.) aloes wood, eagle wood.—**p. brasil,** Brazil wood.—**p. campeche,** campeche, logwood.—**p. codal,** stick hung around the neck as a penance.—**p. de Campeche** = P. CAMPECHE.—**p. de hule,** rubber tree.—**p de jabón,** quillai, soap bark.—**p. del Brasil** = P. BRASIL.—**p. de mesana,** (naut.) mizzenmast.—**p. de planchar,** ironing board.—**p. de rosa,** rosewood; tulipwood.—**p. de tinte** = P. CAMPECHE.—**p. de trinquete,** (naut.) foremast.—**p. dulce,** licorice.—**p. mayor,** (naut.) mainmast.—**p. santo,** lignumvitæ.—**palos de marca,** (naut.) spar buoys.—**a. p. seco,** (naut.) under bare poles.—**dar (de) palos,** to drub, thrash, club, beat.
paloma, *f.* pigeon; dove; meek, mild person; (**P-,** astr.) Columba; (naut.) sling of a yard.—*pl.* whitecaps.—**p. brava,** rock dove.—**p. buchona,** pouter pigeon.—**p. copetuda,** capuchin (pigeon).—**p. mensajera,** carrier or homing pigeon.—**p. silvestre,** stock dove.—**p. torcaz,** ringdove, wood pigeon.—**p. zorita,** wood pigeon.
palomadura, *f.* (naut.) boltrope tie.
[1]**palomar,** *a.* hard-twisted (twine).
[2]**palomar,** *m.* pigeon house, dovecot.
palomariego, ga, *a.* (of pigeons) domestic.
palomear, *vn.* to shoot or breed pigeons.
palomera, *f.* small dovecot; bleak place.
palomería, *f.* pigeon shooting.
palomero, ra. I. *a.* having long iron points. **II.** *n.* pigeon seller or fancier.
palomilla, *f. dim.* young pigeon; grain moth; little butterfly; chrysalis; backbone of a horse; peak of a packsaddle; milk-white horse; journal bearing; wall bracket; (print.) galley rack; (bot.) common fumitory.—*pl.* whitecaps.
palomina, *f.* pigeon dung; (bot.) fumitory; a variety of black grape.
palomino, *m.* young pigeon; palomino (horse).
palomo, *m.* cock pigeon.
palón, *m.* (her.) guidon.
palotada, *f.* stroke with a drumstick.—**no dar p.,** not to do or say a thing right.
palote, *m.* drumstick; down-stroke, in penmanship.
paloteado, *m.* a rustic dance with sticks; noisy scuffle.
palotear, *vn.* to strike sticks against one another; to wrangle.
paloteo, *m.* fight with sticks.
palpabilidad, *f.* palpability.
palpable, *a.* palpable, obvious, evident.
palpablemente, *adv.* palpably, evidently.
palpación, palpadura, *f.*; **palpamiento,** *m.* feeling (of something), touching; palpableness; (med.) palpation.
palpar. I. *va.* to feel (of), to touch; to see as self-evident; (med.) to palpate. **II.** *vn.* to feel by touching; to grope in the dark.
pálpebra, *f.* eyelid.
palpebral, *a.* palpebral, pert. to eyelids.
palpitación, *f.* palpitation; throbbing.
palpitante, *a.* vibrating, palpitating.
palpitar, *vn.* to palpitate, beat, throb, quiver.
palpo, *m.* (zool.) palpus, palp, feeler.
palta, *f.* (bot.) avocado (fruit).
palto, *m.* (bot.) avocado (tree).
paludamento, *m.* (Rom. hist.) paludamentum, a cloak.
palúdico, ca, *a.* miasmatic; malarial.
paludismo, *m.* (med.) paludism; malaria.
paludoso, sa, *a.* marshy, swampy, fenlike.
palumbario, *a.* dove hunting (goshawk).
palurdo, da. I. *a.* rustic, rude. **II.** *n.* boor, rustic.
[1]**palustre,** *a.* marshy, fenlike, boggy.
[2]**palustre,** *m.* trowel.
palustrillo, *m.* (mason.) angle float.
pallador, *m.* (S. A.) minstrel, roving singer.
pallaquear, pallar, *va.* (Peru) to extract the richest part of an ore.
pallete, *m.* (naut.) fender, paunch mat.
pallón, *m.* assay button of gold.
pamandabuán, *m.* (P. I.) pambanmanche, snake boat, a large dugout.
pamela, *f.* low-crowned, wide-brimmed woman's straw hat.
pamena, *f.* (coll.) trifle, bagatelle.
pampa, *f.* pampa, extensive plain.—**estar a la p.,** (Arg., Colomb.) to be outdoors.
pámpana, *f.* vine leaf.—**tocar,** or **zurrar, la p.,** (coll.) to thrash.
pampanada, *f.* juice of vine shoots.
pampanaje, *m.* plenty of vine shoots; vain show.
pampanilla, *f.* trunks, loin cloth.
pámpano, *m.* young vine branch or tendril; (ichth.) pompano.
pampanoso, sa, *a.* full of tendrils.
pampeano, na. I. *a.* of or from the pampas. **II.** *n.* pampa man (woman).
pampear, *vn.* to travel in or over the pampas.
pampero, ra. I. *n.* pampa man (woman). **II.** *m.* (S. A.) violent southwest wind.
pampirolada, *f.* garlic sauce; (coll.) silly thing.
pamplina, *f.* (bot.) chickweed; pimpernel; yellow poppy; (coll.) frivolity, trifle.
pamplinada, *f.* trifle, silly or foolish talk.
pamporcino, *m.* (bot.) cyclamen, sowbread.
pamposado, da, *a.* lazy, idle; cowardly.
pampringada, *f.* toast soaked in gravy; (coll.) nonsense.
pan, *m.* bread; pie crust; anything in the shape of a loaf, cake, etc.; wheat; wafer; leaf of gold or silver.—*pl.* breadstuffs.—**p. ázimo,** unleavened bread.—**p. bazo,** brown bread.—**p. candeal,** white bread.—**p. casero,** homemade bread.—**p. cenceño,** unleavened bread.—**p. de azúcar,** loaf sugar; sugar loaf.—**p. de centeno,** black bread.—**p. de cera virgen,** cake of white wax.—**p. de flor,** bread made from the choicest flour.—**p. de higos,** fig cake.—**p. de jabón,** cake of soap.—**p. de la boda,** bridecake, wedding cake.—**p. de maíz,** corn bread, corn pone.—**p. de oro,** gold leaf.—**p. desmigado** or **rallado,** bread crumbs.—**p. duro,** stale bread.—**panes de proposición,** (bib.) shewbread.—**p.**

integral, whole-wheat bread.—**p. perdido**, (coll.) good-for-nothing, lazybones.—**p. porcino**, (bot.) sowbread.—**p. seco**, dry bread.—**p. terciado**, ground rent paid in grain (two-thirds wheat and one-third barley).—**p. tierno**, fresh bread.—**p. y quesillo**, (bot.) shepherd's purse.—**con su p. se lo coma**, let him take the consequences, let him do it for all I care, it's his funeral.—**ganarse el p.**, to earn one's bread and butter, earn a living.—**llamar al pan pan y al vino vino**, to call a spade a spade.—**vender como p. bendito** or **caliente**, to sell like hot cakes.
pana, *f.* plush, velveteen, corduroy; (naut.) limberboard.
pánace, *f.* (bot.) opopanax.
panacea, *f.* panacea; (pharm.) catholicon.
panadear, *vn.* to make bread.—**panadeo**, *m.* baking bread.
panadería, *f.* bakery.
panadero, ra. I. *n.* baker. **II.** *f.* baker's wife. **III.** *m. pl.* a kind of dance.
panadizo, *m.* whitlow, felon; (coll.) pale-faced, sickly person.
panado, da, *a.* pert. to PANETELA.
panal, *m.* honeycomb; hornet's nest; a sweetmeat.—**p. saetero**, honeycomb made across the hive.
Panamá, *m.* Panama; (**p.**) Panama hat.
panameño, ña, *n.* & *a.* Panamanian.
panamericanismo, *m.* Pan-Americanism.
panamericanista, *n.* Pan-Americanist.
panamericano, na, *a.* Pan-American.
panarizo, *m.* = PANADIZO.
panarra, *m.* (coll.) dolt, simpleton.
panatela, *f.* sponge cake; panatela (cigar).
panática, *f.* (naut.) provision of bread.
[1]**panca**, *f.* (Am.) corn husk.
[2]**panca**, *f.* (P. I.) a fishing-boat.
pancada, *f.* sale of job lot of things; kick.
pancarpia, *f.* garland of flowers.
pancarta, *f.* panchart, written records.
pancera, *f.* (armor) belly plate.
pancista, (pol.) one who is on the fence.
panco, *m.* (P. I.) coasting vessel.
pancraciasta, *m.* contestant in a pancratium.
pancracio, *m.* pancratium, athletic contest.
pancreas, *m.* (anat.) pancreas.—**pancreático, ca**, *a.* pancreatic.—**pancreatina**, *f.* pancreatin.
[1]**pancho**, *m.* (ichth.) spawn of the sea bream.
[2]**pancho**, *m.* (coll.) paunch, belly.
panda, *f.* gallery of a cloister; (zool.) panda (bear).
pandear, *vn.* to bend, warp, belly, bulge out.
pandectas, *f. pl.* (com.) index book; (Rom. law) pandects, collection of legal materials; code of laws.
pandemia, *f.* (med.) pandemic, an epidemic attacking the majority of people.
pandémico, ca, *a.* pandemic.
pandemónium, *m.* pandemonium.
pandeo, *m.* bulge, bulging.
pandera, *f.* (mus.) tambourine.
panderada, *f.* collection of tambourine players; (coll.) nonsense.
panderazo, *m.* blow with a tambourine.
pandereta, *f. dim.* tambourine.
panderete, *m. dim.* small tambourine.
panderetear, *vn.* to play on the tambourine.—**pandereteo**, *m.* beating the tambourine; merriment.—**panderetero, ra**, *n.* tambourine maker, seller, or player.
pandero, *m.* PANDERA; paper kite; (coll.) silly talker.
pandiculación, *f.* pandiculation.
pandilla, *f.* party, faction; gang, set; picnic.
pandillero, ra, *n.* = PANDILLISTA; (Am.) gangster.
pandillista, *n.* fomenter of factions; leader or member of a gang.
pando, da, *a.* bulged; slow of motion.
pandorga, *f.* (coll.) fat, bulky woman; kite.
panecico, illo, ito, *m.* roll (bread).
panegírico, ca. I. *a.* panegyrical. **II.** *m.* panegyric, eulogy.
panegirista, *m.* panegyrist, eulogist.
panegirizar, *va.* to panegyrize, eulogize.
panel, *m.* (art, elec.) panel.
panela, *f.* small biscuit; (Colomb.) unrefined brown sugar; (her.) panel.
panera, *f.* granary; pannier; bread basket.
panero, *m.* baker's basket.
paneslavismo, *m.* Pan-Slavism.
paneslavista. I. *a.* Pan-Slavic. **II.** *n.* Pan-Slavist.
panetela, *f.* panada, broth with toast boiled in it; (Am.) sponge cake; panetela (cigar).
panetería, *f.* pantry of the royal palace.
panetero, *m.* (anc.) pantler, person in charge of a royal pantry.
pánfilo, *m.* slow, sluggish, heavy person.
pangelín, *m.* (bot.) angelin tree.
pangénesis, *f.* (biol.) pangenesis.
pangenético, ca, *a.* pangenetic.
pangermanismo, *m.* Pan-Germanism.
pangermanista. I. *a.* Pan-German, Pan-Germanic, Pan-Germanistic. **II.** *n.* Pan-German, Pan-Germanist.
pangolín, *m.* (zool.) pangolin, a scaly anteater.
panhelénico, ca, *a.* Panhellenic.
panhelenismo, *m.* Panhellenism.
panhelenista. I. *a.* Panhellenic, Panhellenist. **II.** *n.* Panhellenist.
paniaguado, da, *n.* servant; employee; protégé.
pánico, ca, *a.* & *m.* panic.
paniculado, da, *a.* (bot.) paniculate.
panículo, *m.* (bot.) panicle; pellicle, membrane.
paniego, ga. I. *a.* eating or yielding much bread. **II.** *m.* burlap bag for charcoal.
panificación, *f.* panification, making of bread.
panificar, *va.* (*pret.* PANIFIQUÉ; *subj.* PANIFIQUE) to make into bread; to convert pasture land into cornfields.
panilla, *f.* an oil measure (¼ lb.).
panique, *m.* large Australian herbivorous bat.
panislamismo, *m.* Pan-Islamism.
panislamista. I. *a.* Pan-Islamic, Pan-Islamist. **II.** *n.* Pan-Islamist.
panizo, *m.* (bot.) panic grass; Indian corn; (Chile) mineral bed.
panmixia, *f.* (biol.) panmixia.
panocha, panoja, *f.* (bot.) ear of grain; (bot.) panicle; bunch of anchovies.
panoplia, *f.* panoply; collection of arms.
panóptico, ca. I. *a.* panoptical. **II.** *m.* (Am.) penitentiary; panopticon.
panorama, *m.* panorama.
panorámico, ca, *a.* panoramic; pictorial.
panoso, sa, *a.* mealy.
panqué, panqueque, *m.* (cook.) pancake, griddlecake, hot cake.
panspermia, *f.* panspermy, bio-genetic theory.
pantalán, *m.* (P. I.) wooden or bamboo pier.
pantaletas, *f. pl.* (Am.) pantalets, panties.
pantalón, *m.* (gen. *pl.*) pantaloons, trousers, (coll.) pants; panties.—**p. acampando**, bell-bottom trousers.—**p. bombacho**, wide, balloon trousers.
pantalla, *f.* lamp shade; screen; person or object that obstructs the view; (movie) screen; (coll., P. R.) earring.—**p. de cine**, movie screen.—**p. de radar**, radar screen, radar scope.—**p. de televisión**, television screen.—**p. de vidrio**, glass shade.
pantanal, *m.* swampy, marshy ground.
pantano, *m.* swamp, marsh, bog; reservoir, dam; hindrance, obstacle, difficulty.
pantanoso, sa, *a.* swampy, marshy, miry; full of difficulties.
pantasana, *f.* fishing seine.
panteísmo, *m.* pantheism.
panteísta, *n.* & *a.* pantheist(-ic).
panteístico, ca, *a.* pantheistic.

panteón, *m.* pantheon.
pantera, *f.* (zoöl.) panther; (min.) yellow agate.
pantográfico, ca, *a.* pantographic.
pantógrafo, *m.* pantograph, copying instrument.
pantómetra, *f.* a kind of measuring compass.
pantomima, *f.* pantomime.
pantomímico, ca, *a.* pantomimic.
pantomimo, *m.* mimic, pantomimist.
pantoque, *m.* (naut.) bilge or flat of the ship.
pantorra, *f.* (coll.) fat calf of the leg.
pantorrilla, *f.* calf of the leg.
pantorrillera, *f.* padded stocking.
pantorrilludo, da, *a.* having thick calves.
pantoscópico, ca, *a.* (opt.) pantoscopic.
pantufla, *f.*, **pantuflo,** *m.* slipper, baboosh.
pantuflazo, *m.* blow with a slipper.
panucho, *m.* (Mex.) bean-and-meat pie with corn-meal crust.
panudo, da, *a.* (Cuba) (of ripe fruit, esp. alligator pear) firm, not soft.
panza, *f.* belly, paunch; belly of a vase; rumen or paunch of ruminants.
panzada, *f.* (coll.) bellyful; push or hit with the belly.
panzón, zona. I. *a.* big-bellied. **II.** *m.* big belly, paunch, pot belly.
panzudo, da, *a.* big-bellied, pot-bellied.
pañal, *m.* (baby's) diaper; tail of a shirt.—*pl.* swaddling clothes; infancy.—**estar en pañales,** to have little knowledge; to be in its, or one's, infancy.
pañería, *f.* drapery; clothing store.
pañero, *m.* woollen draper; clothier.
pañete, *m. dim.* inferior or light cloth; (Colomb.) plastering.—*pl.* trunks worn by fishermen; linen attached to the crucifix below the waist.
pañito, pañizuelo, *m. dim.* small cloth.
paño, *m.* cloth, woollen stuff; by extension, any woven stuff; tapestry, drapery, hanging; kitchen cloth; wash cloth; blearedness; livid spot on the face; spot in looking-glasses, crystals, or precious stones; (naut.) canvas, sailcloth; (sewing) breadth.—*pl.* clothes, garments.—**p. burdo,** shoddy cloth.—**p. catorceno,** a kind of coarse cloth.—**p. de lágrimas,** one who sympathizes and consoles.—**p. de manos,** towel.—**p. de mesa,** tablecloth.—**p. pardillo** = P. BURDO.—**paños calientes,** inefficient efforts or means; half measures.—**paños menores,** underclothes; dishabille.—**al p.,** (theat.) outside, without.
pañol, *m.* (naut.) storeroom.—**p. de las velas,** sail room.—**p. del contestable,** gunner's room.—**p. de pólvora,** magazine.—**p. de proa,** boatswain's storeroom.
pañolería, *f.* handkerchief shop or factory.
[1]**pañolero, ra,** *n.* handkerchief maker or seller.
[2]**pañolero,** *m.* (naut.) yeoman.
pañoleta, *f.* triangular shawl.
pañolón, *m.* large square shawl.
pañosa, *f.* cloak.
pañoso, sa, *a.* ragged, tattered.
pañuelo, *m.* handkerchief; kerchief; shawl.—**p. de bolsillo,** pocket handkerchief.—**p. de hierbas,** bandanna.
[1]**papa,** *m.* (eccl.) Pope; (coll.) papa.
[2]**papa,** *f.* potato; (Peru) lump of native silver.
[3]**papa,** *f.* hoax.—*pl.* pap; (coll.) food, "grub."
papá, *m.* (coll.) papa; (Mex.) grandfather.—**papacito,** *m. dim.* (coll.) dad, daddy, papa dear.
papada, *f.* double chin; gill; dewlap.
papadilla, *f. dim.* flesh under the chin.
papado, *m.* papacy.
papafigo, *m.* (ornith.) figpecker, beccafico.
papagayo, *m.* (ornith.) parrot; (ichth.) rock bass; (bot.) three-colored amaranth; white arum, calla; (C. A.) violent northeast wind.
papahigo, *m.* winter cap; (naut.) lower sail.
papahuevos, *m.* (coll.) simpleton, blockhead.
papaína, *f.* (chem.) papain.
papal, *a.* papal.
[1]**papalina,** *f.* cap with flaps; coif.
[2]**papalina,** *f.* (coll.) fit of drunkenness.
papalmente, *adv.* in a papal manner.
papalote, *m.* (Cuba) kite.
papamoscas, *m.* (ornith.) flycatcher, flyeater; (coll.) ninny.
papanatas, *m.* (coll.) dolt, simpleton, ninny.
papandujo, ja, *a.* (coll.) too soft, overripe.
papar, *va.* to swallow without chewing; (coll.) to eat; to pay little attention to.—**p. moscas,** or **viento,** to gape.
páparo, ra, *n.* ancient Indian of Panama; gawk, gump.
paparrabias, *n.* (coll.) testy, fretful person.
paparrasolla, *f.* hobgoblin, bugbear.
paparrucha, *f.* (coll.) fake, humbug; nonsense, silliness.
papasal, *m.* a boys' game; trifle, bagatelle.
papaveráceo, a, *a.* (bot.) papaveraceous.
papaya, *f.* (bot.) papaw, pawpaw; papaya.
papayo, *m.* (bot.) papaw tree; papaya tree.
pápaz, *m.* (in Africa) Christian priest.
papazgo, *m.* popedom, pontificate.
papel, *m.* paper; piece of paper; document; (commercial, legal) paper; writing, treatise, discourse. pamphlet, tract; (theat.) part, rôle; character, figure.—**p. alquitranado,** tar paper.—**p. carbón,** carbon paper.—**p. cebolla,** onionskin.—**p. continuo,** paper in rolls.—**p. corrugado,** corrugated paper.—**p. costero,** outside quires.—**p. cuadriculado,** graph paper, cross-section paper.—**p. cuché,** coated paper, art paper.—**p. de añafeo,** brown paper.—**p. de barbas,** untrimmed paper.—**p. de calcar,** tracing paper.—**p. de cartas,** letter paper, (Am.) stationery.—**p. de cúrcuma,** (chem.) turmeric paper.—**p. de China,** China paper.—**p. de entapizar,** wall paper, paper hanging.—**p. de escribir,** writing paper.—**p. de Estado,** government bond.—**p. de estaño,** tin foil.—**p. de estraza,** brown paper, wrapping paper.—**p. de filtrar,** filter paper.—**p. de fumar,** cigarette paper.—**p. de lija,** sandpaper.—**p. de luto,** mourning paper.—**p. de marca,** plate paper.—**p. de marquilla,** bristol board, drawing paper.—**p. de oficio,** foolscap.—**p. de periódico,** newsprint.—**p. de seda,** tissue paper.—**p. de tornasol,** litmus paper.—**p. esmeril,** emery paper.—**papeles mojados,** worthless documents.—**p. higiénico,** toilet paper.—**p. jaspeado,** marbled paper.—**p. marca mayor,** royal paper.—**p. marquilla,** bristol board, drawing paper.—**p. moneda,** paper money.—**p. para excusados,** toilet paper.—**p. pintado,** printed wallpaper, paper hanging.—**p. rayado,** ruled paper.—**p. reactivo,** test paper, litmus paper.—**p. secante,** blotting paper.—**p. sellado** or **timbrado,** official stamped paper.—**p. tela,** tracing paper.—**p. viejo,** waste paper.—**p. vitela,** vellum paper.—**p. volante,** flyer, throwaway, printed leaflet.—**hacer buen (mal) p.,** to make a good (bad) showing.—**hacer p.,** to cut a figure, play a part, impersonate.
papelear, *vn.* to search or look over papers; (coll.) to cut a figure.
papeleo, *m.* act of looking over papers; paper work, red tape.
papelera, *f.* writing desk, paper case; collection or bunch of written papers.
papelería, *f.* stationery; stationery shop; heap of papers.
papelero, ra, *n.* paper maker; stationer.
papeleta, *f.* card, check, slip; ballot, ticket; paper bag (for money or sweetmeats); (fam., fig.) a hard nut to crack, a hard person to deal with.
papelillo, *m. dim.* bit of paper; cigarette.
[1]**papelina,** *f.* wine goblet; (coll.) fit of drunkenness.
[2]**papelina,** *f.* poplin.
papelista, *n.* keeper of documents; papermaker; stationer; paper hanger.

papelito, *m. dim.* small paper; curl paper.
papelón, na. I. *a.* boastful, ostentatious. **II.** *m. aug.* poster, bill; paper board; boaster; (Am.) raw sugar.
papelonear, *vn.* (coll.) to boast, pretend.
papelote, papelucho, *m.* scurrilous article.
papera, *f.* goiter; mumps.
papero, *m.* pot in which pap is made.
papialbillo, *m.* (zool.) weasel.
papila, *f.* (med. and bot.) papilla.
papilar, *a.* papillary; papillose.
papilionáceo. I. *a.* (bot.) papilionaceous. **II.** *f. pl.* Papilionaceæ.
papiloma, *m.* (med.) papilloma.
papilla, *f.* pap; guile, deceit, artifice.
papión, *m.* a kind of large monkey.
papiráceo, cea, *a.* papyraceous, papery.
papiro, *m.* (bot.) papyrus.
papirolada, *f.* garlic sauce.
papirotada, *f.*; **papirotazo, papirote,** *m.* fillip.
papisa, *f.* papess.
papismo, *m.* (der.) papistry, popery, papalism.
papista. I. *a.* Papist, Papistic; (der.) popish. **II.** *n.* Papist.
[1]**papo,** *m.* double chin; anterior lower part of an animal's neck, external throat; fowl's gizzard; puff in garments.—**p. de viento,** (naut.) small sail.
[2]**papo,** *m.* (bot.) thistledown.
papón, *m.* bogeyman, hobgoblin.
paporrear, *va.* to horsewhip, whip, flog, scourge.
papú, *n.* & *a.* Papuan.
papudo, da, *a.* doubled-chinned.
papujado, da, *a.* (of fowls) full-gorged; swollen, puffed up.
pápula, *f.* (med.) papule, small non-suppurative eruption.
papuloso, sa, *a.* (med.) papular, papulous.
paquebote, *m.* (naut.) passenger and mail liner.
paquete, *m.* packet, package, parcel, pack; bundle of papers; (coll.) dandy, dude; (naut.) packet boat.—**p. de duelas,** shooks, set of staves for a barrel.—**servicio de paquetes postales,** parcel post.
paquetería, *f.* (com.) retail trade or shop.
paquidermo, ma. I. *a.* thick-skinned; pachydermatous. **II.** *m.* (zool.) pachyderm.
par. I. *a.* equal; on a par; homologous, corresponding; even (number). **II.** *m.* pair, couple; team; peer; (arch.) angle rafter; (elec.) cell; (mech.) couple.—**p. de fuerzas,** (mech.) couple.—**p. de giro,** (aer.) torque.—**p. de perdices,** brace of partridge.—**p. de pistolas,** brace of pistols.—**p. de torsión** or **p. motor,** (elec.) torque.—**pares o nones,** odd or even (a game).—**p. termoeléctrico,** thermocouple.—**a la p.,** jointly, equally; (com.) par; at par; (horse racing) in a dead heat.—**a pares,** two and two, by pairs.—**de p. en p.,** (of a door, etc.) wide open.—**estar al p. de,** to be on a par with, be equal to.—**ir a la p.,** to go halves, have an equal share.—**sin p.,** peerless, incomparable. **III.** *f. pl.* (anat., zool.) placenta.
para, *prep.* for, to, in order to, toward, wherefore, to the end that.—**p. con,** toward, with.—**p. entre los dos,** between you and me.—**p. eso,** for that, for that matter.—**¿p. qué?** what for? what is the use?—**p. que,** so that, in order that.—**p. siempre,** for ever.—**dije p. mi capote,** I said to myself.—**estar p.,** to be on the point of, about to.—**sin qué ni p. qué,** without motive, without rime or reason.—**tengo p. mí,** it is my opinion.
parabién, *m.* congratulation, felicitation, greeting.
parabiosis, *f.* (biol.) parabiosis.
parablasto, *m.* (biol.) parablast.
parábola, *f.* parable; (geom.) parabola.
parabolano, na, *n.* one who uses parables.
parabólico, ca, *a.* parabolic.
paraboloide, *m.* (geom.) paraboloid.
parabrisa, *m.* (auto) wind shield.
paracaídas, *m.* parachute.
paracaidista, *m.* parachutist, paratrooper; *pl.* (mil.) paratroops.
paracentesis, *f.* (surg.) paracentesis, tapping.
Paracleto, Paráclito, *m.* Paraclete, Holy Ghost.
paracomando, *m.* paratrooper, paracommando.
paracronismo, *m.* parachronism.
parachispas, *m.* (elec.) spark arrester.
parachoques, *m.* (auto) bumper.
parada, *f.* stop (as of a train); stay, suspension, pause; (mil.) halt, halting; parade; review; stall, fold for cattle; relay of horses; dam, bank; stakes, bet; (fencing) parry.—**p. en firme,** or **en seco,** dead stop.—**doblar la p.,** to double the stake or bid.—**llamar de p.,** to hold game at bay.
paradera, *f.* sluice, floodgate; fishing seine.
paradero, *m.* halting place; (Cuba) (Ry.) station, depot; landing, terminus; whereabouts.
paradeta, illa, *f.* short pause.—*pl.* a kind of dance.
paradigma, *m.* example, paradigm.
paradigmático, ca, *a.* paradigmatic, exemplary.
paradilla, *f.* (Chile) a short pause.
paradina, *f.* round inclosure.
paradisíaco, ca, *a.* paradisiacal, paradisaical.
paradislero, *m.* huntsman in wait; newsmonger.
parado, da. I. *pp.* of PARAR. **II.** *a.* shy; slow, spiritless, indolent; unoccupied; (of a clock) stopped; shut down (as a factory); (Am.) standing. **III.** *a.* & *n.* unemployed.
paradoja, *f.* paradox.
paradojo, ja; paradójico, ca, *a.* paradoxical.
parador. I. *n.* one who stops or halts; heavy bettor. **II.** *m.* hostelry, inn, road house.
parafernales.—**bienes p.,** (law) paraphernalia.
parafina, *f.* paraffin.
parafraseador, ra, *n.* paraphraser.
parafrasear, *va.* to paraphrase.
paráfrasis, *f.* paraphrase.
parafraste, *m.* paraphrast.
parafrásticamente, *adv.* paraphrastically.
parafrástico, ca, *a.* paraphrastic.
paragénesis, *f.* (geol.) paragenesis, formation of minerals in close contact.
paragoge, *f.* (gram.) paragoge (addition of a letter or syllable at the end of a word).
paragógico, ca, *a.* paragogic.
paragolpes, *m.* (Arg.) (auto) fender.
paragonar, *va.* to compare, to hold equal to.
parágrafo, *m.* paragraph; additional clause.
paraguas, *m.* umbrella.
Paraguay, *m.* Paraguay; (**p.**) (ornith.) kind of Paraguayan parrot.
paraguayano, na; paraguayo, ya, *n.* & *a.* Paraguayan.
paragüería, *f.* umbrella shop.
paragüero, ra. I. *n.* umbrella maker, repairer or seller. **II.** *m.* umbrella stand.
para-hidrógeno, *m.* (chem.) para-hydrogen.
parahuso, *m.* = PARAÚSO.
paraíso, *m.* paradise; heaven; (theat., coll.) "nigger heaven," upper gallery.—**p. de bobos,** air castles.—**p. terrenal,** Paradise, garden of Eden.
paraje, *m.* place, spot; condition, state.
paral, *m.* scaffolding pole, prop, or post; (naut.) launching ways.
paraláctico, ca, *a.* parallactic.
paralaje, *f.* (astr.) parallax.
paraldehido, *m.* (chem.) paraldehyde (hypnotic used in medicine).
paralelar, *va.* to parallel; to compare.
paralelepípedo, *m.* (geom.) parallelepiped.
paralelismo, *m.* (geom.) parallelism.
paralelo, la. I. *a.* parallel; similar; corresponding. **II.** *m.* parallel, resemblance; (geog.) parallel. **III.** *f.* (geom. and fort.) parallel.
paralelogramo, *m.* (geom.) parallelogram.
paralicé, paralice, *v. V.* PARALIZAR.
Paralipómenos, *m. pl.* Paralipomena, Book of Chronicles.
paralipse, *f.* (rhet.) paralipsis.
parálisis, *f.* (med.) paralysis.—**p. cerebral,**

(med.) cerebral palsy.—**p. infantil,** (med.) infantile paralysis, poliomyelitis.
paraliticado, da, *a.* paralyzed, palsied.
paraliticar, *vn.* to become paralyzed, become palsied.
paralítico, ca, *n.* & *a.* paralytic.
paralización, *f.* paralyzation; immobilization; (com.) stagnancy, stagnation.
paralizado, da, *a.* (com.) dull, stagnant, flat.
paralizador, ra, *a.* paralyzing.
paralizar, *va.* (*pret.* PARALICÉ; *subj.* PARALICE) to paralyze; to impede, stop; immobilize.
paralogismo, *m.* (logic) paralogism.
paralogizar, *vn.* to paralogize, reason falsely.
paramagnético, ca, *a.* paramagnetic.
paramagnetismo, *m.* (phys.) paramagnetism.
paramecio, *m.* (zool.) paramecium.
paramentar, *va.* to adorn, bedeck, embellish.
paramento, *m.* ornament, hanging; trappings, caparison; (arch.) face, surface.—**paramentos sacerdotales,** (eccl.) robes and ornaments.
paramera, *f.* desert, moor; bleak place.
parámetro, *m.* (geom.) parameter.
paramilitar, *a.* paramilitary.
páramo, *m.* paramo, high, bare and cold region of tropical South America.
paramorfismo, *m.*; **paramorfosis,** *f.* (min.) paramorphism.
parancero, *m.* birdcatcher.
parangón, *m.* comparison.
parangona, *f.* (print.) paragon type.
parangonar, *va.* to compare.
paranínfico, *a.* (arch.) having statues of nymphs.
paraninfo, *m.* paranymph; harbinger of felicity; salutatorian; hall for college exercises.
paranoia, *f.* (med., psych.) paranoia.
paranoico, ca, *n.* & *a.* paranoiac, paranoid.
paranza, *f.* hut or blind for huntsmen.
parao, *m.* (P. I.) a large passenger vessel.
parapara, *f.* fruit of the PARAPARO.
paraparo, *m.* (Venez.) (bot.) soapbark tree.
parapetarse, *vr.* to hide behind a parapet.
parapeto, *m.* (mil.) parapet, breastwork; rails or battlements on bridges and quays.
paraplejía, *f.* (med.) paraplegia.
parapléjico, ca, *n.* & *a.* paraplegic.
parapoco, *n.* (coll.) numskull; timid person.
[1]**parar. I.** *va.* to stop, detain, check; to prepare, get ready; to stake, bet (at cards); to point at (game); to treat or use ill; to place, fix (as the attention); (fencing) to parry.—**p. la oreja,** (Am.) to prick up one's ears.—**p. mientes en,** to consider carefully. **II.** *vn.* to stop, halt; (of a watch) to stop; to land; to go from one to another; to come into the possession of; to happen; to come to an end; (**en**) to become, end (in), be transformed (into); to stop or stay (at), lodge; (of a train) to stop, have its terminus (at).—**ir a p. a,** or **en,** to become, end in, finally to get to. **III.** *vr.* to stop, halt; to be ready to face a danger; to desist, waver, pause; (Am.) to stand up.—**no p. en pelillos,** not to stop at trifles.—**sin p.,** instantly, without delay.
[2]**parar,** *m.* lansquenet, a card game.
pararrayos, *m.* lightning rod.
parasceve, *m.* parasceve, Jewish Sabbath eve.
paraselene, *f.* (meteorol.) paraselene, mock moon.
parasemo, *f.* figurehead of a vessel.
parasimpático, ca, *n.* & *a.* (anat., physiol.) parasympathetic.
parasismo, *m.* paroxysm, fit.
parasitario, ria, *a.* = PARASÍTICO.
parasiticida, *m.* parasiticide.
parasítico, ca, *a.* parasitic.
parasitismo, *m.* parasitism.
parásito, ta. I. *a.* parasitic. **II.** *m.* (zool., bot.) parasite; *pl.* (rad.) strays; *n.* (fig.) parasite.—**parásitos atmosféricos,** atmospherics, static.
parasitología, *f.* parasitology, science of treating parasites.
parasitólogo, *m.* parasitologist.
parasol, *m.* parasol, sunshade.
parástade, *m.* (arch.) anta, pilaster.
parata, *f.* built terrace.
paratifoidea, *f.* paratyphoid.
paratiroideo, dea, *a.* parathyroid.
paratiroides, *m.* & *a.* (anat.) parathyroid.
parausar, *va.* to drill with a brace drill.
paraúso, *m.* brace drill.
parazonio, *m.* Greek dagger or short sword.
parca, *f.* (poet.) fate, death.
parcamente, *adv.* sparingly, parsimoniously.
parce, *m.* premium card in schools.
parcela, *f.* parcel of land, plot, area.
parcelar, *va.* to divide into lots.
parcelario, ria, *a.* pertaining to parceled lands.
parcial, *a.* partial.—**parcialidad,** *f.* partiality, bias; party, faction.—**parcialmente,** *adv.* partially, partly.
parcidad, *f.* parsimony, frugality.
parcionero, *m.* partner, participant.
parcísimo, ma, *a.* (*super.* de PARCO) scantiest, most sparing; most moderate, very moderate.
parco, ca, *a.* sparing, scanty; sober, moderate, parsimonious.
parcha, *f.* (Am.) (bot.) any passifloraceous plant.
parchazo, *m. aug.* large plaster; (coll.) deception, jest; (naut.) flapping of sails.
parche, *m.* (pharm.) plaster, sticking plaster; (mil.) drum-head; drum; (shoemaking, aer.) patch; botch.—**pegar un p.,** (coll.) to play a scurvy trick.
parchesí, *m.* parche(e)si (game).
parchista, *n.* sponger, petty borrower.
pardal. I. *a.* rustic. **II.** *m.* (ornith.) sparrow, linnet; (zool.) leopard; (bot.) aconite, wolfsbane; crafty fellow.
pardear, *vn.* to be or show grayish or drab.
pardela, *f.* (ornith.) web-footed gull-like bird.
¡pardiez! *interj.* (coll.) by Jove! by Jupiter!
pardillo. I. *m.* (ornith.) linnet; a kind of grape, and wine made from it. **II.** *a.* grayish, brown (cloth).
pardisco, ca, *a.* = PARDUSCO.
pardo, da. I. *a.* brown; dark gray; dark; cloudy; (Cuba) colored (people). **II.** *n.* (Cuba) mulatto; darky. **III.** *m.* (zool.) leopard.
pardusco, ca, *a.* grayish, grizzly.
pareado, *m.* (poet.) couplet.—**p. heroico,** heroic couplet.
parear, *va.* to match, mate, pair, couple.
parecer. I. *vn.* (*ind.* PAREZCO; *subj.* PAREZCA) to appear, show up, turn up; to seem, look like.—**parece mentira,** it seems incredible, it's hard to believe.—**a lo que parece,** or **según parece,** according to appearances, as it seems.—**al p.,** apparently, to all appearances.—**no parece sino que,** it seems certain that. **II.** *vr.* to resemble each other, to look alike. **III.** *m.* opinion; look, mien; appearance.—**por el bien p.,** to save appearances.
parecido, da. I. *pp.* of PARECER. **II.** *a.* found; (a) resembling, like, similar (to).—**bien (mal) p.,** good- (bad-) looking. **III.** *m.* resemblance, likeness.
pareciente, *a.* similar; apparent.
pared, *f.* wall; close field of barley; garden edging or fence of box.—**p. maestra,** main wall.—**p. medianera,** party wall, partition wall.—**entre cuatro paredes,** confined, retired; imprisoned.—**hasta la p. de enfrente,** to the limit; with all one's heart and might.—**las paredes oyen,** walls have ears.
paredaño, ña, *a.* having a wall between.
paredón, *m. aug.* thick wall; standing wall.
paregórico, ca, *m.* & *a.* (pharm.) paregoric.
pareja, *f.* pair; couple; twosome; brace; match; dancing partner; team, pair of soldiers or policemen.—**parejas mixtas,** (games) mixed doubles.—**correr parejas, or a las parejas,** to be on a par, to go together.
parejo, ja, *a.* equal, even, smooth; (horse racing) neck and neck.—**por p.,** or **por un p.,** on equal

terms, on a par, evenly; indistinguishably, without distinction.
parejura, *f.* evenness; equality; similarity.
parénesis, *f.* admonition, exhortation.
parenético, ca, *a.* admonitory.
parénquima, *m.* (zool., bot.) parenchyma.
parenquimatoso, sa, *a.* (zool., bot.) parenchymatous, parenchymous.
parentela, *f.* kindred, kinsfolk, relations.
parentesco, *m.* kindred, relationship; tie, bond.
paréntesis, *m.* parenthesis; parenthetical statement or expression; digression.—**entre,** or **por, p.,** parenthetically, by the bye.
pareo, *m.* pairing, coupling, matching.
parergón, *m.* additional ornament.
pares, *f. pl.* placenta, afterbirth.
paresa, *f.* peeress.
paresia, *f.* (med.) paresis.
parestesia, *f.* (med.) paresthesia.
parestésico, ca, *a.* paresthetic.
parético, ca, *a.* paretic.
parezco, parezca, *v. V.* PARECER.
pargo, *m.* (ichth.) braize, porgy.
parhelia, *f.,* **parhelio,** *m.* parhelion, mock sun.
parhilera, *f.* (arch.) ridgepole, ridgepiece.
paria, *m.* pariah, outcast.
parias, *f.* tribute by one prince to another; placenta.
parición, *f.* parturition (of cattle).
parida. I. *f.* woman lately delivered of a baby. **II.** *a.* having recently brought forth offspring (app. to women and animals).
paridad, *f.* parity, equality, comparison.
paridera. I. *a.* fruitful, prolific. **II.** *f.* place where cattle bring forth their young; parturition.
pariente, ta, *n.* relation, relative, kinsman (-woman); (coll.) appellation given by husband and wife to each other.
parietal, *a.* pertaining to walls; (anat.) parietal.
parietaria, *f.* (bot.) wall pellitory.
parificación, *f.* exemplification, illustration.
parificar, *va.* to exemplify, illustrate.
parihuela, *f.* handbarrow; litter; stretcher.
pario, ria, *n.* & *a.* Parian.
parir, *va.* & *vn.* to give birth, bring forth young; to produce, to cause; to publish.—**poner a p.,** to constrain, force (a person).
parisiense, *a.* & *n.* Parisian.
parisilábico, ca, *a.* (gram.) parisyllabic.
parisílabo, ba, *a.* (gram.) parisyllabic.
parla, *f.* easy delivery, loquacity, talk.
parlador, ra, *n.* chatterer.
parladuría, *f.* loquacity, talk, gossip.
parlaembalde, *n.* (coll.) chatterbox.
parlamentar, *vn.* to converse; (mil.) to parley.
parlamentariamente, *adv.* parliamentarily.
parlamentario, ria. I. *a.* parliamentary, parliamentarian. **II.** *m.* member of parliament; (mil.) flag of truce, cartel.
parlamentarismo, *m.* parliamentarism.
parlamento, *m.* parliament; legislative body; (mil.) parley, flag of truce; (theat.) speech.
parlanchín, china. I. *a.* chattering, jabbering. **II.** *n.* chatterer, jabberer; (Am., coll.) flibbertigibbet.
parlante, *a.* speaking, talking.
parlar, *vn.* to speak with ease; to chatter, talk.
parlatorio, *m.* chat, parley; parlor; locutory.
parlería, *f.* loquacity, garrulity; gossip; tale; jest; chirping of birds; purling of brooks.
parlerillo, illa; ruelo, la, *a. dim.* of PARLERO.
parlero, ra, *a.* loquacious, talkative; expressive (eyes); chirping (birds); bubbling (brooks).
parleta, *f.* chat, small talk.
parlón, na, *a.* loquacious, garrulous.
parlotear, *vn.* to prattle, prate, chatter.—**parloteo,** *m.* chat, prattle, talk.
parmesano, na, *n.* & *a.* Parmesan.
Parnaso, *m.* Parnassus; anthology; assemblage of poets.
parnés, *m.* (coll.) money, cash.
[1]**paro,** *m.* (ornith.) titmouse; coaltit.
[2]**paro,** *m.* lockout.—**p. forzoso,** unemployment (not caused by strike or lockout).
parodia, *f.* parody.—**parodiar,** *va.* to parody.
paródico, ca, *a.* parodic, parodical, of or pertaining to parody or burlesque.
parodista, *n.* parodist, writer of parodies.
parola, parolina, *f.* (coll.) fluency, volubility; chat, idle talk.
pároli, *m.* paroli (as at faro).
paronimia, *f.* (gram.) paronymy.
parónimo, ma, *a.* (gram.) paronymous.
paronomasia, *f.* (rhet.) paronomasia; pun.
paronomástico, ca, *a.* paronomastic, punning.
parótida, *f.* (anat.) parotid gland; (med.) mumps.
parotídeo, dea, *a.* parotid.
parotiditis, *f.* (med.) parotitis, mumps.
paroxismal, *a.* paroxysmal.
paroxismo, *m.* (med.) paroxysm.
paroxítono, na. I. *a.* (gram.) paroxytone (having an acute accent on the next to last syllable). **II.** *m.* (gram.) paroxytone (word).
parpadear, *vn.* to wink; to blink.
parpadeo, *m.* winking, blinking.
párpado, *m.* eyelid.
parpalla, *f.* milled copper piece.
parpar, *vn.* to quack (as a duck).
parque, *m.* park; paddock; (mil.) park; **(Am.)** ammunition; (Am.) parking area (for cars).—**p. de atracciones** or **diversiones,** amusement park.—**p. de bomberos,** firehouse.—**p. nacional,** national park.—**p. zoológico,** zoölogical garden, zoo.
parqueadero, *m.* (Am.) parking place.
parquear, *va.* & *vn.* (Angl.) (auto) to park.
parquedad, *f.* parsimony; sparseness.
parquímetro, *m.* parking meter (for cars).
[1]**parra,** *f.* honey jar.
[2]**parra,** *f.* grapevine.
parrado, da. I. *pp.* of PARRAR. **II.** with extended vines.
párrafo, *m.* paragraph; paragraph mark (**§** or ¶).
parragón, *m.* standard silver for assayers.
[1]**parral,** *m.* bower of grapevines; vineyard having vines with long shoots.
[2]**parral,** *m.* large earthen jar for honey.
parranda, *f.* revel, carousal.—**andar, estar,** or **ir, de p., parrandear,** *vn.,* to go on a lark; to have a gay time.
parrandero, ra; parrandista. I. *a.* fond of carousing. **II.** *n.* carouser, reveler.
parrar, *vn.* to spread out in branches.
parresia, *f.* (rhet.) parrhesia.
parricida, *n.* parricide (murderer).
parricidio, *m.* parricide (murder).
[1]**parrilla,** *f.* earthen jug.
[2]**parrilla,** *f.* gridiron, broiler, toaster; (furnace) grate; grillroom.
parriza, *f.,* wild grapevine.
parro, *m.* (ornith.) duck.
párroco, *m.* (eccl.) parson.
parrón, *m.* = PARRIZA.
parroquia, *f.* (eccl.) parish; parochial church; congregation and clergy of a parish; (com.) good will, custom, customers, clientele.
parroquial. I. *a.* parochial. **II.** *f.* parochial church.
parroquialidad, *f.* parochial right.
parroquiano, na. I. *a.* parochial. **II.** *n.* (eccl.) parishioner; (com.) customer, client.
parsi. I. *n.* Parsi, a Zoroastrian. **II.** *a.* Parsic.
parsimonia, *f.* parsimony, economy, frugality; moderation.
parsimonioso, sa, *a.* parsimonious, economical, frugal; sober, moderate, prudent.
parsismo, *m.* Parsiism.
parte. I. *f.* part; portion; share; place, spot; **right** or left side; cause, party; sense given to words or acts; (law) party; (theat.) part, character, rôle.—*pl.* parts, talents, endowments; (coll.) the genitals.—**p. alícuota,** aliquot part.—**p. de la oración,** part of speech.—**p. interesada,** party in interest.—**p. por p.,** part by part, distinctly.—**partes pudendas, púdicas,** or

vergonzosas, genitals, privy parts.—**a partes,** by parts, or in parts.—**dar p.,** to inform, notify.—**de algún tiempo a esta p.,** for some time past.—**de mi p.,** on my part; on my side; for me, in my name.—**de p. a p.,** from side to side, through.—**de p. de,** from, by command of, in the name of; in behalf of.—**de una p. . . . de otra p.,** on the one hand . . . on the other hand.—**en alguna p.,** somewhere.—**en gran p.,** largely.—**en ninguna p.,** nowhere.—**en p.,** partly, in part.—**en partes** = A PARTES.—**en todas partes,** everywhere.—**hacer de su p.,** to do one's best, to do one's part.—**ir a la p.,** to go shares.—**la mayor p. de,** most of.—**la tercera (cuarta,** etc.) **p.,** one-third (-fourth, etc.).—**no ser p. en,** not to be a party to, to have nothing to do with.—**por mi parte,** as for me, as far as I am concerned.—**por otra p.,** on the other hand.—**por p. de,** on the part of.—**por partes,** by parts, one thing at a time.—**por todas partes,** on all sides; everywhere. **II.** *m.* communication, communiqué, despatch, report, telegram, telephone message. **III.** *adv.* in part, partly.

partear, *va.* to assist (women) in childbirth.

partenogénesis, *f.* (biol.) parthenogenesis.

partenogenético, ca, *a.* parthenogenetic.

partera, *f.* midwife.

partería, *f.* midwifery.

partero, *m.* accoucheur.

[1]**partesana,** *f.* partisan.

[2]**partesana,** *f.* a kind of halberd.

partesanero, *m.* pikeman, halberdier.

partible, *a.* divisible, separable.

partición, *f.* division, distribution.

particionero, ra, *a.* participant.

participación, *f.* participation, share; communication; (com.) copartnership.

participante. I. *a.* participating, sharing; notifying. **II.** *n.* participant, sharer; notifier.

participar. I. *va.* to notify, communicate. **II.** *vn.* **(de)** to share (in); **(en)** to participate, take part (in).

partícipe. I. *a.* participant, sharing. **II.** *n.* participator; partner.

participial, *a.* (gram.) participial.

participio, *m.* (gram.) participle.

partícula, *f.* particle.—**p. alfa,** (phys.) alpha particle.—**p. beta,** (phys.) beta particle.—**partículas de polvo,** specks.

particular. I. *a.* particular, peculiar, special; personal; private; individual; odd, extraordinary. **II.** *m.* private person, individual; topic, point.—**en p.,** particularly.

particularidad, *f.* particularity, peculiarity; individuality; friendship, intimacy; detail.

particularismo, *m.* (theol.) particularism; (philos.) individualism.

particularizar. I. *va.* to particularize, itemize, specify. **II.** *vr.* **(en)** to have as a characteristic, to be distinguished (by).

particularmente, *adv.* particularly; privately; individually; especially.

partida, *f.* departure; passing away, death; item in an account, charge, entry, record, annotation; parcel, lot; (one) game; money staked; certificate (of birth, marriage, death); (mil.) squad; guerrilla; faction; band, gang; (coll.) conduct, behavior, turn; (com.) shipment, lot, consignment.—**p. de campo,** picnic.—**p. de caza,** hunting match.—**p. de defunción,** death certificate.—**p. de matrimonio,** marriage certificate.—**p. de nacimiento,** birth certificate.—**p. doble,** (com.) double entry.—**p. serrana,** (coll.) bad turn.—**p. simple,** (com.) single entry.—**las siete Partidas,** the laws of Castile, compiled by King Alphonso X.

partidamente, *adv.* separately, distinctly.

partidario, ria. I. *a.* partisan, adherent, addicted. **II.** *m.* partisan; follower; advocate party man; district physician.—**partidarismo** *m.* partisanship.—**partidarista,** *m.* & *f.* defender of partisanship.

partidismo, *m.* = PARTIDARISMO.

partidista, *m.* & *f.* = PARTIDARISTA.

partido, da. I. *pp.* of PARTIR. **II.** *a.* cleft, divided; broken; (her.) party, parted, or parti per pale. **III.** *m.* (pol.) party; advantage, profit; game, contest, match; odds, handicap; persons who play a game; treaty, agreement; means to an end; territorial division or district; circuit in charge of a physician or surgeon.—**sacar p. de,** to turn to advantage, to take advantage of.—**tomar p.,** to take sides; to make up one's mind; to join (a party, army, etc.).

partidor, *m.* divider, cleaver; divisor.

partija, *f.* partition, division.

partil, *a.* said of astrological aspects.

partimento, partimiento, *m.* = PARTICIÓN.

partir. I. *va.* to split; to divide; to cut, cleave; to break, crush, crack; to attack in combat or battle; (arith.) to divide; to divide in two.—**p. abierto,** to uncover (a beehive to make the bees swarm).—**p. cerrado,** to divide (a beehive) when it is full.—**p. la diferencia,** to split the difference. **II.** *vn.* to depart, leave; to start, reckon (from).—**a p. de,** starting from **III.** *vr.* to break; to become divided.

partitivo, va, *a.* (gram.) partitive.

partitura, *f.* (mus.) score.

[1]**parto,** *m.* childbirth, parturition, labor; newborn child; production, creation, product; expected and important event.—**el p. de los montes,** the mountain labored and brought forth a mouse, great expectations that came to little.—**estar de p.,** to be in labor.

[2]**parto, ta,** *n.* & *a.* Parthian.

parturición, *f.* parturition.

parturienta, parturiente, *a.* parturient.

párulis, *m.* (med.) gumboil.

parva, *f.* heap of unthrashed corn; multitude, large quantity; light breakfast.

parvedad, *f.* smallness, minuteness; light breakfast.

parvero, *m.* long heap of corn for winnowing.

parvidad, *f.* = PARVEDAD.

parvo, va, *a.* small, little.

parvulez, *f.* smallness; simplicity.

parvulico, ica, illo, illa, ito, ita. I. *a. dim.* very little. **II.** *n.* tot, little child.

párvulo, la. I. *a.* very small; innocent; humble, low. **II.** *n.* child.

[1]**pasa,** *f.* passage of birds; (naut.) channel

[2]**pasa,** *f.* raisin; (Am.) wool or kinky hair of Negroes.—**p. de Corinto,** currant.—**p. gorrona,** large-sized raisin.

pasabalas, *m.* (mil.) ball caliber gauge.

pasacalle, *m.* (mus.) lively march.

pasada, *f.* passage, passing; pace, step.—**de p.,** on the way; hastily, cursorily.—**mala p.,** (coll.) bad turn, mean trick.

pasadera, *f.* stepping-stone; (naut.) furling line, sea gasket.

pasaderamente, *adv.* passably.

pasadero, ra. I. *a.* supportable, sufferable; passable, tolerably good. **II.** *m.* stepping-stone.

pasadillo, *m.* two-face embroidery.

pasadizo, *m.* alley; passage; corridor, hall, aisle.

pasado, da. I. *pp.* of PASAR. **II.** *a.* past; last (*la semana pasada,* last week); stale; (of fruit) spoiled; antiquated, out of date or fashion.—**pasado mañana,** day after tomorrow. **III.** *m.* past; (mil.) deserter going over to the enemy. —*pl.* ancestors.

pasador, ra. I. *n.* one who goes across; smuggler. **II.** *m.* door bolt; window fastener; pin; woman's brooch; hatpin or bodkin; peg, sneck, bolt-pin, linchpin, cotter; sieve, colander; (naut.) marlinespike, splicing fid.

pasadura, *f.* passage, transit.

pasagonzalo, *m.* (coll.) flick, quick, light stroke.

pasaje, *m.* passage; journey, voyage; road, way; passage money, fare; number of passengers in a ship; (naut.) strait, narrows; (mus.) transition or change of voice; passage in a book or writing.

—**p. gratuito,** (U. S., coll.) Annie Oakley, free ticket.
pasajero, ra. I. *a.* (of a thoroughfare) with constant passing (of people); passing, transient, transitory; provisional. **II.** *n.* traveler, passenger.
pasamanar, *va.* to trim with passementerie.
pasamanería, *f.* passementerie (work, trade, and shop).
pasamanero, ra, *n.* passementerie maker.
pasamano, *m.* passementerie; handrail, banister; (naut.) gangway.
pasamiento, *m.* passage, transit.
pasante. I. *a.* (her.) passant. **II.** *n.* student assistant of a physician or lawyer; tutor, coach. —**p. de pluma,** barrister's clerk.
pasantía, *f.* profession of a PASANTE.
pasapán, (coll.) = GARGÜERO, gullet, windpipe.
pasapasa, *m.* legerdemain, hocus-pocus.
pasaporte, *m.* passport; free license; (mil.) furlough.
pasar. I. *va.* (*pp.* PASADO, PASO) to pass; to take across, put through, carry over; to pass, hand; to go to, in, by, across, over, around, beyond, through, or the like; to move from place to place; to pierce, run through; to smuggle; to advance, promote; to change, transform; to exceed, surpass; to distance, outdo, outrun, outstrip; to convey, transfer; to suffer, bear, undergo; to stroke, rub; to swallow (food or drink); to omit, overlook; to tolerate; to study with a private teacher; to study as an assistant practitioner; to give private lessons; to study or rehearse (a lesson); to study, read; to dry or desiccate (as fruit); to pass, spend (as time).—**p. a cuchillo,** to put to the sword.—**p. el rato,** to kill time.—**p. en claro,** to omit.—**p. (la) lista,** to call the roll.—**pasarlo,** to get along, do, be (ref. health).—**pasarlo bien,** to have a good time.—**p. plaza de,** to set up as.—**p. por alto,** to overlook.—**p. por las armas,** to shoot (as a penalty).—**¿cómo lo pasa Vd.?** how are you? how do you do?—**que lo pase Vd. bien,** good-bye, good luck.—**¿que (le) pasa?,** what's the matter with (him)? **II.** *vn.* to pass; to live; to manage, get along; to last, endure; to pass away, die; to be salable or marketable (as goods); to be current (as money); (at cards) to pass.—**p. a** (*inf.*), to proceed to (*inf.*)—**p. de,** to exceed.—**p. de largo,** to pass by without stopping; to read cursorily.—**p. por,** (foll. by *n.* or *a.*) to be considered as, to be taken for; (foll. by *adv.*) to come, go, call, around (*¿puede Vd. pasar por acá mañana?*, can you come around, call in, here tomorrow?).—**p. por encima de,** to overcome; to go over the head of. —**p. sin,** to do without. **III.** *v. imp.* to pass, happen, turn out. **IV.** *vr.* to go over to another party; to cease, finish; to be spent or stale, lose its force; to slip from one's memory; to become tainted (as meat) or spoiled (as fruit); to go too far; to exceed; to burn out (as a fire); to be overcooked; to permeate, go through; to graduate at college; to blot (as paper).—**p. de,** to be too (*pasarse de paciente,* to be too patient).
pasatiempo, *m.* pastime, amusement.
pasavante, *m.* safe-conduct; (com.) permit.
pasavolante, *m.* hasty action.
pasavoleo, *m.* returning the ball over the line.
pascua, *f.* Jewish Passover; (eccl.) each of the Church holidays—Easter, Twelfth-night, Pentecost, and Christmas.—**p. de flores, de resurrección,** or **florida,** Easter (Sunday).—*pl.* Christmas holidays or season.—**dar las pascuas,** to wish merry Christmas.—**estar como una p.,** to be as merry as a cricket.—**felices pascuas,** merry Christmas.
pascual, *a.* (eccl.) paschal.
pascuilla, *f.* first Sunday after Easter.
pase, *m.* permit, pass; (fencing) venue, thrust.
paseadero, *m.* walk, avenue, mall.
paseador, ra. I. *a.* fond of walking. **II.** *n.* stroller, promenader.
paseante, *n.* promenader, stroller.—**p. encorte,** idle fellow.
pasear. I. *vn.* & *vr.* to take a walk; to ride, drive or sail for pleasure; to promenade; to make a pleasure trip; to walk up and down, pace. **II.** *va.* to take out to walk (as a child).
paseata, *f.* (coll.) walk, airing; ride.
paseo, *m.* walk, promenade; stroll; drive; ride; mall; turnout, parade.—**dar un p.,** to take a walk, ride, etc.—**echar, or enviar, a p.,** to send one about one's business; to dismiss or reject rudely or without ceremony.
pasera, *f.* place where fruit is dried; drying.
paserino, na, *m.* & *a.* (ornith.) passerine.
[1]**pasero, ra,** *n.* seller of raisins.
[2]**pasero, ra,** *n.* pacing mule or horse.
pasicorto, ta, *a.* short-stepped.
pasiego, ga, *n.* highlander of Santander.
pasiflóreo, a, *a.* (bot.) passifloraceous.
pasilargo, ga, *a.* long-stepped.
pasillo, *m. dim.* short step; passage, corridor; aisle; (sewing) basting stitch.
pasión, *f.* passion, emotion; (eccl.) passion.
pasional, *a.* passional, passionate; emotional.
pasionaria, *f.* (bot.) passion flower.
pasionario, *m.* (eccl.) passion book.
pasionero, ra; pasionista, *n.* (eccl.) passion singer.
pasito. I. *m. dim.* short step. **II.** *adv.* gently, softly.—**p. a p.,** very leisurely or gently.
pasitrote, *m.* short trot.
pasivamente, *adv.* passively.
pasivo, va. I. *a.* passive; inactive, unresponsive; pert. to a pension (for services); (gram.) passive. **II.** *m.* (com.) liabilities.
pasmar. I. *va.* to cause a spasm; to benumb, stun; to astound; to chill, deaden. **II.** *vr.* **(de)** to wonder, marvel (at); to suffer from lockjaw; (of plants) to freeze.
pasmarota, pasmarotada, *f.* feigned spasm; exaggerated admiration or astonishment.
pasmo, *m.* spasm; (med.) lockjaw, tetanus; astonishment; wonder, prodigy.
pasmosamente, *adv.* wonderfully.
pasmoso, sa, *a.* marvelous, wonderful.
[1]**paso, sa,** *a.* dried (fruit).
[2]**paso. I.** *m.* pace, step; pass, way, passage; passing; gait, walk; step of a staircase; step, measure, or diligence; footstep; incident, accident, occurrence; (mech.) pitch; passage in a writing; (theat.) curtain raiser, sketch; progress, improvement; death.—*pl.* basting stitches.—**p. a nivel,** (Ry.) grade crossing.—**p. a p.,** step by step.—**p. de andadura,** ambling.—**p. de tortuga,** snail pace, extreme slowness.—**p. ligero,** (mil.) double quick.—**abrir p.,** to open a passage, make way.—**abrirse p.,** to get through.—**a buen p.,** at a good rate, step, or gait.—**a cada p.,** at every step, frequently.—**a ese p.,** at that rate.—**al p.,** in passing.—**al p. que,** while, whereas.—**a pocos pasos,** at a short distance.—**apretar el p.,** to hasten.—**de p.,** in passing; on the way, as a transient; migratory.—**llevar el p.,** to keep step.—**marcar el p.,** to mark time.—**más que de p.,** hastily, in a hurry.—**prohibido el p.,** no trespassing, keep out.—**salir del p.,** to get out of the difficulty; to "get by."—**seguir los pasos a,** to follow (the steps of); to trail; to watch.—**seguir los pasos de,** to walk in the footsteps of. **II.** *adv.* softly, gently.
paspié, *m.* a kind of dance.
pasquín, *m.* pasquinade, lampoon.
pasquinada, *f.* pasquinade.
pasquinar, *va.* to ridicule, lampoon, satirize.
pássim, *adv.* passim, in various places.
pasta, *f.* paste; batter; dough; pie crust; soup paste; noodles; bullion for coining; board binding (for books); pulp (in paper).—**p. de dientes,** toothpaste.—**p. de guayaba,** guava paste. —**buena p.,** good disposition.
pastadero, pastal, *m.* pasture, grazing field.

pastar. I. *vn.* to pasture, graze. II. *va.* to lead (cattle) to graze.
pasteca, *f.* (naut.) snatch block.
pastel, *m.* pie; (bot.) woad; ball or cake of woad; cheating; combine, plot; (print.) pi or pie; blotted print; (art) pastel.—**al p.,** pastel (painting).
pastelear, *vn.* (coll.) to "trim" politically.
pastelejo, *m. dim.* small pie.
pastelería, *f.* pastry shop; pastry.
pastelero, ra, *n.* pastry cook; political trimmer.
pastelillo, ito, *m. dim.* patty; tart, cake.
pastelista, *n.* (f. a.) pastelist.
pastelón, *m. aug.* meat or pigeon pie.
pasterización, *f.* pasteurization.
pasterizar, *va.* to pasteurize.
pastero, ra, *n.* one who throws the mass of crushed olives into baskets.
pasteurizar, etc. = PASTERIZAR, etc.
pastilla, *f.* tablet, lozenge, drop; cake (as of soap).—**p. de menta,** peppermint drop.
pastinaca, *f.* (bot.) parsnip; (ichth.) sting ray.
pastizal, *m.* pasture ground for horses.
pasto, *m.* pasture, grazing; grass for feed; pasture ground; pabulum, food.—**p. espiritual,** spiritual nourishment.—**pastos comunes,** common fields.—**a p.,** abundantly, plentifully; excessively.—**a todo p.,** freely, abundantly and unrestrictedly.
pastor, ra, *n.* shepherd (-ess); pastor, clergyman.
pastoral. I. *a.* pastoral; rural, rustic. II. *f.* pastoral; idyll.
pastoralmente, *adv.* pastorally.
pastorcico, illo, ito, *m. dim.* little shepherd.
pastorear, *va.* to pasture; to keep, tend (sheep); to feed (souls).
pastorela, *f.* (mus. and poet.) pastoral.
pastoreo, *m.* pasturing, tending flocks.
pastoría, *f.* pastoral life; shepherds.
pastoricio, cia, pastoril, *a.* pastoral.
pastorilmente, *adv.* pastorally.
pastosidad, *f.* mellowness, softness.
pastoso, sa, *a.* pasty, soft, mellow, doughy; (art) softly painted.
pastura, *f.* pasture, pasturage; fodder.
pasturaje, *m.* common pasturage; duty paid for pasturage.
pata, *f.* (zool.) paw, foot; foot and leg (of beasts); (coll. and humor.) human leg or foot; leg of a piece of furniture, an instrument, etc.; pocket flap; (ornith.) duck, female of the drake.—**p. de cabra,** crowbar, nail puller; (shoemaking) heel burnisher.—**p. de gallina,** radial crack in trees; beginning of rot.—**p. de gallo,** ridiculous saying, bull; crow's-foot wrinkles near the eye. —**p. es la traviesa,** tit for tat.—**patas arriba,** topsy-turvy, heels over head; upside down; on one's back.—**a cuatro patas,** on all fours. —**a la p. coja,** hopscotch.—**a la p. la llana,** plainly, unaffectedly.—**a p.,** (coll.) on foot.—**bailar una p.,** to jump for joy.—**en cuatro patas,** on all fours.—**enseñar la p.,** to show one's ignorance.—**meter la p.,** (coll.) to intermeddle, butt in; to put one's foot in it, make a break.—**quedar, salir,** or **ser, p.,** or **patas,** to be a tie or draw.
pataca, *f.* (bot.) Jerusalem artichoke.
pataco, ca, = PATÁN.
patacón, *m.* silver dollar.
patache, *m.* (naut.) tender.
patada, *f.* kick; (coll.) step, pace; footstep, track.
patagón, na, *n.* & *a.*; **patagónico, ca,** *a.* Patagonian.
patagorrillo, lla, *n.* hash of livers and lights.
patagua, *f.* (bot.) Am. linden, whitewood.
pataje, *m.* = PATACHE.
patalear, *vn.* to kick about violently; to stamp both feet repeatedly.—**pataleo,** *m.* kicking; stamping the feet; pattering, tramp.
pataleta, *f.* (coll.) fainting fit; convulsion.
pataletilla, *f.* a kind of pirouette.
patán, na. I. *a.* churlish, rustic; unmannerly. II. *n.* churl, rustic; unmannerly person.
patanada, *f.* incivility, rudeness; rude or discourteous act.
patanería, *f.* churlishness, rusticity, rudeness; incivility.
patarata, *f.* trash; humbuggery; paltry trifle.
pataratero, ra, *n.* humbugger, humbug.
patarráez, *m.* (naut.) preventer shroud.
patata, *f.* (bot.) potato.—**patatal, patatar,** *m.* potato patch.—**patatero, ra.** I. *a.* fond of potatoes. II. *n.* potato seller.
patatús, *m.* (coll.) swoon, fainting fit.
patax, *m.* (naut.) = PATACHE, tender.
pateador, ra, *a.* kicking (horse).
pateadura, *f.*, **pateamiento,** *m.* kicking, stamping of the feet; severe reprimand, dressing down.
patear, *va.* & *vn.* (coll.) to kick; stamp the foot; to tramp; to be very angry.
patelar, *a.* (anat.) patellar.
patena, *f.* large medal worn by countrywomen; (eccl.) paten.
patentar, *va.* to patent.
patente. I. *a.* patent, manifest, evident. II. *f.* patent; privilege, exclusive grant, warrant, commission.—**p. de corso,** letters of marque.—**p. de chofer,** driver's license.—**p. de sanidad,** (naut.) bill of health.—**p. limpia,** clean bill of health.
patentemente, *adv.* clearly, visibly, obviously.
patentizar, *va.* to make evident.
pateo, *m.* (coll.) kicking; stamping of feet.
pátera, *f.* patera, shallow dish or saucer.
paternal, *a.* paternal, fatherly.
paternalismo, *m.* paternalism.
paternalista. I. *a.* paternalistic. II. *m.* paternalist.
paternalmente, *adv.* paternally, fatherly.
paternidad, *f.* paternity, fatherhood.
paterno, na, *a.* paternal, fatherly.
paternóster, *m.* Lord's Prayer; paternoster, big tight knot.
pateta, *m.* (coll.) nickname given to a lame person; (coll.) devil, old Nick.—**se lo llevó p.,** the deuce took it.
patéticamente, *adv.* pathetically.
patético, ca, *a.* pathetic, touching; plaintive.
patetismo, *m.* pathos.
patiabierto, ta, *a.* straddling, bowlegged.
patiabillo, *m.* (zool.) weasel.
patialbo, ba; patiblanco, ca, *a.* white-footed.
patibulario, ria, *a.* harrowing.
patíbulo, *m.* gibbet, gallows; scaffold.
patico, *m.* dim. young duck, duckling.
paticojo, ja, *a.* (coll.) lame, crippled, limping.
patidifuso, sa, *a.* (coll.) astounded.
patiestevado, da, *a.* bowlegged.
patihendido, da, *a.* cloven-footed.
patilla, *f. dim.* small foot; manner of playing on the guitar; (naut.) spike of the rudder; chape of a buckle; pocket flap; trigger; (Am.) watermelon.—*pl.* side whiskers; (coll.) the devil.
[1]**patín,** *m. dim.* small court or yard.
[2]**patín,** *m.* (ornith.) goosander, a kind of duck.
[3]**patín,** *m.* skate; (aer.) skid.—**p. de cola,** (aer.) tail skid.—**p. de ruedas,** roller skate.
pátina, *f.* (metal. and art) patina; film.
patinadero, *m.* skating place; skating rink.
patinador, ra, *n.* skater.
patinamiento, *m.* (of vehicles) skidding.
patinar, *vn.* to skate; (of vehicles) to skid.
patinazo, *m.* skid; (fig.) slip, boner, blunder.
patinejo, *m. dim.* small skate.
patio, *m.* yard, court yard; (theat.) pit.
patita, *f. dim.* small foot or leg.—**poner de patitas en la calle,** to discharge, "bounce."
patitieso, *a.* (coll.) stiff-legged; astounded, stupefied, surprised; stiff, haughty.
patito, *m. dim.* young duck, duckling.
patituerto, ta, *a.* crook-legged, knock-kneed; crooked, lopsided.
patizambo, ba, *a.* knock-kneed, bowlegged.
pato, *m.* (ornith.) duck.—**p. de flojel,** eider duck.—**p. negro,** mallard.—**pagar el p.,** to

suffer undeserved punishment, to be the scapegoat.
patochada, *f.* blunder, nonsense.
patogenia, *f.* (med.) science treating of pathogenesis.
patógeno, na, *a.* (med.) pathogenic.
patojear, *vn.* (Cuba) to waddle in walking.
patojo, ja. I. *a.* waddling, like a duck; (Am.) lame. **II.** *n.* (C. A.) street urchin.
patología, *f.* pathology.
patológico, ca, *a.* pathologic.
patólogo, *m.* (med.) pathologist.
patón, na, *a.* large-footed; clumsy-footed.
patraña, *f.* fabulous story, fake, humbug.
patria, *f.* native country, fatherland.
patriarca, *m.* patriarch.—**patriarcado,** *m.* patriarchate.—**patriarcal,** *a.* patriarchal.
patriciado, *m.* patriciate, patrician rank.
patricio, cia, *n.* & *a.* patrician.
patrimonial, *a.* patrimonial.
patrimonio, *m.* patrimony, inheritance.
patrio, tria, *a.* native; home (as *a.*); paternal.
patriota, *m.* patriot.
patriotería, *f.* exaggerated patriotism.
patriotero, ra, *n.* exaggerated patriot.
patriótico, ca, *a.* patriotic.
patriotismo, *m.* patriotism.
patrística, *f.* (eccl.) patristics.
patrístico, ca, *a.* (eccl.) patristic.
patrocinador, ra. I. *a.* sponsoring. **II.** *n.* patron, sponsor; *f.* patroness.
patrocinar, *va.* to patronize, sponsor; to protect, favor.
patrocinio, *m.* protection, patronage; sponsorship, auspices.—**bajo el p.,** under the auspices.
patrología, *f.* (eccl.) patrology, patristics.
patrón, na. I. *n.* patron(-ess); protector; host (-ess); landlord (-lady); patron saint. **II.** *m.* master, boss; pattern, model; standard; (naut.) skipper.—**p. de bote,** or **p. de lancha,** (naut.) cockswain, coxswain.—**p. de oro,** gold standard.—**kilogramo, metro,** etc., **p.,** standard kilogram, meter, etc. **III.** *f.* galley following that of the commodore.
patronado, da. I. *a.* (eccl.) having a patron. **II.** *m.* = PATRONATO.
patronal, *a.* patronal, protecting; pertaining to employers, employers' (as *a.*).
patronato, patronazgo, *m.* patronage, guardianship; employers' association.
patronear, *va.* to steer (a trading vessel).
patronímico, ca. I. *a.* patronymic. **II.** *m.* patronymic, surname.
patrono, na, *n.* patron, protector, defender; tutelary; lord (lady) of the manor; employer.
patrulla, *f.* patrol; gang, band, squad.
patrullar, *va.* to patrol.
patuá, *m.* (Gal.) patois, jargon.
patudo, da, *a.* (coll.) having large feet or paws.
patulea, *f.* (coll.) soldiery or disorderly folks.
patullar, *vn.* to trample, tramp; to hustle.
paují, paujil, *m.* guan, a S. A. gallinacean.
paúl, paular, *m.* fen, moor, marsh, bog.
paulatinamente, *adv.* gradually, by degrees.
paulatino, na, *a.* slow, gradual.
paulina, *f.* decree of excommunication, interdict; (coll.) reproof, chiding; anonymous offensive letter, poison-pen letter.
paulinia, *f.* (bot.) (S. A.) a kind of shrub.
paulonia, *f.* (bot.) paulownia.
pauperismo, *m.* pauperism, abject poverty.
paupérrimo, ma, *a. super.* very poor.
pausa, *f.* pause; delay; rest, repose; (mus.) pause, rest, stop.—**a pausas,** at leisure.
pausadamente, *adv.* slowly, deliberately.
pausado, da. I. *pp.* of PAUSAR. **II.** *a.* slow, deliberate; calm, quiet. **III.** *adv.* slowly.
pausar, *vn.* to pause, cease, hesitate.
pauta, *f.* instrument for ruling paper; guide lines; standard, rule, pattern, model.
pautada, *f.* (mus.) ruled staff.
pautador, ra, *n.* one who rules paper.
pautar, *va.* to rule (paper); to regulate, give rules or directions for.
[1]**pava,** *f.* (ornith.) turkey hen; (Colomb.) a kind of guan; (Am.) joke, fun.—**p. real,** (ornith.) peahen.
[2]**pava,** *f.* large furnace bellows; (Venez., Chile, P. R.) large low hat; (Arg.) pot, kettle.—**pelar la p.,** to carry on a flirtation.
pavada, *f.* flock of turkeys; child's game; (Arg.) nonsense, foolishness.
pavana, *f.* pavan (Spanish dance and music).
pavear, *vn.* (Arg., Chile) to make fun; (Arg., Chile) to flirt.
[1]**pavero, ra,** *n.* one who feeds or sells turkeys.
[2]**pavero,** *m.* broad-brimmed hat.
pavés, *m.* large shield, pavis.
pavesa, *f.* embers, hot cinders; burnt part of candlewick.—*pl.* ashes.
pavesada, *f.* (naut.) = EMPAVESADA, waistcloths.
pavezno, *m. dim.* young turkey.
pavía, *f.* clingstone peach (tree and fruit).
pávido, da, *a.* (poet.) timid, fearful.
pavimentación, *f.* paving; pavement.
pavimentar, *va.* to pave.
pavimento, *m.* pavement, paving.
paviota, *f.* (ornith.) mew, sea gull.
pavipollo, *m.* young turkey.
pavo, *m.* (ornith.) turkey; (ichth.) peacock fish.—**p. real,** (ornith.) peacock.—**p. silvestre,** (ornith.) wood grouse.
pavón, *m.* peacock; bluing (for steel or iron).
pavonada, *f.* (coll.) short walk; strut; outward show, ostentation.
pavonar, *va.* to treat (steel, etc.) with bluing.
pavonazo, *m.* (art) dark-red pigment.
pavonear, *vn.* & *vr.* to strut, to show off.
pavor, *m.* fear, dread, fright, terror.
pavorde, *m.* provost; professor of divinity.
pavordear, *vn.* (of bees) to swarm.
pavordía, *f.* place and dignity of a provost.
pavorido, da, *a.* intimidated, terrorized.
pavorosamente, *adv.* fearfully, with terror.
pavoroso, sa, *a.* awful, frightful, terrible.
pavura, *f.* fear, dread, terror, fright.
payar, *va.* (S. A.) to sing with guitar accompaniment.
payasada, *f.* clownish joke or action.
payaso, *m.* clown.
payés, sa, *n.* Catalan countryman (-woman).
payo, ya, *n.* gawk, churl, gump.
payuelas, *f. pl.* chicken pox.
paz, *f.* peace; tranquillity; peace of mind; freedom from debt; (eccl.) ceremony of the mass.—**¡p.!** peace! hush!—**a la p. de Dios,** God be with you.—**en p.,** quits, even.—**gente de p.,** a friend (in answer to "who is there?").
pazguato, ta, *n.* dolt, simpleton.
pazote, *m.* (bot.) saltwort.
pazpuerco, ca, *a.* (coll.) dirty, slovenly.
pe, *f.* name of the letter *p.*—**de p. a pa,** thoroughly, from A to Z, from beginning to end.
peaje, *m.* bridge toll; ferriage.
peajero, *m.* toll-gatherer.
peal, *m.* legging; stocking foot; worthless man.
peán, *m.* pean, pæan.
peana, peaña, *f.* pedestal stand; (mech.) ground plate; step before an altar.
peatón, *m.* walker, messenger; rural postman.
pebete, *m.* joss stick; incense taper; (coll.) (fig.) stench; fuse, punk.—**pebetero,** *m.* perfume censer.
pebrada, *f.* sauce of garlic and spice.
pebre, *m.* or *f.* PEBRADA; a red pepper.
peca, *f.* freckle, speck, spot.
pecable, *a.* peccable, liable to sin; sinful.
pecadillo, ito, *m. dim.* peccadillo, slight sin.
pecado, *m.* sin; guilt; excess; (coll.) devil.—**p. capital,** deadly or mortal sin.—**p. contra natura,** or **contra naturaleza,** sodomy; masturbation.—**p. grave,** or **mortal,** deadly or mortal sin.—(after a noun), **de mis pecados,** of mine.
pecador, ra. I. *a.* sinning, offending; peccant. **II.** *n.* sinner, offender; *f.* (coll.) prostitute.

pecaminosamente, *adv.* sinfully, wickedly.
pecaminoso, sa, *a.* sinful.
pecante, *a.* sinning; excessive.
pecar, *vn.* (*pret.* PEQUÉ; *subj.* PEQUE) to sin; to yield to temptation; to offend; (med.) to predominate, superabound.—**p. de,** to be too (*Juan peca de confiado,* John is too confident); to have too much, (prolixity, obscurity, conciseness, etc.).
pecarí, *m.* (Am., zool.) peccary, either of two piglike American quadrupeds.
peccata minuta, (coll.) peccadilloes.
[1]**pece,** *m.* ridge between furrows.
[2]**pece,** *f.* moistened clay for mud walls.
pececico, illo, ito, *m. dim.* little fish.
peceño, ña, *a.* pitchy (color and taste).
pecera, *f.* fish globe; aquarium.
[1]**pecezuelo,** *m. dim.* of PIE, foot.
[2]**pecezuelo,** *m. dim.* of PEZ, fish.
peciento, ta, *a.* of a pitchy color.
peciluengo, ga, *a.* long-stalked (fruit).
[1]**pecina,** *f.* slime.—**pecinal,** *m.* slimy pool.
[2]**pecina,** *f.* = PISCINA, fish-pond; swimming-pool.
pecio, *m.* flotsam, jetsam, wreckage.
peciolado, da, *a.* (bot.) petiolate.
pecíolo, *m.* (bot.) petiole, leaf stalk.
pécora, *f.* head of sheep.—**buena,** or **mala, p.,** (coll.) shrewd, designing woman.
pecorea, *f.* (mil.) marauding; loitering.
pecorear. I. *va.* to steal (cattle). **II.** *vn.* to loot.
pecoso, sa, *a.* freckly, freckled.
pectato, *m.* (chem.) pectate.
pecten, *m.* (anat., zool.) pecten.
péctico, ca, *a.* (chem.) pectic (acid).
pectina, *f.* (chem.) pectin.
pectíneo, a, *a.* pectinate, comblike; (anat.) pectineus (muscle).
pectiniforme, *a.* comb-shaped, pectinate.
pectoral. I. *a.* pectoral. **II.** *m.* (eccl.) breast plate, pectoral cross; (pharm.) pectoral.
pectosa, *f.* (chem.) pectose.
pecuario, ria, *a.* cattle (as *a.*).
peculado, *m.* (law) peculation, embezzlement.
peculiar, *a.* peculiar.—**peculiaridad,** *f.* peculiarity.—**peculiarmente,** *adv.* peculiarly.
peculio, *m.* (law) peculium; private property; (fig.) purse.
pecunia, *f.* (coll.) hard cash, specie.
pecuniariamente, *adv.* in cash; financially.
pecuniario, ria, *a.* pecuniary, monetary.
pechar, *vn.* to pay taxes.
pechblenda, pecblenda, *f.* (min.) pitchblende.
peche, *m.* (arch.) pendentive, squinch; (zool.) pilgrim scallop (mollusk).
pechera, *f.* shirt bosom; shirt frill; chest protector, vestee; breast strap (of a harness); (coll.) bosom.
pechería, *f.* taxes, revenue; tax poll.
[1]**pechero, ra,** *n.* taxpayer; commoner, plebeian.
[2]**pechero,** *m.* bib.
pechiblanco, ca, *a.* white-breasted.
pechicolorado, *m.* (ornith.) linnet.
pechigonga, *f.* a card game.
pechina, *f.* pilgrim scallop, a mollusk; (arch.) squinch; arch of a pendentive.
pechirrojo, *m.* (ornith.) linnet.
pechisacado, da, *a.* (coll.) haughty, arrogant.
pechito, *m. dim.* small breast or teat.
[1]**pecho,** *m.* (anat.) chest, thorax; breast; bosom; teat; courage, fortitude; (mus.) quality and strength of the voice; slope, gradient.—**abrir el p.,** to unbosom oneself.—**criar a los pechos,** to instruct or educate.—**dar el p.,** to nurse, suckle.—**de p.,** firm-spirited.—**echar el p. al agua,** to undertake a risky thing resolutely.—**entre p. y espalda,** (coll.) in the stomach.—**tener p.,** to have patience, to endure with firmness.—**tomar a p.,** or **a pechos,** to take to heart.
[2]**pecho,** *m.* an ancient tax.
pechuelo, *m. dim.* small or little breast.
pechuga, *f.* breast of a fowl; slope; (coll.) bosom; (coll.) nerve, check, brazenness.—**pechugón, na. I.** *a.* (Am.) (coll.) "sponging," parasitic; bold, brazen. **II.** *m.* blow on the breast.
pechuguera, *f.* cough, hoarseness.
pedacico, illo, ito, *m.* small piece, bit.
pedagogía, *f.* pedagogy.
pedagógicamente, *adv.* pedagogically.
pedagógico, ca, *a.* pedagogical.
pedagogo, *m.* pedagogue; teacher; educator.
pedaje, *m.* = PEAJE, bridge toll.
pedal, *m.* (mech.) treadle; (mus.) pedal.
pedalear, *vn.* to pedal.
pedáneo, nea, *a.* (law) petty, puisne, inferior.
pedante. I. *a.* pedantic, priggish; foppish. **II.** *n.* pedant, prig; instructor; coxcomb.
pedantear, *vn.* to be pedantic.
pedantería, *f.* pedantry.
pedantescamente, *adv.* pedantically.
pedantesco, ca, *a.* pedantic.
pedantismo, *m.* pedantry.
pedantón, *m. aug.* great pedant.
pedazo, *m.* piece, fragment, bit.—**p. de alcornoque,** or **de animal,** good-for-nothing.—**a pedazos,** or **en pedazos,** in bits, in fragments.
pedazuelo, *m. dim.* small piece or bit.
pederasta, *m.* pederast.
pederastia, *f.* pederasty, pæderasty.
pedernal, *m.* flint; extreme hardness.
pedernalino, na, *a.* flinty; hard.
pedestal, *m.* pedestal; stand; base, support.
pedestre, *a.* pedestrian; low, vulgar, common.
pedestrismo, *m.* marathon racing, foot racing.
pediatra, *m.* (med.) pediatrician, pediatrist.
pediatría, *f.* (med.) pediatrics.
pediátrico, ca, *a.* pediatric.
pedicoj, *m.* jump on one foot.
pedicular, *a.* pedicular, pert. to lice.
pedículo, *m.* (bot.) peduncle, pedicle.
pedicuro, *m.* pedicure (person), chiropodist.
pedido, *m.* demand, call; (com.) order.
pedidor, ra, *n.* petitioner, craver.
pedidura, *f.* begging, petitioning.
pediforme, *a.* pediform, foot-shaped.
pedigón, *m,* (coll.) craver, insatiable asker.
pedigüeño, ña, *a.* persistent in begging.
pediluvio, *m.* (med.) pediluvium, foot bath.
pedimento, *m.* petition; (law) claim, bill.—**a p.,** at the instance, on petition.
pedir, *va.* (*gerund,* PIDIENDO; *ind. pres.* PIDO, *pret.* él PIDIÓ; *subj.* PIDA) to ask for, request, beg, solicit; to demand, claim, exact; to inquire after; to wish, desire; to require; (com.) to order; to ask for in marriage.—**p. celos,** to be jealous.—**p. cuenta,** to call to account.—**a p. de boca,** according to desire.—**pedírselo a uno el cuerpo,** to desire eagerly, to long for.
pedo, *m.* wind from the anus; flatulence.
pedómetro, *m.* pedometer, walking wheel.
pedorrera, *f.* flatulence.—*pl.* tights.
pedrada, *f.* throw of a stone; blow from a stone; cockade; rosette or bow for the hair; hint, insinuation.—**como p. en ojo de boticario,** pat, apropos, just in time.
pedrea, *f.* throwing stones; lapidation; fight with stones; fall of hail.
pedregal, *m.* stony ground.
pedregoso, sa, *a.* stony, rocky; (med.) afflicted with gravel.
pedrejón, *m.* boulder.
pedreñal, *m.* a kind of firelock.
pedrera, *f.* quarry, stone pit.
pedreral, *m.* packsaddle for carrying stones.
pedrería, *f.* precious stones; jewelry.
pedrero, *m.* stonecutter; (artil.) stone mortar; slinger.
pedrezuela, *f. dim.* small stone; pebble.
pedrisca, *f.* hailstorm; shower of thrown stones; heap of small stones.
pedriscal, *m.* = PEDREGAL.
pedrisco, *m.* = PEDRISCA.—**pedrisquero,** *m.* hail storm.
pedriza, *f.* stony tract; stone fence.
pedrusco, *m.* rough piece of stone.
pedunculado, da, *a.* (bot.) peduncled.

peduncular, *a.* (bot.) peduncular.
pedunculillo, *m. dim.* (bot.) pedicle, pedicel.
pedúnculo, *m.* (bot.) peduncle, flower stalk.
peer, *vn.* & *vr.* to break wind.
[1]**pega**, *f.* joining, cementing or sticking together; pitch varnish put on earthen vessels; (min.) firing of a blast; (coll.) jest, practical joke, deceit; spanking, drubbing; (ichth.) remora, sucking fish.
[2]**pega**, *f.* (ornith.) magpie.
pegadillo, *m. dim.* little patch; sticking plaster; bore, nuisance.
pegadizo, za, *a.* sticky, adhesive; catching, contagious; (coll.) (of person) sticker, leech; catchy (tune).
pegado, da. I. *pp.* of PEGAR; tied (as to his mother's apron strings). **II.** *m.* patch; sticking plaster.
pegador, *m.* sticker, affixer; paper hanger; (min.) blaster.—**p. de carteles**, billposter.
pegadura, *f.* pitching; sticking, gluing.
pegajoso, sa, *a.* sticky; clammy, viscous; catching, contagious; alluring, tempting.
pegamiento, *m.* joining, sticking, cementing.
peganita, *f.* (min.) peganite.
pegante, *a.* sticking, adhesive, glutinous.
pegar. I. *va.* (*pret.* PEGUÉ; *subj.* PEGUE) to stick, glue, cement; to unite, fasten; to post (bills); to sew on, pin; patch; attach; to infect with, give (a disease); to hit, beat, slap; to give, deal (a blow, etc.); to impart.—**p. fuego a**, to set fire to.—**pegársela a uno**, to fool one, make one swallow a story.—**no p. los ojos**, not to sleep a wink.—**p. un tiro a**, to shoot. **II.** *vn.* to take root; to catch (fire); to make an impression on the mind; to make a hit; to join, to be contiguous; to cleave, cling; to fit, to match; to be becoming, fitting, appropriate; to pass, to be accepted.—**ésa no pega**, (coll.) that is too thin, that won't go. **III.** *vr.* to intrude; to stick, adhere; cohere; to grow; to become rooted in the mind; to take to, become addicted to.
pegaseo, sea, *a.* pertaining to Pegasus.
pegásides, *f. pl.* the Muses.
Pegaso, *m.* Pegasus.
pegata, *f.* (coll.) trick, cheat, swindle, fraud.
pegmatita, *f.* (min.) pegmatite.
pegollo, *m.* pillar, post.
pegote, *m.* sticking plaster; coarse patch; stew with a thick sauce; sponger, toady.
pegotear, *vn.* (coll.) to sponge.
pegotería, *f.* (coll.) sponging.
pegual, *m.* (S. A.) strap with rings.
pegué, pegue, *v. V.* PEGAR.
peguera, *f.* pine wood for making pitch; place where sheep are marked with pitch.
peguero, *m.* maker of or dealer in pitch.
pegujal, pegujar, *m.* peculium; small holdings.
pegujalero, ra; pegujarero, ra, *n.* owner of a small farm or ranch.
pegujón, *m.* pellet or bunch of wool or hair.
pegunta, *f.* pitch mark on sheep.
peguntar, *va.* to mark (sheep) with pitch.
peinada, *f.* combing or dressing the hair.
peinado, da. I. *pp.* of PEINAR. **II.** *a.* effeminate in toilet; overnice (literary style). **III.** *m.* hairdressing, hairdo.
peinador, ra. I. *n.* hairdresser. **II.** *m.* dressing gown, wrapper.
peinadura, *f.* combing or dressing the hair; combings.
peinar, *va.* to comb or dress (the hair); to comb (wool); to touch or rub slightly; to eat away (a rock).—**p. canas**, to be old.
peinazo, *m.* (carp.) crosspiece of a door.
peine, *m.* comb; card; rack, engine of torture; weaver's reed; comb of the loom; comb-broach; instep.—**a sobre p.**, lightly, slightly, imperfectly.
peinería, *f.* comb factory or shop.
peinero, ra, *n.* comb maker or seller.
peineta, *f.* ornamental shell comb (to wear in the hair).—**p. de teja**, tile-shaped shell comb.
peje, *m.* fish; cunning, crafty fellow.—**p. araña**, (ichth.) stingbull.—**p. diablo**, (ichth.) grouper.
pejemuller, *f.* mermaid, sea woman.
pejepalo, *m.* stockfish.
pejerrey, *m.* (ichth.) a variety of mackerel.
pejesapo, *m.* (ichth.) angler.
pejiguera, *f.* (coll.) bother, too much trouble for nothing.
pela, *m.* PELADURA; (Am.) whipping.—**dar, or pegar, una p.**, to whip, give a whipping to.
pelada, *f.* (tanning) pelt.
peladera, *f.* (med.) alopecia, baldness.
peladero, *m.* place where hogs and fowls are stripped; (coll.) sharpers' den; (Am.) bare, barren spot.
peladilla, *f.* sugar almond; small pebble.
peladillo, *m.* (bot.) clingstone peach (fruit and tree).—*pl.* wool-stripped sheepskin.
pelado, da. I. *pp.* of PELAR. **II.** *a.* plucked; bared; peeled, stripped; hairless; treeless, bare; penniless, "broke." **II.** *n.* penniless person; (Mex.) peasant.
pelador, *m.* plucker, peeler, stripper.
peladura, *f.* plucking, peeling, stripping.
pelafustán, *m.* (coll.) idler, ragamuffin.
pelagallos, *m.* = PELAGATOS.
pelagatos, *m.* ragamuffin; poor wretch.
pelagianismo, *m.* Pelagianism.
pelagiano, na, *a.* Pelagian.
pelágico, ca, *a.* pelagic, oceanic.
pelagra, *f.* (med.) pellagra.—**pelagroso, sa**, *a.* pertaining to or suffering from pellagra.
pelaire, *m.* wool-dresser.
pelairía, *f.* trade of a wool comber.
pelaje, *m.* character or nature of the hair or wool; character, disposition; garments, apparel.
pelambrar, *va.* (tanning) to flesh (as hides).
pelambre, *m.* (tanning) batch of hides put into lime pits; steeping liquid; hair scraped from skins; lack of hair.
pelambrera, *f.* quantity of hair in one place; shedding of hair; (tanning) lime pit.
pelambrero, *m.* (tanning) steeper.
pelamen, *m.* (coll.) = PELAMBRE.
pelamesa, *f.* scuffle; bushy hair.
pelantrín, *m.* petty farmer.
pelar. I. *va.* to cut or pull out the hair of; to pluck; to skin, peel, husk, hull, shell; to trick, cheat, rob; to break (in gambling); to uncover, show (as the teeth).—**pelárselas**, to be in great earnest, to put one's heart and soul into something; to act or feel with great vehemence.—**duro de p.**, exceedingly difficult, hard to crack, a big order. **II.** *vr.* to lose the hair (as from illness); to get one's hair cut; to peel off (as paint).
pelarela, *f.* = PELADERA.
pelargonio, *m.* (bot.) pelargonium.
pelarruecas, *f.* woman who lives by spinning.
pelásgico, ca, *a.* Pelasgian, Pelasgic.
pelasgo, ga, *n.* & *a.* Pelasgian.
pelaza. I. *a.* chopped or beaten (straw). **II.** *f.* quarrel, affray, scuffle.
pelazga, *f.* (coll.) quarrel, scuffle.
peldaño, *m.* step of a staircase.
pelde, *m.* (coll.) = APELDE, flight, escape.
peldefebre, *m.* camlet; camel's hair.
pelea, *f.* fight; scuffle, quarrel.—**p. de gallos**, cockfight.
peleador, ra. I. *n.* fighter. **II.** *a.* quarrelsome.
pelear. I. *vn.* to fight; to quarrel; to toil, struggle. **II.** *vr.* to scuffle, to come to blows.
pelechar, *vn.* to get hair; (of horses) to change the coat; (of birds) to fledge; (coll.) to improve one's fortune; to recover health.
pelel, *m.* pale ale, light beer.
pelele, *m.* stuffed figure; nincompoop.
pelendengue, *m.* frivolous foppery.
peleón. I. *a.* quarrelsome. **II.** *m.* strong wine.
peleona, *f.* scuffle, quarrel, row.
pelerina, *f.* pelerine (woman's cape).
pelete, *m.* (gambling games) punter; (coll.) poor man.—**en p.**, nakedly.

peletería, *f.* furrier's shop; (Cuba) leather goods or shop where they are sold.
peletero, ra, *n.* furrier; (Cuba) dealer in leather goods.
pelgar, *m.* ragamuffin, blackguard.
peliagudo, da, *a.* downy, furry; (coll.) arduous, difficult; skilful.
peliblanco, ca, *a.* having white hair.
peliblando, da, *a.* having fine soft hair.
pelícano, *m.* (ornith.) pelican.
pelicano, na, *a.* gray-haired; hoary.
pelicorto, ta, *a.* having short hair.
película, *f.* pellicle; film; (photog.) film; moving-picture reel; moving picture.—**p. documental,** documentary (film).
pelicular, *a.* pellicular.
peliculero, ra. I. *a.* motion-picture, movie, film. **II.** *n.* scenario writer; *m.* movie actor; *f.* movie actress.
peligrar, *vn.* to be in danger.
peligro, *m.* danger, peril.—**correr p.,** to be in danger; to run a risk.
peligrosamente, *adv.* perilously, dangerously.
peligroso, sa, *a.* dangerous, perilous, risky.
pelilargo, ga, *a.* having long hair.
pelillo, *m. dim.* short hair or fiber; trifle, slight trouble.—**echar pelillos a la mar,** to become reconciled.—**no tener pelillos en la lengua,** to speak one's mind openly.—**pararse,** or **reparar, en pelillos,** to be scrupulous; to hesitate; to split hairs.
pelilloso, sa, *a.* (coll.) peevish, querulous.
pelinegro, gra, *a.* black-haired.
pelirrojo, ja, *a.* red-haired.
pelirrubio, bia, *a.* blond, light-haired.
pelitieso, sa, *a.* having straight and stiff hair.
pelito, *m. dim.* small hair or fibre.
pelitre, *m.* (bot.) pellitory of Spain.
pelitrique, *m.* fiddle-faddle, flummery.
pelma, *f.* = PELMAZO.
pelmacería, *f.* heaviness, slowness.
pelmazo, *m.* crushed or flattened mass; undigested food, or "lump," in the stomach; sluggard.
pelo, *m.* hair; fiber, fibre, filament; trifle; hair's breadth; down (of birds or fruits); nap, pile (of cloth); hairspring (in watches and firearms); flaw (in gems and metals); grain (in wood); color (of horses); coat (of animals); kiss (in billiards); cross wire (of a transit, level, etc.); (vet.) split in hoofs; (com.) raw silk.—**p. arriba,** against the grain.—**p. de aire,** breath of air, light breeze.—**p. de camello,** camel's hair.—**p. de cofre** or **de Judas,** red hair; redhead.—**p. de la dehesa,** rusticity, rustic or plebeian antecedents.—**pelos y señales,** minute details.—**a medios pelos,** tipsy.—**a p.** or **al p.,** along the grain; timely, fittingly.—**de medio p.,** of little account; pretentious, self-important.—**de p. en pecho,** (fig.) brave, daring; strong, vigorous.—**echar buen p.,** to improve (in circumstances, fortune, health, etc.).—**en p.,** bareback; unsaddled.—**escapar por un p.,** to have a hair-breadth escape.—**estar uno hasta los pelos,** to have had enough (of something or someone), be sick of (something or someone).—**hacerse el p.,** to have one's hair done, have one's hair cut.—**no tener p. de tonto,** to be bright, quick or clever.—**no tener pelos en la lengua,** to be outspoken.—**ponérsele a uno los pelos de punta,** to make one's hair stand on end, be scared to death.—**tener pelos,** to be tough, be difficult, be a hard nut to crack.—**tomar el p. a,** to banter, make fun of, pull someone's leg.—**venir al p.,** to be to the point; to suit to a tee.
pelón, na, *a.* hairless; bald; (coll.) dull, stupid; poor.—**pelona, pelonía,** *f.* baldness.
pelonería, *f.* (coll.) poverty, want, indigence.
pelopio, *m.* (chem.) pelopium.
peloponense, *n.* & *a.*; **peloponesíaco, ca,** *a.* Peloponnesian.
pelosilla, *f.* (bot.) mouse-ear, hawkweed.
peloso, sa, *a.* hairy.
[1]**pelota,** *f.* ball, handball; ball game; (S. A.) punt made of leather.—**p. de viento,** football.—**no tocar p.,** (coll.) not to touch the root of the difficulty.
[2]**pelota,** *f. aug.* of PELO.—**en p.,** entirely naked; penniless.
pelotari, *m.* professional jai-alai player.
pelotazo, *m.* blow or stroke with a ball.
pelote, *m.* goat's hair; tuft of wool.
pelotear. I. *va.* to audit (accounts). **II.** *vn.* to play ball; to throw, as a ball; to argue, dispute; to quarrel.
pelotera, *f.* wrangle, quarrel, tumult, riot.
[1]**pelotería,** *f.* heap of balls.
[2]**pelotería,** *f.* heap of goat's hair.
pelotero, *m.* ball maker.
pelotilla, *f. dim.* small ball; small ball of wax and pieces of glass fastened to a scourge.
pelotón, *m. aug.* large ball; tuft of hair; (mil.) platoon; crowd, gang; posse.
pelta, *f.* pelta, light shield.
peltre, *m.* pewter, spelter.
peltrero, *m.* pewterer, pewter worker.
peluca, *f.* wig, toupee; severe reproof.
pelucón, *m. aug.* large bushy wig.
pelucona, *f.* (coll.) double doubloon ($16).
peludo, da. I. *a.* hairy, shaggy; (coll.) difficult, tough. **II.** *m.* shaggy mat.
peluquería, *f.* hairdressing shop; barber shop.
peluquero, *m.* hairdresser, barber; wigmaker.
peluquilla, ita, *f. dim.* small wig.
peluquín, *m. dim.* topwig; bagwig.
pelusa, *f.* down; floss, fuzz, nap, pile; (bot.) pubescence.
pelusilla, *f. dim.* of PELUSA; fuzz.
pelvi, *n.* & *a.* Pahlavi, Pehlevi, ancient Persian language.
pelviano, na, *a.* (anat.) pelvic.
pelvímetro, *m.* pelvimeter.
pelvis, *f.* (anat.) pelvis, pelvic cavity.
pella, *f.* pellet; tender head of cauliflower, etc.; lump of molten metal; cut lard; unpaid loan; (min.) lump of amalgamated silver.
pellada, *f.* (mason.) lump or trowelful of mortar.
pelleja, *f.* skin, hide; (coll.) strumpet.
pellejería, *f.* place where skins are dressed and sold.
pellejero, *m.* leather-dresser, pelt-monger.
pellejina, *f.* small skin.
pellejo, *m.* skin; rawhide, pelt; wine skin; peel, rind; (fig.) one's life; (humor.) tippler, drunkard.—**estar,** or **hallarse, en el p. de otro,** to be in another's shoes or place.—**jugarse el p.,** (Am.) to risk one's life.—**quitar el p. a,** to flay; to speak ill of, gossip about; (fig.) to kill.—**salvar el p.,** (coll.) to save one's skin, life.
pellejudo, da, *a.* with flabby or superfluous skin.
pellejuela, *f. dim.* small skin or rawhide.
pellejuelo, *m. dim.* small skin.
pellica, *f.* cover of fine furs; small dressed skin.
pellico, *m.* pelisse; shepherd's jacket.
pelliquero, ra, *n.* maker of fur coverlets.
pelliza, *f.* pelisse, fur cloak.
pellizcador, ra, *n.* & *a.* pincher(-ing).
pellizcamiento, *m.* pruning, clipping; pinching.
pellizcar. I. *va.* (*pret.* PELLIZQUÉ; *subj.* PELLIZQUE) to pinch; to nip; to prune, clip; to gripe; to pilfer. **II.** *vr.* to long for.
pellizco, *m.* pinch; pinching; nip; small bit.—**p. de monja,** small cookie.
pellizqué, pellizque, *v. V.* PELLIZCAR.
pello, *m.* fine fur jacket.—**pellón, pellote,** *m.* long pelisse; fur cloak or robe.
pelluzgón, *m.* lock or tuft of hair.
[1]**pena,** *f.* penalty; punishment; pain (**esp. mental**); affliction, sorrow, grief; embarrassment, mortification, chagrin; labor, hardship, difficulty, toil; necklace.—**p. capital** or **de muerte,** death penalty, capital punishment.—**p. del talión,** lex talionis, an eye for an eye and a tooth for a tooth.—**p. pecuniaria,** fine.—**penas eternas,** hellfire.—**a penas,** hardly, scarcely.—**a duras penas,** with great difficulty, just barely.—**alma**

en **p.**, soul in purgatory.—**estar con** (**mucha**) **p.**, to be (greatly) mortified, (very) sorry, (very much) vexed.—**merecer la p.**, to be worthwhile, worth the trouble.—**so p. de**, on pain of. —**tener la p. de**, to be sorry to; to have the misfortune to.—**última p.**, death.—**valer la p.**, to be worthwhile, be worth the trouble.
[2]**pena**, *f.* (ornith.) penna, quill feather.
penable, *a.* punishable.
penachera, *f.* = PENACHO.
penacho, *m.* tuft of feathers, aigret; plume, crest; panache; haughtiness, arrogance, airs.
penachudo, da, *a.* crested, tufted, plumed.
penachuelo, *m. dim.* small tuft, crest or aigret.
penadamente, *adv.* = PENOSAMENTE.
penadilla, *f.* narrow-mouthed vessel.
penado, da. I. *pp.* of PENAR. **II.** *a.* sorrowful; painful; difficult, arduous. **III.** *n.* convict; narrow-mouthed vessel.
penal, *a.* penal.—**dolo p.**, (law) malice.
penalidad, *f.* trouble, hardship; (law) penalty.
penalista, *n.* penologist, criminologist.
péname, *m.* condolence. Also PÉSAME.
penante. I. *pres. p.* of PENAR, suffering sorrow or punishment. **II.** *a.* difficult, arduous.
penar. I. *vn.* to suffer, to agonize; to be tormented in a future life; to crave, long. **II.** *va.* to chastise, inflict punishment or impose penalty on. **III.** *vr.* to grieve, to mourn.
penates, *m. pl.* penates, household gods.
penca, *f.* (bot.) pulpy leaf or joint of some plants; cowhide for flogging culprits.—**hacerse de pencas**, to allow oneself to be coaxed.
pencazo, *m.* lash with a cowhide.
penco, *m.* (coll.) = JAMELGO, sorry nag, jade.
pencudo, da, *a.* having pulpy leaves or joints.
pendejo, *m.* hair over the pubis and groin; (coll.) coward, poltroon; (Am., vulgar) fool.
pendencia, *f.* quarrel, fray, feud.
pendenciar, *vn.* to wrangle, quarrel.
pendenciero, ra, *a.* quarrelsome.
pendenzuela, *f. dim.* little dispute.
pender, *vn.* to hang, dangle; to be pending or suspended; to depend.
pendiente. I. *a.* pendent, hanging; clinging; dangling; pending. **II.** *m.* earring, pendant; watch chain. **III.** *f.* slope, declivity; grade, gradient; dip or pitch.
pendil, *m.* mantle worn by women.
pendol, *m.* (naut.) boot-topping.
[1]**péndola**, *f.* feather; quill, pen.
[2]**péndola**, *f.* pendulum, balance; (eng.) queen-post; bridging brace.
pendolaje, *m.* plunder of a captured vessel.
pendolario, ria; pendolista, *n.* penman.
pendolita, *f.* watch; click wire.
pendolón, *m. aug.* large pendulum; (eng.) king-post.
pendón, *m.* standard, banner, pennon, gonfalon; (bot.) tiller, shoot; (her.) pennon; (coll.) tall, awkward woman.—*pl.* reins of the leading mule.
pendoncito, *m. dim.* pennon, banneret.
pendular, *a.* pendular.
péndulo, la. I. *a.* pendent, hanging, pendulous. **II.** *m.* pendulum.—**p. de compensación**, compensation pendulum.—**p. de segundos**, seconds pendulum.—**p. eléctrico**, electric pendulum.—**p. sideral**, or **sidéreo**, (astr.) (standard) clock, chronometer.
pene, *m.* (anat.) penis.
peneque, *a.* (coll.) fuddled.
penetrabilidad, *f.* penetrability.
penetrable, *a.* penetrable; comprehensible.
penetración, *f.* penetration, penetrating; acuteness, sagacity, clearsightedness.
penetrador, ra, *n.* & *a.* discerner(-ing); searcher (-ing).
penetral, *m.* innermost recess.
penetrancia, *f.* (genet.) penetrance.
penetrante, *a.* penetrating, piercing; heart-rending; clearsighted, keen; deep.
penetrar, *va.* to penetrate, pierce; to break or force in; to permeate, pervade; to fathom, comprehend.—**p. en**, to enter.
penetrativo, va, *a.* penetrative, piercing.
penetrómetro, *m.* (phys.) penetrometer.
penfigo, *m.* (med.) pemphigus.
penicilina, *f.* (pharm.) penicillin.
penígero, ra, *a.* (poet.) winged, feathered.
península, *f.* peninsula.
peninsular, *a.* inhabiting or pert. to a peninsula.
penique, *m.* (English) penny.
penitencia, *f.* penitence; penance.—**hacer p.**, to do penance; familiar invitation to take potluck.
penitenciado, da. I. *pp.* of PENITENCIAR. **II.** *a.* punished. **III.** *n.* convict.
penitencial, *a.* penitential.
penitenciar, *va.* to impose penance on.
penitenciaría, *f.* (eccl. & gen.) penitentiary.
penitenciario, ria, *a.* penitentiary.
penitente. I. *a.* penitent, repentant, contrite. **II.** *n.* penitent.
penol, peñol, *m.* (naut.) yardarm, peak.
penología, *f.* penology.
penológico, ca, *a.* penological.
penologista, *n.*; **penólogo, ga**, *n.* penologist.
penosamente, *adv.* painfully, grievously.
penoso, sa. I. *a.* painful; laborious, arduous; distressing; embarrassing, unpleasant. **II.** *m.* conceited fop.
pensado, da, *pp.* & *a.* deliberate, premeditated; thought out.—**bien p.**, wise, proper.—**de p.**, on purpose, deliberately.—**mal p.**, unwise, foolish.—**tener p.**, to have in view, to intend.
pensador, ra, *n.* & *a.* thinker(-ing).
pensamiento, *m.* mind; thought, idea; witty saying, epigram, maxim; suspicion, surmise; project, scheme, plan; (art) first sketch or outline; (bot.) pansy, heartsease.—**en un p.**, in a trice. —**ni por p.**, not even in thought.
pensar. I. *vn.* (*ind.* PIENSO; *subj.* PIENSE) to think.—**p. a** (foll. by *inf.*), to intend.—**p. de**, to think of, have an opinion about.—**p. en**, to think of, about, or over; (foll. by *inf.*), to think of, consider (foll. by *pres. p.*).—**p. en lo excusado**, to expect the impossible. **II.** *va.* to think over, or about, consider; to intend.
pensativo, va, *a.* pensive, thoughtful.
penseque, *m.* thoughtlessness.
pensil. I. *a.* hanging. **II.** *m.* beautiful garden.
pensilvano, na, *n.* & *a.* Pennsylvanian.
pensión, *f.* pension, annuity; boarding-house; price of board and tuition; toil, drudgery; (Am.) anxiety.—**p. vitalicia**, annuity, life pension.
pensionado, da, *n.* pensioner, pensionary.
pensionar, *va.* to impose or to grant annual charges or pensions on or to.
pensionario, *m.* one who pays a pension; pensionary, magistrate.
pensionista, *n.* pensioner; boarder.
pentacordio, *m.* (mus.) pentachord.
pentadecágono, *m.* fifteen-sided polygon
pentaédrico, ca, *a.* pentahedral.
pentaedro, *m.* (geom.) pentahedron.
pentagonal, *a.* pentagonal.
pentágono, *m.* (geom.) pentagon.
pentagrama, *m.* (mus.) ruled staff.
pentámero, ra, *a.* (bot., zool.) pentamerous.
pentámetro, *m.* pentameter.
pentano, *m.* (chem.) pentane.
pentaploide, *m.* (biol.) pentaploidy.
pentápolis, *f.* pentapolis, group of five cities.
pentarquía, *f.* pentarchy, gov't of five persons.
pentasílabo, ba, *a.* of five syllables.
Pentateuco, *m.* Pentateuch.
pentatlo, *m.* pentathlon.
pentecostés, *m.* Pentecost, Whitsuntide.
pentedecágono, *m.* = PENTADECÁGONO.
pentosa, *f.* (chem.) pentose.
pentosana, *f.* (chem.) pentosane.
pentotal, *m.* (pharm.) sodium pentothal.
penúltimo, ma, *a.* penultimate.
penumbra, *f.* penumbra.
penuria, *f.* penury, indigence.
[1]**peña**, *f.* rock; boulder.—**durar por peñas**, to last a long time.
[2]**peña**, *f.* group of friends; club.

peñascal, *m.* rocky hill or mountain.
peñasco, *m.* large rock; strong silk material.
peñascoso, sa, *a.* rocky.
[1]**peñol,** *m.* large rock.
[2]**peñol,** *m.* (naut.) = PENOL, yardarm.
peñola, *f.* (poet.) (writing) pen.
peñón, *m.* large rock; rocky cliff.
[1]**peón,** *m.* (poet.) foot of four syllables.
[2]**peón,** *m.* pedestrian; day laborer; (mason.) hodman; foot soldier; top, spinning top; pawn (in chess); man (in draughts); (mech.) spindle, axle.
peonada, *f.* day's work of a laborer; gang of laborers.
peonaje, *m.* gang of laborers.
peonería, *f.* land that can be plowed in one day.
[1]**peonía,** *f.* land given to a soldier as spoils.
[2]**peonía,** *f.* (bot.) peony.
peonza, *f.* top (toy); noisy little fellow.—**bailar como una p.,** to dance well, be light on one's feet.
peor, *a.* & *adv. comp.* worse; worst.—**p. que p.,** worse and worse.—**tanto p.,** so much the worse.
peoría, *f.* deterioration, detriment.
pepa, *f.* (Am.) seed, stone, pit.
pepián, *m.* = PIPIÁN, an Indian fricassee.
pepinar, *m.* cucumber field.
pepinillos, *m. pl.* gherkins, pickled cucumbers.
pepino, *m.* (bot.) cucumber.—**no dársele un p.,** or **tres pepinos,** not to give a fig.
pepión, *m.* old Spanish gold coin.
[1]**pepita,** *f.* pip or seed of fruits (as apples, etc.); (min.) nugget.
[2]**pepita,** *f.* (vet.) pip, distemper in fowls.
pepitoria, *f.* giblet fricassee; medley of things. (Mex.) peanut brittle.
[1]**pepitoso, sa,** *a.* abounding in pips or seeds.
[2]**pepitoso, sa,** *a.* (fowl) having the pip.
peplo, *m.* peplum.
pepón, *m.* (bot.) watermelon.
pepona, *f.* large paper doll.
pepónide, *f.* (bot.) pepo (pumpkin, melon, etc.).
pepsina, *f.* pepsin.
péptico, ca, *a.* peptic.
peptización, *f.* (chem.) peptization.
peptona, *f.* peptone.
pequé, peque, *v. V.* PECAR.
pequeñamente, *adv.* in a small degree.
pequeñez, *f.* smallness; infancy, childhood; trifle; pettiness; mean act or conduct.
pequeñito, ta, *a. dim.* very little, tiny.
pequeño, ña. I. *a.* little, small; of tender age; lowly, humble. **II.** *n.* child.
pequeñuelo, la. I. *a. dim.* very little or young. **II.** *n.* babe, infant; child, little one.
pequín, *m.* pekin (silk cloth).
pequinés, *m.* Pekingese (dog).
pera, *f.* (bot.) pear; goatee, imperial; (coll.) sinecure.—**pedir peras al olmo,** to go on a wild-goose chase, to expect the impossible.—**poner las peras a cuarto,** or **a cuatro,** to compel one to do or concede what one does not wish to; to bring one to reason.
perácido, *m.* (chem.) peracid.
perada, *f.* preserve of pears; pear jam.
peral, *m.* pear tree; pear orchard.
peraleda, *f.* orchard of pear trees.
peralejo, *m.* (bot.) malpighia.
peraltar, *va.* (arch.) to stilt (an arch or vault); to raise, elevate.
peralte, *m.* (arch.) rise (of an arch); (Ry.) superelevation (of outer rail on curves).
perantón, *m.* (bot.) marvel plant; large fan; very tall person.
perborato, *m.* (chem.) perborate.
perca, *f.* (ichth.) perch; (ichth., Am.) black bass.
percal, *m.* percale, muslin, calico.
percalina, *f.* percaline, book muslin.
percance, *m.* perquisite; mischance, misfortune. —**percances del oficio** = GAJES DEL OFICIO, (ironic) perquisites that go with a job.
percatar, *vn.* & *vr.* to think, consider; to beware.
percebe, *m.* goose barnacle.
percebimiento, *m.* prevention, warning.
percentaje, *m.* percentage.
percentil, *m.* (stat.) percentile.
percepción, *f.* perception.—**p. extrasensoria,** extrasensory perception.
perceptibilidad, *f.* perceptibility.
perceptible, *a.* perceptible, perceivable.
perceptiblemente, *adv.* perceptibly.
perceptividad, *f.* perceptivity.
perceptivo, va, *a.* perceptive.
perceptor, ra. I. *a.* percipient, perceptive. **II.** *n.* percipient, perceiver.
percibir, *va.* to perceive; to receive, collect.
percibo, *m.* receiving, collecting.
perclorato, *m.* (chem.) perchlorate.
perclórico, ca, *a.* (chem.) perchloric.
percloruro, *m.* (chem.) perchloride.
percocería, *f.* small silver work.
percolación, *f.* (pharm.) percolation; seepage.
percolado, *m.* (pharm.) percolate.
percolador, *m.* percolator; coffee percolator.
percuciente, *a.* percussive, striking.
percudir, *va.* to tarnish, stain, soil.
percusión, *f.* percussion; collision.
percusor, *m.* striker, percussor; (artil.) percussion hammer.
percutir, *va.* to percuss, strike, beat.
[1]**percha,** *f.* perch, pole, staff; slat; hat or clothes rack; roost; snare for birds; strip for stringing game; (naut.) spar, rough tree; head rail.
[2]**percha,** *f.* (ichth.) = PERCA.
perchador, ra, *n.* carder (of cloth).
perchar, *va.* to card, raise the nap on (cloth).
percherón, na, *a.* & *n.* Percheron (horse).
perchón, *m.* long shoot left on a pruned vine.
perchonar, *vn.* to prune (vines) leaving long shoots; to lay snares for game.
perdedero, *m.* occasion or reason for losing.
perdedor, ra, *n.* loser.
perder. I. *va.* (*ind.* PIERDO; *subj.* PIERDA) to lose; to forfeit; to squander away; to ruin; to spoil; to miss (train, opportunity, etc.)—**p. de vista,** to lose sight of.—**p. el juicio,** or **el seso,** to go out of one's mind.—**p. la vista,** to lose one's sight, go blind.—**p. los estribos,** to lose one's poise; to become reckless.—**¡pierda Vd. cuidado!** don't worry! forget it!—**tener que p.,** to be a person of means, to have much to lose. **II.** *vn.* to lose; to fade, lose color. **III.** *vr.* to get lost, lose one's way; to miscarry; to be lost, confounded, bewildered; to forget or lose the thread of one's subject or discourse; to be ruined, go astray, go to the dogs; to be spoiled or damaged (as fruit, crops, etc.); to fall into disuse; to be out of fashion; to cease to be perceived by sight or hearing; to love excessively; to disappear.—**p. de vista,** to disappear; to excel in an eminent degree; to be very shrewd.
perdición, *f.* perdition; ruin, loss; unbridled, excessive love.
pérdida, *f.* loss; privation; detriment, damage; waste; (com.) leakage, shortage, shrinkage.—**pérdidas y ganancias,** profit and loss.—**ir a pérdidas y ganancias,** to share profit and loss.
perdidamente, *adv.* desperately; uselessly.
perdidizo, za, *a.* lost designedly or on purpose.—**hacerse el p.,** to sneak away, disappear.—**hacerse p.,** to lose designedly at cards.
perdido, da. I. *pp.* of PERDER. **II.** *a.* lost; mislaid; misguided; profligate, dissolute.—**p. por,** passionately fond of, crazy about. **III.** *m.* (fig.) black sheep.
perdidoso, sa, *a.* sustaining loss, losing.
perdigana, *f.* young partridge.
perdigar, *va.* (*pret.* PERDIGUÉ; *subj.* PERDIGUE) (cook.) to broil (partridges) slightly; to brown (meat); to dispose, prepare.
[1]**perdigón,** *m.* squanderer; losing gambler.
[2]**perdigón,** *m.* young partridge; decoy partridge;

bird shot.—**perdigonada,** *f.* shot or wound with bird shot.—**perdigonera,** *f.* shot pouch.
perdigué, perdigue, *v. V.* PERDIGAR.
perdiguero, ra. I. *m.* setter, retriever (dog). **II.** *n.* poulterer, game dealer.
perdimiento, *m.* = PERDICIÓN, PÉRDIDA.
perdiz, *f.* (ornith.) partridge.
perdón, *m.* pardon, forgiveness; mercy, grace; reprieve; remission of a debt; (coll.) burning drop of oil, wax, etc.—**¡p.!,** pardon!, excuse me!—**con p.,** by your leave; begging pardon. —**no tener p. (de Dios),** to be absolutely unpardonable, beyond all forgiveness.
perdonable, *a.* pardonable, forgivable.
perdonador, ra, *n.* one who pardons, excuses.
perdonante, *a.* forgiving, pardoning.
perdonar, *va.* to pardon, forgive; to remit (a debt); to exempt; to spare, excuse.—**no p.,** not to overlook (another's mistake, etc.).
perdonavidas, *m.* (coll.) bully, hector.
perdulario, ria, *a.* reckless, careless.
perdurable, *a.* lasting, abiding, everlasting.
perdurablemente, *adv.* everlastingly, lastingly.
perdurar, *vn.* to last long.
perecear. I. *va.* to protract, delay, put off. **II.** *vn.* to indulge one's laziness, to idle.
perecedero, ra. I. *a.* perishable, not lasting. **II.** *m.* extreme want.
perecer. I. *vn.* (*ind.* PEREZCO; *subj.* PEREZCA) to perish; to come to an end; to suffer or undergo damage, toil, or fatigue. **II.** *vr.* to crave, desire anxiously, pine.
pereciente, *a.* perishing; pining.
perecimiento, *m.* loss, decline; shipwreck.
pereda, *f.* orchard of pear trees.
peregrinación, *f.,* **peregrinaje,** *m.* peregrination; pilgrimage; course of this life.
peregrinamente, *adv.* rarely; curiously.
peregrinante, *a.* traveling; roaming.
peregrinar, *vn.* to travel, roam.
peregrinidad, *f.* rareness, rarity.
peregrino, na. I. *a.* peregrine, foreign; traveling, migratory; strange, odd, rare; handsome, perfect. **II.** *n.* pilgrim, palmer.
perejil, *m.* (bot.) parsley; (coll.) showy dress or apparel.—*pl.* (coll.) "handle" (titles).
perejila, *f.* a card game.
Perencejo, ja, *n.* = PERENGANO.
perendeca, *f.* (coll.) prostitute.
perendengue, *m.* earring, eardrop; cheap or tawdry ornament.
Perengano, na, *n.* = MENGANO, So-and-So.
perennal, *a.* = PERENNE.
perennalmente, *adv.* = PERENNEMENTE.
perenne, *a.* perennial, perpetual.
perennemente, *adv.* continually, perpetually.
perennidad, *f.* perennity, continuity.
perentoriamente, *adv.* peremptorily; urgently.
perentoriedad, *f.* peremptoriness; urgency.
perentorio, ria, *a.* peremptory; urgent; decisive.
perero, *m.* fruit parer.
pereza, *f.* laziness, sloth; slowness.
perezco, perezca, *v. V.* PERECER.
perezosamente, *adv.* lazily, slothfully, idly.
perezoso, sa. I. *a.* lazy, indolent, slothful, idle. **II.** *m.* (zool.) sloth.
perfección, *f.* perfection; perfect thing; beauty, grace.—**a la p.,** perfectly.
perfeccionable, *a.* ameliorable.
perfeccionador, ra, *a.* perfecting, improving.
perfeccionamiento, *m.* perfecting, improvement, finish.
perfeccionar, *va.* to improve, perfect.
perfeccionismo, *m.* perfectionism.
perfeccionista, *a.* & *n.* perfectionist.
perfectamente, *adv.* perfectly.
perfectibilidad, *f.* perfectibility.
perfectible, *a.* perfectible.
perfectivo, va, *a.* perfective.
perfecto, ta, *a.* perfect; (gram.) perfect (tense)
perficiente, *a.* perfecting.
pérfidamente, *adv.* perfidiously.
perfidia, *f.* perfidy.
pérfido, da, *a.* perfidious, treacherous.
perfil, *m.* profile, side view; outline; (coll.) image; upstroke of letters.
perfilado, da. I. *pp.* of PERFILAR. **II.** *a.* elongated; outlined; streamlined.
perfiladora, *f.* (mech.) shaper.
perfiladura, *f.* profile drawing; outline.
perfilar. I. *va.* to outline, profile; (mech.) to shape; to polish, add the finishing touches. **II.** *vr.* to appear in profile, stand sideways; to make an elaborate toilet, dress up.
perfoliada, *f.* (bot.) hare's-ear.
perfoliado, da, *a.* (bot.) perfoliate.
perfoliata, *f.* = PERFOLIADA.
perfolla, *f.* corn husk; shucks.
perforación, *f.* perforation, puncture, hole; drilling, boring.
perforador, ra. I. *a.* perforating, drilling, puncturing. **II.** *n.* perforator, driller; *m.* (mech.) perforator, punch; *f.* perforating machine, punch, borer, drill, rock drill; drilling rig.
perforar, *va.* to perforate, puncture; to bore, drill, punch.
perfumadero, *m.* perfuming pan.
perfumado, da. I. *pp.* of PERFUMAR. **II.** *a.* odoriferous.
perfumador, ra. I. *a.* perfuming. **II.** *m.* perfumer, perfuming pan.
perfumar, *va.* to perfume.
perfume, *m.* perfume; odor, fragrance.
perfumear, *va.* to perfume.
perfumería, *f.* perfumery; perfumer's shop.
perfumero, ra; perfumista, *n.* perfumer.
perfunctoriamente, *adv.* perfunctorily.
perfunctorio, ria, *a.* perfunctory.
perfusión, *f.* (med.) perfusion.
pergal, *m.* leather paring for shoe laces.
pergaminero, *m.* parchment maker.
pergamino, *m.* parchment, vellum; diploma.
pergenio, *m.* (coll.) appearance, looks.
pergeñar, *va.* (coll.) to prepare or perform skilfully.
pergeño, *m.* (coll.) appearance, looks.
pérgola, *f.* pergola.
peri, *f.* fairy, elf, peri.
periantio, *m.* (bot.) perianth.
pericardíaco, ca; pericárdico, ca, *a.* pericardiac, pericardial.
pericardio, *m.* (anat.) pericardium.
pericarditis, *f.* (med.) pericarditis.
pericárpico, ca, *a.* pericarpic, pericarpial.
pericarpio, *m.* (bot.) pericarp.
pericia, *f.* skill, expertness, proficiency, (coll.) know-how.
pericial, *a.* expert.
pericialmente, *adv.* expertly.
periciclo, *m.* (bot.) pericycle.
perico, *m.* (ornith.) parrakeet; periwig; queen of clubs in the game of TRUQUE; (naut.) mizzen topgallant sail.—**p. de los palotes,** John Doe, a fictitious or undetermined person.—**p. ligero,** (zool.) sloth.
pericón, na. I. *a.* fit for all uses. **II.** *m.* large fan; queen of clubs in the game of QUÍNOLAS.
pericondrio, *m.* (anat.) perichondrium (cartilage membrane).
pericráneo, *m.* (anat.) pericranium, skull.
peridermo, *m.* (bot.) periderm.
peridotita, *f.* (min.) peridotite.
peridoto, *m.* (min.) chrysolite.
periecos, *m. pl.* (geog.) periœci.
periferia, *f.* periphery.
periférico, ca, *a.* peripheric, circumferential.
perifollo, *m.* (bot.) common chervil.—*pl.* ribbons, tawdry ornaments of dress.
perifonear, *va.* (radio) to broadcast.
perifonía, *f.* (radio) broadcasting.
perífono, *m.* (radio) broadcasting instrument.
perifrasear, *va.* to periphrase.
perífrasi, perífrasis, *f.* (rhet.) periphrasis.
perifrástico, ca, *a.* periphrastic.

perigallo, *m.* skin hanging from the chin of thin, old persons; gawdy ribbon worn on the hair; (coll.) tall, lean person; slender sling; (naut.) line, topping lift.
perigeo, *m.* (astr.) perigee.
perigonio, *m.* (bot.) perigynium, perianth.
perígono, *m.* (geom.) perigon.
perihelio, *m.* (astr.) perihelion.
perilustre, *a.* very illustrious.
perilla, *f. dim.* small pear; pear-shaped ornament; pommel of a saddlebow; goatee; lobe of the ear. —**de p.,** to the purpose; in the nick of time.
perillán, na, *n.* rascal; sly, crafty person.
perillo, *m.* scalloped cookie or maccaroon.
perimétrico, ca, *a.* perimetric, perimetrical.
perímetro, *m.* perimeter.
períncllto, ta, *a.* famous, renowned.
perineal, *a.* (anat.) perineal.
perinefrio, *m.* (anat.) perinephrium.
perineo, *m.* (anat.) perineum.
perineumonía, *f.* (med.) pneumonia.
perineumónico, ca, *a.* pneumonic.
perinola, *f.* teetotum, small top spun in gambling; pear-shaped ornament; neat little woman.
perioca, *f.* synopsis, summary.
periódicamente, *adv.* periodically.
periodicidad, *f.* periodicity, periodic character.
periódico, ca. I. *a.* periodical, periodic. **II.** *m.* newspaper; periodical, journal.
periodismo, *m.* journalism.
periodista, *m.* & *f.* journalist.
periodístico, ca, *a.* journalistic.
período, *m.* period, age, era; (rhet.) period, clause, sentence; menstruation; (mus.) period, phrase; (elec.) cycle.
periodograma, *m.* (stat.) periodogram.
perióstico, ca, *a.* periosteal.
periostio, *m.* (anat.) periosteum.
periostiotomía, *f.* (surg.) periosteotomy.
periostiótomo, *m.* (surg.) periosteotome.
periostitis, *f.* (med.) periostitis.
peripatético, ca, *a.* & *n.* Peripatetic; *a.* (coll.) ridiculous or extravagant (opinion).
peripato, *m.* Peripateticism.
peripecia, *f.* situation, incident, episode.
periplo, *m.* circumnavigation.
períptero, ra, *a.* (arch.) peripteral.
peripuesto, ta, *a.* (coll.) very spruce in dress.
periquete, *m.* (coll.) jiffy, instant.
periquillo, *m.* sugar plum.
periquito, *m.* (ornith.) parrakeet, paroquet.
periscios, *m. pl.* (geog.) periscii.
periscópico, ca, *a.* periscopic.
periscopio, *m.* periscope.
perisístole, *f.* (physiol.) perisystole.
perisodáctilo, la. I. *a.* (zool.) perissodactylous. **II.** *m.* (zool.) perissodactyl.
perisología, *f.* (rhet.) verbiage.
perispermo, *m.* (bot.) perisperm.
peristalsis, *f.* (physiol.) peristalsis.
peristáltico, ca, *a.* (physiol.) peristaltic.
peristaltismo, *m.* (physiol.) peristalsis.
peristilo, *m.* (arch.) peristyle, colonnade.
perístole, *f.* (physiol.) peristole, peristalsis.
perístoma, *m.* (bot., zool.) peristome.
perita, *f. dim.* small pear.
peritaje, *m.* occupation of an expert.
peritéctico, ca, *a.* (chem., phys.) peritectic.
peritiflitis, *f.* (med.) perityphlitis.
perito, ta. I. *a.* skilful, able, experienced. **II.** *n.* connoisseur, expert; appraiser.
peritoneal, *a.* (anat.) peritoneal.
peritoneo, *m.* (anat.) peritoneum.—**peritonitis,** *f.* (med.) peritonitis.
perjudicador, ra, *n.* & *a.* injurer(-ing).
perjudicante, *a.* damaging, injurious.
perjudicar, *va.* (*pret.* PERJUDIQUÉ; *subj.* PERJUDIQUE) to damage, hurt, injure, impair, prejudice.
perjudicial, *a.* harmful, injurious, prejudicial.
perjudicialmente, *adv.* harmfully, injuriously.
perjudiqué, perjudique, *v. V.* PERJUDICAR.
perjuicio, *m.* prejudice; injury, damage.
perjurador, ra, *n.* perjurer, forswearer.
perjurar. I. *vn.* to commit perjury; to swear, be profane. **II.** *vr.* to perjure oneself.
perjurio, *m.* perjury.
perjuro, ra. I. *a.* perjured, forsworn. **II.** *n.* forswearer, perjurer.
perla, *f.* pearl; (fig.) jewel; (print.) pearl.—*pl.* fine teeth.—**de perlas,** perfectly; to a tee.
perlada, *a.* pearled (barley).
perlado, da, *a.* pearled, pearly; (chem.) beaded.
perlático, ca, *a.* paralyzed, palsied.
perlería, *f.* collection of pearls.
perlesía, *f.* (med.) paralysis, palsy.
perlezuela, *f. dim.* small pearl.
perlino, na, *a.* pearl-colored.
perlita, *f. dim.* small pearl; phonolite, clinkstone.
perlongar, *vn.* (*pret.* PERLONGUÉ; *subj.* PERLONGUE) (naut.) to coast; to pay out a cable.
permanecer, *vn.* (*ind.* PERMANEZCO; *subj.* PERMANEZCA) to stay, remain, endure, last.
permaneciente, *a.* permanent.
permanencia, *f.* stay, sojourn; duration, permanence; perseverance, constancy.
permanente. I. *a.* permanent. **II.** *f.* permanent (wave, in hair).—**permanentemente,** *adv.* permanently.
permanezco, permanezca, *v. V.* PERMANECER.
permanganato, *m.* (chem.) permanganate.—**p. de potasio,** (chem.) potassium permanganate.
permangánico, ca, *a.* permanganic.
permeabilidad, *f.* permeability.
permeable, *a.* permeable, non-waterproof.
permeámetro, *m.* (phys.) permeameter, vectometer.
permisible, *a.* permissible.
permisión, *f.* permission, leave, permit; concession, grant.
permisivamente, *adv.* permissively.
permisivo, va, *a.* permissive.
permiso, *m.* permission, permit, leave, license; difference in weight of coin.—**¡con p.!,** excuse me!
permisor, ra, *n.* granter, permitter.
permistión, *f.* mixture, concoction.
permitente, *a.* permitting, allowing.
permitidero, ra, *a.* permissible.
permitidor, ra, *n.* permitter, granter.
permitir, *va.* to permit, allow; to grant, admit.
permuta, *f.* barter; exchange.
permutable, *a.* exchangeable.
permutación, *f.* interchange; (math.) permutation.
permutar, *va.* & *vn.* to exchange, interchange, barter; to permute.
perna, *f.* flat shellfish.
pernada, *f.* blow with the leg; shake of the leg; (naut.) leg.
pernaza, *f. aug.* thick or big leg.
perneador, ra, *a.* strong-legged.
pernear. I. *vn.* to kick, shake the legs; to hustle; to worry, fret. **II.** *va.* to drive (pigs) to market and sell by retail.
perneo, *m.* public sale of hogs.
pernera, *f.* leg of a pair of trousers.
pernería, *f.* (naut.) collection of bolts.
pernetas.—en p., bare-legged.
pernete, *m.* (naut.) small pin, peg, or bolt.
perniabierto, ta, *a.* bowlegged.
perniciosamente, *adv.* perniciously.
pernicioso, sa, *a.* pernicious; injurious, harmful.
pernigón, *m.* Genoese preserved plum.
pernil, *m.* hock, ham (of animals); trouser leg.
pernio, *m.* door or window hinge.
perniquebrar, *va.* (*ind.* PERNIQUIEBRO; *subj.* PERNIQUIEBRE) to break the legs of.
pernituerto, ta, *a.* twisted-, crooked-legged.
perno, *m.* bolt; pin, spike; hook of a door-hinge; (mech.) joint pin, crank pin.—**p. pinzote,** main bolt, kingbolt.
pernoctar, *vn.* to pass the night.
[1]**pero,** *m.* pearmain, variety of apple; apple tree.
[2]**pero. I.** *conj.* but; except; yet; (used for empha-

sis at beginning of sentence, not translated). **II.** *m.* (coll.) fault, defect.—**poner pero**(s), to find fault.
perogrullada, *f.* (coll.) obvious truth, truism; platitude.
Perogrullo.—verdad de P. = PEROGRULLADA.
perojiménez, *m.* a variety of grape; wine made from it.
perol, *m.* (cooking) kettle, copper.
peroné, *m.* (anat.) fibula, perone.
peróneo, nea, *a.* peroneal, fibular.
peroración, *f.* peroration.
perorar, *vn.* to deliver a speech or oration; to declaim; to urge.
perorata, *f.* (coll.) harangue, speech.
peróxido, *m.* (chem.) peroxide.—**p. de hidrógeno,** (chem.) hydrogen peroxide.—**p. de sodio,** (chem.) sodium peroxide.
perpendicular, *n.* & *a.* perpendicular.
perpendicularidad, *f.* perpendicularity.
perpendicularmente, *adv.* perpendicularly.
perpendículo, *m.* plumb, plummet; altitude of a triangle; pendulum.
perpetración, *f.* perpetration.
perpetrador, ra, *n.* perpetrator, aggressor.
perpetrar, *va.* to perpetrate, commit.
perpetua, *f.* (bot.) immortelle, cudweed.
perpetuación, *f.* perpetuation.
perpetuamente, *adv.* perpetually.
perpetuán, *m.* a kind of thick, woollen stuff.
perpetuar, *va.* & *vr.* to perpetuate.
perpetuidad, *f.* perpetuity.
perpetuo, tua, *a.* perpetual, everlasting.—**p. silencio** (law) forever hold his peace.
perpiaño, *m.* (arch.) perpend.
perplejamente, *adv.* perplexedly, confusedly.
perplejidad, *f.* perplexity, irresolution, embarrassment, hesitation.
perplejo, ja, *a.* uncertain, perplexed.
perpunte, *m.* quilted under-waistcoat.
perquirir, *va.* to seek diligently.
perra, *f.* bitch, female dog; slut; drunken state.—**p. chica** = PERRO CHICO.
perrada, *f.* pack of dogs; mean, base action.
perramente, *adv.* very badly, wretchedly.
perrazo, *m. aug.* large dog.
perrengue, *m.* (coll.) peevish person, snarler; (coll.) Negro.
perrera, *f.* kennel; toil, drudgery; (coll.) bad pay; child's fit of temper.
perrería, *f.* pack of dogs; set or den of rogues; angry word.
perrero, *m.* beadle who drags dogs out of the church; master of hounds or dogs; dog fancier.
perrezno, na, *n.* whelp, puppy.
perrillo, lla; to, ta. I. *n.* little dog; puppy.—**p. de falda, or faldero,** lap dog. **II.** *m.* trigger of a gun; piece of horse's bridle.
perro, *m.* dog.—**p. alano,** mastiff.—**p. alforjero,** camp watchdog.—**p. braco,** pointer (dog).—**p. cazón,** (ichth.) dogfish.—**p. cobrador,** retriever.—**p. chico,** former five-centime copper coin.—**p. chino,** Mexican hairless (dog).—**p. de aguas,** poodle.—**p. de ajeo,** setter, bird dog.—**p. de casta,** thoroughbred dog.—**p. de lanas,** poodle, lapdog.—**p. del hortelano,** dog in the manger.—**p. de muestra,** pointer (dog).—**p. de policía,** police dog, German shepherd dog.—**p. de presa,** bulldog.—**p. de Terranova,** Newfoundland dog.—**p. dogo,** bulldog.—**p. galgo,** hound.—**p. jateo, raposero** or **zorrero,** foxhound.—**p. mestizo,** mutt, mongrel, pooch.—**p. mudo,** raccoon.—**p. tomador,** retriever.—**p. viejo,** wise old dog, person cautious because of experience.—**a espeta perros,** suddenly, unexpectedly.—**atar los perros con longaniza,** to live off the fat of the land.—**como perros y gatos,** like cats and dogs, irreconcilable.—**dar p. a uno,** to keep (someone) dangling, keep (someone) waiting.—**darse uno a p.,** to exasperate, irritate.
perroquete, *m.* (naut.) topmast.
perruno, na. I. *a.* doggish, canine; currish. **II.** *f.* dog bread, dog biscuit.
persa, *a.* & *n.* Persian.
persecución, *f.,* persecution; pursuit; harassment; importunity.
persecutorio, ria, *a.* persecuting.
perseguidor, ra, *n.* persecutor; pursuer.
perseguimiento, *m.* = PERSECUCIÓN.
perseguir, *va.* (*ger.* PERSIGUIENDO; *ind. pres.* PERSIGO, *pret.* él PERSIGUIÓ; *subj.* PERSIGA) to pursue; to persecute; to importune, beset.
Perseo, *m.* (astr.) Perseus.
persevante, *m.* pursuivant at arms.
perseverancia, *f.* perseverance.
perseverante, *a.* perseverant, persevering.
perseverantemente, *adv.* perseveringly.
perseverar, *vn.* to persevere, persist.
persiana, *f.* flowered silk stuff; Venetian blind.
persicaria, *f.* (bot.) persicaria, lady's-thumb.
pérsico, ca. I. *a.* Persian. **II.** *m.* (bot.) peach tree and its fruit.
persignarse, *vr.* to cross oneself; to handsel.
pérsigo, *m.* (bot.) peach tree and its fruit.
persigo, persiga, persiguió, *v. V.* PERSEGUIR.
persistencia, *f.* persistence; obstinacy.
persistente, *a.* persistent; permanent, firm.—**reacción p.,** sustained reaction.
persistir *vn.* to persist, persevere.
persona, *f.* person; individual; personage; (law, gram.) person.—**p. a cargo,** dependent.—**p. desplazada,** displaced person.—**p. inútil,** (coll.) deadwood.—**p. jurídica,** legal person (corporation, partnership, etc.).—**de p. a p.,** person to person, man to man.—**en p.,** in person.—**primera p.,** (gram.) first person.—**segunda p.,** (gram.) second person.—**tercera p.,** (gram.) third person.
personada, *a.* (bot.) personate.
personado, *m.* (eccl.) benefice without jurisdiction.
personaje, *m.* personage; (theat.) character.
personal. I. *a.* personal, private. **II.** *m.* personnel, staff; personal tax.
personalidad, *f.* personality; individuality; (law) person; legal capacity.
personalizar. I. *va.* to personalize; to become personal. **II.** *vr.* (law) to show oneself a party at law.
personalmente, *adv.* personally, in person.
personarse, *vr.* to meet on business; to appear personally; (law) to appear as an interested party.
personería, *f.* solicitorship.
personero, ra, *n.* solicitor, deputy, agent, attorney, counsel.
personificación, *f.* personification.
personificar, *va.* (*pret.* PERSONIFIQUÉ; *subj.* PERSONIFIQUE) to personify.
personilla, *f.* ridiculous little person.
perspectiva, *f.* perspective; view, vista; prospect, outlook; appearance.
perspectivo, *m.* one versed in perspective.
perspicacia, perspicacidad, *f.* perspicaciousness, perspicacity, acumen, sagacity.
perspicaz, *a.* perspicacious, acute, sagacious, clear-sighted.
perspicuamente, *adv.* perspicuously.
perspicuidad, *f.* perspicuity, lucidity.
perspicuo, cua, *a.* perspicuous, clear.
persuadidor, ra, *n.* persuader.
persuadir. I. *va.* to persuade, induce; to convince. **II.** *vr.* to be persuaded; to be convinced.
persuasible, *a.* persuasible, persuadable.
persuasión, *f.* persuasion; conviction, opinion.
persuasiva, *f.* persuasiveness.
persuasivo, va, *a.* persuasive, convincing.
persuasor, ra, *n.* persuader, inducer.
persulfato, *m.* (chem.) persulfate, persulphate.
persulfúrico, ca, *a.* (chem.) persulphuric.
persulfuro, *m.* (chem.) persulphide.
pertenecer, *vn.* (*ind.* PERTENEZCO; *subj.* PERTENEZCA) to belong, appertain; to concern; to behoove.

pertenecido, *m.* = PERTENENCIA.
perteneciente, *a.* belonging, appertaining.
pertenencia, *f.* ownership; tenure, holding, property, possession; appurtenance, dependence, accessory; (min.) claim.
pertenezco, pertenezca, *v. V.* PERTENECER.
pértica, *f.* perch, linear measure (9.70 feet).
pértiga, *f.*, **pertigal,** *m.* bar, staff, pole, rod.
pértigo, *m.* carriage; plow beam.
pertiguería, *f.* office of a verger.
pertiguero, *m.* verger.
pertinacia, *f.* pertinacity, insistence, obstinacy, stubbornness, doggedness.
pertinaz, *a.* pertinacious, obstinate, opinionated.
pertinazmente, *adv.* pertinaciously.
pertinencia, *f.* pertinence, fitness, relevancy.
pertinente, *a.* pertinent, apt, appropriate, relevant; (law) concerning, pertaining.
pertinentemente, *adv.* pertinently, opportunely, congruously.
pertrechar, *va.* & *vr.* (mil.) to supply, store, equip; to dispose, arrange, prepare.
pertrechos, *m. pl.* (mil.) stores; tools.
perturbable, *a.* easily perturbed.
perturbación, *f.* perturbation, disturbance; agitation, excitement.
perturbadamente, *adv.* confusedly.
perturbador, ra. I. *a.* perturbing, disturbing. **II.** *n.* perturber, disturber.
perturbar, *va.* to perturb, disturb, unsettle; to confuse, agitate.
Perú, *m.* Peru.
peruano, na, *n.* & *a.* Peruvian.
peruétano, *m.* (bot.) wild pear tree.
[1]**perulero, ra.** *n.* & *a.* Peruvian.
[2]**perulero,** *m.* narrow-bottomed, bulging, narrow-necked pitcher.
perversamente, *adv.* perversely, wickedly.
perversidad, *f.* perversity, wickedness.
perversión, *f.* perversion, perverting; perverseness, depravation, wickedness.
perverso, sa. I. *a.* perverse, wicked, depraved. **II.** *n.* pervert.
pervertidor, ra, *n.* perverter, corrupter.
pervertimiento, *m.* perversion, perverting.
pervertir. I. *va.* (*ger.* PERVIRTIENDO; *ind. pres.* PERVIERTO, *pret.* él PERVIRTIÓ; *subj.* PERVIERTA) to pervert, distort, garble; to corrupt, debase. **II.** *vr.* to become depraved.
pervigilio, *m.* sleeplessness, wakefulness.
pervulgar, *va.* to divulge; to promulgate.
peryódico, ca, *a.* (chem.) periodic.
peryoduro, *m.* (chem.) periodide.
pesa, *f.* weight (the thing); clock weight; counterweight.—**p. de una romana,** weight of a steelyard.—**pesas y medidas,** weights and measures.
pesacartas, *f.* letter-scales.
pesada, *f.* weighing; quantity weighed at once.
pesadamente, *adv.* heavily; cumbrously; sorrowfully, grievingly; slowly, lazily.
pesadez, *f.* heaviness; slowness; drowsiness; importunity; excess, abundance; trouble, pain, fatigue; obesity, corpulence.
pesadilla, *f.* nightmare.
pesado, da. I. *pp.* of PESAR. **II.** *a.* heavy; massive; deep, sound (sleep); heavy, sultry, stuffy (air, atmosphere); cumbersome; tedious, tiresome; dull; offensive; slow, lazy; clumsy; fat or corpulent; insufferable, importunate, annoying, vexatious.—**p. de cabeza,** (aer.) nose heavy.—**p. de cola,** (aer.) tail heavy.—**p. de proa,** (aer.) nose heavy. **III.** *n.* bore, tease.
pesador, ra, *n.* weigher.
pesadumbre, *f.* grief, affliction, sorrow; heaviness.
pesalicores, *m.* hydrometer.
pésame, *m.* condolence. Also PÉNAME.
pesante. I. *a.* weighing. **II.** *m.* weight of half a drachm.
pesantez, *f.* (phys.) gravity; heaviness.
pesar. I. *vn.* to weigh, have weight; to be weighty, important, or valuable; to cause regret, sorrow or repentance (diff. constr.: *me pesa rehusar,* I regret to refuse; often foll. by **de:** *me pesa de haber ofendido a Vd.,* I am sorry to have offended you); to preponderate.—**mal que le pese,** however much it may displease you; whether you like it or not.—**pese a quien pese,** whatever anybody says or does, let them say what they will. **II.** *va.* to weigh; to examine, consider, think or ponder over. **III.** *m.* sorrow, grief, regret; repentance.—**a p. de,** in spite of, notwithstanding.—**a. p. mío,** or **a mi p.,** in spite of me, against my wishes.
pesario, *m.* (med.) pessary.
pesaroso, sa, *a.* sorrowful, regretful; sorry, sad.
pesca, *f.* fishing; fishery; catch, fish caught.
pescada, *f.* (ichth.) hake.
pescadería, *f.* fish market.
pescadero, ra, *n.* fishmonger.
pescadilla, *f.* small hake.
pescado, *m.* fish (caught); salted codfish.
pescador, ra, *n.* fisherman(-woman).
pescante, *m.* jib of a crane or derrick; boom; coach box; (naut.) davit; fish davit.
pescar. I. *va.* & *vn.* (*pret.* PESQUÉ; *subj.* PESQUE) to fish; to catch fish. **II.** *va.* to find or pick up; to catch in the act, surprise; to obtain, get.
péscola, *f.* beginning of a furrow.
pescozada, *f.*; **pescozón,** *m.* slap on the neck.
pescozudo, da, *a.* having a thick neck.
pescuezo, *m.* neck; throat; stiff-necked haughtiness, airs.—**cortar el p.,** to cut the throat; to cut off the head.
pescuño, *m.* wedge of the coulter.
pesebre, *m.* crib, rack; manger.—**pesebrejo,** *m. dim.* small manger; alveolus of horses' teeth.
pesebrera, *f.* stable; range of mangers in a stable.
pesebrón, *m.* boot of a coach.
pesero, *m.* (Mex., coll.) public car pool.
peseta, *f.* peseta, monetary unit of Spain.
pésete, *m.* imprecation; execration.
¡pesia! ¡pesia tal! *interj.* confound it! blazes!
pesiar, *vn.* to utter curses or execrations.
pesillo, *m.* small scales for weighing gold or silver coin.
pésimamente, *adv.* very badly, wretchedly.
pesimismo, *m.* pessimism.
pesimista, *n.* & *a.* pessimist(-ic).
pésimo, ma, *a. super.* very bad, very worst.
pesita, *f. dim.* small weight.
peso, *m.* weight, heaviness; weighing; balance, scales; importance, moment; burden, load; place where various victuals are sold at wholesale; judgment, good sense; peso, monetary unit of Argentina, Chile, Colombia, Cuba, the Dominican Republic, Mexico, the Philippines and Uruguay.—**p. atómico,** atomic weight.—**p. bruto,** gross weight.—**p. duro** or **fuerte,** duro, former Spanish monetary unit equal to 5 pesetas.—**p. específico,** (phys.) specific gravity.—**p. molecular,** (phys.) molecular weight.—**p. muerto,** dead weight, (aer.) dead load, permanent load.—**p. neto,** net weight.—**p. seco,** (aer.) dry weight.—**caerse de su p.,** to be self-evident; to go without saying.—**de p.,** of due weight; weighty; of weight, of importance; cogent.—**de su p.,** naturally.—**en p.,** suspended in the air; bodily; totally; undecided.
pésol, *m.* (bot.) pea.
pespuntador, ra, *n.* (sewing) backstitcher.
pespuntar, *va.* & *vn.* (sewing) to backstitch.
pespunte, *m.* (sewing) backstitching.
pesqué, pesque, *v. V.* PESCAR.
pesquera, *f.* fishery, fishing grounds.
pesquería, *f.* fish business; fishing; fishery.
pesquis, *m.* acumen, cleverness.
pesquisa, *f.* inquiry, investigation, search.
pesquisante, *a.* investigating, inquiring.
pesquisar, *va.* to inquire into, investigate.
pesquisidor, ra, *n.* searcher, investigator.
pestaña, *f.* eyelash; (sewing) fag-end, fringe, edging; (mech.) flange; (bot.) hairs.
pestañear, *vn.* to wink, to blink.

pestañeo, *m.* winking, blinking.
peste, *f.* pest, plague, pestilence; epidemic; corruption of manners; foul smell; (coll.) excess, superabundance.—*pl.* offensive words.—**p. bubónica,** bubonic plague.
pestíferamente, *adv.* pestiferously.
pestífero, ra, *a.* pestiferous, noxious, foul.
pestilencia, *f.* pest, plague, pestilence; foulness, stench.—**pestilencial,** *a.* pestiferous, pestilential; infectious, contagious; destructive.
pestilencioso, sa, *a.* pestilential.
pestilente, *a.* pestilent, noxious, foul.
pestillo, *m.* door latch; bolt of a lock.—**correr el p.,** to slide the bolt, bolt the door.
pestiño, *m.* honeyed fritters.
pestorejazo, *m.* = PESCOZÓN, slap on the neck.
pestorejo, *m.* fleshy back of the neck.
pestorejón, *m.* blow on the back of the neck.
pesuña, *f.* foot of cloven-hoofed animals.
pesuño, *m.* each half of a cloven hoof.
petaca, *f.* cigar case; (Am.) leather trunk or chest; (Am.) suitcase; covered hamper.
petalismo, *m.* (anc. hist.) petalism, banishment.
pétalo, *m.* (bot.) petal.
petaloide, *a.* petaloid.
petaquilla, *f.* (Am.) small, leather trunk.
petar, *va.* (coll.) to please, gratify, content.
petardear, *va.* (mil.) to beat down with petards; to cheat, gull, trick.
petardero, *m.* (mil.) petardeer; cheat, trickster.
petardista, *n.* cheat, impostor, swindler.
petardo, *m.* (artil.) petard; bomb; cheat, fraud, gull, trick.
petate, *m.* (Am.) sleeping mat; (coll.) luggage, baggage; impostor, swindler; good-for-nothing fellow; (naut.) sailor's hammock.—**liar el p.,** (coll.) to pack up and go.
petenera, *f.* a popular Andalusian song.
petequia, *f.* (med.) petechia.
petequial, *a.* (med.) petechial.
petera, *f.* (coll.) wrangle; fit of temper.
peteretes, *m. pl.* (coll.) tidbits, sweets.
peticano, peticanón, *m.* (print.) petit-canon type.
petición, *f.* petition, demand, claim, request; (law) petition, prayer.
peticionario, ria, *n.* petitioner.
petillo, *m. dim.* small stomacher; breast jewel.
petimetra, *f.* spruce, stylish lady.
petimetre, *m.* fop, coxcomb, beau, dude.
petirrojo, *m.* (ornith.) robin redbreast.
petitorio, ria. I. *a.* petitionary. **II.** *m.* impertinent, repeated petition. **III.** *f.* (coll.) PETICIÓN.
peto, *m.* breastplate; (fencing) plastron.
petral, *m.* breast leather (of saddle).
petraria, *f.* (mil.) petrary.
petrarquesco, ca, *a.* Petrarchan.
petrarquista, *n.* & *a.* Petrarchist(-ic).
petrel, *m.* (ornith.) petrel.
pétreo, a, *a.* rocky; stony, of stone.
petrificación, *f.* petrification.
petrificante, *a.* petrifying.
petrificar, *va.* & *vr.* to petrify.
petrífico, ca, *a.* petrifying.
petroglifo, *m.* (archeol.) petroglyph.
petrografía, *f.* petrography.
petrográfico, ca, *a.* petrographic.
petrolado, *m.*; **petrolato,** *m.* (pharm.) petrolatum.
petróleo, *m.* petroleum, mineral oil.
petrolero, ra. I. *a.* petroleum, oil (as *a.*). **II.** *n.* seller of petroleum; person in the petroleum industry; incendiary; ultraradical.
petrolífero, ra, *a.* oil-bearing.
petrología, *f.* petrology.
petroquímico, ca. I. *a.* petrochemical. **II.** *f.* petrochemistry.
petrosílex, *m.*, **petrosílice,** *f.* petrosilex, felsite.
petroso, sa, *a.* rocky, full of stones.
petulancia, *f.* petulance; insolence; flippancy.
petulante, *a.* petulant, insolent, pert.—**petulantemente,** *adv.* petulantly, pertly.
petunia, *f.* (bot.) petunia.
peucédano, *m.* (bot.) Peucedanum.
peyorativo, va, *a.* pejorative, depreciative, derogatory.
[1]**pez. I.** *m.* fish (in the water, not caught); catch, haul.—**p. espada,** swordfish.—**p. luna,** mola, sunfish.—**p. martillo,** hammer-headed shark.—**p. sierra,** sawfish.—**p. volador,** flying fish.
[2]**pez,** *f.* pitch, tar.—**p. blanca,** or **de Borgoña,** refined galipot, Burgundy pitch.—**p. griega,** or **rubia,** rosin, colophony.
pezolada, *f.* fag-end threads.
pezón, *m.* (bot.) stem of fruits; leaf stalk; flower stalk; nipple of a teat; axle end or pivot; end of a spindle in mills; cape or point of land.
pezonera, *f.* nipple shield; linchpin.
pezpalo, *m.* (com.) stockfish.
pezpita, *f.*, **pezpítalo,** *m.* (ornith.) wagtail.
pezuelo, *m.* beginning of cloth in weaving.
pezuña, *f.* = PESUÑA.
phi, *f.* phi (Greek letter).
pi, *f.* pi (Greek letter); (math.) pi.
piache, used in the expression **tarde piache,** (coll.) too late.
piada, *f.* chirping, peeping; puling.
piador, ra, *n.* puler; chirper.
piadosamente, *adv.* piously; mercifully.
piadoso, sa, *a.* pious, godly; merciful.
piafar, *vn.* (of horses) to paw, to stamp.
piale, *m.* (Am.) throw of the lasso.
piamadre, piamáter, *f.* (anat.) pia mater.
píamente, *adv.* piously.
piamontés, sa, *n.* & *a.* Piedmontese.
pian, *m.* (med.) yaws.
pían, pían; or **pían, piano,** *adv.* slowly, softly.
pianino, *m.* (mus.) upright piano.
pianista, *n.* pianist; piano maker or dealer.
piano, pianoforte, *m.* piano, pianoforte.—**p. de cola,** grand piano.—**p. de media cola,** baby grand.—**p. de mesa,** square piano.—**p. vertical,** upright piano.
pianola, *f.* pianola.
piante, *a.* peeping, puling, chirping.
piar, *vn.* to peep, pule, chirp; (coll.) to whine, cry.
piara, *f.* herd (of swine); drove (of mares, mules).
piariego, ga, *a.* owning a herd of mares, mules, or swine.
piastra, *f.* piaster, piastre (coin).
pibe, *m.* (Arg.) little child, "kid."
[1]**pica,** *f.* pike, lance; bullfighter's goad; stonecutter's hammer.—**poner una p. en Flandes,** to achieve a triumph.
[2]**pica,** *f.* (med.) pica.
picacero, ra, *a.* (of hawks) magpie-chasing.
picacureba, *f.* a Brazilian pigeon.
picacho, *m.* top, peak, summit.
picada, *f.* puncture, pricking, bite; sharp, pricking pain.
picadero, *m.* riding school; (naut.) stocks, boat skid; stamping ground of a buck in rutting time.
picadillo, *m.* minced meat; hash.
picado, da. I. *pp.* of PICAR. **II.** *a.* pricked; piqued, hurt; (sewing) pinked. **III.** *m.* minced meat; hash; (aer.) diving; dive.
picador, *m.* horse-breaker; horseman armed with a goad in bullfights; chopping block; paper pricker; pinking iron; file cutter.
picadura, *f.* pricking; pinking; puncture; bite; sting; nick, cut, slash; cut tobacco.
picaflor, *m.* (ornith.) humming bird.
picahielo, *m.* ice pick.
picajón, na; picajoso, sa, peevish, querulous.
picamaderos, *m.* (ornith.) woodpecker.—**p. verde,** (ornith.) popinjay, green woodpecker.
picana, *f.* (Am.) goad.
picanear, *va.* (Am.) to goad.
picante. I. *a.* pricking, piercing, stinging; highly seasoned, hot; risqué. **II.** *m.* piquancy, pungency, acrimony; keen satire.
picantemente, *adv.* piquantly.
[1]**picaño, ña,** *a.* lazy, vagrant.

[2]**picaño,** *m.* patch on a shoe.
picapedrero, *m.* stonecutter.
picapica, *f.* a plant whose leaves and fruit produce intense smarting of the skin.
picapleitos, *m.* (coll.) litigious person; pettifogging lawyer.
picaporte, *m.* spring latch, catch bolt; latchkey; (Am.) door knocker.
picaposte, *m.* (ornith.) woodpecker.
picapuerco, *m.* (ornith.) an insectivorous bird.
picar. I. *va.* (*pret.* PIQUÉ; *subj.* PIQUE) to prick, pierce, puncture; to sting, bite (as insects); to mince, chop, hash; (of birds) to peck; (of fish) to bite; to nibble, pick at, take little bites of; to pursue or harass; to spur, goad, incite; to pink; to pique, vex; to tame; (art) to stipple; to roughen with a pointed tool.—**p. la bomba,** to work the pump. **II.** *vn.* to sting, bite (as insects); (of fish) to bite; to itch, burn, smart; to scorch, burn (as the sun); (aer.) to dive.—**p. alto,** to aim high.—**p. en,** to be, to be somewhat of a (poet, etc.). **III.** *vr.* to be offended or piqued; to be moth-eaten; to stale, sour (as wine); to begin to rot (as fruit); (of teeth, etc.) to begin to decay; to boast of; (of animals) to be in heat; (naut.) (of the sea) to get choppy.
pícaramente, *adv.* knavishly, roguishly.
picaraza, *f.* (ornith.) magpie.
picardear, *vn.* to play the knave; to do mischief.
picardía, *f.* knavery, roguery; deceit, malice, foulness; wanton trick, wantonness; lewdness; meeting of rogues.—*pl.* offensive words.
picardihuela, *f. dim.* prank, roguish trick.
picaresco, ca. I. *a.* picaresque, roguish, knavish. **II.** *f.* den of rogues; knavery.
picaril, *a.* picaresque, roguish, knavish.
picarillo, *m. dim.* little rogue or rascal.
pícaro, ra. I. *a.* knavish, roguish; vile, low; mischievous; crafty, sly. **II.** *n.* rogue, knave, rascal.—**p. de cocina,** scullion, kitchen boy.
picarón, na, *n. aug.* great rogue; *f.* jade.
picaronazo, za; picarote, ta, *n.* great rogue or rascal.
picarrelincho, *m.* (ornith.) = PICAMADEROS.
picatoste, *m.* buttered toast.
[1]**picaza,** *f.* (ornith.) magpie.—**p. marina,** flamingo.
[2]**picaza,** *f.* grub ax, mattock.
[1]**picazo, za,** *a.* (of horses) black and white.
[2]**picazo,** *m.* blow with a pike, beak of bird, etc.
[3]**picazo,** *m.* young magpie.
picazón, *m.* itching, itch, smarting; peevishness, fretfulness.
pícea, *f.* (bot.) spruce.
píceo, a, *a.* of, or pert. to pitch.
picnómetro, *m.* (phys.) pycnometer.
picnóstila, *f.* (arch.) pycnostyle.
[1]**pico,** *m.* beak or bill of a bird; sharp point of any kind; pick, pickaxe; twibill; spout of a jar or pitcher; beak iron of an anvil; peak, top, summit; small balance of an account, small amount over; (coll.) mouth, chin; loquacity, garrulity.—**p. de cigüeña,** (bot.) crane's bill, geranium.—**p. de oro,** silver-tongued orator, man of great eloquence.—**p. de ancla,** (naut.) bill of an anchor.—*pl.* odds and ends.—**picos de un sombrero,** cocks of a hat.—**andar a picos pardos,** to loiter; to go on a spree.—**callar el p.,** to hold one's tongue.—**tener mucho p.,** to talk too much.—**y p.,** odd (*treinta y pico,* thirty odd).
[2]**pico,** *m.* (P. I.) weight of 137½ pounds.
[3]**pico,** *m.* (ornith.) woodpecker.—**p. de garza,** (bot.) heron's bill.—**p. duro,** (ornith.) grosbeak.—**p. verde,** (ornith.) green woodpecker.
picofeo, *m.* (ornith.) (Am.) toucan.
picolete, *m.* bolt staple.
picolina, *f.* (chem.) picoline.
picón, na. I. *a.* (of animals) having the upper teeth projecting over the under ones. **II.** *m.* lampoon or nipping jest; charcoal for brasiers; small fresh-water fish; broken rice.
piconero, *m.* maker of brasier charcoal.
picor, *m.* pungent taste; itching.
picoso, sa, *a.* pitted with the smallpox.
picota, *f.* gibbet, pillory; top, peak, point, spire; (naut.) cheek of a pump.
picotada, *f.,* **picotazo,** *m.* blow with the beak.
picote, *m.* goat's-hair cloth.
picoteado, da, *a.* peaked; having many points.
picoteador, *m.* pecker.
picotear. I. *va.* to peck, pick. **II.** *vn.* (coll.) to toss the head (said of horses); (coll.) to gab. **III.** *vr.* to altercate, wrangle, quarrel (said of women).
picotería, *f.* loquacity, volubility; gossip.
picotero, ra, *a.* chattering, prattling.
picotillo, *m.* inferior goat's-hair cloth.
picrato, *m.* (chem.) picrate.
pícrico, ca, *a.* (chem.) picric.
picrita, *f.* (petrography) picrite.
pictografía, *f.* pictography, picture writing.
pictográfico, ca, *a.* pictographic.
pictograma, *m.* (stat.) pictogram.
pictórico, ca, *a.* pictorial.
[1]**picudilla,** *f.* an insectivorous bird.
[2]**picudilla** *a. f.* crescent (olive).
picudo, da, *a.* beaked; acuminated, pointed; prattling, chattering.
pichel, *m.* pewter tankard; mug; pitcher.
pichelería, *f.* tankard or pitcher factory.
pichelero, *m.* maker of pewter tankards.
pichelete, *m. dim.* small tankard or mug.
pícher, *m.* (Angl.) (Am.) baseball pitcher.
pichi, *m.* pichi, a Chilean medicinal shrub.
pichincha, *f.* (Am.) good bargain.
pichoa, *f.* a Chilean cathartic plant.
pichola, *f.* a wine measure (about a pint).
pichón, I. *m.* young pigeon, squab. **II.** *n.* (coll.) darling, dearest.
pidientero, *m.* beggar.
pido, pida, pidió, *v. V.* PEDIR.
pidón, na, *a.* (coll.) persistent in begging.
pie, *m.* foot; leg, stand, support, base; trunk (of trees and plants); foot, bottom (of a page); lees, sediment; last hand or player (at cards); (theat.) cue; motive, occasion, opportunity; foundation, groundwork; rule, use, custom; (poet.) foot, syllable, verse; first color given in dyeing; foot of a stocking; slip, cutting (from a plant or tree).—**p. de amigo,** prop, shore.—**p. de atleta,** athlete's foot.—**p. de banco,** foolish remark, silly comment.—**p. de cabra,** crowbar.—**p. de cabalgar,** left foot.—**p. de carnero,** (naut.) samson's post.—**p. de imprenta,** (print.) imprint, printer's mark.—**p. de león,** (bot.) = ALQUEMILA VULGAR.—**p. de montar,** left foot.—**p. derecho,** (naut.) stanchion.—**p. de roda,** (naut.) forefoot.—**p. marino,** sea legs.—**p. plano,** (med.) flatfoot.—**a cuatro pies,** on all fours.—**a los pies de Vd.,** at your service (said to a lady only).—**al p.,** near, close to; at the foot of.—**al p. de,** at (the factory, the job, etc.).—**al p. de la letra,** literally.—**andar en un p.,** to put one's best foot forward.—**a p.,** on foot.—**a p. enjuto,** dryshod.—**a p. firme,** steadfastly.—**a p. juntillas,** firmly; uncompromisingly; most emphatically.—**a p. llano,** (coll.) with great ease, effortlessly.—**caer de pies,** (fig.) to land on one's feet.—**con buen o mal p.,** rain or shine, come what may.—**con p. derecho,** auspiciously, with a good start.—**con un p. en la sepultura,** with one foot in the grave.—**dar p.,** to give occasion.—**de a p.,** on foot.—**de p., de pies,** standing (up); up and doing; firmly.—**de pies a cabeza,** from head to foot.—**en p.,** pending, undecided; DE PIE.—**en p. de guerra,** on a war footing, mobilized.—**estar con un p. en el aire,** to be stopping for only a short time; to be about to leave.—**estar con el p. en el estribo,** to be about to leave or to act.—**hacer p.,** to be able to touch bottom (in water).—**ír-**

sele los pies a uno, (fig.) to slip up.—**ni pies ni cabeza,** neither head nor tail.—**perder p.,** to lose one's foothold, get into deep water.—**pies, ¿para qué os quiero?** (coll.) run for one's life (expression used when fleeing).—**poner pies en polvorosa,** (coll.) to flee, take it on the lam.—**ponerse en un p.,** to put one's best foot forward.—**sacar el p. del lodo,** (fig.) to get out of the slums.
piecezuela, *f. dim.* little piece.
piecezuelo, *m. dim.* of PIE: little foot.
piedad, *f.* piety, godliness; mercy; pity, charity; **¡por p.!** for pity's sake!
piedra, *f.* stone; block; cobblestone; memorial stone; footstone; (med.) gravel; hail; place where foundlings are exposed; gunflint.—**p. amoladera** = P. DE AMOLAR.—**p. angular,** cornerstone.—**p. berroqueña,** granite.—**p. bruta,** rubble.—**p. caliza,** limestone.—**p. de afilar,** whetstone, grinding stone, rubbing stone.—**p. de albardilla,** copestone. —**p. de amolar,** whetstone, grinding stone, rubbing stone.—**p. de chispa,** flint. —**p. de molino,** millstone.—**p. de toque,** touchstone.—**p. falsa,** imitation (precious) stone.—**p. filosofal,** philosopher's stone.—**p. filtrante,** filter or filtering stone.—**p. fina,** precious stone.—**p. franca,** freestone. —**p. fundamental,** foundation stone, cornerstone.—**p. imán,** loadstone.—**p. infernal,** caustic, lapis infernalis, nitrate of silver in sticks.—**p. lipis,** copper sulphate.—**p. litográfica,** lithographic stone.—**p. melodreña,** whetstone, grinding stone, rubbing stone. —**p. meteórica,** meteoric stone.—**p. miliar** or **miliaria,** milestone.—**p. molar,** millstone.—**p. nefrítica,** (min.) nephrite, jade.—**p. pómez,** pumice stone.—**p. preciosa,** precious stone.—**p. rodada,** (geol.) boulder.—**p. sepulcral,** gravestone, tombstone.—**p. viva,** solid rock.—**echar la primera p.,** to cast the first stone.—**hablar las piedras,** to talk to a wall.—**no dejar p. por mover,** to leave no stone unturned.—**no dejar p. sobre p.,** to raze to the ground, destroy entirely.—**tirar piedras,** to go berserk.
piedrecica, illa, ita; piedrezuela, *f. dim.* little stone, pebble.
piel, skin; hide, pelt; leather; fur; peel or skin of fruits.—**p. de cabra,** goatskin.—**p. de gallina,** goose flesh.—**abrigo de pieles,** fur coat.
piélago, *m.* high sea; great abundance.
pielecita, *f. dim.* small hide or skin.
pielgo, *m.* = PIEZGO.
pielitis, *f.* (med.) pyelitis.
piemia, *f.* (med.) pyemia, pyæmia.
[1]**pienso,** *m.* daily feed given to horses.
[2]**pienso,** *m.*—**ni por p.,** (coll.) not even in thought, absolutely not.
[3]**pienso, piense,** *v. V.* PENSAR.
pierdo, pierda, *v. V.* PERDER.
piérides, *f. pl.* (poet.) the Muses.
pierio, ria, *a.* (poet.) Pierian.
pierna, *f.* (anat.) leg; branch or leg of a compass; downstroke of letters; check of a printing press; jar for honey; (mech.) shank, fork.—**p. de Judas,** wicked person.—**p. de nuez,** lobe of a walnut.—**p. de una sábana,** breadth of a sheet.—**a p. suelta** or **a p. tendida,** at one's ease; without care; soundly.—**en piernas,** barelegged.—**estirar la p.,** (coll.) to kick the bucket, turn up one's toes.—**estirar las piernas,** (coll.) to take a walk; to wander around.
piernitendido, da, *a.* with extended legs.
pietismo, *m.* pietism.
pietista. I. *n.* Pietist. **II.** *a.* pietistic.
pieza, *f.* piece; fragment; part (of a machine, etc.); member (of a structure); bolt or roll of cloth; room (in a house); length of time; distance; game, quarry; piece of work; (theat.) play, piece; piece of music; piece or man in games; (her.) division of a shield.—**p. de artillería,** piece of ordnance.—**p. de autos,** records or pleadings.—**p. de recibo,** parlor, reception room.—**p. de repuesto,** spare part.—**¡buena p.!** a fine fellow (sometimes ironic).—**de una (sola) p.,** in one piece, solid.
piezgo, *m.* foot of a hide or skin; wine skin.
piezoelectricidad, *f.* piezoelectricity.
piezoeléctrico, ca, *a.* piezoelectric.
piezométrico, ca, *a.* piezometric.
piezómetro, *m.* piezometer, instrument for measuring compressibility of liquids.
pifano, *m.* (mus.) fife; fifer.
pifia, *f.* miscue at billiards; error, blunder.
pifiar. I. *vn.* to breathe audibly in playing the flute. **II.** *vr.* (billiards) to make a miscue.
pigargo, *m.* (ornith.) ringtail hawk.
pigmentación, *f.* pigmentation.
pigmentario, ria, *a.* pigmentary.
pigmento, *m.* pigment.
pigmeo, a. I. *a.* dwarfish. **II.** *n.* dwarf, pigmy.
pignoración, *f.* pledge of security given.
pignorar, *va.* to pledge, give as security.
pignoraticio, cia, *a.* pert. to a pledge or security.
pigre, *a.* slothful, lazy.—**pigricia,** *f.* laziness; place in schools for lazy boys.
pigro, gra, *a.* = PIGRE.
pihua, *f.* sandal.
pihuela, *f.* leash; obstruction, hindrance, impediment.—*pl.* fetters, shackles.
piísimo, ma, *a. super.* very pious, most pious.
pijama, piyama, (gen. *pl.*) *m.* (in Sp.), *f.* (in Am.) pajama.
pijota, *f.* (ichth.) hake.
pijote, *m.* (artil.) swivel gun for grapeshot.
pila, *f.* stone trough or basin; sink; (eccl.) font, holy-water basin; pile, heap; shorn wool belonging to one owner; (eng., arch.) pier; (elec.) battery, pile.—**p. atómica,** (phys.) atomic pile, reactor.—**p. eléctrica,** (elec.) electric cell.—**p. seca,** (elec.) dry cell.—**p. voltaica,** (elec.) voltaic cell.—**nombre de p.,** Christian name, given name.
pilada, *f.* quantity of mortar made at one time; cloth fulled at one time; pile, heap.
[1]**pilar,** *va.* to hull (grain) by pounding.
[2]**pilar,** *m.* basin of a fountain; pillar, column, post; support; pedestal; milestone, stone post; bedpost; arbor of a press.
pilarejo; pilarito, *m. dim.* small pillar.
pilastra, *f.* (arch.) pilaster, square column.
pilastrón, *m. aug.* large pilaster.
pilatero, ra, *n.* one who assists at fulling cloth.
pilche, *m.* (Peru) wooden cup or bowl.
píldora, *f.* (pharm.) pill, pellet; (coll.) affliction, bad news.
píleo, *m.* pileus, skull cap; cardinal's biretta.
pileta, *f.* kitchen sink; swimming pool.
pilica, *f. dim.* of PILA.
pilífero, ra, *a.* piliferous, hairy.
piliforme, *a.* piliform, filamentous.
pilocarpina, *f.* (chem.) pilocarpin.
pilocarpo, *m.* (bot.) jaborandi.
pilón, *m.* watering trough; basin of a fountain; mortar (for pounding); loaf (of sugar); drop or ball of a steelyard; counterpoise in an olive press; (mason.) heap of mortar; rider, sliding weight (of a balance).
pilonero, ra, *n.* newsmonger.
pilongo, ga, *a.* peeled and dried (chestnut); thin, lean, meager.
pilórico, ca, *a.* (anat.) pyloric.
píloro, *m.* (anat.) pylorus.
piloso, sa, *a.* pilous, pilose, hairy.
[1]**pilotaje,** *m.* (naut.) pilotage.
[2]**pilotaje,** *m.* pilework, piling.
pilotar, *va.* to pilot.
pilote, *m.* (eng.) pile.
pilotear, *va.* to pilot.
pilotín, *m.* (naut.) pilot's mate, second pilot.
piloto, *m.* (naut.) pilot, sailing master, navigator; first mate; mate.—**p. automático,** (aer.) automatic pilot.—**p. de altura,** sea pilot.—**p.**

de costa, coast pilot.—p. de pruebas, (aer.) test pilot.—p. de puerto, port pilot.—p. de reactor, jet pilot.—p. práctico, coast pilot. —alambre p., (elec.) pilot wire.—mechero p., pilot light.—pájaro p., (ornith.) pilot bird. —planta p., pilot plant.

piltraca, piltrafa, *f.* skinny flesh; hide parings. —*pl.* scraps of food.

pilla, *f.* pillage, plunder.

pillada, *f.* (coll.) knavish trick, rascality.

pillador, ra, *n.* pillager, plunderer; swindler.

pillaje, *m.* pillage, plunder, marauding, foray.

pillar, *va.* to pillage, rifle, plunder, foray; (coll.) to catch, grasp, take hold of.

pillastre, pillastrón, *m.* rogue, rascal.

pillear, *va.* (coll.) to play the rascal.

pillería, *f.* gang of rogues; piece of rascality.

pillo, lla. I. *a.* roguish, knavish; shrewd, artful, sly. II. *n.* knave, rogue, rascal; petty thief.—**p. desorejado,** arrant rogue.

pilluelo, *m. dim.* little rogue, urchin.

pimental, *m.* pepper patch.

pimentero, *m.* pepper box; (bot.) pepper plant. —**p. falso,** (bot.) = TURBINTO, terebinth.

pimentón, *m.* large pepper; Cayenne or red pepper; paprika.

pimienta, *f.* (black) pepper (spice).—**p. de Jamaica,** pimento.—**p. de Tabasco,** myrtle. —**p. larga,** long pepper.—**p. malagueta,** myrtle.—**p. negra,** black pepper.

pimiento, *m.* (bot.) capsicum; pepper (vegetable); red or Cayenne pepper.—**p. de bonete,** large, sweet pepper.—**p. de cornetilla,** hot pepper; chili.—**p. dulce,** sweet pepper.—**p. morrón** = P. DE BONETE.—**p. picante** = P. DE CORNETILLA.

pímpido, *m.* (ichth.) a variety of dogfish.

pimpín, *m.* a child's game.

pimpina, *f.* (Venez.) large, earthenware bottle.

pimpinela, *f.* (bot.) burnet, pimpinel.

pimpleo, a, *a.* pertaining to the Muses.

pimplón, *m.* waterfall, cascade.

pimpollar, *m.* nursery of young plants.

pimpollecer, *vn.* to sprout, to bud.

pimpollejo, ico, ito, *m. dim.* tender bud, sprout, sucker, or shoot.

pimpollo, *m.* sucker, sprout, shoot; rosebud; spruce, lively youth.

pimpolludo, da, *a.* full of buds or sprouts.

pina, *f.* conical mound; felloe, rim (of a wheel).

pinabete, *m.* (bot.) fir tree and its wood.

pináceo, cea, *a.* (bot.) pinaceous.

pinacoteca, *f.* pinacotheca, picture gallery.

pináculo, *m.* pinnacle, finial, acme, summit.

pinado, da, *a.* (bot.) pinnate, pinnated.

pinar, pinarejo, *m.* pine grove.

pinariego, ga, *a.* pertaining to pines.

pinastro, *m.* wild pine.

pinatífido, da, *a.* (bot.) pinnatifid.

pinaza, *f.* (naut.) pinnace.

pincarrascal, *m.* grove of pin oaks.

pincarrasco, *m.* pin oak, swamp Spanish oak.

pincel, *m.* artist's brush; (by extension) painter, work painted, and mode of painting; second feather in a martin's wing.

pincelada, *f.* stroke with a brush, touch.

pincelar, *va.* (art) to paint, portray.

pincelero, *m.* maker or seller of artist's brushes; brush box.

pincelillo, ito, *m. dim.* fine or camel's hair brush.

pincelote, *m. aug.* coarse brush.

pincerna, *n.* one who serves drinks.

pinchadura, *f.* (coll.) puncture, pricking.

pinchar, *va.* to prick, puncture, pierce.—**no p. ni cortar,** to have little or no influence, to count for nothing.

pinchaúvas, *n.* (coll.) despicable person.

pinchazo, *m.* prick, puncture, stab.

pinche, *m.* scullion, kitchen boy.

pincho, *m.* thorn, prickle; goad; skewer; prod.

pindárico, ca, *a.* Pindaric.

pindonga, *f.* (coll.) gadabout (woman).

pindonguear, *vn.* (coll.) to gad about.

pineal, *a.* (anat.) pineal.

[1]**pineda,** *f.* braid for garters.

[2]**pineda,** *f.* pine grove.

pineno, *m.* (chem.) pinene.

pinga, *f.* (P. I.) banghy, bamboo for carrying loads.

pingajo, *m.* (coll.) rag, tatter.

pinganello, *m.* = CALAMOCO, icicle.

pinganitos.—**en p.,** *adv.* in a high position.

pingo, *m.* rag.—*pl.* worthless clothes, duds.—**andar, estar,** or **ir de p.,** to gad about.

pingorote, *m.* any pointed object.

pingorotudo, da, *a.* (coll.) high, lofty.

[1]**pingüe,** *m.* (naut.) pink.

[2]**pingüe,** *a.* fat, greasy, oily; plentiful.

pingüedinoso, sa, *a.* fatty, oleaginous.

pingüino, *m.* (ornith.) penguin.

pinguosidad, *f.* fatness.

pinífero, ra, *a.* (poet.) abounding in pines.

pinillo, *m.* (bot.) ground pine, germander.

pinípedo, da, *m.* & *a.* (zool.) pinniped.

pinita, *f.* (min., chem.) pinite.

pinitos, *m. pl. dim.* first steps.

pinjante, *m.* (jewelry) pendant; (arch.) boss.

pinnípedo, da, *n.* & *a.* = PINÍPEDO.

[1]**pino, na.** I. *a.* steep. II. *m.* (coll.) first step of a child or of a convalescent.

[2]**pino,** *m.* (bot.) pine.—**p. albar,** Scotch pine.—**p. alerce,** larch, tamarack, hackmatack.—**p. bravo** = P. RODENO.—**p. carrasco,** pine oak. —**p. doncel,** timber from young pines without knots.—**p. marítimo** = P. RODENO.—**p. piñonero,** stone pine.—**p. rodeno,** cluster pine, pinaster, red pine.—**p. (de) tea,** pitch pine.

pinocha, *f.* pine leaf, pine needle.

pinocho, *m.* pine cone.

pínola, *f.* detent of a repeating watch; (naut.) spindle.

pinole, *m.* aromatic powder to mix with chocolate; (Mex.) cereal meal.

pinoso, sa, *a.* piny.

[1]**pinta,** *f.* spot, mark; edge lines on Spanish cards denoting the suit; appearance, aspect; drop.—*pl.* spots on the skin in malignant fevers; basset, a card game.

[2]**pinta,** *f.* pint (measure).

pintacilgo, *m.* (ornith.) goldfinch.

pintada, *f.* (ornith.) guinea fowl.

pintadillo, *m.* (ornith.) goldfinch.

pintado, da. I. *pp.* of PINTAR. II. *a.* spotted, mottled; exact.—**el más p.,** (coll.) the best, cleverest.—**estar como p.,** to be just the thing. III. *f.* (ornith.) guinea hen.

pintamonas, *m.* (coll.) dauber.

pintar. I. *va.* to paint; picture; to stain (as glass); to dapple; to describe, portray; to fancy, imagine; to exaggerate. II. *vn.* to begin to ripen; to show, give signs of. III. *vr.* to make up (one's face).—**p. solo para,** to show great aptitude for.

pintarrajar, pintarrajear, *va.* (coll.) to daub.

pintarrajo, *m.* (coll.) daub.

pintarroja, *f.* (ichth.) = LIJA, dogfish.

pintarrojo, *m.* (ornith.) linnet.

pintear, *vn.* to drizzle.

pintiparado, da. I. *pp.* of PINTIPARAR. II. *a.* perfectly like, closely resembling; apposite, fit.

pintiparar, *va.* (coll.) to compare.

pintojo, ja, *a.* spotted, stained, mottled.

pintón, na, *a.* half-ripe, beginning to ripen.

pintor, *m.* painter.—**p. de brocha gorda,** house or sign painter; dauber.

pintora, *f.* woman painter; painter's wife.

pintorcillo, *m. dim.* wretched painter or dauber.

pintoresco, ca, *a.* picturesque.

pintorreador, *m.* dauber, miserable painter.

pintorrear, *va.* to daub, paint without skill.

pintura, *f.* painting; (art) picture, painting; color, paint, pigment; portrayal, description. —**p. a la aguada,** water-color painting.—**p. al fresco,** fresco painting.—**p. al óleo,** oil

painting.—**p. al pastel,** pastel painting.—**p. al temple,** size painting.—**p. figulina,** painting on earthenware.—**hacer pinturas,** (of a horse) to cut capers.
pinturero, ra, *a.* conceitedly affected.
pínula, *f.* sight of an instrument.
pinzas, *f. pl.* nippers, pincers, tweezers; claws of lobsters, etc.; forceps; burling iron.
pinzón, *m.* (ornith.) chaffinch.
pinzote, *m.* (naut.) pintle; (naut.) whipstaff.
piña, *f.* pine cone; pineapple; cluster, gathering; pool, in billiards; (naut.) wall knot; (min.) virgin silver treated with mercury; (P. I.) a fabric made from pineapple fiber.
piñal, *m.* (Am.) pineapple plantation.
piñata, *f.* pot; suspended balloon filled with candies at a masquerade ball; children's party with refreshments.
[1]**piñón,** *m.* pine kernel; (bot.) piñon, nutpine; spring nut of a gun.
[2]**piñón,** *m.* (mech.) pinion.
[3]**piñón,** *m.* (ornith.) pinion.
piñonata, *f.* conserve of shredded almonds.
piñonate, *m.* candied pine-nut kernel.
piñoncico, *m. dim.* small pine-nut kernel.
[1]**piñoncillo,** *m. dim.* = PIÑONCICO.
[2]**piñoncillo,** *m. dim.* last joint of a wing.
piñonear, *vn.* to click (as a gun being cocked); to cry (as partridges in rut).
piñoneo, *m.* cry of partridges in rut.
piñonero, *a.* = [2]PINO P.
piñuela, *f.* figured silk; nut of cypress; (Am.) a variety of agave.
[1]**pío, a,** *a.* pious; mild, merciful.—**Antonio P.,** Antonius Pius.
[2]**pío, a,** *a.* (of horses) pied, piebald.
[3]**pío,** *m.* peeping of chickens; (coll.) longing, anxious desire.
piocha, *f.* trinket for women's headdresses; flower made of feathers.
piogenia, *f.* (med.) formation or production of pus.
piogénico, ca, *a.* (bacteriol.) pus-producing.
piohemia, *f.* (med.) = PIEMIA.
piojento, ta, *a.* lousy.
piojería, *f.* lousiness; misery, poverty.
piojillo, *m. dim.* small louse (vermin on plants and birds).
piojo, *m.* louse; a disease of hawks.—**p. pegadizo,** (coll.) crab louse; troublesome hanger-on.
piojoso, sa, *a.* lousy; mean, stingy.
piola, *f.* (naut.) housing, houseline.
pión, *m.* (phys.) pion.
pionero, ra, *n.* & *a.* pioneer.
pionía, *f.* (Venez.) bucare seeds used as beads.
piorno, *m.* (bot.) broom; (bot.) hairy Cytisus.
piorrea, *f.* (med.) pyorrhea.
[1]**pipa,** *f.* cask, butt, hogshead; tobacco pipe; reed of a clarion; (artil.) fusee.
[2]**pipa,** *f.* = PEPITA, pip of some fruits.
pipar, *vn.* to smoke a tobacco pipe.
piperáceo, a, *a.* (bot.) piperaceous.
piperacina, *f.* (chem.) piperazine.
pipería, *f.* collection of pipes or casks.
piperina, *f.* (chem.) piperin.
pípero, *m.* copper pipe or butt maker.
pipeta, *f.* pipette.
pipí, *m.* (ornith.) pitpit, honey creeper.
pipián, *m.* a kind of Indian fricassee.
pipiar, *vn.* to pule, chirp, peep.
pípila, *f.* (Mex.) hen turkey.
pipiolo, *m.* (coll.) novice, raw hand, beginner.
pipirigallo, *m.* (bot.) sainfoin, forage plant.
pipirijaina, *f.* (coll.) band of strolling players.
pipiripao, *m.* (coll.) splendid feast; reception.
pipiritaña, pipitaña, *f.* green-cane flute.
pipo, *m.* (ornith.) a small fly-eating bird.
piporro, *m.* (mus.) bassoon.
pipote, *m.* keg.—**pipotillo,** *m. dim.* small keg.
pique, *m.* pique, resentment; term in a card game; NIGUA, chigoe, a kind of flea; (naut.) crotch.—**a p.,** in danger, on the point of; sharp-cut (cliff).—**echar a p.,** (naut.) to sink (a ship).—**irse a p.,** (naut.) to founder; to fail, fall through.
[1]**piqué, pique,** *v. V.* PICAR.
[2]**piqué,** *m.* piqué, cotton fabric.
piquera, *f.* entrance hole in a hive; cockhole in a barrel; outlet of a smelting furnace; lamp burner.
piquería, *f.* body of pikemen.
piquero, *m.* (mil.) pikeman.
piqueta, *f.* pickaxe, mattock; mason's hammer.
piquete, *m.* slight wound from a sharp tool; (sewing) small hole in a garment; stake, picket or piquet; picket (as a striker, protester, etc.); (mil.) picket.
piquetero, *m.* (min.) pick or mattock carrier.
piquetilla, *f. dim.* bricklayer's hammer.
piquillo, *m. dim.* small beak or bill; small amount.
piquituerto, *m.* (ornith.) crossbill, picarin.
pira, *f.* funeral pile, pyre.
piragón, *m.* = PIRAUSTA.
piragua, *f.* (naut.) pirogue, canoe; vine.
piragüero, *m.* canoeist.
piral, *m.* = PIRAUSTA.
piramidal, *a.* pyramidal.
piramidalmente, *adv.* pyramidally.
pirámide, *f.* pyramid.
pirargirita, *f.* (min.) pyrargyrite.
pirata. I. *a.* piratical. **II.** *m.* pirate; cruel wretch.
piratear, *vn.* to pirate, practice piracy.
piratería, *f.* piracy; robbery.
pirático, ca, *a.* piratical.
pirausta, *f.* fabulous firefly.
pirca, *f.* (S. A.) dry-stone wall.
pircar, *va.* to surround with a PIRCA.
pirco, *m.* (S. A.) a kind of succotash.
pirenaico, ca, *a.* Pyrenean.
pirético, ca, *a.* (med.) pyretic, pert. to fever.
piretología, *f.* (med.) pyretology.
pirex, *m.* Pyrex (trademark).
pirexia, *f.* (med.) pyrexia, feverish condition.
pírico, ca, *a.* pertaining to fireworks.
pirídico, ca, *a.* (chem.) pyridic.
piridina, *f.* (chem.) pyridine.
piriforme, *a.* pyriform, pear-shaped.
pirimetamina, *f.* (pharm.) pyrimethamine.
pirineo, a, *a.* Pyrenean.
pirita, *f.* (min.) pyrites.
piritoso, sa, *a.* pyritous, containing pyrites.
pirocloro, *m.* (chem.) pyrochlore.
pirofilacio, *m.* subterraneous fire.
piróforo, *m.* (chem.) pyrophore.
pirofosfato, *m.* (chem.) pyrophosphate.
pirofosfórico, ca, *a.* (chem.) pyrophosphoric.
pirogálico, ca, *a.* (chem.) pyrogallic.
pirógeno, na, *a.* pyrogenous, pyrogenic.
pirograbado, *m.* pyrography; pyrogravure.
pirólatra, *n.* pyrolater, fire worshipper.
pirolatría, *f.* pyrolatry, fire worship.
piroleñoso, sa, *a.* pyroligneous.
pirólisis, *f.* (chem.) pyrolysis.
pirolusita, *f.* (min.) pyrolusite.
piromagnético, ca, *a.* pyromagnetic.
piromancía, *f.* pyromancy.
piromanía, *f.* pyromania.
piromántico, ca, *a.* pyromantic.
pirometalurgia, *f.* pyrometallurgy.
pirómetro, *m.* pyrometer.
piromorfita, *f.* (min.) pyromorphite.
pironomia, *f.* pyronomy.
piropear, *va.* & *vn.* (coll.) to pay compliments.
piropo, *m.* a variety of garnet; carbuncle; (coll.) compliment, flattery.
piroscopio, *m.* (phys.) pyroscope.
pirosfera, *f.* (geol.) pyrosphere.
pirosis, *f.* (med.) pyrosis, heartburn.
pirostato, *m.* (phys.) pyrostat.
pirotecnia, *f.* pyrotechnics.
pirotécnico, ca, *a.* pyrotechnical.
piroxena, *f.* (min.) pyroxene.
piroxénico, ca, *a.* pyroxenic.

piroxenita, *f.* (geol.) pyroxenite.
piroxeno, *m.* (min.) pyroxene.
piroxilina, *f.* pyroxyline.
pirquén.—al p., (Chile) at will, without restrictions (said of the right to work a leased mine).
pirquinear, *vn.* (Chile) to work a leased mine without imposed restrictions.
pirraniano, na, pírrico, ca, *a.* pyrrhic.
pirriquio, *m.* (pros.) pyrrhic.
pirrónico, ca, *a.* Pyrrhonic; skeptic.
pirronismo, *m.* Pyrrhonism.
pirueta, *f.* pirouette, gyration.
piruétano, *m.* (bot.) wild pear tree.
piruetear, *vn.* to pirouette.
pirúvico, ca, *a.* (chem.) pyruvic.
pisa, *f.* tread, treading; portion of olives or grapes pressed at once.
pisada, *f.* footstep; footprint; stepping on someone's foot.—**seguir las pisadas de,** (fig.) to follow in the footsteps of, follow the example of.
pisador, ra. I. *n.* & *a.* prancer(-ing); high-stepper(-ing). **II.** *n.* treader of grapes.
pisadura, *f.* act of treading; footstep.
pisapapeles, *m.* paper weight.
pisar, *va.* to tread on, trample, step on; to press; to press on; to ram; to cover; to lie over; (of birds) to cover (the female).
pisasfalto, *m.* mixture of bitumen and pitch.
pisaúvas, *n.* treader of grapes.
pisaverde, *m.* (coll.) fop, coxcomb, dude.
piscator, *m.* almanac with meteorol. forecasts.
piscatorio, ria, *a.* piscatory, pertaining to fish or fishing.
piscicultor, ra, *n.* & *a.* pisciculturist(-ic).
piscicultura, *f.* pisciculture, fish culture.
pisciforme, *a.* pisciform, fish-shaped.
piscina, *f.* fishpond; swimming pool (also **p. de natación**); (eccl.) piscina.
Piscis, *m.* (astr.) Pisces, zodiacal sign.
piscívoro, ra, *a.* piscivorous, fish-eating.
piscolabis, *m.* (coll.) luncheon, a bite.
piso, *m.* floor; pavement, flooring; story or floor; loft, flat, apartment; ground level; tread, footing, walking; (min.) level works; (geol.) stage, formation.—**p. bajo,** ground floor.—**p. principal,** second floor, first living floor (in apartment houses, etc.).
pisolita, *f.* (min.) pisolite.
pisón, *m.* rammer; paver's beetle.
pisonear, *va.* to ram.
pisotear, *va.* to trample, tread under foot.
pisoteo, *m.* trampling, treading under foot.
pisotón, *m. aug.* heavy step on someone's foot.
pista, *f.* trail, track, scent; trace, clue; racetrack, race course.—**p. de aterrizaje,** (aer.) landing strip, airstrip.—**p. de patinar,** skating rink.
pistachero, pistacho, *m.* pistachio.
pistadero, *m.* pestle for pounding.
pistar, *va.* to pound with a pestle.
pistero, *m.* feeding cup with tubular nozzle.
pistilado, da, *a.* (bot.) pistillate.
pistilo, *m.* (bot.) pistil.
pisto, *m.* chicken broth for the sick; dish of tomatoes and red pepper.
pistola, *f.* pistol.—**p. ametralladora,** submachine gun.—**p. automática,** burp gun.—**p. de arzón,** horse pistol.
pistolera, *f.* holster.
pistolero, *m.* pistoleer, gunman.
pistoletazo, *m.* pistol shot.—**dar un p.,** to shoot with a pistol.
pistolete, *m.* pistolet, pocket pistol.
pistón, *m.* (mech.) piston; (artil.) percussion cap, primer; (mus.) piston of a brass instrument.
pistoresa, *f.* short dagger.
pistraje, pistraque, *m.* unpleasant beverage.
pistura, *f.* pounding, pestling.
pita, *f.* (bot.) pita; agave; maguey (used vaguely with diff. meanings in diff. countries. The pita proper produces the best fiber.); string, cord.
pitaco, *m.* stem of the maguey.
pitada, *f.* blow of a whistle.
pitagórico, ca, *a.* & *n.* Pythagorean.
pitahaya, *f.* (bot.) pitahaya.
pitancería, *f.* distribution or place of distribution of alms; almsgiving.
pitancero, *m.* distributor of alms; (eccl.) steward or purveyor; superintendent of a choir.
pitancica, illa, ita, *f. dim.* small pittance.
pitanza, *f.* pittance, alms; (coll.) daily food; price, salary, stipend.
pitaña, *f.* = LEGAÑA, gummy secretion of eyes.
pitañoso, sa, *a.* = LEGAÑOSO, blear-eyed.
[1]**pitar. I.** *vn.* (of a whistle) to blow. **II.** *va.* to discharge (a debt).
[2]**pitar,** *va.* to distribute alms to.
pitarra, *f.* blearedness.
pitarroso, sa, *a.* = PITAÑOSO.
pitazo, *m.* sound or blast of a whistle.
pitecántropo, *m.* (paleontol.) pithecanthropus.
pitezna, *f.* spring of a trap.
pitido, *m.* whistle (of a pipe or of birds).
pitillera, *f.* woman cigarette maker; cigarette case.
pitillo, *m.* cigarette.
pítima, *f.* (pharm.) saffron plaster; (coll.) drunkenness.
pitio, tia, *a.* Pythian.
pitío, *m.* whistling of a pipe or of birds.
pitipié, *m.* scale (on a map, drawing, etc.).
pitiriasis, *f.* (med.) pityriasis.
pitirre, *m.* (ornith.) pitirri, gray kingbird.
[1]**pito,** *m.* whistle; catcall; fife; fifer; (Am.) tick; jackstone (toy); cocoon open at one end.—**pitos flautos,** frivolous pastimes.—**no me importa,** or **no se me da, un p.,** I don't care a straw.—**no tocar pitos en,** to have no part in.—**no valer un p.,** not to be worth a straw.
[2]**pito,** *m.* (ornith.) woodpecker.
pitoflero, ra, *n.* (coll.) musician of no account; gossip (person).
[1]**pitón,** *m.* (zool.) python.
[2]**pitón,** *m.* (of deer, etc.) horn just starting to grow; protuberance, lump; spout, nozzle; sprig or shoot of a tree; sprout of the agave.
pitonisa, *f.* Pythia, Pythoness; witch, sorceress.
pitorra, *f.* (ornith.) woodcock.
pitpit, *m.* (ornith.) pitpit, guitguit.
pitreo, *m.* = PITACO.
pituita, *f.* pituitary (extract).—**pituitario, ria,** *a.* pituitary.—**pituitoso, sa,** *a.* with copious pituitary.
piuquén, *m.* (ornith.) a large Chilean bird similar to the wild turkey.
piuria, *f.* (med.) pyuria.
pivote, *m.* (mech.) king pin.
píxide, *f.* (eccl.) pyx, pix.
pixidio, *m.* (bot.) pyxidium.
piyama, *m.* pijama. Also PIJAMA.
pizarra, *f.* (min.) slate shale; slate (for writing); blackboard.—**pizarral,** *m.* slate quarry.
pizarreño, ña, *a.* slate-colored, slatey.
pizarrero, *m.* slater, slate cutter; roofer.
pizarrín, *m.* slate pencil.
pizarrón, *m.* (Am.) blackboard.
pizarroso, sa, *a.* abounding in slate.
pizate, *m.* (bot.) saltwort.
pizca, *f.* (coll.) mite, bit, speck, crumb, whit.
pizcar, *va.* (coll.) to pinch; (Mex.) to glean (maize).
pizco, *m.* (coll.) pinch.
pizmiento, ta, *a.* pitch-colored.
pizpereta, pizpireta, *a.* smart, brisk, lively.
pizpirigaña, *f.* a boys' game.
pizpita, *f.*; **pizpitillo,** *m.* (ornith.) wagtail.
placa, *f.* star, insignia of an order of knighthood; (photog.) dry plate; (mech.) plate; (art) plaque; (Mex.) baggage check.—**p. giratoria,** (Ry.) turning plate, turntable.
placabilidad, *f.* placability.
placable, *a.* placable.
placativo, va, *a.* placatory.
placear, *va.* to sell (provisions) at retail
placel, *m.* (naut.) sand bank, key.
pláceme, *m.* congratulation.

placenta, *f.* (anat., bot.) placenta.
placentación, *f.* (bot.) placentation.
placentario, ria. I. *a.* (zool.) placental, placentate. **II.** *m.* (zool.) placental.
placenteramente, *adv.* joyfully, merrily.
placentero, ra, *a.* joyful, merry, pleasant.
[1]**placer. I.** *va.* (*ind. pres.* PLAZCO, *pret.* él PLUGO or PLACIÓ; *subj. pres.* yo PLAZCA, él PLEGUE or PLAZCA, *imp.* yo PLACIERA, él PLUGUIERA or PLACIERA, etc.) to please, gratify, humor, content.—**que me place,** it gives me pleasure; with pleasure. **II.** *m.* pleasure.—**a p., at one's** convenience.
[2]**placer,** *m.* (naut.) sand bank, key; (min.) placer; (Am.) pearl fishing.
placero, ra. I. *a.* pertaining to the marketplace. **II.** *n.* marketer, seller at a market; gadabout.
placeta, tilla, tuela, *f. dim.* small (town) square.
placibilidad, *f.* agreeableness.
placible, *a.* placid; agreeable.
plácidamente, *adv.* placidly.
placidez, *f.* placidity, tranquility, serenity.
plácido, da, *a.* placid, quiet, calm.
placiente, *a.* pleasing, agreeable, pleasant.
placoideo, dea, *a.* (ichth., zool.) placoid.
plafón, *m.* (arch.) soffit of an architrave.
[1]**plaga,** *f.* plague; calamity; scourge; epidemic; affliction; pest; plenty, superabundance, drug in the market (originally of injurious things, now improperly used of anything).
[2]**plaga,** *f.* climate, country; zone; (naut.) cardinal point of compass.
plagado, da. I. *pp.* of PLAGAR. **II.** *a.* full; smitten.
plagal, *a.* (mus.) plagal.
plagar. I. *va.* (*pret.* PLAGUÉ; *subj.* PLAGUE) to plague, infest. **II.** *vr.* **(de)** to be overrun (with), or full (of).
plagiar, *va.* to plagiarize; (Am.) to kidnap.
plagiario, ria, *n.* & *a.* plagiarizer(-ing).
plagio, *m.* plagiarism; (Am.) kidnapping.
plagioclasa, *f.* (min.) plagioclase.
plagióstomos, *m. pl.* (zool.) Plagiostomi, plagiostomes.
plagué, plague, *v. V.* PLAGAR.
plan, *m.* plan; design, scheme; plan, drawing; description, specification; (naut.) floor timber. —**p. de estudios,** (school) curriculum.
plana, *f.* page; copy; level ground, plain; record; (mason.) trowel; (print.) page.—**p. mayor,** (mil.) staff.—**enmendar la p. a,** to find fault with, criticize; to excel, do better than.
planada, *f.* plain, level ground.
planador, *m.* one who smooths, finishes metal.
plancton, *m.* (zool., bot.) plankton.
plancha, *f.* plate, sheet; slab; iron, flatiron; tailor's goose; cramp iron; (paper) mold; cloth plate of a sewing machine; horizontal suspension (in gymnastics); (coll.) "break," "boner"; (naut.) gangplank, gangboard.—**p. de agua,** (naut.) punt, floating stage.—**p. de blindaje,** armor plate.—**p. de viento,** (naut.) hanging stage.
planchada, *f.* (naut.) apron of a gun.
planchado, *m.* ironing; linen ironed or for ironing.
planchador, ra, *n.* ironer.
planchar, *va.* to iron, to press (clothes).
planchear, *va.* to plate, cover with metal sheets.
plancheta, *f.* (surv.) plane table.
planchita, *f. dim.* small plate.
planchón, *m. aug.* large plate.
planchuela, *f. dim.* small plate; fluting iron.
planeador, *m.* (aer.) glider.
planear. I. *va.* & *vn.* to plan, design. **II.** *vn.* (aer.) to glide.—**planeo,** *m.* (aer.) gliding.
planeta. I. *m.* (astr.) planet. **II.** *f.* (eccl.) planeta.
planetario, ria. I. *a.* planetary. **II.** *m.* planetarium, orrery; astronomer.
planetícola, *n.* inhabitant of a planet.
planetoide, *m.* (astr.) planetoid.
planga, *f.* (ornith.) gannet; a kind of sea eagle.
planicie, *f.* = LLANURA, a plain.
planificado, da, *a.*—**economía p.,** planned economy.
planilla, *f.* (Am.) list (of expenses, etc.); (Am.) list of employees, payroll; (Mex.) list of candidates, ticket.
planimetría, *f.* plane surveying.
planímetro, *m.* planimeter.
planisferio, *m.* planisphere.
plano, na. I. *a.* plane; level; smooth, even. **II.** *m.* plan (drawing); map; flat (of a sword, etc.); (geom.) plane; (aer.) plane, wing.—**p. acotado,** contour map or chart.—**p. de cota cero,** (topog.) datum plane.—**p. de deriva,** (aer.) tail plane, stabilizer.—**p. de nivel,** (topog.) datum plane.—**p. de proyección,** plane of projection.—**p. de prueba,** (elec.) proof plane. —**p. de referencia,** (topog.) datum plane.—**p. focal,** (opt.) focal plane.—**p. geométrico,** ground plane, geometric plane.—**p. inclinado,** inclined plane.—**p. panorámico,** pictorial map.—**p. vertical,** vertical plane.—**p. visual,** plane of sight.—**ángulo p.,** plane angle.—**primer p.,** foreground.—**de p.,** openly, clearly; flatly, on its side.—**levantar un p.,** (surv.) to survey, make a survey.
planocóncavo, va, *a.* plano-concave.
planoconvexo, xa, *a.* plano-convex.
planta, *f.* sole of the foot; (bot.) plant; plantation, nursery of young plants; (eng.) plan, horizontal projection, top view; plant, works; site of a building; (fencing and dance) position of the feet; project; disposition.—**p. baja,** ground floor.—**plantas forrajeras,** fodder plants, forage plants.—**buena p.,** fine physique.—**echar plantas,** to brag, boast.
plantación, *f.* plantation; planting.
plantado, da, *pp.* of PLANTAR.—**dejarlo a uno p.,** (Am.) to leave one in the lurch.
plantador, ra, *n.* planter (person or machine).
plantagináceo, cea, *a.* (bot.) plantaginaceous.
plantaina, *f.* (bot.) plantain, ribwort.
plantaje, *m.* collection of plants.
plantar. I. *va.* (agr.) to plant; to erect, set up, fix upright; to strike (a blow); to set, put; place; to pose (as a question, a problem); to found, establish; (coll.) to leave in the lurch, disappoint; to jilt. **II.** *vr.* (coll.) to stand upright; to reach, arrive; to stop, halt, balk; in some games, to stand pat. **III.** *a.* (anat.) plantar.
plantario, *m.* (agr.) nursery.
planteamiento, *m.* putting into execution.
plantear, *va.* to plan, try; to put into action; to state or tackle (a problem); to raise (an issue).
plantel, *m.* nursery, nursery garden; educational institution.
planteo, *m.* statement (as of a problem); execution, performance.
plantificación, *f.* putting into execution.
plantificar, *va.* to put into execution; (coll.) to land (as a blow).
plantígrado, da, *a.* plantigrade.
plantilla, *f. dim.* young plant; (shoemaking) first sole, insole; (mech.) template, templet, model, pattern; plate of a gunlock; (med.) plaster for the feet; (astr.) celestial configuration; (P. R.) lady finger.
plantillar, *va.* to sole (shoes or stockings).
plantío, ía. I. *a.* (of land) planted, or ready to be planted. **II.** *m.* plantation; planting; garden bed.
plantista, *m.* landscape gardener; bully, hector, bravado.
plantón, *m.* scion, sprout or shoot to be transplanted; shoot ingrafted on a stock; (coll.) long wait standing; (mil.) sentry doing long guard; doorkeeper, watchman.—**estar de p.,** to be fixed in a place for a long time.—**llevar un p.,** to dance attendance.
planudo, da, *a.* (naut.) flat-bottomed.
plañidero, ra. I. *a.* mournful, weeping, moaning. **II.** *f.* weeper, hired mourner.

plañido, *m.* moan, lamentation, crying.
plañir, *vn.* (*ger.* PLAÑENDO; *pret.* el PLAÑÓ) to lament, grieve, bewail; to whimper. whine.
plaqué, *m.* plate, plating; plated ware.
plaqueta, *f.* (physiol.) platelet, blood platelet.
plaquín, *m.* loose coat of mail, hauberk.
[1]**plasma,** *m.* (biol.) plasma.
[2]**plasma,** *f.* (min.) = PRASMA, dark green agate.
plasmador, ra, *n.* maker, molder.
plasmagene, *m.* (biol.) plasmagene.
plasmante. I. *a.* molding, shaping. **II.** *n.* molder, shaper.
plasmar, *va.* to mold, shape.
plasmático, ca, *a.* (biol.) plasmic.
plasmodio, *m.* (biol.) plasmodium.
plasmón, *m.* (genet.) plasmon.
plasmosoma, *m.* (biol.) plasmosome.
plasta, *f.* anything soft (as dough, mud, etc.); anything flattened; (coll.) anything poorly done.
plaste, *m.* size or filler made of glue and lime.
plastecer, *va.* (*ind.* PLASTEZCO; *subj.* PLASTEZCA) to size, to besmear with size.
plastecido, *m.* (art) sizing.
plástica, *f.* art of molding in clay.
plasticidad, *f.* plasticity.
plástico, ca. I. *a.* plastic; soft. **II.** *m.* plastic.
plastrón, *m.* (fencing) plastron; large cravat; leather apron.
plata, *f.* silver; silver coin; money; plate, wrought silver; (her.) plate; white.—**p. agria,** (min.) black silver, stephanite.—**p. alemana,** German silver.—**p. córnea,** (min.) cerargyrite.—**p. piña,** (min.) spongy silver.—**p. gris,** silver glance, argentite.—**p. labrada,** silverware.—**p. roja,** (min.) pyrargyrite, red silver ore.—**p. virgen,** native silver.—**como una p.,** very clean and pretty.—**en p.,** in plain language; briefly, in a word.—**quedarse sin p.,** to be penniless, "broke."
plataforma, *f.* platform; terrace; (mach.) index plate, division plate; (fort.) platform; (naut.) orlop; (Ry.) roadbed.—**p. continental,** (geol.) continental shelf.—**p. de lanzamiento,** (astronaut.) launching pad, launching platform.—**p. espacial,** (astronaut.) space platform.
platal, *m.* mint, (U. S., slang) pile, a lot of money.
platanáceo, cea, *a.* = PLATÁNEO.
platanal, platanar, *m.* plantain or banana plantation.
platáneo, a, *a.* (bot.) plantanaceous.
plátano, *m.* (bot.) plantain; banana (plant and fruit); plane tree.—**p. falso,** sycamore maple.—**p. guineo,** guineo; (Cuba) banana.
platazo, *m. aug.* platter; dishful.
platea, *f.* (theat.) orchestra, parquet; pit.
plateado, da, *pp.* & *a.* silvered; silverplated.
plateador, *m.* plater, silverer.
plateadura, *f.* silvering, silver plating.
platear, *va.* to silver, silverplate.
platel, *m.* platter; tray.
platelminto, ta. I. *a.* (zool.) platyhelminthic. **II.** *m.* platyhelminth; *pl.* Platyhelminthes.
plateresco, ca, *a.* (arch.) plateresque.
platería, *f.* silversmith's shop or trade.
platero, *m.* silversmith; jeweller.—**p. de oro,** goldsmith.
plática, *f.* talk, chat, conversation; address, lecture; sermon.—**platicar,** *vn.* (*pret.* PLATIQUÉ; *subj.* PLATIQUE) to converse, talk, chat.
platija, *f.* (ichth.) plaice, flounder.
platilla, *f.* Silesian linen.
platillo, *m. dim.* small dish; saucer; beef stew; extra dish in convents; pan (of a balance); (mus.) cymbal; disk or valve of a chain pump.—**p. de Petri,** (biol.) Petri dish.—**p. volante** or **volador,** flying saucer.
[1]**platina,** *f.* (mech.) plate, platen; (print.) platen, bedplate; imposing table; (phys.) slide (of microscope); plate (of air pump).
[2]**platina,** *f.* (min.) ore of platinum.
platinado, da. I. *pp.* of PLATINAR. **II.** *m.* platinum plating.
platinar, *va.* to platinize.
platínico, ca, *a.* (chem.) platinic.
platinífero, ra, *a.* platiniferous, platinum-bearing.
platinirideo, *m.* platiniridium.
platino, *m.* platinum.
platinoide, *m.* platinoid.
platinotipia, *f.* platinotype.
platiqué, platique, *v.* *V.* PLATICAR.
platirrino, na, *n.* & *a.* (zool.) platyrrhine.
plato, *m.* dish, plate; (cook.) dish, mess, course, food served in a dish; daily fare; pan (of a balance); (arch.) metope.—**p. de segunda mesa,** makeshift, second-hand, cast off; (fig.) second fiddle.—**p. sopero,** soup plate.—**nada entre dos platos,** much ado about nothing.—**no quebrar un p.,** to be innocent or harmless.
platónicamente, *adv.* Platonically.
platónico, ca. I. *a.* Platonist; Platonic. **II.** *n.* Platonist.
platonismo, *m.* Platonism.
platudo, da, *a.* (Am. coll.) rich, moneyed.
platuja, *f.* (ichth.) = PLATIJA.
plausibilidad, *f.* plausibility.
plausible, *a.* plausible.
plausiblemente, *adv.* plausibly.
plausivo, va, *a.* plausive, praising, laudatory.
plauso, *m.* applause.
plaustro, *m.* (poet.) cart, wagon, carriage.
plautino, na, *a.* Plautine, relating to Plautus.
playa, *f.* shore, strand, sea coast, beach.
playado, da, *a.* having a beach; beachy.
playazo, *m.* wide or extended shore.
playeras, *f. pl.* a popular Andalusian song.
playero, ra, *n.* fisherman; fishwoman.
playón, *m. aug.* large shore or beach.
playuela, *f. dim.* small beach or shore.
plaza, *f.* plaza, square; market place; (com.) emporium, market; room, space, stall; office, position, employment; reputation, character, fame.—**p. de armas,** (mil.) parade ground.—**p. de toros,** bull ring, arena.—**p. fuerte,** (fort.) stronghold, fortress.—**¡p., p.!** clear the way! make room!—**pasar p. de,** to be reputed (something that one is not).—**sacar a p.,** to publish, make public.—**sentar p.,** (mil.) to enlist.
plazo, *m.* term, time, date, day of payment; installment; credit; duelling ground.—**a largo p.,** long-term, long-range.—**a p.,** on credit.
plazoleta, plazuela, *f. dim.* small square.
ple, *m.* a handball game.
pleamar, *f.* (naut.) high water, high tide.
plébano, *m.* curate of a parish.
plebe, *f.* common people, plebs, populace.
plebeyez, *f.* plebeianism.
plebeyo, ya, *n.* & *a.* plebeian.
plebiscitario, ria, *a.* pert. to plebiscite.
plebiscito, *m.* plebiscitum; (pol.) plebiscite.
pleca, *f.* (print.) straight line, rule.
plectro, *m.* plectrum, for stringed instruments.
plegable, *a.* pliable, folding.
plegadamente, *adv.* confusedly.
plegadera, *f.* (bookbinding) folder.
plegadizo, za, *a.* pliable; folding.
plegado, *m.* plaiting; folding.
plegador, ra. I. *a.* folding. **II.** *n.* folder, plaiter. **III.** *f.* plaiting machine, folding machine; beam of a silk loom.
plegadura, *f.* plait, fold; plaiting, folding, doubling; crease.
plegar. I. *va.* (*ind.* PLIEGO; *subj.* PLIEGUE) to fold; to plait, double; to do up; to turn (the warp) on the yarn beam; (sewing) to plait, pucker, gather, crease. **II.** *vr.* to fold; to bend; to submit, yield.
plegaria, *f.* prayer, supplication; noon prayers.
plegue, *v.* *V.* PLACER.
pleguete, *m.* (bot.) tendril of a vine.
pleistoceno, na, *m.* & *a.* (geol.) Pleistocene.
pleita, *f.* plaited strand of bass.
pleiteador, ra, *n.* pleader; wrangler.

pleiteante, *n.* & *a.* litigator(-ing, -ant), pleader(-ing).
pleitear, *vn.* to plead, litigate; to wrangle.
pleitista, *m.* pettifogger.
pleito, *m.* lawsuit; litigation; proceedings in a case; dispute, contest, debate, strife.—**p. de acreedores,** proceedings under a commission of bankruptcy.—**poner p. (a),** to sue, bring suit (against).—**ver un p.,** (law) to try a case.
plenamar, *f.* = PLEAMAR.
plenamente, *adv.* fully, completely.
plenariamente, *adv.* completely, fully; (law) plenarily.
plenario, ria, *a.* complete, full; (law) plenary.
plenilunio, *m.* full moon.
plenipotencia, *f.* plenipotence, full powers.
plenipotenciario, ria, *n.* & *a.* plenipotentiary.
plenitud, *f.* plenitude, fullness, abundance.
pleno, na. I. *a.* full, complete; broad (*en p. día,* in broad daylight). **II.** *m.* plenum, joint (session).—**en p.,** in the middle of (winter, etc.).
pleonasmo, *m.* (rhet.) pleonasm, redundancy.
pleonásticamente, *adv.* pleonastically.
pleonástico, ca, *a.* pleonastic, redundant.
plepa, *f.* (coll.) bother; person full of defects.
plesímetro, *m.* (med.) pleximeter.
plesiosauro, *m.* (paleontol.) plesiosaur.
pletina, *f.* small iron plate.
pletismógrafo, *m.* (physiol.) plethysmograph.
plétora, *f.* plethora; superabundance, inflation.
pletórico, ca, *a.* plethoric.
pleura, *f.* (anat.) pleura.
pleural, *a.* pleural.
pleuresía, *f.* (med.) pleurisy.—**p. falsa,** pleurodynia.
pleurítico, ca, *a.* pleuritic(al).
pleuritis, *f.* (med.) pleurisy.
pleurodinia, *f.* pleurodynia, stitch in the side.
pleurodonto, ta, *m.* & *a.* (zool.) pleurodont.
pleuronecto, ta, *m.* & *a.* (ichth.) pleuronectid.
pleuroneumonía, *f.* (med., vet.) pleuropneumonia.
pleurotomía, *f.* (surg.) pleurotomy.
plexiglás, *m.* Plexiglas (trademark).
plexo, *m.* (anat. and bot.) plexus; network.
Pléyadas, Pléyades, *f. pl.* (astr.) Pleiades.
plica, *f.* (law) escrow; (med.) matted condition of hair; plica.
[1]**pliego,** *m.* sheet (of paper); sealed envelope or package containing papers.—**p. de condiciones,** specifications; tender, bid.
[2]**pliego,** [1]**pliegue,** *v. V.* PLEGAR.
[2]**pliegue,** *m.* fold, plait, crease; (sewing) gather.
plieguecillo, *m. dim.* half sheet; small plait.
plinto, *m.* (arch.) plinth of a pillar.
plioceno, na, *m.* & *a.* (geol.) Pliocene.
ploidia, *f.* (genet.) ploidy.
plomada, *f.* artificer's lead pencil; plumb, plumb bob, plummet; (naut.) lead for sounding; fishing-net sinker; scourge with lead balls.
plomar, *va.* to put a leaden seal on.
plomazón, *f.* gilding cushion.
plombagina, *f.* plumbago, graphite.
plomería, *f.* lead roofing; leadware shop; plumbing.
plomero, ra, *n.* plumber.
plomizo, za, *a.* plumbeous; lead-colored.
plomo, *m.* lead (metal); piece of lead; plumb bob, plummet; bullet; (coll.) dull person, bore.—**p. derretido,** molten lead.—**andar con pies de p.,** to proceed with the utmost caution.—**a p.,** true, plumb.—**caer a p.,** to fall down flat.
plomoso, sa, *a.* = PLOMIZO.
pluguiera, *v. V.* PLACER.
pluma, *f.* feather; plume, down; quill; writing pen; penmanship; writer; style; (coll.) air expelled from the bowels.—**p. de agua,** a variable measure of running water (0.025 liter per second in some parts of Spain).—**p. fuente,** fountain pen.—**p. viva,** eider down.—**al correr de la p., a vuela p.,** written in haste.
plumado, da. I. *a.* plumy, feathered, feathery. **II.** *f.* brief writing; pen stroke, flourish.
plumaje, *m.* plumage; plume, crest.
plumajería, *f.* plumage; feather working.
plumajero, ra, *n.* plumist, feather dresser.
plumario, ria. I. *n.* plumist, plume worker. **II.** *a.* pertaining to plume or feather work.
plumazo, *m.* feather mattress or pillow.
plumazón, *f.* plumage.
plumbado, da, *a.* sealed with a leaden seal.
plumbagina, *f.* = PLOMBAGINA.
plumbagináceo, cea; plumbagíneo, nea, *a.* (bot.) plumbaginaceous.
plúmbeo, bea, *a.* leaden, plumbeous.
plúmbico, ca, *a.* (chem.) plumbic.
plumeado, *m.* (art) lines in miniature painting.
plumear, *va.* (art) to shade with a liner.
plúmeo, a, *a.* plumose, feathered, plumed.
plumería, *f.* plumosity; plumage.
plumero, *m.* feather duster; box for feathers or plumes; plumage; aigret, panache.
plumífero, ra, *a.* feathered.
plumilla, *f. dim.* small feather or plume; (print.) script type; (bot.) plumule.
plumión, *m.* = PLUMÓN.
plumista, *n.* notary; plume-maker.
plumita, *f. dim.* small feather or pen.
plumón, *m.* down, feather bed; (ornith.) plumule.
plumoso, sa, *a.* plumy, feathered.
plúmula, *f.* (bot.) plumule.
plural, *n.* & *a.* plural.
pluralidad, *f.* plurality; majority.—**a p. de votos,** by a majority of votes.
pluralismo, *m.* pluralism.
pluralizar, *va.* to pluralize.
plus, *m.* (mil.) extra pay; bonus; extra.
pluscuamperfecto, *m.* (gram.) pluperfect.
plus minusve, (Lat.) more or less, about.
plúteo, *m.* library shelf.
plutocracia, *f.* plutocracy.
plutócrata, *n.* plutocrat.
plutocrático, ca, *a.* plutocratic.
plutoniano, na, *n.* & *a.* Plutonian.
plutónico, ca, *a.* (geol.) Plutonic.
plutonio, *m.* plutonium.
plutonismo, *m.* (geol.) Plutonism.
plutonista, *m.* (geol.) Plutonist.
pluvial, *a.* pluvial, rainy.
pluvímetro, *m.* = PLUVIÓMETRO.
pluviógrafo, *m.* registering rain gauge.
pluviométrico, ca, *a.* pluviometric.
pluviómetro, *m.* rain gauge.
pluvioso, sa, *a.* rainy, pluvious.
poa, *f.* (naut.) bowline bridle.
pobeda, *f.* plantation of poplars.
población, *f.* population; populating; city, town, village.
poblacho, poblachón, *m.* ugly village.
poblado, da. I. *pp.* of POBLAR. **II.** *a.* populated, inhabited. **III.** *m.* town, village, settlement.
poblador, ra. I. *a.* settling, founding; establishing. **II.** *n.* settler, founder; establisher.
poblar. I. *va.* & *vn.* (*ind.* PUEBLO; *subj.* PUEBLE to populate, people, colonize, settle; to inhabit; to stock; to breed fast. **III.** *vr.* to bud, leaf.
poblazo, *m.* large ugly village.
poblezuelo, *m. dim.* small village.
pobo, *m.* (bot.) white poplar.
pobre. I. *a.* poor; needy; barren; humble, modest; trifling, paltry, unimportant.—**p. de espíritu,** poor in spirit.—**¡p. de mí!** poor me!—**p. diablo,** poor devil.—**gas p.,** producer gas. **II.** *n.* poor person; pauper, beggar.—**p. de solemnidad,** poor person in real distress.
pobrecico, ca; illo, lla; ito, ta, *a.* & *n. dim.* poor little thing.
pobremente, *adv.* poorly, miserably, needily.
pobrería, *f.* poor people, beggars.
pobrero, ra, *n.* distributor of alms.
pobreta, *f.* (coll.) strumpet, prostitute.

pobrete, ta, *n. dim.* poor person.—**pobretear,** *vn.* to pretend poverty.—**pobretería,** *f.* poor people; beggars; poverty; niggardliness.
pobretón, na, *a. aug.* very poor.
pobreza, *f.* poverty; sterility, barrenness; vow of poverty; lowness or pettiness of spirit.
pobrezuelo, la, *a. dim.* rather poor.
pobrismo, *m.* pauperism; beggars.
pócar, póker, *m.* (Angl.) (Am.) poker (card game).
pocero, *m.* well borer or sinker; sewerman; (min.) pitman.
pocilga, *f.* pigsty, pigpen; dirty place.
pocillo, *m. dim.* vessel sunk in the ground in oil mills; chocolate cup.
pócima, *f.* potion, draught, medicinal tea.
poción, *f.* drink, draught; (pharm.) potion.
poco, ca. I. *a.* little; scanty, limited; small.—*pl.* few, some.—**a pocos lances,** in a short time.—**de p. tiempo acá,** lately, of late. **II.** *m.* a little, a bit, a small quantity.—**a p. de,** shortly after.—**un p. de,** a little, some (foll. by noun).—**unos pocos,** a few. some. **III.** *adv.* little, in a small degree; a short time.—**p. a p.** little by little, gradually, slowly.—**p. después,** shortly afterwards.—**p. más o menos,** more or less.—**a p.,** immediately; shortly afterwards; presently.—**dentro de p.,** in a short time, soon.—**de p. más o menos,** of little account.—**por p.,** almost, nearly.—**tener en p.,** to set little value on, to think little of.
póculo, *m.* drinking cup or glass.
pocho, cha, *a.* (coll.) discolored, faded.
poda, *f.* pruning, lopping; pruning season.
podadera, *f.* pruning knife, hook; hedging bill.
podador, ra, *n.* pruner.
podagra, *f.* gout in the feet.
podar, *va.* to prune, head, lop, trim.
podazón, *f.* pruning season.
podenco, *m.* hound (dog).
poder. I. *va.* & *vn.* (*ger.* PUDIENDO; *ind. pres.* PUEDO, *pret.* PUDE, *fut.* PODRÉ; *subj.* PUEDA) to be able; can; may (*Juan no puede venir,* John cannot come; *Juan puede no venir,* John may not come).—**a más no p.,** to the utmost; without being able to help it.—**como pueda (podamos,** etc.), the best he (we, etc.) can.—**hasta más no p.,** to the utmost, to the limit.—**no p. con,** not to be able to bear, manage, etc., to be no match for.—**no p. más,** to have to act, can no other, cannot but; not to be able to do more, to be tired, worn out.—**no p. menos de,** to be necessary; cannot but, cannot fail to; (foll. by *inf.*) can't help (foll. by *pres. p.*)—**no p. ver a uno (pintado, o ni pintado),** to detest one, to find one absolutely unbearable. **II.** *v. imp.* to be possible, may.—**puede que** (foll. by *subj.*) it may (foll. by *inf.*); perhaps. **III.** *m.* power; might; hands, possession, tenure; (law) power of attorney, proxy, procuration.—**p. adquisitivo,** (econ.) purchasing power.—**p. ejecutivo,** (pol.) executive, executive power.—**p. judicial,** (pol.) judiciary.—**p. legislativo,** (pol.) legislative, legislature.—**a p. de,** by dint of, by force of.—**caer debajo del p. de uno,** to fall under one's control.—**de p. a p.,** hand to hand.—**en el p.,** in power.—**en p. de,** in the hands of.—**plenos poderes,** full powers.
poderdante, *n.* (law) constituent.
poderhabiente, *n.* (law) attorney.
poderío, *m.* power, might, dominion, jurisdiction; wealth, riches.
poderosamente, *adv.* powerfully, mightily.
poderoso, sa, *a.* powerful, mighty; wealthy.
podestá, *m.* (hist.) podesta.
podíatra, *n.* (med.) podiatrist.
podiatría, *f.* (med.) podiatry.
podiatrista, *n.* (med.) podiatrist.
podio, *m.* (arch.) podium.
podofilina, *f.* (pharm.) podophyllin.
podofilo, *m.* (bot.) podophyllum.
podómetro, *m.* pedometer.
podón, *m.* pruning hook, billhook; mattock.
podré, *fut.* of PODER.
podre, *m. or f.* pus; rotten substance.
podrecer, *va., vn.* & *vr.* = PUDRIR, to rot.
podrecimiento, *m.* = PODREDURA.
podredumbre, *f.* decay; pus; putrid matter; corruption; grief.
podredura, *f.* putrefaction, corruption.
podrición, *f.* = PODREDURA.
podridero, *m.* = PUDRIDERO.
podrido, da, *a.* = PUDRIDO.
podrimiento, *m.* = PUDRIMIENTO.
podrir, *va., vn.* & *vr.* = PUDRIR.
poema, *m.* poem.
poemático, ca, *a.* poetic; poetical.
poesía, *f.* poetry; poetical composition, poem.—*pl.* poetical works, poems.
poeta, *m.* poet.—**p. laureado,** poet laureate.
poetastro, *m.* poetaster.
poética, *f.* poetics.
poéticamente, *adv.* poetically.
poético, ca, *a.* poetic(al).
poetisa, *f.* poetess.
poetizar. I. *vn.* (*pret.* POETICÉ; *subj.* POETICE) to poetize, write poetry. **II.** *va.* to render poetical, to impart poetry to.
poíno, *m.* gauntry, stilling, stalder, barrelstand.
póker, pócar, *m.* (Angl.) (Am.) poker (card game).
polaco, ca. I. *a.* Polish. **II.** *m.* Polish language. **III.** *n.* Pole.
polacra, *f.* (naut.) polacre.
polaina, *f.* leggings.
polar, *a.* polar.—**órbita p.,** polar orbit.
polaridad, *f.* polarity.
polarímetro, *m.* polarimeter.
polariscopio, *m.* polariscope.
polarización, *f.* polarization.
polarizador, ra. I. *a.* polarizing. **II.** *m.* (opt.) polarizer.
polarizar, *va.* to polarize.
polca, *f.* (dance) polka.
polcar, *vn.* to dance the polka.
polea, *f.* pulley; tackle block, block pulley.—**p. fija,** fixed or fast pulley.—**p. impulsada,** driven pulley.—**p. loca,** loose pulley.—**p. motriz,** driving pulley.—**p. movible,** or **móvil,** movable pulley.
poleadas, *f. pl.* pap; porridge.
poleame, *m.* set of pulleys, tackle.
polemarca, *m.* (Gk. hist.) polemarch.
polémica, *f.* polemics; (mil.) science of fortification; literary or political controversy.
polémico, ca, *a.* polemical, polemic.
polemista, *n.* polemic, debater.
polemístico, ca, *a.* polemic(al), controversial.
polemonio, *m.* (bot.) Jacob's ladder.
polemoscopio, *m.* (opt.) polemoscope.
polen, *m.* (bot.) pollen.
polenta, *f.* porridge.
poleo, *m.* (bot.) pennyroyal; (coll.) strutting gait; (coll.) pompous style; (coll.) stiff, cold wind.
poliandria, *f.* (bot.) polyandria.
poliándrico, ca, *a.* polyandrous.
poliandro, dra, *a.* (bot.) polyandrous.
poliantea, *f.* collection of news items.
poliarquía, *f.* polyarchy, government by many.
poliárquico, ca, *a.* polyarchic, polyarchical.
poliatómico, ca, *a.* (chem.) polyatomic.
polibásico, ca, *a.* (chem.) polybasic.
policarpo, *a.* (bot.) polycarpous.
pólice, *m.* thumb.
policía, *f.* police; politeness, good breeding; cleanliness, neatness; *m.* policeman, patrol man, (U. S., coll.) blue coat, cop, flatfoot.—**p. militar,** military police.—**p. secreta,** secret service.—**perro de p.,** police dog.
policíaco, ca, *a.* of or pertaining to police.
policial. I. *a.* of or pertaining to police.—**novela p.,** detective story. **II.** *m.* (Am.) policeman.
policiano, *m.* (Am.) policeman.

policitación, *f.* (law) pollicitation, unaccepted offer.
policitemia, *f.* (biol.) polycythemia.
policlínica, *f.* polyclinic.
policopia, *f.* manifolder, multicopier.
policroísmo, *m.* (min.) pleochroism, polychroism.
policromático, ca, *a.* polychromatic.
policromía, *f.* quality of being polychrome.
policromo, ma, *a.* polychrome, many-colored.
policultura, *f.* diversified farming.
polichinela, *m.* Punchinello, Punch, buffoon.
polidáctilo, la, *a.* (zool.) polydactyl.
poliédrico, ca, *a.* polyhedrical.
poliedro, *m.* (geom.) polyhedron.
polienergético, ca, *a.* polienergetic.
poliestérico, ca, *a.* polyester.
poliestero, *m.* (chem.) polyester.
poliestireno, *m.* (chem.) polystyrene.
polietileno, *m.* (chem.) polyethylene.
polifacético, ca, *a.* (fig.) many-sided, versatile, diverse.
polifásico, ca, *a.* (elec.) multiphase.
polifonía, *f.* (mus.) polyphony.
polifónico, ca; polífono, na, *a.* polyphonic.
polígala, *f.* (bot.) milkwort.
poligaleo, a, *a.* (bot.) polygalaceous.
poligamia, *f.* polygamy.
polígamo, ma. I. *a.* polygamous; several times married. **II.** *n.* polygamist; one who has married several times.
poligenismo, *m.* polygenesis (esp. of human race).
poligenista, *n.* polygenist.
poligloto, ta. I. *n.* & *a.* polyglot. **II.** *f.* polyglot Bible.
poligonáceo, a, *a.* (bot.) polygonaceous.
poligonal. I. *a.* (geom.) polygonal. **II.** *f.* (surv.) broken line.
polígono, na. I. *a.* polygonal. **II.** *m.* (geom.) polygon; (bot.) poly; (artil.) practice ground.
poligrafía, *f.* art of writing in or interpreting ciphers.
poligráfico, ca, *a.* pert. to POLIGRAFÍA.
polígrafo, *m.* expert with ciphers.
polilla, *f.* moth, clothes moth; consumer, waster.
polimería, *f.* (chem.) polymerism.
polimerización, *f.* (chem.) polymerization.
polimerizar, *va.* & *vn.* (chem.) to polymerize.
polímero, ra, *a.* (chem.) polymeric.
polímita, *a.* made of many-colored threads.
polimorfismo, *m.* polymorphism.
polimorfo, fa, *a.* polymorphous.
polín, *m.* (naut.) wooden roller, skidding.
polinación, *f.* (bot.) pollination.
polinesi(an)o, a, *n.* & *a.* Polynesian.
polínico, ca, *a.* (bot.) pollinic, pollinical.
polinización, *f.* pollination.
polinizar, *va.* to pollinate.
polinomio, *m.* (math.) polynomial.
polinuclear, *a.* polynuclear.
poliomielitis, *f.* (med.) poliomyelitis, polio.
poliorama, *m.* polyorama.
poliorcética, *f.* (mil.) art of attack and defense.
polipero, *m.* polypary.
polipétalo, la, *a.* (bot.) polypetalous.
poliplano, *m.* (aer.) multiplane.
poliploidia, *f.* (genet.) polyploidy.
pólipo, *m.* (zool.) polyp, poulp, octopus; (med.) polyp.
polipodiáceo, cea, *a.* (bot.) polypodiaceous.
polipodio, *m.* (bot.) polypody, fern.
polisarcia, *f.* (med.) obesity.
poliscopio, *m.* (opt. and surg.) polyscope.
polisépalo, la, *a.* (bot.) polysepalous.
polisílabo, ba. I. *a.* polysyllabic. **II.** *m.* polysyllable.
polisíndeton, *m.* (rhet.) polysyndeton.
polisintético, ca, *a.* polysynthetic, polysynthetical, holophrastic.
polisintetismo, *m.* polysynthetism, holophrasis.
polisón, *m.* bustle (woman's dress).
polispasto, *m.* burton, hoisting tackle.
[1]**polista,** *n.* polo player.
[2]**polista,** *n.* (P. I.) Indian doing [3]POLO.
polistilo, la. I. *a.* (arch.) polystyle; (bot.) polystylous. **II.** *m.* (arch.) polystyle.
politécnico, ca, *a.* polytechnic.
politeísmo, *m.* polytheism.
politeísta, *n.* & *a.* polytheist(-ic).
política, *f.* policy; politics; politeness.—**p. del buen vecino,** Good Neighbor Policy.—**p. exterior,** foreign policy.—**por p.,** as a matter of policy; for the sake of politeness.
políticamente, *adv.* politically; civilly.
politicastro, *m.* politicaster, petty politician.
político, ca. I. *a.* political, politic; polite, courteous. **II.** *n.* politician.
politicón, na, *a.* exceedingly polite and ceremonious.
politiquear, *vn.* (coll.) to talk politics.
politiquería, *f.* (Am.) low politics; (contempt.) politics, political talk and doings, political trash.
politiquero, ra, *n.* (Am.) one that indulges in, or is fond of, common politics; political busybody.
poliuria, *f.* (med.) polyuria.
poliúrico, ca, *a.* polyuric.
polivalencia, *f.* (chem., bacteriol.) polyvalence.
polivalente, *a.* (chem., bacteriol.) polyvalent.
póliza, *f.* (com.) policy; scrip; check, draft, paybill; custom house permit; admission ticket; lampoon, anonymous note.—**p. de seguro,** insurance policy.
[1]**polizón, na,** *n.* vagrant, lazy vagabond; stowaway; parasite, sponger.
[2]**polizón,** *m.* (Am.) = POLISÓN, bustle (on dress).
polizonte, *m.* (coll.) (contempt.) policeman.
[1]**polo,** *m.* (geog. & astr.) pole, pole of magnetic needle; support, foundation.
[2]**polo,** *m.* (sports) polo.
[3]**polo,** *m.* (P. I.) personal service to community of forty days in year by natives.
[4]**polo,** *m.* a popular Andalusian song.
polonés, nesa. I. *a.* Polish. **II.** *n.* Pole; *m.* Polish (language); *f.* polonaise (clothing); (mus.) polonaise.
Polonia, *f.* Poland.
polonio, *m.* (chem.) polonium.
poltrón, na. I. *a.* idle, lazy, lubberly. **II.** *n.* (coll.) poltroon.
poltronería, *f.* idleness, laziness, indolence.
poltronizarse, *vr.* to become lazy.
polución, *f.* (med.) pollution.
poluto, ta, *a.* polluted; unclean, filthy.
Pólux, *m.* (astr.) Pollux (a star).
polvareda, *f.* cloud of dust; altercation, dispute.
polvera, *f.* (cosmetic) powder box.
polvificar, *va.* (coll.) to pulverize.
polvillo, ito, *m. dim.* fine dust.
polvo, *m.* dust; powder; pinch of snuff or powder. —*pl.* toilet powder.—**p. cósmico,** cosmic dust. —**p. de carbón,** coal dust.—**p. de cemento,** cement dust.—**p. de magnesio,** (photog.) flash powder.—**p. dentífrico,** tooth powder.—**p. radioactivo,** radioactive dust.—**polvos de arroz,** face powder.—**polvos de cartas,** sand for blotting writing.—**polvos de Juanes,** red precipitate, red nitrate of mercury.—**polvos de la madre Celestina,** (coll.) secret and miraculous mode in which anything is done.—**polvos de Seidlitz,** (pharm.) Seidlitz powder.—**polvos de talco,** (pharm.) talcum powder.—**polvos de tocador,** face powder.—**polvos insecticidas,** insect powder.—**borla de polvos,** powder puff.—**en p.,** powdered.—**hacer p. a,** to reduce to ashes, destroy, annihilate.—**limpio de p. y paja,** without toil or hardship; free from all charges; net.—**morder el p.,** (fig.) to bite the dust, be defeated; (fig.) to lick the dust, be servile.—**oro en p.,** gold dust.—**sacar p. debajo del agua,** (fig.) to be marvelous; to be unbelievable, be incredible.—**sacudir el p.,** (fig.) to dust one's breeches, give someone a beating.
pólvora, *f.* powder, gunpowder; artificial fire-

works; bad temper; vivacity, liveliness, briskness.—**p. de algodón,** guncotton.—**p. de caza,** shotgun powder.—**p. detonante,** or **fulminante,** detonating powder.—**p. lenta,** slow-burning powder.—**p. sin humo,** smokeless powder.—**gastar la p. en salvas,** to work to no purpose, to waste time and energy.—**no haber inventado la p.,** or **no ser el inventor de la p.,** to be dull, not to be a genius.—**ser una p.,** to be quick, to be a hustler.

polvoreamiento, *m.* powdering.

polvorear, *va.* to powder, sprinkle powder on.

polvoriento, ta, *a.* dusty.

polvorín, *m.* finest powder; powderflask, priming horn; powder magazine.

polvorista, *m.* manufacturer of gunpowder; maker of fireworks.

polvorizable, *a.* = PULVERIZABLE.

polvoroso, sa, *a.* dusty, full of dust.

polla, *f.* pullet; (coll.) comely young lass; (cards) pool; (ornith.) FÚLICA, coot.

pollada, *f.* flock of young fowls; hatch, covey.

pollancón, na, *n.* large chicken; (coll.) overgrown youth.

pollastra, *f.* large young hen.

pollastre, pollastro, *m.* large chicken; (coll.) cunning fellow.

pollazón, *m.* hatching; hatch, brood.

pollera, *f.* woman who raises or sells chickens; chicken roost, chicken coop; gocart; hooped petticoat.

pollería, *f.* poultry shop or market; (coll.) assemblage of young persons.

pollero, *m.* poulterer; poultry yard.

pollina, *f.* young she-ass.

pollinarmente, *adv.* (coll.) foolishly.

pollino, *m.* donkey, ass, jument.

pollito, ta, *n.* chicken; (coll.) boy or girl.

pollo, *m.* chicken; nestling; young bee; (coll.) young man; artful, clever man.

polluelo, la, *n.* little chicken, chick.

poma, *f.* apple; perfume censer; smelling bottle; pomander box.

pomáceo, cea, *a.* (bot.) pomaceous.

pomada, *f.* pomatum, pomade; salve.—**p. de cinc,** (pharm.) zinc ointment.

pomar, *m.* orchard, especially of apple trees.

pomarada, *f.* plantation of apple trees.

pomarrosa, *f.* (bot.) rose apple.

pomerano, na, *n.* & *a.* Pomeranian.

pómez.—**piedra p.,** *f.* pumice stone.

pomicultura, *f.* pomiculture.

pomífero, ra, *a.* (poet.) apple-bearing.

pomo, *m.* pip fruit; pomum; pomander box; flask, flagon, small bottle; pommel; nosegay.

pomología, *f.* pomology, science of fruit growing.

pomosio, *m.* (ichth.) crappie.

pompa, *f.* pomp, ostentation, splendor; grand procession, pageant; bubble; ballooning of clothes raised by the wind; expanded tail of a turkey or peacock; (naut.) pump.

pompearse, *vr.* (coll.) to appear with pomp and ostentation; to strut.

pompeyano, na, *n.* & *a.* Pompeian, of Pompeii; relating to, or follower of, Pompey.

pompón, *m.* (mil.) pompon.

pomponearse, *vr.* = POMPEARSE.

pomposamente, *adv.* pompously.

pomposidad, *f.* pomposity, pompousness.

pomposo, sa, *a.* pompous; magnificent, splendid; inflated.

pómulo, *m.* cheek bone.

ponceño, ña, *n.* & *a.* Poncean (from Ponce).

poncí, poncidre, poncil, *a.* & *m.* terms app. to a species of bitter orange or lemon.

ponchada, *f.* quantity of punch made at one time.

ponche, *m.* punch (liquor).

ponchera, *f.* punch bowl.

[1]**poncho, cha,** *a.* soft, mild, careless, heedless.

[2]**poncho,** *m.* military cloak or greatcoat; poncho.

ponderable, *a.* ponderable; wonderful.

ponderación, *f.* consideration, deliberation; exaggeration; (stat.) weighting.

ponderador, ra. I. *a.* pondering; exaggerating. **II.** *n.* ponderer; exaggerator; puffer.

ponderal, *a.* ponderal, relating to weight.

ponderar, *va.* to weigh; to ponder, consider; to exaggerate; to praise highly.

ponderativo, va, *a.* exaggerating, hyperbolical.

ponderosamente, *adv.* attentively, carefully.

ponderosidad, *f.* ponderousness, ponderosity.

ponderoso, sa, *a.* heavy, ponderous; grave, circumspect, cautious.

pondré, *fut.* of PONER.

ponedero, ra. I. *a.* capable of being laid or placed; egg-laying (as a hen). **II.** *m.* nest, hen's nest; nest egg.

ponedor, ra. I. *a.* egg-laying (as a hen). **II.** *n.* one that sets or lays; bettor, wagerer; outbidder; horse trained to rear on the hind legs.

ponencia, *f.* charge, post, or office of a chairman of a committee, or of a final judge or arbiter; exercise of such an office; (law) proposal.

ponente, *n.* arbitrator, referee; chairman of a reporting committee.

ponentino, na, tisco, ca, *a.* western.

poner. I. *va.* (*pp.* PUESTO; *ind. pres.* PONGO, *pret.* PUSE, *fut.* PONDRÉ; *subj.* PONGA) to put, place, lay; to dispose, arrange, set (as the table); to suppose, assume; to impose, keep (as order, peace, etc.); to oblige, compel; to wager, stake; to appoint, put in charge; to adduce; to leave to one's judgment or action; to call, give (a person or thing) the name of; to write, set down; to lay (eggs); to bring forth; to contribute; to enforce; to concert; to agree; to insult, to treat badly; to cause (fear, etc.); to make, cause to become or turn (red, angry, etc.).—**p. al corriente,** to inform.—**p. al día,** to bring (someone) up to date (on the news).—**p. al sol,** to expose to the sun, to sun.—**p. aparte,** to put away; to set aside.—**p. a prueba,** to put on trial.—**p. (mala) cara,** (U. S.) to give a dirty look; to make a (wry) face.—**p. casa,** to begin, or go to, housekeeping.—**p. colorado,** to put to the blush, shame.—**p. como chupa de dómine,** or **como nuevo,** to humiliate, reprimand or treat harshly, dress down.—**p. como un guante,** to make pliable or submissive.—**p. coto a,** to stop, check, put a limit to.—**p. de manifiesto,** to make public.—**p. de su parte,** to do one's part, or on one's part.—**p. de vuelta y media** = P. COMO NUEVO.—**p. en (tanto),** to bid (so much).—**p. en calzas prietas,** (coll.) to put on the spot.—**p. en claro,** to make clear; to clear up (by investigation).—**p. en duda,** to question, doubt.—**p. en fuga,** to put to flight.—**p. en la calle,** to put out of doors.—**p. en orden,** to put to rights.—**p. en práctica,** to start doing, get (a project, etc.) underway.—**p. en relieve,** to carve in relief; to describe graphically.—**p. en ridículo,** to make ridiculous.—**p. en venta,** to put up for sale.—**p. en vigor,** to enforce.—**p. fin a,** to put a stop to, put an end to.—**p. fuego,** to set fire.—**p. la mesa,** to set the table, lay the table.—**p. los puntos sobre las íes,** to cross the t's and dot the i's.—**p. mal,** to discredit, run down; to set against (each other).—**p. manos a,** to put the hand to.—**p. pies en pared,** to maintain one's opinion with obstinacy.—**p. pies en polvorosa,** to take to one's heels.—**p. por,** to use as; appoint or send as.—**p. por escrito,** to put down in writing.—**p. por las nubes,** to praise to the skies.—**p. reparos,** to make objections. **II.** *vr.* to apply oneself to, to set about; to put on (as a garment); to set or place oneself; to oppose; to become, get (as wet, angry, dirty); to set (as the sun); to reach, get to, arrive; to adorn oneself.—**p. a,** to begin to, start to.—**p. a cubierto,** to shelter oneself from danger.—**p.**

colorado, to blush.—**p. de acuerdo,** to reach an agreement.—**p. en camino,** to set out, start, take off.—**p. en jarras,** to put one's arms akimbo.—**p. en marcha** = P. EN CAMINO.—**p. en pie,** to stand up.—**p. en práctica,** (of a project, etc.) to be started, get underway.—**p. en razón,** to be reasonable.—**ponérsele a uno,** to take a fancy or a notion to; to suspect, surmise (diff. constr.: *se me pone que Juan no pagará,* I suspect John won't pay). —**p. mal con,** to incur (someone's) enmity, "get in bad with."—**p. tan alto,** to become haughtily indignant, swell up with indignation. —**al p. el sol,** at sunset.

[1]**pongo,** *m:* (S. A.) narrow and dangerous ford; (S. A.) Indian servant.

[2]**pongo,** *m.* (zool.) orang-outang.

[3]**pongo, ponga,** *v. V.* PONER.

ponientada, *f.* steady west wind.

poniente, *m.* west; west wind.

ponimiento, *m.* act of putting, or putting on.

ponleví, *m.* shoe with high, wooden heel.

pontaje, pontazgo, *m.* bridge toll, pontage.

pontear, *va.* to erect a bridge over.

pontederiáceo, cea, *a.* (bot.) pontederiaceous.

pontezuelo, la, *n. dim.* small bridge.

póntico, ca, *a.* Pontic.

pontificado, *m.* pontificate, papacy, popedom.

pontifical. I. *a.* pontifical, papal. **II.** *m.* (eccl.) pontifical (book and robes); parochial tithes.

pontificalmente, *adv.* pontifically.

pontificar, *vn.* (coll.) to act like a pontiff, pontificate; to rule; to preside.

pontífice, *m.* pontiff, pontifex.—**Sumo P.,** the Pope.

pontificio, cia, *a.* pontifical.

pontil, *m.* (glassmaking) pontil or punty.

pontín, *m.* (P. I.) (naut.) coasting vessel.

ponto, *m.* (poet.) sea.

pontón, *m.* (mil.) pontoon; hulk serving as storeship, hospital, or prison ship; (naut.) mudscow, lighter, dredge; log bridge.

pontonero, *m.* (mil.) pontonier.

ponzoña, *f.* poison, venom.

ponzoñosamente, *adv.* poisonously, venomously

ponzoñoso, sa, *a.* poisonous, venomous, baneful.

popa, *f.* (naut.) poop, stern.—**a p., de p., en p.,** aft, abaft.—**de p. a proa,** entirely, completely.

popamiento, *m.* despising; cajoling, fondling.

popar, *vn.* to despise; to cajole; to fondle.

popel, *a.* (naut.) aftermost, sternmost.

popelina, *f.* (tex.) poplin.

popés, *m.* (naut.) stay of the mizzenmast.

poplíteo, tea, *a.* (anat.) popliteal.

popote, *m.* Indian straw for brooms; (Mex.) straw (for drinking).

populachería, *f.* claptrap; cheap popularity.

populachero, ra, *a.* vulgar, common.

populacho, *m.* populace, mob, rabble.

popular, *a.* popular.

popularidad, *f.* popularity.

popularizar. I. *va.* (*pret.* POPULARICÉ; *subj.* POPULARICE) to popularize, make popular. **II.** *vr.* to become popular.

popularmente, *adv.* popularly.

populazo, *m.* populace, mob, rabble.

populeón, *m.* white poplar ointment.

populoso, sa, *a.* populous.

poquedad, *f.* paucity, littleness; pusillanimity; trifle, mite; stupidity.

poquillo, lla. I. *a. dim.* small, little; trifling. **II.** *adv. dim.* very little time. **III.** *m.* (a) little, (a) little bit.

poquísimo, ma, *a.* & *adv. super.* very little.

poquitico, ica, illo, illa, ito, ita, *a. dim.* almost nothing, just a little.

poquito, ta. I. *a. dim.* very little; weak of body and mind, diminutive.—**p. a poco,** gently, slowly. **II.** *m.* a wee bit.—**a poquitos,** little by little; a little at a time.

por, *prep.* by; for; through (*pasamos por un túnel,* we passed through a tunnel; *Juan entró por la ventana,* John came in through the window); as (*desechado por inútil,* cast off as useless); across (*se pasó la mano por la frente,* he passed his hand across his forehead); about, nearly (*por ahí,* about that, very nearly; *por Navidad,* about Christmas); during (*volverá por la cuaresma,* he will return during Lent); per; after, for (*ir por pan,* to go for, or after, bread); for the sake of (*por Vd.,* for your sake); in behalf of, on account of (*por causa de enfermedad,* on account of illness); in order to; by way of, via; in the name of; without, not yet, to be (*cartas por contestar,* letters to be answered; *la casa está por acabar,* the house is not yet finished, or, is to be finished).—**p. ahora,** for now, for the time being.—**p. alto,** superficially, cursorily.—**p. amor de,** for the love of.—**p. buenas o p. malas,** for better or for worse.—**p. causa de,** because of.—**p. cierto,** indeed.—**p. completo,** to the full, completely, thoroughly.—**p. cuanto,** inasmuch as, whereas.—**p. decirlo así,** so to speak.—**p. de pronto,** for now, for the time being.—**¡p. Dios!** for Heaven's sake! —**p. docena,** by the dozen.—**p. entre,** through; among, between.—**p. escrito,** in writing.—**p. eso,** wherefore.—**p. este medio,** by this means.—**p. excelencia,** par excellence.—**p. extenso,** at length, in detail.—**p. fin,** at last, finally.—**p. la mañana,** in the morning.—**p. la noche,** at night.—**p. la tarde,** in the afternoon.—**p. más que,** however much, no matter how.—**p. medio de,** through, by means of.—**p. motivo de,** because of.—**p. mucho que,** however much, no matter how.—**¿p. qué?** why?—**p. qué,** why.—**p. regla general,** in general, as a general rule.—**p. si** or **p. si acaso,** in case; if by chance.—**p. sí o p. no,** to be sure; to be on the safe side.—**p. sobre,** above, besides.—**p. supuesto,** of course.—**p. turno,** in turn.—**p. turnos,** by turns.—**al p. mayor,** by wholesale.—**de p. sí,** by oneself.—**estar p.,** to be about to (*estoy por salir,* I'm about to leave).

porcachón, na, *a.* (coll.) very dirty, hoggish.

porcal, *a.* kind of large plum.

porcaso, *m.* hog tapir.

porcelana, *f.* porcelain; chinaware; jewel enamel. —**porcelanita,** *f.* porcelanite, jasper.

porcentaje, *m.* percentage.

porcino, na. I. *a.* hoggish; porcine. **II.** *m.* young pig; bruise, bump.

porción, *f.* portion, part; lot; (com.) share, allowance, allotment; pittance.

porcioncica, illa, ita, *f. dim.* small portion.

porcionero, ra, *n.* & *a.* participant(-ating).

porcionista, *n.* shareholder; school boarder.

porcipelo, *m.* (coll.) bristle.

porciúncula, *f.* (eccl.) Franciscan jubilee.

porcuno, na, *a.* hoggish, porcine.

porchada, *f.* stretcher in paper factories.

porche, *m.* covered walk; porch, portico.

pordiosear, *vn.* to beg.—**pordioseo,** *m.* begging.

pordiosería, *f.* beggary.

pordiosero, ra, *n.* beggar.

porfía, *f.* obstinacy, stubbornness; insistence, persistence; importunity.—**a p.,** in competition, vying with each other; insistently.

porfiadamente, *adv.* obstinately; pertinaciously.

porfiado, da, *pp.* & *a.* obstinate, stubborn.

porfiador, ra, *n.* persistent person.

porfiar, *vn.* to persist.

porfídico, ca, *a.* porphyritic.

pórfido, *m.* porphyry, jasper.

pormenor, *m.* detail, particular.

pormenorizar, *va.* to detail, itemize, enter into details about, give in detail.

pornografía, *f.* pornography; pornograph.

pornográfico, ca, *a.* pornographic.

pornógrafo, *m.* pornographer.

poro, *m.* pore, interstice.

pororó, *m.* (S. A.) toasted corn.

pororoca, *f.* bore (at mouth of river).

porosidad, *f.* porosity.

poroso, sa, *a.* porous.
poroto, *m.* (Am.) a variety of pea; (Arg.) bean.—**apuntarse un p.,** (Arg.) (coll.) to make a point (as in a debate), be one up.
porque, *conj.* because, for, as; in order that.
¿por qué? *interr.* why? wherefore?
porqué, *m.* reason, motive; (coll.) allowance, pittance, portion.
porquecilla, *f. dim.* small sow.
porquera, *f.* lair, couch of a wild boar.
porquería, *f.* nastiness; filth; vile, dirty act, nasty trick; trifle, worthless thing.
porqueriza, *f.* pigsty.
porquerizo, za; porquero, ra, *n.* swineherd.
porquerón, *m.* (coll.) petty officer of justice.
porqueta, *f.* woodlouse.
porquezuelo, la, *n. dim.* small hog or sow; slovenly young person.
porra, *f.* bludgeon, club; maul; last player in boys' games; (coll.) vanity, boast; (coll.) dull or importunate person.
porrada, *f.* blow or knock; (coll.) foolishness, nonsense.
porrazo, *m.* blow, knock; fall.
porrear, *vn.* (coll.) to insist, persist.
porrería, *f.* (coll.) obstinacy; silliness.
porreta, *f.* green leaf of leeks, garlic, or onions.—**en p.,** (coll.) stark naked.
porrilla, *f.* small forging hammer; (vet.) osseous tumor in joints.
porrillo.—a p., *adv.* (coll.) aplenty, abundantly.
porrina, *f.* small and green crop.
porrino, *m.* tender plant of a leek.
porrizo, *m.* bed or plot of leeks.
[1]**porro, rra,** *a.* (coll.) stupid.
[2]**porro,** *m.* (bot.) leek.
[1]**porrón, na,** *a. aug.* heavy, sluggish, slow.
[2]**porrón,** *m.* earthen jug; wine bottle with long side spout.
porrudo, *m.* shepherd's crook.
porta, *f.* (naut.) gun port; stern port.
porta-, particle used in composition, gen. equivalent to "holder" or "carrier" after the corresponding noun, as in *portaplumas,* penholder; *portanoticias,* news carrier; *portaneumático,* tire holder; *portaaviones,* airplane carrier.
portaaguja, *f.* needle holder.
portaaviones, *m.* airplane carrier.
portabandera, *f.* socket for a flagpole.
portabarrena, *m.* boring block, drillstock.
portabombas, *m.* bomb carrier.
portabotellas, *m.* bottleholder.
portacaja, *f.* carrier of a loom; (mil.) drumsash or strap.
portacarabina, *f.* (mil.) carbine thimble.
portacartas, *m.* mail bag for letters.
portacojinete, *m.* diestock.
portacuchilla, *m.* cutter bar.
portada, *f.* portal, porch; frontispiece, front, façade; cover (of a magazine, etc.); (print.) title page; division of the warp.
portadera, *f.* chest for stores on a horse.
portadiscos, *m.* turntable.
portado, da, *a.*—**bien (mal) p.,** well (poorly) dressed or behaved.
portadocumentos, *m.* brief case.
portador, ra, *n.* bearer, porter, carrier; (com.) holder, bearer; *m.* (biol., chem.) carrier; waiter's tray.
portaestandarte, *m.* (mil.) color sergeant.
portaféretro, *m.* pallbearer.
portafolio, *m.* (Gal.) (Arg.) briefcase.
portafusil, *m.* (mil.) sling of a musket.
portaguión, *m.* (mil.) guidon (officer).
portahachón, *m.* torchbearer.
portaherramienta, *m.* (mach.) chuck; *pl.* tool holder.
portahierro, *m.* cutter bar.
portaje, *m.* = PORTAZGO.
portal, *m.* porch, entry, entrance, vestibule, hallway; portico, piazza; town's gate.
portalámpara, *m.* lamp holder; (elec.) socket (of a lamp fixture).
portalápiz, *m.* pencil holder.
portalazo, *m. aug.* large door or porch.
portalejo, *m. dim.* little porch or portico.
portalente, *m.* lens holder.
portaleña, *f.* (fort.) embrasure; plank for doors.
portalero, *m.* octroi officer or guard.
portalibros, *m.* book strap.
portalico, illo, ito, *m. dim.* small porch.
portalón, *m.* (naut.) gangway.
portamanteo, *m.* portmanteau, valise.
portamira, *n.* (surv.) rodman.
portamonedas, *m.* pocketbook, purse.
portanario, *m.* (anat.) pylorus.
portaneumático, *m.* (auto) tire holder.
portante, *m.* quick pace of a horse.—**tomar el p.,** (coll.) to go away.
portantillo, *m. dim.* gentle amble, easy pace.
portanuevas, *n.* newsmonger.
portanveces, *m.* coadjutor, assistant.
portañola, *f.* (naut.) porthole.
portañuela, *f.* (tailoring) fly of trousers.
portaobjetos, *m.* slide (of microscope).
portapaz, *n.* (eccl.) pix.
portaparaguas, *m.* umbrella stand.
portaplacas, portaplanchas, *m.* (photog.) dark slide, plate holder, chassis.
portapliegos, *m.* large portfolio.
portaplumas, *m.* penholder.
portar. I. *va.* to carry (as arms). **II.** *vr.* to behave, act. **III.** *vn.* (naut.) (of sails) to fill.
portasenos, *m.* brassière, brassiere, (coll.) bra.
portátil, *a.* portable.
portavasos, *m.* glass stand or rack.
portavela, *m.* candleholder.
portaventanero, *m.* carpenter who makes windows and doors.
portaviandas, *m.* dinner pail.
portavoz, *m.* megaphone, speaking trumpet; *n.* (fig.) spokesman, mouthpiece.
portazgo, *m.* toll, turnpike duty.
portazguero, *m.* toll gatherer, collector.
portazo, *m.* slam of a door; slamming a door in one's face.
porte, *m.* cost of carriage; freight, portage, porterage; postage; bearing (of persons); nobility; illustrious descent; size; capacity; (naut.) burden or tonnage.—**p. franco,** frank; postage prepaid.
porteador, ra, *n.* porter, carrier, bearer.
portear. I. *va.* to carry or convey for a price. **II.** *vr.* (of birds) to pass, migrate.
portento, *m.* prodigy, wonder; portent.
portentosamente, *adv.* prodigiously.
portentoso, sa, *a.* prodigious, marvelous.
porteño, ña. I. *a.* of or pertaining to Buenos Aires or Puerto de Santa María. **II.** *n.* inhabitant of Buenos Aires or Puerto de Santa María.
porteo, *m.* carrying, cartage, portage.
porterejo, *m.* little porter.
[1]**portería,** *f.* porter's lodge or box, conciergerie; employment of a porter.
[2]**portería,** *f.* (naut.) (collect.) the portholes.
portero, ra, *n.* janitor, superintendent, concierge; porter, gatekeeper.
portezuela, *f. dim.* little door; carriage door; pocket flap; (Mex.) pass between hills.
pórtico, *m.* portico, piazza; porch; hall; lobby.
portier, *m.* portiere, portière.
portilla, *f.* opening, passage; (naut.) porthole.
portillo, *m.* opening, gap, breach; wicket, gate; means to an end; cavity in anything broken; octroi gate of a town; pass between hills.
portón, *m.* inner front door of a house.
portorriqueño, ña, *n.* & *a.* Puerto-Rican.
Portugal, *m.* Portugal.
portugués, guesa. I. *a.* Portuguese. **II.** *n.* Portuguese; *m.* Portuguese (language).
portulano, *m.* charts of ports and harbors.
porvenir, *m.* future, time to come.
¡porvida! *interj.* by the living saints!
pos.—en p. de, *adv.* after, behind; in pursuit of.

posa, *f.* passing bell; stop in a funeral, to sing a response.—*pl.* (coll.) buttocks.
posada, *f.* lodging; lodging house; inn, tavern, hotel; home, dwelling.
posadera, *f.* hostess, landlady.
posaderas, *f. pl.* buttocks.
posadero, *m.* innkeeper, host; seat made of flags or bass ropes.
posante, *a.* reposing; smooth (sailing).
posar. I. *vn.* to lodge, board; to sit down, repose, rest; to perch, light; (art) to pose. **II.** *va.* to lay down. **III.** *vr.* (of liquid) to settle; to light, alight, sit (on).
posaverga, *f.* (naut.) yard prop.
posbélico, ca, *a.* post-war.
posca, *f.* mixture of vinegar and water.
posdata, *f.* postscript.
poseedor, ra, *n.* possessor, holder, owner.
poseer, *va.* (*ger.* POSEYENDO; *pp.* POSEÍDO, POSESO; *pret.* él POSEYÓ) to hold, possess, own; to master (an art, language, etc.).
poseído, da. I. *pp. reg.* of POSEER. **II.** *a.*—**estar p.,** (fig.) to be possessed; to be thoroughly convinced or posted about. **III.** *m.* private arable land.
posesión, *f.* possession; property; possession by evil spirits.—*pl.* holdings, wealth, property.
posesional, *a.* possessional, possessive.
posesionar. I. *va.* to give possession; to install, induct. **II.** *vr.* to take possession.
posesionero, ra, *n.* cattle keeper owning pastures.
posesivo, va, *n.* & *a.* (gram.) possessive.
poseso, sa. I. *pp. irreg.* of POSEER. **II.** *a.* possessed (with evil spirits).
posesor, ra, *n.* possessor, holder, owner.
posesorio, ria, *a.* possessory.
poseyente, *a.* possessing, owning.
poseyó, etc. *v. V.* POSEER.
posfecha, *f.* postdate.—**posfechar,** *va.* to postdate.
posguerra, *a.* = POSBÉLICO.
posibilidad, *f.* possibility; means, property.
posibilitar, *va.* to render possible, facilitate.
posible. I. *a.* possible.—**en lo p.,** as far, insofar, as possible.—**lo más** (*adj., adv.*) **p.,** as (*adj., adv.*) as possible. **II.** *m. pl.* personal means; best of one's ability.
posiblemente, *adv.* possibly.
posición, *f.* position; placing, placement; standing, status; (law) questions and answers of an interrogatory; (math.) position.
positivamente, *adv.* positively; absolutely.
positivismo, *m.* positiveness; positivism; (moral) materialism; matter-of-factness.
positivista. I. *a.* positivistic, positivist; practical, realistic, matter-of-fact. **II.** *n.* positivist.
positivo, va. I. *a.* positive, certain; absolute, real; matter-of-fact; (elect., gram., math., photog.) positive.—**de p.,** certainly, without doubt. **II.** *m.* (gram., photog.) positive.
pósito, *m.* public granary.
positrón, *m.* (phys.) positron.
positronio, *m.* (chem.) positronium.
positura, *f.* posture, state, disposition.
posma. I. *f.* (coll.) sluggishness, sloth, dullness. **II.** *n.* (coll.) dull, sluggish person.
poso, *m.* sediment, dregs, lees; rest, repose.
posó, *m.* (P. I.) chignon, hair knot.
posología, *f.* (med.) posology.
posón, *m.* round matted seat.
pospelo.—**a p.** *adv.* against the grain; reluctantly.
pospierna, *f.* thigh of an animal.
posponer, *va.* (*pp.* POSPUESTO; *ind. pres.* POSPONGO, *pret.* POSPUSE, *fut.* POSPONDRÉ; *subj.* POSPONGA) (a) to put (after); to think less (of); to subordinate (to); to postpone.
posposición, *f.* postponement.
pospositivo, va, *a.* (gram.) postpositive.
pospuesto, *pp. irreg.* of POSPONER.
posquemador, *m.* (aer.) afterburner.
posta. I. *f.* post horses, relay; post, post stage, posthouse, post office; chop of meat or fish; mold shot; stake, at cards; memorial tablet. **II.** *n.* person who travels post.
postal. I. *a.* postal.—**giro p.,** money order. **II.** *f.* postal card.
postdata, *f.* = POSDATA.
postdiluviano, na, *a.* postdiluvian.
poste, *m.* post, pillar; remaining standing up as a school punishment.—**p. de amarre,** (aer.) mooring mast.—**p. de la meta,** goal post.
postelero, *m.* (naut.) skid, skeed; chess-trees.
postema, *f.* (med.) abscess; bore (person); (coll.) grudge.
postemero, *m.* (surg.) large lancet.
postergación, *f.* delaying; leaving behind; disregard of seniority.
postergar, *va.* (*pret.* POSTERGUÉ; *subj.* POSTERGUE) to delay; to ignore or disregard the right of seniority of (a candidate for office, etc.).
posteridad, *f.* posterity.
posterior, *a.* posterior, rear; later, subsequent.
posterioridad, *f.* posteriority.
posteriormente, *adv.* subsequently.
posteta, *f.* (bookbinding) number of sheets stitched together.
postfijo, *m.* postfix, suffix.
postigo, *m.* wicket; peep window; shutter; (fort.) sally port, postern.
postgraduado, da, *n.* & *a.* postgraduate.
postguerra, *f.* postwar period.
postila, *f.* marginal note.
postilación, *f.* marginal annotation.
postilador, *m.* annotator.
postilar, *va.* to gloss, comment.
postilla, *f.* scab on wounds.
postillón, *m.* postillion, postboy.
postilloso, sa, *a.* scabby.
postimpresionismo, *m.* (f. a.) postimpressionism.
postimpresionista, *n.* & *a.* (f. a.) postimpressionist.
postizo, za. I. *a.* artificial, not natural; false (teeth). **II.** *m.* false hair, switch. **III.** *f.* castanet; (naut.) dead work on galleys.
postliminio, *m.* (int. law) postliminy.
postludio, *m.* (mus.) postlude.
postmeridiano, na, *a.* postmeridian, p.m.
postnatal, *a.* postnatal.
postónico, ca, *a.* (philol.) posttonic.
postoperatorio, ria, *a.* postoperative.
postor, *m.* bidder.
postorbital; postorbitario, ria, *a.* (anat.) postorbital.
postpalatal, *a.* (phon.) postpalatal.
postración, *f.* prostration; kneeling; dejection.
postrado, da. I. *pp.* of POSTRAR. **II.** *a.* prostrate, prostrated, prone.
postrador, ra. I. *n.* & *a.* prostrator(-ing). **II.** *m.* footstool in a choir.
postrar. I. *va.* to prostrate, to humble; to overthrow, demolish; to weaken, exhaust. **II.** *vr.* to prostrate oneself, kneel down, lie prone; to be exhausted.
postre. I. *a.* last in order.—**a la p.,** at last.—**por fin y p.,** (coll.) finally. **II.** *m.* (*sing.* or *pl.*) dessert.
postremo, ma, *a.* last.
postrer, *a. contr.* of POSTRERO (*before a noun*).
postreramente, *adv.* lastly.
postrero, ra, *a.* last; hindermost.
postrimer, *a. contr.* of POSTRIMERO (*before a n.*).
postrimeramente, *adv.* finally, at last.
postrimería, *f.* (theol.) last stage of life.
postrimero, ra, *a.* last; hindmost.
póstula, postulación, *f.* request, petition; (eccl.) postulation; nomination (of a candidate).
postulado, da. I. *a.* postulated. **II.** *m.* postulate; *n.* nominee.—**p. de las paralelas,** (geom.) parallel postulate.
postulador, *m.* postulator.
postulanta, *f.* postulant.
postulante. I. *a.* postulating. **II.** *m.* postulant.
postular, *va.* to postulate; to nominate (political candidate).

póstumo, ma, *a.* posthumous.
postura, *f.* posture, position; planting trees or plants; tree or plant transplanted; assize of provisions; (com.) bid; stake, wager; egg; egg-laying; agreement, covenant
potabilidad, *f.* potability.
potabilizar, *va.* to make potable or drinkable.
potable, *a.* potable, drinkable.
potación, *f.* potation, drinking; beverage.
potador, ra, *n.* inspector of weights and measures.
potaje, *m.* pottage; porridge; stewed vegetables; mixed drink; medley.
potajería, *f.* heap of dry pulse; place where vegetables are kept.
potajier, *m.* (Gal.) keeper of the vegetables in the royal palace.
potala, *f.* (naut.) anchor; stone anchor; small slow vessel.
[1]**potar,** *va.* to correct and mark (measures).
[2]**potar,** *va.* to drink.
potasa, *f.* potash.
potásico, ca, *a.* potassic; potassium (as *a.*, as in *bromuro potásico,* potassium bromide).
potasio, *m.* potassium.
pote, *m.* jug; pot, jar; (cooking) pot; flowerpot; standard measure or weight.—**a p.,** abundantly.—**potecillo, ito,** *n. dim.* little pot, can or jar.
potencia, *f.* power, capacity; dominion; faculty of the mind; possibility; power, strong nation; force, strength; (mech., phys., math.) power; (artil.) reach.—*pl.* nine rays of light around the head of Jesus.—**potencias del alma,** powers of the soul, mental powers (gen. stated as memory, judgment, and will).—**en p.,** potentially.
potencial, *f.* & *a.* potential.
potencialidad, *f.* potentiality.
potencialmente, *adv.* potentially, virtually.
potenciómetro, *m.* (elec.) potentiometer.
potentado, *m.* potentate, sovereign.
potente, *a.* potent, powerful, mighty; strong, vigorous; (coll.) bulky, huge.
potentemente, *adv.* powerfully, potently.
potentila, *f.* (bot.) potentilla.
potenza, *f.* (her.) tace.
poterna, *f.* (mil.) postern, sally port.
potero, *m.* = POTADOR.
potestad, *f.* power, dominion, jurisdiction; potentate.—*pl.* angelic powers.
potestativo, va, *a.* (law) facultative.
potingue, *m.* (coll.) medicinal concoction.
potísimo, ma, *a. super.* most special.
potista, *n.* (coll.) tippler, drinker.
pot-pourri, *m.* potpourri; mixture; hash.
[1]**potra,** *f.* (coll.) rupture, scrotal hernia.—**tener p.,** to have good luck.
[2]**potra,** *f.* filly, young mare.—**potrada,** *f.* herd of fillies.—**potranca,** *f.* filly.
potrear, *va.* (coll.) to tease, vex, annoy.
potrera, *f.* a hempen headstall.
[1]**potrero,** *m.* (coll.) rupture specialist.
[2]**potrero,** *m.* herdsman of colts; pasture ground; (Am.) cattle ranch.
potrico, illo, *m. dim.* small colt.
potril, *m.* pasture for young horses.
potrilla, *f.* (coll.) old man affecting rakish youth.
potro, *m.* colt, foal; wooden horse, rack; shoeing frame; anything that torments; obstetrical chair; pit in the ground for dividing a beehive.—**estar en un p.,** to be on pins and needles.
potroso, sa, *a.* afflicted with a rupture; (coll.) fortunate, lucky.
poya, *f.* fee for baking in a public oven; hemp bagasse.
poyal, *m.* striped cover for benches; stone seat.
poyar, *vn.* to pay the POYA.
poyata, *f.* shelf, cupboard.
poyo, *m.* stone seat against a wall; fee formerly paid to judges.
poza, *f.* puddle; pool for breaking hemp.
pozal, *m.* bucket, pail; coping of a well; vessel sunk in the earth to collect liquids.
pozanco, *m.* pool in a river bank.
pozo, *m.* (water) well; deep hole in a river; eddy, whirlpool; (min.) shaft, pit; (naut.) hold; anything complete in its line.—**p. artesiano,** artesian well.—**p. negro,** cesspool.
pozol, pozole, *m.* barley and beans boiled.
pozuela, *f. dim.* small puddle or pond.
pozuelo, *m. dim.* small well or pit; vessel sunk in the ground to collect oil, etc.
práctica, *f.* practice; habit; practicing; exercise; manner, method, routine; learning a profession under a master.—**en la p.,** in practice.
practicable, *a.* practicable, feasible.
practicador, ra, *n.* practicer, practitioner.
practicaje, *m.* (naut.) pilotage.
prácticamente, *adv.* in a practical manner, in practice.
practicante. I. *a.* practicing. **II.** *n.* practicer, practitioner; hospital intern; hospital nurse, one who practices medicine under direction and guidance of an experienced physician; (pharm.) prescription preparer, or clerk.
practicar, *va.* (*pret.* PRACTIQUÉ; *subj.* PRACTIQUE) to practice; to make; to perform, do, put in execution; to practice, go in for; to learn the practice of under an adviser.
práctico, ca. I. *a.* practical; skillful, experienced. **II.** *m.* (naut.) harbor pilot.
practicón, na, *n.* (coll.) one possessing practical knowledge and experience.
practiqué, practique, *v. V.* PRACTICAR.
pradeño, ña, *a.* pertaining to prairies.
pradera, pradería, *f.* prairie, meadow.
praderoso, sa, *a.* pertaining to prairies.
prado, *m.* lawn; field, pasture ground; walk (in a city).—**p. de guadaña,** meadow mowed annually.
pragmático, ca. I. *a.* pragmatic, pragmatical. **II.** *f.* sanction, decree; *m.* interpreter of national laws.
pragmatismo, *m.* pragmatism.
pragmatista. I. *a.* pragmatistic. **II.** *n.* pragmatist.
prao, *m.* proa, prao, an Asiatic canoe.
praseodimio, *m.* (chem.) praseodymium.
prasio, *m.* (min.) prase, translucent quartz.
prasma, *m.* (min.) dark green agate.
pratíncola, *m.* (ornith.) pratincole.
pravedad, *f.* perversity, iniquity, depravity.
pravo, va, *a.* depraved, wicked, perverse.
pre, *m.* = PREST, soldier's daily pay.
preaceleración, *f.* (nuclear phys.) preacceleration.
preadamita, *n.* preadamite.
preadamítico, ca, *a.* preadamite.
preámbulo, *m.* preamble; (coll.) evasion.
preamplificador, *m.* (elec., electron.) preamplifier.
preatómico, ca, *a.* preatomic.
prebenda, *f.* (eccl.) prebend, benefice.
prebendado, *m.* (eccl.) prebendary.
prebendar, *va.* to confer a prebend on.
prebostal, *a.* provostal.
prebostazgo, *m.* provostship.
preboste, *m.* provost; (mil.) provost.
precambriano, na; precámbrico, ca, *m.* & *a.* (geol.) Pre-Cambrian.
precariamente, *adv.* precariously.
precario, ria, *a.* precarious.
precaución, *f.* precaution.
precaucionarse, *vr.* to be cautious.
precautelar, *va.* to caution, forewarn.
precautorio, ria, *a.* precautionary; preventive.
precaver. I. *va.* to prevent, obviate. **II.** *vr.* **(de)** to guard, be on one's guard (against).
precavidamente, *adv.* cautiously.
precavido, da, *a.* cautious, guarded.
precedencia, *f.* precedence, priority; preëminence, preference; superiority, primacy.
precedente. I. *a.* preceding, foregoing. **II.** *m.* precedent.

preceder, *va.* to precede; to be superior to.
preceptista, *n.* & *a.* one, or pertaining to one, who sets precepts.
preceptivamente, *adv.* preceptively.
preceptivo, va, *a.* preceptive.
precepto, *m.* precept; order, injunction; rule.—*pl.* the Commandments.
preceptor, ra, *n.* teacher, preceptor.
preceptuar, *va.* to give or issue as a precept.
preces, *f. pl.* prayers; devotion; supplication.
precesión, *f.* (rhet.) reticence; (astr.) precession.
preciado, da. I. *pp.* of PRECIAR. **II.** *a.* valued, esteemed; valuable, precious; proud, elated.
preciador, ra, *n.* appraiser.
preciar. I. *va.* to value, price, appraise. **II.** *vr.* (de) to boast, brag (about); to take pride, glory (in).
precinta, *f.* strap, band; (naut.) parcelling.
precintar, *va.* to strap, hoop, bind; to seal.
precinto, *m.* strapping; sealed strap.
precio, *m.* price; reward; premium; esteem; importance, worth.—**p. al contado,** cash price.—**p. corriente,** market price, standard price, prevailing price.—**p. de apertura,** opening price (stock exchange).—**p. de catálogo,** list price.—**p. de cierre,** closing price (stock exchange).—**p. de costo,** cost price.—**p. de detallista,** retail price.—**p. de entrega,** delivery price.—**p. de factura,** invoice price.—**p. de subasta,** upset price.—**p. de tarifa,** list price.—**p. de venta al menudeo,** selling price.—**p. fijo,** fixed price, set price.—**p. máximo,** ceiling price.—**p. mínimo,** knockdown price.—**p. mínimo fijado,** upset price.—**p. módico,** moderate price.—**p. rebajado** or **reducido,** reduced price, cut price, cut rate.—**p. regular,** standard price.—**catálogo con p.,** price catalogue.—**control de precios,** price control.—**lista de precios,** price list.—**no tener p.,** to be invaluable, be priceless.—**poner a p. la cabeza de uno,** (fig.) to set a price on one's head.—**tener en p.,** to esteem.
preciosa, *f.* (eccl.) allowance to prebendaries.
preciosamente, *adv.* preciously, richly.
preciosidad, *f.* worth, preciousness; rich or beautiful object, (a) beauty.
precioso, sa, *a.* precious, valuable; beautiful; witty, merry.
precipicio, *m.* precipice, chasm; violent fall; ruin, destruction.
precipitación, *f.* rash haste, precipitancy; (chem.) precipitation.—**p. radiactiva,** fallout.
precipitadamente, *adv.* hastily.
precipitadero, *m.* precipice, steep cliff.
precipitado, da. I. *pp.* of PRECIPITAR. **II.** *a.* precipitate, hasty; abrupt. **III.** *m.* (chem.) precipitate.—**p. blanco,** calomel.
precipitante. I. *a.* precipitating. **II.** *m.* (chem.) precipitator, precipitant.
precipitar. I. *va.* to precipitate, cast headlong; to rush, hasten; (chem.) to precipitate. **II.** *vr.* to throw oneself headlong; to rush, hurry.
precípite, *a.* in danger of falling.
precipitina, *f.* (bact.) precipitin.
precipitoso, sa, *a.* precipitous; rash, reckless.
precipuamente, *adv.* principally.
precipuo, pua, *a.* chief, principal.
precisamente, *adv.* precisely, exactly; necessarily, unavoidably; just at this (that) moment.
precisar, *va.* to fix, set, determine; to compel, oblige; (Am.) to be necessary; to be urgent.
precisión, *f.* necessity; compulsion; preciseness, exactness; precision, accuracy.—**bombardeo de p.,** precision bombing.
preciso, sa, *a.* necessary; indispensable; precise, exact, accurate; distinct, clear; severed, cut off; concise.—**tiempo p.,** just time enough.
precitado, da, *a.* aforesaid, aforementioned.
precito, ta, *a.* damned, condemned to hell.
preclaramente, *adv.* illustriously.
preclaro, ra, *a.* illustrious, famous, prominent.
precocidad, *f.* precocity.
precognición, *f.* precognition.
precolombino, na, *a.* pre-Columbian.
preconcebir, *va.* to preconceive, conceive beforehand.
preconicé, preconice, *v. V.* PRECONIZAR.
preconización, *f.* eulogy; preconization.
preconizador, ra, *n.* & *a.* eulogizer(-ing); preconizer(-ing).
preconizar, *va.* (*pret.* PRECONICÉ; *subj.* PRECONICE) to praise, eulogize; (eccl.) to preconize.
preconocer, *va.* (*ind.* PRECONOZCO; *subj.* PRECONOZCA) to foreknow.
precordial, *a.* (anat.) precordial.
precoz, *a.* precocious.
precursor, ra. I. *a.* preceding. **II.** *n.* precursor, harbinger, forerunner.
predecesor, ra, *n.* predecessor.
predecir, *va.* (*ger.* PREDICIENDO; *pp.* PREDICHO; *ind. pres.* PREDIGO, *pret.* PREDIJE, *fut.* PREDIRÉ; *subj.* PREDIGA) to foretell, predict, forecast.
predefinición, *f.* (theol) predetermination.
predefinir, *va.* to predetermine.
predestinación, *f.* predestination.
predestinado, da. I. *pp.* of PREDESTINAR. **II.** *a.* predestined. **III.** *n.* one predestined.
predestinante, *n.* & *a.* predestinator(-ing).
predestinar, *va.* to predestine, foredoom, predestinate, foreordain.
predeterminación, *f.* predetermination, foreordination.
predeterminar, *va.* to predetermine, foredoom, foreordain.
predial, *a.* predial, real, landed (property).
prédica, *f.* preachment, sermon.
predicable. I. *a.* predicable; preachable, suitable for preaching. **II.** *m.* (log.) predicable.
predicación, *f.* preaching; sermon.
predicadera, *f.* pulpit.—*pl.* (coll.) facility for preaching.
predicado, *m.* (logic) predicate.
predicador, ra, *n.* preacher.
predicamental, *a.* (philos.) predicamental.
predicamento, *m.* (log.) predicament, category; esteem, appreciation, consideration, regard.
predicante. I. *a.* predicant, preaching. **II.** *n.* predicant, preacher.
predicar, *va.* & *vn.* (*pret.* PREDIQUÉ; *subj.* PREDIQUE) to render clear and evident; to publish; to preach; to praise to excess; (coll.) to reprimand, lecture, sermonize.
predicción, *f.* prediction.
predicho, cha, *pp. irreg.* of PREDECIR.
predigestión, *f.* predigestion.
predigo, prediga, predije, *v. V.* PREDECIR.
predilección, *f.* predilection.
predilecto, ta, *a.* preferred, favorite.
predio, *m.* landed property, farm, real property.—**p. rústico,** piece of arable ground.—**p. urbano,** dwelling house or building lot.
prediqué, predique, *v. V.* PREDICAR.
predisponer, *va.* (*pp. irreg.* PREDISPUESTO; *ind. pres.* PREDISPONGO, *pret.* PREDISPUSE, *fut.* PREDISPONDRÉ; *subj.* PREDISPONGA) to prejudice, predispose; to prearrange.
predisposición, *f.* predisposition; prejudice.
predispuesto, ta. I. *pp. irreg.* of PREDISPONER. **II.** *a.* predisposed, biased, inclined.
predispuse, *pret.* of PREDISPONER.
predominación, predominancia, *f.* predominance, predomination.
predominante, *a.* predominant, prevailing.
predominar, *vn.* & *va.* to predominate, prevail; to rise above, overlook, command.
predominio, *m.* predominance, superiority.
preelegir, *va.* to preëlect; to predestinate.
preeminencia, *f.* preëminence, mastery.
preeminente, *a.* preëminent, superior.
preescolar, *a.* preschool.
preestablecer, *va.* to preëstablish.
preexcelso, sa, *a.* most illustrious, most high.
preexistencia, *f.* preëxistence.
preexistente, *a.* preëxistent.
preexistir, *vn.* to preëxist.

prefacio, *m.* preface, prologue; (eccl.) preface.
prefación, *f.* preface, prologue, introduction.
prefecto, *m.* prefect.—**prefectura,** *f.* prefecture.
preferencia, *f.* preference.
preferente, *a.* preferential; preferring; preferable. —**preferentemente,** *adv.* preferably.
preferible, *a.* preferable.
preferiblemente, *adv.* preferably.
preferir, *va.* (*ger.* PREFIRIENDO; *ind. pres.* PREFIERO, *pret.* PREFIRIÓ; *subj.* PREFIERA) to prefer.
prefiguración, *f.* prefiguration.
prefigurar, *va.* to prefigure.
prefijar, *va.* to predesignate, predetermine.
prefijo, ja. I. *a.* prefixed. **II.** *m.* (gram.) prefix.
prefinición, *f.* setting of a time limit.
prefinir, *va.* to set a time limit for.
prefirió, prefiriendo, *v. V.* PREFERIR.
prefloración, *f.* (bot.) prefloration.
prefoliación, *f.* (bot.) vernation.
preformación, *f.* preformation.
prefulgente, *a.* resplendent, bright.
pregón, *m.* publication by the crier, cry.
pregonar, *va.* to proclaim; to cry out, make publicly known.
pregoneo, *m.* crying wares on the streets.
pregonería, *f.* office of common crier.
pregonero, ra. I. *a.* publishing, announcing. **II.** *n.* common crier, town crier; auctioneer.
pregunta, *f.* question, query; catechism.—**absolver las preguntas,** (law) to answer under oath.—**estar a la cuarta p.,** (coll.) to be hard up or penniless.—**hacer una p.,** to ask a question.
preguntador, ra, *n.* & *a.* questioner(-ing).
preguntante, *n.* & *a.* inquirer(-ing).
preguntar. I. *va.* & *vn.* to ask, question, inquire. —**p. por,** to ask for (a person); to inquire about. **II.** *vr.* to wonder (when he will come, etc.).
preguntón, na, *a.* inquisitive.
prehistoria, *f.* prehistoric times; prehistorics, study or science of prehistoric times.
prehistórico, ca, *a.* prehistoric.
preinserto, ta, *a.* previously inserted.
prejudicial, *a.* (law) requiring judicial decision before final sentence.
prejudicio, prejuicio, *m.* prejudice, bias.
prejuzgar, *va.* (*pret.* PREJUZGUÉ; *subj.* PREJUZGUE) to prejudge.
prelacía, *f.* prelacy, prelature.
prelación, *f.* preference.
prelada, *f.* prelatess, abbess, mother superior.
prelado, *m.* (eccl.) prelate.
prelaticio, cia, *a.* prelatic, of or pertaining to a prelate or prelacy.
prelatura, *f.* prelacy, prelature.
preliminar. I. *a.* preliminary. **II.** *m.* preliminary; peace protocol.
prelucir, *vn.* (*ind.* PRELUZCO; *subj.* PRELUZCA) to shine forth.
preludiar. I. *va.* & *vn.* (mus.) to play a prelude. **II.** *va.* to initiate, pave the way for.
preludio, *m.* introduction; (mus.) prelude.
prelusión, *f.* prelude, prologue, preface.
prematuramente, *adv.* prematurely.
prematuro, ra, *a.* premature; precocious; unripe, unseasonable; (law) (of girls) impuberal.
premaxilar, *a.* (anat.) premaxillary.
premeditación, *f.* premeditation.
premeditadamente, *adv.* premediatatedly.
premeditado, da, *a.* & *pp.* premeditated.
premeditar, *va.* to premeditate.
premiador, ra, *n.* rewarder.
premiar, *va.* to reward, remunerate, requite.
premio, *m.* reward; prize; recompense; (com.) premium; interest.—**a p.,** at a premium.
premiosamente, *adv.* tightly, compressedly; by force.
premiosidad, *f.* difficulty of action or speech.
premioso, sa, *a.* tight, close, pinching; troublesome, burdensome; strict, rigid; slow in speaking or writing.
premisa, *f.* (logic) premise; mark, indication.
premiso, sa, *a.* premised; sent in advance.
premoción, *f.* previous motion.
premolar, *m.* & *a.* premolar (tooth).
premonitorio, ria, *a.* (med.) premonitory.
premonstratense, *n.* & *a.* Premonstratensian.
premoriencia, *f.* (law) prior death.
premoriente, *a.* & *n.* predeceased.
premorir, *vn.* (*pp.* PREMUERTO; *ger.* PREMURIENDO; *ind. pres.* PREMUERO, *pret.* él PREMURIÓ; *subj.* PREMUERA) (law) to die before another.
premostratense, *n.* & *a.* (member) of an order of canons.
premuerto, ta, *pp. irreg.* of PREMORIR.
premura, *f.* urgency, pressure, haste.
prenatal, *a.* prenatal.
prenda, *f.* pledge, security, pawn; piece of jewelry; garment; person dearly loved.—*pl.* endowments, natural gifts, talents.—**p. de vestir,** article of clothing, piece of wearing apparel.—**en p., en prendas,** as a pledge, as security. —**juego de prendas,** game of forfeits.—**soltar p.,** to commit oneself.
prendado, da. I. *pp.* of PRENDAR. **II.** *a.*—**estar p. de,** to be taken up with.—**ser muy p.,** to have many accomplishments.
prendador, ra, *n.* pledger, pawner.
prendamiento, *m.* pledging, pawning.
prendar. I. *va.* to pledge, pawn; to please, charm. **II.** *vr.* (de) to become fond (of), take a great liking (to).
prendedero, *m.* hook, fillet, brooch.
prendedor, *m.* catcher; breastpin; brooch; shawl pin, baby pin.
prender. I. *va.* (*pp.* PRENDIDO, PRESO) to seize, grasp, catch, apprehend; to cover (a mare); (Am.) to turn on (a light).—**p. fuego a,** to set on fire. **II.** *vn.* to take root; to catch or take fire. **III.** *vr.* to make an elaborate toilet.—**p. fuego,** to catch on fire.
prendería, *f.* second-hand shop; jewelry.
prendero, ra, *n.* second-hand dealer; pawnbroker.
prendido, *m.* a woman's dress; pattern for bone lace.
prendimiento, *m.* seizure, capture.
prenoción, *f.* prenotion, first knowledge.
prenombre, *m.* praenomen, first name, given name.
prenotar, *va.* to note by anticipation.
prensa, *f.* (mech.) press; vise, clamp; mill; (print.) printing press; press, newspapers.—**p. de copiar,** copying press.—**p. de embalar,** (mech.) packing press.—**p. de estampar,** drawing press.—**p. de lagar,** wine press.—**p. de tornillos,** (mech.) hand screw.—**p. hidráulica,** hydraulic press.—**p. perforadora,** (mech.) drill press.—**p. periódica,** the press.—**p. rotativa,** (print.) rotary press.—**p. taladradora,** (mech.) drill press.—**corresponsal de p.,** newspaper correspondent.—**dar a la p.,** to publish.—**entrar en p.,** to go to press.—**meter en p.,** to go to press; (fig., coll.) to press, pressure, squeeze.
prensado, *m.* lustre (on material).
prensador, ra, *n.* presser.
prensadura, *f.* pressing, pressure.
prensaestopas, *m.* (mech.) stuffing box.
prensar, *va.* to press; to calender.
prensil, *a.* prehensile.
prensión, *f.* prehension, seizing, grasping.
prensista, *m.* (print.) pressman.
prensor, ra. I. (zool.) psittacine (of the parrot family). **II.** *m. pl.* Psittaci (the parrot family).
prenunciar, *va.* to foretell, prognosticate.
prenuncio, *m.* prediction, prognostication.
preñado, da. I. *a.* pregnant; full, charged; sagging or bulging out. **II.** *m.* pregnancy.
preñez, *f.* pregnancy; impending danger or resolution; confusion, difficulty.
preocupación, *f.* preoccupation; worries; pre-

possession, bias, prejudice, notion; conventionality.
preocupadamente, *adv.* with preoccupation or prejudice.
preocupado, da. I. *pp.* of PREOCUPAR. **II.** *a.* preoccupied; worried, concerned.
preocupar. I. *va.* to preoccupy; to prejudice. **II.** *vr.* (de) to be prejudiced (about); to worry (over, about); (Am.) to take care (of).
preopinante, *n.* predecessor (in a debate).
preordinación, *f.* preordination.
preordinadamente, *adv.* in a preordained or foreordained manner.
preordinar, *va.* to preordain, foreordain.
prepalatal, *f.* & *a.* (phon.) prepalatal.
preparación, *f.* preparation; preparing; compound; medicine.
preparado, *m.* preparation, compound.
preparamiento, *m.* = PREPARACIÓN.
preparar. I. *va.* to prepare, make ready. **II.** *vr.* **to** be prepared, get ready, make preparations.
preparativo, va. I. *a.* preparative, qualifying. **II.** *m.* preparation.
preparatoriamente, *adv.* preparatorily.
preparatorio, ria, *a.* preparatory.
preponderancia, *f.* preponderance, sway.
preponderante, *a.* preponderant, prevailing.
preponderar, *vn.* to preponderate, have sway; to prevail.
preponer, *va.* (*pp.* PREPUESTO; *ind. pres.* PREPONGO, *pret.* PREPUSE, *fut.* PREPONDRÉ; *subj.* PREPONGA) to put before, to prefer.
preposición, *f.* (gram.) preposition.
preposicional, *a.* prepositional.
prepositivo, va, *a.* prepositive, prepositional.
prepósito, *m.* president, chairman; provost.
prepositura, *f.* dignity of a provost.
preposteración, *f.* reversion of order.
prepósteramente, *adv.* out of place or order; inopportunely.
preposterar, *va.* to reverse, invert, disarrange.
prepóstero, ra, *a.* out of place or order; inopportune.
prepotencia, *f.* preponderance, prepotency.
prepotente, *a.* prepotent, predominant.
prepucio, *m.* (anat.) prepuce, foreskin.
prepuesto, prepuse, *v. V.* PREPONER.
prerrafaelismo, *m.* (art) Pre-Raphaelitism.
prerrafaelista, *n.* & *a.* (art) Pre-Raphaelite.
prerrogativa, *f.* prerogative.
presa, *f.* capture, seizure; (mil.) spoils, booty; catch, hold, prey; (water) dam; trench, ditch, flume; slice, bit, morsel; tusk, fang; claw of a bird of prey; among fishermen, fish weir, stake work.—**p. de caldo,** meat juice, beef tea.
presada, *f.* reservoir, storage water (in mills).
presado, da, *a.* of a pale-green color.
presagiar, *va.* to presage, forebode, foretell.
presagio, *m.* presage, omen, token.
presagioso, sa; présago, ga, *a.* betokening, significant, presaging.
presbicia, *f.* (med.) farsightedness, presbyopia.
presbiopía, *f.* (med.) presbyopia.
présbita, présbite. (med.) **I.** *a.* presbyopic, farsighted. **II.** *n.* presbyopic person.
presbiterado, *m.* priesthood.
presbiteral, *a.* sacerdotal.
presbiterato, *m.* = PRESBITERADO.
presbiterianismo, *m.* Presbyterianism.
presbiteriano, na, *n.* & *a.* Presbyterian.
presbiterio, *m.* presbytery; chancel.
presbítero, *m.* priest; presbyter.
presciencia, *f.* prescience, foreknowledge.
presciente, *a.* prescient.
prescindible, *a.* that can be dispensed with.
prescindir, *vn.* (de) to dispense (with), do (without); to set aside, ignore, omit.
prescito, ta, *a.* & *n.* = PRECITO, damned.
prescribir. I. *va.* (*pp. irreg.* PRESCRITO, PRESCRIPTO) to prescribe, dispose, specify; (law and med.) to prescribe. **II.** *vn.* (law) to prescribe.
prescripción, *f.* prescription; (law) prescription.
prescriptible, *a.* prescriptible.
prescripto, prescrito, ta, *pp. irreg.* of PRESCRIBIR.
presea, *f.* jewel, gem, valuable article.
presencia, *f.* presence; appearance, physique, figure; show, ostentation.—**p. de ánimo,** coolness, presence of mind.—**presencial,** *a.* pert. to, or implying presence.
presencialmente, *adv.* in person.
presenciar, *va.* to witness, to see; to attend.
presentable, *a.* presentable; producible.
presentación, *f.* presentation, exhibition, display; personal introduction; (eccl.). Presentation.—**a p.,** (com.) on presentation, at sight.
presentado, *m.* student of divinity about to be graduated as master; person presented.
presentador, ra, *n.* presenter; bearer.
presentalla, *f.* (eccl.) votive offering.
presentáneamente, *adv.* immediately.
presentáneo, *a.* quick-acting.
presentante, *a.* presenting, introducing.
presentar. I. *va.* to present; to put on (a program, etc.); to display, show; to give, make a present of; (eccl.) to offer as candidate. **II.** *vr.* to appear, present oneself, report; to turn up; to offer one's services; (mil.) to enlist as a volunteer.
presente. I. *a.* present, current.—**hacer p.,** to state, to remind of, call attention to.—**la p.,** the present writing (these presents).—**mejorando lo p.,** present company excepted.—**tener p.,** to bear in mind. **II.** *m.* present, gift; present (time).—**al p.,** or **de p.,** at present.—**por el,** or **lo, p.,** for the present.
presentemente, *adv.* at present, now.
presentero, *m.* one who offers as a candidate.
presentimiento, *m.* presentiment; misgiving.
presentir, *va.* (*ind. pres.* PRESIENTO, *pret.* él PRESINTIÓ; *subj.* PRESIENTA; *ger.* PRESINTIENDO) to have a presentiment of; to forebode, predict.
presepio, *m.* stable; manger.
presera, *f.* (bot.) goose grass, cleavers.
presero, *m.* keeper of a dam or dike.
preservación, *f.* preservation, conservation.
preservador, ra, *n.* & *a.* preserver(-ing).
preservar, *va.* to preserve, guard, keep, save.
preservativamente, *adv.* preservatively.
preservativo, va. I. *a.* preservative, preserving. **II.** *m.* preservative, preventive.
presidario, *m.* = PRESIDIARIO.
presidencia, *f.* presidency; presidential chair; chairmanship; presidential term.
presidencial, *a.* presidential.
presidenta, *f.* president's wife; (woman) moderator; (woman) chairman; (woman) president.
presidente, *m.* president; chairman; speaker (of a parliamentary body); presiding judge; presiding officer.
presidiar, *va.* to garrison.
presidiario, *m.* convict.
presidio, *m.* garrison of soldiers; fortress, citadel; penitentiary; punishment by hard labor.
presidir, *va.* to preside over, or at; (of persons or things) to govern, sway, determine.
presidium, *m.* presidium.
presiento, presienta, *v. V.* PRESENTIR.
presilla, *f.* loop, shank, eye, noose, bight; (sewing) buttonhole stitching; a kind of linen.
presión, *f.* pressure.—**p. absoluta,** (phys.) absolute pressure.—**p. arterial,** blood pressure.—**p. atmosférica,** atmospheric pressure, air pressure.—**p. del vapor,** steam pressure.—**p. manométrica,** gauge pressure.—**p. sanguínea,** blood pressure.
presionar, *va.* (Am.) to press, urge.
preso, sa. I. *pp. irreg.* of PRENDER. **II.** *a.* arrested; imprisoned. **III.** *n.* prisoner; convict.
prest, *m.* soldier's daily pay. Also PRE.
presta, *f.* (bot.) mint.
prestación, *f.* (law) lending; loan.—**p. por cese en el servicio,** severance benefit.
prestadizo, za, *a.* that may be lent or loaned.
prestado, da. I. *pp.* of PRESTAR. **II.** *a.*—**dar p.,** to lend.—**pedir,** or **tomar, p.,** to borrow.
prestador, ra, *n.* lender.

prestamente, *adv.* speedily, promptly, quickly.
prestamera, *f.* (eccl.) a kind of sinecure.
prestamería, *f.* (eccl.) dignity of a sinecure.
prestamero, *m.* incumbent of a PRESTAMERA.
prestamista, *n.* money lender; pawnbroker.
préstamo, *m.* loan.
prestancia, *f.* excellence.
prestante, *a.* excellent.
prestar. I. *va.* to lend, to loan; to aid, to assist; to give; communicate; to pay (attention to); to render, perform (a service). **II.** *vn.* to be useful; to expand, extend. **III.** *vr.* to offer or lend oneself or itself; to adapt oneself or itself; to be applicable.
prestatario, ria, *n.* & *a.* borrower(-ing).
preste, *m.* (eccl.) high mass celebrant.—**p. Juan de las Indias,** Prester John.
prester, *m.* hurricane, cyclone; waterspout.
presteza, *f.* quickness, promptness, haste.
prestidigitación, *f.* legerdemain, sleight of hand, jugglery.
prestidigitador, ra, *n.* juggler, prestidigitator.
prestigiador, ra, *n.* cheat, impostor.
prestigio, *m.* prestige, good name; spell, fascination; (of legerdemain) deception, illusion.
prestigioso, sa, *a.* renowned; well-reputed; deceiving, illusory.
prestimonio, *m.* loan; (eccl.) prestimony.
prestiño, *m.* = PESTIÑO, honey fritter.
presto, ta. I. *a.* quick, swift, prompt; ready, prepared. **II.** *adv.* soon; quickly.—**de p.,** promptly, swiftly.
presumible, *a.* presumable.
presumido, da. I. *pp.* of PRESUMIR. **II.** *a.* presumptuous, airy, conceited. **III.** *n.* vain or presumptuous person.
presumir. I. *va.* (*pp.* PRESUMIDO, PRESUNTO) to presume, surmise, conjecture. **II.** *vn.* **(de)** to presume, boast (of being), claim (to be); to be conceited.
presunción, *f.* presumption, conjecture; presumptuousness, conceit; (law) presumption.
presuntamente, *adv.* presumptively.
presuntivamente, *adv.* conjecturally.
presuntivo, va, *a.* presumptive, supposed.
presunto, ta. I. *pp. irreg.* of PRESUMIR. **II.** *a.* presumed.—**p. heredero,** heir apparent.
presuntuosamente, *adv.* presumptuously.
presuntuosidad, *f.* presumptuousness.
presuntuoso, sa. I. *a.* presumptuous, conceited. **II.** *n.* vain or conceited person.
presuponer, *va.* (*pp.* PRESUPUESTO; *ind. pres.* PRESUPONGO, *pret.* PRESUPUSE, *fut.* PRESUPONDRÉ; *subj.* PRESUPONGA) to presuppose; to estimate; to budget.
presuposición, *f.* presupposition.
presupuestal, *a.* budgetary, budget (as *a.*).
presupuestar, *va.* & *vn.* to budget.
presupuestario, ria, *a.* budget (as *a.*).
presupuesto, ta. I. *pp. irreg.* of PRESUPONER. **II.** *m.* motive, pretext, pretence; estimate; budget of state.—**nivelar el p.,** to balance the budget.
presura, *f.* anxiety; quickness, haste, promptness; persistency.
presurosamente, *adv.* hastily, promptly.
presuroso, sa, *a.* prompt, quick; nimble.
pretal, *m.* breastplate, breast leather.
pretencioso, sa, *a.* presumptuous, conceited.
pretender, *va.* (*pp.* PRETENDIDO, PRETENSO) to pretend; to aspire to; to seek, solicit; to try, endeavor; to intend; (S. A.) to court, be in love with.—**p. decir,** to mean, be driving at.
pretendiente, ta, *n.* pretender, candidate, office hunter; (Colomb.) suitor.
pretensión, *f.* pretension, claim; presumption.
pretenso, sa, *pp. irreg.* of PRETENDER.
pretensor, ra, *n.* pretender, claimant.
preterición, *f.* omission; (rhet. and law) pretention.
preterir, *va.* (*defect. only the infin. and pp. used*) (law) to omit (lawful heirs) in a will.
pretérito, ta, *n.* & *a.* preterit, past.
pretermisión, *f.* pretermission, omission, neglect.
pretermitir, *va.* to omit, pretermit, pass by.
preternatural, *a.* preternatural.
preternaturalizar, *va.* to pervert; to render preternatural.
preternaturalmente, *adv.* preternaturally.
pretexta, *f.* (anc. Rome) pretexta, a robe.
pretextar, *va.* to give as a pretext.
pretexto, *m.* pretext, pretense, cover, excuse.
pretil, *m.* railing, battlement, breastwork.
pretina, *f.* girdle, waistband; belt.
pretinero, ra, *n.* girdle maker or seller.
pretinilla, *f. dim.* ladies' belt or girdle.
[1]**pretor,** *m.* (Rom. hist.) pretor.
[2]**pretor,** *m.* blackness of the waters where tunny fish abound.
pretoría, *f.* pretorship.
pretorial, *a.* pretorian or prætorian.
pretorianismo, *m.* abuse of military power for political purposes, political militarism.
pretoriano, na, *a.* pretorian or prætorian.
pretoriense, *a.* pertaining to a pretorium.
pretorio, ria. I. *a.* pretorian. **II.** *m.* pretorium.
pretura, *f.* pretorship.
prevalecer, *vn.* (*ind.* PREVALEZCO; *subj.* PREVALEZCA) to prevail; to take root.
prevaleciente, *a.* prevalent; prevailing.
prevalerse, *vr.* to avail oneself.
prevalezco, prevalezca, *v. V.* PREVALECER.
prevaricación, *f.* betrayal of a trust.
prevaricador, ra, *n.* one who plays false, betrayer; perverter; turncoat.
prevaricar, *vn.* (*pret.* PREVARIQUÉ; *subj.* PREVARIQUE) to play false, be a betrayer; (law) to prevaricate.—**prevaricato,** *m.* (law) prevarication, betrayal of a trust.
prevención, *f.* prevention; foresight, forethought; disposition, preparation; supply of provisions; sustenance, subsistence; warning; prejudice, prepossession; police station; (mil.) guardroom, cell; (law) prevenience of a judge in the knowledge of a case.
prevengo, prevenga, *v. V.* PREVENIR.
prevenidamente, *adv.* beforehand, previously.
prevenido, da. I. *pp.* of PREVENIR. **II.** *a.* ready, prepared, provided; plentiful; forewarned; cautious.
preveniente, *a.* predisposing, prevenient.
prevenir. I. *va.* (*ger.* PREVINIENDO; *ind. pres.* yo PREVENGO, él PREVIENE, *pret.* PREVINE, *fut.* PREVENDRÉ; *subj.* PREVENGA) to prepare, prearrange, make ready; to foresee; to forestall, prevent, avoid; to warn, caution; to prepossess, predispose; to overcome; to come upon, surprise. **II.** *vr.* to be ready, prepared, or on guard; to take precautions.
preventivamente, *adv.* preventively.
preventivo, va, *a.* preventive, preservative; (law) prevenient.
preventorio, *m.* preventorium (hospital for contagious diseases).
prever, *va.* (*pp.* PREVISTO; *ind.* PREVEO; *subj.* PREVEA) to foresee, anticipate.
previamente, *adv.* previously.
previene, previne, etc. *v. V.* PREVENIR.
previo, via, *a.* previous, foregoing.—**examen p.,** (Chile) preliminary examination.
previsión, *f.* foresight; forecast.—**p. social,** social security; social service.
previsor, ra, *n.* one who foresees. **II.** *a.* far-seeing, perspicacious.
previsto, ta, *pp. irreg.* of PREVER.
prez, *m.* or *f.* honor, glory, merit, worth.
priapismo, *m.* (med.) priapism.
priesa, *f.* = PRISA.
prieto, ta, *a.* blackish, very dark; narrow-minded, illiberal; close-fisted, mean; tight, compressed; (Mex.) (of person) dark, brunette.
prima, *f.* female cousin; early morning; (eccl.) prime; first tonsure; (mil.) first quarter of the night; (mus.) treble (in stringed instruments); (com.) premium; bounty.
primacía, *f.* primacy; primateship.

primacial, *a.* primatial.
primada, *f.* (coll.) taking advantage of a gullible, naïve person; a sponging trick.
[1]**primado, da,** *a.* primatial.
[2]**primado,** *m.* primeness; (eccl.) primate.
primal, la. I. *a.* yearling (ewe or a goat). **II.** *m.* silk cord or braid.
primariamente, *adv.* chiefly, primarily.
primario, ria. I. *a.* principal, primary; (geol.) Primary, Paleozoic; (eccl.) primary (circuit). **II.** *n.* professor who lectures at dawn.
primate. I. *n.* distinguished person, worthy. **II.** *m.* (zool.) one of the Primates.—*pl.* Primates.
primavera, *f.* spring (season); flowered silk; (bot.) primrose.
primaveral, *a.* spring (as *a.*), pert. to spring.
primazgo, *m.* cousinship.
primearse, *vr.* to treat each other as cousins.
primer, *a. contr.* of PRIMERO.—**p. galán,** (theat.) lead.—**p. grado,** first degree.—**p. meridiano,** prime meridian.—**P. Ministro,** Prime Minister.—**p. nombre,** forename, first name.—**p. piloto,** (naut.) first mate, first officer; (aer.) first pilot.—**p. piso,** main floor.—**p. plano,** foreground.—**p. pronto,** first movement.—**p. teniente,** (mil.) first lieutenant.—**p. vertical,** (astr.) prime vertical.—**en p. lugar,** first of all.
primeramente, *adv.* first; in the first place.
primerizo, za. I. *n.* novice, beginner; firstling. **II.** *f.* (med.) = PRIMÍPARA.
primero, ra. I. *a.* first, primary, prime; foremost; former; raw (*primera materia,* raw material); front (*primera página,* front page).—**p. base,** (baseball) first base; player stationed there.—**p. clase,** first class.—**p. dama,** (theat.) leading lady.—**p. dama de la nación,** first lady, president's wife.—**p. edición,** first edition.—**p. enseñanza,** primary education.—**p. fila,** front rank.—**p. intención,** (surg.) first intention.—**p. mano (de pintura),** first coat (of painting).—**p. página,** front page (newspapers); first page (books).—**p. persona,** (gram.) first person.—**p. piedra,** cornerstone, foundation stone.—**primeros auxilios,** first aid.—**a p. faz,** at first sight.—**a p. luz,** at dawn.—**a p. vista,** at first sight.—**de buenas a primeras,** all at once, suddenly.—**de p.,** (com.) of superior quality, highest-grade, prime.—**de p. instancia,** instantly, on the first impulse; first in; in the first place. **II.** *f.* primero (card game); (fencing) prime.—*pl.* first tricks (at cards).—**p. de cambio,** (com.) first of exchange. **III.** *adv. m.* first, firstly; rather, sooner.—**de p.,** at the beginning, before.
primevo, va, *a.* primeval, original.
primicerio, ria. I. *a.* principal, first in rank. **II.** *m.* precentor, chanter.
primicia, *f.* first fruits; offering of the first fruits.—*pl.* first production, maiden effort.
primicial, *a.* pert. to first fruits.
primichón, *m.* skein of soft embroidery silk.
primigenio, nia, *a.* primogenial, primitive.
primilla, *f.* (coll.) pardon of a first offence.
primípara, *f.* (med.) primipara.
primitivamente, *adv.* originally.
primitivismo, *m.* primitivism.
primitivista, *n.* & *a.* primitivist.
primitivo, va, *a.* primitive, original, primeval.
primo, ma. I. *a.* first; superior, excellent, prime.—**a p. noche,** early in the evening, shortly after dark. **II.** *n.* cousin; (coll.) simpleton, dupe.—*pl.* cousins, appellation given by the kings of Spain to the grandees.—**p. carnal,** or **p. hermano,** first cousin. **III.** *adv. m.* first, in the first place.
primogénito, ta, *n.* & *a.* first-born.
primogenitura, *f.* primogeniture; seniority.
primor, *m.* beauty; dexterity, ability, exquisiteness, excellence, nicety.
primordial, *a.* primordial, original, primal.
primorear, *vn.* to perform with elegance and neatness.
primorosamente, *adv.* finely, nicely, elegantly.
primoroso, sa, *a.* neat, elegant, fine, exquisite; beautiful; graceful, dexterous.
primuláceo, a, *a.* (bot.) primulaceous.
princesa, *f.* princess; princesse (gown).
principada, *f.* (coll.) undue assumption of authority.
principado, *m.* princedom; princehood; principality; preëminence, primacy.—*pl.* princedoms.
principal. I. *a.* principal, main; important, essential; illustrious, renowned, celebrated; foremost, first; first (story of an apartment building, etc. above the ground floor, one flight up; in U. S. called second floor). **II.** *m.* (mil.) main guard; (com.) principal, capital, stock; principal, chief or head of a commercial establishment; (law) constituent.
principalía, *f.* (P. I.) board of officers in each town.
principalidad, *f.* principalness.
principalmente, *adv.* principally, mainly.
príncipe, *m.* prince; sovereign, ruler; chief or leader; young queen bee; master (often as *a.,* as in *autores príncipes,* classical authors, old masters).—**p. consorte,** prince consort.—**P. de Asturias,** Crown Prince of Spain.—**P. de Gales,** Prince of Wales.—**P. de la Iglesia,** Prince of the Church.—**P. de la Paz,** Prince of Peace, Jesus Christ.—**p. de sangre,** prince of blood royal.
principela, *f.* a sort of light camlet.
principesco, ca, *a.* princely, regal, imposing.
principiador, ra, *n.* beginner.
principiante, ta, *n.* beginner; apprentice.
principiar, *va.* to commence, begin, start.
principillo, *m. dim.* petty prince.
principio, *m.* principle; beginning; start; germ, original cause; rule of action, motive; origin, fountain; (cooking) entrée; (chem.) principle.—*pl.* (print.) introductory matter in a book.—**a principios de,** at the beginning of.—**al p.,** or **a los principos,** in the beginning, at first.—**de principios,** early.—**en p.,** in principle; in substance, essentially.
principote, *m.* (coll.) one who makes a pretentious display.
pringada, *f.* toasted bread steeped in gravy.
pringamoza, *f.* (Am.) (bot.) nettle.
pringar. I. *va.* (*pret.* PRINGUÉ; *subj.* PRINGUE) to baste (meat); to steep or dip (bread) in grease; to stain with grease; to spatter; to scald with boiling fat; to tar (a person); to wound; to slander; (coll.) to share in a business. **II.** *vr.* (coll.) to draw unlawful advantage from a thing intrusted to one's care.
pringón, na. I. *a.* nasty, dirty, greasy. **II.** *m.* begreasing oneself; stain of grease.
pringoso, sa, *a.* greasy, fat.
pringote, *m.* mixture of foods.
pringue, *m.* or *f.* grease, fat, lard; grease stain in clothes.
pringué, pringue, *v. V.* PRINGAR.
pringuera, *f.* dripping pan.
prionodonte, *m.* (zool.) giant armadillo.
prior. I. *a.* prior, preceding. **II.** *m.* (eccl.) prior, superior; (prov.) rector, curate.
priora, *f.* prioress.
prioral, *a.* pertaining to a prior or prioress.
priorato, priorazgo, *m.* priorate; priory.
prioridad, *f.* priority; precedence.
prioste, *m.* steward of a brotherhood.
prisa, *f.* haste, despatch, promptness; urgency; skirmish, surprise, hot fight.—**a p.,** quickly.—**a toda p.,** with the greatest speed.—**darse p.,** to make haste, hurry.—**de p.** = A P.—**estar de p.,** or **tener p.,** to be in a hurry.
priscilianismo, *m.* Priscillianism.
priscilianista, *n.* Priscillianist.
prisco, *m.* a kind of peach.
prisión, *f.* seizure, capture; prison; imprisonment; bond, shackle; (law) custody.—*pl.* chains, fetters.—**p. preventiva,** (law) protective custody.—**reducir a p.,** to incarcerate, confine, imprison.

prisionero, *m.* (mil.) prisoner; one captivated by affection or passion.
prisma, *m.* prism.
prismático, ca, *a.* prismatic.
priste, *m.* (ichth.) sawfish.
prístino, na, *a.* pristine, first, original.
prisuelo, *m.* muzzle for ferrets.
pritaneo, *m.* prytaneum (Greek public building).
privación, *f.* privation, want; lack; deprivation, loss; degradation.
privada, *f.* privy, water-closet; filth thrown into the street.
privadamente, *adv.* privately; separately.
privadero, *m.* cesspool cleaner.
[1]**privado, da.** I. *a.* private, secret; personal. II. *m.* favorite, court minion, protégé.
[2]**privado, da.** I. *pp.* of PRIVAR. II. *a.* stunned, unconscious.
privanza, *f.* favor at court, protection.
privar. I. *va.* to deprive; to prohibit, forbid, interdict; to stun, daze. II. *vn.* to enjoy the protection of a magnate; to prevail, be in favor or in vogue. III. *vr.* to deprive oneself.
privativamente, *adv.* solely, privatively
privativo, va, *a.* privative; special, distinctive, particular, peculiar; exclusive.
privilegiadamente, *adv.* in a privileged way.
privilegiado, da. I. *pp.* of PRIVILEGIAR. II. *a.* privileged, prerogative, preferential.
privilegiar, *va.* to favor; to grant a privilege to.
privilegiativo, va, *a.* containing a privilege.
privilegio, *m.* privilege; grant, concession; exemption, grace; franchise; faculty; patent, copyright.—**p. de introducción,** patent on a device introduced from a foreign country.—**p. de invención,** patent (on an invention).—**p. del fuero,** privilege of ecclesiastics to be tried by their own courts.
pro, *m.* or *f.* profit, benefit, advantage.—**buena p.,** much good may it do you.—**de p.,** of note, worthy.—**en p. de,** in behalf of, for the benefit of.—**el p. y el contra,** the pros and cons.—**en p. y en contra,** pro and against; pro and con.
proa, *f.* (naut.) bow, prow; nose (of airplane).
proal, *a.* pertaining to the prow; forward.
probabilidad, *f.* probability, likelihood.
probabilísimo, ma, *a. super.* most probable.
probabilismo, *m.* (theol.) probabilism.
probabilista, *n.* & *a.* (theol.) probabilist(-ic).
probable, *a.* probable, likely.
probablemente, *adv.* probably, likely.
probación, *f.* proof; probation, trial.
probado, da. I. *pp.* of PROBAR. II. *a.* proved, tried.
probador, ra, *n.* taster, sampler; trier.
probadura, *f.* trial, tasting, sampling.
probanza, *f.* proof, evidence.
probar. I. *va.* (*ind.* PRUEBO; *subj.* PRUEBE) to try, test; to prove; to taste; to sample (as wine); to attempt, try, endeavor; to try on (as a coat).—**p. fortuna,** to take one's chances. II. *vn.*, to suit, fit, agree with. III. *vr.* to try on (as a coat).
probatorio, ria. I. *a.* probatory, probationary. II. *f.* (law) time allowed for producing evidence.
probatura, *f.* (coll.) trial, test, experiment.
probeta, *f.* manometer, pressure gauge; (mil.) powder prover; (chem.) test tube, pipette.
probidad, *f.* probity, honesty, integrity.
problema, *m.* problem.
problemáticamente, *adv.* problematically.
problemático, ca, *a.* problematic(al).
probo, ba, *a.* upright, honest.
probóscide, *f.* (ent., zool.) proboscis.
proboscidio, dia, *a.* (zool.) proboscidean.
procacidad, *f.* impudence, pertness.
procaína, *f.* (pharm.) procaine.
procaz, *a.* impudent, bold, insolent.
procedencia, *f.* origin; source; place of sailing.
procedente, *a.* coming or proceeding (from); (law) according to law, rules, or practice.
proceder. I. *vn.* to proceed; to go on; to come, proceed, arise; to be the result; to behave, conduct oneself; to act; to take action; (law) to proceed (against), take action; to be in conformity with the law, rules, or practice; to concern. II. *m.* conduct, behavior, action, management.
procedimiento, *m.* procedure; process, method; (law) proceeding, procedure.
procela, *f.* (poet.) storm, tempest.
procelio, *m.* (anat.) procœlia.
proceloso, sa, *a.* tempestuous, stormy.
prócer. I. *a.* tall, lofty, elevated. II. *m.* person in an exalted station, worthy; Father (of the country, in Am. republics).—*pl.* the grandees and high-titled nobility of Spain.
procerato, *m.* exalted station.
proceridad, *f.* tallness; elevation or eminence; vigor, growth.
procero, ra; prócero, ra, *a.* = PRÓCER.
procesado, da. I. *pp.* of PROCESAR. II. *a.* (law) relating to court proceedings; included in the suit; accused, prosecuted, indicted. III. *n.* (law) defendant, accused.
procesal, *a.* pertaining to a process or lawsuit.
procesamiento, *m.* indicting; suing.
procesar, *va.* (law) to sue; to indict.
procesión, *f.* act of proceeding or issuing forth; procession, parade, pageant.
procesional, *a.* processional or processionary.
procesionalmente, *adv.* processionally.
procesionaria, *f.* (zool.) processionary moth.
procesionario, *m.* processional book.
proceso, *m.* lapse of time; (law) criminal case; proceedings of a lawsuit, trial.
Proción, *m.* (astr.) Procyon.
proclama, *f.* proclamation; publication; banns of marriage.
proclamación, *f.* proclamation; promulgation; acclamation, public applause.
proclamar, *va.* to proclaim; to promulgate; to acclaim, cheer.
proclítico, ca, *a.* (gram.) proclitic.
proclive, *a.* inclined, disposed.
proclividad, *f.* proclivity; propensity.
procomún, procomunal, *m.* public welfare.
procónsul, *m.* proconsul.
proconsulado, *m.* proconsulship.
proconsular, *a.* proconsular.
procreación, *f.* procreation.
procreador, ra. I. *a.* procreant, procreative, procreating, producing. II. *n.* procreator, producer.
procreante, *a.* procreating.
procrear, *va.* to procreate, generate, produce.
proctitis, *f.* proctitis.
proctoscopio, *m.* (med.) proctoscope.
procura, *f.* power of attorney.
procuración, *f.* care, diligence, careful management; power or letter of attorney; procurement, procuring; office of an attorney.
procurador, ra, *n.* procurer(-ess); (law) attorney, solicitor, proctor; *f.* manageress of a nunnery.—**p. de síndico,** attorney general.
procuraduría, *f.* attorney's office; proctorship.
procurante, *n.* solicitor, intendant.
procurar. I. *va.* to endeavor, try; to manage, transact for another; to get, obtain, procure. II. *vn.* to be, or act as, an attorney.
procurrente, *m.* (geog.) peninsula.
prodición, *f.* treason, treachery.
prodigalidad, *f.* prodigality; abundance.
pródigamente, *adv.* prodigally, lavishly, wastefully, profusely.
prodigar, *va.* (*pret.* PRODIGUÉ; *subj.* PRODIGUE) to lavish; to squander.
prodigiador, *m.* prognosticator, foreteller.
prodigio, *m.* prodigy; monster; marvel.
prodigiosamente, *adv.* prodigiously, wonderfully; beautifully, charmingly.
prodigiosidad, *f.* prodigiousness.
prodigioso, sa, *a.* prodigious, marvellous; monstrous; fine, excellent.
pródigo, ga. I. *a.* prodigal, extravagant, waste-

ful; liberal, generous, unstinted. **II.** *n.* prodigal, spendthrift, waster.
prodigué, prodigue, *v. V.* PRODIGAR.
prodrómico, ca, *a.* (med.) prodromal.
pródromo, *m.* (med.) prodrome, warning symptom.
producción, *f.* production; produce, yield; crop; delivery.
producente, *a.* producing, causing.
producibilidad, *f.* producibleness.
producible, *a.* producible.
producidor, ra. I. *a.* productive, producing. **II.** *n.* producer.
producir. I. *va.* (*pp.* PRODUCIDO, PRODUCTO; *ind. pres.* PRODUZCO, *pret.* PRODUJE; *subj.* PRODUZCA) to produce; to publish; to yield, bear; (com.) to bring or yield (as revenue); (law) to produce, bring as evidence, exhibit. **II.** *vr.* to explain oneself; to be produced; to arise, break out.
productible, *a.* (Am.) producible.
productividad, *f.* productivity.
productivo, va, *a.* productive; profitable, fruitful.
producto, *m.* product; article (of trade, etc.); production; produce; (math.) product; *pl.* proceeds.—**p. neto,** (com.) net produce.—**productos agrícolas,** farm produce.—**productos alimenticios,** foodstuff.—**productos de tocador,** toilet articles.—**p. secundario,** by-product.—**productos químicos,** chemicals, chemical products.
productor, ra. I. *a.* productive, producing.—**capacidad p.,** productive capacity. **II.** *n.* producer, procreator.
produje, produzco, produzca, *v. V.* PRODUCIR.
proejar, *vn.* to row against wind or tide.
proel. I. *a.* (naut.) fore. **II.** *m.* (naut.) bow hand.
proemial, *a.* proemial, introductory.
proemio, *m.* proem, preface, introduction.
proeza, *f.* prowess, feat.
profanación, *f.* profanation, desecration.
profanador, ra, *n.* & *a.* profaner(-ing), defiler (-ing), violator(-ing).
profanamente, *adv.* profanely.
profanamiento, *m.* = PROFANACIÓN.
profanar, *va.* to profane, desecrate; to defile, disgrace, dishonor.
profanidad, *f.* profanity; profaneness; indecency, immodesty.
profano, na, *a.* profane, secular; profane, irreverent; worldly; irreligious; immodest, unchaste; lay, unfamiliar, ignorant.
profase, *f.* (genet.) prophase.
profecía, *f.* prophecy.—*pl.* the Prophets.
profecticio, *a.* (law) profectitious.
proferente, *a.* uttering, pronouncing.
proferir, *va.* (*ger.* PROFIRIENDO; *ind. pres.* PROFIERO, *pret.* él PROFIRIÓ; *subj.* PROFIERA) to utter, express, speak.
profesante, *a.* professing.
profesar, *va.* to practise or follow (a profession or trade); to teach as a professor; to profess, join (a religious group, etc.); to entertain, manifest (as friendship); (eccl.) to join (a religious body).
profesión, *f.* profession; declaration, avowal.—**de p.,** by profession.
profesional. I. *a.* professional, vocational. **II.** *n.* professional, practitioner.
profeso, sa, *a.* professed (monk or nun).
profesor, ra, *n.* professor; teacher.—**p. adjunto,** adjunct professor, associate professor.—**p. agregado,** assistant professor.—**p. honorario,** emeritus professor.—**p. particular,** tutor, private teacher.—**p. titular,** full professor.—**p. visitante,** visiting professor.
profesorado, *m.* professorship; professorate; body of teachers, faculty.
profesoral, *a.* professorial, pedagogical.
profeta, *m.* prophet, seer.
profetal, *a.* prophetic, prophetical, predictive.
proféticamente, *adv.* prophetically.
profeticé, profetice, *v. V.* PROFETIZAR.
profético, ca, *a.* prophetic, prophetical.
profetisa, *f.* prophetess.
profetizador, ra, *n.* & *a.* prophesier(-ing).
profetizar, *va.* & *vn.* (*pret.* PROFETICÉ; *subj.* PROFETICE) to prophesy.
proficiente, *a.* proficient, advanced.
proficuo, cua, *a.* useful, advantageous.
profiero, profiera, *v. V.* PROFERIR.
profiláctico, ca. I. *a.* (med.) prophylactic, preventive. **II.** *m.* prophylactic, preventive; *f.* hygiene.
profilaxis, *f.* prophylaxis, preventive medicine.
profirió, *pret.* of PROFERIR.
prófugo, ga. I. *a.* fugitive, fugacious. **II.** *n.* fugitive, escapee; *m.* draft dodger.
profundamente, *adv.* profoundly, deeply; highly, acutely.
profundicé, profundice, *v. V.* PROFUNDIZAR.
profundidad, *f.* depth; profundity, profoundness; height, excellence; intensity.—**p. de foco,** (opt., photog.) depth of field or focus.
profundizar, *va.* (*pret.* PROFUNDICÉ; *subj.* PROFUNDICE) to deepen; to go deep into; to fathom, explore.
profundo, da. I. *a.* deep; low; profound, recondite; intense, dense; high, great. **II.** *m.* profundity; the sea, the deep; hell.
profusamente, *adv.* profusely; lavishly, prodigally, extravagantly.
profusión, *f.* profusion, profuseness; lavishness, prodigality.
profuso, sa, *a.* profuse, plentiful; lavish, prodigal.
progenie, *f.* progeny, offspring, issue.
progenitor, *m.* progenitor, ancestor.
progenitura, *f.* = PROGENIE; = PRIMOGENITURA, primogeniture.
progesterona, *f.* (biochem.) progesterone, progestin.
progimnasma, *m.* (rhet.) preparatory exercise.
prognatismo, *m.* (anat.) prognathism.
prognato, ta, *a.* (anat.) prognathous.
progne, *f.* (poet.) (ornith.) swallow.
prognosis, *f.* prognosis, forecasting.
programa, *m.* program; plans; scheme; specifications; proclamation, public notice; (theat.) playbill.—**p. de televisión,** television program, telecast.—**p. de urgencia,** (coll.) crash program.—**p. doble,** (cine.) double feature.
programar, *va.* to program, make a program.
progresar, *vn.* to progress; to advance.
progresión, *f.* progression, progress; advance; (math.) progression.
progresismo, *m.* progressivism.
progresista. I. *a.* progressive, progressional; (pol.) Progressive. **II.** *n.* progressive, progressionist; (pol.) Progressive.
progresivamente, *adv.* progressively, onward, forward.
progresivo, va, *a.* progressive, advancing.
progreso, *m.* progress, civilization; (often *pl.*) progress (in an undertaking, in school, etc.), advancement, development.
prohibente, *a.* prohibiting.
prohibición, *f.* prohibition, forbidding.
prohibicionismo, *m.* prohibitionism.
prohibicionista, *n.* & *a.* prohibitionist(-ic).
prohibir, *va.* to prohibit, forbid.—**se prohibe fumar,** (on sign) no smoking.
prohibitivo, va, *a.* prohibitive, forbidding.
prohibitorio, ria, *a.* prohibitory.
prohijación, *f.* = PROHIJAMIENTO.
prohijador, ra, *n.* adopter.
prohijamiento, *m.* adoption.
prohijar, *va.* to adopt (child, opinion, etc.).
prohombre, *m.* great man; master of a guild.
pro indiviso, *adv.* (law) undivided (legacies).
prójima, *f.* insignificant or contemptible woman.
prójimo, *m.* fellow being, (in Biblical language) neighbor.
prolapso, *m.* (med.) prolapsus, falling.
prole, *f.* issue, offspring, progeny; fruit.

prolegómenos, *m. pl.* prolegomena.
prolepsis, *f.* (rhet.) prolepsis.
proléptico, ca, *a.* proleptic.
proletariado, *m.* proletariat.
proletario, ria. I. *a.* proletarian, very poor; plebeian; belonging to the working classes. **II.** *n.* proletarian; (Rom. hist.) proletary.
proliferación, *f.* proliferation.
proliferante, *a.* proliferating, multiplying.
prolífico, ca, *a.* prolific, fruitful, productive.
prolijamente, *adv.* prolixly, tediously.
prolijidad, *f.* prolixity; trifling nicety.
prolijo, ja, *a.* prolix, tedious; overcareful, triflingly nice; troublesome, impertinent, long-winded.
prologal, *a.* pertaining to prefaces or a preface.
prologar, *va.* to write a preface for.
prólogo, *m.* prologue; preface.
prologuista, *m.* writer of prologues.
prolonga, *f.* (artil.) prolonge.
prolongación, *f.* prolongation, lengthening; extension; protraction, lingering.
prolongadamente, *adv.* tardily, protractedly.
prolongado, da. I. *pp.* of PROLONGAR. **II.** *a.* oblong.
prolongador, ra, *n.* & *a.* prolonger(-ing).
prolongamiento, *m.* = PROLONGACIÓN.
prolongar, *va.* & *vr.* (*pret.* PROLONGUÉ; *subj.* PROLONGUE) to prolong; to protract, extend, continue; (geom.) to produce.—**p. un plazo,** (com.) to grant an extension of time.
proloquio, *m.* maxim, apothegm.
prolusión, *f.* prolusion, prelude.
promediar. I. *va.* to divide into two equal parts; (com.) to average. **II.** *vn.* to mediate; to be about the middle of (the month, etc.).
promedio, *m.* middle; average, mean.
promesa, *f.* promise, offer; pious offering.
prometedor, ra. I. *a.* promising; hopeful. **II.** *n.* promiser.
prometer. I. *va.* to promise, offer; bid fair. **II.** *vn.* to promise, give favorable indications. **III.** *vr.* to expect with confidence; to become betrothed; to devote oneself to the service of God.
prometido, da. I. *pp.* of PROMETER. **II.** *n.* betrothed. **III.** *m.* promise; offer; auction fee.
prometiente, *a.* promising, assuring.
prometimiento, *m.* promise, offer.
prometio, *m.* (chem.) promethium.
prominencia, *f.* elevation; prominence; protuberance; knoll, knob.
prominente, *a.* elevated, protuberant; projecting, jutting out.
promiscuamente, *adv.* promiscuously.
promiscuar, *vn.* to eat meat and fish on fast days.
promiscuidad, *f.* promiscuity; ambiguity.
promiscuo, cua, *a.* promiscuous; ambiguous.
promisión, *f.* promise.
promisorio, ria, *a.* promissory.
promoción, *f.* promotion, preferment.
promontorio, *m.* promontory, headland, foreland; anything bulky and unwieldy.
promotor, ra. I. *a.* promotive. **II.** *n.* promoter advancer, furtherer.—**p. fiscal,** (law) district attorney.
promovedor, ra, *n.* promoter.
promover, *va.* (*ind.* PROMUEVO; *subj.* PROMUEVA) to promote, further; to advance, exalt, raise.
promulgación, *f.* promulgation.
promulgador, ra, *n.* promulgator.
promulgar, *va,* (*pret.* PROMULGUÉ; *subj.* PROMULGUE) to promulgate, proclaim, publish.
pronación, *f.* (physiol.) pronation.
pronaos, *m.* (arch.) pronaos, vestibule.
prono, na, *a.* prone, inclined, bent on.
pronombre, *m.* (gram.) pronoun.
pronominado, da, *a.* = PRONOMINAL.
pronominal, *a.* (gram.) pronominal.
pronosticable, *a.* prognosticable, predictable, foreseeable.
pronosticación, *f.* prognostication, prediction, prevision, foresight.
pronosticador, ra. I. *a.* prognostic, prognosticating, predicting. **II.** *n.* prognosticator, predictor, foreseer.
pronosticar, *va.* (*pret.* PRONOSTIQUÉ; *subj.* PRONOSTIQUE) to prognosticate, foretell, augur.
pronóstico, *m.* prognostic, prediction, omen; almanac; (med.) prognosis.
pronostiqué, pronostique, *v. V.* PRONOSTICAR.
prontamente, *adv.* promptly, quickly.
prontitud, *f.* promptness; speed, swiftness, dispatch; liveliness of wit; quick repartee.
pronto, ta. I. *a.* prompt, quick, fast; ready. **II.** *m.* sudden impulse.—**primer p.,** first movement. **III.** *adv.* soon; promptly, quickly.—**al p.,** at first.—**de p.,** suddenly, without thinking.—**por** or **de, el** or **lo, p.** in the meantime, for the time being, provisionally.—**tan p. como,** as soon as.
prontuario, *m.* memorandum book; compendium of rules.
prónuba, *f.* (poet.) bridesmaid.
pronúcleo, *m.* (zool.) pronucleus.
pronunciable, *a.* pronounceable, utterable.
pronunciación, *f.* pronunciation, articulation.
pronunciado, da. I. *pp.* of PRONUNCIAR. **II.** *n.* insurgent. **III.** *a.* pronounced, steep; sharp.
pronunciador, ra, *n.* pronouncer.
pronunciamiento, *m.* insurrection, uprising; (law) pronouncement of a sentence.
pronunciar. I. *va.* to pronounce, articulate, enunciate; to deliver, make (a speech); (law) to pronounce (judgment); to pass upon (a point) before the main question is decided. **II.** *vr.* to rise in insurrection, to rebel.
propagable, *a.* propagable.
propagación, *f.* propagation; spreading, dissemination.
propagador, ra, *n.* & *a.* propagator(-ing).
propaganda, *f.* propaganda, dissemination; (eccl.) propaganda; association for propagating doctrines.
propagandismo, *m.* propagandism.
propagandista, *n.* & *a.* propagandist.
propagante, *a.* propagating; spreading.
propagar. I. *va.* (*pret.* PROPAGUÉ; *subj.* PROPAGUE) to propagate, generate; to spread, disseminate. **II.** *vr.* to spread; to propagate; to multiply.—**propagativo, va,** *a.* propagative.
propalador, ra, *n.* divulger.
propalar, *va.* to publish, to divulge.
propano, *m.* (chem.) propane.
propao, *m.* (naut.) breastwork, bulkhead.
proparoxítono, na, *m.* & *a.* (phon., gram.) proparoxytone.
propartida, *f.* time preceding a departure.
propasarse, *vr.* to transgress, overstep all bounds, take undue liberties, forget oneself, exceed one's authority.
propedéutico, ca. I. *a.* propædeutic, propædeutical, elementary. **II.** *f.* propædeutics, elements, basic rules (of an art or science).
propender, *vn.* (*pp.* PROPENDIDO, PROPENSO) to tend, be inclined, have a tendency.
propensamente, *adv.* with a tendency.
propensión, *f.* propensity, tendency, bent, inclination, proneness.—**con p. a accidentes,** accident-prone.
propenso, sa. I. *pp. irreg.* of PROPENDER. **II.** *a.* inclined, disposed.
propiamente, *adv.* properly, fittingly.
propiciación, *f.* propitiation, atonement.
propiciador, ra, *n.* & *a.* propitiator(-ing).
propiciamente, *adv.* propitiously.
propiciar, *va.* to propitiate, conciliate.
propiciatorio, ria. I. *a.* propitiatory. **II.** *m.* propitiatory, mercy seat.
propicio, cia, *a.* propitious, favorable.
propiedad, *f.* ownership, proprietorship; property, holding; landed estate; property, quality; propriety, fitness; (law) dominion, possession;

(art) naturalness, close imitation.—**p. intelectual** or **literaria**, copyright.—**p. mueble**, goods and chattels.—**p. raíz**, real estate.—**es p.** (**de**), copyright (by).
propienda, *f.* listing nailed to the cheeks of an embroidery frame.
propietariamente, *adv.* with the right of property.
propietario, ria. I. *a.* proprietary. II. *n.* proprietor, owner, landlord(-lady), freeholder.
propileno, *m.* (chem.) propylene.
propileo, *m.* (arch.) propyleum, vestibule.
propilo, *m.* (chem.) propyl.
propina, *f.* fee, gratuity, tip; perquisite.
propinación, *f.* treat, invitation to drink.
propinar, *va.* to invite to drink, to treat; (coll.) to prescribe (medicines).
propincuidad, *f.* propinquity, proximity.
propincuo, cua, *a.* near, contiguous.
propio, pia. I. *a.* one's own; proper, suitable, fit, appropriate; characteristic, typical; natural, original, genuine; same, veritable; (for emphasis)-self (*ella propia*, herself); exact, precise. —**p. de**, inhering in, characteristic of; suited to, becoming.—**fracción p.**, (math.) proper fraction. —**nombre p.**, (gram.) proper noun, proper name. II. *n.* messenger.—**propios**, *m. pl.* public lands, estates, property.
propiónico, ca, *a.* (chem.) propionic.
propóleos, *m.* propolis, bee glue.
proponedor, ra, *n.* proposer, proponent.
proponente, *m.* & *f.* proposer, proponent.
proponer. I. *va.* (*pp.* PROPUESTO; *ind. pres.* PROPONGO, *pret.* PROPUSE, *fut.* PROPONDRÉ; *subj.* PROPONGA) to propose, propound; to present or name (as candidate); in écarté, to invite to draw new cards. II. *vr.* to purpose, plan, intend, mean.
proporción, *f.* proportion; opportunity, occasion, chance; (math.) proportion.—**a p. que**, as fast as, according as.
proporcionable, *a.* proportionable.
proporcionablemente, proporcionadamente, *adv.* proportionably, in proportion.
proporcionado, da. I. *pp.* of PROPORCIONAR. II. *a.* proportioned, fit, relevant.
proporcional, *a.* proportional.
proporcionalidad, *f.* proportionality.
proporcionalmente, *adv.* proportionally.
proporcionar, *va.* to proportion; to adjust, adapt; to supply, provide, furnish.
proposición, *f.* proposition; proposal; motion (in congress, etc.).
propósito, *m.* purpose, design, intention; aim, object; subject matter.—**a p.**, for the purpose; fit; apropos, by the way.—**a p. de**, in connection with, apropos of.—**de p.**, on purpose, purposely.—**fuera de p.**, irrelevant, foreign to the subject.
propretor, *m.* (Rom. hist.) propretor.
propuesta, *f.* proposal, offer, tender; nomination.
propuesto, ta, *pp. irreg.* of PROPONER.
propugnáculo, *m.* fortress; (fig.) bulwark.
propugnar, *va.* to advocate; to defend; to fight for.
propulsa, *f.* rejection.
propulsar, *va.* to propel, impel forward.
propulsión, *f.* propulsion; (mech.) drive.—**p. a chorro**, jet propulsion.—**p. por cohete**, rocket propulsion.—**p. por reacción**, jet propulsion.
propulsor, ra. I. *a.* propellent, propelling, propulsive; pushing. II. *m.* propeller, propellant; pusher; (mech.) driver.
propuse, *pret.* of PROPONER.
prora, *f.* (poet.) prow of a ship.
prorrata, *f.* quota; apportionment.—**a p.**, (com.) pro rata, in proportion.
prorratear, *va.* to allot in proportion.
prorrateo, *m.* proportional, pro rata division.
prórroga, *f.* prolongation, extension (of time).
prorrogable, *a.* that may be prolonged or extended (in time).
prorrogación, *f.* = PRÓRROGA.
prorrogar, *va.* to prolong, extend (in time); (rare) to prorogue, suspend.
prorrumpir, *vn.* to break forth, burst out.
prosa, *f.* prose; tedious discourse.
prosador, *m.* prose writer; (coll.) impertinent talker.
prosaico, ca, *a.* prosaic; prosy, dull, tedious.
prosaísmo, *m.* prosaism; prosiness, dullness.
prosapia, *f.* ancestry, lineage.
proscenio, *m.* (theat.) proscenium.
proscribir, *va.* (*pp. irreg.* PROSCRITO, PROSCRIPTO) to proscribe.
proscripción, *f.* proscription, banishment.
proscripto, ta; proscrito, ta. I. *pp. irreg.* of PROSCRIBIR. II. *n.* exile, proscribed person.
proscriptor, ra, *n.* proscriber.
prosector, *m.* prosector, dissector (of anatomical specimens).
prosecución, *f.* prosecution; pursuit.
proseguible, *a.* pursuable.
proseguimiento, *m.* = PROSECUCIÓN.
proseguir. I. *va.* (*ger.* PROSIGUIENDO; *ind. pres.* PROSIGO, *pret.* él PROSIGUIÓ; *subj.* PROSIGA) to pursue, prosecute. II. *vn.* to go on, continue, proceed.
proselitismo, *m.* proselytism.
proselitista. I. *a.* proselytizing, converting. II. *n.* proselytizer, converter.
prosélito, *m.* proselyte, convert.
prosencéfalo, *m.* (anat.) prosencephalon, forebrain.
prosénquima, *m.* (biol.) prosenchyma.
prosificación, *f.* changing poetry into prose.
prosificador, ra, *n.* one that changes poetry into prose.
prosificar, *va.* to change (poetry) to prose.
prosigo, prosiguió, etc. *v.* *V.* proseguir.
prosimio, mia. I. *n.* & *a.* (zool.) prosimian. II. *m. pl.* Prosimiae, Lemuroidea.
prosista, *n.* prose writer.
prosita, *f. dim.* short piece in prose.
prosobranquios, *m. pl.* (zool.) Prosobranchiata.
prosodia, *f.* (gram.) orthoepy; prosody.
prosódico, ca, *a.* orthoepic; prosodic.
prosopografía, *f.* (rhet.) personal description.
prosopopeya, *f.* (rhet.) prosopopœia, personification; (coll.) affected gravity, airs.
prospección, *f.* (min.) prospecting; survey.—**p. aérea**, aerial survey.
prospecto, *m.* prospectus, announcement.
prósperamente, *adv.* prosperously, luckily.
prosperar. I. *va.* to prosper, make happy, favor. II. *vn.* to prosper, thrive.
prosperidad, *f.* prosperity, success.
próspero, ra, *a.* prosperous; favorable, propitious.
prostaféresis, *f.* (astr.) prosthaphæresis.
próstata, *f.* (anat.) prostate gland.
prostático, ca, *a.* prostatic.
prostatitis, *f.* (med.) prostatitis.
prosternarse, *vr.* to prostrate oneself.
próstesis, *f.* (gram.) prothesis; (med.) prosthesis.
prostético, ca, *a.* (gram.) prothetic; (med.) prosthetic.
próstilo, *a.* (arch.) prostyle.
prostitución, *f.* prostitution.
prostituído, da, *a.* prostitute, corrupted, debased.
prostituir. I. *va.* (*pp.* PROSTITUÍDO, PROSTITUTO; *ger.* PROSTITUYENDO; *ind. pres.* PROSTITUYO, *pret.* él PROSTITUYÓ; *subj.* PROSTITUYA) to prostitute, corrupt, debase. II. *vr.* to prostitute oneself, sell one's honor; to turn prostitute.
prostituta, *f.* prostitute.
prostituto, ta, *pp. irreg.* of PROSTITUIR.
prostituyo, etc. *v.* *V.* PROSTITUIR.
protagonista, *n.* protagonist, hero, heroine; leader.
prótalo, *m.* (bot.) prothallium.
prótasis, *f.* (drama and gram.) protasis.
proteáceo, a. I. *a.* (bot.) proteaceous. II. *f. pl.* Proteaceæ.

protección, *f.* protection; favor.
proteccionismo, *m.* (pol.) protectionism.
proteccionista, *n.* & *a.* (pol.) protectionist.
protector, ra. I. *a.* protective, defensive; patronal. II. *n.* protector, defender; patron.
protectorado, *m.* protectorate.
protectoría, *f.* protectorship, protectorate.
protectorio, ria, *a.* pertaining to a protector.
protectriz, *f.* protectress.
proteger, *va.* (*ind.* PROTEJO; *subj.* PROTEJA) to protect.
protegido, da, *n.* protégé, favorite.
proteico, ca, *a.* (biochem.) proteide, proteid, protein; (myth.) Protean; (fig.) protean, changeable, variable.
proteína, *f.* (biochem.) protein, proteide.
proteínico, ca, *m.* & *a.* (biochem.) protein, proteide, proteid.
protejo, proteja, *v.* *V.* PROTEGER.
prótel, *m.* (zool.) aardwolf.
proterozoico, ca, *a.* (geol.) Proterozoic.
protervamente, *adv.* perversely.
protervia, protervidad, *f.* perversity, malignity, wantonness.
protervo, va, *a.* wanton, perverse.
prótesis, *f.* (gram.) prothesis; (surg.) prosthesis.
protesta, *f.* protestation; protest; (law) protest.
protestación, *f.* protestation.
protestante. I. *a.* protesting. II. *n.* & *a.* Protestant.—**protestantismo,** *m.* Protestantism.
protestar, *va.* to protest; to assure, affirm earnestly or solemnly; to make a public declaration of; (law) to protest.—**p. contra,** to protest, deny the validity of.—**p. de,** to protest against. —**p. una letra,** (com.) to protest a draft.
protestativo, va, *a.* protesting.
protesto, *m.* (com.) protest (of a bill).
protético, ca, *a.* prothetic, prefixed.
protio, *m.* (phys.) protium.
protoactinio, *m.* (chem.) protactinium, protoactinium.
protoalbéitar, *m.* chief veterinary surgeon.
protoalbeiterato, *m.* board for examining veterinary surgeons.
protoblasto, *m.* (biol.) protoblast.
protocloruro, *m.* (chem.) protochloride.
protocolar. I. *a.* protocolar, protocolic, formal, official, ceremonial. II. *va.* to protocol, protocolize.
protocolizar, *va.* to protocol, protocolize.
protocolo, *m.* protocol, registry, judicial record.
protohistoria, *f.* prehistory.
protohistórico, ca, *a.* prehistoric.
protomártir, *m.* protomartyr (app. esp. to St. Stephen, the first Christian martyr).
protomedicato, *m.* board of king's physicians; office of royal physician.
protomédico, *m.* one of the three physicians to the king.
protón, *m.* (phys., chem.) proton.—**p. negativo,** (phys.) antiproton.
protonotario, *m.* (law) prothonotary.
protoplasma, *m.* (biol.) protoplasm.
protoplasmático, ca, *a.* (biol.) protoplasmic.
protoplasto, *m.* (biol.) protoplast.
protórax, *m.* (entom.) prothorax.
protosulfuro, *m.* (chem.) protosulphide.
prototípico, ca, *a.* prototypal.
prototipo, *m.* prototype, original; model.
protovértebra, *f.* (anat.) theoretical type of vertebræ.
protóxido, *m.* (chem.) protoxide.
protozoario, protozoo. I. *m.* (zool.) protozoan. II. *m. pl.* Protozoa.
protráctil, *a.* protractile.
protuberancia, *f.* protuberance.
protuberante, *a.* protuberant, bulging, rising, projecting.
protutor, *m.* (law) guardian.
provecto, ta, *a.* advanced in years, learning, or experience; mature.
provecho, *m.* benefit, advantage, good; profit, gain; proficiency, progress, advancement.—**buen p.,** may it benefit you (usual greeting before or after a meal); prosit.—**de p.,** useful. —**ser de p. para,** (of certain food, etc.) to be good for.
provechosamente, *adv.* profitably; beneficially.
provechoso, sa, *a.* profitable; beneficial, good (as for the health); useful, advantageous.
proveedor, ra, *n.* purveyor, provider.
proveeduría, *f.* storehouse for provisions; office of purveyor.
proveer. I. *va.* (*pp.* PROVEÍDO, PROVISTO; *ger.* PROVEYENDO; *pret.* él PROVEYÓ) to provide, furnish; to supply with provisions; stock; to dispose, adjust, transact; to confer; (law) to decide. II. *vr.* (**de**) to provide oneself (with), get one's supply (of); (coll.) to ease the body.
proveído, *m.* judgment, sentence, decision.
proveimiento, *m.* supply, provisioning.
provena, *f.* provine, layer of vine.
proveniente, *a.* arising, coming, resulting.
provenir, *vn.* (**de**) to arise (from), originate (**in**), be due (to).
provento, *m.* product, rent, revenue.
provenzal, *n.* & *a.* Provençal.
proverbiador, *m.* collection of proverbs.
proverbial, *a.* proverbial.
proverbialmente, *adv.* proverbially.
proverbiar, *vn.* (coll.) to use proverbs.
proverbio, *m.* proverb, saying, saw; omen, prediction.—*pl.* Proverbs (book of the Bible).
proverbista, *n.* (coll.) user of proverbs.
proveyó, *pret.* of PROVEER.
próvidamente, *adv.* providently, carefully.
providencia, *f.* foresight, forethought; act of providing; disposition, measure, way, means; (law) judgment, decision, sentence.—**la P.,** Providence.
providencial, *a.* providential.
providencialmente, *adv.* providentially; provisionally.
providenciar, *va.* to take steps or measures for; to decide (a case), pronounce judgment on.
providente, *a.* = PRÓVIDO.
próvido, da, *a.* provident, prudent.
provincia, *f.* province; provincial court for civil cases; (eccl.) province.
provincial. I. *a.* provincial. II. *m.* (eccl.) provincial.
provincialato, *m.* (eccl.) provincialship.
provincialismo, *m.* provincialism.
provinciano, na, *n.* & *a.* provincial, provincialist; native of Biscay.
provisión, *f.* provision; supply, stock; provender; writ, decree, or sentence issued by Spanish tribunals in the king's name; measure, means; (com.) remittance of funds.—**p. de alimento,** catering.
provisional, *a.* provisional, interim (as *a.*).
provisionalmente, *adv.* provisionally.
proviso.—**al p.,** immediately, instantly.
provisor, ra, *n.* purveyor, provider; (eccl.) vicar general.
provisorato, *m.* office of PROVISOR.
provisoría, *f.* in convents, storeroom, pantry; office of a PROVISOR.
provisorio, ria, *a.* provisional, temporary.
provisto, ta. I. *pp. irreg.* of PROVEER. II. *a.* provided, stocked, supplied.
provocación, *f.* provocation, irritation.
provocador, ra. I. *a.* provocative, provoking. II. *n.* provoker; inciter; (U. S., coll.) fire-eater.
provocante, *a.* provocative, provoking.
provocar, *va.* (*pret.* PROVOQUÉ; *subj.* PROVOQUE) to provoke, excite, incite, anger; to facilitate, promote; to tempt, arouse desire in; (coll.) to vomit.
provocativo, va, *a.* provocative; inciting; tempting; provoking, irritating.
proxeneta, *n.* (law) go-between, procurer (of prostitutes), pimp.
proxenetismo, *m.* (law) procuration (actions or practice of a procurer or a go-between).

próximamente, *adv.* approximately; soon; immediately; proximately.
proximidad, *f.* proximity.
próximo, ma, *a.* next; nearest, neighboring, proximate; close.—**no p.,** not anywhere near.
proyección, *f.* design; projecting; projection; (geom.) projection.
proyectante, *a.* projecting; designing.
proyectar. I. *va.* to design; to project, plan devise; to shoot or throw forth; (geom.) to project; to cast (as a shadow); to show (a movie). **II.** *vr.* to be cast. fall (as a shadow).
proyectil, *m.* projectile, missile.—**p. antiaéreo,** antiaircraft missile.—**p. balístico,** ballistic missile.—**p. balístico intercontinental,** intercontinental ballistic missile.—**p. de avión a avión,** air-to-air missile.—**p. de avión a tierra,** air-to-surface missile.—**p. dirigido** or **guiado,** guided missile.
proyectista, *n.* projector; designer.
proyecto, ta. I. *a.* projected, in perspective. **II.** *m.* project, plan, design, draft.—**p. de ley,** (pol.) bill.—**p. de recomendación,** draft recommendation.—**p. de resolución,** draft resolution.—**p. experimental,** pilot project.
proyector, ra. I. *a.* projecting. **II.** *m.* (phys.) projector; search light: (auto) spotlight.—**p. cinematográfico,** projector, motion picture projector, projection machine.—**p. de sonido magnético,** magnetic sound projector.—**p. eléctrico,** searchlight.
proyectura, *f.* (arch.) projecture.
prudencia, *f.* prudence; moderation.
prudencial, *a.* prudential.
prudencialmente, *adv.* prudentially.
prudente, *a.* prudent, cautious, wise.
prudentemente, *adv.* prudently, wisely.
prueba, *f.* proof; evidence; trial, test; test piece, sample; tasting; temptation; (Am.) acrobatic feat, (card, etc.) trick; (law) evidence; (tailoring) trial, fitting; (print.) proof, proof sheet; (photog.) proof.—**p. circunstancial,** (law) circumstantial evidence.—**p. de aptitud,** aptitude test.—**p. de fuego,** (fig.) acid test.—**p. de indicios,** (law) circumstantial evidence.—**p. de inteligencia,** intelligence test.—**p. directa,** (law) direct evidence.—**p. experimental,** experimental test.—**p. final,** finals, final test.—**p. indiciaria,** (law) circumstantial test.—**p. indirecta,** (law) indirect evidence.—**p. preliminar,** pretest.—**a p.,** on trial; according to the best standards, perfect.—**a p. de,** proof against, proof.—**a p. de ácido,** acidproof.—**a p. de agua,** waterproof.—**a p. de aire,** airtight.—**a p. de bomba,** bombproof.—**a p. de calor,** heatproof.—**a p. de fuego,** fireproof.—**hacer la p.,** to try; (de) to try; to test.—**poner a p.,** to try, put to the test.
pruebista, *m.* & *f.* (Am.) acrobat.
pruebo, pruebe, *v. V.* PROBAR.
pruna, *f.* (bot.) plum; prune.
prurigo, *m.* (med.) prurigo.
prurito, *m.* (med.) pruritus, itching; excessive desire.
prusiano, na, *n.* & *a.* Prussian.
prusiato, *m.* (chem.) prussiate, cyanide.
prúsico, ca, *a.* prussic, hydrocyanic.
pseudo, *a.* = SEUDO, pseudo.
psi, *f.* psi (Greek letter).
psicoanálisis, *m.* psychoanalysis.
psicoanalista, *n.* psychoanalyst.
psicoanalítico, ca, *a.* psychoanalitic, psychoanalitical.
psicoanalizar, *va.* to psychoanalyze.
psicocirugía, *f.* psychosurgery.
psicodinámico, ca, *a.* psychodynamic.
psicofísica, *f.* psychophysics.
psicofisiología, *f.* psychophysiology.
psicogénesis, *f.* psychogenesis.
psicogénico, ca, *a.* psychogenetic.
psicognostia, *f.* psychognosis.
psicología, *f.* psychology.
psicológico, ca, *a.* psychological.
psicólogo, *m.* psychologist.
psicometría, *f.* psychometry.
psicométrico, ca, *a.* psychometric, psychometrical.
psicómetro, *m.* psychometer.
psiconeurosis, *f.* psychoneurosis.
psiconeurótico, ca, *a.* psychoneurotic.
psicópata, *n.* (med.) psychiatrist, alienist.
psicopatía, *f.* (med.) psychopathy, mental illness.
psicopático, ca, *a.* psychopathic.
psicopatología, *f.* psychopathology.
psicosis, *f.* (psych., psychiat.) psychosis.
psicosomático, ca, *a.* psychosomatic.
psicotecnia, *f.* psychotechnology.
psicoterapia, *f.* psychotherapy.
psicótico, ca, *n.* & *a.* psychotic.
psicrómetro, *m.* psychrometer.
psilosis, *f.* (med.) psilosis.
psique, *f.* (myth.) Psyche; (fig.) psyche, soul; psyche, mind.
psiquiatra, *m.* psychiatrist.
psiquiatría, *f.* psychiatry.
psiquiátrico, ca, *a.* psychiatric.
psíquico, ca, *a.* psychic, psychical.
psiquis, *f.* psyche, mind.
psoas, *m.* (anat.) psoas (muscle).
pteridofita, *f.* (bot.) pteridophyte.
pterodáctilo, *m.* (paleontol.) pterodactyl.
pterópido, da, *m.* & *a.* (zool.) pteropod.
ptialina, *f.* (chem.) ptyalin.
ptialismo, *m.* (med.) ptyalism.
ptolemaico, ca, *a.* Ptolemaic.
ptomaína, *f.* (biochem.) ptomaine, ptomain.
¡pu! *interj.* pugh!
púa, *f.* prick; tine, prong; tooth of a comb; wire tooth of a card; spine or quill of a hedgehog, etc.; (agr.) graft, scion; metal point of a spinning top; plectrum; cause of grief or sorrow; (coll.) wily, cunning person.—**alambre de púas,** barbed wire.
puado, *m.* set of prongs, teeth, or tines.
puar, *va.* to make teeth, prongs, or tines on.
púber; púbero, ra; *a.* pubescent.
pubertad, *f.* puberty, pubescence.
pubes, *m.* (anat.) pubes, pubic region.
pubescencia, *f.* pubescence, puberty.
pubescente, *a.* pubescent.
pubescer, *vn.* to attain the age of puberty.
púbico, ca, *a.* pubic.
pubis, *m.* (anat.) pubes; pubis.
pública, *f.* in universities, public examination before graduating.
publicación, *f.* publication; proclamation.
publicador, ra, *n.* publisher; proclaimer.
públicamente, *adv.* publicly, openly.
publicano, *m.* publican.
publicar, *va.* (*pret.* PUBLIQUÉ; *subj.* PUBLIQUE) to publish; to proclaim, announce; to reveal, disclose; (eccl.) to publish (the banns).
publicata, *f.* (eccl.) certificate of publication.
publicidad, *f.* publicity.
publicista, *m.* publicist.
público, ca. I. *a.* public; common, general.—**en p.,** publicly. **II.** *m.* public, audience.
publiqué, publique, *v. V.* PUBLICAR.
pucelana, *f.* = PUZOLANA, a volcanic rock.
pucia, *f.* closed pharmaceutical vessel.
pucha, *f.* (Cuba) bouquet of flowers.
puchada, *f.* flour poultice; watered mortar.
puchera, *f.* (cooking) pot, kettle.
pucherico, illo, ito, *m. dim.* pipkin, small pot.
pucherito, *m.* (coll.) pouting of a child about to cry.
puchero, *m.* cooking pot; olla, stew, (U. S.) New England boiled dinner; dinner, food; pouting of a child before crying.—**hacer pucheros,** (coll.) to pout.
pucheruelo, *m. dim.* of PUCHERO.
puches, *m.* or *f. pl.,* a sort of pap; porridge.
pucho, *m.* (Am.) cigar stump; left over, trifle, insignificant thing.

pude, *pret.* of PODER.
pudelación, *f.* (metal.) puddling.
pudelador, *m.* (metal.) puddler.
pudelaje, *m.* (metal.) puddling.
pudelar, *va.* (metal.) to puddle.
pudendo, da. I. *a.* shameful, obscene, immodest. **II.** *m.* the male organ.
pudibundez, *f.* prudishness, overmodesty.
pudibundo, da, *a.* (humor.) shamefaced, modest.
pudicicia, *f.* pudicity, chastity, modesty.
púdico, ca, *a.* chaste, modest, decorous.
pudiente, *a.* powerful; rich, well off.
pudín, *m.* (Angl.) pudding.
pudo, *v. V.* PODER.
pudor, *m.* modesty, decorousness.
pudoroso, sa, *a.* modest; bashful, shy.
pudrición, *f.* rottenness; putrefaction, rotting.
pudridero, *m.* rotting place; fermenting pit; chamber with vaults for interment of bodies that are later to be transferred to mausoleums.
pudrido, da, *a.* putrid, putrescent.
pudridor, *m.* (paper making) fermenting vat.
pudrigorio, *m.* (coll.) sickly, infirm man.
pudrimiento, *m.* = PUDRICIÓN.
pudrir. I. *va.* to rot; to vex, worry. **II.** *vn.* to have died, to be buried; to rot. **III.** *vr.* to rot, decay; to be broken-hearted, to die of grief.
pudú, *m.* (zool.) pudu, a Chilean variety of deer.
puebla, *f.* seed that a gardener sows.
pueblada, *f.* (Am.) popular uprising; mob.
pueble, *m.* (min.) working gang.
pueblecico, ito, *m. dim.* small town.
puebleño, ña, *n.* (Colomb., contempt.) villager; boor.
[1]**pueblo,** *m.* town, village; settlement; people; nation; population; common people, working classes.
[2]**pueblo, pueble,** *v. V.* POBLAR.
puedo, pueda, *v. V.* PODER.
puente, *m.* or *f.* bridge; (mus.) bridge, in string instruments; (carp.) transom, lintel, crossbeam; (naut.) bridge; gun-carrying deck.—**p. aérea,** air lift.—**p. cantilever,** cantilever bridge.—**p. cerril,** small narrow bridge for cattle.—**p. colgante,** suspension bridge.—**p. corredizo,** roller bridge.—**p. de barcas,** pontoon bridge, bridge of boats.—**p. de caballetes,** trestle bridge.—**p. de celosía,** lattice bridge.—**p. de cimbria,** (Chile) suspension rope bridge.—**p. de contrapeso,** cantilever bridge.—**p. de doble vía,** double-track bridge.—**p. de los asnos,** pons asinorum, problem difficult for beginners, discouraging difficulty.—**P. de los Suspiros,** Bridge of Sighs.—**p. de tablero inferior,** through bridge.—**p. de tablero superior,** deck bridge.—**p. de una vía,** single-track bridge.—**p. de vigas voladizas,** cantilever bridge.—**p. de Wheatstone,** (elec.) Wheatstone bridge.—**p. flotante,** floating bridge.—**p. giratorio,** swing bridge, turning or revolving bridge.—**p. levadizo,** drawbridge; bascule, or lift, bridge.—**p. volante,** flying bridge.
puentecico, illo, ito, *m. dim.* small bridge
puentecilla, *f. dim.* small bridge of a string instrument.
puentezuela, *f. dim.* small bridge.
puerca, *f.* (zool.) sow; sow bug, woodlouse; scrofulous swelling; slut, slatternly woman.
puercamente, *adv.* dirtily, filthily; basely, meanly, contemptibly.
puerco, ca. I. *a.* filthy, dirty, foul; low, base, mean. **II.** *n.* hog; wild boar; base or low person.—**p. espín,** or **espino,** porcupine.—**p. marino,** (zool.) dolphin.—**p. montés,** wild boar.
puericia, *f.* boyhood.
puericultura, *f.* child care.
pueril, *a.* childish, puerile; (astr.) first (quadrant).
puerilidad, *f.* puerility, childishness; trifle.
puerilmente, *adv.* puerilely, childishly.
puérpera, *f.* lying-in woman.
puerperal, *a.* puerperal.
puerperio, *m.* time directly after childbirth.
puerquezuelo, *m. dim.* little pig.
puerro, *m.* (bot.) leek.
puerta, *f.* door; doorway, gateway; gate; beginning of an undertaking; duty, octroi, toll.—**p. abierta,** (diplomacy) open door.—**p. automática,** automatic door.—**p. cerrada,** (diplomacy) closed door.—**p. cochera,** porte cochère.—**p. corrediza** or **de corredera,** sliding door.—**p. de dos hojas,** folding door.—**p. de emergencia,** emergency exit, emergency door.—**p. de horno,** fire door, furnace door.—**p. de entrada** or **de la calle,** entrance door, street door, front door.—**p. del fondo,** back door.—**p. de vaivén** or **p. engoznada,** swinging door.—**p. excusada** or **falsa,** back door, side door.—**p. franca,** open door, free entrance; free entry.—**p. lateral,** side door.—**p. plegadiza,** folding door.—**p. principal,** front door, main door, street door.—**p. reglar,** regular door for entering nunneries.—**p. trasera,** back door.—**p. vidriera,** glass door.—**abrir p.** or **la p.,** (fig.) to ease the way.—**acompañar a la p.,** to show one to the door.—**a las puertas de la muerte,** at death's door, at the point of death, about to die.—**a p. cerrada,** behind locked doors, privately, secretly.—**dar con la p. en la cara** or **en las narices de,** to slam the door in one's face.—**de p. en p.,** from door to door.—**de p. para adentro,** indoors.—**detrás de la p.,** round the corner.—**enseñar la p. de la calle,** (coll.) to show the door to.—**fuera de puertas,** outdoors.—**la Sublime P.,** the Sublime Porte (Turkey).
puertaventana, *f.* window shutter.
puertecillo, puertezuelo, *m. dim.* small port.
puertecita, puertezuela, *f. dim.* small door.
puerto, *m.* port; harbor, haven; pass through mountains; asylum, shelter, refuge.—**p. aéreo,** airport.—**p. de arribada,** port of call.—**p. de depósito,** bonded port.—**p. de destino,** port of destination.—**p. de escala,** port of call.—**P. de España,** Port of Spain.—**p. de mar,** seaport.—**p. de mareas,** tidal harbor.—**p. de origen,** home port.—**p. fluvial,** fluvial port.—**p. franco,** free port.—**p. habilitado,** port of entry.—**p. libre,** free port.—**p. nacional,** home port.—**P. Príncipe,** Port-au-Prince.—**capitán de p.,** port captain, harbor master.—**derechos de p.,** harbor dues.
Puerto Rico, *m.* Puerto Rico, Porto Rico.
puertorriqueño, ña, *n.* & *a.* Puerto Rican, Porto Rican.
pues. I. *conj.* because, for, as; since, inasmuch as; then.—**p. bien,** now then, well then, all right then.—**p. no,** not at all, not so.—**p. que,** since.—**¿p. qué?** what?; what about it? "so what?"—**p. sí,** yes, indeed, most certainly.—**¿p. y qué?** why not? what else? what then?—**¿y p.?** so? is that so? why? how is that? **II.** *adv.* yes; so; certainly; exactly; anyhow, just the same.
puesta, *f.* (astr.) set, setting; stake (at cards).—**p. de sol,** sunset.—**puestas de sol,** or **a p. de sol,** at sunset.
puesto, ta. I. *pp. irreg.* of PONER.—**p. que,** although; since, inasmuch as, as long as.—**buen p.,** well dressed. **II.** *m.* place or space occupied, stall, stand, booth; position, job; post, dignity, office; breeding stall; blind for hunters; (mil.) barrack for soldiers.—**p. de avance,** (mil.) outpost.—**p. de control,** (mil.) check point.—**p. de escucha,** listening post.—**p. de mando,** control station.—**p. de socorro,** (mil.) first-aid station.—**p. militar,** military post.
¡puf! *interj.* pugh!
púgil, *m.* prize fighter, boxer, pugilist.
pugilar, *m.* Hebrew manual of the Scriptures.
pugilato, *m.* pugilism; boxing.
pugilismo, *m.* pugilism.
pugilista, *m.* & *f.* (Am.) pugilist, prize fighter.
pugna, *f.* combat, struggle; conflict.—**estar en p.,** to be in conflict, disagree.

pugnacidad, *f.* pugnacity, quarrelsomeness.
pugnante. I. *a.* fighting, struggling. **II.** *n.* foe, opponent.
pugnar, *vn.* to fight, struggle; **(con)**, to conflict (with), be opposed (to); to strive successfully; to be obstinate; to persist.
pugnaz, *a.* pugnacious, quarrelsome.
puja, *f.* outbidding or overbidding at a public sale; higher bid.
pujador, ra, *n.* bidder; outbidder.
pujame, pujamen, *m.* (naut.) foot of a sail.
pujamiento, *m.* flow of the blood or humors.
pujante, *a.* powerful, vigorous, strong.
pujanza, *f.* power, might, strength, vigor.
[1]**pujar. I.** *va.* to push ahead, push through. **II.** *vn.* to falter (in speech or action); (coll.) to pout.
[2]**pujar. I.** *va.* to outbid. **II.** *vn.* to ascend, go up.
pujavante. *m.* hoof parer (used by horseshoer).
pujo, *m.* (med.) tenesmus; eagerness, longing; violent desire.
pulcritud, *f.* neatness, tidiness.
pulcro, cra, *a.* beautiful, graceful; nice; neat.
Pulchinela, *m.* Punchinello.
pulga, *f.* flea; small playing top.—**no aguantar pulgas,** not to put up with ill treatment.—**ser de,** or **tener, malas pulgas,** to be easily piqued or fretted, to be ill-tempered.—**tener pulgas,** to be restless or too lively.
pulgada, *f.* inch.
pulgar, *m.* thumb; shoots left on vines.
pulgarada, *f.* fillip; pinch; inch.
pulgón, *m.* green fly, plant louse, aphis.
pulgoso, sa, *a.* full of fleas.
pulguera, *f.* place abounding with fleas; (bot.) pulic, fleawort.
pulguillas, *n. dim.* (coll.) restless, fretful person.
pulguita, *f. dim.* little flea.
pulicán, *m.* dentist's forceps.
pulicaria, *f.* (bot.) fleawort.
pulidamente, *adv.* neatly, cleanly, nicely.
pulidero, *m.* polisher, glosser, burnisher.
pulidez, *f.* polish; neatness, cleanliness.
pulido, da, *pp.* & *a.* polished; neat, cleanly.
pulidor, ra. I. *a.* polishing, burnishing, buffing. **II.** *m.* polisher, burnisher, furbisher, buffer.
pulimentar, *va.* to burnish, gloss, polish.
pulimento, *m.* polish; glossiness.
pulir. I. *va.* to polish, burnish, furbish; to adorn, beautify; to render polite. **II.** *vr.* to beautify, or deck oneself; to become polished.
pulmón, *m.* (anat.) lung.—**pulmonado, da,** *a.* (zool.) pulmonate.—**pulmonar,** *a.* pulmonary.
pulmonaria, *f.* (bot.) lungwort.
pulmonía, *f.* (med.) pneumonia.
pulmoníaco, ca. I. *a.* (med.) pneumonic, pulmonic. **II.** *n.* (med.) person suffering from pneumonia.
pulmotor, *m.* Pulmotor (trademark).
pulpa, *f.* (anat.) pulp, flesh; fruit or wood pulp.
pulpejo, *m.* flesh · part of the body, as the ball of the thumb or lobe of the ear.
pulpería, *f.* (Am.) retail grocery or general store.
pulpero, *m.* (Am.) grocer; catcher of cuttlefish.
pulpeta, *f.* slice of stuffed meat.
púlpito, *m.* pulpit; office of a preacher.
pulpo, *m.* (ichth.) cuttlefish, octopus.
pulposo, sa, *a.* pulpy, pulpous, fleshy.
pulque, *m.* (Am.) pulque, fermented juice of the maguey.—**p. curado,** the same liquor prepared with pineapple and sugar.
pulquería, *f.* tavern where pulque is sold.
pulsación, *f.* pulsation; pulse, beating.
pulsada, *f.* any pulse beat.
pulsador, ra. I. *a.* pulsatile, pulsative, pulsating. **II.** *m.* push button, buzzer.
pulsante, *a.* feeling the pulse; pulsating.
pulsar. I. *va.* to feel the pulse of; to finger, touch lightly (as a lyre); to explore, sound, or examine. **II.** *vn.* to pulsate, beat.
pulsátil, *a.* pulsatile, pulsative, pulsating.
pulsatila, *f.* (bot.) pasqueflower.
pulsativo, va, *a.* pulsative, pulsatile, pulsating.
pulsear, *vn.* (of two persons) to hand-wrestle, to clasp hands with upright forearms resting on a table and endeavor to put each other's arm down by pulling in opposite directions.
pulsera, *f.* (jewelry) bracelet; lock of hair over the temple; (surg.) wrist bandage.—**reloj de p.,** wrist watch.
pulsímetro, *m.* (hydraul.) pulsometer; (med.) pulsimeter, sphygmograph.
pulsista, *a.* skilled in knowledge of the pulse.
pulso, *m.* pulse; pulsation, beat; part of the wrist where the pulse is felt; steadiness of the hand; care, tact.—**a p.,** freehand (drawing); with the strength of the hand.—**tomar el p. a,** to feel the pulse of; to sound (one for one's opinion).
pulsómetro, *m.* = PULSÍMETRO.
pulsorreactor, *m.* (aer.) pulsejet.
pultáceo, a, *a.* pultaceous, soft; (med.) apparently or actually rotten or gangrened.
pululante, *pa.* pullulating, sprouting.
pulular, *vn.* to pullulate, germ, bud; to multiply with great rapidity; to swarm; to be lively.
pulvericé, pulverice, *v. V.* PULVERIZAR.
pulverizable, *a.* pulverizable.
pulverización, *f.* pulverization.
pulverizador, *m.* atomizer, spray; pulverizer.
pulverizar, *va.* (*pret.* PULVERICÉ; *subj.* PULVERICE) to pulverize; to atomize. spray.
pulverulento, ta, *a.* dusty.
[1]**pulla,** *f.* loose, obscene expression; repartee, witty saying; hint.
[2]**pulla,** *f.* (ornith.) = PLANGA, a kind of eagle.
pullista, *n.* one fond of throwing out hints.
¡pum! *interj.* bang!
puma, *m.* (zool.) puma, American panther.
pumarada, *f.* = POMARADA, apple plantation.
pumita, *f.* = PIEDRA PÓMEZ, pumice stone.
puna, *f.* (Am.) puna, bleak, arid table-land.
puncé, punce, *v. V.* PUNZAR.
punción, *f.* (surg.) puncture.
puncha, *f.* thorn, prickle, sharp point.
punchar, *va.* to prick, pierce, puncture.
pundonor, *m.* point of honor.
pundonorosamente, *adv.* punctiliously.
pundonoroso, sa, *a.* punctilious.
punganes, *m. pl.* oyster knife.
pungente, *a.* pungent.
pungimiento, *m.* punching or pricking.
pungir, *va.* (*ind.* PUNJO; *subj.* PUNJA) to punch, prick; to sting the mind or heart (as passions).
pungitivo, va, *a.* punching, pricking.
punible, *a.* (law) punishable.
punición, *f.* punishment.
púnico, ca, *a.* Punic.
punitivo, va, *a.* (law) punitive.
punjo, punja, *v. V.* PUNGIR.
punta, *f.* point, nib, sharp end; end, tip; apex, top; cape, headland, promontory; prong or tine of an antler; stub of a cigar; taint of acidity or sourness; touch, turn, tinge, trace, suggestion, pointing of game by a dog; (print.) bodkin; (her.) lower part of a shield.—*pl.* point lace.—**p. de diamante,** diamond pencil, diamond point (for cutting).—**p. de París,** wire nail.—**p. seca,** point (of dividers).—**de p.,** point-first.—**de p. en blanco,** all dressed up; in full regalia.—**de puntas,** on tiptoe, softly.—**estar de p.,** to be on bad terms.
puntada, *f.* (sewing) stitch; hint.—**echar puntadas,** (sewing) to stitch.
puntador, *m.* = APUNTADOR, (theat.) prompter.
puntal, *m.* prop, support; stay, stanchion, pillar; (naut.) depth of hold; (Am.) snack (of food).
puntapié, *m.* kick (with the tip of the shoe).
puntar, *va.* to mark with dots or points.
punteado, da. I. *a.* punctate, punctated; dotty, dotted, speckled; plucked (said of a stringed instrument). **II.** *m.* & *f.* punctuation, marking with dots; plucking (of a stringed instrument).
puntear. I. *va.* to play (the guitar); (art) to stipple; (sewing) to stitch. **II.** *vn.* (naut.) to tack.
puntel, *m.* pontil, snap, glass-blower's rod.

puntera, *f.* (shoemaking) toe cap or box; patch over the tip; new toe on stockings; (coll.) kick.
puntería, *f.* (artil.) aim; pointing a weapon.
puntero, ra. I. *a.* taking good aim. **II.** *m.* pointer; punch for horseshoes; stonecutter's chisel; (eccl.) cannula in a chrismatory; (Colomb.) hand (of watch or clock).
punterola, *f.* (min.) poll pick.
puntiagudo, da, *a.* sharp-pointed, sharp.
puntico, ito, *m. dim.* small dot or point.
puntilla, *f. dim.* small point; narrow lace edging; brad, joiner's nail; carpenter's tracing point.—**de,** or **en, puntillas,** softly, gently; on tiptoe.
puntillazo, *m.* (coll.) kick.
puntillero, *m.* (bull fighting) = CACHETERO.
puntillismo, *m.* (f. a.) pointillism.
puntillista, *n.* (f. a.) pointillist.
puntillo, *m. dim.* small point; punctilio; (mus.) dot, point.
puntillón, *m.* (coll.) kick.
puntilloso, sa, *a.* punctilious.
puntiseco, ca, *a.* dry at the tips, as plants.
puntizón, *m.* (print.) frisket hole or mark.
punto, *m.* point, dot; period in writing; nib of a pen; sight in firearms; (sports) point; (sewing, knitting) stitch; hole in a stocking; point in lace; mesh; punch hole in straps; polka dot in fabrics; place, spot; hackstand; smallest part of a thing; instant, moment; nick of time; chance, favorable opportunity; stop, rest, recess; end, object, aim; point of honor, punctilio; each mistake of a pupil in reciting a lesson; twelfth part of a line; (shoemaking) each number in a size stick.—**p. atrás,** (sewing) backstitch.—**p. ciego,** (anat.) blind spot.—**p. cruzado,** (sewing) cross stitch.—**p. de absorción,** absorption point.—**p. de admiración,** exclamation point, exclamation mark.—**p. de apoyo,** fulcrum, point of support.—**p. de cadeneta,** (sewing) lock stitch, chain stitch.—**p. de cambio,** (topog.) turning point.—**p. decimal,** decimal point.—**p. decisivo,** turning point.—**p. de comprobación,** check point.—**p. de congelación,** freezing point.—**p. de ebullición,** boiling point.—**p. de escala,** stopover point.—**p. de eslabonamiento,** linking point.—**p. de fuga,** (perspective) vanishing point.—**p. de fusión,** melting point.—**p. de gracia,** funny side.—**p. de hielo,** freezing point.—**p. de honor,** point of honor.—**p. de inflamación,** ignition point.—**p. de inflexión,** (geom.) point of inflexion.—**p. de interrogación,** question mark.—**p. de la vista,** (perspective) vanishing point.—**p. de partida,** starting point; (stat.) bench mark.—**p. de referencia,** point of reference; (topog., stat.) bench mark.—**p. de rocío,** (phys.) dew point.—**p. de saturación,** saturation point.—**p. de sustentación,** (aer.) center of lift.—**p. de vista,** point of view, viewpoint.—**p. en boca,** silence.—**p. en cuestión,** point at issue.—**p. final,** last stop; (gram.) full stop, period.—**p. focal,** focal point.—**p. menos,** a trifle less.—**p. muerto,** (mach.) dead center, dead point.—**p. por p.,** point by point, in detail.—**puntos cardinales,** cardinal points.—**p. sin regreso,** (aer., fig.) point of no return.—**puntos suspensivos,** leaders (. . .).—**puntos y rayas,** (tel.) dots and dashes.—**p. y coma,** semicolon (;).—**a buen p.,** opportunely.—**al p.,** immediately, at once.—**a p. de,** on the point of, about to.—**a p. fijo,** exactly, with certainty.—**a p. que,** just when, just as.—**coche de p.,** taxi, car for hire.—**dar en el p.,** to hit the nail on the head.—**de p.,** knitted; steadily increasing, by the minute.—**de todo p.,** absolutely, entirely, in every way.—**dos puntos,** colon (:).—**en p.,** on the dot, exactly, (of the hour) sharp.—**en p. de,** in regard to.—**hasta cierto p.,** to a certain extent.—**poner en su p.,** to put where it belongs, rate at its true value; to set right.—**poner los puntos sobre las íes,** (coll.) to cross the t's and dot the i's.—**poner p. final a,** to put a stop to.—**por p. general,** as a general rule, as a rule.—**por puntos,** from one moment to another; point by point; one thing at a time.
puntoso, sa, *a.* pointed; punctilious.
puntuación, *f.* punctuation.
puntual, *a.* prompt, punctual; certain; sure; convenient, adequate.—**puntualidad,** *f.* punctuality; certainty.—**puntualizar,** *va.* (*pret.* PUNTUALICÉ; *subj.* PUNTUALICE) to imprint on the mind or memory; to finish, perfect; to give a detailed account of.—**puntualmente,** *adv.* punctually; faithfully; exactly, accurately.
puntuar, *va.* to punctuate, to point.
puntuoso, sa, *a.* punctilious.
puntura, *f.* puncture; (print.) register point.
punzada, *f.* prick, puncture; stitch, sharp pain; compunction.
punzador, ra, *n.* pricker, wounder.
punzadura, *f.* puncture, prick.
punzante, *a.* pricking, sharp.
punzar, *va.* (*pret.* PUNCÉ; *subj.* PUNCE) to punch, bore, perforate; to prick, puncture, wound; to cause sharp pain; to grieve.
punzó, *a.* deep scarlet red.
punzón, *m.* punch, puncheon; puncher; driver, point, graver, bodkin, awl, pick; countersink, counterdie; type mold; young horn of a deer.
punzonería, *f.* set of molds for a font of types.
puñada, *f.* fisticuff, box.
puñado, *m.* handful; a few.—**a puñados,** plentifully, abundantly, lots (diff. constr.).
puñal. *m.* poniard, dagger.—**puñalada,** *f.* stab with a poniard; sudden shock of grief or pain.
puñalejo, *m. dim.* small poniard.
puñalero, ra, *n.* maker or seller of poniards.
puñera, *f.* double handful; flour measure.
puñetazo, *m.* fisticuff.
puñete, *m.* fisticuff; bracelet.
puño, *m.* fist; grasp; handful; cuff, wristband (of garment); hilt of a sword; haft (of a tool); handle (of an umbrella, etc.); head of a staff or cane; (naut.) corner of a sail.—**cerrar los puños,** to clench one's fists.—**hombre de puños,** strong, valiant man.—**ser como un p.,** to be closefisted.
pupa, *f.* pustule, pimple; child's word to express uneasiness.
pupila, *f.* (anat.) pupil.
pupilaje, *m.* pupilage, wardship; board and lodging; boarding-house.
pupilar, *a.* (anat. and law) pupillary.
pupilero, ra, *n.* boarding-house keeper.
pupilo, la, *n.* pupil, ward; boarder.
pupitre, *m.* writing desk; school desk.
puposo, sa, *a.* pustulous, pustulate.
puramente, *adv.* purely; chastely; strictly; without qualification or exception.
puré, *m.* (Gal.) (cooking) thick soup, purée.
pureza, *f.* purity; fineness, genuineness; cleanness. excellence.
purga, *f.* physic, cathartic; (sugar making) draining of molasses.
purgable, *a.* that can or should be purged.
purgación, *f.* purge, purgation; catamenia; (law) purgation; gonorrhœa, clap.
purgador, ra. I. *a.* purgative. **II.** *n.* purger.
purgamiento, *m.* purgation, purging.
purgante. I. *a.* purging, purgative. **II.** *m.* purgative, cathartic, physic.
purgar. I. *va.* (*pret.* PURGUÉ; *subj.* PURGUE) to purge, purify, cleanse; to atone for, expiate; to refine, clarify; to drain (sugar) of molasses; (med.) to purge, physic; (law) to clear from guilt or imputation of guilt. **II.** *vr.* to rid or clear oneself from guilt; to take a purge.
purgativo, va, *a.* purgative, cathartic.
purgatorio, *m.* purgatory.
purgué, purgue, *v. V.* PURGAR.
puridad, *f.* purity.—**en p.,** clearly, openly; in secret.
purificación, *f.* purification; cleansing, expurgation; (eccl.) purification (of the chalice).

purificadero, ra, *a.* cleansing, purifying.
purificador, ra, *n.* & *a.* purifier(-ing); (eccl.) purificator.
purificante, *a.* purifying.
purificar. I. *va.* (*pret.* PURIFIQUÉ; *subj.* PURIFIQUE) to purify, clean, cleanse, refine. **II.** *vr.* to be purified, cleansed.
purificatorio, ria, *a.* purificatory, purifying.
puriforme, *a.* (med.) puriform.
purina, *f.* (chem.) purine.
Purísima.—la P., *f.* the most Holy Virgin.
purismo, *m.* purism.—**purista,** *n.* purist.
puritanismo, *m.* puritanism.
puritano, na, *a.* & *n.* puritan(-ic), Puritan.
puro, ra. I. *a.* pure; unmixed, sterling, unalloyed, solid (gold, etc.); clear, clean, neat; unblemished, unsullied; mere, only, sheer, absolute.—**a p.,** by dint of.—**de p.,** extremely; by dint of.—**de p. sangre,** thoroughbred.—**la p. verdad,** the honest truth. **II.** *m.* cigar.
púrpura, *f.* purpura, murex, purple shell; purple; cloth dyed with purple; dignity of a king or cardinal; (poet.) blood.—**purpurado,** *m.* cardinal.
purpurante, *a.* giving a purple color.
purpurar, *va.* to purple; to dress in purple.
purpurato, *m.* (chem.) purpurate (salt of purpuric acid).
purpurear, *vn.* to have a purple tinge.
purpúreo, rea. I. *a.* purple, puniceous, purpurate. **II.** *f.* (bot.) = LAMPAZO, burdock.
purpúrico, ca, *a.* (chem.) purpuric.
purpurina, *f.* bronze powder; (chem.) purpurin.
purpurino, na, *a.* purple.
purrela, *f.* wine of inferior quality.
purriela, *f.* (coll.) despicable trifle.
purulencia, *f.* purulence, purulency.
purulento, ta, *a.* purulent.
pus, *m.* (med.) pus.
puse, *pret.* of PONER.
pusilánime, *a.* pusillanimous, faint-hearted.
pusilánimemente, *adv.* pusillanimously.
pusilanimidad, *f.* pusillanimity.
pústula, *f.* (med.) pustule; pimple.
pustuloso, sa, *a.* pustulous, pustular.
puta, *f.* whore, harlot.
putativo, va, *a.* putative, reputed.
putput, *m.* (ornith.) hoopoe.
putrefacción, *f.* putrefaction.
putrefactivo, va, *a.* putrefactive.
putrefacto, ta, *a.* putrid, decayed, rotten.
putrescente, *a.* putrescent.
putrescible, *a.* putrescible.
putridez, *f.,* rottenness.
pútrido, da, *a.* putrid, rotten, decayed.
puya, *f.* goad, goad stick.
puyazo, *m.* prick, puncture.
puzol, *m.*; **puzolana,** *f.* **a kind of volcanic rock used in making mortar.**

Q

Q, q, *f.* q, twentieth letter of the Spanish alphabet.
quántum, *m.* (phys., mech.) quantum.
que. I. *rel. pron.* **that, which, who, whom;** when [*el día que le escribí,* the day (when) I wrote to him]. When preceded by the definite article, it is equivalent to "who," "whom," "which" (the "the which" of old English), or "the one who," "those who," "the one whom," "those whom," "that which," "the one that." **II.** *interr.* & *exclamatory pron.* (**qué**) what, what a (*¡qué hombre!* what a man!); which; how (*¡qué bonita!* how pretty!).—**q. de . . .** how many . . .—**¿q. hay?** or **¿q. pasa?** what is the matter?—**¿q. tal?,** how goes it?—**¡q. va!,** go on! (expressing disbelief).—**¿a q.?,** what for?, what's the use of?—**¿para q.?,** what for—**¿por q.?,** why?—**sin q. ni para q.,** without cause or motive.—**un no sé q.,** a certain something. **III.** *conj.* that [very seldom omitted: *Juan dice que vendrá,* John says (that) he will come]; than (in comparisons); because, for, as; and (*habla que habla,* he talks and talks, *or,* talking and talking); so; so that. Followed by a subjunctive form it is usually rendered by "to" and the corresponding infinitive, changing the construction (*deseo que Vd. venga,* I wish that you come, *or,* I wish you to come); by "let" or "may," when it expresses command or desire (*que entre,* let him come in; *que tenga buena suerte,* may you have good luck); or, with impersonal verbs, by the indicative (*antes que llueva,* before it rains). In compound tenses (*he hablado, había hablado,* etc.), the participle is sometimes placed first, and then *que* followed by the auxiliary. In such cases, *que* is rendered by *when, after, as soon as;* e. g. *llegado que hubo,* when he had arrived, after he arrived; *leído que hayamos la carta,* after we have read, *or* after we read, the letter. Before infinitive and following a noun preceded by a form of *haber, tener,* and a few other verbs, it is rendered by *to;* e. g. *hay mucho que hacer,* there is much to do; *teníamos dos cartas que escribir,* we had two letters to write. Sometimes it is used as an expletive, in the sense of "and" [*la culpa es mía, que no suya,* the fault is mine, (and) not yours].—**q. no,** without, but that.—**q. . . . q.,** whether . . . or (*que quieras que no,* whether you will or not).—**por . . . q.,** no matter how (*por bien que hable,* no matter how well he speaks).
quebracho, *m.* quebracho; quebracho bark.
quebrada, *f.* ravine; deep pass; gorge; (Am.) gulch; stream; (com.) failure, bankruptcy.
quebradero, *m.* breaker.—**q. de cabeza,** worry.
quebradillo, *m.* wooden shoe heel; (dance) bending of the body.
quebradizo, za, *a.* brittle, fragile; frail, sickly.
quebrado, da. I. *pp.* of QUEBRAR. **II.** *a.* broken; weakened; (com.) bankrupt; rough, uneven (ground); (med.) ruptured.—**azúcar q.,** brown sugar. **II.** *m.* (arith.) common fraction; (Cuba) tobacco leaf full of holes.—**q. impropio,** (arith.) improper fraction.—**q. mixto,** (arith.) mixed fraction.—**q. propio,** (arith.) proper fraction.
quebrador, ra, *n.* & *a.* breaker(-ing); lawbreaker (-ing).
quebradura, *f.* breaking, splitting; gap, fissure, slit; (med.) fracture; rupture, hernia.
quebraja, *f.* crack, fissure, flaw, split.
quebrajar, *va.* = RESQUEBRAJAR, to crack, split.
quebrajoso, sa, *a.* brittle, fragile; full of cracks.
quebramiento, *m.* = QUEBRANTAMIENTO.
quebrantable, *a.* frangible, brittle.
quebrantado, da, *a.* split, fractured, broken.
quebrantador, ra. I. *n.* breaker, splitter; crusher, bruiser; violator, transgressor. **II.** *a.* breaking, that breaks; weakening; crushing.
quebrantadura, *f.* = QUEBRANTAMIENTO.
quebrantahuesos, *m.* (ornith.) osprey, lammergeier; tease, bore.
quebrantamiento, *m.* fracture, rupture; crushing, breaking; smash; breaking out of prison; fatigue, exhaustion; violation; burglary; desecration.
quebrantante, *a.* breaking, crushing.
quebrantaolas, *m.* breakwater.
quebrantapiedras, *m.* (bot.) stonebreak.
quebrantar, *va.* to break, crush; to burst open; to pound, grind, mash; to transgress; to violate, break (as a contract); to vex; to fatigue; to weaken; to diminish; (law) to annul, repeal.
quebrantaterrones, *m.* (coll.) clodhopper.
quebranto, *m.* breaking, crushing; weakness; lassitude; pity, compassion; grief, affliction; (com.) loss, damage.
quebrar (*ind.* QUIEBRO; *subj.* QUIEBRE). **I.** *va.* to break; to crush; to cast asunder; to double, bend, twist; to interrupt, hinder; to temper, moderate; to spoil (the bloom of the countenance); to overcome, conquer; to diminish (friendship). **II.** *vn.* (com.) to fail, become bankrupt. **III.** *vr.* to be ruptured; to break (as

a plate, a bone, etc.); to be broken, as the continuity of hills.
quebrazas, *f. pl.* flaws in sword blades.
queche, *f.* (naut.) smack, ketch.
quechemarín, *m.* (naut.) coasting lugger.
quechua, *n.* & *a.* Quichua(-an).
queda, *f.* curfew; curfew bell.
quedada, *f.* stay, residence, sojourn.
quedar. I. *vn.* to remain; to stay, stop in a place; to remain, be left as remainder (sometimes diff. constr.: *le quedan tres pesetas,* he has three pesetas left); to be or be left in a state or condition; to leave at; to decide, resolve, agree.—**q. bien (mal),** to acquit oneself well (badly); to come out well (badly); to keep (break) an appointment.—**q. de** (Am.) = **q. en,** to agree to; to have an understanding.—**q. por,** to go to, be accorded to, be won by; (followed by *inf.*) to remain to be (followed by *pp.*).—**¿en qué quedamos?** what is your final decision? what do you say? **II.** *vr.* to remain; to slacken, abate, diminish.—**q. atrás,** to get, or be left, behind.—**q. con,** to retain, keep.—**q. fresco,** not to mind, to remain undisturbed or indifferent.—**q. frío,** or **muerto,** to be greatly astonished, to be breathless, horrified, etc.
quede, (print.) stet; let stand.
quedito, ta. I. *a. dim.* soft, gentle; easy. **II.** *adv.* = QUEDO.
quedo, da. I. *a.* quiet, still, noiseless; easy, gentle. **II.** *adv.* softly, gently; in a low voice.
quehacer, *m.* occupation, business, work.—*pl.* **quehaceres de casa,** household chores.
queja, *f.* complaint; grumbling, moan; resentment, grudge; quarrel, dispute.
quejarse, *vr.* to complain; to grumble; **(de)** to regret, lament.
quejicoso, sa, *a.* plaintive, querulous.
quejido, *m.* moan.
quejigal, *m.* plantation of muricated oaks.
quejigo, *m.* (bot.) muricated oak.
quejosamente, *adv.* complainingly, plaintively.
quejoso, sa, *a.* plaintive; complaining.
quejumbre, *f.* grumble, growl.
quejumbroso, sa, *a.* grumbling, plaintive.
quelícero, *m.* (zool.) chela.
queloide, *m.* (med.) cheloid, keloid.
quelonio, *a.* & *m.* (zool.) chelonian.
quema, *f.* fire, burning; combustion.—**de q. lenta,** slow-burning.—**huir de la q.,** to get away from trouble, get out.
quemadero, ra. I. *a.* apt to be burned. **II.** *m.* place where convicts were burned.
quemado, da. I. *pp.* of QUEMAR. **II.** *a.* burnt, crisp; angry, irritated.—**q. por el sol,** sunburned. **III.** *m.* burnt down forest or thicket.
quemador, ra. I. *n.* incendiary; burner. **II.** *m.* gas burner.
quemadura, *f.* burn, scald; (agr.) brand, smut upon plants.
quemajoso, sa, *a.* smarting, burning.
quemante, *a.* burning.
quemar. I. *va.* to burn; to scald; to fire, set on fire, kindle; to parch, dry, scorch; to vex, irritate; to dispose of at a low price. **II.** *vn.* to burn, be too hot. **III.** *vr.* to get burned, burn oneself; to burn, be consumed by fire; to be very hot, be parched with heat; to fret, to be angry; (coll.) to be near, be "warm."—**q. las cejas,** (coll.) to burn the midnight oil.
quemazón, *f.* combustion; fire, conflagration; (coll.), smarting, burning; offensive remark; vexation, anger; (Cuba) bargain sale.
quena, *f.* (Am.) a sort of Indian flute.
quenepa, *f.* (P. R.) honeyberry.
quenopodiáceo, cea, *a.* (bot.) chenopodiaceous.
quenopodio, *m.* (bot.) chenopod.
quepis, *m.* (mil.) kepi.
quepo, quepa, *v.* *V.* CABER.
queratina, *f.* (chem.) keratin.
queratitis, *f.* (med.) keratitis.
queratosis, *f.* keratosis.
quercina, *f.* (chem.) quercin.
quercitol, *m.* (chem.) acorn sugar, quercitol.
quercitrina, *f.* (chem.) quercitrin.
quercitrón, *m.* (bot., chem.) quercitron.
querco, *m.* (bot.) quercus, tree of the oak family.
querella, *f.* complaint; quarrel; (law) plaint, complaint; act of contesting an inofficious will.
querellador, ra, *n.* complainant.
querellante, *n.* & *a.* complainant(-ing).
querellarse, *vr.* to lament, bewail; to complain; (law) to make an accusation; to contest a will.
querellosamente, *adv.* plaintively, querulously.
querelloso, sa, *a.* querulous.
querencia, *f.* affection, fondness; haunt of wild beasts.
querencioso, sa, *a.* (of animals) affectionate.
querendón, dona, *a.* very affectionate or loving.
querer. I. *va.* (*ind. pres.* QUIERO, *pret.* QUISE, *fut.* QUERRÉ; *subj.* QUIERA) to will; to desire, wish; to endeavor, attempt; to accept (a challenge in certain games); to love; (foll. by *inf.* used to ask a favor as: *¿Quiere V. abrir la ventana?* Will you open the window, please?).—**querría, quisiera,** should like.—**q. decir,** to mean. **II.** *vn.* to wish, desire; to be willing; to love.—**como quiera,** anyhow, in any way.—**como quiera que,** whereas; inasmuch as, since; although; whatever, however, no matter how.—**como quiera que sea,** in any case.—**como Vd. quiera,** as you like; let it be so.—**cuando quiera,** at any time, whenever.—**donde quiera,** anywhere, wherever.—**no q.** (*inf.*), to refuse to (*inf.*).—**no q. nada con,** not to wish to have anything to do with.—**sin q.,** unwillingly; unintentionally. **III.** *v. impers.* to look like (rain, etc.), threaten, look as if it were going to (rain, snow, etc.). **IV.** *m.* love, affection; will; desire.
queresa, *f.* = CRESA, egg of fly or bee; maggot.
querido, da. I. *pp.* of QUERER. **II.** *a.* dear, beloved. **III.** *n.* paramour, lover, mistress.—**q. mío,** or **mía,** my dear, my dearest, love, my darling.
queriente, *a.* willing; loving.
quermes, *m.* (entom.) kermes.—**q. mineral,** (chem.) kermes.
querocha, *f.* = QUERESA.
querochar, *vn.* (of bees) to emit the semen.
querosén, *m.* kerosene.
querub, querube, querubín, *m.* cherub.
querúbico, ca, *a.* cherubic.
querva, *f.* (bot.) spurge; palma Christi.
quesadilla, *f.* cheesecake; sweetmeat.
quesear, *vn.* to make cheese.
quesera, *f.* dairy; dairymaid; cheese board, cheese mold, cheese vat; cheese dish.
quesería, *f.* season for making cheese; dairy.
quesero, ra. I. *a.* caseous, cheesy. **II.** *n.* cheesemonger, cheesemaker.
quesillo, ito, *m. dim.* small cheese.
queso, *m.* cheese.—**q. de bola,** Edam cheese.—**q. de cerdo,** headcheese.—**q. helado,** ice-cream brick, molded ice cream.
quetona, *f.* (chem.) ketone.
quetro, *m.* a Chilean duck with featherless wings.
quetzal, *m.* (ornith.) quetzal, trogon.
quevedos, *m. pl.* eyeglasses.
¡quiá! *interj.* come now! no, indeed!
quianti, *m.* Chianti (wine).
quiasma, *f.* (anat., biol.) chiasm, chiasma.
quibey, *m.* (W. I.) (bot.) dog's-bane.
quicial, *m.,* **quicialera,** *f.* hinge post.
quicio, *m.* eye of a door hinge; pivot hole.—**fuera de q.,** unhinged, out of order.—**sacar de q.,** to unhinge; to exasperate.
quiché, *n.* Guatemalan Indian and his language.
quichua, *n.* & *a.* = QUECHUA.
quid, *m.* gist, pith, main point.
quídam, *m.* (coll.) person; a nobody.
quid pro quo. I. (Lat.) an equivalent. **II.** *m.* mistaken identity; mistake.
quiebra, *f.* crack, fracture; gaping fissure; loss, damage; (com.) failure, bankruptcy.

quiebrahacha, *m.* (Cuba) (bot.) breakaxe.
[1]**quiebro,** *m.* (mus.) trill; movement or inclination of the body, as in dodging.
[2]**quiebro, quiebre,** *v. V.* QUEBRAR.
quien (*interr.* **quién**), *pron.* (*pl.* **quienes, quiénes**) who, whom, whoever, whomever, which, whichever.
quienquiera, *pron.* (*pl.* **quienesquiera**) whoever, whosoever, whomsoever, whichever.
quiero, quiera, *v. V.* QUERER.
quiescencia, *f.* quiescence.
quietación, *f.* quieting or appeasing.
quietador, ra, *n.* quieter, appeaser.
quietamente, *adv.* quietly, calmly.
quietar. I. *va.* to quiet, appease. **II.** *vr.* to become quiet or calm, to quiet down.
quiete, *f.* rest, repose, quiet.
quietismo, *m.* quietism, a sect of mystics.
quietista, *n.* & *a.* quietist.
quieto, ta, *a.* quiet, still; steady, undisturbed; silent, peaceable; orderly; virtuous.
quietud, *f.* quietude, quietness, quiet; rest, repose, tranquillity.
quijada, *f.* jaw, jawbone.
quijal, quijar, *m.* grinder, back tooth; jaw.
quijarudo, da, *a.* large-jawed.
quijera, *f.* cheeks of a crossbow.—*pl.* straps of the noseband on a harness.
quijero, *m.* sloping bank of a canal.
quijo, *m.* (min.) ore.
quijones, *m. pl.* (bot.) dill.
quijotada, *f.* quixotic enterprise.
quijote, *m.* (armor) cuisse, thighguard; upper part of the haunch.
Quijote, *m.* Quijote, Quixote, quixotic person.
quijotería, *f.* quixotism.
quijotesco, ca, *a.* quixotic.
quijotismo, *m.* quixotism.
quila, *f.* (S. A.) a variety of very strong bamboo.
quilatador, ra, *n.* assayer of gold and silver.
quilatar, *va.* to assay.
quilate, *m.* (jewelry) carat or karat; an ancient coin; degree of excellence.
quilatera, *f.* (jewelry) diamond sieve.
quiliárea, *f.* = KILIÁREA, land measure, 1000 ares.
quilifaciente, *a.* chylifactive.
quilifactivo, va, *a.* chylifactive.
quilífero, ra, *a.* (zool.) chyliferous.
quilificación, *f.* (med.) chylification.
quilificar, *va.* to chylify.
quilma, *f.* = COSTAL, large bag or sack.
[1]**quilo,** *m.* (med.) chyle.—**sudar el q.,** to work hard.
[2]**quilo, quilogramo, quilómetro,** etc. = KILO, KILOGRAMO, etc.
quiloso, sa, *a.* chylous, chylaceous.
quilquil, *m.* a Chilean arboreous fern.
quilla, *f.* (naut.) keel; (ornith.) breastbone.
quillái, quillay, *m.* quillai, a S. A. soapbark tree.
quillotrar. I. *va.* to excite, incite, urge; to make love to; to attract, captivate; to think over, consider; to deck, adorn. **II.** *vr.* to fall in love; to complain, to whine.
quillotro, tra. I. *m.* urging, incitement; sign, indication; lovemaking; love affair; puzzle, perplexing thing or situation. **II.** *n.* dear friend; lover.
quimbámbulas, *f. pl.* (Cuba) rough, craggy spots; hidden nook.
quimbombó, *m.* (bot.) okra, gumbo.
quimera, *f.* chimera; dispute, quarrel.
quimérico, ca; quimerino, na, *a.* chimerical.
quimerista, *n.* wrangler, brawler; visionary.
quimerizar, *vn.* to indulge in chimeras.
química, *f.* chemistry.—**q. atómica,** atomic chemistry.—**q. biológica,** biochemistry.—**q. industrial,** industrial chemistry.—**q. inorgánica,** inorganic chemistry.—**q. nuclear,** nuclear chemistry.—**q. orgánica,** organic chemistry.
químicamente, *adv.* chemically.
químico, ca. I. *a.* chemical. **II.** *n.* chemist.
quimicofísico, ca. I. *a.* chemicophysical. **II.** *n.* chemicophysicist; *f.* chemicophysics.
quimífero, ra, *a.* chymiferous.
quimificación, *f.* (physiol.) chymification.
quimificar, *va.* to convert into chyme.
quimioterapéutico, ca, *a.* chemotherapeutic.
quimioterapia, *f.* chemotherapy.
quimista, *m.* = ALQUIMISTA, alchemist.
quimo, *m.* (med.) chyme.
quimógrafo, *m.* (med.) kymograph.
quimón, *m.* chintz.
quimono, *m.* kimono.
quimoso, sa, *a.* chymous.
quimurgia, *f.* chemurgy.
quina, *f.* Peruvian bark, cinchona.
quinal, *m.* (naut.) preventer shroud.
quinaquina, *f.* = QUINA.
quinario, ria. I. *a.* quinary, consisting of five. **II.** *m.* quinarius, a Roman coin.
quinas, *f. pl.* arms of Portugal; fives on dice.
quincalla, *f.* (com.) hardware; small wares.
quincallería, *f.* hardware trade or store; small wares store.
quincallero, ra, *n.* dealer in hardware or small wares.
quince, *a.* & *m.* fifteen; fifteenth; a card game.
quincenal, *a.* fortnightly, semi-monthly.
quincenalmente, *adv.* fortnightly.
quinceno, na. I. *a.* fifteenth. **II.** *n.* mule fifteen months old. **III.** *f.* fortnight; semi-monthly pay; (mus.) fifteenth (interval and organ stop). —**por q.,** every two weeks, semi-monthly
quincuagenario, ria, *a.* & *n.* having fifty units; quinquagenarian, person in the fifties.
quincuagésimo, ma. I. *a.* fiftieth. **II.** *f.* Quinquagesima Sunday.
quincunce, *m.* quincunx.
quincuncial, *a.* quincuncial.
quincha, *f.* (Peru) wall of clay and canes.
quindenio, *m.* period of fifteen years.
quinero, ra, *n.* cinchona gatherer or trader.
quinete, *m.* a kind of camlet.
quingentésimo, ma, *a.* five-hundredth.
quingombó, *m.* (bot.) gumbo, okra.
quingos, *m.* (Am.) zigzag.
quinidina, *f.* (chem.) quinidin, quinidine.
quinientos, *n.* & *a.* five hundred.
quinina, *f.* quinine.
quinismo, *m.* effects of the use of quinine; cinchonism.
quino, *m.* (bot.) cinchona tree; (chem.) quinoidin.
quinoa, *f.* quinoa, a S. A. species of goosefoot.
quínola, *f.* at cards, four of a kind.—*pl.* a card game.
quinolear, *va.* to prepare (cards) for QUÍNOLAS.
quinona, *f.* (chem.) quinone.
quinqué, *m.* student lamp.
quinquefoliado, da, *a.* (bot.) quinquefoliate.
quinquefolio, *m.* (bot.) common cinquefoil.
quinquenal, *a.* quinquennial.
quinquenervia, *f.* (bot.) rib-grass plantain.
quinquenio, *m.* quinquennium, lustrum.
quinquillería, *f.* = QUINCALLERÍA.
quinquillero, *m.* hawker, peddler; QUINCALLERO.
quinquivalente, *m.* (chem.) quinquevalent.
quinta, *f.* country seat, villa; manorhouse; (mil.) draft; quint, sequence of five cards; (fencing) quint; (mus.) fifth.—**q. esencia,** quintessence.
quintacolumnista, *a.* & *n.* fifth columnist.
quintador, *m.* (mil.) one who drafts men.
quintaesencia, *f.* quintessence.
quintaesenciar, *va.* to refine, distil.
quintal, *m.* quintal, a hundred pounds.—**q. métrico,** metric quintal (100 kg.).
quintalada, *f.* (naut.) primage or hat money (2½ per cent. on the freight).
quintaleño, ña; lero, ra, *a.* capable of containing a quintal.
quintana, *f.* country mansion.
quintante, *m.* instrument for observations at sea.
quintañón, na, *a.* & *n.* (coll.) centenarian.

quintar. I. *va.* to draw one out of five; (mil.) to draft for service; to plow the fifth time. **II.** *vn.* (of the moon) to attain the fifth day.
quintería, *f.* farm; grange.
quinterno, *m.* five sheets of paper; keno, in lotto.
quintero, *m.* farmer; farm hand.
quinteto, *m.* (mus.) quintet.
quintil, *m.* quintile.
quintilla, *f.* five-line stanza.
quintillo, *m.* game of ombre with five players.
quintillón, *m.* quintillion.
quinto, ta. I. *a.* fifth.—**q. columna,** fifth column. **II.** *m.* one fifth; 20% duty; (Mex., Chile) (coll.) 5 centavo piece; (mil.) conscript, inductee.
quintuplicación, *f.* quintuplication.
quintuplicar, *va.* & *vn.* to quintuplicate.
quíntuplo, pla. I. *a.* quintuple, fivefold. **II.** *m.* quintuple, quintuplet.
quinua, *f.* = QUINOA.
quinzavo, va, *n.* & *a.* (arith.) fifteenth.
quiñón, *m.* share of profit or lands; (P. I.) a land measure (2.8 hectares).
quiñonero, *m.* part owner, shareholder.
quiosco, *m.* kiosk, pavilion, summer house.—**q. de necesidad,** public water closet.
quipos, *m. pl.* (Peru) quipu.
quiquiriquí, *m.* cock-a-doodle-do; (coll.) cock of the walk.
quiragra, *f.* gout in the hand.
quirinal, *m.* & *a.* Quirinal.
quirófano, *m.* (med.) operating room.
quirografía, *f.* chirography.
quirógrafo, *m.* chirograph.
quiromancia, *f.* chiromancy, palmistry.
quiromántico, *m.* palmist, chiromancer.
quiropodia, *f.* chiropody.
quirópodo, da, *a.* (zool.) chiropodous.
quiropráctico, ca. I. *a.* chiropractic. **II.** *n.* chiropractor; *f.* chiropractic.
quiróptero, ra. I. *a.* (zool.) chiropterous. **II.** *m.* (zool.) chiropter.
quiroteca, *f.* (coll.) glove.
quirúrgico, ca. I. *a.* surgical. **II.** *n.* surgeon.
quirurgo, *m.* surgeon.
quise, *v. V.* QUERER.
quisicosa, *f.* (coll.) enigma, riddle, puzzle.
quiso, *v. V.* QUERER.
quisquemenil, *m.* (Am.) short cloak.
quisquilla, *f.* bickering, trifling dispute.
quisquilloso, sa, *a.* fastidious, precise; touchy, peevish.
quiste, *m.* (med.) cyst.
quisto, ta, *a.*—**bien q.,** well received, generally beloved.—**mal q.,** disliked.
quita. I. *f.* (law) acquittance, discharge, release (from debt).—**de q. y pon,** detachable, removable. **II.** *interj.* God forbid!—**¡q. de ahí!** away with you! out of my sight!
quitación, *f.* salary, pay; income; (law) QUITA.
quitador, ra, *n.* remover.
quitaipón, *m.* = QUITAPÓN.
quitamanchas, *m.* clothes cleaner, spot remover.
quitameriendas, *f.* common meadow saffron.
quitamiento, *m.* (law) = QUITA.
quitamotas, *n.* (coll.) servile flatterer.
quitanieve, *m.* snowplow.
quitante, *a.* that takes away or removes.
quitanza, *f.* quittance; (com.) receipt in full, discharge.
quitapelillos, *n.* (coll.) flatterer, fawner.
quitapesares, *n.* (coll.) comfort, comforter.
quitapiedras, *m.* (Ry.) cowcatcher.
quitapón, *m.* ornament on the headstall of mules.—**de q.** = DE QUITA Y PON. *V.* QUITA.
quitar. I. *va.* to take away; to subtract; to take off, remove; to separate, extract, take out; to take (up) time; to free from; to rob of, deprive of; to release or redeem (a pledge); to hinder; forbid, prohibit; to repeal, annul; to free from (obligation); (fencing) to parry. **II.** *vr.* to abstain, refrain; to quit, move away, withdraw; to get rid of; to take off (a garment); to come out (as a stain).—**q. algo de encima,** to get rid of, or shake off, something.—**q. el agua,** (Mex.) to stop raining.
quitasol, *m.* parasol, sunshade.
quite, *m.* obstacle, impediment, hindrance; (fencing) parry, dodge.
quiteño, ña, *a.* of or pertaining to Quito.
quitina, *f.* (chem.) chitin.
quitinoso, sa, *a.* (chem.) chitinous.
quito, ta, *a.* quit, clear, free.
quitrín, *m.* (Cuba) two-wheel open wagon.
quizá, quizás, *adv.* perhaps, maybe.
quizame, *m.* (P. I.) roof, ceiling.
quórum, *m.* quorum.

R

R, r, *f.* r, twenty-first letter of the Spanish alphabet.
raba, *f.* bait for pilchard fishery.
rabada, *f.* hind quarter, rump.
rabadán, *m.* head shepherd.
rabadilla, *f.* coccyx; rump; (ornith.) uropygium.
rabanal, *m.* ground sown with radishes.
rabanero, ra. I. *a.* (coll.) short (skirt); forward, pert, bold. **II.** *f.* (coll.) shameless woman. **III.** *n.* seller of radishes.
rabanillo, *m. dim.* (bot.) wild radish; sharp taste of wine on the turn; (coll.) ardent desire, longing; sourish temper.
rabaniza, *f.* radish seed.
rábano, *m.* (bot.) radish.—**r. picante,** or **rusticano,** horse-radish.—**r. silvestre,** wild radish.—**tomar el r. por las hojas,** (coll.) to be entirely mistaken, to be off the track.
rabazuz, *m.* thickened juice of licorice.
rabear, *vn.* to wag the tail.
[1]**rabel,** *m.* (mus.) rebeck, ancient stringed instrument.
[2]**rabel,** *m.* breech, backside.
rabelejo, *m. dim.* of RABEL.
rabeo, *m.* wagging of the tail.
rabera, *f.* tail end; tang, tongue; handle of a crossbow; chaff.
raberón, *m.* top of a felled tree.
rabí, *m.* rabbi, rabbin.
rabia, *f.* hydrophobia, rabies, rage, fury.—**tener r.,** to have a grudge against.—**tomar r.,** to take a dislike to; to develop a grudge against.
rabiar, *vn.* to be ill with hydrophobia; to rage, be furious; to suffer racking pain.—**r. por,** to long eagerly for.
rabiatar, *va.* to tie by the tail.
rabiazorras, *m.* east wind.
rabicán; rabicano, na, *a.* white-tailed.
rabicorto, ta, *a.* short-tailed; docked.
rábido, da, *a.* (poet.) = RABIOSO.
rabieta, *f. dim.* (coll.) fit of temper.
rabihorcado, *m.* (ornith.) frigate bird.
rabil, *m.* crank; wheat husker.
rabilar, *va.* to husk with a wheat husker.
rabilargo, ga. I. *a.* long-tailed. **II.** *m.* (ornith.) blue crow.
rabillo, *m. dim.* little tail; stem; mildew spots on corn; darnel.
rabinegro, gra, *a.* black-tailed.
rabínico, ca, *a.* rabbinical.
rabinismo, *m.* rabbinism.
rabinista, *n.* & *a.* rabbinist(-ic).
rabino, *m.* rabbi.
rabión, *m.* rapids of a river.
rabioso, sa, *a.* rabid, mad; furious, enraged.
rabisalsera, *a.* (coll.) pert, forward (woman).
rabito, *m. dim.* small tail; stem.
rabiza, *f.* point of a fishing rod; rocket stick; (naut.) tip, end of a rope; point, end of a shoal; tail of a block.
rabo, *m.* tail (of animal, esp. quadruped); tail end, back, or hind part; train; stem.—**r. de gallo,** (naut.) stern timbers.—**r. de junco,**

(ornith.) a tropical bird.—**con el r. entre las piernas,** (coll.) (fig.) with the tail between the legs, crestfallen, dejected; humiliated—**falta el r. por desollar,** the worst is yet to come.—**mirar con el r. del ojo,** to look askance, or out of the corner of the eye.
rabón, na, *a.* docked, bobtailed.
rabona, *f.* (Am.) canteen woman, soldier's wife. —**hacer r.,** to play hooky.
rabopelado, *m.* opossum.
raboseada, raboseadura, *f.* fray, chafe.
rabosear, *va.* to chafe, fray, fret.
raboso, sa, *a.* ragged, tattered.
rabotada, *f.* insolent reply.
rabotear, *va.* to crop or dock the tail of.
raboteo, *m.* cropping of sheep's tails.
rabudo, da, *a.* long- or thick-tailed.
rábula, *m.* ignorant, vociferous lawyer, pettifogger.
raca, *f.* (naut.) traveler; jib iron.
racahut, *m.* raccahoot.
racamenta, *f.* **racamento,** *m.* (naut.) parral or parrel.
racel, *m.* (naut.) run, rising of a ship.
racial, *a.* racial, race (as *a.*).
racima, *f.* grapes left on vines at vintage.
racimado, da, *a.* clustered, in racemes.
racimal, *a.* having clusters or racemes.
racimar. I. *va.* to pick the RACIMAS of. **II.** *vr.* = ARRACIMARSE, to cluster.
racimífero, ra, *a.* racemiferous.
racimo, *m.* bunch; cluster; raceme.
racimoso, sa, *a.* full of bunches, racemose.
racimudo, da, *a.* in large bunches or racemes.
raciocinación, *f.* ratiocination, reasoning.
raciocinar, *vn.* to reason, ratiocinate.
raciocinio, *m.* reasoning, ratiocination.
ración, *f.* ration; ration money; supply, allowance, pittance; (eccl.) prebend in a cathedral.
racionabilidad, *f.* rationality.
racional. I. *a.* rational; reasonable; (math. and astr.) rational. **II.** *m.* rational, pectoral or breastplate.
racionalidad, *f.* rationality; reasonableness.
racionalismo, *m.* rationalism.
racionalista, *n.* & *a.* rationalist(-ic).
racionalmente, *adv.* rationally.
racionamiento, *m.* (mil.) rationing.
racionar, *va.* (mil.) to ration.
racioncica, illa, ita, *f. dim.* small pittance.
racionero, *m.* (eccl.) prebendary; distributor of rations.
racionista, *n.* receiver of a ration or allowance; (theat.) utility man.
racismo, *m.* racism.
racista, *n.* & *a.* racist.
[1]**racha,** *f.* flaw, gust of wind; streak of luck.
[2]**racha,** *f.* (min.) piece of wood used in shoring.
rachis, *f.* (anat.) rachis, spinal column.
rada, *f.* (naut.) roads, roadstead, bay.
radar, *m.* radar.
radiación, *f.* radiation.—**r. atmosférica,** atmospheric radiation.—**r. cósmica,** cosmic radiation.—**r. letal,** lethal radiation.—**r. térmica,** heat or thermal radiation.
radiactividad, *f.* (phys.) radioactivity.
radiactivo, va, *a.* radioactive.
radiado, da. I. *pp.* of RADIAR. **II.** *a.* radiated. **III.** *a.* & *m.* (zool.) radiate.
radiador, *m.* radiator (heating device and auto).
radial, *a.* radial; radio (as *a.*).—**guía r.,** radio program.—**locutor r.,** radio announcer.
radián, *m.* (geom.) radian.
radiante, *a.* radiant, brilliant, beaming; (phys.) radiant.—**r. de,** beaming with.
radiar. I. *vn.* to radiate. **II.** *va.* & *vn.* to radio; to broadcast.
radicación, *f.* radication, taking root.
radical. I. *a.* radical; original, primitive. **II.** *m.* (math., chem., pol.) radical; (gram.) root.
radicalismo, *m.* radicalism.
radicalmente, *adv.* radically, fundamentally.
radicar. I. *vn.* to take root; to be (in a place); to lie, have roots. **II.** *vr.* to radicate, take root; to settle, establish oneself.
radicoso, sa, *a.* radical.
radícula, *f.* (bot.) radicle, radicule.
radífero, ra, *a.* radium-bearing.
radigrafía, *f.* radiography, roentgenography.
radigrafiar, *va.* to radiograph.
radigráfico, ca, *a.* radiographic.
[1]**radio,** *m.* (geom., anat.) radius; circuit, district. —**r. de acción,** range.
[2]**radio,** *m.* (chem.) radium; radio, radiotelephony; radiogram; radio (instrument or set); (radio) broadcasting.
radioactinio, *m.* (nuclear chem.) radioactinium.
radioactividad, *f.* = RADIACTIVIDAD.
radioactivo, va, *a.* = RADIACTIVO.
radioaficionado, da, *n.* radio amateur, radio fan, (coll.) radio ham.
radioamplificador, *m.* radioamplifier.
radiobiología, *f.* radiobiology.
radiocarbono, *m.* (chem.) radiocarbon.
radiocoloide, *m.* (nuclear chem.) radiocolloid.
radiocompás, *m.* radiocompass.
radiocomunicación, *f.* radio communication system.
radioconductor, *m.* radioconductor.
radiodetector, *m.* radiodetector.
radiodifundir, *va.* & *vn.* (radio) to broadcast.
radiodifusión, *f.* (radio) broadcast.
radiodifusora, *f.,* **radioemisora,** *f.* (radio) broadcasting station.
radioelemento, *m.* (chem.) radioelement, radioactive element.
radioescucha, *n.* radio listener.
radiofaro, *m.* radio beacon, radiophare.
radiofísica, *f.* radiophysics.
radiofonía, *f.* radiophony.
radiófono, *m.* radiophone.
radiofonógrafo, *m.* radiophonograph.
radiofotografía, *f.* radiophotography.
radiofrecuencia, *f.* radio-frequency.
radiogénico, ca, *a.* radiogenic.
radiogoniometría, *f.* radiogoniometry.
radiogoniométrico, ca, *a.* radiogoniometric.
radiogoniómetro, *m.* radiogoniometer.
radiografía, *f.* RADIGRAFÍA; radiotelegraphy.
radiografiar, *va.* to radiograph.
radiográfico, ca, *a.* = RADIGRÁFICO.
radiograma, *m.* radiogram, radiotelegram.
radiolario, ria, *a.* & *m.* (zool.) radiolarian.
radiolisis, *f.* (nuclear chem.) radiolysis.
radiología, *f.* radiology.
radiológico, ca, *a.* radiological.
radiólogo, ga, *n.* radiologist.
radioluminiscencia, *f.* (phys.) radioluminescence.
radiometría, *f.* radiometry.
radiómetro, *m.* radiometer.
radionúclido, *m.* (phys.) radionuclide.
radioquímica, *f.* radiochemistry.
radioresistencia, *f.* (med., phys.) radioresistance.
radiorreceptor, *m.* radio receiver.
radiorrevista, *f.* (radio) radio report or news.
radioscopia, *f.* radioscopy.
radioscopio, *m.* radioscope.
radiosensitividad, *f.* (med., phys.) radiosensitivity.
radioso, sa, *a.* radiant.
radiosonda, *f.* (meteorol.) radiosonde.
radiotelefonía, *f.* radiotelephony.
radiotelefónico, ca, *a.* radiotelephonic.
radioteléfono, *m.* radiotelephone.
radiotelegrafía, *f.* radiotelegraphy, wireless telegraphy.
radiotelegrafiar, *va.* & *vn.* to wireless, communicate by wireless telegraphy.
radiotelegráfico, ca, *a.* radiotelegraphic, wireless.
radiotelegrafista, *n.* wireless operator.

radiotelégrafo, *m.* wireless telegraph.
radiotelegrama, *m.* radiotelegram, radiogram.
radiotelescopio, *m.* radiotelescope.
radioteletipo, *m.* radioteletypewriter.
radioterapia, *f.* (med.) radiotherapy.
radiotermia, *f.* (med.) radiothermy.
radiotransmisor, *m.* radio transmitter.
radiovisión, *f.* radiovision.
radioyente, *n.* radio listener.
radón, *m.* (chem.) radon.
raedera, *f.* scraper, raker.
raedizo, za, *a.* easily scraped.
raedor, ra, *n.* & *a.* scraper(-ing), eraser(-ing).
raedura, *f.* erasure; scrapings, filings.
raer, *va.* (*ger.* RAYENDO; *ind. pres.* RAIGO, *pret.* él RAYÓ; *subj.* RAIGA) to scrape; to rub off, abrade, fret, fray; to erase; to wipe out, extirpate.
rafa, *f.* (arch.) buttress; trench or ditch for irrigation; (vet.) crack in the toe of hoofs; (min.) cut in a rock for supporting an arch.
rafaelesco, ca, *a.* Raphaelesque.
ráfaga, *f.* gust of wind; small-cloud; flash or gleam of light.
rafania, *f.* (med.) raphania.
[1]**rafe,** *m.* (arch.) eaves.
[2]**rafe,** *n.* (anat., bot.) raphe.
rafear, *va.* to secure with buttresses.
rafia, *f.* (bot.) raffia.
raglán, *m.* raglan.
rahez, *a.* vile, low, despicable.
raíble, *a.* that can be scraped or frayed.
raiceja, cilla, cita, *f. dim.* rootlet, radicle.
raído, da. I. *pp.* of RAER. **II.** *a.* frayed, threadbare, worn out; barefaced, shameless.
raigal. I. *a.* radical. **II.** *m.* foot of a tree.
raigambre, *f.* intermixture of roots.
raigo, raiga, *v. V.* RAER.
raigón, *m.* large strong root; root of a tooth.
rail, *m.* (Angl.) (Ry.) rail.
raimiento, *m.* scraping, abrading; impudence.
raíz, *f.* (bot.) root; base, foundation; origin; (math. and gram.) root.—**a r.,** close to, immediately, right after, hard upon.—**arrancar de r.,** to uproot.—**cortar de r.,** to nip in the bud. —**de r.,** from the root; entirely.—**echar raíces,** to take root, become fixed or settled.
[1]**raja,** *f.* split, rent, crack; slice (as of fruit).
[2]**raja,** *f.* coarse cloth.
rajá, *m.* rajah, Indian prince.
rajable, *a.* easily split.
rajabroqueles, *m.* (coll.) bully, brawler.
rajadillo, *m.* sugared sliced almonds.
rajadizo, za, *a.* easily split; fissile.
rajado, da, *a.* rimose, cracked, split.
rajador, *m.* wood splitter.
rajadura, *f.* cleft, fissure, crack.
rajante, *pres. p.* of RAJAR, splitting.
rajar. I. *va.* to split, rend; to slice (food). **II.** *vr.* to split, crack. **III.** *vn.* (coll.) to boast; to chatter.
rajatabla, used in the expression **a rajatabla,** (coll.) by all means, one way or another, at any cost.
rajeta, *f.* coarse cloth of mixed colors.
rajuela, *f. dim.* small crack; (mason.) riprap.
ralea, *f.* race, breed, stock; kind, quality.
ralear, *vn.* to become thin or sparse (as cloth, hair); (agr.) to yield thin bunches of grapes.
raleón, na, *a.* (of birds of prey) predatory.
raleza, *f.* thinness, lack of density, sparseness.
ralo, la, *a.* thin, sparse, not dense.
ralladera, *f.,* **rallador,** *m.* (cooking) grater.
ralladura, *f.* mark left by a grater; gratings.
rallar, *va.* (cooking) to grate; (coll.) to vex.
rallo, *m.* grater; ice scraper; rasp.
rallón, *m.* arrow with crosshead.
rama, *f.* (bot.) branch, twig, bough; branch of a family; rack in cloth mills; (print.) chase.—**andarse por las ramas,** to beat about the bush. —**asirse a las ramas,** to seek or make frivolous excuses.—**en r.,** unmanufactured, raw; (bookbinding) in sheets, unbound.
ramada, *f.* mass of branches; arbor; (Am.) shed.
ramaje, *m.* mass of branches; foliage; ramiform design.
ramal, *m.* branch, ramification; (Ry.) branch road; strand of a rope; halter; (min.) shaft, gallery.
ramalazo, *m.* lash, stroke with a rope; mark left by a lash; sudden pain or grief; blow; spot on the face caused by blows or disease.
rambla, *f.* sandy or dry ravine; ramble; **tenter,** tentering machine; (in Barcelona) avenue.
ramblar, *m.* sandy beach or bed.
ramblazo, ramblizo, *m.* bed of a torrent.
rameado, da, *a.* having a ramiform design.
rameal, rámeo, a, *a.* pertaining to branches.
ramera, *f.* prostitute, harlot, strumpet.
ramería, *f.* brothel; harlotry.
ramial, *m.* ramie patch.
ramificación, *f.* ramification, branching off.
ramificarse, *vr.* to ramify, branch off.
ramilla, ita, *f. dim.* small shoot, sprig, twig.
ramillete, *m.* bouquet; (bot.) cluster, umbel; centerpiece at table; collection of choice things. —**r. de Constantinopla,** (bot.) sweet-william.
ramilletero, ra. I. *n.* maker and seller of bouquets. **II.** *m.* flower vase.
ramina, *f.* ramie fiber.
ramio, *m.* (bot.) ramie, an Asiatic shrub.
ramiza, *f.* collection of lopped branches.
rámneo, nea, *a.* (bot.) rhamnaceous.
ramo, *m.* bough; branch (of a tree, of trade, a science, art, etc.); branchlet; limb cut off from a tree; cluster, bouquet; string of onions; line of goods; section, division; department.
ramojo, *m.* brushwood, small wood.
ramón, *m.* browse, browsing.
ramonear, *vn.* to lop off twigs; to browse.
ramoneo, *m.* lopping twigs; browsing.
ramoso, sa, *a.* ramose, having many branches.
[1]**rampa,** *f.* cramp, crick, (coll.) charley horse.
[2]**rampa,** *f.* ramp, slope.—**r. de lanzamiento,** (astronaut.) launching ramp.
rampante, *a.* (her.) rampant.
rampiñete, *m.* (artil.) vent gimlet.
ramplón, plona. I. *a.* heavy, coarse (shoe); rude, vulgar, common. **II.** *m.* calk of a horseshoe.
ramplonería, *f.* coarseness, heaviness; vulgarity.
[1]**rampojo,** *m.* refuse of grapes.
[2]**rampojo,** *m.* (mil.) caltrop.
rampollo, *m.* (agr.) cutting for planting.
ramulla, *f.* twigs, brushwood.
rana, *f.* (zool.) frog; (Ry.) frog.—*pl.* (med.) ranula, tongue tumor.—**r. arbórea,** (zool.) tree frog, tree toad.—**r. toro,** (zool.) bullfrog.— **no ser r.,** (coll.) to be able and expert.
ranacuajo, *m.* = RENACUAJO, polliwog.
rancajada, *f.* uprooting plants or sprouts.
rancajado, da, *a.* wounded with a splinter.
rancajo, *m.* splinter in the flesh.
ranciarse, *vr.* = ENRANCIARSE, to get rancid.
rancidez, *f.* rancidity, rancidness, rankness.
rancio, cia. I. *a.* rank, rancid, stale; long kept, old (as wine); antiquated. **II.** *m.* greasiness of cloth before milling.
rancioso, sa, *a.* rancid, rank, sour.
rancheadero, *m.* place containing huts.
ranchear. I. *vn.* to build huts; to plunder huts. **II.** *vr.* to build a hut for oneself; to settle in a hut. **III.** *va.* to plunder the huts of.
ranchería, *f.* settlement; cluster of huts; hamlet; horde, camp.
ranchero, *m.* steward of a mess; small farmer; (Mex.) rancher.
rancho, *m.* mess (food and persons eating together); (naut.) mess; messroom; (gen. thatched) hut; (Arg.) man's flat straw hat; hamlet; camp; (Am.) cattle ranch; (coll.) meeting; gang.—**r. de ganado,** cattle ranch.—**r. de recreo,** (U. S.) dude ranch.—**r. de Santa Bárbara,** (naut.) gunroom; (naut.) rudder room.

randa, *f.* lace trimming.—**randado, da,** *a.* lace-trimmed.—**randera,** *f.* lace worker.
rangífero, *m.* reindeer.
rango, *m.* (Gal.) rank, class, position.
rangua, *f.* pivot collar, shaft socket,
ránido, da, *a.* & *m.* (zool.) ranid.
ranilla, *f. dim.* frog of the hoof (of horses, etc.); (vet.) disease in the bowels of cattle.
ránula, *f.* (med. and vet.) ranula, tongue tumor.
ranunculáceo, cea, *a.* (bot.) ranunculaceous.
ranúnculo, *m.* (bot.) crowfoot, buttercup.
ranura, *f.* groove; slot.
[1]**raña,** *f.* hook frame for catching cuttlefish.
[2]**raña,** *f.* lowland.
raño, *m.* oyster tongs.
rapa, *f.* (bot.) flower of the olive tree.
[1]**rapacejo, ja,** *n.* urchin, child.
[2]**rapacejo,** *m.* border, edging.
rapacería, *f.* childish prank or action.
rapacidad, *f.* rapacity.
rapador, ra, *n.* scraper; (coll.) barber.
rapadura, *f.* shaving; hair cut; plundering.
rapagón, *m.* beardless young man.
rapamiento, *m.* = RAPADURA.
rapante, *a.* snatching, robbing; shaving; (her.) rampant.
rapapiés, *m.* (fireworks) running squib; chaser.
rapapolvo, *m.* (coll.) sharp reprimand, dressing down.
rapar, *va.* to shave; to crop (the hair); to plunder, snatch, rob; to skin, peel.
[1]**rapaz,** *a.* rapacious, predatory; (ornith.) raptorial.
[2]**rapaz, za,** *n.* young boy (girl).
rapazada, *f.* childish prank or speech.
rapazuelo, la, *n. dim.* little boy (girl), youngster.
rape, *m.* (coll.) hurried shaving or hair cutting.—**al r.,** cropped, clipped, cut close or short.
rapé, *m.* snuff; rappee.
rápidamente, *adv.* rapidly, fast.
rapidez, *f.* rapidity, celerity, swiftness.
rápido, da. I. *a.* rapid, swift. **II.** *m.* rapids; express train.
rapiego, ga, *a.* rapacious (bird).
rapingacho, *m.* (Peru) cheese omelet.
rapiña, *f.* rapine, robbery, plundering.—**de r.,** (of birds) of prey.
rapiñador, ra, *n.* plunderer, robber.
rapiñar, *va.* (coll.) to plunder; to pillage; to steal.
rapista, *m.* scraper; (coll.) barber.
rapo, *m.* round-rooted turnip.
rapónchigo, *m.* (bot.) rampion.
raposa, *f.* fox; cunning person.
raposear, *vn.* to act in a foxy way.
raposera, *f.* fox hole, fox den.
raposería, *f.* cunning of a fox.
raposino, na, *a.* foxy.
raposo, *m.* (male) fox.
raposuno, na, *a.* vulpine, foxy.
rapsoda, *a.* rhapsodic, rapt.
rapsodia, *f.* rhapsody.
rapta, *a.* (of a woman) abducted, kidnapped.
raptar, *va.* to kidnap (a woman); to steal.
rapto, *m.* kidnapping; rapture, ecstasy.
raptor, ra, *n.* thief, robber; kidnapper.
raque, *m.* wrecking; arrack.
raquero, ra. I. *a.* piratical. **II.** *n.* wrecker; "dock rat."
raqueta, *f.* (tennis, badminton, etc.) racket; battledore; battledore and shuttlecock, badminton; tennis.
raquetero, *m.* racket maker or seller.
raquialgia, *f.* (med.) rachialgia, spinal pain.
raquídeo, dea, *a.* rachitic.—**bulbo r.,** (anat.) medulla oblongata.
raquis, *m.* (anat.) rachis, spine; (bot.) stalk.
raquítico, ca, *a.* (med.) rachitic, rickety; feeble, flimsy, niggardly.
raquitis, *f.*; **raquitismo,** *m.* (med.) rachitis, rickets.
raquítomo, *m.* (surg.) rachitome.
raramente, *adv.* rarely, seldom; ridiculously, oddly.
rarefacción, *f.* rarefaction.
rarefacer, *va.* & *vr.* to rarefy.
rareza, *f.* rarity, rareness, uncommonness; fad, queerness; freak; curio, curiosity; oddness.—**por r.,** rarely, seldom.
raridad, *f.* rarity; thinness.
rarificar. I. *va.* (*pret.* RARIFIQUÉ; *subj.* RARIFIQUE) to rarefy, make thin. **II.** *vr.* to become thin or rarefied.
rarificativo, va, *a.* rarefying, thinning.
raro, ra, *a.* rare; scarce; thin, rarefied; choice, precious, excellent; queer, odd.—**r. vez,** seldom.
ras, *m.* level, even, flush.—**r. con r.,** on a level, flush.—**al ras con,** or **de,** even or flush with.
rasa, *f.* tease, in fabrics; table-land, plateau.
rasadura, *f.* levelling with a strickle.
rasamente, *adv.* publicly, openly, clearly.
rasante. I. *a.* levelling, grazing. **II.** *f.* (Ry.) grade, grade line.
rasar, *va.* to strike or level with a strickle; to graze, skim, touch lightly.
rasarse, *vr.* to clear up (as the sky).
rascacielos, *m.* (coll.) skyscraper.
rascacio, *m.* (ichth.) = ESCORPENA, grouper.
rascadera, *f.* scraper; currycomb.
rascador, *m.* scraper, scaler, scratcher; rasp; hatpin, bodkin; huller, sheller.
rascadura, *f.* scratching; scratch; scraping.
rascalino, *m.* (bot.) dodder.
rascamiento, *m.* scraping, scratching.
rascamoño, *m.* woman's hatpin, bodkin.
rascar. I. *va.* (*pret.* RASQUÉ; *subj.* RASQUE) to scratch; rasp, scrape. **II.** *vn.* (Colomb.) to itch.
rascazón, *f.* itching.
rascle, *m.* instrument used in coral fishing.
rascón, na. I. *a.* sour, tart, sharp, acrid. **II.** *m.* (ornith.) rail; marsh hen.
rascuñar, rascuño, = RASGUÑAR, etc.
rasel, *m.* (naut.) entrance and run of a ship.
rasero, *m.* strickle, strike; standard, rule.
rasete, *m.* satinet, sateen.
rasgado, *m.* = RASGÓN.
rasgador, ra, *n.* tearer, ripper.
rasgadura, *f.* rent, ripping.
rasgar, *va.* (*pret.* RASGUÉ; *subj.* RASGUE) to tear, rend, rip; RASGUEAR.
rasgo, *m.* dash, stroke, flourish, scroll; stroke (of wit, kindness, etc.); deed, feat; happy expression or saying; feature (of face); characteristic.—**a grandes rasgos,** broadly, in outline.
rasgón, *m.* rent, rip, tear.
rasgué, rasgue, *v. V.* RASGAR.
rasgueado. I. *pp.* of RASGUEAR. **II.** *a.* full of flourishes. **III.** *m.* making of flourishes.
rasguear. I. *vn.* to flourish, to make scrollwork. **II.** *va.* to play flourishes on (the guitar); to play (the guitar) with strokes of the whole hand.
rasgueo, *m.* forming fine strokes with a pen; scrollwork; flourish.
rasguñar, *va.* to scratch; to sketch, outline.
rasguñito, ñuelo, *m.* slight scratch or sketch.
rasguño, *m.* scratch; nip; sketch, outline.
rasilla, *f.* serge; fine tile for flooring.
raso, sa. I. *a.* clear, unobstructed; plain; flat.—**a campo r.,** or **al r.,** in the open air. **II.** *m.* satin.
raspa, *f.* (bot.) beard of an ear of corn; bunch of grapes; spine, fin ray of fish; hair or thread in the nib of a writing pen; (carp.) wood rasp, scraper, grater; outer rind of certain fruits (nuts, almonds, etc.); (coll., Am.) sermon, lecture, dressing down.
raspadera, *f.* raker.
raspador, *m.* eraser; rasp, grater, scraper.
raspadura, *f.* erasure; rasping, scraping; abrasion; scrapings, shavings; (Cuba) pan sugar.
raspajo, *m.* stalk of a bunch of grapes.
raspamiento, *m.* erasure; rasping, scraping.
raspante, *a.* rasping, rough (wine); abrasive, abrading.
raspar, *va.* to erase; to scrape, rasp, pare off; (of wine) to bite or sting; to steal, carry off.

raspear, *vn.* to scratch (as a bad pen).
raspilla, *f.* (bot.) a boraginaceous plant.
raspón, *m.* (Colomb.) large straw hat; (Chile) severe reprimand; (Mex.) scratch, skinning.
rasqué, rasque, *v. V.* RASCAR.
rasqueta, *f.* (naut.) scraper.
rastacuero, *n.* = RASTRACUEROS.
rastel, *m.* lattice, railing.
rastillador, rastillar, rastillo, = RASTRILLADOR, RASTRILLAR, RASTRILLO.
rastra, *f.* track, trail; sled, sledge; dray; (agr.) harrow, brake; reaping machine; act of dragging along; anything dragging; string of dried fruit, onions, etc.; (naut.) drag, grapnel.—**a la r., a las rastras,** or **a r., dragging;** unwillingly, by force.
rastracueros, *n.* (Am.) person who makes a fortune in the hide business (may be called hide magnate); snob whose income comes from nobody knows where.
rastrallar, *vn.* to crack with a whip.
rastreador, ra. *n.* tracer; scout; (ship) mine detector.
rastrear. I. *va.* to trace, scent; to track down, trail; (agr.) to harrow, rake; (in fishing) to drag; to investigate, follow a clue to; to sell (carcasses) by wholesale. **II.** *vn.* to skim the ground, to fly very low.
rastreo, *m.* dragging in the water.
rastrero, ra. I. *a.* creeping, dragging; trailing; flying low; abject, grovelling; low, base; cringing. **II.** *n.* employee of a slaughterhouse.
rastrillada, *f.* rakeful.
rastrillador, ra, *n.* hackler; flax dresser, hatcheler; raker.
rastrillaje, *m.* raking; hatcheling.
rastrillar, *va.* to hackle, dress (flax), comb, hatchel; to rake.
rastrillo, *m.* hackle, flax comb; (agr.) rake; (fort.) portcullis; (artil.) hammer of a gunlock; ward of a key; ward of a lock.—**r. de pesebre,** rack of a manger.
rastro, *m.* track, scent, trail; trace; (agr.) rake, harrow; slaughterhouse; sign, token; vestige, relic; in Madrid, a market of knickknacks.
rastrojera, *f.* stubble field.
rastrojo, restrojo, *m.* stubble, haulm.
rasura, *f.* shaving.—*pl.* argol.
rasuración, *f.* shaving.
rasurar, *va.* to shave.
rata. I. *f.* rat. **II.** *m.* (coll.) pickpocket.
ratafía, *f.* ratafia, a cordial.
ratania, *f.* (bot.) ratany, rhatany.
rataplán, *m.* rubadub (sound of a drum).
[1]**ratear,** *va.* to lessen in proportion; to apportion.
[2]**ratear,** *va.* & *vn.* to filch.
[3]**ratear,** *vn.* to creep.
ratel, *m.* (zool.) ratel.
rateo, *m.* apportionment.
rateramente, *adv.* meanly, vilely.
[1]**ratería,** *f.* larceny, petty theft.
[2]**ratería,** *f.* (coll.) meanness, stinginess.
[1]**ratero, ra,** *a.* creeping; flying low.
[2]**ratero, ra,** *n.* pickpocket, pilferer.
ratico, *m.* (coll.) little while.
ratificación, *f.* ratification, confirmation.
ratificar, *va.* (*pret.* RATIFIQUÉ; *subj.* RATIFIQUE) to ratify, confirm.
ratificatorio, ria, *a.* ratifying, confirming.
ratigar, *va.* to secure on a cart with a rope.
rátigo, *m.* cartload, truck load.
ratihabición, *f.* (law) ratification.
ratimago, *m.* (coll.) trick, cunning.
ratina, *f.* Petersham, ratteen.
ratito, *m. dim.* little while, short time.
[1]**rato,** *a.* (law) valid (marriage).
[2]**rato,** *m.* short time, while, little while.—**al poco r.,** presently, very soon.—**a ratos,** from time to time, occasionally.—**a ratos perdidos,** in leisure hours, in spare time.—**buen r.,** a great while; a pleasant, good time; a great quantity.—**de r. en r.** = A RATOS.—**mal r.,** an unpleasant time.—**pasar el r.,** to lose time; to pass the time, to while away the time.
ratón, *m.* mouse; (naut.) hidden rock that frets cables.—**r. de campo,** harvest mouse.
ratona, *f.* (zool.) female mouse or rat.
ratonar. I. *va.* to gnaw like mice. **II.** *vr.* to become sick (as cats) from eating rats.
ratonera, *f.* mousetrap; mousehole or breeding place.—**caer en la r.,** to fall into a trap.
ratonero, ra. I. *a.* mousy. **II.** *n.* ratter.
ratonesco, ca, *a.* = RATONERO, *a.*
rauco, ca, *a.* (poet.) hoarse, husky, raucous.
raudal, *m.* torrent, stream; plenty, abundance.
raudo, da, *a.* rapid, swift, impetuous.
rauta, *f.* (coll.) road, way, route.
[1]**raya. I.** *f.* stroke, dash, streak, stripe, line; frontier, boundary; score, mark; crease (in trousers); parting in the hair; (print.) dash, rule; (artil.) rifle or spiral groove; strip of ground cleared of combustible matter.—**r. de la meta,** goal line.—**a r.,** within bounds.—**tener a uno a r.,** to hold one at bay.
[2]**raya,** *m.* (ichth.) ray, skate.
rayadillo, *m.* striped cotton duck.
rayado, da. I. *pp.* of RAYAR. **II.** *a.* streaky. **III.** *m.* ruling; stripes.
rayadura, *f.* ruling.
rayano, na, *a.* neighboring, contiguous, bordering.
rayar. I. *va.* to draw lines on; to rule; to scratch (as a table); to stripe, streak; (artil.) to rifle or groove; to cross out; to underscore. **II.** *vn.* to excel, surpass; to border (on); to begin, appear (as the day, sun, light, etc.).
rayo, *m.* ray, beam; spoke of a wheel; thunderbolt; flash of lightning; sudden havoc, misfortune, or scourge; lively, ready genius; great power or efficacy of action.—**r. de sol,** sunbeam.—**r. textorio,** weaver's shuttle.—**rayos alfa,** (phys.) alpha rays.—**rayos beta,** (phys.) beta rays.—**rayos catódicos, Roentgen** or **X,** (phys.) cathode, Roentgen or X rays.—**rayos cósmicos,** (phys.) cosmic rays.—**rayos gama,** (phys.) gamma rays.—**rayos violetas,** (phys.) violet rays.
¡rayo! *or* **¡rayos!** *interj.* fury!
rayó, *pret.* of RAER.
rayón, *m.* (text.) rayon.
rayoso, sa, *a.* full of lines or stripes.
rayuela, *f. dim.* small line; game of drawing lines.
rayuelo, *m.* (ornith.) a small kind of snipe.
[1]**raza,** *f.* race, lineage; breed.—**de r.,** pure-breed.
[2]**raza,** *f.* crack, fissure; lightly woven stripe in fabrics; cleft in horse's hoof; ray of light.
razado, *a.* having lightly woven stripes.
rázago, *m.* burlap, sackcloth.
razón, *f.* reason; reasonableness; equity, fairness; account, explanation; information; (Am.) message; (math.) ratio.—**r. de estado,** reason of state, raison d'état; regard for public opinion.—**r. de pie de banco,** (coll.) futile, silly reason.—**r. de ser,** raison d'être, reason; explanation; justification, foundation.—**r. social,** (com.) firm, firm name.—**a r. de,** at the rate of.—**con r. o sin ella,** rightly or wrongly.—**dar la r. a,** to agree with.—**dar r. de,** to give an account of; to account for; to give information about.—**en r. a,** or **de,** concerning, as regards.—**entrar en r.,** to be, or become, reasonable, listen to reason.—**meter en r.,** to compel or induce to act reasonably; to convince.—**no tener r.,** to be wrong or mistaken.—**perder la r.,** to become insane.—**ponerse en (la) r.,** to be reasonable.—**por cuya r.,** and so, and for this reason.—**por r. de,** because of.—**tener r.,** to be right.—**tomar r. de,** to register, make a memorandum or record of; to inventory.
razonable, *a.* reasonable; moderate; fair, just.
razonablejo, ja, *a.* (coll.) moderate, fair.
razonado, da. I. *pp.* of RAZONAR. **II.** *a.* reasoned, reasoned out; detailed, itemized.
razonador, ra, *n.* & *a.* reasoner(-ing).

razonamiento, *m.* reasoning.
razonante, *n.* & *a.* reasoner(-ing).
razonar. I. *vn.* to reason, ratiocinate. II. *va.* to itemize, vouch, attest.
re, *m.* (mus.) D, re, second note of the scale.
reabrir, *va.* & *vn.* to reopen.
reabsorbedor, ra, *a.* resorptive.
reabsorber, *va.* to reabsorb.
reabsorción, *f.* reabsorption.
reacción, *f.* (chem., mech., pol., personal) reaction.—**r. en cadena**, (phys.) chain reaction.—**r. persistente**, sustained reaction.
reaccionar, *vn.* to react.
reaccionario, ria, *n.* & *a.* reactionary.
reaccionarismo, *m.* (pol.) reactionism.
reacio, cia, *a.* obstinate, stubborn.
reacondicionamiento, *m.* overhaul.
reacondicionar, *va.* (mech.) to recondition, overhaul.
reactancia, *f.* (elec.) reactance.
reactividad, *f.* reactivity.
reactivo, va. I. *a.* reactive. II. *m.* (chem.) reactive, reagent.
reactor, *m.* reactor; (elec., phys.) reactor, atomic pile; (aer.) jet plane.—**r. eléctrico**, electric reactor.—**r. nuclear**, (phys.) nuclear reactor.—**r. reproductor**, (phys.) breeder reactor.—**r. termonuclear**, (phys.) thermonuclear reactor.
readaptación, *f.* readjustment.
readaptar, *va.* to readjust.
readmisión, *f.* readmission.
reafirmación, *f.* reaffirmation.
reafirmar, *va.* to reaffirm, reassert.
reagravación, *f.* reaggravation.
reagravar, *va.* to aggravate anew.
reagudo, da, *a.* very acute.
[1]**real**, *a.* real, actual.
[2]**real.** I. *a.* royal, kingly, kinglike; grand, magnificent, splendid; noble; handsome. II. *m.* camp, encampment; fair grounds; real, a silver coin.—**r. de agua**, water running through a pipe the size of a real.—**r. de minas**, (Mex.) town having silver mines in its vicinity.—**r. de vellón**, a small coin (5 cents).—**r. hacienda**, exchequer.—**r. sitio**, king's country residence.—**alzar**, or **levantar, los reales**, to break camp; to break up housekeeping; to quit.—**sentar (los) reales**, to encamp; to settle, establish oneself.
realce, *m.* raised work, embossment; excellence; lustre, splendor; (art) high light.
realdad, *f.* royal power, sovereignty.
realegrarse, *vr.* to be very joyful.
realejo, *m.* *dim.* hand organ.
realengo, ga. I. *a.* royal, kingly; unappropriated (land). II. *m.* royal patrimony.
realera, *f.* = MAESTRIL, queen cell (of beehive).
realete, *m.* = DIECIOCHENO, a kind of cloth.
realeza, *f.* royalty, regal dignity.
realicé, realice, *v.* *V.* REALIZAR.
realidad, *f.* reality, fact; truth, sincerity.—**en r.**, or **en r. de verdad**, truly; really; in fact.
realillo, realito, *m.* *dim.* small REAL (coin).
realimentación, *f.* (elec.) feedback.
realineación, *f.* realignment.
realinear, *va.* to realign.
[1]**realismo**, *m.* royalism.
[2]**realismo**, *m.* (art) realism.
[1]**realista**, *n.* (pol.) royalist.
[2]**realista**, *n.* (art) realist.
realizable, *a.* realizable; (com.) salable.
realización, *f.* realization, fulfilment; (com.) sale.
realizar, *va.* (*pret.* REALICÉ; *subj.* REALICE) to realize, fulfil, carry out, perform; (com.) to sell out, convert into money.
realmente, *adv.* really, in reality, actually.
realzar, *va.* (*pret.* REALCÉ; *subj.* REALCE) to raise, elevate; to emboss; to brighten, heighten the colors of; to make prominent; to heighten, enhance, add merit or excellence to.
reanimar, *va.* to cheer, comfort, encourage; to revive, reanimate.
reanudación, *f.* renewal, resumption.
reanudar, *va.* to renew, resume.
reaparecer, *vn.* (*ind.* REAPAREZCO; *subj.* REAPAREZCA) to reappear.
reaparición, *f.* reappearance.
reapertura, *f.* reopening.
reapretar, *va.* (*ind.* REAPRIETO; *subj.* REAPRIETE) to press again, to squeeze.
rearar, *va.* to plow again.
rearmar, *va.* (mil.) to rearm.
rearme, *m.* rearmament.
reasegurar, *va.* (com.) to reinsure.
reaseguro, *m.* (com.) reinsurance.
reasumir, *va.* to retake, resume.
reasunción, *f.* resumption, resuming.
reata, *f.* riata; rope to tie horses and keep them in single file; drove of horses or mules thus tied; (Mex.) any rope.—*pl.* (naut.) woolding.—**de r.**, in single file; submissively.
reatadura, *f.* act of retying; tying animals in single file.
reatar, *va.* to retie; to tie together; to tie tightly; (naut.) to woold.
reato, *m.* (eccl.) obligation of atonement.
reaventar, *va.* (*ind.* REAVIENTO; *subj.* REAVIENTE) to winnow a second time.
reavivamiento, *m.* revival.
reavivar, *va.* to revive, reanimate, revivify; to rekindle.
rebaba, *f.* (mech.) fash, mold mark, fin, burr, rough seam.
rebaja, *f.* deduction, diminution; (com.) rebate, reduction, discount; abatement; allowance.
rebajamiento, *m.* curtailment; abatement; deduction; lowering; abasement.
rebajar. I. *va.* to abate, lessen, diminish; to reduce, lower, cut down; to underbid; (carp.) to shave off, cut down; (art) to weaken (a high light). II. *vr.* to be dismissed, or mustered out; to humble oneself; to lower oneself.
rebajo, *m.* (carp.) rabbet; groove.
rebalaje, *m.* current or flow of water.
rebalsa, *f.* pool, puddle, pond; stagnation of humors in a part of the body.
rebalsar. I. *va.* to dam. II. *vr.* to form a pool; to accumulate; to be stopped or checked.
rebanada, *f.* slice.—**rebanadilla**, *f.* small slice.
rebanador, *m.* slicer, slicing machine.
rebanar, *va.* to slice; to cut; to plane.
rebanco, *m.* (arch.) second bench or seat.
rebañadera, *f.* grapnel, drag hook.
rebañadura, *f.* = ARREBAÑADURA, gleaning.
rebañar, *va.* = ARREBAÑAR, to glean, gather.
rebañego, ga, *a.* gregarious.
rebaño, *m.* flock, fold, drove, herd, congregation.—**rebañuelo**, *m.* *dim.* small flock.
rebasadero, *m.* (naut.) pass.
rebasar, *va.* (naut.) to sail past; to exceed, go beyond; to overflow.
rebate, *m.* dispute, contention.
rebatible, *a.* refutable, disputable.
rebatido, *m.* (sew.) overhand seam, round seam.
rebatimiento, *m.* refutation; (geom.) revolving (a figure on a plane).
rebatiña, *f.*—**andar a la r.**, to grab and snatch things from one another, to scramble.
rebatir, *va.* to beat or drive back, repel; to refute; to deduct; to beat repeatedly; (geom.) to revolve (a figure on a plane).
rebato, *m.* alarm, alarm bell, call to arms; excitement, commotion; (mil.) sudden attack, surprise, drive.
rebautizar, *va.* to rebaptize.
rebeco, *m.* (zool.) = GAMUZA, chamois.
rebelarse, *vr.* to revolt, rebel; to resist.
rebelde. I. *a.* rebellious; stubborn, unmanageable. II. *n.* rebel; (law) defaulter.
rebeldía, *f.* rebelliousness, contumacy, disobedience; stubbornness; (law) default, nonappearance.—**en r.**, by default.
rebelión, *f.* rebellion, revolt, insurrection.
rebelón, na, *a.* (of a horse) balky, stubborn.
rebellín, *m.* (fort.) ravelin.

rebencazo, *m.* blow with a whip.
rebenque, *m.* whip; (naut.) ratline; cross rope.
rebién, *adv.* (coll.) very well.
rebina, *f.* (agr.) third plowing.
rebisabuela, *f.* great-great-grandmother.
rebisabuelo, *m.* great-great-grandfather.
rebisnieta, *f.* great-great-granddaughter.
rebisnieto, *m.* great-great-grandson.
reblandecer, *va.* & *vr.* (*ind.* REBLANDEZCO; *subj.* REBLANDEZCA) to soften.—**reblandecimiento,** *m.* softening.
rebocé, reboce, *v. V.* REBOZAR.
rebocillo, rebociño, *m.* shawl.
rebolisco, *m.* (Cuba) groundless commotion.
rebollar, rebolledo, *m.* thicket of oak saplings.
rebollidura, *f.* (armor) honeycomb, flaw in a gun.
rebollo, *m.* (bot.) turkey oak; trunk of a tree.
rebolludo, da, *a.* done over and double; rough (diamond).
rebombar, *vn.* to make a loud report.
reboñar, *vn.* to stop turning.
reborde, *m.* flange, border.
rebosadero, *m.* place of overflow.
rebosadura, *f.*, **rebosamiento,** *m.* overflow.
rebosar, *vn.* to run over, overflow; to unbosom oneself; (**de**) to abound (in); to teem (with).
rebotación, *f.* rebounding.
rebotadera, *f.* nap raiser.
rebotador, ra, *n.* rebounder; clincher.
rebotadura, *f.* rebounding.
rebotar. I. *vn.* to rebound. **II.** *va.* to cause to rebound; to clinch; to raise the nap of (cloth); to repel; to vex, exasperate. **III.** *vr.* to change one's opinion, to retract; to change color.
rebote, *m.* rebound, rebounding.—**de r.,** indirectly.
rebotica, *f.* back room in an apothecary's shop.
rebotín, *m.* second growth of mulberry leaves.
rebozar. I. *va.* (*pret.* REBOCÉ; *subj.* REBOCE) to muffle up; (cooking) to dip in, or cover with, batter. **II.** *vr.* to muffle oneself up.
rebozo, *m.* muffling oneself up; muffler; woman's shawl; pretext.—**de r.,** secretly, hiddenly.—**sin r.,** frankly, openly.
rebramar, *vn.* to low and bellow repeatedly.
rebramo, *m.* noise with which deer answer each other.
rebudiar, *vn.* to sniff and grunt (as a wild boar).
rebufar, *vn.* to blow or snort repeatedly.
rebufo, *m.* (artil.) concussion, recoil.
rebujado, da, *a.* tangled, entangled, confused.
rebujal, *m.* number of cattle in a flock over even fifties; small piece of arable land.
rebujar, *va.* = ARREBUJAR, to jumble together.
rebujiña, *f.* (coll.) wrangle, mêlée, scuffle.
rebujo, *m.* woman's thick veil or muffler; clumsy bundle; portion of tithe paid in money.
rebullicio, *m.* great clamor or tumult.
rebullir, *vn.* & *vr.* to stir, begin to move.
reburujar, *va.* (coll.) to wrap up in bundles.
reburujón, *n.* clumsy bundle.
rebusca, *f.* searching; gleaning; refuse, remains.
rebuscado, da, *a.* affected, fustian, forced, unnatural.
rebuscador, ra, *n.* gleaner; searcher.
rebuscamiento, *m.* diligent search.
rebuscar, *va.* (*pret.* REBUSQUÉ; *subj.* REBUSQUE) to search carefully; to glean (grapes).
rebusco, *m.* search; gleaning.
rebuznador, ra, *a.* braying.
rebuznar, *vn.* to bray.—**rebuzno,** *m.* braying (of a donkey).
recabar, *va.* to obtain by entreaty.
recadero, ra, *n.* messenger, errand boy (girl).
recado, *m.* message, errand; present, gift; compliments, regards; daily provision or marketing; voucher; outfit, equipment; precaution, security; (Am.) saddle and trappings.—**r. de escribir,** writing materials.
recaer, *vn.* (*ind. pres.* RECAIGO, *pret.* él RECAYÓ; *subj.* RECAIGA) to fall back, relapse; to fall or devolve; to behoove.
recaída, *f.* relapse; second offense.
recaigo, recaiga, *v. V.* RECAER.
recalada, *f.* (naut.) landfall.
recalar. I. *va.* to soak, drench, saturate. **II.** *vn.* (naut.) to make, sight, or reach land.
recalcada, *f.* (naut.) heeling, list.
recalcadamente, *adv.* closely, contiguously; vehemently, emphatically.
recalcadura, *f.* cramming, pressing.
recalcar. I. *va.* (*pret.* RECALQUÉ; *subj.* RECALQUE) to cram, pack, press, push, squeeze in; to emphasize. **II.** *vn.* (naut.) to heel, list. **III.** *vr.* to harp on a subject; to seat oneself, sit at ease.
recalcitrante, *a.* recalcitrant, obstinate.
recalcitrar, *vn.* to resist; to recede, go back.
recalentador, *m.* (steam eng.) superheater.
recalentamiento, *m.* reheating; overheating; (steam eng.) superheating.
recalentar. I. *va.* (*ind.* RECALIENTO; *subj.* RECALIENTE) to reheat; to overheat; to warm over; to excite (as sexual appetite); (steam eng.) to superheat. **II.** *vr.* to become overheated (as fruit), or superheated (as steam).
recalescencia, *f.* (metal.) recalescence.
recalmón, *m.* lull of the wind.
recalqué, recalque, *v. V.* RECALCAR.
recalvastro, tra, *a.* bald-headed.
recalzar, *va.* (*pret.* RECALCÉ; *subj.* RECALCE) (agr.) to hill; (arch.) to strengthen, reinforce; (art) to color.
recalzo, *m.* (arch.) strengthening a foundation; outside rim of wheel (on carriage, etc.).
recalzón, *m.* outer rim of a wheel.
recamado, *m.* embroidery of raised work.
recamador, ra, *n.* embroiderer.
recamar, *va.* to embroider with raised work.
recámara, *f.* dressing room; boudoir; (Mex.) bedroom; household furniture; (artil.) breech of a gun; cavity or chamber for an explosive charge; (coll.) caution, reserve.
recambiar, *va.* to reëxchange, rechange; (com.) to redraw; to add.
recambio, *m.* (com.) reëxchange; (mech.) part.
recamo, *m.* raised embroidery; (sewing) frog.
recancanilla, *f.* hippety-hop; (coll.) emphasis; equivocation, ambiguous language.
recantación, *f.* recantation, retraction.
recantón, *m.* corner stone.
recapacitar, *vn.* to refresh one's memory; to think carefully.
recapitulación, *f.* recapitulation, summary; (fin.) consolidated statement.
recapitular, *va.* to recapitulate, sum up.
recarga, *f.* (artil.) overcharge.
recargar. I. *va.* (*pret.* RECARGUÉ; *subj.* RECARGUE) to reload; to surcharge, overload; to overcharge; to cram; to recharge; to raise, increase. **II.** *vr.* (med.) to have an increase in temperature; (**de**) to have in abundance, have an abundance (of).
recargo, *m.* overload; overcharge; additional tax, charge, etc.; extra charge; new charge or accusation; (law) increase of sentence; (med.) increase of fever.
recata, *f.* tasting again.
recatado, da. I. *pp.* of RECATAR. **II.** *a.* prudent, circumspect; shy, coy; modest.
[1]**recatar. I.** *va.* to secrete, conceal. **II.** *vr.* to act modestly; to be cautious.
[2]**recatar,** *va.* to taste again.
recatear, *vn.* = REGATEAR, to haggle; to dodge.
recatería, *f.* = REGATONERÍA, retail sale.
recato, *m.* prudence, caution; modesty; bashfulness, coyness.
[1]**recatón, na,** *n.* = [1]REGATÓN, hawker; haggler.
[2]**recatón,** *m.* = [2]REGATÓN, tip, ferrule.
recatonazo, *m.* blow with the tip of a lance.
recatonear, *va.* = REGATONEAR, to sell at retail.
recatonería, *f.* = REGATONERÍA, retail sale.
recauchotaje, *f.* recapping (of tires).
recauchotar, *va.* to recap (tires).
recaudación, *f.* collecting, collection; collector's office.
recaudador, ra, *n.* taxgatherer; collector.

recaudamiento, *m.* collection; office or district of a collector.
recaudar, *va.* to gather; to collect (rents or taxes); to put or hold in custody.
recaudo, *m.* collection of rents or taxes; precaution, care; (law) surety, bail, bond, security.—**a buen r.,** well guarded, under custody, safe.
recavar, *va.* to dig a second time.
recayó, *pret.* of RECAER.
recazo, *m.* guard of a sword; back of a knife.
recebar, *va.* to spread gravel on.
recebo, *m.* sand or gravel for a roadway.
recelador, ra, *a.* shy (as a horse).
recelamiento, *m.* = RECELO.
recelar. I. *va.* to fear, distrust, suspect; to excite (a mare) sexually. **II.** *vr.* (**de**) to fear, be afraid or suspicious (of), to beware (of).
recelo, *m.* misgiving, fear, suspicion.
receloso, sa, *a.* distrustful, suspicious.
recentadura, *f.* leaven for raising bread.
recental, *a.* suckling (lamb or calf).
recentar. I. *va.* (*ind.* RECIENTO; *subj.* RECIENTE) to put leaven into (dough). **II.** *vr.* to renew.
receñir, *va.* (*ind. pres.* RECIÑO, *pret.* RECIÑIÓ; *subj.* RECIÑA) to regird.
recepción, *f.* reception, receiving, acceptation, admission; (law) cross-examination.
recepta, *f.* record of fines.
receptáculo, *m.* receptacle; (anat.) receptaculum; shelter, refuge; (bot.) receptacle.
receptador, *m.* (law) receiver of stolen goods; abettor.
receptar. I. *va.* (law) to abet; to hide, shelter; to receive. **II.** *vr.* to take refuge.
receptividad, *f.* receptivity.
receptivo, va, *a.* receptive.
recepto, *m.* shelter, place of refuge.
receptor, ra. I. *n.* receiver; recipient; abettor. **II.** *a.* receiving. **III.** *m.* (elec. & law) receiver.
receptoría, *f.* receiver's or treasurer's office; (law) receivership.
recercador, ra I. *a.* girding. **II.** *m.* (jewel.) chaser.
recercar, *va.* to fence; to fence again.
recésit, *m.* vacation, recess. Also RECLE.
recesivo, va, *a.* recessive.
receso, *m.* withdrawal, separation; (astr.) deviation; (Mex.) recess.
receta, *f.* prescription; recipe; list of goods ordered; (com.) amount brought forward.
recetador, ra, *n.* prescriber of medicines.
recetar, *va.* to prescribe (medicines).
recetario, *m.* physician's instructions for treatment; book in hospitals in which instructions are entered; apothecary's file; pharmacopœia.
recetor, *m.* receiver, treasurer.
recetoría, *f.* treasury; subtreasury.
recial, *m.* rapids (in rivers).
reciamente, *adv.* strongly, stoutly.
reciario, *m.* retiarius (gladiator).
recibí, *m.* (from *recibí*, I received, extended to mean: I received payment) (com.) receipt.
recibidero, ra, *a.* receivable.
recibidor, ra, *n.* receiver; recipient; (com.) receiving teller.
recibimiento, *m.* reception; hospitality, greeting, welcome; vestibule; hall; reception room.
recibir. I. *va.* to receive; to let in; to take, accept; to take in, admit; to experience (an injury); to face (an attack). **II.** *vr.* (**de**) to graduate (as); to be admitted to practice (as).
recibo, *m.* reception; (com.) receipt.—**acusar r.,** (com.) to acknowledge receipt.—**de r.,** fit for service, acceptable; reception (as *a.*).—**estar de r.,** to be at home to callers.
recidiva, *f.* (med.) relapse.
recidivar, *vn.* (med.) to relapse, recur.
reciedumbre, *f.* strength, vigor.
recién, *adv.* (contr. of RECIENTE) (before *pp.*) = RECIENTEMENTE.—**r. casados,** newlyweds.—**r. llegado,** newcomer.—**r. nacido, da,** newborn.
reciente, *a.* recent; new; modern; fresh.
recientemente, *adv.* recently, lately, newly.
reciento, reciente, *v. V.* RECENTAR.
recinchar, *va.* to bind with a girdle.
recinto, *m.* inclosure; place (building, hall, etc.); ambit; precinct.
recio, cia. I. *a.* strong, robust, vigorous; loud; coarse, thick, clumsy; rude, uncouth; arduous; hard to bear; severe, rigorous (weather); swift, impetuous. **II.** *adv.* strongly, stoutly; rapidly; vehemently, vigorously; loud.—**de r.,** strongly, violently.
récipe, *m.* (med.) prescription; (coll.) displeasure, disgust.
recipiendario, ria, *n.* member received (into an association, academy, etc.).
recipiente. I. *a.* receiving. **II.** *m.* receptacle; container; recipient; bell of an air pump.
recíproca, *f.* (math., logic) converse (proposition).
reciprocación, *f.* reciprocation, mutuality.
reciprocar. I. *va.* (*pret.* RECIPROQUÉ; *subj.* RECIPROQUE) (of things) to put in mutual correspondence, to match. **II.** *vr.* to correspond, harmonize, fit together, match.
reciprocidad, *f.* reciprocity.
recíproco, ca, *a.* reciprocal, mutual.
reciproqué, reciproque, *v. V.* RECIPROCAR.
recircular, *va.* (phys.) to recycle.
recisión, *f.* (law) rescission, abrogation.
recitación, *f.* recitation, recital.
recitado, *m.* (mus.) recitative.
recitador, ra, *n.* reciter.
recital, *m.* (mus.) recital.
recitar, *va.* to recite; to rehearse.
recitativo, va, *a.* recitative.
reciura, *f.* strength, force; rigor (of weather).
recizalla, *f.* second filings.
reclamación, *f.* reclamation; objection, remonstrance; (com.) complaint, claim.
reclamante, *n.* & *a.* complainer(-ing), claimer (ing).
[1]**reclamar. I.** *va.* to claim, demand; to decoy (birds); (law) to reclaim.—**r. en juicio,** (law) to sue. **II.** *vn.* to contradict, to oppose; to complain; to put in a claim.
[2]**reclamar,** *va.* (naut.) to hoist or lower.
reclame, *m.* (naut.) sheave hole in a topmast head.
reclamo, *m.* decoy bird; decoy horn or contrivance; lure (for birds); call; inducement, enticement; claim; complaint; advertisement inserted in reading matter of a publication; (law) reclamation; (print.) catchword.
recle, *m.* vacation, rest from choir duties.
reclinación, *f.* reclination, reclining.
reclinado, da. I. *pp.* of RECLINAR. **II.** *a.* recumbent.
reclinar, *va.* & *vr.* to recline, lean back.—**reclinarse en,** or **sobre,** to lean on or upon.
reclinatorio, *m.* praying desk, priedieu; couch, lounge.
recluir, *va.* (*pp.* RECLUÍDO, RECLUSO; *ind. pres.* RECLUYO, *pret.* él RECLUYÓ; *subj.* RECLUYA) to shut up, to seclude.
reclusión, *f.* seclusion; place of retirement; arrest; jail, prison.—**r. aislada,** solitary confinement.
recluso, sa. I. *pp. irreg.* of RECLUIR. **II.** *a.* & *n.* recluse.
reclusorio, *m.* place of retirement.
recluta. I. *f.* (mil.) recruiting; (Arg.) roundup of cattle. **II.** *m.* inductee, conscript, recruit.
reclutador, *m.* recruiting officer.
reclutamiento, *m.* (mil.) recruiting.
reclutar, *va.* (mil.) to recruit; (Arg.) to round up (cattle).
recluyo, recluyó, recluya, *v. V.* RECLUIR.
recobrable, *a.* recoverable.
recobrante, *a.* recovering.
recobrar, *va.* & *vr.* to recover, recuperate, regain.—**recobro,** *m.* recovery, recuperation.

recocer. I. *va.* (*ind.* RECUEZO; *subj.* RECUEZA) to boil again; to boil too much; to anneal; to reheat. II. *vr.* to burn with rage.
recocido, da. I. *pp.* of RECOCER. II. *a.* overcooked; annealed; skilful, clever. III. *n.* annealing; reheating; overcooking.
recocina, *f.* back kitchen, pantry.
recocho, cha, *a.* overcooked, overdone.
recodadero, *m.* elbow chair.
recodar, *vn.* & *vr.* to lean with the elbow upon anything; to wind, turn (as a road).
recodo, *m.* turn, winding, bend, angle.
recogedero, *m.* place where things are gathered; instrument for gathering things.
recogedor, ra, *n.* gatherer, gleaner; shelterer.
recogegotas, *m.* drip pan.
recoger. I. *va.* (*ind.* RECOJO; *subj.* RECOJA) to retake, take back; to gather, pick; to accumulate, hoard; to pick up, take up; to shrink, shorten; to contract; to tuck, pucker; to take in, collect; to take in, shelter; to lock up; to suspend, withdraw, retire; to glean, cull. II. *vr.* to take shelter; to withdraw; reform; retrench; to go home, to retire, withdraw from the world, retire into oneself.
recogida, *f.* withdrawal, retirement; harvesting; inmate of house of correction; (com.) retiral.
recogido, da. I. *pp.* of RECOGER. II. *a.* secluded; contracted. III. *m.* (Am.) (sew.) tuck, fold.
recogimiento, *m.* concentration, abstraction; house of correction for women.
recojo, recoja, *v. V.* RECOGER.
recolar, *va.* (*ind.* RECUELO; *subj.* RECUELE) to strain a second time.
recolección, *f.* compilation; summary, abridgment; crop, gathering, harvest; collection of money or taxes; retirement, abstraction.
recolectar, *va.* to gather, collect, hoard.
recolector, *m.* = RECAUDADOR, tax collector.
recoleto, ta, *a.* & *n.* (eccl.) Recollect.
recomendable, *a.* commendable, laudable.
recomendación, *f.* recommendation; request; commendation, praise; merit, worth.—**r. del alma,** prayers for the dying.
recomendante, *n.* one who recommends.
recomendar, *va.* (*ind.* RECOMIENDO; *subj.* RECOMIENDE) to recommend; to commend; to entrust; to ask, request.
recomendatorio, ria, *a.* recommendatory.
recomiendo, recomiende, *v. V.* RECOMENDAR.
recompensa, *f.* compensation; recompense.—**en r.,** in return.
recompensable, *a.* deserving reward.
recompensación, *f.* compensation, reward, recompense.
recompensar, *va.* to compensate; to recompense, reward.
recomponer, *va.* (*pp.* RECOMPUESTO; *ind. pres.* RECOMPONGO, *pret.* RECOMPUSE, *fut.* RECOMPONDRÉ; *subj.* RECOMPONGA) to mend, repair.
recomposición, *f.* (chem.) recomposition.
recompuesto, ta, *pp. irreg.* of RECOMPONER.
recompuse, *pret.* of RECOMPONER.
reconcentración, *f.*; **reconcentramiento,** *m.* concentration.
reconcentrar. I. *va.* to concentrate; to dissemble. II. *vr.* to concentrate (one's mind).
reconciliación, *f.* reconciliation.
reconciliador, ra, *n.* & *a.* reconciler(-ing).
reconciliar. I. *va.* to reconcile; (eccl.) to hear a short additional confession from; to consecrate anew. II. *vr.* to become reconciled, to make up; (eccl.) to make a short additional confession; to confess offenses, to renew friendship.
reconcomerse, *vr.* to scratch one's back.
reconcomio, *m.* (coll.) scratching one's back; suspicion, fear, misgiving; craving, eager desire.
reconditez, *f.* (coll.) reconditeness.
recóndito, ta, *a.* recondite.
reconducción, *f.* (law) renewal of a lease.
reconducir, *va.* (*ind. pres.* RECONDUZCO, *pret.* RECONDUJE; *subj.* RECONDUZCA) (law) to renew (a lease or contract).
reconocedor, ra, *n.* examiner; inspector.
reconocer. I. *va.* (*ind.* RECONOZCO; *subj.* RECONOZCA) to inspect, examine closely; to recognise; to own, admit; (**por**) to acknowledge (as); to acknowledge, be grateful for; (mil.) to reconnoitre, to scout; (pol.) to recognise (a government, etc.); (com.) to acknowledge. II. *vr.* to repent; to confess one's guilt; to judge justly of one's own self.
reconocidamente, *adv.* gratefully; confessedly; avowedly.
reconocido, da, *pp.* & *a.* acknowledged, confessed; grateful, obliged; accepted.
reconociente, *a.* recognising.
reconocimiento, *m.* recognition; acknowledgment; gratitude; confession, admission; recognizance; subjection, submission; examination, inquiry, inspection, survey; (mil.) reconnoitering; (surv.) reconnoissance.
reconozco, reconozca, *v. V.* RECONOCER.
reconquista, *f.* reconquest.
reconquistar, *va.* to reconquer.
reconstitución, *f.* reconstitution.
reconstituir, *va.* & *vr.* to reconstitute.
reconstituyente, *a.* reconstituent.
reconstrucción, *f.* reconstruction.
reconstruir, *va.* (*ind. pres.* RECONSTRUYO, *pret.* él RECONSTRUYÓ; *subj.* RECONSTRUYA) to rebuild, reconstruct.
recontamiento, *m.* telling, narration.
recontar, *va.* (*ind.* RECUENTO; *subj.* RECUENTE) to recount; to relate.
recontento, ta. I. *a.* greatly pleased. II. *m.* contentment, deep satisfaction.
reconvalecer, *vn.* (*ind.* RECONVALEZCO; *subj.* RECONVALEZCA) to convalesce anew.
reconvención, *f.* charge, accusation; reproach.
reconvenir, *va.* (*ger.* RECONVINIENDO; *ind. pres.* yo RECONVENGO, él RECONVIENE, *pret.* RECONVINE, *fut.* RECONVENDRÉ; *subj.* RECONVENGA) to accuse, reproach; to reprimand; (law) to countercharge.
recopilación, *f.* summary, abridgment; compilation, collection; (law) digest.
recopilador, ra, *n.* compiler; abridger.
recopilar, *va.* to compile, abridge.
recoquín, *m.* chubby little fellow.
record, *m.* (Angl.) (sports) record.
recordable, *a.* memorable; that can be remembered.
recordación, *f.* remembrance; recollection.
recordador, ra, *n.* reminder.
recordar. I. *va.* (*ind.* RECUERDO; *subj.* RECUERDE) to remember, to remind. II. *vn.* (fig.) to wake up, awaken. III. *vr.* to remember.
recordativo, va. I. *a.* reminding, remindful, reminiscent. II. *m.* reminder.
recordatorio, *m.* reminder; remembrancer.
recorrer. I. *va.* to go over; (mech.) to pass over, travel; to read over, peruse; to travel in or over; to overhaul, refit, repair; (print.) to run over, readjust. II. *vn.* to resort, have recourse to; to travel.
recorrido, *m.* run, sweep; space or distance traveled or passed over, course; (auto) mileage.
recortado, da. I. *pp.* of RECORTAR. II. *a.* (bot.) notched, incised. III. *m.* figure cut out of paper.
recortadura, *f.* clipping.—*pl.* cuttings.
recortar, *va.* to cut away, trim, clip, pare off; to cut out; to cut to size; to outline (a figure).
recorte, *m.* cutting; clipping (from newspaper, etc.); outline, profile.—*pl.* trimmings, parings.
recorvar, *va.* = ENCORVAR, to bend, curve.
recorvo, va, *a.* = CORVO, bent, crooked; stingy.
recoser, *va.* to sew again; to mend.
recosido, *m.* mending, darning.
recostadero, *m.* reclining or resting place.
recostado, da, *a.* recumbent.
recostar. I. *va.* (*ind.* RECUESTO; *subj.* RECUESTE) to lean, recline. II. *vr.* to go to rest; to repose; to lean back (against), to recline.
recova, *f.* dealing in poultry, eggs, etc.; poultry market; market place; shed; pack of hounds.

recoveco, *m.* turning, winding; simulation, artifice.
recovero, ra, *n.* poultry dealer.
recre, *m.* vacation of choristers.
recreación, *f.* recreation.
recrear. I. *va.* to amuse, delight, gladden. II. *vr.* to amuse oneself; to be pleased, have pleasure or recreation, to divert oneself.
recreativo, va, *a.* diverting, amusing, recreation (as *a.*).
recrecer. I. *va.* (*ind.* RECREZCO; *subj.* RECREZCA) to augment, increase. II. *vn.* to occur, to happen. III. *vr.* to grow big; to recover one's spirits.
recrecimiento, *m.* growth, increase.
recreído, da, *a.* intractable (hawk).
recrementicio, cia, *a.* recremental.
recremento, *m.* (med.) recrement.
recreo, *m.* recreation; place of amusement.
recrezco, recrezca, *v. V.* RECRECER.
recría, *f.* repasturing of colts.
recriar, *va.* to re-create, regenerate; to reanimate, give new strength to; to improve (breeds) with new pastures.
recriminación, *f.* recrimination.
recriminador, ra, *n.* & *a.* recriminator(-ing).
recriminar, *va.* to recriminate.
recrudecer, *vn.* & *vr.* (*ind.* RECRUDEZCO; *subj.* RECRUDEZCA) to recrudesce, recur, increase.
recrudecimiento, *m.* = RECRUDESCENCIA.
recrudescencia, *f.* recrudescence.
recrudescente, *a.* recrudescent.
recrujir, *vn.* to squeak.
rectal, *a.* (anat.) rectal.
rectangular, *a.* rectangular.
rectángulo, la. I. *a.* rectangular; right-angled (triangle, etc.). II. *m.* rectangle.
rectificable, *a.* rectifiable.
rectificación, *f.* rectification.
rectificador, ra, *n.* & *a.* rectifier(-fying).
rectificar, *va.* (*pret.* RECTIFIQUÉ; *subj.* RECTIFIQUE) to rectify, make right; to correct, amend; (math. and chem.) to rectify.
rectificativo, va, *a.* rectifying.
rectilíneo, nea, *a.* rectilinear.
rectitud, *f.* straightness; righteousness, rectitude; accuracy, exactitude.
recto, ta. I. *a.* straight; erect; righteous, just, fair; literal; (geom.) right (angle, section, cylinder, etc.). II. *m.* (geom.) right angle; (anat.) rectum.
rector, ra, *n.* principal; rector, curate; director (of a college, etc.).
rectorado, *m.* rectorship; directorship.
rectoral, *a.* rectorial.
rectorar, *vn.* to attain the office of rector.
rectoría, *f.* rectory, curacy; rectorship; rector's or director's office.
rectriz, *a.* (zool.) rectrix (feather).
recua, *f.* drove of beasts of burden; multitude, pack of things.
recuadrar, *va.* (art) to divide into squares.
recuadro, *m.* (arch.) square compartment; panel (of a bridge).
recuaje, *m.* toll for the passage of mules.
recuarta, *f.* string of a guitar.
recubrir, *va.* to re-cover, cover again.
recudimento, recudimiento, *m.* authority for collecting rents.
recudir. I. *va.* to pay money to as part of wages or other dues. II. *vn.* to return, revert.
[1]**recuelo,** *m.* strong lye for bucking clothes.
[2]**recuelo, recuele,** *v. V.* RECOLAR.
[1]**recuento,** *m.* recount; enumeration; inventory.
[2]**recuento, recuente,** *v. V.* RECONTAR.
recuentro, *m.* = REENCUENTRO, collision.
[1]**recuerdo,** *m.* recollection; memory; remembrance; keepsake, memento; memorandum.—*pl.* compliments, regards.
[2]**recuerdo, recuerde,** *v. V.* RECORDAR.
recuero, *m.* muleteer, driver of a drove.
recuesta, *f.* request; intimation.
recuestar, *va.* to request, ask, demand.
[1]**recuesto,** *m.* declivity, slope.
[2]**recuesto, recueste,** *v. V.* RECOSTAR.
recuezo, recueza, *v. V.* RECOCER.
reculada, *f.* recoil, recoiling; (naut.) falling astern.
recular, *vn.* to fall back, recoil, back up; (naut.) to fall astern; (coll.) to yield, give up, turn back.
reculo, la, *a.* tailless (poultry).
reculones.—a r., (coll.) going backward.
recuñar, *va.* (min.) to wedge, dig with wedge.
recuperable, *a.* recoverable.
recuperación, *f.* recovery, recuperation.
recuperador, ra, *n.* & *a.* recuperator(-ing).
recuperar, *va.* & *vr.* to recover, regain, recuperate, retrieve.
recuperativo, va, *a.* recuperative.
recura, *f.* comb saw.
recurar, *va.* to tooth (a comb).
recurrente, *a.* recurrent.
recurrir, *vn.* to apply, resort; to revert.
recurso, *m.* recourse; resource, resort; return, reversion; memorial, petition; (law) appeal.—*pl.* resources, means.—**sin r.,** definitively, without appeal; without help, unavoidably, irremediably.
recusable, *a.* refusable, exceptionable.
recusación, *f.* (law) challenge; recusation.
recusante. I. *a.* recusant, dissenting, disobedient. II. *n.* recusant.
recusar, *va.* to decline; (law) to recuse, to challenge.
rechacé, rechace, *v. V.* RECHAZAR.
rechazador, ra, *n.* repeller; opponent; buffer.
rechazamiento, *m.* repulsion; rejection.
rechazar, *va.* (*pret.* RECHACÉ; *subj.* RECHACE) to repel, repulse, drive back; to contradict; to reject, turn down.
rechazo, *m.* rebound; rebuff; recoil; rejection.
rechifla, *f.* hissing (in derision); hooting; mockery, ridicule.
rechiflar, *va.* to hiss; to mock, ridicule.
rechinador, ra, *a.* squeaking, grating.
rechinamiento, *m.* squeaking; gnashing of teeth.
rechinar, *vn.* to creak, squeak, grate; to gnash the teeth; to do a thing with reluctance.
rechinido, rechino, *m.* = RECHINAMIENTO.
rechoncho, cha, *a.* (coll.) chubby.
rechupete.—de r. (coll.) splendid, fine, "dandy."
red, *f.* net, seine; network, netting; bag net; grate, railing; snare, trap; wile, fraud; system (of Ry., tel., etc.).—**r. barredera,** dragnet.—**r. de araña,** cobweb.—**r. de jorrar,** or **de jorro,** sweep seine.—**caer en la r.,** to fall into the trap.—**echar,** or **tender, la red,** to cast, or set, the net.
redacción, *f.* wording; editing; editorial rooms; editorial staff.
redactar, *va.* to edit, be the editor of; to write, word, draw up.
redactor, ra. *n.* editor.
redada, *f.* netful; catch, haul; (coll.) roundup (of suspects, criminals, etc.).
redaño, *m.* (anat.) omentum, caul, kell.
redar, *va.* to cast a net; to pull or haul in.
redargución, *f.* retort, refutation.
redargüir, *va.* (*ind. pres.* REDARGUYO, *pret.* él REDARGUYÓ; *subj.* REDARGUYA) to retort, reargue; (law) to impugn.
redecilla, *f. dim.* small net; hair net; mesh; bag net; reticulum of a ruminant's stomach.
rededor, *m.* surroundings, environs.—**al r.,** roundabout, around.—**al r. de,** about, nearly, more or less; around.
redel, *m.* (naut.) loof frame.
redención, *f.* redemption; recovery; ransom; salvation.—**r. de un censo,** paying off a mortgage.
redentor, ra, *n.* & *a.* redeemer(-ing).
redero, ra. I. *a.* reticular; reticulated. II. *m.* netmaker; one who catches fish or birds with nets.
redescuento, *m.* rediscount.
redhibición, *f.* (law) redhibition.
redhibir, *va.* (law) to make use of the right of redhibition.

redhibitorio, ria, *a.* (law) redhibitory.
redición, *f.* repetition, reiteration.
redicho, cha, *a.* speaking with affected precision and correctness.
rediezmar, *va.* to tithe a second time.
rediezmo, *m.* extra tithe.
redifundir, *va.* & *vn.* (rad.) to rebroadcast.
redifusión, *f.* (rad.) rebroadcast.
redil, *m.* sheepfold, sheepcote.
redimible, *a.* redeemable.
redimir, *va.* to redeem, rescue, ransom; to extricate, liberate; (com.) to redeem, pay off.
redingote, *m.* redingote, great-coat.
redistribución, *f.* resettlement (as of displaced persons).
rédito, *m.* (com.) revenue, interest, yield, profit, proceeds.
redituable, reditual, *a.* profit-producing.
redituar, *va.* to yield, to produce; to draw (interest).
redivivo, va, *a.* redivivus, revived, restored.
redoblado, da, *pp.* & *a.* redoubled; double lined; stocky, heavy-built; (mil.) quick (step).
redobladura, *f.,* **redoblamiento,** *m.* doubling; repetition; clinching.
redoblante, *m.* (mil.) drum; drummer.
redoblar, *va.* to double; to clinch; to repeat; (mil.) to roll (a drum).
redoble, *m.* REDOBLAMIENTO; (mil. and mus.) roll of a drum.
redoblegar, *va.* (*pret.* REDOBLEGUÉ; *subj.* REDOBLEGUE) to double; to bend.
redoblón, *m.* rivet, clinch-nail.
redolente, *a.* feeling a slight pain.
redolor, *m.* slight pain remaining after some acute suffering.
redoma, *f.* vial, phial, flask; (chem.) balloon.
redomado, da, *a.* artful, sly, crafty.
redonda, *f.* neighborhood, district; pasture ground; (naut.) square sail; (mus.) semibreve.—**a la r.,** roundabout.
redondamente, *adv.* around; clearly, plainly, decidedly.
redondeamiento, *m.* rounding.
redondear. I. *va.* to round, make round; to round off; to perfect. **II.** *vr.* to clear oneself of debts; to acquire a competency.
redondel, *m.* (coll.) circle; round cloak, circular; (mech.) flange; bull ring; round mat.
redondete, *a. dim.* roundish.
redondez, *f.* roundness.—**r. de la Tierra,** face of the earth.
redondilla, *f.* seven-syllable quatrain with alternate riming.
redondo, da. I. *a.* round; (print.) Roman; unencumbered, in easy circumstances; (of land) turned to pasture; clear, straight, decided.—**de r.,** in round clothes.—**en números r.,** in round numbers.—**en r.,** all around. **II.** *m.* (coll.) specie, hard cash; globe, orb, disk, anything round.
redondón, *m.* large circle or sphere.
redopelo, *m.* rubbing against the grain; (coll.) scuffle, affray.—**al r.,** against the lay of the hair; against the grain; against all rule and reason.—**traer al r.,** to vex; drag about contemptuously.
redor, *m.* round mat;.(poet.) REDEDOR, surroundings.—**en r.,** roundabout.
redova, *f.* (dance) redowa.
redro. I. *adv.* (coll.) behind, backward. **II.** *m.* each of the rings upon the horns of goats.
redrojo, redrojuelo, *m.* small bunch of grapes remaining after the vintage; after fruit or blossom; (coll.) puny child.
redropelo, *m.* = REDOPELO.
redruejo, *m.* = REDROJO.
reducción, *f.* reduction, decrease; (mil.) mutation, alteration, exchange; reduction, conquest; (S. A.) settlement of converted Indians; (math. and chem.) reduction; (com.) reduction, rebate, discount.—**r. al absurdo,** (logic, math.) reductio ad absurdum.
reducible, *a.* reducible, convertible.
reducido, da. I. *pp.* of REDUCIR. **II.** *a.* reduced, diminished; small; compact.
reducimiento, *m.* reduction, reducement.
reducir. I. *va.* (*ind. pres.* REDUZCO, *pret.* REDUJE; *subj.* REDUZCA) to reduce; to diminish, decrease, lessen; to restore; (a) to convert (into), reduce (to); to subdue, subjugate; to divide into small parts; to condense, abridge; to persuade, convince; (math., chem., metal., surg.) to reduce. **II.** *vr.* to adopt a moderate way of living; to be compelled, to decide from necessity.
reductivo, va, *a.* reducing.
reducto, *m.* (fort.) reduct, redoubt.
reductor, ra. I. *a.* reducing. **II.** *m.* (hydraul., etc.) reducer.
reduje, *pret.* of REDUCIR.
redundancia, *f.* redundance; excess.
redundante, *a.* redundant, superfluous.
redundantemente, *adv.* redundantly.
redundar, *vn.* to overflow; to be redundant; (**en**) to redound (to), result (in), lead (to), bring.
reduplicación, *f.* reduplication.
reduplicado, da, *a.* reduplicated, doubled.
reduplicar, *va.* (*pret.* REDUPLIQUÉ; *subj.* REDUPLIQUE) to reduplicate, redouble; to reiterate.
reduzco, reduzca, *v. V.* REDUCIR.
reedificación, *f.* rebuilding.
reedificador, ra, *n.* & *a.* rebuilder(-ing).
reedificar, *va.* (*pret.* REEDIFIQUÉ; *subj.* REEDIFIQUE) to rebuild.
reeditar, *va.* to reprint.
reelección, *f.* reëlection.
reelecto, ta, *pp. irreg.* of REELEGIR.
reelegible, *a.* reëligible.
reelegir, *va.* (*pp.* REELEGIDO, REELECTO; *ger.* REELIGIENDO; *ind. pres.* REELIJO, *pret.* él REELIGIÓ; *subj.* REELIJA) to reëlect.
reembalar, *va.* to repack.
reembarcar, *va.* & *vr.* (*pret.* REEMBARQUÉ; *subj.* REEMBARQUE) to reship, reëmbark.
reembarco, *m.* reëmbarkation, reshipment.
reembargar, *va.* (*pret.* REEMBARGUÉ; *subj.* REEMBARGUE) to seize or embargo a second time.
reembargo, *m.* (law) reattachment.
reembarque, *m.* = REEMBARCO.
reembolsable, *a.* payable.
reembolsar. I. *va.* to reimburse, refund, pay. **II.** *vr.* to recover money due.
reembolso, *m.* refund, reimbursement.—**entrega contra r.,** collect on delivery, C. O. D.
reempacar, *va.* (*pret.* REEMPAQUÉ; *subj.* REEMPAQUE) to repack.
reemplazable, *a.* replaceable.
reemplazante, *m.* replacement.
reemplazar, *va.* (*pret.* REEMPLACÉ; *subj.* REEMPLACE) to replace; to supersede; to substitute.
reemplazo, *m.* replacement, substitute; (mil.) substitute.
reempleo, *m.* reëmployment.
reencarcelamiento, *m.* (law) remand.
reencarcelar, *va.* (law) to remand.
reencarnación, *f.* reincarnation.
reencarnar, *vn.* & *vr.* to be reincarnated.
reencuentro, *m.* collision; clash (as of troops).
reenganchamiento, *m.* (mil.) reënlisting; bounty for reënlisting.
reenganchar, *va.* (mech.) to recouple; (mil.) to reënlist.
reenganche, *m.* = REENGANCHAMIENTO.
reengastar, *va.* (jewel.) to reset.
reengendrado, da, *a.* & *n.* regenerate.
reengendrador, ra, *n.* & *a.* regenerator(-ing).
reengendrar, *va.* to regenerate, reproduce; to renew, revive.
reensayar, *va.* to reëxamine; to try or test anew.
reensaye, *m.* second assay.
reensayo, *m.* second trial or test.
reenvasar, *va.* (com.) to repack, refill.
reenviar, *va.* to forward.
reescriturar, *va.* to reëngage.

reexaminación, *f.* reëxamination.
reexaminar, *va.* to reëxamine.
reexpedición, *f.* forwarding (of mail, etc.).
reexpedir, *va.* to forward (mail, etc.).
reexportación, *f.* (com.) reëxportation.
reexportar, *va.* (com.) to reëxport.
refacción, *f.* refection, luncheon; retribution, reparation; boot, allowance (in barters); (Cuba) financing.
refaccionar, *va.* (Cuba) to finance.
refaccionista, *m.* (Cuba) financial backer.
refajo, *m.* short skirt; flannel underskirt.
refalsado, da, *a.* false, deceitful.
refección, *f.* refection, slight meal; repairs.
refectolero, *m.* = REFITOLERO.
refectorio, *m.* refectory (in convents).
referencia, *f.* reference; narration; (com.) (gen. *pl.*) reference(s) (as to character, etc.).
referendario, *m.* = REFRENDARIO.
referéndum, *m.* referendum.
referente, *a.* referring, relating.
referible, *a.* referable, expressible.
referido, da. *a.* related, told, said, expressed.
referir. I. *va.* (*ger.* REFIRIENDO; *ind. pres.* REFIERO, *pret.* él REFIRIÓ; *subj.* REFIERA) to refer, relate; to tell, narrate, report; to direct, submit. **II.** *vr.* (a) to refer (to), have relation (to).
refertero, ra, *a.* quarrelsome, wrangling.
refiero, refiera, *v. V.* REFERIR.
refigurar, *va.* to refigure.
refilón.—de r., *adv.* obliquely, askance.
refinación, *f.* refining; refinement.
refinadera, *f.* stone roller for refining chocolate.
refinado, da. I. *pp.* of REFINAR. **II.** *a.* refined; subtle, artful; fine, nice, polished.
refinador, ra, *n.* & *a.* refiner(-ing).
refinadura, *f.* refining.
refinamiento, *m.* refinement; refining.
refinar, *va.* to refine, purify; to make polite or refined; to polish, finish.
refinería, *f.* refinery; distillery.
refino, na. I. *a.* very fine, extra fine; refined. **II.** *m.* refining; fine grocery.
refirió, refiriendo, *v. V.* REFERIR.
refirmar, *va.* to support (on); to ratify.
refitolero, ra. I. *n.* one in charge of a refectory; (coll.) busybody, intermeddler. **II.** *a.* (Cuba) affected, obsequious, officious.
reflectante, *a.* reflecting.
reflector, ra. I. *a.* reflecting, reflective. **II.** *m.* reflector; searchlight.
refleja, *f.* reflection, observation. remark.
reflejado, da, *a.* reflected, mirrored.
reflejar. I. *va.* (opt.) to reflect. **II.** *vn.* to think, ponder, consider. **III.** *vr.* to be reflected.
reflejo, ja. I. *a.* reflected; meditative; (gram.) reflexive; (physiol.) reflex. **II.** *m.* glare; reflection; light reflected.
reflexión, *f.* reflection.
reflexionar. *vn.* to think, reflect.
reflexivo, va, *a.* reflexive; reflective; reflecting, thoughtful; (gram.) reflexive.
reflorecer, *vn.* (*ind.* REFLOREZCO; *subj.* REFLOREZCA) to reflourish, blossom again; to return to former splendor; "to come back."
refluente, *a.* refluent; flowing back.
refluir, *vn.* (*ind. pres.* REFLUYO, *pret.* él REFLUYÓ; *subj.* REFLUYA) to flow back; to redound.
reflujo, *m.* reflux, refluence; ebb or ebb-tide.
refocilación, *f.* recreation, refreshing diversion.
refocilar. I. *va.* to give or afford healthful recreation to, to brace up. **II.** *vr.* to seek or indulge in healthful recreation.
refocilo, *m.* healthful pleasure.
reforcé, *pret.* of REFORZAR.
reforma, *f.* reform; reformation; alteration, correction, improvement; (eccl.) Reformation.—**cerrado por reformas,** closed for alterations.
reformable, *a.* reformable; mendable.
reformación, *f.* reformation, reform.
reformado. I. *pp.* of REFORMAR. **II.** *a.* reformed. **III.** *m.* officer deprived of his command.
reformador, ra, *n.* & *a.* reformer(-ing); mender (-ing).
reformar. I. *va.* to reform; to mend, amend, improve; to reorganize, reconstruct. **II.** *vr.* to reform, to mend.
reformatorio, ria. I. *a.* corrective, reforming. **II.** *m.* reformatory.
reformista, *n.* & *a.* reformer(-ing, -ist).
reforzado, da. I. *a.* strengthened, reinforced. **II.** *m.* narrow tape or ribbon.
reforzar, *va.* (*ind. pres.* REFUERZO, *pret.* él REFORCÉ; *subj.* REFUERCE) to strengthen, reinforce; to cheer, encourage.
refracción, *f.* (opt.) refraction.
refractar, *va.* & *vr.* (opt.) to refract.
refractario, ria, *a.* refractory; unruly; obstinate.
refractividad, *f.* refractivity, refringence.
refracto, ta, *a.* (opt.) refracted.
refractómetro, *m.* (phys.) refractometer.
refractor, ra. I. *a.* refractive. **II.** *m.* refractor.
refrán, *m.* proverb, saying, saw.
refranero, *m.* collection of proverbs.
refrangibilidad, *f.* refrangibility.
refrangible, *a.* refrangible.
refranista, *n.* proverbialist, one who uses proverbs.
refregadura, *f.* = REFREGÓN.
refregamiento, *m.* rubbing, scrubbing.
refregar, *va.* (*ind. pres.* REFRIEGO, *pret.* REFREGUÉ; *subj.* REFRIEGUE) to rub, scrub; (coll.) to upbraid, scold.—**refregón,** *m.* rubbing, scrubbing; attrition, abrasion.
refreír, *va.* (*ind. pres.* REFRÍO, *pret.* él REFRIÓ; *subj.* REFRÍA; *ger.* REFRIENDO; *pp.* REFREÍDO, REFRITO) to fry well or too much.
refrenable, *a.* capable of being restrained.
refrenamiento, *m.* curbing, restraint, check.
refrenar, *va.* to restrain, check; to rein, curb (a horse).
refrendación, *f.* legalization, authentication; visé.
refrendar, *va.* to legalize, authenticate, countersign; to visé.
refrendario, ria, *n.* one who countersigns.
refrendata, *f.* countersignature.
refrendo, *m.* = REFRENDACIÓN.
refrentar, *va.* (mech.) to grind, mill, face.
refrescador, ra, *a.* refreshing.
refrescadura, *f.* refreshing (act and effect).
refrescamiento, *m.* = REFRESCO.
refrescante, *a.* cooling, refreshing.
refrescar. I. *va.* (*pret.* REFRESQUÉ; *subj.* REFRESQUE) to refresh; to cool, refrigerate; to renew, take up again.—**r. la memoria,** (coll.) to refresh the memory. **II.** *vn.* & *vr.* (of the weather) to get cool; to take the fresh air; to take a refreshment; to cool off.
refresco, *m.* refreshment; cold drink; luncheon at social gatherings.—**de r.,** anew, once more.
refriega, *f.* affray, scuffle, fray.
refriego, refriegue, *v. V.* REFREGAR.
refrigeración, *f.* refrigeration.
refrigerador, ra. I. *a.* refrigerating, freezing, cooling. **II.** *m.* refrigerator, freezer, ice box, cooler.
refrigerante. I. *a.* refrigerating, cooling. **II.** *m.* (chem.) refrigerator, cooling chamber; (med.) cooler; (astronaut.) coolant.
refrigerar, *va.* to cool, refrigerate.
refrigerativo, va, *a.* refrigerating, cooling.
refrigerio, *m.* refrigeration, coolness; refreshment, refection; consolation, comfort.
refringencia, *f.* refringence, refringency.
refringente, *a.* refracting, refringent.
refringir, *va.* & *vr.* (*ind.* REFRINJO; *subj.* REFRINJA) to refract.
refrío, refrió, etc. *v. V.* REFREÍR.
refrito, ta, *pp. irreg.* of REFREIR.
[1]**refuerzo,** *m.* reinforcement; backing, bracing, strengthening piece; welt (of shoe); aid, help.
[2]**refuerzo, refuerce,** *v. V.* REFORZAR.
refugiado, da. I. *pp.* of REFUGIAR. **II.** *n.* refugee.
refugiar. I. *va.* to shelter. **II.** *vr.* to take refuge.
refugio, *m.* refuge, shelter, asylum.
refulgencia, *f.* refulgence, splendor.

refulgente, *a.* refulgent.
refulgir, *vn.* to shine.
refundición, *f.* (foundry) recasting.
refundir. I. *va.* (foundry) to remelt or recast; to contain, include; to rearrange, recast, reconstruct. **II.** *vn.* to redound.
refunfuñador, ra, *n.* grumbler, growler.
refunfuñadura, *f.* growling, grumbling.
refunfuñar, *va.* to growl, grumble, mutter.
refunfuño, *m.* grumbling, growl, snort.
refutable, *a.* refutable.
refutación, *f.* refutation.
refutador, ra, *n.* & *a.* refuter(-ing).
refutar, *va.* to refute.
refutatorio, ria, *a.* refuting.
regadera, *f.* watering pot, sprinkler; trench for irrigation; sparger.
regadero, *m.* ditch for irrigation.
regadío, ía, *a.* & *m.* irrigated (land).
regadizo, za, *a.* irrigable.
[1]regador, ra, *n.* one who waters or irrigates.
[2]regador, *m.* comb makers' gauge.
regadura, *f.* irrigation, watering.
regaifa, *f.* grooved stone of an oil mill.
regajal, regajo, *m.* puddle, pool; rill.
regala, *f.* (naut.) gunwale or gunnel.
regalada, *f.* king's stables; horses kept in them.
regaladamente, *adv.* delicately, pleasantly, daintily, luxuriously.
regalado, da, *pp.* & *a.* delicate, dainty; easy, comfortable; suave.
regalador, ra. I. *n.* liberal entertainer. **II.** *m.* stick for cleaning wine skins.
regalamiento, *m.* regalement.
regalar. I. *va.* to present, give as a present, make a present of; to regale, treat, entertain; to caress, fondle, pet, cajole; to gladden, cheer, delight, cherish. **II.** *vr.* to feast sumptuously.
regalejo, *m. dim.* small gift.
regalero, *m.* purveyor of fruit and flowers for the royal family.
regalía, *f.* regalia, royal rights; (S. A., Mex.) advance payment or royalty to owner of patent, etc.; privilege, exemption; (Cuba) regalia (cigar).—*pl.* perquisites.
regalicia, *f.* = REGALIZ.
regalillo, *m. dim.* small gift; muff (for hands).
regalismo, *m.* regalism.
regalista, *n.* & *a.* regalist(-ic).
regalito, *m. dim.* small present.
regaliz, *m.*, **regaliza,** *f.* (bot.) licorice.
regalo, *m.* present, gift; pleasure; dainty; comfort, luxury.—**con r.,** in luxury.
regalón, na, *a.* (coll.) fond of ease; spoiled, pampered.
regañadientes.—a r., reluctantly, grumbling
regañamiento, *m.* grumbling, snarling, growl.
regañar. I. *vn.* to snarl, growl, grumble; mutter; to quarrel, wrangle; to crack or open. **II.** *va.* (coll.) to scold, reprehend, chide.
regañir, *vn.* to yelp, howl repeatedly.
regaño, *m.* gesture of annoyance; sternness of look; scolding; reprimand; scorched bread.
regañón, na, *n.* & *a.* growler(-ing), grumbler (-ing); scolder, scold(-ing).
regar, *va.* (*ind. pres.* RIEGO, *pret.* REGUÉ; *subj.* RIEGUE) to water; to irrigate; to sprinkle; to shower, bedew; to strew, scatter; to wash or water (as rivers and clouds).
[1]regata, *f.* irrigating ditch or conduit.
[2]regata, *f.* regatta.
regate, *m.* dodge, dodging.
regatear. I. *va.* to haggle about, beat down (the price), to resell at retail; to shun, evade, avoid. **II.** *vn.* to haggle; to wriggle, dodge; (naut.) to race.
regateo, *m.* chaffer, bargaining, haggling.
regatería, *f.* = REGATONERÍA.
regatero, ra, *n.* & *a.* haggler(-ing).
regato, *m.* small rivulet, rill; pool.
[1]regatón, na, *n.* huckster, hawker; haggler.
[2]regatón, *m.* tip, ferrule.
regatonear, *vn.* to sell at retail.
regatonería, *f.* hucksterage; sale by retail.
regazar, *va.* to tuck up.
regazo, *m.* lap (part of body).
regencia, *f.* regency; regentship.
regeneración, *f.* regeneration.
regenerador, ra. I. *a.* regenerating. **II.** *n.* regenerator; *m.* (phys.) breeder reactor; (mech.) regenerator.
regenerar, *va.* to regenerate.
regenerativo, va. I. *a.* regenerative. **II.** *m.* (phys.) breeder reactor.
regenta, *f.* regent's wife; woman professor.
regentar, *va.* to rule, govern, manage.
regente. I. *a.* ruling, governing. **II.** *n.* regent; president of a court of justice; master of theological studies; in Spanish universities, some supernumerary professors; manager, director; (print.) foreman.
regentear, *vn.* to domineer, rule, boss.
regicida. I. *a.* regicidal. **II.** *n.* regicide.
regicidio, *m.* regicide, murder of a king.
regidor, ra. I. *a.* ruling, governing. **II.** *m.* alderman or councilman. **III.** *f.* alderman's or councilman's wife.—**regidoría, regiduría,** *f.* alderman's or councilman's office.
régimen, *m.* régime; management, rule; political system; (gram.) government; (med.) regimen, treatment.—**r. alimenticio,** diet.—**de r.,** ordinary, rated, normal (speed, power, etc.).
regimentación, *f.* (mil.) regimentation.
regimentar, *va.* (*ind.* REGIMIENTO; *subj.* REGIMIENTE) to organize into a regiment.
regimiento, *m.* administration, government; municipal council board; (mil.) regiment; (naut.) pilot's book of sailing directions.
regio, gia, *a.* royal, regal, kingly; stately, sumptuous, magnificent.
región, *f.* region.
regional, *a.* regional, sectional, local.—**regionalismo,** *m.* (pol.) home rule; regionalism, sectionalism.—**regionalista. I.** *a.* relating to home rule. **II.** *n.* home ruler; sectionalism.
regionario, ria, *a.* (eccl.) regionary.
regir. I. *va.* (*ger.* RIGIENDO; *ind. pres.* RIJO, *pret. él* RIGIÓ; *subj.* RIJA) to rule, govern, direct; to conduct, manage, command; to keep (the bowels) in good order; (gram.) to govern. **II.** *vn.* to be in force; to prevail; (naut.) to obey the helm.
registrado, da, *a.* registered.
registrador, ra. I. *a.* registering. **II.** *n.* register, registrar, recorder, master or clerk of records; searcher, inspector; toll gatherer; controller.
registrar. I. *va.* to inspect, examine; to search; to scan, survey; to register, record; to mark (a book); (min.) to prospect. **II.** *vr.* to register, be registered or matriculated.
registro, *m.* search, inspection, examination; census, registry, registration, enrollment, record, entry; enrolling office; certificate of entry; register book; bookmark; (mus.) register, stop of an organ; air hole; furnace register; (print.) catchword, register; regulator (of a timepiece); (bookbinding) directions for binding.
regla, *f.* rule, regulation, precept; policy; order, measure, moderation; (drawing) ruler, straight edge; menstruation, courses.—**r. de aligación,** (arith.) alligation.—**r. de compañía,** (arith.) partnership.—**r. de falsa posición,** (arith.) position, rule of false position.—**r. de oro,** or **r. de tres,** (arith.) rule of three.—**r. fija,** fixed rule, set rule.—**r. lesbia,** flexible rule.—**r. magnética,** surveying compass.—**r. T,** or **r. te,** T square.—**a r.,** by ruler, by rule and square.—**en r.,** thoroughly, in due form, in order.—**echar la r.,** to test with a ruler.—**por r. general,** as a general rule.
reglado, da. I. *pp.* of REGLAR. **II.** *a.* temperate, moderate; (geom.) ruled (surface).
reglamentación, *f.* establishment of rules and regulations; regulation by law, decree or rule; directions for the execution of a law.

reglamentar, *va.* to establish rules or by-laws for; to regulate by rule, law, or decree; to dictate directions for the execution of (a law).

reglamentario, ria, *a.* pertaining to, or prescribed by, regulations and by-laws; required by the rules (actual or tacit, as in the case of social formalities).

reglamento, *m.* by-laws; rules and regulations.

[1]**reglar.** I. *va.* to rule (as paper); to regulate. II. *vr.* to mend, reform.

[2]**reglar,** *a.* regular.

regleta, *f.* (print.) reglet; lead.

regletear, *va.* (print.) to lead.

reglón, *m.* mason's rule.

regnícola, *n.* native of a kingdom; writer on topics relating to his country.

regocijado, da. I. *pp.* of REGOCIJAR. II. *a.* merry, joyful, rejoicing, festive.

regocijador, ra, *n.* & *a.* rejoicer(-ing).

regocijar. I. *va.* to gladden, cheer, rejoice. II. *vr.* to rejoice, be merry.—**regocijo,** *m.* joy, gladness; mirth, merriment; rejoicing.

regodearse, *vr.* (coll.) to take delight; to joke, to jest.—**regodeo,** *m.* delight; merrymaking.

regojo, *m.* piece of bread left on the table after meals; puny boy.

regojuelo, *m. dim.* small morsel of bread.

regoldano, na, *a.* wild (chestnut).

regoldar, *vn.* (*ind.* REGÜELDO; *subj.* REGÜELDE) to belch, to eruct.

regoldo, *m.* (bot.) wild chestnut tree.

regolfar, *vn.* & *vr.* to flow back, to eddy.

regolfo, *m.* eddy, whirlpool; gulf, bay.

regona, *f.* large irrigating canal.

regordete, ta, *a.* (coll.) chubby, plump.

regostarse, *vr.* to delight, to dally.

regosto, *m.* craving for more.

regraciar, *va.* to show gratitude to, to thank.

regresar, *vn.* to return; (eccl.) to recover possession of a benefice; (astronaut.) to reënter.

regresión, *f.* regression, retrogression.

regresivo, va, *a.* regressive.

regreso, *m.* return, coming or going back; (eccl.) retaking possession of a benefice; (astronaut.) reëntry.

regruñir, *vn.* to snarl, to growl.

reguardarse, *vr.* to take care of oneself.

regué, *pret.* of REGAR.

[1]**regüeldo, regüelde,** *v. V.* REGOLDAR.

[2]**regüeldo,** *m.* eructation, belch.

reguera, *f.* irrigating ditch; (naut.) moorings.

reguero, *m.* trickle, rill, drip; irrigating furrow.

reguilete, *m.* = REHILETE.

regulación, *f.* regulation; adjustment.

regulado, da. I. *pp.* of REGULAR. II. *a.* according to rule.

regulador, ra. I. *a.* regulating, governing. II. *m.* (mech.) regulator; governor; register; throttle valve (of locomotive); controller (of electric car).—**r. de fuerza centrífuga,** ball governor.

[1]**regular,** *va.* to regulate; to adjust.

[2]**regular.** I. *a.* regular; methodical, orderly; moderate, sober; common, ordinary, frequent; middling, fairly good, so so; likely, probable; (geom. and gram.) regular.—**por lo r.,** usually, as a rule. II. *m.* (eccl.) regular.

regularidad, *f.* regularity; common usage, custom; exact discipline.

regularización, *f.* regularization.

regularizar, *va.* to regularize.

regularmente, *adv.* regularly; ordinarily, as a rule; middling, fairly well, so so.

regulativo, va, *a.* regulative.

régulo, *m.* chief of a petty state; basilisk; (chem.) regulus; (astr.) Regulus; (ornith.) golden-crested kinglet.

regurgitación, *f.* (med.) regurgitation.

regurgitar, *vn.* to regurgitate, overflow.

rehabilitación, *f.* rehabilitation.

rehabilitar, *va.* to rehabilitate, reinstate, restore; to refit, repair.

rehacer. I. *va.* (*pp.* REHECHO; *ind. pres.* REHAGO, *pret.* yo REHICE, él REHIZO, *fut.* REHARÉ; *subj.* REHAGA) to rebuild, remodel, make over; do over; to renovate, mend, repair; to invigorate, revive. II. *vr.* to regain strength and vigor; (mil.) to rally, reorganize.—**rehacimiento,** *m.* renovation, renewal; recuperation.

rehala, *f.* drove of flocks under one drover.

rehalero, *m.* drover of a REHALA.

rehecho, cha. I. *pp. irreg.* of REHACER. II. *a.* squat, broad-shouldered.

rehelear, *vn.* to be bitter.—**reheleo,** *m.* bitterness.

rehén, *m.* (gen. *pl.*) hostage.

rehenchimiento, *m.* stuffing, refilling.

rehenchir, *va.* (*ind. pres.* REHINCHO, *pret.* él REHINCHIÓ; *subj.* REHINCHA) to refill, stuff anew.

rehendija, *f.* crevice, cleft.

reherimiento, *m.* repulsion.

reherir, *va.* (*ind. pres.* REHIERO, *pret.* él REHIRIÓ; *subj.* REHIERA) to repel, to repulse.

reherrar, *va.* to reshoe (a horse).

rehervir. I. *vn.* & *va.* (*ind. pres.* REHIERVO, *pret.* él REHIRVIÓ; *subj.* REHIERVA) to boil again. II. *vn.* to be inflamed with love; to be blinded by passion. III. *vr.* to ferment, grow sour.

rehice, *pret.* of REHACER.

rehiero, rehiera, *v. V.* REHERIR.

rehiervo, rehierva, *v. V.* REHERVIR.

rehiladillo, *m.* ribbon.

rehilandera, *f.* pinwheel.

rehilar. I. *va.* to twist too much. II. *vn.* to stagger, to reel; to whiz, whir, as an arrow in flight.

rehilete, rehilero, *m.* shuttlecock; small arrow; malicious saying, personal hint.

rehilo, *m.* shaking, shivering.

rehincho, rehincha, etc. *v. V.* REHENCHIR.

rehirió, *pret.* of REHERIR.

rehirvió, *pret.* of REHERVIR.

rehizo, *pret.* of REHACER.

rehogar, *va.* to dress (meat) with a slow fire, basting it with butter or oil.

rehollar, *va.* (*ind.* REHUELLO; *subj.* REHUELLE) to trample under foot.

rehoya, *f.,* deep hole or pit.

rehoyar, *vn.* to dig holes anew.

rehoyo, *m.* = REHOYA.

rehuello, rehuelle, *v. V.* REHOLLAR.

rehuída, *f.* second flight; shunning.

rehuir, I. *va., vn.* & *vr.* (*ger.* REHUYENDO; *ind. pres.* REHÚYO, *pret.* él REHUYÓ; *subj.* REHUYA) to withdraw, retire; to shun, avoid; to reject, decline, refuse. II. *vn.* to run back on the same track (as game).

rehumedecer, *va.* & *vr.* (*ind.* REHUMEDEZCO; *subj.* REHUMEDEZCA) to dampen well.

[1]**rehundir,** *va.* & *vr.* to sink; to deepen.

[2]**rehundir,** *va.* to remelt; to waste, dissipate, lavish.

rehurtarse, *vr.* (of game) to take a different route from that expected.

rehusar, *va.* to refuse, decline, reject.

rehúyo, etc. *v. V.* REHUIR.

reidero, ra, *a.* laughable.

reidor, ra. I. *a.* jolly, hilarious, full of laughter. II. *n.* laugher, one who laughs.

reimpresión, *f.* reprint; reprinting.

reimpreso, sa, *pp. irreg.* of REIMPRIMIR.

reimprimir, *va.* (*pp.* REIMPRESO) to reprint.

reina, *f.* queen; queen bee; queen at chess; hopscotch.—**r. de los prados,** (bot.) queen of the meadow.—**r. madre,** queen mother.—**r. regente,** queen regent.—**r. reinante,** queen regnant.—**r. viuda,** dowager queen.—**aceituna de la r.,** (bot.) queen olive.

reinado, *m.* reign.

reinal, *m.* strong hemp cord.

reinante, *a.* reigning; excelling; prevailing.

reinar, *vn.* to reign; to prevail, predominate.

reincidencia, *f.* repetition of an offense; backsliding, relapse; (law) recidivism.

reincidente, *a.* relapsing, backsliding.

reincidir, *vn.* to relapse into vice or error; to backslide.

reincorporación, *f.* reincorporation.
reincorporar. I. *va.* to incorporate a second time. **II.** *vr.* to reëmbody.
reingresar, *vn.* to reënter.
reino, *m.* kingdom, reign; district that was formerly a kingdom; (natural history) kingdom.—**r. vegetal,** vegetable kingdom.
Reino Unido, *m.* United Kingdom.
reinstalación, *f.* reinstallment; reinstallation.
reinstalar, *va.* to reinstall.
reintegrable, *a.* (com.) reimbursable, payable.
reintegración, *f.* restitution, reimbursement.
reintegrador, ra, *n.* restorer.
reintegrar. I. *va.* to reintegrate, restore; (com.) to reimburse, repay, refund. **II.** *vr.* **(de)** to recover, recuperate.
reintegro, *m.* = REINTEGRACIÓN.
reinversión, *f.* reinvestment.
reír. I. *vn.* (*ger.* RIENDO; *ind. pres.* RÍO, *pret.* él RIÓ; *subj.* RÍA) to laugh; to giggle, titter; to sneer; to smile (as nature).—**r. a carcajadas,** to laugh loudly, guffaw. **II.** *vr.* to laugh; (of cloth) (coll.) to begin to tear or split.—**r. de,** to laugh at, make fun of; to make little or nothing of.
reis, *m.* reis, Brazilian and Portuguese money of account.
reiteración, *f.* reiteration; (law) recidivism.
reiterar, *va.* to reiterate.
reiterativo, va, *a.* reiterative.
reivindicable, *a.* (law) repleviable.
reivindicación, *f.* (law) recovery, replevin.
reivindicar, *va.* (law) to regain possession of; to replevy.
reivindicatorio, ria, *a.* (law) replevying.
reja, *f.* plowshare, colter or coulter; plowing, tillage; grate, grating, railing; (atomic phys.) lattice.—**entre rejas,** behind bars.
rejacar, *va.* = ARREJACAR, to weed by plowing.
rejada, *f.* = ARREJADA, (agr.) paddle of a plow.
rejado, *m.* grate, grating, railing, grid.
rejal, *m.* pile of bricks laid crisscross.
rejalgar, *m.* (min.) realgar.
rejero, *m.* maker of railings and grates.
rejilla, *f.* small lattice or grating; latticed wicket; cane for backs and seats of chairs, etc.; foot brasier.
rejitar, *va.* to vomit.
rejo, *m.* pointed bar or spike; goad stick; (zool.) sting; hob for quoits; iron frame of a door; strength, vigor; (bot.) caulicle.
rejón, *m.* short spear thrust into a bull and broken at the end, leaving the point in the flesh; dagger; broad knife.—**rejonazo,** *m.* thrust with a REJÓN.—**rejoncillo,** *m. dim.* small spear.
rejoneador, *m.* bullfighter who uses the REJÓN.
rejonear, *va.* to thrust a REJÓN into (a bull).—**rejoneo,** *m.* fighting bulls with a REJÓN.
rejuela, *f. dim.* small grate; foot brasier.
rejuvenecer. I. *va.* (*ind.* REJUVENEZCO; *subj.* REJUVENEZCA) to rejuvenate. **II.** *vn.* & *vr.* to be rejuvenated.
rejuvenecimiento, *m.* rejuvenation, rejuvenescence.
relabrar, *va.* to work or cut again (as a precious stone).
relación, *f.* relation; ratio; report, narrative, account; intercourse, dealing; (law) report, brief; (mil.) return, report; (theat.) speech.—*pl.* relations, connections; acquaintance, intercourse; courting.—**r. jurada,** sworn statement.—**relaciones públicas,** public relations.—**decir** or **hacer r. a,** to relate to.—**tener relaciones con,** to have relations with; to be acquainted with.
relacionado, da. I. *a.* related. **II.** *n.* acquaintance.
relacionar. I. *va.* to relate, connect; to report, narrate; to make acquainted. **II.** *vr.* to get acquainted, make connections; to be related.
relái, *m.* (Am.) (elec.) relay.
relajación, *f.* relaxation, laxity, looseness; slackening, relenting; diminution, mitigation (of a penalty); release (from an oath or vow); delivery of an offender by the ecclesiastical judge to a criminal court of justice; diversion, relaxation, rest; (med.) hernia, rupture.
relajado, da, *a.* (coll.) dissolute, dissipated.
relajador, ra, *a.* relaxing; remitting.
relajamiento, *m.* = RELAJACIÓN.
relajante, *a.* relaxing; loosening.
relajar. I. *va.* to relax, loosen, slacken; to remit, mitigate; to release from an obligation; (eccl.) to deliver to the criminal tribunal; to weaken; to amuse, divert. **II.** *vr.* to become relaxed, loosened, weakened; to grow vicious; to be ruptured.—**relajo,** *m.* (Am.) disorder, mix-up; (Mex., Cuba, P. R.) depravity.
relamer. I. *va.* to lick again. **II.** *vr.* to lick one's lips; to relish; to paint, make up; to boast.
relamido, da, *a.* affected, prim.
relámpago, *m.* lightning; quick person or action; (vet.) blemish in the eyes of horses.
relampagueante, *a.* lightning, flashing.
relampaguear, *vn.* to lighten; to flash, sparkle.
relampagueo, *m.* lightning; flashing.
relance, *m.* repeated casting of a net; second chance or lot; fortuitous event; repeated attempt; series of lucky or unlucky chances.—**de r.,** unexpectedly, by chance; at a bargain; second-hand.
relanzar, *va.* to repel, repulse; to cast in again (tickets or lots) to be drawn.
relapso, sa, *a.* relapsed into error.
relatador, ra, *n.* relater, narrator, teller.
relatante, *a.* narrating.
relatar, *va.* to relate, narrate, tell, report; (law) to make a report of (a lawsuit).
relativamente, *adv.* relatively.
relatividad, *f.* relativity.
relativismo, *m.* (philos.) relativism.
relativista, *n.* & *a.* (philos.) relativist(-ic).
relativo, va. I. *a.* relative. **II.** *m.* (gram.) relative.
relato, *m.* statement, narrative, report, account.
relator, ra. I. *n.* narrator. **II.** *m.* (law) relator.
relatoría, *f.* (law) office of a RELATOR.
relavar, *va.* to wash again.
relave, *m.* second washing of metals.—*pl.* (metal.) washings or sweepings.
relazar, *va.* to tie with many bindings.
relé, *m.* (Angl.) (Am.) relay.
releer, *va.* to read over again; to revise.
relegación, *f.* relegation, banishment, exile.
relegar, *va.* (*pret.* RELEGUÉ; *subj.* RELEGUE) to relegate, banish, exile.
relej, releje, *m.* wheel track, rut; (artil.) narrow chamber in a cannon; (arch.) tapering talus; (med.) sordes in the mouth.
relejar, *vn.* (arch.) to taper or slope.
relente, *m.* dampness; (coll.) boldness, assurance.
relentecer, *vn.* & *vr.* (*ind.* RELENTEZCO; *subj.* RELENTEZCA) to grow soft or tender.
relevación, *f.* raising, lifting up; alleviation, relief; remission, pardon, exemption.
relevador, *m.* (elec.) relay.—**r. de llamada,** alarm relay.—**r. graduado,** step-by-step relay.—**r. parlante,** sounding relay, relaying sounder.—**r. traslator,** repeating relay.
relevante, *a.* excellent, great, eminent.
relevar. I. *va.* to emboss; to bring into relief; to exonerate, relieve, release; to forgive, pardon, acquit; to exalt, aggrandize; (mil.) to relieve, substitute. **II.** *vn.* (art) to stand out in relief.
relevo, *m.* (mil.) relief.
relicario, *m.* shrine; reliquary; locket.
relictos, *m. pl.* (law) estate.
relieve, *m.* relief, relievo, raised work, embossment.—**poner de r.,** to bring out, throw into relief, emphasize.—*pl.* (of food) leavings; (fig.) highlights or high points.
religa, *f.* (jewel.) second alloy.
religación, *f.* binding, tying.
religar, *va.* (*pret.* RELIGUÉ; *subj.* RELIGUE) to bind more tightly; to realloy; to solder.
religión, *f.* religion.—**religionario, ria,** *n.* religionist; sectarian; Protestant.

religiosamente, *adv.* religiously.
religiosidad, *f.* religiosity; religiousness; punctuality.
religioso, sa. I. *a.* religious; bound by monastic vows; conscientious, punctual. II. *n.* religious, member of a religious order; monk (nun).
religué, religue, *v. V.* RELIGAR.
relimar, *va.* (mech.) to file again.
relimpiar, *va.* to clean again.
relimpio, ia, *a.* (coll.) very neat, clean.
relinchador, ra. *a.* habitually neighing.
relinchar, *vn.* to whinny, to neigh.
relincho, relinchido, *m.* neigh, neighing.
relindo, da, *a.* very neat and fine.
relinga, *f.* (naut.) boltrope.
relingar. I. *va.* (naut.) to rope (a sail). II. *vn.* (naut.) to rustle.
reliquia, *f.* relic, residue, remains; relics of saints; trace, vestige; habitual complaint.
reliz, *m.* (Mex.) landslide.
reloco, ca, *a.* (coll.) raving mad.
reloj, *m.* clock; watch.—**r. de agua,** clepsydra.—**r. de arena,** sandglass, hourglass.—**r. de bolsillo,** watch.—**r. de campana,** striking clock.—**r. de cuco,** cuckoo clock.—**r. de longitudes** = R. MARINO.—**r. de pulsera,** wrist watch.—**r. de repetición,** repeater, or repeating watch.—**r. de sol,** sundial.—**r. despertador,** alarm clock.—**r. eléctrico,** electric clock.—**r. impermeable,** waterproof watch.—**r. magistral,** standard clock.—**r. marino,** marine chronometer.—**estar como un r.,** (coll.) to be in perfect trim.—**por r.,** (to work) by the hour.
relojera, *f.* watchcase; watch stand; (Am.) watch pocket.
relojería, *f.* clock and watch making; watchmaker's shop.
relojero, ra, *n.* watchmaker, clockmaker.
reluciente, *a.* shining, glittering, bright.
relucir, *vn.* (*ind.* RELUZCO; *subj.* RELUZCA) to shine, glow, glisten, glitter; to excel, to be brilliant.
reluctante, *a.* unruly, unmanageable.
reluchar, *vn.* to struggle, wrestle, strive.
relumbrante, *a.* resplendent.
relumbrar, *vn.* to sparkle, shine, glitter.
relumbrón, *m.* lustre, dazzling brightness; flash; tinsel.—**de r.,** showy, tawdry, pompous.
reluzco, reluzca, *v. V.* RELUCIR.
rellanar. I. *va.* to relevel. II. *vr.* to stretch oneself at full length.
rellano, *m.* landing, (of a stair).
rellenar. I. *va.* to refill, replenish; to cram; to fill up; (cook.) to force, to stuff; (sewing) to pad; (mason.) to point. II. *vr.* to stuff oneself.
relleno, na. I. *a.* satiated; stuffed. II. *m.* forcemeat, stuffing; repletion; filling; (mech.) packing, gasket; (sewing) padding, wadding.
remachado, da. I. *pp.* of REMACHAR. II. *a.* riveted. III. *m.* riveting; clinching.—**r. alternado,** or **al tresbolillo,** staggered riveting.—**r. de cadena,** or **paralelo,** chain riveting.
remachador, ra, *n.* riveter; *f.* riveting machine.
remachar, *va.* to clinch; to rivet; to secure, affirm.
remache, *m.* rivet; riveting; flattening, clinching.
remador, ra, *n.* rower.
remadura, *f.* rowing.
remallar, *va.* to mend the meshes of.
remamiento, *m.* rowing.
remandar, *va.* to order several times.
remanecer, *vn.* (*ind.* REMANEZCO; *subj.* REMANEZCA) to reappear suddenly.
remanente. I. *m.* remains, remnant, residue. II. *a.* residual (esp. app. to magnetism).
remanezco, remanezca, *v. V.* REMANECER.
remangar. I. *va.* to tuck up (sleeves, etc.). II. *vr.* to be determined.
remango, *m.* tucking up.
remansarse, *vr.* to stop flowing; to eddy.
remanso, *m.* backwater; dead water; tardiness.
remante, *a.* rowing.
remar, *va.* & *vn.* to row, paddle; to toil, struggle.
remarcar, *va.* (*pret.* REMARQUÉ; *subj.* REMARQUE) to mark again.
rematadamente, *adv.* entirely, totally.
rematado, da. I. *pp.* of REMATAR. II. *a.* sold (at auction); totally lost, utterly ruined.—**r. a galeras, a presidio,** condemned to the galleys, to prison.
rematador, *m.* auctioneer.
rematamiento, *m.* = REMATE.
rematante, *m.* highest bidder.
rematar. I. *va.* to end, complete, finish; (com.) to auction; to knock down at auction; to give the finishing stroke; (sewing) to fasten off (a stitch); to finish (a seam). II. *vn.* to terminate, end. III. *vr.* to be utterly ruined or destroyed.
remate, *m.* end, finish, conclusion, expiration; (com.) auction, public sale; last or highest bid; (print.) vignette; (arch.) finial, pinnacle.—**r. de cuentas,** closing of accounts.—**de r.,** utterly, irremediably, without hope.—**por r.,** as a finish; finally.
remecedor, ra, *n.* one who beats down olives with a pole.
remecer, *va.* (*ind.* REMEZO; *subj.* REMEZA) to rock, swing, move to and fro.
remedable, *a.* imitable.
remedador, ra, *n.* imitator, mimic.
remedar, *va.* to copy, imitate; mimic, mock.
remediable, *a.* remediable.
remediador, ra, *n.* curer, healer; mender; comforter, helper.
remediar, *va.* to remedy; to assist, support, help; to free from danger, liberate; to repair (mischief); to avoid.—**no poder r.,** not to be able to help (prevent).
remedición, *f.* remeasuring; remeasurement.
remedio, *m.* remedy; medicine; help; amendment, correction; (law) action.—**r. casero,** home remedy.—**r. heroico,** extreme remedy, powerful remedy given as a last resort.—**ni para (un) r.,** (not) for love or money.—**no hay más r. (que),** there's nothing else to do (but).—**no tener para un r.,** to be absolutely penniless.—**no tener r.,** to be unavoidable; to be irremediable; to be no help for (*eso no tiene remedio,* there's no help for that, no way of avoiding).—**sin r.,** inevitable; hopeless.
remedión, *m. aug.* (theat.) makeshift performance.
remedir, *va.* to remeasure.
remedo, *m.* imitation; copy; mockery; mimicking.
remellado, da, *a.* dented, jagged.
remellar, *va.* (tanning) to unhair (hides).
remellón, na, *a.* = REMELLADO.
rememoración, *f.* remembrance.
rememorar, *va.* to remember, recall.
rememorativo, va, *a.* reminding, recalling.
remendado, da. I. *pp.* of REMENDAR. II. *a.* patched; mended; spotted, tabby (cat).
remendar, *va.* (*ind.* REMIENDO; *subj.* REMIENDE) to patch, mend, repair; (sewing) to piece, patch; to darn.
remendón, na, *n.* botcher, patcher; one who mends old clothes; cobbler.
remera, *f.* flight feather (of birds).
remero, ra, *n.* rower, oarsman, paddler.
remesa, *f.* (com.) shipment; remittance.
[1]**remesar,** *va.* to pluck out (the hair).
[2]**remesar,** *va.* (com.) to ship; to send, remit.
[1]**remesón,** *m.* plucking out of hair; plucked hair.
[2]**remesón,** *m.* stopping a horse in full gallop; skilful thrust in fencing.
remeter, *va.* to put back, put in.
remezón, *m.* (Am.) slight earthquake.
remiche, *m.* space between benches in galleys.
remiel, *m.* the second extract of soft sugar taken from the cane.
[1]**remiendo,** *m.* patch; mending piece; darning; amendment, correction; reparation, repair; brindle; (print.) jobwork.—**a remiendos,** by patchwork, piecemeal.—**echar un r.,** to patch.—**echar un r. a la vida,** to take a light repast.
[2]**remiendo, remiende,** *v. V.* REMENDAR.

remilgado, da. I. *pp.* of REMILGARSE. II. *a* affected, prudish, finical, fastidious.
remilgarse, *vr.* to be overnice, prudish or finical.
remilgo, *m.* affected nicety, prudery, squeamishness.
reminiscencia, *f.* reminiscence.
remirado, da, *pp.* & *a.* prudent, cautious.
remirar. I. *va.* to look at or go over again. II. *vr.* **(en)** to take great pains (with); to inspect or consider with pleasure.
remisible, *a.* remissible.
remisión, *f.* act of sending or referring; remission, sending back, remitting, remitment; remission, pardon, forgiveness; remissness, indolence; relaxation, abatement.
remisivo, va, *a.* remissory; remissive.
remiso, sa, *a.* remiss, careless, slack, slow.
remisorio, ria, *a.* remissory.
remitencia, *f.* (med.) remittence.
remitente, *n.* & *a.* remitter(-ing), sender(-ing).
remitir. I. *va.* to remit; to forward, transmit; to pardon, forgive; to give up, relinquish, waive, forego; to suspend, defer, put off; to refer; (law) to transfer, remit to another court. II. *va., vn.* & *vr.* to remit, slacken, abate. III. *vr.* to refer, submit; to quote, cite.
remo, *m.* (naut.) oar; (coll.) arm or leg (of person); leg (of quadruped); long and hard labor.—*pl.* wings of a bird.
remoción, *f.* removal, removing; dismissal.
remojadero, *m.* steeping tub.
remojador, ra, *n.* moistener, soaker.
remojar, *va.* to steep, soak, drench.
remojo, *m.* steeping, soaking, soakage.—**echar en r.,** (coll.) to defer until conditions are more favorable.
remolacha, *f.* (bot.) beet root, red beet.
remolar, *m.* oar maker; oar shop.
remolcador, ra. I. *a.* (naut.) towing. II. *m.* tug, tugboat, towboat; lighter.
remolcar, *va.* to tow, take in tow; to haul.
remoler, *va.* (*ind.* REMUELO; *subj.* REMUELA) to regrind; grind excessively.
remolida, *f.*, **remolimiento,** *m.* regrinding.
remolinante, *a.* whirling.
remolinar. I. *vn.* & *vr.* to whirl, gyrate, spin, rotate. II. *vr.* to crowd, throng together, swarm.
remolinear. I. *va.* to whirl about. II. *vn.* = REMOLINAR.
remolino, *m.* whirl, whirlwind; whirlpool, vortex, eddy; maelstrom; cowlick, twisted tuft of hair; crowd, throng; disturbance, commotion.
[1]**remolón, na,** *a.* soft, indolent, lazy.
[2]**remolón,** *m.* upper tusk of a wild boar; sharp tooth in horses.
remolonear, *vn.* & *vr.* to lag, loiter, skulk, shun work.
remolque, *m.* (naut.) towing, towage; trackage; towline.—**a r.,** in tow.—**dar r.,** to tow.
remondar, *va.* to clean (plants) a second time.
remono, na, *a.* (coll.) very neat; very pretty.
remonta, *f.* repairing, resoling, vamping, footing (of shoes); stuffing (of saddle); (mil.) remount; remounting cavalry.
remontamiento, *m.* remounting cavalry.
remontar. I. *va.* to frighten away (as game); (mil.) to supply remounts; to repair (saddles); to repair, resole, revamp (shoes); (Am.) to go up (river). II. *va.* & *vr.* to elevate, raise, rise. III. *vr.* to soar (as birds); to take to the woods; to go back to, date from.
remonte, *m.* repairing; remounting; soaring.
remontista, *m.* (mil.) commissioner for the purchase of remounts.
remoque, *m.* (coll.) sarcastic word.
remoquete, *m.* thump with the fist; epigram; satire; (coll.) gallantry, courtship.
rémora, *f.* (ichth.) sucking fish, remora; hindrance, obstacle; cause of delay.
remordedor, ra, *a.* causing remorse.
remorder. I. *va.* (*ind.* REMUERDO; *subj.* REMUERDA) to bite repeatedly; to cause remorse; to sting, fret. II. *vr.* to show worry or regret.
remordimiento, *m.* remorse.
remosquearse, *vr.* to show suspicion of surroundings; (print.) to be blurred or smeared; to mackle.
remostar. I. *va.* to put must into (old wine). II. *vr.* (of wine) to become sweet.
remostecerse, *vr.* = REMOSTARSE.
remosto, *m.* putting must into old wine; growing sweet.
remotamente, *adv.* remotely; vaguely.
remoto, ta, *a.* remote, far off; unlikely.
remover, *va.* (*ind.* REMUEVO; *subj.* REMUEVA) to move, remove, transfer; to take away; to discharge, dismiss; to stir.
removible, *a.* removable.
removimiento, *m.* = REMOCIÓN.
remozamiento, *m.* making, appearing or becoming young, rejuvenation.
remozar. I. *va.* to rejuvenate. II. *vr.* to look young.
rempujar, *va.* to push, jostle; to impel; to beat up (game).—**rempujo,** *m.* impulse, push; (naut.) sailmaker's palm.—**rempujón,** *m.* impulse, push.
remuda, *f.* change; replacement; change of clothes.—**r. de caballos,** relay of horses.
remudamiento, *m.* = REMUDA.
remudar, *va.* to move, remove; to change, replace.
remuelo, remuela, *v. V.* REMOLER.
remuerdo, remuerda, *v. V.* REMORDER.
remuevo, remueva, *v. V.* REMOVER.
remugar, *va.* (prov.) = RUMIAR, to ruminate.
remullir, *va.* to beat up again; to soften.
remunerable, *a.* remunerable.
remuneración, *f.* remuneration; gratuity, consideration.
remunerador, ra, *n.* & *a.* remunerator(-ing).
remunerar, *va.* to remunerate.
remuneratorio, ria, *a.* remunerative.
remusgar, *vn.* (coll.) to suspect, presume.
remusgo, *m.* keen cold wind.
renacentista. I. *a.* Renaissant, Renaissance (as *a.*). II. *n.* one versed in Renaissance art and literature.
renacer, *vn.* (*ind.* RENAZCO; *subj.* RENAZCA) to be born again; to spring up again, grow again; to acquire grace by baptism.
renaciente, *a.* renascent, springing anew.
renacimiento, *m.* regeneration; new birth; **(R-)** Renaissance.
renacuajo, *m.* tadpole, polliwog; little, despicable person.
renadío, *m.* crop which, after having been reaped in the blade, sprouts again.
renal, *a.* renal.
renano, na, *a.* Rhenish, Rhine (as *a.*).
renazco, renazca, *v. V.* RENACER.
rencilla, *f.* grudge; heartburning.
rencilloso, sa, *a.* peevish, quarrelsome, touchy.
renco, ca, *a.* lame.
rencor, *m.* rancor, animosity, grudge.
rencoroso, sa, *a.* rancorous, spiteful.
renda, *f.* second dressing of vines.
rendaje, *m.* set of reins or bridles.
rendajo, *m.* (ornith.) mocking-bird; mimic.
rendar, *va.* to dress (vines) a second time.
rendición, *f.* rendition, surrendering, yielding; rent, yield, product, profit.
rendidamente, *adv.* humbly, submissively, compliantly.
rendido, da. I. *pp.* of RENDIR. II. *a.* obsequious, devoted; fatigued, worn out.
rendija, *f.* crevice, crack, cleft.
rendimiento, *m.* weariness, faintness, fatigue; humiliation, submission; obsequiousness, humbling compliance; yield, rent, income; yearly produce; (mech.) efficiency, performance.
rendir. I. *va.* (*ger.* RINDIENDO; *ind pres.* RINDO, *pret.* él RINDIÓ; *subj.* RINDA) to subdue, overcome; to surrender, yield, give up; to render, give back, return, restore; to render, give (thanks), do (homage), etc.; (com.) to produce,

yield, bring; to fatigue, tire out; to vomit, throw up.—**r. cuentas,** to give, render, an account (lit. & fig.).—**r. el alma (a Dios)** to die.—**r. el bordo en,** to arrive at.—**r. el puesto,** (mil.) to give up the post, to commit it to another.—**r. gracias,** to give thanks.—**r. la guardia,** to set the watch.—**r. las armas,** to throw down the arms, to surrender.—**r. marea,** to stem the tide.—**r. obsequios,** to pay attention.—**r. parias,** to submit, to pay homage. **II.** *vr.* to become exhausted, tired, worn out; to yield, submit, give way, give up, surrender; (naut.) to spring (a mast).
renegado, da. I. *pp.* of RENEGAR. **II.** *n.* renegade; wicked person. **III.** *m.* ombre (card game).
renegador, ra, *n.* swearer, blasphemer.
renegar. I. *va.* (*ind. pres.* RENIEGO, *pret.* RENEGUÉ; *subj.* RENIEGUE) to deny, disown; to detest, abhor. **II.** *vn.* to blaspheme, curse; **(de)** to deny; to blaspheme, curse.
renegón, na, *n.* inveterate swearer.
renegrear, *va.* to blacken intensely.
renegrido, da, *a.* (of bruises) livid, blackish.
rengífero, *m.* (zool.) reindeer.
renglón, *m.* written or printed line; (com.) line of business, staple, item.—**a r. seguido,** immediately after; the next moment.—*pl.* lines, writings.
renglonadura, *f.* ruling of paper; ruled lines.
rengo, ga, *a.* = RENCO, lame.
renguear, *vn.* (Am.) = RENQUEAR.
[1]**reniego,** *m.* curse, execration, blasphemy.
[2]**reniego, reniegue,** *v. V.* RENEGAR.
reniforme, *a.* reniform, kidney-shaped.
renil, *a.* barren, as a ewe.
renio, *m.* (chem.) rhenium.
renitencia, *f.* resistance, opposition.
renitente, *a.* renitent, repugnant.
reno, *m.* (zool.) reindeer.
renombrado, da, *a.* renowned, famous.
renombre, *m.* surname, family name; renown, fame.
renovable, *a.* renewable, replaceable.
renovación, *f.* renovation, renewing; change, reform; replacement; (biocnem.) turnover.
renovador, ra, *n.* & *a.* renovator(-ing); reformer (-ing).
renoval, *m.* land bearing second growth.
renovante, *a.* renovating, renewing.
renovar, *va.* (*ind.* RENUEVO; *subj.* RENUEVE) to renew; to renovate; to change, replace; to reiterate, republish.
renovero, ra, *n.* usurer, fripper.
renquear, *vn.* to limp, hobble.
renta, *f.* profit; income; rental; (Angl.) (Mex.) (house) rent; annuity; tax, contribution; revenue.—**r. estancada,** revenue tax on monopoly articles.—**rentas del trabajo,** earned income.—**rentas gravables,** taxable income.—**rentas vitalicias,** annuity.—**a r.,** at a rent.
rentado, da. I. *pp.* of RENTAR. **II.** *a.* living on an income.
rentar. I. *va.* to produce, bring, yield; (Angl.) (Mex.) to rent for (as *cuánto renta ese cuarto?* how much does that room rent for?). **II.** *vr.*—**se renta,** (Angl.) (Mex.) (incorrectly used for *se alquila*) to let, for rent.
rentero, *m.* rural tenant; grantee of, or bidder for, a state monopoly.
rentiila, *f. dim.* small income; a card game; a game played with dice.
rentista, *n.* financier; bondholder; annuitant; one who lives on a fixed income.
rentístico, ca, *a.* financial.
rento, *m.* annual rent, rental.
rentoso, sa, *a.* yielding income.
renuencia, *f.* reluctance, unwillingness.
renuente, *a.* unwilling, reluctant.
[1]**renuevo,** *m.* sprout, shoot; RENOVACIÓN.
[2]**renuevo, renueve,** *v. V.* RENOVAR.
renuncia, *f.* resignation; renunciation; abjuration; renouncement; waiving.
renunciable, *a.* that can be waived, renounced or resigned; transferable.
renunciación, *f.;* **renunciamiento,** *m.* = RENUNCIA.
renunciante, *n.* & *a.* renouncer(-ing), resigner (-ing), waiver(-ing).
renunciar. I. *va.* to renounce, give up; to resign; to disown; to forego, waive; to refuse, reject; to depreciate, abandon, relinquish. **II.** *vn.* to resign; (cards) to revoke, renege.—**r. a,** to give up, renounce.—**r. a sí mismo,** to give up one's own will or taste.
renunciatario, *m.* one in whose favor something is renounced or resigned.
renuncio, *m.* revoke or renege (at cards); (coll.) error, mistake; contradiction, untruth.
renvalsar, *va.* (carp.) to shave off (doors).
renvalso, *m.* (carp.) shaving off to make fit.
reñidamente, *adv.* stubbornly, strongly.
reñidero, *m.* cockpit; fighting pit or ring.
reñido, da. I. *pp.* of REÑIR. **II.** *a.* at variance; on bad terms; stubborn, hard-fought.
reñidor, ra, *n.* quarreller; scold.
reñir, *va.* & *vn.* (*ger.* RIÑENDO; *ind. pres.* RIÑO, *pret.* él RIÑÓ; *subj.* RIÑA) to wrangle, quarrel, fight; to fall out; to scold, reprimand, chide.
[1]**reo, a. I.** *a.* guilty, criminal. **II.** *n.* criminal, culprit; (law) defendant; (law) accused.
[2]**reo,** *m.* (ichth.) ray trout.
reocupar, *va.* to resume.
reóforo, *m.* (elec.) rheophore.
reojo, *m.*—**mirar de r.,** to look askance.
reómetro, *m.* (elec.) rheometer; (hydraul.) water meter.
reordenar, *va.* to rearrange.
reorganización, *f.* reorganization.
reorganizador, ra, *n.* & *a.* reorganizer(-ing).
reorganizar, *va.* (*pret.* REORGANICÉ; *subj.* REORGANICE) to reorganize.
reóstato, *m.* (elec.) rheostat.
repacer, *va.* to consume all the grass of.
repagar, *va.* (*pret.* REPAGUÉ; *subj.* REPAGUE) to repay; to overpay.
repajo, *m.* inclosure for pasture.
repanchigarse, repantigarse, *vr.* to stretch (oneself) in a chair.
repapilarse, *vr.* to glut, stuff oneself.
reparable, *a.* reparable, remediable; objectionable; remarkable; (also *sujeto a* [1]*reparar*) blameworthy.
reparación, *f.* reparation, repair, repairing, indemnity, amends; atonement.
reparada, *f.* sudden bound of a horse.
reparado, da, *a.* restored; provided.
reparador, ra, *n.* repairer; restorer; carper, faultfinder.
reparamiento, *m.* = REPARO, REPARACIÓN.
[1]**reparar. I.** *va.* to repair; to restore; to observe, notice; to consider, heed; to make up for, indemnify for, make amends for; to expiate, atone for; to give the final touch to.
[2]**reparar. I.** *va.* to parry; to defend, protect. **II.** *vn.* to stop, stay over; **(en),** to stop (at). **III.** *vr.* to refrain, forbear; (Mex.) to rear on the hind feet.
reparativo, va, *a.* reparative.
[1]**reparo,** *m.* repair, repairing, restoration; remark, observation, advice, warning, notice; difficulty, objection, defect; strengthening poultice for the stomach.—**poner reparos,** to make objections.
[2]**reparo,** *m.* defense, protection; (fencing) parry.
reparón, na. I. *n.* & *a.* carper(-ing); faultfinder (-ing). **II.** *m.* (coll.) great doubt or difficulty.
repartible, *a.* distributable.
repartición, *f.* division, distribution.
repartidamente, *adv.* distributively.
repartidero, ra, *a.* to be distributed.
repartidor, ra. I. *a.* distributing. **II.** *n.* distributor; assessor of taxes.
repartimiento, *m.* division, distribution, apportionment; assessment; repartimiento (allotment of territory made by the conquerors of Spanish America, or, in the P. I., an assessment of taxes).

repartir, *va.* to divide, distribute, apportion, allot; to assess.
reparto, *m.* REPARTIMIENTO; (theat.) cast of characters; delivery (of goods, mail, etc.).
repasadera, *f.* (carp.) finishing plane.
repasadora, *f.* woman that cards wool.
repasar, *va.* to repass, pass again; to reëxamine, check; to revise; to scan, peruse, glance over; to review, study again (as a lesson); to clean (dyed wool) for carding; to mend (clothes); (min.) to remix (mercury) with metal.
repasata, *f.* (coll.) severe chiding, dressing down.
repaso, *m.* review (of a lesson); revision, reëxamination; final inspection, finishing; mending (of clothes); (min.) remixing quicksilver with metal; (coll.) reprimand, dressing down.
repastar, *va.* to pasture or feed again.
repasto, *m.* increase of feed.
repatriación, *f.* repatriation, returning to one's country.
repatriar, *va.* to return to one's country, repatriate.
repechar, *vn.* to go up hill.
repecho, *m.* short steep incline.—**a r.,** up hill.
repelada, *f.* salad of herbs.
repeladura, *f.* restripping; second clipping or cropping.
repelar, *va.* to pull out the hair of; to put (a horse) to his speed; to nip, nibble, browse; to clip, crop, lop off.
repelente, *a.* repellent.
repeler, *va.* to repel, repulse; to refute, dispute.
repelo, *m.* anything that rises or goes against the grain; cross fiber; crooked grain; (coll.) slight scuffle or dispute; aversion.
repelón, *m.* pulling out the hair; small part torn from anything; loose thread in stockings; (of a horse) short gallop.—**a repelones,** by degrees, little by little.—**de r.,** by the way; in haste.
repeloso, sa, *a.* (of wood) of a bad grain; touchy, peevish.
repellar, *va.* (mason.) to dub out.
repensar, *va.* (*ind.* REPIENSO; *subj.* REPIENSE) to reconsider, think over.
repente, *m.* sudden movement or impulse.—**de r.,** suddenly.
repentinamente, *adv.* suddenly.
repentino, na, *a.* sudden.
repentista, *n.* improviser, extemporizer.
repentizar, *va.* (*pret.* REPENTICÉ; *subj.* REPENTICE) to improvise, extemporize.
repentón, *m.* sudden movement.
repeor, *a.* & *adv.* much worse.
repercudida, *f.* repercussion, rebound.
repercudir, *vn.* to rebound.
repercusión, *f.* repercussion, reverberation.
repercusivo, va, *a.* repercussive; repellent.
repercutir. I. *vn.* to rebound; to reëcho, reverberate. II. *va.* (med.) to repel.
repertorio, *m.* repertory, repertoire.
repesar, *va.* to weigh again.—**repeso,** *m.* reweigh; weight office; charge for reweighing.
repetición, *f.* repetition; repeater (of timepiece); collegial dissertation, thesis; (theat.) encore; (art) replica; (law) action for an accounting.
repetidamente, *adv.* repeatedly.
repetidor, ra. I. *a.* repeating. II. *n.* repeater (teacher or student).
repetir. I. *va.* (*ger.* REPITIENDO; *ind. pres.* REPITO, *pret.* él REPITIÓ; *subj.* REPITA) to repeat; to recite, rehearse; (art) to make a replica of; (law) to claim, demand. II. *vn.* to repeat; to read a thesis in a university. III. *vr.* to repeat oneself.
repicar. I. *va.* (*pret.* REPIQUÉ; *subj.* REPIQUE) to chop, hash, mince; to ring (bells); to reprick; (in piquet) to repique. II. *vr.* to glory, boast, flatter oneself.
repienso, repiense, *v. V.* REPENSAR.
repinaldo, *m.* (bot.) red delicious apple.
repinarse, *vr.* to soar, rise.
repintar. I. *va.* to repaint. II. *vr.* to paint, make up; (print.) to set off, mackle, double.
repique, *m.* chopping, mincing; peal, ringing (of bells); dispute, altercation; (in piquet) repique.
repiquete, *m.* merry peal or ringing of bells; chance, opportunity.
repiquetear. I. *va.* to ring (bells) merrily. II. *vr.* to bicker, wrangle, quarrel.
repiqueteo, *m.* ringing of bells.
repisa, *f.* mantelpiece; shelf, console; bracket.
repiso, *m.* weak, inferior wine.
repitiente, *a.* repeating.
repito, repitió, etc., *v. V.* REPETIR.
repizcar, *va.* to pinch.—**repizco,** *m.* pinch.
replantar, *va.* to replant.
replantear, *va.* to restate (a problem); (eng.) to lay out on the ground.
replanteo, *m.* laying out on the ground the plan of a structure.
repleción, *f.* repletion.
replegable, *a.* folding.
replegar. I. *va.* (reg. in this meaning) to fold several times. II. *vr.* (*ind. pres.* REPLIEGO, *pret.* REPLEGUÉ; *subj.* REPLIEGUE) (mil.) to fall back, retreat in order.
repleto, ta, *a.* replete, very full.
réplica, *f.* reply, answer; repartee; objection.
replicador, ra, *n.* replier, disputant.
replicante, *n.* & *a.* replier(-ing), respondent(-ing).
replicar. I. *vn.* (*pret.* REPLIQUÉ; *subj.* REPLIQUE) to reply, answer; to contradict, argue. II. *va.* (law) to answer (a defendant's plea).
replicato, *m.* objection; (law) reply, answer.
replicón, na, *n.* (coll.) disputer, arguer.
repliego, [1]**repliegue,** *v. V.* REPLEGARSE.
[2]**repliegue,** *m.* doubling, folding; fold, crease, convolution.
repoblación, *f.* repopulation.—**r. forestal,** reforestation.
repoblar, *va.* (*ind.* REPUEBLO; *subj.* REPUEBLE) ro repopulate, repeople.
repodrir, *va.* & *vr.* = REPUDRIR.
repollar, *vn.* to head (as a cabbage).
repollo, *m.* cabbage; round head (of a plant).
repolludo, da, *a.* cabbage-headed; round-headed.
repolluelo, *m. dim.* small cabbage, sprout.
reponer. I. *va.* (*pp.* REPUESTO; *ind. pres.* REPONGO, *pret.* REPUSE, *fut.* REPONDRÉ; *subj.* REPONGA) to replace, put back; to reinstate, reinstall; to restore; to answer, to reply; (law) to restore (a case) to its primitive state. II. *vr.* to recover lost health or property.
reportación, *f.* moderation, calm.
reportado, da, *pp.* & *a.* moderate, calm.
reportaje, *m.* (journalism) report, reporting.
reportamiento, *m.* forbearance, restraint.
reportar. I. *va.* to control, restrain, check; to obtain, get, attain; to carry; to bring. II. *vr.* to refrain, forbear, control oneself.
reporte, *m.* report, information, news; lithographic proof.
repórter, *n.* (Angl.) (Am.) reporter.
reporteril, *a.* reportorial.
reporterismo, *m.* newspaper reporting; body of reporters, reporters collectively.
reportero, ra, *n.* reporter.
reportorio, *m.* almanac, calendar.
reposadamente, *adv.* peaceably, quietly.
reposadero, *m.* (metal.) trough for receiving melted metal.
reposado, da, *pp.* & *a.* quiet, peaceful, calm.
reposar. I. *vn.* to rest, repose; to stand (on), be supported (by); to take a nap; to lie down; to lie (in the grave). II. *vr.* to settle (as liquids).
reposición, *f.* replacement, reinstatement; recovery (in health); (law) restoring a suit to its primitive state; (chem.) preservation of liquids in proper vessels.
repositorio, *m.* repository.
reposo, *m.* rest, repose; sleep; tranquillity.
repostarse, *vr.* (Am.) to lay in stock.
reposte, *m.* pantry, larder.
repostería, *f.* confectionery, pastry shop; pantry, larder, plate room.
repostero, *m.* king's butler; pastry cook; covering ornamented with a coat of arms.

repregunta, *f.* (law) cross-examination.
repreguntar, *va.* (law) to cross-examine.
reprender, *va.* to reprehend, scold, reproach.
reprendiente, *a.* censuring, reprimanding.
reprensible, *a.* reprehensible.
reprensión, *f.* reprehension, reprimand, reproach.
reprensor, ra, *n.* reprehender, reproacher.
represa, *f.* dam, dike, sluice, lock; damming, impounding; stopping, holding back; (naut.) recapture.
represalia, *f.* reprisal, retaliation.
represar, *va.* (naut.) to recapture, retake from the enemy; to bank, dam, impound; to stop, detain, retain; to repress, restrain, check.
representable, *a.* representable.
representación, *f.* representation; description, statement; (theat.) performance, production; figure, image, idea; address, petition; authority, capacity; (law) right of succession.—**en r. de,** as a representative of.
representador, ra. I. *a.* representing. **II.** *n.* player, actor.
representante. I. *a.* representing, representative. **II.** *n.* representative; agent; actor.
representar. I. *va.* to represent; to state, declare; to express; (theat.) to perform, act. **II.** *vr.* to image, picture to oneself, conceive.
representativo, va, *a.* representative.
represión, *f.* repression, check, control.
represivo, va, *a.* repressive, restrictive.
reprimenda, *f.* reprimand.
reprimir, *va.* to repress, check, curb.
reprobable, *a.* reprehensible.
reprobación, *f.* reprobation.
reprobadamente, *adv.* reprovably.
reprobado, da. I. *pp.* of REPROBAR. **II.** *a.* RÉPROBO; not passed in an examination.
reprobador, ra. I. *a.* reprobative, reprobatory. **II.** *n.* reprover, condemner.
reprobar, *va.* (*ind.* REPRUEBO; *subj.* REPRUEBE) to reprove, disapprove, condemn; to damn; not pass (in an examination), (coll.) to flunk, fail.
reprobatorio, ria, *a.* reprobative.
réprobo, ba, *n.* & *a.* reprobate.
reprocesamiento, *m.* (phys.) reprocessing.
reprochable, *a.* reprovable.
reprochar, *va.* to reproach; to challenge (witnesses), reject, exclude.
reproche, *m.* reproach, reproof; repulse, rebuff, rebuke.
reproducción, *f.* reproduction; (phys.) breeding.
reproducir, *va.* (*ind. pres.* REPRODUZCO, *pret.* REPRODUJE; *subj.* REPRODUZCA) to reproduce.
reproductible, *a.* reproducible.
reproductividad, *f.* reproductiveness.
reproductivo, va, *a.* reproductive.
reproductor, ra, *n.* & *a.* reproducer(-ing); breeder(-ing).
reproduje, reproduzco, etc. *v. V.* REPRODUCIR.
repromisión, *f.* repeated promise.
repropiarse, *vr.* (of horses) to get unruly.
repropio, pia, *a.* (of horses) unruly.
reprueba, *f.* new proof.
repruebo, repruebe, *v. V.* REPROBAR.
reps, *m.* (text.) rep, fabric with a corded or ribbed surface.
reptil, *m.* reptile; crawler, creeper.
república, *f.* republic.
República Centroafricana, *f.* Central African Republic.
República Dominicana, *f.* Dominican Republic.
republicanismo, *m.* republicanism.
republicano, na, *n.* & *a.* republican.
repúblico, *m.* prominent man; patriot; statesman.
repudiación, *f.* repudiation.
repudiar, *va.* to repudiate; to divorce.
repudio, *m.* repudiation; divorce.
repudrir. I. *va.* & *vr.* to rot completely. **II.** *vr.* (coll.) to pine away.
repuesto, ta. I. *pp. irreg.* of REPONER. **II.** *a.* retired, secluded; recovered. **III.** *m.* store, stock, supply; sideboard, cupboard; dresser; pantry, larder; money staked in the game of ombre.—**de r.,** extra; spare.
repugnancia, *f.* reluctance, repugnance; aversion; loathing; disgust; opposition, contradiction, contrariety.
repugnante, *a.* repugnant, reluctant; loathsome; repulsive, disgusting.
repugnar, *va.* to oppose, contradict, conflict with; to cause disgust; to do with reluctance.
repujado, da, *a.* & *m.* repoussé.
repujar, *va.* to make repoussé work on.
repulgado, *a.* affected.
repulgar, *va.* (*pret.* REPULGUÉ; *subj.* REPULGUE) (sewing) to hem; to border; to put an edging on (pastry).
repulgo, *m.* (sewing) hem, border; external ornament of a cake or pie; ridiculous scruple.
repulido, da, *pp.* & *a.* prim, neat, spruce.
repulir. I. *va.* to repolish. **II.** *va.* & *vr.* to dress affectedly.
repulsa, *f.* refusal, rebuke, repulse.
repulsar, *va.* to reject, repel, decline, refuse.
repulsión, *f.* REPULSA; repulsion.
repulsivo, va, *a.* repelling.
repullo, *m.* jump, start, shock; small arrow or dart.
repunta, *f.* point, cape, headland; first manifestation or sign; disagreement, dispute.
repuntar. I. *vn.* to begin to appear; to begin to ebb. **II.** *va.* (Am.) to collect, round up (animals). **III.** *vr.* to be on the turn (wine); to be soured; to be displeased with one another.
repunte, *m.* (naut.) beginning of the ebb or of the flow; (Am.) collecting, rounding up.
repurgar, *va.* (*pret.* REPURGUÉ; *subj.* REPURGUE) to clean or purify again.
repuse, *pret.* of REPONER.
reputación, *f.* reputation; (coll.) image.
reputante, *n.* appraiser, estimator.
reputar, *va.* to repute; to estimate, appreciate.
requebrador, *m.* gallant, wooer, suitor.
requebrar, *va.* (*ind.* REQUIEBRO; *subj.* REQUIEBRE) to woo, court, make love to; to flatter, wheedle; to break again.
requemado, a. I. *pp.* of REQUEMAR. **II.** *a.* brown, sunburnt. **III.** *m.* a kind of black fabric.
requemamiento, *m.* = RESQUEMO.
requemar. I. *va.* to reburn; to overcook, cook too much; to parch; to inflame (the blood or humors); to bite, smart (as mustard). **II.** *vr.* to burn with passion; to be deeply in love.
requemazón, *f.* = RESQUEMO.
requeridor, ra, *n.* summons server; courter, suiter; inspector.
requerimiento, *m.* summons; requisition, demand.
requerir, *va.* (*ger.* REQUIRIENDO; *ind. pres.* REQUIERO, *pret.* él REQUIRIÓ; *subj.* REQUIERA) to summon; to notify; to investigate, examine; to require, need; to court, woo, make love to (also **r. de amores**); to induce, persuade.
requesón, *m.* pot cheese, cottage cheese; curd.
requetebién, *adv.* (coll.) very well (or good), fine, as good as could be.
[1]**requiebro,** *m.* flattery, compliment; endearing expression, love tale; (min.) crushed ore.
[2]**requiebro, requiebre,** *v. V.* REQUEBRAR.
requiero, requiera, *v. V.* REQUERIR.
requilorios, *m.* (coll.) useless ceremony; circumlocution.
requintador, ra, *n.* outbidder.
requintar, *va.* to outbid by a fifth part of the price of; to exceed, surpass; (mus.) to raise or lower five points.
requinto, *m.* second fifth taken from a quantity; advance of a fifth in bidding; (S. A.) extraordinary impost levied under Philip II; (mus.) fife and its player; a small guitar.
requiriente, *m.* & *f.* summoner; summons server; courter, suitor.
requirió, *pret.* of REQUERIR.
requisa, *f.* tour of inspection, round; (mil.) requisition of horses.

requisar, *va.* to inspect, make the rounds of; (mil.) to requisition (horses).
requisición, *f.* (mil.) requisition of horses.
requisito, *m.* requisite, requirement.
requisitorio, ria. I. *a.* requisitory. **II.** *f.* (law) requisition.
requive, *m.* = ARREQUIVE, dress trimmings.
res, *f.* head of cattle; beast.—**r. de vientre,** breeding cow (or any other breeding female).
resaber, *va.* (*ind. pres.* RESÉ, *pret.* RESUPE, *fut.* RESABRÉ; *subj.* RESEPA) to know very well.
resabiar. I. *va.* to cause to contract bad habits. **II.** *vr.* to contract bad habits; to become vicious; to be discontented, dissatisfied; to relish.
resabido, da, *a.* affecting learning.
resabio, *m.* unpleasant aftertaste; viciousness; bad habit.
resabioso, sa, *a.* (Am.) vicious; peevish, ill-tempered.
resaca, *f.* (naut.) surge, surf, undertow; (com.) redraft; (coll.) hangover.
resacar, *va.* (naut.) to underrun, haul; (com.) to redraw.
resalado, da, *a.* (coll.) very attractive, charming, magnetic.
resalir, *vn.* (*ind. pres.* RESALGO, *fut.* RESALDRÉ; *subj.* RESALGA) to jut out, project.
resaltar, *vn.* to rebound; to come off, get loose; to jut out, project; to stand out; to be evident.—**r. a la vista,** to be self-evident.
resalte, resalto, *m.* rebound; protuberance, projection; (Ry.) superelevation (of outer rail).
resaludar, *vn.* to return a salute or greeting.
resalutación, *f.* return of a salute or greeting.
resalvo, *m.* tiller, sapling.
resallar, *va.* (agr.) to weed again.
resallo, *m.* (agr.) reweeding.
resanar, *va.* to regild defective spots in.
resarcible, *a.* indemnifiable.
resarcimiento, *m.* compensation, reparation, indemnity.
resarcir, *va.* (*ind.* RESARZO; *subj.* RESARZA) to compensate, indemnify, make amends to; to mend, repair.
resbaladero, ra. I. *a.* slippery; elusive. **II.** *m.* slippery place.
resbaladizo, za, *a.* slippery; glib; elusive; tempting, alluring.
resbalador, ra, *n.* slider; backslider.
resbaladura, *f.* slip, slide; backsliding.
resbalamiento, *m.* slipping; skidding.—**r. de ala,** (aer.) sideslip(-ping).—**r. de cola,** (aer.) tail slide.
resbalante, *n.* & *a.* slider(-ing), slipper(-ing).
resbalar, *vn.* & *vr.* to slip, slide, glide; to skid; to err, go astray.—**resbalo,** *m.* (Am.) steep slope.
resbalón, *m.* slip, slipping; fault, error, break.
resbaloso, sa, *a.* slippery.
rescaldar, *va.* to heat, to scorch.
rescatador, ra, *n.* redeemer, ransomer.
rescatar, *va.* to ransom; to redeem, recover; to rescue; to exchange, barter, commute; (Am.) to buy (ore) in mines.
rescate, *m.* ransom; redemption; ransom money; exchange, barter.
rescatín, *m.* (Am.) buyer of ore from Indians.
rescaza, *f.* = ESCORPINA, (ichth.) grouper.
rescindir, *va.* to rescind, annul, cancel.
rescisión, *f.* rescission, cancellation, annulment.
rescisorio, ria, *a.* rescissory, rescinding.
rescoldera, *f.* pyrosis, heartburn.
rescoldo, *m.* embers, hot ashes; scruple, doubt, apprehension.
rescontrar, *va.* to offset, set off.
rescripto, *m.* rescript, order, mandate.
rescriptorio, ria, *a.* rescriptive.
rescuentro, *m.* offset, compensation.
resecación, *f.* drying up, desiccation.
resecar, *va.* & *vr.* (*pret.* RESEQUÉ; *subj.* RESEQUE) to dry thoroughly, exsiccate, desiccate.
resección, *f.* (surg.) resection.
reseco, ca. I. *a.* thoroughly dry, too dry; very lean. **II.** *m.* drying up of trees or shrubs; dry part of a honeycomb.
reseda, *f.* (bot.) mignonette, reseda; woad.
resedáceo, cea, *a.* (bot.) resedaceous.
resegar, *va.* (*ind. pres.* RESIEGO, *pret.* RESEGUÉ; *subj.* RESIEGUE) to mow again.
reseguir, *va.* (*ger.* RESIGUIENDO; *ind. pres.* RESIGO, *pret.* él RESIGUIÓ; *subj.* RESIGA) to edge (swords).
resellante, *a.* recoining, restamping.
resellar, *va.* to recoin; to countermark.
resello, *m.* recoinage; surcharge.
resembrar, *va.* (*ind.* RESIEMBRO; *subj.* RESIEMBRE) to resow.
resentido, da, *pp.* & *a.* offended; resentful.
resentimiento, *m.* resentment, grudge; impairment.
resentirse, *vr.* (*ind. pres.* me RESIENTO, *pret.* él se RESINTIÓ; *subj.* me RESIENTA) to be impaired or weakened; to resent, be offended or hurt.
reseña, *f.* brief description, narration, or review; sketch; signal; signalment; (mil.) review.
reseñar, *va.* to make a brief description of, sketch, outline; (mil.) to review.
resequé, reseque, *v. V.* RESECAR.
resequido, da, *a.* dried up, parched.
resero, *m.* herdsman; one who deals in livestock.
reserva, *f.* reserve, reticence; reservation, exception; discretion, circumspection, prudence; modesty; (law) reservation; (mil.) reserve.—**r. mental,** mental reservation.—**a r. de,** intending to.—**de r.,** extra, spare, in reserve.—**en r.,** in reserve; confidentially.—**guardar r.,** to be discreet, act with discretion.—**sin r.,** openly, freely.
reservación, *f.* reservation.
reservadamente, *adv.* secretly; confidentially.
reservado, da. I. *pp.* of RESERVAR. **II.** *a.* reserved; cautious, prudent; private, confidential. **III.** *m.* (eccl.) Eucharist kept in the ciborium.
reservar. I. *va.* to reserve, keep; to retain, hold; to defer, postpone; to exempt; to conceal, keep secret. **II.** *vr.* to bide one's time; to keep for oneself; to beware, be cautious.
reservativo, va, *a.* reservative.
reservista, *m.* (mil.) reservist.
resfriado, *m.* cold (illness); watering before tilling.
resfriador, ra. I. *a.* cooling, refrigerating. **II.** *m.* refrigerator.
resfriadura, *f.* (vet.) cold in horses.
resfriamiente, *m.* = ENFRIAMIENTO, cooling.
resfriante. I. *a.* cooling, refrigerating. **II.** *m.* = CORBATO, cooler (in a still).
resfriar. I. *va.* to cool, chill; to moderate (ardor, fervor). **II.** *vn.* to begin to be cold. **III.** *vr.* to catch cold; to grow cold or indifferent.
resfrío, *m.* cold (illness).
resguardar. I. *va.* to preserve, defend, protect. **II.** *vr.* to take shelter; **(de)** to guard (against); protect oneself (from).
resguardo, *m.* preservation, security, safety; guard, defense, protection; (com.) security, guarantee, collateral, voucher; watchfulness to prevent smuggling; body of custom house officers for such service; (naut.) sea room, wide berth.
residencia, *f.* residence, domicile, abode; dwelling, home; stay, sojourn; (eccl.) residence; (diplomacy) function of a resident minister; (S. A.) (Sp. colonial hist.) (also *juicio de r.*) impeachment.
residencial, *a.* residentiary.
residenciar, *va.* (law) (S. A.) (Sp. colonial hist.) to impeach; to call to account.
residente. I. *a.* residing, resident, residential. **II.** *m.* (diplomacy) resident minister; (eccl.) residencer; dweller, inhabitant.
residentemente, *adv.* constantly, assiduously.
residir, *vn.* to reside, live, dwell; to be in official residence; to inhere.
residual, *a.* residual.

residuo, *m.* remainder, remnant; (chem.) residuum, residue; (arith.) difference; remainder.
resiego, resiegue, *v. V.* RESEGAR.
resiembra, *f.* (agr.) resowing.
resiembro, resiembre, *v. V.* RESEMBRAR.
resiento, resienta, *v. V.* RESENTIRSE.
resigna, *f.* (eccl.) resignation.
resignación, *f.* resignation; submission.
resignadamente, *adv.* resignedly.
resignado, da, *a.* resigned.
resignante, *n.* & *a.* resigner(-ing).
resignar. I. *va.* to resign, give up. **II.** *vr.* to resign oneself, be resigned.
resignatario, *m.* resignee.
resigo, resiga, etc., *v. V.* RESEGUIR.
resina, *f.* resin, rosin.—**resinar,** *va.* to draw resin from.—**resinero, ra. I.** *a.* pert. to resin. **II.** *n.* one engaged in the resin business.—**resinífero, ra,** *a.* resinferous.—**resinoso, sa,** *a.* resinous.
resintió, *pret.* of RESENTIRSE.
resisar, *va.* to diminish (measures) further.
resistencia, *f.* resistance, endurance; strength; (mech. and elec.) resistance.—**r. de materiales,** strength (*formerly* resistance) of materials.
resistente, *a.* strong; resisting, opposing.
resistero, *m.* hottest part of the day; heat produced by the sun's glare; place where such heat is felt.
resistibilidad, *f.* resistibility.
resistible, *a.* resistible, endurable.
resistidero, *m.* = RESISTERO.
resistidor, ra, *n.* resister, repeller.
resistir. I. *vn.* & *vr.* to resist, offer resistance. **II.** *va.* to resist; to bear, stand; to endure.
resistividad, *f.* (elec.) resistivity.
resistor, *m.* (phys.) resistance, resistor.
resma, *f.* ream of paper.
resmilla, *f.* four quires of letter paper.
resobado, da, *a.* hackneyed, trite, dull (conversation).
resobrar, *vn.* to be much over and above.
resobrino, na, *n.* grandnephew(-niece).
resol, *m.* sun's glare.
resolano, na. I. *a.* sunny. **II.** *f.* sunny place.
resoluble, *a.* resoluble, resolvable, solvable.
resolución, *f.* resolution; resoluteness; determination, courage, firmness; solution (of a problem); conclusiveness; quickness, promptitude; (law) lapse, nullification; (med.) resolution.—**en r.,** in short, in a word.
resolutivamente, *adv.* resolutely.
resolutivo, va. I. *a.* analytical. **II.** *m.* (med.) resolutive.
resoluto, ta, *a.* resolute, daring; compendious, brief; skillful, able.
resolutoriamente, *adv.* resolutely.
resolutorio, ria, *a.* resolute; resolutory.
resolvente, *a.* resolvent, resolving.
resolver. I. *va.* (*pp.* RESUELTO; *ind.* RESUELVO; *subj.* RESUELVA) to resolve, determine; to sum up; to solve (a problem); to dissolve, analyze; to dissipate; to undo, destroy, annul; to resolve, divide. **II.** *vr.* to resolve, determine; to dissolve; (med.) to resolve.
resolladero, *m.* vent, air-hole.
resollar, *vn.* (*ind.* RESUELLO; *subj.* RESUELLE) to breathe noisily (as an animal); (coll.) to breathe; (coll.) to show up; to break silence.
resonación, *f.* resounding.
resonador, *m.* resonator.
resonancia, *f.* resonance.—**tener r.,** to be bruited abroad, to attract attention.
resonante, *a.* resonant, resounding.
resonar, *vn.* (*ind.* RESUENO; *subj.* RESUENE) to resound, echo, clink, clatter.
resoplar, *vn.* to breathe audibly; to snort.
resoplido, resoplo, *m.* audible breathing; snorting.
resorber, *va.* to sip again, reabsorb.
resorcina, *f.* (chem.) resorcin.
resorcinol, *m.* (chem.) resorcinol.
resorción, *f.* reabsorption.
resorte, *m.* (mech.) spring; resilience, spring, elasticity; means, resources.
respailando, *adv.* precipitately, in a great rush.
respailar, *va.* (coll.) to move helter-skelter.
[1]**respaldar. I.** *va.* to indorse; to back; to answer for, guarantee. **II.** *vr.* to lean back; to get backing or support; (vet.) to dislocate the backbone.
[2]**respaldar,** *m.* back of a seat.
respaldo, *m.* back of a seat; leaning stock; backing; back of a sheet of paper; indorsement.
respectar, *vn. impers.* to concern, regard.
respectivamente, respective, *adv.* respectively.
respectivo, va, *a.* respective.
respecto, *m.* relation, proportion; relativeness; respect.—**r. a,** or **de,** with respect to, with regard to.—**a este r.,** with respect to this.—**al r.,** relatively, respectively.—**con r. a** = R. A.
respeluzar, *va.* to make the hair stand on end (through fright).
respetabilidad, *f.* respectability.
respetable, *a.* respectable, considerable; worthy; honorable, reliable.
respetador, ra, *n.* respecter.
respetar. I. *va.* to respect, revere, honor. **II.** *vn. impers.* = RESPECTAR.
respetivo, va, *a.* respectful.
respeto, *m.* respect; attention; observance.—**de r.,** extra, spare; for ceremony's sake; dressed or arranged and decorated ceremoniously.—**faltar al r. a,** to be disrespectful to; to molest (a woman).
respetuosamente, *adv.* respectfully.
respetuosidad, *f.* respectfulness.
respetuoso, sa, *a.* respectful; dutiful; respectable, honorable.
réspice, *m.* (coll.) short, pert reply; sharp reproof, dressing down.
respigador, ra, *n.* gleaner.
respigar, *va.* (*pret.* RESPIGUÉ; *subj.* RESPIGUE) to glean.
respigón, *m.* hangnail; (vet.) sore on horse's heel.
respingada, *a.* turned up, retroussé (nose).
respingar, *vn.* (*pret.* RESPINGUÉ; *subj.* RESPINGUE) to kick, wince; to grunt; (coll.) to mutter; to talk back.—**respingo,** *m.* muttering, grumbling; gesture of unwillingness.—**respingón, na,** *n.* & *a.* (Am.) grunter(-ing), grumbler(-ing).—**respingona,** *a.* (coll.) = RESPINGADA.
respirable, *a.* breathable.
respiración, *f.* respiration, breathing; ventilation.—**faltarle a uno la r.,** (diff. constr.) to get short of breath.
respiradero, *m.* vent, air hole; ventilator; (arch.) air passage, louver; (surg.) cupping glass; rest, repose; organ of respiration.
respirador, ra. I. *a.* breathing. **II.** *m.* respirator.
respirante, *a.* breathing, exhaling.
respirar. I. *vn.* & *va.* to breathe. **II.** *vn.* to rest, take rest or respite; to get breath; to breathe freely; to exhale scents or odors; to speak (used with a negative: *no respiró,* he did not open his lips).
respiratorio, ria, *a.* respiratory.
respiro, *m.* breathing; moment of rest; respite; (com.) extension, time.
resplandecer, *vn.* to glitter, glisten, shine.
resplandeciente. I. *pres. p.* of RESPLANDECER. **II.** *a.* resplendent, bright; luminous, light.
resplandecimiento, *m.* = RESPLANDOR.
resplandina, *f.* (coll.) sharp reproof, dressing down.
resplandor, *m.* light, splendor, brilliancy, radiance; glare; brilliant make-up for women.
respondedor, ra, *n.* answerer.
responder, *va.* & *vn.* to answer, reply; to respond; to reëcho; to acknowledge; to requite; to yield, produce; to have the desired effect; (com.) to correspond; *vn.* **(de)** to answer (for), be responsible (for), vouch (for), guarantee.
respondiente, *a.* respondent; answering.
respondón, na, *a.* saucy, pert.

responsabilidad, *f.* responsibility; reliability.
responsable, *a.* responsible; reliable.
responsar, responsear, *vn.* (eccl.) to repeat the responses.
responso, *m.* (eccl.) responsory for the dead.
responsorio, *m.* (eccl.) responsory.
respuesta, *f.* answer, reply; response; repartee.
resquebradura, *f.* crack, cleft, flaw, split, crevice, fissure.
resquebrajadizo, za, *a.* easily cracked; chinky.
resquebrajadura, *f.* = RESQUEBRADURA.
resquebrajar, *va.* & *vr.* to crack, to split.
resquebrajo, *m.* crack, cleft, split, fissure.
resquebrajoso, sa, *a.* easily cracked; chinky.
resquebrar, *vn.* (*ind.* RESQUIEBRO; *subj.* RESQUIEBRE) to crack, split; to burst.
resquemar, *va.* & *vn.* to bite or sting (as mustard).
resquemazón, *f.*; **resquemo, resquemor,** *m.*, (of food) pungency; disagreeable taste of burnt food; burning passion; stinging, pricking, remorse.
resquicio, *m.* chink, slit, crevice, crack, cleft; chance, opportunity.
resquiebro, resquiebre, *v.* *V.* RESQUEBRAR.
resta, *f.* (arith.) subtraction; remainder, difference.
restablecer. I. *va.* (*ind.* RESTABLEZCO; *subj.* RESTABLEZCA) to restore, reëstablish, reinstate. **II.** *vr.* to recover, recuperate.
restablecimiento, *m.* reëstablishment; restoration; recovery
restablezco, restablezca, *v.* *V.* RESTABLECER.
restallar, *vn.* to crack, as a whip; to crackle, crack, squeak.
restante, *a.* & *m.* remainder(-maining).
restañadero, *m.* inlet; estuary.
restañadura, *f.* retinning.
[1]**restañar,** *va.* to retin, tin anew.
[2]**restañar,** *vn.* = RESTALLAR.
[3]**restañar. I.** *va.* to stanch, stop the flow of (blood). **II.** *vr.* to stagnate, stand without flow.
restañasangre, *f.* bloodstone.
[1]**restaño,** *m.* stagnation.
[2]**restaño,** *m.* cloth of gold or silver.
restar. I. *va.* to deduct; to return (a ball), strike (it) back; (arith.) to subtract. **II.** *vn.* to be left, remain; (arith.) to subtract.
restauración, *f.* restoration; restoring; repairing, refurbishing.
restaurador, ra, *n.* & *a.* restorer(-ing).
restaurante, *n.* & *a.* restorer(-ing); *m.* (also Am. **restaurant**) restaurant.
restaurar, *va.* to restore, retrieve; to repair, renew, refurbish.
restaurativo, va, *a.* & *m.* restorative.
restinga, *f.* shoal, bar; ledge of rocks.
restingar, *m.* place full of rocks or bars.
restitución, *f.* restitution.
restituíble, *a.* restorable, returnable.
restituidor, ra, *n.* restorer, refunder.
restituir. I. *va.* (*ger.* RESTITUYENDO; *ind. pres.* RESTITUYO, *pret.* él RESTITUYÓ; *subj.* RESTITUYA) to restore, return, give back; to refund; to repair. **II.** *vr.* to return to the place of departure.
restitutorio, ria, *a.* (law) restitutive.
restituyo, etc. *v.* *V.* RESTITUIR.
resto, *m.* remainder, balance, rest; limit for stakes at cards; returning the ball; player who returns the ball on its rebound.—*pl.* remains.—**a r. abierto,** unlimitedly.—**echar el r.,** to stake one's all; to do one's best.
restorán, *m.* (Am.) = RESTAURANTE, *m.*
restregadura, *f.*, **restregamiento,** *m.* hard rubbing.
restregar, *va.* (*ind. pres.* RESTRIEGO, *pret.* RESTREGUÉ; *subj.* RESTRIEGUE) to rub, scrub.
restregón, *m.* scrubbing, hard rubbing.
restribar, *vn.* to lean upon heavily.
restricción, *f.* restriction, limitation.
restrictivamente, *adv.* restrictively.
restrictivo, va, *a.* restrictive, restricting.
restricto, ta, *a.* limited, confined; restricted.
restriego, restriegue, *v.* *V.* RESTREGAR.
restringa, *f.* = RESTINGA.
restringente, *n.* & *a.* restrainer(-ing).
restringible, *a.* restrainable, limitable.
restringir, *va.* (*ind.* RESTRINJO; *subj.* RESTRINJA) to restrain, restrict, limit, confine; to contract, astringe.
restriñidor, ra, *n.* & *a.* restrainer(-ing); binder (-ing), constipating.
restriñimiento, *m.* costiveness, constipation.
restriñir, *va.* to bind; to contract; to constipate.
restrojo, *m.* = RASTROJO, stubble.
resucitación, *f.* resuscitation.
resucitador, ra, *n.* restorer, reviver.
resucitar. I. *va.* to resurrect, raise from the dead; to resuscitate, revive; to renovate, modernize. **II.** *vn.* to rise from the dead, return to life.
resudación, *f.* slight perspiration.
resudar, *vn.* to perspire slightly.
resudor, *m.* slight perspiration.
resueltamente, *adv.* resolutely.
resuelto, ta. I. *pp. irreg.* of RESOLVER. **II.** *a.* resolute, daring; determined, prompt, quick, diligent.
resuelvo, resuelva, *v.* *V.* RESOLVER.
[1]**resuello, resuelle,** *v.* *V.* RESOLLAR.
[2]**resuello,** *m.* breath, breathing.—**sin r.,** breathless, panting.
resueno, resuene, *v.* *V.* RESONAR.
resulta, *f.* result, effect, consequence; resolution; vacancy of an office.—**r. secundaria,** aftereffect.—**de resultas,** in consequence.
resultado, *m.* result; end product.
resultancia, *f.* result.
resultando, *m.* substantiating fact or statement; paragraph beginning with "whereas."
resultante. I. *a.* resulting; (mech.) resultant (force, velocity, etc.). **II.** *f.* (mech.) resultant.
resultar, *vn.* to result, follow; to turn out; to be; to come out; (coll.) to work (well or badly), to lead to the desired result, to be advantageous.
resumbruno, na, *a.* brown (hawk's feathers).
resumen, *m.* summary, abstract, résumé.—**en r.,** in brief, in short, to sum up.
resumidamente, *adv.* briefly, summarily.
resumido, da. I. *pp.* of RESUMIR. **II.** *a.* abridged. —**en resumidas cuentas,** in short, briefly getting down to brass tacks.
resumir. I. *va.* to abridge, abstract, sum up; to repeat. **II.** *vr.* to be reduced or transformed.
resurgente, *a.* resurgent.
resurgimiento, *m.* reappearance, springing up again.
resurgir, *vn.* to reappear, arise or spring up again.
resurrección, *f.* resurrection.
resurtida, *f.* rebound, repercussion.
resurtir, *vn.* to rebound, fly back.
retablo, *m.* series of historical pictures; (eccl.) retable, altarpiece.
retacar, *va.* (billiards) to hit (the ball) twice.
retacería, *f.* collection of remnants, as for a crazy quilt.
retaco, *m.* short, light fowling piece; (billiards, etc.) short cue; short, heavy-built person.
retador, ra, *n.* challenger.
retaguardia, *f.* rear, rear guard.—**a r.,** in the rear.—**picar la r.,** to pursue the rear guard closely, to harass it.
retahila, *f.* long file, string, series, line.
retajar, *va.* to cut round; to cut the nib of (a quill); to circumcise.
retal, *m.* remnant, piece, clipping.
[1]**retallar,** *vn.* to shoot or sprout anew.
[2]**retallar,** *va.* to regrave, retouch (a graving); (arch.) to form a [2]RETALLO in.
retallecer, *vn.* to sprout again.
[1]**retallo,** *m.* new sprout.
[2]**retallo,** *m.* (arch.) projection or ledge.
retama, *f.* (bot.) genista.—**r. de escobas** = R. NEGRA.—**r. de olor** = R. MACHO.—**r. de tintes,** or **de tintoreros,** (bot.) dyeweed, dyer's broom.

—**r. macho,** Spanish broom.—**r. negra,** (bot.) furze, whin.
retamal, retamar, *m.* place where furze or broom grows.
retamero, ra, *a.* broomy, furzy.
retar, *va.* to challenge, dare.
retardación, *f.* retardation; delay.
retardado, da. I. *pp.* of RETARDAR. **II.** *a.* (mentally) retarded.
retardador, ra. I. *a.* retardatory, retardative. **II.** *n.* retarder.
retardar. I. *va.* to retard, slacken; to delay, detain. **II.** *vr.* (of timepiece) to be slow.
retardativo, va, *a.* retardatory, retardative.
retardatriz, *a.* retardative.
retardo, *m.* retardation; delay, procrastination.
retasa, retasación, *f.* reappraisement.
retasar, *va.* to reappraise.
retazar, *va.* to tear in pieces.—**retazo,** *m.* piece, remnant; cutting; fragment, portion.
retejador, *m.* retiler.
retejar, *va.* to retile (a roof); (coll.) to provide with clothes.
retejer, *va.* to weave closely.
retejo, *m.* repairing of a roof, retiling.
retemblar, *vn.* (*ind.* RETIEMBLO; *subj.* RETIEMBLE) to tremble, shake, quiver.
retemblor, *m.* repeated shaking, quiver.
retén, *m.* store, stock, reserve; (mil.) reserve corps; (mech.) ratchet, catch.
retención, *f.* retention, keeping or holding back; (med.) retention.
retener, *va.* (*ind. pres.* yo RETENGO, él RETIENE, *pret.* RETUVE, *fut.* RETENDRÉ; *subj.* RETENGA) to retain, withhold, keep back; to keep, preserve; to catch, hold, keep; to arrest, detain.
retenida, *f.* (naut.) preventer rope, guy.—**r. de costado,** (aer.) side guy wire.—**r. de guiñada,** (aer.) yaw guy.—**r. de proa,** (naut.) headfast.
retenidamente, *adv.* retentively.
retenimiento, *m.* = RETENCIÓN.
retentar, *va.* (of a disease) to threaten with a relapse.
retentividad, *f.* (phys.) retentivity.
retentivo, va. I. *a.* retentive, retaining. **II.** *f.* retentiveness, memory.
[1]**reteñir,** *va.* (*pp.* RETEÑIDO, RETINTO; *ind. pres.* RETIÑO, *pret.* él RETIÑÓ; *subj.* RETIÑA) to dye over again.
[2]**reteñir,** *vn.* = RETIÑIR.
retesamiento, *m.* tightening more firmly.
retesar, *va.* to draw or stretch tighter.
reteso, *m.* = RETESAMIENTO.
reticencia, *f.* reticence.
reticente, *a.* reticent.
rético, ca, *n.* & *a.* Rhethian, Rhæthian.
retícula, *f.* diaphragm and cross wires (of an instrument).
reticulado, da; reticular, *a.* reticular, reticulated; trussed, framed (as in *construcción reticulada,* framed structure).—**estructura reticular,** (nuclear phys.) lattice.
retículo, *m.* network, reticular tissue; diaphragm and cross wires (of an instrument).
retiemblo, retiemble, *v. V.* RETEMBLAR.
retín, *m.* = RETINTÍN.
retina, *f.* retina of the eye.
retinitis, *f.* (med.) retinitis.
[1]**retinte,** *m.* second dye.
[2]**retinte,** *m.* = RETINTÍN.
retintín, *m.* tinkling, jingle; tintinnabulation; (coll.) sarcastic tone of voice.
retinto, ta. I. *pp. irreg.* of RETEÑIR. **II.** *a.* dark, obscure, almost black.—**café, r.,** very strong, black coffee.
retiñir, *vn.* to tinkle, jingle, ring.
retiño, retiña, etc. *v. V.* RETEÑIR.
retiración, *f.* (print.) printing the back of a sheet; second form for backing.
retirada, *f.* withdrawal; (mil.) retreat; retirement; place of safety; privy, closet.
retiradamente, *adv.* secretly; retiredly.
retirado, da. I. *pp.* of RETIRAR. **II.** *a.* retired, solitary, isolated; remote, distant; pensioned. **III.** *m.* retired officer.
retiramiento, *m.* retirement; secluded place.
retirar. I. *va.* to withdraw; to put aside, out of the way; to lay aside, reserve; to repel; to revoke; (com.) to withdraw, call in; (print.) to print the back of, to back. **II.** *vr.* to withdraw; to retire; to recede, move or go back; (mil.) to retreat.
retiro, *m.* retirement; retreat; recess; secluded place; refuge, asylum; (eccl.) retreat; privacy; (mil.) condition and pay of a retired officer.
reto, *m.* challenge; threat, menace.
retobado, da, *a.* (Am.) given to grumbling or muttering; obstinate, unruly; cunning, wily.
retobar. I. *va.* (Arg.) to line or cover with hides; (Chile) to pack or wrap in hides or burlap. **II.** *vr.* (Arg.) to become quiet and surly, to sulk.
retobo, *m.* (Colomb., C. A.) refuse, useless or insignificant thing; (Chile) burlap; oilcloth; (Arg.) packing or wrapping in hides.
retocador, ra, *n.* retoucher.
retocamiento, *m.* retouching, retouchment.
retocar, *va.* (*pret.* RETOQUÉ; *subj.* RETOQUE) to retouch; to touch up, finish.
retoñar, retoñecer, *vn.* to sprout; to reappear.
retoño, *m.* sprout, shoot, tiller, sucker.
retoque, *m.* retouch; finishing touch; repeated and frequent pulsation; touch (of a disease).
retoqué, retoque, *v. V.* RETOCAR.
retor, *m.* twilled cotton fabric.
retorcedura, *f.* twisting, writhing.
retorcer. I. *va.* (*ind.* RETUERZO; *subj.* RETUERZA) to twist; to contort, convolve; to retort, reargue; to distort, twist, misconstrue. **II.** *vr.* to writhe, squirm.
retorcido. I. *pp.* of RETORCER. **II.** *m.* tutti-frutti, sweetmeat.
retorcimiento, *m.* twisting; writhing.
retórica, *f.* rhetoric.—*pl.* (coll.) sophistries, quibbles, subtleties.
retóricamente, *adv.* rhetorically.
retórico, ca. I. *a.* rhetorical. **II.** *m.* rhetorician.
retornamiento, *m.* return.
retornante, *a.* returning.
retornar. I. *vn.* to return, come back; to recede, retrograde. **II.** *va.* to return; to give back; to turn, twist, contort; to cause to go back.
retornelo, *m.* ritornello, burden of a song.
retorno, *m.* return, coming back; home trip; return chaise or horse; repayment, requital; barter, exchange, traffic; (naut.) leading block.—**de r.,** return (as *a.*).
retorsión, *f.* retortion; retort; twisting.
retorsivo, va, *a.* having a retort; bending back.
retorta, *f.* a twilled linen fabric; (chem.) retort.
retortero, *m.* twirl, rotation.—**andar al r.,** to hover about.—**traer al r.,** (coll.) to twist one around, to deceive with false promises.
retortijar, *va.* to twist, to curl.
retortijón, *m.* curlicue; twisting, twist; cramp.—**r. de tripas,** griping cramp.
retostado, da. I. *pp.* of RETOSTAR. **II.** *a.* brown.
retostar, *va.* (*ind.* RETUESTO; *subj.* RETUESTE) to toast again, toast brown.
retozador, ra, *a.* frisky, frolicsome, prankish.
retozadura, *f.* = RETOZO.
retozar. I. *vn.* to frisk and skip about, romp, frolic, gambol. **II.** *vr.* (of passion) to be violently aroused.
retozo, *m.* frisk, gambol, prank, frolic.—**r. de la risa,** giggle, titter.
retozón, na, *a.* frolicsome, coltish.
retracción, *f.* retraction, drawing back.
retractable, *a.* retractable.
retractación, *f.* retractation, recantation.
retractar, *va.* & *vr.* to retract, to recant; (law) to redeem.
retráctil, *a.* retractile.
retractilidad, *f.* retractility.
retracto, *m.* (law) right of redemption.
retractor, *m.* (surg.) retractor.
retraer. I. *va.* (*ger.* RETRAYENDO; *pp.* RETRAÍDO;

ind. pres. RETRAIGO, *pret.* RETRAJE; *subj.* RETRAIGA) to dissuade; (law) to redeem. **II.** *vr.* to take refuge or shelter; to withdraw from, shun; to keep aloof, retire; to live a retired life.
retraído, da. I. *pp.* of RETRAER. **II.** *a.* of a retiring disposition; incommunicative. **III.** *n.* refugee; lover of solitude.
retraigo, retraiga, *v. V.* RETRAER.
retraimiento, *m.* seclusion, retirement; retreat, refuge, asylum; private room, sanctum; incommunicativeness.
retranca, *f.* broad crupper of a packsaddle; (Cuba, Mex., Ry.) brake; breeching (of a saddle).
retranquear, *va.* to hoist, move, and set down (building blocks, etc.).—**retranqueo,** *m.* (arch.) setting blocks or stones in position.
retranquero, *m.* (Mex., Cuba, Ry.) brakeman.
retransmisión, *f.* (rad.) rebroadcast.
retransmitir, *va.* to relay.
retrasado, da. I. *pp.* of RETRASAR. **II.** *a.* (mentally) retarded.
retrasar. I. *va.* to defer, put off, postpone; to delay; to set back (timepiece). **II.** *vn.* to retrograde, go back, decline. **III.** *vr.* to be backward; to be behindhand, late, behind time; (of timepiece) to run slow.
retraso, *m.* delay, backwardness, slowness.
retratable, *a.* retractable, retractible.
retratación, *f.* retractation, recantation.
retratador, ra, *n.* = RETRATISTA.
retratar. I. *va.* to portray, draw a portrait of; to imitate, copy; to paint, describe; to depict; to photograph; RETRACTAR. **II.** *vr.* to be reflected; to be depicted, show; to sit for a portrait or photograph.
retratista, *n.* portrait painter; photographer.
retrato, *m.* portrait, picture; photograph; copy, resemblance; description; (law) RETRACTO.
retrayente, *n.* & *a.* retractor(-ing), recanter (-ing); (law) redeemer(-ing).
retrechar, *vn.* to back, move backward.
retrechería, *f.* (coll.) cunning, evasion.
retrechero, ra, *a.* (coll.) cunningly evasive; attractive, charming, winsome.
retrepado, da, *a.* leaning or slanting backward.
retreparse, *vr.* to lean back; to recline in a chair.
retreta, *f.* (mil.) retreat; tatoo; evening military parade; (Colomb.) open-air concert by a military band in honor of a public dignitary.
retrete, *m.* private room, sanctum; alcove, boudoir; closet, toilet room, water closet, privy.
retribución, *f.* retribution; recompense, fee.
retribuir, *va.* (*ger.* RETRIBUYENDO; *ind. pres.* RETRIBUYO, *pret.* RETRIBUYÓ; *subj.* RETRIBUYA to remunerate, reward, fee.
retributivo, va, *a.* retributive, retributory.
retribuyente, *a.* retributive, retributing.
retrillar, *va.* (agr.) to thrash again.
retroacción, *f.* (electron.) feedback.
retroactividad, *f.* retroactivity.
retroactivo, va, *a.* retroactive.
retrocarga, *f.*—**de r.,** breech-loading.
retroceder, *vn.* to go back, move backward; (**de**) to draw back (from), go back (on); (**auto**) to back up; to recede; to become worse.
retrocesión, *f.* backward motion; (law) retrocession.
retroceso, *m.* backward motion; (med.) aggravation; in billiards, draw.
retrocohete, *m.* retro-rocket.
retrodisparo, *m.* (astronaut.) retro-firing.
retroflexión, *f.* (med.) retroflexion.
retrogradación, *f.* (astr.) retrogradation, retrogression.
retrogradar, *vn.* to recede; (astr.) to retrograde.
retrógrado, da, *a.* retrogressive; (pol.) reactionary; (astr.) retrograde.
retrogresión, *f.* retrogression, retrogradation.
retronar, *vn.* (*ind.* RETRUENO; *subj.* RETRUENE) to thunder; make a thundering noise.
retropilastra, *f.* pilaster behind a column.
retropropulsión, *f.* (aer.) jet propulsion.
retroscopio, *m.* retroscope.
retrospección, *f.* retrospection.
retrospectivo, va, *a.* retrospective.
retrotracción, *f.* (law) antedating.
retrotraer, *va.* (*ger.* RETROTRAYENDO; *pp.* RETROTRAÍDO; *ind. pres.* RETROTRAIGO, *pret.* RETROTRAJE; *subj.* RETROTRAIGA) (law) to antedate, date back.
retrovendendo.—contrato de r., (law) reversion sale.
retrovender, *va.* (law); to sell back to the vender. —**retrovendición,** *f.* (law) selling back to the vender.
retroventa, *f.* (law) sale on reversion.
retroversión, *f.* (med.) retroversion.
retrucar, *vn.* (*pret.* RETRUQUÉ; *subj.* RETRUQUE) (billiards) to kiss.—**retruco,** *m.* (billiards) kiss.
retruécano, *m.* pun, play upon words; antithesis. contrast.
retrueno, retruene, *v. V.* RETRONAR.
retruque, *m.* = RETRUCO.
retruqué, retruque, *v. V.* RETRUCAR.
retuerzo, retuerza, *v. V.* RETORCER.
retuesto, retueste, *v. V.* RETOSTAR.
retumbante, *a.* resonant, resounding; pompous, bombastic, high-flown.
retumbar, *vn.* to resound, sound loudly.
retumbo, *m.* resonance, loud noise, echo.
retundir, *va.* (mason.) to even (the stones of a wall); (mason.) to point (joints); (med.) to repel.
retuve, *pret.* of RETENER.
reuma. I. *m.* (med.) rheumatism. **II.** *f.* gathering; rheum, defluxion.—**reumático, ca,** *a.* rheumatic.—**reumátide,** *f.* (med.) rheumides.
reumatismo, *m.* rheumatism.
reunión, *f.* union; meeting, gathering, assembly; consolidation.
reunir. I. *va.* to unite; to gather; to collect, accumulate; to join; to reconcile. **II.** *vr.* to join, to unite; to meet, get together, assemble.
reuntar, *va.* to oil or grease again.
revacunación, *f.* (med.) revaccination.
revacunar, *va.* to revaccinate.
reválida, *f.* admission into a higher faculty.
revalidación, *f.* confirmation, ratification; renewal.
revalidar. I. *va.* to ratify, confirm; to renew. **II.** *vr.* to be admitted into a higher faculty.
revalorar, *va* to revalue.
revaluación, *f.* revaluation, reappraisal.
revancha, *f.* (Gal.) revenge, retaliation.
revecero, ra. I. *a.* shiftable **II.** *n.* farmhand who tends relays of oxen.
reveedor, ra, *n.* = REVISOR, reviser; overseer.
revejecer, *vn.* & *vr.* (*ind.* REVEJEZCO; *subj.* REVEJEZCA) to grow old prematurely.
revejido, da, *a.* prematurely old.
revelación, *f.* revelation.
revelador, ra. I. *n.* & *a.* revealer(-ing). **II.** *m.* (photog.) developer.
revelamiento, *m.* REVELACIÓN; (photog.) development.
revelandero, ra, *n.* one who pretends to have had a divine revelation.
revelante, *a.* revealing.
revelar, *va.* to reveal; (photog.) to develop.
reveler, *va.* (med.) to cause revulsion to.
revellín, *m.* (fort.) ravelin.
revenar, *vn.* to sprout.
revendedera, *f.* = REVENDEDORA.
revendedor, ra, *n.* retailer; ticket speculator.
revender, *va.* to resell; to retail.
revenimiento, *m.* (min.) cave-in.
revenirse, *vr.* (*ind. pres.* me REVENGO, se REVIENE, *pret.* me REVINE, *fut.* me REVENDRÉ; *subj.* me REVENGA) to shrink, waste away; to turn, grow sour, ferment (as wine and preserves); to exude; to yield, concede, assent.
reveno, *m.* sprout, shoot.
reventa, *f.* resale; retail.
reventadero, *m.* rough ground; drudgery.

reventar. I. *vn.* (*ind.* REVIENTO; *subj.* REVIENTE) to burst; to blow up, blow out; to break; to splash (as waves); to burst forth, break loose (as a passion); to sprout, shoot, blossom; to long, to crave.—**r. de risa,** to burst with laughter. II. *va.* to burst; to break; to crush, smash; to wind (a horse); to tire, fatigue, exhaust; to vex, annoy. III. *vr.* to burst; to blow up, blow out; to break.
reventazón, *f.* bursting; blowout; disruption, rupture; (naut.) splash, dashing of the waves.
reventón, I. *a.* bursting. II. *m.* bursting, blowout, explosion; steep declivity; toil, drudgery, uphill work.
rever, *va.* (*pp.* REVISTO; *ind.* REVEO; *subj.* REVEA) to review, revise, look over again; (law) to retry.
reverberación, *f.* reverberation; (chem.) calcination in a reverberatory furnace.
reverberar, *vn.* to reverberate.
reverbero, *m.* reverberation; reverberator, reflector.
reverdecer, *vn.* (*ind.* REVERDEZCO; *subj.* REVERDEZCA) to grow green again; to sprout again; to acquire new freshness and vigor.
reverdeciente, *a.* growing fresh and green.
reverencia, *f.* reverence; courtsey, bow, obeisance; (eccl.) reverence (title).
reverenciable, *a.* reverend.
reverenciador, ra, *n.* reverencer.
reverencial, *a.* reverential.
reverenciar, *va.* to venerate, revere; to hallow; to reverence.
reverendas, *f. pl.* prelate's dimissory letters; qualities and titles worthy of reverence.
reverendísimo, ma, *a. super.* Most Reverend, Right Reverend.
reverendo, da, *a.* reverend; worthy of reverence.
reverente, *a.* reverent.—**reverentemente,** *adv.* reverently.
reversibilidad, *f.* reversibility.
reversible, *a.* (law) returnable, revertible; (phys.) reversible.
reversión, *f.* reversion.
reverso, *m.* reverse (in coins); back, rear side.—**el r. de la medalla,** the opposite in every respect.
reverter, *vn.* (*ind.* REVIERTE; *subj.* REVIERTA) to overflow.
revertir, *vn.* (law) to revert.
revés, *m.* reverse, back, wrong side; slap, box: backhand slap, shot or stroke; counterstroke; misfortune, reverse; change of temper and disposition; (fencing) reverse.—**r. de la medalla.** V. REVERSO.—**al r.,** on the contrary, contrariwise; in the opposite or wrong way or direction; wrong side out.—**de r.,** diagonally, from left to right.—**del r.** = AL R.
revesa, *f.* (naut.) back water, eddy.
revesado, da, *a.* entangled, complicated, laborious, obscure; mischievous, wayward.
revesar, *va.* to vomit.
revesino, *m.* reversis, a card game.—**cortar el r.,** to thwart.
revestimiento, *m.* (mason.) covering, coat(-ing); finish; sheathing.
revestir. I. *va.* (*ind. pres.* REVISTO, *pret.* REVISTIÓ; *subj.* REVISTA) to dress, clothe, to cover; to line; (fig.) to cloak; (mason.) to coat, cover with a coating, revet. II. *vr.* to be swayed or carried along by some power; to be invested with; to be haughty, lofty, proud.
revezar, *vn.* to alternate, work in rotation or by shifts.
revezo, *m.* shift, turn; gang; relay.
reviejo, ja. I. *a.* very old. II. *m.* withered branch of a tree.
reviento, reviente, *v. V.* REVENTAR.
reviernes, *m.* each of the first seven Fridays after Easter.
revierte, revierta, *v. V.* REVERTER.
revine, etc. *v. V.* REVENIRSE.
revirado, da, *a.* (bot.) twisted.
revirar, *va.* (naut.) to veer again, retack.
revisado, da, *a.* revised.
revisar, *va.* to revise, review; to re-examine, rehear.—**r. las cuentas,** to audit accounts.
revisión, *f.* revision, revisal, revise, reviewing; re-examination, re-hearing; new trial.
revisita, *f.* reinspection.
revisor, ra. I. *a.* revisory. II. *n.* reviser, censor; overseer; auditor; conductor (on train).
revisoría, *f.* office of censor or reviser.
revista, *f.* review, revision, revisal, revise; reinspection, reëxamination; (law) new trial; (mil.) review, parade; muster; review, magazine, journal; (theat.) revue.—**pasar r.,** to review; to examine, go over.—**suplicar en r.,** (law) to present a bill of review.
revistar, *va.* to review, inspect.
revistero, ra, *n.* reviewer; *m.* book reviewer.
[1]**revisto, ta,** *pp. irreg.* of REVER.
[2]**revisto, revista,** *v. V.* REVESTIR.
revitalizar, *va.* to revitalize.
revividero, *m.* place for rearing silkworms.
revivificación, *f.* revivification.
revivificar, *va.* to revivify.
revivir, *vn.* to revive.
revocable, *a.* revocable, reversible, repealable.
revocablemente, *adv.* in a revocable manner.
revocación, *f.* revocation; abrogation.—**r. de una sentencia,** (law) reversal.
revocador, ra. I. *a.* revoking, cancelling. II. *n.* revoker; plasterer, whitewasher.
revocadura, *f.* REVOQUE; (art) edge of the canvas turned over the stretcher.
revocante, *a.* revoking, abrogating.
revocar, *va.* (*pret.* REVOQUÉ; *subj.* REVOQUE) to revoke, repeal, reverse; to countermand; to dissuade; to repel, push back; to plaster.
revocatorio, ria, *a.* revocatory, repealing.
revoco, *m.* REVOQUE; drawing or driving back; cover of furze on charcoal baskets.
revolante, *a.* fluttering, hovering.
revolar, *vn.* (*ind.* REVUELA; *subj.* REVUELE) (of birds) to fly around, hover, flutter.
revolcadero, *m.* wallowing place for animals.
revolcadura, *f.* weltering, wallowing.
revolcar. I. *va.* (*ind. pres.* REVUELCO, *pret.* REVOLQUÉ; *subj.* REVUELQUE) to knock down, tread or trample upon; (coll.) to floor (an opponent). II. *vr.* to wallow; to be stubborn.
revolcón, *m.* (coll.) = [1]REVUELCO.
revolear, *vn.* to fly around.
revolotear. I. *vn.* to flutter, fly round about, hover. II. *va.* to hurl, fling, pitch.
revoloteo, *m.* fluttering; hovering.
revolqué, *pret.* of REVOLCAR.
revoltijo, revoltillo, *m.* mess, mass, medley, jumble; twisted tripes of a sheep.—**r. de huevos,** scrambled eggs.
revoltón, *m.* vine fretter, vine grub.
revoltoso, sa, *a.* turbulent, seditious; mischievous, prankish.
revoltura, *f.* (min.) mixture of fluxes.
revolución, *f.* revolution, revolt; (mech., astr.) revolution, turn.—**revolucionar.** I. *va.* to revolutionize. II. *vr.* to rebel, revolt.
revolucionario, ria, *a.* & *n.* revolutionary(-ist).
revolvedero, *m.* = REVOLCADERO.
revolvedor, ra. I. *a.* turbulent, seditious, rebellious. II. *n.* revolter, disturber, agitator.
revólver, *m.* (Angl.) revolver (pistol).
revolver. I. *va.* (*pp.* REVUELTO; *ind.* REVUELVO; *subj.* REVUELVA) to turn over, turn upside down; to stir; to agitate; to wrap up, convolve; to revolve, turn round, gyrate; to retrace (one's steps), go over (the same ground); to turn over in one's mind; to turn short swiftly (as a horse); to estrange, create bad feeling in or between. II. *vr.* to move to and fro; to change (as the weather).
revolvimiento, *m.* commotion, disturbance, revolution.

revoque, *m.* plastering; whitewashing.
revoqué, revoque, *v. V.* REVOCAR.
revotarse, *vr.* to reconsider a ballot.
[1]**revuelco,** *m.* wallowing, rolling.
[2]**revuelco, revuelque,** *v. V.* REVOLCAR.
revuelo, *m.* second flight of a bird, gyration described when flying; irregular motion; sensation, commotion, stir; disturbance.—**de r.,** by the way; speedily, promptly.
revuelta, *f.* second turn; revolution, revolt; contention, dissension; turn, deviation; change.
revueltamente, *adv.* confusedly, pell-mell, higgledy-piggledy.
revuelto, ta. I. *pp. irreg.* of REVOLVER. **II.** *a.* easily turned (horse); scrambled (eggs); topsy-turvy; restless, mischievous; boisterous; intricate, difficult.
revuelvepiedras, *m.* (ornith.) turnstone.
revuelvo, revuelva, *v. V.* REVOLVER.
revulsión, *f.* (med.) revulsion of humors.
revulsivo, va; revulsorio, ria, *a.* & *m.* revulsive.
rey, *m.* king; king in cards or chess; step in a Spanish dance; queen bee; chief among men or animals.—**r. de armas,** (her.) king at arms.—**los Reyes,** Epiphany, Twelfth-night.—**los reyes magos,** the wise men from the East.—**ni r. ni roque,** no one.—**no tener ni r. ni roque,** not to fear, or bow to, anything nor anybody, to have no master.
reyerta, *f.* dispute, wrangle, quarrel.
reyezuelo, *m.* petty king; (ornith.) kinglet.
rezado, *m.* prayer; divine service.
rezador, ra, *n.* one who prays often.
rezagado, da, *n.* straggler, laggard, tramp.
rezagante, *n.* laggard, straggler.
rezagar. I. *va.* (*pret.* REZAGUÉ; *subj.* REZAGUE) to leave behind; to outstrip; to put off, defer. **II.** *vr.* to fall behind, to lag.
rezago, *m.* remainder, left-over.
rezar. I. *va.* to say as a prayer; to say (a prayer); to say (mass); to say, state (*el libro lo reza,* the book says it). **II.** *vn.* to pray; to say, read (*el párrafo reza así,* the paragraph reads thus); to grumble, mutter.—**r. con,** to concern, be the business or duty of.
rezno, *m.* tick, sheep tick, dog tick.
rezo, *m.* prayer; praying, devotions.
rezón, *m.* (naut.) grapnel, grappling iron.
rezongador, ra, *n.* grumbler, growler, mutterer.
rezongar, *vn.* (*pret.* REZONGUÉ; *subj.* REZONGUE) to grumble, mutter, growl.
rezonglón, na; rezongón, na, *n.* grumbler, mutterer, growler.
rezongo, *m.* grumbling, grumble.
rezumadero, *m.* dripping place; cesspool.
rezumarse, *vr.* to ooze, exude, percolate, filter through; (coll.) to transpire.
rho, *f.* rho (Greek letter).
[1]**ría,** *f.* estuary.
[2]**ría,** *v. V.* REÍR.
riacho, riachuelo, riatillo, *m.* rivulet, streamlet; small river.
riada, *f.* freshet, flood.
riba, *f.* sloping bank, embankment.
ribadoquín, *m.* an ancient small gun.
ribaldería, *f.* knavishness, rascality.
ribaldo, da. I. *a.* villainous, knavish. **II.** *n.* ruffian.
ribazo, *m.* sloping bank; mound, hillock.
ribera, *f.* shore, beach, bank, strand.
ribereño, ña. I. *a.* riparian, riparious. **II.** *n.* riparian.
riberiego, ga. I. *a.* riparious (as flocks of sheep). **II.** *m.* grazer of sheep on river banks.
ribero, *m.* river wall, levee.
ribes, *f.* (bot.) currant bush.
ribete, *m.* (sewing) binding, galloon; trimming; pretense; addition to a tale, for embellishment.
ribeteador, ra, *n.* (sewing) binder.
ribetear, *va.* (sewing) to bind.
riboflavina, *f.* (biochem.) riboflavin, lactoflavin.
ricacho, cha; chón, na, *a.* (coll.) very rich.
ricadueña, ricahembra, *f.* lady, daughter or wife of a noble.
ricahombría, *f.* dignity of the ancient nobility of Castile.
ricamente, *adv.* richly, opulently; excellently, splendidly.
ricé, rice, *v. V.* RIZAR.
ricial, *a.* green (field) or new (pasture).
ricinina, *f.* (chem.) ricinine.
ricino, *m.* (bot.) castor-oil plant, palma Christi; castor oil.
ricinólico, ca, *a.* (chem.) ricinic, ricinoleic.
rico, ca, *a.* rich, wealthy; abundant, plentiful; delicious, exquisite, choice; "cute" (child).
ricohombre, ricohome, *m.* grandee, peer of the ancient nobility of Castile.
richembra, *f.* = RICADUEÑA.
ridículamente, *adv.* ridiculously.
ridiculez, *f.* ridiculous thing or action; ridiculousness; ridicule; folly, oddity, eccentricity; extreme nicety or sensibility.
ridiculizar, *va.* (*pret.* RIDICULICÉ; *subj.* RIDICULICE) to ridicule.
[1]**ridículo, la. I.** *a.* ridiculous; odd, eccentric, queer, outlandish, contemptible; absurd.—**en r.,** in a ridiculous situation, exposed to ridicule.—**poner en r.,** to ridicule, expose to ridicule, make ridiculous.—**ponerse en r., quedar en r.,** to make oneself ridiculous. **II.** *m.* ridicule.
[2]**ridículo,** *m.* handbag, reticule.
[1]**riego,** *m.* irrigation; watering.
[2]**riego, riegue,** *v. V.* REGAR.
riel, *m.* ingot; (Ry.) rail.—**r. acanalado,** groove rail.—**r. americano,** or **Vignole,** T rail.
rielado, da, *a.* reduced to ingots.
rielar, *vn.* to glisten, glimmer, shine.
rielera, *f.* (foundry) ingot mold.
rienda, *f.* rein of a bridle; moderation, restraint.—*pl.* reins, ribbons; government, direction.—**a r. suelta,** loose-reined; violently, swiftly; without restraint.—**dar r. suelta,** to give free rein to.—**soltar la r.,** to give way to vice or passions.—**tener las riendas,** to hold the reins, to hold in a horse.—**tirar las riendas,** to draw back, to restrain.
riente, *a.* smiling, laughing.
riesgo, *m.* danger, risk, hazard, peril.
rifa, *f.* raffle; scuffle, wrangle.
rifador, ra, *n.* raffler.
rifadura, *f.* (naut.) splitting a sail.
rifar. I. *va.* to raffle. **II.** *vn.* to quarrel; (naut.) (of a sail) to split.
rifeño, ña, *n.* & *a.* Riffian (from the Riff, in Morocco).
rifirrafe, *m.* (coll.) short quarrel, hasty words.
rifle, *m.* (Angl.) (artil.) rifle.
riflero, *m.* rifleman.
rigente, *a.* (poet.) rigid.
rígidamente, *adv.* rigidly.
rigidez, *f.* rigidity; sternness.—**r. cadavérica,** rigor mortis, stiffening of body after death.
rígido, da, *a.* rigid, stiff; rigorous, inflexible.
rigió, *pret.* of REGIR.
rigodón, *m.* (dance) rigadoon; quadrille.
rigor, *m.* rigor; sternness; (med.) rigidity; chill.—**r. cadavérico,** = RIGIDEZ CADAVÉRICA.—**de r.,** indispensable; prescribed by the rules.—**en r.,** or **en r. de verdad,** strictly speaking, in fact.
rigorismo, *m.* rigorism, austerity, severity.
rigorista, *n.* & *a.* rigorist(-ic).
rigorosamente, *adv.* rigorously; strictly, scrupulously.
rigoroso, sa, *a.* rigorous; exact; absolute; strict, austere; severe, harsh; scrupulously nice.
rigurosamente, *adv.* = RIGOROSAMENTE.
rigurosidad, *f.* rigorousness; severity.
riguroso, sa, *a.* = RIGOROSO.
[1]**rija,** *f.* (med.) lachrymal fistula.
[2]**rija,** *f.* quarrel, scuffle, dispute.
rijador, ra, *a.* quarrelsome.
[1]**rijo,** *m.* lust, sensuality, concupiscence.

²rijo, rija, *v.* *V.* RECIR.
rijoso, sa, *a.* quarrelsome; lustful, lewd; (of horses) restless at the sight of the female.
¹rima, *f.* heap, pile.
²rima, *f.* rhyme.—*pl.* lyric poems.—**r. imperfecta,** (poet.) assonance.
rimado, da. I. *pp.* of RIMAR. **II.** *a.* versified.
rimador, ra, *n.* versifier, rhymer.
rimar, *vn.* to rhyme; to make verses.
rimbombancia, *f.* resonance, great noise; rant, bombast, ostentation.
rimbombante, *a.* resounding; bombastic, high-sounding, ranting.
rimbombar, *vn.* to resound, to echo.
rimbombe, bo, *m.* repercussion of sound.
rimel, *m.* mascara.
rimero, *m.* heap, pile.
rincón, *m.* (inside) corner, angle, nook; cosy corner; lurking place; (coll.) house, dwelling; remote place.—**rinconada,** *f.* corner.
rinconcillo, *m. dim.* small corner.
rinconero, ra. I. *a.* transverse, athwart (honeycombs). **II.** *f.* corner cupboard, stand, bracket.
rindo, rinda, rindió, *v.* *V.* RENDIR.
ringla, *f.*, **ringle,** *m.*, **ringlera,** *f.* (coll.) row, file, line, tier; swath.
ringlero, *m.* line or rule for writing exercises.
ringorrangos, *m. pl.* (coll.) flourish with a pen; frills, fripperies.
rinitis, *f.* (med.) rhinitis.
rinoceronte, *m.* (zool.) rhinoceros.
rinología, *f.* (med.) rhinology.
rinoplastia, *f.* (surg.) rhinoplasty.
rinoplástico, ca, *a.* (surg.) rhinoplastic.
rinoscopía, *f.* (med.) rhinoscopy.
rinoscopio, *m.* rhinoscope.
riña, *f.* quarrel, scuffle, dispute, fray.
riño, riña, riñó, *v.* *V.* REÑIR.
riñón, *m.* (anat.) kidney; (arch.) spandrel; (min.) nodule, kidney ore; central part of a country.—**tener cubierto el r.,** to be rich, to be well off.
riñonada, *f.* layer of fat about the kidneys; dish of kidneys.
¹río, *m.* river.—**r. de lágrimas,** flood of tears.—**a r. revuelto,** in confusion or disorder.—**cuando el r. suena, agua lleva,** or **piedras lleva,** where there is so much smoke there must be some fire.
²río, rió, ría, *v.* *V.* REÍR.
riolada, *f.* (coll.) concourse, large gathering or collection; heap.
rioplatense, *n.* & *a.* Argentine, Argentinian.
riostra, *f.* stay, brace.—**riostrar,** *va.* to brace, stay.
ripia, *f.* shingle, for roofing.
ripiar, *va.* (mason.) to riprap.
ripio, *m.* debirs, rubbish, riprap; padding, useless words; verbiage.—**no perder r.,** not to miss the least occasion.
riqueza, *f.* riches, wealth; richness, excellence; abundance; fertility, fruitfulness; gorgeousness.—**riquezas naturales,** natural resources.
risa, *f.* laugh, laughter; derisory smile or laugh.—**r. sardónica,** sardonic laugh, grin, sneer.—**caerse, descalzarse, descoyuntarse, desternillarse,** or **reventar, de r.,** to burst, or hold one's sides, with laughter.—**cosa de r.,** a laughing matter.
risada, *f.* horselaugh.
riscal, *m.* cliffy, craggy place.
risco, *m.* crag, cliff; honey fritter.
riscoso, sa, *a.* cliffy, craggy.
risibilidad, *f.* risibility.
risible, *a.* laughable, ludicrous.
risiblemente, *adv.* ludicrously, ridiculously.
risica, illa, ita, *f. dim.* feigned laugh; giggle, titter.
riso, *m.* (poet.) gentle laugh.
risotada, *f.* outburst of laughter, loud laugh, horselaugh.
ríspido, da, *a.* = ÁSPERO, harsh, gruff.
ristra, *f.* string of onions or garlic; bunch; row, file, string.
ristre, *m.* rest or socket for a lance.
ristrel, *m.* (arch.) wooden molding.
risueño, ña, *a.* smiling; pleasing, agreeable.
¡rita! *f.* word used to call sheep.
rítmico, ca, *a.* rhythmic.
ritmo, *m.* rhythm; rate (of increase, etc.).
rito, *m.* rite, ceremony.
ritual. I. *m.* (eccl.) ritual, ceremonial. **II.** *a.* ritual.—**ritualidad,** *f.* ritualism.—**ritualismo,** *m.* ritualism.—**ritualista,** *n.* & *a.* ritualist(-ic).
rival, *m.* rival.—**rivalidad,** *f.* rivalry.
rivalizar, *vn.* (*pret.* RIVALICÉ; *subj.* RIVALICE) to rival, vie, compete.
rivera, *f.* brook, creek, stream.
¹riza, *f.* green stubble.
²riza, *f.* ravage, destruction.
rizado, da. I. *a.* rugose, curled, curly. **II.** *m.* fluting, crimp, frizzle.
rizador, ra. I. *n.* & *a.* crimper(-ing), frizzler (-ing). **II.** *m.* curling iron; (sewing) ruffler.
rizal, *a.* = RICIAL, green or new (field).
rizar. I. *va.* (*pret.* RICÉ; *subj.* RICE) to curl, frizzle, crimp, flute, ruffle, corrugate, crinkle; to ripple (water). **II.** *vr.* to curl naturally.
rizo, za. I. *a.* naturally curled or frizzled. **II.** *m.* curl, frizzle, ringlet; cut velvet; (aer.) loop.—*pl.* (naut.) reef points.—**hacer el r.,** (aer., coll.) to loop the loop.—**tomar rizos,** to take in reefs.
rizocárpeo, a, *a.* (bot.) rhizocarpous.
rizófago, ga, *a.* (zool.) rhizophagous, root-eating.
rizofóreo, rea, *a.* (bot.) rhizophoraceous.
rizoma, *m.* (bot.) rhizome.
rizópodo, da, *a.* & *m.* (zool.) rhizopod.
rizoso, sa, *a.* naturally curly.
ro, ro, *interj.* used as a lullaby.
roa, *f.* (naut.) = ¹RODA.
roadster, *m.* (Angl.) (auto) roadster.
roano, na, *a.* sorrel, roan (horse).
rob, *m.* (pharm.) fruit jelly or conserve.
robada, *f.* a land measure (about 9 ares).
robadera, *f.* (agr.) levelling harrow.
robador, ra, *n.* robber.
robaliza, *f.* (ichth.) female robalo.
róbalo, robalo, *m.* (ichth.) robalo; (com.) haddock.—**r. ahumado,** finnan haddie.
robar, *va.*, *vn.* & *vr.* to rob, plunder, steal; rob of (*Juan me robó el reloj,* John robbed me of my watch); to abduct; to kidnap; to sweep or eat away (as banks by a stream); in some games, to draw (a card); to take (the honeycomb) after removing the bees.
robda, *f.* ancient pasturage fee.
robezo, *m.* (zool.) wild goat.
robín, *m.* rust of metal.
robinia, *f.* (bot.) locust tree.
robla, *f.* = ROBDA.
robladero, ra, *a.* fit for riveting.
robladura, *f.* riveting, clinching.
roblar, *va.* to rivet, clinch; to make strong.
roble, *m.* (bot.) oak; (fig.) very strong person.—**r. negro,** (bot.) black oak.
robledal, robledo, *m.* oak grove or wood.
roblizo, za, *a.* oaken, strong, hard.
roblón, *m.* rivet; ridge of tiles.—**roblonado,** *m.*, **roblonadura,** *f.* riveting.
roblonar, *va.* & *vn.* to rivet.
¹robo, *m.* robbery, theft; plunder; cards drawn; drawing of cards.
²robo, *m.* a dry measure (about 28 liters).
roboración, *f.* corroboration, strengthening.
roborante, *a.* strengthening, corroborating, or confirming; (med.) roborant.
roborar, *va.* to strengthen, make firm; to corroborate.
roborativo, va, *a.* corroborative.
robot, *m.* robot.
robra, *f.* = ALBOROQUE, treat to seal a bargain.
robre, robredo, *m.* = ROBLE, ROBLEDAL.
robustamente, *adv.* robustly.
robustecedor, ra, *a.* strengthening, building-up.

robustecer, *va.* (*ind.* ROBUSTEZCO; *subj.* ROBUSTEZCA) *va.* to make strong.
robustez, *f.* robustness, hardiness.
robusto, ta, *a.* robust, vigorous, hale.
roca, *f.* (geol.) rock; cliff.
rocadero, *m.* knob, rock or head of a distaff.
rocador, *m.* head of a distaff.
rocalla, *f.* drift of pebbles, talus of rocks; chippings of stone, riprap; glass beads.
rocalloso, sa, *a.* rocky.
roce, *m.* friction, rubbing, attrition; intercourse.
rocé, roce, *v. V.* ROZAR.
rociada, *f.* sprinkling, aspersion; (naut.) spray, splash; squall; dew on plants; dew-drenched herbs given to animals as medicine; shower of missiles; slander, aspersion; harsh reprimand.
rociadera, *f.* watering pot; irrigation ditch.
rociado, da. I. *pp.* of ROCIAR. **II.** *a.* dewy; bedewed.
rociador, *m.* sprinkler, sprayer; cloth sprinkler.
rociadura, *f.* = ROCIADA.
rociamiento, *m.* bedewing.
rociar. I. *vn.* to fall in dew. **II.** *va.* to sprinkle, to spray; to strew about.
rocín, *m.* hack, jade, sorry horse; coarse, ignorant man.—**rocinal,** *a.* pertaining to a hack horse.—**rocinante,** *m.*, **rocino,** *m.* = ROCÍN.
rocío, *m.* dew; spray, sprinkle, sprinkling; mizzle, drizzle; light shower; (naut.) spoondrift.
rococó, *a.* & *m.* (f. a.) rococo.
rocoso, sa, *a.* rocky.
rocha, *f.* ground clear of brambles.
rochela, *f.* (Colomb., Venez.) great noise, racket.
rocho, *m.* roc, a fabulous bird.
[1]**roda,** *f.* (naut.) stem.
[2]**roda,** *f.* = ROBDA.
rodaballo, *m.* (ichth.) turbot, flounder.
rodada, *f.* rut, wheel track, cart track.
rodadero, ra, *a.* rolling easily.
rodadizo, za, *a.* that rolls or slides easily.
[1]**rodado, da. I.** *pp.* of RODAR. **II.** *a.* rounded, fluent, easy (phrase); (min.); scattered (ore fragments).—**venir r.,** to come unexpectedly.
[2]**rodado, da. I.** *a.* dapple, dappled (horse). **II.** *m.* (Arg.) vehicle.
rodador, ra. I. *a.* rolling, rolling down. **II.** *m.* roller; kind of mosquito; (ichth.) sunfish.
rodadura, *f.* rolling, wheeling; rut; tread (of a wheel).
rodaja, *f.* small wheel or disk; caster, trundle, truckle; rowel; jagging iron used by pastry cooks; bookbinder's tool.
rodaje, *m.* wheelworks; set of wheels.
rodajuela, *f. dim.* small wheel, disk, or caster.
rodal, *m.* place, spot, seat.
rodante, *a.* rolling.—**material r.,** rolling stock.
rodapelo, *m.* rubbing against the grain.
rodapié, *m.* (arch.) mopboard, skirting; dado; foot rail.
rodaplancha, *f.* main ward of a key.
rodar, *vn.* (*ind.* RUEDO; *subj.* RUEDE) to roll; to revolve, wheel; to run on wheels; to wander about; be tossed about, go about, go up and down; to lose an employ, station, dignity, or esteem; to abound; to happen accidentally; to follow, succeed one another.—**r. por,** to serve, help to the limit.—**r. una película,** to shoot a movie.—**dejar r.,** or **que ruede, la bola,** to let things alone, to let things follow their natural course.
rodeabrazo.—a r., swinging the arm for a throw.
rodeado, da, *a.* & *pp.* surrounded, encircled.
rodeador, ra, *n.* one who surrounds.
rodear. I. *va.* & *vn.* to surround, encircle, encompass; (mil.) to invest; (Am.) to round up, gather (cattle) in a rodeo. **II.** *vn.* to go around; to make a detour; to beat about the bush.
rodela, *f.* buckler, round shield.
rodelero, *m.* soldier bearing a buckler.
rodenal, *m.* clump of red pines.
rodeno, na, *a.* (of rocks and trees), red, reddish.
rodeo, *m.* turn, winding; roundabout course, method or way; round-up, rodeo; inclosure for cattle, stockyard, corral; circumlocution, beating about the bush; evasion, subterfuge.
rodeón, *m.* complete turn.
rodera, *f.* rut, cart track.
[1]**rodero, ra,** *a.* pertaining to wheels.
[2]**rodero,** *m.* collector of pasturage fee.
rodete, *m.* roundlet or rowel of platted hair; (hydraul.) horizontal water wheel; (carriage) fifth wheel, circle iron; ward in a lock; padded ring for carrying things on the head; (mech.) drum for a belt or endless chain.
rodezno, *m.* (hydraul.) horizontal water wheel. (mil.) cogwheel.
rodezuela, *f. dim.* small wheel.
ródico, ca, *a.* (chem.) rhodic.
rodilla, *f.* (anat.) knee; ward in a lock; cleaning cloth.—*pl.* (naut.) knees of ship timber.—**a media r.,** kneeling on one knee.—**de rodillas,** on one's knees.—**doblar,** or **hincar, las rodillas,** to kneel down.
rodillada, *f.* push with the knee; kneeling position.
rodillazo, *m.* push or blow with the knee.
rodillera, *f.* knee boss, knee guard; knee patch; hurt upon the knees of horses from kneeling; bagging of trousers at the knee.
rodillero, ra, *a.* pertaining to the knees.
rodillo, *m.* roll, roller; clod crusher, road roller; (print.) inking roller, brayer; (cook.) rolling pin; (mech.) roller, drum, trundle, barrel.
rodilludo, da, *a.* having large knees.
[1]**rodio,** *m.* (chem.) rhodium.
[2]**rodio, dia,** *n.* & *a.* Rhodian.
rodo, *m.* roller.—**a r.,** in plenty.
rododafne, *f.* (bot.) rosebay, daphne.
rododendro, *m.* (bot.) rhododendron.
rodofíceo, cea, *a.* (bot.) rhodophyceous.
rodomiel, *m.* juice of roses with honey.
rodrigar, *va.* (*pret.* RODRIGUÉ; *subj.* RODRIGUE) to prop up (vines).
rodrigazón, *f.* time for propping vines.
rodrigón, *m.* vine prop; (coll.) old servant who escorts ladies.
roedor, ra. I. *a.* gnawing; pricking, stinging; detracting. **II.** *n.* & *a.* (zool.) rodent.
roedura, *f.* gnawing, corrosion.
roel, *m.* (her.) bezant, round.
roela, *f.* button of crude gold or silver.
roentgen, *m.* (phys.) roentgen.
roer, *va.* & *defect.* (*ger.* ROYENDO; *ind. pres.* ROO; *pret.* él ROYÓ; *subj.* ROA) to gnaw, eat, fret away; to corrode; to pick (a bone); to harass, annoy
roete, *m.* medicinal pomegranate wine.
rogación, *f.* request, petition.—*pl.* (eccl.) rogation.
rogador, ra, *n.* supplicant, petitioner.
rogante, *a.* praying, requesting, entreating.
rogar, *va.* (*ind. pres.* RUEGO, *pret.* ROGUÉ; *subj.* RUEGUE) to request, beg, entreat; to crave.
rogativo, va. I. *a.* supplicatory. **II.** *f.* (eccl.) rogation.
rogatorio, ria, *a.* rogatory.
rogo, *m.* (poet.) fire, pyre.
rogué, *pret.* of ROGAR.
roído, da. I. *pp.* of ROER. **II.** *a.* penurious.
rojeante, *a.* reddening.
rojear, *vn.* to redden; to blush.
rojete, *m.* rouge (for make-up).
rojez, *f.* redness, ruddiness.
rojizo, za, *a.* reddish; rubicund, ruddy.
rojo, ja. I. *a.* red, ruddy, reddish.—**r. alambrado,** bright red.—**al r.,** at red heat, red hot. **II.** *n.* (fig.) Red, communist.
rojura, *f.* redness; ruddiness.
rol, *m.* list, roll, catalogue; muster roll.
rolar, *vn.* (naut.) to veer around.
roldana, *f.* sheave, pulley wheel; caster.
rolde, *m.* circle, group of people.
[1]**rolla,** *f.* collar of a draught horse.
[2]**rolla,** *f.* (child's) nurse.
rollar, *va.* = ARROLLAR, to roll; to wrap.
rollete, *m. dim.* small roll or roller.

rollizo, za. I. *a.* plump, stocky, heavy-built, sturdy. **II.** *m.* log.
rollo, *m.* roll, anything rolled up; rouleau; roller, rolling pin; log; round pillar; cylindrical bowlder; yoke pad; (law) roll.
rollón, *m.* fine bran.
rollona, *a.* (coll.) (child's) nurse.
Roma, *f.* Rome.—**a R. por todo,** at all hazards.
romadizarse, *vr.* to take cold.
romadizo, *m.* cold in the head; hay fever.
romaico, ca, *a.* & *n.* Romaic, modern Greek.
romana, *f.* steelyard.—**hacer r.,** to balance.—**venir a la r.,** to be of just weight.
romanador, *m.* weighmaster.
romanar, *va.* to weigh with a steelyard.
romance. I. *a.* & *m.* Romance or Romanic. **II.** *m.* Spanish language; romance, tale of chivalry; historic ballad, brief lyric; poem in octosyllabic metre, with alternate assonants.—**en r.,** in plain English, or language.
romanceador, ra, *n.* one who writes in Romance.
romancear, *va.* to translate into Spanish; to paraphrase.
romancero, ra. I. *n.* romancer. **II.** *m.* collection of old Spanish ballads.
romancesco, *a.* novelistic, romantic.
romancillo, *m. dim.* short ROMANCE.
romancista, *m.* one writing in a Romance language; novelist.
romanear. I. *va.* to weigh with a steelyard. **II.** *vn.* to outweigh, preponderate.
romaneo, *m.* weighing with a steelyard.
romanero, *m.* weighmaster.
romanesco, ca, *a.* Roman; novelistic.
romanía, used in the expression **de romanía,** crestfallen.
románico, ca, *a.* (arch.) romanesque.
romanilla, *f.* (Venez.) dining-room screen.
romanillo, lla, *a.* round-hand.
romanista, *n.* one versed in Roman law or in Romance languages.
romanización, *f.* Romanization.
romanizar. I. *va.* to Romanize; to Latinize. **II.** *vr.* to become Romanized or Latinized.
romano, na, *n.* & *a.* Roman.
romanticismo, *m.* romanticism.
romántico, ca, *a.* & *n.* romantic(-ist).
romanza, *f.* (mus.) romance, romanza.
romanzador, ra, *n.* = ROMANCEADOR.
romanzar, *va.* = ROMANCEAR.
romaza, *f.* (bot.) sorrel.
rombal; rómbico, ca, *a.* rhombic.
rombo, *m.* (geom.) rhombus; lozenge, diamond.
romboedro, *m.* (geom.) rhombohedron.
romboidal, *a.* rhomboidal.
romboide, *m.* (geom.) rhomboid.
romeraje, *m.* = ROMERÍA.
romeral, *m.* place abounding with rosemary.
romería, *f.* pilgrimage; picnic, excursion; tour.
[1]**romero, ra. I.** *n.* pilgrm, palmer. **II.** *m.* (ichth.) pilot fish; (ichth.) whiting.
[2]**romero,** *m.* (bot.) rosemary.
romí, romín, *m.* bastard saffron.
romo, ma, *a.* obtuse, blunt; flat-nosed.
rompecabezas, *m.* slingshot; puzzle, riddle.
rompecoches, *m.* a kind of rough, thick cloth.
rompedera, *f.* large iron puncher; powder screen.
rompedero, ra, *a.* fragile, brittle, perishable.
rompedor, ra, *n.* & *a.* breaker(-ing); crusher (-ing).
rompedura, *f.* breakage.
rompeesquinas, *m.* corner loafer, bully.
rompegalas, *n.* (coll.) slovenly person.
rompehielos, *m.* ice breaker; ice plow (of a boat).
rompehuelgas, *n.* strikebreaker, (coll.) fink.
rompenueces, *m.* nut cracker.
rompeolas, *m.* breakwater, jetty, mole.
romper. I. *va.* & *vn.* (*pp.* ROTO) to break, smash, shatter; to fracture (bone); to tear; to defeat, rout; to break up (land); to pierce; to open the way; to break off; to fall out, quarrel; (of the day) to dawn; to begin, start; to interrupt; to resolve, determine; to sprout, bloom; to break out, spring up; (of light, sun, etc.) to break through; to break, infringe, transgress (a law, etc.).—**r. el alba,** or **la aurora** (here *el alba, la aurora* are subjects of the verb) to dawn.—**de rompe y rasga,** undaunted, brave, free and easy. **II.** *vr.* to break; to acquire ease of manner.—**r. el alma,** to break one's neck in a fall.—**r. la cabeza,** to rack one's brains.
rompesacos, *m.* long-spiked hardgrass.
rompesquinas, *m.* = ROMPEESQUINAS.
rompible, *a.* breakable.
rompido, da, *m.* ground newly broken.
rompiente. I. *a.* breaking. **II.** *m.* reef, shoal; breaker (wave).
rompimiento, *m.* break, breakage, smash, rupture; crack; breach, infringement, violation; falling out; (theat.) open drop scene; opening in the background (of a picture); (min.) drift, driftway; (agr.) breaking up land.
ron, *m.* rum.
[1]**ronca,** *f.* cry of a buck in rutting time; braggadocio, bullying.
[2]**ronca,** *f.* a kind of halberd.
roncador, ra. I. *n.* & *a.* snorer(-ing); RONCÓN. **II.** *m.* (ichth.) roncador, little bass.
roncamente, *adv.* hoarsely, coarsely.
roncar, *vn.* (*pret.* RONQUÉ; *subj.* RONQUE) to snore; to roar; to cry in rutting time; (coll.) to brag, to bully.
ronce, *m.* wheedle, cajolery.
roncear, *vn.* to be slow and unwilling, kill time, fool around; to wheedle; (naut.) to sail slowly.
roncería, *f.* sluggishness, remissness; tardiness; wheedle, cajoling expression; (naut.) slow, sluggish sailing.
roncero, ra, *a.* slow, slothful, tardy; grouchy, growling; flattering, wheedling, cajoling.
ronco, ca, *a.* hoarse, raucous.
roncón. I. *m.* drone of a bagpipe. **II.** *n.* & *a.* (Colomb.) (coll.) boaster(-ing), braggart.
[1]**roncha,** *f.* welt; wheal, whelk; blotch; bump; loss of money through trickery.
[2]**roncha,** *f.* round, thin slice.
[1]**ronchar,** *vn.* to raise welts.
[2]**ronchar,** *va.* to crunch.
ronchón, *m. aug.* large welt or bump.
ronda, *f.* night patrol; rounds (by a night watch), beat; clear space between a town and its walls; last round in a card game; round of drinks or cigars.
rondador, *m.* patrolman, roundsman, watchmen; rounder, night wanderer.
rondalla, *f.* fable, story, tale.
rondar, *va.* & *vn.* to patrol, go the rounds; to walk the streets by night; to haunt, hover about; to impend; (mil.) to make the grand rounds.—**r. la calle,** to flirt on the street.
rondel, *m.* (poet.) rondel.
rondeña, *f.* popular ballad of Ronda.
rondín, *m.* round of a corporal on the walls to visit the sentinels; watchman in an arsenal.
rondís, rondiz, *m.* face of a precious stone.
rondó, *m.* (mus.) rondo.
rondón.—de r., rashly, suddenly, abruptly; intrepidly.
rongigata, *f.* = REHILANDERA, pinwheel.
ronqué, ronque, *v. V.* RONCAR.
ronquear, *vn.* to be hoarse with cold.
ronquedad, ronquera, ronquez, *f.* hoarseness.
ronquido, *m.* snore; harsh, raucous sound.
ronronear, *vn.* to purr.
ronza, *f.*—**ir a la r.,** (naut.) to fall to leeward.
ronzal, *m.* halter; (naut.) purchase rope.
[1]**ronzar,** *va.* to crunch, craunch.
[2]**ronzar,** *va.* (naut.) to raise or shift with levers.
roña, *f.* scab (in sheep); crust of filth on persons; bark of pine trees; rust; moral infection.
roñada, *f.* (naut.) garland; dolphin of a mast.
roñal, *m.* bark depot or storage place.
roñería, *f.* (coll.) niggardliness; stinginess.
roñoso, sa, *a.* scabby, leprous; dirty, filthy; rusty; (coll.) niggardly, stingy.
ropa, *f.* dry goods; stuff, fabric; wearing apparel,

clothes, clothing; costume, dress; wardrobe, outfit, garments; robe or gown of office.—**r. blanca,** linen.—**r. de cámara,** or **de levantar,** dressing gown.—**r. hecha,** ready-made clothing.—**r. limpia,** clean laundry.—**r. sucia,** soiled laundry.—**r. talar,** long, loose gown.—**r. vieja,** cast-off clothes; (cook.) boiled meat, afterwards fried in a pan.—**a quema r.,** at close range, point-blank; suddenly, unexpectedly.—**nadar y guardar la r.,** to be extra cautious in an undertaking.—**tentarse la r.,** to consider carefully.

ropaje, *m.* wearing apparel, clothes; robe, vestments; gown; garb; (art) drapery.

ropálico, ca, *a.* (poet.) rhopalic.

ropavejería, *f.* old-clothes shop.

ropavejero, *m.* old-clothes man.

ropería, *f.* clothier's trade; clothing shop, clothier's; wardrobe, clothes room, cloakroom; wardrobe keeper.

ropero, ra. I. *n.* clothier, dealer in clothes; wardrobe keeper; head shepherd, dairyman. **II.** *m.* clothespress, closet, wardrobe, locker.

ropeta, ropilla, *f. dim.* doublet, close-fitting jacket.—**dar una r.,** to give a friendly reproof.

ropita, *f. dim.* child's clothing.

ropón, *m.* wide, loose gown.

roque, *m.* rook, castle (at chess).

roqueda, *f.,* **roquedal,** *m.* rocky place.

roquedo, *m.* rock, boulder.

roqueño, ña, *a.* rocky, hard, flinty.

roquero, ra, *a.* rocky; built on rocks.

roqués, *a.* black (falcon).

roqueta, *f.* turret in a fortress.

roquete, *m.* (eccl.) rochet; barbed spearhead; (artil.) ramrod, rammer.

rorcual, *m.* (zool.) rorqual, finback (variety of large whales).

rorro, *m.* (coll.) babe in arms.

ros, *m.* (mil.) Spanish shako.

rosa, *f.* (bot.) rose; red spot on any part of the body; rose diamond; rosette; rosy aspect; rose color; flower of saffron; artificial rose.—**r. náutica,** or **de los vientos,** (naut.) traverse board, mariner's compass.

rosáceo, cea, *a.* (bot.) rosaceous.

rosada, *f.* frost.

rosadelfa, *f.* (bot.) = AZALEA, azalea.

rosado, da, *a.* rose-colored; rose (as *a.*).

rosal, *m.* rose bush or plant.—**r. de pitimaní,** climbing rose.—**r. perruno,** or **silvestre,** dog-rose.

rosaleda, *f.* rosary, rose garden.

rosanilina, *f.* (chem.) rosaniline.

rosariero, ra, *n.* maker and seller of rosaries.

rosario, *m.* rosary (beads for praying and series of prayers); assemblage of people who recite the rosary in procession; (hydraul.) chain pump; (coll.) backbone.—**acabar como el r. de la aurora,** to break up in disorder.

rosarse, *vr.* = SONROSEARSE, to blush.

rosbif, *m.* (Angl.) roast beef.

rosca, *f.* screw and nut; screw thread; twist, spiral line or motion; circular badge of Spanish students; ring-shaped biscuit or bread; (naut.) flake of a cable.—**hacer la r.,** to flatter, kowtow.

roscado, da. I. *pp.* of ROSCAR. **II.** *a.* threaded, having a screw thread.

roscar. I. *va.* to thread, make or cut a screw thread on. **II.** *vn.* to cut screw threads, to make screws.—**máquina de r.,** screw-cutting machine.

roscón, *m. aug.* large screw; large circular loaf of bread.

rosear, *vn.* to turn rose color.

róseo, sea, *a.* rosy, roseate.

roséola, *f.* (med.) roseola, rose rash.

rosero, ra, *n.* gatherer of saffron flowers.

roseta, *f. dim.* small rose; rosette; rosy cheek; (metal.) rosette copper.

rosetón, *m. aug.* large rosette; (arch.) rose-window; rosette.

rosicler, *m.* rose pink (color); roset; ruby silver.

rosillo, illa, *a.* light red, roan.

[1]**rosmarino, na,** *a.* light red.

[2]**rosmarino,** *m.* (bot.) = ROMERO, rosemary.

rosmaro, *m.* (zool.) walrus.

[1]**roso, sa,** *a.* threadbare.—**a r. y velloso,** totally, without exception or distinction.

[2]**roso, sa,** *a.* red, rosy.

rosoli, *m.* rosolio, sundew (a liqueur).

rosones, *m. pl.* worms in animals.

rosqueado, da, *a.* twisted.

rosquete, *m.* ring-shaped cake or biscuit.

rosquilla, *f.* ring-shaped fancy cake; vine fretter.

rostrado, da, *a.* rostrate, with beaklike projection.

rostral, *a.* = ROSTRADO.

rostrillo, *m.* headdress on images; small seed pearl.

rostritorcido, da; rostrituerto, ta, *a.* (coll.) angry-looking; sad-looking.

rostro, *m.* rostrum, beak of a ship; bill or beak of a bird; countenance, human face; aspect of affairs.—**r. a r.,** face to face.—**hacer r. a,** to face.

[1]**rota,** *f.* (mil.) rout, defeat.—**de r.,** or **de r. batida,** of a sudden; with total ruin.

[2]**rota,** *f.* (Rom. Cath.) ecclesiastical tribunal, Rota.

[3]**rota,** *f.* (bot.) rattan.

rotación, *f.* rotation.—**r. de cultivos,** rotation of crops.

rotal, *a.* pertaining to the Rota.

rotamente, *adv.* impudently, barefacedly.

rotante, *a.* rotating, revolving.

rotar, *vn.* = RODAR, to roll, revolve; to roam.

rotario, ria, *a.* & *m.* Rotarian.

rotarismo, *m.* Rotarianism.

rotativo, va. I. *a.* rotary, revolving. **II.** *f.* rotary printing press.

rotatorio, ria, *a.* rotary, rotating.

roten, *m.* (bot.) rattan; rattan walking cane.

rotífero, ra. I. *a.* (zool.) rotiferous, rotiferal. **II.** *m.* (zool.) rotifer.

rotiforme, *a.* (bot., zool.) rotiform.

roto, ta. I. *pp. irreg.* of ROMPER. **II.** *a.* broken, chipped, shattered; torn; ragged; destroyed; leaky, battered, or pierced; debauched, lewd. **III.** *m.* (Am.) tear (in clothes); poor, ragged man.

rotograbado, *m.* (print.) rotogravure.

rotonda, *f.* rotunda.

rotor, *m.* (elec., hydraul.) rotor.

rótula, *f.* (anat.) rotula, kneepan; (pharm.) troche, lozenge.

rotulación, *f.* labeling.

rotulador, ra, *n.* & *a.* labeler(-ing).

rotular, *va.* to label; put a title to.

rotulata, *f.* label, title, mark; collection of labels or posters.

rótulo, *m.* label, mark; show bill, poster, show card, placard; sign; (eccl.) certificate for beatification; school rota.

rotunda, *f.* rotunda; (Ry.) roundhouse.

rotundamente, *adv.* explicitly, categorically, peremptorily.

rotundidad, *f.* roundness, rotundity.

rotundo, da, *a.* round, circular, rotund; (of voice) full, sonorous; plain, peremptory.

rotura, *f.* rupture, fracture; breakage; (agr.) breaking up ground; (vet.) poultice.

roturación, *f.* (agr.) breaking up new ground.

roturar, *va.* (agr.) to break up (new ground).

roya, *f.* (bot.) rust, mildew, red blight.

royo, royó, etc. *v. V.* ROER.

roza, *f.* (agr.) stubbing, grubbing, clearing; ground cleared of brambles.

rozadero, *m.* stubbing place; (mech.) bearing plate, friction plate.

rozado, da. I. *pp.* of ROZAR. **II.** *a.* (agr.) stubbed, cleared; chilled, frappé (beverage).

rozador, ra, *n.* stubber, weeder.

rozadura, *f.* friction; frication; attrition; gall, chafing; chafed spot; (bot.) punk knot.

rozagante, *a.* pompous, showy; trailing on the ground (as a gown).

rozamiento, *m.* (mech.) friction; frication; rubbing; clashing, disagreement.
rozar. I. *va.* (*pret.* ROCÉ; *subj.* ROCE) to stub, grub, clear (the ground); to nibble (the grass); to scrape or pare off; to gall, to chafe; to graze, pass lightly over. **II.** *vn.* to graze, rub. **III.** *vr.* (of horses' hoofs) to interfere; to be on intimate terms; to falter, to stammer; to have a resemblance or connection with something else; to have to do with, associate; (naut.) to fret, to gall.
[1]**roznar,** *vn.* = [1]RONZAR, to crunch.
[2]**roznar,** *vn.* = REBUZNAR, to bray.
[1]**roznido,** *m.* crunching noise.
[2]**roznido,** *m.* braying of a donkey.
rozno, *m.* little donkey.
rozo, *m.* stubbing, weeding; brushwood.
rozón, *m.* short and broad scythe.
rúa, *f.* village street; highroad.
ruán, *m.* linen manufactured in Rouen.
ruana, *f.* (Am.) a square, heavy poncho.
Ruanda, *m.* Rwanda.
[1]**ruano, na,** *a.* = ROANO, roan (horse).
[2]**ruano, na,** *a.* round, circular.
ruante, *a.* walking or riding through the streets.
ruar, *vn.* to walk or ride through the streets; to flirt in the street.
rubefacción, *f.* (med.) rubefaction.
rubefaciente, *a.* & *m.* (med.) rubefacient.
rúbeo, ea, *a.* ruby, reddish.
rubéola, *f.* (med.) measles.
ruberoide, *m.* a tarred-pasteboard roofing material.
rubescencia, *f.* rosiness.
rubescente, *a.* rosy.
rubeta, *f.* toad.
rubí, *m.* ruby; red color; redness of the lips.—**r. de Bohemia,** rosy quartz.—**r. del Brazil,** red topaz.—**r. espinela,** spinel ruby.
[1]**rubia,** *f.* (bot.) madder.
[2]**rubia,** *f.* a blonde; (ichth.) a small red-colored river fish.
rubiáceo, cea, *a.* (bot.) rubiaceous.
rubial. I. *a.* reddish (soil or plants). **II.** *m.* madder field.
rubicán, na, *a.* roan (horse).
rubicela, *f.* reddish-yellow topaz.
rubicundez, *f.* ruddiness; rosiness.
rubicundo, da, *a.* reddish, rubicund; golden-red; blond; rosy with health.
rubidio, *m.* (chem.) rubidium.
rubiera, *f.* (Venez.) mischief, reckless action; (C. A.) merrymaking, carousal.
rubificado, da, *a.* rubied.
rubificar, *va.* to rubify, make red.
rubiginoso, sa, *a.* rubiginous.
rubín, rubinejo, *m.* ruby.
rubio, bia. I. *a.* blond, golden, fair. **II.** *m.* (ichth.) red gurnard.
rubión, *a.* (of a kind of wheat) reddish.
rublo, *m.* ruble, Russian silver coin.
rubor, *m.* blush, flush; bashfulness.
ruborizarse, *vr.* to blush, to flush.
ruborosamente, *adv.* blushingly, bashfully.
ruboroso, sa, *a.* bashful.
rúbrica, *f.* red mark or caption, title; mark or flourish added to one's signature; (eccl.) rubric or rules in prayer books.—**de r.,** according to rules or custom.
rubricante. I. *a.* signing, attesting. **II.** *m.* junior minister or secretary appointed to sign the proceedings.
rubricar, *va.* (*pret.* RUBRIQUÉ; *subj.* RUBRIQUE) to sign or indorse with one's peculiar mark or flourish, without writing the name; to sign and seal.
rubriquista, *m.* (eccl.) rubrician.
rubro, bra, *a.* red, reddish; rubric.
ruc, *m.* = ROCHO, roc, a fabulous bird.
ruca, *f.* (Chile, Arg.) hut, cabin.
rucio, cia. I. *a.* (of animals) light silver gray; (Colomb.) dapple-gray; (coll.) gray; gray-haired, hoary. **II.** *m.* donkey.
ruco, ca, *a.* (C. A.) old, worthless.
rucho, *m.* donkey.
ruda, *f.* (bot.) rue.
rudamente, *adv.* rudely, roughly.
rudeza, *f.* roughness, rudeness, coarseness.
rudimental, *a.* rudimentary; elementary.
rudimentario, ria, *a.* rudimentary.
rudimento, *m.* rudiment, embryo, germ; vestige. —*pl.* rudiments, elements.
rudo, da, *a.* rude, rough, unpolished; hard, rigorous, severe; stupid.
rueca, *f.* distaff for spinning; twist, winding; (naut.) fish of a mast or yard.
rueda, *f.* wheel; caster, roller; circle of persons; crowd; round slice; turn, time, succession; (ichth.) sunfish; rack (torture); hoops for skirts; spread of a peacock's tail; three-handed billiard game.—**r. catalina,** or **de Santa Catalina,** Catherine wheel.—**r. de alimentación por abajo,** (**arriba**) (hydraul.) undershot (overshot) wheel.—**r. de andar,** treadmill.—**r. de costado,** breast wheel.—**r. de esmeril,** emery wheel.—**r. del timón,** (naut.) steering wheel. —**r. dentada** or **de engranaje,** gearwheel.—**r. de molino,** mill wheel.—**r. hidráulica,** water wheel.—**hacer la r.,** to cajole, wheedle. —**hacer la r.,** to cajole, wheedle.
ruedecica, cilla, zuela, *f. dim.* small wheel; caster, roller.
[1]**ruedo,** *m.* rotation, turn; circuit; circumference; edge of a wheel or disk; round plat or mat; rug; (sewing) skirt lining; bottom of a skirt; valance. —**a todo r.,** at all events.
[2]**ruedo, ruede,** *v. V.* RODAR.
[1]**ruego,** *m.* request, plea, petition, entreaty, supplication.
[2]**ruego, ruegue,** *v. V.* ROGAR.
ruejo, *m.* mill wheel; ground roller.
ruello, *m.* (agr.) ground roller.
ruequecilla, *f.* small distaff.
rufián, *m.* ruffian; pimp, pander.—**rufianada,** *f.* (Am.) villainy, villainous or base act.
rufianear, *vn.* to play the ruffian; to pimp, to pander.
rufianería, *f.* ruffianism.
rufianesco, ca. I. *a.* ruffianly, ruffianish. **II.** *f.* ruffians (collect.); gang of ruffians; ruffianism.
rufianismo, *m.* rowdyism.
rufo, fa, *a.* carroty, red-haired; frizzed, curled.
ruga, *f.* wrinkle.—**rugar,** *va.* to wrinkle.
rugible, *a.* capable of bellowing or roaring.
rugido, *m.* roar; rumbling in the bowels.
rugiente, *a.* bellowing, roaring.
ruginoso, sa, *a.* rusty.
rugir. I. *vn.* (*ind.* RUJO; *subj.* RUJA) to roar, bellow, howl. **II.** *v. impers.* to be whispered about, to transpire, to be said.
rugosidad, *f.* rugosity, wrinkled condition.
rugoso, sa, *a.* rugose, corrugated, wrinkled.
ruibarbo, *m.* (bot.) rhubarb.
ruido, *m.* noise; rumor; report; discussion; dispute, difference; law suit.—**hacer,** or **meter, r.,** to attract attention; to create a sensation. —**mucho r. y pocas nueces,** or **ser más el r. que las nueces,** much ado about nothing.
ruidosamente, *adv.* noisily; loudly.
ruidoso, sa, *a.* noisy, loud; clamorous.
ruin. I. *a.* mean, vile, low, base, despicable; little, puny; decayed; wicked, malicious; niggardly, stingy; insidious, treacherous, infamous; (of an animal) vicious. **II.** *m.* wicked, mean, or vile man; small nerve in the tail of cats.
ruina, *f.* ruin, decline, downfall; overthrow, fall. —*pl.* ruins, débris.—**batir en r.,** (mil.) to batter in, breach.
ruinar, *va.* & *vr.* to ruin, destroy.
ruindad, *f.* meanness, baseness; ill turn, base action.
ruinmente, *adv.* basely, meanly, despicably.
ruinoso, sa, *a.* ruinous; worthless.
ruiponce, *m.* (bot.) = RAPÓNCHIGO, rampion.
ruipóntico, *m.* (bot.) rhubarb, pieplant.
ruiseñor, *m.* (ornith.) nightingale.
rujada, *f.* heavy shower.

rujo, ruja, *v. V.* RUGIR.
rular, *vn.* = RODAR, to roll, revolve.
ruleta, *f.* roulette.
rulo, *m.* ball, bowl; conical stone in oil mills; road roller.
ruló, *m.* (print.) ink roller, brayer.
Rumania, *f.* Romania, Rumania.
rumano, na, *n.* & *a.* Rumanian.
rumba, *f.* (Cuba) rumba (dance or music for it).
rumbadas, *f. pl.* (naut.) = ARRUMBADAS, wales.
rumbo, *m.* bearing, course, direction; trend; road, route, way; (coll.) pomp, ostentation; liberality, generosity; (naut.) scuttle; (her.) rustre.—**abatir el r.,** (naut.) to fall to leeward. —**con r. a,** (naut.) in the direction of; heading, or sailing, for.—**fiesto de r.,** lavish party.—**hacer r. a,** (naut.) to sail for; to head for.
rumbón, na, *a.* = RUMBOSO.
rumbosamente, *adv.* (coll.) pompously, grandly, liberally.
rumboso, sa, *a.* pompous, magnificent, liberal.
rumen, *m.* (zool.) rumen.
rumí, *n.* (among the Moors) Christian.
rumia, *f.* rumination, chewing the cud.
rumiador, ra, *n.* & *a.* ruminator(-ing), ruminant.
rumiadura, *f.* rumination.
rumiante, *a.* & *m.* (zool.) ruminant.
rumiar, *va.* to ruminate; to muse, meditate.
rumión, na, *a.* ruminating much.
rumo, *m.* (cooperage) first hoop of a cask.
rumor, *m.* rumor, report, hearsay; sound of voices; murmur.—**rumorarse** (Am.) **rumorearse,** *vr. impers.* to be said or rumored, be circulating as a rumor.
rumorcico, illo, ito, *m. dim.* flying report.
rumoroso, sa, *a.* causing rumor.
runa, *f.* rune, runic character.
rundún, *m.* (Arg.) a very small humming bird.
runfla, runflada, *f.* (coll.) series of things.
rúnico, ca; runo, na, *a.* runic.
runrún, *m.* (coll.) rumor, report.
ruña, *f.* (cooperage) croze.—**ruñadera,** *f.* cooper's crozer.—**ruñadura,** *f.* = RUÑA.—**ruñar,** *va.* (cooperage) to croze.
rupestre, *a.* rupiculous, found or living on rocks; rupestrian, inscribed or cut into rocks.
[1]**rupia,** *f.* rupee, silver coin.
[2]**rupia,** *f.* (med.) rupia, a skin disease.
rupicabra, rupicapra, *f.* chamois.
rupícola, *a.* rupiculous, found or living on rocks.
ruptura, *f.* rupture; fracture, breaking.—**r., del núcleo,** or **nuclear,** nuclear fission.
ruqueta, *f.* (bot.) = JARAMAGO, hedge mustard.
rural, *a.* rural, country, rustic.
rus, *m.* (bot.) sumach. Also ZUMAQUE.
rusco, *m.* (bot.) kneeholly, butcher's-broom.
rusel, *m.* a kind of woollen serge.
Rusia, *f.* Russia.
rusiente, *a.* turning red-hot.
ruso, sa, *n.* & *a.* Russian.
rusticación, *f.* rustication.
rustical, *a.* rustic, rural, wild.
rústicamente, *adv.* rustically, rudely.
rusticano, na, *a.* wild (plants).
rusticar, *vn.* (*pret.* RUSTIQUÉ; *subj.* RUSTIQUE) to rusticate.
rusticidad, *f.* rusticity, simplicity; rudeness, clumsiness.
rustico, ca. I. *a.* rustic, rural; coarse, clumsy; unmannerly.—**a la,** or **en r.,** (bookbinding) in paper covers, unbound. **II.** *n.* rustic, peasant.
rustiqué, rustique, *v. V.* RUSTICAR.
rustiquez, rustiqueza, *f.* rusticity.
rustrir, *va.* to toast; to fry.
rustro, *m.* (her.) rustre.
ruta, *f.* route, way.
rutáceo, a, *a.* (bot.) rutaceous.
rutenio, *m.* (chem.) ruthenium.
ruteno. na, *n.* & *a.* Ruthenian.
rutherford, *m.* (nuclear phys.) rutherford (unit of radioactivity).
rutilante, *a.* sparkling, scintillating.
rutilar, *vn.* (poet.) to twinkle, sparkle, scintillate.
rútilo, la. I. *a.* shining red; sparkling. **II.** *m.* (also **rutilo**) (min.) rutile.
rutina, *f.* routine, custom, habit, rut.
rutinario, ria. I. *a.* routine (as *a.*). **II.** *n.* routinist.
rutinero, ra, *a.* routinistic.
ruzafa, *f.* garden, park.
Rwanda, *m.* Rwanda.
rwandés, desa, *a.* & *n.* Rwandese.

S

S, s, *f.* s, twenty-second letter of the Spanish alphabet.
sábado, *m.* Saturday; Sabbath.—**s. inglés,** Saturday half day off.—**s. santo** or **de gloria,** Holy Saturday, Easter Saturday.
sabalar, *m.* net for catching shad.
sabalera, *f.* fire grate in furnaces.
sabalero, *m.* shad fisher.
sábalo, *m.* (ichth.) shad.
sábana, *f.* sheet (for a bed); altar cloth.—**pegársele a uno las sábanas,** to rise late.
sabana, *f.* savanna, grassy plain.
sabandija, *f.* small nasty insect or reptile; bug; vermin.—**sabandijuela,** *f. dim.* very small insect, vermin.
sabanear, *vn.* (Am.) to scour the plain.
sabanero, ra. I. *n.* dweller on the savanna. **II.** *a.* pertaining to a savanna. **III.** *m.* (ornith.) bird resembling the starling. **IV.** *f.* (Venez.) a savanna snake that destroys harmful insects.
sabanilla, *f. dim.* small sheet or piece of linen; altar cloth; napkin; head kerchief or scarf.
sabañón, *m.* chilblain.—**comer como un s.,** to eat greedily, devour.
sabatario, *a.* Sabbatarian.
sabático, ca, *a.* Sabbatical.
sabatina, *f.* (eccl.) Saturday mass; Saturday exercise in colleges.
sabatino, na, *a.* pertaining to Saturday.
sabatizar, *vn.* to keep the Sabbath.
sabedor, ra, *a.* & *n.* knowing, informed (person).
sabeísmo, *m.* Sabaism, Sabianism.
sabeliano, na, *a.* & *n.* Sabellian.
sabelianismo, *m.* Sabellianism.
sabélico, ca, *a.* pertaining to the Sabines or Samnites.
sabelotodo, *n.* = SABIDILLO.
saber. I. *va.* (*ind. pres.* SÉ, *pret.* SUPE, *fut.* SABRÉ; *subj.* SEPA) to know; to be able, know how, can (*Juan sabe cantar,* John can, or knows how to, sing).—**s. cuántas son cinco,** to know what is what.—**s. dónde aprieta el zapato,** to know on which side one's bread is buttered, know where the shoe pinches.—**un no sé qué,** a certain something.—**y no sé que más** or **y qué sé yo qué más,** and what not; and so forth. **II.** *vn.* to know; to be very sagacious; (Arg.) to have the habit of, to usually (*verb*).—**s. a,** to taste of, taste like (*esto sabe a limón,* this tastes of, or like, lemon).—**s. de,** to know, be familiar with; to hear of or from, have news about.—**a s.,** namely, viz., to wit.—**que yo sepa,** to my knowledge, as far as I know.—**¿quién sabe?** perhaps, who knows!—**¿sabe?** you know, don't you know? (in U. S. slang, savvy?).—as an expletive in conversation. **III.** *vr.* to become known; to get found out. **IV.** *m.* learning, knowledge, lore.—**según mi leal s. y entender,** to the best of my knowledge.
sabiamente, *adv.* wisely, knowingly, learnedly.
sabicú, *m.* (Cuba) (bot.) sabicú, horseflesh mahogany.
sabidillo, lla, *n.* pedant, know-it-all person.
sabido, da. I. *pp.* of *saber.* **II.** *a.* learned, well-informed.—**por s. se calla,** it goes without saying.
sabiduría, *f.* learning, knowledge; wisdom.
sabiendas.—a s. *adv.* knowingly, consciously.
sabiente, *a.* knowing.

sabihondez, *f.* (coll.) conceited assumption of knowledge or learning.
sabihondo, da, *a.* affecting knowledge or learning, know-it-all.
sabina, *f.* (bot.) savin.
sabinar, *m.* clump of savins.
[1]sabino, na, *a.* roan (horse).
[2]sabino, na, *n.* & *a.* Sabine.
sabio, bia. I. *a.* wise, learned, knowing; cunning. **II.** *n.* sage, wise person; scholar, learned person; scientist.
sablazo, *m.* blow with or wound from a saber; (coll.) borrowing or sponging.
[1]sable, *m.* saber, cutlass.
[2]sable, *m.* (her.) sable, black.
sablista, *m.* (coll.) sponger, one who asks for petty loans.
sablón, *m.* coarse sand.
saboga, *f.* (ichth.) a species of shad.
sabogal, *m.* net for catching shad.
saboneta, *f.* hunting-case watch.
sabor, *m.* taste, flavor; dash, zest.—*pl.* round knobs on the bit of a bridle.—**a s.,** at pleasure.
saborcico, illo, ito, *m. dim.* slight flavor or taste.
saboreamiento, *m.* relish, relishing.
saborear. I. *va.* to flavor, give a relish or zest to; to interest, cajole, wheedle. **II.** *va.* & *vr.* to relish, enjoy, find delicious, be pleased or delighted; to smack one's lips.
saborete, *m.* slight flavor or taste.
sabotaje, *f.* sabotage.
sabotear. I. *va.* to sabotage. **II.** *vn.* to engage in sabotage.
saboyano, na. I. *a.* Savoyard. **II.** *n.* Savoyard; *f.* open skirt; a kind of pie.
sabrosamente, *adv.* deliciously.
sabrosico, ica, illo, illa, ito, ita, *a. dim.* rather tasty.
sabroso, sa, *a.* savory, tasty, palatable, delicious; pleasant, delightful; salted, saltish.
sabucal, *m.* clump of willows.
sabuco, *m.* = SAÚCO, (bot.) alder; horny part of horse's hoof.
sabueso, *m.* hound, bloodhound, beagle, harehound, foxhound.
sabugal, sabugo = SABUCAL, SABUCO.
sábulo, *m.* coarse, heavy sand.
sabuloso, sa, *a.* gritty, sandy, gravelly.
saburra, *f.* (med.) saburra, gastric sordes.
saburral, *a.* (med.) saburral.
saburroso, sa, *a.* indicating a foul stomach.
[1]saca, *f.* drawing out; exportation, extraction; first authorized register of a sale; first certified copy of a document issued by a notary.—**estar de s.,** to be on sale; (coll.) to be marriageable.
[2]saca, *f.* large bag or sack of coarse stuff.
sacabala, *f.* (surg.) alphonsin.
sacabalas, *m.* (artil.) bullet screw, ball extractor.
sacabocado, sacabocados, *m.* hollow punch; ticket punch.
sacabotas, *m.* bootjack.
sacabrocas, *m.* tack claw, tack puller.
sacabuche, *m.* (naut.) pumping tube or pipe; (mus.) sackbut; player on the sackbut; nincompoop.
sacaclavos, *m.* (carp.) nail extractor.
sacacorchos, *m.* corkscrew.
sacada, *f.* region separated from a province or country.
sacadilla, *f.* noise made to rouse game.
sacadinero, sacadineros, *m.* (coll.) catch-penny.
sacador, ra, *n.* drawer, extractor; one that takes or brings out.
sacadura, *f.* (sewing) slash (to ease); (Colomb.) taking out, extracting.
sacafilásticas, *f.* (artil.) priming wire.
sacalagua, *m.* (Am.) a nearly white half-breed.
sacaliña, *f.* goad; trick, cunning.
sacamanchas, *m.* or *f.* cleaner, scourer, cleanser.
sacamantas, *m.* (coll.) tax collector.
sacamiento, *m.* taking or drawing out.
sacamolero, ra; sacamuelas, *n.* tooth extractor, dentist.
sacanabo, *m.* (naut.) pump hook.
sacanete, *m.* lansquenet, a card game.
sacapelotas, *m.* bullet screw.
sacapotras, *m.* (coll.) bad surgeon.
sacar, *va.* (*pret.* SAQUÉ; *subj.* SAQUE) to extract, draw, draw out, pull out; to take out; to withdraw; to dispossess, put out; to except, exclude; to manufacture, produce, invent; to take (a photo.); to publish; bring out; to put forth, bring forth; to imitate, copy, take off; to clear, free, place in safety; to find out, investigate, discover; to make out, solve, interpret; to relieve (fever, etc.); to eradicate; to extort; to get, obtain, attain; to show, exhibit, manifest; to excite (passion, anger); to lose the judgment; to deduce, draw, infer; to ballot, elect by ballot; to draw, win (a prize); to win at play; (games) to serve (the ball), to kick off; to draw, unsheath (a sword); to make, take (a copy); to cite, name, quote.—**s. a bailar,** to lead out for a dance; to drag in irrelevantly.—**s. a la vergüenza,** to put a criminal in the pillory; to bring shame upon.—**s. a luz,** to print, publish; to mention or bring out.—**s. a pasear,** to take out for a walk.—**s. de madre,** to make one lose patience.—**s. de pila,** to become sponsor for at baptism.—**s. de quicio** = S. DE MADRE. —**s. (uno) de sus casillas,** (fig.) to exhaust one's patience, drive crazy.—**s. el ascua,** or **la brasa, con la mano del gato,** or **con mano ajena,** to have someone else pull one's chestnuts out of the fire.—**s. el cuerpo,** to dodge; to shun; to get out, or keep out (of something); to play safe.—**s. el jugo,** to work (one) hard, slave-drive.—**s. el pecho por,** to stand for, to defend, to take the part of.—**s. en claro,** or **en limpio,** to conclude, arrive at the conclusion; to gather (from a writing, etc.).—**s. la cara,** to present oneself as an interested party. —**s. la cara por** = S. EL PECHO POR.—**s. la cuenta,** to figure out.—**s. por factor común,** (math.) to factor out.—**s. ventaje de,** to profit by.
sacarato, *m.* (chem.) saccharate.
sacárico, ca, *a.* (chem.) saccharic.
sacarífero, ra, *a.* sacchariferous.
sacarificación, *f.* saccharification.
sacarificar, *va.* to saccharify.
sacarígeno, na, *a.* sacchariferous.
sacarimetría, *f.* saccharimetry.
sacarímetro, *m.* saccharimeter.
sacarina, *f.* (chem.) saccharine.
sacarino, na, *a.* saccharine, containing sugar.
sacaroideo, a, *a.* (chem.) saccharoid.
sacarómetro, *m.* saccharimeter.
sacarosa, *f.* (chem.) saccharose.
sacaroso, sa, *a.* saccharinelike.
sacasillas, *n.* (coll.) (theat.) stage hand; busybody.
sacatachuelas, *f.* tack claw.
sacatapón, *m.* corkscrew; bung drawer.
sacate, *m.* (Mex.) grass, herb; hay.
sacatrapos, *m.* (artil.) wad hook, wormer.
sacerdocio, *m.* priesthood.
sacerdotal, *a.* sacerdotal.
sacerdote, *m.* priest, clergyman.
sacerdotisa, *f.* priestess.
saciable, *a.* satiable.
saciar, *va.* & *vr.* to satiate.
saciedad, *f.* satiety.
saciña, *f.* (bot.) a kind of willow.
sacio, a, *a.* satiate, satiated.
saco, *m.* sack, bag; sackful, bagful; coat, jacket; Roman sagum; (in PELOTA) = SAQUE, hitting the ball on the rebound; (mil.) pillage, sack, plunder.—**s. de noche,** hand bag, valise, satchel.—**entrar, meter,** or **poner, a s.,** to plunder, loot.—**no echar en s. roto,** not to forget, not to ignore.
sacra, *f.* (eccl.) sacring tablet.
sacramentado, da, *a.* (eccl.) transubstantiated; having received the last sacraments.
sacramental. I. *a.* sacramental. **II.** *n.* person or fraternity devoted to the worship of the sacrament of the altar.

sacramentalmente, *adv.* sacramentally; in confession.
sacramentar. I. *va.* (eccl.) to administer the sacraments to; to consecrate; (coll.) to conceal, hide. **II.** *vr.* to be transubstantiated.
sacramentario, ria, *n.* Sacramentarian.
sacramente, *adv.* = SAGRADAMENTE, sacredly.
sacramento, *m.* (eccl.) sacrament; Christ transubstantiated in the host.—**s. del altar,** Eucharist; consecrated Host.
sacratísimo, ma, *a. super.* most sacred, holiest.
sacre. *m.* (ornith.) saker; small cannon.
sacrificable, *a.* able to be sacrificed; (mil.) expendable.
sacrificadero, *m.* sacrificing place.
sacrificador, ra, *n.* & *a.* sacrificer(-ing).
sacrificante, *a.* sacrificing, hazarding; sacrificial, sacrificatory.
sacrificar. I. *va.* (*pret.* SACRIFIQUÉ; *subj.* SACRIFIQUE) to sacrifice. **II.** *vr.* to devote oneself to God; to sacrifice oneself, give up one's life.
sacrificio, *m.* sacrifice, offering; submission.—**s. del altar,** sacrifice of the mass.—**s. propiciatorio,** peace offering.
sacrifiqué, sacrifique, *v. V.* SACRIFICAR.
sacrilegio, *m.* sacrilege.
sacrílego, ga, *a.* sacrilegious.
sacrismoche, cho, *m.* in jocular style, a man in a ragged black coat.
sacrista, *m.* sacristan, sexton.
sacristán, *m.* sacristan, sexton, clerk; hoop skirt, bustle.—**sacristana,** *f.* sacristan or sexton's wife; nun in charge of the sacristy.
sacristanejo, *m. dim.* little sacristan.
sacristanía, *f.* office of a sexton.
sacristía, *f.* sacristy, vestry; SACRISTANÍA.
[1]sacro, *m.* (anat.) sacrum.
[2]sacro, cra, *a.* holy, sacred.
sacrosanto, ta, *a.* sacred, sacrosanct.
sacudida, *f.* shake, shaking, jerk.
sacudidamente, *adv.* rejectingly.
sacudido, da. I. *pp.* of SACUDIR. **II.** *a.* harsh, intractable; determined.
sacudidor, *m.* shaker; beater; duster.
sacudidura, *f.* shaking; dusting, cleansing.
sacudimiento, *m.* shake, shaking; shock, jerk, jolt.
sacudir. I. *va.* to shake; jolt, jerk; to beat (to remove dust); spank, drub; dart, throw off, discharge; shake off. **II.** *vn.* (naut.) to flap (sails). **III.** *vr.* to reject, drive away, shake off.
saculiforme, *a.* (bot., zool.) saccate.
sachadura, *f.* hoeing, weeding.
sachar, *va.* (agr.) to weed.
sacho, *m.* weeder, weeding tool.
sádico, ca, *a.* sadistic.
sadismo, *m.* sadism.
sadista, *n.* sadist.
sadístico, ca, *a.* sadistic, sadistical.
saduceísmo, *m.* Sadduceeism.
saduceo, a, *n.* & *a.* Sadducee(-cean).
saeta, *f.* arrow, dart, shaft; cock of a sundial, gnomon; hand of a watch or clock; magnetic needle; bud of a vine; (astr.) Sagitta, the Arrow.—*pl.* pious ejaculations.
saetada, *f.*, **saetazo,** *m.* shooting an arrow; arrow wound.
saetear, *va.* to attack or kill with arrows.
saetero, ra. I. *a.* pertaining to arrows. **II.** *m.* archer, bowman, dartman. **III.** *f.* loophole; small grated window in prisons.
saetí, *m.* brad, peg, pin, tack.
saetía, *f.* (naut.) settee; vessel with lateen sails; loophole.
saetilla, *f. dim.* small arrow or dart; small magnetic needle; hand of a watch; devotional verse; (bot.) sagittaria.
[1]saetín, *m.* mill race, sluice, flume; SAETÍ.
[2]saetín, *m.* (Gal.) sateen or satine.
saetón, *m.* dart for shooting rabbits.
safeno, a, *a.* (anat.) saphenous.
sáfico, ca, *a.* (poet.) sapphic.
[1]saga, *f.* witch.
[2]saga, *f.* saga (legend).
sagacidad, *f.* sagacity, sagaciousness.
sagapeno, *m.* sagapenum (gum).
sagatí, *m.* sagathy, farmer's satin.
sagaz, *a.* sagacious; (of dogs) with keen scent; discerning, farsighted, farseeing.
sagazmente, *adv.* sagaciously.
sagita, *f.* (geom.) sagitta.
sagital, *a.* sagittal, sagittate.
sagitaria, *f.* (bot.) sagittaria, arrowhead.
sagitario, *m.* dartman, archer; (**S-,** astr.) **Sagittarius,** the Archer.
sago, *m.* loose, wide greatcoat.
ságoma, *f.* (arch.) pattern, reglet, rule.
sagradamente, *adv.* sacredly.
sagrado, da. I. *a.* sacred, consecrated; holy; (obs.) incurable, cursed, execrable.—**s. comunión,** Holy Communion.—**s. escritura,** Holy Writ. **II.** *m.* asylum, haven or refuge, place of safety.
sagrario, *m.* sacrarium; (eccl.) ciborium.
sagú, *m.* (bot.) sago.
saguaipe, *m.* (Arg.) a parasitic worm that attacks the liver of cattle.
ságula, *f. dim.* of SAYUELO, small frock.
saguntino, na, *n.* & *a.* Saguntian.
sahina, *f.* = ZAHINA, (bot.) sorghum.
sahornarse, *vr.* to chafe, be skinned.
sahorno, *m.* chafe, chafing, skinning.
sahumado, da. I. *pp.* of SAHUMAR. **II.** *a.* bettered, improved.
sahumador, *m.* perfumer, perfuming pot; fumigator.
sahumadura, *f.* perfuming; fumigation.
sahumar, *va.* to perfume; to smoke; to fumigate.
sahumerio, sahumo, *m.* smoke; vapor, steam; fumigation; fuming.
sai, *m.* (Am.) (zool.) a kind of monkey, sai.
saimirí, *m.* (Am.) (zool.) titi, squirrel monkey.
saín, *m.* grease or fat, fatness; sardine fat used as burning oil; greasiness on clothes.
sainar, *va.* to fatten.
sainete, *m.* (theat.) one-act farce; burlesque; flavor, relish, zest; seasoning, sauce; delicious tidbit; delicacy; anything nice and choice; taste or elegance in dress.—**sainetear,** *vn.* to act farces.—**sainetero,** *m.* writer of farces.—**sainetesco, ca,** *a.* comical, burlesque.
saíno, *m.* (Am.) (zool.) a kind of boar.
saja, *f.* (surg.) sacrification.
sajador, *m.* bleeder, scarifier.
sajadura, *f.* = SAJA.
sajar, *va.* to scarify.
sajelar, *va.* to sift and clean (clay).
sajón, na, *n.* & *a.* Saxon.
sal, *f.* salt; wit, facetiousness; grace, winning manners; (chem.) salt.—**s. amoníaco,** sal ammoniac.—**s. de compás** = S. GEMA.—**s. de la Higuera,** Epsom salts.—**s. gema,** rock salt.—**s. marina,** sea salt.—**s. pedrés,** or **piedra,** rock salt.—**echar en s.,** to reserve for another occasion.
sala, *f.* drawing room, living room, parlor; hall; large room; court of justice (room and judges); tribunal.—**s. de batalla,** sorting table or place (in a postoffice).—**s. de espera,** waiting-room.—**s. de justicia,** court of justice.—**s. del crimen,** criminal court or tribunal.—**guardar s.,** to observe the rules and formalities of the court.—**hacer s.,** to form a quorum in a court.
salacidad, *f.* salaciousness, lechery, lust.
salacot, *m.* topi, sola pith helmet.
saladamente, *adv.* (coll.) wittily, facetiously.
saladar, *m.* salt marsh.
saladero, *m.* salting place; salting tub.
saladillo, *m. dim.* fresh bacon half-salted.
salado, da. I. *pp.* of SALAR. **II.** *a.* salty; briny, brackish; witty, facetious; graceful, winsome; (Am.) unlucky; (Arg., Chile) expensive. **III.** *m.* (bot.) saltwort; saline land.
salador, ra. I. *n.* salter, curer. **II.** *m.* SALADERO.
saladura, *f.* salting, curing; salted provisions.
salamandra, *f.* salamander; fire sprite; anything fireproof.

salamandria, salamanquesa, *f.* star lizard.
salamanquino, na, *n.* & *a.* = SALMANTINO.
salangana, *f.* (ornith.) swift, esculent swallow.
salar, *va.* to salt, to season or preserve with salt, to cure or corn (meat); to brine.
salariar, *va:* to give a salary or wages to.
salario, *m.* wages, salary.
salaz, *a.* salacious, lustful.
salazón, *f.* salting; salted meats or fish.
salbadera, *f.* sand box, pounce box.
salbanda, *f.* (min.) selvage.
salce, *m.* (bot.) = SAUCE, willow.
salceda, *f.*, **salcedo,** *m.* salicetum, willow garden.
salcereta, *f.* dice box.
salcochar, salcocho = SANCOCHAR, SANCOCHO.
salchicha, *f.* sausage; (fort.) long fascine; (artil.) saucisse, long fuse.
salchichería, *f.* sausage shop.
salchichero, ra, *n.* sausage maker or seller.
salchichón, *m. aug.* sausage; (fort.) large fascine.
saldado, da, *pp.* & *a.* paid, settled, balanced.
saldar, *va.* (com.) to settle, liquidate, balance.
saldista, *n.* one who sells or buys remnants.
saldo, *m.* (com.) balance; settlement; remnants sold at low prices; sale.—**s. acreedor,** credit, credit balance.—**s. deudor,** debit balance.—**s. no asignado,** unallocated balance.
saldrá, saldré, *v. V.* SALIR.
saledizo, za. I. *a.* salient, projecting. **II.** *m.* projection, ledge.
salegar, *m.* salt lick.
salema, *f.* (ichth.) gilthead.
salep, *m.* salep or salop root.
salera, *f.* saltcat in a salt lick; salt mine.
salerato, *m.* (chem., cook.) saleratus.
salero, *m.* saltcellar; salt pan; salt storage place; salt lick; (coll.) gracefulness, winning ways.
saleroso, sa, *a.* (coll.) witty, facetious; lively, jolly, winsome.
salesiano, na, *n.* & *a.* Salesian.
saleta, *f. dim.* small hall; royal antechamber; court of appeal.
salgada, salgadera, *f.* (bot.) = ORZAGA, orach.
salgar, *va.* to feed salt to (cattle).
salgo, salga, *v. V.* SALIR.
salguera, *f.*, **salguero,** *m.* (bot.) osier, willow.
salicaria, *f.* (bot.) a salicaceous shrub.
salicilato, *m.* (chem.) salicylate.
salicílico, ca, *a.* (chem.) salicylic.
salicina, *f.* (chem.) salicin.
salicíneo, a, *a.* (bot.) salicaceous.
sálico, ca, *a.* Salic.
salicor, *f.* (bot.) prickly saltwort.
salida, *f.* start, setting or going out, departure, exit; outlet; way out, exit; outskirts; issue, result, conclusion; projection, protuberance; (com.) salableness; expenditure, outlay; loophole, subterfuge, pretext; sally; (naut.) headway; (mil.) sally, sortie.—**sin s.,** dead-end (street).—**tener s.** (com.) to sell well, be saleable.
salidizo, = SALEDIZO.
salido, da. I. *pp.* of SALIR. **II.** *a.* projecting; (of female animals) in season.
saliente. I. *a.* salient, projecting. **II.** *f.* projection, lug.
salífero, ra, *a.* salt-bearing.
salificable, *a.* salifiable.
salificar, *va.* (chem.) to salify.
salín, *m.* salthouse.
salinero, ra, *n.* salter, salt maker; salt dealer.
salinidad, *f.* salinity, saltiness.
salino, na. I. *a.* saline. **II.** *f.* salt pit, salt pan, salt works, salt mine.
salinómetro, *m.* salinometer.
[1]**salio, lia,** *n.* & *a.* Salian (pertaining to, or one of, the salii, or priests of Mars).
[2]**salio, lia,** *a.* pert. to the Salian Franks.
salipirina, *f.* salipyrine.
salir. I. *vn.* (*ind. pres.* SALGO, *fut.* SALDRÉ; *subj.* SALGA) to go or come out; to depart, leave, sail; sally, sally forth; get out (of a vehicle); to end, be over (as a season); to loom, show up; disappear, come off (as a stain); rise (as the sun); to shoot, spring; to grow; stand out, project; to begin (a game, a dance, etc.); to be issued or published; to result, turn out; to acquit oneself, come out, do (well, badly); to be drawn (as in a lottery); to be elected; to lead to, open to; (naut.) to exceed, to excel, pass another vessel in sailing; to happen, occur; to correspond; to imply; to come out right, check (as a sum); to say or do a thing unexpectedly or unseasonably; (**de**) to cease (as); (theat.) to enter, appear; (before *pp.*) to come out, to be (*salió herido,* he came out, or was, wounded).—**s. a,** to come to (so much); to resemble, look like.—**s. adelante,** to be successful.—**s. al encuentro de,** to come out to meet.—**s. avante,** or **bien,** or **con bien,** to do well, to be successful.—**s. con,** to drag in, say unexpectedly or irrelevantly.—**s. de,** to dispose of; to part with; to get rid of.—**s. de compras,** to go shopping.—**s. de su padre,** to be released from paternal guardianship.—**s. de sus casillas,** to lose one's temper.—**s. ganando,** to come out a winner, gain.—**s. mal,** to do badly, be unsuccessful, fail.—**s. perdiendo,** to lose, come out a loser.—**hacer s. los colores al rostro,** to put one to blush.—**salga lo que saliere,** happen what will, whatever may happen. **II.** *vr.* to leak; to overflow.—**s. con la suya,** to accomplish one's end, to have one's way.—**s. de madre,** to exceed, run over; to lose one's self-control.
salisipán, *m.* (P. I.) a swift boat.
salitrado, da, *a.* impregnated with saltpeter.
salitral. I. *a.* nitrous. **II.** *m.* saltpeter bed or works.
salitre, *m.* saltpeter, niter.
salitrería, *f.* saltpeter works.
salitrero, ra, *n.* saltpeter refiner or dealer.
salitroso, sa, *a.* nitrous.
saliva, *f.* saliva, spittle.
salivación, *f.* salivation; spitting.
salival, *a.* salivary.
salivar, *vn.* to spit; to salivate.
salivazo, *m.* spit, spittle.
saliveo, *m.* spitting.
salivera, *f.* round knob on the bits of a bridle.
salivoso, sa, *a.* spitting excessively.
salma, *f.* ton, twenty hundredweight.
salmantino, na, *n.* & *a.* of or relating to Salamanca.
salmear, *vn.* to sing psalms.
salmer, *m.* (arch.) impost of an arch.
salmerón, *a.* fanfarron wheat.
salmista, *m.* psalmist; chanter of psalms.
salmo, *m.* psalm.
salmodia, *f.* psalmody; (eccl.) psalter.—**salmodiar,** *vn.* = SALMEAR.
salmón, *m.* (ichth.) salmon.—**s. pequeño,** samlet, parr.—**s. zancado,** kelt.—**salmonado, da,** *a.* tasting like salmon.—**salmoncillo, ito,** *m. dim.* parr.—**salmonera,** *f.* salmon net.
salmonete, *m.* (ichth.) surmullet.
salmónido, da. I. *n.* & *a.* (zool.) salmonid. **II.** *m. pl.* Salmonidae.
salmorejo, *m.* sauce for rabbits.
salmuera, *f.* brine; pickle.
salmuerarse, *vr.* (of cattle) to become sick from eating too much salt.
salobral. I. *a.* salty, briny. **II.** *m.* saline ground.
salobre, *a.* brackish, briny, saltish.
salobreño, ña, *a.* saltish, saline (ground).
salobridad, *f.* brackishness, saltiness.
salol, *m.* (chem.) salol.
saloma, *f.* (naut.) chantey.
salomar, *vn.* (naut.) to sing chanteys.
[1]**salón,** *m. aug.* salon, large parlor; living or assembly room.
[2]**salón,** *m.* salted and cured meat or fish.
saloncillo, *m.* small salon or hall; special room (waiting room, rest room, lady's room, etc.).
salpa, *f.* (ichth.) gilthead, salpa, bighead.
salpicado, da, *a.* splotchy.

salpicadura, *f.* splash, spatter, spattering.
salpicar, *va.* (*pret.* SALPIQUÉ; *subj.* SALPIQUE) to spatter, bespatter, sprinkle, splash; to skip over, touch on without order.
salpicón, *m.* salmagundi; farcing; medley; bespattering.
salpimentar, *va.* (*ind.* SALPIMIENTO; *subj.* SALPIMIENTE) to season with pepper and salt.
salpimienta, *f.* salt and pepper.
salpiqué, salpique, *v.* *V.* SALPICAR.
salpresar, *va.* to salt, preserve with salt.
salpullido, *m.* (med.) rash.
salpullir, *va.* & *vr.* (med.) to break out.
salsa, *f.* (cooking) sauce, dressing, gravy.—**s. de San Bernardo**, (coll.) hunger.—**s. mahonesa**, or **mayonesa**, mayonnaise dressing.
salsedumbre, *f.* saltiness, saltness.
salsera, *f.* gravy dish.
salsereta, rilla, ruela, *f. dim.* small saucer; dice box.
salsero, *m.* (bot.) Spanish thyme.
salsifí, *m.* (bot.) salsify, oyster plant.
salsoláceo, a. I. *a.* (bot.) salsolaceous. **II.** *f. pl.* Salsola.
saltabanco, saltabancos, *m.* mountebank; quack; trifler.
saltabardales, *m.* (coll.) romp, wild youth.
saltabarrancos, *m.* (coll.) noisy person.
saltacaballo.—en s., (arch.) lapping over.
saltación, *f.* leaping; dancing, dance.
saltacharquillos, *n.* person affectedly walking on tiptoe.
saltadero, *m.* leaping or jumping place; artificial fountain; jet.
saltadizo, za, *a.* snapping, breaking.
saltador, ra, *n.* jumper, leaper; hopper.
saltadura, *f.* chip (in a stone).
saltaembanco, *m.* = SALTABANCO.
saltamontes, *m.* grasshopper.
saltante, *a.* leaping, jumping; salient.
saltaojos, *m.* (bot.) a kind of peony.
saltaparedes, *m.* = SALTABARDALES.
saltar. I. *vn.* to leap, spring, jump, hop; to frisk, skip; to bound, rebound; to dash out (as a geyser); to snap, burst, break in pieces; to fly asunder, crack, flash; to come off (as a button); to slip off (as a pulley belt); to be clear and obvious; to come to the mind; to start, betray emotion; (naut.) (of the wind) to shift, change suddenly.—**s. a la vista**, to be self-evident.—**s. en tierra**, to land, debark. **II.** *va.* to leap or jump over; to skip; (of animals) to cover (the female).
saltarelo, *m.* an ancient Spanish dance.
saltarén, *m.* a tune on the guitar; grasshopper.
saltarín, na, *n.* dancer, dancing master (mistress); restless young rake.
saltarregla, *f.* bevel square; slide rule.
saltaterandate, *m.* a kind of embroidery.
saltatrás, *m.* or *f.* = TORNATRÁS, half-breed.
saltatriz, *f.* ballet girl; danseuse.
saltatumbas, *m.* (coll.) clergyman who makes a living from funerals.
salteador, ra, *n.* highwayman(woman), footpad.
salteamiento, *m.* assault, highway robbery.
saltear, *va.* to assault, attack; to rob on the highway; to hold up; to start, leave undone, and undertake something else; to forestall; to surprise, take by surprise.
salteo, *m.* assault; highway robbery.
salterio, *m.* psalter, psalm book; rosary; (mus.) psaltery.
saltero, ra, *n.* highlander.
saltico, ito, illo, *m. dim.* little hop or leap.
saltígrado, da, *a.* (zool.) saltigrade, leaping.
saltimbanco, -banqui, *m.* = SALTABANCO.
salto, *m.* spring, jump, leap, bound; leaping place; skip, omission; gap; promotion to a higher post without passing through the intervening ones.—**s. de agua**, waterfall, falls, cataract.—**s. de mata**, flight for fear of punishment.—**s. de trucha**, tumbling.—**s. de viento**, (naut.) sudden shifting of the wind.—**s. mortal**, somersault.—**a saltos**, leaping, by hops.—**a saltos y corcovos**, (coll.) by fits and starts.—**dar un s.**, to jump, leap.—**de un s.**, at one jump; in a flash.—**por s.**, irregularly, by turns.
saltón, na. I. *a.* hopping or leaping much. **II.** *m.* grasshopper.
salubérrimo, ma, *a. super.* most salubrious.
salubre, *a.* salubrious, healthful.
salubridad, *f.* healthfulness, salubrity.—**Ministro de S.**, Minister, or Secretary, of Public Health.
salud, *f.* health; good condition; public weal; welfare, prosperity; salvation.—*pl.* compliments, greetings.—**¡s.!** hello! greetings! good luck! your health (in drinking).—**a su s.**, your health (in drinking).—**beber a la s. de**, to drink the health of.—**bien (mal) de s.**, in good (bad) health.
saludable, *a.* salutary, healthful, wholesome.
saludablemente, *adv.* healthfully, wholesomely.
saludación, = SALUTACIÓN.
saludador, ra, *n.* greeter, saluter; quack.
saludar, *va.* to greet, bow to, salute, hail; to give greetings or regards to; to fire a salute; to apply nostrums; (naut.) to dip the flag to.—**le saludo a Vd. atentamente**, (in letter) very truly yours.
saludo, *m.* bow, salute, salutation, greeting; (mil.) salute.—**s. a la voz**, (naut.) cheers, hurrahs.
salumbre, *f.* flower of salt.
salutación, *f.* salutation, greeting, salute, bow; exordium of a sermon; Ave Maria.
salute, *m.* an ancient gold coin.
salutíferamente, *adv.* salubriously.
salutífero, ra, *a.* healthful, salubrious.
salva, *f.* (artil.) salvo; salver, tray; ordeal; oath, solemn promise, assurance.
salvación, *f.* salvation; deliverance.
salvachia, *f.* (naut.) salvage strap.
salvadera, *f.* sandbox, shaker (for sprinkling sand on wet ink).
salvado, da. I. *pp.* of SALVAR. **II.** *m.* bran.
salvador, ra, *n.* savior, rescuer, redeemer.
salvadoreño, ña, *n.* & *a.* Salvadorean (from Salvador).
salvaguardar, *va.* to safeguard, protect.
salvaguardia. I. *m.* safeguard, security, protection; guard; watchman. **II.** *f.* safe-conduct, passport.
salvajada, *f.* brutal or stupid action.
salvaje. I. *a.* savage; (of plants, animals) wild; rough, wild (country). **II.** *m.* savage.
salvajemente, *adv.* savagely, wildly.
salvajería, *f.* brutal action; savageness.
salvajez, *f.* savageness.
salvajina, *f.* wild animal; multitude of wild animals; collection of skins of wild animals.
salvajino, na, *a.* savage, wild, untamed; gamey (meat).
salvajismo, *m.* savagery; (coll.) rusticity.
salvajuelo, la, *n.* little savage.
salvamano.—a s., without danger to oneself; in a cowardly manner.
salvamente, *adv.* securely, safely.
salvamento, *m.* salvage; safety, place of safety; salvation.—**bote de s.**, (aer.) crash boat.
salvamiento, *m.* = SALVAMENTO.
salvante. I. *a.* saving, excepting. **II.** *adv.* (coll.) save, except.
salvar. I. *va.* to save, rescue; (naut.) to salve, save; to avoid (a danger); to get over, jump over (ditch, creek, etc.), clear (an obstacle); to overcome (a difficulty); to make allowance for, excuse, make an exception of; to prove legally the innocence of.—**s. las aparencias**, to keep up appearances, save face. **II.** *vn.* to taste, to prove (the food or drink of nobles). **III.** *vr.* to be saved; to escape from danger.—**sálvese él que pueda**, everyone for himself.
salvarsán, *m.* (pharm.) salvarsan; Salvarsan (trademark).

salvavidas, *m.* life preserver; life belt, safety belt; *n.* lifesaver, lifeguard.
¡salve! *interj.* hail!—**Salve,** *f.* (eccl.) Salve Regina.
salvedad, *f.* reservation, exception, qualification.
salvia, *f.* (bot.) sage.
salvilla, *f.* salver, glass rack, tray, waiter.
salvo, va. I. *a.* saved, safe; excepted, omitted. **II.** *adv.* save, saving, excepting, barring.—**s. el guante,** or **s. el zurrado,** excuse the glove.—**s. que,** unless.—**a s.,** without injury or diminution.—**en s.,** safe, with safety.
salvoconducto, *m.* safe-conduct, passport; license, permit, pass.
salvohonor, *m.* (coll.) breech, buttocks.
salladura, *f.* (agr.) weeding.
sallar, *va.* (agr.) to weed.
sallete, *m.* (agr.) weeder, weeding tool.
sámago, *m.* sap rot, dry rot.
samán, *m.* (bot.) genisaro, rain tree.
sámara, *f.* (bot.) samara.
samario, *m.* (chem.) samarium.
samarita; samaritano, na, *n.* & *a.* Samaritan.
samaruguera, *f.* fishing net that is set across streams.
sambenitar, *va.* to make infamous, to dishonor publicly.
sambenito, *m.* garment worn by penitent convicts of the Inquisition; placard in churches, containing names of penitents and their penance; note of infamy; disgrace.
samblaje, *m.* = ENSAMBLADURA, joining; joint.
sambuca, *f.* (mus., mil.) sambuca.
sambumbia, *f.* (Cuba) fermented drink made from cane juice, water, and peppers; (Peru) hubbub, confusion.—**sambumbiería,** *f.* place where SAMBUMBIA is made and sold.
samio, mia, *n.* & *a.* Samian (from Samos).
samnita, samnite, *n.* & *a.* Samnite.
samnítico, ca, *a.* Samnitic.
samoano, na, *n.* & *a.* Samoan.
samovar, *m.* samovar.
samoyedo, da. I. *a.* Samoyedic. **II.** *n.* Samoyed, Samoyede.
sampaguita, *f.* a tropical flower like jasmine.
sampán, *m.* sampan, a Chinese skiff.
sampsuco, *m.* (bot.) marjoram.
samuga, *f.* mule chair.
san, *a.* (*contr.* of SANTO) Saint (with masc. names).
sanable, *a.* curable, healable.
sanador, ra, *n.* curer, healer.
sanalotodo, *m.* cure-all, catholicon, panacea.
sanamente, *adv.* sanely; sincerely.
sanar. I. *va.* to heal, cure. **II.** *vn.* to heal; to recover from sickness.
sanativo, va, *a.* sanative, curative.
sanatorio, *m.* sanatorium, sanitarium.
sanción, *f.* sanction; ratification.
sancionar, *va.* to sanction; to ratify, authorize.
sanco, *m.* (Chile) porridge made from toasted corn meal or wheat flour; very thick mud; (Arg.) a stew made with beef blood, flour and onions.
sancochar, *va.* (cook.) to boil with water and salt.
sancocho, *m.* (Am.) a kind of thin stew of boiled yucca, meat, plantains, etc.
sancta, *m.* fore part of the tabernacle.
sanctasanctórum, *m.* sanctum sanctorum.
sanctórum, *m.* (P. I.) a tribute to the church.
sanctus, *m.* (eccl.) Sanctus, Trisagion.
sanchete, *m.* an ancient silver coin.
sanchopancesco, ca, *a.* like Sancho Panza.
sandalia, *f.* sandal.
sandalino, na, *a.* pertaining to sandalwood.
sándalo, *m.* (bot.) bergamot mint; sandalwood.
sandáraca, *f.* (min.) sandarach, realgar; sandarach (gum).
sandez, *f.* inanity, foolish or stupid statement.
sandía, *f.* (bot.) watermelon.
sandiar, *m.* watermelon patch.
sandio, dia, *a.* foolish, nonsensical, inane.
sandunga, *f.* (coll.) gracefulness, elegance; winsomeness, fascination.—**sandunguero, ra,** *a.* (coll.) winsome, graceful, fascinating.

saneado, da. I. *pp.* of SANEAR. **II.** *a.* drained; free, clear, unencumbered.
saneamiento, *m.* (law) security, surety, bail, guarantee; indemnification, reparation; drainage, improvement (of land).
sanear, *va.* to give security, to give bail; (law) to indemnify; to make harmless; to drain, improve (lands).
sanedrín, *m.* (anc. Jewry) Sanhedrim.
sanforizar, *va.* to Sanforize (trademark).
sanfrancia, *f.* (coll.) quarrel, dispute, row.
sangley, *m.* (P. I.) Chinese trader.
sangradera, *f.* (surg.) lancet; basin (for blood); lock, sluice, drain.
sangrador, *m.* bloodletter; outlet.
sangradura, *f.* (surg.) bleeding; bend on the inside of arm at the elbow; draining, drainage.
sangrar. I. *va.* (surg.) to bleed; to drain; (coll.) to extort or borrow money from; (print.) to indent. **II.** *vn.* to bleed. **III.** *vr.* to be bled.
sangraza, *f.* corrupt or filthy blood.
sangre, *f.* blood; gore; race, family, kindred.—**s. azul,** blue blood, nobility.—**s. de drago,** dragon's blood.—**s. fría,** calmness, composure, sang-froid.—**a s. caliente,** impulsively, on the spur of the moment.—**a s. fría,** in cold blood.—**a s. y fuego,** by fire and sword, by blood and iron.—**en s. fría,** in cold blood.—**mala s.,** bad blood, vindictiveness.—**subírsele a uno la s. a la cabeza,** to become excited, lose one's self-control.
sangría, *f.* (surg.) bleeding, bloodletting; present made to a person who bleeds; drain, drainage, draining; pilfering, pilferage; insdie of the forearm; (print.) indenting a line; tap, stream of molten metal from a furnace; sangaree, a refreshing drink made with wine.
sangrientamente, *adv.* bloodily, cruelly.
sangriento, ta, *a.* bloody, bloodstained, gory; cruel, sanguinary, bloodthirsty.
sanguaza, *f.* serous blood; reddish fluid of vegetables.
sangüeño, *m.* (bot.) wild cornel.
sangüesa, *f.* raspberry.
sangüeso, *m.* (bot.) raspberry bush.
sanguífero, ra, *a.* conveying blood (as a vein).
sanguificación, *f.* (med.) sanguification.
sanguificar, *va.* to make blood from.
sanguijuela, *f.* leech; sponger; sharper, cheat.
sanguinaria, *f.* (bot.) bloodroot; knotgrass; (min.) bloodstone, hematite.
sanguinariamente, *adv.* sanguinarily, bloodily.
sanguinario, ria, *a.* sanguinary, cruel, bloody, bloodthirsty.
sanguíneo, nea; sanguino, na, *a.* red, blood-colored; sanguineous, sanguine.
sanguinolencia, *f.* bloody condition.
sanguinolento, ta, *a.* bloody; bloodstained.
sanguinoso, sa, *a.* sanguine, sanguineous; bloody, sanguinary, cruel.
sanguiñuelo, *m.* (bot.) wild cornel.
sangüis, *m.* (Lat.) blood of Christ; consecrated wine.
sanguisorba, *f.* (bot.) great burnet.
sanguja, *f.* leech.
sanícula, *f.* (bot.) sanicle.
sanidad, *f.* soundness; health; healthfulness; health department.—**s. marítima,** quarantine officers.—**en s.,** in health.
sanidina, *f.* (min.) sanidine.
sanie, sanies, *f.* (med.) sanies.
sanioso, sa, *a.* (med.) sanious, ichorous.
sanitario, ria. I. *a.* sanitary, hygienic. **II.** *m.* health officer.
sanjacado, sanjacato, *m.* government of a sanjak (a Turkish district).
sanjaco, *m.* governor of a sanjak.
sanjuanada, *f.* picnic on St. John's day.
sanjuanero, ra, *a.* (of fruits) ripe by St. John's day.
sanjuanino. na, *n.* & *a.* of or from San Juan.
sanjuanista, *m.* knight of St. John of Jerusalem.
sanluisero, ra, *n.* & *a.* of or from San Luis.

sanmarinese, *n.* & *a.* (of) San Marino.
San Marino, *m.* San Marino.
sanmiguelada, *f.* Michaelmas.
sanmigueleño, ña, *a.* (of fruits) ripe by Michaelmas.
sano, na, *a.* sound, healthy, hale; salutary; sane; secure; honest, good; discreet, wise; safe, harmless; entire, complete.—**cortar por lo s.,** to settle in the shortest way, regardless of all else; to take quick action.—**s. y salvo,** safe and sound.
sánscrito, ta. I. *a.* Sanskrit. **II.** *m.* Sanskrit.
sansimoniano, na, *n.* & *a.* Saint-Simonian.
sansimonismo, *m.* Saint-Simonianism.
santa, *f.* female saint.
santabárbara, *f.* (naut.) magazine, powder room.
santafecino, na, *n.* & *a.* of or from Santa Fe.
santafereño, ña, *n.* & *a.* of or from (Santa Fe de) Bogotá.
santaláceo, a, *a.* (bot.) santalaceous.
santamente, *adv.* saintly, saintily; plainly, simply.
santandereano, na, *a.* of or from Santander (Colombia).—**santanderiense; santanderino, na,** *a.* of or from Santander (Spain).
santelmo, *m.* (naut.) St. Elmo's fire.
santero, ra. I. *a.* too devoted to worship of saints. **II.** *n.* caretaker of a sanctuary; seller of images.
santiagueño, ña, *a.* (of fruits) ripe by St. James's day.
santiaguero, ra, *a.* of or pertaining to Santiago (Cuba).
santiagués, sa, *a.* of or pertaining to Santiago (Galicia).
santiaguino, na, *a.* of or pertaining to Santiago (Chile).
santiaguista. I. *a.* belonging to the order of Santiago. **II.** *m.* knight of Santiago or St. James.
santiamén, *m.* (coll.) instant, moment, twinkling of an eye, jiffy.
santico, ca, *n. dim.* little image of a saint; (coll.) good child.
santidad, *f.* sanctity, saintliness, holiness, godliness.—**su S.,** his Holiness (the Pope).
santificable, *a.* sanctifiable.
santificación, *f.* sanctification, making holy.—**s. de las fiestas,** keeping of holy days.
santificador, ra, *n.* & *a.* sanctifier(-fying).
santificante, *a.* blessing, sanctifying.
santificar. I. *va.* (*pret.* SANTIFIQUÉ; *subj.* SANTIFIQUE) to sanctify, hallow, consecrate; to keep (holy days). **II.** *va.* & *vr.* to justify, exculpate, clear from guilt, acquit.
santiguada, *f.* crossing oneself; rough treatment, reprimand.—**para,** or **por, mi s.,** faith, by this cross.
santiguadera, *f.* healing by signs of the cross.
santiguadero, ra; dor, ra, *n.* healer by signs of the cross.
santiguamiento, *m.* crossing oneself.
santiguar. I. *va.* to bless, to heal by blessing; (coll.) to slap. **II.** *vr.* to cross oneself.
santimonia, *f.* sanctity, sanctimony, holiness; (bot.) corn marigold, chrysanthemum.
santísimo, ma, *a. super.* most holy.—**el S.,** the holy sacrament.
santo, ta. I. *a.* saintly, holy, blessed; saint; sacred, consecrated; inviolable; (coll.) simple, plain, artless.—**s. hermandad,** Holy Brotherhood, an ancient Spanish rural police.—**s. oficio,** Holy Office (the Inquisition).—**S. Padre,** Holy Father (the Pope); Father of the Church (one of the first Christian writers).—**s. varón,** holy man; simpleton; hypocrite.—**s. y bueno,** well and good.—**todo el s. día,** the whole day long. **II.** *n.* saint; saint's day; image of a saint.—**santo y seña,** (mil.) watch word, password.—**alzarse con el s. y la limosna,** to take everything, make a clean sweep.—**dar el s.,** (mil.) to set or give the password.—**Todos los Santos,** All Saint's Day.
santol, *m.* (P. I.) (bot.) santol, sandal tree.
santón, *m. aug.* dervish; hypocrite.
santónico, *m.* (bot.) santonica, wormwood.
santonina, *f.* (chem.) santonin.
santoral, *m.* (eccl.) collection of lives of the saints; church choir book.
santuario, *m.* sanctuary.
santucho, cha, *n.* & *a.* = SANTURRÓN.
santurrón, rrona. I. *a.* sanctimonious. **II.** *n.* (coll.) sanctimonious person, hypocrite.
santurronería, *f.* sanctimony, hypocrisy.
saña, *f.* anger, passion, rage, fury.
sañosamente, *adv.* angrily, cruelly.
sañoso, sa, *a.* furious, enraged; cruel.
sañudamente, *adv.* furiously.
sañudo, da, *a.* furious, enraged.
sao, *m.* (bot.) LABIÉRNAGO, laburnum; small savanna with clusters of trees or shrubs.
sapa, *f.* residue left after chewing BUYO.
sapajú, *m.* (Am.) sapajou, a capuchin monkey.
sapán, *m.* (bot.) (P. I.) sapan wood; sapan tree.
sapeca, *f.* sapek or sapec, an oriental coin.
sapidez, *f.* sapidity.
sápido, da, *a.* sapid, savory.
sapiencia, *f.* wisdom, knowledge, learning.
sapiencial, *m.* sapiential book (part of the Bible).
sapiente, *a.* wise, learned.
sapientísimamente, *adv. super.* most wisely, or learnedly.
sapillo, *m.* dim. little toad.
sapina, *f.* (bot.) glasswort.
sapindáceo, a, *a.* (bot.) sapindaceous.
sapino, *m.* (bot.) savin.
sapo, *m.* toad.
saponáceo, cea, *a.* saponaceous, soapy.
saponaria, *f.* (bot.) common soapwort.
saponificable, *a.* saponifiable.
saponificación, *f.* saponification.
saponificador, *m.* saponifier.
saponificar. I. *va.* (*pret.* SAPONIFIQUÉ; *subj.* SAPONIFIQUE) to saponify, convert into soap. **II.** *vr.* to become saponified.
saponina, *f.* (chem.) saponin.
saporífero, ra, *a.* imparting savor.
sapotáceo, a, *a.* (bot.) sapotaceous.
saprofítico, ca, *a.* (bot.) saprophytic.
saprofito, ta. I. *a.* saprophytic. **II.** *m.* saprophyte.
saque, *m.* (sports) a serve (in tennis), kick-off (in foot-ball), etc.
saqué, saque, *v.* *V.* SACAR.
saqueador, ra, *n.* looter, pillager.
saqueamiento, *m.* pillage, loot, plunder.
saquear, *va.* to plunder, loot, pillage.
saqueo, *m.* = SAQUEAMIENTO.
saquera, *f.* packing needle.
saquería, *f.* place for or collection of sacks.
saquero, ra, *n.* maker or seller of sacks.
saquete, *m. dim.* (artil.) cartridge bag.
saquilada, *f.* small amount of grain in a sack.
saquillo, ito, *m. dim.* small sack or bag.
saragüete, *m.* (coll.) informal SARAO.
sarampión, *m.* (med.) measles.
sarao, *m.* evening party with dancing or music.
sarape, *m.* (Mex.) serape, a shawl or blanket worn by men.
sarapia, *f.* (bot.) tonka bean.
sarapico, *m.* (ornith.) curlew.
sarasa, *m.* effeminate man.
saraviado, da, *a.* spotted, piebald.
sarcasmo, *m.* sarcasm.
sarcástico, ca, *a.* sarcastic.
sarcia, *f.* load, burden.
sarcocarpio, *m.* (bot.) sarcocarp.
sarcocele, *m.* (med.) sarcocele.
sarcocola, *f.* sarcocol (resinous gum).
sarcófago, *m.* tomb, grave; sarcophagus.
sarcolema, *m.* (anat.) sarcolemma.
sarcología, *f.* (anat.) sarcology.
sarcoma, *m.* (med.) sarcoma.
sarcomatoso, sa, *a.* sarcomatous.
sarcótico, ca, *a.* (surg.) sarcotic.
sarda, *f.* (ichth.) horse mackerel.
sardana, *f.* a Catalonian dance.

sardesco, ca. I. *a.* small (donkey or horse); (coll.) rude, stubborn. **II.** *m.* pony; small donkey.
sardiano, na, *n.* & *a.* Sardian.
sardina, *f.* (ichth.) sardine.—**como s. en banasta,** or **en barril,** packed like sardines.
sardinal, *m.* sardine net.
sardinel, *m.* (mason.) brickwork having the bricks closely placed on edge.
sardinero, ra. I. *a.* pertaining to sardines. **II.** *n.* dealer in sardines. **III.** *m.* **(S-)** a public walk near Santander.
sardineta, *f.* small sardine; sprat; part of cheese that overtops the cheese vat; (naut.) knittle, laniard.—*pl.* (mil.) chevrons in uniforms.
sardio, *m.* (jewelry) sard, sardius.
[1]**sardo, da,** *n.* & *a.* Sardinian.
[2]**sardo, da,** *a.* (of cattle) red, black and white.
sardonia, *f.* (bot.) crowfoot, spearwort.
sardónica, sardónice, *f.* (jewelry) sardonyx.
sardónico, ca, *a.* sardonic; insincere, affected (laughter).
sardonio, sardónique, *m.* = SARDÓNICE.
[1]**sarga,** *f.* silk serge or twill; (art) fabric painted in tempera or oil, like tapestry.
[2]**sarga,** *f.* (bot.) osier or willow.
sargadilla, *f.* (bot.) soda-ash plant.
sargado, da, *a.* sergelike.
sargal, *m.* clump of osiers.
sargatillo, *m.* (bot.) a kind of willow.
sargazo, *m.* (bot.) sargasso, gulfweed.
sargenta, *f.* sergeant's halberd; sergeant's wife.
sargentear, *va.* to command as a sergeant; to command; (coll.) to boss, lord it over.
sargentería, *f.* (mil.) sergeant's drill.
sargentía, *f.* sergeantship, sergeancy.
sargento, *m.* (mil.) sergeant.
sargentona, *f.* big coarse woman.
sargo, *m.* (ichth.) sheepshead.
[1]**sarguero, ra,** *a.* willowy.
[2]**sarguero,** *m.* painter of [1]SARGA.
sargueta, *f.* thin, light serge.
sarilla, *f.* (bot.) marjoram.
sármata, *n.* & *a.*; **sarmático, ca,** *a.* Sarmatian.
sarmentador, ra, *n.* one who gathers pruned vine shoots.
sarmentar, *vn.* to gather pruned vine shoots.
sarmentera, *f.* place where pruned vine shoots are kept; gathering pruned vine shoots.
sarmentillo, *m. dim.* slender vine shoot.
sarmentoso, sa, *a.* vinelike, twining.
sarmiento, *m.* (bot.) sarmentum, runner.
sarna, *f.* (med.) itch; mange.—**s. perruna,** nonsuppurating mange.—**más viejo que la s.,** as old as Methuselah.
sarnazo, *m.* malignant itch.
sarnoso, sa, *a.* itchy; scabbed; mangy.
sarpullido, *m.* rash, eruption.
sarpullir, *va.* & *vr.* to cause or have a rash.
sarracenia, *f.* (bot.) sarracenia, pitcher plant.
sarracénico, ca, *a.* Saracenic.
sarraceno, na; sarracín, na, *n.* & *a.* Saracen (-ic), Moor(-ish).
sarracina, *f.* scuffle, fight.
sarrapia, *f.* = SARAPIA.
sarria, *f.* coarse net for straw; large fruit basket.
[1]**sarrillo,** *m.* stertor of a dying person.
[2]**sarrillo,** *m.* (bot.) arum.
sarrio, *m.* a kind of wild goat.
sarro, *m.* crust or incrustation in vessels; (med.) mucous on stomach wall; tartar on teeth.
sarroso, sa, *a.* crusty.
sarta, *f.* string of beads or pearls; line, series.
sartal, *m.* string of beads, etc.
sartalejo, *m. dim.* small string of pearls.
sartén, *f.* frying pan.—**tener la s. por el mango,** to have the command, control or advantage.—**sartenada,** *f.* as much as can be fried at one time in a frying pan.—**sartenazo,** *m.* blow with a frying pan; (coll.) blow with anything.—**sarteneja,** *f. dim.* small frying pan.
sartorio, ria. I. *a.* (anat.) sartorial. **II.** *m.* (anat.) sartorius.
sasafrás, *m.* (bot.) sassafras.
sasánida, *n.* & *a.* Sassanid, Sassanian.
sastra, *f.* wife of a tailor; woman tailor.
sastre, *m.* tailor.—**s. remendón,** repairer.
sastrecillo, *m. dim.* petty tailor.
sastrería, *f.* tailor's trade; tailor's shop.
sastresa, *f.* = SASTRA.
Satán, Satanás, *m.* Satan.—**satánicamente,** *adv.* satanically.—**satánico, ca,** *a.* satanic.
satélite, *m.* satellite; (coll.) bailiff, constable, sheriff; follower, henchman; sycophant.—**s. auxiliar de la navegación,** navigational satellite.—**s. de comunicación,** communication satellite.—**s. terrestre,** earth satellite.—**s. terrestre artificial,** artificial earth satellite.
satén, *m.* sateen.
satinador, ra, *n.* glazer, calender; *m.* polishing tool; *m.* (photog.) burnisher.
satinar, *va.* to calender, glaze, gloss, burnish.
satinete, *m.* (text.) satinet.
sátira, *f.* satire; hint, innuendo; (coll.) saucy and witty woman.
satiriasis, *f.* (med.) satyriasis.
satíricamente, *adv.* satirically; sarcastically.
satiricé, satirice, *v. V.* SATIRIZAR.
satírico, ca. I. *a.* satirical; sarcastic. **II.** *m.* satirist.
satirillo, *m. dim.* little satyr.
satirio, *m.* a kind of water rat.
satirión, *m.* (bot.) orchid that yields salep.
satirizante, *a.* satirizing.
satirizar, *va.* (*pret.* SATIRICÉ; *subj.* SATIRICE) to satirize, lampoon.
sátiro, *m.* satyr, sylvan god; lewd man.
satisdación, *f.* (law) security, surety, bail.
satisfacción, *f.* satisfaction; amends; apology, excuse; confidence, conceit.—**a s.,** fully, according to one's wishes.—**tomar s.,** to vindicate oneself, to stand for one's honor.
satisfacer. I. *va.* (*pp.* SATISFECHO; *ind. pres.* SATISFAGO, *pret.* yo SATISFICE, él SATISFIZO, *fut.* SATISFARÉ; *subj.* SATISFAGA) to satisfy; to pay in full, settle; to expiate, make amends for, atone for; to reward; to indemnify, repay; to answer, make reply; to explain; to free from debt, perplexity, or suspense; to convince.—**s. una letra,** (com.) to honor a draft. **II.** *vr.* to satisfy oneself; to be satisfied; to take satisfaction; to be revenged; to be convinced.
satisfaciente, *a.* satisfying, satisfactory.
satisfactoriamente, *adv.* satisfactorily.
satisfactorio, ria, *a.* satisfactory.
satisfago, satisfaga, *v. V.* SATISFACER.
satisfecho, cha. I. *pp. irreg.* of SATISFACER. **II.** *a.* satisfied, content; arrogant, conceited.
satisfice, satisfizo, *v. V.* SATISFACER.
sativo, va, *a.* sown, cultivated.
sátrapa, *m.* satrap; (coll.) crafty fellow; boss.
satrapía, *f.* satrapy.
saturable, *a.* saturable.
saturación, *f.* saturation.
saturado, da, *a.* saturated, sodden.
saturador, ra. I. *a.* saturant. **II.** *m.* saturater, saturator.
saturar, *va.* to saturate; to fill, glut, satiate.
saturnal. I. *a.* Saturnian. **II.** *f. pl.* Saturnalia.
saturnino, na, *a.* saturnine, melancholy, grave, gloomy, morose; (chem.) saturnine.
saturnio, nia, *a.* Saturnian.
saturnismo, *m.* plumbism, lead poisoning.
Saturno, *m.* (astr.) Saturn.
sauce, *m.* (bot.) willow.—**s. cabruno, goat** willow or great sallow.—**s. llorón,** weeping willow.
sauceda, saucedal, *m.*; **saucera,** *f.* plantation of willows.
saucillo, *m.* (bot.) knotgrass.
saúco, *f.* (bot.) elder or alder tree; horny part of horse's hoof.
sauquillo, *m.* (bot.) dwarf elder.
saurio, *m.* (zool.) saurian.
saurópodo, da, *m.* & *a.* (paleontol.) sauropod.
sausería, *f.* larder in a palace.
sausier, *m.* chief of the larder in a palace.

sautor, *m.* (her.) saltier.
sauz, *m.* (bot.) willow.
sauzal, *m.* willow grove.
sauzgatillo, *m.* (bot.) agnus castus, chaste-tree.
savia, *f.* sap.
saxafrax, *f.* (bot.) = SAXIFRAGA.
saxátil, *a.* growing among rocks, saxicolous.
sáxeo, ea, *a.* stony.
saxífraga, *f.* (bot.) saxifrage.
saxifragáceo, cea, *a.* (bot.) saxifragaceous.
saxifragia, *f.* (bot.) = SAXÍFRAGA.
saxófono, *m.* (mus.) saxophone.
saxoso, sa, *a.* containing stones, stony.
saya, *f.* (outer) skirt; sum of money that the Queen of Spain gives her maids when they marry; an ancient tunic worn by men.
sayal, *m.* coarse woollen stuff; sackcloth.
sayalería, *f.* shop for weaving coarse cloth.
sayalero, *m.* weaver of SAYAL.
sayalesco, ca, *a.* made of SAYAL.
sayalete, *m. dim.* thin flannel for undergarments.
sayete, sayito, *m. dim.* small frock, short skirt.
sayo, *m.* smock frock; large coat; any loose garment.—**s. bobo,** tight dress worn by clowns.—**decir para su s.,** to mutter in one's beard.
sayón, na, *n. m. aug.* executioner; ugly-looking person; (formerly) a kind of judge.
sayuela, *f. dim.* woollen shift worn by some religious orders; a variety of fig tree; (Am.) petticoat.
sayuelo, *m. dim.* little frock.
sazón, *f.* maturity, ripeness; season; taste, relish, flavor; seasoning; occasion, opportunity.—**a la s.,** then, at that time.—**en s.,** ripe, in season; opportunely.
sazonadamente, *adv.* maturely, seasonably.
sazonado, da. I. *pp.* of SAZONAR. **II.** *a.* seasoned; ripe, mellow; witty; pertinent; expressive.
sazonador, ra, *n.* seasoner.
sazonar. I. *va.* (cook.) to season; to mature, bring to maturity. **II.** *vr.* to ripen, to mature.
schotis, *m.* schottische (music and dance).
se, 3*d. pers. obj. pron., m.* or *f., sing.* or *pl.* used: (1) As a refl. acc. case, equivalent to "himself," "oneself," "herself," "itself," "themselves," "to himself," "to oneself," etc. (*él se afeitó,* he shaved himself; *las niñas se vistieron,* the girls dressed themselves; *uno se ama,* one loves oneself). (2) As an acc. or a dat. recip., to indicate mutual action, equivalent to "each other," "one another," "to each other," "to one another" (*Juan y María se aman, pero no se hablan,* John and Mary love each other, but do not speak to each other). (3) As a symbol forming verbs refl. only in form, not in meaning, as *irse,* to go; *morirse,* to die; *reírse,* to laugh. (4) Instead of dat. *le, les,* before an acc. case (*yo se lo di,* I gave it to him [her, them, you]; *Juan se los entregó,* John delivered them to him [her, them, you]). (5) To give a poss. value to a def. or indef. art. (*Juan se corta las uñas,* John cuts his nails; *Juan se quebró una mano,* John broke one of his hands). (6) To form certain expressions of a passive character, rendered in Eng. by the passive form of the corresponding verb, or by introducing "they," "people," "one," as an indef. subject (*se dice,* it is said, they say, people say; *no se sabe,* it is not known; *esto se aprende fácilmente,* this is easily learned, one learns this easily; *aquí se habla español,* Spanish [is] spoken here; *eso no puede negarse,* that cannot be denied). When *se* is thus used indefinitely in the imper., the resulting form is generally rendered by the simple imper. (*para otros pormenores, escríbase al secretario,* for other particulars, write to the secretary; *consúltese el diccionario,* consult the dictionary).
sé, *v. V.* SABER.
sea, *v. V.* SER.
sebáceo, cea, *a.* sebaceous, tallowy.
sebastiano, *m.* (bot.) = SEBESTÉN.
sebe, *f.* wattle, stockade, fence.
sebero, ra, *a.* tallow (as *a.*), pert. to tallow.
sebestén, *m.* (bot.) sebesten tree; its fruit.
sebillo, *m.* white tallow; toilet soap.
sebo, *m.* tallow, fat, candle grease.—**s. en bruto,** or **en rama,** rough tallow, suet.
seborrea, *f.* (med.) seborrhea.
seboso, sa, *a.* tallowy, fat, greasy, unctuous.
sebucán, *m.* (Am.) manioc strainer.
seca, *f.* drought; dry season; (med.) peeling; (med.) infarction of a gland; (naut.) dry sand bank.—**a secas,** simply.
secácul, *m.* (bot.) an aromatic root.
secadal, *m.* dry, barren ground or sand bank.
secadero, ra. I. *a.* (of fruit) good or fit for drying. **II.** *m.* drying shed, room, or floor; drier; fruit drier.
secado, da, *pp.* of SECAR.—**s. al sol,** sun-dried.
secadillo, *m.* dry-almond biscuit.
secador, ra. I. *a.* drying. **II.** *m.* (Am.) dryer. **III.** *f.* (Am.) clothes dryer.
secamente, *adv.* dryly; curtly, coldly; simply.
secamiento, *m.* drying, desiccation.
secano, *m.* unwatered land; dry sand bank; anything very dry.
secansa, *f.* at cards, sequence.
[1]**secante,** *f.* (geom.) secant.
[2]**secante,** *a.* drying; blotting (paper); (Arg.) annoying.
secar. I. *va.* (*pret.* SEQUÉ; *subj.* SEQUE) to dry (out), desiccate; to parch; to wipe dry; to tease, vex, annoy, bore. **II.** *vr.* to dry, parch, dry up; to become lank, lean, or meager; to decay; to wither; to be extremely thirsty.
secaral, *m.* dryness, drought.
secatura, *f.* insipidity, vapidity, dulness.
sección, *f.* act of cutting; section, division, portion; (geom.) section; (arch.) section of a building.—**s. de fondo,** editorial section.—**s. recta,** (geom.) right section.—**s. transversal** (drawing, eng.) cross section.
seccionado, da, *pp.* & *a.* sectional, in sections.
seccionar, *va.* to section.
seccionario, ria, *a.* sectional.
secesión, *f.* secession.
secesionista, *n.* & *a.* secessionist.
seceso, *m.* excrement, stool.
seco, ca, *a.* dry; dried up; juiceless; arid; withered; dead (leaves); lean, lank, meager; plain, unadorned, unvarnished; abrupt, curt; lukewarm, cold, indifferent; thin and spare; (of pain) dull.—**en s.,** high and dry; without cause or reason; (mason.) dry, without mortar; by the dry process, without water.
secreción, *f.* segregation; (med.) secretion.
secreta, *f.* private examination preceding the graduation of licentiates; (eccl.) secrets; secret investigation; privy, water closet.
secretamente, *adv.* secretly.
secretar, *va.* (physiol.) to secrete.
secretaria, *f.* wife of a secretary; woman secretary.
secretaría, *f.* secretary's office; secretaryship.
secretariado, *m.* secretariat, secretaryship.
secretario, *m.* secretary; actuary; scribe, amanuensis.—**S. de Estado,** Secretary of State.—**S. de Hacienda,** Secretary of the Treasury.—**S. del Despacho** = S. DE ESTADO.—**s. particular,** private secretary.
secretear, *vn.* (coll.) to whisper.
secreteo, *m.* (coll.) whispering.
secreter, *m.* secretary, desk, bureau.
secretico, illo, ito, *m. dim.* little secret.
secretina, *f.* (biochem.) secretin.
secretista, *m.* naturalist; dealer in secrets.
secreto, ta. I. *a.* secret; confidential, private. **II.** *m.* secret; secrecy; nostrum; caution, silence, dissimulation, concealment; scrutoire, secret drawer.—**s. a voces,** or **con chirimías,** open secret.—**en s.,** in secret, in private, confidentially.
secretorio, ria, *a.* (med.) secretory.
secta, *f.* sect; doctrine of a sect.
sectador, ra; sectario, ria, *n.* & *a.* sectarian.
sectarismo, *m.* sectarianism.
sectil, *a.* sectile.
sector, *m.* (geom., mil.) sector.

secuaz, *m.* follower, supporter, henchman.
secuela, *f.* sequel, result, upshot.
secuencia, *f.* (eccl.) sequence.
secuestrable, *a.* (law) sequestrable.
secuestración, *f.* (law) sequestration.
secuestrador, ra, *n.* sequestrator, receiver.
secuestrar, *va.* (law) to sequestrate, sequester; to kidnap, abduct.
secuestrario, ria, *a.* pert. to sequestration.
secuestro, *m.* (law) sequestration; umpire, referee; kidnapping, abduction; (surg.) sequestrum, dead portion of bone.
secular. I. *a.* centenary, centennial; lasting for ages; secular, lay. **II.** *m.* (eccl.) secular.
secularicé, secularice, *v. V.* SECULARIZAR.
secularismo, *m.* secularism.
secularista, *n.* secularist.
secularización, *f.* secularization.
secularizar, *va.* (*pret.* SECULARICÉ; *subj.* SECULARICE) to secularize.
secundar, *va.* to second, aid, favor.
secundario, ria. I. *a.* secondary; high (school); subordinate; subsidiary.—**producto s.,** by-product. **II.** *m.* second hand (of timepiece).
secundinas, *f. pl.* (zool.) afterbirth.
secundípara, *a.* a mother for the second time.
secura, *f.* dryness, condition of drought.
sed, *f.* thirst; drought; eagerness, anxiety; longing desire.—**tener s.,** to be thirsty.—**tener s. de,** to be thirsty for; to thirst, or hunger, after.
seda, *f.* silk (fibre, yarn, and fabric); wild boar's bristles.—**s. cocida,** soft silk.—**s. conchal,** finest silk from choice cocoons.—**s. cruda,** hard silk.—**s. de capullos,** ferret silk, grosgrain yarn.—**s. de coser,** sewing silk.—**s. en rama,** raw silk.—**s. floja,** floss silk; soft, untwisted silk.—**s. joyante,** very glossy silk.—**s. torcida,** twisted silk.—**como una s.,** as smooth as silk; easily, without hitch or hindrance.—**de media s.,** half-silk.—**de toda s.,** all silk.—**ser como una s.,** or **ser una s.,** to be sweet-tempered.
sedadera, *f.* hackle for dressing flax.
sedal, *m.* fishline; (surg.) seton; (vet.) rowel.
sedalina, *f.* a silk-and-cotton fabric.
sedán, *m.* (auto.) sedan.
sedante, *a.* soothing, allaying, sedative.
sedar, *va.* to allay, appease, soothe, quiet.
sedasticidad, *f.* (stat.) scedasticity.
sedástico, ca, *a.* (stat.) scedastic.
sedativo, va, *n.* & *a.* (med.) sedative.
sede, *f.* (eccl.) see; headquarters.—**s. provisional,** interim headquarters.—**Santa S.,** Holy See.
sedear, *va.* to clean (jewels) with a brush.
sedentario, ria, *a.* sedentary.
sedeña, *f.* fine tow or flax.
sedeño, ña, *a.* silky, silken; silklike.
sedera, *f.* brush made of bristles.
sedería, *f.* silks; silk stuff; silk shop.
sedero, ra. I. *a.* silk, silken. **II.** *n.* silk weaver, silk mercer, silk dealer.
sedición, *f.* sedition, insurrection, mutiny.
sediciosamente, *adv.* seditiously.
sedicioso, sa, *a.* seditious, mutinous.
sediento, ta, *a.* thirsty, dry; (**de**) eagerly desirous, anxious (for).
sedimentación, *f.* sedimentation.
sedimentar, *va.* & *vr.* to settle, to desposit (as dregs).
sedimentario, ria, *a.* sedimentary.
sedimento, *m.* sediment, settlings, dregs; feces, grouts, grounds; (min.) sinter.
sedoso, sa, *a.* silky, silklike, silken.
seducción, *f.* seduction, deceiving; abuse.
seducir, *va.* (*ind. pres.* SEDUZCO, *pret.* SEDUJE; *subj.* SEDUZCA) to seduce, corrupt, lead astray; to charm, captivate.
seductivo, va, *a.* seductive; enticing.
seductor, ra. I. *a.* fascinating, attractive, tempting. **II.** *n.* seducer, corrupter; deceiver; delightful person.
sefardí. I. *a.* Sephardic. **II.** *n.* Sephardic Jew; *m.* Sephardic dialect.
sefardíes, *m. pl.* Sephardim.
sefardita, *n.* & *a.* = SEFARDÍ.
segable, *a.* fit to be reaped.
segada, *f.* harvest.
segadera, *f.* reaping hook, sickle.
segadero, ra, *a.* fit to be reaped.
segador, ra. I. *n.* mower; reaper, harvester. **II.** *f.* mowing machine.
segar, *va.* (*ind. pres.* SIEGO, *pret.* SEGUÉ; *subj.* SIEGUE) (agr.) to mow; to reap, harvest; to cut off, mow down.
segazón, *f.* harvest season; reaping.
seglar. I. *a.* wordly, secular, lay. **II.** *m.* layman; *f.* laywoman.
seglaridad, *f.* secularity.
segmentación, *f.* (biol.) segmentation.
segmentar, *va.* & *vn.* to segment.
segmentario, ria, *a.* segmentary, segmental.
segmento, *m.* segment; (geom.) segment.
segoviano, na; segoviense, *n.* & *a.* Segovian, from Segovia.
segregación, *f.* segregation, separation.—**s. celular,** solitary confinement.
segregacionista, *n.* segregationist.
segregado, da, *a.* segregate, separate.
segregar, *va.* (*pret.* SEGREGUÉ; *subj.* SEGREGUE) to segregate, separate, set apart; (med.) to secrete.
segregativo, va, *a.* segregative.
segrí, *m.* heavy, raised silk stuff.
segué, *pret.* of SEGAR.
segueta, *f.* buhl saw, piercing saw.
seguetear, *vn.* to make buhlwork with the buhl saw.
seguida, *f.* succession; continuation.—**de s.,** consecutively, in succession, without interruption.—**en s.,** forthwith, immediately.
seguidamente, *adv.* successively; immediately after, right after that.
seguidero, *m.* guide lines for writing.
seguidilla, *f.* (poet.) stanza of seven lines with peculiar rhythm.—*pl.* a merry Spanish tune and dance; (coll.) diarrhœa.
seguido, da. I. *pp.* of SEGUIR. **II.** *a.* continued, successive; straight, direct. **III.** *m.* a diminishing stitch for narrowing a stocking at the foot.
seguidor, ra. I. *n.* follower. **II.** *m.* guide rules for writing.
seguimiento, *m.* pursuit, following, chase; hunt; continuation, pursuit.
seguir. I. *va.* (*ger.* SIGUIENDO; *ind. pres.* SIGO, *pret.* él SIGUIÓ; *subj.* SIGA) to follow; to pursue; to prosecute; to continue; (foll. by *ger.*) to keep on (foll. by *pres. p.*); to dog, hound; to bring, institute (as a suit). **II.** *vr.* to ensue, follow as a consequence; to follow in order; to issue, spring.
según, *prep.* according to; as; depending on.—**s. derecho,** according to law.—**s. está (estoy,** etc.) **de** (foll. by *a.*), he is (I am, etc.) so, being so: *no oyó lo que dije, según estaba de enojado,* he did not hear what I said, he was so angry.—**s. que,** according as.—**s. y como,** or **s. y conforme,** just as; it depends.
segunda, *f.* double turn of a key.
segundar. I. *va.* to repeat over again. **II.** *vn.* to be second, to follow next to the first.
segundariamente, *adv.* secondarily.
segundario, ria, *a.* = SECUNDARIO.
segundero, ra. I. *a.* (agr.) pert. to a second crop in the same year. **II.** *m.* second hand (of timepiece).
segundilla, *f.* call bell in convents.
segundillo, *m.* second portion of food distributed at table in convents; (mus.) semitone.
segundo, da. I. *a.* second; favorable.—**s. carpintero,** carpenter's mate.—**s. dama, s. galán,** (theat.) woman, man, with walk-on part.—**s. intención,** double meaning, double dealing, duplicity.—**de s. mano,** second-hand. **II.** *m.* second (of time or of arc); second in authority, assistant; equal (in the phrase **sin s.,** without an equal, unrivaled).
segundogénito, ta, *a.* & *n.* second-born.

segundogenitura, *f.* condition and right of a second-born.
segundón, *m.* any son born after the first.
segur, *f.* axe; axe in fasces carried by lictors; (agr.) sickle.
segurador, *m.* security, bondsman.
seguramente, *adv.* securely, safely; surely.
segurar, *va.* = ASEGURAR, to secure; to affirm.
segureja, *f. dim.* (cooperage) small hatchet.
seguridad, *f.* security, surety; certainty; safety; custody; corroboration; surety bond.—**caja de s.,** safety deposit box.—**con s., con toda s.,** with absolute certainty.
seguro, ra. I. *a.* secure; safe, reliable, dependable; sure, certain, positive; firm, constant, stanch, steady; unfailing.—**tener por s.,** to be sure of. **II.** *m.* assurance, certainty, confidence; permit, warrant, license; (mech.) click, stop, pawl, ratchet; safety catch (of a pistol); tumbler of a lock; (com.) insurance, assurance.—**s. agrario,** farm insurance.—**s. contra accidentes,** accident insurance.—**s. contra incendios,** fire insurance.—**s. de desempleo,** unemployment insurance.—**s. de hospitalización,** hospitalization insurance.—**s. de viaje,** travelers' insurance.—**s. de vida,** life insurance.—**s. familiar,** family insurance.—**s. marítimo,** marine insurance.—**s. mutuo,** mutual insurance.—**a buen s., al s.,** or **de s.,** certainly, undoubtedly.—**en s.,** in security or safety.—**irse del s.,** to forget oneself, to throw wisdom overboard.—**sobre s.,** without risk.
segurón, *m. aug.* large axe or hatchet.
seis. I. *a.* & *m.* six; sixth (of the month); six-spotted card, die, or domino. **II.** *f. pl.*—**las s.,** six o'clock.
seisavado, da, *a.* hexagonal.
seisavo, va. I. *n.* & *a.* sixth. **II.** *m.* one sixth; hexagon.
seiscientos, tas, *n.* & *a.* six hundred; six-hundredth.
seise, *m.* one of six choir boys in some cathedrals, who sing and dance in certain festivals.
seisén, *m.* an ancient silver coin.
seiseno, na, *a.* sixth.
seisillo, *m.* (mus.) sextolet.
seísmico, etc., = SÍSMICO, etc., seismic, etc.
seje, *m.* (bot.) (S. A.) a kind of palm tree.
selacio, cia, *m.* & *a.* (ichth.) selachian.
selección, *f.* selection, choice.—**s. natural,** natural selection.—**s. sexual,** sexual selection.
seleccionamiento, *m.* selection, choosing.
seleccionar, *va.* to make a selection, choose.
selectas, *f. pl.* analects, selections from an author.
selectivo, va, *a.* selective; (rad.) selective.
selecto, ta, *a.* select, choice, distinguished.
selector, *m.* (elec.) selector.
selénico, ca, *a.* (chem.) selenic.
selenio, *m.* (chem.) selenium.
selenita. I. *n.* inhabitant of the moon. **II.** *f.* (min.) selenite.
selenitoso, sa, *a.* (min.) selenitic.
seleniuro, *m.* (chem.) selenide.
selenografía, *f.* selenography.
selenográfico, ca, *a.* selenographic.
selenógrafo, *m.* selenographer.
self, *f.* (Angl.) (elec.) self-induction coil.
selfactina, *f.* (spinning) mule jenny.
selfinducción, *f.* (incorrect but common) (elec.) = AUTOINDUCCIÓN self-induction.
selva, *f.* forest, woods.
selvático, ca, *a.* sylvan; rustic, wild.
selvatiquez, *f.* wildness; rusticity.
selvicultura, *f.* = SILVICULTURA, forestry.
selvoso, sa, *a.* sylvan, woody, wooded.
sellado, da. I. *pp.* of SELLAR. **II.** *a.* sealed.
sellador, ra, *n.* sealer.
selladura, *f.* sealing.
sellar, *va.* to seal; to stamp; to conclude, finish: to cover, to close.—**s. los labios,** to silence; to keep silent.
sello, *m.* seal; stamp (sticker, mark or implement); signet; stamp office; (pharm.) cachet, wafer capsule.—**s. de correo,** postage stamp.—**s. de Salomón,** Solomon's seal (mystic symbol); —**s. de Santa María,** (bot.) Solomon's-seal.—**s. de urgencia,** special-delivery stamp.
semafórico, ca, *a.* semaphoric.
semáforo, *m.* semaphore.
semana, *f.* week; week's wages or pay.—**s. santa,** Holy Week; book containing the offices of this week.—**entre s.,** any week day except Saturday.—**la s. que no tenga viernes,** never.
semanal, *a.* weekly.
semanalmente, *adv.* weekly, by the week.
semanario, ria. I. *a.* weekly. **II.** *m.* weekly publication; set of seven razors.
semanería, *f.* functions performed or work done in the course of a week.
semanero, ra, *a.* engaged by the week.
semántica, *f.* semantics, semasiology.
semántico, ca, *a.* semantic.
semasiología, *f.* semasiology, semantics.
semblante, *m.* mien, countenance, look, expression; aspect.—**mudar de s.,** to change color; to take a different turn or a different aspect.
semblanza, *f.* biographical sketch.
sembrada, *f.* (agr.) sown land.
sembradera, *f.* (agr.) sowing machine, sower; seed drill, seeder, seeding machine.
sembradío, día, *a.* (agr.) prepared for sowing; arable.
sembrado, *m.* cultivated field, sown ground.
sembrador, ra. I. *n.* sower, seeder. **II.** *f.* seeder, sowing machine.
sembradura, *f.* sowing, seeding.
sembrar, *va.* (*ind.* SIEMBRO; *subj.* SIEMBRE) (agr.) to sow, seed; to scatter, spread, disseminate.—**como sembráredes, cogéredes,** as you sow, so shall you reap.
semeiología, *f.* (med.) semiology, semeiology.
semeiótica, *f.* (med.) semeiotics.
semeja, *f.* resemblance, likeness; mark, sign.
semejable, *a.* like, resembling.
semejado, da. I. *pp.* of SEMEJAR. **II.** *a.* = SEMEJABLE.
semejante. I. *a.* similar, like; such, of that kind, (geom., alg.) similar. **II.** *m.* resemblance, likeness; fellow creature, fellow man.
semejantemente, *adv.* likewise, similarly.
semejanza, *f.* resemblance, similarity, similitude.—**a s. de,** like.
semejar, *vn.* & *vr.* to be like, to resemble.
semen, *m.* semen, sperm; (bot.) seed.
semencera, *f.* sowing, seeding.
semencontra, *m.* (pharm.) vermifuge.
semental, *a.* (agr.) seminal, germinal; breeding (horse).
sementar, *va.* (*ind.* SEMIENTO; *subj.* SEMIENTE) to sow, to seed.
sementera, *f.* (agr.) sowing, seeding; cultivated field, land sown; seed bed, seed field, seed garden, seed plot; seed sown; seedtime; origin, cause, beginning.
sementero, *m.* seed bag, seedcod, seedleap, hopper; seed bed, seed plot.
sementino, na, *a.* pert. to seed or seedtime.
semestral, *a.* semiannual, half-yearly.
semestralmente, *adv.* seminannually.
semestre. I. *a.* lasting six months. **II.** *m.* space of six months, semester; six-months' pension or pay.
semi, *prefix,* semi, half, partly. Besides the words that are given below, this prefix is found in many other Spanish words, which are self-explaining.
semiárido, da, *a.* semiarid.
semiautomático, ca, *a.* semiautomatic.
semibreve, *f.* (mus.) semibreve, whole note (𝅝).
semicabrón, semicapro, *m.* satyr.
semicalificado, da, *a.* semiskilled (worker).
semicilindro, *m.* half cylinder.

semicircular, *a.* semicircular.
semicírculo, *m.* (geom.) semicircle.
semicircunferencia, *f.* semicircumference.
semicivilizado, da, *a.* semicivilized.
semiconductor, *m.* (elec.) semiconductor.
semiconsciente, *a.* semiconscious.
semicopado, da, *a.* (mus.) syncopated.
semicorchea, *f.* (mus.) semiquaver.
semicromático, ca, *a.* (mus.) semichromatic.
semicuadrado, *m.* (astrol.) semiquadrate, semiquartile.
semicupio, *m.* sitz bath.
semidea, *f.* (poet.) demigoddess.
semideo, *m.* (poet.) demigod.
semidiáfano, na, *a.* semidiaphanous.
semidiámetro, *m.* semidiameter.
semidiapasón, *m.* (mus.) semidiapason.
semidifunto, ta, *a.* half dead, almost dead.
semidiós, sa, *n.* demigod(-dess).
semidítono, *m.* (mus.) semiditone.
semidiurno, na, *a.* semidiurnal.
semidoble, *a.* semidouble.
semidormido, da, *a.* half asleep, sleepy.
semidragón, *m.* semidragon.
semieje, *m.* (geom.) semiaxis; (carriage) half axletree.
semiento, semiente, *v. V.* SEMENTAR.
semiesfera, *f.* hemisphere.
semifinal, *a.* semifinal.
semifinalista, *n.* semifinalist.
semiflúido, da, *a.* semifluid.
semiforme, *a.* half formed, undeveloped.
semifusa, *f.* (mus.) double demisemiquaver.
semigola, *f.* (fort.) demigorge.
semihombre, *m.* half-man, pigmy.
semilunar, *a.* semilunar, semilunary.
semilunio, *m.* (astr.) half-moon.
semilla, *f.* seed.
semillero, *m.* seed bed, seed plot; nursery; hotbed.
semilloso, sa, *a.* seedy.
seminación, *f.* (biol.) semination.
seminal, *a.* seminal, germinal, spermatic.
seminario, *m.* seed plot, nursery; seminary; beginning, root, origin, source.—**s. conciliar,** theological seminary.
seminarista, *m.* seminarist, theological student.
seminífero, ra, *a.* seminiferous, seed-bearing.
semínima, *f.* (mus.) crotchet.
semioficial, *a.* semiofficial.
semiología, semiótica, *f.* (med.) semiology, symptomatology.
semipedal, *a.* half foot long.
semipermeable, *a.* semipermeable.
semiplena, *a.* (law) imperfect (evidence).
semiplenamente, *adv.* half proved.
semiprecioso, sa, *a.* semiprecious.
semirrecto, ta, *a.* (geom.) of 45 degrees.
semirrígido, da, *a.* (aer.) semirigid.
semirrubio, bia, *a.* nearly blond.
semís, *m.* half a Roman pound.
semisalvaje, *a.* half-savage, semicivilized.
semisólido, da, *m.* & *a.* semisolid.
semita. I. *a.* Semitic. **II.** *n.* Semite.
semítico, ca, *a.* Semitic.
semitismo, *m.* Semitism.
semitono, *m.* (mus.) semitone.
semitransparente, *a.* semitransparent.
semitropical, *a.* semitropical.
semivivo, va, *a.* half alive.
semivocal. I. *a.* (phon.) semivocalic. **II.** *f.* (phon.) semivowel.
sémola, *f.* semolina, groats or grits.
sempiternamente, *adv.* eternally.
sempiterno, na. I. *a.* eternal, everlasting. **II.** *f.* a sort of serge; (bot.) everlasting.
sen, *m.* (bot.) senna; sen (Japanese coin).
sena, *f.* six on a die; (bot.) senna.—*pl.* double sixes.
senado, *m.* senate; senate hall.
senadoconsulto, *m.* senatus consultum; decree of a senate.
senador, ra, *n.* senator.
senaduría, *f.* senatorship.
senara, *f.* piece of sown ground assigned to servants as part of their wages.
senarero, *m.* servant who has a SENARA.
senario, ria, *a.* senary, pertaining to six.
senatorial; senatorio, ria, *a.* senatorial.
sencillamente, *adv.* simply; easily; plainly, candidly.
sencillez, *f.* simplicity; easiness; plainness, naturalness; candor.
sencillo, lla, *a.* simple, unmixed; light, slight, thin, of light body (fabrics); plain; artless, harmless; guileless, candid; natural, unaffected; unadorned; single; of less value (coins).
senda, *f.* path, footpath, way.
senderar, *va.* to make a path in or through.
senderear. I. *va.* to guide or conduct on a footpath; to make a path in or for. **II.** *vn.* to adopt extraordinary means to obtain an end.
sendero, *m.* path, footpath, byway.
senderuelo, *m. dim.* little pathway.
sendos, das, *a. pl.* one each, one for each (diff. constr.: *tienen sendos libros,* they have a book each, each of them has a book).
senecio, *m.* (bot.) Senecio.
senectud, *f.* old age, senescence.
Senegal, *m.* Senegal.
senegalés, sa, *n.* & *a.* Senegalese.
senescal, *m.* seneschal, household officer.
senescalato, *m.*, **senescalía,** *f.* seneschalship.
senil, *a.* senile; (astr.) fourth quadrant.
senilidad, *f.* senility.
seno, *m.* chest, thoracic cavity; breast, bosom; womb; lap of a woman; hole, cavity; sinus; gulf, bay; any cavity in the interior of the human body; innermost recess; asylum, refuge; (arch.) spandrel; (surg.) sinus; cavity of a wound; (naut.) curvature of a sail or line; (math.) sine.—**s. de Abrahán,** Abraham's bosom.—**s. verso,** (math.) versed sine.
senojil, *m.* = CENOJIL, garter.
sensación, *f.* sensation.
sensacional, *a.* sensational.
sensatez, *f.* good judgment, wisdom, good sense.
sensato, ta, *a.* sensible, judicious, wise.
sensibilidad, *f.* sensibility; sensitiveness.
sensibilización, *f.* (photog.) sensitization.
sensibilizado, da, *a.* (photog.) sensitized, sensitive.
sensibilizador, *m.* sensitizer.
sensibilizar, *va.* (*pret.* SENSIBILICÉ; *subj.* SENSIBILICE) (photog.) to sensitize.
sensible. I. *a.* perceptibile, appreciable; sensitive, keen; grievous, regrettable; (photog.) sensitive, sensitized. **II.** *f.* (mus.) seventh note.
sensiblemente, *adv.* perceptibly; approximately; grievously.
sensiblería, *f.* oversentimentality.
sensiblero, ra, *a.* gushy, excessively sentimental.
sensitiva, *f.* (bot.) sensitive plant, mimosa.
sensitivo, va, *a.* sensitive; sensual; appreciable.
sensor, *m.* sensor.
sensorio, ria. I. *a.* sensory, sensorial. **II.** *m.* (anat.) sensorium (called also **s. común**).
sensual, *a.* sensuous; sensual, lewd, lustful.
sensualidad, *f.* sensuality, lust, lewdness.
sensualismo, *m.* sensualism, sensuality; (philos.) sensationalism.
sensualista. I. *a.* sensualistic. **II.** *n.* (philos.) sensationalist.
sensualmente, *adv.* sensually, carnally.
sentada, *f.* = ASENTADA, sitting, session.
sentadero, *m.* place or thing where one can sit.
sentadillas.—a s., sidesaddlewise.
sentado, da. I. *pp.* of SENTAR. **II.** *a.* seated, sitting down; sedate, judicious, wise; settled, steady, firm; (bot.) sessile.
sentamiento, *m.* (arch.) settling.
sentar. I. *vn.* (*ind.* SIENTO; *subj.* SIENTE) to fit, to become, to suit; to agree with one (as food or a climate); to please, to be agreeable. **II.** *va.* to set, set up, establish; settle; to seat; (tailor-

ing) to press the seams of. **III.** *vr.* to sink, subside, settle; to settle down; ASENTARSE, to sit down.
sentencia, *f.* (law) sentence, verdict, judgment; penalty; (com.) award; opinion, determination; dogma, axiom, maxim; (gram.) sentence.—**fulminar,** or **pronunciar, la s.,** to pass judgment.
sentenciador, ra, *n.* one who passes judgment.
sentenciar, *va.* (law) to sentence, to pass judgment on; to determine, decide.
sentención, *f.* severe, rigorous sentence.
sentenciosamente, *adv.* sententiously.
sentencioso, sa, *a.* sententious, pithy.
sentenzuela, *f. dim.* light sentence.
senticar, *m.* place full of briers and brambles.
sentidamente, *adv.* feelingly, regretfully.
sentido, da. I. *pp.* of SENTIR. **II.** *a.* felt, experienced; sensitive; susceptible, touchy; offended; cracked, split.—**darse por s.,** to show resentment. **III.** *m.* sense, any one of the five senses; sense perception, feeling; judgment; understanding, reason; import, sense, meaning; direction, course.—**s. común,** common sense.—**con** (**todos**) **mis cinco sentidos,** with all my heart and soul.—**costar un s.,** to be excessively high-priced.—**en el s. de que,** to the effect that; stating that.—**perder el s.,** to lose consciousness; to faint.—**sin s.,** meaningless; unconscious.
sentimental, *a.* sentimental; emotional.
sentimentalismo, *m.* sentimentalism.
sentimentalista, *n.* sentimentalist.
sentimentalmente, *adv.* sentimentally.
sentimiento, *m.* sentiment, feeling; sensation; grief, sorrow, regret.
sentina, *f.* (naut.) bilge; sink, drain; place of iniquity.
sentir. I. *va.* (*ger.* SINTIENDO; *ind. pres.* SIENTO, *pret.* él SINTIÓ; *subj.* SIENTA) to feel; to perceive by the senses (to hear, smell, etc.); to endure, suffer; to grieve, regret, mourn, to be sorry for. **II.** *vn.* to feel; to judge, form an opinion; to foresee, foreknow; to fit the action to the word. —**sin s.,** without noticing, inadvertently. **III.** *vr.* to be moved, be affected; to complain; to resent; to feel (well, bad, sad); to crack; to be in a ruinous state; (naut.) to spring (yard or mast). **IV.** *m.* feeling; opinion, judgment.
seña, *f.* sign, mark, token; nod, gesture; signal; (mil.) password, watchword.—*pl.* address (street, city, etc.).—**señas mortales,** unmistakable signs or proof.—**señas personales,** personal description.—**por señas,** by signs.—**por señas,** or **por más señas,** as a stronger proof of it.
señal, *f.* sign, mark, token, symptom; mark or note of distinction; signal; landmark; bookmark; reminder; trace, vestige; trail, track, footstep; scar; representation, image; pledge; earnest money, deposit; (tel.) warning, call.—**s. de peligro,** signal of distress; (Ry.) danger signal.—**s. de tráfico,** traffic sign.—**código de señales,** signal code.—**en s. de,** in proof of.—**ni s.,** not a trace.
señaladamente, *adv.* especially, remarkably; signally, notably.
señalado, da, *a.* & *pp.* distinguished, noted.
señalamiento, *m.* appointment, date.
señalar. I. *va.* to stamp, to mark; to point out, make known; to name: to set, fix, determine; to sign; (tel.) to dial; to mark with a wound, esp. in the face; (fencing) to make a feint; (cards) to mark the points; to make signals to.—**s. con el dedo,** to point with the finger. **II.** *vr.* to distinguish oneself, to excel.
señaleja, *f. dim.* little sign or mark.
señera, *f.* ancient signal or pendant.
señero, ra, *a.* solitary, alone.
señolear, *vn.* to catch birds with a lure.
señor, *m.* sir; mister, Mr.; man, gentleman; lord, master, owner of a place; (eccl.) the eucharist; (coll.) (as *a.*) superlative (in excellence, importance, etc.).—**s. de horca y cuchillo,** lord of the manor, invested with civil and criminal jurisdiction within his estate.—**s. mayor,** aged man.—**el S.,** the Lord; our Lord (Jesus Christ). —**muy s. mío,** Dear Sir (in letters).—**nuestro S.,** our Lord.
señora, *f.* lady, mistress, owner of a place; madam; dame, gentlewoman.—**s. de compañía,** companion, chaperon.—**s. mayor,** matron, middle-aged, respectable woman.—**muy s.,** very much of a lady.—**nuestra S.,** our Lady (the Virgin).
señorada, *f.* act of a gentleman or lady.
señoraje, *m.* seigniorage.
señoreador, ra, *n.* domineering person.
señoreaje, *m.* seigniorage.
señoreante, *a.* domineering.
señorear. I. *va.* to master; to domineer, lord it over, rule despotically; to excel, to occupy a higher station than; to overtop, tower over; to control (one's passions); (coll.) to treat repeatedly with the title of lord. **II.** *vr.* to put on airs.
señoría, *f.* lordship (title and person); dominion, seigniory, lordship; government of a particular state; senate; prince.
señorial, *a.* manorial.
señoril, *a.* lordly, pertaining to a lord.
señorilmente, *adv.* nobly, grandly, lordly.
señorío, *m.* seigniory, seignioralty; dominion, command; imperiousness, arrogance; lordship; domain, manor; gravity or stateliness of deportment; freedom and self-control in action.
señorita, *f. dim.* young lady; miss; Miss; (coll.) mistress of the house.
señoritingo, *m.* (contempt.) little master or youth of no account.
señorito, *m. dim.* young gentleman; Master (title); (coll.) master of the house; (coll.) playboy.
señorón, na, *n. aug.* grand seignior or lady.
señuelo, *m.* lure, decoy; bait; enticement.
seo, *f.* cathedral church.
seó, *m.*; **seor, ra,** *n.* (*contr.* of SEÑOR, RA) (coll.) lord, sir (madam, lady).
sepa, *v. V.* SABER.
sépalo, *m.* (bot.) sepal.
sepancuantos, *m.* (coll.) spanking, scolding, punishment.
separable, *a.* separable, detachable, removable.
separación, *f.* separation; disgregation, dissociation, abstraction; parting; dismissal, discharge; (pol.) secession.
separadamente, *adv.* separately.
separado, da. I. *pp.* of SEPARAR. **II.** *a.* separate, apart.—**por s.,** separate, separately.
separador, ra, *n.* separator.
separar. I. *va.* to separate; divide; to disjoin, sever, detach, disconnect; to remove, take away or off; to set apart, lay aside; to sort; to dismiss, discharge. **II.** *vr.* to separate; to part company; to come off; to withdraw, resign; (com.) to dissolve.
separatismo, *m.* separatism; (pol.) secessionism.
separatista, *n.* & *a.* separatist; secessionist.
separativo, va, *a.* separating.
sepedón, *m.* seps, a kind of serpent.
sepelio, *m.* burial, interment.
sepia, *f.* sepia; (ichth.) cuttlefish.
sepsis, *f.* (med.) sepsis, blood poisoning.
septal, *a.* (anat.) septal.
septena, *f.* septenary, heptade, group of seven.
septenario, ria. I. *a.* septenary, pert. to seven; septivalent. **II.** *m.* period of seven days.
septenio, *m.* septennium, period of seven years.
septeno, na, *a.* seventh.
septentrión, *m.* north; north wind; (**S-, astr.**) Great Bear.
septentrional, *a.* northern, northerly.
septeto, *m.* (mus.) septet, septuor.
septicemia, *f.* (med.) septicemia, septicæmia.
septicémico, ca, *a.* septicemic, septicæmic.
séptico, ca, *a.* septic.
septiembre, *m.* September.

septillo, *m.* (mus.) septimole or septuplet.
septillón, *m.* septillion.
séptimo, ma. I. *a.* seventh. **II.** *m.* seventh; *f.* run of seven cards (in piquet); (mus.) seventh.
septisílabo, ba, *a.* of seven syllables.
septo, *m.* (anat.) septum.
septuagenario, ria, *n.* & *a.* septuagenarian.
septuagésimo, ma. I. *a.* seventieth; septuagesimal. **II.** *n.* seventieth. **III.** *f.* (eccl.) Septuagesima.
septuplicación, *f.* multiplying by seven.
septuplicar, *va.* to septuple.
séptuplo, pla, *a.* septuple, sevenfold.
sepulcral, *a.* sepulchral; monumental.
sepulcro, *m.* sepulcher, grave, tomb.
sepultador, ra, *n.* burier, gravedigger.
sepultar, *va.* to bury, inter; to hide, conceal.
sepulto, ta. I. *pp. irreg.* of SEPULTAR. **II.** *a.* buried.
sepultura, *f.* sepulture, interment; tomb, grave, sepulcher.—**dar s.,** to bury.
sepulturero, ra, *n.* gravedigger, sexton.
sequé, seque, *v. V.* SECAR.
sequedad, *f.* aridity, dryness; barrenness, sterility; asperity, surliness, gruffness.
sequedal, sequeral, *m.* dry, barren soil.
sequero, *m.* dry, unirrigated land.
sequeroso, sa, *a.* dry, wanting moisture.
sequete, *m.* piece of hard, dry bread or biscuit; stroke, blow, thump, thwack; (coll.) curt reply, gruff answer.
sequía, *f.* drought.
sequillo, *m.* biscuit, rusk.
sequío, *m.* unwatered land; anything dry.
séquito, *m.* retinue, train, suite; popularity.
sequizo, za, *a.* dry (fruits); dryish.
ser. I. *vn.* (*ger.* SIENDO; *pp.* SIDO; *ind. pres.* yo SOY, él ES, *imp.* ERA, *pret.* FUI; *subj.* SEA) to be. Used in phrases of identification (*soy yo*, it is I; *son ellos*, it is they). App. to time (*son las dos*, it is two o'clock; *es la una*, it is one o'clock). Used in impersonal sentences with adj. predicate or with an infin. or phrase subject (*es tarde*, it is late; *es extraño*, it is strange; *es fácil ver*, it is easy to see; *es probable que Juan hable*, it is likely that John will speak).—**s. de** (*inf.*), to be worth (*pres. p.*) (as *ser de ver*, to be worth seeing).—**s. para poco,** not to amount to much, to be of little account.—**s. para todo,** to be fit for everything; to be everything.—**s. que,** in the phrase: *es que*, the fact is that.—**érase,** there was; it was.—**érase que se era,** once upon a time (to begin a story).—**es a saber,** namely, to wit.—**esto es,** or, **o sea,** that is to say.—**no sea que,** lest.—**¿qué ha sido de . . .** What has become of . . . ?—**sea como fuere, sea lo que fuere,** be that as it may; anyhow, anyway.—**si yo fuera que Vd.,** if I were you.—**soy con Vd.,** I will attend you presently.—**soy muy de Vd.,** I am entirely yours; yours very truly. **II.** *m.* existence, life; being; essence, substance.
sera, *f.* large basket.
serado, *m.* baskets (collect.).
seráficamente, *adv.* seraphically.
seráfico, ca, *a.* seraphic.
serafín, *m.* seraph (*pl.* seraphim); angel.
serafina, *f.* fine baize, swanskin.
seraje, *m.* baskets (collect.)
serapino, *m.* = SAGAPENO, a kind of gum.
serba, *f.* (bot.) fruit of the service tree.
serbal, serbo, *m.* (bot.) service tree.
serena, *f.* (mus.) serenade; (coll.) night dew.—**a la s.,** (coll.) = AL SERENO.
serenamente, *adv.* serenely, composedly, calmly, coolly.
serenar, *va., vn.* & *vr.* (of weather) to clear up, grow fair, become calm; (of liquor) to settle, become clear; to pacify, moderate; to be serene; to cool water in the night air.
serenata, *f.* (mus.) seranade.
serenero, *m.* night wrap.
serení, *m.* (naut.) yawl, jolly-boat.
serenidad, *f.* serenity, calm; placidity, tranquility; serene highness (title).
serenísimo, ma, *a. super.* extremely serene, calm, or quiet; most serene (title of princes).
[1]**sereno, na,** *a.* clear, fair, cloudless; serene, calm, unruffled.
[2]**sereno,** *m.* night dew; night watchman.—**al s.,** in the night air, exposed to night dew.
sergas, *f. pl.* exploits, achievements.
seriágeno, na, *a.* (ent.) silk-producing.
seriamente, *adv.* seriously; gravely; in earnest, for good and all.
sericícola, *f.* sericultural.
sericicultor, ra, *n.* sericulturist.
sericicultura, *f.* silk culture, sericulture.
sérico, ca, *a.* silken.
sericultor, ra, *n.* = SERICICULTOR.
sericultura, *f.* = SERICICULTURA.
serie, *f.* series.—**en s.,** (elec.) series (as *a.*); (industry) standardized, mass (production).
seriedad, *f.* seriousness, gravity; sternness, severity; earnest, earnestness.
serígeno, na, *a.* silk-producing.
serigrafía, *f.* (f. a.) serigraphy.
serigrafista, *n.* (f. a.) serigrapher.
serígrafo, *m.* (f. a.) serigraph.
serijo, serillo, *m.* small basket, gen. for fruit.
seringa, *f.* (Am.) a variety of India rubber.
serio, ria, *a.* serious, grave, dignified; grand, majestic, solemn; stern, severe; earnest; sincere.—**en s.,** seriously.
sermón, *m.* sermon.
sermonar, *va.* to preach, sermonize.
sermonario, ria. I. *a.* sermonic. **II.** *m.* sermonary (collection of sermons).
sermoneador, ra. I. *a.* sermonic, sermonizing. **II.** *n.* sermonizer.
sermoncico, illo, ito, *m. dim.* short address; brief advice.
sermonear, *va.* to sermonize; (coll.) to lecture, reprimand.—**sermoneo,** *m.* (coll.) repeated admonition, sermonizing.
serna, *f.* cultivated field.
seroja, *f.*, **serojo,** *m.* withered leaf; brushwood.
serología, *f.* (med.) serology.
serólogo, ga, *n.* serologist.
serón, *m.* pannier; hamper, crate.—**s. caminero,** horse pannier.
serondo, da, *a.* (bot.) serotinous.
seronero, *m.* maker or seller of SERONES.
serosidad, *f.* (med.) serosity.
seroso, sa, *a.* serous, thin, watery.
seroterapia, *f.* (med.) serum therapy.
serotino, na, *a.* (bot.) serotinous.
serpa, *f.* (agr.) sterile shoot, sucker.
serpear, *vn.* to wind (as a serpent); to wriggle, squirm, crawl, creep; to meander.
serpentaria, *f.* (bot.) snake-root.
serpentario, *m.* secretary bird; (**S-,** astr.) Ophiuchus.
serpentear, *vn.* to meander, to wind; to wriggle, squirm.
serpentígero, ra, *a.* (poet.) containing serpents.
serpentín, *m.* coil; cock, hammer of a musket lock; (min.) serpentine; (chem.) distil worm.—**s. de refrigeración,** (astr.) cooling coil.
serpentino, na. I. *a.* serpentine; winding, sinuous; snakelike; slanderous, poisoned (tongue); serpentine (marble). **II.** *f.* coiled paper streamer (used at Carnival); (min.) serpentine; cock, hammer of a musket lock.
serpentón, *m. aug.* large serpent; (mus.) serpent; trombone.
serpezuela, *f. dim.* of SIERPE, snake.
serpia, *f.* viscous matter of a vine stock.
serpiente, *f.* serpent; devil, Satan; (**S-,** astr.) Serpens.—**s. de cascabel,** rattlesnake.
serpiginoso, sa, *a.* (med.) serpiginous.
serpigo, *m.* (med.) tetter, ringworm, serpigo.
serpol, *m.* (bot.) wild thyme.
serpollar, *vn.* (bot.) to shoot, sprout.
serpollo, *m.* (bot.) shoot, sucker, sapling.

sérpula, *f.* (zool.) serpula.
serpúlidos, *m. pl.* (zool.) Serpulidæ.
serradizo, za *a.* fit to be sawed.
serrado, da. I. *pp.* of SERRAR. **II.** *a.* serrate.
serrador, ra, *n.* sawer; sawyer.
serraduras, *f. pl.* sawdust.
serrallo, *m.* seraglio, harem; bagnio, brothel.
serrana, *f.* bucolic poem.
serranía, *f.* sierra, ridge of mountains; mountainous region.
serraniego, ga, *a.* = SERRANO.
serranil, *m.* a kind of knife.
serranilla, *f.* = SERRANA.
serrano, na, *n.* mountaineer, highlander.
serrar, *va.* (*ind.* SIERRO; *subj.* SIERRE) to saw.
serrátil, *a.* (med.) irregular (pulse).
serratilla, *f. dim.* small ridge of mountains.
serrato, ta, *a.* (anat.) serrated.
serrátula, *f.* (bot.) sawwort.
serreta, *f. dim.* small saw; cavesson iron used in breaking a horse.
serrezuela, *f. dim.* small saw.
serrijón, *m.* short chain of mountains.
serrín, *m.* sawdust.
serrino, na, *a.* pertaining to or like a saw; (med.) irregular (pulse).
serrucho, *m.* handsaw.—**s. braguero,** pit saw.
servato, *m.* (bot.) hog fennel, sulphurweed.
serventesio, *m.* quatrain riming *a, b, a, b.*
serventía, *f.* (Cuba) road through private property.
servible, *a.* serviceable, adaptable.
servicial. I. *a.* serviceable; obsequious, obliging, accommodating, kind. **II.** *m.* (coll.) enema.
servicialmente, *adv.* obligingly, accommodatingly, kindly; serviceably.
serviciar, *va.* to collect or pay (sheepwalk dues, donations to the state, etc.).
servicio, *m.* service; condition of a servant; help, servants (collect.); (eccl.) divine service; usefulness; benefit, advantage; (mil.) duty, service; (Am.) toilet, water closet; service, cover, course; tea or coffee service.—**s. activo,** (mil.) active service.—**s. aéreo,** air service.—**s. aeropostal,** airmail service.—**s. civil oficial,** civil service.—**s. de mesa,** set of dishes and utensils.—**s. militar,** military service.—**s. postal,** mail service.—**s. social,** social service.—**s. telefónico,** telephone service.—**s. telegráfico,** telegraphic service.—**de s.,** on duty.—**flaco s.,** ill turn.
servidero, ra, *a.* fit for service; useful; requiring personal attendance.
servido, da. I. *pp.* of SERVIR. **II.** *a.* pleased.—**ser s.,** to please, to deign, to grant.
servidor, ra, *n.* servant, waiter(-ess); wooer; one who politely tenders his services to another; (*m.*) pan of a close-stool.—**s. de Vd.,** your servant; at your service.
servidumbre, *f.* attendance, servitude; (staff of) servants or attendants; slavery; mighty or inevitable obligation; service, act of serving or attending at command; (law) right of way.—**s. de la vía,** (Ry.) right of way.
servil, *a.* servile, slavish, abject; lowly, humble; base, low; (Sp. hist.) absolutist, defending absolute monarchy.
servilismo, *m.* servilism, servility, abjectedness; (Sp. hist.) absolutism.
servilmente, *adv.* servilely, slavishly; basely.
servilla, *f.* pump (shoe).
servilleta, *f.* table napkin.—**doblar la s.,** (coll.) to die.
servilletero, *m.* napkin-ring.
servio, via, *n.* & *a.* Serbian.
serviola, *f.* (naut.) cathead, anchor beam.
servir. I. *vn.* (*ger.* SIRVIENDO; *ind. pres.* SIRVO, *pret.* él SIRVIÓ; *subj.* SIRVA) to serve; wait on; to do (for); to hold (an employment), occupy (a public station); to perform the functions (of); to serve (in the army or navy); at cards, to follow suit; in ball games, to serve; to wait on table; to heat the oven; to administer.—**s. de,** to act as, to be used as.—**s. para,** to be for, be used or useful for, be good for; to do for.—**no s. para nada,** to be good for nothing.—**para s. a Vd.,** at your service.—**sirva de aviso,** let this be a warning. **II.** *va.* to serve; to do a favor or a service to; to court, pay attention to (a lady); to pay (money) voluntarily to the king or government; to dress or serve (food or drink). **III.** *vr.* to please, be willing or "so good as" to (*sírvase decirme,* please tell me); to help oneself (as at table).—**s. de,** to make use of; to employ.
servitud, *f.* = SERVIDUMBRE.
servomecanismo, *m.* servomechanism.
servomotor, *m.* (naut.) servo-motor, auxiliary.
sesada, *f.* fried brains.
sesámeo, a. I. *a.* (bot.) relating to the sesame family. **II.** *f. pl.* the sesame family of plants.
sésamo, *m.* (bot.) sesame, gingili.
sesamoideo, a, *a.* (anat.) sesamoid.
sesear, *vn.* to pronounce *c* before *e* and *i* like *s,* as in Am. and some parts of Spain.
sesenta, *n.* & *a.* sixty; sixtieth.
sesentavo, va, *n.* & *a.* sixtieth.
sesentón, tona, *n.* & *a.* (coll.) sexagenarian.
seseo, *m.* pronouncing *c* before *e, i* like *s.*
sesera, *f.* brainpan; the entire brain.
sesga, *f.* (sewing) gore or goring.
sesgadamente, *adv.* slantingly, on the bias; askew.
sesgado, da. I. *pp.* of SESGAR. **II.** *a.* oblique, slanting; bevelled.
sesgadura, *f.* obliquity; bevel.
sesgamente, *adv.* = SESGADAMENTE.
sesgar. I. *va.* (*pret.* SESGUÉ; *subj.* SESGUE) to slope, slant, cut on the bias, bevel; to skew. **II.** *vn.* to take an oblique direction.
sesgo, ga. I. *a.* sloped, oblique, biased, bevelled, aslant; severe, grave, stern.—**al s.,** obliquely, bevelled, on the bias. **II.** *m.* bias, bevel, slope, obliqueness; turn (of an affair); mean, medium.
sesgué, sesgue, *v. V.* SESGAR.
sesil, *a.* (bot.) sessile.
sesión, *f.* session, sitting, meeting; conference, consultation.—**levantar la s.,** to adjourn the meeting.—**sesionar,** *vn.* to meet, have a session.
sesma, *f.,* **sesmero, sesmo,** *m.* = SEXMA, etc.
[1]**seso,** *m.* stone under a pot to keep it steady on the fire.
[2]**seso,** *m.* (anat.) brain; brains, intelligence, judgment.—**devanarse los sesos,** to rack one's brains.—**levantarse la tapa de los sesos,** to blow out one's brains.—**no tener s.,** not to have common sense.—**perder el s.,** to go crazy; to lose consciousness; (fig.) to lose one's head.—**sin seso**(s), scatterbrained.
sesquiáltero, ra, *a.* sesquialter.
sesquidoble, *a.* two and a half times.
sesquimodio, *m.* a bucket and a half.
sesquióxido, *m.* (chem.) sesquioxide.
sesquipedal, *a.* sesquipedalian, 1½ ft. long.
sesteadero, *m.* resting place for cattle.
sestear, *vn.* to take a nap.
sestercio, *m.* sesterce, old Roman coin.
sestero, sestil, *m.* = SESTEADERO.
sesudamente, *adv.* maturely, wisely, deliberately.
sesudo, da, *a.* judicious, discreet, wise.
[1]**seta,** *f.* = SEDA, bristle.
[2]**seta,** *f.* mushroom; snuff of a candle.
sete, *m.* office in a mint where money is struck with a die.
setecientos, tas, *a.* & *n.* seven hundred(-th).
setena, *f.* = SEPTENA, group of seven.
setenta, *n.* & *a.* seventy; seventieth.
setentavo, va, *n.* & *a.* seventieth.
setentón, na, *n.* & *a.* septuagenary(-narian).
setiembre, *m.* = SEPTIEMBRE, September.
sétimo, ma, *a.* = SÉPTIMO, MA, seventh.
seto, *m.* fence, inclosure; (P. R.) wall.—**s. vivo,** hedge, quickset.
setuní, *m.* = ACEITUNÍ, arabesque work.
seudo, *a.* pseudo, false.
seudoartístico, ca, *a.* (coll.) arty.

seudomembrana, *f.* (anat.) pseudomembrane.
seudomorfo, fa. I. *a.* (min.) pseudomorphous. **II.** *m.* (min.) pseudomorph.
seudónimo, ma. I. *a.* pseudonymous, fictitious. **II.** *m.* pseudonym, nom de plume, pen name.
seudópodo, da. I. *a.* (biol.) psuedopodian. **II.** *m.* pseudopodium.
severamente, *adv.* severely, sternly.
severidad, *f.* severity, rigor, harshness, austerity, sternness, strictness, seriousness.
severo, ra, *a.* severe, rigorous; rigid, strict, stern, serious.
sevicia, *f.* fierceness, excessive cruelty.
sevillano, na. I. *a.* Sevillian. **II.** *n.* Sevillian; *f. pl.* (mus.) sevillanas, Sevillian seguidillas.
séviro, *m.* chief of a Roman decury of knights.
sexagenario, ria, *n.* & *a.* sexagenary(-narian).
sexagésima, *f.* (eccl.) Sexagesima.
sexagesimal, *a.* sexagesimal.
sexagésimo, ma, *a.* sexagesimal, sixtieth.
sexenio, *m.* period of six years.
sexma, *f.* an ancient coin; sixth part of a vara.
sexmero, *m.* mayor of a township.
sexmo, *m.* township.
sexo, *m.* sex.
sextante, *m.* sextant; a Roman copper coin.
sextario, *m.* sextarius, an ancient measure.
sexteto, *m.* (mus.) sextet.
sextil, *a.* (astr.) sextile.
sextilla, *f.* (poet.) sextain.
sextillo, *m.* (mus.) sextolet, sextuplet.
sextillón, *m.* sextillion.
sextina, *f.* sestina (poem of six six-line stanzas and a three-line envoy).
sexto, ta. I. *a.* sixth. **II.** *m.* sixth; book of canonical decrees; *f.* (mus.) sixth; (eccl.) sext; run of six cards (at piquet).—**s. sentido,** sixth sense.
séxtula, *f.* a Roman copper coin.
sextuplicación, *f.* multiplication by six.
sextuplicar, *va.* to sextuple.
séxtuplo, pla, *a.* sextuple, sixfold.
sexuado, da, *a.* sexed.
sexual, *a.* sexual.
sexualidad, *f.* sexuality.
[1]**si,** *m.* (mus.) B or si, seventh note of the scale.
[2]**si,** *conj.* if; whether. Used at beginning of exclamations expressing doubt or desire, or for emphasis (*¡si será verdad!,* I wonder whether it's true; *¡si fuera verdad!,* I wish it were true! If it were only true!; *¡si yo no lo quiero!,* indeed, I don't want it; *¡si, no sabe nada!,* why, he doesn't know anything!).—**s. acaso,** if by chance; just in case.—**s. bien,** although.—**por s. acaso** = S. ACASO.
[1]**sí,** *pron.* (refl. of 3rd pers., both genders and numbers) himself, herself, itself, oneself, themselves.—**de por s.,** apart, separately, individually, by oneself, itself, etc.—**de s.,** of oneself, itself, spontaneously.—**fuera de s.,** beside (him-, her-, etc.) -self (with joy, anger, etc.).—**por s. y ante s.,** of his own accord; ignoring others.—**sobre s.,** attentively, cautiously.—**volver en s.,** to regain consciousness, come to.
[2]**sí. I.** *adv.* yes, yea, aye. Used for emphasis before a verb, rendered by emphatic aux. or by indeed, certainly, etc. (*él no irá, pero yo sí,* he will not go, but *I* will; *yo sí hablo español,* I do speak Spanish; *yo sí lo compraría,* I should certainly buy it).—**s. que,** certainly, truly, or just emphasizing some word (*sí que lo hará,* he will do it).—**por s. o por no,** in any case.—**s. tal,** indeed, certainly.—**un (día) s. y otro no,** every other (day).—**un s. es no es,** somewhat, perhaps a little. **II.** *m.* assent, consent, permission.—**dar el s.,** to say yes; to accept a marriage proposal.
sialagogo, ga. I. *a.* sialagogic. **II.** *m.* (med.) sialagogue, salivant.
siamés, sa, *n.* & *a.* Siamese.
siampán, *m.* sapan (tree & wood).
sibarita, *n.* & *a.* Sybarite(-ic).
sibarítico, ca, *a.* Sybaritic; sybaritic.
sibaritismo, *m.* sybaritism.
siberiano, na, *n.* & *a.* Siberian.
sibil, *m.* cave; cellar, vault.
sibila, *f.* sibyl.
sibilante, *a.* sibilant, hissing.
sibilino, na, *a.* sibylline.
sibucao, *m.* (P. I.) (bot.) sapan tree.
sic, *sic,* so, thus.
sicamor, *m.* (bot.) = CICLAMOR.
sicario, *m.* paid assassin.
sicativo, va, *m.* & *a.* (f. a.) siccative, drying (agent).
sicigia, *f.* (astr.) conjunction of sun and moon.
siciliano, na, *n.* & *a.* Sicilian.
siclo, *m.* shekel, an ancient Jewish coin.
sicofanta, sicofante, *m.* sycophant.
sicómoro, *m.* (bot.) sycamore; plane tree, buttonwood, sycamore maple.
siconio, *m.* (bot.) syconium.
sículo, la, *a.* Sicilian.
sideral; sidéreo, a, *a.* sidereal.
siderita, *f.* (min.) SIDEROSA; (bot.) ironwort.
siderización, *f.* preservation of timber by injecting iron salts.
siderosa, *f.* (min.) siderite.
sideróstato, *m.* (astr.) siderostat.
siderurgia, *f.* siderurgy, iron and steel metallurgy.
siderúrgico, ca, *a.* siderurgical.
sidonio, nia, *n.* & *a.* Sidonian.
sidra, *f.* cider.
siega, *f.* reaping, mowing, harvest.
siego, siegue, *v. V.* SEGAR.
siembra, *f.* sowing, seeding; seedtime; sown field.
siembro, siembre, *v. V.* SEMBRAR.
siempre, *adv.* always.—**s. que,** provided; whenever.—**para,** or **por, s.,** forever.—**por s. jamás,** forever and ever.
siempreviva, *f.* (bot.) everlasting or immortelle. —**s. mayor,** houseleek.—**s. menor,** stonecrop.
sien, *f.* (anat.) temple.
siena, *f.* sienna.
sienita, *f.* (min.) syenite or sienite.
[1]**siento, siente,** *v. V.* SENTAR.
[2]**siento, sienta, él sintió,** *v. V.* SENTIR.
sierpe, *f.* serpent, snake; ugly or angry person; anything that wriggles; (bot.) sucker, tiller.
sierpecilla, *f. dim.* small serpent.—*pl.* winding skyrockets.
sierra, *f.* saw; mountain range, sierra; (ichth.) sawfish.—**s. abrazadera,** lumberman's saw.—**s. bracera,** bucksaw, frame saw.—**s. caladora,** coping saw; keyhole saw.—**s. circular,** buzz or circular saw.—**s. de agua,** sawmill.—**s. de arco,** bow saw.—**s. de calar,** fret saw. —**s. de cinta,** band saw.—**s. de cortar metales,** hack saw.—**s. de ingletes,** tenon saw.—**s. de mano,** handsaw.—**s. de marquetería,** fret saw.—**s. de punta,** compass saw. —**s. de trasdós,** backsaw.—**s. de trozar,** crosscut saw.—**s. de vaivén,** jig saw.—**s. giratoria,** disk saw.—**S. Leona,** Sierra Leone. —**s. múltiple,** gang saw.—**s. sin fin,** band saw.—**s. tubular,** tube saw.
sierrecilla, *f. dim.* small saw.
sierro, sierre, *v. V.* SERRAR.
siervo, va, *n.* serf; slave; servant.—**s. de Dios,** servant of God; (coll.) poor devil.
sieso, *m.* (anat.) rectum.
siesta, *f.* hottest part of the day; afternoon nap; afternoon music in churches.
siete. I. *m.* & *a.* seven; seventh (of the month); seven-spot card; V-shaped tear in a garment; (carp.) hook-clasp. **II.** *f. pl.*—**las s.,** seven o'clock.
sietecueros, *m.* (S. A.) a kind of tumor on the heel; (C. A.) sickly-looking person.
sieteenrama, *f.* (bot.) tormentil.
sietemesino, na. I. *a.* seven-months (baby). **II.** *m.* puny coxcomb.
sieteñal, *a.* seven years old; septennial.
sifílide, *f.* (med.) syphilide.

sífilis, *f.* (med.) syphilis.
sifilítico, ca, *n.* & *a.* syphilitic.
sifilografía, *f.* (med.) syphilology.
sifilográfico, ca, *a.* pertaining to syphilology.
sifilógrafo, fa, *n.* syphilologist.
sifiloma, *f.* (med.) syphiloma, syphilitic tumor.
sifón, *m.* siphon; siphon bottle.
sifonóforo, *m.* (zool.) siphonophore.
sifosis, *f.* = CORCOVA, hump (on back).
sifué, *m.* = SOBRECINCHA, surcingle.
sigilación, *f.* seal, stamp, impression, mark.
sigilar, *va.* to seal; to conceal.
sigilo, *m.* seal; secret, concealment, reserve.—**s. sacramental,** inviolable secrecy of the confessional.
sigilografía, *f.* sigillography, study of seals.
sigilosamente, *adv.* silently, secretly.
sigiloso, sa, *a.* silent, reserved.
sigla, *f.* abbreviation by initials.
siglo, *m.* century; age; period; the world, worldly intercourse or matters.—**s. de cobre,** (myth.) bronze age.—**s. de hierro,** (myth.) iron age.—**s. de oro,** (myth.) golden age.—**s. de plata,** (myth.) silver age.—**s. dorado** = S. DE ORO.—**en, por,** or **por todos, los siglos de los siglos,** forever and ever.
sigma, *f.* sigma (Greek letter).
sigmoideo, dea, *a.* sigmoid, S-shaped.
sigmoidoscopio, *m.* sigmoidoscope.
signáculo, *m.* seal, signet.
signar. I. *va.* to sign, to mark with a signet. **II.** *vr.* to cross oneself.
signatario, ria, *n.* & *a.* signer(-ing), signatory.
signatura, *f.* sign, mark; (print.) signature; a Roman-Catholic court of justice and pardons.
signífero, ra, *a.* carrying a mark or sign.
significación, *f.* significance; sense, meaning; implication; importance.
significado, *m.* meaning, definition (of a word, etc.).
significador, ra, *n.* & *a.* signifier(-ing).
significante, *a.* significant, expressive.
significar, *va.* (*pret.* SIGNIFIQUÉ; *subj.* SIGNIFIQUE) to signify, mean; to indicate; to make known; to import, be worth.
significativamente, *adv.* significantly.
significativo, va, *a.* significant.
signifiqué, signifique, *v. V.* SIGNIFICAR.
signo, *m.* sign, mark, symbol; signal, motion, nod; (law) signum, flourish in a notary's signature; fate, destiny; benediction, sign of the cross; (astr.) sign of the zodiac; (mus.) character.—**s. de exclamación,** (gram.) exclamation mark.—**s. de interrogación,** (gram.) question mark.—**s. diacrítico,** (gram.) diacritic, diacritical mark.—**s. fonético,** phonetic symbol.—**s. más,** (math.) plus sign.—**s. menos,** (math.) minus sign.—**signos de puntuación,** (gram.) punctuation marks.
sigo, sigue, siga, etc. *v. V.* SEGUIR.
siguiente. I. *pres. p.* of SEGUIR. **II.** *a.* following, next.
siguió, *pret.* of SEGUIR.
sijú, *m.* (W. I.) (ornith.) a nocturnal bird of prey.
sil, *m.* yellow ochre.
sílaba, *f.* syllable.
silabar, *vn.* = SILABEAR.
silabario, *m.* reader (book to teach reading).
silabear, *vn.* to syllabize, syllabicate.
silabeo, *m.* syllabication.
silábico, ca, *a.* syllabic.
sílabo, *m.* syllabus; summary, index.
silanga, *f.* (P. I.) canal, inlet, strait.
silba, *f.* (theat.) hiss, hissing (of disapproval).
silbador, ra, *n.* & *a.* whistler(-ing); hisser(-ing).
silbar. I. *vn.* to whistle; to whiz, as a musket ball. **II.** *va.* & *vn.* (theat.) to hiss, boo, catcall.
silbato, *m.* whistle (instrument); small crack letting out a liquid or air with a whistling sound.
silbido, *m.* whistle, whistling sound; hiss; sibilation.—**s. de oídos,** ringing in the ear.
silbo, *m.* whistle, hiss, whistling, whiz.
silbón, *m.* (ornith.) a kind of hissing widgeon.
silboso, sa, *a.* whistling, hissing.
silenciador, *m.* (auto) muffler; silencer (on gun, etc.).
silenciario, ria. I. *a.* observing profound silence. **II.** *m.* official with duty of commanding silence.
silenciero, ra, *a.* having the duty of commanding silence.
silencio, *m.* silence; noiselessness; taciturnity; secrecy; stillness, quiet; (mus.) rest.—**guardar s.,** to keep quiet.—**perpetuo s.,** (law) forever hold his peace.
silenciosamente, *adv.* silently, noiselessly.
silencioso, sa, *a.* silent, noiseless; still, quiet.
silepsis, *f.* (rhet.) syllepsis.
silería, *f.* group of silos.—**silero,** *m.* (agr.) silo.
silesiano, na; silesio, sia, *n.* & *a.* Silesian.
sílfide, *f.*, **silfo,** *m.* sylph.
silguero, *m.* (ornith.) linnet.
silicato, *m.* (chem.) silicate.
sílice, *f.* (min.) silex, silica.—**silíceo, a,** *a.* siliceous.—**silícico, ca,** *a.* silicic.
silicio, *m.* (chem.) silicon.
siliciuro, *m.* (chem.) silicide.
silicosis, *f.* (med.) silicosis.
silicua, *f.* siliqua, carat; (bot.) silique, pod.
silícula, *f.* (bot.) silicle or silicula.
silicuoso, sa, *a.* (bot.) siliquose, siliquous
silo, *m.* (agr.) silo; cavern or dark place.
silogismo, *m.* (logic) syllogism.—**s. cornuto,** horn of a dilemma.
silogístico, ca, *a.* syllogistic(al).
silogizar, *vn.* (*pret.* SILOGICÉ; *subj.* SILOGICE) to syllogize, argue.
silueta, *f.* silhouette; (of person) figure.
siluriano, na; silúrico, ca, *a.* (geol.) Silurian.
siluro, *m.* (ichth.) catfish, silurus; self-propelling torpedo.
silva, *f.* miscellany; a form of poem.
silvático, ca, *a.* = SELVÁTICO, sylvan; rustic.
silvestre, *a.* wild; uncultivated; rustic, savage.
silvicultor, ra, *n.* silviculturist, forester.
silvicultura, *f.* forestry, silviculture.
silvoso, sa, *a.* = SELVOSO, sylvan, wooded.
silla, *f.* chair; saddle; (eccl.) see.—**s. curul,** curule.—**s. de columpio,** rocking chair.—**s. de junco** = S. DE REJILLA.—**s. de la reina,** chair made by two persons' hands and wrists.—**s. de manos,** sedan chair; (Am.) S. DE LA REINA.—**s. de montar,** riding saddle.—**s. de posta,** post chaise.—**s. de rejilla,** cane or bamboo-bottomed chair.—**s. de ruedas,** wheel chair.—**s. de tijera,** camp chair.—**s. giratoria,** swivel chair.—**s. plegadiza,** folding chair, camp stool.—**s. poltrona,** armchair; easy chair.—**s. volante,** light gig.—**de s. a s.,** tête-à-tête, in private conference, heart to heart.
sillar, *m.* ashlar stone; place for saddle on horse.
sillarejo, *m.* small ashlar.
sillera, *f.* place for sedan chairs.
[1]**sillería,** *f.* set of chairs; shop where chairs are made or sold; stalls or seats in a choir.
[2]**sillería,** *f.* (arch.) ashlar masonry.
sillero, ra, *n.* saddler; chair maker.
silleta, *f. dim.* small chair; hollow stone on which chocolate is ground; bedpan.—*pl.* mule chairs.
silletazo, *m.* blow with a chair.
silletero, ra, *n.* carrier of a sedan chair; chair maker or seller.
sillico, *m.* basin of a close-stool.
sillín, *m.* light riding saddle; harness saddle; elaborate mule chair.
sillita, *f. dim.* small chair.
sillón, *m. aug.* armchair; easy chair; sidesaddle.
sima, *f.* deep cavern; abyss, gulf, chasm.
simado, da, *a.* deep (land).
simbionte, *m.* (biol.) symbiont.
simbiosis, *f.* (biol.) symbiosis.
simbiótico, ca, *a.* symbiotic.
simbólicamente, *adv.* symbolically.
simbolicé, simbolice, *v. V.* SIMBOLIZAR.
simbólico, ca, *a.* symbolical.
simbolismo, *m.* symbolism.

simbolista, *m.* or *f.* symbolist.
simbolización, *f.* symbolization.
simbolizar, *va.* (*pret.* SIMBOLICÉ; *subj.* SIMBOLICE) to symbolize, represent, typify.
símbolo, *m.* symbol; mark, device.—**s. de la fe,** creed, articles of faith.
simbología, *f.* symbology.
simetría, *f.* symmetry.
simétricamente, *adv.* symmetrically.
simétrico, ca, *a.* symmetrical.
simetrizar, *va.* to symmetrize.
simia, *f.* female ape.
símico, ca, *a.* simian.
simiente, *f.* seed; germ; semen, sperm.
simiesco, ca, *a.* simianlike.
símil. I. *a.* similar, like, alike. **II.** *m.* resemblance, similarity; (rhet.) simile.
similar, *a.* similar, resembling.
similitud, *f.* similitude, similarity.
similitudinario, ria, *a.* similar.
similor, *m.* low-grade brass.
simio, *m.* (zool.) simian, ape.
simón, *m.* hack, cab; hackman, in Madrid.
simonía, *f.* simony.
simoníacamente, *adv.* simoniacally.
simoníaco, ca; simoniático, ca, *a.* simoniacal.
simpatía, *f.* fellow feeling; congeniality; liking, friendly feeling; (med.) sympathy.
simpáticamente, *adv.* congenially; nicely, pleasingly.
simpaticé, simpatice, *v. V.* SIMPATIZAR.
simpaticectomía, *f.* (surg.) sympathectomy.
simpático, ca, *a.* congenial; appealing; pleasant, "nice."—**gran s.,** (anat.) sympathetic system.
simpatizador, ra, *a.* sympathetic, sympathizing.
simpatizante. I. *a.* sympathetic, sympathizing. **II.** *n.* sympathizer.
simpatizar, *vn.* (*pret.* SIMPATICÉ; *subj.* SIMPATICE) to be congenial.
simpétalo, la, *a.* (bot.) sympetalous.
simple. I. *a.* simple; mere; single; silly, foolish; artless, ingenuous; plain, unmixed, unadorned; mild, gentle; insipid, tasteless; informal extrajudicial. **II.** *m.* (pharm.) simple; simpleton.
simplemente, *adv.* simply; plainly; foolishly.
simpleza, *f.* silliness, foolishness; silly thing; rusticity, rudeness.
simplicidad, *f.* simplicity.
simplicísimo, ma, *a. super.* extremely simple.
simplificación, *f.* simplification.
simplificar, *va.* (*pret.* SIMPLIFIQUÉ; *subj.* SIMPLIFIQUE) to simplify.
simplista, *m.* simplist, herbalist.
simplón, na, *n. aug.* great simpleton.
simpodio, *m.* (bot.) sympodium.
simposia, *f.* (Gk. hist.) symposium.
simulación, *f.* simulation, feigning.
simulacro, *m.* simulacrum, image, idol; fancy, fantastical thing; (mil.) sham battle.
simuladamente, *adv.* in a dissembling manner.
simulador, ra, *n.* & *a.* dissembler(-ing).
simular, *va.* to simulate, pretend, sham.
simultáneamente, *adv.* simultaneously.
simultaneidad, *f.* simultaneity.
simultanear, *va.* to accomplish or carry on simultaneously.
simultáneo, a, *a.* simultaneous.
simún, *m.* simoom, sirocco, a hot wind.
sin, *prep.* without, besides.—**s. embargo,** notwithstanding, nevertheless, however.
sinagoga, *f.* synagogue.
sinalagmático, ca, *a.* (law) synalagmatic, mutually obligatory.
sinalefa, *f.* (gram.) synalepha.
sinamay, *m.* (P. I.) sinamay; a coarse fabric made from abaca.—**sinamayera,** *f.* (P. I.) woman who sells sinamay.
sinapismo, *m.* mustard plaster; (coll.) nuisance, bore.
sinapsis, *f.* (physiol., biol.) sinapsis; (physiol.) synapse.
sinartrosis, *f.* (anat.) synarthrosis, fixed joint.
sincárpeo, pea, *a.* (bot.) syncarpous.
sincarpo, *m.* (bot.) syncarp.
sincerador, ra. I. *a.* exculpatory, defending, upholding. **II.** *n.* exculpator, defender, upholder.
sinceramente, *adv.* sincerely.
sincerar. I. *va.* to exculpate, to justify. **II.** *vr.* to excuse, justify, or vindicate oneself.
sinceridad, *f.* sincerity, good faith.
sincero, ra, *a.* sincere.
sincipucio, *m.* (anat.) sinciput, skullcap.
sinclástico, ca, *a.* (math.) synclastic.
sinclinal. I. *a.* synclinal. **II.** *m.* (geol.) syncline, synclinal.
síncopa, *f.* (gram.) syncope; (mus.) syncopation.
sincopadamente, *adv.* with syncope.
sincopado, da, *a.* syncopated.
sincopal. I. *m.* = SÍNCOPE. **II.** *a.* (med.) syncopal.
sincopar, *va.* to syncopate; to abridge.
síncope, *f.* SÍNCOPA; (med.) syncope.
sincopizar, *va.* & *vr.* (*pret.* SINCOPICÉ; *subj.* SINCOPICE) to swoon, to faint.
sincrético, ca, *a.* syncretic.
sincretismo, *m.* syncretism.
sincretista, *n.* syncretist.
sincrisis, *f.* (rhet.) syncrisis, comparison.
sincrociclotrón, *m.* (phys.) synchro-cyclotron.
sincrónico, ca, *a.* synchronous.
sincronismo, *m.* synchronism.
sincronización, *f.* synchronization.
sincronizador, ra. I. *a.* synchronizing. **II.** *m.* synchronizer.
sincronizar, *va.* to synchronize; & *vn.* (radio) to tune in.
sincronoscopio, *m.* (elec.) synchronoscope.
sincrotrón, *m.* (phys.) synchrotron.
sindáctilo, la, *m.* & *a.* (zool.) syndactyl, syndactyle.
sindéresis, *f.* discretion; good judgment.
sindicación, *f.* syndication.
sindicado, *m.* body of trustees; syndicate; (pol. econ.) syndicate.
sindicador, ra, *n.* informer, prosecutor; syndicator.
sindical, *a.* syndical; (pol. econ.) syndicalistic.
sindicalismo, *m.* (pol. econ.) syndicalism; unionism.
sindicalista. I. *a.* syndicalistic, union. **II.** *n.* syndicalist, unionist.
sindicalizar, *va.* to syndicalize.
sindicar, *va.* (*pret.* SINDIQUÉ; *subj.* SINDIQUE) to inform, to accuse; to syndicate.
sindicato, *m.* labor union; SINDICADO.
sindicatura, *f.* office and dignity of a syndic.
síndico, *m.* syndic; trustee; (law) assignee, receiver.
sindiqué, sindique, *v. V.* SINDICAR.
síndrome, *m.* (med.) syndrome, aggregate of symptoms.
sinécdoque, *f.* (rhet.) synecdoche.
sinecura, *f.* sinecure.
sinedrio, *m.* = SANEDRÍN, Sanhedrim.
sine qua non, (Lat.) essential, sine qua non.
sinéresis, *f.* (gram.) syneresis.
sinergia, *f.* (physiol.) synergy.
sinestesis, *f.* (physiol.) synesthesia.
sinfín, *m.* = SINNÚMERO.
sínfisis, *f.* (biol.) symphysis.
sínfito, *m.* (bot.) comfrey.
sinfonía, *f.* symphony.
sinfónico, ca, *a.* symphonic.
sinfonista, *n.* symphonist.
singamia, *f.* (biol.) syngamy.
singladura, *f.* (naut.) a day's run.
singlar, *vn.* (naut.) to steer, sail over a course.
single, *a.* (naut.) single.—**singlón,** *m.* (naut.) futtock.
singular, *a.* singular, unique; individual; extraordinary, strange; (gram.) singular.
singularicé, singularice, *v. V.* SINGULARIZAR.
singularidad, *f.* singularity, oddity, strange feature or thing; peculiarity.

singularizar. I. *va.* (*pret.* SINGULARICÉ; *subj.* SINGULARICE) to distinguish, particularize, singularize, single out. II. *vr.* to distinguish oneself; to be or make oneself conspicuous.
singularmente, *adv.* singularly.
singulete, *m.* (phys.) singlet.
singulto, *m.* sob; hiccough, singultus.
sinhueso, *f.* (coll.) tongue.
sínico, ca, *a.* Chinese.
siniestra, *f.* left hand.
siniestramente, *adv.* sinistrously; perversely.
siniestro, tra. I. *a.* sinister, left (side); sinister, vicious; unlucky, inauspicious. II. *m.* perverseness, depravity; (com.) shipwreck, disaster; damage, loss at sea. III. *f.* left hand; left-hand side.
sinistrorso, sa, *a.* counterclockwise; (bot.) sinistrorse, sinistrorsal.
sinizesis, *f.* (gram.) synizesis.
sinnúmero, *m.* no end, great number.—**un s. de,** numberless, a great many.
[1]**sino,** *conj.* but; except, besides; solely, only.—**no . . . s.,** but, only (*no tengo sino un sombrero,* I have only one hat).—**no sólo . . . s. (también),** not only . . . but (also).
[2]**sino,** *m.* fate, destiny.
sinoble, *a.* (her.) = SINOPLE, vert.
sinocal; sínoco, ca, *a.* (med.) synochal (fever).
sinodal. I. *a.* synodal. II. *m.* synodal examiner.
sinodático, *m.* (eccl.) contribution to the bishop.
sinódico, ca, *a.* (eccl.) synodal; (astr.) synodic.
sínodo, *m.* (eccl. and astr.) synod.
sinófilo, la, *n.* Sinophile, Sinophil.
sinojaponés, nesa, *a.* Sino-Japanese.
sinología, *f.* sinology, study of things Chinese.
sinólogo, ga, *n.* sinologist.
sinonimia, *f.* (rhet.) synonymy.
sinónimo, ma. I. *a.* synonymous. II. *m.* synonym.
sinople, *a.* (her.) sinople, vert.
sinopsis, *f.* synopsis.
sinóptico, ca, *a.* synoptic.
sinovia, *f.* (physiol.) synovia, lubricating liquid secreted by certain membranes.
sinovial, *a.* synovial.
sinovitis, *f.* (med.) synovitis.
sinrazón, *f.* wrong, injury, injustice.
sinsabor, *m.* displeasure, unpleasantness; trouble, uneasiness.
sinsonte, *m.* (ornith.) mocking bird.
sintáctico, ca, *a.* (gram.) syntactic.
sintaxis, *f.* (gram.) syntax.
síntesis, *f.* synthesis.
sintéticamente, *adv.* synthetically.
sintético, ca, *a.* synthetical.
sintetizar, *va.* (*pret.* SINTETICÉ; *subj.* SINTETICE) to synthesize; to sum up.
sinto, sintoísmo, *m.* Shinto, Shintoism.
sintoísta, *n.* & *a.* Shintoist(-ic).
síntoma, *m.* (med.) symptom.
sintomáticamente, *adv.* symptomatically.
sintomático, ca, *a.* symptomatic(al).
sintomatología, *f.* (med.) symptomatology.
sintonía, *f.* (elec.) syntony, oscillation adjustment; (rad.) syntony, tuning.
sintónico, ca, *a.* syntonic.
sintonina, *f.* (chem.) syntonin.
sintonización, *f.* (radio) syntonization, tuning.
sintonizado, da, *a.* syntonized, tuned.
sintonizador, ra. I. *a.* syntonizing, tuning. II. *m.* (rad.) syntonizer, tuner.
sintonizar, *va.* (radio) to syntonize, tune.
sinuosidad, *f.* sinuosity.
sinuoso, sa, *a.* sinuous, wavy.
sinusitis, *f.* (med.) sinusitis.
sinusoidal, *a.* sinusoidal.
sinusoide, *f.* (geom.) sinusoid, a curve of sines
sinvergüencería, *f.* (coll.) shamelessness, brazenness.
sinvergüenza, *n.* (coll.) scoundrel, rascal; brazen, shameless person; caitiff; (Colomb.) coward.
sinvergüenzada, *f.* (Colomb.) base, low action.
Sión, *f.* Zion.
sionismo, *m.* Zionism.
sionista, *n.* & *a.* Zionist.
sipedón, *m.* a kind of serpent.
siquier, siquiera, *adv.* & *conj.* at least; though, although; whether, or; scarcely; otherwise.—**s. un poquito,** ever so little.—**ni s.,** not even.
siracusano, na, *n.* & *a.* Syracusan.
sirdar, *m.* sirdar, chief; commander.
sirena, *f.* siren, mermaid; (naut.) siren, foghorn; (phys.) siren, for measuring vibrations.
sirenio, nia. I. *a.* (ichth.) sirenian. II. *m. pl.* Sirenia.
sirga, *f.* (naut.) towrope, towline; line for hauling seines.—**a la s.,** (naut.) tracking from the shore.
sirgadura, *f.* (naut.) trackage.
sirgar, *va.* (naut.) to track.
sirgo, *m.* twisted silk; silk stuff.
sirguero, *m.* (ornith.) linnet.
Siria, *f.* Syria.
siríaco, ca, *n.* & *a.* Syrian.
siríasis, *f.* (med.) siriasis.
siringa, *f.* (bot.) seringa, name of various species of rubber tree.
siringe, *f.* (ornith.) syrinx.
siringomielia, *f.* (med.) syringomyelia.
sirio, ria. I. *a.* Syrian. II. *n.* Syrian; *m.* (S.) (astr.) Sirius; *f.* (S.) Syria.
sirle, *m.* sheep dung, goat dung.
siroco, *m.* sirocco.
sirope, *m.* sirup.
sirria, *f.* sheep dung.
sirte, *f.* syrtes, hidden rock, sand bank; danger.
siruposo, sa, *a.* sirupy.
sirvienta, *f.* servant girl, maid.
sirviente, *m.* (domestic) servant; waiter.
sirvo, sirva, sirvió, etc. *v. V.* SERVIR.
[1]**sisa,** *f.* size used by gilders.
[2]**sisa,** *f.* petty theft, pilfering; (tailoring) clipping; (sewing) dart; excise tax.
sisador, ra, *n.* filcher, petty thief.
sisallo, *m.* (bot.) = BARRILLA, saltwort.
[1]**sisar,** *va.* to pilfer, filch; (sewing) to take in; to impose an excise tax on.
[2]**sisar,** *va.* to size (for gilding).
sisarcosis, *f.* (anat.) syssarcosis.
sisear, *vn.* to hiss.
siseo, *m.* hiss, hissing.
sisero, *m.* excise collector.
sisimbrio, *m.* (bot.) hedge mustard.
sisitoté, *m.* (ornith.) a tropical song bird.
sísmico, ca, *a.* seismic.
sismo, *m.* seism.
sismográfico, ca, *a.* seismographic.
sismógrafo, *m.* seismograph.
sismograma, *m.* seismogram.
sismología, *f.* seismology.
sismológico, ca, *a.* seismological.
sismólogo, ga, *n.* seismologist.
sismómetro, *m.* seismometer.
[1]**sisón, na,** *n.* filcher, pilferer, petty thief.
[2]**sisón,** *m.* (ornith.) godart or moor cock.
sistáltico, ca, *a.* (physiol.) systaltic, contracting.
sistema, *f.* system.—**s. automático,** automatic system.—**s. autónomo,** (physiol.) autonomic system.—**s. cegesimal,** (phys.) centimeter-gram-second system.—**s. de coordenadas,** (phys.) frame of reference.—**s. de guía,** guidance system.—**s. de guía a la base de origen,** homing equipment.—**s. de propulsión,** propulsion system.—**s. métrico,** metric system.—**s. nervioso,** (anat.) nervous system.—**s. óptico convergente,** (phys.) convergent optical system.—**s. solar,** solar system.
sistemáticamente, *adv.* systematically.
sistematicé, sistematice, *v. V.* SISTEMATIZAR.
sistemático, ca, *a.* systematic, methodical.
sistematización, *f.* systematization.
sistematizar, *va.* & *vn.* (*pret.* SISTEMATICÉ; *subj.* SISTEMATICE) to systematize.
sistematología, *f.* systematology.
sístilo, *m.* (arch.) systyle.

sístole, *f.* (physiol. and rhet.) systole.
sistólico, ca, *a.* systolic.
sistro, *m.* (mus.) sistrum.
sitácidos, *m. pl.* (ornith.) Psitaci (the parrots).
sitacosis, *f.* (med.) psittacosis, parrot fever.
sitiador, ra. I. *a.* besieging. II. *n.* besieger.
sitial, *m.* seat of honor, presiding chair; bench.
sitiar, *va.* (mil.) to besiege, lay siege to; to surround, hem in, compass.
sitibundo, da, *a.* (poet.) thirsty.
sitiero, *m.* (Cuba) petty farmer.
¹sitio, *m.* place, space, spot, room; stand; seat; location, site; country house, country seat, villa; (Cuba) small farm.—**dejar en el s.,** to kill one outright.—**quedar en el s.,** to die on the spot.
²sitio, *m.* (mil.) siege.
sito, ta, *a.* situated, lying, located.
situación, *f.* situation; position; site, location; state, condition, circumstances.—**s. activa,** active-service position or office.—**s. pasiva,** office or position not actually filled, as when the incumbent is retired, on vacation, etc.
situado, da. I. *pp.* of SITUAR. II. *a.* situate, situated, located. III. *m.* allowance, pay, annuity assigned upon certain valuables.
situar. I. *va.* to place, locate, put, situate; (com.) to remit or place (funds). II. *vr.* to settle in a place; to station oneself.
smoking, *m.* dinner jacket, Tuxedo.
snob, *n.* & *a.* = ESNOB.
snobismo, *m.* = ESNOBISMO.
so, *prep.* under; below.—**s. capa de,** or **s. color de,** under color of; on pretense of.—**s. pena de,** under penalty of.
¡so! *interj.* whoa! stop! (to horses).
soasar, *va.* to half roast, parboil, underdo.
soata, *f.* (Venez.) a kind of squash.
soba, *f.* massage; kneading; rubbing; beating, drubbing.
sobacal, *a.* axillary.
sobaco, *m.* armpit, axilla; (bot.) axil.
sobadero, ra, *a.* that can be handled.
sobado, *m.*; **sobadura,** *f.* = SOBA.
sobajadura, *f.*; **sobajamiento,** *m.* squeeze, pressure, crushing.
sobajanero, *m.* (coll.) errand boy.
sobajar, *va.* to squeeze, press, crush.
sobanda, *f.* bottom or end of a cask.
sobaquera, *f.* (tailoring) armhole, armscye.
sobaquina, *f.* bad smell of the armpit.
sobar, *va.* to knead; to massage, squeeze, soften; to pummel, box; to handle (a person) with too much familiarity.
sobarba, *f.* noseband of a bridle.
sobarbada, *f.* sudden check; reprimand, scolding.
sobarbo, *m.* (mech.) cam, pallet or pawl, in beating machines.
sobarcar, *va.* (*pret.* SOBARQUÉ; *subj.* SOBARQUE) to carry under the arm; to draw (the clothes) up to the armholes.
sobeo, *m.* thong for tying the yoke to the pole.
soberanamente, *adv.* with authority; supremely, exceedingly, most.
soberanear, *vn.* to lord it, to domineer.
soberanía, *f.* sovereignty; rule, sway.
soberano, na. I. *a.* sovereign; supreme, royal; most potent, superior, preëminent; (coll.) "tops." II. *f.* sovereign; lord paramount; liege.
soberbia, *f.* excessive pride, haughtiness, arrogance; presumption; magnificence, sumptuousness, pomp; anger.
soberbiamente, *adv.* arrogantly; superbly.
soberbio, bia, *a.* overproud, arrogant, haughty; superb, grand; lofty, eminent; (of horses) fiery, mettlesome.
soberbiosamente, *adv.* haughtily.
soberbioso, sa, *a.* = SOBERBIO.
sobina, *f.* wooden pin, peg.
sobón, na, *a.* given to excessive fondling and caressing; (coll.) sly, lazy.
sobordo, *m.* (naut.) manifest, freight list.
sobornación, *f.* = SOBORNO.
sobornado, *m.* misshaped loaf of bread.
sobornador, ra, *n.* & *a.* briber(-ing), suborner (-ing).
sobornal, *m.* overload.
sobornar, *va.* to suborn, bribe.
soborno, *m.* subornation, bribe; incitement, inducement; (Peru) overload.—**s. de testigo,** (law) subornation of perjury.
sobra, *f.* surplus, excess; left-over, leaving; grievous offense, injury.—**de s.,** over and above; more than enough; over, superfluous.—**estar de s.,** (coll.) to be one too many; to be superfluous.
sobradamente, *adv.* abundantly; superabundantly; excessively.
sobradar, *va.* to build a garret onto.
sobradillo, *m. dim.* (arch.) penthouse.
sobrado, da. I. *pp.* of SOBRAR. II. *a.* excessive, abundant; bold, audacious; rich, wealthy. III. *m.* garret, attic; (Am., gen. *pl.*) leavings.
sobrancero, ra, *a.* disengaged, unemployed; supernumerary plowman.
sobrante. I. *pres. p.* of SOBRAR. II. *a.* wealthy. III. *a.* & *m.* (something) left over; surplus.
sobrar. I. *va.* to exceed, surpass; to have in excess, or more than enough, to have to spare. II. *vn.* to be more than is necessary; to be over and above; to be more than enough, superfluous; to be intrusive; to remain, be left over.
sobrasada, *f.* = SOBREASADA.
sobrasar, *va.* to add fire under (a pot).
sobre. I. *prep.* on, upon; over; above; about, concerning; about, more or less; besides; after, beyond; to, toward, near; (naut.) off.—**s. comida,** after dinner.—**s. manera,** excessively, beyond measure, exceedingly.—**s. poco más o menos,** just about, more or less.—**s. que,** besides.—**estar s. sí,** to be on guard, to be self-possessed.—**ir s.,** to go in pursuit of. II. *m.* envelope (for letters); address, superscription.—**s. monedero,** coin container (to be enclosed with a letter).
sobreabundancia, *f.* superabundance.
sobreabundante, *a.* superabundant; luxuriant.
sobreabundantemente, *adv.* superabundantly.
sobreabundar, *vn.* to superabound; to be exuberant.
sobreactuar, *vn.* to overact; (coll.) to emote.
sobreaguar, *vn.* & *vr.* to float on water.
sobreagudo, da, *a.* & *n.* (mus.) treble, highest register.
sobrealiento, *m.* difficult respiration.
sobrealimentación, *f.* overfeeding.
sobrealimentar, *va.* to overfeed.
sobrealzar, *va.* to praise, to extol.
sobreamortiguado, da, *a.* overdamped.
sobreañadidura, *f.* superaddition, superinduction.
sobreañadir, *va.* to superadd, superinduce.
sobreañal, *a.* over a year old.
sobrearco, *m.* (arch.) discharging arch.
sobreasada, *f.* half-roasted sausage from the island of Majorca.
sobreasar, *va.* to roast again.
sobrebarato, ta, *a.* very cheap, extra cheap.
sobreboya, *f.* (naut.) marking buoy.
sobrebrazal, *m.* (naut.) false rail.
sobrecaja, *f.* outer case.
sobrecalentador, *m.* superheater.
sobrecalentamiento, *m.* superheating.
sobrecalentar, *va.* to superheat.
sobrecalza, *f.* leggings.
sobrecama, *f.* coverlet, bedspread.
sobrecaña, *f.* (vet.) tumor on a horse's leg.
sobrecarga, *f.* overload; packing strap; additional trouble or vexation; surcharge, overburden.
sobrecargado, da, *a.* & *pp.* overloaded.
sobrecargar, *va.* (*pret.* SOBRECARGUÉ; *subj.* SOBRECARGUE) to overload, overburden; (com.) to overcharge; (sewing) to fell.
sobrecargo, *m.* (naut.) purser, supercargo.
sobrecarta, *f.* envelope (for a letter); (law) second decree or warrant repeating a former order.

sobrecartar, *va.* to repeat (a former warrant).
sobrecebadera, *f.* (naut.) sprit top-sail.
sobrecédula, *f.* second royal order.
sobreceja, *f.* part of the forehead over the eyebrows.
sobrecejo, *m.* frown; threatening or forbidding aspect.
sobreceño, *m.* frown.
sobrecercar, *va.* (sewing) to welt.
sobrecerco, *m.* (sewing) welt.
sobrecincho, *m.*; **-cha,** *f.* surcingle.
sobreclaustro, *m.* apartment over a cloister.
sobrecoger. I. *va.* (*ind.* SOBRECOJO; *subj.* SOBRECOJA) to surprise, catch (in the act). **II.** *vr.* to become afraid or apprehensive.—**s. de,** to be seized with.
sobrecogiente, *a.* startling.
sobrecogimiento, *m.* fear, apprehension.
sobrecomida, *f.* dessert.
sobrecopa, *f.* cover or lid of a cup.
sobrecoser, *va.* (sewing) to whip, to fell.
sobrecostura, *f.* (sewing) whipstich, fell.
sobrecrecer, *vn.* to grow on top.
sobrecreciente, *a.* growing on top.
sobrecruces, *m. pl.* (carp.) cross joints.
sobrecubierta, *f.* double cover; warp or envelope; (naut.) upper deck.
sobrecuello, *m.* collar.
sobredicho, cha, *a.* above-mentioned, aforesaid, said.
sobrediente, *m.* gagtooth.
sobredorar, *va.* to overgild; (fig.) to gloss over.
sobreedificar, *va.* to build over or on.
sobreempeine, *m.* covering for the instep.
sobreenfriar, *va.* & *vn.* (phys.) to supercool.
sobreestadías, *f. pl.* (com.) extra lay days.
sobreexcelente, *a.* superexcellent.
sobreexcitación, *f.* overexcitement; overexcitation.
sobreexcitar, *va.* to overexcite.
sobrefalda, *f.* overskirt.
sobrefaz, *f.* surface, outside; (mil.) face prolonged.
sobrefino, na, *a.* superfine, overfine, extrafine.
sobreflor, *f.* flower growing within another.
sobrefusión, *f.* (phys. & chem.) superfusion, supercooling.
sobreguarda, *m.* second guard.
sobrehaz, *f.* surface; outside cover.
sobreherido, da, *a.* slightly wounded.
sobrehilar, *va.* (sewing) to overcast.
sobrehueso, *m.* (vet.) splint; trouble, encumbrance, burden.
sobrehumano, na, *a.* superhuman.
sobrehusa, *f.* stew of fried fish.
sobreimpuesto, *m.* supertax.
sobrejalma, *f.* woollen cover for a packsaddle.
sobrejuanete, *m.* (naut.) royal.
sobrejunta, *f.* cover plate or strap (of a butt joint).
sobrelecho, *m.* under face of a stone.
sobrellave. I. *f.* double key. **II.** *m.* in royal palaces, keeper of double keys.
sobrellenar, *va.* to fill up, fill full.
sobrelleno, na, *a.* well filled, filled full.
sobrellevar, *va.* to ease (another's burden); to carry; to bear, endure, undergo; to overlook, be lenient about.
sobremanera, *adv.* beyond measure; exceedingly, most.
sobremano, *f.* (vet.) splint on the forehoofs.
sobremesa, *f.* tablecloth; dessert.—**de sobremesa,** immediately after dinner.
sobremesana, *f.* (naut.) mizzen topsail.
sobremuñonera, *f.* (artil.) clamp or capsquare.
sobrenadar, *vn.* to float.
sobrenatural, *a.* supernatural.
sobrenaturalmente, *adv.* supernaturally.
sobrenjalma, *f.* = SOBREJALMA.
sobrenombre, *m.* surname; nickname.
sobrentender, *va.* (*ind.* SOBRENTIENDO; *subj.* SOBRENTIENDA) to understand (something implied, not expressed). **II.** *vr.* to be understood, to go without saying.
sobreorgánico, ca, *a.* superorganic.
sobrepaga, *f.* extra pay.
sobrepaño, *m.* upper cloth; wrapper.
sobreparto, *m.* (med.) confinement after parturition.
sobrepasar, *va.* to exceed.
sobrepeine. I. *m.* trimming (the hair). **II.** *adv.* (coll.) slightly, briefly.
sobrepelliz, *f.* (eccl.) surplice.
sobrepeso, *m.* overweight.
sobrepié, *m.* (vet.) splint on rear hoofs.
sobreplán, *m.* (naut.) rider.
sobreponer. I. *va.* (*pp.* SOBREPUESTO; *ind. pres.* SOBREPONGO, *pret.* SOBREPUSE, *fut.* SOBREPONDRÉ; *subj.* SOBREPONGA) to put over, to overlap. **II.** *vr.* (a) to be above; to master, overcome, overpower.
sobreposición, *f.* superposition.
sobreprecio, *m.* extra charge, raise.
sobrepuerta, *f.* cornice over a door; lambrequin, door curtain, portière.
sobrepuesto, ta. I. *pp. irreg.* of SOBREPONER. **II.** *a.* superposed. **III.** *m.* honeycomb formed by bees after the hive is full.
sobrepujamiento, *m.* surpassing, excelling.
sobrepujante, *pres. p.* surpassing, excelling.
sobrepujanza, *f.* great strength and vigor.
sobrepujar, *va.* to exceed, surpass, excel.
sobrepuse, *pret.* of SOBREPONER.
sobrequilla, *f.* (naut.) keelson.
sobrerronda, *f.* (mil.) counterround.
sobrerropa, *f.* overcoat; overalls.
sobresalgo, sobresalga, *v. V.* SOBRESALIR.
sobresaliente. I. *a.* excelling, surpassing, excellent; conspicuous, that stands out, distinctive. **II.** *n.* substitute; (theat.) understudy.
sobresalir, *vn.* (*ind. pres.* SOBRESALGO, *fut.* SOBRESALDRÉ; *subj.* SOBRESALGA) to excel, be prominent, stand out; to project, jut out.
sobresaltar. I. *va.* to rush upon, assail, attack, fall upon; to frighten, terrify, startle. **II.** *vn.* to be striking (as figures in a painting). **III.** *vr.* to be startled.
sobresalto, *m.* sudden assault; startling surprise; sudden dread or fear.—**de s.,** unexpectedly, unawares, suddenly.
sobresanar, *va.* to heal superficially; to screen, to palliate.
sobresano. I. *adv.* cured superficially; affectedly, feignedly. **II.** *m. pl.* (naut.) tabling, leach-lining.
sobrescribir, *va.* to superscribe, address.
sobrescrito, ta. I. *pp. irreg.* of SOBRESCRIBIR. **II.** *m.* superscription, address.
sobresdrújulo, la, *a.* accented on any syllable preceding the antepenult.
sobreseer, *vn.* to desist from a design; to relinquish a claim; (law) to stay a judgment, etc.
sobreseimiento, *m.* suspension; discontinuance; (law) stay of proceedings.
sobresello, *m.* double seal.
sobresembrar, *va.* (*ind.* SOBRESIEMBRO; *subj.* SOBRESIEMBRE) to sow over again.
sobreseñal, *f.* a special knights' device.
sobresolar, *va.* (*ind.* SOBRESUELO; *subj.* SOBRESUELE) to pave anew: to resole (shoe).
sobrestante, *m.* overseer; foreman; comptroller; inspector; supervisor.—**sobrestantía,** *f.* position or office of a SOBRESTANTE.
sobresueldo, *m.* extra wages.
sobresuelo, *m.* floor or pavement over another.
sobretarde, *f.* close of the evening.
sobretendón, *m.* tumor on the tendons of a horse's leg.
sobretensión, *f.* (phys.) supervoltage.
sobretodo, *m.* overcoat, great coat.
sobreveedor, *m.* chief of the overseers.
sobrevenida, *f.* supervention.
sobrevenir, *vn.* (*ger.* SOBREVINIENDO; *ind. pres.* yo SOBREVENGO, él SOBREVIENE, *pret.* SOBREVINE, *fut.* SOBREVENDRÉ; *subj.* SOBREVENGA) to happen, take place; to follow; to supervene.

sobreverterse, *vr.* (*ind.* se SOBREVIERTE; *subj.* se SOBREVIERTA) to run over, overflow.
sobrevesta, sobreveste, *f.* surcoat, overcoat.
sobrevestir, *va.* to put a greatcoat on.
sobrevidriera, *f.* window guard, wire net before a glass window; storm window.
sobrevienta, *f.* gust of wind; onslaught, impetuous fury; startling surprise.—**a s.,** suddenly.
sobreviento, *m.* gust of wind.—**estar a s. de,** (naut.) to have the wind of.
sobrevierte, sobrevierta, *v. V.* SOBREVERTERSE.
sobrevine, *pret.* of SOBREVENIR.
sobrevista, *f.* beaver of a helmet.
sobreviviente, *n.* & *a.* survivor(-ing).
sobrevivir, *va.* & *vn.* to survive, to outlive.
sobrexcedente, *a.* surpassing, exceeding.
sobrexceder, *va.* to surpass, excel, exceed.
sobrexcitación, *f.* overexcitement; overexcitation.
sobrexcitar, *va.* to overexcite.
sobriamente, *adv.* soberly, frugally.
sobriedad, *f.* sobriety, frugality.
sobrina, *f.* niece.
sobrinazgo, *m.* relationship of a nephew or niece; nepotism.
sobrino, *m.* nephew.
sobrio, ria, *a.* sober, temperate, frugal.
soca, *f.* (Am.) ratoon of the sugar cane.
socaire, *m.* (naut.) slatch; lee, lee gauge.
socairero, *m.* (naut.) skulker, lurker.
socaliña, *f.* trick, cunning.—**socaliñar,** *va.* to extort by trickery.—**socaliñero, ra,** *n.* trickster, cheat.
socalzar, *va.* (mason.) to underpin, underset.
socapa, *f.* pretext, pretense.—**a s.,** cautiously.
socapiscol, *m.* = SOCHANTRE.
socar, *va.* (Cuba, C. A.) to tighten; to compress.
socarra, *f.* singe, scorching; craft, cunning.
socarrar, *va.* to singe, scorch.
socarrén, *m.* (arch.) eave, gable end.
socarrena, *f.* hollow, cavity; interval; (arch.) space between rafters.
socarrina, *f.* (coll.) scorching, singeing.
socarrón, na, *a.* cunning, sly, crafty.
socarronamente, *adv.* slyly, artfully.
socarronería, *f.* cunning, artfulness, craftiness.
socava, socavación, *f.* undermining; digging around trees.
socavar, *va.* to excavate, undermine.
socavón, *m.* cave, cavern; (min.) adit, adit level, tunnel.
socaz, *m.* outlet of a mill.
sociabilidad, *f.* sociableness, sociability.
sociable, *a.* sociable, companionable.
sociablemente, *adv.* sociably, companionably.
social, *a.* social; sociable, companionable.
socialismo, *m.* (pol.) socialism.
socialista, *n.* & *a.* (pol.) socialist(-ic).
socialización, *f.* socialization.
socializar, *va.* to socialize, transfer to the State.
sociedad, *f.* society; social intercourse; (com.) society, corporation, association, company, partnership, copartnership.—**s. anónima,** stock company.—**s. comanditaria** = S. EN COMANDITA.—**s.. cooperativa,** coöperative society or association.—**S. de las Naciones,** League of Nations.—**s. de socorros mutuos,** mutual-help society.—**s. en comandita,** commandite, partnership in commendam.—**s. regular colectiva,** general partnership, copartnership.—**s. por acciones** = S. ANÓNIMA.—**la s.,** society, the social organism, the community (often restricted, as in English, to polite or fashionable society).
socinianismo, *m.* Socinianism.
sociniano, na, *n.* & *a.* Socinian.
socio, cia, *n.* partner, copartner; companion, con sort; member, fellow; (coll.) confederate.
socioeconómico, ca, *a.* socioeconomic.
sociología, *f.* sociology.
sociológicamente, *adv.* sociologically.
sociológico, ca, *a.* sociological.
sociólogo, ga, *n.* sociologist.
socolor, *m.* pretext, pretense.
socollada, *f.* (naut.) flapping; pitching, jerk.
soconusco, *m.* cacao from Soconusco (C. A.).
socoro, *m.* place under the choir.
socorredor, ra, *n.* & *a.* helper(-ing), aider(-ing).
socorrer, *va.* to assist, aid, help, succor; to favor; to pay on account.
socorrido, da. I. *pp.* of SOCORRER. **II.** *a.* furnished, well supplied; (coll.) handy, useful; popular.
socorro, *m.* succor, aid, assistance, help; payment on account; (mil.) succors; relief.—**puesto de s.,** first-aid station.
socrático, ca, *a.* Socratic.
socrocio, *m.* (pharm.) saffron poultice.
socucho, *m.* (Am.) small room, "den"; hiding place.
sochantre, *m.* (eccl.) subchanter.
soda, *f.* (chem.) = SOSA, soda.
sódico, ca, *a.* (chem.) sodic; sodium (as *a.*, as in *carbonato sódico,* sodium carbonate).
sodio, *m.* (chem.) sodium.
sodomía, *f.* sodomy.—**sodomita,** *n.* & *a.* Sodomite.—**sodomítico, ca,** *a.* pert. to sodomy.
soez, *a.* mean, vile, base, coarse.
soezmente, *adv.* meanly, basely, vilely.
sofá, *m.* sofa.
sofaldar, *va.* to truss up; raise up; tuck up.
sofaldo, *m.* trussing or tucking up clothes.
[1]**sofí,** *m.* Sufi, Shah.
[2]**sofí,** *m.* = SUFÍ, one of a Persian sect of mystics.
sofión, *m.* hoot; reprimand.
sofisma, *m.* (logic) fallacy.
sofismo, *m.* = SUFISMO, Sufism.
sofista, *m.* sophist; quibbler.
sofistería, *f.* sophistry.
sofisticación, *f.* perversion by fallacies.
sofísticamente, *adv.* fallaciously.
sofisticar, *va.* to falsify, pervert or distort by fallacy.
sofístico, ca, *a.* fallacious.
sofito, *m.* (arch.) soffit.
soflama, *f.* subtle flame; glow; blush; (coll.) flimflam.—**soflamar. I.** *va.* to cheat, swindle; (coll.) to flimflam; to make (a person) blush. **II.** *vr.* to get scorched.
soflamero, *m.* trickster; (coll.) flimflammer.
sofocación, *f.* suffocation; smothering, choking.
sofocador, ra, *a.* suffocative, suffocating, asphyxiating.
sofocante, *pres. p.* & *a.* suffocating, stifling, close.
sofocar, *va.* (*pret.* SOFOQUÉ; *subj.* SOFOQUE) to choke, suffocate, smother; to quench, extinguish, put out; to stifle; to oppress, harass; to importune, vex; to provoke; to make blush.
sofocleo, a, *a.* Sophoclean.
sofoco, *m.* suffocation; vexation; embarrassment.
sofocón, *m.* (coll.) vexation, chagrin.
sofoqué, sofoque, *v. V.* SOFOCAR.
sófora, *f.* (bot.) Japanese pagoda tree.
sofreír, *va.* (*pp.* SOFREÍDO, SOFRITO; *ind. pres.* SOFRÍO, *pret.* él SOFRIÓ; *subj.* SOFRÍA) (cooking) to fry slightly.
sofrenada, *f.* sudden check of a horse, saccade, ebrillade; harsh reprimand, dressing down.
sofrenar, *va.* to check (a horse) suddenly; to reprimand severely; to check (a passion).
sofrenazo, *m.* = SOFRENADA.
sofrito, ta, *pp. irreg.* of SOFREÍR.
soga. I. *f.* rope, halter, cord; a variable land measure; (arch.) face (of a brick or stone); (arch.) (of bricks and stones) stretcher.—**a s.,** (arch.) as stretchers.—**con la s. a la garganta,** in imminent danger.—**dar s. a,** to make fun of. —**hacer s.,** to lag behind. **II.** *n.* (coll.) sly, cunning person; (Colomb.) lasso, lariat.
soguear, *va.* to measure with a rope.
soguería, *f.* ropewalk; rope shop; collection of ropes.
soguero, *m.* ropemaker.
soguilla, *f.* small braid of hair; small rope.
soja, *f.* (bot.) soy; soy bean.

sojuzgador, ra, *n.* conqueror, subduer.
sojuzgamiento, *m.* subjugating; subjugation.
sojuzgar, *va.* (*pret.* SOJUZGUÉ; *subj.* SOJUZGUE) to conquer, subjugate, subdue.
[1]**sol,** *m.* sun; sunlight; day; a kind of ancient lace; sol, Peruvian silver coin (normally, about 49 cents, or 2 shillings).—**s. medio,** (astr.) mean sun.—**al salir el s.,** at sunrise.—**al s. puesto,** at nightfall.—**de s. a s.,** from sunrise to sunset.—**hacer s.,** to be sunny (*hace sol,* it is sunny; *hace mucho sol,* it is very sunny).—**quemadura del s.,** sunburning.—**tomar el s.,** to bask in the sun, sunbathe; (naut.) to take the altitude of the sun.
[2]**sol,** *m.* (mus.) G, sol, fifth note of the scale.
solacé, solace, *v. V.* SOLAZAR.
solacear, *va.* to solace, console, comfort.
solada, *f.* dregs, lees, sediment.
solado, *m.* tile floor, pavement.
solador, *m.* tiler, paver.
soladura, *f.* paving; paving materials.
solamente, *adv.* only; solely, merely.
solana, *f.* strong sunshine; sunny place; sun gallery; sun bath.
solanáceo, cea, *a.* (bot.) solanaceous.
solanera, *f.* sun bath; sunburning; hot, sunny place.
solanina, *f.* (chem.) solanin(e).
solano, *m.* easterly wind; (bot.) nightshade.
solapa, *f.* lapel (of coat); pretense, pretext; (vet.) cavity of a small wound; overlapping.—**a.,** or **de, s.,** overlapping, lap (joint).
solapadamente, *adv.* deceitfully, sneakingly.
solapado, da. I. *pp.* of SOLAPAR. **II.** *a.* cunning, crafty, artful, sneaky; lap (joint).
solapadura.—obra de s., *f.* (naut.) clincher work, clinching; overlapping.
solapamiento, *m.* (vet.) cavity of a wound.
solapar. I. *va.* (tailoring) to put lapels on; to overlap; to cloak, conceal. **II.** *vn.* to overlap (as a lapel).—**solape, solapo,** *m.* lapel; pretense.—**a s.,** (coll.) sneakingly.
[1]**solar,** *va.* (*ind.* SUELO; *subj.* SUELE) to floor; to pave; to sole (shoes).
[2]**solar,** *m.* lot, ground plot; manor house, ancestral mansion.
[3]**solar,** *a.* solar.
solariego, ga, *a.* manorial; (law) held by a full legal tenure; of noble ancestry.
solas, *f. pl.* of SOLO.—**a mis, tus, sus s.,** *adv.* all alone, by myself, thyself, etc.—**a s.,** in private.
solaz, *m.* solace, consolation; relaxation, comfort; enjoyment.—**a s.,** pleasantly, agreeably.
solazar. I. *va.* (*pret.* SOLACÉ; *subj.* SOLACE) to solace, comfort, cheer, gladden. **II.** *vr.* to be comforted; to rejoice, have pleasure.
solazo, *m. aug.* (coll.) scorching sun.
solazoso, sa, *a.* comforting, delectable.
soldada, *f.* wages, pay, salary.
soldadero, ra, *a.* salaried, receiving wages.
soldadesca, *f.* soldiery; soldiering; undisciplined troops.
soldadesco, ca, *a.* soldierly, soldierlike, military.—**a la s.,** in a soldierly manner, soldierlike.
soldado, *m.* soldier.—**s. de a caballo,** trooper, cavalryman.—**s. de a pie,** or **de infantería,** foot soldier.—**s. raso,** private.—**s. de marina,** marine.—**s. voluntario,** volunteer.
soldador, *m.* solderer; soldering iron.
soldadura, *f.* soldering; welding, brazing; solder; correction or mending.—**s. débil,** soft solder (-ing).—**s. dura,** or **s. fuerte,** hard solder(-ing).—**s. tierna** = S. DÉBIL.
soldán, *m.* sultan, Mohammedan title.
soldar, *va.* (*ind.* SUELDO; *subj.* SUELDE) to solder; to weld, braze; to mend; to correct.
solear, *va.* = ASOLEAR, to sun.
solecismo, *m.* (rhet. and gram.) solecism.
soledad, *f.* solitude, loneliness, loneness; homesickness; lonely place; (mus.) an Andalusian tune, song, and dance.
soledoso, sa, *a.* solitary, lonely.
solejar, *m.* sunny place.
solemne, *a.* solemn; yearly; (coll.) great, downright.—**solemnemente,** *adv.* solemnly.
solemnicé, solemnice, *v. V.* SOLEMNIZAR.
solemnidad, *f.* solemnity; religious pomp; grand ceremony; impressiveness.—*pl.* formalities.
solemnización, *f.* solemnization.
solemnizador, ra, *n.* & *a.* solemnizer(-ing).
solemnizar, *va.* (*pret.* SOLEMNICÉ; *subj.* SOLEMNICE) to solemnize, celebrate with pomp; to praise, applaud, extol.
solenoide, *m.* (elec.) solenoid.
sóleo, *m.* (anat.) soleus.
[1]**soler,** *vn.* (*ind.* SUELO) (*defect., only pres. and imp. used, always foll. by inf.*) to be in the habit of, accustomed to; (in *imp.*) used to (*yo solía hablar con él,* I used to talk with him).
[2]**soler,** *m.* (naut.) underflooring.
solera, *f.* (arch.) entablature, stringpiece, crossbeam, rib, summer, lintel, breastsummer; plinth; nether millstone; lees or mother of wine.—**s. de cureña,** (mil.) sole of a gun carriage.
solercia, *f.* industry; abilities; shrewdness.
[1]**solería,** *f.* pavement; paving stones.
[2]**solería,** *f.* parcel of skins used for soles.
solero, *m.* nether millstone.
solerte, *a.* shrewd, cunning, sagacious.
soleta, *f.* new sole in stockings; (Mex.) cake with sugar icing.—**tomar s.,** (coll.) to run off.
soletar, soletear, *va.* to resole (stockings).
soletero, ra, *n.* one who refoots stockings.
solevación, *f.,* or **solevamiento,** *m.* = SUBLEVACIÓN, insurrection, uprising.
solevantado, da. I. *pp.* of SOLEVANTAR. **II.** *a.* restless, excited, agitated, perturbed.
solevantamiento, *m.* upheaval, uprising.
solevantar, *va.* to push up, elevate; to incite.
solevar, *va.* = SUBLEVAR, to incite to revolt.
solfa, *f.* (mus.) sol-fa, solfeggio, solmization; musical annotation, notes; music, harmony; (coll.) sound beating or flogging.—**estar,** or **poner, en s.,** to be arranged (or to arrange) with art and judgment; to appear (or present) in a ridiculous light.
solfatara, *f.* (geol.) solfatara.
solfeador, ra, *n.* sol-faist, one who solmizates.
solfear, *vn.* (mus.) to sol-fa, solmizate; (coll.) to cudgel, flog.—**solfeo,** *m.* (mus.) sol-faing; (coll.) beating, drubbing.
solfista, *n.* sol-faist.
solicitación, *f.* solicitation; importunity; temptation, inducement.
solicitado, da. I. *pp.* of SOLICITAR. **II.** *a.* in good demand, sought after, popular.
solicitador, ra, *n.* solicitor, agent.
solícitamente, *adv.* solicitously, diligently.
solicitante. I. *a.* soliciting. **II.** *n.* solicitor, agent; applicant.
solicitar, *va.* to solicit; to apply for; to importune; to entreat; to woo, court.
solícito, ta, *a.* solicitous, diligent, careful.
solicitud, *f.* solicitude; importunity; diligence; petition, application, request; (com.) demand.—**a s.,** on request, at the request (of).—**s. de ingreso,** application for admission.
sólidamente, *adv.* solidly, firmly.
solidar, *va.* to consolidate, establish; to harden, to render firm and solid.
solidariamente, *adv.* with solidarity; (law) in solidum, for the whole.
solidaridad, *f.* solidarity.
solidario, ria, *a.* (law) solidary, jointly liable.
solidarizar. I. *va.* to make solidary. **II.** *vr.* to make common cause, act together.
solideo, *m.* (eccl.) calotte.
solidez, *f.* solidity, firmness, strength.
solidificación, *f.* solidification.
solidificar, *va.* & *vr.* to solidify.
sólido, da. I. *a.* solid, firm, compact, consistent; built on sound reasons. **II.** *m.* (geom. & phys.) solid; solidus, an ancient Roman gold coin.
soliloquiar, *vn.* (coll.) to soliloquize.

soliloquio, *m.* soliloquy, monologue.
solimán, *m.* (chem.) corrosive sublimate.
solio, *m.* throne with a canopy; throne.
solípedo, da, *a.* (zool.) solipede, solidungulate.
solista, *n.* (mus.) soloist.
solitaria, *f.* post chaise; sulky; tapeworm.
solitariamente, *adv.* solitarily.
solitario, ria. I. *a.* solitary, lonely, isolated, secluded. **II.** *m.* solitary, recluse, hermit; solitaire (game); (jewel) solitaire (diamond).
sólito, ta, *a.* wont, accustomed.
soliviadura, *f.* lift, lifting, raising.
soliviantar, *va.* to induce, incite, rouse.
soliviar. I. *va.* to raise or lift up: to prop up. **II.** *vr.* to raise oneself.
solivio, *m.* lift, rising or raising.
solo, la. I. *a.* alone, unaccompanied; only, sole; solitary, lonely.—**a mis solas, sus solas,** etc., all alone, without aid, by myself (himself, etc.); in solitude.—**a solas,** alone, unaided. **II.** *m.* (mus.) solo; lone hand in certain card games.
sólo, *adv.* (accented only to avoid ambiguity) = SOLAMENTE, only, solely.
solomillo, solomo, *m.* sirloin; loin of pork.
solpuga. I. *f.* (zool.) solpugid. **II.** *f. pl.* Solpugida.
solsticial, *a.* solstitial.
solsticio, *m.* (astr.) solstice.—**s. de invierno,** winter solstice.—**s. de verano,** summer solstice.—**s. hiemal** = S. DE INVIERNO.—**s. vernal** = S. DE VERANO.
soltadizo, za, *a.* easily untied; cleverly loosened.
soltador, ra, *n.* dropper.
soltar. I. *va.* (*pp. irreg.* SUELTO; *ind.* SUELTO; *subj.* SUELTE) to untie, unfasten, loosen; to turn on (the water); to turn loose; to cast off, set free, discharge; to let go, drop; to throw down, throw out; (coll.) to utter, let out; to give (a slap or kick). **II.** *vn.* to burst out (into laughter, etc.). **III.** *vr.* to get loose, to come off; to grow expeditious and handy; to lose restraint; to thaw out; to forego all decency and modesty; to break out (laughing, crying, etc.): to begin, start.
soltería, *f.* celibacy, bachelorhood.
soltero, ra. I. *a.* single, unmarried. **II.** *m.* bachelor, unmarried man. **III.** *f.* spinster, unmarried woman.
solterón, na, *n.* old bachelor (maid).
soltura, *f.* freeing, setting at liberty; release, freedom; easiness; fluency; agility, nimbleness; laxity, looseness, licentiousness.
solubilidad, *f.* solubility.
soluble, *a.* soluble; solvable.
solución, *f.* loosening or untying; climax or denouement in a drama or epic poem; pay, satisfaction; (math., chem.) solution.—**s. de continuidad,** solution of continuity, discontinuity, break.
solucionar, *va.* to solve; to meet (a difficulty).
solutivo, va, *a.* (med.) solutive.
solvencia, *f.* (com.) solvency.
solventar, *va.* to settle (accounts); to solve.
solvente, *a.* solvent, dissolving; (com.) solvent.
solver, *va.* (*ind.* SUELVO; *subj.* SUELVA) to solve.
sollado, *m.* (naut.) orlop.
sollamar, *va.* to scorch, to singe.
sollastre, *m.* scullion, kitchen boy; smart rogue.
sollastría, *f.* scullery.
sollo, *m.* (ichth.) sturgeon, pike.
sollozante, *a.* sobbing.
sollozar, *vn.* (*pret.* SOLLOCÉ; *subj.* SOLLOCE) to sob.—**sollozo,** *m.* sob; (Mex.) huckleberry.
soma, *f.* coarse flour.
somalí, *n.* & *a.* Somali.
Somalia, *f.* Somalia.
somanta, *f.* (coll.) beating, drubbing.
somatén, *m.* armed force for defense of a city or province; one serving in such a force; alarm bell; (coll.) hubbub.—**¡s.!** Catalan war cry.
somático, ca, *a.* (anat., biol., zool.) somatic, corporeal, bodily, physical.
somatología, *f.* somatology.
sombra, *f.* shade; shadow; darkness; spirit, ghost; shelter, protection; resemblance; sign, vestige; (astr.) umbra; (art) shade, shading; umber.—**sombras chinescas,** (theat.) shadow pantomime.—**a la s.,** in the shade; (coll.) in jail.—**hacer s.,** to shade; to protect; to outshine.—**ni por s.,** by no means.—**no ser ni su s.,** to be but the shadow of one's former self.—**tener buena s.,** to be pleasing, popular, agreeable.—**tener mala s.,** to exert an evil influence over others; to be disagreeable.
sombraje, *m.* screen made with branches, mats, etc., to afford shade.
sombrajo, *m.* SOMBRAJE; (coll.) shadow cast by a person before another who needs light.
sombrar, *va.* to astonish.
sombreado, da. I. *a.* shady, shadowy. **II.** *m.* (f. a.) shading.
sombreador, ra, *a.* shading.
sombrear, *va.* (art) to shade.
sombrerazo, *m. aug.* large hat; flap or blow with a hat; (coll.) doffing of the hat as a greeting.
sombrerera, *f.* hatbox, hat case; hatter's wife.
sombrerería, *f.* hat factory or shop.
sombrerero, ra, *n.* hatter; hat maker.
sombrerete, *m. dim.* small hat; (mech.) bonnet, cap, cowl; spark catcher of a locomotive; (arch.) calotte.
sombrerillo, ito, *m. dim.* little hat; alms basket in prisons; (bot.) navelwort.
sombrero, *m.* SOMBRERETE; hat; soundboard, canopy of a pulpit; privilege of a Spanish grandee of keeping his hat on in the presence of the king.—**s. apuntado,** cocked hat.—**s. calañés,** Andalusian hat.—**s. castoreño,** beaver hat.—**s. de cabrestante,** (naut.) drum of the capstan.—**s. de copa,** or **de copa alta,** silk hat, high (silk) hat.—**s. de jipijapa,** Panama hat.—**s. del patrón,** (naut.) hat money, primage.—**s. de muelles,** opera hat.—**s. de paja,** straw hat.—**s. de pelo,** (Am.) high hat.—**s. de teja,** shovel hat, priest's hat (low-crown hat with broad brim turned up on the sides).—**s. de tres candiles,** or **de tres picos,** three-cornered hat.—**s. flexible,** soft felt hat.—**s. gacho,** slouch hat.—**s. hongo,** derby hat.—**s. jarano,** Mexican sombrero.—**s. jíbaro,** farmers' straw hat.—**s. jipijapa,** Panama hat.
sombría, *f.* shady place.
sombrilla, *f.* parasol, sunshade.
sombrita, *f. dim.* slight shade.
sombrío, bría. I. *a.* gloomy, sombre; overcast, murky, thick (weather); taciturn, sullen; (art) shaded, dark. **II.** *m.* shady place.
sombroso, sa, *a.* shady, shadowy.
somera, *f.* (print.) sleeper of the press.
someramente, *adv.* superficially, briefly.
somero, ra, *a.* superficial, shallow.
someter. I. *va.* to subject; submit, subdue; to put (to the test, etc.). **II.** *vr.* to humble oneself; to submit; to surrender; (**a**) to submit (to); to go (through) (an operation, an examination).
sometimiento, *m.* submission, subjection, subduing.
somito, *m.* (zool.) somite, metamere.
somnambulismo, *m.* somnambulism.
somnámbulo, la, *n.* somnambulist.
somnífero, ra, *a.* somniferous, inducing sleep.
somnilocuencia, *f.* somniloquy, somniloquence.
somnílocuo, cua. I. *a.* talking in one's sleep. **II.** *n.* somniloquist.
somniloquia, *f.* somniloquy.
somnolencia, *f.* drowsiness, somnolence.
somonte.—de s., coarse, rough, shaggy.
somorgujador, *m.* diver.
somorgujar, *va.* & *vr.* to dive, to duck.
somorgujo, somorgujón, somormujo, *m.* (ornith.) dun diver, merganser.—**a lo somorgujo,** or **a la somormujo,** under water; privately, secretly.
sompesar, *va.* = SOPESAR.
son, *m.* sound, noise; spread news or story; pretext, motive; manner, guise; (Am. esp. Cuba) popular song and dance.—**¿a qué s.?** why, for

what reason?—**a s. de,** at or to the sound of.—**¿a s. de qué?** = ¿A QUÉ S.?—**bailar a cualquier s.,** to transfer easily one's affection or liking, to be fickle.—**bailar sin s.,** to be exceedingly eager; to act unwisely or inopportunely.—**bailar uno al s. que le tocan,** to adapt oneself to circumstances.—**en s. de,** as, like, in the manner of.—**en s. de guerra,** in a warlike manner.—**sin s.,** without reason.—**sin ton ni s.,** without rhyme or reason.
sonable, *a.* loud, sounding; noted, famous.
sonada, *f.* (mus.) tune; sonata.
sonadera, *f.* blowing the nose.
sonadero, *m.* handkerchief.
sonado, da. I. *pp.* of SONAR. **II.** *a.* noted, famous; talked about; (coll.) scandalous, sensational.
sonador, ra. I. *n.* noise maker. **II.** *m.* handkerchief.
sonaja, *f.* jingles; (mus.) timbrel.
sonajero, *m.* baby's rattle.
sonajuela, *f. dim.* small jingles or timbrel.
sonambulismo, *m.* somnambulism.
sonámbulo, la, *n.* somnambulist.
sonante, *pres. p.* & *a.* sounding, sonorous.
sonar. I. *va.* (*ind.* SUENO; *subj.* SUENE) to sound, to ring, to play upon. **II.** *vn.* to sound; to ring; (of clock) to strike; to be mentioned, talked about; (a) to sound, or look, (like); to seem; to sound familiar; to be reported or bruited about. —**ni suena ni truena,** is forgotten, is in the discard, cuts no figure. **III.** *vr.* to blow one's nose. **IV.** *m.* sonar.
sonata, *f.* (mus.) sonata.
sonatina, *f. dim.* (mus.) sonatina.
sonda, *f.* (naut.) sounding, heaving the lead; lead, sounder, plummet; (aer.) dragrope; (geol.) anular borer; diamond drill; (surg.) catheter, bougie; sound, probe; (artil.) searcher, proof-stick.
sondable, *a.* that can be sounded.
sondaleza, *f.* (naut.) lead line, sounding line.
sondar, sondear, *va.* (naut.) to sound; to try, sound out (another's intentions); to explore, fathom; to probe.
sondeo, *m.* sounding; exploring.
sonecillo, *m. dim.* slight sound; merry tune.
sonetear, *vn.* to sonnet, compose a sonnet.
sonetico, *m. dim.* sound produced by tapping with the fingers; little or light sonnet.
sonetista, *m.* sonnet writer.
soneto, *m.* sonnet.
sónico, ca, *a.* sonic.
sonido, *m.* sound; noise; report; literal meaning. —**s. timpánico,** tympanic resonance.
sonochada, *f.* evening; evening watch.
sonochar, *vn.* to watch the first night hours.
sonómetro, *m.* sonometer.
sonoramente, *adv.* sonorously; harmoniously.
sonoridad, *f.* sonority, sonorousness.
sonoro, ra; sonoroso, sa, *a.* sonorous; sounding, clear, loud.
sonreír, *vn.* & *vr.* (*ger.* SONRIENDO; *ind. pres.* SONRÍO, *pret.* él SONRIÓ; *subj.* SONRÍA) to smile.
sonrisa, *f.,* **sonriso,** *m.* smile.
sonrodadura, *f.* (of wheels) sticking in the mud.
sonrodarse, *vr.* (of wheels) to stick in the mud.
sonrojar, sonrojear. I. *va.* to make (one) blush. **II.** *vr.* to blush.—**sonrojo,** *m.* blush; blushing; word causing a blush.
sonrosar, sonrosear. I. *va.* to dye a rose color. **II.** *vr.* to blush.—**sonroseo,** *m.* blush.
sonsaca, *f.,* **sonsacamiento,** *m.* wheedling; drawing out; enticement; pilfering.
sonsacador, ra, *n.* wheedler, enticer; pilferer.
sonsacar, *va.* (*pret.* SONSAQUÉ; *subj.* SONSAQUE) to pilfer; to draw (one) out; to entice, allure.
sonsaque, *m.* = SONSACA.
sonsonete, *m.* sound produced by rhythmical raps or taps; singsong voice.
soñador, ra, *n.* dreamer.
soñante. I. *pres. p.* of SOÑAR. **II.** *a.* dreaming.
soñar. I. *va.* & *vn.* (*ind.* SUEÑO; *subj.* SUEÑE) to dream.—**s. con,** or **en,** to dream of.—**s. despierto,** to indulge in day dreams; to build air castles.—**ni soñarlo,** not even to dream of it.
soñolencia, *f.* somnolence, somnolency, sleepiness.
soñoliento, ta, *a.* somnolent, sleepy; sleeping; sleep-producing.
sopa, *f.* sop (soaked bread); soup.—*pl.* slices of bread for soup.—**s. borracha,** a kind of wine cake.—**s. de ajo,** or **de gato,** meager soup.—**s. de vino,** (bot.) flower of the small caltrops. —**s. juliana,** julienne soup, vegetable soup.—**a la s. boba,** (coll.) living at other people's expense.—**hecho una s.,** (coll.) drenched, wet through to the skin.
sopaipa, *f.* fritter steeped in honey.
sopalancar, *va.* to lift with a lever.
sopalanda, *f.* gown worn by students.
sopanda, *f.* brace (of carriage); (carp.) joist.
sopapear, *va.* (coll.) to chuck under the chin; to vilify, to abuse.
sopapo, *m.* chuck under the chin; (coll.) box, blow, slap; (mech.) valve, stop valve, sucker.
sopar, [1]**sopear,** *va.* = ENSOPAR, to sop (bread).
[2]**sopear,** *va.* to trample; to maltreat.
sopeña, *f.* cavity under a rock.
sopera, *f.* soup tureen.
sopero. I. *m.* soup plate. **II.** *m.* lover of soups.
sopesar, *va.* to heft, test the weight of by lifting.
[1]**sopetear,** *va.* to sop; to steep (bread).
[2]**sopetear,** *va.* to abuse, maltreat.
sopeteo, *m.* dipping (bread, etc.).
[1]**sopetón,** *m.* bread toasted and steeped in oil.
[2]**sopetón,** *m.* box, cuff, slap.—**de s.,** suddenly.
sopicaldo, *m.* very thin soup.
sopista, *n.* one living on charity.
sopita, *f. dim.* light soup.
¡sopla! *interj.* gracious! what a thing!
sopladero, *m.* air hole from subterranean passages.
soplado, da. I. *pp.* of SOPLAR. **II.** *a.* (coll.) overnice and spruce; conceited. **III.** *m.* (min.) deep fissure.
soplador, ra. I. *n.* blower; inciter. **II.** *m.* ventilator, blowing fan; tuyère (of a blast furnace).
sopladura, *f.* blowing; (foundry) air hole.
soplamocos, *m.* (coll.) box or slap on the nose.
soplar. I. *vn.* to blow; (coll.) to tattle. **II.** *va.* to blow; blow out; to fan; to fill with air, inflate; to rob or steal in an artful manner; to huff (a man) in the game of draughts; to prompt, tell what to say; (Am.) (theat.) to prompt; to inspire.—**soplársela a uno,** to deceive one. **III.** *vr.* to swell up; to eat or drink to excess, to stuff oneself.
soplete, *m.* blowpipe; blow torch.
soplico, *m. dim.* slight puff or blast.
soplido, *m.* blowing, blast.
soplillo, *m. dim.* blowing fan; anything extremely thin and light; silk gauze, chiffon; very light sponge cake.
soplo, *m.* blowing; blast, gust, puff of wind; breath; instant, moment; hint, tip, secret advice or warning; secret accusation.
soplón, plona. I. *a.* denunciatory; tipping, informing. **II.** *n.* (coll.) talebearer, tattler, stool pigeon, canary; (coll.) tipster.
sopón, *m. aug.* (coll.) = SOPISTA.
soponcio, *m.* fainting fit, swoon.
sopor, *m.* (med.) sopor, lethargic sleep.
soporífero, ra, *m.* & *a.* soporific.
soporífico, ca, *a.* soporific.
soporoso, sa, *a.* soporiferous, inducing sleep; suffering from sopor; (med.) soporose.
soportable, *a.* bearable, endurable.
soportador, ra, *n.* supporter.
soportal, *m.* (arch.) portico.
soportar, *va.* to bear, put up with; to support.
soporte, *m.* support; rest; bearing.
soprano. I. *m.* (mus.) soprano voice. **II.** *f.* soprano singer.
sopuntar, *va.* to underscore with dots.
sor, *f.* (eccl.) sister, as *sor María,* Sister Mary.

sora, *f.* (Peru) mash made from maize.
sorba, *f.* (bot.) sorb apple.
sorbedor, ra. I. *a.* sipping. **II.** *n.* sipper.
sorber, *va.* to sip, suck; to imbibe, soak, absorb; to swallow.
sorbete, *m.* sherbet, water ice.
sorbetera, *f.* ice-cream freezer; (coll. and humor.) high hat, top hat.
sorbetón, *m. aug.* large draught of liquor.
sorbible, *a.* absorbable; that can be sipped.
sorbito, *m. dim.* little sip.
[1]**sorbo,** *m.* imbibing; absorption; sip, draught, swallow, gulp.
[2]**sorbo,** *m.* = SERBAL, sorb tree, service tree.
sorción, *f.* (chem., phys.) sorption.
[1]**sorda,** *f.* (ornith.) woodcock.
[2]**sorda,** *f.* (naut.) stream cable for launching a ship.
sordamente, *adv.* secretly, silently.
sordera, sordedad, sordez, *f.* deafness.
sórdidamente, *adv.* sordidly.
sordidez, *f.* sordidness.
sórdido, da, *a.* sordid.
sordina, *f.* (mus.) mute, sordine (for string instruments); sordono (for trumpet); damper (for piano).—**a la s.,** secretly, quietly, on the quiet.
sordino, *m.* (mus.) kit, small fiddle.
sordo, da, *a.* deaf; silent, still, quiet; muffled, stifled; dull; unmoved, insensible; (math.) irrational, surd.
sordomudez, *f.* (med.) deaf-mutism.
sordomudo, da, *a.* & *n.* deaf and dumb, deaf-mute.
sordón, *m.* (mus.) old kind of oboe.
sorgo, *m.* (bot.) sorghum.
soriasis, *f.* (med.) psoriasis.
sorites, *m.* (logic) sorites, chain argument.
sorna, *f.* sluggishness, laziness, slowness.
soro, *m.* year-old hawk.
soroche, *m.* (S. A.) altitude sickness, a disease caused by the rare air; (min.) friable silver ore.
soroque, *f.* (min.) matrix of ores.
sóror, *f.* (eccl.) = SOR.
sorprendente, *a.* surprising.
sorprender, *va.* to surprise, astonish; to surprise, catch (in an act).
sorpresa, *f.* surprise.—**de s.,** by surprise.
[1]**sorra,** *f.* (naut.) ballast of stones or coarse gravel.
[2]**sorra,** *f.* side of a tunny fish.
sorregar, *va.* (*ind. pres.* SORRIEGO, *pret.* SORREGUÉ; *subj.* SORRIEGUE) to water accidentally, by deviation or overflow of the water elsewhere.
sorriego, *m.* water that deviates from one channel to another; watering by this water.
sorrostrada, *f.* insolence; bluntness.—**dar s.,** to insult; to throw one's faults in one's face.
sorteable, *a.* fit to be drafted.
sorteador, ra, *n.* one who casts lots; skilful bullfighter.
sorteamiento, *m.* = SORTEO.
sortear, *va.* to draw or cast lots for; to raffle; to fight (bulls) with skill and dexterity; to elude or shun cleverly.—**sorteo,** *m.* casting lots; drawing, raffle; bull-fighting.
sortiaria, *f.* fortune telling by cards.
sortija, *f.* finger ring; ring, hoop; curl of hair.
sortijita, juela, *f. dim.* little ring; ringlet.
sortijón, *m. aug.* large finger ring.
sortilegio, *m.* sortilege, sorcery.
sortílego, ga, *n.* sorcerer, conjurer, fortune teller.
sosa, *f.* (bot.) glasswort, kelp; soda ash, barilla; sal soda; (chem.) soda.—**s. cáustica,** (chem.) caustic soda.
sosal, *m.* soda-bearing field.
sosamente, *adv.* insipidly, tastelessly.
sosar, *m.* = SOSAL.
sosegadamente, *adv.* quietly, calmly.
sosegado, da, *pp.* & *a.* quiet, peaceful, calm.
sosegador, ra, *n.* & *a.* pacifier(-ing), appeaser (-ing), quieter(-ing).
sosegar. I. *va.* (*ind. pres.* SOSIEGO, *pret.* SOSEGUÉ; *subj.* SOSIEGUE) to appease, calm, quiet; to lull. **II.** *vn.* to rest, repose. **III.** *vr.* to become quiet, calm or composed, to quiet down.
sosera, sosería, *f.* insipidity, tastelessness; nonsense.
sosero, ra, *a.* (bot.) yielding soda.
sosez, *f.* = SOSERA.
sosiega, *f.* rest after work; drink taken while resting, after dinner or before going to bed.
[1]**sosiego,** *m.* tranquillity, calm, quiet.
[2]**sosiego, sosegué, sosiegue,** *v. V.* SOSEGAR.
soslayar, *va.* to do or place obliquely.
soslayo, *m.*—**al s.,** or **de s.,** askance; slanting, on the bias.
soso, sa, *a.* insipid, tasteless, vapid; dull, inane.
sospecha, *f.* suspicion.
sospechar, *va.* & *vn.* to suspect.
sospechosamente, *adv.* suspiciously.
sospechoso, sa, *a.* suspicious; suspecting.
sospesar, *va.* to suspend, lift, raise.
sosquín, *m.* blow treacherously given.
sostén, *m.* support; steadiness (of a ship); brassière, (coll.) bra.
sostenedor, ra, *n.* supporter.
sostener. I. *va.* (*ind. pres.* yo SOSTENGO, él SOSTIENE, *pret.* SOSTUVE, *fut.* SOSTENDRÉ; *subj.* SOSTENGA) to support, hold up; to maintain, keep; to assist, help; to encourage; to uphold, defend; to bear, endure; to hold (a conference, etc.). **II.** *vr.* to support or maintain oneself.
sostenido, da. I. *pp.* of SOSTENER. **II.** *a.* supported; sustained, kept up. **III.** *m.* (mus.) sharp (the tone and the sign ♯).
sosteniente, *a.* sustaining, supporting.
sostenimiento, *m.* sustenance, maintenance; support.—**muro,** or **pared, de s.,** retaining wall.
sostituir, *va.* = SUSTITUIR, to substitute.
sostuve, *pret.* of SOSTENER.
sota. I. *f.* jack, knave, at cards; hussy, jade. **II.** *m.* (Chile) deputy, substitute.
sotabanco, *m.* (arch.) pediment of an arch over a cornice; garret, attic.
sotabraga, *f.* (mil.) axletree band, yoke hoop.
sotacola, *f.* crupper.
sotacoro, *m.* place under the choir.
sotalugo, *m.* second hoop of a cask.
sotaministro, *m.* = SOTOMINISTRO.
sotana, *f.* cassock; (coll.) flogging, drubbing.
sotanear, *va.* (coll.) to beat, reprimand severely.
sotaní, *m.* short skirt without plaits.
sótano, *m.* cellar, basement.
sotaventar, *va.* (naut.) to fall to leeward.
sotavento, *m.* leeward, lee.—**a s.,** under the lee.
sotechado, *m.* shed.
soteño, ña, *a.* produced in groves.
soterramiento, *m.* burying under ground.
soterraño, *a.* = SUBTERRÁNEO, subterranean.
soterrar, *va.* (*ind.* SOTIERRO; *subj.* SOTIERRE) to bury, put under ground; to hide.
sotillo, *m. dim.* little grove.
soto, *m.* grove, thicket, brake.
sotoministro, *m.* steward (in some convents).
sotrozo, *m.* (artil.) linchpin, axle pin; (mech.) key; (naut.) foothook staff.
sotuer, *m.* (her.) saltier.
soviet, *m.* soviet.
soviético, ca, *a.* soviet.
sovietismo, *m.* sovietism.
sovietista, *n.* soviet.
sovietizar, *va.* & *vn.* to sovietize.
sovoz.—a s., in a low tone, sotto voce.
soy, *1st pers. sing. pres. ind.* of SER.
soya, *f.* (bot.) soy; soy bean.
speaker, *m.* (Angl.) (Arg.) (radio) announcer.
spenceriano, na, *a.* (philos.) Spencerian.
spencerismo, *m.* Spencerism.
sport, *m.* (Angl.) (Am.) sport.
Stábat, Stábat Máter, *m.* Stabat Mater.
staccato, *a.* & *adv.* (mus.) staccato.
statu quo, *m.* status quo.
su, *pron. poss. 3d pers. m.* & *f. sing.* (*pl.* SUS) his, her, its, their, one's, your.
suasorio, ria, *a.* suasory, suasive, persuasive.
suave, *a.* smooth, soft, delicate, mellow; easy, tranquil, unruffled; suave, gentle, tractable,

docile, mild, meek.—**suavemente,** *adv.* gently, sweetly, softly, mildly, kindly.
suavicé, suavice, *v. V.* SUAVIZAR.
suavidad, *f.* softness, smoothness; ease; suavity; gentleness; lenity, forbearance.
suavizador, ra. I. *a.* mollifying, smoothing, softening. **II.** *m.* razor strop.
suavizar, *va.* (*pret.* SUAVICÉ; *subj.* SUAVICE) to soften, smooth, mollify, mitigate; to ease; to temper.
subacetato, *m.* (chem.) basic acetate of lead.
subácido, da, *a.* (chem.) subacid.
subacuático, ca, *a.* subaqueous.
subagente, *m.* subagent.
subalcaide, *m.* deputy warden.
subalternante, *a.* subalternant.
subalternar, *va.* to subdue.
subalterno, na. I. *a.* subaltern, subordinate. **II.** *m.* subordinate; (mil.) subaltern.
subarrendador, ra, *n.* subleaser.
subarrendamiento, *m.* subletting.
subarrendante, *n.* = SUBARRENDADOR.
subarrendar, * *va.* (*ind.* SUBARRIENDO; *subj.* SUBARRIENDE) to sublet, sublease.
subarrendatario, ria, *n.* subtenant.
[1]subarriendo, *m.* (law) sublease.
[2]subarriendo, subarriende, *v. V.* SUBARRENDAR.
subártico, ca, *a.* subarctic.
subasta, subastación, *f.* auction, auction sale. —**poner en,** or **sacar a, pública s.,** to sell at auction.
subastador, *m.* auctioneer.
subastar, *va.* to sell at auction.
subátomo, *m.* (phys.) subatom.
subcarbonato, *m.* (chem.) subcarbonate.
subcinericio, cia, *a.* baked under ashes.
subclase, *f.* (bot. and zool.) subclass.
subclavero, *m.* assistant CLAVERO, key keeper.
subclavio, via, *a.* (anat.) subclavian.
subcolector, *m.* subcollector, assistant collector.
subcomendador, *m.* deputy commander of a military order.
subcomisión, *f.* **subcomité,** *m.* subcommittee.
subconjunto, *m.* subassembly.
subconsciencia, *f.* subconsciousness; (the) subconscious.
subconsciente, *a.* subconscious.
subconservador, *m.* judge deputed by a conservator.
subcontinente, *m.* subcontinent.
subcontratar, *va.* & *vn.* to subcontract.
subcontratista, *n.* subcontractor.
subcontrato, *m.* subcontract.
subcostal, *a.* (anat.) subcostal, below the ribs.
subcrítico, ca, *a.* (chem., phys.) subcritical.
subcutáneo, nea, *a.* subcutaneous.
subdebutante, *f.* subdeb.
subdecano, *m.* subdean.
subdelegable, *a.* that can be subdelegated.
subdelegación, *f.* subdelegation.
subdelegado, da, *n.* subdelegate.
subdelegante, *n.* he who subdelegates.
subdelegar, *va.* (*pret.* SUBDELEGUÉ; *subj.* SUBDELEGUE) to subdelegate.
subdesarrollado, da, *a.* underdeveloped.
subdesarrollar, *va.* to underdevelop.
subdesarrollo, *m.* underdevelopment.
subdiaconado or **-ato,** *m.* subdeaconship.
subdiácono, *m.* subdeacon.
subdirector, ra, *n.* assistant director.
subdistinción, *f.* subdistinction.
subdistinguir, *va.* (*ind.* SUBDISTINGO; *subj.* SUBDISTINGA) to make a subdistinction.
súbdito, ta. I. *a.* subject (to authority, etc.); inferior. **II.** *m.* subject (of a state, etc.).
subdividir, *va.* to subdivide.—**subdivisible,** *a.* subdivisible.—**subdivisión,** *f.* subdivision.
subdominante, *f.* (mus.) subdominant.
subejecutor, *m.* subagent.
subentender. I. *va.* (*ind.* SUBENTIENDO; *subj.* SUBENTIENDA) to understand what is tacitly meant. **II.** *vr.* to be understood, to be implied.
subérico, ca, *a.* suberic, pert. to cork.
suberina, *f.* suberin, substance in cork.
suberoso, sa, *a.* suberose, corky.
subespecie, *f.* (zool., bot.) subspecies.
subestación, *f.* substation.
subestructura, *f.* substructure.
subfamilia, *f.* (bot., zool.) subfamily.
subgénero, *m.* (biol.) subgenus.
subgobernador, ra, *n.* vicegovernor, lieutenant governor.
subgrupo, *m.* subgroup.
subida, *f.* ascent, going up; elevation, taking or carrying up; acclivity, rise; accession of a disease; rise.—**s. repentina,** upsurge.
subidero, ra. I. *a.* mounting, raising, climbing. **II.** *m.* ladder, mounting block; way to go up; up grade, uphill road.
subido, da. I. *pp.* of SUBIR. **II.** *a.* raised on high; high, high-priced; strong, loud, bright (as a color); strong-scented; finest, most excellent.
subidor, *m.* porter; elevator, lift.
subiente. I. *a.* rising. **II.** *m.* (arch.) ascending ornaments.
subilla, *f.* awl.
subimiento, *m.* rising, climbing, ascending.
subíndice, *m.* (math.) subindex.
subinquilino, *m.* subtenant.
subinspección, *f.* subinspectorship; subinspector's office.
subinspector, *m.* subinspector.
subintendente, *m.* assistant intendant.
subintración, *f.* (med.) subintrant fever.
subintrante, *a.* (med.) subintrant.
subintrar, *vn.* to enter one after another; (med.) (of fever) to begin before end of preceding attack.
subir. I. *vn.* to rise; to come up, go up, climb, mount; to grow; (of silkworms) to enter leaves; to be promoted; to increase in intensity; (com.) to amount to; (of price, temperature, etc.) to rise; (mus.) to raise the voice or pitch.—**s. a caballo,** to mount a horse.—**s. de punto,** to increase, grow.—**s. de tono,** to raise one's voice; to be more outspoken. **II.** *va.* to raise, place higher; to take up, bring up; set up; to straighten from an inclined position; (com.) to raise (prices). **III.** *vr.* to go up, to climb; to rise.—**s. a las barbas,** to fly in one's face.—**s. a las bovedillas,** (coll.) to be nettled, be violently irritated.—**s. a la cabeza,** (of wine, liquor, popularity, etc.) to go to one's head.
súbitamente, subitáneamente, *adv.* suddenly, all of a sudden.
subitáneo, nea, *a.* sudden, unexpected.
súbito, ta, *a.* sudden, unforeseen, unexpected.—*adv. m.* **s.,** or **de s.,** suddenly, unexpectedly.
subjefe, *n.* second in command; assistant chief.
subjetivamente, *adv.* subjectively.
subjetividad, *f.* subjectivity.
subjetivismo, *f.* subjectivism.
subjetivista, *n.* subjectivist.
subjetivo, va, *a.* subjective.
subjugación, *f.* subjugation.
subjuntivo, va, *m.* & *a.* (gram.) subjunctive.
sublevación, *f.,* **sublevamiento,** *m.* insurrection, revolt.
sublevar. I. *va.* to incite to rebellion, raise in rebellion. **II.** *vr.* to rise in rebellion.
sublimación, *f.* sublimation.
sublimado. I. *pp.* of SUBLIMAR. **II.** *m.* (chem.) sublimate.—**s. corrosivo,** corrosive sublimate.
sublimar, *va.* to heighten, elevate, exalt; (chem.) to sublimate.
sublimatorio, ria, *a.* (chem.) sublimatory.
sublime, *a.* sublime.—**la S. Puerta,** the Sublime Porte (the former Ottoman Empire).
sublimidad, *f.* sublimity.
sublingual, *a.* (anat.) sublingual, under the tongue.
sublunar, *a.* sublunary; terrestrial, earthly.
submarginal, *a.* submarginal.

submarino, na, *m.* & *a.* submarine.
submarino atómico, *m.* atomic submarine.
submaxilar, *a.* submaxillary, pertaining to the lower jaw.
submicroscópico, ca, *a.* submicroscopic.
submúltiplo, pla, *m.* & *a.* (math.) submultiple.
subnivel, *m.* sublevel.
subnormal. I. *a.* subnormal. **II.** *f.* (geom.) subnormal.
suborden, *m.* suborder.
subordinación, *f.* subordination; subjection.
subordinadamente, *adv.* subserviently.
subordinado, da. I. *pp.* of SUBORDINAR. **II.** *a* subordinate, subservient.
subordinar, *va.* to subordinate; to subject.
subpiso, *m.* (geol.) substage.
subpolar, *a.* under or near the pole.
subprefecto, *m.* subprefect.
subprefectura, *f.* subprefecture.
subproducto, *m.* by-product. Also PRODUCTO SECUNDARIO.
subrayar, *va.* to underscore, underline; to emphasize.
subreino, *m.* (bot., zool.) subkingdom, phylum.
subrepción, *f.* underhand proceeding; (law) subreption; surreption.
subrepticiamente, *adv.* surreptitiously.
subrepticio, cia, *a.* surreptitious.
subrigadier, *m.* (mil.) subbrigadier.
subrogación, *f.* surrogation or subrogation, substitution.
subrogar, *va.* (law) to subrogate; to substitute.
subsanable, *a.* excusable; reparable, surmountable, that can be obviated.
subsanar, *va.* to exculpate, excuse; to mend, correct, repair; to obviate, get over.
subscapular, *a.* (anat.) subscapular.
subscribir, *va.* & *vr.* (*pp.* SUBSCRIPTO, SUBSCRITO) to subscribe; to sign; to accede, agree to.
subscripción, *f.* subscription.
subscripto, ta; subscrito, ta; I. *pp. irreg.* of SUBSCRIBIR. **II.** *n.*—**el s.,** the undersigned.
subscriptor, ra, *n.* subscriber.
subsecretaría, *f.* office and employment of an assistant secretary.
subsecretario, ria, *n.* assistant secretary.
subsecuente, *a.* subsequent.
subseguirse, *vr.* (*ger.* SUBSIGUIENDO; *ind. pres.* SUBSIGO, *pret.* él SUBSIGUIÓ; *subj.* SUBSIGA) to follow next.
subsidiariamente, *adv.* subsidiarily.
subsidiario, ria, *a.* subsidiary; branch (as *a.*); auxiliary; (law) ancillary.
subsidio, *m.* subsidy, pecuniary aid; war tax.
subsigo, subsiguió, etc. *v. V.* SUBSEGUIRSE.
subsiguiente, *a.* subsequent, succeeding.
subsistencia, *f.* permanence, stability; subsistence; livelihood, living.
subsistente, *pres. p.* & *a.* subsistent, subsisting.
subsistir, *vn.* to subsist, last; to live, exist; to have the means of subsistence.
subsolano, *m.* east wind.
subsolar, *a.* subsolar.
subsónico, ca, *a.* subsonic.—**velocidad s.,** subsonic speed.
subsótano, *m.* subcellar.
substancia, *f.* substance; nutritious sap, juice, or extract; property, wealth; gist; importance, value; (coll.) judgment, sense.—**s. blanca,** (anat.) white matter (of the brain).—**s. gris,** (anat.) gray matter.—**en s.,** in substance, in effect; in a nutshell, in brief.
substanciación, *f.* substantiation.
substancial, *a.* substantial, real, material; nutritious, nourishing; essential.
substancialmente, *adv.* substantially.
substanciar, *va.* to extract the substance of, to abstract, abridge; to substantiate; (law) to try (a case).
substancioso, sa, *a.* juicy; nourishing, nutritious; substantial.
substantivar, *va.* (gram.) to substantivize.
substantividad, *f.* substantiveness.
substantivo, va. I. *a.* substantive. **II.** *m.* substantive, noun.
substitución, *f.* substitution.
substituíble, *a.* replaceable.
substituidor, ra, *n.* & *a.* substitute(-ing).
substituir, *va.* (*pp.* SUBSTITUÍDO, SUBSTITUTO; *ger.* SUBSTITUYENDO; *ind. pres.* SUBSTITUYO, *pret.* él SUBSTITUYÓ; *subj.* SUBSTITUYA) to substitute, replace.
substitutivo, va, *a.* substitute.
substituto, ta, *n.* substitute.
substituyente, *a.* substituting.
substituyo, etc. *v. V.* SUBSTITUIR.
substracción, *f.* subtraction.
substraendo, *m.* subtrahend.
substraer. I. *va.* (*ger.* SUBSTRAYENDO; *ind. pres.* SUBSTRAIGO, *pret.* SUBSTRAJE; *subj.* SUBSTRAIGA) to subtract, remove, take off, deduct. **II.** *vr.* to withdraw oneself, to elude.
substrato, *m.* (philos.) substratum.
subsuelo, *m.* subsoil.
subtangente, *f.* subtangent.
subtender, *va.* (*ind.* SUBTIENDO; *subj.* SUBTIENDA) (geom.) to subtend.
subteniente, *m.* (mil.) second lieutenant.
subtensa, *f.* (geom.) subtense (chord).
subterfugio, *m.* subterfuge.
subterráneamente, *adv.* subterraneously.
subterráneo, nea. I. *a.* subterranean, underground. **II.** *m.* any place underground (cave, vault, etc.); (Am.) subway; (geol.) subterrene.
subtesorería, *f.* subtreasury.
subtesorero, ra, *n.* subtreasurer.
subtítulo, *m.* subtitle.
subtropical, *a.* subtropical, subtropic.
subtrópicos, *m. pl.* subtropics.
suburbano, na. I. *a.* suburban. **II.** *n.* suburbanite, suburban.
suburbicario, ria, *a.* suburbicarian.
suburbio, *m.* suburb, outskirt.
subvención, *f.* subsidy, subvention, money aid.
subvencionar, *va.* to subsidize.
subvenir, *va.* (*ger.* SUBVINIENDO; *ind. pres.* yo SUBVENGO, él SUBVIENE, *pret.* SUBVINE, *fut.* SUBVENDRÉ; *subj.* SUBVENGA) to subvene, aid, assist, succor; to provide, supply, furnish, defray.
subversión, *f.* subversion, overthrow.
subversivo, va, *a.* subversive, destructive.
subversor, ra. I. *a.* subverting, overthrowing. **II.** *n.* subverter, overthrower.
subvertible, *a.* subvertible.
subvertir, *va.* (*ind. pres.* SUBVIERTO, *pret.* él SUBVIRTIÓ; *subj.* SUBVIERTA) to subvert, destroy, ruin.
subviene, subvine, etc. *v. V.* SUBVENIR.
subyacente, *a.* underlying.
subyugación, *f.* subjugation, subjection.
subyugador, ra, *n.* & *a.* subjugator(-ing).
subyugar, *va.* (*pret.* SUBYUGUÉ; *subj.* SUBYUGUE) to subdue, subjugate.
succinato, *m.* (chem.) succinate.
succínico, ca, *a.* (chem.) succinic.
succino, *m.* succinite, amber.
succión, *f.* suction, suck.
sucedáneo, a, *a.* & *m.* succedaneous, substitute (drug, etc.).
suceder. I. *vn.* (a) to succeed, follow, be the successor (of). **II.** *v. impers.* to happen, come to pass, come about.—**suceda lo que sucediere,** come what may.
sucedido, *m.* event, happening.
sucediente, *a.* succeeding, following.
sucesible, *a.* capable of succession.
sucesión, *f.* succession; issue, offspring; (law) estate.—**s. intestada,** heirs at law.
sucesivamente, *adv.* successively.
sucesivo, va, *a.* successive, consecutive.—**en lo s.,** hereafter, in future.

suceso, *m.* event, happening; issue, outcome; (*rare,* Gal.) success; course of time.
sucesor, ra, *n.* successor.
suciamente, *adv.* nastily, filthily; basely.
suciedad, *f.* nastiness, filthiness; dirt, filth.
sucintamente, *adv.* succinctly, briefly.
sucintarse, *vr.* to be precise, brief.
sucinto, ta, *a.* tucked up; brief, succinct, concise.
sucio, cia, *a.* dirty, nasty, filthy; soiled; untidy; tainted with guilt or sin; low, base; (naut.) foul.
suco, *m.* juice; sap.—**sucoso, sa,** *a.* juicy.
sucotrino, *a.* socotrine (aloes).
sucre, *m.* sucre, an Ecuadorean silver coin (about 50 cents).
sucrosa, *f.* (chem.) sucrose.
suctorio, ria, *a.* (biol.) suctorial.
súcubo, *m.* succubus (demon).
sucucho, *m.* (naut.) storeroom of a ship; (Am.) SOCUCHO, small room, "den"; hiding-place.
súcula, *f.* windlass, winch.
suculencia, *f.* juiciness, succulence.
suculentamente, *adv.* succulently.
suculento, ta, *a.* succulent, juicy.
sucumbiente, *a.* yielding; dying.
sucumbir, *vn.* to succumb; to submit, yield; to die, perish; (law) to lose a suit.
sucursal. I. *a.* ancillary, subsidiary; branch (as *a.*). **II.** *f.* (com.) branch of a commercial house.
sucusión, *f.* (med.) succussion, shaking (for diagnostic purposes).
suche. I. *a.* (Venez.) green, unripe. **II.** *m.* (Ecua., Peru), a tree yielding valuable timber; (Arg.) mud; (Chile) insignificant employee.
suchel, suchil, *m.* (Am.) = SUCHE (tree).
sud, *m.* south; south wind.
sudación, *f.* sweating.
sudadero, *m.* handkerchief; back cloth (for horses); sweating room, sudatory; moist ground; sweating place for sheep.
sudado, da. I. *pp.* of SUDAR. **II.** *a.* sweaty.
sudador, ra, *n.* one who perspires freely.
Sudáfrica, *f.* South Africa.
sudafricano, na, *n.* & *a.* South African.
sudamericano, na, *n.* & *a.* South American.
Sudán, *m.* Sudan.
sudanés, sa, *n.* & *a.* Sudanese.
sudante, *a.* sweating.
sudar, *vn.* to sweat, perspire; to ooze, to give with repugnance; to toil, to labor.
sudario, *m.* handkerchief, shroud (for corpse).
sudatorio, ria, *a.* sudorific, causing sweat.
sudeste, *m.* & *a.* southeast.—**s. cuarta al este,** southeast by east.—**s. cuarta al sur,** southeast by south.
sudista, *n.* (U. S.) Southerner.
sudoeste, *m.* & *a.* southwest.—**s. cuarta al oeste,** southwest by west.—**s. cuarta al sur,** southwest by south.
sudor, *m.* sweat, perspiration; toil, drudgery; gum that oozes from trees.
sudoriento, ta, *a.* wet with sweat.
sudorífero, ra, *a.* sudorific, causing sweat.
sudorífico, ca, *a.* & *m.* (med.) sudorific.
sudoríparo, ra, *a.* (anat.) sudoriferous, sweat-secreting.
sudoroso, sa, *a.* sweating, perspiring freely.
sudoso, sa, *a.* sweaty, perspiring.
sudsudeste, *m.* south-southeast.
sudsudoeste, *m.* south-southwest.
sudueste, *m.* southwest.
Suecia, *f.* Sweden.
sueco, ca. I. *a.* Swedish. **II.** *n.* Swede.—**hacerse el s.,** (coll.) to pretend not to hear.
suegra, *f.* mother-in-law; hard crust of bread.
suegrecita, *f. dim.* (coll.) little mother-in-law.
suegro, *m.* father-in-law.
suela, *f.* sole (of shoe); sole leather; (ichth.) sole; horizontal rafter laid as a support for partition walls; (arch.) base; leather tip of a billiard cue. —*pl.* sandals.—**de siete suelas,** consummate, thorough, through and through.
suelda, *f.* (bot.) comfrey.
sueldacostilla, *f.* (bot.) a bulbous plant.
[1]**sueldo,** *m.* salary; pay given to soldiers; an ancient coin; sou or sol.—**s. básico,** base pay. —**s. mínimo,** minimum wage.
[2]**sueldo, suelde,** *v. V.* SOLDAR.
[1]**suelo,** *m.* ground; soil; land, earth, terra firma; pavement; floor, flooring; story; dregs, sediment, lees; ground plot; end; bottom, underside; hoof.—*pl.* (vet.) sole, plantar face of a horse's hoof; scatterings or leavings of grain.—**s. del estribo,** rest of the stirrup.—**s. natal,** native soil, country.—**dar consigo en el s.,** to fall down.—**dar en el s. con,** to throw down. —**medir el s.,** to fall flat, measure one's length on the ground; to lie down flat on the ground. —**por el s.,** or **por los suelos,** in a state of great depreciation; altogether out of favor.—**venirse al s.,** to fall to the ground, topple over.
[2]**suelo, suele,** *v. V.* SOLAR.
[3]**suelo, él suele,** *v. V.* SOLER.
suelta, *f.* loosening or letting loose; fetters; relay of oxen; place where oxen are changed.—**dar s.,** to grant a recess for amusement.
sueltamente, *adv.* loosely, lightly, expeditiously; licentiously; spontaneously; laxly.
[1]**suelto, ta. I.** *pp. irreg.* of SOLTAR. **II.** *a.* loose; light, expeditious; swift, able; free, bold, daring; easy, disengaged; voluble, fluent; odd, disconnected, unclassified; single (copy); blank (verse).—**s. de lengua,** outspoken. **III.** *m.* small change; editorial paragraph; newspaper item or paragraph.
[2]**suelto, suelte,** *v. V.* SOLTAR.
suelvo, suelva, *v. V.* SOLVER.
sueno, suene, *v. V.* SONAR.
[1]**sueño,** *m.* sleep; sleeping; drowsiness, sleepiness; dream; any event of short duration.—**s. eterno,** eternal sleep, death.—**s. pesado,** sound sleep; deep sleep.—**conciliar el s.,** to coax sleep.—**descabezar el s., echar un s.,** to take a nap. —**en sueños,** or **entre sueños,** dreaming; in dreamland.—**enfermedad del s.,** sleeping sickness.—**espantar el s.,** to scare away sleep. —**ni por s.,** by no means, not a bit of it.—**tener s.,** to be sleepy.
[2]**sueño, sueñe,** *v. V.* SOÑAR.
suero, *m.* whey; serum (of blood).
sueroso, sa, *a.* = SEROSO, serous; watery.
sueroterapia, *f.* serotherapy, serum therapy.
suerte, *f.* chance, hazard; lot, luck; good luck; state, condition; fate, doom, destiny; kind, sort; manner, way; skilful manœuvre of a bullfighter; (theat.) trick, feat, juggle; piece of ground separated by landmarks; (Peru) lottery ticket.—**s. negra,** very bad luck.—**caerle a uno la s.,** to fall to one's lot.—**de s. que,** in such a manner as, so that; and so.—**echar suertes,** to cast or draw lots.—**entrar en s.,** to take part in a draft or raffle.—**por s.,** by chance; luckily. —**tener s.,** to be lucky.—**tocarle a uno la s.** = CAERLE A UNO LA S.
suertero, *m.* (Peru) seller of lottery tickets.
sueste, *m.* southeast.
suéter, *m.* (Angl.) (Am.) sweater.
suevo, va, *n.* & *a.* Swabian.
sufete, *m.* Suffete, a Carthaginian magistrate.
sufí. I. *a.* Sufistic. **II.** *n.* Sufi.
suficiencia, *f.* sufficiency; capacity, ability.—**a s.,** sufficiently, enough.
suficiente, *a.* sufficient; fit, competent.
suficientemente, *adv.* sufficiently.
sufijo, ja. I. *a.* suffixed. **II.** *m.* suffix.
sufismo, *m.* Sufism.
sufocación, sufocar, etc. = SOFOCACIÓN, etc.
sufra, *f.* ridgeband of a harness.
sufragáneo, ea. I. *a.* suffragan, auxiliary. **II.** *m.* (eccl.) suffragan.
sufragar, *va.* (*pret.* SUFRAGUÉ; *subj.* SUFRAGUE) to favor; to aid; to defray.
sufragio, *m.* suffrage; vote; favor, support, aid, assistance; (eccl.) suffrage.
sufragismo, *m.* suffragism.

sufragista, *n.* suffragist; *f.* suffragette.
sufrible, *a.* sufferable, bearable.
sufridera, *f.* smith's tool for punching holes on an anvil.
sufridero, ra, *a.* bearable, endurable.
sufrido, da. I. *pp.* of SUFRIR. **II.** *a.* enduring, lasting; patient, long-suffering, (of colors) disguising, that don't show (dirt, etc.).—**mal s.,** rude.
sufridor, ra, *n.* & *a.* sufferer(-ing).
sufriente, *a.* enduring, suffering.
sufrimiento, *m.* suffering; sufferance, tolerance.
sufrir. I. *va.* to suffer, endure, bear up; to undergo (a change, an operation, etc.); to bear, carry, support; to sustain, resist (an attack); to permit, tolerate, put up with; to meet with (as a reverse); to do (penance). **II.** *vn.* to suffer.
sufumigación, *f.* (med.) suffumigation.
sufusión, *f.* (med.) suffusion; a kind of cataract.
sugerencia, *f.* suggestion.
sugerente, *a.* suggesting, suggestive.
sugerir, *va.* (*ger.* SUGIRIENDO; *ind. pres.* SUGIERO, *pret.* él SUGIRIÓ; *subj.* SUGIERA) to suggest, hint, insinuate.
sugestible, *a.* suggestible.
sugestión, *f.* suggestion; insinuation, hint; temptation.—**s. hipnótica,** hypnotic suggestion.
sugestionable, *a.* easily influenced.
sugestionar, *va.* to hypnotize; to influence.
sugestivo, va, *a.* suggestive.
sugiero, sugirió, etc. *v. V.* SUGERIR.
suicida. I. *a.* suicidal. **II.** *n.* suicide, one who commits suicide.
suicidarse, *vr.* to commit suicide.
suicidio, *m.* suicide (self-murder).
suideo, a. I. *a.* swinelike. **II.** *m. pl.* Suidæ, the swine family.
sui generis, *a.* sui generis, unique, peculiar.
suita, *f.* (C. A.) a kind of grass used for thatching and forage.
Suiza, *f.* Switzerland.
suizo, za. I. *a.* Swiss. **II.** *n.* Swiss; *f.* fight, row; ancient military sport.
sujeción, *f.* subjection; coercion, control; obedience, subordination; submission, surrender; connection.—**con s. a,** in accordance with.
sujetador, *m.* shift lock.
sujetalibros, *m.* book end.
sujetar. I. *va.* (*pp.* SUJETADO, SUJETO) to subject, subdue; to hold fast, fasten, catch, grasp. **II.** *vr.* to control oneself; to submit; (a) to abide (by), keep (to), to observe.
sujeto, ta. I. *pp. irreg.* of SUJETAR. **II.** *a.* subject, liable, exposed, chargeable; amenable. **III.** *m.* subject, topic, theme, matter; person; individual, fellow; (logic, gram.) subject.—**s. a impuesto,** dutiable.—**s. imponible,** taxpayer.—**buen s.,** nice guy, good sport.
sulfa-, *pref.* sulfa- (containing sulphur, of sulphur).
sulfácido, *m.* (chem.) sulfacid.
sulfadiacina, *f.* (pharm.) sulfadiazine.
sulfanilamida, *f.* (pharm.) sulfanilamide.
sulfapiridina, *f.* (pharm.) sulfapyridine.
sulfarsfenamina, *f.* (pharm.) sulfarsphenamine.
sulfas, *f. pl.* (pharm.) sulfa drugs.
sulfatador, ra. I. *a.* sulfating. **II.** *f.* sulfating machine.
sulfatar, *va.* & *vn.* to sulfate.
sulfatiazol, *m.* (pharm.) sulfathiazole.
sulfato, *m.* (chem.) sulfate.—**s. de bario,** (chem.) barium sulfate.—**s. de cobre,** (chem.) copper sulfate.—**s. de magnesia,** (pharm.) Epsom salts.—**s. de sodio,** (chem.) sodium sulfate.—**s. ferroso,** (chem.) ferrous sulfate.
sulfhidrato, *m.* (chem.) sulfhydrate, hydrosulfide.
sulfhídrico, ca, *a.* (chem.) hydrosulfuric.
sulfito, *m.* (chem.) sulfite.—**s. de sodio,** (chem.) sodium sulfite.
sulfonal, *m.* (pharm.) sulfonal.
sulfónico, ca, *a.* sulfonic.
sulfovínico, ca, *a.* (chem.) sulfovinic.
sulfuración, *f.* sulfuration.
sulfurador, *m.* sulfurator.
sulfurar. I. *va.* to sulfurate, sulfurize; to irritate, anger, enrage. **II.** *vr.* to become furious.
sulfúreo, rea, *a.* sulfureous, sulfurous, sulfurate, sulfury.
sulfúrico, ca, *a.* sulfuric.
sulfuro, *m.* (chem.) sulfide, sulfid, sulfuret.
sulfuroso, sa, *a.* (chem.) sulfurous.
sultán, *m.* sultan.—**sultana,** *f.* sultana.
sultanía, *f.* sultanate.
suma, *f.* sum; aggregate; amount; (arith.) addition; total, footing; summary; summa, complete treatise or exposition (of a science, etc.).—**s. a la vuelta,** carried forward.—**s. de la vuelta,** or **s. del frente,** brought forward.—**s. y sigue** = S. A LA VUELTA.—**en s.,** in short; to sum up.
sumaca, *f.* (S. A.) a small coasting schooner.
sumador, ra, *a.*—**máquina s.,** adding machine.
sumamente, *adv.* chiefly; exceedingly, highly.
sumando, *m.* (math.) addend.
sumar, *va.* (arith.) to add; to amount to; to sum up, recapitulate.—**máquina de s.,** adding machine.
sumaria, *f.* (law) indictment.
sumariamente, *adv.* summarily.
sumario, ria. I. *a.* summary, concise; plain, brief, cursory; (law) summary. **II.** *m.* summary, abstract; (law) indictment.
sumarísimo, ma, *a.* (law) swift, expeditious.
sumergible. I. *a.* submergible, submersible, sinkable. **II.** *m.* submarine.
sumergido, da, *a.* (bot.) demersed.
sumergimiento, *m.* submergence, sinking.
sumergir, *va.* & *vr.* (*ind.* SUMERJO; *subj.* SUMERJA) to submerge, to sink; to dive, to plunge; to overwhelm.
sumersión, *f.* submersion, immersion.
sumidad, *f.* top, apex, summit.
sumidero, *m.* sewer, drain, sink, gutter, gully; (min.) sump.
sumido, da. I. *pp.* of SUMIR. **II.** *a.* sunken.
sumiller, *m.* chief of each of several offices in the king's household.—**s. de corps,** lord chamberlain.—**s. de cortina,** royal chaplain.
sumillería, *f.* lord chamberlain's office.
suministración, *f.* = SUMINISTRO.
suministrador, ra, *n.* provider, purveyor.
suministrar, *va.* to supply, furnish, provide, afford, purvey, minister.
suministro, *m.* supply, providing.
sumir. I. *va.* & *vr.* to sink; to depress, overwhelm. **II.** *va.* (eccl.) to swallow (elements of Eucharist). **III.** *vr.* to be sunken (as cheeks).
sumisamente, *adv.* submissively.
sumisión, *f.* submission; (law) submission to the rule of another.
sumiso, sa, *a.* submissive, humble, meek.
sumista, *n.* rapid computer; abridger.
sumo, ma, *a.* high, great, supreme.—**s. pontífice,** Pontifex Maximus (in ancient Rome); Sovereign Pontiff (the Pope).—**s. sacerdote,** high priest.—**a lo s.,** at most.—**de s.,** fully.—**en s. grado,** to a very great extent; highly.
súmulas, *f. pl.* compendium of logic.
sumulista, *n.* teacher or student of the essentials of logic.
sumulístico, ca, *a.* pert. to essentials of logic.
sunción, *f.* (eccl.) partaking of the Eucharist at mass.
sundín, *m.* (Arg.) merry gathering and dancing of working people.
sunsún, *m.* (Cuba) (ornith.) humming bird.
suntuario, ria, *a.* sumptuary.
suntuosamente, *adv.* sumptuously, magnificently, gorgeously.
suntuosidad, *f.* magnificence, gorgeousness.
suntuoso, sa, *a.* sumptuous, gorgeous.
supe, *v. V.* SABER.
supedáneo, *m.* pedestal of a crucifix.
supeditación, *f.* subjection: oppression.

supeditar, *va.* to subdue, oppress; to reduce to subjection.
superable, *a.* superable, conquerable.
superabundancia, *f.* superabundance.
superabundante, *a.* superabundant.
superabundantemente, *adv.* superabundantly.
superabundar, *vn.* to superabound.
superadito, ta, *a.* superadded.
superante, *a.* surpassing, exceeding.
superar, *va.* to overcome, conquer; to surpass, excel, exceed.
superávit, *m.* (com.) surplus.
supercarretera, *f.* superhighway, expressway.
superciliar, *a.* (anat.) superciliary.
supercolumnata, *f.* (arch.) supercolumniation.
superconductor, ra, *a.* (phys.) superconductor.
supercrítico, ca, *a.* (phys.) supercritical.
superchería, *f.* fraud, deceit, wile, guile.
superchero, ra, *a.* wily, deceitful, tricky.
superdominante, *f.* (mus.) superdominant.
superego, *m.* (psych.) superego.
supereminencia, *f.* supereminence.
supereminente, *a.* supereminent.
superentender, *va.* (*ind.* SUPERENTIENDO; *subj.* SUPERENTIENDA) to superintend, inspect, supervise.
supererogación, *f.* supererogation.
supererogatorio, ria, *a.* supererogatory.
superestructura, *f.* superstructure.
superfetación, *f.* (biol.) superfetation, superimpregnation.
superficial, *a.* superficial, shallow.
superficialidad, *f.* superficiality; shallowness.
superficialmente, *adv.* superficially.
superficiario, ria, *a.* (law) superficiary.
superficie, *f.* surface; area.—**s. alabeada,** (geom.) warped surface.—**s. de calefacción,** (steam eng.) heating surface.—**s. de rodadura,** tread (of a wheel).—**s. desarrollable,** (geom.) developable surface.—**s. reglada,** (geom.) ruled surface.
superfino, na, *a.* superfine, extra fine.
superfluamente, *adv.* superfluously.
superfluidad, *f.* superfluity.
superfluo, flua, *a.* superfluous.
superfortaleza, *f.* (aer.) superfortress.
superfosfato, *m.* (chem.) superphosphate, acid phosphate.
superheterodino, *m.* (rad.) superheterodyne.
superhombre, *m.* superman.
superhumeral, *m.* (eccl.) ephod; superhumeral.
superintendencia, *f.* superintendence, supervision; superintendency.
superintendente, *n.* superintendent; intendant; inspector; overseer, supervisor.
superior. I. *a.* superior; upper; better, finer; higher (algebra, math., studies).—**el piso s.,** the upper floor (story). **II.** *m.* superior. **III.** *f.* mother superior.
superiorato, *m.* office of a superior and the term of his office.
superioridad, *f.* superiority.
superiormente, *adv.* masterly, superiorly.
superlativamente, *adv.* superlatively.
superlativo, va, *m.* & *a.* superlative.
supermercado, *m.* supermarket.
superno, na, *a.* supreme, highest.
supernumerario, ria, *a.* supernumerary.
superponer, *va.* (*pp.* SUPERPUESTO; *ind. pres.* SUPERPONGO, *pret.* SUPERPUSE, *fut.* SUPERPONDRÉ; *subj.* SUPERPONGA) to superpose.
superposición, *f.* superposition.
superpotencia, *f.* superpower; (elec.) superpower.
supersaturación, *f.* supersaturation.
supersaturar, *va.* to supersaturate.
supersensible, *a.* supersensitive.
supersónico, ca, *a.* supersonic.
superstición, *f.* superstition.
supersticiosamente, *adv.* superstitiously.
supersticioso, sa, *a.* superstitious.
supérstite, *a.* (law) surviving.
supersubstancial, *a.*—**pan s.,** (eccl.) the Host.
supervacáneo, nea, *a.* = SUPERFLUO.
supervención, superveniencia, *f.* supervention.
superveniente, *a.* supervenient, supervening.
supervenir, *vn.* (*ger.* SUPERVINIENDO; *ind. pres.* YO SUPERVENGO, él SUPERVIENE, *pret.* SUPERVINE, *fut.* SUPERVENDRÉ; *subj.* SUPERVENGA) to supervene.
supervisar, *va.* to supervise.
supervisión, *f.* supervision.
supervisor, ra. I. *a.* supervising, supervisory. **II.** *n.* supervisor.
supervivencia, *f.* survival; survivalship.—**s. del más apto,** survival of the fittest.
superviviente. I. *a.* surviving. **II.** *n.* survivor.
superyacente, *a.* superincumbent; overhanging.
supiera, supiese, *v. V.* SABER.
supinación, *f.* (anat.) supination.
supinador, *m.* (anat.) supinator (muscle).
supino, na. I. *a.* supine. **II.** *m.* (gram.) supine.
suplantación, *f.* supplanting.
suplantador, ra, *n.* & *a.* supplanter(-ing).
suplantar, *va.* to supplant; to forge, alter by fraud, raise (as a check).
suplefaltas, *m.* (coll.) substitute.
suplemental, *a.* supplemental.
suplementar, *va.* to supplement.
suplementario, ria, *a.* supplementary.
suplemento, *m.* supply, supplying; supplement; (geom.) supplement.
suplente, *a.* & *n.* substitute(-ing), replacer(-ing).
supletorio, ria, *a.* suppletory, supplemental.
súplica, *f.* entreaty; supplication; request.—**a s.,** by request.
suplicación, *f.* supplication; request; petition; rolled waffle; (law) petition to a high court for a reversal of its own decision.—**a s.,** by petition, by request.
suplicacionero, ra, *n.* waffle seller.
suplicante. I. *a.* suppliant, supplicant, entreating. **II.** *n.* supplicant, suppliant.
suplicar, *va.* (*pret.* SUPLIQUÉ; *subj.* SUPLIQUE) to entreat, implore, beg; to supplicate, pray; to ask, request.—**s. de la sentencia,** to petition against the sentence; to appeal.—**s. en revista,** (law) to apply for a new trial.
suplicatoria, *f.,* **suplicatorio,** *m.* (law) letters rogatory.
suplicio, *m.* torture; execution (death penalty); place of execution; grief, suffering, anguish.
suplidor, ra, *n.* substitute, deputy.
supliqué, suplique, *v. V.* SUPLICAR.
suplir, *va.* to supply, provide, afford, furnish; to substitute; to excuse, overlook; (gram.) to supply mentally, understand.
supo, *v. V.* SABER.
suponedor, ra, *n.* supposer.
suponer. I. *va.* (*pp.* SUPUESTO; *ind. pres.* SUPONGO, *pret.* SUPUSE, *fut.* SUPONDRÉ; *subj.* SUPONGA) to suppose, assume; to entail (expense, etc.). **II.** *vn.* to have weight or authority.
suportación, *f.* endurance; toleration.
suposición, *f.* supposition, assumption; distinction, high position; imposition, falsehood.
supositicio, cia, *a.* supposititious, pretended; supposed, assumed.
supositivo, va, *a.* suppositive.
supositorio, *m.* (med.) suppository.
supradicho, cha, *a.* aforesaid, above-mentioned.
supramaxilar, *m.* & *a.* (anat.) supramaxillary.
suprarrenal, *a.* (anat.) suprarenal.
suprascapular, *a.* (anat.) suprascapular.
suprasensible, *a.* supersensible.
supraspina, *f.* (anat.) supraspinal fossa of the scapula.
suprema, *f.* Supreme Council of the Inquisition.
supremacía, *f.* supremacy.
supremamente, *adv.* supremely.
supremo, ma, *a.* supreme; last, final.
supresión, *f.* suppression; omission; rooting out, elimination.—**s. de denominadores,** (alg.) clearing of fractions.—**s. de factores co-**

munes, (arith., alg.) cancellation (of common factors).
supresivo, va, *a.* suppressive.
supreso, sa, *pp. irreg.* of SUPRIMIR.
supresor, ra. I. *a.* suppressive. **II.** *n.* suppressor.
suprimible, *a.* suppressible.
suprimir, *va.* (*pp.* SUPRIMIDO, SUPRESO) to suppress; to cut out, abolish, eradicate; to omit; to clear of; (math.) to cancel.
suprior, ra, *n.* subprior(-ess).
supriorato, *m.* office of subprior or prioress.
supuesto, ta. I. *pp. irreg.* of SUPONER.—**s. que,** allowing that; granting that; since.—**esto s.,** this being understood.—**por s.,** of course, naturally. **II.** *m.* supposition; hypothesis, assumption.
supuración, *f.* suppuration.
supurante, *a.* suppurating.
supurar. I. *va.* to waste, consume. **II.** *vn.* (med.) to suppurate.—**supurativo, va,** *a.* & *m.* suppurative.—**supuratorio, ria,** *a.* suppurating.
supuse, *pret.* of SUPONER.
suputación, *f.* computation, calculation.
suputar, *va.* & *vn.* to compute, calculate, reckon.
sur, *m.* south; south wind.
sura, *m.* sura (section of the Koran).
sural, *a.* (anat.) sural, pert. to calf of leg.
suramericano, na, *n.* & *a.* = SUDAMERICANO.
surcado, da, *a.* sulcate, sulcated, furrowed.
surcador, ra, *n.* plowman; *f.* plowwoman.
surcar, *va.* (*pret.* SURQUÉ; *subj.* SURQUE) (agr.) to plow, furrow; to cut through, move through.
surco, *m.* furrow; rut; wrinkle.—**a s.,** adjoining, separated by a furrow.
surculado, da, *a.* (bot.) single-stemmed.
súrculo, *m.* (bot.) single stem without branches.
surculoso, sa, *a.* = SURCULADO.
sureño, ña. I. *a.* southern, southerly. **II.** *n.* southerner.
surgente, *a.* surging, salient.
surgidero, *m.* (naut.) roads, anchoring place.
surgidor, ra, *n.* one who anchors.
surgir, *vn.* (*pp.* SURGIDO, SURTO: *ind.* SURJO; *subj.* SURJA) to spout, spurt; to issue, come forth; to present itself, appear, arise; to sprout; (naut.) to anchor.
surqué, surque, *v. V.* SURCAR.
surrealismo, *m.* surrealism.
surrealista, *n.* & *a.* surrealist.
surtida, *f.* (fort.) sallyport; (mil.) sally, sortie; backdoor; (naut.) slipway.
surtidero, *m.* conduit, outlet.—**s. de agua,** reservoir, basin.
surtido. I. *pp.* of SURTIR. **II.** *a.* (com.) assorted. **III.** *m.* assortment, stock.—**de s.,** in common use.
surtidor, ra. I. *n.* purveyor, caterer. **II.** *m.* jet, spout, fountain.—**s. de gasolina,** filling station.
surtimiento, *m.* supply, stock, assortment.
surtir. I. *va.* to supply, furnish, provide, purvey, stock.—**s. efecto,** to have the desired effect, to work. **II.** *vn.* to spout, spurt.
surto, ta. I. *pp. irreg.* of SURGIR. **II.** *a.* (naut.) anchored; (fig.) tranquil, at rest.
súrtuba, *f.* a Central-American gigantic fern.
surumpe, *m.* (Peru) inflammation of the eyes from the reflection of the snow.
sus, *pron. poss. pl. of* SU.
¡sus! *interj.* up! cheer up! forward!
susceptibilidad, *f.* susceptibility.
susceptible, *a.*; **susceptivo, va,** *a.* susceptible; sensitive, touchy.
suscitación, *f.* excitation.
suscitar. I. *va.* to stir up; to raise, to originate. **II.** *vr.* to rise, start, originate.
suscribir, suscrición, suscritor, etc. = SUBSCRIBIR, SUBSCRIPCIÓN, SUBSCRIPTOR, etc.
susidio, *m.* anxiety, uneasiness.
susodicho, cha, *a.* aforementioned, aforesaid.
suspendedor, ra, *a.* & *n.* that holds (something) up, suspends.
suspender. I. *va.* (*pp. irreg.* SUSPENSO) to suspend; to hang up; to stop, delay, interrupt; to discontinue; to surprise, astonish; to suspend from office; (coll.) to fail (give failing mark to) (in exam.); to adjourn (a meeting).—**s. pagos,** (com.) to stop payments. **II.** *vr.* (of horse) to rear up.
suspensión, *f.* suspension, interruption; cessation; discontinuance; suspense, uncertainty; amazement; privation; (law) suspense; (mus.) suspension.—**s. de armas,** cessation of hostilities.—**s. de fuego,** (mil.) cease-fire.—**s. de pagos,** (com.) suspension of payments.
suspensivo, va. I. *a.* suspensive. **II.** *m. pl.* (print.) leaders (. . .) showing that something has been omitted (gen. replaced by a long dash in English, except in mathematics).
suspenso, sa. I. *pp. irreg.* of SUSPENDER. **II.** *a.* astonished; perplexed.—**en s.,** in suspense. **III.** *m.* failing mark (in exam.).
suspensor, ra, *a.* & *n.* (Am.) = SUSPENDEDOR.
suspensorio, ria. I. *a.* suspensory. **II.** *m.* suspensory bandage.
suspicacia, *f.* suspiciousness, distrust.
suspicaz, *a.* suspicious, distrustful.
suspicazmente, *adv.* suspiciously.
suspirado, da, *a.* expected, desired, longed for.
suspirar, *vn.* to sigh.—**s. por,** to crave, long for, covet.
suspiro, *m.* sigh; breath; glass whistle; (mus.) short pause; ladyfinger (cake); (Am.) (bot.) lady's-slipper.—**exhalar el último s.,** to breathe one's last.
suspiroso, sa, *a.* sighing with difficulty.
sustancia, sustancial, sustancioso, etc. = SUBSTANCIA, SUBSTANCIAL, SUBSTANCIOSO, etc.
sustantivo, etc. = SUBSTANTIVO, etc.
sustenido, *m.* a Spanish step in dancing; SOSTENIDO, (mus.) sharp.
sustentable, *a.* defensible.
sustentación, *f.* support, sustenance.
sustentáculo, *m.* prop, stay, support.
sustentador, ra, *n.* & *a.* sustainer(-ing).
sustentamiento, *m.* sustenance, necessaries of life.
sustentante. I. *a.* sustaining. **II.** *m.* defender, supporter.
sustentar, *va.* to sustain, support, bear; to feed, support; to nourish; to assert, defend, advocate.
sustento, *m.* sustenance, maintenance; support.
sustitución, etc. = SUBSTITUCIÓN, etc.
susto, *m.* scare, fright, shock.—**dar un s.,** to frighten, to scare, to startle.
sustracción, sustraendo, sustraer, = SUBSTRACCIÓN, SUBSTRAENDO, SUBSTRAER.
susurración, *f.* whisper, whispering.
susurrador, ra, *n.* & *a.* whisperer(-ing).
susurrante, *a.* whispering, murmuring.
susurrar. I. *vn.* to whisper; to murmur; to rustle (as leaves); to purl (as a stream); to hum gently (as the air). **II.** *vr.* to be whispered about, to be bruited about.—**susurro,** *m.* whisper, humming, murmur, rustle, purling.
susurrón, na, *n.* grumbler, malcontent.
sutil, *a.* subtile, thin, slender; subtle, acute, cunning; keen; light, volatile.
sutileza, *f.* thinness, slenderness, fineness; subtlety, cunning, artifice; sagacity, acumen, perspicacity; nicety.—**s. de manos,** dexterity.
sutilicé, sutilice, *v. V.* SUTILIZAR.
sutilidad, *f.* = SUTILEZA.
sutilización, *f.* subtilization.
sutilizador, ra, *n.* & *a.* subtilizer(-ing).
sutilizar. I. *va.* (*pret.* SUTILICÉ; *subj.* SUTILICE) to subtilize; to thin, refine; to file, polish. **II.** *vn.* to subtilize.
sutilmente, *adv.* subtly, pointedly; nicely, finely, delicately.
sutorio, ria, *a.* pert. to shoemaking.
sutura, *f.* seam; (anat., bot., surg.) suture.
sutural, *a.* sutural.
suturar, *va.* (surg.) to suture.
suyo, ya, (*pl.* SUYOS, YAS), *pron. poss. 3d person, masc.* & *fem.* (sometimes with the definite article *el, la, los, las*); his, hers, theirs, one's;

his own, its own, one's own, their own.—**de s.,** in itself, by its very nature; spontaneously, of one's own accord.—**los suyos,** yours, your (his, her, etc.) family, people, company, etc.—**salirse con la suya,** to carry one's point, to come out ahead.—**una de las suyas,** one of his pranks or tricks.—**ver la suya,** to have one's chance.

svástica, *f.* swastika.

T

T, t, *f.* t, twenty-third letter of the Spanish alphabet.

¡ta! *interj.* take care, beware; stay, I recollect.—**¡t., t.!** tut, tut!

taba, *f.* astragalus, anklebone; jackstones.

tabacal, *m.* tobacco field.

tabacalero, ra. I. *a.* tobacco (as *a.*). **II.** *n.* tobacco grower or dealer.

tabaco, *m.* (bot.) tobacco; leaf tobacco; cigar; mildew on plants.—**t. colorado,** mild cigar.—**t. de hoja** = T. EN RAMA.—**t. de montaña,** arnica.—**t. de palillos,** snuff made of stems.—**t. de pipa,** pipe tobacco, smoking tobacco.—**t. de vena,** cigarette tobacco.—**t. en polvo,** snuff.—**t. en rama,** leaf tobacco, wrappers.—**t. holandilla,** Dutch tobacco.—**t. maduro,** strong cigar.—**t. moruno,** European and African tobacco.—**t. rapé,** rappee.—**t. torcido,** cigars, twisted tobacco.—**se me acabó el t.,** (Arg.) my funds have given out.

tabacoso, sa, *a.* using much snuff; tobacco-stained; (of plants) mildewed.

tabalada, *f.* (coll.) heavy fall upon the buttocks; spanking.

tabalario, *m.* (coll.) buttocks, posteriors.

tabalear. I. *va.* & *vn.* to rock to and fro. **II.** *vn.* to drum with the fingers on a table.—**tabaleo,** *m.* rocking, swinging; drumming with the fingers.

tabanazo, *m.* (coll.) spanking.

tabanco, *m.* stall for selling eatables; (Mex.) cockloft.

tabanera, *f.* place full of gadflies.

tábano, *m.* (entom.) gadfly, horsefly.

tabanque, *m.* treadle of a potter's wheel.

tabaola, *f.* hubbub, clamor.

[1]**tabaque,** *m.* ladies' work basket.

[2]**tabaque,** *m.* large tack.

tabaquera, *f.* snuffbox; tobacco pouch; cigar case; bowl of a tobacco pipe.

tabaquería, *f.* cigar store.

tabaquero, ra, *n.* cigar maker; tobacconist.

tabaquismo, *m.* (med.) tobaccoism.

tabaquista, *n.* tobacco expert; heavy smoker.

tabardete, tabardillo, *m.* highly dynamic fever; sunstroke.—**tabardillo pintado,** spotted fever.

tabardo, *m.* tabard.

tabellar, *va.* to fold (cloth) in pieces, leaving the selvage visible; to mark with a trade-mark.

taberna, *f.* tavern, public house, saloon, barroom.

tabernáculo, *m.* tabernacle.

tabernario, ria, *a.* (coll.) pertaining to a tavern; low, vulgar, vile.

tabernera, *f.* tavern keeper's wife; barmaid.

tabernería, *f.* business of a tavern keeper.

tabernero, *m.* tavern keeper, barkeeper.

tabes, *f.* (med.) consumption; tabes.

tabético, ca, *a.* (med.) tabetic.

tabí, *m.* tabby, moreen, watered fabric, moiré.

tabica, *f.* (arch.) covering board.

tabicar, *va.* to wall up; to close or shut up.

tabicón, *m.* thick partition wall.

tábido, da, *a.* (med.) tabid, wasted; putrid.

tabífico, ca, *a.* (med.) tabific.

tabinete, *m.* tabbinet (fabric).

tabique, *m.* thin wall; partition wall, partition.—**t. de panderete,** brick-on-edge partition.—**t. maestro,** chief partition wall.—**t. sordo,** double partition wall.

tabiquería, *f.* partition work, system or group of partitions.

tabiquero, ra, *n.* partition-wall builder.

tabla, *f.* (carp.) board; plank; slab; tablet, plate (of metal); table (of contents, of logarithms, etc.); list (of prices, etc.); full-breadth gore of a skirt; tablier; box plait; largest face of a piece of timber; (jewelry) flat diamond; (art) table, panel; broadest, most fleshy part of a member of the body; bed or patch in a garden; strip of land between rows of trees; revenue office where merchandise is registered as sold at market; meat stall; butcher's block.—*pl.* (theat.) stage boards, (fig.) stage; draw (in a game).—**t. de Ampère,** (phys.) Ampère's stand.—**t. de armonía,** (mus.) sounding board.—**t. de chilla,** thin board of slit deal.—**t. de juego,** gambling house.—**t. de lavar,** washboard.—**t. de manteles,** tablecloth.—**t. de materias,** table of contents.—**t. de multiplicar,** multiplication table.—**t. de planchar,** ironing board.—**t. de río,** bed of a river.—**t. de salvación,** last resource.—**t. de sembrado,** cornfield.—**t. periódica,** (chem.) periodic table.—**t. pitagórica,** multiplication table.—**T. Redonda,** (hist.) Round Table.—**tablas de la ley,** (relig.) tables of the law.—**tablas de navegación,** navigation tables.—**tablas reales,** backgammon board or tables.—**a la t. del mundo,** in public, before the world.—**a raja t.,** at any price, regardless of everything else.—**escaparse en una t.,** to have a narrow escape.—**hacer t. rasa de,** to ignore entirely, to set at nought.—**no saber por dónde van tablas,** to know nothing about the matter.—**salvarse en una t.,** to have a narrow escape.

tablachina, *f.* wooden shield or buckler.

tablacho, *m.* sluice or floodgate.

tablado, *m.* stage, scaffold, platform; flooring; (theat.) stage boards; platform of a cart or truck; boards or bottom of a bedstead.

tablaje, *m.* pile of boards; planking; gambling or gaming house.

tablajería, *f.* gambling; hire of the gaming table.

tablajero, *m.* scaffold maker; carpenter who builds stands and stages; ancient collector of the king's taxes; keeper of a gaming house; gambler; butcher; assistant hospital surgeon.

tablar, *m.* set of garden plots or beds.

tablazo, *m.* blow or stroke with a board; shallow arm of the sea; sheet of water; small plateau; (S. A., geol.) uplifted sea-floor deposit.

tablazón, *f.* boards, planks, lumber; planking, flooring; decks and sheathing of a ship.—**t. de la cubierta,** (naut.) deck planks.

tablear, *va.* to saw into boards; to divide (a garden) into beds or plots; to level or grade (the ground) with a thick board; to hammer into plates; (sewing) to make box plaits in.

tableo, *m.* sawing wood into boards; dividing a garden into beds; leveling (the ground) or grading with a board; hammering into plates.

tablero, *m.* board, panel; sawable timber; drawing board; dog nail; stock of a crossbow; chessboard, checkerboard; (Colomb.) blackboard; gambling house or table; shop counter; money table; (tailoring) cutting table; (carp.) door panel; (arch.) panel, compartment; floor (of a bridge).—**t. contador,** abacus.—**t. de cocina,** dresser, kitchen table.—**t. de conmutadores** = T. DE DISTRIBUCIÓN.—**t. de chaquete** (Mex.) backgammon board, tables.—**t. de distribución,** (elec.) switchboard.—**t. de instrumentos,** instrument board.

tablestaca, *f.* (eng.) sheet pile.

tableta, *f. dim.* tablet; writing pad; (pharm.) tablet, lozenge; cracknel; clapper.—**estar en tabletas,** to be in suspense.

tableteado, *m.* sound made by rattling clappers.

tabletear, *vn.* to rattle clappers.

tableteo, *m.* rattling sound of clappers.

tablilla, *f. dim.* tablet, slab; bulletin board; section of the cushion of a billiard table between

two pockets; (surg.) splint; (surv.) target (of levelling rod).—**t. de mesón,** sign of an inn.—**t. de santero,** poor box of a hermit.—**tablillas de San Lázaro,** clappers used in begging for hospitals.—**tablillas neperianas,** logarithmic tables.—**por t.,** indirectly.
tabloide, *m.* (pharm.) tabloid, tablet.
tablón, *m. aug.* plank, thick board; beam; strake.—**t. de aparadura,** (naut.) garboard strake.—**tablones de cucharros,** (naut.) serving planks.
tabloncillo, *m.* flooring board; in bull rings, last row of seats.
tabloza, *f.* painter's palette.
tabo, *m.* (P. I.) cup made from coconut shell.
tabón, *m.* (ornith.) tabon, Philippine megapode.
tabona, *f.* stagnant pool.
tabú, *m.* taboo.
tabuco, *m.* hut, hovel; narrow room.
tabulador, *m.* tabulator, tab key.
tabular, *a.* tabular.
tabuquillo, quito, *m. dim.* shanty.
taburete, *m.* taboret; stool.—*pl.* (theat.) benches in the pit.
[1]**taca,** *f.* small closet.
[2]**taca,** *f.* (min.) plate of the crucible.
[3]**taca,** *f.* stain.
tacada, *f.* stroke, play (at billiards); wedges.
tacamaca, tacamacha, tacamahaca, *f.* tacamahac, gum resin from various tropical trees; (bot.) balsam poplar.
tacano, *m.* (min.) rich gray silver ore.
tacañamente, *adv.* stingily, in a miserly manner.
tacañear, *vn.* to act the miser.
tacañería, *f.* stinginess; narrowness of mind; malicious cunning; low craft.
tacaño, ña, *a.* stingy, niggardly; artful, knavish.
tacar. I. *va.* to mark (as a person in the face). **II.** *vn.* to shoot, to have one's turn (in billiards).
tacazo, *m.* blow with a billiard cue.
taceta, *f.* copper bowl used in oilmills.
tacica, illa, ita, *f. dim.* small cup.
tácitamente, *adv.* silently, secretly; tacitly.
tácito, ta, *a.* silent; tacit, implied.
taciturnidad, *f.* taciturnity; reserve.
taciturno, na, *a.* taciturn, reserved; melancholy.
taclobo, *m.* (P. I.) a giant clam.
taco, *m.* plug, bung, stopper; (artil.) wad, wadding; rammer; popgun; billiard cue; (S. A., P. R.) heel (of shoe); almanac pad; (coll.) light lunch, snack; each draught of wine at meals; (Cuba) spruce young fellow, dandy; volley of oaths.—**tacos de los escobenes,** (naut.) hawse plugs.—**echar tacos,** (coll.) to swear, to rage.
tacografo, *m.* tachograph.
tacómetro, *m.* tachometer.
tacón, *m.* heel, heelpiece (of shoe).
taconazo, *m.* blow with a shoe heel.
taconear, *vn.* (coll.) to walk or strut loftily on the heels.
taconeo, *m.* noise made with the heels in dancing.
taconita, *f.* (min.) taconite.
táctico, ca. I. *a.* tactical, tactic. **II.** *n.* tactician; *f.* tactics; (mil.) tactics.
táctil, *a.* tactile, pertaining to touch.
tacto, *m.* touch, sense of touch; touching, feeling; tact, skill, carefulness.
tacuacha, *f.* (Cuba) dexterous trick.
tacuará, *f.* (Arg.) a kind of bamboo.
tacurú, *m.* (Arg.) a variety of black ant and the ant hill it makes.
tacha, *f.* fault, defect, blemish, flaw; large tack.—**poner t. a,** to find fault with.
tachar, *va.* to censure; blame, charge, accuse; to find fault with; to reprehend; to cut out, cross out; to cancel.—**t. testigos,** (law) to challenge witnesses.
tachero, *m.* (Cuba) one who works at a TACHO.
tacho, *m.* sugar evaporator, pan; (Peru) earthen jar for heating water.—**t. al,** or **de, vacío,** vacuum pan.
[1]**tachón,** *m.* deleting mark (in written material); braid, etc.; trimming (on clothes).
[2]**tachón,** *m.* gimp, or ornamental, nail; boss.
[1]**tachonar,** *va.* (sew.) to adorn with trimming.
[2]**tachonar,** *va.* to garnish with gimp nails.
tachonería, *f.* gimp nail ornamental work.
tachoso, sa, *a.* faulty, defective.
tachuela, *f.* tack, small nail.
tael, *m.* tael (weight and coin).
tafanario, *m.* (coll.) buttocks.
tafetán, *m.* taffeta, thin silk.—*pl.* flags, colors, standard, ensign.—**t. inglés,** court-plaster; sticking plaster.
tafia, *f.* (Venez.) molasses rum.
tafilete, *m.* morocco leather.—**tafiletear,** *va.* to adorn with morocco leather.—**tafiletería,** *f.* art of, or place for, dressing morocco leather.
tafurea, *f.* flat-bottomed boat for horses.
tagalo, la. I. *a.* of or pertaining to the Tagalog. **II.** *n.* Tagalog; *m.* Tagalog (language).
tagarino, na, *n.* Moor who lived among the Christians.
tagarnina, *f.* (bot.) golden thistle; (coll.) bad cigar.
tagarote, *m.* (ornith.) sparrow hawk; quill driver, scrivener; "decayed" gentleman who earns a dinner by flattery and adulation; (coll.) tall, awkward person.
tagarotear, *vn.* (coll.) to write a bold, free, and running hand.
tagua, *f.* (Am.) tagua, ivory nut; (Chile) (ornith.) a bird similar to the coot.
taguán, *m.* (zool.) taguan, a flying squirrel.
taha, *f.* district, region.
tahalí, *m.* shoulder belt; baldric.
taharal, *m.* plantation of tamarisk trees.
taheño, *a.* having a red beard.
tahitiano, na, *n.* & *a.* Tahitian.
tahona, *f.* bakery, baker's shop; horse mill; crushing mill.
tahonera, *f.* baker's wife; miller's wife.
tahonero, ra, *n.* baker; miller.
tahulla, *f.* plot of arable land.
tahur, ra. I. *a.* gambling. **II.** *n.* gambler, gamester; card sharp.
tahurería, *f.* gambling; gaming house; cheating gambling.
taicún, *m.* tycoon.
taifa, *f.* faction, party; (coll.) assemblage of fast or foolish people.
tailandés, desa. I. *a.* Thai. **II.** *n.* Thai; *m.* Thai (language).
Tailandia, *f.* Thailand.
taimado, da, *a.* sly, cunning, crafty.
taimería, *f.* rascality, craftiness.
taita, *f.* (coll.) dad, daddy.
[1]**taja,** *f.* tree of a packsaddle.
[2]**taja,** *f.* cut, incision; dissection; TARJA, tally.
tajada, *f.* slice; (coll.) hoarseness.
tajadera, *f.* chopping knife; (mech.) round chisel, gouge; cold chisel.—*pl.* sluice of a mill dam.
tajadero, *m.* chopping block, trencher.
tajadilla, *f. dim.* small slice; dish of lights in low chophouses; bit of confected orange or lemon sold as a relish by retailers of brandy.
tajado, da. I. *pp.* of TAJAR. **II.** *a.* steep, sheer, wall-like; (her.) divided.
tajador, ra. I. *n.* one who cuts or chops. **II.** *m.* cutting edge.
tajadura, *f.* cut, notch; cutting, chopping.
tajamar, *m.* (naut.) cutwater, stem; (eng.) cutwater of a bridge pier.
tajamiento, *m.* = TAJADURA.
tajaplumas, *m.* penknife.
tajar, *va.* to cut, cleave; to cut and trim (a quill pen).
tajea, *f.* watercourse, channel; culvert.
tajero, *m.* = TARJERO, tally keeper.
tajo, *m.* cut; incision; trench; cutting edge; steep cliff; cutting a quill; chopping block; line or place to which the work of a gang extends; cut or opening in a mountain; (fencing) cut.—**t. abierto,** (min.) open cut.
tajón, *m. aug.* butcher's block; chopping block; vein of white earth in a limestone quarry.

tajuela, *f.*, **tajuelo,** *m.* rustic seat.
tal (*pl.* TALES). I. *a.* such, so, as; equal, similar; as much, so great.—**t. cual,** such as; a few, one from time to time; middling, so-so; such as it is. —**t. cual vez,** once in a while, now and then.—**el t.,** or **la t.,** (foll. by a common noun) that (gen. contempt); (foll. by a proper noun) that man, that fellow (*el tal Juan*, that fellow John). —**un t.,** one, a certain (*estaba allí un tal Ramírez*, one Ramirez was there). II. *pron.* such, such a one, such a thing.—**t. para cual,** two of a kind.—**t. por cual,** person of little account, (a) nobody.—**no hay t.,** there is no such thing.—**otro que t.,** another of the same ilk. III. *adv.* thus, so, in such manner.—**con t. que, con t. de que,** provided, on condition, that.—**¿qué t.?** hello! how d'ye do? how is that? how goes it?
[1]**tala,** *f.* felling of trees; destruction, ruin, havoc; tipcat (boys' game); cat (in the game).
[2]**tala,** *f.* (bot.) a large Argentine urticaceous tree.
talabarte, *m.* sword belt.
talabartería, *f.* saddlery.
talabartero, *m.* saddler; harness maker.
talador, ra, *n.* & *a.* destroyer(-ing); cutter(-ing).
taladrador, ra. I. *n.* & *a.* borer(-ing), driller (-ing). II. *f.* drilling or perforating machine.
taladrar, *va.* to bore, drill, perforate; to pierce, penetrate (as the ear); to dig into, go to the bottom of, elucidate.
taladrilla, *f.* a boring insect that attacks olive trees.
taladro, *m.* bit, drill, borer, gimlet, auger; bore, auger hole, drill hole; blasting charge; charged blasting hole.
talamera, *f.* tree used for snaring birds.
talamete, *m.* (naut.) foredeck planking.
talamiflora. I. *a.* (bot.) thalamifloral. II. *f. pl.* Thalamifloræ.
talamite, *m.* thalamite, outermost galley rower.
tálamo, *m.* bridal chamber or bed; (bot.) receptacle.—**tálamos ópticos,** (anat.) optic thalami.
talanquera, *f.* parapet, breastwork of pales; picket fence; defense, safety place.
talante, *m.* mode or manner of doing anything; mien, countenance; desire, will, pleasure, disposition.—**de mal t.,** unwillingly, grudgingly. —**estar de buen** or **de mal t.,** to be in a pleasant or in an ugly frame of mind.
[1]**talar,** *va.* to fell (trees); to lay waste; to prune.
[2]**talar,** *a.* long (clothes).—**talares,** *m. pl.* wings on the heels of Mercury; talaria.
talasoterapia, *f.* (med.) sea-bathing therapy.
talayote, *m.* a Balearic megalith in the form of a low tower.
talco, *m.* talc; tinsel.—**t. en polvo,** talcum powder.
talcoso, sa, *a.* talcose.
talcualillo, lla, *a.* (coll.) fair, not bad; somewhat improved in health.
tálea, *f.* stockade or palisade in Roman camps.
taled, *m.* tallith (among the Jews).
talega, *f.* bag, sack; money bag; bagful; bag for the hair; diaper; sack containing 1,000 dollars in silver.—**dos talegas,** two thousand dollars.
talego, *m.* bag or sack; clumsy, awkward fellow. —**tener t.,** to have money.
taleguilla, *f. dim.* small bag.—**t. de la sal,** (coll.) daily expenses.
talento, *m.* talent; smartness, cleverness; talent (ancient weight and coin).
talentoso, sa; talentudo, da, *a.* able, talented, smart, clever.
tálero, *m.* thaler, an old German coin.
tálico, ca, *a.* (chem.) thallic.
talio, *m.* (chem.) thallium.
talión, *m.* talion, retaliation, "eye for an eye."
talionar, *va.* to punish by retaliation.
talipédico, ca, *a.* taliped, clubfooted.
talipes, *m.* talipes, clubfoot.
talismán, *m.* talisman, charm, amulet.
talismánico, ca, *a.* talismanic.
talma, *f.* a kind of cape or cloak.
talmente, *adv.* (coll.) in the same manner.
Talmud, *m.* Talmud.
talmúdico, ca, *a.* Talmudic.
talmudista, *m.* Talmudist.
talo, *m.* (bot.) thallus.
talofita. I. *a.* (bot.) thallophytic. II. *f.* (bot.) thallophyte.
talón, *m.* (anat., shoe) heel; heel of horse's hoof; heel of a violin bow; (arch.) heel, cyma reversa; (com.) any check, draft, note or voucher detached from a stub book; coupon; (naut.) heel of the keel, stemson.—**apretar los talones,** to show a clean pair of heels, to run.—**a t.,** on foot.
talonario, ria. I. *a.* taken from a stub book; stub (as *a.*). II. *m.* stub book; check book.
talonear, *vn.* to walk fast.
talonesco, ca, *a.* (coll.) pertaining to the heels.
talpa, talparia, *f.* (med.) talpa, wen.
talque, *m.* tasco, a refractory clay.
talquita, *f.* (min.) talc schist.
talud, *m.* (arch.) talus; batter; side slope.
talvina, *f.* porridge of almond meal.
[1]**talla,** *f.* carving, wood carving (*obra de talla*, carved work); ancient tax in Arragon; ransom; price set on the head of a criminal; (jewelry) cut, cutting; round of a card game; (of person) (lit. & fig.) height, stature; (mil.) height scale, for measuring a man's height; (surg.) lithotomy. —**de t.,** (of person) prominent.
[2]**talla,** *f.* (naut.) purchase block.
[3]**talla,** *f.* earthen jug.
tallado, da. I. *pp.* of TALLAR. II. *a.*—**bien** or **mal t.,** having a good or bad figure.
tallador, ra, *n.* engraver; carver; diesinker; (Am.) dealer (in a game).
talladura, *f.* engraving.
[1]**tallar.** I. *va.* to carve; to engrave; (jewelry) to cut; to appraise. II. *vn.* (card games) to deal.
[2]**tallar.** I. *a.* ready for cutting. II. *m.* woodland ready for first cut.
tallarín, *m.* noodle (for soup).
tallarola, *f.* knife for cutting velvet pile.
talle, *m.* form, figure; waist; (tailoring) fit; waist, bodice.
tallecer, *vn.* to shoot, sprout.
[1]**taller,** *m.* workshop, factory, mill, office, laboratory; atelier; studio.—**t. de reparaciones,** repair shop; (auto) service station.
[2]**taller,** *m.* oil and vinegar caster.
talleta, *f.* (Am.) = ALFAJOR, nut and honey paste.
tallista, *n.* carver in wood; engraver.
tallo, *m.* (bot.) stem, stalk; shoot, sprout.
talludo, da, *a.* grown into long stalks; tall, slender; overgrown; habit-ridden; past one's youth.
talluelo, *m. dim.* of TALLO.
tamagás, *m.* a very poisonous C. A. snake.
tamal, *m.* (Am.) tamale; (Am.) bundle, parcel; (Peru) pork (sold in the street).
tamalero, ra, *n.* tamale seller or maker.
tamandoa (Am.), **tamanduá,** *m.* (zool.) tamandua, anteater.
tamango, *m.* (Chile, Arg.) coarse shoe worn by the gauchos; sheepskin cover for the feet.
tamañamente, *adv.* as large as.
tamañico, ica, ito, ita, uelo, la, *a.* very small.
tamañito, ta, *a.* abashed, ashamed.
tamaño, ña. I. *a.* so great; (with gesture) so big, so small. II. *m.* size.—**t. natural,** full size.
támara, *f.* palm field.—*pl.* dates in a bunch; chips, fagots of brushwood.
tamarindo, *m.* (bot.) tamarind.
tamariscíneo, a, *a.* (bot.) tamariscineous.
tamarisco, tamariz, *m.* (bot.) tamarisk.
tamarrizquito, tamarrusquito, ta, *a.* (coll.) very small.
tamarugo, *m.* (bot.) a kind of Chilean carob.
tambalear, *vn.* & *vr.* to stagger, totter, reel.
tambaleo, *m.* reeling, staggering, tottering.
tambanillo, *m.* (arch.) tympanum.
tambarillo, *m.* chest with arched cover.
tambarria, *f.* (S. A.) carouse; (Chile) low tavern.
tambero, ra. I. *n.* (Peru) innkeeper. II. *a.* (of cattle) (Arg.) tame, gentle.

tambesco, *m.* swing.
también, *adv.* also, too, likewise; as well.
tambo, *m.* (S. A.) inn; dairy.
tambor, *m.* drum; drummer; coffee roaster, chestnut roaster; bolter or sieve used by confectioners; (sewing) tambour frame; (mech.) drum, cylinder, band pulley, rope barrel; (jewelry) barrel, arbor; (arch.) drum, tambour; screen; small room made by partitions; thole, tholus; (fort.) tambour; (naut.) drum or barrel of the capstan; wheelhouse, paddle box.—**t. del oído,** drum of the ear.—**t. mayor,** drum major.—**a golpe de t.,** or **con t. batiente,** at the beating of the drum; with drums beating.
tambora, *f.* bass drum.
tamborete, *m. dim.* timbrel; (naut.) cap of the masthead, moorshead.
tamboril, *m.* tabor, small drum, timbrel.
tamborilada, *f.*, **tamborilazo,** *m.* (coll.) fall upon the buttocks; slap on the face or shoulders.
tamborilear. I. *vn.* to drum. **II.** *va.* to praise, extol; (print.) to plane or level (type).
tamborilero, *m.* taborer, drummer.
tamborilete, *m. dim.* small TABOR; (print.) planer.
tamborín, tamborino, *m.* = TAMBORIL.
tamboritear, *va.*, **tamboritero,** *m.* = TAMBORILEAR, TAMBORILERO.
tamborón, *m.* large bass drum.
tamén, *m.* (Mex.) Indian porter, carrier.
tamiz, *m.* sieve, sifter, screen; bolting cloth.
tamizar, *va.* to sift, screen.
tamo, *m.* fuzz; chaff, winnowings, graindust; dust gathered under beds, etc.
tamojal, *m.* place covered with TAMOJO.
tamojo, *m.* (bot.) saltwort, glasswort.
tampoco, *adv.* neither, not either; (after **ni**) either (*él no sabe, ni yo tampoco,* he does not know, nor I either).
tam-tam, *m.* = TAN-TAN.
tamujal, *m.* thicket of buckthorns.
tamujo, *m.* (bot.) buckthorn, boxthorn.
tamul, *n.* & *a.*; **tamúlico, ca,** *a.* Tamil.
tan, *adv. contr.* of TANTO; as, so, so much, as well, as much.—**t. siquiera,** even, ever so.—**t. sólo,** only, merely.—**qué t.,** how.—**qué . . . t.,** what a (*¡qué mujer tan bella!* what a beautiful woman).
tanaceto, *m.* (bot.) tansy.
tanagra, *f.* Tanagra, Tanagra figurine.
tanate, *m.* (Mex.) bale made of hide; fruit basket; palm-leaf bag; (C. A.) bundle.—**cargar con los tanates,** (Am.) to move away.
tanatero, *m.* (Mex.) TANATE; carrier.
tanato, *m.* (chem.) tannate.
tanda, *f.* turn, rotation; task; gang of workmen, shift, relay; set, batch; each game of billiards; (theat.) each performance requiring a separate ticket.
tándem, *m.* tandem bicycle.—**en t.,** tandem.
tandeo, *m.* distribution of irrigating water by turns.
tanganillas.—en t., *adv.* waveringly.
tanganillo, *m. dim.* small prop or stay.
tángano, *m.* hob, a boys' game; stick used in this.
Tanganyika, *m.* Tanganyika.
tanganyikano, na, *n.* & *a.* Tanganyikan.
tangará, *f.* (Arg., ornith.) tanager.
tangencia, *f.* tangency.
tangencial, *a.* tangential.
tangente, *f.* & *a.* (geom.) tangent.—**escaparse, salir,** or **salirse, por la t.,** to resort to subterfuges or evasions, to befog the issue.
tangerino, na. I. *a.* Tangerine, of or pertaining to Tangiers. **II.** *n.* Tangerine; *f.* (bot.) tangerine, mandarin (orange).
tangible, *a.* tangible.
tango, *m.* hob, boys' game; (dance) tango.
tangón, *m.* (naut.) outrigger.
tánico, ca, *a.* containing tannin; tannic.
tanino, *m.* (chem.) tannin.
tanor, ra, *n.* (P. I.) Malay who served as domestic to the Spaniards.—**tanoría,** *f.* (P. I.) domestic service to the Spaniards.
[1]**tanque,** *m.* bee glue (in a hive).
[2]**tanque,** *m.* tank; reservoir; dipper; (mil.) tank.
tantalato, *m.* (chem.) tantalate.
tantalio, *m.* (chem.) tantalum.
tántalo, *m.* (ornith.) wood ibis.
tan-tan, *m.* rubadub, sound of a drum; tom-tom.
tantarantán, *m.* rubadub, beat of a drum; (coll.) resounding blow.
tanteador, ra, *n.* measurer, tester, marker.
tantear. I. *va.* to try, test, measure; to feel out; to make an estimate of; to consider carefully; to scrutinize; (art) to sketch, outline. **II.** *vn.* to keep the score. **III.** *vr.* to agree to pay the price for which a thing has been sold.
tanteo, *m.* estimate, approximate calculation; trial; points, score (in a game).—**al t.,** by eye; as an estimate; by trial.
tantico, tantillo. I. *m.* (coll.) a little, a little bit, a small amount. **II.** *adv.* (coll., Am.) a little while.
tanto, ta. I. *a.* so much, as much; very great.—*pl.* **tantos, tas,** many; as many, so many. **II.** *pron.* that.—**por t., por lo t.,** for that reason; therefore. **III.** *m.* certain sum or quantity; copy of a writing; counter; point (in games); (com.) rate.—*pl.* odd, denoting an indeterminate number (e.g., *treinta y tantos,* thirty odd).—**t. por ciento,** percentage; per cent.—**t. por cuanto,** (arith.) rate referred to any number; theory of rates (per centum, per thousand, per *x*).—**t. por t.,** at the same price; upon a par.—**tantos a tantos,** equal numbers.—**algún t.,** a little, somewhat.—**al t** at the price stated; at cost.—**al t. de,** posted about, informed on.—**en su t.,** proportionably.—**en t.,** or **entre t.,** in the meantime.—**no ser para t.,** not to be so bad, so serious, as that; not to be equal to, up to doing, that.—**otro t.,** as much; as much more.—**por el t.** = AL T.—**un t.,** somewhat, a bit, rather. **IV.** *adv.* so, in such a manner; so much, as much; so long, as long; often.—**t. así,** as, or so, much as that.—**t. como,** as much as; as well as.—**t. cuanto,** a little, somewhat.—**t. mejor,** so much the better.—**t. más cuanto,** or **t. más cuanto que,** all the more because, especially as.—**t. monta,** it is all the same.—**t. peor,** so much the worse.—**t. que,** as much as; so much so, that.—**t. uno como otro,** the one as well as the other; both of them.
tanza, *f.* fishing line.
Tanzania, *f.* United Republic of Tanzania.
tanzaniano, na, *n.* & *a.* Tanzanian.
tañedor, ra, *n.* player of musical instrument.
tañente, *a.* playing on an instrument.
tañer, *va.* to play (a musical instrument).
tañido, *m.* tune; sound; clink, ring.
tañimiento, *m.* playing on an instrument.
tao, *m.* badge of some orders.
tapa, *f.* lid, cover, cap; cover (of book); horny part of a hoof; cylinder head; heel blank, heel lift (of shoe); (P. I.) jerked beef, hung beef.—**t. de los sesos,** top of the skull.—**t. de un barril** = CASCO DE UN BARRIL, head (of barrel).
tapaagujeros, *m.* (coll.) clumsy mason; substitute, makeshift.
tapabalazo, *m.* (naut.) shot plug.
tapaboca, *m.* (coll.) slap on the mouth; muffler; choke pear; anything that silences one; (mil.) tampion.
tapada, *f.* thickly veiled woman.
tapadera, *f.* loose lid, cover of a pot; covercle; (Mex.) leather cover of a stirrup.
tapadero, *m.* stopper, stopple, cover.
tapadillo, *m.* concealment of a woman's face with her veil or mantle; flute stop of an organ.—**de t.,** secretly, covertly, sub rosa.
tapadizo, *m.* shed, cover.
tapado, *m.* (Arg., Chile, C. A.) woman's or child's overcoat, cape, or shawl.

tapador, ra. I. *n.* coverer. **II.** *m.* lid, cover, plug, stopper, stopple.
tapadura, *f.* stopping, covering, hiding.
tapafogón, *m.* (artil.) cap of a venthole.
tapafunda, *f.* flap of a holster (on a saddle).
tapagujeros, *m.* = TAPAAGUJEROS.
tapajuntas, *m.* door strap covering joint with wall; corner angle to protect plaster.
tápalo, *m.* (Mex.) woman's shawl.
tapamiento, *m.* stopping or covering.
tápana, *f.* (bot.) caper.
tapanco, (P. I.) boat tilt or awning.
tapaojos, *m.* (Am.) blinders for horses.
tapapiés, *m.* silk underskirt.
tapar. I. *va.* to cover; to hide, cover up, veil; to stop up, plug; close up, obstruct.—**t. la boca,** to stop one's mouth. **II.** *vr.* (of horse) to cover the track of the fore feet with those of the hind ones; to bundle, wrap oneself up.
tapara, *f.* (Am.) gourd for drinking.
tápara, *f.* (bot.) caper.
táparo, *m.* gourd tree.
taparrabo, *m.* loin cloth; trunks, short tights.
tapatán, *m.* (P. I.) tit-tat-toe.
taperujarse, *vr.* (coll.) to muffle one's face.
taperujo, *m.* (coll.) ill-shaped plug or stopper; awkward manner of muffling one's face.
tapetado, da, *a.* dark brown.
tapete, *m.* small carpet, rug; cover for a table or chest.—**t. verde,** card table.—**estar sobre el t.,** to be on the tapis.
tapia, *f.* mud wall; adobe wall; wall fence; (mason.) wall measure (50 sq. ft.).—**t. real,** wall made of earth and lime.—**más sordo que una t.,** deaf as a post.
tapiador, *m.* builder of mud walls.
tapial, *m.* form or mold for mud walls.
tapiar, *va.* to wall up; to raise a spite wall; to obstruct the view of with a wall.
tapicería, *f.* tapestry; art of making tapestry; upholstery; shop where tapestries are sold.
tapicero, *m.* tapestry maker; upholsterer; carpet layer.—**t. mayor,** tapestry keeper in a palace.
tapido, da, *a.* closely woven.
tapiería, *f.* series of mud walls.
tapín, *m.* (artil.) vent plug.
tapioca, *f.* tapioca.
tapir, *m.* (zool.) tapir.
tapirujarse, *vr.* = TAPERUJARSE.
tapis, *m.* (P. I.) sash worn by women.
tapiz, *m.* tapestry.
tapizar, *va.* to hang with tapestry.
tapón, *m.* cork, stopper; plug, bung; (elec.) fuse; (surg.) tampon.—**t. de cuba,** (coll.) short, fat person.—**al primer t., zurrapas,** (coll.) unlucky from the start.
taponamiento, *m.* (surg.) tamponage.
taponar, *va.* (surg.) to tampon.
taponazo, *m.* pop of a bottle.
taponería, *f.* set of corks; cork factory or shop.
taponero, ra. I. *a.* of cork. **II.** *n.* cork cutter or seller.
tapsia, *f.* (bot.) madder.
tapujarse, *vr.* to muffle oneself.
tapujo, *m.* muffle; (coll.) pretext, subterfuge.
taque, *m.* noise made by locking a door; rap, knock at a door.
taquera, *f.* rack or stand for billiard cues.
taquigrafía, *f.* shorthand, stenography.
taquigrafiar, *va.* to write in shorthand.
taquigráficamente, *adv.* in shorthand.
taquigráfico, ca, *a.* stenographic.
taquígrafo, *m.* stenographer.
taquilla, *f.* letter file, closet for papers; case of pigeonholes; ticket rack, key rack; (theat., Ry.) ticket office; booking office.—**taquillero, ra,** *n.* clerk in ticket office.
taquimetría, *f.* (surv.) tachymetry; stadia surveying; (auto) tachometer.
taquimétrico, ca, *a.* tachymetrical.
taquímetro, *m.* (surv.) tachymeter, stadia.
taquín, *m.* anklebone; (game) jackstones.
taquinero, *m.* player with jackstones.

[1]tara, *f.* (com.) tare, weight of container.—**menos la t.,** making allowance for exaggeration, taking with a grain of salt.
[2]tara, *f.* tally (stick).
[3]tara, *f.* (Venez.) green grasshopper.
tarabilla, *f.* (mil.) clack, clapper; catch, bolt, latch, sash fastener or holder; pin or peg for tightening the cord of a buck-saw frame; (coll.) chatterbox; fast and senseless talk.
tarabita, *f.* (S. A.) rope bridge.
taracea, *f.* marquetry, inlaid work, buhlwork.
taracear, *va.* to inlay, to make buhlwork on.
taragallo, *m.* block attached to dog's collar to prevent his nosing the ground.
taraje, *m.* (bot.) tamarisk.
tarambana, *n.* giddy person; madcap.
tarando, *m.* (zool.) reindeer.
tarangallo, *m.* = TARAGALLO.
tarángana, *f.* coarse sausage.
tarantela, *f.* (dance) tarantella.
tarantín, *m.* (C. A., Cuba) kitchen pot, utensil; gadget.
tarántula, *f.* tarantula.
tarantulado, da, *a.* bitten by a tarantula; wild; astonished.
tarara, tarará, *f.* sound of a trumpet.
tararear, *va.* & *vn.* to hum (a tune).
tararira. I. *f.* (coll.) noisy mirth. **II.** *n.* noisy person.
tarasca, *f.* figure of dragon borne in procession of Corpus Christi day; ugly woman.
tarascada, *f.* bite, wound with the teeth; (coll.) pert, rude answer.
tarascar, *va.* to bite (as dogs).
tarascón, *m.* *aug.* of TARASCA.
taratántara, *f.* = TARARA.
taray, *m.* (bot.) tamarisk.
tarayal, *m.* tamarisk plantation.
tarazana, *f.*, **tarazanal,** *m.* = ATARAZANA, arsenal; spinner's shed.
tarazar, *va.* to bite; to vex, annoy, harass.
tarazón, *m.* large slice.
tarbea, *f.* large hall.
tardador, ra, *n.* & *a.* tarrier(-ying).
tardanaos, *m.* (ichth.) = RÉMORA, remora.
tardanza, *f.* slowness, tardiness; delay.
tardar, *vn.* & *vr.* to delay; to take a long time; to be late.—**a más t.,** at the latest.
tarde. I. *f.* afternoon.—**buenas tardes,** good-afternoon.—**de,** or **por, la t.,** in the afternoon.—**de la t. a la mañana,** between sunset and sunrise; all of a sudden.—**de t. en t.,** now and then, once in a while. **II.** *adv.* late; too late.—**t., mal y nunca,** late and bad.—**t. o temprano,** sooner or later.—**t. piache,** too late.—**hacerse t.,** to grow late.—**más vale t. que nunca,** better late than never.—**para luego es t.,** by and by will be too late.
tardecer, *vn.* & *impers.* (*subj.* TARDEZCA) to draw towards evening; to grow late.
tardecica, ita, *f.* *dim.* evenfall.
tardecillo, to, *adv.* (Am.) a little late.
tardíamente, *adv.* too late, out of time.
tardígrado, da, *a.* (zool.) tardigrade, slow-moving.
tardío, día, *a.* late, too late; slow; tardy.
tardo, da, *a.* slow, sluggish; tardy; dull, thick, dense.
tardón, na, *a.* *aug.* very slow; dull, thick.
tarea, *f.* task; care, anxiety.
tarentino, na, *n.* & *a.* Tarentine.
Tárgum, *m.* Targum (Jewish book).
tarida, *f.* an ancient military transport.
tarifa, *f.* price list, fare, rate; schedule of charges.
tarifar. I. *va.* to tariff, subject to a tariff. **II.** *vn.* to quarrel, wrangle, fight.
tarima, *f.* stand; movable platform; low bench, table, footstool; bedstead.
tarimón, *m.* *aug.* large stand or platform.
tarín, *m.* silver real of $8\frac{1}{2}$ CUARTOS.
tarina, *f.* middle-sized plate for meat.
tarín barín, *adv.* (coll.) pretty close, just about.
tarja, *f.* check, tally; tally stick; target, shield,

buckler; an ancient copper coin.—**beber sobre t.,** (coll.) to get drink on credit.
tarjador, ra, *n.* tally keeper.
tarjar, *va.* to tally.—**tarjero, ra,** *n.* tally keeper.
tarjeta, *f. dim.* of TARJA: card; (arch.) label, tablet with inscription; title and imprint on a map or chart.—**t. de despedida,** P. P. C. (leave-taking) card.—**t. de negocios,** business card. —**t. de visita,** visiting card.—**t. postal,** post card.
tarjeteo, *m.* (coll.) social exchange of cards.
tarjetero, *m.* cardcase.
tarjetón, *m. aug.* large card; show card.
tarlatana, *f.* tarlatan (fabric).
taro, *m.* (bot.) taro, colocasia.
tarpón, *m.* (ichth.) tarpon.
tarquín, *m.* slime, mire, mud.
tarquinada, *f.* (coll.) rape.
tarraconense, *a.* of or from Tarragona.
tárraga, *f.* an ancient Spanish dance.
tarraja, *f.* = TERRAJA.
tarraya, *f.* (Am.) = ATARRAYA, casting net.
tarreñas, *f. pl.* pieces of broken china used as clappers or bones.
tarrico, *m.* (bot.) saltwort.
tarro, *m.* jar; (Cuba) horn; (Colomb.) can, pot.
tarsal; tarsiano, na, *a.* (anat.) tarsal.
tarso, *m.* (anat.) tarsus; gambrel, hock.
tarta, *f.* tart; pan for baking tarts.
tártago, *m.* (bot.) spurge; (coll.) misfortune; practical joke.
tartajear, *vn.* to stutter, stammer.
tartajoso, sa, *a.* stammering, stuttering.
tartalear, *vn.* to reel, stagger; (coll.) to be dumfounded.
tartamudear, *vn.* to stutter, stammer.
tartamudeo, *m.,* **tartamudez,** *f.* stuttering.
tartamudo, da, *n.* & *a.* stutterer(-ing).
tartán, *m.* tartan, Scotch plaid.
tartana, *f.* round-top, two-wheeled carriage; (naut.) tartan.
tartanero, *m.* driver of a TARTANA.
tartáreo, rea, *a.* (poet.) Tartarean, hellish.
tartárico, ca, *a.* tartaric.
tartarizar, *va.* (chem.) to tartarize.
[1]**tártaro,** *m.* argol, cream of tartar; (dent.) tartar.
[2]**tártaro,** *m.* (poet.) Tartarus, hell.
[3]**tártaro, ra,** *n.* & *a.* Tartar, Tatar.
tartera, *f.* baking pan for pastry; dinner pail.
tartrato, *m.* (chem.) tartrate.
tártrico, ca, *a.* tartaric.
taruga, *f.* (zool.) a species of vicuña.
tarugo, *m.* wooden peg or pin; stopper, plug.
tarumba, *m.*—**volver a uno t.,** (coll.) to confuse one.—**volverse t.,** to become rattled.
tas, *m.* small anvil used by silversmiths.
tasa, *f.* measure, rule; standard; rate; assessment; valuation, appraisement.
tasación, *f.* valuation, appraisement.
tasadamente, *adv.* barely, scantily, scarcely.
tasador, ra, *n.* appraiser, assessor.
tasajear, *va.* (Am.) to cut (meat) for making jerked beef; to slash, cut to pieces.
tasajo, *m.* jerked beef, hung beef.
tasar, *va.* to appraise; to rate; to tax; to regulate, to keep within bounds; to stint.
tascador, *m.* brake for dressing flax.
tascar, *va.* (*pret.* TASQUÉ; *subj.* TASQUE) to brake, scutch, or dress (flax, hemp); to nibble, crunch, browse, graze.—**t. el freno,** (of horses) to bite the bridle; to resist.
tasco, *m.* refuse of flax or hemp; (naut.) topping of hemp.
tasconio, *m.* tasco, a kind of clay.
tasmanio, nia, *n.* & *a.* Tasmanian.
tasqué, tasque, *v. V.* TASCAR.
tasquera, *f.* row, quarrel, wrangle, scuffle.
tasquil, *m.* chip from a stone.
tastana, *f.* (agr.) hard crust on the soil caused by dryness; membrane inside a fruit, as in oranges.
tástara, *f.* coarse bran.
tastaz, *m.* polishing powder from old crucibles.
tasto, *m.* bad taste of tainted food.
tasugo, *m.* (zool.) badger.
tata, *m.* (Am., coll.) dad, daddy; nursemaid; younger sister.
tatabra, *f.,* **tatabro,** *m.* (Colomb.) (zool.) a species of peccary.
tatarabuela, *f.* great-great-grandmother.
tatarabuelo, *m.* great-great-grandfather.
tataradeudo, da, *n.* very old distant relative.
tataranieto, ta, *n.* great-great-grandson(-daughter).
tatas.—**andar a t.,** to walk timidly; to go on all fours.
¡tate! *interj.* take care! beware! stay, so it is.
[1]**tato, ta,** *a.* stammering.
[2]**tato,** *m.* (Arg., Chile) (coll.) little brother.
[3]**tato,** *m.* (Am.) = TATÚ.
tatú, *m.* a variety of giant armadillo.
tatuaje, *m.* tattooing; tattoo.
tatuar, *va.* & *vr.* to tattoo.
tatusa, *f.* (Arg., Bol.) little woman; woman of no account.
tau, *f.* tau (Greek letter).
taugel, *m.* batten.
taujía, *f.* damaskeening.
taumaturgia, *f.* thaumaturgy, miracle working.
taumatúrgico, ca, *a.* thaumaturgic, thaumaturgical.
taumaturgo, *m.* miracle worker, thaumaturge.
taurino, na, *a.* taurine, bovine.
taurios, *a. pl.* taurine, bullfighting (games).
Tauro, *m.* (astr.) Taurus, sign of the zodiac.
tauromaco, ca. I. *a.* pertaining to bullfighting. **II.** *n.* bullfight fan; *m.* bullfighter.
tauromaquia, *f.* bullfighting.
tauromáquico, ca, *a.* pert. to bullfighting.
tautología, *f.* (rhet.) tautology.
tautológico, ca, *a.* tautological.
tautologista, *n.* tautologist.
taxáceo, cea, *a.* (bot.) taxaceous.
taxativamente, *adv.* limitedly.
taxativo, va, *a.* (law) restricted, conditioned.
taxi, *m.* taxi, taxicab.
taxidermia, *f.* taxidermy.
taxidérmico, ca, *a.* taxidermal, taxidermic.
taxidermista, *n.* taxidermist.
taxímetro, *m.* (auto) taximeter; taxicab, taxi.
taxonomía, *f.* taxonomy.
taxonómico, ca, *a.* taxonomic.
taz a taz, *adv.* tit for tat.
taza, *f.* cup; cupful; bowl; basin of a fountain; cup guard of a sword.
tazaña, *f.* = TARASCA, figure of a dragon.
tazar, *va.* & *vr.* to fray.
tazmía, *f.* share of tithes; tithe register.
tazón, *m. aug.* large bowl; basin.
té, *m.* tea.—**t. bailable,** tea dance, tea with dancing.—**t. de borde,** or **de Méjico,** (bot.) saltwort.
[1]**te,** *pers.* & *refl. pron., obj. case* of TÚ, thee, to thee; thyself; (when on familiar terms with someone) you, to you; yourself.
[2]**te,** *f.* name of the letter *t.*
tea, *f.* candlewood; torch, firebrand; (naut.) hawse for raising the anchor.
teame, teamide, *f.* stone said to repel iron.
teatino, na, *n.* Theatin.
teatral, *a.* theatrical.
teatralmente, *adv.* theatrically.
teátrico, ca, *a.* theatrical.
teatro, *m.* theatre; stage; collection of plays; dramatic art.
tebaico, ca, *a.* Thebaic.
tebaína, *f.* (chem.) thebaine.
tebano, na; tebeo, a, *n.* & *a.* Theban.
teca, *f.* (bot.) teak; teakwood.
tecalí, *m.* (Mex.) transparent marble.
tecla, *f.* key (of a piano, organ, typewriter, etc.); delicate point.—**dar en la t.,** to strike it right, to find the way.—**tocar una t.,** to get up a scheme, to resort to some expedient.
teclado, *m.* keyboard.

tecle, *m.* (naut.) single purchase.
teclear. I. *vn.* to finger a keyboard; to drum with the fingers. **II.** *va.* (coll.) to resort to (an expedient), to try (some scheme).
tecleo, *m.* drumming on a keyboard, striking the keys; scheming, trying.
tecnecio, *m.* (chem.) technetium.
técnicamente, *adv.* technically.
tecnicismo, *m.* technical term; technical vocabulary; technicism.
técnico, ca. I. *a.* technical. **II.** *n.* technician; *f.* technique; technical ability.—**t. de los cohetes,** rocketry.
tecnicolor, *m.* (photog., cine.) technicolor.
tecnocracia, *f.* technocracy.
tecnología, *f.* technology.
tecnológico, ca, *a.* technological, technical.
tecnólogo, ga, *n.* technologist.
tecol, *m.* (Mex.) maguey caterpillar.
tecolote, *m.* (Mex., C. A.) owl.
tecomate, *m.* (Mex.) gourd, canteen.
tectónico, ca. I. *a.* tectonic. **II.** *f.* tectonics.
techado, *m.* roof; ceiling; shed.
techar, *va.* to roof; to cover with a roof.
techo, *m.*, TECHUMBRE; (aer.) absolute ceiling.—**t. de servicio,** or **utilizable,** (aer.) service ceiling.
techumbre, *f.* ceiling; roof; top (as of vehicle); cover; shed.
tedero, *m.* torch holder.
tedéum, *m.* (eccl.) Te Deum.
tediar, *va.* to loathe, hate, abhor.
tedio, *m.* tediousness, ennui.
tedioso, sa, *a.* tedious, boresome, tiresome.
tegual, *m.* ancient tax on fish.
teguillo, *m.* thin board, strip.
tegumentario, ria, *a.* tegumentary.
tegumento, *m.* tegument.
teína, *f.* (chem.) thein.
teinada, *f.* cattle shed.
teísmo, *m.* theism.—**teísta,** *n.* & *a.* theist(-ic).
[1]**teja,** *f.* roof tile; steel bar shaped into a sword blade; (naut.) hollow cut for scarfing.—**t. cóncava,** gutter or pantile.—**t. de la silla,** (Mex.) cantle of saddle.—**a t. vana,** with a shed over.—**a toca t.,** in cash, cash down.—**de tejas abajo,** in the world of nature, in this world.—**de tejas arriba,** in the realm of the supernatural, beyond the realm of nature.
[2]**teja,** *f.* (bot.) linden tree.
tejadillo, *m. dim.* roof of a coach; projecting side roof; card sharp's method of holding the talon.
tejado, *m.* roof; shed.—**t. de cinc,** tin roof.
tejamaní, tejamanil, *m.* shingle.
tejano, na, *n.* & *a.* Texan.
tejar. I. *va.* to tile. **II.** *m.* tile works, tile kiln.
tejaroz, *m.* eaves, penthouse, tiled shed.
tejedera, *f.* TEJEDORA; (entom.) water skater.
tejedor, ra, *n.* weaver; (entom.) water skipper.
tejedura, *f.* texture, weaving, fabric.
tejeduría, *f.* art of weaving; mill, factory for weaving.
tejemaneje, *m.* (coll.) cleverness, knack.
tejer, *va.* to weave; to wattle, interweave, plait; (Am.) to knit; to regulate, adjust; to devise.
tejera, tejería, *f.* tile kiln.
tejero, *m.* tile maker.
tejica, illa, ita, *f. dim.* small tile.
tejido, da. I. *pp.* of TEJER.—**alambre t.,** wire netting. **II.** *m.* texture, tissue, weaving; fabric, web; (anat.) tissue.—**t. de alambre,** wire mesh.
tejillo, *m.* plaited girdle.
[1]**tejo,** *m.* quoit; game of quoits; shuffleboard counter; blank, metal disk or plate; (mech.) bush, pillow block, socket, socket plate.
[2]**tejo,** *m.* (bot.) yew tree.
tejocote, *m.* (bot., Mex.) a sloelike fruit.
tejoleta, *f.* broken tile, brickbat; shuffleboard counter; clapper.
tejolote, *m.* (Mex.) stone pestle.
[1]**tejón,** *m.* round gold ingot.
[2]**tejón,** *m.* (zool.) badger.
tejonera, *f.* burrow of a badger.
tejuela, *f.* small tile; brickbat; saddletree.
tejuelo, *m.* small tile; (bookbinding) binder's title; (mech.) bush, pillow block, socket, soleplate.
tela, *f.* cloth, fabric, stuff; chain or warp of cloth; pellicle, film; skin (of an onion, etc.); quibble, quirk; web of insects; argument; matter; thread of a discourse; membrane or opacity in the eye.—**t. de alambre,** wire cloth, wire screening.—**t. de araña,** cobweb, spider web.—**t. de cebolla,** thin cloth.—**t. metálica** = T. DE ALAMBRE.—**en t. de juicio,** in doubt; under careful consideration.
telamón, *m.* (arch.) telamon, atlante.
telar, *m.* loom; frame; (theat.) gridiron.
telaraña, *f.* cobweb; flimsy or trifling thing.—**mirar las telarañas,** (coll.) to be absent-minded.—**tener telarañas en los ojos,** to be blind to one's surroundings.
telarejo, *f. dim.* small loom or frame.
telautógrafo, *m.* telautograph.
telecomunicación, *f.* telecommunication, long-distance communication.
telecontrol, *m.* remote control.
teledinámico, ca, *a.* telodynamic.
teleferage, *m.* telpherage, telferage.
teleferar, *va.* to telpher, telfer.
teleférico, ca, *m.* & *a.* telpher.
telefio, *m.* (bot.) orpine stonecrop.
telefonazo, *m.* telephone call.
telefonear, *va.* & *vn.* to telephone.
telefonema, *m.* telephone message.
telefonía, *f.* telephony.—**t. sin hilos,** wireless telephony, radiotelephony.
telefónicamente, *adv.* telephonically.
telefónico, ca, *a.* telephonic.
telefonista, *n.* telephone operator.
teléfono, *m.* telephone.—**t. automático,** dial telephone.—**t. sin hilos,** wireless telephone.
teléfoto, *m.* telephoto.
telefotografía, *f.* telephotography.
telefotográfico, ca, *a.* telephoto.
telega, *f.* telega.
telegénico, ca, *a.* telegenic.
telegonia, *f.* (biol.) telegony.
telegrafía, *f.* telegraphy.—**t. dúplex,** duplex telegraphy.—**t. sin hilos,** wireless telegraphy.
telegrafiar, *va.* to telegraph; to cable.
telegráficamente, *adv.* telegraphically.
telegráfico, ca, *a.* telegraphic.
telegrafista, *n.* telegrapher, telegraph operator.
telégrafo, *m.* telegraph.—**t. marino,** nautical signals; signal service.—**t. óptico,** semaphore.—**t. sin hilos,** wireless telegraph.—**hacer telégrafos,** to talk by signs (as lovers).
telegrama, *m.* telegram; cablegram.
telemecánica, *f.* long-distance transmission or production of motion.
telemetría, *f.* telemetry.
telemétrico, ca, *a.* telemetric.
telémetro, *m.* telemeter.
telencéfalo, *m.* (anat.) telencephalon.
teleobjetivo, *m.* telephoto lens.
teleología, *f.* teleology.
teleológico, ca, *a.* teleological.
teleósteo, tea, *m.* & *a.* (ichth.) teleost.
telepatía, *f.* telepathy.
telepático, ca, *a.* telepathic.
teleprompter, *m.* Teleprompter (trademark).
telera, *f.* plow pin; cattle stall, cattle pen; (mech.) jaw, cheek (of a clamp, vice, or press); body transom, cross frame, tiebeam (of carriage); (artil.) transom of a gun-carriage; (naut.) rack block; (min.) pyramidal mound of copper ore for roasting; round loaf of brown bread.
telerán, *m* (electron.) teleran.
telero, *m.* stake (of a cart).
telescópico, ca, *a.* telescopic.
telescopio, *m.* telescope.
telespectroscopio, *m.* telespectroscope.
telestereoscopio, *m.* telestereoscope.

telestesia, *f.* telesthesia.
teleta, *f.* blotting paper; sieve in paper mills.
teletermómetro, *m.* telethermometer.
teletipo, *m.* teletype.
teletón, *m.* strong silken stuff.
televisión, *f.* television.—**receptor de t.,** television set.
televisionar, *va.* to televise.
telex, *m.* telex.
telilla, *f. dim.* light woollen stuff; film.
telina, *f.* = ALMEJA, clam; mussel.
telita, *f. dim.* of TELA; thin fabric.
telón, *m.* (theat.) curtain, drop curtain; drop, drop scene.—**t. de boca,** drop curtain.—**t. de foro,** drop scene.—**bajar,** or **correr, el t.,** to drop the curtain.—**levantar,** or **subir, el t.,** to raise the curtain.
telonio, *m.* ancient tax office.—**a manera de t.,** in a jumble, disordered.
telúrico, ca, *a.* telluric.
telurio, *m.* (chem.) tellurium.
teluroso, sa, *a.* (chem.) tellurous.
telururo, *m.* (chem.) telluride, tellurid.
tellina, *f.* = TELINA.
telliz, *m.* caparison, saddle cover.
telliza, *f.* bedspread, coverlet.
tema. I. *m.* theme, subject; text, thesis; (mus.) theme, motive.—**t. celeste,** (astr.) map of the heavens. **II.** *f.* fixed idea of a madman; hobby; dispute, contention; obstinacy; animosity, grudge.—**a t.,** emulously, in competition.
temario, *m.* agenda.—**comisión del t.,** Agenda Committee.
temático, ca, *a.* thematic; obstinate.
tembladal, *m.* quaking bog, quagmire.
tembladera, *f.* a kind of bowl or cup of very thin metal or glass; (jewelry) TEMBLEQUE; (ichth.) torpedo, electric ray; (bot.) quaking grass.
tembladero, *m.* quagmire.
temblador, ra. I. *a.* quaking, shaking, quivering. **II.** *m.* Quaker.
temblante. I. *a.* trembling, quavering. **II.** *m.* loose bracelet.
temblar, *vn.* (*ind.* TIEMBLO; *subj.* TIEMBLE) to tremble, shake, quake, quiver; to shiver.
tembleque, *m.* a hair ornament on a spiral wire.
temblequear, tembletear, *vn.* (coll.) to tremble, shake, shiver.
temblón, na, *a.* tremulous, shaking.—**hacer la temblona,** to affect timidity.
temblor, *m.* trembling, tremor, thrill.—**t. de tierra,** earthquake.—**temblorcillo,** *m. dim.* slight tremor.—**tembloroso, sa; tembloso, sa,** *a.* trembling, tremulous, shivering, shaking.
temedero, ra, *a.* dread, redoubtable.
temedor, ra, *a.* dreading, fearing.
temer, *va.* & *vn.* to fear, dread.
temerariamente, *adv.* rashly, recklessly.
temerario, ria, *a.* rash, imprudent, unwise; reckless; hasty, unreflecting.
temeridad, *f.* temerity, rashness, recklessness; folly, rash or reckless act; foolhardiness; rash conclusion.
temerón, na, *a.* affecting courage.
temerosamente, *adv.* timorously.
temeroso, sa, *a.* dread; timid; timorous; chicken-hearted; afraid.—**t. de Dios,** God-fearing.
temible, *a.* dread, terrible, redoubtable.
temor, *m.* dread, fear.
temoso, sa, *a.* obstinate, stubborn.
tempanador, *m.* cutter for beehives.
tempanar, *va.* to cover the tops of (beehives).
témpano, *m.* (mus.) kettledrum; tabor, timbrel; drumhead, drumskin; tympan; piece, block; ice floe, iceberg; sod, sward; heading of a barrel; flitch of bacon; cork dome of a beehive; (arch.) tympan of an arch.—**t. de tocino,** flitch of bacon.
temperación, *f.* tempering.
temperadamente, *adv.* temperately.
temperamento, *m.* climate; arbitration, compromise; temperament, constitution; (mus.) temperament.
temperancia, *f.* temperance.
temperante, *a.* (med.) tempering.
temperar. I. *va.* to temper; to soften. **II.** *vn.* (Am.) to have a change of climate; to summer.
temperatura, *f.* temperature.—**t. absoluta,** (phys.) absolute temperature.
temperie, *f.* atmospheric conditions.
tempero, *m.* seasonableness.
tempestad, *f.* tempest, storm.
tempestivamente, *adv.* fitly, opportunely.
tempestividad, *f.* opportuneness, timeliness.
tempestivo, va, *a.* opportune, timely.
tempestuosamente, *adv.* stormily, turbulently.
tempestuoso, sa, *a.* tempestuous, stormy.
[1]**templa,** *f.* (art) tempera, distemper.
[2]**templa,** *f.* gen. *pl.* (anat.) temple(s).
templadamente, *adv.* temperately, moderately, abstemiously.
templadera, *f.* (hydraul.) sluice gate.
templado, da. I. *pp.* of TEMPLAR. **II.** *a.* moderate (esp. of climate, as **tierra templada,** [region of] moderate climate or medium temperature); hardened, tempered; abstemious; lukewarm; medium, fair; brave, firm; (mus.) tuned.
templador, ra. I. *n.* tuner; temperer. **II.** *m.* (mus.) tuning key; (Peru) circular stockade in bull rings.
templadura, *f.* temper, tempering; tuning.
templanza, *f.* temperance, moderation, sobriety; mildness of temperature or climate; (art) good disposition of colors.
templar. I. *va.* to temper, soften, moderate; to quench, allay; to calm, pacify; to prepare, dispose; to temper, quench (metals); to anneal (glass); (mus.) to tune; (art) to blend; (naut.) to trim (the sails) to the wind; (falconry) to train.—**templarle la gaita a uno,** to humor one. **II.** *vr.* to be moderate.
templario, *m.* (hist., eccl.) Templar, Knight Templar.
[1]**temple,** *m.* atmospheric conditions; temper (of metals, of persons); courage; disposition, frame of mind; average; (mus.) temperament.—**al t.** (art) in distemper.
[2]**temple,** *m.* religion of the Templars, and one of their temples.
templete, *m. dim.* small temple, shrine; (arch.) niche, tabernacle.
templista, *m.* (art) painter in distemper.
templo, *m.* temple; church; shrine.
témpora, *f.* —*pl.* (eccl.) ember days.
temporada, *f.* season, spell, period (of time).—**t. de frío,** cold spell.—**t. de invierno,** winter season.—**t. de ópera,** opera season.—**estar de t.,** to be summering or rusticating.
[1]**temporal. I.** *a.* temporal; temporary; provisional; secular, worldly. **II.** *m.* tempest, storm; weather (good or bad); long rainy spell; temporary laborer.
[2]**temporal,** *a.* (anat.) temporal.
temporalidad, *f.* temporality.
temporalizar, *va.* (*pret.* TEMPORALICÉ; *subj.* TEMPORALICE) to make temporary.
temporalmente, *adv.* temporarily; provisionally, transiently; in a worldly manner.
temporáneo, nea; temporario, ria, *a.* temporary, unstable, transient.
temporejar, *vn.* (naut.) to lie to.
temporero, ra; temporil, *a.* temporary (laborer), working by the season.
temporizador, ra, *n.* temporizer.
temporizar, *vn.* (*pret.* TEMPORICÉ; *subj.* TEMPORICE) to pass the time; to temporize.
tempranal, *a.* producing early fruits.
tempranamente, *adv.* prematurely.
tempranero, ra, *a.* early.
tempranilla, *f.* early grape.
temprano, na. I. *a.* early. **II.** *m. adv.* early; prematurely, too early. **III.** *n.* field yielding early crops.
temulento, ta, *a.* intoxicated, tipsy, drunk.
ten.—t. con t., tact, adroitness, wisdom.
tena, *f.* shed for cattle, fold.
[1]**tenacear,** *va.* to tear off flesh of with pincers.

[2]**tenacear,** *vn.* to persist.
tenacero, *m.* tongs maker.
tenacidad, *f.* tenacity, toughness; tenaciousness, pertinacity, perseverance, persistence.
tenacillas, *f. pl. dim.* small tongs; snuffers; tweezers, nippers, pincers, pliers; curling iron; sugar tongs.—**t. de rizar,** crimping iron.
tenáculo, *m.* (surg.) tenaculum.
tenada, *f.* fold, shed for cattle.
tenallas, *f. pl.* pair of tongs.
tenallón, *m.* (fort.) tenail or tenaille.
tenante, *m.* (her.) supporter (of a shield).
tenar, *m.* & *a.* (anat.) thenar.
tenaz, *a.* tenacious, adhesive; strong, firm; stubborn; tough; persevering.
tenaza, *f.* (fort.) tenail; claw (as of lobsters).—*pl.* tongs, nippers, pliers; (dent.) forceps; (card playing) two cards that take the last two tricks.
tenazada, *f.* grasp of pincers or tongs; noise or click of the tongs; violent biting.
tenazmente, *adv.* tenaciously.
tenazón, *f.*—**a t.,** point-blank, without taking aim.—**parar de t.,** to stop (a horse) short in his course.
tenazuelas, *f. pl. dim.* tweezers.
tenca, *f.* (ichth.) tench.
tención, *f.* holding, retaining.
tendajo, *m.* small rickety shop.
tendal, *m.* tent, awning, tilt; piece of canvas placed under olive trees when picking the fruit.
tendalera, *f.* (coll.) things scattered in disorder.
tendalero, *m.*, **tendedero,** *m.* place where clothes are spread to dry.
tendedor, ra, *n.* stretcher, tenter; one who spreads clothes to dry.
tendedura, *f.* stretching, extending.
tendejón, *m.* small rickety shop.
tendel, *m.* (mason.) leveling line (cord); layer of mortar.
tendencia, *f.* tendency; trend, drift.
tendencioso, sa, *a.* tendentious.
tendente, *a.* tending.
ténder, *m.* (Angl.) (Ry.) tender.
tender (*ind.* TIENDO; *subj.* TIENDA) **I.** *va.* to stretch, stretch out; to spread out; to hang out (washing); to lay (tablecloth); to lay (rails, etc.), throw (a bridge across a river), etc. (in emergency building as for military purposes); (mason.) to coat. **II.** *vn.* to have a tendency, tend; (**hacia**) (math.) to approach (as a limit). **III.** *vr.* to stretch out, lie full length; to place one's cards on the table; to run at full gallop; to neglect a business.
tenderete, *m.* a card game; (Mex.) second-hand-clothing shop.
tendero, ra, *n.* shopkeeper; tentmaker.
tendezuela, *f. dim.* small shop.
tendidamente, *adv.* diffusely, diffusively.
tendido. I. *pp.* of TENDER. **II.** *m.* row of seats; in lace making, piece made over the pattern; quantity of spread clothes dried at once; batch of bread baked at one time; (mason.) coat of plaster or calcimine; (arch.) roof of a house from the ridge to the eaves; (Am. min.) riffle.
tendiente. I. *pres. p.* of TENDER. **II.** *a.* (a) intended (for).
tendinoso, sa, *a.* tendinous, pert. to tendon.
tendón, *m.* (anat.) tendon.—**t. de Aquiles,** (anat.) Achilles' tendon.
tenducha, tenducho, *n.* insignificant shop.
tenebrario, *m.* (eccl.) tenebræ candelabrum.
tenebrosamente, *adv.* gloomily.
tenebrosidad, *f.* darkness, gloom.
tenebroso, sa, *a.* tenebrous, dark, gloomy.
tenedero, *m.* (naut.) anchoring ground.
tenedor, *m.* holder; keeper; guardian; table fork; (ball games) caddy; (com.) holder.—**t. de bastimentos,** (naut.) storekeeper of the navy.—**t. de libros,** bookkeeper.—**t. de póliza,** policy-holder.
teneduría, *f.* position of bookkeeper.—**t. de libros,** bookkeeping.
tenencia, *f.* tenancy, occupancy, possession, holding; (mil.) lieutenancy, lieutenantship.
tener. I. *va.* (*ind. pres.* yo TENGO, él TIENE, *pret.* TUVE; *fut.* TENDRÉ; *sub.* TENGA) to have, possess; to hold, take hold of; (app. to health) to be the matter with, to ail; to be worth (*Juan tiene cien mil pesos,* John is worth 100,000 pesos); to maintain, sustain; to subject; domineer; to keep, hold, retain; to stop, hold back; to fulfil, keep (one's word); to contain, have within; (app. to dimensions) to be (*la casa tiene 20 metros de ancho,* the house is 20 meters wide). With nouns of time, it denotes duration or age (*el niño tiene seis meses,* the child is six months old; *esta casa tiene cien años,* this house is one hundred years old). With some nouns denoting sensation or feeling, it is equivalent to "to be" followed by the corresponding adjective (*tener hambre,* to be hungry; *tener sueño,* to be sleepy; *tener celos* (*de*), to be jealous (of); *tener frío, calor,* (of person) to be cold, hot; *tener miedo* (**de**) (**a**), to be afraid (to) (of).—**t. a bien,** to find it convenient; to please; to deem best.—**t. buenas formas,** to be of fine figure: to be polite.—**t. cuidado de,** to take care to.—**t. de** (foll. by *a.*) to be (often with there): *eso no tiene nada de estraño,* there is nothing strange about that.—**t. días,** (coll.) to be old; to have moody days.—**t. efecto,** to take effect, become effective.—**t. en,** to hold in (esteem, respect, etc.).—**t. en cuenta,** to take into account, or consideration, take account of.—**t. en menos,** to think little of.—**t. gana,** or **ganas,** (**de**), to wish, desire (to); to have a mind (to); to feel like.—**t. gracia,** to be funny.—**t. gusto en,** to be glad to.—**t. la bondad de** (*inf.*), (in requests), have the kindness to (*inf.*), please, kindly (*imper.*).—**t. la culpa** (**de**), to be to blame (for).—**t. lugar,** (Gal.) to take place, occur.—**t. para sí,** to think, be of the opinion.—**t. por,** to take to be, believe, consider.—**t. presente,** to bear in mind.—**t. prisa,** to be in a hurry.—**t. que,** to have to, must; to have something to (say, lose, propose, etc.).—**t. que hacer,** to have something to do; to be busy; to have to, or must, do.—**t. que ver con,** to have to do with.—**t. razón,** to be right.—**t. suerte,** to be lucky.—**no t. razón,** to be wrong.—**no t. remedio,** not to be any help for, can't be helped, prevented.—**no tenerlas todas consigo,** to be worried, to be anxious.—**no t. sobre que caerse muerto,** not to have a farthing, to be penniless. **II.** *v. aux.* to have (*tengo dicho,* I have said). Often, however, the participle following is rather an adjective than part of a compound tense (*tengo escritas dos cartas,* I have two letters written). In other cases, the combination is equivalent to a simple form of the verb (*tengo entendido,* I understand; *tengo pensado,* I intend). **III.** *vn.* to have, possess; to be well-off, to be wealthy.—**t. de,** to have to, must. **IV.** *vr.* to hold fast or steady; to rest (on something); to stop, halt; to fight, hold one's own; to adhere (to), stand (for).—**t. en pie,** to keep on one's feet, remain standing.
tenería, *f.* tannery.
tenesmo, *m.* (med.) tenesmus.
tengo, tenga, *v. V.* TENER.
tenia, *f.* tapeworm; (arch.) fillet.
tenienta, *f.* wife of a first lieutenant.
tenientazgo, *m.* (mil.) first lieutenantship.
teniente. I. *pres. p.* of TENER. **II.** *a.* (of fruit) unripe; miserly, mean; (coll.) dear.—**t. de oídos,** hard of hearing. **III.** *m.* deputy, substitute; (mil.) first lieutenant.—**t. coronel,** lieutenant colonel.—**t. general,** lieutenant general.
tenífugo, ga, *a.* (med.) tænifuge.
tenis, *m.* tennis.
tenista, *n.* tennis player.
tenonitis, *f.* (med.) tenonitis.
[1]**tenor,** *m.* condition, nature; kind; import, literal

meaning.—**a este t.**, of the same kind, like.—**a t. de**, in compliance with.
[2]**tenor**, *m.* (mus.) tenor.
tenotomía, *f.* (surg.) tenotomy.
[1]**tensión**, *f.* tension; tensile stress; tautness, tightness; strain; (elec.) voltage, potential, tension.—**t. arterial**, blood pressure.
[2]**tensión**, *f.* = TENSÓN.
tenso, sa, *a.* tense, tight, taut, stretched.
tensón, *f.* (poet.) poetical contest on love.
tensor, ra. **I.** *a.* tensile. **II.** *m.* turnbuckle; tightener.
tentación, *f.* temptation.
tentacioncilla, *f. dim.* slight temptation.
tentaculado, da, *a.* (zool.) tentacled.
tentacular, *a.* tentacular.
tentáculo, *m.* tentacle.
tentadero, *m.* corral for taming calves.
tentador, ra. **I.** *a.* tempting. **II.** *n.* tempter; *f.* temptress, seductress.—**el t.**, the devil.
tentadura, *f.* mercury test of silver ore.
tentalear, *va.* to feel all over, examine by touch.
tentar, *va.* (*ind.* TIENTO; *subj.* TIENTE) to touch, to feel with the fingers, to examine by touch; to grope; to tempt; to attempt, try, endeavor; to test; (surg.) to probe; to tent.—**t. cerrojos**, to try all ways and means.
tentativo, va. **I.** *a.* tentative, experimental. **II.** *f.* attempt, experiment; first examination.—**t. de agresión**, (law) assault.
tentemozo, *m.* prop, support; pole prop; tumbler (a toy); QUIJERA, noseband straps (of bridle).
tentempié, *m.* (coll.) light luncheon, a bite.
tentenelaire, *n.* mulatto; half-breed.
tentón, *m.* (coll.) rough handling.
tenue, *a.* thin, tenuous, delicate; worthless, trifling; soft (consonant); (art) faint, subdued.
tenuemente, *adv.* slightly.
tenuidad, *f.* tenuity, thinness, subtlety; weakness; trifle.
tenuta, *f.* (law) provisional tenure.
tenutario, ria, *a.* (law) provisional tenant.
tenzón, *f.* poetical contest on love.
teñidura, *f.* art of dyeing or tingeing.
teñir, *va.* (*pp.* TEÑIDO, TINTO; *ger.* TIÑENDO; *ind. pres.* TIÑO, *pret.* él TIÑÓ; *subj.* TIÑA) to tinge, to dye; to stain; (art.) to darken, sadden (a color).—**t. en rama**, to dye in grain, to ingrain.
teobroma, *m.* cacao.
teobromina, *f.* (chem.) theobromine.
teocali, *m.* teocalli, Aztec ceremonial building.
teocéntrico, ca, *a.* (eccl.) theocentric.
teocracia, *f.* theocracy.
teócrata, *n.* (pol.) theocrat.
teocrático, ca, *a.* theocratic.
teodicea, *f.* (theol.) theodicy.
teodolito, *m.* theodolite.
teodosiano, na, *a.* Theodosian.
teogonía, *f.* theogony, origin of the gods.
teogónico, ca, *a.* theogonic.
teologal, *a.* theologic(al).
teología, *f.* theology.—**t. natural**, natural theology.
teológicamente, *adv.* theologically.
teológico, ca, *a.* theologic(al).
teologismo, *m.* excessive theologizing, theological mania.
teologizar, *vn.* (*pret.* TEOLOGICÉ; *subj.* TEOLOGICE) to theologize.
teólogo, ga. **I.** *a.* theological. **II.** *m.* theologian.
teorema, *m.* theorem.
teoría, *f.* theory.—**t. atómica**, atomic theory.—**t. de las ondulaciones**, (phys.) wave theory (of light).
teóricamente, *adv.* theoretically.
teórico, ca. **I.** *a.* theoretical. **II.** *n.* theorist, theoretician; *f.* theory.
teorizante, *a.* theorizing.
teorizar, *vn.* to theorize.
teoso, sa, *a.* resinous.
teosofía, *f.* theosophy.
teosófico, ca, *a.* theosophical.
teosofismo, *m.* theosophism.
teósofo, *m.* theosophist.
tepalcate, *m.* (Mex.) potsherd.
tepe, *m.* green sod, turf.
tepeguaje. **I.** *m.* (Mex.) a very hard and compact wood. **II.** *a.* (Mex.) set, obstinate.
tepeizcuinte, *m.* (Am.) badger.
tepetate, *m.* (min.) attle, deads, refuse.
tepexilote, *m.* a palm nut used for beads.
tequiche, *m.* (Venez.) corn meal with coconut milk and molasses.
tequila, *m.* (Mex.) tequila (plant and liqueur made from it).
tequío, *m.* (Mex.) a municipal duty or tax.
terapeuta, *n.* (med.) therapeutist, therapist.
terapéutico, ca. **I.** *a.* therapeutic. **II.** *f.* therapeutics.
terapia, *f.* therapy.—**t. de grupo**, group therapy.—**t. laboral**, occupational therapy.
teratología, *f.* (biol.) teratology.
teratológico, ca, *a.* teratologic(al).
terbio, *m.* (chem.) terbium.
tercamente, *adv.* obstinately, stubbornly.
tercena, *f.* wholesale tobacco warehouse.
tercenal, *m.* (agr.) rick of thirty sheaves.
tercenista, *m.* keeper of a TERCENA.
tercer, *a.* (*contr.* of TERCERO) third.
terceramente, *adv.* thirdly.
tercería, *f.* mediation, arbitration; umpirage; temporary occupation (of a fortress, etc.).
tercerilla, *f.* (poet.) triplet.
tercero, ra. **I.** *a.* third. **II.** *n.* procurer(-ess). **III.** *m.* third person; mediator, arbitrator, umpire; collector of tithes; (eccl.) tertiary; sixtieth of a second (time).—**t. en discordia**, umpire, referee between two disputants. **IV.** *f.* (mus.) third; ditone; third string of a guitar; sequence of three cards.
tercerol, *m.* (naut.) third in order.
tercerola, *f.* a short carbine; (com.) tierce.
tercerón, na, *n.* (Am.) mulatto.
terceto, *m.* (poet.) tierce, terzet, terza, triplet; (mus.) terzetto, trio.
tercia, *f.* one third; third of a vara; storehouse for tithes; among Romans, forenoon; sequence of three cards; (eccl.) third hour.
terciado, da. **I.** *pp.* of TERCIAR. **II.** *a.* slanting, tilted, biased, crosswise. **III.** *m.* cutlass, broad sword; broad ribbon.
terciana, *f.* (med.) tertian.
tercianario, ria. **I.** *a.* (med.) tertian; causing or suffering tertian fever. **II.** *n.* person affected with a tertian.
tercianela, *f.* heavy silk fabric.
terciar. **I.** *va.* to place sidewise or sling diagonally; to divide into three parts; (agr.) to plow the third time; (mil.) to carry (arms).—**t. una pieza**, (artil.) to prove a gun. **II.** *vn.* to make up a number; to mediate, arbitrate, to go between; to join (in conversation); to share, take part; to reach the third day. **III.** *vr.* to be favorable, offer an opportunity.
terciario, ria. **I.** *a.* third in order or degree; (geol.) Tertiary. **II.** *n.* (arch.) rib of a Gothic arch; (geol.) Tertiary.
terciazón, *m.* (agr.) third plowing.
tercio, cia. **I.** *a.* third. **II.** *m.* one third; each package of a mule load; (mil.) (Sp. hist.) regiment of infantry, (modern Sp.) Foreign Legion; division of the GUARDIA CIVIL; third part of a horse race course (start, run, or stop); third section in the height of a horse; third part of the rosary; third part of a sword.—*pl.* robust or strong limbs of a man.—**t. de cueros**, bundle of hides.—**t. de tabaco**, bale of tobacco.—**t. y quinto**, great advantage.—**hacer buen t.**, to do a good turn.—**hacer mal t.**, to do a bad turn, to serve ill.—**hacer t.**, to join and complete a required number of people.
terciopelado, da. **I.** *a.* velvetlike, velvety. **II.** *m.* velvetlike stuff.
terciopelero, ra, *n.* velvet weaver or worker.

terciopelo, *m.* velvet.
terco, ca, *a.* stubborn; hard (as marble).
terebintáceo, cea, *a.* (bot.) terebinthine.
terebinto, *m.* (bot.) terebinth.
terebrante, *a.* piercing (pain).
terenciano, na, *a.* Terentian.
tereniabín, *m.* white, sweetish, purgative substance from leaves of a certain plant.
tereques, *m. pl.* (Am., coll.) traps; duds, belongings.
teresiana, *f.* a kind of military cap.
tergal, *a.* tergal, dorsal.
tergiversación, *f.* tergiversation.
tergiversador, ra, *n.* & *a.* tergiversator(-ing).
tergiversar, *va.* to tergiversate.
teriaca, *f.* (pharm.) theriaca.
teriacal, *a.* (pharm.) theriac(al).
teridofita, *f.* (bot.) pteridophyte.
teristro, *m.* thin veil or shawl.
terliz, *m.* tick, ticking; tent cloth.
termal, *a.* thermal.
termas, *f. pl.* hot baths; hot springs.
termes, *m.* (entom.) termite. Also TERMITE.
térmico, ca, *a.* thermic, thermal.
termidor, *m.* Thermidor, eleventh month of the French-Revolution calendar.
terminabilidad, *f.* terminability.
terminable, *a.* terminable.
terminación, *f.* termination, completion; (gram.) termination, ending.
terminacho, *m.* (coll.) big or vulgar word; jawbreaker.
terminador, ra. I. *a.* finishing, completing. **II.** *n.* finisher.
terminajo, *m.* (coll.) vulgar expression.
terminal. I. *a.* terminal, final, last. **II.** *m.* (elec.) terminal.
terminante, *a.* ending, closing; peremptory, final, decisive.—**terminantemente,** *adv.* peremptorily, positively.
terminar. I. *va.* & *vn.* to end, close, terminate, finish, complete. **II.** *vn.* **de** (*inf.*), to have just (*pp.*). **III.** *vn.* & *vr.* to end; to abut; (med.) to come to a crisis.
terminativo, va, *a.* (philos.) terminative.
término, *m.* end, ending, completion; term, word; boundary; landmark; manner, behavior; district of a town or city; aim, object, goal; crisis of a disease; condition, constitution, state; (math., logic) term; (arch.) terminal, terminus; (law) term; (mus.) tone, pitch.—*pl.* (logic and astrol.) terms.—**t. medio,** (math.) average; (logic) middle term; compromise.—**términos semejantes,** (math.) similar terms.—**en buenos términos,** (coll.) in plain language.—**en otros términos,** in other words.—**en último t.,** finally.—**medio t.,** compromise.—**medios términos,** evasions, subterfuges.—**poner t. a,** to put an end to, to stop.—**por t. medio,** on an average.—**primer t.,** (art) foreground.—**último t.,** (art) background.
terminología, *f.* terminology.
terminote, *m. aug.* big word.
termión, *m.* (phys.) thermion.
termiónico, ca. I. *a.* thermionic. **II.** *f.* (phys.) thermionics.
termita, *f.* thermite.
termite, *m.* (entom.) termite, white ant.
termitero, *m.* termite nest.
termobomba, *f.* thermopump.
termocauterio, *m.* (surg.) thermocautery.
termoconductor, ra, *m.* & *a.* (phys.) thermoconductor.
termodinámica, *f.* thermodynamics.
termodinámico, ca, *a* thermodynamic.
termoelectricidad, *f.* thermoelectricity.
termoeléctrico, ca, *a.* thermoelectric.
termoelemento, *m.* (phys.) thermoelement.
termoendurecible, *a.* thermosetting (plastics).
termofísica, *f.* thermophysics.
termofisión, *f.* (phys.) thermofission.
termofraguado, da, *a.* thermosetting (plastics).
termofusión, *f.* (phys.) thermofusion.
termogénesis, *f.* thermogenesis.
termógrafo, *m.* thermograph, self-registering thermometer.
termolabil, *a.* (chem.) thermolabile.
termometría, *f.* thermometry.
termométrico, ca, *a.* thermometric(al).
termómetro, *m.* thermometer.
termometrógrafo, *m.* thermograph, self-registering thermometer.
termomultiplicador, *m.* (phys.) thermopile.
termonuclear, *a.* thermonuclear.
termoplástico, ca, *a.* thermoplastic.
termoquímico, ca. I. *a.* thermochemical. **II.** *f.* thermochemistry.
termos, *m.* thermos bottle.
termoscopio, *m.* thermoscope.
termosifón, *m.* thermosiphon.
termóstato, *m.* thermostat.
termostático, ca, *a.* thermostatic.
termoterapia, *f.* (med.) thermotherapy.
termotropismo, *m.* (biol.) thermotropism.
terna, *f.* ternary, triad, tern; three names presented as candidates; a game at dice.
ternario, ria. I. *a.* ternary. **II.** *m.* three days' devotion.
terne, *m.* (coll.) bully, hector.
ternecico, ica, ito, ita, *a.* very tender.
ternejal, *a.* bullying.
ternejón, na, *a.* = TERNERÓN.
ternera, *f.* female calf; veal.
ternerico, ca; illo, lla; ito, ta, *n. dim.* young or little calf.
ternero, *m.* male calf.
ternerón, na, *a.* sentimental, easily moved.
terneruela, *f. dim.* suckling calf.
terneza, *f.* softness, suavity; tenderness; affection, endearment, fondness.
ternezuelo, la, *a. dim.* very tender.
ternilla, *f.* gristle, cartilage; nose or nostrils of an ox or other similar animal.—**llevar,** or **tener, de la t.,** to lead by the nose.
ternilloso, sa, *a.* gristly, cartilaginous.
ternísimo, ma, *a. super.* very tender.
terno, *m.* ternary, triad; suit of clothes; tern (in lottery); oath, curse; (eccl.) vestments for the high mass; (jewelry) set; (print.) three printed sheets one within another.—**t. seco,** happy and unexpected fortune.
ternura, *f.* tenderness, softness, fondness.
terpeno, *m.* (chem.) terpene.—**terpina,** *f.* terpin.—**terpinol,** *m.* terpineol.
terquedad, *f.* stubbornness, obstinacy.
terracota, *f.* terra cotta.
terrada, *f.* bitumen made of ochre and glue.
terradillo, *m. dim.* small terrace.
terrado, *m.* terrace; flat roof of a house.
terraja, *f.* pipe stock, screw stock, diestock; screw-cutting machine; modelling board, sweep.
terraje, *m.* rent paid for arable land.
terrajero, *m.* lessee of arable land.
terral, *m.* land breeze.
terramicina, *f.* (pharm.) terramycin.
terrapene, *m.* (zool.) terrapin.
terraplén, terrapleno, *m.* embankment; (Ry.) embankment; (fort.) terreplein, banquette.
terraplenar, *va.* to embank; to fill: to terrace.
terraplenador, *m.* laborer on embankments.
terráqueo, quea, *a.* terraqueous, terrestrial.
terrateniente, *n.* landowner, landholder.
terraza, *f.* terrace; border in a garden; glazed jar with two handles.
terrazgo, *m.* arable land; rent of arable land.
terrazguero, ra, *n.* lessee of arable land.
terrazo, *m.* (art) ground of a picture.
terrazuela, *f. dim.* of TERRAZA.
terrear, *vn.* to show the ground (as thin crops).
terrecer, *va.* to terrify.
terregoso, sa, *a.* full of clods, lumps of earth.

terremoto, *m.* earthquake.
terrenal, *a.* worldly, earthly, mundane.
terrenidad, *f.* quality of the soil.
terreno, na. I. *a.* earthly, terrestrial; worldly, mundane. **II.** *m.* land, ground, soil, terrene; piece of land, lot, plot; field, sphere of action; (geol.) terrane or terrain.—**t. abierto,** (mil.) open ground.—**t. franco,** (min.) tract not yet preëmpted or condemned.
térreo, rea, *a.* earthy, of soil.
terrera, *f.* steep piece of ground; (ornith.) lark.
terrero, ra. I. *a.* earthy; abject, humble; skimming the ground (as birds). **II.** *m.* terrace; mound, heap of earth; alluvium; (min.) dump; mark, target; basket for carrying earth.—**hacer t.,** to court a lady from the street before her house.
terrestre, *a.* terrestrial.
terrezuela, *f. dim.* small piece of ground; poor soil.
terribilidad, *f.* terribleness, awfulness; rudeness, fierceness.
terrible, *a.* terrible; rude, ill-tempered; (coll.) immense, huge; wonderful.
terriblemente, *adv.* terribly, frightfully.
terriblez, terribleza, *f.* = TERRIBILIDAD.
terrícola, *n.* inhabitant of the earth.
terrífico, ca, *a.* terrific, frightful.
terrígeno, na, *a.* terrigenous, earthborn.
terrino, na, *a.* earthy, of soil.
territorial, *a.* territorial.
territorialidad, *f.* territoriality.
territorio, *m.* territory; region; land.—**t. fideicometido,** trust territory.
terrizo, za. I. *a.* earthy, earthen. **II.** *m.* unglazed earthen tub.
terromontero, *m.* hill, hillock.
terrón, *m.* clod; mound; lump; bagasse of olives. —*pl.* landed property.—**a rapa t.,** entirely, completely, from the root.—**azúcar en t.,** lump sugar.
terroncillo, *m. dim.* small clod or lump.
terror, *m.* terror.—**terrorífico, ca,** *a.* terrific, frightful, dreadful.—**terrorismo,** *m.* terrorism. —**terrorista,** *n.* & *a.* terrorist(-ic).
terrosidad, *f.* earthiness, cloddiness.
terroso, sa, *a.* earthy; full of clods.
terruca, *f. dim.* (coll.) native country.
terruño, terruzo, *m.* piece of ground.
tersar, *va.* to smooth, polish, burnish.
tersidad, *f.* polish; terseness.
terso, sa, *a.* smooth, polished, glossy; pure, correct, terse, pithy.—**tersura,** *f.* smoothness, polish; cleanliness, purity, terseness.
tertil, *m.* ancient tax on silk.
tertulia, *f.* tertulia, social gathering for conversation or entertainment; party; conversation; (theat.) corridor.—**hacer t.,** to gather for conversation; to talk (esp. disturbing, as in an office).—**tertuliano, na,** *n.* one who attends a TERTULIA or makes TERTULIA.—**tertuliar,** *vn.* = HACER TERTULIA.
tertulio, lia; tertulista, *n.* = TERTULIANO.
teruelo, *m.* balloting urn or box.
teruncio, *m.* an ancient Roman coin.
terutero, *m.* (ornith.) terutero, a S. A. lapwing.
terzón, na, *a.* & *n.* three-year old (heifer).
terzuela, *f.* distribution gained for attending mass at the hour of tierce.
terzuelo, *m.* third part; male falcon.
tesálico, ca; tesaliense; tesalio, lia; tésalo, la, *n.* & *a.* Thessalian.
tesalonicense; tesalónico, ca, *a.* Thessalonian.
tesar. I. *va.* (naut.) to haul taut, to make taut. **II.** *vn.* (of oxen) to back, pull back.
tesauro, *m.* thesaurus, lexicon.
tesela, *f.* tessella, mosaic tile.
teselado, da, *a.* tessellate, tessellated.
tésera, *f.* tessera, token, countersign.
tesis, *f.* thesis, dissertation.
tesitura, *f.* (mus.) range of voice or instrument.
teso, sa. I. *a.* taut, drawn tight. **II.** *m.* brow of a hill; bulge or lump on a flat surface.
tesón, *m.* tenacity, firmness, inflexibility.
tesonería, *f.* obstinacy, stubbornness.
tesonero, ra, *a.* (Am.) persistent, tenacious.
tesorería, *f.* treasury, treasurer's office, exchequer; treasurership.
tesorero, ra, *n.* treasurer; (eccl.) canon who keeps the relics.
tesoro, *m.* treasure; treasury, exchequer; thesaurus, lexicon.
tespíades, *f. pl.* (poet.) the Muses.
testa, *f.* head; top or crown of the head; front, face, forepart; (coll.) brains, cleverness.—**t. coronada,** crowned head.—**t. de ferro** = TESTAFERRO.
testáceo, cea, *a.* & *m.* (zool.) crustacean.
testación, *f.* obliteration, erasure.
testada, *f.* = TESTARADA.
testado, da. I. *pp.* of TESTAR. **II.** *a.* testate.
testador, ra, *n.* testator.
testadura, *f.* obliteration, erasure.
testaférrea, testaferro, *m.* man of straw, dummy, figurehead.
testamentaría, *f.* (law) testamentary execution; estate; meeting of executors.
testamentario, ria. I. *a.* testamentary. **II.** *m.* executor. **III.** *f.* executrix.
testamento, *m.* testament, will.—**t. abierto,** nuncupative will.—**t. cerrado,** or **escrito,** sealed testament.—**t. nuncupativo,** nuncupative will.—**t. ológrafo,** holographic will.
testar. I. *vn.* to make a will or testament. **II.** *va.* to erase, scratch out.
testarada, *f.* blow with the head; stubbornness, obstinacy.
testarrón, na, *a.* (coll.) stubborn.—**testarronería** (coll.), **testarudez,** *f.* hardheadedness, stubbornness.
testarudo, da, *a.* stubborn, hardheaded.
teste, *m.* (anat.) testis, testicle.
testera, *f.* front face, fore part; forehead of an animal; crownpiece of a harness; back seat of a coach; (foundry) wall of a furnace.
testerada, *f.* = TESTARADA.
testero, *m.* = TESTERA; (min.) ore rock showing two faces.
testicular, *a.* testicular.
testículo, *m.* (anat.) testicle.
testificación, *f.* attestation, testification.
testificador, ra, *n.* testifier.
testificante, *a.* witnessing, attesting.
testificar, *va.* (*pret.* TESTIFIQUÉ; *subj.* TESTIFIQUE) to attest, witness, testify.
testificata, *f.* (law) affidavit.
testificativo, va, *a.* attesting, declaratory.
testifiqué, testifique, *v. V.* TESTIFICAR.
testigo. I. *n.* witness.—**t. de cargo,** witness for the prosecution.—**t. de descargo,** witness for the defense.—**t. de oídas,** auricular witness.—**t. de vista,** or **ocular,** eyewitness. **II.** *m.* testimony, proof, evidence; mound of earth along an excavation (to show amount of earth removed).
testimonial, *a.* of the nature of testimony, attesting.—**testimoniales,** *f. pl.* testimonial; (eccl.) certificate of good character.
testimoniar, *va.* to attest, bear witness to.
testimoniero, ra, *a.* bearing false witness; dissembling, hypocritical.
testimonio, *m.* testimony; affidavit; attestation.—**falso t.,** (law) perjury.
testimoñero, ra, *a.* hypocritical.
testón, *m.* silver coin having a head.
testosterona, *f.* (biochem.) testosterone.
testudíneo, nea, *a.* (zool.) testudinal.
testudo, *m.* (mil.) testudo, movable shelter.
testuz, testuzo, *m.* (of some animals) nape; (of others) forehead.
tesura, *f.* stiffness, tautness.
teta, *f.* teat, mammary gland, breast; nipple, dug, udder.—**t. de vaca,** conical meringue; (bot.) viper's grass; a kind of grape.—**dar la t.,** to nurse, to suckle.
tetánico, ca, *a.* (med.) tetanic(al).

tétano, tétanos, *m.* (med.) tetanus, lockjaw.
tetar, *va.* to suckle.
tetera, *f.* teapot.
tetero, *m.* (Am.) nursing bottle.
tetica, *f. dim.* small dug or teat.
tetigonia, *f.* (entom.) a variety of katydid.
tetilla, *f. dim.* small nipple or teat (as man's).
tetón, *m.* stub of a pruned limb.
tetrácido, *m.* (chem.) tetracid.
tetracloruro, *m.* (chem.) tetrachloride.—**t. de carbono,** (chem.) carbon tetrachloride.
tetracordio, *m.* (mus.) tetrachord, fourth.
tetradínamo, ma, *a.* (bot.) tetradynamous; (chem.) tetravalent, quadrivalent.
tetraédrico, ca, *a.* (geom.) tetrahedral.
tetraedro, *m.* (geom.) tetrahedron.
tetragonal, *a.* (geom.) tetragonal.
tetrágono, *m.* (geom.) tetragon.
tetragrama, *m.* (mus.) four-line staff.
tetragrámaton, *m.* tetragram, word of four letters; tetragrammaton.
tetralogía, *f.* tetralogy.
tetrámetro, tra, *m.* & *a.* (pros.) tetrameter.
tetrao, *m.* (zool.) capercaillie, wood grouse.
tetrarca, *m.* tetrarch.
tetrarquía, *f.* tetrarchate; tetrarchy.
tetrasílabo, ba, *a.* four-syllable (word).
tetrastilo, *m.* (arch.) tetrastyle.
tetratómico, ca, *a.* (chem.) tetratomic.
tetravalente, *a.* (chem.) tetravalent, quadrivalent.
tétrico, ca, *a.* sad, grave, sullen; dark, gloomy.
teucali, *m.* = TEOCALI.
teucrio, *m.* (bot.) germander.
teucro, cra, *a.* & *n.* Trojan.
teutón, tona. I. *a.* Teutonic. **II.** *n.* Teuton.
teutónico, ca. I. *a.* Teutonic. **II.** *m.* Teutonic language.
textil, *a.* textile; fibrous.
texto, *m.* text; quotation; textbook; (print.) great primer type.
textorio, ria, *a.* textile.
textual, *a.* textual.—**textualista,** *m.* textualist.
textualmente, *adv.* textually, verbatim.
textura, *f.* texture; weaving; construction (of a literary work); structure.
tez, *f.* complexion (of the face).
tezado, da, *a.* very black.
tezontle, *m.* (Mex.) porous building stone.
theta, *f.* theta (Greek letter).
ti, *pron. 2d. pers. sing.* (oblique case of TÚ) thee; (when on familiar terms with a person) you.
tía, *f.* aunt; (coll.) good old woman.—**t. abuela,** great-aunt.—**cuéntaselo a tu t.,** (coll.) tell it to the marines.—**no hay tu t.,** it's no use, it's no good, it doesn't help.—**quedarse para t.,** to be always a bridesmaid and never a bride.
tialina, *f.* (chem.) ptyalin.
tialismo, *m.* (med.) ptyalism.
tiamina, *f.* (biochem.) thiamine.
tiangue, tianguis, *m.* (Mex. and P. I.) market, market days.
tiara, *f.* tiara, Pope's mitre; pontificate, papal dignity; Persian headdress.
tiberio, *m.* (coll.) noise, hubbub, turmoil.
tibetano, na, *n.* & *a.* Tibetan.
tibia, *f.* (anat.) tibia, shin bone; (mus.) flute or pipe.
tibial, *a.* tibial.
tibieza, *f.* tepidity, lukewarmness; coolness.
tibio, bia, *a.* tepid, lukewarm; remiss.
tibor, *m.* large china jar; (Am.) chamberpot.
tiborna, *f.* toast soaked in oil.
tiburón, *m.* (ichth.) shark.
tic, *m.* (med.) tic.
tictac, *m.* ticking (of watch, etc.).
[1]**tiemblo,** *m.* aspen tree.
[2]**tiemblo, tiemble,** *v. V.* TEMBLAR.
tiempo, *m.* time (as by the clock); time, times, period, epoch; (mus.) tempo; (gram.) tense; weather.—**t. atrás,** some time ago.—**t. cargado,** (naut.) thick, hazy weather.—**t. contrario,** (naut.) foul weather.—**t. crudo,** bleak, raw weather.—**t. grueso,** hazy weather.—**t. ha,** a long time ago.—**t. medio,** (astr.) mean time.—**t. normal,** standard time.—**t. solar verdadero,** or **t. verdadero,** (astr.) solar time. —**abrir,** or **alzarse, el t.,** to clear up.—**andando el t.,** in time, in the course of time, in the long run.—**a su t.,** at the proper time, in due time.—**a t.,** timely, in, or on, time.—**a t. que,** just as.—**a tiempos,** at times, occasionally.—**a un,** or **al, mismo t., a un t.,** at one, at the same, time.—**cargarse el t.,** to cloud over.—**con el t.,** in time, given time.—**cuánto t.,** how long.—**dar t. al t.,** to bide one's time, to wait patiently.—**de t. en t.,** from time to time, now and then, occasionally.—**en otro t.,** or **en otros tiempos,** formerly, in other, or former, times.—**en t.,** on time, at the proper time.—**engañar el t.** = HACER EL T.—**fuera de t.,** out of season; inopportunely.—**gan r t.,** to save time.—**hace t.,** or **tiempos,** long ago; for a long time.—**hace t. que,** it is a long time since.—**hacer el t.,** to kill time, while away the time.—**haga buen o mal t.,** rain or shine.—**los buenos tiempos,** the good, old days.—**matar el t.** = HACER EL T.—**mucho t.,** a long time.—**perder el t.,** to waste time.—**poco t.,** a short time.—**por t.,** for some time.—**tomarse t.,** to take time, to defer.—**un t.,** formerly, in other times.
tienda, *f.* shop, store; tent; (naut.) awning; tilt. —**t. de antigüedades,** antique shop.—**t. de campaña,** (mil.) tent.—**t. de descuento,** discount house.—**t. de juguetes,** toy shop.—**t. de oxígeno,** (med.) oxygen tent.—**t. en cadena,** chain store.—**ir de tiendas,** to go shopping.
tiendo, tienda, *v. V.* TENDER.
tiene, tienen, *v. V.* TENER.
tienta, *f.* (surg.) probe, bougie; cleverness, sagacity.—**andar a tientas,** to grope in the dark; to fumble.—**a tientas,** in a groping manner.
tientaaguja, tientaguja, *f.* boring rod.
tientaparedes, *n.* groper.
[1]**tiento,** *m.* touch, act of feeling; blind man's stick; halter of a mill horse; circumspection, tact; tightrope walker's balancing pole; steady hand; (coll.) blow, cuff; (art) maulstick; (mus.) preliminary flourish (before beginning to play); (zool.) tentacle.—**a t.,** obscurely, doubtfully.—**con t.,** tactfully, cautiously.—**dar un t.,** to make a trial.—**perder el t.,** to get out of practice, to get rusty.—**por el t.,** by the touch.—**tomar el t. a,** to investigate, look into.
[2]**tiento, tiente,** *v. V.* TENTAR.
tiernamente, *adv.* tenderly.
tiernecico, ica, illo, illa, ito, ita, *a. dim.* of TIERNO; very tender or young.
tierno, na, *a.* tender, soft; delicate; affectionate, amiable; sensitive; recent, modern, young.—**t. de ojos,** tender-eyed.
tierra, *f.* earth; land; soil; ground; native country; region, country; lot, plot, piece of land; (elec.) ground.—*pl.* lands, parts, region.—**t. adentro,** inland.—**t. a t.,** (naut.) coasting; cautiously.—**t. de almáciga,** foster earth.—**t. de batán,** fuller's earth.—**t. del sol de media noche,** Land of the Midnight Sun, Norway.—**t. del sol naciente,** Land of the Rising Sun, Japan.—**t. de moldeo,** molding earth, loam.—**t. de pan llevar,** cornland, plowland.—**t. de pipas,** pipe clay.—**T. de Promisión,** Promised Land.—**t. desconocida,** terra incognita.—**t. de sombra,** umber. —**t. doblada,** broken, mountainous country.—**t. fértil,** fat land.—**t. firme,** terra firma; firm, solid ground.—**t. japónica,** catechu, Japan earth.—**t. pantanosa,** bog land.—**t. rara,** (chem.) rare earth.—**T. Santa,** Holy

Land.—**tierras árticas,** Arctica.—**tierras baldías,** public lands, public domain.—**t. vegetal,** vegetable mold.—**t. virgen,** virgin soil. —**a t.,** ashore.—**besar la t.,** (coll.) to fall flat on the ground, bite the dust.—**dar en t. con,** to overthrow.—**echar en t.,** (naut.) to land.—**echar por t.,** to overthrow; to ruin, destroy.—**echar t. a,** to hush up, forget, drop (a matter). —**en t.,** on land; ashore.—**irse a t.,** to fall down, to topple over.—**poner por t.,** to overthrow; to demolish, to tear down.—**por esas (estas) tierras,** thereabouts (hereabouts), in those (these) parts.—**por t.,** by land, overland. —**tomar t.,** to anchor; to land.—**venirse a t.,** = IRSE A. T.—**ver tierras,** to see the world, travel.

tiesamente, *adv.* firmly, stiffly, strongly.

[1]**tieso, sa,** *a.* stiff, hard; tense, tight, taut; robust, strong; valiant; stubborn, obstinate; stuck up; too grave or circumspect.—**tenerse t.** or **tenérselas tiesas,** (coll.) to be firm in one's opinion, stand one's ground.

[2]**tieso,** *adv.* = TIESAMENTE.

tiesta, *f.* edge of headings (of barrels).

tiesto, *m.* potsherd; flowerpot.

tiesura, *f.* stiffness; rigidity; harshness.

tifáceo, a, *a.* (bot.) typhaceous.

tífico, ca, *a.* (med.) typhous.

tiflitis, *f.* (med.) typhlitis.

[1]**tifo,** *m.* (med.) typhus.—**t. asiático,** Asiatic cholera.—**t. de América,** yellow fever.—**t. de Oriente,** bubonic plague.

[2]**tifo, fa,** *a.* (coll.) satiate.

tifoideo, dea. I. *a.* typhoid. **II.** *f.* typhoid fever.

tifón, *m.* whirlwind; typhoon.

tifoso, sa, *a.* (med.) typhous.

tifus, *m.* (med.) typhus.—**t. icterodes,** yellow fever.

tigra, *f.* (Am.) (zool.) female tiger.

tigre, *m.* (zool.) tiger.

tigridia, *f.* (bot.) tigridia, tiger flower.

tija, *f.* stem of a key.

tijera, *f.* (*usually in pl.*) scissors; shears; carpenter's horse; cooper's mare; any instrument in the form of an X; sawbuck; small channel or drain; sheepshearer; backbiter, slanderer.—*pl.* side stringers of a truck frame; beams across a river to stop floating timber.—**buena t.,** a great eater; good cutter; detractor, gossip.—**cama de t.,** folding bed, cot.—**hacer t.,** (of horses) to twist the mouth.

tijerada, *f.* = TIJERETADA.

tijereta, *f. dim.* (gen. *pl.*) small scissors; small tendril of vines; (entom.) earwig; (ornith.) forktail duck.

tijeretada, *f.*, **tijeretazo,** *m.* a cut with scissors, clip, snip.

tijeretear, *va.* to cut with scissors; clip; to meddle with, or mind (other people's business).

tijereteo, *m.* act of clipping; noise of scissors cutting.

tijerilla, tijeruela, *f. dim.* small scissors; small tendril of vines.

tila, *f.* (bot.) linden tree; flower of this tree; tea of linden flowers.

tílburi, *m.* (Angl.) tilbury, a kind of carriage.

tildar, *va.* to cross or scratch out; to put a tilde over; to brand, stigmatize, criticize.—**t. de,** to accuse of, or charge with being (incompetent, etc.).

tilde, *f.* tilde, diacritical sign of the letter *ñ*; tittle, dash, jot, iota; bad name.

tildón, *m. aug.* dash, stroke, scratch.

tilia, *f.* (bot.) = TILO.

tiliáceo, cea, *a.* (bot.) tiliaceous.

tilichero, ra, *n.* (Am.) peddler, huckster.

tiliches, *m. pl.* (Am.) small fancy articles.

tilín, *m.* dingdong, sound of a bell.—**hacer t.,** (coll.) to please; to become a favorite.—**tener t.,** to be winsome, attractive.

tilma, *f.* (Mex.) cloak fastened by a knot.

tilo, *m.* (bot.) linden tree.

tilonorinco, *m.* (ornith.) bower bird.

tilla, *f.* (naut.) midship, gangway.

tillado, *m.* wooden floor.

tillar, *va.* to floor, furnish with a floor.

timador, ra, *n.* swindler.

tímalo, *m.* (ichth.) grayling.

timar, *va.* to cheat, to swindle.

timba, *f.* (coll.) hand in a game of chance; (P. I.) bucket.

timbal, *m.* = ATABAL, kettledrum.

timbalero, *m.* kettledrummer.

timbirimba, *f.* (coll.) hand in a game of chance.

timbrar, *va.* to stamp; to put the crest in (a coat of arms).

timbre, *m.* (her.) timber, crest; seal, stamp; call bell; timbre, tone, color; glorious deed or achievement; merit.

timeleáceo, cea, *a.* (bot.) thymelæaceous.

timiama, *f.* a sweet perfume.

tímidamente, *adv.* timidly.

timidez, *f.* timidity; bashfulness.

tímido, da, *a.* timid, shy; faint-hearted.

[1]**timo,** *m.* (ichth.) = TÍMALO, grayling.

[2]**timo,** *m.* (coll.) cheat, swindle.—**dar un t.,** to swindle.

[3]**timo,** *m.* (anat.) thymus, thymus gland.

timocracia, *f.* (pol.) timocracy.

timocrático, ca, *a.* (pol.) timocratic.

timol, *m.* (chem.) thymol.

timón, *m.* beam of a plow; pole of a coach; stick of a rocket; (naut.) helm; rudder.—**t. de profundidad,** (aer.) elevator.

timonear, *va.* & *vn.* (naut.) to helm; to steer.

timonel, *m.* (naut.) helmsman, steersman.

timonera, *f.* (naut.) pilot house, wheelhouse; (ornith.) rectrix, large tail feather.

timonero, *m.* helmsman, steersman.

timorato, ta, *a.* God-fearing; timorous, chicken-hearted, pusilanimous.

timpa, *f.* bar of iron in a furnace hearth.

timpánico, ca, *a.* (anat.) tympanic.

timpanillo, *m. dim.* small kettledrum; small tympanum or tympan; (print.) inner tympan; (arch.) gablet.

timpanítico, ca, *a.* (med.) tympanitic.

timpanitis, *f.* (med.) tympanitis.

tímpano, *m.* kettledrum; (anat.) tympanum, eardrum; (print.) tympan; (arch.) tympan or tympanum, pediment.

tina, *f.* large earthen jar; vat; tub; bathtub.

tinaco, *m.* wooden trough, tub, or vat.

tinada, *f.* woodpile; shed for cattle.

tinado, tinador, *m.* shed for cattle.

tinaja, *f.* large earthen jar; (P. I.) a liquid measure (about $12\frac{2}{3}$ gal.).

tinajería, *f.* place where large earthen jars are kept or sold.

tinajero, ra. I. *n.* maker or seller of earthen water jars. **II.** *m.* stand or cabinet for earthen water jars; (Mex.) water hole, pothole.

tinajita, uela, *f. dim.* small earthen water jar.

tinajón, *m. aug.* very large earthen water jar, or tank.

tinamú, *m.* (ornith., Am.) tinamou.

tindalo, *m.* (P. I.) tindalo, a hardwood tree.

tinelar, *a.* pertaining to the TINELO.

tinelero, ra, *n.* keeper of the servants' room.

tinelo, *m.* servants' dining room.

tineta, *f. dim.* kit, small tub.

tinge, *m.* (ornith.) a kind of black owl.

tingladillo, *m.* (naut.) clinker work.

tinglado, *m.* shed, shed roof; temporary board floor; inclined plane for draining sugar; trick, machination, intrigue.

tingle, *f.* glaziers' lead opener.

tinicla, *f.* (armor) sort of hauberk.

tiniebla, *f.* (gen. *pl.*) darkness; (eccl.) tenebræ.

tinillo, *m.* tank for collecting must.

[1]**tino,** *m.* skill in discovering things by the touch; steady and accurate aim; judgment, tact, knack.—**a buen t.,** at guesswork.—**sacar de t.,** to astound, confound, exasperate.—**sin t.,** immoderately; incessantly.

[2]**tino,** *m.* receptacle; dye vat; tank.

tinta, *f.* ink; tint, hue, color; process of dyeing.—*pl.* (art) colors prepared for painting.—**t. china,** India ink.—**t. de imprenta,** printing ink.—**t. simpática,** invisible ink.—**de buena t.,** from, or on, good authority.
tintar, *va.* to tinge, to dye.
tinte, *m.* dyeing, staining; tint, hue; paint, color, stain; dye; dyer's shop; (fig.) cloak, color.
tinterillada, *f.* chicane, trickery, tricky procedure.
tinterillo, *m. dim.* small inkstand; (Am.) (coll.) pettifogger; (Am.) shyster lawyer.
tintero, *m.* inkstand, inkwell; (print.) ink fountain, ink table.—**dejar, dejarse,** or **quedársele a uno, en el t.,** (coll.) to forget completely.
tintilla, *f.* rota wine.
tintillo, *m. dim.* light-colored wine.
tintín, *m.* clink, chink.
tintinar, tintinear, *vn.* to tinkle.
tintineo, *m.* = TINTÍN.
tintirintín, *m.* sharp sound of a trumpet.
tinto, ta. I. *pp. irreg.* of TEÑIR. **II.** *a.* wine-colored; black, strong (coffee); & *m.* red (wine).
tintóreo, rea, *a.* tinctorial, pert. to color.
tintorería, *f.* dyer's shop.
tintorero, ra. I. *n.* dyer. **II.** *f.* (Am.) (ichth.) female shark.
tintura, *f.* tincture; tint, color; stain, spot; dyeing; dye; rouge; smattering.
tinturar, *va.* to tinge, to dye; to tincture; to teach superficially.
tiña, *f.* (med.) scald head, ringworm of the scalp, favus; small spider that injures beehives; (coll.) want, indigence; niggardliness, stinginess.
tiñería, *f.* (coll.) poverty; stinginess.
tiño, tiñó, tiña, *v. V.* TEÑIR.
tiñoso, sa, *a.* scabby, scurvy; penurious; niggardly, stingy, mean.
tiñuela, *f.* (bot.) dodder; (naut.) shipworm.
tío, *m.* uncle; (coll.) good old man; fellow, guy.—**t. abuelo,** great-uncle.
tiocol, *m.* (chem.) thiocol.
tiónico, ca, *a.* (chem.) thionic.
tiorba, *f.* (mus.) theorbo, large lute.
tiosulfato, *m.* (chem.) thiosulfate.—**t. de sodio,** (chem.) sodium thiosulfate.
tiosulfúrico, ca, *a.* thiosulfuric.
tiovivo, *m.* carrousel, merry-go-round.
tipa, *f.* (Am.) a hardwood tree.
tipiadora, *f.* typewriter, typewriter machine; typist.
típico, ca, *a.* typical, characteristic.
tiple. I. *m.* (mus.) treble, soprano voice; a kind of small guitar; (naut.) mast of a single piece. **II.** *n.* soprano singer.
tiplisonante, *a.* (coll.) treble-toned.
tipo, *m.* type, pattern; standard, model; (coll.) (of animal) build, (of person) figure, physique; (Am.) (com.) rate; (print.) type; (zool.) class; (coll., contempt.) fellow, guy.—**t. abierto,** (print.) extended type.—**t. alemán,** (print.) German text.—**t. común,** (print.) lightface.—**t. de interés,** (Am., com.) rate of interest.
tipografía, *f.* printing; printing shop; typography; typesetting.
tipográfico, ca, *a.* typographical.
tipógrafo, *m.* typographer; typesetter.
tipómetro, *m.* (print.) type gauge, type measure.
tipoy, *m.* (S. A.) a chemise-like garment.
típula, *f.* (entom.) crane fly, daddy-longlegs.
tiquet, tiquete, *m.* (Angl.) (Am.) (theat., Ry., etc.) ticket.
tiquín, *m.* (P. I.) bamboo pole used as oar.
tiquismiquis, *m. pl.* ridiculous or affected scruples or words.
tiquistiquis, *m.* (P. I.) bitterwood tree.
tira, *f.* long, narrow strip (of paper, cloth, etc.); (naut.) fall.—*pl.* (law) clerks' fees in appeal cases.
tirabala, *m.* popgun.
tirabeque, *m.* (agr.) tender peas.
tirabotas, *f.* boot hook.
tirabraguero, *m.* (med.) truss.
tirabuzón, *m.* corkscrew; corkscrew-curl.
tiracol, tiracuello, *m.* (mil.) sword belt.
tirada, *f.* cast, throw; distance; stretch; lapse of time; (print.) edition, issue; presswork.—**t. aparte,** reprint (of an article in pamphlet form).—**de una t.,** or **en una t.,** at one stretch.
tiradera, *f.* long Indian arrow; trace (of harness).
tiradero, *m.* shooting post, place to shoot from.
tirado, da. I. *a.* long and low (ship); very cheap, given away. **II.** *m.* wiredrawing; (print.) presswork.
tirador, ra, *n.* thrower; drawer; sharpshooter; marksman, good shot; (mech.) lift, handle, pull, button, knob; bell pull; (print.) pressman.—**t. de oro,** gold-wire drawer.
tirafondo, *m.* (surg.) ball extractor; (carp.) wood screw.
tiralíneas, *m.* ruling pen.
tiramiento, *m.* tension, stretching.
tiramira, *f.* long, narrow ridge of mountains; long series or string of things.
tiramollar, *va.* (naut.) to ease off, to slacken.—**t. un aparejo,** to overhaul a tackle.
tirana, *f.* a Spanish song.
tiranamente, *adv.* tyrannically.
tiranía, *f.* tyranny.
tiránicamente, *adv.* tyrannically.
tiranicé, tiranice, *v. V.* TIRANIZAR.
tiranicida, *n.* tyrannicide (murderer).
tiranicidio, *m.* tyrannicide (murder).
tiránico, ca, *a.* tyrannical.
tiranización, *f.* tyrannizing.
tiranizadamente, *adv.* tyrannically.
tiranizar, *va.* (*pret.* TIRANICÉ; *subj.* TIRANICE) to tyrannize.
tirano, na. I. *a.* tyrannical. **II.** *n.* tyrant.
tirante. I. *a.* drawing, pulling; drawn, taut, tense, stretched; strained (as relations); urgent, pressing. **II.** *m.* trace, gear (of harness); (eng.) brace, stay rod, tie rod, truss rod; (carp.) 9 x 13 mm. board.—*pl.* suspenders, braces.—**a tirantes largos,** four-in-hand (vehicle or team).
tirantez, *f.* tenseness, tightness; stretch; strain; tension; distance in a straight line between the ends of a thing.
tiranuelo, la, *m.* & *f. dim.* little tyrant.
tirapié, *m.* shoemaker's stirrup.
tirar. I. *va.* to throw, cast, fling, pitch (as a ball); to cast off, throw away (as a garment); to fire, shoot (as a gun); to draw, to pull, stretch (as wire); to draw (a line); to waste, squander; to give (as a kick); (print.) to print.—**t. coces,** to kick; to rebel.—**t. de,** to pull, pull on.—**tirarla de,** to set up as.—**t. un cañonazo,** to fire a gun. **II.** *vn.* to draw, pull; to direct one's course, turn (in some direction); to get along, pull through; to incline, tend; (a) to have a shade (of), border (on) (a certain color); to approach; to try (to), aim (at), aspire (to).—**t. al blanco,** to shoot at a target.—**t. a los dados,** to shoot craps.—**t. de largo,** or **por largo,** to spend lavishly; to make a liberal estimate, to estimate rather high than low.—**tira y afloja,** give and take; fast and loose; blowing hot and cold. **III.** *vr.* to throw oneself; (of parachutist) to jump; to abandon oneself (to grief, vice, etc.).
tirela, *f.* striped stuff.
tireta, *f.* lace, latch, thong.
tirica, ita, *f. dim.* small stripe.
tirilla, *f.* neckband of a shirt.
tirio, ria, *a.* Tyrian.—**tirios y troyanos,** opposing factions.
tiritaña, *f.* a thin silk fabric; trifle.
tiritar, *vn.* to shiver.—**tiritón,** *m.* (coll.) shivering, chill.—**tiritona,** *f.* (coll.) shivering, especially affected.
tiro, *m.* cast, throw, shot, fling; mark made by a throw; (artil.) piece of ordnance; firing, shot, discharge (of a firearm); report (of a gun); target practice; shooting grounds; shooting gal-

lery; range; charge, shot; team of draught animals; harness trace; hoisting rope; length of a piece of drygoods; landing of a stairway; theft; prank, imposition; serious physical or moral injury; (min.) shaft; depth of a shaft; draught of a chimney.—*pl.* sword belts.—**t. al blanco,** target shooting.—**t. directo,** fire at a visible target.—**t. indirecto,** indirect fire.—**t. rasante,** horizontal fire.—**al t.,** (Am.) immediately, right away.—**a t. de ballesta,** a long way off; at a glance.—**a t. de piedra,** within a stone's throw.—**a tiros,** with shots, by shooting.—**de t.,** draft (horse).—**de tiros largos,** in full dress, in full regalia.—**errar el t.,** to miss the mark; to be mistaken.—**hacer un t.,** to fire a shot.—**hacer un tiro a,** to shoot at, have a shot at.—**¡lindo t.!,** good shot!—**ni a tiros,** (coll.) not for love or money, not by a long shot, absolutely not.

tirocinio, *m.* apprenticeship.

tiroideo, a, *a.,* **tiroides,** *m.* (anat.) thyroid.

tiroiditis, *f.* (med.) thyroiditis.

tirolés, sa. I. *n.* & *a.* Tyrolian. **II.** *m.* peddler, huckster in toys and tinware.

[1]**tirón,** *m.* pull, haul, tug; effort.—**de un t.,** at once, at one stroke.—**ni a dos tirones,** not easily obtained or carried out.

[2]**tirón,** *m.* tyro, novice.

tirona, *f.* fishing net, seine.

tiroriro, *m.* (coll.) sound of a reed instrument.—*pl.* (coll.) reed instruments.

tirotear, *vn.* & *vr.* to exchange shots, to skirmish.

tiroteo, *m.* skirmish.

tiroxina, *f.* (biochem.) thyroxine, thyroxin.

tirreno, na, *n.* & *a.* Thyrrhenian; Etruscan.

tirria, *f.* (coll.) aversion, dislike, grudge.

tirso, *m.* (bot. & Gk. myth.) thyrsus.

tisana, *f.* ptisan, medicinal tea.

tisanuro, ra. I. *n.* & *a.* (entom.) thysanuran. **II.** *m. pl.* Thysanura.

tísico, ca, *n.* & *a.* (med.) consumptive.

tisis, *f.* (med.) tuberculosis, consumption.

tisú, *m.* gold or silver tissue.

tisuria, *f.* (med.) debility from excessive secretion of urine.

titán, *m.* (myth.) Titan; (**t.**) (fig.) titan.

titanato, *m.* (chem.) titanate.

titánico, ca, *a.* (myth.) Titanic; (chem., fig.) titanic.

[1]**titanio, nia,** *a.* Titanic.

[2]**titanio,** *m.* (chem.) titanium.

títere, *m.* puppet; whipster, insignificant fellow.—*pl.* Punch-and-Judy show; pantomime.—**no dejar,** or **quedar, t. con cabeza,** to cut to pieces, to destroy or be destroyed entirely, to leave nothing, or nobody, to tell the tale.

titerero, ra, *n.* = TITIRITERO.

titeretada, *f.* mean trick.

titerista, *n.* = TITIRITERO.

tití, *m.* titi, a very small monkey.

titiaro, *a.* CAMBUR T., small, fine kind of banana.

titilación, *f.* tremor; twinkle.

titilador, ra; titilante, *a.* trembling; twinkling.

titilar, *vr.* to tremble; to twinkle.

titímalo, *m.* (bot.) spurge.

titirimundi, *m.* cosmorama.

titiritaina, *f.* (coll.) confused noise of flutes; noisy merriment.

titiritar, *vn.* to shiver with cold or fear.

titiritero, *m.* puppet player, puppet-show man.

tito, *m.* (bot.) a kind of chick-pea.

titubeante, *a.* tottering; hesitating.

titubear, *vn.* to totter (as walls); to toddle (as a child); to stagger, reel; to stutter; to hesitate.

titubeo, *m.* tottering; toddling; wavering, hesitation.

titulación, *f.* (chem.) titration.

titulado, da. I. *pp.* of TITULAR. **II.** *a.* so-called.

[1]**titular. I.** *va.* to title, entitle, name, call. **II.** *vn.* to obtain a title from a sovereign. **III.** *vr.* to call or style oneself. **IV.** *f.* headline.

[2]**titular,** *a.* titular; nominal; (print.) titular (type).

titulillo, *m. dim.* petty title; (print.) page heading or title, running title.—**andar en titulillos,** to stick to, or insist on, trifles and trivial forms.

título, *m.* title; heading, headline, caption; inscription; sign; titled person; soubriquet; qualification, merit, desert; claim; foundation of a claim, privilege or right; (law) legal title to property; diploma; patent; credential, license; professional degree; cause, reason, pretext; (com.) certificate, bond.—**t. al portador,** bond payable to bearer.—**t. nominativo,** registered bond.—**t. translativo de dominio,** (law) deed, conveyance.—**títulos de la deuda,** Government bonds.—**a t. (de),** under pretext; on the authority (of).

tiza, *f.* chalk; clay; calcined stag's horn; whiting.

tizna, *f.* substance for staining or blackening.

tiznadura, *f.* smudginess, smuttiness.

tiznajo, *m.* (coll.) smut, smudge, stain.

tiznar, *va.* to smut, smudge, stain; to tarnish.

tizne, *m.* or *f.* soot, coal smut, grime; stain.

tiznón, *m.* large smut, smudge, smear, or stain.

tizo, *m.* half-burnt charcoal.

tizón, *m.* brand, firebrand; (agr.) wheat crust, blight, stinking smut; stain, disgrace; (arch.) header.—**a t.,** as a header.

tizona, *f.* (coll.) sword.

tizonada, *f.* **tizonazo,** *m.* blow with a firebrand; (coll.) hell fire.

tizoncillo, *m. dim.* small burning coal.

tizonear, *vn.* to stir up a fire.

tizonera, *f.* heap of half-burnt charcoal.

tizonero, *m.* fire poker.

tlaco, *m.* (Mex.) eighth part of a Spanish silver shilling.

tlascalteca, *n.* & *a.* of or from Tlascala.

tlazol, tlazole, *m.* (Mex.) fodder of maize tops.

¡to! *interj.* used to call a dog.

toa, *f.* (Am.) rope, hawser.

toalla, *f.* towel; pillow sham.—**t. afelpada,** Turkish towel.

toallero, *m.* towel rack.

toalleta, *f. dim.* napkin; small towel.

toar, *va.* (naut.) = ATOAR, to tow.

toba, *f.* calcareous tufa, travertin, calc-sinter; (bot.) cotton thistle; (dent.) tophus, tartar.

tobáceo, cea, *a.* tufaceous.

toballa, *f.* towel.

toballeta, tobelleta, *f.* napkin.

tobar, *m.* tufa quarry.

tobera, *f.* tewel, tuyère (of a blast furnace).

tobillo, *m.* ankle.

tobogán, *m.* toboggan.

toca, *f.* hood, coif, bonnet, wimple, toque, headdress; thin fabric for toques.

tocable, *a.* touchable.

tocadiscos, *m.* record player or changer.

[1]**tocado, da. I.** *pp.* of [1]TOCAR. **II.** *a.* (fig.) touched (in the head); perturbed; tainted.—**estar t. de,** to have the symptoms or beginning of.—**estar t. de la cabeza,** to be of unsound mind.

[2]**tocado, da. I.** *pp.* of [2]TOCAR. **II.** *m.* coiffure, headdress, hairdo.—**t. de monja,** nun's wimple.

[1]**tocador, ra. I.** *n.* one who touches; (mus.) player, performer. **II.** *m.* tuning key.

[2]**tocador,** *m.* kerchief for the head; dressing table, bureau; dressing room, boudoir; dressing case.—**productos de t.,** toilet articles.

[1]**tocadura,** *f.* coiffure, headgear.

[2]**tocadura,** *f.* (vet.) sore, gall.

tocamiento, *m.* touch, feeling.

tocante. I. *pres. p.* of [1]TOCAR. **II.** a touching.—**t. a,** respecting, concerning, as regards, with regard to.

[1]**tocar. I.** *va.* (*pret.* TOQUÉ; *subj.* TOQUE) to touch, lay hands on, feel with the hand; play (an instrument); to toll, ring (a bell); (auto) to blow (a horn); to hit, knock, strike, rap, tap; to try (metals) on a touchstone; magnetize; to find out (as by experience); to get (one's share), draw (as a lottery prize); to touch upon; to inspire, move, persuade; communicate or infect.

—**t. de cerca,** to be closely related; know well from actual practice or experience; to concern, affect closely.—**t. fondo,** to strike ground.—**t. la diana,** (mil.) to beat the reveille.—**t. la generala,** (mil.) to beat the general.—**a toca teja,** (coll.) with ready money, cash down. **II.** *vn.* to touch; appertain, belong; behoove, concern; to be one's turn; to fall to one's share or lot; to touch, be contiguous; to stop (during a voyage); to be allied or related.—**t. a la bomba,** (naut.) to ring for pumping ship.—**t. a la puerta,** to rap at the door.—**t. en un puerto,** (naut.) to touch at a port.
[2]**tocar. I.** *va.* to comb and dress the hair with ornaments. **II.** *vr.* (coll.) to be covered, put on the hat; to comb and arrange the hair; to wimple.
tocasalva, *f.* tray or rack for glasses.
tocata, *f.* (mus.) toccata; (coll.) drubbing.
tocayo, ya, *n.* namesake.
tocé, toce, *v. V.* TOZAR.
tocía, *f.* =TUCÍA, tutty.
tocinera, *f.* (woman) pork seller; wife of pork seller; table for salting pork.
tocinero, *m.* pork seller.—**tocinería,** *f.* shop or stall where pork and bacon are sold.
tocino, *m.* bacon; salt pork.—**t. del cielo,** confection of eggs and sirup.—**t. gordo,** fat pork.
tocio, cia, *a.* low, dwarf (oak tree).
toco, *m.* a kind of rectangular niche in old Peruvian architecture.
tocología, *f.* tocology, obstetrics.
tocólogo, ga, *n.* tocologist, obstetrician.
tocón, *m.* stump of a tree, of an arm or leg.
toconal, *m.* olive yard planted with stumps.
tocororo, *m.* (ornith.) tocororo, a Cuban trogon.
tocotoco, *m.* (Venez.) (ornith.) pelican.
tocuyo, *m.* (S. A.) shirtings, sheetings.
tochedad, *f.* boorishness, rusticity.
tochimbo, *m.* (Peru) blast furnace.
tocho, cha. I. *a.* clownish, rustic, uncouth; unpolished, homespun. **II.** *m.* pole; (foundry) bloom, billet.
tochura, *f.* = TOCHEDAD.
todabuena, todasana, *f.* (bot.) St. John's-wort.
todavía, *adv.* still; yet; even.—**t. no,** not yet.
todito, ta, *a.* (coll.) the whole (emphatic, as, *todito el día,* the whole day long).
todo, da. I. *a.* & *n.* all, the whole, every, each.—**t. aquel que,** whoever.—**t. aquello que,** whatever.—**t. el mundo,** everybody.—**t. el que,** whoever, all that, all who.—**todos los,** every.—**todos los que,** all who, all those that. **II.** *m.* all; whole; everybody; everything.—*pl.* everybody; all.—**ante t.,** first of all, in the first place.—**así y t.,** in spite of, for all that.—**a t.,** at most, to the limit.—**con t.,** notwithstanding, nevertheless, however.—**del t.,** entirely, wholly.—**en t.,** all in all.—**en t. y por t.,** wholly, in every way.—**en un t.,** together, in all its parts.—**jugar el t. por el t.,** to stake or risk all.—**me es t. uno,** it's all one, or the same, to me.—**por t.,** in all.—**ser el t.,** to be the principal, chief, or whole thing.—**sobre t.,** above all, especially. **III.** *adv. m.* entirely, totally.
todopoderoso, sa, *a.* all-powerful, almighty.
toesa, *f.* toise, anc. French measure of length.
tofana, *f.* aqua Tofana (poison).
tofo, *m.* (vet.) tumor.
toga, *f.* Roman toga; judicial robe or gown.
togado, da, *a.* togaed.
Togo, *m.* Togo.
togolés, lesa, *n.* & *a.* Togolese.
toisón, toisón de oro, *m.* Golden Fleece.
tojal, *m.* clump of furze or whin.
tojino, *m.* (naut.) notch, knob; cleat.
tojo, *m.* (bot.) whin, furze.
tojosa, *f.* (Cuba) (ornith.) a variety of pigeon.
tola, *f.* (S. A.) Indian mound.
[1]**tolano,** *m.* (vet.) tumor in horses' gums.
[2]**tolano,** *m.* (gen. *pl.*) (coll.) short hair on the neck.
toldadura, *f.* awning, hanging.
toldar, *va.* to cover with awning or hanging.
toldería, *f.* (S. A.) Indian camp.
toldero, ra, *n.* retailer of salt.
toldilla, *f.* (naut.) roundhouse.
toldillo, *m. dim.* small awning; covered sedan chair.
toldo, *m.* awning; tarpaulin; ostentation, pomp; (S. A.) Indian hut; tent.
tole, *m.* hubbub, clamor, outcry.—**tomar el t.,** (coll.) to run away, to flee.
toledano, na, *n.* & *a.* Toledan.
toledo, *m.* (C. A.) a song bird.
tolerable, *a.* tolerable, bearable; permissible.
tolerablemente, *adv.* tolerably.
tolerancia, *f.* toleration, permission; tolerance, indulgence; allowance, permissible discrepancy or variation.
tolerante, *a.* tolerant.—**tolerantismo,** *m.* doctrine of the freedom of worship.
tolerar, *vn.* to tolerate, endure, suffer, permit; to be indulgent, to overlook.
tolete, *m.* (naut.) thole, tholepin; (Am.) club, cudgel; (Colomb.) a kind of large rough boat.
tolidina, *f.* (chem.) tolidine, tolidin.
tolmera, *f.* ground where TOLMOS abound.
tolmo, *m.* isolated pillarlike rock, tor.
tolo, *m.* bump from a blow.
tolondro, dra. I. *a.* giddy, harebrained; reckless, rash. **II.** *m.* = TOLO.—**a topa t.,** rashly, recklessly.
tolondrón, na, *a.* & *m.* = TOLONDRO.—**a tolondrones,** with contusions or bruises; precipitately, giddily, by fits and starts.
tolteca, *n.* & *a.* Toltec.
toluato, *m.* (chem.) toluate.
tolueno, *m.* (chem.) toluene.
tolúico, ca, *a.* (chem.) toluic.
toluidina, *f.* (chem.) toluidine.
tolva, *f.* hopper, chute.
tolvanera, *f.* cloud of dust.
tolla, *f.* moss-covered bog; (Cuba) canoe-shaped trough.
tolladar, *m.* = ATOLLADERO, bog; difficulty.
tollina, *f.* (coll.) cudgeling.
[1]**tollo,** *m.* (ichth.) spotted dogfish; loin of a stag.
[2]**tollo,** *m.* blind (for hunting); quagmire, bog.
tollón, *m.* narrow passage, gorge.
toma, *f.* taking; take, receiving; (mil.) capture, seizure; dose of medicine; (hydraul.) intake; tap of a water main or electric wire; (print.) take.—**t. y daca,** give-and-take.
¡toma! *interj.* well, why, of course.
tomacorriente, *m.* (Arg., Chile) (elec.) socket; (Chile) (elec. car) trolley.
tomadero, *m.* handle, haft; tap, inlet.
tomador, ra, *n.* & *a.* taker(-ing), receiver(-ing); drinker(-ing); (*m.*) drawee.—*pl.* (naut.) ropebands, gaskets.
tomadura, *f.* catch, seizure, grip, hold, grasp, capture; portion of a thing taken at once.
tomaína, *f.* ptomaine.
tomajón, na, *n.* (coll.) one who takes frequently or accepts easily.
tomar. I. *va.* to take; to drink, to eat; to contract, acquire (as a habit); to hire, take (as a taxi); to take on, adopt (as customs); to take, assume (responsibility); to steal, take by stealth; follow, imitate, ape; to cover (the female); (in ball games) to call a halt in the throwing of (the ball).—**t. a bien** (**a mal**), to take (something said) the right (wrong) way.—**t. a broma,** to take as a joke.—**t. a cuestas,** to carry on one's back; to take upon oneself; to take charge of.—**t. al pie de la letra,** to take literally.—**t. a pechos,** to take to heart; undertake with too much zeal.—**t. asiento,** to take a seat, sit down.—**t. calor,** to get warm.—**t. cuentas,** to audit accounts, to take and examine accounts.—**t. el fresco,** to take the air.—**t. el pelo a,** (coll.) to banter, make fun of.—**t. el sol,** to take a sun bath.—**t. en cuenta,**

to take under advisement, consider.—**t. entre cejas,** to take a dislike to, get a grudge against. —**t. estado,** to change condition; to marry; to become a clergyman; to take the black veil. —**t. frío,** to catch cold.—**t. fuerzas,** to gather strength.—**t. la borla,** to graduate.—**tomarla con,** to oppose, antagonize; to pick on, have a grudge against.—**t. la delantera,** to excel; to get ahead; to go at the head.—**t. la mañana,** (Cuba) to take a morning drink.—**t. la puerta,** to go out of the house; be off.—**t. las de Villadiego,** to take to one's heels, "beat it."—**t. lengua,** or **lenguas,** to take tidings or signs.—**t. por,** to take for, consider.—**t. por su cuenta,** to take charge of, to attend to personally.—**t. razón,** to take a memorandum.—**t. resolución,** to resolve, decide. **II.** *vn.* to drink (liquor).—**t. por,** to turn to (the right, left), or into; to take, follow (a road, etc.). **III.** *vr.* to take; to get rusty (as metals).—**t. alas,** to take liberties.—**t. con,** to pick a quarrel with.—**t. del vino,** to become intoxicated, to get drunk.
tomatada, *f.* fried tomatoes.
tomatal, *m.* tomato patch or field.
tomate, *m.* tomato.
tomatera, *f.* tomato plant.
tomavistas, *m.* cameraman.
tombac, *m.* tombac, alloy of copper and zinc.
tomento, *m.* coarse tow; (bot.) tomentum.
tomentoso, sa, *a.* (bot.) tomentose, tomentous.
tomiento, *m.* = TOMENTO.
tomillar, *m.* bed of thyme.
tomillo, *m.* (bot.) thyme.—**t. salsero,** (bot.) sweet marjoram.
tomín, *m.* tomin, third part of a drachm, Spanish weight; (Am.) a silver coin.
tominejo, ja, *n.* (ornith.) humming bird.
tomismo, *m.* Thomism.
tomista, *n.* & *a.* Thomist(-ic).
tomiza, *f.* bass rope.
tomo, *m.* volume, tome; bulk; importance, value, consequence.—**de t. y lomo,** of weight and bulk; of importance.
tomón, na, *a.* fond of taking.
ton, *m.*—**sin t. ni son,** without rhyme or reason.
tonada, *f.* tune, song.
tonadica, *f. dim.* short tune or song.
tonadilla, *f. dim.* (theat.) musical interlude.—**tonadillero,** *m.* writer of TONADILLAS.
tonal, *a.* (mus.) tonal.
tonalidad, *f.* (mus.) tonality.
tonante, *a.* thundering (Jupiter).
tonar, *vn.* to thunder.
tonca, *f.* (bot.) tonka bean.
tondino, *m.* (arch.) astragal.
tondo, *m.* (arch.) round molding.
tonel, *m.* cask, barrel; tun, pipe, butt; (naut.) an ancient measure of ships ($\frac{1}{2}$ ton).—**t. macho,** ton.
tonelada, *f.* ton; an ancient tonnage duty.—**t. de arqueo,** ton of capacity.—**t. de desplazamiento,** ton of displacement.—**t. de registro,** register ton.—**t. métrica,** metric ton, tonne.—**t. milla,** ton-mile.
tonelaje, *m.* tonnage, displacement; (com.) tonnage dues.
tonelería, *f.* cooperage, coopering; barrels or casks collectively; watercasks for a ship.
tonelero, *m.* copper, hooper.
tonelete, *m. dim.* little barrel; short skirt, kilt.
[1]**tonga,** *f.* (bot.) tonka bean.
[2]**tonga, tongada,** *f.* couch; tier, layer, stratum; lay, row, ledge, flake.
tongo, *m.* trick of a player or jockey, to lose for a bribe; "throwing it."
tonicidad, *f.* (physiol.) tonicity, tonus.
tónico, ca. I. *a.* tonic, strengthening; (gram.) accented or inflected. **II.** *m.* tonic. **III.** *f.* (mus.) keynote, tonic.
tonificador, ra; tonificante, *a.* tonic, strengthening.
tonificar, *va.* = ENTONAR, (med.) to tone up.
tonillo, *m.* singsong, monotonous tone.
tonina, *f.* (ichth.) fresh tunny; (ichth.) dolphin.
tono, *m.* tone; tune; (med.) tone, vigor, strength; (color) tone, shade; (mus.) tone; key, key tone; pitch; moving piece in a brass instrument, which modifies the tone; deportment, manner, social address; conceit.—**dar el t.,** to set the standard.—**darse t.,** to put on airs.—**(decir) en todos los tonos,** (to tell) in every possible way.—**gente de buen tono,** smart set.
tonsila, *f.* (anat.) tonsil.—**tonsilar,** *a.* tonsillar.
tonsilectomía, *f.* (surg.) tonsillectomy.
tonsilitis, *f.* (med.) tonsilitis.
tonsura, *f.* hair cutting; shearing, fleecing; (eccl.) tonsure.
tonsurado, *m.* (eccl.) tonsured man.
tonsurar, *va.* to cut the hair of; to shear, fleece; (eccl.) to tonsure.
tontada, *f.* nonsense; silliness, foolishness.
tontaina, *n.* fool, dolt.
tontamente, *adv.* foolishly, stupidly.
tontear, *vn.* to talk nonsense, to act foolishly; to fool.
tontedad, *f.* foolishness, silliness, nonsense.
tontera, tontería, *f.* = TONTEDAD.
tontillo, *m.* hoop skirt; bustle.
tontina, *f.* (com.) tontine.
tontivano, na, *a.* foolishly conceited.
tonto, ta. I. *a.* silly, foolish, stupid. **II.** *n.* fool, dunce, dolt.—**t. de capirote,** blockhead, great fool, idiot.—**a tontas y a locas,** without order, haphazard.—**hacerse el t.,** to play the fool.
tontuelo, la, *a.* & *n. dim.* little fool.
tontuna, *f.* foolishness.
toña, *f.* tip cat (boys' game); bat for the game.
toñil, *m.* straw on which fruit is laid to ripen.
toñina, *f.* fresh tunny fish.
¡top! *interj.* (naut.) hold! stop!
topacio, *m.* topaz.
topada, *f.* butt.
topadizo, za, *a.* (coll.) met, run into, by chance.
topador, ra, *n.* one that butts.
topar. I. *va.* to collide with, to run into or against; to meet with by chance; to find, run across; (naut.) to butt, abut, join. **II.** *vn.* to collide, butt, strike; at cards, to accept a bet; to depend (on), consist (in); to meet (with); to succeed, come out right.—**tope donde tope,** (coll.) strike where it will.
toparca, *m.* toparch, petty ruler.
toparquía, *f.* toparchy, petty state.
tope, *m.* butt, projecting part or end; top, summit; (mech.) stop, stop collar, stop plate; (Ry.) buffer; butt, collision, knock, bump; rub, difficulty; obstacle; scuffle, quarrel; (naut.) masthead, topmast head; butt end of a plank; topman.—**a t.** or **al t.,** end to end; butt (joint).—**hasta el t.,** or **los topes,** up to the top, or the brim.
topera, *f.* molehole.
topetada, *f.* butt by a horned animal; (coll.) bump, bumping.
topetar, *vn.* to butt; (**con**) to bump, strike, or knock (against); to meet by chance, run across. —**topetazo,** *m.* butt, knock, bump, blow, encounter, collision.—**topetón,** *m.* = TOPETADA; TOPETAZO.—**topetudo, da,** *a.* butting.
tópico, ca. I. *a.* topical. **II.** *m.* (med.) external application; (rhet.) topic, subject.
topil, *m.* (Mex.) constable.
topinada, *f.* (coll.) awkwardness, clumsiness.
topinaria, *f.* (med.) talpa, wen.
topinera, *f.* molehole; molehill.
[1]**topo,** *m.* (zool.) mole; (coll.) awkward person; dunce, dolt.
[2]**topo,** *m.* (C. A.) one league and a half.
topocho, cha, *a.* (Venez.) plump.
topografía, *f.* topography; surveying.
topográficamente, *adv.* topographically.
topográfico, ca, *a.* topographical.
topógrafo, *m.* topographer; surveyor.
toponimia, *f.* toponymy.
toque, *m.* touch, act of touching; peal, ringing (of

bells); (mil.) call; assay, touch, test (of metals); touchstone; trial, proof; aid, divine inspiration; point, gist, purport; (coll.) tap on a person; (art) fine stroke of the brush.—**t. de cornetas,** bugle call.—**t. de diana,** reveille.—**t. del alba,** bell ringing at daybreak.—**t. de luz,** light in a picture.—**t. de retreta,** tattoo (of drums).—**t. de tambor,** beat of a drum.—**dar un t. a,** to put to the test; to pump, throw out a feeler to.

toqué, toque, *v. V.* TOCAR.

toqueado, *m.* rhythmical noise of clapping hands, stamping feet, rapping with canes, etc.

toquería, *f.* collection of women's headdresses; business of making TOCAS, hoods, bonnets, etc.

toquero, ra, *n.* veil maker; headdress maker.

toqui, *m.* (Chile) Indian chief.

toquilla, *f. dim.* small headdress, bonnet or cap; hat band or ribbon; small triangular kerchief used by women on the head or neck; woollen knit shawl.

[1]**tora,** *f.* figure of a bull in artificial fireworks.

[2]**tora,** *f.* Jewish family tribute; Torah (Hebrew Pentateuch).

torácico, ca, *a.* (anat.) thoracic.

torada, *f.* drove of bulls.

toral. I. *a.* main, principal. **II.** *m.* unbleached yellow wax; (foundry) mold for copper bars; copper bar.

tórax, *m.* (anat.) thorax.

torbellino, *m.* whirlwind; rush, avalanche; vortex; (coll.) lively, hustling, restless person.

torca, *f.* cavern in mountains.

torcal, *m.* place where there are caves.

torcaz, torcaza, *f.* wild pigeon.

torce, *f.* each loop of a chain around the neck.

torcecuello, *m.* (ornith.) wryneck.

torcedero, ra. I. *a.* twisted. **II.** *m.* twisting mill.

torcedor, ra, *m.* twister, thread frame, twisting mill; anything that causes displeasure or grief.—**t. de tabaco,** cigar maker.

torcedura, *f.* twisting; sprain; small wine.

torcer. I. *va.* (*ind.* TUERZO; *subj.* TUERZA) to twist, twine, wind (as strands); to bend, deflect; to sprain (as a foot); to pervert (as justice); to distort, pervert, misconstrue; to dissuade, induce to change one's mind.—**no dar el brazo a t.,** to be obstinate. **II.** *vn.* to turn (to right or left). **III.** *vr.* to become dislocated or sprained; to go crooked or astray; (of wine) to turn sour; to cheat.

torcida, *f.* wick, lamp wick; daily ration given to the grinder in oil mills.

torcidamente, *adv.* obliquely, tortuously, crookedly.

torcidillo, *m.* twist silk.

torcido, da. I. *pp.* of TORCER. **II.** *a.* oblique, tortuous, crooked, bent.—**estar t. con uno,** to be on bad terms with one. **III.** *m.* twist of candied fruit; twisted silk, twist; (prov.) light, bad wine.

torcijón, *m.* gripes.

torcimiento, *m.* twist, twisting; sprain; entwining, winding; deflection, bend, warp, circumlocution or periphrasis.

torculado, da, *a.* screwed, screw-shaped.

tórculo, *m.* small press; rolling press.

tordella, *f.* (ornith.) a kind of large thrush.

tórdiga, *f.* strip of leather.

tordillo, lla, llejo, ja, *a.* grayish, grizzled.

tordo, da. I. *a.* dapple, gray. **II.** *m.* (ornith.) thrush, throstle.—**t. de agua,** (ornith.) reed thrush.—**t. loco,** (ornith.) solitary thrush.

toreador, *m.* bullfighter.

torear. I. *vn.* to fight bulls in the ring; to let a bull to cows. **II.** *va.* to fight (bulls); to banter, to provoke.—**toreo,** *m.* bullfighting.

torera, *f.* tight, unbuttoned jacket.

torería, *f.* (Cuba) boys' pranks; office of bullfighter.

torero, ra. I. *a.* pert. to bullfighters. **II.** *m.* bullfighter.

torés, *m.* (arch.) torus.

torete, *m. dim.* bullock; (coll.) puzzle, difficult matter; absorbing topic of conversation.

toréutico, ca, *a.* (art) toreutic.

torga, *f.* yoke for dogs or hogs.

torianita, *f.* (min.) thorianite.

torido, *m.* (chem.) thoride.

toril, *m.* pen for bulls before the fight.

[1]**torillo,** *m. dim.* little bull.

[2]**torillo,** *m.* dowel, dowel pin; (anat.) raphe.

torina, *f.* (chem.) thoria.

torio, *m.* (chem.) thorium.

toriondez, *f.* rut of cattle.

toriondo, da, *a.* (of cattle) rutting.

torita, *f.* (min.) thorite.

torloroto, *m.* shepherd's pipe or flute.

tormagal, *m.,* **tormellera,** *f.* place abounding in tors, pillarlike rocks.

tormenta, *f.* storm, tempest; hurricane; reverse, misfortune; heated discussion.

tormentario, ria, *a.* (artil.) projectile.

tormentila, *f.* (bot.) tormentil, septfoil.

tormentín, *m.* (naut.) jib boom.

tormento, *m.* torment, torture; rack; (mil.) battering ordnance.—**dar t.,** to torture, put to the rack.—**tormentoso, sa,** *a.* stormy, boisterous, turbulent; (naut.) laboring hard.

tormo, *m.* = TOLMO, tor, isolated steep rock.

torna, *f.* restitution, devolution; return; tap or drain.—*pl.* return, requital, recompense, restitution; coarse straw.

tornaboda, *f.* day after a wedding.

tornachile, *m.* (Mex.) thick pepper.

tornada, *f.* return from a journey; revisit; (poet.) envoy, l'envoi.

tornadera, *f.* two-pronged winnowing fork.

tornadizo, za, *n.* turncoat, deserter.

tornado, *m.* tornado.

tornadura, *f.* devolution, return; requital, recompense.

tornaguía, *f.* (com.) landing certificate.

tornamiento, *m.* turn, alteration, change.

tornapunta, *f.* (arch.) chock, wedge, shoe; stay, prop, shore, brace.

tornar. I. *va.* to return; restore; to turn (as one's brain); to change, alter.—**t. las espaldas,** to turn a cold shoulder. **II.** *vn.* to return, come back; to repeat, do again.—**t. por,** to defend, to protect. **III.** *vr.* (**en**) to change (into), to become.

tornasol, *m.* (bot.) sunflower; changeable or shot color; litmus.

tornasolado, da, *a.* changeable, shot (fabrics); iridescent.

tornasolar, *va.* to cause changes in the color of, to make iridescent.

tornátil, *a.* turned (in a lathe); changeable.

tornatrás, *n.* half-breed.

tornavía, *f.* (Ry.) turntable.

tornaviaje, *m.* return trip.

tornavirón, *m.* slap, box.

tornavoz, *m.* sounding board.

torneador, ra, *n.* turner; tilter at tournaments.

torneadura, *f.* lathe shavings.

torneante, *a.* tilting at tournaments.

tornear. I. *va.* & *vn.* to turn (in a lathe). **II.** *vn.* to make a turn, go around, wind round about; to tilt at tournaments; to meditate, muse.

torneo, *m.* tournament; contest.

tornera, *f.* doorkeeper of a nunnery.

tornería, *f.* turning; turnery.

tornero, *m.* turner; maker of lathes; messenger of a nunnery.

tornillero, *m.* (coll.) (mil.) deserter.

tornillo, *m.* screw, male screw; vise, clamp; (mil.) desertion.—**t. de alimentación,** feed screw.—**t. de aproximación,** (surv.) tangent screw.—**t. de banco,** vise, bench vise.—**t. de filete angular,** or **triangular,** V-threaded screw.—**t. de filete cuadrado,** square-threaded screw.—**t. de gota de sebo,** round-headed screw.—**t. de mano,** or **de orejas,** thumbscrew.—**t. de presión,** set screw, clamp screw.—**t. de rosca glosa,** conical V-threaded screw.—**t. de suje-**

ción = T. DE PRESIÓN.—**t. sin fin,** endless screw.—**faltarle a uno un t.,** (coll.) not to have much sense, "to have a screw loose."
torniquete, *m.* turnpike, turnstile; turnbuckle, swivel; bell crank; (surg.) tourniquet.
torniscón, *m.* slap, box.
torno, *m.* lathe; winch, windlass; whim (vertical winch); whisket; revolving dumbwaiter; brake of a carriage; turn of a river; spinning wheel; spindle; wheel; axletree; circumvolution, gyration.—**t. de hilar,** spinning wheel.—**en t.,** round about.—**en t. a,** or **de,** regarding, about, in connection with.—**en t. de,** about, around.
[1]**toro,** *m.* bull; (T-, astr.) Taurus.—*pl.* bullfighting.—**t. corrido,** person made wise by experience, no easy mark.—**t. mejicano,** bison.—**ciertos son los toros,** so then, it is true.—**correr toros,** to fight bulls.
[2]**toro,** *m.* (arch.) ogee molding; torus.
torón, *m.* (chem.) thoron.
toronja, *f.* grapefruit.
toronjil, *m.*, **toronjina,** *f.* (bot.) balm gentle.
toronjo, *m.* (bot.) grapefruit tree.
toroso, sa, *a.* strong, robust.
torozón, *m.* (vet.) gripes (of animals).
torpe, *a.* slow, heavy; dull, stupid; bawdy, lewd; homely, ugly; torpid; infamous.
torpedeamiento, *m.* = TORPEDEO.
torpedear, *va.* to torpedo.
torpedeo, *m.* torpedoing.
torpedero, *m.* (naut.) torpedo boat.
torpedo, *m.* torpedo; (ichth.) torpedo, electric ray; (auto) streamline body; long open car.—**t. automóvil,** self-propelling torpedo.—**t. de botalón,** spar torpedo.—**t. de fondo,** or **durmiente,** ground torpedo, or ground submarine mine.—**t. flotante,** buoyant torpedo or submarine mine.
torpemente, *adv.* slowly, sluggishly; clumsily, stupidly; basely; lewdly.
torpeza, *f.* heaviness, dullness; torpidness, torpor; lewdness, obscenity; want of ornament or culture; baseness, infamy, turpitude.
torpor, *m.* torpor, numbness.
torrado, *m.* toasted chick-pea.
torrar, *va.* to toast.
torre, *f.* tower; turret; church steeple, belfry; belvedere; country house with a garden; (chess) castle or rook.—**t. albarrana, t. de costa,** turret, watch tower.—**t. de luces,** (naut.) lighthouse.—**t. de mando,** control tower.—**t. de viento,** castle in the air.
torrear, *va.* to fortify with towers or turrets.
torrefacción, *f.* toasting.
torreja, *f.* (Mex.) fritter.
torrejón, *m.* ill-shaped turret.
torrencial, *a.* torrential; overpowering.
torrentada, *f.* sweep of a torrent, impetuous current.
torrente, *m.* torrent; avalanche, rush; abundance, plenty.—**t. de voz,** powerful voice.
torrentera, *f.* ravine made by a torrent.
torreón, *m.* fortified tower.
torrero, *m.* lighthouse keeper; farmer.
torreznada, *f.* plentiful dish of bacon.
torreznero, ra, *n.* (coll.) lazy person.
torrezno, *m.* rasher of bacon.
tórrido, da, *a.* torrid; parched, hot.
torrija, *f.* French toast.
torrontera, *f.*, **torrontero,** *m.* heap of earth left by a freshet.
torrontés, *a.* designating a kind of white grape.
torsión, *f.* torsion, twist; twisting.
torso, *m.* trunk or body of a statue.
torta, *f.* cake; loaf; (print.) font; solid matter for distribution; briquette; (mason.) coat.—*pl.* (Mex.) (min.) torta, cake of ore.—**tortas y pan pintado,** trifles, an easy matter, child's play.—**costar la t. un pan,** to pay dear for one's whistle.
tortada, *f.* meat or chicken pie; (mason.) coat of mortar.
tortedad, *f.* twistedness.
[1]**tortera,** *f.* baking pan; deep dish.
[2]**tortera,** *f.*, **tortero,** *m.* whorl of a spindle.
tortícolis, torticolis, *m.* (med.) torticollis, wry or stiff neck.
tortilla, *f. dim.* omelet; (Mex.) pancake.—**hacerse t.,** to break into small pieces; to cake.—**volverse la t.,** to turn the scale; to take a course contrary to that expected.
tortita, *f. dim.* small loaf or cake.
tórtola, *f.* (ornith.) turtledove.
tortolillo, lla, ito, ta, *n. dim.* small turtledove; sweetheart.
tórtolo, *m.* male turtledove; beau, lover.
tortor, *m.* (naut.) tightening stick or bar to take up by twisting the sag between the fastened ends of a rope.
tortozón, *m.* a variety of large grape.
tortuga, *f.* turtle; tortoise.
tortuosamente, *adv.* tortuously, sinuously.
tortuosidad, *f.* tortuosity, sinuosity.
tortuoso, sa, *a.* tortuous, winding, sinuous.
tortura, *f.* state of being twisted; rack, torture; grief, affliction.
torturar. I. *va.* to torture, torment. **II.** *vr.* to worry, fret.
torva, *f.* whirl of rain or snow.
torvisca, *f.* (bot.) flax-leaved daphne.
torviscal, *m.* place abounding in TORVISCA.
torvisco, *m.* = TORVISCA.
torvo, va, *a.* fierce, stern, severe, grim.
tory, *n.* & *a.* (Angl.) Tory.—**torysmo,** *m.* toryism.
torzadillo, *m.* thin silk twist.
torzal, *m.* silk twist, machine twist; cord.
torzón, *m.* (vet.) = TOROZÓN, gripes.
torzonado, da, *a.* (vet.) suffering from TORZÓN.
tos, *f.* cough.—**t. ferina,** or **convulsiva,** whooping cough.—**t. perruna,** barking cough.
tosca, *f.* (med.) tophus; (dent.) tartar.
toscamente, *adv.* coarsely, rudely, roughly.
toscano, na, *n.* & *a.* Tuscan.
tosco, ca, *a.* coarse, rough; unpolished, uncouth.
tosecilla, *f. dim.* slight cough.
tosegoso, sa, *a.* coughing much.
toser, *vn.* to cough.—**t. a,** to challenge; to rival, compete with.—**tosidura,** *f.* coughing.
tosigar, *va.* to poison.
tósigo, *m.* poison; grief, anguish.
[1]**tosigoso, sa,** *a.* poisonous, baneful.
[2]**tosigoso, sa,** *a.* coughing.
tosquedad, *f.* roughness, coarseness; rudeness; clumsiness.
tostada, *f.* toast, toasted bread; disappointment.—**dar,** or **pegar, una t.,** (coll.) to cheat; to disappoint.
tostadera, *f.* toaster.
tostado, da. I. *pp.* of TOSTAR. **II.** *a.* torrid, parched; (sun) tanned. **III.** *m.* toasting.
tostador, ra, *n.* toaster (person); *m.* (utensil).
tostadura, *f.* toasting.
tostar, *va.* (*ind.* TUESTO; *subj.* TUESTE) to toast; to roast; to tan (as the sun).—**t. café,** to roast coffee.
[1]**tostón,** *m.* buttered or oiled toast; roasted Spanish pea; anything overtoasted; roast pig.
[2]**tostón,** *m.* Port. silver coin; (Mex.) 50 centavos.
total. I. *a.* total, whole; general, universal. **II.** *m.* total; whole, totality; complement; result; upshot.—**en t.,** in short, to sum up.
totalidad, *f.* totality, aggregate; whole.
totalitario, ria, *n.* & *a.* totalitarian.
totalitarismo, *m.* totalitarianism.
totalizador, *m.* totalizer, totalizator.
totalizar, *va.* (Am.) to add up, find the total of; to sum up.
totalmente, *adv.* totally, wholly, fully.
tótem, *m.* totem.—**totemismo,** *m.* totemism.
totilimundi, *m.* peep-show; cosmorama.
totoloque, *m.* (Mex.) an ancient Indian game.
totoposte, *m.* (C. A.) corn cake or biscuit.
totora, *f.* (S. A.) (bot.) cat-tail or red mace.
totoral, *m.* place abounding in TOTORAS.

totovía, *f.* (ornith.) wood lark.
totuma, *f.* (Am.) cup made from a gourd.
totumo, *m.* (Am.) tree bearing gourds.
toxemia, *f.* toxemia.
toxicación, *f.* (med.) toxication.
toxicar, *va.* to poison.
toxicidad, *f.* toxicity.
tóxico, ca. I. *a.* toxic, poisonous. **II.** *m.* poison.
toxicología, *f.* toxicology.—**toxicológico, ca,** *a.* toxicological.—**toxicólogo, ga,** *n.* toxicologist.
toxina, *f.* (med.) toxin.
toza, *f.* log; block of wood; stump; piece of bark.
tozal, *m.* protuberance, bump on a plain surface.
tozalbo, ba, *a.* white-faced.
tozar, *vn.* (*pret.* TOCÉ; *subj.* TOCE) to butt (with the head); to contend foolishly.
tozo, za, *a.* low, small, dwarfish, stumpy.
tozolada, *f.*, **tozolón,** *m.* blow on the neck.
tozudo, da, *a.* stubborn, obstinate.
tozuelo, *m.* fat part of the neck of an animal.
traba, *f.* tie, bond, brace, clasp, locking device; anything that binds together; ligament, ligature; hobble, clog, fetterlock, trammel, fetter, shackle; obstacle, hindrance; beam, lintel.
trabacuenta, *f.* error in accounts; difference, dispute, controversy.
trabadero, *m.* pastern of a horse.
trabado, da. I. *pp.* of TRABAR. **II.** *a.* robust, strong; (of horse) having white fore feet.
trabadura, *f.* bracing, locking; bond, union.
trabajadamente, *adv.* laboriously.
trabajado, da. I. *pp.* of TRABAJAR. **II.** *a.* wrought, machined; tired, weary.
trabajador, ra. I. *a.* industrious; laboring, working. **II.** *n.* worker, laborer; hard-working person; *m.* workman, workingman; *f.* workingwoman.—**t. amarillo,** blackleg, strikebreaker.—**t. calificado,** skilled worker.
trabajante, *a.* working, toiling.
trabajar, *va.* & *vn.* to work; labor; to shape, form; to endeavor; to exert oneself, strive; to undergo a strain; to labor (as a ship in a storm); to till (the soil); to vex, harass, worry, trouble.
trabajillo, *m. dim.* slight work, toil, labor, trouble, or hardship.
trabajo, *m.* work; labor; piece of work; thing wrought; employment; obstacle, hindrance; trouble, hardship.—*pl.* hardship; poverty, indigence, need, want.—**t. de manos,** manual or handwork.—**t. de punto,** knitting, knitting work.—**t. de zapa,** underhand work.—**trabajos forzados,** hard labor (penal).—**bolsa de t.,** employment bureau or exchange.—**pasar trabajos,** to have trouble, to experience hardships or privation, to meet with difficulties.
trabajosamente, *adv.* laboriously, painfully.
trabajoso, sa, *a.* difficult, hard; belabored; needy, suffering; weak, sickly.
trabal, *a.* clasping.
trabalenguas, *m.* unpronounceable word, jawbreaker.
trabamiento, *m.* interlocking; connection, bond, joining.
trabanco, *m.* block attached to a dog's collar to prevent him from nosing the ground.
trabar. I. *va.* to join, clasp, lock, bind, fasten; to grasp, grab, seize; to fetter, shackle; to thicken, inspissate; to begin, set about; to set (the teeth of a saw); to harmonize, make agree.—**t. amistad,** to become friends; (**con**) to make the acquaintance (of).—**t. batalla,** to enter into battle, begin it.—**t. conocimiento,** to scrape acquaintance.—**t. ejecución,** (law) to distrain, to seize judicially. **II.** *vr.* to become locked or interlocked; to become confused, rattled.—**t. de palabras,** to become angry in a dispute.—**trabársele la lengua a uno,** to stammer; to speak with unnatural hesitation from confusion.
trabazón, *f.* juncture, union, bond, bracing, connection; coalescence; (mason.) bond.
trabe, *f.* beam.
trábea, *f.* (Rom. hist.) gala toga.
trabilla, *f. dim.* gaiter strap; small clasp; in knitting, dropped stitch.
trabón, *m. aug.* fetlock, hopple; cross plank in oil mills.
trabuca, *f.* firecracker.
trabucación, *f.* confusion, disorder, upsetting, mix up; mistake, blunder.
trabucador, ra, *n.* upsetter, disturber; jumbler, mixer; blunderer.
trabucaire, *m.* Catalonian guerrilla, armed with a blunderbuss.
trabucante, *a.* blundering; confusing.
trabucar. I. *va.* (*pret.* TRABUQUÉ; *subj.* TRABUQUE) to upset, overturn; to mistake; to confound, confuse, jumble, mix up; to interrupt. **II.** *vr.* to become confused or mixed up.
trabucazo, *m.* shot with a blunderbuss; report of a blunderbuss; (coll.) sudden fright or affliction.
trabuco, *m.* catapult; blunderbuss.—**t. naranjero,** blunderbuss with mouth of size of orange.
trabuqué, trabuque, *v. V.* TRABUCAR.
trabuquete, *m.* catapult; seine.
traca, *f.* (naut.) strake.
trácala, *f.* (Mex.) scheme, trick.
tracalada, *f.* (Am.) multitude, "lots."
tracalero, ra, *a.* (Mex.) tricky, artful.
tracamundana, *f.* (coll.) barter of trifles; noisy wrangle, hubbub.
tracción, *f.* traction; cartage; (mech.) tension, tensile stress.
tracé, trace, *v. V.* TRAZAR.
tracería, *f.* (arch.) tracery.
tracias, *m.* north-northwest wind.
tracio, cia, *n.* & *a.* Thracian.
tracista, *n.* designer; schemer; intriguer.
tracoma, *m.* (med.) trachoma.
tracto, *m.* tract, stretch; lapse; (eccl.) tractus.
tractocarril, *m.* car or train that can run on a road with or without rails.
tractor, *m.* tractor; traction engine.—**t. oruga,** caterpillar tractor.
tradición, *f.* tradition; (law) tradition, delivery of possession.—**tradicional,** *a.* traditional.
tradicionalismo, *m.* traditionalism.
tradicionalista, *m.* or *f.* traditionalist.
tradicionalmente, *adv.* traditionally.
tradicionista, *n.* compiler of traditions.
traducción, *f.* translation.
traducianismo, *m.* (theol.) traducianism.
traducible, *a.* translatable.
traducir, *va.* (*ind. pres.* TRADUZCO, *pret.* TRADUJE; *subj.* TRADUZCA) to translate.
traductor, ra, *n.* translator.
traedizo, za, *a.* portable.
traedor, ra, *n.* porter, carrier.
traer. I. *va.* (*ger.* TRAYENDO; *pp.* TRAÍDO; *ind. pres.* TRAIGO, *pret.* TRAJE; *subj.* TRAIGA) to bring, fetch; to lead (a person); to attract, draw towards oneself; to bring about, cause, occasion; to handle, manage; to wear (as a garment); (of a magazine, etc.) to carry (an article); assign (reasons); quote (authorities); to bring to, oblige, compel; to bring over, reduce, bind, prevail upon, persuade; to be engaged in, carry on, have.—**t. a colación,** to bring up for discussion.—**t. a cuento,** to bring into the conversation or discourse; to drag in.—**t. a la mano,** to fetch or carry.—**t. a mal t.,** to go hard with one; to disturb, trouble, vex.—**t. a uno al retortero,** to trouble one by overwork, or to lead one from place to place.—**t. a uno entre ojos,** to be suspicious of one.—**t. consigo,** to carry or have with one; to bring with it, to imply, to cause.—**t. en bocas,** or **lenguas,** to traduce, to speak ill of.—**t. entre manos,** to have in hand.—**t. y llevar,** to gossip. **II.** *vr.* (**bien, mal**) to be dressed (well or poorly); to carry oneself, have a (graceful or ungainly) carriage.
traeres, *m. pl.* dress ornaments.
trafagador, ra, *n.* trafficker, dealer.
trafagante, *a.* trafficking, trading.

trafagar, *vn.* (*pret.* TRAFAGUÉ; *subj.* TRAFAGUE) to traffic, trade.
tráfago, *m.* commerce, trade; drudgery.
trafagón, na. I. *a.* active, industrious. **II.** *n.* hustler.
trafagué, trafague, *v. V.* TRAFAGAR.
trafalgar, *m.* cotton lining.
trafalmejo, ja, *a.* bold, forward, saucy.
traficación, *f.* traffic; trade, commerce.
traficante, *n.* trafficker, trader, dealer.
traficar, *vn.* (*pret.* TRAFIQUÉ; *subj.* TRAFIQUE) to traffic, deal, trade; to travel, journey, roam.
tráfico, *m.* trade, business; traffic.
tragacanta, *f.*, **tragacanto,** *m.* (bot.) goatsthorn, milk vetch; tragacanth, a gum.
tragacete, *m.* javelin, dart.
tragaderas, *f. pl.* gullet.—**tener buenas t.,** to be very gullible.
tragadero, *m.* œsophagus, gullet; pit, gulf, vortex.—**t. del mar,** trough of the sea.
tragadieces, *m.* (Mex.) nickelodeon, juke box.
tragador, ra, *n.* glutton, gobbler.—**t. de leguas** = TRAGALEGUAS.
tragahombres, *m.* (coll.) bully, hector.
trágala, *m.* title of a political song against absolutism and in favor of the constitution.
tragaldabas, *m.* (coll.) glutton.
tragaleguas, *m.* (coll.) brisk walker.
tragaluz, *m.* skylight, bull's-eye.
tragallón, na, *n.* & *a.* glutton(-ous).
tragamallas, *m.* (coll.) glutton.
traganíquel, *m.* (Cuba) nickelodeon, juke box.
tragantada, *f.* large draught of liquor.
tragante. I. *a.* swallowing. **II.** *m.* (foundry) top opening or passage of a furnace; sluice, flume; mouth of a dam or sink.
tragantón, na. I. *a.* gluttonous, voracious. **II.** *n.* (coll.) glutton. **III.** *f.* (coll.) big meal, big spread; swallowing or forcing down the throat; hard pill to swallow.
tragar. I. *va.* (*pret.* TRAGUÉ; *subj.* TRAGUE) to swallow; to devour; to swallow up, engulf.—**t. el anzuelo,** to allow oneself to be deceived.—**no poder,** or **poderse, t. a,** not to be able to bear (cannot bear). **II.** *vr.* to swallow; to dissemble; to swallow (an affront).
tragasantos, *n.* overdevout person, one who spends too much time in church.
tragavenado, *f.* (Venez.) a kind of boa.
tragavirotes, *m.* (coll.) conceited stiff man.
tragazón, *f.* voracity, gluttony.
tragedia, *f.* tragedy.
trágicamente, *adv.* tragically.
trágico, ca. I. *a.* tragic. **II.** *m.* tragedian; *f.* tragedienne.
tragicomedia, *f.* tragi-comedy.
tragicómico, ca, *a.* tragi-comical.
[1]**trago,** *m.* draught of liquid; drink; swallow; calamity, misfortune.—**a tragos,** by degrees, slowly, gently.—**echar un t.,** to take a drink.
[2]**trago,** *m.* (anat.) tragus.
tragón, na, *n.* & *a.* glutton(-ous).
tragonear, *va.* & *vn.* (coll.) to eat voraciously.
tragonería, tragonía, *f.* gluttony.
tragontina, *f.* (bot.) arum.
tragué, trague, *v. V.* TRAGAR.
traguillo, ito, *m. dim.* small drink.
traición, *f.* treason; treachery.—**alta t.,** high treason.—**a t.,** or **a la t.,** treacherously.
traicionar, *va.* to do treason to, to betray.
traicionero, ra, *a.* treacherous.
traída, *f.* carriage, conduction.
traído, da. I. *pp.* of TRAER. **II.** *a.* used, worn out, threadbare.
traidor, ra. I. *a.* traitorous; treasonable; treacherous, perfidious. **II.** *n.* traitor; betrayer.
traidoramente, *adv.* treacherously; treasonably, traitorously.
traigo, traiga, *v. V.* TRAER.
traílla, treílla, *f.* leash, lash; packthread; (agr.) leveling harrow; road leveler; road scraper.
traillar, *va.* to level (ground).
traína, *f.* seine for deep-sea fishing; net for sardine fishing.
trainera, *f.* smack for sardine fishing.
traíña, *f.* = TRAÍNA.
traite, *m.* raising a bur or nap on cloth.
[1]**traje,** *m.* costume, dress, apparel; gown; suit of clothes; mask.—**t. astronáutico,** space suit.—**t. charro,** (Mex.) showy riding costume.—**t. de baño,** (Am.) bathing suit.—**t. de ceremonia,** full dress; uniform.—**t. de luces,** bullfighter's garb.—**t. de montar,** riding habit.—**t. largo,** evening dress.—**t. sastre,** (Am.) (woman's) tailored suit.—**t. serio,** full dress, evening dress.
[2]**traje,** *pret.* of TRAER.
trajear, *va.* to clothe.
trajín, *m.* carrying from place to place; moving about.
trajinante, *n.* & *a.* carrier(-ying).
trajinar. I. *va.* to carry from place to place. **II.** *vn.* to travel about; (coll.) to fidget about.
trajinería, *f.* = TRAJÍN.
trajinero, ra, *n.* = TRAJINANTE.
trajino, *m.* = TRAJÍN.
tralla, *f.* cord, bass-weed rope; lash, snapper of a whip.
trama, *f.* weft or woof of cloth; twisted silk; fraud, plot; plot of a play or novel.
tramador, ra, *n.* & *a.* weaver(-ing); plotter(-ing), hatcher(-ing), schemer(-ing).
tramar. I. *va.* to weave; to plot, hatch, scheme. **II.** *vn.* (of olive trees) to blossom.
tramilla, *f.* (Am.) twine.
tramitación, *f.* procedure; transaction, action.
tramitar, *va.* to transact, carry through, conduct; (com.) to process.
trámite, *m.* the carrying on (of administration, etc.), the transacting (of business, etc.); step; (law) proceeding.
tramo, *m.* parcel of ground; flight of stairs; stretch, section; panel (of a bridge).
tramojo, *m.* (agr.) band for tying the sheaf; trouble, affliction; (Am.) = TRABANCO; (Colomb.) leash.
tramontano, na. I. *a.* transmontane. **II.** *f.* north wind; vanity, pride, haughtiness.
tramontar. I. *va.* to pass over (a mountain); (of the sun) to sink beyond (the mountains); to help escape. **II.** *vr.* to flee, to escape.
tramoya, *f.* (theat.) trick; craft, wile.
tramoyista, *m.* (theat.) stage machinist; stage carpenter, stage hand, scene shifter; impostor, swindler, fraud, humbug.
trampa, *f.* trap, snare, pitfall; trapdoor; falling board of a counter; flap or spring door; cheat, fraud, deceit, trick; bad debt.—**caer en la t.,** to fall into a trap.—**hacer t.,** or **trampas,** to cheat.—**se lo llevó la t.,** (of an affair) it fell through.
trampal, *m.* quagmire; bog.
trampantojo, *m.* (coll.) trick, deception.
trampazo, *m.* last twist of a torturing cord.
trampeador, ra, *n.* swindler, cheat, sharper.
trampear. I. *vn.* (coll.) to obtain money on false pretences; to cheat; to shift, get along, pull through. **II.** *va.* to swindle, cheat, deceive.
trampería, *f.* trickery, cheating, chicanery.
trampero, ra, *n.* trapper.
trampilla, *f. dim.* peephole; door of a coal bin; fly of trousers.
trampista, *m.* cheat, trickster, sharper.
trampolín, *m.* springboard.
tramposo, sa. I. *a.* tricky, deceitful, swindling. **II.** *n.* cheater, swindler, trickster; card sharp.
tranca, *f.* club, cudgel, stick, truncheon; cross board or stick, or prop to fasten a door on the inside; (Am., coll.) drunken spell, "tear."
trancada, *f.* long stride; blow with a stick.—**en dos trancadas,** in a trice, in two ticks.
trancado, *m.* small harpoon for eels.
trancahilo, *m.* stop knot in threads or ropes.
trancanil, *m.* (naut.) waterway, stringer plate.

trancar. I. *va.* (*pret.* TRANQUÉ; *subj.* TRANQUE) to bar (a door). II. *vn.* (coll.) to take long strides.
trancazo, *m.* blow with a bar; (coll.) influenza, grippe; (Colomb., coll.) fisticuff.
trance, *m.* peril, danger; critical moment; last stage or moments of life; (law) legal seizure on an execution.—**a todo t.,** at all costs, at any price, regardless of risk or trouble.—**en t. de muerte,** at the point of death.—**hacer t.,** (law) to seize property on an execution.
trancenil, *m.* gold or silver hatband, garnished with jewels.
tranco, *m.* long stride; threshold.—**a trancos,** hurriedly, carelessly.—**en dos trancos,** in a jiffy.
tranchete, *m.* cobbler's heel knife.
trancho, *m.* (ichth.) a variety of shad.
trangallo, *m.* = TRABANCO.
tranquera, *f.* palisade, palisado.
tranquero, *m.* angular stone of a jamb or lintel.
tranquil, *m.* (arch.) plumb line.
tranquilamente, *adv.* quietly, peacefully, composedly.
tranquilar, *va.* (com.) to check off.
tranquilidad, *f.* tranquility, peace, quiet; reassurance, ease.
tranquilizador, ra, *a.* quieting, soothing, reassuring.
tranquilizar, *va.* & *vr.* to calm, quiet down.
tranquilo, la, *a.* tranquil, calm, quiet, easy.
tranquilla, *f. dim.* trap, snare; small securing or fastening bar or stick; stop pin or lug.
tranquillón, *m.* maslin, mixed grain.
transacción, *f.* compromise, accommodation, settlement; transaction, negotiation.
transalpino, na, *a.* transalpine.
transandino, na, *a.* transandine, transandean.
transatlántico, ca. I. *a.* transatlantic. II. *m.* transatlantic liner.
transar, *va.* & *vr.* (Am.) to compromise, adjust, settle.
transbordador, ra. I. *a.* transshipping, transferring, transfer (as *a.*). II. *m.* transfer boat or car.—**t. funicular,** transfer ropeway.
transbordar, *va.* to transfer; to transship.
transbordo, *m.* transfer; transshipment.
transcendencia, transcendental, transcendente, etc. = TRASCENDENCIA, etc.
transcontinental, *a.* transcontinental.
transcribir, *va.* (*pp.* TRANSCRITO, TRANSCRIPTO) to transcribe; (mus.) to transcribe.
transcripción, *f.* transcription.
transcripto, ta; transcrito, ta, *pp. irreg.* of TRANSCRIBIR.
transcurrir, *vn.* (of time) to pass, elapse.
transcurso, *m.* lapse, course (of time).
tránseat, (Lat.) let it pass.
transeúnte. I. *a.* transient; transitory. II. *n.* sojourner; passer-by.
transferencia, *f.* transference, transfer.
transferible, *a.* transferable.
transferidor, ra, *n.* & *a.* transferrer(-ing).
transferir, *va.* (*ger.* TRANSFIRIENDO; *ind. pres.* TRANSFIERO, *pret.* él TRANSFIRIÓ; *subj.* TRANSFIERA) to transfer; (law) to transfer, convey, make over; (rhet.) to use figuratively.
transfigurable, *a.* transformable.
transfiguración, *f.* transfiguration.
transfigurar. I. *va.* to transfigure, transform. II. *vr.* to be transfigured.
transfijo, ja, *a.* transfixed.
transfixión, *f.* transfixion, piercing through.
transflor, *m.* (art) enamel painting.
[1]**transflorar,** *va.* (art) to paint or decorate in enamel; to trace, make a tracing of.
[2]**transflorar,** *vn.* to show through.
transflorear, *va.* to paint in enamel.
transformable, *a.* transformable; convertible (automobile).
transformación, *f.* transformation.
transformador, ra. I. *n.* & *a.* transformer(-ing). II. *m.* (elec.) transformer.—**t. acorazado,** shell transformer.—**t. de aceite,** oil-cooled transformer.—**t. de anillo,** ring transformer.—**t. de corriente,** or **de intensidad,** current transformer.—**t. de reducción,** step-down transformer.—**t. de tensión,** voltage transformer.—**t. elevador,** step-up transformer, booster.
transformamiento, *m.* transformation.
transformar. I. *va.* & *vr.* to transform. II. *vr.* to be or become transformed; to change one's sentiments or ways.
transformativo, va, *a.* transformative.
transformismo, *m.* (biol.) transformism, evolutionism.—**transformista.** I. *n.* & *a.* transformist(-ic); evolutionist(-ary). II. *n.* one who impersonates several characters in succession.
transfregar, *va.* (*ind. pres.* TRANSFRIEGO, *pret.* TRANSFREGUÉ; *subj.* TRANSFRIEGUE) to rub, scrub; rumple, crumple.
transfretano, na, *a.* transmarine, oversea.
transfretar. I. *va.* to cross (the sea). II. *vn.* to extend, spread.
transfriego, etc. *v. V.* TRANSFREGAR.
tránsfuga, *n.*, **tránsfugo,** *m.* deserter; fugitive, runaway; turncoat.
transfundición, *f.* = TRANSFUSIÓN.
transfundir, *va.* to pour into; transfuse; to communicate, transmit.
transfusión, *f.* transfusion; communication, transmission; (surg.) transfusion.
transfusor, ra, *n.* & *a.* transfuser(-ing).
transgredir, *va.* (*defect. only those modes are used having* i *in their ending*) to transgress.
transgresión, *f.* transgression.
transgresor, ra, *n.* & *a.* transgressor(-ing).
transición, *f.* transition.
transido, da, *a.* worn out, exhausted; famished; mean, avaricious.
transigencia, *f.* condescension, tolerance.
transigente, *a.* accommodating, compromising, broad-minded, reasonable, condescending.
transigir. I. *va.* (*ind.* TRANSIJO; *subj.* TRANSIJA) to compromise, settle. II. *vn.* to give in, agree.
transistor, *m.* (elec., electron.) transistor.
transitable, *a.* passable, practicable.
transitar, *vn.* to travel.
transitivo, va, *a.* (law) transferable; (gram.) transitive.
tránsito, *m.* transit, passage; traffic; transition; stopping place; road, way; change, removal; death of holy persons; (astr., surv.) transit.—**de t.,** in transit, passing through; temporarily.—**hacer tránsitos,** to make stops on the way in a journey.—**se prohibe el t.,** (on a sign) no thoroughfare.
transitoriamente, *adv.* transitorily.
transitoriedad, *f.* transience, transiency, momentariness.
transitorio, ria, *a.* transitory.
translación, translaticiamente, translaticio, translativo, = TRASLACIÓN, etc.
translimitación, *f.* trespass; going beyond proper bounds; (mil.) armed intervention in a bordering state.
translimitar, *va.* (mil.) to cross (the boundary of a state) unintentionally or by permission; to go beyond the limit of (morality, reason).
translinear, *vn.* (law) to pass (an entail) to another line of heirs.
translucidez, *f.* translucence.
translúcido, da, *a.* translucent.
transluciente, *a.* translucent, translucid.
translunar, *a.* translunar.
transmarino, na, *a.* transmarine, oversea.
transmigración, *f.* transmigration.
transmigrador, ra. I. *a.* transmigratory. II. *n.* transmigrator.
transmigrar, *vn.* to transmigrate.
transmisibilidad, *f.* transmissibility.
transmisible, *a.* transmissible.
transmisión, *f.* transmission; (radio) broadcast. —**t. de energía,** power transmission.—**t. del**

pensamiento, thought transference.—**t. en colores**, (television) colorcast.
transmisor, ra. I. *a.* transmitting. II. *m.* (elec.) transmitter. III. *f.* (radio) broadcasting station.
transmitir, *va.* to transmit; (radio) to broadcast.
transmontar, transmontano = TRAMONTAR, TRAMONTANO.
transmudación, *f.*; **transmudamiento,** *m.* transmutation, change.
transmudar, *va.* to move, carry to another place; to persuade, convince; TRANSMUTAR.
transmutabilidad, *f.* transmutability.
transmutable, *a.* transmutable.
transmutación, *f.* transmutation, change.
transmutador, *m.* transmuter.
transmutar, *va.* to transmute, change.
transmutativo, va; torio, ria, *a.* transmutative.
transoceánico, ca, *a.* transoceanic.
transónico, ca, *a.* transsonic. transonic.
transpacífico, ca, *a.* transpacific.
transpadano, na, *a.* transpadane, beyond the Po.
transparencia, *f.* transparency.
transparentarse, *vr.* to be transparent; to show through.
transparente. I. *a.* transparent; translucent. II. *m.* window shade; stained glass window.
transpirable, *a.* perspirable, transpirable.
transpiración, *f.* transpiration, perspiration.
transpirar, *vn.* to transpire, perspire.
transpirenaico, ca, *a.* beyond the Pyrenees.
transponedor, ra, *n.* & *a.* transposer(-ing); transplanter(-ing).
transponer. I. *va.* (*pp.* TRANSPUESTO; *ind. pres.* TRANSPONGO, *pret.* TRANSPUSE, *fut.* TRANSPONDRÉ; *subj.* TRANSPONGA) to transpose; to transfer, transport; to transplant. II. *vr.* (of sun, etc.) to set below the horizon; to go behind; to be rather drowsy.
transportable, *a.* transportable.
transportación, *f.* transportation, transport.
transportador, ra. I. *a.* carrying, transporting. II. *n.* transporter, carrier. III. *m.* (drawing) protractor; (Ry.) ropeway.
transportamiento, *m.* transportation; transport, ecstasy.
transportar. I. *va.* to transport, carry; (mus.) to transpose; (surv.) (also **t. al papel**), to plat, plot. II. *vr.* to be in a transport, to be carried away.
transporte, *m.* transport, transportation, conveyance; cartage; ferriage; (naut.) transport ship; transport, rapture, ecstasy.
transposición, *f.* transposition.
transpositivo, va, *a.* transpositional.
transpuesto, ta, *pp. irreg.* of TRANSPONER.
transpuse, *pret.* of TRANSPONER.
transterminante, *a.* trespassing.
transterminar, *va.* to trespass.
transtiberino, na, *a.* across the Tiber.
transubstanciación, *f.* transubstantiation.
transubstancial, *a.* transubstantiated.
transubstanciar, *va.* to transubstantiate.
transvasar, *va.* to transfer (liquid, to another container).
transverberación, *f.* transfixion.
transversal, *f.* & *a.* transversal.
transversalmente, *adv.* transversely.
transverso, sa, *a.* transverse.
transvestido, da, *a.* transvestite.
tranvía, *m.* tramway, street railway; street car.
tranviario, ria. I. *a.* pert. to tramways, street Ry.; tramway (as *a.*). II. *n.* tramway worker.
tranviero, ra, *n.* = TRANVIARIO.
tranza, *f.* (law) seizure in an execution.
tranzadera, *f.* knot of plaited cords.
tranzar, *va.* to cut, truncate; to auction off.
tranzón, *m.* clearing in a forest.
trapa, *f.* (naut.) spilling line.—*pl.* (naut.) relieving tackle; guys.
¡trapa, trapa! *interj.* tramp, tramp.
trapacear, *vn.* to cheat, swindle.
trapacería, *f.* fraud, cheating.
trapacero, ra, *n.* & *a.* cheat(-ing).
trapacete, *m.* (com.) daybook.
trapacista, *n.* = TRAPACERO.
trapajo, *m.* rag, tatter.
trapajoso, sa, *a.* ragged, tattered.
[1]**trápala.** I. *f.* tramping of feet; galloping; noise, confusion.
[2]**trápala.** I. *f.* (coll.) trick, deceit, cheat. II. *n.* (coll.) prattler, chatterbox; cheat, humbug. III. *m.* garrulity, loquacity.
trapalear, *vn.* to prattle, chatter; to cheat.
trapalón, na, *n.* = [2]TRÁPALA, *n.*
trapatiesta, *f.* (coll.) squabble, row, brawl.
trapaza, *f.* fraud, trick.
trapazar, *vn.* to cheat, swindle.
trape, *m.* interlining.
trapeano, na, *a.* (min.) trappean.
trapecial, *a.* trapezoidal.
trapecio, *m.* (geom.) trapezoid.
trapecista, *n.* trapezist, trapeze artist.
trapense, *m.* (eccl.) Trappist.
trapería, *f.* rags; frippery, rag fair, rag shop.
trapero, ra, *n.* ragpicker; rag dealer.
trapezoidal, *a.* four-sided.
trapezoide, *m.* trapezium; (anat.) trapezoid.
trapiche, *m.* sugar mill, cane mill; olive press; (Cuba) small sugar plantation; (Mex.) grinding machine.
trapichear, *vn.* (coll.) to contrive, shift.
trapicheo, *m.* (coll.) contriving, shifting.
trapichero, ra, *n.* worker in a sugar mill.
trapiento, ta, *a.* ragged, tattered.
trapillo, lla. I. *n. dim.* (coll.) courtier or lady of small means. II. *m.* amount of money saved and put away.—**de t.,** in dishabille or négligé.
trapío, *m.* (naut.) sails of a ship, canvas; (coll.) stylish or graceful carriage of a woman; liveliness and smartness in a fighting bull.
trapisonda, *f.* (coll.) bustle, clatter; brawl, scuffle; snare, deception; (naut.) whitecaps.
trapisondear, *vn.* (coll.) to foment brawls; to cheat, deceive.
trapito, *m. dim.* little rag.—**los trapitos de cristianar,** best Sunday clothes.
trapo, *m.* rag, tatter; rag, piece of cloth; sails of a ship; (coll.) bullfighter's cloak.—**a todo t.,** with all one's might; (naut.) all sails set.—**poner como un t.,** to reprimand severely, to dress down.—**soltar el t.,** (coll.) to burst out (crying or laughing).
traque, *m.* crack, report (of a rocket, etc.).—**a t. barraque,** (coll.) at all times, in and out of season.
tráquea, *f.* (anat., entom., bot.) trachea.
traqueado, da, *a.* threadbare, hackneyed; (Am.) (of road) much traversed; (P. R.) drunk.
traqueal, *a.* (anat., bot., entom.) tracheal.
traquear. I. *vn.* to crack, make a loud creaking noise. II. *va.* to shake (as a liquid); (coll.) to handle roughly; (Am.) to pass frequently over (a road, etc.); (P. R.) to get drunk.
traquearteria, *f.* trachea, windpipe.
traqueo, *m.* cracking (of fireworks, etc.); shake, shaking, jolt, jerk.
traqueotomía, *f.* tracheotomy.
traquetear, *va.* & *vn.* to shake, jolt, jerk, handle roughly; to crack (as fireworks or wood).
traqueteo, *m.* shaking, jolting, jerking; cracking, creaking; (Am.) confused, noisy passing.
traquiarteria, *f.* = TRAQUEARTERIA.
traquido, *m.* snapping, rattle; creaking, cracking.
traquita, *f.* (min.) trachyte, a volcanic rock.
traquítico, ca, *a.* (min.) trachytic.
trarigüe, *m.* (Chile) an ornamented belt or sash.
[1]**tras,** *prep.* after, behind; beyond; besides.—**t. de,** after, behind, back of; besides, in addition to.
[2]**tras,** *m.* bang, noise of a blow.—**t. t.,** repeated strokes, noise or banging.
trasalcoba, *f.* room back of a bedroom (gen. dressing room).
trasalpino, na, *a.* = TRANSALPINO.

trasandino, na, *a.* transandine, transandean.
trasanteanoche, *adv.* three nights ago.
trasanteayer, *adv.* three days ago.
trasantier, *adv.* three days ago.
trasañejo, ja, *a.* three years old.
trasatlántico, ca, *a.* = TRANSATLÁNTICO.
trasbordar, trasbordo = TRANSBORDAR, etc.
trasca, *f.* leather thong.
trascabo, *m.* trip (in wrestling).
trascantón, *m.* TRASCANTONADA; street porter. —**dar t. a,** to hide oneself behind a corner.
trascantonada, *f.* protective stone at corner of buildings.
trascartarse, *vr.* to remain behind (as a winning card).—**trascartón,** *m.* drawing of a winning card after the game is lost.
trascendencia, *f.* transcendency; result.
trascendental, *a.* transcendental; far-reaching; transcendent, highly important, significant; (math.) transcendental.
trascendentalismo, *m.* transcendentalism.
trascendentalista, *n.* & *a.* (philos.) transcendentalist(-ic).
trascendente, *a.* transcendent.
trascender. I. *vn.* (*ind.* TRASCIENDO; *subj.* TRASCIENDA) to extend; to spread, smell, emit a pleasant odor; to be pervasive; to transpire, leak out. **II.** *va.* to penetrate, scrutinize, find out.
trascendido, da, *a.* acute, perspicacious.
trascocina, *f.* back kitchen.
trascol, *m.* (obs.) train (of a dress).
trascolar, *va.* (*ind.* TRASCUELO; *subj.* TRASCUELE) to strain, percolate; (coll.) to pass over (a mountain).
trasconejarse, *vr.* to squat (as pursued game); (coll.) to be missing or mislaid.
trascordarse, *vr.* (*ind.* TRASCUERDO; *subj.* TRASCUERDE) to forget.
trascoro, *m.* space back of the choir.
trascorral, *m.* back court, back yard.
trascribir, trascrito, etc. = TRANSCRIBIR, etc.
trascuarto, *m.* back room; rear apartment.
trascuelo, trascuele, *v. V.* TRASCOLAR.
trascuerdo, trascuerde, *v. V.* TRASCORDARSE.
trascurrir, trascurso = TRANSCURRIR, etc.
trasdobladura, *f.* trebling.
trasdoblar, *va.* to treble, to triple.
trasdoblo, *m.* treble number.
trasdós, *m.* (arch.) extrados.—**tradosear,** *va.* (arch.) to strengthen the back of (an arch).
trasechador, ra, *n.* insnarer, waylayer.
trasechar, *va.* to insnare, waylay.
trasegador, ra, *n.* one who racks wine.
trasegar, *va.* (*ind. pres.* TRASIEGO, *pret.* TRASEGUÉ; *subj.* TRASIEGUE) to upset, to turn topsy-turvy; to change the place of; to empty, pour into another bottle or vessel.
traseñalador, ra, *n.* one who countermarks.
traseñalar, *va.* to mark anew.
trasera, *f.* back part, rear.
trasero, ra. I. *a.* hind, back, rear. **II.** *m.* buttock; rump.—*pl.* (coll.) ancestors, predecessors.
trasferencia, *f.* = TRANSFERENCIA.
trasferible, *a.* = TRANSFERIBLE.
trasferidor, ra, *n.* & *a.* = TRANSFERIDOR.
trasferir, *va.* = TRANSFERIR.
trasfigurable, *a.* = TRANSFIGURABLE.
trasfiguración, *f.* = TRANSFIGURACIÓN.
trasfigurar, *va.* & *vr.* = TRANSFIGURAR.
trasfijo, ja, *a.* = TRANSFIJO.
trasfixión, *f.* = TRANSFIXIÓN.
trasflor, *m.* = TRANSFLOR.
trasflorar, *va.* & *vn.* = TRANSFLORAR.
trasflorear, *va.* = TRANSFLOREAR.
trasfojar, *va.* = TRASHOJAR.
trasfollado, da, *a.* (vet.) having a swollen hock.
trasfollo, *m.* (vet.) swelling of the hock.
trasfondo, *m.* background.
trasformación, *f.* = TRANSFORMACIÓN.
trasformador, *m.* = TRANSFORMADOR.
trasformamiento, *m.* = TRANSFORMAMIENTO.
trasformar, *va.* & *vr.* = TRANSFORMAR.
trasformativo, va, *a.* = TRANSFORMATIVO.
trasfregar, *va.* = TRANSFREGAR.
trasfretano, na, *a.* = TRANSFRETANO.
trasfretar, *va.* & *vn.* = TRANSFRETAR.
trásfuga, *n.* = TRÁNSFUGA.
trásfugo, *m.* = TRÁNSFUGO.
trasfundición, *f.* = TRANSFUNDICIÓN.
trasfundir, *va.* = TRANSFUNDIR.
trasfusión, *f.* = TRANSFUSIÓN.
trasfusor, ra, *n.* & *a.* = TRANSFUSOR.
trasgo, *m.* goblin, hobgoblin, sprite.
trasgredir, *va.* = TRANSGREDIR.
trasgresión, *f.* = TRANSGRESIÓN.
trasgresor, ra, *n.* & *a.* = TRANSGRESOR.
trasguear, *vn.* to play the hobgoblin.
trasguero, ra, *n.* imitator of hobgoblins' tricks.
trashoguero, ra. I. *n.* idler, loiterer near the fireplace. **II.** *m.* back plate of a fireplace; big log in the fireplace.
trashojar, *va.* to scan, leaf through (a book).
trashumación, *f.* nomadism of flocks.
trashumante, *a.* (of flocks) nomadic.
trashumar, *vn.* to roam in search of pasture.
[1]**trasiego,** *m.* upsetting; racking (of wine).
[2]**trasiego, trasiegue,** *v. V.* TRASEGAR.
trasijado, da, *a.* lank, meagre; thin-flanked.
traslación, trasladación, *f.* transfer, removal; translation, change of place; adjournment, postponement; translation, version.
trasladador, ra, *n.* carrier, mover.
trasladante, *a.* moving, removing; translating, transcribing.
trasladar, *va.* to move, remove, transfer; to postpone, adjourn; to translate; to transcribe.
traslado, *m.* copy, transcript, transcription; transfer; imitation, resemblance, likeness, counterpart; (law) notification, communication.
traslapar, *va., vn.* & *vr.* to overlap.
traslapo, *m.* overlapping.
traslaticiamente, *adv.* figuratively; by extension.
traslaticio, cia, *a.* figurative; extended.
traslativo, va, *a.* transferring, conveying.
traslato, ta, *a.* = TRASLATICIO.
trasloar, *va.* to bestow fulsome praise on.
traslúcido, da, *a.* = TRANSLÚCIDO.
trasluciente, *a.* translucent.
traslucirse, *vr.* to be translucent, to shine or show through; to be inferable; to transpire.
traslumbramiento, *m.* dazzlement.
traslumbrar. I. *va.* to dazzle. **II.** *vr.* to pass swiftly, to vanish.
trasluz, *m.* light seen through a transparent body; reflected or borrowed light; (art) transverse light.—**al t.,** against the light.
[1]**trasmallo,** *m.* trammel net.
[2]**trasmallo,** *m.* iron collar around head of mallet.
trasmano, *m.* second player at cards.—**a t.,** out of the way.
trasmañana, *f.* day after to-morrow.
trasmañanar, *va.* to procrastinate.
trasmarino, na, *a.* = TRANSMARINO.
trasmatar, *va.* (coll.) to assume that one will outlive (another).
trasmigración, etc. = TRANSMIGRACIÓN, etc.
trasminar, *vn.* to undermine, excavate; to pierce, penetrate, percolate.
trasmisible, etc. = TRANSMISIBLE, etc.
trasmochadero, *m.* thicket of firewood.
trasmochar, *va.* to cut branches for fuel.
trasmontano, trasmontar, etc. = TRAMONTANO, TRAMONTAR, etc.
trasmosto, *f.* weak, watered wine.
trasmudación, etc. = TRANSMUDACIÓN, etc.
trasmutable, trasmutación, trasmutar, etc. = TRANSMUTABLE, TRANSMUTACIÓN, etc.
trasnochada, *f.* last night; sleepless night; being up all night; (mil.) night attack.
trasnochado, da. I. *pp.* of TRASNOCHAR. **II.** *a.* fatigued from night watching; haggard, careworn; stale, worn-out; trite, hackneyed.
trasnochador, ra, *n.* night watcher; one who goes to bed late or not at all; (coll.) night hawk.

trasnochar. I. *vn.* to watch; to sit up all night; to spend the night. **II.** *va.* to leave for the next day.
trasnoche, trasnocho, *m.* night watch, going without sleep.
trasnombrar, *va.* to change or confuse the names of.
trasnominación, *f.* (rhet.) metonymy.
trasoír, *va.* (*ger.* TRASOYENDO; *ind. pres.* TRASOIGO, *pret.* él TRASOYÓ; *subj.* TRASOIGA) to hear wrong, mishear, misunderstand.
trasojado, da, *a.* having sunken eyes, emaciated, careworn.
trasoñar, *vn.* (*ind.* TRASUEÑO; *subj.* TRASUEÑE) to fancy erroneously, as in a dream.
trasovado, da, *a.* (bot.) obovate.
traspadano, na, *a.* transpadane, beyond the Po.
traspalar, traspalear, *va.* to shovel, shovel off; to move, remove; to weed with a hoe.
traspaleo, *m.* shovelling; weeding with a hoe.
traspapelarse, *vr.* to be mislaid among other papers.
trasparencia, *f.* = TRANSPARENCIA.
trasparentarse, *vr.* = TRANSPARENTARSE.
trasparente, *m.* & *a.* = TRANSPARENTE.
traspasador, ra, *n.* trespasser, transgressor.
traspasamiento, *m.* transgression; trespass; transportation; crossing over; transfixion; transfer, conveyance; grief, anguish.
traspasar, *va.* to pass over, go beyond; to cross (as a river); to remove, transfer; to go through; to pierce, transfix; to return, repass; to trespass, transgress, violate; to exceed (proper bounds); to convey, transfer, make over; to cause great grief or affliction to.
traspaso, *m.* conveyance, transfer; assignment; transgression, violation; grief, anguish.
traspatio, *m.* (Am.) back yard, back court.
traspecho, *m.* bone ornament on a crossbow.
traspeinar, *va.* to comb again.
traspellar, *va.* to close, to shut.
traspié, *m.* slip, stumble; trip, wrestler's trick.—**dar traspiés,** to stumble; to slip, to err.
traspilastra, *f.* (arch.) counterpilaster.
traspillar. I. *va.* to shut, close. **II.** *vr.* to fail, become emaciated.
traspintar. I. *va.* to show (one card) and play another. **II.** *vr.* to show through; to show against the light; (coll.) to fail, come out wrong.
traspirable, traspiración, traspirar = TRANSPIRABLE, etc.
trasplantar. I. *va.* to transplant. **II.** *vr.* to migrate.
trasplante, *m.* transplantation; migration.
trasponedor, trasponer = TRANSPONEDOR, etc.
traspongo, trasponga, *v. V.* TRASPONER.
traspontín, *m.* = TRASPUNTÍN.
trasportación, trasportador, trasportamiento, etc. = TRANSPORTACIÓN, etc.
trasportín, *m.* wool upper mattress.
trasposición, etc. = TRANSPOSICIÓN, etc.
traspuesta, *f.* transposition; nook; lurking place; flight, concealment of a person; back yard or court; back door; rear outbuilding.
traspuesto, ta, *pp. irreg.* of TRASPONER.
traspunte, *m.* (theat.) prompter.
traspuntín, *m.* bedquilt.
trasquero, *m.* leather cutter.
trasquila, *f.* shearing, clipping, cropping.
trasquiladero, *m.* place where sheep are shorn.
trasquilador, ra, *n.* & *a.* shearer(-ing), clipper (-ing).
trasquiladura, *f.* = TRASQUILA.
trasquilar, *va.* to shear (sheep); to lop, crop; clip; to curtail, cut down.
trasquilimocho, cha, *a.* (coll.) close shorn or cropped.
trasquilón, *m.* clipping, shearing; (coll.) money lost through trickery or deception.—**a trasquilones,** irregularly, rudely.
trastabillar, *vn.* to reel, waver.
trastada, *f.* (coll.) inconsiderate act.
trastazo, *m.* (coll.) whack, thump, blow.
[1]**traste,** *m.* (mus.) stop, fret of a guitar; glass or cup for sampling wine.
[2]**traste,** *m.*—**dar al t. con,** to spoil, ruin, destroy.
trasteado, *m.* set of frets on a guitar.
trasteador, ra, *n.* moving man (woman).
trasteante, *a.* skillful at guitar playing.
[1]**trastear,** *va.* to fret (a guitar); to play well on (the guitar).
[2]**trastear. I.** *va.* to madden (the bull) with a red flag; (coll.) to manage with tact. **II.** *vn.* to move furniture from one part of a house to another; to talk in an excited manner.
trastejador, *m.* roof tiler.
trastejadura, *f.* tiling.
trastejar, *va.* to tile; to overhaul, repair.
trastejo, *m.* tiling.
trasteo, *m.* maddening the bull with a red flag; clever management of a person or business.
trastería, *f.* heap of old furniture; (coll.) rash action.
trasterminante, trasterminar = TRANSTERMINANTE, TRANSTERMINAR.
trastero, ra, *m.* or *f.* garret, lumber room.
trastesado, da, *a.* hardened, stiff.
trastienda, *f.* back room; prudence, caution.
trasto, *m.* piece of furniture; luggage; rubbish, lumber; (theat.) trick piece, set piece; (coll.) worthless person, trash.—*pl.* tools of trade, implements, outfit; steel weapons.—**trastos de cocina,** kitchen utensils.
trastornable, *a.* easily disturbed or upset.
trastornado, da. I. *pp.* of TRASTORNAR. **II.** *a.* upset, topsy-turvey; afflicted; unbalanced, mad.
trastornador, ra, *n.* & *a.* disturber(-ing); agitator(-ing).
trastornadura, *f.*, **trastornamiento,** *m.* upsetting, overthrow, disturbance.
trastornar, *va.* to upset; to turn upside down; to disorder, disturb, disarrange; to agitate, excite; to derange, daze, confuse, perplex (the mind); to persuade, induce.
trastorno, *m.* upsetting; upheaval; disturbance, disorder, confusion; trouble; disarrangement.
trastrabado, da, *a.* having the far hind foot and the near fore foot white.
trastrabarse, *vr.* to become fuddled.
trastrabillar, *vn.* to stumble; to reel; to stammer.
trastrás, *m.* last but one.
trastrocamiento, *m.* transposition, rearrangement; disarrangement.
trastrocar, *va.* (*ind. pres.* TRASTRUECO, *pret.* TRASTRUQUÉ; *subj.* TRASTRUEQUE) to change the order of; to disarrange, muddle.—**trastrueco, trastrueque,** *m.* rearrangement; disarrangement; transposition.
trastuelo, *m. dim.* worthless utensil; trash.
trastulo, *m.* pastime, toy.
trastumbar, *va.* to overturn, upset.
trasudación, *f.* transudation, oozing.
trasudar, *va.* to sweat, perspire.
trasudor, *m.* gentle perspiration.
trasuntar, *va.* to copy; to abridge, abstract.
trasuntivamente, *adv.* compendiously; as per copy.
trasunto, *m.* copy, transcript; likeness.
trasvasar, *va.* = TRANSVASAR.
trasvenarse, *vr.* (med.) to extravasate; to spill.
trasver, *va.* to see through; to see erroneously.
trasverberación = TRANSVERBERACIÓN.
trasversal, trasverso = TRANSVERSAL, etc.
trasverter, *vn.* (*ind.* TRASVIERTO; *subj.* TRASVIERTA) to overflow, run over.
trasvinarse, *vr.* (of wine) to leak out; (coll.) to be surmised or inferred.
trasvolar, *va.* (*ind.* TRASVUELO; *subj.* TRASVUELE) to fly across.
trata, *f.* trade; slave trade.—**t. blanca, or de blancas,** white slavery.
tratable, *a.* tractable, compliant.
tratadico, illo, ito, *m. dim.* tract, short treatise.
tratadista, *n.* author, writer (on special subjects).
tratado, *m.* treaty; treatise.
tratador, ra, *n.* mediator.

tratamiento, *m.* treatment; courteous title or form of address; (med., chem.) treatment.
tratante, *n.* dealer, trader, tradesman.
tratar. I. *va.* to treat (a subject, a person, a patient, a substance); to discuss; to handle, manage, conduct.—**t. de,** to address as, give the title of; to call, charge with being (*me trató de ambicioso,* he called me, or charged me with being, ambitious).—**t. por,** (chem.) to treat with. **II.** *vn.* to treat; to deal, trade.—**t. acerca de,** to treat of, deal with (a subject).—**t. de,** to treat of (a subject); to endeavor, try.—**t. en,** to deal in. **III.** *vr.* to behave, conduct oneself; to live (well or badly).—**t. de,** (impers.) to be a question of; to be intended for; (diff. constr.) to talk about (*¿de qué se trata?* what's being talked about, what are you talking about?).
trato, *m.* treatment, use, usage; social behavior, manner, address; pact, agreement, deal; trade, commerce; friendly intercourse, conversation; appellation, title of courtesy.—**mal t.,** ill-usage, ill-treatment.—**tener buen t.,** (coll.) to be pleasant, "nice," affable.—**tener mucho t.,** to be intimate friends.—**tener t. de gentes,** to be accustomed to good society.
trauma, *m.* (med.) trauma.
traumático, ca, *a.* (med.) traumatic.
traumatismo, *m.* (med.) traumatism.
traumatosis, *f.* (med.) traumatism, traumatosis.
traversa, *f.* (naut.) backstay.
travertino, *m.* (geol., min.) travertine, travertin.
través, *m.* inclination, bias; reverse, misfortune; traverse; (arch.) crossbeam; (fort.) traverse, screen.—**al t.** = DE T.—**al t. de,** through.—**dar al t.,** to be stranded.—**dar al t. con,** to throw away, misspend; to ruin, destroy; to set aside, ignore.—**de t.,** across, athwart, through.—**mirar de t.,** to squint; to look at out of the corner of one's eye.—**por el t.,** (naut.) on the beam.
travesaño, *m.* crosspiece, crossbar; bolster of a bed.
travesar, *va.* (*ind.* TRAVIESO; *subj.* TRAVIESE) to cross.
travesear, *vn.* to skip about, frisk, caper, romp; to be mischievous; to be quick at repartee; to lead a debauched life; to behave improperly.
travesero, ra. I. *a.* transverse, cross. **II.** *m.* bolster of a bed.
travesía, *f.* distance; passage; stretch, space; sea voyage; crossing (the sea); crossroad, short cut; transverse position; money won or lost at gambling; (fort.) traverse works; (naut.) side wind; sailor's pay for each voyage.
travesío, ía. I. *a.* traversing; transverse, or lateral, wind. **II.** *m.* crossing, crossroad.
travestido, da, *a.* disguised.
travesura, *f.* prank, frolic, caper, antic; mischief; lively fancy; sprightly conversation.
traviesa, *f.* distance across; at cards, raise on a bet; wager laid on a card player; (Ry.) crosstie; (arch.) rafter; transverse wall; (min.) cross level or gallery.
[1]**travieso, sa,** *a.* transverse, cross; restless, flighty; frolicsome, prankish; mischievous; shrewd, cute; dissolute, lewd.—**ir a campo t.,** to take a short cut; to go cross-country.
[2]**travieso, traviese,** *v.* *V.* TRAVESAR.
trayecto, *m.* distance, stretch; section.
trayectoria, *f.* trajectory.—**t. de vuelo,** flight path.
trayente, *a.* bringing, carrying, conducting.
traza, *f.* sketch, draught, outline; plan, device, scheme, project, contrivance; plot, artifice; manner, means; looks, appearance, aspect; prospect.—**darse trazas,** to find a way.
trazado, da. I. *pp.* of TRAZAR. **II.** *a.* traced, outlined.—**bien** or **mal t.,** of a good or bad disposition or figure. **III.** *m.* sketch, draught, outline, plan; (act of) drawing; (Ry.) location; running (of a line on the ground).
trazador, ra, *n.* contriver, schemer, designer.
trazar, *va.* (*pret.* TRACÉ; *subj.* TRACE) to design, devise, plan out; draw up; to trace, mark out; to draw (as a line); (Ry.) to locate; (surv.) to run, lay out (a line, a curve).
trazo, *m.* outline, plan; line, stroke of a pen or pencil; (art) fold of the drapery.—**t. magistral,** down stroke of a letter.—**al t.,** drawn in outline.
trazumarse, *vr.* to leak, ooze, transude.
treballa, *f.* sauce for goose.
trébedes, *f. pl.* trivet, cook's tripod.
trebejar, *vn.* to frolic, romp; to play.
trebejo, *m.* toy, plaything; chess piece.—*pl.* implements, tools of trade.
trebejuelo, *m. dim.* toy, trifle, gewgaw.
trebeliánica, *f.* (law) fourth part of an estate, to be deducted by the fiduciary heir, who holds it in trust for another.
trébol, *m.* (bot.) trefoil, clover, shamrock.
trece, *n.* & *a.* thirteen; thirteenth.—**estarse en sus t.,** to persist in one's opinion, to stick to it.
trecemesino, na, *a.* of thirteen months.
trecenario, *m.* space of thirteen days.
trecenato, trecenazgo, *m.* employment of thirteen persons.
treceno, na, *a.* thirteenth.
trecentista, *n.* & *a.* (pert. to) the trecento.
trecientos, tas, *n.* & *a.* three hundred.
trechear, *va.* (min.) to transport from hand to hand or from section to section.
trechel, *m.* (bot.) spring wheat.
trecheo, *m.* (min.) action of TRECHEAR.
trecho, *m.* space, distance, stretch; lapse.—**a trechos,** by intervals.—**de t. en t.,** at certain distances or intervals.
trefe, *a.* soft, thin; pliable; spurious (coin).
tregua, *f.* truce; rest, respite, recess, intermission.
treílla, *f.* leash; road or harrow leveler.
treinta, *n.* & *a.* thirty; thirtieth.—**t. y una,** a card game.
treintaidosavo, va, *n.* & *a.* thirty-second (part).
treintaidoseno, na, *a.* thirty-second.
treintanario, *m.* space of thirty days.
treintañal, *a.* of thirty years duration or age.
treintavo, va, *n.* & *a.* thirtieth.
treinteno, na, *f.* & *a.* thirtieth.
treja, *f.* cushion shot at billiards.
tremadal, *m.* quagmire, quaking bog.
tremátodo, da, *m.* & *a.* (zool.) trematode.
tremebundo, da, *a.* dreadful, frightful, fearful.
tremedal, *m.* = TREMADAL.
tremendo, da, *a.* tremendous, dreadful, terrible; awful, imposing; huge; excessive.
tremente, *a.* trembling.
trementina, *f.* turpentine.
tremer, *vn.* to tremble.
tremés; tremesino, na, *a.* three months old.
tremielga, *f.* (ichth.) electric ray, torpedo.
tremis, *m.* an ancient gold coin.
tremó, tremol, *m.* pier glass.
tremolante, *a.* waving in the air.
tremolar, *va.* & *vn.* to wave (as a flag).
tremolina, *f.* rustling of the wind; (coll.) bustle, fuss, noise, hubbub.
trémolo, *m.* (mus.) tremolo.
tremor, *m.* trembling; tremor.
trémulamente, *adv.* tremblingly, tremulously.
tremulante; tremulento, ta = TRÉMULO.
trémulo, la, *a.* tremulous, quivering, shaking.
tren, *m.* train; outfit; equipment; following, retinue; show, pomp, ostentation; (Ry.) train.—**t. ascendente,** "up train," going toward Madrid.—**t. botijo,** excursion train.—**t. carreta,** accommodation train.—**t. correo,** mail train.—**t. de artillería,** convoy of artillery.—**t. de aterrizaje,** (aer.) undercarriage, landing gear.—**t. de casa,** housekeeping outfit.—**t. de escala,** accommodation train.—**t. de lavado,** laundry.—**t. de mercancías,** freight train.—**t. de recreo,** excursion train.—**t. descendente,** "down train," going from Madrid.—**t. de viajeros,** passenger train.—**t. expreso,** express train.—**t. milla,** train-mile.—**t. mixto,**

mixed train (carrying both passengers and freight).—**t. ómnibus,** accommodation train.
trena, *f.* scarf, sash; burnt silver; twist bread.
trenado, da, *a.* reticulated, mesh (as *a.*), latticed.
trenca, *f.* crosstree in a beehive; main root.
trencellín, *m.* = TRENCILLO.
trencica, ita, *f. dim.* small braid or plait.
trencilla, *f.* braid (trimming).
trencillar, *va.* to trim with braid.
trencillo, *m.* gold or silver hatband trimmed with jewels.
treno, *m.* lamentation, dirge.
trenque, *m.* jetty in a river.
trenza, *f.* braid; plait; braided hair, tress.
trenzadera, *f.* tape; knot of plaited cord.
trenzado, *m.* braided hair; braiding; (dance) caper; prance of a horse.—**al t.,** carelessly.
trenzar. I. *va.* to braid; to plait. II. *vn.* to prance; to cut capers.
treo, *m.* (naut.) square sail, crossjack sail.
[1]**trepa,** *f.* climbing; somersault.
[2]**trepa,** *f.* boring, perforating; (sewing) wavy edging or trimming; grain or mottle of polished wood; (coll.) flogging, lashing; (coll.) artful trick, fraud.
[1]**trepado, da,** *a.* (of animals) strong, robust.
[2]**trepado,** *m.* (sewing) edging.
trepador, ra. I. *a.* climbing. II. *m.* climbing place. III. *f.* (bot.) climber, creeper (as ivy).—*pl.* (ornith.) climbers.
trepajuncos, *m.* (ornith.) a kind of reed bird.
trepanación, *f.* (surg.) trephining.
trepanar, *va.* (surg.) to trepan, trephine.
trépano, *m.* (surg.) trepan, trephine.
[1]**trepante.** I. *pres. p.* of [1]TREPAR. II. *a.* climbing.
[2]**trepante.** I. *pres. p.* of [2]TREPAR. II. *a.* wily, artful, crafty.
[1]**trepar,** *vn.* to climb, mount, clamber; (bot.) to climb, creep (as ivy).
[2]**trepar,** *va.* to bore, perforate; (sewing) to trim with [2]TREPA.
trepatroncos, *m.* (ornith.) mason bird.
trepe, *m.* (coll.) scolding, reprimand.
trepidación, *f.* trepidation; vibration; (ancient astr.) trepidation.
trepidante, *a.* vibrating, shaking.
trepidar, *vn.* to shake, vibrate, jar.
trépido, da, *a.* tremulous, shaking.
treponema, *f.* (biol.) treponema.
tres. I. *m.* & *a.* three; third. II. *m.* at cards, a trey; magistrate of a city governed by three magistrates. III. *f. pl.*—**las t.,** three o'clock.
tresalbo, ba, *a.* having three white feet.
tresañal, tresañejo, ja, *a.* three years old.
tresbolillo.—al t., (agr.) (set out) in special arrangement; (mech.) staggered (riveting).
trescientos, tas, *n.* & *a.* three hundred; three-hundredth.
tresdoblar, *va.* to treble; to fold three times.
tresdoble, *m.* triple, threefold.
tresillista, *n.* expert in, or fond of, ombre.
tresillo, *m.* ombre, a card game; (mus.) triplet.
tresmesino, na, *a.* three months old.
tresnal, *m.* (agr.) shock, stook.
trestanto. I. *m.* triple number or amount. II. *adv.* three times as much.
treta, *f.* (fencing) feint; trick, wile, craft.
treudo, *m.* (law) emphyteutic rent.
trezavo, va, *n.* & *a.* thirteenth.
tría, *f.* choice, selection; tease in fabrics.—**dar una t.,** to transpose (beehives).
triaca, *f.* (pharm.) antidote.
triacal, *a.* antidotal.
triache, *m.* coffee beans of inferior quality.
tríada, tríade, *f.* triad, group of three.
triangulación, *f.* triangulation.
triangulado, da; triangular, *a.* triangular.
triangularmente, *adv.* triangularly.
triángulo, la. I. *a.* triangular. II. *m.* (geom.) triangle; (astr.) Triangulum; (mus.) triangle.—**t. acutángulo,** acute-angled triangle.—**t. esférico,** spherical triangle.—**t. obtusángulo,** obtuse-angled triangle.—**t. rectángulo,** right-angled, or right, triangle.
triaquera, *f.* (pharm.) container for antidotes.
triar. I. *va.* to choose, select. II. *vn.* (of bees) to swarm to a favorite hive. III. *vr.* (of fabric) to show teases; to curdle.
triario, *m.* (anc. Rome) triarian soldier.
trías, *m.* (geol.) Triassic.
triásico, ca, *a.* (geol.) Triassic.
triatómico, ca, *a.* (chem.) triatomic.
tribal, *a.* tribal.
tribásico, ca, *a.* (chem.) tribasic.
tribómetro, *m.* friction-measuring instrument.
tribraquio, *m.* (poet.) tribrach (⏑⏑⏑).
tribu, *f.* tribe.
tribuente, *a.* attributing.
tribuir, *va.* to attribute.
tribulación, *f.* tribulation, affliction.
tríbulo, *m.* (bot.) thistle; prickle.
tribuna, *f.* tribune; rostrum; gallery.—*pl.* grandstand.
tribunado, *m.* tribuneship.
tribunal, *m.* tribunal, court of justice.—**t. de cuentas,** exchequer.—**t. juvenil,** juvenile court.—**demandar,** or **llevar, a los tribunales,** to sue (at court).
tribunicio, cia; tribúnico, ca, *a.* pertaining to a tribunal or a judge.
tribuno, *m.* (Rom. hist.) tribune; orator.
tributable, *a.* taxable.
tributación, *f.* tribute, contribution; system of taxation; (law) emphyteusis.
tributante, *n.* taxpayer; tribute payer.
tributar, *va.* to pay (taxes or contributions); to pay, render (homage, respect); (law) to hold in emphyteusis.
tributario, ria. I. *a.* tributary. II. *n.* taxpayer; tributary (river).
tributo, *m.* tribute; tax, contribution; gift, offering; toil, trouble, burden.
tricahue, *m.* a kind of Chilean parrot.
tricenal, *a.* lasting thirty years.
tricentenario, *m.* tercentenary, tercentennial.
tricentésimo, ma, *a.* three-hundredth.
tríceps, *m.* & *a.* (anat.) triceps.
triciclo, *m.* tricycle.
tricípete, *a.* three-headed.
triclinio, *m.* (Rom. hist.) triclinium, a kind of couch.
tricloruro, *m.* (chem.) trichloride.
tricolor, *a.* tricolor.
tricorne, *a.* (poet.) three-horned.
tricornio. I. *a.* three-horned. II. *m.* three-cornered hat.
tricot, *m.* (Gal.) tricot, knitwear, knitted goods.
tricotomía, *f.* trichotomy, division into three parts.
tricotómico, ca, *a.* trichotomic, pert. to trichotomy.
tricótomo, ma, *a.* trichotomous, divided into three parts.
tricroico, ca, *a.* trichroic.
tricroísmo, *m.* trichroism.
tricromático, ca, *a.* trichromatic.
tricromatismo, *m.* trichromatism.
tricromía, *f.* three-color printing.
tricromo, ma, *a.* three-color.
tricúspide, *a.* tricuspid; (anat.) tricuspid.
tridacio, *m.* (pharm.) thridacium.
tridente. I. *a.* tridental. II. *m.* trident.
tridentino, na, *n.* & *a.* Tridentine.
tridínamo, ma, *a.* (chem.) trivalent.
triduano, na, *a.* lasting three days.
triduo, *m.* (eccl.) triduum.
triedro. (geom.) I. *a.* trihedral. II. *m.* trihedron; trihedral angle.
trienal, *a.* triennial.
trienio, *m.* term of three years; triennium.
trieñal, *a.* triennial.
trierarca, *m.* (Gk. hist.) trierarch.
trifacial, *m.* & *a.* (anat.) trifacial, trigeminal.
trifásico, ca, *a.* (elec.) three-phase.

trífido, da, *a.* (poet.) trifid, three-cleft.
trifinio, *m.* point where the boundaries of three districts meet.
trifloro, ra, *a.* triflorous, three-flowered.
trifoliáceo, cea; trifoliado, da, *a.* (bot.) trifoliate, trifoliated.
trifolio, *m.* (bot.) trefoil; shamrock.
triforio, *m.* (arch.) triforium.
triforme, *a.* triform, triformed.
trifulca, *f.* (coll.) squabble, row; (foundry) lever system for moving the bellows.
trifurcación, *f.* trifurcation.
trifurcado, da, *a.* trifurcate, three-forked.
trigal, *m.* wheat field.
trigaza, *f.* short straw of wheat.
trigémino, na. I. *a.* (anat.) trigeminal. **II.** *m.* (anat.) trigeminal, trifacial nerve.
trigésimo, ma, *a.* thirtieth.
trigla, *f.* (ichth.) red surmullet.
tríglifo, *m.* (arch.) triglyph.
trigo, *m.* wheat; wheat field.—*pl.* crops; grainfields.—**t. alonzo,** bearded wheat.—**t. blanquillo, candeal,** or **común,** summer wheat.—**t. chamorro,** or **desraspado,** winter or beardless wheat.—**t. fanfarrón,** Barbary wheat.—**t. hembrilla,** or **marzal,** summer wheat.—**t. mocho, pelón, peloto,** beardless wheat.—**t. piche** = T. BLANQUILLO.—**t. sarraceno,** buckwheat.—**t. teja.** = T. BLANQUILLO—**t. toseta,** beardless wheat.—**t. trechel, tremés, tremesino,** summer wheat.
trigón, *m.* (mus.) trigonon, an ancient lyre.
trígono, *m.* (astrol., geom.) trigon.
trigonometría, *f.* trigonometry.—**t. esférica,** spherical trigonometry.—**t. plana,** or **rectilínea,** plane trigonometry.
trigonométrico, ca, *a.* trigonometrical.
trigueño, ña, *a.* brunette, swarthy, dark.
triguero, ra. I. *a.* growing with wheat. **II.** *m.* sieve for corn; corn or grain dealer. **II.** *f.* (bot.) common wheat grass; canary seed.
trilateral, *a.* trilateral.
trilátero, ra, *a.* trilateral.
trilingüe, *a.* trilingual.
trilio, *m.* (bot.) wood-lily, trillium.
trilítero, ra, *a.* triliteral.
trilito, *m.* (archeol.) trilithon.
trilobites, *m.* (paleontol.) trilobite.
trilobulado, da, *a.* trilobate.
trilocular, *a.* trilocular, divided into three parts.
trilogía, *f.* trilogy.
[1]**trilla,** *f.* (ichth.) red surmullet, gurnard.
[2]**trilla,** *f.* (agr.) harrow: thrashing.
trilladera, *f.* separating harrow.
trillado, da. I. *pp.* of TRILLAR. **II.** *a.* trite, stale, hackneyed.
trillador, ra. I. *n.* & *a.* (agr.) thrasher(-ing). **II.** *f.* thrashing machine.
trilladura, *f.* (agr.) thrashing.
trillar, *va.* (agr.) to thrash, beat; to frequent; to repeat.
trillo, *m.* (agr.) separating harrow; thrashing machine; (Am.) footpath.
trillón, *m.* trillion (one million billions).
trimembre, *a.* trimembral.
trimestral, *a.* trimestrial, quarterly.
trimestralmente, *adv.* quarterly.
trimestre, *m.* quarter; quarterly payment.
trímetro, tra, *m.* & *a.* (poet.) trimeter.
trimielga, *f.* (ichth.) = TREMIELGA, torpedo.
Trimurti, *f.* Trimurty, the Hindu Trinity.
trinado, *m.* (mus.) trill, quaver; twittering of birds.
trinar, *vn.* (mus.) to trill, quaver; (coll.) to get angry or furious.
trinca, *f.* triad, ternary; (naut.) gammoning, seizing; seizing stuff.—**a la t.,** (naut.) close-hauled.
trincadura, *f.* large two-masted barge.
trincafía, *f.* wound splice or patch, made by winding a rope spirally around the piece or pieces.
trincapiñones, *n.* (coll.) harebrained person.
[1]**trincar,** *va.* (*pret.* TRINQUÉ; *subj.* TRINQUE) to break, chop.
[2]**trincar.** (mut. like [1]TRINCAR) **I.** *va.* (naut.) to fasten, lash; to tie, bind, make fast. **II.** *vn.* (naut.) to keep close to the wind.
[3]**trincar,** *vn.* (mut. like [1]TRINCAR) (coll.) to drink (wine or liquor).
[1]**trincha,** *f.* (tailoring) cloth strap for buttoning garments.
[2]**trincha,** *f.* (Am.) socket chisel, cutting gouge.
trinchador, *m.* (Mex.) sideboard.
trinchadora, *f.* (S. A.) carving knife.
trinchante, *m.* carver at table; carving knife; (S. A.) sideboard; stonecutter's hammer.
trinchar, *va.* to carve (food).
trinche, *m.* (S. A.) carving knife.
trinchera, *f.* (mil.) trench, intrenchment; deep cut, ditch; trench coat, waterproof.
trinchero, *m.* trencher; side table.
trincherón, *m. aug.* large trench or ditch.
trinchete, *m.* cobbler's heel knife.
trineo, *m.* sleigh, sledge; sled, bob sled.
trinidad, *f.* trinity.
trinitaria, *f.* (bot.) pansy, heartsease.
trinitario, ria, *a.* & *n.* (eccl.) Trinitarian; (Mex.) hired mourner; native to (of) Trinidad.
trinitrocresol, *m.* (chem.) trinitrocresol.
trinitrotolueno, *m.* (chem.) trinitrotoluene, TNT.
trino, na. I. *a.* ternary, triadic, trinal, trine. **II.** *m.* (astr.) trine; (mus.) trill.
trinomio, *m.* & *a.* (math.) trinomial.
trinqué, trinque, *v. V.* [1,2,3]TRINCAR.
trinquetada, *f.* (naut.) sailing under the foresail.
[1]**trinquete,** *m.* (naut.) foremast, foresail.
[2]**trinquete,** *m.* (mech.) pawl, catch, stop; racket (ball game).
[3]**trinquete,** *m.*—**a cada t.,** at every step.
trinquetilla, *f.* (naut.) fore staysail.
trinquis, *m.* (coll.) drink (of liquor).
[1]**trío,** *m.* = TRÍA.
[2]**trío,** *m.* (mus.) trio.
trional, *m.* (chem.) trional.
Triones, *m. pl.* (astr.) Triones, the Dipper.
trióxido, *m.* (chem.) trioxid, trioxide.
tripa, *f.* gut, intestine, bowel; (coll.) belly, paunch; filling, fillers (for cigars); file, docket.—*pl.* core of fruit; insides, entrails; inner lining of some feathers.—**hacer de tripas corazón,** to pluck up heart.
tripanosoma, *m.* (biol.) Trypanosoma.
tripartición, *f.* tripartition.
tripartir, *va.* to divide into three parts.
tripartito, ta, *a.* tripartite.
tripasto, *m.* pulley with three sheaves.
tripe, *m.* shag, plush.
tripería, *f.* tripe shop; heap of tripe.
tripero, ra, *n.* tripe seller; *m.* bellyband; cummerbund.
tripétalo, la, *a.* (bot.) tripetalous.
tripicallero, ra, *n.* tripe dealer.
tripicallos, *m. pl.* tripe.
trípili, *m.* (theat.) a Spanish song and dance.
triplano, *m.* (aer.) triplane.
triple, *a.* triple, treble.
triplica, *f.* (law) rejoinder.
triplicación, *f.* triplication, trebling.
triplicado, da, *a.* triplicate, treble.
triplicar, *va.* (*pret.* TRIPLIQUÉ; *subj.* TRIPLIQUE) to treble, triple; (law) to rejoin.
tríplice, *a.* treble, triple.
triplicidad, *f.* triplicity, trebleness.
tripliqué, triplique, *v. V.* TRIPLICAR.
triplo, pla, *a.* treble, triplicate, triple.
trípode, *m.* or *f.* tripod; trevet, trivet.
trípol, trípoli, *m.* tripoli, rottenstone.
tripolino, na, *n.* & *a.* Tripoline, Tripolitan.
tripolio, *m.* (bot.) sea starwort.
tripolitano, na, *n.* & *a.* = TRIPOLINO.
tripón, na, *a.* (coll.) pot-bellied, big-bellied.
tripsina, *f.* (biochem.) trypsin.
tríptico, *m.* triptych.
triptongo, *m.* triphthong, three-voweled syllable.

tripudiar, *vn.* to dance.
tripudio, *m.* dance, ball.
tripudo, da, *a.* pot-bellied, big-bellied.
tripulación, *f.* crew (of ship, airplane, etc.).—**t. de tierra,** (aer.) ground crew.
tripulante, *n.* one of the crew.—*pl.* crew.
tripular, *va.* to man (ships); to fit out, equip.
trique, *m.* crack, sharp noise.—**triquete,** *m. dim.* —**a cada t.,** at every stir or step.
triquina, *f.* trichina, intestinal worm.
triquinado, da, *a.* trichinous.
triquinosis, *f.* (med.) trichinosis.
triquinoso, sa, *a.* trichinous.
triquiñuela, *f.* (coll.) trickery, subterfuge.
triquitraque, *m.* crack, clack, clattering, clashing; firecracker, pulling cracker.
trirrectángulo, la, *a.* (geom.) trirectangular.
trirreme, *m.* (naut.) trireme.
tris, *m.* crack, noise made by the breaking of glass; trice, nick of time.—**t. tras,** tedious repetition; "the same old story."—**en un t.,** within an ace, almost, coming pretty near (falling, etc.).
trisa, *f.* (ichth.) shad.
Trisagio, *m.* (eccl.) Trisagion.
trisca, *f.* noise made by crushing under the feet; noisy fun, merriment, uproar.
triscador, ra. I. *n.* noisy, rattling person. **II.** *m.* (mech.) saw set, saw wrest, saw swage.
triscar. I. *vn.* (*pret.* TRISQUÉ; *subj.* TRISQUE) to stamp the feet; to walk lively, to hustle; to romp, caper, frolic. **II.** *va.* to mix, mingle; to set (the teeth of a saw).
trisecar, *va.* to trisect.—**trisección,** *f.* trisection.
trisílabo, ba, *a.* trisyllabic.
trismo, *m.* (med.) trismus, lockjaw.
trispasto, *m.* three-pulley tackle.
trisqué, trisque, *v. V.* TRISCAR.
triste, *a.* sad, sorrowful; gloomy, dismal; abject, mean, low.
tristemente, *adv.* sadly, sorrowfully.
tristeza, *f.* sadness, grief, sorrow, gloom.
tristón, na, *a.* melancholy, rather sad.
trisulco, ca, *a.* three-pronged; having three furrows or channels.
trisulfuro, *m.* (chem.) trisulfide.
tritíceo, cea, *a.* wheaten.
tritio, *m.* (chem.) tritium.
tritón, *m.* (myth.) Triton; (zool.) triton, triturus.
trítono, *m.* (mus.) tritone.
triturable, *a.* triturable, crushable.
trituración, *f.* trituration, crushing.
triturador, ra. I. *n.* & *a.* crusher(-ing), triturator (-ing). **II.** *f.* crusher, crushing machine.
triturar, *va.* to triturate, crush; to masticate.
triunfador, ra, *n.* conqueror, victor.
triunfal, *a.* triumphal.—**triunfalmente,** *adv.* triumphally.
triunfante, *a.* triumphant, victorious.
triunfantemente, *adv.* triumphantly.
triunfar, *vn.* (**de**) to conquer; to triumph, to achieve victory (over); to win; to trump at cards.
triunfo, *m.* triumph, victory; exultation; spoils of war; trump card.—**costar un t.,** to be exceedingly difficult.—**en t.,** triumphantly; in triumph.
triunviral, *a.* triumviral.
triunvirato, *m.* triumvirate.
triunviro, *m.* triumvir.
trivalente, *a.* (chem.) trivalent, triadic, triatomic.
trivial, *a.* trivial; trite, trodden, beaten.
trivialidad, *f.* triviality; triteness.
trivialmente, *adv.* trivially.
trivio, *m.* fork of a road; junction of three roads; trivium (i. e. grammar, rhetoric, logic).
[1]**triza,** *f.* bit, small piece, fragment, shred, particle.—**hacer trizas,** to knock to pieces; to tear to bits; to wound or injure a person or animal.
[2]**triza,** *f.* = DRIZA, (naut.) halyard.
trocable, *a.* exchangeable.
trocada.—**a la t.,** in a sense or direction opposite to the apparent one.
trocadamente, *adv.* distortedly, changing things or words.
trocado, da. I. *a.* & *pp.* changed; distorted.—**a la trocada,** or **a la trocadilla,** in the contrary sense; in exchange. **II.** *m.* change, small coin.
trocador, ra, *n.* one who exchanges or changes.
trocaico, ca, *a.* (poet.) trochaic, of trochees.
trocamiento, *m.* change; distortion; exchange.
trocante, *a.* bartering, exchanging.
trocánter, *m.* (anat.) trochanter.
[1]**trocar. I.** *va.* (*ind. pres.* TRUECO, *pret.* TROQUÉ; *subj.* TRUEQUE) to exchange, barter; to change, alter; to interchange; to distort, pervert; to vomit. **II.** *vr.* to change; to be changed, transformed or reformed; to exchange seats with another.
[2]**trocar,** *m.* (surg.) trocar.
trocatinta, *f.* (coll.) confusing mistake.
trocatinte, *m.* shot color, changing color.
troceo, *m.* (naut.) parrel, truss.
trociscar, *va.* to make into troches or lozenges.
trocisco, *m.* (pharm.) troche, lozenge.
trocla, *f.* pulley.
tróclea, *f.* (anat.) trochlea.
troco, *m.* (ichth.) short sunfish.
trocoide, *f.* (geom.) trochoid.
trocotrón, *m.* (phys.) trochotron.
trocha, *f.* cross path, short cut; rough road, trail; (mil.) military road; (Ry., Am.) gauge.
trochemoche.—**a t.,** helter-skelter, pell-mell.
trochuela, *f. dim.* narrow path.
trofeo, *m.* trophy; spoils of war; victory; memorial; military insignia.
trófico, ca, *a.* (physiol.) trophic, pert. to nutrition.
trofología, *f.* trophology, science of the nutrition of tissues.
troglodita. I. *a.* troglodytic; (fig.) troglodytic; (fig.) gluttonous, greedy. **II.** *n.* troglodyte; (fig.) troglodyte, cave man; (fig.) glutton; *m.* (ornith.) troglodyte.
troglodítico, ca, *a.* troglodytic.
troj, troje, *f.* granary, barn.
trojero, *m.* keeper of a granary.
trojezado, da, *a.* shredded, minced.
trola, *f.* (coll.) fib, hoax, gammon.
trole, *m.* (elec.) trolley.
tromba, *f.* waterspout.
trombocito, *m.* (physiol.) platelet.
trombón, *m.* (mus.) trombone.
trombosis, *f.* (med.) thrombosis.—**t. coronaria,** (med.) coronary thrombosis.
trompa. I. *f.* trumpet; (mus.) horn; trunk of an elephant; proboscis of some insects; (foundry) trompe; humming top; (arch.) projecting arch (from a wall); cradle, vault; (Ry.) cowcatcher, pilot (of a locomotive).—**t. de caza,** hunting horn.—**t. de Eustaquio,** (anat.) Eustachian tube.—**t. de Falopio,** (anat.) Fallopian tube. —**t. marina,** a musical one-string instrument, played with a bow; waterspout.—**a t. tañida,** at the sound of the trumpet.—**a t. y talega,** hurriedly, helter-skelter. **II.** *m.* horn player.
trompada, *f.* (coll.) fisticuff; collision, bump.
trompar, *vn.* to whip a top.
trompazo, *m.* = TROMPADA.
trompear, *vn.* to whip a top; (Am.) to bump; to fight with the fists.
[1]**trompero, ra,** *a.* deceptive, false, deceiving.
[2]**trompero, ra,** *n.* top maker.
trompeta. I. *f.* trumpet; bugle. **II.** *m.* trumpeter; bugler; (coll.) puppet, noodle.
trompetada, *f.* (coll.) silly remark.
trompetazo, *m.* trumpet blast; bugle blast or call; (coll.) silly remark.
trompetear, *vn.* (coll.) to sound the trumpet.
trompeteo, *m.* sounding the bugle or trumpet.
trompetería, *f.* brass pipes of an organ.
trompetero, *m.* trumpet maker; trumpeter.
trompetilla, *f. dim.* small trumpet; ear trumpet; (P. I.) cheroot.—**de t.,** (of certain mosquitoes) buzzing.

trompicar. I. *va.* to trip, to make stumble; (coll.) to promote (an employee) over another who is entitled to the place. **II.** *vn.* to stumble frequently; to falter.
trompicón, *m.*, **trompilladura,** *f.* stumbling.
trompillar, *va.* & *vn.* = TROMPICAR.
trompillo, *m.* (Am.) (bot.) a bixa tree.
trompillón, *m.* (arch.) keystone of a cradle vault.
trompis, *m.* (coll.) blow with the fist.
trompo, *m.* whipping top; spinning top; chessman; trochid (mollusk).—**ponerse como un t.,** to eat or drink to excess.
trompón, *m. aug.* big spinning top; (bot.) narcissus.—**a t.,** or **de t.,** helter-skelter.
tronada, *f.* thunderstorm.
tronador, ra. I. *n.* & *a.* thunderer(-ing). **II.** *m.* detonating rocket.
tronar, *v. impers.* & *vn.* (*ind.* TRUENA; *subj.* TRUENE) to thunder; (coll.) to lose one's all, to fail in business.—**t. con uno,** to fall out with one.—**por lo que pueda t.,** as a precaution, in case something happens.
tronca, *f.* truncation.
troncal, *a.* pertaining to or springing from the trunk or stem; trunk (as *a.*), main.
troncar, *va.* to truncate.
tronco, *m.* trunk; stem, stalk; stock, origin; team of horses; unfeeling person.—**estar hecho un t.,** to be bereft of sensation; to be fast asleep.
tronchado, *a.* (her.) trouçonné.
tronchar, *va.* & *vr.* to break off forcibly.
troncho, *m.* stem, stalk of garden plants.
tronchudo, da, *a.* stalky.
tronera. I. *f.* (fort.) embrasure; loophole; dormer, small skylight; porthole; pocket hole of a billiard table. **II.** *m.* harum-scarum, harebrained person.
tronerar, *va.* to make embrasures in.
trónica, *f.* (coll.) rumor, gossip.
tronido, *m.* thunder, loud report.
tronitoso, sa, *a.* (coll.) resounding, thundering.
trono, *m.* throne; (eccl.) shrine.—*pl.* thrones, seventh choir of angels.
tronquista, *m.* coachman, teamster.
tronquito, *m. dim.* of TRONCO.
tronzador, *m.* two-handed saw.
tronzar, *va.* to shatter, break in pieces; (sewing) to make fine tucks.
tronzo, za, *a.* (of horses) with cropped ears.
tropa, *f.* troops, soldiers; crowd, multitude; (Am.) drove of cattle; (Arg.) fleet (of vehicles); (mil.) ranks; beat to arms.—*pl.* (mil.) forces, army.—**t. de asalto,** storm troops.—**t. de línea,** regular or standing army; army corps.—**t. de marina,** marines.—**t. ligera,** skirmishers.—**en t.,** in random groups, without order.
tropecé, *pret.* of TROPEZAR.
tropeína, *f.* (chem.) tropeine.
tropel, *m.* rush, hurry, bustle, confusion; huddle; heap of things, mess, jumble; crowd.—**de,** or **en, t.,** tumultuously, in a throng.—**tropelía,** *f.* rush, hurry, confusion; injustice, outrage.
tropeoleo, a, *a.* & *f.* (bot.) Tropæolum.
tropezadero, *m.* stumbling place.
tropezador, ra, *n.* tripper, stumbler.
tropezadura, *f.* stumbling.
tropezar. I. *vn.* (*ind. pres.* TROPIEZO, *pret.* TROPECÉ; *subj.* TROPIECE) to stumble; (**con**) to strike (against); to stumble, trip (over); to meet (with); to stumble, light (on), happen to find; to slip (into crime or blunders); to wrangle, squabble. **II.** *vr.* (of horses) to interfere.
tropezón, na. I. *n.* & *a.* (of horses) interferer (-ing). **II.** *m.* tripping; stumbling; obstacle, stumbling block.—**a tropezones,** (coll.) by fits and starts; painfully, falling and rising, trudging along.
tropezoso, sa, *a.* apt to stumble or trip.
tropical, *a.* tropical.
trópico, ca. I. *a.* (rhet.) tropical, figurative. **II.** *m.* (astr., geog.) tropic.—**t. de Cáncer,** Tropic of Cancer.—**t. de Capricornio,** Tropic of Capricorn.
tropidina, *f.* (chem.) tropidine.
tropiece, tropieza, [1]**tropiezo,** *v. V.* TROPEZAR.
[2]**tropiezo,** *m.* stumble; obstacle, hitch; slip, fault, error; quarrel, dispute, squabble.
tropina, *f.* (chem.) tropine.
tropismo, *m.* (biol.) tropism.
tropo, *m.* (rhet.) trope.
tropología, *f.* tropology.
tropológico, ca, *a.* tropological.
tropopausa, *f.* (meteorol.) tropopause.
troposfera, *f.* (meteorol.) troposphere.
troque, *m.* knot made in cloths when dyeing them, to show the original color.
troqué, *pret.* of TROCAR.
troquel, *m.* die (as for coining).
troquelar, *va.* = ACUÑAR, to coin, mint.
troqueo, *m.* (poet.) trochee (—⏑).
troquillo, *m.* (arch.) trochilus.
trotador, ra, *n.* & *a.* trotter(-ing).
trotar, *va.* & *vn.* to trot; (coll.) to hustle.
trote, *m.* trot.—**t. cochinero,** rack (gait of a horse).—**al t.,** trotting, at a trot; (coll.) in haste.—**tomar el t.,** (coll.) to run away.
trotillo, *m. dim.* light trot.
trotón, na. I. *f.* trotter(-ing). **II.** *m.* horse.
trotonería, *f.* continual trot.
trova, *f.* metrical composition; ballad.
trovador, ra, *n.* troubadour, minstrel.
trovadoresco, ca, *a.* pertaining to, or in the way of, minstrels or troubadours.
trovar, *vn.* to write poetry; to misconstrue.
trovero, *m.* (Fr. poet.) trouvère, trouveur.
trovista, *n.* = TROVADOR.
trovo, *m.* popular love ballad.
trox, *f.* (obs.) = TROJ, granary, barn.
Troya, *f.* Troy.—**aquí fué T.,** here was Troy; only the ruins left; here, or there, is the rub, or the difficulty.—**¡arda T.!** let happen what will.
troyano, na, *n.* & *a.* Trojan.
[1]**troza,** *f.* log (of wood).
[2]**troza,** *f.* (naut.) parrel truck.
trozar, *va.* to cut into logs; to break, shatter.
trozo, *m.* piece, chunk, fragment, part; (naut.) detail of a crew; selection, piece (of music); passage (from a book, etc.); (mil.) division of a column.—**t. de madera,** block (of wood).
trucar, *vn.* (*pret.* TRUQUÉ; *subj.* TRUQUE) to make the first bet at the game of TRUQUE; to pocket a ball at pool or trucks.—**truco,** *m.* pocketing a pool ball.—*pl.* pool (billiards).
truculencia, *f.* truculence, cruelty.
truculento, ta, *a.* truculent, fierce.
trucha, *f.* (ichth.) trout; derrick, gin.—**t. de mar,** (ichth.) sea trout.
truchero, ra, *n.* fisher or seller of trout.
truchimán, na, *n.* (coll.) expert buyer; shrewd trader.
truchuela, *f.* small trout; small dry codfish.
trué, *m.* fine linen from Troyes.
[1]**trueco,** *m.* exchange, barter.—**a t.,** or **en t., de,** in exchange for.
[2]**trueco, trueca,** *v. V.* TROCAR.
truena, truene, *v. V.* TRONAR.
trueno, *m.* thunder; loud report (as of cannon); (coll.) harum-scarum, wild youth.—**t. gordo,** loud detonation; big scandal; sensational ending.
[1]**trueque,** *m.* exchange, barter.—**a t.,** or **en t., de,** in exchange for.
[2]**trueque,** *v. V.* TROCAR.
trufa, *f.* (bot.) truffle; lie, story, fib.
trufador, ra, *n.* story teller, fibber.
trufar. I. *va.* to stuff or cook with truffles. **II.** *vn.* to fib, lie.
truhán, na, *n.* rascal, scoundrel, knave; buffoon, jester, mountebank.—**truhanada,** *f.* piece of rascality.—**truhanamente,** *adv.* villainously, knavishly.—**truhanear,** *vn.* to play the rascal; to play the buffoon.—**truhanería,** *f.* rascality, scoundrelism; buffoonery, low jest.—**truhanesco, ca,** *a.* knavish, rascally; clownish.
truja, *f.* olive bin in oil mills.—**trujal,** *m.* oil press; wine press; oil mill; copper for soap

making.—**trujaleta,** *f.* vessel for the juice in a wine press.
trujamán, *n.* expert buyer or trader; dragoman, interpreter.—**trujamanear,** *vn.* to act as an interpreter, broker, buyer, or seller; to trade, to barter.—**trujamanía,** *f.* brokering, brokerage.
trujimán, *n.* = TRUJAMÁN.
[1]**trulla,** *f.* noise, bustle, hurly-burly; crowd.
[2]**trulla,** *f.* (mason.) trowel.
[1]**trullo,** *m.* (ornith.) teal.
[2]**trullo,** *m.* vat for the juice of pressed grapes.
trun, *m.* (bot.) a Chilean variety of bur.
truncadamente, *adv.* in a truncated manner.
truncado, da, *a.* & *pp.* truncate, truncated.
truncamiento, *m.* truncation; maiming.
truncar, *va.* (*pret.* TRUNQUÉ; *subj.* TRUNQUE) to truncate; to maim; to mutilate (a speech, quotation, etc.).
trunco, ca, *a.* mutilated; truncated; incomplete.
trupial, *m.* (ornith.) troopial.
truque, *m.* a card game.
truqué, truque, *v. V.* TRUCAR.
truquero, *m.* keeper of a pool table.
truquiflor, *m.* a card game.
trusa, *f.* (Cuba, W. I.) men's bathing suit.—*pl.* trunk hose.
trust, *m.* (com.) trust.
tsetsé, tsé-tsé, *f.* tsetse fly.
tú, *pers. pron. 2d person, m.* or *f.* thou; (when on intimate terms) you.—**a t. por t.,** thee for thee; disrespectfully.—**de t. por t.,** intimately.—**tratar de t.,** to be on intimate terms with.
tu, *poss, pron. m.* or *f.* (*pl.* **tus**) thy; (when on intimate terms) your.
tuatúa, *f.* (bot.) American spurge.
tuáutem, *n.* (coll.) leading spirit, mover; essential point.
tuba, *f.* (P. I.) tuba, a beverage obtained from certain palms.
tuberculado, da, *a.* tuberculated, tuberculate.
tubercular, *a.* tubercular.
tuberculina, *f.* tuberculine.
tuberculización, *f.,* infecting with tuberculosis, tubercularization.
tubérculo, *m.* (bot.) tuber; (med.) tubercle.
tuberculosis, *f.* (med.) tuberculosis.
tuberculoso, sa. I. *a.* tubercular, tuberculate; tuberculous. **II.** *n.* tubercular.
tubería, *f.* tubing; piping; pipe line.
tuberosa, *f.* (bot.) tuberose.
tuberosidad, *f.* tuberosity.
tuberoso, sa, *a.* tuberous.
tubífero, ra, *a.* (biol.) provided with tubes.
tubiforme, *a.* tubiform, tubular.
tubo, *m.* tube; pipe; duct; lamp chimney.—**t. acústico,** speaking tube.—**t. cañon,** (aer.) riser.—**t. capilar,** capillary tube.—**t. de agua,** water pipe.—**t. de caldera,** boiler tube.—**t. de Crookes,** Crookes tube.—**t. de engrase,** oil pipe.—**t. de ensayo,** test tube.—**t. de gas,** gas pipe.—**t. de Geissler,** Geissler tube.—**t. de imagen,** picture tube (television).—**t. del aire,** air pipe.—**t. de nivel de burbuja,** bubble tube.—**t. de Pitot,** Pitot tube.—**t. de radio,** radio tube.—**t. de rebosamiento,** overflow pipe.—**t. de subida,** (aer.) riser.—**t. de vacío,** vacuum tube.—**t. de vapor,** steam tube.—**t. digestivo,** (anat.) alimentary canal, alimentary tract.—**t. en V,** V-tube.—**t. incandescente,** hot pipe.—**t. indicador de nivel,** gauge glass.—**t. intestinal,** intestinal canal, intestines.—**t. lanzatorpedos,** torpedo tube.—**t. snorkel (de submarino),** snorkel.—**t. termiónico,** (rad.) thermionic valve.
tubulado, da, *a.* having tubes or a tube; TUBULAR.
tubular, *a.* tubular; tube-shaped.
tubulifloro, ra, *a.* (bot.) tubuliflorous.
tubuloso, sa, *a.* (bot.) tubulous.
tucán, *m.* (ornith.) toucan; (**T-,** astr.) Toucan.
tucía, *f.* tutty.
tuciorismo, *m.* (theol.) tutiorism.
tuciorista, *n.* & *a.* (theol.) tutiorist(-ic).
tuco, *m.* (Arg.) glowworm; (Peru) a kind of owl.
tucúquerre, *m.* (Chile) a very large owl.
tucuso, *m.* (Venez.) (ornith.) humming bird.
tudel, *m.* mouthpiece of a bassoon.
tudesco, ca. I. *a.* & *n.* (of person) German. **II.** *m.* a wide cloak.
tueca, *f.* stump, stub.
tueco, *m.* hole made by borers in wood; TUECA.
tuera, *f.* (bot.) colocynth, bitter apple.
tuerca, *f.* nut, female screw, lock nut.
tuerce, *m.* = TORCEDURA, sprain.
tuero, *m.* brushwood; (bot.) spicknel.
tuerto, ta. I. *a.* one-eyed, blind in one eye. **II.** *m.* (obs.) wrong, injury.—*pl.* pains after childbirth.—**a tuertas,** contrariwise, on the contrary.—**a tuertas o a derechas,** or **a t. o a derecho,** right or wrong; inconsiderately.
tuerzo, tuerza, *v. V.* TORCER.
tueste, *m.* toast, toasting.
tuesto, tueste, *v. V.* TOSTAR.
tuétano, *m.* marrow; pith of trees.—**hasta los tuétanos,** to the marrow.
tufarada, *f.* strong scent or smell.
[1]**tufo,** *m.* vapor, emanation; (coll.) strong, offensive breath; conceit, airs, snobbishness.
[2]**tufo,** *m.* locks of hair over the temples.
[3]**tufo,** *m.* (geol.) tufa, a kind of rock.
tugurio, *m.* shepherd's hut, cabin; (coll.) mean, small room, "hole"; low place, "joint."
tuición, *f.* (law) defense, protection.
tuína, *f.* long, full jacket.
tuitivo, va, *a.* (law) defensive, protective.
tul, *m.* tulle.
tularemia, *f.* (med., vet.) tularemia, rabbit fever.
tulio, *m.* (chem.) thulium.
tulipa, *f.* (bot.) small tulip; tulip-shaped lamp shade.
tulipán, *m.* (bot.) tulip.
tulipanero, *m.* (bot.) tulip tree.
tulipero, *m.* (bot.) tulip tree, whitewood.
tullidez, *f.* partial or total paralysis (esp. of legs).
tullido, da, *a.* partially or totally paralyzed (esp. app. to the legs).
tullidura, *f.* dung of birds of prey.
tullimiento, *m.* (med.) contraction of the tendons.
tullir. I. *va.* to maim, cripple. **II.** *vn.* (of birds) to drop dung. **III.** *vr.* to be crippled.
[1]**tumba,** *f.* tomb, grave; roof of a coach; ornamental box seat in state coaches.
[2]**tumba,** *f.* tumble; somersault.
tumbacuartillos, *m.* sot, old toper.
tumbadero, *m.* tumbling place in gymnasium.
tumbadillo, *m.* (naut.) roundhouse, cuddy.
tumbado, da, *a.* vaulted, arched.
tumbaga, *f.* gold and copper alloy; (jewelry) cheap finger ring.
tumbagón, *m. aug.* bracelet of TUMBAGA.
tumbar. I. *va.* to fell, throw down; (coll.) to knock down, stun, overpower (as a powerful odor). **II.** *vn.* to tumble, fall down, roll down; (naut.) to heel, to run aground. **III.** *vr.* (coll.) to lie down, tumble into bed.
tumbilla, *f.* brazier for warming beds.
[1]**tumbo,** *m.* tumble, fall; somersault.—**t. de dado,** imminent peril.—**t. de olla,** ingredients of a meat-and-vegetable soup.—**dar un t.,** to turn a somersault.
[2]**tumbo,** *m.* book containing the privileges and title deeds of monasteries, etc.
[1]**tumbón, na,** *n.* (coll.) lazy person; sly, cunning person.
[2]**tumbón,** *m. aug.* coach or trunk with an arched roof or lid.
tumefacción, *f.* tumefaction, swelling.
tumescencia, *f.* (med.) tumescence.
tumescente, *a.* tumescent.
túmido, da, *a.* swollen, tumid, bloated; pompous, highflown; (arch.) domed.

tumor, *m.* tumor.—**t. cerebral,** (med.) brain tumor.—**t. maligno,** (med.) malignant tumor.
tumorcico, illo, ito, *m. dim.* small tumor.
tumoroso, sa, *a.* having tumors.
tumulario, ria, *a.* pertaining to a tomb.
túmulo, *m.* tomb; funeral pile; mound; tumulus; catafalque.
tumulto, *m.* tumult, uproar, uprising; mob.
tumultuante, *a.* fomenting sedition.
tumultuar. I. *va.* to incite to an uprising. **II.** *vr.* to rise in arms.
tumultuariamente, *adv.* tumultuarily.
tumultuario, ria, *a.* tumultuary; tumultuous.
tumultuosamente, *adv.* tumultuously.
tumultuoso, sa, *a.* tumultuous.
[1]**tuna,** *f.* (bot.) opuntia, prickly pear or Indian fig.
[2]**tuna,** *f.* idle and licentious life; truantship.—**correr la t.** = TUNAR.
tunal, *m.* (bot.) opuntia; opuntia field.
tunanta, *a.* & *f.* shrewd, rascally woman.
tunantada, *f.* rascality, sharp practice.
tunante. I. *a.* leading a roving and licentious life. **II.** *n.* truant, idler, rake; rascal, rogue.
tunantear, *vn.* to act the rascal.
tunantería, *f.* rascality, knavishness.
tunantuela, *f. dim.* roguish girl, hoyden.
tunantuelo, *m. dim.* little rascal.
tunar, *vn.* to lead a licentious and vagrant life; to loaf, stroll.
[1]**tunda,** *f.* shearing of cloth.
[2]**tunda,** *f.* (coll.) trouncing, whipping.
tundente, *a.* beating, whipping; producing contusion.
tundición, *f.* shearing of cloth.
tundidor, *m.* cloth shearer.
tundidora, *f.* cloth-shearing machine.
tundidura, *f.* shearing of cloth.
[1]**tundir,** *va.* to shear (cloth).
[2]**tundir,** *va.* (coll.) to trounce, beat, cudgel, whip.
tundizno, *m.* shearings from cloth.
tundra, *f.* tundra.
tunear, *vn.* to act the rogue.
tunecí; tunecino, na, *n.* & *a.* Tunisian.
túnel, *m.* tunnel.—**t. aerodinámico,** wind tunnel.
Túnez, *f.* Tunisia; Tunis.
tungstato, *m.* (chem.) tungstate.
tungsteno, *m.* (chem.) tungsten.
túngstico, ca, *a.* (chem.) tungstic, tungstenic.
tungstita, *f.* (min.) tungstite.
túnica, *f.* tunic; robe, gown; (anat. and bot.) tunic, tunicle.—**t. de Cristo,** (bot.) stramonium.
tunicado, da. I. *m.* & *a.* (zool.) tunicate. **II.** *m. pl.* Tunicata.
tunicela, *f.* tunic; (eccl.) tunicle.
túnico, *m.* robe, gown; (Cuba) frock, dress.
tuno, na. I. *a.* rascally, roguish, sly, cunning. **II.** *m.* truant, rake, rascal, rogue.
tuntún, *m.* (Colomb.) a kind of anæmic fever.—**al buen t.,** (coll.) heedlessly, haphazard.
tupa, *f.* tight packing; (coll.) satiety, repletion.
tupé. *m.* toupee, foretop; (coll.) cheek, gall, brass.
tupi, *a.* & *m.* Tupian.
tupido, da. I. *pp.* of TUPIR. **II.** *a.* dense, thick; close-woven; blocked, choked, obstructed.
tupinambo, *m.* (bot.) Jerusalem artichoke.
tupir. I. *va.* to pack tight; to make thick or compact; to choke, obstruct; to block or stop up. **II.** *vr.* to stuff or glut oneself.
turanio, nia, *n.* & *a.* Turanian.
[1]**turba,** *f.* crowd, rabble, mob.
[2]**turba,** *f.* peat; turf.
turbáceo, a, *a.* peaty.
turbación, *f.* confusion, embarrassment.
turbadamente, *adv.* confusedly.
turbador, ra, *n.* disturber, perturber.
turbal, *m.* peat bog, peat bed.
turbamiento, *m.* = TURBACIÓN.
turbamulta, *f.* crowd, rabble, mob.
[1]**turbante. I.** *pres. p.* of TURBAR. **II.** *a.* disturbing.
[2]**turbante,** *m.* turban.
turbar, *va.* & *vr.* to disturb, upset; to disquiet, alarm, confuse, embarrass.
turbativo, va, *a.* alarming; disturbing.
turbelario, ria, *m.* & *a.* (zool.) turbellarian.
turbera, *f.* peat bog, peat moss.
turbia, *f.* muddy water.
turbiamente, *adv.* obscurely, confusedly.
túrbido, da, *a.* muddy, turbid.
turbiedad, turbieza, *f.* muddiness, turbidity; obscurity of language.
turbina, *f.* turbine.—**t. axial,** axial turbine.—**t. centrífuga,** outward-flow turbine.—**t. centrípeta,** inward-flow turbine.—**t. de acción,** impulse turbine.—**t. de reacción,** reaction turbine.—**t. de vapor,** steam turbine.—**t. límite,** limit turbine.—**t. paralela,** axial turbine.—**t. radial,** radial turbine.—**t. tangencial,** tangential turbine.
turbinado, da, *a.* turbinate.
turbino, *m.* pulverized turpeth, a drug.
turbinto, *m.* (bot.) terebinth.
turbio, bia. I. *a.* muddy, turbid; disturbed, confused, upset; troubled, turbulent; indistinct; obscure (language). **II.** *m. pl.* dregs.
turbión, *m.* squally shower; sweep, rush.
turbit, *m.* (bot.) turpeth.—**t. mineral,** (pharm.) turpeth mineral.
turbobomba, *m.* turbopump.
turbocompresor, *m.* turbocompressor.
turbocondensador, *m.* turbocondenser.
turbodínamo, *m.* turbodynamo.
turbogenerador, *m.* (phys.) turbogenerator.
turbomotor, *m.* turbomotor.
turbonada, *f.* squall, pelting shower.
turborreactor, *m.* (aer.) turboreactor, turbojet.
turboventilador, *m.* turbofan.
turbulencia, *f.* turbidness; turbulence.
turbulentamente, *adv.* turbulently.
turbulento, ta, *a.* turbid; turbulent.
turca, *f.* (coll.) tipsiness.—**coger una t.,** to get drunk.
turco, ca. I. *adj.* Turkish. **II.** *n.* Turk.—**el gran t.,** the Grand Turk.
turcomano, na, *n.* & *a.* Turkoman.
turcople, *a.* born of Turkish father and Greek mother.
túrdido, da. I. *a.* (ornith.) turdine. **II.** *m. pl.* Turdidæ.
túrdiga, *f.* strip of hide.
turdión, *m.* ancient Spanish dance.
turgencia, *f.* (med.) swelling, turgescence.
turgente, *a.* turgescent, turgid, swollen; (poet.) protuberant, prominent.
túrgido, da, *a.* (poet.) prominent, bulging.
turibular, *va.* (eccl.) to cense with a thurible.
turibulario, *m.* (eccl.) thurifer, censer bearer.
turíbulo, *m.* (eccl.) censer, thurible.
turiferario, *m.* = TURIBULARIO.
turífero, ra, *a.* thuriferous, incense-bearing.
turificación, *f.* thurification.
turión, *m.* (bot.) turion.
turismo, *m.* tourism, touring.—**de t.,** touring (esp. app. to automobiles).
turista, *n.* & *a.* tourist.
turístico, ca, *a.* touring; tourist.
turma, *f.* testicle; lamb fry.—**t. de tierra,** (bot.) truffle.
turmalina, *f.* (min.) tourmaline.
turnar, *vn.* & *vr.* to alternate; to go or work by turns.
turnio, nia, *a.* squint-eyed; fierce-looking.
turno, *m.* turn.—**t. de noche,** night shift (of workmen).—**al t.,** by turns.—**de t.,** (of a store, etc.) open for service; (of a person) (taking one's turn) on duty.—**por su t.,** in one's turn.
turón, *m.* a kind of field mouse.
turonense, *a.* of or from Tours.
turpial, *m.* (ornith.) troupial.
[1]**turquesa,** *f.* (jewelry) turquoise.
[2]**turquesa,** *f.* bullet mold; mold, form.
turquesado, da, *a.* of turquoise color.

turquesco, ca, *a.* Turkish.—**a la t.,** in the Turkish manner.
turquí, *a.* deep blue.
Turquía, *f.* Turkey.
turquino, na, *a.* = TURQUÍ.
turrar, *va.* to toast; to broil.
turrón, *m.* nougat, almond paste; (coll.) public office; sinecure.—**t. de Jijona,** sweet-almond paste.—**comer del t.,** to fill a public office.
turronería, *f.* TURRÓN shop.
turronero, ra, *n.* maker or seller of TURRÓN.
turulato, ta, *a.* (coll.) dumbfounded, stupefied.
turuleque, *m.* vulgar man, boor.
turulés, *a.* app. to a kind of strong grapes.
turullo, *m.* shepherd's call horn.
turumbón, *m.* bump on the head.
turupial, *m.* (Venez.) (ornith.) troupial.
¡tus! *interj.* used in calling dogs.—**sin decir t. ni mus,** (coll.) without saying a word.
tusa, *f.* (Am.) PAJILLA, maize-leaf cigar; corncob; (Chile) tassel of corncob; (Chile) mane of a horse.
tusilago, *m.* (bot.) coltsfoot.
tusivo, va, *a.* (med.) tussive.
¡tuso! *interj.* get away! (app. to dogs).
tuso, sa, *a.* (Colomb.) pitted by smallpox.
tusón, *m.* fleece wool; (prov.) colt under two years old.
tusona, *f.* (Andalusia) filly under two years old.
tute, *m.* a card game.
tutear, *va.* to use the familar TÚ in addressing a person.
tutela, *f.* guardianship, tutelage, tutorage, protection.—**t. dativa,** (law) guardianship appointed by a court.
tutelar, *a.* tutelar, tutelary.
tuteo, *m.* use of TÚ (thou).
tutía, *f.* = ATUTÍA, tutty.
tutilimundi, *m.* = MUNDONUEVO, peep-show.
tutiplén.—**a t.,** (coll.) abundantly.
tutor, ra. I. *n.* tutor, instructor (governess); guardian.—**t. dativo,** (law) guardian appointed by a court. **II.** *m.* training pole for plants.
tutoría, *f.* tutelage, guardianship.
tutriz, *f.* = TUTORA, woman tutor, governess.
tutuma, *f.* (Am.) TOTUMA, cup made from a gourd; (Chile) bump, bruise; (Am.) lump, gathering, abscess.
tuturutu, *a.* (S. A.) dumbfounded.
tuve, etc., *v.* *V.* TENER.
tuya, *f.* (bot.) thuya.—**t. articulada,** sandarach tree.
tuyo, ya, *poss. pron. 2d pers. m.* & *f.* (sometimes with the *def. art.*) thine; (when on intimate terms) yours.—**los tuyos,** thy family, thy people, yours.

U

[1]**U, u,** *f.* u, twenty-fourth letter of the Spanish alphabet.—**u valona,** (the letter) w.—**en U,** U-shaped (*tubo en U,* U-tube); channel-shaped (*hierro en U,* channel iron, channel).
[2]**u,** *conj.* (before words beginning with *o* or *ho*) or.
U., Ud., (abbr. of *usted*), you.—*pl.* **UU., Uds.**
uadi, *m.* wadi, wady.
uapití, *m.* (zool.) wapiti.
ubérrimo, ma, *a. super.* very fruitful; exceedingly plentiful.
ubicación, *f.* situation, location, position.
ubicado, da, *a.* situated, located, placed.
ubicar. I. *va.* to situate, locate, place. **II.** *vn.* & *vr.* to lie, to be situated, be located.
ubicuidad, *f.* ubiquity.
ubicuo, cua, *a.* ubiquitous.
ubiquidad, *f.* = UBICUIDAD.
ubiquitario, ria, *a.* & *n.* Ubiquitarian.
ubre, *f.* udder; milk bag.
ubrera, *f.* (med.) thrush.
ucase, *m.* ukase.
ucranio, nia. I. *a.* Ukrainian. **II.** *n.* Ukrainian; *m.* Ukrainian (language); *f.* (U.) Ukraine.
udómetro, *m.* udometer, rain gauge.
uesnorueste, *m.* west-northwest.
uessudueste, *m.* west-southwest.
ueste, *m.* west.
¡uf! *interj.* denoting weariness or annoyance.
ufanamente, *adv.* ostentatiously, boastfully, with an air of satisfaction.
ufanarse, *vr.* to boast, pride oneself.
ufanía, *f.* pride, conceit; joy, pleasure.
ufano, na, *a.* conceited, proud, haughty; gay, cheerful; masterly.
ufo.—**a u.,** parasitically.
Uganda, *f.* Uganda.
ugandés, desa, *a.* & *n.* Ugandan.
ujier, *n.* usher, doorkeeper.—**u. de cámara,** usher of the king's privy chamber.
ulano, *m.* (mil.) uhlan.
úlcera, *f.* (med.) ulcer; (bot.) rot.
ulceración, *f.* ulceration.
ulcerante, *a.* ulcerating.
ulcerar. I. *va.* to ulcerate. **II.** *vr.* to become ulcerated.—**ulcerativo, va,** *a.* ulcerating.
ulceroso, sa, *a.* ulcerous.
ulema, *m.* Ulema.
uliginoso, sa, *a.* uliginous, swampy.
ulmáceo, cea, *a.* (bot.) ulmaceous.
ulmaria, *f.* (bot.) meadowsweet, meadowwort.
ulpo, *m.* (S. A.) maize gruel.
ulterior, *a.* ulterior, farther; subsequent.
ulteriormente, *adv.* subsequently.
últimamente, *adv.* lastly, finally; of late, recently.
ultimar, *va.* to end, finish, close.
ultimato, ultimátum, *m.* ultimatum; (coll.) final resolution.
ultimidad, *f.* ultimity, last stage.
último, ma, *a.* last, latest; farthest; ultimate; final; latter; highly finished; most valuable; utmost; remote.—**ú. suplicio,** capital punishment.—**a la última,** after the latest fashion.—**a ú. hora,** at the eleventh hour, at the last minute.—**a últimos de,** in the latter part of the (month, etc.).—**estar a lo u.,** or **en las últimas,** to be well-informed; to be on its, or one's, last legs, to be near its, or one's, end.—**por ú.,** lastly; finally.
ultimogenitura, *f.* ultimogeniture.
ultra, *adv.* besides.
ultrabrillante, *a.* ultrabrilliant.
ultraconservador, ra, *a.* & *n.* ultraconservative.
ultrajador, ra, *n.* one who outrages or insults.
ultrajamiento, *m.* outrage, affront.
ultrajar, *va.* to outrage, offend, abuse; to despise.
ultraje, *m.* outrage, insult; contempt; abuse.
ultrajosamente, *adv.* outrageously.
ultrajoso, sa, *a.* outrageous; overbearing.
ultramar, *m.* place beyond or across the sea.
ultramarino, na. I. *a.* ultramarine, oversea. **II.** *m.* ultramarine, finest blue.—*pl.* (com.) oversea articles.
ultramaro, *m.* ultramarine color.
ultramicroscópico, ca, *a.* ultramicroscopic.
ultramicroscopio, *m.* ultramicroscope.
ultramoderno, na, *a.* ultramodern.
ultramontanismo, *m.* ultramontanism.
ultramontano, na, *n.* & *a.* ultramontane.
ultramundano, na, *a.* ultramundane.
ultranacionalismo, *m.* ultranationalism.
ultranacionalista, *a.* & *n.* ultranationalist.
ultranza.—**a u.,** to death; at all costs, unflinchingly.
ultrapuertos, *m.* beyond the seaports.
ultrarradical, *a.* & *n.* ultraradical.
ultrarrojo, ja, *a.* (phys.) infra-red.
ultrasónico, ca, *a.* ultrasonic.
ultraterreno, na, *a.* ultramundane, unearthly.
ultraterrestre, *a.* unearthly.
ultratumba.—**de u., en u.,** beyond the grave.
ultraviolado, da; ultravioleta, *a.* (phys.) ultraviolet.
úlula, *f.* (ornith.) owl.
ululante, *a.* ululant.

ulular, *vn.* to screech, hoot, ululate.
ululato, *m.* howl, screech, ululation.
umbela, *f.* (bot.) umbel.
umbelífero, ra, *a.* (bot.) umbelliferous.
umbilicado, da, *a.* navel-shaped; umbilicated.
umbilical, *a.* umbilical.
umbráculo, *m.* shaded place for plants.
umbral, *m.* threshold; (arch.) lintel; beginning, rudiment.—**umbralar,** *va.* (arch.) to lintel.
umbrático, ca; umbrátil, *a.* umbrageous, shady.
umbría, *f.* shady place.
umbrío, bría, *a.* umbrageous, shady.
umbroso, sa, *a.* shady.
un (abbr. of UNO), **una. I.** *indef. art.* a, an. **II.** *n.* & *a.* one.—**u. . . . sí y otro no,** every other, every second (as *un día sí y otro no,* every other day).
unánime, *a.* unanimous.—**unánimemente,** *adv.* unanimously.—**unanimidad,** *f.* unanimity.—**por u.,** unanimously.
uncia, *f.* (law) twelfth part of an estate.
uncial, *a.* uncial, pert. to a kind of writing.
unciforme, *a.* & *n.* (anat.) unciform.
uncinariasis, *f.* (med.) uncinariasis, hookworm.
unción, *f.* unction, anointing; (eccl.) extreme unction.—*pl.* treatment by unctions of mercury.
uncionario, ria. I. *a.* being under mercurial treatment. **II.** *m.* place where external mercurial treatment is taken.
uncir, *va.* (*ind.* UNZO; *subj.* UNZA) to yoke.
undante, *a.* waving, undulating.
undécimo, ma, *a.* eleventh.
undécuplo, pla, *a.* eleven times as much.
undísono, na, *a.* (poet.) billowy.
undívago, ga, *a.* (poet.) wavy.
undoso, sa, *a.* wavy, undulating.
undulación, *f.* undulation; wave motion.
undulante, *a.* undulant, undulating.
undular, *vn.* to undulate; to wriggle.
undulatorio, ria, *a.* undulatory.
ungido, *m.* anointed priest or king.
ungimiento, *m.* unction.
ungir, *va.* (*ind.* UNJO; *subj.* UNJA) to anoint.
ungüentario, ria. I. *a.* unguentary. **II.** *m.* one who prepares ointments; unguentarium.
ungüento, *m.* unguent, ointment.—**u. amaracino,** ointment of marjoram.—**u. basilicón,** basilicon.—**u. de soldado,** mercury ointment.
unguiculado, da, *a.* (zool.) unguiculate.
unguis, *m.* (anat.) os unguis.
ungulado, da, *a.* & *m.* (zool.) ungulate.
uniaxial, *a.* uniaxial.
unible, *a.* that can be joined or united.
únicamente, *adv.* only, simply, solely.
unicameral, *a.* unicameral.
unicelular, *a.* unicellular.
único, ca, *a.* only, sole; singular, unique, rare, unmatched, unparalleled.
unicolor, *a.* unicolor, one-color.
unicornio, *m.* (myth.) unicorn; rhinoceros; **(U-,** astr.) Unicorn.—**u. de mar,** (ichth.) narwhal.
unidad, *f.* unity; unit; (rhet. and art) unity.—**u. absoluta,** absolute unit.—**u. aritmética,** arithmetic unit.—**u. básica,** basic unit.—**u. de masa,** mass unit.—**u. de tiempo,** time unit.—**u. térmica,** thermic, thermal or heat unit.—**la u.,** (math.) unit, 1.
unidimensional, *a.* unidimensional.
unidireccional, *a.* unidirectional.
unido, da, *a.* united, unified.
unidor, ra, *a.* uniting, unifying.
unificación, *f.* unification.
unificar, *va.* (*pret.* UNIFIQUÉ; *subj.* UNIFIQUE) to unify.
unifloro, ra, *a.* (bot.) having only one flower.
unifoliado, da, *a.* (bot.) unifoliate.
uniformación, *f.* standardization, uniformity.
uniformador, ra, *a.* that makes uniform; standardizing.
uniformar, *va.* to make uniform; to standardize.
uniforme. I. *a.* uniform. **II.** *m.* uniform; regimentals.—**uniformemente,** *adv.* uniformly.
uniformidad, *f.* uniformity.
unigénito, ta, *a.* unigenital, only-begotten.
unilateral, *a.* unilateral.
unimodal, *a.* (stat.) unimodal.
unión, *f.* union, harmony, correspondence; resemblance; agreement, concord, unity; wedding, marriage; composition of ingredients; combination; coöperation; contiguity; linked finger rings; (surg.) closing of the lips of a wound; (mech.) coupling, fastening, connection, joining, joint; (Ry.) junction; (com.) fusion, consolidation, merger.
Unión de Repúblicas Socialistas Soviéticas, *f.* Union of Soviet Socialist Republics (U. R. S. S.).
unionismo, *m.* unionism; (pol. econ.) syndicalism.
unionista, *a.* & *n.* unionist.
unípara, *a.* uniparous.
unípede, *a.* monopode, one-footed.
unipersonal, *a.* unipersonal.
unipolar, *a.* (elec.) unipolar, single-pole.
unipotente, *a.* unipotent.
unir. I. *va.* to unite, unify, join, couple, bind, connect, attach; to mix, combine; to bring together; to harmonize. **II.** *vr.* to join, unite, mix; to adhere, concur; to be contiguous; to wed, be married; (com.) to consolidate, merge, combine.
unisexual, *a.* (bot.) unisexual.
unisón. I. *a.* unison. **II.** *m.* (mus.) unison.
unisonancia, *f.* unisonance, unison; monotony.
unísono, na, *a.* unisonous, sounding alike.—**al,** or **en, u.,** in unison; together; unanimously.
unitario, ria, *a.* & *n.* (eccl.) Unitarian; (pol.) supporter of centralization.
unitarismo, *m.* (eccl.) Unitarianism.
unitivo, va, *a.* unitive, serving or tending to unite.
univalencia, *f.* (chem.) univalence.
univalente, *a.* (chem.) univalent, monovalent.
univalvo, va, *a.* univalve.
universal, *a.* universal; learned, well-informed.
universalidad, *f.* universality.
universalísimo, *a. super.* (logic) universal.
universalismo, *m.* (eccl.) Universalism.
universalista, *a.* & *n.* Universalist.
universalizar, *va.* to universalize; to generalize.
universalmente, *adv.* universally.
universidad, *f.* university; body of persons forming an institution; universality.
universitario, ria, *a.* university (as *a.*).
universo, sa. I. *a.* universal. **II.** *m.* universe.
univocación, *f.* univocation.
unívocamente, *adv.* univocally, unanimously.
univocarse, *vr.* to have the same meaning.
unívoco, ca, *a.* univocal.
unjo, unja, *v.* *V.* UNGIR.
uno, na. I. *a.* one.—*pl.* some; nearly, about.—**u. que otro,** (only) a few; occasional (as *uno que otro día viene a vernos,* he comes to see us once in a while, occasionally) (*V.* also UN). **II.** *indef. pron.* one; someone.—*pl.* some (people).—**u. a otro,** each other, mutually.—**u. que otro,** some, a few.—**u. y otro,** both.—**unos a otros,** one another.—**unos cuantos,** a few.—**unos y otros,** all, the lot (of them).—**cada u.,** each one.—**de u.,** one's.—**los unos a los otros** = UNOS A OTROS. **III. uno,** *pron. neut.* one thing (*uno es hablar, y otro es hacer,* it's one thing to talk and another to do). **IV.** *n.* one (number). —**u. a u.** = DE U. EN U.—**u. con otro,** on an average.—**u. por u.,** one after another; one by one, one at a time.—**una y no más,** never again.—**a una,** unanimously, of one accord.—**de una,** at once, at one time.—**de u. en u.,** one by one; in single file.—**la una,** one o'clock. —**todo es uno,** it is all the same.
untador, ra, *n.* & *a.* oiler(-ing), coater(-ing), greaser(-ing), painter(-ing), etc. *V.* UNTAR.
untadura, *f.;* **untamiento,** *m.,* UNTURA; oiling, greasing, coating, etc.

untar. **I.** *va.* to anoint; to grease, oil, smear, paint, coat; to suborn; bribe.—**u. las manos,** to grease the palm, to bribe. **II.** *vr.* to be greased or smeared; to embezzle.
untaza, *f.* grease; ENJUNDIA, fat (of animal).
unto, *m.* grease, fat of animals; unguent, ointment.—**u. amarillo,** or **de Méjico,** (coll.) bribe money.—**u. de oso,** bear's grease.—**u. de puerco,** hog's lard.—**u. de arna** = U. AMARILLO.
untuosidad, *f.* unctuosity, greasiness.
untuoso, sa, *a.* unctuous, greasy.
untura, *f.* unction; ointment, liniment.
unzo, unza, *v. V.* UNCIR.
uña, *f.* finger nail; toenail; hoof, claw, or talon of beasts; sting of the scorpion; (bot.) thorn; pointed hook of instruments; short stump of a tree; scab; excrescence on the lachrymal caruncle; (coll.) dexterity in stealing or filching; (mech.) gripper, clutch, claw; (mus.) plectrum for the mandolin; (naut.) fluke, palm or bill of an anchor.—**u. de caballo,** (bot.) coltsfoot.—**u. gata,** (bot.) = GATUÑA rest-harrow.—**afilar las uñas,** to sharpen one's wits, try one's best.—**a u. de caballo,** at full gallop, in great haste.—**enseñar la u.** = MOSTRAR LA U.—**de uñas,** at daggers drawn, at loggerheads.—**hincar,** or **meter, la u.,** to overcharge; to sell at an exorbitant price.—**largo de uñas,** filcher.—**mostrar las uñas,** to be inexorable; to show one's teeth.—**mostrar la u.,** to discover one's foibles or ignorance.—**sacar las uñas,** (coll.) to avail oneself of every means in a difficulty.—**ser u. y carne,** to be hand and glove, to be fast friends.—**tener uñas,** (coll.) to be very difficult, to be a tough job, a big order.—**uñada,** *f.* nail scratch, nip.—**uñarada,** *f.* scratch with the nail.—**uñate,** *m.* (coll.) pinching with the nail; chuckfarthing, a game.—**uñaza,** *f. aug.* large nail.—**uñero,** *m.* ingrowing nail; (med.) felon.
uñeta, *f. dim.* small fingernail; small clutch; stonecutter's chisel; chuckfarthing (boys' game).
uñidura, *f.* yoking.
uñir, *va.* to yoke.
uñita, uñuela, *f. dim.* little finger nail.
uñoso, sa, *a.* having long nails or claws.
¡upa! *interj.* up, up! hoop-la!
upas, *m.* upas, a Javanese tree and the poison prepared from it.
upupa, *f.* (ornith.) hoopoe.
uralita, *f.* (min.) uralite.
urania, *f.* (entom.) urania moth.
uránico, ca, *a.* (chem.) uranic.
uranífero, ra, *a.* uraniferous.
uraninita, *f.* (min.) uraninite.
[1]**uranio, nia,** *a.* uranic, celestial.
[2]**uranio,** *m.* (chem.) uranium.
uranismo, *m.* uranism, homosexuality.
uranita, *f.* (min.) uranite.
Urano, *m.* (astr.) Uranus.
uranografía, *f.* uranography.—**uranógrafo,** *m.* uranographist.—**uranometría,** *f.* uranometry.
urao, *m.* (S. A.) (min.) trona.
urari, *m.* urari, curare, a resinous substance.
urato, *m.* (chem.) urate.
urbanamente, *adv.* courteously, politely.
urbanicé, urbanice, *v. V.* URBANIZAR.
urbanidad, *f.* urbanity, civility, manners.
urbanismo, *m.* urbanism, city planning.
urbanista. **I.** *a.* urbanistic. **II.** *n.* urbanist, urbanite; city planner.
urbanizacion, *f.* urbanization, city planning.
urbanizar. **I.** *va.* to urbanize. **II.** *vr.* to be or become urbanized.
urbano, na. **I.** *a.* urban; urbane, courteous, well-bred. **II.** *m.* militiaman.
urbe, *f.* large modern city, metropolis.
[1]**urca,** *f.* (naut.) hooker, dogger; storeship.
[2]**urca,** *f.* (ichth.) = ORCA, a kind of dolphin.
urce, *m.* (bot.) heath.
urceolado, da, *a.* (bot.) urceolate.
urchilla, *f.* orchil, a lichen or color from it.
urdidera, *f.* woman warper; warping frame.
urdidor, ra. **I.** *n.* warper. **II.** *m.* warping frame, warping mill.
urdidura, *f.* warping.
urdimbre, urdiembre, *f.* warp, warping chain.
urdir, *va.* to warp; to plot, contrive, scheme.
urea, *f.* (chem.) urea.—**ureida,** *f.* ureide.
uremia, *f.* (med.) uræmia.
urémico, ca, *a.* uræmic.
urente, *a.* hot, burning, scorching.
uréter, *m.* (anat.) ureter.
urético, ca; uretral, *a.* urethral.
uretra, *f.* (anat.) urethra.—**uretritis,** *f.* (med.) urethritis.—**uretroscopio,** *m.* (surg.) urethroscope.—**uretrotomía,** *f.* urethrotomy.
uretrótomo, *m.* urethrotome.
urgencia, *f.* urgency, exigence; obligation.—**clínica de u.,** emergency clinic.—**cura de u.,** emergency treatment.
urgente, *a.* urgent, pressing.
urgentemente, *adv.* urgently.
urgir, *vn.* (*ind.* URJO; *subj.* URJA) to be urgent, to require immediate action.
úrico, ca, *a.* uric.
urinación, *f.* urination, miction, micturition.
urinal, *a.* = URINARIO, *a.*
urinario, ria. **I.** *a.* urinary. **II.** *m.* urinal.
urinífero, ra, *a.* uriniferous.
urna, *f.* urn, casket; glass case; ballot box.
urnición, *f.* (naut.) top timbers.
uro, *m.* (zool.) aurochs.
urobilina, *f.* (chem.) urobilin.
urogallo, *m.* (ornith.) a species of woodcock.
urolito, *m.* (med.) urolith.
urología, *f.* urology.
uromancia, *f.* uromancy.
urómetro, *m.* urinometer.
uroscopia, *f.* uroscopy.
urotropina, *f.* (chem.) urotropine.
urraca, *f.* (ornith.) magpie.
Ursa, *f.* (astr.) Bear.—**U. Mayor,** Great Bear.—**U. Menor,** Little Bear.
úrsido, da. **I.** *a.* (zool.) ursine. **II.** *m. pl.* Ursidæ.
ursino, na, *a.* ursine.
ursulina, *n.* & *a.* Ursuline.
urticáceo, cea, *a.* (bot.) urticaceous.
urticación, *f.* (med.) urtication.
urticante, *a.* urticating.
urticaria, *f.* (med.) urticaria, nettle rash, hives.
urubu, *m.* urubu, black vulture.
Uruguay, *m.* Uruguay.
uruguayo, ya, *a.* & *n.* Uruguayan.
usadamente, *adv.* according to custom.
usado, da. **I.** *pp.* of USAR. **II.** *a.* worn out; inured, accustomed, used; fashionable, frequent; second-hand.—**al u.,** (com. law) at usance.
usagre, *m.* (med.) scald head, infantile eczema.
usanza, *f.* usage, custom; (com.) usance.
usar. **I.** *va.* to use; to wear; to enjoy the use of; to be active in (an employment). **II.** *vn.* to be accustomed. **III.** *vr.* to be in use or fashion; to be accustomed, used, wont.
usarcé, usarced, *n.* (obs.) (*contr.* of VUESARCED = VUESTRA MERCED) your honor.
usencia, *n.* (*contr.* of VUESTRA REVERENCIA) your reverence.
useñoría, *n.* = USÍA.
usgo, *m.* loathing.
usía, *n.* (*contr.* of VUESTRA SEÑORÍA) your lordship (ladyship); your excellence.
usina, *f.* (Gal.) factory, workshop.
uso, *m.* use; usage, custom; habit, practice; wearing, wear; wear and tear; (com. law) usance.—**u. de razón,** discernment, understanding, thinking for oneself (esp. of a child when his mind is sufficiently developed to judge by itself).—**al u., a u.,** according to usage.—**en buen u.,** in good condition.
ustaga, *f.* (naut.) tie.
usted, *pron.* (usually abbreviated **V., Vd., U., Ud.**) you.—*pl.* **ustedes** (abbrev. **VV., Vds., UU., Uds.**) you (ye).—**de Vd.,** your, yours.

ustible, *a.* easily combustible.
ustión, *f.* burning.
ustorio, *a.* burning.
usual, *a.* usual, customary; tractable, social.
usualmente, *adv.* usually, generally.
usuario, ria, *a.* (law) having the sole use of a thing.
usucapión, *f.* (law) usucapion.
usucapir, *va.* (gen. only in *infin.*) (law) to usucapt.
usufructo, *m.* (law) usufruct, enjoyment; profit.
usufructuar. I. *va.* (law) to enjoy the usufruct of. **II.** *vn.* to be productive or fruitful.
usufructuario, ria, *n.* & *a.* usufructuary.
usura, *f.* usury.
usurar, *vn.* = USUREAR.
usurariamente, *adv.* usuriously.
usurario, ria, *a.* usurious.
usurear, *vn.* to practice usury; to profiteer; to lend money on interest; to reap great profit.
usurero, ra, *n.* usurer; profiteerer; money lender, pawnbroker.
usurpación, *f.* usurpation.
usurpador, *n.* & *a.* usurper(-ing).
usurpar, *va.* to usurp.
utensilio, *m.* utensil, tool, device, implement, contrivance.
uterino, na, *a.* uterine.
útero, *m.* (anat.) uterus, womb.
uterotomía, *f.* (surg.) hysterotomy, incision or extirpation of the uterus.
uterótomo, *m.* (surg.) hysterotome.
uticense, *n.* & *a.* of or from Utica.
útil. I. *a.* useful; (law) lawful (applied to time); profitable; (mech.) effective, available. **II.** *m. pl.* utensils, tools; outfit, equipment.
utilería, *f.* (theat.) properties, stage properties.
utilero, ra, *n.* (theat.) property man, person in charge of stage properties.
utilicé, utilice, *v. V.* UTILIZAR.
utilidad, *f.* utility; profit; usefulness.
utilitario, ria, *a.* utilitarian.
utilitarismo, *m.* utilitarianism.
utilitarista, *n.* & *a.* utilitarian.
utilizable, *a.* utilizable, available.
utilización, *f.* utilization.
utilizar. I. *va.* (*pret.* UTILICÉ; *subj.* UTILICE) to utilize. **II.** *vr.* to be made profitable.
útilmente, *adv.* usefully, profitably.
utopia, *f.* Utopia.—**utópico, ca,** *a.* Utopian.—**utopista,** *n.* & *a.* Utopian.
utrero, ra, *n.* bull (heifer) two to three years old.
ut retro, *adv.* (Lat.) as above.
utricularia, *f.* (bot.) bladderwort.
utrículo, *m.* (anat.) utricle, cavity in the ear.
ut supra, *adv.* (Lat.) as above.
uva, *f.* (bot.) grape; fruit of the barberry bush; wart on the eyelid; tumor on the uvula.—*pl.* bunch of grapes.—**u. canella,** white stonecrop.—**u. crespa** = U. ESPÍN.—**u. de Corinto,** (bot.) currants.—**u. de gato** = U. CANELLA.—**u. de playa,** (Amer.) fruit of the UVERO.—**u. de raposa,** nightshade.—**u. espín, or espina,** gooseberry.—**u. lupina,** wolfsbane.—**u. marina,** shrubby horsetail.—**u. pasa,** raisin.—**u. tamínea, or taminia,** lousewort.—**u. verdeja,** green-colored sweet grape.—**u. verga** = U. LUPINA.—**conocer las uvas de su majuelo,** to know one's own business.—**hecho una u.,** very drunk, "paralyzed," "soaked."
uvada, *f.* abundance of grapes.
uvaduz, *f.* (bot.) bearberry, red-berried arbutus.
uvaguemaestre, *m.* = VAGUEMAESTRE.
uval, *a.* pertaining to grapes.
uvate, *m.* conserve of grapes.
uvayema, *f.* a species of wild vine.
úvea, *f.* (anat.) uvea.
uvero, ra. I. *n.* retailer of grapes. **II.** *m.* (bot.) shrub on tropical seashores yielding an edible stone fruit.
úvula, *f.* (anat.) uvula.
uvular, *a.* (anat.) uvular.
uxoricida, *m.* uxoricide, one who kills his wife.
uxoricidio, *m.* uxoricide, murder of a wife by her husband.
uyama, *f.* (Venez.) a species of gourd.
uzas, *f.* a Brazilian kind of crab.

V

V, v, *f.* v, twenty-fifth letter of the Spanish alphabet.—**v doble** or **doble v,** w.—**en V,** V-shaped.
V., Vd. (for USTED), you.—*pl.* **VV., Vds.**
va, *third pers. sing. pres.* of IR.
vaca, *f.* cow; beef; sole leather; joint stock of two gamblers.—**v. de la boda,** one to whom everybody applies in distress; laughingstock.—**v. de leche,** milch cow.—**v. de San Antón,** (entom.) ladybird, ladybug.—**v. marina,** sea cow.
vacación, *f.* (gen. in the *pl.*) vacation.—**vacaciones de Navidad,** Christmas vacation.—**vacaciones de Pascua,** Easter vacation.
vacada, *f.* drove of cows.
vacancia, *f.* vacancy.
vacante. I. *a.* vacant; unoccupied. **II.** *f.* vacancy; vacation; rent fallen due during the vacancy of a benefice.
vacar, *vn.* (*pret.* VAQUÉ; *subj.* VAQUE) to give up work or employment temporarily; to take a vacation; to be vacant; to devote oneself; (**de**) to lack, be devoid (of).
vacarí, *a.* leathern; covered with leather.
vacatura, *f.* vacancy.
vaccino, *m.* (med.) vaccine.
vaccinieo, a, *a.* (bot.) vacciniaceous.
vaciada, *f.* (foundry) melt.
vaciadero, *m.* drain; sink; dumping place.
vaciadizo, za, *a.* cast molded.
vaciado, *m.* (art) cast (in a mold); (act of) casting; (arch.) excavation; face of a pedestal below its ornamental moldings.
vaciador, *m.* (art) molder, caster; dumper, pourer, emptier.—**v. de navajas,** razor grinder.
vaciamiento, *m.* casting, molding; emptying.
vaciar. I. *va.* to empty; pour out; to cast, mold; to grind; to hone; (arch.) to excavate, to hollow; to explain at large; to translate. **II.** *vn.* to discharge, flow (into) (as rivers); to fall, decrease (as a freshet). **III.** *vr.* to be spilt; to overflow; to divulge what should be kept secret; to become empty or vacant.
vaciedad, *f.* nonsense, silly remark.
vaciero, *m.* shepherd of barren sheep.
vacilación, *f.* reeling, staggering; hesitation.
vacilante, *a.* hesitating, irresolute; unstable.
vacilar, *vn.* to vacillate, waver, fluctuate; to hesitate; to reel, stagger.
vacío, cía. I. *a.* void, empty; vacuous, stupid; vacant, unoccupied; idle; fruitless; concave, hollow; defective, deficient; vain, presumptuous; barren (cattle); unloaded or empty (as mules, carts, etc.). **II.** *m.* void, empty space; vacuum; aperture, opening; mold for casting; vacancy; concavity, hollowness; blank, hiatus, gap; (com.) ullage of a cask or other vessel; amount lacking; a Spanish step in dancing; animal not with young; vacuity, cavity; flank of animals.—**de v.,** empty; unemployed; vacuum (as *a.*).—**en el v.,** in vacuo.
vaco, ca, *a.* (of a position, employment) vacant.
vacuidad, *f.* vacuity, emptiness.
vacuna, *f.* cowpox; vaccine; vaccination.
vacunación, *f.* vaccination.
vacunador, ra, *n.* vaccinator.
vacunal, *a.* (med.) vaccinal.
vacunar, *va.* to vaccinate.
vacuno, na, *a.* pertaining to cattle; bovine.—**ganado v.,** (bovine) cattle.
vacuo, a. I. *a.* empty, unoccupied, vacant. **II.** *m.* vacuum.
vacuola, *f.* (biol.) vacuole.
vacuómetro, *m.* vacuum gauge.
vade, *m.* = VADEMÉCUM.
vadeable, *a.* fordable; conquerable, superable.
vadear. I. *va.* to wade through, ford; to conquer,

to surmount; to sound (a person). **II.** *vr.* to behave, conduct oneself.
vademécum, *m.* vade mecum; handbook; school portfolio.
vadera, *f.* ford of a river.
¡vade retro! *adv.* avaunt! away! begone!
vadiano, na, *n.* & *a.* Audian.
vado, *m.* ford of a river; expedient; resource.—**al v. o la puente,** choose one way or the other.—**no hallar v.,** to be at a loss how to act; to be "stuck."—**vadoso, sa,** *a.* shoaly, shallow.
vafe, *m.* bold stroke or undertaking.
vagabundear, *vn.* (coll.) to rove or loiter about, to act the vagrant.
vagabundo, da, *n.* & *a.* vagabond, vagrant, rover (-ing), roamer(-ing), tramp(-ing).
vagamente, *adv.* vaguely.
vagamundear, *vn.* = VAGABUNDEAR.
vagamundo, da, *n.* & *a.* = VAGABUNDO.
vagancia, *f.* vagrancy.
vagante, *a.* vagrant.
vagar. I. *vn.* (*pret.* VAGUÉ; *subj.* VAGUE) to rove, roam, loiter about, wander; to be at leisure, to be idle. **II.** *m.* leisure, idleness.
vagarosamente, *adv.* vagrantly, rovingly.
vagaroso, sa, *a.* errant, vagrant, roaming.
vagido, *m.* cry of a newborn child.
vagina, *f.* (anat.) vagina.—**vaginado, da,** *a.* (bot.) vaginate.—**vaginal,** *a.* vaginal.—**vaginitis,** *f.* (med.) vaginitis.—**vagínula,** *f.* (bot.) vaginula, vaginule.
vagneriano, na, *n.* & *a.* Wagnerian.
vagnerismo, *m.* Wagnerism.
[1]vago, ga. I. *a.* roving, roaming, wandering; vagrant; vague; hesitating, wavering; lax, loose; (art) hazy, indistinct. **II.** *m.* vagabond, loafer, vagrant, tramp.—**en v.,** unsteadily; unsuccessfully, in vain; in the air, at nothing (as a blow).
[2]vago, *m.* unimproved plot of ground.
vagón, *m.* (Ry.) car; wagon.—**v.-cama,** sleeping car.—**v.-cuadra,** cattle van.—**v. de carga,** freight car.—**v. de cola,** caboose.—**v. de mercancías,** freight car.—**v. de plataforma,** flat car.—**v. de volteo,** dump car.—**v. jaula,** latticed van or wagon.—**v. negro de prisión,** (coll.) Black Maria, paddy wagon.—**v. tanque,** tank car.
vagonada, *f.* wagonload, carload.
vagoneta, *f.* (Ry.) small open car; open delivery cart; dump cart.
vaguada, *f.* waterway; watercourse.
vagué, vague, *v. V.* VAGAR.
vagueación, *f.* restlessness, unsteadiness; flight of fancy.
vagueante, *a.* wandering; flighty.
vaguear, *vn.* to rove, roam, loiter, tramp.
vaguedad, *f.* vagueness; vague statement.
vaguemaestre, *m.* (mil.) wagon master.
vaguido, da. I. *a.* dizzy. **II.** *m.* dizziness.
vahaje, *m.* soft breeze.
vahar, *vn.* to exhale, breathe forth.
vaharada, *f.* breath, breathing, exhalation.
vaharera, *f.* (med.) thrush; unripe melon.
vaharina, *f.* (coll.) fume, vapor, mist.
vahear, *vn.* to exhale, emit fumes or vapor.
vahido, *m.* vertigo, dizziness.
vaho, *m.* vapor, fume, effluvium.
vaída, *f.* (arch.) vault cut into four vertical planes.
vaina, *f.* scabbard, sheath, case; (bot.) pod, capsule; (naut.) boltrope tabling; tabling of a flag.
vainazas, *n.* (coll.) humdrum, dull, or dronish person.
vainero, ra, *n.* sheath or scabbard maker.
vainica, *f. dim.* small sheath; (sew.) hemstitch.
vainilla, *f. dim.* small pod or husk; (bot.) vanilla; American heliotrope.
vainillina, *f.* (chem.) vanillin.
vaivén, *m.* fluctuation, vibration, sway; unsteadiness, inconstancy; giddiness; risk, danger; (mech.) swing, seesaw, reciprocating movement; (naut.) line, cord, rope.
vajilla, *f.* table service; dinner set; (Mex.) an ancient tax on jewelry.—**v. de plata,** silverware.
val, *m.* (*contr.* of VALLE, mostly used in composition) vale, dale, valley; open sewer, sewage ditch.
valaco, ca, *n.* & *a.* Wallachian.
valais, *m.* piece of lumber.
valar, *a.* pert. to a rampart, hedge, or fence.
valdense, *n.* & *a.* Waldensian.
[1]vale, *m.* (com.) bond, promissory note, I O U; voucher; sales slip; bonus given to schoolboys; bet at cards.
[2]vale, (Lat.) farewell, adieu; valediction.
valedero, ra, *a.* valid, efficacious, binding.
valedor, ra, *n.* protector, defender.
valencia, *f.* (chem.) valence, valency.
valenciano, na, *n.* & *a.* Valencian.
valentía, *f.* valor, courage, bravery; feat, heroic exploit; brag, boast; fire of imagination; (art) mastery in imitating nature; extraordinary or vigorous effort; (anc.) in Madrid public market for mended shoes.—**pisar de v.,** to strut, to swagger.
valentiniano, na, *a.* Valentinian.
valentísimo, ma, *a. super.* most valiant, very brave; perfect.
valentón, na. I. *a.* blustering, arrogant. **II.** *m.* hector, bully.
valentona, valentonada, *f.* brag, boast.
valer. I. *va.* (*ind. pres.* VALGO, *fut.* VALDRÉ; *subj.* VALGA) to protect, to defend, favor, patronize; to yield, produce (fruits or income); to cost; to cause, bring upon or to (one) (discredit, fame); to foot up, amount to; to be worth, be valued at; to be equal to.—**v. la pena,** to be worth while.—**v. lo que pesa,** to be worth its weight in gold.—**hacer v.,** to assert (one's rights); to avail oneself of.—**ni cosa que lo valga,** nor anything of the kind, or like it.—**no v. un cornado,** not to be worth a farthing.—**valga lo que valiere,** happen what may. **II.** *vn.* to be valuable; to be worthy; to possess merit or value; to prevail, avail; to have sway, power, authority, influence; (of coins) to be legal and current; to be valid or binding; to be important or useful; to be or serve as a protection; to be equivalent to, to mean.—**v. por,** to be equal to, to be worth.—**hacer v.,** to turn to account.—(*impers.*) **más vale, más valiera,** it is better, it would be better.—**más vale tarde que nunca,** better late than never.—**¡válgame Dios!** good Heavens! bless me!—**¡válgate Dios!** heaven bless or forgive you! **III.** *vr.* to help oneself, take care of oneself.—**v. de,** to make use of, have recourse to, avail oneself of.—**no poder v.,** or **no poderse v.,** to be helpless. **IV.** *m.* value; merit, worth.
valeriana, *f.* (bot.) valerian.
valerianáceo, a, *a.* (bot.) valerianaceous.
valerianato, *m.* (chem.) valerianate.
valeriánico, ca, *a.* (chem.) valeric.
valerosamente, *adv.* bravely, courageously.
valerosidad, *f.* courage, bravery.
valeroso, sa, *a.* brave, courageous; strong, active; powerful.
valetudinario, ria. I. *a.* valetudinary, valetudinarian. **II.** *n.* valetudinarian.
valgo, valga, *v. V.* VALER.
Valhala, *f.* Walhalla, Valhalla.
valí, *m.* wali, a Mussulman governor.
valía, *f.* value, worth; credit, favor, influence; party, faction.—**a las valías,** at the highest price.
valiato, *m.* vilayet, rule and domain of a VALÍ.
validación, *f.* validation; soundness.
válidamente, *adv.* validly.
validar, *va.* to validate.
validez, *f.* validity; soundness; vigor, strength.
válido, da, *a.* valid; legally binding, obligatory.
valido, da. I. *a.* & *pp.* favored, accepted; esteemed, respected; powerful, influential. **II.** *m.* prime minister; favorite, protégé; court minion.

valiente. I. *a.* valiant, brave, courageous; strong, robust, vigorous; efficacious, valid; eminent; excellent; great, excessive. **II.** *n.* brave person; bully, hector.—**valientemente,** *adv.* bravely, courageously; vigorously; abundantly, excessively; elegantly, handsomely.
valija, *f.* valise, suitcase; mail bag; mail.
valijero, *m.* mail carrier or distributor.
valijón, *m. aug.* large valise or mail bag.
valimiento, *m.* value; use, benefit, advantage; favor, support; good graces, favoritism.
valioso, sa, *a.* valuable; highly esteemed, of great influence; rich, wealthy.
valisoletano, na, *a.* of or from Valladolid.
valón, na. I. *a.* Walloon.—**u valona,** w (the letter). **II.** *m. pl.* bloomers.
valona, *f.* vandyke collar.
valor, *m.* value; price; worth; amount; equivalence; validity, force; import, meaning; activity, power; valor, bravery; (fig.) cheek, nerve. —*pl.* (com.) securities, bonds, stocks.—**v. recibido,** value received.—**valores fiduciarios,** (com.) notes.
valoración, *f.* = VALUACIÓN; (chem.) act of VALORAR.
valorar, valorear, *va.* to appraise, value, price; (chem.) to standardize, determine the strength or proportions of (a solution).
valoría, *f.* value, price, worth.
valorizar, *va.* (Mex.) = VALORAR.
valquiria, *f.* valkyr, valkyrie.
vals, *m.* waltz.
valsador, ra, *n.* waltzer.
valsar, *vn.* to waltz.
valuable, *a.* ratable, appraisable.
valuación, *f.* appraisement, valuation.
valuador, ra, *n.* appraiser.
valuar, *va.* to rate, price, value, appraise.
valva, *f.* (zool.) valve, shell of mollusks; (bot.) valve.
valvar, *a.* (biol.) valval, valvar.
valvasor, *m.* nobleman, hidalgo.
válvula, *f.* valve.—**v. de admisión,** steam valve, admission valve.—**v. de campana,** two-beat valve.—**v. de corredera,** slide valve.—**v. de derivación,** by-pass valve.—**v. de descarga,** blow-off valve.—**v. de dos direcciones,** two-way valve.—**v. de estrangulación,** throttle valve.—**v. de evacuación,** blow-off valve.—**v. de expansión,** cut-off valve.—**v. de purga,** blow-off valve; mud valve.—**v. de retención,** check valve.—**v. de seguridad,** safety valve. —**v. de tres direcciones,** or **de tres pasos,** three-way valve.—**v. mitral,** (zool.) mitral valve.—**v. termiónica,** (phys.) thermionic valve or tube.
valvulado, da, *a.* valvate.
valvular, *a.* valvular.
valvulilla, *f. dim.* valvula.
valla, *f.* paling, fence, stockade, intrenchment; barrier, barricade; obstacle.—**v. anunciadora,** billboard.—**romper** or **saltar la v.,** to be foremost in undertaking a difficult affair.
valladar, *m.* VALLADO; obstacle.
vallado, *m.* stockade; inclosure; stone wall.
vallar, valladear, *va.* to fence, hedge, inclose with pales or stakes.
valle, *m.* valley; vale, dale, glen, dell; whole number of villages and cottages in a valley.—**v. de lágrimas,** vale of tears.
vallecico, vallecito, vallejo, vallejuelo, *m. dim.* small valley; glen, dell.
vallico, *m.* (bot.) ray grass.
vallisoletano, na, *a.* of or from Valladolid.
vamos, *1st pers. plu. pres. ind. & imper.* of IR; *interj.* well! come, now! bear a hand! go on! let's go! be careful! stop! Often as an expletive, well! why!
vampiro, *m.* ghoul; vampire; usurer; miser.
van, *3rd pers. plu. pres.* of IR.
vanadato, vanadiato, *m.* (chem.) vanadate.
vanádico, ca, *a.* (chem.) vanadic.
vanadio, *m.* (chem.) vanadium.
vanagloria, *f.* vaingloriousness, boast, conceit.
vanagloriarse, *vr.* to be vainglorious, to boast.
vanagloriosamente, *adv.* vaingloriously.
vanaglorioso, sa, *a.* vainglorious, conceited, ostentatious.
vanamente, *adv.* vainly; superstitiously; without foundation; arrogantly, presumptuously, frivolously, idly.
vandálico, ca, *a.* Vandalic.
vandalismo, *m.* Vandalism.
vándalo, la, *n. & a.* Vandal.
vandeano, na, *n. & a.* Vendean.
vanear, *vn.* to talk nonsense.
vanguardia, *f.* (mil.) vanguard, van.
vanguardismo, *m.* avant-garde, vanguardism.
vanguardista. I. *a.* avant-garde. **II.** *n.* avant-gardist, vanguardist.
vanidad, *f.* vanity; nonsense; inanity, shallowness, levity; foppishness.—**hacer v.,** to boast.
vanidoso, sa, *a.* vain, foppish, conceited.
vanilocuencia, *f.* verbosity.
vanílocuo, cua, *a.* empty (talker).
vaniloquio, *m.* silly, empty talk.
vanillina, *f.* (chem.) vanillin.
vanistorio, *m.* (coll.) ridiculous or affected vanity; affected person.
vano, na. I. *a.* vain; inane, empty, shallow, insubstantial; dry (coconut).—**en v.,** in vain. **II.** *m.* (arch.) opening in a wall (as for a door).
vánova, *f.* bedspread, coverlet.
vapor, *m.* vapor, steam; exhalation, mist; vertigo, faintness; (naut.) steamboat, steamer, steamship.—*pl.* vapors; hysterical attack.—**v. condensado,** condensed steam.—**v. de agua,** water vapor, steam.—**v. natural,** natural steam.—**v. recalentado** or **sobrecalentado,** superheated steam.—**v. transatlántico,** (naut.) transatlantic steamer.—**v. vivo,** working steam, live steam.—**v. volandero,** (naut.) tramp steamer.—**al v.,** steamed; (coll.) swiftly.—**a todo v.,** under full steam.
vaporable, *a.* vaporizable, volatile.
vaporación, *f.* vaporization.
vaporar, vaporear, *va.* to vaporize.
vaporizable, *a.* vaporizable.
vaporización, *f.* vaporization.
vaporizador, *m.* vaporizer.
vaporizar, *va.* to vaporize.
vaporoso, sa, *a.* vaporous, ethereal, cloudy.
vapulación, *f.*; **vapulamiento,** *m.* (coll.) whipping, flogging.
vapular, vapulear, *va.* (coll.) to whip, flog.
vapuleamiento, vapuleo, *m.* (coll.) whipping, flogging.
vaqué, vaque, *v. V.* VACAR.
vaquear, *va.* to cover (cows) with the bull.
vaquería, *f.* herd or drove of cattle; milk dairy; work or occupation of cowboys.
vaquerizo, za. I. *a.* pertaining to cows. **II.** *n.* herdsman. **III.** *f.* winter stable for cattle.
vaquero, ra. I. *a.* pertaining to cowherds. **II.** *m.* herdsman; cowboy.
vaqueta, *f.* sole leather.
vaquetear, *va.* to flog with leather thongs.
vaqueteo, *m.* flogging with leather thongs.
vaquilla, vaquita, *f. dim.* small cow, heifer.
vaquillona, *f.* heifer, calf.
váquira, *f.* (zool.) peccary.
vara, *f.* twig; pole, staff; stick; rod; verge, wand, emblem of authority; vara (variable unit of length, about 2.8 ft.); piece of cloth one vara long; herd of forty or fifty head of swine; thrust with a goad at a bull; thill, shaft (of carriage). —**v. alta,** sway, high hand.—**v. buscadora,** divining rod.—**v. de adivinar** or **mágica,** divining rod.—**v. de cortina,** curtain rod.—**v. de Jesé,** (bot.) tuberose.—**v. de medir,** vara stick, measuring stick.—**v. de pescar,** fishing rod.—**v. de yaya,** lancewood spar.
varada, *f.* (agr.) gang of farm hands; job on a farm; (min.) three months' work in a mine;

amount of work done and measured; quarterly profit and dividend; (naut.) running aground, stranding.
varadera, *f.* (naut.) skid or skeed.
varadero, *m.* shipyard.
varadura, *f.* (naut.) grounding of a vessel.
varal, *m.* long pole or perch; side pole with sockets for the stakes of a truck; (theat.) side lights; (coll.) tall, slender person.
varano, *m.* (zool.) monitor.
varapalo, *m.* long pole or perch; switch blow with a stick or pole; (coll.) grief; trouble; reverse, damage.
varar. I. *va.* (naut.) to launch (a new-built ship). **II.** *vn.* & *vr.* (naut.) to run aground, be stranded; to be at a standstill.
varaseto, *m.* treillage, espalier.
varazo, *m.* blow with a pole, rod or stick.
varbasco, *m.* (bot.) = VERBASCO, mullein.
vardasca, *f.* thin twig.
vareador, ra, *n.* one who does the act of VAREAR.
vareaje, *m.* retail trade; selling or measuring by the yard; knocking off fruit of trees with a pole.
varear. I. *va.* to knock off (fruit) with a pole; to cudgel, whip, beat; to prick with a goad; to measure or sell by the yard. **II.** *vr.* to get thin.
varejón, *m.* long stick, pole or staff.
varenga, *f.* (naut.) floor timber.—**varengaje,** *m.* (naut.) collection of floor timbers.
vareo, *m.* = VAREAJE.
vareta, *f. dim.* small rod, stick or twig; lime twig for catching birds; stripe in a fabric; (coll.) hint, offensive remark.—**estar,** or **irse, de v.,** (coll.) to have diarrhœa.
varetazo, *m.* blow with a twig, stick or rod.
varetear, *va.* to make stripes in (fabrics).
varetón, *m.* young stag having antlers without branches or points.
varga, *f.* steepest part of an incline.
varganal, *m.* inclosure, stockade.
várgano, *m.* fence rail or stake.
vargueño, *m.* = BARGUEÑO, gilt and painted desk.
variabilidad, *f.* variability.
variable. I. *a.* variable, changeable. **II.** *f.* (math.) variable.—**v. estadística,** (stat.) variate.
variablemente, *adv.* variably.
variación, *f.* variation, change; (mus.) variation —**v. de la aguja,** variation of the compass.
variado, da. I. *pp.* of VARIAR. **II.** *a.* varying variegated, diverse.
variamente, *adv.* variously, differently.
variante. I. *a.* varying; deviating. **II.** *f.* difference, discrepancy (in texts).
variar. I. *va.* to vary, change, alter; to shift; to variegate, diversity. **II.** *vn.* to vary, change; to differ; (of the compass) to deviate, vary.
várice, varice, *f.* (med.) varix.
varicela, *f.* (med.) varicella, chicken pox.
varicocele, *m.* (med.) varicocele.
varicoso, sa, *a.* (med.) varicose.
variedad, *f.* variety, diversity; change, variation. —*pl.* miscellany of things or items; (Am.) variety show.
varilarguero, *m.* in bullfighting, PICADOR.
varilla, *f. dim.* rod; spindle, pivot; fan stick; rib (of an umbrella), whalebone (of a corset).—*pl.* jawbones; frame of a sieve or strainer.—**v. de cortina,** curtain rod.—**v. de virtudes,** or **v. mágica,** magician's or conjurer's wand.
varillaje, *m.* ribs of a fan, umbrella, or corset.
vario, ria, *a.* various, divers, varied; inconstant, changeable; undecided; variegated.—*pl.* various, several.
variólico, ca, *a.* (med.) variolous.
variolización, *f.* inoculation with smallpox virus.
varioloide, *f.* (med.) varioloid.
varioloso, sa, *a.* (med.) variolous, variolar.
variómetro, *m.* (radio) variometer.
variz, *m.* (med.) = VÁRICE.
varón, *m.* male (man); man of respectability.—**v. de Dios,** saintly man, most virtuous man.—**v. del timón,** (naut.) rudder pendant.—**buen v.,** wise and learned man.—**santo v.,** (coll.) good but simple fellow.
varona, *f.* woman; mannish woman.
varoncico, illo, ito, *m. dim.* boy, lad.
varonesa, *f.* woman.
varonía, *f.* male issue.
varonil, *a.* virile; manly; vigorous, spirited.
varonilmente, *adv.* manfully, bravely.
varraco, *m.* = VERRACO, male hog or boar.
varraquear, *vn.* = VERRAQUEAR, to grunt; (of child) to cry, yell.—**varraquera,** *f.* = VERRAQUERA, (of child) crying spell.
varsoviana, *f.* (dance) varsovienne.
varsoviano, na, *n.* & *a.* of or from Warsaw.
vasallaje, *m.* vassalage, subjection; liege money.
vasallo, lla. I. *a.* vassal, subject, tributary; feudatory. **II.** *n.* vassal, subject.
vasar, *m.* shelf in a kitchen.
vasco, ca, *n.* & *a.* Basque.—**vascófilo, la,** *n.* Basque scholar.
vascongado, da, *n.* & *a.* Basque.
vascuence, *m.* Basque language; (coll.) jargon, gibberish.
vascular; vasculoso, sa, *a.* vascular.
vascularidad, *f.* (anat., bot., zool.) vascularity.
vase, *3rd pers. sing. pres.* of IRSE; (theat.) exit.
vaselina, *f.* vaseline.
vasera, *f.* shelf or rack for glasses.
vasico, ito, *m. dim.* small tumbler.
vasija, *f.* vessel, container, receptacle (for liquids); collection of wine vessels in a cellar.
vasillo, *m. dim.* cell of a honeycomb.
vaso, *m.* (drinking) glass; vessel, receptacle; glassful; vase; flower jar; reservoir; (naut.) vessel; capacity, room, extent; (astr.) Crater, a southern constellation; horse's hoof; (anat. and bot.) vessel.—**v. de engrase,** (mech.) grease cup or box.—**v. de noche,** chamber pot.
vasomotor, ra, *a.* (physiol.) vasomotor.
vástago, *m.* stem, tiller, sucker, sapling, shoot; descendant, scion, offspring.—**v. del émbolo,** (steam eng.) piston rod.—**v. de válvula,** valve stem.
vastedad, *f.* vastness, immensity.
vástiga, *f.* = VÁSTAGO.
vasto, ta, *a.* vast, huge, immense.
vate, *m.* bard, poet; seer, diviner.
vatiaje, *m.* (elec.) wattage.
vaticano, na. I. *a.* pertaining to the Vatican. **II.** *m.* (V-) Vatican.
vaticinador, ra, *n.* prophet, diviner.
vaticinante, *a.* predicting, foretelling.
vaticinar, *va.* to divine, foretell, predict.
vaticinio, *m.* vaticination, prediction.
vatídico, ca, *a.* (poet.) prophetical.
vatihora, *m.* (elec.) watt-hour.
vatihorámetro, *m.* (elec.) watt-hour meter.
vatímetro, *m.* (elec.) wattmeter.
vatio, *m.* (elec.) watt.—**v. -hora,** watt-hour.
vatiómetro, *m.* wattmeter.
[1]**vaya,** *f.* scoff, jest.
[2]**vaya,** etc. *v. V.* IR.—*interj.* go! go to! come! indeed! certainly! well!
[1]**ve,** *f.* name of letter *v.*—**v. doble,** name of *w.*
[2]**ve,** *v. V.* IR.
véase, *imper.* of VERSE; *v.,* see (in references).
vecera, vecería, *f.* drove, herd, pack.
vecero, ra, *n.* one who performs alternately or by turns; tree which yields abundant fruit in alternate years; customer.
veces, *f. pl.* of VEZ.
vecinal, *a.* vicinal, neighboring, adjacent.
vecinamente, *adv.* near, contiguously.
vecindad, *f.* neighborhood, vicinity; (collect.) tenants (in a house).—**hacer mala v.,** to be a troublesome neighbor.
vecindario, *m.* population of a district, ward, etc.; neighborhood, vicinity, vicinage.
vecino, na. I. *a.* neighboring, next, near by; like, resembling, coincident. **II.** *n.* neighbor; resident, tenant; citizen.—**medio v.,** nonresident who, by paying half the taxes, enjoys the right of pasture for his cattle.

vectación, *f.* passive exercise, as riding, sailing.
vectigales, *m. pl.* an ancient tribute.
vector (math.). **I.** *a.* vectorial. **II.** *m.* vector.
vectorial, *a.* (math.) vectorial.
[1]**veda,** *f.* prohibition, interdiction by law; time when hunting is forbidden.
[2]**veda,** *m.* Veda, Hindu sacred book.
vedado, *m.* inclosure, warren, park.
vedamiento, *m.* prohibition.
vedar, *va.* to prohibit, forbid; to obstruct, impede.
vedegambre, *m.* (bot.) hellebore.
vedeja, *f.* = GUEDEJA, lock (of hair); lion's mane.
védico, ca, *a.* Vedic.
vedija, *f.* entangled lock of wool or hair; flake; matted hair.—**vedijero, ra,** *n.* gatherer of loose locks of wool at shearing.—**vedijudo, da; vedijoso, sa,** *a.* having entangled or matted hair.—**vedijuela,** *f. dim.* small lock of wool.
veduño, *m.* = VIDUÑO, quality of grape vines.
veedor, ra, *n.* prier, spy; busybody; overseer, supervisor, inspector; caterer, provider.
veeduría, *f.* supervisor's position or office.
vega, *f.* flat lowland; (Cuba) tobacco plantation; (Chile) damp or swampy ground.
vegetabilidad, *f.* condition of being vegetal.
vegetación, *f.* vegetation.
vegetal, *a.* & *m.* vegetable, vegetal, plant.—**vegetalista,** *n.* & *a.* vegetarian.
vegetante, *a.* vegetating.
vegetar, *vn.* to vegetate.
vegetarianismo, *m.* vegetarianism.
vegetariano, na, *n.* & *a.* vegetarian.
vegetarismo, *m.* vegetarianism.
vegetativo, va, *a.* vegetative.
veguer, *m.* in Aragon, mayor.—**veguería,** *f.*, **veguerío,** *m.* in Aragon, jurisdiction of the mayor.
veguero, ra. I. *a.* meadowy. **II.** *m.* (Cuba) tobacco planter; cigar crudely made of a single leaf.
vehemencia, *f.* vehemence, efficacy, force.
vehemente, *a.* vehement; persuasive; vivid; keen.—**vehementemente,** *adv.* vehemently.
vehículo, *m.* vehicle.—**v. interplanetario** or **cósmico,** space vehicle.
veintavo, *m.* & *a.* twentieth.
veinte, *a.* & *m.* twenty; twentieth.—**a las v.,** unseasonably.
veintén, *m.* a gold dollar piece.
veintena, *f.*, **veintenar,** *m.* score (twenty).
veintenario, ria, *a.* twenty years old.
veinteno, na, *a.* twentieth.
veinteñal, *a.* lasting twenty years.
veinteocheno, na. I. *a.* twenty-eighth. **II.** *m.* or *f.* warp of 2,800 threads.
veinteseiseno, na. I. *a.* twenty-sixth. **II.** *n.* warp of 2,600 threads.
veintésimo, ma, *a.* twentieth.
veinticinco, *a.* & *m.* twenty-five; twenty-fifth.
veinticuatreno, na. I. *a.* twenty-fourth. **II.** *n.* warp of 2,400 threads.—**v. de capas,** fine broadcloth for cloaks.
veinticuatría, *f.* aldermanry.
veinticuatro. I. *a.* twenty-four; twenty-fourth. **II.** *m.* alderman of Seville.
veintidós, *a.* & *m.* twenty-two; twenty-second.
veintidoseno, na. I. *a.* twenty-second. **II.** *m.* or *f.* warp of 2,200 threads.
veintinueve, *a.* & *m.* twenty-nine; twenty-ninth.
veintiocheno, na = VEINTEOCHENO.
veintiocho, *a.* & *m.* twenty-eight; twenty-eighth.
veintiséis, *a.* & *m.* twenty-six; twenty-sixth.
veintiseiseno, na = VEINTESEISENO.
veintisiete, *a.* & *m.* twenty-seven; twenty-seventh.
veintitrés, *a.* & *m.* twenty-three; twenty-third.
veintiún, *a.* twenty-one.
veintiuno, na. I. *a.* & *m.* twenty-one; twenty-first. **II.** *f.* a card game, "vingt-et-un."
veintuplo, pla, *a.* twentyfold.
vejación, *f.* vexation, annoyance; oppression.
vejado, da, *a.* vexed.
vejamen, *m.* vexation, trouble; taunt, scurrilous criticism.—**vejaminista,** *m.* censor, critic.
vejancón, na, *a.* (coll.) rather old, oldish.
vejar, *va.* to vex, tease; to scoff, censure.
vejarrón, na, *a.* (coll.) very old.
vejatorio, ria, *a.* vexatious, annoying.
vejazo, za, *n.* big old person.
vejecito, ta, *n.* little old man (woman).
vejestorio, *m.* (coll.) old trumpery; shrivelled old person.
vejeta, *f.* (ornith.) crested lark.
vejete, *m.* (coll.) ridiculous old man.
vejez, *f.* old age; peevishness of old age; trite story, platitude, threadbare saying, etc.
vejezuelo, la, *n. dim.* little old man (woman).
vejiga, *f.* (anat.) bladder; blister; (art) bladder or tube for paints.—*pl.* pustules of smallpox; (vet.) windgalls in horses.—**v. de la bilis,** or **de la hiel,** gall bladder.—**v. de perro,** (bot.) common winter cherry.—**v. natatoria,** (ichth.) swimming bladder.—**v. para tabaco,** tobacco pouch.
vejigatorio, ria. I. *a.* blistering. **II.** *m.* blister plaster, blister, vesicant, vesicatory.
vejigón, *m. aug.* large bladder or blister.
vejigoso, sa, *a.* full of blisters.
vejigüela, vejiguilla, *f. dim.* small bladder; (med.) pustule.
[1]**vela,** *f.* vigil, wakefulness; wake; watch, watchfulness, vigilance; watchman, nightguard; pilgrimage; candle; nightwork; (eccl.) vigil before the Eucharist; nuptial mass and veiling ceremony.—**a v. y pregón,** auction by inch of candle.—**en v.,** vigilantly, without sleep.
[2]**vela,** *f.* (naut.) sail; ship; awning, velarium; erect ear of an animal; wing or arm of a windmill.—**v. bastarda,** lateen sail.—**v. cangreja,** (naut.) boom sail, brig sail, gaff sail.—**v. de mesana,** mizzen sail.—**v. de trinquete,** fore sail.—**v. latina** = V. BASTARDA.—**v. mayor,** mainsail.—**velas de popa,** after sails.—**velas de proa,** headsails.—**velas de respeto,** spare sails.—**velas mayores,** courses.—**acortar (la) v.,** to reef a sail, to shorten sail.—**a la v.,** prepared, equipped, ready.—**alzar velas,** to raise sail, to make ready to sail; to quit, to leave.—**a toda v.,** with all sails up and full wind; with heart and soul; boomingly, in full swing.—**a v. y remo,** with sails and oars; quickly, with all one's heart and soul.—**hacer fuerza de v.,** to crowd sail.—**hacerse a la v.,** to set sail.—**recoger velas,** to contain oneself, to be moderate.—**tender (las) velas,** to seize an opportunity.
velación, *f.* watch, watching, vigil; wake.—*pl.* (eccl.) nuptial mass and veiling ceremony; time in which the church permits marriages.
velacho, *m.* (naut.) fore-topsail.
velada, *f.* VELACIÓN; soirée.
velado, da. I. *a.* veiled. **II.** *m.* (coll.) bridegroom, husband.
velador, ra. I. *n.* watchman(-woman), nightguard; caretaker, keeper. **II.** *m.* wooden candlestick; lamp table or stand.
veladura, *f.* (art) velatura.
velaje, velamen, *m.* (naut.) canvas, sails in general; set of sails.
[1]**velar. I.** *vn.* to watch, to be awake, to keep vigil; to work at night; to observe; to be vigilant; (**por**) to watch (over), protect; (naut.) to appear above the water, as rocks; (eccl.) to assist by turns before the Holy Sacrament when it is manifested. **II.** *va.* to guard, watch over, keep.
[2]**velar,** *va.* (eccl.) to veil (a bride and bridegroom) at a nuptial mass; to cover, veil, hide; (**art**) to soften with velatura.
velarte, *m.* fine broadcloth.
veleidad, *f.* whimsicalness; fickleness.
veleidoso, sa, *a.* fickle, inconstant.
velejar, *vn.* (naut.) to make use of sails.
velería, *f.* tallow-chandler's shop.
[1]**velero, ra. I.** *a.* fond of wakes and pilgrimages **II.** *m.* tallow chandler.
[2]**velero, ra. I.** *a.* (naut.) swift-sailing. **II.** *m.* (naut.) sailmaker.
veleta. I. *f.* weathercock, vane; streamer, pen-

nant; bob, float, or cork of a fishing line. **II.** *n.* fickle person.
velete, *m.* light, thin, face veil.
velicación, *f.* (med.) lancing, opening.
velicar, *va.* (med.) to lance, open, prick.
velico, illo, ito, *m. dim.* small veil.
velilla, ita, *f. dim.* small candle.
velillo, *n. dim.* small veil; embroidered gauze.
velis nolis, (coll.) willy-nilly.
velmez, *m.* tunic worn under the armor.
velo, *m.* veil; curtain; veil of white gauze thrown over a couple at nuptial mass; celebration of taking the veil by a nun; cloak, disguise, mask; confusion, perplexity.—**v. del paladar,** (anat.) soft palate.—**correr un v. sobre,** to drop (a matter, etc.)—**descorrer el v.,** to pull off the mask; to disclose something before unknown.—**tomar el v.,** to take the veil, to become a nun.
velocidad, *f.* velocity.—**v. angular,** angular velocity.—**v. con respecto al suelo,** (aer.) ground velocity.—**v. de ascención,** (aer.) climbing velocity, rate of climb.—**v. de entrada,** entrance velocity.—**v. de liberación,** (aer. astronaut.) escape velocity.—**v. de salida,** velocity of discharge.—**v. media,** mean velocity.—**v. orbital,** orbital velocity.—**v. periférica,** circumferential velocity.—**v. sincrónica,** (elec.) synchronous speed.—**v. subsónica,** subsonic speed.—**v. supersónica,** supersonic speed.—**v. terminal,** terminal velocity.—**v. transónica,** transonic speed.
velocímetro, *m.* speedometer; speed meter.
velocipédico, ca, *a.* pertaining to velocipedes.
velocipedismo, *m.* cycling (as a sport).
velocipedista, *n.* cyclist.
velocípedo, *m.* velocipede.
velódromo, *m.* bicycle race course.
velomotor, *m.* motor vehicle (esp. motor cycle).
velón, *m.* brass lamp with movable reservoir.
velonera, *f.* lamp stand or bracket.
velonero, ra, *n.* maker or seller of VELONES.
velorio, *m.* wake, watch (over a dead person).
veloz, *a.* swift, rapid, fleet, quick, fast.
velozmente, *adv.* swiftly, fleetly, rapidly.
veludillo, veludo = VELLUDILLO, VELLUDO.
vellera, *f.* woman who removes hair from women's faces.
vellido, da, *a.* downy; villous.
vello, *m.* down; nap; pubescence; fuzz.
vellocino, *m.* fleece (as the golden fleece).
[1]**vellón,** *m.* fleece, wool of one sheep; unsheared sheepskin; lock of wool.
[2]**vellon,** *m.* copper and silver alloy; ancient copper coin.
vellonero, *m.* gatherer of fleece at shearing.
vellora, *f.* knot taken from woollen cloth.
vellorí, vellorín, *m.* broadcloth of undyed wool.
vellorita, *f.* (bot.) cowslip.
vellosidad, *f.* downiness; hairiness.
vellosilla, *f.* (bot.) mouse-ear.
velloso, sa, *a.* downy, villous, hairy, fuzzy.
velludillo, *m.* velveteen.
velludo, da. I. *a.* downy, hairy, shaggy, woolly. **II.** *m.* shag, velvet.
vellutero, ra, *n.* velvet or felt worker.
vena, *f.* vein, blood vessel; fiber of plants; (min.) vein, seam, lode; (hydraul.) vein; flow of water underground; vein or stripe in stones or woods; poetical vein, inspiration.—**v. ácigos,** azigous vein, vena azigos.—**v. basílica,** basilic vein.—**v. cardíaca,** cardiac vein.—**v. cava,** vena cava.—**v. cefálica,** cephalic vein.—**v. coronaria,** cardiac vein.—**v. de agua,** underground natural water conduit.—**v. de loco,** fickle disposition.—**v. flúida,** (hydraul.) jet.—**v. láctea,** chyliferous vessel.—**v. leónica,** ranine vein.—**v. porta,** vena portæ, portal vein.—**v. safena,** saphenous vein.—**v. subclavia,** subclavian vein.—**v. yugular,** jugular vein.—**acostarse la v.,** (min.) (of vein) to dip.—**dar en la v.,** to hit upon the right means.—**estar de v.,** to be in the mood (for something).—**estar en v.,** to be inspired.—**hallar la v.** = DAR EN LA V.

venablo, *m.* javelin, dart.—**echar venablos,** to burst out into violent language.
venación, *f.* (entom., bot.) venation.
venadero, ra. I. *a.* deer-hunting, deer (as *a.*). **II.** *m.* place frequented by deer.
venado, *m.* deer, stag; deer meat, venison.
venaje, *m.* feeding streams, aggregate of streams forming a river.
[1]**venal,** *a.* venous; pertaining to veins.
[2]**venal,** *a.* marketable, salable; venal, mercenary.
venalidad, *f.* venality, mercenariness.
venático, ca, *a.* (coll.) cranky, erratic, daft.
venatorio, ria, *a.* venatic, used in hunting.
vencedor, ra, *n.* & *a.* victor, vanquisher(-ing).
[1]**vencejo,** *m.* string, band.
[2]**vencejo,** *m.* (ornith.) swift, martin, martlet.
vencer. I. *va.* (*ind.* VENZO; *subj.* VENZA) to conquer, subdue, defeat, vanquish, overpower; to surpass, outdo, excel; to surmount, overcome; to win; to prevail upon, persuade, convince; to bend, turn down; to twist. **II.** *vn.* to conquer, triumph, succeed; to win; to be the victor; (com.) to fall due, mature; to expire. **III.** *vr.* to govern one's passions or desires, to control oneself.
vencetósigo, *m.* (bot.) milkweed.
vencible, *a.* conquerable; surmountable.
vencida, *f.* = VENCIMIENTO.
vencido, da. I. *pp.* of VENCER. **II.** *a.* (com.) due; payable.—**de v.** nearly beaten, vanquished, or finished.
vencimiento, *m.* vanquishment; flinch; bent; turn down; (com.) maturity, expiration.
venda, *f.* (surg.) bandage, roller; fillet.
vendaje, *m.* (surg.) bandage; bandaging.
vendar, *va.* (surg.) to bandage; to fillet; to hoodwink, to blind, obfuscate.
vendaval, *m.* strong wind from the sea.
vendavalada, *f.* storm of southerly wind.
vendedor, ra, *n.* seller, trader; salesman (-woman).
vendehumos, *m.* courtier trading on his influence.
vendeja, *f.* public sale.
vender, *va.* & *vn.* to sell.—**v. a destajo** = V. AL POR MENOR.—**v. al contado,** to sell for cash.—**v. al por mayor,** to sell at wholesale.—**v. al por menor,** to sell at retail.—**v. al quitar,** to sell with the privilege of buying back.—**v. a plazo,** to sell on credit.—**v. como pan caliente,** (coll.) to sell like hot cakes.—**v. salud,** to be in good health. **II.** *vr.* to sell out, accept a bribe; to expose oneself to danger; (fig.) to give oneself away, betray one's feelings; to boast; to be sold (at a place, at a price), to be for sale.—**v. caro,** to sell (be sold) dear; to be of difficult access; to be seen seldom (*se vende Vd. caro,* you are a stranger).
vendetta, *f.* vendetta.
vendí, *m.* (com.) certificate of sale.
vendible, *a.* salable, marketable.
vendido, da, *a.* & *pp.* sold; betrayed.—**estar v.,** to be duped; to be exposed to great risks.
vendiente, *a.* selling.
vendimia, *f.* vintage; large gain or profit.
vendimiador, ra, *n.* vintager.
vendimiar, *va.* to gather (crops of grapes); to enjoy as an unlawful perquisite or reap as unjust profit; (coll.) to kill, murder.
vendimiario, *m.* Vendimiaire, first month of the French-Revolution calendar.
vendo, *m.* selvage of cloth.
vendré, etc. *v. V.* VENIR.
venduta, *f.* (Am.) auction.
vendutero, ra, *n.* (Am.) auctioneer.
veneciano, na, *a.* & *n.* Venetian.
venencia, *f.* tube for sampling sherry.
venenífero, ra, *a.* (poet.) poisonous.
veneno, *m.* poison, venom; wrath, fury, passion.
venenosamente, *adv.* venomously, banefully.
venenosidad, *f.* poisonousness, banefulness.
venenoso, sa, *a.* venomous, poisonous, baneful.
[1]**venera,** *f.* scallop shell worn as a badge by pil-

grims; badge, jewel, or star of a military order. —**empeñar la v.,** to spare no expense.
[2]**venera,** *f.* = VENERO, spring (of water).
venerabilidad, *f.* venerability, venerableness.
venerabilísimo, ma, *a. super.* most venerable.
venerable, *a.* venerable.—**venerablemente,** *adv.* venerably.
veneración, *f.* veneration; worship.
venerador, ra, *n.* & *a.* venerator(-ing); worshipper(-ing).
venerando, da, *a.* venerable.
venerante, *a.* venerating, worshipping.
venerar, *va.* to venerate, revere; to worship.
venéreo, rea. I. *a.* sensual; (med.) venereal. **II.** *m.* venereal disease.
venero, *m.* water spring; (min.) bed, lode; radius or horary line of sundials; origin, root, source.
veneruela, *f. dim.* small scallop shell.
venezolano, na, *n.* & *a.* Venezuelan.
Venezuela, *f.* Venezuela.
vengable, *a.* deserving revenge; that can be avenged.
vengador, ra, *n.* & *a.* avenger(-ing); revenger (-ing).
venganza, *f.* revenge; vengeance.
vengar. I. *va.* (*pret.* VENGUÉ; *subj.* VENGUE) avenge. **II.** *vr.* (**de**), to take revenge (on).
vengativamente, *adv.* revengefully.
vengativo, va, *a.* revengeful, vindictive.
vengo, venga, *v. V.* VENIR.
vengué, vengue, *v. V.* VENGAR.
venia, *f.* pardon, forgiveness; leave, permission; bow with the head; (law) license to minors to manage their own estates.
venial, *a.* venial; pardonable.—**venialidad,** *f.* venialness.—**venialmente,** *adv.* venially.
venida, *f.* arrival; return, coming; flood, freshet; attack in fencing; impetuosity, rashness, rush.
venidero, ra. I. *a.* future, coming.—**en lo v.,** hereafter, in future. **II.** *m.* posterity, successors.
venido, da. I. *pp.* of VENIR. **II.** *a.*—**bien v.,** welcome.
venilla, *f. dim.* (anat., zool.) venule, veinlet.
venimécum, *m.* vademecum.
venir. I. *vn.* (*ger.* VINIENDO; *ind. pres.* yo VENGO, él VIENE, *pret.* VINE, *fut.* VENDRÉ; *subj.* VENGA) to come; to arrive; to arise, result, follow; to be becoming, fit, suit; to yield, agree, submit; to grow, be produced; to occur (to one's mind), or begin to be felt (diff. constr.: *me vino el deseo de viajar,* I began to feel, or I felt a desire to travel); to happen; to concern (gen. with IR: *eso no me va ni me viene,* that does not concern, or affect, me).—**v. a,** to attain; (foll. by *inf.*), to end by (foll. by *pres. p.*) (*después de mucho trabajo, vino a descubrir la causa,* after much labor, he ended by finding the cause, or, he finally found the cause); sometimes used to denote approximation, a rough estimate (*Juan viene a tener dos mil pesos,* John must be worth about two thousand pesos).—**v. a buscar,** to come for, or to get.—**v. a las manos,** to come to blows.—**v. a menos,** to decay, to decline.—**v. a pelo** = V. DE PERILLA.—**v. a ser,** to get to be, become; to turn out to be, amount to.—**v. bien,** to suit, be becoming.—**v. bien en,** to agree to, to grant.—**v. como anillo en dedo, v. como pedrada en ojo de boticario,** or **v. de perilla,** to come in the nick of time; to fit the case, answer perfectly, be to the point.—**v. en,** to decide, resolve; to acquire, obtain (knowledge, etc.).—**v. mal,** to be unbecoming, not to suit.—**v. rodado,** to come unexpectedly, to come by a stroke of luck.—**¿a qué viene eso?** to what purpose is that? what has that to do with the case?—**el que venga atrás,** or **detrás, que aree,** the Devil take the hindmost.—**en lo por v.,** hereafter, in future.—**lo por v.,** the future; future things.—**que viene,** next (*la semana que viene,* next week).—**si a mano viene,** perhaps.—**venga lo que viniere,** come what will; happen what may. **II.** *vr.* to ferment; to attain perfection by fermentation, as bread or wine.—**v. abajo,** to fall, to collapse.—**v. a la boca,** to taste unpleasantly.—**v. al suelo,** to fall to the ground; to fall through, to fail.—**v. cayendo,** to be falling down.
venora, *f.* stone or brick marks in a drain or trench, as guides for cleaning.
venosidad, *f.* (anat.) venosity.
venoso, sa, *a.* venous; veiny, veined.
venta, *f.* sale; selling; market; roadside inn; exposed, inhospitable place.—**v.** (**al**) **por mayor,** wholesale.—**v.** (**al**) **por menor,** retail sale; retailing.—**v. pública,** public auction sale.—**de v.,** or **en v.,** for sale.—**hacer v.,** (coll.) to invite to potluck.—**ser una v.,** to be a dear place.
ventada, *f.* blast, puff, gust of wind.
ventaja, *f.* advantage; gain, profit; additional pay; odds given at play.—**llevar v. a,** to be ahead of; to have advantage over.
ventajosamente, *adv.* advantageously.
ventajoso, sa, *a.* advantageous; profitable; advisable.
ventalla, *f.* valve; (bot.) pod.
ventalle, *m.* fan.
ventana, *f.* window; (carp.) window frame, window sash; window shutter.—**v. de la nariz,** nostril.—**echar la casa por la v.,** to go to a lot of expense.
ventanaje, *m.* (arch.) fenestration.
ventanal, *m.* large window.
ventanazo, *m.* slamming of a window.
ventanear, *vn.* (coll.) to be often at the window (esp. for flirting).—**ventaneo,** *m.* (coll.) gazing out of, or flirting from, the window.
ventanero, ra. I. *m.* window maker; man who gazes at windows where there are women. **II.** *f.* woman who flirts from the window.
ventanilla, *f. dim.* window (of ticket-office, bank teller, etc.).
ventanillo, *m. dim.* small window shutter; peephole.
ventano, *m.* small window.
ventar, *va.* & *vn.* (*ind.* VIENTA; *subj.* VIENTE) = VENTEAR.
ventarrón, *m.* stiff wind, wind gust.
venteadura, *f.* shake in timber.
ventear. I. *v. impers.* (of the wind) to blow. **II.** *va.* to smell, scent, sniff (as dogs); to investigate, inquire; to air. **III.** *vr.* (of timber) to have shakes; to be spoiled by the wind; (coll.) to break wind.
venteo, *m.* bung, bunghole (in a cask).
venteril, *a.* suited to a poor inn.
[1]**ventero, ra,** *n.* innkeeper.
[2]**ventero, ra,** *n.* scenting dog.
ventilación, *f.* ventilation; discussion.
ventilador, *m.* ventilator; (ventilating) fan.
ventilar. I. *va.* to air, ventilate; to winnow, to fan; to discuss. **II.** *vn.* (of air) to circulate.
ventisca, *f.* snowstorm, blizzard; snowdrift.
ventiscar, *v. impers.* to snow with strong wind; (of snow) to drift.
ventisco, *m.* = VENTISCA.—**ventiscoso, sa,** *a.* having frequent snowstorms; full of snowdrifts.
ventisquear, *v. impers.* to snow with strong wind (*aquí ventisquea mucho,* there are many snowstorms here).
ventisquero, *m.* snowstorm, snowdrift; glacier; snow-capped mountain.
ventola, *f.* (naut.) top hamper.
ventolera, *f.* gust of wind; pin wheel; (coll.) vanity, haughtiness; strong whim, "fever," "rage."
ventolina, *f.* (naut.) light wind, cat's-paw.
ventor, ra, *n.* pointer (dog); foxhound.
ventorrero, *m.* exposed, windy place.
ventorrillo, ventorro, *m.* poor inn or tavern.
ventosa, *f.* vent, air hole, spiracle; (zool.) sucker; (surg.) cupping; cupping glass.—**v. escarificada,** or **sajada,** wet cupping.—**v. seca,** dry cupping.—**pegar una v.,** to swindle.
ventosear, *vn.* & *vr.* to break wind.
ventosidad, *f.* flatulence, windiness.

ventoso, sa, *a.* windy; stormy; flatulent; pointing (as a pointer dog); vain, inflated.
ventral, *a.* ventral.
ventrecillo, *m. dim.* of VIENTRE, belly.
ventrecha, *f.* belly (of fishes).
ventregada, *f.* brood, litter; multitude, rush (of things).
ventrera, *f.* bellyband, abdominal belt; cummerbund.
ventrezuelo, *m. dim.* of VIENTRE, belly.
ventricular, *a.* ventricular.
ventrículo, *m.* (anat and zool.) ventricle; any cavity of the heart or brain.
ventril, *m.* counterpoise.
ventrílocuo, *m.* ventriloquist.
ventriloquia, *f.* ventriloquism.
ventrón, *m. aug.* large belly; tripe (food).
ventroso, sa; ventrudo, da, *a.* big-bellied.
ventura, *f.* happiness; luck, fortune; chance, hazard, venture; risk, danger.—**a la v.,** or **a v.,** at a venture, at hazard.—**buena v.,** fortune told by cards, etc.—**por v.,** by chance.—**probar v.,** to try one's fortune or luck, to venture.
venturado, da, *a.* lucky, fortunate.
venturanza, *f.* happiness.
venturero, ra. I. *a.* lucky; adventurous; idle. **II.** *n.* fortune hunter, adventurer.
venturina, *f.* goldstone, aventurin.
venturo, ra, *a.* future; coming.
venturón, *m. aug.* great luck.
venturosamente, *adv.* luckily, fortunately.
venturoso, sa, *a.* lucky; successful, prosperous.
Venus, *m.* (astr.) Venus; *f.* (myth.) Venus; (**v.**) venery.
venustidad, *f.* beauty, gracefulness.
venusto, ta, *a.* beautiful, graceful.
venza, *f.* scarfskin used by goldbeaters.
venzo, venza, *v. V.* VENCER.
veo, vea, *v. V.* VER.
ver. I. *va.* & *vn.* (*pp.* VISTO; *ger.* VIENDO; *ind. pres.* VEO, *pret.* YO VI or VÍ, ÉL VIÓ; *subj.* VEA) to see; to look into, examine, consider; to look; to look at; to try (a case at law).—**v. de,** to try to. —**v. el cielo abierto,** to see a great opportunity.—**v. en ello,** to consider, to weigh in the mind.—**v. las estrellas,** to feel lively pain, see stars.—**v. mundo,** or **v. tierras,** to see the world, to travel.—**v. venir,** to see (somebody or something) coming; to await results.—**v. visiones,** to build air castles.—**v. y creer,** seeing is believing.—**al v.,** to see one, at cards.—**allá veremos,** we shall see, time will tell.—**a más v.,** (coll.) good-bye, so long.—**a v.,** in order to see.—**¡a v.!,** let's see!—**de buen (mal) v.,** good (bad) looking.—**hacer v.,** to show.—**hasta más v.** = A MÁS V.—**estar por v.,** to remain to be seen, to be doubtful.—**no poder v. a,** to abhor or detest (can't bear).—**no tener que v. con,** to have nothing to do with.—**si te vi, ya no me acuerdo,** out of sight, out of mind.—**veámoslo** = A V.—**veremos** = ALLÁ VEREMOS. **II.** *vr.* to be seen; be conspicuous; to find oneself (in a situation), be; to be easily seen, be obvious; to meet, have an interview; to look at oneself in a glass.—**véase,** *v.,* see (in references).—**v. con,** to have a talk with, to see.—**v. en,** or **entre, las astas del toro,** to be in the greatest danger.—**ya se ve,** of course, naturally; certainly; however. **III.** *m.* sense of sight, seeing; looks, light, view, aspect, appearance.—**a mi v.,** in my opinion, to my way of thinking.
[1]**vera,** *f.* edge, border.
[2]**vera,** *f.* (Am.) a tree resembling guaiacum.
veracidad, *f.* veracity, truthfulness.
vera efigies, (Lat.) faithful portrait.
veranada, *f.* summer season.
veranadero, *m.* summer pasture.
veranar, *vn.* to summer.
veraneante, *n.* summer resident or vacationist.
veranear, *vn.* to summer.
veraneo, *m.* summering, summer vacation.
veranero, *m.* place where cattle graze in summer.
veraniego, ga, *a.* summer (as *a.*); thin or sickly in summer; weak, light.
veranillo, *m. dim.*—**v. de San Martín,** Indian summer.
verano, *m.* summer; (Am.) dry season.
veras, *f. pl.* reality, truth; earnestness, fervor.—**con muchas v.,** very earnestly.—**de v.,** in truth, really, in earnest.
veratrina, *f.* (chem.) veratrine, veratrin.
veratro, *m.* (bot.) hellebore.
veraz, *a.* veracious, truthful.
verba, *f.* loquacity, talkativeness; eloquence.
verbal, *a.* verbal; oral; (law) nuncupative.
verbalismo, *m.* verbalism.
verbalista, *n.* verbalist.
verbasco, *m.* (bot.) verbascum, mullein.
verbena, *f.* (bot.) vervain, verbena; night festival on the eve of a saint's day.—**coger la v.,** to rise early for a walk.
verbenáceo, cea, *a.* (bot.) verbenaceous.
verbenear, *vn.* to abound, to be plentiful; to rush to and fro.
verberación, *f.* lashing (esp. of wind, etc.).
verberar, *va.* to lash, beat, strike against (as wind and water).
verbigracia, *adv.* for example, for instance.
verbo, *m.* verb; (**V-**) Word, second person of the Trinity.—**v. activo,** transitive verb, active verb.—**v. adjetivo,** any verb, except *ser.*—**v. auxiliar,** auxiliary verb.—**v. defectivo,** defective verb.—**v. neutro** or **intransitivo,** intransitive or neuter verb.—**v. recíproco,** reciprocal verb.—**v. reflejo,** or **reflexivo,** reflexive verb. —**v. substantivo,** the verb *ser,* to be.—**echar verbos,** to curse, to swear.—**en un v.,** at once, without delay.
verborrea, verbosidad, *f.* verbosity, wordiness.
verboso, sa, *a.* verbose, prolix, wordy.
verdacho, *m.* (art) green earth.
verdad, *f.* truth.—**¿v.?** isn't it? is that so? isn't that so? expletively in the sense of "you know," "don't you know?"—**v. de Perogrullo,** truism. —**a decir v.,** to tell the truth; in reality, in fact.—**a la v.,** truly, really, in truth.—**bien es v. que,** it is true that.—**decir cuatro verdades,** to speak one's mind freely.—**de v.,** A LA V.; in earnest; real.—**en v.,** truly, really; verily.—**¿no es v.?** isn't it? isn't that so?—**ser v.,** to be true.—**tratar v.,** to love and tell the truth.
verdaderamente, *adv.* truly, really.
verdadero, ra, *a.* true; real, actual; truthful.
verdasca, *f.* twig, bough, thin branch.
verde. I. *a.* green; verdant; unripe, immature, undeveloped; fresh; young, blooming; risqué, smutty, off-color.—**v. botella,** bottle green.—**v. de París,** Paris green; imperial green.—**v. limón,** bright green.—**v. pardo,** brown green.—**están verdes,** sour grapes. **II.** *m.* green (color); verdure; vert; green barley or grass given to horses or mules as a purge.—**darse un v.,** to amuse oneself for a short time, to indulge in a little relaxation.
verdea, *f.* greenish wine.
verdear. I. *vn.* to grow green; to look green, to show its greenness. **II.** *va.* to pick (grapes and olives) to sell.
verdeceledón, *m.* sea-green, celadon.
verdecer, *vn.* to grow green.
verdecico, ica, ito, ita, illo, illa, *a. dim.* greenish.—**verdecillo,** *m.* (ornith.) greenfinch.
verdeesmeralda, *a.* emerald green.
verdegal, *m.* green field.
verdegay, *a.* & *m.* light, bright green.
verdeguear, *vn.* to grow green.
verdemar, *a.* & *m.* sea-green.
verdemontaña, *m.* mountain-green.
[1]**verderol,** [1]**verderón,** *m.* (ornith.) green finch.
[2]**verderol,** [2]**verderón,** *m.* (ichth.) green shellfish.
verdete, *m.* verditer; verdigris.
verdevejiga, *f.* sap green.
verdezuelo, *m.* (ornith.) greenfinch, greeny.

verdín, *m.* verdure; pond scum; mould, mildew; verdigris; green snuff.—**verdina,** *f.* fresh greenness of plants.—**verdinal,** *m.* green spot or patch in a plain or meadow.
verdinegro, gra, *a.* dark green.
verdino, na, *a.* bright green.
verdiseco, ca, *a.* pale green; half dry.
verdolaga, *f.* (bot.) purslane.
verdón, *m.* (ornith.) greenfinch.
verdor, *m.* greenness; verdure, verdancy; herbage; freshness, vigor.—*pl.* youth, age of vigor.
verdoso, sa, *a.* greenish.
verdoyo, *m.* pond scum; green mould.
verdugada, *f.* (mason.) layer of bricks.
verdugado, *m.* hoopskirt.
verdugal, *m.* young shoots growing in a wood after cutting.
verdugazo, *m.* blow or lash with a twig.
verdugo, *m.* tiller, sucker, young shoot of a tree; verdun, duelling rapier; scourge, lash; wale, welt; executioner; (jewelry) hoop for a ring; very cruel person; anything that hurts; (mason.) brick course in a stone or mud wall; a small bird of prey.
verdugón, *m. aug.* large wale or welt.
verduguillo, *m. dim.* swelling on the leaves of some plants; small, narrow razor; duelling rapier; hoop worn as earring; (naut.) sheer rail.
verdulera, *f.* market woman; (coll.) coarse, low woman.
verdulería, *f.* greengrocer's shop.
verdulero, *m.* greengrocer.
verdura, *f.* verdure, verdancy; greenness; greens, vegetables; garden stuff; (art) foliage.
verdusco, ca, *a.* dark greenish.
verecundo, da, *a.* bashful, shy.
vereda, *f.* path, footpath, trail; circular order or notice sent to several towns or places; route of travelling preachers; (Cuba, S. A.) sidewalk.—**entrar por la v.,** to come to reason, to do one's duty.
veredero, *m.* messenger sent with despatches on a route.
veredicto, *m.* (law) verdict.
verga, *f.* penis; steel bow of a crossbow; (naut.) yard.—**v. seca,** crossjack yard.—**vergas en alto,** (naut.) all ready to sail.—**poner las vergas en cruz,** to square the yards.
vergajo, *m.* penis of a bull used as a cowhide.
vergel, *f.* flower garden.
vergelero, ra, *n.* gardener.
vergeta, *f.* small twig.
vergeteado, da, *a.* (her.) vergette, paley.
vergonzante. I. *a.* bashful, shamefaced. **II.** *n.* shy beggar.
vergonzosamente, *adv.* shamefully, disgracefully; bashfully, confusedly.
vergonzoso, sa. I. *a.* bashful, shamefaced, shy; shameful, disgraceful. **II.** *m.* armadillo.
verguear, *va.* to beat with a rod or whip.
vergüenza, *f.* shame; bashfulness, shyness, confusion; modesty; disgrace; public punishment.—*pl.* privy parts.—**sacar a la v.,** to disgrace publicly as a punishment; (coll.) to put in a predicament, or "fix," by asking (one) to do before others what one does not do well; to make a show of.—**ser una mala v.,** (coll.) to be a shame.—**tener v.,** to be ashamed; to be shy.
verguer, verguero, *m.* high constable.
vergueta, *f.* small switch or rod.
verguío, a, *a.* (of wood) tough and flexible, leathery.
vericueto, *m.* rough and pathless place.
verídicamente, *adv.* veridically, truthfully.
verídico, ca, *a.* veridical, truthful.
verificable, *a.* verifiable.
verificación, *f.* verification, substantiation, confirmation; test; adjustment (of an instrument).
verificar. I. *va.* (*pret.* VERIFIQUÉ; *subj.* VERIFIQUE) to verify, confirm, prove; to test, adjust (an instrument); to fulfil, accomplish, carry out. **II.** *vr.* to be verified, to prove true; to take place, to occur.
verificativo, va, *a.* verifying, corroborative.
verija, *f.* region of the genitals.
veril, *m.* (naut.) edge of a sand bank, etc.
verilear, *vn.* (naut.) to coast around a bank.
verisímil, *a.* probable, likely, credible.
verisimilitud, *f.* verisimilitude, probability.
verisímilmente, *adv.* probably, likely.
verja, *f.* grate, grating; iron railing.
vermes, *m. pl.* (med.) intestinal worms.
vermicida, *a.* (med.) vermicide.
vermiculación, *f.* (physiol.) vermiculation.
vermicular, *a.* vermiculous, vermicular.
vermiforme, *a.* vermiform, wormlike.
vermífugo, ga, *a.* & *m.* (med.) vermifuge.
verminoso, sa, *a.* verminous.
vermívoro, ra, *a.* vermivorous, worm-eating (as birds).
vermut, *m.* vermouth.
vernáculo, la, *a.* vernacular, native.
vernal, *a.* vernal, spring (as *a.*).
vernier, *m.* vernier.
vero, *m.* marten (fur).—*pl.* (her.) vair.
veronense; veronés, sa, *n.* & *a.* Veronese.
verónica, *f.* (bot.) veronica; a feat in bullfighting.
verosímil, verosimilitud, verosímilmente = VERISÍMIL, VERISIMILITUD, etc.
verraco, *m.* male hog or boar.
verraquear, *vn.* (coll.) to grunt like a boar; (of a child) to cry long and loud.
verraquera, *f.* crying spell (of children).
verriondez, *f.* rutting time of animals; withering state of plants.
verriondo, da, *a.* (of animals) rutting, in heat; withered (plants); badly cooked, tough.
verrón, *m.* = VERRACO.
verruga, *f.* wart; (coll.) nuisance, bore.
verrugo, *m.* (coll.) miser.
verrugoso, sa, *a.* warty.
versado, da. I. *pp.* of VERSAR. **II.** *a.* versed, conversant.
versal, *a.* & *f.* (print.) capital (letter).—**versalilla, versalita,** *f.* & *a.* (print.) small capital (letter).
[1]**versar. I.** *vn.* to go around.—**v. acerca de,** or **sobre,** to treat of or on. **II.** *vr.* to become versed or conversant.
[2]**versar,** *vn.* (Cuba) to versify, improvise verses.
versátil, *a.* versatile; changeable, fickle.
versatilidad, *f.* versatility; fickleness.
versecillo, *m. dim.* little verse, verselet.
versería, *f.* poems.
versícula, *f.* stand for the choir books.
versiculario, *m.* (eccl.) chanter of versicles; keeper of the choir books.
versículo, *m.* (eccl.) verse; versicle.
versificación, *f.* versification.
versificador, ra, *n.* versifier, verse maker.
versificante, *a.* versifying.
versificar, *va.* & *vn.* (*pret.* VERSIFIQUÉ; *subj.* VERSIFIQUE) to versify.
versión, *f.* translation, version; (med.) version.—**v. de los Setenta,** Septuagint.
versista, *m.* (coll.) versifier, poetaster.
[1]**verso,** *m.* line (of poetry); stanza.—*pl.* poems.—**v. alejandrino,** Alexandrine.—**v. blanco,** blank verse.—**v. de arte mayor,** verse of more than nine syllables.—**v. de arte menor,** verse of less than nine syllables.—**v. esdrújulo,** verse ending with a word accented on the antepenult.—**v. libre** = V. BLANCO.—**v. llano,** (poet.) verse ending with a word accented on the penult.—**v. suelto** = V. BLANCO.—**versos pareados,** doggerel.
[2]**verso,** *m.* (artil.) an ancient small culverin.
vértebra, *f.* (anat.) vertebra.
vertebrado, da, *a.* & *n.* vertebrate.
vertebral, *a.* vertebral.
vertedera, *f.* (agr.) mouldboard of a plow.
vertedero, *m.* sink, dumping place; (hydraul.) weir; spillway.

vertedor, ra. I. *n.* nightman; emptier. II. *m.* tailrace; drain; (hydraul.) weir; (naut.) boat scoop.
vertellos, *m. pl.* (naut.) balls of the parrel truck.
verter. I. *va.* (*ind.* VIERTO; *subj.* VIERTA) to pour, spill, shed, cast; to empty; to dump; to translate; to construe, interpret; to divulge, publish, reveal. II. *vn.* to run, flow.
vertibilidad, *f.* capability of being turned over.
vertible, *a.* movable, changeable, variable.
vertical. I. *a.* vertical. II. *m.* (astr.) vertical circle.—**v. primario,** (astr.) prime vertical. III. *f.* vertical line.—**verticalidad,** *f.* verticality.—**verticalmente,** *adv.* vertically.
vértice, *m.* vertex; apex, top; (anat.) vertex, crown of the head.
verticidad, *f.* movableness, mobility.
verticilado, da, *a.* (bot.) verticillate.
verticilo, *m.* (bot.) verticil, whorl.
vertiente. I. *a.* emptying; flowing. II. *f.* watershed; slope.
vertiginoso, sa, *a.* giddy, vertiginous.
vértigo, *m.* giddiness, dizziness, vertigo; fit of insanity.
vertimiento, *m.* effusion, shedding.
vesania, *f.* (med.) vesania, insanity.
vesánico, ca, *a.* mentally deranged.
vesical, *a.* (anat.) vesical.
vesicante, *a.* & *m.* vesicant, producing blisters.
vesícula, *f.* (anat., bot.) vesicle; (med.) vesicle, blister.—**v. aérea,** air vesicle (of the lungs).—**v. biliar,** gall bladder.—**v. elemental,** or **orgánica,** (biol.) cell.—**v. ovárica,** (anat.) Graffian follicle.—**v. seminal,** (anat.) sperm sac.—**vesicular,** *a.* vesicular.—**vesiculoso, sa,** *a.* vesiculate.
Véspero, *m.* Vesper, evening star.
vespertina, *f.* evening discourse in universities.
vespertino, na. I. *a.* vespertine, evening. II. *m.* afternoon literary meeting; afternoon sermon.
véspido, da, *a.* & *m.* (zool.) vespid.
vestal, *f.* & *a.* vestal.
veste, *f.* (poet.) clothes, dress, garments.
vestfaliano, na, *n.* & *a.* Westphalian.
vestíbulo, *m.* vestibule, hall, lobby; (anat.) vestibule of the ear.
vestido, *m.* dress, clothes, clothing, garb, costume; ornament, embellishment.—**v. de corte,** court dress.—**v. de etiqueta,** or **de serio,** full or evening dress.—**vestidos usados,** second-hand clothes.
vestidura, *f.* vesture.—*pl.* (eccl.) vestments.
vestigio, *m.* vestige, trace, sign; footstep, footmark.—*pl.* ruins, remains; (chem.) traces.
vestiglo, *m.* horrid and formidable monster.
vestimenta, *f.* clothes, garments.—*pl.* ecclesiastical robes.
vestir (*ger.* VISTIENDO; *ind. pres.* VISTO, *pret.* él VISTIÓ; *subj.* VISTA). I. *va.* to clothe, dress; to deck, adorn; to cloak, disguise, palliate; to don, put on; to wear; to cover; (mason.) to rough-cast. II. *vn.* to dress in a special color or fashion.—**v. bien,** to dress well or in good taste.—**v. de uniforme,** to dress in uniform. III. *vr.* to dress oneself; to be covered; to be clothed.
vestuario, *m.* apparel, wardrobe, clothes, clothing, dress; uniform; (mil.) equipment, outfit, habiliment; (eccl.) vestry; money given to ecclesiastics for dress, etc.; (theat.) wardrobe, greenroom, dressing room.
vestugo, *m.* tiller, sprout of an olive tree.
veta, *f.* (min.) vein, seam, lode; vein in wood or marble; grain, flake; stripe.—**descubrir la v.,** to disclose one's sentiments or designs, show one's hand.
vetado, da; veteado, da, *a.* striped, veined, streaky, cross-grained, mottled.
vetar, *va.* (Am.) to veto.
vetear, *va.* to variegate, to grain.
veterano, na. I. *a.* (mil.) veteran; having had long experience. II. *m.* veteran, old hand.
veterinaria, *f.* veterinary science.
veterinario, ria. I. *a.* veterinary. II. *n.* veterinarian; *f.* veterinary medicine.
vetisesgado, da, diagonal-striped.
veto, *m.* veto; prohibition, interdict.
vetustez, *f.* antiquity, old age.
vetusto, ta, *a.* very ancient or old.
vez, *f.* turn; time, occasion; herd of swine belonging to the inhabitants of a place.—*pl.* authority given to a substitute.—**a la v.,** at a time; at the same time; at one time.—**a la v. que,** while.—**alguna v.,** (in a question) ever; also **algunas veces,** sometimes; some times, occasionally.—**alguna que otra v.,** once in a while, occasionally.—**a su v.,** in his (one's) turn; on his (one's) part.—**a veces,** sometimes, occasionally.—**cada v.,** each time, every time.—**cada v. más,** more and more.—**cada v. que,** every time that, whenever.—**de una v.,** at once; at one time; with a single act, word, blow, etc.—**de v. en cuando,** occasionally, once in a while, from time to time.—**dos veces,** twice.—**en v. de,** instead of.—**hacer las veces de,** to serve as, substitute for.—**más de una v.,** more than once.—**muchas veces,** often.—**otra v.,** again, once more; some other time.—**pocas,** or **raras, veces,** seldom, rarely; only a few times.—**tal cual v.,** seldom, rarely, once in a while.—**tal v.,** perhaps, maybe, perchance.—**todas las veces que,** whenever, as often as.—**una que otra v.,** once in a while, a few times.—**una v.,** once.—**una v. que,** since, inasmuch as; after.—**una v. que otra,** once in a while; a few times—**veces mayor que,** times as large as, times (*10 es 5 veces mayor que 2,* 10 is 5 times [as large as] 2). The similar expression **veces menor que** indicates a fractional part: *2 es 5 veces menor que 10,* 2 is one fifth of 10.
veza, *f.* (bot.) vetch.
vezar, *va.* & *vr.* to accustom, habituate, inure.
vi, ví, *pret.* of VER.
vía, *f.* way, road; route, via; carriage track; (Ry.) track, line; gauge; way, manner, method, procedure; spiritual life; (zool.) tube, canal, passage.—**v. acuática,** waterway.—**v. ancha,** (Ry.) broad gauge.—**v. angosta,** narrow gauge.—**v. crucis,** (eccl.) Via Crucis, way of the cross; affliction, burden.—**v. de agua,** (naut.) leak; V. ACUÁTICA.—**v. ejecutiva,** (law) levy, a legal writ of execution; attachment.—**v. férrea,** railroad, railway.—**v. húmeda,** (chem.) wet process.—**V. Láctea,** (astr.) Milky Way.—**v. muerta,** (Ry.) siding.—**v. pública,** public road, thoroughfare; street.—**v. recta,** straight along, straight forward.—**v. sacra** = V. CRUCIS.—**v. seca,** (chem.) dry process.—**v. terrestre,** land route, road.—**en v. de,** in the process of.—**por v. de,** by way of, as.
viabilidad, *f.* feasibility, practicability; (med.) viability.
viable, *a.* viable, capable of living; feasible, practicable.
viadera, *f.* harness shaft of a loom.
viador, *m.* traveler, in a mystical sense.
viaducto, *m.* viaduct.
viajador, ra, *n.* traveler.
viajante. I. *a.* traveling. II. *n.* traveler; commercial traveler.
viajar, *vn.* to travel, journey.
viajata, *f.* trip, excursion.
viaje, *m.* journey, voyage, travel, trip; passage; gait; excursion; errand; load carried at once; (hydraul.) water main, water supply; way, road; (arch.) obliquity.—**v. astronáutico,** space trip.—**v. de ida y vuelta** or **redondo,** round trip.—**v. espacial,** space trip.—**v. interplanetario,** interplanetary trip.—**buen v.,** Godspeed, bon voyage.—**de v.,** traveling, on a journey; about to start on a journey.
viajero, ra, *n.* traveler; passenger.
vial. I. *a.* pertaining to roads. II. *m.* avenue, lane, boulevard.—**vialidad,** *f.* system of public roads; road engineering, road making.

vianda, *f.* (often in the *pl.*) food, viands, victuals, fare; meal.—*pl.* (Cuba) vegetables for a stew.
viandante, *n.* traveler, passenger; tramp.
viaraza, *f.* (vet.) looseness, diarrhœa.
viaticar. I. *va.* (eccl.) to administer the viaticum to. **II.** *vr.* to receive the viaticum.
viático, *m.* viaticum, provision for a journey, traveling expenses; (eccl.) viaticum.
víbora, *f.* viper; perfidious person.
viborezno, na, *m.* young, small viper.
vibración, *f.* vibration.
vibrador, ra. I. *a.* vibrating. **II.** *m.* vibrator.
vibrante, *a.* vibrating, shaking.
vibrar. I. *va.* to vibrate; to brandish; to throw, dart. **II.** *vn.* to vibrate.
vibrátil, *a.* vibratile.
vibratorio, ria, *a.* vibratory.
vibrión, *m.* (bacteriol.) vibrio.
viburno, *m.* (bot.) viburnum.
vicaria, *f.* assistant mother superior.
vicaría, *f.* vicarship; vicarage.—**v. perpetua,** perpetual curacy.
vicarial, *a.* vicarial.
vicariato, *m.* vicarage; vicarship.
vicario, ria. I. *a.* vicarial, vicarious; vicariate. **II.** *m.* vicar, deputy; (eccl.) vicar, vicariate.—**v. de coro,** vicar choral, superintendent of the choir.—**v. general,** vicar-general.
vicealmiranta, *f.* galley next in order to the admiral's.
vicealmirantazgo, *m.* vice admiralty.
vicealmirante, *m.* vice admiral.
vicecancelario, *m.* vice chancellor (of a university).
vicecanciller, *m.* vice chancellor.
viceconsiliario, *m.* vice counsellor.
vicecónsul, *m.* vice consul.
viceconsulado, *m.* vice consulate.
vicecristo, vicediós, *m.* sovereign pontiff.
vicegerencia, *f.* position of assistant manager.
vicegerente, *m.* assistant manager.
vicegobernador, ra, *n.* vice governor, lieutenant governor.
vicenal, *a.* lasting twenty years; occurring every twenty years.
vicepresidencia, *f.* vice presidency.
vicepresidencial, *a.* vice presidential.
vicepresidente, ta, *n.* vice president.
viceprovincia, *f.* (eccl.) religious houses enjoying the rank of a province.
vicerrector, ra, *n.* vice rector; assistant director.
vicerregente, *m.* vice regent.
vicesecretaría, *f.* assistant secretaryship.
vicesecretario, ria, *n.* assistant secretary.
vicésimo, ma, *a.* twentieth.
vicetesorero, ra, *n.* assistant treasurer.
viceversa. I. *adv.* vice versa, conversely. **II.** *m.* illogical statement, thing or action.
vicia, *f.* tare.
viciado, da. I. *pp.* of VICIAR. **II.** *a.* foul, contaminated.
viciar. I. *va.* to vitiate, mar, spoil; to counterfeit, adulterate; to forge, falsify; to annul, make void, invalidate; to deprave, pervert, corrupt; to misconstrue. **II.** *vr.* to give oneself up to vice; to become too much attached or addicted, to contract a (bad) habit.
vicio, *m.* vice; (bad) habit; defect, blemish; artifice, fraud; excessive appetite, extravagant desire; excessive growth of plants; forwardness, waywardness (of children); vices of horses or mules.—**de v.,** by habit or custom.—**quejarse de v.,** to complain habitually.—**tener el v. de,** to have the habit of; to be in the habit of.
viciosamente, *adv.* viciously; falsely; corruptly.
vicioso, sa, *a.* vicious; defective; given to vice, licentious; spoiled (child); luxuriant, overgrown, vigorous; abundant.
vicisitud, *f.* vicissitude.
vicisitudinario, ria, *a.* vicissitudinary.
viclefismo, *m.* Wycliffism.
viclefista, viclefita, *n.* & *a.* Wycliffite.
víctima, *f.* victim.—**victimario,** *m.* (anc.) servant attending sacrificing priest.
victo, *m.* a day's sustenance.
¡victor! *interj.* & *m.* shout, huzza; long live!
victorear, *va.* to shout, huzza for, give a clamorous ovation to.
[1]**victoria,** *f.* victory, triumph, palm.—**cantar la v.,** to celebrate or proclaim a victory.—**cantar v.,** to proclaim, or boast of, a victory.—**victorial,** *a.* pertaining to victory.
[2]**victoria,** *f.* (Angl.) victoria (carriage).
victoriano, na, *a.* & *n.* Victorian.
victoriosamente, *adv.* victoriously.
victorioso, sa, *a.* victorious, triumphant.
vicuña, *f.* vicuña, a S. A. ruminant.
vid, *f.* (bot.) vine, grapevine.
vida, *f.* life; living person, human being; living, sustenance, livelihood; state, condition; activity, animation, liveliness; (law) term of ten years.—**v. airada,** licentious life, gay life.—**v. ancha,** good, comfortable living.—**v. mía,** dearest, darling.—**v. y. milagros de una persona,** a person's life and history (implying that the "history" is bad).—**buena v.,** good or high living.—**buscar la v.,** to earn an honest livelihood; to seek one's fortune; to inquire into the life (of).—**dar mala v.,** to treat ill, to abuse.—**darse buena v.,** to live comfortably.—**de mala v.,** disreputable, licentious.—**de por v.,** for life, during life.—**en v.,** while living, during life.—**en la v.,** or **en mi v.,** never.—**ganarse la v.,** to make, earn one's living.—**gran v.** = BUENA V.—**hacer v.,** to live together.—**mi v.** = V. MÍA.—**pasar la v.,** to live very frugally.—**por v.** = DE POR V.—**¡por v.!** by Jove!—**¡por v. mía!** upon my soul! by my soul!—**tener siete vidas,** to have the nine lives of the cat.
vide, vide, see (in references) (abbr. *V.*).
vidente. I. *a.* seeing. **II.** *m.* seer, prophet.
¡vidita! *f.* (Am.) dearest, darling.
vidorria, *f.* (S. A., derog.) miserable, forlorn life, (coll.) dog's life.
vidriado, da. I. *pp.* of VIDRIAR. **II.** *a.* glazed. **III.** *m.* glazing; glazed earthenware, crockery.
vidriar, *va.* to varnish, to glaze (earthenware).
vidriera, *f.* glass window or partition; glass case, show case, show window.
vidriería, *f.* glazier's shop; glass factory; glass shop; glassware.
vidriero, ra, *n.* glazier; glassblower; glass dealer.
vidrio, *m.* glass; any article made of glass; anything very delicate and brittle; a very touchy person.—**v. coloreado,** or **de color,** stained glass.—**vidrios de vidriera,** or **planos,** window glass.—**ir al v.,** to ride backward in a coach.—**pagar los vidrios rotos,** to receive undeserved punishment, to be made a scapegoat.
vidriosidad, *f.* vitreousness; glassiness.
vidrioso, sa, *a.* vitreous, brittle; glassy; slippery (from sleet); peevish, touchy.
vidual, *a.* pertaining to widowhood.
vidueño, viduño, *m.* quality of grape vines.
viejarrón, na, *m.* (coll.) old codger.
viejecito, ita, zuelo, ela, *a.* & *n. dim.* little old man(woman).
viejo, ja. I. *a.* old; aged; ancient, antiquated; stale; worn-out; old-fashioned. **II.** *n.* old man (woman).—**v. verde,** (coll.) rake.
vienense, *n.* & *a.* of or from Vienne (France).
vienés, sa, *n.* & *a.* Viennese, of Vienna (Austria).
vienta, viente, *v. V.* VENTAR.
vientecillo, *m. dim.* light wind.
viento, *m.* wind; vanity, petty pride, airs; scent of dogs; nape bone of a dog, between the ears; brace, guy, bracing rope; (artil.) windage; (naut.) course.—**v. calmoso,** light unsteady wind.—**v. contrario,** foul wind.—**v. de bolina,** (naut.) scant wind.—**v. de la hélice,** (aer.) slip stream.—**v. de tierra,** land breeze.—**v. en popa,** wind right aft, before the wind; (fig.)

prosperously, very well.—**v. entero,** wind from one of the cardinal points or four points from any of them.—**v. escaso,** slack wind.—**v. fresco,** (naut.) fresh breeze.—**v. puntero** = V. ESCASO.—**v. terral** = V. DE TIERRA.—**vientos alisios,** trade winds.—**con v. contrario,** (naut.) against the wind.—**contra v. y marea,** (fig.) against all odds; come what may.—**el v. se ha cargado al norte,** the wind has veered to the north.—**medio v.,** wind two points from any of the eight principal points of the compass.—**quitar el v. a un bajel,** to blanket a ship.

vientre, *m.* abdomen; belly; bowels; stomach; pregnancy; womb; widest part of vessels.

vientrecillo, *m. dim.* ventricle.

viernes, *m.* Friday; fast day.—**V. Santo,** Good Friday.—**cara de v.,** wan, thin face.

vierteaguas, *m.* (arch.) flashing, run-off plate or device.

vierto, vierta, *v. V.* VERTER.

vietnamés, mesa, *a.* & *n.* Vietnamese, Viet-Namese.

vietnamita, *a.* & *n.* Vietnamese, Viet-Namese.

viga, *f.* beam, girder, joist, rafter, baulk; (eng.) bridge truss; mill beam; quantity of olives pressed by the beam at once.—**v. armada,** trussed beam.—**v. de aire,** joist.—**v. de alma llena,** plate girder.—**v. maestra,** summer, chief supporting beam.

vigencia, *f.* operation (of a law), state of being in force; legal disposition; life (of a ruling body, etc.); (Colomb.) fiscal year.—**en v.,** (law) in force; standing.

vigente, *a.* (law) in force; standing.

vigesimal, *a.* vigesimal.

vigésimo, ma, *a.* twentieth.

vigía. I. *f.* watchtower; watch, watching; (naut.) shoal, rock. **II.** *m.* lookout, watch.

vigiar, *vn.* to keep a lookout, to watch.

vigilancia, *f.* vigilance, watchfulness.

vigilante. I. *a.* watchful, vigilant, careful. **II.** *m.* watchman, guard; (Arg.) policeman.

vigilantemente, *adv.* vigilantly.

vigilar, *va.* & *vn.* to watch (over), to keep guard, to look out (for).—**vigilativo, va,** *a.* causing sleeplessness or wakefulness.

vigilia, *f.* vigil, wakefulness, watchfulness, watching; nocturnal study; (eccl.) vigil, fast; eve; (mil.) watch, guard.—**comer de v.,** to fast (abstain from meat).

vigor, *m.* vigor.—**en v.,** in force, in effect (as a law).—**vigorar,** *va.* = VIGORIZAR.

vigorizador, ra, *a.* invigorating.—**v. del cabello,** hair tonic.

vigorizante, *a.* invigorating.

vigorizar, *va.* (*pret.* VIGORICÉ; *subj.* VIGORICE) to strengthen, invigorate; to encourage.

vigorosamente, *adv.* vigorously, lustily.

vigorosidad, *f.* vigor.

vigoroso, sa, *a.* vigorous; substantial.

vigota, *f.* (naut.) deadeye, chain plate.

viguería, *f.* set of girders or beams; timberwork.

vigués, sa, *a.* of or from Vigo.

vigueta, *f. dim.* small beam, joist; beam.

vil, *a.* vile, mean, base, despicable.

vilano, *m.* burr or down of the thistle.

vilayato, *m.* vilayet (Turkish province).

vileza, *f.* baseness, meanness, vileness; infamous deed, base act or conduct.

vilipendiador, ra, *a.* & *n.* reviler(-ing).

vilipendiar, *va.* to contemn, revile.

vilipendio, *m.* contempt; reviling.

vilipendioso, sa, *a.* contemptible.

vilmente, *adv.* vilely, basely, contemptibly.

vilo.—en v., *adv.* in the air; insecurely; in suspense.

vilordo, da, *a.* slothful, lazy, heavy.

vilorta, *f.* hoop, ring of twisted willow; clasp ring of a plow; washer; game resembling lacrosse.

vilorto, *m.* a variety of reed; snare of this reed; reed or twig hoop; crosse for playing VILORTA.

vilos, *m.* (P. I.) two-masted vessel.

viltrotear, *vn.* to loaf, to walk the streets.

villa, *f.* town; government of a town; country-house, villa.

Villadiego, *m.*—**coger,** or **tomar, las de V.,** to run away, to sneak out, "to beat it."

villaje, *m.* village; hamlet.

villanada, *f.* villainous, despicable act.

villanaje, *m.* villeinage; peasantry.

villanamente, *adv.* boorishly; villainously.

villancejo, villancete, villancico, *m.* Christmas carol.—**villanciquero,** *m.* writer or singer of Christmas carols.

villanchón, na, *a.* rustic, rude.

villanería, *f.* lowness of birth; meanness.

villanesco, ca, *a.* rustic, rude, boorish.

villanía, *f.* lowness of birth, meanness; villainy, villainousness; vile, base deed.

villano, na. I. *a.* rustic, boorish; villainous, base. **II.** *n.* villain; base, contemptible person; rustic, peasant. **III.** *m.* a Spanish tune and dance.

villanote, *a.* & *m. aug.* great villain.

villar, *m.* village, hamlet.

villazgo, *m.* charter of a town; town tax.

villeta, *f. dim.* small town or borough.

villoría, *f.* hamlet, settlement, farm.

villorín, *m.* a sort of coarse cloth.

villorrio, *m.* (contempt.) small village or hamlet.

vimbre, *m.* (bot.) = MIMBRE, osier, willow.

vimbrera, *f.* (bot.) = MIMBRERA, osier, willow.

vinagrada, *f.* refreshment made with vinegar.

vinagre. I. *m.* vinegar; acidity, sourness. **II.** *a.* (Colomb.) disagreeable; sour (milk, etc.). **III.** *n.* (coll.) grouchy person (also **cara de v.**).—**vinagrero, ra. I.** *n.* vinegar merchant. **II.** *f.* vinegar cruet, caster; (S. A.) heartburn.—**vinagreta,** *f.* (cook.) vinegar sauce.—**vinagrillo,** *m. dim.* weak vinegar; cosmetic lotion; rose vinegar; rose-vinegar snuff.—**vinagroso, sa,** *a.* vinegary, vinegarish, sourish; peevish, grouchy.

vinajera, *f.* (eccl.) wine vessel for the mass.

vinar, *a.* = VINARIO.

vinariego, *m.* owner of vineyards; viticulturist.

vinario, ria, *a.* pertaining to wine.

vinatera, *f.* (naut.) strop, tricing line.

vinatería, *f.* wine trade; wine shop.

vinatero, ra. I. *a.* pertaining to wine. **II.** *n.* vintner, wine merchant.

vinaza, *f.* wine drawn from the lees.

vinazo, *m.* very strong wine.

vincapervinca, *f.* (bot.) vinca, periwinkle.

vinculable, *a.* that may be entailed.

vinculación, *f.* (law) entail.

vincular, *va.* (law) to entail; to ground or found upon; to continue, to perpetuate.

vínculo, *m.* tie, bond; vinculum; (law) entail.

vincha, *f.* (S. A.) kerchief for the head or hair.

vinchuca, *f.* (S. A.) a kind of winged bedbug.

vindicación, *f.* vindication.

vindicador, ra, *n.* & *a.* vindicator(-ing).

vindicar, *va.* (*pret.* VINDIQUÉ; *subj.* VINDIQUE) to vindicate; to avenge; to assert (as rights), defend; (law) to reclaim, repossess, replevy.—**vindicativo, va,** *a.* vindictive, revengeful; vindicating, vindicative.—**vindicatorio, ria,** *a.* vindicatory.

vindicta, *f.* vengeance, revenge.—**v. pública,** public punishment; censure of public opinion.

vine, etc., *v. V.* VENIR.

vínico, ca, *a.* vinic, pertaining to wine.

vinícola. I. *a.* wine (as *a.*); vinicultural. **II.** *n.* = VINARIEGO.

vinicultor, ra, *n.* viniculturist.

vinicultura, *f.* viniculture, wine-making.

viniebla, *f.* (bot.) hound's tongue.

vinífero, ra, *a.* viniferous.

vinificación, *f.* vinification.

vinilo, *m.* (chem.) vinyl.

vinillo, *m.* very weak wine.

vino, *m.* wine; fermented juice of any fruit.—**v. clarete,** claret or pale red wine.—**v. cubierto,** dark-red wine.—**v. de coco,** (P. I.) fermented

milk of cocoanuts.—**v. de cuerpo,** strong-bodied wine.—**v. de Jerez,** sherry wine.—**v. de lágrima,** mother-drop or virgin wine.—**v. de Madeira,** Madeira wine.—**v. de mesa,** table wine.—**v. de nipa,** (P. I.) fermented juice of nipa.—**v. de Oporto,** port wine.—**v. de pasto,** table wine.—**v. de postre** = V. GENEROSO.—**v. flojo,** thin or weak wine.—**v. generoso,** strong, old wine; after-dinner wine.—**v. peleón,** very common wine.—**v. rancio,** fine old wine.—**v. seco,** dry wine.—**v. tinto,** red table wine.—**tomarse del v.,** to get drunk.
vinolencia, *f.* excess in drinking wine.
vinolento, ta, *a.* too fond of wine.
vinosidad, *f.* vinosity.
vinoso, sa, *a.* vinous; addicted to wine.
vinote, *m.* liquid remaining in the boiler after distilling wine.
vinta, *f.* (P. I.) = BAROTO, small boat.
vintén, *m.* (Uru.) a copper coin (about 2 cents).
viña, *f.* vineyard.—**viñadero, ra,** *n.* keeper of a vineyard.—**viñador, ra,** *n.* viticulturist; husbandman.—**viñatero, ra,** *n.* & *a.* (S. A.) = VIÑADOR; VIÑADERO.—**viñedo,** *m.* vineyard.—**viñero, ra,** *n.* owner of vineyards.
viñeta, *f.* (print. and photog.) vignette.
viñetero, *m.* (print.) font case for vignettes.
viñuela, *f. dim.* small vineyard.
[1]**viola,** *f.* (mus.) viola; viola player.
[2]**viola,** *f.* (bot.) violet.
violable, *a.* violable.
violáceo, cea, *a.* (bot.) violaceous; violet, violet-colored.
violación, *f.* violation.
violado, da, *a.* & *m.* violet (color).
violador, ra, *n.* violator; infringer; profaner.
[1]**violar,** *va.* to violate, break, infringe; to ravish, rape; to profane, desecrate; to spoil, to tarnish.
[2]**violar,** *m.* patch or bed of violets.
violencia, *f.* violence; compulsion, force; rape, outrage.
violentamente, *adv.* violently; forcibly.
violentar. I. *va.* to do violence to; to break into. **II.** *vr.* to force oneself (to do something distasteful); to control one's unwillingness.
violento, ta, *a.* violent; impulsive; irascible; furious; forced, unnatural; strained, absurd, misconstrued; exceedingly intense or severe, (coll.) "awful."—**sentirse v.,** to be embarrassed.
violero, *m.* viola player.
violeta, *f.* (bot.) violet.
violeto, *m.* clingstone peach.
violín. I. *m.* violin. **II.** *n.* violinist.
violinista, *n.* (mus.) violinist.
violón, *m.* (mus.) bass viol, double bass; bass-viol player.—**tocar el v.,** to do or say something absurd or nonsensical; to talk through one's hat.
violoncelista, *n.* violoncellist, cellist.
violoncelo, *m.* (mus.) violoncello, cello.
violonchelista, *n.* violoncellist, cellist.
violonchelo, *m.* = VIOLONCELO.
vipéreo, rea, viperino, na, *a.* viperine; viperous, venomous.
vira, *f.* dart, arrow; welt of a shoe.
viracocha, *n.* (Chile, Peru) Spaniard.
virada, *f.* (naut.) tacking, tack.
virador, *m.* (naut.) top-rope; viol.
virago, *f.* mannish woman.
viraje, *m.* turn, change in course or direction.
virar, *va.* (naut.) to tack, veer, put about; to wind, twist (as the capstan).—**v. de bordo,** (naut.) to tack; to change one's course, take another way.
viratón, *m.* large dart or arrow.
virazón, *f.* sea breeze.
víreo, *m.* (ornith.) vireo.
virgen. I. *n.* & *a.* virgin. **II.** *f.* standard of the beam of an oil mill; **(V-)** Virgin (Mary); **(V-,** astr.) Virgin, Virgo.
virgiliano, na, *a.* Virgilian.
virginal; virgíneo, nea, *a.* virginal, virgin.
virginia, *f.* (bot.) Virginia tobacco.
virginiano, na, *n.* & *a.* Virginian.
virginidad, *f.* virginity.
virginio, *m.* (chem.) virginium.
virgo, *m.* virginity; (anat.) hymen; **(V-,** astr.) Virgo, Virgin.
vírgula, *f.* virgule, small rod; light, short line, accent; (bacteriol.) cholera bacillus.—**virgulilla,** *f.* fine stroke or light line, accent.
[1]**viril,** *m.* clear and transparent glass; (eccl.) monstrance.
[2]**viril,** *a.* virile, manly.—**virilidad,** *f.* virility, manhood; vigor, strength.
virilmente, *adv.* in a manly manner.
virina, *f.* (P. I.) glass shade for candles; (auto) windshield.
virio, *m.* (ornith.) vireo.
viripotente, *a.* (of young woman) marriageable nubile; vigorous, strong.
virol, *m.* (her.) virole.
virola, *f.* collar, clasp; check ring on goads.
virolento, ta, *a.* having smallpox; pock-marked
virología, *f.* virology.
virólogo, ga, *n.* virologist.
virón, *m. aug.* large dart.
viroso, sa, *a.* virose, poisonous.
virotazo, *m.* wound with a VIROTE.
virote, *m.* shaft, dart, arrow; iron rod fastened to a collar on the neck of a slave to prevent his running away; vine three years old; (coll.) stuck-up man; April fool's trick.—**virotillo,** *m.* (arch.) intertie; (mech.) stay, stay rod, stay-bolt.—**virotismo,** *m.* conceit, airs.
virreina, *f.* wife of a viceroy.
virreinato, virreino, *m.* viceroyship.
virrey, *m.* viceroy.
virtual, *a.* virtual.—**virtualidad,** *f.* virtuality.—**virtualmente,** *adv.* virtually, in effect, practically, almost.
virtud, *f.* virtue; efficacy, power; virtuous life; vigor, courage.—*pl.* (theol.) fifth choir of the celestial spirits.—**virtudes cardinales,** cardinal virtues.—**virtudes teologales,** theological virtues (faith, hope, charity).—**en v. de,** in or by virtue of.
virtuosamente, *adv.* virtuously.
virtuoso, sa, *a.* virtuous, righteous; chaste; powerful, vigorous; (mus.) *a.* & *n.* virtuoso.
viruela, *f.* (med.) pock; smallpox.—**viruelas bastardas,** chicken pox.—**viruelas locas,** light case of smallpox.
virulencia, *f.* virulence; acrimony, malignity.
virulento, ta, *a.* virulent; malignant; purulent.
virus, *m.* (med.) virus; poison, contagion.
viruta, *f.* wood shaving.
vis, *f.*—**v. cómica,** (theat.) verve.
visa, *f.* visa, visé.
visado, da. I. *pp.* of VISAR. **II.** *m.* visa.
visaje, *m.* grimace, grin, smirk.—**hacer visajes,** to make wry faces.
visajero, ra, *n.* one who makes faces, grimaces.
visar, *va.* to visé; to countersign; to O.K.
visaya. I. *a.* & *n.* Visayan. **II.** *m.* Visayan language.
víscera, *f.* viscus.—*pl.* viscera.—**visceral,** *a.* visceral.
visco, *m.* = LIGA, birdlime.
viscosidad, *f.* viscosity.
viscoso, sa, *a.* viscous, mucilaginous.
visera, *f.* visor of a cap or helmet; eyeshade; box with a spy hole, used by pigeon fanciers; (Cuba) blinder (for a horse).
visibilidad, *f.* visibility.
visible, *a.* visible; evident; conspicuous.
visiblemente, *adv.* visibly; evidently.
visigodo, da, *n.* & *a.* Visigoth.
visigótico, ca, *a.* Visigothic.
visillo, *m.* window curtain or shade.
visión, *f.* sight; vision; fantasy; phantom, ap-

parition; revelation; (coll.) grotesque person, guy.—**ver visiones,** to be deluded, be "seeing things."
visionario, ria, *a.* & *n.* visionary.
visir, *m.* vizier, Turkish prime minister.
visirato, *m.* viziership, vizierate.
visita, *f.* visit; social call; visitor, caller, guest, company; visitation, inspection; (eccl.) tribunal for the inspection of prisons; hall of that tribunal; (med.) visit.—**v. de aspectos,** medical inspection of passengers.—**v. de cumplido,** or **de cumplimento,** formal call.—**v. de médico,** (coll.) (humor.) short or hurried call.—**v. de sanidad,** health inspection.—**v. domiciliaria,** official visit or inspection of a suspected house; social-work call.—**hacer una v.,** to pay a call. —**pagar una v.,** to return a call.—**tener v.,** to have company or callers.
visitación, *f.* visitation, visiting, visit.
visitador, ra. I. *a.* calling (gen. frequently). **II.** *n.* visitor, visitant, caller; searcher, surveyor, inspector.—**v. de registro,** customs officer who boards ships.
visitadora, *f.* (C. A.) enema.
visitante, *n.* & *a.* visitor(-ing), caller(-ing).
visitar. I. *va.* to visit; to call on; to inspect, search, examine; (med.) to visit (a patient); (law) to make a judicial visit or search of; (naut.) to search (ships); to appear to, as a spirit; to frequent; (eccl.) to visit (religious persons and establishments) as an ecclesiastical judge; (theol.) to send a divine counsel to; (law) to make an abstract of the charge against a prisoner at visitation. **II.** *vr.* to visit one another, call on one another.
visiteo, *m.* frequent visiting or calling.
visitero, ra, *a.* (coll.) fond of making calls.
visitica, illa, *f. dim.* short call.
visitón, *m. aug.* (coll.) long and tedious call.
visivo, va, *a.* visive, pert. to power of seeing.
vislumbrar, *va.* to glimpse, to have a glimmer of; to see imperfectly at a distance; to know imperfectly; to suspect, surmise.
vislumbre, *f.* glimpse, glimmer, glimmering; conjecture, surmise; appearance, semblance.
viso, *m.* elevated spot, outlook; lustre, gleam, sheen, flash, glare; colored slip worn under a transparent frock; color, cloak, pretense, pretext; aspect, appearance.—**a dos visos,** with a double view or design.—**al v.,** (of fabrics) viewed sidewise to examine the sheen.—**de v.,** conspicuous, prominent.
visogodo, da, *a.* & *n.* Visigoth.
visón, *m.* American mink.
visor, *m.* (photog.) view finder.
visorio, ria. I. *a.* visual, optic. **II.** *m.* expert examination.
víspera, *f.* eve, day before; forerunner; anything that precedes another.—*pl.* vesper, evening; (eccl.) vespers.—**v. de natal,** Christmas Eve.—**en vísperas de,** on the eve of.
vista. I. *f.* sight; seeing, vision; view; vista; eye, eyesight; glance, look; aspect, looks; apparition; meeting, interview: clear knowledge or perception; relation, connection; comparison; intent, view, purpose; opinion, judgment; opening, light (window, skylight, etc.); (law) trial.—**v. cansada,** farsightedness.—**v. corta,** nearsightedness.—**aguzar la v.,** to look sharp.—**a la simple v.,** (of the solution of a problem, etc.) at first sight; by inspection.—**a la v.,** at once, immediately; at sight; in sight; (com.) at sight.—**a primera v.,** at first sight.—**a v. de,** in presence of.—**a v. de ojos,** with one's own eyes.—**dar una v.,** to give a passing glance.—**de v.,** by sight.—**echar la v. a,** to choose; to set one's eye on.—**echar una v. a,** to look after, to watch.—**en v. de,** in view of, considering.—**estar a la v.,** to be obvious.—**hacer la v. gorda,** to wink at, overlook, connive.—**hasta la v.,** au revoir, good-bye.—**perder de v.,** to lose sight of.—**perderse de v.,** to go out of sight; (coll.) to excel; to be very smart.—**tener a la v.,** to have before one, or before one's eyes. —**tener v.,** to be showy.—**tener v. a,** to face, look out on. **II.** *n.* customs officer. **III.** *f. pl.* meeting, conference, interview; wedding presents from a bride and bridegroom to each other; bosom, collar and cuffs of a shirt.
vistaria, *f.* (bot.) wisteria.
vistazo, *m. aug.* glance.—**dar un v. a,** to glance at, give a look at.
vistillas, *f. pl.* place commanding a good view, lookout.
[1]**visto, ta. I.** *pp. irreg.* of VER. **II.** *a.* obvious, evident, clear; (law) whereas.—**bien v.,** proper or approved, good form.—**mal v.,** improper or disapproved, bad form.—**v. bueno** (in abbreviation V°. B°.), correct, approved, O.K.—**v. es,** or **v. está,** it is evident.—**v. que,** considering that, since.—**no v.,** or **nunca v.,** unheard of.—**por lo v.,** apparently, it seems evident, judging from the facts; according to the above. **III.** *m.* (law) preambulatory clause beginning with "whereas."
[2]**visto, vista, vistió,** *v. V.* VESTIR.
vistosamente, *adv.* beautifully; gaudily.
vistoso, sa, beautiful; showy; flaring, loud.
visual. I. *a.* visual; of sight. **II.** *f.* line of sight.
visualidad, *f.* pleasure in viewing attractive objects.
visura, *f.* ocular inspection; expert examination or inspection.
vital, *a.* vital; essential, necessary.
vitalicio, cia. I. *a.* lasting for life; during life. **II.** *m.* life-insurance policy.
vitalicista, *n.* one who enjoys a life annuity.
vitalidad, *f.* vitality.
vitalismo, *m.* vitalism.
vitalista, *a.* & *n.* vitalist.
vitalizar, *va.* to vitalize.
vitamina, *f.* (biochem.) vitamin.
vitamínico, ca, *a.* vitaminic.
vitando, da, *a.* that ought to be shunned or avoided; odious, execrable.
vitela, *f.* vellum, parchment.
vitelina. I. *a.* (biol.) vitelline. **II.** *f.* (biochem.) vitellin.
vitelo, *m.* (biol.) vitellus, egg yolk.
vitícola. I. *a.* viticultural. **II.** *n.* VITICULTOR.
viticultor, ra, *n.* viticulturist, grape grower.
viticultura, *f.* viticulture, grape growing.
vitiligo, *m.* (med.) vitiligo, white spots on skin.
vito, *m.* a lively dance and tune.
vitola, *f.* (mil.) ball calibre, standard gauge; standard shape and size for cigars; (Am.) appearance, mien.
vítor, *m.* triumphal pageant; memorial tablet.—**¡v.!** long live!—**vitorear,** *va.* to cheer, acclaim.
vitral, *m.* stained-glass window, church window.
vitre, *m.* thin canvas.
vítreo, a, *a.* vitreous, glassy.
vitrescible, *a.* vitrescent, that can become glass.
vitrificable, *a.* vitrifiable.
vitrificación, *f.* vitrification.
vitrificar, *va.* to vitrify.
vitrina, *f.* show case; (Am.) show window.
vitriólico, ca, *a.* vitriolic.
vitriolo, *m.* vitriol; sulphate.—**v. amoniacal,** ammonium sulphate.—**v. azul,** blue vitriol.—**v. blanco,** white vitriol.—**v. de plomo,** (min.) anglesite, lead-sulphate ore.—**v. verde,** green vitriol.
vitualla, *f.* (gen. in the *pl.*) victuals, provisions; abundance of food, mainly of vegetables.
vituallar, *va.* (mil.) to victual.
vítulo marino, *m.* = BECERRO MARINO, seal.
vituperable, *a.* vituperable, blameworthy.
vituperación, *f.* vituperation.
vituperador, ra, *n.* & *a.* vituperator(-ing).
vituperante, *a.* vituperating, vituperative.
vituperar, *va.* to vituperate.
vituperio, *m.* vituperation.
vituperiosamente, vituperosamente, *adv.* vituperatively.

vituperioso, sa; vituperoso, sa, *a.* vituperative.
viuda, *f.* widow; dowager; (bot.) mourning bride.
viudal, *a.* pertaining to a widow or widower.
viudedad, *f.* widow's pension.
viudez, *f.* widowhood.
viudita, *f. dim.* spruce little widow; (bot.) VIUDA.
viudo. I. *m.* widower. **II.** *a.* (of birds) pairing.
viva. I. *m.* huzza, cheer, shout, acclamation. **II. ¡v.!** *interj.* long live! hurrah, huzza.
vivac, *m.* (mil.) bivouac; night guard.
vivacidad, *f.* vivacity, liveliness; brilliancy.
vivamente, *adv.* vividly; quickly; deeply.
vivandero, ra, *n.* (mil.) sutler.
vivaque, *m.* (mil.) bivouac.
vivaquear, *vn.* to bivouac.
vivar, *m.* warren, burrow; vivarium.
vivaracho, cha, *a.* lively, sprightly, frisky.
vivaz, *a.* lively, active, vigorous; ingenious, bright, witty; (bot.) perennial, evergreen.
viveral, *m.* (bot.) nursery.
víveres, *m. pl.* provisions, foodstuffs; (mil.) stores. —**v. de campaña,** (naut.) sea provisions, stores.
vivero, *m.* warren; hatchery; (bot.) nursery.
vivérrido, da, *a.* & *m.* or *f.* (zool.) viverrine.
viveza, *f.* liveliness, sprightliness; gaiety; briskness; ardor, vehemence; acuteness, perspicacity, quickness; witticism; strong resemblance; luster, splendor; grace and brilliancy in the eyes; thoughtless word or act.
vividero, ra, *a.* habitable.
vívido, da, *a.* vivid, bright.
vividor, ra. I. *a.* thrifty. **II.** *n.* long liver; sponger.
vivienda, *f.* dwelling, lodging, house.
viviente, *a.* living; animated.
vivificación, *f.* vivification, enlivening.
vivificador, ra, *n.* & *a.* vivifier(-ying), enlivener (-ing).
vivificante, *a.* vivifying, life-giving.
vivificar, *va.* to vivify, animate, enliven; to comfort, refresh.—**vivificativo, va,** *a.* vivifying, life-giving; comforting.
vivífico, ca, *a.* springing from life.
vivíparo, ra, *a.* (zool.) viviparous.
vivir. I. *vn.* & *va.* to live, be alive; to live, dwell; to last, endure, keep.—**¡viva!** hurrah! long live! —**v. de,** to live on (as one's investments, etc.). —**viva Vd. mil años,** or **muchos años,** may you live many years, or I wish you a long life (a form of courtesy.)—**¿quién vive?** (mil.) who goes there?—**quien vive,** qui vive, (be, being) on the alert. **II.** *m.* life, living, existence.—**mal v.,** riotous living.
vivisección, *f.* vivisection.
vivismo, *m.* Vivism, philosophico-theological system of Luis Vives.
vivo, va. I. *a.* alive, living, live; lively; intense; (of color) vivid; kindled, live (as fire); acute, ingenious; quick, bright, lively, smart; hasty; diligent, nimble; pure, clean; lasting, enduring; excellent; expressive, vehement, persuasive; raw (flesh), open (wound).—**a lo v., al v.,** to the life, vividly.—**de v. voz,** by word of mouth. —**en vivo,** living, alive.—**los vivos y los muertos,** the quick and the dead.—**tocar en lo v.,** to cut or hurt to the quick. **II.** *m.* edging, border; (sewing) piping; (bookbinding) rib, ridge, border; (arch.) sharp edge; (vet.) mange, itch, or scab in dogs.
vizcacha, *f.* viscacha, a S.A. rodent.
vizcachera, *f.* viscacha hole.
vizcainada, *f.* Basque action or behavior; (coll.) solecism.
vizcaíno, na, *n.* & *a.* Biscayan.
vizcondado, *m.* viscountship.
vizconde, *m.* viscount.—**vizcondesa,** *f.* viscountess.
vocablo, *m.* word, term.
vocabulario, *m* vocabulary, lexicon.
vocabulista, *n.* lexicographer; student of words.
vocación, *f.* vocation, calling; occupation.
vocal. I. *a.* vocal, oral; (gram.) vowel. **II.** *f.* (gram., print.) vowel. **III.** *n.* voter, in a congregation or assembly; member of a governing body.
vocalicé, vocalice, *v. V.* VOCALIZAR.
vocálico, ca, *a.* vocalic, vowel-like.
vocalización, *f.* (mus.) vocalization.
vocalizar, *vn.* (*pret.* VOCALICÉ; *subj.* VOCALICE) to vocalize, articulate.
vocalmente, *adv.* vocally, orally.
vocativo, va, *a.* & *m.* (gram.) vocative.
voceador, ra. I. *n.* vociferator. **II.** *m.* town crier.
vocear. I. *vn.* to vociferate, to cry out, shout. **II.** *va.* to cry, publish, proclaim; to call, hail; to cheer, acclaim; (coll.) to boast of publicly.
vocejón, *m.* harsh, raucous voice.
vocería, *f.*, **vocerío,** *m.* vociferation, clamor, outcry, shouting.
vocero, ra, *n.* spokesman (for another).
voces, *f. pl.* of voz.
vociferación, *f.* = VOCERÍA.
vociferador, ra, *n.* & *a.* vociferator(-ing), shouter (-ing); boaster(-ing).
vociferante, *a.* vociferating.
vociferar. I. *vn.* to vociferate, shout, clamor. **II.** *va.* to boast of loudly.
vocinglería, *f.* clamor, outcry; loquacity.
vocinglero, ra. I. *a.* prattling, chattering, vociferous. **II.** *n.* loud babbler.
vodka, *m.* vodka, a Russian liquor.
voila, *f.* term in the game of jackstones indicating that the cast may not count.
[1]volada, *f.* short flight.
[2]volada, *f.* (Am.) trick, bad turn.—**hacer,** or **jugar, una (mala) volada a,** to play a trick on, do a bad turn to.
voladera, *f.* float of a water wheel.
voladero, ra. I. *a.* flying, fleeting. **II.** *m.* precipice, abyss.
voladizo, za. I. *a.* projecting, jutting out. **II.** *m.* (arch.) corbel.
volado, da. I. *a.* (print.) high, superior, set above the level of the line.—**v. de genio,** (Am.) quick-tempered. **II.** *adv. m.* (Mex., Guat.) urgently. **III.** *m.* = BOLADO, fondant.
volador, ra. I. *a.* flying; running fast; swift; hanging in the air. **II.** *m.* skyrocket; (ichth.) flying fish; (bot.) a tropical tree of very hard wood. **III.** *f.* flywheel of a steam engine.
voladura, *f.* blast, explosion; blasting.
volandas.—en v., *adv.* in the air, as if flying; (coll.) rapidly, swiftly.
volandera, *f.* (mil.) runner; grindstone; (coll.) fib, lie; (mech.) washer; (print.) galley slice.
volandero, ra, *a.* (nestling) ready to fly; fluttering in the air; fortuitous, casual; unsettled, fleeting, variable.
volandillas.—en v. = EN VOLANDAS.
volando, *adv.* (Am.) quickly, at top speed.
volanta, *f.* (Cuba) two-wheel covered vehicle with very long shafts.
volante. I. *a.* flying, fluttering; unsettled. **II.** *m.* head ornament of light gauze; shuttlecock; game of shuttlecock and battledore; screen; coiners' stamp mill; balance wheel, escapement (of watch); (mech.) flywheel; balance beam; lackey, flunkey; flier, note, memorandum; (sewing) flounce; (Cuba) VOLANTA; linen coat; (Mex.) dress coat; (auto) steering wheel (also **v. de dirección**).
volantín, *m.* a fishing apparatus.
volantón, na, *a.* able to fly (nestling).
volapié, *m.* a feat in bullfighting.—**a v.,** half running, half flying.
volapuk, *m.* Volapük.
volar. I. *vn.* (*ind.* VUELO; *subj.* VUELE) to fly (as birds, kites, clouds, etc.); to flutter, hover (as insects); to run or move swiftly (as a train, arrow, etc.); to vanish, disappear; to rise in the air (as a steeple); to make rapid progress; act fast or quickly; to project, jut out, hang over; to extend, spread rapidly (as news); to explode, burst.—**echar a v.,** to disseminate; to divulge, publish. **II.** *va.* to blow up; to spring (a mine);

to blast; to irritate, exasperate; to put up (game); to disseminate, publish, spread, divulge.
volateo.—al v., *adv.* (shooting) on the wing.
volatería, *f.* fowling; sporting with hawks; poultry; fowls; flock of birds; (fig.) crowding conflicting ideas (in one's mind).—**de v.**, incidentally, in passing; at random, recklessly.
volátil, *a.* volatile; flying, wafting; changeable, fickle; fleeting.
volatilidad, *f.* (chem.) volatility.
volatilización, *f.* volatilization.
volatilizar, *va.* & *vr.* (*pret.* VOLATILICÉ; *subj.* VOLATILICE) to volatilize, vaporize.
volatín, *m.* acrobatic feat.
volatinero, ra, *n.* tightrope walker; aerialist; acrobat.
volatizar, *va.* (chem.) = VOLATILIZAR.
volavérunt, (Lat.) (coll.) the bird has flown; gone! (something) has disappeared, is gone.
volcán, *m.* volcano; excessive ardor; violent passion; excitable person or temperament.
volcanejo, *m. dim.* small volcano.
volcánico, ca, *a.* volcanic.
volcanología, *f.* volcanology.
volcanólogo, ga, *n.* volcanologist.
volcar. I. *va.* (*ind. pres.* VUELCO, *pret.* VOLQUÉ; *subj.* VUELQUE) to upset, overturn; to tilt; (naut.) to capsize; to make dizzy; to make (one) change his opinion; to make angry. **II.** *vr.* to upset.
volea, *f.* snaffle tree, whippletree; (games) volley.
voleador, *m.* (sports) batsman, batter.
volear, *va.* to volley (a ball); also *vn.* (baseball) to bat; to fire a volley at.
voleo, *m.* (games) volley; (dance) high step or kick.—**del primer v.**, or **de un v.**, (coll.) at one blow; in an instant.
volframio, *m.* (chem.) tungsten.
volframita, *f.* (min.) wolframite.
volición, *f.* volition.
volitar, *vn.* to flutter.
volitivo, va, *a.* volitional.
volqué, *pret.* of VOLCAR.
volquearse, *vr.* to tumble, to wallow.
volquete, *m.* tip cart, tilt cart.
volt, *m.* (elec.) volt.
voltaico, ca. I. *a.* (elec.) voltaic. **II.** *a.* & *n.* (of the) Upper Volta.
voltaísmo, *m.* (elec.) voltaism.
voltaje, *m.* (elec.) voltage.
voltámetro, *m.* (phys.) voltameter.
voltamperímetro, *m.* (elec.) wattmeter.
voltamperio, *m.* (elec.) volt ampere.
voltariedad, *f.* fickleness, inconstancy.
voltario, ria, *a.* fickle, inconstant, giddy.
volteador, ra, *n.* tumbler, acrobat.
voltear. I. *va.* to turn; to revolve; to overturn, change the order of; (arch.) to arch, to vault. **II.** *vn.* to turn; to revolve; to roll over; to tumble (as an acrobat). **III.** *vr.* to turn over; to upset; (coll.) to change one's party or creed.
voltejear, *va.* to whirl; (naut.) to tack.
volteleta, *f.* tumble, somersault; at cards, turning up the card that makes trumps.
volteo, *m.* whirl, whirling; revolution, turn; turning; overturning; felling; tumbling.
voltereta, *f.* = VOLTELETA.
volterianismo, *m.* Voltairianism.
volteriano, na, *a.* & *n.* Voltairian.
volteta, *f.* = VOLTELETA.
voltímetro, *m.* (elec.) voltmeter.—**v. aperiódico**, dead-beat, or aperiodic, voltmeter.
voltio, *m.* (elec.) volt.—**v.-amperio**, (elec.) volt-ampere.
voltizo, za, *a.* curled, twisted; versatile, inconstant, fickle.
vóltmetro, *m.* (elec.) voltmeter.
volubilidad, *f.* volubility.
voluble, *a.* easily moved about; voluble, fickle; (bot.) twining.
volublemente, *adv.* volubly.
volumen, *m.* volume (book); volume, size, bulk; corpulence.
volumetría, *f.* volumetry.
volumétrico, ca, *a.* volumetric.
voluminoso, sa, *a.* voluminous; bulky.
voluntad, *f.* will; goodwill, benevolence, kindness; desire, pleasure; disposition, precept; consent.—**a v.**, (com.) optional, at will.—**de buena v.**, or **de v.**, with pleasure, willingly.—**de mala v.**, unwillingly.
voluntariamente, *adv.* voluntarily.
voluntariedad, *f.* voluntariness; wilfulness.
voluntario, ria, *a.* & *n.* voluntary(-eer).
voluntariosamente, *adv.* wilfully.
voluntarioso, sa, *a.* wilful, self-willed.
voluptuosamente, *adv.* voluptuously; licentiously.
voluptuosidad, *f.* voluptuousness; licentiousness.
voluptuoso, sa, *a.* voluptuous; licentious, lustful, lewd.
voluta, *f.* (arch.) volute.
[1]**volvedor**, *m.* tap wrench, turnscrew.
[2]**volvedor, ra**, *a.* (Colomb.) (of horse) that runs away back to its home.
volver. I. *va.* (*pp.* VUELTO; *ind.* VUELVO; *subj.* VUELVA) to turn; turn up, turn over, turn upside down or inside out; to return, pay back, give or send back; to give up; to direct, aim; to translate; to restore, reinstate; to change the outward appearance of; to invert, change, move; to vomit; to persuade, convince; to reflect (sound); to give (change in sales); to close, pull or push to (door or shutter); to reëstablish, to replace; to plow a second time.—**v. la cara**, to turn one's head, turn around.—**v. loco**, to drive crazy, distract. **II.** *vn.* to return, come, or go, back; to come again; to turn (to the right, etc.).—**v. a**, to . . . again (*volver a cantar*, to sing again; *Juan me volvió a escribir*, John wrote to me again).—**v. atrás**, to come, or go, back.—**v. en sí**, to recover consciousness, come to.—**v. por**, to stand up for, to defend.—**v. por sí**, to defend oneself; to redeem one's credit.—**v. sobre sí**, to mend one's ways; to make up one's losses; to recover one's equanimity.—**v. sobre (sus) pasos**, to retrace (one's) steps. **III.** *vr.* to turn, become; to turn or get sour; to turn about, turn around; to change one's views.—**v. atrás**, to flinch; to back out.—**v. la tortilla**, to turn the tables or scales.—**v. loco**, to lose one's mind, to become crazy or distracted.
volvible, *a.* capable of being turned, turned over or inverted.
volvo, vólvulo, *m.* (med.) volvulus, ileus.
vómer, *m.* (anat.) vomer.
vomicina, *f.* (chem.) brucine, vomicine.
vómico, ca. I. *a.* causing vomiting; vomitive. **II.** *f.* (med.) vomica.
vomipurgante, vomipurgativo, va, *a.* & *m.* both purgative and emetic.
vomitado, da, *a.* (coll.) meager; pale.
vomitador, ra, *n.* one who vomits.
vomitar, *va.* to vomit; to eject, throw out, disgorge; discharge; to break out into (insults, etc.); to give out, reveal; to give up, surrender.
vomitivo, va, *m.* & *a.* emetic.
vómito, *m.* vomiting; vomit; (Cuba) yellow fever.—**v. negro**, yellow fever.—**provocar a v.**, to nauseate, to make loathe.
vomitón, na. I. *a.* often throwing up milk (as a nursing child). **II.** *f.* (coll.) violent vomiting after heavy eating or drinking.
vomitorio, ria. I. *a.* vomitory. **II.** *m.* vomitory in Roman theatres.
voracidad, *f.* voracity, greediness, voraciousness.
vorágine, *f.* vortex, whirlpool.—**voraginoso, sa**, *a.* engulfing; full of whirlpools.
vorahunda, *f.* = BARAÚNDA, hurly-burly.
voraz, *a.* voracious, greedy, ravenous; excessively lustful; destructive, fierce (as fire).
vorazmente, *adv.* voraciously; greedily.

vormela, *f.* (zool.) a kind of spotted weasel.
vórtice, *m.* vortex, whirlpool, whirlwind; center of a cyclone.
vorticela, *f.* (zool.) vorticella.
vortiginoso, sa, *a.* vortical.
vos, *pers. pron.* you.
vosotros, tras, *pers. pron. pl.* you, ye.
votación, *f.* voting, vote, balloting.
votador, ra. I. *a.* voting. **II.** *n.* voter; curser.
votante, *n.* voter in a corporation or assembly.
votar, *vn.* & *va.* to vow; to vote; to vote on; to give an opinion; to curse, swear, utter oaths; to pass, decree or authorize by vote (in deliberating bodies).—**v. una partida,** to make, or pass, an appropiation.—**¡voto a (Dios, Júpiter,** etc.)! by (God, Jupiter, etc.)!—**¡voto al chápiro!** goodness me! **¡voto a tal!** goodness! upon my soul! confound it! by Heaven! by Jove!
votivo, va, *a.* votive, offered by a vow.
voto, *m.* vote; ballot; opinion; voter; vow; supplication to God; curse, oath, execration; wish; (eccl.) votive offering.—**v. activo,** (right to) vote.—**v. consultivo,** professional or expert advice.—**v. de amén,** vote blindly given.—**v. de calidad,** casting vote.—**v. de reata** = V. DE AMÉN.—**v. particular,** dissenting opinion (of the minority of a commission, etc.).—**v. pasivo,** qualification to be voted for, or elected, by a corporation.—**¡v. va!** = ¡VOTO A TAL! *V.* VOTAR.—**echar votos,** to swear, curse.—**hacer votos por,** to pray for; to wish.—**ser,** or **tener, v.,** to have a vote; to speak knowingly.
¡voto . . . !, *interj. v. V.* VOTAR.
voy, *1st pers. sing. pres.* of IR.
voz, *f.* voice; sound, noise; (gen. in the *pl.*) clamor, outcry; expression, word, term; voice, power or authority to speak (as in an assembly); vote; opinion expressed; rumor, public opinion; motive, pretext; (gram.) voice (active or passive); (mus.) singer; voice, key tone; (mil.) command, order; (law) life.—**v. activa,** right of voting; (gram.) active voice.—**v. argentada,** or **argentina,** clear and sonorous voice.—**v. del pueblo, voz del cielo,** vox populi, vox Dei, the voice of the people is the voice of God.—**v. de mando,** word of command.—**v. pasiva,** right or qualification to be voted for, or elected; (gram.) passive voice.—**v. pastosa,** mellow voice.—**v. velada,** veiled voice.—**a media v.,** with a slight hint; in a whisper.—**a una v.,** of one accord, unanimously.—**a v. en cuello,** or **a v. en grito,** in a loud voice; shouting; at the top of one's voice.—**a voces,** clamorously, with shouts.—**correr la v.,** to be said, to be rumored.—**dar voces,** to cry, scream, shout, yell.—**en v.,** verbally; (mus.) in voice.—**en v. alta,** aloud, out loud.—**en v. baja,** in an undertone, sotto voce.—**pedir a voces,** to clamor for; to be a crying need.—**secreto a voces,** open secret.—**ser v. común,** to be generally said, to be a common rumor.
vozarrón, *m.* strong, heavy voice.
voznar, *vn.* (of swans and geese) to cackle.
vuecelencia, vuecencia, *n.* (*contr.* of VUESTRA EXCELENCIA) your excellency.
vuelapié.—**a v.** = A VOLAPIÉ.
¹vuelco, *m.* tumble, overturning, upset.
²vuelco, vuelca, *v. V.* VOLCAR.
vuelillo, *m.* lace cuff trimming.
¹vuelo, *m.* flight; flying; sweep, space flown through; wing of a bird; width or fulness of clothes; (sewing) ruffle or frill on the wristband; elevation, soaring, loftiness of thought; leap or bound in pantomimes; (arch.) jut, projection, corbeling.—**v. interestelar,** interstellar flight.—**v. interplanetario en vehículo tripulado,** manned space flight.—**v. planeado,** gliding.—**v. sideral,** space flight.—**al v.,** on the fly; in passing, accidentally; (agr.) (of seed) scattered at random.—**alzar,** or **levantar, v.,** to fly; to take off, to depart; to sail.—**de alto v.,** of great importance, of high standing.—**tomar v.,** to progress, to grow.
²vuelo, vuela, vuele, *v. V.* VOLAR.
vuelta, *f.* turn; revolution (of a wheel, etc.); turning; turn of an arch; curve; requital, recompense; repetition, iteration; back or wrong side; whipping, lashing, spanking; return; returning, giving back; review (of a lesson); going over (a writing, etc.); change (in state, appearance); change (received when paying); change (small coins); inclination, bent; (sewing) ¹VUELO; sleeve cuff, facing; (naut.) turn, hitch, lashing; trip, excursion; promenade, walk; ward in a lock or key; order of stitches in knitting hose; roll, envelope; unexpected sally or witticism, repartee; card turned up for a trump; number of times a field has been plowed; (mus.) number of verses repeated; potter's wheel; (arch.) curve of an intrados; vault; ceiling.—**v. de carnero,** turn on the head; heavy fall.—**vueltas de coral,** string or necklace of coral.—**a la v.,** on returning; round the corner; (turn) over (the page); carried over, carried forward (in bookkeeping).—**a la v. de,** within (app. to time).—**andar a las vueltas de,** to dog.—**andar a vueltas,** to fight, to struggle; to endeavor.—**andar en vueltas,** to shuffle, use subterfuges; to shirk.—**a v., a vueltas,** very near, almost.—**a v. de,** in the course of, during (a specified time); by return (mail).—**a v. de ojo,** quickly, in a jiffy.—**dar la v. a,** to turn; to go around.—**dar una v.,** to take a stroll.—**dar vueltas,** to turn; to walk to and fro; to fuss about; to hang around.—**de la v.,** brought forward.—**de v.,** on returning.—**estar de v.,** to have returned, to be back; to be posted or informed beforehand.—**la v. de,** towards, on the way to.—**no haber que darle vueltas,** or **no tener v. de hoja,** no two ways about it.—**otra v.,** again, once more.—**poner de v. y media,** (coll.) to give a dressing down, or a going over, to; to call one all kinds of abusive names.—**tener v.,** (coll.) admonition to return a thing lent.
vuelto, ta. I. *pp. irreg.* of VOLVER. **II.** *m.* (Am.) change (money).
vueludo, da, *a.* full-skirted.
vuelvo, vuelva, *v. V.* VOLVER.
vuesa, *a.* (*contr.* of VUESTRA) (obs.) your.
vuesamerced, *n.* (*contr.* of VUESTRA MERCED) you, sir; you, madam; your grace, your honor.
vuesarced, *n.* = VUESAMERCED.
vueseñoría, *n.* (*contr.* of VUESTRA SEÑORÍA) your lordship, your ladyship.
vuestro, tra, *poss. pron.* your, yours.
vulcanicé, vulcanice, *v. V.* VULCANIZAR.
vulcanio, nia, *a.* pert. to Vulcan or to fire; igneous.
vulcanismo, *m.* (geol.) vulcanism.
vulcanista, *n.* (geol.) vulcanist.
vulcanita, *f.* (min.) vulcanite.
vulcanización, *f.* vulcanization; mending (a tire, etc.).
vulcanizador, ra. I. *a.* vulcanizing. **II.** *n.* vulcanizer.
vulcanizar, *va.* (*pret.* VULCANICÉ; *subj.* VULCANICE) to vulcanize; to mend (a tire, etc.).
vulgacho, *m.* mob, populace, rabble.
vulgar, *a.* vulgar, coarse; common, in general use; (of speech) vernacular.—**vulgaridad,** *f.* vulgarity.—**vulgarismo,** *m.* vulgarism.
vulgarización, *f.* vulgarization.
vulgarizar. I. *va.* (*pret.* VULGARICÉ; *subj.* VULGARICE) to vulgarize, popularize; to translate into the vernacular. **II.** *vr.* to become vulgar.
vulgarmente, *adv.* vulgarly; commonly.
Vulgata, *f.* (eccl.) Vulgate.
vulgo, *m.* common people; populace.
vulnerabilidad, *f.* vulnerability.
vulnerable, *a.* vulnerable.
vulneración, *f.* act of wounding.
vulnerar, *va.* to injure the reputation of.
vulnerario, ria. I. *a.* (med.) vulnerary. **II.** *m.* (law) clergyman guilty of killing or wounding.
vulpécula, vulpeja, *f.* bitch fox.
vulpino, na, *a.* vulpine; foxy, crafty.

vultuoso, sa, *a.* (med.) bloated.
vultúrido, da, *a.* (ornith.) vulturine.
vulturno, *m.* hot breeze that blows in the summer.
vulva, *f.* (anat.) vulva.—**vulvario, ria,** *a.* (anat.) vulvar.—**vulvitis,** *f.* vulvitis.

W

This letter does not belong to the Spanish alphabet and is mainly used in words, chiefly proper nouns, taken from other languages. In adjectives and common nouns derived from proper nouns containing it, it is generally changed to *v* (see VAGNERIANO, VESTFALIANO), although some writers preserve the *w* (*wagneriano, westfaliano*). Such words are readily translated at sight, on account of their similarity to their English equivalents. The Spanish Academy has allowed the use of the letter in **wat,** (elec.) watt, although the term generally used is **vatio.**

X

NOTE.—Several words that were originally, or are occasionally, written with an initial *x* are more generally begun with *j.*
X, x, *f.* x, twenty-sixth letter of the Spanish alphabet.
xantato, *m.* (chem.) xanthate.
xanteína, *f.* (chem.) xanthein.
xántico, ca, *a.* (chem.) xanthic.
xantina, *f.* (chem.) xanthine.
xantofila, *f.* (chem.) xanthophyll.
xantoxilo, *m.* (bot.) zanthoxylum.
xara, *f.* Moslem law derived from the Koran.
xenofobia, *f.* xenophobia, hatred of foreigners.
xenófobo, ba, *n.* & *a.* hater of foreigners.
xenogénesis, *f.* (biol.) xenogenesis.
xenón, *m.* (chem.) xenon.
xerodermia, *f.* (med.) xerosis.
xerofagia, *f.* xerophagy, dry-food diet.
xeroftalmía, *f.* (med.) xerophthalmia.
xi, *f.* xi (Greek letter).
xifisternón, *m.* (anat., zool.) xiphisternum.
xifoideo, ea, *a.* (anat.) xiphoid.
xifoides. I. *a.* (anat.) xiphoid. **II.** *m.* xiphoid, xiphisternum.
xifosuro, ra, *n.* & *a.* xiphosuran.
xileno, *m.* (chem.) xylene.
xílico, ca, *a.* xylic.
xilidina, *f.* xylidine.
xilófago, ga. I. *a.* xylophagous. **II.** *m.* (entom.) wood-eating insect.
xilófono, *m.* xylophone.
xilógeno, *m.* (chem.) xylem.
xilografía, *f.* xylography, wood engraving.
xilográfico, ca, *a.* xylographic.
xilógrafo, fa, *n.* xylographer.
xiloide, *a.* xyloid, woodlike.
xilonita, *a.* transparent celluloidlike substance.
xilórgano, *m.* xylophone.

Y

[1]**Y, y,** *f.* y, twenty-seventh letter of the Spanish alphabet.
[2]**y,** *conj.* and. Sometimes used at the beginning of sentence for emphasis.—**¿y bien?,** and then? "so what?"—**y eso que,** even though.—**¿y qué?** (Am.) is it true that?
ya. I. *adv.* already; now; at once; presently; finally, ultimately; in time; once, formerly. Often used as an emphatic expletive (*ya entiendo,* I understand; *ya veo,* I see).—**¡y.!** oh, yes! I see.—**y. lo creo,** naturally, of course.—**y. no,** no longer.—**y. que,** since, seeing that.—**y. se ve,** yes, indeed! it is clear, it is so.—**y. voy,** I am coming, I shall be there presently.—**y. . . . y.,** now . . . now, sometimes . . . sometimes.—**¡pues y.!** of course, certainly.—**si y.,** if.—**si y no,** if no longer; if . . . not, unless. **II.** *conj.* whether, or (the latter as correlative of the former).
yaacabó, *m.* (Venez.) an insectivorous bird.
yaba, *f.* (bot.) yaba tree; yaba bark, worm bark.
yabuna, *f.* a Cuban species of long, creeping grass or weed.
yac, *m.* (zool.) yak.
yaca, *f.* (bot.) yacca tree.
yacal, *m.* yacal, a Philippine tree.
yacaré, *m.* (Arg.) cayman, alligator.
yacedor, *m.* boy who takes horses to graze at night.
yacente, *a.* vacant; lying.
yacer, *vn.* (*ind.* YAZCO, YAGO, or YAZGO; *subj.* YAZCA, YAGA, or YAZGA) to lie, to be located; to be lying down; to lie (in the grave); (of horses) to graze by night.
yaciente, *a.* extended, stretched (honeycombs).
yacija, *f.* bed, couch, lounge; tomb, grave.—**ser de mala y.,** to be a vagrant; to be restless at night.
yacimiento, *m.* (geol.) bed; deposit, field.
yacio, *m.* (bot.) India-rubber tree.
yack, *m.* (zool.) yak.
yactura, *f.* loss, damage.
yago, yaga, *v. V.* YACER.
yagua, *f.* royal palm.
yaguar, *m.* (zool.) jaguar.
yaguasa, *f.* (Am.) (ornith.) a tree duck.
yaguré, *m.* (Am.) skunk.
yaití, *m.* a West-Indian hard-wood euphorbiaceous tree.
yak, *m.* (zool.) = YACK.
yámbico, ca, *a.* (poet.) iambic.
[1]**yambo,** *m.* (poet.) iambic foot (◡—).
[2]**yambo,** *m.* (bot.) jamboo.
yanacona, *n.* (Peru) Indian bound to personal service.
yanqui, *n.* & *a.* Yankee, American.
Yanquilandia, *f.* Yankeeland.
yanquismo, *m.* Yankeeism.
yantar. I. *va.* (obs.) to dine; to eat. **II.** *m.* (obs.) viands, food; a kind of king's taxes.
yapa, *f.* (min.) mercury added to silver ore in smelting; (Am.) ÑAPA, (to) boot, extra thing.—**de y.,** into the bargain, for good measure.
yapar. I. *va.* to add YAPA. **II.** *va.* & *vn.* to give, or give as, a YAPA (ÑAPA).
yarará, *f.* a very poisonous Argentine viper.
yaraví, *m.* (Am.) an Indian tune.
yarda, *f.* yard (measure).
yare, *m.* a poisonous juice from bitter yucca.
yarey, *m.* (Cuba) a species of GUANO (palm tree).
yaro, *m.* (bot.) arum, an aquatic plant.
yatagán, *m.* sabre dagger, yataghan.
yate, *m.* (naut.) yacht.
yaya, *f.* (Cuba) (bot.) lancewood.
yayero, ra, *a.* & *n.* (Cuba) intermeddling, busybody.
yazco, yazgo, etc. *v. V.* YACER.
ye, name of the letter *y.*
yedra, *f.* = HIEDRA (bot.) ivy.
yegua, *f.* mare.—**y. de cría,** or **paridera,** breeding mare.—**y. madre,** dam.—**yeguada, yegüería,** *f.* stud of mares.—**yeguar,** *a.* pert. to mares.
yegüerizo, za. I. *a.* = YEGUAR. **II.** *m.* = YEGÜERO.
yegüero, *m.* keeper of breeding mares.
yegüezuela, *f. dim.* little mare.
yeismo, *m.* giving *ll* the sound of *y.*
yelmo, *m.* (armor) helmet, helm.
yema, *f.* bud, first shoot of trees; yolk (of an egg); candied yolk of an egg; heart, centre, middle; the best of its kind.—**y. del dedo,** fleshy tip of the finger.—**y. mejida,** eggnog.—**dar en la y.,** to hit the nail on the head.—**en la y. del invierno,** in the dead of winter.
Yemen, *m.* Yemen.
yemenita, *n.* & *a.* Yemenite, Yemeni.

yen, *m.* yen (Japanese coin).
yente, *a.* going.—**yentes y vinientes,** passers-by.
yerba, *f.* HIERBA, herb; grass; weed; (S. A.) maté (also Y. MATE).—**y. cana,** groundsel, ragwort. **y. carmín,** Virginian poke.—**y. de la princesa,** lemon-scented verbena.—**y. del ballestero,** white hellebore.—**y. de mar,** seaweed. —**y. de pordioseros,** sweet-scented virgin's bower.—**y. doncella,** periwinkle.—**y. lombriguera** = ABRÓTANO, southernwood.—**y. marina** = Y. DE MAR.—**y. mate,** maté.—**y. mora,** nightshade.—**y. pastel,** woad.—**y. piojera,** stavesacre.—**y. tora,** strangle weed, broom rape.
yerbabuena, *f.* = HIERBABUENA, mint.
yerbajo, *m. aug.* wild weed.
yerbatear, *vn.* (Am.) to take maté, Paraguay tea.
yerbatero, ra. I. *a.* using arrow poison. **II.** *n.* (Am.) seller of fodder grass.
yergo, yerga, *v. V.* ERGUIR.
yermar, *va.* to depopulate, to lay waste.
yermo, ma. I. *a.* waste, desert, uninhabited; uncultivated. **II.** *m.* desert, wilderness, waste.
yerno, *m.* son-in-law.
yero, *m.* (bot.) = YERVO.
[1]yerro, *m.* error, mistake; fault.—*pl.* unpardonable faults.—**y. de cuenta,** miscalculation.— **y. de imprenta,** erratum, typographical error.
[2]yerro, yerra, *v. V.* ERRAR.
yerto, ta, *a.* stiff, motionless; rigid, tight.— **quedarse y.,** to be petrified with fear or surprise.
yervo, *m.* (bot.) tare, true bitter vetch.
yesal, yesar, *m.* gypsum pit.
yesca, *f.* tinder, punk, touchwood; fuel, incentive. —*pl.* tinder box, strike-a-light.
yesera, *f.* gypsum pit; woman who sells gypsum or plaster.
yesería, *f.* gypsum kiln; plasterer's shop; building constructed with plaster.
yesero, ra. I. *a.* pertaining to gypsum. **II.** *n.* maker or seller of gypsum; plasterer.
yeso, *m.* gypsum; plaster; plaster cast.—**y. blanco,** whitewash, fine plaster for surface finish.—**y. mate,** plaster of Paris.—**y. negro,** coarse plaster for base coating.—**yesón,** *m.* rubbish of plaster.—**yesoso, sa,** *a.* gypseous.
yesquero. I. *n.* tinder maker or seller. **II.** *m.* (Colomb.) tinder box for flint-and-steel lighting.
yeta, *f.* (Am. esp. Arg.) bad luck, misfortune.
yeyuno, *m.* (anat.) jejunum.
yezgo, *m.* (bot.) dwarf elder.
yo. I. *pers. pron.* I.—**y. mismo,** I myself. **II.** *m.* ego.
yodado, da, *a.* iodic, containing iodine.
yodato, *m.* (chem.) iodate.
yodhídrico, ca, *a.* (chem.) hydriodic.
yódico, ca, (chem.) iodic.
yodismo, *m.* (med.) iodism, disorder caused by use of iodine.
yodo, *m.* (chem.) iodine.
yodoformo, *m.* (chem.) iodoform.
yoduración, *f.* iodization, iodation.
yodurar, *va.* (chem.) to iodize.
yoduro, *m.* (chem.) iodide.
yoga, *m.* yoga.
yogi, *m.* yogi.
yogurt, yoghurt, *m.* yogurt.
yola, yole, *f.* (naut.) yawl.
yoquey, *n.* jockey.
yoyo, *m.* yo-yo.
yperita, *f.* yperite, mustard gas.
yubarta, *f.* (ichth.) finback, rorqual.
yuca, *f.* yucca; (Am.) yuca, cassava.
yucal, *m.* yucca or cassava field.
yucateco, ca, *a.* of or from Yucatan.
yugada, *f.* (agr.) yoke of land.
yugo, *m.* (animal) yoke; marriage tie or ceremony; confinement, prison; frame of a church bell; (naut.) transom.—**sacudir el y.,** to throw off the yoke.
Yugoeslavia, Yugoslavia, *f.* Yugoslavia.
yugoeslavo, va, yugoslavo, va. I. *a.* Yugoslav, Yugoslavic, Jugoslav, Jugoslavic. **II.** *n.* Yugoslav, Yugoslavian, Jugoslav, Jugoslavian.
yuguero, *m.* plowman, plowboy.
yugular, *a.* (anat.) jugular.
yumbo, ba, *n.* a savage of eastern Ecuador.
yunque, *m.* anvil; (anat.) incus; persevering, undaunted person.—**estar al y.,** to bear up under trying circumstances; to be hard at work; (coll.) to be on the job.
yunta, *f.* couple, pair, yoke of draft animals.
yuntería, *f.* aggregate of YUNTAS; place where draught oxen are fed.
yuntero, *m.* plowboy.
yunto, ta, *a.* joined, united; close.—**arar y.,** to plow close.
yuraguano, *m.* (Cuba) (bot.) fan palm.
yuré, *m.* a C. A. pigeon.
yusera, *f.* horizontal stone in oil mills.
yusión, *f.* (law) precept, command.
yute, *m.* jute (fibre); jute fabric.
yuxtalineal, *a.* in parallel columns.
yuxtaponer, *va.* (*pp.* YUXTAPUESTO; *ind. pres.* YUXTAPONGO, *pret.* YUXTAPUSE, *fut.* YUXTAPONDRÉ; *subj.* YUXTAPONGA) to juxtapose, to place next to each other.
yuxtaposición, *f.* juxtaposition.
yuxtapuesto, ta, *pp. irreg.* of YUXTAPONER.
yuyo, *m.* (Arg., Chile) weed; (S. A., C. A.) an edible herb; (Costa Rica, Salvador) blister on the foot.
yuyuba, *f.* = AZUFAIFA, jujube.

Z

Z, z, *f.* z, twenty-eighth letter of the Spanish alphabet.
¡za!, *interj.* used to frighten dogs.
zabarcera, *f.* greengrocer (woman).
zábida, zábila, *f.* (bot.) common aloes.
zaborda, *f.,* **zabordamiento,** *m.* (naut.) stranding.
zabordar, *vn.* to touch ground, to become stranded.—**zabordo,** *m.* stranding.
zaborro, rra, *n.* fat person.
zabra, *f.* (naut.) small sailing vessel.
zabucar, *va.* = BAZUCAR, to shake up (liquids).
zabullida, zabullidor, zubullidura, zabullimiento, zabullir = ZAMBULLIDA, etc.
zabuqueo, *m.* = BAZUQUEO, shaking up; jumble.
zaca, *f.* large leather bag for bailing out a mine.
zacapela, zacapella, *f.* noisy wrangle.
zacate, *m.* (Mex., C. A.) grass; hay, fodder.
zacateca, *m.* (Cuba) undertaker.
zacateco, ca, *n.* & *a.* Zacatecan (from Zacatecas, Mex.).
zacatín, *m.* street where garments are sold.
zacatón, *m.* (Am.) a tall fodder grass.
zacear, *va.* to scare off (dogs) by crying **¡ZA!.**
zadorija, *f.* (bot.) yellow poppy.
zafa, *f.* = JOFAINA, washbasin, bowl.
zafacoca, *f.* (Am.) (coll.) squabble, row.
zafada, *f.* flight, escape; lightening (a ship).
zafar. I. *va.* to adorn, deck, embellish; to clear from encumbrances; to lighten (a ship). **II.** *vr.* to escape, run away; (**de**) to get rid (of); to avoid; to get out (of); to get clear (of); to slip or come (off), break loose; (Mex.) to dislocate (a joint).
zafareche, *m.* = ESTANQUE, tank, reservoir.
zafarí, *a.* app. to a variety of pomegranate.
zafariche, *m.* shelf for water jugs or jars.
zafarrancho, *m.* (naut.) clearing for action; (coll.) ravage, destruction; scuffle, wrangle, row.
zafiamente, *adv.* lubberly, clumsily.
zafiedad, *f.* rusticity, clumsiness.
zafio, fia, *a.* coarse, uncivil, ignorant.
zafío, *m.* (ichth.) a variety of conger eel.
zafir, *m.* sapphire.—**zafíreo, ea,** *a.* sapphirine.
zafirino, na, *a.* & *f.,* (min.) sapphirine.
zafiro, *m.* sapphire.
zafo, fa, *a.* free, disentangled; exempt from danger or risk; (naut.) free and clear.

zafones, *m. pl.* overalls.
[1]**zafra,** *f.* drip jar, oil jar.
[2]**zafra,** *f.* broad strap holding the thills of a cart.
[3]**zafra,** *f.* (min.) rubbish.
[4]**zafra,** *f.* sugar crop; sugar making; sugar-making season.
zafre, *m.* (min.) zaffre or saffre.
zafrero, *m.* (min.) laborer who clears a mine of rubbish.
zaga. **I.** *f.* rear part; load in the back of a carriage. **II.** *m.* the last player at a game of cards. —**a la z.,** or **en z.,** behind.—**no ir en z. a,** not to be behind, less than, or inferior to.
[1]**zagal,** *m.* stout, spirited young man; swain; subordinate shepherd; boy assistant of stagecoach driver.
[2]**zagal,** *m.* short skirt.
zagala, *f.* shepherdess; lass, maiden.
[1]**zagalejo, ja,** *n. dim.* young shepherd(-ess).
[2]**zagalejo,** *m.* short skirt; underskirt, slip.
zagalón, na, *n.* overgrown boy (girl).
zagua, *f.* (bot.) saltwort.
zagual, *m.* paddle.
zaguán, *m.* entrance hall, vestibule.
zaguanete, *m. dim.* small vestibule; king's escort of life guards.
zaguero, ra. **I.** *a.* laggard, loitering. **II.** *m.* backstop, at the game of PELOTA.
zahareño, ña, *a.* intractable; (of birds) wild, haggard; unsociable; arrogant.
zaharí, *a.* = ZAFARÍ.
zahena, *f.* a Moorish gold coin.
zaheríble, *a.* blamable, blameworthy.
zaheridor, ra, *n.* & *a.* censurer(-ing), upbraider (-ing).
zaherimiento, *m.* censure, blame.
zaherir, *va.* (*ger.* ZAHIRIENDO; *ind. pres.* ZAHIERO, *pret.* él ZAHIRIÓ; *subj.* ZAHIERA) to censure, blame, reproach, upbraid.
zahina, *f.* (bot.) sorghum.
zahinar, *m.* sorghum field.
zahinas, *f. pl.* thin porridge or pap.
zahirió, *pret.* of ZAHERIR.
zahón, *m.* (gen. *pl.*) overalls.
zahonado, da, *a.* dark brown.
zahondar. **I.** *va.* to dig. **II.** *vn.* to sink into soft ground (as the feet).
zahora, *f.* merry lunch party.
zahorar, *vn.* to have a repast with music.
zahorí, *m.* vulgar impostor pretending to see hidden things; perspicacious and curious person.
zahoriar, *va.* to scrutinize, look deeply into.
zahorra, *f.* (naut.) ballast.
zahurda, *f.* pigsty, hogsty; low tavern, "joint."
zaida, *f.* (ornith.) a variety of heron.
zaino, na, *a.* chestnut, zain (horse); vicious (animal); treacherous, wicked.—**mirar a la z.,** or **de z.,** to look sidewise.
zalá, *f.* salaam.—**hacer la z.,** to salaam; to flatter, cajole, wheedle.
zalagarda, *f.* ambush; trap, snare; sudden attack, surprise; skirmish; mock fight.
zalama, *f.;* **zalamelé,** *m.;* **zalamería,** *f.* flattery, wheedling.
zalamero, ra, *n.* wheedler, flatterer, fawner.
zalea, *f.* undressed sheepskin.
[1]**zalear,** *va.* to shake; to damage, destroy.
[2]**zalear,** *va.* to frighten (a dog) away.
zalema, *f.* salaam, bow, curtsy.
zaleo, *m.* sheepskin damaged by a wolf's fangs; shaking or moving to and fro; ZALEA.
zalmedina, *m.* an ancient magistrate in Arragon.
zalona, *f.* large earthen jar.
zallar, *va.* (naut.) to outrig, to train.
zamacuco, *m.* (coll.) dunce, dolt; intoxication.
zamacueca, *f.* (S. A.) an Indian tune and dance.
zamanca, *f.* (coll.) drubbing, flogging.
zamarra, *f.* sheepskin jacket worn by shepherds; undressed sheepskin.
zamarrear, *va.* to shake (something) held in the teeth (as a dog does a rabbit); to ill-treat; to pin down in a dispute.
zamarreo, *m.* shaking something held in the teeth; abuse, ill treatment.
zamarrico, *m. dim.* portmanteau or bag of sheepskin.
zamarrilla, *f.* (bot.) poly, mountain germander.
zamarro. **I.** *m.* shepherd's coat of sheepskins; sheep or lambskin; (coll.) dolt, dunce. **II.** *m. pl.* (Am.) chaps, chaparajos.
zamarrón, *m. aug.* large sheepskin jacket.
zambaigo, ga, *a.* & *n.* Indian and Chinese half-breed.
zambapalo, *m.* an ancient dance and tune.
zambarco, *m.* broad breast strap (of harness).
zámbigo, ga, *a.* bandy-legged.
zambo, ba. **I.** *a.* knock-kneed; born of an Indian and a Negro; (loosely) Negro, mulatto. **II.** *n.* Indian and Negro half-breed; (loosely) Negro, mulatto. **III.** *m.* an American monkey.
zamboa, *f.* (bot.) = AZAMBOA, a kind of citron.
zambomba, *f.* rustic drum with the head pierced by a reed which, when rubbed with the moistened hand, produces a hoarse sound.—**¡z.!** whew!—**zambombo, ba,** *n.* (coll.) rustic, boor, coarse or ill-bred person.
zamborondón, na; zamborotudo, da, *a.* awkward, clumsy; ill-shaped.
[1]**zambra,** *f.* a Moorish festival; merrymaking.
[2]**zambra,** *f.* a kind of Moorish boat.
zambucar, *va.* to hide (a thing) by mixing it among others.—**zambuco,** *m.* (coll.) hiding, concealing a card among others.
zambullida, *f.* diving, plunge, ducking; (fencing) thrust to the breast.
zambullidor, ra, *n.* one who dives or plunges.
zambullidura, *f.,* **zambullimiento,** *m.* diving, ducking, plunge.
zambullir. **I.** *vn.* & *va.* to dive; to duck, give a ducking to; to sink. **II.** *vr.* to plunge, dip, dive; to sink; to hide, conceal oneself.
zambullo, *m.* evacuation stool; refuse tank or barrel.
zampabodigos, zampabollos, *n.* (coll.) glutton.
zampalimosnas, *m.* (coll.) sturdy beggar.
zampalo, *n.* (coll.) glutton.
zampar. **I.** *va.* to thrust or put hurriedly (into something) in order to conceal; to devour eagerly. **II.** *vr.* to rush in, to thrust oneself in or into.
zampatortas, *m.* (coll.) glutton; boor, rustic.
zampeado, *m.* (arch.) grillage, subfoundation of timber or steel and masonry in marshy ground.
zampear, *va.* to build a grillage on.
zampona, *f.* = PIPITAÑA, rustic flute; (coll.) frivolous saying.
zampuzar, *va.* ZAMBULLIR; ZAMPAR.
zampuzo, *m.* diving, ducking; hiding.
zamuro, *m.* (Venez.) (ornith.) carrion vulture.
zanahoria, *f.* (bot.) carrot.
zanahoriate, *m.* preserved carrot.
zanca, *f.* long shank or leg; large pin; (arch.) string-piece of a staircase; (min.) shore, prop.—**zancas de araña,** shifts, evasions, subterfuges. —**por zancas o por barrancas,** by hook or by crook.—**zancada,** *f.* long stride.—**en dos zancadas,** (coll.) in a jiffy, in no time.
zancadilla, *f.* sudden catch to trip one; trick, deceit, craft; (naut.) elbow in the hawse.—**armar z.,** to lay a snare.
zancado, da, *a.* insipid (salmon).
zancajear, *va.* to walk fast from place to place to run about.
zancajera, *f.* coach step.
zancajiento, ta, *a.* bandy-legged.
zancajo, *m.* heel bone; torn heelpiece of a shoe or stocking; (coll.) short, ill-shaped person.—**no llegar a los zancajos,** or **no llegar al z., de,** not to come up to, or be the equal of (one). —**roer los zancajos a,** to backbite.
zancajoso, sa, *a.* bandy-legged; wearing dirty stockings with holes at the heels.
zancarrón, *m.* leg bone without flesh; withered, old, ugly person; boastful ignoramus.
zanco, *m.* stilt; (naut.) sliding-gunter mast.—**en zancos,** in a high position.

zancón, na, *a.* long-legged; wading (bird).
zancudo, da. I. *a.* long-shanked; (ornith.) wading (bird). **II.** *m.* (Am.) mosquito. **III.** *f. pl.* (ornith.) wading birds.
zandía, *f.* watermelon.
zanfonía, *f.* (mus.) hurdy-gurdy.
zanga, *f.* four-hand ombre (card game).
zangala, *f.* buckram.
zangamanga, *f.* (coll.) trick, deceit.
zanganada, *f.* (coll.) impertinent or unseasonable act or expression.
zangandongo, ga; zangandullo, lla; zangandungo, ga, *n.* (coll.) idler, lazy person; dolt, awkward person.
zanganear, *vn.* to drone, to loaf.
zángano, *m.* drone; (coll.) idler, sponger.
zangarilla, *f.* small mill pond.
zangarilleja, *f.* (coll.) trollop, slovenly girl.
zangarrear, *vn.* (coll.) to scrape a guitar.
zangarriana, *f.* (vet.) a head disease of sheep; (coll.) sadness, blues; any slight periodical ailment.
zangarrullón, na, *n.* tall, sluggish, lazy boy (girl).
zangolotear. I. *vn.* to shake violently; to fuss, fidget. **II.** *vr.* to rattle, swing or slam.
zangoloteo, *m.* fuss, bustle; swinging, rattling.
zangolotino, na, *a.* (of boys and girls) pretending to be a little child.
zangón, *m.* (coll.) = ZANGARULLÓN.
zangotear, zangoteo = ZANGOLOTEAR, ZANGOLOTEO.
zanguango, ga. I. *a.* (coll.) lazy, sluggish; silly. **II.** *m.* dunce, fool. **III.** *f.* (coll.) feigned illness to avoid work; wheedling, fawning.
zanguayo, *m.* (coll.) tall, skinny idler that cunningly acts the fool.
zanja, *f.* ditch, trench, furrow, drain; (Am.) gap, gully, draw.—**abrir las zanjas,** to lay the foundation of a building; to begin, get started.
zanjar, *va.* to cut ditches in; to excavate; to settle amicably; to obviate, surmount.
zanjón, *m. aug.* deep ditch; large drain.
zanqueador, ra, *n.* one who waddles in walking; great walker.
zanqueamiento, *m.* waddling in walking.
zanquear, *vn.* to waddle, trot, or run about; to walk much and fast.
zanquilargo, ga, *a.* long-shanked, long-legged.
zanquilla, zanquita, *f. dim.* (coll.) disproportionate, long-legged man.
zanquituerto, ta, *a.* bandy-legged.
zanquivano, na, *a.* spindle-shanked.
zantoxilo, *m.* (bot.) zanthoxylum, xanthoxylum.
Zanzíbar, *m.* Zanzibar.
zanzibareño, ña, *n.* & *a.* Zanzibari.
[1]**zapa,** *f.* spade; (fort.) sap.—**caminar a la z.,** (mil.) to advance by sap or mine.
[2]**zapa,** *f.* shagreen; rough surface on silver.
zapador, *m.* (mil.) sapper.
zapallo, *m.* (Am.) a variety of squash; calabash.
zapapico, *m.* pickaxe, mattock.
zapaquilda, *f.* female cat.
zapar, *va.* (fort.) to sap, to mine.
zaparrada, *f.* violent fall.
zaparrastrar, *vn.* (coll.) to trail (as dress trains).
zaparrastroso, sa, *a.* dirty, greasy, ragged.
zaparrazo, *m.* thud; violent fall.
zapata, *f.* piece of sole leather put on the hinge of a door to prevent its creaking; buskin, half-boot, high gaiter; (Cuba) socle of a wall; (arch.) lintel; (naut.) shoe; (mech.) shoe (of brake, etc.).—**z. de la quilla,** (naut.) false heel.—**z. de un ancla,** (naut.) shoe of an anchor.
zapatazo, *m. aug.* large shoe; blow with a shoe; stamping of the feet; fall; thud, whack; clapping noise of a horse's foot.—**tratar a zapatazos,** to treat rudely or roughly.
zapateado, *m.* a sort of clog dance.
zapateador, ra, *n.* clog dancer.
zapatear. I. *va.* to strike with the shoe; (fencing) to hit frequently with the button of the foil; to ill-treat. **II.** *vn.* to beat time with the feet; (naut.) (of sails) to flap. **III.** *vr.* to oppose with spirit; to resist.—**zapateo,** *m.* keeping time by beating the feet on the floor.
zapatera, *f.* shoemaker's wife; woman who makes or sells shoes.
zapatería, *f.* trade of a shoemaker; shoemaker's shop.—**z. de viejo,** cobbler's stall.
zapateril, *a.* pertaining to, or like, shoemakers.
zapatero, ra. I. *a.* hard, poorly cooked (as beans); stale (olives). **II.** *m.* shoemaker; shoe dealer; (S. A.) (ichth.) threadfish, cobbler fish; (coll.) player who takes no tricks at a game of cards.—**z. de viejo,** cobbler.
zapateta. I. *f.* slap on the sole of a shoe; caper, leap, jump. **II.** *interj.* oh! gracious!
zapatico, illo, ito, *m. dim.* nice little shoe.
zapatilla, *f.* pump, slipper; leather washer; piece of chamois or buckskin put behind the lock of a gun or pistol; (fencing) button of a foil; hoof of animals.
zapatillero, ra, *n.* maker or seller of slippers, pumps, and children's shoes.
zapato, *m.* shoe (gen. app. to low shoes).—**zapatos papales,** overshoes, clogs.—**como tres en un z.,** squeezed into insufficient space; in great poverty.—**meter a uno en un z.,** (coll.) to cow or confound one.—**saber dónde aprieta el z.,** to know where the shoe pinches.
zapatón, *m. aug.* large, clumsy shoe; (Colomb.) rubber, overshoe.
zapatudo, da, *a.* wearing large or stout shoes; large-hoofed or clawed.
¡zape! *interj.* used to frighten cats away, to denote surprise, or to refuse to give cards in some games.—**zapear,** *va.* to frighten (cats) away; to refuse to give cards to, in some games.
zapito, *m.* **zapita,** *f.* (prov.) milk pail.
zaporogo, *m.* Ukranian Cossack.
zapotal, *m.* sapota grove or orchard.
zapote, *m.* (bot.) sapota tree and its fruit.
zapotero, *m.* (bot.) sapota tree.
zapotillo, *m.* (bot.) sapodilla and its fruit.
zapuzar, *va.* = CHAPUZAR, to duck (in water).
[1]**zaque,** *m.* (Colomb.) chief of certain Indians.
[2]**zaque,** *m.* leather bottle or wine-bag; (coll.) tippler, drunkard.
zaquear, *va.* (of wines, etc.) to transfer from one [2]ZAQUE to another; to transport in [2]ZAQUES.
zaquizamí, *m.* garret, cockloft; small wretched room, "hole."
zar, *m.* czar.
zara, *f.* (bot.) Indian corn, maize.
zarabanda, *f.* saraband (dance and tune); bustle, noise.—**zarabandista,** *n.* sarabander; dancer; merry person.
zarabutero, ra, *a.* = ZARAGUTERO.
zaragalla, *f.* fine charcoal.
zaragata, *f.* turmoil; scuffle, quarrel.
zaragatero, ra. I. *a.* (coll.) noisy, quarrelsome. **II.** *n.* rowdy.
zaragatona, *f.* (bot.) rib grass, ribwort.
zaragocí, *m.* a kind of plum.
zaragozano, na, *n.* & *a.* Saragossan.
zaragüelles, *m. pl.* wide and short plaited breeches; large pair of ill-made breeches; (bot.) reed grass.
zaragutear, *va.* (coll.) to undertake without proper knowledge; to bungle.
zaragutero, ra, *n.* (coll.) bungler.
zaramagullón, *m.* (ornith.) didapper, a minute merganser.
zarambeque, *m.* breakdown (Negro dance).
zaranda, *f.* screen, sieve, sifter.
zarandador, ra, *n.* sifter of wheat.
zarandajas, *f. pl.* trifles, odds and ends.
zarandalí, *adv.* black-spotted (dove).
zarandar, zarandear. I. *va.* to winnow; to sift; to separate, pick out; (coll.) to stir and move nimbly. **II.** *vr.* to be in motion, to move to and fro; to stalk, strut.—**zarandeo,** *m.* sifting or winnowing; moving briskly; stalking, strut.
zarandero, *m.* = ZARANDADOR.
zarandillo, lla. I. *n.* (coll.) one who frisks nimbly about. **II.** *m.* small sieve.

zarapatel, *n.* a kind of salmagundi.
zarapito, *m.* (ornith.) whimbrel, curlew jack.
zaratán, *m.* cancer in the breast.
zaraza, *f.* chintz, printed cotton.
zarazas, *f. pl.* paste made of pounded glass and poison, for killing dogs, rats, etc.
zarazo, za, *a.* (Cuba) rotten.
zarcear. I. *va.* to clean (pipes) with briers. **II.** *vn.* to move to and fro; to get into briers (as dogs pursuing game).
zarceño, ña, *a.* pertaining to briers.
zarcero, ra, *a.* & *n.* (dog) that hunts in briers.
zarceta, *f.* (ornith.) = CERCETA, widgeon.
zarcillitos, *m. pl.* (bot.) quaking grass.
[1]**zarcillo,** *m.* = CERCILLO, drop earring; tendril of a vine; hoop (of a barrel).
[2]**zarcillo,** *m.* gardener's hoe.
zarco, ca, *a.* light blue (eyes).
zarevitz, *m.* czarevitch.
zargatona, *f.* = ZARAGATONA.
zariano, na, *a.* pertaining to the czar.
zarigüeya, *f.* (S. A.) opossum.
zarina, *f.* czarina.
zarismo, *m.* czarism.
zarja, *f.* = AZARJA, reel for winding silk.
zaroche, *m.* (Ecuador) mountain sickness.
[1]**zarpa,** *f.* paw of an animal; (naut.) weighing anchor; dirt or mud sticking to the skirts.—**z. delantera,** forepaw.—**echar la z. a,** to grasp, clutch, grip.
[2]**zarpa,** *f.* (arch.) footing.
zarpada, *f.* blow with a paw.
zarpar, *vn.* (naut.) to weigh anchor, to sail.
zarpazo, *m.* bang, thud, whack; ZARPADA.
zarposo, sa, *a.* bespattered, bemired.
zarracatería, *f.* lure, deception.
zarracatín, *m.* (coll.) haggler; profiteer.
zarramplín, na, *n.* (coll.) bungler, botcher.
zarramplinada, *f.* botch, bungle, muddle.
zarrapastra, *f.* mud sticking to the skirts.
zarrapastrón, na, *a.* & *n.* tatterdemalion.
zarrapastrosamente, *adv.* (coll.) shabbily, slovenly.
zarrapastroso, sa, *a.* ragged, slovenly, shabby, seedy.
[1]**zarria,** *f.* leather strap, thong or latch.
[2]**zarria,** *f.* mud sticking to clothes.—**zarriento, ta; zarrioso, sa,** *a.* bespattered, bemired.
zarza, *f.* (bot.) bramble; blackberry bush.
zarzagán, *m.* cold northeast wind.
zarzaganete, *m. dim.* light northeast wind.
zarzaganillo, *m.* violent northeast storm.
zarzahán, *m.* a kind of striped silk.
zarzaidea, *f.* (bot.) raspberry bush.
zarzal, *m.* brambly place, brambles.
zarzamora, *f.* (bot.) brambleberry.
zarzaparrilla, *f.* (bot.) sarsaparilla.
zarzaparrillar, *m.* sarsaparilla plantation.
zarzaperruna, *f.* (bot.) dog-rose.
zarzarrosa, *f.* (bot.) dog-rose.
zarzo, *m.* hurdle, wattle; (Colomb.) garret.
zarzoso, sa, *a.* briery, brambly.
zarzuela, *f.* musical comedy.—**zarzuelero, ra,** *a.* pertaining to musical comedies.—**zarzuelista,** *n.* writer or composer of musical comedies.
¡zas! *m.* tick, sound of a rap.—**¡z., z.¡** **ticktack.**
zascandil, *m.* (coll.) busybody.
zata, zatara, *f.* raft.
zato, *m.* piece of bread.
zazoso, sa. I. *a.* lisping. **II.** *n.* lisper.
zeda, *f.* name of the letter *z*; zed (Greek letter).
zedilla, *f.* cedilla.
zelandés, sa, *n.* & *a.* Zealandian.
zemstvo, *m.* (Russian hist.) zemstvo.
Zendavesta, *m.* Zend-Avesta.
zendo, da, *a.* & *m.* Zend.
zenit, zenital = CENIT, CENITAL, zenith.
zepelín, *m.* Zeppelin (dirigible).
zeta, *f.* name of the letter *z*; Gk. letter, **zeta.**
zeugma, zeuma, *f.* (rhet.) zeugma.
zigzag, *m.* zigzag.
zigzaguear, *vn.* to zigzag.
zigzagueo, *m.* zigzagging.
zimasa, *f.* (biochem.) zymase.
zimo, *m.* (biol.) zyme.
zimógeno, na. I. *a.* (biochem.) zymogenic. **II.** *m.* (biochem.) zymogen.
zimología, *f.* zymosis.
zimosis, *f.* zymosis.
zimótico, ca, *a.* zymotic.
zinc, *m.* = CINC, zinc.
zipizape, *m.* (coll.) row, rumpus, scuffle.
zircón, zirconio = CIRCÓN, CIRCONIO.
zirigaña, *f.* fawning, wheedling, flattery; CHASCO; FRIOLERA.
¡zis, zas! (coll.) words expressing the sound of repeated blows or strokes.
zizaña, *f.* (bot.) = CIZAÑA, darnel.
zoantario, ria, *n.* & *a.* (zool.) zoantharian.
zoantropía, *f.* (med.) zoanthropy, a mania.
zoántropo, pa, *n.* one ill with zoanthropy.
zoca, *f.* square, plaza.
zócalo, *m.* (arch.) socle or zocle.
[1]**zocato, ta,** *a.* (of fruit) overripe.
[2]**zocato, ta,** *a.* left-handed.
zoclo, *m.* clog; overshoe.
[1]**zoco, ca,** *a.* left-handed.
[2]**zoco,** *m.* clog, wooden shoe; (arch.) **socle.**
[3]**zoco,** *m.* market; market-place.
zodiacal, *a.* zodiacal.
zodíaco, *m.* (astr.) zodiac.
zofra, *f.* Moorish carpet.
zoilo, *m.* malicious critic.
zolocho, cha, *a.* (coll.) stupid, silly, booby.
zollipar, *vn.* (coll.) to sob.
zollipo, *m.* sob; sobbing.
zoma, *f.* coarse flour.
zompo, pa, *a.* cripple; clumsy, awkward.
zona, *f.* zone; girdle, band; area, region; (med.) zoster, shingles.—**z. abisal,** abyssal zone.—**z. comercial,** commercial section, downtown.—**z. de altas presiones,** (meteorol.) high-pressure area.—**z. de bajas presiones,** (meteorol.) low-pressure area.—**z. de crisis económica** or **de depresión económica,** depressed area.—**z. de silencio,** quiet zone (near hospitals, etc.).—**z. esférica,** (geom.) spherical zone. —**z. glacial,** (geol.) frigid zone.—**z. inundada,** flooded area.—**z. neutra,** neutral zone. —**z. petrolífera,** petroleum zone.—**z. polémica,** (fort.) zone of defense.—**z. templada,** temperate zone.—**z. tórrida,** torrid zone.—**zonas poco desarrolladas,** underdeveloped regions.
zonal, *a.* zonate, zoned.
zoncería, *f.* silliness, dulness, stupidity.
zonchiche, *m.* (C. A.) a red-headed vulture.
zonificación, *f.* zoning.
zonote, *m.* deep deposit of water.
zonzamente, *adv.* stupidly, foolishly.
zonzo, za. I. *a.* dull, stupid, silly. **II.** *n.* simpleton, dunce, booby, noodle.
zonzorrión, na, *n.* very dull and stupid person.
zoófago, ga, *a.* zoöphagous, carnivorous.
zoofítico, ca, *a.* zoöphytic, zoöphytical.
zoófito, *m.* (zool.) zoöphyte.
zoóforo, *m.* (arch.) zoöphoros.
zoogeografía, *f.* zoögeography.
zooglea, *f.* (bacteriol.) zoöglœa.
zoografía, *f.* zoögraphy.
zoográfico, ca, *a.* zoögraphic, zoögraphical.
zoógrafo, fa, *n.* zoögrapher.
zooide. I. *a.* containing the figure of an animal or part of it. **II.** *m.* (biol.) zoöid.
zooideo, dea, *a.* (biol.) zoöid, zoöidal.
zoolatra, *m.* & *f.* animal worshipper.
zoolatría, *f.* zoolatry, worship of animals.
zoolítico, ca, *a.* fossil-bearing.
zoolito, *m.* petrified animal.
zoología, *f.* zoölogy.
zoológico, ca, *a.* zoölogical, zoölogic.
zoólogo, ga, *n.* zoölogist.
zoomorfismo, *m.* zoömorphism.
zoomorfo, fa, *a.* zoömorphic.
zoonomía, *f.* zoönomy, physiology.
zooquímica, *f.* zoöchemistry.

zoospermo, *m.* (biol.) zoösperm.
zoospora, *f.*; **zoosporo,** *m.* (bot.) zoöspore.
zoosporangio, *m.* zoösporangium.
zootecnia, *f.* zootechnics.
zootécnico, ca, *a.* zoötechnical, zoötechnic.
zootomía, *f.* zoötomy, animal anatomy.
zootomista, *n.* zoötomist.
zopas, *n.* (coll.) nickname given to a lisper.
zope, *m.* (ornith.) = ZOPILOTE, buzzard.
zopenco, ca. I. *a.* (coll.) doltish, dull. **II.** *n.* dolt, blockhead, fool.
zopetero, *m.* = RIBAZO, slope; hillock.
zopilote, *m.* (Mex.) (ornith.) = AURA, buzzard.
zopisa, *f.* pitch and tar ointment.
zopitas, *n.* = ZOPAS.
zopo, pa. I. *a.* lame, maimed, crippled; clumsy, awkward, unhandy. **II.** *n.* cripple.
zoqueta, *f.* a wooden cover or guard for the hand.
zoquetada, *f.* silly remark; foolishness, foolish words or act.
zoquete, *m.* (carp.) chump, chunk, block, bit of stale bread; (coll.) ugly little person; dolt, dunce, numskull, blockhead.—**z. de cuchara,** (naut.) scoop handle.—**zoquetero, ra,** *a.* living on crumbs and leavings, idle pauper.
zoquetico, illo, *m. dim.* small morsel of bread.
zoquetudo, da, *a.* rough, ill-finished.
zorcico, *m.* (mus.) Basque song and dance in five-eight ($\frac{5}{8}$) time.
zorita, *f.* (ornith.) stockdove, wood pigeon.
zoroástrico, ca, *a.* Zoroastric.
zoroastrismo, *m.* Zoroastrianism.
zorollo, *a.* (of wheat) reaped while unripe.
zorongo, *m.* kerchief folded like a bandage around the head, worn by Aragonese; broad flattened chignon; an Andalusian dance and tune.
[1]**zorra,** *f.* (zool.) fox; foxy, sly person; (coll.) prostitute; drunkenness, inebriation.—**a la z., candilazo,** when Greek meets Greek; diamond cut diamond.
[2]**zorra,** *f.* dray, truck.
zorrastrón, na, *a.* & *n.* (coll.) foxy (person), rogue(-ish), knave(-ish).
zorrera, *f.* fox hole; kennel; room full of smoke; heaviness, drowsiness.
zorrería, *f.* foxiness; cunning, knavery.
[1]**zorrero, ra,** *a.* slow, tardy, sluggish; (naut.) sailing heavily.
[2]**zorrero, ra. I.** *a.* cunning, foxy; fox-hunting (dog). **II.** *m.* keeper of a royal forest.
zorrilla, *f.* (zool.) polecat, skunk.
zorro, rra. I. *a.* cunning, foxy. **II.** *n.* fox; knave, foxy person. **III.** *m. pl.* duster made of cloth strips or foxtails tied to a handle.
zorrocloco, *m.* humdrum; (coll.) caress, petting.
zorronglón, na, *a.* slow, heavy, lazy.
zorruelo, la, *n. dim.* little fox.
zorrullo, *m.* = ZURULLO.
zorruno, na, *a.* vulpine, foxy, foxlike.
zorzal, *m.* (ornith.) thrush; sly, crafty man.—**z. marino,** (ichth.) a fish abounding near Spain.
zorzaleña, *a.*—**aceituna z.,** crescent olive.
zoster, *f.* (med.) zoster, herpes, shingles.
zote, *a.* dull and ignorant.
zozobra, *f.* worry, anguish, anxiety; unlucky throw of the dice; (naut.) sinking, capsizing.
zozobrante, *a.* in great danger; sinking.
zozobrar, *vn.* (naut.) to be weather-beaten; to sink, founder; to upset, capsize; to be in great danger; to grieve, worry, fret.
zozobroso, sa, *a.* anxious, worried.
zúa, *f.* = AZUDA, Persian water wheel.
zuavo, *m.* (mil.) zouave.
zubia, *f.* drain, channel, flume.
zucarino, na, *a.* = SACARINO, sugary, saccharine.
zúchil, *m.* (Mex.) bouquet.
zuda, *f.* = ZÚA.
zudra, *n.* Sudra, lowest Hindu caste; member of the Sudra.
zueco, *m.* sabot, wooden shoe, clog; galosh.
zuindá, *m.* (ornith.) an Argentine brown owl.
zuinglianismo, *m.* Zwinglianism.
zuingliano, na, *n.* & *a.* Zwinglian.
zuiza, *f.* = SUIZA, military tournament or feast; quarrel, dispute.
zuizón, *m.* spear; (naut.) half pike.
zulacar, *va.* to anoint with bitumen.
zulaque, *m.* (hydraul.) packing stuff; (naut.) stuff for paving the bottom of a ship.
zulú, *a.* & *n.* Zulu.
[1]**zulla,** *f.* (bot.) French honeysuckle.
[2]**zulla,** *f.* (coll.) human excrements.—**zullarse,** *vr.* (coll.) to go to stool; to break wind.
zullenco, ca; zullón, na. I. *a.* (coll.) breaking wind; flatulent. **II.** *m.* act of breaking wind; flatulence.
zumacal, [1]**zumacar,** *m.* sumach plantation.
[2]**zumacar,** *va.* to dress or tan with sumach.
zumacaya, *f.* (ornith.) a night wading bird.
zumaque, *m.* (bot.) sumach tree; (coll.) wine.
zumaya, *f.* (ornith.) barn owl; goatsucker; fern owl; ZUMACAYA.
zumba, *f.* bell worn by the leading mule of a drove; rattle; joke, jest; facetious raillery.
zumbador, ra. I. *a.* humming, buzzing. **II.** *m.* (P. R.) humming bird; (elec.) buzzer.
zumbar. I. *vn.* to buzz, to hum; to be near, flutter around; (of the ears) to ring. **II.** *va.* to jest, to joke with.
[1]**zumbel,** *m.* (coll.) cord for spinning tops.
[2]**zumbel,** *m.* frown, angry mien or aspect.
zumbido, *m.* humming, buzzing; ringing in the ears; ping of a bullet; (coll.) blow, box, cuff.
zumbilín, *m.* (P. I.) dart or javelin.
zumbo, *m.* = ZUMBIDO.
zumbón, na. I. *a.* waggish, jocose. **II.** *m.* wag, jester, joker; a variety of pigeon.
zumiento, ta, *a.* juicy, succulent.
zumillo, *m.* (bot.) dragon's arum, Aaron's beard; a poisonous carrot.
zumo, *m.* sap, juice; profit, utility.—**z. de cepas,** or **parras,** (coll.) grape juice, wine.
zumoso, sa, *a.* juicy, succulent.
zuna, *f.* Sunna, body of Mohammedan traditions; viciousness of horses; trickery, perfidy.
zuncho, *m.* band, hoop, collar, ferrule.
zunita, *n.* Sunnite, member of one of the great Mohammedan sects.
zunítico, ca, *a.* pertaining to the Sunna, body of Mohammedan traditions.
zuño, *m.* frown, angry mien.
zupia, *f.* wine turned roily; lees, dregs, slops; refuse, rubbish, trash.
zurano, na, *n.* (ornith.) stockdove, wild pigeon.
zurcidera, *f.* darner, finedrawer.
zurcido, *m.* (sewing) darning, finedrawing.
zurcidor, ra, *n.* darner.—**zurcidora de voluntades,** procuress.
zurcidura, *f.* (sewing) finedrawing, darning.
zurcir, *va.* (*ind.* ZURZO; *subj.* ZURZA) (sewing) to darn, mend; to finedraw; to join, unite; (coll.) to concoct (lies).
zurdería, *f.* left-handedness.
zurdo, da, *a.* left-handed.—**a zurdas,** the wrong way.
zurear, *vn.* to coo.—**zureo,** *m.* cooing.
zurito, ta, *f.* (ornith.) = ZURO, wild pigeon.
zuriza, *f.* = ZUIZA, quarrel, dispute.
[1]**zuro, ra,** *n.* (ornith.) stockdove, wild pigeon.
[2]**zuro,** *m.* corncob.
zurra, *f.* (tanning) currying; flogging, beating, drubbing; quarrel, dispute, scuffle.
zurrado, *m.* (coll.) glove.
zurrador, *m.* (tanning) currier, dresser; drubber, flogger.
zurrapa *f.* lees, sediment, dregs; rubbish, trash; ugly skinny boy.—**con zurrapas,** in an uncleanly manner.
zurrapelo, *m.* (coll.) severe reprimand.
zurrapiento, ta; zurraposo, sa, *a.* dreggy; turbid, roily.
zurrar, *va.* (tanning) to curry, to dress (leather); to spank, flog, drub, whip; to beat in a quarrel

or fight.—**z. la badana,** to beat, to flog.—**¡z., que es tarde!** but you are persistent! will you keep on forever? etc. (said to one who persists in something disagreeable or already rejected).

zurrarse, *vr.* to have an involuntary evacuation of the bowels; to be seized with great fear.

zurriaga, *f.* ZURRIAGO; (ornith.) lark.

zurriagar, *va.* (*pret.* ZURRIAGUÉ; *subj.* ZURRIAGUE) to whip, horsewhip, cowhide.

zurriagazo, *m.* whipping; severe lashing; unexpected ill treatment; stroke of bad luck.

zurriago, *m.* thong, long leather strap; whip.

zurriar, *vn.* to hum, buzz; to rattle.

zurribanda, *f.* flogging, horsewhipping, cowhiding; rumpus, scuffle, fight.

zurriburri, *m.* (coll.) ragamuffin, scamp; (coll.) gang of rowdies.

[1]**zurrido,** *m.* humming, buzzing, rattling noise.

[2]**zurrido,** *m.* (coll.) blow with a stick.

zurrir, *vn.* to hum, buzz, rattle.

zurrón, *m.* shepherd's pouch; game bag; leather bag; thin skin of shell fruits; (anat.) placenta; cyst.—**zurronada,** *f.* bagful.—**zurroncillo,** *m. dim.* small bag.—**zurronero, ra,** *n.* maker or seller of game bags.

zurrusco, *m.* (coll.) burnt toast.

zurubí, *m.* (ichth.) an Argentine fresh-water fish.

zurullo, *m.* any soft round object; ball or piece of tangled string or rope; (cook.) rolling pin.

zurumbático, ca, *a.* stunned, dumbfounded.

zurupeto, *m.* unauthorized agent.

zurzo, zurza, *v. V.* ZURCIR.

zutanico, illo, *m. dim.* of ZUTANO.

Zutano, na, *n.* (coll.) So-and-So.—**Fulano, Z. y Mengano,** Tom, Dick and Harry.

¡zuzo! *interj.* = ¡CHUCHO! (used to curb dog).

zuzón, *m.* (bot.) groundsel, ragwort.

APPENDIX

Geographical Names That Differ in the Spanish and English Languages

A

Abidos, Abydos.
Abisinia, Abyssinia.
Acaya, Achæa, Achaia.
Accio, Actium.
Adelaida, Adelaide.
Adrianópoli, Adrianople.
Afganistán, Afghanistan.
Alejandría, Alexandria.
Alemania, Germany.
Alenzón, Alençon.
Alepo, Aleppo.
Alesia, Alais.
Almirante. *V.* ISLAS DEL ALMIRANTE.
Alpes, Alps.
Alpes Julianos, Julian Alps.
Alpes Peninos, Pennine Alps.
Alsacia, Alsace.
Alsacia Lorena, Alsace-Lorraine.
Alto Egipto, Upper Egypt.
Amán, Maskat.
Amazonas, Amazon.
Amberes, Antwerp.
América del Norte, North America.
América del Sur, South America.
América Española, Spanish America.
América Meridional, South America.
Anam, Annam.
Andalucía, Andalusia.
Angulema, Angoulême.
Angumoes, Angoumais.
Antillas, Antilles, West Indies.
Antioquía, Antioch.
Apeninos, Apennines.
Aquisgrán, Aachen, Aix-la-Chapelle.
Aquitania, Aquitaine.
Arabia Desierta, Arabia Deserta.
Arabia Feliz, Arabia Felix.
Arabia Petrea, Arabia Petræa.
Aragón, Arragon.
Archipiélago, Ægean.
Archipiélago de Francisco José, Franz Joseph Land.
Archipiélago Malayo, Malay Archipelago.
Ardenas, Ardennes.
Argel, Algiers.
Argelia, Algeria.
Armañac, Armañaque, Armagnac.
Asia Menor, Asia Minor.
Asiria, Assyria.
Asís, Assisi.
Astracán, Astrakhan.
Atenas, Athens.
Ática, Attica.
Ausburgo, Augsburg.
Austria-Hungría, Austria-Hungary.
Auvernia, Auvergne.
Aviñón, Avignon.
Ayacio, Ajaccio.

B

Babilonia, Babylon.
Bactriana, Bactria.
Baireut, Bayreuth.
Baja California, Lower California.
Bajo Egipto, Lower Egypt.
Bajo Rin, Lower Rhine.
Bakú, Baku.
Báltico, Baltic.
Baluchistán, Baluchistan.
Banato, Banat.
Bañeras, Bagnères.
Barbadas, Barbadoes.
Bareges, Barège.
Basilea, Basel, Basle, Bâle.
Baviera, Bavaria.
Bayona, Bayonne.
Bearne, Bearn.
Bechuanalandia, Bechuanaland.
Belcaire, Beaucaire.
Belén, Bethlehem.
Bélgica, Belgium.
Belgrado, Belgrade.
Belice, Beliza, British Honduras.
Beluchistán = BALUCHISTÁN.
Bengala, Bengal.
Beocia, Bœotia, Beotia.
Berbería, Barbary.
Berna, Bern.
Betania, Bethany.
Betsaida, Bethsaida.
Bitinia, Bithynia.
Bizancio, Byzantium.
Bojara, Bokhara, Bokhara.
Bolduque, Bois-le-Duc.
Bolonia, Bologna.
Boloña, Boulogne.
Bona, Bonn.
Borgoña, Burgundy.
Bósforo, Bosporus.
Botnia, Bothnia.
Brabante, Brabant.
Brandeburgo, Brandenburg.
Brasil, Brazil.
Brema, Bremen.
Brena, Brienne.
Bretaña, Bretagne, Brittany.
Bretaña (Gran), (Great) Britain.
Brujas, Bruges.
Brúnsvick, Brunswick, Braunschweig.
Bruselas, Brussels.
Bucarest, Bucharest.
Bucovina, Bukovina, Bukovina.
Bullón, Buillon.
Burdeos, Bordeaux.

C

Cabo Bretón, Cape Breton (Island).
Cabo de Buena Esperanza, Cape of Good Hope.
Cabo de Hornos, Cape Horn.
Cabo de Istria, Capo d'Istria.
Cabo de San Vicente, Cape Saint Vincent.
Cabo Haitiano, Cape Haitien.
Cachemira, Kashmir.
Cafarnaum, Capernaum.
Cafrería, Kaffraria.
Calcedonia, Chalcedon.
Calcuta, Calcutta.
Caldea, Chaldea.
Cambrige, Cambrigia, Cambridge.
Camerón, Camarones, Kamerún, Cameroons, Kamerun.
Canaán, Canaan.
Canal de la Mancha, English Channel.
Canarias, Canary (Islands).
Canosa, Canossa.
Cantórbery, Canterbury.
Carcasona, Carcassonne.
Carelia, Karelia.
Carenta, Charente.
Caribe. *V.* MAR CARIBE.
Cariñán, Carignano.
Carolina del Norte, North Carolina.
Carolina del Sur, South Carolina.
Cartagena, Carthagena.
Cartago, Carthage.
Caspio, Caspian (Sea).
Castilla, Castile.
Castilla la Nueva, New Castile.
Castilla la Vieja, Old Castile.
Cataluña, Catalonia.
Cáucaso, Caucasus.
Cayena, Cayenne.
Cayohueso, Cayo Hueso, Key West.

For pronunciation, see the rules at the beginning of the book.

Cayos de la Florida, Florida Keys.
Cebú. *V.* ZEBÚ.
Ceilán, Ceylon.
Cerdeña, Sardinia.
Cernauti, Cærnowitz.
Cesarea, Cæsarea.
Cevenes, Cevennes, Sevennes.
Cíclades, Cyclades.
Cidno, Cydnus.
Circasia, Circassia.
Coblenza, Coblenz.
Coburgo, Coburg.
Cochinchina, Cochin China.
Colonia, Cologne.
Colonia del Cabo, Cape Colony.
Columbia Británica, British Columbia.
Columnas de Hércules, Pillars of Hercules.
Comoras, Comoro Isles.
Compieña, Compiègne.
Constantina, Constantine.
Constantinopla, Constantinople.
Constanza, Constance.
Copenhague, Copenhagen.
Córcega, Corsica.
Córdoba, Cordova.
Corfú, Corfu.
Corinto, Corinth.
Cornualla, Cornwall.
Cortray, Courtray.
Coruña, Corunna.
Costa del Marfil, Ivory Coast.
Costa de Oro, Gold Coast.
Cotanza, Coutances.
Cracovia, Cracow.
Creta, Crete.
Cristianía, Christiania.
Croacia, Croatia.
Cronstadt, Kronstadt.
Curasao, Curazao, Curaçao.
Curdistán, Kurdistan.
Curlandia, Kurland.

CH

Chamberí, Chambery.
Champaña, Champagne.
Chantung, Shantung.
Checoeslovaquia, Czecho-Slovakia, Czechoslovakia.
Cherburgo, Cherbourg.
Chifú, Chifu, Chefoo.
Chile, Chili, Chile.
Chipre, Cyprus.

D

Dakota del Norte, North Dakota.
Dakota del Sur, South Dakota.
Dalmacia, Dalmatia.
Damasco, Damascus.
Damieta, Damietta.
Danubio, Danube.
Dardanelos, Dardanelles.
Decán, Deccan.
Delfinado, Dauphiny, Dauphiné.
Delfos, Delphi.
Diepa, Diepe, Dieppe.
Dinamarca, Denmark.
Dniéper, Dnieper.
Dordoña, Dordogne.
Dos Puentes, Deux Ponts.
Dresde, Dresden.
Duay, Douay.
Duero, Douro.
Duina, Dwina, Dvina.
Dunas, Downs.
Dunquerque, Dunkirk.
Duvres, Dover.

E

Edimburgo, Edinburgh.
Efeso, Ephesus.
Egeo, Ægean.
Egina, Ægina.
Egipto, Egypt.
Egos Pótamos, Ægospotami.
Elba, Elbe.
Elbinga, Elbing.
Entre Duero y Miño, Entre Douro e Minho.
Eólida, Æolis.
Epiro, Epirus.
Erzerón, Erzerum.
Escafusa, Schaffhausen.
Escalda, Scheld, Scheldt.
Escamandro, Scamander.
Escandinavia, Scandinavia.
Escania, Scania.
Escio, Scio, Chio.
Esclavonia, Slavonia.
Escocia, Scotland.
Escorial, Escurial.
Escutari, Scutari.
Eslavonia, Slavonia.
Eslovaquia, Slovakia.
Eslovenia, Slovenia.
Esmalcalda, Smalcalden.
Esmirna, Smyrna.
España, Spain.
Española, Hispaniola.
Esparta, Sparta.
Espira, Spirea.
Espizberg, Espizberga, Spitzbergen.
Espoleto, Spoleto.
Establecimientos del Estrecho (de Malaca), Straits Settlements.
Estado Libre de Orange, Orange Free State.
Estados de la Iglesia, States of the Church.
Estados Federados de Malaca, Federated Malay States.
Estados Unidos de América, United States of America.
Estambul, Stambul.
Estiria, Styria.
Estocolmo, Stockholm.
Estonia, Esthonia.
Estrasburgo, Strasbourg.
Estrecho de Bella Isla, Strait of Belle Isle.
Estrecho de Magallanes, Strait of Magellan.
Estrómboli, Stromboli.
Etiopía, Ethiopia.
Etna, Etna, Ætna.
Etolia, Ætolia.
Eubea, Eubœa.
Eufrates, Euphrates.
Europa, Europe.

F

Farsalia, Pharsalia.
Fenicia, Phœnicia.
Filadelfia, Philadelphia.
Filipinas, Philippines.
Filipópolis, Philippopolis.
Filipos, Philippi.
Finlandia, Finland.
Flandes, Flanders.
Flesinga, Flushing.
Florencia, Florence.
Fócide, Phocis.
Francfort del Mein, Frankfort-on-the-Main.
Francia, France.
Franco Condado, Franche Comté.
Friburgo, Friburg, Freiburg.
Frigia, Phrygia.
Frisia, Friesland.
Frontiñac, Frontenac.

G

Gales, Wales.
Galia, Gaul.
Galilea, Galilee.
Galípoli, Gallipoli.
Gante, Ghent, Gand.
Garona, Garonne.
Gascuña, Gascony.
Génova, Genoa.
Germania, (anc. hist.) Germany.
Ginebra, Geneva.
Gironda, Gironde.
Glaris, Glarus.
Golfo Pérsico, Persian Gulf.
Gotemburgo, Gothenburg.
Gotinga, Göttingen.
Gran Bretaña, Great Britain.
Gránico, Granicus.
Gravelinas, Gravelines.
Grecia, Greece.
Groenlandia, Greenland.
Groninga, Groningen.
Guadalupe, Guadeloupe.
Guaján, Guam, Guam.
Guayana, Guiana.
Güeldres, Guelderland, Gelderland.
Guernesey, Guernsey.
Guidsé, Giza.
Guipúzcoa, Guipuscoa.
Guiena, Guienne.

H

Habana, Havana.
Haití, Haiti, Hayti.
Halicarnaso, Halicarnassus.
Hamburgo, Hamburg.
Hankao, Hankow.
Harrisburgo, Harrisburg.
Hauái, Hawaii.
Havre de Gracia, Havre de Grace.
Hawái, Hawaii.
Haya, Hague.
Hébridas, Hebrides.
Hélada, Hellas.
Helvecia, Helvetia.
Henao, Hainault.
Herculano, Herculaneum.
Heyaz, Hejaz.
Himeto, Hymettus.
Hispano-América, Hispanoamérica, Spanish America.
Holanda, Holland.
Honduras Británica, British Honduras.
Hungría, Hungary.

I

Ilión (**Troya**), Ilion, Ilium (Troy).
Iliria, Illyria.
Ilírico, Illyricum.
Indias, Indies.
Indias orientales, East Indies.
Indias occidentales, West Indies.
Indo, Indus.
Indostán, Hindustan, India.
Inglaterra, England.
Irlanda, Ireland.
Isla de Francia, Island of France, or Mauritius.
Isla de Guanahaní, Watling Island.
Isla del Cabo Bretón, Cape Breton Island.
Isla del Príncipe Eduardo, Prince Edward Island.
Isla de Pascua, Easter Island.
Isla Española, Hispaniola, Hayti.
Isla Real, Cape Breton Island.
Islandia, Iceland.
Islas Aleutas, or **Aleutianas**, Aleutian Islands.
Islas Baleares, Balearic Islands.
Islas Británicas, British Isles.
Islas Canarias, Canary Islands.
Islas Carolinas, Caroline Islands.
Islas de Barlovento, Windward Islands.
Islas de Hauái, Sandwich Islands.
Islas del Almirante, Admiralty Islands.
Islas de la Sociedad, Society Islands.
Islas de la Sonda, Sunda Isles.
Islas del Cabo Verde, Cape Verde Islands.
Islas de Sotavento, Leeward Islands.
Islas de Zetlandia, Shetland Islands.
Islas Filipinas, Philippine Islands.
Islas Hawái, Hawaiian Islands.
Islas Malvinas, Falkland Islands.
Islas Vírgenes, Virgin Islands.
Iso, Issus.
Ítaca, Ithaca.
Italia, Italy.

J

Janina, Yannina.
Japón, Japan.
Jarbin, Harbin.
Jartum, Khartoum.
Jericó, Jericho.
Jerusalén, Jerusalem.
Jiva, Khiva.
Jonia, Ionia.
Judá, Judah.
Jutlandia, Jutland.

K

Karbin, Harbin.
Kartum, Khartoum.
Kiao-Cheu, Kiaochow.
Kurdistán, Kurdistan.

L

Lacedemonia, Lacedæmon.
Lacio, Latium.
Lago de Constanza, Lake of Constance.
Lago Salado, Salt Lake.
Laponia, Lapland.
La Rochela, La Rochelle.
Lasa, Lassa.
Lausana, Lausanne.
Leida, Leide, Leiden, Leyden.
Lemosín, Limosin or Limousin.
Leningrado, Leningrad.
León de Francia, Lyons.
Leonesado, Lyonnais.
Líbano, Lebanon.
Libia, Libya.
Lieja, Liége.
Lila, Lille.
Limburgo, Limburg.
Liorna, Leghorn.
Lisboa, Lisbon.
Lituania, Lithuania.
Lombardía, Lombardy.
Londres, London.
Lorena, Lorraine.
Lovaina, Louvain.
Lucerna, Lucerne.
Luisiana, Louisiana.
Luxemburgo, Luxemburg.

M

Macedonia, Macedon, Macedonia.
Madera, Madeira.
Magallanes, Magellan.
Magna Grecia, Magna Græcia, Græcia Magna.
Maguncia, Mayence, Mainz.
Maisur, Mysore.
Malaca, Malay Peninsula.
Malasia, Malay Archipelago, Malaysia.
Maldivas, Maldives.
Malinas, Malines, Mecheln or Mechlin.
Malvinas, Falkland Islands.
Mallorca, Majorca.
Mancha (**la**) or **Canal de la M.**, English Channel.
Mar Adriático, Adriatic Sea.
Mar Amarillo, Yellow Sea.
Mar Báltico, Baltic Sea.
Mar Blanco, White Sea.
Mar Caribe, Caribbean Sea.
Mar Caspio, Caspian Sea.
Mar de la China, China Sea.
Mar de las Antillas = MAR CARIBE.
Mar de las Indias, Indian Ocean.
Mar del Norte, North Sea.
Mar Egeo, Ægean Sea.
Mar Glacial, Frozen Sea.
Mar Jónico, Ionian Sea.
Mar Mediterráneo, Mediterranean Sea.
Mar Muerto, Dead Sea.
Mar Negro, Black Sea.
Mar Rojo, Red Sea.
Mar Tirreno, Tyrrhenian Sea.
Marañón, (upper reaches of the) Amazon.
Maratón, Marathon.
Marruecos, Morocco.
Marsella, Marseilles.
Martinica, Martinique.
Mauricia, Mauritius or Island of France.
Mayena, Mayenne.
Meca, Mecca.
Mediterráneo, Mediterranean.
Méjico, Mexico.
Menfis, Memphis.
Menorca, Minorca.
Mesia, Mœsia.
Metauro, Metaurus.
Micenas, Mycenæ.
Midelburgo, Middleburg.
Milanesado, Milanese.
Miño, Minho.
Mirándula, Mirandola.
Misisipí, Mississippi.
Misora, Mysore.
Mobila, Mobile.
Mompeller, Montpellier.
Mondoñedo, Mondonned or Mondoneda.
Mongibelo = ETNA.
Monserrate, Montserrat.
Monte Oliveto, Olives (Mount of), Olivet.
Montes Alleghanys, Allegheny Mountains.
Montes Apalaches, Appalachian Mountains.
Montes Balcanes, Balkan Mountains.
Montes Carpacios, or **Cárpatos**, Carpathian Mountains.
Montes Rocallosos, M. Rocosos, Rocky Mountains.
Montes Urales, Ural Mountains.
Morlés, Morlaix.
Mosa, Meuse.
Moscovia, Muscovy.
Moscú, Moscow.
Mosela, Moselle.
Muerto, Dead (Sea).

N

Nápoles, Naples.
Narbona, Narbonne.
Navarino, Navarin.
Navarra, Navarre.
Nazaret, Nazareth.
Negro, Black (Sea).
Neoburgo, Neuburg.
Neoport, Nieuport.
Neyed, Nejd or Nedjed.
Nicea, Nicæa.
Niéper, Dnieper.
Nifón, Nippon.
Nigricia, Negroland.
Nilo, Nile.
Nimega, Nimeguen.
Nínive, Nineveh.
Nipón, Nippon.
Niza, Nice.
Normandía, Normandy.
Noruega, Norway.
Nueva Escocia, Novia Scotia.
Nueva Gales, New Wales.
Nueva Gales del Sur, New South Wales.
Nueva Inglaterra, New England.
Nueva Orleáns, New Orleans.
Nueva York, New York.
Nueva Zelandia, New Zealand.
Nueva Zembla, Nova Zembla.

Nuevo Brúnswick, N. Brúnswick, New Brunswick.
Numancia, Numantia.
Nuremberga, Nuremberg.

O

Oceanía, Oceania, Oceanica.
Odenarda, Oudenarde.
Odesa, Odessa.
Ofir, Ophir.
Olimpia, Olympia.
Olimpo, Olympus.
Olinto, Olynthus.
Omán, Muscat, Maskat.
Onella, Oneglia.
Orleanesado, Orleannois.
Ostende, Ostend.
Otahití, Otaheite or Tahiti.
Oxo, Oxus.

P

Pacífico, Pacific (Ocean).
Países Bajos, Low Countries, Netherlands, Holland.
Palatinado, Palatinate.
Palestina, Palestine.
Palmira, Palmyra.
Pamplona, Pampeluna.
Panfilia, Pamphylia.
Panzacola, Pensacola.
Parnaso, Parnassus.
Partia, Parthia.
Paso de Calais, Strait of Dover.
Pekín, Pekin.
Pela, Pella.
Peloponeso, Peloponnesus.
Península de Malaca, Malay Peninsula.
Pensilvania, Pennsylvania.
Penzacola, Pensacola.
Pérgamo, Pergamum.
Perona, Peronne.
Perpiñán, Perpignan.
Perusa, Perusia or Perugia.
Petrogrado, Petrograd.
Piamonte, Piedmont.
Picardía, Picardy.
Piombina, Piombino.
Pireo, Piræus.
Pirineos, Pyrenees.
Pistoya, Pistoja.
Plasencia, Placentia.
Platea, Platæa.
Polinesia, Polynesia.
Polania, Poland.
Pombín, Piombino.
Pompeya, Pompeii.
Ponto, Pontus.
Ponto Euxino, Pontus Euxinus (Black Sea).
Porto Longón, Porto Longone.
Praga, Prague.
Presburgo, Presburg.
Provenza, Provence.
Providencia, Providence.
Provincias Renanas, Rhineland.
Provincias Vascongadas, or **Vascas,** Basque Provinces.
Prusia, Prussia.
Puertas de Hierro, Iron Gates.
Puerto Arturo, Port Arthur.
Puerto (de) España, Port of Spain.
Puerto Mahón, Port Mahon.
Puerto Príncipe, Port-au-Prince.
Puerto Rico, Porto Rico, Puerto Rico.

Q

Queronea, Chæronea.
Quersoneso, Chersonese.
Quinsala, Kinsale.
Quío, Chio.

R

Rapanuí, Easter Island.
Ratisbona, Ratisbon, Regensburg.
Regio, Reggio.
Reims, Rheims.
Reino Unido, United Kingdom.
Retia, Rhætia.
Rhin, Rhine.
Rif, Rif or Riff.
Rin, Rhine.
Río Amarillo, Yellow River.
Rocamora, Roquemaure.
Rochela (La), (La) Rochelle.
Ródano, Rhone.
Rodas, Rhodas.
Rodesia, Rhodesia.
Rojo, Red (Sea).
Roma, Rome.
Romaña, Romagna.
Rosellón, Roussillon.
Roseta, Rosetta.
Ruán, Rouen.
Rumania, R(o)umania.
Ruremunda, Roermond or Ruremunde.
Rusia, Russia.

S

Sabá, Sheba.
Saboya, Savoy.
Sácer, Sassari.
Sajonia, Saxony.
Sajonia-Coburgo, Saxe-Coburg.
Sajonia-Gotha, Saxe-Gotha.
Sajonia-Wéimar, Saxe-Weimar.
Salamina, Salamis.
Salé, Sallee.
Salónica, Salonika.
Samotracia, Samothrace.
San Cristóbal, St. Kitts.
San Germán, St. Germain.
San Gotardo, St. Gothard.
San Juan de Luz, St. Jean de Luz.
San Kitts, St. Kitts.
San Nazario, St. Nazaire.
San Petersburgo, St. Petersburg.
San Quintín, St. Quentin.
San Salvador (Isla de), Watling Island.
Santa Elena, St.-Helena.
Santa Lucía, St. Lucia.
Santonge, Saintonge.
Sarmacia, Sarmatia.
Sena, Seine.
Servia, Serbia.
Servia - Croacia - Eslovenia, Serb-Croat-Slovene State.
Seúl, Seoul.
Sevilla, Seville.
Severna, Severn.
Sicilia, Sicily.
Sierra Leona, Sierra Leone.
Siracusa, Syracuse.
Siria, Syria.
Socotera, Socotora, Socotra.
Soleura, Soleure.
Somalia, Somaliland.
Suabia, Suabia or Swabia.
Sud-África, Sudáfrica, South Africa.
Sud-América, Sudamérica, South America.
Sudán, Soudan, Sudan.
Suebia = SUABIA.
Suecia, Sweden.
Suiza, Switzerland.
Sund, Sound.
Sur-América, or **Suramérica,** South America.

T

Tabago, Tobago.
Tafilete, Tafilet.
Tahití, Tahiti.
Tajo, Tagus.
Tamatava, Tamatave.
Támesis, Thames.
Tanganyica, Tangañica, Lake Tanganyika.
Tánger, Tangier.
Tapso, Thapsus.
Tarento, Taranto.
Tarso, Tarsus.
Tartaria, Tartary, Tatary.
Tauro, Taurus.
Tebas, Thebes.
Tejas, Texas.
Tenerife, Teneriffe.
Termópilas, Thermopylæ.
Terranova, Newfoundland.
Tesalia, Thessaly.
Tesalónica, Thessalonica.
Tesino, Ticino.
Tiberíades, Tiberias.
Tibet, Thibet, Tibet.
Tierra de Francisco José, Franz Josef Island.
Tierra del Labrador, Labrador.
Tierra Santa, Holy Land.
Tiro, Tyre.
Tirol, Tyrol.
Tokío, Tokyo, Tokio.
Tolón, Toulon.
Tolosa, Toulouse.
Tornay, Tournay.
Toscana, Tuscany.
Trabizonda, Trebizond.
Tracia, Thrace.
Trasimeno, Thrasimene.
Trebizonda, Trebizond.
Trento, Trent.
Tréveris, Treves, Trier.
Trieste, Triest.
Troya, Troy.
Tubinga, Tubingen.
Túnez, Tunis.
Turena, Turenne.
Turquestán, Turkestan.
Turquía, Turkey.
Turs, Tours.
Túsculo, Tusculum.

U

Uberlinga, Uberlingen.
Ucrania, Ukraine.
Ulma, Ulm.
Undervald, Unterwalden.
Unión Soviética, Soviet Union.

Unión Sudafricana, Union of South Africa.
URSS, USSR.

V

Valaquia, Wallachia.
Valclusa, Vaucluse.
Valencia, Valence (France); Valencia (Spain).
Valencienes, Valenciennes.
Valtelina, Valtelline.
Vandoma, Vendome.
Varenas, Varennes.
Varsovia, Warsaw.
Venecia, Venice.
Véneto, Venetia.
Versalles, Versailles.
Vestfalia, Westphalia.
Vesuvio, Vesuvius.
Viena, Vienne (France); Vienna (Austria).
Villafranca, Villefranche.
Vincenas, Vincennes.
Virginia Occidental, West Virginia.
Vizcaya, Biscay.
Vosgos, Vosges.

W

Wartburgo, Wartburg.
Westfalia, Westphalia.
Wurtemberg, Würtemburg.

Y

Yedo, Jeddo, Yeddo.
Yeso, Yesso.
Yugoeslavia, Yugoslavia, Jugoslavia.

Z

Zambese, Zambeze, Zambesi.
Zanguébar, Zanzíbar, Zanzibar.
Zaragoza, Saragossa.
Zebú, Zebu.
Zelandia, Zealand.
Zululandia, Zululand.

Names of Persons, Including Those of Famous Historical Personages

A

Abelardo, Abelard.
Abrahán, Abrán, Abraham.
Absalón, Absalom.
Abubéker, Abu-Bekr.
Adán, Adam.
Adela, Adele.
Adelaida, Adelaide.
Adelina, Adeline.
Adolfo, Adolphus.
Adriano, Hadrian.
Ágata, Agatha.
Agripina, Agrippina.
Agueda, Agatha.
Agustín, Augustin, Austin.
Alano, Alan, Allen.
Alarico, Alaric.
Alberto, Albert.
Alberto Magno, Albertus Magnus.
Alceo, Alcæus.
Alejandra, Alexandra.
Alejandro, Alexander.
Alejo, Alexis.
Alfonso, Alphonse.
Alfredo, Alfred.
Alicia, Alice.
Alonso, Alphonsus.
Aluino, Alwin.
Amadeo, Amadeus.
Amata, Amy.
Ambrosio, Ambrose, Ambrosius.
Amelia, Amelie.
Ana, Ann, Anne, Anna, Hannah.
Ana Bolena, Anne Boleyn.
Anacreonte, Anacreon.
Andrés, Andrew.
Aníbal, Hannibal.
Anselmo, Anselm.
Antígono, Antigonus.
Antíoco, Antiochus.
Antonino, Antoninus.
Antonio, Anthony.
Aquiles, Achilles.
Apuleyo, Apuleius.
Arabela, Arabella.
Archibaldo, Archibald.
Aristófanes, Aristophanes.
Aristóteles, Aristotle.
Arnaldo, Arnold.
Arquimedes, Archimedes.
Arturo, Arthur.
Arriano, Arrian.
Arrio, Arius.
Artajerjes, Artaxerxes.
Asurbanipal, Ashur-bani-pal.
Atanasio, Athanasius.
Atila, Attila.
Augusto, Augustus.
Aureliano, Aurelian.
Aurelio, Aurelius.

B

Bárbara, Barbara.
Bartolomé, Bartholomew, Bartholomæus.
Basilio, Basil.
Beatriz, Beatrix, Beatrice.
Beda, Bæda, Bede.
Belisario, Belisarius.
Beltrán, Bertram.
Benita, Benedicta.
Benito, Benedict.
Bermudo, Veremond.
Bernabé, Barnabas, Barnaby.
Bernardo, Bernard.
Bernardino, Bernardinus.
Berta, Bertha.
Betsabé, Bath-Sheba.
Blas, Blase.
Bocaccio, Bocacio, Boccaccio, Boccace.
Bonifacio, Boniface.
Brígida, Bridget.
Bruto, Brutus.
Buda, Buddha.
Buenaventura, Bonaventure.

C

Calvino, Calvin.
Cambises, Cambyses.
Camilla, Camilla, Camille.
Camilo, Camillus.
Caracala, Caracalla.
Carlomagno, Charlemagne.
Carlos, Charles.
Carlota, Charlotte.
Carolina, Caroline.
Casandra, Cassandra.
Casimiro, Casimir.
Casio, Cassius.
Catalina, Catharine.
Catilina, Catiline.
Catón, Cato.
Catulo, Catullus.
Cayetano, Cajetan, Gaetan.
Cecilia, Cicely.
Cecilio, Cecil.
César, Cæsar.
Cicerón, Cicero.
Cincinato, Cincinnatus.
Cipriano, Cyprian.
Ciriaco, Cyriacus.
Cirilo, Cyrilus.
Ciro, Cyrus.
Claudia, Claudina, Claudia.
Claudio, Claude, Claudius.
Cleanto, Cleanthes.
Clemente, Clement.
Cleóbulo, Cleobulus.
Clodoveo, Clovis.
Clotilde, Clotilda.
Colón, Columbus.
Cómodo, Commodus.
Confucio, Confucius.
Conrado, Conrad.
Constancia, Constancio, Constance.
Constantino, Constantine.
Constanza, Constance.
Cornelio, Cornelius.
Cosme, Cosmas.
Creso, Crœsus.
Crisóstomo, Chrysostom.
Cristiano, Christian.
Cristina, Christina.
Cristo, Christ.
Cristóbal, Christopher.
Curcio, Curtius.

D

Dagoberto, Dagobert.
Darío, Darius.
Demócrito, Democritus.
Demóstenes, Demosthenes.
Diego, James.
Diógenes, Diogenes.
Dionisia, Dionysia.
Dionisio, Dennis, Dionysius.
Domiciano, Domitian.
Domingo, Dominic.
Dorotea, Dorothy.

E

Edmundo, Edmund.

Eduardo, Edward.
Eduvigis, Hedwig.
Elagábalo, Elagabalus.
Elena, Ellen, Helen.
Elisa, Eliza.
Eliseo, Elisha, Ellis.
Eloísa, Heloise.
Ema, Emma.
Emilia, Emily.
Emilio, Æmilius.
Eneas, Æneas.
Engracia, Grace.
Enrique, Henry.
Enriqueta, Henrietta.
Epicteto, Epictetus.
Epicurus, Epicuro.
Erasmo, Erasmus.
Eratóstenes, Eratosthenes.
Ernesto, Ernest.
Escalígero, Scaliger.
Escipión, Scipio.
Escipión el Africano, Scipio Africanus.
Esopo, Æsop.
Espartaco, Spartacus.
Esquilo, Æschylus.
Esquines, Æschines.
Esteban, Stephen.
Ester, Esther, Hester.
Estrabón, Strabo.
Estradivario, Stradivarius.
Euclides, Euclid.
Eufemia, Euphemia.
Eufrosina, Euphrosyne.
Eugenia, Eugenie.
Eugenio, Eugene.
Euler, **Eulero**, Euler.
Eusebio, Eusebius.
Eustaquio, Eustace.
Eva, Eve, Eva.
Ezequías, Hezekiah.
Ezequiel, Ezekiel.

F

Fabio, Fabius.
Federica, Frederica.
Federico, Frederic.
Fedra, Phedre.
Fedro, Phædrus.
Felipa, Philippa.
Felipe, Philip.
Felisa, **Felicia**, Felicia.
Fernando, Ferdinand.
Filipo, Philip (of Macedon), Philippus.
Filo el Judío, Philo Judæus.
Fineas, Phineas.
Florencia, **Florencio**, Florence.
Foción, Phocion.
Francisca, Frances.
Francisco, Francis.
Fredegunda, Fredegonde.
Froíla, **Fruela**, Froyla.

G

Galeno, Galen.
Galieno, Gallienus.
Gaspar, Jasper.
Gayo, Gaius.
Gedeón, Gideon.
Genserico, Genseric.
Geofredo, Geoffrey.
Gerardo, Gerard.
Germánico, Germanicus.
Gertrudis, Gertrude.
Gervasio, Gervas.
Gil, Giles.
Gilberto, Gilbert.
Godofredo, **Gofredo**, Godfrey.
Graco, Gracchus.
Gracos, Gracchi.
Gregorio, Gregory.
Gualterio, **Gualtero**, Walter.
Guido, Guy.
Guillelmo, **Guillén**, William.
Guillermina, Wilhelmina.
Guillermo, William.
Gustavo, Gustavus.

H

Haroldo, Harold.
Heberto, Herbert.
Heliogábalo, Elagabalus.
Helvecio, Helvetius.
Heráclito, Heraclitus.
Heriberto, Herbert.
Herodes, Herod.
Herodoto, Herodotus.
Herón, Hiero.
Hesíodo, Hesiod.
Hilario, Hilary.
Hildebrando, Hildebrand.
Hiparco, Hipparchus.
Hipócrates, Hippocrates.
Homero, Homer.
Honorio, Honorius.
Horacio, Horace, Horatio.
Hortensia, Hortense.
Huberto, Hobart, Hubert.
Hugo, Hugh.
Hugo Capeto, Hugh Capet.
Humberto, Humbert.
Hunfredo, Humphrey.

I

Ignacio, Ignatius.
Ildefonso, Alphonsus.
Inés, Agnes, Inez.
Inocencio, Innocent.
Ireneo, Ireneus.
Isabel, Elizabeth.
Isidoro, **Isidro**, Isidor.

J

Jacobo, **Jaime**, James.
Jansenio, Jansen, Jansenius.
Javier, Xavier.
Jehová, Jehovah.
Jenócrates, Xenocrates.
Jenófanes, Xenophanes.
Jenofonte, Xenophon.
Jeremías, Jeremy, Jeremiah.
Jerjes, Xerxes.
Jerónimo, Jerome.
Jesús, Jesus.
Jesucristo, Jesus Christ.
Joaquín, Joachim.
Jonás, Jonah.
Jonatán, **Jonatás**, Jonathan.
Jorge, George.
José, Joseph.
Josefa, **Josefina**, Josephine.
Josefo, Josephus.
Josías, Josiah.
Josué, Joshua.
Joviano, Jovian.
Juan, John.
Juana, Jane, Jennie, Jean, Joan, Joanna.
Juana de Arco, Joan of Arc.
Judit, Judith.
Julia, Julia.
Julián; **Juliano** (emperor), Julian.
Julio, Julius.
Justiniano, Justinian.
Justino, Justin.
Justino Mártir, Justin Martyr.

K

(de) **Kempis**, (a) Kempis.

L

Ladislao, Ladislas.
Lamberto, Lambert.
Lázaro, Lazarus.
Leandro, Leander.
León, Leo, Leon.
Leonardo, Leonard.
Leonor, Eleanor.
Leopoldo, Leopold.
Leticia, Lætitia, Letitia, Lettice.
Licurgo, Lycurgus.
Lineo, Linnæus.
Lisandro, Lysander.
Lisias, Lysias.
Lisímaco, Lysimachus.
Lisipo, Lysippus.
Liutprando, Liutprand.
Livio, Livy.
Longino, Longinus.
Lorenzo, Lawrence, Laurence.
Lotario, Lothaire.
Lucano, Lucan.
Lucas, Luke.
Lucía, Lucy, Lucia.
Luciano, Lucian.
Lucio, Lucius.
Lucrecia, Lucretia.
Lucrecio, Lucretius.
Luis, Lewis, Louis.
Luis (Gonzaga), Aloysius.
Luisa, Louise.
Lutero, Luther.

M

Magallanes, Magellan.
Magdalena, Magdalen.
Mahoma, Mahomet, Mohammed.
Malaquías, Malachi.
Manuel, Emanuel.
Manuela, Emma.
Marcelo, Marcellus.
Marcial, Martial.
Marco, **Marcos**, Mark.
Marco Aurelio, Marcus Aurelius.
Margarita, Margaret, Margery.
María, Mary, Maria, Miriam.
María Luisa, Marie Louise.
Mariana, Marian.
Mario, Marius.
Marta, Martha.
Masinisa, Masinissa.
Mateo, Matthew.
Matías, Mattias.
Matilde, Matilda.
Mauricio, Maurice, Morice.
Maximiliano, Maximilian.
Mecenas, Mæcenas.
Mesalina, Messalina.
Miguel, Michael.
Miguel Ángel, Michelangelo.
Mitrídates, Mithridates.
Moisés, Moses.

N

Nabucodonosor, Nebuchadnezzar.
Nápier, Napier.
Natán, Nathan.
Nataniel, Nathaniel.
Nehemías, Nehemiah.
Néper, Napier.
Népote, Nepos.
Nerón, Nero.
Nestorio, Nestorius.
Nicolás, Nicholas.
Noé, Noah.

O

Octavio, Octavius.
Odoacro, Odoacer.
Oliverio, Oliver.
Orígenes, Origen.
Oseas, Hosea.
Osmundo, Osmond.
Otman, Othman.
Otón, Otho.
Ovidio, Ovid.

P

Pablo, Paul.
Patricio, Patrick.
Paula, Paulina, Pauline.
Pedro, Peter.
Pepino, Pepin.—**P. el Breve,** Pepin the Short.
Peregrín, or **Peregrino,** Peregrine.
Perseo, Perseus.
Píndaro, Pindar.
Pío, Pius.
Pirro, Pyrrhus.
Pitágoras, Pythagoras.
Platón, Plato.
Plauto, Plautus.
Plinio, Pliny.
Plótino, Plotinus.
Plutarco, Plutarch.
Polibio, Polybius.
Policarpo, Polycarp.
Policleto, Polycletus.
Polícrates, Polycrates.
Pompeyo, Pompey.
Pretorio, Pretorius.
Proclo, Proclus.
Procopio, Procopius.
Prudencia, Prudence.

Q

Quintiliano, Quintilian.
Quintín, Quintin, Quentin.

R

Rafael, Raphael.
Raimundo, Ramón, Raymond.
Randolfo, Randolph.
Raquel, Rachel.
Rebeca, Rebecca.
Reginaldo, Reginald.
Régulo, Regulus.
Reinaldo, Reynold.
Renaldo, Ronald.
Renato, René.
Ricardo, Richard.
Roberto, Robert.
Rodas, Rhodes.
Rodolfo, Rodolphus, Ralph, Rudolph, Rollo.
Rodrigo, Roderic.
Roger, Rogerio, Roger.
Rolando, Roland, Rowland.
Rolón, Rollón, Rollo.
Rómulo, Romulus.
Rosa, Rose.
Rosalía, Rosalie.
Rosamunda, Rosamond.
Rosario, Rosary.
Ruben, Reuben.
Rufo, Rufus.
Ruperto, Rupert.

S

Saladino, Saladin.
Salomón, Solomon.
Salustio, Sallust.
Samuel, Samuel.
Sansón, Samson.
Santiago, James, St. James.
Sara, Sarah.
Sardanápalo, Sardanapalus.
Senaquerib, Sennacherib.
Sertorio, Sertorius.
Severo, Severus.
Sigismundo, Sigismund.
Sila, Sulla.
Silvano, Silvan.
Silvestre, Silvester.
Sofía, Sophia, Sophy.
Sófocles, Sophocles.
Solimán, Solyman, Suleiman.
Suetonio, Suetonius.
Susana, Susan, Susanna.

T

Tácito, Tacitus.
Tadeo, Thadeus.
Tales, Thales.
Tamerlán, Tamerlane.
Temístocles, Themistocles.
Teobaldo, Theobald, Tybold.
Teócrito, Theocritus.
Teodora, Theodora.
Teodoro, Theodore.
Teodorico, Theodoric, Dorick.
Teodosio, Theodosius.
Teófilo, Theophilus.
Teofrasto, Theophrastus.
Terencio, Terence.
Teresa, Theresa.
Tertuliano, Tertullian.
Tiberio, Tiberius.
Tíbulo, Tibullus.
Ticiano, Titian.
Timoteo, Timothy.
Timur, Timour.
Tito, Titus.
Tobías, Tobias, Toby.
Tolomeo, Ptolemy.
Tomás, Thomas.
Trajano, Trajan.
Trasíbulo, Thrasybulus.
Triboniano, Tribonian.
Tucídides, Thucydides.
Turena, Turenne.

U

Ulpiano, Ulpian.
Urbano, Urban.
Urías, Uriah.

V

Valente, Valens.
Valentín, Valentine.
Valentiniano, Valentinian.
Valeriano, Valerian.
Ventura, Bonaventura.
Veremundo, Veremond.
Veronés, Veronese.
Vespasiano, Vespasian.
Vespucio, Vespucci.
Vicente, Vincent.
Virgilio, Virgil, Vergil.
Vitruvio, Vitruvius.

Y

Yugurta, Jugurtha.

Z

Zacarías, Zachary, Zachariah.
Zenón, Zeno.
Zoroastro, Zoroaster.
Zuinglio, Zwingli.

Colloquial Pet Names

Adela, Adelita, Adelina.
Ana, Anita, Anica.
Antonio, nia, Antoñito, ta; Toño, ña; Toñico, ca.
Bartolomé, Bartolo.
Carlos, Carlitos.
Catalina, Catana, Catuca, Catuja.
Cayetano, Tano.
Cristóbal, Tobal, Tobalito.
Diego, Dieguito.
Dolores. *V.* María de los Dolores.
Francisco, Francisquito; Frasco, Frascuelo, Frasquito; Paquito, Paco; Pacorro; Pancho, Panchito; Curro, Currito; Farruco.
Francisca (the same words as the preceding, changing final *o* to *a*).
Gertrudis, Tula.
Gregorio, Goyo.
Isabel, Belica, Belita.
Jaime, Jaimito.
José, Joseíto, Josecito; Pepe, Pepito; Pepillo; Chepe, Chepito.

Josefa, Josefita; Pepa, Pepita, Pepilla; Chepa, Chepita.
Juan, Juanito, Juanillo.
Juana, Juanita, Juanilla.
María, Mariquita, Mariquilla, Marica, Maruca, Marucha, Maruja.
María de la Concepción, Concha, Conchita; Chona, Cota, Cotita.
María, (de) Jesús, Jesusa, Jesusita, Chucha, Chuchita.
María de los Dolores, Doloritas, Dolorcitas, Lola, Lolita.
María de la Luz, Lucecita. Lucita.
Pedro, Pedrito, Perico.

For pronunciation, see the rules at the beginning of the book.

Abbreviations Most Commonly Used in Spanish

A

A. Alteza; aprobado (passed in examination).
a. área (are).
(a) alias.
@ arroba; @@ arrobas.
AA. Autores; Altezas.
ab. abad.
ab.^{l} abril.
Abls. gen. Absolución general.
A. C., A. de C. Año de Cristo (A.D.).
admón. administración.
admor., adm.^{or} administrador.
af.^{mo}, afmo. afectísimo.
af.^{to} afecto.
Ag.^{n} Agustín.
a la v/ a la vista.
ag.^{to} agosto.
alc.^{de} alcalde.
Alej.^{o} Alejandro.
Alf.^{o} Alfonso.
Al.^{o} Alonso.
A L. R. P. de V. M. A los reales pies de Vuestra Majestad.
Álv.^{o} Álvaro.
am.^{o} amigo.
Ant.^{o} Antonio.
ap. aparte; apóstol.
ap.^{a}, ap.^{o} or **aplica., aplico.** apostólica, apostólico.
apóst. apóstol.
art., art.^{o} artículo.
arz., arzbpo. arzobispo.
att.^{o}, atto. atento.
Aud.^{a} Audiencia.

B

B. Beato; Bueno, en examen.
Bar.^{mé} Bartolomé.
bca. barrica.
Barna. Barcelona.
Bern.^{o} Bernardo.
B. L. M., b. l. m. besa la mano.
B. L. P., b. l. p. besa los pies.
B.^{mo} P.^{e} Beatísimo Padre.
Br. or **br.** bachiller.
bto. bulto; bruto.

C

c/ cargo; contra.
C. A. corriente alterna.
c.^{a} compañía.
c., cap. capítulo.
cap.^{n} capitán.
capp.^{n} capellán.
Card.^{l} Cardenal.
C. C. corriente continua.
C. de J. Compañía de Jesús (S. J.).
cénts. céntimos.
cf., conf., confr. confesor; confirma (in ancient documents).
cg. céntigramo(s.
C.^{ia} Compañía (Co.).
cl. centilitro(s.
Clem.^{te} Clemente.
cllo. cuartillo.
cm. centímetro(s.
C. M. B., c. m. b. cuyas manos beso.
Co. Compañía (Co.).
col., col.^{a} columna; colonia.
comis.^{o} comisario.
comp. compañía.
cons.^{o} consejo.
Const. Constitución.
const.^{l} constitucional.
conv.^{te} conveniente.
corr.^{te} corriente.
C. P. B. cuyos pies beso.
crec.^{te} creciente.
cs. cuartos; céntimos.
cta., c.^{ta} cuenta.
cta. cte., cta. corr.^{te} cuenta corriente.
c/u cado uno.
cuad. cuadrado(s.
c/vta. cuenta de venta.

D

D. Don.
D.ª Doña.
DD. doctores.
descto. descuento.
d/f días fecha.
dg. decigramo(s.
Dg. decagramo(s.
dha., dho., dhas., dhos. dicha, dicho, dichas, dichos.
dic.^{e}, 10^{e} or **10bre** diciembre.
Dl. decalitro(s.
dl. decilitro(s.
dls. dólares ($).
Dm. decámetro(s.
dm. decímetro(s.
D.^{n}, d.^{n} don.
dna(s. docena(s.
Doct., Doctor.
docum.^{to} documento.
D. O. M. *Deo Optimo Maximo.*
Dom.^{o} Domingo (name).
dom.^{o} domingo (Sunday).
d/p días plazo.
D.^{r}, Dr. Doctor (Dr.).
dra., dro., dras., dros. derecha, derecho, derechas, derechos.
dup.^{do} duplicado.
d/v días vista.

E

E. este, oriente (East).
ec.^{co} eclesiástico.
EE. UU. Estados Unidos.
E. M. Estado Mayor.
Em.^{a} Eminencia.
E.| M. G. Estado Mayor General.
Em.^{mo}, Emmo. Eminentísimo.
ENE. estenordeste (E.N.E.).
en.^{o} enero.
E. P. D. En paz descanse.
E. P. M. En propia mano.
esc.^{o} escudo.
escrit.^{a} escritura.
escrnía. escribanía.
escrno. escribano.
escs. escudos.
ESE. estesudeste (E.S.E.).
etc. etcétera.
E. U., E. U. A. U. S., U. S. A.
Eug.^{o} Eugenio.
Evang.^{o} Evangelio.
Evang.^{ta} Evangelista.
Exc.^{a} Excelencia.
Exc.^{ma}, Exc.^{mo} or **Excma, Excmo.** Excelentísima, Excelentísimo.

F

f/ fardo(s.
F. Fulano.
fact.^{a} factura.
F. C., f. c. ferrocarril.
F.^{co}, Franc.^{o} Francisco.
fcos. francos.
F. de T. Fulano de Tal.
feb.^{o} febrero.
F. E. M. fuerza electromotriz (E.M.F.).
Fern.^{do} Fernando.
fha., fho. fecha, fecho.
fo.^{o}, fol. folio.

Fr. Fray, Frey.
fra. factura.
Frnz., Fz. Fernández.
F.s, f.s francos.
fund. fundador.

G

G. gracia.
g. gramo(s.
g.de or **gue.** guarde.
Gen.l General (title).
gnte., gerente.
G.o Gonzalo.
gob.o gobierno.
gob.r gobernador.
Gonz. González.
gral. general.
Greg.o Gregorio.
gte. gerente.
Guill.o Guillermo.

H

hect. hectárea(s.
Hg. hectogramo(s.
Hl. hectolitro(s.
Hm. hectómetro(s.
HP, H. P. caballo(s) de vapor (H.P.).

I

ib. *ibídem.*
id. *ídem.*
i. e. *id est* (that is).
igl.a iglesia.
Ign.o Ignacio.
Ildef.o Ildefonso.
Il.e Ilustre.
Il.ma, Il.mo, Illma, Illmo. Ilustrísima, Ilustrísimo.
in p. inf. *in partibus infidelium.*
inq.r inquisidor.
intend.te intendente.
ít. *ítem.*
izq.a, izq.o, izq.da, izq.do izquierda, izquierdo.

J

J. C. Jesucristo.
Jerón.o Jerónimo.
Jhs. Jesús.
Jph. José.
juev. jueves.
Jul.n Julián.

K

Kg., kg. kilogramo(s.
Kl., kl. kilolitro(s.
Km., km. kilómetro(s.
kv., k. w. kilovatio.

L

L/ letra.
L., L.do or **I.do** Licenciado.
l. ley; libro; litro(s.
lb(s. libra(s.
lín. línea.
liq.n liquidación.
Lor.zo Lorenzo.
L. S. *Locus sigilli,* lugar del sello.
lun. lunes.

M

M. Madre, religiosa; Majestad; Merced; Maestro; mediano (en examen).
m. minuto(s; metro(s; mañana (A.M.).
m/ mes; mi, mis; mío, míos.
Man.l Manuel.
M.a María.
Marg.ta Margarita.
mart. martes.
may.mo mayordomo.
mcos. marcos.
M.e Madre, religiosa.
m/f mi favor.
meng. menguante.
mg. miligramo(s.
miérc. miércoles.
Mig.l Miguel.
miles.s milesimas.
min.o ministro.
m/L. mi letra.
ml. mililitros.
Mm. miriámetro(s.
mm., m/m milímetro(s.
m/o mi orden.
m/ o m/ más o menos.
monast.o monasterio.
Mons. Monseñor.
M. P. S. Muy Poderoso Señor.
Mr. Monsieur; Mister.
mrd. merced.
Mrn. Martín.
Mrnz. Martínez.
Mro. Maestro.
M.s marcos.
M. S. manuscrito.
m.s a.s muchos años.
M.SS. manuscritos.

N

N. Norte.
n. noche (P.M.).
n/ nuestro.
N.a S.a Nuestra Señora.
N.B. *Nota bene.*
n/cta. nuestra cuenta.
NE. Nordeste (N.E.).
NNE. Nornordeste (N.N.E.).
NNO. Nornoroeste (N.N.W.).
NO. Noroeste (N.W.).
n.o número.
nov.e, 9e, 9bre noviembre.
Nov. Recop. Novísima Recopilación.
N. Recop. Nueva Recopilación.
nra., nro., nras., nros.; ntra., ntro., ntras., ntros. nuestra, nuestro, nuestras, nuestros.
núm. or **núm.o, núms.** or **núm.s** número, números.
N. S. Nuestro Señor.
N. S. J. C. Nuestro Señor Jesucristo.
nto. neto.

O

O. Oeste (W.).
o/ orden.
ob., obpo. obispo.
oct.e, 8e or **8bre** octubre.
ONO. oesnoroeste (W.N.W.).
onz. onza.
orn. orden.
OSO. oessudoeste (W.S.W.).

P

P. Papa (Pope); padre; pregunta.
p % por ciento (%).
p ‰ por mil.
p. A. Por ausencia: por autorización.
P.a para.
pág., págs. página(s.
Part. Partida.
Patr. Patriarca.
p.bro presb. presbítero.
P. D. Posdata (P.S.).
P.e Padre.
p. ej. por ejemplo (e. g.).
penit. penitente.
perg., pno. pergamino.
Pf., Pfs. peso(s fuerte(s.
P. M. Padre Maestro.
P. O. Por orden.
P.o Pedro.
p.o pero.
P. P. Porte pagado; por poder.
p. p.do, ppdo. próximo pasado.
p.r por.

pral. principal.
priv. privilegio.
proc. procesión.
prof. profesor; profeta.
pror. procurador.
prov.[a] provincia.
prov.[or] provisor.
próx.[e] próximo.
P. S. *Post scriptum* (P.S.).
P. S. M. Por su mandato.
ps. pesos.
pta. pasta.
ptas. pesetas.
p.[te] parte.
pza. pieza.

Q

q. que.
Q. B. S. M., q. b. s. m. que besa su mano.
Q. B. W. P., q. b. s. p. que besa sus pies.
Q. D. G. que Dios guarde.
q.[e] que.
q. e. g. e. que en gloria esté.
q. e. p. d. que en paz descanse.
q. e. s. m. que estrecha su mano.
q. g. g. que gloria goce.
qq. quintales.

R

R. Reverendo; reverencia; respuesta; reprobado (en examen).
R). Responde o respuesta (in prayer-books).
Raf.[l] Rafael.
Rbí. Recibí.
R. D. Real Decreto.
Rda. M., R. M. Reverenda Madre.
Rdo. P., R. P. Reverendo Padre.
R.[e] Récipe.
R. I. P. *Requiescat in pace.*
r.[l] real (royal).
Rmrz. Ramírez.
R. O. Real Orden.
r. p. m. revoluciones por minuto (r. p. m.).
R. S. Real Servicio.
rs., r.[s] reales (money).
R.[s] Reales (of the king, royal).
rúst. rústica.

S

S. San, Santo; Sur; Sobresaliente (en examen).
s/ su, sus; sobre.
S.[a] Señora.
S. A. Su Alteza.
sáb. sábado.
S. A. I. Su Alteza Imperial.
S. A. R. Su Alteza Real.
S. A. S. Su Alteza Serenísima.
Sb.[n] Sebastián.
s/c su cuenta.
S. C., s. c. su casa.
S. C. M. Sacra Católica Majestad.
S. C. C. R. M. Sacra, Cesárea, Católica, Real Majestad.
s/cta. su cuenta.
S. D. Se despide (p. p. c.).
S. D. M. Su Divina Majestad.
SE. sudeste (S.E.).
secret.[a] secretaría.
sept.[e], 7[e] or 7bre septiembre.
Ser.[ma], **Ser.**[mo] or **Serm.**[a], **Sermo.** Serenísima, Serenísimo.
serv.[o] servicio.
serv.[or] servidor.
set.[e] septiembre.
S. E. u O. salvo error u omisión.
sig.[te] siguiente.
S. M. Su Majestad.
S. M. A. Su Majestad Apostólica.
S. M. B. Su Majestad Británica.
S. M. C. Su Majestad Católica.
S. M. F. Su Majestad Fidelísima.
S. M. I. Su Majestad Imperial.
Sn San.
S. N. Servicio Nacional.
SO. sudoeste (S.W.).
Sor. Señor.
Sores. Señores.
spre. siempre.
S.[r], **Sr.** Señor.
Sra., Sras. Señora, Señoras.
Sres., S.[res] Señores.
Sría. Secretaría.
S.[ria], **S.** [rio] or **sria., srio.** secretaria, secretario.
S. R. M. Su Real Majestad.
S[rta]**., Srta.** Señorita.
S. S. Su Santidad.
S. S.[a] Su Señoría.
SS. AA. Sus Altezas.
SS.E. sudsudeste (S.S.E.).
SS. MM. Sus Majestades.
SS.[mo] Santísimo.
SS.[mo] **P.** Santísimo Padre.
SS.[no] escribano.
SSO. sudsudoeste (S.S.W.).
S. S. S., s. s. s. Su seguro servidor.
Sta. Santa; Señorita.
Sto. Santo.
sup. suplica.
supert.[te] superintendente.
supl.[te] suplente.
sup.[te] suplicante.

T

t. tarde.
ten.[te] teniente.
test.[mto] testamento.
test.[o] testigo.
tít., tít.[o] título.
tpo. tiempo.
trib.[l] tribunal.
t.[o], **tom.** tomo.

U

U., Ud. usted.
Uds., UU. ustedes.

V

V. usted; venerable; véase.
V., Vers.[o] Versículo.
V.[a] Vigilia.
V. A. Vuestra Alteza.
V. A. R. Vuestra Alteza Real.
V. B.[d] Vuestra Beatitud.
Vd. usted.
Vds. ustedes.
V. E. Vuestra Excelencia or Vuecencia.
vencim.[to] vencimiento.
vg. verbigracia; virgen.
v. g., v. gr. verbigracia.
Vict.[a] Victoria.
Vic.[te] Vicente.
vier. viernes.
V. M. Vuestra Majestad.
Vm., Vmd. Vuestra Merced; Usted.
vn. vellón.
V.[o] **B.**[o] Visto bueno.
vol. volumen; voluntad.
vols. volúmenes.
V. P. Vuestra Paternidad.
V. R. Vuestra Reverencia.
vra., vro., vras., vros. vuestra, vuestro, vuestras, vuestros.
v.[s], **vs.** varas.
V. S. Vueseñoría, Usía.
V. S. I. Vueseñoría (*or* Usía) Ilustrísima.
v. [ta], **v.**[to] vuelta, vuelto.
V. V., VV. ustedes.